國家社科基金西部項目

（宋）朱熹 著
郭齊 尹波 編注

朱熹文集編年評注

第一册

福建省政協文化文史和學習委員會 編

海峽出版發行集團
THE STRAITS PUBLISHING & DISTRIBUTING GROUP
福建人民出版社

編纂委員會

齡的朱熹出知潭州、荆湖南路安撫使。在職數月，修復擴建了岳麓書院。這年十月，朱熹奉詔入朝，擔任焕章閣待制兼侍講。十一月，罷歸。慶元六年，卒於建寧府建陽縣（今福建建陽）考亭，年七十一，葬本縣唐石里大林谷。

朱熹一生除先後在江西、浙江、湖南、安徽逗留三年多外，其餘六十多年皆足不出福建。從其仕歷來看，他一生僅五任地方官，共九年；一任朝官，僅四十天。他的大半生都致力於教育和從事學術研究。朱熹著述宏富，僅現存者即在一千萬字以上。其中文集、朱子語類、四書集注是其學術思想的集中體現，此外較重要的還有周易本義、詩集傳、資治通鑑綱目、太極圖説解、楚辭集注、韓文考異以及近思録、伊洛淵源録、名臣言行録、小學等，并編纂程氏遺書、程氏外書。

二

朱熹是宋代理學的集大成者。他遠紹孔、孟以來傳統儒家思想，直接繼承和改造了「北宋五子」——周敦頤、程顥、程頤以及張載、邵雍的學説，融合佛、道二教思想，建立了龐大的理學思想體系。

在哲學上，朱熹認爲，既先於物質世界，又獨立於人的意識之外的精神本體——「理」是宇

前言

一

朱熹（一一三〇—一二〇〇），字元晦，又字仲晦，自號晦庵、晦翁，祖籍徽州婺源（今江西婺源）。父親朱松，字喬年，號韋齋，歷官至尚書吏部員外郎兼史館校勘，以不附秦檜和議罷歸。

建炎四年，朱熹出生於南劍州尤溪縣（今福建尤溪）。十四歲時，朱松去世，朱熹遷居建州崇安縣（今福建崇安），師事胡憲、劉勉之、劉子翬三先生。年十九，中紹興十八年進士第。紹興二十三年，赴任泉州同安縣主簿，在任四年。紹興三十年，正式受學於李侗，奠定了一生理學的思想基礎。淳熙六年，朱熹受命知南康軍，在任兩年，這期間主要做了減免税賦和救荒兩件事情，并修復了白鹿洞書院。淳熙八年，任提舉兩浙東路常平茶鹽公事，盡力推行荒政。紹熙元年，朱熹奉命知漳州。爲了緩和土地兼并，他積極奔走，力主實行經界。紹熙五年，六十五歲高

宋淳熙本晦庵先生文集書影
（臺北故宮博物院藏）

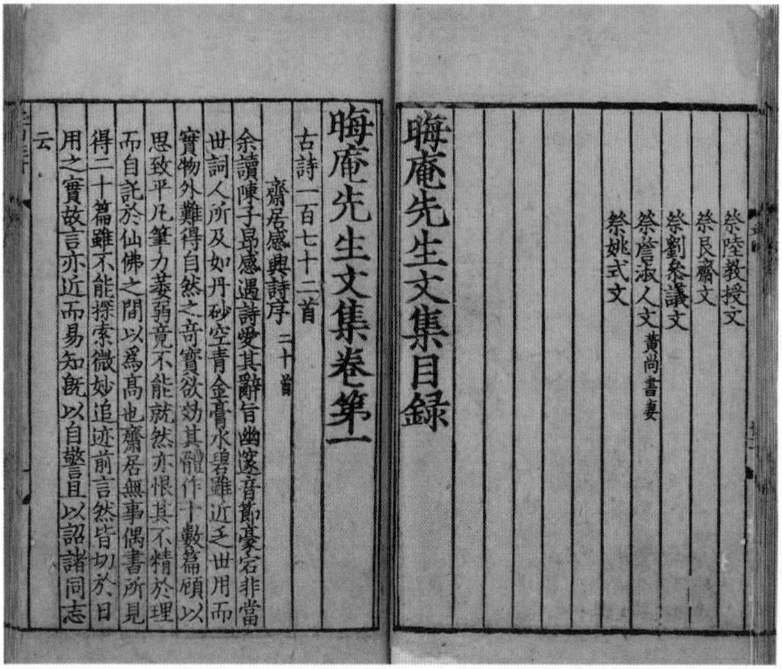

祭陸教授文
祭艮齋文
祭劉參議文
祭詹淑人文 黃尚書妻
祭姚式文

晦庵先生文集目錄

晦庵先生文集卷第一

古詩一百七十二首

齋居感興詩序 二十首

余讀陳子昂感遇詩愛其辭旨幽邃音節豪宕非當世詞人所及如丹砂空青金膏水碧雖近乏世用而實物外難得自然之奇寶欲效其體作十數篇顧以思致平凡筆力萎弱竟不能就然亦恨其不精於理而自託於仙佛之間以爲高也齋居無事偶書所見得二十篇雖不能探索微妙追迹前言然皆切於日用之實故言亦近而易知旣以自警且以詔諸同志云

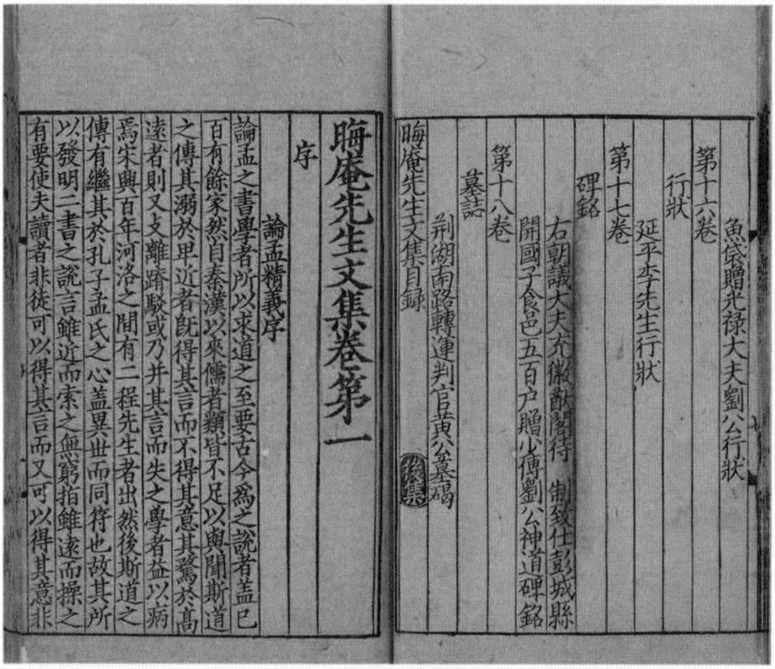

魚袋贈光祿大夫劉公行狀
第十六卷
行狀
延平李先生行狀
第十七卷
碑銘
右朝議大夫充徽猷閣待制致仕彭城縣開國子食邑五百戶贈少傅劉公神道碑銘
第十八卷
墓誌
荆湖南路轉運判官黃公墓碣

晦庵先生文集目錄

晦庵先生文集卷第一

序

論孟精義序

論孟之書學者所以求道之至要古今爲之說者蓋已百有餘家然自秦漢以來儒者類皆不足以與聞斯道之傳其溺於卑近者旣得其言而不得其意其騖於高遠者則又支離踳駁或乃并其言而失之學者益以病焉宋興百年河洛之間有二程先生者出然後斯道之傳有繼其於孔子孟氏之心蓋異世而同符也故其所以發明二書之說言雖近而索之無窮指雖遠而操之有要使夫讀者非徒可以得其言而又可以得其意非

朱文公像（臺北故宮博物院藏）

宙的最高存在，是產生世間萬物的根源，即「生物之本」。「理」與物質性的「生物之具」——「氣」相結合，即產生出萬事萬物，生生不息，無窮無盡。朱熹對理、氣關係的詮釋，指明了其哲學客觀唯心主義的基本性質。

維護封建統治秩序是朱熹學説的出發點和歸宿，人及其相互關係是朱熹論證的中心。因此，朱熹哲學實際上是典型的道德哲學、倫理哲學。從理、氣關係出發，朱熹認爲，人性有雙重結構：由理體現於人身的是「天命之性」，十全十美，無有不善；由氣所決定的是「氣質之性」，則或有惡，難以無缺。這兩種人性的構成比例及受外部環境不良影響的程度決定了人的聖、賢、智、愚之分。「天命之性」即是「天理」，「氣質」缺陷及外部環境影響造成者即是「人欲」。作爲人，其最高存在價值乃在於「存天理，滅人欲」。

爲了實現這一價值，朱熹闡述了「格物致知」的認識論及「變化氣質」的修養論。朱熹認爲，人先天地具有仁、義、禮、智至善之性，由於氣質上的缺陷及受環境的影響，才產生了種種惡行。必須通過內心體驗、讀書講論、應事接物等各種途徑來恢復對天理的重新認識，從而消除氣質之偏、物欲之蔽。格物致知必須心正意誠，時時警省，隨時將體驗心得應用於一言一行，長期積累，以期一旦「豁然貫通」，滅盡人欲，重現天理。

理氣論、心性論、認識修養論，勾勒出朱熹哲學的基本框架。將這些觀點運用於自然、社會和人類思維各個領域，朱熹形成了幾乎包羅萬象的各種思想。例如，基於理氣論、人性論和認識論，朱熹闡明了帝王心術是社會發展主要動力的唯心主義天理史觀；他把「變化氣質」作爲教育的明確目的，對從指導思想、教學方法到修身養性的具體途徑等一系列問題作了周密論述，從而形成了獨具特色的教育思想；在政治領域，他强調「爲政以德」、以刑爲輔，尊君、任賢、恤民，以達到社會的長治久安等。朱熹還具有豐富的法律思想、經濟思想、宗教思想、美學思想、心理學思想、經學思想、語言學思想以及獨到的文學觀、藝術觀乃至自然科學觀。朱熹哲學及其延伸和展開，共同構成了嚴密完整的朱熹理學思想體系。這一體系的博大精深，在中國思想史上罕有其倫。研究者認爲，它規模之龐大、論證之細密、條理之清晰，代表了當時民族思維的頂尖水準。

當然，對充斥於朱熹理學思想中的封建主義糟粕，無疑應該擯棄。但其中的精華，如某些唯物主義及無神論成分、生氣勃勃的辯證法因素，以及内容豐富的教育思想等，則是民族文化的寶貴財富，應予認真清理和總結。

朱熹不僅是一位思想家，他還以畢生精力從事教育實踐和學術研究，對中國古代文化作出了重要貢獻。例如，他修復了當時全國四大書院中的白鹿洞書院和岳麓書院，創建了著名的考亭書院及武夷書院、紫陽書院、晦庵書院、建安書院等。他的弟子數以千計，其中號稱高足、録有問答及見稱許、姓字爵里僅存於文獻等有案可查者即達五百餘人，爲漢代以來學者之首。

在經學方面，他不僅對易、書、詩、禮等儒家傳統經典進行系統整理，表現出極高的校讎學、辨僞學造詣，而且還作了精深的研究。對易經的性質，他指出最初不過是卜筮占卦之書；對尚書，他懷疑孔子小序、孔安國序及傳爲僞作，開古文尚書辨僞的先河；對詩經，他擯棄小序，指出鄭、衛之風本是民間愛情詩，而不是所謂的諷喻詩；對禮，他認爲儀禮是經，禮記是傳。這些見解都是獨到的。朱熹傾注畢生心血，撰成四書集注，確立并鞏固了「四書」并駕於「五經」的地位，使其成爲宋代以後影響深遠的必讀教科書。

朱熹在語言學上也有很高的造詣。他注釋的書如詩集傳等，本身就是高水準的訓詁學著作。他對古音也有較深的研究，其「叶韻説」等影響很大，值得認真清理。王力在爲向熹詩經詞典所作的序中指出，一般情况下，詩經的詞義凡毛傳、鄭箋有異者，應以朱熹詩集傳爲斷；詩集傳與毛、鄭不同者當以詩集傳爲準。殷孟倫甚至稱朱熹爲宋代訓詁學第一人。足見其在語言學史上的地位。

在史學方面，朱熹編次的資治通鑑綱目具有獨創性，影響深遠；宋名臣言行録等書也受到歷代史學家的高度重視。朱熹視文學爲「末技」，但在詩文研究方面，他也寫出了楚辭集注、韓文考異等著作；他的詩歌在當時就被廣泛傳誦和注釋，曾以詩名被宋孝宗專門召見。明清以還，至有「古體當推朱元晦」、「詩名終是首文公」、「三百篇以來一人而已」之評。朱熹的書法自成一格，歷來爲書家及研究者所推崇。在自然科學方面，朱熹根據對高山螺蚌殼等的觀察，早於西方闡述了海陸變遷及地球演化的觀點。

朱熹的精深思想及其對我國古代文化作出的貢獻，決定了他的重要歷史地位和廣泛影響。宋寧宗嘉定二年，賜朱熹謚曰「文」。理宗寶慶三年，朱熹被追封爲信國公。紹定三年，改封徽國公。淳祐元年，朱熹從祀孔廟。元惠宗至正二十二年，改封齊國公。清康熙五十一年，朱熹升配孔廟十哲。從宋末開始，朱熹的思想影響整個中國社會長達數百年之久。直至辛亥革命，官方的御用哲學基本上仍然是朱熹的學説。十三世紀，朱熹學説先後傳入朝鮮和日本，一度成爲兩國的統治思想。稍後，朱熹思想在東南亞地區也產生了深刻影響。近代，朱熹學説傳入歐美。這樣，作爲東方文化的重要內容，朱熹的學説已經發展成爲世界性的學説。

三

在朱熹的代表著作中，文集具有特殊的重要性。朱子語類爲門人弟子記録朱熹言論而成，文集乃朱熹親手撰著，在資料的可靠性上，文集勝於語類，已爲宋元以來歷代學者所公認。四書集注主要集中反映了朱熹的哲學思想，且可讀性不强。而文集將朱熹生平事迹和哲學、倫理、宗教、美學、心理學、政治、法律、經濟、經學、史學、教育、文獻學、文學、語言學、藝術、自然科學等思想兼容并包，其詩朗朗上口，其文簡明流暢，它的博大及可讀性超出集注，也是不言自明的。可以説，文集精粗畢載、細大兼收，是朱熹思想的資料寶庫。

朱熹在世時，其文集付梓者可能已不止一種。今存者有淳熙末紹熙初閩中坊刻本晦庵先生文集前集十一卷、後集十八卷。該集屬詩文選集。朱熹身後詩文全集的編集始於其季子朱在，其時約在宋寧宗嘉定之初。此編卷數不明，朱氏後裔稱爲八十八卷，不知何據。與朱在本相先後，黄士毅將朱熹詩文仿語類例進行分類，編爲一百五十卷。大約在寧宗末、理宗初，朱熹文集最後定型爲一百卷。其中，嘉熙三年王埜刊刻於建安書院者，是迄今見於宋人著録的最早的正集百卷本。該版問世後，經翻刻修訂，形成了閩、浙兩個系統，後世分别稱爲「閩本」、「浙本」。二本雖同出一源，但在編排和文字上都有不少差異。淳祐五年王遂輯得佚文，編爲續集十卷。淳祐十年徐幾在此基礎上又增補一卷，遂爲十一卷。理宗景定四年，余師魯又將新得佚文編爲别集十卷。至此，朱熹正、續、别集詩文全帙始備。宋末，又有朱熹前、後、續、别四集共一百六十五卷本見於記載。

以上爲宋代朱熹文集編集概況。今天，除淳熙本保存較好外，已無完整的原本宋代文集傳世。但綜覽海内外所藏，朱熹文集宋殘本、後代修補本尚有二十餘種，富矣！就我們所過目的十餘種宋殘本來看，皆分别爲閩、浙二本的同版複本。各本殘缺修配情況不一，參校互補，庶幾可得全璧。概言之，朱熹文集今存宋本唯三種：淳熙本、宋閩本、宋浙本。

明清以還，朱熹文集刊刻繁夥。其書名有「晦庵文集」、「朱子大全」、「朱文公集」、「朱子集」、「朱子全書」等二十餘種；其卷數有一百卷、一百四卷、一百一十卷、一百二十一卷、八十八卷、六十六卷、十八卷等十餘種；有國内本，有日本本，有朝鮮本；有分類重編之本，有與語録、專書混而爲一之本；有單刻之續集、别集、詩集、奏議集、地域集；更有不計其數的抄本、選本、讀本、注本、補遺本，不能一一細述。

各本之中，明嘉靖十一年張大輪、胡岳刻晦庵先生朱文公文集一百卷、續集十一卷、别集十卷，以閩本爲底本，兼取浙本之長，收文較全，漫漶較少，校勘較細，刊刻較精，原文缺誤改補謹慎，間有考訂，爲明以來影響最大的通行之本。本書即以四部叢刊影印該本爲底本。臺北故宫博物院藏淳熙、紹熙間所刻前、後集（簡稱「淳熙本」）、浙本（以國家圖書館藏三三二九號寧宗時浙江刻本爲主，其他五種宋浙刻殘本爲輔，簡稱「宋浙本」）、閩本（以北京大學圖書館藏李□四七二五號宋咸淳元年建安書院刻元明遞修本爲主，其他五種宋閩刻殘本爲輔，簡稱「宋閩本」）爲本書三大主要校本。北京大學圖書館尚有宋刊明印晦庵先生朱文公續集十一卷、别集十卷，亦予通校（簡稱「宋單刊本」）。其他主要參校了元刊朱文公大同集，明天順四年刊朱子大全一百卷、續集十一卷、别集十卷，明萬曆三十二年朱崇沐刻晦庵先生朱文公文集八十八卷、續集十一卷、别集十卷，清康熙二十七年蔡方炳、臧眉錫刻晦庵先生朱文公文集一百卷、續集五卷、别集七卷，以及文淵閣四庫全書本晦庵集（簡稱「四庫全書本」）、御纂朱子全書（簡稱「朱子全書」）等。此外，還有重點地用聖宋名賢五百家播芳大全文粹、永樂大典、宋名臣言行録、新安文獻志等各種文獻作了局部性校勘。

全書正、續、别集次序及各集卷次先後一仍其舊。另有輯得佚文，編爲遺集三卷、外集一卷。佚文除吸取歷代輯佚成果，主要有明朱培文公大全集補遺八卷、清朱玉朱子文集大全類編補遺（世稱「祠堂本」）、清朱啟昆朱子大全集補遺二卷、清陳敬璋朱子文集補遺五卷、朝鮮朴世采朱子大全拾遺、朝鮮洪啓禧朱子大全遺集等，及我們自己所搜集外，還參考了四川大學古籍所編全宋文、北京大學古文獻所編全宋詩，以及束景南朱熹佚文輯考，朱傑人、嚴佐之主編朱子全書等書。在朱熹佚文輯録已取得豐碩成果的基礎上，近年仍有漏網遺珠陸續被發現，主要是散見的法帖碑刻及收藏於民間不見著録的文獻等。此次整理，對近年來新發現的佚文予以特别關注。輯得佚文，其出處有徵、可以據信者入遺集，疑信參半、棄之可惜者入外集。對於已確定爲僞托或誤題爲朱熹之作，歷代學者尤其是當代學人已有考證成果，今據所見，將僞托或誤題朱熹之詩文列其篇目，附於書末，以供研究者參考。

原書正、續、别集目録本分置各集之前，且有有目無文、次序顛倒、題目詳略之别，有以一題而統數篇，多與正文不符。今將三集目録按實際篇名統一重編，連同新編遺集、外集、附録目録冠於書首。原書序跋一律移入附録。

原集行款格式十分複雜，如奏議，前有外封、内封、名銜、提要，正文有總敘、事目、結語，後有貼黄、小帖子、後題、跋語等。公文、問答、講義、規約、圖表、咨目等，也行款紛繁，不一而足。今按照簡明醒目、全書一致的原則加以簡化，純粹體現傳統禮教觀念的行文格式一律予以擯棄。

原集有羼入他人之作，如三先生論事録序，係陳亮所作，今仍附原文，以便參考。有疑僞之作，如别集所收臨江集諸詩，因缺乏力證，仍加保留，并在校記中加以説明。有重複之作，經我們比勘，全書重收之詩文共三十餘條。重複情况比較複雜，故重複詩文暫不删除，僅在校記中注明互見，以示慎重。

正文一般依底本。確有脱訛衍倒，予以校改并出校記。兩通的異文，他本義較長或有參考價值者方出校説明。宋閩、浙二本卷末皆附考異，又底本間出有校勘記，今擇其重要者移入各篇之下。清人賀瑞麟作朱子文集正訛、朱子文集記疑，雖也有「億則屢中」之處，然採書數十種，亦不乏發明有功者，其有參考價值者亦予採録。朱子文集正訛、朱子文集記疑分别簡稱正訛、記疑。

古今字、通假字、通用字一般不改。一般筆誤、刊刻别字、俗字、簡體字徑改爲規範繁體字。避諱字已慣用者不改，非慣用者回改爲本字，缺筆填足，必要時加以説明。

文集中，有相當數量的詩文寫作年代不明，給使用者造成了很大困難。此次整理，對全部詩文逐篇考定作年乃至月日，標注於各篇篇題之下。續集、别集之書信多有以一題而概數十篇者，今按不同寫作年代，將其分列，就以考定之年月作爲標題，以清眉目。編年根據，以「編年」爲目列於篇末。這方面的已有研究成果，主要有陳來朱子書信編年考證、束景南朱熹年譜長編及整理者朱熹新考一書中之朱熹詩詞編年考。顧宏義朱熹師友門人往還書札彙編也多有發明訂正，足資參考。本書以以上諸作爲基礎，凡已有定論或言之有理者扼要採其結論，不再詳細考辨。其有漏考、失考、所考不當及錯誤者，則予以詳細考辨，以期拾遺、補缺、糾謬。然作年考證殊非易事，尚有部分詩文缺乏綫索，難以定奪，姑繫於相近之年，以待將來。朱子書信編年考證簡稱書信編年，朱熹年譜長編簡稱年譜長編，朱熹師友門人往還書札彙編簡稱書札彙編。至於外集所收之詩文，因其疑信參半，無所謂繫年，故此項内容從略。

文集共收朱熹詩詞七百六十二篇，一千二百一十八首，其創作背景、本事、人事、典故不易弄清，加上語言障礙，給使用者造成了不小的理解困難。此次整理，對全部詩詞逐篇加以注解，用「解題」、「注釋」之目列於篇末。解題主要提供有關背景材料，從總體上提綱挈領地概括全篇意旨及疏釋篇題中有礙理解的個別詞語。注釋旨在疏通文意，幫助讀者達到對作品的正確理解。主要注釋疑難詞句、典故、某些特殊背景、思想内容及人、事，一般詞語不注、少注或略注。一般不作串講，更不作賞析，留待讀者咀嚼體味。至於脱胎前賢，點化古語，欲一一爬梳，其難可知。故只要不礙理解，多不作繁瑣考證。注釋内容原則上不重出。

歷代學者對朱熹詩文進行研究賞析，留下了不少評論資料。但這些資料未經系統搜集整理，散見於南宋以來群籍之中，難於檢尋，無法爲使用者利用。此次整理，主要參考了曾棗莊主編的中華大典宋遼金元文學分典的朱熹部分，同時整理者也進行了相關搜尋，將歷代學者關於朱熹詩文的研究評論資料附於集中。其有關某篇詩文的評論附於該篇之後，關於詩文的總體評論則附於全書之後。資料中有些條目史實舛誤，議論淺薄，評論者顯非知朱熹之深者。但考慮到朱熹詩詞專評不多，而披沙揀金，也尚不乏一得之見，故仍予保留，不作考辨，讀者自能取捨之。

本書以下列材料作爲附録：一、傳記資料。二、文集序跋。三、版本考略。四、朱熹年表。五、歷代評論。六、僞托誤題朱熹詩文存目。七、主要參考文獻。

顧宏義朱熹師友門人往還書札彙編在未正式出版之前，其研究成果即提供給我們使用，沈錦燦、王元勇、陳志全、沈光明、三浦國雄、白井順諸先生助力良多，福建人民出版社劉亞忠總編及各位編輯爲出版此書辛勤勞作，謹一并致謝。

郭齊
尹波

己亥季秋於四川大學

总目録

目錄

朱熹文集編年評注卷一上

朱熹文集編年評注卷一下

朱熹文集編年評注卷二上

朱熹文集編年評注卷二中

朱熹文集編年評注卷二下

朱熹文集編年評注卷三

朱熹文集編年評注卷四

朱熹文集編年評注卷五上

朱熹文集編年評注卷五下

朱熹文集編年評注卷六上

朱熹文集編年評注卷六下

朱熹文集編年評注卷七

朱熹文集編年評注卷八

朱熹文集編年評注卷九

朱熹文集編年評注卷十

朱熹文集編年評注卷十一

朱熹文集編年評注卷十二

朱熹文集編年評注卷十三

朱熹文集編年評注卷十四

朱熹文集編年評注卷十五

朱熹文集編年評注卷十八

朱熹文集編年評注卷十九

朱熹文集編年評注卷二十

朱熹文集編年評注卷二十一

朱熹文集編年評注卷二十二

朱熹文集編年評注卷二十三

朱熹文集編年評注卷二十四

朱熹文集編年評注卷二十五

朱熹文集編年評注卷二十六

朱熹文集編年評注卷二十七

朱熹文集編年評注卷二十八

朱熹文集編年評注卷二十九

朱熹文集編年評注卷三十

朱熹文集編年評注卷三十一

朱熹文集編年評注卷三十二

朱熹文集編年評注卷三十三

朱熹文集編年評注卷三十四

朱熹文集編年評注卷三十五

朱熹文集編年評注卷三十六

朱熹文集編年評注卷三十七

朱熹文集編年評注卷三十八

朱熹文集編年評注卷三十九

朱熹文集編年評注卷四十

朱熹文集編年評注卷四十一

朱熹文集編年評注卷四十二

朱熹文集編年評注卷四十三

朱熹文集編年評注卷四十四

朱熹文集編年評注卷四十五

朱熹文集編年評注卷四十六

朱熹文集編年評注卷四十七

朱熹文集編年評注卷四十八

朱熹文集編年評注卷四十九

朱熹文集編年評注卷五十

朱熹文集編年評注卷五十一

朱熹文集編年評注卷五十二

朱熹文集編年評注卷五十三

朱熹文集編年評注卷五十四

朱熹文集編年評注卷五十五

朱熹文集編年評注卷五十六

朱熹文集編年評注卷五十七

朱熹文集編年評注卷五十八

朱熹文集編年評注卷五十九

朱熹文集編年評注卷六十

朱熹文集編年評注卷六十一

朱熹文集編年評注卷六十二

朱熹文集編年評注卷六十三

朱熹文集編年評注卷六十四

朱熹文集編年評注卷六十五

朱熹文集編年評注卷六十六

朱熹文集編年評注卷六十七

朱熹文集編年評注卷六十八

朱熹文集編年評注卷六十九

朱熹文集編年評注卷七十

朱熹文集編年評注卷七十一

朱熹文集編年評注卷七十二

朱熹文集編年評注卷七十三

朱熹文集編年評注卷七十四

朱熹文集編年評注卷七十五

朱熹文集編年評注卷七十六

朱熹文集編年評注卷七十七

朱熹文集編年評注卷七十八

朱熹文集編年評注卷七十九

朱熹文集編年評注卷八十

朱熹文集編年評注卷八十一

朱熹文集編年評注卷八十二

朱熹文集編年評注卷八十三

朱熹文集編年評注卷八十四

朱熹文集編年評注卷八十五

銘 箴 贊 表 疏 啓 婚書

朱熹文集編年評注卷八十六

朱熹文集編年評注卷八十七

朱熹文集編年評注卷八十八

朱熹文集編年評注卷八十九

朱熹文集編年評注卷九十

朱熹文集編年評注卷九十一

朱熹文集編年評注卷九十二

朱熹文集編年評注卷九十三

朱熹文集編年評注卷九十四

朱熹文集編年評注卷九十五上

朱熹文集編年評注卷九十五下

朱熹文集編年評注卷九十九

朱熹文集編年評注卷一百

朱熹文集編年評注續集卷一

朱熹文集編年評注續集卷二

朱熹文集編年評注續集卷三

朱熹文集編年評注續集卷四上

朱熹文集編年評注續集卷四下

朱熹文集編年評注續集卷五

朱熹文集編年評注續集卷六

朱熹文集編年評注續集卷七

朱熹文集編年評注續集卷八

朱熹文集編年評注續集卷九

朱熹文集編年評注續集卷十

朱熹文集編年評注續集卷十一

朱熹文集編年評注別集卷一

朱熹文集編年評注別集卷二

朱熹文集編年評注別集卷三

朱熹文集編年評注別集卷四

朱熹文集編年評注別集卷五

朱熹文集編年評注別集卷六

朱熹文集編年評注别集卷七

朱熹文集編年評注別集卷八

朱熹文集編年評注別集卷九

朱熹文集編年評註別集卷十

朱熹文集編年評注遺集卷一

朱熹文集編年評注遺集卷二

朱熹文集編年評注遺集卷三

朱熹文集編年評注外集

詩　書　雜著　序跋　記　箴

朱熹文集編年評注附録一

朱熹文集編年評注附録二

朱熹文集編年評注卷一上

詞 賦 琴操 詩

虞帝廟迎送神樂歌詞 淳熙二年秋冬間

桂林郡虞帝廟迎送神樂歌者，新安朱熹之所作也。熹既爲太守張侯栻紀其新宮之績，又作此歌以遺桂人，使聲于廟庭，侑牲璧焉①。其詞曰：

皇胡爲兮山之幽，翳長薄兮俯清流〔一〕②？渺冀州兮何有，眷兹土兮淹留③。皇之仁兮如在，子我民兮不窮以愛。沛皇澤兮横流〔二〕，暢威靈兮無外④。潔尊兮肥俎⑤，九歌兮招舞⑥，嗟莫報兮皇之祜⑦。皇欲下兮儼相羊⑧，烈風雷兮暮雨⑨。

右迎神三章，二章四句，一章五句。

虞之陽兮灕之滸〔三〕，皇降集兮巫屢舞。桂酒湛兮瑶觴，皇之歸兮何許？龍駕兮天門，羽旄兮繽紛⑩。俯故宫兮一慨，越宇宙兮無鄰⑪。無鄰兮奈何？七政協兮群生嘉⑫。信玄功兮不宰⑬，猶仿佛兮山阿。

右送神三章，章四句。

解題　這是朱熹爲摯友張栻修廟所作歌詞。張栻（一一三三—一一八〇）字敬夫，號南軒。廣漢人。南宋理學家，與朱熹、吕祖謙并稱「東南三賢」。虞帝即舜，理學家以爲遠古聖王、道統啓導者。相傳舜南巡不返，遂葬廣西蒼梧之野，于是境内皆列祀之。桂林東北五里有虞山，又名舜山，下有皇澤灣，舊有祠祀虞帝。淳熙二年張栻知静江府，新修此廟成，朱熹嘗爲之作静江府虞帝廟碑。歌詞咏嘆舜萬世不替的深恩大德，想象出子孫後代對他的仰慕感戴之情。

校記　〔一〕清：淳熙本作「滄」。

〔二〕沛：考異云一作「仰」。

〔三〕虞：右引云一作「韶」；灕：考異云一作「武」。

注釋　①侑牲璧：侑，助，伴。周禮天官膳夫：「以樂侑食。」鄭玄注：「侑，猶勸也。」牲璧，即牲玉，祭祀用的牲畜和玉器。

②「皇胡爲」二句：寫廟之方位在深山之中，倚長林，臨江流。翳，隱。長薄，草木叢生的長林地帶。清流，指灕江，虞山臨之。

③「渺冀州」二句：言舜未能返回渺遠的國都而留在了此地。冀州，古九州之一，轄今山西、河北西北部、河南北部、遼寧西部，乃堯舜之都。史記言：「舜，冀州之人也。……踐帝位三十九年，南巡狩，崩於蒼梧之野，葬於江南九疑，是爲零陵。」

④「暢威靈」句：朱熹静江府虞帝廟碑：「帝德在人，其神在天，威靈所加，無有遠邇。」威靈，

威力。上句言恩，此句言威。

⑤肥俎：指肥美的獻祭牲畜。俎，祭祀時陳放牲畜的木製祭器，代指牲畜。

⑥九歌：楚國南部流傳的一套民間祭神古樂歌。離騷：「啟九辯與九歌兮，夏康娱以自縱。」招舞：即韶舞，舜時樂舞名。論語衛靈公：「樂則韶舞。」何晏集解：「韶，舜樂也。」漢書禮樂志：「文始舞者，曰本舜招舞也。」

⑦祜：福。

⑧儼相羊：儼，仿佛，好像。相羊，通「倘佯」，徘徊。

⑨「烈風」句：尚書舜典：「納于大麓，烈風雷雨弗迷。」

⑩羽旄：指旄旗。古時常以鳥羽旄牛尾爲旗飾，故稱。孟子梁惠王下：「今王田獵于此，百姓聞王車馬之音，見羽旄之美。」

⑪無鄰：無伴，言孤身遠去。孟浩然上巳日澗南園期王山人陳七諸公不至：「坐歌空有待，行樂恨無鄰。」

⑫七政：日、月及金、木、水、火、土五星。群生：一切生物。此言風調雨順，動植遂生。

⑬信：伸，施展。玄功：猶神功，偉大之功。南齊書明帝紀：「玄功潛被，至德彌闡。」不宰：不主宰。郭璞省刑疏：「夫無爲而爲之，不宰以宰之，固陛下之所體者也。」朱熹調息箴：「誰其尸之？不宰之功。」

編年

據朱熹静江府虞帝廟碑，張栻修虞帝廟成在淳熙二年七月，朱熹遂應邀作碑，繼作此篇。又據南軒集卷二十四答朱元晦四，張栻於次年春已言及此篇暫緩刻石事，故知其作於淳熙二年秋冬間。

評論 黄氏日抄卷三十四：迎之章三，一章思其所安在而後迎。送之章三，一章極其所往而猶思。文法高妙，語意無窮。其曰「渺冀州兮何有」，而應之曰「暢威靈兮無外」，慨然斯世之意所寄焉者也。詩源辨體後集纂要卷一：元晦楚辭有虞帝廟迎神、送神二歌，直逼屈原九歌。元晦嘗注楚辭，蓋有所得也。

白鹿洞賦 淳熙七年三月

白鹿洞賦者，洞主晦翁之所作也。翁既復作書院洞中，又賦其事，以示學者。其詞曰：

承后皇之嘉惠，宅廬阜之南疆。閔原田之告病，惕農扈之非良。粤冬孟之既望〔一〕，夙餘駕乎山之塘。徑北原以東騖，陟李氏之崇岡。地名李家山。揆厥號之所繇，得頹址於榛荒。曰昔山人之隱處，至今永久而流芳。陳舜俞廬山記云，唐李渤，字濬之，與兄涉偕隱白鹿洞。後爲江州刺史，乃即洞創臺榭，環以流水，雜植花木，爲一時之勝。自昇元之有土，始變塾而爲庠。儼衣冠與弦誦，紛濟濟而洋洋。廬山記又云，南唐昇元中，因洞建學館，置田以給諸生，學者大集。乃以國子監九經李善道爲洞主，掌其教授。江南野史亦云，當時謂之白鹿國庠。在叔季而且然，矧休明之景運？皇穆穆以當天，一軌文而來混。念敦篤於化原，乃搜剔乎遺遁。盼黄卷以置郵，廣青衿之疑問。樂菁莪之長育，拔雋髦而登進。謹按國朝會要，太平興國二年，知江州周述乞以九經賜白鹿洞，詔從其請，仍驛送之。六年，以洞主明起爲蔡州褒信主簿，旌儒學、榮鄉校也。迨繼照於咸平，又增修而罔倦。廬山記又云，咸平五年，敕重修，又塑宣聖十哲之象。旋錫冕以華其歸，琛亦肯堂而詒孫。郭祥正書院記云，祥符初，直史館孫冕以疾辭於朝，願得白鹿洞以歸老，詔從之。冕未及歸而卒。皇祐五年，其子比部郎中琛即學之故址爲屋，榜曰「書堂」，俾子弟居而學焉。四方之士來者亦給其食。悵茂草於熙寧，尚兹今其奚論？廬山記熙寧中作，已云鞠爲茂草矣。夫既啓余以堂壇，友又訂余以册書。尋訪之初，得樵者指告其處，客楊方子直遂贊興作之謀。既而劉清之子澄亦裒集故實來寄。謂此前修之逸迹，復關我聖之宏橅。亦既震於余衷，乃謀度而諮諏。尹悉心以綱紀，吏竭蹶而奔趨。士釋經而敦事，工殫巧而獻圖。曾日月之幾何，屹厦屋之渠渠。事具吕祖謙伯恭所作書院記。山葱瓏而繞舍〔二〕，水汩濊而循除。諒昔人之樂此，羌異世而同符。偉章甫之峨峨，抱遺經而來集。豈顓眺聽之爲娱？實覬宫墻之可入。愧余修之不敏，何子望之能給？矧道體之亡窮，又豈一言而可緝？請姑誦其昔聞，庶有開於時習。曰明誠其兩進，抑敬義其偕立。允莘摯之所懷，謹巷顔之攸執。彼青紫之勢榮，亦何心乎俯拾！

亂曰：澗水觸石，鏘鳴璆兮。山木苯蕁，枝相樛兮。彼藏以修，息且游兮。德隆業茂，聖澤流兮。往者弗及，余心憂兮。來者有繼，我將焉求兮？

校記〔一〕冬孟：淳熙本作「孟冬」。

〔二〕葱瓏：宋浙本作「蓯蘢」。

編年　文云「曾日月之幾何，屹厦屋之渠渠」，事具吕祖謙伯恭所作書院記，「偉章甫之峨峨，抱遺經而來集」，是書院已建成并開講。考書院開講在淳熙七年三月十八日，見卷八十六白鹿洞成告先聖文、卷三十四答吕伯恭三十三，此篇之作當在其時。

評論　潘潢晦庵先生朱文公文集跋：雖公於文所好不存，潢以世傳大學序、白鹿洞賦草暨答吕伯恭論洞記等徵之，當時思繹之熟，改定之精，凡未可以言語文字求之也。

黄氏日抄卷三十四：一章言唐李渤讀書舊地，而南唐因創書院。二章言自太宗、真宗增闢，而廢於熙寧。三章言今日之再造。四章言講學之要領，而亂之以德業無窮之思。

虞集朱文公白鹿洞賦草跋：昔者文公先生既重作白鹿洞書院，屬吕成公記之，而又自作此賦，豈無意於其間乎。某嘗泛彭蠡，登匡廬，升斯堂，三復於斯文矣。於所謂「誠明兩進，敬義偕立」，凜然有遲暮無及之嘆。今夫荒閑寂寞之濱，朝誦暮弦者，豈無其人哉，安知其不與愚同此感也。今此篇輯録文公全書者以冠諸首，家傳而人誦之，則固有不待皆至乎白鹿者。平章迂軒趙公之幼子乃時得其稿本，觀其草具之謹，改定之精，尤足想見其意度。

升庵詩話卷十一：朱子作詩傳，盡去小序，蓋矯吕東萊之弊，一時氣信之偏，非公心也。馬端臨及姚牧安諸家辨之悉矣。有一條可發一笑，并記於此。小序云：「菁莪，樂育人才也。子衿，學校廢也。」傳皆以爲非。及作白鹿洞賦，有曰：「廣青衿之疑問。」又曰：「樂菁莪之長育。」或舉以爲問，先生曰：「舊説亦不可廢。」此何異俗諺所謂「玉波去四點，依舊是王皮」乎。

感春賦 淳熙十年正月

觸世塗之幽險兮，攬余轡其安之？慨埋輪而縶馬兮，指故山以爲期。仰皇鑒之昭明兮，眷余衷其猶未替，抑重巽於既申兮，徇耕野之初志。自余之既還歸兮，畢藏英而發春。潛林廬以静處兮〔一〕，闃蓬户其無人。披塵編以三復兮，悟往哲之明訓；嗒掩卷以忘言兮，納遐情於方寸。朝吾屣履而歌商兮，夕又賡之以清琴。夫何千載之遥遥兮，乃獨有會於余心。忽嚶鳴其悦豫兮，仰庭柯之葱蒨。悼芳月之既徂兮，思美人而不見。彼美人之修嫭兮，超獨處乎明光。結丹霞以爲綬兮，佩明月而爲璫。悵佳辰之不可再兮〔二〕，懷德音之不可忘。樂吾之樂兮，誠不可以終極；憂子之憂兮，孰知吾心之永傷〔三〕！

校記 〔一〕林：宋浙本作「故」。

〔二〕悵：考異云一作「恨」。

〔三〕心：右引云一本無。

編年 文云：「觸世途之幽險兮，攬余轡其安之？慨埋輪而縶馬兮，指故山以爲期。仰皇鑒之昭明兮，眷余衷其猶未替，抑重巽于既申兮，徇耕野之初志。自余之既還歸兮，畢藏英而發春。」是其時朱熹仕途受挫，罷官而歸。朱熹生平出仕不過數次，幾乎均爲失意而歸。然淳熙十五年係與兵部侍郎林栗忿争而辭職，紹熙二年不過爲朝廷未採納其實行經界之建議，因長子之逝而辭歸，尚談不上「觸世途之幽險」。而紹熙五年實際上是以「僞學」被皇帝拋棄，驅逐出朝，不止是「觸世途之幽險」，亦已無「皇鑒之昭明」，況且也不敢公言「觸世途之幽險」，故皆與此文不合。唯淳熙九年因彈劾唐仲友不效，與宰相王淮一黨强大勢力爲敵，中傷四面而至，身處危殆之中。賴孝宗寬容，寢罷江西、江東提刑兩次任命，於淳熙十年正月遂其賦閑之請，差主管台州崇道觀，方與此文所言合。故本篇當作於得祠之初。參年譜長編。

評論 黄氏日抄卷三十四：皆用騷體，而無其愁思，寄興悠遠矣。

空同賦[1] 慶元三年七月

何孟秋之玄夜兮，心憀戾而弗怡？偃予軀之既寧兮，神杳杳兮寒闈。雲屋掩而弗扃兮，壁帶耿而夜光。宕予魄而不得視兮，悵竚立其怔營。靈修顧予而一笑兮，歡并坐之從容。寐將分而不忍兮，且欲往而焉從？眷予衷之廓落兮，奄愁結而增忡。超吾升彼昆侖兮，路修遠而焉窮？忽憑危以臨睨兮，蔵廣寒與閶平風[2]。信真際之明融兮，又何必懷此夢也？矢予詞以自寫兮，盍將反予旆乎空同！

注釋 ①空同：即崆峒，傳説仙山名。

②廣寒、閶風：皆傳説云月宮、仙山名。

編年 據年譜長編。

評論 黄氏日抄卷三十四：皆用騷體，而無其愁思，寄興悠遠矣。

招隱操 淳熙中

淮南小山作招隱[1]，極道山中窮苦之狀，以風切遁世之士，使無遐心，其旨深矣。其後左太冲、陸士衡相繼有作[2]，雖極清麗，顧乃自爲隱遁之辭，遂與本題不合。故王康琚作詩以反之[3]。雖正左、陸之誤，而所述乃老氏之言[4]，又非小山本意也。十月十六夜，許進之挾琴過予書堂⑤，夜久月明，風露凄冷，揮弦度曲，聲甚悲壯。既乃更爲招隱之操，而曰穀城老人嘗欲爲予依永作辭而未就也⑥。予感其言，因爲推本小山遺意，戲作一闋，又爲一闋以反之，口授進之，并請穀城、七者及諸名勝相與共賦之⑦，以備山中異時故事云。

南山之幽，桂樹之稠，枝相樛⑧，高拂千崖素秋⑨，下臨深谷之寒流。王孫何處⑩，攀援久淹留？聞説山中，虎豹晝嗥。聞説山中，熊羆夜咆。叢薄深林鹿呦呦⑪。彌猴與君居，山鬼伴君游。君獨胡爲自聊？歲云莫矣將焉求？思君不見，我心徒離憂。

右招隱。

南山之中，桂樹秋風，雲冥濛，下有寒栖老翁⑫，木食澗飲迷春冬。此間此樂，優游渺何窮！我愛陽林，春葩晝紅。我愛陰崖，寒泉夜淙⑬。竹柏含烟悄青葱⑭。徐行發清商〔一〕⑮，安坐撫枯桐⑯。不問簞瓢屢空⑰，但抱明月甘長終⑱。人間雖樂，此心與誰同！

右反招隱。

解題 琴操之體漢以前已流行，實即琴曲之詞，乃詩歌之一種。出世或入世，是古往今來士人喜歡談論的話題；做官或歸隱，也就成爲貫穿朱熹一生的行爲主綫。概言之，朱熹立身處世尊奉孟子「達則兼濟天下，窮則獨善其身」的信條，但兼濟天下非貪戀榮華富貴，獨善其身亦非消極避世。或出或處，應一視「義理」當如之何。此篇從直面人生和潔身自好兩個方面闡發了作者的處世哲學，其招隱之闋檃括淮南小山招隱士而成，極言山中險惡，非人所堪居，而人亦不應避世；反招隱之闋又言鄙外榮華，安貧樂道，不失顔淵簞瓢陋巷之趣。

校記　〔一〕清商：考異云一作「商歌」。

注释　①淮南小山：漢淮南王劉安門客，姓字生平皆不可考。作招隱士一篇，託意深遠，想象豐富，爲後世招隱詩之祖。

②左太冲：名思（約二五〇—三〇五），齊國臨淄人，西晉著名詩人，文選録其五言招隱詩二首。陸士衡：名機（二六一—三〇三），吳郡華亭人，西晉著名文學家，文選録其五言招隱詩一首。

③王康琚：西晉人，生平不詳。文選録其五言反招隱詩一首。

④老氏：指老子，古人以爲道家鼻祖。

⑤許進之：名閎，福州人。嘗學詩於黃銖，訪道於朱熹。

⑥穀城老人：黃銖（一一三一—一一九九）號。銖字子厚，朱熹摯友，嘗同師屏山劉子翬。秦時隱士黃石公死後化爲穀城山下之石，子厚姓黃，終身隱居不仕，故稱。永：曲調。尚書舜典：「詩言志，歌永言，聲依永，律和聲。」

⑦七者：劉玶（一一三八—一一八五），字平甫，屏山劉子羽子，自號七者翁，朱熹密友。名勝：名流。此爲美稱，實指朱熹同輩諸友。

⑧樛：絞纏。

⑨素秋：秋天。古代五行之説秋屬金，其色白，故稱素。禮記月令：「秋之時，其色尚白。」

⑩王孫：指屈原。文選招隱士：「王孫游兮不歸。」呂延濟注：「原與楚同姓，故云王孫。」

⑪叢薄：草木叢生處。

⑫寒栖：窮居。

⑬「我愛陽林」四句：左思招隱詩：「白雲停陰岡，丹葩曜陽林。石泉漱瓊瑤，纖鱗或浮沈。」

⑭「竹柏」句：右引文選左詩：「悄蒨青葱間，竹柏得其真。」吕延濟注：「悄蒨青葱，茂盛美貌。」悄，即「悄蒨」，草木鮮麗貌，代指草木。

⑮清商：商聲，古代五音之一。其調凄清悲凉，故稱。韓非子十過：「清商固最悲乎？」

⑯枯桐：指琴。後漢書蔡邕傳：「吴人有燒桐以爨者，邕聞火烈之聲，知其良木，因請而裁爲琴，果有美音，而其尾猶焦，故時人名曰『焦尾琴』焉。」

⑰簞瓢：古代盛飯食的圓形竹器或葦器叫簞，剖葫蘆做成的舀水或盛酒器叫瓢。論語雍也：「一簞食，一瓢飲。」陶潛五柳先生傳：「簞瓢屢空，晏如也。」

⑱「但抱」句：言心存皓月之皎潔，願抱之以終身。

編年

此篇確切作年不明。但黄銖生於紹興元年，至淳熙元年方四十三歲。而詩以老人、老翁稱之，故不應早於淳熙初。七者翁劉玶卒於淳熙十二年，而作此篇時玶尚在世，故其時又不得晚於淳熙十二年。

評論

黄氏日抄卷三十四：蓋謂淮南小山初作本招隱者而使之仕，後世皆失此意，故再爲申其旨。又爲反招隱，言道誼自得之樂，時止時行，無人而不自得也。

招隱　朱子可聞詩集卷二：此琴操也。真西山謂琴之音以淳古爲上，此作雖極力摹仿淮南招隱，前段以桂樹高拂下臨興起，抱德之士隱居山中。後段言叢薄林深，鳥獸不可與同群，皆運化原篇詞意。一結醒出我心離憂，好賢之旨獨躍然，而温穆和平，則於楚調爲一變矣。

反招隱　朱子可闻诗集卷二：前托在上者之詞以招隱，備道山中之苦；此托在下者之詞反招隱，歷述山中之樂。雖亦採藻於左、陸，然筆筆自與上呼應。究其命意，尤在結二句，曰「人間雖樂」，是近接本章上截「此間此樂」作轉關；曰「此心與誰同」，是遥對上章末句「我心徒離憂」爲合局，言外見得在上者若有招賢實心，我亦將捨獨樂而樂與人同。終老山林，豈士君子之志哉！凡言大隱小隱，皆在下風矣。

遠游篇 紹興十八年

舉坐且停酒，聽我歌遠游。遠游何所至？咫尺視九州①。九州何茫茫！環海以爲疆。上有孤鳳翔，下有神駒驤②。孰能不憚遠，爲我游其方？爲子奉尊酒〔一〕，擊鋏歌慨慷③。送子臨大路，寒日爲無光。悲風來遠壑，執手空徊徨。問子何所之〔二〕？行矣戒關梁④。世路百險艱，出門始憂傷。東徵憂暘谷⑤，西游畏羊腸⑥。南轅犯癘毒⑦，北駕風裂裳〔三〕。願子馳堅車，躐險摧其剛⑧。峨峨既不支，瑣瑣誰能當！朝登南極道⑨，暮宿臨太行⑩。睥睨即萬里，超忽凌八荒〔四〕⑪。無爲蹩躠者⑫，終日守空堂〔五〕！

解題 紹興十八年春，十九歲的朱熹千里赴京，一舉考中進士，從此踏入仕途。大鵬即將展翅，搏扶摇而上九萬里。青年朱熹雄心勃勃，在轟轟烈烈幹一番事業的激情中，反楚辭遠游之意而用之，以樂府詩的形式寫下了自己志在四方的胸懷，表現出一往無前的氣概。

校記 〔一〕尊：淳熙本作「杯」。

〔二〕「問子」句：考異云一作「願子審所之」。

〔三〕「世路」至「裂裳」：右引云一作「南轅犯癘毒，北駕風裂裳。東徵憂暘谷，西游畏羊腸。世路百險艱，出門始悲傷」。淳熙本順序同考異，「犯癘毒」作「觸瘴霧」，「西游」作「西逝」。

〔四〕凌：淳熙本作「臨」。

〔五〕空：右引作「高」。

注釋

①九州：尚書禹貢依次爲冀、兗、青、徐、揚、荆、豫、梁、雍。後以「九州」代指中國。

②驥：馬馳。

③「擊鋏」句：戰國策齊策四：「（馮歡）倚柱彈其劍，歌曰：『長鋏歸來乎！食無魚。』」鋏，劍。

④關梁：關口橋梁。泛指水陸要衝。

⑤暘谷：古稱日出之處。尚書堯典：「曰暘谷，寅賓出日。」孔安國傳：「暘，明也。日出於谷而天下明，故稱暘谷。」

⑥羊腸：山名。楚辭大招：「西薄羊腸。」洪興祖補注：「戰國策注云，羊腸，趙險塞名，山形屈辟，狀如羊腸。今在太原晉陽西北。」

⑦癘毒：致疫之毒氣。

⑧躐：超越。

⑨南極：南方極遠之地。

⑩太行：北方大山名，綿延於今山西、河北、河南三省。

⑪超忽：迅疾貌。八荒：八方荒遠之地。關尹子四符：「知夫此物如夢中物，隨情所見者，可以凝精作物而駕八荒。」

⑫蹩躠：跛行。柳宗元種仙靈毗：「及言有靈藥，近在湘西原。服之不盈旬，蹩躠皆騰騫。」

編年 此篇宋人金履祥濂洛風雅卷三收入，題下注：「十九歲作」，據以繫年。

評論 黄氏日抄卷三十四：指要在「愿子馳堅車」之句。

朱子可聞詩集卷一：此子與氏窮不失義，達不離道之游也。以馳堅車、躐險摧剛二句爲主，與屈子遠游章悲時俗而願輕舉意雖不同，音節態度無不似之。深得風骚之致，绝不見有理解之痕。所謂聖賢學問，錦繡心腸，合而出之者也。以「奉子一樽酒」句承上「停酒」來，串下「送子」、「問子」，而歸重到「願子」，是一篇章法。

擬古八首 紹興二十年前後

離離原上樹，戢戢澗中蒲。娟娟東家子①，鬱鬱方幽居。濯濯明月姿②，靡靡朝華敷③。昔爲春蘭芳，今爲秋蘼蕪。寸心未銷歇，託體思同車④。

綺閣百餘尺，朝霞冠其端。飛櫚麗遠漢⑤，曲楹何盤桓⑥！清謡發徽音⑦，一唱再三嘆。借問誰爲此？佳人本邯鄲⑧。微響激流風⑨，浮雲慘將寒。爲言何所悲？游子在河關。不恨久離闊，但憂芳歲闌。願爲清霄夢，燕昵窮餘歡。

上山採薇蕨，側徑多幽蘭。采之不盈握，欲寄道里艱。沈憂念故人，長夜何漫漫！芳馨坐銷歇，徘徊以悲嘆。

佳月朗秋夜〔一〕，蟋蟀鳴空堂。大火西北流⑩，河漢未渠央⑪。野草不復滋，白露結爲霜。梁燕起高飛，雲雁亦南翔。念我同心子，音形阻一方。不念執手歡，隔我如參商⑫。寓龍不爲澤⑬，畫餅難充腸。金石徒自堅，虛名真可傷！

鬱鬱澗底樹，揚英秋草前。與君結歡愛，自比金石堅。金石終不渝，歡愛終不疏。一夕遠離別，悠悠在中途。相思未云變，音容定何如？傷彼三春蘤，灼灼層華敷。盛時不可留，恐逐嚴霜枯。夫君來何晚！賤妾長離居。

高樓一何高！俯瞰窮山河。秋風一夕至，憔悴已復多。寒暑遞推遷，歲月如頹波⑭。離騷感遲暮，惜逝閔蹉跎〔二〕。放意極歡虞⑮，咄此可奈何！邯鄲多名姬，素艷凌朝華⑯。妖歌掩齊右⑰，緩舞傾陽阿⑱。徘徊起梁塵，綷縩紛衣羅⑲。麗服秉奇芬，顧我長咨嗟。願生喬木陰，寅緣若絲蘿⑳。

夫君滄海至，贈我一篋珠。誰言君行近？南北萬里餘。結作同心花，綴在紅羅襦。雙垂合歡帶㉑，麗服眷微軀㉒。爲君一起舞，君情定何如！

衆星何歷歷！嚴霄麗中天㉓。殷憂在之子㉔，起步荒庭前。出門今幾時，書札何由宣㉕？沉吟不能釋，愁結當誰憐？臨風一長嘆，淚落如奔泉！

解題 此爲朱熹早年學詩習作，模仿文選，内容淺顯單一，無非借農家少婦、空房孤妾、失意公子、青樓麗人離愁別恨之口，抒發自己惆悵哀怨之情。惆悵云何？此時朱熹業師劉子翬、劉勉之相繼去世，胡憲遠宦福州，又尚未從學李侗，一無師友之助，出入釋老而未有得，潛心儒學而信未堅，一片困惑迷惘。哀怨云何？朱熹早孤，以弱冠之年即獨力支撑，奉母食貧，家境拮据，生計窘迫也。故八詩格調皆一唱三嘆，低迴婉轉，體現了朱熹早期詩作的特色。

校記

〔一〕月：原作「人」，據宋閩、浙本改。

〔二〕逝：原作「誓」，據宋浙本改。

注釋

①東家子：美貌女子。宋玉登徒子好色賦序：「天下之佳人莫若楚國，楚國之麗者莫若臣里，臣里之美者莫若臣東家之子。」

②明月姿：美好身姿。宋玉神女賦：「其少進也，皎若明月舒其光。」

③靡靡：美好貌。敷：開放。

④託體：寄附軀體。新唐書后妃傳上文德長孫皇后：「妾託體紫宮，尊貴已極。」同車：結爲夫婦。詩經鄭風有女同車：「有女同車，顔如舜華。」毛傳：「親迎同車也。」

⑤櫩：同「檐」。麗：附着。這裏形容飛檐指天，極言其高。遠漢：遥遠的天河。宋葛長庚賀新郎贈林紫元：「數粒蒼山黏遠漢。」

⑥曲楹：即曲房，深邃幽隱的密室。陸機擬明月何皎皎：「涼風繞曲房，寒蟬鳴高柳。」盤桓：曲折迴繞。水經注桓水：「其道盤桓旋曲而上，故名曰桓。」

⑦徽音：優美的樂聲。王粲公讌詩：「管弦發徽音。」

⑧邯鄲：戰國趙都城，即今河北邯鄲。相傳此地多美女。文選左思魏都賦：「邯鄲躧步。」張銑注：「邯鄲，趙地，亦多美女。」

⑨流風：疾風。曹植洛神賦：「飄飄兮若流風之迴雪。」

⑩大火：星宿名，即心宿。詩經豳風七月：「七月流火。」毛傳：「火，大火也。流，下也。」

⑪河漢：銀河。渠央：渠，通「遽」，倉猝。央，盡。詩經小雅庭燎：「夜如何其？夜未央。」鄭箋：「夜未央，猶言夜未渠央也。」此句言星河燦爛。

⑫參商：二星名。參在西，商在東，此出彼沒，永不相見。

⑬寓龍：祭祀或喪葬時用的紙龍。宋趙彦衛雲麓漫鈔卷五：「寓龍馬即古之明器，自周亡至元嘉，而祭禮稍如古。」

⑭頹波：疾流而下如山倒般的水勢。

⑮虞：通「娛」。此句言及時行樂，借酒澆愁，其意全擬古詩十九首之東城高且長。

⑯素艷：白凈美麗。杜甫丁香：「細葉帶浮毛，疏花披素艷。」

⑰妖歌：美妙歌聲。韓愈劉生詩：「妖歌慢舞爛不休，倒心迴腸爲青眸。」齊右：齊國之西。孟子告子下：「綿駒處於高唐而齊右善歌。」趙岐注：「綿駒，善歌者也。高唐，齊西邑，綿駒處之，故曰齊右善歌。」

⑱陽阿：古之名倡。善舞。淮南子俶真訓：「足蹀陽阿之舞。」高誘注：「陽阿，古之名倡也。」曹植箜篌引：「陽阿奏奇舞。」

⑲綷縩：即綷縩，衣服摩擦聲。

⑳寅緣：沿物盤繞前行。

㉑合歡帶：象徵男女歡愛的絲帶。

㉒眷：戀。這裏指衣服很合身。

㉓嚴宵：嚴寒之夜。

㉔殷憂：深憂。阮籍詠懷之十四：「感物懷殷憂，悄悄令心悲。」

㉕宣：傳。晋木華海賦：「若乃偏荒速告，王命急宣……一越三千，不終朝而濟所届。」

編年

朱子語類卷一百三十九吕燾録朱熹語云：「向來初見擬古詩，將謂只是學古人之詩，元來却是如古人説『灼灼園中花』，自家也做一句如此；『遲遲澗畔松』，自家也做一句如此；『磊磊澗中石』，自家也做一句如此；『人生天地間』，自家也做一句如此。意思語脉皆要似他底，只换却字。某後來依如此做得三二十首詩，便覺得長進。」此擬古八詩，正爲朱熹初學詩時作。將其與紹興二十一年所作古意相比勘，文、意如出一轍。故必爲此前後所作。

評論

一　朱子可聞詩集卷一：原篇「昔爲娼家女，今爲蕩子婦。蕩子行不歸，空床難獨守」，全是刺。陸士衡擬之，「良人游不歸，偏棲獨隻翼。空房來悲風，中夜起嘆息」，近於怨。此則云：「昔爲春蘭芳，今爲秋蘼蕪。寸心未銷歇，託體思同車。」則怨刺泯而純乎貞静矣。格調相似，意各不同。擬古詩如臨古帖，須七分成法，三分己意。

五　朱子可聞詩集卷一：黄山谷論學詩，譬諸弈然，弟子高師一著，始及其師。原篇比絲蘿惜其弱，此篇比金石明其堅，與上首用意都似欲高古人一層。

六　朱子可聞詩集卷一：文選分「東城高且長」、「燕趙多佳人」爲兩篇，不知後半即申明前半意也。此擬只作一篇，「放意」即原篇「滌蕩放情志」，乃通篇大旨。「邯鄲」以下承「放意極歡娯」講，一結轉參孤竹篇，明言「絲蘿」，實暗寓「结根奉山阿」意，正奈何心事。

七　朱子可聞詩集卷一：汪息廬先生云：風流綺麗極矣，兩漢而下，六朝而上。士爲知己死，女爲悦己容。「贈我」起，「爲君」住，照應甚緊，報施分明。末復放活一句，尤有味。十九首歷魏、晉以來，諸家擬作甚多，惟韋應物所擬十二首昔人稱其自成一家，陶靖節之亞。先生愛學陶、韋而識度本高，故於古藻中具冲淡之致，與印板模擬者自別。

題謝少卿藥園二首 自此詩至卷終，先生手編，謂之牧齋淨稿。 紹興二十一年秋

謝公種藥地，窈窕青山阿。青山固不群，花藥亦婆娑。一掇召冲氣①，三掇散沈痾。先生澹無事，端居味天和②。老木百年姿，對立方嵯峨。持此供日夕，不樂復如何！

小儒忝師訓，迷謬失其方。一爲狂酲病〔一〕③，望道空茫茫④。頗聞東山園，芝朮緣高岡。瘖聾百不治，效在一探囊。再拜藥園翁，何以起膏肓？

解題 謝少卿，名伋，字景思，自號藥寮居士，上蔡人，克家子。紹興中官至太常少卿，歸家，寓居台州之黄巖。朱熹紹興二十一年春赴銓試入都，訪伋於家，爲題二詩。首詩詠嘆謝伋閑適的隱居生活。次詩借題發揮，寫出了自己未知向方、病急亂求醫的心境。

校記 〔一〕酲：原作「瘖」，據宋閩、浙本改。

注釋 ①掇：採。冲氣：冲和之氣，指澹泊平和的心境。陸機應嘉賦：「寄冲氣於大象，解心累於世羅。」此句言藥香襲人，提神醒腦，令人周身舒適。

②端居：静居獨處。天和：天地陰陽之交融，指人的本性。古人認爲人是天地陰陽二氣交融的産物，莊子知北游：「生非汝有，是天地之委和也。」孟郊蜘蛛諷：「萬類皆有性，各各禀天和。」

③狂酲：大醉，這裏指狂躁外露的弊病。朱熹十六七歲時，業師劉子翬曾爲其命字曰「元晦」，囑

其涵養潛泳，厚積薄發。此悔未遵師言而迷失方向。

④道：此爲朱熹常用語，有多種含意。就論學而言，其基本含意是泛指真理，合乎真理的學說、思想體系。

編年 據題注，原集卷一此篇以下皆朱熹手編，爲牧齋净稿。考净稿之詩一以年月先後編次，不分五七言、古律絕，是爲各詩繫年之確切依據。以下凡出净稿之詩，只簡單注明出處，即爲編年依據。後篇邵武道中題注：「同前詩起辛未」，故此篇以下皆爲辛未所作。本篇作於秋間，參年譜長編。

評論 朱子可聞詩集卷一：題只一藥字，寫來如此生動。「老木」二句，比其年高身健，緊承上文得藥之效來，不是閑筆浪墨也。陳亦韓云：味天和，召冲氣，而沈痾自散，此所謂上藥養性也，豈藉草木之滋耶？先生之論藥，微矣。 先從自己説起，文氣展開，然後合到藥圃，法愈緊密，與前首呼應相關，正如一首。

邵武道中 同前詩起辛未 紹興二十一年冬

風色戒寒候，歲事已逶遲。勞生尚行役，游子能不悲！林壑無餘秀，野草不復滋。禾黍經秋成，收斂已空畦。田翁喜歲豐，婦子亦嘻嘻。而我獨何成？悠悠長路岐。凌霧即曉裝，落日命晚炊。不惜容鬢凋，鎮日長空飢①。征鴻在雲天，浮萍在青池。微蹤政如此②，三嘆復何爲！

解題 此爲朱熹迫於生計，於歲末前往鄰郡邵武辦事途中所作。旅途勞頓，了無生趣，牢騷滿腹。

注釋 ①鎮日：整天。「鎮」通「整」。

②政：通「正」。

編年 見題注。據首二句，作於冬間可知。

評論 朱子可聞詩集卷一：按先生早登高宗紹興戊辰進士，是年辛未年方二十有二，隨例赴銓試，授職泉州同安縣主簿。此歸途所作詩也。讀者須體先生此時境遇，所欲成者何事，慨無成者何心，非他人行役、嘆老嗟卑者可比。

友人黄子衡欲之上庠以詩留行（紹興二十一年冬）

若士有奇操，久厭山林卑。奮衣千里道，已與親友辭。子行何悠悠，世路方如兹。歸來亦何日？車馬光陸離。幽蘭生前林，擢置白玉墀①。不以芳意遠②，結根終不移。願子崇明德③，潛躍貴因時④。悲風静夜聽，喬木歲寒姿。何以迴軒駕？千載相與期。

解題 黄子衡，名未詳，黄銖兄，朱熹早年密友。上庠，指太學，全國最高學府，在京城臨安。朱熹對士人争趨太學入官捷徑的做法歷來持批評態度，詩中奉承之餘頗寓微意。

注釋 ①白玉墀：漢白玉臺階。此代指殿堂。

②芳意：花發香飄之意。此句若曰：「如果不是因爲欲其芳香傳播得更遠。」

③明德：光明之德。禮記大學：「大學之道在明明德。」朱熹章句：「明，明之也。明德者，人之所得乎天，而虚靈不昧，以具衆理而應萬事者也。」

④潛躍：指出處進退。周易乾卦初九：「潛龍勿用。」九四：「或躍在淵。」以上二句告誡子衡以

修身進德爲務，而不要去追求功名宦達。

編年 見牧齋净稿。按原集編序及詩中語，當作於冬間。參年譜長編。

評論 朱子可聞詩集卷一：句句留行，不是送别，明用陶詩「裝束既有日，已與家人辭」句，即暗用陶詩「萬一不合意，永爲世笑之」意，大旨諷子衡不當輕出，却如許含蓄。嘗聞先輩云：古人詩所以長傳天壤者，其辭婉，其意長，懷抱不肯輕露，下筆一近叙事，不是寫景，便是設譬。如此篇「幽蘭」、「喬木」兩段，是善於設譬寫景。

奉酬丘子野表兄飲酒之句〔一〕 紹興二十一年冬

微褐不充體，寒夜懷重衾。古來窮廬士，歲暮多苦心。苦心亦何爲？世路多崎嶔〔二〕。不借杯中物，離憂坐自侵。舉杯當勿辭，何爲復沉吟？醺酣遺所拘，神慮契遐襟①。荒湎思前戒，歡謡發清音。雅唱一何高，仰酬非所任。申章聊叙報，洪量亦余欽！

解題 丘子野，名義，又字道濟、通濟，號芹溪，建陽人，朱熹早年密友。

校記 〔一〕句：宋浙本作「作」。

〔二〕多：右引作「方」。

注釋 ①遐襟：遠懷。此句言神思馳騁，忽有所感，停杯作詩。

編年 見牧齋净稿。按原集編序及詩中語，作於冬間甚明。參年譜長編。

丘子野表兄郊園五詠 紹興二十一年

欲識淵明家，離離疏柳下。中有白雲人①，良非遁世者。柳

結楥遂芳植②，覆墻擁深翠。還當具春酒，與客花下醉。荼蘼③

移自溪上園，種此墻陰路。墻陰少人行，來歲障幽户。竹

芭蕉植秋檻，勿云憔悴姿。與君障夏日，羽扇寧復持？芭蕉

花柳繞宅茂，先生在郊居。下帷良已苦④，時作帶經耡⑤。蔬圃

注釋 ①白雲人：指隱士。陶潛和郭主簿一：「遥遥望白雲，懷古一何深。」

②楥：籬笆。

③荼蘼：落葉小灌木，攀援莖，有刺。夏開白花，素美清香，宜於觀賞。

④下帷：放下室内懸掛的帷幕，代指閉門苦讀。

⑤帶經耡：帶着經書耕耘。漢書兒寬傳：「（寬）治尚書……貧無資用……帶經而鉏，休息則讀誦。」

編年 見牧齋净稿。按原集編序，當作於冬間。參年譜長編。

評論 芭蕉 朱子可聞詩集卷五：芭蕉到秋，質已蕉萃矣，猶追念其有障夏日之功，不忍置而植之於檻，可見先生之存心。彼云「一敗笑芭蕉」者，失詩人忠厚之旨矣。

蔬圃 朱子可聞詩集卷五：引兒寬帶經而鋤説，便見子野非學圃之人。又先從董子下帷意翻入，

尤覺立言有體。按史記但云「三年董仲舒不觀舍園」，而王充論衡則云「讀春秋三年不窺園菜」。隱用「園菜」二字貼題，可見先生使事之精、看書之博。

古　意〔一〕 紹興二十一年冬

兔絲附樸樕①，佳木生高岡。弱蔓失所依〔二〕，佳木徒蒼蒼。兩美不同根，高下永相望。相望無窮期，相思諒徒爲。同車在夢想，忽覺淚沾衣。不恨歲月遒〔三〕②，但惜芳華姿。嚴霜萎百草，坐恐及兹時③。盛年無再至，已矣不復疑。

解題 此也爲朱熹早年習作，其文、意與擬古八首如出一轍。

校記 〔一〕考異云一作「效古」。

〔二〕依：右引云一作「託」。

〔三〕遒：右引云一作「流」。

注釋 ①兔絲：即菟絲，藥草名，俗稱菟絲子。蔓生，莖細長，常纏絡於他植物上，以盤狀吸根吸取他植物養分而生。古詩十九首冉冉孤生竹：「與君爲新婚，兔絲附女蘿。」樸樕：小木。詩經召南野有死麕：「林有樸樕。」毛傳：「樸樕，小木也。」

②遒：將盡。楚辭九辯：「歲忽忽而遒盡兮，恐余壽之弗將。」

③坐：即將，眼看。

編年 見牧齋净稿。按原集編序，當作於冬間。參年譜長編。

評論 朱子可聞詩集卷一：此首與古詩「兔絲附女蘿」用意又不同，所附者在樸樕，所望者在佳木。分明望之爲無益矣，故一則曰「相思諒徒爲」，再則曰「已矣不復疑」，與陶詩「本不植高原，今日復何悔」同一浩嘆。望而思，思而夢，夢而覺，覺而淚，又憾，又惜，又恐，又疑，幻想癡情，頃刻萬狀。

送劉旬甫之池陽省覲六十四丈遂如行在所上計 紹興二十一年冬

雨雪成歲暮，之子遠徂征①。酾酒起相送，慨我别離情。池陽實大藩②，佐車屈時英③。子行一請覲，上計趨吴京④。良玉懷貞操，芳蘭含遠馨。臨岐一珍重，即此萬里程！

解題 劉旬甫，名珣，崇安人，子翼次子。朱熹十五歲時，遵父親遺囑奉母祝夫人遷居崇安五夫里，投靠屏山劉氏家族，受其深恩，視珣等無異兄弟。池陽，即池州。六十四丈，即劉韞，字仲固，號秀野，屏山劉氏家族長者，朱熹妹夫之父。韞時爲池州通判，劉珣乃其侄孫。行在所，皇帝出巡暫駐所在地。上計，指地方官於年終派專人將境内户口、賦税等事務細目上報上級官府或朝廷，以資考課。

注釋

①徂征：遠行。

②大藩：大的屏藩，指地位重要的州郡。

③佐車：古代天子諸侯征戰、田獵時副手乘坐的隨行車輛。禮記少儀：「乘貳車則式，佐車則否。」鄭玄注：「貳車、佐車，皆副車也。朝祀之副曰貳，戎獵之副曰佐。」通判爲一州之副，故

以喻之。

④吴京：指建康府治，即今南京市。以其爲古吴人所都，故稱吴京。建康府乃江南東路首府，池州隸焉。劉珣時作吏於本路，故先往此。

編年 見牧齋净稿。按原集編序及詩中語，作於冬間甚明。

晨起對雨二首 紹興二十一年冬

凄洌歲云晏〔一〕①，雨雪集晨朝。高眠適方起，四望但蕭條。遠氛白漫漫，風至林靄消。流潦冒荒塗，清川亦迢迢。遐瞻思莫窮，端居心自超。覽物思無託②，即事且逍遥。

晨起候前障③，白煙眇林端。雨意方未已，后土何時乾④？倚竹聽蕭瑟，俯澗聞驚湍。景物豈不佳？所嗟歲已闌⑤。守道無物役⑥，安時且盤桓⑦。翳然陶兹理⑧，貧悴非所嘆。

解題 此篇寫作者研索義理、怡然自得的閑暇生活。第一首窗間遠望，第二首則足已出户矣。二詩表現了作者安貧樂道的心境。

校記 〔一〕洌：原作「列」，據宋閩本改。

注釋 ①凄洌：凄凉寒冷。

②無託：没有寄託。李白鄴中贈王大：「一身竟無託，遠與孤蓬征。」這裏指超脱塵俗形骸，游於物外。

③候：望。吕氏春秋貴因：「武王使人候殷。」前障：前山。障，通「嶂」，高險如屏障之山。謝

靈運晚出西謝堂：「連障疊巘崿，青翠杳深沉。」

④后土：對大地的尊稱。古人以天爲乾，地爲坤；天爲陽，地爲陰；天爲皇，地爲后。左傳僖公十五年：「君履后土而戴皇天。」

⑤闌：晚，接近尾聲。

⑥物役：爲事物所役使。荀子正名：「乘軒戴絻，其與無足無以異，夫是之謂以己爲物役矣。」此句言心不爲外物所動。

⑦盤桓：徘徊，留連。這裏指度日。

⑧理：朱熹常用語，有多種含意。其基本意義是天理、道理、真理，隨使用場合的不同而各有其具體內容。

編年 見牧齋浄稿。按原集編序及詩中語，作於冬間甚明。

殘臘 紹興二十一年十二月

殘臘生春序，愁霖逼歲昏①。小紅敷艷萼，衆緑被陳根。陰壑泉方注，原田水欲渾②。農家向東作③，百事集柴門。

解題 臘，農曆十二月。此篇爲朱熹寫景佳作，春意躁動，呼之欲出，真詩中之畫也。

注釋 ①愁霖：久雨。逼歲：迫近年關。岑參歲暮磧外寄元撝：「別家逢逼歲，出塞獨離群。」

②原田：原野上的田地。左傳僖公二十八年：「原田每每，捨其舊而新是謀。」

③東作：春耕。尚書堯典：「寅賓出日，平秩東作。」孔安國傳：「歲起於東，而始就耕，謂之東作。」

編年　見牧齋净稿。據題，當作於十二月末。

客舍聽雨 壬申　紹興二十二年春

沈沈蒼山郭，暮景含餘清。春靄起林際，滿空寒雨生。投裝即虚館，檐響通夕鳴。遥想山齋夜，蕭蕭木葉聲。

解題　此爲朱熹入武夷途中客宿崇安縣城所作。

編年　見牧齋净稿。詩云「春靄起林際，滿空寒雨生」，知作於初春。

宿武夷觀妙堂二首 紹興二十二年春

陰靄除已盡，山深夜還冷。獨卧一齋空，不眠思耿耿。閑來生道心，妄遣慕真境①。稽首仰高靈②，塵緣誓當屏。

清晨叩高殿，緩步繞虚廊。齋心啓真秘③，焚香散十方④。出門戀仙境，仰首雲峰蒼。躊躇野水際，頓將塵慮忘。

解題　此爲朱熹訪道於武夷山時所作。武夷爲道教名山，名觀沖佑觀在焉。

注釋 ①妄：釋道二教用語，指一切虛罔不實之事物。佛家主張禁欲，道家主張清静無爲，故人世與社會生活的許多内容皆被視爲妄。遣：驅遣。真境：真實的境界，與妄境相對。這裏指道教清静寡欲的精神境界。

②高靈：天上的神靈。韓愈元和聖德詩：「紫焰噓呵，高靈下墮。」此指道教衆神。

③齋心：祛除雜念，使心神凝静。列子黄帝：「退而閒居大庭之館，齋心服形。」真秘：真實與奥秘，指道家學説。

④十方：指道家所奉東、南、西、北、上、下、東南、東北、西南、西北十方救苦天尊之神。

編年 見牧齋浄稿。據原集編序。

社日諸人集西岡 紹興二十二年春

郊原曖芳物①，細雨青春時。前岡遐敞地，登覽情無遺。農畝懷歲功②，壺漿祝神釐③。我慚里居氓，十載勞驅馳。今朝幸休閑，追逐聊嘻嘻。笑語歡成舊④，盡醉靡歸期。

解題 社日，此指春社日，古代民間祭祀土地神的節日，一般在立春後第五個戊日。先祭神，後飲食玩樂。

注釋 ①曖：昏暗不明，朦朧。

②歲功：一年農事的收成。漢書禮樂志：「陽出布施於上而主歲功，陰入伏藏於下而時出佐陽。陽不得陰之助，亦不能獨成歲功。」

③釐：賜。詩經大雅江漢：「釐爾圭瓚。」毛傳：「釐，予也。」

④成舊：成爲過去。

編年 見牧齋净稿。據原集編序。

久雨齋居誦經 紹興二十二年春

端居獨無事，聊披釋氏書。暫釋塵累牽，超然與道俱。門掩竹林幽，禽鳴山雨餘。了此無爲法①，身心同晏如②。

解題 此詩多被釋氏稱引，足見朱熹早年沉迷佛學之情狀。

注釋 ①無爲法：佛教用語，指脱離生滅因緣造作，永恒不變的法性真理。四十二章經：「解無爲法，名曰沙門。」

②晏如：安然。史記司馬相如列傳：「及臻厥成，天下晏如也。」

編年 見牧齋净稿。據原集編序。

評論 朱子可聞詩集卷一：即就題中「久雨」二字作公案。鳥鳴林幽，隨意拈出，無非悟境禪機。先生少年，留心二氏之學。此數詩，正「禪關夜扣手剥啄，丹經晝誦心精專」時也。又嘗謂釋氏之書皆中華人竊老莊之旨以附益，故詩中止謂其與道家俱耳。前讀道家書曰超名迹，此披釋氏書曰釋塵累，先生判斷兩家好處止如此。

姚廣孝道餘録：逃虚曰：以此詩觀之，晦庵心中未必不信佛也。佛書暫得一閱，尚有如是之益，何况終身行之者乎？

新　竹紹興二十二年春

春雷殷巖際，幽草齊發生。我種南窗竹，戢戢已抽萌。坐獲幽林賞，端居無俗情。

編年　見牧齋净稿。據原集編序。

雨中示魏惇夫兼懷黄子厚二首紹興二十二年三月

讀書春日晏，雨至滿郊園。一灑幽叢竹，藹藹清陰繁。齋居無還往，鎮日空掩門。欲將冲静趣，與子俱忘言①。

暄風變春餘，卉木日葱蒨。林間一雨來，滿庭寒草遍。寂寞謝朋儔，晤語懷雋彦。良無一水遥，阻闊何由見？

解題　魏惇夫，一作魏敦夫，居崇安五夫里，朱熹早年友。

注釋　①忘言：心領神會。莊子外物：「得意而忘言。」

編年　見牧齋净稿。詩云「讀書春日晏」，知作於三月。晏，晚也。

夜聞子規〔一〕紹興二十二年三月

幽林欲雨氣含凄，春晚端居園徑迷①。獨向高齋展衾卧，南山夜夜子規啼。

解題 子規，即杜鵑。相傳爲周末蜀帝杜宇魂魄所化，其聲甚凄切。

校記 〔一〕宋閩本、明天順本「規」下有「啼」字。

注釋 ①園徑迷：指出入稀少，園中小路被雜草覆蓋而不可辨。

編年 見牧齋净稿。據原集編序。

杜門 紹興二十二年二月

杜門守貞操，養素安冲漠①。寂寂閟林園，心空境無作②。細雨被新筠，微風動幽籜。聊成五字句，吟罷山花落。浩然與誰期？放情遺所託③。

解題 此詩游心物外，四大皆空，儼若參禪。

注釋 ①養素：涵養素性。嵇康幽憤詩：「養素全真。」冲漠：虚寂恬静。晋張協七命：「冲漠公子，含華隱曜。」

②境：佛教語，指成爲心意對象之範圍，如塵境、色境等。

③所託：指心外之物。

編年 見牧齋净稿。詩云「吟罷山花落」，仍爲暮春之景。

評論 朱子可聞詩集卷一：前四句寂然不動，後四句感而遂通，結二句言寂感皆無所繫也。如此說理，有些豪腐氣否？

宿山寺聞蟬作 紹興二十二年五月

林葉經夏暗，蟬聲今夕聞。已驚爲客意，更值夕陽曛。

解題 朱熹紹興二十二年夏有順昌之行，此詩及以下八篇，即此行途中所作。山寺，即後篇之雲際寺。

編年 見牧齋净稿。詩云「林葉經夏暗，蟬聲今夕聞」，是爲五月之景。禮記月令云仲夏之月「日長至」「蟬始鳴」。

晨登雲際閣 紹興二十二年五月

晨起躋僧閣，徙倚望平郊。攢巒夏雲曉①，蒼茫林影交。暫釋川途念，憩此煙雲巢②。聊欲托僧宇，歲晏結蓬茅。

解題 雲際閣，指雲際寺之閣。寺乃建陽名刹，南唐時建。

注釋 ①攢巒：重疊的山巒。

②煙雲巢：煙雲繚繞的安居之所，指清静出塵的僧寺。

編年 見牧齋净稿。據原集編序。

池上示同游者 紹興二十二年五月

藕葉蓋波面，池花猶未紅。聊承曉露餘，散步詠凉風。香氣已飄忽，客懷誰與同？唯應同游子，芳意更匆匆①。

注釋 ①「芳意」句：言興更濃、情更迫。

編年 見牧齋净稿。據原集編序。

評論 朱子可聞詩集卷一：偏從花未開時，領取個中消息，此可默會，不可言傳。故拈出「芳意」二字，示同游諸子。唐鳳逸云：妙在「香氣已飄忽」句，上應「未紅」，下起「芳意」。

過黃塘嶺 紹興二十二年五月

屈曲危塍轉①，沉陰山氣昏。蟬聲高樹暗，石瀨淺流喧。已過黃塘嶺，欲覓桃花源②。無爲此留滯，驅馬逾山樊③。

解題 黃塘嶺，在建陽境。

注釋 ①危塍：狹窄崎嶇的田埂。

②桃花源：陶潛桃花源記中虛構的與世隔絕的樂土。

③山樊：山傍。莊子則陽：「夏則休乎山樊。」

編年 見牧齋净稿。據原集編序。

宿白芒畲 紹興二十二年五月

早發招賢里①，夜宿白芒畲。川暝前山雨，風驚澗樹花。途陸綿異縣，曛黑泊田家。逢人聊問路，猶梢恨去程賒②。

解題 白芒畲，地名，在建陽縣南。

注釋 ①招賢里：里名，在建陽縣境西南。

②賒：遥遠。李白扶風豪士歌：「浮雲四塞道路賒。」

編年 見牧齋净稿。據原集編序。

濯足澗水二首 紹興二十二年五六月間

濯足澗邊石，山空水流喧。行旅非吾事，寄此一忘言。

澗邊濯足時，修途倦煩燠。振策欲尋源，山空無往躅。

編年 見牧齋净稿。據原集編序。

自溪口買舟至順昌示同行者 紹興二十二年五六月間

時燠倦長途，買舟至西郭。烟波方渺然，坐此溪上閣。子留且歡宴，我去成蕭索。同行不同調，此意誰與託！

解題 溪口，在邵武。順昌，南劍州屬縣。朱熹至此改行水路南下。

編年 見牧齋净稿。據原集編序。

宿篔簹鋪 紹興二十二年五六月間

庭陰雙樹合，窗夕孤蟬吟。盤礴解煩鬱①，超摇生道心②。

注釋 ①盤礴：徘徊，逗留。宋林逋秋日含山道中回寄歷陽希然山人：「林落人家總入詩，下驢盤礴立多時。」

②超摇：又作「超遥」，高遠貌。阮籍清思賦：「超遥茫渺，不能究其所也。」

解題 篔簹鋪，地名，在順昌境。

編年 見牧齋净稿。據原集編序。

倒水坑作 紹興二十二年五六月間

窮幽鮮外慕，殖志在丘園。即此竟無得，空恨歲時遷。川陸綿半載，煩燠當歸緣。憩此蒼山曲，洗心聞澗泉。

解題 倒水坑，地名，在順昌境。朱熹此行無得，至此擬返回崇安。

編年 見牧齋净稿。據原集編序。

夏日二首 紹興二十二年五六月間

夏景已逾半，林陰方淡然。鳴蟬咽餘響，池荷競華鮮。抱痾守窮廬，釋志趣幽禪①。即此窮日夕，寧爲外務牽？

雲臻川谷暝，雨來林景清。齋舍無餘事，凉氣散煩纓②。望山懷釋侶，盥手閲仙經。誰懷出塵意？來此俱無營③。

注釋 ①釋志：猶言放寬心胸。趣：趨向，致力於。顔真卿使過瑶臺寺有懷圓寂上人：「靈法盡無梁，一心唯趣禪。」

②煩纓：猶云「煩襟」。韋應物西澗即事示盧陟：「知子塵喧久，暫可散煩纓。」

③無營：澹於名利，無所營求。蔡邕釋誨：「安貧樂賤，與世無營。」

編年 見牧齋浄稿。詩云「夏景已逾半」，是五月末六月初也。

對雨 紹興二十二年六七月間

虚堂一游矚，驟雨滿空至。的皪散方塘①，冥濛結雲氣。勢逐風威亂，望窮山景翳。煙靄集林端，蒼茫欲無際。凉氣襲輕裾，炎氛起秋思。對此景凄凄，還增冲澹意。

注釋 ①的皪：光亮鮮明貌。司馬相如上林賦：「明月珠子，的皪江靡。」

編年 見牧齋浄稿。詩云「凉氣襲輕裾，炎氛起秋思」，已爲夏末秋初景象。

評論 朱子可聞詩集卷一：歷叙方塘山林，皆從「一游矚」生出，以做題中對雨，全是寫景，至「起秋思」乃煞出情來。一結「對此凄凄」，悠然不盡。

齋居聞磬 紹興二十二年六七月間

幽林滴露稀，華月流空爽①。獨士守寒栖，高齋絶群想。此時鄰磬發，聲合前山響。起對玉書文②，誰知道機長③？

解題 此篇燈下夜讀，寫出了作者平静如水、超脱物外的心境。磬，古代打擊樂器，狀如曲尺，以玉、石或金屬製成。懸於架上，擊之而鳴。

注釋 ①華月：皎潔的月亮。杜甫夏夜嘆：「昊天出華月，茂林延疏光。」

②玉書：指道家經典。黄庭内景經也稱玉書。

③道機：猶言道心，超凡脱俗的心機意念。唐獨孤及酬皇甫侍御望天灊山見示之作：「思免物累牽，敢令道機退？」

編年 見牧齋净稿。據原集編序。

又聞琴作 紹興二十二年七月

瑶琴清露後，寥亮發窗間。韻逐回風遠，情隨玄夜闌①。端居獨無寐，林扉空掩關。起望星河落②，哀弦方罷彈。

解題 此與上篇同時所作，則又心潮翻捲，悠思無盡，别是一番境地矣。

注釋 ①玄夜：黑夜。

②星河：銀河。

編年 見牧齋净稿。據原集編序。

讀道書作六首 紹興二十二年七月

巖居秉貞操，所慕在玄虚。清夜眠齋宇，終朝觀道書。形忘氣自冲①，性達理不餘②。於道雖未庶，已超名迹拘。至樂在襟懷，山水非所娱。寄語狂馳子③，營營竟焉如！

失志墮塵網④，浩思屬滄洲⑤。靈芝不可得，歲月逐江流。碧草晚未凋，悲風颯已秋。仰首鸞鶴期⑥，白雲但悠悠。

白露墜秋節，碧陰生夕凉。起步廣庭内，仰見天蒼蒼。東華緑髮翁⑦，授我不死方。願言勤修學，接景三玄鄉⑧。

四山起秋雲，白日照長道。西風何蕭索〔一〕！極目但烟草。不學飛仙術，日日成醜老。空瞻王子喬⑨，吹笙碧天杪。

鬱羅聳空上⑩，青冥風露凄⑪。聊乘白玉鸞⑫，上與九霄期。激烈玉簫聲⑬，夭矯餐霞姿⑭。一回流星盼⑮，千載空相思。

王喬吹笙去，列子御風還⑯。至人絶華念⑰，出入有無間⑱。千載但聞名，不見冰玉顔。長嘯空宇碧，何許蓬萊山⑲？

解題　道書，指道家典籍。此六詩見朱熹求得道之切，盼出塵之苦，飄飄欲仙之態洋溢字裏行間。第二首悔已隨衆入仕，爲貧逐禄，方赴銓待次。尚未赴官，已思歸隱。其一生難進易退，良有以也。

校記　〔一〕索：宋浙本作「絛」。

注釋　①形忘：忘記了自己的形體，指精神超然於物外。莊子讓王：「故養志者忘形，養形者忘利。」

②性達：透徹領悟了人的本性。韋應物郡齋雨中與諸文士燕集：「理會是非遣，性達形迹忘。」

③狂馳子：狂熱奔趨功名利禄的人。

④失志：欠考慮。左傳成公十六年：「速則失志。」杜預注：「不思慮也。」塵網：指世俗的束縛羈絆。陶潛歸田園居之一：「誤落塵網中，一去三十年。」

⑤滄洲：濱水之地，喻隱士居處。杜甫曲江對酒：「吏情更覺滄洲遠。」

⑥鸞：傳説中鳳凰一類的鳥。鶴：仙鶴。鸞鶴相傳爲仙人所乘。期：盼。白居易夢仙：「空山三十載，日望輜軿迎。前期過已久，鸞鶴無來聲。」

⑦東華：華夏之東，道家以爲神仙所居之地。雲笈七籤：「東華者，仙真之州也，在始暉之間，高晨玉保王所治也。」緑髮翁：指長生不老之仙。緑髮：烏黑發亮的頭髮。李白古風之五：「中有緑髮翁，披雲卧松雪。」

⑧接景：猶言景從，追隨。唐崔融上尊號表：「冕旒端拱，既不獲接景前行。」三玄鄉：指天。雲笈七籤卷五十：「天有三玄，謂日、月、星也。」

⑨王子喬：傳説中的仙人。劉向列仙傳：「王子喬者，周靈王太子晋也。好吹笙作鳳凰鳴。游伊洛之間，道士浮丘公接以上嵩高山。三十餘年後，求之於山上，見桓良曰：『告我家，七月七日

待我於緱氏山巔。』至時果乘白鶴駐山頭，望之不得到。舉手謝時人，數日而去。」

⑩鬱羅：即鬱羅霄臺，道家以爲元始天王演法時所居，在至高至廣之大羅天上。真誥：「雲闕豎空上，瓊臺聳鬱羅。」

⑪青冥：青天，楚辭九章悲回風：「據青冥而攄虹兮，遂儵忽而捫天。」

⑫白玉鸞：傳説中仙人所乘的神鳥。

⑬激烈：激越高亢。真誥卷三：「玉簫和我神，金醴釋我憂。」

⑭夭矯：自由舒展貌。張衡思玄賦：「偃蹇夭矯，娩以連卷兮。」餐霞：吞食朝霞。漢書司馬相如傳下：「呼吸沆瀣兮餐朝霞。」

⑮流星：形容目光流轉如明星飛逝。唐張鷟游仙窟：「千嬌眼子，天上失其流星；一搦腰支，洛浦愧其迴雪。」

⑯列子：即列禦寇，戰國鄭人。相傳其學本於黃老，能駕風行走。莊子逍遥游：「夫列子御風而行，泠然善也。」

⑰至人：精神境界達到極至之人，高人。莊子逍遥游：「至人無己，神人無功，聖人無名。」華念：指世俗榮華之念。太極真人智慧經贊：「學仙絶華念。」

⑱有：指現實存在。無：指虛無寂滅。老子：「故有無相生，難易相成。」

⑲蓬萊山：古代傳説中的神山名。史記封禪書：「自威、宣、燕昭使人入海求蓬萊、方丈、瀛洲。此三神山者，其傳在勃海中。」

見牧齋净稿。據原集編序。

評論

一　朱子可聞詩集卷一：形化氣，氣化性，是丹經大本領。讀三、四，覺謝康樂「慮淡物自輕，意愜理無違」，猶僅攝生常語。　六首以此首爲主，言讀道書得解處，只在身心之内，故曰「至樂在襟懷」。外此而言，靈丹仙方，白日飛昇，種種盡屬虚無耳。下五首悉作翻案。

二　朱子可聞詩集卷一：此首言丹藥無益，靈芝亦外丹，碧草即芝也。前半言靈芝難得，後半言即得亦無補於歲晚。他日順昌道中題一絕云：「鼎鼎百年能幾時，靈芝三秀欲何爲？金丹歲晚無消息，重嘆篔簹壁上詩。」正此意。

三　朱子可聞詩集卷一：此首言方書難真。按李太白詩中有緑髮翁及授以鍊藥説，而終云「仰望不可及」，是設爲之辭。「東華」二句，依約李詩，亦是設辭。曰「願言」者，固所願云爾矣。

四　朱子可聞詩集卷一：此首言人生易老，必學飛仙然後可長生，而飛仙何可學也。即古樂府「自非仙人王子喬，計會壽命難與期」意。

五　朱子可聞詩集卷一：此首若更列一條，便似屏風格，無變化矣。妙即從上文飛仙意騰起，現出一片蜃樓海市，爲横雲斷嶺之法。

六　朱子可聞詩集卷一：此承上二首來，言飛仙似有似無，千載一回，但聞名耳，究非人世可得見也。　大抵六首氣脉相承，意旨未露，到此一結，始將上文「不可得」、「但悠悠」、「仰見天蒼蒼」、「極目但煙草」、「空瞻」、「空相思」、「聞名不見」大旨一齊醒出，而至樂在襟懷意，更復了然，六首合成一首矣。

歷代詩發卷二十七范大士評：短章最爲清迥。

秋　雨 紹興二十二年七月

一雨散林表，清陰生廣庭。喜兹新秋夜，起向高齋行。煩歊獲暫祛①，凉氛集華纓②。沉沉遠林氣，愜此端居情。節物坐如此③，撫世襟方盈。歸當息華念，超遥悟無生④。

解題　此詩也述端居之樂、終當歸隱之情。

注釋　①煩歊：炎熱。

②華纓：彩色冠帶。古人結髮戴帽，此句言頭部感到凉爽。

③節物：不同季節所特有之景物。陸機擬明月何皎皎：「踟躕感節物，我行永已久。」

④無生：佛教用語，指不生不滅。晉王該日燭：「咸淡泊於無生，俱脱骸而不死。」唐王維登辨覺寺：「空居法雲外，觀世得無生。」

編年　見牧齋浄稿。

秋夕懷子厚二首 紹興二十二年

雨歇林氣爽，月華湛遥暉。齋居翫物變①，廓落滄洲期②。焚香散碧虚③，撫節陳清詩④。抗志屬雲端⑤，非君諒誰知？

凉氣沉齋宇，夕陰未渠央。寒栖屬遥夜，長簟卷單床⑥。浮雲蔽中天，愁霖隔秋窗。思君一晤對，耿耿何能忘！

解題 朱熹赴官在即，詩再預陳歸隱心志。

注釋 ①翫：觀賞體味。物變：事物變化。這裏指季節景物的改變。陳子昂酬暉上人秋夜山亭有贈：「禪居感物變，獨坐開軒屏。」

②廓落：廣大空闊貌。此言思緒浩蕩。

③碧虛：碧空。

④撫節：擊節，打拍子。

⑤抗志：高尚其志。六韜上賢：「士有抗志高節以爲氣勢。」

⑥簟：説文：「竹席也。」單床：單人床。此句言秋涼，竹席將收捲不用。白居易秋霽：「沉吟卷長簟，愴惻收團扇。」

編年 見牧齋凈稿。據原集編序。

病中呈諸友 紹興二十二年七月末

窮居值秋晦，抱疾獨齋居。行稀草生徑，一雨復旬餘。交親各所營，曠若音塵疏①。始悟端居樂，復理北窗書。讀誦興已闌，起坐方躊躇。緑樹滿空庭，策策涼飆初。良時不復停②，煩吝未云祛③。還思對君子，日夕佇軒車。

注釋 ①曠若：開闊稀疏貌。音塵：音信。蔡琰胡笳十八拍之十：「故鄉隔兮音塵絕。」

②良時：美好時光。

③吝：悔恨，遺憾。易繫辭上：「悔吝者，憂虞之象也。」

編年 見牧齋净稿。詩云「窮居值秋晦」，參以上下篇，應爲七月末作。

評論 朱子可聞詩集卷一：詩莫妙於寫景，「行稀」二句，曲盡久無人到之景，「緑樹」二句，畫出時不暫停之景。著語不多，情事倍摯。以端居理書襯託，而對君子之思益切也。「始悟」字、「復理」字與「還思」字呼應甚緊。

川上見月歸示同行者 紹興二十二年八月

川上偶携手，皓月起林端。一舒臨流望，玄露已先漙①。歸掩荒園扉，更怯裳衣單。清夜可晤言，獨處誰爲歡？

注釋 ①玄露：清露。唐呂巖漢宫春：「夜來乘風，玄露丹霞。」漙：露多貌。詩經鄭風野有蔓草：「野有蔓草，零露漙兮。」毛傳：「漙，漙然盛多也。」

編年 見牧齋净稿。據原集編序及詩中語，作於八月甚明。

月夜述懷 紹興二十二年八月

皓月出林表，照此秋牀單。幽人起晤嘆①，桂香發窗間。高梧滴露鳴，散髮天風寒。抗志絶塵氛，何不棲空山！

解題 此篇述懷，情、景、人交融，聲、色、氣味交融，動、静交融，活畫出一個志向高潔的士人形象。

注釋 ①幽人：隱士。易履卦：「履道坦坦，幽人貞吉。」晤嘆：對嘆，自己對自己嘆息。

編年 見牧齋净稿。據原集編序。詩云「桂香發窗間」，爲八月之景。

冬雨不止 紹興二十二年十月

忽忽時序改，白日藏光輝。重陰潤九野①，小雨紛微微。蒼山寒氣深，高林霜葉稀。田家秋成意，落落乖所期。曠望獨興懷，戚戚愁寒飢②。事至當復遣③，且掩荒園扉。

注釋 ①重陰：指陰雨。曹植贈王粲：「重陰潤萬物，何懼澤不周？」九野：九州之野，指大地。

②此句言年成不好，擔心生計受到影響。

③遣：打發。

編年 見牧齋净稿。據原集編序及詩中語，應爲初冬所作。

贈仰上人 紹興二十二年十月

澗谷秋雲曉，飄飖無定姿。氛氳升遠樹，凌亂起寒飈①。雨罷成孤鶴，天高逐散絲②。上人歸別嶺，心迹但如斯。

解題 仰上人，名仰之僧人，事迹不詳。

注釋 ①飈：疾風。曹植盤石篇：「一舉必千里，乘飈舉帆幢。」

②散絲：散落之細絲，形容細雨。杜甫雨詩之二：「江雨舊無時，天晴忽散絲。」

編年 見牧齋净稿。據原集編序。

評論 朱子可聞詩集卷三：此興又比也，至末始出上人，用古法作律詩，脱盡三體情景虛實之説。以秋雲興上人，幻矣，以孤鶴散絲比秋雲，尤幻。

即事偶賦 紹興二十二年十至十一月間

白煙竟日起，雨晦蒼山深。老菊不復妍，丹楓滿高林。抱病寢齋房，窗户結愁陰。起望一舒情，遐眺豁煩襟。人生亦已勞，世路方崎嶔。且詠招隱作，無爲名迹侵①。

解題 朱熹年方逾冠，涉世尚淺，詩中之嘆，雖有所感，實亦不無「愛上層樓」之嫌。

注釋 ①名迹：名聲功績，即功名。穆天子傳三：「天子遂驅升於弇山，乃紀名迹於弇山之石。」

編年 見牧齋净稿。詩云「老菊不復妍，丹楓滿高林」，是仲冬後氣象。

作室爲焚修之所擬步虛辭 紹興二十二年十至十一月間

歸命仰璇極①，寥陽太帝居②。倏倏列羽幢③，八景騰飛輿④。願傾無極光⑤，回駕俯塵區。受我焚香禮，同彼浮黎都⑥。

解題 此篇見朱熹傾心入道，想入骨髓。頂禮膜拜，儼然道士。焚修，焚香修煉。步虛辭，道家唱經禮贊時吟誦之辭。

注釋 ①歸命：歸心，歸依。賈誼上疏陳政事：「諸侯之君不敢有異心，輻凑并進而歸命天子。」璇：北斗第二星天璇。極：北極星，宋人指北斗第一星天樞。

②寥陽：即寥陽殿，道教以爲玉皇大帝所居。太帝：即天帝，玉皇大帝。

③羽幢：以鳥羽裝飾的旌旗之類。王維暮春太師左右丞相諸公於韋氏逍遥谷宴集序：「右班劍，驂六騶，畫輪載轂，羽幢先路，以詣夫逍遥焉。」

④八景：道教所稱八彩景色，即元、始、玄、靈、真、明、洞、清之景。有八景輿，爲仙人乘坐之車。真誥甄命授：「仙道有八景之輿以游行上清。」

⑤無極光：無邊無際之光明。佛教有所謂「光明普照」。

⑥浮黎都：即浮黎土，道教所指天國土地，在清微天所屬之處。孔雀明王經：「爾時元始天尊在大羅天上，清微天宫，浮黎國土，鬱羅寶臺之上，放九色祥光，九蓮花座，演説玉經。」

編年 見牧齋净稿。據原集編序。

寄題咸清精舍清暉堂 紹興二十二年十一月

山川佳麗地，結宇娱朝昏。朝昏有奇變，超忽難具論①。千嵐蔽夕陰，百嶂明晨暾②。穹林擢遥景③，回澗盪秋氛。覽極慚未周，窮深遂忘喧。欲將身世遺④，况託玄虚門。境空乘化往⑤，理妙觸目存⑥。珍重忘言子⑦，高唱絶塵紛。

解題 精舍，私家書院學舍。此篇乃朱熹爲其好友所題，道釋意味極濃。

注釋 ①超忽：曠遠貌。文選王巾頭陀寺碑文：「東望平皋，千里超忽。」

②晨暾：朝陽。

③穹林：深林。擢：竪立，聳立。韓愈祭河南張員外文：「雲壁潭潭，穹林所擢。」

④身世：自身與世界。唐李涉山居：「一從身世兩相遺，往往關門到午時。」

⑤境空：空寂虛無之境界。乘化：順其自然。陶潛歸去來兮辭：「聊乘化以歸盡，樂夫天命復奚疑。」

⑥理妙：理義高妙。韋應物答劉西曹：「詮文不獨古，理妙即同流。」

⑦忘言子：指無須借助言辭而心靈相通的摯友。

編年 見牧齋凈稿。據原集編序。

冬日二首 紹興二十二年十二月

蕭索時序晚，已復度高秋。回澗白波起，通川絳樹稠。晨風散清霜，嘉稻卷平疇。獨懷志士感，歲事幸將休。

清霜染澗樹，蕭索向嚴冬。密雨有時集，寒雲無定容。波明橫瀨出，風急遠林空。一極窗間眺，高旻矗亂峰①。

注釋 ①高旻：高遠的天空。陶潛自祭文：「茫茫大塊，悠悠高旻，是生萬物，余得爲人。」

編年 見牧齋凈稿。詩云「蕭索時序晚」、「蕭索向嚴冬」，應爲十二月作。

評論 朱子可聞詩集卷三：以第二句出題，中二聯寫景，第七句總收入眺望中，全篇皆靈矣。三、四雨有時集，凝而難散也，雲無定容，開而復陰也，緊承第二句，曲盡嚴冬景象。五、六亦寫嚴冬，而瀨出林空，則兼爲第七句遠眺伏脈。先生近體，大抵氣疏而法密。

朱熹文集編年評注卷一下

春日即事 癸酉 紹興二十三年正月

郊園卉木麗，林塘煙水清。閑棲衆累遠，覽物共關情①。憩樹鳥啼幽，緣原草舒榮。悟悦心自遣②，誰云非達生③？

注釋 ①關情：牽動情懷。唐陸龜蒙又酬襲美次韻：「酒香偏入夢，花落又關情。」

②悟悦：因了悟而喜悦。柳宗元晨詣超師院讀禪經：「澹然離言説，悟悦心自足。」

③達生：參透人生，不受世事牽累。莊子達生：「達生之情者，不務生之所無以爲。」

編年 見牧齋净稿。題下原注「癸酉」，以下五十篇同年作。此篇居首，據原集編序，應爲正月初春作。

誦經 紹興二十三年正月

坐厭塵累積，脱躧味幽玄①。静披笈中素②，流味東華篇③。朝昏一俯仰④，歲月如奔川。世紛未云遣，仗此息諸緣⑤。

解題 此爲朱熹留連釋老的内心獨白與自我寫照。

注釋 ①脱躧：即脱屣，脱鞋。喻抛棄世俗牽累。史記孝武本紀：「吾誠得如黄帝，吾視去妻子如脱躧耳。」

②笈：竹、藤編製之盛器，常用以放置書籍。素：白色生絹。因古人以絹帛書寫，故亦以爲書籍的代稱。

③東華篇：東華之書，指道家典籍。

④俯仰：喻時間短暫，倏忽而過。王羲之蘭亭集序：「夫人之相與，俯仰一世。」

⑤諸緣：佛教用語，指色、聲、香、味、觸、法諸種塵緣。蘇軾和陶雜詩之九：「思我無所思，安能觀諸緣。」

編年 見牧齋净稿。據原集編序。

春日言懷〔一〕 紹興二十三年二月

春至草木變，郊園猶掩扉。兹晨與心會，覽物遍芳菲。桃蕚破淺紅，時禽悦朝暉。泉谷暖方融，原田水初肥①。東作興庶氓②，歲功始在兹。端居適自慰，世事復有期③？終然心所尚〔二〕，農畝當還歸。

解題 此爲朱熹得知同安主簿上任日期後所作。赴官有日，雖高歌歸隱，到底掩飾不住初仕的興奮。

校記 〔一〕言：考異云一作「書」。

〔二〕尚：原作「向」，據宋閩、浙本改。

注釋 ①肥：漲。蘇軾次韻沈長官三首之二：「雨入松江水漸肥。」

②庶氓：衆農人。韋應物縣齋詩：「閑齋始延矚，東作興庶氓。」此用其成句。

③世事：世俗之事。此指同安主簿之任。張衡歸田賦：「超埃塵以遐逝，與世事乎長辭。」

編年 見牧齋净稿。詩有「桃蕚破淺紅」、「東作興庶氓」之語，爲仲春二月景象。

晚步 紹興二十三年三月

東原鬱已秀①，嘉樹藹初緑。衆卉發春陽，前山可遐矚。端居日康倦〔一〕，涉澗步墟曲②。景幽恣所尋，悟悦何由足〔二〕！鳥鳴華薄深，泉響亂流續。握手一同忻，吾生詎幽獨？

解題 此篇一掃寂寞愁嘆，表現了作者自得其樂的歡快心情。

校記 〔一〕底本原注：「『倦』疑當作『健』」。

〔二〕由：宋浙本作「時」。

注釋 ①東原：東邊的原野。

②墟曲：村落。陶潛歸園田居之二：「時復墟曲中，披草共來往。」

編年 見牧齋净稿。據原集編序。

懷友 紹興二十三年三月

山夕烟景亂，林空鳥啼幽。懷人隔春江，夢想積離憂。覽物懷悄悄①，臨觴但悠悠。徘徊東西步，悟嘆復何求？

注釋 ①悄悄：憂傷貌。詩經邶風柏舟：「憂心悄悄，愠于群小。」

編年 見牧齋净稿。據原集編序。

山館觀海棠作二首 紹興二十三年四五月間

景暄林氣深，雨罷寒塘淥。置酒此佳辰，尋幽慕前躅。芳樹麗煙華，紫綿散清馥①。當由懷別恨②，寂寞向空谷。

春草池塘緑，忽驚花嶼紅。亂英深淺色，芳氣有無中。置酒賓朋集，披襟賞咏同。若非摹寫得，應逐彩雲空③。

解題 山館，即屏山劉氏之館，爲劉氏莊園十七景之一。此篇爲朱熹赴官同安臨行前所作。

注釋 ①紫綿：紫色絮狀物，常以形容海棠花。陳與義賓園醉中前後五絶句之二：「海棠脉脉要詩催，日暮紫綿無數開。」

②別恨：離別之憾。此指春末，海棠將謝。李白憶舊游：「問余別恨知多少，落花春暮争紛紛。」

③「若非」二句：此言如果不是將海棠描摹下來，它將像彩雲一樣消散無踪。

編年 見牧齋净稿。詩稱觀海棠，知作在四五月間。

評論 朱子可聞詩集卷三：昔人多恨海棠無香，梅聖俞詩「最鮮深淺非由染」，三、四但融化兩意出之，而此花之香與艶，更覺超出矣。海棠號花中神仙，結以飛仙擬之，與李青蓮「只愁歌舞散，化作彩雲飛」同一奇情筆妙。

題 畫 紹興二十三年四五月間

青鸞凌風翔①，飛仙窈窕姿。高挹謝塵境②，妙顏粲瓊蕤③。登霞抗玉音，結霧吹參差。神鈞儛空洞④，玄露湛霄暉⑤。山中玉斧家⑥，胡不一來嬉？真凡路一分，冥運千年期⑦。

解題 此亦朱熹赴同安前所作，全詩道氣滿紙，充滿對超脱塵世的向往。畫中之人爲仙女蕚緑華。真誥運象篇一載，仙女自言爲九嶷山中得道女子羅郁。晉穆帝升平三年十一月十日夜降於民羊權之家，贈詩一篇，手巾一方，金玉條脱各一枚。後權亦尸解而去。

注釋 ①青鸞：傳説中神仙所乘的鳳凰一類的鳥。其赤色多者爲鳳，青色多者爲鸞。李白鳳凰曲：「嬴女吹玉簫，吟弄天上春。青鸞不獨去，更有攜手人。」

②挹：通「揖」。此句言告别世俗生活。

③瓊蕤：玉花。文選陸機擬東城一何高：「京洛多妖麗，玉顔侔瓊蕤。」張銑注：「瓊蕤，玉花也。」

④神鈞：大鈞，指造物主，即天。鈞，製作陶器所用轉輪，因以喻天工。漢書賈誼傳：「大鈞播物。」顔師古注引如淳曰：「陶者作器於鈞上，此以造化爲大鈞也。」儛：同「舞」。空洞：道家用語，指化生元氣的太虛之境。雲笈七籤卷二：「元氣於眇莽之内，幽冥之外，生乎空洞。」此句言仙人舞於太空。

⑤霄暉：月亮。元稹春六十韻：「霄暉欲半弓。」

⑥玉斧：傳説中仙人許翽的小名。真誥翼真檢二：「（玉斧）清秀瑩潔，糠粃塵務。居雷平山下，修業勤精，恒願早游洞室，不欲久停人世，遂詣北洞告終，即居方隅山洞方原館中，常去來四平方臺。」真誥運象篇一又載，蕚緑華在世時曾爲師母毒死乳婦，升仙後乃以先罪未滅，被謫降於人世臭濁，以償其過。韋應物蕚緑華歌：「世淫濁兮不可降，胡不來兮玉斧家？」

⑦冥運：冥冥之中的命運安排。此答上兩句之問，言仙凡不同道，永不相及。

編年 見牧齋净稿。據原集編序。

評論 朱子可聞詩集卷一：摹擬韋蘇州蕚緑華歌末段，即從「世淫濁兮不可降，胡不來兮玉斧家」句脱化。但此種寄託，自離騷來，作者皆言求虙妃，而思令蹇修爲理。兹篇與韋歌，獨歸美於仙靈之有意，亦翻用古事法也。總以美人比君，此言人君之求士，立言尤得體。

過武夷作 紹興二十三年五月

弄舟緣碧澗，棲集靈峰阿。夏木紛已成，流泉注驚波。雲闕啓蒼茫〔一〕①，高城鬱嵯峨②。眷言羽衣子③，俛仰日婆娑④。不學飛仙術，纍纍丘冢多。

解題 這是朱熹赴任同安主簿途中所作，全詩表現了對道家哲學的迷戀。

校記 〔一〕啓：考異云一作「起」。

注釋 ①雲闕：雲霧繚繞的宮觀。此指道教名勝武夷山冲佑觀。

②高城：高墻。

③羽衣子：指道士。漢書郊祀志上載武帝時方士欒大身着羽毛之衣，後指道士或神仙之服。

④俛仰：俛，即「俯」字。俯仰，謂拜起。婆娑：優游盤桓。文選班彪北征賦：「登障隧而遥望兮，聊須臾以婆娑。」李善注：「婆娑，容與之貌也。」

編年 見牧齋净稿。朱熹赴同安任在五月，七月至任。此爲初發時作。

同安官舍夜作二首 紹興二十三年七月

官署夜方寂，幽林生月初。閑居秋意遠，花香寒露濡。故國異時節，欲歸懷簡書。聊從西軒卧，塵思一蕭疏。

窗户納凉氣，吏休散朱墨①。無事一翛然，形神罷拘役。暫愒豈非閑②？無論心與迹。

解題 此二詩見朱熹不屑小吏，期盼跳出塵俗之情。

注釋 ①朱墨：朱紅與黑色。古代官府文書用朱墨二色，因用作公文的代稱。北史蘇綽傳：「綽始製文案程式，朱出墨入，及計帳、户籍之法。」

②愒：休息。詩經大雅民勞：「民亦勞止，汔可小愒。」毛傳：「愒，息。」

編年 見牧齋净稿。朱熹至同安任在秋七月，此爲初至時作。

寄山中舊知七首 紹興二十三年七月

結茅雲壑外，石澗流清泉。澗底采菖蒲，顔色永芳鮮。超世慕肥遁①，鍊形學飛仙②。未諧物外期③，已絶區中緣④。

客子歸來晚，江湖欲授衣⑤。路岐終寂寞，老大足傷悲。慷慨平生志，冥茫造物機⑥。清秋鵰鶚上，萬里看横飛。

晨興香火罷，入室披仙經。玄默豈非尚⑦？素餐空自驚⑧。起與塵事俱，是非忽我營。此道難坐進，要須悟無生。

故園今夜半，林影澹逾清。曳杖南溪路，君應獨自行。潺湲流水思，蕭索早秋聲。盡向琴中寫，焉知離恨情！

采藥侵晨入亂峰，宿雲無處認行蹤⑨。歸來應念塵中客，寄與玄芝手自封⑩。

凄凉梧葉變，芬馥桂花秋。日夕湖臯勝，哦詩憶舊游。

秋至池閣静，天高林薄疏。西園有佳處，那得與君俱？

解題 此爲同安所作。首詩贊脱俗之知舊，次詩慰失意之士人。三詩自寫，四至七詩懷友。一、三兩首充滿濃厚的道釋氣息。

注釋 ①肥遁：退隱。易遁卦：「上九，肥遁，無不利。」孔穎達疏：「子夏傳曰：『肥，饒裕也。』……上九最在外極，無應於内，心無疑顧，是遁之最優，故曰肥遁。」陶潛自祭文：「壽涉百齡，身慕肥遁。」

②煉形：道家謂修煉形體。漢武帝内傳附録：「又夜恒存赤氣，從天門入周身内外，在腦中變爲火以燔身，身與火同光，如此存之，亦名曰煉形。」

③物外期：超脱於世外的期盼。

④區中緣：塵世的俗情。謝靈運登江中孤嶼：「想象昆山姿，緬邈區中緣。」

⑤授衣：製備冬衣。詩經豳風七月：「七月流火，九月授衣。」毛傳：「九月霜始降，婦功成，可以授冬衣矣。」

⑥此句言天機難測，意謂天不作美。

⑦玄默：清静無爲。揚雄長楊賦：「且人君以玄默爲神，澹泊爲德。」李周翰注：「玄默，無事也。」

⑧素餐：不勞而食。詩經魏風伐檀：「彼君子兮，不素餐兮。」毛傳：「素，空也。」

⑨宿雲：隔夜的雲氣。宋之問早發始興江口至虛氏村作：「宿雲鵬際落，殘月蚌中開。」

⑩玄芝：黑芝，靈芝的一種。漢東方朔七諫亂辭：「拔搴玄芝兮，列樹芋荷。」洪興祖楚辭補注：「本草：黑芝，一名玄芝。」

編年 見牧齋净稿。詩云「蕭索早秋聲」，也爲初秋作。

評論 朱子可聞詩集卷三：格調氣韻逼肖孟襄陽，前半首即仿佛夜歸鹿門寺詩「巖扉松徑長寂寥，惟有幽人夜來去」二句。任臣云：竟從題下四字落想，不言寄，深於寄矣。妙在意，不在文辭。

述懷 紹興二十三年七月

夙尚本林壑，灌園無寸資①。始懷經濟策②，復愧軒裳姿③。效官刀筆間④，朱墨手所持。謂言殫蹇劣，詎敢論居卑？任小才亦短，抱念一無施。幸蒙大夫賢，加惠寬箠笞。撫己實已優，於道豈所期？終當反初服，高揖與世辭。

解題 此爲朱熹同安初宦的思想實録。盡心職事又牢騷滿腹，沾沾自喜又不安吏迹，表現出複雜的心情。

注釋 ①灌園：從事田園勞動。此句言自己躬農畝，没有任何入仕的資歷。

②經濟策：經世治民的對策。李白嘲魯儒：「問以經濟策，茫如墜煙霧。」此句言自己首次參加進士考試。進士試有策問。

③軒裳：車服，代指比較體面的官爵。沈佺期洛陽道：「白日青春道，軒裳半下朝。」朱熹中五甲第九十名，僅賜同進士出身。故此句言自己未及高等，不夠做體面的官員的資格。

④刀筆：古代兩種書寫工具。後漢書劉盆子傳：「其中一人出刀筆書謁欲賀。」李賢注：「古者記事書於簡册，謬誤者以刀削而除之，故曰刀筆。」後指文書案牘。

編年 見牧齋净稿。據原集編序。

評論 朱子可聞詩集卷一：「撫己」、「於道」二句，一篇大意，句調若與謝康樂去郡詩「顧己雖自許，心迹猶未并」同，而嘆道不能行意，自是先生本色。然篇中亦只將國爾忘家至情反復詠嘆，不啻言之諄，辭之複，而於不能大展其夙抱意，終含蓄不露，詩家之微旨也。

釋奠齋居 紹興二十三年八月

理事未逾月，簿書終日親。簡編不及顧，几閣積埃塵①。今辰屬齋居，煩跼一舒伸。瞻眺庭宇肅，仰首但秋旻。茂樹禽囀幽〔一〕，忽如西澗濱。聊參物外趣，豈與俗子群！

解題　釋奠，古代在學校設置酒食以祭奠先聖先師孔子、顏淵的典禮。齋居，祭祀前居前齋戒，以示虔誠。此篇表現了作者孤芳自賞、鶴立鷄群的清高。

校記　〔一〕囀：原作「轉」，據宋閩、浙本改。

注釋　①几閣：也稱「几格」，橱架。漢書刑法志：「文書盈於几閣，典者不能遍睹。」

編年　見牧齋净稿。詩云「理事未逾月」，知作在八月。

試院雜詩五首　紹興二十三年八月

齋宇夜沉寂，凄凉群物秋。卧聽檐瀉盡，心屬故園幽。了事知何日？分曹喜勝流①。笑談真暫爾，不敢恨淹留。

寒燈耿欲滅，照此一窗幽。坐聽秋檐響，淋浪殊未休。

窮秋一雨至②，暫止復蕭蕭。曲沼寒流滿③，空庭凉葉飄。聞鍾懷故宇，覽物屬今朝。一詠歸來賦④，頓將形迹超⑤。

長廊一游步，愛此方塘净。急雨散遥空，圓文滿幽鏡。階空緑苔長，院僻寒飆勁。長嘯不逢人，超摇得真性⑥。

藝苑門禁肅⑦，長廊似僧居。偶來一散步，暫與塵網疏。文字謝時輩，銓衡賴群儒。伊予獨何者？偪仄心煩紆⑧。

解題 此爲朱熹被抽調至泉州監鄉試寄宿試院所作，全篇表現了作者寂寞而安閑的心境。末詩對自己的打雜差事大發牢騷。

注釋 ①分曹：劃分不同的部門。後漢書百官志三：「成帝初置尚書四人，分爲四曹。」此句言很高興與一些有才學之人分在同一部門。

②窮秋：深秋，晚秋。

③曲沼：曲折迂回的池塘。

④歸來賦：指陶潛的歸去來辭。

⑤形迹：禮法、規矩、吏律的束縛。陶潛經曲阿作：「真想初在襟，誰謂形迹拘。」

⑥真性：本性。莊子馬蹄：「馬，蹄可以踐霜雪，毛可以禦風寒，齕草飲水，翹足而陸：此馬之真性也。」

⑦藝苑：知識學問薈萃之所。此指考場。

⑧偪仄：狹窄擁擠，引申爲心情局促不展。杜甫有偪仄行。

編年 見牧齋净稿。據原集編序。

評論 鶴林玉露甲編卷六朱文公論詩：（朱熹）嘗誦其詩示學者云：「孤燈耿寒焰，照此一窗幽。卧聽檐前雨，浪浪殊未休。」曰：「此雖眼前語，然非心源澄静者不能道。」觀此，則公之所作又可概見矣。

巖桂 紹興二十三年八月

山中緑玉樹①，蕭灑向秋深。小閣芬微度②，書帷氣欲侵③。披懷清露曉，遇賞夕嵐陰④。珍重王孫意，天涯淚滿襟。

解題 此詩由賞桂聯想到被放逐的屈原，充滿凄凉感慨。

注釋 ①緑玉樹：神話中天帝住所的仙樹，其色碧緑，晶瑩如玉。李白擬古之四：「清都緑玉樹，灼爍瑶臺春。」

②度：散播。

③書帷：書齋的帷帳，借指書齋。柳永佳人醉：「正月華如水……冷浸書帷。」

④遇賞：受到賞識。此指留連觀賞。韓愈題木居士：「爲神詎比溝中斷，遇賞還同爨下餘。」

編年 見牧齋净稿。據原集編序。桂花已開，爲八月景象。

秋懷 紹興二十三年八月

井梧已飄黄，澗樹猶含碧。煙水但逶迤，空齋坐蕭瑟。端居生遠興，散漫委書帙。愛此北窗閑，時來岸輕幘①。微鍾忽迢遞，禽語破幽寂。賞罷一悄然，淡泊忘所適。

解題 此詩有聲有色，有景有情，叙寫了官餘讀書的閑暇生活。

注釋 ①岸輕幘：掀起薄頭巾，露出前額。漢孔融與韋休甫書：「不得復與足下岸幘廣坐，舉杯相於。」

編年　見牧齋浄稿。據原集編序。

評論　朱子可聞詩集卷一：殷仲文「獨有清秋日，能使高興盡」，李太白「我覺秋興逸，誰云秋興悲」，二詩翻盡從來悲秋科臼。此篇命意亦然，與上次子厚作不妨參看。

歷代詩發卷二十七范大士評：耳目聽睹無一不幽，筆意直追彭澤。

喜　晴 紹興二十三年八月

衝飆動高柳①，淥水澹微波。日照秋空浄，雨餘寒草多。放懷遺簿領②，發興託煙蘿③。忽念故園日，東阡時一過④。

注釋　①衝飆：急風。盧照鄰病梨樹賦：「怯衝飆之摇落。」

②簿領：登記的文簿，如帳簿之類。

③煙蘿：煙霧繚繞的藤蘿。指草樹茂密處。

④東阡：東邊的田間小路，泛指田野。韓愈尚書左丞孔公墓誌銘：「親戚之不仕與倦而歸者，不在東阡在北陌，可杖屨來往也。」

編年　見牧齋浄稿。據原集編序。

評論　朱子可聞詩集卷三：前半欲寫晴，須從雨後光景摹襯，乃醒得出喜意來。後半放懷發興，都是賦題中「喜」字。

夜　賦　紹興二十三年八月間

暗窗螢影亂，秋幃露氣深。群籟喧已寂①，青天但沉沉。惻愴懷高侶，幽默抱冲襟②。遥憶忘言子，一寫山水音。

注釋　①籟：聲響。

②幽默：沉默。楚辭九章懷沙：「眴兮杳杳，孔静幽默。」

編年　見牧齋净稿。據原集編序。

曉　步　紹興二十三年八月間

初日麗高閣，廣步愛修廊。重門掩秋氣，高柳蔭方塘。閩海冬尚温，晏陰天未霜①。坐悲景物殊，亦念歲時荒。故園屬佳辰，登覽遍陵岡。賓游盡才彦，蕭散屏壺觴。别來時已失，懷思寧蹔忘！宦游何所娱？要使心懷傷。

注釋　①晏陰：微陰。禮記月令：「以定晏陰之所成。」孫希旦集解：「晏，安也。陰道静，故曰晏陰。夏至之日，微陰初起，故致其敬慎安静以養之。」

編年　見牧齋净稿。據原集編序。

書　事 紹興二十三年八月

重門掩晝静，寂無人境喧。嚴程事云已，端居秋向殘。超摇捐外慮，幽默與誰言？即此自爲樂，何用脱籠樊！

編年　見牧齋净稿。詩云「端居秋向殘」，應作在八月末。

八月十七夜月 紹興二十三年八月十七日

忽忽秋逾半，清暉萬里同〔一〕①。遥知竹林夜〔二〕，共賞碧雲空。寂寞盈尊酒，凄凉滿院風。寒塘空自緑，不似小園東。

解題　朱熹赴官同安，係孤身南下。此時老母妻兒皆尚未至，煢煢獨處，佳節思親，充滿凄凉寂寞之情。

校記　〔一〕暉：原作「輝」，據宋閩、浙本改。

〔二〕竹林：考異云一作「故園」。

注釋　①「清暉」句：蘇軾水調歌頭明月幾時有：「但願人長久，千里共嬋娟。」

編年　見牧齋净稿。

評論　朱子可聞詩集卷三：一、二點題，「萬里同」三字，已含兩地相思。三、四彼地，五、六此地。結二句緊承寂寞凄凉意，回應「遥知」，見「清輝」雖同而喧寂殊致，纏綿菀結，不勝離索之悲。

憶齋中二首 紹興二十三年八九月間

高齋一遠眺，西南見秋山。景翳夕陰起，竹密幽禽還。賞愜慮方融，理會心自閑。誰料今爲客，寥落一窗間！

蟋蟀亂秋草，故園風露深。何因不歸去？坐使百憂侵。

解題 此篇鄉愁縈繞，其心境爲同安初仕時所獨有。

編年 見牧齋净稿。據原集編序。

評論 朱子可聞詩集卷一：前六句即韋蘇州「舉頭見秋山，萬事都若遺」意，而蘇州又即本陶詩「悠然見南山」得來。三先生不惟詩派同，而意趣亦本相近如此。

秋夕 紹興二十三年八九月間

秋風桂花發，夕露寒蛩吟①。歲月坐悠遠，江湖亦阻深。紛思寧復整？離憂信難任。終遣誰爲侶？獨此澹冲襟。

解題 此官餘寂寞思鄉之作。

注釋 ①蛩：蟬的一種。

編年 見牧齋净稿。據原集編序。

夢山中故人 紹興二十三年八九月間

風雨蕭蕭已送愁，不堪懷抱更離憂。故人只在千巖裏，桂樹無端一夜秋。把袖追歡勞夢寐，舉杯相屬暫綢繆。覺來却是天涯客，檐響潺潺瀉未休。

解題 此篇懷友，心底流出，思苦情真。

編年 見牧齋净稿。據原集編序。

評論 朱子可聞詩集卷三：此在同安縣作。風雨客中，不堪懷抱，想到故山故人，桂樹秋風矣。「只在」、「無端」四字，筆端飛舞。因想而成夢，夢中舉杯把袖，如身在山中綢繆，覺乃知爲天涯客子。曰「勞」、曰「暫」、曰「却是」，字字著力斡旋。結句「檐響」應首句「風雨」。先生每嘆律至今日，益巧益密，無復古人之風。如此七言，真是蕭疏自得，全不見對偶之痕。「夢寐」雙聲，「綢繆」疊韻。

懷子厚 紹興二十三年九月十五日

中夏辭故里，涉秋未停車。賓友坐離闊，田園想榛蕪。感兹風露朝，起望一煩紆。眷彼忘言子，鬱鬱西齋居。俯飲蒼澗流，仰咏古人書。名應里閭薦，心豈榮利俱？琅然撫枯桐，幽韻泉谷虚。褰裳欲往聽，乖隔靡所如。

編年 見牧齋净稿。詩云「感兹風露朝」，知作於九月十五作者生日。

南安道中紹興二十三年九月

曉澗淙流急，秋山寒氣深。高蟬多遠韻，茂樹有餘陰。煙火居民少，荒蹊草露侵。悠悠秋稼晚，寥落歲寒心。

解題 南安，泉州屬縣，在同安縣東北。此爲朱熹因公外出所作。

編年 見牧齋净稿。據原集編序。

評論 朱子可聞詩集卷三：先生時爲主簿，未得居高蔭物。三、四觸物傷懷，興而比也。結句「寥落歲寒心」，直將本意點出。

垂澗藤紹興二十三年九月

寒泉下碧澗，古木垂蒼藤。蔭此萬里流，閑花自層層。何人賞幽致？白髮巖中僧。

解題 此與下兩篇三幅小景，同爲南安道中所作，意韻略同。

編年 見牧齋净稿。據原集編序。

臨流石紹興二十三年九月

偃蹇西澗濱①，榾然似枯木。下有幽泉鳴，上有蒼苔緑。來往定何人？山空此遺躅②。

注釋 ①偃蹇：猶安卧。司馬光《辭知制誥第六狀》：「豈偃蹇山林、不求聞達之人邪？」②躅：足迹。

編年 見《牧齋净稿》。據原集編序。

懸崖水 紹興二十三年九月

秋天林薄疏，翠壁呈清曉。迢遞瀉寒泉，下有深潭悄。時飄桂葉來，尋源路殊杳。

編年 見《牧齋净稿》。據原集編序。

穿林徑 紹興二十三年九月

屈曲上雲端，似向崖陰斷。行聞山鳥鳴，下與泉聲亂。去去不知疲，幽林自成玩。

解題 此亦南安道中作。

編年 見《牧齋净稿》。據原集編序。

九日 紹興二十三年九月九日

故國音書阻一方，天涯此日思茫茫。風煙歲晚添離恨，湖海尊前即大荒〔一〕①。薄宧驅人向愁悴，舊游惟我最顛狂。細思萬石亭前事②，辜負黄花滿帽香③。

解題　此重陽節懷友詩，表現了作者不安吏迹的情緒。

校記　〔一〕湖海：考異云一作「江海」。

注釋　①大荒：極荒遠之地。左思吴都賦：「出乎大荒之中，行乎東極之外。」劉逵注：「大荒，謂海外也。」此句言每對酒杯，便覺身處於湖海之濱，如同自由遨游於遼遠的荒野一樣。

②萬石亭：漢制，三公俸禄豐厚，號稱萬石。又石奮及四子各仕至二千石，合稱萬石。後以萬石稱高官厚禄之人。此乃名亭之意。亭之所在不詳，似朱熹尚在家鄉時曾與友人共游之處。

③黄花：菊花。菊花秋開，秋屬金，以黄色爲正，故稱。李清照醉花陰重陽：「簾捲西風，人比黄花瘦。」此句言不得登高賞菊。

編年　見牧齋净稿。據原集編序。

督役城樓 紹興二十三年九月

天高無游氣①，林景澹餘暉。感此霜露節〔一〕②，但傷風土非。季秋時序温，百卉不復腓③。祇役郊原上，暄風一吹衣。仕身諒無補，課督慚飢羸。還憶故園日，策杖田中歸。

解題　此詩可見朱熹不忍厲民之一斑。

校記　〔一〕此：考異云一作「兹」。

注釋　①游氣：游動的雲氣。晉書天文志：「凡游氣蔽天，日月失色，皆是風雨之候也。」

②霜露節：指霜降，二十四節氣之一，在農曆九月末。

③腓：枯萎。詩經小雅四月：「秋日淒淒，百卉具腓。」毛傳：「腓，病也。」

編年 見牧齋浄稿。詩云「季秋時序温」，知作在九月。

再至作 紹興二十三年九月

荒城一騁望，落景麗譙門①。隱隱鍾猶度，依依嵐欲昏。風霜非故里，禾黍但秋原。極目歸來晚，玆懷誰與論？

注釋 ①落景：落日。譙門：其上建有瞭望樓的城門。

編年 見牧齋浄稿。據原集編序。

晚望 紹興二十三年九月

禾黍彌平野，凄涼故國秋。清霜凝碧樹，落日翳層丘。覽物知時變，爲農覺歲遒。不堪從吏役，憔悴欲歸休。

解題 此詩道出了小吏奔走的辛勞和作者的煩悶心情。

編年 見牧齋浄稿。據原集編序。

苧溪道中 紹興二十三年九月

秋山有紅樹，忽憶野田中。禾黍收將盡，氛埃晚欲空。登原悲落景，倚杖怯高風。更有寒塘水，應將此處同。

解題　苧溪，在同安境。其水源出蓮花山，過苧溪橋，會於小同溪。此也爲因公外出時所作。

編年　見牧齋净稿。詩云「秋山有紅樹」，亦九月作。

評論　朱子可聞詩集卷三：此篇因宦游苧溪，見似崇安潭溪，遂不覺觸景而動思家之念。然不即言寒塘，而先言紅樹者，詩法妙於襯景也。況一水方涵碧，千林已變紅，先生已自述其居家之景如是。尾聯「更有」緊縮首句「有」字，從重歸結。

十月朔旦懷先隴作　紹興二十三年十月一日

十月氣候變，獨懷霜露悽①。僧廬寄楸檟②，饋奠失兹時。竹柏翳陰岡，華林敞神扉③。汛掃託群隸④，瞻護煩名緇⑤。封塋諒久安，千里一歔欷。持身慕前烈⑥，銜訓倘在斯！

解題　朔旦，初一。先隴，指先人墓。此篇追思亡父朱松。松墓在崇安縣五夫里西塔山靈梵院側，朱熹赴官同安，將護墓等事託付院僧。

注釋　①霜露悽：懷念父母先人的悽愴之情。禮記祭義：「霜露既降，君子履之，必有悽愴之心，非其寒之謂也。」鄭注：「非其寒之謂，謂悽愴及怵惕，皆爲感時念親也。」

②楸檟：楸樹。檟亦楸，一名山楸。落葉喬木，花冠白色，有紫斑，其木質堅細。古人多植於墓前，因代指墳墓。沈約懷舊詩傷庾杲之：「楸檟今已合，容範尚昭昭。」

③華林：茂美的林木。嵇康酒會詩之五：「肅肅苓風，分生江湄，却背華林，俯泝丹坻。」神扉：

指守墓小屋之門。

④汛掃：灑掃。

⑤名緇：名僧。緇：黑色的僧服，代指僧人。

⑥前烈：猶前賢。南朝梁任昉齊竟陵文宣王行狀：「易名之典，請遵前烈。」

編年 見牧齋净稿。

評論 朱子可聞詩集卷一：以第二句作主。「竹柏」四句，都是先隴實境，却都是獨懷虚景。「銜訓」從「獨懷」推深一步。詩有成讖語者，如韋齋先生平日有「尊酒寒花寂歷中」之句，初葬五夫里靈梵院側，後復迁葬武夷寂歷山，果應其言。

步虚詞二首 紹興二十三年十月

扉景廓天津①，空同無員方②。丹晨僊七氣③，朵秀東渟房④。飡吐碧琳華⑤，仰噏飛霞漿⑥。竦轡絶冥外⑦，眄目撫大荒⑧。策我緑軒輧⑨，上際於浪滄⑩。神鈞亦寥朗⑪，晻靄晨風翔⑫。養翮塵波裏，縱神非有亡⑬。一樂無終永，千椿詎能當〔一〕⑭！

褰裳八度外⑮，竦轡霄上游。軒觀隨雲起，偃駕東渟丘。丹蕤耀瓊岡⑯，三素粲曾幽⑰。躡景遺塵波，偶想即虚柔⑱。眄目娱真際〔二〕⑲，不喜亦不憂。宴觀三椿期〔三〕，顛佪翳滄流。千載何足道？太空自然疇。

解題 此篇想象飛升之景，恍然已超出塵世，脱離形骸，到達長生不老的神仙之境，表現了作者對道家學說的極端迷戀。全篇之意與語句一擬真誥等書中之步虛詞。

校記

〔一〕椿：原作「春」，據宋閩、浙本改。

〔二〕眄：原作「盻」，據右引改。

〔三〕觀：原作「罷」，據右引改。

注釋

①扉景：謂日出。扉，開；景，光。廓：掃清。天津：銀河。真誥運象篇一：「昔扉廓天津，採華赤丘。」

②空同：虛無混茫，指蒼天之廣袤空闊。關尹子九藥：「昔之論道者，或曰凝寂，或曰邃深，或曰澄澈，或曰空同。」

③丹晨：紅霞滿天之清晨。七氣：猶「七元」，道家指耳、目、鼻、口七竅的元氣。黃庭內景經肺部：「七元之子主調氣。」梁丘子注引元陽子曰：「七元，七竅之元氣也。」真誥運象篇三：「雲墉帶天搆，七氣煥神馮。」

④朵秀：猶言花開。東渟：仙人居住之處。真誥運象篇四：「玄清眇眇觀，落景出東渟。」

⑤碧琳：青綠色的玉。司馬相如上林賦：「玫瑰碧琳，珊瑚叢生。」

⑥噏：吸。飛霞漿：猶霞液，指晨露，道家以爲仙露。唐吳筠游仙之七：「霞液朝可飲，虹芝晚堪食。」

⑦絕冥：指極深之處。晉孫綽游天台山賦：「跨穹隆之懸磴，臨萬丈之絕冥。」此極言所立處之高。

⑧眄：望。嵇康贈兄秀才公穆入軍：「淩高遠眄，俯仰咨嗟。」大荒：極荒遠之地。山海經大荒

東經：「東海之外，大荒之中，有山名曰大言。」
⑨軿：有帷蓋的車。後漢書袁紹傳：「輜軿紫轂。」李賢注：「說文曰：『軿車，衣車也。』鄭玄注周禮曰：『軿猶屏也，取其自蔽隱。』」
⑩浪滄：滄浪，青蒼色，借指天空。唐寒山詩之五十九：「天高不可問，鷦鳩在滄浪。」
⑪神鈞：謂天。朱熹題畫：「神鈞儛空洞。」
⑫晻靄：又作「晻藹」，盛貌。文選曹植王仲宣誄：「榮曜當世，芳風晻藹。」呂延濟注：「晻藹，盛貌。」
⑬非有亡：既非有也非無。老子：「故有無相生，難易相成。」此二句言雖身處塵世，精神境界却虛靜澄澈，出入有無之間。
⑭千椿：千年的大椿樹，借指歲月的久遠。語出莊子逍遥游：「上古有大椿者，以八千歲爲春，八千歲爲秋。」
⑮八度：猶八荒、八極，指天下、大地。度，同「宅」，居。尚書堯典有「宅嵎夷」、「宅南交」、「宅西」、「宅朔方」之語，其「宅西曰昧谷」，鄭玄於周禮天官縫人引作「度西」，陸德明經典釋文：「度西音宅。」左傳文公十八年：「不度於善。」杜預注云：「度，居也。」真誥運象篇三：「下觀八度内，俯嘆風塵縈。」
⑯丹荑：初生的紅色嫩芽。文選郭璞游仙詩：「臨源清波，陵岡掇丹荑。」李善注：「凡草之初生，通名曰荑。」
⑰三素：道家指紫、白、黄三色之雲。黄庭内景經：「四氣所合列宿分，紫煙上下三素雲。」梁丘子

注：「三素者，紫素、白素、黄素也。」曾幽：猶曾山，高山。曾，通「層」，高。文選顔延之三月三日曲水詩序：「苑太液，懷曾山。」劉良注：「包懷其高山也。」

⑱虛柔：猶虛静。虛，空寂；柔，沉静。儀禮士虞禮「始虞用柔日」。鄭玄注：「柔日陰，陰取其静。」真誥運象篇二：「然道柔真虛，守澹交物。」

⑲真：真性，本性。莊子秋水：「謹守而勿失，是謂反其真。」

編年　見牧齋净稿。據原集編序。

民安道中 紹興二十三年十至十一月

祗役東原路，長風海氣陰。蒼茫生遠思，憭慄起寒襟。午泊僧寮静，昏投縣郭深。拙勤終不補，誰使漫勞心？

解題　民安，未詳，當在泉州境瀕海某地。

編年　見牧齋净稿。據原集編序。

評論　朱子可聞詩集卷三：此秩滿按事旁郡，故云「祗役」。餘才施及四鄰，猶曰拙勤無補，語何蘊藉也。蒼茫是疊韻，憭慄是雙聲，先生所重在古體，而聲病又極究心，故於雙聲疊韻諸對不皆造其妙。今於五七律中略爲拈出。

西郊縱步 紹興二十三年十至十一月

西郊一游步，極目是秋山。積水群峰碧，清霜楓樹丹。故園心不展，投策詎能閑①？且適平生意，無令雙鬢斑。

注釋 ①「故園」二句：故園心，懷念故鄉之心。投策，將拐杖丟在一邊。此言對故鄉思念不已，即使閑下來内心也不可能平静。

編年 見牧齋净稿。據原集編序。

寄黄子衡

紹興二十三年十至十一月

遠宦去鄉井，終日無一歡。援琴不能操，臨觴起長嘆。我友客京都，肅肅雲天翰①。别去今幾時？各在天一端。有酒不同斟，中情誰與宣？裁詩一問訊，重使心思傳〔一〕。

校記 〔一〕重：考異云一作「却」。

注釋 ①翰：高飛。詩經小雅小宛：「宛彼鳴鳩，翰飛戾天。」

編年 見牧齋净稿。據原集編序。

濯足萬里流

紹興二十三年十至十一月

褰裳緣碧澗，濯足憩清幽。却拂千巖石，聊乘萬里流。氛埃隨脱屣，步武欲横秋。極目滄江晚，煙波殊未休。

編年 見牧齋净稿。據原集編序。

評論 朱子可聞詩集卷三：以褰裳襯濯足，以千巖石襯萬里流，次第出題，亦從左思「振衣千仞岡」句體貼來。「脱屣」、「横秋」十字，尤使人飄飄有世表意。

孤鶴思太清 紹興二十三年十至十一月

孤鶴悲秋晚，凌風絶太清。一爲棲苑客[1]，空有叫群聲。夭矯千年質，飄颻萬里情。九臯無枉路[2]，從遣碧雲生[3]。

解題 太清，太空。此篇以孤鶴自喻，則他人爲鷄群，足見其自視清高，不安吏迹。

注釋 ①苑：古稱養禽獸之所。棲苑客，暫時歇息在苑中之客。

②九臯：曲折深僻的沼澤，喻隱居之地。詩經小雅鶴鳴：「鶴鳴於九臯，聲聞於野。」無枉路：不要走彎路。

③從遣：任使。

編年 見牧齋净稿。據原集編序。

與諸同寮謁奠北山過白巖小憩 紹興二十三年十一月

聯車涉修坂，覽物窮山川。疏林泛朝景，翠嶺含雲煙。祠殿何沈邃，古木鬱蒼然。明靈自安宅[1]，牲酒告恭虔。肸蠁理潜通[2]，神虬亦蜿蜒[3]。既欣歲事舉，重喜景物妍。解帶憩精廬[4]，尊酌且留連。縱談遺名迹，煩慮絶拘牽。迅晷諒難留[5]，歸軫忽已騫[6]。蒼蒼暮色起，反旆東城阡⑦。

解題 此篇記冬日出郊祭奠山神及游覽之事。北山、白巖，皆在同安城郊。

注釋 ①明靈：聖明的神靈。安宅：安居。詩經小雅鴻雁：「雖則劬勞，其究安宅。」鄭箋：「女今雖病勞，終有安居。」

②肹蠁：同「肹蠁」，指人、神之間的感通。杜甫朝獻太清宮賦：「若肹蠁之有憑，肅風飆而乍起。」

③神虬：神龍，主興雲爲雨。淮南子齊俗訓：「黑蜧神虬，潛泉而居，將雨則躍。」

④精廬：僧寺。北齊書楊愔傳：「州内有愔家舊佛寺，入精廬禮拜。」

⑤迅晷：匆匆而過的時光。蘇軾自仙游回至黑水見居民姚氏山亭高絕可愛復憩其上：「何年謝簪紱，丹砂留迅晷。」

⑥歸軫：歸車。鶱：通「鶱」，飛起。此喻車發。

⑦反旆：還歸。左傳宣公十二年：「令尹南轅反旆。」此句言循着城東田間小道返回。

編年 見牧齋浄稿。詩云「既欣歲事舉」，當作於十一月。

評論 朱子可聞詩集卷一：「祠殿」六句，叙題謁奠也。「解帶」四句，叙題小憩也。首四句言來時朝景，尾四句言歸時暮景，妙在於篇之中間横插「既欣歲事舉，重喜景物妍」，逗出「景物」二字，關鍵首尾，以成章法。「疏林泛朝景」，與韋詩「晴光泛嘉木」「泛」字同妙，而句法有因上因下之分。

懷山田作二首 紹興二十三年十一月

郊園多所樂，況此歲云暮。寒色澹遥空〔一〕①，清霜變紅樹。欲舒林表望，詎識塵中趣？向晚寂無人，氤氲欲成霧②。冬日

冰溪流已咽③，陰嶺寒方結。忽值早梅春，未恐芳心歇④。的皪終自妍⑤，殷勤爲誰折？千里寄相思，相思政愁絶。梅花

校記 〔一〕澹：考異云一作「靄」。

注釋 ①寒色：猶寒氣。梅堯臣王龍圖知江陵：「行車踐殘雪，寒色犯輕裘。」

②氤氲：彌漫貌。杜甫纍土爲山詩：「維南將獻壽，佳氣日氤氲。」

③咽：聲音滯塞，喻溪流將斷。

④芳心：花蕊，代指花。蘇軾岐亭道上見梅花戲贈季常：「數枝殘緑風吹盡，一點芳心雀啅開。」

⑤的皪：鮮明貌。左思魏都賦：「丹藕淩波而的皪。」

編年 見牧齋净稿。詩云「歲云暮」，據原集編序，當作於十一月。

夜雨二首 紹興二十三年十一月

擁衾獨宿聽寒雨，聲在荒庭竹樹間。萬里故園今夜永，遥知風雪滿前山。

故山風雪深寒夜，只有梅花獨自香。此日無人問消息，不應憔悴損年芳①。

注釋 ①年芳：猶芳年。此句言梅花早凋。

編年 見牧齋浄稿。據原集編序。

將理西齋 紹興二十三年十一月

欲理西齋居，厭兹塵境擾。發地得幽芳①，斸石依寒篠②。閑暇一題詩，懷沖獨觀眇③。偶此愜高情，公門何日了？

解題 西齋，同安官舍舊屋，朱熹患其嘈雜，别築一室於荒僻之處。

注釋 ①發地：開闢荒地。

②斸：砍削。篠：小竹。柳宗元與崔策登西山：「遥風遞寒篠。」

③眇：遠。楚辭九章哀郢：「心嬋媛而傷懷兮，眇不知其所跖。」

編年 見牧齋浄稿。據原集編序。

寄題金元鼎同年長泰面山亭 紹興二十三年十一月

抗心塵境外，結宇臨秋山。乘高一騁望，表裏窮遐觀(一)。衆嶼互攢列，連岡莽縈環。陽崖煙景舒，陰壑悲風寒。碧草晚未凋，林薄已復丹。仙人吴門子①，歲晚當來還。

解題 金元鼎，名鼎，小名張僧、周卿，婺州金華人。年三十一，中紹興十八年五甲第七十九名進士，遂與朱熹爲同年。長泰，漳州屬縣。面山亭，鼎所築。其人時爲長泰縣令。

校記 〔一〕大同集此下多四句：「層甍麗朝暾，高扉啓晨關。了此棲息地，清暉且怡顔。」文意拙劣，顯爲好事者所加。以其與通行本差别較大，附録於此。

注釋 ①吴門子：指漢梅福。漢書梅福傳載，福避王莽專政，變姓名，棄妻子，隱於會稽，爲吴市門卒，後仙去。傳説福嘗至閩中，并在此升天。

編年 見牧齋净稿。據原集編序。

冬至陰雨 紹興二十三年十一月

愆陽值歲晏①，忽復層陰結。一雨散霏微，千林共騷屑②。端居遺簿領，遠意懷幽潔。曠慮守微痾③，殊方感新節。豈伊田廬念？丘壠心摧折④。還登東嶺岡，瞻竚何由歇！

注釋 ①愆陽：陽氣過盛，冬温少雨。左傳昭公四年：「其用之也遍，則冬無愆陽。」杜預注：「愆，過也。謂冬温。」
②騷屑：風聲。劉向九嘆思古：「風騷屑以摇木兮。」王逸注：「風聲貌。」
③曠慮：寬心。
④丘壠：墳墓。此指崇安山中父親朱松之墓。

編年 見牧齋净稿。

安溪道中泉石奇甚絶類建劍間山水佳處也 紹興二十三年十二月

驅車陟連岡，振轡出林莽。霧露曉方除，日照川如掌①。行行遵曲岸，水石窮幽賞。地偏寒篠多，澗激淙流響。祇役未忘倦〔一〕，心神暫蕭爽。感兹懷故山，何日税徵鞅〔二〕②？

解題 安溪，泉州屬縣，在同安以北。建，建州；劍，南劍州。

校記 〔一〕倦：考異云一作「疲」。

〔二〕徵：右引云一作「歸」。

注釋 ①川如掌：喻冬日水平。韋應物藍嶺精舍：「谷轉川如掌。」

②税：通「捝」、「脱」，解下。鞅：套在牛馬頸上的皮帶，也借指車駕。謝朓京路夜發：「行矣倦路長，無由税歸鞅。」

編年 見牧齋浄稿。據原集編序。

留安溪三日按事未竟 紹興二十三年十二月

縣郭四依山，清流下如駛。居民煙火少，市列無行次①。嵐陰常至午②，陽景猶氛翳。向夕悲風多，游子不遑寐。我來亦何事？吏桀古所記③。奉檄正淹留④，何當語歸計？

注釋 ①市列：街市中的店鋪。漢書食貨志下：「今弘羊令吏坐市列販物求利。」顔師古注：「市列，謂列肆。」

②嵐：山林中的霧氣。

③桀：凶暴。

④檄：古代官府用以征召、曉喻、聲討等的公文。

編年 見牧齋净稿。據原集編序。

評論 朱子可聞詩集卷一：此同安秩滿，奉檄走旁郡事也。首四句叙山川城郭居市，中四句叙晝夜陰陽晦明，只八語間，而小邑之情形風景，一一如畫。末云按事未竟，皆因吏桀淹留。「孫魁明有堪瞞處，包老嚴猶在套中」，此輩之狡黠，真自古嘆恨也。

安溪書事〔一〕

紹興二十三年十二月

清溪流不極，夕霧起嵐陰。虛邑帶寒水〔二〕，悲風號遠林。涵山日欲晦〔三〕①，窺閣景方沉〔四〕②。極目無遺眺〔五〕，空令愁寸心。

校記 〔一〕考異云此題一作「晚望」。

〔二〕虛：右引云一作「井」。

〔三〕此句右引云一作「山深日已晦」。

〔四〕窺閣：右引云一作「地迴」。

〔五〕極：右引云一作「一」。

注釋 ①涵山：沉入山中。

②窺閣：於閣中透過小窗向外觀看。

編年 見牧齋净稿。據原集編序。

梅花兩絶句 紹興二十三年十二月

溪上寒梅應已開，故人不寄一枝來。天涯豈是無芳物？爲爾無心向酒杯。

幽壑潺湲小水通，茅茨煙雨竹籬空。梅花亂發籬邊樹，似倚寒枝恨朔風。

編年 見牧齋净稿。據原集編序。

評論 朱子可聞詩集卷五：芳物即寒梅，爾即故人。言天涯豈無梅花，對酒只爲故人音斷，便減心情耳。語脉深曲，盛唐家數。

柚花 甲戌 紹興二十四年三月

春融百卉茂，素榮敷緑枝①。淑郁麗芳遠②，悠颺風日遲③。南國富嘉樹，騷人留恨詞④。空齋對日夕，愁絶鬢成絲⑤。

解題 此詩由柚花想到屈原橘頌，觸景傷懷，愁思千里。

注釋 ①素榮：白花。楚辭九章橘頌「緑葉素榮，紛其可喜兮。」

②淑郁：香氣濃郁。司馬相如上林賦：「酷烈淑郁。」吕延濟注：「淑郁以上，言香氣盛也。」麗芳：猶言花香。

③風日：指和風天氣。李白宮中行樂詞之八：「今朝風日好，宜入未央游。」遲：晚春陽光温暖明亮貌。詩經豳風七月：「春日遲遲，采蘩祁祁。」

④「南國」二句：南國，南方，此指楚國。嘉樹，美樹，此指橘樹。騷人，詩人，此指屈原。恨詞，充滿遺憾的詞章，此指橘頌。其辭云：「后皇嘉樹，橘徠服兮。受命不遷，生南國兮。」

⑤鬢成絲：鬢髮變得像蠶絲一樣雪白。李白上三峽：「三朝又三暮，不覺鬢成絲。」

編年 見牧齋净稿。題下原注「甲戌」。以下十二篇同此。詩寫柚花，此花至早開在三月，故本篇當作於季春。

病告齋居作 紹興二十四年三月

層陰靄已布，小雨時漂灑。獨卧一窗間，有懷無與寫。高居生遠興，春物彌平野。慮曠景方融，事遠情無捨①。聊寄兹日閑，塵勞等虚假。

注釋 ①此句言遠離俗務，情繫春景。

編年 見牧齋净稿。據原集編序。

感事有嘆 紹興二十四年三月

榮華難久恃，代謝安可量？宿昔堂上飲，今歸荒草鄉①。高臺一以傾，繐帳施空房②。繁弦既闋奏③，緩舞亦輟行。桃李自妍華，春風自飄揚。戀幄靡遺思④，更衣有餘芳⑤。身徂名亦滅，事往恨空長。寄語繁華子，古今同一傷。

解題 此爲朱熹讀史有感而作，慨嘆人生如夢，仍充滿濃厚的虚無寂滅思想，有似紅樓夢中的好了歌注。

注釋 ①荒草鄉：指荒塚。

②繐帳：用細而稀疏的麻布製成的靈帳。曹操遺令：「於臺堂上安六尺床，施繐帳。」

③繁弦：繁密的弦樂聲。漢蔡邕琴賦：「於是繁弦既抯，雅韻復揚。」

④幄：帷帳，代指起居之所。此句言没有人再留戀這死去的人，没有人再想起這死去的人了。

⑤更衣：换衣服。此句言穿上昔日屬於亡去之人的衣裳，殘香尚存。

編年 見牧齋净稿。據原集編序。

評論 朱子可聞詩集卷一：中間兩層傷嘆，俱承「荒草」句來：一嘆猶是「今朝繐帳哭君處，前日見鋪歌舞筵」；再一嘆直是「黄金用盡教歌舞，留與他人樂少年」矣。刻畫送舊迎新薄情處，荒草中人有知，亦應醒悔。

夏日 紹興二十四年五至六月

凉氣集幽樹，清陰生廣庭。偶兹憩煩燠，忽憶郊園行。婉娩碧草滋①，迢遞玄蟬鳴②。官曹且休暇，自適幽居情。

注釋 ①婉娩：女子柔順貌。柳宗元亡妻弘農楊氏誌：「惟若人兮，婉娩淑姿。」喻草木柔美。

②玄蟬：即蟬。蟬色黑，故稱玄。杜甫立秋後題：「玄蟬無停號。」

編年 見牧齋净稿。詩云「玄蟬鳴」，知作於五六月間。禮記月令云：「仲夏之月，蟬始鳴」。

聞蟬 紹興二十四年五六月間

悄悄山郭暗，故園應掩扉。蟬聲深樹起，林外夕陽稀。

編年 見牧齋净稿。據原集編序。

秋夜嘆 紹興二十四年九月

秋風淅瀝鳴清商，秋草未死啼寒螿。幽人幽人起晤嘆，仰視河漢天中央。河漢西流去不息，人生辛苦何終極！蒼山萬疊雲氣深，去鍊形魂生羽翼。

解題 此篇崇尚老佛，盼脱苦海，懷不能已。

編年 見牧齋净稿。詩有「秋草未死啼寒螿」之語，應爲秋末景象。

評論 徐元杰跋朱文公秋夜嘆：晦庵先生秋夜嘆之嘆與感興篇之感異辭同旨。神仙之事固誕，而翛然物外意則幾矣。吾志於道，姑去彼取此，不役役而馳，不悶悶而移，靈臺太虚，風清月白，至誠不息，初何辛苦？過化存神，不落形體，孰爲河漢，孰爲幽人，孰爲蒼山之雲！易曰：「幽人，貞吉，中不自亂也。」吁，知此則知先生之晤嘆所以沓致辭於幽人者，其旨明甚。

朱子可聞詩集卷二：絕似太白歌行，讀之令人飄揚欲仙。王昌齡論陶詩「皎皎雲間月」四句，即是美人之歌。先友黄冷翁解古詩「人生寄一世」六句，即是曲中之意。今愚謂此詩「河漢西流」

四句，便是幽人之嘆，皆根上一句引出，詩中自辨體也。

茅舍獨飲 紹興二十四年十月

出身從吏役，驅車涉窮山。日落陰景晦，天高風氣寒。豈無斗酒資？獨酌誰爲歡？一杯且復醉，百念中闌干①。

注釋 ①闌干：縱横錯雜貌。漢趙曄吳越春秋勾踐入臣外傳：「言竟掩面，涕泣闌干。」此句猶言百感交集。

編年 見牧齋净稿。詩云「天高風氣寒」，時已爲初冬。

宿傳舍見月 紹興二十四年十至十一月

空堂寒夜月華清，獨宿凄凉夢不成。欲向階前舞凌亂①，手持杯酒爲誰傾？

解題 此爲朱熹因公外出時作。傳舍，古代供來往行人休息住宿的處所。

注釋 ①舞凌亂：李白月下獨酌四首之一：「我歌月徘徊，我舞影凌亂。」

編年 見牧齋净稿。據原集編序。

寄諸同寮 紹興二十四年十二月

把酒江頭煙雨時，遥知江樹已芳菲。應憐倦客荒茅裏，落盡梅花未得歸。

編年　見牧齋浄稿。詩云「遥知江樹已芳菲」、「落盡梅花未得歸」，作於十二月甚明。

登羅漢峰紹興二十四年十二月

休暇曹事簡，登高恣窺臨。徜徉偶此地，曠望披塵襟。落日瞰遠郊，暮色生寒陰。歡餘未去已〔一〕，更欲窮幽尋。行披茂樹盡，豁見滄溟深①。恨無雙飛翼，往詣蓬山岑②。

解題　羅漢峰，在漳州龍溪縣。五代唐天成中，王延休憩此，忽聞異香馥郁，得一龜，背有羅漢像，遂建寺，山因以名。朱熹此次出差漳州時間較長，將涉春而返。

校記　〔一〕底本原注：「餘疑當作娱，去疑當作云。」

注釋　①豁：開朗貌。滄溟：大海。

②蓬山：即蓬萊山，傳説海中三座仙山之一。

編年　見牧齋浄稿。據原集編序。

評論　朱子可聞詩集卷一：「恣窺臨」發題，「登」字是一篇主意。下文曰「曠望」，曰「遠瞰」，曰「更窮」、「豁見」，皆是極力形容「恣窺臨」。至末忽轉一「恨」字作結，尤出意外。「更登奇盡處，天際一仙家」，句與意俱未盡，唐人論詩尾之最超格也。而此結神妙過之。

登面山亭是日氛霧四塞，獨見雙髻峰。紹興二十四年十二月

新亭夙所聞，登眺遂兹日。極目但蒼茫，前瞻如有失①。煙鬟稍呈露，衆嶺方含鬱。長嘯天

風來，雲散空宇碧。

解題 面山亭，在長泰境，朱熹同年金鼎所築。

注釋 ①此句言總覺得前面有什麽東西没能看到。

編年 見牧齋净稿。據原集編序。

評論 朱子可聞詩集卷一：夙聞新亭面山，而前瞻若失，一變幻也；方見衆嶺含鬱，而雲散天開，又一變幻也。反復形容，引人入勝。

雙髻峰 紹興二十四年十二月

絶壑藤蘿貯翠煙，水聲幽咽亂峰前。行人但説青山好，腸斷雲間雙髻仙。

解題 雙髻峰，在長泰縣城東南五十里，兩峰突起如髻鬟，故名。

編年 見牧齋净稿。據原集編序。

涉澗水作 紹興二十四年十二月

幽谷濺濺小水通，細穿危石認行蹤。回頭自愛晴嵐好，却立灘頭數亂峰。

解題 此詩也當在漳州游歷時所作。

編年 見牧齋净稿。據原集編序。

評論 朱子可聞詩集卷五：一、二已盡涉澗水矣。認行蹤下，忽有回頭一開，却立一轉，頃刻間生出許多情景，覺行到水窮，坐看雲起，有此意思，無此層折。

試院即事 乙亥 紹興二十五年三月

端居惜春晚，庭樹緑已深。重門掩晝静，高館正陰沈。披衣步前除①，悟物懷貞心②。澹泊方自適，好鳥鳴高林。

注釋 ①前除：層前的臺階。王勃觀佛迹寺：「傾影赴前除。」

②悟物：了悟事物之理。晋孫綽喻道論：「覺之爲義，悟物之謂。」

編年 見牧齋浄稿。題下原注「乙亥」。以下四篇同此。詩云「端居惜春晚」，知作於三月。

借王嘉叟所藏趙祖文畫孫興公天台賦凝思幽巖朗詠長川一幅有契于心因作此詩二首〔一〕 紹興二十五年三月

翩然乘孤鶴，往至蒼崖巔。上有桂樹林，下有清泠淵。洗心詠太素〔二〕①，泛景窺靈詮②。棲身託歲暮，畢此巖中緣。

山空四無人，澗樹生凉秋〔三〕。杖策忘所適，水木娱清幽。散髮塵外飆，濯足清瑶流。静嘯長林内〔四〕，舉翮仍丹丘③。

解題 此題畫詩二首，表達了作者對超世出塵生活的向往，具有濃厚的道家氣息。王嘉叟，名秬，號復齋，紹興乾道間名士。嘗卜居於泉州，寓僧寺。後歷官中外。趙祖文，名弁，東郡人。以畫名京城，凡政府照壁，多出其手。孫興公，名綽，東晋太原中都人，以詩文名世。其天台賦辭致甚工，爲當時文士之冠。「凝思幽巖，朗詠長川」乃賦中之句。

校記

〔一〕此題大同集卷一作「借王嘉叟天台横卷展玩累日不厭命工摹得兩段爲賦二首」。

〔二〕洗心：右引云一作「凝神」。

〔三〕澗：右引云一作「桂」。

〔四〕長：右引云一作「兹」。

注釋

①太素：古人指最原始的物質。列子天瑞：「太素者，質之始也。」詠太素，猶欲返樸歸真。嵇康雜詩：「流詠太素，俯讚玄虚。」

②泛景：猶言游觀。張衡周天大象賦：「天津横漢以摛光，奚仲臨津而泛影。」靈詮：神理。

③丹丘：傳説中神仙聚居之地，晝夜長明。楚辭遠游：「仍羽人於丹丘兮，留不死之舊鄉。」王逸注：「因就衆仙於明光也。丹丘，晝夜常明也。」天台賦用此成句。

編年

見牧齋净稿。據原集編序。

雜記草木九首 紹興二十五年三月

高蘿引蔓長，插楥垂碧絲①。西窗夜來雨，無人領幽姿。天門冬②

弱植不自持，芳根爲誰好？雖微九秋榦③，丹心中自保。紅蕉④

根節含露辛，苕穎扶楥緑⑤。蠻中靈草多⑥，夏永清陰足。扶留⑦

種竹官墻陰，經年但憔悴。故園新緑多，宿榦轉蒼翠。竹

窈窕安榴花，乃是西鄰樹⑧。墜萼可憐人？風吹落幽户。榴花

春條擁深翠，夏花明夕陰。北堂罕悴物⑨，獨爾澹冲襟。萱草一⑩

西窗萱草蘽⑪，昔是何人種？移向北堂前，諸孫時繞弄。萱草二

端居春向殘，夏氣已清穆。睡起悄無人，風驚滿窗緑。獨覺

晨起獨行園，花藥發奇穎。猶嫌墜露稀，更汲寒泉井。澆花

解題　前七首詠物，隨興寄託了怨艾、傷感、清高、愜適等不同心情。後二首即事，記述了作者閑暇懶散的官餘生活。

注釋　①插援：從籬笆中穿出。援，籬笆。南朝梁庾肩吾暮游山水應令賦得磧字：「細藤初上援，新流漸涵磧。」

②天門冬：多年生攀援草本植物，莖細長，葉退化，由綫形葉狀枝代替其作用。

③微：非。九秋：深秋。

④紅蕉：即紅色美人蕉。

⑤苕穎：指植物的花及莖。劉禹錫畬田作：「蒼蒼一雨後，苕穎如雲發。」

⑥蠻中：指閩南少數民族聚居之地。此地古爲越人所居，故稱。

⑦扶留：植物名，藤屬，緣木而生，味辛，葉可與檳榔并食。

⑧西鄰：指西域。石榴産自古安息國，故稱安石榴。漢張騫出使西域始得之。

⑨悴：枯萎。陶潛五月旦作和戴主簿詩：「南窗罕悴物，北林榮且豐。」

⑩萱草：即忘憂草，俗稱金針菜、黄花菜，多年生宿根草本植物。葉叢生，狹長，花漏斗形，橘黄或橘紅色，無香氣。

⑪蓁：叢生。

編年 見牧齋净稿。詩有「端居春向殘」之句，仍作於三月。

評論 天門冬 朱子可聞詩集卷五：直想到夜來風雨，無人得知，不惟愛之，且惜之矣。西京云：幽姿非皮想者所能領取，而忠君澤物，直性命以之。三詩初讀，只似口頭語，細尋其言表寄托，不覺將一生性情事業，和盤呈現矣。

紅蕉 朱子可聞詩集卷五：此又是詠蕉葉紅心者，與前作不同，然同是采葑采菲之意。

澆花 朱子可闻詩集卷五：先生澤物之心，真無已時。

觀黄德美延平春望兩圖爲賦二首 紹興二十五年夏秋間

川流匯南奔，山豁類天闢。層甍麗西崖，朝旦群峰碧〔一〕。劍閣望南山

方舟越大江①，凌風下飛閣。仙子去不還，蒼屏倚寥廓。冷風望演山

解題 黄德美，名卓，一字先之，延平人。博學工文，尤長於詩，時稱騷壇元白。延平，南劍州治劍浦别稱，即今福建南平市。

校記 〔一〕旦：考異云一作「夕」。

注釋 ①方舟：兩船相并。莊子山木：「方舟而濟於河。」成玄英疏：「兩舟相并曰方舟。」

編年 見牧齋净稿。據原集編序。

祠事齋居聽雨呈劉子晉 紹興二十五年秋

刀筆常時篋笥盈，齋祠今喜骨毛清①。與君此日俱無事，共愛寒階滴雨聲。

解題 此爲朱熹將行祀事齋戒家居時作。劉子晉，未詳。據詩意，當爲朱熹同安僚友。

注釋 ①骨毛：指身心内外。

編年 見牧齋净稿。詩云「共愛寒階滴雨聲」，爲秋日景象。

朱熹文集編年評注卷二上

詩

送王季山赴龍溪紹興二十六年三月

故人千石令①，便道此之官。契闊三秋永，逢迎一笑歡。田園知不遠，謡俗問非難②。已想躬玄默③，鳴弦亦罷彈④。

解題 王季山，名維則，泉州晋江人。紹興二十六年任龍溪縣令，三月到任。龍溪爲漳州屬縣，由晋江陸路前往，同安乃必經之地。此詩即維則路經同安時所作。

注釋 ①千石令：俸禄千石之縣令。漢制，萬户以上縣令年俸千石。此稱千石令，蓋美言也。

②謡俗：風俗。史記貨殖列傳：「其謡俗猶有趙之風也。」此二句言王維則家鄉距官所不遠，管内民情世故不難了解。

③玄默：沉静不語。漢書刑法志：「及孝文即位，躬修玄默，勸趣農桑。」此用其語，指聚精會神

地思考和處理政事。

④鳴弦：弦樂器。陶潛閑情賦：「仰睇天路，俯促鳴弦。」

編年 據嘉靖龍溪縣志，王維則知縣事在紹興二十六至二十九年。本篇作於至任之年即爲二十六年。維則三月到任，故知此篇作於是月。

評論 朱子可聞詩集卷三：曰「千石令」，將不勝政事之繁，然而無慮其繁也。之官者但能親民問俗，備悉一方之甘苦，政遂可不勞而理矣。黃冷翁云：用事忌俗，惟翻案則無不可用之事。觀結句信然。

之德化宿劇頭鋪夜聞杜宇 紹興二十七年正月

王事賢勞秪自嗤①，一官今是五年期。如何獨宿荒山夜，更擁寒衾聽子規？

解題 此爲朱熹同安任上因公外出時寒夜苦讀之實録。朱子語類卷一百四載朱熹語云：「某舊年思量義理未透，直是不能睡。初看子夏先傳後倦一章，凡三四夜窮究到明，徹夜聞杜鵑聲。」德化，泉州屬縣，在北部。縣有大劇、小劇二嶺，高十里，劇頭鋪在焉。杜宇，即杜鵑，又名子規、布穀鳥。

注釋 ①賢勞：辛勞。孟子萬章上：「此莫非王事，我獨賢勞也。」

編年 朱熹紹興二十三至二十七年在同安任，詩言「一官今是五年期」，故知作於二十七年。其二十六年冬奉檄出差旁郡，詩云「更擁寒衾聽子規」，爲初春景象。

次韻傅丈題呂少衛教授藏書閣 紹興二十六年夏

西樓誰與共閑居？茂樹婆娑清晝餘〔一〕。大隱秪今同一壑①，行吟非昔似三閭②。揣摩心事惟黄卷③，料理家傳亦素書④。更鑿寒泉供漱石，世紛不擬問焉如。

解題 此篇用傅丈詩韻題閣，詠嘆吕少衛隱居生活之高雅的同時，充滿對傅丈的恭維。傅丈，即傅自得（一一一六—一一八三），字安道，居泉州五十年，與朱熹父松交厚。歷官州郡，紹興二十六年初罷歸。朱熹自來泉南，與其過從甚密。吕少衛，泉州人，嘗官縣學教授。朱熹曾爲其恕齋作記，又另有題其藏書閣詩，與本篇作在同時。

校記 〔一〕茂：考異云一作「幾」。

注釋 ①大隱：身居朝市而志在高遠、心胸脱俗之人。晋王康琚反招隱詩：「小隱隱陵藪，大隱隱朝市。」此指傅自得。

②三閭：指屈原。原曾任三閭大夫。此句言從此有伴，不再像屈原一樣獨自苦吟。

③黄卷：指書籍。古時用黄蘗染紙以防蠹蛀，故稱。抱朴子疾謬：「吟詠而向枯簡，匍匐以守黄卷。」此句言埋頭經籍以識聖賢之心。

④素書：書籍。古時以帛寫書，故名。周書張軌傳：「家無餘財，唯有素書數百卷。」

編年 據朱熹所撰傅自得行狀，自得罷興化知軍歸隱在紹興二十六年初，同年冬朱熹爲其新築至樂齋作記。據本篇意，當作於自得歸後不久，故繫於二十六年。詩云「茂樹婆娑清晝餘」，爲夏日景象。

次旬父韻 紹興二十一年前後

五字何人寄①？鏘鳴滿袖金②。劇知多暇日③，誰與共幽尋？簿領淹窮海，鶯花繞故林。功名終好在④，且莫負初心。

注釋 ①五字：指五言詩。

②滿袖金：古人袖有囊，常藏物於袖中。此句恭維旬父所寄詩珍貴似金。

③劇：極，甚。

④在：語助詞。

編年 據卷一送劉旬甫之池陽詩，旬甫紹興二十一年前後作小吏於外，本篇有「簿領」之句，當作於其時。

次祝澤之表兄韻 紹興末

裸裎相向但悠悠①，信道乾坤日夜浮②。此去安心知有法③，向來示病不難瘳。優游静室閑窗底〔一〕，放浪東阡南陌頭。萬事何由到懷抱？夕陽芳草自春秋。

解題 此爲朱熹早期論學詩，全篇以議論爲主。前四句檢討過去浮華奔趨的治學道路，表明了改弦易轍的決心。後四句對既往之症，開瘳疾之方。祝澤之，名未詳，當爲朱熹婺源外家子弟，時問學於崇安山中。朱熹有内弟祝濟之，當與之同族。

校記 〔一〕静：考異云一作「净」。

注釋 ①裸裎：赤身露體。韓愈答張籍書：「吾子譏之，似同浴而譏裸裎也。」此句檢討過去爲學乃帶着同樣的毛病去批評對方的毛病，虛度了光陰。

②信道：猶言信口開河。此句言終日妄談宇宙天地，虛浮無根。

③安心：指涵養心性的功夫。

編年 此詩與下二篇一時先後之作，作在祝澤之、劉子晉前來從學朱熹及將別之時。據卷一祠事齋居聽雨呈劉子晉及本卷中元雨中呈子晉，劉子晉爲朱熹同安僚友，其來問學應在朱熹歸自同安之後。又本篇思想明顯處在檢討舊學的轉變初期，根據朱熹思想發展軌迹，也知其必在歸自同安後不久。故此三篇當於紹興末年所作。

評論 朱子可聞詩集卷三：「但悠悠」三字，便是安心方法。日夜循環，乾坤亦只悠悠的。知得此法，出入行止，無不可從容涵養，到這地位，自然物我偕忘，心無觸礙也。祝君乃褊急人，故箴之以此。觀他日還鄉，先生送行云「應緣心未快，豈是世相違」益見。靜室閑窗，東阡南陌，句中自對。

次祝澤之表兄韻送劉子晉歸省 紹興末

之子真吾友，心期到古人。慇懃來講學，迢遞遠辭親。黃卷工夫妙，斑衣夢想頻①。今朝首歸路②，何處問知津③？

解題 此與前篇先後之作，祝、劉二人皆從朱熹問學於崇安。

注釋 ①斑衣：彩衣，代指兒子。相傳春秋楚隱士老萊子行年七十身着彩衣爲兒戲以娛親，見初學記卷十七孝子傳。

②首：向。史記淮陰侯列傳：「北首燕路。」

③知津：認識渡口，猶言識途。語出論語微子所載子路問津於長沮、桀溺事。

編年　見上篇。

送祝澤之表兄還鄉 紹興末

首夏何來此，清秋却復歸？應緣心未快，豈是世相違①。落日空書館，涼風净客衣。功名須努力，別淚莫頻揮。

解題　此與上二篇先後之作，祝澤之係自崇安還婺源參加鄉試。

注釋　①「應緣」二句：此回答首聯的問題，說明祝澤之來此的目的是講道解惑，而不是爲了個人的榮辱窮通。

編年　見前篇。

知郡傅丈載酒幞被過熹於九日山夜泛小舟弄月劇飲二首① 紹興二十六年秋

扁舟轉空闊〔一〕，煙水浩將平。月色中流滿，秋聲兩岸生。杯深同醉極，嘯罷獨魂驚②。歸去空山黑，西南河漢傾。

誰知方外客③，亦愛酒中仙④。共踏空林月，來尋野渡船。醉醒非各趣，心迹兩忘緣⑤。江海情何限〔二〕！秋生蓬鬢邊〔三〕⑥。

解題 傳丈，即傳自得。稱知郡者，乃因自得方由知興化軍罷歸泉州不久，敬稱其故銜。幞被，用包袱裹束衣被，意爲整理攜帶行裝。九日山，泉之名山，在南安縣境。南安縣志載傳自得九日泛舟同朱元晦詩一首，此篇首詩，即次其韻。時朱熹同安主簿任滿，奉命出差外州，因得共游。首詩即景，境句皆美，令人陶醉；次詩叙情，文意俱佳，道盡主人公胸中瀟灑。

校記

〔一〕轉：考異云一作「漾」。

〔二〕情：右引云一作「清」。

〔三〕生：右引云一作「來」。

注釋

①幞被：又作「襆被」，用包袱裹束衣被。此指隨身帶着行裝。晋書魏舒傳：「襆被而出。」

②獨魂：孤魂，指孤寂的心靈。

③方外客：即方外人，不拘世俗禮法、超凡出塵之人。元結頌東夷：「兩爲方外客，何爲獨能覺。」此指傳自得與作者自己。

④酒中仙：指酷好飲酒之人。唐有「酒中八仙」，爲李白、賀知章、李適之、李璡、崔宗之、蘇晋、張旭、焦遂。此句言自己與傳自得亦愛豪飲。

⑤心迹：思想與行爲。謝靈運齋中讀書詩：「矧乃歸山川，心迹雙寂漠。」此二句言無論醉醒，高趣不改；精神舉止，兩皆脱俗。

⑥蓬鬢：鬢髮蓬亂。此句言秋風吹亂了鬢髮，使人意識到時令的變遷。

編年 據朱熹所撰傳自得行狀，自得罷興化知軍歸泉州在紹興二十六年初。又據朱熹畏壘庵記，作者是年秋嘗奉命出差外郡，因送老幼北歸，詩必作於是行。次年朱熹罷官也經泉州，但已爲冬季矣。詩云

「秋聲兩岸生」，知作於秋間。

評論　朱子可聞詩集卷三：知郡稱爲方外客，主簿自稱酒中仙，真相忘於形骸之外者。太白獨酌詩則曰：「但得酒中趣，勿爲醒者傳。」此共飲詩則曰：「醉醒非各趣。」五、六二句乃一篇警策，不獨一己之醉醒心迹渾然，直合兩人之醉醒心迹渾然矣。第三句妙先逗出一「共」字。

教思堂作示諸同志 紹興二十五年秋

吏局了無事，横舍終日閑①。庭樹秋風至，凉氣滿窗間。高閣富文史，諸生時往還。縱談忽忘倦，時觀非云慳②。詠歸同與點③，坐忘庶晞顔〔一〕④。塵累日以銷，何必棲空山？

解題　此篇詠官餘讀書講學之樂，優游閑暇，津津樂道，一掃初至官時孤獨寂寞、潦倒怨艾的氛圍。教思堂，在同安縣學内。

校記　〔一〕晞：原作「希」，據宋閩、浙本改。

注釋　①横舍：即黌舍，學舍。横，通「黌」。後漢書朱浮傳：「先建太學，進立横舍。」李賢注：「横，學也，或作黌，義亦同。」

②時觀：禮記學記：「時觀而弗語，存其心也。」孔疏：「時觀，謂教者時時觀之而不丁寧告語。所以然者，欲使學者存其心也。」此句言時時觀而不語，非有所慳吝，乃欲待學者有所憤悱然後啓發也。

③詠歸：唱着歌回家。與點：贊同曾點。論語先進載曾點等四人各言其志，點最超然，因而孔子

許之。

④坐忘：道家謂物我兩忘，與道合一的精神境界。莊子大宗師載有顏淵與孔子關於坐忘的問答。

晞顏：仰慕顏淵。晞，通「睎」，仰慕。揚雄法言學行：「睎顏之人，亦顏之徒也。」

編年 本篇同安所作，收入大同集，題前尚有「縣學」二字。考朱熹在任期間，紹興二十三年秋下車伊始，無詩中之閑暇；二十四年秋有漳州數月之行；二十六年秋奉檄外出，次年方歸；二十七年秋已不在任，故詩必作於紹興二十五年。且詩中之「高閣」，應即乙亥春所建之經史閣，據以繫之。詩云「庭樹秋風至」，知作在秋天。

評論 朱子可聞詩集卷一：首尾注意敬思堂。中四句，正如堂中所示條規，與後首但云示諸同志，作法有虛實之不同。先生嘗議潘邠老有一詩一句説一事，更成甚詩。此中四句，乃點化語默行止，無非教也，是寫意，不是使事。

再得古木 紹興末

青山一何深，上下盡雲木。中有千歲姿，偃蹇卧寒谷①。明堂不徵材②，大匠肯回目？樵斧莫謾尋，從渠媚幽獨③。

解題 此篇以千年古木自喻，借詠物之筆抒發了作者自命不凡、孤芳自賞而又懷才不遇、待價而沽的內心感受。

注釋 ①偃蹇：盤曲貌。淮南小山招隱士：「桂樹叢生兮山之幽，偃蹇連蜷兮枝相繚。」

②明堂：古代帝王宣明政教之處，凡朝會、祭祀、慶賞、選士、養老、教學等大典皆在此舉行。此代指朝廷。

③從渠：讓它。媚：使愉悦。李白尋陽紫極宮感秋作：「静坐觀衆妙，浩然媚幽獨。」

編年 此篇確切作年不詳，但詩中圭角未磨，不平外露，顯爲早年所作。又觀詩意，不似未入仕之前作，故繫於紹興之末。

評論 朱子可聞詩集卷一：此比體也。起四句便有捨我其誰之思，中間深惜大木不見用於明堂，分明援孟子語以自喻，非蒙莊「不材散木」之謂也。　詩中有隱一字法，六句「肯」字，蒙五句「不」字來，正言不肯。

示諸同志 紹興末

夏木已云暗，時禽變新聲。林園草被徑，端居有餘清〔一〕。端居亦何爲？日夕掩柴荆。静有弦誦樂，而無塵慮并。良朋肯顧予，尚有夙心傾。深慚未聞道，折衷非所寧①。眷焉撫流光，中夜嘆以驚。高山徒仰止，遠道何由征？

解題 此篇乃與前來崇安家中問學諸友詩。前半寫閉門讀書的隱居生活，後半訴入聖無門、徘徊四顧的焦急心情。

校記 〔一〕清：考異云一作「情」。

注釋 ①折衷：又作「折中」，取正，評判正誤。楚辭九章惜誦：「令五帝以折中兮。」朱熹集注：「折中，謂事理有不同者，執其兩端而折其中，若史記所謂『六藝折中於夫子』是也。」寧：安。

編年 本篇境界，已棄禪而歸於儒，而自嘆未得其門而入，當作在同安還家之後。

評論 朱子可聞詩集卷一：夏木已暗，時禽變聲，觀物候之變遷，自不覺撫流光而眷焉。端居弦誦何樂，傾告良朋何心，凡以山高道遠，吾黨不可不及時向往也。前兩段叙景叙事，至末四句總承，結出示同志大意。

示四弟〔一〕 紹興二十四五年間

十日一洗沐①，諸生各歸休。虛齋息群響，兀坐心悠悠〔二〕。雨久苔徑荒，林深鳥啼幽。階前樹萱草，與子俱忘憂。

解題 四弟，即祝康國，字濟之，徽州婺源人，朱熹伯舅祝莘之子。朱熹官同安，康國往從之，與當地士人許升、王力行等熟識。

校記 〔一〕此題考異云一作「休日」。

〔二〕兀：右引云一作「默」。心：右引云一作「真」。

注釋 ①「十日」句：唐宋官制，官員每旬放假一日，以行澣洗休整。其上、中、下旬休日稱「上澣」、「中澣」、「下澣」，合稱「三澣」。

編年 據朱熹詩文，其爲同安主簿兼領學事在紹興二十三至二十五年間。此詩爲夏景，故二十三年不與焉，以朱熹秋七月始至任也。

還家即事 紹興末

獻歲事行役①，徂春始還歸②。昔往草未芳，今來翠成幃。扶疏滿園陰③，時禽互翻飛〔一〕。叢萱亦已秀，丹葩耀晨輝。即事誰與娱？淹留自忘機④。日暮復出門，悵然心事違〔二〕。古人不可見，獨掩荒園扉〔三〕。

解題 此篇寫初還家時的驚喜，被迫重新從事雜務的煩悶，以及對高潔脱俗生活的向往。

校記 〔一〕互：考異云一作「共」。

〔二〕悵：右引云一作「快」。

〔三〕獨：右引云一作「日」，宋浙本考異云一作「且」。

注釋 ①獻歲：一年之始。宋玉招魂：「獻歲發春兮，汩吾南征。」

②徂春：春末。昭明太子啓：「景逼徂春，時臨變節。」

③扶疏：繁茂紛披貌。陶潛讀山海經之一：「孟夏草木長，繞屋樹扶疏。」

④忘機：拋棄計較機巧之心。指自甘恬澹，與世無爭。王勃江曲孤鳬賦：「爾乃忘機絶慮，懷聲弄影。」

編年 本篇作年不可詳考，然詩末數句見其寂寞傷感、惆悵迷惘，似思想轉變摸索期作，故繫於紹興末。

小盈道中 紹興二十五年春

今朝行役是登臨，極目郊原快賞心。却笑從前嫌俗事，一春牢落閉門深①。

解題　小盈，即小盈嶺，在同安縣北與南安縣交界處。此詩爲朱熹出差福州途中所作，見其數年沉溺佛老，杜門自省，如同坐禪。

注釋　①牢落：孤寂無聊貌。陸機文賦：「心牢落而無偶，意徘徊而不能揥。」

編年　朱熹同安任上春日外出，唯紹興二十五年。其詳見所作泉州同安縣學官書後記。

題囊山寺 紹興二十五年春

曉發漁溪驛①，夜宿囊山寺。雲海近蒼茫〔一〕，層嵐擁深翠。行役倦修途，投歸聊一憩。不學塔中仙②，名塗定何事③？

解題　此亦出差福州歸途所作。囊山寺，據詩，當在福清、興化間。詩中見作者尚崇尚佛學。

校記　〔一〕茫：考異云一作「黄」。

注釋　①漁溪驛：在福清縣西南四十五里，北依佛座山，東臨漁溪水，爲莆中入福州之大道。

②塔中仙：指僧人。僧人死後遺骸葬塔中，故稱。

③名塗：謀取名利之路，即名路。

編年　此與上篇同行所作，參見該篇所考。

題九日山石佛院亂峰軒二首 紹興二十三至二十七年間

因依古佛居，結屋寒林杪。當户碧峰稠，雲烟自昏曉。

巖中老釋子，白髮對青山。不作看山想，秋雲時往還。

解題 此二詩與後篇題可老所藏徐明叔畫卷二首皆收入大同集，共爲一篇，題作題蘧庵畫卷。前有序云：「石谷儉公居西峰石佛院，破壁爲牖，盡得西南諸峰。蘧庵以『亂峰』名之，爲賦四章。」

編年 本篇入大同集，爲同安任上所作。

題可老所藏徐明叔畫卷二首 紹興二十三至二十七年間

群峰相接連〔一〕，斷處秋雲起。雲起山更深，咫尺愁千里。

流雲繞空山，絶壁上蒼翠。應有采芝人，相期烟雨外。

解題 可老，事迹未詳，當爲泉州僧人。徐明叔，名兢（一〇九一——一一五三），號自信居士，和州歷陽人，居吴縣。工畫山水，宋徽宗悦其畫，召對賜出身。

校記 〔一〕峰：考異云一作「山」。

編年 見前篇校記。

評論 一 朱子可聞詩集卷五：作畫者，於山斷處添雲起；看畫者，於雲起處識山深。寫景俱在空際。

二 朱子可聞詩集卷五：「應有」，未有也。畫家高手，往往意到而筆不到，不妨以詩補之。

再至同安假民舍以居示諸生 紹興二十七年春

端居託窮巷，廪食守微官。事少心慮怡，吏休庭宇寬。晨興吟誦餘，體物隨所安。杜門不復出，悠然得真歡。良朋夙所敦，精義時一殫。壺餐雖牢落①，此亦非所難。許生不葷肉②。

解題 朱熹紹興二十六年冬任滿，奉命出差外州。次年春返回同安，借縣人陳氏屋而居，讀書待替，作畏壘庵記以記其詳。此篇即是時所作。

注釋 ①牢落：零落荒蕪貌，引申爲簡略草率。左思魏都賦：「伊洛榛曠，崤函荒蕪，臨菑牢落，鄢郢丘墟。」

②許生：即許升（？—一一八五），字順之，號存齋，同安人，朱熹弟子。

編年 見解題。

六月十五日詣水公庵雨作 紹興二十四至二十七年間

雲起欲爲雨〔一〕，中川分晦明。纔驚橫嶺斷，已覺疏林鳴。空際旱塵滅，虛堂涼思生。穨檐滴瀝餘，忽作流泉傾。況此高人居，地偏園景清。芳馨雜悄蒨①，俯仰同鮮榮。我來偶兹適，中懷澹無營。歸路綠泱漭，因之想巖耕。

解題 水公庵，在同安縣城郊。此篇寫雨前、雨中、雨後，極爲生動形象。

校記 〔一〕起：考異云一作「氣」。

注釋 ①悄蒨：又作「峭蒨」，草木鮮明貌，代指草木。左思招隱之二：「峭蒨青葱間。」李善注：「峭蒨，鮮明貌。」

編年 本篇爲同安任上作，具體作年未詳。

評論　朱子可聞詩集卷一：前段不即説雨，備將雲起風鳴，旱塵都滅，一番雨勢摹擬，是做題中「作」字。中段形容草庵清涼，令人忘却題中「六月十五」之爲盛暑也。一結繪雨後景，尤佳，且確是久宦情事。

末　利　紹興二十三年至二十七年間

曠然塵慮盡，爲對夕花明。密葉低層幄，冰蕤亂玉英①。不因秋露濕，詎識此香清？預恐芳菲盡，微吟繞砌行。

注釋　①冰蕤：冰花。形容花像冰一樣潔白晶瑩。

編年　本篇收入大同集，知爲同安任上作。

謝人送蘭　紹興二十六年秋

幽獨塵事屏，畹晚秋蘭滋①。芳馨不自媚，掩抑空相思②。晤對日方永③，披叢露未晞。脩然發孤詠，九畹陳悲詩④。

解題　紹興二十六年秋，朱熹任同安主簿三年期滿，恰值官舍破敗，不堪復居，於是遷居僧寺，守印待替。此與以下二篇即此期間所作。送蘭之人爲縣人葉學古，朱熹嘗爲其至樂齋作銘。

注釋　①畹晚：太陽偏西。楚辭九辨：「白日畹晚其將入兮。」

②掩抑：心情抑郁。唐高彦休唐闕史周丞相對敭：「既而龍姿掩抑，淚落衣襟。」

③晤對：面對。謝靈運酬從弟惠連詩：「晤對無厭歇，聚散成分離。」

④九畹：代指蘭花。離騷：「余既滋蘭之九畹兮，又樹蕙之百畝。」王逸注：「十二畝曰畹。」

編年 此詩與下篇一時先後之作。據下篇，其作於紹興二十六年任滿待替時甚明。

評論 朱子可聞詩集卷一：昔夫子歷聘不遇，歌猗蘭而傷無王者。先生此詩，不自媚，空想思，亦曰蘭非無所爲而芳馨者，其用意猶是。又按先生答鄭子上解湛露詩云：「『露以陽晞』，猶諸侯之稟王命。陽即日也。」今此詩既曰「日方永」，又曰「露未晞」，感慨益深矣。故一結自點明其陳悲詩云。

又 紹興二十六年秋

淹留閱歲序，契闊心懷憂。獨卧寄僧閭，一室空山秋。徘徊起顧望，俯仰誰爲儔？伊人遠贈問①，孤根亦綢繆②。芳馨不我遺，三載娛清幽。愧無瓊琚報③，厚意竟莫酬〔一〕。瞻彼南陔詩④，使我心悠悠。

解題 此篇表現了作者滯留待替的煩悶無聊和盼望早歸的迫切心情。

校記 〔一〕厚意：考異云一作「晤嘆」。

注釋 ①伊人：此人。詩經秦風蒹葭：「所謂伊人，在水一方。」

②綢繆：情意殷切。文選吴質答東阿王書：「是何文彩之巨麗而慰喻之綢繆乎！」吕延濟注：「綢繆，謂殷勤之意也。」

③瓊琚：精美的玉佩。詩經衛風木瓜：「投我以木瓜，報之以瓊琚。」毛傳：「瓊，玉之美者。」

琚，佩玉名。」

④南陔：詩經小雅佚詩篇名，爲六笙詩之一。該篇小序云：「南陔，孝子相戒以養也。」

編年　詩中「淹留」句指等待接替之人；「三載」句知葉學古年年送蘭，至此已三年；「南陔」二句以不得還家養母而不安，蓋祝夫人不樂居官所也。參之以畏壘庵記及本卷梵天觀雨詩，可知本篇作於二十六年秋。

秋蘭已悴以其根歸學古 紹興二十六年秋冬間

秋至百草晦，寂寞寒露滋。蘭皋一以悴，蕪穢不能治。端居念離索，無以遺所思。願言託孤根，歲晏以爲期①。

注釋　①「願言」二句：朱熹是年秋官滿當替，而代者不至，滯留候命，思歸心切。此既實歸根於學古，也寓期盼歲末以前能解任還家、根歸故土之意。

編年　本篇承前篇而作，是作在同年秋末冬初。

去歲蒙學古分惠蘭花清賞既歇復以根叢歸之故畹而學古預有今歲之約近聞頗已著花輒賦小詩以尋前約幸一笑 紹興二十七年秋

秋蘭遞初馥，芳意滿沖襟。想子空齋裏，凄涼楚客心①。夕風生遠思，晨露灑中林。頗憶孤根在，幽期得重尋。

解題 此承前篇而作，是時仍待替同安。

注釋 ①楚客：楚屈原遭逐，流落他鄉，稱楚客。後用指客居他鄉之人。岑參送人歸江寧詩：「楚客憶鄉信，向家湖水長。」

編年 本篇收入大同集，作於上篇次年，據以繫之。詩云「秋蘭遞初馥」，知作於秋天。

秋夕二首 紹興二十五年秋

西齋坐竟日，曠然誰與儔？感茲風露夕①，始知天宇秋。庭樹且扶疏，時物詎淹留？心空累云遠，歲月真悠悠。

公門了無事，吏散終日閑。凉葉何蕭蕭，悲吟庭樹間。琴書寫塵慮，菽水怡親顏②。憶在中林日，秋來長掩關。

解題 此與以下三篇皆朱熹任同安簿第三年秋天所作。隨着吏事的幹練，朱熹過起了「政成事簡」的閑暇生活。讀書、奉親、宴游之餘，其意不外懷友、思鄉。

注釋 ①風露：風與露，用爲秋天的徵兆。陶潛己酉歲九月九日：「靡靡秋已夕，淒淒風露交。」

②菽水：豆與水，代指生活的清苦。禮記檀弓下載孔子語曰：「啜菽飲水盡其歡，斯之謂孝。」後以「菽水」稱養親。

編年 本篇收入大同集，爲同安任上所作。朱熹理西齋在紹興二十三年冬，卷一有詩記其事。二十四年秋作者出差漳州，無此閑暇。觀二詩毫無即將離任之意，故也不應作在二十六七年。因繫於二十五年。詩云「始知天宇秋」、「秋來長掩關」，作於秋天甚明。

秋夜聽雨奉懷子厚紹興二十五年七月

悄悄窗户暗，青燈讀殘書①。忽聽疏雨落，稍知凉氣初。披襟聊自適，掩卷方躊躇。亦念同懷人，悵望心煩紆。鳴琴愛静夜，樂道今閑居。岑岑空山中，此夕知焉如？

注釋 ①殘書：猶殘編，古書。古書多殘闕不全，故稱。王勃觀内懷仙詩：「玉架殘書隱，金壇舊迹迷。」

編年 本篇收入大同集，知爲同安任上作。朱熹手編牧齋浄稿，所收訖於紹興二十五年夏秋間。本篇不在其中，故不得早於二十五年。詩無即將離任之意，故非二十六七年作。據以繫之。詩云「忽聽疏雨落，稍知凉氣初」，爲初秋景象。

對月思故山夜景紹興二十五年七月

沉沉新秋夜，凉月滿荆扉。露泫凝餘彩①，川明澄素暉。中林竹樹映，疏星河漢稀。此夕情無限，故園何日歸？

注釋 ①泫：露珠晶瑩貌。文選謝惠連泛湖歸出樓中翫月：「泫泫露盈條。」李周翰注：「泫泫，露光盈滿也。」餘彩：指月光，猶下篇之「餘景」。

編年 此詩與上篇爲同年所作，見上篇所考。詩云「新秋夜」，知作於七月。

同僚小集梵天寺坐間雨作已復開霽步至東橋玩月賦詩二首 紹興二十五年七月

傑閣翔林杪，披襟此日閑。層雲生薄晚①，涼雨遍空山。地迥衣裳冷，天高澄霽還。出門迷所適，月色滿林關②。

空山看雨罷，微步喜新涼。月出澄餘景③，川明發素光。星河方耿耿，雲樹轉蒼蒼。晤語逢清夜，茲懷殊未央。

解題 梵天寺，同安名刹，在大輪山阿。舊名興教寺，北宋熙寧中改名。

注釋 ①薄晚：傍晚。韓愈答張籍書：「薄晚須到公府，言不能盡。」

②林關：猶林間，林中。

③餘景：殘留的光輝，指月光。南朝宋謝莊月賦：「歌響未終，餘景就畢。」

編年 此與上篇同年作，參見該篇所考。據「微步喜新涼」之句，當作在秋七月。

評論 一　朱子可聞詩集卷三：從梵寺直入，欲言雨作，先寫雲生，欲言天霽，先寫地迥，欲言東橋玩月，先寫月滿林間。一篇如題順叙，而處處補筆分明。

二　朱子可聞詩集卷三：起二句承上首來，中二句實寫玩月，末二句結出同僚小集。「澄餘景」是川，因月出而川景愈澄；「發素光」是月，因川明而月光益發。交互寫來，確切橋上月。

梵天觀雨紹興二十六年七月

持身乏古節，寸祿久棲遲。蹔寄靈山寺，空吟招隱詩。讀書清磬外，看雨暮鍾時。漸喜涼秋近，滄洲去有期。

解題　此爲朱熹任將滿獨居僧寺待替時所作。

編年　參之以畏壘庵記，本篇爲即將任滿時作甚明。詩云「漸喜涼秋近」，其秩滿正在七月。

評論　柳亭詩話卷十九宋人警句：余於六朝既摘其麗句，以爲唐人嫡乳。今於兩宋，復採其尤雅者，以見一朝風軌，揣鑰捫鐘，當莫逃於具眼人也。……朱晦庵梵天觀雨：「讀書清磬外，看雨暮鐘時。」

兼山閣雨中紹興二十六年七月

兩山相接雨冥冥，四牖東西萬木清。面似凍梨頭似雪，後生誰與屬遺經①？

解題　兼山閣，在梵天寺。

注釋　①「面似」二句：凍梨，形容老人面色。釋名釋長幼：「九十曰鮐背……或曰凍梨，皆壽徵也。」此二句寫老僧容顏與心境。

編年　此與上篇應一時先後之作，據以繫之。

評論　朱子可聞詩集卷五：此即詩人「風雨如晦」之旨。傳經無人，又不同泛然思友。三、四形容感慨，尤使人有「青青子衿」之憾。

登閣 紹興二十六年七月

横空敞新閣，高處絶炎氛。野迥長風入，天秋涼氣分。憑欄生逸想①，投迹遠人群②。終憶茅檐外，空山多白雲。

解題 此與上篇爲一時先後所作，思歸之情，縈繞胸懷。

注釋 ①逸想：超世出塵的情懷。陶潛和胡西曹示顧賊曹：「逸想不可淹，猖狂獨長悲。」

②投迹：投身，舉步前往。莊子天地：「將往投迹者衆。」

編年 參見上篇。

秋懷二首 紹興二十五年秋

秋風吹庭户，客子懷故鄉。矧此卧愁疾，徘徊守空房。伫想澗谷居，林深慘悲涼。鶡鷄感蕭辰①，拊翼號風霜。氛雜無留氣②，悄蒨有餘芳。幸聞衛生要③，招隱夙所臧。終期謝世慮，矯翮兹山岡④。

懷痾坐竟日，晚色散幽樹。寂歷候蟲悲⑤，沉瀁碧草露⑥。端居興方澹，沉默自成趣。羽觴歡獨持⑦，瑶琴誰與晤？空知玄思清，未惜年華度。美人殊不來，歲月恐遲暮。

解題 此爲朱熹至同安第三年秋所作。首詩懷鄉思歸，次詩表現了久未「得道」的焦慮。

注釋 ①鶡鷄：鳥名，似鶴。楚辭九辯：「鶡鷄啁哳而悲鳴。」洪興祖補注：「鶡鷄似鶴，黄白色。」

②氛雜：雜亂濁惡之氣。謝靈運田南樹園激流植援：「中園屏氛雜，清曠招遠風。」

③衛生：養生，保養身體。莊子庚桑楚：「衛生之經，能抱一乎？」郭象注：「防衛其生，令合道也。」

④矯翮：展翅。韓愈送諸葛覺往隨州讀書：「入海觀龍魚，矯翮逐黄鵠。」

⑤寂歷：空寂。江淹燈賦：「涓連冬心，寂歷冬暮。」

⑥沆瀁：水多貌。文選郭璞江賦：「極望數百，沆瀁皛溔。」李善注：「沆瀁，廣大之貌。」

⑦羽觴：古代酒器之一種，作鳥雀狀，左右形如兩翼。楚辭招魂：「瑶漿蜜勺，實羽觴兮。」

編年　觀詩意，爲早年在官所作無疑，是同安任上也。二詩未收入牧齋净稿，又未有即將離任之意，故應作於紹興二十五年。

中元雨中呈子晋 紹興二十五年七月十五日

徂暑尚繁鬱①，大火空西流。兹辰喜佳節，凉雨忽驚秋。晼晚蘭徑滋，蕭萷庭樹幽②。炎氣一以去，恢台逝不留③。刀筆隨事屏，塵囂與心休。端居諷道言，焚香味真諏④。子亦玩文史，及此同優游。

解題　中元，即中元節，在七月十五日。子晋，姓劉，朱熹同安僚友。

注釋　①徂暑：殘暑，季夏。詩經小雅四月：「四月維夏，六月徂暑。」繁鬱：猶煩鬱，因炎熱而煩悶。朱熹宿篔簹鋪：「盤礴解煩鬱，超摇生道心。」

②蕭萷：即「蕭梢」，摇動貌。江淹待罪江南思北歸賦：「木蕭梢而可哀，草林離而欲暮。」

③恢台：廣大貌。楚辭宋玉九辯：「收恢台之孟夏兮，然欿傺而沈藏。」洪興祖補注引黄庭堅云：「恢，大也。台，即胎也。言夏氣大而育物。」

④真諏：猶真諦、真詮。諏，咨詢，詢問。詩經小雅皇皇者華：「載馳載驅，周爰咨諏。」毛傳：「咨事爲諏。」

編年 此篇不見於牧齋净稿，非紹興二十三四年作。無即將離任之意，也非二十六七年所作。應作在卷一祠事齋居聽雨呈劉子晋詩稍後。

秋暑 紹興二十五年七月

晨興納新凉，亭午倦猶暑。卧對北窗扉，淡泊將誰侣？疏樹含輕颸①，時禽轉幽語②。端居悟物情③，即事聊容與。

注釋 ①輕颸：微風。

②幽語：指細碎的啁啾鳥語。轉，同「囀」。

③物情：事物的情狀道理。孟子滕文公上：「夫物之不齊，物之情也。」

編年 本篇收入大同集，爲同安任上所作。不見於牧齋净稿，又無將離任之意，故當與上篇同年所作。

和李伯玉用東坡韻賦梅花 紹興二十七年十一月

北風日日霾江村①，歸夢正爾勞營魂②。忽聞梅蕊臘前破，楚客不愛蘭佩昏③。尋幽舊識此堂古，曳杖偶集僧家園。嵐陰春物未全到，邂逅只有南枝温④。冷光自照眼色界〔一〕⑤，雲艷未怯扶桑暾〔二〕⑥。遥知雲臺溪上路⑦，玉樹十里藏山門⑧。自憐塵羈不得去，坐想佳處知難言。但哦君詩慰岑寂，已似共倒花前罇。

解題　此篇用蘇軾十一月二十六日松風亭下梅花盛開韻，乃朱熹解任同安主簿北歸途中在泉州等候批准離任文書時作。李伯玉，名縝（一一〇九—一一六四），號萬如居士，鉅野人，寓晋江。朱熹在任期間與之交往密切，縝卒後爲其作墓碣銘。

校記　〔一〕眼：各本同。正訛云當作「顔」。

〔二〕雲：各本同。右引云當作「雪」。

注釋　①霾：大風飛揚，日色無光貌。晋書天文志中：「凡天地四方昏濛若下塵……名曰霾。」

②營魂：即營魄，魂魄。後漢書寇榮傳：「不勝狐死首丘之情，營魂識路之懷。」

③蘭佩：以蘭草做成的佩戴物，以示高潔。離騷：「扈江離與辟芷兮，紉秋蘭以爲佩。」此句言爲了賞梅，不惜冒塵污衣而往。

④南枝：朝南的樹枝，借指梅花。蘇軾次韻蘇伯固游蜀岡送李孝博奉使嶺表：「願及南枝謝。」王文誥輯注：「南枝，梅也。」

⑤「冷光」句：謂寒光奪目。眼色界：猶言能視色之眼界。景德傳燈録云：「色不到耳，聲何觸眼？眼色耳聲，萬法成辨。」

⑥雲艷：當作「雪艷」，指白雪光彩照耀。杜牧題茶山：「磬音藏葉鳥，雪艷照潭梅。」扶桑暾：指朝陽。扶桑，神木名，傳説日出其下。暾，日初出貌，代指太陽。楚辭九歌東君：「暾將出兮

東方，照吾檻兮扶桑。」

⑦雲臺：即雲臺山，在泉州南安縣境。以五代雲臺侍中王延彬嘗構别業於此，故名。

⑧玉樹：白雪覆蓋的樹。李白對雪獻從兄虞城宰：「庭前看玉樹，腸斷憶連枝。」山門：寺觀的外門，代指寺院。唐李華雲母泉：「山門開古寺，石竇含純精。」

編年　本卷有紹興三十二年作同韻賦梅詩，明言此篇丁丑冬作，據以繫之。王懋竑朱子年譜本年下引舊譜云：「冬十月，代者卒不至，以四考滿罷歸。」朱熹在泉州等批文事見朱子語類。詩云「忽聞梅蕊臘前破」，知作在十一月。

評論　朱子可聞詩集卷二：在泉州和東坡惠州梅花詩，自應點出泉州之地。此堂與雲臺，皆泉州地也。但前一段，身已到而花未盡開，後一段，花已開而身未能到，皆有有餘不盡之想。「玉樹十里」句未經人道，尤以出於意度爲佳。或疑雲臺乃先生宦游熟地，他年過此，尚追想雲臺壁間舊題，奈何此云「自憐不得去」？曰：此一時公事羈身，題云一再往反，所賦原不止此。

與諸人用東坡韻共賦梅花適得元履書有懷其人因復賦此以寄意焉 紹興二十七年十一月

羅浮山下黄茅村①，蘇仙仙去餘詩魂。梅花自入三叠曲②，至今不受蠻煙昏③。佳名一旦異凡木，絶艷千古高名園。却憐冰質不自暖，雖有步障難爲温④。羞同桃李媚春色，敢與葵藿争朝暾⑤。歸來只有修竹伴，寂歷自掩疏籬門。亦知真意還有在⑥，未覺浩氣終難言⑦。一杯勸汝吾不淺，要汝共保山林罇。

解題　此與前篇同時所作，借寫梅明其潔身自好之心迹。元履，魏掞之（一一一六—一一七三），本名挺之，字子實，建陽人。少與朱熹同師胡憲，爲其重要講友。矢志道學，卒爲名士，人稱艮齋先生。

注釋　①羅浮山：粤中名山，在惠州。蘇軾嘗謫居於此。

②三疊曲：指梅花三弄古曲。此曲由晋桓伊所作詠梅笛曲改編而成，全曲主調出現三次，故稱。

③蠻煙：指南方邊鄙少數民族地區山林中的瘴氣。宋張詠舟次辰陽：「村連古洞蠻煙合，地落秋畬楚俗歡。」

④步障：用以遮蔽風塵或視綫的一種屏幕。曹植妾薄命之二：「華燈步障舒光，皎若日出扶桑。」此句言梅之高潔，雖置於室内而冷艷如故。

⑤葵藿：指葵。葵性向日，故多喻忠心向君之臣子。三國志魏志陳思王植傳：「若葵藿之傾葉，太陽雖不爲之回光，然向之者誠也。」

⑥真意：猶言本懷。理學家認爲人的本性禀受於天，純善無惡。陶潛飲酒：「此中有真意，欲辨已忘言。」

⑦浩氣：正大剛直之氣。理學家認爲修身養性達到相當的高度方能表現出來。孟子公孫丑上：「我善養吾浩然之氣……其爲氣也，至大至剛，以直養而無害，則塞於天地之間。」

編年　此詩與上篇同時所作，據以繫之。

評論　朱子可聞詩集卷二：此詩因懷魏，寄意於梅。起借蘇詩贊梅，無非贊魏。蓋魏時爲國子學録，因論曾覿，遂甘罷職歸來，猶梅不受蠻煙昏，而佳名遂高千古也。「冰質」四句，美魏持身皎潔，不因世情而熱，羞與凡物争妍。修竹乃先生自比，以下言我亦將歸里，長與疏籬相伴，真意浩氣，惟我兩人共之。故先生泉州任滿，復授編修，屢辭不出。汪尚書勸其無以元履爲進退者，即此也。「共保山林尊」，豈虛語哉。一篇心事，盡行透露，却是借梅言，使人不覺。

挽劉寶學二首 紹興十六年冬

天地誰翻覆？人謀痛莫支①。公扶西極柱，威動北征旗②。肉食謀何鄙，家山志忽齎③。平生出師表④，今日重傷悲！

生死公何有⑤？飄零我自傷。向非憐不造⑥，那得此深藏？心折風霜裏，衣沾子侄行。哦詩當簫挽〔一〕⑦，悲哽不成章。

解題 劉寶學，即劉子羽（一〇九七—一一四六），字彥修，崇安屏山人。紹興初嘗除寶文閣直學士，故稱「寶學」。子羽早年入仕，歷官中外，曾爲中興名臣張浚幕僚，在川陝等地英勇抗擊過金兵。朱熹父松將卒，託孤於子羽，子羽慨然以爲己任，往來奔走，謀葬卜居，料理朱家生計不遺餘力。朱熹視其如父，於其卒後，挽以二詩。首詩頌子羽功德，次詩謝其深恩。

校記 〔一〕簫：原作「蕭」，據宋閩、浙本改。

注釋 ①「天地」二句：指金亡北宋的靖康之變。

②「公扶」二句：指劉子羽紹興初在西部戰場與南侵金兵浴血奮戰，卒以全蜀之事迹。西極，西方極遠之處。離騷：「朝發軔於天津兮，夕余至乎西極。」此指西部邊疆。

③「肉食」二句：言劉子羽與朝廷政見不合，遭到排擠，罷官還家。左傳莊公十年：「肉食者鄙，

未能遠謀。」杜預注：「肉食，在位者。」家山，故鄉。唐錢起送李栖桐道舉擢第還鄉省侍：「蓮舟同宿浦，柳岸向家山。」齎：抱着，懷有。

④出師表：出征前給皇帝的上表。諸葛亮於建興五年、六年兩次北伐，曾作出師表，後失敗身死。杜甫作蜀相詩悼之曰：「出師未捷身先死，長使英雄淚滿襟。」

⑤何有：有什麼關係，言生與死皆無損於劉子羽的英名。左傳昭公二十八年：「祁氏私有討，國何有焉。」杜預注：「言討家臣，無與國事。」

⑥不造：不幸。詩經周頌閔予小子：「閔予小子，遭家不造。」馬瑞辰通釋：「詩云遭家不造，猶云遭家戚，即後世所謂丁家艱也。」

⑦簫挽：簫聲悲切，故吹之以示哀悼。史記周勃世家：「勃以織薄曲爲生，常爲人吹簫給喪事。」

編年　劉子羽卒紹興十六年冬十月二日，當年葬五夫里，見張栻所作子羽墓誌銘。本篇即子羽卒葬時作，收入劉氏傳忠録卷二，題下署「從表侄朱熹」。

寄題梅川溪堂〔一〕　淳熙二年冬

滄波流不極，上有一畝園。幽人掩關卧，修竹何娟娟。虛堂面群峰，秀色摩青天。静有山水樂，而無車馬喧。人言市門子〔二〕①，往往蒼崖顛，揮手謝世人，日中翔紫煙②。遺迹尚可覿，神交邈無緣。慨然一永嘆，耀靈忽西遷③。褰裳下中沚，濯足娛清川。

解題　梅川溪堂，趙仲縝堂名，在建安縣。此地有梅仙山，相傳爲漢方士梅福煉丹昇天處，堂以此得名。仲縝，朱熹友人，事迹不詳。此篇與建安知府韓元吉趙仲縝梅川詩皆賀仲縝而作。

校記　〔一〕溪：宋浙本作「書」。
〔二〕人言：考異云一作「今古」。

注釋　①市門子：看守市場門的人，指梅福。古代市場出入有門，按時啓閉，稱市門。漢書梅福傳載，王莽專權，梅福棄官隱遁，「變名姓，爲吴市門卒。」
②紫煙：紫色瑞雲。郭璞游仙詩之三：「赤松臨上游，駕鴻乘紫煙。」
③耀靈：太陽的别稱。楚辭遠游：「恐天時之代序兮，耀靈曄而西征。」

編年　據南澗甲乙稿，韓元吉於淳熙元年十二月由婺州移知建寧府，三年正月召赴行在，其詠趙仲縝梅川在淳熙二年。將本篇與韓詩對讀，知爲一時先後所作，據以繫之。韓詩有「歲晚」之云，故此篇亦應作於晚冬。

和劉抱一　紹興二十八年正月

幾年牢落舊村墟①，此日翛然水竹居。病起試尋春逕草，客來聊煮雪畦蔬。開樽細説平生事，信手同繙集古書②。適意何勞一千卷？新詩閑出笑談餘。

解題　此爲朱熹同安還家後所作，表現了解任歸來的歡快心情。劉抱一，名式，崇安人。博學能文，尤長於箋奏，爲鄉先生，與宋翔及翁石氏號爲三俊。晚年由特科調光澤縣尉。

注釋　①牢落：荒蕪貌。左思魏都賦：「伊洛榛曠，崤函荒蕪，臨菑牢落，鄢郢丘墟。」
②集古書：指集録古金石之書。歐陽修撰有集古録十卷。

編年　此與下篇同年所作，觀詩意，其時方罷官還家甚明。朱熹平生出仕，南康兩年，浙東一年，漳州一年，潭州半年，入朝四十天。詩云「幾年」，故當爲同安歸後作。詩作在初春，故應爲還家次年，即紹興二十八年也。

再　和 紹興二十八年正月

久矣投裝返舊墟，不將心事賦閑居。荷鋤帶月朝治穢，植杖臨風夕挽蔬。三逕猶尋陶令宅〔一〕①，萬籤聊借鄴侯書②。木瓜更得瓊琚報，吟咏從今樂有餘。

解題　此承前篇而作，繼續描寫離任初歸時的生活情形。

校記　〔一〕猶：考異云一作「獨」。

注釋　①三逕：漢趙岐三輔决録：「蔣詡歸鄉里，荆棘塞門，舍中有三逕，不出，唯求仲、羊仲從之游。」後因以「三逕」指歸隱者的家園。陶潛歸去來辭：「三逕就荒，松竹猶存。」陶令宅，指陶潛之宅，後泛指隱者之居。

②「萬籤」句：語出韓愈送諸葛覺往隨州讀書：「鄴侯家多書，插架三萬軸。一一懸牙籤，新若手未觸。」鄴侯，李泌，字長源，歷仕唐玄肅代德四朝，位至宰相，封鄴縣侯。

編年　見上篇所考。

送芮國器二首 乾道四年冬

扗節千山外①，勤勞飽所經。一心無適莫②，萬口自丹青③。拂拭先賢傳④，光輝處士星⑤。

活人功更遠，試與問林坰⑥。

紫陌同年舊⑦，青雲得路新⑧。論心端有契⑨，下榻豈辭頻？話別驚如許，相逢渺未因。期公念經濟⑩，從此上星辰。

解題 芮國器，名燁（一一一四—一一七二），湖州烏程人。與弟煇力學有聲，時稱「二芮」。年三十五，中紹興十八年進士，後歷官中外。此篇乃燁由福建運判改任浙東提刑，朱熹爲送其行所作。首詩頌揚其政績，次詩叙二人之友情。

注釋 ①拄節：猶言杖節，執持旄節。古代出使，執旄節以爲憑信。旄節以竹竿爲之，上飾以旄牛尾，故可杖可拄。漢書蘇武傳載蘇武：「杖漢節牧羊，卧起操持，節旄盡落。」此指芮燁出使福建事。

②無適莫：無親疏厚薄，猶言不偏心。論語里仁：「君子之於天下也，無適也，無莫也。」

③丹青：猶言史册。古代丹册紀勛，青史紀事。王充論衡書虚：「俗語不實，成爲丹青。丹青之文，聖賢惑焉。」

④先賢傳：先代賢人的傳記。此句猶言芮燁閩中德政無愧先賢，寫下了嶄新的一頁。

⑤處士星：即少微星。晋書天文志：「少微四星在太微西，士大夫之位也。一名處士，明大而黄則賢士舉也。」芮燁嘗爲首薦處士魏掞之於朝，此言其事。

⑥林坰：郊野。詩經魯頌駉毛傳：「野外曰林，林外曰坰。」

⑦紫陌：京師郊野的道路，代指京師。漢王粲羽獵賦：「濟漳浦而横陣，倚紫陌而并征。」朱熹與芮燁爲同年進士。

⑧青雲：高空青色之雲，喻高官顯爵。史記范雎蔡澤列傳：「賈不意君能自致於青雲之上。」

⑨論心：談心，傾心交談。陸機演連珠二九：「撫臆論心，有時而謬。」端，端的，的確。

⑩經濟：經世濟民。晋書殷浩傳：「足下沈識淹長，思綜通練，起而明之，足以經濟。」

編年 芮燁平生三爲使節，一任廣東運判，在隆興二年；一爲福建運判，在乾道初；乾道四年冬由福建改任浙東提刑，七年卒。據詩意，必爲燁離閩入浙時作無疑。見朱熹所作魏掞之墓誌銘，周必大、陳傅良祭芮燁文及寶慶會稽續志卷二。

梅花開盡不及吟賞感嘆成詩仰貽同好二首〔一〕 紹興末至乾道初

憶昔身無事，尋梅只怕遲。沉吟窺老樹，取次折横枝①。絶艷驚衰鬢，餘芳入小詩。今年何草草？政爾負幽期②。

棐几冰壺在③，梅梢雪蕊空〔二〕。不堪三弄咽，誰與一尊同？鼻觀殘香裏，心期昨夢中。那知北枝北，猶有未開叢。

校記 〔一〕仰：原作「聊」，據宋閩、浙本改。

〔二〕梢：原作「稍」，據右引改。

注釋 ①取次：隨便，漫不經心。白居易病假中龎少尹攜魚酒相過：「閑停茶椀從容語，醉把花枝取次吟。」

②幽期：私下約會。謝靈運撰征賦：「石幽期而知賢，張揣景而示信。」

③棐几：棐木做的几桌。棐，通「榧」，木名，即香榧。晋書王羲之傳：「嘗詣門生家，見棐几滑

净，因書之，真草相半。」冰壺：盛冰的玉壺，此指花瓶。鮑照白頭吟：「直如朱絲繩，清如玉壺冰。」

編年 此篇作年未詳。然據「衰鬢」句，恐不得早於紹興末。又下篇之「宋丈」爲宋翔，其卒在乾道四五年間，故二詩又不得晚於乾道初也。見張栻湖南參議宋與道奉祠歸崇安里中賦此以别及祭宋子飛參議。

評論 瀛奎律髓彙評卷二十方回評：文公詩似陳後山，勁瘦清絶，而世人不識。此兩詩皆八句一串，又何必晚唐家前領聯後景聯堆塞景物，求工於一字二字而實則無味耶？紀昀評：文公火候，不及後山之深，而涵養和平，亦無後山硬語盤空之力。蓋兼習之與專門，固自有别。虛谷此評，欲借文公以重「江西」，復援「江西」以重文公，未爲篤論。二詩皆不失雅意。查慎行評：脱落凡近，胸次有别。

一 朱子可聞詩集卷三：本説尋梅遲了，先從反面逼題，最有力。中二聯都是反寫吟賞，首尾「憶昔」、「今年」，是一篇大開闔。

二 朱子可聞詩集卷三：上首前開後合，此首前合後開。五、六無中造有，七八絶處逢生。

宋丈示及紅梅臘梅借韻兩詩輒復和呈以發一笑 紹興末至乾道初

聞説寒梅盡，尋芳去已遲。冷香無宿蕊〔一〕①，農艷有繁枝。正復非同調②，何妨續舊詩？廣平偏嫵媚，鐵石誤心期〔二〕③。宋丈此篇乃用施朱粉事④。

風雪催殘臘，南枝一夜空。誰知荒草裏，却有暗香同⑤。質瑩輕黄外，芳勝淺絳中〔三〕⑥。不遭岑寂侶⑦，何以媚孤叢⑧？

解題　此承前篇而作。宋丈，名翔，字子飛，一字與道，號梅谷，崇安人。少穎敏，登紹興十二年進士，有詩名。累官國子監簿，爲中興名臣張浚十客之一。乾道初致仕，尋卒。

校記　〔一〕冷：淳熙本作「清」。

〔二〕誤：底本原注云一作「悟」。

〔三〕幐：原作「滕」，據宋閩、浙本改。淳熙本作「騰」。

注釋　①冷香：清香的花，多指梅。曾鞏憶越中梅：「今日舊林冰雪地，冷香幽絕向誰開？」

②正復：即使。

③「廣平」二句：廣平，唐名相宋璟因封廣平郡公，故稱。皮日休桃花賦序：「余嘗慕宋廣平之爲相，貞姿勁質，剛態毅狀，疑其鐵腸與石心，不解吐婉媚辭，而有梅花賦，清便富艷，得南朝徐庾體，殊不類其爲人也。」

④施朱粉：擦脂抹粉。宋玉登徒子好色賦：「臣里之美者，莫若臣東家之子……著粉則太白，施朱則太赤。」

⑤暗香：猶幽香，多指梅。宋林逋山園小梅之一：「疏影横斜水清淺，暗香浮動月黄昏。」

⑥幐：香囊。離騷：「蘇糞壤以充幃兮。」王逸注：「幃謂之幐。幐，香囊也。」此用作動詞。

⑦岑寂侶：孤獨寂寞之伴，指賞梅之人。

⑧媚：嬌艷，美麗。

編年　此與上篇同時所作，參見該篇所考。

評論 瀛奎律髓彙評卷二十方回評：此二詩，前屬紅梅，後屬臘梅。馮舒評：第二篇「輕黄」對「淺絳」，知合詠紅、黄二色，非有前後之分也。前篇亦係合詠。紀昀評：二首牽率成篇，無甚深致。一朱子可聞詩集卷三：此詩主張全在題外，借上兩詩，即以梅花開盡立説。穠艷，言兩梅色有黄紅，不同冷香也。宋詩不免將色點染，先生既以廣平嫵媚賛宋詩，而復即其事以反之，曰宋公鐵石心腸，蓋終在冷香而不在穠艷，其旨微矣。馮鈍吟評：輕黄對淺絳，是合詠紅黄二色。律髓謂前首屬紅梅，後首屬臘梅，非是。前首説調不同，後首説香同，一退之，一進之。

呈黄子厚 紹興末

茅齋塵事遠，幽獨興無窮〔一〕。永晝呻吟内〔二〕①，新涼愁思中。朱顔非昨日，緑鬢又秋風②。珍重墻東客〔三〕③，遥憐此意同〔四〕。

解題 此篇自得於吟誦閑居的同時感嘆時光的流逝。

校記 〔一〕無：淳熙本作「何」。

〔二〕内：右引作「裏」。

〔三〕珍重：右引作「寄語」。

〔四〕憐：右引作「知」。

注釋 ①呻吟：吟詠。莊子列禦寇：「鄭人緩也，呻吟裘氏之地，祇三年，而緩爲儒。」

②緑鬢：烏黑而有光澤的鬢髮。南朝梁吳均和蕭洗馬子顯古意詩之三：「緑鬢愁中改，紅顔啼裏滅。」

③墻東客：指隱居者。後漢書逸民傳逢萌：「君公遭乱獨不去，儈牛自隱，時人謂之論曰『避世墻東王君公』。」後因以「墻東」指隱居之地。

編年　本篇作年未詳，但自稱「緑鬢」，則時年尚少，故繫於紹興之末。

奉酬子厚詠雪之作 紹興末以後

遥夜不能寐，披衣起彷徨。仰視天正黑，寒氣慘悲涼。飛霰忽下零①，雪花亦飄揚。飄揚未云已，須臾滿空翔。前山失舊姿，川谷流素光。念昔少小時，無事志四方。五年江海上，不見雪與霜。飄飆今日情，浩蕩誰能量！凌晨飲一杯，竟日守空堂。竚立玩奇變，永言獲新章②。躊躇欲何報？玉樹生瓊岡。

解題　此篇佇立雪中，撫今追昔，浮想聯翩。作者傾瀉着對造物奇觀的無限嘆賞，同時咀嚼着也許自己也説不清的複雜感慨。

注釋　①飛霰：飛揚的雪珠。霰，雨點下降遇冷凝結而成的微小冰粒。詩經小雅頍弁：「如彼雨雪，先集維霰。」

②永言：吟詠。尚書舜典：「詩言志，歌永言。」

編年　作年未詳。據「念昔」以下四句，當爲紹興末歸自同安以後作。

朱熹文集編年評注卷二中

送籍溪胡丈赴館供職二首紹興三十年六月

祖餞衣冠滿道周①，此行誰與話端由？心知不作功名計，秖爲蒼生未敢休。

執我仇仇詎我知②？謾將行止驗天機③。猿悲鶴怨因何事④？只恐先生袖手歸。

解題　胡丈，名憲（一〇八六—一一六二），字原仲，崇安人。因居籍溪，人稱籍溪先生。憲爲名儒胡安國堂侄，清苦力學，有名鄉里。朱松託孤三先生，憲乃其一。紹興三十年，除秘書省正字赴京供職，此篇即送行之作。時憲已七十五歲高齡，千里赴闕，頗有竊議之者。朱熹事憲最久，憲爲人溫和，故詩中亦敢露其微意。

注釋　①祖餞：餞行。後漢書文苑傳下高彪：「百官大會，祖餞於長樂觀。」衣冠：指士大夫。漢書杜欽傳顔師古注：「衣冠謂士大夫。」

②執我仇仇：語出詩經小雅正月：「執我仇仇，亦不我力。」仇仇，傲慢的樣子。鄭玄箋云：「君主求賢，至則執留不問而禮遇簡慢，是空有愛賢之名而無其實。」此句表現了朱熹對胡憲應召至京能否得到重用而有所作爲的擔心。

③天機：猶言天意。此句言以胡憲此行的成敗來檢驗此時是否士大夫得行其志、致身事主之時。

④猿悲鶴怨：猿和鶴常被比作隱士之友，其悲怨即意味着與之爲友的隱成者不得志。

編年 據朱熹與籍溪胡先生書，可確知胡憲赴京在紹興三十年六月，據以繫之。

寄籍溪胡丈及劉恭父二首 紹興三十年八月

先生去上芸香閣①，閣老新峨豸角冠②。留取幽人卧空谷，一川風月要人看。

甕牖前頭翠作屏〔一〕③，晚來相對静儀刑④。浮雲一任閑舒卷，萬古青山只麽青。

解題 劉恭父，又作共父，名珙（一一二二—一一七八），崇安人，子羽長子。紹興十二年進士，歷官中外，仕至同知樞密院事、參知政事。朱熹喪父，投靠屏山劉氏，與恭父不啻兄弟。時胡憲入朝任秘書省正字，劉珙則方由秘書丞改除監察御史。二人以書邀朱熹入京做官，朱熹堅卧山林，甚不以出仕爲然，於是以二詩代書答之。詩中浮雲青山等語，頗寓微諷之意。理學家胡宏見到此篇，高度贊揚朱熹不爲名利所動的節操，同時批評他「有體而無用」，只看到獨善其身的一面，忽略了經世濟民的一面。遂和其詩云：「幽人偏愛青山好，爲是青山青不老。山中出雲雨太虚，一洗塵埃山更好。」經胡宏的品題，此篇即成爲理學詩名篇。而二人以詩言理，也留下了一段佳話。

校記 〔一〕翠作：宋浙本作「列畫」。

注釋 ①芸香閣：秘書省的别稱。孟浩然寄趙正字：「正字芸香閣，幽人竹素園。」

②閣老：唐以來對中書舍人中年資深久者及中書、門下省屬官等達官的敬稱，此指劉珙。峨：高聳，此作動詞。豸角冠：即獬豸冠，古代御史等執法官吏佩戴的帽子。漢蔡邕獨斷：「法冠，

楚冠也……今御史廷尉監平服之，謂之獬豸冠。」

③甕牖：以破甕爲框的窗户，形容貧寒。禮記儒行：「篳門圭窬，蓬户甕牖。」

④儀刑：效法，以爲楷模。詩經大雅文王：「儀刑文王，萬邦作孚。」朱熹集傳：「儀，象；刑，法。」

編年 朱熹跋胡五峰詩云：「紹興庚辰，熹卧病山間，親友仕於朝者以書見招，熹戲以兩詩代書報之。」小注云：「時籍溪先生除正字，赴館供職」，「劉共父自秘書丞除察官」，據以繫之。知作於八月者，見年譜長編。

評論 一　朱子可聞詩集卷五：胡赴館，先生已有「猿驚鶴怨因何事，只恐先生袖手歸」句諷之，時不當仕意已了然。此詩輪到自身，不復明言出處，但寄托於一川風月，猶答陳同父書云：「老兄且莫擸掇，留取閑漢在山裏咬菜根。近措置種得幾畦杞菊，若一脚出門，便不得此物吃，不是小事。」同一游戲筆墨也。

二　朱子可聞詩集卷五：不仕本旨，終不肯説出。末二句但寓浮雲富貴之意。胡五峰初未相識，見此詩大加欣賞，而猶疑其有體無用，因作詩反其言以箴之。

挽范直閣二首 紹興三十年九月

獻納陪興運①，如公衆所期。憂時最深切，信道不磷緇②。落落歸來賦③，悤悤殄瘁詩④。菟裘當日計⑤，辛木後人悲⑥。

先友多名士⑦，存亡幾許人？惟公且强健，於我更情親。出處論心晚⑧，音書枉誨頻。素車今日會⑨，誰與共傷神！

解題 范直閣，即范如圭（一一〇二—一一六〇），字伯達，建陽人，名儒胡安國外甥。與朱熹父松同朝友善，歷官秘書省正字、校書郎，兼史館校勘，除直秘閣。秦檜主和，如圭責以忘仇辱國，與朱松同日罷歸。於其卒，朱熹作詩挽之。首詩贊其高風亮節，次詩叙其教誨之恩。

注釋 ①獻納：獻忠言以供採納。班固兩都賦：「朝夕論思，日月獻納。」興運：興隆的時運。北史楊愔傳：「便蒙引見，贊揚興運，陳訴家禍。」

②不磷緇：不因磨而薄、因染而黑，比喻堅定不移。論語陽貨：「不曰堅乎？磨而不磷。不曰白乎？涅而不緇。」

③落落：猶言磊落。三國志蜀志彭羕傳：「若明府能招致此人，必有忠讜落落之譽。」此句言范如圭因反對議和而遭排擠，坦蕩而歸。

④殄瘁：凋謝枯萎，喻死。葛洪抱朴子自叙：「以朝菌之耀秀，不移晷而殄瘁。」

⑤菟裘：本爲地名，在今山東泗水縣。左傳隱公十一年載魯隱公欲傳位桓公，使人營築於菟裘，將養老焉。後因以「菟裘」指告老退隱之居處。范如圭生前嘗擬定居建陽，見朱熹與胡憲、劉玶諸書，故有「當日計」之言。如圭死後，其子違志遷居邵武。

⑥宰木：冢木，墳墓上的樹木。公羊傳僖公三十三年：「若爾之年者，宰上之木拱矣。」

⑦先友：亡父的友人。

⑧出處：出仕和隱退。易繫辭上：「君子之道，或出或處，或語或默。」

⑨素車：靈車。古代凶喪事所用之車，刷以白土。周禮春官巾車「素車」鄭玄注云：「素車，以白土堊車也。」

編年 朱熹范直閣墓記：「其年九月甲申，諸孤奉公喪歸葬建陽縣渭曲山。」詩云「素車今日會」，知作於會葬時。

頃以多言害道絶不作詩兩日讀大學誠意章有感至日之朝起書此以自箴蓋不得已而有言云 紹興末

神心洞玄鑒①，好惡審薰蕕②。云何反自誑，閔默還包羞③？今辰仲冬節，寤嘆得隱憂④。心知一寸光⑤，昱彼重泉幽⑥。朋來自兹始⑦，群陰邈難留⑧。行迷亦已遠，及此旋吾輈⑨！

解題 由於受理學家李侗的影響，朱熹紹興二十六年前後在同安任上開始發生「逃禪歸儒」的重大思想變化。紹興三十年，朱熹正式從學李侗，確立了「盡棄異學」、終身業儒的爲學方向。在這前後，朱熹連續寫作了一系列言理詩，如本篇及以下的仁術、聞善决江河、仰思二首、困學二首、復齋偶題、克己、曾點、伐木，等等。這些詩作記録了作者研讀儒家經典和深入自我内省的心得。此篇言人心本明，衆理具備，不可自欺，决心迷途知返。此時所言之「道」，已爲傳統儒家學説及本朝理學。大學本禮記篇名，自程顥、程頤以來受到高度重視，爲四書之首。至日，指冬至日。

注釋 ①神心：神奇之心靈。玄鑒：猶言明鏡。淮南子修務訓：「誠得清明之士，執玄鑑於心，照物明白，不爲古今易意。」高誘注：「玄，水也。鑑，鏡也。」將人對客觀事物的認識活動比作明鏡照物，是理學家愛用的説法。

②薰蕕：香草和臭草，比喻善惡、美丑等。左傳僖公四年：「一薰一蕕，十年尚有臭。」杜預注：「薰，香草；蕕，臭草。」

③閔默：憂鬱沉默。南朝梁吴均送歸曲：「送子獨南歸，攬衣空閔默。」此二句言自欺欺人，正如大學所指之小人。

④寤嘆：睡不着而嘆息。詩經小雅大東：「契契寤嘆，哀我憚人。」隱憂，深慮。詩經邶風柏舟：「耿耿不寐，如有隱憂。」

⑤一寸光：指心的洞察力。一寸，指心。古人謂心爲方寸之地，故稱。蘇軾次韻答王鞏：「我有方外客，顔如瓊之英。十年塵土窟，一寸冰雪清。」理學家認爲人性本善，人心本明，自具萬理，即大學所謂「明德」，故言一寸之光。

⑥昱：照耀。揚雄太玄告：「日以昱乎晝，月以昱乎夜。」重泉，猶言黄泉、九泉，謂地下。江淹潘黄門岳：「美人歸重泉，悽愴無終畢。」

⑦朋來：陽氣群聚而來，喻吉利。語出易復卦：「朋來無咎。」

⑧群陰：指復卦之五陰爻，喻一切不善不利之事。一陽來復，群陰盡掃，此爲復卦之象。

⑨輈：車。楚辭九歌東君：「駕龍輈兮乘雷。」

編年 本篇爲朱熹思想轉變期學習心得，紹興三十年前後所作，見解題。

評論 黄氏日抄卷三十四：至日詩自叙頃以多言害道，絶不作詩。而詩末句云：「行迷亦已遠，及此旋吾輈。」此悔心也。然以先生晚年之學，謂漫辭爲虚費工夫則可，若言以明道，雖多何害耶？

仁術 紹興末

在昔賢君子，存心每欲仁。求端從有術①，及物豈無因②？惻隱來何自？虛明覺處真③。擴充從此念，福澤遍斯民④。入井倉皇際⑤，牽牛觳觫辰⑥。向來看楚越⑦，今日備吾身。

解題 此篇言對「求仁及物」的理解。仁，古代一種含義極廣的道德觀念，其核心是人與人相互親愛。孔子將其作爲最高的道德標準。

注釋 ①求端：理學家認爲，仁義禮智是比較抽象的概念，因此，要準確地體念和把握它，最好是從它的發端表現去推求，即所謂求端。孟子公孫丑上：「惻隱之心，仁之端也。羞惡之心，義之端也。辭讓之心，禮之端也。是非之心，智之端也。」是爲四端。從：縱然。

②及物：施及萬物，即下文的「福澤遍斯民」。

③虛明：指心。心如鏡，空而且明，故稱。覺處真：猶言良心發現。理學家認爲人性本善，只是常常被氣質缺陷和物欲誘惑所蒙蔽。只要堅持修身養性，涵養體驗，就能發現真性未泯。此二句言求端之術。

④「擴充」二句：孟子公孫丑上言，人於四端「苟能充之，足以保四海」。此二句言及物之因。

⑤入井：孟子公孫丑上：「今人乍見孺子將入於井，皆有怵惕惻隱之心，非所以內交於孺子之父母也，非所以要譽於鄉黨朋友也，非惡其聲而然也。」此言人的惻隱之心發於本性，出於自然。

⑥「牽牛」句：孟子梁惠王上：「王坐於堂上，有牽牛而過堂下者。王見之，曰：『牛何之？』

對曰：『將以釁鐘。』王曰：『捨之，吾不忍其觳觫，若無罪而就死地。』」此言亦人生來即有惻隱之心，即使是對動物，也不忍其死之痛苦。

⑦楚越：楚國和越國。楚在南，越在東，去數千里，因以喻相距遙遠。莊子德充符：「自其異者視之，肝膽楚越也。」成玄英疏：「楚越迢遞，相去數千。」

編年 見上篇。

評論 黄氏日抄卷三十四：仁術與聞善决江河詩，全用進士省詩體。

聞善决江河 紹興末

大舜深山日①，靈襟保太和②。一言分善利，萬里决江河③。可欲非由外④，惟聰不在它⑤。勇如争赴壑⑥，進豈待盈科⑦？學海功難并⑧，防川患益多⑨。何人親祖述⑩？耳順肯同波⑪。

解題 此篇爲朱熹讀經隨感，贊頌了舜勇於向善的精神，表現了作者對「聖人」的崇敬和向往。

注釋 ①深山日：指舜即位前堯試之以事，置於山林之間。尚書舜典：「納于大麓，烈風雷雨弗迷。」

②靈襟：胸懷。唐太宗初春登樓即目觀作述懷：「憑軒俯蘭閣，眺矚散靈襟。」太和：指極度和諧衝濟的心理狀態。語出易乾卦：「保合太和，乃利貞。」朱熹本義：「太和，陰陽會合衝和之氣也。」孟子盡心上：「舜之居深山之中，與木石居，與鹿豕游，其所以異於深山之野人者幾希。」

③「一言」二句：孟子盡心上：「及其聞一善言，見一善行，若决江河，沛然莫之能禦也。」又

云：「鷄鳴而起，孳孳爲善者，舜之徒也。鷄鳴而起，孳孳爲利者，跖之徒也。欲知舜與跖之分，無他，利與善之間也。」此二句言舜向善之心若决江河。

④可欲：可以使人向往者，指善。孟子盡心下：「何謂善？何謂信？曰，可欲之謂善，有諸己之謂信。」朱熹集注：「天下之理，其善者必可欲，其惡者必可惡。」非由外：孟子告子上：「仁義禮智非由外鑠我也，我固有之也。」

⑤惟聰：只在於明辨是非。管子宙合：「耳司聽，聽必順聞，聞審謂之聰。」此句言人之本心自能明辨是非。

⑥赴壑：奔向深谷，言向善之勇。曹植七啟：「騰山赴壑，風厲焱舉。」

⑦盈科：孟子離婁下：「原泉混混，不捨晝夜，盈科而後進，放乎四海。」朱熹集注：「盈，滿也。科，坎也。言其進以漸也。」

⑧學海：揚雄法言學行：「百川學海而至於海，丘陵學山不至於山，是故惡夫畫也。」言百川奔流不息，所以至海；丘陵止而不動，所以不至於山。謂爲學當日進不已，如百川歸海。

⑨防川：防止江河潰决泛濫。左傳襄公三十一年：「然猶防川，大决所犯，傷人必多，吾不克救也。」喻以東堵西塞的權宜辦法修養道德，非長遠根本之法。以上二句嘆治學未得要領。

⑩祖述：效法，仿效。禮記中庸：「仲尼祖述堯舜，憲章文武。」

⑪耳順：論語爲政：「六十而耳順。」朱熹集注：「聲入心通，無所違逆，知之至，不思而得也。」言治學涵養，達到不假思索即能明辨是非善惡的境界。同波：猶言隨波逐流，追隨。語出莊子刻意：「静而與陰同德，動而與陽同波。」以上二句言孔子法舜。

編年　見上篇。

仰思二首 紹興末

公德明光萬世師①，從容酬酢更何疑②？當年不合知何事，清夜端居獨仰思③。

聖賢事業理難同④，借作新題欲自攻。王事兼施吾豈敢⑤？儻容思勉議成功。

解題　首詩頌周公之仰思，次詩言己欲以周公爲榜樣，刻苦問思。

注釋　①公德明光：語出尚書洛誥周成王對周公之言：「惟公德明光于上下，勤施于四方。」言周公之德光明也。

②酬酢：應付，處理。易繫辭上：「是故可與酬酢，可與祐神矣。」韓康伯注：「酬酢，猶應對也。」此句言以周公才德處理萬機當游刃有餘。

③「當年」二句：孟子離婁下：「周公思兼三王，以施四事。其有不合者，仰而思之，夜以繼日；幸而得之，坐以待旦。」言周公於禹、湯、文、武諸聖行事有所不同者，常苦苦思索，以求其故。

④「聖賢」句：朱熹注孟子離婁下云：「時異事殊，故其事或有所不合；思而得之，則其理初不異矣。」認爲隨着時勢的不同，聖賢在具體行事上有所差異是理所當然的。

⑤王事兼施：即孟子所言「思兼三王，以施四事」。

編年　見上篇。

困學二首 紹興二十八九年間

舊喜安心苦覓心①，捐書絶學費追尋②。困衡此日安無地③，始覺從前枉寸陰。

困學工夫豈易成？斯名獨恐是虚稱。傍人莫笑標題誤，庸行庸言實未能④。

解題 困學，有所困惑而去鑽研，語出論語季氏：「困而學之，又其次也。」首詩檢討過去出入釋老，好高騖遠的做法，次詩言决心遵循「下學上達」的門徑，從頭做起。本篇反映了作者「逃禪歸儒」的思想進程。

注釋 ①安心：佛教語，指使心有安頓之處，具體内容諸宗所説各有不同。

②捐書絶學：抛開書册，廢棄學業。指效法禪宗不立文字，不講修行而追求頓悟。

③困衡：困惑阻塞，語出孟子告子下：「人恒過然後能改，困於心、衡於慮而後作。」朱熹集注：「衡，與『横』同……不順也。」

④庸言庸行：平常的言行。易乾卦：「庸言之信，庸行之謹。」孔穎達疏：「庸謂中庸。庸，常也。」此句言平常之言尚未能信，平常之行尚未能謹。

編年 王懋竑朱子年譜考異卷一「隆興二年」條認爲本篇作於紹興二十八九年間，觀朱熹行實及思想變化脉絡，此爲近之，據以繫年。此亦爲上下各篇紹興末作之一證。

復齋偶題 紹興末

出入無時是此心①，豈如鷄犬易追尋〔一〕②？請看屏上初爻旨③，便識名齋用意深。

解題　復齋，未詳何人之齋。朱熹師友劉子翬、丘義、黃仲本等人皆嘗名齋以「復」。此篇以孟子「求放心」、易經「不遠復」修身涵養之要題齋，仍爲治學心得。

校記　〔一〕如：原作「知」，據考異所引别本改。

注釋　①「出入」句：孟子告子上引孔子語：「操則存，舍則亡，出入無時，莫知其鄉，惟心之謂與。」理學家認爲人應堅守其本心，不使其隨物欲誘惑而動摇不定，甚或淪喪。

②「豈如」句：孟子告子上：「人有雞犬，放則知求之，有放心而不知求。」此句言雞犬放而易尋，人心淪喪而難收。

③初爻：指復卦之初九。其爻辭云：「初九，不遠復，無祇悔，元吉。」此言知過能改，亡羊補牢，是爲名齋之意。

編年　本篇雜於紹興末諸作之間，同爲治學心得，似同時所作，姑繫之。

示四弟 紹興末

務學修身要及時，競辰須念隙駒馳①。清宵白日供游蕩〔一〕，愁殺堂前老古錐〔二〕②。

解題　此篇與同安所作與祝康國詩同題，訓斥頗爲嚴厲，而語言直白，實難稱之爲詩。

校記　〔一〕宵：考異云一作「陰」。游：上引云一作「遨」。

〔二〕前：右引云一作「頭」。

注釋　①競辰：猶言争分奪秒。揚雄法言問明：「辰乎辰，曷來之遲、去之速也！君子競諸。」隙駒馳：

比喻光陰轉瞬即逝。莊子知北游：「人生天地之間，若白駒之過隙，忽然而已。」成玄英疏：「白駒，駿馬，世亦言日也。隙，孔也……如馳駿駒之過孔隙，欻忽而已，何曾足云也。」

②老古錐：未詳，當指父母。

編年 本篇雜於紹興末諸作間，内容也爲治學，姑繫於一時。

克己 紹興末

寶鑑當年照膽寒，向來埋没太無端。秖今垢盡明全見，還得當年寶鑑看。

解題 此篇論心性。作者認爲，人心本明，人性本善，受惡劣環境影響，才蒙蔽了良知，泯滅了本性。只需像擦拭鏡子一樣克服人欲，就會重現天理。這一過程就是孔子所説的「克己復禮」。

編年 本篇爲作者紹興末思想轉變期作甚明，據以繫之。

曾點 紹興末

春服初成麗景遲①，步隨流水玩晴漪。微吟緩節歸來晚②，一任輕風拂面吹。

解題 曾點，即曾皙，曾參之父，孔子門人。嘗與子路、冉有、公西華同於孔子之前言志，點所言最超然，故被孔子所許。其言曰：「莫春者，春服既成，冠者五六人，童子六七人，浴乎沂，風乎舞雩，詠而歸。」理學家認爲曾點之學已洞見人欲滅盡，天理流行，因此舉手投足無非順理而動，瀟灑超脱，最有「聖門氣象」。此篇即對此氣象之詠嘆。

注釋　①麗景：美景。南朝齊謝朓三日侍宴曲水代人應詔：「麗景則春，儀方在震。」

②緩節：緩慢的節拍。楚辭九歌東皇太一：「揚枹兮拊鼓，疏緩節兮安歌。」

編年　本篇學習心得，應與上下各篇作在一時，姑繫之。

伐木　紹興末

伐木相將入遠山①，共聽幽鳥語關關②。殷勤若解當時意，此日那容不盡歡？

解題　伐木，詩經小雅篇名，以興的手法表達朋友之間友誼之詩。詩云：「伐木丁丁，鳥鳴嚶嚶。出自幽谷，遷於喬木。嚶其鳴矣，求其友聲。」此篇借用詩意，似有感而發。然所感何事已不得而知。

注釋　①相將：相偕，一起。漢王符潛夫論救邊：「相將詣闕，諧辭禮謝。」

②關關：鳥鳴聲。詩經周南關雎：「關關雎鳩，在河之洲。」

編年　見上篇。

春日〔一〕　紹興二十六七年間

勝日尋芳泗水濱①，無邊光景一時新。等閑識得東風面，萬紫千紅總是春。

解題　本篇作於同安，不僅談出了對孔子「吾道一以貫之」的認識，而且寫出了心領神會之後的興奮心情。宋人金履祥於濂洛風雅卷五注此詩云：「喻學問博採極廣，而一心會悟之後，共是這一個道理，所謂一以貫之也。」歷來被看作理學詩名篇。

校記 〔一〕大同集卷一此題作「和胡先生尋芳」。

注釋 ①勝日：猶言好日子，多指風和日麗之日。晉書衛玠傳：「遇有勝日，親友時請一言，無不咨嗟。」泗水，古水名，源於今山東泗水縣東，四源并發，故名。春秋時孔子於泗水之濱講學授徒，故以泗水代指孔門發祥之地。

編年 本篇收入大同集，知爲同安任上所作。據延平答問所載李侗紹興二十六年答朱熹書，知其時作者方自我反省，潛研經籍有得，本篇即反映了這種情形，據以繫之。

評論 朱子可聞詩集卷五：淵明延目清沂，先生尋芳泗水，皆有「聖賢去人，其間亦邇」意思。徒解作流連光景，尚未識此中真趣也。如何喚做春風面？曰：動植各生遂，德容自清溫。

春日偶作 紹興末

聞道西園春色深〔一〕，急穿芒屩去登臨〔二〕①。千葩萬蕊争紅紫，誰識乾坤造化心？

解題 天地生物是古人深信不疑的思想。此篇由春光萬物引發對大千世界成因的探究。

校記 〔一〕色：考異云一作「已」。

〔二〕屩：淳熙本作「屨」。

注釋 ①芒屩：即芒鞋，以芒莖外皮編織而成之鞋，也泛指草鞋。晉書劉惔傳：「家貧，織芒屩爲養。」

編年 本篇心得，其意與前篇略同。卷一同安作寄山中舊知七首之七有「西園有佳處，那得與君俱」之句，似即本篇之「西園」，則此詩當同安還家後作，姑繫於紹興末。

觀書有感二首〔一〕 乾道二年秋

半畝方塘一鑑開，天光雲影共徘徊。問渠那得清如許〔二〕①？爲有源頭活水來。

昨夜江邊春水生〔三〕，蒙衝巨艦一毛輕②。向來枉費推移力〔四〕，此日中流自在行。

解題 乾道二年，朱熹在長時間冥思苦索中，突然獲得對中庸「已發未發」説的領悟，形成「中和舊説」。這是李侗死後朱熹首次在重大理論問題上獲得突破，因而成爲其思想發展過程中的一座里程碑，史稱「丙戌之悟」。此二詩即記録了作者豁然開朗的狂喜心態，很快在士大夫中廣爲傳誦，從而成爲理學詩名篇。知作在秋間者，見年譜長編。

校記

〔一〕此題考異云一作「雜詩」，一作「絶句」。

〔二〕此句右引云一作「怪來澈底清無滓」。

〔三〕邊：右引云一作「頭」。

〔四〕枉：右引云一作「幾」。

注釋

①渠：他，第三人稱代詞。三國志吴志趙達傳：「女婿昨來，必是渠所竊。」

②蒙衝：古代戰船名。以生牛皮蒙船覆背，兩廂開掣棹孔，左右有弩窗、矛穴。後漢書文苑傳下禰衡：「黄祖在蒙衝船上大會賓客。」

編年 朱熹文集卷三十九答許順之十一論其治學心得，并抄寄此篇，可確知作於乾道二年。

評論 一 朱子可聞詩集卷五：看詩要看題，「問渠那得清如許」，雖是觀水有悟，却是觀書有感。徒説水有源頭，猶是隔壁話。　先生生於尤溪，迄今半畝方塘、源頭活水遺迹，傳是先生少年讀書處。文集載石子重爲尤溪令時，先生自書此詩一通，與許愼之轉付之。

二　朱子可聞詩集卷五：　先生自謂年四十一始悔頓悟之非，退而專求之章句。此作猶是幼時讀書所感也，命意高超，語句圓活，似帶有禪機在。

題西林院壁二首 紹興二十八年三月

觸目風光不易裁①，此間何似舞雩臺②。病軀若得長無事，春服成時歲一來。

巾屨翛然一鉢囊③，何妨且住贊公房④。却嫌宴坐觀心處⑤，不奈簷花抵死香。簷前有柚花。

解題　同安官餘，朱熹逐漸揚棄老佛之學，日益向李侗所傳承的北宋理學靠攏。還自同安次年之春，徒步數百里，專程前往延平，拜謁李侗。此篇即在延平時所作，全篇表現了作者訪道求師獲益匪淺的歡快心情。西林院，南劍州名寺，在州城東南，五代梁時始建。朱熹往謁李侗，每寓居焉。

注釋　①不易裁：　難以用語言描寫。唐曹松南海旅次：「憶歸休上越王臺，歸思臨高不易裁。」

②舞雩臺：　求雨祭天之壇臺。因以女巫爲舞，故名。論語先進載曾點言志云：「莫春者，春服既成，冠者五六人，童子六七人，浴乎沂，風乎舞雩，詠而歸。」此篇即用其事。

③巾屨：　頭巾和鞋子。鉢囊：　僧人盛放食器鉢盂的袋子。四分律雜揵度之二：「佛言，聽作鉢囊盛，不繫囊口。」此言自己簡樸似僧。

④贊公房：　僧屋。贊公，唐僧人，住持大雲寺，謫秦州，與杜甫交好。杜甫有別贊上人詩。後以

「贊公」借指高僧。

⑤宴坐：佛教語，指坐禪。維摩詰所説經弟子品：「夫宴坐者，不於三界現身意，是爲宴坐。」觀心：佛教語，觀察心性，内省。十不二門指要鈔上：「蓋一切教行，皆以觀心爲要。」此借用佛教語係戲言，指静坐體驗，涵養心性。

編年　本篇在延平所作。朱熹春日至此惟紹興二十八年、三十二年兩次，而三十二年之詩均與僧惟可題詠，無一言己身有病；本篇不及惟可而見其有疾，故應爲二十八年所作。據本卷和劉抱一也知作者二十八年春嘗病。朱熹此次至延平在正月至三月，詩言柚花已開，故在三月。

題西林可師達觀軒 紹興三十年冬

窈窕雲房深復深①，層軒俄此快登臨。卷簾一目遥山碧，底是高人達觀心②？

解題　此篇寫作始末見後篇序。

注釋　①窈窕：幽深貌。文選王延壽魯靈光殿賦：「旋室㛹娟以窈窕，洞房叫窱而幽邃。」張銑注：「窈窕，深也。」雲房：僧道所居之房。韋應物游瑯琊山寺：「填壑躋花界，疊石構雲房。」

②底：何，什麽，疑問代詞。樂府詩集子夜四時歌秋歌：「寒衣尚未了，郎唤儂底爲？」達觀：通達的見解，謂心胸豁達。語出賈誼鵩鳥賦：「達人大觀兮，物無不可。」陸雲愁霖賦：「考幽明於人神兮，妙萬物以達觀。」

編年　見後篇序。

再　題紹興三十二年三月九日

紹興庚辰冬，予來謁隴西先生①，退而寓於西林院惟可師之舍，以朝夕往來受教焉。閱數月而後去。可師始嘗爲一室於其居之左，軒其東南以徙倚瞻眺。而今鉛山尉李兄端父名之曰「達觀軒」②，蓋取賈子所謂「達人大觀，物無不可」云者③。予嘗戲爲之詩，以示可師，既去而遂忘之。壬午春，復拜先生於建安④，而從以來，又舍于此者幾月。師不予厭也，且欲予書其本末置壁間。因取舊詩讀之，則歲月逝矣，而予心之所至者未尺寸進焉，爲之三嘆自廢。顧師請之勤勤不得辭，於是手書授之，而又叙其所以然者如此。雖其辭鄙陋，若無足稽，然予之往來師門，蓋未憖也。異時復至，又將假館于此，仰視屋壁，因舊題以尋歲月，而惕然乎其終未有聞也。然則是詩之不没，亦予所以自勵者。可師嘗游諸方，問佛法大意，未倦而歸，尚有以識予意也。三月九日，熹書。

古寺重來感慨深，小軒仍是舊窺臨。向來妙處今遺恨，萬古長空一片心。

注釋　①隴西先生：李侗之號。

②鉛山：信州屬縣，即今江西鉛山縣。李端父，名友直，李侗長子。

③語出賈誼鵩鳥賦。

④建安：建寧府屬縣，即今福建建甌。時李侗次子信甫爲建安縣主簿。

編年　據本篇序繫之。

評論　黄氏日抄卷三十四：西林再題謂「向來妙處今遺恨，萬古長空一片心」，此亦非先生晚年之學。

示西林可師二首 紹興三十二年三月

身世年來欲兩忘，一春隨意住僧房。行逢舊隱低迴久①，緑樹鶯啼清晝長。
幽居四畔只空林，啼鳥落花春意深。獨宿塵龕無夢寐，五更山月照寒衾。

解題　此篇也作於延平，可見朱熹潛心涵泳於經傳義理，逐漸轉向平和深沉。

注釋　①舊隱：舊時隱居之處。唐項斯送歸江州友人初下第：「新春城外路，舊隱水邊村。」

編年　本篇言「一春隨意住僧房」，即上篇序之「舍於此者幾月」，故應爲同年先後所作。

感事書懷十六韻 紹興三十一年冬

胡虜何年盛？神州遂陸沉①。翠華棲浙右②，紫塞僅淮陰③。志士憂虞切，朝家預備深。一朝
須細札④，三捷便聞音〔一〕。授鉞無遺算⑤，沈機識聖心⑥。東西兵合勢，南北怨重尋。小却奇還
勝，窮凶禍所臨。旃裘方舞雪⑦，血刃已披襟。殘類隨煨燼，遺黎脱斧碪。戴商仍夙昔⑧，思漢劇
謳吟⑨。共惜山河固〔二〕，同嗟歲月侵。泉蓍久憔悴⑩，陵柏幸蕭槮。正爾資群策，何妨試盍簪⑪？
折衝須舊衮⑫，出牧仗南金⑬。衆志非難徇，天休詎可諶⑭？故人司獻納⑮，早晚奉良箴。

解題 紹興三十一年秋，金主完顏亮以「提兵百萬西湖側，立馬吳山第一峰」的驕横氣焰，親率大軍六十餘萬，分四路南下，直撲臨安，企圖一舉滅亡南宋。開戰之初，宋軍節節敗退，金軍很快越過淮南，瀕臨長江。十一月，虞允文指揮水軍在采石大敗金軍，金軍發生兵變，完顏亮被部下所殺，戰局方發生逆轉，形成宋軍連捷的有利局面。朱熹是堅決的主戰派，從宋金交戰開始，他就始終以焦灼的心情觀注着戰局的發展，隨宋軍的勝敗而喜憂。在這期間，他連續寫作了本篇以下共十五篇、二十六首詩歌。這些詩作體現了作者抗金憂國的鮮明政治立場。此篇即朱熹得知采石大捷、完顏亮被殺之後所作，首先叙述戰役過程，頌揚却敵雪耻之功，接着發表了起用舊臣的政治見解。

校記

〔一〕聞：考異云一作「同」。

〔二〕惜：右引云一作「措」。

注釋

①陸沉：陸地沉没，比喻國土淪陷。世説新語輕詆：「遂使神州陸沉，百年丘墟。」

②翠華：天子儀仗中以翠羽爲飾的旗幟或車蓋。文選司馬相如上林賦：「建翠華之旗。」李善注：「翠華，以翠羽爲葆也。」浙右：浙水之右，指臨安。

③紫塞：北方邊塞。晋崔豹古今注都邑：「秦築長城，土色皆紫，漢塞亦然，故稱紫塞焉。」淮陰：淮河以南，指淮南東、西路地區。

④細札：指天子的手札。朱熹次亭字韻詩呈秀野丈兼簡王宰三首：「定知細札褒揚後，名入麟臺汗簡青。」宋史王舉元傳：「神宗以細札諮攻守策。」

⑤授鉞：古代大將出征，君主授以斧鉞，表示授以兵權。文選張衡東京賦：「授鉞四七，共工是除。」薛綜注引六韜：「凡國有難，君召將以授斧鉞。」

⑥沈機：猶言深謀。後漢書光武帝紀贊：「光武誕命，靈貺自甄。沈幾先物，深略緯文。」

⑦旃裘：古代北方游牧民族用獸毛等製成的皮衣。史記匈奴列傳：「自君王以下，咸食畜肉，衣其皮革，被旃裘。」

⑧戴商：擁戴商朝。

⑨思漢：思歸漢朝。班彪王命論：「今民皆謳吟思漢，鄉仰劉氏，已可知矣。」以上二句借指淪陷之民仍擁戴宋朝故國。

⑩泉著：墓地的蓍草。詩經曹風下泉：「洌彼下泉，浸彼苞蓍。」此句言宋諸帝陵墓久陷敵境。

⑪盍簪：衆人聚會。語出易豫卦：「勿疑，朋盍簪。」王弼注：「盍，合也，簪，疾也。」孔穎達疏：「群朋合聚而疾來也。」

⑫折衝：使敵人的戰車折回，即克敵製勝。吕氏春秋召類：「夫修之於廟堂之上，而折衝乎千里之外者，其司城子罕之謂乎？」舊衮：舊時的大臣。衮，古代帝王及上公所穿繡龍的禮服，後借指上公。此實指前宰相張浚。

⑬出牧：出任州府長官。宋書孝武帝紀：「朕習年操製，出牧司雍。」南金：南方出産的銅，比喻南方的優秀人才。晉書薛兼傳：「初入洛，司空張華見而奇之，曰皆南金也。」

⑭天休：天所賜福佑。尚書湯誥：「各守爾典，以承天休。」諶：相信。尚書咸有一德：「嗚呼！天難諶，命靡常。」孔安國傳：「以其無常，故難信。」此言當立足於内修外攘，不可依賴僥幸。

⑮故人：指劉珙，朱熹受其父劉子羽收留之恩，與之兄弟相稱。時珙爲起居舍人、兼權中書舍人、

直學士院，從高宗往建康。

編年 本篇所述皆紹興三十一年事，作於是年，無可疑者。參見解題。

次韻劉彥采觀雪之句 紹興三十一年冬

朔風吹空林，眇眇無因依①。但有西北雲，冉冉東南飛。須臾層陰合，慘淡周八維②。凍雨不流澌③，飛花舞妍姿。翳空乍滅没，散影還參差。萬點隨飄零，百嘉潛潤滋。徘徊瞻詠久，默識造化機。上寒下必温，欲積無根基。漸看谷樹變，稍覺叢篁低④。皓然遂同色，宇宙乃爾奇。繁華改新觀，凛冽忘前悲。摛章愧佳友⑤，佇立迎寒吹。感此節物好，嘆息今何時？當念長江北，鐵馬紛交馳！

解題 此篇詠雪，篇末筆鋒一轉，將讀者引向江北鐵馬交馳的戰場，從而使全詩帶上了濃烈的政治色彩。其時宋金兩軍激戰方酣，勝負未分，詩作表現出作者揪心掛懷的心情。劉彥采，名未詳，屏山劉氏家族中與劉子羽、子翬等同輩之人，朱熹早年好友。

注釋 ①眇眇：風吹動貌。張衡思玄賦：「雲霏霏兮繞余輪，風眇眇兮震余旟。」因依：依傍，依托。阮籍詠懷之八：「迴風吹四壁，寒鳥相因依。」

②八維：四方與四角合稱八維。漢東方朔七諫自悲：「引八維以自道兮，含沆瀣以長生。」

③凍雨：寒雨。南朝梁簡文帝玄圃納涼：「飛流如凍雨，夜月似秋霜。」

④叢篁：叢生之竹。唐宋之問泛鏡湖南溪：「杳嶂開天小，叢篁夾路迷。」

⑤摛章：作文。南朝梁簡文帝玄圃園講頌序：「搦管摛章，既便娟錦縟；清談論辯，方參差玉照。」

編年 據篇末二句，知此詩作於紹興三十一年冬。

評論 朱子可聞詩集卷一：前後從題中「觀」字鋪叙雪景，皆詩中所謂徘徊瞻詠也。中間忽插三句，推原造化寒温之機，是作者見大本領處，而行文得此，又妙有斷續，無平直之嫌。末八句，對景則忘悲，感時復嘆息。「可憐鐵甲冷徹骨，四十餘萬屯邊兵」，歐公當時譏刺時政之傳句也，一結亦云然。

次韻彦采病中口占 紹興三十一年冬

一榻流年度，篝燈遥夜闌①。短衾閑自擁，清鏡莫頻看。竹密初驚雪，梅疏却耐寒。從今花木夢，無復在雕欄。

解題 此與前篇心境略同，也作於戰火初燃、心繫疆埸之時。

注釋 ①篝燈：置於籠中之燈。篝，竹籠。王安石書定院窗：「竹雞呼我出華胥，起滅篝燈擁燎爐。」

編年 篇末二句言從此無心憑欄賞花，當指心繫國事安危，故應與上篇同時所作。

感事 紹興三十一年秋

聞説淮南路①，胡塵滿眼黄。棄軀慚國士，嘗膽念君王。却敵非干櫓②，信威藉紀綱。丹心危欲折③，竚立但彷徨。

解題 此篇也作於戰事初起之時。魂牽夢繞、憂心如焚之餘，作者情不自禁地出謀劃策，大發議論。

注釋 ①淮南路：宋路名，轄淮河以南、長江以北地區，分東西兩路，與金接壤。

②干櫓：小盾和大盾，泛指武器。禮記儒行：「儒有忠信以爲甲冑，禮義以爲干櫓。」鄭玄注：「干櫓，小楯、大楯也。」

③危：憂懼。戰國策西周策：「竊爲君危之。」

編年 本篇作於紹興三十一年秋初聞戰事之時甚明。

評論 朱子可聞詩集卷三：先生云：時事竟爲和戎所誤，今歲金人大入，據有淮南，留屯不去，可爲寒心，因有感而作此詩。 此篇句句是感憤時事。三慚士未捐身報國，四念君當嘗膽復仇。五、六一開一合。「信威藉紀綱」乃先生一片丹心，即他日應詔疏所謂「外誅敵人以復仇，尤在内除小人以正紀綱」者也。

聞二十八日之報喜而成詩七首 紹興三十一年十二月

胡馬無端莫四馳，漢家元有中興期。旃裘喋血淮山寺①，天命人心合自知。

天驕得意任驅馳②，太歲乘蛇已應期③。一夜旄頭光殞地④，飲江胡馬未全知。

雪擁貂裘一馬馳，孤軍左袒事難期⑤。奏函夜入明光殿⑥，底事盧兒探得知⑦？所報乃御營宿衛官奏，故有是句。

渡淮諸將已争馳，免脱鷹揚不會期。殺盡殘胡方反旆，里閭元未有人知。

漢節熒煌直北馳，皇家卜世萬年期。東京盛德符高祖⑧，説與中原父老知⑨。

追鋒聞説日驅馳，舊德登庸儻有期。張魏公⑩聖主聰明似堯禹，忠邪如許詎難知〔一〕？

恭惟大號久風馳〔二〕⑪，清蹕傳呼却未期⑫。此日不須勞玉趾⑬，寸心那得侍臣知？

解題 二十八日之報，指完顔亮被刺、金軍潰敗的消息。此篇前五首言戰事，後二首議論眼前朝廷舉措，抒寫了作者聞捷後的狂喜心情。

校記 〔一〕忠邪：考異云一作「群臣」，淳熙本同。

〔二〕惟：右引云一作「聞」。

注釋 ①淮山寺：指揚州龜山寺。因地屬淮南，故稱。完顔亮被刺於此。

②天驕：漢朝稱北方匈奴爲「天之驕子」，簡稱「天驕」。漢書匈奴傳：「胡者，天之驕子也。」後泛稱强盛的邊地民族。此指金。

③太歲乘蛇：指太陰在巳，即紹興辛巳之年。

④旄頭：即昴星，二十八宿之一，其分野在胡地。漢書天文志：「昴曰旄頭，胡星也。」此以昴星殞落喻完顔亮被刺。

⑤左袒：左方暴露。指開戰之初淮西宋將王權不戰而遁，統制姚興力戰陣亡，金兵長驅直入，使淮東劉錡軍左翼暴露，成爲孤軍。

⑥明光殿：漢宮殿名。三輔黃圖漢宮：「未央宮漸臺西有桂宮，中有明光殿。」後也泛指宮殿。

⑦底事：爲何。盧兒：家奴，僕從。漢書鮑宣傳：「蒼頭盧兒，皆用致富。」

⑧東京：東漢都洛陽，稱東京，後因以代指東漢。高祖：漢高祖劉邦。此以東漢中興西漢借指南宋德如北宋。

⑨中原：地域名，指今河南一帶。廣義的中原則指整個黄河流域。

⑩張魏公：張浚。浚封魏國公。

⑪大號：帝王的號令。易渙卦：「渙汗其大號。」孔穎達疏云：「九丘處尊履正，在號令之中，能行號令以散險阨者也。」此指十月親征之詔。

⑫清蹕：謂帝王出行，清除道路，禁止行人。文選顏延之應詔觀北湖田收：「帝暉膺順動，清蹕巡廣廛。」李善注：「皇帝輦動，出則傳蹕，止人清道。」此言親征之行遲遲未動。

⑬玉趾：對人脚步的尊稱。左傳僖公二十六年：「寡君聞君親舉玉趾，將辱於敝邑。」此指皇帝親行。

編年 本篇所言皆紹興三十一年事，作於是年甚明。采石大捷，完顏亮死於十一月二十八日，此聞捷當在其後不久。

次子有聞捷韻四首 紹興三十一年十二月

神州荆棘欲成林，霜露凄凉感聖心①。故老幾人今好在？壺漿争聽鼓鼙音。

殺氣先歸江上林②，貔貅百萬想同心③。明朝滅盡天驕子，南北東西盡好音。

孤臣殘疾卧空林，不奈憂時一寸心〔一〕。誰遣捷書來華户？真同百蟄聽雷音！胡命須臾兔走林，驕豪無復向來心。莫煩王旅追窮寇，鶴唳風聲盡好音④。

解題 此篇之意與前篇略同。子有，事迹不詳，當爲朱熹閩中友人。

校記 〔一〕不：考異云一作「無」。

注釋 ①「霜露」句：指五月聞欽宗訃并爲發喪事。

②江上林：指長江之濱宋大軍如林。

③貔貅：傳説中的猛獸。逸周書周祝：「山之深也，虎豹貔貅何爲可服？」後用以比喻猛士。

④鶴唳風聲：東晋淝水之戰，苻堅百萬南侵之衆潰不成軍，「餘衆棄甲宵遁，聞風聲鶴唳，皆以爲王師已至。」見晋書謝玄傳。後用指極度驚疑或自相驚擾。

編年 此與上篇先後所作。

奉陪判院丈充父平父兄宿回向用知郡丈壁間舊題之韻 紹興三十一年冬

暮雨停驂處，僧廬古道邊。千峰環傑閣，一水下平田。行役無期度①，經過幾歲年？明朝須飽飯，躡足上寒煙。

解題 紹興三十一年初冬，朱熹奉陪還鄉訪親的劉韞出游，由南至北，經上梅里之回向寺、籍溪里之梅嶺返回屏山。還家，即聞金人大舉南侵。本篇及以下八篇共成一組，即此行途中及還家後作。原集編次失序，今重新考定其先後順序，一一注出。本篇爲組詩之第一篇。判院丈，指劉韞。充父，

注釋 劉琉，屏山劉子翼季子，紹興十四年補登仕郎。平父，劉玶。知郡丈，未詳。

①期度：限度。漢書霍光傳：「顯及諸女晝夜出入長信宫殿中，亡期度。」

編年 本篇與以下八篇同行所作，已見解題。據下篇内容，作於紹興三十一年甚明。

評論 朱子可聞詩集卷三：全篇以「古道」二字作骨。五嘆道上無人得自由，六嘆道上無時得少息，結云即自己亦不過暫一宿，與知己偷閑，明朝又往他處矣。

感事再用回向壁間舊韻二首 紹興三十一年冬

江北傳烽火〔一〕，胡兒大入邊。已聞隳列障①，不但擾屯田②。借箸思人傑③，摧鋒屬少年。偷安慚暇食〔二〕，萬竈起愁煙④。

廊廟憂虞裏⑤，風塵慘淡邊。早知煩汗馬，悔不是留田〔三〕⑥。迷國嗟誰子⑦？和戎誤往年。腐儒空感慨，無策静狼煙⑧。

解題 此爲第九篇，初聞江北戰事時作，見作者憂心如焚，坐卧不寧。

校記 〔一〕此句考異云一作「烽火傳江北」。

〔二〕暇：右引云一作「飽」。

〔三〕留：右引云一作「屯」。

注釋 ①列障：諸邊防堡寨。史記酷吏列傳「居一障間」，張守節正義：「『障』謂塞上要險之處别築城，置吏士守之，以扞寇盗也。」

②屯田：漢以來朝廷利用軍隊或農商耕種土地，征取收成作軍餉，稱屯田。

③借箸：借用筷子，語出史記留侯世家。漢王方食，張良爲其出謀劃策，言：「臣請借前箸爲大王籌之。」後因以指爲人劃策。

④「萬竈」句：此猶言萬家憂國。

⑤廊廟：宮殿四周的走廊和太廟，皆帝王和大臣議政之地，因以稱朝廷。孫子九地：「厲於廊廟之上，以誅其事。」

⑥留田：屯田。漢書趙充國傳：「明主般師罷兵，萬人留田，順天時，因地利，以待可勝之虜。」以上二句言未早行留田之計實爲失策。

⑦迷國：亂國。漢書五行志：「勿取齊女，淫而迷國。」此實指秦檜。

⑧狼煙：燃燒狼糞的煙，古時邊防用以報警，取其煙直而聚，風吹不斜。杜牧邊上聞笳之一：「何處吹笳薄暮天？塞垣高鳥没狼煙。」

編年　此爲組詩第九篇，作於紹興三十一年，無假深考。

蒙判院丈示及再用元韻之作率易和呈以求指誨 紹興三十一年冬

疇昔經行地，溪山寂寞邊。冰霜凝巨壑，風雨暗中田。古寺堪投晚，塵龕閱紀年。論文寒夜永，清絶裊爐煙。

編年　此爲組詩第二篇，參見上篇所考。

數日前與判院丈有宋村之約雪中有懷奉呈判院通判二丈 紹興三十一年冬

雲垂天闊歲將闌，一室翛然獨掩關。擁褐不知風折木，開軒惟見雪漫山。玄空杳靄低迷外[①]，碧樹瓏璁掩映間。吟罷左思招隱句，扁舟無路過長灣。

解題 宋村，未詳，當在崇安境。通判，未詳。

注釋 ①杳靄：渺茫貌。歐陽修有美堂記：「而閩商海賈，風帆浪舶，出入於江濤浩渺、煙雲杳靄之間。」

編年 此爲組詩第七篇。

評論 朱子可聞詩集卷三：句句寫雪，句句注意「有懷」。「低迷外」、「掩映間」，便是惜無路過宋村也。「杳靄」雙聲，「璁瓏」疊韻。

次韻判院丈雪意之作 紹興三十一年冬

端居歲復窮，閉户守沖澹。風陰原野悲，月黑庭除暗。淅瀝静先知，崩奔誰與探[①]？坐想青瑤林[②]，寒光生素艷。

注釋 ①崩奔：水流奔涌。李白大鵬賦：「五岳爲之震蕩，百川爲之崩奔。」此極言雪之大。

②青瑤：青玉。晉王嘉拾遺記瀛洲：「刻黑玉爲烏，以水精爲月，青瑤爲蟾兔。」

編年 此爲組詩第四篇。

評論 朱子可聞詩集卷三：入題便着「閉户」二字，通篇都是做雪意，不露一「雪」字。至結「寒光素艷」，仍只從坐想中摹出。此仄聲律詩也。馮鈍吟云：唐人極多如此，品彙出而廢矣。

熹伏蒙判院丈垂示用韻喜晴之句率爾奉酬伏乞笑覽 紹興三十一年冬

客枕終難穩，歸來鼾息深。曉鷄回遠夢，缺月掛空林。冰谷晨加帽，晴窗晝解襟。詩筒多妙語，仍喜舊盟尋。

編年 此爲組詩第八篇。

評論 朱子可聞詩集卷三：此久宦得歸詩。一言客枕之勞，二言家居之逸，三句承明，即白香山「雞鳴一覺睡，不博早朝人」意也。妙在第四句突接月景，拍合題中喜晴上。

登梅嶺 紹興三十一年冬

去路霜威勁，歸程雪意深。往還無幾日，景物變千林。曉磴初移屐，寒雲欲滿襟。玉梅疏半落〔一〕，猶足慰幽尋。

解題 梅嶺，在崇安縣開耀鄉籍溪里，極高峻，行人病之。邑人丁希作亭其上，以便憩息。

校記 〔一〕玉：考異云一作「野」。

編年 此爲組詩第三篇。

雪意〔一〕紹興三十一年冬

向晚浮雲四面平〔二〕，北風號怒達天明〔三〕。寒窗一夜清無睡，擬聽杉篁葉上聲。

校記　〔一〕淳熙本題下有「絶句」二字。

〔二〕浮：考異云一作「愁」。

〔三〕達：右引云一作「徹」。

編年　此爲組詩第五篇。

昨夕不知有雪而晨起四望遠峰皆已變色再用元韻作兩絶句紹興三十一年冬

朔風吹盡暮雲平，室暖爐紅睡達明。但怪朝來滿山白，不知昨夜打窗聲。

千林無葉一川平，萬壑瓊瑶照夜明。未覺殘梅飄落盡，只愁羌管不成聲①。

注釋　①羌管：即羌笛，管樂器，出古羌族。長二尺四寸，三孔或四孔。温庭筠題柳：「羌管一聲何處曲，流鶯百囀最高枝。」

編年　此爲組詩第六篇。

奉陪彦集充父同游瑞巖謹次莆田使君留題之韻紹興三十二年九月

踏破千林黄葉堆，林間臺殿鬱崔嵬。谷泉噴薄秋逾響①，山翠空濛畫不開②。一壑秪今藏勝概，三生疇昔記曾來③。解衣正作留連計，未許山靈便却回④。

解題　此與以下三篇爲一組，皆朱熹等三人秋日游瑞巖時作。瑞巖乃崇安名勝之一，在縣西四十餘里。彦集，劉子翔字。子翔建安人，韞子。善詩，有父風，時稱「詞虎」。後爲朱熹妹夫。充父，劉琉。莆田使君，指劉子翬（一一〇一—一一四七）。子翬字彦冲，號屏山先生、病翁，子羽弟。朱熹投靠屏山劉氏，其學業主要師從子翬。因其紹興初嘗通判興化軍，故稱莆田使君。

注釋　①噴薄：洶涌激蕩。沈佺期過蜀龍門：「流水無晝夜，噴薄龍門中。」

②空濛：迷茫貌。南朝齊謝朓觀朝雨：「空濛如薄霧，散漫似輕埃。」

③三生：佛教語，指前生、今生、來生。唐牟融送僧：「三生塵夢醒，一錫衲衣輕。」此指前生。

④未許山靈：山神還未准許。

編年　據下讀二劉公瑞巖留題詩，知本篇作於紹興三十二年，參見該篇所考。下入瑞巖道間得四絶句呈彦集充父二兄云「風高木落晚秋時」，知此組詩作在九月。

評論　朱子可聞詩集卷三：前半寫景。五句總承前半，脱卸出一段勝情來。六句以下皆寫情。瑞巖即在雲谷山中，故曰「疇昔曾來」。此詩正先生召對不合而歸時作，一結自斷其不復出山也。詩家以句中眼爲響字，三、四妙用「秋」字、「晝」字，便覺字響句亦響。

伏讀趙清獻公瑞巖留題感嘆之餘追次元韻　紹興三十二年九月

趙公名迹此猶微，已薦行藏第一機①。直自當年留翰墨，至今窮谷尚光輝。時清諫疏空遺稾②，歲晚高齋自掩扉。高齋，公晚年所居，每夕獨處一室，使人扃其外云。珍重九原如可作③，問渠何處是真歸？

解題 趙清獻公，即趙抃（一〇〇八—一〇八四），字閱道，自號知非子，衢州西安人。歷官中外，仕至參知政事，爲北宋名臣。抃少時嘗知崇安縣事，其瑞巖題詩即是時所作。本篇頌其高風亮節，然末句對其終身所趨所至也未免發疑。

注釋 ①薦：陳説。左傳昭公二十年：「其祝史薦信，無愧心矣。」杜預注：「祝史陳説之，無所愧。」

第一機：佛教語，猶言第一義，指至深至上的妙理。

②「時清」句：言清理毀棄奏疏草稿以防泄漏。

③九原：本爲春秋晉卿大夫墓地，後泛指九泉，黃泉。國語晉語八：「趙文子與叔向游於九原曰：『死者若可作也，吾誰與歸？』」

編年 見下篇所考。

伏讀二劉公瑞巖留題感事興懷至於隕涕追次元韻偶成二篇 紹興三十二年九月

誰將健筆寫崖陰？想見當年抱膝吟①。緩帶輕裘成昨夢（一）②，遺風餘烈到如今③。西山爽氣看猶在，北闕精誠直自深④。故壘近聞新破竹⑤，起公無路秪傷心！右懷寶學公作。近聞西兵進取關陝⑥，其帥即公舊部曲也⑦。

投紱歸來卧赤城⑧，家山無處不經行。寒巖解榻夢應好⑨，絶壁題詩語太清。陳迹一朝成寂寞，靈臺千古自虛明⑩。傳來舊業荒蕪盡，慚愧秋原宿草生〔二〕。右懷病翁先生作⑪。翁領崇道祠官，故有「赤城」之句。

解題　二劉公，劉子羽、劉子翬。此篇懷其功德深恩。

校記　〔一〕成：淳熙本作「空」。

〔二〕慚愧：右引作「悵望」，考異引別本同。

注釋　①抱膝吟：三國志蜀志諸葛亮傳：「亮躬耕壟畝，好爲梁父吟。」裴松之注魏略云：「每晨夕從容，常抱膝長嘯。」後以「抱膝吟」形容高人志士的吟詠抒懷。

②緩帶輕裘：寬松的衣帶，輕暖的皮衣，形容從容儒雅的風度。資治通鑑梁均王貞明元年：「明日，王緩帶輕裘而進。」

③餘烈：遺留下來的功績、功業。賈誼過秦論上：「及至始皇，奮六世之餘烈，振長策而御宇內。」

④北闕：古代宮殿北面的門樓，是臣子等候朝見或上書奏事之處。漢書高帝紀下：「蕭何治未央宮，立東闕、北闕、前殿、武庫、太倉。」顏師古注：「未央宮雖南嚮，而上書、奏事、謁見之徒詣北闕。」後用爲朝廷或宮禁的別稱。

⑤故壘：指川陝。劉子羽嘗於此力抗金兵，有全蜀之功，故稱。

⑥關陝：指陝西地區。陝西古名關中，故稱。

⑦其帥：指吴璘。璘時爲四川宣撫使兼陝西、河東招討使，揮軍轉戰，先後收復熙河、秦鳳、永興三路十六州軍。劉子羽嘗薦吴璘於張浚。

⑧投紱：棄去印綬，謂辭官。蘇軾和致仕張郎中春節：「投紱歸來萬事輕。」赤城：山名，在台州天台縣北六里。劉子翬嘗四度主管台州崇道觀。

⑨解榻：東漢陳蕃作太守不接待賓客，僅一二高士至則特設一榻，去即懸掛起來。後以「解榻」爲熱情待賓之典。

⑩靈臺：指丘墓。

⑪病翁先生：劉子翬號。

編年

據第一首小注，知時吴璘揮兵北進告捷。考宋史高宗紀、孝宗紀及吴璘傳，璘收復失地主要在紹興三十一年及三十二年六月以前。此組詩作在季秋，若爲三十一年，是月江北戰火初起，宋軍未捷，作者得知戰況亦不能如此之速。且數篇語意平平，全不似初聞戰報時心情，將其與本卷三十一年諸詩比對可知。故本篇應爲三十二年所作。

評論

瀛奎律髓彙評卷四十六紀昀評：雖乏深警，亦有氣格。此卷詩皆有可觀。

一　朱子可聞詩集卷三：自注：此懷寶學公作。追念偉人，豈可從小處立説，然亦非一味誇張。曰「抱膝吟」，但就「留題」著筆，而其人之風度儼然高一代矣。曰「西山」、「猶在」，但從瑞巖生情，而其人之精爽，隱然照千古矣。得訣只要切題。

二　朱子可聞詩集卷三：自注：此懷病翁先生作。前首留題，後已感懷，本分兩截，妙於後半「臺」字、「秋原」字、「荒蕪」、「宿草」字，巧於假借，隱與上「寒巖」、「絕壁」映帶，兩截遂成一片。先生於兩公，真性命交也。此曰「靈臺千古」，彼曰「爽氣猶在」，覺神理綿綿，相與正在生死形骸之外。

入瑞巖道間得四絕句呈彥集充父二兄 紹興三十二年九月

憶昔南游桂樹陰，歸來遺恨滿塵襟。籃輿此日無窮思①，萬壑千巖秋氣深。

翩翩一馬兩肩輿②，路轉秋原十里餘。共説前山深更好，不辭迢遞款禪居。

清溪流過碧山頭，空水澄鮮一色秋。隔斷紅塵三十里，白雲黄葉共悠悠。

風高木落晚秋時〔一〕，日暮千林黄葉稀〔二〕。秪有蒼蒼谷中樹，歲寒心事不相違。

解題 此篇四首爲隨事雜感，首詩對同安初宦表示追悔。

校記 〔一〕風高：考異云一作「霜清」。

〔二〕黄：右引云一作「紅」。

注釋 ①籃輿：古代供人乘坐的交通工具，形制不一，一般以二人擡行，類轎。晉書孝友傳孫晷：「父難於風波，每行乘籃輿，晷躬自扶侍。」

②肩輿：轎子。晉書王導傳：「帝親觀禊，乘肩輿，具威儀。」

編年 見上篇所考。

評論 （清溪流過碧山頭）朱子可聞詩集卷五：空水承上言，并實字。溪之清水，山之碧空，同一色澄鮮耳。息廬先生云：妙無俗艷，雖入千家詩，然與「渭城朝雨」終爲選家所不廢也。

朱熹文集編年評注卷二下

挽籍溪胡先生三首隆興元年冬

夫子生名世①，窮居幾歲年？聖門雖力造，美質自天全。樂道初辭幣②，憂時晚奏篇〔一〕③。行藏今已矣，心迹故超然。

澹泊忘懷久，渾淪玩意深④。簞瓢無改樂⑤，山水自知音。册府遺編在⑥，公所定著論語會義副在秘閣。丘原宰樹陰。門人封馬鬣⑦，寒日共沾襟。

先友多淪謝，唯公尚典刑⑧。向來深繾綣⑨，猶足慰飄零。喬木摧霜榦，長空没曉星。傷心遽如許，孤露轉竛竮⑩。

解題 胡憲卒於紹興三十二年四月十二日，次年葬於建陽縣東田里。此篇爲會葬時所作，以作者當時所達到的思想深度，對先師蓋棺定論，抒寫了自己的深深緬懷。

校記 〔一〕奏：淳熙本作「獻」。

注釋 ①名世：名顯於世。孟子公孫丑下：「五百年必有王者興，其間必有名世者。」

②辭幣：不受聘禮，即辭官不做。此指紹興初胡憲屢辭召命事，見朱熹所撰胡憲行狀。

③「憂時」句：指紹興三十年，七十五歲高齡的胡憲入朝任秘書省正字，率先上疏朝廷，公開要求起用張浚和劉錡事。

④玩意：猶玩味，體味。宋陳善捫虱新話王右丞畫渡水羅漢：「豈猶未能玩意筆墨之外耶？」以上二句言胡憲久已將功名利禄拋於腦後，一心體驗聖賢之學，達到融會貫通之境。

⑤「簞瓢」句：語出論語雍也：「一簞食，一瓢飲，在陋巷。人不堪其憂，回也不改其樂。」指安貧樂道。

⑥册府：藏書的地方。晉書葛洪傳論：「紬奇册府，總百代之遺編。」

⑦馬鬣：墳墓封土的一種形狀，亦指墳墓。李白上留田行：「蓬科馬鬣今已平，昔之弟死兄不葬。」

⑧典刑：效法的榜樣。語出詩經大雅蕩：「雖無老成人，尚有典刑。」

⑨繾綣：纏綿，形容感情深厚。白居易寄元九：「豈是貪衣食，感君心繾綣。」

⑩孤露：孤單無倚，指喪父母。嵇康與山巨源絕交書：「少加孤露，母兄見驕。」跉竮：孤單貌。法華經信解品：「此是我子，我之所生。於某城中，捨吾逃走。跉竮辛苦，五十餘年。」

編年

據作者所撰胡憲行狀。詩云「寒日共沾襟」，作於冬天甚明。

次韻潮州詩六首紹興末

濠上齋二首

黃堂理事餘①，便坐永茲日。語默趣雖殊，晦明心本一②。舊聞真體露③，已嘆群疑失。迨此復幾年？定知久純白④。

道若大路然，奈此人好徑。即事昧本心，離動覓真静⑤。安知濠上翁⑥，妙入玄中境。偶寄郡齋閑⑦，無欲民自正。

閑坐

坐嘯無餘事⑧，淡然塵慮希。閑中自怡悦，妙處絶幾微。韓子成今古⑨，顛師果是非⑩。悠然發孤些⑪，千載儻來歸。

銷寇

年來揭陽郡⑫，牢落海陰墟。雲嶠無幽子〔一〕⑬，潢池有跖徒⑭。單車亦已税，蔓草不須鋤⑮。比屋弦歌裏，功高化鰐圖⑯。

山丹⑰

昔游嶺海間，幾見蠻卉拆。素英溥夕露，朱蘤爛晴日〔二〕⑱。歸來今幾年？晤對秪寒碧。因君賦山丹，悦復見顏色。

山居即事用疊翠亭韻

世情日以疏，庭樹日以密。我心自悠悠，兩忘喧與寂。門開山疊翠，雨罷雲絶迹。天涯此興同，萬里寄消息。

柬舍侄〔三〕

回頭別子時，歲月劇風雨。老大無所成，慚嘆中夜舞⑲。長鑱足呻吟⑳，短褐極襤褸〔四〕。古人不可期，炯炯心獨苦。

解題　此篇凡六題七詩，與下篇乃一時之作。潮州，未詳何人。據詩意，當爲朱熹故人，時知潮州者。前四詩大抵歌功頌德，奉承之餘，也略見朱熹學術觀點。第六詩自述心迹，末詩表現了作者當時治學中的徬徨與焦慮。

校記　〔一〕幽：記疑作「遺」。

〔二〕藹：原作「嫣」，據宋閩、浙本改。

〔三〕舍：宋本均缺。考異云一作「令」。

〔四〕襤：原作「藍」，據宋閩、浙本改。

注釋

①黄堂：太守辦事的廳堂。後漢書郭丹傳：「敕以丹事編署黄堂以爲後法。」李賢注：「黄堂，太守之廳事。」

②晦明：理學家認爲，人性本善，人心本明。氣質之偏、物欲之蔽或使心塞而暗，然雖晦仍是此心也。

③真體：真實的本體。唐彦悰後畫録隋江志：「筆力勁健，風神頓爽，模山擬水，得其真體。」此指藴蓄深厚的學問功底。

④純白：猶純粹。莊子天地：「機心存於胸中，則純白不備。」

⑤「道若」四句：言日常生活中處處皆理，隨事應接，本心發見，即是合道。禪宗頓悟，乃昧心好徑之途。首句用孟子告子下成句。

⑥濠上：濠水之上。莊子秋水記莊子與惠子游於濠水橋上，見魚從容出游，因辯論魚知樂否。後以「濠上」比喻有會於心，自得其樂。此朱熹故人以「濠上」名齋，也取此意。

⑦郡齋：郡守起居之處。白居易秋日懷杓直：「今日郡齋中，秋光誰共度？」

⑧坐嘯：閑坐吟嘯。東漢成瑨任南陽太守，用岑晊爲功曹，公事皆交其辦理，民謡稱「南陽太守岑公孝，弘農成瑨但坐嘯。」後用指作官而不親自理事，此謂政成事簡。

⑨韓子：指韓愈。愈嘗任潮州刺史。

⑩顛師：指僧人大顛。俗姓楊，初居羅浮山，後歸潮陽靈山。韓愈與之交厚，嘗造其家，留衣服爲别。後世對二人交往之事議論紛紜。

⑪孤些：獨自的詠嘆。些，語氣詞，古時楚人常用。

⑫揭陽郡：潮州古稱。

⑬雲嶠：高而尖的山。杜甫憶鄭南：「風杉曾曙倚，雲嶠憶春臨。」幽子：隱士。韓愈别趙子：「海上諸山中，幽子頗不無。」

⑭潢池：指百姓作亂反叛。語出漢書循吏傳龔遂：「海瀕遐遠，不霑聖化，其民困於饑寒而吏不恤，故使陛下赤子盜弄陛下之兵於潢池中耳。」跖徒：跖一類的人，指盜賊。跖，即盜跖，古代稱其爲大盜。

⑮「單車」二句：言太守下車伊始，寇盜不鋤自銷。

⑯化鰐圖：指韓愈感化鰐魚事。世傳愈任潮州刺史，問民疾苦，告以惡溪鰐魚爲民害，食民産且盡。愈乃令屬吏秦濟以一羊一豚投溪水，并祝以文。其夕有暴風震雷起水中，數日水涸，西徙六十里，自此鰐魚之患遂息。愈有鰐魚文載其集。

⑰山丹：百合的一種，多年生草本植物，花紅色或紫紅色，供觀賞。

⑱蘤：古「花」字。

⑲中夜舞：夜半起舞。晋書祖逖傳載，祖逖與劉琨同官相好，同床共寢。中夜聞荒鷄鳴，叫醒劉琨説：「此非惡聲也。」因起舞。後以「中夜舞」喻有志之士奮發刻勵。

⑳長鑱：古踏田農具。元王禎農書卷十三：「長鑱，踏田器也。」杜甫乾元中寓居同谷縣作歌之

二：「長鑱長鑱白木柄，我生託子以爲命。」

編年 山丹「昔游」二句，顯指作者同安之任。「歸來」句，指同安還家已數年。其濠上齋、東舍侄所言作別二人，當指紹興二十七年冬離泉州事。末篇心境茫然焦灼，似紹興末思想轉變期所獨有，姑繫之。

夏日齋居得潮州詩卷咏嘆之餘用卒章之韻以紀其事 紹興末

孟夏氣淑清，窗户有佳色。卧聞幽籜翻①，轉覺林景寂。參差帙委素，縹緲香横碧。啜菽有餘歡②，纓冠非所職③。故人海邊郡，妙語寄遠翼。咏嘆不得聞，超然見胸臆。

注釋 ①籜：竹笋皮，代指竹。

②啜菽：吃豆。禮記檀弓下載孔子語曰：「啜菽飲水，盡其歡，斯之謂孝。」後以爲貧家孝子事親之典。

③纓冠：戴帽，謂作官。晋袁宏後漢紀靈帝紀下：「布衣韋帶，白首不仕者有矣。結髮纓冠，老而不退者有矣。」

編年 此與上篇同時作，參見該篇所考。

評論 朱子可聞詩集卷一：第八句只輕輕下「纓冠非所職」五字，翻轉便有故人作郡，一番急急救民心事在内，筆力直透過紙背矣，下文遂不煩多贅。前半細叙齋居見聞之清幽，及觀書焚香種種樂境，亦是暗用雖閉户可意。先生教人做詩，更須讀語、孟，豈漫語哉。

壽母生朝 下六首附見於此。 紹興三十二年九月

秋風蕭爽天氣凉，此日何日升斯堂？堂中老人壽而康，紅顔緑鬢雙瞳方①。家貧兒癡但深藏，五年不出門庭荒。竈陘十日九不煬②，豈辦甘脆陳壺觴③？低頭包羞汗如漿，老人此心久已忘。一笑謂汝庸何傷，人間榮耀豈可常？惟有道義思無疆，勉勵汝節彌堅剛。熹前再拜謝阿娘，自古作善天降祥。但願年年似今日，老萊母子俱徜徉④！

解題 此與以下三篇皆爲母生日祝壽詩，但非同年所作。本篇語言親切，感情真摯，然末後借老人之口言道義節操，將母子之情納入了自己的道德倫理説教。

注釋 ①雙瞳方：古人以方形瞳孔爲長壽之相。李白游太山：「山際逢羽人，方瞳好容顔。」王琦注：「按仙經云：八百歲人瞳子方也。」

②竈陘：竈邊突出部分。鄭玄禮記月令注：「祀竈之禮，先席於門之奥，東面設主於竈陘。」煬：焚燒。晋潘岳西征賦：「儒林填於坑阱，詩書煬而爲煙。」

③甘脆：美味佳肴。戰國策韓策二：「臣有老母，家貧，客游以爲狗屠，可旦夕得甘脆以養親。」

④老萊：即老萊子，春秋時楚隱士。行年七十，父母猶存，常身着五色彩衣侍親旁爲戲以娱之。

編年 細味「家貧」以下四句，所謂「五年不出」，實爲「嘗出做官，後不再出，今已五年」之意，若從未出仕，則不得言「深藏」、「不出」，「五年」亦無所從計數。朱熹母卒于乾道五年，此前作者僅一仕，即同安主簿。故本篇應爲同安歸後五年所作。詩云「秋風蕭爽天氣凉」，當爲九月景象。

評論 朱子可聞詩集卷二：先生自同安歸，陳福公力薦於朝，堅辭不赴召。然太夫人教養之念，未嘗忘也，嘗寓書親知云：「親年日老，生事益聊落，雖吾道固如此，而人子之心，不能不慨然。」此篇直將子母真情實話分作兩段，一則包羞，一則笑談，發乎情，止乎禮義。且五年守貧堅操，都託之賢母教誨口中，又善則歸親矣。鳳逸云：效柏梁體，與唐人歌行不同。句句孺慕光景，不泛不支。歷代詩發卷二十七范大士評：樸至語，可以不敝天壤，視世間錦屏優酌，何啻羌丸。

又二首 隆興乾道間

敬爲生朝舉一觴，短歌歌罷意偏長。願言壽考宜孫子，緑鬢朱顔樂未央。陰澹園林歲欲霜，怪來和氣滿中堂。要知積善工夫巧，變得人間作壽鄉。

編年 本篇作年不詳，以有上篇紹興壬午之作，故僅知作於隆興元年至乾道五年之間。

又三首 乾道元年九月

昨夜秋風凉氣歸，今朝喜色動簾幃。細斟瀲灩新春酒①，戲舞斑爛舊彩衣②。願上龜蓮千歲壽③，永令蕢藻一家肥④。也知厚德天應報，更說陰功世所希。

暑退秋容欲凜然，北堂佳氣倍澄鮮。舊痾已向新凉失，壽骨應隨爽籟堅⑤。塵外光陰那有盡？尊前風月浩無邊。癡兒六六今如許⑥，慚愧西河不老仙⑦。

仙人昔住紫琳房⑧，一旦翩然下太荒。久悟客塵無自性⑨，故應福禄未渠央。徙居邂逅成嘉遁⑩，捧檄因循愧漫郎⑪。願借寒潭千丈碧，年年此日奉華觴。

解題 朱熹母祝氏信佛，故詩中承順其意，獻以厚德陰功、神仙下凡之説。

注釋 ①瀲灧：水滿貌。文選木華海賦：「浟湙瀲灧，浮天無岸。」

②「獻舞」句：此用老萊子娛親事。

③龜蓮：龜和蓮，古人以爲長壽吉祥之物。史記龜策列傳：「龜千歲乃游蓮葉之上。」

④鳧藻：謂鳧戲於水藻，比喻歡悦。後漢書杜詩傳：「士卒鳧藻。」李賢注：「言其和睦歡悦，如鳧之戲於水藻也。」

⑤爽籟：指清風。宋蘇舜欽依韻和伯鎮中秋見月九日遇雨之作：「最憐小雨灑疏竹，爽籟颯颯吹醉腮。」

⑥六六：指三十六歲。

⑦西河：唐段成式酉陽雜俎天咫載西河人吴剛學仙有過，謫令月中伐樹，後用指吴剛。此謂母爲仙。

⑧紫琳房：指仙宫。

⑨客塵：佛教語，指塵世的種種煩惱。自性：佛教語，指諸法各自具有的不變不滅之性。南朝梁武帝净業賦：「既除客塵，又還自性。」

⑩嘉遁：合乎時宜、合意的隱遁。語出易遁卦：「嘉遁貞吉，以正志也。」

⑪漫郎：指唐元結。顔真卿作元結表墓碑銘序言，元結自稱浪士，後作官爲郎，時人以爲浪者也

姑隨意爲官，於是呼爲「漫郎」。此句言時朝廷催促朱熹赴官武學博士，而辭不就，與元結不同。

編年 「癡兒」句知作者時年三十六，據以繫之。詩云「昨夜秋風涼氣歸」，當爲九月景象。

又一首 乾道間

竹柏交柯庭院清①，西風不動翠簾旌②。高堂正喜新涼入，樂事仍逢壽斝傾③。盡室丹衷歸善禱，滿頭緑鬢定重生。年年此日歡娱意，更願時豐樂太平。

解題 此篇祝壽，華詞無多，以常人之心寫常人之情，給人以親切之感。

注釋 ①柯：草木的枝莖。韓非子喻老：「豐殺莖柯，毫芒繁澤，亂之楮葉之中而不可別也。」

②簾旌：簾端所綴之布帛，亦泛指簾幕。白居易舊房：「床帷半故簾旌斷，仍是初寒欲夜時。」

③斝：古代青銅製貯酒器。詩經大雅行葦：「或獻或酢，洗爵奠斝。」

編年 作年不詳。其列於上篇之後，則當在乾道間。

丁丑冬在温陵陪敦宗李丈與一二道人同和東坡惠州梅花詩皆一再往反昨日見梅追省前事忽忽五年舊詩不復可記憶再和一篇呈諸友兄一笑同賦〔一〕 紹興三十二年十二月

江梅欲破江南村，無人解與招芳魂〔二〕①。朔雲爲斷蜂蝶信②，凍雨一洗煙塵昏。天憐絶艷世無匹，故遣寂寞依山園。自欣羌笛娱夜永，未要鄒律回春温③。連娟窺水墮殘月④，的皪泣露晞晨暾。海山清游記玉面〔三〕，衰病此日空柴門。相逢不敢話疇昔，能賦豈必皆成言？雕鎸肝腎竟何益⑤？況復製酒哦空樽。

解題 此篇詠梅佳作，以人觀梅，以梅喻人，由花及己，由己及心，「高潔」二字，凸現行墨之間。丁丑，紹興二十七年。温陵，泉州別稱。敦宗李丈，即李縝，嘗主管敦宗院。惠州，廣東瀕海之郡，蘇軾貶謫之地。

校記 〔一〕省：淳熙本作「憶」。

〔二〕與：右引作「語」。

〔三〕記：考異云一作「識」。

注釋 ①解：能夠。陶潛九日閑居：「酒能祛百慮，菊解制頹齡。」招芳魂：招回花魂，意即使其開放。

②朔雲：北方飛來的雲氣。唐宋璟奉和聖制送張説巡邊：「德風邊草偃，勝氣朔雲平。」

③鄒律：鄒衍所吹之律。衍，戰國齊人，精於樂，相傳吹律能使地暖而禾黍滋生。列子湯問：「鄒衍之吹律。」張湛注：「北方有地，美而寒，不生五穀。鄒子吹律煖之，而禾黍滋也。」

④連娟：纖弱苗條貌。漢書外戚傳上武帝李夫人：「美連娟以修嫮兮。」顏師古注：「連娟，孅弱也。」

⑤雕鎸：猶雕刻，比喻刻意推敲文辭。韓愈奉和僕射裴相公：「擺落遺高論，雕鎸出小詩。」

編年 據題繫年。題云「昨日見梅」，是十二月也。

評論 朱子可聞詩集卷二：此篇先生借梅花爲己寫照，「無人解與」是一篇骨子。「朔雲爲斷」四句，言只有天知，「自欣羌笛」四句，言不求人知，皆承「無人解與」句來。末段云「無人解與」，則前事已非。當此衰病柴門，雖雕鎸作詩何益，聊率爾自和一篇而已矣。結云：「製酒哦空樽。」又正與前温陵詩「共倒花前尊」遥遥反照。任臣云：先生嘗自述其先吏部公梅花詩「仙姿不受凡眼污，風斂天香瘴煙裏」爲超然出塵。此詩前半篇命意措辭，不啻心模口追也。

歲晚燕集以梅花已判隔年開分韻賦詩得已字 紹興末

陽愆冬氣昏，日暮悲風起。晤言欲誰從？斗酒會鄰里。盤餐乏珍脆，肴核闕儲峙①。無以奉嘉賓，瓶罄亦可耻。所賴數子賢，深睠不余鄙②。夜闌更促席③，燈火共歡喜。酣歌氣激烈〔一〕，傑句韻清美。衰懶愧英游，歲晚情何已！

解題 燕集，指設酒食小聚。此篇爲朱熹做東，諸友會於其家時作。

校記 〔一〕烈：原作「洌」，據正訛改。

注釋 ①肴核：肉類及果類食品。左思蜀都賦：「金罍中坐，肴核四陳。」

②睠：同「眷」。

③促席：坐席互相靠近。左思蜀都賦：「合樽促席，引滿相罰。樂飲今夕，一醉累月。」

編年 本篇作年難以確考。觀原集編次及「衰懶」句，疑當在紹興末，姑繫於此。

卓國太生朝 隆興元年冬

鳳凰山下鳳凰城①，十載重來雙眼明②。賸喜故人頻獻納③，足知賢母外榮名。生朝舉酒天香裏④，賤子當歌魯頌聲⑤。問訊豪眉今幾許？年年此日照人清。

解題　此與下篇皆爲卓國太生日祝壽之詩，但此篇作在臨安，下篇作在屏山。卓國太，即慶國夫人卓氏，劉子羽繼室，於朱熹有收養之恩，朱熹視其如母。時卓氏隨子劉珙居臨安官所，朱熹赴召至京，值其壽辰，故往賀焉。

注釋　①鳳凰山：在臨安城内，皇宮在其東。鳳凰城，指京城臨安。見乾道臨安志卷一、淳祐臨安志卷八。

②十載重來：朱熹隆興元年應召至臨安，距前次紹興二十一年赴銓至京已十餘年。

③賸：頗。故人：指劉珙，時爲中書舍人。

④天香：指宮廷中所用薰香。唐皮日休送令狐補闕歸朝：「朝衣正在天香裏，諫草應焚禁漏中。」

⑤魯頌：詩經「三頌」之一，共四篇，作於春秋魯僖公晚年，皆歌頌僖公功德之詞。

編年　據詩，當爲朱熹臨安賀壽所作。又據後篇，卓氏生日在冬季。卓氏卒乾道六年，此前朱熹冬日至京唯隆興元年。又據朱熹劉樞密墓記，劉珙紹興二十五年罷官後，至二十九年始再入朝，隆興二年離京，至乾道三年再召。故朱熹見劉珙母子於臨安亦唯隆興元年爲可能。據以繫之。

又一首〔一〕　乾道三年冬

玄冬周四運①，肅氣驅煩喧。孕此貞秀質，德美難具論。巍巍北堂高，福履神所敦②。晨昏極榮養，夙昔蒙天恩。明年啓國封③，屈狄文魚軒④。斑衣結紫綬⑤，玉樹承金尊。歡娛何所忘〔二〕？

千載如飛奔。惟應玄中趣，眇眇自本根⑥。洗心河漢津⑦，入此無窮門⑧。超然謝衆甫⑨，永與天壤存。

解題 此乃朱熹在屏山爲卓氏祝壽而作。先頌其資質美、福氣好，接着言其塵外之趣，乃順承卓氏，由此可知卓氏也信道教。

校記 〔一〕此題淳熙本作「太碩人生朝」。

〔二〕忘：考異云一作「至」。

注釋 ①玄冬：冬天。漢書揚雄傳上：「於是玄冬季月，天地隆烈。」顔師古注：「北方色黑，故曰玄冬。」

②福履：猶福禄。詩經周南樛木：「樂只君子，福履綏之。」毛傳：「履，禄。」

③明年：猶言盛世。啓國封：指卓氏封慶國夫人。

④屈狄：古代王后及有封號的貴婦人所穿的一種禮服。禮記玉藻：「君命屈狄。」鄭玄注：「此子男之夫人及其卿大夫士之妻命服也。」文魚軒：繪有文魚的車。文魚，飛魚。文選曹植洛神賦：「騰文魚以警乘。」李善注：「文魚有翅，能飛。」

⑤「斑衣」句：指劉珙秉政爲大臣。珙乾道三年十一月除中大夫，同知樞密院事。斑衣，用老萊子事代指兒子。紫綬：紫色絲帶，三代高級官員用以繫印或作服飾。漢書百官公卿表上：「相國丞相，皆秦官，金印紫綬。」

⑥「惟應」二句：言卓氏生性淡泊空寂，已超越塵世之外。

⑦洗心：洗滌心胸，喻除去雜念。

⑧無窮門：道家所稱通往至道境界的門徑。莊子在宥記廣成子言曰：「得吾道者，上爲皇而下爲王；失吾道者，上見光而下爲土。今夫百昌皆生於土而反於土，故余將去女，入無窮之門，以游無極之野。」此言卓氏信道教。

⑨衆甫：指屏山劉氏諸子侄。甫，同「父」，古代男子美稱。詩經大雅大明：「維師尚父。」馬瑞辰通釋云：「父與甫同。甫爲男子美稱。」

編年 據劉樞密墓記，劉珙秉政爲大臣在乾道三年，卓氏封國夫人及朱熹祝壽必在年内。以次年冬劉珙已補地方官出京，五年冬卓氏隨珙在湖南，六年九月卓氏卒荆南故也。詩云「玄冬周四運」，知卓氏生在冬季。

社後一日作 紹興末至乾道初

聖作重品節①，等殺古所詳②。里有秦社稷③，僭差遂無章。王綱諒已隳④，精意尚不亡。尚論千載前⑤，簡編有遺芳。侃侃陳孺子，恂恂萬春鄉⑥。敬恭事耆老〔一〕，禱賽謹田桑⑦。悠悠我里居，歲事有故常。向來諸老翁，惇厖亦端莊⑧。交神庶或享，與物同樂康⑨。今我胡不樂，悵然下頽岡？古人不可見，今人自猖狂。

解題 此篇純粹論事之詩，對既失儀度又乏精誠的社稷祭祀活動感到痛心疾首，體現了作者濃厚的封建禮法意識。

校記 〔一〕老：考異云一作「年」。

注釋

①聖作：聖人的作爲。語本易乾卦：「聖人作而萬物睹。」品節：按等級加以節制。禮記檀弓下：「品節斯，斯之謂禮。」孔穎達疏：「品，階格也。節，制斷也。」

②等殺：等差。唐張九齡對嗣魯王道堅所舉道侔伊吕科：「使官有位次，資有等殺。」

③社稷：即社稷壇，祭祀土神、穀神之處。

④王綱：天子的紀綱。揚雄劇秦美新：「帝典闕而不補，王綱弛而未張。」

⑤尚論：追論。「尚」通「上」。孟子萬章下：「以友天下之善士爲未足，又尚論古之人。」

⑥恂恂：恭謹貌。論語鄉黨：「孔子於鄉黨，恂恂如也，似不能言者。」陸德明釋文：「恂恂，温恭之貌。」萬春鄉：王通所居鄉名。王通中説事君：「萬春鄉社，子必與執事翼如也。」

⑦禱賽：祈禱酬神。王充論衡辨祟：「項羽攻襄安，襄安無噍類，未必不禱賽也。」

⑧惇厖：又作「敦厖」，敦厚。王充論衡自紀：「没華虚之文，存敦厖之樸。」

⑨與物：對人處事。晋嵇康與山巨源絶交書：「至性過人，與物無傷，唯飲酒過差耳。」

編年

本篇作年不可詳考。觀其衛道之切而有名微無奈之意，姑繫於紹興末至乾道初。乾道末以後，朱熹已名揚海内矣。

評論

朱子可聞詩集卷一：詩以諷刺爲本，尋常嘲風弄月之作，辭句雖美，而無關風教，識者目之爲下品。此篇即一里社而有在昔先民之感，更直從聖作大源頭説來。他日先生極稱羅端良社壇記爲得大體，復因其請而作鄂州社稷壇記敵之。今觀此詩，早擅美於前矣。「古人不可見」，止此五字，能將「聖作」、「陳孺子」、「萬春鄉」、「向來諸老翁」四層一筆完結。

三月三日祀事畢因脩禊事于靈梵以高閣一長望分韻賦詩得一字〔一〕紹興二十八年至乾道六年間

逝川無停波，歲月一何疾！居然雨露濡①，我意日蕭瑟〔二〕。共惟西山足②，宰樹久蒙密。晤言起哀敬③，時事該禮律。肴羞既分羅〔三〕，薦饋亦芳苾④。周旋極悽愴，俯仰詎終畢？更衣適精舍，鄰曲會茲日。篚黍畀燀胞⑤，從容罄膋膟〔四〕⑥。嘉賓更盤礴〔五〕⑦，環堵窺逸筆⑧。即事君獨哦，非才我何述？矧茲衰病餘，苦畏煩慮怵。賦罷掩寒棲，存存常抱一⑨。

解題　此爲朱熹清明節祭父墓畢於僧寺招待友鄰時作。脩禊事，三代民俗以農曆三月初三至野外嬉游採蘭，以除不祥。靈梵，即靈梵院，在崇安縣西塔山。

校記
〔一〕三月三日：淳熙本作「上巳」。
〔二〕瑟：淳熙本、宋浙本作「索」，考異所引別本同。
〔三〕分：原作「紛」，據淳熙本、宋閩、浙本改。
〔四〕膋：淳熙本、宋浙本作「膏」。
〔五〕更：淳熙本作「既」。

注釋
①濡：沾濕。禮記祭義：「春雨露既濡，君子履之，必有怵惕之心。」言孝子思亡親也。
②西山：即西塔山，朱熹葬父於此。
③晤言：面談。詩經陳風東門之池：「彼美淑姬，可與晤言。」

④薦饋：獻祭。芳苾：芳香。

⑤簋：古代祭祀宴享時盛黍稷的器皿。詩經秦風權輿：「於我乎每食四簋。」陸德明釋文：「內方外圓曰簋，以盛黍稷。」畀：給予。煇：甲吏之賤者。胞：肉吏之賤者。禮記祭統：「夫祭有畀煇胞翟閽者，惠下之道也。……煇者，甲吏之賤者也。胞者，肉吏之賤者也。」此言將祭食分賜下人。

⑥膋膟：古代祭祀用的牲血與腸間脂肪。禮記祭義：「鸞刀以刲，取膟膋，乃退。」鄭玄注：「膟膋，血與腸間脂也。」

⑦盤礡：徘徊，逗留。宋林逋秋日含山道中回寄歷陽希然山人：「林落人家總入詩，下驢盤礡立多時。」

⑧環堵：猶言四壁。禮記儒行：「儒者有一畝之宮，環堵之室。」

⑨存存：謂保全育成已存者。易繫辭上：「成性存存，道義之門。」孔穎達疏：「存謂保其終也。」抱一：道家謂專精固守不失其道。一，指道。老子：「少則得，多則惑，是以聖人抱一以爲天下式。」

編年 作年未詳。然觀「蕭瑟」、「衰病」等句，似至早也當作在歸自同安後。又據作者所作朱松遷墓記，遷墓在乾道六年。此時墓尚在西塔山，故應作於遷墓之前。

夏日二首 紹興末至乾道間

端居倦時暑，竟日掩柴門。窗風遠飆至，竹樹清陰繁。靜有圖史樂，寂無車馬喧。茲焉愜所尚，難與世人論。

季夏園木暗，窗户貯清陰。長風一掩苒①，衆緑何蕭槮②！玩此消永晝〔一〕，泠然滌幽襟。俯仰無所爲，聊復得此心。

校記　〔一〕晝：淳熙本作「日」，考異所引别本同。

注釋　①掩苒：摇曳倒伏。柳宗元袁家渴記：「每風自四山而下，振動大木，掩苒衆草，紛紅駭緑，蓊葧香氣。」

②蕭槮：樹木枝幹聳立貌。唐慧宜秋游東山寺尋殊曇二法師：「木落樹蕭槮，水清流漻寂。」

編年　未詳。據原集編序及觀詩中閑暇氣象，疑紹興末至乾道間作，姑繫於此。

評論　朱子可聞詩集卷一：陶詩「藹藹堂前林，中夏貯清陰。凱風因時來，回飆開我襟」，此前六句所本也。「嘯傲東軒下，聊復得此生」，此後二句所本也。先生謂太白古風有全用子昂感遇詩句，是尊慕意。於此可見先生之慕陶也。然彼曰「開我襟」、「得此生」，此曰「滌幽襟」、「得此心」，君子之洗心，視高人之達生，又進一層。

汲清泉漬奇石置熏爐其後香烟被之江山雲物居然有萬里趣因作四小詩　乾道淳熙間

晴窗出寸碧①，倒影媚中川。雲氣一吞吐，湖江心渺然〔一〕。

一水渺空闊，群山中接連。寒陰白霧涌，飛度碧峰前。

隱几對寒碧②，忘言心自閑。豈知宜寂士③，滅迹青峰間。杜詩：滅迹君山湖上之青峰④。

吟餘忽自笑，老矣方好弄。慨然思古人，尺璧寸陰重⑤。

解題 閑暇作戲，也不忘自我警省，見朱熹持養之勤。

校記 〔一〕江：考異云一作「山」。

注釋 ①寸碧：原指遠望形體甚小之緑色景物。韓愈孟郊城南聯句：「遥岑出寸碧，遠目增雙明。」此指置於几上的盆景。

②隱几：靠伏於几案上。孟子公孫丑下：「有欲爲王留行者，坐而言，不應，隱几而卧。」

③寂士：猶隱士。

④見杜甫桃竹杖引。

⑤尺璧：直徑一尺的玉，言其珍貴。寸陰：短暫的光陰。淮南子原道訓：「聖人不貴尺之璧而重寸之陰，時難得而易失也。」

編年 未詳。據「老矣」句，疑乾道淳熙間作。

評論 黄氏日抄卷三十四：汲泉漬奇石詩末句云：「慨然思古人，尺璧寸陰重。」觀詩至此，喚醒多處。

偶題三首 乾道淳熙間

門外青山翠紫堆〔一〕，幅巾終日面崔嵬①。只看雲斷成飛雨，不道雲從底處來②。

擘開蒼峽吼奔雷，萬斛飛泉涌出來。斷梗枯槎無泊處，一川寒碧自縈迴。

步隨流水覓溪源，行到源頭却惘然。始悟真源行不到③，倚筇隨處弄潺湲④。

解題 此篇以詩論道，隱喻含蓄，皆有深意。首詩言常人只見翻雲覆雨，不見所以翻雲覆雨之一理不可容言之妙。次詩言浮淺無根者終難立足，渟蓄深厚者方穩如泰山。三詩言太極乃無極，不應憑空徒勞苦求，而應注重日用。本篇體現了朱熹説理詩形象含蓄的特點。

校記 〔一〕青：考異云一本作「南」。

注釋 ①幅巾：古代貧賤男子以整幅絹裹頭的頭巾。東觀漢紀鮑永傳：「更始歿，永與馮欽共罷兵，幅巾而居。」

②不道：猶言不知。李白幽州胡馬客歌：「雖居燕支山，不道朔雪寒。」

③真源：喻萬物之源，即太極，亦即理。太極乃無極，理無形無影，故言行不到。

④筇：竹名，宜製杖，故又用指手杖。唐李咸用苔：「每憶東行徑，移筇獨自還。」

編年 未詳。觀其思想之成熟，疑乾道淳熙間作。

評論 朱子可聞詩集卷五：也是比體。「問渠那得清如許」二句，是循流逆源，此從源説到流處也。雷吼泉飛，即混混不舍之意。寒碧縈回，即静深有本之意。

次張彥輔韻 紹興二十九年十二月

風霜歲云徂，塵事眯雙目①。故人書鼎來②，照眼一連玉。把玩不知疲，日晏坐空腹。卷藏十襲秘〔一〕③，寒光夜穿櫝。嗟予骩髀姿④，十駕不能速⑤。丘壑聊自娱，簞瓢亦云足。君侯湖海士⑥，逸氣謝追逐⑦。胡爲不予鄙，乃肯顧林谷？高軒緩前期⑧，清夢繞雙竹。起將杜陵句⑨，寫寄玉川屋⑩。我窮詩未工，最覺貂難續。感君慇懃意，吟苦屢更燭。群公饒藻思⑪，裂牋動盈束⑫。歷險正摧輈，争先俄擊轂⑬。低迴欲引避，悵望曷歸宿？出吻竟無奇，强顔終自恧⑭。北風催歲年，兩鬢失新緑。樊生念學稼⑮，曹子悲食粟⑯。死灰寧復然？寡過良所欲。耿耿自知明，何勞詹尹卜⑰？

解題 張彦輔，名棟，朱熹摯友，歷官州縣。棟紹興三十年知建安縣事入閩，此篇作於前一年之冬。是年八月，朱熹嘗以陳康伯薦得赴京召命，尋爲言事者以抑奔競爲由沮之，故詩中頗有牢騷。

校記 〔一〕十：原作「什」，據宋閩、浙本改。

注釋 ①眯：雜物入目，使視綫不清。莊子天運：「夫播糠眯目，則天地四方易位矣。」

②鼎來：方來，正來。漢書匡衡傳「匡鼎來」，顔師古注引服虔曰：「鼎猶言當也，若言匡且來也。」又引應劭曰：「鼎，方也。」

③十襲：猶十重，指把物品一層又一層地包裹起來，以示珍貴。後漢書應劭傳：「宋愚夫亦寶燕石，緹緼十重。」李賢注引闕子云：「革匱十重，緹巾十襲。」

④骯髒：身軀肥胖，比喻笨拙無用。庾信擬連珠：「籠樊之鶴，寧有六翮之期；骯髒之馬，無復千金之價。」集韻上蕩：「骯髒，體胖。」

⑤十駕：馬駕車走十天的路程。荀子勸學：「騏驥一躍，不能十步；駑馬十駕，功在不舍。」此句比己爲駑馬。

⑥湖海士：三國志魏志陳登傳：「陳元龍湖海之士，豪氣不除。」後以「湖海士」指具有豪俠氣概之士。

⑦逸氣：超脱世俗的氣度、氣概。曹丕與吴質書：「公幹有逸氣，但未遒耳。」

⑧高軒：即「高軒過」。唐李賀七歲能辭章，韓愈、皇甫湜未信，過其家使賦詩。賀援筆立就，自題曰高軒過，自是有名。後以「高軒過」爲指稱他人來訪的敬辭。

⑨杜陵句：指效法杜甫的詩句。

⑩玉川屋：玉川本井名，在河南濟源瀧水之北。唐盧仝喜飲茶，嘗汲井泉煎煮，因自號玉川子。韓愈寄盧仝：「玉川先生洛城裏，破屋數間而已矣。」此「玉川屋」當借指張棟之居。

⑪藻思：作文的才思。陸機文賦：「或藻思綺合，清麗千眠。」

⑫裂牋：裁紙作書，猶言裂帛。

⑬「歷險」二句：形容諸人作詩爭出新奇。擊轂：車轂互相碰撞。蘇軾贈眼醫王生彦若：「如行九軌道，并馳無擊轂。」

⑭恧：慚愧。方言第六：「恧，慚也。」

⑮樊生：即樊須，字子遲，孔子弟子。論語子路載樊遲請學稼，孔子批評其志小。此句言自己已胸無大志，只能碌碌於農畝之間。

⑯曹子：曹交，曹國君之弟。孟子告子下載交與孟子言曰：「交聞文王十尺，湯九尺。今交九尺四寸以長，食粟而已。」謂文王與湯身高而爲聖人，自己也身高，却白吃飯而已。此與上句同意，也自謙之辭。

⑰詹尹：即鄭詹尹，三代善卜筮者。楚辭卜居：「心煩慮亂，不知所從，往見太卜鄭詹尹。」

編年 張楝知建安縣，乃代韓元吉。據元吉與交代張彥輔啓，楝紹興三十年春已啓行在道。本篇作於歲末，必在二十九年冬。

次張彥輔賞梅韻 紹興三十年十二月

朔風萬里開雲屏，清霜夜墜朝景晴。南枝浩蕩正春色，凍蕊的皪含空明。花邊偶對青銅鏡，槁項不堪冰雪映。擁爐獨坐只悲吟，振策出游舒遠興。暗香何處時一飄？行行復值最長條。仰頭欲折渺誰贈？滿意相思那得邀！極知異縣淹行李，心賞未甘輕付畀。石雄賦罷不相聞①，秀野書來因舉似②。兩翁句法争新奇，畫出疏影沉寒漪。幽探自出塵境外，勝概未許兒曹知。秖今嚼蕊攀條處，它日重來記前度③。風臺月觀悄無言，玉笛冰灘索同賦④。嗟予衰懶倦將迎，過眼紛紛無復情。尚喜疏英窺水白，更憐落片點苔青。興來亂插飛蓬首⑤，擬向君家醉君酒。酒酣耳熱莫狂歌，布鼓雷門須縮手⑥。

解題 此承上篇而作，雋永流暢，時有佳句。時張楝已啓行赴建安，然尚在途中。

注釋 ①石雄：里名，在崇安縣西北。此代指一居此地而能詩之長者。

②秀野：即劉韞，已見卷一。

③前度：前一次，上一回。元稹醉醒：「積善坊中前度飲，謝家諸婢笑扶行。」

④玉笛：笛子的美稱。李白春夜洛城聞笛：「誰家玉笛暗飛聲，散入春風滿洛城。」玉笛奏於冰灘

之上，極言張棟詩之清雅，曲高和寡。

⑤飛蓬首：指蓬亂的頭髮。詩經衛風伯兮：「自伯之東，首如飛蓬。」

⑥「布鼓」句：漢書王尊傳：「毋持布鼓過雷門。」顔師古注：「雷門，會稽城門也，有大鼓。越擊此鼓，聲聞洛陽。……布鼓，謂以布爲鼓，故無聲。」

編年 據「南枝」句，知已入春；「異縣淹行李」，知張棟尚在赴任途中，故應作於紹興三十年春。參見上篇所考。

借韻呈府判張丈既以奉箴且求教藥紹興末至乾道中

一生江海迴無儔，材大應容小未周。景好身閑真復樂，酒酣耳熱却堪憂。飛騰莫羨摩天鵠，純熟須參露地牛①。我亦醒狂多忤物②，頗能還贈一言不？

解題 此篇勸諫詩。府判張丈，未詳，似當爲通判建寧府姓張者。

注釋 ①露地牛：馴養日久聽人役使的耕牛。景德傳燈録福州大安禪師：「調伏既久，可憐生受人言語。如今變作個露地白牛，常在面前，終日露迴迴地，趁亦不去也。」

②醒狂：指狂放傲世者。漢書蓋寬饒傳：「寬饒曰：『無多酌我，我乃酒狂。』丞相魏侯笑曰：『次公醒而狂，何必酒也？』」

編年 未詳。觀其辭氣，疑紹興末至乾道中作。

評論 朱子可聞詩集卷三：此先生之格言也。才人學人，皆當書紳銘座。亦韓云：文家作釋子語，其來久矣。獨韓退之崛强，不肯一字假借。其徒李習之亦云：「吾將順釋氏之教而述焉，則紿乎天下甚矣，何貴吾之先覺也。」今先生於詩，反不禁用佛家言者，蓋偶襲其語，而實反其意，或借彼之語以申吾之教，以視掇拾浮屠唾餘者，固迥別矣。

家山堂晚照效輞川體作二首 紹興末至淳熙六年間

夕陽浮遠空，西峰背殘照。爽氣轉分明，與君共晚眺〔一〕。

山外夕嵐明，山前空翠滴。日暮無與期，閑來岸輕幘。

解題 此爲朱熹往訪劉韞時作。家山堂，韞所居室名。輞川體，具有王維格調的詩體。

校記 〔一〕與君共：考異云一本作「爲君供」。

編年 未詳。據本卷奉陪劉韞游回向寺組詩及韞行實，韞紹興末歸隱後，朱熹始與之過從甚密，而韞卒淳熙六年，故僅知二詩爲此期間作也。

評論 朱子可聞詩集卷四：夕陽既落而光倒浮於天，西山爽氣，背面轉覺分明，最宜晚眺者也。視輞川詩「返景入深林，復照青苔上」，尤多幾層曲折。

即事有懷寄彥輔仲宗二兄二首 乾道中

一水方涵碧，千林已變紅。農收争暖日，老病怯高風。徙倚非無計，心期莫與同。向來歡會處，離合太匆匆。

聞説雙飛槳，翩然下廣津①。江湖知子樂，魚鳥諒情親。淹速須關命，行藏不繫人。三山雖好在②，惜取自由身。

解題 乾道間，朱熹因政見不合，己志難伸，堅卧山中不起，多次辭免朝廷命召。此篇首言己之出處，次論友人行藏，即反映了作者當時的想法。彦輔，張棟。仲宗，未詳。據詩意，其人似入福州覓官者。

注釋 ①廣津：大江。此指閩江。

②三山：福州别稱。

編年 據卷四送張彦輔赴闕，朱熹與張棟嘗於隆興二年短暫相見而别。本篇「向來」二句，知别期尚未遠，故當爲乾道中作。

次知府府判二丈韻三首 紹興三十一年秋

兩公清廟瑟，窈窕拂朱絲①。事紀一朝勝，名從千古垂。流傳當共賦，惆悵不同時。且要君頤解，寧辭匡説詩②？

憶昨中秋夕，寒盟約重尋〔一〕③。幔亭歡舉酒④，江閣快論心。月墮俱忘起，疊空始罷斟。秖今千嶺隔，悵望一何深！武夷之游，張王二丈、元履、子厚及熹與焉⑤；江閣之集，子衡移具⑥，知府丈亦賜臨屈。此詩并簡同會諸公云。

志士懷韜略，奇兵吼鏌干⑦。關河那得往？肝膽不勝寒。壯節悲如許，雄圖渺未闌。皇輿方仄席⑧，陋巷敢求安？得浙中知舊書云，聖上留意武備，諸郡練卒皆點名閱武，賜賚有加，戎士感奮。

解題 知府、府判，未詳，當即詩注中之「張、王二丈」。時邊事告急，宋金開戰在即。首詩奉承二丈功德，次詩追叙友情，末詩感慨時局。

校記 〔一〕約：考異云一作「得」。

注釋 ①「兩公」二句：清廟：古帝王祭祀祖先樂章名。瑟：撥弦樂器。禮記樂記：「清廟之瑟，朱弦而疏越，壹倡而三嘆。」此喻二人爲國重臣。

②「且要」二句：漢書匡衡傳：「無説詩，匡鼎來；匡説詩，解人頤。」此借指爲發二公一笑而勉力作詩。

③寒盟：久已淡忘之盟約。語出左傳哀公十二年：「今吾子曰必尋盟，若可尋也，亦可寒也。」

④幔亭：即幔亭峰，武夷山之一景。

⑤元履：魏掞之；子厚：黄銖。皆朱熹摯友。

⑥子衡：黄銖弟，名不詳。移具：猶言光臨。

⑦鏌干：良劍鏌鋣、干將的合稱。莊子達生：「復讎者不折鏌干。」

⑧皇輿：國君所乘的高大車輛，借指君王。離騷：「豈余身之憚殃兮，恐皇輿之敗績。」仄席：亦作「側席」，不正坐，謂因憂懼而坐不安穩。劉向説苑尊賢：「楚有子玉得臣，文公爲之仄席而坐。」

編年 宋史高宗紀九：「（紹興三十一年）秋七月丙子，命兩浙、江東濱海諸州預備敵兵。詔諸路帥臣教閱士兵、弓手。」本篇末詩及注所言即其事，故知作於該年秋。

評論 朱子可聞詩集卷三：劈空下「志士」二字，便有意。二句即「身留一劍答君恩」，三四即「談笑無河北，心肝奉至尊」。後半勉其乘時建功。雄奇俶儻，不減少陵。

巢居之集以中有學仙侶吹簫弄明月爲韻探策賦之而熹得中字遂誤爲諸君所推高俾專主約既而賦詩者頗失期於是令最後者具主禮以當罰乃稍集獨敦夫圭甫違令後至衆白罰如約飲罷以蒼茫雲海路歲晚將無獲分韻熹得將字而子衡兄得蒼字實代熹出令〔一〕 紹興末

一昨樓上飲，所歡不可忘。群公各賦詩，珮玉何鏘鏘。二子朱絲弦①，掩抑獨叵量。經營久不作，一奏聲滿堂。巧遲未足多②，譴負先取償。主盟謬夙推，否德愧莫當③。茲焉不舉法，何以存令章？劉子具盤食〔二〕，魏子輸壺漿。悠然復一醉，歸路相扶將。

解題 此篇與友朋十人燕集戲作。巢居，猶寓居，隱棲之所。此朱熹自指其屏山之居。探策，抽籤。敦夫，姓魏，名不詳，圭甫，劉珪。

校記 〔一〕明：淳熙本作「山」。

〔二〕食：右引作「飡」。

注釋 ①朱絲弦：用熟絲製的琴弦，借指琴瑟。賈島聽樂山人彈易水：「朱絲弦底燕泉急，燕將雲孫白日彈。」

②多：稱讚。韓非子五蠹：「以其犯禁也罪之，而多其有勇也。」

③否德：鄙陋之德。否，通「鄙」。尚書堯典：「否德忝帝位。」

編年 據朱熹送黄子衡序及卷一諸詩，子衡紹興二十一年至二十三年前後在太學，二十三年至二十七年朱熹在同安，子衡於三十二年游學福州，此後不復見其與朱熹交往之迹。本篇子衡尚與燕集，故知作在紹興末年。

評論 朱子可聞詩集卷一：息盧先生云：存此一詩，以見先生宴會笑歌之樂，不讓風流人豪也。本以遲受罰，「朱絲」數句，妙於語言，一結尤有餘韻，可謂寬兮綽兮，善於戲謔者也。先生常論詩見得人，如曹操雖作酒令，亦説從周公上去，若曹丕詩，但説飲酒。篇中語極灑脱，然若無「主盟謬夙推」四句，亦不見先生身份。

昨承諸兄臨辱不揆以薄酒蔬食延駐都騎明日視壁間所張墨刻有亡去者人以爲德慶丈之廋也馳問遺索蒙需拙詩輒賦所懷往奉一笑而尊犍刻可以歸於我矣紹興末

歲暮霜霰集，賓友從我游。置酒臨高齋，觴酌屢獻酬。雞黍罄中庖①，肴核供庶羞②。所恨乏珍肥，歡意不得周。何梧上客懷？徙我夜壑舟③。平明但素壁，篆刻不可求。究索勞象罔④，高蹤希盗丘⑤。我亦慚仲子⑥，獨未忘輕裘。

解題 此與以下二篇一時先後之作，無非飲酒賦詩，文人之戲耳。詩徵亡碑，譏誚明寓，奚落暗藏，顯示了作者爲人尖刻的一面。不揆，自謙之詞，不自量。都騎，敬辭，對他人坐騎的美稱。德慶丈，姓名不詳，排行四十一，居崇安天湖。庾，藏匿。尊犍刻，指石刻。

注釋

①雞黍：雞肉和米飯，泛稱餉客的飯菜。語本論語微子：「止子路宿，殺雞爲黍而食之。」中庖：廚中。柳宗元游朝陽岩遂登西亭二十韻：「再期永日閑，提挈移中庖。」

②肴核：肉類與果類食品。左思蜀都賦：「金罍中坐，肴核四陳。」庶羞：多種美味。儀禮公食大夫禮：「上大夫庶羞二十。」胡培翬正義引郝敬云：「肴美曰羞，品多曰庶。」

③夜壑舟：莊子大宗師：「夫藏舟於壑，藏山於澤，謂之固矣。然而夜半有力者負之而走，昧者不知也。」

④象罔：傳説中虛擬人物，意謂似有象而實無。莊子天地：「黃帝游乎赤水之北，登乎昆侖之丘，而南望還歸，遺其玄珠。使知索之而不得，使離朱索之而不得，使吃詬索之而不得也。乃使象罔，象罔得之。」

⑤盜丘：原爲對孔丘的貶稱。莊子盜跖：「盜莫大於子。天下何故不謂子爲盜丘，而乃謂我爲盜跖？」此戲稱竊碑者。

⑥仲子：指陳仲子，戰國齊人，世稱廉士。苟以爲不義，雖母食兄室不食不居，與之齊國而不受。見孟子滕文公下、盡心上。

編年

據朱熹黃子厚詩序，黃銖居五夫，與朱熹爲鄰，約乾道間先後遷居崇安縣城、浦城。下篇有「考槃共斯丘」之句，知子厚尚居五夫，故此與下二篇當作於乾道以前。參原集編序及前後數詩内容，本篇當於同安歸後與友朋頻頻燕集所作。

昨以詩徵亡碑於四十一丈既蒙酬和而諸兄亦繼作焉聯爲巨編藏之巾笥雖所亡古刻不可復得而此之所獲則已多矣顧其中猶有不能釋然者因念吾子厚隸法妙古人當爲我大書偉辭於壁庶以焜耀區區之望彼死鬼之陳迹其存亡蓋不足爲重輕也次韻見意云 紹興末

端居感物化，悵恨不出游。賦詩往追亡，顧得雜佩酬①。結綬光陸離②，緼袍非所羞③。終然抱耿耿，尼父悲東周④。凄凉尊犍崖，望想滄浪舟。低徊不得去，寂寞將焉求？安知崔蔡徒⑤，考槃共斯丘⑥。爲我揮素壁，報君當紫裘⑦。少陵詩⑧「紫裘隨劍几⑨，義取無虛歲」，謂李邕受潤筆資也〔一〕⑩。

解題 亡碑，丟失的碑刻。四十一丈，即德慶丈。巾笥，即巾箱，古時放置頭巾的小箱子，也用以存放書卷文件等。子厚，黄銖。焜耀，照耀。

校記 〔一〕也：原缺，據宋浙本補。

注釋 ①雜佩：總稱連綴在一起的各種佩玉。詩經鄭風女曰雞鳴：「知子之來之，雜佩以贈之。」毛傳：「雜佩者，珩、璜、琚、瑀、衝牙之類。」此喻衆人詩篇佳作。

②結綬：以絲帶繫之。

③緼袍：以亂麻爲絮的袍子，貧者所服。論語子罕：「衣敝緼袍，與衣狐貉者立而不恥者，其由也與？」朱熹集注：「蓋衣之賤者。」

④尼父：對孔子的尊稱。悲東周：孔子常哀嘆東周時禮崩樂壞，故云。

⑤崔蔡徒：漢著名書法家崔瑗、蔡邕一流的人。唐朱逵懷素上人草書歌：「妙絕當動鬼神泣，崔蔡幽魂更心死。」

⑥考槃：成德樂道，指隱居。詩經衛風考槃：「考槃在澗，碩人之寬。」毛傳：「考，成；槃，樂。」陳奂傳疏：「成樂者，謂成德樂道也。」

⑦紫裘：紫貂皮衣，爲珍貴服飾。

⑧少陵：杜甫。此舉其贈秘書監江夏李公邕句。

⑨劍几：寶劍與几案。

⑩李邕：唐著名書法家，時稱「書中仙手」，亦能文，尤長於碑頌。

編年 參見前篇所考。

再賦解嘲 紹興末

宇宙一瞬息，人生等浮游①。云何百年内，萬變紛相酬？顛倒不自知②，旁觀乃堪羞。拱揖尚虞夏③，干戈到商周④。豈悟曠士懷，泛若不繫舟。驅馬諒弗視⑤，名高非所求。彼哉夸奪子⑥，逝矣昆侖丘⑦。褰裳絶冥外，天風舞雲裘⑧。熹受碑于共父以禮讓⑨，四十一丈取之於熹，則有慚德矣，故有「商周」之語。

注釋 ①浮游：即蜉蝣，蟲名。詩經曹風蜉蝣：「蜉蝣之羽，衣裳楚楚。」毛傳：「蜉蝣，渠略也，朝生夕死。」

②顛倒：語出詩經齊風東方未明：「東方未明，顛倒衣裳。顛之倒之，自公召之。」原指倉促中穿錯衣裳，此喻是非混淆，道德淪喪。

③拱揖：拱手作揖。虞夏：遠古部落朝代名。虞君舜老，傳位於夏君禹。此句言己得碑以禮。

④「干戈」句：周滅商乃以武力，故云。此指竊取碑刻無禮。

⑤駟馬：顯貴者所乘駕的四馬高車，代指榮華富貴。

⑥夸奪子：謂名利之徒。韓愈雜詩：「向者夸奪子，萬墳厭其巔。」

⑦昆侖丘：三重相疊的土山，借指墳墓。爾雅釋丘：「三成爲昆侖丘。」郭璞注：「昆侖山三重，故以名云。」

⑧雲裘：輕柔的皮衣。南朝梁庾肩吾長安有狹斜行：「大婦襞雲裘，中婦卷羅幬。」

⑨共父：劉珙。

編年 參見上篇所考。

題祝生畫呈裴丈二首 紹興末

近代丹青手，心期良獨難①。夫君偏有思，妙處却無端。堂上三湘遠②，人間五月寒。空囊今有此，不用一錢看。

斗酒淋漓後，顛狂不作難。千峰俄紙上，萬景忽豪端。石瘦岡巒古，林深煙雨寒。蒼茫無限意，俗眼若爲看？

解題 朱熹不僅是一個理學家，而且一生愛畫識畫。本篇即其鑒賞名家名畫時作。祝生，名次仲，字孝友，徽州太平人，南宋著名畫家。其婿爲常山人徐珙，因居衢州。次仲工山水，尤善草書，朱熹與之熟識，多次爲題畫。裴丈，崇安人，與朱熹及屏山劉氏交厚，事迹不詳。

注釋 ①心期：心中相許。陶潛酬丁柴桑：「實欣心期，方從我游。」

②三湘：湖南湘鄉、湘潭、湘陰合稱「三湘」，亦泛指湘江流域及洞庭湖地區。李白江夏使君叔席上贈史郎中：「昔放三湘去，今還萬死餘。」此指祝生所畫爲湘中山水。

編年 朱熹紹興三十年春正月答劉平甫云：「裴丈正歲出山來，幸爲道區區。此公勁直，凡所告戒，千萬信受，不可如聽熹言之悠悠，恐不能堪耳。」知其時朱熹已與裴丈相識。卷三題祝生畫言及本篇觀畫經過甚詳，其時裴丈已死，朱熹始見祝孝友。原集將題祝生畫數詩分置卷二、卷三、卷四，其必有考。參之前後各篇作年，姑繫於紹興末。

評論 一 朱子可聞詩集卷三：前四句一氣開合，言近世丹青難知用意，祝君妙於用意，不假丹青。五、六寫畫景，結語收歸裴丈。他日七古篇云：「隨身只有萬疊山，和璧隋珠未爲敵。」即指此。

二 朱子可聞詩集卷三：前半作畫。「俄」、「忽」二字，下得靈動飛舞。後半看畫。「石瘦」、「林深」，個中正多意趣。徒詫爲一望蒼茫，猶皮相耳。汪西京云：「千峰」句奇特，「萬景」句曠邈。「偃蓋反走虬龍形，咫尺應須論萬里」，少陵有替身矣。

挽延平李先生三首 隆興二年八月

河洛傳心後①，毫釐復易差②。淫辭方眩俗③，夫子獨名家。本本初無二④，存存自不邪⑤。誰知經濟業，零落舊煙霞！

聞道無餘事，窮居不計年。簞瓢渾謾與⑥，風月自悠然。灑落濂溪句⑦，從容洛社篇⑧。平生行樂地，今日但新阡。

岐路方南北，師門數仞高⑨。一言資善誘，十載笑徒勞⑩。斬板今來此⑪，懷經痛所遭。有疑無與析，揮淚首頻搔。

解題 延平李先生，即李侗（一〇九三—一一六三），字願中，南劍州劍浦人。師從二程高足羅從彥，承傳理學道南一派衣鉢，講道延平，終生不仕，學者稱延平先生。朱熹治學，在走過一段漫長的曲折之路後正式師從李侗，從此奠定了一生學問的基礎。此篇會葬時作於延平，首詩述道統傳承，次詩詠侗德行，末詩訴失師之痛。

注釋 ①河洛：黄河、洛水間一帶地區。北宋程顥、程頤兄弟講道於此，開理學之先河，故以河洛指二程。傳心：原指禪宗傳法。因初祖達摩來華，不立文字，直指人心，謂法即是心，以心傳心，心心相印，故云。後也用指儒家道統傳承。

②「毫釐」句：大戴禮記保傳引易曰：「失之毫釐，差之千里。」

③淫辭：邪僻荒誕的言論。孟子公孫丑上：「淫辭知其所陷。」趙岐注：「有淫美不信之辭。」

④本本：本其所本，即以「理」爲本。初：一點也不。

⑤存存：存其所存，指持養心性。易繫辭上：「成性存存，道義之門。」孔穎達疏：「存謂保其終也。」

⑥簞瓢：盛飯食的簞和盛飲料的瓢。論語雍也載顔淵一簞食，一瓢飲，居陋巷而不改其樂，此用其事。渾謾與：猶言漫不經心地與之相伴。

⑦濂溪：指周敦頤。敦頤爲理學開山，號濂溪先生。黄庭堅嘗稱濂溪胸中灑落，如光風霽月，李侗深愛此語，常諷誦之。

⑧洛社：歐陽修、梅堯臣等在洛陽時所組詩社。歐陽修酬孫延仲龍圖：「洛社當年盛莫加，洛陽耆老至今誇。」

⑨仞：古代長度單位，七尺爲仞。論語子張：「夫子之墻也數仞，不得其門而入者，不見宗廟之美。」

⑩「十載」句：指自己初學時出入於釋老空寂之説幾十年事。

⑪斬板：斬斷約束築土板的繩索，此謂築墳。禮記檀弓上：「今一日而三斬板，而已封。」孔穎達疏：「築墳之法……令土與板平，則斬所約板，繩斷。……三遍如此，其墳乃成。」

編年

據汪應辰李延平先生墓誌銘，李侗葬於隆興二年八月庚申。本篇會葬時作，故在是年。

評論

一　朱子可聞詩集卷三：此述其傳道之真。李延平終身未仕，而結美其經濟，可知聖賢明體，即是達用。行狀述延平終日危坐，以驗喜怒哀樂未發前氣象，是做存本功夫。道學語，出筆清新。

三　朱子可聞詩集卷三：此感其教誨之切。先生自見李延平，爲學始就平實，知向從事釋老之非。

凡三謁延平，此則隆興元年復至，李公已卒於汪端明帥署，而歸葬矣。

用西林舊韻二首 隆興二年八月

一自籃輿去不回，故山空鎖舊池臺。傷心觸目經行處，幾度親陪杖屨來。

上疏歸來空皂囊①，未妨隨意宿僧房。舊題歲月那堪數？慚愧平生一瓣香②。

解題 此篇用題西林院壁二首韻，也在延平時作。

注釋 ①皂囊：黑綢口袋。漢制，群臣上章奏，如事涉機密，則以皂囊封之。後漢書蔡邕傳：「具對經術，以皂囊封上。」李賢注引應劭漢官儀：「凡章表皆啓封，其言密事得皂囊也。」朱熹於隆興元年冬應召至京，所上章疏係在李侗指導下寫成。

②一瓣香：猶一炷香。禪宗長老開堂説法，燃至第三炷香時，即云這一瓣香敬獻傳授道法的某某法師。後以「一瓣香」指師承或仰慕某人。宋陳師道觀兖文忠公家六一堂圖書：「向來一瓣香，敬爲曾南豐。」

編年 據詩中所叙，知與上篇同在延平時作。

朱熹文集編年評注卷三

詩

奉同張敬夫城南二十詠淳熙元年秋

納湖

詩筒連畫卷①，坐看復行吟。想像南湖水②，秋來幾許深。

東渚

小山幽桂叢③，歲暮藹佳色④。花落洞庭波，秋風渺何極！

詠歸橋⑤

緑漲平湖水，朱欄跨小橋。舞雩千載事〔一〕，歷歷在今朝。

船齋

考槃雖在陸，滉瀁水雲深。正爾滄洲趣⑥，難忘魏闕心⑦。

麗澤堂⑧

堂後林陰密，堂前湖水深。感君懷我意，千里夢相尋〔二〕。

蘭澗

光風浮碧澗⑨，蘭杜日猗猗⑩。竟歲無人采，含薰秪自知。

書樓〔三〕

君家一編書，不自圯上得⑪。石室寄林端，時來玩幽賾⑫。

山齋

藏書樓上頭，讀書樓下屋。懷哉千載心，俯仰數椽足。

蒙軒

先生湖海姿⑬，蒙養今自閟⑭。銘坐仰先賢，點畫存彖繫⑮。

石瀨

疏此竹下渠，漱彼澗中石。暮館繞寒聲，秋空動澄碧。

卷雲亭

西山雲氣深，徙倚一舒嘯⑯。浩蕩忽搴開，爲君展遐眺。

柳堤

渚華初出水，堤樹亦成行。吟罷天津句⑰，薰風拂面凉⑱。

月榭

月色三秋白，湖光四面平。與君凌倒景，上下極空明。

濯清

涉江采芙蓉[19]，十反心無斁[20]。不遇無極翁[21]，深衷竟誰識？

西嶼

朝吟東渚風，夕弄西嶼月。人境諒非遥，湖山自幽絶。

淙琤谷

湖光湛不流，嵌竇亦潛注[22]。倚杖忽淙琤，竹深無覓處。

聽雨舫

彩舟停畫槳〔四〕，容與得欹眠。夢破蓬窗雨，寒聲動一川。

梅堤

仙人冰雪姿，貞秀絶倫擬。驛使詎知聞㉓？尋香問煙水。

采菱舟

湖平秋水碧，桂棹木蘭舟㉔。一曲菱歌晚，驚飛欲下鷗。

南阜

高丘復層觀，何日去登臨？一目長空盡，寒江列暮岑。

解題 張栻閑居長沙時，嘗於城南結屋讀書，撮其二十景一一名之。又作城南雜詠二十首及實景圖，寄與朱熹。此篇即逐題依韻和之。抒寫景物之外，大抵謳歌了出塵脱俗的隱居生活，尚友古人的高潔志向，而麗澤手足之情、待價匣中之意亦每出之。

校記 〔一〕事：考異云一作「意」。

〔二〕相：右引云一作「難」。

〔三〕此詩題與下篇山齋題互倒，將二詩與南軒集對讀可知。

〔四〕停：宋浙本作「倚」。

注釋

①詩筒：盛詩稿以便傳遞的竹筒。白居易秋寄微之十二韻：「忙多對酒榼，興少閱詩筒。」自注：「比在杭州，兩浙唱和詩贈答，於筒中遞來往。」

②南湖：在長沙城南張栻讀書處。

③小山：即淮南小山。

④靄：籠罩。唐陳標秦王捲衣：「秦王宮闕靄春煙，珠樹瓊枝近碧天。」

⑤詠歸橋：論語先進載曾點言志，有「浴乎沂，風乎舞雩，詠而歸」之語，橋名本此。

⑥滄洲：濱水之處，常以指隱士居處。三國魏阮籍爲鄭冲勸晉王牋：「然後臨滄洲而謝支伯，登箕山以揖許由。」

⑦魏闕：古代宮門外兩邊高聳的樓觀，借指朝廷。莊子讓王：「身在江海之上，心居乎魏闕之下。」

⑧麗澤：兩個沼澤相連，喻朋友互相切磋。易兑卦：「麗澤兑，君子以朋友講習。」王弼注：「麗猶連也。」朱熹本義：「兩澤相麗，互相滋益，朋友講習，其象如此。」

⑨光風：雨止日出時的和風。楚辭招魂：「光風轉蕙，氾崇蘭些。」王逸注：「光風，謂雨已日出而風，草木有光也。」

⑩杜：杜若，香草名。多年生草本，味辛香，白花，藍黑實。楚辭九歌湘君：「采芳洲兮杜若。」

猗猗：美盛貌。詩經衛風淇奧：「瞻彼淇奧，綠竹猗猗。」

⑪圯上：橋上。圯，古方言，橋。史記留侯世家載張良於下邳圯上遇一老父，受太公兵法。

⑫幽賾：幽深精微之蘊。晉盧諶答魏子悌：「妙詩申篤好，清義貫幽賾。」

⑬湖海姿：指秉性豪俠。

⑭蒙養：潛心修養。語本易蒙卦：「蒙以養正，聖功也。」孔穎達疏：「能以蒙昧隱默自養正道，乃成至聖之功。」此首軒名本此。閟：閉。

⑮彖繫：彖辭與繫辭。彖辭爲周易總論一卦之義的文辭，繫辭爲周易篇名。

⑯舒嘯：放聲呼嘯。陶潛歸去來辭：「登東皋以舒嘯，臨清流而賦詩。」

⑰天津：銀河。離騷：「朝發軔於天津兮，夕余至乎西極。」王逸注：「天津，東極箕斗之間，漢津也。」李白潁陽別元丹丘之淮陽：「已矣歸去來，白雲飛天津。」

⑱薰風：和暖之風，指初夏時的東南風。吕氏春秋有始：「東南曰薰風。」

⑲「涉江」句：此用古詩十九首涉江采芙蓉成句。

⑳無斁：不厭倦。詩經周南葛覃：「爲絺爲綌，服之無斁。」毛傳：「斁，厭也。」

㉑無極翁：指周敦頤。敦頤爲北宋理學開山，其代表作太極圖説首句云：「無極而太極。」無極即太極，爲周敦頤哲學思想的最高範疇。

㉒嵌竇：泉眼。杜甫園人送瓜：「竹竿接嵌竇，引注來鳥道。」仇兆鰲注：「嵌竇，謂泉穴。」

㉓驛使：傳遞公文書信的人。後漢書東平憲王蒼傳：「自是朝廷每有疑政，輒驛使咨問。」南朝宋盛弘之荆州記載，陸凱與范曄相善，自江南寄梅花一枝，并贈詩云：「折花逢驛使，寄與隴頭人。」後爲贈問親友典故，以至老學庵筆記卷八云宋初文人言梅必稱驛使。

㉔桂棹：用桂木製成的槳。木蘭舟：用木蘭樹造的舟。二者皆美稱。南朝梁任昉述異記卷下：「木蘭洲在潯陽江中，多木蘭樹。昔吴王闔閭植木蘭於此，用構宮殿也。七里洲中，有魯般刻木

蘭爲舟，舟至今在洲中。詩家云木蘭舟出於此。」

編年

張栻結茅城南，在淳熙元年。南軒集卷二十一與朱熹末書云：「城南亦五十餘日不到，昨一往焉，緑陰已滿，湖水平漫，亦復不惡。方於竹間結小茅齋，爲夏日計。雨潦稍定，即挾策其間也。嘗令畫圖，俗工竟未能可人意。俟勝日自往平章之，方得寄往耳。」該書言及朱熹台州崇道觀之辭受，朱熹祠命下在乾道九年夏五月，此書作在春間，已言及此事，故知作於淳熙元年。次年二月，則栻已赴官桂林。是年九月以後，張栻又有二書向朱熹求字，言及城南諸事甚詳，載南軒集卷二十一、二十二。根據以上所考，可確知本篇作在淳熙元年秋。

評論

何喬新跋晦庵真迹：晦庵先生潛心聖賢之學，探索至道，其於詞章字畫，蓋有不暇留意者。今觀先生自書所和張宣公城南雜詠二十首，其詞渾厚和平，有盛唐風致，其字如孤松老柏，晋宋間以書名家者未易及也。是雖大賢多能所到，其所以然者亦本於心耳。先生之學以正心爲本，夫詩心聲也，字心畫也。心得所養則發之於詩，形之於字，卓乎絕俗，豈世之憊精疲神以學詩、學字者所可仿佛哉！善學先生者，詠其心聲，玩其心畫，則放心自復，鄙吝自消，固可得其心法於詞句點畫之表矣。方伯沈公時暘得此卷寶之，不啻懸藜照乘之珎。間出示予，拜觀之餘，肅然起敬，謹識其後而歸之。

式古堂書畫彙考卷十四于文傳朱文公城南詩卷跋：右晦庵先生真迹，筆精墨妙，有晋人之風。大賢無所不能，固非可一藝名也。當時先生由建中回新安時所書，流落人間，文傳薄游婺源得之，携以歸吴中。嘗同仁夫一觀，餘不以示他人也。近伯廣自琴川來訪，病中不及款曲，別後思所以見意，念他物皆不足以浼伯廣，因書於卷尾，令淵持贈之。轉似仁夫，仍題數語云。吴郡于文傳。

式古堂書畫彙考卷十四于淵朱文公城南詩卷跋：　右徽國文公真迹，先祖禮部府君所藏也。禮部君嘗守婺源，實公闕里，其故業久爲豪右所據，公五世孫光繫頸以組，誓不復故業，雖死不去其組。凡十有五年，而禮部至，力復其業，光深德之。已而秩滿，光持公所書二卷以報，禮部君納焉，愛之不啻拱璧重寶。會海虞錢伯廣氏謁禮部君於私第，伯廣嗜古好學，因出示之，詳玩不忍釋手。先祖以其好之之篤，他日命淵持其一以贈。伯廣爲構城南小隱以居之，又博求大夫士爲詩文以詠歌其間，且成軸矣。未幾，禮部君没，更十餘年而兵戈搶攘，伯廣亦已遺世，向之城南小隱，鞠爲丘墟，則此卷者安知其所在哉。近乃於虞君子賢客次見之，及睹先祖手澤、黄太史所爲記，竊深有所感焉。矧聞虞君之得是卷也，亦於其所居之東構軒二十楹，各顔其詩於上，蓋其好之之篤，不亦愈於伯廣者乎。故并以家藏之卷贈之，是以承禮部君之遺意也。因識其顛末於左方，而歸之虞君云。至正癸卯冬十有一月既望，吴郡于淵再拜書。

庚子銷夏記卷一朱元晦城南二十詠墨迹：　朱夫子和敬夫先生城南二十詠，字法俊逸，大有晋人風致。而詩之清遠，亦非宋人所能及。元尚書于文傳得之於婺源，以贈常熟錢伯廣。錢氏居於城南，遂構城南齋，刻詩其中，而黄文獻溍爲之記。至楊廉夫，又録敬夫原詩於其後，惜不得當日張宣公手書，與文公書合成一卷耳。余舊有先生或問手稿一卷，前畫先生小像，惜爲有力者攫去。見此益爲惘然。

麗澤堂　朱子可聞詩集卷四：　敬夫麗澤堂詩：「長哦伐木篇，佇立以望子。日暮飛鳥歸，門前長春水。」按，相聚時乃丁亥秋冬，而曰「春水」者，冀先生再來也。故此篇以夢相尋答之。

山齋　朱子可聞詩集卷四：　説得數椽關係大，聚千載於一室，何止南面百城。二十詠兼有書樓山齋，此首詠山齋，而帶上書樓説來，乃知諸作章程，原是一片。

月榭　朱子可聞詩集卷四：「上」字指月色，「下」字指湖光，結語雙承，妙在第三句，將人插入。

卷雲亭　朱子可聞詩集卷四：不説「卷」，只説「開」，而「卷」字已在個中。蓋敬夫原唱有「雲卷山色静」之句也，故另闢一景界。

淙琤谷　朱子可聞詩集卷四：第三句陡接出題來，賴上二句，反逼得緊。可庵云：疊韻易知，雙聲難曉。蓋以疊韻者二字收一韻中，四聲皆然。至於雙聲，乃二字同一母。如此篇一「淙琤」二字，本是兩韻，而同屬精尖母中，他可例推。愚按：雙聲疊韻，本五七律對偶中連綿字方論此法，但其理隨處可明，故可庵今於五絕中拈出。馮鈍吟集中有五言雙聲絕句，每句五字同一母，尤新奇。最易明此法。

西嶼　朱子可聞詩集卷四：後二句直收二十詠，句法最超。先生武夷櫂歌「除是人間别有天」爲世流傳，至見於章奏，實本敬夫同游南岳「非是人間别有天」句化來。今讀此結，又覺敬夫反脱胎於此。可見兩先生得一佳句，亦互相慕效如此。

次韻傅丈武夷道中五絕句 淳熙五年秋

地久天長歲不留，坐來念念失藏舟①。回看萬法皆兒戲②，還直先生一笑不？

分符擁節幾經年，聞道方成屋數椽。只恐未容高枕卧，却須持槖聽鳴鞭③。

勛業今從鏡裏休，篋中空有敝貂裘。死灰那復飛揚意？惠許深慚不易酬。

常記桐城十載前④，幾迴風雨對床眠。他年空憶今年事，却說黃亭共惘然⑤。
諸郎步武各駸駸⑥，季子尤憐産萬金⑦。衣鉢相傳自端的⑧，老生無用與安心。

解題　傳丈，傳自得。自得自浙東提刑罷歸泉州，道經武夷，朱熹前往黃亭迎謁，觀其絶句，退而提筆和之。首詩意在寬解，亦有牢騷。次詩恭維，三詩言不擬奉命出官之意，四詩叙舊，末詩答自得欲令諸子問學之意，以示謙退。

注釋　①藏舟：莊子大宗師：「夫藏舟於壑，藏山於澤，謂之固矣，然而夜半有力者負之而走，昧者不知也。」後用以喻事物變遷，時光流逝。

②萬法：佛教語，指一切事物現象及理性佛法。南朝宋朱昭之難顧道士夷夏論：「金剛般若，文不逾千，四句所弘，道周萬法。」

③持橐：攜帶書筆，以備顧問。漢書趙充國傳：「持橐簪筆，事孝武皇帝數十年。」顔師古注：「橐所以盛書也。」鳴鞭：皇帝儀仗中的一種，鞭形，揮動發響，使人肅静，又稱「静鞭」。唐鄭嵎津陽門詩：「鳴鞭後騎何躞蹀，宮妝襟袖皆仙姿。」持橐鳴鞭，指作皇帝侍臣。

④桐城：泉州别稱。朱熹爲同安主簿時，嘗數次見傅自得於泉州。

⑤黃亭：地名，在崇安縣南豐陽里。

⑥駸駸：馬疾馳貌。詩經小雅四牡：「駕彼四駱，載驟駸駸。」毛傳：「駸駸，驟貌。」引申爲疾速。

⑦「季子」句：此句言第三子尤爲奇俊。

⑧端的：宋元俗語，此猶言地道。

編年

據第二首，知傅自得做官多年之後，方罷任退隱於家。據朱熹所作自得行狀，自得乾道中嘗丁内艱去官，然此前僅一知興化軍，未嘗爲路分，不得言「擁節」，也不應遽以「持橐」侍從大用相許。且「高枕卧」云云，亦非丁艱所宜言。故詩不當作於是時。而自得服除之後，歷官中外，殆無虛日，未嘗去官，故該篇只能作於淳熙五年八月自得罷浙東提刑歸隱泉州之時。行狀云：「公至（浙東）治所未十日而賜罷。過建寧，父老捧薰爐以迎者夾道數里。」朱熹即是時往途中見之并作詩。自得歸後，未再出官，淳熙十年卒。據以繫之。

題畫卷 丁亥　乾道三年

小山

飛來小坡坨，未雨已滂濞①。荒此定何人？蘇公有遺記②。

吴畫

妙絶吴生筆③，飛揚信有神。群仙不愁思，步步出風塵。

卵研

端溪有潛虬④，孕此金玉質。混沌一竅開，千年瀉寒液。

鬼佛

冥濛罔象姿⑤，相好菩薩面⑥。鬼佛吾詎知？水石翫奇變。

范寬⑦

山雄雲氣深，樹老風霜勁。下有考槃人，超摇得真性。

注釋　①滂濞：雨水多。漢書司馬相如傳下：「貫列缺之倒景兮，涉豐隆之滂濞。」顏師古注：「滂濞，雨水多。」

②蘇公：蘇軾。

③吴生：即吴道子，名道玄，唐陽翟人。善畫，尤擅仙釋人物及山水，有「畫聖」之稱。

④端溪：水名，在廣東德慶。其地有三洞，産硯石，唐以來著稱於世。虬：傳説中的無角龍。

⑤罔象：傳説中的水怪。國語魯語下：「水之怪曰龍、罔象。」

⑥相好：佛教語。佛書稱釋迦牟尼有三十二相，八十二好。也用作對佛像的敬稱。漢牟融理惑論：「佛身相好，變化神力無方。」

⑦范寬：宋初華原人，名中正，字仲立。因性情豁達，人稱范寬。善畫山水，爲五代北宋山水畫代表之一。

編年　題下署「丁亥」，是爲乾道三年。

評論 吴畫 朱子可聞詩集卷五：末二句只是申明「飛揚」、「有神」四字。杜詩「畫手看前輩，吴生遠擅場」。起便引古人比之，「信」字方著實。

鬼佛 朱子可聞詩集卷五：此形容水石奇變耳。雖然，鬼亦何惡，佛亦何好，解人只一般作翫具觀。

小山 朱子可聞詩集卷五：第二句與老杜「赤日石林氣」同一槪繪入神。三不點畫家氏名，四却以記者蘇公證之，虚實相生之法。

題祝生畫 乾道間

裴侯愛畫老成癖①，歲晚倦游家四壁。隨身只有萬叠山，秘不示人私自惜〔一〕。俗人教看亦不識，我獨摩挲三太息。問君何處得此奇？和璧隋珠未爲敵②。答云衢州老祝翁，胸次自有陰陽工③。峙山融川取世界，咳雲唾雨呼雷風。昨來邂逅衢城東，定交斗酒歡無窮。自言妙處容我識，爲我掃此須臾中。爾時聞名今識面，回首十年齊掣電。裴侯已死我亦衰，秪君雖老身猶健。眼明骨輕鬚不變〔二〕，筆下江山轉葱蒨。爲君多織機中練④，更約無事重相見。

解題 祝生，即祝次仲，已見卷二。

校記 〔一〕示：宋浙本作「視」。

〔二〕鬚：考異云一本作「鬢」。

注釋 ①裴侯：即卷二之裴丈，崇安人，與朱熹及屏山劉氏交厚，事迹不詳。

②和璧隋珠：和氏之璧，隋侯之珠，喻珍寶。韓非子和氏、戰國策楚策四載其事。

③陰陽工：指天地造化。語出賈誼鵩鳥賦：「且夫天地爲爐兮，造化爲工，陰陽爲炭兮，萬物爲銅。」

④機中練：機中織出的白絹，可以作畫。

編年　將本篇與卷二題祝生畫呈裴丈二首對讀，知詩中裴侯所隨身珍藏者即前所題祝畫，此詩作在始觀祝畫後十年左右。前題畫詩約作於紹興末，則此篇作年當在乾道間。

評論　朱子可聞詩集卷二：五、六一轉再轉，筆勢靈雋。畫之工，不用自家口中贊揚，只借一問一答盡行透出，是借喉出氣法。凡詩皆四句一解，兩句一連。此詩後段「眼明」句黏上「身老」讀，「爲君」句黏上「筆下」讀，「更約無事重相見」七字，正以單句結通章，遒峭非常。

秀野以喜無多屋宇幸不礙雲山爲韻賦詩熹伏讀佳作率爾攀和韻劇思慳無復律吕笑覽之餘賜以斤斧幸甚〔一〕 紹興中

高人山水心，結習自無始〔二〕①。五畝江上園，清陰遍桃李。一堂聊自娱，三徑亦可喜。試問避俗翁，何如尊賢里？温公獨樂園在尊賢里②。

門前車馬客，無非朝大夫。問公獨何事，中歲遽此圖？長安二三公③，髮白形枯臞。隱憂念名節④，亦有此樂無？「隱憂念名節」，張大參疏中語⑤。

君侯嗜圖史，插架何其多⑥！徙居三十乘〔三〕，流汗幾橐駝⑦。千載誰晤語？端居自弦歌。至哉天下樂，歲月如予何〔四〕！

西山一何高，雲氣出寒麓。中有無事人，鳴泉繞茅屋〔五〕。宴坐今幾何？無以媚幽獨。興至偶成篇〔六〕，呼兒爲予讀。

我居深山中，茅舍破不補〔七〕。上見風攪林，下有雲承宇。聞公落新宮，户牖不可數。懶惰心力衰〔八〕，念公亦良苦。

夜吟招隱詩〔九〕，月落寒泉井。自非千載人，誰與共清景？散髮心朗寥，凝神味淵永。功名恐相期，富貴非所幸。

仙人空山居，道意妙群物⑧。度世君則然，修身吾豈不〔十〕？飛行仰雲路，趺坐探理窟⑨。獨夜扣星壇〔十一〕⑩，清齋具簪笏⑪。

青山背夕陽，兹景公所愛。虚堂日落時，遷坐一解帶。嵐分疑有處〔十二〕，鳥度知無礙〔十三〕。須臾暮色來〔十四〕，默默無與會〔十五〕。

端居屏塵慮〔十六〕，萬事付一尊。客來語世故，舉白當浮君⑫。超摇謝衆甫，噂沓從諸孫⑬。何以自怡悦？窗中見秋雲。

清溪何迢迢〔十七〕，上有千仞山〔十八〕。山中學仙侶，白石爲門關⑭。丹經苦吟哦〔十九〕⑮，至道窮躋攀。豈知人間世，風塵縈九寰〔二十〕⑯！

解題 自此篇至卷末，皆朱熹與秀野唱和之詩。秀野即劉韞，以詩名，人稱「吟龍」，對朱熹詩詞創作有重要影響。朱熹與之唱和的部分篇目才華橫溢，成爲他一生中較典雅的詩作之一。「喜無多屋宇，幸不礙雲山」，杜甫茅堂檢校收稲二首之一句。此篇言遠離功名富貴，與世相忘，學仙修道，自得其樂，具有明顯的老佛傾向。

校記

〔一〕此題淳熙本作「和劉六四丈秀野十首秀野以杜陵喜無多屋宇幸不礙雲山爲韻賦詩」。

〔二〕無：右引作「此」，考異所引別本同。

〔三〕徙居：右引作「徙車」，考異所引別本同。十：右引作「千」。

〔四〕予：原作「子」，據淳熙本、宋閩、浙本改。

〔五〕茅：考異云一本作「華」。

〔六〕篇：淳熙本作「詩」。

〔七〕舍：考異云一作「屋」。

〔八〕衰：淳熙本作「勞」。

〔九〕吟：右引作「哦」。

〔十〕身：右引作「真」。

〔十一〕壇：右引作「躔」。

〔十二〕分：右引作「光」，考異所引別本同。疑：考異云一作「宜」。

〔十三〕鳥、知：右引作「風」、「却」，考異所引別本同。

〔十四〕來：右引作「新」，考異所引別本同。

〔十五〕此句右引作「此意心默會」，考異所引別本同。

〔十六〕端：考異云一作「幽」。

〔十七〕此句淳熙本作「清江水悠悠」，考異所引別本同。

〔十八〕此句考異云一作「其上有群山」。

〔十九〕哦：淳熙本作「誦」，考異所引別本同。

〔二十〕縈：考異云一作「營」。

注釋

①結習：佛教語，指煩惱。維摩經觀衆生品載，一天女散花於諸菩薩及大弟子之身，菩薩之花皆落，而大弟子之花不墮，言「結習未盡，華著身耳；結習盡者，華不著也。」

②温公：司馬光，獨樂園爲其園名，尊賢里在今洛陽市南郊。

③長安：唐以後常泛稱都城，此指北宋京城汴梁。

④隱憂：深深的憂慮。詩經邶風柏舟：「耿耿不寐，如有隱憂。」毛傳：「隱，痛也。」

⑤張大參：未詳，當指一任參知政事而姓張者。

⑥插架：置書於架上。韓愈送諸葛覺往隨州讀書：「鄴侯家多書，插架三萬軸。」

⑦橐駝：駱駝。山海經北山經：「其獸多橐駝。」

⑧妙：通「眇」，遠。韓非子難言：「閎大廣博，妙遠不測。」陳奇猷集釋：「妙，借爲眇，眇即渺遠之渺。」

⑨理窟：義理的淵藪。晉書張憑傳：「帝召與語，嘆曰：『張憑勃窣爲理窟。』」

⑩獨夜：一人獨處之夜。漢王粲七哀詩之二：「獨夜不能寐，攝衣起舞琴。」星壇：道士施法之壇。唐牟融寄羽士：「樂道無時忘鶴伴，談玄何日到星壇。」

⑪簪笏：頭上的簪子和記事的手板，指道士的裝束打扮。南朝梁簡文帝馬寶頌序：「簪笏成行，貂纓在席。」

⑫「舉白」句：舉杯罰酒，禁語俗事。漢劉向説苑：「文侯飲而不盡釂，公乘不仁舉白浮君。」

⑬噂沓：談笑。詩經小雅十月之交：「噂沓背憎，職競由人。」鄭玄箋：「噂噂沓沓，相對談語，背則相憎逐。」

⑭白石：説苑載有仙人居白石山，因號白石生。此言白石，蓋美劉韞爲仙。

⑮丹經：道家講述煉丹術的專書。晋葛洪抱樸子金丹：「凡受太清丹經三卷，及九鼎丹經一卷，金液丹經一卷。」

⑯九寰：猶言九州大地。

編年

據劉氏傳忠録卷三載劉韞挽劉子翬詩、屏山集卷十二再和六四叔所賦十二相屬詩，劉韞生於徽宗建中靖國元年。據本卷次山行佳句呈秀野丈三首、秀野劉丈寄示南昌諸詩和此兩篇及朱熹劉氏妹墓誌銘，韞卒在淳熙六年。第二首有「中歲遽此圖」之句，知作在劉韞中年歸隱之時，即紹興間也。

評論

四　朱子可聞詩集卷一：此首是叙題，前四句見山，見雲，見屋宇，中安放個「無事人」。後四句遂承無事人，宴坐幽居，將爲韻賦詩一齊點出。瞿素谷云：「無事」二字，一生受用。東坡亦云：「事無事之事，百事治兮。」

五　朱子可聞詩集卷一：此首反己爲客，借翻題中「無多屋宇」，只「聞公」、「念公」二句，是題之正面。「雲霏霏而承宇」，出屈子涉江，下即接云：「哀吾生之無樂，幽獨處乎山中。」先生心事，借此和盤托出。

八　朱子可聞詩集卷一：此首狀題中「雲山」二字，但舉一時晚景變幻以概其餘。五、六即輞川詩中「夕嵐無處所」五字拆開頓挫，七句隨補一疑陣，更覺晚景多姿。

九　朱子可聞詩集卷一：通首贊主人之高，以不世故作主。林宗伯云：衆甫紛紛皆道子。「謝衆甫」，謝其世故也；「從諸孫」，從其不世故也。喜「迢遥從諸孫」好的一邊，惡「噂沓謝衆甫」不好的一邊，是錯裝句，又名藏頭句。

次劉秀野蔬食十三詩韻 紹興至淳熙初

乳餅①

清朝薦蔬盤，乳鉢有真味。不用精瓊糜②，無勞爛羊胃③。

新筍

翛翛江上林〔一〕，白日暗風雨。下有萬玉虬④，三冬卧寒土。

紫蕈⑤

誰將紫芝苗⑥，種此槎上土⑦？便學商山翁⑧，風餐謝肥羜⑨。

子薑本草⑩云：「薑久食去臭氣，通神明。」或云傷心氣，不可多食者，非〔二〕。

薑云能損心，此謗誰與雪？請論去穢功，神明看朝徹⑪。

茭筍〔三〕⑫

寒茭翳秋塘，風葉自長短。刳心一飽餘，并得牀敷軟。

南芥⑬

黄龍記昔游⑭，園客有佳遺。不爲洛生吟〔四〕⑮，輟餐時擁鼻。

蕈菜⑯

小草有貞性，託根寒澗幽。懦夫曾一啜，感憤不能休。

木耳

蔬腸久自安，異味非所誇。樹耳黑垂聃⑰，登盤今亦乍。

蘿蔔

紛敷剪翠叢，津潤擢玉本。寂寞病文園[18]，吟餘得深齦。

芋魁[19]

沃野無凶年，正得蹲鴟力[20]。區種萬葉清，深煨奉朝食。

筍脯

南山春筍多，萬里行枯腊。不落盤餐中，今知緑如簀[21]。

豆腐世傳豆腐本乃淮南王術。

種豆豆苗稀，力竭心已腐。早知淮王術，安坐獲泉布[22]。

白蕈[23]

聞説閬風苑[24]，瓊田産玉芝。不收雲表露，烹瀹詎相宜？

解題 此篇詠物，展示了作者家常的鄉間生活。俗則俗矣，讀來親切。

校記 〔一〕倏倏：考異云一作「修修」。

〔二〕「非」下原有「是」字，據宋閩、浙本删。

〔三〕筍：原作「荀」，據正訛改。

〔四〕爲：原作「謂」，據宋閩、浙本改。

注釋 ①乳餅：乳製品之一種。初學記卷二十六晋盧諶祭法：「夏祠別用乳餅，冬祠用環餅也。」

②精瓊糜：磨細的玉屑，傳説食之可以延年。離騷：「折瓊枝以爲羞兮，精瓊糜以爲粻。」王逸注：「精，鑿也。糜，屑也。粻，糧也。……言我將行，乃折取瓊枝以爲脯腊，精鑿玉屑以爲儲糧。」此借指精米。

③爛羊胃：後漢書劉玄傳載時濫授官爵，至有膳夫庖人得顯官者。長安民謡云：「竈下養，中郎將；爛羊胃，騎都尉；爛羊頭，關内侯。」此借指厨子。

④玉虬：又作「玉虬」，傳説中的一種龍。離騷：「駟玉虬以乘鷖兮，溘埃風余上征。」此喻竹鞭。

⑤紫蕈：菌類的一種。

⑥紫芝：真菌的一種，也稱木芝。形似靈芝，可入藥，古人以爲瑞草。此用以美稱紫蕈。

⑦槎上土：指枯樹根。紫芝生長其上。

⑧商山翁：即商山四皓，指秦末隱士東園公、綺里季、夏黄公、甪里先生。四人避亂隱居，作有紫芝曲，其辭有「曄曄紫芝，可以療饑」之句。

⑨肥羜：肥嫩的羊羔，借指美味珍肴。詩經小雅伐木：「既有肥羜，以速諸父。」

⑩本草：主要記述草類藥物的專書。最早出現者爲神農本草經，後歷代皆有增補修訂。此引文見該書卷二乾薑。

⑪朝徹：清早通徹。薑宜早食，故云。

⑫茭筍：即茭白。

⑬南芥：芥菜的一種，其子味辣，可作芥末。

⑭黄龍：即黄龍洲，在崇寧縣西黄龍溪中，劉韞嘗隱居此地。

⑮洛生吟：也稱「洛生詠」，指洛下書生的諷誦聲。此地音色重濁，故帶鼻音。劉孝標世説新語雅量注引文章志云：「安能作洛下書生詠，而少有鼻疾，語音濁。後名流多斅其詠，弗能及，手掩鼻而吟焉。」此言不勝芥末之辣味。

⑯蔊菜：菜名，根葉味極辛辣，也稱辣米菜。陸游醉中歌：「吾州之蔊尤嘉蔬，珍盤餖飣百味俱。」宋方岳春盤詩有「與我同味蔊絲辣」之句。

⑰聃：耳長而大。説文解字耳部：「聃，耳曼也。」段玉裁注：「曼者，引也。耳曼者，耳如引之而大也。」

⑱病文園：指口渴。司馬相如嘗任孝文園令，而常有渴疾，因稱病閑居。後以「文園病」指渴疾。

⑲芋魁：芋的塊莖。後漢書方術傳上許楊李賢注：「芋魁，芋根也。」

⑳蹲鴟：芋的别名。史記貨殖列傳：「下有蹲鴟。」張守節正義：「蹲鴟，芋也。」

㉑簀：詩經衛風淇奧：「瞻彼淇奧，緑竹如簀。」毛傳：「簀，積也。」此用其句，其意在緑。

㉒泉布：古貨幣名。漢書食貨志下：「私鑄作泉布者，與妻子没入爲官奴婢。」

㉓白蕈：菌類的一種。

㉔閬風苑：傳説中仙人居住的地方。王勃梓州郪縣靈瑞寺浮圖碑：「玉樓星峙，稽閬苑之全模。」

編年

作年不詳，僅知爲紹興中劉韞歸隱後至淳熙六年卒之前作。

評論

子蕈　朱子可聞詩集卷五：鳳逸云：蕈宜朝食。徹，通也，言論其功既能去穢，又可看其朝食而神明通徹，豈得云損心哉！

紫蕈　朱子可聞詩集卷五：土生爲菌，木生爲蕈，此因色紫，别借紫芝生發。然芝草無根，此則曰「誰將苗種」，不是真芝，已隱躍於言外。

蔊菜　朱子可聞詩集卷五：洪舜俞老圃賦曰：「蔊有佛士之風。」即此首句之意。三、四摹擬盡致。林洪山家清供：相傳先生每飲後，輒以蔊菜供蔬品。

茭筍　朱子可聞詩集卷五：一起翳然，令人有濠濮間想。東坡詩「蘆筍初似竹，稍開葉如蒲」，即此。

蘿蔔　朱子可聞詩集卷五：翠叢狀葉，玉本狀根，根葉皆可食。而下引用文園止渴，乃單承津潤言，以題二字是根，不及葉也。

新筍　朱子可聞詩集卷五：直想到其未出土以前，目爲卧蚪。又先從竹林説入，以「白日風雨」句作險筆，隱落一「筍」字恰在個中，而「新」字亦活現矣。諸作中變體。

筍脯　朱子可聞詩集卷五：韋齋先生詠筍詩：「春風吹起籜龍兒，戢戢滿山人不知。急喚蒼頭斸煙雨，明朝吹作碧參差。」翰林學士綦處厚誦而愛之，因力薦於朝。曾端伯云：「亦前人『急忙吃著不可遲，一夜風雨變成竹』，喬年點化，乃爾精巧。」今觀此詩三、四，先生蓋又脱胎乃翁意也。

不徒用漢人煮簀不熟事。

伏讀秀野劉丈閑居十五詠謹次高韻率易拜呈伏乞痛加繩削是所願望 紹興末

秀野

爲憐蘅芷滿芳洲①，特地臨江賦遠游②。十畝何妨自春色，萬緣從此付東流③。静看朝市真兒戲，須信田園是老謀。出處知公有餘裕，未應辛苦謝靈丘④。

積芳圃

樂事從兹不易涯，朱門還似野人家。行看靚艷須携酒⑤，坐對清陰只煮茶。曉起蒼凉承墜露，晚來光景亂蒸霞⑥。平生結習今餘幾？試數毗那襋上花〔一〕⑦。

家山堂

負米歸來手自舂，豈知門外有晴峰⑧。羡公竟日塵氛遠，拄頰看山幽興濃。心鏡懸知不同調⑨，詩壇那敢少争鋒？空餘遠岳尋師意，個裏何妨爲指蹤⑩。

拙政堂

驥足寧同曳尾龜⑪？青山終是費心期。陶公歸去有餘樂⑫，潘令閑居不足追⑬。自笑十連非所慕⑭，未應三徑苦無資。明朝謾擁朱輪去⑮，猿鶴咨嗟政爾爲〔二〕。

香界⑯

幽興年來莫與同，滋蘭聊欲泛光風。真成佛國香雲界，不數淮山桂樹叢。花氣無邊曛欲醉⑰，靈氛一點静還通⑱。何須楚客紉秋佩？坐卧經行住此中。

春谷

武夷高處是蓬萊，采得靈根手自裁〔三〕⑲。地僻芳菲鎮長在⑳，谷寒蜂蝶未全來。紅裳似欲留人醉，錦障何妨爲客開㉑。飲罷醒心何處所？遠山重叠翠成堆。

舫齋

扁舟容與小房櫳㉒，摇颺簾旌蜀錦紅。兩岸蒹葭秋色裏㉓，一川煙浪夕陽中。不愁灧澦雙蓬鬢㉔，未怯江湖萬里風。築室水中聊爾爾，何須極浦望朱宮㉕！

藥圃

種藥春畦有近功，不辭耘耔謾勞躬。漸看杞菊充庖下〔四〕㉖，即見芝英入籠中㉗。病去自知非往日，身輕何必御泠風㉘？出門會有兒童笑〔五〕，不是當年植杖翁。

山人方丈

方丈翛然屋數椽㉙，檻前流水自清漣。蒲團竹几通宵坐，掃地焚香白晝眠。地窄不容揮麈客㉚，室空那有散花天㉛？個中有句無人薦㉜，不是諸方五味禪㉝。

龜峰樓

楊柳東邊桂樹西，小樓晴眺極霏微㉞。山川政爾供凝目，塵土何妨略振衣。俯瞰桑田悲物化㉟，閑披蕊笈洞玄機㊱。却疑欄外連穹石㊲，似厭支牀去不歸㊳。

月波臺〔六〕

潺潺流水注回塘〔七〕，中作平臺受晚涼。四面不通車馬迹，一尊聊飲芰荷香。韓公無復吟花島㊴，楚客何勞賦藥房㊵？少待須臾更清絶，月華零露洗匡牀㊶。

挽蔬園

未覺閑來歲月頻，荷鋤方喜土膏匀㊷。連畦已放瑶簪露㊸，覆地行看玉本新。小摘登盤先餉客，晚炊當肉更宜人。却憐寂寞公儀子㊹，拔盡園蔬不嘆貧。

秋香徑

門外黄塵没九逵㊺，坊中叢桂長樛枝。三秋冷蕊從開落，終歲清陰不改移。幽逕秖愁空翠滴，濃香一任晚風吹。攀援却恨王孫遠，惆悵千林落葉時〔八〕。

曲池軒

去年種竹長新篁，今歲穿渠過野塘。自喜軒窗無俗韻，亦知草木有真香。林間急雨生秋思〔九〕，水面微風度晚凉〔十〕。却厭端居苦無事，凭欄閑理釣絲長。

前村〔十一〕

玉立寒煙寂寞濱，仙姿瀟灑净無塵。千林摇落今如許，一樹横斜獨可人。真與雪霜娱晚景〔十二〕，任從桃柳殿殘春。緑陰青子明年事，衆口驚嗟鼎味新〔十三〕。

解題 此篇詠嘆秀野諸景及劉韞的田園隱居生活，而拙政堂諸詩，微諷之意亦偶有寓焉。

校記

〔一〕那：疑當作「耶」。

〔二〕咨：考異云一作「驚」。

〔三〕裁：正訛改作「栽」。

〔四〕杞菊：考異云一作「枸杞」。

〔五〕有：右引云一作「見」。

〔六〕此題淳熙本作「池中小亭」。

〔七〕潺潺：考異云一作「濺濺」。

〔八〕林：右引云一作「秋」。落葉：原缺，據朱玉朱子文集大全類編補。

〔九〕思：右引云一作「意」。

〔十〕度：右引云一作「動」。

〔十一〕底本原注：「題下恐當有梅字」。

〔十二〕真、景：考異云一作「直」、「興」。

〔十三〕嗟：右引云一作「嘆」。

注釋

①蘅芷：杜蘅與若芷，皆香草名。楚辭王逸九思傷時：「蘅芷凋兮瑩嫇。」原注：「蘅，杜蘅；芷，若芷，皆香草。」

②賦遠游：指退隱。楚辭遠游：「悲時俗之迫阨兮，願輕舉而遠游。」

③萬緣：一切塵世因緣。白居易端居詠懷：「從此萬緣都擺落，欲攜妻子買山居。」

④謝靈丘：辭别家鄉，指做官。靈丘，祖墓，也借爲對家鄉的美稱。曹植感節賦：「豈吾鄉之足顧，戀祖宗之靈丘。」

⑤靚艷：美好艷麗，指花。宋高觀國杏花天杏花：「玉壇消息春寒淺，露紅玉，嬌生靚艷。」

⑥蒸霞：蒸騰的雲霞。

⑦「平生」二句：毗那：當爲「毗耶」之誤。毗耶，指維摩詰菩薩，也常喻精通佛法之人。賈島和孟逸人林下道情：「陋巷貧無悶，毗耶疾未調。」襋：衣領。詩經魏風葛屨：「要之襋之，好人服之。」毛傳：「襋，領也。」維摩經觀衆生品載天女散花於諸菩薩及大弟子之身，菩薩衣上之花皆落，示結習已盡；大弟子衣上之花不墜，示煩惱猶存。

⑧「負米」二句：孔子家語致思載子路語云：「負重涉遠，不擇地而休；家貧親老，不擇禄而仕。昔由也事二親之時，常食藜藿之實，爲親負米百里之外。」後以「負米」爲竭力事親之典。此二句言養親食貧，汩没俗務，無暇雅懷。

⑨心鏡：佛教語，明净之心。圓覺經卷上：「慧目肅清，照曜心鏡。」懸知：料想。庾信和趙王看伎：「懸知曲不誤，無事畏周郎。」

⑩個裏：此中。王維同比部楊員外十五夜游有懷静者季：「香車寶馬共喧闐，個裏多情俠少年。」

⑪驥足：比喻高才。三國志龐統傳：「龐士元非百里才也，使處治中、别駕之任，始當展其驥足耳。」曳尾龜：泥中拖着尾巴的烏龜，此喻胸無大志的隱者。莊子秋水：「吾聞楚有神龜，死已三千歲矣，王巾笥而藏之廟堂之上。此龜者，寧其死爲留骨而貴乎？寧其生而曳尾於塗中乎？」

⑫陶公：陶淵明。

⑬潘令：指晉潘岳。岳嘗任河陽令，故稱。其爲人風流倜儻而貌美，爲時所稱。然與石崇等諂事賈謐，後遭滅門之禍，其氣節與陶淵明「不爲五斗米折腰」萬萬不侔矣，故言不足追。

⑭十連：十個州郡，泛指州郡之官。劉禹錫代謝濠泗兩州割屬淮南表：「位均九伯，權總十連。」

⑮朱輪：王侯顯貴所乘紅色漆輪車。文選楊惲報孫會宗書：「乘朱輪者十人。」李善注：「二千石皆得乘朱輪。」

⑯香界：佛家稱佛地有衆香國，樓閣園囿皆香，香氣周流十方無量世界。後來泛指寺院爲香界。唐沈佺期紹隆寺：「香界縈北渚，花龕隱南巒。」

⑰曛：用同「醺」，酒醉。

⑱靈氛：也作「靈芬」，香氣。李商隱寓懷：「星機抛密緒，月杵散靈芬。」

⑲靈根：對植物根苗的美稱。柳宗元種朮：「戒徒斸靈根，封植閟天和。」

⑳鎮：猶常，長久。唐太宗詠燭：「鎮下千行淚，非是爲思人。」

㉑錦障：織錦屏風。王勃春思賦：「錦障縈山，羅幃照野。」

㉒房櫳：窗櫺。漢班倢伃自悼賦：「廣室陰兮帷幄暗，房櫳虛兮風泠泠。」代指房屋。

㉓蒹葭：蘆荻與蘆葦。詩經秦風蒹葭：「蒹葭蒼蒼，白露爲霜。」

㉔灧澦：長江瞿塘峽口的險灘。李白長干行之一：「十六君遠行，瞿塘灧澦堆。」

㉕極浦：遥遠的水邊。楚辭九歌湘君：「望涔陽兮極浦，横大江兮揚靈。」朱宫：朱紅色的宫殿。楚辭九歌河伯：「魚鱗屋兮龍堂，紫貝闕兮朱宫。」

㉖杞菊：枸杞與菊花。

㉗芝英：靈芝。司馬相如大人賦：「咀噍芝英兮嘰瓊華。」

㉘御泠風：莊子逍遥游：「列子御風而行，泠然善也。」

㉙方丈：初指寺院，後稱僧尼長老住持的居室。文選王簡栖頭陀寺碑文：「宋大明五年，始立方丈茅茨，以庇經像。」

㉚揮麈：揮動麈尾，以爲談助，借指清談。麈尾，古人閑談時執以驅蟲拂塵的工具，形似馬尾松。

㉛散花天：指散花天女。白居易齋戒滿夜戲招夢得：「方丈若能來問疾，不妨兼有散花天。」

㉜薦：獻。

㉝五味禪：指禪學。佛教以乳、酪、生酥、熟酥、醍醐五味比喻華嚴、阿含、方等、般若、法華涅槃五時之教，見涅槃經卷十四。

㉞霏微：迷蒙。杜甫曲江對酒：「水精春殿轉霏微。」

㉟桑田：晋葛洪神仙傳王遠：「接侍以來，已見東海三爲桑田。」後以「滄海桑田」喻事物巨變。

㊱蕊笈：猶言蕊書，指道家經籍。雲笈七籤：「西華宫有琅簡蕊書，當爲真人者乃得此文。」

㊲連穹石：猶言連天巨石，指龜峰。

㊳支牀：史記龜策列傳：「南方老人用龜支牀足，行二十餘歲，老人死，移牀，龜尚生不死。龜能行氣導引。」此用其事，喻樓外之龜山。

㊴韓公：韓愈。愈有花島詩云：「欲知花島處，水上覓紅雲。」

㊵藥房：花藥芳香之房。楚辭九歌湘夫人：「桂棟兮蘭橑，辛夷楣兮藥房。」

㊶匡牀：安適的牀。商君書畫策：「人主處匡牀之上，聽絲竹之聲，而天下治。」

㊷土膏：肥沃的土地。漢書東方朔傳：「故酆鎬之間號爲土膏，其賈畝一金。」

㊸瑶簪：玉簪。杜牧黄州准赦祭百神文：「瑶簪繡裾，千萬侍女。」此喻植物之莖。

㊹公儀子：即公儀休，周時人。史記循吏列傳載休相魯，不受饋贈，拔園葵，出織婦，不與民争利。

㊺九逵：四通八達的大道。三輔黄圖都城十二門：「長安城面三門，四面十二門，皆通達九逵，以相經緯。」

編年 詩云「萬緣從此付東流」，「樂事從茲不易涯」，知作於紹興中劉韞歸隱之後。

評論 瀛奎律髓彙評卷二十馮班評：無惡氣味。紀昀評：三、四佳，餘皆凡語，尾句尤俗。

秀野 朱子可聞詩集卷四：以第二句「賦遠游」破意，而以第七句「出處」二字爲綫索，言秀野謝絶萬緣，看破朝局，故特歸而賦昔人之遠游耳。曰「何妨」，曰「從此」，曰「静看」，曰「須信」，語有歸宿。至尾句煞出本意，仍只渾渾虚籠，以爲十五詠之冒。

積芳圃 朱子可聞詩集卷四：全篇以第一句作骨，中二聯「行看」、「坐對」即指曉起晚來的景，曉起晚來即作行看坐對的事，一意交互，前虚後實，皆叙樂事也。末聯只言秀野之擺脱塵累功候何如耳，「結習」、「毗耶」，借用佛語，恰與「積芳」二字關會。「蒼凉」疊韻，「光景」雙聲。「光景」二字，同屬經堅母。

香界 朱子可聞詩集卷四：香界專指藝蘭之處，故第二句、第七句點出，三、四陪襯，五、六正詮香，却縮定主人，應轉首句「幽興」。末云「住此中」三虚字用力，翻就人身上劃得「界」字分明。

春谷　朱子可聞詩集卷四：　上首句句切「界」，此首「谷」字却起從高處説來，尾借「遠山」拓去，又换一作法。亦以三、四一聯正賦春谷，十分工密，故前後宜放鬆耳。　芳菲因地僻鎮長在，蜂蜨因谷寒未全來，名分疏句確是谷中春，移他處不得。

山人方丈　朱子可聞詩集卷四：　「方丈」二字，出於維摩。而此曰山人方丈，又當有别。五云不清談，六云不説法，八云不遠去參禪，分明是山人行徑，不是僧也。乃知先生作詩，因物付物，細心貼切有如此。

龜峰樓　朱子可聞詩集卷四：　起便寫樓景，中間承晴眺開一步説，結緊收到「龜峰」二字，恰與悲物化洞玄機呼應。

月波臺　朱子可聞詩集卷四：　首句破波，次句破臺，三、四寫出臺在水中之景，五、六雖旁襯，亦不肯泛引。花島固在水中，而藥房，楚辭原承「築室兮水中」句來也。通首藏得題中一「月」字，至末躍出，倍有精采。

舫齋　朱子可聞詩集卷四：　此是齋，不是舫也。只首句、第七句略露本旨。全篇賦「舫」字，暗含「齋」字。三、四言有水中之趣，五、六言無水中之虞，八句言并不望其有濟川之用也。是齋不是舫，聽讀者言外會悟。

曲池軒　朱子可聞詩集卷四：　方虚谷謂竹林自有一種奇氣，老杜「風吹細細香」，非過許也。此更於草木中辨其爲真香，尤竹知己。「無竹令人俗」，本眼前語，反運作配，腐者都新。第五句體物入微，第六句轉筆，收到「曲池」題上，尤見敏捷。

秀野劉丈寄示南昌諸詩和此兩篇 淳熙六年

滕王閣下水初生①，聞道登臨復快晴。帝子詎知陳迹在，長江肯趁曲池平？山楹雨罷珠簾捲②，檐鐸風驚玉珮鳴③。滿眼悲涼今古恨，人生辛苦竟何成！

知向潮邊弄碧漪，欄干三撫漾晴輝。流傳妙語驚離闊，想像清游欲奮飛。公去不應停驛騎，我來直欲掛朝衣〔一〕。南州高士何由見④？且看新荷出水稀。

解題 淳熙六年春，已隱居二十年的朱熹由宰相史浩指任，在朝野上下的再三敦促下，極不情願地帶病赴任南康。時劉韞游罷南昌，已先離去，朱熹入贛，和此兩篇。首詩大發懷古之幽思，進而感嘆碌碌奔波的無聊。次詩叙情之外，也言及被迫出山的不快。

校記 〔一〕直：考異云一作「真」。

注釋 ①滕王閣：唐顯慶四年滕王李元嬰爲洪州都督時所建之閣，在今江西新建縣西章江門上，西臨贛江。閣爲著名歷史名勝，王勃嘗作滕王閣序。

②山楹：山中房屋。鮑照登廬山：「懸裝亂水區，薄旅次山楹。」

③檐鐸：也稱檐馬、風鈴，挂在檐下用以占風的金屬小片，風起則叮咚作響。陸游夏日晝寢夢游絕句：「檐鐸摇風破晝眠。」

④南州：古豫章名，即南昌。高士，指劉韞。

編年 詩云「我來直欲掛朝衣」，知朱熹時在官。考朱熹平生至南昌附近而又在官，只能是知南康軍時。

評論　南康與南昌相近，故言「公去」而「我來」。朱熹至南康任在淳熙六年春三月，本篇正作在春天。

一　朱子可聞詩集卷四：滕王，唐高宗子。言斯閣之盛，不過爲當年陳迹，而長江直下，豈肯與曲池同留。回想一時珠簾玉珮，不知何存，而今但見雨罷山楹，風驚檐鐸，登臨者滿目悲凉，能不吊往古而復哀後人乎。此篇言言警鑿，懷古詩中名作也。

二　朱子可聞詩集卷四：前首和登閣詩，此首和游湖詩。高士從帝子打進一層，不獨富貴已陳，即道德亦泯。結到及時行樂，應轉湖邊，首尾一片。本是「流傳妙語欲奮飛，想象清游驚離闊」，用反裝法，句倍有情味。

次秀野韻五首 紹興中

史君簾閣對修筠①，起看名園雨後春。便賦新詩留野客〔一〕，更傾芳酒酹花神。未酬管樂平生志②，且作羲黄向上人③。秖恐功名相迫逐，不容老子卧漳濱④。

滿園紅紫已争新，百囀幽禽亦唤人。蠟屐未妨泥步穩，珍叢終恨雨來頻。卧看曉色忻初霽，起約良游醉好春。却笑當年金谷燕⑤，相隨僕僕望車塵。

惆悵春餘幾日光，從今風雨莫顛狂。急呼我輩穿花去，未覺詩情與道妨。蘿帶不須吟杜若⑥，角弓聊復賦甘棠⑦。淋浪坐客休辭醉，飲罷晞身向九陽⑧。

知君久矣厭喧卑〔二〕，造物尊前唤小兒。一釂未應峨側弁⑨，十分聊爾快翻巵⑩。治中寂寞凝塵日，令尹憂勞退食時，正好相尋發孤笑⑪，莫教牢落負心期。

當年共剪北山萊〔三〕⑫，脩竹成陰手自栽。書卷莫教春色老〔四〕，柴荆肯爲俗人開？公能顧我傳新句，我欲留公撥舊醅⑬。悵望南園芳樹底，明年應放小車來。

解題 此五詩作於劉韞春日還歸五夫里舊居之時。全篇描寫了作者與衆人陪侍劉韞游山玩水的情形與心境。

校記 〔一〕賦：考異云一作「和」。

〔二〕君：淳熙本、宋浙本作「公」。

〔三〕共：考異云一作「去」。

〔四〕莫：淳熙本作「從」。

注釋 ①史君：即「使君」，漢時稱刺史。玉臺新詠日出東南隅行：「使君從南來，五馬立踟躕。」後用以尊稱州郡官。劉韞嘗倅三州，典二郡。修筠：長竹。

②管樂：春秋齊名相管仲、戰國燕名將樂毅。二人分別匡扶齊、燕稱霸稱雄。

③羲黃：伏羲、黄帝，分別爲傳説中的三皇、五帝之一。向上：以上，以前。白居易池上閑吟之一：「幸逢堯舜無爲日，得作羲皇向上人。」此言遠古歸真返樸之人。

④漳濱：漳水之濱。漢劉楨贈五官中郎將之二：「余嬰沈痼疾，竄身清漳濱。」後用爲卧病隱居之典。

⑤金谷燕：指晉石崇於金谷舉行的盛宴。金谷又稱金谷澗，在今洛陽市西北，有金谷水流經其中。石崇於此築金谷園，晝夜大宴賓客，侈極一時。自作金谷詩序以記其事。南朝梁何遜車中見新林分別甚盛：「金谷賓游盛，青門冠蓋多。」

⑥蘿帶：以羅爲衣帶，指隱者之服。蘿：女蘿，蔓生植物，色青灰，緣喬木而生。楚辭九歌山鬼：「若有人兮山之阿，被薜荔兮帶女蘿。」杜若：香草名。楚辭九歌湘君：「采芳洲兮杜若，將以遺兮下女。」此句言已是高士野服，無須再像屈原那樣吟詠芳草。

⑦角弓：以獸角爲飾的硬弓。詩經小雅角弓：「騂騂角弓，翩其反矣。」朱熹集傳：「角弓，以角飾弓也。」甘棠：木名，即棠梨。詩經召南甘棠：「蔽芾甘棠，勿翦勿伐，召伯所茇。」言召伯嘗於甘棠樹下決獄，美政在人。民有去思，愛人及物，於是有甘棠之詠。後以之爲稱頌循吏美政和遺愛的典實。此句當頌劉韞的文治武功。

⑧九陽：太陽。後漢書仲長統傳：「沆瀣當餐，九陽代燭。」李賢注：「九陽，謂日也。」

⑨釂：飲盡杯中之酒。禮記曲禮上：「長者舉未釂，少者不敢飲。」鄭玄注：「盡爵曰釂。」側弁：歪戴帽子。詩經小雅賓之初筵：「側弁之俄，屢舞傞傞。」鄭玄箋：「側，傾也。」

⑩巵：古代盛酒器。禮記內則「敦牟巵匜」鄭玄注：「巵匜，酒漿器。」

⑪孤笑：獨笑。韓愈別知賦：「索微言於亂志，發孤笑於群憂。」

⑫萊：草名，即藜。詩經小雅南山有臺：「南山有臺，北山有萊。」陸璣疏：「萊，草名，其葉可食。」

⑬舊醅：陳酒。杜甫客至：「盤飧市遠無兼味，樽酒家貧只舊醅。」

編年

未詳。據詩意，亦當作於紹興中劉韞歸隱後不久。

評論

一　朱子可聞詩集卷四：首提明「使君」二字，見劉方在宦途，不過暫歸，莫泛作林下看也。詩餘中劉知郡生朝詞可證。前半言家園可娛，後半言功名方迫，下四首皆從此詩推出。西京云：

三代以下，先生獨稱武侯、靖節兩人，五、六恰好融化作配，以比秀野，可見經世無具而徒耽情巖壑者，非先生所與也。

二　朱子可聞詩集卷四：裝頭疊景清麗，根第一篇「起看名園雨後春」句來，至第六句，換作「起約良游醉好春」，跌到朋友身上。尾借園中燕説，即是言舊人多相隨也。

三　朱子可聞詩集卷四：此又即根第二篇「起約良游醉好春」來，故曰「急呼我輩」。第四句又換筆作後半篇骨子。五、六言不必如屈子澤畔獨行吟，直可比季孫良朋多贈答，應詩情意。八言「晞身」、「九陽」，應與道未妨意。

四　朱子可聞詩集卷四：此根第一篇「祇恐功名相迫逐」來，言劉雖暫歸，不久仍之官。退食餘閑，儘可與僚友快飲忘形，豈可因官守拘牽，爲造物小兒所笑，以孤負平生之心期乎？

五　朱子可聞詩集卷四：前篇擬其之任，此篇復望其再歸，即生朝詞内所云「一年一度一歸來，歡何極」意也。劉與先生幼同居建陽，故有起句。此篇五、六，一句詩，一句酒，與首篇三、四貼緊對照，中三篇亦皆借此兩意，轉换文法也。

留秀野劉丈二首 紹興中

好雨當春過一犂〔一〕①，我公遠憶故園西〔二〕。孤蓬穩轉清灘急，十里行穿緑樹齊。路熟已欣經霧市②，身輕未怕躡雲梯。諸孫剩欲留公住③，細和新詩丐指迷。

一去屏山今幾春④？歸來三逕但荒榛。剪除便覺風煙好，徙倚還驚物色新。樓外千林遮去路，階前一水戀行塵。勸君更作留連計〔三〕，同社追游苦未頻⑤。

解題 此與前篇同時所作。

校記 〔一〕過：考異云一作「遇」。

〔二〕憶：右引云一作「意」。

〔三〕君：淳熙本作「公」。

注釋 ①一犂：量詞，表示雨量相當於一犂入土的深度。蘇軾如夢令有寄：「歸去，歸去，江上一犂春雨。」

②霧市：後漢書張楷傳載，楷通嚴氏春秋、古文尚書，性好道術，能作五里霧。學者隨之，所居成市。後以「霧市」指從學弟子會集之所，也指人煙輻輳的城市。

③剩：同「賸」，更。高適贈杜二拾遺：「聽法還應難，尋經剩欲翻。」

④屏山：在崇安縣五夫里，劉氏家族世居焉。

⑤同社：猶同里，同鄉。古以二十五家爲一社。韓愈南溪始泛之二：「願爲同社人，鷄豚燕春秋。」

編年 此與上篇同時所作，對讀二篇，不難見也。

次秀野滄波館刈麥二詩 紹興至淳熙初

傳聞泛宅賀新成，破月衝煙取次撐①。鷁首斜飛寒浪急〔一〕②，蓬窗側轉好山横。知公興有江湖迴，顧我詩無玉雪清。欲跨船舷還未敢，幾時得伴鏡中行③？

貽牟夙昔但聲歌④，今見郊園樂事多。且喜甌窶符善禱⑤，未須蘆菔糴去聲妖娥⑥。霞觴政自詩真一⑦，香鉢何煩問畢羅⑧。我欲賣刀來學稼⑨，不知還許受廛麽⑩？小說：有人中麥毒，夢紅裳娘子悲歌，有「一丸蘆菔火吾宮」之句。

解題 滄波館，劉韞館舍名，其田產在焉。至稻麥熟，韞每泛舟往觀收割。

校記 〔一〕底本原注：「『急』本作『息』」。

注釋 ①取次：隨意。杜甫送元二適江左：「經過自愛惜，取次莫論兵。」

②鷁首：船頭。古代畫鷁鳥於船頭，故稱。漢書司馬相如傳上：「濯鷁牛首。」顏師古注：「鷁即鷁首之舟也。」

③鏡中：喻水中。

④貽牟：贈麥。牟，通「麰」，大麥。詩經周頌思文：「貽我來牟。」朱熹集傳：「來，小麥；牟，大麥。」

⑤甌窶：又作「甌寠」、「甌樓」，狹小的高地。史記滑稽列傳：「見道傍有穰田者，操一豚蹄、酒一盂而祝曰：『甌寠滿篝，污邪滿車。』」張守節正義：「甌樓謂高地狹小之區得滿篝籠也。」後以「甌窶」爲祈雨之典。

⑥蘆菔：蘿卜。後漢書劉盆子傳：「掘庭中蘆菔根，捕池魚而食之。」

⑦霞觴：盛滿美酒的酒杯。唐曹唐送劉尊師袛詔闕庭之二：「霞觴共飲身雖在，風馭難陪迹未閑。」

⑧畢羅：食品名。唐李匡乂資暇集卷下：「畢羅者，蕃中畢氏、羅氏好食此味，今字從食，非也。」

⑨賣刀：原指棄武從農。漢書循吏傳龔遂：「民有帶持刀劍者，使賣劍買牛，賣刀買犢。」

⑩受廛：接受土地而爲其民。孟子滕文公上：「遠方之人，聞君行仁政，願受一廛而爲氓。」

編年 未詳，僅知作於紹興中劉韞歸隱至淳熙六年韞卒之間。

評論 朱子可聞詩集卷四：可與舫齋參看。彼曰舫而實齋，此曰館而實船；彼則借景生情，此則直透本色。三、四開合矯異，「急」字、「橫」字、「斜」字、「側」字，虛眼鍊句有力。時劉尚爲知郡，不比賜湖而歸者，故一結反收題意。

次秀野躬耕桑陌舊園之韻二首 紹興末

郊園旱久只多蹊，昨夜欣沾雨一犁。已辦青鞋隨老圃①，便驅黄犢過深溪。農談剩喜鄉鄰近〔一〕，饁具仍教婦子攜②。指點竹寒沙碧處，不知何似錦城西③。

丈人高致邈難干，雲夢何如胸次寬④？老去未妨詩律在，人來只怕酒杯干。故開麥隴供家釀，更有蘭章付客看⑤。下走才慳慚囑和〔二〕，願公物色稍留殘⑥。

解題 劉韞躬耕，雖屬獵奇爲戲，但作者久處田間，故第一首刻畫得生動形象，鄉土氣息甚濃。

校記 〔一〕近：考異云一作「共」。

〔二〕走：右引云一作「筆」。

注釋 ①青鞋：草鞋。杜甫發劉郎浦：「黃帽青鞋歸去來。」仇兆鰲注：「青鞋，芒鞋。」

②饁具：往田裏送飯的餐具。饁：往田野送飯。詩經豳風七月：「同我婦子，饁彼南畝。」朱熹集傳：「饁，餉田也。」

③錦城：成都的別稱。初學記卷二十七引益州記：「錦城在益州南笮橋東流江南岸，蜀時故錦官也。」

④雲夢：古藪澤名，晉以後指包括洞庭湖在內的廣闊水域。

⑤蘭章：美好的辭章。韋應物答貢士黎逢：「蘭章忽有贈，持用慰所思。」

⑥物色：尋求。此指品評、挑剔。

編年 據詩，劉韞已老，然尚能躬耕，故應作在五六十歲之間，紹興末也。

評論 朱子可聞詩集卷四：前半第就躬耕中偶拈久旱得雨一事，説得淋灕儘致。中間洗發舊園，便寓久客初歸意。「已」字、「便」字、「剩」字、「仍」字、「指點」字、「何以」字，無非爲「舊」字傳神。可庵云：青鞋黃犢，天然野趣。

又和秀野二首 紹興末

愁陰一夜轉和風，曉看花枝露彩濃〔一〕。覓句休教長閉户〔二〕，出門聊得試扶筇。物華始信如詩好①，春色方知似酒濃。多謝鄰翁笑相迓，爲言晴暖更過從〔三〕。

江皋晴日麗芳華，翠竹疏疏映白沙。路轉忽逢沽酒客，眼明惟見滿園花。望中景助詩人趣，物外春歸釋子家。向晚却尋芳草逕〔四〕，夕陽流水繞村斜。

校記 〔一〕看：考異云一作「著」。

〔二〕休：右引云一作「誰」。

〔三〕從：右引云一作「逢」。

〔四〕逕：右引云一作「路」。

注釋 ①物華：自然景物。南朝梁柳惲贈吴均之一：「離念已鬱陶，物華復如此。」

編年 據詩題及内容，二詩當作於前篇稍後，據以繫之。

評論 一　朱子可聞詩集卷四：先説户内景，後説更過從，是游春來路去路。詩以寫景，五句却云景好如詩，翻新特巧。六句較唐人「暖風遲日濃於酒」覺更輕妍，絶不費力得妙。

二　朱子可聞詩集卷四：前首虛寫春游，此乃言所游之地。由江臯而至遠村，其間白沙翠竹，酒市花園，偕我詩人尋彼釋子，不覺晴日已晚，而芳草斜陽，臨流遠眺。題中「游」字寫得盡態極妍，讀之神往。

次秀野詠雪韻三首 紹興至淳熙初

閉門高卧客來稀，起看天花滿院飛〔一〕。地迥杉篁增勝概，庭虚鳥雀噪空饑。酒腸凍澀成新恨，病骨侵凌減舊肥。賴有袁生清興在①，忍寒應未泣牛衣②。

一夜同雲匝四山③，曉來千里共漫漫。不應琪樹猶含凍④，翻笑楊花許耐寒⑤。乘興正須披鶴氅⑥，瀹甘猶喜破龍團〔二〕⑦。無端酒思催吟筆，却恐長鯨吸海乾⑧。

開門驚怪雪交加，亂落横飛詎有涯！密竹不妨呈勁節，早梅何處覓殘花？山陰客子須乘興⑨，洛下先生想卧家⑩。病廢杯觴寒至骨，哦詩無復更豪誇。

解題 此篇朱熹寒冬卧病時作，抒寫了作者安貧守道、自得其樂的心境。

校記 〔一〕看：考異云一作「見」。

〔二〕猶：右引云一作「聊」。

注釋 ①袁生：指漢袁安。後漢書袁安傳李賢注引汝南先賢傳云，袁安未達時，洛陽大雪，人多出乞食，安獨僵卧不起。洛陽令按行至安門，見而賢之，舉爲孝廉，除陰平長，任城令。後以此爲典，指身處窮困而堅守節操的行爲。

②泣牛衣：牛衣，供牛禦寒用的披蓋物，如簑衣之類。漢書王章傳載，章未仕時家貧無被，大病也只得卧牛衣中。他自料必死，哭泣着與妻子訣別。其妻怒斥以激之。後以「泣牛衣」指哀家境貧寒而傷心落淚。

③同雲：將雪時之烏雲。詩經小雅信南山：「上天同雲，雨雪雰雰。」朱熹集傳：「同雲，雲一色也。將雪之候如此。」

④琪樹：白雪覆蓋的樹。唐李華含元殿賦：「及乎玄冥戒寒，海神飛雪，瑶城粉野，琪樹森列。」

⑤楊花：柳絮。庾信春賦：「新年鳥聲千種囀，二月楊花滿路飛。」

⑥鶴氅：鳥羽製成的裘衣。世説新語企羨：「嘗見王恭乘高輿，被鶴氅裘。」

⑦瀹甘：指煮茶。龍團，宋代福建貢茶名，餅狀，上有龍紋。宋張舜民畫墁録卷一：「先丁晋公

爲福建轉運使，始製爲鳳團，後又爲龍團，貢不過四十餅。」

⑧「却恐」句：此詩劉韞之豪飲。杜甫飲中八仙歌：「左相日興費萬錢，飲如長鯨吸百川。」

⑨山陰客子：指晉王徽之。世説新語任誕：「王子猷居山陰，夜大雪……忽憶戴安道。時戴在剡，即便夜乘小船就之，經宿方至，造門不前而返。」後用作乘興訪友的典故。

⑩洛下先生：指漢洛下閎。據漢書公孫弘傳贊、華陽國志卷十二等載，閎通曉天文，隱於洛下。武帝時召爲待詔太史，更作太初曆。此借指劉韞。

編年 未詳，僅知作於紹興中劉韞歸隱至淳熙六年韞卒之間。

評論 一 瀛奎律髓彙評卷二十一紀昀評：「空饑」二字湊。 朱子可聞詩集卷四：鳳逸云：一、二領起「雪」字，而院中地迥庭虚，一片雪景，皆承上虚摹而出。五、六奇思横溢，如鐵骨冰姿，望之不寒而慄，此真能實寫雪中之情。七、八應首句，指原唱之秀野言之也。 前半已爲清興張本，得五、六一反逼，更覺頓挫有精神。

二 瀛奎律髓彙評卷二十一查慎行評：第四句柳絮用得翻新。紀昀評：忽茶忽酒，爲韻所牽也。

三 瀛奎律髓彙評卷二十一方回評：三詩未免用雪故事，然終不及「瑶瓊」、「銀玉」等句詩律審細有味。紀昀評：三詩皆平平，不必曲爲之説。人各有能有不能，文公不必更以詩見也。

次韻雪後書事二首 紹興至淳熙初

晴煙裊裊弄晨炊，雪屋流澌未覺遲。擬挈凍醪追勝踐，聊穿蠟屐過疏籬。掃開折竹仍三逕，認得殘梅秖數枝。不耐歲寒心事苦，滔滔欲説定從誰？

未覺春光到柳條，誰教飛絮倚風摇？眼驚銀色迷千界①，夢斷彤庭散百寮②。梅塢任從長笛弄，竹窗閑把短檠挑③。何人剥啄傳清唱④？更喜殘年樂事饒。

解題 此與前篇爲一時先後之作，首詩言往訪劉韞之情狀，次詩言門前所見所聞。

注釋 ①千界：佛教語，「大千世界」的省稱。

②彤庭：漢代宮廷以朱漆塗飾，故稱。泛指朝廷。班固西都賦：「於是玄墀釦砌，玉階彤庭。」百寮：也作「百僚」，百官。尚書皋陶謨：「百僚師師，百工惟時。」孔安國傳：「僚、工，皆官也。」

③短檠：矮燈架，借指小燈。韓愈短燈檠歌：「一朝富貴還自恣，長檠焰高照珠翠。吁嗟世事無不然，墻角君看短檠棄。」

④剥啄：敲擊。高適重陽：「豈有白衣來剥啄，亦從烏帽自欹斜。」

編年 此與上篇先後之作，參見該篇所考。詩末有「殘年」之語，故作年應不早於紹興末。

評論 瀛奎律髓彙評卷二十一紀昀評：五、六自好，七、八太直、太盡。方回評：前首中四句皆佳。後首第三句熟料。第四句却以生對熟，憶百寮賀雪而退，有新意。紀昀評：「倚風摇」三字不妥，三、四從老杜冬至詩「杖藜雪後臨丹壑，鳴玉朝來散紫宸」套出。虛谷以爲新意，非是。結出和意，是古法，而八句太無意味。

朱子可聞詩集卷四：確是雪後詩。「未覺遲」，恐少待流澌而遂遲，三、四正是乘雪未流而急往玩賞情事。後半言竹梅後凋，耐得定，正在此歲寒表見。倘稍遲，我不尋求，與凡卉等。滔滔苦心，告訴誰耶？此等詩寄托高遠，有關名教。世徒愛其「翻笑楊花許耐寒」等句，如空青水碧，雖奇寶而無裨於義，猶非先生極筆也。

次韻秀野早梅 紹興至淳熙初

可愛紅芳愛素芳，多情珍重老劉郎。疏英的皪尊中影，微月黄昏句裏香。胸次自憐真玉雪，人間何處有冰霜？巡檐説盡心期事，肯醉佳人錦瑟傍？

解題 此與上二篇亦爲一時之作。

編年 此詩與上二篇皆言及早梅，故應爲先後之作。

評論 瀛奎律髓彙評卷二十方回評：此皆寄意於梅，猶孔子所言「歲寒然後知松柏之後凋」也。無上文，無下文，只此十個字，足見士君子之爲人也。查慎行評：六句，高潔無偶。紀昀評：此首亦凡語。

朱子可聞詩集卷四：此首不是詠梅，詠詠梅之人也。一路從劉郎説，從尊中説，從句裏説，從胸次心期説，皆是從人説出花來。起四字不過是襯托，「可」者僅可未盡之辭，通篇以「愛素芳」作主，「的皪」、「玉雪」、「冰霜」皆與「素芳」綰映。結二句融化杜詩，大意言心期只在冷蕊疏枝，絶無意於繁華之詔會，歸美秀野，正是愛素芳也。

次秀野極目亭韻 淳熙二年三月

偶向新亭一破顔，高情直寄有無間①。地偏已隔東西路，天闊長圍遠近山。浩蕩秖愁春霧合，輪囷却喜暮雲還[2]。不堪景物撩人甚，倒盡詩囊未許慳。

解題　此與以下五篇爲一時之作。極目亭，劉韞所築，在五夫里。亭成，韞攜諸人往游賦詩。

注釋　①有無間：指佛教既非有也非無的灑落境界。賈島送僧：「言歸文字外，意出有無間。」

②輪囷：盤曲貌。文選鄒陽獄中上書自明：「蟠木根柢，輪囷離奇。」李善注引張晏云：「輪囷離奇，委曲盤戾也。」

編年　此詩與下五篇爲先後之作，對讀各篇，是不難見。參見後次「亭」字韻詩所考。下詩有「坐看山花落幔顔」、「食寒到處雨復雨」之句，知作於暮春。

評論　朱子可聞詩集卷四：「極目」二字，第二句以「有無間」形容，可謂入微矣。中二聯又更能形容出有無間之景，一結歸到主人做詩，回抱高情，總以第二句七字作骨也。

又　淳熙二年三月

坐看山花落幔顔，不知身在翠雲間。食寒到處雨復雨[1]，客裏歸來山又山。永夜孤燈閑照影〔一〕，無心棲鳥暮忘還。世情分逐流年去，只有詩情老更慳。

校記　〔一〕永夜、照影：原缺，據朱玉朱子文集大全類編補。

注釋　①食寒：指寒食節，在清明前一日或二日。相傳春秋時晉文公有負於功臣介之推，之推於綿山抱樹焚死。百姓憐之，相約於其忌日禁火冷食。

編年　參見後次「亭」字韻詩所考。

次秀野春晴山行紀物之句 淳熙二年三月

祇憑詩律作生涯，到處山林總是家。便與清尊卧芳草，不妨皂蓋拂殘花。側聞温詔詢耆艾①，好趁春風入殿衙。回首能忘舊猿鶴？一篇聊爾記年華。

注釋 ①温詔：詞情懇切的詔書。曾鞏徐州謝上表：「繼露微衷，復頒温詔，終賴乾坤之造，曲成犬馬之私。」

編年 參見後次「亭」字韻詩所考。

評論 朱子可聞詩集卷四：題曰「紀物」者，紀今日行事，留至後日回首不忘也。此詩前四句是紀山行之事，第五句忽换筆陡起，及至末句逆接首句，與老杜朱櫻詩五句「憶昨賜沾門下省」，八句「此日常新任轉蓬」同倒捲法。

再用韻題翠壁 淳熙二年三月

孤亭一目盡天涯，俯瞰煙村八九家。翠壁何年懸布水？緑陰經雨墮危花。杖藜徙倚凝春望，覓句淹留到晚衙①。珍重詩翁莫相惱，枯腸攪斷鬢絲華。

解題 翠壁，在五夫里，極目亭在焉。

注釋 ①晚衙：指傍晚時分。古時官吏每日早晚兩次坐衙門處理公務，傍晚申時稱晚衙。白居易夜歸：「逐勝移朝宴，留歡放晚衙。」

編年　參見下篇所考。

次亭字韻詩呈秀野丈兼簡王宰三首淳熙二年三月

不駕朝車叩九扃①，獨携靈壽向新亭②。人言洞裏春長在③，自慶樽前老復丁④。魚樂波閑詩欲就，鴻冥天闊酒初醒。晚來却向南堂坐，珍重家山數點青。

吏散庭空晝掩扃，行春只到柳邊亭⑤。唱酬共喜擒鴻藻⑥，來往何勞笑白丁〔一〕⑦？一笑歌呼從自醉，幾年煥喝爲誰醒⑧？定知細札褒揚後，名入麟臺汗簡青⑨。

幾年寂寞掩柴扃，抱膝長吟竹下亭。不向參同論納甲⑩，且將耘耔付添丁⑪。思玄賦罷鶩遥舉⑫，止酒詩成恨獨醒。却笑春風兩蓬鬢，飄蕭無復舊時青。

解題　此篇追記作者與劉韞、王宰極目亭之游。首詩寫劉韞，次詩寫王宰，末詩自寫。王宰，即王齊輿，字之孟，台州寧海人。紹興三十年進士，淳熙初爲崇安縣令，有政聲。

校記　〔一〕笑：考異云一作「唤」。

注釋　①九扃：猶九重，指皇宫。

②靈壽：即椐，可作手杖，借指手杖。漢書孔光傳：「賜太師靈壽杖。」顏師古注：「木似竹，有枝節，長不過八九尺，圍三四寸，自然有合杖制，不須削治也。」

③洞裏：指洞天之中。道家稱神仙的居處爲洞天，所謂「洞中方數日，世上已千年」。此美稱劉韞如仙居洞中。

④老復丁：謂年老而壯盛，猶言返老還童。急就篇卷四：「長樂無極老復丁。」

⑤行春：官吏春日出巡。後漢書鄭弘傳「太守第五倫行春」，李賢注：「太守常以春行所主縣，勸人農桑，振救乏絕。」

⑥摛：鋪陳。班固答賓戲：「雖馳辯如濤波，摛藻如春華，猶無益於殿最。」

⑦白丁：無官之人，平民。隋書李敏傳：「謂公主曰：『李敏何官？』對曰：『一白丁耳。』」

⑧燠暍：中暑。韓愈太原王公神道碑銘：「萎枯以膏，燠暍以醒。」

⑨麟臺：指秘書省。唐光宅元年武則天改稱秘書省爲麟臺。見宋王溥唐會要秘書省。

⑩參同：周易參同契，漢魏伯陽撰。納甲：將天干分別與八卦相配的方法。相傳起於京氏易傳，後代卜筮家以干支與卦爻、五行、五方相配本此。沈括夢溪筆談象數一：「易有納甲之法，未知起於何時。予嘗考之，可以推見天地胎育之理。」

⑪添丁：指所生之子。唐盧仝生子，取名添丁。韓愈寄盧仝云：「去年生兒名添丁，意令與國充耘耔。」

⑫思玄：思玄賦，漢張衡作。遥舉：起而遠去，遠行。

編年

王齊輿知崇安縣，嘗被知府韓元吉舉薦於朝，見南澗甲乙稿卷九薦崇安建陽兩知縣狀。詩中「定知」二句，即指其事。據南澗甲乙稿載婺州貢院記、辭知建寧府表、辭召赴行在狀，元吉淳熙元年十二月由婺州移知建寧府，三年正月召赴行在，在閩一年。而其薦王齊輿狀係準淳熙元年八月二十三日敕，與前任傳自得及本路提舉胡儔聯名而上，顯係該年末到任之後作。本篇言及此事，時爲春季，故必爲淳熙二年無疑。

評論 朱子可聞詩集卷四：腹聯凡得三解：詩就時適當魚樂，酒醒時適際鴻冥，此則賦也；魚樂波閑喻詩情之静，鴻冥天闊擬酒懷之高，此則興也；承上不駕朝車意來，借魚以贊其能深潛，借鴻以美其能遠引，此則比也。先生詩，真反復不盡。

次山行佳句呈秀野丈三首 淳熙二年三月

幾日春陰鎖翠巖，忽驚飛蓋度晴嵐。身輕似起煙霞痼①，意適寧論禄位貪？句法舊超常語六②，年華今富達尊三③。從容笑語無餘事，興在南山更向南。〔一〕

几杖歸來覓故巖④，眼中猶記舊煙嵐。詩情自昔元無敵，世味而今更不貪。默數流年欣望八⑤，閑尋隱訣話存三⑥。小生自愧衰頽早，個裏憑公爲指南〔二〕。

曈曈朝日出高巖，歘歘征衣曳曉嵐。仕宦向來孤舊意〔三〕⑦，林泉老去覺真貪。凄涼烟火一百五⑧，零落交游十二三。嘆息幽棲忘世事〔四〕，卧吹横笛過溪南。

解題 此篇次韻，皆恭維之辭。

校記 〔一〕向：淳熙本作「指」。

〔二〕公：考異云一本作「君」。

〔三〕仕宦：原缺，據朱玉朱子文集大全類編補。

〔四〕息幽棲忘：原缺，據右引補。

注釋 ①煙霞痼：謂酷愛山水成癖。舊唐書隱逸傳田游巖：「臣泉石膏肓，煙霞痼疾，既逢聖代，幸得逍遥。」

②常語六：指七言詩句中平平常常的六個字。韓愈記夢：「壯非少者哦七言，六字常語一字難。」

③達尊三：謂人所共尊。孟子公孫丑下：「天下有達尊三：爵一，齒一，德一。」趙岐注：「三者天下之所通尊也。」

④几杖：坐几和手杖，皆老者所用。禮記曲禮上：「謀於長者，必操几杖以從之。」

⑤望八：指年齡將近八十。韓愈祭竇司農文：「逾七望八，年孰非翁？」

⑥隱訣：道家秘訣，也指道書。唐歐陽炯大游仙詩：「囊中隱訣多仙術，肘後方書濟俗人。」

⑦孤：辜負。史記游俠列傳「久孤於世」，司馬貞索隱：「遂久以當代，孤負我志。」

⑧煙火：炊煙，泛指人家。此句言村落間人煙稀疏。

編年 參見上篇所考，蓋與之先後之作也。

次秀野泛滄波館至赤石觀刈早稻韻 紹興至淳熙初

緑雲黄半武夷鄉，碧水縈紆一帶長。聞道放船飛皂蓋，定知行酒載紅裳。櫂謳如賀豐年信，農家以早稻爲晚禾信。樂飲閑酬此日涼。禾黍誰言不陽艷①？晚炊流詠有餘香。

解題 赤石，地名，在崇安縣南武夷山麓。

注釋 ①陽艷：明媚鮮艷。李白贈韋侍御黄裳之一：「桃李賣陽艷，路人行且迷。」

編年 未詳，僅知作於紹興間劉韞歸隱至淳熙六年韞卒之間。

次秀野韻題卧雲庵 淳熙二年三月

君家丘壑本圓成①，何意尋荒入翠屏〔一〕？爲愛晴雲薦孤枕，故將閑日付新亭。夢魂寂寂衣裳冷，心事悠悠簡策青。更把枯桐寫奇趣，鵾弦寒夜獨泠泠②。

解題 卧雲庵，在五夫里，與翠壁、極目亭密近。

校記 〔一〕尋荒：淳熙本作「荒尋」。

注釋 ①圓成：佛教語，成就圓滿。唐常達山居八詠之七：「胡僧論的旨，物物唱圓成。」

②鵾弦：用鵾雞筋做的琵琶弦。南朝梁劉孝綽夜聽妓賦得烏夜啼：「鵾弦且輟弄，鶴操暫停徽。」

編年 詩中「新亭」，即前淳熙二年數詩之極目亭，故知作在同年同時。

評論 朱子可聞詩集卷四：一、二借家園翻入尋荒，三言卧晴雲，是點題，四言銷閑日，是發意。卧則「夢魂寂寂」，閑則「心事悠悠」，寫奇趣，亦承銷閑。風夜泠泠，仍收題「卧」字上。兩路疊下，皆本「尋荒」，而此庵蕭寂之況在目。

奉和秀野見留之句 紹興末至淳熙初

閑卧秋山塵事稀，西風催唤出巖扉。來看甲第清泉好①，更喜仙翁丹頰肥。捫虱坐談端未厭②，連環入夢却思歸③。明朝振策千峰頂，滿袖瓊琚背夕暉④。

注釋 ①甲第：豪門貴族的宅第。史記孝武本紀：「賜列侯甲第，僮千人。」裴駰集解引漢書音義：「有甲乙第次，故曰第。」

②捫虱：捉虱子。晉書王猛傳載王猛窮時謁大將桓温，一面侃侃談天下事，一面捫虱，旁若無人。後以此爲放達從容、侃侃而談之典。

③連環：連接成串的玉環。韓愈送張道士：「昨宵夢倚門，手取連環持。」此句本此。

④瓊琚：喻詩文佳作。韋應物善福精舍答韓司録清都觀會宴見憶：「忽因西飛禽，贈我以瓊琚。」

編年　未詳。詩有「仙翁」之語，知劉韞年事已高，故其作年不得早於紹興末。韞卒於淳熙六年，故作年又不得晚於是年。

次秀野種粟韻 紹興末至淳熙初

阿香一笑走豐隆①，雨遍平疇萬頃中。舊喜樊遲知學圃②，今看許子快論功③。遥憐鬱鬱翻秋隴，預想垂垂弄晚風。珍重詩翁且强健，東阡南陌興無窮。

注釋　①阿香：傳説中推雷車的女神，見陶潛搜神後記卷五。豐隆：雷神。淮南子天文訓：「季春三月，豐隆乃出，以將其雨。」高誘注：「豐隆：雷神。」

②樊遲：孔子弟子。論語子路：「請學爲圃，子曰：『吾不如老圃。』」朱熹集注：「種蔬菜曰圃。」

③許子：指許行，爲神農之學，手種粟而後食。見孟子滕文公上。

編年　所據同前篇。

和秀野蘄簟之句 紹興至淳熙初

史君兩鬢尚青青，學道仍抛後院笙。溽暑快眠知簟好①，晚涼徐覺喜詩成。人從蘄水當年寄②，詩比韓公此日清③。坐對更深誰是伴？唯應闕月共長庚④。

解題 蘄簟，蘄春所産之竹席，唐時已有名。

注釋 ①溽暑：指盛夏氣候潮濕悶熱。禮記月令：「土潤溽暑，大雨時行。」

②蘄水：即蘄河，源出湖北蘄春縣東北大浮山，經縣西南流至蘄口入長江。

③韓公：韓愈。愈有鄭群贈簟詩。

④長庚：古代指傍晚出現在西方天空的金星，亦名太白星、明星。詩經小雅大東：「東有啓明，西有長庚。」

編年 未詳，僅知作於紹興中劉韞歸隱之後，淳熙六年韞卒之前。詩言秀野鬢髮尚青，則或當爲紹興中作。

次韻寄題芙蕖館三首 紹興至淳熙初

亂山叢裏有江鄉①，華館清波引興長。正喜白鷗輕易狎，忽驚紅妓儼分行②。臨流更好揮椽筆③，俯檻何妨接羽觴。共説仙翁閑日月，不因春草夢池塘④。

幻成飛閣笑談餘⑤，便有新荷水面鋪。指點清波浮菡萏⑥，驚呼紅影碎娵隅〔一〕⑦。且將伴侣同杯酒，不用君王予鏡湖⑧。多少故交臺閣上⑨，問渠落拓更能無⑩？

不須艇子棹歌來，且看芙蓉面面開。卷裏有詩都錦繡，席間無地可塵埃。風清月白琴三弄，緑暗紅深酒一杯〔二〕。明日仲宣樓上去⑪，越吟應是首頻回⑫。

解題　芙蕖，荷花的别名。

校記　〔一〕娵：原作「陬」，據宋浙本改。

〔二〕深：考異云一作「酣」。

注釋　①江鄉：多江河之處，傍江河之地。孟浩然晚春卧病寄張八：「念我平生好，江鄉遠從政。」

②紅妓：此喻紅色荷花。

③椽筆：晉書王珣傳：「珣夢人以大筆如椽與之，既覺，語人云：『此當有大手筆事。』」後以「椽筆」稱大手筆。

④「不因」句：南史謝惠連傳載，謝靈運因夢見謝惠連而得「池塘生春草」佳句。此用其事，言劉韞池中但有芙蕖而非春草。

⑤幻成：變幻而成，極言閣之神奇。

⑥菡萏：荷花。詩經陳風澤陂：「彼澤之陂，有蒲菡萏。」

⑦娵隅：古代西南少數民族對魚的稱呼。世説新語排調：「蠻名魚爲娵隅。」

⑧鏡湖：古代大型農田水利工程之一。東漢時會稽太守馬臻於浙江會稽山陰兩縣界築成，堤塘周迴三百一十里，溉田九千頃。以水平如鏡，故名。唐開元中，嘗詔賜秘書監賀知章鏡湖之剡溪一曲。

⑨臺閣：漢時指尚書臺，後也泛指中央政府機構。王安石送李宣叔倅漳州：「朝廷尚賢俊，磊砢充臺閣。」

⑩落拓：放浪不羈。唐呂巖七言之四二：「琴劍酒棋龍鶴虎，落拓逍遥永無憂。」

⑪仲宣樓：即湖北當陽縣城樓。因王粲字仲宣，曾於此作登樓賦，故稱。後用爲登臨抒懷之典。杜甫短歌行贈王郎司直：「仲宣樓頭春色深，青眼高歌望吾子。」

⑫越吟：史記張儀列傳載，戰國時越人莊舄仕楚，雖富貴不忘故國，病中吟越歌以寄鄉思。後以爲思鄉之典。王粲登樓賦：「鍾離幽而楚奏兮，莊舄顯而越吟。」

編年 未詳，僅知作於紹興間劉韞歸隱之後，淳熙六年韞卒之前。

評論 三 朱子可聞詩集卷四：一起便拈芙蕖做入，言不須艇子他去採蓮來，席間四面都是也。第三句插入「有詩」，指原韻説。五、六緊承席間無塵埃，琴酒皆繼詩而起。結聯宕開，言劉明日之官，雖尊顯如越人，亦不免回首思鄉也。「風清月白」，「緑暗紅深」，句中自對。

次韻雪後書事二首 紹興至淳熙初

惆悵江頭幾樹梅，杖藜行繞去還來。前時雪壓無尋處，昨夜月明依舊開。折寄遥憐人似玉，相思應恨劫成灰[1]。沈吟日落寒鴉起，却望柴荆獨自回。

滿山殘雪對虚堂，想似當年輞口莊[2]。門掩不須垂鐵鎖，客來聊復共藜牀。故人聞道歌圍暖[3]，妙語空傳醉墨香。莫爲姬姜厭憔悴[4]，論文把酒話偏長。

解題 此爲冬季懷劉秀野之作。

注釋 ①劫成灰：極言時間的久遠。劫，佛教名詞。古印度傳説世界經歷若干萬年毁滅一次，重新開始，此周期叫劫。而世界將盡，劫火洞燒，萬物成灰，是爲劫灰。

②輞口莊：王維隱居之地，在陝西藍田。舊唐書文苑傳下王維：「得宋之問藍田别墅，在輞口，輞水周於舍下。」

③歌圍：指歌伎圍繞。

④姬姜：春秋時，周王室姬姓，齊國姜姓，二姓常通婚，因以指貴族婦女。憔悴：又作「蕉萃」，地位卑賤之人。左傳成公九年：「雖有姬姜，無棄蕉萃。」杜預注：「姬姜，大國之女。蕉萃，陋賤之人。」此奉承劉韞，而以蕉萃自比。

編年 未詳，僅知作於紹興中劉韞歸隱之後、淳熙六年韞卒之前。

評論 一 瀛奎律髓彙評卷二十方回評：詩有興、有比、有賦。如風、雅、頌，古體與今固殊，而稱人之美即頌也，實書其事曰賦。要説得形狀出，微寓其辭，則比興皆託於斯。如此詩首尾四句，實書其事也。中兩聯賦則微寓其辭，言尋梅、見梅、寄梅，有比、有興，而味無窮矣。紀昀評：此論好。此不高而頗饒情致。「劫成灰」三字無着。朱子可聞詩集卷四：此雪後尋梅，獨往獨來，對景懷人之作。一、二先書事，三、四摺入雪後，倒裝法也。五、六承上寫情，七、八復因情生景。「遥憐」、「應恨」、「沈吟」、「獨自」俱應首句「惆悵」。「回」字收上行「繞去來」。律髓但賞首尾實書其事，中兩聯微寓其詞，猶未盡此中曲折也。

和秀野韻二首 紹興至淳熙初

聞道無餘事，翛然百慮空。何心分彼我？無地著窮通。昨日青衿子①，明朝白髮翁。天機元自爾，不是故匆匆。

久矣安岑寂，山棲恨不深。謾將門自掩，那有客相尋？炙背迎朝景，加趺度夕陰②。感君傳秀句，把卷獨呻吟。

解題 首詩言學道所得：大化流行，禍福相倚，周而復始，萬法皆空。次詩寫深居簡出、參味名理的隱逸生活。

注釋 ①青衿子：學子，青年書生。陳子昂登澤州北樓宴：「勿使青衿子，嗟爾白髮翁。」

②加趺：盤腿疊足端坐，即趺坐。又作「跏趺」，無量壽經卷上：「哀受施草，敷佛樹下，跏趺而坐。」

編年 未詳，僅知作於紹興中劉韞歸隱之後、淳熙六年韞卒之前。

次秀野暑中二首 淳熙二年八月

劇暑悲難度，清秋喜却回。病隨庚伏盡①，尊向晚凉開。臨水看雲去，鈎簾待月來。勝游驚昨夢，曾上鬱蕭臺②。熹新自雲谷還家③。

絶境人難到，唯堪樂此身。泉吟青玉峽④，風度白綸巾。獨往寧無意？長閑未有因。雲山天賜履⑤，吾道豈全貧？雲谷絶頂四望，雲山環數百里。

注釋 ①庚伏：即三伏。因三伏中的初伏、中伏分别自夏至後的第三、第四個庚日開始，而末伏自立秋後第一個庚日算起，故稱。蘇轍謝人伏早出狀二：「候極南訛，日臨庚伏。」

②鬱蕭臺：林木鬱葱蕭森之臺，指雲谷蘆山絶頂之赫曦臺。文選張協雜詩十首之九：「荒楚鬱蕭森。」

③雲谷：谷名，在建陽縣西蘆山之巔。朱熹築晦庵於此，爲常往之地，自爲記。

④青玉：碧玉，喻水之清緑。

⑤賜履：左傳僖公四年：「賜我先君履，東至於海，西至於河，南至於穆陵，北至於無棣。」杜預注：「履，所踐履之界。」後以指君王所賜封地。朱熹已購雲谷爲己有。

編年 據朱熹雲谷記，其始得雲谷在乾道六年。其後游踪如下：乾道七年，未至。八年，夏四月與魏掞之等同往。九年，未出。淳熙元年，春至。三年，未至。四年，未至。五年，仙洲度夏，秋七月末方至。唯淳熙二年往雲谷在七月初，與本篇合。見卷六七月六日發潭溪詩及文集卷三十三答吕伯恭四十。據以繫之。詩云「病隨庚伏盡」，知作在八月。

評論 一　朱子可聞詩集卷三：非身所歷而徒依人和詩，性情安在？先生每嘆年來和韻追逐，殊覺牽强。篇中不悲劇暑，但喜清秋，是借韻寫自家情事，脱盡宋人詩社窠臼也。

二　朱子可聞詩集卷三：此又追叙暑中在雲谷，絶不知其爲暑，亦是翻題立説。後半即洗發「惟堪樂此身」五字。山居本非先生所願，自疑自解，語曠情深。

次秀野雜詩韻淳熙初

葺居二首

丈人高卧碧江頭，門掩西風萬木秋。重喜青山還繞屋，却嫌黄葉漸平溝。開軒且放浮嵐入，決水徐通廢圃流。便覺園林頓蕭爽，不妨隨境味玄幽。

向來鞅掌元非病①，此日徜徉詎有妨？自喜登臺閑瘦竹②，人驚步屧響空廊。高齋雨過新山色，曲沼風來舊水光。千里壯心殊未已，不應疏懶興能長。

刻漏③

無疑莫詣君平肆④，任運休尋季主家⑤。謾設銅壺候尺咫，閑參玉表驗分差⑥。不妨啓處知時節⑦，那更榮枯紀歲華⑧？却羨昇平好官府，日高三丈放朝衙。

栗熟

樹雜椅桐繼國風⑨，莫教林下長蒿蓬。種樹法：栗下不得有草木。共期秋實充腸飽，不羨春華轉眼空。病起數升傳藥録，本草云：人有脚弱，往栗樹下啖及數升，遂能起行。晨興三咽學仙翁。蘇黄門詩云⑩：「老去自添腰脚病，山翁服栗舊傳方。客來爲説晨興晚，三咽徐收白玉漿。」櫻桃浪得銀絲薦⑪，一笑纔堪發麵紅。「銀絲」見杜詩。本草云：櫻桃服之令人美顏色。

山藥

怪來朽壤耀瓊英，小斸頃筐可代耕⑫。拳豹於人儘無分⑬，蹲鴟從此不鬚生。雪鑱但使身長健⑭，石鼎何妨手自烹。欲賦玉延無好語⑮，羞論蜂蜜與羊羹。陳簡齋玉延賦有「蜂蜜羊羹」之句〔一〕⑯。

食梨

珍實渾疑露結成，香葩況是雪儲精。乍驚磊落堆盤出⑰，旋剖輕盈照骨明。盧橘謾勞誇夏熟⑱，柘漿未許析朝酲⑲。啖餘更檢桐君録⑳，快果知非浪得名。本草謂梨爲快果。

導引㉑

聞説牛刀久不更，閑中應接羨門生㉒。向來已悟藏千界，吕公詩云：「一粒粟中藏世界」。今日何勞倒五行㉓？道書云：「五行顛倒術，龍從火裏出。」按蹻有時聊戲劇㉔，居心無物轉虛明。舉觴試問同亭侣〔二〕，九轉工夫早晚成㉕。

假山焚香作煙雲掬水爲瀑布二首

平地俄驚紫翠堆，便應題作小飛來。爐熏細度巖姿出㉖，綫溜遥分壁色開㉗。獨往但憑南郭几㉘，遠游休剪北山萊。人言造化無私力，珍重仙翁挽得回。

一簣工夫莫坐談，便教庭際涌千巖。眼中水石今成趣，物外烟霞舊所耽。泉細寒聲生夜壑，香銷暝靄變晴嵐。兒童也識幽棲地，共指南山更近南。

家釀二首

銍艾無中熟㉙，歡謡闕婁豐。但知愁鬢白，那復醉顔紅？田舍寒如此，侯家事不同。新醅撥浮蟻㉚，春滿夜堂中。

聞道兵厨盛㉛，春泉響臈篘㉜。定知盈榼送㉝，不待扣門求。沆瀣應難比㉞，茅柴秖自羞㉟。病身從法縛，好客爲公留。熹近戒酒，故有「法縛」之句。既作此詩，而白衣已至㊱，賓朋已集，可謂詩讖矣㊲。一笑。

酒市二首

聞説崇安市，家家麴米春。樓頭邀上客，花底覓南鄰㊳。詎有當壚子㊴？應無折券人㊵。勸君渾莫問，一酌便還醇〔三〕。

麗藻摛雲錦㊶，新章寫陟釐㊷。詩傳國風體，興發酒家旗。見説難中聖㊸，遥知但啜醨㊹。盤餐雜鮭菜㊺，那有蟹螯持㊻？

黄雀鮓㊼

黄雀飛鳴處，交交異竊脂㊽。桑扈竊脂，蓋以不食穀得名。稻粱求易足，羅網去何遲！味厚資偏嗜，謀疏闕自爲。韓彭尚菹醢㊾，麽麽爾誠宜㊿。

檳榔

憶昔南游日，初嘗面發紅。藥囊知有用，茗盌詎能同[51]？蠲疾收殊效[52]，修真録異功[53]。三彭如不避[54]，糜爛七非中[55]。本草云：檳榔殺三虫。柳子罵尸蟲云[56]：「擊汝酆都，糜爛縱横。」「七非」見真誥。酆都者，六天之一也。

又五絶卒章戲簡及之主簿〔四〕[57]

暮年藥裹關身切[58]，此外翛然百不貪。薏苡載來緣下氣[59]，檳榔收得爲祛痰。

錦文縷切勸加餐，蜃炭扶留共一柈[60]。食罷有時求不得，英雄邂逅亦飢寒。

向來試吏著南冠，馬甲蠔山得飫餐[61]。却借芳辛來解穢，雞心磊落看堆柈[62]。

個中有味要君參，螯吻春喉久不甘[63]。珍重人心亦如此，莫將寒苦換春酣。

高士沉迷簿領書，有時紅糝綴玄須[64]。定知不著金柈貯，兒女心情本自無。劉穆之初仕爲主簿〔五〕[65]。

解題 此朱熹中年所作雜詩一組。其中刻漏由詠物傍及對不理民政、形同虛設的官衙的譏諷與不滿；栗熟體現出作者歷來强調的求實思想；導引對自己也曾一度迷戀的修煉之術已頗寓微諫；家釀二首之一意在奉承，却從側面揭露出當時不同階級的貧富懸殊與尖鋭對立；酒市二首之一記載了崇安盛行釀酒的民俗；黄雀鮓借題發揮，表現出對險惡世道的警醒。

校記

〔一〕簡：原作「闌」，據宋浙本改。玉：原作「王」，據宋閩、浙本改。

〔二〕觴：考異云一作「頭」。

〔三〕便：右引云一作「逕」。

〔四〕簿：原作「薄」，據宋閩、浙本改。

〔五〕仕：原作「士」，據右引改。

注釋

①鞅掌：謂職事紛擾煩忙。詩經小雅北山：「或棲遲偃仰，或王事鞅掌。」毛傳：「鞅掌，失容也。」

②瘦竹：細竹，指手杖。

③刻漏：古計時器。以銅爲壺，底穿孔，壺中立一有刻度的箭形浮標，壺中水滴漏漸少，浮標度數漸次顯露，可知時刻。漢荀悦漢紀哀帝紀上：「刻漏以一百二十爲度。」

④君平：漢高士嚴遵之字。遵隱居不仕，善卜卦，嘗賣卜於成都之市。見漢書王貢兩龔鮑傳序。

⑤任運：聽任命運安排。宋書王景文傳：「有心於避禍，不如無心於任運。」季主：即漢卜筮者司馬季主。史記日者列傳：「司馬季主者，楚人也，卜於長安東市。」

⑥玉表：古代測量日影長度以計時的標竿。史記司馬穰苴傳：「穰苴先馳至軍，立表下漏待賈。」司馬貞索隱：「立表，謂立木爲表以視日景。下漏，謂下漏水以知刻數也。」

⑦啓處：安居，謂日常生活。詩經小雅四牡：「王事靡盬，不遑啓處。」毛傳：「啓，跪；處，居也。」

⑧榮枯：喻仕途的窮通榮辱。

⑨椅桐：椅樹和桐樹。詩經鄘風定之方中：「樹之榛栗，椅桐梓漆。」朱熹集傳：「椅，梓實桐皮；桐，梧桐也。」

⑩蘇黄門：蘇轍。轍嘗任門下侍郎，故稱「黄門」。此所引爲服栗詩句。

⑪銀絲：謂捻銀成絲以爲器具或飾品。杜甫往在：「赤墀櫻桃枝，隱映銀絲籠。」

⑫頃筐：斜口的竹筐。詩經周南卷耳：「采采卷耳，不盈頃筐。」毛傳：「頃筐，畚屬，易盈之器也。」

⑬豢豹：漢枚乘七發：「山梁之餐，豢豹之胎。」後即以指豹胎，古人以爲珍貴的食品。

⑭雪鑱：鋒利明亮的掘土工具。

⑮玉延：山藥的别名。政和證類本草卷六：「薯蕷生於山者名山藥，秦楚之間名玉延。」

⑯陳簡齋：陳與義，宋著名詩人。

⑰磊落：衆多委積貌。後漢書蔡邕傳：「連横者六印磊落，合縱者駢組流離。」

⑱盧橘：金橘的别稱。司馬相如上林賦：「盧橘夏熟，黄甘橙榛。」

⑲柘漿：甘蔗汁。柘，通「蔗」。漢書禮樂志：「百末旨酒布蘭生，泰尊柘漿析朝酲。」顔師古注引應劭曰：「柘漿，取甘柘汁以爲飲也。」析，解也。朝酲：指前夜醉酒早晨酒醒後仍困憊如病。

⑳桐君：傳説中黄帝時醫師名。他曾採藥於浙江桐廬縣東山，結廬桐樹下。人問其姓名，則指桐樹示意，因被稱。南朝梁陶弘景本草序：「又云有桐君采藥録説其花葉形色。」

㉑導引：導氣引體，古醫家、道家的修煉養生術。素問異法方宜論：「其民食雜而不勞，故其病多痿厥寒熱，其治宜導引按蹻。」

㉒羨門生：傳説中的仙人。史記秦始皇本紀：「始皇之碣石，使燕人盧生求羨門、高誓。」裴駰集解引韋昭曰：「古仙人。」

㉓五行：古人稱構成萬物的五種元素，即木、火、土、金、水。此五種元素相生相克，皆有一定的順序。

㉔按蹻：按摩導引。素問金匱真言論：「故冬不按蹻。」王冰注：「按，謂按摩；蹻，謂如蹻捷者之舉動手足，是所謂導引也。」

㉕九轉工夫：九次提煉之功，指煉丹術。道教謂丹的煉製有一至九轉之别，以九轉爲貴。晋葛洪抱朴子金丹：「九轉之丹服之，三日得仙。」此美言劉韞將功德圓滿而成仙。

㉖爐熏：香爐中的煙。宋梅堯臣和人雪意：「趨閤展熊席，卷幔飄爐熏。」

㉗綫溜：細長的山泉流水。蘇軾廬山二勝棲賢三峡橋：「吾聞太山石，積日穿綫溜。」

㉘南郭几：莊子齊物論：「南郭子綦隱几而坐，仰天而嘘，嗒焉似喪其耦。」後以其人爲物我兩忘、清高淡泊的典型。

㉙銍艾：收割。詩經周頌臣工：「命我衆人，庤乃錢鎛，奄觀銍艾。」毛傳：「銍，獲也。」艾，通「乂」。

㉚醅：未濾去糟的酒，也泛指酒。北魏賈思勰齊民要術法酒：「合醅飲者，不復泥封。」浮蟻：酒面上的浮沫。張衡南都賦：「醪敷徑寸，浮蟻若萍。」

㉛兵厨：三國魏阮籍好飲，聞步兵校尉厨貯美酒數百斛，營人善釀，乃求爲校尉。後以「兵厨」指存儲好酒的地方。蘇轍戲作家釀之一：「嗣宗尚出仕，兵厨可常到。」

㉜臈：同「臘」，臘月。篘：濾酒用的竹具。唐皮日休奉和魯望新夏東郊閑泛：「碧莎裳下携詩草，黄篾樓中掛酒篘。」

㉝盈榼：滿榼。榼：古代盛酒的器具。左傳成公十六年：「使行人執榼承飲。」

㉞沆瀣：夜間的水氣，露水，傳説仙人所飲。楚辭遠游：「餐六氣而飲沆瀣兮，漱正陽而含朝霞。」王逸注：「冬飲沆瀣。沆瀣者，北方夜半氣也。」

㉟茅柴：即茅柴酒，村釀薄酒。蘇軾岐亭之四：「幾思獻茅柴，禁網日夜急。」

㊱白衣：特指送酒的吏人。高適重陽：「豈有白衣來剥啄，亦從烏帽自欹斜。」

㊲詩讖：謂作詩無意中説中了後來發生的事。南史賊臣傳侯景：「初，簡文寒夕詩云：『雪花無有蔕』……後人以爲詩讖。謂無蔕者，是無帝。」

㊳南鄰：南邊的近鄰，也泛指鄰居。張衡思玄賦：「指長沙之邪徑兮，存重華乎南鄰。」

㊴當壚子：賣酒女郎。壚：放酒罎的土墩。史記司馬相如列傳：「相如與俱之臨邛，盡賣其車騎，買一酒舍酤酒，而令文君當鑪。」

㊵折券：謂毀棄債券，不再索取。漢書高帝紀上：「常從王媼、武負貰酒……歲竟，此兩家常折券棄責。」顏師古注：「以簡牘爲契券，既不征索，故折毀之，棄其所負。」

㊶雲錦：朝霞，彩雲。文選木華海賦「若乃雲錦散文於沙汭之際」，張銑注：「雲錦，朝霞也。」

㊷陟釐：一種蕨類植物，可入藥，也可造紙。又借指陟釐紙。陸游雜題之六：「安得陟釐三萬個，爲君盡寫暮年詩。」

㊸中聖：酒醉的隱語，出三國志魏志徐邈傳。李白贈孟浩然：「醉月頻中聖，迷花不事君。」

㊹啜醨：飲薄酒。

㊺鮭菜：古時魚類菜肴的總稱。杜甫王竟携酒：「自愧無鮭菜，空煩卸馬鞍。」

㊻蟹螯：螃蟹的雙鉗。晉書畢卓傳：「右手持酒杯，左手持蟹螯，拍浮酒船中，便足了一生矣。」

㊼黃雀鮓：腌製的黃雀。鮓，腌製食品。神異經南荒經：「南方有獸，似鹿而豕首……其肉惟可作鮓。」

㊽交交：鳥鳴聲。詩經秦風黃鳥：「交交黃鳥，止于棘。」馬瑞辰通釋：「交交，通作咬咬，謂鳥聲也。」竊脂：鳥名，即桑扈。爾雅釋鳥：「桑扈，竊脂。」郭璞注：「俗謂之青雀，觜曲食肉，好盗脂膏，因名云。」

㊾韓彭：漢代名將淮陰侯韓信、建成侯彭越。二人助高祖劉邦定天下，天下定而被殺。菹醢：古代把人剁成肉醬的酷刑，後也泛指處死。漢李陵答蘇武書：「昔蕭樊囚縶，韓彭菹醢。」

㊿麼麽：微不足道的人或物。鶡冠子道端：「無道之君，任用麽麽。」

㉛茗盌：茶碗，代指茶。

㉜蠲疾：治愈疾病。蠲，治愈。方言第三：「南楚病愈者……或謂之蠲。」

㉝修真：道教謂學道修行。唐玄宗送道士薛季昌還山：「洞府修真客，衡陽念舊居。」

㉞三彭：即三尸神，道家稱在人體内作祟的三個神。唐張讀宣室志卷一：「夫彭者，三尸之姓，常居人身中，伺察功罪。每至庚申日，籍於上帝。故凡學仙者，當先絕其三尸。」

㉟七非：道教稱六天宮之第五宮。真誥協昌期二：「世人有知酆都六天宮門名，則百鬼不敢爲害。……第五宮名宗靈七非天宮。」

㊱柳子：柳宗元。

㊲及之：未詳，當爲劉韞曾孫輩，名「學某」者。

㊳藥裹：藥包，藥囊。王維酬黎居士淅川作：「松龕藏藥裹，石唇安茶臼。」

㊴薏苡：即苡仁。

㊵蜃炭：用蜃殼燒成的灰，此實指蜃。蜃，大蛤，一種海味。左傳昭公二十年：「海之鹽蜃，祈望守之。」杜預注：「蜃，大蛤也。」柈：同「盤」。

㊶馬甲：干貝，江珧肉柱。宋周必大周愚卿江西美劉棠仲同賦江珧詩牽强奉答：「珠剖蚌胎那畏鷸，柱呈馬甲更名珧。」蠔山：簇聚而生的牡蠣。李時珍本草綱目「牡蠣」條集解引蘇頌曰：「初生止如拳石，四面漸長，至一二丈者，嶄巖如山，俗呼蠔山。」飫餐：飽餐。

㊷雞心：棗子的一種。南朝梁簡文帝賦棗：「風摇羊角樹，日映雞心枝。」

⑥③春喉：衝喉。史記魯周公世家：「富父終甥春其喉，以戈殺之。」裴駰集解引服虔曰：「春猶衝。」

⑥④紅糝：紅色散粒狀之物。韓愈送無本師歸范陽：「始見洛陽春，桃枝綴紅糝。」

⑥⑤劉穆之：字道和，南朝宋東莞莒人。琅邪內史江凱以之爲主簿。

編年

篇末五絕之一云「暮年藥裹關身切」，朱熹淳熙六年年方五十，此之前後或可强稱暮年，故繫於淳熙初。

評論

黃雀鮓　黃氏日抄卷三十四：黃雀鮓詩，坐以食稻果之罪，蓋戲爲口腹解嘲耳，豈亦有所指而言之耶？　朱子可聞詩集卷三：前半賦雀，後半賦鮓。句句勸誨，句句判斷，爲貪禄不知退者下一針砭。凡詠物詩，要有激射，方稱作手。

酒市　朱子可聞詩集卷三：此戲筆也。篇中句句説酒，句句説酒市。先生本崇安人，開口「傳聞」二字，便脱身題外。後半言君游其間，但一酌還醇，他如當壚折券，或有或無，渾然應置之莫問也。仍寓規諷意。

茸居　朱子可聞詩集卷四：「重喜」、「却嫌」，駕過幾許遠宦復歸話頭。五、六即分承三、四，喜青山，但開軒放入；嫌黃葉，但決水通流，所謂茸居止此。結云隨境便安，寫出高人身份。不然，如陳同父葺治園亭詩「樓臺側畔楊花過，簾幕中間燕子飛」，先生便譏其富貴之念未斷，不可與味道者也。　歷代詩發卷二十七范大士評：二首風神流逸，全無道學板摺痕。

刻漏　朱子可聞詩集卷四：首二句立意翻題，腹二聯就題判斷，即魏仲先玟杯詩「吉凶終在我，翻覆謾勞君」意也。一結收到劉使君身上，「日高三丈」，緊緊扣題。不拘常程，於虛字上極力安排頓挫，陳後山有此出格破體法。

山藥　朱子可聞詩集卷四：　妙將豢豹蹲鴟、蜂蜜羊羹鬥湊生色，而先突冒一筆，駕勢翻入，言怪來有如此美物耀於土壤，則異種皆可不用，而珍羞亦無足比擬也。第二句接出「代耕」二字，五、六遂承言雖躬親亦所不惜。總是極力抬高法。

食梨　朱子可聞詩集卷四：　首句擒題，次句原題，三、四梨之形，五、六梨之味。「乍驚」、「旋剖」、「謾勞」、「未許」，語有次第尤妙。五、六仍用旁襯，結二句方還食梨正面。工麗老成，雜之西昆詠梨諸作中，幾不復辨。　可庵云：　「露結成」三字，極巧極真。「磊落」雙聲，「輕盈」疊韻。

栗熟　朱子可聞詩集卷四：　三、四不獨議論高，且貼切「熟」字。七、八旁襯，風致如許，然不得一、二、五、六，題猶虛喝也。如此體物詩，春華秋實兼有之矣。

國家社科基金西部項目

（宋）朱熹 著
郭齊 尹波 編注

朱熹文集編年評注

第二册

福建省政協文化文史和學習委員會 編

海峽出版發行集團
THE STRAITS PUBLISHING & DISTRIBUTING GROUP
福建人民出版社

朱熹文集編年評注卷四

詩

答王無功在京思故園見鄉人問

王詩云：「旅泊多年歲，老去不知迴〔一〕。忽逢門外客，道發故鄉來。斂眉俱握手，破涕共銜杯。殷懃訪朋舊，屈曲問童孩。衰宗多弟侄，若個賞池臺？舊園今在否？新樹也應栽。柳行疏密布，茅齋寬窄裁。經移何處竹？别種幾株梅？渠當無絶水，石計總生苔。院果誰先熟？林花那後開？羈心祇欲問，爲報不須猜。行當驅下澤，去剪故田萊。」淳熙中

我從銅川來①，見子上京客②。問我故鄉事，慰子羈旅色③。子問我所知，我對子應識。朋游總强健，童稚各長成。華宗盛文史④，連墻富池亭。獨子園最古，舊林間新坰⑤。柳行隨堤布〔二〕，茅齋看地形。竹從去年移，梅是今年榮。渠水經夏響，石苔終歲青。院果早晚熟，林花先後明。語罷相嘆息，浩然起深情。歸哉且五斗，餉子東皋耕。

解題 此篇爲擬作。王無功，即王績（五八五—六四四），字無功，絳州龍門人，文中子王通弟。績爲隋末唐初詩人，不樂居官，隱居著書，自號東皋子。又嗜飲，飲輒五斗，因號五斗先生。其詩集已佚，後人輯有東皋子集三卷。此篇據王詩句句爲答，所寓爲思鄉欲歸之情，作者其時或在羈旅。

校記 〔一〕老：原作「忘」，宋閩本作「志」，據東皋子集改。
〔二〕布：原缺，據朱玉朱子文集大全類編補。

注釋 ①銅川：指王績原籍。王通中説王道篇云：「吾家頃銅川六世矣。」阮逸注：「上黨有銅堤縣。」通之父即號銅川。
②上京：古代對國都的通稱。文選班固幽通賦「有羽儀於上京」，李善注：「有羽翼於京師也。」
③羈旅：客居異鄉。左傳莊公二十二年「羈旅之臣」，杜預注：「羈，寄；旅，客也。」
④華宗：華貴之宗族，蓋美稱。曹植上疏陳審舉之義：「華宗貴族藩王之中，必有應斯舉者。」
⑤坰：遠郊，野外。詩經魯頌駉「在坰之野」，毛傳：「野外曰林，林外曰坰。」

編年 未詳。據文集編序，姑置於淳熙中。

評論 朱子可聞詩集卷一：王詩逐句問，此詩逐句答。「獨子」二句，於排調中作一樞紐，下半篇皆承「新坰」二字生出。一結復化實爲虚，機法既佳，而一片尚友心事，尤足傳千古。王績字無功，自號東皐，又著五斗先生傳。唐武德、貞觀間人，詩集五卷。此篇乃先生戲筆追答其問，詩歸不審，疑出同時，遂將此詩與王作并編於初唐首卷，著其下曰「朱仲晦」，批云：「此人不凡，較無功問詩更有情有力。」可發千古一笑端矣。雖然，鍾譚論人世固疏，而論詩未嘗非是，蓋先生筆仗之高，實冠乎陳、杜、沈、宋諸公上也。新安文獻志云：「詩中所稱銅川、五斗、東皐，皆王故實。」

送吴茂實淳熙中

朝市令人昏①，山林使人傲。誰知昏傲兩俱非，但説山林是高蹈②。

解題 吴茂實，名英，福建邵武人，朱熹弟子。紹興三十年進士，歷仕泉州教授。此篇以「不昏不傲」處世中庸之道勉之，直説義理，實不足爲詩。

注釋 ①朝市：朝廷和市集。左傳襄公十九年：「婦人無刑，雖有刑，不在朝市。」也泛指塵世。②高蹈：指隱居。三國魏鍾會檄蜀文：「誠能深鑒成敗，邈然高蹈……則福同古人。」

編年 據朱熹書信等現存材料，吴英淳熙中始見與朱熹交往之迹，據以繫之。

短句奉迎荆南幕府二首淳熙中

雄藩荆楚地①，自古國西門。客有籌邊略，人知幕府尊。時平烽燧冷〔一〕②，事省笑談温。宛洛何年向③？奇功要一論。

軍府資長算，家山輟勝游。故人千里别，歸騎兩年秋。吊古寧忘恨④？開尊且破愁。相思欲回首，但上曲江樓⑤。張敬夫作此樓，熹爲之記。

解題 此篇乃朱熹爲歡迎閩中一故人自湖南卸任還鄉而作。荆南，即荆湖南路，轄潭、邵、永、衡等九州，治長沙，在南宋具有重要戰略地位。幕府，指幕僚或幕賓，在外軍政大員府署的屬吏或聘用的議事人員。

校記

〔一〕烽燧冷：宋浙本作「歌舞盛」，考異所引別本同。

注釋

①雄藩：地位重要，實力雄厚的藩鎮。舊唐書嚴綬傳：「前後統臨三鎮，皆號雄藩。」荆楚：荆爲楚之舊號，略相當於古荆州地區，在今湖南湖北一帶。詩經商頌殷武：「撻彼殷武，奮伐荆楚。」

②烽燧：古代邊防報警的信號。白天放煙叫烽，夜間舉火叫燧。墨子號令：「與城上烽燧相望。」

③宛洛：二古邑爲并稱，即今之南陽、洛陽。劉備三顧茅廬，諸葛亮隆中對有「天下有變，則命一上將將荆州之軍以向宛洛」之語。此借指收復中原。

④吊古：憑吊往古之事。唐李端送友人：「聞説湘川路，年年吊古多。」

⑤曲江樓：淳熙六年張栻建於江陵府治，以唐名相張九齡號爲名。

編年

朱熹爲張栻記曲江樓在淳熙六年十一月，次年二月栻卒。細味篇末四句，當作在張栻新逝之時。

評論

朱子可聞詩集卷三：起筆將荆藩説得十分鄭重，下面轉出幕府才優，能以笑談佐理，而邊警不聞，建功宛洛，倍有氣色。

趙君澤携琴載酒見訪分韻得琴字淳熙中

山城夜寥闃，虚堂杳沉沉。王孫有高趣①，挈榼來相尋。喜兹煩抱舒，未覺杯酒深。一爲塵外想，再撫丘中琴②。餘音殷雷動，爽籟悲龍吟③。寄謝筝笛耳④，寧知山水音？

解題 此篇乃作者客宿城中時寫其清興雅趣。趙君澤，未詳。

注釋 ①王孫：君澤姓趙，與宋皇室同姓，故稱。

②丘中琴：指隱居者之琴。白居易官俸初罷親故見憂以詩諭之：「但對丘中琴，時開池上酌。」

③爽籟：指流暢豪壯的琴聲。龍吟：形容琴聲深沉宏亮。

④筝笛耳：指只懂得欣賞音律節奏等外在形式的人。蘇軾聽賢師琴：「歸家且覓千斛水，净洗從前筝笛耳。」

編年 未詳。據文集編序，姑置於淳熙中。

寄題瀏陽李氏遺經閣二首 乾道中

老翁無物與孫兒，樓上牙籤滿架垂①。更得南湖親囑付，歸來端的有餘師②。南湖，張敬夫書院。

讀書不見行間墨，始識當年教外心。個是儂家真寶藏③，不應猶羨滿籯金④。

解題 瀏陽李氏，指李作乂、李日南、李之傳祖孫三代。李氏世代讀書，不樂仕進，李日南曾問學於張栻。遺經閣爲李氏藏書處，始建於隆興二年，乾道中重修。第二首宣揚「得意忘言」的經學主張。

注釋 ①牙籤：繫在書卷上作爲標識，以便翻檢的牙骨等製成的籤牌。韓愈送諸葛覺往隨州讀書：「鄴侯家多書，插架三萬軸。一一懸牙籤，新若手未觸。」

②餘師：很多可受教和效法之處。孟子告子下：「夫道若大路然，豈難知哉？人病不求耳。子歸

而求之，有餘師。」趙岐注：「有餘師，師不少也，不必留館學也。」

③個：指示代詞，這，那。白居易自詠：「咄哉個丈夫，心性任墮頑。」

④籯：箱籠之類盛物器。漢書韋賢傳：「遺子黃金滿籯，不如一經。」顏師古注引如淳曰：「籯，竹器，受三四斗。」

編年 李氏遺經閣之興廢始末，楊萬里李氏重修遺經閣記有詳載。據記文，閣初成於隆興二年，至淳熙二年已兩遭火焚。淳熙十三年欲改築未果，至紹熙五年方重修而成。記云：「既扁之以三大字，復與侍講南軒先生張公數十人賦詩以華其紀者，今待制侍講晦庵先生朱公也。」據此，可知朱熹更名題詩在乾道中此閣一經火焚并重修之後。張栻賦遺經閣詩載南軒集卷二。朱熹乾道三年有長沙訪張栻之行，該篇或作於是年或稍後。

題鄭德輝悠然堂 乾道淳熙間

高人結屋亂雲邊，直面群峰勢接連。車馬不來真避俗，簞瓢可樂便忘年。移筇緑幄成三徑，回首黃塵自一川。認得淵明千古意，南山經雨更蒼然①。

解題 此篇頌揚與世無争的隱遁生活。鄭德輝，未詳。

注釋 ①「南山」句：陶潛飲酒之五：「採菊東籬下，悠然見南山。」此用其意。鄭德輝名堂以此。

編年 未詳。據原集編序，疑作於乾道淳熙間。

評論 朱子可聞詩集卷三：堂名取義淵明「悠然見南山」句，本旨直留至末始明。而南山意，先於第二句拱躍，此首尾分破之法。中二聯正賦斯堂，而筆妙有向背。三是客面，四便是正面；五是正面，六又便是客面。

長溪林一鶚秀才有落髮之願示及諸賢詩卷因題其後二首 紹興末以後

聞說當機百念休①，區區何更苦營求？早知名教無窮樂②，陋巷簞瓢也自由。

貧里煩君特地過，金襴誰與換魚簑③？它年雲水經行遍〔一〕，佛法元來本不多。

解題　此篇對士人落髮出家的做法持明確的批評態度。長溪，福州屬縣。林一鶚，未詳。

校記　〔一〕遍：淳熙本作「處」。

注釋　①當機：猶言本心。機：靈機，心機。列子仲尼：「大夫不聞齊魯之多機乎？」

②名教：指以正名定分爲主的封建禮教。晋袁宏後漢紀獻帝紀：「夫君臣父子，名教之本也。」

③金襴：又作「金襕」，佛教徒穿着的金色袈裟。古尊宿語録卷二：「世尊傳金襕外，別傳何法？」魚簑：指隱者之服。

編年　未詳。觀詩意，僅知作在紹興末作者棄佛以後。

送德和弟歸婺源二首 淳熙三年秋

十舍辛勤觸熱來①，琴書曾未拂塵埃。秋風何事催歸興？步出閩山黄葉堆。

十年寂寞抱遺經，聖路悠悠不計程。誤子南來却空去，但將迂闊話平生。

解題 首詩寫德和，次詩自述獻身「聖賢事業」之志。德和弟，姓名未詳，當爲朱熹祖籍婺源親戚。

注釋 ①十舍：三百里，此概言。古代行軍以三十里爲一舍。左傳僖公二十八年「退三舍辟之」，杜預注：「一舍三十里。」

編年 新安文獻志卷九載有朱熹答汪次山書一篇，言及托德和弟捎口信事。又作者與程允夫書中也言及托德和轉寄書信事，該書作於淳熙四年。以上二書論學，思想辭氣與本篇一致，皆爲作者思想成熟期作。互相參證，可以斷定德和者乃淳熙三年朱熹歸婺源時相認，是年夏隨朱熹返崇安從學，秋間北歸。此即第一首所言夏來秋歸也。

仲縝尊兄對策南宮相顧田舍輒賦小詩攀餞行李 淳熙三年正月

三徑荒凉獨掩門，故人車馬過相存。長安此去無千里，濁酒何妨盡一尊。共説淵源非曩日，好披肝膽奉明恩。不辭妄竊仁人號①，執手臨岐敢贈言。

解題 此與下篇爲先後之作。趙仲縝，名未詳，建安人，是時入臨安赴禮部試進士。南宮，指禮部，進士考試多在此舉行。

注釋 ①仁人：仁義之人，有德行之人。尚書泰誓中：「雖有周親，不如仁人。」

編年 南澗甲乙稿卷十二載韓元吉淳熙三年秋七月自臨安與朱熹書云：「因趙仲縝行，得以附此。自餘仲縝當能言之。」此即趙仲縝入臨安赴禮部試時作，則本篇作在該年可知。朱熹賡即於三月北上婺源，故有下篇過分水嶺之作。

分水鋪壁間讀趙仲縝留題二十字戲續其後淳熙三年三月

水流無彼此，地勢有西東。若識分時異，方知合處同。觀者請下一轉語①。

解題 此承上篇之後，爲朱熹北歸婺源掃墓出閩途中所作。分水鋪，在分水嶺。八閩通志卷六載：「分水嶺，界於江閩之間，乃八閩第一山也。二水發源其下，一入江西界，一入福建界。」本篇發揮「理一分殊」思想：雖有萬殊，實爲一理；欲識一理，須知萬殊。全詩引喻巧妙，用意深遠，爲理學詩佳作。

注釋 ①轉語：原爲佛教語，禪宗謂能撥轉心機，使人恍然大悟的機鋒話語，佛書中屢見不鮮。後引申爲解釋的話語。

編年 見上篇所考。

次劉明遠宋子飛反招隱韻二首乾道初

先生留落歲時多①，氣涌如山不易磨。却學幽人陶靖節，正緣三徑起弦歌。

榮醜窮通秖偶然〔一〕②，未妨閑共聳吟肩③。君能觸處真齊物④，我亦平生不怨天。

解題 本篇表現了作者安於時命、不怨天尤人的思想。劉明遠，名如愚，崇安人。紹興十二年進士，歷官州縣。有才幹，善屬文，喜吟詠，常與朱熹唱和。宋子飛，名翔，號梅谷，崇安人。與如愚同年進士，累官國子監簿，爲張浚十客之一。時二人皆閑居在家。

校記〔一〕醜窮通：考異云一作「遇或窮」。

注釋①留落：指仕宦之人留滯於下，不能升遷。史記衛將軍驃騎列傳：「然而諸宿將常坐留落不遇。」

②榮醜：猶榮辱。醜，羞恥，慚愧。易觀卦：「象曰闚觀女貞，亦可醜也。」

③吟肩：詩人的肩膀。陸游秋興：「吟肩雅與寒驢稱，歸夢頻争社燕先。」

④齊物：春秋戰國時老莊學派的一種哲學思想，認爲宇宙間的一切事物，如生死壽夭，是非得失，物我有無，皆應同等看待。這一思想集中反映在莊子齊物論中。

編年 據張栻祭宋子飛參議文、湖南參議宋與道奉祠歸崇安里中賦此以別詩，宋翔約卒於乾道五六年間。而考朱熹生平，第二首隱隱流露的怨尤情緒，應爲隆興元年、乾道元年兩次至京未得志之後所特有，故本篇應作於乾道初。據作者五夫社倉記，其時劉如愚也正閑居在家。

送謝周輔入廣 乾道淳熙間

夫君壯節與奇謀，屈首微官世所羞。攬轡未妨聊矍鑠[1]，賦詩直爲寫離憂。蒼茫嶺海三年別，珍重親朋幾日留。滿意分携一杯酒，登山臨水不能休。

解題 謝周輔，未詳，當爲簿尉於兩廣者。

注釋①矍鑠：形容老人目光炯炯，精神健旺。後漢書馬援傳：「援據鞍顧眄，以示可用。帝笑曰：『矍鑠哉，是翁也！』」此指臨別回顧流連。

編年 未詳。據文集編序，疑當在乾道淳熙間。

評論 朱子可聞詩集卷四：以第二句作主，一氣到底，聲調悲壯，絶似老杜集中送鄭十八之作。

和亦樂園韻 紹熙三年春

莫笑君家五畝園，要須胸次亦平寬。坐間花柳陰初合，望外山河勢若蟠。把酒儘誇雙鬢緑，擊鮮争見兩輪丹①。鄰翁未到心先識，更喜詩筒得細觀。

解題 亦樂園，馬惟良園名。惟良字少張，建州人，事迹不詳。此篇係與周必大、楊萬里等人同和。

注釋 ①擊鮮：指狩獵。蘇軾會獵：「擊鮮走馬殊未厭，但恐落日催棲鴉。」

編年 周必大文忠集卷八、楊萬里誠齋集卷二十九皆有和馬惟良少張亦樂園詩，皆與此詩同韻，知爲一時先後之作。必大詩題下注「壬子」，是爲紹熙三年。詩云「坐間花柳陰初合」，楊詩云「刺桐花發梅花落，安得乘風去一觀」，是爲春天之景。

次韻謝劉仲行惠笋二首 淳熙中

誰寄寒林新斸笋？開奩喜見白差差①。知君調我酸寒甚②，不是封侯食肉姿。

君詩高處古無師，島瘦郊寒詎足差③？縛得獰龍并寄我④，句中仍喜見雄姿。

解題 劉仲行，未詳。其剜寄鮮笋，似亦居崇安山中之人。

注釋 ①奩：泛指盒匣一類的盛物器具。漢劉向説苑尊賢：「臣笑臣鄰之祠田也，以一奩飯、一壺酒、三鮒魚祝曰……」

②酸寒：猶寒酸。韓愈薦士：「酸寒溧陽尉，五十幾何耄。」

③島瘦郊寒：對唐詩人賈島、孟郊詩風的概括。二人之詩清峭瘦硬，好作苦語，故云。蘇軾祭柳子玉文：「元輕白俗，郊寒島瘦。」差：奇異。梁書劉顯傳：「劉郎可謂差人。」

④獰龍：惡龍，指竹鞭。鞭上之節有芽，長而成笋。

編年 未詳。據文集編序，疑在淳熙中。

次季通韻贈范康侯淳熙十年

朝霜逼凋梅，夕露忽團菊①。百年風雨過②，宜笑不宜哭。口川失自防③，心兵幾回觸④。年來身老大，甘此跨下辱⑤。永謝五鼎烹⑥，聊寄一瓢足⑦。雖慚龍蟠泥⑧，肯羨鶯出谷⑨？適意超混茫⑩，放情遺結束⑪。俯仰天壤間，静勝惟我獨⑫。蒼蒼有心柏，落落無瑕玉。年紀尚無聞〔一〕⑬，頭顱豈須卜！

解題 此朱熹官場失意牢騷之作。淳熙九年，朱熹在浙東提舉任上連章彈劾貪官唐仲友，由於宰相王淮的庇護，彈劾失敗。朱熹自覺臉上無光，去任而歸，之後一直耿耿於懷。本篇即此前後所作，在向友人傾述滿腹憤懣的同時，立下了堅守節操、決不向流俗低頭的誓言。朱熹詩風歷來被認爲温潤和平，不失性情之正。像這樣鋒芒畢露、悲恨交集、言辭激烈的作品是很少見的。

校記 〔一〕尚：淳熙本作「向」，考異所引别本同。

注釋 ①「朝霜」二句：謂春梅朝謝，秋菊夕開，言時光如流，轉瞬即過。

②「百年」句：言人生短暫，有如一場風雨。

③「口川」句：國語周語上：「防民之口，甚於防川。川壅而潰，傷人必多，民亦如之。」此自指不能慎言而招來是非。

④「心兵」句：吕氏春秋蕩兵：「在心而未發，兵也。」後以「心兵」指心事或怒氣。韓愈秋懷之十：「詰屈避語阱，冥茫觸心兵。」此自言屢屢惹怒於人。

⑤跨下辱：漢書韓信傳載韓信胸有大志，能屈能伸，甘受小辱，從挑釁者胯下爬過。作者用此典以示自己已受奇耻大辱。

⑥五鼎烹：列五鼎而烹飪以食，喻高官厚禄及豪侈生活。史記平津侯主父列傳：「且丈夫生不五鼎食，死即五鼎烹耳。」原以「五鼎烹」指古代一種用鼎烹煮殺人的酷刑，此則實用同「五鼎食」。

⑦一瓢：指清貧的生活。語出論語雍也：「賢哉回也！一簞食，一瓢飲，在陋巷。人不堪其憂，回也不改其樂」。

⑧龍蟠泥：比喻才傑之士隱伏待時。諸葛亮即號「卧龍」。

⑨鶯出谷：比喻攀高枝，求升擢。語出詩經小雅伐木：「伐木丁丁，鳥鳴嚶嚶。出自幽谷，遷于喬木。」唐以來以爲黄鶯出谷，喻高升。

⑩混茫：混沌蒙昧，此指俗世之紛紛。莊子繕性：「古之人，在混茫之中。」

⑪結束：約束，拘束。古詩十九首東城高且長：「蕩滌放情志，何爲自結束。」

⑫静勝：以静取勝。尉繚子有「兵以静勝，國以專勝」之語。

⑬無聞：指五十歲。語出論語子罕：「四十五十而無聞焉，斯亦不足畏已。」朱熹是年五十四歲。

編年 朱熹一生政途較爲坎坷，淳熙十五年入對、紹熙元年知漳州、紹熙五年任侍講皆可謂失意而歸。但據「年紀尚無聞」句，五十歲前後失意而歸則唯淳熙九年，據以繫之。作者自浙東歸後答劉清之書中云：「悲惱之餘，心氣間作，加以瘡腫諸疾交攻，更無一日寧帖，恐不復能支久矣。」也可見其怨恨之深。

評論 朱子可聞詩集卷一：四句一解，每解異意，不必强爲聯合，而由淺入深，自成章法。古樂府有此格調。五解似箴似銘，皆自警語，而答蔡贈范意，自在其中。吴東巖云：「適意」、「放情」下接以「静勝」，非辭人所可知，惟陶靖節時運篇云「我愛其静」窺見此旨。

同張明府登淩風亭懷韓無咎 紹興三十二年春

日夕和風至，西山淡無姿。危亭極遠眺，勝處良在兹。憶昔韓令尹，青雲乃心期。鞿羈不得騁①，發此胸中奇。前瞻千仞岡，俯視萬頃陂。神襟一以曠，我志浩渺瀰。飛車越滄浪②，天風振裳衣。懷哉此焉薄③？問訊無邊辭。今公豈不佳？宫商似前徽④。相携岸晚幘，共此長相思。

解題 紹興三十二年春，朱熹專程往建安縣拜謁就養於其子的理學家李侗。時故人張棟知建安縣事，二人遂登亭作詩。明府，漢以後對縣令的稱呼。淩風亭在縣治西南隅，張棟前任知縣韓元吉建。無咎，元吉字。

注釋 ①鞿羈：馬繮繩和絡頭，比喻束縛。離騷：「余雖好修姱以鞿羈兮，謇朝誶而夕替。」朱熹集注：

「羈羈言自繩束，不放縱也。」

②滄浪：青蒼色，借指天空。唐寒山詩之五九：「天高不可問，鷦鴂在滄浪。」此喻韓元吉應召入京。

③薄：通「泊」，停泊。漢桓寬鹽鐵論刺復：「心憧憧若涉大川，遭風而未薄。」

④宫商：五音中的宫音與商音，泛指音樂。韓詩外傳卷五：「人有六情，目欲視好色，耳欲聽宫商。」徽：繫琴弦的繩，也指七弦琴面十三個指示音階的標誌。此句言現任與前任美政如出一轍。

次王宰立春日大雪韻 淳熙二年正月

編年 據卷二次張彦輔韻、次張彦輔賞梅韻，本卷送張彦輔赴闕，張棟任建安知縣在紹興三十年至隆興二年之間。王懋竑朱子年譜紹興三十二年條云：「春，迎謁李先生於建安，遂與俱歸延平。」本篇即此行所作，詩中時令正爲春季。

是身已分老菟裘，肯爲春回作許愁〔一〕？偶去尋芳朝信馬〔二〕，却來踏雪夜驅牛〔三〕。鋪筵不見小垂手①，聯句空慚高結喉②。更約桃花紅浪暖，却陪履舄上蘭舟③。

解題 此與下篇皆朱熹與劉韞、崇安縣令王齊輿游秀野所築極目亭時所作，表現了作者無意於當世、老於山林、自得其樂的情趣。

校記 〔一〕此句考異云一作「時來時去肯作愁」。

〔二〕去尋芳：右引云一作「向花城」。

〔三〕來踏雪：右引云一作「歸雲谷」。

注釋 ①小垂手：舞名。宋郭茂倩樂府詩集雜曲歌辭大垂手題解：「大垂手、小垂手，皆言舞而垂其手也。」

②高結：突出的喉結，指瘦弱之人。韓愈石鼎聯句序：「長頸而高結，喉中又作楚語。」

③履舄：單底鞋與復底鞋，借指足迹。唐姚合揚州春詞：「竹風輕履舄，花露膩衣裳。」

編年 朱熹等三人春日出游在淳熙二年，見卷三次亭字韻詩呈秀野劉丈兼簡王宰三首所考。

再次王宰韻淳熙二年正月

相隨到處一羊裘①，况有澄江散客愁。且看跳魚并集鳥，莫思去馬與來牛②。歡情往日空回首，酒味今年不下喉。只待兩公高宴罷，却携茶鼎上漁舟。

注釋 ①羊裘：羊皮衣。後漢書逸民傳嚴光載，光少有高名，與劉秀同游學。後秀即帝位，光變名隱身，披羊裘釣澤中。後以「羊裘」代指隱者及其隱逸生活。

②去馬與來牛：來來往往之牛馬。杜甫秋雨嘆：「去馬來牛不復辨，濁涇清渭何當分。」喻人間是非紛争。

編年 見上篇所考。

送張彦輔赴闕 隆興二年秋

執手何草草，送君千里道。君行入修門，披膽謁至尊。問君此去談何事？袖有諫書三萬字。明堂封禪不要論①，智名勇功非所敦。願言中興聖天子，修政攘夷從此始②。深仁大義天與通，農桑萬里長春風。朝綱清夷軍律舉，邊屯不驚卧哮虎。一朝决策向中原，著鞭寧許他人先！

解題 彦輔，張棟字。時張棟召赴行在，途中與朱熹匆匆一見，朱熹以自己的政治見解屬之。

注釋 ①明堂：古代帝王宣明政教的地方。凡朝會、祭祀、慶賞、選士、養老、教學等大典皆在此舉行。後宫室漸備，另在近郊東南建明堂爲祭祀之所，以存古制。朱熹有明堂説。封禪：古代帝王祭天地的大典。在泰山上築土爲壇，報天之功，稱封；在泰山下的梁父山上辟場祭地，報地之德，稱禪。史記有封禪書。

②修政攘夷：内修政事，外除夷狄。這是朱熹紹興末年以後的主要政治主張之一，見於紹興三十二年之封事，隆興元年之奏劄。

編年 據「願言」二句，知孝宗已登極。孝宗即位在紹興三十二年六月。今嘉靖建寧府志載張棟建州昇建寧府記一篇，建寧昇府在紹興三十二年冬十月，則知是冬張棟尚在建安。文定集卷十五與朱元晦八言及張棟赴京去留事，該書爲汪應辰由閩帥蜀前入對後作，在隆興二年秋。據此可知棟赴闕在是年。其時和議未成，故詩中尚持「修政攘夷」之論。

天湖四乙丈坐間賞梅作送劉充甫平甫如豫章乾道四年十二月

竹外横枝老屈盤，冰壺遥夜玉窗寒①。兩公明日江南路，雪後園林子細看。

解題 天湖，在崇安縣東五夫里仙亭山下，朱熹屢往游焉。四乙丈，即四十一丈、德慶丈。劉充甫，劉玧；劉平甫，劉玶。豫章，即隆興府。時平甫之兄劉珙知隆興府，故二人往投。

注釋 ①冰壺：盛冰的玉壺。鮑照白頭吟：「直如朱絲繩，清如玉壺冰。」此指白色花瓶。玉窗：窗的美稱。南朝梁簡文帝傷美人：「何時玉窗裏，夜夜更縫衣。」

編年 據朱熹劉樞密墓記，劉珙於乾道四年秋除知隆興府，五年四月改知荆南。玧、玶二人入豫章，應即乾道四年珙知隆興時。而據朱熹文集卷二十四答劉玶末書，珙遷荆南，劉玶也正與之偕行，知其一直在豫章官所。詩有「冰壺遥夜玉窗寒」、「雪後園林子細看」之句，知作在隆冬。

哭羅宗約二首乾道四年十一月

江閣論心地，重來感慨多。故人今已矣，此道竟如何？但使窮新得，終當訂舊訛。話言雖永隔，吾欲問滄波。

行義追前輩，孤風凛一生。子平婚嫁了①，元亮去留輕②。涪萬無歸棹③，嚴揚有舊盟④。空令同社客，生死痛交情。

解題 羅宗約（一一一六—一一六八），名博文，一字宗禮，南劍州沙縣人，與朱熹之師李侗過從甚密。

博文卒於蜀中幕府，於其喪之歸，朱熹往哭焉。此二詩即作在沙縣，表達了對死者的追思及對其學未臻至善的遺憾。

注釋

①子平：即向長，東漢朝歌人。後漢書逸民傳載，建武中，子平子女婚嫁已畢，遂不問家事，出游名山大川，不知所終。

②元亮：陶潛字。去留輕，指死已無足惜。歸去來兮辭：「寓形宇内復幾時，曷不委心任去留？」

③涪萬：涪州、萬州，宋屬四川夔州路。杜甫杜鵑：「涪萬無杜鵑，雲安有杜鵑。」此以「涪萬」代指四川，以羅博文卒於蜀中，故言無歸棹。

④嚴揚：當指漢嚴遵、揚雄。二人皆蜀人，遵卜筮於成都之市，雄少時嘗從其游。此句言羅博文永留蜀中，與嚴揚相伴。

編年 據朱熹所作羅博文行狀，博文卒於乾道四年四月，冬十一月葬沙縣祖塋。其喪之歸，朱熹嘗往哭吊，本篇即作在其時。

題米元暉畫 乾道七年三月十二日

楚山直叢叢，木落秋雲起。向曉一登臺，滄江日千里。

解題 米元暉（一〇七四—一一五三），名友仁，米芾子。善書畫，世號小米。此篇乃題其楚山秋霽圖卷。

編年 本篇真迹收入近人龐元濟所輯虛齋名畫録卷一，題爲題米敷文楚山秋霽圖卷，後有落款云：「乾道辛卯三月十二日晦翁題。」據以繫之。

觀劉氏山館壁間所畫四時景物各有深趣因爲六言一絶復以其句爲題作五言四詠 乾道淳熙間

絶壑雲浮冉冉，層巖日隱重重。釋子巖中宴坐①，行人雪裏迷蹤。

頭上山洩雲，脚下雲迷樹〔一〕。不知春淺深，但見雲來去。

夕陽在西峰，晚谷背南嶺。煩鬱未渠央，佇兹清夜景。

清秋氣蕭瑟，遥夜水崩奔。自了巖中趣，無人可共論。

悲風號萬竅，密雪變千林。匹馬關山路，誰知客子心？

解題 此與下二篇當一時先後之作。劉氏山館，在屏山，劉子翬所建。

校記 〔一〕下：考異云一作「底」。

注釋 ①釋子：僧人，和尚。宴坐：佛教用語，坐禪。維摩詰所説經弟子品：「夫宴坐者，不於三界現身意，是爲宴坐。」

編年 見下篇所考。

觀祝孝友畫卷爲賦六言一絶復以其句爲題作五言四詠 乾道淳熙間

春曉雲山煙樹，炎天雨壑風林。江閣月臨静夜，溪橋雪擁寒襟〔一〕。

天邊雲繞山，江上煙迷樹。不向曉來看，詎知重疊數？

炎蒸無處逃，亭午轉歊赩①。萬壑一奔傾，千林共蕭瑟。

草閣臨無地②，江空秋月寒〔二〕。亦知奇絶景，未必要人看。

茆屋無烟火，溪橋絶往還。山翁獨乘興，飄灑一襟寒。

解題 祝孝友，即祝次仲。

校記 〔一〕擁：考異云一作「滿」。

〔二〕秋：右引云一作「耿」。

注釋 ①歊赩：酷日暴烈。歊：熾熱。唐李嶠晚秋喜雨：「炎威振皇服，歊景暴神州。」赩：火紅色。楚辭大招：「北有寒山，逴龍赩只。」王逸注：「赩，赤色無草木貌也。」

②無地：看不見地面，極言其高。楚辭遠游：「下峥嶸而無地兮，上寥廓而無天。」

編年 據卷二、卷三題祝畫詩，朱熹始聞祝孝友之名在紹興末，始見其人在乾道間。彼稱「祝生」，而此稱其字，可見已十分熟識，故本篇之作不得早於乾道間。又紹熙中朱熹已遷居建陽，其時劉珙、劉玶等人已死多年，恐罕有再至劉氏山館之時。故其作又不得晚於淳熙間。

評論 朱子可聞詩集卷五：「春曉」：春圖煙雲之景。一、二即以雲山煙樹對起，而以三、四句單行寓意。「炎天雨壑風林」：夏圖風雨之景。三、四即以雨壑風林對收，而以一、二句單行寓意。「江閣月臨静夜」：秋圖月景。三、四著筆静夜，偏於人不可見處説景，更有遠致幽情。「溪橋雪滿寒襟」：冬圖雪景。通首絶不露一雪字，似歐、蘇白戰體。西京云：春秋二首，上正點，下反托。

夏冬二首，上反喝，下正寫。章法變换，二十字中各備向背往來之勢。

祝孝友作枕屏小景以霜餘茂樹名之因題此詩 乾道淳熙間

山寒夕飆急，木落洞庭波。幾叠雲屏好①，一生秋夢多。

解題 枕屏，置於床頭枕前的屏風。

注釋 ①雲屏：繪有雲彩圖案的屏風。晋張協七命：「雲屏爛汗，瓊壁青葱。」

編年 見上篇所考。

評論 朱子可聞詩集卷五：「山寒」、「木落」二句，已寫出雲屏幾疊秋矣。末從枕上生發，落出「夢」字，一生澹蕩襟期，悠然無盡。

傅安道楊儀之二漕勸農有詩次韻二首 乾道九年春

并峙雙臺峻①，分馳四牡閑②。共欣膏脉潤，未要粉泥干。詩律何妨細？歡情豈遂闌。新畬行可問③，載酒想同看。

世味今如許，吾生本自閑。心期雖好在，欲習未全乾。錯莫塵編暗④，棲遲壯節闌⑤。不因勛業晚，清鏡亦頻看⑥。

解題 傅安道，即傅自得。楊儀之，名由義，開封人，朱熹兒時嘗於臨安受業焉。自得、由義同月自京除福建路轉運副使、判官，故稱「二漕」。勸農，古代官吏在春夏農忙季節巡行田間，敦促致力農桑。此篇首詩不外恭維，次詩言自己已無意仕途。

注釋

①雙臺：指傅楊二人。臺，官署名，秦漢已稱之。宋轉運司也稱漕臺，傅楊爲臺官，故稱「雙臺」。

②四牡：四匹牡馬。詩經小雅四牡：「四牡騑騑，周道倭遲。」閑：馴順嫻熟。詩經大雅卷阿：「君子之馬，既閑且馳。」鄭箋：「閑，習也。」

③新畬：開墾已兩年和三年的熟田。詩經周頌臣工：「嗟嗟保介，維莫之春。亦又何求，如何新畬。」毛傳：「田二歲曰新，三歲曰畬。」

④錯莫：紛亂昏暗。杜甫遠懷舍弟穎觀等：「雲天猶錯莫，花蕚尚蕭疏。」仇兆鰲注：「錯莫，謂紛錯冥莫。」塵編：古舊之書。唐唐彦謙題宗人故帖：「所忠無處訪相如，風笈塵編迹尚餘。」

⑤棲遲：漂泊失意。唐李賀致酒行：「零落棲遲一杯酒，主人奉觴客長壽。」

⑥「不因」二句：言即使不是老大無成，其多病早衰，也已不堪建功立業。

編年

據宋會要輯稿選舉三十四之二十八，乾道九年閏正月三日，權樞密院檢詳諸房文字楊由義除福建路轉運判官。六日，傅自得自吏部郎中除福建路轉運副使。詩稱「二漕」，知是時二人已在漕司。又據朱熹傅自得行狀、陸游王佐墓誌銘，自得淳熙元年已改除知建寧府，而運判亦已由楊由義易爲王佐，故確知本篇作於乾道九年。詩有「共欣膏脉潤」、「新畬行可問」之句，當作在春季。

感懷〔一〕 乾道淳熙間

經濟夙所尚〔二〕①，隱淪非素期。幾年霜露感〔三〕，白髮忽已垂〔四〕。鑿井北山阯〔五〕，耕田南澗湄。乾坤極浩蕩，歲晚將何之？

解題 此篇述懷，有可疑者。全詩格調低落，耿耿於未能一展經世之才而陷於無奈之隱淪，充滿失落與茫然，與朱熹一貫思想情趣截然不合。

校記 〔一〕此題考異云一作「題佛迹壁」。

〔二〕夙：右引云一作「本」。

〔三〕霜：右引云一作「風」。

〔四〕忽：右引云一作「今」。

〔五〕阯：右引云一作「下」。

注釋 ①經濟：經世濟民。晋書殷浩傳：「足下沈識淹長，思綜通練，起而明之，足以經濟。」

編年 詩有「霜露感」之句，知其時朱熹母祝氏已去世數年。祝氏卒乾道五年，故該篇當作在乾道末淳熙初。

評論 朱子可聞詩集卷二：先生雅愛老杜同谷七歌，而獨惜其嘆老嗟卑，尚未聞道。今於佛迹壁間題此數語，表出經世本懷，正爲前後諸游山詩露一消息。結句豪宕，尤覺壯心未已。

墨莊五詠（乾道間）

墨莊

詩書啓山林，德義久儲積[1]。嗣世知有人，新畬更開闢。

冽軒

窗開深井泉，窈窕千丈碧。何幸且淵澄，無勞遽心惻[2]。

静春堂

幽人本何心，偶此翳環堵[3]。隱几亦無言，光風遍寰宇。

玩易齋

竹几横陳處，韋編半掩時[4]。寥寥三古意[5]，此地有深期。

君子亭

倚杖臨寒水，披衣立晚風〔一〕。相逢數君子，爲我説濂翁⑥。

解題　墨莊，劉清之家族世代藏書之所，朱熹嘗爲作劉氏墨莊記。劉清之（一一三四—一一八九），字子澄，號静春先生，臨江人。紹興二十七年進士，歷官州縣，多有著述。紹興末始見朱熹，後成爲重要講友之一。此篇皆言理涉學，首詩贊劉氏德義傳家，二詩以軒名喻人心持養，三詩言天命流行，静中之動，四詩寫主人潛心易學，末詩言仰止濂溪。

校記　〔一〕衣：宋閩本作「襟」。

注釋　①「詩書」二句：劉氏墨莊記載，劉清之五世祖仕太宗朝，殁以圖書數千卷留墨莊。其後子孫皆以文章器業爲時聞人。

②心惻：心懷惻隱。孟子公孫丑上：「今人乍見孺子將入於井，皆有怵惕惻隱之心。……惻隱之心，仁之端也。」此詩以窗喻井，以井喻心，言劉清之已心存仁義，故無須從仁之端反省而求之。

③翳環堵：猶言隱居於陋室。

④韋編：古代用竹簡書寫，用皮繩編綴，稱「韋編」。史記孔子世家載孔子「讀易，韋編三絕」。後以「韋編」指易。

⑤三古：上古、中古、下古，所指時限各别。漢書藝文志：「世歷三古。」顔師古注引孟康曰：「然則伏羲爲上古，文王爲中古，孔子爲下古。」後多泛指遠古。

⑥濂翁：濂溪先生周敦頤。

編年 據劉氏墨莊記，劉清之請記在乾道四年，而記實成於九年，則是篇五詠，當作於此期間。

評論 玩易齋 朱子可聞詩集卷四：首破齋，次破易，三承次轉，四顧首句。先生稱劉子澄五世相承，有圖書數千卷，題其居曰墨莊。此墨莊五詠之一也。

齋居感興二十首乾道末

余讀陳子昂感遇詩〔一〕①，愛其詞旨幽邃，音節豪宕，非當世詞人所及。如丹砂空青②，金膏水碧③，雖近乏世用，而實物外難得自然之奇寶。欲效其體作十數篇，顧以思致平凡，筆力萎弱，竟不能就。然亦恨其不精於理，而自託於仙佛之間以爲高也。齋居無事，偶書所見，得二十篇。雖不能探索微眇〔二〕，追迹前言，然皆切於日用之實，故言亦近而易知。既以自警，且以貽諸同志云。

昆侖大無外④，旁薄下深廣⑤。陰陽無停機⑥，寒暑互來往。皇犧古神聖⑦，妙契一俯仰⑧。不待窺馬圖⑨，人文已宣朗⑩。渾然一理貫，昭晰非象罔。珍重無極翁，爲我重指掌。

吾觀陰陽化，升降八紘中⑪。前瞻既無始〔三〕，後際那有終〔四〕？至理諒斯存，萬世與今同。誰言混沌死⑫？幻語驚盲聾。

人心妙不測，出入乘氣機⑬。凝冰亦焦火〔五〕，淵淪復天飛⑭。至人秉元化⑮，動静體無違⑯。

珠藏澤自媚，玉韞山含暉⑰。神光燭九垓，玄思徹萬微⑱。塵編今寥落，嘆息將安歸？

静觀靈臺妙⑲，萬化此從出〔六〕。云胡自蕪穢，反受衆形役⑳？厚味紛朵頤㉑，妍姿坐傾國。崩奔不自悟，馳騖靡終畢。君看穆天子㉒，萬里窮轍迹。不有祈招詩，徐方御宸極㉓。

涇舟膠楚澤㉔，周綱已陵夷㉕。况復王風降，故宫黍離離㉖。玄聖作春秋㉗，哀傷實在兹。祥麟一以踣，反袂空漣洏㉘。漂淪又百年，僭侯荷爵珪㉙。王章久已喪㉚，何復嗟嘆爲！馬公述孔業㉛，託始有餘悲。拳拳信忠厚，無乃迷先幾㉜。

東京失其御，刑臣弄天綱㉝。西園植奸穢，五族沉忠良㉞。青青千里草，乘時起陸梁㉟。當塗轉凶悖，炎精遂無光㊱。桓桓左將軍，仗鉞西南疆㊲。伏龍一奮躍，鳳雛亦飛翔㊳。祀漢配彼天，出師驚四方㊴。天意竟莫回，王圖不偏昌㊵。晋史自帝魏，後賢盍更張〔七〕㊶？世無魯連子㊷，千載徒悲傷。

晋陽啓唐祚〔八〕㊸，王明紹巢封㊹。垂統已如此，繼體宜昏風㊺。麀聚瀆天倫〔九〕，牝晨司禍凶㊻。乾綱一以墜，天樞遂崇崇㊼。淫毒穢宸極，虐焰燔蒼穹〔十〕㊽。向非狄張徒，誰辨取日功㊾？云何歐陽子，秉筆迷至公？唐經亂周紀，凡例孰此容㊿！侃侃范太史，受説伊川翁。春秋二三策，萬古開群蒙[51]。

朱光遍炎宇，微陰眇重淵[52]。寒威閉九野，陽德昭窮泉[53]。文明昧謹獨，昏迷有開先[54]。幾微諒難忽，善端本綿綿[55]。掩身事齋戒，及此防未然[56]。閉關息商旅，絶彼柔道牽[57]。

微月墮西嶺，爛然衆星光。明河斜未落，斗柄低復昂[58]。感此南北極，樞軸遥相當[59]。太一有常居[60]，仰瞻獨煌煌。中天照四國[61]，三辰環侍旁[62]。人心要如此，寂感無邊方[63]。

放勛始欽明，南面亦恭己[64]。大哉精一傳，萬世立人紀[65]。猗歟嘆日躋，穆穆歌敬止[66]。戒婺光武烈，待旦起周禮[67]。恭惟千載心，秋月照寒水。魯叟何常師，删述存聖軌[68]。

吾聞包犧氏，爰初闢乾坤[69]。乾行配天德，坤布協地文[70]。仰觀玄渾周，一息萬里奔。俯察方儀静，隤然千古存[71]。悟彼立象意，契此入德門。勤行當不息，敬守思彌敦[72]。

大易圖象隱，詩書簡編訛。禮樂矧交喪，春秋魚魯多[73]。瑶琴空寶匣，弦絶將如何〔十一〕？興言理餘韻，龍門有遺歌[74]。程子晚居龍門之南。

顔生躬「四勿」，曾子日三省[75]。中庸首謹獨〔十二〕，衣錦思尚絅[76]。偉哉鄒孟氏，雄辨極馳騁。操存一言要，爲爾挈裘領[77]。丹青著明法，今古垂焕炳。何事千載餘，無人踐斯境？

元亨播群品，利貞固靈根[78]。非誠諒無有，五性實斯存[79]。世人逞私見，鑿智道彌昏。豈若林居子〔十三〕，幽探萬化原[80]。

飄飄學仙侣，遺世在雲山。盗啓元命秘，竊當生死關[81]。金鼎蟠龍虎，三年養神丹。刀圭一入口，白日生羽翰[82]。我欲往從之，脱屣諒非難〔十四〕[83]。但恐逆天道〔十五〕，偷生詎能安！

西方論緣業，卑卑喻群愚。流傳世代久，梯接凌空虚[84]。顧眄指心性，名言超有無[85]。捷徑一以開，靡然世争趨。號空不踐實，躓彼榛棘途〔十六〕。誰哉繼三聖〔十七〕，爲我焚其書[86]？

聖人司教化，黌序育群材。因心有明訓，善端得深培。天叙既昭陳，人文亦褰開[87]。云何百代下，學絶教養乖？群居競葩藻，争先冠倫魁〔十八〕。淳風反淪喪，擾擾胡爲哉[88]！

童蒙貴養正，孫弟乃其方[89]。雞鳴咸盥櫛，問訊謹暄凉。奉水勤播灑，擁篲周室堂。進趨極虔恭，退息常端莊[90]。劬書劇嗜炙，見惡逾探湯〔十九〕[91]。庸言戒粗誕，時行必安詳[92]。聖途雖云遠，發軔且勿忙。十五志于學，及時起高翔[93]。

哀哉牛山木，斤斧日相尋。豈無萌櫱在？牛羊復來侵[94]。恭惟皇上帝，降此仁義心。物欲互攻奪，孤根孰能任[95]？反躬艮其背，肅容正冠襟。保養方自此，何年秀穹林〔二十〕[96]？

玄天幽且默，仲尼欲無言。動植各生遂，德容自清温[97]。彼哉夸毗子，呫囁徒啾喧。但逞言辭好，豈知神監昏[98]？曰余昧前訓，坐此枝葉繁。發憤永刊落，奇功收一原[99]！

解題　此爲朱熹論學雜感。一、二、十四首論理氣陰陽，三、四、八、九、十一首論心性，五、六、七首論史，十、十三首論道統，十二首論六經，十五、十六首論道釋，十七、十八、十九、二十首論認識修養。組詩作於朱熹思想體系形成時期，既深刻有力又淺易簡明，在理學史上有很高的地位。

校記

〔一〕遇：原作「寓」，據淳熙本改。

〔二〕眇：右引及宋浙本作「妙」。

〔三〕始：淳熙本作「際」。

〔四〕際：右引作「察」。

〔五〕亦：考異云一作「更」。

〔六〕此從：淳熙本作「從此」。
〔七〕盍：考異云一作「合」。
〔八〕啓：淳熙本作「起」。
〔九〕麈：原作「塵」，據右引改。
〔十〕燔：右引作「焚」。
〔十一〕如：考異云一作「奈」。
〔十二〕首謹：淳熙本作「守慎」。
〔十三〕豈：右引作「未」。
〔十四〕難：右引作「艱」。
〔十五〕道：右引作「理」。
〔十六〕榛棘途：右引作「荆榛塗」。
〔十七〕哉：右引作「能」。
〔十八〕倫：右引作「儒」。
〔十九〕逾：右引作「如」。
〔二十〕年：右引作「日」。

注釋

①陳子昂（六六一—七〇二），字伯玉，唐梓州射洪人。初唐著名詩人，感遇詩三十八首最爲有名，是其代表之作。

②丹砂：即朱砂，礦物名，色深紅。古代道家用以化汞煉丹，可作顔料，也可入藥。管子地數：

「上有丹砂者，下有黄金。」空青：孔雀石的一種，又名楊梅青。産於川贛等地，隨銅礦生成，球形，中空，翠緑色。可作顔料，也可入藥。隋書禮儀志五：「其下施重層，以空青雕鏤爲龍鳳像。」

③金膏：道教傳説中的仙藥。穆天子傳卷一「黄金之膏」，郭璞注：「金膏，亦猶玉膏，皆其精汋也。」水碧：玉的一種，係水晶一類礦物。山海經東山經：「耿山無草木，多水碧。」郭璞注：「亦水玉類。」

④昆侖：廣大無垠貌。昆，通「渾」。揚雄太玄中：「昆侖旁薄，思之貞也。」此句言天。

⑤「旁薄」句：此句言地。

⑥陰陽：指陰陽二氣。古人以爲生成天地萬物的基本質料，理學家稱爲「生物之具」。易繫辭上：「陰陽不測之謂神。」

⑦皇犧：伏羲。

⑧俯仰：傳説伏羲仰觀天文，俯察地理，始畫八卦而作易。見史記唐司馬貞所補三皇紀。

⑨馬圖：即河圖，儒家關於周易卦形來源的傳説。禮記禮運「河出馬圖」，鄭玄注：「馬圖，龍馬負圖而出也。」

⑩人文：指禮樂教化等世間萬事。易賁卦：「觀乎人文，以化成天下。」孔穎達疏：「言聖人觀察人文，則詩書禮樂之謂，當法此教而化成天下也。」

⑪八紘：八方極遠之地，泛指宇宙。淮南子墬形訓：「九州之外，乃有八殥……八殥之外，而有八紘，亦方千里。」高誘注：「紘，維也。維落天地而爲之表，故曰紘也。」

⑫混沌：又作「渾沌」，古代寓言中的中央之帝。莊子應帝王載，渾沌生無七竅，南海、北海二帝好意勸其鑿之。乃日鑿一竅，七日而死。「混沌」又指世界開辟之前元氣未分，模糊一團的原始狀態，這裏作者兼言之，謂宇宙生生不息，無終無始。

⑬乘氣機：指心的或放或收的活動受氣稟的支配。理學家認爲理氣相須而生人，而人所稟承之氣有清濁偏全通塞之異，由此決定了人的聖賢智愚，也影響着心的活動。

⑭「凝冰」二句：指常人之心變化無常，或水火難容，或天淵有别，皆失其正。莊子在宥：「廉劌凋琢，其熱焦火，其寒凝冰。」首句本此。

⑮至人：指思想道德修養達到極至之人。荀子天論：「故明於天人之分，則可謂至人矣。」元化：造化。陳子昂感遇之六：「古之得仙道，信與元化并。」此句言至人秉賦而爲性者純粹天理，不雜人欲。

⑯動静：指心的活動或静止。體無違：心體運動無違於理。

⑰「珠藏」二句：言至人稟性之美，有其内必有其外。

⑱「神光」二句：言至人精神之光照亮大地，思想之火洞察幾微。九垓，又作「九畡」、「九陔」，中央至八極之地，泛指周圍世界。國語鄭語「王者居九畡之田」韋昭注：「九畡，九州之極數。」

⑲靈臺：指心。莊子庚桑楚：「不可内於靈臺。」郭象注：「靈臺者，心也。」

⑳「云胡」二句：言衆人迷失本性，蒙蔽真心，馳騖於聲色利欲之中。蕪穢：理學家吸取佛教説法，將人心比作明鏡。當受外界環境等因素影響而不能正確體現本心之理時，即是蕪穢。衆形：衆物。理學家認爲心應當役使萬物，而不應爲外物所支配。荀子修身：「君子役物，小人役

於物。」

㉑朵頤：鼓腮嚼食。易頤卦：「初九舍爾靈龜，觀我朵頤，凶。」

㉒穆天子：即周穆王。穆王曾周游四方，欲使其足迹無處不遍。傳説嘗乘八駿西行，見西王母。

㉓「不有」二句：言若非祈招詩規諫以收其心，周已被諸夷所滅。祈招：詩經佚詩篇名。左傳昭公十二年：「昔穆王欲肆其心，周行天下，將皆必有車轍馬迹焉。祭公謀父作祈招之詩以止王心，王是以獲没於祇宫。」傳載此詩六句。徐方：古族名，夏周時分布於今淮河中下游，曾建立徐國。穆王時嘗率九夷抗周，一度攻至黄河沿岸。宸極：喻帝位。文選劉琨勸進表「宸極失御」李善注：「宸極，喻帝位。」

㉔涇舟：涇水之舟，喻周昭王。楚澤：楚地之澤，指漢水。周昭王晚年荒於國政，喪失民心。巡行至漢水，楚人使乘膠黏合之船，行至江心，船沉而死。見史記周紀。

㉕周綱：周朝的綱常，指周的統治。陵夷：衰落。史記高祖功臣侯者年表：「始未嘗不欲固其根本，而枝葉稍陵夷衰微也。」

㉖「況復」二句：王風：詩經十五國風之一，東周洛邑之詩。鄭玄詩譜云，周平王東遷，王室之尊等同諸侯，其詩不復能稱雅，故貶降之，謂之王國之變風。其音哀以思，後以象徵王道之衰微。王風有黍離之篇，即周大夫哀故都鎬京宫室盡爲禾黍而作。離離，茂密貌。

㉗玄聖：特指孔子。文選班固典引「故先命玄聖」李善注：「玄聖，孔子也。」春秋：我國第一部編年體史書，相傳孔子據魯史修訂而成，爲六經之一。

㉘「祥麟」二句：言孔子哀周道之不興。春秋所記迄魯哀公十四年西狩獲麒麟。踣：向前仆倒，

指被獵獲。春秋哀公十四年：「春，西狩獲麟。」杜預注：「麟者仁獸，聖王之嘉瑞也。時無明王出而遇獲，仲尼傷周道之不興，感嘉瑞之無應，故因魯春秋而修中興之教。絕筆於獲麟之一句，所感而作，固所以爲終也。」反袂：用衣袖拭淚。公羊傳哀公十四年：「反袂拭面，涕沾袍。」漣洏：淚流貌。漢王粲贈蔡子篤：「中心孔悼，涕淚漣洏。」

㉙「漂淪」二句：言東周末年，苟延殘喘，僭越之諸侯擅握封賞之權。爵，官爵，分公、侯、伯、子、男五等。珪：玉珪，古代封爵授土時賜給受封者的信符。此指魏斯趙籍韓虔三大夫僭行諸侯之制，周室不得不與之真命。

㉚王章：天子的禮儀。左傳僖公二十五年：「請隧，弗許，曰王章也。」孔穎達疏：「隧爲王之葬禮，諸侯皆懸柩而下，故不得用隧。晉侯請隧者，欲請以王禮葬也。」

㉛馬公：指司馬光。述孔業，指繼春秋之後而作資治通鑑。該書首書晉魏斯、趙籍、韓虔僭諸侯，甚悲周道之衰微。

㉜「拳拳」二句：言通鑑非周，其意確出於忠厚，但周衰之先兆實在春秋成書之時，通鑑不接春秋而自周威烈王二十三年始，其見未明。信：真，的確。先幾：又作「先機」，猶先兆。唐許敬宗尉遲恭碑文：「鑒窮無象，識照先機。」

㉝「東京」二句：言東漢末年宦官弄權事。東京：指洛陽。以其在西漢故都長安之東，故稱。東漢都洛陽，因以「東京」代指東漢。刑臣：受過宮刑的閹人，即後來的宦官。左傳僖公二十四年：「行者甚衆，豈唯刑臣。」

㉞「西園」二句：指漢靈帝御下無道，任用奸邪，忠良受害。西園：漢上林苑別稱。奸穢：指

靈帝所置西園八校尉：蹇碩、袁紹、鮑鴻、曹操、趙融、馮芳、夏牟、淳于瓊。五族：單超、具瑗、左悺、徐璜、唐衡。

㉟「青青」二句：言各地軍閥寇盜如董卓等乘機起而割據作亂。陸梁：猖獗，囂張。後漢書皇甫規傳：「後先零諸種陸梁，覆没營塢。」

㊱「當塗」二句：言權臣曹操等更加凶蠻，致天子蒙塵。炎精：太陽，代指天子。宋書武帝紀下：「近炎精亢序，苗稼多傷。」

㊲「桓桓」二句：指劉備建立蜀國，以承漢統事。桓桓，勇武貌。杜甫北征：「桓桓陳將軍，仗鉞奮忠烈。」左將軍：劉備建安三年任此職。

㊳「伏龍」二句：伏龍爲諸葛亮號，鳳雛爲龐統號。時人言得一人可有天下，而劉備兼得二人爲輔。

㊴「祀漢」二句：劉備爲漢室皇叔，始終以恢復漢祚爲旗幟。諸葛亮率軍征戰，有前後出師表。

㊵「天意」二句：公元二六三年，蜀國爲魏所滅。

㊶「晉史」二句：魏末司馬懿專權，其孫司馬炎遂代魏稱帝，建立晉朝。自三國志以來，治晉史者即以魏爲三國正統。後賢：指司馬光。朱熹對此極不滿意，其資治通鑑綱目便改以蜀國爲正統。

㊷魯連子：即魯仲連，戰國齊人。高蹈不仕，喜爲人排難解紛。游於趙，秦圍趙急，人請尊秦爲帝，仲連據大義力言不可，史稱魯仲連義不帝秦。作者於此感慨，也出於其正統論觀點。

㊸晉陽：太原古稱。唐高祖李淵爲隋太原留守，起兵攻取長安，遂建立唐朝，故言「啓唐祚。」

㊹王明：曹王李明。紹：繼承。巢封：指唐太宗弟巢剌王元吉。太宗手刃元吉而納其妃，生李明。初封曹，後立爲齊王，出繼巢王之後。

㊺「垂統」二句：言傳承大統之主已經不正，其繼立之君的昏庸是理所當然的。繼體：嫡子繼承帝位。史記外戚世家：「自古受命帝王及繼體守文之君。」司馬貞索隱：「繼體謂非創業之主，而是嫡子繼先帝之正體而立者也。」

㊻「麀聚」二句：言唐室天倫喪失，女流干政，政治腐敗。麀聚，指父子共妻。禮記曲禮上：「故父子聚麀。」孫希旦集解：「聚，共也。麀，牝獸也。父子共麀，言其無别之甚。」作者此指楊貴妃事。牝晨，母鷄報曉，喻女人干政。語本尚書牧誓：「牝雞無晨。牝雞之晨，惟家之索。」孔安國傳：「喻婦人知外事。雌代雄鳴則家盡，婦奪夫政則國亡。」此指武則天事。

㊼「乾綱」二句：言君權掃地，婦人當道。乾綱，君權。穀梁傳序：「昔周道衰陵，乾綱絶紐。」天樞，唐延載元年武則天於端門外所立自紀功德的金屬柱子。

㊽「淫毒」二句：言武則天及奸臣張易之、張昌宗之流荒淫凶暴。

㊾「向非」二句：言若非狄仁傑、張柬之等人，就不可能恢復李氏的帝位。狄仁傑相武后，力勸其立唐嗣。神龍元年，宰相張柬之等迎立李顯，是爲中宗。取日：迎回落日，喻助廢帝復位。唐吕温狄梁公立盧陵王贊：「取日虞淵，洗光咸池。」

㊿「云何」四句：言歐陽修新五代史將武周與李唐混雜并叙，作武后紀，於理不容，於例不當。

51「侃侃」四句：言范祖禹春秋對策闡明大義，影響深遠。祖禹嘗任史官，故稱太史。所著唐鑑十二卷專論唐三百年治亂，學者尊之，號「唐鑑公。」伊川翁：程頤。

㊾「朱光」二句：此爲易姤卦之象。上句指九二至上九五陽爻，下句指初六一陰爻。朱光：赤光，日光。文選張載七哀詩之二「朱光馳北陸」，李善注：「朱光，日也。」炎宇：指極熱之天地四方。重淵：極深的泉源，此示五月盛暑而一陰已生於下。莊子列禦寇：「千金之珠必在九重之淵。」

㊿「寒威」二句：此易復卦之象。上句指六二至上六五陰爻，下句指初九一陽爻。九野：九州之地，泛指大地。後漢書馮衍傳下「疆理九野」，李賢注：「九野，謂九州之野。」陽德：陽氣。西京雜記卷五：「陽德用事，則和氣皆陽。」窮泉：猶九泉，極深之地。晋潘岳哀永逝文：「委蘭房兮繁華，襲窮泉兮朽壤。」此示十一月隆冬之時而一陽已復於下。

54「文明」二句：言明察秋毫之人也許會忽略防微杜漸，昏瞶糊塗而行惡總是始於一念之差，有如以上二卦所示。文明：猶明察。易明夷卦：「內文明而外柔順，以蒙大難，文王以之。」謹獨：於人所不知己所獨知之處提防人欲的萌發。禮記中庸：「莫見乎隱，莫顯乎微，故君子慎其獨也。」宋人避帝諱，多改「慎」爲「謹」。昏迷：糊塗愚昧。尚書大禹謨：「蠢兹有苗，昏迷不恭。」開先：猶開端。禮記孔子閑居：「清明在躬，志氣如神，嗜欲將至，有開必先。」

55「幾微」二句：言一念之差也須高度警惕，微如星火的向善之心當着力培養。綿綿：微弱，細微。淮南子繆稱訓：「福之萌也綿綿，禍之生也分分。福禍之始萌微，故民嫚之。」

56「掩身」二句：此就姤卦而言，謂文明之時尤當謹獨。掩身：隱身，言勿驕勿躁。禮記月令：「（仲夏之月）君子齋戒，處必掩身，毋躁；止聲色，毋或進。」鄭玄注：「掩，猶隱翳也。」

57「閉關」二句：此就復卦而言，謂當静心存養其善端，杜絶物欲之引誘。閉關：閉塞關門。易復卦：「先王以至日閉關，商旅不行。」柔道：陰柔之道，此指一切與天理相悖的思想言行。易姤卦：「繫于金柅，柔道牽也。」

⑱「明河」二句：明河：銀河。唐宋之問明河篇：「明河可望不可親，願得乘槎一問津。」斗柄：指北斗七星之柄。

⑲「感此」二句：言天之形。朱熹信奉天圓而動，地方而静。天半覆地上，半繞地下，左旋不息。南北極：天南北兩端不動之處。樞軸：假想的貫穿南北兩極的天軸。楚辭天問「天極焉加」，朱熹集注：「天極，謂南北極，天之樞紐，常不動處，譬則車之軸也。」

⑳太一：即帝星，又名北極二。因離北極星最近，故隋唐以前文獻多以爲北極星。星經卷上：「太一星，在天一南半度。」

㉑四國：四方。易明夷卦：「初登于天，照四國也。」

㉒三辰：指日、月、星。

㉓「人心」二句：言人心應如北極星一樣，既静且動，體用兼該，通達萬事萬物。寂感：寂静與感應。易繫辭上：「易，無思也，無爲也，寂然不動，感而遂通天下之故。」朱熹本義：「寂然者感之體，感通者寂之用。人心之妙，其動静亦如此。」

㉔「放勛」二句：頌堯舜。放勛：堯之號。欽明：恭敬聰明。尚書堯典：「曰若稽古，帝堯曰放勛，欽明文思。」朱熹注：「欽，恭敬也。明，聰明也。」南面：面朝南方。古代以坐北朝南爲尊，故帝王坐朝皆南向。恭己：恭謹以律己。論語衛靈公：「無爲而治者，其舜也與。夫何爲哉？恭己正南面而已矣。」

㊺「大哉」二句：頌舜禹。精一傳：即尚書大禹謨中理學家所謂千聖相傳「十六字心法」：「人心惟危，道心惟微。惟精惟一，允執厥中。」朱熹對此有詳細的解釋。人紀：做人之綱紀，即立身處世的道德規範。尚書伊訓：「先王肇修人紀。」孔安國傳：「言湯始修爲人綱紀。」

㊻「猗歟」二句：頌商湯、周文王。猗歟：嘆詞，表贊美。詩經周頌潛「猗與漆沮」，鄭玄箋：「猗與，嘆美之言也。」日躋：日日上進。詩經商頌長發：「湯降不遲，聖敬日躋。」鄭箋：「湯之下士尊賢甚疾，其至敬之德日進。」穆穆：莊重恭敬貌。敬止：敬仰。止，語氣詞。詩經大雅文王：「穆穆文王，於緝熙敬止。」朱熹集傳：「止，語辭……言穆穆然文王之德不已，其敬如此，是以天命集焉。」

㊼「戒獒」二句：頌周武王、周公。獒：高大凶猛之犬。尚書旅獒「西旅獻獒」，孔安國傳：「西戎遠國貢大犬。」武烈：周武王之功烈。武王大臣召公作旅獒，諄諄告誡，以期發揚光大武王功烈。待旦：等待天明，形容勤於政事。孟子離婁下：「周公思兼三王，以施四事。其有不合者，仰而思之，夜以繼日。幸而得之，坐以待旦。」相傳周代的禮樂制度都是周公制訂的。

㊽「魯叟」二句：頌孔子。孔子魯人，故稱魯叟。無所不學，故無一定之師。删述：指整理删訂六經。聖軌：聖人相傳之軌則。

㊾「吾聞」二句：言伏羲畫卦始以乾坤。包犧：即伏羲。爰：語氣詞。

㊿「乾行」二句：言乾陽剛似天的特性，坤陰柔似地的特性。乾、坤言性質，天、地言形體。乾行：乾的特點在動。坤布：坤的特點在静。地文：地之形貌。莊子應帝王：「鄉吾示之以地文，萌乎不震不正。」

71「仰觀」四句：上二句言觀天，下二句言察地。玄渾：猶「渾天」，言天圓也。周：周轉。方儀：謂大地。文選盧諶時興：「亹亹圓象運，悠悠方儀廓。」李善注：「曾子曰：『天道曰圓，地道曰方。』在天成象，故曰圓象。天地曰兩儀，故曰方儀也。」隤然：柔順隨和貌。易繫辭下：「夫坤，隤然示人簡矣。」韓康伯注：「隤，柔貌。」朱熹本義：「隤然，順貌。」

72「悟彼」四句：言從天文地理及乾坤二卦領悟了修身養性的道理。立象：取法天地萬物而創立卦象。易繫辭上：「聖人立象以盡意，設卦以盡情僞。」勤行：法天；敬守：法地。

73「大易」四句：此評論六經，言易雖全而其卦象隱晦難明；詩經經小序以下穿鑿，多失本意；尚書錯簡脱誤頗多；禮樂二經原書已散亡不存；春秋文字錯訛嚴重。

74「瑶琴」四句：言六經殘編斷簡，失傳已久，如瑶琴弦斷，不復堪彈。二程起而續不傳之絶學於遺經，千古聖賢之業方得嗣餘響。興言：語助詞。詩經小雅小明「興言出宿」，馬瑞辰通釋：「興言猶云薄言，皆語詞也。」龍門：即伊闕，在洛陽市南，相傳爲大禹所鑿。漢書溝洫志：「昔大禹治水，山陵當路者毁之，故鑿龍門，辟伊闕。」

75「顏生」二句：頌孔子高足顏回、曾參。躬：身體力行。「四勿」：指論語顏淵所言「非禮勿視，非禮勿聽，非禮勿言，非禮勿動」。三省：三次反省。論語學而載曾參曰：「吾日三省吾身：爲人謀而不忠乎？與朋友交而不信乎？傳不習乎？」

76「中庸」二句：頌子思。朱熹認爲，中庸爲子思憂道學之失傳而作。子思爲孔鯉之子，孔子之孫，名伋。中庸首章言「君子慎其獨」，末章引詩經「衣錦尚絅」之文而論之。衣錦：穿着彩色錦繡絲織衣物。尚絅：尚，加；絅，同「褧」，麻紗做的單罩衣。詩經衛風碩人：「碩人其頎，衣錦褧衣。」毛傳：「錦，文衣也。」鄭箋：「褧，禪也……衣錦者，在塗之所服也。尚之以禪衣，爲其文之太著。」中庸引此，言君子之道在實不在文，在内不在外，在本不在末。

⑺「偉哉」四句：頌孟子。孟子鄒人，其孟子七篇雄辯捭闔，朱熹深愛之。操存：持守涵養，使其心志不隨物欲外誘而淪喪。孟子告子上引孔子之言曰：「操則存，舍則亡，出入無時，莫知其鄉，惟心之謂與！」

⑻「元亨」二句：本乾卦而言乾的四個特徵。乾卦云：「乾，元亨利貞。」朱熹本義：「元，大也。亨，通也。利，宜也。貞，正而固也。」而由乾在萬物生化中的作用來看，元爲生物之始，亨爲生物之通，故言其播群品。播群品：化育萬物。文選賈誼鵩鳥賦「大鈞播物」，李善注引應劭曰：「陰陽造化，如鈞之造器也。」群品，佛教指衆生，此泛指萬物。利明生物之遂，貞言生物之成，故言固靈根。

⑼「非誠」二句：言誠爲元亨利貞存在的前提。朱熹釋誠爲實，爲真實無妄，認爲元亨是誠之通，利貞是誠之復。元亨利貞若非實有，也就不存在了。五性：即五常，仁、義、禮、智、信。理學家將此與元亨利貞相配，又與水火金木土五行相配，則元亨利貞皆存於誠，仁義禮智皆存於信，水火金木皆存於土。

⑽「世人」四句：言除了少數隱居者外，無人能洞見宇宙萬物變化根源。鑿智：以私意穿鑿。

⑾「盜啓」二句：言道家竊取長壽秘訣，以爲長生不死之計。啓：開啓。元命：長壽。尚書吕刑：「惟克天德，自作元命，配享在下。」孔穎達疏：「若能斷獄平均者，必壽長久大命。」

⑿「金鼎」四句：言道家煉丹飛昇之術。金鼎：特指道士煉丹的鼎爐。鮑照代淮南王：「琉璃作

盌牙作盤，金鼎玉匕合神丹。」龍虎：道教語，指煉丹之水火。朱熹周易參同契考異：「坎離水火龍虎鉛汞之屬，只是互換其名，其實只是精氣二者而已。精，水也，坎也，龍也，汞也；氣，火也，離也，虎也，鉛也。」刀圭：中藥量器名。抱朴子金丹：「服之三刀圭，三尸九蟲皆即消壞，百病皆愈也。」

83 脱屣：脱鞋，喻脱離塵世，無所顧戀。漢書郊祀志上：「嗟乎！誠得如黄帝，吾視去妻子如脱屣耳。」

84 「西方」四句：言佛教之由來。西方，指古印度，漢時名身毒國或天竺國。緣業：佛教語，也稱業緣，指善業、惡業分别爲招致樂果、苦果的因緣。業，指人的行動、語言、思想。梯接：如以梯相接，由地達天。

85 「顧眄」二句：謂佛教妄爲宏闊大言。顧眄：左顧右盼，形容洋洋自得。宋書宗慤傳：「慤聳躍數十，左右顧眄，上壯之。」心性：人心與人性。名言：稱説，論説。尚書大禹謨「名言兹在兹」，孔傳：「名言此事，必在此義。」超有無：佛教有「佛菩提不淪於無，不著於有」之説。

86 「誰哉」二句：言當掃滅佛教邪説。三聖：禹、周公、孔子。焚其書：韓愈原道：「人其人，火其書，廬其居。」

87 「聖人」六句：稱頌古代聖人之學政。黌序：古學校名。北齊書文宣帝紀：「詔郡國修立黌序，廣延髦儁，敦述儒風。」因心：指以人所共有惻隱之心爲起點。明訓：指孟子公孫丑上關於人心的論述。善端：即四端，也見該篇。天叙：天然的次序、等級，指封建倫常關係。尚書皋陶謨：「天叙有典。」

⑧⑧「云何」六句：斥今學之頹風。學絕：指所謂「聖人爲己之學」久已不講。葩藻：華美的辭藻，如考試中的詞賦之類，朱熹斥爲無用之空言。倫魁：科舉考試中奪魁爲榜首。

⑧⑨「童蒙」二句：言兒童學做好人當由順從長上開始。養正：養成正道。易蒙卦：「蒙以養正，聖功也。」孔穎達疏：「能以蒙昧隱默自養正道，乃成至聖之功。」孫：同「遜」，順從。弟：同「悌」，敬事兄長。

⑨⓪「雞鳴」六句：據禮記言兒童日常行爲規範。櫛，梳；暄，暖。禮記内則：「鷄初鳴，咸盥漱，櫛縰笄總，拂髦，冠緌纓……以適父母舅姑之所。及所，下氣怡聲，問衣燠寒。」擁篲：執掃帚。進趨、退息：禮記内則：「進退周旋慎齊。」

⑨①「劬書」二句：劬：勞苦。詩經小雅蓼莪：「哀哀父母，生我劬勞。」劇：勝過。炙：烤熟的肉食。詩經小雅楚茨「或燔或炙」，毛傳：「炙，炙肉也。」探湯：將手伸進沸水，喻警懼。論語季氏：「見不善如探湯。」

⑨②庸言：常言。易乾卦：「庸言之信，庸行之謹。」時行：猶行所當行。禮記學記：「當其可謂時」。

⑨③「聖途」四句：言力行童蒙小學之教，以期入於聖賢之域。發軔：啓行。軔：剎車木，車行必先去之。離騷：「朝發軔於蒼梧兮，夕余至乎縣圃。」十五志於學：論語爲政：「吾十有五而志於學。」朱熹集注：「古者十五而入大學。」至此童蒙小學之功已畢。

⑨④「哀哉」四句：此孟子告子上所載，以山木遭砍伐毀損喻人心因環境惡劣影響而淪喪。牛山：在今山東淄博市，春秋齊景公泣牛山即此。

⑮「恭惟」四句：言人與生俱來仁義之心因利海名場而喪失殆盡。皇上帝：指天。尚書湯誥：「惟皇上帝，降衷于下民。」孔傳：「衷，善也。」物欲：指人的聲色利欲。

⑯「反躬」四句：言當時時反省修養，以期滅盡人欲，盡還天理。反躬：反省，自我檢束。禮記樂記：「好惡無節於内，知誘於外，不能反躬，天理滅矣。」艮其背：停止在背上。易艮卦：「艮其背，不獲其身。」朱熹本義：「艮，止也……蓋身動物也，唯背爲止。艮其背，則止於所當止也。」喻不爲物欲所動。秀穹林：指森林一片鬱鬱葱葱，喻滅盡人欲，天理盡現。

⑰「玄天」四句：言天理自然流行，不假言辭。論語陽貨載，孔子曰：「予欲無言。」子貢曰：「子如不言，則小子何述焉？」孔子曰：「天何言哉？四時行焉，百物生焉。天何言哉？」德容：有德者的儀容。清温：從容温和。此指孔子。

⑱「彼哉」四句：斥華而不實，徒逞口舌之徒。夸毗子：伶牙俐齒諂媚之人。詩經大雅板：「天之方懠，無爲夸毗。」朱熹集傳：「夸，大也；毗，附也。小人之於人，不以大言夸之，則以諛言毗之也。」呫囁：低語。史記魏其武安侯列傳：「今日長者爲壽，乃效女兒呫囁耳語。」啾喧：喧囂，鬧嚷。蘇軾次韻子由柳湖感物：「嘲吟草木調蠻獠，欲與猿鳥争啾喧。」神監：鑒别力，頭腦。南朝齊任昉齊竟陵文宣王行狀：「體睿履正，神監淵邈。」

⑲「曰余」四句：檢討自己過去過於注重文字著述而影響内在涵養功夫的作法，既以自警，也以警人。一原：一個本原，指歸於道。淮南子俶真訓「非得一原」，高誘注：「一原，道之原也。」

本篇作年，宋人已有不同説法。王柏朱子詩選跋云：「齋居感興二十篇，其壬辰、癸巳之間乎。」以爲作於乾道八九年間。而岳珂桯史卷十三則稱作於晚年居建安（當爲建陽）時。查本篇已收入淳熙末年所編晦庵先生文集前集，而朱熹遷居建陽在紹熙中，故岳珂之説不可靠。參之朱熹平生思想發展軌迹，今從王柏。

評論

真德秀跋晦翁感興詩：乾之四德，迭運不窮，其本則誠而已矣。誠即太極也。其所以播群品者，誠之通也；其所以固靈根者，誠之復也。通則爲仁爲禮，復則爲義爲智，所謂五行一陰陽，陰陽一太極也。然動静循環而静其本，故元根於貞而感基於寂。不能養未發之中，安得有既發之和？故此詩謂世人之擾擾適以害道，不若林居之士静觀密察，猶能探萬化之原。要之，道無不在，初不以出處喧寂爲間，善學者當求先生言外之意云。

蔡模文公朱先生感興詩注跋：古今之書，惟詩入人最易、感人最深。三百篇之後，非無能詩者，不過詠物陶情，舒其蕭散閑雅之趣而已。獨朱子奮然千有餘載之後，不徒以詩爲詩，而以理爲詩，齋居之感興是也。蓋以理義之奥難明，詩章之言易曉，難明者難入而難感，易曉者易入而易感。朱子切於教人，故特因人之易入易感者，以發其所難入難感者耳。今誦其詩，包羅衆理，總括萬變，排闢異端，又皆正其本而探其原。模之不敏，總角常侍先君讀之。優游諷詠之久，不覺手舞足蹈之意，然亦懵然未曉其爲何説也。先君間因其憤悱而啓發之，似有所見。近因弟杭試邑樵川，寄示瓜山潘丈箋本，積日吟誦，猶或恨其箋注之間若有未盡者，隨筆抄記，不覺成帙，用以求正於有道，正温公所謂揚子作玄本以明易，非敢别爲一書，以與易競之意也。同志之士，其亦有以識予之心者乎哉。嘉熙丁酉仲春望日，模書。

何基解釋朱子齋居感興詩二十首：右一章。何北山曰：此章當作三節看，然首尾只一意。首四句言盈天地間别無物事，一陰一陽流行其中，實天地之功用，品彙之根柢。次六句言伏羲觀象設卦，開物成務，建立人極之功。末二句周子立圖著書，發明易道，再開人極之功。「無極翁」只是舉濂溪之號，猶昔人目范太史爲「唐鑑翁」爾。此篇只是以陰陽爲主，後面諸章，亦多是説此者，而諸説推之太過。蔡仲覺謂此篇言無極太極，不知於此章指何語爲説太極，况無極乎。太極固是陰陽之理，言陰陽則太極已在其中。但此篇若强揠作太極説，則一章語脉皆貫穿不來。此等言語滉瀁，最説理之大病也。……右二十章。何北山曰：「奇功收一原」，是用陰符經中「絶利一原，用師十倍」之語。陰符此二語，文公極喜之，時時舉揚。

岳珂桯史卷十三晦庵感興詩：朱晦翁既以道學倡天下，涵造義理，言無虚文。少喜作詩，晚年居建陽，乃作齋居感興二十篇，以反其習。自序其意，斷斷乎皆有益於學，而非風雲月露之詞也。余從吾鄉蔡元思念成誦得之。……馳騁今古，剗華反實，斯可謂志之所存者。其中一篇論二氏之學，猶若有輕重有無之辨，晚學恨不得撰杖屨以質疑焉。

王埜文公朱先生感興詩跋：文公先生感興詩二十篇，埜爲兒時，口不輟吟，然未能盡窺其指趣。及分教西邸，得瓜山潘君謙之所箋本，明白切實，如示諸掌。盖先生此詩，凡太極陰陽之理，天理人欲之機，古今治亂之分，異端末學之辨，精粗本末，兼該並貫，加以興致高遠，音節鏗鏘，足以追儷風雅。學者優游諷咏，興起感發，良心善性，油然而生。下學上達之功，孰能外是而求之哉！

李心傳朱文公先生齋居感興詩論：詩凡天地陰陽之運，道德性命之理，百王之規範，六經之藴奥，與夫孔孟相傳之正，瞿聃所見之妄，大略咸具於此，而以下學上達之方終焉。雖因興所感而遂成章，然開示學者之意，亦已切矣。顧其包涵廣遠，不可涯涘。倘非讀盡夫子之書而通其義，則於此六百三十六字之大旨，猶未免乎面墻也。

李道傳朱文公先生齋居感興詩論：　感興二十章，擬陳拾遺感遇而作也。詩人擬古多矣，第能仿其意趣，效其音節，無甚高論。拾遺之詩，李太白亦嘗擬之。其措意遣詞，不出拾遺區域之外，至有全用拾遺語者，雖無作可也。朱子此詩，其於天地萬物之理，下學上達之事靡不該貫，蓋道學精微也。第其弘深妙密，初學之士或未盡識也。

胡升朱文公先生齋居感興詩論：　此詩究極道體，綱維世教，與太極圖、通書、近思録實相表裏，指示學者甚切也。

余伯符朱文公先生齋居感興詩論：　詩始言一理，中散爲萬事，末復合爲一理。幽探無極、太極生化之原，明述道心、人心危微之辨，粗及晚周、漢、唐治亂之迹，精言陰陽、星辰、動静之機，上原堯、舜、禹、湯、文、武、周、孔授受之宗，中列顔、曾、思、孟存守之要，大而乾坤之法象，性命之根源，微而神仙之渺茫，釋佛之空寂，與夫經之所以得，史之所以失，靡不明備，無有闕遺。且於教之所以爲教，學之所以爲學，粲然條列，渾然貫通。首窮夫無極之旨，末歸於無言之妙，與中庸始言天命之謂性，而終言上天之載無聲無臭者，同一指歸也。蘇黄門謂大雅綿九章初頌太王遷豳，至八章乃及昆夷，九章復及虞芮，事不接而文屬，如連山斷嶺，相去絶遠，而氣象聯絡，觀者知其脉理之爲一也。感興之詩，當以是觀之。

黄震黄氏日抄卷三十四：　感興詩二十首，轉陳子昂自托仙佛之高條而爲切於日用之實。一章言伏羲肇人文，皆造化自然之理。二章言陰陽無始，謂鑿死混沌者爲妄。三章言人心與造化通，惟至人能體之。四章言不能體造化者爲形役。五章言周衰已久，孔子作春秋而司馬公乃責後世封大夫爲諸侯非先見。六章言漢衰，獨孔明伸大義，而帝魏之失當革。七章言唐啓土不以正而致賊后之篡，賴范太史聲其罪。八章言陰陽常倚伏，當體陽復之端。九章言北辰居其所，當體爲人心之要。十章言聖人刪詩定書，皆以敬爲傳心之本。十一章言伏羲仰觀俯察以立象。十二章言六經無傳而程氏作。十三章言顏、曾、子思、孟子傳習有要領。十四章言元亨利貞之動静以誠爲主。十五章言學仙者逆天偷生。十六章言佛論緣業，而繼之者談空虚。十七章言育材失其道。十八章言作聖當自早。十九章言仁義之心當守。二十章言文辭之弊當除。

陳著題晦庵齋居感興詩卷首：文公爲後學地，可謂深著明切，宜端居静察，朝夕不置。人一己百，人十己千，終有得矣。歲丙申四月朔，書于本堂。

姚勉黄端可詩序：余嘗謂陶靖節、韋蘇州、柳愚溪之詩皆深遠入妙，然皆不若紫陽朱夫子之詩爲尤妙。觀感興諸詩可見矣。「天生烝民，有物有則。民之秉彝，好是懿德。」爲此詩者，其知道乎。作詩貴乎知道也。

胡次焱書文公感興詩後：文公贊陳詩，以爲雖乏世用，實物外難得自然之奇寶。至自言其詩，近而易知，皆切日用。然則陳詩如金膏水碧，有之固可玩，無之亦何損；文公詩則布帛之文，菽粟之味，有補饑寒，生人不可一日缺者。雖然，文公自謂近而易知，愚則謂其近如地，其遠如天，學者可以易知而忽之哉？次焱謹識。

胡炳文感興詩通序：夫子讀周公尹吉甫之詩，皆贊之曰：爲此詩者，其知道乎！以其詩有關於天理民彝，有關於世變也。子朱子感興詩兼之矣。明道統，斥異端，正人心，黜末學，六百三十字中，凡天地萬物之理，聖賢萬古之心，古今萬事之變關焉。使擊壤翁早得見之，安得謂删後果無詩哉。始言一理，中散爲萬事，末復合爲一理，與中庸合。朱子分中庸作五節，詩凡五起伏，亦無有不合者。獨恐後之注其詩者，未必皆能如朱子之注中庸耳。然由此十家之注，以會朱子之意，則亦未必不爲行遠升高之一助云。泰定甲子十月望日，新安後學胡炳文序。

黄溍徐氏詠史詩後序：溍竊觀先師朱子感興之作，挈提前史之要領，爲言至約，而有關於名教甚大。朱子嘗謂學不可徒博，亦不可徑約。今於學者不由公之博，何以入朱子之約乎？

吴師道吴禮部詩話：勉齋先生曰：「兩篇皆是言陰陽，前篇是説横看底，後篇是説直看底。横是上下四方，遠近大小，此理拍塞，無一處不周，無一物不到，直是上自開闢以來，下至千萬世之後，只是這物事流行不息。」而蔡氏反以勉齋之説爲不然。使二篇果爲太極作，勉齋安得無一言以及之乎？或者猶謂一理至理，豈非太極之名？且何先生固已言太極是陰陽之理，但全篇章指，非説太極耳。蔡氏乃以次篇爲説動而陽、静而陰，尤不可通。又第十四章元亨云云，因誠字萬化原字，諸公又以爲説太極。竊謂此言天道元亨利貞，非誠則無有，而人之五性，實以此存。世人逞其私見穿鑿以爲知，不順乎自然，故道愈昏而不可見。若山林之士，幽寂探索，反得其原。此指先天太極圖之傳出於隱者也。蓋上篇言聖賢操存之要，無非踐行；下篇言異端詞藻之害道，故於此發明其旨。亦不必深爲之説也。

宋濂題許先生古詩後：夫自陳伯玉倡爲感遇詩三十八首，而李太白繼作，遂衍爲五十有九，君子稱其得風雅之正。至於文公朱子感興之什，其數比陳僅餘其半，方之於李則將闕其三之二。言辭固若不多，然於太極陰陽之微，家國治亂之由，異端害道之故，無所不及，非唯二子不能道之，黄初而降，大曆以前，吾恐未有臻斯理者也。

上虞劉履朱文公先生齋居感興詩論：雲峰胡先生炳文有言：昔游定夫讀西銘，曰：此中庸之理。

某讀太極圖説亦云。蓋其説即中庸始言一理，中散爲萬事，末復合爲一理也。通書與太極圖相表裏，其發明中庸處尤多，皆以誠爲之樞紐。至朱子感興詩，始終條理，亦不異於中庸，斯言盡之矣。先儒嘗尊太極圖通書西銘及正蒙，目爲性理四書。愚謂此感興詩亦當與前四者列爲五書，而并傳之無疑也。朱子此詩，專明心學之蘊奥，義理之精微，而兼得乎詞人之興趣。雖一時箋註如門人瓜山潘柄、北溪陳淳、覺軒蔡模，與夫楊庸成、詹景辰、徐子與、黄伯暘、余子節諸家之説，其於義理固多發明，然惜其未得師門傳註之體，或墮於講義之泛衍浮冗，或流於纂疏之枝葉繁碎，使與作者本意反相戾盭，而使初學即此以求興趣之歸難矣。愚因輯是續編，輒不自量而訓解之。雖意見凡近，未敢自謂過於前人，然於每篇之詞旨，敷暢條達，使諷玩之者無崎嶇求合之難，或庶幾焉。竊聞雲峰胡先生亦嘗著感興詩通，或者秘其藁而不傳。萬一獲見是書，得以正予之謬妄，則又幸矣。

瞿佑歸田詩話感興詩論二教：朱文公感興詩……論二教之害，然亦有輕重。木訥歸田詩話序：誦晦庵感興詩，則知其闢異端之害。

方孝孺讀朱子感興詩：三百篇後無詩矣。非無詩也，有之而不得詩之道，雖謂之無亦可也。夫詩所以列於五經者，豈章句之云哉？蓋有增乎綱常之重，關乎治亂之教者存也。非知道者，孰能識之？非知道者，孰能爲之？人孰不爲詩也，而不知道，豈吾所謂詩哉。嗚呼！若朱子感興二十篇之作，斯可謂詩也已。其於性命之理昭矣，其於天地之道著矣，其於世教民彝有功者大矣。繫之於三百篇，吾知其功無媿，雖謂三百篇之後未嘗無詩亦可也。斯道也，亘萬古而不亡，心會而得之，豈不在乎人哉！

張弼書朱子感興詩註後：自漢以來，釋經之善者，朱子一人而已。蓋所謂至圓不能加規，至方不能加矩者也。再傳以及其門人，則復支離蕪蔓矣。越二百年來，上虞劉坦之選詩補註始復其法，而於朱子感興詩尤加之意。惜乎近年又被好事者仍取諸家雜註淆乎其間，讀之令人潰潰，不見端緒，一展卷間，不覺氣之拂膺也。雖曰坦之不獲見胡雲峰而有望於人，使當時見之，豈盡抄入補註耶？況潘柄而下諸説皆擇取之餘，夫何而又猥併若是耶？竊意不易補註之舊，姑附衆説於別帙，庶或可也。

李東陽懷麓堂詩話：晦翁深於古詩，其效漢魏，至字字句句，平側高下，亦相依仿。命意託興，則得之三百篇者爲多。觀所著詩傳，簡當精密，殆無遺憾，是可見已。感興之作，蓋以經史事理播之吟詠，豈可以後世詩家者流例論哉？

張吉古城集新刊晦庵詩略序：晦庵朱夫子感興諸詩，其自序有云：「皆切於日用之實，故言亦近而易知。」愚竊受讀而思焉，其一章、二章言天道陰陽之妙；三章、四章言人心得失之微；五章至七章斥僭僞，尊正統，諸史之斷例也；八章原此心善惡之幾，而不可不養其善；九章明此心動静之别，而不可不主乎静；十章至十四章反覆乎誠敬操存之説，以終八章、九章之意；十五、十六章辟異端也；十七至十九章論古今教養之異，欲人先事乎小學，以收其放心，養其德性，而必以敬爲之地焉；末章則言天道聖德不在言語末務，而學者不可不求諸心。其示人之意切矣。首尾千數百言，細大不遺，精粗畢具，開合有漸，變化無窮，要其歸，無非使人操存省察，不失其心，以漸造乎高明之域而已。所謂切於日用之實者此也，其可忽諸！

張志淳南園漫録卷八仙之詩：朱子感興詩深信仙，歐公感事詩深非仙。……歐公生朱子前百有餘年，二詩想亦朱子之所見，而好尚不同如此。竊意朱子因一時見其事而發，又志在不從其術，故不覺稱之，而不暇究極其終無也。歐公因平生考其實而發，又歷見其不能長生，故不覺斥之，而不復推求其暫有也。不然，吾誰適從哉？

夏尚樸東岩詩文集書感興詩後：古人之學，惟務養性情，故其爲詩自然止乎禮義。後世先王之教廢，而人不知所養，其爲詩也，率皆鑿空强作，不復發乎性情之正矣。雖漢、魏、盛唐等作猶不能無憾，况其下者哉。予觀子朱子感興之作，纔二十篇耳，天人稟賦之理，聖賢傳授之旨，異端悖謬之失，俗學支離之陋，與夫千古史學難决之是非，而超然得於獨斷之餘者，率於此發之，誠無愧於三百篇之作矣。然公豈嘗規規學爲如是之文哉，蓋由平日涵養之功已至，故其性情所發，自然止乎禮義如此。竊嘗考之本集至日感懷之作，有「顧以多言害道，戒不作詩」之語。而此諸篇實繼其後，則知公之有得於言者，正惟有得於多言之戒之力耳。故嘗訓學者云：「平淡自攝，豈不勝如思量詩句。至於真味發溢，又却與尋常好吟者不同。」真名言也。後之學者徒見其詩文之妙，而不知其所本。故其平生爲學，動以著述爲事，以致心愈勞而事愈左，言愈多而道愈晦，可勝惜哉。故予因書數語於後，用以告夫後之君子，且以自警云。

孫承恩書朱文公感興詩後：詩自三百篇後，有儒者、詩人之分。儒者之詩主于明理，詩人之詩專于適情。然世之人多右彼而抑此，故雲煙風月，動經品題，而性命道德之言，爲詩家大禁。少有及者，即曰涉經生學究氣。噫！有是哉。論詩者當以三百篇爲準，然如天命一詩之贊聖德，敬止一詩之言聖學，以至蒸民一詩，萬世言性者所不能外。而後之爲詩者，乃少之，甚者又有託之仙佛誕幻之説以爲高者。蓋道學不明，沿襲相承之弊也，而詩之義，豈固然哉？紫陽先生雖道學大儒，而亦不廢吟咏。然其所謂詩者，抑何其與後世異耶？今觀其感興二十首，其音響節奏雖亦後人之矩步，而大而闡陰陽造化之妙，微而發性命道德之原，悼心學之失傳，憫遺經之墜緒，述群聖之道統，示小學之功夫，以至斥異端之非，訂史法之繆，亦無不畢備，所以開示吾道而儆切人心者，較之雲煙風月之體，軒輊盖萬萬不侔。其奥衍弘深，雖漢唐以來儒者，尚未有能臻斯閾，而區區之詩家，豈能窺其涯涘哉？如是而欲以一家之詩目之，不可也。莊誦之餘，敬題其後。

（日）山崎嘉齋居感興二十首感興考註序：詩權輿於虞庭而隆於周世，孔子列之五經，其雅言誦之居多。曾、思、孟氏之後，其教亡焉。一變爲離騷，再變爲五言。五言起於漢蘇武、李陵。夫陵也降虜，武也持節，則言之巧相似，而心之趣頓殊。晋陶淵明、唐之李杜皆能作五言，而超漢人、伴楚客，趕風雅之變者也，晚唐作者不足算矣。至宋程氏明道夫子，蓋得孔門吟詠之遺法。朱子依其法輯詩傳，而此篇者體爲五言，實續周詩，固非子昂感遇之所仿佛也。朱子没後，未有繼作者，獨明之方遜志齋，其殆庶幾乎？惜哉命之不幸，莫見其成也。抑我倭歌之與詩，言雖異而情則同。濫觴於神代，而盛於皇朝。逮中葉大津皇子始作詩賦，然後詩歌並行，世不乏人。但歌也失神代之風，詩也非周世之音，菅公之才，猶悦其製似香山，矧其他乎。數百年來，朱書斯渡，人人讀詩傳，而不得其旨。此篇則不惟無讀之，知其名者亦鮮矣。予竊三復之，有年於兹，遂輒考諸家之註，抄訓詁，出事證，以俟後之君子折中云。明曆二年十二月九日，山崎嘉序。

（日）久米順利感興詩筆記：寬延四辛未歲孟秋，爲酒井欽信展讀吾朱子感興詩，因記所見，備他日考云。夫朱子感興詩載文集昏，其雜舉性理大全及選詩續編者，猶在大中於禮記中。山崎先生獨知此詩不可謾觀，特表章之，爲定著考註。然後雖世知有此詩，讀者猶未知折其微言。且此注也成，先生初年未歷改正之筆也。故吾尚齋先生雖深惜之，未暇別下手，然講習之間，及此昬之大義者，順利幸得與聞之矣。今也順利越知命之齡，略探舊聞之奥義，感其遺澤之深，謾加筆於此編，竊拾其遺漏云。順利竊謂：聖賢之心與道渾融，故心之未發，道之體立；心之既發，道之用行矣。朱子感興詩自道體之本原，及人受之當然，即體立而用通者也。況吟哦上下之間，薰心次、徹骨髓者別有得，學者宜深味者也。或曰：此編集效朱子詩傳之例，於全章下先注文字出處及字義訓詁，置一圈，詳其章全體之意可也。久米訂齋順利識。

（朝鮮）任聖周朱文公先生齋居感興詩諸家集覽跋：朱夫子感興詩，上極乎陰陽性命之奥，而不遺於下學；外盡乎治亂興喪之機，而反之於一心，規模廣大，工夫嚴密，先儒以配乎太極圖、西銘，信矣。獨其文字簡深，義理精微，窮鄉晚學之士，讀之茫然，往往不識其旨意之所存，學者以是病焉。友人洪君季修得明儒劉剡所編胡雲峰劉上虞二氏註於其族父敬仲氏，以示余曰：「盍爲之修輯以成書？」余受而閱之，字有其訓，句有其解，凡昔之茫然而不識者，莫不瞭然而悉備。有是而尚沉没不行，誠可惜也。然其説或多繁碎，編録又復雜亂，間亦有闕略處，遂就其中删複正誤，略成次第。而又取金仁山濂洛風雅註及尤庵先生朱子大全劄疑，逐段添入，通爲一編。其或有未備者，則又依倣栗谷先生小學集註例，加圈而附補之。然不過一二文義而已。蓋自編輯之役，以至去取修删，終始與敬仲氏同其商訂。而若其附補者，又多出其手。於是而復奉稟於當世先達，博議於一時士友，未嘗敢輒用己意妄下一字，以犯僭逾之罪也。編既成，名以集覽。蓋此書之輯，本欲該載衆説，以便考閲，非敢裁之以傳註體段，以求多乎前人也。季修將以入梓，要余識其後，略記顛末如此云。庚午季夏，西河任聖周謹跋。

（朝鮮）閔遇洙朱文公先生齋居感興詩諸家集覽跋：朱夫子嘗讀大雅，而贊之曰：此非聖賢不能爲。平易明白，正大光明，蓋大雅多周公所自作故也。自夫大雅之不作，而詩道崩淪。降及後世，則直雕蟲篆刻之類耳。漢唐以來，獨朱子感興詩二十篇特爲正聲，上述性命之原，下備日用之常，旁及歷代之史，詞致明白，議論正大，與大雅相表裏，學者所宜朝夕諷誦而不可廢者也。顧其註説多門，難於折衷，讀者病之。任斯文仲思乃取諸家斟酌去取，作爲一書，略其浮辭而發其要旨，用意精深。讀是詩者，因是而得其辭，通其義，以卒承先生嘉惠後學之意，則豈曰少補之哉？仲思要余題其後，略述如此云。癸酉復月初吉，驪興閔遇洙跋。

翁方綱石洲詩話卷四：朱子齋居感興二十首，於陳伯玉採其菁華，剪其枝葉，更無論阮嗣宗矣。作詩必從正道，立定根基，方可印證千條萬派耳。

（日）天瀑文公朱先生感興詩卷末書感興詩注後：覺軒蔡氏注朱子感興詩一卷，余曩日獲活字版古本，乃知其久傳於此間矣。後又獲高麗本於友人氏，校之，無甚異同。按永樂性理大全編入感興詩，其注互舉熊、胡、劉、徐數家，而蔡氏則僅一見於第二十首耳。且蔡注孤行，於諸書無所見，豈其佚於彼者久歟？高麗本附録朱子詩數十首，末又載懼齋注武夷櫂歌。今删落其數詩，獨存櫂歌注，亦以其無别行也。上章涒灘孟夏之月中九日，天瀑識。

劉熙載藝概卷三：朱子感興詩二十篇，高峻寥曠，不在陳射洪下。蓋惟有理趣而無理障，是以至爲難得。

卜　居〔一〕

乾道末

卜居屏山下，俯仰三十秋。終然村墟近〔二〕，未愜心期幽。近聞西山西〔三〕，深谷開平疇。茆茨十數家，清川可行舟〔四〕。風俗頗淳樸，曠土非難求。誓捐三徑資，往遂一壑謀①。伐木南山巔，結廬北山頭。耕田東溪岸，濯足西溪流。朋來即共歡〔五〕，客去成孤游〔六〕。静有山水樂，而無身世憂。著書俟來哲，補過希前修②。兹焉畢暮景，何必營菟裘？

解題 自紹興末年初仕以來，由於政見不合，朱熹一直没有受到重用，對孝宗政府越來越失望。爲此，他多次堅決拒絕了朝廷的任命。對「兼濟天下」已經心灰意冷的朱熹於是准備退而「獨善其身」。本篇就是他對後半生的自我設計。

校記

〔一〕此題淳熙本上有「題武夷」三字。

〔二〕然：右引作「愁」。

〔三〕西山：右引作「武夷」。

〔四〕可：右引作「通」。

〔五〕朋、即：右引作「客」、「聊」。

〔六〕成：右引作「仍」。

注釋

①一壑謀：指隱居的心願。晋陸機七徵：「棄時俗而不徇，甘漁釣於一壑。」

②希前修：猶仰慕前賢。離騷：「謇吾法夫前修兮，非世俗之所服。」

編年 詩云居屏山已三十年，朱熹遷居屏山在紹興十四年，下推三十年左右，即爲乾道末。

評論 黄氏日抄卷三十四：卜居喜雲谷之成。

朱子可聞詩集卷二：章法如層波疊浪，曰「近聞」，曰「誓捐資」，曰「伐木」、「結廬」以及「朋來」、「客去」、「補過」、「著書」，都是從胸中打算，爲題中「卜」字生情，到底不使一實筆。通雲谷在廬峰之西，故曰西山。内寛外密，自爲一區。乾道庚寅，先生始得之。篇都是卜居，而二字却於起筆反面借點。

游武夷以相期拾瑤草分韻賦詩得瑤字 乾道末淳熙初

秋聲入庭户，殘暑不敢驕〔一〕。起趁汗漫期①，兩袂天風飄。眷焉此家山〔二〕，名號列九霄②。相與一來集，曠然心朗寥。棲息共雲屋，追尋唤漁舠〔三〕。一水屢縈回③，千峰鬱岧嶢④。蒼然大隱屏⑤，林端聳孤標⑥。下有雲一壑，仙人久相招。授我黄素書，贈我英瓊瑤⑦。茅茨幾時見？自此遺紛囂〔四〕。

校記 〔一〕敢：淳熙本作「復」。

〔二〕焉：右引作「言」。

〔三〕舠：原作「舠」，據右引及宋閩、浙本改。

〔四〕遺：淳熙本作「遺」。

解題 淳熙十年夏，朱熹於武夷山大隱屏下建成著名的武夷精舍。觀此詩，是時已有營建之意。

注釋 ①汗漫期：指出游之約。語本淮南子道應訓：「吾與汗漫期於九垓之外。」高誘注：「汗漫，不可知之也。」

②九霄：九天，道家謂仙人居處。文選沈約游沈道士館：「鋭意三山上，託慕九霄中。」張銑注：「九霄，九天，仙人所居處也。」此句言武夷名在仙籍，實爲仙山。

③「一水」句：指武夷之九曲溪。

④岧嵽：高峻。曹植九愁賦：「踐蹊隧之危阻，登岧嵽之高岑。」

⑤大隱屏：峰名，在武夷九曲之第五曲，爲山中名景。

⑥孤標：特出的頂端。水經注涑水：「奇峰霞舉，孤標秀出，罩絡群山之表。」

⑦英瓊瑶：喻美好的詩文。文選江淹雜體詩三十首謝惠連贈别：「煙景若離遠，末響寄瓊瑶。」

編年

據卷九行視武夷精舍作之序，大隱屏下之地「舊無人迹，乾道己丑，予舟過而樂之」，知朱熹始得其地於乾道五年。淳熙十年，武夷精舍成。詩中「蒼然」句以下，知時已有營建之意，故必作於乾道末、淳熙初也。

評論

朱子可聞詩集卷二：與淳熙登雲谷同一游山，同一秋日，而彼則云：「秋風吹庭樹，遥夜枕席冷。」寫得凄然。此則云：「秋聲入庭户，殘暑不敢驕。」寫得曠然。蓋立意不同，而景象即與之異。熟玩二詩，可悟行文之變。韓元吉武夷記云：「吾友朱元晦，居五夫山，在武夷一舍而近，若其後圃，暇則游焉。」故篇中説游，亦自與雲谷别。

永樂大典卷九百九李吕跋晦翁游大隱屏詩：右大隱屏峰書堂古風一篇，晦庵先生朱公作也。淳熙己亥，公爲南康守，臘中適宴過客，某與武寧丞楊君子直集于幕府之敬老亭，僉判楊君子美實主其事。郡齋客退，公書此詩遺人走送坐上。子美爲籌，祝而揚之。一籌躍來，徐取而視，乃得字，二君不能奪也。私竊喜焉，因成一絶以謝曰：「晦公詞翰妙天下，可見元無一點塵。爲問争珠誰得者，須還趯倒浄瓶人。」歸而刻之澹軒，以無忘角弓，且知晦公雅志未嘗不在泉石間，其視富貴，真若浮雲。彼世之患得患失者，睹公之詩，能無愧乎？

石子重兄示詩留別次韻爲謝三首乾道七年冬

此道知君著意深，不嫌枯淡苦難禁。更須涵養鑽研力，强矯無忘此日心①。
克己工夫日用間，知君此意久晞顔。摛文妄意輸朋益②，何似書紳有訂頑③。
喜見薰成百里春④，更慚謙誨極諄諄。願言勉盡精微藴，風俗期君使再醇。

解題 乾道七年冬，朱熹因叔舅祝嶠之葬南下尤溪，嘗與知縣事友人石子重論學。石子重（一一二八—一一八二），名𡼏，號克齋，會稽人。隆興二年始問學朱熹，刻意道學，故此篇皆以爲學勉之。

注釋 ①强矯：堅毅頑强。禮記中庸：「故君子和而不流，强哉矯！中立而不倚，强哉矯！國有道不變塞焉，强哉矯！國無道至死不變，强哉矯！」

②摛文：朱熹應石𡼏之請爲作克齋記。

③書紳：把要牢記的話寫在紳帶上，也稱牢記有重要意義的話。論語衛靈公：「子張書諸紳。」訂頑：張載西銘的别名。

④百里：古時一縣所轄之地，因以指縣。漢書百官公卿表上：「縣大率方百里。」

編年 嘉靖尤溪縣志卷二載石𡼏韋齋跋云：「乾道七年，𡼏猥當邑寄，公之子編修先生熹仲晦父適以事來。」朱熹文集卷三十三答吕伯恭十、十二兩書對此行也有詳載。朱熹南劍州尤溪縣學記也言：「（熹）又嘗以事至於其邑，而知其所以教者又皆深造自得之餘。」本篇末首即言縣學事。據以繫之。

鵝湖寺和陸子壽淳熙六年三月

德義風流夙所欽，別離三載更關心〔一〕。偶扶藜杖出寒谷〔二〕，又枉藍輿度遠岑。舊學商量加邃密，新知培養轉深沉。却愁説到無言處〔三〕，不信人間有古今①。

解題 鵝湖寺，在信州鉛山縣東。陸子壽（一一三二—一一八〇），名九齡，號復齋，金溪人，陸九淵五兄。乾道五年進士，與九淵講學贛中，時稱「二陸」。淳熙二年春，朱熹與二陸及吕祖謙等道學家聚於鵝湖，展開了激烈的學術論争。這就是有名的「鵝湖之會」。四年之後，朱熹奉命同知南康軍，路過鉛山，陸九齡專程越嶺來見。朱熹遂追和鵝湖之集二陸詩韻贈之。由於陸九齡的學術立場逐漸轉向朱熹，此次會面十分融洽。

校記

〔一〕更：考異云一作「轉」。

〔二〕出：右引云一作「寄」，一作「過」。

〔三〕却：右引云一作「秖」。

注釋 ①「却愁」二句：言論學至心領神會之處，恍然超越古今，若與古聖賢相對。

編年 本篇乃和陸九齡、九淵兄弟贈朱熹詩韻，二陸詩載象山先生年譜。據朱熹書信，其始見二陸在淳熙二年鵝湖之會，時二陸以詩論學，言辭尖刻，朱熹不悦，拂袖而去。此言别離三載，則作在淳熙六年可知。是年三月朱熹赴任南康過鉛山鵝湖寺，陸九齡越嶺專程來見。「偶扶」二句是其事也。

評論 瀛奎律髓彙評卷四十二方回評：朱文公，徽州婺源人。父松，吏部郎官。季父檉、槔。以建炎四年庚戌九月甲戌生於尤溪。慶元六年庚申三月甲子卒，年七十一。十一月葬建陽縣唐石大林谷。婿黄榦爲行狀，門人李方子爲編年，至蔡謨爲年譜益詳。按年譜淳熙二年乙未夏五月，東萊吕公來訪，講學於寒泉精舍，留止旬日，餞東萊至鵝湖，陸九齡子壽、九淵子静、劉清之子澄來會，相與講其所聞。二陸俱執己見，不合而罷。又曰：「鵝湖辯論，今無所考。」按是時子壽有詩云云，文公和云云，子静和云云。以詩觀之，則學之同異亦可見矣。其後子壽頗悔其非，而子静則終身守其説不變。按：淳熙乙未，朱文公年四十六歲，陸子壽四十二歲，子静三十七歲，東萊三十九歲，劉子澄候考。子静是時以年少英鋭之氣，肆其唐突。兄弟二詩，詞意皆頗不遜，公然詆文公爲「榛塞」、「陸沉」，又曰「支離事業竟浮沉」，而文公和之，詞意渾厚，以「邃密」、「深沉」奬借之，冀其自悟。而二陸根本禪佛之學，不能從也。又子壽詩題云鵝湖示同志，且文公年爲二陸之長，仕宦輩行，蓋亦在先，而云「示同志」，亦可謂僭而不謙矣。此事天下後世知二陸之非，而江西學者相與掩諱，是不可不拈出垂世，此乃吾道學問一大機括也。二陸自不當以詩人責之，二詩三、四止是一意，詩家之所不取，非如三百五篇言之不足，故詠歌之，一意而三申者也。馮舒評：何與於詩？馮班評：虚谷云：「二陸自不當以詩人責之，二詩三、四只是一意，詩家之所不取。」是。紀昀評：虚谷未論二陸云云，未嘗不是，然聖愈贈王禹玉詩「力撻頑石方逢玉，盡撥寒沙始見金」，亦是兩句一意，何以獨不言之？蓋彼爲依附元祐，故諱之。此爲欲媚紫陽，故直言之耳。

朱子可聞詩集卷三：律髓評兩陸詩皆不遜，直詆文公爲「榛塞」、「陸沉」。又曰「支離事業竟浮沉」，文公和之，詞意渾厚，以「邃密」、「深沉」冀其自悟，惜不能降心相從也。五、六精深，三、四以鬆動濟之。即以詩論，二陸亦遜此從容閑暇也。先生云古人詩不必句句著題，今人做詩，愈著題愈不好者，以此。

石洲詩話卷四：「舊學商量加邃密，新知培養轉深沉」，朱子次陸子静韻詩也。朱子詩自以此種爲正脉，蓋從道中流露也。而吴鈔轉不之及。

奉陪機仲宗正景仁太史期會武夷而文叔茂實二友適自昭武來集相與泛舟九曲周覽巖壑之勝而還機仲景仁唱酬迭作謂僕亦不可以無言也衰病懶廢那復有此勉出數語以塞嘉貺不足爲外人道也

淳熙四年九月

此山名自西京傳①，丹臺紫府天中天②。似聞雲鶴時降集〔一〕，應笑磨蜡空回旋③。我來適此秋景晏，青楓葉赤摇寒煙。九還七返不易得，千巖萬壑渠能專④？同游幸有二三子，天畀此段非徒然。梁郎季子山澤臞⑤，傅伯爰盎瀛洲仙⑥。相逢相得要强附，却恨馬腹勞長鞭⑦。黄華未和白雪句⑧，畫舸且共清泠川。回船罷酒三太息，百歲誰復來通泉⑨？景仁數日屢誦此句。盈虚有數豈終極⑩，爲君出此窮愁篇〔二〕。

解題 此與以下四篇同韻，皆一時先後之作。機仲，袁樞（一一三一—一二〇五）字。樞建安人，著有通鑑紀事本末，時將入朝任大宗正寺主簿。景仁，傅伯壽字。伯壽晋江人，自得長子，時自著作郎罷歸泉州，故稱太史。文叔，梁瑑字。瑑邵武人，從朱熹學。茂實，吴英字。昭武，即邵武。以上數人皆朱熹老友，故是篇旨在叙情。

校記

〔一〕似：考異云一作「但」。

〔二〕淳熙本篇末注：「右游九曲詩，次傅大著之韵」。

注釋

①西京：指西漢。因西漢都長安，故稱。

②丹臺紫府：均道家所稱仙人居處。藝文類聚卷七十八引真人周君傳：「子名在丹臺玉室之中，何憂不仙？」抱朴子祛惑：「及至天上，先過紫府。」

③磨螘：又作「磨蟻」，磨盤上的螞蟻，喻日月。語本晋書天文志上：「天旁轉如推磨而左行，日月右行，隨天左轉。……譬之於蟻行磨石上，磨左旋而蟻右去，磨疾而蟻遲，故不得不隨磨以左迴焉。」此言山中皆仙府，所居皆仙人，歲月何用？

④「九還」二句：九還七返，指仙丹。道家以「七」代表火，以「九」代表金。謂以火煉金，使其返本還原，成爲仙丹。雲笈七籤卷六十九：「更服至七返九還，自然魄煉尸滅，神怡體清。」二句言仙丹雖不易得，山水則非彼所專而我可游。

⑤梁郎：梁瑑。季子：吴英。春秋吴王壽夢季子季札號延陵季子，以其吴人，故以指吴英。臞：瘦。史記司馬相如列傳：「相如以爲列仙之傳居山澤間，形容甚臞。」

⑥傅伯：傅伯壽。爰盎：袁樞。爰盎即袁盎，漢楚人。漢書作「爰盎」，此取其姓。

⑦「相逢」二句：言衆人歡會，想要勉强跟着作詩，却實才不相及。相得：彼此投合。史記魏其武安侯列傳：「相得歡甚，無厭，恨相知晚也。」

⑧黄華：即皇花，古俗曲名。白雪：即陽春白雪，戰國楚雅曲名。黄庭堅送彦孚主簿：「黄華雖衆笑，白雪不同腔。」

⑨通泉：通好於九泉之下。

⑩盈虚：盛衰變化。易豐卦：「天地盈虚，與時消息。」有數：有氣數，命定。白居易村中留李三固言宿：「如我與君心，相知應有數。」

編年

宋史袁樞傳載其除大宗正簿始末甚詳。據其記載，參知政事龔茂良薦樞所撰通鑑紀事本末於孝宗，得到賞識，於是有是職之除。據宋會要輯稿崇儒四之三十一，龔茂良上書在淳熙三年十一月二十四日，而次年六月茂良已出京。故知袁樞赴宗正官在淳熙四年。又據南宋館閣録卷七、宋會要輯稿職官七十二之四，傅伯壽淳熙三年九月除著作郎，四年六月二十六日罷。此即詩中「太史」之稱所由。觀此，本篇也必作於淳熙四年。詩云「我來適此秋景晏」，是作於九月也。

奉答景仁老兄贈别之句淳熙四年九月

古人一去心不傳，舉世誰復知其天①？奔趨嗜欲名利境，浩蕩勢若飄風旋。嗟予慨此其已久，矧復痼疾霾雲烟。禪關夜扣手剥啄②，丹經晝誦心精專。十年齊楚得失裹③，醉醒夢覺今超然。迷心昧性哂竺學，貪生惜死悲方仙④。如何懶惰行不力，日月逝矣羲和鞭⑤。秪今已往遠玄象〔一〕⑥，羡子正似方來川。何憂功名與事業？但要溥博而淵泉⑦。不見君家鼻祖開聖學⑧，照耀今古書三篇⑨。六經説命篇始有「學」字。

解題 此篇自抨擊澆薄世風發端，既而現身説法，反省了自己出入釋老的思想歷程，末後慰藉鼓勵，勸誘滿紙，頗寓深意。傅伯壽慶元年間依附韓侂胄，攻擊道學不遺餘力，其奔趨利欲，或此時言行已見端倪。

校記

〔一〕往：原缺，據朱玉朱子文集大全類編補。

注釋

①天：猶言天性。理學家認爲人與生俱來具有天賦之性，萬善具備。孟子盡心上：「盡其心者，知其性也。知其性，則知天矣。」朱熹集注：「心者，人之神明，所以具衆理而應萬事者也。性則心之所具之理，而天又理之所從以出者也。」

②禪關：禪門，寺門。李白化城寺大鐘銘：「方入於禪關，睹天宫崢嶸，聞鐘聲瑣屑。」剥啄：叩擊，敲打。唐高適重陽：「豈有白衣來剥啄，亦從烏帽自攲斜。」

③齊楚：猶言南轅北轍。齊在北，楚在南。朱熹嘗自言早年爲學不得其要，出入釋老幾十年。

④「迷心」二句：斥釋道二教之妄。竺學：佛學。以其源於古天竺，故稱。方仙：方術之士，代指道教。

⑤羲和：神話中太陽的駕車者。離騷：「吾令羲和弭節兮，望崦嵫而勿迫。」

⑥玄象：天象，指日月星辰在天所成之象。晉書庾冰傳載，范汪對庾冰言：「頃天文錯度，足下宜盡消禦之道。」冰曰：「玄象豈吾所測，正當勤盡人事耳。」此句借其意，言當自身努力。

⑦溥博：言學識廣博。淵泉：言根基深厚。禮記中庸：「溥博淵泉，而時出之。」朱熹章句：「溥博，周遍而廣闊也。淵泉，静深而有本也。」

⑧君家鼻祖：指傅説。説爲殷相，武丁得之於傅巖，助商中興。

⑨書三篇：指尚書之説命上、中、下三篇。

編年　見上篇所考。

復用前韻敬別機仲（淳熙四年九月）

君家道素幾葉傳①，只今用舍懸諸天。屹然砥柱戰河曲②，肯似落葉隨風旋？奮髯忽作猬毛磔③，浩氣勃若霄中煙。隱憂尚喜遺直在④，壯烈未許前人專。武夷連日聽奇語，令我兩腋風泠然⑤。初如茫茫出太極⑥，稍似冉冉隨群仙。安能局促夜起舞，下與祖逖爭雄鞭⑦？終憐賢屈惜往日，亦念聖孔悲徂川⑧。願君盡此一杯酒，預澆舌本如懸泉。沃心澤物吾有望⑨，勒移忍繼鍾山篇⑩！

解題　袁樞性格豪邁，好爲大言，剛愎固執。本篇贊嘆其正直耿介的同時，也語帶微意。其後二人因爭論易學，幾於反目。

注釋

①道素：純樸的德行。南史袁湛傳：「袁昂道素之門，世有忠節。」幾葉：幾代。後漢書郭躬傳：「三葉皆爲司隸，時稱其盛。」

②河曲：地區名，指今山西蒲州至風陵渡一帶。以黃河自北向南，至北折向東流成一曲，故名。春秋文公十二年：「晉人、秦人戰于河曲。」杜預注：「河曲在河東蒲坂縣南。」此借指袁樞敢於與流俗抗爭。

③磔：張開。晉書桓溫傳：「溫眼如紫石棱，鬚作猬毛磔。」

④隱憂：深憂，指憂世憂國。遺直：直道而行，有古人遺風的人。左傳昭公十四年：「叔向，古之遺直也。」杜預注：「言叔向之直，有古人遺風。」

⑤「令我」句：言心馳神往而飄逸欲飛。唐盧仝好飲茶，其走筆謝孟諫議寄新茶云：「七碗吃不得也，唯覺兩腋習習清風生。」後以「兩腋風生」形容人飄逸欲飛之感。

⑥太極：謂天宮，仙界。三國魏阮籍詠懷之七二：「時路烏足爭？太極可翺翔。」此句猶言如墜五里雲中。

⑦「安能」二句：自謙遠不及袁樞。局促：見識短淺，心胸狹隘。文選傅毅舞賦：「嘉關雎之不淫兮，哀蟋蟀之局促。」李善注：「局促，小見之貌。」祖逖：東晋名將，終生以恢復中原爲己任。晋書劉琨傳載，琨與祖逖爲友，聞其被用，乃致書親故云：「吾枕戈待旦，志梟逆虜，常恐祖生先吾著鞭。」

⑧徂川：一去不返的江水，喻流逝的時光。論語子罕：「子在川上曰：『逝者如斯夫！不舍晝夜。』」

⑨沃心澤物：啓沃君心，利及萬民。

⑩勒移：刻移文。移文爲古官署公文之一種。鍾山篇：指南朝齊孔稚圭所作北山移文。鍾山、北山，皆南京紫金山别名。文選孔稚圭北山移文吕向解題：「鍾山在都北。其先周彦倫隱於此山，後應詔出爲海鹽縣令。今欲却過此山，孔生乃假山靈之意移之，使不許得至，故云北山移文。」此言袁樞乃經世濟民之才，斷不能歸隱山林而讓自己再作一篇北山移文。

編年　見上篇所考。

評論　朱子可聞詩集卷二：一起二句，定全篇大局。「用舍懸諸天」，是立意處。「屹然砥柱」一段，應首句，言袁機仲忠直，有光前葉，便見用舍之有具也。「武夷聽奇語」以下，借含意作開，叙出連日相聚之事。「終憐昔往日」以下，借用意轉合，發出別後相期之心。然兩段束句，皆是翻使故事。「用舍」二字，終未直下斷語，以其尚懸諸天也。隱然有用舍無與於己，行藏安於所遇之意。

讀機仲景仁别後詩語因及詩傳綱目復用前韻 淳熙四年九月

道有默識無言傳，向來誤矣空談天。只今斷簡窺蠹蝕①，似向追蠡看蟲旋②。始知古人有妙處，未遽秦谷隨飛煙③。終然世累苦妨奪，下帷發憤那容專？一心正爾思鵠至④，兩手欲救驚頭然⑤。書空且復罷咄咄⑥，屢舞豈暇陪仙仙⑦？兩年罷詩止酒，故云。功名況乃身外事，我馬硉兀甘回鞭⑧。解頤果值得水井⑨，謂詩傳。鑒古亦會朝宗川⑩。謂綱目。兩公知我不罪我，便可築室分林泉。十年燈下一夜語〔一〕，閑日共賦春容篇⑪。

解題 詩傳，詩集傳；綱目，資治通鑑綱目。二書乃朱熹重要著作，故是詩言其著述始末。

校記 〔一〕下：考異云一作「火」。

注釋 ①蠹蝕：被蟲蛀壞。此句言讀流傳久遠、殘闕不全的古籍。

②追蠡：鐘紐將斷貌。孟子盡心下載高子言觀追蠡而知禹之聲尚文王之聲，朱熹集注引豐氏曰：「追，鐘紐也，周禮所謂旋蟲是也。蠡者，齧木蟲也。言禹時鐘在者，鐘紐如蟲齧而欲絶，蓋用之者多也。」蟲旋：周禮考工記鳧氏之旋蟲本指獸形圖案的鐘紐，此借用之，言若見將斷之鐘紐上爬滿蠹蟲，示流傳久遠。

③「未遽」句：指秦始皇焚書坑儒事。

④鵠至：天鵝將至。孟子告子上：「使奕秋誨二人奕，其一人專心致志，惟奕秋之爲聽。一人雖聽之，一心以爲有鴻鵠將至，思援弓繳而射之。」喻心不在焉，一心二用。

⑤然：「燃」的古字。此句形容忙亂。

⑥書空：用手指在空中虛畫字形。世説新語黜免：「殷中軍被廢，在信安，終日恒書空作字。揚州吏民尋義逐之，竊視，唯作『咄咄怪事』四字而已。」此句借用之，言不再作詩。

⑦屢舞：詩經小雅賓之初筵：「舍其坐遷，屢舞仙仙。」孔穎達疏：「仙仙，舞貌也。」此句言止酒。

⑧硉兀：又作「硉矹」，高聳，高峻。郭璞江賦：「巨石硉矹以前却。」此喻仕途險惡。

⑨解頤：漢書匡衡傳：「無説詩，匡鼎來；匡説詩，解人頤。」此借指解釋詩經。得水井：喻源源不斷地挖掘出詩經的新義。

⑩朝宗：臣下朝見帝王，喻小水流注大水。尚書禹貢：「江漢朝宗于海。」孔穎達疏：「朝宗是人事之名，水無性識，非有此義。以海水大而江漢小，以小就大，似諸侯歸於天子，假人事而言也。」朝宗川：指資治通鑑，宗則指春秋。朱熹綱目因通鑑而作，故自稱會於朝宗之川。

⑪春容篇：喻從容論學。禮記學記：「善待問者如撞鐘，叩之以小者則小鳴，叩之以大者則大鳴。待其從容，然後盡其聲。」鄭玄注：「『從』，讀如『富父春戈』之『春』。春容，謂重撞擊也。」

編年

見上篇所考。

評論

朱子可聞詩集卷二：起悔向來談空，無益於道，賴古人尚有殘篇在，第患不能專心以求耳。「終焉」以下八句，皆自述其專心下帷，不爲世累妨奪也。然先生又豈尋行數墨之人哉，於詩傳曰「得水井」，於綱目曰「朝宗川」，蓋已探其源而會其歸矣。本是一篇經解，載韻語中，新奇趣逸，全無絲毫學究氣。吴東巖云：朱子論三百篇只是恁説話，意味深長。不善解者添上義理，如一源清水，將事物窒塞了也。兹曰「得水井」，意亦如是。觀先生解詩，不重説理，而作詩可知。

歷代詩發卷二十七范大士評：三詩力厚思沉，氣雄味永，洵和順之英華，非由摹鐫而至也。

讀通鑑紀事本末用武夷唱和元韻寄機仲 淳熙四年冬

先生諫疏莫與傳，忠憤激烈號旻天①。却憐廣文官舍冷②，只與文字相周旋。上書乞得聊自屏，清坐日對銅爐烟。功名馳騖往莫悔，鉛槧職業今當專③。要將報答陛下聖，矯首北闕還潸然。屬詞比事有深意④，憑愚護短驚群仙⑤。誰言未秉太史筆〔一〕，自幸已執留臺鞭⑥。温公以留臺領書局⑦，時韓魏公與書⑧，有「執鞭」之語。果然敕遣六丁取⑨，香羅漆匣浮桐川⑩。陰凝有戒竦皇鑒⑪，恭聞上讀此書，有「履霜堅冰」之語。陽剥欲盡生玄泉⑫。明年定對白虎殿⑬，更誦大學中庸篇。頃在武夷，屢講「正心誠意」〔二〕⑭。

解題 通鑑紀事本末，袁樞代表作，史家以爲開紀事本末體史書之先河。此篇對該書作了高度評價，末句一轉，特地引出大學中庸，是對袁樞的婉言相勸，表現了朱熹從學問根本的角度出發輕視史書的一貫看法。

校記 〔一〕誰：原缺，據張伯行濂洛風雅補。

〔二〕屢：原作「宫」，據宋閩本改。

注釋

①「先生」二句：指袁樞彈劾權臣張説事，見宋史樞本傳。旻天：蒼天。尚書多士：「弗吊旻天，大降喪于殷。」孔穎達疏：「天有多名，獨言旻天者，旻，愍也。」

②廣文：新唐書鄭虔傳載，唐玄宗愛鄭虔之才，爲置廣文館，以之爲博士，人稱虔爲廣文先生。後也用指清苦閑散的儒學教官。宋梅堯臣裴直講得潤州通判周仲章咸豉遺一小瓶：「我今老病寡肉食，廣文先生分遺微。」袁樞因劾張説，自太學録出爲嚴州教授。

③鉛槧：古人書寫文字的工具，鉛粉筆和木板片。西京雜記卷三：「揚子雲好事，常懷鉛提槧，從諸計吏，訪殊方絶域四方之語。」代指著述。

④屬詞比事：連綴文辭，排比史事。禮記經解：「屬辭比事，春秋教也。」

⑤憑愚：固執其愚昧。韓愈記夢：「用知仙人未賢聖，護短憑愚邀我敬。」此句言前人治史錯誤甚多。

⑥留臺：指帝王離京時之京師、故都、陪都、行在所奉命留守之官及其機構。宣和遺事後集：「是時朝廷所用汪伯彦、黄潛善初無遠略，東京委之御史，南京委之留臺。」

⑦温公：司馬光。光封温國公。

⑧韓魏公：韓琦。琦歷仕仁、英、神宗三朝，位至宰相，封魏國公。

⑨六丁：指丁卯、丁巳、丁未、丁酉、丁亥、丁丑，道教以爲陰神，爲天帝所役使。後漢書梁節王暢傳：「從官卞忌自言能使六丁。」李賢注：「六丁，謂六甲中丁神也。若甲子旬中，則丁卯爲神；甲寅旬中，則丁巳爲神之類也。」

⑩香羅：綾羅的美稱。杜甫端午日賜衣：「細葛含風軟，香羅疊雪輕。」桐川：即桐江，在今

浙江桐廬縣北，爲錢塘江中游嚴州至桐廬一段的别稱。此句言袁書由水路上呈至京。

⑪「陰凝」句：言陰氣逐漸凝結而成堅冰之戒使皇帝感到警懼。易坤卦：「履霜堅冰，陰始凝也，馴致其道，至堅冰也。」後以「履霜堅冰」喻積重難返，導致嚴重後果。

⑫「陽剥」句：此易剥、復二卦之象。剥卦朱熹本義：「剥，落也。五陰在下而方生，一陽在上而將盡，陰盛長而陽消落，九月之卦也。陰盛陽衰，小人壯而君子病。」復卦朱熹本義：「復，陽復生於下也。剥盡則純坤，十月之卦，而陽氣已生於下矣。積之逾月，然後一陽之體始成而來復。」玄泉：地之深處，陽氣所從生。此句以卦象喻否極則泰來，百廢可興。

⑬白虎殿：漢宫殿名。漢書王商傳：「單于來朝，引見白虎殿。」顔師古注引三輔黄圖：「在未央宫中。」借指宫廷。

⑭正心、誠意：皆大學文，朱熹以爲「八條目」中之二條。

編年

據以上數篇，袁樞赴京在淳熙四年冬。此云「明年定對白虎殿」，指樞次年將轉對，故本篇也當作在當年末。

評論

朱子可聞詩集卷二：可庵云：忠憤激烈在著書以前，是袁公大本領，亟須揭出，以下層層照應，法甚密。鉛槧職業，正好接入屬詞比事矣，忽插「要將報答陛下聖」二句，不獨中間奇峰起，而前言「忠憤號旻天」，後言「陰凝竦皇鑒」，亦一齊振動，擊其中而首尾俱應也。前因忠憤乃著書，後遂書成竦皇鑒，「果然」二字，遥遥相接，敵得無限慶幸話頭，亦硬插之法。

石洲詩話卷四：袁機仲通鑑紀事本末，徽國文公讀之，有詩云：「要將報答陛下聖，矯首北闕還潸然。屬辭比事有深意，憑愚護短驚群仙。」讀此，足見機仲此書意識遠矣。

朱熹文集編年評注卷五上

詩

拜張魏公墓下乾道三年冬

衡山何巍巍，湘流亦湯湯。我公獨何往？劍履在此堂〔一〕①。念昔中興初，孽豎倒冠裳②。公時首建義③，自此扶三綱。精忠貫宸極〔二〕④，孤憤摩穹蒼〔三〕。元戎二十萬⑤，一旦先啓行。西徵奠梁益⑥，南轅撫江湘⑦。士心既豫附⑧，國威亦張皇〔四〕⑨。縞素哭新宫⑩，哀聲連萬方。黠虜聞褫魄⑪，經營久彷徨。玉帛驟往來⑫，士馬且伏藏。公謀適不用，拱手遷南荒⑬。白首復來歸⑭，髪短丹心長。拳拳冀感格⑮，汲汲勤修攘。天命竟難諶⑯，人事亦靡常。悠然謝台鼎⑰，騎龍白雲鄉⑱。坐令此空山，名與日月彰。千秋定軍壘⑲，岌嶪遥相望。賤子來歲陰⑳，烈風振高岡。下馬九頓首，撫膺淚淋浪。山頹今幾年㉑？志士日慘傷。中原尚腥羶，人類幾豺狼。公還浩無期，嗣德煒有光[22]。恭惟宋社稷，永永垂無疆！

解題

乾道三年秋冬間，朱熹訪張栻於長沙。在登南岳衡山之前，拜掃了栻亡父之墓。張魏公，即張浚（一〇九七—一一六四），字德遠，漢州綿竹人。浚嘗力抗金兵，馳騁沙場，位至宰相，爲宋中興名臣，封魏國公。其墓在衡山縣南岳之陰。本篇緬懷張浚一生功業，表達了對死者的敬仰和哀悼，同時也寄寓了憂國憂民的沉痛情懷。

校記

〔一〕履：考異云一作「几」。

〔二〕忠：右引云一作「誠」。

〔三〕孤：右引云一作「忠」。

〔四〕威：右引云一作「勢」。

注釋

①劍履：示張浚爲國重臣。古禮，經帝王特許，重臣可帶劍着履上朝。後漢書董卓傳：「尋進卓爲相國，入朝不趨，劍履上殿。」

②孽豎：邪惡的小人，指秦檜之流。新唐書李絳傳：「今孽豎就禽，方收威柄。」倒冠裳：倒着衣裳，喻倒行逆施。語本詩經齊風東方未明：「東方未明，顛倒衣裳。顛之倒之，自公召之。」

③建義：興義軍，舉義旗，此指興北伐之師。晉書諸葛長民傳：「及劉裕建義，與之定謀。」

④宸極：北極星。晉書律曆志中：「昔者聖人擬宸極以運璿璣。」

⑤元戎：大兵車，代指軍隊。詩經小雅六月：「元戎十乘，以先啓行。」朱熹集傳：「元，大也。戎，戎車也。」

⑥奠：定。尚書禹貢「奠高山大川」，孔傳：「奠，定也。」梁益：指蜀地。蜀漢有梁益二州，故

稱。晉張載劍閣銘：「勒銘山阿，敢告梁益。」

⑦江湘：長江和湘江，也指二江流域。楚辭九章涉江：「哀南夷之莫吾知兮，旦余濟乎江湘。」此指張浚督師長江及平楊麼事。

⑧豫附：心悅而歸附。漢書陸賈傳：「將相和，則士豫附。」

⑨張皇：壯大。尚書康王之誥「張皇六師」，孔傳：「言當張大六師之衆。」

⑩「縞素」句：指宋徽宗紹興五年死於金五國城之事。

⑪褫魄：猶失魂落魄。文選張衡東京賦：「罔然若醒，朝罷夕倦，奪氣褫魄之爲者也。」薛綜注：「惘然如神奪其精氣，又若魂魄亡離其身。」

⑫玉帛：圭璋和束帛，古代祭祀、會盟、朝聘等所用禮物。此指紹興八年宋金和議。

⑬南荒：南方荒僻之地。此指張浚因反對秦檜等議和而謫居永州。

⑭「白首」句：指張浚紹興末重返政府，任樞密使、宰相事。

⑮感格：感通，指感動上天而給予福祐。宋李綱應詔條陳七事奏狀：「然臣聞應天以實不以文，天人一道，初無殊致，唯以至誠，可相感格。」

⑯諶：相信。尚書咸有一德：「嗚呼！天難諶，命靡常。」孔傳：「以其無常，故難信。」

⑰台鼎：古指國之三公，如星之有三台，鼎之有三足。語本漢蔡邕太尉汝南李公碑：「天垂三台，地建五岳，降生我哲，應鼎之足。」

⑱白雲鄉：莊子天地：「乘彼白雲，至於帝鄉。」後因以「白雲鄉」指神仙之鄉。

⑲定軍壘：即定軍山，在今陝西沔縣西南。三國蜀丞相諸葛亮葬於此山。張浚蜀人，爲宋丞相，

此以比諸葛亮。

⑳歲陰：歲暮。庾信歲晚出横門：「年華改歲陰，游客喜登臨。」

㉑山頹：山崩，形容偉人逝去。禮記檀弓上載，孔子死前七日，作歌曰：「泰山其頹乎？梁木其壞乎？哲人其萎乎？」

㉒嗣德：繼承美德，指子嗣。韓愈答元侍御書：「足下年尚强，嗣德有繼。」此指浚子張栻。

編年

朱熹平生兩至湖南，一爲乾道三年秋冬間訪張栻於長沙，一爲紹熙五年夏秋間任知潭州、荆湖南路安撫使。本篇作在冬季，張栻尚在世，爲乾道三年作無疑。朱熹別集卷二與程允夫五云：「某向到湘中，所語甚多，然皆草率不足觀。謾令大兒寫拜魏公墓一篇去。」此亦明證。

評論

朱子可聞詩集卷一：靖康之變，中原尚可恢復，而乃誤於和議。忠獻一生之功不可没，忠獻九原之志不得申，此敬夫所爲君親不共戴天之讎，甫葬親而即拜疏也。篇中直提「公時首建義」、「公謀適不用」、「公還浩無期」三筆，爲通篇關鍵，是先生大書特書，作綱目以繼麟經手段，豈但曰詩中有史。任臣云：此詩骨重神寒，足覘先生氣節。

敬簡堂分韻得月字 乾道三年十一月

煌煌定方中①，農隙孟冬月。君侯敞齋扉〔一〕，華榜新未揭②。我來適兹時，亦有大夫茇③。清觴不留行，晤語得超越。更看雷雨勢，翻動龍蛇窟④。襟懷頓能輸，肝膽亦已竭。老仙來何方？湖海氣硉矹⑤。君侯斂袂起，顛越承屨襪⑥。坐人驚創見，引去殊卒卒。伊余不忍逝，頓首願有謁。人生均秉彝，天造豈停歇？云何利害判，所較無一髮⑦？兹焉辨不早，大本將恐蹶⑧。吾言實自箴，君聽未宜忽。

解題 敬簡堂，張孝祥官長沙時所築堂名。孝祥字安國，南宋著名詞人，時知潭州。孝祥與張栻友善，慕朱熹之名，於其入湘，特遣專人迎至遠郊。本篇記述了在敬簡堂做客的情形，而以理學説教終之。

校記 〔一〕扉：淳熙本作「房」，考異所引别本同。

注釋 ①定：星名，即營室星。詩經鄘風定之方中：「定之方中，作于楚宫。」朱熹集傳：「定，北方之宿，營室星也。此星昏而正中，夏正十月也。於是時可以營造宫室，故謂之營室。」

②華榜：匾額的美稱。王安石籌思亭：「寓興中園爲遠趣，託名華榜有新詩。」

③茇：草舍，止宿於草舍中。詩經召南甘棠：「蔽芾甘棠，勿剪勿伐，召伯所茇。」鄭玄箋：「茇，草舍也。」

④「更看」二句：形容草書飛動圓轉，氣勢磅礴。李白草書歌行：「怳怳如聞神鬼驚，時時只見龍蛇走。」

⑤硉矹：豪放。韓愈詠雪贈張籍：「狂教詩硉矹，興與酒陪鰓。」

⑥顛越：墜落。尚書盤庚中：「乃有不吉不迪，顛越不恭。」孔穎達疏：「隕墜禮法，不恭上命。」此形容起迎貴客的慌亂。承屨襪：接着客人脱下的鞋，形容恭敬。古禮，長者入室可脱鞋。

⑦「人生」四句：言天賦之性人人等同，天理流行生生不息。差之毫釐，謬以千里。天理人欲、是非善惡只在於一念間。秉彝：持守固有之本性。詩經大雅烝民：「民之秉彝，好是懿德。」朱熹集傳：「是乃民所執之常性，故其情無不好此美德者。」

⑧蹶：顛扑，跌倒。孟子公孫丑上：「今夫蹶者、趨者，是氣也，而反動其心。」朱熹集注：「如人顛躓趨走，則氣專在是而反動其心焉。」

編年 本篇長沙訪張孝祥於敬簡堂，作在乾道三年十一月，無須深考。

登岳麓赫曦臺聯句 乾道丁亥冬九日〔一〕

泛舟長沙渚，振策湘山岑①。晦翁　煙雲眇變化，宇宙窮高深。懷古壯士志，憂時君子心。敬夫　寄言塵中客，莽蒼誰能尋？晦翁

解題 此朱熹與張栻於岳麓山頂所作聯句。岳麓山在今長沙市湘江西岸，著名的岳麓書院在焉。朱熹與張栻一行由潭州城南下衡山途中，曾於此小留。赫曦臺，在岳麓絕頂，朱熹所命名。

校記 〔一〕宋浙本題注「冬」上空一字。冬九日：記疑云疑少「月」字。

注釋 ①振策：揚鞭走馬。陸機赴洛道中作：「振策陟崇丘，安轡遵平莽。」湘山：指岳麓。

編年 據題繫年。

登定王臺 乾道三年十月十三日

寂寞番君後①，光華帝子來。千年餘故國，萬事只空臺。日月東西見，湖山表裏開。從知爽鳩樂②，莫作雍門哀③。

解題 定王臺，在今長沙縣東，相傳爲漢景帝子長沙定王發爲望其母唐姬墓而建。作者觸景生嘆，表達了

對千古興亡的無限感慨。

注釋

①番君：吴芮。漢書吴芮傳：「吴芮，秦時番陽令也，甚得江湖民心，號曰番君。」長沙原吴芮封地，芮絶後，方封定王發。

②爽鳩：即爽鳩氏，傳説爲少皞氏的司寇。左傳昭公二十年載，齊侯曾對晏子談到，如果從古至今人皆不死，該是多麽快樂的事。晏子答道，如果古人皆不死，應該快樂的是爽鳩氏，而不是齊侯。因爲齊地遠古之時爲爽鳩氏所有，如果他不死，齊侯又怎麽能當上齊國的君主呢？這裏借用「爽鳩樂」指傳國久遠，永保天下。

③雍門：指古之善琴者雍門子周。説苑善説載，孟嘗君曾問子周彈琴是否能使自己悲哀，子周於是先言孟嘗君當悲者一事，即不論楚國稱霸還是秦國稱王，薛國都免不了滅亡的命運。接着方開始彈琴。孟嘗君於是淚流滿面，説：「先生之鼓琴，令文立若破國亡邑之人也。」這裏借用爲亡國之典。

編年

據下篇及敬夫用熹定王臺韻賦詩因復次韻，確知本篇作於乾道三年。其月日見年譜長編所考。

評論

瀛奎律髓彙評卷一方回評：朱文公詩迫近後山，此詩尾句，雖後山亦只如此。乾道二年丁亥，文公訪南軒於長沙所賦。用事命意，定格下字，悉如律令，雜老杜、後山集中可也。「爽鳩」出左傳昭公二十年。馮舒評：杜、陳并語，冤哉！馮班評：陳與杜如何并稱？文公筆端頗高，其諸詩在詞句聲調之間，淺狹不近古人，方君不解也。紀昀評：以大儒故有意推尊，論詩不當如此。詩法、道統，截然二事，不必援引，借以爲重。中四句有古迹山川處便可用，最爲濫套。末二句是唐、宋分界。陸貽典評：文公五言律全學老杜。如此詩，結句得杜之神，寧止近於後山也？查慎行評：

第三聯軒豁呈露。無名氏（甲）評：定王臺，在長沙。長沙原封番君吳芮，既絕，乃封定王發，景帝子也。無名氏（乙）評：公詩瘦健，有沖和之氣，由涵養而成，非詩人可逾。而公實留心於詩，非不學而徑詣，此其所以遠也。

詩藪外編卷五：宋初及南渡諸家，亦往往有可參唐集者，世率以時代置之。今摘其合作之句，列於左方。……朱熹：「日月東西見，湖山表裏開。」

朱子可聞詩集卷三：五、六氣象不讓吳楚，「乾坤」一聯，足廓胸蕩目。馮鈍吟評：杜詩嘗用此體，後山效之，往往結不住。此篇一結即緊妙。

次敬夫登定王臺韻 乾道三年十月十三日

今朝風日好，抱病起登臺。山色愁無盡，江波去不回。客懷元老草①，節物又疏梅②。且莫催歸騎，憑欄更一杯。

注釋 ①老草：草率。宋莊季裕雞肋編卷下：「世俗簡牘中多用『老草』，如云『草略』之義。余問於博洽者，皆莫能知其所出。後因檢禮部韻略『恅』字注云：『懆恅，心亂也。』疑本出此，傳用之訛，故去心耳。」

②節物：各個季節的風物景色。陸機擬明月何皎皎：「踟躕感節物，我行永已久。」

編年 見上篇所考。

評論 朱子可聞詩集卷三：從登臺著筆，前首詠古迹，此首述客懷。前首八句正對，此首一意相生。前首聲調高亮，此首音節悠揚。同一題也，而命意立格煉句，種種不同。

七日發岳麓道中尋梅不獲至十日遇雪作此 自此後係南岳唱酬① 乾道三年十一月十日

三日山行風繞林，天寒歲暮客愁深。心期已誤梅花笑，急雪無端更滿襟。

注釋 ①南岳唱酬：朱熹、張栻、林用中三人乾道三年冬衡山唱酬詩集，凡收詩一百四十九篇，張栻作序，詳記唱酬始末。

編年 據題注繫年。其月日，則張栻南岳唱酬序言之甚詳，此下各篇據此繫之。

大雪馬上次敬夫韻 乾道三年十一月十一日

仙人喬岳頂，散髮吹參差。唤我二三友，集此西南垂。列筵命洛公①，侑坐迎江妃②。導之千羽旄〔一〕③，投以萬璧璣④。繽紛一何麗，晻靄難具知⑤。衆真亦來翔⑥，怳覺叢霄低⑦。茫茫雲霧合，一一瓊瑶姿。回首謝世人，千載空相思。吾衰怯雄觀，未敢探此奇。短衣一匹馬⑧，幸甚得所隨。天寒飲我酒，酒罷賡君詩⑨。人生易南北，復此知何時？

解題 此前往南岳途中所作。前半寫雪景，後半叙友情。

校記 〔一〕旄：考異云一作「化」。

注釋 ①洛公：傳説中的仙人。唐陸龜蒙和初冬偶作寄南陽潤卿韻：「試與飛書問洛公。」

②侑坐：陪坐。蘇軾贈寫御容妙善師：「元老侑坐須眉古，虎臣侍立冠劍長。」江妃：傳説中的

神女。劉向列仙傳江妃二女：「江妃二女者，不知何所人也。出游於江漢之湄，逢鄭交甫，見而悦之，不知其神人也。」

③羽旄：鳥羽和旄牛尾旗飾，也指旌旗。孟子梁惠王下：「今王田獵於此，百姓聞王車馬之音，見羽旄之美。」

④璧璣：玉珠，指飛霰。

⑤晻靄：又作「晻藹」，昏暗。離騷：「揚雲霓之晻藹兮，鳴玉鸞之啾啾。」洪興祖補注：「晻藹，暗也，冥也。」

⑥衆真：衆仙。説文解字匕部：「真，仙人變形登天也。」

⑦叢霄：猶九霄。范成大小望州：「叢霄一握近，罡風振衣冷。」

⑧短衣：短裝。史記劉敬叔孫通列傳：「乃變其服，服短衣。」司馬貞索隱引孔文祥云：「短衣便事，非儒者衣服。」

⑨賡：續。韓愈上巳日燕太學聽彈琴詩序：「鼓有虞氏之南風，賡之以文王宣父之操。」

編年 載南岳唱酬集。

評論 朱子可聞詩集卷二：嚴滄浪云：「詩有別趣，非關理也。」如此篇，游山乃謂仙人喚我，詠雪更擬衆真來翔，真無其理而有其趣。此先生集中最奇之作，亦緣敬夫原韻有「炎官挾蓐收，從以萬玉妃」句，乃和其意。故末段將雄觀探奇，急急收到賡君詩上，結句是馬上指點。

風雪未已決策登山用敬夫春風樓韻 乾道三年十一月十二日

披風蘭臺宮①，看雨百常觀②。安知此山雲，對面隔霄漢。群陰匝寰區，密雪渺天畔。峨峨雪中山，心眼凄欲斷③。吾人愛奇賞，遞發臨河嘆④。我知冱寒極⑤，見晛今當泮〔一〕⑥。不須疑吾言，第請視明旦。蠟屐得雁行⑦，籃輿或魚貫。

解題 張栻南岳唱酬序：「丙子，小憩，甚雨。暮未已，從者皆有倦色。湘潭彪居正德美來會，亦意予之不能登也。予獨與元晦決策，明當冒風雪亟登。」

校記 〔一〕晛：原作「晛」，據宋閩本改。

注釋 ①蘭臺：戰國楚臺名，傳説在今湖北鐘祥縣東。文選宋玉風賦序：「楚襄王游於蘭臺之宫，宋玉景差侍。」李周翰注：「蘭臺，臺名。」此言蘭臺宫乃借指臨風之處。

②百常觀：一千六百尺高之觀，極言其高。八尺爲尋，兩尋爲常。南朝齊謝朓觀雨：「既灑百常觀，復集九成臺。」

③心眼：心與眼，言心凄目斷。南朝梁王僧孺夜愁示諸賓：「誰知心眼亂，看朱忽成碧。」

④臨河嘆：深嘆，長嘆。史記孔子世家：「孔子既不得用於衛，將西見趙簡子，至於河而聞竇鳴犢、舜華之死也，臨河而嘆曰：『美哉水，洋洋乎！丘之不濟此，命也夫！』」

⑤冱寒：寒氣凝結，謂極寒。左傳昭公四年：「其藏冰也，深山窮谷，固陰冱寒，於是乎取之。」

⑥見晛：指天晴日暖。詩經小雅角弓：「雨雪瀌瀌，見晛曰消。」毛傳：「晛，日氣也。」

⑦蠟屐：塗蠟的木屐。劉禹錫送裴處士應制舉：「登山雨中試蠟屐，入洞夏裏披貂裘。」

編年 載南岳唱酬集。

評論 朱子可聞詩集卷二：以心凄眼斷形容雪中山，望且不可，尚安能即，反逼決策登山最緊。對結是南北朝格法。但古人取其聲文俱完，而此更喜餘通可賈。

十三日晨起霜晴前言果驗再用敬夫定王臺韻賦詩乾道三年十一月十三日

北渚無新夢，南山有舊臺①。端能成獨往，未肯遽空回。磴滑新經雪，林深不見梅。急須乘霽色，何必散銀杯②？

注釋 ①「北渚」二句：言前時在潭州城的日子已不再入夢，而今心思只在南岳。北渚：北面的水涯。楚辭九歌湘君：「鼂騁騖兮江皋，夕弭節兮北渚。」王逸注：「渚，水涯也。」南山：衡山。

②銀杯：銀質酒杯。白居易春池閑泛：「花助銀杯氣，松添玉軫聲。」

編年 載南岳唱酬集。

敬夫用熹定王臺韻賦詩因復次韻乾道三年十一月十三日

新詩通造化①，催出火輪來。雲物低南極，江山接漢臺②。心期千古迥，懷抱一生開。回首狂馳子，紛紛政可哀。

注釋 ①造化：猶造物主，自然界的創造者。莊子大宗師：「今一以天地爲大鑪，以造化爲大冶，惡乎往而不可哉。」

②漢臺：指定王臺。

編年 載南岳唱酬集。

馬上口占次敬夫韻乾道三年十一月十三日

幾日城中歌酒昏〔一〕，今朝匹馬向烟村〔二〕。迎人况有南山色，勝處何妨倒一尊？

校記 〔一〕歌：考異云一作「飲」。

〔二〕烟：右引云一作「前」。

編年 載南岳唱酬集。

馬上舉韓退之話口占乾道三年十一月十三日

昨日風煙接混茫①，今朝紫翠插青蒼。此心元自通天地，可笑靈宮枉炷香②。

解題 韓退之，韓愈。此舉其謁衡岳廟遂宿岳寺題門樓詩。

注釋 ①混茫：又作「混芒」，原指上古人類未開化的混沌蒙昧狀態。莊子繕性：「古之人在混芒之中。」成玄英疏：「其時淳風未散，故處在混沌芒昧之中。」此指世俗喧囂的城市生活。

②靈宮：指寺廟，乃用韓愈原語。愈謁衡岳廟遂宿岳寺題門樓：「森然魄動下馬拜，松柏一徑趨靈宮。」

編年 載南岳唱酬集。

評論 朱子可聞詩集卷五：與韓皆游衡山詩，彼曰「突兀撑青空」，此曰「紫翠插青蒼」，一唐一宋，爲兩文公開此奇觀，岳亦靈矣哉。然不向靈宮炷香，以視傴僂杯珓者，其自信卓越更何如。

雪消溪漲山色尤可喜口占 乾道三年十一月十三日

頭上瓊岡出蒨青，馬邊流水漲寒汀。若爲留得晶瑩住，突兀長看素錦屏。

編年 載南岳唱酬集。

評論 朱子可聞詩集卷五：一、二直叙雪消，三、四轉欲雪不消，蓋山色之佳，正在此欲消未消之際。反復説來，是題中「尤可喜」三字情景。

馬迹橋 乾道三年十一月十三日

下馬驅車過野橋，橋西一路上雲霄。我來自有平生志〔一〕，不用移文遠見招。

解題 馬迹橋，距南岳方廣寺三十里，北接衡陽界。

校記 〔一〕志：考異云一作「意」。

編年 載南岳唱酬集。

登山有作次敬夫韻 乾道三年十一月十三日

晚峰雲散碧千尋，落日衝飆霜氣深①。霽色登臨寒夜月，行藏只此驗天心②。

注釋 ①衝飆：急風。抱朴子博喻：「衝飆傾山，而不能效力於拔毫。」

②行藏：出處、行止。語本論語述而：「用之則行，舍之則藏。」天心：猶天意。尚書咸有一德：「克享天心，受天明命。」此句言立身處世當如夜月般高潔。

編年 載南岳唱酬集。

方廣道中半嶺小憩次敬夫韻 乾道三年十一月十三日

不用洪崖遠拍肩①，相將一笑俯寒煙。向來活計蓬蒿底②，浪説江湖極目天。

解題 方廣寺，在衡山蓮花峰下，梁天監中建。宋徽宗書「天下名山」四大字懸於佛殿。

注釋 ①洪崖：傳説中的仙人，黄帝之臣伶倫的仙號。郭璞游仙詩之三：「左挹浮丘袖，右拍洪崖肩。」

②活計：原指生計，引申爲學問功夫。韓愈崔十六少府攝伊陽以詩及書見投因酬三十韻：「謀拙日焦拳，活計似鋤剗。」蓬蒿：蓬草與蒿草，泛指草叢。莊子逍遥游：「（斥鴳）翱翔蓬蒿之間。」此以「蓬蒿」喻淺狹。

編年 載南岳唱酬集。

評論 朱子可聞詩集卷五：敬夫原韻，從半嶺説上山頭，此第一句便撇過山頭言半嶺，蓋已高矣。次句即以「俯」字醒之，極目意包舉已盡。後半不過虚接，以找足其意。

道中景物甚勝吟賞不暇敬夫有詩因次其韻 乾道三年十一月十三日

穿林踏雪覓鍾聲，景物逢迎步步新。隨處留情隨處樂，未妨聊作苦吟人。

編年　載南岳唱酬集。

崖邊積雪取食甚清次敬夫韻（乾道三年十一月十三日）

落葉疏林射日光，誰分殘雪許同嘗？平生願學程夫子①，恍憶當年洗俗腸②。

注釋　①程夫子：指程顥、程頤。

②俗腸：猶言世俗心胸。

編年　載南岳唱酬集。

後洞山口晚賦（乾道三年十一月十三日）

日落千林外，煙飛紫翠深。寒泉添壑底，積雪尚崖陰。景要吾人共，詩留永夜吟。從教廣長舌①，莫盡此時心。

注釋　①廣長舌：指佛的舌頭。據説佛舌廣而長，能覆面致髮際。大智度論卷八：「是時佛出廣長舌，覆面至髮際。」此喻能言善道之人。

編年　載南岳唱酬集。

評論　朱子可聞詩集卷三：此入岳詩也。前道中一絶云：「景物逢迎步步新，未妨聊作苦吟人。」猶似乎景可説得出。今到山口，所見日落煙飛，泉流雪積，美不勝言。吾人善吟，即比之廣長舌，且極永夜久長，亦莫能盡此時此景也。

後洞雪壓竹枝橫道乾道三年十一月十三日

石灘聯騎雪垂垂，已把南山入小詩。後洞今朝逢折竹，却思聯騎石灘時。

編年 載南岳唱酬集。

評論 朱子可聞詩集卷五：南山，即後洞也，乃更换以避重，而石灘聯騎，則故重之。首尾迴環，章法便爾靈趣。

方廣奉懷定叟乾道三年十一月十三日

偶來石廩峰頭寺①，忽憶畫船齋裏人。城市山林雖一致，不知何處是真身②？

解題 定叟，張栻弟張杓之字。

注釋 ①石廩峰：衡山一景，以其峰形似廩得名。

②真身：佛教語，即爲度脱衆生而化現的世間色身，如佛、菩薩、羅漢等。此借用指本我，作者之意實認爲身在山林方得本我。

編年 載南岳唱酬集。

方廣聖燈次敬夫韻乾道三年十一月十三日

神燈照夜惟聞説，皓月當空不用尋。個裏忘言真所得，便應從此正人心。

解題 聖燈，即神燈，俗稱鬼火，磷化氫燃燒時發出的火焰。人或動物尸體腐爛分解出磷化氫，能自燃，火焰白帶藍緑色，常出現於山野中。耳聞爲虚，眼見爲實。作者以神燈明月爲喻，表明了異端邪説虚幻，聖門學問真實的觀點。

編年 載南岳唱酬集。

羅漢果次敬夫韻 乾道三年十一月十三日

目勞足倦登喬岳，吻燥腸枯到上方①。從遣山僧煮羅漢，未妨分我一杯湯。

解題 羅漢果，圓形，大小似臺球，緑褐色。味微甜，可煮茶或入藥。

注釋 ①上方：寺名。

編年 載南岳唱酬集。

壁間古畫精絶未聞有賞音者 乾道三年十一月十三日

老木樛枝入太陰①，蒼崖寒水斷追尋。千年粉壁塵埃底，誰識良工獨苦心？

注釋 ①太陰：指月亮。唐楊炯盂蘭盆賦：「太陰望兮圓魄皎，閶闔開兮凉風嫋。」

編年 載南岳唱酬集。

方廣版屋 乾道三年十一月十三日

秀木千章倒①，層甍萬瓦差②。悄無人似玉，空詠小戎詩③。

解題 版屋，以木板構築的房屋。

注釋 ①章：大木材。史記貨殖列傳：「水居千石魚陂，山居千章之材。」裴駰集解引如淳曰：「章，大材也。」後引申爲計量大樹的量詞。

②層甍：高樓的屋頂。文選江淹雜體詩苦雨：「水鸛巢層甍，山雲潤柱礎。」張銑注：「層，高也。甍，屋棟木也。」

③小戎：詩經秦風篇名，秦貴婦人深切懷念出征丈夫之詩。詩云：「言念君子，温其如玉。在其板屋，亂我心曲。」

編年 載南岳唱酬集。

泉聲次林擇之韻 乾道三年十一月十三日

空巖寒水自悲吟，遥夜何人爲賞音？此日團欒都聽得①，他時離索試追尋。

解題 林擇之，名用中，福州古田人，朱熹弟子。游南岳後，偕朱熹東歸。

注釋 ①團欒：團聚，團圓。孟郊惜苦：「可惜大雅旨，意此小團欒。」

編年 載南岳唱酬集。

霜月次擇之韻 乾道三年十一月十三日

蓮花峰頂雪晴天①，虛閣霜清絶縷煙。明發定知花簌簌，如今且看竹娟娟。

注釋 ①蓮花峰：南岳一景，以峰形似蓮得名。張栻南岳唱酬序：「日暮抵方廣，氣象深窈，八峰環立，所謂蓮花峰也。」

編年 載南岳唱酬集。

評論 朱子可聞詩集卷五：一破月，二破霜，而字法有明有暗；三説霜，四説月，而筆勢一往一還。

枯木次擇之韻 乾道三年十一月十三日

百年蟠木老聱牙①，偃蹇春風不肯花。人道心情頑似汝，不須持向我儂誇。

注釋 ①聱牙：參差不齊。蘇轍和子瞻題風水洞：「土囊鬱怒聲初散，石齒聱牙勢未前。」

編年 載南岳唱酬集。

評論 朱子可聞詩集卷五：人道我心情頑似汝，落一「我」字，下文補出。第二句爲枯樹占身分，乃先生自家占身分。南軒詩：「陰崖虎豹露鬚牙，元是枯槎著蘚花。」賦枯木極工，但較此少比興。

夜宿方廣聞長老守榮化去敬夫感而賦詩因次其韻 乾道三年十一月十三日

拈椎竪拂事非真①，用力端須日日新②。只麽虛空打筋鬥，思君辜負百年身。

注釋 ①拈椎竪拂：指佛教徒行佛事。椎：捶擊工具，指敲木魚的小木槌。拂：拂子，拂塵，古人用以撣塵和驅趕蚊蠅的工具，以木柄頂端綴以牦牛尾之類爲之。竪起拂子爲佛教徒談佛理時的一種特有動作。

②日日新：禮記大學引湯之盤銘云：「苟日新，日日新，又日新。」此句言須一刻不停地修身養性，滌去污垢，滅盡人欲。

編年 載南岳唱酬集。

蓮花峰次敬夫韻（乾道三年十一月十三日）

月曉風清墮白蓮，世間無物敢争妍。如何今夜峰頭雪，撩得新詩續舊篇？

編年 載南岳唱酬集。

奉題張敬夫春風樓（乾道丁亥冬至〔一〕）

隆堂謹前規①，傑閣聳奇觀②。憑欄俯江山，極目眇雲漢。主人沂上翁③，顧肯吟澤畔④。俯仰一喟然，冲融無間斷⑤。我來抑何幸，屢此承晤嘆。平生滯吝胸⑥，砉若層冰泮⑦。繼今兩切切⑧，保合勤旦旦⑨。萬事儘紛綸，吾道一以貫⑩。

解題 此篇游山之前在潭州城所作，其意四句一轉：首言斯樓之美，次言主人胸襟之高，次言自己得益之幸，末言向學之堅。

校記

〔一〕宋浙本此篇在敬簡堂分韵得月字後。

注釋

①隆堂：高敞之堂。謹前規：完全按照原來的規制。

②傑閣：高閣。韓愈記夢：「隆樓傑閣磊嵬高，天風飄飄吹我過。」

③沂上翁：論語先進載曾點言志，有「莫春者，春服既成，冠者五六人，童子六七人，浴乎沂，風乎舞雩，詠而歸」之語，此用其意，言張栻胸懷志在曾點。

④吟澤畔：屈原漁父云：「屈原既放，游於江潭，行吟澤畔。」此句言張栻怎會像屈原那樣只是終日哀愁行吟。

⑤冲融：冲和恬適。杜甫寄司馬山人十二韻：「望雲悲轗軻，畢景羨冲融。」楊倫箋注：「言以年暮，故羨山人顏色冲和。」

⑥滯：謂疑難。後漢書儒林傳下謝該：「河東人樂詳條左氏疑滯數十事以問，該皆爲通解之。」吝：謂遺憾，懊悔。易繫辭上：「悔吝者，憂虞之象也。」

⑦砉若：猶砉然，象聲詞，形容斷裂聲等。莊子養生主：「砉然嚮然，奏刀騞然。」

⑧切切：相互切磋勉勵貌。論語子路：「朋友切切偲偲，兄弟怡怡。」何晏集解引馬融曰：「切切偲偲，相切責之貌。」

⑨保合：保全。易乾卦：「各正性命，保合大和，乃利貞。」朱熹本義：「物所受爲性，天所賦爲命。大和，陰陽會和冲和之氣也。各正者，得於有生之初，保合者，全於已生之後。」此言持養其向善本性。勤旦旦：極言其誠懇。舊唐書李密傳：「黄河帶地，明余旦旦之言；皎日麗天，知我勤勤之意。」

⑩一以貫：論語里仁載孔子言曰：「參乎！吾道一以貫之。」朱熹集注：「貫，通也。……蓋至誠無息者，道之體也，萬殊之所以一本也。萬物各得其所者，道之用也，一本之所以萬殊也。以此觀之，一以貫之之實可見矣。」

編年 據題繫年。

評論 朱子可聞詩集卷一：詩固當見地見時。在長沙，有澤畔之吟；冬至，有陰消之説。然必須合到春風上方切題。此詩一則曰沂上，是從地見春風；一則曰冰泮，是從時見春風。又皆翻進一層，將主人盛德與己合志盡行透出，不獨見地見時，而且見人見己，不獨詮題切而且立意高，真無善不備矣。

方廣睡覺次敬夫韻 乾道三年十一月十四日

風檐雪屋澹無情，巧作寒窗静夜聲。倦枕覺來聽不斷，相看渾欲不勝清。

編年 載南岳唱酬集。

感尚子平事 乾道三年十一月十四日

翩然遠岳恣游行，慨想當年尚子平。我亦近來知損益①，只將懲窒度餘生②。

解題 尚子平，即向長，東漢朝歌人。建武中，子女婚嫁已畢，遂不問家事，出游名山大川，不知所終。本篇既慕子平之瀟灑，又甚惜時光之流逝。

注釋 ①損益：易有損益二卦，皆涉山水。此借用之，一語數義，既謂當減少游山玩水，又謂當克制涵養其心性。

②懲窒：即懲忿窒欲，克制怒氣，杜塞利欲。易損卦：「君子以懲忿窒欲。」孔穎達疏：「君子以法此損道懲止忿怒，窒塞情欲。」

編年 載南岳唱酬集。

殘雪未消次擇之韻 乾道三年十一月十四日

脚底悲風舞凍鴉，此行真是躡蒼霞。仰頭若木敷瓊蕊，不是人間玉樹花。

編年 載南岳唱酬集。

自方廣過高臺次敬夫韻 乾道三年十一月十四日

素雪留清壁〔一〕，蒼霞對赤城①。我來陰壑晚，人説夜燈明②。貝葉無新得③，蒲人有舊盟④。咄哉寧負汝，安敢負吾生！

解題 南岳唱酬序：「戊寅明發，穿小徑，入高臺寺。」本篇仍抨擊佛學。

校記 〔一〕留：考異云一作「流」。底本原注：「清疑當作青」。

注釋 ①赤城：紅色墻壁，代指佛寺。

②夜燈：指神燈，鬼火。

③貝葉：古印度人用以寫經的樹葉，借指佛經。唐玄奘謝敕賚經序啓：「貝葉靈文，咸歸册府。」
④蒲人：僧人。以其坐禪跪拜皆用蒲團，故稱。

編年 載南岳唱酬集。

石廩峰次敬夫韻 乾道三年十一月十四日

七十二峰都插天，一峰石廩舊名傳。家家有廩高如許，大好人間快活年〔一〕。

解題 南岳唱酬序：「出（高臺）寺，即行古木寒藤中，陰崖積雪，厚幾數尺。望石廩如素錦屏。」

校記 〔一〕「家家」二句：考異云一作「教人鎮作豐年願，樂聖何妨萬億年」。

編年 載南岳唱酬集。

行林間幾三十里寒甚道傍有殘火温酒舉白方覺有暖意次敬夫韻 乾道三年十一月十四日

千林一路雪磑堆①，吟斷飢腸第幾回？温酒正思敲石火，偶逢寒燼得傾杯。

注釋 ①磑堆：磑毸，披拂貌。曾鞏不飲酒：「况從多病久衰耗，自願白髮垂磑毸。」

編年 載南岳唱酬集。

林間殘雪時落鏘然有聲 乾道三年十一月十四日

青鞋布襪踏瓊瑶，十里晴林未覺遥。忽復空枝墮殘白〔一〕，恍疑鳴璬落叢霄①。

校記　〔一〕白：原作「雪」，據宋閩、浙本改。此句考異云一作「忽聽冰條墮清響」。

注釋　①鳴璬：猶言鳴玉。璬，玉佩。説文解字：「璬，玉佩，從玉，敫聲。」南岳唱酬序：「日影下照林間，冰墮鏘然有聲。」

編年　載南岳唱酬集。

評論　朱子可聞詩集卷五：第三句一本作「忽復空枝墮殘雪」，此則略加修飾，而韻致便不同，可見琢句换字，亦詩家所不可少。西京云：鳴璬，則其聲鏘然，援比更細貼。

至上封用擇之韻 乾道三年十一月十四日

疇昔朱陵洞①，如今白帝城②。天高雲共色，夜永月同明。萬象争回巧③，千峰盡乞盟④。登臨須我輩，更約羨門生⑤。

解題　上封，南岳名寺，在祝融峰下不遠。

注釋　①朱陵洞：即朱陵洞天，道家三十六洞天之一，指衡山。前蜀杜光庭洞天福地記：「第三洞，南岳衡山，周迴七百里，名朱陵之天。」

②白帝城：古城名，故址在今重慶奉節縣東瞿塘峽口。水經注江水一載，東漢公孫述見白氣如龍出井中，以爲帝王之瑞，遂改漁復縣爲白帝城。此借指白雪皚皚的衡山。

③回巧：回頭巧笑，形容萬物争奇鬥妍。

④乞盟：請求入盟，入列，形容群峰林立。

⑤羨門生：傳説中的仙人。史記秦始皇本紀：「始皇之碣石，使燕人生求羨門、高誓。」裴駰集解引韋昭曰：「古仙人。」

編年 載南岳唱酬集。

福嚴寺回望岳市 乾道三年十一月十四日

昨夜相携看霜月，今朝誰料起寒煙。安知明日千峰頂，不見人間萬里天？

解題 岳市，地名，在衡山縣西南岳之麓。

編年 載南岳唱酬集。

福嚴讀張湖南舊詩 乾道三年十一月十四日

樓上低回摻别袖，山中磊落見英姿。白雲未屬分符客〔一〕①，已有經行到處詩。

解題 張湖南，指張孝祥。

校記 〔一〕此句考異云一作「今朝暫豁平生意」。

注釋 ①分符：帝王封官授爵，分給受封者符節的一半作爲信物。孟浩然送韓使君除洪州都曹：「述職撫荆衡，分符襲寵榮。」此句言張孝祥職守在身，尚不能徜徉山水。

編年 載南岳唱酬集。

登祝融峰用擇之韻乾道三年十一月十四日

今年緣底事，浪走太無端？直以心期遠，非貪眼界寬。雲山於此盡，風袂不勝寒。孤鳥知人意，茫茫去不還。

解題 祝融峰，衡山之最高峰。相傳神人祝融死葬衡山之陽，故名之。本篇深惜時日之去，一面自責，一面自解，游程方盡，歸心已切。

編年 載南岳唱酬集。

評論 朱子可聞詩集卷三：南岳祝融最尊，本是説到此眼界寬，而偏翻進一層，曰「心期遠」，末即結「心期遠」。入山惟恐不深，人意借鳥説，妙有比興。戴天培云：一結亦恰因此地有回雁峰，翻出新意。

穹林閣讀張湖南七月十五夜詩詠嘆久之因次其韻乾道三年十一月十四日

南岳天下鎮①，祝融最高峰。仰干幾千仞，俯入一萬重。開闢知何年？上有釋梵宮。白日照雪屋，清宵響霜鏞②。極知瓌特觀，仙聖情所鍾。雲根有隱訣③，讀罷凌長風。

解題 穹林閣，在上封寺中，宋胡寅取韓愈祭河南張員外文中「雲壁潭潭，穹林攸擢」之語名之。

注釋 ①鎮：古稱某一地區最大最重要的名山、主山。周禮夏官職方氏：「其山鎮曰會稽。」

②鏞：大鐘。詩經大雅靈臺「賁鼓維鏞」，鄭玄箋：「鏞，大鐘也。」

③雲根：指深山雲起之處。晉張協雜詩之十：「雲根臨八極，雨足灑四溟。」隱訣：隱居秘訣，指張孝祥詩。

編年 載南岳唱酬集。

晚　霞 乾道三年十一月十四日

日落西南第幾峰，斷霞千里抹殘紅。上方傑閣凭欄處，欲盡餘暉怯晚風。

編年 載南岳唱酬集。

過高臺携信老詩集夜讀上封方丈次敬夫韻 乾道三年十一月十四日

十年聞説信無言，草草相逢又黯然。借得新詩連夜讀，要從苦淡識清妍。

解題 信老，即信無言，僧人，南宋名僧宗杲弟子。紹興十年，嘗集宗杲語爲大慧禪師宗門武庫一書。

編年 載南岳唱酬集。

評論 朱子可聞詩集卷五：先生論詩，以淡爲本，而此更加一「苦」字。苦者刻意之謂也，淡者自然之謂也，看似尋常最奇崛，成如容易却艱難。由苦得淡，詩之能事畢矣。

贈上封諸老 乾道三年十一月十四日

夜宿上封寺，翛然塵慮清。月明殘雪裏，泉溜隔窗聲。楮衲今如許①，綈袍那復情②？爐紅虚室暖，聊得話平生。

注釋 ①楮衲：即紙衲，紙製的僧服。宋蘇易簡文房四譜紙譜：「山居者常以紙爲衣，蓋遵釋氏云不衣蠶口衣者也。」

②絺袍：用絲織品製成的輕暖之袍，借指富貴。陸游冬晴：「歲暮常年雪正豪，今年暄暖減絺袍。」

編年 載南岳唱酬集。

自上封登祝融峰絶頂次敬夫韻 乾道三年十一月十四日

衡岳千仞起，祝融一峰高。群山畏突兀，犇走如曹逃①。我來雪月中，歷覽快所遭。捫天滑青壁，俯壑崩銀濤。所恨無十犗②，一掣了六鼇③。遄歸青蓮宫④，坐對白玉毫。重閣一徙倚，霜風利如刀。平生山水心，真作貨食饕⑤。明朝更清澈，再往豈憚勞。中宵撫世故，劇如千蝟毛⑥。嬉游亦何益？歲月今滔滔。起望東北雲，茫然首空搔。

解題 此詩寫初登絶頂的情景與感受，篇末轉而想到治學及修養任重而道遠，表現出荒廢時日的慌亂心情。

注釋 ①曹逃：成群地奔逃。左傳昭公十二年：「周原伯絞虐，其輿臣使曹逃。」杜預注：「曹，群也。」

②犗：犍牛。莊子外物載任公子釣巨魚於東海云：「任公子爲大鉤巨緇，五十犗以爲餌。」成玄英疏：「犗，犍牛也。」

③六鼇：神話中負載五仙山的六雙大龜。列子湯問載，渤海之東岱輿、員嶠、方壺、瀛洲、蓬萊五仙山恃巨龜負載始不浮於海，而龍伯國一巨人一釣而連獲六鼇，於是岱輿、員嶠二山流於北極而沉。

④遄：疾。青蓮宮：佛寺。梅堯臣和江鄰幾景德寺避暑：「常畏俗物來，去避青蓮宮。」

⑤貨食：猶食貨，食物與錢物。柳宗元辨侵伐論：「三有餘以用其人：一曰義有餘，二曰人力有餘，三曰貨食有餘。」此主要指食物。饕：極貪婪，特指貪食。蘇軾有老饕賦。

⑥劇：繁多。商君書算地：「不觀時俗，不察國本，則其法立而民亂，事劇而功寡。」千猬毛：極言其多。秦觀懷李公擇學士次韻之二：「靈崖濼水堪行樂，時事紛紛劇猬毛。」

編年　載南岳唱酬集。

評論　朱子可聞詩集卷二：登絕頂名山，須得有驚人之語，然非胸襟素具，不能矯也。「捫天」、「俯壑」四句，豪邁極矣。由險而夷，復開一境，然後以「平生山水心」作一束，而以「食貨饕」句形容之，尤非思議可及。想先生未落筆時，已早有蕩地搖天、胸吞山岳氣魄。一結尤佳，於如許興會中，忽作憂世悲時之語，平生心事，又非山水了得，中含無盡之思，竟體更覺纏綿有致。

十五日再登祝融用臺字韻 乾道三年十一月十五日

江流圜玉界〔一〕①，天影抱瓊臺②。柱杖煙霄外，中巖日月回。箕山藏遁許③，吴市隱仙梅④。一笑今何在？相期再舉杯。

解題 朱熹雖鄙視功名利禄，一生難進易退，但并不贊成逃避現實，消極遁世。詩中對許由、梅福的嘲諷，表明他的這種觀點。

校記 〔一〕界：原作「帶」，據宋閩、浙本改。

注釋 ①玉界：指衡山上下的白雪世界。

②天影：青天。瓊臺：指祝融峰。杜甫冬到金華山觀因得故拾遺陳公學堂遺迹：「涪右衆山内，金華紫崔嵬。上有蔚藍天，垂光抱瓊臺。」

③「箕山」句：吕氏春秋求人載，堯讓天下於高士許由，由不受，遂往箕山之下，潁水之陽，自耕而食，終其身焉。

④「吴市」句：漢書梅福傳載，漢梅福避王莽之禍，棄妻子，變姓名，隱於會稽，爲吴市門卒，後傳其成仙。

編年 載南岳唱酬集。

評論 朱子可聞詩集卷三：兩截格。前四句言眼界寬，後四句言心期遠，申上首未盡之意，是再登神理。「再登」二字，三句八句分破。劉文房狀洞庭湖之闊，曰「中流没太陽」，先生寫祝融峰之高，曰「中巖日月回」，兩句并懸宇宙。

胡丈廣仲與范伯崇自岳市來同登絶頂舉酒極談得聞比日講論之樂乾道三年十一月十五日

我已中峰住，君從何處來？莫留巖底寺，徑上月邊臺。濁酒團欒坐，高談次第開。前賢渺安在？清酹寄餘哀。

解題 胡廣仲，名實，崇安人，胡宏弟。實居湖南，爲湖湘學派主要人物之一。嘗與朱熹、張栻往來辯論，不肯苟合。范伯崇，名念德，建安人，如圭子。學於朱熹，爲所器重。自此來會，遂隨朱熹東歸。

編年 載南岳唱酬集。

醉下祝融峰作 乾道三年十一月十五日

我來萬里駕長風，絶壑層雲許蕩胸。濁酒三杯豪氣發，朗吟飛下祝融峰。

編年 載南岳唱酬集。

評論 朱子可聞詩集卷五：世傳鐵脚道人登祝融觀日，大叫雲海蕩吾心胸，讀此知千古有兩。題中「醉下」二字，説得勃勃有生氣。

十六日下山各賦一篇仍迭和韻 乾道三年十一月十六日

絶頂來還晚，寒窗睡達明。連床眇歸思，三宿悵餘情。雲合山無路，風回雪有聲。岳祇珍重意，只此是將迎。

編年 載南岳唱酬集。

評論 朱子可聞詩集卷三：山有路而忽無，有無之者；雪無聲而忽有，有有之者。雲合風回，無非岳神爲我將迎，而加意珍重如此，不獨我戀戀於山，山亦戀戀於我也。前半是説我戀山，後半是説山戀我。爾時游景，不讓韓文公之開岳雲。

和敬夫韻 乾道三年十一月十六日

蠟屐風煙隨處別，下山人事一番新。世間不但山中好，今日方知此意真。

解題 此篇下山後作。朱熹在岳市會見胡氏諸人及湘中學子，受到熱情接待，詩中反映出其舒暢心情。

編年 見解題。南軒集卷七有同韻詩。

和擇之韻 乾道三年十一月

仰止平生舊，今年得得來①。舉頭天一握，倚杖雪千堆。講道心如渴，哦詩思涌雷。出山遺語在，歸騎莫徘徊。

注釋 ①得得：形容風塵僕僕之貌。唐王建洛中張籍新居：「雲山且喜重重見，親故應須得得來。」

編年 此亦下山後作，南軒集卷七有同韻詩。

二詩奉酬敬夫贈言并以爲别 乾道三年十一月二十二日

我行二千里，訪子南山陰。不憂天風寒，况憚湘水深。辭家仲秋旦，税駕九月初。問此爲何時？嚴冬歲云徂。勞君步玉趾，送我登南山。南山高不極，雪深路漫漫。泥行復幾程，今夕宿櫧洲①。明當分背去，惆悵不得留。誦君贈我詩，三嘆增綢繆②。厚意不敢忘，爲君商聲謳③。
昔我抱冰炭④，從君識乾坤。始知太極藴⑤，要眇難名論〔一〕⑥。謂有寧有迹，謂無復何存？惟應酬酢處⑦，特達見本根⑧。萬化自此流，千聖同兹源。曠然遠莫禦⑨，惕若初不煩⑩。云何學力微，未勝物欲昏？涓涓始欲達，已被黄流吞⑪。豈知一寸膠〔二〕，救此千丈渾⑫。勉哉共無斁⑬，此語期相敦。

解題　朱熹南岳游山後記：「丙戌，至櫧洲，熹與伯崇、擇之取道東歸，而敬夫自此西還長沙矣。……敬夫以詩贈，吾三人亦各答賦以見意。」首詩回顧湘中游程，并叙友情，次詩論學，就此行的主要論題之一——太極，談了自己的體會。

校記　〔一〕眇：考異云一作「妙」。
〔二〕知：右引云一作「無」。

注釋　①櫧洲：市鎮名，在今株洲市。
②綢繆：情意纏綿。漢李陵與蘇武詩之二：「獨有盈觴酒，與子結綢繆。」
③商聲謳：悲切地吟唱。商聲爲五音之一，其聲凄切悲凉。韓愈駑驥：「寄詩同心子，爲我商聲謳。」
④冰炭：冰塊和炭火，喻對立矛盾。陶潜雜詩之四：「孰若當世士，冰炭滿懷抱。」此句言出入釋老、躊躇岐路時事。朱熹隆興間始識張栻。
⑤太極：古代哲學家稱最原始的混沌之氣，以爲宇宙萬物之原。易繫辭上：「易有太極，是生兩儀，兩儀生四象，四象生八卦。」孔穎達疏：「太極謂天地未分之前元氣混而爲一，即是太初、太一也。」朱熹等理學家則認爲太極是理，是宇宙萬物的最終根源。朱子語類卷七十五：「太極

只是一個渾淪底道理，裏面包含陰陽、剛柔、奇耦，無所不有。」

⑥要眇：又作「要妙」，精深微妙。老子：「不貴其師，不愛其資，雖智大迷，是謂要妙。」

⑦酬酢：主客相互敬酒，引申爲應付。易繫辭上：「是故可與酬酢。」韓康伯注：「酬酢，猶應對也。」此指立身處世、待人接物。

⑧特達：突出，特出。世説新語言語：「此子珪璋特達，機警有鋒。」

⑨莫禦：無所止息，言其無邊無際，無處不在，無所不包。易繫辭上：「夫易廣矣大矣，以言乎遠則不禦。」孔穎達疏：「禦，謂無所止息也。」

⑩惕若：憂懼，儆戒。語本易韓卦：「君子終日乾乾，夕惕若厲。」孔穎達疏：「謂終竟此日後，至向夕之時，猶懷憂惕。若厲者，若，如也；厲，危也。言尋常憂懼，恒如傾危，乃得無咎。」不煩：不繁雜，簡易。煩，繁雜。尚書説命中：「禮煩則亂，事神則難。」此句言只要時時戒懼持養，就能提綱挈領，以簡馭繁。

⑪「涓涓」二句：言修身養性方有點滴寸進，又湮没於世俗人欲之濁流。

⑫「豈知」二句：極言張栻贈别之語警省，可救自己膏肓之疾。語本晉書夏侯湛傳：「投盈寸之膠而欲使江海易色，燒一羽之毛而欲令大爐增勢。」

⑬無斁：無厭，無止。詩經周南葛覃：「爲絺爲綌，服之無斁。」毛傳：「斁，厭也。」

編年

見解題。

評論

一　朱子可聞詩集卷一：只將一來一往，寫出千里行路多艱；一訪一送，寫出兩人深情如許。前段我行訪子，中段勞子送我，是一篇大關鍵，末段厚意不忘，是一篇總歸宿。

朱熹文集編年評注卷五下

讀林擇之二詩有感 自此後係東歸亂稿　乾道三年十一月

筭輿隨望入寒煙，每誦君詩輒黯然。今夜定知連榻夢，一時飛墮錫山前①。

竹輿傲兀聽嘔啞，合眼歸心已到家。游子上堂慈母笑，豈知行李尚天涯！

解題　東歸亂稿，朱熹、林用中、范念德三人自櫧洲東歸福建途中唱酬詩集，凡收詩二百餘首，朱熹手編并序。其創作始末詳見於序文中。

注釋　①錫山：山名，在長沙東南三里，見隋書地理志。此句言夢寐難忘長沙之行。

編年　據題注。朱熹自櫧州東歸，在道二十八天，方至崇安，見東歸亂稿序。凡亂稿中詩皆十一至十二月作。

評論　二　朱子可聞詩集卷五：即一合眼迷離間，如親居處，如聆笑語，不獨見先生千里不忘親，亦且視無形而聽無聲矣。

馬上贈林擇之 乾道三年十一月

與君歸思渺悠哉，馬上看山首共回。認取山中奇絶處〔一〕，他年無事要重來。

校記　〔一〕山：淳熙本作「湘」。

編年　載東歸亂稿。

梅溪陂下作乾道三年十一月

野牛浮鼻過寒溪，落木蔚槮水下陂①。俗手定應摹不得，無人説與范牛知②。

解題　梅溪，地名，在湘潭縣東。

注釋　①蔚槮：又作「蔚蔘」，枝榦聳立貌。漢書司馬相如傳上：「紛溶蔚蔘，猗柅從風。」顔師古注引郭璞曰：「紛溶蔚蔘，支竦擢也。」

②范牛：當指一范姓善畫牛者。

編年　載東歸亂稿。

寄題李東老淵乎齋乾道三年十一月

東老幽棲地，淵乎亦妙哉。空山無客到，流水有花開。句律今誰敵？詩仙舊所陪。朱弦悄餘韻①，綺席澮浮埃〔一〕②。竟日門多掩，長沙歲一來。端能負猿鶴，歸計莫徘徊。

解題　李東老，事迹不詳。據朱熹與曹晋叔書，其人卒於淳熙六七年間。淵乎齋，取左傳襄公二十九年「爲之歌邶、鄘、衛，曰：美哉，淵乎」語名之。

校記　〔一〕澮：考異云一作「湛」。

注釋 ①悄：聲音微弱。蘇軾蝶戀花春景：「笑漸不聞聲漸悄，多情却被無情惱。」

②綺席：華麗的席具，坐卧墊具。江淹雜體詩效惠休怨别：「膏鑪絶沈燎，綺席生浮埃。」

編年 載東歸亂稿。

評論 朱子可聞詩集卷三：「空山無客到」，是賦李齋「淵」字。「流水有花開」，便是從「淵」看出妙來。二語正合坡公「空山無人，水流花開」意。然二公又皆似從韋蘇州「落葉滿空山，何處尋行迹」語參會而得，宜乎坡公晚年推重韋、柳，而先生深嘆其言爲有味也。後半俱寫「空山無客到」。

宿梅溪胡氏客館觀壁間題詩自警二絶 乾道三年十一月

貪生莝豆不知羞①，靦面重來躡俊游②。莫向清流浣衣袂，恐君衣袂涴清流。

十年浮海一身輕〔一〕，歸對黎渦却有情。世路無如人欲險，幾人到此誤平生！

解題 此篇首詩所指何人不詳，次詩刺胡銓。銓以反對秦檜議和遭貶。鶴林玉露乙編卷六自警詩：「胡澹庵十年貶海外，北歸之日，飲於湘潭胡氏園，題詩云：『君恩許歸此一醉，傍有梨頰生微渦』，謂侍妓黎倩也。厥後朱文公見之，題絶句云。」

校記 〔一〕浮：原作「湖」，據宋閩、浙本改。

注釋 ①莝豆：切碎的草與豆，可作馬飼料。史記范雎蔡澤列傳：「范雎大供具，盡請諸侯使，與坐堂上，食飲甚設。而坐須賈於堂下，置莝豆其前，令兩黥徒夾而馬食之。」

②靦面：猶「靦顔」，羞愧，厚顔。舊唐書德宗紀上：「痛心靦面，罪實在予。」躡俊游：跟隨在

才俊之士之後。陸游自詠：「三十年前接俊游，即今身世寄滄州。」

編年 載東歸亂稿。

評論 鶴林玉露乙編卷六自警詩：余觀東坡志林載張元忠之説曰：蘇子卿嚙雪啖氈，蹈背出血，可謂了死生之際矣。然不免與胡婦生子，而况洞房綺繡之下乎？乃知此事未易消除。文公之論澹庵，亦猶張元忠之論蘇子卿也。

擇之所和生字韻語極警切次韻謝之兼呈伯崇乾道三年十一月

不是譏訶語太輕，題詩只要警流情①。煩君屬和增危惕，虎尾春冰寄此生②。

注釋 ①流情：流俗之情。

②虎尾春冰：比喻極其危險的境地。尚書君牙：「心之憂危，若蹈虎尾，涉于春冰。」孔傳：「虎尾畏噬，春冰畏陷，危懼之甚。」

編年 載東歸亂稿。

再答擇之乾道三年十一月

兢惕如君不自輕，世紛何處得關情？也應妙敬無窮意〔一〕，雪未消時草已生①。

校記 〔一〕敬：宋浙本作「取」。

注釋 ①「也應」二句：言須時刻警懼持養，防微杜漸。妙敬：發揮出敬的精妙。敬爲理學重要範疇，指修身養性時刻警懼的心態。程頤「涵養須用敬，進學則在致知」被視爲名言。

編年 載東歸亂稿。

十一月二十六日宿萍鄉西三十餘里黄花渡口客舍稍明潔有宋亨伯題詩亦頗不俗因録而和之乾道三年十一月二十六日

鼎足爐邊坐，陶然共一樽。道心元自勝①，世味不須論。安穩三更睡，清明一氣存②。雖無康樂句③，聊爾慰營魂。

解題 萍鄉，今江西萍鄉市。宋亨伯，未詳。本篇表現了身已入道的自得心情。

注釋 ①道心：理學家稱合於天理之心。尚書大禹謨：「人心惟危，道心惟微。」朱熹注：「心者人之知覺，主於身而應事物者也。指其生於形氣之私者而言，則謂之人心；指其發於義理之公者而言，則謂之道心。」

②「安穩」二句：言静夜獨處，屏去外部物欲之誘，本性之善呈露，良心發現的狀況。孟子告子上稱此時之氣爲「夜氣」或「平旦之氣」。朱熹集注：「平旦之氣，謂未與物接之時清明之氣也。」

③康樂：指謝靈運。宋書謝靈運傳：「襲封康樂公，性奢豪，……世共宗之，咸稱謝康樂也。」

編年 載東歸亂稿。

評論 朱子可聞詩集卷三：題曰「十一月二十六日」，以見此夜爲冬至。存一氣於三更，陳公甫所謂「絪緼一氣似初春，亥子中間認得真」時也。老聃曰營魄，屈原曰營魂，陽氣充，魄則爲魂。末云「慰營魂」，正是收足陽生意。一、二寫客舍景，七帶點亭伯詩。

二十七日過毛山鋪壁間題詩者皆言有毛女洞在山絶頂問之驛吏云狐魅所爲耳因作此詩乾道三年十一月二十七日

人言毛女住青冥，散髮吹簫夜夜聲。却是郵童解端的，向儂説是野狐精。

編年 載東歸亂稿。

次擇之韻聊紀秦事乾道三年十一月

不知四海已揚湯，舞殿歌臺樂未央。五帝威神等牛馬，六王子女盡嬪嫱①。仙心久已攀姑射②，辨口從教泣華陽③。行客詎明千古意？虚疑霞佩響琳琅④。

解題 此篇詠史，歌頌了秦滅六國的歷史功績，寫出了秦始皇一統天下的恢宏氣勢。

注釋 ①「五帝」二句：指秦滅六國。五帝、六王乃互文，指戰國之齊、楚、燕、韓、魏、趙六國之君。

②「仙心」句：指秦始皇統一天下後，游心仙道，派徐福入海求長生不死之藥事，見史記秦始皇本紀。姑射，傳説中的仙山。莊子逍遥游：「藐姑射之山，有神人居焉。」

③辨口，能言善辯之口，指當時主張合縱抗秦的蘇秦等人。華陽：華山之陽。尚書武成載武王滅

商，大定天下之後，「歸馬于華山之陽，放牛于桃林之野」，表示不再使用，從此息兵。此句言讓那些能言善辯之士徒勞地去哀傷天下歸秦。

④「行客」二句：言世人哪裏能夠明瞭六國必滅、千古興亡的道理，只是在那裏指責秦始皇求仙的小失。霞佩：仙人的飾物。

編年 載東歸亂稿。

評論 朱子可聞詩集卷四：少章云：此詩前六句皆詠始皇事迹，題云「聊記秦事」是也。又始皇渡湘遇風，怒湘君之神，因盡伐山木。湘君，堯女舜妃也，有廟在岳州。此朱子往返潭州所經歷地。「虚疑霞佩」句，似感此事而賦也。發端便奇，從後追述向前去，至結叙出本位，西昆倡和始皇諸篇，遂此體裁。

雪梅二闋奉懷敬夫 二闋合次樂府，以有後詩，仍舊編附此〔一〕。 乾道三年十一月

雲垂幕，陰風慘淡天花落。天花落，千林瓊玖，一空鸞鶴。征車渺渺穿華薄①，路迷迷路增離索。增離索，剡溪山水〔二〕②，碧湘樓閣。

梅花發，寒梢掛著瑶臺月。瑶臺月，和羹心事③，履霜時節④。野橋流水聲嗚咽〔三〕，行人立馬空愁絶。空愁絶，爲誰凝佇，爲誰攀折？

校記 〔一〕此題淳熙本作「憶秦娥詠梅雪長沙道中作」。

〔二〕水：淳熙本作「月」。

〔三〕野：右引作「斷」，考異所引别本同。

注釋

①華薄：花草樹木叢生之處。文選江淹雜體詩效曹植贈友：「清池映華薄。」張銑注：「華，花也。草木叢生曰薄。」

②剡溪：曹娥江上游，在浙江嵊縣南。此用東晋王徽之雪夜乘船至剡溪訪老友戴逵事，叙自己與張栻的相思之情。見世説新語任誕。

③和羹：配以不同調味品而成的羹湯。尚書説命下：「若作和羹，爾惟鹽梅。」孔傳：「鹽，鹹；梅，醋。羹須鹹醋以和之。」後用「和羹」比喻大臣輔助君主治理國家。此言張栻當出擔大任。

④履霜：易坤卦：「履霜堅冰，陰始凝也，馴致其道，至堅冰也。」後用指事態逐漸發展，將産生嚴重後果。此言當時政治形勢。

編年

載東歸亂稿。

評論

一　朱子可聞詩集卷五：上半寫雪，下半寫懷，一空鸞鶴，已逗起路迷迷路意。後乃相承側注懷敬夫上，溪山樓閣，悠然神往。

二　王柏跋文公梅詞真迹：昔南軒先生與先大父石笋翁在長沙賞梅，分韻有曰「平生嘉絶處，心事付寒梅。」今又獲拜觀文公先生懷南軒之句，曰：「和羹心事，履霜時節。」由是知二先生之心事，與梅花一也。然此八字雖甚平熟，極有深意。蓋「和羹」之用，正自「履霜」中來。自昔賢人君子，有大力量、立大功業者，必有孤潔挺特之操，百煉於奇窮困阨之中而不變者也。異時先生又曰：「絶艷誰憐，真心自保。」所以指示學者尤親切。梅花與二先生之心，果何心哉？不過保一真字而已。天台吕居中，學朱子者也，保愛此詞，如護拱璧。惟獨爲其推所以知愛之道，昔朱子嘗書寇忠愍陽關詞，而題於後，欲使百世之下有以知先生與萊公之意，繼之以「嗚呼悲乎」，予於此詞亦云。朱子可聞詩集卷五：「和羹」二句，喻敬夫具君父報仇苦心，而當國家艱難之際，「行人」乃先生自謂，言己立馬看花，益不能不懷敬夫也。兩「爲誰」，語婉情深。鳳逸云：此調李青蓮爲絶倡，千載詞場，難爲嗣音矣。今讀此二闋，氣渾神閑，聲情滿紙，即舉以示晏同叔、秦少游輩，當莫辨其工拙。

題二闋後自是不復作矣 乾道三年十一月

久惡繁哇混太和①，云何今日自吟哦？世間萬事皆如此，兩葉行將用斧柯②。

解題 此篇自責作詩吟詠流於玩物，枉廢時日。

注釋 ①繁哇：多而無用的靡靡之音。哇：靡曼的樂聲。揚雄法言吾子：「中正則雅，多哇則鄭。」李軌注：「多哇者，淫聲繁越也。」此指詩歌。太和：指萬善具備的天命之性，語本易乾卦：「各正性命，保合太和，乃利貞。」

②「兩葉」句：言當如以斧子砍去多餘枝葉一樣，禁絶作詩文無用之空言。六韜文韜守土：「兩葉不去，將用斧柯。」

編年 載東歸亂稿。

次韻擇之聽話 乾道三年十一月

語道深慚話一場，感君親切爲宣揚①。更將充擴隨鉤索②，意味從今積漸長。

解題 本篇論内心體驗與讀書講論相結合的涵養方法。

注釋 ①親切：準確貼切。宣揚：發揮。

②充擴：推廣，指將仁義禮智之四端擴而充之。語出孟子公孫丑上：「凡有四端於我者，知皆擴而充之矣。若火之始然，泉之始達，苟能充之，足以保四海；苟不充之，不足以事父母。」此言内心體驗功夫。鈎索：探求搜尋，指經籍的研究整理。此言讀書講學功夫。

編年 載東歸亂稿。

次韻伯崇自警二首（乾道三年十一月）

十載相期事業新，云何猶嘆未成身？流光易失如翻水，莫是因循誤得人？

誦君佳句極優柔，未得明强是所憂①。若悟本來非木石②，保君弘毅不能休③。

解題 本篇批評范念德缺乏爲學之勇、進學之力。

注釋 ①明强：精明强幹。新唐書戴胄傳：「性堅正，幹局明强，善簿最。」此指明識强學。

②「若悟」句：言時時意識到自己是有生之人，有爲人之責任。

③弘毅：寬宏堅毅。論語泰伯：「士不可以不弘毅，任重而道遠。」朱熹集注：「弘，寬廣也。毅，强忍也。非弘不能勝其重，非毅無以致其遠。」

編年 載東歸亂稿。

奉答擇之四詩意到即書不及次韻（乾道三年十一月）

爲閔人疲上馬行，此時消息儘分明①。更憐跣足無衣苦，充此直教天下平②。

君看灞橋風雪中③，南來北去莽何窮？想應亦有還家客〔一〕，便爾譏訶恐未公。
東頭不見西頭是，南畔唯嫌北畔非。多謝聖門傳大學，直將絜矩露天機④。
安肆真同鴆毒科⑤，君言雖苦未傷和。解嘲却是生回互，政恐紛紛事轉多。

解題 本篇爲討論雜感，四詩各言一事。

校記 〔一〕客：考異云一本作「樂」。

注釋 ①消息：端倪，兆頭。淮南子繆稱訓：「故君子日孳孳以成煇，小人日怏怏以至辱，其消息也，離朱弗能見也。」

②充：擴充，見孟子公孫丑上。

③灞橋：又作霸橋，橋名。三輔黄圖載，霸橋在長安東，跨水作橋。漢人送客至此橋，折柳贈别。後用作送别之典。此詩所言何事未詳。

④絜矩：絜，度量；矩，畫方形的用具。儒家以此象徵人際關係中推己及物，不偏不倚，一視同仁的道德規範。禮記大學：「所惡於上，毋以使下；所惡於下，毋以事上；所惡於前，毋以先後；所惡於後，毋以從前；所惡於右，毋以交於左；所惡於左，毋以交於右：此之謂絜矩之道。」朱熹章句：「絜，度也。矩，所以爲方也。……是以君子必當因其所同，推以度物，使彼我之間各得分願，則上下四旁均齊方正而天下平矣。」

⑤安肆：安樂放縱。禮記表記：「君子莊敬日强，安肆日偷。」孔穎達疏：「言小人安樂則其性情日爲苟且。」鴆毒：毒酒，毒藥。傳説鴆爲毒鳥，以羽浸酒，飲之立死。左傳閔公元年：「宴安鴆毒，不可懷也。」杜預注：「以宴安比之鴆毒。」

編年 載東歸亂稿。

答擇之乾道三年十一月

長言三復盡温純，妙處知君又日新。我亦平生傷褊迫，期君苦口却諄諄。

編年 載東歸亂稿。

次韻擇之見路傍亂草有感乾道三年十一月

世間無處不陽春，道路何曾困得人？若向此中生厭斁，不知何處可安身？

解題 此篇言做人當如野草不擇地而生那樣，隨遇而安，在任何境況下皆持養不懈。

編年 載東歸亂稿。

到袁州二首乾道三年十一月

馬蹄今日到袁州，山木蕭槮四面愁。多謝晚來風力勁，朔雲寒日共悠悠。

袁州刺史幾何人？韓李流芳獨未泯①。道喪時危今日意，九原遺恨一時新。

解題 袁州，州城在今江西宜春市。次詩言古往今來袁州刺史多碌碌之輩，感慨繫之。

注釋 ①韓李：韓指韓愈，愈元和十四年任袁州刺史。李未詳。

編年 載東歸亂稿。

十二月旦袁州道中作乾道三年十二月一日

今朝已是臘嘉平①，我獨胡爲在遠行？白髮倚閭應注想，青山聯騎若爲情！

注釋 ①嘉平：夏曆對臘月的稱呼。漢蔡邕獨斷卷上：「四代臘之别名：夏曰嘉平，殷曰清祀，周曰大蜡，漢曰臘。」

編年 載東歸亂稿。

同林擇之范伯崇歸自湖南袁州道中多奇峰秀木怪石清泉請人賦一篇乾道三年十二月

我行宜春野①，四顧多奇山。攢巒不可數，峭絶誰能攀？上有青葱木，下有清泠灣。更憐灣頭石，一一神所剜。衆目共遺棄，千秋保堅頑。我獨抱孤賞，喟然起長嘆！

解題 此篇依次寫山、樹、水、石，末以頑石自比，抒發了孤高自傲夾雜失落惆悵的複雜感情。

注釋 ①宜春：縣名，在今宜春市東。

編年 載東歸亂稿。

評論 朱子可聞詩集卷一：與再得古木同一觸物比興，而命意各不同：彼惜大材不登明堂，此嘆堅頑得全僻境。

賦歸雲洞乾道三年十二月

人生信多患，吾道初不窮。云何感慨士，伏死嵁巖中①？宜陽古道周②，竅石何嵌空。窮幽歷肺腑，履坦開房櫳。頗疑有畸人③，往昔寄此宫。歲月詎云幾，井竈無遺蹤。我來記清秋，歸塗渺窮冬。興懷重幽討，永嘯回長風。風回雲氣歸，洞口春濛濛。信美非人境，出門吾欲東。

解題 此篇即景興懷，表明了對消極避世的不贊同。

注釋 ①嵁巖：高峻的山巖。莊子在宥：「故賢者伏處大山嵁巖之下。」陸德明釋文：「嵁當爲湛，湛巖，猶深巖。」

②宜陽：宜春縣古名。

③畸人：指有獨特志行、不同流俗之人。莊子大宗師：「畸人者，畸於人而侔於天。」成玄英疏：「畸者，不耦之名也。修行無有，而疏外形體，乖異人倫，不耦於俗。」

編年 載東歸亂稿。

評論 朱子可聞詩集卷一：因洞似房櫳，疑昔人有隱居於此，遂憑空撰出一段議論來。白香山所謂「作詩須創入意解題者」是也。而題面歸雲洞，却反於結筆作餘波收出。

人言石乳洪羊之勝不及往游作此乾道三年十二月

人道歸雲未足誇，洪羊石乳更谽谺①。連環入夢難紆軫②，回首西風又日斜。

注釋　①谽谺：山石險峻貌。唐獨孤及招北客文：「其北則有劍山巉巉，天鑿之門，二壁谽谺，高岸嶙峋。」②紆軫：猶繞道。紆，繞；軫，車。晉書隱逸傳陶潛：「我性不狎世，因疾守閑，幸非潔志慕聲，豈敢以王公紆軫爲榮耶！」

編年　載東歸亂稿。

分宜晚泊江亭望南山之勝絶江往游將還而舟子不至擇之刺船徑渡呼之予與伯崇佇立以俟因得二絶 乾道三年十二月

寒水粼粼受晚風，輕舠來往思無窮。何妨也向溪南去，徙倚空林暮藹中。

一棹翩然喚不回，兩筇江畔久徘徊。早知君有如神技，同下中流亦快哉。

解題　分宜，縣名，其故城在今分宜縣之南。

編年　載東歸亂稿。

新喻西境 乾道三年十二月

北嶺蒼茫雨欲來，南山騰躑翠成堆①。稚杉繞麓千旗卷，野水涵空一鑑開。客路情懷元倥傯，今晨游眺却徘徊。自然觸目成佳句，雲錦無勞更剪裁。

解題　新喻，縣名，即今江西新餘。

注釋 ①騰躑：騰空跳躍。唐薛用弱集異記葉法善：「以燈爲龍鳳螭豹騰躑之狀，似非人力。」此形容翠色欲飛狀。

編年 載東歸亂稿。

評論 朱子可聞詩集卷四：前四句雨來山翠，杉卷水開，即所謂自然觸目佳句，不勞人工剪裁者也。詩家有即詩以論作詩之體，而作詩之妙，莫過天然人巧兩種。如此篇與後落星篇，先生兼以金針度人矣。「倥偬」、「徘徊」皆疊韻。

道間厭苦泥淖思亟還家安坐講習用擇之韻呈二賢友乾道三年十二月

客路泥塗正所憂，可堪雲物更油油①！向來結友輕千里，此去還家且一丘。妙處自應從我得，躬行肯使嘆吾猶②？兩賢定許相提挈，厚意何勝雜珮酬。

注釋 ①油油：陰雲密布貌。語本孟子梁惠王上：「天油然作雲，沛然下雨，則苗浡然興之矣。」趙岐注：「油然，興雲之貌。」

②吾猶：論語述而載孔子語曰：「文，莫吾猶人也。躬行君子，則吾未之有得。」朱熹集注：「猶人，言不能過人，而尚可以及人。未之有得，則全未有得。皆自謙之辭，而足以見言、行之難易緩急，欲人之勉其實也。」

編年 載東歸亂稿。

再和油字韻 乾道三年十二月

楚山黄落正離憂，喜見寒杉卷碧油。倦客今年真白髮，羽人何日定丹丘〔一〕①？奇兵捷出吾當避，狹路争先子不猶②。個裏竟能無一語，應慚二鳥起相酬。

校記 〔一〕羽人、定：考異云一作「新詩」、「寄」。

注釋 ①「羽人」句：羽人，傳説中的飛仙；丹丘，羽人所居之地。楚辭遠游：「仍羽人於丹丘兮，留不死之舊鄉。」此借指游子還鄉。

②不猶：不猶豫。二句自謙詩才不如二友。

編年 載東歸亂稿。

次韻擇之懷張敬夫〔一〕 乾道三年十二月

往時聯騎向衡山，同賦新詩各據鞍。此夜相思一杯酒，回頭猶記雪漫漫。

校記 〔一〕此題淳熙本作「次擇之新喻道中跨馬奉懷南軒」。

編年 載東歸亂稿。

别韻賦一篇 乾道三年十二月

踏雪凌霜眼界新，舉鞭遥指玉嶙峋。回頭此日成千里，横榘思君少一人①。

注釋 ①横槊：猶「横槊賦詩」，横持長矛，在馬上作詩，形容豪邁的氣概。元稹唐故工部員外郎杜君墓誌銘：「建安之後，天下文士遭罹兵戰，曹氏父子鞍馬間爲文，往往横槊賦詩，故其遒文壯節，抑揚怨哀悲離之作，尤極於古。」

編年 載東歸亂稿。

宿新喻驛夜聞風鐸 乾道三年十二月

倦枕欹眠到五更①，却嫌風鐸久悲鳴。恍疑絺綌南鄰夜②，寒鐵丁東客夢驚③。

解題 風鐸，風鈴，懸於檐下，風吹作響。

注釋 ①欹眠：歪靠着睡覺。

②絺綌：葛布，可作夏服。詩經周南葛覃：「爲絺爲綌，服之無斁。」毛傳：「葛所以爲絺綌，精曰絺，粗曰綌。」南鄰：南邊的近鄰。杜甫遣興五首其一：「北里富薰天，高樓夜吹笛。焉知南鄰客，九月猶絺綌。」此句形容客舍的簡陋和寒冷。

③寒鐵：指風鈴。宋劉子翬汴京紀事：「河漢如雲掃泬寥，登東寒鐵響清宵。」

編年 載東歸亂稿。

題野人家 乾道三年十二月

茆檐竹落野人家，只麽悠悠閲歲華。田父把犁寒雨足，牧兒吹笛晚風斜。

解題　此篇雖表現了作者對與世無争的淳樸農家生活的贊賞，但第二句仍透露出一絲輕蔑。

編年　載東歸亂稿。

題萬安野館乾道三年十二月

身似孤雲去復還，投裝猶記此窗間。只應烟雨蒼茫外，即是當時萬疊山。

解題　萬安，驛名，在新喻東、袁江之濱。

編年　載東歸亂稿。

萬安遇長沙便欲附書不果乾道三年十二月

長沙一别兩悠悠，夢想清湘帶橘洲①。欲寄行人數行字，行人不作置書郵②。

注釋　①橘洲：即橘子洲，在今長沙市西湘江中，以多産美橘得名。水經注湘水：「湘水又北逕南津城西，西對橘洲。」

②置書郵：本作「致書郵」，傳遞信件文書的驛使。世説新語任誕載，殷洪喬罷官，人附書信百餘封，後悉投之水中，祝曰：「沉者自沉，浮者自浮，殷洪喬不能作致書郵。」

編年　載東歸亂稿。

不見梅再用來字韻乾道三年十二月

舊歲將除新歲來，梅花長是雪磑堆。如何此日三州路①，不見寒葩一樹開？野水風烟迷慘澹，故園霜月想徘徊。夜窗却恐勞幽夢，速把新詩取次裁②。

注釋 ①三州：潭州、袁州、臨江軍。

②取次：草草。陸游秋暑夜興：「呼童持燭開藤紙，一首清詩取次成。」

編年 載東歸亂稿。

評論 瀛奎律髓彙評卷二十方回評：「三州路」，謂潭、衡、袁也。查慎行評：五、六描寫「不見」，又非梅不足以當之。却只空際傳神，超妙獨絕。紀昀評：三、四近率，結句尤非雅音。

朱子可聞詩集卷四：起四句大開大闔，真與庾開府梅花詩「常年臘月半，已覺梅花闌。不信今春晚，俱來雪裏看」同一命意遺調，脱盡晚唐人細碎律法。五句正寫題面，六句承一、二，恰起落句，結束復緊密異常。「慘淡」、「徘徊」皆疊韻。

賦水仙花乾道三年十二月

隆冬凋百卉，江梅厲孤芳①。如何蓬艾底②，亦有春風香？紛敷翠羽帔③，温艶白玉相④。黄冠表獨立⑤，淡然水仙裝⑥。弱植愧蘭蓀⑦，高操摧冰霜。湘君謝遺褋⑧，漢水羞捐璫⑨。嗟彼世俗人，欲火焚衷腸。徒知慕佳冶，詎識懷貞剛？凄凉柏舟誓，惻愴終風章⑩。卓哉有遺烈，千載不可忘！

解題 此篇詠物，末轉入貞操節烈的封建倫常説教，是理學詩的失敗之作。

注釋 ①厲：振起，飛昇。管子地員：「五沙之狀，粟焉如屑塵厲。」尹知章注：「厲，踴起也。」此猶言傲然挺立。

②蓬艾：蓬蒿與艾草，泛指草叢。墨子旗幟：「蓬艾有積。」

③紛敷：猶紛披，衆多貌。漢王逸九思守志：「桂樹列兮紛敷，吐紫華兮布條。」羽帔：以羽毛製作的披肩，神仙道士所用。唐許渾聞釋子栖玄欲奉道因寄：「欲求真訣戀禪扃，羽帔方袍盡有情。」此喻水仙花的條形緑葉。

④温艷：温和艷麗。白玉相：指水仙之白花。

⑤黄冠：指水仙花心之黄色部分。

⑥水仙：傳説中的水神。唐司馬承順天隱子神解八：「在地曰地仙，在水曰水仙。」

⑦蓀：香草名。楚辭九章抽思：「數惟蓀之多怒兮，傷余心之憂憂。」王逸注：「蓀，香草也。」

⑧湘君：湘水之神，歷來有不同的傳説。楚辭九歌有湘君篇。遺褋：贈送單衣。楚辭九歌湘夫人：「損余袂兮江中，遺余褋兮澧浦。」

⑨璫：即璫珠，上品之珠。南朝宋沈懷遠南越志：「珠有九品：寸五分以上至寸八九分爲大品；有光彩，一邊小平，似覆釜者，名璫珠。」此句指傳説中漢皋二女贈周鄭交甫珠事。文選張衡南都賦：「游女弄珠於漢皋之曲。」李善注引韓詩外傳：「鄭交甫將南適楚，遵彼漢皋臺下，乃遇二女，佩兩珠，大如荆鷄之卵。」漢皋，山名，在湖北襄陽西北漢水之濱。

⑩「凄凉」二句：柏舟、終風皆詩經邶風篇名，朱熹以爲二詩均莊姜所作，凄愴怨艾而不失婦道。

編年 載東歸亂稿。

評論 朱子可聞詩集卷一：詩緣情而綺靡，賦體物而瀏涜。不善體物，固不可爲著題之詩，而不能緣情比興，又非風雅之道也。此作雖沿宋體，兼擅唐風。一起便伏一結意，以貞剛之婦比此花，發前人所未有。

清江道中見梅 乾道三年十二月

今日清江路，寒梅第一枝。不愁風嫋嫋，正奈雪垂垂。煖熱惟須酒，平章却要詩①。他年千里夢，誰與寄相思？

解題 清江，臨江軍治所，在今清江縣西之臨江。

注釋 ①平章：品評。劉禹錫同樂天和微之深春二十首之十五：「追逐同游伴，平章貴價車。」

編年 載東歸亂稿。

評論 瀛奎律髓彙評卷二十方回評：朱文公乾道三年丁亥訪南軒歸，十二月江西詩也。書坊刊全芳備祖，節去首尾，以中四句爲庾信詩，誤甚。馮舒評：第六句宋。馮班評：「嫋嫋」是秋風，不可亂用。文公未解唐人用事法也。第六句俗。

朱子可聞詩集卷三：「第一枝」剔出見字，今日始見，不是言早，怪其遲也。嫋嫋，木不勝風摇貌。不愁風摇而奈雪壓，是贊梅之堅操。酒賞詩酬，得見爲慶也。末用范陸寄梅事，到底不脱「一枝」。律髓載先生此詩，云：「坊刻全芳備祖節去首尾，以中四句爲庾信詩，誤甚。」然於此句見先生詩似子山。

臨江買舟 乾道三年十二月

征驂聊駐近江樓，南市津頭問買舟。共説明朝乘雪水，長歌一日到洪州①。

解題 臨江，指臨江軍軍城，即今清江縣西之臨江。

注釋 ①洪州：隆興府舊名，治今南昌市。

編年 載東歸亂稿。

薌林 乾道三年十二月

東臯濺寒水，西崦饒清陰①。南埭奎壁麗〔一〕②，北垞静且深③。入門流緑波，竹樹何蕭槮！積石象雲壑，高堂杳沉沉。左通雲水區，右徑梅杏林。沼沚共回薄④，觀臺鬱差參。紛吾千里游，發軔南山岑。過門得佳賞，慰此夙昔心。紖懷企疏翁⑤，歲晚投冠簪〔二〕。婆娑此澗谷，俯仰成古今。嗣德世有人，聞道我所欽。相見無雜語，晤言寫胸襟。懷舊復惆悵，命酒聊同斟。飲罷我當去，握手清江潯。

解題 薌林，宋向子諲莊園名。向子諲（一〇八六—一一五三），字伯恭，開封人，徙臨江軍。仕至户部侍郎，不肯拜金人詔忤秦檜，乃致仕，退閑十五年。

校記

〔一〕壁：原作「璧」，據宋閩本改。

〔二〕冠：宋浙本作「華」。底本原注：「冠簪一作華簪」。

注釋

①崦：山。唐顧非熊寄陸隱君：「定擬秋涼過南崦，長松石上聽泉聲。」

②埭：堵水的土壩。古時於河流水淺不利行船處築壩遏水，中留航道，兩岸樹立轉軸，以人或畜力牽挽過船。晉書謝玄傳：「玄患水道險澀，糧運艱難，用督護聞人奭謀，堰呂梁水，樹柵，立七埭爲派，擁二岸之流，以利運漕。」也指一般水邊的土壩。奎壁：謂藏書處。奎，二十八星宿中的奎宿。古謂奎宿主文，故常以之美稱珍藏圖書之所，如奎府、奎閣等。

③垞：土丘。楊萬里過花橋：「北垞通南埭，前花映後花。」

④沚：水中小塊陸地。詩經秦風蒹葭：「遡游從之，宛在水中沚。」毛傳：「小渚曰沚。」回薄：盤旋回繞。宋書符瑞志下：「紫氣從景陽樓上層出，狀如煙，回薄良久。」

⑤絝：通「緬」。企：仰慕。疏翁：指漢疏廣、疏受。漢書疏廣傳載，廣與受叔侄二人分别爲宣帝太傅、少傅，於榮顯中同時稱病引退。後以二人爲急流勇退的典型。此指向子諲。

編年

載東歸亂稿。

評論

朱子可聞詩集卷一：前段只入門二字是綫索，「東皐」、「西崦」四句是未入門以前遠景，「左通」、「右徑」四句是既入門後近景，故總承一句云「過門得嘉賞」。向薌林家世節義文章，已備載先生序文中，而此詩止鋪寫園林之佳，緬懷其昔日婆娑此澗谷，及今守業有人，不復議論叙事，是先生之詩法。

過樟木鎮晚晴二首 乾道三年十二月

朝晴遣我看薌林，頃刻浮雲萬里陰。拂袖凌風三十里，依然寒日照長吟。

飛雲極目疑梅嶺①，落日回頭夢橘洲。從此不愁東路永，秖應西望轉悠悠。

解題 樟木鎮，即樟樹鎮，在今清江縣。

注釋 ①梅嶺：在崇安縣開耀鄉朱熹故里。

編年 載東歸亂稿。

赤岡頭望遠山作 乾道三年十二月

曉起清江弄小舟，晚風吹過赤岡頭。遠峰自作修眉斂①，萬里那知客子愁？

注釋 ①修眉：長眉，喻遠山。韓愈南山：「天空浮修眉，濃緑畫新就。」

編年 載東歸亂稿。

次韻擇之發臨江 乾道三年十二月

千里烟波一葉舟，三年已是兩經由。今宵又過豐城縣①，依舊長江直北流②。

注釋 ①豐城縣，即今江西豐城縣。

②長江：實指贛江。以其北流入長江，故稱。

編年 載東歸亂稿。

次韻擇之漫成 乾道三年十二月

落日晴江更遠山，遠山猶在有無間。不須極目傷懷抱，且看漁船近往還〔一〕。

解題 此篇借景言理，謂治學切忌談玄説妙，好高騖遠，而當切問近思，注重日常修養。

校記 〔一〕船：宋浙本作「舠」。底本原注「一本作舠」。

編年 載東歸亂稿。

評論 朱子可聞詩集卷五：此臨江望鄉之作。起言山遠在江之外，故鄉又遠在山之外。第三句反點傷懷。四句語鬆而意緊，言漁人却往還不遠也，與杜詩「信宿漁人還泛泛」同一借物形己法。

竹節灘 乾道三年十二月

船下清江竹節灘，長煙漠漠水漫漫。人家斷岸斜陽好①，客子中流薄暮寒。

注釋 ①斷岸：江邊絶壁。鮑照蕪城賦：「崪若斷岸，矗似長雲。」

編年 載東歸亂稿。

舟中晚賦 乾道三年十二月

長風一萬里，披豁暮雲空①。極浦三年夢②，扁舟二子同。離離浮遠樹，杳杳没孤鴻。若問明朝事，西山晻靄中③。

注釋 ①披豁：開爽敞亮。蘇軾凌虚臺：「崩騰赴幽賞，披豁露天慳。」

②極浦：遥遠的水濱。三年夢：言三年前曾至此地，記憶尚存。朱熹隆興二年嘗至隆興府吊張浚之柩，遂與張栻同船送至豐城。

③西山：在江西新建縣西三十里，即古散原山，道家以爲第十二洞天。王勃滕王閣序：「珠簾暮捲西山雨。」晻靄：昏暗朦朧的雲氣。王安石定林示道源：「迢迢晻靄中，疑有白玉臺。」

編年 載東歸亂稿。

評論 朱子可聞詩集卷三：西山乃到家之景，此時相去尚遠，而曰明朝事者，承萬里長風，極擬舟行之速耳。

次韻擇之將近豐城有作 乾道三年十二月

老矣身如萬斛舟①，長風破浪若爲收？江山若有逢迎意，到處何妨爲少留。

解題 此篇雖似同樣言無所歸宿，然不以漂泊小舟而以破浪大船喻己，抒發了作者的陽剛豪邁之情，將以往詩人的淺斟低吟取而代之。

注釋 ①萬斛舟：運載萬斛的巨船。十斗爲一斛。杜甫夔州歌之七：「蜀麻吴鹽自古通，萬斛之舟行若風。」

編年 載東歸亂稿。

過豐城作 乾道三年十二月

渺渺豐城縣，回頭憶舊游。晴江羅遠樹，宿莽亂中洲①。寶劍今鱗甲，神光尚斗牛②。他年還記得，此夜一扁舟。

注釋 ①宿莽：經冬不死的野草。離騷：「朝搴阰之木蘭兮，夕攬洲之宿莽。」

②「寶劍」二句：晋書張華傳載，吴滅晋興之際，天空斗宿、牛宿之間常有紫氣，雷焕謂有寶劍在豐城，其精氣上達於天。華乃補焕豐城令，果掘地得龍泉、太阿之劍，斗牛間氣遂不復見。鱗甲：喻銹蝕，言年代久遠。

編年 載東歸亂稿。

評論 朱子可聞詩集卷三：昨發臨江詩云：「今宵又過豐城縣。」此詩是詠又過也，故第二句破出憶舊游，七、八更進一步，言他年倘又過，記得此夜扁舟，亦猶此夜記得舊游耳。篇中句句有眼，三、四遠樹對宿莽，晴江對中洲，兹乃倒换成聯。五、六本事，初因光射斗牛，知劍所在，後化龍去而劍亡，兹乃翻轉運用，不獨切豐城，且切此夜。

舟中見新月伯崇擇之二友皆已醉卧以此戲之 乾道三年十二月

舟中見新月，煙浪不勝寒。與問醉眠客，豈知行路難。殘陽猶水面，孤雁更雲端。蓬底今宵意，天邊芳歲闌。

編年 載東歸亂稿。

評論 朱子可聞詩集卷三：此因歲律云暮，忽見新月，益不勝客途之感也。五、六景中有情。杜詩寫初月之微曰「河漢不改色」，此詩寫新月之早曰「殘陽猶水面」，總以不寫寫也。

次韻擇之舟中有作二首 乾道三年十二月

一江煙水浩漫漫，昨夜扁舟寄此間。共向船頭望南北，不知何處是家山？

一席三人抵項眠〔一〕，心知蓬外水如天。起來却怪天如水，月落烏啼浦樹邊。

校記 〔一〕項：宋闔本作「頂」。

編年 載東歸亂稿。

評論 朱子可聞詩集卷五：二、三固總是水天一色。然分言之，天入夜昏黑，「水如天」是向晦光景；水徹夜空明，「天如水」是將曉光景。言三人方夜共眠，而不覺達曉耳。觀末句益見。

自東湖至列岫得二小詩乾道三年十二月

孺子高風何處尋①？東湖臺觀水雲深。生芻一束人如玉②，此日凄凉萬古心。

昨日來時萬里陰，長江雪後玉千岑。蒼茫不盡登臨意，重對晴天豁晚襟。

注釋 ①孺子：東漢徐稚字。稚，豫章南昌人，家貧，躬耕而食，朝廷屢召不起。陳蕃爲太守，不接賓客，惟設一榻待稚，去則懸之。後漢書有傳。

②生芻：鮮草。詩經小雅白駒：「生芻一束，其人如玉。」陳奂傳疏：「芻所以萎白駒，託言禮所以養賢人。」

編年 載東歸亂稿。

列岫望西山最正殆無毫髮遺恨滕王秋屏皆不及也因作此詩二首乾道三年十二月

城中望西山，拄頰空朝暮。不到列岫亭，詎知親切處？東西水平分，南北山中判。妙處毫髮間，商略無遺算。

解題 滕王，指滕王閣。本篇詠嘆天工之巧。

編年 載東歸亂稿。

晚飲列岫乾道三年十二月

危亭披豁對蒼霞，策杖重來日未斜。滿目江山一尊酒，哦詩莫遣太雄誇①。

注釋 ①雄誇：雄豪誇張。王安石次韻酬宋玘之二：「遠欲報君羞强聒，老知隨俗厭雄誇。」此句自謙，言己才弱，恐跟不上二友。

編年 載東歸亂稿。

觀上藍賢老所藏張魏公手帖次王嘉叟韻乾道三年十二月

火風吹散旱天雲①，膚寸空餘翰墨新②。拭淚相看渺今古，堂堂那復有斯人！

解題 上藍，隆興名寺，在府城。僧令超所創，以原住筠州上藍山爲名。賢老，即僧人了賢，朱熹有跋張魏公爲了賢書佛號。王嘉叟，王秬，已見卷一。此篇表達了對名臣張浚的深切懷念。

注釋 ①火風：炎熱之風，喻險惡的人際關係與社會環境。唐李紳翰苑遺誣構四十六韻：「火風晴扇處，山鬼雨中呼。」旱天雲：喻張浚。

②膚寸：古長度單位，一指寬爲寸，四指寬爲膚。借指下雨前逐漸集合的雲氣。左傳僖公三十一年：「觸石而出，膚寸而合，不崇朝而雨乎天下者，唯泰山爾。」何休注：「側手爲膚，按指爲寸。」

編年 載東歸亂稿。

次韻伯崇登滕王閣感舊蓋聞往時延閣公拜疏於此云 乾道三年十二月

金闕銀臺夢想中①，樓前拜舞皂囊空②。十年殄瘁無窮恨，嘆息今人少古風。

解題 延閣公，指伯崇之父范如圭。延閣指宫廷藏書之所，如圭嘗任秘書省正字、直秘閣，故稱。

注釋 ①金闕銀臺：指皇宫。

②拜舞：跪拜與舞蹈，三代朝拜的禮節。漢趙曄吴越春秋勾踐歸國外傳：「群臣拜舞天顔舒，我王何憂不能移。」此指范如圭上疏時遥拜京城。皂囊：裝密封奏章的黑綢口袋。

編年 載東歸亂稿。

觀西山懷岳麓以爲莫能相上下也聊賦此云 乾道三年十二月

風月平生意，江湖自在身。年華供轉徙，眼界得清新。試問西山雨，何如湘水春？悠然一長嘯〔一〕，妙絶兩無倫。

校記 〔一〕然：考異云一作「悠」。

編年 載東歸亂稿。

評論 朱子可聞詩集卷三：欲品兩山，須先提出自家雅好。一起曠然，即堯夫所謂「閑爲水竹雲山主，静得風花雪月權」者也。五、六要交互看，方見得莫能相下。「西山雨」是言春時，「湘水春」即説雨景。南岳本天下所素稱，西山乃先生所新闢，舉以相比，語平而意實側。

進賢道中 乾道三年十二月

往辭湘水曲，今過豫章城①。改歲無多日，到家才幾程。晝憐春意迫，夜喜月華清。此去無淹軌②，前塗似掌平。

解題 進賢，即今江西進賢縣。

注釋 ①豫章城：指隆興府城，城爲古豫章治所。

②淹軌：猶「淹轍」，道路留滯。前蜀王建遠征歸：「回車不淹轍，雨雪滿衣裳。」

編年 載東歸亂稿。

評論 朱子可聞詩集卷三：三、四試與戴叔倫「一年將盡夜，萬里異鄉人」一對照，悲喜迥然不同。五、六承三句，七、八承四句。歸日既佳，歸程復坦，説得一往踴躍。

野望 乾道三年十二月

登高立馬瞰晴川，四面平林接暝烟①。東望不堪頻極目，歸心已度鳥飛前。

注釋 ①平林：平原上的林木。詩經小雅車舝：「依彼平林，有集維鷮。」

編年 載東歸亂稿。

次韻擇之進賢道中漫成五首 乾道三年十二月

白酒頻斟當啜茶，何妨一醉野人家。據鞍又向岡頭望，落日天風雁字斜。

笑指斜陽天外山，無端長作翠眉攢。豈知男子桑蓬志①，萬里東西不作難。

夜宿林岡月滿川，歸期屈指正茫然。也知地脉無贏縮②，只把陰晴更問天。

誰作窗間擁鼻聲③，更哦樂府短歌行④？從教永夜清無寐，只恐晨雞不肯鳴。

日暮重岡上，人勞馬亦饑。不妨隨野雀，容易宿寒枝。

注釋

①桑蓬志：四方之志。古時男子生，以桑木作弓，蓬草爲矢，射天地四方，象徵男兒志在四方。禮記内則：「國君世子生……射人以桑弧蓬矢六射天地四方。」鄭玄注：「桑弧蓬矢，本大古也。天地四方，男子所有事也。」

②地脉：地勢，大地的脉絡。史記蒙恬列傳：「起臨洮屬之遼東，城塹萬餘里，此其中不能無絕地脉哉？此乃恬之罪也。」贏縮：長短。淮南子時則訓：「孟春始贏，孟秋始縮。」高誘注：「贏，長也；縮，短也。」

③擁鼻：指曼聲吟詠。晉書謝安傳：「安本能爲洛下書生詠，有鼻疾，故其音濁，名流愛其詠而弗能及，或手掩鼻以效之。」

④樂府：詩體名。初指樂府官署所採製的詩歌，後將魏晉至唐可入樂之詩及仿樂府古題的作品統稱樂府。宋郭茂倩編有樂府詩集。宋以後有時稱詞爲樂府。短歌行：樂府相和歌平調曲的樂曲

名，因其聲調短促，故名。此曲多爲宴會時歌唱曲目。

編年 載東歸亂稿。

次韻擇之夜宿進賢客舍 乾道三年十二月

白日照寒野，綣然千里平①。馳暉一以没②，浩蕩鷩飆生。露彩林表見③，月華波上明。同行魯狂士〔一〕④，忽發商歌聲。洗耳金石奏⑤，信知塵累輕。

校記 〔一〕行：考異云一作「舟」。

注釋 ①綣然：遥遠貌。「綣」通「緬」。文選陸機赴洛詩之一：「肆目眇不及，緬然若雙潛。」吕向注：「緬，遠也。」

②馳暉：飛馳的日光。文選謝朓暫使下都夜發新林至京邑贈西府同僚：「馳暉不可接。」李善注：「馳暉，日也。」

③露彩：五光十色的露水。江淹休上人怨别：「露彩方泛艷，月華始俳徊。」

④狂士：指志向高遠、勇於進取之士。孟子盡心下：「孔子在陳，何思魯之狂士？」孫奭疏：「琴張、曾晳、牧皮三者皆學於孔子，進取於道而躐等者也，是謂古之狂者也。」

⑤金石：指鐘磬一類樂器。國語楚語上：「而以金石匏竹之昌大、囂庶爲樂。」韋昭注：「金，鐘也；石，磬也。」

編年 載東歸亂稿。

評論 朱子可聞詩集卷一：六句中「白日」、「驚飆」、「月華」現出三樣境界，變換全在中間一轉。先生極贊小謝詩「寒城一以眺，平楚正蒼然」十字有力，正此種筆仗也。

次韻擇之潤陂有作 乾道三年十二月

我行欲安適？莽莽窮山陂。晨裝遠林表，午憩通川湄①。曠望想慈親，行役嗟吾兒。喟然陟屺嘆②，歸心浩無涯。曉霜徒御寒③，暮雨朋儔悲。前期諒非遠，無爲苦愁思。

注釋 ①川湄：河邊。南朝宋傅亮司徒劉穆之碑：「率先群後，電發川湄。」

②陟屺：詩經魏風陟岵：「陟彼屺兮，瞻望母兮。」鄭玄箋：「此又思母之戒，而登屺山而望之也。」

③徒御：挽車御馬的人。詩經小雅車攻：「徒御不驚，大庖不盈。」毛傳：「徒，輦也。御，御馬也。」

編年 載東歸亂稿。

過潤陂日晴意可喜至暮復雨伯崇有詩因次其韻 乾道三年十二月

客裏歲云暮，我心殊未平。悠悠惜往日，鬱鬱懷平生。況復久陰雨，喜茲霜曉明。那知不終日，又作瀟瀟聲。坐厭泥塗辱，空嗟鴻雁輕。

解題 此篇上四句寫懷，下四句述事，末二句雙關作結，寫出了欲一躍而起，展翅高飛的志向。

編年 載東歸亂稿。

山行兩日至金步復見平川行夷路計程七日可到家矣（乾道三年十二月）

行穿側徑度荒山，又踏深泥過野田。路轉忽然開遠望，眼明復此見平川。江煙浦樹悲重疊〔一〕，楚水閩山喜接連。稅駕有期心轉迫〔二〕①，棱棱瘦馬不勝鞭。

校記 〔一〕悲重疊：考異云一作「傷綿邈」。

〔二〕此句右引云一作「欲近慈闈心轉切」。

注釋 ①稅駕：猶解駕，停車。史記李斯列傳：「物極則衰，吾未知所稅駕也。」司馬貞索隱：「稅駕，猶解駕，言休息也。」

編年 載東歸亂稿。

評論 朱子可聞詩集卷四：前半叙山行見平川，凡三轉，既穿復度又過，轉在路也。後半叙計程到家，亦三轉，既悲復喜又迫，轉在心也。兩截中，而暗以一字關照，極平極奇之作。

次韻擇之金步喜見大江有作（乾道三年十二月）

江頭四望遠峰稠，江水中間自在流。并岸東行三百里，水源窮處即吾州。此江發源分水嶺，故前詩有「楚水閩山喜接連」之句。

解題 大江，指餘干溪，即信江。

編年　載東歸亂稿。

次韻擇之餘干道中乾道三年十二月

寒盡春生草又青，化工消息幾曾停①？因君一詠陵陂麥，恍憶儂家老圃亭。亭下予家種麥處也。

解題　餘干，縣名，其故城在今餘干縣西北。

注釋　①化工：指造物者。語本賈誼鵩鳥賦：「且夫天地爲鑪兮，造化爲工。」消息：指消長、盈虛、盛衰等變化。易豐卦：「天地盈虛，與時消息，而況於人乎？」

編年　載東歸亂稿。

安仁曉行乾道三年十二月

夙駕安仁道，行行得自娱。荒山圍野闊，遠樹出林孤。景晦長煙合，天寒碧草枯。歸心懷往路，極目尚平蕪〔一〕①。

解題　安仁，縣名，故城在今江西安仁縣東南。

校記　〔一〕尚：原作「向」，據宋閩、浙本改。

注釋　①平蕪：草木叢生的平曠原野。江淹去故鄉賦：「窮陰匝海，平蕪帶天。」

編年　載東歸亂稿。

評論　朱子可聞詩集卷三：亦是説歸途平坦，到家不遠，而著意在「曉行」二字。煙長則易散漫矣，而仍合者，景晦之故；草碧則欲發生矣，而似枯者，天寒之故。的是將春方曉景象。

十七日早霜晴觀日出霧中喜而成詩 乾道三年十二月十七日

斜月夜窗白，肅霜朝氣清。長塗披素錦，寒霧涌金鉦①。已作三冬雨，何妨十日晴？天公且相念，莫遣暮雲生。

注釋 ①金鉦：鐲鐃之類的古樂器，比喻太陽。蘇轍黄樓賦：「金鉦涌於青嶂，陰氛爲之辟易。」

編年 載東歸亂稿。

評論 朱子可聞詩集卷三：詩有奇句，有奇情。三、四奇句也。後半本喜晴，反恐雨，曰「已作」，曰「何妨」，曰「且相念」、「莫遣」，竟呼天公，忽爾商量，忽爾囑咐，如許奇情，尤非恒思可到。

再用前韻 乾道三年十二月

久陰冬竟暖，欲霽氣先清。田舍占煙火，軍家候鼓鉦①。風霜千里肅，天地一朝晴。明日知何日？陽春又發生。

注釋 ①「田舍」二句：舉入春之兆。禮記月令孟春之月：「是月也，天氣下降，地氣上騰，天地和同，草木萌動，王命布農事，命田舍東郊。」鄭玄注：「田謂田畯，主農之官也。舍東郊，順時氣而居，以命其事也。」該篇又云：「是月也，不可以稱兵，稱兵必天殃。」

編年 載東歸亂稿。

次韻擇之過丫頭巖乾道三年十二月

四面晴岡紫石崖，如何渾作白皚皚？須知暖入陰泉溜，不是寒封積雪堆。

編年 載東歸亂稿。

章　巖乾道三年十二月

豁爾天開宇①，呀然夜不扃②。閑雲任棲宿，密雨斷飄零。破屋僧常住，高軒客屢經。古今題寫處，一半蘚文青。

注釋 ①豁爾：猶豁然。張衡南都賦：「或砦嶙而纚連，或豁爾而中絕。」開宇：開辟封地。文選王延壽魯靈光殿賦：「錫介珪以作瑞，宅附庸而開宇。」劉良注：「居其附庸之國，開我皇家之土宇，以作蕃援。」此指天造之一區。

②呀然：張開貌。唐孫樵書田將軍邊事：「吾嘗伺其來，朔風正嚴，緩步坦途，日次一舍，固已呀然汗矣。」

編年 載東歸亂稿。

評論 朱子可聞詩集卷三：前首詠章巖，從外面寫。此首詠章巖，從裏面寫。對起豁爾呀然，江西派中最奇崛句。先生教人看李、杜，次及蘇、黃，集中兼有衆體。結更能收住題中「巖」字。

次韻擇之章巖 乾道三年十二月

驅馬倦長道，投鞭憩此巖。來應六鼇戴，迹是五丁劖①。泉脉流青潤，林稍擁碧巉。老禪深閉户，客子且征衫。

注釋 ①五丁：神話中的五個力士。藝文類聚卷七引揚雄蜀王本紀：「天爲蜀王生五丁力士，能獻山。」

編年 載東歸亂稿。

評論 朱子可聞詩集卷三：「六鼇」、「五丁」，硬裝成句，可匹老杜「滄江」、「碣石」一聯。「清」、「碧」假對，「擁」字尤佳。先生極賞陳簡齋詩：「亂雲交翠壁，細雨濕青松」，「暖日薰楊柳，濃陰醉海棠」。皆此煉句法。

鉛山立春六言二首 乾道三年十二月

雪擁山腰洞口，春迴楚尾吴頭①。欲問閩天何處，明朝嶺水南流。

行盡風林雪徑，依然水館山村。却是春風有脚，今朝先到柴門。

解題 鉛山，縣名，故城在今鉛山縣南。

注釋 ①楚尾吴頭：指該地爲古楚地與吴地交界處。

編年 載東歸亂稿。

次二友石井之作三首 乾道三年十二月

一竇陰風萬斛泉①，新秋曾此弄清漣。人言湛碧深無底，只恐潛通小有天②。

聯騎君登泉上亭，黄塵雙眼想增明。籃輿獨向溪南路，惆悵不成同隊行。

泉嵌側畔一川明，水石縈迴更有情。聞説近來疏葺好，想應仍是舊溪聲。

注釋 ①竇：孔，洞。禮記禮運：「順人情之大竇也。」鄭玄注：「竇，孔穴也。」

②小有天：道家所傳洞府名，在今河南濟源縣西王屋山。見太平御覽卷四十引太素真人王君内傳。杜甫秦州雜詩之十四：「萬古仇池穴，潛通小有天。」

編年 載東歸亂稿。

次韻擇之鉛山道中二首 乾道三年十二月

幾月高堂闕問安，歸塗不管上天難。誦君兩疊思親句，也信從來取友端。

行盡江湘萬疊山，家山猶在有無間。明朝漸喜登閩嶺，澗水分流響珮環。

編年 載東歸亂稿。

次韻擇之發紫溪有作 乾道三年十二月

明日振衣千仞岡，夜分起看月和霜。久知行路難如此，不用悲歌淚滿裳。

解題 紫溪，即今紫溪鎮，在贛閩交界之分水嶺以北。

編年 載東歸亂稿。

次韻別林擇之 乾道三年十二月

暫時相别不須悲，楚調凄凉政爾爲①。幾曲清溪足相送，一天明月豈曾離？上堂嘉慶多爲問，緣道風光少賦詩。更謝同袍二三子②，夜來幽夢滿春池。

注釋 ①楚調：楚地的曲調，其聲悲切，多用於送别。白居易醉别程秀：「吴弦楚調瀟湘弄，爲我殷勤送一杯。」

②同袍：指友人。語出詩經秦風無衣：「豈曰無衣，與子同袍。」

編年 載東歸亂稿。

評論 朱子可聞詩集卷四：起二句，一戒其不須以别爲悲，一戒其不可爲凄凉楚調。三、四申明首句，言爾今别後，幾曲清溪，一天明月，我二人身雖隔而神自通，何必以暫别爲念。五、六申明次句，却是一轉一合，言上堂嘉慶，歸家有許多天倫樂事，則道上之風光寂寞，豈可復爲凄凉楚調乎？一結念及其兄弟，仍只收到擇之詩上。

次韻別范伯崇二首 東歸亂稿止此。 乾道三年十二月

平生罪我只春秋①，更作囂囂萬里游。賴有吾人肯相伴，群譏衆詆不能憂。

累月追隨今別離，人生離合豈無時？願言更勵堅高志②，力索窮探慰所思。

注釋 ①「平生」句：孟子滕文公下載孔子語曰：「知我者，其惟春秋乎！罪我者，其惟春秋乎！」此變用其語，言一生之過惟在不惜時光。②堅高：論語子罕載顏淵感嘆孔子之道曰：「仰之彌高，鑽之彌堅。」朱熹集注：「仰彌高，不可及。鑽彌堅，不可入。」此句鼓勵范念德像顏淵那樣致身聖學。

編年 載東歸亂稿。

有懷南軒老兄呈伯崇擇之二友二首乾道四年春

憶昔秋風裏，尋盟湘水傍。勝游朝挽袂，妙語夜連牀。別去多遺恨，歸來識大方①。惟應微密處，猶欲細商量。

積雨芳菲暗，新晴始豁然。園林媚幽獨，窗户愜清妍。晤語心何遠，謂日與擇之講論。書題意未宣。謂數收伯崇近書。懸知今夜月，同夢舞雩邊。

注釋 ①大方：大略。墨子非命上：「天下之良書不可盡計數，大方論數，而五者是也。」孫詒讓閒詁：「大方，即大較也。」

編年 第一首張栻有和詩云：「作別又如許，何當置我旁」，顯係作在乾道三年歸自湖南後不久。艾軒集卷六與朱編修元晦、朱熹別集卷五與林師魯皆言及林用中乾道四年在朱熹身邊事，與第二首小注合。而考林用中行實，乾道五年至八年間再未見用中至崇安，故本篇必作於四年可知。據詩中所言景象，當爲春間所作。參年譜長編。

九日登天湖以菊花須插滿頭歸分韻賦詩得歸字 乾道四年九月九日

去歲瀟湘重九時，滿城寒雨客思歸。故山此日還佳節，黄菊清罇更晚暉。短髮無多休落帽，長風不斷且吹衣。相看下視人寰小，秖合從今老翠微①。

注釋 ①翠微：青葱縹緲的深山。李白贈秋浦柳少府：「摇筆望白雲，開簾當翠微。」

編年 據「去歲」二句，知作於乾道四年。

評論 瀛奎律髓彙評卷十六方回評：此乾道四年戊子也。文公去年訪南軒於長沙，故有此起句。予嘗謂文公詩深得後山三昧，而世人不識。且如「故山此日還佳節，黄菊清樽更晚暉」，上八字各自爲對，一瘦對一肥，愈更覺好。蓋法度如此，虚實互换，非信口、信手之比也。山谷、簡齋皆有此格。此詩後四句尤意氣闊遠。時以去年冬除樞密院編修官，猶待闕於家。馮舒評：若謂晦翁學黄、陳，晦翁必不服。紀昀評：一氣涌出，神來興來，宋五子中惟文公詩學功候爲深。「落帽」是九日典，「吹衣」不用九日典，而用來銖兩恰稱，此由筆妙。

朱子可聞詩集卷四：方虚谷先生云：「故山此日，黄菊清樽」八字，各自爲對，一瘦一肥。鳳逸云：「吹衣」用淵明歸來辭字，以在故山也。對「落帽」一生一熟。結聯收「登」字，有俯視一切之概。時除編修，屢趣不赴職，托此寓意。

歸報德再用前韻乾道四年九月九日

幾枝藤竹醉相携，何處千峰頂上歸？正好臨風眺平楚〔一〕①，却須入谷避斜暉。酒邊泉溜寒侵骨，坐上嵐光翠染衣②。踏月過橋驚易晚，林坰回首更依微③。

解題 報德，寺名。該篇寫出了作者陶醉於佳節勝游的歡暢心情。

校記 〔一〕楚：原作「埜」，據淳熙本、宋閩、浙本改。

注釋 ①平楚：謂從高處遠望，樹梢齊平的林木。謝朓宣城郡内登望：「寒城一以眺，平楚正蒼然。」

②嵐光：山間霧氣經日光照射而發出的光彩。唐李紳若耶溪：「嵐光花影繞山陰，山轉花稀到碧潯。」

③林坰：郊野。文選陳琳爲曹洪與魏文帝書：「夫緑驥垂耳於林坰。」李善注引爾雅：「野外謂之林，林外謂之坰。」依微：隱約。謝靈運江妃賦：「建羽旌而逶迤，奏清管之依微。」

編年 本篇與上篇同日所作，見上篇所考。

評論 瀛奎律髓彙評卷十六方回評：「易晚」疑當作「已晚」。此即九日晚歸詩也。詩思無一絲近塵土。紀昀評：「易晚」者，將晚也，不必改爲「已晚」。此詩亦流美，然不及前篇意境矣。朱子可聞詩集卷四：容齋隨筆云：九日舍舊事不用，何以成詩，止在用法不同耳。此篇即繼上九日登高晚歸詩，亦暗運杜牧之「但將酩酊酬佳節，不用登臨嘆落暉」句意出之，渾然不見痕迹。律髓評無一絲近塵土，信然。

雪中與林擇之祝弟登劉園之宴坐巖有懷南岳舊游賦此呈擇之屬和并寄敬夫兄乾道四年十二月

風雪集歲晏，掩關聊自休。今辰展遐眺，倚此寒巖幽。同雲暗空室，皓彩迷林丘。崩奔小澗歇，飛舞增綢繆。仰看鸞鶴翔，俯視江漢流。乾坤有奇變，澒洞驚兩眸①。三酌不自温，倚杖空冥搜。悲歌動華薄，璀璨忽滿裘。向來一杯酒，浩蕩千里游。亦復有兹賞，微言寄清酬。解携今幾許？光景逝不留。懷人眇山岳，省己紛愆尤②。對此奇絶境，一歡生百憂。茫然發孤詠，遠思誰能收！

解題 祝弟，即朱熹内弟祝康國，已見卷一。劉園，指屏山劉氏莊園。本篇叙寫歲暮出游，雪中朗吟，懷人省己，一歡百憂的感慨，表現了朱熹時時縈繞於胸的治學緊迫感。

注釋 ①澒洞：彌漫。賈誼旱雲賦：「運清濁之澒洞兮，正重沓而并起。」

②愆尤：過失。張衡東京賦：「卒無補於風規，祇以昭其愆尤。」

編年 本篇張栻次韻詩云：「居然隔年别，却喜翰墨留」，可確知作於乾道四年。詩云「風雪集歲晏」，知作於十二月。

朱熹文集編年評注卷六上

詩

和人游西巖淳熙以後

平生壯志浩無窮，老寄寒泉亂石中。閑去披襟弄清泚，静來合眼聽玲瓏。不知澗寺晴時雨〔一〕，何似溪亭落處風？吟罷君詩自瀟灑〔二〕，此心端不限西東。

解題 西巖，在崇安縣開耀鄉從政里，見八閩通志卷六、十五。此篇前半寫人，後半寫己，異地同心，樂隱一趣。

校記 〔一〕寺：考異云一作「樹」。

〔二〕罷：淳熙本作「斷」。

編年 所和之人既已身老，而題稱「和人」應爲同輩，則朱熹其時年事亦已不淺，恐不得早於淳熙間。

評論 朱子可聞詩集卷四：言此日但從泉石優游，無復平生壯志。「老寄」二字，一篇主意。三、四即老寄寒泉情景，五、六又單承「合眼聽玲瓏」來，或疑寺雨，或疑亭風，不知何似，分裝句法，蓋聽而不問意也。末從和詩收局，「此心」抱轉「壯志」，「不限西東」煞出題中「西」字。

次知郡章丈游山之韻 淳熙中

前峰鸞鶴去無蹤，邂逅荒尋得故宫。但覺風烟隨意好，便驚塵土轉頭空。提壺命駕幽期遠，授簡哦詩妙處同①。安得西山一丸藥②，共隨簫鼓向雲中？

解題 章丈，未詳。此篇游神人故址，飄飄欲仙。

注釋 ①授簡：給予簡札，謂囑人寫作。語出謝惠連雪賦：「梁王不悦，游於兔園，……授簡於司馬大夫，曰……爲寡人賦之。」

②「安得」句：曹丕折楊柳行：「西山亦何高，高高殊無極。上有兩仙童，不飲亦不食。與我一丸藥，光耀有五色。服藥四五日，身體生羽翼。輕舉乘浮雲，倏忽行萬億。」後因稱仙藥爲「西山藥」。

編年 未詳。據原集稿序，疑作在淳熙中。

題周氏溪園三首〔一〕 淳熙六年

循澗闢芳園，結亭對虚壁。澄潭俯幽鑒，空翠仰寒滴①。主人心事遠，妙寄塵壤隔②。豈爲功名期，而忘此泉石？溪亭

危亭竹柏間，悄蒨日幽絶。朔風一以厲，愛此枝上雪。仰悲玄景馳③，俯嘆群芳歇。不用此時來，那知歲寒節？雪亭

手種籬間樹，枝繁不忍删。新亭最佳處〔二〕，勝日共歡顔。景晏春紅淺，雨餘寒翠潸〔三〕④。光風回巧笑⑤，桃李任漫山。嫣然亭

解題 周氏溪園，周嗣武園林。嗣武字功父，閩浦城人。歷官中外，官終權户部侍郎。嗣武與張栻、王炎善，其任湖廣總領時，二人皆嘗爲其溪園三亭題詩。

校記 〔一〕考異云一無後一首。淳熙本單收第三首，題作「海棠亭」。

〔二〕最佳：淳熙本作「臨絶」。

〔三〕「景晏」二句：右引作「翠袖經寒薄，紅粧帶雨潸」。

注釋 ①空翠：指緑色的樹葉。孟浩然題大禹寺義公禪房：「夕陽連雨足，空翠落庭陰。」

②妙寄：奇妙的寄寓。蘇軾病中夜讀朱博士詩：「古語多妙寄，可識不可誇。」

③玄景：黑影，指雁。文選傅玄雜詩：「玄景隨形運，流響歸空房。」吕向注：「景，影也。謂雁影映於月光而色玄也。」

④潸：流淚，滴。史記扁鵲倉公列傳：「流涕長潸，忽忽承睞。」

⑤光風：雨止日出時的和風。楚辭招魂：「光風轉蕙，汜崇蘭些。」王逸注：「光風，謂雨已日出而風，草木有光也。」

編年 張栻有寄題周功父溪園三詠，即題此三亭。王炎也有題周功甫總領石溪三亭詩，序云：「周丈有石

溪三亭，題詠者衆。炎爲崇陽簿，沿檄到郡，周丈作手簡，封示南軒三詩，令炎留題。」可知諸題詠皆爲周功父任湖廣總領時作。新安文獻志卷六十九載胡昇所作王炎傳云：「再調鄂州崇陽簿。時南軒先生張公帥江陵，聞而器之，檄於幕府，議論相得。」考張栻帥江陵乃於淳熙五年秋冬間至任，而以七年二月卒於任，則其題周氏溪園及王炎題詩皆當在淳熙六年。本篇應與之相先後，故也應作於是年。

評論 二 朱子可聞詩集卷一：「雪」字直從竹柏枝上看出，照上首嫣然，一寒一暄，筆端造化。結句即唐太宗「疾風知勁草，板蕩識忠臣」意。

三 朱子可聞詩集卷一：亭名即從東坡海棠詩「嫣然一笑竹籬間，桃李漫山總粗俗」句來。茲篇即體坡詩意説入，後半尤覺豐至。張南軒詩結云：「何心較桃李，只擬答春光。」命意雖同，終不若此既切海棠，更模似得嫣然姿態出也。

寄林擇之 乾道五年春

故人千里寄書來，三復塵襟頓豁開。勸我從容深燕養①，莫將佔畢苦沉埋②。杖藜此日應同趣，揮麈何時得共陪③？珍重相期俱努力，自慚殊未竭淵才。

解題 乾道四年秋，林用中至崇安，朱熹處之館舍，請教其子朱塾、朱埜二人。冬，用中返回古田。本篇即作者收到用中信後之答書，末句言館舍未盡其才。

注釋 ①燕養：保養。儀禮既夕禮：「燕養饋羞湯沐之饌，如他日。」鄭玄注：「燕養，平常所用供養也。」

②佔畢：禮記學記：「今之教者，呻其佔畢，多其訊。」鄭玄注：「呻，吟也。佔，視也。簡謂之畢。……言今之師自不曉經之義，但吟誦其所視簡之文，多其難問也。」後以「佔畢」泛指誦讀。

③揮麈：揮動麈尾，泛指談論。秦觀滿庭芳茶詞：「雅燕飛觴，清談揮麈，使君高會群賢。」

編年 末句指處林用中館舍，使教其子事。據卷五有懷南軒老兄呈伯崇擇之二友二首所考，林用中爲館舍在乾道四年，其冬尚與朱熹、祝康國等登覽賦詩，故本篇當作於次年可知。詩云「杖藜此日應同趣」，應爲春天之景。

送林擇之還鄉赴選三首乾道三年六月

青驪去路欲駸駸①，回首猶須話此心。一別便成三數月，有疑誰講過誰箴？

門外槐花似欲黄，高堂應望促歸裝。個中自有超然處，肯學兒曹一例忙？

今朝握手送君歸，馬上薰風拂面吹。不用丁寧防曲學②，寒窗久矣共心期。

解題 本篇惜别之外，囑林用中善處功名，堅守儒學正傳，主在訓戒。

注釋 ①青驪：青馬與黑馬。楚辭招魂：「青驪結駟兮齊千乘。」王逸注：「純黑爲驪……官屬齊駕駟馬，或青或黑，連千乘，皆同服也。」駸駸：馬疾馳貌。詩經小雅四牡：「駕彼四駱，載驟駸駸。」毛傳：「駸駸，驟貌。」

②曲學：猶邪説。這裏主要指釋、道二教，管、商之説及一切被認爲非儒學正宗的學説言論。

編年 據詩，林用中乃夏末還鄉赴秋試，擬數月後再來。考用中生平，夏間與朱熹暫别而復來唯乾道三年有此事。朱熹答何叔京第十一、十二書及答林師魯皆言及用中是年夏末秋初由崇安暫返古田事。参加鄉試後，用中即返回崇安，偕朱熹入湘。淳熙元年用中雖有鄉試不利事，但乃與朱熹於建寧府城偶然相遇，逗留兩日，至建陽匆匆而别，與本篇不合。

題林擇之欣木亭 乾道三年至七年間

危亭俯清川，登覽自晨暮。佳哉陽春節，看此隔溪樹。連林争秀發，生意各呈露。大化本無言，此心誰與晤①？真歡水菽外，一笑和樂孺②。聊復共徜徉，殊形乃同趣。

解題 本篇言天地無心，以生物爲心。觀於陽春之木，當體此理，各遂真性，不負此生。

注釋 ①「大化」二句：語本論語陽貨：「天何言哉？四時行焉，百物生焉。」易復卦：「復其見天地之心乎。」朱熹本義：「積陰之下，一陽復生，天地生物之心幾於滅息，而至此乃復可見。」儒家認爲天地以生物爲心。

②「真歡」二句：言奉養雙親，和睦兄弟，盡享天倫。和樂孺：詩經小雅常棣：「兄弟既具，和樂且孺。」朱熹集傳：「具，俱也。孺，小兒之慕父母也。」

編年 浪語集卷六有薛季宣欣木亭詩，與本篇同韻。序云：「某適宛陵，始識林君擇之用中於鄭景望司馬之館，察其爲人，肅恭謹敬，學而篤志者也。出其家欣木亭詩，冠以晦庵、南軒、三山先生之作，索和甚苦。」季宣奉使宛陵在乾道七年冬十二月，次年夏六月返朝。則本篇之作不得晚於乾道七年。

評論 用中乾道三年始從學朱熹，識張栻，則本篇之作又不得早於是年。朱子可聞詩集卷一：擇之家有老母，隨先生南歸詩，數以孝友切劘。「真歡」、「一笑」二句，乃題中「欣」字大頭腦。從木欣而想出生意，從生意而推原大化，從大化而合到此心，從此心而歸本孝友，如抽繭剥蕉，層層轉入。

擇之誦所賦擬吕子進元宵詩因用元韻二首 乾道三年以後

何處元宵好？山房入定僧。往來衣上月，明暗佛前燈。實際徒勞説①，空華詎可憑②？還教知此意，妙用一時興。

何處元宵好？寒龕獨寐人。月窗同皎皎，燈鏡自塵塵。靜鑒通天地③，潛思妙鬼神④。却憐迷路子，狂走鬧城闉⑤。

解題 吕子進，名希純，壽州人，公著季子。哲宗時累官至中書舍人，後入黨籍。其元宵詩今載瀛奎律髓，題作元夕。此篇二首，乃反其意而用之。首詩言釋氏雖無功名利禄之心，可惜墮入虚妄不實。次詩贊安貧守道之士，斥世俗利欲之徒。

注釋 ①實際：佛教語，猶言實相，即「真如」、「法性」境界，指宇宙事物的真相或本然狀態。金光明最勝王經卷一：「實際之性，無有戲論，惟獨如來證實際法戲論永斷，名爲涅槃。」

②空華，佛教語。指隱現於病眼者視覺中的繁花狀虚影。楞嚴經卷四：「亦如翳人，見空中華；翳病若除，華於空滅。忽有愚人，於彼空華，所滅空地，待華更生。」

③静鑒：静心體察。鑒，照，映照，喻照察。左傳襄公二十八年：「獻車於季武子，美澤可以鑑。」杜預注：「光鑑形也。」

④潛思：沉思，深思。後漢書崔駰傳：「客居滎陽，閉門潛思，著周易林六十四篇。」

⑤城闉：城内重門，泛指城市。文選謝莊宋孝武宣貴妃誄：「照殊策而去城闉。」李善注：「闉，城曲重門也。」此二句以城内鬧元宵之人喻奔走利途者。

編年　未詳，僅知和於乾道三年用中從學朱熹之後。

評論　瀛奎律髓彙評卷十六紀昀評：作問翻案，但覺迂闊不情，語亦多雜腐氣，不必以文公之故爲之詞。方回評：今按胡文定公安國宣和七年乙巳賦元夕詩一聯云：「詞臣侍宴詩能好，潁客披圖事莫傳。」文定元注云：「舍人吕子進賦元夕十詩……時皆諷誦之。」又注：「慶曆中，潁昌一童子，有道之士，嘗至花月着道士服，攜酒果，飲野外，隨意所適，至元夜則閉門不出。有詩云：『閉門獨看華山圖。』後不知所往。有人飲京師市樓，見過樓下，急往追之，不及。吕原明有詩紀其事。」胡文定公賦此詩，而明年汴京亂矣。文公所和林擇之前首，即吕子進第十首韻也。元宵之樂，太平之世，富貴之人，自不可無。學道君子，尚不肯輕費時光，從事於不切之務，况區區此等癡騃迷狂之所爲乎？謹取文公此二詩於元宵之後。山谷詩曰：「讀易一篇如酒醒。」亦此意也。馮班評：元宵事可用。勝文公遠甚。紀昀評：此論亦迂。以此論詩，更謬。查慎行評：熱鬧場，翻出枯寂境界，胸中别有天地。

二　朱子可聞詩集卷三：此作竟翻原詩意。彼所謂「心耀百千燈」者，猶空華耳，還教若輩知此意，寂空中本有實際，則妙用無窮，又豈徒守此昭昭靈靈者爲哉？可庵云：妙在「往來」、「明暗」

四字。

次韻擇之梧竹二首并呈季通 乾道七年夏

竹塢深深處，檀欒繞舍青〔一〕①。暑風成慘淡②，寒月助清泠。客去空塵榻，詩來拓采櫺③。此君同一笑，午夢頓能醒。

永日長梧下，清陰小院幽。自憐風嫋嫋，客賦雨瀏瀏。作別今千里，相思欲九秋。更憐同社友，復此誤淹留。

解題 此篇答林用中，時用中有寧國府遠役，蔡元定在朱熹舍中。

校記 〔一〕檀：考異云一作「團」。

注釋 ①檀欒：秀美貌，多形容竹。枚乘梁王菟園賦：「修竹檀欒，夾池水，旋菟園，并馳道。」

②慘淡：凄清悲涼。董仲舒春秋繁露治水五行：「金用事，其氣慘淡而白。」

③拓：開。杜甫季秋蘇五弟纓江樓夜宴之二：「聽歌驚白鬢，笑舞拓秋窗。」櫺：窗户或欄杆上雕有花紋的格子。文選江淹雜體詩效許詢自序：「曲櫺激鮮飆。」李善注：「櫺，窗間孔也。」

編年 薛季宣浪語集卷六欣木亭詩序云：「某適宛陵，始識林君擇之用中於鄭景望司馬之館。」季宣奉使宛陵在乾道七年冬十二月，八年夏六月返命。而據朱熹答薛士龍、答方伯謨書，用中八年夏已由宣城歸閩，故其別朱熹遠行必在乾道七年。詩中「作別今千里」是其事。詩云「暑風成慘淡」，是夏日之景。

擇之寄示深卿唱和烏石南湖佳句輒次元韻三首 乾道五年七月

未識南湖景，遥欣二子游。賞心并勝日，妙語逼清秋。賸欲携書卷，相將買釣舟。微吟歸去晚，杜若滿汀洲。

平湖渺空闊，積水暮生寒。但見緑千頃，不知深幾竿。人間元迫隘，世路足艱難。若了滄洲趣，無勞正眼看。

年來年去爲誰忙？三伏炎蒸忽變凉。閲世謾勞心悁悁①，懷人空得鬢蒼蒼。詩篇眼界何終極，道學心期未遽央②。安得追尋二三子，舞雩風月共徜徉？

解題 深卿，即李泳，閩縣人，從朱熹問學。烏石山，在侯官縣，南湖爲山中一景。本篇大抵不脱微吟晚歸、風乎舞雩的道學氣象，其第二詩針對李泳「市廛差可隱，未暇泛滄洲」的主張進行了批評。

注釋 ①悁悁：憂悶貌。劉向九嘆惜賢：「勞心悁悁，涕滂沲兮。」

②道學：即理學，周敦頤、張載、程顥、程頤、朱熹等宋代儒家所從事的以哲學思想爲主的學術研究。遽央：又作「渠央」，終盡。玉臺新咏相逢狹路間：「丈人且安坐，調絲未遽央。」

編年 朱熹别集卷六與林擇之六云：「知與諸賢游從，日有直諒多聞之益，甚善甚善。數詩皆佳，率易和去，不成言語，勿示人也。……深卿詩『市廛差可隱，未暇泛滄洲』，此兩句便是個因循猶豫底意思。」即指本篇事。其第二首即針對深卿之詩而發。該書言及魏掞之添差台學事，可確知作於乾道五年七月。

小詩奉送擇之仁友赴漕臺之招後篇喜趙公之得士而不敢致私怨焉然別懷黯然不能成章亦足以見區區也二首（淳熙十年秋）

之子論交久，深衷兩自知。提携方有賴，離索遽成悲。聖處應無斁〔一〕①，書來肯見私？臨分莫惆悵，努力共心期！

珍重東臺老②，英聲舊所聞。能懷吐哺意③，豈但枉書勤？得士看如許，持心定不群。願言推此志，清濁見朋分。

解題 漕臺，指福建轉運使司。趙公，指趙汝愚。汝愚宋宗室，字子直，居饒州餘干縣。歷官中外，仕至宰相。慶元黨禁中列爲黨魁，死於貶所。宋史有傳。汝愚與朱熹交厚，時以集英殿修撰知福州、福建路安撫使。

校記 〔一〕斁：原作「數」，據淳熙本改。

注釋 ①聖處：聖人境地，言不懈努力而期入於聖賢之域。韓愈感春四首之二：「惜哉此子巧言語，不到聖處寧非癡。」

②東臺：指門下省。唐高宗時，嘗改門下省爲東臺，故稱。趙汝愚前此曾任給事中，爲門下省之要職。

③吐哺：吐出嘴裏的食物。韓詩外傳卷三載，周公告誡伯禽曰：「吾文王之子，武王之弟，成王之叔父也，又相天下，吾於天下亦不輕矣。然一沐三握髮，一飯三吐哺，猶恐失天下之士。」言

殷勤輟食待客。後以「吐哺」爲禮賢下士、求才若渴之典。

編年 據南宋制撫年表，趙汝愚知福州在淳熙九年七月。朱熹別集卷三與林擇之十八云：「潘丈處人已歸，欲俟秋冬遣人相取，想所報書自言其詳矣。如此却得且從容家居，區處庶務，亦是一事。但郡中之約，恐又不得不應，切須審處，使久遠無悔吝乃佳耳。必不得已，入學亦不妨。」此淳熙十年夏書，知此時林用中行止未定。然據朱熹文集卷二十七與林擇之一、二書，是年秋用中已在福州矣，故其赴漕臺之召在該年内。

擇之賢友歸途左顧示以四明酬唱焕爛盈編三復咏嘆想見聚游之樂輒用黄山即事之韻賦呈擇之兼懷子重老兄順之賢友 淳熙二年夏秋間

十年身卧白雲堆，已分黄塵斷往回①。不是幽人遺俗去，肯尋流水渡關來？三秋風月從頭説，千里湖山覿面開②。久欲過逢須一快，豈知勞結倍難裁③！

解題 朱熹嘗擬於淳熙二年春往游浙中，訪吕祖謙，約林用中至中途相會。後因吕祖謙入閩，不果行，而用中遂獨往浙中。此篇即用中還自浙中，過朱熹於崇安時所作。左顧，稱人見訪的謙詞，左爲卑。四明，山名，在今浙江寧波西南，自天台山發脉而綿亙於奉化、慈谿、餘姚、上虞、嵊縣諸縣境。子重，石𡼏。順之，許升。

注釋 ①分：甘願。文選曹植上責躬應詔詩表：「自分黄耇，永無執珪之望。」李善注：「分，謂甘愜也。」

②覿面：迎面。陸游前詩感慨頗深猶吾前日之言也明日讀而悔之乃復作此然亦未能超然物外也：

「世人欲覓何由得，覿面相逢喚不應。」

③勞結：勞碌之結，謂百務纏身。

編年 石𡼖卒淳熙九年六月，本篇當作在其前。而朱熹淳熙六年正月即赴任南康，八年夏四月返崇安，林用中是時訪朱熹於南康，遂入湖南，故本篇又當作在淳熙六年之前。林用中乾道三年從學朱熹，至淳熙五年間，其出閩遠行可知者唯乾道七年宣城之行，然是時石𡼖尚在尤溪。考朱熹嘗擬淳熙二年春入浙游山，約林用中同行。別集卷六與林擇之十六云：「游山開正即行，承有偕行之意，甚善。但恐來已不相及。然某過衢信，到婺女須少留，能來彼相及亦佳耳。」本篇必爲用中未能與朱熹中途相會，遂獨自入浙，歸途至崇安時作。是年五月朱熹送吕祖謙至鉛山，有鵝湖之會。故用中由浙返閩當在夏秋間。

夜聞擇之誦師曾題畫絶句遐想高致偶成小詩〔一〕 乾道四年秋

一幅瀟湘不易求，新詩誰遣送閑愁？遥知水遠天長外，更有離騷極目秋①。

解題 師魯，姓林，字魯山，號芸谷，古田人。其始與朱熹通問在乾道四年秋。

校記 〔一〕曾：疑當作「魯」，指林師魯。

注釋 ①離騷：離愁，愁思。楚辭離騷王逸注：「離，别也；騷，愁也。」

編年 林師魯始與朱熹通問在乾道四年秋，其書信及問目皆託林用中捎至，次年春卒。見朱熹別集答林師魯、祭林芸谷文、芸齋遺文跋等。本篇作在秋天，而林用中乾道五年春已在古田，故必爲四年所作。

次林擴之開善避暑韻二首 乾道四年至淳熙間

炎官虐焰遍山村①，也到蕭蕭柳下門。水玉秋菰那可得②？羡君行處午陰繁。

山齋幾日旱塵昏，欲拂朱弦已憚煩。涼意感君持寄我，雨聲花思滿胸存〔一〕。

解題 林擴之，即林用中弟林允中，與其兄皆學於朱熹。開善寺，在朱熹所居五夫里。

校記 〔一〕思、胸：考異云一作「氣」、「思」。

注釋 ①炎官：神話中的火神。唐吴筠游仙之一：「赤帝躍火龍，炎官控朱鳥。」此句言赤日炎炎。

②水玉：水晶的古稱。山海經南山經「多水玉」，郭璞注：「水玉，今水精也。」菰：多年生草本植物，生長池沼中，嫩莖基部即茭白，果實即菰米，秋涼乃結，可作飯。杜甫熱三首之一：「乞爲寒水玉，願作冷秋菰。」

編年 據朱熹林允中字序，允中乾道四年始見朱熹於崇安山中。又據詩，朱熹尚未遷居建陽。本篇僅知作於此期間。

送林熙之詩五首 乾道四年冬

君行往返一千里，過我屏山山下村。濁酒寒燈静相對，論心直欲到忘言。

仁體難明君所疑①，欲求直截轉支離。聖言妙緼無窮意〔一〕，涵泳從容只自知〔二〕。

天理生生本不窮②，要從知覺驗流通③。若知體用元無間〔三〕④，始笑前來説異同。

十年燈火與君同，誰道年來西復東⑤。不學世情雲雨手，從教人事馬牛風⑥。

古鏡重磨要古方⑦，眼明偏與日争光。明明直照吾家路⑧，莫指并州作故鄉⑨。

解題 林熙之，名大春，古田人，朱熹講友。本篇一、四兩首叙情言志，二、三、五首皆直接論學。

校記 〔一〕組：淳熙本作「溜」，考異云一作「蓄」。

〔二〕只：考異云一作「合」。

〔三〕此句右引云一作「若明體用真無間」。

注釋 ①仁體：仁之本體。該詩主要針對論語關於「仁」的論述而言。朱熹認爲，直接研究仁的本體及下定義是困難的，因此孔子也從未直接論述甚麽是仁。正確的作法是從仁的各種作用和表現去體會它，從而達到對其全面準確的把握。

②天理：理學家認爲既獨立於物質世界，又獨立於人類思維之外的精神本體，它是宇宙萬物的最終根源。天理是不生不滅、永恒存在的。

③「要從」句：言人的良知可以體驗到無處不在的天理的運動。

④體用：本體和任用、運用。理學家認爲，體用是對立統一的，没有無用之體，也没有無體之用。

⑤「十年」二句：言閉門苦讀多年，近年却東西奔走，妨礙了潛心鑽研。

⑥「不學」二句：言决心一如既往地遠離俗世，追求高潔的精神境界。雲雨手：喻人情勢利，反覆無常。杜甫貧交行：「翻手作雲覆手雨。」人事：世俗之事。

⑦「古鏡」句：古鏡喻心。古用銅鏡，須時時磨光，方能照物。磨鏡喻修身養性，滅盡人欲，重現天理。古方喻修養之法，所謂學爲聖人之學也。

⑧明明：禮記大學：「大學之道，在明明德。」朱熹章句：「明，明之也。明德者，人之所得乎天，而虛靈不昧，以具衆理而應萬事者也。但爲氣稟所拘，人欲所蔽，則有時而昏，然其本體之明，則有未嘗息者。故學者當因其所發而遂明之，以復其初也。」吾家路：指儒家學爲聖賢之路。

⑨并州：古九州之一，相傳爲禹治洪水時所分。據周禮夏官職方氏、漢書地理志上，其地約當今河北保定和山西太原、大同一帶地區，爲九州中極北之州。賈島渡桑乾：「客舍并州已十霜，歸心日夜憶咸陽。無端更渡桑乾水，却望并州是故鄉。」此句言切莫南轅北轍，走入歧途。

編年　朱熹與林熙之書中言及「去冬枉顧」、「別來春暖」及方聞林師魯卒事，師魯卒於乾道五年春，可確知本篇作於乾道四年冬。

春雪用韓昌黎韻同彭應之作 紹興中

既有陽春曲，那無白雪謠①？連天飛不斷，著地煖還銷。未掩高人户，難齊衲子腰②。稍開銀世界，漸長玉枝條。興盡愁煙艇，行迷認野橋。酒腸渾欲凍，吟筆爲誰摇？殘臘成三白③，餘寒又一朝。香隨梅蕊落，輕伴柳花飄。神女羞捐佩④，鮫人敢獻綃⑤？東皇應好事，避舍亦相饒⑥。

解題　本篇前八句寫冬去，後八句寫春來，中四句寫賞雪人過渡，詠嘆春雪美景。韓昌黎，韓愈。本篇用其春雪詩之韻。彭應之，未詳。

注釋　①「既有」二句：言有春必有雪。陽春、白雪，皆戰國時楚雅曲名。文選宋玉對楚王問：「其爲陽春、白雪，國中屬而和者不過數十人而已。」李周翰注：「陽春、白雪，高曲名也。」

②「未掩」二句：言春雪難積。衲子：僧人。黄庭堅送密老住五峰：「水邊林下逢衲子，南北東西古道場。」

③三白：三度下雪。全唐詩卷八百八十載占年：「正月三白，田公笑赫赫。」

④捐佩：捐棄玉佩以遺所愛。楚辭九歌湘君：「捐余玦兮江中，遺余佩兮醴浦。」

⑤鮫人：神話中的人魚。晉張華博物志卷九：「南海外有鮫人，水居如魚，不廢織績……從水出，寓人家，積日賣絹。」綃：即鮫綃，傳説鮫人所織的輕紗。南朝梁任昉述異記卷上：「南海出鮫綃紗，泉室潛織，一名龍紗。其價百餘金，以爲服，入水不濡。」

⑥「東皇」二句：東皇，傳説中的司春之神，即青帝。尚書緯：「春爲東皇，又爲青帝。」避舍，猶退避。吕氏春秋處方：「昭釐侯至，詰車令各避舍。」饒，讓。李白上皇西巡南京歌之三：「柳色未饒秦地緑，花光不減上陽紅。」此言春回大地，衆美勃興，司春之神也已退去，不再指手劃脚。

編年 此與以下二篇先後之作，其作年不詳。但據諸詩尚宣揚道家老莊哲學，可知爲早年所作，在紹興末從學李侗之前。參見下篇所考。

評論 朱子可聞詩集卷三：一、二從用韓韻同彭作説起，即借破「春雪」二字。三「飛不斷」是雪，四「煖還銷」是春雪。以下句句説雪，皆含春意。一結「東皇」、「避舍」，翻從春收合到雪，尤工巧莫倫。

次彭應之餐雪韻 紹興中

雪水瀹清茗〔一〕①，自謂絶世清。終然犯煙火，況復勞煎烹。豈如午霽餘，探此竹外楹。柘漿發甘和②，寶盌凝寒晶。心胸既清凉，齒頰亦鏘鳴。吞腥期永謝，飲玉希長生。

解題 釋氏之徒作偈云：「身似菩提樹，心如明鏡臺。時時勤拭拂，無使有塵埃。」另一徒嫌其未盡，誦偈云：「菩提本無樹，明鏡亦非臺。本來無一物，何處惹塵埃？」本篇詠餐雪，與之相類，言不食人間煙火，帶有濃厚的老佛虚無寂滅情調。

校記 〔一〕清：淳熙本作「春」。

注釋 ①瀹清茗：煮春茶。陸游與兒孫同舟泛湖：「酒保殷勤邀瀹茗，道翁傴僂出迎門。」

②柘漿：甘蔗汁。柘，通「蔗」。漢書禮樂志：「泰尊柘漿析朝酲。」顔師古注引應劭曰：「柘漿，取甘柘汁以爲飲也。」此句言找到甘甜和美的柘漿，喻取雪。

編年 見解題及上篇所考。

評論 朱子可聞詩集卷三：題雖佳，然一口説盡，亦如嚼蠟矣。襯起一層，便覺有如許春葩麗藻，粲於齒牙之下。按五、六「楹」、「餘」二字，虚實不對。下首五、六亦不對。且二詩「餘」、「和」、「凉」、「姿」、「留」五字用平，豈有意效唐初排律體，楊伯謙所謂往往不純者歟，抑仍是古詩也？兹從新安程叔玉刻本録此。

次彭應之魚樂亭韻紹興中

亭前活水破輕冰，漸見游鯈傍石棱①。老子自知魚樂處，不須莊、惠與同登②。

解題 本篇用莊子與惠子辯魚樂故事詠亭，表現出對清静無爲、逍遥放曠的老子哲學的贊許。

注釋 ①鯈：魚名，又叫白鯈、白鰷，一種生於淡水的小白魚。莊子秋水：「鯈魚出游從容。」成玄英疏：「鯈魚，白鯈也。」

②「老子」二句：莊子秋水：「莊子與惠子游於濠梁之上，莊子曰：『鯈魚出游從容，是魚樂也。』惠子曰：『子非魚，安知魚之樂？』莊子曰：『子非我，安知我不知魚之樂？』」後以「魚樂」喻逍遥放曠，自然無爲。二句言老子即是逍遥放曠之祖，不待莊、惠拈出也。

編年 見上篇所考。

與劉德明祝濟之胡子寬晚步偶成隆興二年前後

雨罷寒逾勁〔一〕，霜威正凜然。不知荒逕濕，行到野橋邊。曠望情何極，徘徊意莫傳。清波涵衆影，日落暗晴川〔二〕。

解題 祝濟之，即朱熹内弟祝康國。劉德明、胡子寬，皆從朱熹論學者。本篇抒寫了霜晴晚步的閑暇與愜適。

校記 〔一〕罷：考異云一作「歇」。

〔二〕暗晴川：右引云一作「倍澄鮮」。

編年 朱熹文集卷三十九答許順之四云：「范伯崇學大進，劉德明者亦稍識義理，皆可喜耳。」知其時劉德明從學於朱熹。該書言及去年李侗尚在世，知作於隆興二年。參之下篇，本篇作於是年前後無疑。

評論 朱子可聞詩集卷三：前半一時高興，冒霜而出；後半觸景關情，日落忘歸。可見行止自得之妙。

劉德明彦集祝弟以夏雲多奇峰爲韻賦詩戲成五絶 隆興二年夏

出山幾何時？歸來便長夏。端居心不怡，散策長林下①。
爲客厭城市，還家辭世紛。朝昏何所見？但有四山雲。
閉門事幽討，歲月忽已多。客來無可問，與君共弦歌。
干時本已懶，胸次况亡奇。若問中林趣，婆娑秖自知。
炎蒸不可奈，雲氣滿前峰。向夕風吹盡，微聞遠寺鍾。

解題 隆興二年春，朱熹應福州帥汪應辰之邀至福州，汪處以幕客。至夏，返回崇安。本篇即還家後所作，表現了與世俗社會的扞格和對山林生活的憧憬。彦集，朱熹妹夫劉子翔。

注釋 ①散策：拄杖散步。杜甫鄭典設自施州歸：「北風吹瘴癘，羸老思散策。」

編年 關於朱熹福州之行，文定集所載汪應辰諸書言之甚詳。卷十五與吕叔潜書云：「朱元晦到此一月而歸，其學問精進，所養益厚。」該書言及張浚再相已兩月，知作於隆興二年。言及此事始末者尚有卷十四與吏部陳侍郎一、卷十五與朱元晦四、五。

評論 三　朱子可聞詩集卷四：「閉門」、「客來」對照「弦歌」、「幽討」，相承無可問處，更見得幽討工夫不在口耳上。春誦夏弦，曰弦歌，切題中「夏」字。

仙洲新亭熹名以晝寒紫微張公爲書其額判院劉丈乃出新句輒次高韻二首 乾道五年六月

聞説藤蘿外，神龍舊所蟠。劈開千丈峽，寫盡一襟寒。賞寄三杯酒，歸投六尺單〔一〕①。若無詩律好，清絶不成歡。

悄蒨非人境，寒蟬夏已稠。陽崖驚素雪，午扇怯清秋②。共説新亭好，真堪妙墨留。賞心元不厭，仙夢肯來游？時已聞安國之訃。

解題 仙洲山，在崇安縣開耀鄉五夫里，朱熹酷愛其景，一生往游不計其數。晝寒亭，朱熹所建，在山之密庵瀑布前。紫微張公，張孝祥，字安國，是年五月卒。劉丈，劉韞。

校記 〔一〕單：原作「竿」，據淳熙本、宋閩、浙本改。

注釋 ①六尺：指成年男子之身軀。唐李山甫下第獻所知三首之一：「虛教六尺受辛苦，枉把一身憂是非。」

②「陽崖」二句：形容密庵瀑布。

編年 據王質雪山集卷五于湖集序，張孝祥卒於乾道五年。朱熹聞訃則在是年六月，詳見別集卷三與林擇之六。本篇即該年夏作。

評論 一　朱子可聞詩集卷三：「聞説」領起，以無爲有。梅聖俞小雨詩：「蛟龍噀白霧，天外細濛濛。」蘇東坡瀑布詩：「擘開青玉案，飛出兩白龍。」唐人詩式有偷語偷義二法，以例此詩，一、二若用梅義，三、四似效蘇語也。五、六，上一下四句法。

二　朱子可聞詩集卷三：單就夏言，夏晝且寒，則三時可知。「素雪」形容瀑水，妙矣。對云「清秋」，尤奇，似本唐人「三伏有秋風」句。前首結出劉丈做詩，此首補收張公書額。

次韻晝寒乾道五年六月

行穿危磴盡，林表見孤亭。澗瀉千尋白，峰回四面青。塵襟元落落①，風腋自泠泠②。一醉今何許？無心賦獨醒③。

注釋 ①塵襟：世俗的胸襟。落落：稀疏，零落。漢杜篤首陽山賦：「長松落落，卉木蒙蒙。」此指淡薄。

②「風腋」句：形容飄飄欲仙。唐盧仝走筆謝孟諫議寄新茶言其飲茶後輕逸之感，有「兩腋習習清風生」之句。

③獨醒：楚辭漁父：「舉世皆濁我獨清，衆人皆醉我獨醒，是以見放。」

編年 朱熹以晝寒名亭在乾道五年，據上下篇，則本篇也應同行所作。

評論 朱子可聞詩集卷三：前寫亭景，後説晝寒。「晝寒」二字，從己身上搜剔出新意來，與上二首意調自别。

次判院丈晝寒亭韻有懷平父乾道五年六月

把酒懷人處，幽尋記往時。新亭勞指顧，勝踐闕追隨。爲報層檷出①，莫憂浮柱欹②。惟應舊飛雪，想象合心知。

解題 平父，劉玶，時隨兄劉珙赴官荆南。本篇以亭成報之。

注釋 ①層檷：高檐。檷，同「檐」。李白明堂賦：「層檐屹其霞矯，廣廈鬱其雲布。」

②浮柱：梁上之柱。文選揚雄甘泉賦：「抗浮柱之飛榱兮，神莫莫而扶傾。」吕向注：「浮柱，梁上柱也。」

編年 詩稱「新亭」，其與上二篇作在一時甚明。劉玶時隨劉珙之官荆南，故詩以亭成報之。

次判院丈清湍之什乾道五年六月

明滅青羅帶，周遭碧玉環①。孤亭感陳迹，茂樹喜重攀。爽氣琴尊外，泉聲枕簟間。詩成無寫處，絶壁蘚痕斑。

解題 清湍亭，在仙洲山密庵前，紹興中僧人道謙所建。朱熹早年曾從道謙學禪，本篇描述了故地重游的雅致。

注釋 ①「明滅」二句：言清湍亭清溪縈繞，群山環抱。韓愈送桂州嚴大夫：「江作青羅帶，山如碧玉篸。」

編年 本篇侍劉韞游仙洲山，也應與以上數篇作在一時。

評論 朱子可聞詩集卷三：晝寒亦因清湍名亭，前三詩皆吟其義，而清湍面目却得此篇首二句方寫出。一直説，一横説，脱胎韓詩「江作青羅帶，山如碧玉篸」句。第三句補點舊亭，第八句補結峭壁。

游密庵分韻賦詩得還字 淳熙末以前

我行得佳友，勝日尋名山。春山既妍秀，清溪亦潺湲。行行造禪扉，小憩腰脚頑①。窮探意未已，理策重躋攀。入谷翳蒙密，俯澗隨泓灣。誰將百尺綃，掛此長林間？雄聲殷地厚②，洪源瀉天慳③。偉哉奇特觀，償此一日閑。所恨境過清，悄愴暮當還。顧步三嘆息，人生何苦艱！

解題 密庵，在仙洲山，僧人道謙説法處。吕祖謙入閩録：「四月初四，游密庵，距五夫七里。庵乃僧道謙所廬，曾大父遺像在焉。」本詩記述春日游山的情趣，篇末恨不得留，沉重的日常生活與游歷的輕鬆暢快形成鮮明對照。

注釋 ①頑：麻木僵硬。蘇軾送張天覺得山字：「我亦老且病，眼花腰脚頑。」
②殷：震。文選司馬相如上林賦：「車騎靁起，殷天動地。」郭璞注：「殷，猶震也。」
③天慳：天下稀少，言其奇絶。蘇軾凌虚臺：「崩騰赴幽賞，披豁露天慳。」

編年 未詳，僅知作於紹熙中朱熹遷居建陽之前。

游密庵分韻賦詩得絶字 淳熙末以前

閩鄉饒奇山，仙洲故稱傑。巍然一峰高，復與衆山絶。傳聞極目處，天水遠明滅。萬里倏往還，三光下羅列①。我來發孤興，徑欲躋嶒峣。病骨竟支離，何當攀去轍？

解題 朱熹此行雖至密庵，但健康不佳，未隨衆人登覽。帶病出游，見其對山水的酷愛。

注釋 ①「傳聞」四句：述仙洲山得名之傳説。天水，指傳説中的仙洲，即仙人聚居的水中陸地。倏，疾速。三光：日、月、星。莊子説劍：「上法圓天以順三光，下法方地以順四時。」

編年 未詳，僅知作於紹熙間朱熹遷居建陽之前。

評論 朱子可聞詩集卷二：密庵雖在蘆峰，兹不言游蘆峰而言游密庵者，蓋蘆峰跨建陽、崇安諸境，所包廣遠，而密庵僅游息之近處耳，然詩乃是賦蘆峰。欲於極目説其高，却借傳聞表其高，不就仰望狀其高，反從俯視形其高，筆花墨陣，俱在空際飛舞。末言心欲登蘆山極目處，而力不能，正七絶所謂「幾回振策又還休」也。

次韻宿密庵 淳熙末以前

忽作經宵別，胸奇莫與陳。暮歸詩得句，寒苦頓生春①。道義知無斁，文章自有真。它年應共説，此日自由身。

解題 此次游仙洲山朱熹因故未往，諸友還自密庵，方作詩和之。

注釋 ①寒苦：貧寒清苦，乃朱熹自指。後漢書丁鴻傳：「鴻獨與弟盛居，憐盛幼小而共寒苦。」

編年 未詳，僅知作於紹熙間朱熹遷居建陽之前。

游密庵 淳熙中

弱齡慕丘壑，兹山屢游盤。朝躋青冥外①，暮陟浮雲端。晴嵐染襟裾，水石清肺肝。俯仰未云已，歲月如飛翰。中年塵霧牽，引脰空長嘆②。曠歲一登歷，心期殊未闌。矧此親友集，笑談有餘歡。結架迫彎碕③，徙倚臨奔湍。共惜前古秘，今爲後來觀。落景麗雲木，迴風馥秋蘭。林昏景益佳，悵然撫歸鞍。諒哉故山好，莫遣兹盟寒。

解題　本篇與衆親友秋日出游，詩中回憶了自己少年、中年與仙洲山的不解之緣，叙寫了渴想已久的登臨情景。

注釋　①躋：登。尚書顧命「由賓階躋」，蔡沈集傳：「躋，升也。」青冥：青蒼幽遠，指天。楚辭九章悲回風：「據青冥而攄虹兮，遂儵忽而捫天。」

②脰：頸。左傳襄公十八年：「射殖綽，中肩，兩矢夾脰。」楊伯峻注：「脰音豆，頸項。」

③結架：構築。魏書馮亮傳：「亮既雅愛山水，又兼巧思，結架巖林，甚得栖游之適。」彎碕：彎曲的河岸。王安石初夏即事：「石梁茅屋有彎碕，流水濺濺度兩陂。」

編年　據詩，作在中年以後，故當在淳熙中。

評論　朱子可聞詩集卷二：「弱齡」一起，大有登山則情滿於山、觀海則意滿於海之慨。「中年」一折，仍歸到心期未闌，且爲前古後今闢一奇境。總極言故山之好，不必出仕也。此南康歸詩，結聯寓意。

游晝寒以茂林修竹清流激湍分韻賦詩得竹字 淳熙八年七月

仙洲幾千仞，下有雲一谷。道人何年來①？借地結茅屋。想應厭塵網，寄此媚幽獨。架亭俯清湍，開徑玩飛瀑。交游得名勝②，還往有篇牘。杖屨或鼎來，共此巖下宿。夜燈照奇語，曉策散游目。茗椀共甘寒，蘭皋薦清馥。至今壁間字，來者必三讀。再拜仰高山③，懼然心神肅。我生雖已後，久此寄齋粥④。孤興屢呻吟，群游幾追逐。十年落塵土，尚幸不遠復⑤。新涼有佳期，幾日戒征軸。宵興出門去，急雨遍原陸。入谷尚輕埃，解裝已銀竹⑥。虛空一瞻望，遠思翻蹙恧⑦。袒跣亟躋攀，冠巾如膏沐⑧。雲泉增舊觀，怒響震寒木。深尋得新賞，一簣今再覆⑨。同來況才彥，行酒屢更僕⑩。從容出妙句，珠貝爛盈匊⑪。後生更亹亹⑫，俊語非碌碌。吾纓不復洗，已失塵萬斛。所恨老無奇，千毫真浪禿！

解題 本篇爲南康還家後作，詳見游密庵記。此游同輩八人，晚輩八人，凡十六人。題所言八韻，乃同輩八人所分。該長篇前半追憶往昔，表達了對道謙及諸前輩的敬仰和懷念，對仙洲山的依戀之情。後半記叙游歷始末。

注釋

①道人：指僧道謙。據嘉泰普燈録卷十八、二十一，道謙歸仙洲山開堂説法在紹興九年。

②名勝：指與道謙交往密切的吕本中、張嵲、曾開、張浚、劉子羽、劉子翬、胡憲、劉勉之、朱松等。

③仰高山：像對高山一樣景仰。詩經小雅車舝：「高山仰止，景行行止。」

④齋粥：僧衆吃的粥。此句言早已爲密庵常客。

⑤「十年」二句：言不當失策墮入官場俗世，幸而及時迷途知返。不遠復：易復卦語。朱熹本義：「居事初，失之未遠，能復於善，不抵於悔。」

⑥銀竹：銀白色的竹子，喻大雨。李白宿鰕湖：「白雨映寒山，森森似銀竹。」

⑦翻：反。蹙恧：局促窘迫。柳宗元宥蝮蛇文：「其頸蹙恧，其腹次且。」

⑧「祖跣」二句：游密庵記：「向夕，冒大雨，涉重澗，登晝寒亭，觀瀑布壯甚。」祖跣：赤足。史記吴王濞列傳：「膠西王乃祖跣，席稾，飲水，謝太后。」膏沐：洗浴。柳宗元晨詣超師院讀禪經：「日出霧露餘，青松如膏沐。」

⑨「深尋」二句：游密庵記：「明日，仲晦父復與彦集、平父步自野鶴亭，下尋澗底，得水石佳處三四，規築亭以臨之。而陳力就深父繼至，見之，欣然許相其役。」

⑩更僕：更换僕從，極言飲酒之多。語本禮記儒行：「遽數之不能終其物，悉數之乃留，更僕未可終也。」陳澔集説：「卒遽而數之，則不能終言其事；詳悉數之，非久留不可。僕，臣之擯相者，久則疲倦。雖更代其僕，亦未可得盡言之也。」

⑪珠貝：産珠之貝，泛指珍寶。管子侈靡：「若江湖之大也，求珠貝者不舍也。」匊：「掬」的古字，一捧。詩經唐風椒聊：「椒聊之實，藩衍盈匊。」毛傳：「兩手曰匊」。

⑫亹亹：詩文或談論動人，使人聽讀不知疲倦。後漢書班固傳論：「若固之序事，不激詭，不抑抗，贍而不穢，詳而有體，使讀之者亹亹而不厭。」

編年

本篇與游密庵記爲同游所作，將二者對讀，一望可知。記署「淳熙辛丑秋七月癸未」，據以繫之。

評論　珊瑚網卷七朱考亭晝寒書卷吴鈜跋：成化丙午仲夏之望，集惟謙年丈廨中，積雨新霽，出晦翁手墨見示，展讀之，二十餘韻，亮節清詞，一洗塵俗，而筆法尤遒勁端重，目所罕睹。所惜者，其先有元人跋十八家，惟謙尊人貞孝先生惡之，悉爲屏去，猶存倪元鎮一絶，蓋高其品耳。雖然，世不乏人，第以時無人之見，而嚴於取，亦足以見貞孝先生之正大，真足以繼晦翁之芳躅矣。把玩不忍置，因識其末。翰林編修吴鈜志。　王世貞跋：觀晦翁書，筆勢迅疾，曾無意於求工，而點畫波磔，無一不合書家矩矱，豈所謂動容周旋中禮者耶？翁書自言初學爲蔡端明所詒，曰：「余學魯公，乃唐忠臣，公所學漢奸相也。」及考魏武本傳云：漢世安平崔瑗與子實、弘農張芝與弟昶並善草書，而操亞之，則魏武之善書信不誣矣。今此詩帖，真有漢魏風骨，視唐宋以下自别何物。俗儒將元人題品盡行屏棄，豈非藝林中殺風景者哉。展卷再三，不勝慨恤。吴下王世貞題。

朱子可聞詩集卷二：一篇長文，只是前將昔人游山賦詩作一冒，中間將此日游山遇雨分韻賦詩作兩段，末一結耳。　起段若無「至今壁間」數語，隨鋪隨收，亦不免裝頭太冗。是以古人詩文，段段必要結束。　叙游山雨景一段，歷歷如畫，不以祖跣躋攀爲苦，而雲林已增舊觀，深尋更得新賞，且爲他日之亭基。是從罷興處，説出最有興來。　「吾纓不復」二句，結上遇雨，「所憾老無」二句，結上賦詩，收場緊密。

聞季通德明諸友入山以詩迎之仍請先往觀瀑布乾道五年六月

勝友南窗底，看書老歲華。不因寒瀑響，肯到野僧家？古徑開能久，新亭去豈賒。躋攀那可緩，寂寞有雄夸。

解題 季通，蔡元定。德明，劉德明，已見本卷。

編年 詩中「新亭」指書寒亭，成於乾道五年。該年秋以後朱熹因母喪葬事往來奔走於寒泉，六、七、八、九年皆未見游仙洲山記載，故本篇只能作於乾道五年，否則不得稱新亭。以下六篇皆此游所作。

評論 朱子可聞詩集卷三：此乃新亭初成，欲向入山諸友急誇寒瀑之妙。鳳逸云：一、二、三、四皆從聞字前後落想，而迎請之意，生動極矣。

次觀瀑布韻 乾道五年六月

快瀉蒼崖一道泉，白龍飛下鬱藍天〔一〕。空山有此真奇觀，倚杖來看思凜然。

校記 〔一〕藍：原作「籃」，據宋閩本、明天順本改。

編年 此與上篇同游所作，參見該篇所考。

和季通書寒韻 乾道五年六月

萬壑争流處〔一〕，千年樹石幽〔二〕。危亭因我作，勝日爲君留。酒笑紅裙醉①，詩慚雜珮酬②。尚嫌心境窄，更約九垓游③。

校記 〔一〕流：考異云一作「陳」。

注釋

〔二〕樹：右引云一作「謝」。

①紅裙：代指美女。韓愈醉贈張秘書：「不解文字飲，惟能醉紅裙。」此句乃虛指酣飲。

②雜珮：連綴在一起的各種佩玉。詩經鄭風女曰雞鳴：「知子之來之，雜佩以贈之。」毛傳：「雜佩者，珩、璜、琚、瑀、衝牙之類。」此喻詩篇。

③九垓：又作「九畡」、「九陔」，中央與八極合稱九垓。國語鄭語：「王者居九畡之田。」韋昭注：「九畡，九州之極數。」泛指天下四方。

編年 此詩也與上二篇同游所作，參見第一篇所考。

次韻謁忠顯劉公墓下乾道五年六月

理亂由來今古同，覆車那肯戒前蹤？紛紛誤國人無數〔一〕，不昧丹心獨此公〔二〕。

解題 忠顯劉公，即劉韐（一〇六七—一一二七），字仲偃，崇安人，劉子羽、子翬父。以節死靖康之難，謚忠顯。宋史有傳。其墓在五夫里拱辰山南。該篇反映了朱熹反對與金議和的政治態度。

校記 〔一〕誤：考異云一作「迷」。

〔二〕此：淳熙本作「我」，考異所引別本同。

編年 本篇也應與上三篇作在一時。

次季通晝寒亭韻二首乾道五年六月

不信高懷與世殊，清游試問與誰俱？相將靜聽潺湲水，洗滌塵襟肯自污？

山行前後有光輝，撲撲浮嵐翠染衣。直到仙洲奇絶處，晝寒亭下玉龍飛。

編年　本篇也爲乾道五年夏首游晝寒亭時作甚明，參見前四篇所考。

飲清湍亭石上小醉再登晝寒 乾道五年六月

水邊今日共傳杯，多謝殷勤數子來。三伏炎蒸那有此？百年懷抱頓能開。雲山合匝還生霧，雪澗崩騰怒吼雷。却恨蒼屏遮遠目，凌風直欲跨蓬萊。

編年　見上篇所考。

評論　朱子可聞詩集卷四：「『水邊今日』，開口便將題意道破。三、四寫今日之暢懷，五、六摹水邊之奇景，七、八拖出再登。『雲山合匝』，水氣也，却似霧環生；『雪澗崩騰』，水聲也，却似雷怒吼。層折硬裝，造句嶙峋。」

次清湍亭韻二首 乾道五年六月

上下青山今白頭，穿雲入塢未能休。因君去覓仙洲路，却嘆周南獨滯留①。

仄徑穿林欲造天，未妨停策聽涓涓。知君便有刀頭意②，莫忘仙洲澗底泉。

解題　此篇將别時作。首詩言一生與青山爲友，甘老於林下；次詩言惜别之情。

注釋　①周南：成周以南。史記太史公自序：「是歲天子始建漢家之封，而太史公留滯周南，不得與從事。」後以「周南」爲滯留不進，毫無建樹之典。此二句乃恭維之語，仙洲乃雙關，指蔡元定前程遠大。

②刀頭：「還」的隱語。刀頭有環，「環」、「還」同音。唐徐彦伯鼓吹曲辭芳樹：「藁砧刀頭未有時，攀條拭淚坐相思。」

編年 本篇爲諸人將別時作，見以上數篇所考。

立春大雪邀劉圭甫諸兄游天湖〔一〕

紹興末至淳熙初

同雲被四野，寒氣慘悲涼。回風一以定，密雪來飄揚。時當冬候窮，開歲五日强。蓬巷無與適①，陟此瓊臺岡。賓友既追隨，兒童亦携將。攀躋得冢頂②，徙倚聊仿徨。俯視千里空〔二〕，仰看萬鶴翔。遠迷亂峰翠，近失平林蒼。偃薄瑩神骨③，咀咽清肝腸。朗詠招隱作④，悲吟黄竹章⑤。古人不可見，來者誰能量⑥？且復記兹日，他年亦難忘。

解題 本篇記天湖之游，抒發了曲高和寡的孤寂之感。劉圭甫，劉珪。天湖，在五夫里仙亭山下。

校記 〔一〕此題淳熙本作「立春日大雪邀圭父充父平父季通登天湖」。

〔二〕里：右引作「界」。

注釋 ①蓬巷：蓬屋陋巷，自言所居。

②冢：山頂。詩經小雅十月之交：「百川沸騰，山冢崒崩。」毛傳：「山頂曰冢。」

③偃薄：謂雪覆於身。偃，覆蓋。薄，侵迫。漢荀悦漢紀昭帝紀：「夏則爲大暑之所爆炙，冬則爲風霜之所偃薄。」

④招隱：泛指招人歸隱之作，如晉左思、陸機之招隱詩。

⑤黄竹：穆天子傳卷五載，周穆王往苹澤打獵，「日中大寒，北風雨雪，有凍人，天子作詩三章以哀民」，首句即爲「我徂黄竹」。後遂以黄竹指周穆王所作詩。

⑥「古人」二句：陳子昂登幽州臺歌：「前不見古人，後不見來者。念天地之悠悠，獨愴然而涕下。」

編年　此詩與以下二篇皆開春後數日與劉珪等人出游鄉中山水，應爲同年所作。詳見下考。

次圭父游將軍巖韻二首 紹興末至淳熙初

極目危岑杳靄間，誰將層棟壓巑岏①？瘦筇上上莫辭遠，絶境行行得細觀。智井尚餘茅絰處②，考槃無復碩人寬③。倦來拂石支拳睡，萬壑吟風午夢闌。

陳迹真成俯仰間，回頭猶認碧巑岏。更煩地主殷勤意，得盡雲山表裏觀。景晏共愁歸路遠，年侵獨負酒杯寬。明朝覓句酬珠玉，剩喜詩情却未闌。

解題　將軍巖，亦在五夫里，見八閩通志。

注釋　①層棟：高屋。巑岏：高峻的山峰。楚辭劉向九嘆：「登巑岏以長企兮，望南郢而窺之。」王逸注：「巑岏，鋭山也。」

②智井：無水的廢井。左傳宣公十二年：「目於智井而拯之。」陸德明釋文：「廢井也。」茅絰：以茅草結成的帶子。左傳宣公十二年載，楚伐蕭，楚大夫申叔展欲救蕭大夫還無社，教其藏廢井

中，而以茅草繩置井邊以爲標記。「明日，蕭潰，申叔視其井，則茅經存焉，號而出之。」此句用典，只是言廢井尚存，別無深意。

③「考槃」句：詩經衛風考槃：「考槃在澗，碩人之寬。」朱熹集傳：「考，成也；槃，盤桓之意，言成其隱處之室也。……碩，大；寬，廣。……詩人美賢者隱處澗谷之間，而碩大寬廣，無戚戚之意。」此句言井存人去。

編年 此與下二篇同韻，其爲先後之作甚明。詳見下考。

評論 一 朱子可聞詩集卷四：將軍巖似因昔有將軍而名。此登覽兼懷古之作。「極目」，籠起游。「誰將」，呼起將軍。三、四洗發「游」字，五、六追念將軍，一結承上二意，虛虛收住。

二 朱子可聞詩集卷四：俯仰既久，表裏盡觀，游之暢也；酒杯獨負，詩情未闌，興之高也。他人必將四意裝成兩聯矣，此則一順說來，散配八句中，別有蕭疏之致。又七絕云：「詩腸欲斷酒腸寬。」於此想見先生興復不淺。

圭父約爲金斗之游次韻獻疑聊發一笑 紹興末至淳熙初

幾日春風未破寒，遠峰晴露玉巑岏。不成蠟屐携笻去，且復鈎窗拄頰觀。聞道追游當作意，故應期日尚能寬。陰崖凍合無垂練，却恐詩翁興易闌。

解題 金斗，即金斗源瀑布，在崇安縣開耀鄉從政里。

編年 見下篇所考。

評論　朱子可聞詩集卷四：句句是題中獻疑，欲遲圭父游山約也。三、四名爲藏頭句，與其「不成蠟屐攜笻去」，不若「且復鈎窗拄頰觀」。略增二字，意便了然。第七句陰泉猶凍，與第二句遠峰仍雪，所謂不配配，不關關也，皆模寫「未破寒」三字。

次彦集經營别墅之作（紹興末至淳熙初）

回北成南指顧間，要令華敞對巑岏。家山信有千巖擁〔一〕，（家山堂見武夷諸峰①。）雲月何妨兩處觀。傑閣已資鄰築勝，（熹近蒙知府掇賜舊第樓居②。）新基還見繚墻寬。老仙鶴骨殊蕭爽，歸興從今豈易闌！

解題　彦集，朱熹妹夫劉子翔，劉韞之子。時劉韞隱居崇安縣南，其五夫里舊居已贈朱熹，而子翔方於里中營造新别墅，以便隨時來歸。

校記　〔一〕信：考異云一作「倍」。

注釋　①家山堂：劉韞崇安縣南堂名，見卷三。

②知府：指劉韞。韞嘗典二州。

編年　具體作年不詳。然稱劉韞老仙，則當作在紹興末以後；韞卒淳熙六年，則當作在淳熙初以前也。

彦集圭父擇之同飲白雲精舍以醉酒飽德爲韻熹分得飽字醉中走筆奉呈（乾道三年至淳熙間）

奔趨名利場，禍福急相絞。夜窗一反側①，膚垢紛兩爪②。豈如親朋集〔一〕，晚食聊一飽。心期共悠悠，文字各稍稍。華燭既屢更，詩腸亦頻攪。寒更儘渠深，孤諷寧至卯。

解題 擇之，林用中。白雲精舍未詳，當在崇安境。此篇嘲奔趨名利之悲，贊栖身世外之樂。

校記 〔一〕如：原作「知」，據宋閩、浙本改。

注釋 ①反側：翻來覆去。詩經周南關雎：「悠哉悠哉，輾轉反側。」朱熹集傳：「反者輾之過，側者轉之留，皆卧不安席之意。」

②「膚垢」句：皮膚上的污垢沾滿兩手，比喻過失、虧心處、愧悔者多如牛毛。

編年 未詳，僅知作於乾道三年林用中從學以後至紹熙間朱熹還居建陽以前。

評論 朱子可聞詩集卷一：「爪」字、「稍」字、「卯」字押得如此奇妙，險韻自然，舍韓昌黎外，未易臻此化境。「稍稍」猶漸漸也。「心期」二句，言文心漸啓，「詩腸」、「頻攪」，言文思紛來。「孤諷」、「至卯」，言文興不可遏。後半因同飲作詩，醉中走筆，曲盡含毫之司契。

次劉圭甫和人梅花韻〔一〕 淳熙九年

意行欲遍江村路①，恰到詩人斷魂處②。梅花未肯笑春風，蔓草何須怨零露③？歸來四壁無餘聲④，俯檻秪有寒塘青。美人邂逅一笑粲，倒影的皪疏枝横。寸心久矣遺紛雜，不但老禪齋夏臘⑤。此時悢悢欲何言？本根落落幾難合〔二〕⑥。走遍諸君詩卷中，西湖東閣病還同⑦。劃然長笑驚夢破〔三〕⑧，碧雲散盡山叢叢⑨。平父有「攀條嚼蕊繞千回，日暮碧雲驚四合」之句，故云。

解題 此爲朱熹官場失意而歸後作，託以詠梅，怨艾有之，解嘲有之，與世兩忘，誓保堅頑之心更有之。

校記

〔一〕淳熙本「圭甫」下有「平甫」二字。

〔二〕根：考異云一作「顧」。

〔三〕笑：淳熙本作「嘯」。

注釋

①意行：隨意而行，猶信步。劉禹錫鑾子歌：「腰斧上高山，意行無舊路。」

②斷魂：銷魂神往，極言其哀愁。唐宋之問江亭晚望：「望水知柔性，看山欲斷魂。」

③「梅花」二句：言梅花不屑於與粗桃俗李争春，蔓草也就無須抱怨零露不溥，謂既不願，也不必乞求宦達。零露：零落的露水。詩經鄭風野有蔓草：「野有蔓草，零露溥兮。」小序：「野有蔓草，思遇時也。」孔穎達疏：「草之所以能延蔓者，由天有隕落之露溥溥然露潤之兮，以興民所以得蕃息者，由君有恩澤之化養育之兮。」

④餘聲：文選沈約冬節後至丞相第詣世子車中作：「高車塵未滅，朱履故餘聲。」吕延濟注：「餘聲者，思昔時之履步，若在耳故也。」此句言歸來家徒四壁，了無宦情。

⑤夏臘：夏天的臘月，指僧人出家的年數。僧人以七月十五日爲除夕，十六日爲歲首，出家後以夏臘計算年歲。賈島寄無得頭陀：「夏臘今應三十餘，不離樹下塚間居。」此二句言久已無意世事，勝似老僧多年齋戒。

⑥「此時」二句：言生性與世扞格，尚何言哉。悵悵：惆悵。漢李陵與蘇武之三：「徘徊蹊路側，悢悢不得辭。」落落：形容孤高，難與人合。宋李綱辭免尚書右仆射第一表：「志廣材疏，自笑落落而難合。」

⑦西湖東閣：指林逋西湖八詠、何遜東閣詩，見下「評論」。二人皆以善寫梅著稱。

⑧劃然，象聲詞，形容嘯聲。蘇軾後赤壁賦：「劃然長嘯，草木震動。」

⑨「碧雲」句：此反劉玶意而用之，言愁雲散去，安貧守道，自得其樂也。

編年 劉玶卒淳熙十二年，本篇其人尚在，故當作於此之前。此前朱熹官場失意唯淳熙九年浙東之罷，本篇當作於是冬。

評論 朱子可聞詩集卷二：此篇不是次圭父詠梅，正是教圭父梅之難詠。大意謂詩人雖行遍江村，而梅花之高，不比蔓草之可以適願，惟有寂寞歸來，寒塘幽探，庶或如遇美人一笑粲耳。梅花之難契合如此，故欲賦梅花者，必先洗滌心源，如梅花一塵不染，使本根與之相合。又凡前賢名作，如水部東閣一篇、和靖西湖八詠，在今日蹈襲已久，不可復與之雷同。如此則夢契而妙悟生，雲散而真境出，可以共賦梅花，不愧詩人之目矣。平父即圭父兄，「散」字換「合」字，有撥雲霧而見青天意，即翻其兄詩句也。

奉酬圭父末利之作淳熙末以前

玉蕊琅玕樹①，天香知見薰。露寒清透骨，風定遠含芬。爽致銷繁暑，高情謝曉雲。遥憐河朔飲②，那得醉時聞？

解題 此爲朱熹謝劉珪送茉莉而作。

注釋 ①琅玕樹：神話傳説中的仙樹，其實似珠。山海經海内西經：「服常樹，其上有三頭人，伺琅玕樹。」

②河朔飲：初學記卷三引曹丕典論載，劉松北鎮袁紹軍，日與其子弟痛飲，言以避一時之暑，故河朔有避暑飲。後因以「河朔飲」指夏日銷暑之飲或暢飲。

編年 未詳，僅知作於紹熙間朱熹遷居建陽以前。

奉酬圭父白蓮之作 淳熙末以前

忽傳夔府句①，并送遠公蓮②。翠蓋臨風迴，冰華浥露鮮。舞衣清縞袂③，倒景爛珠躔④。想象芙蓉闕⑤，冥冥絶世緣。

注釋

①夔府句：指杜甫的詩句。唐置夔州，府署在奉節，故稱其城爲夔府。杜甫秋興之二：「夔府孤城落日斜，每依北斗望京華。」甫居夔兩年，創作了大量的詩歌。

②遠公蓮：晋高僧慧遠居廬山東林寺，世人稱爲遠公。遠嘗掘池種白蓮，結十數僧人名士爲白蓮社。見晋無名氏蓮社高賢傳。

③縞袂：白衣，借指白色花卉。蘇軾次韻楊公濟奉議梅花十首之一：「月黑林間逢縞袂，霸陵醉尉誤誰何。」

④珠躔：謂行走時鞋上所飾珠璀璨奪目。躔：足迹。爾雅釋獸「其迹躔」，郭璞注：「脚所踐處。」以上二句喻白蓮爲仙女。

⑤芙蓉闕：猶芙蓉城，傳説中的仙境。蘇軾芙蓉城詩序：「世傳王迥字子高，與仙人周瑶英游芙蓉城。」芙蓉，蓮之别名。

編年 未詳，僅知作於紹熙間朱熹遷居建陽之前。

次圭父觀魚韻 淳熙末以前

平生三伏斷追游，誰喚來穿澗樹幽？初訝網横天影破，忽驚人蹴浪花浮。鳴榔不用齊吴榜①，鼓枻何須學楚謳②。便有金盤堆白雪，却憐清泚向東流③。

解題 此爲劉珪夏日請朱熹至家觀捕魚并食魚之詩。

注釋 ①鳴榔：又作「鳴根」，敲響船舷，驚魚入網。文選潘岳西征賦「鳴根厲響」，李善注：「説文曰，根，高木也。以長木叩舷爲聲，……所以驚魚，令入網也。」吴榜：吴國之棹。楚辭九章涉江「齊吴榜以擊汰」，王逸注：「士卒齊舉大櫂而擊水波。」朱熹集注：「吴謂吴國，榜謂櫂也。」

②鼓枻：劃槳。楚辭漁父：「漁父莞爾而笑，鼓枻而去。」楚謳：楚地的謳吟。

③「便有」二句：言食魚。白雪：指魚肉。

編年 未詳，僅知作於紹興間朱熹遷居建陽以前。

評論 朱子可聞詩集卷四：此觀打魚也。「驚訝」十四字，筆端奇肆，奄有老杜綿州、蒼江兩歌之勝。七句結題，八句别有深情遠致。

奉同黄子厚賦白芙蓉呈劉彦集平父 淳熙十二年以前

湛湛曲池水，曉含風露清。田田緑羅蓋①，粲粲白玉英②。澹然絶世姿，不與穠艷并。俯鑒冰雪影，詎懷兒女情。山中徒淹留，堂下空目成③。獨有忘機客，相看兩無營④。

解題 此朱熹與黃銖一起向劉子翔、劉玶索要白蓮之詩。

注釋 ①田田：蓮葉盛密貌。樂府詩集相和歌辭一江南：「江南可採蓮，蓮葉何田田。」

②粲粲：鮮明貌。詩經小雅大東：「西人之子，粲粲衣服。」朱熹集傳：「粲粲，鮮盛貌。」

③「山中」二句：言劉家山中富白蓮，而已之堂下無花可觀。

④「獨有」二句：忘機客，指黃銖，時當在朱熹處。無營，無所求。漢蔡邕釋誨：「安貧樂賤，與世無營。」

編年 未詳，僅知作於淳熙十二年劉玶卒之前。

評論 朱子可聞詩集卷三：起則稱其色之白，繼云色既不與穠艷并，則其情澹然，自不比於世間之兒女。彼山中之桂曰淹留，堂上之蘭曰目成，猶皆不能免於兒女之情。惟有此花冰姿雪質，淡然與世無營。我輩忘機之客，宜相看兩不厭也。題中奉某呈某，一齊收出。

觀洪遵雙陸譜有感呈劉平甫范仲宣二兄 紹興末

近從新譜識梟盧①，擬喚安陽舊博徒②。只恐分陰閑過了，更教人誚牧猪奴。陶桓公嘗語人曰③：「大禹聖者，乃惜寸陰，至於衆人，當惜分陰，豈可逸游荒醉，生無益於時，死無聞於後？是自棄也。」諸參佐或以談戲廢事者，乃命取其酒器蒲博之具悉投之江④。吏將則加鞭扑，曰：「樗蒲者⑤，牧猪奴戲耳。君子當正其衣冠，攝其威儀，何有蓬頭跣足，自謂宏達耶！」

解題 此訓誡劉、范二人之詩。洪遵（一一二〇—一一七四），字景嚴，鄱陽人，适弟。雙陸譜爲其所作博戲之書，成於紹興二十一年。雙陸爲古代博戲之一種，傳自印度，盛於南北朝以後。下鋪一特製盤子，雙方各用十六枚棒槌形「馬」立於己方，然後擲骰子按點數走「馬」，先到對方者爲勝。范仲宣，名瑄，朱熹門人。

注釋 ①梟盧：古代博戲樗蒲的兩種勝彩名。幺爲梟，最勝；六爲盧，次之。杜甫今夕行：「馮陵大叫呼五白，袒跣不肯成梟盧。」

②安陽舊博徒：當指戰國魏公子無忌，即信陵君，嗜博。

③陶桓公：陶侃（二五九—三三四），字士行，晉潯陽人。早孤貧，積功至刺史，在軍四十餘年，果毅善斷。平蘇峻之叛爲首功，卒謚桓。

④蒲博：古代博戲之一種，泛指賭博。晉書劉惔傳：「以蒲博驗之，其不必得，則不爲也。」

⑤樗蒲：古代博戲之一種，後亦泛指賭博。漢馬融有樗蒲賦。

編年 本篇以惜日誡二人而直言無隱，參之朱熹文集卷四十答劉平甫一、二，正以謹交游、屏戲玩、惜分陰切切相告，必爲先後之作。二書皆作於紹興三十年春，本篇也當在此前後。確切作年則難以詳考矣。

次劉彦集木犀韻三首淳熙末以前

衆芳摇落九秋期①，横出天香第一枝。莫似寒梅太孤絶，更交遥夜笛中吹②。

仙衣纔試鬱金黄③，便覺秋風滿院芳。定觀極知先透徹，通心豈是故迎將④？

秋到寒巖桂樹叢，小山吟罷思悲翁⑤。不妨更作淹留計，占取人間十里風。

解題 木犀，即桂花。首詩詠桂之氣質，孤芳自賞；次詩寫桂之形味，感觸良多；末詩懷屈原。

注釋 ①九秋：秋天。晉張協七命：「晞三春之溢露，遡九秋之鳴飆。」

②交：通「教」，使。南史張融傳：「交爾藍縷，亦虧朝望。」

③鬱金黄：用鬱金草染成的黄色，泛指黄色。唐李珣浣溪沙之一：「入夏偏宜澹薄粧，越羅衣褪鬱金黄。」

④「定觀」二句：言定睛觀看已先大徹大悟，不知不覺即已感通於心。

⑤小山：指淮南小山，嘗作招隱士。悲翁：指屈原。參朱熹招隱操。

編年 未詳，僅知作於紹熙間朱熹遷居建陽以前。

寄謝劉彦集菖蒲之貺二首 淳熙末以前

君家蘭杜久萋萋，近養菖蒲緑未齊。乞與幽人伴岑寂，小窗風露日低迷①。

泉清石瘦碧纖長，秋露懸珠炯夜光。個裏無窮閑造化，别來誰與共平章？

注釋 ①低迷：迷蒙。元稹紅芍藥：「受露色低迷，向人嬌婀娜。」

編年 未詳，僅知作於紹熙間朱熹遷居建陽以前。

評論 朱子可聞詩集卷五：此久别家山，有懷故友也。言即所貺菖蒲追思，見造化生物之巧，想君閑居平章，儘有無窮妙諦。惜我别來，不得與共耳。一、二可謂發纖濃於簡古。

朱熹文集編年評注卷六下

公濟惠山蔬四種并以佳篇來貺因次其韻紹興末

蓴

靈草生何許？風泉古澗傍①。褰裳勤采擷，枝筋嚏芳香〔一〕②。冷入玄根閟③，春歸翠穎長〔二〕。遥知拈起處，全體露真常〔三〕④。

芹

晚食寧論肉？知君薄世榮。瓊田何日種？玉本一時生。白鶴今休誤⑤，青泥舊得名⑥。收單還炙背〔四〕，北闕儻關情⑦。時公濟試禮部。

笋

新笋因君寄，康廬入夢中⑧。丹元餘故宅，翠竹尚餘風。日日來威鳳⑨，年年饌籜龍〔五〕⑩。猶嫌有兼味，不似一源功⑪。廬山簡寂觀，道士陸脩静之所居。從遠法師蓮社之游，賜號丹元先生。觀有甜苦笋，今者所惠，乃甜笋也。

蕨

西山採蕨人，蓬首尚傾國。懷哉遠莫致，引脰氣已塞⑫。頃筐忽墮前⑬，此意豈易得。良遇不可遲，枯節有餘力。

解題 公濟，即吴楫。楫崇安人，紹興末應試不第，遂絶意仕進，閉門讀書。與朱熹反復講論性理之學，而頗好佛老。本篇詠物，而箴諫之意也時時寓焉。

校記 〔一〕芳：考異云一作「芬」。

〔二〕翠：右引云一作「秀」。

〔三〕真：原作「其」，據宋閩、浙本改。

〔四〕單：右引云一作「功」。

〔五〕籜：右引云一作「伏」。

注釋 ①風泉：吴楫亭名。

②筋：植物的脉絡。焯辛辣衝鼻，故言「嚏」。

③玄根：植物的深根。初學記卷二十八引晋夏侯湛石榴賦：「滋玄根於夷壤兮，擢繁榦於蘭庭。」

閟，藏。

④真常：釋道用語，真實常住之意，猶言本來面目，本性。楞嚴經卷十三：「性真常中，求於去來，迷悟生死，了無所得。」

⑤「白鶴」句：杜甫暇日小園散病將種秋菜督勒耕牛兼書觸目：「飛來兩白鶴，暮啄泥中芹。」此句借言己與吴楫不要錯過食芹。

⑥青泥：青色泥土，又地名有青泥坊。杜甫崔氏東山草堂：「盤剥白鴉谷口栗，飯煮青泥坊底芹。」此句言青泥芹早已入前人之詩。

⑦「收單」二句：用炙背獻芹事，言吴楫赴禮部試，恰是過着鄉野下民的生活，却心係朝廷。收單，言所獲之芹乃微薄之物。炙背，曬背。北闕，代指朝廷。嵇康與山巨源絶交書：「野人有快炙背而美芹子者，欲獻之至尊，雖有區區之意，亦已疏矣。」作者言此，似有微諷之意。

⑧康廬：廬山的别稱。

⑨威鳳：傳説中的瑞鳥鳳凰。因其有威儀，故稱。關尹子九藥：「威鳳以難見爲神，是以聖人以深爲根。」

⑩饌：食。籜龍：竹笋的異名。唐盧仝寄男抱孫：「籜龍正稱冤，莫殺入汝口。」

⑪「猶嫌」二句：言吴楫所贈甜笋優於廬山之雙味笋，而語帶雙關，有刺吴學不純之意。黄庭堅跛奚移文：「絶利一源，收功十百。」

⑫「西山」四句：化用詩經之意，以寄朋友之思。采蕨人：詩經召南草蟲：「陟彼南山，言采其蕨。未見君子，憂心惙惙。」蓬首：衛風伯兮：「自伯之東，首如飛蓬。」傾國：漢書外戚傳上

李夫人：「北方有佳人，絕世而獨立。一顧傾人城，再顧傾人國。」

⑬頃筐：斜口竹筐，前低後高，簸箕之類。詩經周南卷耳：「采采卷耳，不盈頃筐。」

編年 據八閩通志卷六十五、閩中理學淵源考卷二十等，吴楫紹興末應試不第，遂絕意仕進，退居田里。第二首小注稱時吴楫試禮部，故知作於紹興末。

評論 蓴 朱子可聞詩集卷三：蓴、草同，生於高山泉石，味辛芳，宜作菹。篇中一「嚏」字，形容已盡。五言根，六言葉，本草云根葉皆可食，故結云「全體露真常」，猶世説所稱「掇皮皆真」也。

芹 朱子可聞詩集卷三：起結「薄世榮」，關情北闕，見公濟不終於山人，若見用，定非肉食之輩。説芹皆綰到人身上。公濟建寧人，白鶴，建寧山青泥坊舊有芹名。今公濟所惠者，乃自種白鶴山之芹，其味甚佳，不讓青泥，人休誤認也。

筍 朱子可聞詩集卷三：題曰「惠山蔬」，故上二首點出公濟家山，此則遠及康廬，何也？曰其蔬則家山，其種自丹元，故借用生發耳。利絕一源，出陰符經，道家語。公濟乃儒而兼好道者，亦即借其言而諷之。

題吴公濟風泉亭 紹興末

澗谷居永久，高情未云酬。茲焉發天秘，始造寒巖幽。上有茂樹陰，下有清泉流。結亭倚蒼峭，鑿磴窮嵌丘①。翠壁自屏立，青蘚亦環周。朅來憩永夏②，凜若臨清秋。仰空韻笙竽，俯檻鏘琳璆③。幽聽一以會，悠然與神謀。遐哉超世心，暇日聊娛憂。笑問車馬客，誰能淹此留？

注釋 ①嵌丘：險丘。韋應物游西山：「揮翰題蒼峭，下馬歷嵌丘。」②朅來：來。唐張九齡歲初巡屬縣登高安南樓言懷：「朅來彭蠡澤，載經敷淺原。」③「仰空」二句：上句寫風，下句寫泉，以應亭名。

編年 本篇作於亭成之初，而上篇已有風泉之名，故應爲一時先後之作。

評論 朱子可聞詩集卷一：詩中破題，有明有暗。下有清泉，是明破泉；上有茂樹，是暗破風。「仰空」、「俯檻」四句，即就風泉拆開，上下摹似，一以「聽」字總承，且不惟耳遇，而直以神遇，真教人以繪聲法也。趙太原云：「朅來」，向作「去來」。按呂氏春秋：「膠鬲見武王於鮪水，曰西伯朅來。」注：「朅，何也。」此詩「車馬客」自指，即下首所謂「主人意未闌，驪駒匆匆」也。言久承主人高情，始得一造寒巖，何不當永夏到此，與主人共娛暇日，而徒僕僕車塵馬迹間，不少淹留耶。將「朅」字虛看，全篇都活。

再題吳公濟風泉亭 紹興末

華林翠磵響風泉，竟日閑來石上眠。更結危亭俯幽聽，未妨長作地行仙①。

注釋 ①地行仙：原爲佛經所言的一種長壽神仙，後也指高壽或隱逸閑適之人。楞嚴經卷八：「阿難，彼諸衆生，堅固服餌，而不休息，食道圓成，名地行仙……壽千萬歲，休止深山，或大海島，絕於人境。」

編年 本篇也作於亭成之初甚明，與上二篇皆相先後也。

奉和公濟兄留周賓之句 淳熙三年丙申九日

端居感時序，駕言誰適從①？聊携二三子，杖屨此日同。悠哉素心人②，宴坐空巖中。真成三秋别，夢想情何窮！行行陟崇岡，引脰希高風。忽然兩相值，俯仰迷西東③。鱣堂偶休閑④，雞黍聊從容。不辭腰脚勞，共上西南峰。佩萸笑長房⑤，把菊追陶公⑥。遐觀衆山迴，一酌千慮融。與罷復來歸，杳靄秋堂空⑦。窺樽訖餘瀝，倚閣聞疏鍾。主人意未闌，驪駒勿忽忽⑧。

解題 周賓，姓徐，名大老，朱熹表弟。淳熙初從朱熹學於崇安。

注釋 ①駕言：駕，乘車。言，語助詞。語本詩經邶風泉水：「駕言出游，以寫我憂」。後代指出行。

②素心人：心地純潔、世情澹泊的人。陶潛移居之一：「聞多素心人，樂與數晨夕。」此所言乃與朱熹交厚之一僧人。

③「忽然」二句：言與山中主人意外相逢，驚喜寒暄之餘，竟一時走錯了路。

④鱣堂：後漢書楊震傳：「後有冠雀銜三鱣魚飛集講堂前，都講取魚進曰：『蛇鱣者，卿大夫服之象也。數三者，法三台也。先生自此升矣。』」後因指講學之所爲鱣堂。此指講經堂。

⑤長房：費長房。南朝梁吴均續齊諧記九日登高：「汝南桓景隨費長房游學累年，長房謂曰：『九月九日汝家中當有災，宜急去，令家人各作絳囊，盛茱萸以繫臂，登高飲菊花酒，此禍可除。』……今世人九日登高飲酒，婦人帶茱萸囊，蓋始於此。」此句笑長房之荒誕不經。

⑥陶公：陶潛。潛有「採菊東籬下，悠然見南山」之句。

⑦杳靄：又作「杳藹」，幽深貌。韋應物西郊游矚：「煙芳何處尋？杳藹春山曲。」

⑧驪駒：純黑馬，也泛指馬。逸詩有驪駒篇，古代告別時所賦歌詞。漢書儒林傳王式「歌驪駒」，顏師古注引服虔曰：「逸詩篇名也，見大戴禮。客欲去歌之。」

編年 題下原注「丙申九日」，據以繫年。

寄吴公濟兼簡李伯諫五首 隆興二年二月

客子歸來春未深〔一〕，秖應寒雨罷登臨〔二〕。閑窗竟日焚香坐，一段孤明見此心。

三徑莓苔晝掩關①，君來問道却空還。從今蠟屐應無恙〔三〕，有興何妨再入山。

盤翁別去久無書②，可復因循自作疏③。珍重寄聲煩問訊〔四〕，個中消息定何如？

繁弦急筦盛流傳，清廟遺音久絶弦④。欲識寥寥千古意，莫將新語勘塵編。謂鹽官中庸⑤。

憶昔殊方久滯淫，年深歸路始駸駸〔五〕⑥。傍人欲問簞瓢樂〔六〕，理義誰知悦我心？

解題 李伯諫，名宗思，建安人。隆興元年進士，初好佛學，與朱熹等反復辯難數年。乾道六年始見朱熹，方棄其所學而從游焉。此篇五首，係一般應酬，幾於以詩代書，别無深意。

校記

〔一〕客子：考異云一作「投紱」。

〔二〕應、罷：右引云一作「因」、「倦」。

〔三〕從：右引云一作「只」。

〔四〕聲：右引云一作「音」。

〔五〕深：右引云一作「來」。

〔六〕欲：右引云一作「若」。

注釋

①莓苔：青苔。晋孫綽游天台山賦：「踐莓苔之滑石，搏壁立之翠屏。」

②盤翁：當指傅自得。自得濟源人，縣北有盤谷，故人常以「盤谷傅公」稱之。

③「可復」句：言去者無書，已則不可也不通問，自致疏遠。

④「繁弦」二句：繁弦急筦，同「繁絲急管」，謂繁雜急促的管弦樂聲。韋應物酒肆行：「桃花飄俎柳垂筵，繁絲急管一時合。」此喻時人新奇怪論競相喧嚷，令人生厭。清廟遺音，指古先聖王雅正雍容之樂。清廟，太廟，古帝王宗廟。詩經周頌有清廟之篇，祀文王之樂，禮記樂記稱其「朱弦而疏越，壹倡而三嘆，有遺音者矣。」此喻聖賢學說。

⑤鹽官：縣名，屬紹興府，今浙江海寧縣地。

⑥「憶昔」二句：指自己早年出入釋老事，蓋現身説法，以警吴、李二人。滯淫：長久停留。漢王粲七哀詩之二：「荆蠻非我鄉，何爲久滯淫。」

編年

朱熹文集卷四十三載答李伯諫二書、答吴公濟一書，與二人就儒釋諸問題展開激烈辯論，答吴公濟一并論及鹽官中庸。本篇及下二篇與以上諸書内容如出一轍，當一時先後所作。答李第一書題下署「甲申」，據以繫之。李伯諫至乾道六年夏方放棄自己的觀點而轉向朱熹，這在文集中有諸多記載。詩云「春未深」，當作在二月。

公濟和詩見閔耽書勉以教外之樂以詩請問二首 隆興二年

至理無言絶淺深①，塵塵刹刹不相侵②。如云教外傳真的，却是瞿曇有兩心③。

未必瞿曇有兩心，莫將此意攪儒林。欲知陋巷憂時樂，只向韋編絶處尋。

解題 吴楫見朱熹終日苦讀鑽研，以爲過於辛苦，勸其於治學之外尋求一些樂趣。朱熹則以爲教與樂不可割裂，教即是樂，遂舉佛教進行反駁。

注釋 ①至理無言：論語陽貨：「天何言哉？四時行焉，百物生焉。」朱熹集注：「四時行，百物生，莫非天理發見流行之實，不待言而可見。」絶淺深：無淺深。朱熹認爲大千世界莫非天理流行，體用一貫，不可分別本末精粗，隱顯内外，大小淺深。

②塵塵刹刹：佛教語，華嚴經所言「圓融平等」的境界。即一一微塵中皆現無數國土（刹），而國土中又有微塵，微塵中又有國土，重重無盡，平等無礙。其説見唐法藏華嚴經探玄記。朱熹舉此以證上句。

③「如云」二句：言若教外有樂，則如來佛也應一心管佛門内事，一心管佛門外事。而在佛的眼中，大千世界哪有佛門外之事呢？真的：猶真實。朱熹認爲所謂教外之事皆屬虚妄，而非真實。瞿曇：釋迦牟尼的姓。

編年 第一首用上篇末首韻，作在一時甚明。參見上篇。

伯諫和詩云邪色哇聲方漫漫是中正氣愈駸駸予謂此乃聖人從心之妙三嘆成詩重以問彼二首 隆興二年

任從耳畔妍聲過①，特地胸中順氣萌②。個裏詎容思勉得？羨君一躍了平生③。

闕里當年語從心④，至今踪迹尚難尋⑤。况君直至無心處，肯向人前話淺深⑥？

解題 李宗思詩句自視甚高，朱熹以爲其所言乃不可企及的聖人境界，非後學所宜奢談；何况宗思尚沉溺佛學，與聖人不啻胡越萬里，遂作詩發難，諷刺之意溢於言表。哇聲，靡曼的樂聲。「邪色哇聲」喻歪門邪説。從心：隨心所欲。論語爲政：「七十而從心所欲，不踰矩。」朱熹集注：「從，隨也。矩，法度之器，所以爲方者也。隨其心之所欲，而自不過於法度，安而行之，不勉而中也。」以爲孔子至高無上的思想境界。

注釋

①妍聲：靡麗之音。南朝齊謝朓擬宋玉風賦：「揚淮南之妙舞，發齊右之妍聲。」

②順氣：和順正直之氣，雅正之樂所感而生。禮記樂記：「正聲感人而順氣應之，順氣成象而和樂興焉。」

③「個裏」二句：言以上境界非希求勉强所能達到，你却一下子就到了聖人終身修養而成的最高境界，實在令人羨慕！一躍：荀子勸學：「騏驥一躍，不能十步；駑馬十駕，功在不舍。」作者用此，頗有深意。

④闕里：孔子故里，在今山東曲阜城内闕里街，代指孔子。

⑤「至今」句：言孔子以後還没有人能達到其境界。

⑥「況君」二句：言李宗思既溺佛學，其境界不止是「從心」，而已經是「無心」，那麼對人説高道低就都是多餘的了，這樣做不是一種諷刺嗎！無心：佛教語，指萬法皆空。唐修雅聞誦法華經歌：「我亦當年學空寂，一得無心便休息。」

編年 此與上二篇先後之作，一望可知，參見上考。

游百丈山以徙倚弄雲泉分韻賦詩得雲字 淳熙元年夏

執熱倦煩蹋①，駕言起宵分②。隨川踏曉月〔一〕，度嶺披朝雲。攀緣白石梯，拂拭蒼蘚紋。噴薄驚快覿③，琮琤喜先聞④。奇哉此精廬⑤，眇然隔塵氛。諸公肯同來，定非俗子群。永日坐清樾⑥，短章策奇勛⑦。慨然念疇昔，聯裾已荒墳⑧。中路忘磬折⑨，寸心謾絲棼⑩。惟應泉石願，三生有餘薰。兹游獲重尋，十載心氤氳⑪。他年訪舊躅，山靈莫移文⑫。

解題 百丈山，在崇安縣東南，見八閩通志。朱熹有百丈山記，蓋其屢登臨處。本篇記夏日之游，抒發了久違重來的感慨。

校記 〔一〕川：淳熙本作「風」，考異所引別本同。

注釋 ①執熱：手執灼熱之物。詩經大雅桑柔：「誰能執熱，逝不以濯。」鄭玄箋：「當如手執熱物之用濯。」此喻夏日酷熱難耐。煩蹋：謂煩躁地龜縮在家中。

②宵分：半夜。魏書崔楷傳：「日昃忘餐，宵分廢寢。」

③快覿：快睹。易困卦：「三歲不覿。」陸德明釋文：「覿，見也。」

④琮琤：象聲詞，形容水聲。

⑤精廬：佛寺。北齊書楊愔傳：「州内有愔家舊佛寺，入精廬禮拜。」

⑥樾：樹蔭。韓愈送文暢師北游：「三年竄荒嶺，守縣坐深樾。」

⑦「短章」句：言詩寫得新奇可觀。

⑧聯裾：猶聯袂，攜手同行。杜牧杜秋娘：「聯裾見天子，盼眄猶依依。」此句當指朱熹密友魏掞之，掞之卒乾道九年。

⑨磬折：像磬一樣曲折彎腰，表示恭敬。磬，古代打擊樂器，狀如曲尺。禮記曲禮下：「立則磬折垂佩。」

⑩絲棼：紛亂。左傳隱公四年：「臣聞以德和民，不聞以亂。以亂，猶治絲而棼之也。」楊伯峻注：「棼，音汾，紛亂之意。」

⑪氤氳：濃香。沈約芳樹：「氤氳非一香，參差多異色。」

⑫「山靈」句：言希望山神不要拒而不納。周彦倫於鍾山棄隱入官，後欲至山，孔稚圭乃借山靈之意作北山移文禁其入。此用其事。

編年

百丈山記云：「余與劉充父、平父、吕叔敬、表弟徐周賓游之，既皆賦詩以紀其勝，余又叙次其詳如此，而最其可觀者，石磴、小澗、山門、石臺、西閣、瀑布也，因各别爲小詩，以識其處。」可知本篇與下篇皆此行所作。按原集編次，記文當作於淳熙元年或二年。然觀朱熹是年答吕伯恭、黄子厚書等材料，朱熹淳熙二年夏還自鵝湖之會後，即登蘆山，秋七月還家，未嘗至百丈山。故本篇應爲元年所作。其同游之徐周賓，據本卷奉和公濟兄留周賓之句，淳熙三年秋尚在崇安，而已告别矣。詩云「執熱倦煩蹋」，知作在夏天。

百丈山六詠淳熙元年夏

石磴

層崖俯深幽，微逕忽中斷。努力一躋攀，前行有奇觀。

小澗

兩崖交翠陰，一水自清瀉。俯仰契幽情，神襟頓飄灑。

山門

置屋兩山間，巧當奇絶處。峽束百泉傾，澗激回風度。

石臺

出谷轉石棱〔一〕，俯身窺木末。夕眺嵐翠分，朝隮雲海闊。

西閣

借此雲窗眠，静夜心獨苦。安得枕下泉，去作人間雨？

瀑布

巔崖出飛泉，百尺散風雨。空質麗晴暉①，龍鸞共掀舞②。

解題 朱熹百丈山記：「余與劉充父、平父、吕叔敬、表弟徐周賓游之，既皆賦詩以紀其勝，余又叙次其詳如此，而最其可觀者，石磴、小澗、山門、石臺、西閣、瀑布也，因各别爲小詩，以識其處。」

校記 〔一〕出：考異云一作「山」。

注釋 ①空質：指瀑布之水晶瑩明澈。

②龍鸞：龍鳳。掀舞：翻騰飛舞。辛棄疾山鬼謡：「昨夜龍湫風雨，門前石浪掀舞。」

編年 見上篇所考。

評論 石磴 朱子可聞詩集卷四：記云：「登百丈山三里許，右俯絶壑，左控垂崖，疊石爲磴，十餘級乃得度，山之勝蓋自此始。」此詩直透下五詠，精神在「努力」二字。

西閣 朱子可聞詩集卷四：東西兩谷水，并注池中，閣據其上。輞川詩「不知棟裏雲，去作人間雨」，是高人閑致。此詩「安得枕下泉，去作人間雨」，是聖賢熱腸。

瀑布 朱子可聞詩集卷四：三、四即記所謂「日光燭之，璀璨奪目」。朱青巖評：從日光寫瀑布之勝，奇絶。而此復狀其舞若龍鸞，尤奇。

游蘆峰分韻得盡字 乾道六年四月

蘆山一何高，上上不可盡。我行獨忘疲，泉石有招引。須臾出蒙密①，矯首眺無畛②。已謂極崢嶸，仰視猶隱嶙。新齋小休憩，餘力更勉黽。東峰切霄漢③，首夏正凄緊④。杖策同攀躋，極目散幽窘⑤。萬里俯連環，千重瞰孤隼。因知平生懷，未與塵慮泯。歸塗采薇蕨，晚餉雜蔬筍。笑謂同來人，此願天所允。獨往會淹留⑥，寒棲甘菌蠢〔一〕⑦。山阿子慕予⑧，無憂勒回軫⑨。

解題 蘆山，在建陽縣西北七十里，雲谷在其絶頂。朱熹有雲谷記，山爲其屢登臨處。本篇記初夏之行，有滅迹此山之願。其後乃託蔡元定築雲谷晦庵。

校記 〔一〕菌：原作「菌」，據淳熙本、宋閩、浙本改。

注釋 ①蒙密：茂密的草木。南朝宋范曄樂游應詔詩：「遵渚攀蒙密，隨山上嶇嶔。」

②畛：界限。莊子齊物論：「爲是而有畛也。」成玄英疏：「畛，界畔也。」

③東峰：蘆山最高峰，見雲谷記。

④首夏：初夏，農曆四月。曹丕槐賦：「伊暮春之既替，即首夏之初期。」凄緊：風寒而急。文選殷仲文南州桓公九井作：「景氣多明遠，風物自凄緊。」吕延濟注：「凄，寒；緊，急也。」

⑤幽窘：囚困。宋書王僧達傳：「於時兄子僧亮等幽窘醜逆，盡室獄户。」此指鬱積心中的煩懣。

⑥「獨往」句：雲谷記：「然予常自念，自今以往十年之外，嫁娶亦當粗畢，即斷家事，滅景此

山。是時山之林薄當益深茂，水石當益幽勝，館宇當益完美，耕山釣水，養性讀書，彈琴鼓缶，以詠先王之風，亦足以樂而忘死矣。顧今誠有所未暇。」

⑦菌蠢：謂如菌類之矮小，默默生於僻處。文選張衡南都賦：「芝房菌蠢生其隈。」李善注：「菌蠢，是芝貌也。」

⑧「山阿」句：楚辭山鬼：「若有人兮山之阿，被薜荔兮帶女蘿。既含睇兮又宜笑，子慕予兮善窈窕。」

⑨「無憂」句：言無須擔心山神不接納而駕車返回。軫：車。國語晉語四：「還軫諸侯。」韋昭注：「還軫，猶迴車。」

編年　雲谷記云：「乾道庚寅，予始得之，因作草堂其間，榜曰『晦庵』。」詩中「新齋」，即指初成之草堂三間，知本篇作於庚寅。由於營建未畢，故尚當日往返，未宿山中。詩云「首夏正凄緊」，知作在四月。

同丘子服游蘆峰以嶺上多白雲分韻賦詩得白字乾道六年以後

登巖出囂塵，入谷媚泉石。悠然愜幽趣，不覺幾朝夕。高尋倦冢頂，舊賞嘆陳迹。仰慚仙人杖，俯愧謝公屐①。昨日吾弟來，勇往意無斁。今晨蓐食罷②，千仞一咫尺。心期未究竟，眼界已開闢。浮野衆麓青，縈雲兩川白〔一〕。須臾互吞吐，變化已今昔。曠若塵慮空，悲哉人境窄。平生有孤念，萬里思矯翮。感此復忡然〔二〕③，胡爲尚形役④？

解題 丘子服，名膺，建陽人。從朱熹游，熹稱爲老友。本篇廬山絕頂抒懷，表現出對世俗社會的厭倦和不能出塵離俗的遺憾。

校記 〔一〕兩：考異云一作「滿」。

〔二〕忡：原作「冲」，據淳熙本、宋閩、浙本改。

注釋 ①「仰慚」二句：言既不能像仙人一樣超然出世，又不能像謝靈運一樣瀟灑游歷。謝公屐：一種前後齒可裝卸的木屐。宋書謝靈運傳：「尋山陟嶺，必造幽峻，巖嶂千重，莫不備盡。登躡常著木履，上山則去前齒，下山去其後齒。」

②蓐食：早上未起而在床席上進餐，謂早餐時間極早。左傳文公七年：「訓卒，利兵，秣馬，蓐食，潛師夜起。」

③忡然：憂愁貌。詩經邶風擊鼓：「不我以歸，憂心有忡。」

④形役：謂爲身軀形骸所役使拘束，如爲功名利禄、日常俗務所糾纏支配等。陶潛歸去來辭：「既自以心爲形役，奚惆悵而獨悲？」

編年 未詳，僅知作於乾道六年朱熹得雲谷以後。觀詩，雲谷屋舍已能留宿。

評論 朱子可聞詩集卷二：前首游密庵，景在山之低處，「朝隮青雲外」等語，翻從高處説來。此首游廬峰，景在山之高處，「高尋倦冢頂」等語，却就低處説往。欲抑則先揚，欲揚則先抑法也。中間摹寫山中鋪海，雲蒸氣涌，須臾變化，已如今昔，真宇宙奇觀。一結尤覺去路無盡。息廬先生云：古人寄懷物外，適與其胸次悠然相會，而無所泥，斯謂真達。此游山數詩，皆其寄興而作，「曠若塵慮空，悲哉人境窄」，先生分明自道出矣。

登盧峰 乾道六年以後

行到盧峰最上頭，幾回振策又還休①。因君好句撩孤興，却恨雲烟未肯收。

注釋 ①振策：揚鞭走馬。既至絕頂，則前路已盡，再振策則仙矣。此見作者離俗出塵躍躍欲試之情。

編年 未詳。觀其已不止一游，且數至雲谷所在之山巔，有滅迹此山之志，僅知其時已得雲谷，即乾道六年以後。

評論 朱子可聞詩集卷五：第一句倒提法，言幾回振策盧峰，往往興盡而返。今因觸感君詩，乃得行到最上頭，雲煙未肯收，正摸峰頭之高也。章法錯綜。兼看前游盧峰五古，益知其妙。

將游雲谷約同行者 淳熙元年正月

躋險擇幽棲，搴蘿結茅屋。疏泉下石瀵①，種樹滿煙谷。時登北原上②，一騁千里目。雲物下逶迤，岡巒遠重複。暫辭忽曠歲，再往恨牽俗。因悲昨游侶，或已在鬼録。前年元履同游③。暄風悟新陽④，一雨欣衆緑。明發君莫遲，幽期我當卜。

注釋 ①石瀵：指山石凌空向外突出部分。

②北原：指盧山絕頂小平處。雲谷記：「東北行，攀危石、履側徑，其下蓬蓬然者數十步，行東峰之巔，下而復上，乃至絕頂。平處劣丈餘。」

③元履：魏掞之，卒乾道九年。

④新陽：初春。文選謝靈運登池上樓：「初景革緒風，新陽改故陰。」呂延濟注：「春爲陽，秋爲陰也。」

編年 注云魏掞之前年同游，掞之卒乾道九年閏正月，故本篇之作不得晚於淳熙元年。據朱熹文集卷四十四答方伯謨五，乾道九年朱熹自春至夏皆在病中，未嘗出游，故本篇只能作於淳熙元年。文集卷三十三答吕伯恭三對此行有詳載，與本篇時令也合。詩云「暄風悟新陽」，知作在正月。

七月六日早發潭溪夜登雲谷翌旦賦此〔一〕 淳熙二年七月七日

懷山不能寐，中宵命行軒。亭午息畏景，薄暮登危巒。峻極逾百磴，縈紆欲千盤。行行遂曛黑，月落天風寒。羽人候中塗①，良朋亦林端〔二〕。問我何所迫，而嘗兹險艱？疲勞既云極，飢渴不能言。投裝卧中丘，幸此一室寬。怒號竟永夕，客枕無時安。旦起闢幽户，竹樹青檀欒。驚喜非昔睹，披尋得新觀。淹留十日期，俯仰有餘歡。寄語後來子，勿辭行路難。

解題 潭溪，在崇安縣五夫里屏山之下，朱熹居所在焉。本篇記游雲谷，寫出了夜登的艱辛，晨起的喜悦。

校記 〔一〕七：原作「九」，據淳熙本、宋閩、浙本改。

〔二〕亦：原作「集」，據右引改。

注釋 ①羽人：道家學仙，因稱道士爲羽人。唐錢起卧疾答劉道士：「賓字比仙藥，羽人寄柴荆。」

編年 此與以下三篇皆同游所作，觀本篇與雜詩十二首之登山至雲谷皆在薄暮可知，詳見下考。朱熹淳熙二年秋七月雲谷之行，詳見雲谷記。本篇言六日出發，而記乃游畢返家前作，署「秋七月既望」，前後恰好十日，與詩中「淹留十日期」句合。

評論　朱子可聞詩集卷二：屏山至雲谷八十里，「險艱」二字，將早發夜登辛苦，反從他人問語中透出。一結抱轉「難」字，尤跳脱。　十日餘歡，是意將如此，非正寫也，觀題「翌日賦此」可見。此寫風景也，合數詩觀之，山間爲雨爲雲爲風，一遇先生摹寫，無不有一段奇妙。所謂人之所游，以觀其見，我之所游，以觀其變。

雲谷二十六詠 淳熙二年七月

雲谷

寒雲無四時，散漫此山谷。幸乏霖雨姿，何妨媚幽獨①？

南澗

危石下峥嶸，高林上蒼翠。中有横飛泉，崩奔雜奇麗。

瀑布

峰回危逕轉，垂練忽千尋。不爲登山倦，躊躇秋澗陰。

雲關

白雲去復還，黃塵到難入。只有澗水聲，出關流更急。

蓮沼

亭亭玉芙蓉，迴立映澄碧。只愁山月明，照作寒露滴。

杉逕

南起雲關口[一]，縈紆上草堂。天風發清籟②，山月度寒光。

雲莊

小丘橫翠几，層嶂復嵯峨。釋耒閑來看，巖姿此處多。

泉硤

入關但平田，復此得清響。何必問真源？神襟一蕭爽。

石池

兩岸蒼峭石，護此碧泓寒。秋月來窺影，驪珠吐玉盤③。

山楹

山楹一悵望，恨此雲迷谷。仙人不可期，縹緲雙髻緑。

藥圃

長鑱斸靈根④，蒔此泉下圃⑤。珍劑未須論，丹荑已堪煮⑥。

井泉

山高澤氣通，石竇飛靈液。默料谷中雲，多應從此出。

西寮

畬田種胡麻⑦，結草寄林樾。珍重無心人，寒棲弄明月。

晦庵

憶昔屏山翁，示我一言教⑧。自信久未能，巖棲冀微效。

草廬

青山繞蓬廬，白雲障幽户。卒歲聊自娱，時人莫留顧。

懷仙

西望多奇峰，北瞰獨仙府。欲致武夷君⑨，石壇羅桂醑⑩。

揮手

山臺一揮手，從此斷將迎。不見塵中事，惟聞打麥聲。

雲社

自作山中人，即與雲爲友。一嘯雨紛紛，無勞三奠酒。

桃蹊〔二〕

澗裏春泉響〔三〕，種桃泉上頭。爛紅紛委地〔四〕，未肯出山流。

竹塢

悄蒨桃蹊北，蕭槮竹塢深。不堪秋夜永，風雨助悲吟。

漆園

舊聞南華仙⑪，作吏漆園裏。應悟見割憂⑫，嗒然空隱几。

茶坂

携籯北嶺西⑬，采擷供茗飲。一啜夜窗寒，跏趺謝衾枕。

絶頂

當年赫曦臺⑭，移治在玆嶺〔五〕。寥廓無四鄰，三光疑倒影。

北澗

土斷川亦分，北下成陰澗。秀石得佳名，服膺吾敢慢？澗有仁義石

中溪

南下東嶺阿，云是中溪道。巖樹愛樛枝，石田悲蔓草。

休庵

別嶺有精廬，林巒亦幽絶〔六〕。無事一往來，茶瓜不須設。

解題 此篇按入山順序逐一吟詠，其各景情狀雲谷記均有詳細説明。記云：「姑記其山水之勝如此，并爲之詩，將使畫者圖之。」所言詩即此篇。組詩詠嘆雲谷美景，充滿着對世外桃源的向往。

校記

〔一〕南：考異云一作「晨」。

〔二〕蹊：記疑云疑當作「溪」。

〔三〕裏：考異云一作「東」。

〔四〕爛：淳熙本作「亂」。

〔五〕治在兹：淳熙本作「來名此」，考異所引别本同。

〔六〕巒：淳熙本作「澗」，考異所引別本同。

注釋

①「幸乏」二句：言谷中之雲不能爲雨而潤澤天下，有如自己一樣，不妨留谷中慰藉幽獨之人。
②清籟：猶清響。唐戴叔倫聽霜鐘：「虛警和清籟，雄鳴隔亂峰。」
③驪珠：寶珠。傳説出自驪龍頷下，故名。見莊子列禦寇。温庭筠蓮浦謡：「荷心有露似驪珠，不是真圓亦摇蕩。」
④長鑱：古踏田農具。杜甫乾元中寓居同谷縣作歌七首之二：「長鑱長鑱白木柄，我生託子以爲命。」斸：撅。
⑤蒔：移栽，種植。尚書堯典「播時百穀」，鄭玄注：「種蒔五穀以救活之。」
⑥丹荑：初生的紅色嫩芽。文選郭璞游仙詩：「臨源挹清波，陵崗掇丹荑。」
⑦畬：焚燒田野中的草木，用其灰作肥料的原始耕作方法，也泛指粗放耕種。元結謝上表：「臣見招輯流亡，率勸貧弱，保守城邑，畬種山林，冀望秋後少可全活。」胡麻：芝麻。相傳漢張騫得其種於西域，故稱。抱朴子仙藥：「巨勝一名胡麻，餌服之不老。」
⑧「憶昔」二句：屏山先生劉子翬爲朱熹命字曰元晦，作命字祝辭，有曰：「木晦於根，春榮曄敷。人晦於身，神明内腴。」所謂晦者，即「一言之教」。
⑨武夷君：傳説中的武夷山神。史記封禪書：「古者天子常以春解祠，祠黄帝用一梟破鏡……武夷君用乾魚。」
⑩桂醑：桂花酒，泛指美酒。沈約郊居賦：「席布騂駒，堂流桂醑。」
⑪南華仙：指莊子。舊唐書玄宗紀下：「天寶元年二月莊子號南華真人。」莊子嘗作吏漆園，故址

所在其説不一。

⑫見割憂：漆樹被割的痛苦。

⑬籝：採茶竹具。陸羽茶經具：「籝，一曰籃，一曰籠，一曰筥，以竹織之，受五升，或一斗、二斗、三斗者，茶人負以采茶也。」

⑭赫曦臺：在長沙岳麓山巔，乾道三年朱熹入湘時所名，見雲谷記。

編年 本篇即雲谷記所言姑記其山水之勝，將使畫者圖之之詩，對讀記文，是不難見，故爲同行所作。

評論 雲谷 朱子可聞詩集卷四：此篇爲二十六首總冒，因借谷中之雲，以自寫其無心出岫意也。

杉徑 朱子可聞詩集卷四：天風發杉間成清籟，山月度杉間爲寒光，二句夾寫杉徑，有聲有色。

石池 朱子可聞詩集卷四：池在石峽中。一、二刻畫盡矣，別借秋月寫景，一「窺」字尤善烘托。

井泉 朱子可聞詩集卷四：是井不是澗，恰好掐到雲谷上。但言爲谷中雲，不復説去作人間雨，隱居之作也。

瀑布 朱子可聞詩集卷四：先生瀑布詩多矣，此但言躊躇其間，不説出，轉有味。

雲社 朱子可聞詩集卷四：自作雲谷山中人，即與雲爲友。「雲」字既出得有根，而以「友」字映合「社」字尤巧。記云：「田氓即於此地祈年。」結復周到。

桃蹊 朱子可聞詩集卷四：鳳逸云：著意「蹊」字，覺谷中之桃亦自有品。

雲關 朱子可聞詩集卷四：記云：「谷口距峽爲關，以限内外。」起二句界限謹嚴，後忽一轉，反點「關」字，似爲隨波逐流、知進而不知退者戒。

雲谷雜詩十二首（淳熙二年七月）

登山

夕陽翳東峰，微月下西嶺。不辭青鞋穿，陟此巖路永。巖路永且蹐〔一〕①，中情何耿耿！

值風

山下風吹衣，山上風拔木〔二〕。茅茨何足保？瀛海慮翻覆②。永念執悤人③，撫心還自恧〔三〕。

見易傳震卦。

翫月

風起雲氣昏，風定天宇肅。遥遥萬里暉，炯炯穿我屋。良友共徘徊④，山中詎幽獨？

謝客

野人載酒來〔四〕，農談日西夕。此意良已勤，感嘆情何極！歸去莫頻來〔五〕，林深山路黑。

勞農

四體久不勤，筋力坐駑緩。何事兩山阿，離離豆苗滿？多謝植杖翁⑤，居然見長短。

講道

高居遠塵雜，崇論探杳冥。亹亹玄運駛，林林群動争⑥。天道固如此，吾生安得寧？

懷人

吾黨二三子，欲來從我游。塵機諒擾擾，遐諾終悠悠。空山日復晚，佇立悵夷猶⑦。子厚、伯崇有約不至〔六〕⑧。

倦游

故人千里别，約我仍丹丘⑨。云何一解散，書到令人愁。此山豈不幽？何必賦遠游？時得伯恭書⑩，報罷天台之游。

修書

紬書厭塵累⑪，執簡投雲關〔七〕。靈鑰啓玄秘⑫，蕭斧鋤幽奸〔八〕⑬。書成莫示人，留置此山間⑭。

宴坐

登山思無窮，臨水心未厭。沉痾何當平〔九〕？膏肓今自砭〔十〕⑮。默坐秋堂空，遐觀靡餘念。

下山

行隨流水聲，步出哀壑底〔十一〕。緑樹枝相樛，白澗石齒齒。樹石無窮年，流水日千里。

還家

出去柴門掩，歸來蕙草秋⑯。素萼林下吐⑰，清芬衣上浮。欲寄山中友，日暮悵離憂。

解題 本篇十二首與前篇二十六詠一時先後之作，前篇着重寫景，本篇着重寫人。組詩記述了作者在雲谷的山中生活，蘊含着對人生世界的思索，寄託着遠離俗世的高潔情懷。

校記 〔一〕永且躋：淳熙本作「且躋攀」。

〔二〕上：考異云一作「中」。

〔三〕撫：原作「無」，據淳熙本改。

〔四〕來：考異云一作「至」。

〔五〕頻：右引云一作「煩」。

〔六〕淳熙本此注置題下，作「黄子厚、范伯崇、張元善有約不至」。

〔七〕雲：考異云一作「靈」。

〔八〕蕭：原作「肅」，據淳熙本、宋閩、浙本改。

〔九〕痾：淳熙本作「痼」。

〔十〕自：右引作「日」。

〔十一〕步：右引作「下」。

注釋

①躋：高而陡。詩經秦風蒹葭：「遡洄從之，道阻且躋。」

②瀛海：大海。論衡談天：「九州之外，更有瀛海。」

③執鬯人：易震卦：「震驚百里，不喪匕鬯。」程頤傳：「雷之震動，驚及百里之遠，人無不懼而自失……唯宗廟祭祀，執匕鬯者則不至於喪失。人之致其誠敬，莫如祭祀。匕以載鼎實，升之於俎；鬯以灌地而降神。」

④良友：指山月。

⑤植杖翁：論語微子：「子路從而後，遇丈人，以杖荷蓧。子路問曰：『子見夫子乎？』丈人曰：『四體不勤，五穀不分，孰爲夫子？』植其杖而芸。」朱熹集注：「五穀不分，猶言不辨菽

麥爾，責其不事農業而從師遠游也。」此用其事，見植杖老農之長與己之短。

⑥「亹亹」二句：反映了作者對宇宙存在狀態的辯證理解，即世界是運動的。基於這樣的理解，才引出了下二句的推論，否定了「離動覓真静」的作法。亹亹：行進貌。楚辭九辯：「時亹亹而過中兮，蹇淹留而無成。」王逸注：「亹亹，進貌。」玄運：天體的運行。淮南子覽冥訓：「日行月動，星耀而玄運。」高誘注：「玄，天也；運，行也。」林林：衆多貌。柳宗元貞符：「惟人之初，總總而生，林林而群。」群動：指一切有生之物。陶潛飲酒之七：「日入群動息，歸鳥趨林鳴。」

⑦夷猶：徘徊不前。楚辭九歌湘君：「君不行兮夷猶。」王逸注：「夷猶，猶豫也。」

⑧子厚、伯崇：黄銖、范念德。

⑨丹丘：丘名，在今浙江寧海縣南九十里獅山附近。見孫綽天台山賦。此代指天台山。朱熹原擬淳熙二年春偕吕祖謙往游天台、雁蕩諸山，因吕入閩而作罷。鵝湖之别，祖謙請重尋舊盟。

⑩伯恭：吕祖謙。

⑪紬：編輯。史記太史公自序：「紬史記石室金匱之書。」司馬貞索隱引如淳曰：「抽徹舊書故事而次述之。」引小顔曰：「紬謂綴集之也。」此指編纂資治通鑑綱目。

⑫靈鑰：神靈的鑰匙，喻揭示玄秘的有效手段或方法。蘇軾和陶雜詩之八：「參同得靈鑰，九鎖啓伯陽。」

⑬蕭斧：古代兵器斧鉞，用於刑罰。此喻史筆褒貶。孔穎達春秋正義序：「一言所黜，無異蕭斧之誅。」幽奸：尚未被揭露的奸人。朱熹答劉子澄：「綱目亦修得二十許卷，義例益精密，上下

千有餘年，亂臣賊子真無所匿其形矣。」

⑭「書成」二句：史記太史公自序：「以拾遺補藝，成一家之言……藏之名山。」作者蓋仿此意，說明對此書自視甚高。

⑮「沉痾」二句：喻修身養性，除去思想言行之弊。此詩檢討登臨荒廢的做法，展現了静坐體驗的看家本領。沉痾：久治不愈之病。砭：用石針刺穴治病。

⑯蕙草：香草名，又叫熏草、零陵香，俗稱佩蘭。宋玉風賦：「獵蕙草，離秦衡。」

⑰荂：花。爾雅釋草：「華，荂也。」郭璞注：「今江東人呼華爲荂。」

編年 據倦游詩及注，確知本篇作在淳熙二年秋。蓋朱熹原擬是年春入浙游山，因呂祖謙來訪，未能成行。鵝湖之别，重議此事，但祖謙還家後來信取消了這一約定。此事前後始末詳見於文集卷三十三朱熹與呂伯恭諸書，第四十書尤爲詳明。

評論 黄氏日抄卷三十四：雲谷諸詩，先生寫幽居自得之樂，其云：「天道固如此，吾生安得寧。」自言不息之功如此，幽居云乎哉。

甎月　朱子可聞詩集卷二：此正獨處之詩。「良友」即指月，言與月徘徊，便是山中良友，寧嫌幽獨與。

修書　朱子可聞詩集卷二：三是闡微言，四是明大義，此書所以不輕示人也。極鄭重，正極含蓄。山中修書，便恰用「藏之名山」語。

宴坐　朱子可聞詩集卷二：鳳逸云：煙霞痼疾，泉石膏肓，一經默坐遐觀，已如下一針砭，况山水之外，豈更有餘念乎！

下山　朱子可聞詩集卷二：亦韓云：樹石静而流水動，動静俱無窮期，此先生觀物之妙也。數詩正先生所謂寂寥短章，閑暇蕭散，有魏晋風韻。

雲谷合記事目效俳體戲作三詩寄季通淳熙二年七月

雲關須早築，基趾要堅牢。栽竹行教密，穿池岸欲高。乘春移菡萏①，帶雪覓蕭槮。謂杉徑也。

堂成今六載，上雨復旁風。逐急添茆蓋，連忙畢土功。謂柱下貼塼。桂林何日秀？蘭逕幾時通？并築雙臺子，東山接水筒。

莊舍宜先立，山楹却漸營。泉疏藥圃潤，堰起石池清。早印荒田契，仍標別户名。想應頻檢校，秪恐欠方兄②。

更向關門外，疏泉斬亂蒿。

解題　此篇乃作者開列雲谷建設事項以屬蔡元定。俳體，即俳諧體，古詩文中内容文筆詼諧的游戲之作。

注釋　①菡萏：荷花。詩經陳風澤陂：「彼澤之陂，有蒲菡萏。」

②方兄：「孔方兄」的省稱，指錢。舊銅錢錢體圓而孔方，故稱。楊萬里食鷓鴣：「方兄百輩買一隻，可惜羽衣錦狼藉。」

編年　第二首云「堂成今六載」，雲谷晦庵初成在乾道六年，下數六年，即淳熙二年。

評論　朱子可聞詩集卷三：一氣叙七事，絕不覺瑣碎，筆力厚也，亦從老杜草堂檢校示弟詩脱來。題曰「戲作俳體」，存此以備一格。

雲谷懷魏元履 淳熙初

嘆息艮齋老①，當年共此來。千峰奇絶處，一望興悠哉。病怯披雲卧，詩勞擁鼻裁。秖今何處所？宿草閟餘哀。

注釋 ①艮齋：魏掞之號。

編年 魏掞之卒乾道九年，本篇應作在卒後不久，即淳熙初也。

送許順之南歸二首〔一〕 乾道中

門前三逕長蒿萊，愧子殷勤千里來。校罷遺書却歸去，此心元自不曾灰。

幾年江海事幽尋，偏與雲僧話此心〔二〕。今日肯來論舊學，歲寒猶恐雪霜侵。

解題 許順之，許升，同安人，朱熹弟子，已見卷二。升紹興末從學朱熹後，一度頗迷戀佛學。本篇既鼓勵許升堅韌的向學精神，又告誡其警惕再度偏離儒學的正確方向。

校記 〔一〕此篇又見別集卷七，題作「兩絶句送順之南歸」。

〔二〕偏：宋閩本作「遍」。

編年 據朱熹存齋記，許升紹興二十七年嘗由同安偕朱熹歸崇安，次年冬還家。本篇所指，顯非此行。考許升還家後數年間頗信佛學，朱熹文集卷三十九乾道初與升諸書常箴其「敬字不活」、「謗釋氏」等「怪論」，并在信中抄寄著名的觀書有感二首，以啓發之。本篇當作在此數年間，猶恐其立脚不穩。

所言校遺書，疑即二程遺書或外書，皆成於乾道間。

宿雲際寺許順之將別以詩求教次韻乾道中

薄暮投花縣①，聯車入翠微。長林生缺月，永夜照寒扉。情話欣無斁，離懷悵有違。勉哉强毅力，千里要同歸。

解題 本篇爲許升南歸，朱熹與其同至建陽時所作。雲際寺，建陽名寺，南唐時建。

注釋 ①花縣：晋潘岳爲河陽令，滿縣遍種桃花，人稱「河陽一縣花」。後遂以「花縣」爲縣治的美稱。見白孔六帖卷七十七。

編年 此承上篇而作，參見該篇所考。

挽汪端明三首淳熙三年春

聖主興炎運①，明公起妙年②。材推漢庭右③，學自北方傳④。出入丹心壯，安危素髮鮮⑤。空餘題劍在⑥，光燭舊林泉。

曠宇元無際，孤標自不群⑦。物情良有寄⑧，讒口詎堪聞。未許時明政⑨，猶堪史闕文⑩。衣冠忽長夜，餘子謾紛紛⑪。

先友當年盛，斯文元祐徒⑫。艱虞共流落，存没半嗚呼。顧我真無賴，逢公幸不孤。秖今還一慟，即此是窮塗。

解題 汪端明，即汪應辰（一一一八—一一七六），初名洋，字聖錫，信州玉山人。紹興五年進士第一，歷官中外，仕至吏部尚書，以端明殿學士出知平江府，致仕卒，謚文定。宋史有傳。應辰嘗與朱熹論學，關係密切，在朱熹的政治生涯中起過重要作用。本篇首詩頌其才德，次詩蓋棺雪謗，末詩述己知遇之恩。

注釋 ①聖主：指南宋中興之主宋高宗。炎運：五行家稱火德而興的氣運。宋以火德興，故稱。宋李綱論使事札子：「炎運中微，夷狄亂常，馴致靖康之變。」

②明公：古時對有名位者的尊稱。東觀漢紀鄧禹傳：「明公雖建蕃輔之功，猶恐無所成立。」汪應辰十八歲中狀元，故言妙年。

③漢庭：漢朝，也借指其他朝代。張衡思玄賦：「王肆侈於漢庭兮，卒銜恤而絶緒。」古以右爲上。

④北方：孔、孟儒學興於北方，故稱。

⑤素髮：白髮。此句言汪應辰身歷安危，而不見老態。

⑥題劍：後漢書韓棱傳載，韓棱與郅壽、陳寵以才能稱，肅宗賜諸尚書劍，獨此三人以寶劍，手署其名及評語劍上。後以「題劍」爲君主對臣下特殊恩寵之典。

⑦「曠宇」二句：言汪應辰胸懷寬廣，出類拔萃。曠宇，廣闊的天地，喻胸懷寬廣。三國志吴書虞翻傳論：「虞翻古之狂直，固難免乎末世，然權不能容，非曠宇也。」孤標，山、樹等特出的頂端，形容人出類拔萃，與衆不同。舊唐書杜審權傳：「沖粹孕靈岳之秀，精明涵列宿之光，塵

外孤標，雲間獨步。」

⑧物情：人心，輿論。後漢書爰延傳：「事多放濫，物情生怨。」

⑨時明政：當世清明的政治。漢王粲從軍詩之一：「外參時明政，内不廢家私。」

⑩「猶堪」句：言至少值得史家斟酌下筆而載入史册。語本論語衛靈公：「吾猶及史之闕文也。」何晏集解引包咸曰：「古之良史，於書字有疑則闕之，以待知者。」

⑪餘子：其餘的人。後漢書文苑傳下禰衡：「大兒孔文舉，小兒楊德祖。餘子碌碌，莫足數也。」

⑫斯文：儒者，文人。杜甫壯游：「斯文崔魏徒，以我似班揚。」元祐：宋哲宗年號。哲宗立，司馬光爲相，推行元祐更化，政治、學術曾一度繁榮。此句主要指先父之友多師承二程的學説。

彦集奉檄歸省示及佳篇次韻奉酬呈諸兄友乾道中

編年 汪應辰卒淳熙三年初，朱熹於春三月曾至衢州爲文祭之。本篇應在此前後所作。

游子思親久聚糧，不堪官裏簿書忙。平生况少鷹鸇意①，此日尤慚時世粧②。臘雪未消歡奉檄，春風初轉喜還鄉。上堂佳慶從容問，一嚼何妨累十觴！

解題 此爲朱熹妹夫劉子翔在長汀主簿任上奉檄文出差返鄉順帶探親時作。

注釋 ①鷹鸇：兩種猛禽，比喻凶殘的人。這裏指聚斂厲民的酷吏。

②時世粧：入時或時髦的穿着打扮。白居易時世粧：「時世粧，時世粧，出自城中傳四方。」此喻爲官隨波逐流以趨時好。

編年　據朱熹劉氏妹墓誌銘，劉子翔淳熙八年爲瀏陽縣丞，之前僅一仕。據詩，時子翔乃爲主簿。朱熹作其母壙誌云：「一女，適右迪功郎、長汀縣主簿劉子翔。」作其父遷墓記云：「女嫁右迪功郎、長汀縣主簿劉子翔。」知子翔乾道六年前後在官。其歸省，必在此前後數年間無疑。

彦集兄再適臨汀惠顧蓬蓽賦詩留别眷予良勤次韻祖行言不盡意（乾道中）

賸喜君才老更成，伊優叢裏見孤撑①。官身未免心徒壯，親膝頻違淚欲横。簿領不嫌春笋束②，廉聲要比玉壺清。枉車投翰殷勤甚，安得仁言與贈行？

解題　本篇爲劉子翔返長汀臨别時作。蓬蓽，指簡陋草房。祖行，餞行。

注釋　①伊優：即「伊優亞」，學語之聲，用以譏諷逢迎諂媚之人，謂其説話無定見，見風使舵。後漢書文苑傳趙壹：「伊優北堂上，抗髒倚門邊。」李賢注：「伊優，屈曲佞媚之貌。」

②春笋：比喻細而白的手指。李煜擣練子令：「斜托香顋春笋嫩，爲誰和淚倚闌干？」

編年　見上篇所考。

圭父爲彦集置酒白蓮沼上彦集有詩因次其韻呈坐上諸友（乾道中）

大阮歸來客滿堂①，更移芳席近回塘。共憐的皪水花净，并倚離披風蓋凉②。銀筆看題青玉案③，佳人悵望碧雲鄉④。此時此景真愁絶，病著無因爲舉觴。

注釋　①大阮：指劉子翔。三國魏詩人阮籍與其侄阮咸并爲「竹林七賢」中人，世稱大、小阮。後用以美稱叔侄。劉子翔爲劉珪之叔，故稱。

②離披：搖動貌。唐李德裕牡丹賦：「逮乎的皪含景，離披向風，鉛華春而思蕩，蘭澤晚而光融。」

③銀筆：筆管飾銀的筆。宋張淏雲谷雜記韓定辭：「盛德好將銀筆述，麗詞堪與雪兒歌。」青玉案：青玉製成的短脚盤子，爲名貴食具，代指古詩。杜甫又示宗武：「試吟青玉案，莫羨紫羅囊。」仇兆鰲注：「青玉案，謂古詩。」

④「佳人」句：江淹雜體詩效惠休別怨：「日暮碧雲合，佳人殊未來。」此借言與劉子翔惜別之情。

編年 此與上二篇先後之作，參見前考。

寄題宜春使君定叟張兄隱齋 淳熙五年春

大專槃萬生，異體實同氣①。云胡分彼己？直以私自蔽。
君家桂林伯②，德學妙一世。閉户不忘憂，纓冠矧行義③。
眷言介弟賢④，四益謹先畀⑤。千里各分符，一心同盡瘁。
遠題齋户册⑥，來表棲息地。系述寫心胸⑦，俯仰資惕厲⑧。
陽嘉既滌蕩，陰慝失封閉。介然彼苛癢，赫若我黥劓〔二〕⑨。
拊摩極哀恫，征取敢常藝⑩？戰兢一日力，洋溢四封被⑪。

君看物我間，隱顯豈殊致⑫？願反振民功，更懋根本計⑬。

解題 宜春，袁州治所，在今江西宜春市。使君，漢時稱刺史，後用以尊稱州郡長官。定叟，即張栻之弟張杓。杓時知袁州。隱齋爲其議事讀書之所，至任初建。本篇因張栻名齋之意，以勉勵張杓仁民愛物爲主旨，最後歸結到個人的修身養性。

校記 〔一〕赫：原作「嚇」，據宋閩、浙本改。

注釋 ①「大專」二句：此述張載西銘「民胞物與」思想。西銘云：「民吾同胞，物吾與也。」言乾坤天地爲父母，而世人皆我同胞，萬物皆我朋友。大專：大鈞，指天地，造物主。槃：旋轉，生成。史記屈原賈生列傳：「大專槃物兮，坱軋無垠。」漢書賈誼傳「專」作「鈞」。司馬貞索隱：「槃，猶轉也。」

②桂林伯：指張栻。栻時知静江府，治桂林。伯：古代管領一方的長官。周禮春官大宗伯「九命作伯」，賈公彦疏：「伯，長也，是一方之長也。」

③「閉户」二句：言張栻居家時不忘憂民，在官更以愛民爲己任。

④眷言：回頭觀看貌。詩經小雅大東：「睠言顧之，潸焉出涕。」介弟：對己之弟的愛稱。左傳襄公二十六年：「夫子爲王子圍，寡君之貴介弟也。」

⑤四益：張栻四益箴載，張浚晚年曾大書四句話以訓張杓云：「無益之言勿聽，無益之事勿爲，無益之文勿觀，無益之友勿親。」其後杓請其兄爲作箴。

⑥户册：門匾。宋王應麟困學紀聞小學：「户册者，署門户之文也。」此指張栻題并書「隱齋」二字。

⑦系述：綴文叙述説明。司馬光四言銘系述：「迂叟爲四言銘，見者忽之曰，老生常談耳，故有

系述。」此指張栻隱齋記。

⑧惕厲：警惕激勵。語出易乾卦：「君子終日乾乾，夕惕若厲，無咎。」

⑨「陽嘉」四句：言陰盛陽衰，小人用事，對民間疾苦漠不關心。介然：間隔貌。司馬光上皇帝疏：「遂使兩宫之情介然有隙。」彼：指衆小人。苛癢：疥瘡，一種刺癢的皮膚病。赫若：赫然。黥劓：古代的兩種酷刑。戰國策秦策一「黥劓其傅」，高誘注：「刻其顙，以墨實其中曰黥；截其鼻曰劓也。」

⑩「拊摩」二句：言以極度的哀憐之心撫慰百姓，决不照例横征暴斂。常藝：慣常的準則。

⑪「戰兢」二句：言自己兢兢業業盡一日之力，則四境之民無不受其福。四封：四面疆界。國語越語下：「四封之内，百姓之事，蠡不如種也。」

⑫「君看」二句：言物我隱顯雖異，其理則同。謂推治民之理，則可知治己之要。

⑬懋：勤勉，努力。尚書舜典：「汝平水土，惟時懋哉！」根本計：指存養其仁義之心。隱齋記：「是心乃子民之本也。……苟惟不知是心之存，則本既不立矣，雖有過絶人之才智，亦何以觀之哉！」

編年

據正德袁州府志，張杓知袁州在淳熙四至六年。張栻知静江府，則在淳熙二年至五年秋。本篇稱「宜春使君」、「桂林伯」，知二人皆在任上。南軒集卷二十三答朱元晦十云：「舍弟數數拜書否？隱齋著語，顧亟見之。」此「著語」即指本篇。該書作在淳熙五年初，而張栻與朱熹第九書作於春正月，尚未言及此事，則本篇作在稍後可知。

次韻題平父兄重建一枝堂 淳熙九年

畫戟朱門枕碧山①，貂蟬元自出儒冠②。更餘此日林間樂，遠繼當年膝下歡。命駕賓朋千里近，放懷琴酒百憂寬。遺編却好傳孫子，莫遣因循學宴安。

解題 一枝堂，在屏山劉氏莊園，劉玶曾祖劉民先元豐三年始建，屢經興廢。

注釋 ①畫戟朱門：唐時三品以上官皆列古兵器畫戟於宅門，以爲儀飾，後泛稱顯貴之家爲「畫戟門」。

②貂蟬：貂尾與附蟬。古代侍中、常侍等貴近之臣以爲冠飾，其冠稱「貂蟬冠」。後以「貂蟬」借指侍中、常侍，又泛指顯貴大臣。漢書劉向傳：「今王氏一姓乘朱輪華轂者二十三人，青紫貂蟬，充盈幄内。」劉家得顯官者多人，其先世業儒，劉玶高祖、曾祖皆以儒學教授鄉里，故言「出儒冠」。

日用自警示平父 紹興二十三年至二十七年間

編年 據劉玶子學箕方是閑居士小稿卷下一枝堂壁記，劉玶重建該堂在淳熙九年，據以繫之。

圓融無際大無餘，即此身心是太虛①。不嚮用時勤猛省，却於何處味真腴②？尋常應對尤須謹，造次施爲更莫疏③。一日洞然無别體④，方知不枉費功夫。

解題 本篇論心性持養，指出無須於身心外尋求，只要着力於日常言行的體味，點滴積累，就能一超直入，大徹大悟。此爲作者早年議論，帶有明顯的禪學意味。

注釋 ①「圓融」二句：言人人自是一個小宇宙。圓融：佛教語，指破除偏執，圓滿融通，渾然一體。見楞嚴經卷十七。蘇軾答子由頌：「五蘊皆非四大空，身心河岳盡圓融。」無際：没有間隙。文心雕龍神思：「意授於思，言授於意，密則無際，疏則千里。」太虛：謂宇宙。沈約均聖論：「我之所久，莫過軒羲，而天地之在彼太虛，猶軒羲之在彼天地。」無際謂天人一體，密不可分；無餘謂大千世界此心無所不包。

②真腴：真正的美味，喻道的深刻意藴。文選班固答賓戲：「慎修所志，守爾天符，委命供己，味道之腴。」李善注引項岱曰：「腴，道之美者也。」

③造次：倉猝，匆忙。論語里仁：「君子無終食之間違仁，造次必於是，顛沛必於是。」

④别體：變體。此句言洞徹道體，無一違礙。

抄二南寄平父因題此詩 紹興乾道間

闕里言詩得賜商①，子貢、子夏。千秋誰復與相望？鄒汾孟子、文中子。斷簡光前載②，關洛張子、程子。新書襲舊芳③。析句分章功自小〔一〕，吟風弄月興何長。從容咏嘆無今古，此樂從兹樂未央。

編年 本篇收入大同集，知爲同安任上所作。

解題 紹興乾道間，劉玶嘗從朱熹研究詩經，本篇即朱熹對劉玶所言治詩體會。前半反映了作者的詩學觀點，後半言治詩真樂不在行墨之間。二南，詩之周南、召南。

校記 〔一〕小：原作「少」，據宋閩、浙本改。

注釋

①賜商：皆孔子高足。賜，端木賜，字子貢。商，卜商，字子夏。

②鄒汾：孟子戰國鄒人，文中子王通隋絳州龍門（今山西新絳）人。

③關洛：張載宋鳳翔郿縣横渠鎮人，因其關中人，世稱其學派爲「關學」。程顥、程頤，宋洛陽人，世稱其學派爲「洛學」。

編年

紹興三十年前後，朱熹已開始解詩，觀其別集卷二答程欽國書、文集卷三十九答柯國材二可見。其後劉玶也嘗參與過部分工作，主要是輔助性的資料工作。朱熹文集卷四十答劉平甫二云：「二南説未編次，可及今爲之，它日相聚裁定也。」該書作在乾道六年之前，因其時玶母卓氏尚在世。本篇也應作在此前、紹興末之後。

題劉平甫定庵五詠乾道五年至淳熙十二年間

定庵

風生長林悲，雲起空谷暝。下有不死人，一室常在定。

巢雲

入山何所見？雲樹春濛濛。安知巢居子①，避世於其中。

山臺

林居厭棲迷〔一〕②，山頂幸清曠。無事一登臨，却愁心浩蕩。

井泉

開山昔何人？鑿此寒泉井。獨夜漱瓊瑶③，泠然發深省。

壽穴

百年不可期，一壑當預卜。自憐木偶人，空羡王官谷④。

校記　〔一〕居：考異云一作「中」。

注釋　①巢居子：遠古於樹上築巢而居的人，泛指隱士。晋王康琚反招隱詩：「昔在太平時，亦有巢居子。今雖盛明世，能無中林士？」

②棲迷：同「凄迷」，凄凉迷茫。辛棄疾賀新郎賦水仙：「煙雨凄迷僝僽損，翠袂摇摇誰整？」

③瓊瑶：美玉，喻晶瑩的泉水。左思招隱：「石泉漱瓊瑶，纖鱗或浮沉。」

④王官谷：谷名，在今山西永濟縣中條山中，傍有天柱、跨鶴諸峰，瀑布、貽溪諸水，巖洞深邃，泉壑幽勝。唐末司空圖隱居於此。以上二句言自己未老多病先衰，羡慕劉玶有王官谷一樣清幽的

隱居勝地。

編年 朱熹作劉玶墓誌銘云：「中葬其妻武夷東南十里許，即預卜壽藏其旁。」劉玶妻卒乾道五年，據本篇末詩，當作於是年之後。又玶卒淳熙十二年，故本篇又應作在其前。

劉平甫席上分韻得寫字 淳熙十二年以前

歲暮風雨交，流雲暗平野。公子燕華姻，招呼及同社。
高情寄壺觴，晤語到風雅。剪燭夜堂深，幽懷共輸寫。此詩恐當作一首。

編年 未詳，僅知作於淳熙十二年劉玶卒之前。

劉平甫分惠水梔小詩爲謝二首 淳熙十二年以前

年來衰懶罷書淫①，偶向盆山寄此心。何事涼陰老居士②，便分幽賞助清吟。
何處飛來檐蔔林③，老枝樛屈更蕭槮。淒涼杜老江頭句，坐對行吟得自箴。少陵江頭五詠於梔子詩云：「於身色有用，與道氣傷和④。」

解題 水梔，即梔子，春夏開白花，香氣濃烈，可供觀賞。

注釋 ①書淫：嗜書成癖，好學不倦。北堂書鈔卷九十七引晉皇甫謐玄晏春秋：「余學或兼夜不寐，或臨食忘餐，或不覺日夕，方之好色，號余曰書淫。」

②涼陰：同「涼蔭」，成蔭的樹木，蔭涼處。居士：有才德而隱居不仕的人。禮記玉藻：「居士

錦帶。」鄭玄注：「居士，道藝處士也。」

③檐蔔：植物名，産西域，花甚香。唐段成式酉陽雜俎木篇：「梔子翦花六出，刻房七道，其花香甚，相傳即西域檐蔔花也。」

④「於身」二句：言若爲滿足眼鼻觀賞之欲，梔子是有用的；若從道的角度來講，則其香氣過於濃烈刺鼻，未免有失中和，不足稱也。

編年　未詳，僅知作於淳熙十二年劉玶卒之前。

和喜雨二絶 淳熙末以前

雨師誰遣送餘春？珍重天公惠我民。且看歡顔垂白叟，莫愁顰頞踏青人①。

黄昏一雨到天明，夢裏豐年有頌聲。起望平疇烟草緑，只今投筆事農耕。

注釋　①顰頞：紅潤的臉頰。蘇軾紅梅之三：「幽人自恨探春遲，不見檀心未吐時。丹鼎奪胎那是寶，玉人顰頞更多姿。」

編年　未詳，僅知作於紹熙間朱熹遷居建陽之前。

和章國華祈雨呈平父諸兄三首 淳熙十二年以前

極目平疇半欲枯，遥知精禱意無餘。更憐不待豚蹄祝，便得污邪暗滿車①。

九重清夜仰昭回②，旱魃知從何處來③？不是幽人祈得雨，又煩丹詔走風雷④。

晴窗揮汗苦驕陽，雨檻披衣快晚凉。多謝龍公餘事業，爲驅寒谷變炎方。

解題 章國華，事迹不詳。嘗集注杜詩，持以請教，朱熹爲作跋語。本篇贊國華祈雨之功。

注釋 ①「更憐」二句：言無須苦求即已得雨。憐，愛，喜。史記滑稽列傳載淳于髡言：「見道傍有禳田者，操一豚蹄，酒一盂，祝曰：『甌窶滿篝！污邪滿車！五穀蕃熟，穰穰滿家！』臣見其所持者狹而所欲者奢，故笑之。」豚蹄：猪蹄。污邪：低窪之地。滿車，言收穫之豐也。

②九重：九層，九道，代指皇宫、帝王。昭回：星辰光耀回轉。詩經大雅雲漢：「倬彼雲漢，昭回于天。」朱熹集傳：「昭，光也；回，轉也。言其光隨天而轉也。」

③旱魃：傳説中引起旱災的怪物。詩經大雅雲漢：「旱魃爲虐，如惔如焚。」

④丹詔：帝王的詔書。因其以朱筆書寫，故稱。此句言下詔祈雨。

山館諸兄共賦驟雨鷺鷥二絶 淳熙十二年以前

編年 未詳，僅知作於淳熙十二年劉玶卒以前。

平疇焦渴不堪論，簫鼓悲秋徹帝閽①。霹靂一聲雲自墨，山前山後雨翻盆。

雨罷微塘凛欲秋，飛來白鳥便夷猶②。從今認得横塘路③，水遠天長百不憂。

注釋 ①帝閽：天帝的宫門。文選揚雄甘泉賦：「選巫咸兮叫帝閽，開天庭兮延群神。」李善注引服虔曰：「令巫祝叫呼天門也。」

②夷猶：從容自得。宋張炎真珠簾近雅軒即事：「休去，且料理琴書，夷猶今古。」

③橫塘：水塘。温庭筠池塘七夕：「萬家砧杵三篙水，一夕横塘似舊游。」

編年 未詳。據内容，應與上篇先後之作，參見該篇。

唐石雪中 淳熙中

春風欲動客辭家，霖潦縱横路轉賒。行到溪山愁絶處，千林一夜玉成花。

解題 唐石，里名，在建陽縣西，以有唐石山而得名。朱熹及夫人劉氏皆葬於此。

編年 未詳。據原集編次，疑作在淳熙中。

秋日同廖子晦劉淳叟方伯休劉彦集登天湖下飲泉石軒以山水含清暉分韻賦詩得清字 淳熙五年七月

閑居寡儔侣，掩關抱孤清。良友倏來止，曠然舒我情。矧此凉秋初，暑退裳衣輕。相與一携手〔一〕，東山眇遐征。前穿林嶺幽，俯瞰川原平。降集崖寺古，徘徊濁醪傾。長吟伐木篇①，潛鱗亦相驚。願結沮溺耦②，窮年此巖耕。

解題 廖子晦，名德明，南劍州順昌人，朱熹弟子。乾道五年進士，歷官州縣，宋史有傳。劉淳叟，又作「純叟」、「醇叟」，名堯夫，金溪人。年十七，師從陸九淵兄弟。淳熙二年舉進士，歷任國子正、太學博士。此乃專程由浙中入崇安請謁於朱熹。方伯休，未詳。

校記 〔一〕相與：淳熙本作「與子」。

注釋 ①伐木：詩經小雅篇名，叙親友之誼是其主旨。

②沮溺：古代隱士長沮、桀溺。論語微子：「長沮、桀溺耦而耕。」朱熹集注：「二人隱者，耦，并耕也。」

編年 此與下二篇一時先後之作，蓋朱熹此次陪諸人出行所游數處，除本篇的天湖、下篇的雲谷外，還曾至武夷。朱熹文集卷三十四答吕伯恭八云：「熹比與純叟及廖子晦同登雲谷，遂來武夷，數日講論甚適。今將歸矣。」參見下考。

淳熙戊戌七月二十九日與子晦純叟伯休同發屏山西登雲谷越夕乃至而季通德功亦自山北來會賦詩記事以雲臥衣裳冷分韻賦詩得冷字淳熙五年七月二十九日

端莢得幽貞①，考槃寄兹嶺。未成長往計，抱恨中耿耿。秋風吹庭樹，遥夜枕席冷。感彼歲序移，慨此心事永。明晨發孤興，趣駕向絶境。躋攀力雖倦，想象意逾騁。雲山一以眺，俯仰疑倒景。檢校石田收，眷戀茅屋静。淹留復未遂，外物愧張邴②。珍重同來人，妙語各清整。擊節三嘆餘，超然得深省。

解題 季通，蔡元定。德功，即江默，崇安人，朱熹弟子。乾道五年進士，知建寧縣。

注釋 ①端莢：擺正卜筮的蓍草，以示恭敬。莢，用同「策」，卜筮的蓍草。文選屈原卜居：「詹尹乃端策拂龜。」劉良注：「策，蓍也。」幽貞：隱居，隱士。語出易履卦：「履道坦坦，幽人貞吉。」

韓愈復志賦：「假大龜以視兆兮，求幽貞之所廬。」

②外物：超脱於物欲之外。莊子大宗師：「參日而後能外天下，已外天下矣，吾又守之，七日而後能外物。」張邴：漢張良、邴漢，二人皆棄官歸隱。謝靈運還舊園作見顏范二中書：「偶與張邴合，久欲還東山。」

編年 據題繫年。

評論 朱子可聞詩集卷二：前發潭溪登雲谷與此題同，而此詩不即入題，先爲激揚振蕩以取勢入勝，作法又別。「未成長往」二句，是一篇命意處。末四句另爲山北來會賦詩者發。唐僧皎然云：「時人皆欲徵古爲事，不必然也。康樂公『偶與張邴合，久欲歸東山』，乃叙志中之比，不是用事。」今觀此詩，「外物愧張邴」句，正是翻用古人，應轉「抱憾」，收束「未成長往計」，非用事也。

宿黄沙以山如翠浪涌分韻賦詩得如字 淳熙五年七月

日中秣吾馬，日暮膏吾車。崎嶇涉南嶺〔一〕，浩蕩凌八區〔二〕①。夜雨薦峰前，朝登碧琳墟〔三〕②。蒼茫永嘯罷，翕忽清景徂③。去此二三子，我行將焉如？崔嵬正丘垤④，萬里思南圖⑤。

解題 此爲朱熹與諸人游羅雲谷宿黄沙時作。黄沙，地名，在建陽境，見朱熹答蔡元定書。

校記 〔一〕嶇：原作「區」，據宋閩、浙本改。

〔二〕區：原作「嶇」，據右引改。

〔三〕墟：原作「壖」，據右引改。

注釋

①八區：八方。漢書揚雄傳下：「咸營於八區。」顏師古注：「八區，八方也。」

②碧琳：青緑色的玉。司馬相如上林賦：「玫瑰碧琳，珊瑚叢生。」墟：山。宋玉對楚王問：「鯤魚朝發昆侖之墟。」

③翕忽：猶「倏忽」，急速貌。文選左思吴都賦：「神化翕忽，函幽育明。」劉逵注：「翕忽，急貌。」清景：清麗的景色。宋徐鉉和集賢鍾郎中：「龍池樹色供清景，浴殿香風接近鄰。」徂：往，消逝。司馬相如長門賦：「懸明月以自照兮，徂清夜於洞房。」此句言暮色匆匆來臨。

④丘垤：小土堆。孟子公孫丑上：「泰山之於丘垤，河海之於行潦，類也。」此句言高峻的山峰也不過是小土堆，尚不足以展己之胸懷。

⑤南圖：南飛，南征，喻抱負遠大。語出莊子逍遥游：「（鵬）背負青天，而莫之夭閼者，而後乃今將圖南。」

編年　觀「日中」以下六句，與上篇之題所言行程相合，知同行所作。

雲谷次吴公濟韻淳熙間

昔營此幽棲，邈與世相絕。誓將百年身，來守固窮節①。心期苦未遂，歲月一何闊！終然匹夫志，肯遽甘没没？茲晨復登瞰，目盡雲一抹。激烈永嘯餘〔一〕，朗寥高韻發。夫君内德備，不學王駘兀②。觀心見參倚〔二〕③，出世自英傑〔三〕。朅來肯顧我，同去弄雲月。微言得深扣，大句亦孤拔。多謝警疏慵，未敢嘆瞻忽④。更問毫釐間〔四〕，是同端是别？

解題　吴公濟，吴楫。

校記　〔一〕嘯：淳熙本作「嘆」。

〔二〕此句考異云一作「秉心極清净」。

〔三〕自：右引云一作「有」。

〔四〕更：右引云一作「且」。

注釋　①固窮：堅守道義，安於窮困。論語衛靈公：「君子固窮，小人窮斯濫矣。」朱熹集注：「程子曰，固窮者，固守其窮。」

②王駘：春秋魯人。莊子德充符：「魯有兀者王駘，從之游者與仲尼相若。」成玄英疏：「刖一足曰兀。」此句言吴楫雖内德充實似王駘，然非師其曲學，乃學於孔子也。

③觀心：指内心自我反省體驗，是佛教修行與理學家修養的重要方式。十不二門指要鈔上：「蓋一切教行，皆以觀心爲要。」參倚：論語衛靈公：「立則見其參於前也，在輿則見其倚於衡也。」朱熹集注：「其者，指忠信篤敬而言。參，讀如『毋往參焉』之『參』，言與我相參也。衡，軛也。言其於忠信篤敬念念不忘，隨其所在，常若有見，雖欲頃刻離之而不可得。」

④瞻忽：論語子罕載顏淵感嘆孔子之道曰：「仰之彌高，鑽之彌堅，瞻之在前，忽焉在後。」朱熹集注：「仰彌高，不可及；鑽彌堅，不可入。在前在後，恍惚不可爲象。此顏淵深知夫子之道無窮盡、無方體而嘆之也。」此句言不敢説吴楫之論不知所云，見其微意有寓焉。

編年　據前六句，雲谷莊舍建成已久，則不得早於淳熙初。又考朱熹晚年遷居建陽，雖雲谷近在咫尺，但年老多病，做官而外，則居家講學，很少外出。因此紹熙慶元間反而未見其至雲谷記載。故本篇應不晚於淳熙末年。

宿休庵用德功壁間韻贈陳道人淳熙間

暮入千峰裏，寒棲一草庵。室連丹竈煖①，厨引石泉甘。塵慮紛難到，神光暖内含〔一〕②。非君有道氣，孤絶詎能堪？

解題 休庵，在雲谷，見雲谷記。德功，江默。陳道人，當爲朱熹僱以守庵者。

校記 〔一〕暖：正訛改作「暖」。

注釋 ①丹竈：煉丹爐，此美稱一般爐竈。江淹別賦：「守丹竈而不顧，鍊金鼎而方堅。」

②神光：精神，神采。素問本病論：「神既失守，神光不聚。」

編年 朱熹淳熙二年始得休庵，見雲谷記。又紹熙慶元間未見至雲谷記載，故本篇應作於淳熙間。

評論 朱子可聞詩集卷三：通篇以第二句「寒棲」爲骨。三、四曰「暖」，因「連丹竈」，曰「甘」，因「引石泉」，正見草庵之寒耳。五、六贈道人。一結即收轉棲上，是題中「宿」字。

挽劉樞密三首淳熙五年秋

天畀經綸業，家傳忠義心。謀謨經國遠〔一〕，勛烈到人深。廊廟風雲斷，江湖歲月侵①。一朝成殄瘁，九牧共沾襟②。

談笑平蠻策〔二〕，焦勞振廩功③。復讎乖宿志〔三〕，忍死罄餘忠④。人嘆百身贖，天悲一鑑空⑤。

九原終莫起，千載自英風。

久矣身無用，前恩嘆莫償。豈期今老大，復此重悲傷！淚向遺書盡⑥，心隨宿草荒。諸君那不死？慟絶鬢成霜。

解題 劉樞密，劉珙，淳熙五年秋七月卒於建康府任上。朱熹自少投靠劉氏，與劉珙情如手足。其柩之歸，專程前往弋陽哭迎。

校記 〔一〕經：淳熙本作「憂」。

〔二〕談笑、策：右引作「慷慨」、「略」。

〔三〕志：右引作「願」。

注釋 ①「廊廟」二句：言劉珙離開朝廷，在地方做官多年。珙自乾道四年因政見不合遭罷同知樞密院事、參知政事要職，出任地方官。

②九牧：九州，天下。荀子解蔽：「此其所以代殷王而受九牧也。」楊倞注：「九牧，九州也。」

③振廩：謂開倉放糧救災。左傳文公十六年：「自廬以往，振廩同食。」杜預注：「振，發也；廩，倉也。」劉珙因建康救災之功受詔書褒獎。

④「忍死」句：指劉珙臨終前口授遺奏千餘言，論時事之弊，薦可用之人。

⑤一鑑空：新唐書魏徵傳載唐太宗之言曰：「以銅爲鑑，可正衣冠；以古爲鑑，知正興替；以人爲鑑，可明得失。朕嘗保此三鑑，内防己過，今魏徵逝，一鑑亡矣。」該句本此。

⑥遺書：劉珙病重時嘗手爲遺書授弟劉玶，請朱熹撰其父劉子羽神道碑，并託照料其子。

編年 劉珙卒淳熙五年，本篇當其初卒時作。

評論

二　朱子可聞詩集卷三：「談笑」、「焦勞」、「宿志」、「餘忠」，皆是知心之言，不比泛交，但表其外邊事迹。「百身贖」見有功於國，承起聯；「一鑑空」見有補於君，承次聯。

三　朱子可聞詩集卷三：「前恩」謂其先太傅也，故下云「復此重悲傷」。第七句雖是用語林「諸君不死」語，詳語意乃緊抱「久矣身無用」來，自家作慟絶語，不比孫子荆但罵人也。

武夷七詠淳熙五年八月

天柱峰

屹然天一柱，雄鎮斡維東①。秖説乾坤大，誰知立極功②？

洞天

絶壁上千尋，隱約巖棲處。笙鶴去不還③，人間自今古〔一〕。

畫鶴

誰寫青田質④，高超雁鶩群？長疑風月夜，清唳九霄聞。

仰高堂

面勢來空翠⑤，哦詩獨好仁。懷人今已矣，誰遣棟梁新？此堂與迎緑亭皆劉建康所名⑥。禮記引「高山仰止，景行行止」之詩而曰：「詩之好仁如此。」

趨真亭

危亭久已傾，秖有頽基在。何事往來人，不知容鬢改？

大小藏巖

藏室岌相望⑦，塵編何莽鹵⑧。欲問伯陽翁⑨，風煙迷處所。

丹竈

仙人推卦節⑩，煉火守金丹。一上煙霄路，千年亦不還。

解題 本篇武夷雜感，隨其所詠，常常流露出作者對道家津津樂道的一面。

校記 〔一〕淳熙本句末有「去聲」二小字。

注釋 ①斡維：此詩襲用屈原天問之意。天問云：「斡維焉繫，天極焉加？」朱熹集注：「斡，説文曰轂端沓，則是車轂之内以金爲筦而受軸者也。維，繫物之縻也。」是斡猶今之軸承，維乃繩索。此句言天柱峰乃東方撐天之一柱。

②立極：支撐天極。天問朱熹集注：「天極，謂南北極，天之樞紐常不動處，譬則車之軸也。蓋凡物之運者，其轂必有所繫，然後軸有所加。」

③笙鶴：劉向列仙傳載王子喬好吹笙，後乘白鶴仙去。後世遂稱仙人乘騎之鶴爲「笙鶴」。杜甫玉臺觀之一：「人傳有笙鶴，時過北山頭。」

④青田：借指鶴。因浙江青田山産鶴著名，故稱。宋文同李生畫鶴：「昂昂青田姿，杳杳在輕素。」

⑤面勢：語出周禮考工記序「或審曲面勢」，引申爲環境或建築物的形勢、方位。南朝梁武帝游鍾山大愛敬寺：「面勢周大地，縈帶極長川。」此句寫迎緑亭。

⑥劉建康：劉珙。珙知建康府卒於任。

⑦藏室：收藏圖書之所。史記老子韓非列傳：「老子者，周守藏室之史也。」

⑧莽鹵：馬虎草率，指收藏不善。唐寒山詩之一百六十一：「男兒大丈夫，作事莫莽鹵。」

⑨伯陽翁：指老子，伯陽爲其字。見史記老子韓非列傳。

⑩卦節：猶卦氣，以易六十四卦與四時、月令、氣候等相配以占驗之法，其説出自漢孟喜、京房等人，見清莊存與卦氣解。相傳文王序易，以坎、離、震、兑爲四時卦，其二十四爻分主二十四節氣。

編年

劉珙卒淳熙五年，據仰高堂詩及注，本篇之作不得早於是年。朱熹淳熙十年建成武夷精舍，本篇末言及，故當作在該年之前。然朱熹淳熙六至八年在南康，九年在浙東，故本篇又只能作於淳熙五年。關於是年秋武夷之游，朱熹文集卷三十四答呂伯恭八已言及。今武夷響石巖也有題記云：「淳熙戊戌八月乙未，劉彥集、岳卿、純叟、廖子晦、朱仲晦來。晦翁。」

評論 天柱峰 朱子可聞詩集卷四：天柱，一在方山上。此天柱即武夷大王峰也。先生圖序言舊注詭妄不經，茲特就天柱發揮，猶山北紀行中所云「東西妄采獲，乾坤有真心」，正以乾坤壓倒大王也。

洞天 朱子可聞詩集卷四：道書稱武夷第十六洞天，昔有神武夷君降此。此詩直破其妄，言神仙杳邈，尋巖棲處，亦只在隱約間，今來古往，自成人世，何必信此不可窮詰之説乎。

丹竈 朱子可聞詩集卷四：言仙人雖有煉丹之説，推卦節以安内鼎，亦不假乎外爐，然且煙霄一上，千載不還，又何論此地之丹竈哉。 時先生講學武夷，故於二氏不經之談概闢之。得其旨者，可與讀三詩。

壬子三月二十七日聞迅雷有感 紹熙三年三月二十七日

誰將神斧破頑陰？地裂山開鬼失林①。我願君王法天造，早施雄斷答群心。

解題 宋光宗即位後，經常稱病不上朝，政事荒廢，小人擅權，又與其父孝宗不合。朱熹深憂之，故有感而發。

注釋 ①失林：由於驚慌奔走而迷失所居山林。庾信擬詠懷詩二十七首之一：「涸鮒常思水，驚飛每失林。」

編年 據題繫年。

評論 黄氏日抄卷三十四：聞雷詩：「誰將神斧破頑陰？地裂山開鬼失林。我願君王法天造，早施雄斷答群心。」讀之令人感動，豈爲龍大淵輩發耶？

朱子可聞詩集卷五：光宗受制於后，不能久居君位，正因雄斷不足，此詩可謂慷慨痛切。先生時已辭湖南運使，退居考亭，身江湖而不忘君也。

朱熹文集編年評注卷七

詩

崇壽客舍夜聞子規得三絶句寫呈平父兄煩爲轉寄彦集兄及兩縣間諸親友[一] 淳熙六年二月

空山初夜子規鳴，静對琴書百慮清。唤得形神兩超越，不知底是斷腸聲。

空山中夜子規啼，病怯餘寒覓故衣。不爲明時堪眷戀，久知岐路不如歸。

空山後夜子規號，斗轉星移月尚高[二]。夢裏不知歸未得[三]，已驅黄犢度寒臯。

解題 淳熙六年，朱熹奉命知南康軍，他幾次上狀辭免，未被允許。在朝廷的嚴令下，他不得不動身上路，同時繼續要求免去這一任命。本篇就是朱熹赴南康途中逗留於鉛山縣崇壽寺等候朝廷答覆時所作。首詩寫深山静夜形神超越、骨毛俱清的灑脱心境，次詩無奈之中，也作好了盛世建功的準備。末詩語意凄切，表現了對故園的深切眷戀。兩縣，指崇安、建陽。

校記　〔一〕此題淳熙本作「梓溪聽子規三首寄諸友」。

〔二〕尚：右引作「上」，考異所引別本同。

〔三〕歸未得：考異云一作「身是客」。

編年　朱熹跋歐陽國瑞母氏錫誥：「淳熙己亥春二月，熹以卧病鉛山崇壽精舍。」是爲本篇作年之明證。

評論　一　朱子可聞詩集卷五：但從客舍發端，是初聞情景。非先生情形本超越，焉能作此語。羅鄴詩云：「滿山明月東風夜，正是愁人不寐時。」自不覺蜀魄聲聲，腸幾斷矣。

二　朱子可聞詩集卷五：此中夜興思，因述其不得已而出山之故，即以禽言不如歸押韻，有新趣。

三　朱子可聞詩集卷五：叙歸夢，是後夜事，又所以寄懷於故鄉親友也。世傳田家候其鳴，則興農事。三詩，三樣縮合子規上。

寄雲谷瑞泉庵主　淳熙六年三月

憶昔誅茅日，山房我自名①。風埃猶俗累，煙雨負巖耕②。多謝空門侶，能同物外情。肯來分半壑，聊爾度平生。少待清秋日，閑尋遠岳盟。不知誰是客③？一笑絶塵纓。

解題　本篇也爲赴南康途中所作，擬至任數月之後即乞歸。瑞泉庵主，當爲守雲谷莊舍之僧人。

注釋　①山房：指雲谷晦庵。

②「風埃」二句：言俗務纏身，不能如願隱棲雲谷。

③「不知」句：於雲谷晦庵朱熹爲主，瑞泉爲客；於常住暫往，則瑞泉爲主，朱熹爲客。

編年 朱熹至南康，乃出於勉强。欲到官做做樣子，數月後即歸。此意屢見於書信，文集卷三十四答吕伯恭十六云：「民貧財匱，不得不少勞心力，更看一二日後如何。若更如此，則住不得，便須告歸。若能少定，則或推遷至夏末也。」詩中「清秋」二句，即此意也。據上下篇編序，此作在途中，三月也。

評論 朱子可聞詩集卷三：起云庵原自我爲主，僧是客，接云後遂以僧爲主，我是客，末云究竟不知誰是主，誰是客。一片悟機，曲曲寫來，輕輕點破。亦韓云：一氣轉落，滅盡排比之迹。少陵最多此體，而東坡兼行之於四六文，此蓋集兩家之長矣。

入南康界閲圖經感陶公李渤劉凝之事戲作 淳熙六年三月

長官定笑歸來晚①，中允應嫌去却回②。惟有山人莫相笑③，也曾還俗做官來。

解題 此篇有自我解嘲之意，言不能如陶、劉諸人之高。圖經，指附有地圖的南康地方志。陶公，陶潛。李渤，唐隱士，居廬山白鹿洞。劉凝之，劉涣，北宋筠州人，宋史有傳。

注釋 ①長官：指陶潛。潛嘗爲彭澤令，是一縣之長。後隱居廬山，有歸去來辭。

②中允：初爲東漢太子官屬，北宋爲官階，正五品下。此指劉涣。朱熹初得南康之命，嘗堅辭之，至將南康前來迎接之兵士遣回，以示决不就任。至此迫於嚴令復至南康，故言去却回。

③山人：指唐李渤。渤初隱居白鹿洞，後出爲江州刺史。

編年 據題繫年。朱熹三月三十日至任，此甫入南康，在前數日可知。

屢游廬阜欲賦一篇而不能就六月中休董役卧龍偶成此詩〔一〕 淳熙六年六月

登車閩嶺徼，息駕康山陽。康山高不極，連峰鬱蒼蒼〔二〕。金輪西嵯峨，五老東昂藏①。想象仙聖集，似聞笙鶴翔。林谷下凄迷，雲關杳相望。千巖雖競秀，二勝終莫量②。仰瞻銀河翻，俯看交龍驤③。長吟謫仙句④，和以玉局章⑤。疇昔勞夢思〔三〕，兹今幸徜徉。尚恨忝符竹⑥，未愜棲雲房。已尋兩峰間，結屋依陽岡〔四〕。上有飛瀑駛，下有清流長。循名協心期，吊古增悲凉⑦。壯齒乏奇節，頹年矧昏荒。誓將塵土蹤，暫寄雲水鄉。封章儻從欲，歸哉濯滄浪⑧。

解題 本篇爲朱熹督視重建卧龍庵之役時作，詩中描繪了庵址所在山水之美，表明了辭官歸隱之願。

校記 〔一〕偶：淳熙本作「以」。

〔二〕連：右引作「遠」。

〔三〕思：右引作「想」。

〔四〕依：右引作「居」。

注釋 ①金輪、五老：皆廬山山南名峰。昂藏：高峻出衆貌。水經注淇水：「水出壺關東沾臺下，石壁崇高，昂藏隱天。」

②二勝：指開先漱玉亭、栖賢三峽橋，蘇軾以爲廬山最奇絶之二景。

③「仰瞻」二句：朱熹卧龍庵記：「此庵之西，蒼崖四立，怒瀑中瀉，大壑淵深，凜然可畏。有黄石數丈，隱映連屬，在激浪中，視者眩轉，若欲蜿蜒飛舞，故名卧龍。」

④謫仙：李白。卧龍庵記：「凡廬山之所以著於天下，蓋有開先之瀑布見於徐凝、李白之詩。」

⑤玉局：指蘇軾。軾嘗提舉成都玉局觀，故人稱「玉局」，軾也自稱「玉局翁」。

⑥符竹：銅虎符與竹使符。漢書文帝紀：「九月，初與郡守爲銅虎符、竹使符。」後以「符竹」指郡守職權。劉禹錫蘇州謝上表：「優詔忽臨，又委之符竹。」

⑦「循名」二句：卧龍庵記：「既又緣名潭之義，畫漢丞相諸葛公之象置之堂中。」

⑧「封章」二句：言若辭免之奏得到批准，則將歸隱山林。封章：密封的奏章。揚雄趙充國頌：「營平守節，屢奏封章。」滄浪：水名。屈原漁父：「滄浪之水清兮，可以濯吾纓。滄浪之水濁兮，可以濯吾足。」朱熹集注：「滄浪之水，即漢水之下流也。」

編年 朱熹文集卷三十四載淳熙七年正月四日與吕祖謙書，言及祖謙已下筆作卧龍庵記及張栻已寄來詠庵詩，知庵成於淳熙六年。

評論 朱子可聞詩集卷二：「『二勝終莫量』，東坡所謂廬山二勝，開先漱玉亭、栖賢三峽橋是也。『仰瞻』四句，即承二勝言。先生漱玉詩『平生兩仙句，詠嘆深仰止』，三峽詩『老仙有妙句，千古擅奇崛』，即長吟意，所謂『疇昔勞夢思』也。然先生之意，尚不在二勝，而在卧龍，故題云『在卧龍偶成此詩』。詩云：『已於兩峰間，結屋依陽岡。』是東坡於千巖標出二勝，先生復即二勝歸到卧龍，此廬阜一詩，爲卧龍賦也。」

讀李賓老玉澗詩偶成 淳熙六年六七月間

獨抱瑶琴過玉溪，琅然清夜月明時。秖今已是無心久，却怕山前荷蕢知①。

解題 李賓老，名呂，邵武軍光澤人。年四十棄科舉，潛心經史。朱熹守南康，呂始訪之。其游廬山玉澗有詩，朱熹讀而成此篇，示盼歸之意。見永樂大典卷九百九李呂跋晦翁和玉澗詩。

注釋 ①荷蕢：論語憲問載孔子擊磬於衛，「有荷蕢而過孔氏之門者」，譏之而去。朱熹集注：「荷，擔也。蕢，草器也。此荷蕢者，亦隱士也。……譏孔子人不知己而不止，不能適淺深之宜。」此用其事，言人將譏己不量世勢，貪祿戀官。

編年 朱熹特奏名李公墓誌銘云：「淳熙六年，呂始見予廬阜之陽。」據以繫之。據上下篇編序，則此篇當作在六七月間。

評論 朱子可聞詩集卷五：抱琴過溪，想即李詩中之意。首句妙於補題，以後但就琴聲生發，而不復及詩也。可庵云：通篇贊此老善琴，句意皆點化東坡醉翁操。嘗記其前半闋云：「琅然清圓，誰彈響空山。無言，惟翁醉中和其天。月明風露娟娟，人未眠，荷蕢過山前。曰有心也哉此賢！」

立秋日同子澄寺簿及僉判教授二同寮星子令尹約周君段君同游三峽過山房登折桂分韻賦詩得萬字輒成十韻呈諸同游 淳熙六年七月

抗塵幾何時①？猿鶴共悲怨。豈知朱墨暇，乃適山水願。兹晨秋令初〔一〕，休沐謹邦憲②。佳賓忽四來，英僚亦三勸。駕言北郭門，謝此旗隼建③。散目山崔嵬，縱轡路修蔓。凭欄快倒峽，躋壑困脱輓④。追攀林樾深，歡喜脚力健。登高眺遠浦，衆景争自獻。何必仍丹丘⑤？徑欲凌九萬⑥。

解題 本篇記秋游廬山的歡快心情。子澄，劉清之，淳熙初嘗爲太常主簿，時居閑，自臨江來訪。僉判，楊王休，字子美，南康軍判官。教授，楊大法，字元範，南康軍學教授。星子，南康屬縣。令尹，王仲傑，字之才。周君，周師温，濂溪人。段君，段鈞，字仲衡，邯鄲人。三峽、李氏山房、折桂院，皆廬山名勝，在城東北二十里許。

校記 〔一〕晨：淳熙本作「辰」。

注釋 ①抗塵：謂奔走塵俗之中。語本孔稚珪北山移文：「焚芰製而裂荷衣，抗塵容而走俗狀。」

②休沐：休息洗沐，猶休假。漢書霍光傳：「光時休沐出，桀輒入，代光決事。」邦憲：國法，國家規定。詩經小雅六月：「文武吉甫，萬邦爲憲。」毛傳：「憲，法也。」

③旗隼：即隼旗，又稱「隼旟」、「隼旟」，畫有隼鳥的旗幟，古代爲州郡長官所建。周禮春官司常：「鳥隼爲旟，龜蛇爲旐。……州里建旟，縣鄙建旐。」此句言是日不辦公務，不建旗號。

④脱輓：解除車挽，下車步行。揚雄解嘲：「婁敬委輅脱輓，掉三寸之舌，建不拔之策。」

⑤丹丘：傳説中神仙所居之地。楚辭遠游：「仍羽人於丹丘兮，留不死之舊鄉。」王逸注：「丹丘晝夜常明也。」

⑥九萬：猶九霄。莊子逍遥游：「鵬之徙於南溟也，水擊三千里，摶扶摇而上者九萬里。」

編年 劉清之在朱熹任内嘗兩至南康，一在淳熙六年秋，一在八年春，見於朱熹書信題記甚明。文集卷五十二載朱熹淳熙七年二月與吴必大書云：「子澄去秋相見甚款，近復招之，尚未有來信。」廬山金石彙考卷下載朱熹卧龍潭題記末云：「其徒臨江劉清之，己亥七月。」皆爲清之六年秋在南康之明證。

評論 朱子可聞詩集卷二：以先生之性愛山水，而匡廬秀甲天下，宜其一游覽而願適。第三句「適」字，通篇骨子。一結申言於此已適，不必更求仙人之居矣。太守出行，旗飛隼集。謝康樂守永嘉，乃騎紫馬游山，至今傳爲僅事。先生不獨謝旗隼而縱轡，抑且困脱輓而追攀，「歡喜脚力健」五字，濟勝有具，直將題中「游」字、「過」字、「登」字説得字字踴躍。太守風流，千載無兩。

和子澄白鹿之句 淳熙八年春

經句不到鹿場陰，夢想飛馳不自禁。幸有高軒同勝賞，何妨折屐共幽尋①。徘徊未厭詩書樂，感慨難忘忠孝心。更對豐鐫哦伐木②，風泉雲壑助清吟。

解題 本篇寓忠孝之心於詩書之樂，是朱熹生活的寫照。白鹿洞爲唐李渤讀書處，後建書院，北宋稱全國四大書院之一。朱熹訪得書院故址修復之，是他在南康任上重要政績之一。

注釋 ①折屐：晉書謝安傳載，安聞謝玄敗苻堅，抑制不住内心的狂喜，入門時倉促間鞋上之齒折斷於門檻之上。後以「折屐」形容極度喜悦。

②豐鐫：高大的碑刻。宋劉子翬雲巖竹源二禪俱與招客三月二十一日遂飯於竹源庵：「豐鐫辨活筆，始畫窮真數。」此指劉清之爲朱熹所書濂溪祠記碑刻。

編年 白鹿洞書院成於淳熙七年春，本篇當作在其後。而遍考朱熹文集及其他文獻，未見劉清之七年至南康之記載，故本篇必作在八年春朱熹即將離任之前。本卷山北紀行詩即是明證。

暇日侍法曹叔父陪諸名勝爲落星之游分韻得往字率爾賦呈聊發一笑淳熙七年七月

長江西委輸①，匯澤東滉瀁②。中川屹孤嶼，佛屋寄幽賞。我來此何日？秋氣欲蕭爽。共載得高儔，良辰豈孤往〔一〕。酒酣清嘯發，浪涌初月上。疊鼓唤歸艎③，陳迹真俯仰。

解題 法曹，古代司法官署，也指掌司法的官吏。叔父，朱熹婺源親戚，字公允，排行四十，未仕。落星寺，在城南湖中孤島上。朱熹有題落星寺、題落星寺張于湖題字後二題記。

校記 〔一〕辰：原作「晨」，據宋閩、浙本改。

注釋 ①委輸：流注。晋木華海賦：「於廓靈海，長爲委輸。」

②匯澤：匯積而成的水澤，指彭蠡，即鄱陽湖，朱熹有九江彭蠡辨。

③疊鼓：疾速擊鼓。文選謝朓鼓吹曲：「凝笳翼高蓋，疊鼓送華輈。」李善注：「小擊鼓謂之疊。」艎：一種木製大船。謝朓拜中軍記室辭隋王箋：「唯待青江可望，候歸艎於春渚。」

編年 據本卷與四十叔父詩及别集所載庚子七月朱熹陪叔父游落星寺題記，知其叔父淳熙七年在南康，八年春還家。詩云「秋氣欲蕭爽」，是作在七月，與題記合。

評論 朱子可聞詩集卷二：按寰中記，孤嶼在温州南四里永嘉江中。故康樂作守時登此，而有「孤嶼媚中川」之句。今先生守南康，借此二字以賦落星，其有希蹤謝客之意歟？然從長江、匯澤夾翻來，以「屹」字易「媚」字，視彼所云尋異景不延者，勢局便自闊大不同。「浪涌初月上」，天然之景，却與「酒酣嘯發」拍合成趣。息廬先生云：朱詩警語，每從無意中流出。

九日奉陪高州史君莆陽别駕會稽丞公善化明府仲衡詩伯并屈子美元範二兄及郡中諸文武同登紫霄絶頂南望江湖北眺淮甸少快心目既歸又得仲衡佳篇句法清麗情致悽惋三復不勝起予之嘆謹次韻呈請皆賦之以紀一時之盛甚惠甚望淳熙六年九月

此日登高處，千巖錦樹稠。無人嘲落帽①，有客賦悲秋。忽忽塵中老，悤悤物外游。江湖空極目，不盡古今愁。

解題 高州史君，即知高州，姓蘇；莆陽别駕，即興化軍通判，姓詹，别駕爲通判别稱；會稽丞公，即會稽縣丞，姓方；善化明府，即知善化縣，姓陳；仲衡詩伯，段鈞。皆見朱熹題星子縣尉廨射亭、題棲賢磨崖。子美，楊王休；元範，楊大法。紫霄，廬山名峰。江湖，指鄱陽湖。淮甸，淮河流域。

注釋 ①落帽：晋書孟嘉傳載，桓温重九日燕龍山，嘉爲參軍，風吹帽落，温乃令孫盛作文嘲之以樂。後以「落帽」爲重九登高之典。

編年 據朱熹别集題星子縣尉廨射亭、題棲賢磨崖，題中諸人同游皆在淳熙六年，故本篇也當同年所作。

評論 朱子可聞詩集卷三：題目煩瑣極矣。只中二句，輕輕將龍山故事一翻，言此日主人不比桓温嘲客，客亦不煩作解嘲，而自賦詩也。括盡同登如許人并仲衡賦詩諸意。

下元節假行視陂塘因與賓友挈兒甥出郭登山歸賦二詩示子直春卿及折桂雲公并寫呈郡中諸寮友〔一〕 淳熙六年十月

廬阜東北際，岧嶢五峰尊。中巖穹林繞，青天白雲屯。郡閣有佳眺，徙倚空朝昏。今晨幸休暇，發軔北郭門。牽蘿出林端，躡屐躋雲根。高尋却清宦①，小憩欣潺湲。古殿宿寒靄，新甍麗朝暾。扶藜陟東岡，夙昔規曾軒。却倚千尋峭，前窺百泉奔。長風卷浮埃，江湖渺相吞。結架雖未諧，雄環已難論。同來俱勝流，晤語仍王孫②。已踐支許諾，不慚夙尚魂③。賦詩紀茲日，歲晚期相敦。

解題 下元節，農曆十月十五日。子直，楊方；春卿，王朝。皆朱熹門人，時在南康。折桂雲公，折桂院道人。本篇爲朱熹初游五老峰時作。

校記 〔一〕公：原作「谷」，據宋閩本改。

注釋 ①清宦：顯貴的官職。魏書拓跋子思傳：「望班士流，早參清宦。」此言不與顯官要人爲伍。

②王孫：猴的別名。漢王延壽王孫賦：「有王孫之狡獸，形陋觀而醜儀。」

③「已踐」二句：言已與高僧會晤結誼，往時向往之心不再有遺憾。支許：晉高僧支遁與高士許詢。二人友善，皆善談佛經與玄理，見世説新語文學。後以「支許」喻文士與僧人的交往。

編年 朱熹行田在淳熙六年冬，見所作白鹿洞賦、卧龍庵記、西原庵記、白鹿洞牒。

臥龍之游得秋字賦詩紀事呈同游諸名勝聊發一笑 淳熙六年六七月間

躡石度急澗，窮源得靈湫①。谽谺兩對立②，噴薄中怒投。何年避人世，結屋棲巖陬？嘉名信有託，故迹誰能求。我來一經行，凄其仰前修③。鄰翁識此意，伐木南山幽。爲我立精舍，開軒俯清流。多岐諒匪安，一壑真良謀④。解組云未遂⑤，驅車且來游。嘉賓頗蟬聯，野蔌更獻酬。飲罷不知晚，欲去還淹留。躋攀已別峰，窺臨忽滄洲⑥。下集西澗底，沉吟樹相樛。玉淵茗飲餘，三峽空尊愁。懷賢既伊鬱⑦，感事增綢繆。前旌向城郭，回首千峰秋。

注釋

①靈湫：深潭。古時以爲中多靈物，故名。唐王度古鏡記：「此靈湫耳，村間每八節祭之，以祈福祐。」

②谽谺：山石險峻貌。唐獨孤及招北客文：「其北則有劍山巉巉，天鑿之門，二壁谽谺，高岸嶙峋。」

③凄其：凄凉悲傷。謝靈運初發石首城：「欽聖若旦暮，懷賢亦凄其。」

④「多岐」二句：言終不安於仕宦，退隱方是歸宿。多岐：用列子說符「多岐亡羊」之典，喻迷失方向，誤入岐途。

⑤解組：解下印綬，指辭官。梁書謝朏傳：「雖解組昌運，實避昏時。」

⑥滄洲：水濱。阮籍爲鄭冲勸晋王牋：「然後臨滄洲而謝支伯，登箕山以揖許由。」

⑦伊鬱：抑鬱。文選何晏景福殿賦：「感乎溽暑之伊鬱。」吕向注：「溽暑伊鬱，氣不通也。」……

伊鬱，不通而憂乎。」

編年 據臥龍庵記及本卷六月中休董役臥龍詩，庵成在淳熙六年。本篇即庵成往游時所作。

評論 朱子可聞詩集卷二：古人必先製題而成詩，不是懸詩以待題。題曰紀事，便有昔人前日之事，意中後日之事，此游今日之事。但據事寫題，自有真情真景，觸緒而生，不求切而自切，不求新而自新矣。先生游覽諸詩，無一首雷同者，得此訣也。同一廬山中景也，在坡公則曰：「擘開青玉案，飛出兩白龍。」在先生則曰：「谽谺兩對立，噴薄中怒投。」一寫水，一寫山，俱極形其靈變。故曰：「不識廬山真面目，只緣身在此山中。」鳳逸云：一結從既去回顧，有不盡之致，收束越緊，倒押「秋」字亦妙。

臥龍之游錢通守得江字不及賦詩已解維矣熹用其韻紀事以贈并附卷末

淳熙六年四月

君行安所適？衝風泝濤江。傳聞閬州好①，未見心已降。邀君康山游，聽此巨壑淙。班坐酌溪石，幽尋憩雲窗。勸君盡此杯，錦帆已稠杠②。明年儻來東，鳴鐃建高幢③。訪我深澗底，晤言絶紛哤④。城南且細説，慰我心悾悾⑤。

解題 錢通守，赴官閬州通判者。朱熹題棲賢磨崖一文中見其人。解維，解開纜繩，指開船。

注釋 ①閬州：利州東路屬州，其治在今四川閬中東北。

②稠杠：同「綢杠」，此指裹束桅杆。爾雅釋天「素錦綢杠」郭璞注：「以白地錦韜旗之竿。」錦

帆綢杠，示船之華麗。此句言已揚帆待發。

③鐃：一種打擊樂器，顯貴者行進時常用。王安石送程公闢守洪州：「畫船插幟摇秋光，鳴鐃傳鼓水洋洋。」幢：一種旌旗，常用於儀仗中。韓非子大體：「萬民不失命於寇戎，雄駿不創壽於旗幢。」

④嚨：同「哤」，言語雜亂。國語齊語一：「四民者，勿使雜處，雜處則其言哤。」韋昭注：「哤，亂貌。」

⑤悾悾：誠懇貌。論語泰伯：「悾悾而不信，吾不知之矣。」邢昺疏：「悾悾，慤也。謹慤之人宜信，而乃不信。」

分韻得眠意二字賦醉石簡寂各一篇呈同游諸兄〔一〕 淳熙六年秋

編年 錢通守即題棲賢磨崖中之「閬中錢别駕」，題記作在己亥四月上休日，知此游在淳熙六年初夏。

驅車何所適？往至秋雲邊。企彼澗中石，舉觴酹飛泉。懷哉千載人，矯首辭世喧。凄凉義熙後①，日醉向此眠。仰視但青冥〔二〕，俯聽驚潺湲。起坐三太息，涕泗如奔川。神馳北闕陰，思屬東海堧②。丹衷竟莫展，素節空復全。低徊萬古情，惻愴顔公篇③。爲君結茅屋，歲暮當來還〔三〕。醉石。

天秋山氣深，日落林景翠。亦知後騎迫④，且復一流憩。環瞻峰列屏，迥矚泉下濞〔四〕。永懷仙陸子，久挹浮丘袂⑤。于今知幾載？故宇日荒廢。空餘醮壇石⑥，香火誰復繼〔五〕？更憐韋刺史⑦，五字有真意。虎竹付歸人⑧，悲風起橫吹。沉吟向絶迹，浩蕩發幽奇。來者知爲誰？念我儻三喟。簡寂。

解題　醉石，相傳爲陶潛醉卧處。朱熹作亭石邊，榜曰「歸去來館」。簡寂觀，南朝宋道士陸修静所居，在城西二十餘里。

校記

〔一〕此題淳熙本作「陶淵明醉石下分韵得眠意二字」。

〔二〕視：右引作「頭」。

〔三〕暮：右引作「晚」。

〔四〕迴：考異云一作「俯」。

〔五〕誰復：淳熙本作「復誰」，考異所引别本同。

注釋

①義熙：晋安帝年號。

②堧：邊緣之地。史記河渠書「五千頃故盡河堧棄地」，裴駰集解引韋昭曰：「謂緣河邊地也。」

③顔公：指唐顔真卿，其醉石詩朱熹有跋。

④後騎：後面行進的騎馬者。唐鄭嵎津陽門诗：「鳴鞭後騎何躞蹀，宫妝襟袖皆仙姿。」

⑤浮丘：傳説中的仙人，接引王子喬上嵩高山者。郭璞游仙詩之三：「左挹浮丘袖，右拍洪崖肩。」此言陸修静早已仙去。

⑥醮壇：道士祭神的壇場。陸龜蒙和南陽潤卿將歸雷平：「真仙若降如相問，曾步星罡繞醮壇。」

⑦韋刺史：唐詩人韋應物。應物嘗爲江州刺史，有惠政。性行高潔，其詩閑澹簡遠似陶潛，人稱

陶韋。

⑧虎竹：銅虎符與竹使符的并稱。虎符用以發兵，使符用以徵調等。鮑照擬古詩之一：「留我一白羽，將以分虎竹。」

編年 朱熹答李濱老云：「陶公有醉石，在郡西北數十里所謂栗里者也。劉公之墓在西門外荒草中，幾無復知其處者。今皆作亭以表之。」詩中「爲君結茅屋」，即指作亭。朱子語類卷一百三十八也有詳載。據朱熹壯節亭記、題星子縣尉廨射亭，其爲劉渙作亭在淳熙六年，爲醉石作亭與之同時，故知本篇爲己亥所作。

評論 一 朱子可聞詩集卷二：就一醉石論世知人，看出陶公一片丹衷素節，非其本懷，直千載一知己。何鍾嶸無識，品陶詩，第曰隱逸之宗哉。不但言今之游，直遥想到淵明當日向此仰視俯聽，忽而嘆息涕泗，更復馳神屬思，真入微矣。

二 朱子可聞詩集卷二：一起便慨山林雖佳而歲月易逝，我今日不過暫來乎此。曰「後騎迫」，猶漢詩云「千里馬兮駐待路」，嘆不能久留也。然我亦安可不於此少憩，而瞻矚林泉之勝乎。下分兩段，六句陸仙，六句韋刺史，言當日雖經兩公居游於此地，而今皆已不在，徒令我望故宇而興嗟，因悲風而寄想。末二句雙承，自兩公而視我，則我又爲來者，不識九原可作，亦念我今日而喟然乎？就勢抱轉作束。

尋白鹿洞故址愛其幽邃議復興建感嘆有作淳熙六年十月

清泠寒澗水，窈窕青山阿。昔賢有幽尚，眷言此婆娑。事往今幾時？高軒絕來過。學館空廢址，鳴弦息遺歌。我來勸相餘①，杖策搴緑蘿。謀野欣有獲②，披圖知匪訛。永懷當年盛，莘莘衿佩多③。博約感明恩④，涵濡熙泰和⑤。凄凉忽荒榛，俯仰驚頽波。發教逮綱紀，喟然心靡它⑥。伐木循陰岡，結屋依陽坡。一朝謝塵濁，歸哉碩人薖⑦。時已疏上尚書，乞洞主矣。

解題 本篇爲朱熹初得白鹿洞故址時作。其有白鹿洞賦，言其始末甚詳。

注釋 ①勸相：勸勉，勸助。易井卦：「君子勞民勸相。」朱熹此行爲行視農田水利情况。

②謀野：謀求於野外。左傳襄公三十一年：「裨諶能謀，謀於野則獲，謀於邑則否。」

③莘莘：衆多貌。國語晋語四引周詩云：「莘莘征夫，每懷靡及。」衿佩：指青年學子。語出詩經鄭風子衿：「青青子衿，悠悠我心……青青子佩，悠悠我思。」毛傳：「佩，佩玉也。士佩瓀珉而青組綬。」

④博約：即博文約禮，廣求學問，恪守禮法。語本論語雍也：「君子博學於文，約之以禮，亦可以弗畔矣夫！」

⑤涵濡：滋潤，沉浸。元結大唐中興頌：「蠲除祅災，瑞慶大來，凶徒逆儔，涵濡天休。」熙：和樂，愉悦。文選潘岳關中詩：「惴惴寡弱，如熙春陽。」李善注：「如悦春陽。」泰和：太平和樂。揚雄法言孝至：「或問泰和，曰，其在唐虞成周乎？」

⑥靡它：無他，謂無二心。詩經鄘風柏舟：「之死矢靡它。」

⑦薖：寬大貌。詩經衛風考槃：「考槃在阿，碩人之薖。」毛傳：「薖，寬大貌。」此句言從容歸隱。

編年 朱熹訪白鹿洞故址在淳熙六年冬十月，見白鹿洞賦、白鹿洞成告先聖文。

評論 朱子可聞詩集卷二：以「寒澗」、「清泠」説幽，以「青山」、「窈窕」説邃，一起便將二字説得可既惜事往，又欣我來，遠懷當年盛，復驚今淒涼，至末喟然一轉，收到自己歸隱上，感嘆之至矣。愛。以後尋故址，議興復，一氣轉旋，抑揚盡致。

游白鹿洞熹得謝字賦呈元範伯起之才三兄并示諸同游者 淳熙七年正月

歲月有環周，窮臘忽受謝。眷眷山水心，幸此朱墨暇。招呼得良友，邂逅成夙駕。深尋故轍迹，喜見新結架。永懷拾遺公，藏器此待價①。横流詩書澤，下及楊李霸。炎神撫興運，製作流大化。石室萬卷藏，綸言九天下②。規模未云遠，荒茀良可詫。自非賢邑宰，誰復此精舍？會當求敕賜，畢願老耕稼③。更與盡心期，臨流抗風榭。

解題 本篇回顧白鹿洞書院數百年之興廢，并述興復之意。伯起，姓楊，朱熹門人。之才，王之才，星子知縣。白鹿洞興復，其人實主其事。

注釋 ①「永懷」二句：指唐李渤讀書事，渤後官至拾遺。藏器：猶懷才。語本易繫辭下：「君子藏器於身，待時而動。」待價：喻懷才待用。語本論語子罕：「『有美玉於斯，韞匵而藏諸？求善賈而沽諸？』子曰：『沽之哉，沽之哉！我待賈者也。』」

②「炎神」四句：言宋朝勃興，歷朝皇帝賜書、題額以表書院事，見白鹿洞賦。綸言：禮記緇衣：「王言如絲，其出如綸；王言如綸，其出如綍。」鄭玄注：「言言出彌大也。」後以「綸言」指帝王之言。

③「會當」二句：指作者上疏求孝宗親書白鹿洞書院匾額及任命自己爲洞主事。

編年 本篇初春作於白鹿洞書院修建之中，淳熙七年無疑。

評論 黄氏日抄卷三十四：「游白鹿洞詩云：『下及楊李霸。』謂南唐興書院事。」

元範尊兄示及十梅詩風格清新意寄深遠吟玩累日欲和不能昨夕自白鹿玉澗歸偶得數語 淳熙七年正月

江梅

大雪天地閉，窮陰渺寒濱。誰知江南信①，已作明年春。

嶺梅

梅花破萼時，瘴雨吹成雪。驛使忽相逢，無言似愁絶〔一〕。

野梅

野風吹孤芳〔二〕，迥立正愁絶〔三〕。皂蓋莫徘徊②，堪看不堪折。

早梅

霜風殊未高，杖策荒園裏。仙子别經年，相看共驚喜。

寒梅

白玉堂前樹③，風清月影殘。無情三弄笛，遥夜不勝寒。

小梅

且喜梅花開，莫嗟梅花小〔四〕。花小風味深，此意君已了。

疏梅

玉笛未黄昏，冰灘已清淺。疏影不勝妍〔五〕，愁心爲誰遠？

枯梅

樛枝卧龍蛇，冷蕊綴冰雪。千里故人心，今年爲誰折？予家居時，劉平甫每折此枝爲贈〔六〕。

落梅

花開已凄涼，花落更愁寂。來歲煙雨時，爲君和鼎實④。

賦梅

君欲賦梅花，梅花若爲賦？繞樹百千回，句在無言處。

校記

〔一〕似：淳熙本作「但」，考異所引別本同。

〔二〕吹：考異云一作「破」。

〔三〕愁：右引云一作「幽」。

〔四〕嗟：右引云一作「嘆」。

〔五〕勝：右引云一作「成」。

〔六〕每：原缺，據宋閩、浙本補。

注釋

①江南信：江南的音訊、消息，指春意。黄庭堅虞美人宜州見梅作：「天涯也得江南信，梅破知春近。」

②皂蓋：古代官員所用的黑色篷傘。後漢書輿服志上：「中二千石、二千石皆皂蓋，朱兩轓。」

③白玉堂：神仙所居，喻指富貴人家堂室。王安石送吴顯道之五：「白玉堂前一樹梅，爲誰零落爲誰開？」

④鼎實：鼎中所盛食物。語出易鼎卦：「九二，鼎有實。」梅樹果實味酸，可作調味品。尚書説命下：「若作和羹，爾惟鹽梅。」僞孔傳：「鹽，鹹。梅，醋。羹須鹹醋以和之。」

編年

詩云歸自白鹿，當承上篇後作。楊元範淳熙七年夏已離任赴京，故本篇必作於此前。參見下元範别後詩所考。

評論

江梅　朱子可聞詩集卷五：當大雪穹陰，而江梅已露春信，隱然有「乾遇巽時觀月窟，地逢雷處見天根」之義，即先生所謂「數點梅花天地心」也。

嶺梅　朱子可聞詩集卷五：只逗一「瘴」字，暗用大庾事，便切嶺梅。方破萼而即吹成雪，是嶺高多風雨故也，又妙於洗發。

野梅　朱子可聞詩集卷五：一起便破「野」字。第四句「不堪折」，真寫得「野」字出。

早梅　朱子可聞詩集卷五：首五字便從「早」字落筆。「相看驚喜」，更得「早」字神理也。

寒梅　朱子可聞詩集卷五：前首一起便切早，此首至末逼到寒。風月笛聲，無非摹遥夜寒景。

小梅　朱子可聞詩集卷五：五言絶有言止而意不盡者，有意盡而言止者。此篇借花醒世，突然起，斬然住，樂府遺音，爲諸作中變調。

疏梅　朱子可聞詩集卷五：「未」字、「已」字，妙將和靖「黄昏」、「清淺」二語開合頓挫，剔出疏梅來。而「不勝妍」三字，復仍於題外收轉。

枯梅　朱子可聞詩集卷五：起二句，活畫出徐熙大折枝矣。奇險未經人道。先生自注：「予家居時，劉平甫折此枝爲贈。」千里相思，隱然言外。

落梅　朱子可聞詩集卷五：「花落共愁寂」，俗見也；「花開已凄凉」，達觀也。直推到結果時要有用，方是有識者心胸。

賦梅　朱子可聞詩集卷五：「句在無言處」，正是總結其十章造句之深心，即題中所謂「得數語」也。勿以無言作機鋒看。如淮云：「句」即言也，其得句之神理，却從無言處來。

觀梅小集以齋禁不得奉陪因寄小詩 淳熙七年正月

梅花年後欲離披①，恰是先生變食時②。送與西樓一尊酒，諸君莫負可憐枝。

解題 齋禁，祭祀前的齋戒，如沐浴更衣，閉門净心等，以示虔誠。

注釋 ①離披：盛多貌。西京雜記卷六引漢劉勝文木賦：「麗木離披，生彼高崖。拂天河而布葉，横日路而擢枝。」

②變食：改變平時的飲食内容。論語鄉黨：「齊必變食，居必遷坐。」邢昺疏：「謂將欲接事鬼神，宜自潔净，故改其常饌也。」

編年 此詩與上篇先後之作甚明。

元範别後寄惠佳篇清叟次韻見示格律俱高詠嘆不置因亦用韻寫呈二兄聊發一笑 淳熙七年六月

故人别我去，一月曠音驛。今朝得新詩，開卷意已適。知君到里門，征騎聊一息。行復敞天閶①，從容正朝幘②。自今九霄路，不復兩塵隔。容與日華東③，翱翔禁扉北。回頭五峰下，寂漠笑孤客。不賦歸去來，心形謾相役④。右呈元範。

五十行過二，雙鬢颯秋草。平生素心人，誰與共兹抱？今年廬山下，得子恨不早。歲月幸同庚，詩書復同道。惟應山南北，雲母夜堪擣⑤。獨生有先期，迴崖詎難到⑥？丹經不我誑，白髮須一掃⑦。看公鬚眉蒼，杖鉞督征討。右呈清叟。

解題 清叟，張揚卿字。揚卿永嘉人，登進士第，歷仕州縣。時爲南康軍學教授，替楊大法闕。

注釋 ①天閶：帝王宫殿之門。唐蔣防藩臣戀魏闕：「恩波懷魏闕，獻納望天閶。」

②朝幘：上朝所用的禮帽。陸游春日：「久抛朝幘嬾重彈，華髮蕭然二寸冠。」

③日華：唐代宫門名。杜甫奉答岑參補闕見贈：「窈窕清禁闥，罷朝歸不同。君隨丞相後，我徑日華東。」仇兆鰲注：「唐六典：宣政殿前有兩廡，兩廡各有門，其東曰日華。日華之東則門下省也。」

④心形：身心。相役：言爲俗務所役使。

⑤雲母：礦石名，玻璃光澤，半透明。也喻指白色美石。五代齊己再游匡山：「徑危雲母滑，崖旱瀑流乾。」夜堪擣：堪作夜晚捶洗衣服之石。古時人家常於夜晚於石上捶洗衣服，李白子夜吴歌之三：「長安一片月，萬户擣衣聲。」以上二句猶言廬山之中可以安居樂業。

⑥迴崖：曲折的山崖。唐李紳山出雲：「迴崖時掩鶴，曲澗或隨人。」

⑦「丹經」二句：言隱居山中之後，養生延年，若道家丹書之言不假，將白髮轉青。

編年　詩云「五十行過二」，朱熹生秋九月，此言將滿五十一、入五十二，即淳熙七年。文集卷三十四答吕伯恭三十三云：「元範人回，承手字。」此書作於庚子夏六月六日，可確知楊大法該年離任。

次卜掌書落成白鹿佳句淳熙七年三月

重營舊館喜初成，要共群賢聽鹿鳴①。三爵何妨奠蘋藻②，一編詎敢議明誠③？深源定自閑中得，妙用元從樂處生。莫問無窮庵外事，此心聊與此山盟。

解題　本篇頌白鹿洞書院落成，以專心致志讀書涵養自勉勉人。卜掌書，南康處士，朱熹聘以掌學事者。見朱熹題星子縣尉廨射亭。

注釋 ①聽鹿鳴：謂讀書講學於昔日白鹿出没之地。

②爵：古代酒器。詩經大雅行葦：「或獻或酢，洗爵奠斝。」蘋藻：皆水草名。古人常採作祭祀之用，後泛指祭品。詩經召南采蘋：「于以采蘋，南澗之濱。于以采藻，于彼行潦。」

③明誠：指大學中的「明明德」與「誠其意」。明主外，格物致知、讀書講學之事。誠主内，誠意正心、涵養體驗之事。白鹿洞賦：「曰明誠其兩進，抑敬義其偕立。」

編年 白鹿洞書院落成在淳熙七年三月，據以繫之。

白鹿講會次卜丈韻 淳熙七年三月

宫墻蕪没幾經年，秖有寒煙鏁澗泉①。結屋幸容追舊觀，題名未許續遺編。請爲洞主不報。青雲白石聊同趣，謂西澗劉公②。霽月光風更别傳。謂濂溪夫子③。珍重個中無限樂，諸郎莫苦羨騰騫④。

解題 本篇鼓勵衆人以劉涣、周敦頤爲法，安處山林，修身養性，勿貪功名。

注釋 ①鏁：同「鎖」。

②西澗劉公：劉涣。

③濂溪夫子：周敦頤。霽月光風：晴夜皓月，晴日和風，乃黄庭堅贊周敦頤語。

④騫：通「鶱」，飛起。文選沈約齊故安陸王碑文「乃鴻騫舊昊」，吕向注：「騫，飛也。」

編年 此承上篇而作。小注言洞主不報事，朱熹請爲洞主在淳熙七年春。見文集卷二十六與丞相别紙、與丞相劄子。

評論 朱子可聞詩集卷四：西澗、濂溪皆白鹿書院近地，昔有周夫子、劉公在焉，一則正學可師，一則高風可仰，個中有無限真樂，學者宜珍重自修，莫徒羨功名以自苦也。妙在寫理處仍是寫景寫情。

再用前韻示諸同游 淳熙七年三月

幽卧寒巖不記年，飽看山月聽風泉。舒憂正得琴三疊，玩意惟憑易一編。誤落塵中乖夙尚，却思洞裏付真傳。封章倘幸天從欲，便解銅符謝縶鸞①。

解題 本篇表達了不樂爲官，願與諸人講學白鹿洞中之意。

注釋 ①縶：拴縛。楚辭九歌國殤：「霾兩輪兮縶四馬，援玉枹兮擊鳴鼓。」

編年 此承上篇而作。

次韻四十叔父白鹿之作 淳熙七年七月

誅茅結屋想前賢，千載遺蹤尚宛然。故作軒窗挹蒼翠，要將弦誦答潺湲。諸郎有志須精學，老子無能但欲眠。多少個中名教樂，莫談空諦莫求仙①。

解題 本篇仍以致身聖賢之學爲宗，而戒以警惕佛老之邪説。

注釋 ①空諦：佛教語，天台宗所立三諦之一，此代指佛學。求仙：代指道家學説。

編年 朱熹叔父淳熙七年在南康，已見本卷前考。觀詩意，此詩亦當與上二篇作在同時。

送四十叔父 淳熙八年春

吾家從昔號清門，叔父于今道更尊。客路艱難空自惜，遺經終始向誰論？獨尋雲嶠逢孤侄〔一〕①，共愛春江接故園②。細説刈葵休放手③，此來真不爲盤餐。

解題 本篇勸叔父還鄉安守貧約，實暗含諫諷之意。

校記 〔一〕尋、逢：考異云一作「游」、「尋」。

注釋 ①雲嶠：高聳入雲之山。杜甫憶鄭南：「風杉曾曙倚，雲嶠憶春臨。」

②「共愛」句：樂安江由朱熹祖籍婺源西入鄱陽湖而與南康相接。

③葵：古代重要蔬菜之一。杜甫示從孫濟：「刈葵莫放手，放手傷葵根。」

編年 此篇送別，作在春天，淳熙八年之作無疑。

伏蒙秘閣張丈寵顧下邑并以長篇爲貺降嘆之餘牽勉繼韻仰求斤削僭率皇恐 淳熙七年春

向來滅迹東山東，閉門不問烏雌雄①。門前有路向塵土，兩足未舉心先慵②。當時亦有車馬客，此意欲説嗟誰同？窮居聊復追仲蔚③，篤論何必須劉龔④？平生故人子張子，相思安得長相從。每勞書疏問生死，坐想星宿羅心胸⑤。幾年持節漢水上，木牛流馬旌旗紅⑥。君王輟饋思頗牧〔一〕⑦，外庸且訖來朝宗⑧。因能過我紫霄下，後乘載得珠簾櫳⑨。蒼顔白髮應笑我，曷不飽卧陶窗風？開樽鵝池水清激⑩，下馬醮石煙空濛⑪。須臾路轉山更好，摩天巨刃排雙峰⑫。少看銀河忽倒掛，直欲跳下清泠中。南臨匯澤共指點，縹緲貝闕浮珠宫⑬。公言平日愛登覽，到此一洗群山空。坐間爲我出奇句，不用遠寄南飛鴻。上言雲泉足奇賞，下嘆契闊歡相逢。紛吾失脚墮世網，乃有此會寧天窮。流光過眼驚昨夢，舊約回首羞塵容。明朝却上煙艇去，滅没萬頃追鳧翁⑭。

解題　秘閣張丈，即張棟，字彦輔，已見卷二。棟淳熙初出任京西南路轉運判官，兼本路提刑、提舉常平要任。七年召還，赴京途中過南康，逗留十日，朱熹與之唱酬十餘篇。本篇先叙自己前半生的隱居生活與安貧守道之志，次叙與老友的多年交往，再述廬山共游之樂，末言終當棄官歸隱，以遂初心。

校記　〔一〕思：考異云一作「念」。

注釋　①烏雌雄：詩經小雅正月：「具曰予聖，誰知烏之雌雄。」此言不問世事之是非。

②慵：懶。杜甫王十七侍御掄許攜酒至草堂奉寄此詩便請邀高三十五使君同到：「老大卧穩朝慵起，白屋寒多暖始開。」

③仲蔚：指古代隱士張仲蔚。三輔决録注：「張仲蔚，扶風人也。少與同郡魏景卿隱居不仕，所居蓬蒿没人。」

④劉龔：張仲蔚之友。陶潛詠貧士之六：「仲蔚愛窮居，繞宅生蒿蓬。翳然絶交游，賦詩頗能工。舉世無知者，止有一劉龔。」此句言不必爲人知。

⑤星宿：指二十八宿，我國古代天文學家將日月所經天區之星分成二十八個星區。唐李賀高軒過：「二十八宿羅心胸。」

⑥木牛流馬：諸葛亮創製的運載工具，即獨輪車與四輪車，以之轉運軍糧。

⑦輟饋：猶輟食，停止進食。頗牧：戰國趙名將廉頗、李牧。揚雄法言重黎：「親屈帝尊，信亞夫之軍，至頗牧，曷不用哉？」

⑧外庸：外用，在地方任職。朝宗：朝見天子。唐李舟爲崔大夫請入奏表：「將臨元會之期，倍切朝宗之戀。」

⑨珠簾櫳：珠飾的簾子和窗櫺，此指張栻女眷的華麗車乘。

⑩鵝池：廬山之一景。

⑪醮石：指簡寂觀。

⑫「摩天」句：指廬山雙劍峰。

⑬貝闕、珠宮：飾以紫貝明珠的龍宫水府。語出楚辭九歌河伯：「魚鱗屋兮龍堂，紫貝闕兮朱宫。」

⑭鳧翁：水鴨的頸毛，代指水鴨。急就篇卷二：「春草雞翹鳧翁濯。」顔師古注：「鳧者，水中之鳥，今所謂水鴨也。翁，頸上毛也。」

編年 此與以下十二篇皆張栻在南康逗留時所作，其時張栻初逝，知諸篇皆作在淳熙七年春。以下各篇無俟深考。

和張彦輔初到南康之句 淳熙七年春

十年不共賦陽春，正有胸中萬斛塵。失喜清詩還入手〔一〕①，細看佳句轉驚人。知公近覺青山好，顧我頻嗟白髮新。肯過寒齋共尊酒，向來心事請深陳。

校記 〔一〕失：淳熙本作「賸」，考異所引别本同。清：淳熙本作「新」。

注釋 ①失喜：喜極而不能自制。唐宋之問牛女：「失喜先臨鏡，含羞未解羅。」

編年 見上篇。

奉同都運直閣張丈哭敬夫張兄張丈有詩敢次元韻悲悼之極情見乎詞伏幸采覽二首淳熙七年春

秀翁威略憺華戎①，遺恨車書久未同②。喜有象賢堪嗣事③，故知鴻業自無窮。蕃宣合奏三年最④，風采俄驚一旦空。根本平生有深計，遺書不但子囊忠⑤。

不應世道即漂淪，何事今年失此人？禮樂端能懷益友，琴笙忍遽樂嘉賓？亦知游好曾通譜⑥，却記登臨唤卜鄰〔一〕。兩首悲詩數行淚，感傷那復鬥清新！張丈垂顧，適聞訃音，爲罷郡宴。敬夫向嘗約熹徙居湖之上，蓋相語於裴公臺上云。

解題 本篇哭張栻。都運直閣，張棟時方罷直秘閣、京西南路轉運判官赴京。

校記 〔一〕唤：考異云一作「要」。

注釋 ①秀翁：張浚。憺：猶言威震。漢書李廣傳：「是以名聲暴於夷貉，威棱憺乎鄰國。」

②車書：禮記中庸：「今天下車同軌，書同文。」謂車乘軌轍相同，書牘文字相同，表示文物制度劃一，天下一統。後以「車書」指國家文物制度。

③象賢：效法先人賢德。儀禮士冠禮：「繼世以立諸侯，象賢也。」鄭玄注：「象，法也。爲子孫

能法先祖之賢，故使之繼世也。」

④蕃宣：即「藩垣」，二字通假。本指藩籬與圍墻，引申爲護衛屏障。語本詩經大雅崧高：「四國于蕃，四方于宣。」張栻卒知江陵府任，府乃南宋北方抗金重鎮。最：古代政績考核劃分的等級，即上等。其末等爲殿。

⑤子囊：春秋時楚國令尹。左傳襄公十四年載，子囊臨終，遺言必築都城郢。遂論曰：「君子謂子囊忠，君薨不忘增其名，將死不忘衛社稷，可不謂忠乎。」張栻遺書言及國家根本之策甚詳。

⑥通譜：同姓之人互叙譜系，相認爲同族。陸游老學庵筆記卷四：「一村數十百家皆常氏，多不通譜。」

編年　見上篇。

秘閣張丈簡寂之篇韻高難繼別賦五字以謝來貺 淳熙七年春

勞農會稽宅①，息駕丹元鄉。丹元不可見，翠壁空雲房。是時中春月，暄風發新陽。白水注幽壑，緑樹敷崇岡。俯聽足怡悦，仰觀共徜徉。班坐得瑶草②，傾壺出瓊漿。長吟游仙詩，亂以招隱章③。忽忽林景西，躊躇申慨慷。坐上江海客，兀傲鬢眉蒼④。逸氣邁霄漢，英詞吐琳琅。思與泉石勝，韻隨笙鶴翔。追游不敢及，咏嘆可能忘？俗傳歸宗是王右軍故宅⑤，陸脩静封丹元真人。

注釋

①會稽：指晋王羲之。羲之居會稽山陰，故稱。

②瑶草：傳説中的香草，泛指美草。文選江淹從冠軍建平王登廬山香爐峰：「瑶草正翕艶，玉樹

信葱青。」吕向注：「瑶草、玉樹，皆美言之。」

③「長吟」二句：游仙詩，我國古代一種詩歌類型，内容多爲歌咏仙人漫游之情，代表詩人爲郭璞。亂，古代辭賦篇末總括全篇要旨的話語。晋左思、陸機等皆作有招隱詩。

④兀傲：孤傲不羈。陶潜飲酒之十三：「規規一何愚，兀傲差若穎。」

⑤歸宗：寺在郡城北十餘里。王羲之官至右軍將軍。

編年 見上篇。

和張彦輔落星寺之作 淳熙七年春

嵌空奇石戰驚濤，樓殿峥嶸勢自高。四面真成開玉鑑，三山應是失金鰲①。題詩正爾難搜句，舉酒何妨共作豪。倚遍欄干更愁絶，歸來白盡鬢邊毛。

解題 本篇以想象與夸張的手法，描畫了落星美景和吟詠游歷的不盡情思。

注釋 ①三山：指傳説中的三座仙山蓬萊、瀛洲、方丈。金鰲：傳説中天帝使負載仙山的金色巨龜。列子湯問載，龍伯國巨人一釣而得六鰲，於是諸仙山皆漂浮於海。此句形容落星島如浮於水中。

編年 見上篇。

評論 朱子可聞詩集卷四：前四句著意刻畫，天劖神鏤，莫能過之，正是從難搜句中，搜出傑句來。末句即「吟安一個字，撚斷數莖鬚」意，只就與彦輔題詩，寬寬收住，前緊應後鬆也。陶詩曾城，即此落星，彼特援九重相形，而此直疑三山若失，語尤創闢。

和張彦輔白鹿洞之作淳熙七年春

邃谷新華館，風煙再吐吞〔一〕。舊眠聞野鹿，遺恨響驚猿。李拾遺自此徙居少室乃被徵①，故有此句。共賞忻同趣，分携愴别魂。徘徊空日夕，無策駐行軒。

校記　〔一〕再：考異云一作「自」。

注釋　①李拾遺：李渤。少室：山名，在河南登封縣北嵩山之西。

編年　見上篇。

次張彦輔西原之作淳熙七年春

無處堪投迹，空山寄一椽。懸門窺絶壁，繚徑上層巔。檻闊吞江浪，窗虚響谷泉。丹經閑自讀，不爲學神仙。

解題　西原庵，在廬山卧龍瀑布之東，隱士崔嘉彦所居。朱熹有西原庵記。張栻與嘉彦熟識，爲題五律一首，今載永樂大典。朱熹此篇即次其韻。詩中吟頌了崔嘉彦的隱居高趣。

編年　見上篇。

評論　朱子可聞詩集卷三：第二句補題，全篇皆是詠崔君築室居此情景。先生云：「古人詩中有句，今人詩更無句，只一直説去，一日作百首也得。」此篇五、六曰「吞」、曰「響」，是詩眼；曰「闊」、曰「虚」，是眼之來脉。字字著意，非千錘百鍊，無此句法。

次張彦輔卧龍之作淳熙七年春

瀑水源何處？高疑雲漢通。瀉時垂練直，落處古潭空。客寄詩能好，龍蟠意自雄。知君來峴首①，爲我説隆中②。

解題 本篇將卧龍潭、諸葛亮事與張栜所自來融爲一體，不失爲巧作。

注釋 ①峴首：山名，即湖北襄陽縣南的峴山。張栜持節漢水，來自襄陽。

②隆中：山名，在襄陽縣西，臨漢水。諸葛亮隱此，劉備三顧茅廬，亮有著名的隆中之對。

編年 見上篇。

評論 朱子可聞詩集卷三：卧龍詩經數番洗發，都從山水著筆。此作因張彦輔近從襄陽隆中來，别啓一條新路，結法似拓開，却是收緊。

次張彦輔棲賢之作淳熙七年春

融治何年事〔一〕①？停杯莫問天。秖今從痼疾，疇昔似因緣②。傾耳真三峽〔二〕，投文沕九淵③。蘭亭那得此④？猶足致群賢。

解題 棲賢院，在郡城北十餘里。

校記 〔一〕治：考異云一作「結」。

〔二〕傾：右引云一作「澒」。

注釋 ①融冶：當作「融結」，融化凝聚。語出晉孫綽游天台山賦：「融而爲川瀆，結而爲山阜。」此指廬山山水。

②「秖今」二句：言今有游歷登臨之癖，如與山水有前世因緣。

③汐：潛藏。文選賈誼吊屈原文：「襲九淵之神龍兮，汐深潛以自珍。」李善注引張晏曰：「汐，潛藏也。」

④蘭亭：亭名，在浙江紹興市西南之蘭渚山上。東晉永和九年，王羲之與謝安等衆人同集於此，因作蘭亭集序。

編年 見上篇。

評論 朱子可聞詩集卷三：前言此地不知開創幾何年，今若待我而設；後言此地山水奇絕，足招致賓客。分明以地主自任，以客待張也。

和張彦輔雪後棲賢之作 淳熙七年春

夜來春雪遍林丘，却喜風威曉便收。好上籃輿閑縱目，莫將衲被苦蒙頭①。微官正愧逍遥社，勝日猶堪汗漫游。欲出林關戀瑶草，不妨尊酒更淹留。

注釋 ①衲被：補過的被子。蘇軾上元雪：「衲被蒙頭真老病，紗籠照佛本無心。」

編年 見上篇。

謝張彦輔留别之作淳熙七年春

一别屢更歲，思君無已時。知君亦念我，相望平兩嗟咨。我病卧田間，君行護疆陲。隱顯既殊迹，會合安可期？今年定何年？有此一段奇。我來五峰陽，君歸九江湄。聞君肯來辱，歡喜不自持。迎君紫霄峰，舉觴白鵝池。强健初共欣，艱棘旋相悲。相顧出危涕，薄言首東岐①。留連十日飲，愴恨八哀詩〔一〕②。散懷水石幽，遂忘筋力疲。雄篇既鼎來，逸韻方窮追。云胡遽告别，牙纛風披披③？攬祛不得留，酌酒前致辭：願君酬此觴，去上白玉墀④。國論罄忠益，廟謨參設施。一請正紀綱，再請誅羌夷。及時樹勛業，慰我空山飢！時聞張荆州訃，張丈有詩哭之，故有「八哀」之句。

解題 本篇送别，先憶往日情誼之篤，再叙南康共處之歡，篇末贈言，重申了作者「内修政事，外攘夷狄」的一貫主張。

校記 〔一〕恨：原作「根」，據宋閩、浙本改。

注釋 ①薄言：語辭，詩經中多用之。首東岐：頭朝嚮東邊的去路，謂盼亟還鄉也。

②八哀詩：詩歌篇名，指杜甫傷悼王思禮、李光弼、嚴武、汝陽王李璡、李邕、蘇源明、鄭虔、張九齡等八人的五言古詩八首，也泛指悼亡。蘇軾故李誠之待制六丈挽詞：「凄凉五君詠，沈痛八哀詩。」

③牙纛：猶牙旗，旗竿上飾有象牙的大旗，多爲主將主帥所用，也用作儀仗。韓愈山南鄭相公酬

答依賦十四韻以獻：「帝咨女予往，牙纛前坌坲。」

④白玉墀：宮殿前的玉石臺階，借指朝廷。

編年 見上篇。

評論 吳禮部詩話：朱文公贈人詩云：「知君亦念我，相望兩咨嗟。」今按：「望」字作去聲讀自可，而注平聲者，豈以其音之調乎？文公之於詩其精如此。

朱子可聞詩集卷一：本惜告別之遽，先叙相會之難，「君」字、「我」字，反反復復，不嫌絮繁，兩人交情如見。當時要務，固在外誅仇敵以復耻，而尤在内除小人以、正紀綱，此先生南康應詔一疏痛切言之者也。張彦輔素稱同志，故因其行而以是屬之。前云「相顧出危涕」，正見兩人一般憂國心腸，初欣旋悲，寫得盡致。

奉答張彦輔戲贈之句 淳熙七年春

已驅送客車，復著登山屐。未論窺臨快，且脱詩酒厄①。從今謹出入，保此頤正吉②。不奈歲寒心，於公有深憶。王輔嗣注頤卦大象云③：「禍從口出，病從口入。」

解題 本篇接受了張棟臨别的勸告，表示願意養生遠禍，而詩末又婉言反以歲寒之操獻疑相箴。

注釋 ①厄：困窘。孔子家語在厄：「孔子厄於陳蔡，從者七日不食。」此句謙詞，言詩既難追張棟之高韻，酒也難招架棟之豪飲。

②「從今」二句：「出」指「禍從口出」，「入」指「病從口入」。先言遠禍，後言養生。頤正吉：

易頤卦：「頤，貞吉。觀頤，自求口實。」朱熹本義：「觀頤，謂觀其所養之道；自求口實，謂觀其所以養身之術，皆得正，則吉也。」

③王輔嗣：三國魏王弼。大象：即易之象傳上下篇，易傳之一，以卦象爲據以釋卦辭。易乾卦「象曰：『天行健，君子以自强不息』」孔穎達疏：「此大象也，十翼中第三翼，總象一卦，故謂之大象。」

編年 見上篇。

評論 朱子可聞詩集卷一：「『謹出入』二句，本朋友相戒，所云『於公有深意』處，不專爲詩酒發，而於詩酒二字却相關，蓋詩從口出，酒從口入也。運用舊説，却有新意貼題。孫師尚云：『意』音『益』，今質韻不收，用秦之罘刻石、屈原天問韻也。愚按韻，杜詩止質物月曷黠屑六韻通，吴才老韻補則質職皆可通。先生釋詩注騷，盡從吴説，此『意』字正通用職韻中『億』字。天問云：『何所億焉。』注：『意』與『億』音義同。」

奉答張彦輔解嘲 淳熙七年春

康俗遺居萬疊山，高垂鐵鏁詎容攀。青鞋布襪非公事，古木寒泉要我閑〔一〕。

解題 本篇表現了作者欲歸不能的無奈心情。

校記 〔一〕寒：淳熙本作「雲」。

編年 見上篇。

伏蒙某官寵示和陶見寄舊作伏讀嘆仰又感知待期許之意蓋非一日率易次韻少見謝臆伏惟矜憐有以教之 淳熙六年至八年

吾公抱經濟，軒冕非所欣。向來清禁闥①，本自山林人。浩歌歸去來，神交邈何因？一朝脱冠去，妙境聊同臻。謂予雖後來，臭味亦有聞②。賡詞久見屬③，重以告語勤。荒寒想高風，令人思無鄰。甘棠刿在此④，躑躅晴湖濱。

解題 某官，即吴芾（一一〇四—一一八三），字明可，自號湖山居士，台州仙居人。紹興二年進士，累官禮部侍郎，以龍圖閣直學士致仕。朱熹有龍圖閣直學士吴公神道碑。吴芾和陶示周續之祖企謝景夷韻寄朱元晦云：「奈何不苟合，進用苦無因。……顧我景慕久，願見亦良勤。第恨隔千里，無由往卜鄰。安得縮地杖，一到建溪濱？」朱熹此篇即次其韻。

注釋 ①清禁闥：清要的宫廷之地。杜甫奉答岑參補闕見贈：「窈窕清禁闥，罷朝歸不同。」

②臭味：氣味，喻志趣。漢蔡邕玄文先生李休碑：「凡其親昭朋徒，臭味相與，大會而葬之。」

③賡詞：賡和之詞，指和詩。

④甘棠：代指惠政遺愛，語出詩經召南甘棠。吴芾乾道二年嘗知隆興府，充江南西路安撫使，其地與南康咫尺之間，故稱。

編年 據「甘棠」句，知本篇爲南康任上作。吴詩則當作在朱熹赴南康前居閑之時。

贈于盛二生淳熙六年至八年間

昔日豐城劍，寒光射斗牛。江山餘秀傑，人物尚風流。二妙今安匹？孤帆各倦游。還家問師友，折節慕前修①。

解題 于、盛二生，即于革、盛璲。革字去非，淳熙八年進士，官終知房州。璲字温如，以字行。淳熙中領鄉薦，授奉節郎。二人皆豐城人，時於南康問學朱熹將歸。

注釋 ①折節：强自克制，謹行修身。史記貨殖列傳：「富人争奢侈，而任氏折節爲儉，力田畜。」

編年 本卷之詩皆南康作，而于、盛二生從朱熹問學僅此一見，故必在南康之時。

評論 朱子可聞詩集卷三：就拈昔日事，以美此方人，一意格。由寶劍轉到江山，由江山轉到人物，由人物轉出二妙，由二妙轉出倦游，由倦游轉入還家修業，六七層開闔頓挫，排偶之痕盡化。

秋日告病齋居奉懷黄子厚劉平父及山間諸兄友淳熙七年秋

出山今幾時？忽忽歲再秋。江湖豈不永？我興終悠悠①。况復逢旱魃，農畝無餘收。赤子亦何辜？黄屋勞深憂②。而我忝朝寄，政荒積愆尤。懷痾卧空閣，惻愴增綢繆。東南望故山，上有玄煙浮〔一〕。平生采芝侣，寂寞今焉儔？朝游雲峰巔，夕宿寒巖幽。爲我泛瑶瑟，泠然發清謳。裂牋寄晨風③，問我君何求？洪濤捩君柁，狹硤摧君輈。君還若不早，無乃非良謀？再拜謝故人，低徊更包羞。桂華幸未歇，去矣從公游〔二〕。

解題 淳熙七年，南康大旱，朱熹百計救災，焦勞病發，卧床數日。本篇抒寫了仕途的險惡，在官的不樂，對政事的焦慮和還鄉的渴想。

校記 〔一〕煙：淳熙本作「雲」。

〔二〕公：原作「君」，據淳熙本、宋閩、浙本改。

注釋 ①悠悠：興意闌珊，無精打采。

②黄屋：帝王所居宫室，代指帝王。杜甫將適吴楚留别章使君：「中原消息斷，黄屋今安否？」

③裂牋：裁紙作書。牋，泛指書信。韓愈答劉正夫書：「辱牋，教以所不及。」

編年 據「出山」二句，確知本篇作於淳熙七年。是年秋南康大旱。

評論 朱子可聞詩集卷一：按先生誦韋蘇州詩「身多疾病思田里，道有流亡愧俸錢」，曰：「此中百姓倏忽來往，更無固志。」因爲之低徊愧嘆，即作此詩時事。「惻愴增綢繆」五字，露出本意，言雖拮据卒瘏，而病中惻然，尤必思更增綢繆之法。蓋先生是時屢奏賑蠲，大修荒政，合鄉邑廣行常平法，三十五場，從秋至春，次第設施，活飢民二十餘萬。豈偶歷災荒，便爾袖手思歸故山乎？正其奮身救民，不遑自恤，可見信於故友爾。「裂牋」以下，乃代友言，不獨行文不犯實，一片忘身殉國苦心，托他人口中傳出，乃覺藴藉耳。

夜坐有感 淳熙七年秋

秋堂天氣清〔一〕，坐久寒露滴。幽獨不自憐，兹心竟誰識？讀書久已懶，理郡更無術。獨有憂世心，寒燈共蕭瑟。

解題 朱熹在南康任上，日益覺得朝廷腐敗，官吏無能，百事掣肘，民病日深。對此他感到憂心忡忡，於是在所上庚子封事中歷數社會弊端，洋洋數千言，充斥着對國家前途的憂慮。本篇即反映了這種心情。

校記 〔一〕天：宋浙本作「夜」。

編年 本篇與上篇當爲一時先後之作，觀其時令心情可知。

評論 朱子可聞詩集卷一：摹倣韋蘇州秋夜之作，一股清氣，流露行間。如果悔理郡無術，不復讀書，則寒燈久坐，更有何事？正是說憂世之心，獨爲迫切，不能舍方策之中，别求爲治之術，是以仍終夜讀書，共寒燈而蕭瑟耳。

讀諸友游山詩卷不容盡和和首尾兩篇 淳熙七年三月

去年尋得李家山，考卜真成屋數間①。要與青衿時散帙②，閑臨碧澗共觀瀾。詩書本說人間事，勳業休看鏡裏顔。誰識寥寥千古意？新詩題罷蘚痕斑。

向來結友尋名山，下窮絶壑高危顛。胡爲一旦墮塵網？五老在望心茫然。青牛底處有行迹③？白鹿幾時同正員④？清游帶雨想幽絶，妙處只恐詩中傳。

解題 本篇反映了作者看重白鹿洞書院，醉心治學而無意仕途的思想傾向。

注釋 ①考卜：以龜卜決疑，占卜。詩經大雅文王有聲：「考卜維王，宅是鎬京。」鄭玄箋：「考猶稽也……稽疑之法，必契灼龜而卜之。」

②青衿：青色交領的長衫，古代學子的常服，借指學子。詩經鄭風子衿：「青青子衿，悠悠我心。」毛傳：「青衿，青領也，學子之所服。」散帙：打開書帙，指讀書。文選謝靈運酬從弟惠連「散帙問所知」，劉良注：「散帙，謂開書帙也。」

③青牛：史記老子韓非列傳司馬貞索隱引劉向列仙傳，言老子乘青牛而過關，後指青牛爲神仙道士所乘騎。舊唐書文苑傳中賀知章：「允叶初志，脱落朝衣，駕青牛而不還，狎白衣而長往。」此句蓋用其意。

④正員：正式編制内的人員。朱熹修復白鹿洞書院，屬地方民辦性質，尚未得到朝廷正式承認。他多次上奏請求孝宗賜院額、藏書及設洞主，皆未得答覆。

編年　「去年」二句指修復白鹿洞書院事，故知本篇作於淳熙七年。詩云「白鹿幾時同正員」，是書院已成，春三月也。

戲贈勝私老友 淳熙七年秋

槐花黄盡不關渠①，老向功名意自疏。乞得山田三百畝，青燈徹夜課農書。勝私先侍講嘗著農書三卷。

解題　勝私，即陳克己，㬇子。朱熹來南康始識之，克己嘗致書激烈抨擊朱熹之政過嚴。本篇蓋克己科場不利，作者乃婉言相慰。

注釋 ①闕：闕心。魏書爾朱彦伯傳：「世隆不關世事，無將帥之略。」不關渠，猶言不管它。槐花黄盡乃秋試之時。

編年 陳克己責朱熹之政事詳見朱熹與王樞使劄子、與曹晉叔書、與黄商伯書，皆在淳熙七年。又據其題落星寺張于湖題字後，克己庚子冬也同游。故本篇及下篇皆應作於該年。

代勝私下一轉語淳熙七年秋

碓下泉鳴溜決渠①，屋頭桑樹緑扶疏。朱虚正自知田事，馬服何妨讀父書②？

解題 本篇似疑前篇被誤解有譏克己碌碌無志之嫌，故别爲解釋。

注釋 ①碓：古代舂米工具，由最早的手工發展爲以水力、畜力代替人力。其制見太平御覽卷七百六十二引漢桓譚新論。

②「朱虚」二句：言耕田讀書不一定就胸無大志，如朱虚侯、馬服君，同樣很有作爲。朱虚侯，指漢劉章，曾與周勃、陳平等共誅諸吕，以功封王。見漢書高五王傳。馬服君，指戰國名將趙奢。史記趙奢傳：「大破秦軍，遂解閼與之圍而歸。趙惠文王賜奢號爲馬服君。」

編年 此與上篇同韻，乃承其後而作。

和戴主簿韻淳熙六年四月

平生本自好樓居，况接高人永晝餘。共喜江山入尊俎①，從教幕府省文書。感君肯出新詩句，恨我終思舊草廬。擬借韋編訂龍馬②，免推納甲話蟾蜍③。戴嘗有麻衣易説，自以爲得之異人云。

解題　戴主簿，即戴師愈，字紹韓，一字孔文，南康軍星子縣人。隆興元年進士，授湘陰主簿。後老於家，淳熙六年卒。曾作僞書麻衣易説，朱熹有二跋證其僞。本篇爲作者筵師愈於郡閣時作。

注釋　①俎：古代設宴或祭祀時陳置全牲之肴的禮器，木製，漆飾。詩經小雅楚茨：「執爨踖踖，爲俎孔碩。」

②韋編：指麻衣易説。龍馬：傳説中龍頭馬身的神獸。尚書顧命「天球、河圖在東序」僞孔傳：「伏犧王天下，龍馬出河，遂則其文以畫八卦，謂之河圖。」此句蓋以龍馬代指河圖，泛指易卦。

③納甲：卜筮家以干支與卦爻、五行、五方相配以解釋自然與社會現象之術，相傳起於京氏易傳。蟾蜍：後漢書天文志上「言其時星辰之變」劉昭注：「羿請無死之藥於西王母，姮娥竊之以奔月……姮娥遂託身于月，是爲蟾蠩。」後以「蟾蜍」代指月亮。此句蓋指月相等天文現象。

編年　據朱熹再跋麻衣易説，其至南康初屢見師愈，當年師愈卒，故知本篇作在年内，當爲初見時作。

次沈侍郎游楞伽李氏山房韻 淳熙六年至八年間

喜陪後騎陟崔嵬，竹裏泉鳴古寺開。吟罷蘇仙頭白句①，天風更送好詩來。

天聰已許一言悟②，年少懸知萬卷開。珍重當時讀書處，低回空有後人來。

解題　沈侍郎，未詳。楞伽院在郡城西北數十里。李氏山房，北宋李常讀書處。常字公擇，南康軍建昌人。少讀書廬山白石僧舍，既登第，留所抄書九千餘卷於室，名曰李氏山房。皇祐元年進士，熙寧中爲右正言，常極言王安石新法不便。哲宗時累拜御史中丞。宋史有傳。

注釋

①蘇仙：指蘇軾。

②天聰：對天子聽聞的美稱。曹植求通親親表：「冀陛下儻發天聰而垂神聽也。」

編年 本篇作於南康任上甚明。

奉同尤延之提舉廬山雜詠十四篇 淳熙八年春

白鹿洞書院 在郡城東北十五里，事見記文。

昔人讀書地，町疃白鹿場①。世道有升降，兹焉更表章。矧今中興年，治具一以張②。弦歌獨不嗣，山水無輝光。荒榛適剪除，聖謨已汪洋③。亦有皇華使④，肯來登此堂。問俗良懇惻，懷賢增慨慷。雅歌有餘韻，絶學何能忘！

折桂院黄雲觀 在書院東北五里。院後作亭，取李白「黄雲萬里動風色」之句名之。

城中東北望，五老何蒼蒼。下有前朝寺，一原頗深藏。門前林澗幽，屋後雲木荒。閑窗亦明潔，著此瑞錦張。僧房有瑞香花⑤。更能理枯筇，步上林北岡。仰視天宇闊，俯瞰江流長。即黄雲觀。受書彼何人？姓字不足詳。竹帛有遺臭，桂樹徒芬芳。李逢吉嘗讀書此院⑥，去而登第，以故得名。

楞伽院李氏山房在折桂西十里，李公擇讀書處。有東坡記文、詩刻、枯樹墨跋。

躡石循急磵，穿林度重岡。俛入幽谷邃，仰見奇峰蒼。李公英妙年，讀書此雲房。一去上臺閣，致身何慨慷。蘇公記藏書，文字有耿光。餘事亦騷雅⑦，戲墨仍風霜⑧。兩公不歸來，歲月忽已荒。何用建遺烈⑨？寒泉薦孤芳。

棲賢院三峽橋在楞伽西五里

兩岸蒼壁對，直下成斗絶。一水從中來，涌潏知幾折？石梁據其會，迎望遠明滅。倏至走長蛟〔一〕，捷來翻素雪。聲雄萬霹靂，勢倒千嵲嵲⑩。足掉不自持⑪，魂驚詎堪説！老仙有妙句，千古擅奇崛。尚想化鶴來，乘流弄明月。

西澗清净退庵在棲賢西三里〔二〕，劉凝之舊隱。作亭，取黄太史詩語名之⑫。

凌兢度三峽，窈窕復一原。絶壁擁蒼翠，奔流逝潺湲。聞昔避世人，寄此茅三間。壯節未云遠，高風杳難攀。深尋得遺墟，縛屋臨清灣。坐睨寒木杪，飛泉閟雲關。兹游非昔游，累解身復閑。保此清净退，當歌不能諼⑬。解印後與友生游集，徘徊久之。

卧龍庵武侯祠在西澗西三里

空山龍卧處，蒼峭神所鑿。下有寒潭幽，上有明河落。我來愛佳名，小築寄幽壑〔三〕。永念千載人，丹心豈今昨。英姿儼繪事，凛若九原作。寒藻薦芳馨⑭，飛泉奉明酌⑮。公來識此意，顧步慘不樂。抱膝一長吟，神交付冥漠。

萬杉寺在卧龍西十里

休沐聊命駕，駕言何所之？行尋慶雲寺，想像昭陵時⑯。門前杉徑深，屋後杉色奇。空山歲年晚，鬱鬱凌寒姿。當年雨露恩，千載有餘滋。匠石不敢睨⑰，孤標儼相持。寺前後杉萬本，皆天聖中植⑱，有旨禁剪伐者。更啓石室藏，仰瞻天象垂⑲。願以清净化，永爲太平基。寺藏仁祖御飛白書⑳，有「清净」字。

開先漱玉亭在萬杉西二里。亭舊在橋上，今廢。

奇哉康山陽，雙劍屹對起。上有横飛雲，下有瀑布水。崩騰復璀璨，佳麗更雄偉。勢從三梁外㉑，影落明湖裏。平生兩仙句㉒，詠嘆深仰止。三年落星灣，悵望眼空眯。今朝隨杖屨，得此弄清泚。更誦玉虹篇㉓，塵襟諒昭洗。

簡寂觀（在開先西五里，陸脩静所居。）

高士昔遺世，築室蒼崖陰。朝真石壇峻㉔，煉藥古井深。結交五柳翁㉕，屢賞無弦琴㉖。相携白蓮渚，一笑傾夙心。晚歲更市朝，故山鎖雲岑。柴車竟不返，鸞鶴空遺音。（脩静晚爲宋明帝召至建康，卒于崇虚館。）我來千載餘，舊事不可尋。四顧但絶壁，苦竹寒蕭槮。（相傳竹是脩静手植〔四〕，其萌即所謂甜苦笋者。）

歸宗寺（在簡寂西十里）

金輪紫霄上㉗，寶界鸞溪邊㉘，往昔王内史㉙，願香有餘煙。（相傳寺是王右軍故宅。）千年今一歸，景物還依然。澗水既蕩潏，山花亦清妍。不辭原隰勞㉚，樂此賓從賢。訪古共紆鬱㉛，勞農獨勤拳㉜。憐我乖勝踐㉝，裂牋寄真詮㉞。逃禪公勿遽㉟，且畢區中緣㊱。（是日熹以事不得陪杖屨。）

陶公醉石歸去來館（在歸宗西五里）

予生千載後，尚友千載前。每尋高士傳，獨嘆淵明賢。及此逢醉石，謂言公所眠。况復巖壑古，縹緲藏風煙。仰看喬木陰，俯聽横飛泉。景物自清絶，優游可忘年。結廬倚蒼峭，舉觴酹潺湲。臨風一長嘯，亂以歸來篇。

温湯在醉石南二里

連山西南來，中斷還崛起。干霄幾千仞，據地三百里〔五〕。飛峰上靈秀，衆壑下清美。逮茲勢力窮，猶能出奇偉。誰燃丹黄焰㊲，爨此玉池水？客來争解帶，萬劫付一洗㊳。當年謝康樂㊴，弦絶今已矣。水碧復流温，相思五湖裏㊵。康樂湖中詩云：「水碧輟流温。」豈未見此水也耶？

康王谷水簾谷口景德觀在温湯西十五里，入谷又十五里至簾下。

循山西北騖，崎嶇幾經丘。前行荒蹊斷，豁見清溪流。一涉臺殿古，再涉川原幽。縈紆復屢渡，乃得寒巖陬。飛泉天上來，一落散不收。披崖日璀璨，噴壑風颼飀。追薪爨絶品㊶，瀹茗澆窮愁㊷。敬酹古陸子㊸，何年復來游？陸鴻漸茶經第此水爲天下第一。

落星寺在郡城南湖中

浩浩長江水，東逝無停波。及此一回薄，湖平煙浪多。孤嶼屹中川，層臺起周阿㊹。晨望愛明滅，夕游驚蕩磨。極目青冥茫，回瞻碧嵯峨。不復車馬迹，唯聞榜人歌㊺。我願辭世紛，兹焉老漁蓑。會有滄浪子㊻，鳴舷夜相過㊼。

解題　尤延之，即尤袤（一一二七—一一九三），無錫人。紹興十八年進士，歷仕州縣，官終禮部尚書，宋史有傳。袤爲南宋著名文學家，與陸游、范成大、楊萬里并稱爲「中興四大詩人」。他與朱熹交往很深，時任提舉江南東路常平茶鹽公事，巡視管内農事至南康軍。朱熹陪同游廬山，并作本篇組詩。組詩雖步隨游踪，即景而賦，但却以吊古感懷爲主，盡可能多地融入了作者的理學思想。

校記

〔一〕至、蛟：考異云一作「起」、「虹」。

〔二〕三：原作「二」，據宋閩、浙本改。

〔三〕小：淳熙本作「卜」。

〔四〕倐静：原作「静倐」，據宋閩本乙。

〔五〕據：考異云一作「環」。

注釋

①町疃：又作「町畽」，田舍旁空地。詩經豳風東山「町畽鹿場」，朱熹集傳：「町畽，舍旁隙地也。無人焉，故鹿以爲場也。」

②治具：治國的措施。語本莊子天道：「驟而語形名賞罰，此有知治之具，非知治之道。」一以張：猶言已全面鋪開。

③聖謨：指帝王的宏圖大略。語本尚書伊訓：「聖謨洋洋，嘉言孔彰。」汪洋：形容遠大深廣。

④皇華使：皇帝的使臣。語本詩經小雅皇皇者華。其小序謂：「皇皇者華，君遣使臣也。」王維送李判官赴江東：「聞道皇華使，方隨皂蓋臣。」

⑤瑞香花：常緑灌木，春季開花，集生頂端，紅紫或白色，有濃香。宋陶穀清異録睡香：「廬山瑞香花，始緣一比丘晝寢盤石上，夢中聞花香烈酷不可名，既覺，尋香求之，因名睡香。四方奇之，謂乃花中祥瑞，遂以『瑞』易『睡』。」

⑥李逢吉：字虚舟，唐隴西人，憲宗時仕至宰相，史稱奸臣。

⑦騷雅：楚辭中的離騷與詩經中的大雅、小雅，借指由其奠定的古詩優秀風格與傳統及具有這種風格傳統的作品。杜甫陳拾遺故宅：「有才繼騷雅，哲匠不比肩。」

⑧戲墨：隨意而作的書畫。陸游風流子：「更乘興素紈留戲墨，纖玉撫孤桐。」

⑨用：以。遺烈：前人遺留的風操節烈。蘇洵族譜後録下篇：「祖母嚴毅，居家肅然，多才略，猶有竇太后、柴氏主之遺烈。」

⑩崻嵲：高峻的山。杜甫自京赴奉先縣詠懷五百字：「凌晨過驪山，御榻在崻嵲。」

⑪掉：顫抖。蘇洵送石昌言使北引：「及明，視道上馬迹，尚心掉不自禁。」

⑫黄太史：黄庭堅。庭堅嘗爲史官，預修神宗實録，故稱。

⑬諼：忘記。詩經衛風淇奥：「有匪君子，終不可諼兮。」毛傳：「諼，忘也。」

⑭寒藻：寒凉的水藻。柳宗元南澗中題：「羈禽響幽谷，寒藻舞淪漪。」

⑮明酌：祭祀用的清酒。禮記郊特牲：「縮酌用茅，明酌也。」鄭玄注：「明酌者，事酒之上也。名曰明者，神明之也。」孔穎達疏：「明謂清明，故知是事酒之上清明者也。」

⑯昭陵：宋仁宗葬永昭陵，宋人因以「昭陵」代稱仁宗。宋樓鑰王岐公玄英宗詔草：「昭陵以英宗爲皇子。」

⑰匠石：古代寓言中善用斧子、名石的巧匠。莊子徐无鬼：「郢人堊慢其鼻端，若蠅翼，使匠石斫之。匠石運斤成風，聽而斫之，盡堊而鼻不傷。」

⑱天聖：宋仁宗年號。

⑲天象：天空呈現的景象。易繫辭上：「天垂象，見吉凶，聖人則之。」此喻皇帝手墨。

⑳仁祖：宋仁宗。飛白：一種筆畫中絲絲露白，如枯筆所寫的特殊書法。唐張懷瓘書斷上：「飛

白者，後漢左中郎將蔡邕所作也。王隱、王愔并云，飛白變楷制也。本是宮殿題署，勢既徑丈，字宜輕微不滿，名爲飛白。」

㉑三梁：即三石橋。李白廬山謡：「金闕前開二峰長，銀河倒掛三石梁。」宋陳舜俞廬山記引尋陽記云：「山有三石梁，長數丈，廣不盈尺，杳然無底。」

㉒兩仙：指李白、蘇軾。

㉓玉虹：白虹，喻明潔的瀑布或流水。蘇軾鬱孤臺：「山爲翠浪涌，水作玉虹流。」

㉔朝真：道家修煉養性之術，猶佛家之坐禪。蘇軾柳子玉亦見和因以送之兼寄其兄子璋道人：「晴窗嚥日肝腸暖，古殿朝真屨袖香。」

㉕五柳翁：陶潛。

㉖無弦琴：没有琴弦的琴。南朝梁蕭統陶靖節傳：「淵明不解音律，而蓄無弦琴一張，每酒適，輒撫弄以寄其意。」

㉗金輪：佛教傳説中的輪形武器，象徵威力無比。征服四方之轉輪王出生時，空中自然出現此寶，有金銀銅鐵四種。得金輪者，即爲金輪王。王勃釋迦佛賦：「蓋以玉輦呈瑞，金輪啓圖。」

㉘寶界：佛教語，即净土，無刼濁、見濁、煩惱濁、衆生濁、命濁等五濁污染的清潔世界。唐廣宣賀幸普濟寺應制：「南方寶界幾由旬，八部同瞻一佛身。」

㉙王内史：王羲之。羲之嘗任會稽内史。

㉚原隰：廣平與低濕之地。尚書禹貢：「原隰厎績，至于豬野。」

㉛紆鬱：抑鬱。楚辭九嘆憂苦：「願假簧以舒憂兮，志紆鬱其難釋。」王逸注：「紆，屈也。鬱，

愁也。」

㉜勤拳：懇切真誠。白居易送毛仙翁：「玄功曷可報？感極惟勤拳。」

㉝乖：原義爲相違，分離，此指錯過，没有參加。勝踐：猶勝游，快意的游覽。唐楊炯群官尋楊隱居詩序：「極人生之勝踐，得林野之奇趣。」

㉞真詮：猶真諦，最真實的意義或道理。唐盧藏用衡岳十八高僧序：「然而年代攸邈，故老或遺；真詮緬微，後生何述？」

㉟逃禪：遁世而參禪。唐牟融題寺壁：「聞道此中堪遁迹，肯容一榻學逃禪。」

㊱區中緣：塵世的俗情。謝靈運登江中孤嶼：「想象昆山姿，緬邈區中緣。」此句以戲語的形式勸尤袤先辦好身邊周圍之事，頗有微意。

㊲丹黄：赤黄色。周髀算經：「青黑爲表，丹黄爲裏。」

㊳萬劫：種種劫難。蘇軾游静居寺：「願從二聖往，一洗萬劫非。」

㊴謝康樂：謝靈運。靈運襲封康樂公。

㊵五湖：太湖一帶的五個湖，具體所指各説不同。國語越語下載，春秋末越大夫范蠡輔佐越王勾踐滅吴，功成身退，乘輕舟隱於五湖，後因以指隱遁之所。

㊶追薪：堆起柴草。追，通「堆」。文選枚乘七發「逾岸出追」李善注：「追，亦『堆』字。今爲『追』，古字假借之也。」

㊷瀹茗：煮茶。陸游與兒孫同舟泛湖：「酒保殷勤邀瀹茗，道翁傴僂出迎門。」

㊸陸子：唐陸羽，字鴻漸，精於茶。

㊹層臺：高臺。周阿：屋邊角地。文選班固西都賦：「珊瑚碧樹，周阿而生。」劉良注：「阿，曲也。言生於庭曲。」

㊺榜人：船夫。文選司馬相如子虛賦：「榜人歌，聲流喝。」郭璞注引張揖曰：「榜，船也。」

㊻滄浪子：指隱逸者。唐王昌齡悲哉行：「若非滄浪子，安得從所願。」

㊼鳴舷：叩響船舷，以爲歌詠的節拍。楚辭漁父「漁父莞爾而笑，鼓枻而去，乃歌曰」，朱熹集注：「鼓枻，扣船舷也。」

編年　據尤袤所作輪藏記，其淳熙八年正月行部至南康軍都昌縣，時爲提舉江東常平。梁溪遺稿卷下又有袤爲朱熹所作朱逢年詩集序，作於是年二月望日。朱熹陪游廬山并作此雜詠十四首，即在其時。

評論　白鹿洞書院　朱子可聞詩集卷二：雜詠各賦一事，而此篇爲總冒，故照題歸重尤提舉之來。「弦歌獨不嗣，山水無輝光」二句，尤廬山十四首詩之綱領也。結句歸美尤公詩。他日先生南歸，尤復以詩送之曰：「恩與廬山五老齊。」又曰：「鼎新白鹿諸生學。」蓋終拳拳乎此。

棲賢院三峽橋　朱子可聞詩集卷二：三峽：瞿塘、巫山、黄牛也。蘇子由棲賢僧堂記云：「雖三峽之險，不能過此也。」故橋名三峽。起四句遡題之所以然，「石梁」句正點三峽橋。下「倏起」、「捷來」四句乃是形容橋上迎望水勢也。水行石間，聲如雷霆，行者震掉，不能自持，亦蘇記中語。加以刻畫，令人讀之，遂覺足掉魂驚。「百歲老翁攀枯枝，井上轆轤卧嬰兒」，晋人作危語，那及此。昭昧詹言卷一：以朱子三峽橋詩與東坡較，僅能詞足盡意，終不得滿，無有奇觀。矧不及朱子此詩者耶？

卧龍庵武侯祠　朱子可聞詩集卷二：卧龍乃先生所愛處，常自幸其可得而有者。復繪祀武侯，豈因其名而讓之哉。曰：「丹心豈今昨。」蓋欲因人以見己也。又曰：「公來識此意，顧步慘不樂。」隱然有不恨我不見古人，翻恨古人不見我之慨。亦韓云：興復漢室，還於舊都，卧龍志也。其視南渡偏安，君父之仇不報，其慘慼當復何如！此與曹風卒章慨天下之無霸，同一寄託。

陶公醉石歸去來館　朱子可聞詩集卷二：先生卜築醉石，而以歸去來名館，有味乎陶公歸去來辭也。先生嘗稱此辭雖學楚騷，而不至於怨，試觀「聊乘化以歸盡，樂夫天命復奚疑」語，真知道之賢者。篇中「優游可忘年」句，正追述斯意，一起從高士傳説入，曠觀千載，獨嘆其賢，便是注意此辭上。結句仍將歸來篇點明，真千載尚友，不啻把臂入林也。

温湯　朱子可聞詩集卷二：不即叙温湯之奇，先將形勢之起伏變化兩層托起，總爲温湯出色。「奇偉」二字，連上文作過渡，一結又借古人翻論。正寫温湯，只中間四語。亦韓云：「萬劫付一洗」五字，寫温湯，雄蓋千古矣。視前人「灑胃湔腸」、「興羸起瘠」等句，真有大言小言之判。

康王谷水簾　歷代詩發卷二十七范大士評：公廬山雜詠十四篇，俱蒼秀絶倫，可與名勝同不朽，以卷帙有限，姑割愛存此。

閏月十一日月中坐彭蠡門喚船與諸人共載泛湖至堤首回棹入西灣還分韻賦詩約來晚復集詩不至者浮以大白〔一〕

簽判「渺」，教授「空」，知縣「望」，吴學録「桂」〔二〕，掌儀「明」，大彭兄「蘭」，判官「擊」，南公「一」，小彭兄「溯」，彦忠「人」，直卿「余」，公度「槳」〔三〕，敬直「懷」，衛父「天」，埜「流」，晦翁「光」，泰兒「美」、「棹」、「方」。淳熙八年閏三月十一日

解組無多日，歸哉喜欲狂。臨風成邂逅，載月下滄浪。酌酒傳清影①，鳴橈擊素光②。它年隔

千里，此夜莫相忘。

解題 本篇表現了作者即將離任還鄉的狂喜心情。浮以大白，用大酒杯飲酒。大白，大酒杯。見劉向説苑善説。簽判，楊王休；教授，張揚卿；知縣，王仲傑；吴學録，吴兼善；大彭兄，彭蠡；南公，僧志南；小彭兄，彭尋；彦忠，陳士直；直卿，黄榦；公度，劉孟容；敬直，金去僞；埜，朱熹次子；泰兒，朱熹三子朱在，餘未詳。

校記 〔一〕此題淳熙本作「泛湖以擊空明泝流光分韵得光字」。

〔二〕桂：原作「柱」，據宋閩、浙本改。

〔三〕槳：原作「漿」，分韻各字出自蘇軾前赤壁賦「歌曰」四句，據以正之。

注釋 ①清影：清朗的光影，月光。曹植公宴：「明月澄清影，列宿正參差。」

②鳴橈：劃槳作聲。杜甫奉送崔都水翁下峽：「無數涪江筏，鳴橈總發時。」

編年 詩云「解組無多日，歸哉喜欲狂」，知作於淳熙八年。

評論 朱子可聞詩集卷三：解組無多日，胡爲喜欲狂？以歸哉故也。歸哉則反故鄉於千里，他年林下之樂無窮，固不止於此夜，而即此夜臨風載月，酌酒鳴橈，亦他年所不可忘者也。説在此而意在彼，不減嵇康目送飛鴻之妙。　「邂逅」雙聲，「滄浪」疊韻。

和林擇之黄雲之句兼簡同游諸兄 淳熙八年

登覽日云晏，歸車眇重岡。天風振余旗，夕露沾我裳。數子情未厭，春山杳茫茫。還瞻長江白，迥眺飛雲黄。當念塵中友，心期邈相望。無爲跨鴻鵠，决起凌青蒼。

解題 本篇離任前作，謂諸友稍待，當偕其出塵而去。

編年 據朱熹別集，凡淳熙六、七年之游記皆無林用中姓名，而八年之題折桂院行記、題尋真觀皆有其人，故知林用中於朱熹離任之前方至南康。

和彭蠡月夜泛舟落星湖 淳熙八年閏三月十二日

長占烟波弄明月，此心久矣從誰説？只今一舸漾中流，上下天光兩奇絶。回頭忽見西郭門，尚喜蘇仙有遺烈。問予何事却回船？塵土涴君頭上雪①。首句全用蘇養直詩②。蘇舊居水西門外，舟行望見其處。

解題 本篇表現了作者對庸俗勞碌的仕宦生活的厭倦和對高潔隱逸生活的向往。

注釋 ①「問予」二句：言己乃塵中之客，污垢滿身，恐玷污高潔之士故居。涴：污染，弄髒。杜甫號國夫人：「却嫌脂粉涴顔色，淡掃蛾眉朝至尊。」

②蘇養直：名庠，泉州人。工詩，蘇軾稱其清江曲可比李白，自是有名。紹興間居廬山，與徐俯同召不起，人稱其高。宋史有傳。

編年 本篇再游彭蠡時作，即前彭蠡泛舟詩所謂「來晚復集」。

評論 朱子可聞詩集卷二：引蘇句虚籠題意，隨開一筆，落到己身。二、四曲盡水天一色光景，畫出「弄」字精神。向來蘇仙之心，無人堪説，而今則景同而心印矣。回頭一望，遺迹猶存，而予却回船，未及至其處者，恐帶却塵氛，或涴於君耳。「予」字、「君」字緊與「誰」字相映，起結一片，文境空明。

熹罷官觀康王谷水簾夜飲山月軒分韻得主字奉別送行諸君 淳熙八年閏三月二十七日

嗟余老不才，記憶謝明主。畀茲山水郡，北邇通玄府①。一官再溫涼，十日九塵土。迨茲解章紱②，絶境方快睹。殷勤故人厚，追送崖寺古。把酒聽鳴泉，相看淚如雨。

解題 本篇回首兩年南康歷程，感慨惜別之情縷縷於心。

注釋 ①玄府：天宮或神仙居處，此指廬山仙境。

②章紱：標誌官品等級的彩色綬帶等飾物，借指官職。杜甫客堂：「居然綰章紱，受性本幽獨。」

編年 據題繫年。朱熹離任在閏三月二十七日，見下山北紀行詩。

游天池 淳熙八年四月四日

三年落星渚，北望天池山。臨風幾浩嘆，欲往無飛翰。今朝復何朝？陟此青雲端。高尋已奇絶，俯瞰何其寬！西窮濂溪原①，東盡湓城關②。渺然滄波外，淮山碧連環。我意殊未極，更思出塵寰。何當駕輕鴻，八表須臾間③？視此長江水，滔滔儻西還。

解題 本篇首游天池，北望淮甸，心潮起伏，寄託了渴望統一中原的無限感慨。

注釋 ①濂溪：水名。周敦頤居廬山，蓮花峰下有溪合於湓江，因取湖南道縣舊居濂溪之名名之，并以自號。

②湓城：古城名，即湓口，爲湓水入長江之處。漢灌嬰嘗於此築城，故址在今江西九江縣西。

③八表：八方之外，指極高遠之處。三國魏明帝苦寒行：「遺化布四海，八表以肅清。」

編年 本篇南康罷官歸途所作，參下山北紀行篇。

評論 朱子可聞詩集卷二：「天池西嶔崟」，前紀行詩已說過，而復作此一篇者，前紀事，此詠懷。口中說天池，而意中實念朝廷也。傳稱先生愛君之誠，每願見上以罄平生之蘊。史浩初薦，惜爲衆阻，外守南康，然猶有任滿奏事之旨。今復不獲，解組東歸，此所以臨風幾浩嘆也。通篇都是寄託。按離騷注云：「咸池，日浴處，一名天池。」篇中借此寓意。末段又即屈子所謂「周流乎天余乃下」也。

觀野燈 淳熙八年四月四日

飛螢腐草尋常事，作底兹山獨耀芒？須信地靈資物化①，金膏隨處發明光②。

解題 野燈，又叫神燈、聖燈，俗稱鬼火，即燐火。本篇以地氣解釋野燈現象，反映了作者一定的科學意識。

注釋 ①地靈：土地山川的靈秀之氣。韓詩外傳卷八：「惟鳳爲能通天祉，應地靈。」資：助。物化：事物的變化。莊子齊物論載莊周夢蝶的故事，云：「此之謂物化。」

②金膏：道教傳說中的仙藥，所在發光。謝靈運湖中：「金膏滅明光，水碧輟流温。」

編年 觀野燈乃在天池院西，歸途所經，見後篇。

山北紀行十二章章八句 淳熙八年四月

祇役廬山陽，矯首廬山陰。雲峰不可覩，碧澗何由尋？昨朝解印章，結友同窺臨。盡彼巖壑勝，滿兹仁知心。予以閏月二十七日罷郡，是夕出城，宿羅漢。二十八日宿白鹿，二十九日登黄雲觀，度三峽，窺玉淵，憩西澗，飲西原，宿卧龍。四月一日過開先，宿歸宗。二日浴湯泉，入康王谷，觀水簾，宿景德觀。三日與清江劉清之子澄、永嘉張揚卿清叟、尋陽王阮南卿〔一〕、周頤龜父、長樂林用中擇之、洛陽趙希漢南紀、會稽陳祖永慶長、武當祁真卿師忠、温陵吴兼善仲達、廬陵許子春景陽、新安胡莘尹仲、建安王朝春卿、長樂余隅占之、陳士直彦忠、黄榦季直、臨淮張彦先致遠、會稽僧志南明老俱行。窺臨事若何？請從圓通説。逶迤山門路，悄蒨修篁列。溪仍侯家名，屋是孱王設①。何救黍離歌？喟焉傷覆轍。圓通寺地名侯溪，本侯氏所居，李後主取以爲寺。無它奇，但門徑竹木深茂可觀耳。行逢石門雨，解驂寒澗東。朝隮錦繡谷，俯仰春冥濛。懸泉忽淙琤，雜樹紛青紅。屢憩小亭古，幽探思無窮。石門澗正在天池山下，有小庵三四。是夕宿所謂廣福庵者。來日登山，道錦繡谷，再過小橋。橋皆有亭，上又有亭基二〔二〕，小亭一。竦身長林端，策足層崖表②。仰瞻空界闊，俯嘆塵寰小。天池西嶔崟〔三〕，佛手東窈窕。杖屨往復來，凴軒瞰歸鳥。盡錦繡谷，登山稍高，無復林木。坡陀而上，至天池院，在小峰絶頂，乃有石池，泉水不竭。東過佛手巖，石室嵌空，中有井泉，僧緣崖結架以居。下臨錦繡谷，又有石榻，名遠公講經臺。斯須暮雲合，白日無餘暉。金波從地涌③，寶焰穿林飛。僧言自雄誇，俗駭無因依。安知本地靈，發見隨天機。天池院西數步有小佛閣，下臨絶壑，是游人請燈處④。僧云燈非禱不見，是日不禱而光景明滅，頃刻異狀。諸生或疑其妄，予謂僧言則妄，而此光不可誣。豈地氣之盛而然耶？深尋兩林間，清波貫華屋。蓮社有遺踪⑤，草堂非舊築。修廊餘故刻，好醜雜珉玉⑥。亦復記經行，深慚後人讀。五日下山，至東、西林兩寺，相去不百步。一溪清駛，橫貫其間，皆自方丈前廊廡下過，他處所無有也。白蓮池在東林法堂前，白公草堂基在寺東⑦，久廢。近歲復創數椽，制殊狹陋，然亦非其正處矣。是日題名，屬寺僧刻於咸通莊田記石⑧。行軒復東騖，祠城當晚游⑨。胡然冠蓋集⑩，不盡心期幽。夜厭百谷喧，旦失千峰稠。出門有遺恨，回首空綢繆。晚至太平興國宮，唐九天使者祠也。江州教授翁名卿載酒肴與鄉人游應和、歐景文及其諸生二十餘人皆至。山水誠乃奇，云誰究終始？曇遠亦何人⑪？神君豈其鬼⑫？東西妄采獲，誣謟共恢詭⑬。百世踵謬訛，彝倫日頹圮⑭。東林慧遠雜取孔、老之言以附佛學，嘗著沙門不敬王者論。唐明皇自言親見使者降於殿庭，因立此宮，而群臣造爲妖妄以迎合者甚衆。本朝仍賜宮額、神號，置提舉官云。以兹游覽富，翻令懷抱傷。誰哉可告語？舉俗昏且狂。乾坤有真心，日月垂休光。茫茫宇宙內，此柄孰主張？北度石塘橋，西訪濂溪宅。喬木無遺株，虛堂唯四壁。竦瞻德容睟⑮，跪薦寒流碧。幸矣有斯人，渾淪再開闢。平生勞仰止，今日登此堂。願以圖象意⑯，質之巾几傍⑰。先生寂無言，賤子涕泗滂。神聽儻不遺，惠我思無疆。六日，拜濂溪先生書堂遺像，子澄請爲諸人説太極圖義〔四〕。先生之曾孫正卿、彦卿、玄孫濤爲設食于光風霽月之亭。明晨江磯寺，尊酒聊對設。孰是十日游〔五〕，遽成千里別！英僚樹嘉政，素友厲孤節。努力莫相忘，清宵共明月！七日，薛洪持志、王仲傑之才携酒自南康來。飲罷，與張、陳、趙南還軍。子澄、許、張歸廬陵，南卿〔六〕、龜父還家，擇之之湖南，予與王、余、陳、黄東度湖口而歸⑱。

解題　本篇是朱熹詩作中篇幅最長的一首。「盡彼巖壑勝，滿兹仁知心」是全篇之綱，圍繞這個綱，作者記叙了最後一次游覽廬山之南和首次游覽廬山之北的經歷，記述了與朋友門人講論、拜謁周敦頤故居等學術活動。全篇夾叙夾議，充斥着較濃的理學氣息。

校記

〔一〕尋：原作「潯」，據宋閩、浙本改。
〔二〕上：原作「下」，據右引改。
〔三〕嶔崟：考異云一作「嵯峨」。
〔四〕人：原作「生」，據宋閩、浙本改。
〔五〕孰：考異云一作「云」。
〔六〕卿：原作「鄉」，據宋閩本改。

注釋

①孱王：懦弱的君王。史記張耳陳餘列傳：「吾王孱王也。」裴駰集解引孟康曰：「冀州人謂懦弱爲孱。」南唐後主李煜好聲色，胸無大志，苟延求存，以至亡國，故稱之。
②策足：謂騎馬代步行進。文選古詩十九首今日良宴會：「何不策高足，先據要路津。」高足指驛傳所設上等馬。
③金波：謂月光。漢書禮樂志：「月穆穆以金波，日華燿以宣明。」顏師古注：「言月光穆穆，若金之波流也。」
④燈：野燈，俗稱鬼火，即燐火。
⑤蓮社：指東晋高僧慧遠與慧永等十八人於廬山東林寺所結白蓮社，見晋無名氏蓮社高賢傳。
⑥珉玉：似玉的美石與真玉，喻好壞優劣。鮑照見賣玉器者：「涇渭不可雜，珉玉當早分。」
⑦白公：白居易。其草堂乃元和十一年貶江州司馬時建。
⑧咸通：唐懿宗年號。
⑨祠城：祀神之處。史記封禪書：「其神或歲不至，或歲數來，來也常以夜，光輝若流星，從東

南來集於祠城。」

⑩冠蓋：官員的禮帽和車蓋，代指仕宦者。史記魏公子列傳：「平原君使者冠蓋相屬於魏。」

⑪曇遠：即慧遠。曇，又稱「曇摩」、「達摩」等，梵語譯音，意爲法，佛法。僧人常用爲其名之組成部分。

⑫神君：神靈，神仙。韓非子説林上載蛇將遷，有小蛇謂大蛇曰：「子行而我隨之，人以爲蛇之行者耳，必有殺子；不如相銜，負我以行，人以我爲神君也。」此句駁唐明皇等異説，言不可能有什麼九天使者。

⑬誣謟：虚妄荒誕。顔之推顔氏家訓養生：「神仙之事，未可全誣。」荀子性惡：「其言也謟，其行也悖。」梁啓雄釋：「謟，誕也。」恢詭：荒誕怪異。劉禹錫和韓十八侍御見示岳陽樓別竇司直：「鵾鵬疑變化，罔象何恢詭！」

⑭彝倫：常理，常道。尚書洪範「我不知其彝倫攸叙」蔡沈集傳：「彝，常也；倫，理也。」此主要指社會倫常。

⑮睟：潤澤貌。孟子盡心上：「其生色也，睟然見於面。」趙岐注：「睟然，潤澤之貌也。」

⑯圖象：指周敦頤所作太極圖及太極圖説。朱熹有太極圖説解。

⑰巾几：巾與几案，泛指日常起居用品。杜甫昔游：「暮升艮岑頂，巾几猶未却。」

⑱湖口：縣名，即今江西湖口縣。

編年 見本篇及注。

評論 （日）山崎嘉山崎闇齋全集垂加文集中之三跋山北紀行：右山北紀行，朱晦翁之所作也。夫詩之慰人也，難乎正而易乎流矣。嗚呼！大賢遊覽之興、感慨之心，發於言，示於人，其性情之正可以想見焉。因三復誦之云，「滿兹仁知心」，然後「清霄共明月」，則斯不流矣。齋院氏之子自幼讀書，頃點此十二章來，珍重視之。余嘉其志所之，乃爲之跋，且告曰：嘗閲明人編周濂溪書，往往收此第五章於彼者，誤也。其亦識之哉。敬義跋。

朱子可聞詩集卷二：十二章，前首是冒，後首是結。前六首歷叙諸山，所謂「盡彼巖壑勝」。後六首歸重到濂溪上，所謂「滿兹仁知心」。一章大開大合，洗盡悠悠之談，爲山水闢一光明世界。

鳳逸云：每首前後起伏照應，中間陡接，即從上直入，或於結處作一小住，下首脱卸，别開生面。又於極平中忽轉入勝，仍不失叙事之體。而崇正黜邪意，即從情景中曲曲傳出，十二章成一章也。

石洲詩話卷四：朱子山北紀行十二章并注，觀之可抵一篇游廬山記。

朱熹文集編年評注卷八

詩

買船至演平拜建康劉公墓下遂入城假館梅山堂感涕有作淳熙八年七月

維舟新曆口①，步上秣陵阡②。高丘忽嵯峨，宿草迷荒煙。拜起淚再滴，哀哉不能言。驅車旦復東，借此虛堂眠。念昔堂中人，經營幾何年。一旦舍之去，千秋不言還。露井益清渫③，風林更修鮮。思公獨不見，涕下如奔川。感慨西州門④，愴恨山陽篇⑤。晤嘆日隱樹，悲歌月當軒。堂堂忠孝心，終古諒弗諼。尚與吳門子⑥，歸來故山巔！

解題 演平，地名，在甌寧縣境。建康劉公，劉珙。珙知建康府，卒於任。梅山堂，劉珙甌寧之宅堂名，以縣有梅仙山，故稱。劉珙葬時，朱熹因赴任南康，未能往會。至此因事至建寧府，方哭其墓。

注釋 ①新曆：甌寧縣地名。朱熹觀文殿學士劉公神道碑：「遂奉公柩葬於建寧府甌寧縣豐樂里新歷之原。」

②秣陵：地名，在今江蘇江寧縣，楚之金陵，三國吴之建業，宋屬建康府。此代指劉珙。

③渫：潔净。易井卦：「九三，井渫不食。」朱熹本義：「渫，不停污也。」

④西州：古城名，東晋置，故址在今江蘇南京市。晋書謝安傳載，安死後，其甥羊曇醉至西州城門，慟哭而去。後以爲悼亡之典。

⑤山陽：古縣名，故城在今河南修武縣境。魏晋之際，向秀等人嘗聚居此地，爲竹林之游。後秀再過其處，聞鄰人吹笛而追念亡友嵇康、吕安，因作思舊賦。山陽篇指此。

⑥吴門子：指漢梅福。相傳福嘗隱爲吴市門卒，後成仙。甌寧之梅仙山，傳説即其升天處。

編年　劉珙葬時，朱熹因已起身赴任南康，未能往會。臨行前作又祭劉共父樞密文云：「迫此詔除，懇辭未獲，義當引道，以俟報聞……輀車之行，不遑祖送，敢持薄奠，以訣終天。」淳熙八年歸自南康後，朱熹嘗於秋七月至甌寧。文集卷三十四答吕伯恭末書云：「比一至郡中，鄭守時已久病，應接甚費力。」既至甌寧，無不一哭珙墓之理。本篇即應作於是時。

晚雨凉甚偶得小詩請問游山之日并請劉平父作主人二首 淳熙八年

幾年不踏仙洲路，夢入青藤古木間。好趁新秋一番雨，晝寒亭下弄潺湲。

廬阜歸來秖短筇，解包茶茗粗能供。若須載酒邀賓客〔一〕，付與屏山七者翁〔二〕。

校記　〔一〕客：淳熙本作「去」，考異所引别本同。

〔二〕付與：右引作「分付」。者：原作「老」，據淳熙本、宋閩、浙本改。

編年 二詩作於南康初歸時，詩意甚明。朱熹游密庵記、前篇所引答吕伯恭書可見此游始末。

評論 朱子可聞詩集卷五：世俗游山，每以雨阻。先生偏欲趁雨游山，真雅人深致也。又嘗與黄子厚一札，羡伯恭經行上嵐，適值風雨，尤快心目云。

宿密庵分韻賦詩得衣字 淳熙八年七月

不到仙洲歲月移，携壺特地款巖扉。已驚素雪清人骨，更喜蒼煙染客衣。新賞不妨頻徙倚，舊題何事獨嘘嚱？明朝驛騎黄塵裏，莫待迷塗始賦歸。

解題 本篇表現了對誤入宦途的追悔與脱去樊籠的慶幸。

編年 此與上篇先後之作甚明。

讀子厚步月詩時方聞吕伯恭訃後數日賦此 淳熙八年八月

晚步曲池上，西風吹我裳。仰觀天宇闊，愛此明月光。念我素心人，眇焉天一方。没者永乖隔，存者爲參商。飄零百歲期，寂寞幽鬢霜。還坐三太息，高林鬱蒼蒼。

編年 吕祖謙卒淳熙八年七月二十九日，據以繫之。

次子厚秋懷韻 淳熙八年八月

秋風何方來？爲我滌殘暑。庭梧亦何與①？索索終夜雨。冥思感物變，念此離索苦。浩蕩信莫量，幽紛那得睹②。丁年舍我去③，憔悴故其所。廓落濟時心④，頽然復安取⑤？永懷平生友，夢想見眉宇。今晨枉秀句，爛若朝霞舉。去去同采芝，高軒坐凝佇。

解題 本篇和黄銖所寄詩卷，仍懷摯友吕祖謙。

注釋 ①何與：猶言何干。宋周密齊東野語方巨山争體統：「此守臣職也，於都吏何與焉？」

②「浩蕩」二句：言天意難測。浩蕩：謂乾坤之廣大。幽紛：謂天道之精微。柳宗元天對：「本始之茫，誕者傳焉。鴻靈幽紛，曷可言焉。」以下六句懷吕祖謙。

③丁年：男子成丁之年，壯年。文選李陵答蘇武書：「丁年奉使，皓首而歸。」吕祖謙卒年四十五。

④廓落：寬弘。宋葉夢得避暑録話卷上：「鎬風儀偉岸，廓落有大志。」

⑤頽然：坍塌貌。宋葉適高夫人墓誌銘：「夫人已歸，則廢寺頽然。」

編年 本篇懷吕祖謙，乃承前篇之後而作。

評論 朱子可聞詩集卷一：如此寫秋懷，蒼凉慨慷，如讀九辯五章。先生序黄子厚詩能以楚聲古韻爲之，凌厲頓挫，幽渺回鬱，使聞者感激慨嘆，或至泣下。此篇次子厚韻，故即懷其人，而詩遂效其體，猶昌黎效其徒郊、島諸體也。

黎嶺西南水石佳處不減廬阜戲呈子厚 淳熙八年八月

谷深石瘦水潺潺，便是楞伽折桂間。珍重下邳圯上客①，一年幾度到廬山？

解題 本篇見故鄉山水而思廬山，盼友人黄銖勤歸五夫舊居。黎嶺，在五夫里，爲建寧之望山。

注釋 ①下邳：秦縣名，故地在今江蘇宿遷縣境。圯：橋。「下邳圯上客」原指秦時隱士黄石公，此取其姓黄隱士之義而代指黄銖。

編年 本篇懷廬山風光，盼黄銖勤歸五夫，顯然也爲南康初歸時作。

讀子厚詩卷用其卒章晨起之韻作詩寄之 淳熙八年八月

晝永倦殘暑，宵分喜新涼。天雞一振翼①，爛爛曉月光。病榻感虚徐②，中庭起翱翔。懷哉穀城子，物外久不忙。掩抑琴調希③，激烈歌聲長。契闊恨清賞，佳期未渠央。緘詞託歸鳥④，側佇何能忘⑤！

注釋 ①天雞：神話中天上的神雞。南朝梁任昉述異記卷下：「東南有桃都山，上有大樹，名曰桃都，枝相去三千里。上有天雞，日初出照此木，天雞則鳴，天下雞皆隨之鳴。」

②虚徐：從容舒緩。詩經邶風北風「其虚其邪」朱熹集傳：「虚，寬貌。邪，一作徐，緩也。」

③掩抑：形容聲音低沉。白居易琵琶行：「弦弦掩抑聲聲思，似訴平生不得意。」希：稀疏。論語先進：「鼓瑟希，鏗爾，舍瑟而作。」

④緘：書信。白居易初與元九别後忽夢見之：「開緘見手札，一紙十三行。」

⑤側佇：側身佇待，謂渴盼。杜甫壯游：「群凶逆未定，側佇英俊翔。」

編年 據時令及詩意，此詩也應與以上數篇同時所作。

登廬峰二首 淳熙八年八月

循磵躋危磴，披雲得勝游。蓬茅增舊葺，竹樹喜新稠。夢想三秋別，徘徊十日留。餘年端可料，此地欲長休。

佳友紛來集，欣然會宿心。風泉陪徙倚，雲月共窺臨。雅唱情俱勝，微言思獨深。兹游非逸豫①，邂逅得良箴。

注釋 ①逸豫：猶安樂。詩經小雅白駒：「爾公爾侯，逸豫無期。」余冠英注：「逸豫，安樂也。」

編年 據第一首，知本篇作在南康初歸時。

廬峰次韻 淳熙八年八月

澗水流千仞，巖姿起萬般。扶藜雖有興，駐屐諒難安。好客能同趣，群峰肯縱觀。蒼茫却無際，誰與話愁端？

解題 朱熹作此詩時，已知有浙東提舉新命，退隱之志難遂，本篇表現了作者的無盡愁思。

編年 朱熹歸自南康，當年八月，除浙東提舉。由於本路災情嚴重，未敢推辭，隨即上道。詩中「扶藜」二句，應爲朱熹聞有此命後自料不得不出之言。

評論 朱子可聞詩集卷三：此首全是虚摹，言廬峰之妙，巖姿萬般。我將欲遍窮山中佳景，有其興無其具，有其具無其侶，而且蒼茫無際，徒令人可望不可即也。中四句皆以虚字作眼，極力斡旋，曰「能」、曰「肯」，難之之辭也。

次瑞泉詩韻 淳熙八年八月

興懷來賞趣，對景却忘言。偶與同游客，行逢幽澗原。淺泓排積腐，暗竇溢流渾①。終待寒泉食②，無憂水鏡昏。

解題 瑞泉，在雲谷，朱熹有寄雲谷瑞泉庵主詩。游歷過程中，雨後流潦的景象觸發了作者的人生感慨。面對即將出仕的無奈，作者更增加了對山林與世無争生活的留戀。

注釋 ①「淺泓」二句：以雨後流潦的景象喻仕途的污濁險惡。淺泓：一泓淺水。暗竇：暗溝。周禮考工記匠人「竇其崇三尺」鄭玄注：「宫中水道。」孫詒讓正義：「竇若今陰溝，穿地爲之，以通水潦者。」

②寒泉食：指飲井水，喻高潔的隱居生活。語出易井卦：「九五，井洌寒泉，食」。左思招隱詩之二：「前有寒泉井，聊可瑩心神。」

編年 觀詩意，知與上二篇同行所作。

五禽言和王仲衡尚書 淳熙九年夏

提胡蘆，沽美酒，春風浩蕩吹花柳。不用沙頭雙玉瓶①，鳥歌蝶舞爲君壽。只今一醉是君恩〔一〕，昨日之愁愁殺人。

不如歸去，孤城越絶三春暮②。故山只在白雲間，望極雲深不知處。不如歸去不如歸，千仞岡頭一振衣。

泥滑滑，泥滑滑，秦望雲荒鏡湖闊③。緑秧刺水水拍堤，牙旗畫舸凌風發。使君行樂三江頭，泥滑水深君莫憂。

脱袴脱袴，桑葉陰陰墻下路。回頭忽憶舍中妻，去年已逐它人去。舊袴脱了却不辭，新袴知教阿誰做？

麥熟吟〔二〕，去年種麥有德音④。秖今種熟誰快活〔三〕？種者已卧官墻陰。仁公有政惠存歿，肯使催租更隳突⑤！

解題　淳熙八年，浙東大饑荒。朱熹危難受命，出任浙東提舉。自上任之日起，即全力投入賑災。本篇爲救災告一段落之後作，首詩頌揚皇上之恩，次詩自言歸隱之志，三詩美王希吕之政，四詩憐災民之苦，末詩請王希吕體恤災民。禽言，詩體名，以禽鳥名隱入詩句，象聲取義，以抒情寫態。蘇軾有五禽言。王仲衡，名希吕，居嘉興。乾道五年進士，累官吏部尚書，出知紹興府，宋史有傳。朱熹置司紹興，蓋與之共事。

校記　〔一〕一：原缺，據淳熙本補。

〔二〕右引此句上尚有「麥熟吟」三字。

〔三〕種：正訛改作「麥」。

注釋

①沙頭：沙灘邊。玉瓶：瓷酒瓶的美稱。杜甫醉歌行：「酒盡沙頭雙玉瓶，衆賓皆醉我獨醒。」

②越絶：越地的邊境。唐司空曙奉和常舍人晚秋集賢即事寄徐薛二侍郎：「地遠姑蘇外，山長越絶東。」紹興乃春秋越國之都。

③秦望：秦望山在紹興府治，今浙江紹興縣東。雲荒：形容歲月久遠，杳無人迹。歐陽修贈沈博士歌：「雲荒石老歲月侵。」鏡湖：也在紹興府，東漢時太守馬臻建，以水平如鏡得名。

④德音：指施惠寬恤之詔，恩詔。白居易杜陵叟：「白麻紙上書德音，京畿盡放今年税。」

⑤隳突：橫衝直撞。柳宗元捕蛇者説：「悍吏之來吾鄉，叫囂乎東西，隳突乎南北，譁然而駭者，雖雞狗不得寧焉。」

編年

據嘉泰會稽志卷二，王希吕淳熙八年九月至十年八月在紹興任，而朱熹淳熙八年十二月至任，九年九月罷歸。本篇所記皆春夏間事，故知作在九年。

評論

一　朱子可聞詩集卷二：如此小題，一飲一醉，亦歸到君恩上，是對王尚書言，亦見自己身分。若戴昺此題詩：「沽酒沽酒有酒沽，生前不飲真愚夫。」但只效禽言説吃酒耳。

二　朱子可聞詩集卷二：即梅聖俞「不如歸去春山暮，人言有翼可歸飛，安可悲啼向高樹」意而暢之，但梅四禽言皆借禽口中寄意，此則直就人意内生情。

三　朱子可聞詩集卷二：此鷓鴣之類。元梁棟四禽言改作「行不得也哥哥」。題本凄凉，語偏濃至，欲使君行樂時一深念也。意王時爲會稽太守，秦望、鏡湖及錢清江、曹娥江、浣紗江爲三江，皆會稽山水。

四　朱子可聞詩集卷二：東坡云：「士人謂布穀爲脱却布袴。」不從布袴生發，却以鄙事戲語曲狀民間苦情，翻令讀者愴然色變，風謡之遺也。

五　朱子可聞詩集卷二：此鳥云麥飯熟，即快活。妙從麥熟推出快活處并所以快活來，歸美王公，通前作一結局。

酬黄子厚見訪歸途惠詩韻 淳熙九年九月

櫪驥倦千里，籠鶴思九皋。念昔田舍日，不知山林高。一朝逢世紛，故丘得潛逃。平生棲遁志，兹焉始堅牢。故人穀城翁，高情北窗陶。亦復喜我歸，巾車款林巢。申旦更離闊①，中情重忉忉②。

解題　朱熹在浙東任上彈劾貪官而得罪權臣，遭到冷遇，悔恨交加，耿耿於懷。本篇即反映了這種刻骨銘心，誓不再出的心情。

注釋　①申旦：通宵達旦。楚辭九章思美人：「申旦以舒中情兮，志沈菀而莫達。」

②忉忉：憂思貌。詩經齊風甫田：「無思遠人，勞心忉忉。」毛傳：「忉忉，憂勞也。」

編年　「一朝」以下四句，觀作者平生仕歷，只能是指浙東之罷。前淳熙八年與黄銖唱酬并未言及矢志不出，也未見銖來訪。朱熹九月十二日離浙東任，一路訪友，至家當在下旬矣。

游密庵分韻賦詩得清字 淳熙九年十月

誤落塵中歲序驚，歸來猶幸此身輕。便將舊友尋山去，更喜新詩取意成。暖翠乍看渾欲滴，寒流重聽不勝清。個中有趣無人會，琴罷尊空月四更。

解題 本篇也爲浙東失意而歸後作。

編年 據首二句及原集編序，本篇也當淳熙九年歸自浙東後作。

游密庵得空字淳熙九年十月

欲覓仙洲路，須乘萬里風。飲泉雲出岫，卧嶺月流空。永夜渾無寐，悲歌莫與同。起來殘樹影，清絶小樓東。

解題 本篇描寫了作者月夜山寺的孤寂與凄切。

編年 將此詩與上篇對讀，其地點、時令、心境皆一致，故應爲同游所作。

評論 朱子可聞詩集卷三：「仙洲即蘆山，密庵約在山之半。先生古詩『蘆山一何高，新齋小休憩』，即此也。此詩言欲上蘆山高處，須待明朝乘萬里風。是時飲泉卧嶺，但向密庵一宿。雲出岫，月流空，永夜無人，已不覺其境之清絶矣。」

昨爲許進之書胎仙字因以名其室或疑欠舞字者故作此以解之淳熙中

寒山寒月冷颼颼〔一〕，隻影孤桐萬里游。帝樂夢回三叠遠，胎仙舞罷一簾秋①。未愁悄寂無人會，只恐蹁蹮不自休②。却笑蕊珠何處所〔二〕？兩忘蝴蝶與莊周③。

解題 許進之，名閎，其冬夜携琴訪朱熹於山間事已見卷一招隱操。本篇乃此行所作，詩中解釋了爲何只書「胎仙」而不加「舞」字，借題發揮，戒學者不要荒於小伎，玩物喪志，甚而流於道家神仙之妄。

校記

〔一〕寒山寒月：淳熙本作「虚堂夜静」。

〔二〕却笑、珠：右引作「堪嘆」、「宫」。

注釋

①「帝樂」二句：寫許閎撫琴曲終的情形。帝樂：指琴曲。相傳古琴爲神農所創，神農爲三皇之一，故稱。見太平御覽卷五百七十九引桓譚新論。夢回：夢醒。言琴聲優美，令聽者如癡如夢。三疊遠：言餘音漸逝。胎仙：鶴的别稱。鶴稱仙禽，相傳胎生，故名。道教以爲胎靈大神或胎真。黄庭内景經上清章：「琴心三疊儛胎仙。」以上二句化用其意。

②「未愁」二句：釋不加「舞」字之由。言學以爲己，人不知不妨，荒於小伎而不知返乃堪憂。

③「却笑」二句：因書胎仙，故斥神仙之妄，以除學者之疑。蕊珠宫：道家傳説中的仙宫。周邦彦汴都賦：「蕊珠、廣寒，黄帝之宫。」莊子齊物論記莊周夢蝶事，言：「不知周之夢爲胡蝶與，胡蝶之夢爲周與？」後以「莊周夢蝶」比喻虚幻之事。此言道家妄説至人蝶不辨，可見其荒誕之至。

編年

本篇與卷一招隱操先後之作，將二篇對讀可知。參見該篇所考。據原集編序，疑本篇即作於淳熙九年前後。

評論

朱子可聞詩集卷四：許進之工於琴，故有「孤桐遠游」之句。先生嘗作書勸進之隨緣處順，則此詩明是借欠舞意諷其不當遠游也。帝庭奏曲，仙鶴來儀，然亦夢回而舞罷矣。悄寂處正可理會，徒日蹁躚何爲。庾子山云：「雖言夢蝴蝶，定自非莊周。」况蕊珠宫何等高遠，人生豈可於夢境執著，而栩栩不自休乎。此詩非止以解或之疑，實以解進之之迷也。

正月五日欲用斜川故事結客載酒過伯休新居風雨不果二月五日始克踐約坐間以陶公卒章二十字分韻熹得中字賦呈諸同游者（淳熙中）

玄景凋暮節①，青陽變暄風②。忽尋斜川句，感此勝日逢。駕言當出游，一寫浩蕩胸。雲物疑異候，凄迷久連空。今朝復何朝？頓覺芳景融。疇曩庶復踐，鄰曲歡來同。伊雅一籃輿，連翩數枝筇。緑野生遠思，清川照衰容。遥瞻西山足③，突兀彌畝宫④。庭宇豁清曠，林園鬱青葱。於焉一逍遥，芳樽間鳴桐。既爵日樹隱⑤，班荆汀草豐⑥。纖鱗動微波，新荑冠幽叢⑦。惆悵景易晏，徘徊思無窮。願書今日懷，遠寄柴桑翁⑧。仰止固窮節，愧兹百年中。

解題 斜川，地名，在南康軍星子縣境。陶淵明嘗以正月五日往游焉，後遂以是日攜友載酒出游爲故事。伯休，姓方，已見卷六。淵明游斜川詩末章二十字爲：「中觴縱遥情，忘彼千載憂。且極今朝樂，明日非所求。」本篇記二月踏春之游，充滿着對陶潛高潔情懷的景仰。

注釋

①玄景：黑色的景象，指烏雲籠罩。暮節：農曆十二月。初學記卷三引梁元帝纂要：「十二月季冬，亦曰暮冬……暮節。」

②青陽：指春天。尸子仁意：「春爲青陽，夏爲朱明。」暄：暖。

③西山：在崇安縣西，見八閩通志卷六。

④彌畝宫：占地方一畝的房屋。晋書索襲傳：「宅不彌畝而志忽九州。」

⑤既爵：飲盡杯中之酒。儀禮鄉射禮：「坐祭，立飲，不拜既爵，受主人爵，降，復位。」鄭玄

注：「既，盡。」

⑥班荆：左傳襄公二十六年載，楚伍舉與聲子友善，二人「遇之於鄭郊，班荆相與食，而言復故」。杜預注：「班，布也。布荆坐地，共議歸楚，事朋友世親。」後以「班荆」泛指朋友共坐談心。

⑦荑：茅的嫩芽，泛指草木新生的葉芽。詩經邶風静女：「自牧歸荑，洵美且異。」毛傳：「荑，茅之始生也。」

⑧柴桑翁：指陶潛。潛南康故里近柴桑山，故名。

編年 未詳。然卷六方伯休與朱熹游在淳熙五年，此作新居於崇安，參之原集編序及「青川照衰容」、「愧兹百年中」等句，本篇應作在淳熙中。其時朱熹尚未遷居建陽。

次吕季克東堂九詠淳熙十年夏秋間

野塘小隱

傳得希夷九卦圖①，歸來不復夢榮途。野塘竟日無人到，讀盡床頭種樹書。

敬義堂

高臺巨榜意何如？住此知非小丈夫。浩氣擴充無内外②，肯誇心月夜同孤？

方拙寮

一室歸來萬事新，窗間横竹掛朝紳③。九流未讓圜機士④，四海寧慚巧宦人〔一〕⑤？

吟哦室

蒲團竹几睡曹騰〔二〕⑥，客問君今幾折肱⑦？身世兩忘無可答〔三〕，起尋詩句繞階行。

愛蓮

聞道移根玉井旁，開花十丈是尋常。月明露冷無人見，獨爲先生引興長。

月臺

臺上無人伴苦吟，歸鴉過盡日西沉。須臾玉匣開塵鏡⑧，却有孤光共此心。

菜畦

雨餘菜甲翠光匀⑨，杞菊成畦亦自春。骨相定知非食肉，可能長伴個中人〔四〕？

海棠屏

蜀樹成行翠作圍，花開時節更芳菲。主人夢亦尋春去，栩栩深穿錦障飛⑩。

橘堤

君家池上幾時栽？千樹玲瓏亦富哉。荷盡菊殘秋欲老，一年佳處眼中來。

解題 吕季克，名勝己，邵武人。工詩書，嘗從張栻、朱熹講學。仕至知沅州，貶罷，遂不復出。東堂，勝己隱居處，在邵武樵嵐之積善山，見嘉靖邵武府志卷九。本篇組詩題詠勝己宅中九景，贊其情趣之高。

校記 〔一〕海：淳熙本、宋浙本作「至」。

〔二〕睡：淳熙本作「夢」。

〔三〕兩：淳熙本作「相」，考異所引別本同。

〔四〕伴：淳熙本作「作」。

注釋 ①希夷：指宋高士陳摶。摶先後隱居武當山、華山，宋太宗賜號希夷先生。著有先天圖，言易之象數。又著指玄篇，言導養還丹之事，爲道家所重。宋史有傳。九卦圖：即九宫圖，陳摶於其龍圖易中提出的「龍圖三變」第三變二圖之一，劉牧稱爲河圖。

②「浩氣」句：用孟子公孫丑上、易坤卦語論學，言當持養浩然之氣，擴充仁智之心，内外兼顧，

不可偏廢，有微正勝己一偏之意。「君子敬以直内，義以方外」，坤卦語，勝己名堂取此。

③朝紳：束朝服的大帶。韓愈、孟郊會合聯句：「朝紳鬱青緑，馬飾曜珪珙。」

④九流：形形色色的人物。唐薛逢送西川杜司空赴鎮：「莫遣洪罏曠真宰，九流人物待陶甄。」此指衆庸碌之輩。圜機士：見解超脱，圓通機變之士。此美吕勝己。圜，同「圓」。王通中説周公：「安得圓機之士，與之共言九流哉。」

⑤巧宦人：善於投機取巧、鑽營圖進的做官者，言其布滿天下，恬不知耻。

⑥瞢騰：形容模模糊糊，神志不清。唐韓偓馬上見：「去帶瞢騰醉，歸成困頓眠。」

⑦折肱：折斷手臂，喻遭受挫折。左傳定公十三年：「三折肱知爲良醫。」謂多次折斷手臂，就能懂得醫治斷臂之法。

⑧玉匣：玉製的匣子，此指梳妝用的鏡匣。開塵鏡：比喻月出。宋王直方詩話載盧多遜賞月詩云：「太液池邊月上時，好風吹動萬年枝。誰家玉匣新開鑑，露出清光些子兒？」

⑨菜甲：菜初生的葉芽。杜甫有客：「自鋤希菜甲，小摘爲親情。」

⑩栩栩：歡悦自得貌。莊子齊物論：「昔者莊周夢爲胡蝶，栩栩然胡蝶也。」成玄英疏：「栩栩，忻暢貌也。」錦障：錦繡步障，屏風。王勃春思賦：「錦障縈山，羅幃照野。」

編年

本篇爲吕勝己罷官歸隱之初所作，讀詩可知。勝己官終知沅州，其放罷在淳熙八年。其滿江紅詞有辛丑年假守沅州蒙恩貶罷歸次長沙道中作一題，詞云：「歸計定，歸心迫。驚換歲，猶爲客。」知其人淳熙九年初尚在湖南。而朱熹是年九月方自浙東歸，迨其葺居有成而詠之，當已在十年矣。此與原集次序也合，據以繫之。據詩中所言，似當在夏秋間。

評論　吟哦室　朱子可聞詩集卷五：「折肱」二字，雖借用左傳，而大旨却從「曲肱而枕」來。觀下「身世兩忘」四字可見。末句煞到吟哦，蓋喜斯陶，陶斯詠矣。

海棠屏　朱子可聞詩集卷五：鄭都官海棠詩：「朝睡暮吟看不足，羨他蝴蝶宿深枝。」猶是身在花外，而有羨於蝴蝶也。此則更採莊周夢蝴蝶意，直將主人化爲蝴蝶説，真想入非非矣。鳳逸云：坡詩「只恐夜深花睡去」，乃是從沉香亭「海棠睡未足」句翻出，此乃云「主人夢去」，更翻新出奇。

橘堤　朱子可聞詩集卷五：起照題吕氏東堂説入，後半全本坡詩，詩云：「荷盡已無擎雨蓋，菊殘猶有傲霜枝。一年好景君須記，正是橙黄橘緑時。」

挽吴給事三首 淳熙十一年

臺省傾群望①，江湖去一麾。語聞三諫切，政有百年思。不盡雲龍會②，還尋霧豹期③。誰知七休詠④，翻入八哀詩！

粤自辭神武⑤，超然絶世紛。前身疏太傅⑥，今日范忠文⑦。圃樹寒留日〔一〕，湖波冷浸雲。懸知千載下，此地想遺芬。

憶昔觀風寄⑧，登堂識老成。忘年見交態，把酒話詩情。别去如三歲，書來忽九京⑨。却思憑檻語，忍遽勒公銘⑩！

解題　吴給事，吴芾。芾嘗官給事中。其卒，子吴洪千里登門，求朱熹爲作神道碑。本篇前二首頌芾之德業，末詩追憶相識交往之情。

校記

〔一〕日：原作「月」，據宋閩、浙本改。

注釋

①臺省：尚書、門下、中書省的統稱。唐三省分别稱中臺、東臺、西臺，合稱「臺省」。杜甫醉時歌贈廣文館學士鄭虔：「諸公衮衮登臺省，廣文先生官獨冷。」

②雲龍會：易乾卦：「雲從龍，風從虎，聖人作而萬物睹。」孔穎達疏：「龍是水畜，雲是水氣，故龍吟則景雲出，是雲從龍也。」後以「雲龍會」喻君臣際會如魚得水。

③霧豹：劉向列女傳陶答子妻載，答子治陶三年，名譽不興，家富三倍。其妻諫曰，能薄而官大，是謂嬰害；無功而家昌，是謂積殃。南山有玄豹，霧雨七日而不下食者，欲以澤其毛而成文章也，故藏而遠害。後以「霧豹」指隱居伏處、退藏遠禍之人。

④七休詠：朱熹撰吴芾神道碑：「至是來歸，遂决終焉之計，乃作『休休』之堂而賦詩焉，自謂有七宜休者。」

⑤粤：語辭。神武：南朝建康皇宫西首宫門名。南史隱逸傳下陶弘景載弘景「家貧，求宰縣不遂。永明十年，脱朝服掛神武門，上表辭禄」。後以「神武掛冠」指辭官歸隱。

⑥疏太傅：漢宣帝時太傅疏廣。在位五年，與其侄疏受俱稱病辭職，日與故舊賓客娛樂。見漢書本傳。

⑦范忠文：范鎮（一〇〇八—一〇八八），字景仁，華陽人。歷官要職，因論王安石新法不合致仕，日與賓客賦詩飲酒。哲宗起爲端明殿學士，固辭不拜。宋史有傳。

⑧觀風：觀察民情。語出禮記王制：「命大師陳詩以觀民風。」寄：寄居。曹丕燕歌行之一：「慊慊思歸戀故鄉，君何淹留寄他方？」朱熹因救荒巡視本路至台州，始見吴芾於其家。其詳載

所作芾神道碑。

⑨九京：本爲春秋晋大夫的墓地，即九原。國語晋語八：「趙文子與叔向游於九京。」韋昭注：「京當爲原。」後也泛指墓地。

⑩「却思」二句：朱熹見吴芾於台州，芾「遂以身後之傳爲託」，是爲神道碑。

編年 朱熹作吴芾神道碑云：「往以使事過公里門，公聞其來，野服以便輿出見，邀於湖上，延坐與飲，論説平生，俯仰感慨，遂以身後之傳爲託。」本篇末首即指其事。朱熹巡歷台州在淳熙九年，詩云「别去如三歲」，知作在十一年。

伏讀雲臺壁間秘閣郎中盤谷傅丈題詩齒及賤名追懷曩昔不勝感涕輒次元韻呈諸同游計亦同此嘆也 淳熙十年冬

提携當日忝忘年，曾向瑕丘獨請前①。喜看玄雲生素壁②，恍疑後學厠先賢③。公游汗漫今何許？我病摧頽久自憐。只有空山無歲月，倚天寒木但蒼然。是日景仁、景初二兄行視卜宅④，亦宿山間，謹并録呈，尤劇悲愴耳。

解題 淳熙十年八月，傅自得卒。是年冬，朱熹專程南下泉州吊之，歷時三月。本篇及以下二十餘篇皆此行所作。雲臺山，在泉州南安縣境。傅自得乾道中嘗爲吏部郎中，除直秘閣。自得河南濟源人，縣北二十里有盤谷。

注釋 ①瑕丘：春秋衛地名。禮記檀弓上載公叔文子登瑕丘，蘧伯玉跟隨。文子曰：「樂哉斯丘也，死則我欲葬焉。」蘧伯玉曰：「吾子樂之，則瑗請前。」此用指昔日從傳自得游雲臺山事，蓋自得或有類似文子之言也。

②玄雲：指墨迹。蘇軾和范子功月石硯屏：「紫潭出玄雲，翳我潭中星。」王十朋集注引趙次公曰：「紫潭言硯，玄雲言墨也。」

③厠：混雜。史記樂毅列傳：「先王過舉，厠之賓客之中，立之群臣之上。」

④景仁、景初：傳自得長子伯壽、次子伯成。卜宅：選擇墓地。禮記雜記上「大夫卜宅與葬日」孔穎達疏：「宅謂葬地。」

編年 朱熹至泉州吊傳自得在淳熙十年十月至十二月，見王懋竑朱子年譜。

評論 朱子可聞詩集卷四：立意重在行視卜宅，故於次句先伏一筆，而大段仍只如題順叙，至末從重歸結。「空山無歲月」十二字，不説事，不説情，但説景，而無限悲愴已在個中，不減西州大慟也。三、四「玄雲」、「素壁」，「後學」、「前賢」，句中自對。

次韻寄題萬頃寒光奉呈休齋先生 淳熙十年冬

閑將歲月老煙汀，更遺詩情到杳冥。游子故應悲舊國①，壯懷那肯泣新亭？一官避世今頭白，萬卷收功久汗青。但見潮生與潮落，不知沉醉又還醒。

解題 休齋先生，即陳知柔，字體仁，泉州永春縣人。紹興十二年進士，歷官知州，主管武夷山冲佑觀以卒。知柔刻志典籍，著述宏富，名重儒林。朱熹少時官同安主簿，即與知柔熟識。本篇題萬頃寒光新亭，頌其博學雅澹。

注釋 ①「游子」句：此朱熹自指故地重游之感慨。

編年 泉州吊傅自得之行作。知柔卒淳熙十一年，朱熹祭文述十年之行云：「去歲之冬，復得見公……相與追游蓮華、九日、凉峰、鳳凰、雲臺之間。」

熹伏蒙休齋先生惠詩見留謹次高韻二首 淳熙十年冬

忽驚蕭颯鬢毛秋〔一〕，起向泉山覓舊游。盤谷門前淚沾臆，雲臺溪上雪蒙頭。歸歟吾黨又千里，老矣心期但一丘〔二〕。珍重休齋書滿屋〔三〕，可無三宿爲君留〔四〕？

望望西山日幾回〔五〕，更憐一雨洗浮埃。遠游莫説雲門寺〔六〕①，往事聊尋單父臺②。雞犬蕭疏迷洞口〔七〕③，交親零落半巖隈④。尊前見在君須門〔八〕⑤，速上籃輿相逐來〔九〕。

解題 本篇和答，充滿暮年傷逝的感慨。

校記 〔一〕忽驚蕭颯：考異云一作「還家不覺」。
〔二〕矣：右引云一作「去」。
〔三〕珍重：右引云一作「見説」。
〔四〕宿：右引云一作「日」。
〔五〕望望：右引云一作「悵望」。
〔六〕遠：右引云一作「勝」。

〔七〕蕭疏迷：右引云一作「荒涼悲」。

〔八〕見在：右引云一作「有酒」。

〔九〕速、逐：右引云一作「好」、「趁」。

注釋

①雲門寺：在今浙江紹興南雲門山，爲古名寺。南朝梁處士何胤隱於此。杜甫新畫山水障歌：「若耶溪，雲門寺，吾獨胡爲在泥滓？青鞋布襪從此始。」

②單父臺：單父，春秋魯邑名，故址在今山東單縣南。孔子弟子宓子賤爲單父宰，甚得民心，孔子美之。見孔子家語七十二弟子解。杜甫昔游：「昔者與高李，晚登單父臺。」

③「雞犬」句：言氣象蕭條冷落，今非昔比，以至於迷路於洞口。

④巖隈：深山曲折處。隋煬帝秦孝王誄：「扈駕仁壽，撫席巖隈。」

⑤鬥：趁。唐王建醉後憶山中故人：「遇晴須看月，鬥健且登樓。」

編年

泉州吊傅自得之行作，詩意甚明。

評論

朱子可聞詩集卷四：先生此來泉州，去作簿時二十七年矣，念己鬢髮已非昔時，訪舊從游之人，非死即老，會合之難如此。今一旦更復歸去，曰「又千里」，一別難有見期；曰「但一丘」，此生無復再至。三宿爲君留，真覺萬難分手也。言言凄惻。按集中祭文，陳休齋不逾年亦即捐館矣。

用林擇之韻別陳休齋 淳熙十年冬

別離不覺歲時侵，兩地相望共此心。今日還成一尊酒，它年應記百篇吟。傷情後會無期定，握手交情有舊深。多謝晚風知此意，不催寒日下疏林。

編年 此承前篇而作。

奉酬九日東峰道人溥公見贈之作 淳熙十年冬

幾年回首夢雲關，此日重來兩鬢斑。點檢梁間新歲月，招呼臺上舊溪山。三生漫説終無據，萬法由來本自閑①。一笑支郎又相惱②，新詩不落語言間。

解題 溥公，未詳，當爲九日山僧，朱熹故人。本篇信口直貶佛學，可見二人關係十分隨便。

注釋 ①「三生」二句：言佛學荒謬無用。三生：佛教指前生、今生、來生。萬法：佛教指一切理性、佛法等。

②支郎：晉高僧支遁，後泛指僧人。唐鄭谷重訪黄神谷策禪者：「初塵芸閣辭禪閣，却訪支郎是老郎。」

編年 泉州吊傅自得之行作。

評論 朱子可聞詩集卷四：以第二句作骨，三、四正寫此日重來東峰之景。五言三生無據，此日重來便是據。六言萬法宏多，此日自閑本不多，便即重來大意，唤轉支郎，以酬其贈也。結云不落語言，道人家法，先生詩法。

和林擇之鳳凰山韻 淳熙十年冬

木落髻鬟擁①，湖平粧鏡空。荒亡餘舊事，慘澹只悲風。興發千山裏，詩成一笑中。諸君莫悵恨，吾道固當窮。

解題 鳳凰山，在南安縣境。本篇以冬日的蕭條景象喻學道者處境之窮困。

注釋 ①髻鬟擁：形容亂枝聳立，如婦女之髮髻。陳與義遥碧軒作呈使君少隱時欲赴召：「西峰木脱亂鬟擁，東嶺煙破修眉浮。」

編年 泉州吊傳自得之行作。

評論 朱子可聞詩集卷三：前半吊古，後半詠懷。陳少章云：鳳凰山在福建興化府莆田縣，一名南湖山，其山臨湖，故有「湖平」之句。「荒亡」句當指五代王氏據閩時事。五、六對奇妙。聞吾鄉胡少保登越王臺，得「放眼千山外」句，久難屬對，徐天池應聲曰：「忘言一笑中。」豈本此耶，抑暗合耶？

次林擇之涼峰韻 淳熙十年冬

解轡林間寺，歸鴉晚欲盤。望中嵐翠合，愁外夕陽殘。尊酒何妨盡，羈心且自寬。無端滿窗月，遥夜不勝寒。

解題 本篇寫夜宿林間的美景及淒清恬澹的心情。涼峰，也在南安境。

編年 泉州吊傳自得之行作。

評論 朱子可聞詩集卷三：第二句即物見人，寓意曠達，言晝動晚息，乃物理之自然。我今雖在羈旅之中，當此夕陽解轡，何妨尊酒舒懷，少息林中，閑享此一夜之清景也。

熹去溫陵二十七年而復來顯庵益老見候七里亭又以佳句見招而休齋陳丈寺丞黄丈皆屬和焉因次韻奉酬并呈二丈淳熙十年冬

不因辭吏役，那得解天刑①？故國重來遠，寒山依舊青。興懷感陳迹，舉目愴新亭。尚喜灣頭老，禪房許扣扃。

解題 溫陵，泉州別稱。顯庵益老未詳，當爲本地僧人。寺丞黄丈，黄維之，字叔張，泉州永春縣人。紹興二十七年進士，歷官中外，嘗爲大理寺丞。

注釋 ①「不因」二句：朱熹罷浙東提舉，嘗先後除江西、江東提刑，屢次上狀固辭，終於得差主管台州崇道觀居家。天刑：天降的刑罰。语本莊子德充符「無趾曰：『天刑之，安可解。』」此言不做官因得以免遭天災人禍。

編年 據題繫年。

答黄叔張淳熙十年冬

日君趨玉陛①，抗疏肅邦刑②。便有榮褒衮③，無勞涕伏青④。衆流争靡靡，一柱獨亭亭。只恐追鋒急⑤，那容晝掩扃？

解題 本篇美黄維之直言敢諫，砥柱中流。

注釋 ①日：當日，往日。左傳文公七年：「日衛不睦，故取其地。」杜預注：「日，往日。」玉陛：玉石臺階，代指朝廷。

②抗疏：上疏直言。漢書揚雄傳下：「獨可抗疏，時道是非。」邦刑：國家的法紀。

③褒衮：古時天子賜衮服給臣下爲褒獎，泛指優厚的獎勵。王安石謝范資政啓：「賜逾褒衮之榮，仰極高山之詠。」

④伏青：離騷：「伏清白以死直兮，固前聖之所厚。」此用其語。伏：懷。青：通「清」。

⑤追鋒：即追鋒車，古代一種輕便疾速的驛車。王維謝集賢學士表：「急賢之旨，欲賜追鋒。」此言黄維之將被火速召用。

編年 此與上篇同韻，乃一時之作。

評論 朱子可聞詩集卷三：一意格。前六句皆追美黄君舊日爲寺丞事，結句方是正面。時先生來温陵，黄正家居。詩中疑有杜門不復仕語，故答之如此。

次韻陳休齋蓮華峰之作 淳熙十年冬

八石天開勢絶攀，算來未似此心頑。已吞繚白縈青外①，依舊個中雲夢寬。

解題 蓮華峰，在九日山之北。上有八石，若蓮花然，故名。本篇旨在説明人心虚靈，無所不包。

注釋 ①繚白縈青：白指雲霧，青指草木。柳宗元始得西山宴游記：「縈青繚白，外與天際，四望如一，然後知是山之特出。」

編年 泉州吊傳自得之行作。

次黄叔張宿凉峰韻淳熙十年冬

菡萏含跗天外秀①，婆娑散影月中孤。惜無畫手追前輩，寫就凉峰憩寂圖。

注釋 ①菡萏：荷花。詩經陳風澤陂：「彼澤之陂，有蒲菡萏。」跗：同「柎」，花萼房。管子地員「朱跗黄實」尹知章注：「跗，花足也。」此句指蓮花峰在望。

編年 泉州吊傅自得之行作。

至鳳凰山再作淳熙十年冬

門前寒水青銅闕〔一〕①，林外晴峰紫帽孤。記得南垞通柳浪②，依稀全是輞川圖③。

校記 〔一〕闕：考異云一作「闊」，是。

注釋 ①青銅：喻水清如鏡。宋毛滂清平樂絳河清：「萬里青銅開碧霽，俯見南山晚翠。」

②垞：土丘。水經注泗水：「泗水南逕小沛縣東，縣治故城南垞上。」

③輞川圖：王維的名畫，繪其輞川别業二十景。

編年 泉州吊傅自得之行作，與前篇同韻。

見梅用攀字韻淳熙十年冬

年來羞把玉梅攀，萬樹争春我獨頑。只有顛狂無告訴，詩腸欲斷酒腸寬。

解題 本篇傾述孤獨無告，寄情詩酒的悲涼心境。

編年 用次韻陳休齋蓮華峰之作韻，乃作在其後。

次韻陳休齋懷古堂淳熙十年冬

平昔塵編裏，心期本自幽。那堪舊泉石，更作此追游？好句看猶在，遺忠愴已休〔一〕。亦知今日意，不逐大江流。

解題 本篇謳歌踵迹先賢，抗身濁流的高潔之操。

校記 〔一〕已：考異云一作「未」。

編年 泉州吊傳自得之行作。

寄題九日山廓然亭淳熙十年以後

昨游九日山，散髮巖上石。仰看天宇近，俯嘆塵境窄〔一〕。歸來今幾時？夢想掛蒼壁。聞公結茅地，恍復記疇昔。年隨流水逝，事與浮雲失。了知廓然處，初不從外得。遥憐植杖翁，鶴骨雙眼碧。永嘯月明中，秋風桂花白。

解題 廓然亭，在九日山麓，八閩通志載朱熹詠亭詩一首。本篇所寄何人未詳。

校記 〔一〕嘆：考異云一作「視」。

編年 未詳。觀「昨游」數句，顯指吊傳自得之行，故僅知作於該年之後。

評論　朱子可聞詩集卷一：息廬先生云：理學語不可入詩，「初不從外得」，乃實追廓然之所以然，故一片空明，總無習氣。前説山本廓然，後説人本廓然，直將山水性情合來爲一。五、六與唐詩「遠憶諸峰頂，曾栖此性靈」同一幻境。「性靈」、「夢想」何物也，而曰「棲」、曰「挂」乎。

用林擇之韻呈陳福公淳熙十年十一月

昔公秉鈞衡，金玉我王度①。中年幾湖海，偃息安國步②。巋然九鼎重，翩若孤雲去。俯仰天地間，誰哉此同趣〔一〕？

解題　陳福公，即陳俊卿（一一一三—一一八六），字應求，興化軍莆田人。紹興八年進士，歷仕至尚書右僕射、同中書門下平章事，兼樞密使。後以少傅致仕，進封福國公。與朱熹交往較深，在其政途中起過重要作用。本篇頌其德業。

校記　〔一〕誰：考異云一作「懷」。

注釋　①「昔公」二句：言陳俊卿任宰輔，爲國重臣。鈞衡：喻國政。唐楊炯王勃集序：「幼有鈞衡之略，獨負舟航之用。」金玉：使如金玉。王度：帝王的法度。左傳昭公十二年：「思我王度，式如玉，式如金。」孔穎達疏：「思使我王之德度用如玉然，用如金然，使之堅而且重，可寶愛也。」

②「中年」二句：指陳俊卿幾次罷任還家事。國步：國家的運行。詩經大雅桑柔：「於乎有哀，國步斯頻。」毛傳：「步，行；頻，急也。」

編年　此與以下二篇同韻，皆莆田所作。朱熹吊傳自得，十一月中旬歸至莆田。今存莆田埜林東坡小石山朱熹摩崖石刻云：「淳熙癸卯仲冬，朱仲晦登。」

用前韻答方直甫淳熙十年十一月

小儒談大方①，任意略權度②。未行要疾走，踉蹌不成步。唯應過量人③，不作與麽去。請君敞書帷④，爲我説歸趣⑤。

解題　方直甫，名秉白，莆田人。隱居教授，不赴徵召。本篇批評好高騖遠的爲學態度，肯定了方秉白飽學而不事夸耀的求實精神。

注釋　①大方：大道。莊子山木：「不知義之所適，不知禮之所將，猖狂妄行，乃蹈乎大方。」

②權度：權與度，測定物體輕重、長短的器具。周禮地官掌葛：「掌葛，掌以時徵絺綌之材于山農……以權度受之。」賈公彦疏：「使知斤兩長短故也。」此句言不分輕重緩急而盲目冒进，即所謂「躐等」。

③過量人：猶言飽學之士。

④書帷：書齋的帷帳，代指書齋。南朝陳徐陵玉臺新詠序：「永對翫於書帷，長循環於纖手。」

⑤歸趣：指歸。晉杜預春秋經傳集解序：「其經無義例，因行事而言，則傳直言其歸趣而已。」

編年　見上篇所考。

用前韻答林史君淳熙十年十一月

十年劇傾馳，此日際風度。胡然龔黄最①，未接夔龍步②。詩成肯遽休？客醉那得去？却恐驛書來，湖山適成趣。

解題　林史君，未詳，當爲曾入官而歸隱莆田者。詩中大抵恭維其人將大用。

注釋　①龔黄：指漢良吏龔遂、黄霸。宋書良吏傳論：「漢世户口殷盛……龔黄之化，易以有成。」

②夔龍：相傳爲舜的二臣。尚書舜典：「伯拜稽首，讓于夔龍。」僞孔傳：「夔龍，二臣名。」後用指帝王的輔佐大臣。

編年　見上篇所考。

題君子亭淳熙十年十一月

清晨坐武觀①，凉風動高旌。挾弓一笑起，屈此四座英。破的亦已屢②，穿楊詎云精③。軍吏不敢賀，高鳥時相驚。解韝脱决遂④，緩帶飄華纓。俯仰新亭幽，曠然塵慮清。内正外自直，三揖奚所争⑤？端居得深玩，君子非虚名。

解題　君子亭，未詳，似當爲趙汝愚所築。汝愚時爲福州帥，朱熹泉州之行歸途過之。本篇當爲作者描繪趙汝愚表演射箭的場面，并由觀射引發對「君子」的議論，其本則論語八佾「君子無所争，必也射乎」一語。

注釋　①武觀：指比武場。

②破的：中靶。晋書謝尚傳：「嘗與翼共射，翼曰：『卿若破的，當以鼓吹相賞。』」

③穿楊：謂射箭能於遠處命中楊樹的葉子，極言射技之精。語本戰國策西周策：「楚有養由基者

善射，去柳葉者百步而射之，百發百中。」

④韝：皮製臂套，射箭時縛於兩臂束住衣袖以便動作。漢書東方朔傳「董君緑幘傅韝」顔師古注引韋昭曰：「韝形如射韝，以縛左右手，於事便也。」決遂：決，骨製扳指，套在右手拇指上以鈎弦。遂，即拾，皮製護臂，用於左手。儀禮鄉射禮：「司射適堂西，袒，決，遂。」鄭玄注：「決，猶闓也，以象骨爲之，著右大擘指，以鈎弦闓體也。遂，射韝也，以韋爲之，所以遂弦者也。其非射時則謂之拾。拾，斂也，所以蔽膚斂衣也。」

⑤三揖：儀禮大射禮，射者三揖而後升堂。此代指射禮，言勝者在内不在外，在德不在藝。

編年 見解題。朱熹吊傳自得之行，十一月下旬歸至福州。今存福州烏石山桃石摩崖云：「趙子直、朱仲晦淳熙癸卯仲冬丙子同登。」

伏承侍郎使君垂示所與少傅國公唱酬西湖佳句謹次高韻聊發一笑 二首

淳熙十年十二月

百年地闢有奇功，創見猶驚鶴髮翁①。共喜安車迎國老②，更傳佳句走郵童。閑來且看潮頭入，樂事寧憂酒琖空。會見台星與卿月③，交光齊照廣寒宫④。

越王城下水融融⑤，此樂從今與衆同。滿眼芰荷方永日，轉頭禾黍便西風。湖光盡處天容闊，潮信來時海氣通。酬唱不誇風物好，一心憂國願年豐。

解題 侍郎使君，指趙汝愚。汝愚時由吏部侍郎出知福州。少傅國公，指陳俊卿。俊卿以少傅、福國公致仕。西湖即臨安之西湖。本篇頌陳俊卿之德，兼美趙汝愚將大用。

注釋

①創見：首見，初見。司馬相如封禪文：「休烈浹洽，符瑞衆變，期應紹至，不特創見。」鶴髮：白髮。南朝梁庾肩吾八關齋夜賦四城門第三賦南城門老：「鶴髮辭軒冕，鮐背烹葵菽。」此句當指陳俊卿身爲重臣，急流勇退，連章告老事。

②安車：古代一種可以坐乘的小車，高官告老還鄉或徵召德高望重者往往賜乘。漢書張禹傳：「爲相六歲，鴻嘉元年以老病乞骸骨，上加優再三，乃聽許。賜安車駟馬，黄金百斤，罷就第。」國老：德高望重，告老退職的國家重臣。李清照浯溪中興頌詩和張文潛：「不知負國有奸雄，但説成功尊國老。」

③台星：三台星，喻宰輔大臣。晋書天文志上：「三台六星，兩兩而居，起文昌，列抵太微。一曰天柱，三公之位也。在人曰三公，在天曰三台，主開德宣符也。」卿月：指高級官吏。語出尚書洪範：「王省惟歲，卿士惟月，師尹惟日。」孔穎達疏：「卿士分居列位，惟如月也。」

④廣寒宫：傳説中的月中仙宫，見柳宗元龍城録明皇夢游廣寒宫。此二句言陳趙二人將爲國棟梁。

⑤越王城：指臨安。以其爲春秋越國地，故稱。

編年

詩稱汝愚「侍郎使君」，知作於其爲吏部侍郎後。汝愚由吏部侍郎出知福州在淳熙九年五月。據上下篇，本篇必作在淳熙十年歸途之中。參見前後所考。

評論

二　朱子可聞詩集卷四：一句見地，二句立意，美兩公西湖之樂，蓋與民同也。三、四見時，五横説，六竪説，説盡西湖風物好矣。結更上一層，却在以「年豐」應「禾黍」句，指出與民同樂之實。

伏承子直都督侍郎臨餞遠郊仍邀嚴州郎中及諸名勝相與燕集分韻賦詩熹得時字輒成鄙句淳熙十年十二月

芳歲倏云晏，故山風雪時。胡爲在中路，復此行遲遲？爲有賢主人，愛客情依依。昨夕西門道，終宴不能辭。今朝復何朝？祖帳遥相追①。賓從俱俊賢，車馬有光輝。敞扉得華觀，俯檻臨清池。南州淑氣多②，蕩節佳景隨③。雪樹雖改色，青山正含姿。朱氏園外谷中有梅近百株，是日花落已盡。開樽酌春醪，授簡哦新詩。但覺四坐歡，不知寸晷移④。流雲暗寒空，蒼煙染人衣。相看暮色至，我去公當歸。別袖不忍分，扣扣陳苦詞⑤：願公崇令德，慰我渴與饑。

解題 都督，古代總領一方的軍政長官。三國周瑜、晋王導等皆任此職。趙汝愚時知福州、福建路安撫使，掌一路軍政大權。嚴州郎中未詳。本篇記福州餞别之事，林亦之有同安撫趙子直汝愚餞朱晦庵於懷安詩二首。

注釋 ①祖帳：古代於郊外所設的餞别帷帳，也指餞行的酒筵。唐楊炯祭汾陰公文：「垂繐帷與祖帳兮，罷歌臺與舞閣。」

②南州：南方之州，指南方地區。楚辭遠游：「嘉南州之炎德兮，麗桂樹之冬榮。」淑氣：温和之氣。陸機悲哉行：「蕙草饒淑氣，時鳥多好音。」

③蕩節：指冬十一月。禮記月令仲冬之月：「是月也，日短至，陰陽争，諸生蕩。」鄭玄注：「争者，陰方盛，陽欲起也。蕩，謂物動萌芽也。」

④寸晷：猶寸陰，指時光。晋潘尼贈陸機出爲吴王郎中令：「寸晷惟寶，豈無璵璠。」

⑤扣扣：猶拳拳，懇切之意。三國魏繁欽定情詩：「何以致扣扣，香囊繫肘後。」

編年　此爲淳熙十年福州相别時作，參見上下篇。

評論　朱子可聞詩集卷一：首揭歲晏，記時也。「流雲」三句，極寫歲晏之景，賦中有興有比，與五柳「晨光熹微」語異意同。此解職浙東歸途之作，一起便有去之惟恐不速意。尾云「我去公當歸」，寄意深遠，句内已包得無限扣扣苦詞。按文集有與楊子直項平父等病中告致仕書，言時論一變，明者所宜審處。蓋爾時因按唐仲友，爲王淮、陳賈、鄭丙諸奸所忌，乞擯道學之際也。

臘月九日晚發懷安公父教授壽翁知丞載酒爲别而元禮景嵩子木擇之廷老考叔舜民諸賢相與同舟乘便風頃刻數十里江空月明飲酒樂甚因以星垂平野闊月涌大江流分韻熹得星字醉中别去乃得數語略紀一時之勝云淳熙十年十二月九日

掛帆望煙渚，整棹别津亭。風水已云便，我行安得停？離樽枉群賢，濁醪愧先傾。二公厨船未至，先飲舟中餘尊。談笑不知遠，但覺江流清。江水上流接建、劍溪①，潮所不及，水益清駛。獵獵甘蔗洲②，茫茫白沙汀，斯須復回首，秖有遥山青。甘蔗、白沙，兩地名，相去十許里，頃刻而過。野色一以暝，川光晶孤明。中流漾華月，極浦涵疏星。酒酣客散歸，茫然獨宵征。起視天宇闊，此身一浮萍。難追五湖游③，未願三閭醒④。且詠招隱作，孤舟轉泠㴔⑤。

解題 本篇西歸所作，前半寫衆人餞別送行場面，極盡歡快；後半寫月夜孤舟獨行之景，寄託了身老滄洲的浩然愁思。懷安，福州屬縣，在州治西南江邊。擇之，林用中；廷老，饒幹，朱熹門人，餘未詳。

注釋 ①江：指閩江。建、劍溪：分別在建寧府、南劍州境，自北南流入閩江。

②獵獵：象聲詞，形容風聲。鮑照上潯陽還都道中：「鱗鱗夕雲起，獵獵晚風遒。」

③五湖游：指范蠡輔越王滅吳，功成身退，隱於五湖事。

④三閭：指屈原。原所作漁父云：「舉世皆濁我獨清，衆人皆醉我獨醒，是以見放。」

⑤泠㴔：孤單貌。南朝梁武帝孝思賦序：「年未髫齔，内失所恃，餘喘泠㴔，孀嫗相長。」

編年 此承上篇而作於歸途舟中。

伏蒙制置閣學侍郎示及致政少傅相公送行長句并得竊窺酬和佳篇伏讀之餘不勝慰幸謹次高韻少見愚悃以餞車塵伏惟采矚 二首 淳熙十三年春

公子威名動海濱，四年相與愧情親。忽聞黃鉞分全蜀①，更祝彤庭列九賓②。公已上章請對〔一〕。執手便驚成契闊，贈言還喜和陽春。政成但祝歸來早，別恨無端莫重陳。

地兼梁益盛中權③，自昔疇咨出萬全④。定喜封章來活國，故煩伏軾去籌邊⑤。公去歲嘗有密疏，上賜手札褒諭。軍民傳詔歡聲溢，婦女迎門巧笑妍〔二〕。要答君恩與人望，可無清教逮初筵⑥？諸葛武侯初領益州牧⑦，發教與群下曰：「夫參署者⑧，集衆思、廣忠益也。若遠小嫌，難相違覆⑨，曠闕損矣。違覆而得中，猶棄敝蹻而獲珠玉⑩。然人心苦不能盡〔三〕，惟徐元直處茲不惑⑪。又董幼宰參署七年⑫，事有不至，至于十反，來相啓告。苟能慕元直之十一、幼宰之勤渠⑬，有忠於國，則亮可以少過矣。」又曰：「昔初交州平⑭，屢聞得失。後交元直，勤見啓告。前參事於幼宰，每言必盡。後從事於偉度⑮，數有諫止。雖資性鄙暗，不能盡納，然與四子終始好合，亦足以明其不疑於直言矣。」

解題 淳熙十二年底，知福州趙汝愚改除四川制置使，朱熹與之相別於武夷。本篇爲臨別贈言，和陳俊卿送行詩韻。詩中除恭維話別而外，着重勉其以諸葛亮爲法，集思廣益，從諫如流。

校記

〔一〕已：原作「以」，據宋閩、浙本改。

〔二〕婦、巧：淳熙本作「士」、「語」。

〔三〕苦：原作「若」，據宋閩、浙本改。

注釋

①黄鉞：飾以黄金的長柄斧，常用爲天子儀仗，也用於大將出征。唐蘇鶚蘇氏演義卷下：「大將軍出征，特加黄鉞者，以銅爲之，以黄金塗刃及柄，不得純金也。」

②彤庭：漢宫廷以朱漆塗飾，故稱。也泛指皇宫。班固西都賦：「於是玄墀釦砌，玉階彤庭。」九賓：古代朝會大典時設，其人員説法不一。史記廉頗藺相如列傳：「今大王亦宜齋戒五日，設九賓禮於庭，臣乃敢上璧。」此句言對天子之問於朝廷。

③梁益：梁州，三國置；益州，漢置，蜀有其地。中權：主將的權勢。元稹加陳楚檢校左僕射制：「欲將激其壯心，夫何吝於好爵。加之左揆，以盛中權。」

④疇咨：尚書堯典「疇咨若時登庸」朱熹注：「疇，誰；咨，嗟；若，順；時，是；庸，用也。言堯誰何咨嗟而問有能順此理者，將登而用之也。」後以「疇咨」指訪求之意。

⑤伏軾：俯身靠在車前横木上，泛指乘車。莊子漁父：「孔子伏軾而嘆曰：『甚矣，由之難化也！』」

⑥清教：清明的教化。三國志魏志夏侯玄傳：「夫欲清教審選，在明其分叙，不使相涉而已。」逮：及。初筵：初入筵席。詩經小雅賓之初筵：「賓之初筵，左右秩秩。」朱熹集傳：「初筵，初即席也。」此指初至任，下車伊始。

⑦牧：治民之人，國君或州郡長官。國語魯語下「師尹維旅、牧、相宣序民事」韋昭注：「牧，州牧也。」

⑧參署：指擔任幕僚。此所引爲諸葛亮與參軍掾屬教語。

⑨違覆：謂反復研究。違，通「回」。

⑩蹻：鞋，多指草鞋。莊子天下「以跂蹻爲服」成玄英疏：「木曰跂，草曰蹻也。」

⑪徐元直：名庶，三國潁川人。致力學問，薦諸葛亮於劉備。以母爲曹操所持，仕魏，至右中郎將、御史中丞。見三國志蜀志諸葛亮傳注引魏略。

⑫董幼宰：名和，三國蜀南郡枝江人。漢末爲成都令，教民儉約，移風易俗。仕蜀爲中郎將，與諸葛亮協力輔後主。見三國志蜀志本傳。

⑬勤渠：猶殷勤。見董和傳所引。

⑭州平：即崔州平，東漢人，鈞弟。建安初與諸葛亮游，爲其密友。

⑮偉度：即胡濟，義陽人。爲諸葛亮主簿，有忠藎之效。

編年

據宋史孝宗紀三，淳熙十二年十二月甲子，以知福州趙汝愚爲四川制置使。朱熹文集卷三十五與劉子澄十三云：「趙子直入蜀，前日至武夷别之。」本篇作於十三年春無疑。

伏讀致政少傅相公送趙成都佳句兩篇不勝慰幸已次高韻并餞其行而再賦此章以見區區瞻仰之意繕録拜呈伏乞采攬二首　淳熙十三年春

歸來寂寞卧漳濱，夢想威容阻再親。緑野遥聞花欲語〔一〕，赤書還喜雁來賓①。閑中有句人争誦，妙處無心物自春。行馬不因吾輩設②，胸奇猶得話陳陳。

一旦高辭將相權，身名從此慶雙全。人誇迹已風塵外，誰道心游日月邊。未許前賢專晚節，更將餘事發春妍。君王若要詢黄髮，便好臨雍促肆筵③。

解題　本篇繼上篇而作，頌陳俊卿之德望及隱退生活。攬，通「覽」。

校記　〔一〕欲：淳熙本作「與」。

注釋　①赤書：紅筆寫的書信。來賓：來作客。禮記月令：「季秋之月……鴻雁來賓。」鄭玄注：「皆記時候也。來賓，言其客止未去也。」此句言喜得鴻雁傳書。

②行馬：阻攔人馬通行的木架，一木横中，兩木互穿以成四角，施於官署前以爲路障。俗稱鹿角，古稱梐枑。見周禮天官掌舍。李商隱九日：「郎君官貴施行馬，東閣無因再得窺。」

③臨雍：親臨辟雍，謂參與祭祀。後漢書明帝紀：「永平二年三月，臨辟雍，初行大射禮。」促：近。肆筵：設筵。詩經大雅行葦「或肆之筵」朱熹集傳：「肆，陳也。」以其爲「祭畢而燕父兄耆老之詩」。淳熙十二年，嘗詔陳俊卿陪祀南郊及赴來歲太上皇慶壽之禮，辭。朱熹有書勸其赴京。

編年 此二詩與上篇同韻，作在稍後甚明。

評論 二 朱子可聞詩集卷四：少傅即陳福公俊卿也。他日先生祭文尚稱其「退不忘君」。前半正知心之語，五、六轉合題中「佳句」上。一結更望朝廷重起老成，又恰關會趙成都出仕意。

送彥集之官瀏陽淳熙間

急景凋暮節①，高風振空林。病夫掩關卧，長謡擁孤衾。聞君千里行，四牡方騤騤。重此别離感，青天欲愁陰。君行豈不勞？民瘼亦已深②。催科處處急③，椎鑿年年侵④。君行寬彼甿⑤，足以慰我心。薦書會滿篋，社酒還同斟。所念家同産⑥，與君如瑟琴。兹焉不并駕，宰木寒蕭槮。尚喜吾諸甥，男恭女知欽。明朝復相憶，悵望楚山岑。

解題 此爲朱熹送妹夫劉子翔赴官瀏陽縣丞之詩，詩中諄諄以恤民爲告，且充滿對亡妹的懷念及與諸外甥的惜别之情。

注釋 ①急景：急逝的光陰。鮑照舞鶴賦：「於是窮陰殺節，急景凋年，凉沙振野，箕風動天。」

②民瘼：民間疾苦。後漢書循吏傳序：「廣求民瘼，觀納風謡。」

③催科：催收租税。租税有科條法規，故稱。宋鄭文寶江南餘載上：「云夜半聞聲若麞鹿號叫，及曉問之，乃縣司催科耳。」

④椎鑿：用槌子錘，用鑿子鑿，比喻殘酷壓榨。

⑤甿：古稱種田人。周禮地官遂人「以田里安甿」孫詒讓正義：「甿、氓字通，并爲田野農民之

專稱。」
⑥家同産：指朱熹胞妹，卒淳熙八年二月。

編年 據朱熹劉氏妹墓誌銘，劉子翔淳熙八年新授瀏陽縣丞，而其妻以當年二月卒，冬十月葬崇安。本篇當作在其後三數年間。

評論 朱子可聞詩集卷一：一起風景凄凉，不減子荆零雨之詠。中段叙國事，後段叙家事，慮後思前，又悲又喜，百折而出，一往而深，情之至也。劉與先生同居崇安里，故有社酒之約。既勉其居官有聲，即望其善身而退，有道之言，至交之語。

次劉正之芙蓉韻三首淳熙以後

淺緑深紅出短籬，望中都是可憐枝。要看亂颭寒塘水①，更待金風滿意吹。

凌波直欲渡横塘，却愛無人獨自芳。且倚新漪閑照影，更憑女伴一扶將。

微吟澤畔幾扶筇〔一〕，自笑摧頽一秃翁。羞見芙蓉好顔色，且憑詩律傲西風。

解題 劉正之，名學雅，珙長子。從朱熹學，嘗爲幕客四方，後斥辱權要而罷歸田里，寧宗時卒。本篇詠物，前二首畫出了芙蓉的嬌豔，末一首寫出了作者的傲氣。

校記 〔一〕扶：淳熙本作「枝」，考異所引别本同。

注釋 ①颭：風吹而摇曳。搜神記卷五：「俄而被風颭竹數竿，至於進勍身側，進勍扶此竹而稍獲其濟。」

編年 未詳。然詩自稱秃翁，知其已步入老境，故不得早於淳熙年也。

評論 一 朱子可聞詩集卷五：上二句詠乍開時已可憐愛，下二句更盼其盛開，乃從韓文公詩「無令便逐風」句及李長吉「鯉魚風起芙蓉老」句翻案出色。

朱熹文集編年評注卷九

詩

石馬斜川之集分韻賦詩得燈字淳熙以後

改歲風日好，出門欣得朋。復招里中彦，及此雲間僧。行行涉清波，斯亭一來登。徙倚緑樹蔭，摩娑蒼石棱。遥瞻原野春，仰視天宇澄。一水既紆鬱，群山正崚嶒。時禽悦新陽，潛魚躍輕冰。却念去年日，俯仰愁予膺。長吟斜川詩，日落寒煙凝①。暝色變晴景，清尊照華燈。頹顔感川徂，稚齒歡年增。酒盡不能起，朱欄各深凭。

解題 石馬，臺名，在五夫里，爲里人社祭之所。本篇記此地之游，表現了攜友踏春的歡暢心情。

注釋 ①「却念」四句：追憶去年此時的情景，疑指浙東救荒疲於奔命而空有斜川之吟。

編年 據「頹顔」句，朱熹年事已不淺，恐不得早於淳熙中。「却念」四句，欲爲斜川之游而不得，當指在官。淳熙以後初春在官而思斜川之游，疑指淳熙九年浙東之任。然無明證也。

評論 朱子可聞詩集卷二：陶公斜川之游，在曾城。先生斜川之游，在西山。石馬即前詩所云「遥瞻西山足」是也。中段叙石馬，良辰美景，比響聯詞，而緊要在第二句，點明得朋。全篇歸重在「之集」二字，各深憑，虚煞得妙，較古詩「齊心同所願，含意俱未陳」，尤有無窮之意。

游石馬以駕言出游分韻賦詩得出字〔一〕 淳熙中

抱病守窮廬，閉户常罕出。坐見春氣深，清陰晝蒙密。今朝積雨過，淑景回煦律①。不有塵外蹤，何由散愁寂？行行整巾屨，散漫委書帙。野逕自縈紆，前峰但嶕崒。婆娑茂樹下，左右寒流汩。亂石翳蒼根，於焉憩腰膝。追游固才彦，逢遇亦奇逸。招邀愧深情，晤言永兹日。君有尊中物，我進沂上瑟②。日夕不得留，餘歡未云畢。

解題 本篇記攜友游石馬并應邀飲於友人之家的情景。

校記 〔一〕淳熙本「言」下有「當」字。

注釋 ①淑景：美景。鮑照代悲哉行：「羈人感淑景，緣感欲回轍。」煦律：温暖的時節。律，指時令，節氣。古人以樂律與曆法附會，用十二律對應十二月，其説始於吕氏春秋。唐劉長卿吴中聞潼關失守因奉寄淮南蕭判官：「一雁飛吴天，羈人傷暮律。」

②沂上瑟：論語先進載曾點鼓瑟罷而言志，有浴於沂水之語。此句言奏出像曾點胸懷一様瀟灑放曠的琴聲。

編年 未詳。然本篇收入淳熙末所刊晦庵先生文集前集，故當作於此前。參之原集編序，應不出淳熙間。

三月晦日與諸兄爲真率之約徘徊石馬晚集保福偶成短句奉呈聊發一笑 淳熙中

春服明朝换，晴川漲緑陰。追隨皆勝侣，邂逅即初心。社迹莓苔古①，禪扉竹樹深。移尊真惜日，畢景共披襟。儉德遵賢範，哇詞愧雅音。清和應更好，逸想寄雲岑。是日約後會爲仙洲之游。

解題 真率之約，即約爲真率之會。此俗始於東晋，原爲拜官者例設宴以待賓客，提倡隨其有無以爲豐儉，貴在情真。後以稱親朋間簡樸酒會。司馬光、范純仁皆嘗爲之，詩中「儉德遵賢範」指其事。保福寺，在五夫里，五代梁貞明中建。

注釋 ①社迹：社稷壇的遺迹，指石馬。莓苔：青苔。晋孫綽游天台山賦：「踐莓苔之滑石，搏壁立之翠屏。」

編年 未詳。然其時朱熹尚未遷居建陽，參之原集編序，也當作於淳熙中。

比與鄰曲諸賢修舉歲事携壺石馬追補斜川之游而公濟適至飲罷首出和陶之句以紀其勝輒亦用韻酬答兼呈諸同游者請共賦之 淳熙中

皇天分四序，代謝無時休。昔人抱孤念，感此成清游。迴眺曾城皋①，朗詠斜川流。歲月今幾許？長波没輕鷗。眷言撫佳辰，荒尋靡遺丘。且復置往事，及兹命高儔。縱策聊并歡，飛觥起相酬〔一〕。未知千載下，亦記此日不？商歌有遺音，林樂無餘憂。但得長如此，吾生復何求！

解題　鄰曲，鄰居。修舉歲事，舉行歲祭。公濟，吴楫。本篇用陶潛游斜川詩韻。

校記　〔一〕觴：考異云一作「觴」。

注釋　①曾城：即曾城山，又名落星石，在今江西九江廬山市，上有落星寺。陶潛游斜川：「臨長流，望曾城。」

編年　未詳。然其時作者尚未遷居建陽，參之原集編序，當不出淳熙中。

評論　朱子可聞詩集卷二：「悲日月之遂往，悼吾生之不留」，此陶公序作詩意也。篇中注定此旨，復依韻追和，而風格逼近。前八句叙往事，陶云：「弱湍馳文魴。」確是現在之景；此云：「長波没輕鷗。」確是已過之景。中八句叙今游，陶云：「未知從今去，當復如此否？」寫出悼吾生意來。此云：「未知千載下，亦記此日不？」寫出追美古人意來。後四句唱嘆作結，「但得長如此，吾生復何求」，亦是對陶詩「且極今朝樂，明日非所求」翻進一步。先生云：「淵明詩高處，正在超然自得，不費安排。若東坡篇篇句句依韻和之，失自然之趣矣。」斯篇不妨偶一爲之。

行視武夷精舍作 淳熙十年春

神山九折溪，沿泝此中半。水深波浪闊，浮緑春涣涣。武夷溪凡九曲，多急流亂石。此第五曲，水特深闊平緩，緑漪可愛。上有蒼石屏，百仞聳雄觀。此峰夷上削下，拔地峭立，如方屋帽。按舊圖，名大隱屏。嶄巖露垠堮①，突兀倚霄漢。淺麓下縈迴，深林久叢灌。胡然閟千載？逮此開一旦。峰下小山重複，中有平地數十丈，喬木長藤、茂林修竹交相蔽隱。舊無人迹，乾道己丑，予舟過而樂之。及今始能卜築，以酬曩志。我乘新村船，輟棹青草岸。榛莽喜誅鉏，面勢窮考按。居然一環堵，妙處豈輪奐②。左右矗奇峰，躊躇極佳玩。方經始時，予以病不能來。至是送別山西，始自新村買舟以來。視所縛屋三間，制度殊草草。然背負大隱屏，面直溪南大山，左有魏王上昇峰，右有鍾模、三教等石，極爲雄勝。是時芳節闌，紅緑紛有爛。好鳥時一鳴，王孫遠相唤。山多獼猴。暫游意已愜，獨往身猶絆。珍重舍瑟人③，重來足幽伴。已約初夏與同志皆往游集。

解題　武夷精舍，朱熹於武夷山五曲溪大隱屏下所建私家書院，爲其授徒講學的重要場所，對後世有較深遠的影響。本篇記述了精舍的形勢及巡視建造的情況。

注釋　①嶄巖：尖鋭貌。漢書司馬相如傳上：「深林巨木，嶄巖參差。」顔師古注：「嶄巖，尖鋭貌。」垠堮：界限，邊際。淮南子俶真訓：「萌兆牙蘖，未有形埒垠堮。」此句言大隱屏之四棱。

②「居然」二句：言精舍的可取之處并不在於屋宇的雄壯。居然，儼然。環堵：指四周面各一平方丈的土墻，形容居室之狹小、簡陋。禮記儒行：「儒者有一畝之宫，環堵之室。」鄭玄注：「環堵，面一堵也。」輪奐：形容屋宇高大衆多。語出禮記檀弓下：「美哉輪焉！美哉奐焉！」鄭玄注：「輪，輪囷，言高大；奐，言衆多。」

③舍瑟人：論語先進載曾點言志，有「鼓瑟希，鏗爾，舍瑟而作，對曰」之語，此指像曾點一樣從事孔孟之學的士人。

編年　本篇爲淳熙十年春武夷精舍初建時作，其詳見下篇序。

評論　朱子可聞詩集卷二：武夷九曲雖奇，精舍亭館未備，尚待後此雜作、櫂歌諸篇以贊美之。而兹曰「行視」者，但前段先行視其水如是，視其山如是，視其林麓如是，中段轉出正位，行視其精舍如是，皆不過草創之初耳。後幅略點時物生色，「暫游」、「獨往」、「重來」收足行字，章法復密。以上密庵、雲谷、武夷九曲，雖非一時所作，然皆退居故山之詩。彙集一處，便學者捧玩。

武夷精舍雜詠 并序 淳熙十年四月

武夷之溪東流凡九曲，而第五曲爲最深。蓋其山自北而南者至此而盡，聳全石爲一峰，拔地千尺。上小平處微戴土，生林木，極蒼翠可玩。而四隤稍下①，則反削而入，如方屋帽者，舊經所謂大隱屏也②。屏下兩麓坡坨旁引，還復相抱。抱中地平廣數畝，抱外溪水隨山勢從西北來，四屈折始過其南，乃復繞山東北流，亦四屈折而出〔一〕。溪流兩旁丹崖翠壁林立環擁〔二〕，神剜鬼刻，不可名狀。舟行上下者，方左右顧瞻錯愕之不暇③，而忽得平岡長阜，蒼藤茂木按衍迤靡④，膠葛蒙翳⑤，使人心目曠然以舒，窈然以深，若不可極者，即精舍之所在也。直屏下兩麓相抱之中，西南向爲屋三間者，仁智堂也。堂左右兩室，左曰「隱求」，以待棲息；右曰「止宿」，以延賓友。左麓之外，復前引而右抱，中又自爲一塢，因累石以門之，而命曰「石門之塢」。别爲屋其中，以俟學者之群居，而取學記「相觀而善」之義命之曰「觀善之齋」⑥。石門之西少南，又爲屋以居道流，取道書真誥中語命之曰「寒棲之館」。直觀善前山之顛爲亭，回望大隱屏最正且盡，取杜子美詩語名以「晚對」。其東出山背、臨溪水，因故基爲亭，取胡公語名以「鐵笛」⑦，說具本詩注中。寒栖之外，乃植楥列樊以斷兩麓之口，掩以柴扉，而以「武夷精舍」之扁揭焉。經始於淳熙癸卯之春，其夏四月既望堂成，而始來居之。四方士友來者亦甚衆，莫不嘆其佳勝，而恨它屋之未具，不可以久留也。釣磯、茶竈皆在大隱屏西，磯石上平，在溪北岸；竈在溪中流，巨石屹然，可環坐八九人。四面皆深水，當中科臼自然如竈⑧，可爨以瀹茗。凡溪水九曲，左右皆石壁，無側足之徑。唯南山之南有蹊焉，而精舍乃在溪北，以故凡出入乎此者非魚艇不濟。總之爲賦小詩十有二篇，以紀其實。若夫晦明昏旦之異候，風烟草木之殊態，以至於人物之相羊〔三〕⑨，猿鳥之吟嘯，則有一日之間恍惚萬變而不可窮者。同好之士其尚有以發於予所欲言而不及者乎哉！

精舍

琴書四十年，幾作山中客〔四〕。一日茅棟成，居然我泉石。

仁智堂

我慚仁知心，偶自愛山水。蒼崖無古今，碧澗日千里。

隱求齋

晨窗林影開，夜枕山泉響。隱去復何求？無言道心長。

止宿寮

故人肯相尋，共寄一茅宇。山水爲留行，無勞具雞黍。

石門塢

朝開雲氣擁，暮掩薜蘿深。自笑晨門者⑩，那知孔氏心？

觀善齋

負笈何方來？今朝此同席。日用無餘功⑪，相看俱努力。

寒栖館〔五〕

竹間彼何人？抱甕靡遺力⑫。遥夜更不眠，焚香坐看壁。

晚對亭〔六〕

倚筇南山巔〔七〕，却立有晚對。蒼峭矗寒空〔八〕，落日明影翠〔九〕。

鐵笛亭山前舊有奪秀亭，故侍郎胡公明仲嘗與山之隱者劉君兼道游涉而賦詩焉⑬。劉少豪勇，游俠使氣，晚更晦迹，自放山水之間。善吹鐵笛，有穿雲裂石之聲。胡公詩有「更煩橫鐵笛，吹與衆仙聽」之句。亭今廢久。一日，與客及道士數人尋其故址，適有笛聲發於林外，悲壯回鬱，巖石皆震。追感舊事，因復作亭以識其處，仍改今名。

何人轟鐵笛？噴薄兩崖開⑭。千載留餘響〔十〕，猶疑笙鶴來。

釣磯

削成蒼石棱，倒影寒潭碧。永日静垂竿，兹心竟誰識？

茶竈

仙翁遺石竈，宛在水中央。飲罷方舟去⑮，茶煙裊細香。

漁艇

出載長煙重，歸裝片月輕。千巖猿鶴友，愁絶棹歌聲。

解題 本篇全面詳盡地記述吟詠武夷精舍諸景諸况，表現了作者隱居求志的高懷與雅趣。精舍成後，四方名流紛紛以詩文來賀。

校記

〔一〕出：考異云一作「去」。

〔二〕崖、林：右引云一作「壑」、「森」。

〔三〕羊：右引云一作「忘」。

〔四〕幾：淳熙本作「歲」。

〔五〕右引題注：「道流所居，取真誥『寒棲道人』之語。」

〔六〕右引題注：「面直大隱屏，取杜詩『翠屏宜晚對』。」

〔七〕南：右引作「前」。

〔八〕矗：右引作「倚」。

〔九〕影：右引作「彩」。

〔十〕千載：右引作「聲斷」。

注釋

①四隤：四方較低之處。晋書天文志：「天地各中高外下。北極之下爲天地之中，其地最高，而滂沲四隤。」

②舊經：指舊圖經，即附有地圖的地理志。

③錯愕：倉促間感到驚愕。錯，通「促」。韓愈曹成王碑：「錯愕迎拜，盡降其軍。」

④按衍：即「案衍」，高低相雜貌。文選嵇康琴賦「案衍陸離」張銑注：「案，平；衍，長也。」又潘岳笙賦「或案衍夷靡」吕延濟注：「案，下；衍，長也。」迤靡：又作「池靡」、「施靡」、「夷靡」等，相連貌。文選揚雄甘泉賦「池靡乎延屬」李善注：「施靡，相連貌。」

⑤膠葛：交錯紛亂貌。楚辭遠游「騎膠葛以雜亂兮」王逸注：「參差駢錯而縱横也。」

⑥相觀而善：禮記學記：「相觀而善之謂摩。」孔穎達疏：「但觀聽長者之問答而各得知解，此朋友琢磨之益，故謂之摩也。」

⑦胡公：胡寅，字明仲，安國養子。朱熹少嘗從游於五夫。

⑧科臼：同「窠臼」，凹陷低洼處。

⑨相羊：徘徊盤桓。離騷「聊逍遥以相羊」洪興祖補注：「相羊，猶徘徊也。」

⑩晨門者：看門人。論語憲問載，子路宿於石門，晨門曰：「奚自？」子路曰：「自孔氏。」曰：「是知其不可而爲之者與？」朱熹集注：「晨門，掌晨啓門，蓋賢人隱於抱關者也。」又引胡氏曰：「晨門知世之不可而不爲，故以是譏孔子。然不知聖人之視天下，無不可爲之時也。」此朱熹以晨門者自比，言僅能獨善其身。

⑪「日用」句：言不遺餘力地致力於日常思想言行的修養。

⑫抱甕：莊子天地載，孔子弟子子貢見一老人抱着瓦罐往來澆園，事倍而功半，就建議他用機械汲水。老人回答説，如果這樣，爲人就會有機巧之心，「吾非不知，羞而不爲也」。後以「抱甕」喻安於拙樸的生活。

⑬劉兼道：名衡，崇安人。建炎初入官，嘗從韓世忠敗金人。晚歸隱武夷，潛心邵雍之學。見宋元學案卷十。

⑭噴薄：强烈地迸發。

⑮方舟：并船。莊子山木「方舟而濟於河」成玄英疏：「兩舟相并曰方舟。」

編年 據本篇序。

評論 古文眉詮卷七十七浦起龍評：首層揭第五曲，清精舍之阯。次層揭五曲之主峰曰大隱屏，精舍負屏而構也。三層揭抱中地，即精舍處。又以來路出路之各四曲，夾清第五曲。「舟行上下者」，到此作勢，寫出由蔽得開，由狹得遠之概，蹴起題目，渾出精舍，是爲詩之一。堂爲一舍之主，詩二。左右兩室輔之，詩三、詩四。左抽外沙，而門其塢口，詩五。齋其塢中以聚學，詩六。館其隅爲方外游，詩七。左沙回眺主峰處則亭之，詩八。又東臨水再亭之，詩九。由是補詳精舍置額之扉，而大局備焉，詩已前志矣。「不可以久留也」，以上皆胸中成構，而功未竟也，乃介一波折。磯與竈，皆天成，在舍外可游憩者，詩十、十一。至者非自溪來，則惟隔水有路，故以艇濟收之，詩十二。「爲賦小詩十有二篇」，點雜詠總目。篇終忽觸化機，流行活潑，覺「天何言哉，吾與點也」氣象悠然來會，餘人何處道來！朱子家閩之崇安，武夷在縣南二十里，溪水九曲，而精舍當第五曲，正曲之適中也。首志其處，中列諸所構築，後附以舍旁之所憩，而終以津涉之所憑。色色清疏，叙次雜詠，體秩如也。披覽之餘，身如遡游，百世仰止。

精舍　朱子可聞詩集卷四：先生自幼即從劉屏山講學武夷，所謂「琴書四十年」也。一「我」字，有無窮情味。雖他日先生自悔云：「許多紛紛，都從十二詠中首篇一『我』字生出災怪。」然可想見爾時，正最得意之事，最得意之筆。

次公濟精舍韻淳熙十年四月

一室空山裏，纖塵迴莫侵。若非同臭味，誰肯遠過臨？健策凌丹壑①，清詩動玉琴②。溪邊一回首，平地足崎嶔。

注釋　①健策：猶健步。策，手杖。莊子齊物論「師曠之枝策也」陸德明釋文引司馬彪曰：「枝，拄也；策，杖也。」丹壑：赤色的崖壑。杜甫冬至：「杖藜雪後臨丹壑，鳴玉朝來散紫宸。」②玉琴：琴的美稱。此句言詩之美如琴聲之悠揚。杜甫西閣二首之一：「朱紱猶紗帽，新詩近玉琴。」

編年　觀「一室」四句，應爲精舍初成不久時語。参之上下各篇，此詩也當作在淳熙十年。

奉同公濟諸兄自精舍來集冲佑之歲寒軒因邀諸羽客同飲公濟有詩贈守元章師因次其韻 淳熙十年四月

蓬萊清淺今幾年①？武夷突兀還蒼然。但忻丹籍有期運②，不悟翠壁無寅緣③。鼎中龍虎應浪語④，紙上爻象非真傳⑤。明朝猿叫三峽路⑥，一葉徑上滄浪船⑦。

解題　冲佑觀，在武夷山九曲溪口天柱峰下，唐天寶間始建，道家名刹之一。守元章師未詳，當爲觀中道長。本篇述滅迹武夷之願，而亦不忘指明道家學説之非。

注釋　①「蓬萊」句：神仙傳載王方平與麻姑言，上次見面以來，已見東海三變桑田，蓬萊仙山所在之水又淺了一半，恐將重新成爲陸地。後以蓬萊清淺指滄桑巨變。此以仙山之衰反襯武夷之盛。②丹籍：猶丹經、丹書，煉丹之書，泛指道家典籍。期運：機運。漢蔡邕陳太丘碑：「含元精之和，膺期運之數。」此句以道書得以保存流傳代指道教得以發揚光大。

③「不悟」句：言自己與水石無緣，不能永住山中。寅緣：又作「夤緣」，攀援。韓愈古意：「我欲求之不憚遠，青壁無路難夤緣。」

④龍虎：道教語，指煉丹之水火、鉛汞，見朱熹周易參同契考異。

⑤爻象：周易中的爻辭和象辭，代指八卦。此句斥道家陰陽八卦之淺薄。以上二句言留連武夷不因向仰道教。

⑥「明朝」句：李白早發白帝城：「朝辭白帝彩雲間，千里江陵一日還。兩岸猿聲啼不住，輕舟已過萬重山。」此用其意。

⑦滄浪：古水名，漢水之下游。楚辭漁父：「滄浪之水清兮，可以濯吾纓。」朱熹集注：「滄浪之水，即漢水之下流也。」以上二句言將永居山中爲隱者，此方爲與武夷之真緣。

編年 此與上篇同游所作。

評論 朱子可聞詩集卷四：此詩作於冲佑道觀，是對諸羽客言。武夷今雖猶在，而人不能自悟，徒夤緣翠壁，謂丹籍載此爲洞天福地，期運到，自出仙人，恐無此理也。從來學仙，忘言忘象，龍虎豈真鼎中，爻象原非紙上，可知個中夤緣，不在翠壁間矣。二句足上文，一結又宕得妙，言明朝但從諸子，武夷一游可耳。息廬先生云：拗體，古峭而多風韻。

出山道中口占淳熙十一年二月

川原紅緑一時新，暮雨朝晴更可人。書册埋頭無了日，不如拋却去尋春。

解題　本篇爲朱熹下武夷山時作。面對盎然春色，作者胸中勃發出難以抑制的欣悦。

編年　朱熹淳熙十一年答陳亮書言及武夷之行云：「春間至彼，山高水長，紅緑相映，亦自不惡。」本篇所描繪的，正爲山中景象。參之原集編序，應與下篇先後之作。

評論　朱子可聞詩集卷五：先生答何叔京書云：「日用間，觀此流行無間斷，有下手處。守書册，泥語言，全無交涉。」與此詩意同。陽明採爲晚年定論，陳清瀾謂此種尚是少年見識也。今但就詩而存其佳，俱未暇辨。

淳熙甲辰中春精舍閑居戲作武夷櫂歌十首呈諸同游相與一笑（淳熙十一年二月）

武夷山上有仙靈，山下寒流曲曲清。欲識個中奇絶處，櫂歌閑聽兩三聲。

一曲溪邊上釣船〔一〕，幔亭峰影蘸晴川〔二〕①。虹橋一斷無消息②，萬壑千巖鎖翠煙。

二曲亭亭玉女峰，插花臨水爲誰容？道人不復荒臺夢〔三〕，興入前山翠幾重。

三曲君看架壑船③，不知停櫂幾何年。桑田海水今如許，泡沫風燈敢自憐〔四〕④？

四曲東西兩石巖，巖花垂露碧㲯毿⑤。金雞叫罷無人見⑥，月滿空山水滿潭。

五曲山高雲氣深，長時烟雨暗平林。林間有客無人識，欸乃聲中萬古心〔五〕⑦。

六曲蒼屏繞碧灣，茅茨終日掩柴關〔六〕。客來倚櫂巖花落，猿鳥不驚春意閑〔七〕。

七曲移船上碧灘，隱屏仙掌更回看⑧。人言此處無佳景，只有石堂空翠寒〔八〕。

八曲風烟勢欲開，鼓樓巖下水縈洄。莫言此處無佳景，自是游人不上來。

九曲將窮眼豁然，桑麻雨露見平川〔九〕。漁郎更覓桃源路，除是人間別有天⑨。

解題 櫂歌，行船時所唱之歌。本篇歷來被視爲朱熹名篇，作者採用歌詞的形式，按逆流而上的順序，依次勾畫出九曲美麗的景色，抒寫出自己閑澹的情懷。全篇摹勒山水而外，還羼入神話傳說、歷史人文景觀以及自己的人生感慨，一唱三嘆，韻味深長，具有較强的感染力。

校記

〔一〕溪邊：淳熙本作「寒溪」。

〔二〕晴：右引作「清」。

〔三〕復：右引作「作」。荒：原作「陽」，據宋閩、浙本改。

〔四〕燈敢：右引作「煙苦」。

〔五〕此句右引作「茅屋蒼苔魏闕心」。

〔六〕終：右引作「鎮」。

〔七〕閑：右引作「還」。

〔八〕「人言」二句：右引作「却憐昨夜風頭雨，添得飛泉幾道寒」。底本原注引別本同，而「風」作「峰」。

〔九〕見：右引作「靄」。

注釋

①蘸：浸。楚辭大招「湯谷寂只」王逸注：「或曰寂，水蘸之貌。」洪興祖補注：「蘸，没也。」

②虹橋：彩虹般的橋。雲笈七籤卷九十六：「武夷君，地官也，相傳每於八月十五日大會村人，於武夷山上置幔亭，化虹橋通山下。」

③架壑船：架在巖壑上的船隻。朱熹武夷圖序：「清溪九曲，流出其間。兩崖絶壁人迹所不到處，

往往有枯杈插石罅間，以庋舟船棺柩之屬。」

④泡沫風燈：佛家以喻人生短暫虚無，有如水中之泡，風中之燈。宋葛長庚促拍滿路花和純陽韻：「堪嘆人間事，泡沫風燈，阿誰肯做飛仙？」此句言生死乃事之自然，面對滄桑巨變，亦不必嘆人生苦短矣。

⑤氍毹：披拂下垂貌。

⑥金鷄：傳説中的神雞。神異經東荒經：「蓋扶桑山有玉雞，玉雞鳴則金雞鳴，金雞鳴則石雞鳴，石雞鳴則天下之雞悉鳴。」四曲之處有金雞山，故云。

⑦欸乃：象聲詞，摇櫓聲，也指櫂歌聲。元結有欸乃曲。此二句言身雖隱於山林，而心已通於百世之上而與聖賢相會。

⑧仙掌：指仙掌巖。

⑨「漁郎」二句：用陶潛桃花源記事，言山中之平川即世外之桃源，天下無二。蓋盛贊武夷也。

編年

據題繫年。

評論

何中跋武夷櫂歌真迹：詹叔厚以所藏武夷櫂歌真迹示余，余嘆曰：美哉！字畫之豪，詩章之妙，不待贊也，而道在是矣。山水仁智樂也，未悟乎此，則惟知玩清輝以自娱者。夫見南山而悠然，濯清泉以自潔，一吟一諷，倐然埃壒之表，亦庶幾矣，而於道未也。惟聖賢知仁在躬，融動静之全，而貫流峙之理，身爲體，言爲聲，山水即仁智，仁智即山水，本無彼此形氣之隔。斯時斯趣，即登東山而小魯，臨長川而嘆逝也。若然者，雖孺子滄浪之歌，猶得聽之爲有道，而況自寫其胸中之藴乎，斯歌是矣。昔誦刻本，猶躍然感發。迨今覩真迹，則精神動悟，何啻百倍。意其揚休山立，欣然水光山色間，從游濟濟，相與切磋，一時氣象，至今猶可想見。無異摳趨其側，而共觀隱屏、仙掌之勝也。豈待至闕里，見諸生習禮，廼始低回不能去哉。余之得見此也，而亦有感於此矣。先生之歌，淳熙甲辰也。先是舉劾莫報，知道之難行也，於是作精舍，而爲此歌。其考槃薖軸之情，伐檀漣漪之興，可謂兼之矣。然時君敬禮，不懈益隆，蓋他日權臣用事，疑先生爲宗臣之黨，始忌且排焉。一時小人摘此歌末句，謂人間豈容別有天，以爲僭妄，自是先生擯矣。然慶元壬戌以後次對之除，至戊辰則賜謚文矣。是先生之道屈不過通十二三年，果何傷於日月哉。穆陵踐祚，與先生若有夙契，尊爲帝師，胙以鄉國，又例之從祀，一時宗其道者，下及公卿輔相。天下之學，有不由四書者，童子恥之。縉紳奏疏、場屋進取之文，非四書不道也，可謂盛矣。抑先生之誨人未嘗不欲戒虚浮，期實用也，豈爲名高者哉。獨惜後來學者頗失本真，遂使義理不在躬行，而在口耳。深潛淳粹，化爲夸毗。至於甲戌之春，此爲何時？而省闈發策，孰識權臣，諱言時政，而首以太極圖、西銘、易傳、春秋爲問，若備禦之劃則一辭不敢及也。末流之弊，一至於此，皆其不學之過也。先生立教之初意，豈端使之哉。嗚呼！自甲辰至于今蓋一百一十有餘年矣，窮鄉末學，觀道術之盛衰，際時運之遷易，感念疇昔，有慨然嘆。捧翫斯迹，雖以獲見天外鳳凰之飛爲幸，山頹木壞之悲與黍離之痛，蓋不覺其交至而迭發也。先生之於武夷也，愛之深、樂之至，殆隆準公所謂百世之後，魂魄猶思沛者矣。英靈之氣，上爲星辰，決不與每生凡魄同歸澌盡。意其駕雲旗，齊玉軑，猶時與乾魚君往來洞天間，凌青雲以汎濫，忽臨睨夫故鄉，其亦有所感也夫。

吴澄題朱文公武夷棹歌遺墨：朱子早年肆其餘力於詩章，字畫甚雄偉不凡，而晚乃若不暇爲。武夷棹歌，年五十有五時作，吾詹叔厚父得遺墨寶藏之。夫詩章字畫妙一世，固人所共愛，而朱子片言隻字流落人間，而人之愛之也又豈直爲詞翰之工而已哉。萬世之後，有知其解者，是旦暮遇之，而余于其詩與字也，夫何言。

劉概朱文公武夷櫂歌注跋：概居游武夷，常誦櫂歌，見其辭意高遠，超絶塵俗，而未得其要領。近護承教懼齋陳先生，蒙出示旨義，有契於心，乃知九曲寓意直與感興二十篇相爲表裏，誠學者入道之一助。不敢私己，敬刊以續感興詩解之後，與同志共之。時大德甲辰仲春，武夷劉概謹跋。

程敏政書劉教諭所註武夷棹歌後：晦庵先生武夷棹歌詩一卷，今休寧教諭南海劉君孟純述其所自得者也。晦庵先生身斯道以啓來學，盖凡有言，莫非道之所寓，况是詩哉。劉君可謂篤學而異於世之言詩者矣。當時御史沈繼祖劾先生十罪，此詩亦在論列中，盖指其末章尾句以爲不臣也。噫！詩之不幸若此，而劉君乃惓惓百世之下，味其詞，思以發先生之心，則人之所存，其相去何啻霄壤哉。吾於是爲之三嘆不能已，書其後而歸之。弘治庚戌春二月祭丁日，歸田學士程敏政識。

一　朱子可聞詩集卷五：此乃九曲總冒。亦韓云：蔡邕好琴，入清溪訪鬼谷子，所居山有五曲，一曲製一弄。此因武夷山九曲，而各爲一歌，亦其遺意也。

二　朱子可聞詩集卷五：一曲隔斷外間。第二句點明上船，爲九首總起。

三　朱子可聞詩集卷五：二曲引入裏面，借玉女峰點景，言此地雖佳，不足以留有道之士也。

四　朱子可聞詩集卷五：從上隔斷紅塵，更進一步，言凡人到此境界，竟當身世兩忘矣。

五　朱子可聞詩集卷五：上二句言人在曲中，仰視兩巖之景。後二句言人不得見之景。傳神妙在半現半隱。

六　朱子可聞詩集卷五：武夷東流凡九曲，而五曲最深，寫出山高林暗，客到無人，真覺深山似太古矣。　欸乃即櫂歌聲，按先生跋程沙隨帖云：「元次山有欸乃曲，柳詩亦用此二字，本音靄襖。近世倒讀之，誤矣。」

七　朱子可聞詩集卷五：前五曲櫂歌而來，後三曲櫂歌而去，而以此曲倚櫂爲主。茅茨即精舍，韓元吉記「道士即溪之六曲，僅爲一廬。元晦負大石屏，規之以爲精舍」者此也。三、四正賦題中精舍中春閑居正面。

八　朱子可聞詩集卷五：自一曲上船，此乃回船矣。此一詩乃上下文之關鎖也。先生論詩文要有向背往來之勢，首尾一樣數段，便不成章。三、四按落一筆，真文家三昧。俗本不察，妄改「却憐昨夜峰頭雨，添得飛泉幾道寒」十四字，便著著犯實矣。

九　朱子可聞詩集卷五：言客既到精舍後，不及遍游而出矣。然此地尚多妙景，人未曾到。「人言」、「莫言」交互成趣，作有餘不盡之意。

十　朱子可聞詩集卷五：言九曲將終，而桑麻妙境，猶且不讓昔日桃源，真人間再無第二處也。上釣船起，倚櫂止，移船轉，至此用漁郎收住櫂歌。「除是人間別有天」句，尤盡一章之大旨。鳳逸云：虚結反結，亦推開結，援引結，總結到櫂歌，總結出九曲都非凡境。

伏蒙致政少傅相公寵賜寄題武夷精舍詩一首拜受捧讀不勝仰嘆無以自見區區感幸之誠輒繼高韻繕寫拜呈冒瀆威尊下情恐悚之至〔一〕 淳熙十年六七月間

望斷鈞天白玉都①，石田茅屋詎應無②。况蒙一字榮褒衮③，便覺千峰勝畫圖。舊弼詩情高緑野，狂奴心事只風雩④。蒲輪幾日符嘉夢⑤？恰有流霞酒一壺⑥。「舊弼」，公所居坊名，取答詔語也。熹近嘗夢公趣召枉臨⑦，止飲留宿。翌日登車，手取几間活人書一帙以行⑧。意者公當再施醫國之手，以活斯人乎？李義山武夷詩有「流霞酒一杯」之句。

解題　本篇答陳俊卿武夷精舍題詩。據朱熹與林井伯、林擇之書，作者很費了一番心思，然也不過恭維之詞。

校記　〔一〕此篇淳熙本文字差異較大，附録於後：「野性知公適俗疏，山中活計不應無。故憐絶壑開茆宇，便遣名章作畫圖。裴令物情非緑野⑨，魯狂心事只風雩⑩。蒲輪過日須迎候，恰有流霞酒一壺。」

注釋　①鈞天：天的中央，古代神話傳説中天帝位此。呂氏春秋有始：「中央曰鈞天。」高誘注：「鈞，平也。爲四方主，故曰鈞天。」借指帝王所在。白玉都：猶白玉京，天帝所居，代指京城。李白經亂離後天恩流夜郎憶舊游書懷：「天上白玉京，十二樓五城。」

②石田：多石貧瘠之田。左傳哀公十一年：「得志於齊，猶獲石田也，無所用之。」

③「況蒙」句：陳俊卿告老，孝宗答詔有「元老舊弼」之語，俊卿取下二字名坊。本句指此。

④狂奴：狂放不羈之人，指自己。南朝梁武帝答蕭琛：「勿談興運初，且道狂奴異。」風雩：論語先進載曾點言志有「風乎舞雩，詠而歸」之語，此用其事，言只願效法曾點放曠於山林。

⑤蒲輪：以蒲草裹輪之車，行走時震動較小，常用以迎賢，以示禮敬。史記平津侯主父列傳：「始以蒲輪迎枚生，見主父而嘆息。」

⑥流霞：傳説中天上神仙的飲料。論衡道虛：「口饑欲食，仙人輒飲我以流霞一杯，每飲一杯，數月不饑。」

⑦趣召枉臨：應詔赴京途中專程光臨。
⑧活人書：即醫籍類證活人書，宋朱肱撰。
⑨裴令：即唐名相裴度。度功高持正，不爲朝臣所喜，數起數罷。嘗建緑野堂别墅，與白居易、劉禹錫等名士宴樂其間，以示無用世之意。新、舊唐書皆有傳。此喻陳俊卿。
⑩魯狂：魯地的狂放之士。孟子盡心下：「孔子在陳，何思魯之狂士？」孫奭疏：「琴張、曾皙、牧皮三者皆學於孔子，進取於道而躐等者也，是謂古之狂者也。」

編年 朱熹别集卷二與林井伯六、卷三與林擇之末書對本篇寫作始末皆有詳載，二書作於淳熙十年，爲本篇作在該年之確證。後一書云：「福公爲賦武夷詩，押『舞雩』字，更和不得，遂至今未得報謝其書。兩日前方和得成，亦不免只躡故迹。」此篇作於六七月間，參年譜長編。

評論 朱子可聞詩集卷四：鈞天雅樂，應奏白玉都。自揣久當望斷，乃今蒙公寵賜，轉思石田茅屋，詎應無此。二字層折斡旋，有萬鈞之力。錢飲光云：老杜「晚節漸於詩律細」一句而有數折，一字可當數轉，中有不盡之義，而外無可見之痕。先生晚年此數詩，亦如是。

劉子澄遠寄羊裘且有懷仁輔義之語戲成兩絶爲謝以發千里一笑 淳熙中

短棹長簑九曲灘，晚來閑弄釣魚竿。幾回欲過前灣去，却怕斜風特地寒。
誰把羊裘與醉披？故人心事不相違。狂奴今夜知何處？月冷風凄未肯歸。

解題 劉清之寄贈羊皮大衣，并希望朱熹能出爲世用。對浙東失意尚耿耿於懷的朱熹以二詩相却，表明不願涉足污濁險惡仕途，矢志山林的决心。

編年 第一首心有餘悸，視仕途爲畏途之意十分明顯，考朱熹生平，應爲歸自浙東後不久作。劉清之卒淳熙十六年，故本篇之作不得晚於該年。

過蓋竹作二首 淳熙中

二月春風特地寒，江樓獨自倚欄干。個中詎有行藏意①？且把前峰細數看。

浩蕩鷗盟久未寒②，征驂聊此駐江干〔一〕③。何時買得魚船就〔二〕，乞與人間畫裏看〔三〕④。

解題 本篇仍明矢志山林之心。蓋竹，地名，未詳所在。

校記 〔一〕征：淳熙本作「停」。

〔二〕時：右引作「年」。

〔三〕人間：右引作「時人」。

注釋 ①「個中」句：言江邊留連豈有絲毫慮及出處。

②鷗盟：與鷗鳥爲友，喻隱居。陸游夙興：「鶴怨憑誰解，鷗盟恐已寒。」

③江干：江岸。南朝梁范雲之零陵郡次新亭：「江干遠樹浮，天末孤煙起。」

④「何時」二句：言有朝一日完全了却俗事，將恣意縱情山水，進入人間仙境。

編年 未詳。然本篇收入淳熙末所刊晦庵先生文集前集，參之原集編序，應作於淳熙中。

送建陽陳丞伯厚還鄉〔一〕 淳熙初

括蒼雲壑入秋夢①，閩嶺風霜侵鬢絲。歲晚未收稽古力②，徑荒曾擬賦歸辭〔二〕③。一官坎壈嗟丞負④，百歲歡榮慶母慈〔三〕。去步逶迤無愠色，此心惟有古人知。

解題 陳丞伯厚，名德符，浙江鄞縣人，乾道末任建陽縣丞。本篇贊揚德符不計功名，不戀榮禄的精神。

校記 〔一〕此題淳熙本作「奉送陳子厚」。

〔二〕曾：右引作「先」。

〔三〕慶：右引作「奉」。

注釋 ①括蒼：山名，主峰在浙江仙居縣東南四十里，首尾綿延三百餘里。代指浙東地區。

②稽古：考證古事，攻治古代文史。後漢書桓榮傳：「以榮爲少傅，賜以輜車乘馬。榮大會諸生，陳其車馬印綬曰：『今日所蒙，稽古之力也。』」此句用其事，言陳德符老大苦學而未得高官。

③曾：竟然。

④坎壈：困頓，不得志。東觀漢紀馮衍傳：「明帝以衍材過其實，抑而不用，遂坎壈失志，以素終於家。」丞負：言縣丞微職委屈於任者。語出韓愈藍田丞廳壁記：「丞哉，丞哉，余不負丞而丞負余！」

編年 林之奇拙齋文集卷十六送伯厚縣尉赴官建陽序云：「吾友陳君伯厚以經術首賢書，以對策擢科第，得尉於建之建陽，而要予贈言以别。」林之奇卒淳熙三年，則伯厚赴官、朱熹送别不得晚於淳熙初可知。萬曆建陽縣志稱伯厚任此官在壬辰而年號誤作「淳祐」，壬辰爲乾道八年，此或近之。

拜鴻慶宫有感 淳熙十四年四月

舊京原廟久煙塵，白髮祠官感慨新。北望千門空引籍①，不知何日去朝真②？

注釋 ①引籍：謂將身份及證件等報知守門使人，使導引入宮。史記外戚世家褚少孫論：「行詔門著引籍，通到謁太后。」張守節正義：「武帝道上詔令通名狀於門使，引入至太后所。」

②朝真：道家謂朝見真人。唐呂巖雨中花：「願逢一粒，九霞光裏，相繼朝真。」此指拜謁宋列祖神位。

編年 朱熹別集卷三與劉子澄三言及拜鴻慶宮之命始末甚詳，此詩也附書末。該書作於淳熙十四年，是爲本篇作於該年之確證。王懋竑朱子年譜淳熙十四年條引洪本舊譜云，朱熹拜命在該年四月。

解題 淳熙十四年，閑居數年的朱熹續得主管南京鴻慶宮祠官，本篇即拜受敕命時作。南京即原應天府，宋大中祥符七年改稱。鴻慶宮爲北宋別廟，中有宋神宗之像。當時南京尚在金人占領之下，詩中表達了作者懷念中原故土的愛國之情。他對友人談到作詩時的感受説：「年衰易感，不覺涕泗之横集也。」

答袁機仲論啓蒙 淳熙十三年以後

忽然半夜一聲雷〔一〕，萬户千門次第開①。若識無心含有象，許君親見伏羲來②。

解題 袁機仲，袁樞。啓蒙，指朱熹所撰易學啓蒙。該書成於淳熙十三年，包括本圖書、原卦畫、明蓍策、考變占四個部分，旨在闡明象數以探作易之原。數年以後，朱袁二人就易學問題發生了激烈的争論，往復辯難十數回合，言辭鋭利，幾於反目。本篇即見於朱熹答書中，作者譏袁不懂「無心含有象」這一易之心髓，故以詩贈之。

校記 〔一〕半夜：宋浙本作「平地」，底本原注別本同。

注釋 ①「忽然」二句：形容得易之本旨，一旦恍然大悟，豁然開朗的精神狀態，即作者答書中所謂「玩之久熟，浹洽於心，則天地變化之神，陰陽消長之妙，自將瞭於心目之間，而其可驚可喜、可笑可樂，必有不自知其所以然而然者矣。」

②「若識」二句：言懂得了伏羲作易之由來，則對易旨的透徹理解，將如見其人，如聞其聲。無心含有象：指象數乃天理之自然，非人力之安排。作者答書有云：「於此看得，方見六十四卦全是天理自然挨排出來，聖人只是見得分明，便作依本畫出，元不曾用一毫智力添助。蓋本不煩智力之助，亦不容智力得以助於其間也。」

編年 朱熹易學啓蒙成於淳熙十三年，本篇當作在其後。王柏魯齋集卷十三跋北山書朱子詩送韋軒云：「論啟蒙絶句，則淳熙丙辰也。」淳熙無丙辰，若丙午，爲十三年，或庶幾近之。朱袁二人關於易學的争論，一直延續到慶元年間。

觀林長仁書卷戲題問答 紹熙慶元間

猿去山空鶴亦飛，柴門空掩釣魚磯。門前樹葉都黄了，何事幽人久不歸？

爲愛雲泉百尺飛，故將茅屋傍苔磯。幾年清夢黄塵裏，此日秋風一棹歸。

解題 林長仁，未詳。書，疑當作「畫」。本篇問答，旨在招隱。

編年 未詳。據原集編序，則當爲晚年作。

題嚴居厚溪莊圖 慶元元年十二月五日

平日生涯一短篷，只今回首畫圖中。平章個裏無窮事，要見三山老放翁①。謂陸務觀。時嚴居厚之官剡中②。

解題 嚴居厚，名士敦，號伴釣翁，建陽人。嘗從朱熹問學，歷官閩清、嵊縣。本篇乃士敦入浙前所題，同時還作有題嚴居厚與馬莊甫唱和詩軸一跋。詩中對士敦放棄隱居而外出做官持委婉的保留態度。

注釋 ①放翁：陸游，時退閑居山陰。

②剡中：指浙江嵊縣。縣南有剡溪，西南乃漢剡縣故城所在。

編年 朱熹題嚴居厚與馬莊甫唱和詩軸云：「嚴居厚攝事閩清，不滿兩月，而與其令尹馬莊甫更唱迭酬，遂至盈軸。……諷詠不已，爲書其後。」該跋作於慶元元年十二月五日，是必居厚罷閩清赴官浙中前嘗見朱熹於考亭，朱熹遂跋其詩、題其畫。而居厚赴官必在次年，據陸游送行詩，其人慶元三年五月已棄嵊縣之官而返閩。

評論 朱子可聞詩集卷五：按當日詩家，莫過尤、范、楊、陸，皆先生契合，個中平章，獨推劍南。嘗云：「近代惟見此人爲有詩人風致。」宜放翁深引爲知己，他日先生没，而有「捐百身、起九原之心，傾長河、注東海之淚」，作文以誌感也。

擬縣補以蟲鳴秋詩 慶元中

天籟誰爲主①？乘時各自鳴。如分百蟲響②，來助九秋清。未歇吟風調，先催泣露聲。乾坤闢氛氣③，草木斂華英。易斷愁人夢，難安懶婦驚④。唯應廣成子，萬感不關情⑤。古語云：「絡緯鳴⑥，懶婦驚。」見詩疏。

解題　擬縣，模擬古時懸掛演奏的打擊樂器，如鐘磬等。朱熹曾據周禮製作石磬，與蔡元定反復討論磬式，并託人專程往平江購求石料。見其與蔡元定諸書。本篇描寫秋季的蕭瑟凄涼，抒發了作者的悲秋之感。

注釋

①天籟：指自然界的聲響，如風聲、水聲、鳥聲、蟲聲等。莊子齊物論：「女聞人籟而未聞地籟，女聞地籟而未聞天籟夫！」

②如分：謂進入秋分。

③闢：除。氛氣：渾濁之氣。楚辭王褒九懷思忠：「連五宿兮建旄，揚氛氣兮爲旌。」

④懶婦：三國吳陸璣毛詩草木鳥獸蟲魚疏卷下載，幽州人稱蟋蟀爲趨織，其里語曰：「趨織鳴，懶婦驚。」後遂以「懶婦」爲蟋蟀的別名。楊萬里張功父索余近詩余以南海朝天二集示之蒙題七字：「自笑吟秋如懶婦，可能擊鼓和馮夷？」

⑤「唯應」二句：言只有仙人廣成子能不爲物感，心無所動。莊子在宥載，廣成子居空同山，黄帝前往問道，教之曰：「至道之精，窈窈冥冥。至道之極，昏昏默默。無視無聽，抱神以静。形將自正，必静必清。無勞汝形，無搖汝精，乃可以長生。」

⑥絡緯：蟲名，即莎雞，俗稱紡織娘。漢無名氏古八變歌：「枯桑鳴中林，絡緯響空堦。」

編年　未詳。據原集編次及作者與蔡元定諸書，則當作在慶元中。

挽蔡太博 紹熙二年冬

疇昔相逢地，知君意矯强①。旋聞將使指②，勁節動朝行③。方爲人材喜，相期事業長。如何遽不淑④，未及鬢毛蒼？

解題 蔡太博，名鎬，字正之，台州臨海人。以武學登第，歷任武學諭，遷博士，曾兩度奉詔充任金人館伴、接送伴使。朱熹於浙東任上始識鎬，曾委其興修水利，見朱熹台州奏狀。

注釋 ①矯强：强毅。語出禮記中庸所載孔子語：「故君子和而不流，强哉矯！中立而不倚，强哉矯！」朱熹章句：「矯，强貌。」

②將使指：奉行充任使者的指令，指充金人陪伴使。將：秉承，奉行。詩經大雅烝民：「肅肅王命，仲山甫將之。」

③朝行：猶朝列，朝班，指朝廷衆官。韓愈盧郎中雲夫寄示送盤谷子詩兩章歌以和之：「我今進退幾時決，十年蠢蠢隨朝行。」

④不淑：猶不幸。禮記雜記上：「寡君使某，如何不淑？」陳澔集説：「如何不淑，慰問之辭，言何爲而罹此凶禍也。」

編年 據葉適蔡鎬墓誌銘，其人約卒紹熙二年冬，據以繫之。

乙卯八月晦日浮翠亭次叔通韻 慶元元年八月三十日

弱植有孤念①，獨往窮名山〔一〕。那知歲月逝，白首塵埃間。今朝定何朝？憑高睨清灣。群賢亦戾止②，共此一日閑。晤言不知疲，林昏鳥飛還。勝踐可無紀？重來諒非艱。留語巖上石，毋使門常關。

解題 浮翠亭，在建陽縣。叔通，即劉淮，建陽人，朱熹弟子。紹熙元年進士，博學能文，尤善詩，朱熹屢稱道之。此行同游者尚有黄榦等人，榦有侍晦翁飲浮翠用劉叔通韻詩，與此篇同韻。

校記 〔一〕往：原作「住」，據宋閩、浙本改。

注釋 ①弱植：柔弱的植物，喻年少未成人時。

②戾止：到來。詩經魯頌泮水：「魯侯戾止，言觀其旂。」毛傳：「戾，來；止，至也。」

編年 據題繫年。

用丘子服弟韻呈儲行之明府伯玉卓丈及坐上諸友 慶元二年

我是溪山舊主人，歸來魚鳥便相親。一杯與爾同生死，萬事從渠更故新。

解題 丘子服，名膺，建陽人，已見卷六。儲行之，名用，泉州晋江人。淳熙十一年進士，慶元初知建陽縣，有惠政，朱熹極稱之。後因受黨禁牽連罷歸。伯玉卓丈未詳。本篇作於黨禁之中，語帶牢騷，其抵觸情緒十分明顯。

編年 據道命録卷七上沈繼祖劾朱熹疏、嘉靖建陽縣志卷二、萬曆建陽縣志卷四等，儲用知建陽縣在慶元二年，其年十二月二十六日罷。又據朱熹續集卷六答儲行之四，用慶元三年初已歸晋江。據以繫之。

謹次縣大夫見屬之韻 慶元二年

撫摩凋瘵爲心切①，摹寫風煙著語親。只願從今更無倦，清詩美政逐年新。

解題 此詩與前篇同韻，作在同時。縣大夫指儲用。

注釋 ①撫摩：安撫。凋瘵：指困苦之民。白居易忠州刺史謝上表：「下安凋瘵，上副憂勤。」

編年 此與上篇同韻，爲先後之作。

承事卓丈置酒白雲山居飲餞致政儲丈叔通因出佳句諸公皆和熹輒亦繼韻聊發坐中一笑〔一〕 慶元三年春

老去讀書秋樹根，山林兒女定誰尊？偶緣送客來僧寺〔二〕，却似披雲卧石門。物外秖今成跌蕩〔三〕，人間何處不啾喧〔四〕①？一杯且爲陽關盡②，雙目從教別淚昏〔五〕。東坡賦徐德占舊居有「一爲兒女涴③，始覺山林尊」之句。

解題 承事，承事郎之簡稱，寄禄官名，由大理評事階改，正九品。卓丈，即卓伯玉。本篇爲儲用罷官送行時作，表現了作者對黨禁的憤恨與不滿。

校記 〔一〕此題宋浙本作「白雲寺送儲柯伯升」，底本原注別本同。

〔二〕寺：考異云一作「舍」。

〔三〕秖今成：右引云一作「情懷常」。

〔四〕何處不：右引云一作「唇嘴任」。

〔五〕此句右引云一本作「兩眼那因小馬昏」。

注釋

①「物外」二句：言已置身事外，放曠山水，任其政界世途之喧囂。跌蕩：又作「跌宕」，放蕩不拘。後漢書孔融傳：「又前與白衣禰衡跌蕩放言。」李賢注：「跌蕩，無儀檢也。」啾喧：喧囂。蘇軾次韻子由柳湖感物：「嘲吟草木調蠻獠，欲與猿鳥爭啾喧。」此指對黨人的攻擊迫害。

②陽關：古關名，在今甘肅敦煌市西南古董灘附近。王維送元二使安西：「勸君更盡一杯酒，西出陽關無故人。」此用其意。

③徐德占：名禧，分寧人。少有大志，以布衣獻治策二十四篇，爲神宗賞識，驟被任用，與王安石、吕惠卿相左右。元豐五年城永樂，死於金人之手。涴：弄髒，此指負累，纏住。

編年

據上二篇所考，儲用罷官之命下在慶元二年十二月二十六日，則其歸在次年初可知。

評論

朱子可聞詩集卷四：慶元二年，奸邪沈繼祖妄奏先生六大罪，而以建陽令儲用發端，此即儲公降罷歸，而送行之詩也。奏云：先生因趙汝愚死，和儲詩怨望朝廷，有「除是人間别有天」之句。五、六隱若申明此者。按，蘇詩乃吊徐德占遇禍，以松柏起興，曰：「竟爲明所誤，不免刀斧痕。一遭兒女涴，始覺山林尊。」引此立論，既慷慨，復藴藉。

丙辰正月三日贈彭世昌歸山 慶元二年正月三日

象山聞説是君開，雲木參天瀑響雷。好去山頭且堅坐，等閑莫要下山來。

解題 彭世昌，名興宗，金溪人。受學於陸九淵，九淵令教其諸子，稱有法度。淳熙中築精舍於應天山以居九淵，以山形似象改名象山。山在今江西貴溪縣西南。興宗以購書訪朱熹於考亭，時黨禁方嚴，故作此詩戒之避禍。朱子語類卷一百二十四載此事甚詳。

編年 據題繫年。

和人都試之韻慶元間

儲胥聞道落初成①，共喜兒郎意氣生。初恨雨聲迷疊鼓，忽驚晴色動高旌。盤牟入詠詩情壯②，破的傳觴酒令明。縱使腐儒東鄉坐③，不妨堂上有奇兵④。

解題 都試，漢以來的地方閱兵制度，每年秋冬會試將官士卒武藝，以課殿最，行賞罰。本篇前半臆寫都試之盛況，後半描繪席間之情景。

注釋 ①儲胥：堡寨外的柵欄、藩籬，借指堡寨。文選揚雄長楊賦：「木擁槍纍，以爲儲胥。」李善注引蘇林曰：「木擁柵其外，又以竹槍纍爲外儲胥也。」引韋昭曰：「儲胥，蕃落之類也。」

②盤牟：未詳。

③東鄉：東向。古以東爲尊。此句自謙之辭。

④「不妨」句：此句雙關，既恭維所和之人武藝，又恭維其詩酒。

編年 未詳。據原集編序，也當爲慶元間所作。

評論 朱子可聞詩集卷四：都試，都堂試士也，此可見時之尚武。按南宋時勢，淳熙之間貴復仇，慶元後宜自守。韓侂胄既與理學儒者爲難，復無識，鋭意用兵，助元伐金，卒亡宋社。此先生借題慨世之作。「兒郎」、「腐儒」，首尾抑揚，其辭微，其慮遠矣。

聚星落成致政陳丈舉酒屬客出示新詩而仲卿朝瑞及劉范二兄相與繼作熹幸以卜鄰得陪勝集率爾次韻聊發一笑 慶元六年正月

適親德范仰循循，遽喜名章肆筆成。臏説臺高今勝昔，極知星聚暗還明。當家翰藻争春麗，上客詞源徹底清。更共鄰翁閑指點，千峰環合水無聲。

解題 聚星亭，在建陽考亭，北宋宰相里人陳升之建，以漢高士陳寔、荀淑父子十餘人大會，於時天象德星聚，太史奏五百里賢人聚之事名亭。朱熹以爲此亭有助名教，積極參與陳家重修，并作聚星亭畫屏贊并序，大加宣揚。在黨禁的背景下，在作者去世前數月，這樣做是有深意的。本篇雖詠亭應酬，也見出作者堅信其道終將大明的信念。致政陳丈，即下篇之陳昭遠，仲卿、朝瑞爲其二子，詩中「當家」是也。劉范，朱熹門人劉淮、范瑄，詩中「上客」是也。

編年 朱熹聚星亭畫屏贊未署年月，而八閩通志卷七十三明確記載：「慶元六年朱熹重修，有畫屏贊并序，舊址猶存。」王懋竑朱子年譜也將修亭事次於該年之下，今從之。此篇作在正月，參年譜長編。

謹次陳昭遠丈龍洲鄉社高韻并呈諸兄友 慶元中

幾年社酒醉班荆，此日祠壇喜落成。誤許俗書輕染污，急傳佳語頌登平。年豐已荷天垂慶，人傑還欣地炳靈。不信鄰村是塵境，請看緑水鎖紅亭。

解題 本篇爲建陽縣龍洲社稷壇落成吉慶祈福之語，朱熹應邀爲新壇書額。

編年 朱熹遷居考亭在紹熙三年以後，詩云「幾年社酒醉班荆」，知作在慶元中。

懷潭溪舊居 慶元元年

憶住潭溪四十年，好峰無數列窗前。雖非水抱山環地，却是冬温夏冷天。繞舍扶疏千個竹，傍崖寒冽一泓泉。誰教失計東遷繆，憊卧西窗日滿川。

解題 朱熹紹興十四年前後遷居潭溪，紹熙三年移居建陽。本篇悔遷居之失策。

編年 朱熹續集卷五與田侍郎五云：「昨日季通説舊居山水甚勝，棄之可惜。新居近城，以此間事體料之，必不能免人事之擾。只如使節經由，不容不見，便成一迎送行户。應接言語之間，久遠豈無悔吝？今年尤覺不便，始悟東遷之失計。」該書作於慶元元年，本篇當作在其前後。詩稱已住潭溪四十年，蓋除去居官在外之十餘年而舉成數。若論其實，則已五十三年矣。

甘澤應祈一蘇焦槁皆昭遠致政宣義丈及仲卿諸友晝夜精虔不出道場之力而昭遠丈惠詩反以見屬非所敢當輒依高韻和呈以見鄙懷并簡同社諸兄友 慶元間

精禱由來未浹辰①，如何嘉澍便遄臻②？誠通幽隱知無間，喜動龍天信有因。適嘆恢焚千畝盡[3]，忽驚滂潤一時均。誰云化育流行妙，只屬乾坤不屬人[4]？

解題 本篇頌旱中祈禱而得雨，不外恭維之詞。

注釋 ①浹辰：古代以干支紀日，稱自子日至亥日一周十二日爲浹辰。左傳成公九年：「浹辰之間，而楚克其三都。」杜預注：「浹辰，十二日也。」

②嘉澍：及時雨。後漢書明帝紀：「長吏各絜齋禱請，冀蒙嘉澍。」遄臻：急至。

③惔焚：形容莊稼極度乾枯。惔：火燒。詩經小雅節南山：「憂心如惔，不敢戲談。」毛傳：「惔，燔也。」鄭箋：「皆憂心如火灼爛之矣。」

④「誰云」二句：恭維陳昭遠有扭轉乾坤之功。化育：指天地對萬物的化生長育。禮記中庸：「能盡物之性則可以贊天地之化育。」

編年 本篇作在考亭，當在紹熙三年以後。而據朱熹續集卷一答黄直卿、卷四答儲行之，建陽慶元間屢以大旱告饑，本篇必作在其時。

奉題李彦中所藏俞侯墨戲 慶元二年

不是胸中飽丘壑，誰能筆下吐雲煙？故應秖有王摩詰[1]，解寫離騷極目天。

解題 李彦中，名未詳，時爲建寧府推官。俞侯，未詳。墨戲，隨興而成的寫意畫。本篇反映了朱熹重視作品内容，强調心性修養與生活積累的藝術觀。

注釋 ①王摩詰：王維，摩詰乃其字。

編年 朱熹有與李彦中帳幹論賑濟劄子，參之其續集卷八與黄知府一、二書及永樂大典卷七千六百五十所載何澹所作黄公墓誌銘，知劄子所言乃慶元二年建寧救災事。本篇必爲是年李彦中在任時作。據續集卷一答黄直卿書，知慶元四年彦中已不在官。

題劉志夫嚴居厚瀟湘詩卷後慶元元年

瀟湘門外水如天，説著令人意慘然。試問登高能賦客，個中何似汨羅淵①？余南游不能過衡山，但見人説衡州門外泊船處風物令人愁，未知信否。因覽此卷，書以訊之。

解題 劉志夫，一作「智夫」，名崇之，建陽人。從朱熹問學，淳熙二年進士，累官權兵部郎中。黨論起，因疏留朱熹講官，出爲荆湖南路提舉常平。本篇即作於崇之官湖南時。嚴居厚，嚴士敦。

注釋 ①汨羅：江名，湘江支流，在湖南省東北部。屈原投此江而死，見史記屈原賈生列傳。

編年 據八閩通志卷六十四、嘉靖建陽縣志卷十二等，劉崇之以慶元元年四月出爲湖南提舉，本篇必作於是年。朱熹別集卷二與劉智夫第二十書即其人初至湖南時作，時爲慶元元年。

聞蛙慶元中

兩樞盛怒鬥春池①，群吠同聲徹曉帷。等是一場狼籍事②，更無人與問官私③。

解題 本篇以令人煩躁的蛙聲借指群小對黨人的攻擊陷害，怨憤鄙夷之情溢於言表。

注釋 ①兩樞：未詳。

②狼籍：等於説烏七八糟。後漢書張酺傳：「聞其兒爲吏，放縱狼藉。」

③問官私：晋書惠帝紀載，惠帝愚蒙，曾於華林園聞蛙聲，謂左右曰：「此鳴者爲官乎？私乎？」侍臣對曰：「在官地爲官，在私地爲私。」

編年 據詩意及原集編序，本篇應作於慶元中。

延平水南天慶觀夜作慶元中

石樓雲卧對江城，城角吟霜永夜清①。料得南枝正愁絶②，不堪聞此斷腸聲。

解題 延平，指南劍州府治，在今福建南平市。本篇寫作者夜聞隔江城中報時笳聲的凄清寂寞之感。

注釋 ①城角：古代夜於城上吹笳報時，稱城角。前蜀韋莊飲散呈主人：「更聞城角暮，煙雨不勝愁。」

②南枝：指梅花。蘇軾次韻蘇伯固游蜀岡送李孝博奉使嶺表：「願及南枝謝，早隨北雁翩。」王文誥輯注引趙次公曰：「南枝，梅也。」

編年 據原集編次，本篇當於慶元中所作。又據朱熹跋張敬夫與馮公帖、題袁機仲所校參同契後及續集卷三答蔡季通九、十兩書，朱熹慶元三年秋有南劍州之行。此詩不知是否是行所作。

墨　梅慶元四年三月

夢裏清江醉墨香，蕊寒枝瘦凛冰霜。如今白黑渾休問，且作人間時世裝①。

解題 墨梅，墨畫之梅。本篇爲觀湯正仲畫後作，借題發揮，表現了對黨禁中是非顛倒的世道的痛憤與牢畢竟未曾道著。詩社高人，試各爲下一轉語看。」騷。作者題詩後，意猶未盡，遂邀諸友共賦。其跋湯叔雅墨梅云：「然『白墨未分時』一句，

注釋　①時世裝：入時的穿着打扮。白居易時世妝：「時世妝，時世妝，出自城中傳四方。」此言墨梅畫爲人張掛作飾物，暗指被迫隱忍隨俗。

編年　見解題。跋湯叔雅墨梅，慶元四年三月作。

評論　朱子可聞詩集卷五：起筆便是言時世忽尚墨梅，第二句斷此花本該是白，妙在第三句轉關，微文刺譏，含蓄無盡。按，先生作畫跋云：「墨梅自陳簡齋以來，類以白黑相形，迨其末流，幾若禪家五味，正偏圖一矣。」此詩不啻觚哉之嘆也。

秋華四首 慶元中

木芙蓉

紅芳曉露濃，綠樹秋風冷。共喜巧回春，不妨閑弄影。

蕙①古所謂蕙，乃今之零陵香。今之蕙，不知起於何時也。

今花得古名，旖旎香更好②。適意欲忘言，塵編詎能考？

木犀③

喬木生夏涼，芳蕤散秋馥④。未覺歲將寒〔一〕，扶疏方繞屋。

菊

青蕊冒珍叢，幽姿含曉露。政爾破荒寒，詎免傷遲暮？

解題 本篇詠秋花，表現了作者的閑澹心境與悲秋之感。

校記 〔一〕將：原作「時」，據宋閩、浙本改。

注釋 ①蕙：香草名，所指有二：一即零陵香，又名熏草，俗稱佩蘭。晉嵇含南方草木狀：「蕙草，一名熏草，葉如麻，兩兩相對，氣如蘼蕪，可以止癘。」一指蕙蘭，葉似草蘭而稍瘦長，氣遜於蘭，色也略淡。古詩十九首冉冉孤生竹：「傷彼蕙蘭花，含英揚光輝。」

②旖旎：茂盛美好貌。楚辭九辯：「竊悲夫蕙華之曾敷兮，紛旖旎乎都房。」王逸注：「旖旎，盛貌。」

③木犀：桂花樹。

④蕤：花。王粲初征賦：「春風穆其和暢兮，庶卉煥以敷蕤。」

編年 據原集編序，本篇當於慶元間所作。第二首題注，與作者慶元五年楚辭集注所考語同，似亦一證。

評論 蕙 朱子可聞詩集卷五：先生言：古所謂蕙，乃今之零陵香，今之蕙不知起於何時也。二句美花葉姿態，較零陵香更好。三、四妙以不解解之。

菊 朱子可聞詩集卷五：煞到秋上，勤而不怨。「能銷造化幾多力，不受陽和一點恩」，傷於激烈矣。

晦翁足疾得程道人針之而愈戲贈此詩 慶元中

十載扶行恃短筇，一針相值有奇功。出門放步人争看，不是前來勃窣翁①。

解題 程道人，未詳。朱熹脚病由來已久，淳熙初年即常發作。關於道人以針炙治愈朱熹足疾之事，鶴林玉露乙編卷五針熨道人：「朱文公有足疾，嘗有道人爲施針術，旋覺輕安。公大喜，厚謝之，且贈以詩云……道人得詩徑去。未數日，足疾大作，甚於未針時。亟令尋逐道人，已莫知所往矣。公嘆息曰：『某非欲罪之，但欲追索其詩，恐其持以誤他人爾。』」

注釋 ①勃窣：跛行。司馬相如子虚賦：「於是乃相與獠於蕙圃，媻珊勃窣上金堤。」

編年 朱熹足疾，由來已久，在南康任上及淳熙十五年入對時皆嘗發作。然其病情久而重，以致「十載扶行恃短筇」，則顯爲晚年之事。觀作者紹熙年間尚頻頻出知漳州、潭州及入朝任侍講，參之原集編序，本篇當作在慶元中。

戲答楊庭秀問訊離騷之句二首 慶元六年春

昔誦離騷夜扣舷，江湖滿地水浮天①。只今擁鼻寒窗底，爛却沙頭月一船②。

春到寒汀百草生，馬蹄香動楚江聲。不甘强借三峰面③，且爲靈均作杜蘅④。「佛法不怕爛却」，禪家語也。杜蘅一名馬蹄香，本草辨僞藥云：「細辛則杜蘅，水浸令直。」三峰謂華陰也。

解題

楊庭秀，名萬里（一一二七—一二〇六）號誠齋，江西吉水人。紹興二十四年進士，歷官中外，以文學名。宋光宗嘗爲書「誠齋」二字。宋史有傳。萬里與朱熹交厚，曾薦之於孝宗。黨事起，朱熹列魁首，萬里不以爲嫌，書信往來如常。朱熹作楚辭集注，萬里以二詩跋之。其一云：「注易箋詩解魯論，一帆徑度浴沂天。無端又被湘纍唤，去看西川競渡船。」其二云：「霜後藜枯無可羹，飢吟長作候蟲聲。藏神上訴天應泣，支賜江蘺與杜蘅。」本篇答詩曲折地表現了風燭殘年的作者在黨禍中對「道之不行」的痛心疾首及堅守晚節，「雖九死其猶未悔」的決心。

注釋

① 「昔誦」二句：形容昔日海闊憑魚躍，天高任鳥飛的氛圍與胸懷。

② 「只今」二句：訴廉頗老矣，閉門待盡，大道不行，後繼乏人的悲哀。

③ 「不甘」句：言不願勉强厚顔無耻地隨俗沉浮。杜甫假山：「一簣功盈尺，三峰意出群。」趙次公注：「今句爲實道土山之三峰，而華山記有云『其三峰直上，晴霽可睹，却有出處，故對一簣。』」

④ 靈均：屈原之字。杜蘅：多年生草本植物，生於陰濕林下或草叢中。離騷以來文學作品常以喻君子賢人。此句言要效法屈原的忠貞。黨禁中道學稱「僞學」，作者自注專引本草辨僞，又云「水浸令直」，耐人尋味。

編年

誠齋集卷一百八載楊萬里答朱侍講云：「所著楚辭解甚奇，可得而窺見否？」該書言及朱熹致政事，又云「即辰首冬殊温」，知作在慶元五年十月。其後萬里得觀楚辭集注，乃跋以二詩，朱熹方次其韻，其在六年春可知。

評論 二 朱子可聞詩集卷五：少章云：朱子奉祠，嘗提舉雲臺觀。觀在華陰，自建炎南渡後，其地久非宋有，朱子不過以空銜寄禄。詩所謂「强借三峰面」者，此也。又唐人皆以華州太守爲三峰守，故朱子云爾。時朱子方注楚辭，此詩後二句，大意謂幸而優游祠禄，因得覃思箋釋，且可自附直臣之後耳。正解嘲之意，故以戲答爲題。

孝宗皇帝挽歌詞 慶元四年春

皁陵發引，詔許近臣進挽歌辭。熹恭惟盛德大業不易形容，方將攄竭鄙思，以效萬一，冥搜連日，纔得四語，而忽被閔勞之詔，罷遣東歸，遂不敢成章以進。杜門累年，每竊私恨。戊午之春，大病瀕死，默念平生仰孤恩遇，無路補報，感激涕泗，不能自已。謹因舊篇，續成十有六韻，略叙本末，以見孤臣亡狀，死不忘君之意云。

精一傳心妙①，文明撫運昌②。乾坤歸獨御，日月要重光。不值亡胡歲，何由復漢疆？遽移丹極仗③，便上白雲鄉〔一〕④。九有哀同切⑤，孤臣淚特滂。詎因逢舜日，曾得厠周行⑥？但憶彤墀引，頻趨黼坐旁⑦。衮華叨假寵⑧，縞素識通喪⑨。似有鹽梅契，還嗟貝錦傷⑩。戴盆驚委照⑪，增秩待行香⑫。手疏攄丹悃，衡程發皁囊⑬。神心應斗轉，巽令亟風揚⑭。未答隆儒厚，俄聞脱蹝忙⑮。此生知永已，没世恨空長。内難開新主，遄歸立右厢⑯。因山方慘淡，去國又愴惶⑰。疾病今如許，形骸可自量？報恩寧復日？忍死續殘章。

解題 孝宗（一一二七—一一九四），字元永，紹熙五年六月戊戌卒，葬阜陵。本篇本爲發喪時作，感恩戴德，表現了作者的忠君思想。

校記

〔一〕便：宋浙本作「更」，底本原注別本同。

注釋

①「精一」句：尚書大禹謨載舜告禹之語曰：「人心惟危，道心惟微。惟精惟一，允執厥中。」即理學家所謂的千古聖賢傳心之妙。朱熹從其道學思想體系出發，將此「十六字心法」强加在宋孝宗頭上。

②文明：謂文德輝耀。尚書舜典稱舜「濬哲文明」，孔穎達疏：「經天緯地曰文，照臨四方曰明。」朱熹釋以「文理而光明」。撫運：順應時運。劉禹錫爲京兆李尹賀遷獻懿二祖表：「太祖景皇帝膺期撫運，啓封於唐。」

③丹極：宫殿中的紅色棟宇。杜甫別蔡十四著作：「流涕灑丹極，萬乘爲酸辛。」仗：儀仗。

④白雲鄉：神仙之鄉，婉稱去世。語本莊子天地：「乘彼白雲，至於帝鄉。」

⑤九有：九州，泛指天下。詩經商頌玄鳥：「方命厥后，奄有九有。」毛傳：「九有，九州也。」

⑥「詎因」二句：言之所以感戴孝宗，并非因爲他在位時自己得以做官。周行：周代官員的行列。詩經周南卷耳：「嗟我懷人，置彼周行。」毛傳：「行，列也。思君子，官賢人，置周之列位。」後以「周行」泛指朝官。

⑦黼坐：天子之座，也借指天子。以天子座後設黼扆屏風，故稱。宋林逋送范希文寺丞：「黼座垂精正求治，何時條對召公車。」孝宗朝朱熹引見天子凡三：隆興元年、淳熙八年、淳熙十五年。

⑧衮華：衮衣上的卷龍花紋，衮衣，代指優厚的褒獎。秦觀謝館職啓：「褒未就於衮華，惡已成於瘡痏。」叨：猶忝，表示承蒙，謙詞。假寵：仰賴恩寵。左傳昭公四年：「君若苟無四方之虞，則願假寵以請於諸侯。」朱熹孝宗朝數次優加清銜。

⑨縞素：白色喪服。管子輕重甲：「故君請縞素而就士室。」通喪：上下通行的喪禮。論語陽貨：「夫三年之喪，天下之通喪也。」孝宗淳熙十四年始爲高宗執通喪，朱熹親見之，恰與其一貫主張合。後來他在乞討論喪服劄子中大贊孝宗：「至性自天，孝誠内發，易月之外，猶執通喪，朝衣朝冠，皆以大布，超越千古拘攣牽制之弊，革去百王衰陋卑薄之風，甚盛德也。所宜著在方册，爲世法程，子孫守之，永永無斁。」

⑩貝錦：美麗似貝紋的織錦，喻羅織成罪，誣陷於人。詩經小雅巷伯：「萋兮斐兮，成是貝錦。」朱熹集傳：「言因萋斐之形而文致之以成貝錦，以比讒人者因人之小過而飾成大罪也。」此指淳熙十五年入對，因學術分歧遭兵部侍郎林栗彈劾事。栗劾章謂朱熹本無學術，事君無禮，邀索高價，僞不可掩。

⑪戴盆：將盆蓋在頭上。司馬遷報任少卿書：「僕以爲戴盆何以望天，故絕賓客之知，亡室家之業。」後以喻日光不照覆盆之下，冤屈難伸。委照：投下光明以照亮。南朝宋謝莊月賦：「委照而吳業昌，淪精而漢道融。」此指孝宗對朱熹加以保護，明其無罪，不承認林栗的彈劾。

⑫「增秩」句：朱熹因林栗彈劾，拂袖南歸，尋有旨除直寶文閣，主管西京嵩山崇福宫。

⑬「手疏」二句：朱熹對遭劾事耿耿於懷，拒不接受朝廷任命，多次上狀申説，并於當年冬上封事，長幾萬言。衡程：謂衡量品評。衡，秤杆。國語周語下「律度量衡於是乎生」韋昭注：

「衡，稱上衡。衡有斤兩之數。」程，度量衡之總稱。荀子致士：「程者，物之凖也。」楊倞注：「程者，度量之總名。」黄榦朱熹行狀載，朱熹封事至京，孝宗已就寢，急起秉燭讀之終篇。

⑭「神心」二句：言孝宗終於回心轉意，改變了召用朱熹的詔命。巽令：皇帝的詔令。易説卦有「巽爲風」之説，以詔令頒行如風之疾，故稱。梅堯臣袷享觀禮二十韻：「雞聲傳巽令，鶴馭作天郵。」朱熹上封事後，朝廷從其請改除職名，依舊主管西京嵩山崇福宫。

⑮脱蹤：脱鞋。淮南子主術訓：「（堯）舉天下而傳之舜，猶却行而脱蹤也。」此喻讓位於光宗，朱熹除命下後一月也。

⑯「内難」二句：指紹熙五年光宗内禪，寧宗即位，朱熹除焕章閣待制兼侍講入朝事。

⑰「因山」二句：言當時挽詩未就之由，乃過於悲傷，且倉猝罷歸。因山：就墓，指帝王入葬。因，相就，趨赴。國語鄭語：「其民沓貪而忍，不可因也。」韋昭注：「因，就也。」

編年　據本篇序。

詩送碧崖甘叔懷游廬阜兼簡白鹿山長吴兄唐卿及諸耆舊三首（慶元五年秋冬間）

羌廬不見幾經年①，一話清游一悵然。此日送君憑問訊，千峰影裏舊潺湲。

知君掛席下清江②，未見香爐意已降③。直上新泉得雄觀，便將傑句寫長杠④。

遺君蹤迹莽荆榛，曾把詩書爲作新⑤。今日總輸吴季子⑥，枕流漱石自由身。

諸人已致書者，此不復及。此外更有陳勝私在九疊屏下田舍，彭師范在隔江都昌縣界中，皆勝士也。趙南紀病卧城中，不知今能出入否。叔懷皆可爲一訪，致鄙意，不敢輒以僞迹相污染也。山間勝處皆有前賢題詠可尋，獨新泉近出，最名殊勝，非三峽、漱石所及，而余未之見，故詩中特言之。黄石巖絶高，而漱玉之原眼界特曠遠，余嘗一詣而不能及。近聞故吏張生棄家居之，其勇猛精進，老守蓋有愧焉。叔懷儻至其處，試爲物色⑦，頗存問之爲佳。

解題 甘叔懷，道士，事迹未詳。山長，唐五代以來對山居講學授徒者的敬稱。吴唐卿，名未詳，朱熹門人，熹守南康時從學。本篇表達對廬山及南康故人的懷念。注中提及諸人，皆見卷七南康詩。

注釋 ①羌廬：廬山的别稱。

②掛席：猶揚帆。文選謝靈運游赤石進帆海：「揚帆采石華，掛席拾海月。」李善注：「揚帆、掛席，其義一也。」

③香爐：指廬山之香爐峰。

④長杠：長橋。文選左思魏都賦：「石杠飛梁，出控漳渠。」李善注：「石竇橋在宫東，其水流入南北里。」

⑤「遺君」二句：指南康任上修復白鹿洞書院事。

⑥吴季子：春秋吴季札，此用其「吴」字指吴唐卿。

⑦物色：訪尋。劉向列仙傳關令尹：「老子西游，喜先見其氣，知有真人當過，物色而遮之，果得老子。」

編年 誠齋集卷一百七與朱侍講云：「既而遇甘道士往五夫，因之修報，不作石頭事否？」該書作於慶元五年四月。同書卷一百八答朱侍講云：「某九月十月之交於甘道士、曾無疑許連得報教二書。」該書作於慶元五年十月。據此，可知甘叔懷乃於是年初至五夫，因見朱熹，秋冬間經廬陵往游廬山，故得以捎信至楊萬里處。朱熹有跋周益公楊誠齋送甘叔懷詩文卷後，作於慶元五年四月；周必大有楊待制朱待制因甘叔懷道士戲以是同是别兩池兩月相爲問答某亦説偈詩，作於該年十月六日，由此可確知本篇作於是年。

丘子服來訪道間得古梅折以爲贈劉叔通江文卿俱來各有佳句因各次韻爲答三首慶元中

老枝橫出數花新，誰寄寒齋雪夜春？江路猶應有幽伴，秪愁難得賞心人。用子服韻。

獨樹臨孤岸，橫枝放淺花〔一〕。不須煩驛使，正耐雪斜斜。用叔通韻。

西湖居士尋詩處①，今墮軟紅車馬塵②。半樹橫枝空好在，衹應無地覓高人。用文卿韻。

解題 丘子服，丘膺；劉叔通，劉淮。江文卿，名嗣，建陽人，從朱熹學。本篇三詩一意，以梅及人。旨在於黨禁之中警醒學者，并爲打氣。

校記 〔一〕橫：宋浙本作「疏」。

注釋 ①西湖居士：又稱西湖處士，北宋詩人林逋之號。逋杭州錢塘人，隱居西湖之孤山，二十年不入城市，不娶妻，種梅養鶴以自娱。人高其風，有「梅妻鶴子」之稱。宋史有傳。蘇軾和秦太虛梅花：

「西湖處士骨應槁，只有此詩君壓倒。」

②軟紅塵：飛揚的塵土，形容城市的繁華熱鬧，此指南宋都城臨安。蘇軾次韻蔣穎叔錢穆父從駕景靈宮之一：「半白不羞垂領髮，軟紅猶戀屬車塵。」自注：「前輩戲語，有西湖風月，不如東華軟紅香土。」

編年 丘、劉、江三人皆建陽人，後二人乃朱熹遷居考亭後始與交往。而據本卷諸詩及作者答鞏仲至、與劉智夫諸書、題吴和中感秋賦後等，朱熹與劉淮交往皆爲慶元間事，故本篇也當此期間所作。

用子服韻謝水仙花慶元中

水中仙子來何處？翠袖黄冠白玉英。報道幽人被渠惱①，著詩送與老難兄。

注釋 ①惱：挑逗，撩撥。蘇軾蝶戀花春景：「笑聲不聞聲漸悄，多情却被無情惱。」

編年 據原集編次，本篇也當爲慶元中作。

引年得請伏蒙致政學士契丈特垂慶問寵以佳篇捧玩之餘感愧亡量輒借高韻少見謝誠伏幸笑攬慶元五年四月

一氣無私物自槃①，放臣偏荷主恩寬。方慚妄竊老夫號，詎敢重簪博士冠②？身退未妨閑養病，年豐何幸且偷安。新篇似許參同社，願刺仙舟上釣灘。

賈生鵩賦「大鈞播物」，史記作「大專槃物」，索隱云：「專，讀作鈞，槃猶轉也，義與播同。」

解題 慶元五年，朱熹年滿七十，按規定應予退休待遇。然其時名列黨籍，已被朝廷免職停俸。他抱着僥倖的心理，冒着罪加一等的危險遞上申請，竟被批准守朝奉大夫致仕，喜出望外。本篇表現了慶幸得請之情。引年，指年老辭官退休。致政學士契丈，即下篇之陳昭遠。

注釋 ①「一氣」句：張載「民胞物與」思想，言天下之民皆一氣所生之同胞，人人都受到天地父母一視同仁的對待。卷六寄題宜春使君定叟張兄隱齋云：「大專槃萬生，異體實同氣。云胡分彼己？直以私自蔽。」

②博士冠：指以師長的身份講學授徒。博士爲古代學官名，職在學校教育。此句蓋答陳昭遠恭維之語。

編年 朱熹致仕報可在慶元五年四月，據以繫之。

蒙恩許遂休致陳昭遠丈以詩見賀已和答之復賦一首 慶元五年四月

闌干苜蓿久空槃①，未覺清羸帶眼寬②。老去光華奸黨籍③，向來羞辱侍臣冠。極知此道無終否，且喜閑身得暫安。漢祚中天那可料？明年太歲又涒湯昆反灘④。建隆庚申距今己未⑤，二百四十年矣。嘗記年十歲時，先君慨然顧語熹曰：「太祖受命，至今百八十年矣。」嘆息久之。銘佩先訓，於今甲子又復一周，而衰病零落，終無以少塞臣子之責，因和此詩，并記其語，以示兒輩，爲之壽然感涕云。

解題 本篇喜幸之餘，叙暮年凄凉晚景，表現了悲憤、守道不渝、愛君憂國等複雜的思想感情。

注釋 ①闌干：縱横散亂貌。苜蓿：植物名，古大宛語譯音。原産西域各國，漢張騫出使始傳回。可作飼料、肥料，也可食用，爲下等低劣蔬菜。槃：同「盤」。唐薛令之自悼：「朝日上團團，照見先生盤。盤中何所有？苜蓿長闌干。」此句極言生活之貧寒。

②清羸：清瘦。帶眼：腰帶上的孔眼，松緊腰帶時用。宋楊億此夕：「帶眼頻移奈瘦何？」此句言對貧寒生活早已習以爲常。

③光華：榮耀。文選鮑照擬古：「宗黨生光華，賓僕遠傾慕。」吕延濟注：「宗族鄉黨皆持其勢而生光榮。」此句怨憤之情溢於言表。

④太歲：古代天文學中假設的星名，與歲星（即木星）相應，以其每年所在十二地支的部位作爲歲名。太歲在申曰涒灘，見爾雅釋天。

⑤建隆：宋太祖年號。庚申爲建隆元年，即宋朝開國之年。

編年 此承上篇而作，與之同韻，且詩注明言「己未」。

評論 朱子可聞詩集卷四：老列奸黨籍，而曰「光華」；向戴侍臣冠，而曰「羞辱」。身既不用，而翻幸其暫安；時知否極，而尚冀其或轉。計出無聊，字字悲壯。時先生直言無隱，爲群小所忌，甚至有請斬某以絕僞學者。慶元己未，先生年七十，遂得保身致仕，閱一年庚申而卒，宋亦隨亡。讀此詩結句并先生記語，使人酸傷無已。

己未九日子服老弟及仲宣諸友載酒見過坐間居厚廟令出示佳句嘆伏之餘次韻爲謝并呈同社諸名勝 慶元五年九月九日

籬菊斑斑半吐黄，泮中又報紫萸香。輞川有茱萸①。「泮」字與「泮」同②。裝成令節秋還晚，撩得高情老更狂。載酒極知乖勝踐，沾衣却免嘆斜陽。是日本約會於周園，屬予有故不果出，因集予舍。餘年只恐逢辰少，吟罷君詩引興長。

解題 本篇重陽小集，歡快之餘，不免流露出垂暮之年的哀婉依戀之情。

注釋 ①輞川：水名，在今陜西藍田縣南，唐王維别業在焉。茱萸：植物名，香氣辛烈，古俗重陽節佩之能祛惡避邪。西京雜記卷三：「九月九日，佩茱萸，食蓬餌，飲菊華酒，令人長壽。」

②泮：通「畔」，岸，水邊。新唐書王維傳載其輞川别業有茱萸沜。

編年 據題繫年。

評論 朱子可聞詩集卷四：逢辰恐少，一篇大旨。「引興」二字，一篇綫索。起四句便將令節引起老興，五、六借小杜九日詩「但將酩酊酬佳節，不用登臨嘆落暉」，當日極罷意處，轉説出有興來，尤妙於斡旋。此先生憂心悄悄作也。篇中樂處，皆是悲處。時書放翁一詩後云：「季札聞歌小雅，而識其思而不貳，怨而不言。近世東坡公讀柳子厚南澗諸詠，乃得其憂中有樂，樂中有憂，而深悲之。放翁之詩如此，後之君子其必有以處之矣。」然則後之讀先生此詩者，又當何如！應慨然識先生之所自處矣。

奉和子服老弟黄楊游巖二詩慶元中

聞道黄楊山上頭，千峰環抱百泉幽。羡君拄杖年年去，飽看人間萬頃秋。

游洲巖下水泠泠，枕石何妨夢裏聽。要與他年成故事，謾尋幽處著新亭。

解題 黄楊山，在建陽縣東南洪山之北。游洲巖，亦當在附近。

編年 綜觀本卷朱熹與丘子服唱和詩及原集編序，本篇也應作於慶元間。

和劉叔通懷游子蒙之韻慶元六年正月四日

扣角聽君悲復悲〔一〕①，壯心未已欲何之？交游半落丘山外〔二〕，離別偏傷老大時。尚喜淵潛容賈誼②，不須日飲教袁絲〔三〕③。病餘我更無憀賴〔四〕④，勉爲同懷一賦詩。余素不能作唐律，和韻尤非所長。年來追逐，殊覺牽强。子服乃令更爲手寫此三詩者，不知欲以何用。晨起書罷，欲記歲月，方覺是庚申開基節日⑤。此亦難逢之會，感嘆久之。

解題 游子蒙，名開，建安人，游酢從孫。從朱熹游，熹稱其論議文學皆可觀，爲可晤語者。時入京赴進士試，故劉淮有詩懷之。本篇透露出凄凉晚景中的傷感。

校記 〔一〕聽君：考異云一作「劉郎」。

〔二〕落：右引云一作「數」。

〔三〕不、日：右引云一作「未」、「痛」。

〔四〕此句右引云一作「我今久矣摧頽甚」。

注釋 ①扣角：劉向新序雜事五載，春秋衛人甯戚家貧，在齊，飯牛車下，遇齊桓公，遂擊牛角而歌。桓公善之，載歸，任爲上卿。後以「扣角」爲求仕干時之典。游開先有和劉淮詩云：「昨夜劉郎扣角歌，朔雲寒雪滿山阿。文章無用乃如此，富貴不來争奈何！」故此用之，言劉詩之悲切。

②淵潛：潛伏深淵中。語本易乾卦「潛龍勿用」、「或躍在淵」，喻隱居不仕。後漢書崔駰傳：「故士或掩目而淵潛，或盥耳而山棲。」賈誼：漢洛陽人。少年博學，文帝召爲博士，遷太中大夫。改正朔，易服色，制法度，興禮樂，政事文章載在史册。卒年三十三。此句美劉淮，言山林尚有立足之地。

③袁絲：爰盎。漢書爰盎傳：「南方卑濕，絲能日飲，無何，説王毋反而已。如此幸得脱。」顔師古注：「無何，言更無餘事。」教：通「效」。韓非子難勢「堯教於隸屬而民不聽」陳奇猷集釋：「教，借爲『效』……謂堯與隸屬相仿則民不聽其令也。」此句言不須因悲愁而終日飲酒。

④無憀賴：又作「無聊賴」，無聊，鬱悶。宋朱淑真寓懷之一：「孤窗鎮日無聊賴，編輯詩詞改抹看。」

⑤庚申：宋太祖建隆元年爲庚申，至慶元六年又恰爲庚申。開基：開國。

編年　據本篇注。

評論　朱子可聞詩集卷四：時先生已七十，去夢奠不遠矣。三、四真至情語。子蒙即前詩「所嘆湖南老賓友，兩年吹落市塵中」者也。時艱身老，失意何之。即賈、袁年少，而寄迹南方，猶必潛淵日飲，庶可免於憂患。此病餘之人，勉爲同懷賦詩，而不能已於悲復悲也。

叔通老友探梅得句不鄙垂示且有領客携壺之約次韻爲謝聊發一笑慶元中

迎霜破雪是寒梅，何事今年獨晚開？應爲花神無意管，故煩我輩著詩催。繁英未怕隨清角〔一〕，疏影誰憐蘸緑杯。珍重南鄰諸酒伴〔二〕，又尋江路覓香來〔三〕。

校記 〔一〕繁：考異云一作「落」。

〔二〕此句右引云一作「聞道南鄰多酒伴」。

〔三〕又：右引云一作「肯」。

編年 朱熹與劉淮交往皆慶元中事，已見本卷前考。

評論 瀛奎律髓彙評卷二十方回評：夫仁亦在乎熟之而已矣。此詩當以熟觀。紀昀評：是薄，非俗。起句鄙俗，三、四野調。

朱子可聞詩集卷四：於詠游共樂中，而隱寓慨世之意，若曰造物者今無意管事矣。「繁英雖自好，疏影有誰憐」，是在我輩之賦詩載酒以相尋耳。律髓評：此詩當以熟觀。熟也者，非腐爛陳故之熟，取之左右逢其原也。先生從心所欲之年，其詩亦信口皆如律令。

病中承子服老弟同居厚叔通居中居晦諸兄友載酒見過子服有詩牽勉奉和并呈在席幸發一笑 慶元中

心期萬壑與千巖，屢向君詩得指南。久恨泠然孤宿諾〔一〕①，偶逢兀者便同參〔二〕②。儻蒙大藥分金匕〔三〕③，豈羨奇方出玉函〔四〕④。誰識留連今夕意〔五〕？沉痾未散莫回驂。子服數有詩言黄楊之勝，未及往而得足疾，故有「兀者」之句。是夕坐客皆以霜寒欲亟歸，因又有末後句云。

解題 居晦，周明仲，建陽人。好讀書，有志當世，淳熙中始爲小官。居中，周明佐，明仲兄。兄弟二人皆從朱熹游。本篇表現了對山水與友情的渴望。

校記

〔一〕宿諾：考異云一作「獨往」。

〔二〕便：右引云一作「遂」。

〔三〕蒙：右引云一作「逢」。

〔四〕出：右引云一作「扣」。

〔五〕此句右引云一作「且幸親朋相暖熱」。

注釋

①泠然：寒涼貌。太平廣記卷八十二引唐薛用弱集異記李子牟：「叟乃授之微弄，座客心骨泠然。」此句言前日同游諸言久已泠落未踐。

②同參：佛教語，共同參謁一師，共同參悟研究。王安石驢之一：「臨路長鳴有真意，盤山弟子久同參。」此句言自己也是痾子。

③大藥：道家金丹。杜甫贈李白：「若乏大藥資，山林迹如掃。」金匕：金製之匕。匕爲古代食具，曲柄淺斗，類似今之羹匙。丹藥以匕量之。杜甫昔游：「豈辭青鞋胝，悵望金匕藥。」

④玉函：晉葛洪有醫書玉函方，故以「玉函」泛指醫書。蘇軾次韻子由清汶老龍珠丹：「天公不解防癡龍，玉函寶方出龍宮。」此二句爲全篇意之所在，作者乞金丹，并非真欲長生不老，更非求治足疾之藥，乃欲治山水之渴，治其心也。

編年

此承上篇而作，上篇爲訂約，本篇爲踐約。又據本卷題嚴居厚溪莊圖所考，居厚慶元三年始由浙中棄官還鄉，故本篇必作在其後。

寄江文卿劉叔通 慶元中

文卿句律如師律①，叔通詩情絶世情。政使暮年窮到骨，不教吟出斷腸聲。

詩人從古例多窮，林下如今又兩翁。應笑湖南老賓友，兩年吹落市塵中。此戲子蒙恐落窮籍不便②，可發一笑也。

我窮初不爲能詩，笑殺吹竽濫得癡。莫向人前浪分雪，世間真僞有誰知？僕不能詩，往歲爲澹庵胡公以此論薦③，平生僥倖，多類此云。

解題　本篇論詩而意不在詩，圍繞一個「窮」字，首詩正面贊詩人貧賤不移的骨氣；次詩反面譏不窮則恐落塵俗；末詩用意猶深，喜笑怒駡，抒發了晚罹黨禍的悲憤。

注釋　①師律：軍隊的紀律。語出易師卦：「師出以律，失律，凶也。」此句言江嗣詩格律謹嚴。朱子語類卷一百四十云：「劉叔通江文卿二人皆能詩，叔通放體不拘束底詩好，文卿有格律入規矩底詩好。」

②子蒙：游開，時似在湖南做小官。

③澹庵胡公：胡銓，其以詩人薦朱熹於朝在乾道六年。

編年　據本卷前考，劉淮慶元間方從游朱熹。本篇内容也可證必作在黨禁之中。

梅 慶元中

姑射仙人冰雪容，塵心已共彩雲空。年年一笑相逢處，長在愁煙苦霧中。

解題 詠梅之高潔已不足奇，然本篇末句似别有所指，或爲黨禁而發也。

編年 未詳。據原集編次，則當作於慶元中。

評論 朱子可聞詩集卷五：賦白梅也，并彩雲一空之，豈復論世間凡艷。然立品處，乃在年年耐得一番愁苦，有即物勉人之意。 吴季元云：張功甫謂「梅花宜稱薄寒細雨，輕煙佳月，夕陽微雪」，却不如此「愁煙苦霧」四字爲刻畫得精神出，位置得品地高也。

香茶供養黄蘗長老悟公故人之塔并以小詩見意二首 慶元五年冬

擺手臨行一寄聲〔一〕①，故應離合未忘情〔二〕。炷香瀹茗知何處？十二峰前海月明。

一别人間萬事空，他年何處却相逢？不須更話三生石，紫翠參天十二峰。

解題 供養，指奉祀。黄蘗長老悟公，即僧祖源。祖源號净悟，建陽人，嘗住持建安尊勝院，與朱熹父松交誼尤深。松有尊勝院佛殿記，朱熹有書先吏部與净悟書後，又答鞏仲至書中言及净悟卒事。僧人死，其骨葬塔中。

校記 〔一〕擺：考異云一作「撒」。

〔二〕應：右引云一作「知」。

注釋 ①寄聲：捎口信。漢書趙廣漢傳：「界上亭長寄聲謝我，何以不爲致問？」

編年 據朱熹慶元五年六月十六日所作書先吏部與净悟書後，知其時净悟尚在世。作者該年冬答鞏仲至書中已云：「悟老化去，甚可傷。」知其時净悟新卒。本篇必作在冬間。

評論 一 朱子可聞詩集卷五：二氏本先生所惡，其不絶方外友者，以交情也。故此題於長老外，加「故人」二字。前半臨行寄聲，乃故人不忘情於我；後半炷香瀹茗，是我不忘情於故人。末點十二峰，指實悟公塔處，且起下首。

二 朱子可聞詩集卷五：此首發題中「見意」二字，言悟公一别人間，身世俱空。若論本性散歸大化之中，即眼前十二峰頭，何嘗不在。如謂一靈不滅，創爲他年三生石上相逢等語，則全屬私心矣。正破釋氏真性常在之謬。

庚申立春前一日 慶元六年正月

雪花寒送蠟〔一〕，梅萼暖生春。歲晚江村路，雲迷景更新。

校記 〔一〕蠟：宋浙本作「臘」。

編年 據題繫年。

南城吴氏社倉書樓爲余寫真如此因題其上慶元庚申二月八日滄洲病叟朱熹仲晦父 慶元六年二月八日

蒼顔已是十年前，把鏡回看一悵然。履薄臨深諒無幾①，且將餘日付殘編。

解題 南城，建昌軍屬縣，即今江西南城。吴氏，指南城士人吴伸、吴倫兄弟。二人學於朱熹門人包揚，效朱熹之法建社倉於里中，儲私穀數千斛，以備賑災。朱熹特作建昌軍南城縣吴氏社倉記以表之。

寫真，畫像。本篇作於逝世前一個月，作者看到十年前自己的畫像，感慨繫之。知道來日無多，決心將最後的生命之光獻給學術事業。當時他念念不忘的是編纂未竟的禮書，直至臨終前三天，還在修改大學章句，確實體現了鞠躬盡瘁，死而後已的治學精神。

注釋

①履薄臨深：詩經小雅小旻：「戰戰兢兢，如臨深淵，如履薄冰。」此言嚴於律己，謹慎持身以度日。

編年 據題繫年。

評論 朱子可聞詩集卷五：此先生絕筆詩也。嘗云：「六經備記聖賢行事，而於死生之際無述者，蓋以是爲常事。論語、檀弓所記曾子寢疾時，不過言保身謹禮，與語學者以持身之方耳。非若浮屠氏，不察於理，而徒以坐化立脱爲奇也。」今觀此詩，信乎先生視生死爲平常，然已無不可預知，而且自我操之矣。

朱熹文集編年評注卷十

詩　樂府

謁表伯余宋祐 紹興十九年十二月

江上雪意滿，風吹竹林平。先生但堅坐，稚子開柴荆。

解題 本篇爲朱熹歸婺源掃墓時作。余宋祐，即俞靖，一字仲猷，號西郊，婺源人。績學砥行，與朱熹父松等爲「星溪十友」。見弘治徽州府志卷九。王懋竑朱子年譜紹興二十年下引洪本云：「先是，婺源鄉丈人俞仲猷嘗得先生少年翰墨，以示其友董穎，相與嗟賞。」

編年 「先生」二句，顯爲作者謁表伯於家之情狀。朱熹平生兩歸婺源，一在紹興十九年，一在淳熙三年。後者之行在三四月間，與詩中時令不合，故本篇應爲紹興十九年冬之作。參年譜長編。

趁　韻紹興中

千山木脱但空林，天外哀鴻亦叫音。認取溪亭今日意，四更山月涌波心。

解題　趁韻，指作詩硬湊韻脚，不顧内容是否得當，則此篇當爲早年習作。詩中描寫了初冬月夜作者的浩茫愁思。

編年　未詳。據其編於上篇之後，疑爲紹興中作。

評論　朱子可聞詩集卷五：似從邵子「月到天心處，料得少人知」認取出一般清意味來。息廬先生云：雖説道理，却仍是詩家情景。如此類者，皆近唐音，最宜捧誦。

次晦叔寄弟韻二首淳熙十年前後

聞道君歸湘水東，經行長在白雲中。詩成天柱峰頭月，酒醒朱陵洞裏風①。舊學難酬香一瓣②，流年誰管鬢雙蓬？書來爲指諸訛處，不涉言詮不落空③。

試上閬山望楚天，雁飛欲斷勢還連。憑將袖裏數行字，與問雲間雙髻仙④：我訪舊游終有日，君歸故里定何年？秖今千里同心事，静對簞瓢獨喟然。

解題　本篇又見於宋王炎雙溪文集（清抄本）卷七寄德瑩弟二首附録，注云「朱晦庵和韻二首」。王炎（一一三七—一二一八）字晦叔，一字晦仲，號雙溪，婺源（今屬江西）人。乾道五年進士，早年官湖南、北，栖遲州縣。晚入朝，累官軍器監。嘗從朱熹、張栻論學，著述頗富。事見胡升王大監炎傳（新安文獻志卷六十九）。本篇問候、言學、敘情，朱熹與炎之作僅見於此。

注釋

①朱陵洞：在湖南衡山縣，道家所稱三十六洞天之一。見前蜀杜光庭洞天福地記。

②香一瓣：香一炷。禪宗長老開堂説法，燃至第三炷香時，往往言這一瓣香敬獻傳授道法的某某法師，後以「一瓣香」指師承。陳師道觀兖文忠公家六一堂圖書：「向來一瓣香，敬爲曾南豐。」此句言學業不進，恐難不負先師李侗之望。

③言詮：以言語解説，詮釋。陳書傅縡傳：「言爲心使，心受言詮。」此句贊王炎的議論平正，避免了尋行數墨與談玄説妙兩種偏向。

④雙髻仙：稽神録載，清源人楊某家忽有一鵝負紙錢自門而入，隨至房中，但見一雙髻白髯老翁。雁似鵝，故以「雙髻仙」指雁。

編年

王大監炎傳云：「調明州司法參軍，丁母憂，再調鄂州崇陽簿，江陵帥張栻檄入幕府，議論相得。秩滿，授潭州教授，以薦知臨湘縣。」是爲炎兩湖宦跡，此後再未來南。寄德瑩弟二首有「牢落羈懷隔楚東，青山夢入往來中」、「洞庭秋水望中天，側目飛鴻斷復連」之句，知其時在湖南、北任上。而朱熹和詩言「聞道君歸湘水東」，則炎必初至潭州任，蓋崇陽、臨湘皆在洞庭以北，不在湘水之東也。雙溪類稿卷二十四林待制奏議序云：「淳熙癸卯秋，三山林公帥長沙，時某承乏泮林。」知炎爲潭州教授在淳熙十年前後，據以繫之。

評論

歷代詩發卷二十七范大士評：留理學之談，正復機趣勃勃，絕無腐儒頭巾氣，此澹庵獨以能詩薦之也。

次范碩夫題景福僧開窗韻（紹興末以後）

昨日土墻當面立，今朝竹牖向陽開。此心若道無通塞〔一〕，明暗何緣有去來？

解題 范碩夫，未詳。景福寺，在建陽縣城西，五代末侍中陳誨建。初名報恩五百羅漢院，宋大中祥符元年改賜額。本篇借開窗闡明心性之説，心具衆理，人之善惡只在通、塞而已。同時兼喻釋暗而儒明。

校記 〔一〕道：考異云一作「謂」。

編年 未詳。據詩之内容，僅知當作在紹興末棄佛學之後。

評論 朱子可聞詩集卷五：此詩乃景福寺作。佛經云：無所從來，亦無所去。又阿那含名爲不來，而實無不來。篇中就開窗指點出通塞明暗，以心有去有來答示碩夫，喚醒寺僧，破禪家謬説，字字切題。性理所刻，但存「開窗」二字，將題大半删去，不亦并失作者之命意與。

題謝安石東山圖（紹興中）

家山花柳春，侍女髻鬟緑。出處亦何心？晴雲在空谷。

解題 謝安石，名安，陽夏人，東晋名士。少有重名，屢召不起，隱居東山，每游賞，必攜妓以從。年四十，方有仕宦意，歷任要職。太元八年遣侄玄等大破苻堅於淝水，以功拜太保。晋書有傳。東山，在會稽。謝安放情東山之故事爲中國繪畫史上常用題材，宣和畫譜著録有北宋崔白謝安東山圖二幅，今佚。本篇詠謝安之飄逸閑暇。

編年 未詳。疑早年作。

評論 朱子可聞詩集卷五：一、二畫得出之景，三、四畫不出之情，妙在將出處畫不出之情，亦即借圖上所畫雲景摹想，方是題圖，不只評論安石。

江月圖 紹興中

江空秋月明，夜久寒露滴。扁舟何處歸？吟嘯永佳夕。

解題 本篇題畫，努力追求作者所一貫贊許的閑暇蕭散氣象。

編年 未詳。疑早年作。

吴山高 紹興中

行盡吴山過越山〔一〕，白雲猶是幾重關。若尋汗漫相期處①，更在孤鴻滅没間。

解題 本篇似仍爲題畫之作。貞觀畫史録有夏侯瞻作吴山圖。詩歌表現了曠遠的胸懷。

校記 〔一〕過：宋浙本作「望」。

注釋 ①汗漫：廣大，漫無邊際，此指高遠。淮南子俶真訓：「至德之世，甘瞑于溷澖之域而徙倚于汗漫之宇。」

編年 未詳。據詩格調，疑爲早年之作。

題蕃騎圖 淳熙以後

傳聞姑羓欲南侵①，愁破雄邊老將心②。却是燕姬能捍虜，不教行到殺胡林③。

解題 本篇應吕勝己之請而作。朱子語類卷一百三十五：「頃年於吕季克處見一畫卷，畫虜酋與一胡女并轡而語。季克苦求詩，某勉爲之賦，末兩句云：『却是燕姬解迎敵，不教行到殺胡林。』正用骨打事也。」

注釋 ①姑羓：即「骨打」之异譯，指金太祖完顏阿骨打。

②雄邊：稱雄邊地。新唐書史敬奉傳：「與鳳翔將野詩良輔及郝玼者皆以名雄邊。」

③殺胡林：地名，在今河北欒城縣西北。王應麟困學紀聞卷十：「殺胡林在欒城縣。」翁元圻注引續通典云：「唐天后時襲突厥，群胡死於此，故以名之。」

編年 見解題。據卷八次吕季克東堂九詠所考及朱熹與方伯謨、答吕季克書、贛州趙使君墓碣銘，朱吕二人交往皆淳熙間事，則本篇當作在此期間或其後。

題尤溪宗室所藏二妃圖 淳熙中

瀟湘木落時，玉佩秋風起。日暮悵何之？寂寞寒江水。湘夫人。

夫君行不歸，日夕空凝佇。目斷九疑岑①，回頭淚如雨。湘君。

解題 尤溪宗室，指趙姓皇族而居尤溪者，未詳何人。朱熹生尤溪，其外家親戚也多居此者，故屢往來焉。本篇當在尤溪所作，寫楚辭九歌中二篇之意，其語也多化用之。

注釋 ①九疑：九歌湘夫人：「九嶷繽兮并迎，靈之來兮如雲。」朱熹集注：「九嶷，山名，舜所葬也。」山在今湖南寧遠縣南。

編年 未詳。據原集編序，疑淳熙中作。

夜 淳熙末以前

獨宿山房夜氣清，一窗涼月共虛明。鄰雞未作人聲絶，時聽高梧滴露鳴。

解題 本篇極言月夜獨宿山中之寂寥清曠。

編年 未詳，僅知作於紹熙間作者遷居建陽之前。

評論 朱子可聞詩集卷五：仿佛「月到桐梧上，風來楊柳邊。院深人復静，此景共誰言」四語。程伯子若在，必復賞爲風流人豪也。

醉作三首 七月二十六日夜 淳熙末以前

淅淅西風起，嗷嗷寒雁多。稻粱隨處有，珍重采薇歌①。

淅淅西風起，候蟲寒夜分。千山杳沉寂，竟夕斷知聞。

淅淅西風起，濺濺石瀨鳴。有情從是妄，個裏定無情②？

解題 本篇秋夜感懷，首詩寫窮困，次詩寫孤獨，末詩寫煩惱。

注釋 ①采薇：史記伯夷列傳載，商孤竹君之二子伯夷、叔齊於商滅之後，「恥之，義不食周粟，隱於首陽山，采薇而食之」，以至飢死。此言當守大節，不願苟且貪禄而仕。

②「有情」二句：借用佛教「有情是妄」之語，又反詰之，言人終難做到於世無情。這反映了作者的困惑和矛盾心理。從：縱然。

編年 未詳。第二首爲居山中景象，則僅知作在紹熙中遷居建陽之前。

苦雨用俳諧體 乾道三年秋

仰訴天公雨太多，纔方欲住又滂沱。九關虎豹還知否？爛盡田中白死禾。楚辭招魂云：「虎豹九關，啄害下人些①。」

注釋 ①此句朱熹集注云：「言天門九重，虎豹守之，下人有欲上者，則齧殺之也。」

編年 未詳。或與下篇同時所作。

杉木長澗四首 乾道三年秋

我行杉木道，弛轡長澗東。傷哉半菽子①，復此巨浸攻②。沙石半川原，阡陌無遺蹤。室廬或僅存，釜甑久已空。壓溺餘鰥孤，悲號走哀恫。賙恤豈不勤，喪養何能供？我非肉食徒，自閉一畝宮。簞瓢正可樂，禹稷安能同③。朅來一經行，吁欷涕無從〔一〕。所慚越尊俎④，豈憚勞吾躬。攀躋倦冢頂，永嘯回凄風。眷焉撫四海，失志嗟何窮⑤！

朝發長澗頭，夕宿長澗尾。傷哉長澗人，禍變乃如此！

縣官發廩存鰥孤，民氣未覺回昭蘇⑥。老農向我更揮涕，陂壞渠絶田苗枯。

阡陌縱横不可尋，死傷狼籍正悲吟。若知赤子元無罪⑦，合有人間父母心。

解題　乾道三年秋，崇安縣遭受嚴重水災，閑居在家的朱熹受府、縣委託，巡視本縣受災情況。他目睹了一幅幅慘烈的畫面，不禁對災民産生了深深的同情，對官府不關心百姓痛苦的做法感到憤怒，於是隨筆寫下了這四首詩。這反映了朱熹思想中的人民性。關於巡視始末，朱熹答林擇之書云：「熹以崇安水災，被諸司檄來，與縣官議賑恤事。因爲之遍走山谷間，十日而後返。大率今時肉食者漠然無意於民，直是難與圖事。不知此個端緒何故汩没得如此不見頭影。……此水所及不甚廣，但發源處皆是高山，裂石涌水，川原田畝無復東西，皆爲巨石之積，死傷幾百人。行村落間，視其漂蕩之路，聽其冤號之聲，殆不復能爲懷。」

校記　〔一〕吁：原作「歔」，據宋閩、浙本改。

注釋　①半菽子：指半菜半糧勉强充飢的貧民。漢書項籍傳：「今歲飢民貧，卒食半菽。」顏師古注引臣瓚曰：「士卒食蔬菜，以菽雜半之。」菽，豆子。

②巨浸：洪水。陸游讀夏書：「巨浸稽天日沸騰，八州人死若丘陵。」

③稷：即后稷，周的先祖，爲舜的農官。此句言自己不在其位，不謀其政，不能與禹稷等同。

④越尊俎：指越分管事，越俎代庖。語出莊子逍遥游：「庖人雖不治庖，尸、祝不越樽俎而代之矣。」

⑤「眷焉」二句：言天下似此痛苦無告之民何止千千萬萬。

⑥昭蘇：蘇醒，恢復生機。禮記樂記「蟄蟲昭蘇」鄭玄注：「昭，曉也。蟄蟲以發出爲曉，更息曰蘇。」此言元氣復蘇。

⑦赤子：嬰兒，比喻百姓。漢書循吏傳龔遂：「其民困於飢寒而吏不恤，故使陛下赤子盜弄陛下之兵於潢池中耳。」

編年 據王懋竑朱子年譜考異，崇安大水在乾道三年秋七月。解題所引答林擇之書即作在其時。朱熹續集又有該年答蔡季通書云：「某自寺溪入長澗，由楊村以出，所過不堪舉目。」下引本篇末首，可證爲巡視時所作。

評論 一 朱子可聞詩集卷一：先生夙抱己飢己溺之懷，恨不能大用以行其志。此篇正老杜所謂「許身一何愚，自比稷與契」也。「傷哉」、「眷焉」四字，是一篇首尾，「失志嗟何窮」句是一篇結穴。中間「簞瓢可樂」、「禹稷安同」等語，愈寬解，正愈痛切。先生嘗誦山谷「歸來兮逍遥，西江波浪何時平」，曰：「此二語直可泣鬼神也。」愚於先生此篇，亦云然。

題中峰杉徑 淳熙中

盤回山腹轉修蛇〔一〕，横入中峰小隱家①。好把稚杉緣徑插，待迎凉月看清華。

校記 〔一〕腹：記疑引徐樹銘朱子集作「谷」。

注釋 ①中峰嶺：在崇安縣上梅里寂歷山中，朱熹葬父處，見其所作朱松行狀。小隱：隱居山林者。晋王康琚反招隱：「小隱隱陵藪，大隱隱朝市。」

編年 未詳。據原集編序，疑淳熙中作。

山寺逢僧談命〔一〕 淳熙末以前

此地相逢亦偶然〔二〕，漫將牛斗話生緣〔三〕①。時行時止非人力，莫問流年秖問天。

解題 朱熹對命相之術雖持懷疑或保留態度，但對「死生有命，富貴在天」是相信的。本篇即反映了他的這種思想。

校記 〔一〕此題淳熙本作「相僧求詩」。

〔二〕此地：右引作「古寺」。

〔三〕生：右引作「因」。

注釋 ①牛斗：星宿名，二十八宿中的牛宿與斗宿。生緣：佛教語，指塵世的緣分。唐顧況送少微上人還鹿門：「少微不向吴中隱，爲個生緣在鹿門。」

編年 未詳。本篇收入淳熙末所刊晦庵先生文集前集，故僅知作在此集刊行之前。

評論 柳亭詩話卷十三醫卜星相：朱晦翁山寺逢僧談命詩：……是李虚中、徐子平無所置其喙矣。朱子可聞詩集卷五：一起便云即此相逢，亦是算不定的，當頭一棒。下半轉到流年不足憑，行藏吾自主，正命序文中直道而行，致命遂志之旨。

贈書工 淳熙中

平生久要毛錐子①，歲晚相看兩秃翁②。却笑孟嘗門下士，秖能彈鋏傲西風③。

解題 書工，以繕寫爲生的人。古時私家著書，多傭人抄寫。本篇對書工的畢生辛勞和貢獻給予了肯定。

注釋 ①久要：猶言老友。文選曹植箜篌引：「久要不可忘，薄終義所尤。」劉良注：「久要，久交也。」毛錐子：指毛筆。舊五代史史弘肇傳：「安朝廷，定禍亂，直須長槍大劍，至如毛錐子，焉足用哉！」

②兩禿翁：指人禿、筆禿。

③「却笑」二句：以戰國空談邀食之士反襯書工做實事而自食其力。戰國策齊策四載，齊人馮諼初爲貴族孟嘗君門客，嘗屢彈擊劍把而歌曰食無魚、出無車、無以爲家，於是得魚、得車、得養母。

編年 未詳。據文集編序，疑淳熙中作。

蘭 淳熙中

謾種秋蘭四五莖，疏簾底事太關情？可能不作涼風計，護得幽香到晚清？

解題 本篇寫傍晚微風不時吹動稀疏的窗簾，送來陣陣蘭香的愜適之感。

編年 未詳。據文集編序，疑淳熙中作。

讀十二辰詩卷掇其餘作此聊奉一笑 淳熙中

夜聞空簞齧飢鼠，曉駕羸牛耕廢圃。時才虎圈聽豪夸①，舊業兔園嗟莽鹵②。君看蟄龍卧三冬，頭角不與蛇争雄。毀車殺馬罷馳逐，烹羊酤酒聊從容。手種猴桃垂架緑，養得鵾雞鳴角角。客來犬吠催煮茶，不用東家買猪肉。

解題 十二辰詩，全篇十二句，每句依次説出一個生肖，一般較淺俗幽默，類俳諧體。本篇寫自己甘於窮約的隱逸生活，表現了不願再涉足塵世的高傲之氣，官場失意後的怨恨之情及對奔逐名利者的鄙視。

注釋 ①時才：時下的才士。宋吴曾能改齋漫録記事二：「吾子皆時才，異日臨事，當自知之。」虎圈：養虎之園。漢武帝虎圈在建章宫西，方圓數十里。史記張釋之傳：「釋之從行，登虎圈，上問上林尉諸禽獸簿，十餘問，尉左右視，盡不能對。虎圈嗇夫從旁代尉對上所問禽獸簿甚悉，欲以觀其能口對響應無窮者。」此用其事，頗含譏諷。

②兔園：指兔園册。兔園爲漢梁孝王劉武所築，唐太宗子惲編應試手册三十卷，以爲書名。一説唐虞世南著，爲民間村塾讀本。後用指淺近鄙陋之書。莽鹵：粗疏。此句自謙其學淺陋，然實强調切於日用，鄙薄好高騖遠也。

編年 本篇顯爲官場失意後有感而發。作者有淳熙十年浙東罷歸後所作感春賦，首云：「觸世塗之幽險兮，攬余轡其安之？慨埋輪而縶馬兮，指故山以爲期。」與此詩意同。本篇當在此前後所作。

評論 朱子可聞詩集卷二：息廬先生云：偶然戲作，以大氣斡旋之，却有漢魏風骨。前作排，後用串，關鍵却在中間第五句「君看」二字。十二辰有正用，有反用，有借用，有帶用，安放自然，變化莫測。

伏承示及毛公平仲墓銘且索挽詩熹不及識毛公而愛重其文舊矣義不可辭顧已不及其虞殯姑以數語題於墓銘後幸辱裁訂或轉而致之其家幸甚〔一〕 淳熙八年春

毛君神仙骨〔二〕，誤落世網中。髫齔出奇語①，砉然驚乃翁②。弱齡翰墨場③，不言已收功。亭亭絶世姿，皎皎冰雪容。顧步一長嘯④，笙鶴翔秋空。調高聽者稀，老去竟不逢。一朝謝塵濁，泠然跨剛風⑤。回頭叫安期⑥，舉手邀韓終⑦。千秋有遺想，一往無留蹤。平生故人心，灑涕銘幽宮。斯人不可見，斯文鬼神通。

解題 毛平仲，名幵，號樵隱居士，信安人。幵以文學名，負才傲世，與時不偶，官止通判。臨終囑其好友尤袤爲銘墓，本篇即朱熹觀此墓誌銘後所題。虞殯，送葬。

校記 〔一〕語：原作「句」，據宋閩、浙本改。

〔二〕君：原作「公」，據右引改。

注釋 ①髫齔：幼年。後漢書文苑傳下邊讓：「髫齔夙孤，不盡家訓。」

②砉然：象聲詞，形容驚呼聲。宋王讜唐語林補遺一：「皇上友愛天深，痛毒兼至。砉然一叫，聲淚俱咽。」

③翰墨場：筆墨場，猶言文壇。杜甫壯游：「往昔十四五，出游翰墨場。」

④顧步：徘徊自顧。西京雜記卷四引漢路喬如鶴賦：「宛修頸而顧步，啄沙磧而相歡。」

⑤剛風：罡風，高空强勁之風。唐顧況曲龍山歌之二：「願逐剛風騎吏旋，起居按摩參寥天。」

⑥安期：即安期生，傳説爲秦漢間人，後成仙，居蓬萊山。見史記樂毅列傳、劉向列仙傳。

⑦韓終：本爲秦時方士，奉始皇命與侯公、石生等往求仙藥。後小説家將其與傳説中的仙人韓衆附會爲一人。楚辭遠游「羨韓衆之得一」王逸注：「衆，一作終。」洪興祖補注引列仙傳：「齊人韓終，爲王採藥，王不肯服，終自服之，遂得仙也。」

編年　直齋書録解題卷十八：「（幵）與尤遂初厚善，臨終，以書别之，囑以誌墓。延之既爲銘，又序其集。」據陸游劍南詩稿卷十一訪毛平仲問疾與其子適同游柯山觀王質爛柯遺迹詩，幵淳熙六年秋尚在世，然已屬疾，而淳熙八年尤袤嘗見朱熹於南康，故毛幵之卒必在淳熙七年前後，本篇之作當在南康觀尤袤所作墓誌之時。

挽鹿伯可郎中二首　淳熙十一年春

造辟謀謨遠①，勤民志慮專②。中身謝軒冕，畢志友林泉。出祖傾群彦③，歸來足二賢。誰令行樂地，容易鎖寒煙？

疇昔東州路④，音書僅一通。承顔終未遂，仰德竟何窮！野哭悲能遽，巖居計莫同。關心九原路，無樹不高風。

解題　鹿伯可，名何，台州臨海人。紹興三十年進士，累官至尚書屯田及金部郎官。事見樓鑰鹿伯可墓誌銘。

注釋 ①造辟：往見天子。辟，指天子。穀梁傳文公六年：「故士造辟而言，詭辭而出。」范甯注：「辟，君也。詭辭而出，不以實告也。」

②勤民：盡心民事。左傳僖公二十八年：「令尹其不勤民，實自敗也。」杜預注：「盡心盡力，無所愛惜爲勤。」

③出祖：餞行。李白宣城送劉副史入秦：「列將咸出祖，英寮惜分離。」

④東州：東部州郡。此指浙東諸州，朱熹於浙東提舉常平任上始與鹿何通問。

挽陳檢正庸二首 淳熙十一年

編年 鹿何卒淳熙十年十月七日，是月朱熹適有泉州之行，歸已迫歲，故其聞訃作詩當在次年初。

厚德高賢躅，清名起懦襟①。承宣幾年最②，明恕一生心③。勢屈飛騰晚，忠存獻納深。忽騎箕尾去④，陵柏爲誰陰？

憶昔都門道，光華辱宰卿⑤。丁寧話鹽筴⑥，纖悉見民情。一别驚時論，三年想頌聲⑦。秖今空老淚，難使濁河清⑧。

解題 陳庸，字時中，台州仙居人。紹興二十一年進士，累官中書門下檢正諸房公事，出知撫州，終江西提刑。見嘉定赤城志卷三十三。檢正掌糾正中書、門下省省務之失，北宋熙寧三年始置。本篇第二首憶與庸交往始末，見其對浙東彈劾贓吏而遭冷遇之事仍耿耿於懷。

注釋

①「厚德」二句：言陳庸仁厚之德可以接迹先賢，清强之名足以激勵懦夫奮起。

②承宣：稟承宣揚，指任地方官。漢書匡衡傳：「繼體之君，心存於承宣先王之德而褒大其功。」

③明恕：明察而寬厚。左傳隱公三年：「明恕而行，要之以禮，雖無有質，誰能問之？」

④「忽騎」句：言飛升成仙，乃死之婉辭。箕尾：二十八宿中的箕宿與尾宿。莊子大宗師：「（傅説）乘東維，騎箕尾，而比於列星。」

⑤宰卿：指宰輔下屬的高級官員。西周、春秋時天子諸侯皆有卿，分上中下三等。秦漢時三公之下有九卿，皆爲朝廷高級官員。周禮天官序官：「治官之屬，大宰，卿一人。」此句猶言承蒙宰卿光臨。朱熹答黄仁卿：「鹽利向時不暇整頓，但初出關時，陳時中（自注：「名庸，台州人，時作檢正，清和豈弟人也。」）相訪於浙江亭……且以救荒方急，不暇及。」

⑥鹽筴：鹽政，鹽務。筴，同「策」。管子海王：「海王之國，謹正鹽筴。」

⑦「一别」二句：言别後不久自己即因彈劾贓吏遭到時論攻擊，而陳庸也出知撫州三年。

⑧「難使」句：宋史朱熹傳載，朱熹彈劾知台州唐仲友，因宰相王淮護之，相持不下，於是「上令宰屬看詳，都司陳庸等乞令浙西提刑委清强官究實，仍令熹速往旱傷州郡相視」。其後此事不了了之。故此言曾經建議調查處理的陳庸已死，則自己永無澄清之日。

編年

據第二首，朱熹淳熙八年冬始見陳庸於臨安。作者答黄仁卿書亦云：「鹽利向時不暇整頓，但初出關時陳時中相訪於浙江亭……且以救荒方急，不暇及。」又據宋史朱熹傳，知淳熙九年秋庸尚在朝。後其人出知撫州，即詩所言「一别驚時論，三年想頌聲」。既言别庸三年，則知其人卒在淳熙十一年，本篇也應作於其時。

哭劉岳卿 淳熙八年以後

曾説幽棲地，君家近接連。要携邀月酒，同棹釣溪船。遽爾悲聞笛，真成嘆絶弦。林猿催老淚，爲爾一潸然！

解題 劉岳卿，名甫，崇安人。事親以孝聞，隱棲武夷山北之水簾洞，劉珙奏補官，辭不往，惟與朱熹、蔡元定等往來講學。嘗約朱熹結廬於武夷，未幾卒。見八閩通志卷六十六。

編年 今武夷山水簾洞有朱熹與劉甫等十一人游記，署淳熙辛丑七月二十三日，則知其時甫尚在世，本篇當作在其後。詩中「幽棲地」似指武夷精舍，其成在淳熙十年。

評論 朱子可聞詩集卷三：全篇單就「幽棲地」説，詩眼俱在虚字。三、四、五、六流水遞承，通首一氣。

詩餞陳兄朝章居士永歸本宅授諸挽者 淳熙以後

蚤歲醇儒業，中年居士身。功名虚竹帛，德義滿鄉鄰。一笑藏舟失①，千秋宰樹新。傷心耆舊傳，那復有斯人？

解題 陳朝章，未詳。本宅，指墳墓。

注釋 ①藏舟失：喻離開人世。語出莊子大宗師：「夫藏舟於壑，藏山於澤，謂之固矣。然而夜半有力者負之而走，昧者不知也。」

編年　據「傷心」二句，知陳朝章高壽而卒。作者以兄稱之，年事亦已不淺，故本篇之作不得早於淳熙間。

宿石岊館二首〔一〕　淳熙十四年春

春江日東注，我行遡其波。揚帆指西澨①，兩岸青山多。青山自逶迤〔二〕，飛石空嵯峨〔三〕。緑樹生其間，幽鳥鳴相和。褰篷騁遐眺，擊楫成幽歌〔四〕。獨語無與晤，兹懷竟如何？

停驂石岊館，解纜清江濱。中流櫂歌發，天風水生鱗。名都固多才②，我來友其仁。兹焉同舟濟，詎止胡越親③。舞雩諒非遠，春服亦已成④。相期豈今夕？歲晚無緇磷⑤。

解題　淳熙十四年春，朱熹專程南下莆中，吊陳俊卿之喪。歸途至福州小留，與當地友人一見。本篇即朱熹離開福州西歸時作。第一首寫孤舟獨征，閑暇悠遠情懷如春江般徐徐自胸中流出。第二首諸友生同船相送一程，則以聖賢事業共勉。石岊館，福州懷安縣别稱。

校記

〔一〕此題淳熙本作「春江一首」。

〔二〕自：右引作「固」。

〔三〕飛：右引作「亂」。

〔四〕幽：右引作「悲」。

注釋

①澨：水濱。楚辭九歌湘夫人：「朝馳余馬兮江皋，夕濟兮西澨。」王逸注：「澨，水涯也。」

②名都：指福州。

③胡越：胡地在北，越地在南。此喻己居北之崇安，與南之福州諸友千里歡會。

④「舞雩」二句：用曾點言志之事，見論語先進。

⑤緇磷：染黑、磨薄。語出論語陽貨：「不曰堅乎？磨而不磷。不曰白乎？涅而不緇。」何晏集解：「孔曰：磷，薄也；涅，可以染皂。言至堅者，磨之而不薄；至白者，染之於涅而不黑。喻君子雖在濁亂，濁亂不能污。」

編年 朱熹平生屢至福州，而春天在此者，唯紹興二十五年、隆興二年及淳熙十四年。但紹興之行乃在同安任上以公事至府，事已返同安，與本篇行進方向不合；隆興之行乃爲汪應辰客，逗留一月，與本篇詩意不合，且歸在夏天，故本篇應爲淳熙十四年作。今福州鼓山涌泉寺過石門後山道左壁遺存有朱熹摩崖石刻：「淳熙丁未，晦翁來謁鼓山嗣公，游靈源，遂登水雲亭，有懷四川子直侍郎。同游者，清漳王子合、郡人陳膚仲、潘謙之、黄子方、僧端友。」本篇收入淳熙末所刊晦庵先生文集前集。

水口行舟二首 淳熙十四年春

昨夜扁舟雨一簑，滿江風浪夜如何？今朝試捲孤篷看，依舊青山緑樹多〔一〕。

鬱鬱層巒夾岸青，春山緑水去無聲。煙波一棹知何許？鶗鴂兩山相對鳴①。

解題 本篇仍爲福州歸途所作。前首寫夜雨朝晴的清麗，後首寫悄然舟行的幽静，營造出情景交融的優美意境。

校記　〔一〕此詩宋浙本作「繫纜江邊雨一簑，滿川烟雨夜如何？朝來捲起孤篷望，但覺青山緑樹多。」淳熙本、考異所引别本同，唯淳熙本「雨一簑」作「舫一艘」。

注釋　①鶗鴂：即杜鵑。文選張衡思玄賦「鶗鴂鳴而不芳」李善注引臨海異物志曰：「鶗鴂，一名杜鵑，至三月鳴，晝夜不止，夏末乃止。」

編年　此與上篇先後之作，將二篇對讀可知。且亦收入淳熙本文集。

評論　一　朱子可聞詩集卷五：雨止風恬，青山依舊，此即老子「飄風不終朝，驟雨不終日」意也。眼前光景，拈來皆入道境。

二　朱子可聞詩集卷五：即承上首青山緑樹説來，倒轉太白「兩岸猿聲啼不住，輕舟已過萬重山」句法。彼則實狀行舟之迅速，此則喻言涵泳之從容也。

詠巖桂二首 淳熙中

亭亭巖下桂，歲晚獨芬芳。葉密千層緑，花開萬點黄。天香生净想，雲影護仙粧。誰識王孫意？空吟招隱章。

露浥黄金蕊，風生碧玉枝。千林向摇落，此樹獨華滋。木末難同調，籬邊不并時①。攀援香滿袖，嘆息共心期。

解題　本篇詠桂，抒發了對屈原身世的感慨，寄託了對自己獨立無助、與世扞格的傷感。

注釋　①「木末」二句：言桂花與衆香歧異，喻自己與時不偶。木末，樹梢，指芙蓉，以楚辭九歌湘君有「搴芙蓉兮木末」之句，故云。籬邊指梅。

編年 未詳。據文集編序，疑淳熙中作。

次韻芮察院送□寶文赴浙漕二首 隆興二年十至十二月

遠俗何勞問？威名舊已孚①。百城方仰澤，一節遽還都。聖主勤修政，今年決破胡。期公寧餽輓②，注想在謀謨③。

考卜川清曠，端居奈樂何。風雲一以便，歲月不勝多。節傳無淹駕，林園得屢過。功名從迫逐，志業豈蹉跎？

解題 芮察院，即芮燁，已見卷二。察院，監察御史。寶文，直寶文閣，此人當爲由閩入浙赴轉運司任者。時芮燁出爲廣東運判，赴官途中過崇安，朱熹觀其送行詩而和韻。首詩贈赴浙漕者，不外恭維；次詩叙與芮燁交往，勉其做官之外不忘治學修身。

注釋 ①孚：使信服。左傳莊公十年：「小信未孚，神弗福也。」

②餽輓：運送糧餉。新唐書王起傳：「靈武、邠、寧多曠土，奏爲營田，以省餽輓。」

③注想：期盼思念。唐文宗上巳日賜裴度：「注想待元老，識君恨不早。」

編年 據建炎以來繫年要録卷一百九十九、南宋館閣録卷八、宋會要輯稿禮四九之二八、雍正廣東通志卷二十六，芮燁除監察御史在紹興三十二年夏以後，至隆興二年正月出爲廣東運判。本篇以「察院」稱之，當作在燁任監察御史之後；題稱「送」人赴浙，則燁時已出京；「節傳」二句，知燁乃出使途中訪作者於崇安；而「聖主」二句，當指孝宗初政，鋭意恢復。觀此，則本篇作在隆興二年可知。詩云「聖主勤修政，今年決破胡」，是年十月金兵二十萬南侵，而十二月和議已成，故此篇當作在此期間。

挽梁文靖公二首 淳熙十四年六七月間

擢第初龍首①，登庸再鳳池②。心期詎温飽？身任必安危。幾歲調娱政③，今年殄瘁詩。恭惟衮斂意④，不盡鑒亡悲⑤。

疏寵無前比⑥，騰章又夙心⑦。極知求士切，端爲愛君深。鹵簿寒笳遠⑧，塵埃斷藁侵⑨。空令殺公掾⑩，衰涕滿寒襟。

解題 梁文靖公，梁克家（一一二八—一一八七），字叔子，泉州晋江人。紹興三十年進士第一，歷官中外，仕至宰相，卒謚文靖。朱熹與克家同鄉熟識，政治上得到過支持。

注釋 ①龍首：指狀元。唐馮贄雲仙雜記卷四蠑肝龍首：「蠑肝之奉何堪，龍首之攀可望。」

②庸：同「用」。鳳池：禁苑中的池沼，即鳳凰池。魏晋南北朝時設中書省於禁苑，掌管機要，接近皇帝，故稱中書省爲鳳池。至唐，宰相稱同中書門下平章事，故以鳳凰池代指宰相職位。劉禹錫湖南觀察使故相國袁公挽歌：「五驅龍虎節，一入鳳凰池。」梁克家乾道八年、淳熙九年兩任右丞相。

③調娱：調和使娱悦。韓愈唐故相權公墓碑：「其所設張舉措，必本於寬大，以幾教化，多所助

與。維匡調娛，不失其正。」

④衮斂：古代諸侯葬禮加等時可用衮衣入斂。左傳僖公四年：「凡諸侯薨於朝會，加一等；死王事，加二等，於是有以衮斂。」

⑤鑒亡：失去鏡子。新唐書魏徵傳載唐太宗曰：「以銅爲鑑，可知衣冠；以古爲鑑，可知興替；以人爲鑑，可明得失。朕嘗保此三鑑。今魏徵逝，一鑑亡矣。」

⑥疏：分賜，分給。晏子春秋問上：「君裂地而封之，疏爵而貴之。」

⑦騰章：上章奏。騰：傳遞，上呈。新唐書忠義傳中張巡：「間道表諸朝，騰牋祇府。」

⑧鹵簿：古代天子駕出時扈從的儀仗隊，後也用於王公大臣。此指梁克家的送葬儀仗。漢蔡邕獨斷卷下：「天子出，車駕次第謂之鹵簿。」

⑨斷藁：殘稿。藁，指草稿。

⑩殺公掾：晉書魏舒傳載，陳留人周震屢次被王公要員薦舉爲府中屬吏，每當任命書下時，薦舉者便死去，時人遂稱周震爲「殺公掾」，從此無人敢薦。掾，官府屬吏的通稱。此作者自言嘗得梁克家薦舉知遇之恩。

編年　詩云「今年殄瘁詩」，明作在梁克家卒之當年，即淳熙十四年，據以繫之。克家卒於六月十七日，詩當聞訃後不久作。

挽周侍郎二首（淳熙九年前後）

德量推容物，才猷足濟時①。陰功覃遠徼，餘算飽雄師②。行李淹星歲，還鄉感羽儀③。一朝成殄瘁，九牧共傷悲。

憶昔趨丹闕，看公上玉除④。民飢深獻納，主聖極欷歔。解手寒江闊，驚心夜壑虚⑤。揭來空老淚，無地別輀車⑥。頃年熹以浙東荒政入奏，適公還自荆鄂，先一日引對。具奏沿道所見飢民狼狽之狀，上感其言，賑恤加厚。然熹渡江不旬日，即聞公訃。今者會葬，又以偵伺失期，追送不及，故云。

解題 周侍郎，即周嗣武，已見卷六。本篇浦城會葬所作，因朱熹晚到，至則嗣武已入葬。

注釋 ①才猷：才能與謀略。唐錢起巨魚從大壑：「喻士逢明主，才猷得所施。」

②「陰功」二句：指周嗣武歷任湖北提舉常平，以度支郎使蜀，爲太府少卿等，長期掌管糧財，惠民贍軍。陰功：迷信者指人世間所做善事在陰間可記功。唐吴筠游仙之五：「豈非陰功著，乃致白日升。」覃：蔓延。詩經周南葛覃：「葛之覃兮，施于中谷。」毛傳：「覃，延也。」遠徼：遥遠的邊境。韋應物送别覃孝廉：「秭歸通遠徼，巫峽注驚波。」

③羽儀：易漸卦：「鴻漸于陸，其羽可用爲儀。」孔穎達疏：「處高而能不以位自累，則其羽可用爲物之儀表，可貴可法也。」後以「羽儀」喻居高位而有德，爲人尊重者。

④玉除：猶玉陛，皇宫的玉石臺階。白居易答馬侍御見贈：「謬入金門侍玉除，煩君問我意何如。」

⑤夜壑虚：藏於山谷之舟於夜間失去而成爲空谷，指人死去。語出莊子大宗師。

⑥輀車：靈車。漢書王莽傳下「此似輀車」顔師古注：「輀車，載喪車。」

編年 據詩，周嗣武卒於淳熙八年冬。其葬日雖不可考，但必在次年朱熹歸自浙東後不長時期内，據以繫之。

挽董安人二首紹興二十年春

雅望推前輩，承家賴女師①。閨門傳懿範②，湯沐盛恩私③。萬里驂鸞去，千秋宰樹悲。自應銘婦德，誰與篆豐碑？

令尹古循吏④，郡君今勝流⑤。平生餘事業，晚歲極熏修⑥。繐帳真成夢⑦，靈辰竟不留⑧。遺風被簫挽，未覺九泉幽。

解題　董安人，未詳。安人爲古代婦女封號，宋制，正從六品朝奉郎以上官，其母、妻可封安人。董氏卒後，朱熹許爲作墓誌銘。

注釋　①女師：女子的楷模。梁書皇后傳太宗王皇后：「后幼而柔明淑德，叔父暕見之曰：『吾家女師也。』」

②閨門：古代婦女所居之室，也泛指家庭。北齊書尉瑾傳：「瑾外雖通顯，内闕風訓，閨門穢雜，爲世所鄙。」懿範：美好的風範。晋陸雲贈顧驃騎後二首有皇之二：「思我懿範，萬民來服。」

③湯沐：即湯沐邑。本爲周代供諸侯朝見天子時住宿并沐浴齋戒的封地，後也指皇室太子、皇后、公主等的封地。史記平準書：「自天子以至於封君湯沐邑，皆各爲私奉養焉。」此指董氏故里封號所在之地多受其恩惠。

④令尹：知府或知縣的通稱，此指董氏之夫。循吏：守法循理的官吏。史記太史公自序：「奉法循理之吏，不伐功矜能，百姓無稱，亦無過行。作循吏傳第五十九。」

⑤郡君：古代婦女的封號。唐代四品官之妻得封此號，宋又分郡君爲淑人、碩人、令人等若干等。此指董氏。

⑥熏修：佛教語，謂净心修行。南朝陳徐陵東陽雙林寺傅大士碑：「既而四空妙定，熏修已成；八解明心，莊嚴斯滿。」

⑦繐帳：用細而疏的麻布製成的靈帳。曹操遺令：「於臺堂上安六尺床，施繐帳。」

⑧靈辰：猶言吉日良辰。揚雄甘泉賦：「於是乃命群僚，歷吉日，協靈辰，星陳而天行。」

編年 未詳。據下篇，疑此安人即董穎親屬，則當爲作者德興見穎時作。

題霜傑集 紹興二十年春

先生人物魏晋間，題詩便欲傾天慳①。向來無地識眉宇，今日天遣窺波瀾。平生尚友陶彭澤，未肯輕爲折腰客。胸中合處不作難，霜下風姿自奇特。小儒閲閲金匱書②，不滞周南滞海隅③。枌榆連陰一見晚④，何當挽袖凌空虛！

解題 霜傑集三十卷，宋董穎撰，今佚。穎字仲達，饒州德興人。宣和元年進士，嘗爲學正，從汪藻、徐俯等游，與朱熹父松友善。穎對少年朱熹的詩文十分欣賞，曾有詩贊云：「共嘆韋齋老，有子筆扛鼎。」本篇爲朱熹返婺源掃墓經德興謁董穎時作，詩中贊揚了這位前輩的人品和詩才，表示願意追隨其後。

注釋 ①天慳：天所慳吝，極言其詩才世間罕有。

②閥閱：即閥閱，猶閱歷。論衡程材：「儒生無閥閱，所能不能任劇，故陋於選舉，佚於朝庭。」

金匱：又作「金櫃」、「金鐀」，銅製的櫃子，用以收藏文獻或文物。賈誼新書胎教：「胎教之道，書之玉版，藏之金櫃，置之宗廟，以爲後世戒。」

③周南：地名，指成周以南。史記太史公自序：「是歲天子始建漢家之封，而太史公留滯周南，不得與從事。」後以「留滯周南」爲毫無建樹之典。此句言不滯周南則留海角，自謙其一事無成。

④枌榆：榆樹的一種。漢高祖故鄉里社名枌榆，以其多此樹故也。後以「枌榆」代指故鄉。南齊書沈文季傳：「豈如明府亡國失土，不識枌榆。」德興與朱熹祖籍婺源鄰近，故有此句之言。

編年 據「向來」二句，時朱熹首見董穎。自稱「小儒」，則作者時年尚少。「枌榆」二句，明見穎於德興。據此，知爲朱熹紹興二十年過德興時作。

評論 一 朱子可聞詩集卷二：陶彭澤詩：「懷此貞秀姿，卓爲霜下傑。銜觴念幽人，千載撫爾訣。」苟非千載下幽人胸中自有合處，那能寫此霜下風姿，而堪尚友千載上乎。第五句「尚友陶彭澤」，乃一篇主意。而尤妙在第一句，先將主人擡高，與陶彭澤合到一路上。末收到自己願友意，與第三、四句相應。

謝吴公濟菖蒲 紹興末至淳熙間

翠羽紛披一尺長，帶煙和雨過書堂。知君别有臞仙種①，容易難教出洞房②。

解題 吴公濟，吴楫，已見卷六。本篇借謝贈菖蒲勉以安貧守道。

注釋 ①臞仙：清瘦的仙人，指隱居的儒者。語本漢書司馬相如傳下：「相如以爲列仙之儒居山澤間，形容甚臞，此非帝王之仙意也。」此以「臞仙種」指安貧守道之心。②洞房：幽深的内室。楚辭招魂：「姱容修態，絚洞房些。」

編年 據卷六與吴楫諸詩，朱熹與之交往至早在紹興末。楫崇安人，贈以菖蒲，則朱熹尚居崇安，故不得晚於淳熙末。

易二首 慶元中

立卦生爻事有因，兩儀四象已前陳①。須知三絶韋編者②，不是尋行數墨人。

潛心雖出重爻後，著眼何妨未畫前。識得兩儀根太極③，此時方好絶韋編。

解題 本篇二詩一意，皆闡明跳出象數，洞識易理的讀易之法。觀其辭氣，似爲訓誨諸生而作。

注釋 ①兩儀四象：易繫辭上：「是故易有太極，是生兩儀，兩儀生四象，四象生八卦。」朱熹本義：「兩儀者，始爲一畫以分陰陽。四象者，次爲二畫以分太少。」此句言先有陰陽二氣，方體現爲易中的陰、陽之爻。先存在春、夏、秋、冬四時，方體現爲易中的少陽、老陽、少陰、老陰四種爻象。

②韋編：古代用竹簡書寫，用皮繩編綴稱「韋編」。史記孔子世家載孔子「讀易，韋編三絶」。後以「韋編」代指易。

③太極：陰陽變化之理。易繫辭上「易有太極」朱熹本義：「易者陰陽之變，太極者其理也。」此

句體現了朱熹的理氣觀。

編年 朱子語類卷七十七有董銖所録問答。問：「近見先生易詩云：『立卦生爻自有因，兩儀四象已前陳。』『因』字之義如何？」曰：「卦爻因儀象而生，立，即『兩儀生四象，四象生八卦』之意。」此易詩即指本篇。董銖所録皆慶元二年以後語，既稱「近見」，則此二詩也當作於慶元間。

客來二首 慶元中

客來何處覓紅雲①？唯見風前萬點春。心賞未妨隨處好，緑楊陰裏换綸巾②。

悵望君家嶺上雲，便携佳友去尋春。論詩劇飲無他意，未管殘紅落佩巾。

解題 本篇寫春日與客賞花并携客訪友。

注釋 ①紅雲：喻大片紅花。韓愈花島：「欲知花島處，水上覓紅雲。」

②綸巾：冠名，用青色絲帶製成的頭巾。晉書謝萬傳：「萬著白綸巾，鶴氅裘，履版而前。」

編年 未詳。據原集編序，疑作於慶元中。

評論 一 朱子可聞詩集卷五：何處覓，隨處好，一呼一應，醒出「心賞」二字，即陶詩所謂「稱心而言，人亦易足」也。太原云：少陵「風飄萬點正愁人」，愁者自愁，賞者自賞；東坡「風回落醉巾」，落固落得好，换更换得好。

題沈公雅卜居圖 乾道六年

往者仲長子①，高情世無儔。一朝謝塵躅，卜築娱清幽。茆屋八九間，下有良田疇。後檐果垂實，前庭樹相樛。勝日賓友來，琴觴共舒憂。言論覈幽妙，理亂窮端由。至今一卷書②，凛然昭千秋〔一〕。沈侯經濟業，夙尚本林丘。談笑出幻境，寤言躡斯游。仰睇白石崗③，俯濯青瑤流。曠然宇宙外，邈矣將焉求？

解題 沈公雅，名度，儀真人，居德清。歷官中外，仕至龍圖閣待制、兵部尚書。時度知建寧府，朱熹往見，爲題其圖，極言山林隱逸之樂。

校記 〔一〕昭：宋浙本作「照」。

注釋 ①仲長子：仲長統，字公理，東漢山陽高平人。少博學，官至尚書郎，參曹操軍事。敢直言，人以爲狂生。樂居山林，其言曰：「使居有良田廣宅，背山臨流，溝池環匝，竹木周布，足以息四體之役。」

②一卷書：指仲長統所著昌言十二卷。

③白石崗：指仙人白石生所居之白石山。劉向列仙傳白石生：「白石生，中黄丈人弟子，彭祖時就白石山居，號白石生。」此形容隱棲處有如仙境。

編年 據宋會要輯稿選舉三四之二二，乾道五年九月六日，詔大理卿沈度除直龍圖閣、知建寧府。同書食貨五八之八載，乾道七年正月十三日沈度已在浙東運副任上。由此可確知其知建寧府在乾道五年冬至六年之間。考度行迹，此前朱熹無由識之。其題此圖，必在度知建寧府時。而五年冬度下車伊始，朱熹適遭母喪，二人恐無暇從容晤語作詩。故此詩必作於乾道六年。時朱熹往來於寒泉墓廬，至府城甚便。

評論 朱子可聞詩集卷一：不獨「卜居」二字本仲公理，觀「出幻境」、「躡斯游」二句，知是圖皆摹繪公理卜居之景也。通篇但從樂志論鋪叙，便是正做沈公之圖，非止借賓形主。張可庵云：一層論，一層圖，用一筆而兩意俱到，如宋刻玉玩，雙層浮起。

武　林 紹興十八年春

春風不放桃花笑，陰雨能生客子愁。只我無心可愁得，西湖風月弄扁舟。

編年　朱熹平生八入京城，而春天至者，唯紹興十八年試進士、二十一年赴銓而已。而觀詩意，見其無暇他顧，急於游覽，興致極高，則應爲十八年初游西湖時作。

解題　武林，臨安別稱。本篇爲青年朱熹首次至京所作，見其陶醉於西湖美景的狂喜心情。

桐廬舟中見山寺 紹興十八年春

一山雲水擁禪居，萬里江樓繞屋除①。行色匆匆吾正爾，春風處處子何如②？江湖此去隨漚鳥，粥飯何時共木魚？孤塔向人如有意，他年來借一蘧蒢③。

解題　桐廬，嚴州屬縣，處浙江、桐廬江交會處，爲朱熹水路入京必經之地。本篇爲作者在京應進士試後歸途所作，表現了對禪學的迷戀。

注釋　①屋除：屋前的臺階。王安石悟真院：「野水縱横漱屋除，午窗殘夢鳥相呼。」

②子：指寺中僧人。

③蘧蒢：用葦或竹編成的粗席。鹽鐵論散不足：「庶人即草蓐索經，單藺蘧蒢而已。」

編年 「春風」句乃時爲春天之明證，「江湖」句爲作在歸途之顯言。朱熹春天入浙，唯紹興十八年、二十一年。而二十一年銓試後，又北游湖州，至夏五月尚未歸。其詳見作者記和靖先生五事跋語。故本篇只能作在十八年。

評論 朱子可聞詩集卷四：通篇空行，一起現出山寺，確是舟中遥見。「子」字，似謂其山寺之僧，言今吾行舟暫過，但望見山寺而未及來見子。「江湖」句貼吾，「粥飯」句貼子。五、六分承，三、四、七、八拓開。可庵云：邶風「蘧篨不鮮」，狀人不能俯之疾，乃借義。朱注：「蘧篨本竹席名。」曾記昔人詩「一席三椽正卧游」，則知此是訂他年再來寺中，借一席相聚也。

伏讀尤美軒詩卷謹賦一篇寄呈伯時季路二兄 淳熙三年秋

我聞洞巖幽，結友事臨眺。浮言妨勝踐，悵望空永嘯。歸來眩奇語，更欲窮窈窱①。却尋兩翁意，宴坐得觀照②。鳴泉俯淙琤〔一〕，穹石仰蒼峭③。共與前創古④，三嘆遺墨妙。神游恍不隔，仁宅忻有要⑤。回首鹿門期⑥，寒雲生遠嶠。熹自林泉、紹德、寒巖之行，而同行有不欲者，遂已。詩卷之首，即東萊舍人吕公、上饒尚書汪公軒，蓋玉水工部喻公所書⑦。

解題 淳熙三年，朱熹再歸婺源掃墓，順道至衢州吊汪應辰之喪。歸途擬游尤美軒山水不果，還家後方從吕本中、汪應辰吟詠中得見其勝概，於是寫下了這首詩，表達了對此地的向往和對汪應辰的懷念。尤美軒，在玉山縣小葉村，喻樗作縣尉時命名，吕、汪二人皆有詠軒詩。伯時，名未詳，汪應辰長子。季路，名逵，應辰子。

校記

〔一〕琤：原作「争」，據宋閩、浙本改。

注釋

①窈窱：幽深貌。張衡西京賦：「望窈窱以徑廷，眇不知其所返。」

②宴坐：閑坐。白居易病中宴坐：「宴坐小池畔，清風時動襟。」

③穹石：大巖石。文選司馬相如上林賦：「觸穹石，激堆埼。」李善注引張揖曰：「穹石，大石也。」

④共與：共許。前創：前人所創，指尤美軒。

⑤仁宅：猶言仁扎下根子。揚雄法言：「仁義禮智信之用，是仁宅也。」有要：得其要領。

⑥鹿門：指鹿門山，在湖北襄陽縣。東漢龐德公攜妻子入山採藥不返，後用指隱士所居。杜甫冬日有懷李白：「未因乘興去，空有鹿門期。」

⑦喻公：即喻樗，字子才，號湍石、玉泉，居嚴州。歷官中外，仕至工部員外郎，宋史有傳。樗擅長書法，玉水乃其號。

編年

此與下篇同行所作，據下篇，其時汪應辰已卒。應辰卒淳熙二年十二月十六日，此後朱熹凡四次出閩北上，即淳熙三年春入婺源掃墓，夏六月返回；八年冬赴官浙東，九年秋罷歸；十五年春赴召入朝，秋天返回；紹熙五年秋入臨安任侍講，冬閏十月罷歸。其後三次往還雖皆經由玉山或至玉山附近，然均因公在外，與詩中閑暇之意不合。觀詩意，其時非赴官或罷官，故只能作於淳熙三年。關於此行始末，朱熹文集卷三十三答吕伯恭諸書有詳載。其還至崇安在秋七月。

熹次延之年兄韻敬題紹德庵真如軒寫呈伯時季路二兄 淳熙三年秋

先生可是愛吾廬？來往鄰庵幾閏餘。柏下竟開千歲室，竹間猶插萬籤書。悲涼共識臨風處，游戲誰知落筆初？寄語山靈勤守護，莫將題柱比相如①。

解題　延之，尤袤字，已見卷七。紹德庵真如軒，汪應辰墓傍佛寺室名，在玉山、常山之間。應辰生前屢寓於此。朱熹哭汪應辰當一至庵，本篇寫憑吊其遺迹。

注釋　①「莫將」句：言勿以功名利禄之心溷於隱逸高潔之志。晉常璩華陽國志蜀志載，司馬相如初離蜀赴長安，曾於成都城北昇仙橋題句於橋柱，自述致身通顯之志曰：「不乘赤車駟馬，不過汝下也！」此用其事。

編年　此與上篇同時所作，對讀可知。楊萬里有題汪聖錫墳庵真如軒在玉山常山之間詩。

益公道人相見信安道温陵舊游出示近詩因次其韻 隆興以後

別來幾度見歸鴻？歲月悠悠一夢中。莫道相望湖海闊，争知千里不同風？

一身千里伴征鴻，北去南來羈旅中。珍重故人相認得，新詩重舉舊家風。

解題　益公道人，即卷八之泉州僧顯庵益老。信安，即衢州西安縣。温陵舊游，指朱熹任泉州同安簿時二人交往。

編年　西安爲朱熹水路入浙往來必經之路，朱熹同安歸後，嘗多次經由，計有隆興元年，乾道元年，淳熙三年、八年、九年、十五年，紹熙五年。本篇作年已不可詳考，僅知至早在隆興元年。而據原集編次，疑與上二篇爲同行所作，惜無明據。

次益老韻 隆興以後

乾坤極處無今古，道術多岐自短長①。儻有新思還告我，不應無雁到衡陽②。

解題 益老，即上篇之益公。本篇出於對故人的尊重，對益老的議論採取了保留的態度，未直接發表意見。

注釋 ①「乾坤」二句：言古今天下只有一個理，異論紛紛，乃是各家學術的見仁見智。道術：學術。莊子天下：「後世之學者，不幸不見天地之純，古人之大體，道術將爲天下裂。」

②「不應」句：衡陽有回雁峰，相傳雁至此不過而返，故以「衡陽雁斷」指音訊隔絶。此句用其意。

編年 此與前篇先後之作，參見該篇所考。

秋日 隆興以後

一雨生涼杜若洲，月波微漾緑溪流。茅檐歸去無塵土，澹薄閑花繞舍秋。

解題 本篇寫晚秋村居之景，心境閑適，哀愁淡淡。

編年 未詳。據文集編序，疑作在隆興以後。

評論 朱子可聞詩集卷五：此因雨過月來，興懷里舍，遂摹寫茅檐秋色，蕭散之致，宛然在目。

放船二首 隆興以後

浩蕩清江水，依微綠樹風①。解維春雨外，弭櫂夕陽中②。江草生新徑，巖花點舊叢。詩翁不愁思，逸興莽何窮！

疇昔清溪峽，船頭戲彩翰③。往年泛舟此峽，有水鳥數十翔集舟前，舟至輒起，若相導，十餘里乃散。十年空往事，一夢記前灘。陡絶垂蒼壁，澄虚列翠巒。今宵詩卷裏，重得縱遐觀。

解題 本篇爲朱熹故地重游客次所作。第一首寫一日舟行所見所感，第二首客舍燈下憶舊，表現了愜適的胸臆與勃勃的興致。

注釋 ①依微：輕微。韋應物長安道：「春雨依微春尚早，長安貴游愛芳草。」

②弭：止。左傳襄公二十五年：「自今以往，兵其少弭矣。」杜預注：「弭，止也。」

③彩翰：彩色水鳥。翰：鳥羽。

編年 未詳。據文集編序，疑作在隆興以後。

評論 一　朱子可聞詩集卷三：觀兩詩第七句，知爲人題清谿放船圖也。只就圖中水樹草花略加摹擬，呆處令活，圖中人亦欲應聲出矣。

二　朱子可聞詩集卷三：爲人題詩卷，忽將己説入。論行文是開一步，論用意是緊一步。

水調歌頭 紹興中

富貴有餘樂，貧賤不堪憂。誰知天路幽險〔一〕①，倚伏互相酬②？請看東門黄犬〔二〕③，更聽華亭清唳④，千古恨難收〔三〕。何似鴟夷子⑤，散髮弄扁舟？鴟夷子，成霸業，有餘謀。收身千乘卿相，歸把釣魚鈎。春晝五湖煙浪⑥，秋夜一天雲月，此外儘悠悠〔四〕。永棄人間事〔五〕，吾道付滄洲。

解題　本篇爲朱熹早年心得。作者從正反兩個方面證明禍福相倚的道理，極力頌揚了范蠡功成抽身，急流勇退的英明與豁達，在一定程度上體現了自己的人生觀。

校記

〔一〕路幽：淳熙本作「道夷」。

〔二〕請看：右引作「試問」。

〔三〕難收：右引作「悠悠」。

〔四〕儘悠悠：右引作「更何求」。

〔五〕永棄：右引作「棄置」。

注釋

①天路：天道，上天的法則。文選班固幽通賦：「既仁得其信然兮，仰天路而同軌。」李善注引劉德曰：「人道既然，仰視天道，又同法也。」此句言天意深不可測，險惡無情。

②「倚伏」句：老子：「禍兮福之所倚，福兮禍之所伏。」此用其意，言福中有禍，禍中有福；福既不可久恃，而塞翁失馬又焉知非福也。

③東門黄犬：史記李斯列傳載，秦二世二年七月，丞相李斯因遭誣陷腰斬咸陽。臨刑前對其子云：「吾欲與若復牽黄犬，俱出上蔡東門逐狡兔，豈可得乎！」後遂成爲爲官遭禍，抽身悔遲之典。

④華亭清唳：世説新語尤悔載，晉陸機遭讒被誅，臨刑嘆曰：「欲聞華亭鶴唳，可復得乎？」其

意與「東門黄犬」略同。

⑤鴟夷子：即范蠡。蠡字少伯，春秋楚宛人。仕越爲大夫，輔佐越王勾踐滅吴。功成，即去位入齊，改名鴟夷子皮，隱居民間，經商至巨富，安樂而終。見史記越王勾踐世家及貨殖列傳。

⑥五湖：五個湖泊。國語越語下載，范蠡還官，乘輕舟隱於五湖。其地未詳所在。

編年 本篇諸家著録有以爲晚年考亭作者，然該詞已收入淳熙刊本，故晚年之説不可信。觀詞中尚引老子之語爲論，論出處行藏不以性理而以利害，不辨王霸，而熱情頌揚范蠡「成霸業，有餘謀」，則必爲早年之作，蓋紹興末「盡棄異學」之前也。

評論 鶴林玉露甲編卷四朱文公詞：此詞乃文公作，然特敷衍檃括李、杜之詩耳。

次袁機仲韻 淳熙十年至十五年間

長記與君别〔一〕，丹鳳九重城①。歸來故里愁思〔二〕，悵望渺難平〔三〕。今夕不知何夕，得共寒潭煙艇，一笑俯空明。有酒徑須醉，無事莫關情。　尋梅去，疏竹外，一枝横。與君吟弄風月〔四〕，端不負平生。何處車塵不到，有個江天如許，争肯换浮名？只恐買山隱，却要煉丹成。

解題 袁機仲，名樞，已見卷四。本篇仍水調歌頭，爲朱熹官場失意，與袁樞别於臨安，樞隨即也罷歸建寧，二人同舟共游時作。詞中相約隱遁不出而外，尚有忿忿不平之氣。末二句戲語微諫，戒袁樞不要流於道家異説。

校記 〔一〕長記：淳熙本作「憶昔」。

〔二〕愁思：右引作「悵望」。

〔三〕此句右引作「愁思眇空平」。

〔四〕與君吟：右引作「此時吹」。

注釋 ①丹鳳城：京城。杜甫送覃二判官：「餞爾白頭日，永懷丹鳳城。」蔡夢弼注：「公懷長安帝城也。」

編年 本篇收入淳熙刊本文集，故其作不得晚於淳熙末。此前朱熹與袁樞别於京城，失意而歸，唯淳熙八年、十五年兩次。其中十五年之行歸在秋初，而袁樞也於次年正月罷歸，似與本篇合。然相别僅數月，恐不得言「長記」。且淳熙刊本不避光宗諱，其刻成不得晚於十六年二月，此詞入集，不應如此之速，故本篇只能作於淳熙十年至十五年之間。朱熹與袁樞京城之别雖在八年冬，但罷浙東提舉而歸則在九年秋矣。

滿江紅劉知郡生朝〔一〕紹興中

秀野詩翁，念故山，十年乖隔〔二〕，聊命駕，朱門舊隱，綠槐新陌。好雨初晴仍半暖〔三〕，金缸玉斝開瑤席①。更流傳，麗藻借江天，留春色。　過里社，將兒侄，談往事，悲陳迹。喜尊前見在，鏡中如昔。兩鬢全欺煙樹綠②，方瞳好映寒潭碧③。但一年一度一歸來，歡何極！

解題 本篇賀壽詞。劉知郡，即劉韞，已見卷三。韞居崇安縣南，時闊别五夫里舊居多年，初歸度壽。

校記 〔一〕此題淳熙本作「爲知府劉丈百千之壽」。

〔二〕乖：右引作「永」。

〔三〕仍半：右引作「何乍」。

注釋　①斝：古代盛酒器，後也指酒杯。詩經大雅行葦：「或獻或酢，洗爵奠斝。」毛傳：「斝，爵也。夏曰醆，殷曰斝，周曰爵。」

②欺：勝過，壓倒。

③方瞳：方形瞳孔，古人以爲長壽之相。晋王嘉拾遺記周靈王：「有黄髮老叟五人……瞳子皆方，面色玉潔，手握青筠之杖，與聃共談天地之數。」

編年　本篇與卷三留秀野劉丈二首同時所作，參見該篇所考。

評論　朱子可聞詩集卷五詩餘續鈔：一首生朝詞，寬寬從晝錦還鄉與戚里詩酒之樂，層次鋪寫。緑鬢方瞳，只承上尊前鏡中畫出，墨痕俱化。結云「一年一度一歸來」，回顧十年乖隔，收住還鄉，且寓頌禱語意，尤覺纏綿不盡。

回文 紹興中

晚紅飛盡春寒淺，淺寒春盡飛紅晚。尊酒緑陰繁，繁陰緑酒尊。　老仙詩句好，好句詩仙老。長恨送年芳，芳年送恨長。

解題　本篇用菩薩蠻調，應與前篇同時所作，其「老仙」指劉韞。

編年　此與上篇應同時所作，觀其時令及事爲可知。參見該篇。

評論 草堂詩餘别集卷一沈際飛評：公詞十六首，道學氣滿椿，二詞其近致者。詞非公所短，但不肯諧時。

朱子可聞詩集卷五詩餘續鈔：鳳逸云：言春盡時，紅飛緑暗，芳年一去，而人且老矣，遂令尊酒詩歌，無非送恨。按「老仙」句，似亦次韻之作。

次圭父回文韻〔一〕 紹興中

暮江寒碧縈長路，路長縈碧寒江暮。花塢夕陽斜，斜陽夕塢花。　客愁無勝集，集勝無愁客。醒似醉多情，情多醉似醒。

解題 圭父，劉珪，已見卷二。本篇仍菩薩蠻調，與前篇同時所作。

校記 〔一〕淳熙本題作「菩薩蠻回文次圭父韵」。

編年 將此詞與上篇對讀，知應爲同時所作。

評論 草堂詩餘别集卷一沈際飛評：迴文詞不概有，有亦多牽合，公居勝場。

朱子可聞詩集卷五詩餘續鈔：鳳逸云：言江上看花，客愁聊解，此時情緒，似醉似醒，蓋有幾許流連，付之夕陽之際耳。

用傅安道和朱希真梅詞韻〔一〕 淳熙末以前

臨風一笑，問群芳誰是，真香純白？獨立無朋，算只有、姑射山頭仙客①。絶艷誰憐？貞心自保〔二〕，邈與塵緣隔。天然殊勝，不關風露冰雪。　應笑俗李粗桃，無言翻引得、狂蜂輕蝶。争似黄昏，閑弄影、清淺一溪霜月？畫角吹殘②，瑶臺夢斷③，直下成休歇。緑陰青子，莫教容易披折。

解題　傅安道，名自得，已見卷二。朱希真，名敦儒，洛陽人。紹興初賜進士，累官浙東提刑。善山水畫，工詩詞、書法，宋史有傳。其念奴嬌見梅驚笑詞見樵歌卷上，自得和篇今不傳。本篇用朱傅二人念奴嬌原調原韻，盡情歌頌了梅花的高潔。

校記　〔一〕安道：淳熙本作「守」。

〔二〕貞：原作「真」，據右引及宋浙本改。

注釋　①「姑射」句：莊子逍遥游：「藐姑射之山，有神人居焉，肌膚若冰雪，淖約若處子。」後以「姑射仙子」代指梅花。五代王周大石嶺驛梅花：「仙中姑射接瑶姬，成陣清香擁路岐。」

②畫角：古代管樂器，傳自西羌，形如竹筒，本細末大，以竹木或皮革等製成，表面有彩繪。其聲哀厲高亢，多用於軍中或報昏曉。南朝梁簡文帝折楊柳：「城高短簫發，林空畫角悲。」

③瑶臺：指積雪的樓臺。南朝宋謝惠連雪贊：「氣遍霜繁，年豐雪積……權陋瑶臺，暫踐盈尺。」此句言梅謝。

編年　未詳。據本篇收入淳熙末刊本晦庵先生文集前集，僅知作於該集刊行之前。

和西江月　淳熙六年以前

睡處林風瑟瑟〔一〕，覺來山月團團。身心無累久輕安，况有清凉池館。　句穩翻嫌白俗，情高却笑郊寒①。蘭膏元自少陵殘②，好處金章不換③。

解題 本篇應和劉韞之作，上闋夸其閑雅，下闋美其詞章。

校記 〔一〕林：淳熙本作「窗」。

注釋 ①「句穩」二句：言劉韞詩没有白居易的淺俗，没有孟郊的苦寒。蘇軾祭柳子玉文：「元輕白俗，郊寒島瘦。嘹然一吟，衆作卑陋。」

②蘭膏：古代用澤蘭子煉製的油脂，可以點燈，也借指燈。楚辭招魂：「蘭膏明燭，華容備些。」王逸注：「蘭膏，以蘭香煉膏也。」少陵：指杜甫。此句之意若曰杜甫之後無詩人。

③金章：指華麗的詩文。楊萬里過白沙渡得長句呈澹庵先生：「先生半酣染霜兔，金章玉句空萬古。」

編年 未詳。劉韞卒淳熙六年，故僅知此詞當作在其前。

評論 朱子可聞詩集卷五：此贈人之作也。言此君隱居林下，身心無累，池館清涼，正可覓句陶情，自成雅韻，不惟遠勝於白俗郊寒，即少陵殘膏，亦用不著矣。末句總結隱居有如許好處，何須出仕耶。鳳逸云：上半闋起二句，正虛畫三、四句睡去覺來，身心可驗，林風山月，何等清涼。先虛後實，詞法備之。

又 淳熙六年以前

堂下水浮新緑，門前樹長交枝。晚涼快寫一篇詩，不說人間憂喜。身老心閑益壯，形臞道勝還肥。軟輪加璧未應遲〔一〕①，莫道前非今是。

解題 本篇應與上篇同時所作，詠嘆劉韞的閑適生活。末二句恭維其復將出爲世用。

校記 〔一〕軟：淳熙本作「蒲」。

注釋 ①軟輪：用蒲草裹輪，使不顛簸的坐乘之車。後漢書明帝紀：「尊事三老，兄事五更，安車輭輪，供綏執授。」李賢注：「輭輪，以蒲裹輪。」加璧：束帛之外再加玉璧，以示禮物之隆重。漢書武帝紀：「遣使者安車蒲輪，束帛加璧，徵魯申公。」

編年 據詞内容，本篇應與上篇先後之作，參見該篇。

評論 朱子可聞詩集卷五：此闋即承上來，起就池館中標出新景，落到詩上。「不説人間」句，有感時之意。下半更就詩人言，作一轉語，云心益壯而道愈肥，尚可與世憂喜相關，未應辭徵却聘，而耽於賦詩以爲是也。并打轉前闋「金章不换」句。

江檻詞〔一〕 淳熙六年三月

暮雨朝雲不自憐，放教春漲緑浮天①。秖今晝閣臨無地，宿昔新詩滿繫船②。　青鳥外，白鷗前，幾生香火舊因緣。酒闌山月移雕檻，歌罷江風拂玳筵③。

解題 淳熙六年，朱熹奉命起知南康軍。在多次辭免無效之後，他被迫扶病上道，於春三月至任。本篇就是當地僚屬士友爲其設筵洗塵後作，詞中表達了不安仕宦的無奈心情和對隱逸生活的留念。江檻，臨江欄杆。此詞用鷓鴣天調。

校記 〔一〕淳熙本題作「鷓鴣天題江檻」。

注釋 ①「暮雨」二句：自言不珍惜自由放曠的生活而投入政治漩渦。放教：任使。白居易春來頻與李二十賓客同游因贈長句：「可惜濟時心力在，放教臨水復登山。」

②宿昔：旦夕，頃刻。韓非子奸劫殺臣：「懸之廟梁，宿昔而死。」

③玳筵：即玳瑁筵，指豪華、珍貴的筵席，隋江總今日樂相樂：「綺殿文雅遒，玳筵歡趣密。」

編年 此與下篇同時之作，對讀可見。據詞意，其時作者赴官，初至任所。朱熹平生赴官僅數次，是不難考。紹興二十三年赴同安主簿，夏四月啓程，秋七月至任。淳熙八年赴浙東提舉，冬十一月赴闕，再至任所。本篇收入淳熙末刊本朱熹文集，故紹熙以後數次赴官不與焉。唯淳熙六年赴任南康軍，乃春正月啓行，三月末至任，也正經鉛山、弋陽、貴溪水路西去，與本篇時令、路綫合。故此詞應作於該年。

評論 朱子可聞詩集卷五：鳳逸云：此乃寄想之辭。言江上雨雲陰合，而春漲浮天，此中畫閣巍然，昔日曾繫船於此而賦詩其上矣。斯時鷗鳥爲緣，月移風拂，不記得酒闌歌罷時乎。

又

淳熙六年三月

已分江湖寄此生①，長蓑短笠任陰晴。嗚橈細雨滄洲遠，繫舸斜陽畫閣明。　奇絶處，未忘情，幾時還得去尋盟？江妃定許捐雙佩②，漁父何勞笑獨醒③？

解題 此與上篇同調，同時所作，其意也同。

注釋 ①分：甘願。文選曹植上責躬應詔詩表：「自分黄耇，永無執珪之望。」李善注：「分，謂甘愜也。」

②江妃：劉向列仙傳載，江妃二女游於江漢之濱，解其玉佩贈鄭交甫。後以「江妃佩」指女子向男子表示愛情的贈品。此句言神女將喜其來歸。

③「漁父」句：楚辭漁父載屈原自述「舉世皆濁我獨清，衆人皆醉我獨醒，是以見放」。漁父甚不以爲然。此用其事，言既已歸隱，則免於置身是非，身罹其害而遭到漁父的嘲笑。

編年 見上篇。

評論 朱子可聞詩集卷五：鳳逸云：上是追舊，此是願游。言欲終老江湖，陰則細雨鳴橈，晴則斜陽繫船，滄洲遠而畫閣明也。此我所未忘者，不知何時得去，慰此生江湖之願耳。幾時得去，正是不得去。先生憂國憂民，尚有幾多心事，故終不能作江湖散人也。江妃漁父，固借江上生情，定許何勞，却於言外見意。

浣溪沙次秀野酴醿韻淳熙六年以前

壓架年來雪作堆〔一〕，珍蘘也是近移栽〔二〕①，肯令容易放春回？　却恐陰晴無定度〔三〕，從教紅白一時開，多情蜂蝶早飛來。

解題 本篇次劉韞韻，上闋寫其隱居之樂，下闋恭維其遲早將爲世所用。酴醿，也作「荼蘼」，花名，潔白清香。

校記〔一〕雪：淳熙本作「翠」。
〔二〕蘩：右引作「叢」。
〔三〕却：右引作「只」。

注釋①蘩：同「叢」。

編年未詳，僅知作於淳熙六年劉韞卒之前。

好事近 紹興三十一年冬

春色欲來時，先散滿天風雪。坐使七閩松竹①，變珠幢玉節②。中原佳氣鬱葱葱，河山壯宫闕。丞相功成千載，映黄流清澈。

解題紹興三十一年，金人大舉南侵，朝臣紛紛遣家避難，宰相陳康伯獨將家眷迎入臨安，又薦虞允文參謀軍事，力主抗金。十一月，虞允文在采石大敗金兵，完顔亮被部下所殺，南宋轉危爲安。取得抗金勝利，陳康伯有不可磨滅之功。朱熹爲康伯所知甚早，本篇即聞捷後喜而寫呈。上闋著力渲染了捷報不脛而走的喜慶氣象，下闋盼康伯乘大好形勢收復中原，以成千秋大業。

注釋①坐：因。七閩：原指居住在今福建和浙江南部的古閩人，因其分爲七族，故稱。後以指福建。見周禮夏官職方氏。
②珠幢玉節：形容冰雪覆蓋的枝幹。幢，用同「橦」，枝幹。韓愈楸樹：「青幢紫蓋立童童，細雨浮煙作綵籠。」

編年　據詞意，分明歌中原戰場之喜訊而賀有功之宰相。考朱熹成年以後，宋金有戰事而宋捷者唯紹興三十一年冬，而有功於恢復之宰相止陳康伯，故本篇必作於是年聞捷之初。參見卷二該年聞捷諸詩。

隱括杜牧之齊山詩作水調歌頭 淳熙九年

江水浸雲影，鴻雁欲南飛。携壺結客何處？空翠眇煙霏。塵世難逢一笑，况有紫萸黄菊，堪插滿頭歸。風景今朝是，身世昔人非。　酬佳節，須酩酊，莫相違。人生如寄，何事辛苦怨斜暉？無盡今來古往，多少春花秋月，那更有危機？與問牛山客①，何必獨沾衣！

解題　淳熙九年，朱熹於浙東常平任上彈劾貪吏不效，一氣之下，進職、新除之職皆堅辭不受，連章告歸，并乘出巡的機會至管内邊界衢信二州之間待命交印，連紹興治所也不再返回。本篇即重九日與金華等地來謁諸友玉山登高時作，其始末見朱熹與長子朱塾書。杜牧之，名牧，晚唐著名詩人。在牛李黨争中，牧被排擠出朝，任黄州刺史。其在任上不問政事，飲酒度日，詩作充滿怨憤牢騷。齊山詩即此時所作，題爲九日齊安登高。詩云：「江涵秋影雁初飛，與客携壺上翠微。塵世難逢開口笑，菊花須插滿頭歸。但將酩酊酬佳節，不用登臨恨落暉。古往今來只如此，牛山何必獨霑衣！」朱熹浙東受辱與杜牧貶黄州境遇、心情頗類，故改詩成詞，感同身受，浩嘆彌深。全篇悲憤而借酒澆愁，有過之而無不及。

注釋　①牛山客：指齊景公。晏子春秋諫上載，齊景公登牛山，俯視山北齊國之城而流淚曰：「若何滂滂去此而死？」後以此作爲哀嘆人生短暫之典。

編年 朱熹浙東失意，與杜牧貶黄州同爲一失意之刺舉官，同在重九登高時一抒憤懣，其檃括牧詩絶非偶然。遍考作者生平，其境遇、心情無有與此類似者，故本篇必作於浙東歸途。作者與長兒書作於淳熙九年八月末，其時已在處州遂昌境，將經衢州至本路與江東交界處之玉山等候解印南歸。書中約吕祖儉、潘景憲、潘景愈等金華諸友前來一見，云：「吾後七日可過衢州城外，重九日次第可到界上，住三日。諸公若成來，固幸，若不成，亦可早遣一介相報也。」時朱熹長子朱塾已娶潘景憲之女，居金華，故朱熹以諸事付之。

評論 歷代詩餘卷一百十七引讀書續録：晦庵先生回文詞，幾於家弦户誦矣。其檃括杜牧之九日齊山登高詩水調歌頭一闋，氣骨豪邁則俯視辛、蘇，音韻諧和則僕命秦、柳，洗盡千古頭巾俗態。

詞則放歌集卷二陳廷焯評：筆意頗近坡仙。

朱子可聞詩集卷五：全用杜詩融會，叶調諧聲，敲金戛玉，彌覺自然。樊川之風流俊逸，亦不得不爲頫首矣。杜云「塵世難逢開口笑」，先生云「古今那更有危機」，識解又高一層。

南歌子次張安國韻〔一〕 乾道三年十一月六日

落日照樓船，穩過澄江一片天。珍重使君留客意，依然。風月從今别一川。　離緒悄危弦①，永夜清霜透幕氈。明日回頭江樹遠，懷賢。目斷晴空雁字連。

解題 本篇爲朱熹將游衡山，由潭州城渡湘江之前餞席所作，寫與張孝祥的離情别緒。張安國即孝祥，時知潭州，已見卷五。孝祥南鄉子送朱元晦行張欽夫邢少連同集詞今載其集。

校記 〔一〕南歌子：當爲「南鄉子」。

注釋 ①悄：憂傷。詩經陳風月出：「舒窈糾兮，勞心悄兮。」毛傳：「悄，憂也。」危弦：急促尖鋭的琴聲。文選張協七命：「撫促柱則酸鼻，揮危弦則涕流。」李善注釋爲高而急。

編年 朱熹平生僅乾道三年在長沙與張孝祥一面，本篇作在其時，無須深考。朱熹渡湘在十一月六日。

評論 朱子可聞詩集卷五：鳳逸云：此留别使君之作。起寫别後之景，次追想其留客情深，雖依然如故，而其奈風月各天，即今夕已然矣。此際之離緒悄然，獨理危弦，而覺清霜透幕，其無聊之況何如也。明日去此愈遠，回首追懷，惟望雁書之至，而勞我目耳。兩層夾寫，字字銷魂。

叔懷嘗夢飛仙爲之賦此歸日以呈茂獻侍郎當發一笑 慶元五年夏

脱却儒冠著羽衣，青山緑水浩然歸。看成鼎内真龍虎①，管甚人間閑是非！生羽翼，上煙霏，回頭祇見冢纍纍。未尋跨鳳吹簫侶，且伴孤雲獨鶴飛。

解題 叔懷，姓甘，道士，已見卷九。茂獻，即章穎，江西臨江軍人。歷仕中外，累官權兵部侍郎。黨論起，罷歸。本篇爲甘叔懷離建陽前往廬山時作，黨錮未解，來日無多，詞中表現出萬念俱灰，欲超然出世之情。

注釋 ①「看成」句：指煉成仙丹。龍虎：道家指煉丹之水火、鉛汞。

編年 據卷九詩送碧崖甘叔懷游廬阜兼簡白鹿山長吴兄唐卿及諸耆舊三首，叔懷慶元五年臨行時嘗一見朱熹。本篇囑其示此詞於章穎，必爲叔懷將發建陽時作。觀本篇牢騷甚盛，也可知爲黨禁中作。

水調歌頭聯句問訊羅漢〔一〕 乾道三年十一月十四日

雪月兩相映，水石互悲鳴。不知巖上枯木，今夜若爲情？應見塵中膠擾，便道山間空曠，與麼了平生。與麼平生了，天命不流行〔二〕①。熹。起披衣，瞻碧漢，露華清。寥寥千載，此事本分明。若向乾坤識易，便信行藏無間，處處總圓成②。記取淵冰語③，莫錯定盤星④。栻〔三〕。

解題 本篇與張栻聯句，朱熹作上闋，乃游衡山時作。時方廣寺長老守榮死，二人皆有詩，見卷五。意猶未盡，遂借詰問羅漢松枯木，闡發其理學見解。作者指出，大千宇宙，不外一理流行。人當遂順其天命之性，而不論出處行藏。釋氏虛無寂滅，乃背逆天理，戕伐人倫。

校記 〔一〕此篇宋浙本次于卷五蓮花峰次敬夫韻後，小注云：「此篇合次樂府，姑仍舊編附此。」底本原注別本同。

〔二〕天命：原缺，據右引補。

〔三〕栻：原缺，據宋閩、浙本補。

注釋 ①「天命」句：言逃避現實，避世山中，無謂地死去，上天賦予之性命夭折，天理於此未得到體現。

②「若向」三句：言認識到天地變化運動無非源於一理，便知或出或處没有什麼不同，合理則是，不合則非。乾坤：天地，指世界、宇宙。易：運動變化及其緣由。行藏：出處用舍。無間：不分。

③淵冰語：指詩經小雅小旻之「戰戰兢兢，如臨深淵，如履薄冰。」言時時警惕。

④定盤星：原指秤杆上的第一星，表示重量爲零，用以比喻正確的準則。古尊宿語録洞山第二代初禪師語録載禪師云：「千斤稱不住。」人云：「鳥道不存也。」師云：「錯數定盤星。」

編年 見解題，參見卷五方廣詩。

國家社科基金西部項目

（宋）朱熹 著
郭齊 尹波 編注

朱熹文集編年評注

第三册

福建省政協文化文史和學習委員會 編

海峽出版發行集團
THE STRAITS PUBLISHING & DISTRIBUTING GROUP
福建人民出版社

朱熹文集編年評注卷十一

封事

時紹興三十二年壬午夏六月丙子，孝宗皇帝即位，詔求直言。秋八月，公應詔上封事。見文公年譜。

壬午應詔封事

紹興三十二年八月七日

八月七日，左迪功郎、監潭州南岳廟臣朱熹謹昧死再拜，上書于皇帝闕下：臣恭惟太上皇帝再造區夏，受命中興，憂勤恭儉，三十六年，春秋未高，方内無事，乃深惟天下國家之至計，一旦而舉四海之廣、天位之尊，斷自宸衷，傳之聖子。皇帝陛下恭承慈訓，應期御歷，爰初踐阼，曾未幾何，而設施注措之間，所以大慰斯民之望者，新而又新，曾靡虚日，其規摹固已宏遠矣。然猶且謙冲退託，不以聖智自居，首下明詔，以求直言。此尤足以見帝王之高致，知爲治之先務也，天下幸甚！臣竊伏草茅，深自惟念天下之大，不爲無人。忠言嘉謨、崇論竑議，計已日陳於陛下之前，尚恐不足仰望清光，無以少備采擇。况臣之愚，雖欲效其區區，豈能有補於萬分之一哉？又惟：即位求言，累聖相承，以爲故事，則未知今日陛下之意姑以備故事而已耶？抑真欲博盡群言，以冀萬一之助也？臣誠愚昧，不知所出。然愛君尊主，出於犬馬之誠，有不能自已者，故昧死言之，惟陛下留聽。

臣伏讀詔書，有曰「朕躬有過失，朝政有闕遺，斯民有戚休，四海有利病，并許中外士庶直言極諫」者。臣竊以陛下潛德宮府，幾三十年，不邇聲色，不殖貨利，無一物之嗜好形於宴私，無一事之過失聞於中外，昧爽而朝，嚴恭寅畏，仁孝之德，孚于上下。所以大繫群生之仰望，濬發太上之深慈，以至於膺受付託，奄有萬方者，其必有以致之矣。然則聖躬之過失，臣未之聞也。今者臨御未幾而延登故老，召用直臣，抑僥倖以正朝綱，雪冤憤以作士氣，貢奉之私不輸於內帑，恭儉之德日聞於四方，凡天下之人所欲而未行、所患而未去者，以次罷行，幾無遺恨。然則朝政之闕遺，臣亦未之聞也。至於斯民之戚休，四海之利病，則有之矣。然臣屏伏閩陬，十有餘年，足迹未嘗及乎四方，其見聞所及之一二，內自隱度，皆非今日所宜道於陛下之前者，不敢毛舉，以溷聖聽。至若陰拱噤默，終不爲陛下一言，則又非臣之所敢安也。

臣聞召公之戒成王曰：「若生子，罔不在厥初生，自貽哲命。」孟子之言亦曰：「雖有智慧，不如乘勢。」方今天命之眷顧方新，人心之蘄向方切，此亦陛下端本正始、自貽哲命之時，因時順理、乘勢有爲之會也。又況陛下聖德隆盛，天下之人傳誦道説，有年于兹。今者正位宸極，萬物咸睹，其心蓋皆以非常之事、非常之功望於陛下，不但爲守文之良主而已也。然而祖宗之境土未復，宗廟之讎耻未除，戎虜之奸譎不常，生民之困悴已極。方此之時，陛下所以汲汲有爲，以副生靈之望者，當如何哉！然則今日之事，非獨陛下不可失之時，抑國家盛衰治亂之機，廟社安危榮辱之兆，亦皆決乎此矣。蓋陛下者，我宋之盛主，而今日者，陛下之盛時。於此而不副其望焉，則祖宗之遺黎裔胄不復有所歸心矣，可不懼哉！可不懼哉！

臣愚死罪，竊以爲聖躬雖未有過失，而帝王之學不可以不熟講也。朝政雖未有闕遺，而修攘之計不可以不早定也。利害休戚雖不可遍以疏舉，然本原之地不可以不加意也。蓋學不講則過失萌矣，計不定則闕遺大矣，本不端則末流之弊不可勝言矣。臣請得爲陛下詳言之。

臣聞之，堯、舜、禹之相授也，其言曰：「人心惟危，道心惟微。惟精惟一，允執厥中。」夫堯、舜、禹，皆大聖人也，生而知之，宜無事於學矣。而猶曰精，猶曰一，猶曰執者，明雖生而知之，亦資學以成之也。陛下聖德純茂，同符古聖，生而知之，臣所不得而窺也。然竊聞之道路，陛下毓德之初，親御簡策，不過諷誦文辭、吟咏情性而已。比年以來，聖心獨詣，欲求大道之要，又頗留意於老子、釋氏之書。疏遠傳聞，未知信否。然私獨以爲若果如此，則非所以奉承天錫神聖之資而躋之堯舜之盛者也。蓋記誦華藻，非所以探淵源而出治道；虛無寂滅，非所以貫本末而立大中。是以古者聖帝明王之學，必將格物致知以極夫事物之變，使事物之過乎前者，義理所存，纖微畢照，瞭然乎心目之間，不容毫髮之隱，則自然意誠心正，而所以應天下之務者，若數一二、辨黑白矣。苟惟不學，與學焉而不主乎此，則内外本末顛倒繆戾，雖有聰明睿智之資，孝友恭儉之德，而智不足以明善，識不足以窮理，終亦無補乎天下之治亂矣。

然則人君之學與不學，所學之正與不正，在乎方寸之間，而天下國家之治不治，見乎彼者如此其大，所繫豈淺淺哉！易所謂差之毫釐，繆以千里，此類之謂也。

蓋致知格物者，堯舜所謂精一也。正心誠意者，堯舜所謂執中也。自古聖人口授心傳而見於行事者，惟此而已。至於孔子，集厥大成，然進而不得其位以施之天下，故退而筆之以爲六經，以示後世之爲天下國家者。於其間語其本末終始先後之序尤詳且明者，則今見於戴氏之記，所謂大學篇者是也。故承議郎程顥與其弟崇政殿説書頤，近世大儒，實得孔孟以來不傳之學，皆以爲此篇乃孔氏遺書，學者所當先務，誠至論也。臣愚伏願陛下捐去舊習無用浮華之文，攘斥似是而非邪詖之説，少留聖意於此遺經，延訪真儒深明厥旨者置諸左右，以備顧問，研究充擴，務於至精至一之地，而知天下國家之所以治者不出乎此，然後知體用之一原、顯微之無間，而獨得乎堯、舜、禹、湯、文、武、周公、孔子之所傳矣。於是考之以六經之文，監之以歷代之迹，會之於心，以應當世無窮之變，以陛下之明聖而所以浚其源、輔其志者如此其備，則其所至，豈臣愚昧所能量哉！

然臣非知道者，凡此所陳，特其所聞於師友之梗概端緒而已。陛下由是講學而自得之，則必有非臣之言所能及者。惟陛下深留聖意毋忽，則天下幸甚！

臣又聞之，爲天下國家者，必有一定不易之計，而今日之計不過乎修政事、攘夷狄而已矣，非隱奥而難知也。然其計所以不時定者，以講和之説疑之也。夫金虜於我有不共戴天之讎，則其不可和也義理明矣。而或者猶爲是説者，其意必曰：今本根未固，形勢未成，進未有可以恢復中原之策，退未有可以備禦衝突之方，不若縻以虚禮，因其來聘，遣使報之，請復土疆，示之以弱，使之優游驕怠，未遽謀我，而我得以其間從容興補而大爲之備。萬一天意悔禍，或誘其衷，則我之所大欲者，將不用一士之命而可以坐得，何憚而不爲哉？臣竊以爲知義理之不可爲矣，而猶爲之者，必以有利而無害故也。而以臣策之，所謂講和者，有百害無一利，何苦而必爲之？夫復讎討賊、自强爲善之説見於經者，不啻詳矣。陛下聰明稽古，固不待臣一二言之，請姑陳其利害而陛下擇焉。

夫議者所謂本根未固，形勢未成，進不能攻，退不能守，何爲而然哉？正以有講和之説故也。此説不罷，則天下之事無一可成之理。何哉？進無生死一決之計，而退有遷延可已之資，則人之情雖欲勉强自力於進爲，而其氣固已涣然離沮而莫之應矣。其守之也必不堅，其發之也必不勇，此非其志之本然，氣爲勢所分，志爲氣所奪故也。故今日講和之説不罷，則陛下之勵志必淺，大臣之任責必輕，將士之赴功必緩，官人百吏之奉承必不能悉其心力，以聽上之所欲爲。然則本根終欲何時而固，形勢終欲何時而成，恢復又何時而可圖，守備又何時而可恃哉？其不可冀明矣。

若曰以虚禮縻之，則彼雖仁義不足而凶狡有餘，誠有謀我之心，則豈爲區區之虚禮而驕？誠有兼我之勢，則亦豈爲區區之虚禮而輟哉？

若曰示之以弱，則是披腹心、露情實而示之以本然之弱，非强而示之弱之謂也。適所以使之窺見我之底藴，知我之無謀而益無忌憚耳。縱其不來，我恃此以自安，勢分氣奪，日復一日，如前所云者，雖復曠日十年，亦將何計之可成哉？則是所以驕敵者，乃所以啓敵而自驕；所以緩寇者，乃所以養寇而自緩。爲虜計則善矣，而非吾臣子所宜言也。

且彼盜有中原，歲取金幣，據全盛之勢以制和與不和之權，少懦則以和要我而我不敢動，力足則大舉深入而我不及支。蓋彼以從容制和而其操術常行乎和之外，是以利伸否蟠而進退皆得。而我方且仰首於人，以聽和與不和之命，謀國者惟恐失虜人之歡，而不爲久遠之計，進則失中原事機之會，退則沮忠臣義士之心。蓋我以汲汲欲和而志慮常陷乎和之中，是以跋前疐後而進退皆失。自宣和、靖康以來，首尾三四十年，虜人專持此計，中吾腹心，決策制勝，縱横前却，無不如其意者。而我墮其術中，曾不省悟，危國亡師，如出一轍。去歲之事，人謂朝廷其知之矣，而解嚴未幾，虜使復至。彼何憚於我而遽爲若是？是又欲以前策得志於我。而我猶不悟也，受而報之，信節未還而海州之圍已急矣。此其包藏反覆，豈易可測？而議者猶欲以已試敗事之餘謀當之，其亦不思也哉！

至於請復土疆而冀其萬一之得，此又不思之大者。夫土疆，我之舊也，雖不幸淪没，而豈可使彼仇讎之虜得以制其予奪之權哉？顧吾之德之力如何耳。我有以取之，則彼將不能有而自歸于我；我無以取之，則彼安肯舉吾力之所不能取者而與我哉？且彼能有之而我不能取，則我弱彼强，不較明矣。縱其與我，我亦豈能據而有之？彼有大恩，我有大費，而所得者未必堅也。向者燕、雲、三京之事可以監矣。是豈可不爲之寒心也哉？假使萬有一而出於必不然之計，彼誠不我欺而不責其報，我必能自保而永無他虞，則固善矣。然以堂堂大宋，不能自力以復祖宗之土宇，顧乃乞丐於仇讎之戎狄以爲國家，臣雖不肖，竊爲陛下羞之。夫前日之遣使報聘，以是爲請，既失之矣。及陛下嗣位，天下之望曰庶幾乎，而赦書下者，方且禁切諸將毋得進兵，申遣使介，告諭纂承之意，繼修和好之禮，亦若有意於和議之必成而坐待土疆之自復者。遠近傳聞，頓失所望。臣愚不能識其何説，而竊嘆左右者用計之不詳也。

古語有之，疑事無功，疑行無名。今虜以好來而兵不戢，我所以應之者常不免出於兩塗而無一定之計，豈非所謂疑事也哉？以此號令，使觀聽熒惑，離心解體，是乃未攻而已却，未戰而已敗也。欲以此成恢復之功，亦已難矣。

然失之未遠，易以改圖，往者不可諫，而來者猶可追也。願陛下疇咨大臣，總攬群策，鑒失之之由，求應之之術，斷以義理之公，參以利害之實，罷黜和議，追還使人，苟未渡淮，猶將可及。自是以往，閉關絶約，任賢使能，立紀綱，厲風俗，使吾修政事、攘夷狄之外，了然無一毫可恃以爲遷延中已之資，而不敢懷頃刻自安之意，然後將相軍民、遠近中外無不曉然知陛下之志必於復讎啓土而無玩歲愒日之心，更相激厲，以圖事功。數年之外，志定氣飽，國富兵强，於是視吾力之强弱，觀彼釁之淺深，徐起而圖之，中原故地不爲吾有，而將焉往？此不過少遲數年之久，而理得勢全，名正實利，其與講和請地、苟且僥倖必不可成之虛計，不可同年而語也明矣。惟陛下深留聖意毋忽，則天下幸甚！

至於四海之利病，臣則以爲繫於斯民之戚休；斯民之戚休，臣則以爲繫乎守令之賢否。然而監司者，守令之綱也；朝廷者，監司之本也。欲斯民之皆得其所，本原之地，亦在乎朝廷而已。

陛下以爲今日之監司奸贓狼籍，肆虐以病民者誰？則非宰執臺諫之親舊賓客乎？其既失勢者，陛下既按見其交私之狀而斥去之矣，尚在勢者，豈無其人？顧陛下無自而知之耳。然則某事之利爲民之休，某事之病爲民之戚，陛下雖欲聞之，亦誰與奉承而致諸民哉？臣以爲惟以正朝廷爲先務，則其患可不日而自革。而陛下似亦有意乎此矣。蓋前日所號召數君子者，皆天下所謂忠臣賢士也。所以正朝廷之具，豈有大於此者哉！然其才之所長者不同，則任之所宜者亦異。願陛下於其大者使之贊元經體，以亮天工；於其細者使之居官任職〔一〕，以熙庶績。能外事者使任典戎幹方之責〔二〕，明治體者使備拾遺補過之官。又使之各舉所知，布之列位，以共圖天下之事，使疏而賢者雖遠不遺，親而否者雖邇必棄。毋主先入，以致偏聽獨任之譏；毋篤私恩，以犯示人不廣之戒。進退取舍，惟公論之所在是稽，則朝廷正而内外遠近莫敢不一於正矣。

監司得其人，而後列郡之得失可得而知。郡守得其人，而後屬縣之治否可得而察。重其任以責其成，舉其善而懲其惡，夫如是，則事之所謂利，民之所謂休，將無所不舉；事之所謂病，民之所謂戚，將無所不除，又何足以勞聖慮哉？苟惟不然，而切切然今日降一詔，明日行一事，欲以惠民而適增其擾者有之，欲以興利而益重其害者有之，紛紜叢脞，既非君道所宜，宣布奉行，徒爲觀聽之美而已，則亦何補之有？況今旱蝗四起，民食將乏，圖所以寬賦役、備賑贍、業流逋、銷盜賊之計，尤在於守令之得其人，而其本原之地，則又有在。願陛下深留聖意毋忽，則天下幸甚！

蓋天下之事至於今日，無一不弊而不可以勝陳。以獻言者之衆，則或已能略盡之矣。然求其所謂要道先務而不可緩者，此三事是也。夫講學所以明理而導之於前，定計所以養氣而督之於後，任賢所以修政而經緯乎其中，天下之事無出乎此者矣。伏惟陛下因此初政，端本正始、自貽哲命之時，因時順理、乘勢有爲之會，於此三言深加察納，果斷力行，以幸天下，則夫所謂不可勝陳之事，凡見於議者之言而合乎義理之公、切於利害之計者，自然循次及之，各得其所。若其不然，雖有求治之心而致之不得其方，雖有致治之方而爲之不得其序，一旦恭儉勞苦，憂勤過甚，有所不堪而不見其效，則亦終於因循怠惰而無所成矣，豈天下之人所以延頸舉踵而望陛下之初心哉！至於是時，雖欲悔之，臣恐其倍勞聖慮而成效不可期也。

又況旱蝗之災環數千里，陛下始初清明，行誼未過，而天戒赫然，若此其甚，其必有説矣。臣愚竊以爲此乃天心仁愛陛下之厚，不待政過行失而先致其警戒之意以啓聖心，使盛德大美始終純全〔三〕，無可非間，如商中宗、周宣王因災異而修德，以致中興也。是宜於此三術屢省而亟圖之，以順民心，以答天意。以陛下之聖明，必將有以處此。

愚臣所慮，獨患議者不深惟其所以然之故，以爲其間不免有所更張，或非太上皇帝之意者〔四〕，陛下所不宜爲，以咈親志。臣竊以爲誤矣。恭惟太上皇帝至公無心〔五〕，合德天地，臨御三紀，艱難百爲，其用人造事，皆因時循理，以應事變，未嘗膠於一定之説。先後始末之不同，如春秋冬夏之變，相反以成歲功，存神過化，而無有毫髮私意凝滯於其間。其所以能超然遠引，屣脱萬乘而不以爲難者，由是而已。本其傳位陛下之志，豈不以陛下必能緝熙帝學，以繼迹堯禹乎〔六〕？豈不以陛下必能復讎啓土，以增光祖宗乎？豈不以陛下必能任賢修政，以惠康小民乎？誠如是也，則臣之所陳，乃所以大奉太上詒謀燕翼之聖心，而助成陛下尊親承志之聖孝也。議者顧欲守一時偶然之迹一二以循之，以是爲太上皇帝之本心，則是以事物有形之粗而語天地變化之神也，豈不誤哉！且古者禪授之懿，莫如堯舜之盛，而舜承堯禪，二十有八年之間，其於禮樂刑政，更張多矣。其大者，舉十六相，皆堯之所未舉；去四凶，皆堯之所未去。然而舜不以爲嫌，堯不以爲罪，天下之人不以爲非，載在虞書，孔子録之以爲大典，垂萬世法。而况臣之所陳，非欲盡取太上皇帝約束紛更之也，非貴其所賤、賤其所貴而悉更置之也，因革損益，顧義理如何爾，亦何不可？而陛下何嫌之有哉？願早圖之，以幸天下，毋疑於臣之計也。

若夫戰守之機，形制之勢，則臣未之學，不敢妄有所陳。然竊聞之，上流督帥物望素輕〔七〕，黜陟失宜，效於已試；下流戍兵直棄淮甸、長江之險，與虜共之。斯乃古今之所共憂，愚智之所同惑。臣雖鄙闇，亦竊疑之。況今秋氣已高，虜情叵測，傳聞洶洶，咸謂或當復有去歲之舉。雖虛實未可知，然是二者實强弱安危形勢所繫，呼噏俯仰之間，未足以喻其急也。願陛下并留聖意，臣不勝大願！

臣凡愚不學，頃歲冒昧群試有司，太上皇帝賜之末第，獲叨官禄。既又誤聽人言，猥加收召，適以疾病，留落不前。今則血氣益衰，精神益耗，屏居山田，未知所以仰報大恩之日。敢因明詔，罄竭愚衷，昧死獻書以聞。迂疏狂妄，不識忌諱，忤犯貴近，切劘事機，罪當萬死。惟陛下哀憐財赦而擇其中。干冒天威，臣無任震懼兢惶、俯伏待罪之至。臣熹昧死再拜。

校記

〔一〕職：宋浙本作「責」，考異所引別本同。

〔二〕幹：原作「榦」，據宋浙本改。

〔三〕美：記疑云疑當作「業」。

〔四〕者：考異云一本無。

〔五〕心：正訛改作「私」。

〔六〕堯：記疑云疑當作「舜」。

〔七〕督：宋浙本作「師」，考異所引別本同。

編年 據底本原注。

評論 康熙御製文集第三集卷四十三：論治則精要而不浮，論事則明暢而不冗。大儒之言，自爾迥別。

周大璋朱子古文讀本卷一壬午應詔封事：是歲高宗自稱「上皇」，傳位孝宗，詔求直言，先生遂上封事。明年改元隆興，三月再召先生，辭，有旨趣行。十月，至行在。辛巳，入對垂拱殿，力言復讎。時宰相湯思退方倡和議，不悦，除武學博士。後與洪适論不合而歸。敷陳凱切，指畫詳明，舉而行之，宋其瘳乎！凡作長篇，須有綱有目，有分有合，有虛有實，有向有背。條索在手，雖累千萬言，而絲絲入扣。取文公諸封事及唐宋陸敬輿、蘇長公等文觀之可知矣。

庚子應詔封事 淳熙七年四月二十一日

四月二十一日，宣教郎、權發遣南康軍事兼管内勸農事、提轄本軍界分諸鋪遞角、借緋臣朱熹謹齋沐奉疏，東向再拜，昧死獻于皇帝陛下：臣伏睹三月九日陛下可議臣之奏，申敕監司郡守條具民間利病，悉以上聞，無有所隱。臣以布衣諸生蒙被聖恩，待罪偏壘，乃獲遭值仁聖求言願治、不間疏遠如此，其敢不悉心竭慮，以塞詔旨？然臣嘗病獻言者不惟天下國家之大體，而毛舉細故以爲忠；聽言者不察天下國家之至計，而抉擿隱伏以爲明，是以獻言雖多而實無所益於人之國，聽言雖廣而實無以盡天下之美。臣誠不佞，然不敢專以淺意小言仰奉明詔。惟陛下幸於其大者垂聽而審行之，則天下幸甚！

臣嘗謂天下國家之大務莫大於恤民，而恤民之實在省賦，省賦之實在治軍。若夫治軍省賦以爲恤民之本，則又在夫人君正其心術以立紀綱而已矣。董子所謂正心以正朝廷，正朝廷以正百官，正百官以正萬民，正萬民以正四方，蓋謂此也。

夫民之不可不恤，不待智者而後能知〔一〕，亦不待明者然後能言也。然欲知其憔悴困窮之實與其所以致此之由，則臣請以所領之郡推之，然後以次而及其所以施置之方焉。

臣謹按，南康爲郡，土地瘠薄，生物不暢，水源乾淺，易得枯涸，人民稀少，穀賤農傷，固已爲貧國矣。而其賦税偏重，比之他處或相倍蓰。民間雖復盡力耕種，所收之利或不足以了納税賦，須至别作營求，乃可陪貼輸官。是以人無固志，生無定業，不肯盡力農桑，以爲子孫久遠之計。幸遇豐年，則賤糶禾穀，以苟目前之安；一有水旱，則扶老携幼，流移四出，視其田廬，無異逆旅之舍。蓋出郊而四望，則荒疇敗屋，在處有之。故臣自到任之初，即嘗具奏，乞且將星子一縣税錢特賜蠲減。又嘗具申提點坑冶司，乞爲敷奏，將夏税所折木炭價錢量減分數。其木炭錢已蒙聖慈曲賜開允，獨減税事漕司相度，方上版曹。若得更蒙聖恩，特依所請，則一方憔悴困窮之民，自此庶幾復有更生之望矣。然以臣計之，郡之接境江、饒等州，土田瘠薄類此者，非一郡一縣而已也。税賦重大如此者，非一料一色而已也。若不大爲經理，深加隱恤，雖復時於其間少有縱舍，如以杯水救一車薪之火，恐亦未能大有所濟，而剥膚椎髓之禍，必且愈深愈酷而不可救。元氣日耗，根本日傷，一旦不幸而有方數千里之水旱，則其横潰四出，將有不可如何者。未知陛下何以處此？此臣之所謂民之憔悴困窮而不可不恤者然也。

而臣所謂省賦理軍者，請復爲陛下言之。夫有田則有租，爲日久矣。而今日民間特以税重爲苦者，正緣二税之入，朝廷盡取以供軍，而州縣無復贏餘也。夫二税之入盡以供軍，則其物有常數，其時有常限，而又有貼納水脚轉輸之費，州縣皆不容有所寬緩而减免也。州縣既無贏餘以給官吏、養軍兵，而朝廷發下離軍歸正等人又無紀極，支費日增，無所取辦，則不免創於二税之外别作名色，巧取於民。且如納米收耗，則自七斗八斗以至於一倍再倍而未止也。豫借官物，則自一年二年以至三年四年而未止也〔二〕。此外又有月椿移用諸雜名額，拋賣乳香、科買軍器、寄招軍兵、打造鐵甲之屬，自版曹總所以至漕司，上下相承，遞相促迫，今日追究人吏，明日取勘知通，官吏無所從出，不過一切取之於民耳。蓋不如是，無以補舊欠、支目前，雖明知其一旦發覺，違法抵罪，而不及顧也。夫以罪及其身而不暇恤，尚何暇於民之恤乎？以此觀之，則今日民貧賦重，其所從來亦可知矣。若不討理軍實而去其浮冗〔三〕，則民力決不可寬。

然國家蹙處東南，恢復之勛未集，所以養兵而固圉者，常患其力之不足，則兵又未可以遽减。竊意惟有選將吏、覈兵籍可以節軍貲，開廣屯田可以實軍儲，練習民兵可以益邊備。誠能行此三者，而又時出禁錢以續經用，民力庶幾其可寬也。

今將帥之選率皆膏粱騃子、厮役凡流，徒以趨走應對爲能，苞苴結託爲事，物望素輕，既不爲軍士所服，而其所以得此差遣，所費已是不貲。以故到軍之日，惟務裒斂刻剥，經營賈販，百種搜羅，以償債負。償債既足〔四〕，則又别生希望，愈肆誅求。蓋上所以奉權貴而求陞擢，下所以飾子女而快己私，皆於此乎取之。至於招收簡閲，訓習撫摩，凡軍中之急務，往往皆不暇及。軍士既已困於刻剥，苦於役使，而其有能者又不見優異，無能者或反見親寵，怨怒鬱積，無所伸訴，平時既皆悍然有不服之心，一旦緩急，何由可恃？至於軍中子弟亦有素習弓馬、諳曉戰陣者，例皆不肯就本軍投募，而朝廷反爲之分責州郡，枉費錢物，拖拽短小生疏無用之人，以補軍額。凡此數端，本末巨細，無不乖錯。而所謂將帥者私欲飽滿，鑽研有效，則又可以束裝問塗而望他軍之積以爲己資矣。故近歲以來，管軍臣僚遷代之速，至有一歲而再易者。是則不惟軍中利病無由究知，冗兵浮食日益猥衆，而此人之所盜竊破費與夫送故迎新，百色支用，已不知其幾何矣。至於總餽輸之任者，亦皆負倚幽陰，交通賄賂，其所程督驅催東南數十州之脂膏骨髓，名爲供軍，而輂載以輸於權倖之門者，不可以數計。若乃屯田、民兵二事，又特爲誕謾小人竊取官職之資，而未聞其有絲毫尺寸可見之效。凡此數弊，天下之人孰不知之？而任事之臣略不敢一言以告陛下，惟務迫趣州縣，使之急征横賦，戕伐邦本。而其所以欺陛下者，則曰如是而國可富，如是而兵可强。陛下亦聞其説之可喜，而未究其實，往往誤加奬寵，畀以事權。是以比年以來，此輩類皆高官厚禄，志滿氣得，而生民日益困苦，無復聊賴。草茅有識之士相與私議竊嘆，以爲莫大之禍、必至之憂近在朝夕，顧獨陛下未之知耳。

爲今之計，欲討軍實以紓民力〔五〕，則必盡反前之所爲，然後乃可冀也。蓋授將印、委利權，一出於朝廷之公議，則可以絶苞苴請託之私。務求忠勇沉毅、實經行陣、曾立勞效之人，則可以革輕授非才之弊。無苞苴請託之私，則刻剥之風可革；將得其人，則軍士畏愛奮厲。蒐閲以時，而竄名冗食者不得容於其間。得人而久其任，則上下相安，緩急可恃，而又可以省送迎之費。軍之汰卒與凡北來歸正、添差任滿之人，皆可歸之屯田，使之與民雜耕而漸損其請給。其有材勇事藝之人，則計其品秩而多與之田，因以爲什伍之長，使教其人習於馳射擊刺行伍之法。罷去諸州招軍之令，而募諸軍子弟之驍勇者，别授以田〔六〕，使隸尺籍。大抵令與見行屯田、民兵之法相爲表裏，擇老成忠實、通曉兵農之務者使領其事，付以重權，久其事任，毋貪小利，毋急近功。俟其果能漸省列屯坐食之兵，稍損州郡供軍之數，然後議其課最，增秩而因任之。如此十數年間，自然漸見功效。若其功效未能遽見之間，而欲亟圖所以紓州縣民間目前之急者，則願深詔主計將輸之臣，且於見今樁積金穀綿絹數内，每歲量撥三二十萬，視州郡之貧乏者，特與免起上供官物三五分而代其輸。向後軍籍既覈，屯田既成，民兵既練，則上項量撥之數可以漸減，而州郡免起之數可以漸增。州縣事力既益寬舒，然後可以禁其苛斂，責以寬恤，歲課而時稽之，不惟去其加耗預借非法科敷之弊，又視其土之肥瘠、税之輕重而均減之，庶幾窮困之民得保生業，無復流移漂蕩之意。所在曠土，亦當漸次有人開墾布種，而公上之賦亦當自然登足，次第增羡，不俟程督迫促而國真可富，兵真可强矣。此臣之所謂省賦治軍之説然也。

至於所謂其本在於正心術以立紀綱者，則非臣職之所當及。然天下萬事之根本源流有在於是，雖欲避而不言，有不可得者。且臣頃於隆興初元誤蒙召對，蓋已略陳其梗概矣。今請昧死復爲陛下畢其説焉。夫所謂綱者，猶網之有綱也；所謂紀者，猶絲之有紀也。網無綱則不能以自張，絲無紀則不能以自理。故一家則有一家之綱紀，一國則有一國之綱紀。若乃鄉總於縣，縣總於州，州總於諸路，諸路總於臺省，臺省總於宰相，而宰相兼統衆職，以與天子相可否而出政令，此則天下之綱紀也。然而綱紀不能以自立，必人主之心術公平正大，無偏黨反側之私，然後綱紀有所繫而立。君心不能以自正，必親賢臣、遠小人，講明義理之歸，閉塞私邪之路，然後乃可得而正也。古先聖王所以立師傅之官，設賓友之位，置諫諍之職，凡以先後縱臾，左右維持，惟恐此心頃刻之間或失其正而已。原其所以然者，誠以天下之本在是，一有不正，則天下萬事將無一物得其正者，故不得而不謹也。

今天下之事如前所陳，亦可見矣。陛下欲恤民，則民生日蹙；欲理財，則財用日匱；欲治軍，則軍政日紊；欲恢復土宇，則未能北向以取中原尺寸之土；欲報雪讎耻，則未能係單于之頸而飲月氏之頭也。此其故何哉？宰相、臺省、師傅、賓友、諫諍之臣皆失其職，而陛下所與親密、所與謀議者，不過一二近習之臣也。此一二小人者，上則蠱惑陛下之心志，使陛下不信先王之大道而悦於功利之卑説，不樂莊士之讜言而安於私暬之鄙態，下則招集天下士大夫之嗜利無耻者，文武彙分，各入其門，所喜則陰爲引援，擢置清顯，所惡則密行訾毁，公肆擠排。交通貨賂，則所盜者皆陛下之財；命卿置將，則所竊者皆陛下之柄。雖陛下所謂宰相、師保、賓友、諫諍之臣，或反出入其門墻，承望其風旨。其幸能自立者，亦不過齪齪自守，而未嘗敢一言以斥之。其甚畏公論者，乃略能驚逐其徒黨之一二，既不能深有所傷，而終亦不敢明言，以擣其囊槖巢窟之所在。勢成威立，中外靡然向之，使陛下之號令黜陟不復出於朝廷而出於此一二人之門，名爲陛下之獨斷，而實此一二人者陰執其柄。蓋其所壞，非獨壞陛下之綱紀而已，乃并與陛下所以立綱紀者而壞之。使天下之忠臣賢士深憂永嘆，不樂其生，而貪利無耻、敢於爲惡之人四面紛然，攘袂而起，以求逞其所欲。然則民又安可得而恤，財又安可得而理，軍政何自而修，土宇何自而復？而宗廟之讎耻，又何時而可雪耶？

臣誠至愚，不勝憤懣，因伏惟念自頃進對，得竭狂瞽，陛下不惟赦而不誅，其後十八年間，兩蒙收召，五被除擢。雖臣愚暗，自知無用於世，又爲疾病憂患之所牽留，有不得祇拜恩命者，然陛下之知臣不爲不深，憐臣不爲不厚。顧臣乃獨畏懦藏縮，熟視天下之綱紀廢亂、生靈困苦至於如此，而不能捐生出死，一爲陛下言之，是陛下不負臣而臣負陛下也。今者幸值聖明開廣言路，而臣官守適在可言之數，於此而又不言，則臣之罪雖萬死不足以自贖。是以敢冒言之，伏惟陛下曲加容貸，留神省察，奮發剛斷，一正宸心，斥遠佞邪，建立綱紀，以幸四海困窮之民，則臣不勝大幸！干冒斧鉞，臣無任瞻天望聖、戰慄俟命之至。臣熹昧死再拜謹言。

〔貼黄〕本軍管内去秋晚田旱損，去冬地震有聲，臣已各具奏聞去訖。是後一向闕雨，耕牛疫死。今雖得雨，恐已後時，而牛死不止，勢甚可慮。伏乞睿照。

臣昨蒙賜對，面奉玉音，治天下當以正心誠意爲本，常竊仰嘆聖學高明，深達治本如此，天下安得不治？比年以來，乃聞道路之言妄謂陛下惡聞正心誠意之説，臣下當進對者，至相告戒，以爲語忌〔七〕。臣雖有以決知其不然，然竊深慮此語流傳，上累聖德，下惑群聽，伏望睿明更賜財幸。

校記〔一〕智：原作「魯」，據宋浙本改。

〔二〕右引「以至」下有「於」字。

〔三〕討：原作「計」，據宋閩、浙本改。

〔四〕償債：原作「債負」，據宋浙本改。

〔五〕討：原作「計」，據宋閩、浙本改。

〔六〕別：原作「則」，據右引改。

〔七〕語：原作「諱」，據宋閩、浙本、古文集成卷五十七改。

編年 據題及首句。

評論 黄氏日抄卷三十四：謂國之大務在恤民，恤民在省賦，省賦在治軍，其本又在人主正心術以立紀綱，而歸極於一二近習得以賣債帥之弊。其言哀痛切至。

繳進奏疏狀 淳熙七年四月二十一日

具位臣朱熹：右臣伏睹進奏院報，三月九日，臣寮奏乞申敕監司郡守條具民間利病，悉以上聞，無有所隱，奉聖旨依奏者。臣以非材，誤叨郡寄，竊見管内民間利病有合奏聞事件，顧其間有事干機密，不宜宣露者，謹昧萬死，具疏壹通，準式實封，隨狀投進。

〔貼黄〕乞至御前開拆，庶幾千慮之得有以仰副陛下求言願治之意。干冒天威，臣無任跼蹐俟罪之至。謹録奏聞，伏候敕旨。

編年 本篇爲繳進上篇庚子應詔封事狀，云「具疏壹通，準式實封，隨狀投進」，故當爲同日所作。

戊申封事 淳熙十五年十一月一日

十一月一日，朝奉郎、直寶文閣、主管西京嵩山崇福宮臣朱熹謹齋沐具疏，昧死再拜，獻于皇帝陛下：臣猥以庸陋，蒙被聖知，有年於此矣。而兩歲以來，受恩稠叠，有加於前，顧視輩流，無與爲比，其爲感激之深，固有言所不能諭者。然竊惟念狂妄之言，抵觸忌諱，雖蒙聽納，不以爲罪，而伏俟數月，未見其有略施行者。臣誠不自知，求所以堪陛下非常之恩者，而未知所出也，以是慚懼，久不自安。不意陛下又欲召而見之，臣愚於此仰窺聖意，尤不識其果何謂也。以爲欲聽其計策，則言已陳而不可用；以爲欲加之恩意，則寵既厚而無以加。二者之間，未有所當，此臣之所以徘徊前却，懇扣辭避而不能已也。然而陛下猶未之許，則臣又重思之，前日進對之時，口陳之説迫於疾作而猶有未盡焉者，蓋嘗請以封事上聞，而久未敢進，豈非陛下偶垂記憶而欲卒聞之乎？抑其别有以乎？臣不得而知也。然君父之命至于再下，而爲臣子者堅卧於家，則臣於此實有所未安者。其所深慮，獨恐進見之後，所言終不可用，而又徒竊誤寵，如前之爲，則臣之辭受將有所甚難處而終得罪者。是以輒因前請而悉其所言以獻，以爲雖使得至陛下之前，所言不過如此。伏惟聖慈幸賜觀省，若以其言爲是而次第行之，則臣之志願千萬滿足，退伏巖穴，死無所憾。萬一聖意必欲其來，則臣亦不過求一望見清光而後懇請以歸而已。若見其言果無可取，則是臣所學之陋，他無所有，政使冒進，陛下亦將何所用之？不若因其懇請而許其歸休，猶足以兩有所全也。又況陛下之庭，侍從之列方有造爲飛語以中害善良，唱爲横議以脅持上下，其巧謀陰計，又有甚於前日之不思而妄發者。陛下無爲使臣輕犯其鋒而復蹈已覆之轍也。

蓋臣竊觀今日天下之勢，如人之有重病，内自心腹，外達四肢，蓋無一毛一髮不受病者。雖於起居飲食未至有妨，然其危迫之證，深於醫者固已望之而走矣。是必得如盧扁、華佗之輩，投以神丹妙劑〔一〕，爲之湔腸滌胃，以去病根，然後可以幸於安全。如其不然，則病日益深而病者不覺，其可寒心，殆非俗醫常藥之所能及也。故臣前日之奏，輒引「藥不瞑眩，厥疾不瘳」之語，意蓋爲此而其言有未盡也〔二〕。然天下之事，所當言者不勝其衆，顧其序有未及者，臣不暇言。且獨以天下之大本與今日之急務深爲陛下言之。

蓋天下之大本者，陛下之心也。今日之急務，則輔翼太子、選任大臣、振舉綱維、變化風俗、愛養民力、修明軍政六者是也。臣請昧死而悉陳之，惟陛下之留聽焉。

臣之輒以陛下之心爲天下之大本者，何也？天下之事千變萬化，其端無窮，而無一不本於人主之心者，此自然之理也。故人主之心正則天下之事無一不出於正，人主之心不正則天下之事無一得由於正。蓋不惟其賞之所勸、刑之所威各隨所向，勢有不能已者，而其觀感之間，風動神速，又有甚焉。是以人主以眇然之身居深宫之中，其心之邪正，若不可得而窺者，而其符驗之著於外者，常若十目所視、十手所指而不可掩。此大舜所以有惟精惟一之戒，孔子所以有克己復禮之云，皆所以正吾此心而爲天下萬事之本也。此心既正，則視明聽聰，周旋中禮而身無不正。是以所行無過不及而能執其中，雖以天下之大，而無一人不歸吾之仁者。臣謹按尚書，舜告禹曰：「人心惟危，道心惟微。惟精惟一，允執厥中。」夫心之虛靈知覺，一而已矣，而以爲有人心道心之别者，何哉？蓋以其或生於形氣之私，或原於性命之正，而所以爲知覺者不同，是以或危殆而不安，或精微而難見耳。然人莫不有是形，故雖上智不能無人心；亦莫不有是性，故雖下愚不能無道心。二者雜于方寸之間而不知所以治之，則危者愈危，微者愈微，而天理之公卒無以勝乎人欲之私矣。精則察夫二者之間而不雜也，一則守其本心之正而不離也，從事於斯，無少間斷，必使道心常爲一身之主而人心每聽命焉，則危者安、微者著，而動静云爲自無過不及之差矣。又按論語，顔淵問仁，子曰：「克己復禮爲仁。一日克己復禮，天下歸仁焉。爲仁由己，而由人乎哉？」夫仁者，本心之全德也。己者，一身之私欲也。禮者，天理之節文也。蓋人心之全德莫非天理之所爲，然既有是身，則亦不能無人欲之私以害焉。故爲仁者必有以勝其私欲而復於禮，則事皆天理而本心之德復全於我也。心德既全，則雖以天下之大，而無一人不歸吾之仁者。然其機則固在我而不在人也。日日克之，不以爲難，則私欲净盡，天理流行而仁不可勝用矣。此大舜、孔子之言，而臣輒妄論其所以用力之方如此，伏乞聖照。

然邪正之驗著於外者，莫先於家人而次及於左右，然後有以達於朝廷而及於天下焉。若宫闈之内端莊齊肅，后妃有關雎之德，後宫無盛色之譏，貫魚順序，而無一人敢恃恩私以亂典常，納賄賂而行請謁，此則家之正也。退朝之後，從容燕息，貴戚近臣、携僕奄尹陪侍左右，各恭其職，而上憚不惡之嚴，下謹戴盆之戒，無一人敢通内外、竊威福，招權市寵，以紊朝政，此則左右之正也。内自禁省，外徹朝廷，二者之間洞然，無有毫髮私邪之間，然後發號施令，群聽不疑，進賢退奸，衆志咸服，紀綱得以振而無侵撓之患，政事得以修而無阿私之失，此所以朝廷百官、六軍萬民無敢不出於正而治道畢也。心一不正，則是數者固無從而得其正。是數者一有不正，而曰心正，則亦安有是理哉？是以古先聖王兢兢業業，持守此心，雖在紛華波動之中，幽獨得肆之地，而所以精之一之，克之復之，如對神明，如臨淵谷，未嘗敢有須臾之怠。然猶恐其隱微之間或有差失而不自知也，是以建師保之官以自開明，列諫諍之職以自規正，而凡其飲食酒漿、衣服次舍、器用財賄與夫宦官宫妾之政，無一不領於冢宰之官，使其左右前後，一動一静，無不制以有司之法，而無纖芥之隙、瞬息之頃得以隱其毫髮之私。蓋雖以一人之尊，深居九重之邃，而懔然常若立乎宗廟之中、朝廷之上，此先王之治所以由内及外，自微至著，精粹純白，無少瑕翳，而其遺風餘烈猶可以爲後世法程也。臣竊見周禮天官冢宰一篇，乃周公輔導成王，垂法後世，用意最深切處。欲知三代人主正心誠意之學，於此考之，可見其實。伏乞聖照。

陛下試以是而思之，吾之所以精一克復而持守其心者，果嘗有如此之功乎？所以修身齊家而正其左右者，果嘗有如此之效乎？宫省事禁，臣固有不得而知者。然不見其形而視其影，不睹其内而占其外，則爵賞之濫，貨賂之流，閭巷竊言，久已不勝其籍籍矣。臣竊以是窺之，則陛下之所以修之家者，恐其未有以及古之聖王也。

至於左右便嬖之私，恩遇過當，往者淵、覿、説、抃之徒，勢焰熏灼，傾動一時，今已無可言矣。獨有前日臣所面奏者，雖蒙聖慈委曲開譬，然臣之愚終竊以爲此輩但當使之守門傳命，供掃除之役，不當假借崇長，使得逞邪媚、作淫巧於内，以蕩上心、立門庭、招權勢於外，以累聖來，有罪而不可復用乎？且如向來政。而其有才無才，有罪無罪，自不當論。況其有才適所以爲奸，有罪而不可復用乎？且如向來主管喪事、欽奉几筵之命，遠近傳聞，無不竊笑。臣不知國史書之，野史記之，播于夷狄，傳於後世，且以陛下爲何如主也。縱有曲折，如前日所以諭臣者，陛下亦安能家置一喙而人曉之耶？刑餘小醜，不比人類，顧乃熒惑聖心，虧損聖德，以至此極，而公卿大臣拱手熟視，無一言以救其失，臣之痛心，始者惟在於此。比至都城，則又知此曹之用事者非獨此人，而侍從之臣蓋已有出其門者。臣伏見陛下即位以來，臣下稍有知識，無不以此事爲言者。既皆不蒙聽納，甚者至或抵罪，故自近年以來，無復有言此者。蓋知其根株牢固，不可動摇，言之無益，徒取乖牾，以致所言他事亦不見用，故置此事於度外，而姑論其次耳。不唯如此，亦以過失之萌，人所創見，故以爲異而争言之。及其既久，則習熟見聞，以爲常事而不足言。正如近年冬雷秋雪時時有之，人遂不以爲異。然此豈可常之理哉？惟臣愚暗，不識時宜，故今日猶復論此人所諱言而厭道之事。雖幸未蒙誅斥〔三〕，而亦未見有所施行也。臣竊思之，必使陛下聽疏遠之言而逐其平日深所愛幸之人，誠有所難能者。然此事利害既陳於前，而臣所深憂，又恐其不可爲後聖法也。伏惟陛下深爲宗社子孫萬世之慮，忍而行之，天下幸甚！

至其納財之塗，則又不於士大夫而專於將帥，臣於前日亦嘗輒以面奏，而陛下諭臣以爲誠當深察而痛懲之矣。退而始聞陛下比於環列之尹已嘗有所易置，乃知陛下固已深察其弊而無所待於人言。然猶未能明正其罪〔四〕，而反寵以崇資巨鎮，使即便安。此曹無知，何所忌憚？況中外將帥，其不爲此者無幾，陛下亦未能推其類而悉去之也。臣竊聞之道路，自王抃既逐之後，諸將差除多出此人之手。蓋抃與此人專爲諸將交通内侍，納賂買官，得其指意，風喻軍中，等第論薦，以欺陛下，實將帥之牙儈也。今雖去之，而未正其罪。又聞向者鄂帥尅剥之事，亦是此人内外營救，遂致罪人漏網，言者被罪，中外至今爲之不平。既而又有匿名揭榜，暴其過惡者，亦被决配。此不惟行遣太偏，足爲聖政之累，而自此之後，遂無復有人敢言諸將之罪者。以小人握重兵，或在周廬肘腋之間，或在江湖千里之外，而中外無一人敢白其奸，此於國計，深恐未便。前代之監，蓋亦非遠。伏乞陛下少留聖慮。陛下竭生靈之膏血以奉軍旅之費，本非得已，而爲軍士者，顧乃未嘗得一温飽，甚者采薪織屨、掇拾糞壤以度朝夕，其又甚者，至使妻女盛塗澤、倚市門以求食也。怨詈謗讟，悖逆絶理，至有不可聞者。一有緩急，不知陛下何所倚仗？是皆爲將帥者巧爲名色〔五〕，頭會箕斂，陰奪取其糧賜，以自封殖，而行貨賄於近習，以圖進用。彼此既厭足矣，然後時以薄少號爲羨餘，陰奉燕私之費，以嫁士卒怨怒之毒於陛下。且幸陛下一受其獻，則後日雖知其罪，而不得復有所問也。出入禁闥腹心之臣、外交將帥，共爲欺蔽，以至於此，豈有一毫愛戴陛下之心哉！而陛下不悟，反寵暱之，以是爲我之私人，至使宰相不得議其制置之得失，給諫不得論其除授之是非。以此而觀，則陛下所以正其左右，未能及古之聖王又明矣。

且私之得名，何爲也哉？據己分之所獨有，而不得以通乎其外之稱也。故自匹夫而言，則以一家爲私而不得以通乎其鄉；自鄉人而言，則以一鄉爲私而不得以通乎其國；自諸侯而言，則以一國爲私而不得以通乎天下。至於天子，則際天之所覆，極地之所載，莫非己分之所有而無外之不通矣，又何以私爲哉？今以不能勝其一念之邪而至於有私心，以不能正其家人近習之故而至於有私人，以私心用私人，則不能無私費，於是內損經費之入，外納羨餘之獻，而至於有私財。陛下上爲皇天之所子，全付所覆，使其無有私而不公之處，其所以與我者亦不細矣。乃不能充其大而自爲割裂以狹小之，使天下萬事之弊莫不由此而出，是豈不可惜也哉！臣竊聞太祖皇帝改營大內既成，躬御正殿，洞開重門，顧謂侍臣曰：「此如我心，少有邪曲，人皆見之。」臣竊謂太祖皇帝不爲文字言語之學，而其方寸之地正大光明，直與堯舜之心如合符節，此其所以肇造區夏而垂裕無疆也。伏惟陛下遠稽前聖而近以皇祖之訓爲法，則一心克正而遠近莫敢不一於正矣。伏乞聖照。

若以時勢之利害言之，則天下之勢合則强，分則弱。故諸葛亮之告其君曰：「宫中府中，俱爲一體，陟罰臧否，不宜異同。若有作奸犯科及爲忠善者，宜付有司論其刑賞，以昭陛下平明之理。不宜偏私，使内外異法也。」當是之時，昭烈父子以區區之蜀抗衡天下十分之九，規取中原，以興漢室。以亮忠智，爲之深謀，而其策不過如此，可謂深知時務之要而暗合乎先王之法矣。夫以蜀之小，而於其中又以公私自分彼此如兩國，然則是將以梁益之半圖吴魏之全。又且内小人而外君子，廢法令而保奸回，使内之所出者日有以賊乎外，公之所立者常不足以勝乎私，則是此兩國者又自相攻，而其内之私者常勝，外之公者常負也。外有鄰敵之虞，内有陰邪之寇，日夜夾攻而不置，爲國家者，亦已危矣。

夫以義理言之既如彼，以利害言之又如此，則今日之事如不蚤正，臣恐陛下之心雖勞於求賢，而一有所妨乎此，則賢人必不得用，而所用者皆庸繆憸巧之人；雖勤於立政，而一有所礙乎此，則善政必不得立，而所行者皆阿私苟且之政。日往月來，養成禍本，而貽燕之謀未遠，輔相之職不修，紀綱壞於上，風俗壞於下，民愁兵怨，國勢日卑，一旦猝有不虞，臣竊寒心，不知陛下何以善其後也。然則臣之所謂天下大本惟在陛下之一心者，可不汲汲皇皇而求有以正之哉。

臣昨來面奏劄子内一節云：「伏願陛下自今以往，一念之萌，則必謹而察之，此爲天理耶？爲人欲耶？果天理也，則敬以擴之，而不使其少有壅閼；果人欲也，則敬以克之，而不使其少有凝滯。推而至於言語動作之間、用人處事之際，無不以是裁之，知其爲是而行之，則行之惟恐其不力，而不當憂其力之過也。知其爲非而去之，則去之惟恐其不果，而不當憂其果之甚也。知其爲賢而用之，則任之惟恐其不專，聚之惟恐其不衆，而不當憂其爲黨也。知其爲不肖而退之，則退之惟恐其不速，去之惟恐其不盡，而不當憂其有偏也。如此則聖心洞然，中外融徹，無一毫之私欲得以介乎其間。而天下之事將惟陛下之所爲，無不如志矣。」今恐日久，元本不存，再此具奏，伏乞聖照。

至於輔翼太子之説，則臣前日所謂數世之仁者，蓋已微發其端，而未敢索言之也。夫太子，天下之本，其輔翼之不可不謹，見於保傅傳者詳矣。陛下聖學高明，洞貫今古，宜不待臣言而喻。然臣嘗竊怪陛下所以調護東宮者，何其疏略之甚也。由前所論而觀之，豈非所以自治者猶未免於疏略，因是亦以是爲當然而不之慮耶？夫自王十朋、陳良翰之後，宮寮之選，號爲得人，而能稱其職者，蓋已鮮矣。而又時使邪佞儇薄、闒冗庸妄之輩或得參錯於其間，所謂講讀，聞亦姑以應文備數，而未聞其有箴規之效。至於從容朝夕、陪侍游燕者，又不過使臣宦者數輩而已。皇太子睿性夙成，閲理久熟，雖若無待於輔導，然人心難保，氣習易污，習於正則正，習於邪則邪。此古之聖王教世子者所以必選端方正直、道術博聞之士與之居處，而又使之逐去邪人，不使見惡行，蓋常謹之於微，不待其有過而後規也。今三代之制雖不可考，且以唐之六典論之。東宮之官，師傅、賓客既職輔導，而詹事府、兩春坊實擬天子之三省，故以詹事、庶子領之，其選甚重。今則師傅、賓客既不復置，而詹事、庶子有名無實，其左右春坊遂直以使臣掌之，何其輕且褻之甚耶！夫立太子而不置師傅、賓客，則無以發其隆師親友、尊德樂義之心。獨使春坊使臣得至於皇孫德性未定，聞見未廣，豈任事者亦有所未之思耶？此已非細事矣。而今日之官屬尤不備，責任尤不專，又非皇太子之比，則其保養之具尤不可以不嚴。侍左右，則無以防其戲慢媟狎、奇衺雜進之害。

謂宜深詔大臣，討論前代典故，東宮除今已置官外，別置師傅、賓客之官，使與朝夕游處。罷去春坊使臣，而使詹事、庶子各復其職。宮中之事，一言之入，一令之出，必由於此而後通焉。又置贊善大夫，擬諫官以箴闕失。王府則宜稍放六典親王之制，置傅友〔六〕、咨議以司訓導，置長史、司馬以總衆職，妙選耆德，不雜他材，皆置正員，不爲兼職，明其職掌，以責功效，則其官屬已略備矣。陛下又當以時召之，使侍燕游，從容啓迪。凡古先聖王正心修身、平治天下之要，陛下之所服行而已有效，與其勉慕而未能及、愧悔而未能免者，傾倒羅列，悉以告之，則聖子神孫皆將有以得乎陛下心傳之妙，而宗社之安、統業之固可以垂於永久而無窮矣。此今日急務之一也。臣伏見比者聖詔令皇太子參決庶務，此見聖慮之深，將使皇太子以時習知國家政事之得失也。然臣之愚見，則以爲使之習事，不若勉其修德。况今皇太子育德春宮幾二十年，其於天下之事，蓋不待習而無不熟矣。獨恐正心脩德之學未至，而於物欲之私未免有所係累，則雖習於其事，而或不能自決於取舍之間。故臣竊論輔養之未至者，非有他也，但欲陛下更留聖意於此而已。伏乞聖照。

至於選任大臣之說，則臣前所謂勞於求賢而賢人不得用者，蓋已發其端矣。夫以陛下之聰明，豈不知天下之事必得剛明公正之人而後可任也哉？其所以常不得如此之人，而反容鄙夫之竊位者，非有他也，直以一念之間未能撤其私邪之蔽，而燕私之好、便嬖之流不能盡由於法度，若用剛明公正之人以爲輔相，則恐其有以妨吾之事、害吾之人而不得肆，是以選掄之際，常先排擯此等，置之度外，而後取凡疲懦軟熟、平日不敢直言正色之人而揣摩之，又於其中得其至庸極陋，决可保其不至於有所妨者，然後舉而加之於位。是以除書未出而其物色先定，姓名未顯而中外已逆知其决非天下之第一流矣。故以陛下之英明剛斷，略不世出，而所取以自輔者，未嘗有如汲黯、魏徵之比，顧常反得如秦檜晚年之執政、臺諫者而用之。彼以人臣竊國柄，而畏忠言之悟主以發其奸也，故專取此流以塞賢路、蔽主心，乃其勢之不得已者。陛下尊居宸極，威福自己，亦何賴於此輩，而乃與之共天下之政，以自蔽其聰明、自壞其綱紀，而使天下受其弊哉？

夫其所以取之者如此，故其選之不得而精。選之不精，故任之不得而重。任之不重，則彼之所以自任者亦輕。夫以至庸之材當至輕之任，則雖名爲大臣，而其實不過供給唯諾，奉行文書，以求不失其窠坐資級，如吏卒之爲而已。求其有以輔聖德、修朝政而振紀綱，不待智者而知其必不能也。下此一等，則惟有作奸欺、植黨與、納貨賂，以濁亂陛下之朝廷耳。其尤甚者，乃至十有餘年而後敗露以去。然其列布於後，以希次補者，又已不過此等人矣。蓋自其爲臺諫、爲侍從而其選已如此，其後又擇其尤碌碌者而登用之，則亦無怪乎陛下常不得天下之賢材而屬任之也。

然方用之之初，亦曰姑欲其無所害於吾之私而已。夫豈知其所以害夫天下之公者，乃至於此哉。陛下試反是心以求之，則庶幾乎得之矣。蓋不求其可喜而求其可畏，不求其能適吾意而求其能輔吾德，不憂其自任之不重而常恐吾所以任之者之未重，不爲燕私近習一時之計而爲宗社生靈萬世無窮之計，陛下誠以此取之，以此任之，而猶曰不得其人，則臣不信也。此今日急務之二也。

至於振肅紀綱、變化風俗之説，則臣前所謂勤於立政而善政卒不得立者，亦已發其端矣。夫以陛下之心憂勤願治，不爲不至，豈不欲夫綱維之振、風俗之美哉？但以一念之間未能去其私邪之蔽，是以朝廷之上忠邪雜進，刑賞不分，士夫之間志趣卑污，廉耻廢壞，顧猶以爲事理之當然，而不思有以振厲矯革之也。蓋明於内然後有以齊乎外，無諸己而後可以非諸人。今宫省之間，禁密之地，而天下不公之道、不正之人顧乃得以窟穴盤據於其間，而陛下目見耳聞，無非不公不正之事，則其所以熏蒸銷鑠，使陛下好善之心不著，疾惡之意不深，其害已有不可勝言者矣。及其作奸犯法，則陛下又未能深割私愛而付諸外廷之議，論以有司之法，是以紀綱不能無所撓敗，而所以施諸外者，亦因是而不欲深究切之。

且如頃年方伯連帥嘗以有贓污不法聞者矣，鞠治未竟而已有與郡之命。及臺臣有言，則遂與之祠禄而理爲自陳。至於其所藏匿作過之人，則又不復逮捕付獄，名爲降官，而實以解散其事。此雖宰相曲庇鄉黨以欺陛下，然臣竊意陛下非全然不悟其欺者，意必以爲人情各有所私，我既欲遂我之私，則彼亦欲遂彼之私，君臣之間，顔情稔熟，則其勢不得不少容之。且以爲雖或如此，亦未至甚害於事。而不知其敗壞綱紀，使中外聞之，腹非巷議，皆有輕侮朝廷之心，奸贓之吏則皆鼓舞相賀，不復畏陛下之法令，則亦非細故也。

又如廷臣争議配享〔七〕，其間邪正曲直，固有所在，則兩無所問而并去之。監司挾私以誣郡守，則不問其曲直而兩皆罷免。監司使酒以凌郡守，亦不問其曲直而兩皆與祠。宰相植黨營私，孤負任使，則曲加保全而使之去。臺諫懷其私恩，陰拱不言，而陛下亦不之問也。其有初自小官擢爲臺諫，三四年間，趨和承意，不能建明一事，則年除歲遷，至極其選。一日論及一二武臣罪惡，則便斥爲郡守，而不與職名。從臣近典東畿，遠帥西蜀，一遭飛語，則體究具析，無所不至。及究析來上，而所聞不實，則言之者晏然，一無所訶。山陵諸使鬻賣辟闕，煩擾吏民，御史有言，亦無行遣，而或反得超遷。御史言及畿漕，則名補卿列而實奪之權。其所言者，則雖量加絀削，而繼以進用。臣伏見近年惟有主張近習一事，賞信罰必，無所假借。自餘百事多務含容，曲直是非，兩無所問。似聞聖意以謂如此處置，方得均平。此誠堯舜之用心也。然臣於此竊有疑焉。若推其本，則臣固已妄論於前。只據「平」之一字而言，則臣於易象「稱物平施」之言竊有感也。蓋古之欲爲平者，必稱其物之大小高下而爲其施之多寡厚薄，然後乃得其平。若不問其是非曲直而待之如一，則是善者常不得伸而惡者反幸而免，以此爲平，是乃所以爲大不平也。故雖堯舜之治，既舉元凱，必放共兜。此又易象所謂「遏惡揚善，順天休命」者也。蓋善者天理之本然，惡者人欲之邪妄。是以天之爲道，既福善而禍淫，又以賞罰之權寄之司牧，使之有以補助其禍福之所不及。然則爲人君者，可不謹執其柄而務有以奉承之哉？伏惟陛下深留聖意。從班之中，賢否尤雜，至有終歲緘默，不聞一言以裨聖聽者〔八〕，顧亦隨群逐隊，排連儹補。其桀黠者乃敢造飛語、立横議如臣前所陳者，而宰相畏其凶焰，反撓公議而從之，臺諫亦不敢以聞於陛下而請其罪。臣聞古先聖王敷求哲人，俾輔後嗣，然則今日正是博求賢能，置之列位之時。而此人趣操不謹〔九〕，懼爲身害，乃敢陰爲讒慝，公肆劫持，遂其奸謀，不爲國計。欲望聖慈密賜宣問。陛下視此綱紀爲如何？可不反求諸身而亟有以振肅之耶？

綱紀不振於上，是以風俗頹弊於下，蓋其爲患之日久矣，而浙中爲尤甚。大率習爲軟美之態、依阿之言，而以不分是非、不辨曲直爲得計。下之事上，固不敢少忤其意；上之御下，亦不敢稍咈其情。惟其私意之所在，則千塗萬轍，經營計較，必得而後已。甚者以金珠爲脯醢，以契券爲詩文，宰相可啗則啗宰相，近習可通則通近習，惟得之求，無復廉恥。父詔其子，兄勉其弟，一用此術，而不復知有忠義名節之可貴。其俗已成之後，則雖賢人君子亦不免習於其説，一有剛毅正直、守道循理之士出乎其間，則群譏衆排，指爲道學之人而加以矯激之罪，上惑聖聰，下鼓流俗。蓋自朝廷之上以及閭里之間，十數年來，以此二字禁錮天下之賢人君子，復如崇、宣之間所謂元祐學術者，排擯詆辱，必使無所容措其身而後已。嗚呼，此豈治世之事，而尚復忍言之哉！

又其甚者，乃敢誦言於衆，以爲陛下嘗謂今日天下幸無變故，雖有伏節死義之士，亦何所用。此言一播，大爲識者之憂，而臣有以知其必非陛下之言也。夫伏節死義之士，當平居無事之時，誠若無所用者。然古之人君所以必汲汲以求之者，蓋以如此之人臨患難而能外死生，則其在平世必能輕爵禄；臨患難而能盡忠節，則其在平世必能不詭隨。平日無事之時得而用之，則君心正於上，風俗美於下，足以逆折奸萌、潛消禍本，自然不至真有伏節死義之事，非謂必知後日當有變故而預蓄此人以擬之也。惟其平日自恃安寧，便謂此等人材必無所用，而專取一種無道理、無學識、重爵禄、輕名義之人，以爲不務矯激而尊寵之，是以綱紀日壞，風俗日偷，非常之禍伏於冥冥之中。而一旦發於意慮之所不及，平日所用之人交臂降叛而無一人可同患難，然後前日擯棄留落之人始復不幸而著其忠義之節。以天寶之亂觀之，其將相貴戚近幸之臣皆已頓顙賊庭，而起兵討賊，卒至於殺身湛族而不悔，如巡、遠、杲卿之流，則遠方下邑，人主不識其面目之人也。使明皇早得巡等而用之，豈不能銷患於未萌？巡等早見用於明皇，又何至真爲伏節死義之舉哉。「商鑒不遠，在夏后之世」，此識者所以深憂於或者之言也。雖以臣知陛下聖學高明，識慮深遠，決然不至有此議論，然每念小人敢託聖訓以蓋其奸，而其爲害至於足以深沮天下忠臣義士之氣，則亦未嘗不痛心疾首，而不敢以識者之慮爲過計之憂也。陛下視此風俗爲如何？可不反求諸身而亟有以變革之耶？此今日急務之三、四也。

至於愛養民力、修明軍政之説，則民力之未裕，生於私心之未克，而宰相臺諫失職也。軍政之未修，生於私心之未克，而近習得以謀帥也。是數説者，臣皆已極陳於前矣。今請即民力之未裕而推言之。

臣聞虞允文之爲相也，盡取版曹歲入窠名之必可指擬者，號爲歲終羨餘之數而輸之内帑；顧以其有名無實、積累掛欠、空載簿籍、不可催理者撥還版曹。其爲説曰：内帑之積將以備他日用兵進取不時之須，而版曹目今經費已自不失歲入之數。聽其言誠甘且美矣，然自是以來，二十餘年，内帑歲入不知幾何，而認爲私貯，典以私人，宰相不得以式貢均節其出入，版曹不得以簿書勾考其在亡，其日銷月耗，以奉燕私之費者，蓋不知其幾何矣。而曷嘗聞其能用此錢以易胡人之首，如太祖皇帝之言哉？徒使版曹經費闕乏日甚，督趣日峻，以至廢去祖宗以來破分良法，而必以十分登足爲限。以爲未足，則又造爲比較監司郡守殿最之法以誘脅之，不復問其政教設施之得失，而一以其能剥民奉上者爲賢。於是中外承風，競爲苛急，監司明諭州郡，郡守明諭屬邑，不必留心民事，惟務催督財賦。此民力之所以重困之本，而税外無名之賦，如和買、折帛、科罰、月樁之屬，尚未論也。臣伏見祖宗舊法，凡州縣催理官物，已及九分以上，謂之破分，諸司即行住催，版曹亦置不問。由是州縣得其赢餘以相補助，貧民些少拖欠〔十〕，亦得遷延，以待蠲放。恩自朝廷，惠及閭里，君民兩足，公私俱便〔十一〕。此誠不刊之令典也。昨自曾懷用事，始除此法，盡刷州縣舊欠，以爲隱漏，悉行拘催。於是民間税物毫分銖兩盡要登足。曾懷以此進身，遂取宰相，而生靈受害，冤痛日深。得財失民，猶爲不可，况今政煩賦重，民卒流亡，所謂財者，又將無有可得之理。若不蚤救，必爲深害。臣每讀大學卒章，見其所論小人之使爲國家，菑害并至，雖有善者，亦無如之何者，其言丁寧痛切，未嘗不爲寒心。惟陛下少留聖意，亟發德音，以幸天下。

其次則陛下所用之宰相，不能擇中外大吏，而惟徇私情之厚薄；所用之臺諫，不能公行糾劾，而惟快己意之愛憎。是以監司郡守多不得人，而其賢者或反以舉職業、忤臺諫而遭斥逐也。至於監司太多而事權不歸於一，銓法雖密而縣令未嘗擇人，則又其法之有未善者。然其本正，則此等不難區處；其本未正，則雖或舉此，臣恐未見其益而反有害也。

又嘗即夫軍政之不修而推之，則臣聞日者諸將之求進也，必先掊尅士卒以殖私財，然後以此自結於陛下之私人，而祈以姓名達於陛下之貴將。貴將得其姓名，即以付之軍中，使自什伍以上，節次保明，稱其材武堪任將帥，然後具爲奏牘而言之陛下之前。陛下但見其等級推先，案牘具備，則誠以爲公薦而可得人矣，而豈知其諧價輸錢，已若晚唐之債帥哉？只此一事，有耳者無不聞，有口者無不道。然以其門户幽深，蹤迹詭秘，故無路得以窺其交通之實狀。是以雖或言之，而陛下終不信也〔十二〕。夫將者，三軍之司命，而其選置之方乖剌如此，則彼智勇材略之人，其孰肯抑心下首於宦官宫妾之門？而陛下之所得以爲將帥者，皆庸夫走卒，固不知兵謀師律之爲何事，而惟剋剥之是先，交結之是圖矣。陛下不知其然，而猶望其修明軍政，激勸士卒，以强國勢，豈不誤哉！

然將帥之不得人，非獨士卒之受其弊也。推其爲害之極，則又有以及乎民者。蓋將帥得人，則尺籍嚴而儲蓄羡，屯田立而漕運省。今爲將帥者如此，則固無望其肯核軍實而豐儲蓄矣。至於屯田，則彼自營者尤所不顧，故朝廷不免爲之别置使者以典治之。而兵屯之衆資其撥遣，則又不免使參其務。然聞其占護軍人，不肯募其願耕者以行，而强其不能者以往，至屯則偃蹇不耕，而反爲民田之害。使者文吏，其力蓋有所不能制者，是以陛下欲爲之切而久不得成也。屯田不立，漕運煩費，諸州苗米至或盡數起發而無以供州兵之食，則加耗斛面之弊紛紛而起，而民益困矣。又凡和買、折帛、科罰、月樁之類，往往亦爲供軍之故而不可除。若屯田立而所資於諸路者減，則此屬庶乎其皆可禁矣〔十三〕。今乃不然，則是置將之不善而害足以及民也。

凡此數者，根株深固，枝條廣闊，若不可以朝變而夕除者。然究其本，則亦在夫陛下之反諸身耳。聖心誠無不正，則必能出私帑以歸版曹矣。版曹不至甚闕，必能復破分之法，除殿最之科以寬州縣矣。聖心誠無不正，則必能擇宰相以選牧守矣，擇臺諫以公刺舉矣。聖心誠無不正，則必能嚴宦官兵將交通之禁，而以選將屬宰相矣。宰相誠得其人，則必能爲陛下擇將帥以作士氣、討軍實、廣屯田以省漕運矣。上自朝廷，下達州縣，治民典軍之官既皆得人，然後明詔宰相議省監司之員而精其選、重其責。又詔銓曹，使以縣之劇易分爲等差，而常切詢訪天下之官吏能爲縣者，不拘薦舉之有無，不限資格之高下，而籍其姓名，使以次補最劇之縣。果有治績，則優而進之。不勝其任，則絀而退之。凡州縣之間無名非理之供、横斂巧取之政，其泰甚而可去者可以漸去，而民力庶乎其可寬矣。

至於屯田之利，則以臣愚見，當使大將募軍士，使者招游民，各自爲屯，不相牽制。其給授課督、賞罰政令各從本司，自爲區處。軍中自有將校可使，不須别置官吏。使者則聽其辟置官屬三五人，指使一二十人，以備使令。又擇從官通知兵農之務、兼得軍民之情者一員爲屯田使，總治兩司之政，而通其奏請，趣其應副。又以歲時按行，察其勤墮之實，以行誅賞。如此則兩屯心競，各務其功，田事可成，漕運可省，而諸路無名非理之供、横斂巧取之政，前日有所不獲已而未可盡去者，今亦可以悉禁，民力庶乎其益裕矣。此今日急務之五、六也。屯田一事，如臣之策，亦是將來將帥得人之後，方可施行。若將帥止如今日，却恐徒壞漕司已成之功，無補將帥兵屯之實。且乞指揮，趁此水災之後，廣招流冗，并行民屯之策，以俟見效。仍詔漕臣更切詢訪利病之未盡者，條具以聞。然後隨事商量，及時措置，庶幾已成之緒不至動摇，輕有廢壞。伏乞聖照。

凡此六事，皆不可緩，而其本在於陛下之一心。一心正則六事無不正，一有人心私欲以介乎其間，則雖欲儦精勞力，以求正夫六事者，亦將徒爲文具，而天下之事愈至於不可爲矣。故所謂天下之大本者，又急務之最急而尤不可以少緩者。惟陛下深留聖意而亟圖之，使大本誠正，急務誠修而治效不進，國勢不强，中原不復，仇虜不滅，則臣請伏鈇鉞之誅以謝陛下，陛下雖欲赦之，臣亦不敢承也。

然又竊聞之，今日士夫之論，其與臣不同者非一。及究其實，則皆所謂似是而非者也。蓋其樂因循之無事者，則曰陛下之年寖高，而天下亦幸無事。年寖高則血氣不能不衰，天下無事則不宜更爲庸人所擾。其欲奮厲而有爲者，則又曰祖宗之積憤不可以不攄〔十四〕，中原之故疆不可以不復。以此爲務，則聖心不待勸勉而自强；舍此不圖，則雖欲策厲以有爲而無所向望以爲標準，亦卒歸於委靡而已。凡此二説，亦皆有理，而臣輒皆以爲非者，蓋樂因循者知聖人之血氣有時而衰，而不知聖人之志氣無時而衰也。知天下有事之不可以苟安，而不知天下無事之尤不可以少怠也。況今日之天下又未得爲無事乎？且以衛武公言之。其年九十有五矣，猶箴儆於國，以求規諫，而作抑戒之詩以自警，使人朝夕誦之，不離於其側。此其年豈不甚高？而其戒謹恐懼之心，豈以是而少衰乎？況陛下視武公之年三分未及其二，而責任之重，地位之高，又有十百千萬於武公者。臣雖不肖，又安敢先處陛下於武公之下而直謂其不能乎？且天下之事非艱難多事之可憂，而宴安酖毒之可畏。政使功成治定，無一事之可爲，尚當朝兢夕惕，居安慮危而不可以少怠。況今天下雖若未有目前之急，然民貧財匱，兵惰將驕，外有强暴之夷虜，内有愁怨之軍民，其他難言之患，隱於耳目之所不加，思慮之所不接者，近在堂奧之間而遠在數千里之外，何可勝數。堂奧之説，已陳於前，此句更乞陛下少留聖慮。追計其前，既未有可見之效，却顧於後，又未有可守之規，臣竊見尋常之人〔十五〕，將欲屬人以一至微至細之事，猶必先爲規模，使其盡善，然後所屬之人有所持循，而不失吾之所以屬之之意。況有天下者，將以天下至大之事屬之於人，而不先爲盡善可守之規以授之乎？然臣於此事不敢盡言，若蒙聖明少加聖慮，則當此之時，誠亦一新德業，重整綱維不可失之機會也。臣狂妄僭率，罪當萬死，伏惟陛下裁赦。亦安得遽謂無事而遂以逸豫處之乎？

其思奮厲者，又徒知恢復之不可忘，頹墮之不可久，然不知不世之大功易立而至微之本心難保，中原之戎虜易逐而一己之私意難除也。誠能先其所難，則其易者將不言而自辦。不先其難而徒欲僥倖於其易，則雖朝夕談之，不絶於口，是亦徒爲虚言，以快一時之意而已。又況此事之失，已在隆興之初，不合遽然罷兵講和，遂使宴安酖毒之害日滋日長，而坐薪嘗膽之志日遠日忘。是以數年以來，綱維解弛，釁孽萌生，區區東南，事猶有不勝慮者，何恢復之可圖乎？故臣不敢隨例迎合，苟爲大言以欺陛下。而所望者，則惟欲陛下先以東南之未治爲憂，而正心克己，以正朝廷、修政事，庶幾真實功效可以馴致，而不至於別生患害，以妨遠圖。蓋所謂善易者不言易，而真有志於恢復者，果不在於撫劍抵掌之間也。

論者又或以爲陛下深於老佛之學而得其識心見性之妙，於古先聖王之道蓋有不約而自合者，是以不悦於世儒之常談死法，而於當世之務，則寧以管、商一切功利之説爲可取。今乃以其所厭飫鄙薄者陳於其前，亦見其言愈多而愈不合也。臣以爲此亦似是而非之論，非所以進盛德於日新也。彼老子、浮屠之説，固有疑於聖賢者矣，然其實不同者，則此以性命爲真實而彼以性命爲空虛也。此以爲實，故所謂寂然不動者，萬理粲然於其中，而民彝物則，無一之不具。所謂感而遂通天下之故，則必順其事，必循其法，而無一事之或差。彼以爲空，則徒知寂滅爲樂，而不知其爲實理之原；徒知應物見形，而不知其有真妄之别也。是以自吾之説而修之，則體用一原，顯微無間，而治心修身、齊家治國，無一事之非理。由彼之説，則其本末横分，中外斷絶，雖有所謂朗澈靈通、虚静明妙者，而無所救於滅理亂倫之罪、顛倒運用之失也。故自古爲其學者，其初無不似有可喜，考其終，則詖淫邪遁之見鮮有不作而害於政事者。是以程顥常闢之曰：「自謂窮神知化，而不足以開物成務。言爲無不周遍，而實外於倫理，窮深極微，而不可以入堯舜之道。天下之學，自非淺陋固滯，則必入於此，是謂正路之榛蕪、聖門之蔽塞，闢之而後可與入道。」嗚呼！此真可謂理到之言。惜乎其未有以聞於陛下者，使陛下過聽髡徒誑妄之説，而以爲真有合於聖人之道，至分治心、治身、治人以爲三術，而以儒者之學爲最下，則臣竊爲陛下憂此心之害於政事，而惜此説之布於來今也。如或未以臣言爲然，則聖質不爲不高，學之不爲不久〔十六〕，而所以正心修身以及天下者，其效果安在也？是豈可不思其所以然者而亟反之哉。臣聞仁宗時有程顥者，與其弟頤同受學於周敦頤，實得孔孟以來不傳之緒。同時又有邵雍、張載，相與博約，遂使聖道闇而復明，其功甚大。俗儒淺學既不足以窺其緼奥，奸人鄙夫又以其言居必誠敬〔十七〕，動由禮義，有害於己之所爲，以故相與怨疾，指爲道學而加詆訕焉。臣已略論於前矣。夫世俗無知，既以道學爲不美，則是必欲舉世之人俱無道，俱不學，悉如己之所爲而後適於其意耳。邪説肆行，人心頗僻，無所忌憚，乃至於此，此正閔馬父之所深憂也。今敦頤等所著之書頗藏册府，陛下試取而觀之，聖學高明，必將有默相契合而見諸行事者。若遂於此賜一言以表章之，則正心之效不惟自得，而所以正人心亦在是矣。伏惟陛下深留聖意。

若夫管、商功利之説，則又陋矣。陛下所以取之者，則以既斥儒者之道爲常談死法，而天下之務日至於前，彼浮屠之學又不足以應之，是以有味乎彼之言，而冀其富國强兵或有近效耳。然自行其説，至今幾年，而國日益貧，兵日益弱，所謂近效者，亦未之見。而聖賢所傳生財之道、理財之義、文武之怒、道德之威，則固所以爲富强之大，而反未有講之者也，豈不誤哉！今議者徒見老、佛之高，管、商之便，而聖賢所傳明善誠身、齊家治國平天下者初無新奇可喜之説，遂以爲常談死法而不足學。夫豈知其常談之中自有妙理，死法之中自有活法，固非老佛管商之陋所能仿佛其萬分也哉。伏惟陛下察臣之言，以究四説之同異而明辨之，則知臣之所言非臣所爲之説，乃古先聖賢之説；非聖賢所爲之説，乃天經地義自然之理。雖以堯、舜、禹、湯、文、武、周、孔之聖，顔、曾、伋、軻之賢，而有所不能違也。則於臣之言與夫論者之説，其爲取舍從違，不終日而決矣。

抑臣於此又竊有感而自悲焉。蓋臣之得事陛下，於今二十有七年矣。而於其間得見陛下，數不過三。自其始見於隆興之初，固嘗輒以近習爲言矣。辛丑再見，又嘗論之。今歲三見，而其所言又不過此。臣遐方下土田野之人，豈有積怨深怒於此曹而固欲攻之，以快己私也哉？其所以至於屢進不合而不敢悔者，區區之意獨爲國家之計而不敢自爲身謀，其愚亦可見矣。然自頃以來，歲月逾邁，如川之流，一往而不復反。不惟臣之蒼顔白髮已迫遲暮，而竊仰天顔，亦覺非昔時矣。臣之鄙滯，固不能別有忠言奇謀以裨聖聽，而陛下日新之盛德，亦未能有以使臣釋然而忘其夙昔之憂也。則臣於此安得不深有感而重自悲乎？身伏衡茅，心馳魏闕，竊不勝其愛君憂國之誠，敢冒萬死，刳瀝肺肝，以效野人食芹炙背之獻，且以自乞其不肖之身焉。臣區區私計，輒冒威顔，并此陳述。臣賦性拙直，不能隨世俯仰，故自早年即自揣度決是不堪從宦。所以一向竊食祠禄，前後九任，豈不知有致身之義，亦非恬無濟物之心，寧爲退藏，蓋以避禍。中間稍蒙任使，果然自速顛隮，七年之間〔十八〕，措身無所。今者一出，又致紛紜。幸賴聖明保全終始，增其禄秩，使足以免於飢寒，進其官資，使足以延於嗣息，此皆已非臣平生意望所及。天地之恩，不啻厚矣。今者奏疏，止爲感激陛下虚心屈己，容受狂言，故竭平日憂國之誠，以畢前日願忠之意。所冀上有補於聖明，下無負於所學而已，非敢變其初心，而復有進爲之望也。若蒙聖慈詳賜觀覽，循其本末，次第施行，使臣之言卓然實有可見之效，則臣不待違心犯患，以污周行，而其榮遇已不在諸臣之後矣。如其繆妄，無可施行，則投閑置散，乃分之宜。雖欲借之恩私，適足增其慚懼，決非臣之所敢當也。竊恐陛下見其所論懇切，誤謂尚堪使令，故復具奏，伏乞聖察。伏惟陛下哀憐財赦而擇其中，則非獨愚臣之幸，實宗社生靈之幸。臣之所論，雖爲一時之弊，然其規畫實皆治體之要，可以傳之久遠而無窮。蓋前聖後聖，其時雖異，而其爲道未嘗不同。此臣之言所以非徒有望於今日，而又將有望於後來也。疏遠賤微，言不敢盡。伏惟聖慈憐臣愚忠，赦其萬死，或因皇太子參決之際，特賜宣示，千萬幸甚。臣熹誠惶誠恐，昧死再拜，謹言。

校記

〔一〕投：原作「授」，據宋閩、浙本改。

〔二〕爲：考異云一作「如」。

〔三〕未：宋浙本作「不」，考異所引別本同。

〔四〕能：宋浙本作「嘗」，考異所引別本同。

〔五〕爲：宋浙本無，考異所引別本同。

〔六〕傳：正訛引王懋竑本改作「賓」。

〔七〕廷：宋浙本作「朝」。

〔八〕聞：右引作「開」。

〔九〕謹：右引作「定」，考異所引別本同。

〔十〕少：右引作「小」。

〔十一〕俱：右引作「兩」。

〔十二〕信：正訛據李本改作「察」。

〔十三〕則：宋浙本無，考異所引別本同。

〔十四〕又：宋浙本無，考異所引別本同。

〔十五〕宋浙本「見」下有「夫」字。

〔十六〕久：原作「及」，據宋閩、浙本改。

〔十七〕誠：原作「識」，據右引改。

〔十八〕七：原作「十」，據右引改。

編年　據題及首句。

評論　黄氏日抄卷三十四：退朝後屢詔不起，而以書對也。謂大本在陛下之心，急務在輔太子、選大臣、振紀綱、變風俗、愛民力、修軍政六者，而六者之未理，皆原於此心一念之私。隨事注釋，以期於必感悟，且闢老、釋、管、商之説。終之曰：「歲月逾邁，如川不返，不惟臣之蒼顔白髮已迫遲莫，而竊仰天顔，亦覺非昔矣。」讀之令人揮涕。　按先生上續孔孟，講明帝王之學，遭值壽皇英明不世出之主，而三上封事，皆墮空言。其言婉切明盡，蓋自漢至今，能言治道之士，莫之能尚。而當時曾不聞有賞異之者，於是異端浸淫之患爲可畏，而先入之説爲主，有非可旦夕解。或者潛藩輔德之舊必有任其責者矣。

朱彝尊朱文公文鈔序：及觀新安朱夫子之文，其上孝宗封事，感奮激烈，殆有過於同甫之所云者。

康熙御製文集第三集卷四十三：讀前後二段，知儒者學術之正；讀中一段，知儒者經濟之優。此等封章，卓然千古。

周大璋朱子古文讀本卷一戊申封事：大本急務是一篇主腦，而急務又從大本出，洋洋灑灑，一線穿定。鹿門嘗云：荆公上仁宗皇帝書幾萬餘言，而其絲牽繩聯，如提百萬之兵，鈎考部曲，無一不貫。若此文真足當之。奏入，夜漏下七刻，帝已就寢，亟起秉燭，讀之終篇。明日，除主管西太一宫兼崇政殿説書。知公深矣，而言卒不用，惜哉！

朱熹文集編年評注卷十二

封事

己酉擬上封事 淳熙十六年春

具位臣朱熹敢拜手稽首言曰：臣竊惟皇帝陛下有聰明睿智之資，有孝友温恭之德，有寬仁博愛之度，有神武不殺之威。養德春宫，垂二十年，一旦受命慈皇，親傳大寶，龍飛虎變，御極當天。凡在覆載之間，稍有血氣之屬，莫不延頸舉踵，觀德聽風。而臣適逢斯時，首蒙趣召，且辱賜對，得近日月之光，感幸之深，其敢無説，以效愚忠之一二[1]？

蓋臣聞古之聖賢窮理盡性，備道全德，其所施爲雖無不中於義理，然猶未嘗少有自足之心。是其平居所以操存省察而致其懲忿窒欲、遷善改過之功者，固無一念之間斷。及其身之所履有大變革，則又必因是而有以大警動於其心焉，所以謹初始而重自新也。伊尹之告太甲曰：「今王嗣厥德，罔不在初。」又曰：「今嗣王新服厥命，惟新厥德。」召公之戒成王曰：「若生子，罔不在厥初生，自貽哲命。今天其命哲、命吉凶、命歷年，知今我初服，肆惟王其疾敬德。」蓋深以是而望於其君，其意亦已切矣。今者陛下自儲貳而履至尊，由監撫而專聽斷，其爲身之變革，孰有大於此者？則凡所以警動其心而謹始自新者，計已無所不用其極矣。而臣之愚猶竊有懼焉者，誠恐萬分有一所以警動自新之目或未悉舉，則釁孽之萌將有作於眇綿之間、出於防慮之外者。是以輒忘疏賤，而妄以平日私憂過計之所及者深爲陛下籌之。則若講學以正心，若修身以齊家，若遠便嬖以近忠直，若抑私恩以抗公道，若明義理以絕神奸，若擇師傅以輔皇儲，若精選任以明體統，若振綱紀以厲風俗，若節財用以固邦本，若修政事以攘夷狄，凡是十者，皆陛下所當警動自新而不可一有闕焉者也。臣不勝犬馬愛君憂國之誠，輒敢事爲之説而昧死以獻。謹條其事如左：

其一，所謂講學以正心者。臣聞天下之事其本在於一人，而一人之身其主在於一心。故人主之心一正，則天下之事無有不正；人主之心一邪，則天下之事無有不邪。如表端而影直，源濁而流污，其理有必然者。是以古先哲王欲明其德於天下者，莫不壹以正心爲本。然本心之善，其體至微，而利欲之攻不勝其衆。嘗試驗之，一日之間，聲色臭味游衍馳驅，土木之華、貨利之殖雜進於前，日新月盛，其間心體湛然，善端呈露之時，蓋絕無而僅有也。苟非講學之功有以開明其心而不迷於是非邪正之所在，又必信其理之在我而不可以須臾離焉，則亦何以得此心之正，勝利欲之私而應事物無窮之變乎？然所謂學，則又有邪正之别焉。味聖賢之言以求義理之當，察古今之變以驗得失之幾，而必反之身以踐其實者，學之正也。涉獵記誦而以雜博相高，割裂裝綴而以華靡相勝，反之身則無實，措之事則無當者，學之邪也。學之正而心有不正者鮮矣，學之邪而心有不邪者亦鮮矣。故講學雖所以爲正心之要，而學之邪正，其繫於所行之得失而不可不審者又如此。易曰：「正其本，萬事理。差之毫釐，繆以千里。」惟聖明之留意焉，則天下幸甚！

其二，所謂修身以齊家者。臣聞天下之本在國，國之本在家。故人主之家齊則天下無不治，人主之家不齊則未有能治其天下者也。是以三代之盛，聖賢之君能修其政者莫不本於齊家。蓋男正位乎外，女正位乎内，而夫婦之别嚴者，家之齊也；妻齊體於上，妾接承於下，而嫡庶之分定者，家之齊也；采有德、戒聲色、近嚴敬、遠技能者，家之齊也；内言不出，外言不入，苞苴不達，請謁不行者，家之齊也。然閨門之内，恩常掩義，是以雖以英雄之才，尚有困於酒色、溺於情愛而不能自克者。苟非正心修身，動由禮義，使之有以服吾之德而畏吾之威，則亦何以正其宫壼、杜其請託、檢其姻戚而防禍亂之萌哉？書曰：「牝雞之晨，惟家之索。」傳曰：「福之興，莫不本乎室家；道之衰，莫不始乎梱内。」惟聖明之留意焉，則天下幸甚！

其三，所謂遠便嬖以近忠直者。臣聞蓬生麻中，不扶而直；白沙在泥，不染而黑。故賈誼之言曰：「習與正人居之，不能無正，猶生長於齊之地，不能不齊言也。習與不正人居之，不能無不正，猶生長於楚之地，不能不楚言也。」是以古之聖賢欲修身以治人者，必遠便嬖以近忠直。蓋君子小人如冰炭之不相容，薰蕕之不相入。小人進則君子必退，君子親則小人必疏，未有可以兼收并蓄而不相害者也。能審乎此以定取舍，則其見聞之益、薰陶之助，所以謹邪僻之防、安義理之習者自不能已，而其舉措刑賞所以施於外者必無偏陂之失。一有不審，則不惟其妄行請託、竊弄威權有以害吾之政事，而其導諛薰染，使人不自知覺而與之俱化，則其害吾之本心正性又有不可勝言者。然而此輩其類不同，蓋有本出下流，不知禮義而稍通文墨者，亦有服儒衣冠，叨竊科第而實全無行檢者。是皆國家之大賊，人主之大蜮。苟非心正身修，有以灼見其情狀，如臭惡之可惡，則亦何以遠之，而來忠直之士、望德業之成乎？諸葛亮有言：「親賢臣、遠小人，此先漢所以興隆也。親小人、遠賢臣，此後漢所以傾頹也。先帝在時，每與臣論此事，未嘗不嘆息痛恨於桓靈也。」本朝大儒程頤在元祐間常進言於朝，以爲人主當使一日之中親賢士大夫之時多，親宦官宮妾之時少，則可以涵養氣質、薰陶德性，此皆切至之言也。然後主不能用亮之言，故卒以黄皓、陳祇而亡其國。元祐大臣亦不能白用頤説，故紹聖、元符之禍至今言之猶可哀痛。前事不遠，惟聖明之留意焉，則天下幸甚！

其四，所謂抑私恩以抗公道者。臣聞天無私覆，地無私載，日月無私照，故王者奉三無私以勞於天下，則兼臨博愛，廓然大公，而天下之人莫不心悦而誠服。儻於其間復以新舊而爲親疏，則其偏黨之情、褊狹之度固已使人憪然有不服之心，而其好惡取舍又必不能中於義理，而甚則至於沮謀敗國、妨德亂政，而其害有不可勝言者。蓋左右厮役横加官賞，宮府寮屬例得褒遷，固不問前例之是非，而或者又不問其有無，此固舊事之失而不可以不正。况今又有蚤懷奸心、預自憑結者，又將貪天之功以爲己力，而不顧其仰累於聖德；妒賢嫉能，禦下蔽上，而不憂其有害於聖政也。苟不有以深抑私情，痛加屏絶，則何以明公道而服衆心，革宿弊而防後患乎？唐太宗之責龐相壽曰：「我昔爲王，爲一府作主。今爲天子，爲四海作主。爲四海作主，不可偏與一府恩澤。若復令爾重位，必使爲善者皆不用心。」正爲此也。又況有國家者，當存遠慮。若漢高祖之戮丁公，我太祖之薄王溥，此其深識雄斷，皆可以爲後聖法。惟聖明之留意焉，則天下幸甚！

其五，所謂明義理以絶神奸者。臣聞天有顯道，厥類惟彰。作善者降之百祥，作不善者降之百殃。是以人之禍福皆其自取，未有不爲善而以諂禱得福者也；未有不爲惡而以守正得禍者也。而況帝王之生，實受天命，以爲郊廟社稷神人之主。苟能修德行政，康濟兆民，則災害之去，何待於禳，福禄之來，何待於禱？如其反此，則獲罪於天，人怨神怒，雖欲辟惡鬼以來貞人，亦無所益。又況先王制禮，自天子以至於庶人，報本享親，皆有常典，牲器時日，皆有常度，明有禮樂，幽有鬼神，一理貫通，初無間隔。苟禮之所不載，即神之所不享。是以祭非其鬼，即爲淫祀。淫祀無福，經有明文。非固設此以禁之，乃其理之自然，不可得而易也。其或恍惚之間如有影響，乃是心無所主，妄有憂疑，遂爲巫祝妖人乘間投隙，以逞其奸欺。誑惑之術既行，則其爲禍又將無所不至。古今以此坐致亂亡者，何可勝數？其監蓋亦非遠。苟非致精學問，以明性命之理，使此心洞然，無所疑惑，當有即有，當無即無，則亦何據以秉禮執法而絶妖妄之原乎？先王之政，執左道以亂政、假鬼神以疑衆者，皆必誅而不以聽，其慮深矣。然傳有之：「明於天地之性者，不可惑以神怪；明於萬物之情者，不可罔以非類。」則其爲妄，蓋亦不甚難察。惟聖明之留意焉，則天下幸甚！

其六，所謂擇師傅以輔皇儲者。臣聞賈誼作保傅傳，其言有曰：「天下之命繫於太子，太子之善在於早諭教與選左右。教得而左右正，則太子正，太子正而天下定矣。」此天下之至言，萬世不可易之定論也。至論所以教諭之方，則必以孝仁禮義爲本，而其條目之詳，則至於容貌詞氣之微、衣服器用之細，纖悉曲折，皆有法度。一有過失，則史書之策，宰撤其膳，而又必有進善之旌、誹謗之木、敢諫之鼓，瞽詩史書，工誦箴諫，士傳民語，必使至於化與心成，中道若性，而猶不敢怠焉。其選左右之法，則有三公之尊，有三少之親，有道有充，有弼有丞。上之必得周公、太公、召公、史佚之流，乃勝其任，下之猶必取於孝弟博聞有道術者。不幸一有邪人厠乎其間，則必逐而去之。是以太子朝夕所與居處出入，左右前後，無非正人，而未嘗見一惡行。此三代之君所以有道之長，至於累數百年而不失其天下也。當誼之時，固已病於此法之不備。然考孝昭之詔，則猶知誦習誼之所言而有以不忘乎先王之意。降而及於近世，則帝王所以教子之法益疏略矣。蓋其所以教者不過記誦書札之工，而未嘗開以仁孝禮義之習。至於容貌詞氣、衣服器用，則雖極於邪侈而未嘗有以裁之也。寮屬具員而無保傅之嚴，講讀備禮而無箴規之益，至於朝夕所與出入居處而親密無間者，則不過宦官近習掃除趨走之流而已。夫以帝王之世，當傳付之統，上有宗廟社稷之重，下有四海烝民之生，前有祖宗垂創之艱，後有子孫長久之計，而所以輔養之具疏略如此，是猶家有明月之珠、夜光之璧而委之衢路之側、盜賊之衝也，豈不危哉？詩曰：「豐水有芑，武王豈不仕？貽厥孫謀，以燕翼子。」惟聖明之留意焉，則天下幸甚！

其七，所謂精選任以明體統者。臣聞人主以論相爲職，宰相以正君爲職，二者各得其職，然後體統正而朝廷尊，天下之政必出於一，而無多門之弊。苟當論相者求其適己而不求其正己，取其可愛而不取其可畏，則人主失其職矣。當正君者不以獻可替否爲事，而以趨和承意爲能，不以經世宰物爲心，而以容身固寵爲術，則宰相失其職矣。二者交失其職，是以體統不正，綱紀不立，而左右近習皆得以竊弄威權，賣官鬻獄，使政體日亂，國勢日卑。雖有非常之禍伏於冥冥之中，而上恬下嬉，亦莫知以爲慮者。是可不察其所以然者而反之，以汰其所已用而審其所將用者乎？選之以其能正己而可畏，則必有以得自重之士，而吾所以任之不得不重。任之既重，則彼得以盡其獻可替否之志而行其經世宰物之心。而又公選天下直諒敢言之士，使爲臺諫給舍，以參其議論，使吾腹心耳目之寄常在於賢士大夫而不在於群小，陟罰臧否之柄常在於廊廟而不出於私門，如此而主威不立、國勢不强、綱維不舉、刑政不清、民力不裕、軍政不修者，臣不信也。書曰：「成王畏相。」語曰：「和臣不忠。」且以唐太宗之聰明英特，號爲身兼將相，然猶必使天下之事關由宰相，審熟便安，然後施行。蓋謂理勢之當然，有不可得而易者。惟聖明之留意焉，則天下幸甚！

其八，所謂振綱紀以厲風俗者。臣聞四海之廣，兆民至衆，人各有意，欲行其私。而善爲治者，乃能總攝而整齊之，使之各循其理而莫敢不如吾志之所欲者，則以先有綱紀以持之於上，而後有風俗以驅之於下也。何謂綱紀？辨賢否以定上下之分〔二〕，核功罪以公賞罰之施也。何謂風俗？使人皆知善之可慕而必爲，皆知不善之可羞而必去也。然綱紀之所以振，則以宰執秉持而不敢失，臺諫補察而無所私，人主又以其大公至正之心恭己於上而照臨之。是以賢者必上，不肖者必下，有功者必賞，有罪者必刑，而萬事之統無所缺也。綱紀既振，則天下之人自將各自矜奮，更相勸勉以去惡而從善，蓋不待黜陟刑賞一一加於其身，而禮義之風、廉恥之俗已丕變矣。惟至公之道不行於上，是以宰執、臺諫有不得人，黜陟刑賞多出私意，而天下之俗遂至於靡然不知名節行檢之可貴，而唯阿諛軟熟、奔競交結之爲務。一有端言正色於其間，則群譏衆排，必使無所容於斯世而後已。此其形勢，如將傾之屋，輪奐丹雘，雖未覺其有變於外，而材木之心已皆蠹朽腐爛而不可復支持矣。苟非斷自聖志，洒濯其心而有以大警敕之，使小大之臣各舉其職，以明黜陟，以信刑賞，則何以振已頹之綱紀而厲已壞之風俗乎？管子曰：「禮義廉恥，是謂四維。四維不張，國乃滅亡。」賈誼嘗爲漢文誦之，而曰：「使管子而愚人也則可，使管子而少知治體，是豈可不爲寒心也哉？」二子之言明白深切，非虛語者。惟聖明之留意焉，則天下幸甚！

其九，所謂節財用以固邦本者。臣聞先聖之言治國，而有節用愛人之說。蓋國家財用皆出於民，如有不節而用度有闕，則横賦暴斂，必將有及於民者。雖有愛人之心，而民不被其澤矣。是以將愛人者必先節用，此不易之理也。國家承五季之弊，祖宗創業之初，日不暇給，未及大爲經制，故其所以取於民者，比之前代已爲過厚。重以熙豐變法，頗有增加，而建炎以來，地削兵多，權宜科須又復數倍，供輸日久，民力已殫。而間者諸路上供多入内帑，是致户部經費不足，遂廢祖宗破分之法，而上供歲額必取十分登足而後已。期限迫促，科責嚴峻，監司州縣更相督迫，唯務自寬己責，何暇更察民情？捶撻號呼，有使人不忍聞者。而州縣歲入多作上供起發，則又於額外巧作名色，寅緣刻剥，此民力之所以大窮也。計其所以至此，雖云多是贍軍，然内自京師，外達郡邑，上自宫禁，下至胥徒，無名浮費，亦豈無可省者？竊計若能還内帑之入於版曹，復破分之法於諸路，然後大計中外冗費之可省者，悉從廢罷，則亦豈不能少有所濟？而又擇將帥、核軍籍、汰浮食、廣屯田，因時制宜，大爲分别，則供軍不貲之費庶幾亦可減節，而民力之寬於是始可議矣。此其事體至大，而綱目叢細，類非一言之可盡。今亦未暇盡爲陛下言之，惟聖明留意其本如上八者而後圖之，則天下幸甚〔三〕！

校記

〔一〕一二：宋浙本作「萬一」。

〔二〕辨：原作「辯」，據宋閩、浙本改。

〔三〕底本文末原注：「按前總目，此處當有修政事以攘夷狄一條，今缺。」

編年 據題及年譜長編。其月日不可考，第知其擬上此封事爲新政之助，而光宗即位在二月二日，故當作在此後不久。

評論 劉洪謨叙朱子文集大全：天理人欲毫釐有差，是非千里，君子小人人品立分。品格既分，冰炭不相容，薰蕕不相入，并蓄而交和，萬萬不可。治一身嚴，此治一家一邑以至天下，未有不於此處分別清明而可成治功者。説在答戴少望語中，不可不讀。

黄氏日抄卷三十四：此光宗受禪之初也。講學以正心，修身以齊家，遠便嬖以近忠直，抑私恩以抗公道，明義理以絶神姦，擇師傅以輔皇儲，精選任以明體統，振綱紀以厲風俗，節財用以固邦本，修政事以攘夷狄，凡十事，各盡一陳，而總序其意。

甲寅擬上封事〔一〕

紹熙五年五月二十六日

五月二十六日，朝散郎、秘閣修撰、權發遣潭州軍州事兼管内勸農營田事、主管荆湖南路安撫司公事、馬步軍都總管、借紫臣朱熹謹昧死百拜，上疏皇帝陛下：臣近者竊聞陛下過宫一事，多有論諫，未蒙采納，屢降指揮，尋復寢罷。觀聽惶惑，傳聞駭異。如臣孤賤疏遠，竊伏草茅，不聞外廷末議，初不敢妄有開説，塵瀆聖聰。特以今此蒙恩，起當藩屏之任，静思所職，上關國體。若朝廷正、綱紀立、主德修、人心悦，則守土之臣雖極駑鈍，尚可憑藉威靈，勉自驅策，以稱任使。儻根本動摇，腹心蠱壞，大勢傾壓，無復可爲，則中外之臣雖有奇才遠略，亦無所施。況如迂愚，雖欲捐軀報國，亦何所用其力哉？是以不能自已，有不容不爲陛下言者。

然臣所讀者，不過孝經、語、孟、六經之書，所學者不過堯、舜、周、孔之道，所知者不過三代兩漢以來治亂得失之故，所講明者不過仁義禮樂、天理人欲之辨，所遵守者又不過國家之條法，考其歸趣，無非欲爲臣者忠、爲子者孝而已。今者取此以爲言，則在廷之臣言之悉矣，陛下聽之亦熟矣。捨此以爲言，則自古天下國家未有可以外此而爲治者。臣今亦不敢廣引前言，備禮上疏，以釣敢言之名而歸過於陛下，請獨以父子天性之説，爲陛下流涕而陳之。

臣聞人之所以有此身者，受形於母而資始於父。雖有强暴之人，見子則憐；至於襁褓之兒，見父則笑，果何爲而然哉？初無所爲而然，此父子之道，所以爲天性而不可解也。然父子之間，或有不盡其道者，是豈爲父而天性有不足於慈，亦豈爲子而天性有不足於孝者哉？人心本明，天理素具，但爲物欲所昏，利害所蔽，故小則傷恩害義而不可開，大則滅天亂倫而不可救。假如或好飲酒，或好貨財，或好聲色，或好便安，如此之類，皆物欲也。清明之地，物欲昏之，則父或忘其爲慈，子或忘其爲孝，然後造爲讒慝者指疑似以爲真實，指毫髮以爲丘山，譖之於其父，則使施之於其子者不無少過；譖之於其子，則使施之於其父者寖失其常。然後巧爲利害之説以劫之，蓋謂如此則必受其利，不如此則必蹈其害。利害既有以蔽其心，此心日益猜疑，今日猜疑，明日猜疑，猜疑不已，子一舉足而得罪於其父，父一出言而取怨於其子，父子之情壞而禍亂作矣。試於暇時，或於中夜，或於觀書之際，或於静坐之頃，捐去物欲之私，盡袪利害之蔽，默觀此心之本然，則父子之間固未嘗不慈且孝也。

臣竊觀陛下天資仁孝，初政清明，進退人才，動合公論，一言之善，天下誦之，豈獨於天性至親反用其薄？況備物之養，無大虧闕，政事之間，無大更革，過宫定省，本非難行，猶豫遲回，動逾時月，亦獨何也？無乃事起於纖微，情阻於疏闊，方間隙之將萌，群臣不能救之於早，及形迹既著，又不能察陛下事親之本心，且無以和陛下父子之情，往往語言拙直，援引過當，其心雖忠於陛下，而不足以感悟陛下之聽，徒以激怒陛下。故近日臨欲過宫而復輟者，陛下未必不曰：「身爲萬乘之主，乃不得一事自由乎？」故不肯屈獨斷之權，爲群論所迫耳。而陛下父子之情所以至此者，臣竊料陛下即位之初，便有奸人造爲邪説，離間陛下之父子。如一飲宴之失，壽皇慮陛下或怠於爲政；一言動之愆，壽皇憂陛下或至於成疾，此皆愛陛下之至切，故或形於言而不自以爲嫌。其意惟欲陛下遷善改過，正心修身，以奉天地，以承祖宗，爲有宋萬年無疆之休而已，曷嘗有纖芥忿恨，如浚井塗廪之意哉？而奸人因之，造爲危語，往來間諜，以誤聖聽，不唯使陛下之身常懷疑懼，而使陛下之宫中亦皆嚴憚重華而不敢親近。日遠月疏，間隙愈大，天下之人但見壽皇慈覆天下，而於陛下爲尤篤，陛下所以事壽皇者，乃不以孝聞，而以失禮聞，又不知其爲群小之奸而直以爲陛下之失，街談巷議，偶語族談，至有臣子所不敢聽者。臣恐不惟如此，一旦上帝震怒，匹夫流言，草野僭亂，將仗義而起，夷狄外侮，興問罪之師，當是時，六軍之情能使之親附乎？萬姓之心能使之固結而不解乎？讒邪之人雖復臠而食之，其能有及於國家之敗乎？如臣之愚，雖百千輩咸欲粉身赤族爲陛下死，其能有補於社稷之存亡乎？又聞壽皇聖躬比者小愆和豫，雖未必因此，而天下後世寧不曰意念鬱鬱而至此乎？

夫事固有失於毫釐之間而遂至於不勝悔者，臣子之所不忍言，而忠於事君者亦不敢隱也。昔漢文帝徙淮南王，少失思慮，而尺布斗粟之謡終身病之。夫以兄而不能容其弟，雖賢主不敢自恕其過也，况以天下之大而不能容其父乎？爲今之計，先遣大臣謝罪於重華，次發明詔告諭在廷，言前日之所以不能無疑者，以讒邪惑亂之故，誅此奸人，以謝天下，屏斥餘黨，還始初之清明。即日駕過重華，問安侍膳，以盡父子之歡。如此則天下歌舞，四夷尊仰，書之信史，以爲美談。反危而安，特在陛下反覆手之間耳。今愛陛下之切者，中宫也，嘉邸也。忠陛下之至者，二三大臣也。願出臣章與之參訂，必有以知臣之惓惓於君父，而其言雖陋，實宗社之至計也。限守遠郡，無由請對，而忠憤所激，不能自已。是以冒死拜疏，痛哭流涕而極言之，唯陛下赦其狂瞽。臣冒犯天威，無任震懼殞越之至。臣熹昧死百拜。

校記　〔一〕此題宋浙本作「甲寅論過宫疏」。

編年　據題及首句。

評論　周大璋朱子古文讀本卷一甲寅擬上封事：書曰：「立愛惟親。」記曰：「雖天子必有父。」古之聖帝明王，無不以孝治天下。壽皇年未衰耄，早决内禪之計，豈尚有廢立意？光宗受制中宫，聽信左右，重華輟朝，舉朝争之不得，豈復有人理哉！此疏云云，真所謂垂涕泣而道之也。嗚呼！彼昏不知，徒爲浩嘆而已。會寧宗即位，此書遂不果上。

黄氏日抄卷三十四：此光宗違和之後，專指久不過宫之事，明以父子天性之説。

乙卯擬上封事〔一〕 慶元元年六月

校記 〔一〕題下原注「文不録」，今存目。

編年 據題及年譜長編。

朱熹文集編年評注卷十三

奏劄

癸未垂拱奏劄一 隆興元年十一月六日

臣聞大學之道，自天子以至於庶人，壹是皆以修身爲本，而家之所以齊，國之所以治，天下之所以平，莫不由是出焉。然身不可以徒修也，深探其本，則在乎格物以致其知而已。夫格物者，窮理之謂也。蓋有是物必有是理，然理無形而難知，物有迹而易睹，故因是物以求之，使是理瞭然心目之間而無毫髮之差，則應乎事者自無毫髮之繆。是以意誠心正而身修，至於家之齊、國之治、天下之平，亦舉而措之耳。此所謂大學之道。雖古之大聖人，生而知之，亦未有不學乎此者。堯舜相授，所謂「惟精惟一，允執厥中」者，此也。自是以來，累聖相傳，以有天下。至於孔子，不得其位而筆之於書，以示後世之爲天下國家者。其門人弟子又相與傳述而推明之，其亦可謂詳矣。而自秦漢以來，此學絶講，儒者以詞章記誦爲功，而事業日淪於卑近。亦有意其不止於此，則又不過轉而求之老子、釋氏之門，内外異觀，本末殊歸，道術隱晦。悠悠千載，雖明君良臣間或一值，而卒無以復於三代之盛，由不知此故也。

恭惟皇帝陛下聖德純茂，爰自初潛以至爲帝，仁孝恭儉之德信於天下，紛華盛麗一無所入於其心，此其身可謂修矣。而臨御天下，期年於此，平治之效，未有所聞，臣竊疑之。意者前日勸講之臣限於程式，所以聞於陛下者不過詞章記誦之習，而陛下求所以進乎此者，又不過取之老子、釋氏之書，是以雖有生知之性、高世之行，而未嘗隨事以觀理，故天下之理多所未察；未嘗即理以應事，故天下之事多所未明。是以舉措之間，動涉疑貳，聽納之際，未免蔽欺。平治之效所以未著，由不講乎大學之道而溺心於淺近虛無之過也。臣竊愚抵冒，罪當萬死。然願陛下清間之燕，博訪真儒知此道者講而明之，考之於經，驗之於史而會之於心，以應當世無窮之變，則今日之務所當爲者不得不爲，所不當爲者不得不止。以至於臣下之忠邪、計慮之得失，不待燭照數計而可否黑白判然矣。若是則意不得不誠，心不得不正，於以修身齊家、平治天下，亦豈有二道哉！

臣之所聞於師者如此，自常人觀之，疑若迂闊陳腐而不切於用。然臣竊以爲：正其本，萬事理，差之毫釐，繆以千里，天下之事，無急於此。伏惟陛下擴天日之照，俯賜開納，則非獨微臣之幸，實天下萬世之幸。取進止。

編年 據題及年譜長編。此日奏對凡三劄。

評論 周大璋朱子古文讀本卷一癸未垂拱殿奏劄一：格物一條，自是聖學第一欛鼻，從此入手，後七條自迎刃破竹，折辨榛蕪引入正徑，功在萬世。格物窮理，分晰更入高芒。原本是年三月召先生赴行在，十月至，入對如此。

垂拱奏劄二同前

臣竊觀今日之論國計者，大概有三：曰戰，曰守，曰和而已。然天下之事利必有害，得必有失，是以三者之中，又各有兩端焉。蓋戰誠進取之勢，而亦有輕舉之失；守固自治之術，而亦有持久之難。至於和之策，則下矣。而主其計者亦以爲屈己愛民，蓄力觀釁，疑敵緩師，未爲失計。多事以來，此三説六端者是非相攻、可否相奪於冥冥之中，談者各飾其私而聽者不勝其眩，雖以陛下之明，蓋未能斷然無惑志於其間也。臣竊以爲此其所以然者，由不折衷於義理之根本，而馳騖於利害之末流故也。故臣嘗竊妄謂人主之學當以明理爲先，是理既明，則凡所當爲而必爲，所不當爲而必止者，莫非循天之理，而非有意必固我之私也。臣請復指其實而明之。

蓋臣聞之，天高地下，人位乎中。天之道不出乎陰陽，地之道不出乎柔剛。是則舍仁與義，亦無以立人之道矣。然而仁莫大於父子，義莫大於君臣，是謂三綱之要，五常之本，人倫天理之至，無所逃於天地之間。其曰君父之讎不與共戴天者，乃天之所覆，地之所載，凡有君臣父子之性者，發於至痛、不能自已之同情，而非專出於一己之私也。恭惟國家之與北虜，乃陵廟之深讎，言之痛切，有非臣子所忍聞者，其不可與共戴天明矣。太上皇帝念此讎之未報，雖享天位，不以爲樂，一旦舉而付之陛下者，以陛下聰明智勇，爲必能成此志也。然則今日所當爲者，非戰無以復讎，非守無以制勝，是皆天理之自然，非人欲之私忿也。

陛下亦既有意於必爲矣，間者不知何人輒復唱爲邪議，以熒惑聖聽，至遣朝臣持書以復虜帥，而爲講和之計。臣竊恨陛下於所不當爲者不能必止而重失此舉也。且不知陛下不得已於議者之言而姑爲此邪，抑真欲和議之成而爲此邪？以爲姑爲此也，則既爲其始，必慮其終。我既請之，彼必報之，不可以苟爲也。且苟而爲此，欲以何求也哉？無補於事，徒害於理，臣有以知陛下之不爲也。以爲真欲和議之成也，則議者所謂屈己愛民，蓄力觀釁，疑敵緩師，未爲失計者，臣請有以議之。夫人以藐然之身位乎天地之間，至微也而能與天地并立而爲三者，以其有仁義之性，而與夫陰陽之氣、剛柔之體同出乎萬物之一原而無間也。古之聖人所以參天地而贊化育者，豈有他哉，亦順此理而無所逆焉耳。今釋怨而講和，非屈己也，乃逆理也。己可屈也，理可逆乎？逆理之禍，將使三綱淪，九法斁，子焉而不知有父，臣焉而不知有君，人心僻違而天地閉塞，夷狄愈盛而禽獸愈繁。是乃舉南北之民而棄之，豈愛之之謂哉？且不曰愛其君父而曰兼愛南北之民，其於輕重之倫、緩急之序，亦可謂舛矣。

夫子爲政，以正名爲先，蓋名不正則言不順，事不成而民無所措其手足。今乃欲舍復讎之名而以講好爲觀釁緩師之計，蓋不惟使上下離心，中外解體，緩急之間，無以應敵，而吾之君臣上下所爲夙興夜寐以修自治之政者，亦將因循隳弛而不復振矣〔一〕。正使虜人異日果有可乘而不可失之釁，竊恐吾之可憂乃甚於所可喜，而信誓之重、名分之素，彼皆得以歸曲于我，蓋不待兩兵相加而吾氣已索然矣。

且自宣和、靖康以來，講和之效亦可概見，虜之情僞，吾之得失，蓋不待明者而後知。而小人所以好爲是説者，蓋惟君子，然後知義理之所必當爲與義理之必可恃，利害得失既無所入於其心，而其學又足以應事物之變，是以氣勇謀明，無所懾憚，不幸蹉跌，死生以之。小人之心一切反是，其所以專爲講和之説者，特以便其私耳。而謀國者過而聽焉，豈不誤哉？

今使者將還，大議將決，此亦救過補敗之時也。臣願陛下姑置利害交至之説而以窮理爲先，於仁義之道、三綱之本少加意焉，體驗擴充，以建人極，深詔任事之臣，亟罷講和之議，大明黜陟，以示天下，使知復讎雪耻之本意未嘗少衰。雖使虜意效順，無所邀索，乃是深有包藏，尤足疑畏。正宜引義拒絕，以伐其謀，然後表裏江淮，合戰守之計以爲一，使守固而有以戰，戰勝而有以守，奇正相生，如環之無端，持以歲月，以必復中原、必滅胡虜爲期而後已。雖其成敗利鈍不可逆睹，而吾於君臣父子之間既已無憾，則其賢於屈辱而苟存固已遠矣。臣願陛下以此處心，以此立志，則仁義之道明於上而忠孝之俗成於下。人道既得，天地之和氣自當忻合無間，而夷狄禽獸亦將不得久肆其毒，則何事之不可成，何功之不可立哉？臣草茅微賤，不識事宜，獨以所學妄論大計，惟陛下擇焉。取進止。

校記

〔一〕隳：宋浙本作「廢」。

垂拱奏劄三同前

臣聞益之戒舜曰：「儆戒無虞，罔失法度。罔游于逸，罔淫于樂。任賢勿貳，去邪勿疑。」而終之曰：「無怠無荒，四夷來王。」周之文、武，亦以天保以上治内，采薇以下治外，始於憂勤，終於逸樂。其後中微，小雅盡廢，四夷交侵，中國衰削。宣王承之，側身修行，任賢使能，内修政事，外攘夷狄，而周道粲然復興。臣嘗以是觀之，然後知古先聖王所以制御夷狄之道，其本不在乎威强，而在乎德業；其任不在乎邊境，而在乎朝廷；其具不在乎兵食，而在乎紀綱，蓋决然矣。

恭惟陛下躬履艱難之運，而思所以成中興之功者，既知當爲與所當止之大端矣。然而戎虜憑陵，包藏不測，中外之議，咸謂國威未振，邊備未飭，倉廩未充〔一〕，士卒未練，一旦緩急，何以爲計？臣獨以爲今日之憂非此之謂，所可憂者，乃大於此，而恨議者未及之也。臣竊觀今日諫諍之塗尚壅，佞幸之勢方張，爵賞易致而威罰不行，民力已殫而國用未節。以是四者觀之，則德業未可謂修，朝廷未可謂正，紀綱未可謂立，凡古先聖王所以强本折衝、威制夷狄之道，皆未可謂備。是則臣之所深憂也。不識議者亦嘗以是聞於陛下之聽否乎？臣願陛下三復詩書之言，以監所行之得失，而求所以修德業、正朝廷、立紀綱者。必以開納諫諍、黜遠邪佞、杜塞倖門、安固邦本四者爲急先之務，治其本而毋治其末，治其實而勿治其名，庶幾人心厭服，夷狄知畏，則形勢自强而恢復可冀矣。臣疏遠賤愚，震慴天威，未敢罄竭所聞，以久稽聖聽，而粗舉其端如此，伏惟陛下留神財幸。取進止。

校記〔一〕倉：宋浙本作「帑」。

辛丑延和奏劄一 淳熙八年十一月二十六日

臣竊惟皇帝陛下臨御以來，夙興夜寐，畏天恤民，誠敬寬仁，格于上下，宜其天心克享，民物阜安，而二十年之間，水旱盜賊，略無寧歲。邇者垂象差忒，識者寒心。饑饉連年，民多流殍。陛下側席興嘆，進賢退奸，分命朝臣，振廩出粟，凡所以奉承天意、慰悦人心者，無所不至，又宜若可以少回災沴，召致和平矣。而間者冬氣太温，雷電震激，嗣歲之計，尚有可憂。臣誠愚昧，有不識其所以然者。嘗竊推迹前事以深求之，意者德之崇者有未至於天歟？業之廣者有未及於地歟？政之大者有未舉而其小者無所繫歟？刑之遠者或不當而其近者或幸免歟？君子或有未用而小人或有未去歟？大臣或失其職而賤者或竊其柄歟？直諒之言罕聞而諂諛者衆歟？德義之風未著而污賤者騁歟？貨賂或上流而恩澤不下究歟？責人或已詳而反躬有未至歟？夫必有是數者，然後足以召災而致異。今以陛下之明聖，則豈有是哉？然而天心未豫，邦本動摇，宸慮雖深，旱氣未究，是則必有説矣。臣竊不自量，敢冒萬死，伏願陛下聽斷之餘，虚心静慮，試以前數條者反之於身、驗之於事而深自省焉，則淵默之中，無微不照，而凡此得失之端，孰有孰無，孰存孰改，皆無所遁其情矣。若猶以爲未也，則願濬發德音，布告中外，反躬引咎，以圖自新。內自臣工，外及氓庶，有能開寤聖心、指陳闕政者，無間疏賤，使咸得以自通。然後差擇近臣之通明正直者一二人，使各引其所知有識敢言之士三數人寓直殿門，凡四方之言有來上者，悉令省閱，舉其盡忠不隱者，日以聞于聰聽，則夫天人之際，譴告所繇，將有粲然畢陳於前者。然後兼總條貫，稱制臨決，畫爲科品，以次施行。使一日之間雲消霧散，堯天舜日廓然清明，則上帝鬼神收還威怒，群黎百姓無不蒙休矣。臣以孤遠，受恩過深，圖報無階，抵冒至此，惟陛下寬其斧鑕，留神財幸。臣無任震慴俟罪之至。

〔貼黃〕臣遠稽前史，近考聖朝，以災異求言，具有故事。若以至誠行之而實采用其說，以革前日之弊，則於應天之實，所補不細。今星文雖已退舍，然餓民目今流散，冬雷憂在嗣歲，伏乞斷自聖志，早賜施行。

臣稟性疏拙，字畫不精，衰病目昏，尤艱寫染。今以所陳不宜宣洩，不免親筆書寫。不謹之罪，伏乞財赦。

延和奏劄二同前

臣聞人主所以制天下之事者，本乎一心，而心之所主，又有天理、人欲之異。二者一分，而公私邪正之塗判矣。蓋天理者，此心之本然，循之則其心公而且正。人欲者，此心之疾疢，循之則其心私而且邪。公而正者逸而日休，私而邪者勞而日拙，其效至於治亂安危有大相絕者，而其端特在夫一念之間而已。舜、禹相傳，所謂「人心惟危，道心惟微，惟精惟一，允執厥中」者，正謂此也。

臣嘗竊怪陛下以大有爲之資，膺受付託，憂勤願治，恭儉愛民，二十年於此矣，而間者臨軒，慨然發嘆，乃或未免以治效之不進爲憂。因竊以是推之而得其説，請昧萬死爲陛下一二陳之。

夫天下之治固必出於一人，而天下之事則有非一人所能獨任者。是以人君既正其心、誠其意於堂阼之上、突奧之中，而必深求天下敦厚誠實、剛明公正之賢以爲輔相，使之博選士大夫之聰明達理、直諒敢言、忠信廉節，足以有爲有守者，隨其器能，置之列位，使之交修衆職，以上輔君德，下固邦本。而左右私褻使令之賤，無得以奸其間者。有功則久其任，不稱則更求賢者而易之。蓋其人可退而其位不可以苟充，其人可廢而其任不可以輕奪，此天理之當然而不可易者也。人君察於此理而不敢以一毫私意鑿於其間，則其心廓然大公，儼然至正，泰然行其所無事而坐收百官衆職之成功。一或反是，則爲人欲私意之病，其偏黨反側、黮闇猜嫌[一]，固日擾擾乎方寸之間，而奸僞讒慝叢脞眩瞀，又將有不可勝言者。此亦理之必然也。

恭惟陛下即政之初，蓋嘗選建豪英，任以政事矣。不幸其間不能盡得其人，或以庸陋嵬瑣不堪委寄，或以朋比欺罔自速罪辜，而陛下之心又本有前日權臣跋扈之疑，是以不復廣求賢哲，而姑取軟熟易制、承順不違之人以充其位，於是左右私褻使令之賤始得以奉清閑、備驅使，而宰相之權日輕。既而陛下亦慮其勢有所偏而因重以壅己也，則又時聽外庭之論，雖甚狂訐，無所違忤，意者將以陰察此輩之負犯而操切之，欲其有所忌憚而不敢肆於爲惡。陛下之用力則已勞矣，而其翕張禽縱之機，周防畏備之計，又可謂無遺巧矣。然而天下之勢終不免於偏有所重，而治亂安危之效又未能盡如聖志之所欲。蓋既未能循天理、公聖心以正朝廷之大體，則固已失其本矣，而又欲兼聽士大夫之公言，以爲駕馭之術，則士大夫之進見有時，而近習之從容無間。士大夫之禮貌既莊而難親，其議論又苦而難入；近習便僻側媚之態既足以蠱心志，其胥史狡獪之術又足以眩聰明，此其生熟甘苦既有所分，則恐陛下未及施其駕馭之策而先已墮其數中矣。是以比來陛下雖欲微抑此輩，而此輩之勢日重；雖欲兼采公論，而士大夫之勢日輕。重者既挾其重以竊陛下之權，其輕而奸者又借力於陛下之所重，以爲竊位固寵之計，中外相應，更濟其私。至於奸窮惡稔，蹤迹敗露，然後其素輕者不免於譴何，然猶委蛇盤礴，不失其崇資峻秩，而攫取陛下之厚賜優禮以去。其素重者，則陛下固未嘗一問其朋比援引之奸也。日往月來，浸淫耗蝕，使陛下之德業日隳，綱紀日壞，邪佞充塞，貨賂公行，兵怨民愁，盜賊間作，災異數見，饑饉薦臻〔二〕。蓋群小相挻，人人皆得滿其所欲，唯有陛下了無所得，而國家顧乃獨受其弊。是則陛下之勞既不足以成天下之務而反以敗之，其巧既不足以勝群小之奸而反以助成其勢。若彼之所以蔽遮天理、濁亂聖心，則將益深錮而遂至於不可解。

蓋其失萌於一念之疑大臣，而其爲害展轉至此。所謂差之毫釐，謬以千里者，臣恐陛下於此偶未察也。是以往歲蒙恩賜對，去年應詔言事，皆以明理正心之説陳于陛下之前，惓惓深衷，實在於此。而學淺辭拙，不足以起發聖意。恐懼至今，乃幸復以職事得望清光，敢畢其餘忠如此。誠願陛下深察天理，以公聖心，廣求賢才〔三〕，以修聖政，則夫左右私褻使令之賤固已無隙可投，以誤恩顧，則又痛斥而遠屏之，以永除後日蔽遮濁亂深錮之害，庶幾天下之事猶可復爲，而陛下之國家將不至於卒受群小之弊。臣至愚極陋，學無所成，獨有螻蟻愛君憂國之心，不能自已，妄論至此，悲憤填臆。伏惟陛下赦其罪而納其忠，深爲宗廟社稷大計，不俟終日，斷然行之，則不唯愚臣之幸，實天下之幸！

〔貼黄〕臣去年所進封事恐元本不存，今别繕寫成册，用袋重封，已於閤門投納，乞賜聖旨宣索。

此劄亦係臣親手書寫，目昏筆縱，前劄已具貼黄奏陳，并乞聖照。

校記〔一〕黠：原作「黯」，據宋閩、浙本改。

〔二〕臻：宋浙本作「致」。

〔三〕才：原作「忠」，據宋閩、浙本改。

評論 周大璋朱子古文讀本卷一辛丑延和奏劄二：不能擇相，必不能任相；不能任相，必受近習蠱惑。猜疑防閑，終墮其術中。根原總由心不循理，故顛倒迷惑如此。反覆指陳，無微不透。讀此而猶不知治體者，真昏庸也。是年，除浙東提舉。冬，奏事延和殿。

延和奏劄三同前

臣疏繆不材，遠迹林野，陛下過聽，畀以郡符。已試罔功，復叨使指，誤恩横被，又忝職名。方具辭免之間，忽於九月二十二日恭被改除之命。揣分量力，尤所不堪。本欲控陳懇避之誠，庶安愚賤之迹，而是時已聞本路紹興府、衢、婺州水旱饑荒，上軫宸慮。竊恐遷延，或致誤事，遂已即日拜命，具狀申省，乞許奏對。至十月二十八日，方準省劄，恭奉聖旨，令臣疾速奏事，前去之任。臣聞命震惕，不敢稽留，即於今月二日襆被上道〔一〕。至十一日始入本路衢州界，問得本州災傷，常山、江山、開化三縣爲甚，而西安、龍游次之。其婺州、紹興府，則所傳又非衢州之比。臣不勝恐懼，遂自衢州乘舟，取疾以來。及節次於本司及被災州縣會到已行事件，乃聞陛下間嘗親御翰墨，戒飭帥臣，詞旨深切，聞者感涕。而前後撥賜米斛又已二十有餘萬矣。仰見聖心懇惻，急於救民，而於軍國之儲無所愛惜，至於如此，甚大惠也。臣猥蒙任使，自惟疏拙，大懼不能有以出斯人於溝壑，仰副陛下焦勞之意，今有管見，合行申請，須至畫一奏聞者。

一、救荒之務，檢放爲先。行之及早，則民知有所恃賴，未便逃移；放之稍寬，則民間留得禾米，未便闕乏。然而州郡多是吝惜財計，不以愛民爲念，故所差官承望風指，已是不敢從實檢定分數。及至申到帳狀，州郡又加裁減，不肯依數分明除放。又早田收割日久，檢踏後時，致有無根查者，乃是州郡差官遲緩之罪，而檢官反謂人户違法，不爲檢定。其有檢定申到者，州郡亦不爲蠲放。就中下户所放不多，尤被其害。訪聞本路州縣亦有似此去處，欲乞候臣將來到任，廣行詢究，更與從實蠲減。

一、伏睹近降指揮，旱傷州縣上户賑糶〔一〕，止令勸諭，毋得科抑。仰見聖明深察物情，恤貧安富，兩得其所。然竊恐官吏被此指揮之後，其間或有便文自營之人，必將泛然不以勸諭爲意，而上户亦有詞説，難以勸諭。官司米斛不多，將來無以接續，其害又有不可勝言者。欲乞且令州縣將未勸諭者權以去年認數爲約，已勸諭者權據見認之數爲準，多方詢訪，加意考核，不得比同尋常，報應空文，須管究心體訪，得其實數。其實不能及數者，更與量減，實可更多出者，則與量添。其有鹵莽滅裂，徒爲煩擾去處，將來本司覺察得知，具名聞奏。庶幾所認之數必得其平，而無科抑之患矣。

一、應募獻米，合格推賞之人，多被官吏邀阻乞覓，聞有至今未推賞者。近雖已蒙立法約束，更乞明詔户部，先具見今奏到已未推賞名件進呈〔二〕，將未推賞人日下推賞。行下諸路州縣，有未申奏者，限一月内并到。如違，許被抑人進狀陳訴，重作行遣。又上户已經去年獻助，今年所蓄想已不多。若必依舊格方得推賞，則恐無復及格之人可以獻助。欲乞檢會淳熙元年三月二十四日敕，户部勘當到點檢台州措置賑濟官耿延年所申浙東路賑濟賑糶依湖南、江西米數減半紐計推賞指揮，謂如四千石合補承信郎，今減作二千石之類。申明行下，庶幾應募者衆，得濟飢民。仍勒所司立定保明狀式，及令逐處官司承受應募理賞詞狀文帖并要當日行遣。如將來依式奏到省部，却稱文字不圓及諸處故違程限者，官員重加降責，人吏并行決配，庶幾富者樂輸，貧者得食，實爲兩便。

一、伏睹今歲紹興府已蒙聖慈撥賜米斛十七萬石，訪聞昨來本府抄劄飢民户口，若自十一月至來年三月，約用米八十萬石，方可足用，其間固不能無冒濫虚數。今來本府節次刪減，未知將來定作多少户口計度。但今所有米數及糴米錢，姑以元抄劄數計之，不過得四分之一。況又州府見闕軍儲，竊慮不免却將撥賜米斛暗行借兑，則所得糴濟米數愈見不多。若州府只據見米揞定人口，抄劄糴濟，則所及不廣，必致人户流離餓殍，上勞聖慮。又臣經由衢州，見得本州旱損雖云不及紹興府、婺州兩州，然其處水路淺澀，冬月尤甚，運載錢米極爲艱難。本州雖已差官往浙西收糴，然糴本至少，所得不多，而所費水腳已不貲矣。臣今來欲望聖慈更撥賜豐儲倉米三十萬石應副紹興府，三萬石應副衢州。如無見管米斛，即計目今米價支借内帑見錢，令其趁此米價未至騰踊之間，前去有米州郡收糴，旋次般載回州。其上件錢米并乞專責本司差委鄰州官吏出納，州府不得干預，庶免侵兑之弊。其已撥賜錢米，亦乞令本司選委本州通判一員同共主管，不得別作支用。仍詔守臣疾速措置，收糴軍糧，不管誤事。其婺州雖蒙撥賜米五萬石，尚恐未足賑濟，却候臣親到本州相度會計，别具奏聞次〔四〕。

〔貼黄〕臣竊聞陛下節儉憂勤，規恢遠略，内庫所積錢帛甚多。今既天時未順，未可興師，而近甸饑荒至於如此，伏願聖慈權其輕重，特賜借撥。

據紹興府申到撥下諸縣米數，總計二十一萬二千餘石。除嵊縣六萬八千餘石係排日糶濟外，餘縣十四萬三千餘石係間日糶濟，竊恐飢民一日止得半升之米，不能存活。今欲依嵊縣例排日糶濟，即合更用十四萬三千餘石。又聞官吏抄劄不無漏落，又慮流民却回復業，兼數內所稱摺運，乃是三摺之數，將來米價日增，及有往來脚費，風波滯留，不無欠折。又本府民貧，勸諭所得，恐亦不多，須更備米十五六萬石，準備添貼，所以約計乞米三十萬石。如蒙撥賜，今亦未敢盡數般取。如是將來糶濟不盡，却行回納。伏乞睿照。

一、諸郡荒歉人户日有流移，一切官物不堪催理。其紹興府人户夏税已蒙聖慈等第免閣住催，唯衢、婺州當來失於申奏，致人户未蒙依例推恩。而户部、漕司催督州郡，亦如平日。州郡無所從出，其勢必取於縣，縣無所從出，則人户必有受其弊者，甚失聖主惻怛哀憐之意。然計户部、漕司所催，必是指定支遣之數，有不得而已者，其勢又不容直行禁止。欲乞朝廷取會户部、漕司合得諸州解發錢帛之數〔五〕，且於内庫支撥應副，而詔户部、漕司被災州縣所欠新舊官物并且住催，直至明年蠶麥熟後，却將舊欠逐旋催理，寬作料次，撥還内庫，決然不至敢有欠闕。其人户名下新舊上供官物，亦乞明詔州縣未得催理。其紹興府雖已有前件住催指揮，竊恐州縣奉行不虔，及將今年檢放外殘零苗米催督嚴峻，亦乞聖慈更賜戒約，令其寬限人户輸納。

〔貼黄〕臣續訪聞紹興府雖蒙指揮住催官物，而春夏之間，官吏多已先期催足，民户實未盡霑聖恩。今體問得本府人户合納丁鹽錢、丁身折帛絹、折帛綿、本色絹〔六〕、本色綿五項，不以有無産業物力，一丁并納九百餘錢，來春即便起催，飢餓之餘，實難供納。臣愚欲望聖慈將來年合納錢數預行蠲放，庶幾官吏無以作弊，下户實被聖恩，有以慰安民心，感召和氣。伏候聖旨。

一、今年旱地廣闊，只有湖南、二廣及浙西兩三郡豐熟，而廣東海路至浙東爲近。臣昨受命之初，訪聞彼處米價大段低平，即嘗印榜，遣人散於福建、廣東兩路沿海去處，招邀米客，許其約束税務，不得妄收力勝雜物税錢，到日只依市價出糶，更不裁減。如有不售者，官爲依價收糴。自此向後，必多有人興販前來。但臣元榜約束本路州縣税場不得妄有邀阻收税及力勝一節，更乞聖慈申嚴行下，有違戾者，官吏并比見行條法，各加一等坐罪。至來年六月，却依舊法。其收糴本錢，乞許行下本路沿海州軍，將今年糴過米錢及兑那諸色窠名支撥充應，庶幾不失信於客人，向後易爲招誘。如或更蒙朝廷量立賞格，召人興販，行下諸路，曉示勸誘，仍先降空名付身數十道付本司，俟有上件販到米斛之人，即與書填給付。蓋緣客人糶貨了畢，便欲歸回元處，不能等候，即與土居上户不同。伏乞聖察。

一、救荒之政，著於令甲，及近年節次指揮雖已詳悉，然而全在官吏遵奉推行，然後民被實惠。況今年薦飢，公私匱竭，比之常歲，事體不同。欲乞聖慈特降指揮，戒敕本路守令以下，令其究心奉行，悉意推廣。其故有違慢不虔之人，俾臣奏劾一二，重作施行，以警其餘。其有老病昏愚、不堪驅策者，亦許具名聞奏，别與差遣。却選本路官吏惻怛愛民、才力可仗者，特許不拘文法，時暫差權。謂如治獄捕盗官不許差出之類。仍依富弼、趙抃例，選差得替待闕、宫廟持服官員時暫管幹，事畢，具名申奏，量與推賞，如減磨勘〔七〕、陞名次之類。庶幾官吏向前，人蒙實利。

校記

〔一〕襥：原作「樸」，據宋閩、浙本改。

〔二〕糶：原作「糴」，據右引改。

〔三〕名：原作「各」，據右引改。

〔四〕次：原作「者」，據右引改。

〔五〕諸州：宋浙本作「州府」。

〔六〕綃：原作「綃」，據宋閩、浙本改。

〔七〕勘：原作「勸」，據右引改。

延和奏劄四 同前

臣比因講求荒政，復有二事，雖非今日拯救之急，而實異時久遠之利，不敢不言。今謹别具進呈下項：

一、臣昨任南康軍日，適值旱傷，深慮檢放搔擾下户。偶有士人陳説，乞將五斗以下苗米人户免檢全放，當時即與施行，人以爲便。本路提舉常平尤袤遂以其法行之諸郡，其利甚博。近日經由信州，則聞玉山一縣亦得檢官如此措置，除上三等户隨分減放外，下二等户盡行蠲免。通計一縣所放，亦不過共成五分。問之道旁居民，莫不稱其平允。此最爲法之善者，而律令未有明文。又今年檢踏已畢，行之不及，欲乞聖慈詳酌，特詔有司定著爲令，自今水旱約及三分以上，第五等户并免檢踏具帳，先與全户蠲放。如及五分以上，即并第四等户依此施行。其州縣差官後時，致得旱損田苗不存根查，亦乞立法坐罪。其所損田即與相度地形高低、水源近遠，比并鄰至分數檢放，庶幾貧民永遠利便。

一、臣所居建寧府崇安縣開耀鄉有社倉一所，係昨乾道四年鄉民艱食，本府給到常平米六百石，委臣與本鄉土居朝奉郎劉如愚同共賑貸。至冬收到元米，次年夏間，本府復令依舊貸與人户，冬間納還。臣等申府措置，每石量收息米二斗，自後逐年依此斂散。或遇小歉，即蠲其息之半，大饑即盡蠲之。至今十有四年，其支息米造成倉敖三間收貯，已將元米陸百石納還本府。其見管三千一百石，并是累年人户納到息米，已申本府照會，將來依前斂散，更不收息，每石只收耗米三升。係臣與本鄉土居官及士人數人同共掌管，遇斂散時，即申府差縣官一員監視出納。以此之故，一鄉四五十里之間，雖遇凶年，人不闕食。竊謂其法可以推廣，行之他處，而法令無文，人情難强。妄意欲乞聖慈特依義役體例，行下諸路州軍，曉諭人户，有願依此置立社倉者，州縣量支常平米斛，責與本鄉出等人户，主執斂散，每石收息二斗，仍差本鄉土居或寄居官員士人有行義者與本縣官同共出納。收到息米十倍本米之數，即送原米還官，却將息米斂散，每石只收耗米三升。其有富家情願出米作本者，亦從其便，息米及數，亦與撥還〔一〕。如有鄉土風俗不同者，更許隨宜立約，申官遵守，實爲久遠之利。其不願置立去處，官司不得抑勒，則亦不至搔擾。此在今日言之，雖無所濟於目前之急，然實公私儲蓄、豫備久遠之計。及今歉歲施行，人必願從者衆。其建寧府社倉見行事目，謹録一通進呈。伏望聖慈詳察，特賜施行。

右謹具如前，取進止。

校記〔一〕與：原作「當」，據宋閩、浙本改。

延和奏劄五同前

臣竊見浙東路和買絹萬數浩瀚，而紹興府獨當其半。舊例，自物力三十八貫五百以上人户均敷。人户苦於輸納，多立詭户，隱寄物力，以避均敷，是致見納人户所敷愈重。其間又有不該敷納田地之數，官司不爲除豁，其弊非一。前後臣僚申請，并蒙聖慈施行。而一時有司不能奉承德意，牽於衆説，未有定論。臣以得之傳聞，未知其間微細曲折，不敢輒有陳請。然聞一郡之人無不以此爲病，猥蒙任使，不敢坐視。欲望聖慈特降指揮，許臣到官與本路帥臣、監司同共相度，限來年二月内要見定論，申奏取旨。從來年夏料爲始，革去舊弊，庶幾饑饉餘民得安生業，世世子孫沐浴仁聖之膏澤，不勝幸甚！取進止。

延和奏劄六同前

臣昨蒙聖恩，待罪南康小壘，自惟短拙，無以補報萬分。到任之初，即以本軍星子縣税錢偏重、民不聊生條具奏聞，乞賜蠲減，總計不過納絹一千五十餘匹，錢二千九百餘貫。伏蒙聖慈開納，即賜施行。而有司不能仰體德意，輒引議臣對補之説以拒其請。臣於今年得替之前，又嘗具奏，冀卒蒙恩，而逮今累月，未奉進止。竊意有司尚守前説，然臣之愚亦有不能自已者，謹以前奏之内最明白者二條，復爲陛下陳之。

按本縣所管廬山一帶，多是高巖峭壁，穹石茂林，其間雖有些小田段，類皆磽瘠寒冷，所入不多。而經界官吏起紐税錢數目浩瀚，難以輸納，以故紹興年中守臣徐端輔者因寺院之請，減去一百四十餘貫。減之誠是也，然初不請命於朝而輒私減之，既又慮夫經税之或虧也，則妄引經界以前不明文帳，將人户下田升作中等，中田升作上等，亦有徑自下等而升上等者，按籍履畝而横加其税，計錢一百四十餘貫，以陰補所免廬山税錢之數。中間常有漕臣按臨，人户陳訴，漕司爲之張榜約束改正，而本軍不復奉行。其後又有人户曾經户部陳訴，而亦不能正也。臣竊惟國家子愛黎元，憂勤懇惻，常賦之外，一毫不忍有所多取。而下土小臣率情妄作，乃敢以一百四十餘貫之税無故而妄加於人。雖其除之於山，粗若得宜，而增之於田，則悖謬甚矣。故臣前奏，欲乞將端輔所減山税明降指揮，特與蠲減，而其所增田税却與改正，依舊等色均税。其爲事理曉然無可疑者，而所蠲之數亦不甚多。不謂有司不顧大體而惜小費，乃欲限以對補之説，則是使臣又爲端輔之所爲而後已爾。未興一利而先起一害，臣雖至愚，有所不忍爲也。今雖已去官守，然於此縣疲瘵之民有未能忘者，故敢不避斧鉞之誅〔一〕，復以上聞。欲望聖慈矜閔，明詔有司，將此兩條先次減免改正。其餘項目，臣亦未敢便乞施行，悉祈蠲免。且乞專委本路監司一員子細相度，俟其奏報，别賜指揮。至於淳熙六年十月十九日議臣對補之説，其言吝細鄙狹，不達大體，無以將順陛下克己愛民、聽言革弊之美意。而程奏顯言，頒布海内，非所以宣德意而廣仁聲於天下也。欲望聖明并賜追寢。自今以來，四方内外或有以蠲除爲請者，究其虚實而一以法義裁之，則彼固不得以肆其僥倖苟免之計，亦何必逆爲之限，以傷遠近祈恩望幸之心哉？抑古人亦有言曰：「百姓足，君孰與不足？百姓不足，君孰與足？」此乾坤廣大之心，聖賢親切之訓。臣願陛下於此深留聖意，則彼妄庸淺俗之言自將深藏遠屏，不敢以陳於陛下之前矣。臣進越妄言，犯非其分，不勝恐懼戰慄之至。取進止。

校記〔一〕斧：宋浙本作「閑」。

延和奏劄七同前

臣昨任南康軍日，嘗具狀奏乞賜白鹿洞書院敕額，及乞以太上皇帝御書石經并版本九經注疏給賜本洞，今亦未蒙施行，而朝野喧傳，相與譏笑，以爲怪事。臣誠恐懼，不敢不盡其説。謹按，本洞書院實唐隱士李渤所居，當時學者多從之游，遂立黌舍。至五代時，李氏爲建官師，給田贍養，徒衆甚盛。迨至國初，猶數十百人。太平興國中，嘗蒙詔賜九經而官其洞主〔一〕，見於會要。而咸平五年，有敕重修，仍塑宣聖及弟子像，又見於陳舜俞所記〔二〕。簡牘具存，可覆視也。

夫以此洞之興，原其所自，雖若淺鮮無足言者，而太宗皇帝、真宗皇帝眷顧褒崇至於如此，則聖意所存，至深至遠，必有非下吏淺聞所能窺測者。今乃廢而不舉，使其有屋廬而無敕額，有生徒而無賜書，流俗所輕，廢壞無日，此臣所以大懼而不能安也。然竊意有司所以不能無疑於臣之請〔三〕，固未必皆如譏笑者之言，殆必以爲州縣已有學校，不必更爲煩費耳。如其果然，則臣請有以質之。夫先王禮義之官與異端鬼教之居，孰正孰邪？三綱五常之教與無君無父之説，孰利孰害？今老佛之宫遍滿天下，大郡至逾千計，小邑亦或不下數十，而公私增益，其勢未已。至於學校，則一郡一縣僅一置焉，而附郭之縣或不復有。其盛衰多寡之相絶至於如此，則於邪正利害之際亦已明矣。今有司非徒不能有所正於彼，而反疑臣之請於此，臣不能識其何説也。今幸蒙恩賜對，故敢復以爲請。伏望聖慈下臣此章，特從其請，既以紹承先志，啓迪群心，又以丕闡大猷，昭示抑邪與正之漸，實天下萬世之幸。取進止。

校記　〔一〕嘗：原作「常」，據宋閩、浙本改。

〔二〕俞：原作「愈」，據右引改。

〔三〕請：原作「謂」，據宋浙本改。

編年　據題及年譜長編。本日奏對凡七劄。

評論　康熙御製文集第三集卷四十三：本天人理欲以立言，自是培養根本議論。

周大璋朱子古文讀本卷一延和奏劄七：鬼教遍天下，而聖學蕪穢，滔滔不返，將安所終？吾願主持世道者一轉移之也。讀此劄，輒氣噎累日。

朱熹文集編年評注卷十四

奏劄

戊申延和奏劄一 淳熙十五年六月七日

臣聞昔者帝舜以百姓不親，五品不遜，而使契爲司徒之官，教以人倫，父子有親，君臣有義，夫婦有别，長幼有序，朋友有信；又慮其教之或不從也，則命臯陶作士明刑，以弼五教，而期于無刑焉。蓋三綱五常，天理民彝之大節，而治道之本根也。故聖人之治，爲之教以明之，爲之刑以弼之。雖其所施或先或後，或緩或急，而其丁寧深切之意，未嘗不在乎此也。乃若三代王者之制，則亦有之，曰：凡聽五刑之訟，必原父子之親、立君臣之義以權之。蓋必如此，然後輕重之序可得而論，淺深之量可得而測，而所以悉其聰明、致其忠愛者，亦始得其所施而不悖。此先王之義刑義殺，所以雖或傷民之飢膚、殘民之軀命，然刑一人而天下之人聳然不敢肆意於爲惡，則是乃所以正直輔翼而若其有常之性也。後世之論刑者不知出此，其陷於申商之刻薄者，既無足論矣，至於鄙儒姑息之論，異端報應之説，俗吏便文自營之計，則又一以輕刑爲事。然刑愈輕而愈不足以厚民之俗，往往反以長其悖逆作亂之心，而使獄訟之愈繁，則不講乎先王之法之過也。

臣伏見近年以來，或以妻殺夫，或以族子殺族父，或以地客殺地主，而有司議刑，卒從流宥之法。夫殺人者不死，傷人者不刑，雖二帝三王不能以此爲治於天下，而況於其繫於父子之親、君臣之義，三綱之重，又非凡人之比者乎？然臣非敢以此之故遂勸陛下深於用法而果於殺人也，但竊以爲諸若此類涉於人倫風化之本者，有司不以經術義理裁之，而世儒之鄙論、異端之邪説、俗吏之私計得以行乎其間，則天理民彝幾何不至於泯滅，而舜之所謂無刑者又何日而可期哉？故臣伏願陛下深詔中外司政典獄之官，凡有獄訟，必先論其尊卑上下、長幼親疏之分，而後聽其曲直之辭。凡以下犯上、以卑凌尊者，雖直不右，其不直者罪加凡人之坐。其有不幸至於殺傷者，雖有疑慮可憫，而至於奏讞，亦不許輒用擬貸之例。又詔儒臣博采經史以及古今賢哲議論及於教化刑罰之意者，删其精要之語，聚爲一書，以教學古入官之士與凡執法治民之官，皆使略知古先聖王所以敕典敷教、制刑明辟之大端，而不敢陰爲姑息果報便文之計，則庶幾有以助成世教而仰稱陛下好生惡殺、期於無刑之本意。取進止。

評論 周大璋朱子古文讀本卷一戊申延和奏劄一：明刑所以弼教。後世教化不修，以下犯上，以尊凌卑者，概從姑息，失道傷化，莫此爲甚，其弊坐不知有綱常耳。指陳得失，而告以經術義理。世儒鄙論，異端邪説，俗吏私計自無所容。扶持世宙之文。

延和奏劄二同前

臣聞獄者，民命之所繫，而君子之所盡心也。今天下之獄，死刑當決者皆自縣而達之州，自州而達之使者；其有疑者，又自州而上之朝廷，自朝廷而下之棘寺，棘寺讞議而後致辟焉。其維持防閑，可謂周且審矣。然而憲臺之所詳覆，棘寺之所讞議者，不過受成於州縣之具獄，使其文案粗備，情節稍圓，則雖顛倒是非，出入生死，蓋不得而察也。是故欲清庶獄之源者，莫若遴選州縣治獄之官。今縣之獄委於令，其選固已精矣，而未必皆得人，其弊未易革也。若州獄，則今銓格凡選人任滿，有舉主關陞者，方注繁難令録，其慮蓋已詳矣。然注司理者乃不用此令，而近制唯進納癃老之人，然後不得注擬，此外則常調關陞，雖昏繆疾病之人，皆得而爲之。甚至於流外補官若省部胥史，亦得而爲之。彼以薦舉關陞者，固未必盡得才能公正之人，然比之昏繆疾病、無善可稱與夫胥史之入官者，則有間矣。蓋昏繆疾病之人苟且微禄，唯知自營，其於獄事蒙成吏手，漫不加省，而胥史之入官者又或狃於故習，與吏爲徒，販鬻走弄，無所不至。故州郡小大之獄往往多失其平，怨讟咨嗟，感傷和氣，上爲聖政之累，莫此爲甚。

臣愚欲望陛下明詔銓曹，更定選格，凡州郡兩獄官專注任滿、有舉主關陞人，或應格不足，則次任任滿、銓試中第二等以上人，其常調關陞及省部胥史并不得注擬。見在任者，非舉主關陞人，即令守倅銓量，如委昏繆疾病，即保明聞奏，特與祠禄。其未到人，候赴上日，亦從守倅銓量，方許放上。若守倅徇私失實，即許監司劾奏罷免。所有省部胥史，雖已注官待次，并令赴部，别與擬授。庶幾治獄之官其選少清，各知任職，仰副陛下欽恤之意。取進止。

〔貼黄〕臣契勘縣獄止是知縣獨員推鞫，一或不得其人，則拆换款詞，變亂情節，無所不至。今既未能盡變銓法，則亦不容無少更革。欲望睿慈詳酌，明降指揮，令縣丞同行推訊，無丞處即用主簿。仍遇大囚到獄，即限兩日内具入門款，先次飛申本州及提刑司照會，庶幾粗革舊弊，天下幸甚！

延和奏劄三 同前

臣竊見諸路提刑司所管拘催州縣經總制錢，蓋前代之所無，而祖宗盛時亦未之有，特起於宣和末年倉卒用兵，權宜措畫。當時建議之臣方且自以爲功，而其兄聞之，乃爲哭於先廟，以爲作俑之禍且及子孫。渡江以後，雖知其弊，然費出愈繁，遂不能罷，復有增加。以至于今，乃爲大農之經賦，有司不復敢有蠲除之議。然其始者，亦但計其出納多寡之實數而隨以取之，則事雖失體而未有甚害。及紹興中推行經界之法，民間違限契約悉出投印，故一二年間，此錢之額倍於常歲。逮其畢事，則便復常數而無復前日之羨矣。而一時乃有憸佞掊克之人，輒爲比較之説以誤朝聽，使凡歲入經總制錢悉以經界之年爲額。其後雖或知其非義而小變之，然猶必使趁及一年所收最多之數。至其甚無藝者，則雖或災傷年分檢放倚閣，苗米税錢已無所入，而所謂經總制錢者，版曹總所猶不肯與之蠲除〔一〕，上下相臨，轉相逼迫。下吏無所措其手足，則其勢必至於巧爲名色，取之於民，以求幸免。司察之官雖知其然，然既利其歲額之盈，則亦不容有所何問。顧猶不足以及數，則遂不過將新蓋舊，轉後爲前。歲月愈深，逋負日積，大郡所欠十數萬緡，小郡亦不下一二萬數。官吏操切日益嚴峻，而莫有知其事之本原者。臣愚不知州縣之煎熬局促果何日而少紓，斯民之嘆息愁怨果何時而少息也。

陛下厚德深仁，愛民如子，疾痛痾癢，無細不知，抑搔按摩，無遠不及，顧偶未聞此法之弊而已。故臣輒敢冒昧以聞，伏望聖慈深照本末，特詔有司先將災傷年分檢放倚閣苗税數内所收經總制額盡依分數豁除，然後别詔大臣深圖所以節用裕民之術，討論經總制錢合與不合立額比較之利病而罷行之〔二〕，以幸天下，臣不勝大願。取進止。

校記

〔一〕除：宋浙本作「免」。

〔二〕討：原作「計」，據宋閩本改。

延和奏劄四 同前

臣竊見江西路諸州舊有科罰之弊，蓋因歲入有限而費出無常，是以不免巧取於民，以備支發。凡是百姓有事入門，不問曲直，恣意誅求，無有藝極，民間受弊不可勝言。爲監司州縣者欲一切繩之以法，則財計頓闕，州縣不可復爲，雖有良吏，亦無以免。若一切恣之不問，則法廢不行，民怨無告，而貪虐之吏更復并緣以濟其私，爲害愈甚。前此漕司蓋嘗頗捐羡錢，以補州縣歲計之闕而禁其科罰，然後遠民得以粗安。然聞其間亦有循習舊態，未能盡革去處。欲望聖慈特降睿旨，令本路帥臣諸司博訪事宜，共行措畫，逐一條奏，以俟聖裁。庶幾官用不乏，民賦有經，仰寬宵旰之憂，潛消災沴之氣，一路幸甚。取進止。

延和奏劄五同前

臣竊惟陛下以大有爲之資，奮大有爲之志，即位之初，慷慨發憤，恭儉勤勞，務以内修政事、外攘夷狄、汛掃陵廟、恢復土疆爲己任，如是者二十有七年于兹矣。而因循荏苒，日失歲亡，了無尺寸之效可以仰酬聖志、下慰人望。不審陛下亦嘗中夜以思而求其所以然之説耶？以爲所任者非其人，則陛下之神明，豈可謂所任盡非其人？以爲所由者非其道，則陛下之仁聖，豈可謂所由盡非其道？以爲規模不定，則陛下之規模嘗定矣。以爲志氣不立，則陛下之志氣嘗立矣。然且若是，何耶？臣誠愚賤，竊爲陛下惑之，故嘗反覆而思之，無乃燕閑蠖濩之中，虚明應物之地，所謂天理者有未純，所謂人欲者有未盡而然歟？天理有未純，是以爲善常不能充其量；人欲有未盡，是以除惡常不能去其根。爲善而不能充其量，除惡而不能去其根，是以雖以一念之頃，而公私邪正、是非得失之幾未嘗不朋分角立而交戰於其中。故所以體貌大臣者非不厚，而便嬖側媚之私顧得以深被腹心之寄；所以寤寐豪英者非不切，而柔邪庸繆之輩顧得以久竊廊廟之權；非不樂聞天下之公議正論，而亦有時而不容；非不欲聖天下之讒説殄行，而亦未免於誤聽；非不欲報復陵廟之讎耻，而或不免於畏怯苟安之計；非不欲愛養生靈之財力〔一〕，而或未免於嘆息愁怨之聲。凡若此類，不一而足，是以所用雖不至盡非其人，而亦不能盡得其人；所由雖不至盡非其道，而亦不能盡合其道；規模蓋嘗小定，而卒至於不定；志氣蓋嘗小立，而卒至於不立。虚度歲月，以至於今，非獨不足以致治，而或反足以召亂；非獨不可以謀人，而實不足以自守；非獨天下之人爲陛下惜之，臣知陛下之心亦不能不以此爲恨也。

間者天啓聖心，日新盛德，奮發英斷，整頓綱維，蓋有意乎天理之純而人欲之盡矣。然臣竊以其事觀之，則猶恐其未免乎交戰之患也。蓋詰傳寫漏洩文字之罪，則便嬖側媚之流知所懼矣。然而去者未遠而復還，存者更進而愈盛，則知陛下親寵此曹之意未衰也。罷累年竊位盗權之奸，則柔邪庸繆之黨知所懼矣。然而希次補者襲其迹以僥倖而不訶，當言責者懷其私以緘默而不問，則知陛下委任此輩之意猶在也。增置諫員，斥遠邪佞，則兼聽之美固有以異乎前日矣。然可諫之端無窮，則其或繼進而愈切，未知陛下果能納而用之否也。辨明誣枉，慰撫孤直，則燭幽之明固有以異乎前日矣。然造言之人無責，則其或捷出而益巧，未知陛下果能遠而絶之否也。謝却傲使，嘉奬壯圖，宜若可以勵苟安之志矣。而置將之權旁出奄寺，軍政敗壞，士卒愁怨，則恐未有以待天下之變。振廪蠲租，重禁科擾，宜若可以寬疲民之力矣。而監司不擇，守令貪殘，政煩賦重，元元失職，則恐未有以固有邦之本。即是數者而論之，則是所謂天理者雖若小勝，而所謂人欲者終未盡除也。夫以陛下之神聖仁明，涖政之久，圖治之切，宜其晏然高拱，以享功成治定之安久矣。而歲月逾邁，四顧茫然，陰陽方争，勝負未決，不知將復何日何時而可以粗見聖治之成也耶！

聞之道路，比來士大夫之進説者多矣，然不探其本而徒指其末，不先其難而姑就其易，毛舉天下之細故，而不本於陛下之身，營營馳騁乎事爲利害之末流。臣恐其未足以端出治之本，清應物之源，以贊陛下正大宏遠之圖，而使天下之事悉如聖志之所欲也。昔者舜、禹、孔、顔之間，蓋嘗病此而講之矣。舜之戒禹曰：「人心惟危，道心惟微，惟精惟一，允執厥中。」而必繼之曰：「無稽之言勿聽，弗詢之謀勿庸，謹乃有位，敬修其可願，四海困窮，天禄永終。」孔子之告顔淵，既曰：「克己復禮爲仁。一日克己復禮，天下歸仁焉。爲仁由己，而由人乎哉。」而又申之曰：「非禮勿視，非禮勿聽，非禮勿言，非禮勿動。」既告之以損益四代之禮樂，而又申之曰：「放鄭聲，遠佞人。鄭聲淫，佞人殆。」嗚呼！此千聖相傳心法之要，其所以極夫天理之全而察乎人欲之盡者，可謂兼其本末巨細而舉之矣。兩漢以來，非無願治之主，而莫克有志於此，是以雖或隨世以就功名，而終不得以與乎帝王之盛。其或耻爲庸主，而思用力於此道，則又不免蔽於老子、浮屠之説，静則徒以虚無寂滅爲樂，而不知有所謂實理之原；動則徒以應緣無礙爲達，而不知有所謂善惡之機。是以日用之間，内外乖離，不相爲用，而反以害於政事。蓋所謂千聖相傳心法之要者，於是不復講矣。

臣愚不肖，竊願陛下即今日之治效泝而上之，以求其所以然之故，而於舜、禹、孔、顔所授受者少留意焉。自今以往，一念之萌，則必謹而察之，此爲天理耶？爲人欲耶？果天理也，則敬以擴之而不使其少有壅閼；果人欲也，則敬以克之而不使其少有凝滯。推而至於言語動作之間，用人處事之際，無不以是裁之。知其爲是而行之，則行之惟恐其不力，而不當憂其力之過也；知其爲非而去之，則去之惟恐其不果，而不當憂其果之甚也；知其爲賢而用之，則任之惟恐其不專，聚之惟恐其不衆，而不當憂其爲黨也；知其爲不肖而退之，則退之惟恐其不速，去之惟恐其不盡，而不當憂其有偏也。如此則聖心洞然，中外融徹，無一毫之私欲得以介乎其間，而天下之事將惟陛下之所欲爲，無不如志矣。

詩曰：「豐水有芑，武王豈不仕？貽厥孫謀，以燕翼子，武王烝哉。」矧今祖宗光明盛大之業付在陛下，將以傳之無窮，四海之内，所望於陛下者不但數世之仁而已。書曰：「若藥不瞑眩，厥疾不瘳。」惟陛下深留聖志，痛自刻勵而力行之，使萬世之後猶可以爲後聖法程，則宗社神靈永有依託，萬方黎獻永有歸往，天下幸甚！天下幸甚！

臣孤陋寡聞，學無所就，前此兩蒙賜對，所言大意與此略同。辭不別白，旨不分明，曾不足以上悟聖心。而陛下哀憐，不忍終棄，使得復望清光。環視其中，無他所有，輒繹舊聞，復以此進。僭妄狂率，罪當萬死，伏惟陛下財赦。取進止。

校記　〔一〕靈：宋浙本作「民」。

編年 據題及年譜長編。此日奏對凡五劄。

評論 周大璋朱子古文讀本卷一延和奏劄五：理欲交戰於胸中，一切牽制，不能大有作爲，此最害事，故痛切言之，而告以舜、禹、孔、顔相傳之言，見其存遏之功不可稍懈，而歸本於敬，以爲主腦。篇中多用排句，而氣勢流轉，無堆垛之迹。或以爲似劉中壘，或以爲似陸敬輿，而要之兩公皆無此純粹議論也。

甲寅行宫便殿奏劄一 紹熙五年十月四日

臣竊聞之，天下之事有常有變，而其所以處事之術有經有權。君臣父子，定位不易，事之常也；君令臣行，父傳子繼，道之經也。事有不幸而至於不得盡如其常，則謂之變，而所以處之之術不得全出於經矣，是則所謂權也。當事之常而守其經，雖聖賢不外乎此，而衆人亦可能焉。至於遭事之變而處之以權，則唯大聖大賢爲能不失其正，而非衆人之所及也。故孔子曰：「可與立，未可與權。」蓋言其難如此。而夷、齊、季札之徒所以輕千乘之國以求即乎吾心之所安，寧隕其身、亡其國而不敢失其區區之節者，亦爲此也。

乃者天運艱難，國有大咎，天變爲之見於上，地變爲之作於下，人情爲之哀恫怫鬱而皆有離叛散亂之心〔一〕。方此之時，宗廟社稷危於綴旒，是則所謂天下之大變而不可以常理處焉者也。是以太皇太后躬定大策，皇帝陛下寅紹丕圖，未及號令之間，不越須臾之頃，而鄉之危者安，離者合，天下之勢翕然而大定。此亦可謂處之以權而庶幾乎有以不失其正者矣。然自頃至今，亦既三月，而天變未盡消，地變未盡弭，君親之心未盡歡，學士大夫、群黎百姓或反不能無疑於逆順名實之際。至於禍亂之本，又已伏於冥冥之中，特待時而發耳。

臣雖至愚，亦知竊爲陛下憂之，而未知其計之所出，故嘗反覆以思而參以所聞，則尚猶有可諉者，亦曰陛下之心前日未嘗有求位之計，今日未嘗忘思親之懷而已爾。嗚呼！此則所謂道心微妙之全體，天理發用之本然，而所以行權而不失其正之根本也。誠即是心以充之，則孔子所謂求仁得仁而無怨，孟子所謂終身訢然，樂而忘天下者，臣有以知陛下之不難矣。借曰天命神器不可以無傳，宗廟社稷不可以無奉，則轉禍爲福，易危爲安，亦豈可以舍此而他求哉？充吾未嘗求位之心，則可以盡吾負罪引慝之誠；充吾未嘗忘親之心，則可以致吾溫清定省之禮。始終不越乎此，而大倫可正，大本可立矣。陛下誠能動心忍性，深自抑損，所以自處常如前日未嘗有位之時，內自宮掖燕私之奉、服食器用之須，不敢一毫有所加於潛邸之舊；外至百辟多儀之享，恩澤匪頒之式，不敢一旦而全享乎萬乘之尊。專務積其誠意，期以格乎親心，然後濬發德音，痛自克責，嚴飭羽衛，益勤問安視膳之行，十日一至而不得見則繼以五日，五日一至而不得見則繼以三日，三日而不得見則二日而一至，以至于無一日而不一至焉，俯伏寢門，怨慕號泣，雖勞且辱，有所不憚，然而親心猶未底豫，慈愛猶未復初，逆順名實之疑不涣然而冰釋，則臣不信也。

若夫災異之變、禍亂之幾有未盡去，則又在乎陛下凝神恭默，深監古先，日與大臣講求政理，可否相濟，惟是之從，必使發號施令無一不出乎朝廷，進退人材無一不合乎公論，不爲偏聽以啓私門，則聖德日新，聖治日起，而天人之應不得違，釁孽之萌不得作矣。今日之計，莫大於此，惟陛下深留聖意而亟圖之。若復因循，日復一日，所以行權者遂失其正，則臣恐禍變之來，不但禮樂不興，刑罰不中而已也。人心易離，天命難保，厥監不遠，深可畏懼。臣山野戇愚，不識忌諱，罪當萬死，惟陛下寬之。取進止。

校記　〔一〕佛：原作「拂」，據宋閩、浙本改。

評論　周大璋朱子古文讀本卷一甲寅行宫便殿奏劄一：當時禪位之議，主之者太后，輔之者群臣，寧宗不與聞也。然事出權變，正當處之不失其正。若倜然得志，自以爲君，毫無負罪引慝之誠，則恐不免假手於人，而陰幸天下之與己。靈武之事可爲也，肅宗之心不可爲也。公嘗謂：衛輒之心但當只見父子之親爲大，而不可一日立乎其位，自始至終，自表至裏，只是一個逃而去之，但無一事，都不見其他，方是直截。寧宗今日正宜以此處之。况朝禮尚缺，其與光宗何以異哉。篇終厥監不遠，深可畏懼。言之悚然，讀之得毋額有泚乎？

行宫便殿奏劄二同前

臣竊惟皇帝陛下祇膺駿命，恭御寳圖，正位之初，未遑它事，而首以博延儒臣、討論經藝爲急先之務，蓋將求多聞以建事，學古訓而有獲，非若記問愚儒詞章小技，誇多以爲博，鬭靡以爲工而已也。如是則勸講之官所宜遴選，顧乃不擇，誤及妄庸，則臣竊以爲過矣。蓋臣天資至愚極陋，雖嘗挾策讀書，妄以求聖賢之遺旨，而行之不力，老矣無聞，况於帝王之學，則固未之講也，其何以當擢任之寵而辱顧問之勤乎？是以聞命驚惶，不敢奉詔。然嘗聞之，人之有是生也，天固與之以仁義禮智之性，而叙其君臣父子之倫，制其事物當然之則矣。以其氣質之有偏，物欲之有蔽也，是以或昧其性以亂其倫、敗其則而不知反。必其學以開之，然後有以正心修身而爲齊家治國之本。此人之所以不可不學，而其所以學者初非記問詞章之謂，而亦非有聖愚貴賤之殊也。以是而言，則臣之所嘗用力，固有可爲陛下言者，請遂陳之。

蓋爲學之道，莫先於窮理，窮理之要，必在於讀書。讀書之法，莫貴於循序而致精，而致精之本，則又在於居敬而持志，此不易之理也。

夫天下之事莫不有理，爲君臣者有君臣之理，爲父子者有父子之理，爲夫婦，爲兄弟，爲朋友，以至於出入起居、應事接物之際，亦莫不各有理焉。有以窮之，則自君臣之大以至事物之微，莫不知其所以然與其所當然，而亡纖芥之疑，善則從之，惡則去之，而無毫髮之累。此爲學所以莫先於窮理也。

至論天下之理，則要妙精微，各有攸當，亘古亘今，不可移易。唯古之聖人爲能盡之，而其所行所言，無不可爲天下後世不易之大法。其餘則順之者爲君子而吉，背之者爲小人而凶。吉之大者，則能保四海而可以爲法；凶之甚者，則不能保其身而可以爲戒。是其粲然之迹，必然之效，蓋莫不具於經訓史册之中。欲窮天下之理而不即是而求之，則是正墻面而立爾。此窮理所以必在乎讀書也。

若夫讀書，則其不好之者固怠忽間斷而無所成矣；其好之者又不免乎貪多而務廣，往往未啓其端而遽已欲探其終，未究乎此而忽已志在乎彼，是以雖復終日勤勞，不得休息，而意緒匆匆，常若有所奔趨迫逐，而無從容涵泳之樂。是又安能深信自得，常久不厭，以異於彼之怠忽間斷而無所成者哉？孔子所謂欲速則不達，孟子所謂進鋭者退速，正謂此也。誠能鑒此而有以反之，則心潛於一，久而不移，而所讀之書文意接連，血脉通貫，自然漸漬浹洽，心與理會，而善之爲勸者深，惡之爲戒者切矣。此循序致精所以爲讀書之法也。

若夫致精之本，則在於心。而心之爲物，至虚至靈，神妙不測，常爲一身之主，以提萬事之綱，而不可有頃刻之不存者也。一不自覺而馳騖飛揚，以徇物欲於軀殼之外，則一身無主，萬事無綱。雖其俯仰顧眄之間，蓋已不自覺其身之所在，而况能反覆聖言，參考事物，以求義理至當之歸乎？孔子所謂「君子不重則不威，學則不固」，孟子所謂「學問之道無他，求其放心而已矣」者，正謂此也。誠能嚴恭寅畏，常存此心，使其終日儼然，不爲物欲之所侵亂，則以之讀書，以之觀理，將無所往而不通；以之應事，以之接物，將無所處而不當矣。此居敬持志所以爲讀書之本也。

此數語者，皆愚臣平生爲學艱難辛苦已試之效。竊意聖賢復生，所以教人不過如此。不獨布衣韋帶之士所當從事，蓋雖帝王之學，殆亦無以易之。特以近年以來，風俗薄陋，士大夫間聞此等語，例皆指爲道學，必排去之而後已。是以食芹之美，無路自通，每抱遺經，徒竊慨嘆。今者故敢忘其固陋而輒以爲獻。伏惟聖明深賜省覽，試以其説驗之於身，蚤寤晨興，無忘今日之志而自强不息，以緝熙于光明，使異時嘉靖邦國如商高宗，興衰撥亂如周宣王，以著明人主講學之效，卓然爲萬世帝王之標準，則臣雖退伏田野，與世長辭，與有榮矣。何必使之勉强盲聾、扶曳跛躄，以污近侍之列而爲盛世之羞哉！干冒宸嚴，不勝戰慄，惟陛下留神財幸。取進止。

乃遇皇帝陛下始初清明，無他嗜好，獨於問學孜孜不倦，而臣當此之時，特蒙引對，

評論

古文雅正卷十三：朱子生長高宗時，歷孝宗、光宗而寧宗，至是朱子已老矣。自言「愚臣平生爲學艱難辛苦已試之效」，以是而告君。嗚呼！謂其君不能者，賊其君者也。幸生朱子之後，得讀遺書，不以是自奮者，自賊之尤者也。

（日）山崎嘉山崎闇齋全集垂加文集中之三書行宮便殿奏劄後：聖人復起，必從吾言而不易矣，孟子豈欺我哉。蓋聖人之道建諸天地而不悖也，故雖聖人既没，亦能由其教而不悖於天地，則百世以俟聖人而不惑者也。宋寧宗朝朱子奏事行宮便殿，以陳爲學之方，而言聖賢復生，所以教人不過如此，實與孟子同一意，其欲信用之而已矣。因讀此劄，敢書其後。山崎嘉跋。

康熙御製文集第三集卷四十三：窮理居敬，是朱子一生學問本源。以此爲先資，足徵靖獻之忠矣。

周大璋朱子古文讀本卷一甲寅行宮便殿奏劄二：指陳聖學領要，如造九層之臺，一層高一層，皆當身切實工夫，故言之親切乃爾。唐宋文人何曾夢見。是年七月，寧宗即位。八月，除先生煥章閣待制、侍講。十月，至自長沙，入對延和殿，此第二劄也。初，上在藩邸，聞先生名，每恨不得爲本宮講官。至是首加召用，皆出聖意，故公以聖學之次第力爲上陳之。

古文眉詮卷七十六：即位首討經藝，揭全篇論讀書之要之由。（「爲學之道」至「居敬而持志」）平提綱領四層，理以爲的，敬以爲主，總管攝在讀書上。（「此爲學」句）言知不脱行，不是半截學問。連絡而下，疏窮理必在讀書，此爲四層之歸趣。窮理者憑乎此，居敬者致壹乎此，而循序即所以精此也。（「此居敬持志」二句）仍不脱行，與首層相顧。總束切身指點，到老境得力，乃説得此，（獨於問學孜孜不倦）應首討經藝。所取乎朱子之文，將使學者讀之，於觀理之路、入德之門昭然如鏡之發覆，車之就軌，無復有掩其明而謬迷其所往者，則非獨文焉已也。此劄由寧宗初以侍講召，切對講筵進説。四層之中，流衍溯回，平生爲學畛涂，不累牘而具舉。即以文言之，亦優入乎挈净精微之域矣。

行宫便殿奏劄三同前

臣前任備員潭州，兼管荆湖南路安撫司事，竊見本路土瘠民貧，無他生理，而州縣歲計入少出多，往往例於常賦之外多收加耗，重折價錢，尚且入不支出，公私俱困。昨來諸司察見其弊，累嘗蠲減，務寬民力，連年所放，蓋已不貲，而州縣起發上供、支遣俸給諸色費用尚仍舊額，略無所損。沿此官司已是狼狽，不可支吾。或有非泛賞給，調發支賜，若更差到諸班换授歸正、雜流補官之人復有增加，則愈見逼迫，無以爲計。臣近者嘗與漕臣何異備奏全州守臣韓邈所申乞減添差員數〔一〕，可見一端。至於其他州縣，大略往往類此，不唯官吏苟道目前，多方趣辦，不暇爲國家赤子計，而按察之官知其甚不得已以至於此，亦不忍盡法按治，無由發覺。

竊念本路東望朝廷，遠在二千餘里之外，而北據重湖，南撫諸峒，形勢所關，亦非他道之比。萬一民貧，不堪誅剥，一旦屯結，自爲擾亂，而盜賊蠻猺相挺而起，則不知議者何以處之？臣自到任以至去官，僅及三月，雖未及詳密究其曲折，然其大勢如此，亦不待智者而後知矣。故嘗深以爲憂，欲爲料理。但以召還之遽，未暇子細詢考，畫一奏聞。

今者既蒙賜對，又不敢不爲陛下一言。欲望聖慈深察，一視同仁，特詔本路帥臣監司更以前日全州所申事理通之諸郡，并行均節，將大段闕乏去處特與痛加退減〔二〕，指定奏聞，取旨行下，庶幾州得以恤其縣，縣得以寬其民。而其間或有不奉詔者，亦且無詞以逃其罪。則遐遠之民均被實惠，而寬大之恩不但爲掛墻壁之具而已。臣奉使亡狀，不早上聞，以至今日，死有餘罪。伏惟矜赦而亟圖之，則一路幸甚。取進止。

校記〔一〕漕臣：原作「漕司」，據宋閩、浙本改。

〔二〕退：宋浙本作「裁」，底本原注别本同。

行宫便殿奏劄四 同前

臣昨於去冬伏蒙聖恩，除知潭州，方具辭免，未及起發，即聞湖北猺人侵犯邵州界分〔一〕。及今年春伏奉聖旨，不許辭免，臣遂即日就道。比及到官，湖北已行進兵攻討，賊氣漸衰〔二〕，遂就招降，一向寧帖。却據邵州守臣潘燾申到，見得從前邊防全無措置，以致小醜敢肆侵犯，因條畫到移置寨柵、增撥戍兵利害數條。臣與漕臣何異詳燾所申頗有條理〔三〕，遂行詢究，見得委的合行措置，遂已具奏，乞賜施行，竊計已徹天聽。欲望聖慈明詔大臣，早賜處分，及何異、潘燾在任之日，依元所申日下措置。其提刑趙不迂先次申奏，亦與臣等所乞無大異同，欲乞并行劄下，公共相度，從長區處，庶使奸賊畏威，邊民安業，實一方永遠之利。取進止。

〔貼黃〕臣昨招到猺賊蒲來矢等，已赴安撫司公參。其人衰弱，初無能解，但恃險阻，敢爾跳梁。今已伏降〔四〕，則於事理不得不加存恤。欲乞聖慈行下本司常切照管，毋失大信，庶幾異日復有此輩，易以招納。伏候聖旨。

校記

〔一〕犯：底本原注一作「擾」。

〔二〕氣：宋浙本作「勢」。

〔三〕詳：原作「潘」，據宋浙本改。

〔四〕已伏：宋浙本作「既歸」，底本原注別本同。

行宮便殿奏劄五同前

臣伏見潭州城壁昨因虜騎殘破之後，剥落摧圮，五十餘年，不曾修築。近者守臣周必大方議補砌，已蒙朝廷支降度牒一百道，賣到錢八萬貫，未及興工，而必大奉祠就第。臣到任之初，即行點檢，其錢已支六萬餘貫買到磚灰，見在餘錢不多，不足爲雇工犒設之費。又元料只擬用本州諸色軍兵，共不過三千餘人，竊慮不堪久役勞苦。而其城廣闊，中間多有空閑無民居處。若盡修築，亦無所用，枉費工力。初已尅定七月下旬起工，而偶值小旱，繼以霖雨，旋遭國哀，人情洶洶，未敢容易。然念興作有緒，所買磚灰費錢已多，若遂因循，便成廢棄，亦又可惜。故自登極赦後，事勢稍定，即別委官再行計度，擬將其城北面一帶荒迴去處量加裁減，向裏別築。蓋如此則不唯目今工力易辦，將來萬一不測有警，亦易防守。但未及子細條畫，而臣忽奉聖恩，召令奏事。竊恐新任守臣未知始末，欲望聖慈行下，詳審計度。如臣妄議有可施行，即乞睿旨再給度牒，雜募軍民，促減北邊，近裏修築，乘此樂歲，擇日興工，亦爲一方永久不虞之備。取進止。

編年　據題及年譜長編。此日奏對凡五劄。

乞進德劄子 紹熙五年閏十月

臣竊聞周武王之言曰：「惟天地萬物父母，惟人萬物之靈，亶聰明，作元后。元后作民父母。」而孟子又曰：「堯舜性之，湯武反之。」蓋嘗因此二説而深思之。天地之大，無不生育，固爲萬物之父母矣。人於其間又獨得其氣之正而能保其性之全，故爲萬物之靈。若元后者，則於人類之中又獨得其正氣之盛而能保其全性之尤者，是以能極天下之聰明而出乎人類之上，以覆冒而子蓄之。是則所謂作民父母者也。然以自古聖賢觀之，惟帝堯、大舜生而知之，安而行之，爲能履此位、當此責而無愧。若成湯、武王，則其聰明之質固已不能如堯舜之全矣。惟其能學而知，能利而行，能擇善而固執，能克己而復禮，是以有以復其德性聰明之全體，而卒亦造夫堯舜之域，以爲億兆之父母。蓋其生質雖若不及，而其反之之至則未嘗不同。孔子所謂及其成功一也，正此之謂也。

恭惟皇帝陛下聰明之質性之於天，固非常情所能窺度。然而生長深宮，春秋方富，臣恐稼穡艱難，容有未盡知；人之情僞，容有未盡察；國家憲度，容有未盡習。至於學道修身、立志揆事之本，制世御俗、發號施令之要，亦容有未能無待於講而後明者。故竊以爲陛下誠能於此深留聖意，日用之間，語默動静必求放心，以爲之本，而於玩經觀史、親近儒學已用力處益用力焉，數召大臣切劘治道，俾陳今日要急之務，略如仁祖開天章閣故事，至於群臣進對〔一〕，亦賜温顔，反復詢訪，以求政事之得失，民情之休戚，而又因以察其人材之邪正短長，庶於天下之事各得其理。經歷詳盡，浹洽貫通，聰明日開，志氣日强，德聲日聞，治效日著，四海之内瞻仰畏愛，如親父母，則是反之之至，而堯、舜、湯、武之盛不過如此。不宜妄自菲薄，因循苟且，而不復以古之賢聖自期也。

臣本迂儒，加以老病，自知無用，分甘窮寂。今者徒以趣召之峻，冒昧而來，耳目筋骸，皆難勉强。然而未敢遽以告歸爲請者，誠感眷遇之厚，猶欲少忍須臾，以俟陛下聖志之立，聖學之成，決知異日奸言邪説不能侵亂，果如前所期者，然後乞身以去，則爲上不負天子，下不負所學，而臣主俱榮矣。顧以此事在臣但能言之，而其用力則在陛下。萬一暮景迫人，不容宿留，則抱此耿耿，私恨無窮。伏望聖慈憐臣此志，察臣此言，策厲身心，勉進德業，使臣蚤得遂其所願，則雖夕死，瞑目無憾矣。冒瀆宸聽，臣無任悃款激切之至。取進止。

〔貼黄〕臣聞中庸有言：「人一能之己百之，人十能之己千之。果能此道，雖愚必明，雖柔必强。」而元祐館職吕大臨爲之説曰：「君子所以學者，爲能變化氣質而已。德勝氣質，則愚者可進於明，柔者可進於强。不能勝之，則雖有志於學，亦愚不能明，柔不能强而已矣。蓋均善而無惡者〔二〕，性也，人所同也。昏明强弱之禀不齊者，才也，人所異也。誠之者，所以反其同而變其異也。夫以不美之質求變而美，非百倍其功，不足以致之。今以鹵莽滅裂之學，或作或輟，以求變其不美之質。及不能變，則曰天質不美，非學所能變。是果於自棄，其爲不仁甚矣。」臣少時讀書，偶於此語深有省焉，奮厲感慨，不能自已。自此爲學，方有寸進。食芹而美，敢以爲獻，伏乞聖察。

校記　〔一〕群：原作「君」，據宋閩、浙本改。

〔二〕均：宋浙本作「有」。

編年　據本篇内容，朱熹時任職於京城，而其平生任職於朝僅紹熙五年一次。知在閏十月者，則可參年譜長編。

評論　周大璋朱子古文讀本卷一乞進德劄子：勉君進德，忠言至性溢於楮表，讀之春生肺腑，寒悚毛骨。

乞不以假故逐日進講劄子 紹熙五年十月十六日

臣伏見近制，每遇隻日蚤晚進講。及至當日或值假故，即行權罷。又按故事，將來大寒大暑，亦繫罷講月分。恭聞陛下天性好學，晨夕孜孜，雖處深宮，必不暇逸。但臣誤蒙選擇，以經入侍，固當日有獻納，以輔聖志。今乃淹旬累月，不得修其職業，素餐之刺，實不自安。故嘗面奏，假日無事，正宜進講，已蒙聖慈俯賜嘉納。今已兩日，未見施行。因省昨來所陳，似亦未至詳悉。今別具奏，欲乞聖明特降睿旨，今後除朔望旬休及過宫日外，不以寒暑雙隻月日諸色假故，并令逐日蚤晚進講。内有朝殿日分，伏恐聖躬久坐，不無少勞，却乞權住當日蚤講一次，庶幾藏修游息，無非典學之時，聖德日躋，天下幸甚！取進止。

編年 據其内容，時侍經筵，則在紹熙五年可知。其具體月日參年譜長編。

乞差官看詳封事劄子同前

臣前日面奏，恭奉詔旨〔一〕，以雷雨之異，許陳闕失，仰見陛下畏天省己之意。然臣未敢奉詔者，竊見陛下登極之初，已下明詔，來獻言者甚衆，未聞一有施行。今復求言，殆成虛語。欲乞睿旨，令後省官鎖宿看詳，擇其善者，條上取旨，以次施行。已蒙聖慈開納，再三玉音宣諭，如此則求言之詔不爲文具，臣不勝感激欣幸。而今已兩日，未見指揮。竊慮當時所奏他事猥多，又無文字可以降出，是致遲緩。今敢再具奏聞，欲望聖明早賜處分，庶幾聞者知勸，直言日聞，開悟聖聰，益修政德。應天之實，莫大於此。取進止。十月十七日奉聖旨，差沈有開、劉光祖限十日看詳聞奏。

校記 〔一〕旨：宋浙本作「書」。

編年　此劄與上篇係同日所上，見年譜長編。

乞瑞慶節不受賀劄子 紹熙五年十月十八日

臣伏睹今日瑞慶節前一日，宰執率文武百寮詣行宫便殿拜表稱賀〔一〕，臣已前來祗赴立班。然竊惟念壽皇梓宫在殯，陛下追慕方新，乃以此時講行賀禮，臣當以經術入侍帷幄，睹此缺失，心實未安。久欲奏聞，又念疏遠，不敢僭越。昨晚忽奉睿旨，特令宣引，今日晚講。仰見聖心虚懷求善〔二〕，唯恐不及，待遇之恩，復異常品。感激之深，不能自已，謹此密奏，欲望聖慈速賜傳旨，便令權免，其表亦不收接。三年之内，凡有合稱賀事并依此例，庶幾上廣孝治，益隆聖德，風示四表，垂法萬世，臣不勝大願。取進止。

〔貼黄〕臣今所奏雖已遲晚，然群臣班賀於外而聖主抑而不受，益見聖德之盛，可爲後世法程。伏乞睿照。

校記　〔一〕寮：宋浙本作「官」。

〔二〕求：原作「來」，據宋閩、浙本改。

編年　據年譜長編。

經筵留身面陳四事劄子 紹熙五年十月二十三日

臣迂愚衰賤，無以逾人，仰荷聖明，召從遠外，置之近侍之列，處以勸誦之官，此豈私於小臣者哉，意者必以其粗嘗講學，稍有思慮，不肯隨衆默默，或有以仰裨聖治萬分之一也。而臣伏自到闕，三獲進對，狂妄之言，時蒙采納，如增添講日、看詳封事、不受賀表之屬，皆得施行。臣竊不自知，以爲庶幾可以披瀝肝膽，畢義願忠，而無負於陛下所以收録使令之意。又竊惟念服在内朝，實以從容諷議爲職，故雖被求言之詔，亦不敢輒同外臣，撰述文字，以致宣洩。但嘗面奏一二，意望陛下自以聖意施行。而累日以來，竊觀天意，雷霆之後，繼以陰雨，沉鬱不解，夜明晝昏，此必政事設施大有未厭人望，以致陰邪敢干陽德者。而臣前日所嘗言之大者，尚亦未蒙省察。若但碌碌隨群，解釋文義，時時陳説一二細微，以應故事，則不唯非陛下所以召用愚臣之意，亦豈愚臣所以服事陛下之志哉？今有微誠，須至傾竭。

臣之所言，其最大者，則勸陛下凡百自奉，深務抑損，自宫闈之私，居處服用，且如潛邸之舊，以至外庭禮數，僕御恩澤，亦未可遽然全享萬乘之尊，庶幾有以感格親心，早遂晨昏定省之願，以爲陛下必垂開納。而數日來，乃聞有旨修葺舊日東宫，爲屋三數百間。外議皆謂陛下意欲速成，早遂移蹕，以爲便安之計。不惟未能抑損，乃是過有增加，臣不知此果出於陛下之心、大臣之議、軍民之願耶？抑亦左右近習倡爲此説以誤陛下，而欲因以遂其奸心也？臣恐不惟上帝震怒，災異數出，正當恐懼修省之時，不當興此大役，以咈譴告警動之意；亦恐畿甸百姓飢餓流離，阽於死亡之際，忽見朝廷正用此時大興土木，修造宫室，但以適己自奉爲事，而無矜惻憫憐之心，或能怨望忿切，以生他變。不唯無以感格太上皇帝之心，以致未有進見之期，亦恐壽皇在殯，因山未卜，几筵之奉，不容少弛〔一〕；太皇太后、皇太后皆以尊老之年，煢然在憂苦之中，晨昏之養，尤不可闕。而四方之人但見陛下亟欲大治宫室，速得成就，一旦翩然委而去之，以就安便，六軍萬民之心，必又將有扼腕而不平者矣。前監未遠，甚可懼也。至於一離尊親之側，輕去倚廬之次，深宫永巷，園囿池臺，耳目之娱雜然而進，臣又竊恐陛下之心未易當此紛華盛麗之熒惑感移。雖欲日親儒士，講求經訓，以正厥事而進德修業，亦將有所不暇矣。此又臣之所大懼也。

至於壽康定省之禮，則臣嘗言之矣，而其意有未盡也。今聞邇日一再過宫，亦未得見，而不亟爲之慮，如臣所謂下詔自責，頻日繼往者，顧乃逶迤舒緩，無異尋常之時，泛然而往，泛然而歸。太上皇帝聞之，必以爲此徒備禮而來，實無必求見我之意，其深閉固拒而不肯見，固亦宜矣。又聞太上皇后懼忤太上皇帝之意，不欲其聞太上之稱，又不欲其聞内禪之説，此又慮之過者。殊不知若但一向如此而不爲宛轉方便，使太上皇帝灼知陛下所以不得已而即位者，但欲上安宗社，下慰軍民，姑以代己之勞，而非敢遽享至尊之奉，則父子之間，上怨怒而下憂懼，將何時而已乎？父子天倫，三綱所繫，不惟陛下之心深所未安，而四方觀聽殊爲不美。久而不圖，亦將有借其名以造謗生事者，此又臣之所大懼也。

至於朝廷紀綱，尤所當嚴，上自人主，以下至於百執事，各有職業，不可相侵。蓋君雖以制命爲職，然必謀之大臣，參之給舍，使之熟議，以求公議之所在，然後揚于王庭，明出命令而公行之。是以朝廷尊嚴，命令詳審，雖有不當，天下亦皆曉然知其謬之出於某人，而人主不至獨任其責。臣下欲議之者，亦得以極意盡言而無所憚。此古今之常理，亦祖宗之家法也。今者陛下即位未能旬月，而進退宰執，移易臺諫，甚者方驟進而忽退之，皆出於陛下之獨斷，而大臣不與謀，給舍不及議。正使實出於陛下之獨斷而其事悉當於理，亦非爲治之體，以啓將來之弊。況中外傳聞，無不疑惑，皆謂左右或竊其柄，而其所行又未能盡允於公議乎？此弊不革，臣恐名爲獨斷而主威不免於下移，欲以求治而反不免於致亂。蓋自隆興以來，已有此失，臣嘗再三深爲壽皇論之，非獨今日之憂也。尚賴壽皇聖性聰明，更練世事，故於此輩雖以驅使之故稍有假借，實亦陰有以制之，未至全墮其計。然積習成風，貽患於後，其害已有不可勝言者。如陳源、袁佐之流，皆陛下所親見也，奈何又欲襲其迹而蹈之乎？且陛下自視聰明剛斷，孰與壽皇？更練通達，孰與壽皇？壽皇尚不能制之於前，而陛下乃欲制之於後，臣恐其爲患之益深，非但前日而已。此又臣之所大懼也。

至於殯宫之卜，偏聽臺史膠固謬妄之言，墮其交結眩惑之計，而不復廣詢術人，以求吉地，但欲於祐、思諸陵之傍儹那遷就，苟且了當，既不爲壽皇體魄安寧之慮，又不爲宗社血食久遠之圖，則自宰執侍從以至軍民〔二〕，皆知其非而不敢力争。夫以壽皇之豐功盛烈，百世不忘，而所以葬之如此其草草也，此豈不又大咈天人之心，以致變異之頻仍而貽患於無窮乎？此又臣之所大懼也。

凡此四懼，皆非小故。臣願陛下深察愚言而反之於心，明詔大臣首罷修葺東宮之役，而以其工料回就慈福、重華之間，草創寢殿一二十間，使粗可居，又於宮門之外草創供奉宿衛之廬數十間，勿使其有偪仄暴露之苦。如是則上有以感格太上皇帝之心，而速南内進見之期，又有以致壽皇几筵之奉，而盡兩宮晨昏之禮；下有以塞群下窺覦眩惑之奸，而慰斯民飢餓流離之嘆。此一事也。

若夫過宮之計，則臣又願陛下下詔自責，減省輿衛，入宮之後，暫變服色，如唐肅宗之改服紫袍，執控馬前者。預詔近屬尊行之賢，使之先入，首白太上皇后以臣前所陳宛轉方便之説。然後隨之而入，望見太上皇帝，即當流涕伏地，抱膝吮乳，以伸負罪引慝之誠。而太上皇后、宗戚貴臣左右環擁，更進譬諭解釋之詞，則太上皇帝雖有忿怒之情，亦且霍然雲消霧散而歡意浹洽矣。此二事也。

若夫朝廷之紀綱，則臣又願陛下深詔左右勿預朝政。但使朝廷尊嚴，紀綱振肅而國家有泰山之安，則此等自然不失富貴長久之計。其實有勛庸而所得褒賞未慊衆論者，亦詔大臣公議其事，稽考令典，厚報其勞。而凡號令之弛張，人才之進退，則一委之二三大臣，使之反復較量，勿徇己見，酌取公論，奏而行之。批旨宣行，不須奏覆，但未令尚書省施行，先送後省審覆，有不當者，限以當日便行繳駁。如更有疑，則詔大臣與繳駁之官當晚入朝，面議於前，互相論難，擇其善者稱制臨決。則不惟近習不得干預朝權，大臣不得專任己私，而陛下亦得以益明習天下之事，而無所疑於得失之算矣。此三事也。

若夫山陵之卜，則臣前日嘗以議狀進呈，近日又與同列連名具奏。今更不敢頻煩聖聽，亦望特宣大臣，使詳臣等前後所論而決其可否於立談之間。先寬七月之期，次黜臺史之説，别求草澤，以營新宮，使壽皇之遺體得安於内，則宗社生靈皆蒙福於外矣。此四事也。

凡此四事，皆今日最急之務，切乞留神，反覆思慮，斷而行之，以答天變，以慰人心，上以彰聖主用人求諫之實，下以伸小臣愛君憂國之忠，則臣不勝千萬大幸！

又竊念臣老病之餘，寒齋獨宿，終夜不寐，憂慮萬端；而進對之時，率多遺忘〔三〕，言語精神又不能以自達。是以前日一再面奏，所陳數事，有未蒙深察者。今因入侍，敢復冒昧，輒形紙墨，伏惟聖明獨賜詳覽而擇其中。至於孤危之蹤，不敢自保，竊恐自今以往，不獲久侍清閑之燕矣。臣無任瞻戀懇切皇恐俟罪之至。取進止。乞留中。

〔不受賀表下貼黄〕臣又聞前日賀表雖蒙退出，而未降指揮，今後合稱賀事，三年之内并與權免。其節序變遷，并合進名奉慰，并乞聖明先賜處分，庶幾遇事免致失禮。伏候聖旨。

〔竊觀天意下貼黄〕臣又聞前此雷雨之時，累曾地震，此十七日半夜前後，其震尤甚。八月半間〔四〕，蜀中大震，墻屋往往傾摧。臣雖不曾親見，然見者頗多，傳聞甚的。聖政方新而變異不止，天戒甚明，必有所爲。并乞睿照。

〔此三事也下貼黄〕臣又嘗謂人主當務聰明之實，而不可求聰明之名。信任大臣，日與圖事，反覆辯論，以求至當之歸，此聰明之實也。偏聽左右，輕信其言，每事從中批出處分，此聰明之名也。務其實者，今雖未明，久必通悟。務其名者，或外間一時可以竦動觀聽，然中實未明，愈久而愈暗矣。二者之間，所差毫釐，而其得失則有大相遠者。伏乞睿照。

校記

〔一〕不：宋浙本作「未」。

〔二〕侍：原作「待」，據宋閩、浙本改。

〔三〕多：宋浙本作「有」。

〔四〕間：原作「聞」，據宋浙本改。

編年 據年譜長編。

論災異劄子 紹熙五年閏十月六日

臣竊聞今月五日夜漏方下五六刻間，都城之内忽有黑煙四塞，草氣襲人，咫尺之間，不辨人物，著於面目，皆爲沙土。臣雖不曾親見，然親舊相訪，見之者多，驗之數人，其説如一，決非虚妄。臣竊思惟，間者以來，災異數見，秋冬雷雹，苦雨傷稼，山摧地陷，無所不有，皆爲陰盛陽微之證。陛下雖嘗下責躬之詔，出敢諫之令，而天心未豫，復有此怪，亦爲陰聚包陽，不和而散之象。臣竊懼焉，而恐其未有敢以聞於聖聽者也。

蓋嘗聞之，商中宗時，有桑穀并生于朝，一暮大拱。中宗能用巫咸之言，恐懼修德，不敢荒寧，而商道復興，享國長久，至于七十有五年。高宗祭于成湯之廟，有飛雉升鼎耳而鳴。高宗能用祖己之言，克正厥事，不敢荒寧，而商用嘉靖，享國亦久，至于五十有九年。古之聖王遇災而懼，修德正事，故能變災爲祥，其效如此。伏願陛下視以爲法，克己自新，蚤夜思省，舉心動念、出言行事之際，常若皇天上帝臨之在上，宗社神靈守之在旁，懍懍然不復敢使一毫私意萌於其間，以煩譴告，而又申敕中外大小之臣，同寅協恭，日夕謀議，以求天意之所在而交修焉，則庶乎災害日去而福禄日來矣。臣不勝惓惓愛君憂國之至。取進止。一本乞留中省覽，一本乞降付三省樞密院。

編年 據年譜長編。

乞令看詳封事官面奏劄子 紹熙五年十月末

臣昨具奏，乞降指揮看詳臣庶所上封事，已蒙聖慈施行。今來竊見看詳官所具進册，其間貼説極爲詳備。若令因侍經幄面奏指陳，庶於聰明實有裨補。取進止。

編年 據年譜長編。

乞討論喪服劄子 紹熙五年閏十月

臣聞三年之喪，齊疏之服、飦粥之食，自天子達於庶人，無貴賤之殊。而禮經敕令子爲父、嫡孫承重爲祖父，皆斬衰三年。蓋嫡子當爲父後，以承大宗之重，而不能襲位以執喪，則嫡孫繼統而代之執喪，義當然也。然自漢文短喪之後，歷代因之，天子遂無三年之喪。爲父且然，則嫡孫承重從可知已。人紀廢壞，三綱不明，千有餘年，莫能釐正。及我大行至尊壽皇聖帝，至性自天，孝誠内發，易月之外，猶執通喪，朝衣朝冠，皆以大布，超越千古拘攣牽制之弊，革去百王衰陋卑薄之風，甚盛德也。所宜著在方册，爲世法程，子孫守之，永永無斁。而間者遺誥初頒，太上皇帝偶違康豫，不能躬就喪次，陛下實以世嫡之重仰承大統，則所謂承重之服，著在禮律，所宜一遵壽皇已行之法，易月之外，且以布衣布冠視朝聽政，以代太上皇帝躬執三年之喪。而一時倉卒，不及詳議，遂用漆紗淺黄之服。不唯上違禮律，無以風示天下，且將使壽皇已革之弊去而復留，已行之禮舉而復墜。臣愚不肖，誠竊痛之。然既往之失，不及追改，唯有將來啓殯發引，禮當復用初喪之服，則其變除之節尚有可議。欲望陛下仰體壽皇聖孝成法，明詔禮官稽考禮律，預行指定。其官吏軍民男女方喪之禮，亦宜稍爲之制，勿使過爲華靡〔一〕。布告郡國，咸使聞知，庶幾漸復古制，而四海之衆有以著於君臣之義，實天下萬世之幸！取進止。

〔書奏藁後〕準五服年月格，斬衰三年，嫡孫爲祖，謂承重者。法意甚明。而禮經無文，但傳云「父没而爲祖後者服斬」，然而不見本經，未詳何據。但小記云：「祖父没而爲祖母後者三年」，可以旁照。至「爲祖後者」條下，疏中所引鄭志，乃有諸侯父有廢疾，不任國政，不任喪事之問，而鄭答以天子諸侯之服皆斬之文，方見父在而承國於祖之服。向來入此文字時，無文字可檢，又無朋友可問，故大約且以禮律言之。亦有疑父在不當承重者，時無明白證驗，但以禮律人情大意答之，心常不安。歸來稽考，始見此説，方得無疑。乃知學之不講，其害如此，而禮經之文誠有闕略，不無待於後人。向使無鄭康成，則此事終未有決斷。不可直謂古經定制，一字不可增損也。

校記　〔一〕過：宋浙本作「肆」。

編年　據年譜長編。

乞修三禮劄子 紹熙五年閏十月

臣聞之〔一〕，六經之道同歸，而禮、樂之用爲急。遭秦滅學，禮、樂先壞。漢晋以來，諸儒補緝，竟無全書。其頗存者，三禮而已。周官一書，固爲禮之綱領，至其儀法度數，則儀禮乃其本經，而禮記郊特牲、冠義等篇乃其義説耳。前此猶有三禮、通禮、學究諸科，禮雖不行，而士猶得以誦習而知其説。熙寧以來，王安石變亂舊制，廢罷儀禮，而獨存禮記之科，棄經任傳，遺本宗末，其失已甚。而博士諸生又不過誦其虛文以供應舉，至於其間亦有因儀法度數之實而立文者，則咸幽冥而莫知其源。一有大議，率用耳學臆斷而已。若乃樂之爲教，則又絕無師授，律尺短長、聲音清濁，學士大夫莫有知其説者，而不知其爲闕也。故臣頃在山林，嘗與一二學者考訂其説，欲以儀禮爲經，而取禮記及諸經史雜書所載有及於禮者，皆以附於本經之下，具列注疏諸儒之説，略有端緒。而私家無書檢閱，無人抄寫，久之未成。會蒙除用，學徒分散，遂不能就。

而鍾律之制，則士友間亦有得其遺意者。竊欲更加參考，別爲一書，以補六藝之闕，而亦未能具也。欲望聖明特詔有司，許臣就秘書省太常寺關借禮樂諸書，自行招致舊日學徒十餘人〔二〕，踏逐空閑官屋數間，與之居處，令其編類。雖有官人，亦不繫銜請俸，但乞逐月量支錢米，以給飲食、紙札、油燭之費。其抄寫人即乞下臨安府差撥貼司二十餘名，候結局日量支犒賞，別無推恩。則於公家無甚費用，而可以興起廢墜，垂之永久，使士知實學，異時可爲聖朝制作之助，則斯文幸甚！天下幸甚〔三〕！取進止。

校記〔一〕宋浙本無「之」字。

〔二〕十餘：右引作「數十」。

〔三〕右引無此句。

編年 據年譜長編。按：此劄作於紹熙五年無疑。然朱熹自十月二日至京，閏十月二十六日罷歸，此劄未有明確月日。考朱熹閏十月上奏多言禮事，故置此月爲近。

評論 周大璋朱子古文讀本卷一乞修三禮劄子：朱子編儀禮一書，爲萬世倫制作也。然家禮序云：「略虛文，崇本實，以附於孔子從先進之意。」語類云：「古禮繁縟難行，後世苟有作者，必須酌古今之宜。」又云：「周禮煞太文，若後聖有作，必須裁損了。」則朱子制作之意可想見。聖人復起，不易其言也。孫用克 古奥朴質，集中變調。

朱熹文集編年評注卷十五

講義　議狀　劄子

經筵講義紹熙五年十月

大學臣熹曰：大學者，大人之學也。古之爲教者，有小子之學，有大人之學。小子之學，灑掃應對進退之節，詩、書、禮、樂、射、御、書、數之文是也。大人之學，窮理、修身、齊家、治國、平天下之道是也。此篇所記皆大人之學，故以「大學」名之。

臣又嘗竊謂自天之生此民，而莫不賦之以仁、義、禮、智之性，叙之以君臣、父子、兄弟、夫婦、朋友之倫，則天下之理，固已無不具於一人之身矣。但以人自有生而有血氣之身，則不能無氣質之偏以拘之於前，而又有物欲之私以蔽之於後，所以不能皆知其性，以至於亂其倫理而陷於邪僻也。是以古之聖王設爲學校，以教天下之人，使自王世子、王子、公、侯、卿、大夫、元士之適子以至庶人之子，皆以八歲而入小學，十有五歲而入大學，必皆有以去其氣質之偏、物欲之蔽，以復其性，以盡其倫而後已焉。此先王之世所以自天子至於庶人無一人之不學，而天下國家所以治日常多而亂日常少也。及周之衰，聖賢不作，於是小學之教廢而人之行藝不修，大學之教廢而世之道德不明。其書雖有存者，皆不過爲世儒誦説口耳之資而已，未有能因其文以既其實，必求其理而責之於身者也。是以風俗敗壞，人才衰乏，爲君者不知君之道，爲臣者不知臣之道，爲父者不知父之道，爲子者不知子之道，所以天下之治日常少而亂日常多，皆由此學不講之故也。至于我朝，天運開泰，於是河南程顥及其弟頤始得孔、孟以來不傳之緒，而其所以開示學者，則於此篇之旨深致意焉。若其言曰：「大學乃孔氏遺書，須從此學則不差。」又曰：「大學乃初學入德之門，於今可見古人爲學次第者，賴有此篇尚存，其他則莫如論、孟。」其可謂知言之要矣。後之君子欲修己以治人而及於天下國家者，豈可以舍是而他求哉。臣以無能，獲奉明詔，使以此篇進講，謹誦所聞，釋其名義如右，惟聖明之留意焉。

大學之道，在明明德，在親民，在止於至善。臣熹曰：大學者，大人之學也。明，明之也。明德者，人之所得乎天，至明而不昧者也。但爲氣禀所拘，人欲所蔽，則有時而昏，故當有以明之而復其初也。親，程氏以爲字當作「新」，是也。其義則去其舊而新之云爾。言既能自明其明德，又當推以及人，使人亦有以去其舊染之污也。止者，必至於是而不遷之意。至善則事理當然之極也。言明明德、新民皆當至於至善之地而不遷。蓋必其有以盡夫天理之極，而無一毫人欲之私也。此三者，大學之綱領也。

臣竊謂天道流行，發育萬物，而人物之生，莫不得其所以生者，以爲一身之主。但其所以爲此身者，則又不能無所資乎陰陽五行之氣。而氣之爲物，有偏有正，有通有塞，有清有濁，有純有駁。以生之類而言之，則得其正且通者爲人，得其偏且塞者爲物。以人之類而言之，則得其清且純者爲聖、爲賢，得其濁且駁者爲愚、爲不肖。其得夫氣之偏且塞而爲物者，固無以全其所得以生之全體矣，惟得其正且通而爲人，則其所以生之全體無不皆備於我，而其方寸之間虛靈洞徹，萬理粲然，有以應乎事物之變而不昧，是所謂明德者也。人之所以爲人而異於禽獸者，以此；而其所以可爲堯舜而參天地、贊化育者，亦不外乎此也。然又以其所得之氣有清濁純駁之不齊也，是以極清且純者，氣與理一，而自無物欲之蔽。自其次者而下，則皆已不無氣禀之拘矣。又以拘於氣禀之心接乎事物無窮之變，則其目之欲色，耳之欲聲，口之欲味，鼻之欲臭，四肢之欲安佚，所以害乎其德者，又豈可勝言也哉！二者相因，反覆深固，是以此德之明日益昏昧，而此心之靈，其所知者不過情欲利害之私而已。是則雖曰有人之形，而實何以遠於禽獸？雖曰可以爲堯舜而參天地，然亦不能有以自知矣。是以聖人施教，既已養之於小學之中，而後開之以大學之道。其必先之以格物致知之説者，所以使之即其所養之中而發其明之之端也。繼之以誠意、正心、修身之目者，則又所以使之因其已明之端而致其明之之實也。夫既有以發其明之之端，而又有以致其明之之實，則吾之所得於天而未嘗不明者，豈不超然無有氣質物欲之累而復得其本然之明哉？是則所謂明明德者，而非有所作爲於性分之外也。

然其所謂明德者，又人人之所同得，而非有我之得私也。向也俱爲物欲之所蔽，則其賢愚之分固無以大相遠者。今吾既幸有以自明矣，則視彼衆人之同得乎此而不能自明者，方且甘心迷惑没溺於卑污苟賤之中而不自知也，豈不爲之惻然而思有以救之哉？故必推吾之所自明者以及之，始於齊家，中於治國，而終及於平天下，使彼有是明德而不能自明者，亦皆如我之有以自明，而去其舊染之污焉。是則所謂新民者，而亦非有所付畀增益之也。

然德之在己而當明與其在民而當新者，則又皆非人力之所爲；而吾之所以明而新之者，又非可以私意苟且而爲也。是其所以得之於天而見於日用之間者，固已莫不各有本然一定之則矣。以其義理精微之極，有不可得而名者，故姑以至善目之。而傳所謂君之仁、臣之敬、子之孝、父之慈、與人交之信，乃其目之大者也。衆人之心固莫不有是，而或不能知。學者雖或知之，而亦鮮能必至於是而不去。此爲大學之教者所以慮其理雖復而有不純，欲雖克而有不盡，將無以盡夫修己治人之道，而必以是爲明德新民之標的也。欲明德而新民者，誠能求必至是而不容其少有過不及之差焉，則其所以去人欲而復天理者，無毫髮之遺恨矣。

知止而後有定，定而後能静，静而後能安，安而後能慮，慮而後能得。臣熹曰：止者，所當止之地，即至善之所在也。知之則志有定向。静謂心不外馳，安謂所處而安，慮謂思無不審，得謂得其所止。

臣謹按，此一節推本上文之意，言明德新民所以止於至善之由也。蓋明德新民固皆欲其止於至善，然非先有以知其所當止之地，則不能有以得其所當止者而止之。如射者固欲其中，然不先有以知其所當中之地，則不能有以得其所當中者而中之也。知止云者，物格知至而於天下之事皆有以知其至善之所在，是則吾所當止之地也。能知所止，則方寸之間，事事物物皆有定理矣。理既有定，則無以動其心而能静矣。心既能静，則無所擇於地而能安矣。能安則日用之間從容閑暇，事至物來，有以揆之而能慮矣。能慮則隨事觀理，極深研幾，無不各得其所止之地而止之矣。

物有本末，事有終始，知所先後，則近道矣。臣熹曰：明德爲本，新民爲末，知止爲始，能得爲終。本始所先，末終所後，此結上文兩節之意。

臣竊謂明德、新民兩物而内外相對，故曰本末。知止、能得一事而首尾相因，故曰終始。誠知先其本而後其末，先其始而後其終也，則其進爲有序而至於道也不遠矣。蓋欲治人者不可不先於治己，欲體道者不可不先於知道。此則天下國家之達道通義，而爲人君者尤不可以不審。是以臣愚竊願陛下深留聖意，伏乞睿照。

古之欲明明德於天下者，先治其國。欲治其國者，先齊其家。欲齊其家者，先修其身。欲修其身者，先正其心。欲正其心者，先誠其意。欲誠其意者，先致其知。致知在格物。臣熹曰：明明德於天下者，使天下之人皆有以明其明德也。心者，身之所主也。誠，實也。意者，心之所發也。實其心之所發，欲其一於善而無自欺也。致，推極也。知，猶識也。推極吾之知識，欲其所知無不盡也。格，至也。物，猶事也。窮至事物之理，欲其極處無不到也。此八者，大學之條目也。

臣謹按，此言大學之序，其詳如此，蓋綱領之條目也。格物、致知、誠意、正心、修身者，明明德之事也。齊家、治國、平天下者，新民之事也。格物致知，所以求知至善之所在，自誠意以至於平天下，所以求得夫至善而止之也。所謂明明德於天下者，自明其明德而推以新民，使天下之人皆有以明其明德也。人皆有以明其明德，則各誠其意，各正其心，各修其身，各親其親，各長其長，而天下無不平矣。然天下之本在國，故欲平天下者，必先有以治其國。國之本在家，故欲治國者，必先有以齊其家。家之本在身，故欲齊家者，必先有以修其身。至於身之主，則心也。一有不得其本然之正，則身無所主，雖欲勉强以修之，亦不可得而修矣。故欲修身者，必先有以正其心。心之發則意也。不能純一於善而不免爲自欺，則心爲所累，雖欲勉强以正之，亦不可得而正矣。故欲正心者，必先有以誠其意。若夫知，則心之神明，妙衆理而宰萬物者也。不能推而致之，使其内外昭融，無所不盡，則隱微之際，私欲萌焉。雖欲勉强以誠之，亦不可得而誠矣。故欲誠意者，必先有以致其知。致者，推致之謂，如「喪致乎哀」之「致」，言推之而至於盡也。至於物，則理之所在，人所必有而不能無者也。不能即而窮之，使其精粗隱顯究極無餘，則理所未窮，知固不盡，雖欲勉强以致之，亦不可得而致矣。故致知之道在乎即事觀理以格夫物。格者，極至之謂，如「格于文祖」之格，言窮之而至其極也。

物格而後知至，知至而後意誠，意誠而後心正，心正而後身修，身修而後家齊，家齊而後國治，國治而後天下平。臣熹曰：物格者，物理之極處無不到也。知至者，吾心之所知無不盡也。知既盡，則意可得而實矣。意既實，則心可得而正矣。

臣謹按，此覆説上文之意也。物格者，事物之理各有以詣其極而無餘之謂也。理之在物者，既詣其極而無餘；則知之在我者，亦隨所詣而無不盡矣。知無不盡，則心之所發可一於善而無不實矣。意不自欺，則心之本體可致其虛而無不正矣。心得其正，則身之所處可不陷於其所偏而無不修矣。身無不修，則推之天下國家亦舉而措之耳，豈外此而求之智謀功利之末哉？

自天子以至於庶人，壹是皆以修身爲本。臣熹曰：壹是，一切也。正心以上，皆所以修身也；齊家以下，則舉此而措之耳。其本亂而末治者否矣。其所厚者薄而其所薄者厚，未之有也。臣熹曰：本，謂身也。所厚，謂家也。此兩節結上文兩節之意。

臣竊謂以身對天下、國家而言，則身爲本而天下、國家爲末。以家對國與天下而言，則其理雖未嘗不一，然其厚薄之分亦不容無等差矣。故不能格物致知以誠意正心而修其身，則本必亂而末不可治。不親其親，不長其長，則所厚者薄而無以及人之親長。此皆必然之理也。孟子所謂天下國家皆本於身，又謂於所厚者薄，無所不薄，其言皆本於此。蓋君猶表也，民猶影也，表正則影無不正矣。君猶源也，民猶流也，源清則流無不清矣。若夫天下之物，則有親有疏，有近有遠，而心之應物則有重有輕，有長有短。親者重而疏者輕，近者長而遠者短，重而長者在所先，輕而短者在所後，亦理勢之必然，非人之所能爲也。是以此章詳陳大學之條目，曰格物，曰致知，曰誠意，曰正心，曰修身，曰齊家，曰治國，曰平天下。凡有八事，而於章末獨以修身、齊家二事結之，亦猶前章知所先後之云，而其旨益以深矣。臣願陛下清閑之燕從容諷味，常存於心，不使忘失，每出一言，則必反而思之曰：「此於修身得無有所害乎？」每行一事，則必反而思之曰：「此於修身得無有所害乎？」小而嚬笑念慮之間，大而號令黜陟之際，無一不反而思之，必無害也然後從之，有害則不敢也。則又夙興而思之曰：「吾於吾親得無有未厚乎？」夜寐而思之曰：「吾於吾親得無有未厚乎？」以至於出入起居、造次食息，無時不反而思之，必已厚也然後守之而勿失。一有未厚，則又恐懼而益加厚焉。念念如此，無少間斷，則庶乎身修親悦，舉而措諸天下無難矣。惟陛下深留聖意。

臣又謹按，自此以上皆大學經文，自「古之欲明明德於天下者」以下爲後章。前章略提綱領，後章細分條目，鉅細相涵，首尾相應，極爲詳備。蓋夫子所誦古經之言而曾子記之。自此以下，傳文十章，則曾子之意而門人記之也，當俟異日詳究其説。然必先讀經文，使之習熟而綱領條目羅列胸中，如指諸掌，然後博考傳文，隨事體察而實致其力，使吾所以明德而新民者無不止於至善，而天下之人皆有以見其意誠、心正、身修、家齊、國治、天下平之效，則大學之道不在於書而在於我矣。伏惟陛下深留聖意，則天下幸甚！

康誥曰：「克明德。」臣熹曰：克，能也，又有勝義。言文王能明其明德也。太甲曰：「顧諟天之明命。」臣熹曰：顧，目在之也。諟，古「是」字，通用。天之明命，即人之明德也。言先王之心常欲明其明德，如目在夫物〔一〕，不敢忘也。帝典曰：「克明峻德。」臣熹曰：峻，書作「俊」，大也。大德即明德也。言堯能明其大德也。皆自明也。臣熹曰：結所引書以釋明明德之意，皆謂自明己之明德也。

臣謹按，此傳之首章，釋經文明明德之義。舊本脱誤，今移在此。其曰「克明德」者，見人皆有是明德而不能明，唯文王能明之也。夫人之所以不能明其明德者，何哉？氣稟物欲害之也。蓋氣偏而失之太剛，則有所不克；氣偏而失之太柔，則有所不克；聲色之欲蔽之，則有所不克；貨利之欲蔽之，則有所不克。不獨此耳，凡有一毫之偏蔽得以害之，則皆有所不克。唯文王無氣稟物欲之偏蔽，故能有以勝之而無難也。其曰「顧諟天之明命」者，人受天地之中以生，所謂命也，故人之明德非他也，即天之所以命我而至善之所存也。唯不察於此，是以氣稟物欲得以蔽之而不能自明。常目在之，無少間斷，真若見其參於前、倚於衡也，則明德常明而天命在我矣。其曰「克明峻德」者，人之爲德，未嘗不明，而其明之爲體，亦未嘗不大，但人自有以昏之，是以既不能明，而又自陷於一物之小。唯堯爲能明其大德而無昏暗狹小之累〔二〕，是則所謂止於至善也。「皆自明也」者，言此上所引三句，皆言人當有以自明其明德也。能自明其明德，則能治其天下國家而有以新民矣。

湯之盤銘曰：「苟日新，日日新，又日新。」臣熹曰：盤，沐浴之盤也。銘，銘其器以自戒之辭也〔三〕。苟，誠也。湯以爲人之洗濯其心以去惡，如沐浴其身以去垢，故銘其盤。言誠能一日有以滌其舊染之污而自新，則當因其已新者而日日新之，又日新之，不可略有間斷也。康誥曰：「作新民。」臣熹曰：鼓之舞之之謂作，言振起其自新之民也。詩曰：「周雖舊邦，其命維新。」臣熹曰：言周國雖舊，至文王能新其德以及於民，而始受天命也。是故君子無所不用其極。臣熹曰：自新新民，皆欲止於至善也。

臣謹按，此傳之二章，釋新民之義也。蓋沐浴之盤者，常用之器，而銘者，自警之辭也。古之聖賢兢兢業業，固無時而不戒謹恐懼，然猶恐其意有所怠而忽忘之也，是以於其常用之器，各因其事而刻銘以致戒焉，欲其常接乎目、每警乎心而不至於忽忘也。其辭所謂「苟日新，日日新，又日新」者，則取沐浴之事而言之。蓋人之有是德，猶其有是身也。德之本明，猶其身之本潔也。德之明而利欲昏之，猶身之潔而塵垢污之也。一旦存養省察之功真有以去其前日利欲之昏而日新焉，則亦猶其疏瀹澡雪而有以去其前日塵垢之污也。然既新矣，而所以新之之功不繼，則利欲之交將復有如前日之昏；猶既潔矣，而所以潔之之功不繼，則塵垢之集將復有如前日之污也。故必因其已新而日日新之，又日新之，使其存養省察之功無少間斷，則明德常明而不復爲利欲之昏。亦如人之一日沐浴而日日沐浴，又無日而不沐浴，使其疏瀹澡雪之功無少間斷，則身常潔清而不復爲舊染之污也。昔成湯所以反之而至於聖者，正惟學於伊尹而有得於此，故有感乎沐浴之事而刻銘於盤以自戒焉。而稱其德者，亦曰不邇聲色，不殖貨利，又曰以義制事，以禮制心，又曰從諫弗咈，改過不吝，又曰與人不求備，檢身若不及，皆日新之謂也。至詩所謂「聖敬日躋」者，則其語意於日新爲尤近〔四〕，而「敬」之一字，又見其所以日新之本。蓋不如是，則亦何地可據而能日繼其功哉？其後伊尹復政太甲，復以「終始惟一，時乃日新」爲丁寧之戒。蓋於是時，太甲方且自怨自艾於桐，處仁遷義而歸，是亦所謂苟日新者。故復推其嘗以告于湯者告之，欲其日進乎此，無所間斷，而有以繼其烈祖之成德也。其意亦深切矣。至周武王踐祚之初，受師尚父丹書之戒，而於几席、觴豆、刀劍、户牖，盥槃莫不銘焉，則亦聞湯之風而興起者，皆可以爲萬世帝王之法矣。傳者釋新民之義而及於此，蓋以是爲自明之至而新民之端也。其曰「作新民」者，武王之封康叔，以商之餘民染紂污俗而失其本心也，故作康誥之書而告之以此，欲其有以鼓舞而作興之，使之振奮踴躍，以去其惡而遷於善，舍其舊而進乎新也。然此豈聲色號令之所及哉，亦自新而已矣。其曰「周雖舊邦，其命維新」者，言周之有邦，自后稷以來，千有餘年，至於文王，聖德日新而民亦丕變，故天命之，以有天下。是其邦雖舊而命則新也。蓋民之視效在君，而天之視聽在民。若君之德昏蔽穢濁而無以日新，則民德隨之，亦爲昏蔽穢濁而日入於亂。民俗既壞，則天命去之，而國勢衰弊，無復光華。如人向老，如日將暮，日凋日瘁，日昏日暗，不覺滅亡之將至。若其有以自新而推以及民，使民之德亦無不新，則天命之新將不旋日而至矣。其曰「君子無所不用其極」者，盤銘言自新也，康誥言新民也，文王之詩自新新民之極也。故曰君子無所不用其極。極，即至善之云也。用其極者，求其止於是而已矣。

詩云：「邦畿千里，惟民所止。」臣熹曰：邦畿，王者之都也。止，居也。言物各有所當止之處也。詩云：「緡蠻黄鳥，止于丘隅。」子曰：「於止，知其所止，可以人而不如鳥乎？」臣熹曰：緡蠻，鳥聲。丘隅，岑蔚之處。「子曰」以下，孔子説詩之辭，言人當知所當止之處也。詩云：「穆穆文王，於緝熙敬止。」爲人君止於仁，爲人臣止於敬，爲人子止於孝，爲人父止於慈，與國人交止於信。臣熹曰：穆穆，深遠之意。於，嘆美辭。緝，繼續也。熙，光明也。敬止，言其無不敬而安所止也。引此而言聖人之止無非至善，五者乃其目之大者也。詩云：「瞻彼淇奥，菉竹猗猗〔五〕。有斐君子，如切如磋，如琢如磨。瑟兮僩兮，赫兮喧兮。有斐君子，終不可諠兮。」如切如磋者，道學也；如琢如磨者，自修也；瑟兮僩兮者，恂慄也；赫兮喧兮者，威儀也；有斐君子，終不可諠兮者，道盛德至善，民之不能忘也。臣熹曰：淇，水名。奥，隈也。菉，詩作「緑」。猗猗，美盛貌。斐，文貌。切，以刀鋸；琢，以椎鑿，皆裁物使成形質也。磋，以鑢鐋；磨，以沙石，皆治物使其滑澤也。治骨角者既切而復磋之，治玉石者既琢而復磨之，皆言其治之有緒而進進不已也。瑟，嚴密之貌。僩，武毅之貌。喧，詩作「咺」。赫喧，宣著盛大之貌。諠，詩作「諼」，忘也。道，言也。學，謂講習討論之事。自修者，省察克治之功。恂，鄭氏讀作「峻」，恂慄，戰懼也。威，可畏也。儀，可象也。引詩而釋之，以見能得至善之所由，而又以贊其德容之盛也〔六〕。詩云：「於戲！前王不忘。」君子賢其賢而親其親，小人樂其樂而利其利，此以没世不忘也。臣熹曰：於戲，嘆詞。前王，謂文、武也。君子，謂其後賢後王。小人，謂後民也。此言前王盛德至善之餘澤，使天下後世無一物不得其所，所以雖已没世，而人思慕之，愈久而不忘也。此兩節咏嘆淫泆，其味深長，當熟玩之。

臣謹按，此傳之三章，釋經文「止於至善」之義。其曰「邦畿千里，維民所止」者，以民止於邦畿，明物之各有所止也。其曰「可以人而不如鳥乎」者，言鳥於其欲止之時猶知其當止之處，豈可人爲萬物之靈，而反不如鳥之能知所止而止之也。其引「穆穆文王」以下一節，則以聖人之止而明至善之所在也。蓋天生烝民，有物有則，是以萬物庶事莫不各有當止之所。但所居之位不同，則所止之善不一。故爲人君，則其所當止者在於仁。爲人臣，則其所當止者在於敬。爲人子，則其所當止者在於孝。爲人父，則其所當止者在於慈。與國人交，則其所當止者在於信。是皆天理人倫之極致，發於人心之不容已者。而文王之所以爲法於天下，可傳於後世者，亦不能加毫末於是焉。但衆人類爲氣稟物欲之所昏，故不能常敬而失其所止。唯聖人之心表裏洞然，無有一毫之蔽，故連續光明，自無不敬，而所止者莫非至善，不待知所止而後得所止也。故傳引此詩而歷陳所止之實，使天下後世得以取法焉。學者於此誠有以見其發於本心之不容已者而緝熙之，則其敬止之功是亦文王而已矣。詩所謂「上天之載，無聲無臭，儀刑文王，萬邦作孚」，正此意也。然君之所以仁，臣之所以敬，子之所以孝，父之所以慈，朋友之所以信，皆人心天命之自然，非人之所能爲也。但能因事推窮以至其極，而又推類以盡其餘，則天下之物皆有以見其至善之所在而止之矣。其引「瞻彼淇澳」以下，舊本脱誤，今移在此。其意則以明夫所以得其至善而止之之方與其得止之驗也。夫如切如磋，言其所以講於學者已精而益求其精也。如琢如磨，言其所以修於身者已密而益求其密也。此其所以擇善固執，日就月將而得止於至善之由也。恂慄者，嚴敬之存乎中也。威儀者，輝光之著乎外也。此其所以睟面盎背，施於四體，而爲止於至善之驗也。盛德至善，民不能忘。蓋人心之所同然，聖人既先得之，而其充盛宣著又如此，是以民皆仰之而不能忘也。盛德，以身之所得而言也；至善，以理之所極而言也。切磋琢磨，求其止於是而已矣。其引「於戲！前王不忘」以下一節，則因上文民不能忘而言也。蓋賢其賢者，聞而知之，仰其德業之盛也。親其親者，子孫保之，思其覆育之恩也。樂其樂者，含哺鼓腹而安其樂也。利其利者，耕田鑿井而享其利也。此皆先王盛德至善之餘澤，故雖已没世，而人猶思之，愈久而不能忘也。

子曰：「聽訟，吾猶人也，必也使無訟乎！」無情者不得盡其辭，大畏民志，此謂知本。臣熹曰：猶人，不異於人也。情，實也。引夫子之言，而言聖人能使無實之人不敢盡其虚誕之辭。蓋我之明德既明，自然有以畏服民之心志，故訟不待聽而自無也。觀於此言，可以知本末之先後矣。

臣謹按，此傳之四章，釋經文「物有本末」之義也。舊本脱誤，今移在此。蓋言聖人德盛仁熟，所以自明者皆極天下之至善，故能大有以畏服其民之心志，而使之不敢盡其無實之辭。是以雖其聽訟無以異於衆人，而自無訟之可聽。蓋己德既明而民德自新，則得其本之明效也。或不能然，而欲區區於分争辯訟之間，以求新民之效，其亦末矣。

臣又謹按，自此以上大學之傳，以釋正經前章之義者也。其言「克明德」者，欲學者自强其志，以勝其氣禀之偏、物欲之蔽而能明其明德也。其言「顧諟天之明命」者，欲學者之於天理心存目在而不可以頃刻忘也。其言「苟日新，日日新，又日新」者，欲學者深自省察，一日沛然有以去惡而遷善，則又如是日日加功而無間斷也。其言「如切如磋，如琢如磨」者，欲學者之不以小善自足而益進其功，以求止於至善，亦日新之意也。凡此數者，其言雖殊，其意則一。臣願陛下深留聖意而實致其功，必使一日之間曉然有以見夫氣稟物欲之爲己害，脱然有以去之而無難，則天理之明瞭然在目，而有以爲日新之地矣。然後日日新之，又日新之，如既切而復磋之，如既琢而復磨之，以至於至善在我而無所不用其極，則宋雖舊邦，而天之所以命陛下者則新矣。如其不然，則臣恐天下之勢將有如前章所謂向老而將暮者。臣不勝大懼，惟陛下之留意焉！

此謂知本。程子曰：衍文也。此謂知之至也。臣熹曰：此句之上當有闕文。

臣謹按，此傳之五章，其次當釋物格知至之義，今亡其辭，而獨留此一句，乃章末之結語也。臣嘗竊考此篇之旨，其綱領有三，其條目有八，而格物致知最爲先務。今乃獨遺其本傳之文，不知其所以發明此旨者果爲何説，甚可惜也。然而尚賴程氏之言，有可以補其亡者。如曰：「學莫先於正心誠意，然欲正心誠意，必先致知。而欲致知，又在格物。致，盡也；格，至也。凡有一物必有一理，窮而至之，所謂格物者也。然而格物亦非一端，如或讀書講明道義，或論古今人物而别其是非，或應接事物而處其當否，皆窮理也。但能今日格一件，明日又格一件，積習既多，然後脱然有貫通處。」又曰：「窮理者，非謂必盡窮天下之理，又非謂止窮得一理便到，但自一身之中，以至萬物之理，理會得多，自當脱然有悟處。」又曰：「格物非欲盡窮天下之物，但於一事上窮盡，其他可以類推。至於言孝，則當求其所以爲孝者如何。若一事上窮不得，且别窮一事，或先其易者，或先其難者，各隨人淺深。譬如千蹊萬徑，皆可以適國，但得一道而入，則可以推類而通其餘矣。蓋萬物各具一理，而萬理同出一原，此所以可推而無不通也。」至於論其所以用力之本，則其言又曰：「學道以知爲先，致知以敬爲本。」又曰：「涵養須是敬，進學則在致知。」又曰：「致知在乎所養，養知莫過於寡欲。」論其所以爲敬之方，則其言又曰：「主一之謂敬，無適之謂一。」又曰：「但莊整齊肅，則心便一，一則自無非僻之干，存之久而天理明矣。」至其門人謝良佐之言則曰：「敬是常惺惺法。」尹焞之言則曰：「人能收斂其心，不容一物，則可以謂之敬矣。」此皆切至之言，深得聖經之旨。傳文雖亡，然於此可以得其梗概矣。

故臣又拾遺意而論之曰：天道流行，造化發育，凡有聲色貌象而盈於天地之間者，皆物也。既有是物，則其所以爲是物者莫不各有當然之則，具於人心而自不容已。是皆得於天之所賦，而非人之所能爲也。今且以其至切而近者言之，則心之爲物，實主於身，其體則有仁、義、禮、智之性，其用則有惻隱、羞惡、恭敬、是非之情，渾然在中，隨感而應，各有攸主而不可亂也。次而及於身之所具，則有口〔七〕、鼻、耳、目、四支之用。又次而及於身之所接，則有君臣、父子、夫婦、長幼、朋友之常。是皆必有當然之則而自不容已，所謂理也。外而至於人，則人之理不異於己也。遠而至於物，則物之理不異於人也。是乃書所謂降衷，詩所謂秉彝，劉子所謂天地之中，子思所謂天命之性，孟子所謂仁義之心，程氏所謂天然自有之中，張載所謂萬物之一原，邵雍所謂道之形體者。但其氣質有清濁偏正之殊，物欲有淺深厚薄之異，是以聖之與愚，人之與物，相與殊絶而不能同耳。以其理之同，故以一人之心而於天下萬物之理無不能知。以其稟之異，故於其理或有所不能窮也。理有未窮，故其知有不盡。知有不盡，則其心之所發必不能純於義理而無雜乎物欲之私，此其所以意有不誠，心有不正，身有不修，而天下、國家不可得而治也。昔者聖人蓋有憂之，是以於其始教，爲之小學，而使人習於誠敬，則所以養其德性、收其放心者，已無所不用其至矣。及其進乎大學，則所謂格物致知云者，又欲其於此有以窮究天下萬物之理而致其知識，使之周遍精切而無不盡也。若其用力之方，則或考之事爲之著，或察之念慮之微，或求之文字之中，或索之講論之際，使於身心性情之德、人倫日用之常，以至天地鬼神之變、鳥獸草木之宜，莫不有以見其所當然而自不容已者。而又從容反覆而日從事乎其間，以至於一日脱然而貫通焉，則於天下之理皆有以究其表裏精粗之所極，而吾之聰明睿知亦皆有以極其心之本體而無不盡矣。凡此推演，雖出管窺，然實皆聖經賢傳之意，造道入德之方也。

抑臣聞之，治古之世，天下無不學之人，而王者之子弟，其教之爲尤密。蓋自其爲赤子之時，而教已行矣。及其出就外傅，則又有小學之學。及其齒於胄子，則又有大學之學。凡所以涵養其本原、開導其知識之具，已先熟於爲臣爲子之時，故其内外凝肅，思慮通明之效，有以見於君臨天下之日。所以能秉本執要，酬酢從容，取是舍非，賞善罰惡，而奸言邪説無足以亂其心術也。降及後世，教化不修，天下之人例不知學，而尊且貴者爲尤甚。蓋幼而不知小學之教，故其長也無以進乎大學之道。凡平日所以涵養其本原、開導其知識者，既已一切鹵莽而無法，則其一旦居尊而臨下，决無所恃以應事物之變而制其可否之命。至此而後，始欲學於小學，以爲大學之基，則已過時而不暇矣。夫手握天下之圖，身據兆民之上，可謂安且榮矣。而其心乃茫然不知所以御之之術，使中外小大之臣皆得以肆其欺蔽眩惑於前，騁其擬議窺覦於後，是則豈不反爲大危大累而深可畏哉？然而尚幸有可爲者，亦曰敬而已矣。若能於此深思猛省，痛自策勵，兼取孟子、程氏之言，便從今日從事於敬，以求放心，則猶可以涵養本原而致其精明，以爲窮理之本。伏惟陛下深留聖意，實下功夫，不可但崇空言，以應故事而已也。臣義切愛君，不覺煩瀆，下情無任恐懼懇激之至。

所謂誠其意者，毋自欺也。臣熹曰：毋者，禁止之辭也。人心本善，故其所發亦無不善。但以物欲之私雜乎其間，是以爲善之意有所不實而爲自欺耳。能去其欲〔八〕，則無自欺而意無不誠矣。如惡惡臭，如好好色，此之謂自慊。故君子必慎其獨也。臣熹曰：如惡惡臭，惡之深也。如好好色，好之切也。慊，快也，足也。獨者，人所不知而己所獨知之之地也。好善惡惡，深切如此，則是意常快足而無自欺矣。必慎其獨者，所以察之於隱微之間，不使其有物欲之雜而爲自欺也。小人閑居爲不善，無所不至，見君子而後厭然掩其不善而著其善。人之視己，如見其肺肝然，則何益矣？此謂誠於中，形於外，故君子必慎其獨也。臣熹曰：閑居，獨處也。厭然，銷沮閉藏之貌。小人爲惡於隱微之中，而詐善於顯明之地，則自欺之甚也。然既實有是惡於中，則其證必見於外，徒爾自欺而不足以欺人也。君子之謹獨，不待監此而後能，然亦不敢不監此而加勉也。曾子曰：「十目所視，十手所指，其嚴乎。」臣熹曰：言雖幽隱之中，吾所獨知之地，而衆所共見，有如此者，可畏之甚也。富潤屋，德潤身，心廣體胖，故君子必誠其意。臣熹曰：胖，安舒也。言富則能潤屋矣，德則能潤身矣，故心無愧怍，則體常舒泰，德之潤身者然也。蓋善之實於中而形於外者如此，又君子之所以不可不謹獨而誠其意也。

臣謹按，此傳之第六章，承上章之言，以釋經文誠意之義者也。臣又詳説之曰：民之秉彝本無不善，故人心之發，莫不知善之當爲而欲爲之。惟其氣禀之雜、物欲之私有以害之，是以爲善之意有所不實而不免爲自欺也。所謂自欺者，外有欲善之形，而其隱微之間常有不欲者以拒乎内也。外有惡惡之狀，而其隱微之間常有不惡者以主乎中也。是以其外雖公而中則私，其形常是而心則否，是皆自欺之類也。所謂誠其意者，亦禁乎此而已矣。能禁乎此，則其心之所發在於好善，則表裏皆好，而隱微之間無一毫之不好；心之所發在於惡惡，則表裏皆惡，而隱微之間無一毫之不惡。是以其好善也如好好色，其惡惡也如惡惡臭，而方寸之間無有纖芥不快不足之處，是則所謂自慊而意之誠也。能自慊而意誠，則其隱微之間無非善之實者。君子於此亦致其謹，而不使一毫之私得以介乎其間而已。若小人之自欺，則不惟形於念慮之間，而必見於事爲之際。此知其爲惡而掩之，則既不足以自欺，人之視己如見其肺肝，則又不足以欺人，亦何益之有哉。此君子所以又以爲戒而必謹其獨也。其引曾子之言以下，則所以明夫隱微之間實有不善，則人皆知之，如十目之所同視，十手之所同指，無不見之，甚可畏也。隱微之間實無不善，則其形於外也亦然。蓋多財之人其屋必美，有德之人其身必修，其心廣大，則其體必安舒。此又以著理之必然，而見君子所以必誠其意之指也。然考之於經，則所以能誠其意者，乃在夫知至。蓋知無不至，則其於是非得失皆有以剖析於毫釐之間，而心之所發必無外善内惡之弊。所以有主於中，有地可據，而致謹於隱微之間也。若知有不至，則其不至之處惡必藏焉，以爲自欺之主，雖欲致其謹獨之功，亦且無主之能爲而無地之可據矣。此又傳文之所未發，而其理已具於經者，皆不可以不察也。然猶爲衆人言之耳。若夫人君，則以一身託乎兆民之上，念慮之間一有不實，不惟天下之人皆得以議其後，而禍亂乘之，又將有不可遏者。其爲可畏，又不止於十目所視、十手所指而已。願陛下於此深加省察，實用功夫，則天下幸甚！如其不然，則今日區區之講讀，亦徒爲觀聽之美而已，何益於治道有無之實，以窒夫禍亂之原哉。

校記

〔一〕夫：宋浙本作「二」。
〔二〕暗：原作「昧」，據宋閩、浙本改。
〔三〕銘：原作「名」，據宋浙本改。
〔四〕尤：原作「至」，據右引改。
〔五〕菉：右引作「緑」。
〔六〕其：原作「美」，據右引改。
〔七〕有：原作「其」，據右引改。
〔八〕欲：正訛改作「私」。

編年 此篇爲紹熙五年經筵講義，第作於十月抑或閏十月無據。考朱熹自十月十四日首講大學，至閏十月一日尚在講「傳」之二章，故徹篇計前後約及二十餘日。雖進講後或續有整理，然以其愛君之誠，進講前必早已成稿，故置於十月爲宜。參年譜長編。

祧廟議狀 并圖 紹熙五年閏十月七日

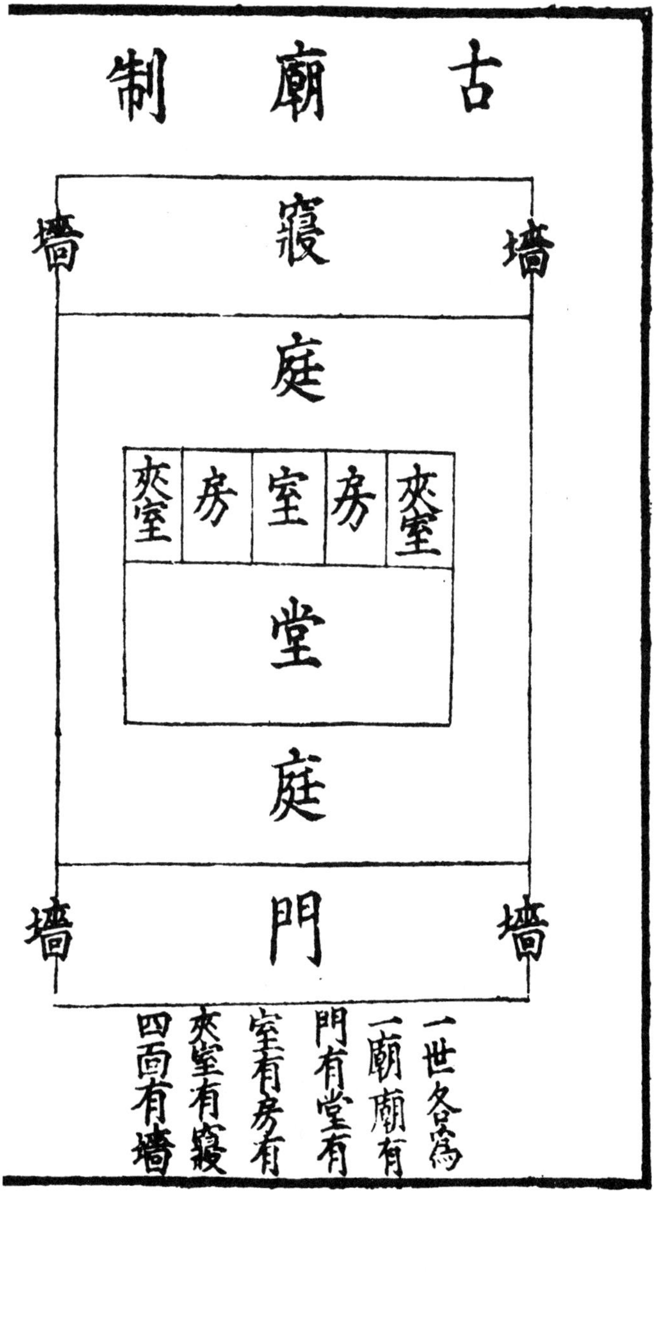

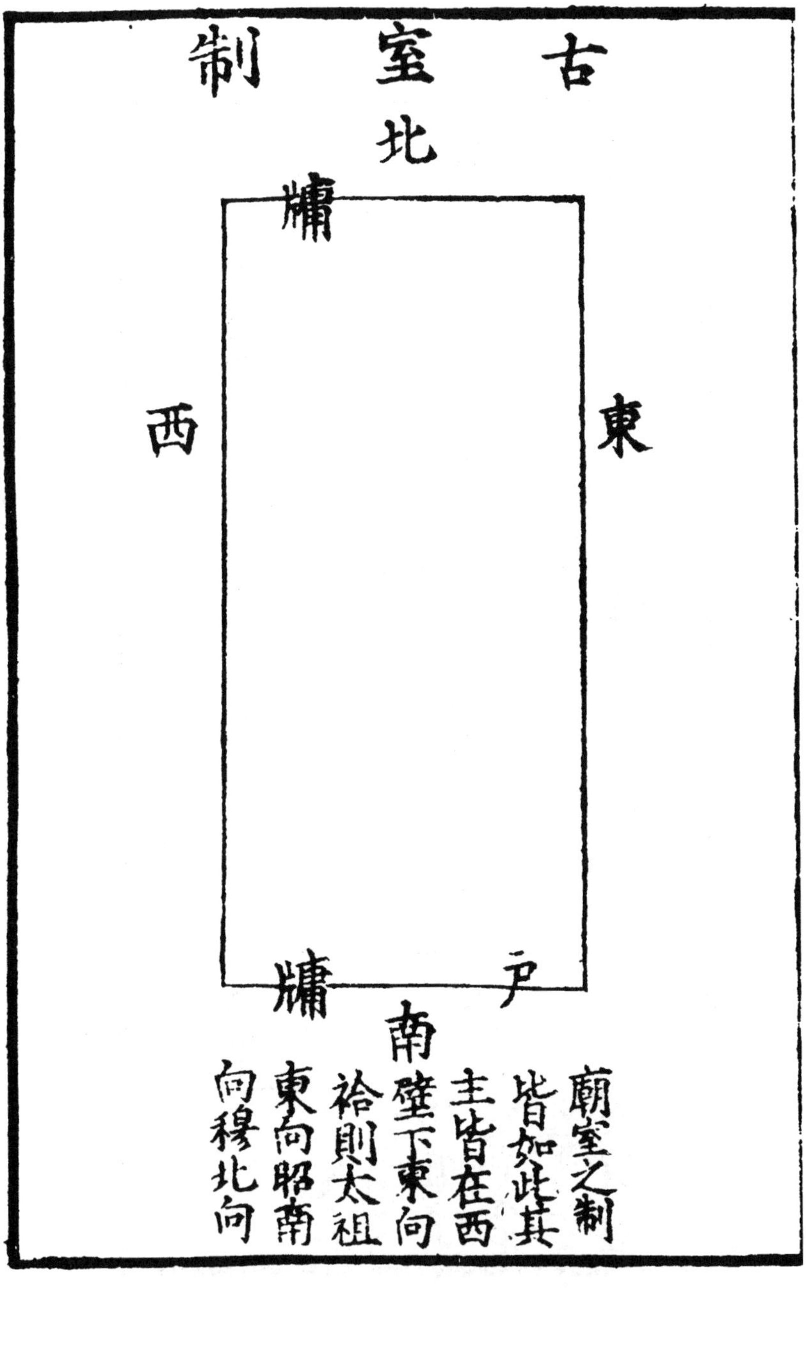
古室制
北
牖
西
東
牖
户
南
廟室之制皆如此其主皆在西壁下東向祫則太祖東向昭南向穆北向

本朝太廟制

從後看起

東夾室

第十二室	穆廟 廢此廟 高宗 欲遷高宗於第十室而	廢此廟 欲遷高宗於第九室而
第十一室	穆廟 孝宗於此爲穆廟 欽宗 欲遷欽宗於第九室而奉	廢此廟 欲遷欽宗於第八室而
第十室	昭廟 高宗於此爲昭廟 徽宗 欲遷徽宗於第八室而奉	孝宗於此爲穆廟 欲遷徽宗於第七室而奉
第九室	昭廟 欽宗於此爲昭廟 哲宗 欲遷哲宗於第七室而奉	高宗於此爲昭廟 欲遷哲宗於第六室而奉
第八室	穆廟 徽宗於此爲穆廟 神宗 欲遷神宗於第六室而奉	欽宗於此爲穆廟 欲遷神宗於第五室而奉
第七室	昭廟 哲宗於此爲穆廟 英宗 欲遷英宗於第五室而奉	徽宗於此爲昭廟 欲遷英宗權入西夾室而奉

自後漢明帝以來公私廟制皆同堂異室歷世因之未有能改故堂之上衆神並享其禮不專昭穆但有南北之辨而無左右之別卒哭之後雖依古法祔于祖父而遷主之際乃從今制而入于父之室殊無意義又如古制祔昭廟則穆主不動祔穆廟則昭主不動如今之法則每祔一室而群室皆遷又古祫祭皆於室中今以迫狹而食於堂上皆非禮也神宗皇帝

室次第	見行廟	今禮官等議	今熹擬定	
西夾室	翼祖穆 順祖昭	欲遷僖祖宣祖於此	欲遷宣祖真宗英宗於此	
第一室	始祖廟 僖祖	太祖於此百世不遷祫則東向 欲遷僖祖入西夾室而奉	僖祖於此百世不遷祫則東向 欲仍舊而奉	
第二室	昭廟 宣祖	太宗於此爲昭廟 欲遷宣祖入西夾室而奉	太祖於此爲穆廟百世不遷 欲遷宣祖入西夾室而奉	祖之夾室矣
第三室	穆廟 太祖	真宗於此爲穆廟 欲遷太祖於第一室而奉	太宗於此爲穆廟百世不遷 欲遷太祖於第二室而奉	之舊則左昭右穆各得其所 而真宗英宗皆當藏主於太
第四室	穆廟 太宗	仁宗於此爲昭廟 欲遷太宗於第二室而奉	仁宗於此爲昭廟百世不遷 欲遷太宗於第三室而奉	今擬定姑就權宜若異時 欲復還反舊都能循先王
第五室	昭廟 真宗	英宗於此爲穆廟 欲遷真宗於第三室而奉	神宗於此爲昭廟 欲遷真宗權入西夾室而奉	論者惜之今日朝廷奇爲 於此理固未應及此故熹
第六室	穆廟 仁宗	神宗於此爲昭廟 欲遷仁宗於第四室而奉	哲宗於此爲穆廟 欲遷仁宗於第四室而奉	察見其非禮命儒臣討論 古制方欲爲而未及然嘗表

東
今皆未合遷奉別立世室於仁宗之
於仁宗之東宗世室之西夾室高宗
高宗當別立世室神宗徽宗藏主于仁
當遷藏于西夾室立世室於太宗之東
北向
宗而神宗徽宗祧主三宮當祧則仁宗別
向群昭南向群穆其東以正堂室祀仁徽宗高宗迭居此下
此廟之室中后稷東西以正堂室祀太宗本朝當以仁宗神宗
朝之主皆合食於本朝當以此立廟其之西夾室
祫祭則諸祧主及群主以祧主藏于西夾室祧則藏主於武世室
公之祧主藏于西夾室室祀武王而康王穆之下迭居此下三宮當
以下至王季十五世先周人以此廟正堂周人以康王穆王以
其太祖后稷而不窋
同人以此廟正堂室祀

昭世室

昭宮一

昭宮二

昭宮三

春秋傳曰周公稱太廟魯公稱世室群公稱宮世室者世世不毀也今按此魯

孫毓云諸侯之廟外為都宮太祖在北二昭二穆以次而南今按此雖諸侯之

制也然禮曰魯公之廟文世室也武公之廟武世室也則天子之制亦如此矣

制然天子之廟亦當如此但三昭三穆而宗無數隨其遞廟門堂室夾塗之制已見前圖

太廟

本朝當以此廟正堂室祀僖祖而順翼宣三祖之祧主藏于西夾室祫祭並如周制而僖祖東向順祖宣祖太宗仁宗神宗徽宗高宗皆南向翼祖太祖眞宗英宗哲宗欽宗孝宗皆北向

穆世室

周人以此廟爲正堂祀文王而成王昭王以下祧主藏于西夾室

本朝當以其正堂祀太祖而眞宗英宗哲宗欽宗孝宗祧主當遂藏西夾室

今當奉眞宗英宗二主藏此

穆宮一

周人以成王昭王以下迭居此下三宮當遷則藏主于文世室之西夾室

本朝當以眞宗英宗哲宗欽宗孝宗迭居此下三宮當遷則藏主于太祖世室之西夾室

穆宮二

穆宮三

見行祫享位次

此禮常欲當行之今廟室狹故於堂行之其始祖及諸祧廟之主必移皆無所依非禮之甚

徽宗哲宗　英宗　真宗　宣祖　順祖

東　　西　僖祖

欽宗高宗　神宗　仁宗　太宗　太祖　翼祖

今禮官所議祫享位次

此圖四祖或祫於夾室前或祫於別廟而太祖以下祫於太廟之堂上皆非禮也

高宗欽宗　神宗　仁宗　太宗　宣祖　順祖

東　　太祖　　西　僖祖

孝宗　徽宗哲宗　英宗　真宗　翼祖

今擬定祫享位次 此圖今以廟制未能如古且欲權於太廟堂上行禮俟他日改立廟制即於室中行禮

高宗 徽宗 神宗 仁宗 太宗 宣祖 順祖

東

西 僖祖

孝宗 欽宗 哲宗 英宗 真宗 太祖 翼祖

具位：準尚書吏部牒，奉聖旨，令侍從、兩省、臺諫、禮官集議四祖祧主宜有所歸者。熹今竊詳群議，其説雖多，而揆以禮經，皆有可疑。如曰藏於太廟之西夾室，則古者唯有子孫祧主上藏於祖考夾室之法，而無祖考祧主下藏于子孫夾室之文。昔者僖祖未遷，則西夾室者，僖祖之西夾室也。故順、翼二祖之主藏焉而無不順之疑。今既祧去僖祖而以太祖祭初室矣，則夾室者乃太祖之夾室。自太祖之室視之，如正殿之視朶殿也。子孫坐於正殿而以朶殿居其祖考，於禮安乎？此不可之一也。至於祫享，則又欲設幄於夾室之前而别祭焉，則既不可謂之合食，而僖祖神坐正當太祖神坐之背，前孫後祖，此又不可之二也。如曰别立一廟以奉四祖，則不唯喪事即遠，有毀無立，而所立之廟必在偏位，其棟宇儀物亦必不能如太廟之盛。是乃名爲尊祖而實卑之。又當祫之時，群廟之主祫于太廟，四祖之主祫于别廟，亦不可謂之合食。此又不可之三也。如曰藏主於天興殿，則宗廟、原廟古今之禮不同，不可相雜，而不得合食，亦與别廟無異。此又不可之四也。凡此數者，反復尋繹，皆不可行。議者亦皆知其不安，而不知所以然者，特以其心急欲尊奉太祖，三年一祫，時暫東向之故而爲此紛紛，不復顧慮。殊不知其實無益於太祖之尊，而徒使僖祖、太祖兩廟威靈常若相與争校强弱於冥冥之中，并使四祖之神疑於受擯，徬徨躑躅，不知所歸，令人傷痛，不能自已。不知朝廷方此多事之際，亦何急而爲此也？

今亦無論其他〔一〕，但以太祖皇帝當日追尊帝號之心而默推之，則知太祖今日在天之靈，於此必有所不忍而不敢當矣。又况僖祖祧主遷於治平，而不過數年，神宗皇帝復奉以爲始祖，已爲得禮之正而合於人心，所謂有其舉之而莫敢廢者乎？且孔子論武王、周公之孝而曰：「踐其位，行其禮，奏其樂，愛其所親，敬其所尊，事死如事生，事亡如事存，孝之至也。」今天子既踐太祖之位，行太祖之禮，奏太祖之樂矣，則當愛太祖之所親，敬太祖之所尊，所以事太祖者無以異於生存之時，乃爲至孝。而議者顧欲黜其所追尊之祖考置之他所，而又未有一定之處，是豈所謂愛敬其所親尊而事之如生存之時乎？且議者之所以必爲此説者無他，但以太祖膺圖受命，化家爲國，而王業之興不由僖祖耳。若以此言，則后稷本封於邰，而不窋已自竄於戎狄，公劉、太王又再遷而後定，文、武之興，又何嘗盡由於后稷哉？但推其本始爲出於此，故不可以不祭，而祭之不可以不尊耳，豈計其功德之小大有無哉？况周人雖以后稷爲太祖，而祭法亦曰「祖文王而宗武王」，是乃所謂祖有功而宗有德之意。故自爲世室而百世不遷，以冠群廟，則亦不待東向於祫然後可以致崇極之意矣。

然今日宗廟之制未能如古，姑以權宜而論之，則莫若以僖祖擬周之后稷而祭於太祖之初室，順祖爲昭，翼祖爲穆，宣祖爲昭，而藏其祧主于西夾室。太祖爲穆，擬周之文王爲祖而祭於太廟之第二室。太宗爲昭，擬周之武王爲宗而祭于太廟之第三室。其太祖、太宗又皆百世不遷而謂之世室。真宗爲穆，其祧主亦且權藏於西夾室。仁宗爲昭，爲宗，而祭於第四室，亦爲世室，如太宗之制。英宗爲穆，藏主如真宗之制。神宗爲昭，祭第五室。哲宗爲穆，祭第六室。徽宗爲昭，祭第七室。欽宗爲穆，祭第八室。高宗爲昭，祭第九室。孝宗爲穆，祔第十室。異時高宗亦當爲宗，爲世室，如太宗、仁宗之制。三歲祫享，則僖祖東向如故，而自順祖以下至于孝宗，皆合食焉，則於心爲安而於禮爲順矣。至于古者宗廟之制，今日雖未及議，尚期異時興復之後，還反舊都，則述神宗之志而一新之，以正千載之繆，成一王之法，使昭穆有序而祫享之禮行於室中，則又善之大者也。

蓋尊太祖以東向者，義也；奉僖祖以東向者，恩也。義者，天下臣子今日之願也；恩者，太祖皇帝當日之心也。與其伸義詘恩以快天下臣子之願，孰若詘義伸恩以慰太祖皇帝之心乎？韓愈所謂祖以孫尊，孫以祖詘者，正合此意。而又以爲四時各祭其廟，則所伸之祭常多；三年然後一祫，則所詘之祭常少，亦中事情。故熹於此嘗有感焉，竊獨以爲今欲議四祖神位所祔之宜，而卒不免於舛逆而難通，不若還僖祖於太廟，三年而一東向之爲順易而無事也。熹孤陋寡聞，所見如此。昨日適以衰病，不及預議。伏念宗廟事重，不敢緘默，須至申聞者。

右件如前，并畫到圖子四紙，繳連在前，謹具狀申尚書省。欲乞并賜詳酌，敷奏施行。伏候鈞旨。

〔小貼子〕熹謹按禮家先儒之説，兄弟傳國者，以其嘗爲君臣，便同父子，各爲一世。而天子七廟，宗者不在數中，此爲禮之正法。若今日見行廟制，則兄弟相繼者共爲一世，而太廟增爲九世，宗者又在數中，皆禮之末失也。故熹狀中所擬太廟世數一準先儒之説，固知未必可用。若議者乃用今制，而反不曾詳考自僖祖以至孝宗方及十世，太祖、太宗爲第三世，尚在四昭四穆之中，今日祧遷，只合依孝宗初年遷翼祖例，且遷宣祖，然後爲得。乃不察此，而欲一旦無故并遷僖、宣二祖，又强析太祖、太宗各爲一世，既與哲、徽、欽、高之例不同，又使太廟所祀其實僅及八世，進不及今之九，退不成古之七，尤爲乖繆，無所據依。政使熹説迂闊，多所更改，不可施行，其議者并遷二祖、析一爲二之失，亦合速行改正，且還宣祖，而合太祖、太宗復爲一世，以足九世之數。伏乞詳察。

熹既爲此議，續搜訪得元祐大儒程頤之説，以爲太祖而上有僖、順、翼、宣，先嘗以僖祧之矣，介甫議以爲不當祧，順以下祧可也。何者？本朝推僖祖爲始，已上不可得而推也。或難以僖祖無功業，亦當祧。以是言之，則英雄以得天下自己力爲之，并不得與祖德。或謂靈芝無根，醴泉無源，物豈有無本而生者？今日天下基本蓋出於此人，安得爲無功業？故朝廷復立僖祖廟爲得禮。介甫所見，終是高於世俗之儒。熹竊詳頤之議論素與王安石不同，至論此事，則深服之，以爲高於世俗之儒，足以見理義人心之所同，固有不約而合者。但以衆人不免自有争較强弱之心，雖於祖考，亦忘遜避，故但見太祖功德之盛，而僖祖則民無得而稱焉，遂欲尊太祖而卑僖祖。又見司馬光、韓維之徒皆是大賢，人所敬信，其議偶不出此，而王安石乃以變亂穿鑿得罪於公議，故欲堅守二賢之説，并安石所當取者而盡廢之，所以無故生此紛紛。今以程頤之説考之，則可以見議論之公，而百年不決之是非可坐判矣。并乞詳察。

校記 〔一〕亦無：宋浙本作「毋」。

編年 據年譜長編。

面奏祧廟劄子并圖

紹熙五年閏十月十日

	舊制	今議	臣熹擬定
			孝宗
九世	欽宗高宗		高宗世室
八世	哲宗徽宗	孝宗	欽宗
七世	神宗	欽宗高宗	徽宗

六世	英宗	哲宗徽宗	哲宗
五世	仁宗	神宗	神宗
四世	眞宗	英宗	仁宗 世室
三世	太祖太宗	仁宗	太宗 世室
二世	宣祖	眞宗	太祖 世室
一世	僖祖	太祖太宗	僖祖 始祖
夾室	順祖翼祖	僖祖順祖翼祖宣祖	順祖翼祖宣祖[illegible]

臣竊見太祖皇帝受命之初，未遑他事，首尊四祖之廟，而又以僖祖爲四廟之首。累聖尊崇，罔敢失墜。中間雖以世數寖遠，遷之夾室，而未及數年，議臣章衡復請尊奉以爲太廟之始祖。宰相王安石等遂奏，以爲本朝自僖祖以上，世次不可得而知，則僖祖有廟，與稷契疑無以异。今欲毁其廟而藏其主，替祖宗之尊而下祔於子孫〔一〕，非所以順祖宗之孝心也〔二〕。於是神宗皇帝詔從其請，而司馬光、韓維、孫抃〔三〕、孫固等以爲非是，力奏争之，其説甚詳。然其立意不過以爲太祖受命立極，當爲始祖而祫享東向，僖祖初無功德，親盡當祧而已。臣嘗深考其説，而以人心之所安者揆之，則僖祖者，太祖之高祖考也，雖歷世久遠，功德無傳，然四世之後篤生神孫，順天應人，以寧兆庶，其爲功德，蓋不必身親爲之然後爲盛也。是以太祖皇帝首崇立之，以爲初廟。當此之時，蓋已歸德於祖而不敢以功業自居矣〔四〕。今乃以欲尊太祖之故而必使之奪據僖祖初室東向之位〔五〕，臣恐在天之靈於此有所不忍而不敢當也。安石之爲人雖不若光等之賢，而其論之正則有不可誣者。世之論者不察乎此，但見太祖功德之盛，而不知因太祖當日崇立僖祖之心以原其所自，但見光等之賢非安石、章衡之所及，而不知反之於己，以即夫心之所安。是以紛紛，多爲異説。臣嘗病其如此，每恨無以正之。不謂今者之來，適逢此議，而又以疾病之故，不獲祗赴，謹已略具鄙見申尚書省，乞與敷奏，并畫成圖本，兼論古今宗廟制度得失。因又訪得元祐大儒程頤所論，深以安石之言爲當，貼説詳盡。而所論并祧二祖，止成八世之説尤爲明白，未知已未得達聖聽？欲乞宣問，詳賜覽觀，并下此奏別令詳議，以承太祖皇帝尊祖敬宗、報本反始之意，上延基祚，下一民聽，千萬幸甚！取進止。乞降付尚書省。

〔貼黄〕臣竊見今者群臣所議奉安四祖之禮多有未安，蓋不遷僖祖則百事皆順，一遷僖祖則百事皆舛，雖復巧作回互，終不得其所安。而又當此人心危疑之際，無故遷移國家始祖之祀，亦惑衆聽，實爲非便。而或者以謂前日之議已奉聖旨恭依，難復更改。臣竊詳治平四年三月議者請遷僖祖，已詔恭依，至熙寧五年十一月，因章衡、王安石等申請復還僖祖，又詔恭依。蓋宗廟事重，雖已施行，理或未安，不容不改。伏乞聖照。

校記　〔一〕宗：宋浙本作「考」。

〔二〕宗：右引作「考」。

〔三〕扑：原作「樸」，據右引改。

〔四〕祖：右引作「彼」。

〔五〕以欲：右引作「欲以」。

編年　據年譜長編。

評論　周大璋朱子古文讀本卷一面奏劄子：尊崇僖祖，報本反始，道宜如此。此推太王、王季之心也。後有聖人，百世不易。不以涑水、半山人品邪正而顛倒其言之是非，尤爲千古論人要法。

議祧廟劄子 紹熙五年閏十月

臣前日面奏祧廟事，伏蒙聖慈宣諭，若曰：「僖祖自不當祧。高宗即位時不曾祧，壽皇即位時亦不曾祧，太上即位時又不曾祧，今日豈可容易？」臣恭承聖訓，仰見陛下聖學高明，燭見事理，尊事宗廟，决定疑惑，至孝至明，非群臣所能及，不勝嘆仰。然今已多日，未聞降出臣元奏劄子，付外施行。竊慮萬機之繁，未及指揮，欲望聖明早賜處分，臣不勝幸甚。取進止。乞降付尚書省。

編年 此劄承上篇。文云「然今已多日，未聞降出臣元奏劄子」，知在十日面奏後數日作。

進擬詔意 紹熙五年閏十月

廟議劄狀并圖包括古今，曲盡底藴〔一〕，非獨可爲今日之法，亦可留備他日稽考，不若降出，更令詳議。如彼説妄，便可反覆剖析，以盡同異。如彼説是，此便不當固執。如但含糊，直降指揮，却恐不厭衆心，反有輕率偏徇之誚。若必不欲降出再議，即當擬定詔意，乞降御筆指揮。然終不若再議之爲善也。其詔意如左云：　昨因臣僚請遷僖祖皇帝，而尊太祖皇帝爲初室，將來祫享，即正東向之位，當已恭依。今復思之，殊有未便。蓋太廟見祀九世十二室，僖祖自熙寧以來尊爲始祖，祭于初室，百世不遷，遇祫享日〔二〕，即居東向之位，已合典禮，「有其舉之，莫敢廢也」。太祖尚在四昭四穆之内，亦未合便居初室，亟正東向，却使太廟止成八世，而四祖不得合食。不若上存僖祖爲初室〔三〕，東向如故，而遷宣祖一世於西夾室。太祖、太宗、仁宗三室亦爲百世不遷之廟，將來永不祧毁，庶幾有以仰順祖宗之孝心，不至妄減太廟世數，且符合食之義，以副朕欽承宗廟之意。其□月□日、閏十月□日兩次已降指揮更不施行。

校記

〔一〕曲：宋浙本作「展」。

〔二〕祫：原作「於」，據右引改。

〔三〕不若：右引作「今合」。

編年　此篇也承上二篇，作在一時甚明。

山陵議狀紹熙五年十月

具位臣朱熹：準尚書吏部牒，十月九日，攢宮覆按使孫逢吉狀，定到大行至尊壽皇聖帝神穴事，三省、樞密院同奉聖旨，令侍從臺諫限三日集議聞奏。臣方欲赴臺集議，忽聞朝廷已別差官前去宣諭，即與衆官具狀申省，別聽指揮外，臣竊有愚見，深恐言之不早，有誤大計，須至先具奏聞者。

右臣竊惟至尊壽皇聖帝聖德神功覆冒寰宇，深仁厚澤浸潤生民，厭世上賓，率土哀慕，宜得吉土，以奉衣冠之藏，垂裕後昆，永永無極。而因山之卜累月于兹〔一〕，議論紛紜，訖無定說。臣嘗竊究其所以，皆緣專信臺史而不廣求術士，必取國音坐丙向壬之穴，而不博訪名山，是以粗略苟簡，唯欲祔於紹興諸陵之旁，不唯未必得其形勢之善，若其穴中水泉之害，地面浮淺之虞，偪仄傷破之餘，驚動諸陵之慮，雖明知之，亦不暇顧。群臣議者又多不習此等猥賤之末術，所以不能堅決剖判，致煩明詔，博訪在廷。臣實痛之，其敢無辭以對？

蓋臣聞之，葬之爲言藏也，所以藏其祖考之遺體也。以子孫而藏其祖考之遺體，則必致其謹重誠敬之心，以爲安固久遠之計。使其形體全而神靈得安，則其子孫盛而祭祀不絕，此自然之理也。是以古人之葬，必擇其地而卜筮以決之，不吉則更擇而再卜焉。近世以來，卜筮之法雖廢，而擇地之説猶存，士庶稍有事力之家，欲葬其先者，無不廣招術士，博訪名山，參互比較〔二〕，擇其善之尤者，然後用之。其或擇之不精，地之不吉，則必有水泉、螻蟻、地風之屬以賊其內，使其形神不安，而子孫亦有死亡絕滅之憂，甚可畏也。其或雖得吉地，而葬之不厚，藏之不深，則兵戈亂離之際，無不遭罹發掘暴露之變，此又其所當慮之大者也。至於穿鑿已多之處，地氣已洩，雖有吉地，亦無全力。而祖塋之側，數興土功，以致驚動，亦能挻災。此雖術家之説，然亦不爲無理。以此而論，則今日明詔之所詢者，其得失大概已可見矣。

若夫臺史之説，謬妄多端。以禮而言，則記有之曰「死者北首，生者南向，皆從其朔」，又曰「葬於北方北首，三代之達禮也」，即是古之葬者必坐北而向南。蓋南陽而北陰，孝子之心不忍死其親，故雖葬之於墓，猶欲其負陰而抱陽也。豈有坐南向北，反背陽而向陰之理乎？

若以術言，則凡擇地者，必先論其主勢之强弱，風氣之聚散，水土之淺深，穴道之偏正，力量之全否，然後可以較其地之美惡。政使實有國音之説，亦必先此五者，以得形勝之地〔三〕，然後其術可得而推。今乃全不論此而直信其庸妄之偏説，但以五音盡類群姓，而謂塚宅向背各有所宜，乃不經之甚者。不惟先儒已力辨之，而近世民間亦多不用。今乃以爲祖宗以來世守此法，順之則吉，逆之則凶，則姑亦無問其理之如何，但以其事質之，則其謬不攻而自破矣。蓋自永安遷奉以來，已遵用此法，而九世之間，國統再絕。靖康之變，宗社爲墟。高宗中興，匹馬南渡，壽皇復自旁支入繼大統。至於思陵，亦用其法，而壽皇倦勤之後，旋即升遐。太上違豫日久，以至遜位。赤山亦用其法，而莊文、魏邸相繼薨謝。若曰吉凶由人，不在於地，不有所廢，其何以興，則國音之説自爲無用之談，從之未必爲福，不從未必爲禍矣。何爲信之若是其篤，而守之若是其嚴哉？若曰其法果驗，不可改易，則洛、越諸陵，無不坐南而向北，固已合於國音矣，又何吉之少而凶之多耶？臺史之言，進退無據，類皆如此。試加詰問，使之置對，必無辭以自解矣。

若以地言，則紹興諸陵臣所未睹，不敢輕議。然趙彦逾固謂舊定神穴土肉淺薄，開深五尺，下有水石，難以安建矣。而荆大聲者乃謂新定東頭之穴比之先定神穴高一尺一寸五分，開深九尺，即無水石。臣嘗詳考二人之言，反復計度，新穴比之舊穴只高一尺一寸五分，則是新穴開至六尺一寸五分，則與舊穴五尺之下有水石處高低齊等，如何却可開至九尺而其下二尺八寸五分者無水石耶？且大聲既知有此無水吉穴，當時便當指定，何故却定土肉淺薄、下有水石之處以爲神穴，直至今日，前説漏露，無地可葬，然後乃言之耶？其反覆謬妄，小人常態，雖若不足深責，然其奸心乃欲奉壽皇梓宫置之水中而略不顧忌，則其罔上迷國、大逆無道之罪不容誅矣。

脱使其言別有曲折，然一坂之地，其廣幾何？而昭慈聖獻皇后已用之矣〔四〕，徽宗一帝二后又用之矣，高宗一帝一后又用之矣，計其地氣已發洩而無餘，行圍、巡路、下宫之屬又已迫狹之甚，不可移減。今但就其空處即以爲穴，東西趲那，或遠或近，初無定論。蓋地理之法譬如針灸，自有一定之穴，而不可有毫釐之差。使醫者之施砭艾皆如今日臺史之定宅兆，則攻一穴而遍身皆創矣，是又安能得其穴道之正乎？

若果此外别無可求，則亦無可奈何。而今兩浙數州皆爲近甸，三二百里，豈無一處可備選擇，而獨遷就偪仄於此數步之間耶？政使必欲求得離山坐南向北之地，亦當且先泛求壯厚高平可葬之處，然後擇其合於此法者。况其謬妄不經之説，初不足信也耶？臣自南來，經由嚴州富陽縣，見其江山之勝，雄偉非常。蓋富陽乃孫氏所起之處，而嚴州乃高宗受命之邦也。説者又言臨安縣乃錢氏故鄉，山川形勢寬平邃密，而臣未之見也。凡此數處，臣雖未敢斷其必爲可用，然以臣之所已見聞者逆推其未見未聞者〔五〕，安知其不更有佳處，萬萬於此而灼然可用者乎？但今偏信臺史之言，固執紹興之説而不肯求耳。若欲求之，則臣竊見近年地理之學出於江西、福建者爲尤盛，政使未必皆精，然亦豈無一人粗知梗概，大略平穩，優於一二臺史者？

欲望聖明深察此理，斥去荆大聲，置之於法，即日行下兩浙帥臣監司，疾速搜訪，量支路費，多差人兵轎馬，津遣赴闕，令於近甸廣行相視得五七處，然後遣官按行，命使覆按。不拘官品，但取通曉地理之人，參互考校，擇一最吉之處，以奉壽皇神靈萬世之安。雖以迫近七月之期，然事大體重，不容苟簡。其孫逢吉所謂「少寬日月，别求吉兆爲上」，此十字者實爲至論。

惟陛下采而用之，庶幾有以少慰天下臣子之心，用爲國家祈天永命之助。

臣本儒生，不曉術數，非敢妄以淫巫瞽史之言眩惑聖德，自速譏誚。蓋誠不忍以壽皇聖體之重委之水泉沙礫之中，殘破浮淺之地，是以痛憤激切，一爲陛下言之。譬如鄉鄰親舊之間，有以此等大事商量，吾乃明知其事之利害必至於此，而不盡情以告之，人必以爲不忠不信之人。而況臣子之於君父，又安忍有所顧望而默默無言哉？惟陛下詳賜省察，斷然行之，則天下萬世不勝幸甚！謹録奏聞，伏候敕旨。乞付尚書省。

校記

〔一〕卜：宋浙本作「役」。

〔二〕互比：右引作「考互」。

〔三〕勝：右引作「勢」。

〔四〕獻：原作「皇」，據宋閩、浙本改。

〔五〕下「者」字：原缺，據宋浙本補。

編年　據狀，十月九日奉旨集議山陵事，朱熹與衆官共同上狀後又單獨作此文，則本篇當作於十月九日後數日間。年譜長編定十日作，則似太泥，根據不足。

朱熹文集編年評注卷十六

奏狀

乞蠲減星子縣稅錢第二狀〔一〕 第一狀闕 淳熙七年夏

臣誤蒙聖恩，俟罪偏壘，自度庸愚，無以補報。到任以來，夙夜憂勞，惟思所以上布聖恩，下求民瘼，仰副使令之萬一者。竊見本軍諸縣大抵荒涼，田野榛蕪，人煙稀少，而星子一縣爲尤甚。因竊究其所以，乃知日前兵亂流移，民方復業，而官吏節次增起稅額，及和買折帛數目浩瀚，人户盡力供輸，有所不給，則復轉徙流亡，無復顧戀鄉井之意。其幸存者，亦皆苟且偷安，不爲子孫長久之慮。一旦小有水旱，則復顧而之他。觀其氣象，如腐草浮苴，無有根蔕，愁嘆亡聊，深可憐憫。是以去年六月，曾以此縣稅錢利害條具聞奏，乞賜蠲減。伏蒙聖恩，即日降出，而户部下之本路漕司，漕司委官究實，復以申部，取旨施行。百里疲羸，日夕仰望聖澤之下流，不啻飢渴，而户部乃以去歲議臣之請，復下漕司，責以對補。吏民相顧，悼心失圖，臣愚惶惑，亦不知所以爲計。然竊伏惟念陛下寬仁勤儉，恭己愛民，四方遠近凡以病告，無不惻然興念，即賜復除。臣不敢廣引前事，且如近者汀州所貢白金歲數千兩，一旦沛然出令，舉以丐之，了無難色。此豈復責其有所取償而後予之哉？慘怛之愛，發於誠心而不可已也。而往者議臣不足以窺測天地含容施生之大德，輒爲對補之説，以逆沮遠近祈恩望幸之心。臣雖至愚，有以知其决非陛下之本心也。且州郡誠有餘財，自當措置兑那，以紓民力，豈復敢以此等瑣末上勞天聽？正爲公私匱乏，不能相救，是以冒昧有此陳請。今乃限以對補之説，不附其説則遠縣窮民永無蘇息之期，必從其説則勢無從出，不過剜肉補瘡，以欺天罔人。不惟無益，而或反以爲害；不惟仰失陛下愛民之本心，而臣之愚亦有所不忍爲也。是以敢冒萬死，復以奏聞。欲望聖慈特降睿旨，檢會前奏，依汀州例，直賜蠲放施行。計其所捐除不礙上供數外，不過紬絹一千五十餘匹，錢二千九百餘貫，比之汀州之數未爲甚費，而可以少寬斯人，使得安其生業。臣不任祈天瀝懇、皇恐俟命之至。

校記　〔一〕此篇又見本卷繳納南康任滿合奏稟事件狀。

編年　據本卷繳納南康任滿合奏稟事件狀、卷二十二自劾不合用劄子奏事狀，朱熹第一次奏減星子税錢在淳熙六年六月二十二日。此稱「去年六月」以星子税錢利害奏聞，故知作於淳熙七年。文中未言及受災事，故當作於七月大旱前。王懋竑朱子年譜置於二月，不知何據。

奏南康軍旱傷狀 淳熙七年七月

照會本軍并管屬星子、都昌、建昌縣自六月以來，天色亢陽，缺少雨澤，田禾乾枯。本軍恭依御筆處分，嚴禁屠宰，精意祈禳，及行下逐縣精加祈禱去後。今據星子、都昌、建昌縣申，依應遍詣寺觀、神祠及諸潭洞建壇，祭祀請水，精加祈禱，雨澤并無感應，今來諸鄉旱禾多有乾損。及備據税户陳德祥等狀披訴，所布田禾緣雨水失時，旱禾多有乾槁，不通收刈，申乞委官檢視。本軍今檢準淳熙令，諸官私田災傷，秋田以七月聽經縣陳訴，至月終止。本軍除已依條施行外，須至奏聞。

編年 南康大旱自淳熙七年六月始，文云「自六月以來」，又云秋田訴災至七月底止，可知作於七月。

乞放免租税及撥錢米充軍糧賑濟狀淳熙七年七月

臣伏睹本軍今爲久缺雨澤，旱田旱損，已依準令式具狀奏聞訖。照對本軍地荒田瘠，税重民貧。昨於乾道七年曾遭大旱，伏蒙聖恩，放免本年夏秋二税錢米、紬絹共八萬六千三百二十貫石匹，及詔本路監司應副軍糧米四千石，撥到糴軍糧米錢九千餘貫，并撥本軍未起米一萬一千七百餘石，本軍借兑過乳香度牒錢一萬餘貫，湊糴軍糧，支遣官兵，及撥到賑濟米五萬石，又拖欠兩年上供、折帛、月樁等錢共九萬三千四百一十六貫石匹兩，然後遺民復得存活，以至今日。今兹不幸，復罹枯旱之災，又蒙陛下親降御筆，深詔守臣精加祈禱，而臣奉職無狀，無以感格幽明，祈禱兩月，殊無應效。今則旱田什損七八，晚田亦未可知，正得薄收，其數亦不能當旱田之一二。訪聞耆老云，乾道七年之旱雖不止於如此，然當時承屢豐之後，富家猶有蓄積，人情未至驚憂。又以朝廷散利薄征，賑給之厚，而人民猶不免於流移殍死，閭井蕭條，至今未復。況今民間蓄積不及往時，人情已甚憂懼，目下軍糧便闕支遣，計料見管常平斛斗，亦恐將來不足賑濟支用。若不瀝懇先事奏聞，竊恐將來流殍之禍及他意外之憂又有甚於前日。欲望聖慈早降睿旨，許依分數放免税租外，更令轉運、常平兩司多撥錢米，應副軍糧，準備賑濟，則一郡軍民庶幾不致大段狼狽。冒犯天威，臣無任恐懼待罪之至。

編年 此言賑災事，云「已依準令式具狀奏聞訖」，即指上篇，故知作在一時。

再奏南康軍旱傷狀 淳熙七年七月

照對本軍管屬星子、都昌、建昌三縣管下諸鄉自春夏以來，雨澤少愆，尋行祈禱，於五月中旬已獲感應，稍稍霑足，遂至高下之田皆已布種。至六月上旬以來，又闕雨澤，及遍詣管屬靈迹、寺觀、神祠、諸處淵潭取水〔一〕，建置壇場，依法册祭龍及修設醮筵，禁止屠宰，精加祈禱，自後未獲感應。其管下民户陂塘所積水利，雖車戽注蔭禾稻，緣乾亢日久，兼又風色滲漏，是致民田多有乾槁，不通收刈，見不住據人户投陳旱傷不絕。本軍恭依御筆處分，嚴禁屠宰，精意祈禳，及行下逐縣精加祈禱去後。據星子、都昌、建昌縣申，依應遍詣寺觀、神祠及諸潭洞建壇，祭祀請水，精加祈禱，雨澤并無感應，今來諸鄉早禾多有乾損。及備據税户陳德祥等狀披訴，所有田禾緣雨水失時，早禾多有乾槁，不通收刈，申乞委官檢視。本軍檢準淳熙令，諸官私田災傷，秋田以七月聽經縣陳訴，至月終止，具録奏聞。

校記 〔一〕取：據本卷奏南康軍旱傷狀當作「請」。

編年 此承奏南康軍旱傷狀而作，蓋以災情緊急，再次飛報朝廷。其内容基本相同，亦作在一時。

乞截留米綱充軍糧賑糶賑給狀 淳熙七年七八月間

臣熹昨以衰病無能，退居田野，陛下過聽，不忍棄捐，超資越序，付以千里民社之寄，德至渥也。而臣亡狀，不能悉心營職，宣布寬恩，馴致旱災，害及民物。雖已嘗具奏聞，及申省部諸司，乞行賑救，今來竊聞接濟飢民事常平司已行措置，惟有軍糧一節，利害尤爲不輕，而未聞諸司有所措置。竊慮一旦事出意外，罪無所逃，須至昧死再有陳奏，伏望聖明俯垂臨照。

臣契勘南康軍受納人户苗米計四萬六千五百一十九石，遞年科撥，并充上供起發。而本軍官吏軍兵一歲糧廩計當用米二萬七千五百一十三石，并無科名支撥，從來只於人户輸納苗米多收加耗，高量斛面，及侵支漕司科撥未盡米斛〔二〕，應副支遣。昨於淳熙五年内奉聖旨，令人户自行把概，見青交量，每斛已減斛面二斗。及臣到任，訪聞民間猶以所納爲重，又行措置，減去加耗一斗。所入之數既已不多，然若無水旱災傷、非泛支遣，更以别色官錢多方糴補，亦可僅免曠闕。今者不幸遭此旱傷，差官檢放，雖未見得分數多寡，然以目所見，參之傳聞，其勢所收未必及三四分。竊慮將來減放之後，實納苗米頭數不多，當此凶年，所減加耗斛面又難以復行增起，即本軍官兵所支糧廩委是并無指擬。夫民飢猶能流移逐食，軍兵既係尺籍，從來仰食於官，豈容一日有所欠闕？臣既淺短，無術可爲，旬月以來，晝度夜思，以至成疾。雖已略控危衷，陳乞罷免，然念州郡事勢日就危迫，又有萬倍於一身者。若不力告朝廷，早爲之所，而但偷爲一身之計，自求安便，則其上負陛下拔擢任使之恩，雖復萬死，猶有餘罪。故不自揆其疏賤，輒敢復具情實，冒昧奏聞。欲望聖慈哀憐遠方軍民遭此旱虐，凛然日有溝壑之憂，特降睿旨，許留淳熙六年殘零未起米綱及七年合起米綱，并充本軍軍糧及賑糶賑給支用。其賑糶米錢候將來收到，别隨綱運解發，庶幾一郡生靈若軍若民皆得以保其螻蟻之微命，共感天地造化無窮之恩。更乞憐臣所患心疾不堪思慮，又苦脚氣，不任步履，早賜罷免。仍催已差下人石嶅不候般家接人，疾速前來之任，使臣得輿病還家，待盡餘息，則臣之私計亦爲幸甚。謹録奏聞，伏候敕旨。

〔貼黄〕照對本軍淳熙六年米綱未起僅五千石，今年苗米且約減放七分，即所餘合納米不過一萬三千九百五十五石〔二〕。若蒙聖旨盡行撥賜，亦不爲多。又况賑糶米錢將來續次發納，即其實支之數愈更不多。此在朝廷至爲微末，而可以救活一郡軍民之命，誠非細事。伏乞聖照。

校記 〔一〕支：宋浙本作「用」。

〔二〕三：右引作「二」。

編年 狀言南康救災，又言及淳熙六年米綱及「今年苗米」，知作於淳熙七年。又云「旬月以來，晝度夜思」，南康大旱自六月始，故當作於七、八月間。

奏推廣御筆指揮二事狀淳熙七年秋

具位臣朱熹：伏睹本路安撫使司牒，備奉御筆指揮：「頗聞雨澤愆期，有妨農務，仰本路帥守勤恤民隱，決遣滯獄，嚴禁屠宰，精加祈禳。若未感格，即具奏聞，當議降香前去〔一〕，期於必應，俾雨澤霑足，寬朕憂軫。卿等各勉旃毋怠！」臣伏讀聖訓，有以仰見陛下畏天之誠、愛民之切，雖成湯桑林之禱，宣王雲漢之章，無以過此，甚盛德也。臣幸以愚賤獲奉詔旨，謹以謄寫播告，質之幽明。仰憑威靈，屢獲感應，但其雨澤不至浹洽均匀，目今正是早禾吐穗結實之時，尚多闕水去處。又聞湖南、湖北、淮西等路例皆枯旱，將來不幸或至荒歉，即雖移民移粟之小惠，亦無所施。臣是以夙夜憂惕，不遑啓居。竊以愚見推廣聖訓，畫爲二策，具以奏聞。如有可采，乞賜施行，庶幾有以導迎和氣，銷去旱災，仰寬陛下宵旰之憂。惟是不量卑鄙，屢犯天威，無任震懼隕越之至。臣之所陳謹具如後：

一、臣伏讀聖詔有曰「勤恤民隱」，臣謹已遵稟施行訖。然臣竊聞陸贄有言：「民者邦之本，財者民之心。其心傷則其本傷，其本傷，其支幹凋瘁而根柢蹶拔矣。」推此言之，則今日所以勤恤民隱，莫若寬其税賦，弛其逋負，然後可以慰悦其心而感召和氣也。臣自去年到任之初，即以本軍星子縣税賦偏重，嘗具奏聞，乞賜蠲減。及續體訪到三縣夏料木炭錢科紐太重，亦嘗具申省部及提點司。其木炭錢近得提點司保明條奏，已蒙聖恩蠲減二千貫訖。獨星子減税一事，雖蒙聖恩施行，而户部行下漕司，漕司委官覈實，近日方得回申户部。此事若格以有司之法，必是多方沮難〔二〕，未容便得蠲減。所願聖慈深賜矜憐，直降睿旨，特依所乞，則此縣之民庶幾復得樂生安土，永爲王民，不勝幸甚！

臣又竊見州縣積欠官物，已準去年明堂赦書，自淳熙三年以前并行除放。而近者上司行下，依舊催督。至如本軍雖小，而所催除虚額逃閣外，凡一十三項，計三萬四千七百三十三貫石匹兩。其他大郡，抑又可知。其間所欠雖復名色多端，然而皆是赦恩已放之物。今日再行催理，不唯仰虧帝王大信，而其爲害有不可勝言者。蓋若勒令州縣填備〔三〕，則州縣無所從出，必至額外巧作名色，取之於民。若但責之欠人，則其間多已貧乏狼狽，雖使賣妻鬻子，不足填納，而監繫在官，無復解脱之期。均之二者皆不足以足用豐財，而適足以傷和致沴，爲害不輕。臣愚欲望聖慈特推曠蕩之恩，自淳熙三年以前，但干欠負官物，不問是何名色，凡赦恩已放若已放而未盡者，一切蠲除。如有違詔，輒行催理，仰被受官司繳連具奏，委自三省看詳，將施行官司重作行遣。其被苦人户亦許逕赴登聞鼓院進狀陳理，依此施行。庶幾聖恩下達，民情上通，可以感格和平，銷去災沴。惟聖明留意，則天下幸甚！

一、臣伏讀聖詔有曰「決遣滯獄」，臣謹已遵稟施行訖。然臣竊聞之易曰「君子明謹用刑而不留獄」，此聖人觀象立教，萬世不易之法也。今州縣之獄，勘結圓備、情法相當者，并皆即隨時決遣。惟其刑名疑慮、情理可閔者，法當具案聞奏，下之刑寺，審閲輕重，取自聖裁，而州縣不敢以意决也。此深得古人明謹用刑之意矣。然奏案一上，動涉年歲。且如本軍昨於淳熙四年十一月内申樞密院，乞奏劫賊倪敏忠罪案，其罪狀明白，初無可疑，而凡經二年有半，至今年三月内，方準敕斷行下。其他似此，亦且非一。竊計他州繁劇去處此類尤多，若使皆是行劫殺人之賊，偶有疑慮，使之久幽囹圄，亦何足恤？其間蓋有法重情輕之人，本爲有足憫憐，冀得蒙被恩貸，而反淹延禁繫，不得早遂解釋，則恐非聖人所謂不留獄之意也。臣愚欲望聖慈特詔大臣一員，專督理官，嚴立程限，令將諸州奏案依先後資次排日結絕。其合貸命從輕之人，須當日便與行下；其情理深重，不該減降者，即更寬與一限，責令審覈，然後行下，庶幾輕者早得决遣釋放，重者不至倉卒枉濫。是亦導和弭災之一術，惟聖明留意，則天下幸甚。

右謹件如前，謹録奏聞，伏候敕旨。

校記

〔一〕去：原作「來」，據宋閩、浙本改。

〔二〕多方：原倒，據右引乙。

〔三〕備：原作「補」，據右引改。

編年　文云「臣自去年到任之初」，知作於淳熙七年。據本卷奏南康軍旱傷狀，朱熹首奏旱荒在七月，故此狀當作在七月後。年譜長編置於八月，或近之。

奏借兑上供官錢糴米并乞權行倚閣夏税錢帛狀 淳熙七年秋

臣昨爲本軍今年災傷至重，奏乞截留兩年上供米斛，内循狂妄，伏俟誅夷。不謂聖恩即垂開允，臣與合郡千里軍民鼓舞相慶，仰戴天地父母再生之恩。雖復捐軀隕首，誠不足以仰報萬分之一。今來檢放旱傷秋苗，通計不止七分，除已一面攢具奏聞外，復有危迫之懇，須至冒昧以聞。竊見本軍今年所理夏税，緣自省限起催以來，即苦旱乾，人户車水救田，日不暇給，憂勞愁嘆，實與常歲不同，遂不敢嚴責諸縣依限催理，只令勸諭人户自行輸納。至今截日，方據納到絹九千四百匹，錢一萬六千七百三十五貫二百五十九文省。其絹一面支裝起發，所有見錢，竊緣本軍别無儲積可備賑糶，不免擅行兑借，并未起淳熙六年折帛錢七千三百一十九貫二百九十六文省，通前兩項，共錢二萬四千五十二貫五百五十五文省，趁此米價未起之間，收糴米斛，約計可得一萬一千五百七十石，賑糶飢民。却俟糶畢收簇元錢，節次起發。其餘人户所欠錢絹數目尚多，而民間自今以往飢餓寒凍之憂日甚一日，漸次無力可以供輸，臣誠不忍更行催督，以速其流離轉死之禍。敢冒萬死，復以上聞。欲望聖慈更賜哀憐，許將本軍今年人户未納夏税錢帛權行倚閣，令候來年蠶麥成熟，却隨新税帶納，庶幾飢餓餘民得保生業，不勝萬幸！所有臣輒將上供官錢借兑糴米之罪，敢不俯伏，恭俟朝典。伏乞聖慈并賜施行，臣無任瞻天望聖、皇懼懇切之至。

編年　文云「今年災傷至重」，知作於淳熙七年七月以後。又云「自今以往飢餓寒凍之憂日甚一日」，則尚未入冬，故知作在秋間。

乞撥賜檢放合納苗米充軍糧狀淳熙七年秋

準尚書省劄子，宣教郎、權發遣南康軍朱熹奏，爲今歲旱傷，除接濟飢民一事常平司已行措置，惟有軍糧歲用二萬七千五百一十三石，并無窠名支撥。乞將淳熙六年未起米五千石并今年苗米檢放外餘數，乞盡行撥賜，充軍糧及賑糶賑給支用。奉聖旨，令本路提舉常平司將所部州軍應管常平義倉錢米通融，寬數支撥外，更許本軍將淳熙六年未起米并皆盡數存留，充軍糧及賑糶等支用。内糶到價錢令項樁管〔一〕，非奉朝廷指揮，不得擅行支使。其淳熙七年分米〔二〕，候見得實旱傷分數，别行申取朝廷指揮。本軍除已遵禀施行外，今據星子、都昌、建昌縣申到，檢放通計八分四毫四絲。所有今秋苗米管催四萬六千五百餘石，除放八分四毫四絲，計米三萬七千四百餘石外，合納米九千九十餘石。竊緣本軍一年支遣米計二萬七千五百一十三石，政使盡蒙撥賜上項米斛，其於歲計尚闕支遣。若於數内更令發起，即其狼狽又將有不可勝言者。欲望聖慈矜憐孤遠，特許盡數支撥上件放外苗米，與充軍糧，則一郡軍民不勝幸甚！伏候敕旨。

校記　〔一〕令：正訛改作「另」。

〔二〕米：原作「來」，據宋浙本改。

編年　文稱淳熙七年税米爲「今秋苗米」，知作在七年。旱傷檢放甫畢，知作在秋間。

奏勸諭到賑濟人户狀〔一〕 淳熙七年十二月二十八日

照對本軍今歲旱傷，細民闕食，已行下管屬星子、都昌、建昌縣，勸諭到上户張世亨等承認米穀，賑糶接濟民間食用。已行下逐縣，告示上户，依所認數目樁管在家，伺候差官審實監糶去後。續準行在尚書户部符，九月十九日辰時〔二〕，準淳熙七年九月十三日敕，中書門下省檢會：昨準乾道七年八月一日敕節文，訪聞湖南、江西間有旱傷州軍，竊慮米價踴貴，細民艱食，理合委州縣守令勸諭有米斛富室上户，如有賑濟飢民之人，許從州縣審究詣實〔三〕，保明申朝廷，依今來立定格目給降付身，補授名目。内無官人一千五百石補進義校尉，願補不理選限將仕郎聽。二千石補進武校尉，如係進士，與補上州文學。五千石補承節郎，如係進士，補迪功郎。符本軍疾速施行。本軍遂恭稟行下星子、都昌、建昌縣，勸諭承認賑糶米穀之人，如願將米賑濟〔四〕，依今來所降指揮格法推賞去後。今據都昌、建昌縣狀申，勸諭到元認賑糶米穀税户張世亨、張邦獻、劉師輿、黄澄四名，各情願依格法將米穀賑濟飢民，乞依今降指揮保奏推賞。本軍已行下逐縣，告示張世亨等依數椿管米斛，伺候本軍給曆付飢民，及差官前去監轄賑濟，飢民請領食用。候見的實賑過米數，别行保奏推賞外，須至奏聞者。

校記

〔一〕此狀與下篇文字大致相同。

〔二〕十九：下篇作「十六」。

〔三〕詣：原作「指」，據宋閩、浙本改。

〔四〕米：原作「來」，據下繳納南康任滿合奏稟事件狀事目二同句所引宋閩、浙本改。

編年 據本卷下篇繳納南康任滿合奏稟事件狀第二則。

繳納南康任滿合奏稟事件狀淳熙八年閏三月

臣熹昨於淳熙五年準敕差前件差遣，續奉聖旨，令臣任滿前來奏事。臣已於次年三月到任，至今年三月，已係成資。方欲等候替人前來交割職事，即依元降指揮前去奏事，忽於三月二十五日準尚書省劄子，奉聖旨，除臣提舉江南西路常平茶鹽公事。自顧疏頑，已試無狀，薦蒙任使，恩重命輕，未敢遽有辭避，已於當日望闕謝恩祇受訖。緣爲替人未到，準法未得離任。其元降奏事指揮，又緣已有前件恩命，兼臣見患心氣，精神不全，思慮應對動有差錯，不敢前詣國門，聽候進止外，伏念臣愚賤疏遠，在任二年，凡所奏陳，多蒙開納。甫及終更，曾無績效，又蒙聖恩，有此陞擢。臣雖至愚，然早服父師之訓，其於君臣大義與夫古今治亂得失之故，粗亦識其梗概，豈不願得一望天日之光、少罄平日愚忠之萬一？顧以衰頽，不獲自盡，退就田畝，死有遺憾。惟是今任職事尚有合具奏禀事件，不免具事狀條畫以聞，而總其目如左，須至奏聞者。

一、臣熹狀奏爲本軍星子縣税錢太重，欲乞直降睿旨，特賜蠲減事。

一、臣熹狀繳連本軍狀奏爲勸諭到税户張世亨、張邦獻、劉師輿、黄澄，共承認米一萬九千石，賑濟飢民，給賜了畢。欲乞不候諸司保明，早依元降賞格推恩事。

一、臣熹狀奏爲乞降指揮，淳熙七年被災之郡不得催理積欠，及將倚閣夏税特與蠲放，其上三等户零欠夏税亦與多作料次，逐年帶納事。

一、臣熹奏爲乞賜白鹿洞書院敕額，及乞頒降光堯壽聖憲天體道性仁誠德經武緯文太上皇帝御書石經及國子監九經注疏等事。

右謹具如前，欲望聖慈特降睿旨，逐一施行，不勝幸甚！臣瞻望闕庭，無任慕戀祈懇之至。

謹録奏聞，伏候敕旨。

一〔一〕

右臣誤蒙聖恩，俟罪偏壘，自度庸愚，無以補報。到任以來，夙夜憂勞，惟思所以上布聖恩，下求民瘼，仰副使令之萬一者。竊見本軍諸縣大抵荒凉，田野榛蕪，人煙稀少，而星子一縣爲尤甚。因竊究其所以，乃知日前兵亂流移，民方復業，而官吏節次增起税額，及和買折帛數目浩瀚，人户盡力供輸，有所不給，則復轉徙流亡，無復顧戀鄉井之意。其幸存者，亦皆苟且偷安，不爲子孫長久之慮。一旦小有水旱，則復顧而之他。觀其氣象，如腐草浮苴，無有根蒂，愁嘆亡聊，深可憐憫。是以到任之初，曾以此縣税錢利害條具聞奏，乞賜蠲減。伏蒙聖恩，即日降出，而户部下之本路漕司，漕司委官究實，復以申部，取旨施行。百里疲羸，日夕仰望聖澤之下流，不啻飢渴，而户部乃以往者議臣之請，復下漕司，責以對補。吏民相顧，悼心失圖，臣愚惶惑，亦不知所以爲計者。是以默息久之，不敢復有奏陳。今既終更不遠，郡境又遭去年之旱，其憔悴無憀之態，又有甚於前所陳者。是以不敢愛死，復嬰鈇鉞而一言之。夫以民之貧病至於如此，州郡誠有餘財，自當措置兑那，以紓其力，豈復敢以此等瑣末上勞天聽〔二〕？正爲公私匱乏，不能相救，是以冒昧有此陳請。今乃限以對補之説，使遠民之疾苦不得以上聞，而陛下之德澤不得以下究，此殆議者過計之憂。臣雖至愚，有以知其決非仁聖之本心也。欲望聖慈特降睿旨，將淳熙六年十月十九日對補指揮更不施行。仍詔有司檢會臣熹前奏本軍星子縣税錢事〔三〕，直賜蠲放。蓋其所捐除不礙上供數外，不過紬絹一千五十餘匹，錢二千九百餘貫。此於大農之經費不足以當九牛之一毛，而可以少寬百里之民，使得安其生業。臣不任祈天瀝懇、惶恐俟命之至。謹録奏聞，伏候敕旨。

二〔四〕

〔貼黄〕奏爲本軍勸諭都昌、建昌縣税户張世亨、劉師輿、進士張邦獻、待補太學生黄澄賑濟飢民米斛〔五〕。

照會本軍去歲旱傷至重，細民闕食，雖有樁管及撥到常平米斛，數目不多，深恐不能周給，遂行勸諭到管屬上户承認米數，賑糶接濟民間食用。續於去年十月十一日準行在尚書户部九月十六日辰時準淳熙七年九月十三日敕〔六〕，中書門下省檢準乾道七年八月一日敕節文：訪聞湖南、江西間有旱傷州軍，竊慮米價踴貴，細民艱食，理合委州縣守令勸諭有米斛富室上户，如有賑濟飢民之人，許從州縣審究詣實〔七〕，保明申朝廷，依今來立定格目給降付身〔八〕，補授名目。内無官人一千五百石補進義校尉，願補不理選限將仕郎聽。二千石補進武校尉，如係進士，與免文解一次。不係進士，候到部與免短使一次。四千石補承信郎，如係進士，與補上州文學。五千石補承節郎。如係進士，與補迪功郎。符本軍疾速施行。本軍恭稟行下管屬，再行勸諭承認賑糶米數之人，如願將米賑濟〔九〕，切待審究，保明申朝廷，依今來所降指揮格法推賞去後。據都昌、建昌縣申，數内勸諭到元認糶米税户張世亨、劉師輿、進士張邦獻、黄澄四名，各情願承認米，依格法賑濟。内建昌縣税户張世亨五千石，乞補承節郎；進士張邦獻五千石，乞補迪功郎；税户劉師輿四千石，乞補承信郎；并都昌縣待補太學生黄澄五千石，乞補迪功郎，各乞依今降指揮保奏施行。本軍遂行下，告示張世亨等依數樁米，伺候給曆付飢民，差官監轄賑濟。已於去年十二月二十八日先具奏聞，及申本路諸監司照會去訖。

續據管屬星子、都昌、建昌三縣共抄劄闕食飢民二萬九千五百七十八户，數内大人一十二萬七千六百七口，小兒九萬二百七十六口。本軍各印給曆頭牌面，置簿曆發送逐縣當職官給散付人户。預於縣市及諸鄉均定去處，共置三十五場，分差見任、寄居、指使、添差、監押酒税務、監廟大小使臣共三十五員，監轄賑糶賑濟，及委縣官分場巡察，嚴戢減尅乞覓之弊。自淳熙八年正月初一日爲始，令抄劄到闕食人户赴場賑糶。其鰥寡孤獨之人，即以常平米斛依法賑濟。至正月内，又緣雪寒，行下屬縣，將元係賑糶飢民用上件張世亨、黄澄等米及常平義倉米一例賑濟兩日。至三月内，又慮飢民艱得錢收糴米斛，再自十一日爲頭，行下諸縣，將已給曆賑糶飢民一例普行賑濟一十三日，通作半月。及照得都昌縣止有黄澄一名承認賑濟米五千石〔十〕，凑所管義倉米會計賑濟不周，本軍遂於建昌縣張世亨等賑濟米内撥米四千石，本軍措置官錢，和雇脚夫、舟船，裝載發送都昌縣交管，分於置場去處，責令監轄賑濟，至閏三月十五日終。

節次據都昌縣、建昌縣申到，張世亨、張邦獻、劉師輿、黄澄賑濟過米撮算共計一萬九千石。星子縣元無勸諭到上户賑濟米斛，即以常平義倉米斛依例普行賑濟外，本軍節次行下都昌、建昌知縣，逐旋審究的實賑濟過張世亨、黄澄等米數，保明申軍去後。據迪功郎、監城下酒税、權都昌縣事孫僑，通直郎、知建昌縣事林叔坦狀，保明到張世亨、張邦獻、劉師輿、黄澄賑濟過米一萬九千石，委是節次賑濟飢民食用之數，即無冒濫。本軍一面差委從政郎、本軍司法參軍陳祖永前去都昌、建昌縣覈實到張世亨〔十二〕、張邦獻、劉師輿、黄澄賑濟米一萬九千石委是賑濟過的實之數，本軍再行稽考，别無冒濫，保明是實。

本軍勘會得張世亨、劉師輿各係税户，張邦獻係應舉習詩賦終場士人，并黄澄係於淳熙四年秋試應舉習詩賦取中，待補太學生第十五名是實。其張世亨、張邦獻、劉師輿、黄澄賑濟過米數各應得近降指揮賞格，數内税户張世亨賑濟過米五千石，合補承節郎；税户劉師輿賑濟過米四千石，合補承信郎；進士張邦獻賑濟過米五千石，合補迪功郎；待補太學生黄澄賑濟過米五千石，合補迪功郎。除已具申本路安撫司、轉運司、提舉司、提刑司照會，依條保奏推賞外，欲望聖慈下所屬給降合得付身發下，以憑給付張世亨、張邦獻、劉師輿、黄澄祇受，須至奏聞者。

〔貼黄〕臣契勘本軍管下去秋種麥甚廣，春初亦極茂盛，續次訪聞近緣雨水頗多，大段傷損，民間養蠶亦緣雨濕桑柘，不至十分成熟。伏乞聖照。

臣契勘除上項張世亨等四家米數已行支散了畢外，續次訪聞都昌縣下尚有漏落人户，未曾賑濟。除已帖本縣知佐審實，用義倉米支散去訖，伏乞聖照。

〔貼黄〕奏爲乞特詔有司，不候諸司保明，將本軍所奏黄澄等賑濟早賜依格推賞奏聞事。

右臣昨奉淳熙七年九月十三日聖旨，勸諭到本軍人户黄澄等，出備米一萬九千石賑濟飢民，已曾累具畫一奏聞去訖。近緣春初風雪寒凍及三月以來農功將起，已帖諸縣將上件米普行賑濟管内飢民兩次，通計二萬九千五百七十八户。數内大人一十二萬七千六百七口，小兒九萬二百七十六口。大人一斗五升，小兒七升五合，足爲半月之糧。今已了畢，千里之民既免於飢餓流離殍死之憂，無不歡呼鼓舞，感戴聖恩。臣亦多方體察詢究，委無欺隱漏落、誑妄不實之弊，已依近降指揮具事狀申本路監司〔十二〕，乞行保奏外，竊緣當來勸諭并是臣親書榜帖，分遣官屬再三往復，示以朝廷命令官賞之信，其人乃肯欣然聽命。今臣秩滿，非久解罷，若不力爲奏陳，早乞推賞，萬一他日有司視同常事，巧爲沮却，則不惟使臣得罪於民，亦恐朝廷異時命令無以取信於下。本軍不免別具狀奏，欲望聖慈特詔有司，不候諸司保明，將本軍所奏黄澄、張世亨、張邦獻、劉師輿早賜處分，依格推賞。庶幾民間早獲爲善之利，日後或有災傷，富民易以勸率，貧民不至狼狽，實爲永久之利，臣不勝大願。其本軍奏狀繳連在前，謹録奏聞，伏候敕旨。

三

右臣輒有愚見，上瀆聖聰。臣竊見本軍去年大旱，田畝不收，幸蒙聖恩，減放秋苗，倚閣夏税，而又申詔有司發廩勸分，前後丁寧，勤勤懇懇，凡所以加惠於無告之窮民者至深至厚，以故今歲開春以來，及今已是七十餘日，而閭里細民幸不至於大段闕食。又幸目今雨澤以時，原野漸潤，竊料不過四五十日，則二麥可收。又四五十日，則早稻相繼，決不至於復有流離捐瘠之禍，以勤陛下宵旰之憂矣。然臣竊以爲救荒之政，蠲除賑貸固當汲汲於其始，而撫存休養尤在謹之於其終。譬如傷寒大病之人，方其病時，湯劑砭灸，固不可以少緩，而其既愈之後，飲食起居之間，所以將護節宣小失其宜，則勞復之證百死一生，尤不可以不深畏也。今者飢餓之民雖得蒙被聖恩，以幸免於死亡，然亦類皆鳥形鵠面，藾然無異於大病之新起。若有司加意撫綏，寬其財力，則一二年間，筋骸氣血庶幾可復其舊。若遂以爲既愈而不復致其調攝之功，但見其尚能耕墾田疇，撑拄門户，而遽欲責以累年之逋負與夫去歲倚閣之官物，則是人者其必無全理矣。竊聞乾道七年之旱，夏税秋苗亦皆嘗蒙聖恩矣，而流殍甚衆，迄今不復者，正以次年帶納前料税物者迫之也。然考其實，所謂帶納者，初未嘗大段有人納到，以佐有司用度之闕，而奸胥猾吏得以并緣搔擾，則其害有不可勝言者。其後淳熙元年九月四日，乃以薦饑，始蒙蠲放。則三年之間，所失已多而無及於事矣。今舊逋未除，新税將起，斯人懔懔，已有狼顧之憂。臣愚欲望陛下赦臣之罪，察臣之言，亟詔有司，凡去年被災之郡，盡今年毋得催理積年舊欠，及將去年倚閣夏税悉與蠲放。其上三等人户〔十三〕，當此凶年，細民所從仰食，其間亦有出粟減價賑糶而不及賞格者。欲望聖慈普加恩施，許將去年殘欠夏税多作料數，逐年帶納，則覆載之間、幅員之内，當此災旱之餘，無有一夫一婦不被堯舜之澤矣。臣愚賤疏遠，不當妄有陳奏，實以誤膺委寄，職在牧民，竊於詔令之間有以仰窺陛下子愛黎元之心有加無已，大懼無以仰稱萬分，是以不敢不盡其愚。冒瀆天威，臣無任恐懼顛越之至。謹録奏聞，伏候敕旨。

四〔十四〕

右臣竊嘗伏讀國朝會要，恭睹太宗皇帝嘗因江州守臣周述之奏，詔以國子監九經賜廬山白鹿洞書院，既又以其洞主明起爲蔡州褒信縣主簿，以旌儒學，每恨無由一至其處，仰觀遺迹。及蒙聖恩假守兹土，到任之初，考按圖經，詢究境内民間利病，乃知書院正在本軍星子縣界〔十五〕，而陳舜俞廬山記又載真宗皇帝咸平五年嘗敕有司重加修繕。間因行視陂塘，始得經由其地，見其山川環合，草木秀潤，真閑燕講學之區，而荒凉廢壞，無復棟宇。因竊惟念太宗皇帝、真宗皇帝所以幸教多士、垂裕萬世之意其盛如彼，而下吏淺聞，弗克原念以稱萬分之罪其大如此，駭懼震慴，不皇啓居。既又按考此山老佛之祠蓋以百數，兵亂之餘，次第興葺，鮮不復其舊者，獨此儒館莽爲荆榛。雖本軍已有軍學，足以養士，然此洞之興，遠自前代，累聖相傳，眷顧光寵，德意深遠，理不可廢。况境内觀寺鐘鼓相聞，殄棄彝倫，談説空幻，未有厭其多者，而先王禮義之宫，所以化民成俗之本者，乃反寂寥希闊，合軍與縣僅有三所而已。然則復修此洞，蓋未足爲煩。於是始議即其故基度爲小屋二十餘間，教養生徒一二十人，節縮經營〔十六〕，今已了畢。但其敕額、官書皆已燒毀散失，無復存者，不敢擅行標榜收置，輒昧萬死，具奏以聞。欲望聖明俯賜鑒察〔十七〕，追述太宗皇帝、真宗皇帝聖神遺意〔十八〕，特降敕命，仍舊以白鹿洞書院爲額，仍詔國子監仰摹光堯壽聖憲天體道性仁誠德經武緯文太上皇帝御書石經〔十九〕，及印版本九經疏〔二十〕、論語孟子等書，給賜本洞，奉守看讀，於以褒廣前烈，光闡儒風，非獨愚臣學子之幸，實天下萬世之幸。謹録奏聞，伏候敕旨。

〔貼黄〕臣頃年親見潭州岳麓書院尚存舊碑，大書「敕賜岳麓書院」六字，伏乞睿照。

校記

〔一〕此節又見本卷乞蠲減星子縣税錢第二狀。

〔二〕復：原作「便」，據宋閩、浙本改。

〔三〕詔：原作「照」，據右引改。

〔四〕此節又見别集卷十奏乞推賞賑濟上户。

〔五〕米：原作「斗」，據宋閩、浙本改。

〔六〕十六：本卷奏勸諭到賑濟人户狀作「十九」。

〔七〕詣：原作「指」，據宋閩、浙本改。

〔八〕目：原作「且」，據右引改。

〔九〕米：原作「來」，據右引改。

〔十〕及：别集卷十奏乞推賞賑濟上户作「又」。

〔十一〕到：右引作「得」。

〔十二〕依：原作「因」，據宋浙本改。

〔十三〕三：原作「二」，據本篇總目改。卷十三延和奏劄四言上三等、下二等甚明。

〔十四〕此節淳熙本單出，題乞白鹿洞書狀。

〔十五〕淳熙本「書院」下有「故基」二字。

〔十六〕此句以下至「具奏以聞」：淳熙本作：「今略有緒。切惟兹事雖小，體實非輕，不敢寢默，輒昧萬死以聞。」

〔十七〕察：淳熙本作「念」。

〔十八〕此句以下至「御書石經」：淳熙本作：「特賜敕額，仍詔國子監仰摹尊號太宗皇帝御書石經。」

〔十九〕經武：原作「繼武」，據宋閩、浙本改。

〔二十〕淳熙本「印」下有「造」字，「經」下有「注」字。

編年 本狀第二則云「至閏三月十五日終」，而朱熹離任在該月二十七日，故知作於是月。

阿馬奏案内小貼子 淳熙六年三月至淳熙八年閏三月

臣熹等契勘阿馬既與外人通情，密謀殺夫，自是不容旁有知證，本不敢具案聞奏〔一〕。今準提刑司牒，須至具奏。謹按本人所犯隳絶三綱，情狀慘酷，聞之猶可酸鼻。竊慮有司因循常格，擬從減等之坐，有害風教，事體不輕。欲望聖明洞察，特依常法，以警昏愚，以正邦法，臣等不任大願。

校記 〔一〕聞奏：原作「奏聞」，據宋閩、浙本乙。

編年 文云「今準提刑司牒」，則時爲路分下屬。考朱熹平生爲路分以下官且可理刑唯知南康軍、知漳州兩次。參之以文集編序及卷二十論馬辛獄情劄子、論阿梁獄情劄子，則以作於南康爲近，即淳熙六年三月至八年閏三月之間。

奏紹興府都監賈祐之不抄劄飢民狀 淳熙八年十二月

照對紹興府諸縣今歲災傷，飢民流移，闕食甚衆，恭禀聖訓，寅夕究心奉行。緣本府山陰、會稽縣人户不住遮道告訴抄劄不盡、漏落不實，臣即已措置，專設一局，見今呼集耆保鄉司，專委本府當職官敦請鄉官，重行隔别審實。其在城五廂闕食細民及流移到府之人，本府雖委逐廂官沿門抄劄，訪聞多是止憑廂典，合干人多有不實不盡，亦行前來陳訴。臣又已送下廂官審實抄劄，所有他處流移到府，臣亦已行下本府，與縣令佐約束停房店舍不得多收賃資，并津渡邀滯。仍遍行收拾病患飢困及遺棄小兒，就寬闊寺院安著，支撥常平官錢，收買柴薪藁薦，給衣襖之類，修合藥餌醫治，煮造三兩等稀稠粥，次第救助，仍委請慈悲僧道主管看養，所行非不告戒。臣今月十九日據馬林等投狀稱是嵊縣人事〔一〕，移在本府第一廂居住，闕食飢餓。内有馬百四一名，扶到臣治所，已是飢餓日久，十分羸困，纔到不久，即便倒死。臣即令醫人用藥灌救，移時方得甦醒。遂行呼到本廂官武翼郎、紹興府兵馬都監賈祐之，取問元不抄劄供報因依，本官應對不行。及先來承受本府牒委及承臣送下陳狀，并無抄劄事因報應。本官委是不職，難以存留在任。臣除已先將賈祐之牒紹興府對移本府指使差遣外，欲望聖慈特降睿旨，重賜黜責，以爲官吏奉行賑濟不虔之戒。

校記　〔一〕底本原注：「人事疑當作人氏」。

編年　朱熹到任浙東提舉在淳熙八年十二月六日，此狀方言訴災統計，顯爲初至任時事。文云「今月十九日」，則狀當作在二十日左右。

乞借撥官會給降度牒及推賞獻助人狀 淳熙九年正月

臣昨被臨遣，備使浙東，又蒙聖慈賜以錢會三十萬貫，以給一路賑糶賑濟。自謂遭值聖恩隆厚至於如此，其勢必可以救活此道之人。伏自入境以來，日據紹興府會稽、山陰兩縣人户投訴抄劄漏落，遂將諸縣悉行根括。先據兩縣申到比舊計增二十五萬六千一百九十二口，其餘諸縣尚未申到。計其縣分地里之大小，户口決當數倍於此。蓋緣當來諸縣抄劄不甚子細，而又涉日既久，向之粗能自給者今皆闕食，所以飢民之數日有增加。因以此數考按本府昨來均定所得錢米撥下諸縣之數，其爲欠闕數目尚多。遂將昨來所蒙給降會子等錢，除五萬貫諸州申到已無見在，更留五萬準備諸州取撥外，即計逐縣大小及已得錢米多寡，等第均給。計已支費十八萬餘貫，而會稽、山陰兩縣自占九萬餘貫，其餘準擬諸縣申到再劄人數別行均給者，共不過一萬餘貫，計可得米三四千石而已。事勢危迫，不免逐急於鹽司錢内借撥九萬餘貫，牒紹興府措置運糴，然亦僅可得米二萬餘石而已。以兩縣再劄所添計之，則此二萬二三千石之米，其勢豈足以均及諸縣之人？然而兩縣所得，一家不過日得一二升，一口不過日得一二合而已。此皆僅足以苟延喘息，而不足以救其死命。竊料更加旬月，未論不得食者必致殍死，而此得食之人亦有羸困不能以自存者矣。又況當來計料糴濟止到三月十五日便行住罷，已不能給，而麥熟猶在四月。麥之熟否姑置未論，止計住罷至麥熟〔一〕，猶有半月餘日，無以接濟。

夫以紹興一郡之飢，自臣未到，已蒙撥賜米十四萬石，錢九萬貫。至臣有請，又蒙聖恩如此其厚，而臣智術淺短，不能變通，其所施爲，止於如此，竊恐考之於今，則徒有賑救之名而無賑救之實；要之於後，則既已養之數月之久，而不免棄之旬日之間，徒費陛下軍國之儲數十大萬，而不足以稱陛下救民水火之心，固臣之無狀，死不償責。至於減米增賞，雖已得旨通行，而去年獻助之人至今未蒙推賞。度牒换米，雖已得旨給降，而米數太多，度牒一道計當錢千五百緡，以此至今皆未聞有應募者。則此竊恐陛下憂勞惻怛、博施濟衆廣大無窮之心，或格於有司拘攣纖嗇之議而不得以下究也。

臣已與帥臣王希吕同狀奏聞，欲望聖慈更賜憐憫，再行借撥會子三十萬貫，及今糴米五六萬石，通融接續，措畫糴濟，而復於此詳具其所以然者以聞。其去年本路所奏合推賞人，則乞特詔有司直與推賞，給降告命，付之本州，令守臣唤上當廳祗受，不須更令官司保明，徒爲文具。其度牒亦乞裁減半價，只作百五十石。仍再給降三百本，付紹興府，令臣與王希吕同共掌管。交到米斛，即與書填，則人必樂從，應募者衆。凡此三者，儻蒙施行，庶幾此郡飢民逐家一日各添得米一二升，逐口一日各添得米二三合，而逐縣續有剳到漏落户口及流移歸業之人，亦得以漸次收拾，不至飢死。既有以卒究陛下憂勞惻怛、博施濟衆廣大無窮之心，而草野愚臣亦得以憑藉威靈，不負飢民之命，千萬幸甚！如其不然，則臣計已窮，終必仰孤任使。伏自到任以來，朝夕憂懼，精神耗竭，四肢緩弱，時復麻痺，竊恐一旦溘然，無以見百萬餒鬼於地下。欲望聖慈赦其罪戾，許臣罷免，使得脱此冤債，歸骨故山，亦千萬幸甚！披心瀝血，干冒宸嚴，臣無任恐懼戰栗之至。

校記　〔一〕計：原作「許」，據宋閩本改。

編年　本卷奏巡歷合奏聞陳乞事件狀與本狀皆言及同一事，即與帥臣王希吕同乞再撥會子三十萬貫，速推賞上年獻助之人，故應一時相先後。彼文有確切時日，即淳熙九年正月初，故知本文亦在其時。

奏救荒事宜狀淳熙八年十二月

臣蒙恩將命浙東，奉行救恤，到官日夕考究，求所以上副焦勞之意。竊見浙東諸州例皆荒歉，台、明號爲最熟，亦不能無少損。而紹興府之饑荒，昔所未有。臣以目所睹，回思去歲南康之歉，猶謂之樂歲可也。賑救既在所急，事體宜先奏聞。今紹興八邑，餘姚、上虞號爲稍熟，然亦不及半收。新昌、山陰、會稽所損皆七八分，嵊縣旱及九分，蕭山、諸暨水旱相仍，幾全無收。今除餘姚、上虞稍似可緩外，且論蕭山等六縣，約其所收，不過十一。先次朝廷撥米一十四萬七千石，錢九萬貫，并本司前官申朝廷，於衢、婺州通融，撥到義倉錢三萬八千七十五貫一百文，明州義倉米五千石，數目非不多；州郡日夕惟賑濟是務，官吏稍解事者，皆奔走不暇，雖寄居士大夫，亦不敢寧處，不可謂不留意，然終未有能救飢莩之實，民情嗷嗷，日甚一日，不獨下户乏食，而士子宦族第三等人户有自陳願預乞丐之列者。驗其形骸，誠非得已。兼自秋來，賣田拆屋，斫伐桑柘，鬻妻子、貨耕牛，無所不至，不較價之甚賤，而以得售爲幸。典質則庫户無錢，舉貸則上户無力，藝業者技無所用，營運者貨無所售，魚蝦螺蚌久已竭澤，野菜草根取掘又盡，百萬生齒飢困支離，朝不謀夕。其尤甚者，衣不蓋形，面無人色，扶老携幼，號呼宛轉，所在成群，見之使人酸辛怵惕，不忍正視。其死亡者蓋亦不少。

臣深究其所以然，正緣紹興地狹人稠，所産不足充用，稔歲亦資鄰郡，非若浙西米斛之多。又以和買偏重，無巨富之家，連遭水旱，兼失蠶麥，些小積穀，春首勸糶，無有存者，上户先已匱乏，是以細民無所仰給，狼狽急迫，至於如此。大抵荒歉自五分以下猶可措置，蓋以五分之粟給十分之人，稍行勸分，便可苟活。今以空虛之郡而荒及九分，則一分之粟既不能給十倍之人，而户口甚多，所闕浩瀚，亦有非移民移粟所能補助者。

臣所目見心思，兼詢訪士夫父老者既如此，復約墾田收租之數以證之。除餘姚、上虞外，今將田畝計其歲入，六縣爲田度二百萬畝，每畝出米二石，計歲收四百餘萬。又將今再抄劄山陰、會稽兩縣口數以約六縣之數，則山陰、會稽丁口半於諸暨、嵊縣，而比新昌、蕭山相去不遠，絶長補短，兩縣當六縣四分之一。今抄劄山陰、會稽四等五等貧乏之户計三十四萬口，四等之稍自給及上三等者不預焉，則統計六縣之貧民，約須一百三十萬口，并上户當不下百四十萬。計稔歲所歛四百萬石米，除上供及州用外，養百四十萬之生齒，日計猶不能及二升之數，則所謂樂歲無餘者，既信而有證矣。

又約六縣所蠲放分數以計，今歲民間所收不過十分之一，則所不收之米約計二百六十萬石〔一〕，而所收止四十萬石。闕乏數目如此浩瀚，則所謂補助無策者，又信而有證矣。

今將紹興府先所得錢一十二萬八千七十五貫一百文，并臣所得三十萬貫，除五萬貫諸州申到已無見在，又措留五萬貫均給諸州外，不過共折米八萬二千餘石，并前項米一十四萬石，總而計之，不及其田租所闕十分之一。今來措置，除蕭山僅能口給半月外，其餘五縣以户計之，日之所得，固已不過一二升。若以口計之，則日之所得又不過一二合。是僅足以使之皆知聖主憂勞憫恤、不忍坐視之意而已。若謂如此而便足以救其必死之命，則固難指準。然遂欲以百三十萬之貧民盡仰官司，口以升計，麥秋之前九十餘日，當爲粟百萬石，則亦非朝廷今日事力之所及也。然臣竊謂有司之力誠有限量，而聖主天地父母覆載生育之心則無終窮。以有限之力言之，則救護之切，撥賜之多，誠若不可以有加於今日。然以陛下無窮之心論之，則豈不欲使此邦更得數十萬石之粟，以必救數十萬人之命？其忍直以無可奈何處之，而熟視其飢餓顛仆於前乎？故臣輒敢歷叙其所見聞考驗之實本末如此，而別具施行事目以干聖聽，惟陛下哀憐財幸。意迫情切，言無倫次，臣無任皇恐俟罪之至。

校記 〔一〕二：原作「三」，據宋閩、浙本改。

編年 朱熹到官浙東在淳熙八年十二月六日，文云「去歲南康之歉」，南康大旱在淳熙七年，據以繫年。

奏紹興府指使密克勤偷盗官米狀 淳熙九年正月

照對紹興府諸縣去歲旱傷，飢困及流移之民見今闕食。昨蒙聖恩，撥下米斛賑濟，紹興府遂差指使、保義郎密克勤往平江府請取米一萬三千石，分下上虞、新昌、嵊縣交卸賑濟。今月初七日，臣巡歷到嵊縣點檢，據嵊縣主簿、迪功郎葉梓申，承本縣差往三界鎮交量密克勤請到賑濟米一萬石，依應躬親將本府通判、承議郎吳津較量斛斗交量，每斛比少米一升五合。又令親隨斗子葉吉等徑自用斛行概，意在虧減升合。兼其米盡用糠泥拌和，却乃倚恃本府指使，對衆抑捺，意欲庇護船梢合干人作弊〔一〕。緣此未敢交量，乞施行。及據本縣土豪黃彦等列狀陳訴，密克勤押到米，蒙告示前去般擔，并係濕惡，夾雜糠泥，及每斗不應本場斛斗，去後折欠負累不便。臣尋取到米樣看視，其米多係糠土拌和。遂唤到斗子康勝，對衆用斛量計，每石少欠九升。於内量出一斗篩簸，内有泥土碎米一升二合，并糠一升一合。通約所押一萬三千石内折欠、拌和之數，計米四千一百六十石。臣竊惟陛下聖慈天覆，矜憫飢民，給賜米斛，德意至爲深厚。然以臣所見，嵊縣一帶飢餓之民羸困瘦瘠，宛轉道路，呼號之聲不可忍聞。其不免於死亡者，已不勝計。其密克勤乃敢輒將官米如此偷盗作踐，使飢餓之民不得霑被實惠，情理重害，不可容恕。除已牒本府通判、承議郎吴津逐急用嵊縣斛斗交量，發下本縣賑濟，仍拘管密克勤，聽候施行。及牒紹興府送獄根勘，取見著實，依法施行外，欲望聖慈先將本人重作施行，仍令紹興府疾速根勘，監追所盗米斛送納入官，庶副賑濟。

校記 〔一〕稍：原作「稍」，據宋閩、浙本改。

編年 據本文及下篇所及月日。

奏巡歷合奏聞陳乞事件狀 淳熙九年正月

臣自正月四日起離紹興府〔一〕，迤邐巡歷，有合奏聞陳乞事件，今具下項。欲望聖慈檢會臣前兩狀所奏及今所陳事理，再賜官會三十萬貫，速行舊歲之賞，痛減度牒之價，庶幾儲備稍豐，官吏更敢放手救活飢民。其作捺湖埂，亦係一縣新年農事利害之大者。并乞特依所乞，早賜給降，不勝幸甚！

一、臣初六日到三界鎮，見有餓損人口頗多，其死亡者亦已不少。七日至嵊縣，八日至本縣清化孝節鄉，所見尤多，飢羸尤甚。據其稱説，皆自八九月來闕食至今，其死亡者不可勝數，道殣相望，深可憐憫。臣謹已再於昨蒙給賜錢内取撥五千貫付紹興府通判吴津，令收拾賑給嵊縣、新昌及三界鎮一帶病困之人，庶幾稍獲安存，未至一向死損。但恐錢少，不足支用，伏乞睿照，早賜接濟。

一、臣初九日入諸暨界，所有縣之東南一帶山鄉，所見病損人數絶少。問之鄉人，云是去年稍得收成去處。却見令佐鄉官稱説縣北湖鄉一帶接連蕭山，病死人多，不減嵊縣。臣亦再撥給賜錢五千貫，付紹興府通判劉俣，令收拾諸暨、蕭山病困之人。及根刷到勸諭上户賑糶米未曾出糶之數尚有四千餘石，已牒通判劉俣及本縣催促赴場，增添人户。每户除單丁外，更與一口收糴。及有人户陳訴，乞借官錢，及早修捺湖埂。緣臣曾與帥臣王希吕連狀奏乞給降米斛，未蒙應副。今恐失時，浸損二麥，兼廢農工，已逐急於給賜錢内借撥三千貫應副。所有三項錢米雖已支撥，尚恐數少，未足支用。伏乞睿照，早賜拯濟〔二〕。

一、臣十三日入婺州界，以後事體，續具奏聞。大抵婺州災傷比之紹興府分數頗輕，州縣措置亦似稍有倫理，伏乞睿照。

校記 〔一〕離：原作「奏」，據宋浙本改。

〔二〕拯：右引作「接」。

編年 據本文月日。

奏上户朱熙績不伏賑糶狀淳熙九年正月

臣巡歷到婺州界，一路飢民頗少。本州見將元撥賜米及勸諭到上户米斛置場糶濟，逐日煮粥，以給城市鄉村艱食之人，亦已頗有倫緒。臣自入境以來，每過米場，必親臨視，閱其文曆，校其升斗，小有欺弊，即行懲戒。至十四日，到金華縣孝順鄉第十二都，地名十里牌，有朱二十一米場，本場即無人在彼糶米。據貧乏人户俞九等列狀哀訴，本鄉田産盡賣與豪户朱縣尉，去年荒旱，本縣給曆，令就本都朱二十一米場糴朱縣尉米養濟。且九等每日往來，并不曾般米到來，致一村人民飢餓。其朱縣尉爲見行司到來，却於沿路散榜，詐稱糶米施粥。及據金二等陳訴，朱縣尉雖在十四都糶米，即與朱二十一場隔遠二十餘里。本人令幹人許浩用使私升及濕潤粞碎糙米，及將人户官給曆頭擅自批鑿，每七升減作五升，五升減作四升，又有收下曆頭不肯付還，百端抑遏，無處告訴。又據人户周楊、朱子智等衆狀告訴，朱縣尉典買産業，累年白收花利，不肯批割物力，皆系出産之家抱空代爲送納。臣尋令人暫唤朱縣尉取問，本人倚恃豪强，不伏前來。遂委金華縣尉追發，據縣尉、迪功郎陸適申〔一〕，依應追唤朱縣尉，係極等上户，居屋三百餘間，倚恃豪勢，藏隱在家，不伏前來。竊緣本人家僕叢衆，全無忌憚。臣又已行下本州追發，亦復不到。

臣照得朱縣尉係修職郎朱熙績，元因進納補受官資，田畝物力雄於一郡，結託權貴，凌蔑州縣，豪横縱恣，靡所不爲。本縣昨爲第十二都無上户米斛可糴，就近分撥本人在第十二都朱二十一家置場糴米，其朱熙績輒敢欺凌縣道，不伏發米前去。洎至臣巡歷到彼，又乃詐出文榜，稱就十四都出糶，致得一場糴米人户無從得食。其在家所糶，又皆減尅升斗，虚批曆頭，奸弊非一。凡所稱散粥，亦是虚文，日以一二斗米，多用水漿，煮成粥飲，來就食者反爲所誤，狼狽而歸。凡其所爲，無非奸狡切害之事。及至官司呼唤，又敢公然抵拒，首尾三日，不肯前來。若使人皆如此，荒政何由可辦？欲望聖慈特降睿旨，將朱熙績重賜黜責，以爲豪右奸猾不恤鄉鄰之戒。

校記　〔一〕適：原作「適」，據宋閩、浙本改。

編年　朱熹巡歷時日上、下篇有明載，此言十四日到金華縣，知作在正月。

奏巡歷婺衢救荒事件狀 淳熙九年二月

臣昨按視紹興府嵊縣、諸暨縣，已具事目奏聞訖。續於正月十一日入婺州浦江縣界，歷義烏、金華、武義縣，由蘭溪縣界入衢州、龍游、西安、常山、開化、江山縣。今有合奏聞事，謹具下項：

一、婺州諸邑，蘭溪水旱相仍，被災最甚。金華次之，而境内馬海、白沙一帶爲尤甚。其他又次之，惟永康一縣爲稍輕。大概通計，比之紹興府諸邑事體殊不侔。然諸縣措置不無乖謬，以臣所見，武義坊郭已有飢民。而訪聞蘭溪、金華山谷之間，流殍已衆。幸今守臣錢佃頗能究心料理，專委通判一員往來檢察，請到鄉官五員，日夕商議，計當不至大段闕敗。臣尚恐其所有錢米不足支用，已於昨蒙聖恩所賜錢内取撥台州、處州義倉米錢五萬貫，應副本州糴米糶濟。伏乞睿照。

一、衢州常山、開化水旱最甚，江山次之，西安、龍游又次之。通計其實，不減婺州。但緣當時州郡吝於檢放，常山、開化係災傷極重去處，而常山所放僅及一分六釐有奇，開化又止一釐一毫而已。故文案之間，但覺災傷輕可，而兩邑之民陰受其害，不可勝言。聞得歲前死亡已多，今之所見，羸餓之民亦有甚於婺州諸邑者。西安雖輕於兩邑，而聞芝溪一源向來俞七、俞八作過去處，人民已極困悴，加之守倅皆已逼替，吏民解弛，無復條貫。臣竊憂之，已輒行下本州，所得朝廷許撥義倉米五萬石内，將一萬石專充賑濟，專委曹官兩員、鄉官三員分縣措置，收拾飢餓羸困之人，貌驗支給。伏乞睿照。

一、婺州諸邑有災傷稍重而巡歷未到處，回程當一一點檢，別具奏聞。伏乞睿照。

編年 據卷八十二題伯恭所抹荆公日録、卷三十六答陳同甫一，朱熹正月十七日尚在明招，又與陳亮游從數日。此狀巡歷衢州已畢，計其時日，當在二月初矣。

朱熹文集編年評注卷十七

奏狀

奏衢州守臣李嶧不留意荒政狀淳熙九年二月

臣昨蒙賜對，輒論州縣檢放災傷不實之弊。伏蒙聖慈開納，即降睿旨，令臣詢訪不實最多去處，按劾施行。臣恭稟聖訓，伏自到任，即行詢訪。大抵本路被災諸郡檢放分數多不盡實，而衢州尤甚。蓋自去歲大水之後，知州事、朝散郎李嶧專務掩蔽，不以實聞。及轉運司訪聞，差官驗問，既得其實，反爲李嶧執稱無水。而其親戚方在政路，曲爲主張，遂再下提刑司體究，欲以遂其奸詐。幸所差官不肯曲從，方欲具以實聞，又爲李嶧生事把持，至今未竟。及既遭旱，嶧又妄申諸司，稱民不闕食，未至流移。後來甚不得已，然後差官檢視。所差之官受其風旨，旱田之旱例不爲檢，晚田又不盡實。如常山一縣，被災最甚，通計無慮七八分，而嶧乃只作一分六釐減放。至開化縣，被災不減常山，而其所放則又僅及一釐一毫而已。臣今行視兩縣之境，水痕尚存，高岸民居皆至半壁，山谷之人采取蕨根以充飢腸，羸瘦萎黄，非復人貌。歲前雨寒，死亡已多，而李嶧恬然略不加恤，對臣依舊隱諱，堅執舊説。其於荒政全不留意，但知一味差人下縣督責財賦，急如星火。所蒙聖恩撥賜米斛共六萬石，不爲不多，而至今日久，并不科撥下縣，亦不曉諭民間，諸縣官吏尚有初不聞者。况於窮民，何緣得知聖主天地涵育之恩？加以病昏，不能視履，百度廢弛，不成州郡，不但檢放不實、荒政不修而已也。臣既奉聖訓，詢訪見得上件事理，不敢緘默，以負委寄，敢昧萬死，按劾以聞。伏惟聖慈早賜處分。

編年 此狀爲巡歷衢州已遍之後上狀，亦當在二月初。參見上篇所考。

奏請畫一事件狀 淳熙九年二月

臣今有合具奏請事件，謹具下項：

一、臣昨爲紹興府米斛有限，飢民日衆，向後日月尚遠，竊恐無以接續糶濟，仰貽宵旰之憂，曾具奏聞，乞再給會子三十萬貫，及盡推去年賞典，半減度牒米數。至今日久，未奉進止。今到衢、婺，見得兩州元係災傷稍輕去處，而糶濟之備可接初秋。紹興係災傷最重去處，而糶濟之備反不能盡春月。將來青黄未接，必致狼狽，無可疑者。欲望聖慈檢臣前奏，早賜處分，庶幾有以接續糶濟，不棄前功。不勝幸甚！

一、臣昨到婺州，爲見豪户修職郎朱熙績不伏糶米，抵拒官司，曾具奏聞，乞賜行遣。今據婺州申到本人居鄉豪横不法事件，條目猥多，不敢復具奏聞，已條具申尚書省去訖。其人多貲，力能使鬼，伏乞睿斷，早賜施行。不勝幸甚！

一、臣昨準尚書省劄子，勘會已降指揮，行下江浙兩淮旱傷州縣，將第四第五等户今年以前應干殘欠苗税丁錢并特住催，及將官私債負權免理還。其流移人拖欠官物亦與除豁，不得令保正長代納。并支撥米斛，通行賑濟。謹已即時行下州縣，遵守施行去訖。續據紹興府新昌縣申，「今年以前」，未委是淳熙七年官物，或是淳熙八年二税。臣亦已申省，欲乞明降指揮，未奉回降。今來巡歷，見得州縣奉行果是互有不同。蓋有以「今年以前」爲七年者，則八年四等五等夏秋殘欠依舊催理；有以「今年以前」爲八年者，則八年四等五等夏秋殘欠悉已住催。蓋緣本文未明，致此差互。臣亦未能别其是非，然竊以謂治財思予，寧過於厚，涣汗之號，有出無反。欲望聖慈明降指揮，將八年四等五等殘欠并行住催。仍乞令臣督其奉行不如法者，庶幾雨露之澤均一霑被。不勝幸甚！

一、衢州守倅并各任滿在即，欲乞特降指揮，催促已差下人前來赴任。

編年　此狀言巡歷衢、婺事，亦當作在二月初。

奏張大聲孫孜檢放旱傷不實狀〔一〕 淳熙九年二月

臣昨蒙賜對，奏論州縣檢放不實，令臣詢訪最多處按劾。臣詢訪得本路州縣檢放類多不實，而衢州爲甚。衢州檢放既多不實，而開化一縣又爲尤甚。已節次奏聞外，今取會到本州元差監户部贍軍酒庫、成忠郎張大聲前去檢視，及差龍游縣丞、從政郎孫孜覈實。逐官自當從實檢視減放，却乃觀望本州守臣意指，不以恤民爲念，不曾逐一親詣田頭檢視，輒敢欺罔滅裂，將七八分以上災傷作一釐一毫八絲六忽檢放，是致被災人户困於輸納追呼、監繫決罰之苦，流移四出。而貧下之民無從得食，歲前寒雨，死亡甚衆，有傷聖朝子育黎元、救恤災患之意。逐人委是難以存留在任，欲望聖慈特降睿旨，將張大聲、孫孜并行重賜黜責，以爲日後附下罔上、慢法害民之戒。

校記　〔一〕旱：原作「早」，據宋浙本、四庫全書本改。

編年　此彈劾衢州荒政不力官員，亦當作於二月巡畢衢州之時。

乞賜鐫削狀淳熙九年二月

臣昨以職事横被中傷，伏蒙聖明特賜臨照，謹已遵稟，復還紹興府界。竊見諸暨縣災傷至重，疾疫大作，民之羸瘠死亡者已不勝數。由臣前日聞命之際，震恐猝迫，輕去職守，有失照管。目今雖已一面多方措置，收拾救濟，然前日之罪已在不赦之域。加以蹤迹孤危，風采銷奪，竊恐無以號令州縣，卒副使令。顧獨惟念飢民生死之命在此數日之間，恐勤宸慮，未敢再乞賜罷。只乞聖慈且將臣見在官職先次鐫削，候救荒結局日别行竄責，庶允公議。

編年　文云「復還紹興府界」，朱熹結束第一次巡歷在二月，據以繫年。

乞給降官會等事仍將山陰等縣下户夏税秋苗丁錢并行住催狀淳熙九年二月

臣恭被聖恩，復祗官次〔一〕，今有職事，須至奏聞，謹具下項：

一、臣自衢、婺州復回紹興府界，竊見衢、婺災傷比之紹興分數殊少，而兩州公私本皆富實，賑恤之備，足至秋成。惟紹興府災傷極重，所費不貲，目今已是非常狼狽，而考其後日之備，乃不能盡三月而止。竊恐新麥未登之際，尚有闕乏之患。而下田之麥，亦有遭雨浸損去處，又已無復食新之望。其豐熟處，常歲所收亦不過可爲兩月之計，五六月間青黄未接之際，此必復有以勞聖慮者。若至其時方作處置，竊恐復有緩不及事之嘆。如欲及今講究，早爲措畫，則臣昨累具奏，所乞數事，今皆尚可行也。

其一乞推去年獻助之賞者，已蒙節次施行。近日遂有婺州進士陳夔詣臣投狀，陳乞獻助二千五百石。訪聞浦江等縣更有一二家亦欲陳獻，此亦可見不吝恩賞之效。今若更賜指揮，催促省部盡行推賞，使無一户之遺，然後鏤板開具，頒下諸州，廣行曉諭，則其慕而效之者當不止此而已也。其二乞減度牒米數，亦已蒙減五十石。此則恐所減太少，未足多致米斛。蓋度牒本價止四百貫，適今之宜，更合少損，以濟飢民，乃爲得策。不當反高其直，使曠日持久，卒無所售，以誤指準也。其三則臣嘗與帥臣王希吕同奏，再乞撥賜錢會三十萬貫，而未蒙開允也。此固無厭之請，宜不足聽。然紹興之民不幸罹此非常之災，父老相傳，以爲數十百年所未嘗有，而陛下所以扶持救恤，恩勤備至，亦數十百年所未嘗有。今其不能免於死亡捐棄者，已無可言，其幸得延殘息以至今日者，豈可不爲終惠之計，而使之旬月之間頓至闕絶，以棄前日之功哉？抑官會出於印造，非有鼓鑄之勞，見今通行，輕重之權與見錢等，雖使更散三數十萬，亦未遽有害於流通也。況以陛下之至仁至聖，夫豈有愛於此而輕百萬人之命哉？且又紹興累年荒歉，常平錢米日下支散，無復一文一粒可爲將來久遠之備。今此所乞，若蒙聖慈依數撥賜，則亦非惟可救目前之急，萬一支遣不盡，又足以接續收糴，更爲後日之儲，其利尤不細也。凡此三者，乞留聖念，早賜施行，庶幾緩急不至誤事。然臣尚慮麥前急闕，收糴未辦，獻助不多，有失賙救。竊見本路諸州常平義倉米斛尚有餘剩未支遣處，欲乞特降指揮，許臣照應移用條法量行取撥，尤爲利便。

一、臣昨具奏，乞照應元降指揮，明降睿旨，住催淳熙八年四等五等殘欠官物，未蒙施行。而後來户部勘當，止將淳熙七年終殘欠住催。於是州縣日前雖已將八年秋米住催者皆復追催，其未放者，則其催督愈益嚴峻。臣於此時適以俟罪，不敢復有陳論，然竊獨病其深失朝廷命令之體。其後乃聞軍器監主簿李嘉言請以臨安、餘杭兩縣四五等户八年苗税比附徽、饒州例，亦行住催，而陛下可之，則又有以知凡此户部之所行者，皆非陛下之本心也。蓋所謂四等五等户者，非他也，乃今日蒙被糴濟之飢民，陛下所爲焦心勞思、傾囷倒廩而拯之於溝壑之中者也。夫以救之如此其悉，而猶常慮其有所未至，其肯使州縣之吏追呼禁繫，加以箠撻而速其死亡也哉？況今本路災傷紹興爲甚，比之徽、饒兩州，臨安、餘杭兩縣，事體有甚不侔者。若蒙矜憐，出自聖意，特降指揮，將紹興府山陰、會稽、嵊縣、諸暨、蕭山五縣四等五等户夏税秋苗丁錢并與住催，其餘諸州縣逐都檢放旱傷及五分以上者，五等户亦與住催，七分以上者并四等户并與住催，候秋成日并行帶納，則初不失縣官之入而足以少寬飢民目下之迫，免致流移死損。不勝幸甚！

校記　〔一〕祇：原作「抵」，據宋閩、浙本改。

編年　文云「復祇官次」，亦巡歷結束返回紹興之時，即二月也。

乞將山陰等縣下户夏税和買役錢展限起催狀 淳熙九年四月

照對紹興府諸縣去歲水旱相仍，田禾損傷，人民飢餓，幸賴聖恩，給賜錢米，廣行賑救，以至今日二麥既已成熟，民之幸免於死亡者亦稍蘇息，全籍官司存恤休養，方可安業。今不住據屬縣第四第五等人户列狀陳稱，災傷之餘，生理未復，竊恐和買役錢、夏税綿絹準例起催，乞特與具奏，放免一年。臣照得人户夏税綿絹係是朝廷常賦，難以放免外，惟是起催省限在五月十五日。竊見下户今春乏食，養蠶甚少，二麥雖熟，亦只得供給口食，尚慮將來青黄未接，更有闕食之患，所有稻田，又方蒙聖恩借給秧本，始得布種，向去早禾成熟尚遠。若或依限便行起催，竊慮細民未有可以送納，不免追呼之擾，却致逃移。欲望聖慈特降睿旨，將紹興府最荒蕭山、諸暨、嵊縣、會稽、山陰五縣第四第五等户合納今年夏税、和買役錢與展限兩月起催，庶幾新穀成熟之時，可以送納。所有上三等人户，自從常年條限催理。如蒙開允，從臣所乞，則上既不虧縣官經常之費，下可少安飢餓羸困之人，誠爲兩便。

編年　文云二麥已熟，而尚未按五月十五日省限起催夏税，則作於四月甚明。卷十六乞借撥官會給降度牒及推賞獻助人狀言：「而麥熟猶在四月。」

乞住催被災州縣積年舊欠狀 淳熙九年四月

具位臣朱熹：　臣伏睹四月二十二日聖旨指揮，紹興府蕭山、諸暨、會稽、山陰、嵊縣五縣并嚴州諸縣各爲去年水旱最甚，可將第四第五等人户合納今年夏税、和買役錢并特與展限兩月起催。内有願依條限送納之人，聽從其便。仰見陛下愛育黎元、天地父母之意。臣竊慮州縣奉行不虔，仰稽睿澤，即已鏤版，多印小榜，散下紹興府五縣曉示去訖。臣訪聞本路被災州縣，知通令佐多有只見蠶麥稍熟，便謂民力已蘇，遽於此時催理積年舊欠，上下相乘，轉相督促，使斯民方幸脱於溝壑之憂，而一旦便罹追呼决撻囚繫之苦，甚可哀痛。况今疫氣盛行，十室九病，呻吟哭泣之聲所不忍聞，豈堪官吏更加殘擾？臣雖已行下諸州及通判約束外，尚慮未能禁戢，欲望聖慈特降指揮，令被災最重州縣，如紹興府、衢、婺州，且據今年合納官物，照應三限條法，勸諭人户及時送納。其積年舊欠，直候秋冬收成之後，逐料帶催，庶幾飢餓餘民得以存活。其温、台等州去年災傷雖不至甚，然亦不爲樂歲，并乞同此指揮，戒飭官吏不得意外生事，妄有搔擾，則一路生民蒙被德澤，不勝幸甚。臣以狂妄，曲荷優容，偶有所聞，不敢不奏。累瀆天威，臣無任戰栗俟罪之至。須至奏聞者。

右謹録奏聞，伏候敕旨。

編年 此承上篇，蓋所乞住催四五等户夏税已於四月二十二日得旨獲準，續有進一步申請，故當作於得旨後數日。

乞推賞獻助人狀 淳熙九年五月

臣昨具奏，乞依前點檢台州措置賑濟官耿延年所奏，將本路獻助糶濟米人户比乾道七年糶濟賞格，特減米數之半，優與推賞。已蒙聖恩開允，特降指揮，依臣所乞，將諸路州縣人户願出米穀自行般運前來紹興府糶濟，減半推賞。臣當即恭禀施行，節次勸諭到婺州進士陳夔等各赴本司及紹興府入狀，情願獻助米斛。本司與紹興府各已差官交量，或已就行散給去訖。臣已與安撫、轉運司連名具狀申尚書省及户部，乞依乾道七年及淳熙八年十二月十三日指揮推賞外，今來竊恐有司將同常事，未即推恩，致使失信本人，無以激勸來者。欲望聖慈特降睿旨，依已降指揮，將陳夔等特補合得官資，庶幾有以取信於民。將來或有災傷，易爲勸諭，實爲利便。開具逐人所獻米數、合補官資，畫一下項：

婺州金華縣進士陳夔獻米二千五百石，準淳熙八年十二月十三日指揮，合補迪功郎。

婺州浦江縣進士鄭良裔獻米二千石，準淳熙八年十二月十三日指揮，合補上州文學。

婺州東陽縣進士賈大圭獻米二千石，準淳熙八年十二月十三日指揮，合補上州文學。

處州縉雲縣進士詹玠獻米二千五百石，準淳熙八年十二月十三日指揮，合補迪功郎。

編年 據年譜長編。此狀作於九年無疑，但月日無考。按下篇作在五月，言本年旱勢已成，而本篇初未言及，再參以文集編序，故作於五月初爲近。

奏衢州官吏擅支常平義倉米狀 淳熙九年五月

照對臣昨據衢州知州、朝奉大夫沈密一申，今年三月二十一日到任〔一〕，適當荒歉之後，財計匱乏，别無可以措置，已申明朝廷，乞於豐儲倉内更給助米二萬石，以濟支遣。本州四月合散官兵米四千餘石，未有指擬，逐急於常平義倉米内權行借兑，合有擅支之罪。除已具奏，乞賜處分施行外，申本司照會。本司契勘衢州見管常平義倉米數不多，其災傷之餘，尚慮新陳未接之際，細民闕食，準擬接續濟糶。設欲借兑，自合申聞朝廷，聽候回降，又不聞本司知覺，輒行擅借四千餘石〔二〕，支散官兵，有違條法。遂申尚書省，乞劄下根究，監勒本州擅支借官吏照數補還元舊窠名樁管去後。又據衢州申，再行借兑義倉米，支散五月分官兵糧米。本司契勘衢州設有欠闕，即合措置，於别色米斛應副。今來本路州軍見管常平米數不多，本司尚且申奏朝廷，乞給降錢會收糴，若或容令州縣違法侵撥，萬一不測，有誤指擬。再具申尚書省，乞賜敷奏，依法施行。如是本州軍糧委實欠闕，即乞别行應副去後，未蒙劄下。近睹已降指揮，衢州守臣已行放罪。臣伏緣在法義倉穀唯充賑給，不得他用，即擅支借移用，以違制論。臣竊惟常平之法，所以準備災傷，廣行賑給，民命所係，利害非輕。所以祖宗以來，立法之嚴至於如此。而議者不以爲過，以爲久長緩急之計，非苟徇目前姑息之私者所能知也。今衢州當職官不能計度軍儲，應副支遣，而坐指常平儲蓄之備，以爲一時之用。雖原其情實未必有他情弊，而隳廢法度、耗散儲蓄，漸不可長。故臣昨來不欲便具奏劾，只具狀申尚書省，乞與敷奏，依法施行。意謂朝廷必須薄行責罰，以戒後來。今乃一無所問，亦不略行戒約，即在本司，何以約束諸郡？况今來旱勢已成，衢州尤甚。昨日有轉運司差出官員自彼回來，説城中米價已是七十文足一升。兼本州水路淺澀，卒難般運他處米斛，將來糴濟，全仰見管常平義倉米斛，尤宜愛惜，不可違法妄有侵耗。欲望將本州當職官吏略加責罰，或念其委實欠闕軍糧，即乞朝廷別行應副，嚴行約束，今後不得輒將常平官物妄有侵支，實爲久遠之利。伏候敕旨。

校記

〔一〕三：原作「二」，據宋閩、浙本改。

〔二〕輒：宋浙本作「便」。

編年 據本文，支散官兵四月糧米在三月底、四月初，則支散五月糧米在四月底、五月初。朱熹據申彈劾，在五月爲近。

奏蝗蟲傷稼狀 淳熙九年七月

〔簽黃〕奏爲紹興府會稽縣廣孝鄉蝗蟲入境，臣親到地頭田間看視，委有咬傷稻苗。今與知紹興府王希吕詢訪祈禱，打撲焚瘞奏聞事。

具位臣朱熹：臣昨於今月初四日聞得紹興府會稽縣蝗蟲頗多，即遣人走探。昨日據所差人孫勝回報〔一〕，會稽縣白塔寺相對東山下有蝗蟲數多，收拾得大者一籃，小者一袋。其地頭村人皆稱蝗蟲遇夜食稻，臣已具事狀并大小蝗蟲二色申尚書省，乞賜敷奏去訖。臣遂即時乘船出門，向曉至蝗蟲地頭廣孝鄉第十都、第十七都，同會稽令尉步行，親到田間看視。其蟲大者不多，小者無數，集於稻苗之上。其未結實者，莖葉皆爲咬傷，其已結實者，穀苗皆爲咬落〔二〕，委是爲災，有害苗稼。紹興府先已支錢一百貫文，付會稽縣募人打撲，赴官埋瘞。本司亦已支錢一百貫文付縣，添貼收買。據本縣申，兩日内已買到七石三斗八升五合。臣亦與帥臣王希吕一面詢究祈禱，打撲焚瘞外，須至奏聞者。

右謹録奏聞，謹奏。

校記　〔一〕日：原作「已」，據宋閩、浙本改。

〔二〕苗：宋浙本作「子」。

編年　文云「今月初四日」，據本卷下篇及奏救荒畫一事件狀，「今月」當指七月。

御筆回奏狀 淳熙九年七月

〔御筆〕覽奏，知紹興府界蝗頗爲災，朕心憂懼。今不欲專遣使人，降香二合付卿等，宜即虔潔，分詣祈禱。及聞蝗之小者滋育甚多〔一〕，可更支賞，召人收捕，務速殄滅，毋使遺種，以爲異日之害。故兹札示，當體至懷。

具位臣朱熹：臣昨具奏，紹興府會稽縣廣孝鄉蝗蟲，臣已同本府發錢，專令本縣令尉親在地頭召人捕獲，收買焚埋。每得大者一斗，給錢一百文，小者每升給錢五十文。續奉御札，令臣分詣祈禱，更行支賞，召人收捕，務速殄滅。臣恭稟聖訓，夙夜不遑，即同帥臣王希吕就府治設醮祈禳。又發錢出榜曉諭，於先支賞錢之外，更行倍加增貼，召人收捕。仍差茶鹽司幹辦公事沈大雅前去監視督責，及敦請鄉官二員同縣官分頭給賞收捕。今據申到，截今月十三日，通計收到大蟲一石五斗三升六合，小蟲二十五石九斗三升九合，并已埋瘞。目今尚有一分以上未至盡絶。臣續又見諸暨縣寄居與投詞人稱，紫巖鄉亦有飛蝗在境。臣即已專委本縣令佐親臨田陌，子細從實相視。如委的實，即從會稽縣所行，召人支賞，收捕焚埋去外。臣伏爲本路所管衢、婺等六州今歲旱損，比之紹興，其災尤甚。本欲取本月上旬起離前往，親行檢視，預備賑恤，正緣收捕蝗蟲未盡，未得起發。今不住據逐州縣接續申到事理，委是大段緊急，不免定取十五日起發前去。經由蝗蟲地頭，更行督責，取見殄滅次第，然後取道嵊縣山間，望婺州界迤邐前去。前路有合奏聞事件，續次申發。所有上項事理，須至先具奏聞者。

右謹録奏聞，謹奏。

〔簽黄〕臣竊聞旱蝗之災過貽聖慮，夙夜焦勞，至忘寢味。臣雖疏賤，不勝感泣震懼之至。

今此前去災傷州郡，敢不究心竭力，周爰咨詢，庶有以仰稱明詔之萬一。但前奏乞錢數事，欲望睿旨早賜施行。臣雖未到諸郡，近日提刑傅淇、張詔自彼來歸，具言所見〔二〕，委實災傷至重，尚慮臣所乞錢數少，不足周給。臣緣未經目見，不敢再具懇請。且乞早賜指揮，依臣前奏應副施行，庶幾前路所到州郡，便可布宣德意，措約收糴，以慰飢民之望。若不得此，實無措手之處。將來坐視陛下赤子流離溝壑，臣雖萬死，不足贖罪。伏乞聖照。

臣去年到任，已是深冬，狼狽急迫，措置不辦，只得將所蒙給賜錢米計口分俵，誠爲可惜。今來雖是災傷，然日月尚寬，足可措置。臣已行下逐州通判，檢計有合興修水利去處，將來廣募飢民，給食工作。唯是老弱殘疾婦女之類無依者，方與賑給，庶幾不至又似去年虛費官物。伏乞聖照。

校記　〔一〕及：原作「又」，據宋閩、浙本改。

〔二〕具：原作「其」，據宋浙本改，正訛改同。

編年　本篇亦作於七月，參本卷上篇及奏救荒畫一事件狀。

乞修德政以弭天變狀淳熙九年六月

具位臣朱熹：　右臣昨爲本路旱傷，祈禱不應，累曾具奏及申尚書省，乞爲敷奏，早作防備。近準省劄，已蒙聖慈特從所請，支錢於明州置場糴米。而又伏睹陛下發自宸衷，特遣中使降香祈禱。臣有以見陛下畏天恤民之心至深至切，不勝感激，願效愚忠。顧恨官有常守，無由瞻望清光，罄竭血誠，庶裨萬一，不勝犬馬螻蟻區區之情。竊謂累年之旱，譴告已深，今日之災，地分尤廣〔一〕，非惟官府民間儲備已竭，而大農之積，亦已無餘。又當大禮年分，户部催督州縣積年欠負官物，其勢不容少緩。凡所以爲施舍賑恤之恩者，竊恐又必不能如去年之厚。臣竊不勝大懼，以爲此實安危治亂之機，非尋常小小災傷之比也。爲今之計，獨有斷自聖心，沛然發號，深以側身悔過之誠解謝高穹，又以責躬求言之意敷告下土，然後君臣相戒，痛自省改，以承皇天仁愛之心，庶幾精誠感通〔二〕，轉禍爲福。其次則唯有盡出内庫之錢，以供大禮之費，爲收糴之本，而詔户部無得催理舊欠，詔諸路漕臣遵依條限檢放税租，詔宰臣沙汰被災路分州軍監司守臣之無狀者，遴選賢能，責以荒政，庶幾猶足以下結民心，消其乘時作亂之意。如其不然，臣恐所當憂者不止於餓殍，而在於盜賊；蒙其害者不止於官吏，而上及於國家也〔三〕。臣蒙恩至深，不知死所，敢冒鈇鉞，爲陛下言之。觸犯天威，恭俟夷滅。謹録奏聞，伏候敕旨。

校記

〔一〕分：宋浙本作「里」。底本原注别本同。

〔二〕誠：原作「神」，據宋閩、浙本改。

〔三〕上：原作「止」，據宋浙本改。

編年 文云近已得旨支錢於明州糴米，據本卷奏救荒畫一事件狀，得旨在六月十一日，故知本篇作在該月。

再奏衢州官吏擅借支常平義倉米狀淳熙九年六月

具位臣朱熹：臣照對本路諸州今歲旱傷，比之他郡，衢州尤甚，將來細民必至艱食，全藉本州所管常平義倉米斛賑濟賑糶，以救民命。臣近點檢衢州沈密一違法擅行借兑過常平義倉米八千石，充四月五月官兵俸料，臣已一面行下衢州，督催補還元舊窠名，及具録奏聞，乞將本州當職官略行責罰，以戒後來，未得回降。今來再據衢州沈密一申，又於常平米内借支三千五百石，充六月分軍糧，三個月共擅借過一萬一千五百石。并本州申，先借支過常平米一萬九千五百八十一石五斗六升四合，亦係充官兵俸料，未曾撥還。及稱目下盤量折欠米一萬七千七百一十五石五斗一升三合三勺〔一〕，三項共計四萬八千七百九十七石七升七合三勺。更有衢州濟糶未盡米一萬八千一百九十九石一斗九升，本州所申，不曾聲説此項米着落，必是亦有互用。臣照對在法義倉穀唯充賑給，不得他用，擅支用者以違制論。况本路諸州所管常平義倉米斛唯衢州萬數稍多，輒皆擅行支用，目今見管止有三千一百六十五石三斗八升，委是大失指準。而本州略無忌憚，甚非朝廷置立常平之意，竊慮必有情弊。臣除已一面牒鄰近州追衢州合干人收索赤曆干照逐一根勘，從法施行外，欲望聖慈先將衢州違法擅支常平義倉米當職官吏特行責罰〔二〕，以警諸郡，爲擅用常平義倉米者之戒，須至奏聞者。

右謹録奏聞，伏候敕旨。

校記

〔一〕欠：原作「次」，據宋閩、浙本改。

〔二〕責：原作「青」，據右引改。

編年　文云支散六月軍糧，則支散當在五月底、六月初，而劾奏在其稍後也。

奏救荒畫一事件狀淳熙九年七月

臣竊見本路諸郡頻年災傷，蒙被聖恩，僅獲全濟。今又亢旱，周遍七州，其幸免者不過三五縣，比之去年，被災地分大段闊遠。至於公私積蓄，則連年饑歉，支移發散，略已無餘，其於措置尤爲費力。臣本欲此月上旬巡歷諸郡，計度合用錢米，詢訪合行事務，回日類聚奏聞，庶免頻煩天聽。今爲紹興府會稽縣界蝗蟲害稼，見行監督掩捕埋瘞，已是累日，未見衰減，未敢起發前去。竊慮合奏請事漸致後時，有失及早措畫，今略條具一二，冒昧以聞。伏望聖慈閔此一方重罹災數，特垂矜恤，早賜施行，不勝幸甚！

一、臣昨曾具奏，乞詔州縣照應省限理納夏税，不得促限追呼，已蒙聖慈頒下施行。今聞諸州間有不遵稟者，公行文移，必要七月上旬取足，顯屬違戾。兼昨具奏，乞將紹興府去年住催夏税人户納過之數依倣秋苗所放分數，特與比折今年合納之數，亦蒙聖慈行下，又爲户部巧爲沮難，行下本府，催督愈峻。今來既是復有災傷，豈是追呼箠撻、催督税賦之時？欲望聖慈特降指揮，令被災州郡將所管縣分被災重處特與寬限，勸諭送納。其不係被災縣分内有被災鄉分，亦合較量輕重，依此施行。其紹興府理折夏税，亦乞直降指揮，依臣所乞施行，庶幾遭難遺民稍獲安業。

一、臣昨具奏諸州雨暘次第，曾有貼黄奏稟，乞詔州郡依條受理旱帳，及早差官檢放事。蓋爲田稻既是乾損，及其未獲之際，便行檢踏，即荒熟之狀明白易知，非惟官司不得病民，亦使奸民無由僥倖。所以著令訴旱自有三限，夏田四月，秋田七月，水田八月，蓋欲公私兩便。近來官吏不曾考究令文，但據傳聞云訴旱至八月三十日斷限，遂至九月方檢旱田，則非惟田中無稼之可觀，至於根查，亦不復可得而見矣。於是將旱損旱田一切不復檢踏蠲放，窮民受苦，無所告訴，而其狡猾有錢賂吏者，則乘此暗昧，以熟爲荒，瞞官作弊，皆不可得而稽考，去歲本路諸州大率皆然。欲乞降指揮劄下轉運司及本司，遍牒諸州縣疾速受理旱狀，日下差官檢踏旱田荒熟分數〔一〕。其中晚稻田却候八月受狀，節次檢踏。如有奉行違慢後時失實之處，許兩司按劾以聞，庶幾窮民將來獲霑實惠，目下聞此德音，便知朝廷存恤之意，不至猖狂，别生妄念，仰勞宵旰之憂，實爲利便。

一、賑恤之備，去年諸郡公私猶有蓄積，緣今春支用數多，悉已無餘。今被災之民既是不可不加接濟，則其費皆當出於朝廷。臣本欲遍詢諸郡，約見合用實數，然後奏請。今恐因循後時，失於措置，兼聞衢、婺、明州守臣皆欲丐祠而去，台州亦申本司乞撥錢糴米，數目甚多。又見臣寮劄子論衢州等處見已乏食，及有指揮行下閩廣，勸諭客米前來温州接濟，可見一路州軍荒歉匱乏，事勢已急。臣今且約一路之數，權以一百萬貫爲率，欲望聖慈特賜開許，印給度牒官會，早賜給降。其度牒欲乞就十分錢數之内且給三分，依近降指揮，每道且賣五百貫文省，或依元價作四百貫文省。容臣約度，分俵諸州守臣，令其多方措置，變轉收糴，庶幾趁此早穀成熟之際，便於左近有米去處價直尚平之時節次收拾，免致臨時倉卒，貴價收糴，緩不及事。

一、訪聞諸州府村落已有强借劫奪之患，此在官司固當禁約，然亦須先示存恤之意，然後禁其爲非，庶幾人心懷德畏威，易以彈戢。若漫不加省，待其生事然後誅鉏，則所傷已多，所費又廣，况其不勝，何患不生？乞降指揮，早撥上項錢數，使如臣者得以奉承布宣〔二〕，遍行曉諭，即德意所孚，固有以銷厭禍亂之萌矣。然後明詔安撫、提刑兩司，察其敢有作過唱亂之人，及早擒捕，致之典憲，庶幾奸民知畏，不至生事。

一、去歲獻納糶濟之人，近已各蒙聖恩補授官資，無不感戴。然去歲所降減半指揮，止於紹興一府施行。今則一路皆荒，事體不同。乞降指揮，檢會當來耿延年所乞事理，許於浙東一路通行。

一、檢準常平免役令，諸興修農田水利而募被災飢流民充役者，其工直糧食以常平錢穀給。臣契勘本路水利極有廢壞去處，亦有全未興創去處，欲俟將來給到錢物，即令逐州計度合興修處，顧募作役，既濟飢民，又成永久之利，實爲兩便。

一、伏見州縣之吏不爲不多，而其間才能忠信可倚仗者極不易得。將來七州糶濟，往來督察，用人必廣。乞降指揮，特許將得替、待闕、丁憂、致仕及在法不應差出之官權行差使，候結局日如舊，庶可集事。

右謹録奏聞，謹奏。

〔簽黄〕臣所乞錢數雖多，然以今日明州中色米價計之，方糴得二十四五萬石，散之七州，不爲甚多，而般運水脚糜費又在其外〔三〕，伏乞聖照。

臣所乞紹興府理折夏税事理極爲分明，然在中夏以前，未經再旱之時行之，固若有過優者。在今日再旱之後，人物煎熬，朝不謀夕之際，沛然行之，以紓民力，則恐未爲甚過。况今據大數，通府所放秋苗不過六分三釐，以此計之，所減夏税亦不甚多。若以去年比例言之，今年夏税亦合住催。况此是補還去年之數，直行放免，不爲過當。重念臣自論此事，上爲省部所嫉，下爲州郡所仇，藉躪形迹，無所不至。原其本心，只爲陛下愛養疲民，護惜根本，誠亦何罪而至於此？切望聖明哀憐照察。

臣竊詳在法，檢視蠲閣隸轉運司。臣今敢以爲請者，蓋緣蠲閣、賑恤本是一事，首尾相須。若蠲放後時失實，使飢民已被輸納追呼之擾，然後復加賑恤，則與割肉啗口無異。故臣妄意欲得參與其事，庶幾血脉通貫〔四〕，使聖朝賑恤之恩不爲虚枉。伏乞聖照。

臣所奏請固皆今日所當施行，而此項最爲急切。竊恐大臣進呈之際，謾將一二項不甚緊要事節量行應副，却將此項沉匿〔五〕，不爲施行。俟臣再請，則又費月日，致失機會。且如明州糴米一事，臣本是四月二十三日以後節次申奏，是時明州米船輻湊，正好收糴。乃不施行，及至六月十一日，方得指揮，則所有船米已爲上户收糴殆盡矣。今朝廷施行事體緩慢，奸弊百端，不稱陛下救焚拯溺之意，大率類此。臣不敢越職奏聞，惟是此事切乞斷自聖志，力賜主張。蓋不惟一路民命所繫，實亦國家休戚所關，願陛下獨留聖慮。

臣曾摹得蘇軾與林希書，説熙寧中荒政之弊，費多而無益，以救之遲故也。其言深切，可爲後來之龜鑑。近已刻石本司，緣是臣下私書，不敢容易繳進。今有一本，急於申奏，不及如法標背，已申納尚書省。或蒙宣索，一賜覽觀，仍詔大臣常體此意，不勝幸甚。

此項以後係是次緊，内推賞、差官兩條，亦乞早留聖意。

校記

〔一〕日、早：原作「目」、「旱」，據宋閩、浙本改。

〔二〕布宣：原倒，據右引乙。

〔三〕般：原作「盤」，據右引改。

〔四〕通貫：原倒，據右引乙。

〔五〕匿：原作「溺」，據右引改。

編年 文云「本欲此月上旬巡歷諸郡」，據本卷御筆回奏狀、奏巡歷沿路災傷事理狀，知朱熹巡歷實始自七月十五日，據以繫年。

乞留婺州通判趙善堅措置賑濟狀 淳熙九年七月

具位臣朱熹：臣據知婺州錢佃申：「備據國學進士唐季淵等狀：『本州去歲遭旱特甚，通判、朝奉郎趙善堅協力措置災傷，廣求利害，籍貧乏家七十萬口，置濟糶場五百餘所，勸諭上户糶米借貸，排日煮粥，以食民之不給，津遣鄰郡流移，收養小兒遺棄，病者醫藥以療之，無流移凍餒之人，存活者幾百萬口，實迹可考。今歲闔郡乾旱，祈禱尚未感通，飢餓狼狽，指日可待。趙善堅前來賑濟有方，況今歲之旱甚於去歲，善堅解罷在即，不惟邦民失所倚賴，而州郡亦大失裨助。乞特敷奏，權留在州，同共措置賑濟。』佃契勘去歲旱歉，通判趙善堅專一措置賑濟，遍歷諸邑山谷，點檢糶場，委是宣勞，實惠及民。今年梅雨愆期，旱歉至甚，照得通判趙善堅今年七月十八日任滿，本州委是闕官措置，乞移牒趙善堅權留在任，同共措置賑濟。候來年細民接食，却行解罷。」臣照對婺州去歲災傷，本州通判趙善堅措置濟糶，存恤飢民，委有勞效。本官雖將任滿，本州今歲又遭旱傷，比之去年尤甚，切要知得措置首尾官員，差委幹辦。欲望聖慈特賜睿旨，許從本州守臣錢佃備到士民連狀所請，令善堅在任，同錢佃協力措置災傷，庶免誤事。須至奏聞者。

右謹録奏聞，伏候敕旨。

編年 文云「本州去歲遭旱特甚」，指淳熙八年；又言「今歲之旱甚於去歲」，指九年；又言所乞留任之趙善堅於七月十八日任滿，則乞留之狀必在即將任滿之時。

乞將合該蠲閣夏税人户前期輸納者理折今年新税狀淳熙九年七月

具位臣朱熹：　臣昨備據紹興府士民魏必大等狀陳訴，具狀申奏朝廷，乞行下紹興府，將災傷諸縣自第一等至第五等人户照應淳熙八年已納夏税、和買役錢等，依秋苗檢放分數除豁外，有餘剩納過分數，與理作今年合納夏税事。續承降五月三十日省劄，户部勘當，即不委本府去年受納到人户錢物等〔一〕，第一等至第五等各等各户納到若干分數，比秋苗有無多納過錢絹紬綿數目。獲奉聖旨指揮劄下，開具保明供申。臣已恭禀施行，及照得取會各等逐户數目。緣諸縣户名萬數浩瀚，竊慮遲延，有妨催科，繼已具申尚書省。今一面取會到諸縣去年總計管納夏税官物，除山園陸地浮財屋産外，其湖藉田共計合納二十八萬六千三十七屯匹三丈六尺七寸五分，折帛役錢等三十萬三千四百九十六貫七百五十文。除被水渰浸，倚閣蠲免及人户納到錢帛外，有未納共五萬三千五百七十六屯匹一丈五尺一寸六分，錢四萬一千四百六十一貫二百六十八文。若以檢放秋苗分數，合計七萬一千三百七十八屯匹一丈七尺八寸，錢一十萬九千五百一十六貫二百八十二文外，諸縣止有剩納三萬七千八百九屯匹三丈九尺八寸六分，錢七萬七千二百三貫九百二十六文在官，乞理作今年合納之數。臣照對紹興府諸縣所管湖藉田畝出納夏秋二税官物，去年緣爲災傷，其秋苗係隨田内禾稻輕重檢放。其所輸夏税，雖因水災，得蒙蠲閣。後來繼即遭旱，水不及處，亦無所收。緣係未收成以前起催，所以人户多不霑被減放之恩。又八月内降到蠲閣指揮之時，人户之善良畏事者皆已輸納，其得被聖恩者實皆頑猾之户，事體輕重，甚不均一。臣又竊睹去歲災傷，飢民猥衆，尚蒙聖慈撥賜錢米救濟，豈有田内夏税已蒙蠲閣，人户前期誤行輸納者，却不與理折今年新税？甚非朝廷矜恤之意。況今夏以來，諸邑又多亢旱，斯民接連饑荒，方苦艱食，當此催科之時，委實無可輸納。若不蒙朝廷特加優恤，必見失所。況以諸縣數百萬户口，今來所乞通理剩納之數，其爲物帛止三萬七千八百九十七屯匹三丈九尺八寸六分，錢止七萬七千二百三貫九百二十六文，數目既少，於朝廷所損不多，而民户可霑實惠。欲望聖慈俯賜允從，特降指揮，將人户去年剩納前項數目與理作今年之數蠲豁，庶幾嗷嗷之民得以安業。須至奏聞者。

右謹録奏聞，伏候敕旨。

校記〔一〕等：原作「自」，據宋閩、浙本改。

編年 文云去年八月已有人户輸納淳熙八年夏税，又云承降五月三十日省劄，又云「今夏以來，諸邑又多亢旱」，參以文集編序，其作於七月爲近。

奏巡歷沿路災傷事理狀 淳熙九年七月

具位臣朱熹：今具沿路災傷事理下項，須至奏聞者：

一、臣七月十六日再到田間看視蝗蟲，大者絶少而小者尚多。當處多是早中禾稻〔一〕，皆已成熟，多被吃損。人户皆稱檢官未到見分數，不敢收割。臣已牒本府，催促所差下官日下出門，前來檢視去訖。又支錢付曹娥監鹽官，收買十四、十五都蝗蟲，并行埋瘞。續據上虞、餘姚縣申到，本縣蝗蟲頗多，亦已行下，催促支錢收捕埋瘞。今來頻得雨澤，遠近沾足，竊意其蟲必當殄滅，已牒本府一面審實具奏，伏乞聖照。

一、臣十七日經歷上虞縣界，田皆遭旱，彌望焦赤。間有近水去處，尚有些小可望收成〔二〕。

觀其災傷，委是至重，而本縣不受人户投訴，反將投訴人户刷具舊欠，監繫門頭，及出招子催督税賦。無問貧富大小人户，五日一限，逐限輸官之外，人吏定要乞錢一百文省。其不到者，即差公人下鄉追捉，搔擾尤甚，乞覓尤多。人户不勝其苦，一日之間，遮臣泣訴者至五七百狀。臣已送本府存恤，究治施行去訖。更乞聖慈特賜指揮，庶幾州縣有所懲戒，免致重困飢民，不勝幸甚。

一、臣十八日到嵊縣，其旱勢尤甚於上虞。蓋紹興諸縣之旱，嵊爲最而上虞次之，餘姚又次之。然上虞、餘姚去年猶得薄收，獨嵊縣一連三年遭此極重之災，雖其上户中家已覺艱窘，鰥寡細民，則已有掇稗子而食者。臣曾支錢三十文，買到所采稗子一升，今申納尚書省。欲乞宣索，一賜觀覽，早降指揮，令紹興府將此三縣新舊税租特與倚閣，俟見秋苗合放分數，斷自宸衷，别賜處分，不勝幸甚。

一、臣十九日至新昌縣，是日午後連得大雨，幾至通夕。本縣先來亦苦乾旱，早稻皆已失收，中晚之田亦已龜坼。方自中旬以來，連日得雨，田中遂皆有水，中晚之禾間有可望去處，可勝上虞等縣。但諸縣大抵旱乾日久，得雨後時，秋序已深，氣候寒冷，其間稻苗雖尚青活，而不復能結實者，亦多有之，荒熟之形，尤難分别。臣已遍牒檢視官員，切宜子細，不可差誤。伏乞聖照。

一、沿路人户已損田段，不堪收割，皆欲及早耕犁，布種蕎麥、二麥之屬，接續吃用。但以檢放未定，不敢施工。欲望聖慈特降指揮，催促檢放，庶幾不妨民間及早耕種。其有闕少種糧之人，更令官司量行應副，尤爲厚幸。

一、臣二十一日入台州天台縣界，以後事理尋別具奏聞，伏乞聖照。

右謹録奏聞，伏候敕旨。

校記　〔一〕早：原作「旱」，據宋浙本改。

〔二〕小：右引作「少」。

編年　據本文月日。

奏知寧海縣王辟綱不職狀（淳熙九年七月）

具位臣朱熹：臣昨爲親見台州寧海縣人户流移，已曾具奏。竊慮深軫聖懷，自到本州，即行詢究，見得本縣流移人户已是千有餘口。其知縣、宣教郎王辟綱恬然不恤，亦無申報，委是不職。竊恐將來糶濟事務繁夥，必是不能了辦，欲望聖慈特賜罷黜，或依已得指揮，與監廟一次，仍特不理作自陳，須至奏聞者。

右謹録奏聞，伏候敕旨。

編年　此爲朱熹巡歷至台州時所奏。上篇云七月二十一日入州，據以繫年。

奏救荒事宜畫一狀淳熙九年八月一日

〔貼黄〕奏爲本路災傷，已蒙聖慈支降錢三十萬貫，更乞揍作二百萬貫，及别有畫一奏聞等事，伏候敕旨。

具位臣朱熹：臣昨以本路薦被災傷，輒以賑恤事宜一二條奏。伏蒙聖慈曲賜俞允，仍賜錢三十萬貫，以充七郡糴濟之用，德意甚厚。臣謹已奉宣詔旨，頒布遠近，飢饉餘民感激受賜，歡聲如雷。此固足以見陛下天地父母生成覆育之恩矣。然臣愚暗，不知分量，輒敢更有無厭之請，觸冒萬死，復以奏聞。伏惟陛下少留聖聽，臣不勝幸甚。今具下項：

一、臣昨奏請給降錢一百萬貫，爲一路救荒之備，已蒙聖慈開允，應副三十萬貫，不勝幸甚。然臣自昨者具奏之後，續據諸州申到所乞錢數，明州一百萬貫，婺州六十萬貫，處州十萬貫，台州十萬貫，而紹興府、衢、温州尚未申到，計其所須，當亦不下三二十萬。大抵通以一路計之，約二百餘萬貫，始可足用。而臣向來所請，不及其半，致陛下未知合用實數，其所予者又不及所請之半，臣之罪大，無所逃刑。唯有及今據實披露，尚冀可補萬一。臣竊計本路四十一縣，除得熟縣分不過十數，其餘大抵皆荒。且以三十縣計之，若得二百萬貫，則一路可得米五十萬石，而一縣當得一萬六千餘石。若止得一百萬貫，則一縣但可得米八千餘石。今乃僅得三十萬貫，則是一路得米不過七萬餘石，而一縣爲二千餘石而已。其逐縣合糴給户口雖已立式行下，取會未到，然以去年紹興諸邑之費推之，則一縣用米有至四五萬石者。況今歲之荒甚於去歲，一縣飢民之衆，其非八千、二千石之所能濟，亦不待算計而可知矣。今欲少俟取見户數，而後計所不足，續有陳請，則恐地分闊遠，取會未能遽集之間，而已後糴米之期矣。冬春之間，糴者日衆，米價日高，臣恐用錢愈多，得米愈少，而民之飢者愈失望也。臣愚欲望聖慈深察前項事理，特降睿旨，更撥錢一百七十萬，揍前所給，通作二百萬貫，令臣及早分給諸州，廣行運糴。俟見糶給户口實數，却行計度支用不盡之數，先次拘收回納，亦未爲晚。伏候聖旨。

〔簽黄〕竊恐度牒官會發出太多，難以發洩，今減半賞格，已蒙施行。欲乞指揮紐計米數，量給空名告身五七十道，并度牒官會，揍成二百萬貫，付臣收掌，則富民聞之，願獻助者必多。如有應格之人，即乞許令提舉官與安撫使照應見行減半賞格，聚廳書填，當面給付，亦足以關防私曲情弊。伏乞聖照。

一、臣昨奏乞依耿延年所奏，浙東一路獻助米斛人户并與減半推賞，已蒙聖慈開允施行，不勝幸甚。但指揮内却有「將來檢踏，見得災傷最重處，方得保明取旨」之文，則臣恐聽者不能無疑，而未有應募之意也。臣雖已行下州縣，令人户願獻助者先經本司自陳，待與摽撥赴災傷最重州縣送納支散〔一〕，然人户未知省部人吏將來的將是何州縣作災傷最重去處，則終不能無疑。且天下一家，初無彼此，而本路災傷重處，殆計八九，但令在在處處米穀堆積，而徐視飢民闕食尤甚去處般運以往，則亦無處不可入納，又何必逆爲此不可取旨之端，以疑群聽而誤飢民之命哉？臣愚欲望聖慈深察上件事理，特降睿旨，一依乾道七年耿延年所請已得指揮施行，而删去今來所增委曲關防之語，使大哉之言、一哉之心有以宣著暴白於天下，則有餘粟者争先應募，而所賜之錢又可會計餘數，拘收回納，是亦所謂惠而不費者。伏候聖旨。

一、臣昨具奏，乞詔州縣寛限催税，已蒙聖慈特詔本路州縣將合納税賦并照省限催促，不得非理搔擾，不勝幸甚。但今年旱傷實非去年之比，若據事理，所有夏税自合依去年例特與住催。竊緣節次蠲放，蒙恩已多，不敢便爲陳乞。但今八月十五日，省限已滿，州縣自此必是公肆追呼，無所忌憚，使被災餘民無所告訴，馴致死徙，仰貽宵旰之憂。臣愚欲望聖慈深察上件事理，特詔有司將本路被災縣分人户夏税權行住催，却俟檢放秋苗分數定日，却將夏税亦依分數蠲減，一并催理，庶幾飢民均被實惠。伏候聖旨。

〔簽黄〕臣契勘紹興府今年人户丁錢已蒙聖慈盡數蠲放，今者本路諸州例遭災旱，而台州丁錢最重，下户尤以爲苦。欲望聖慈許將台州五縣第五等人户今年丁絹特與蠲放，庶幾千里飢民得免追呼決撻之擾，不勝幸甚。伏取聖旨。

一、臣昨所奏逐項事理并蒙開允，獨有依準舊制募飢民修水利一事未蒙施行。臣竊見連年災旱，國家不忍坐視天民之死，大發倉廪以拯救之，其費以巨億計。蓋其賑給者固不復收，其賑糶者雖曰得錢，而所折閱亦不勝計。仁聖之心，於此固無所吝。然飢民百萬，安坐飽食，而於公私無毫髮之補，則議者亦深惜之。故臣嘗竊仰稽令甲，私計以爲若微於數外有所增加，以爲募民興役之資，則救災興利一舉而兩得之。其與見行糶給之法，利害之算相去甚遠。故不自揆，既以奏聞，而輒下諸州，委自通判詢究水利合興復處，以俟報可。至於近日巡歷，又得親見，所至原野極目蕭條，唯是有陂塘處，則其苗之蔚茂秀實，無以異於豐歲。於是竊嘆，益知水利之不可不修。自謂若得奉承明詔，悉力經營，令逐村逐保各有陂塘之利如此，則民間永無流離餓莩之患，而國家亦永無蠲減糶濟之費矣。不謂言語疏略，未蒙鑒照，敢竭其愚，重以爲請。伏望聖慈深察上件事理，許臣前項所請百七十萬貫者，而令於内量撥什三，候諸州通判申到合興修水利去處，即與審實應副。其合糶給人有應募者，即令繳納糶給由曆，就顧入役。俟畢工日，糶給如舊。則所捐不至甚多〔二〕，而可以成永久之利，絶凶年之憂。費短利長，未爲失策。伏候聖旨。

〔簽黄〕臣又竊恐興修水利所費太多，難以支給，即乞且令貸與食利人户，雇工興役。却候將來豐熟年分，紐計米數，量分料次，赴官送納，樁管在官，尤爲利便。伏候聖旨。

一、臣昨嘗面奏，乞令被災州縣人户苗米五斗以下不候檢踏，先次蠲放，以絶下户細民奔走供億、計囑陪費之擾，誤蒙聖慈曲賜開納〔三〕。今者本路復遭旱虐，竊欲取旨，依此施行。但今檢官已在田野，如蒙開允，即乞聖慈特降指揮，令轉運司疾速施行。若俟命下到臣巡歷去處，然後施行，却恐緩不及事。伏候聖旨。

一、臣伏睹歲既不登，所在艱食，全賴商賈阜通之利，所宜存恤，不可掻擾。今米穀不得收税，雖有成法，而州縣場務多不遵守，至於往糴而有所挾之資，既糴而有所貿之貨，則往來之間經由去處，尤以邀阻抽税爲苦，是致客人憚於興販。欲望聖慈特降睿旨，申嚴舊法。仍詔有司，諸被災州縣人户欲興販物貨往外府收糴米穀，就闕米處出糶者，各經所在或縣或州或監司自陳所帶貨物，判執前去。其糶米訖所買回貨，亦各經所在自陳，判執回歸。往回所過，并不得輒收分文税錢，違者并依税米穀法，必行無赦。如蒙開允，即乞徑下轉運司，約束沿江瀕海所過場務遵稟施行，庶幾商販流通，民食不匱。伏候聖旨。

右謹録奏聞，伏候敕旨[四]。

校記

〔一〕待：原作「特」，據宋閩、浙本改。

〔二〕捐：原作「損」，據右引改。

〔三〕開：宋浙本作「嘉」，正訛改同。

〔四〕候：原作「乞」，據宋閩、浙本改。

編年 文云去年紹興諸邑賑災，知作在九年。卷十八再乞給降錢物及減放住催水利等狀云：「臣於今月初一日及六日兩次具奏」，其前奏即本篇，後奏即下篇，據以繫年。

奏明州乞給降官會及本司乞再給官會度牒狀 淳熙九年八月六日

具位臣朱熹：臣據明州申，契勘本州今歲闕雨，管下六縣皆有旱傷去處，竊慮細民闕食。本州雖有常平錢米，所管不多。今來事勢不可少緩，本州遂於七月十八日具奏，乞支降官會一百萬貫下本州，循環充本，雇備人船出海，往潮[一]、廣豐熟州軍收糴米斛，準備賑糶賑濟[二]。或朝廷不欲支動經常之費，即乞支降空名度牒一千道、官告三十道下本州，轉變糴米。未蒙回降，申本司乞更賜敷奏。臣照對本路諸州今歲皆有旱傷，比去年大段不同。雖荷聖恩給降官會度牒共三十萬，不足支遣。臣已具奏，乞再給一百七十萬貫，揍前作二百萬貫。如蒙朝廷應副，便可均給諸州。今又據明州所申，合行備録奏聞。伏望聖慈照臣前奏事理，早賜依數給降。仍乞就撥紹興府先蒙降到度牒一百道所换米二萬石，及明州先蒙降到二十萬貫糴到米，并付本司均撥應副紹興府、明州糴濟，及貸與食利人户興修水利，却於二百萬貫内除豁其水利貸錢。向後豐年，却令逐旋回納，實爲利便。須至奏聞者。

右謹録奏聞，伏候敕旨。

校記　〔一〕潮：正訛改作「湖」。

〔二〕糶：原作「糴」，據宋閩、浙本改。

編年　此狀内容承前篇，且云明州於七月十八日具奏，朱熹八月十八日已改除江西提刑，故知此篇作在八月。其作在六日，則見上篇編年所考。

朱熹文集編年評注卷十八

奏狀

奏台州免納丁絹狀淳熙九年七月

具位臣朱熹：　臣巡歷至台州，據屬縣人户陳狀稱，逐年身丁每丁合納本色絹三尺五寸，并錢七十一文，被州縣登承抑納絹七尺。其實本州每丁只發納上供三尺五寸，却將錢七十一文令人户倍輸，折納本色。竊念本州縣人户連遭荒旱，細民艱食，見蒙追催緊急，無所從出，乞將遞年多納理作今年合納。其今年倍納在官，乞理爲來年合納之數。臣喚到台州典級楊松年、陸迅等供，拖照案例，臨海五縣人户合納丁絹，除第一等止第四等係將丁産税錢并紐科納絹帛外，所有第五等丁絹，檢準建炎三年十一月三日德音節文，兩浙人户歲出丁鹽錢每丁納錢二百二十七文，并令納絹一丈，綿一兩，已是太重。自今第五等以下人户一半依舊折納外，餘一半折納見錢。台州人户身丁每丁收鹽税錢一百四十一文足〔一〕，折納絹七尺。自紹興三年首正，將第五等人户丁鹽錢除一半折納絹三尺五寸外，有一半折納見錢七十文足五分，計減退本色絹數，是致闕少絹帛支遣。本州於紹興四年相度，貼支官錢揍納，具申朝廷。獲奉聖旨，令台州樁管見錢，與人户納到數目，依市價買發〔二〕，不得科敷搔擾。本州自紹興四年以後，却將第五等人户合納一半丁錢七十文五分足紐納絹三尺五寸。照得第五等人户計一十九萬九千八十四丁，合納丁鹽錢二萬八千七十貫八百四十四文〔三〕，除一半納本色外，有一半止合納丁錢一萬四千三十五貫四百二十二文足。本州却將上件丁錢紐作本色絹三尺五寸催納，計絹一萬六千五百九十四一丈二尺，以致人户陳理。今來若放免一半丁絹，却合催納一半丁錢一萬四千三十五貫四百二十二文足〔四〕。其所免上件丁絹，本州逐年自有支用贍剩紬絹一萬六千二百餘匹，可以通那，充官兵等支遣，不礙起發上供綱運之數。臣照對台州諸縣連年災傷，細民重困，若不優加存恤，必見流移。其第五等人户所納丁税，既有元降建炎三年指揮，許納一半見錢，自不應并納本色。今來台州若免納一半丁絹，本州自有贍剩紬絹可以通那支遣，不礙起發上供之數，委無相妨。臣已行下台州及臨海等縣，遵照建炎三年獲降聖旨，令人户逐年每丁送納絹三尺五寸，并一半見錢七十文五分足，免致重困貧民下户，不得仍前違戾科抑外，須至奏聞者。

右謹録奏聞，謹狀。

校記

〔一〕收：原作「供」，據宋閩、浙本改。

〔二〕買：原作「賣」，據右引改。

〔三〕七十：原作「七百」，據右引改。

〔四〕催納：原倒，據右引乙。

編年 據卷十七奏巡歷沿路災傷事理狀，朱熹七月二十一日入台州境。此狀爲初至台州所上，故作在七月無疑。

再乞給降錢物及減放住催水利等狀 淳熙九年八月

具位臣朱熹：臣於今月初一日及六日兩次具奏，乞給降錢物，應副本路諸州糴濟支用等事。至今半月，未奉進止。竊緣目今已向深秋〔一〕，欲得上項錢物給付逐州，及早運糴。其餘事件亦合早作措置，庶幾將來飢民得沾實惠，不至復似去年措置後時，追悔無及。但緣臣近日不合按劾知台州唐仲友不公不法事件，違忤貴臣，不敢更以私書手劄陳懇廟堂，催促敷奏。竊慮進呈淹緩，有誤一道飢民性命之計，今不免再具畫一事目奏聞。欲望聖慈鑒兹愚悃，發自宸衷，斟酌事宜，特降處分，先將愚臣重賜行遣，別選膚使，錫以緡錢，使布寬大之恩。其減放、住催、水利、募糴等事，亦係本路救荒緊要節目，若俟新官奏請，然後施行，必是遲緩誤事。欲乞權依臣奏，且與施行，不勝幸甚。須至奏聞者。

一、奏乞特降睿旨，支撥錢一百七十萬貫，湊前所給，通作二百萬貫，令臣及早分給諸州，廣行運糴。俟見糴給户口實數，却行計度支用不盡之數，先次拘收回納。仍乞於内紐計米數，量給空名告身五七十道，并度牒官會，湊成二百萬貫，付臣收掌。如有獻助及格之人，令臣與安撫使書填給付。

一、奏乞特降睿旨，於今來所降減半指揮内，删去「將來檢踏，見得災傷最重處，方得保明取旨」之文，只依乾道七年耿延年所請已得指揮施行。

一、奏乞特降睿旨，將本路災傷縣分人户夏税權行住催，少俟檢放秋米分數定日，却將夏税亦依分數蠲減。

一、奏乞特降睿旨，許臣前項所請百七十萬貫，却於數内量撥什三，候諸州通判申到合興修水利去處，即與審實應副。其合糶給人有應募者，即令繳納糶給由曆〔二〕，就雇入役，俟畢工日糶給如舊。

一、奏乞特降睿旨，許令被災州縣人户苗米五斗以下不候檢踏，先次蠲放，令轉運司疾速施行。

一、奏乞特降睿旨，申嚴米穀不得收税舊法。仍詔有司，諸被災州縣人户欲興販物貨往外州府收糴米穀，就闕米處出糶者，各經所在或縣或州或監司自陳所帶貨物，判執前去。其糴米訖所買回貨，亦各從所在自陳，判執回歸。往回所過，并不得輒收分文税錢，違者并依税米穀法，必行無赦。徑下轉運司約束施行。

一、奏乞特降睿旨，就撥紹興府先給到度牒一百道换到米，及明州先蒙降到二十萬貫糴到米，并付本司，均撥應副紹興府、明州糴濟，及貸與食利人户，興修水利，却於二百萬貫内除豁。其水利貸錢，向後豐年，却令逐旋回納。

右謹録奏聞，伏候敕旨。

校記　〔一〕目：原作「自」，據宋閩、浙本改。

〔二〕令：原作「今」，據宋閩本改。

編年　文云「今月初一日及六日兩次具奏」，指卷十七奏救荒事宜畫一狀、奏明州乞給降官會及本司乞再給官會度牒狀。彼狀作在八月，故此篇亦當在八月。而本月十八日，朱熹已改除矣。

乞降旨令婺州撥還所借常平米狀 淳熙九年八月

具位臣朱熹：臣伏準尚書省劄子，備據知婺州錢佃奏，乞於本州見管常平義倉米内支借二萬石，支遣軍糧。八月三日，三省同奉聖旨，許支借二萬石，限至歲終撥還。臣除已恭禀施行外，臣竊見義倉米在法唯充賑給，不許他用。今歲婺州諸縣例皆旱傷，將來細民必致闕食，本司尚自申奏朝廷，支降官會度牒，應副本州糴米，而義倉窠名正係賑給之數，先來本州已曾借過一萬七千石，元降指揮，候秋成先次撥還，尚未還到顆粒，今來再借二萬斛，止存七千餘石，已是不足支遣。而所借之米，又蒙許令歲終撥還，深恐後時，有誤糶濟。欲望聖慈特降指揮，令婺州將兩次借過米三萬七千石趁此秋成，盡數先行撥還，庶幾可以添助糶濟。須至奏聞者。

右謹録奏聞，伏候敕旨。

編年　文云「八月三日，三省同奉聖旨」，朱熹到任浙東在淳熙八年十二月六日，改除江西提刑在九年八月十八日，離任在九月十二日，據以繫年。

奏巡歷至台州奉行事件狀（淳熙九年八月）

具位臣朱熹：臣照得本路州縣今歲旱傷，臣自七月十五日出巡，取道嵊縣，迤邐入台州按視，及預行措置賑恤事件，節次具奏外，臣已於八月十八日起離台州，取處州前去。所有台州奉行事件，須至奏聞者。

一、臣七月二十三日到台州，二十五日準尚書省劄子，恭奉聖旨，給降度牒三百道，官會一十五萬緡。臣即時分撥應副諸州外，仍於台州刷到常平司及諸州庫眼有管窠名錢八萬貫，及於降到錢會内撥錢二萬貫，共揍一十萬貫，量逐縣災傷輕重、地里闊狹，均撥應副。仍詢訪到土居官員士人誠實練事、爲衆所服者，一縣數人，以禮敦請，令與州縣當職官公共措置，差募人船，前往得熟去處收糴米斛，循環賑糶。仍多方敦請上户，説諭或出米穀，或出錢物，并行運糴，添助賑糶。仍據本州申到見管常平義倉米五萬二千餘石，已令樁管，準備賑濟。及一面立式，選差都正鄉官等，家至户到，從實抄劄法應糶濟大小户口，取見的確數目，各隨比近置場，以俟將來闕食，就行糶濟。仍立罪賞約束，不得泛濫抄劄，枉費官廩外，伏乞聖照。

一、臣所經歷去處，得雨之後，晚稻之未全損者，并皆長茂，可望收成。但民間所種不多，僅當早稻十之一二。其早稻未全損者，亦皆抽莖結實，土人謂之二稻，或謂之傳稻，或謂之孕稻，其名不一。目今有已黄熟處，亦有尚帶青色處，村民得此接濟，所益非細。但其稻莖稀疏，秕多穀少，其色青者已逼霜露，恐難指擬。至於粟、豆、油麻、蕎麥之類，却并有收，次第今冬未至乏絕。只爲薦飢，民無蓋藏，竊恐來春必至艱食。臣已面諭州縣官吏常切體訪，不拘早晚，但覺民間闕食，便行賑糶，收錢運糴，循環接濟，無損於官，有益於民，實爲利便。伏乞聖照。

一、臣體訪到本州黄巖縣界分闊遠，從來出穀最多〔一〕，一州四縣皆所仰給，其餘波尚能陸運以濟新昌、嵊縣之闕。然其田皆係邊山瀕海，舊有河涇堰閘，以時啓閉，方得灌溉收成，無所損失。近年以來，多有廢壞去處，雖累曾開淘修築，又緣所費浩瀚，不能周遍。臣竊惟水利修則黄巖可無水旱之災，黄巖熟則台州可無飢饉之苦，其爲利害，委的非輕。遂於降到錢内支一萬貫付本縣及土居官宣教郎林鼐、承節郎蔡鎬，公共措置，給貸食利人户，相度急切要害去處，先次興工。俟向後豐熟年分，却行拘納。其林鼐曾任明州定海縣丞，敦篤曉練，爲衆所稱。蔡鎬曾任武學諭，沈審果決，可以集事。但本縣知縣范直興不甚曉事，恐難倚仗。欲乞依本司已獲降到指揮，特與岳廟，理作自陳。别選清强官權攝縣事，庶幾興役救荒，不至闕誤。伏候敕旨。

一、臣前項所奏給降到錢三十萬貫〔二〕，臣已分撥婺州八萬貫，衢州六萬貫，處州五萬貫，台州二萬貫，黄巖興修水利一萬貫，及明州定海縣亦乞興修水利，已撥一萬貫，共已撥二十三萬貫外，尚剩七萬貫。初欲分撥應副明州、紹興府，而明州申到，已奏乞撥錢一百萬貫，臣遂不敢拈出。兼婺、衢兩州連年荒歉，并無蓄積可以那兑運糴。竊恐將來更有欠闕，欲且留此錢數，更俟聖慈添撥到錢，即并諸州再行均給。所有添撥之數，已兩次具奏，今更於後項開説，伏乞聖照。

一、臣於八月初三日及十二日兩次具奏，更乞聖慈添撥錢物，及紹興府、明州元降度牒官會所糴米斛，通揍作二百萬貫文；乞不候檢踏，先放五斗以下苗米；又乞權住催夏税零欠，俟檢放秋苗分數定日，并行除豁理納；又乞申嚴米穀免税舊法，仍乞特降指揮，與免往回物貨及搭帶税物，亦已日久未奉進止。欲乞聖慈詳臣兩狀，早賜指揮，伏候敕旨。

右謹録奏聞，伏候敕旨。

〔簽黄〕臣第二狀内，已有陳乞别選膚使，付以緡錢一節。今更自度，決難自效，并望聖慈早賜處分。

校記　〔一〕從：原作「近」，據宋閩、浙本改。

〔二〕一：原缺，據宋浙本補。

編年　據本文月日。

奏均減紹興府和買狀 同本府　淳熙八年至九年

臣聞欲救巨患者，不可惜小費；欲除實弊者，不可徇虚名〔一〕。臣等叨蒙聖恩，備數東浙，竊見紹興和買之患，民所不堪，巧詐之徒，奸弊百出。前此議者非不欲救而除之，而往往過爲國家顧惜小費，下比流俗，苟徇虚名〔二〕，是以因循，終莫能革。臣等不肖，誠不足仰窺聖德之萬分，然有以知陛下愛民之心，燭理之明，於此必有所不屑者，是以敢昧萬死而一言之，伏惟陛下留神財擇。

臣等契勘浙東七州，除温州無和買外，其餘六州共管和買二十八萬一千六百四十匹二丈二尺〔三〕，紹興一州獨當一十四萬六千九百三十八匹，乃占諸州一半以上。緣此重困，人不能堪，所以子户詭名，巧爲奸弊，雖有重法，終不能禁。且如會稽一縣，經界之初舊例，雖是物力三十八貫五百以上起科和買，然以通數計之，實及四十七貫，方滿一匹。今亦自三十八貫五百起科，以通數計之，乃自十八貫六百單一文已科一匹。則是向來科納一匹者，今增爲二匹半矣。官之所入不加羸〔四〕，田之在民不加損，止緣人苦其重，避免者多，以故奸僞日滋，以至此極。

向來官吏之有意於民者，莫不知有此弊，亦未嘗不爲之惻然動心，評議措畫，亦既多端，而利害相形，終無定説。如欲首并詭户，則懼其告訐成風，徒敗風俗，而暫并復分，終不能禁。欲以畝頭均紐，則縱舍游末，重困農民，輕重之間，亦未爲允。欲科有産無丁之户，則彼能立詭户者，固不憚更立虚丁，而寡妻弱子，實無丁籍者，反受其弊。如欲減退物力等則，或作鼠尾推排，則彼昔者既能析而爲三十八貫五百以下之户矣，今豈不能再析而爲若干錢以下之户乎？

故嘗參酌前後衆人之論而折衷之，獨有通計家活浮財物力貫頭均紐之説稍爲無弊。雖第五等户昔無今有者未免有言，然於其間真僞亦復相半。若真貧民，輸一户之和買不過丈尺，彼自不較。惟是子户詭名之奸〔五〕，頓輸數户，積計甚多，故尤不以爲便而必争之。其力又足以挾下户、唱浮論以摇衆聽，故不察其實者遂以自疑，而莫能復措其説。此和買之議所以汹汹累年，而和買之害固未嘗有一毫之損也。然竊嘗深究其受病之原，則無他焉，直以元額之太重而已。故今臣等相與熟議，輒陳此説，欲望聖慈先發德音，痛減歲額，然後用貫頭均敷之説以定其制。惟慮所敷第五等户之中，真下户者或受其弊，則請參用高下等第均敷及減免下户丁錢之説以優恤之。但使真下户者審知此法之行不爲厲己而無他辭，則彼奸民之浮論亦可以置而不問矣。謹畫一條具如後〔六〕：

一、所以先裁減歲額者，臣聞祖宗初立和預買法，先支見錢，後納紬絹，民間實賴其利，至有形於歌謡者。而當是時，本路漕臣有私於越州者，其吏復私於會稽，故此郡縣所抛獨多。其後請本之數遂爲歲額，而錢不復支，絹日益貴，以至今日，而白着之科遂反爲一州無窮之害。故建炎元年五月一日，光堯壽聖憲天體道性仁誠德經武緯文太上皇帝登極赦書有曰：「和預買法本支實價，訪聞官司立價甚低，或高擡他物價直準折，或以無實虚券充數，甚者直至受納未支本錢，不遵條限，前期起催，急於星火。今來上供之類，欲依祖宗法，其和預買有前項違戾，守令并轉運司并以違制論加二等。仍委提刑司覺察，每歲於依限後一月内，具有無違戾聞奏〔七〕。不以實聞與同罪。」仰味大哉之言，則是太上皇帝再造之初，聖慮之深，固已及於此矣。而兩聖相承，於今五十餘年，迫以軍國之須，所資至廣，卒未能有以仰稱睿謨，預支實價，以復祖宗之舊者。臣等竊思其次，獨有擇其甚處，如紹興府者，有以少解其倒垂之急，爲庶幾焉爾。然今欲去紹興和買之害，使無奸弊，稍得均平，而不先減其當日請本之額，譬如負千鈞者，背膂之力既已不堪，乃不知減其所負之物，但欲移而置之懷袖，亦必無益於事矣。故今臣等於此首陳減額之説。

而議者顧以爲有虧經費，無所從補，徒然奏陳，必不聽許，則臣等雖愚，有以知其必不然也。臣等仰觀陛下愛育黎元，如親父母，有以病告，如切其身。如頃年四川之虚額，饒州之金，徽州之絹，汀州之銀，青陽、星子之税，放免蠲除，不可勝計。而連年水旱施舍貸給，何啻數十巨萬？何獨於此知其爲害之甚，而不出捐數萬匹者以紓之乎？又況近者已蒙聖恩〔八〕，減免天慶攢陵等處和買二千餘匹，固已漸示救患除弊之端矣。然通而計之，人户所減，每匹纔及一尺有奇，而坊本、煎鹽、坍江、放生四色所放尚未除免，則臣等所以望於陛下者，不但如此而已也。臣等竊見浙西和買最重去處，無如臨安府者，而其數纔及八萬餘匹。欲望聖慈將紹興府且依此例爲額而蠲其餘數。至於版曹經費或有所闕，則乞量撥内帑之蓄，以補其數。蓋如本路坊場課利出剩錢數，歲輸内帑者至若干萬貫，皆是近歲曹泳創置窠名，即非舊法所當供者。如此之類，儻捐一二，歸之版曹，還以補填本路上供蠲減之數，則聖澤下流，人知德意，舊弊庶乎其可革矣。

一、所以謂貫頭均紐之説爲無弊者，蓋今和買之重，人悉規避，詭爲下户，長奸滋弊，莫可關防。如經界之初，會稽一縣凡爲物力錢一百二十六萬餘貫，而四等以上科納和買者當一百一十萬餘貫。今來四十年，所謂四等以上止有物力錢三十七萬九千四百六十貫六百文，而轉入五等者乃至七十二萬五百餘貫。皆緣和買之重，奸猾之民争爲子户詭名，以避均敷，而其淳謹畏法不敢爲者，顧乃爲之代受所免之數，幾再倍於其舊，政之不平，莫甚於此。從來爲州縣者灼知其弊，非不嚴詭户之禁，往往隨并隨分，終莫能革。今若蒙恩先次痛減歲額，却以貫頭均敷，自物力一文以上，并紐寸尺，則高下多寡，其數一定，而奸弊無所從出矣。若猶以真實下户創科爲慮，則所謂高下等第科敷以及減免下户身丁之説，臣等請得而備陳之。

一、所謂高下等第均敷者，上户舊科和買數多，今用貫頭均敷，則其數却須少減。下户舊不曾科和買，今用貫頭均敷，則其數乃是頓增。若使頓增數中皆是子户詭名，則固不足恤；第其間却有真實下户，不能無咨怨者。故今復爲此法，以優恤之。如第一等物力，四十貫當科和買一匹，則第二等四十五貫乃科一匹，等而下之，至於五等，則户愈卑而科愈少矣。如此施行，庶幾下户所增不多，不至反有重困。

一、所謂減免下户丁錢者，大率第五等中，有丁者多是真實下户，無丁者多是子户詭名。今若將第五等户所納丁錢特與除放，則真實下户雖增和買，而得除此色官物，其乘除之間，亦略足以相補矣。

右謹件如前。欲望聖慈特賜省覽，直降睿旨，悉與施行，則不惟臣等之幸，實紹興闔境百萬生靈數十百年永永無窮之幸！

〔貼黄〕第五等户計若干丁，每丁一歲納錢若干，統府八縣，計若干貫。後闕

〔又小貼子〕所以欲改「畝頭」二字爲物力貫百者，蓋以畝頭科紐，則獨有田之家被科，而有浮財物力者不與，亦有未均之弊。故欲改作物力貫百，則有田及浮財者皆在其中。此奏是衆人商量，而新秀州嘉興主簿諸葛千能操筆爲之。其人有學行，審細詳練，恐可招而問之，必能博盡異同，得其利病之實。伏乞台照，熹上覆。

校記

〔一〕徇：原作「循」，據宋閩、浙本改。

〔二〕徇：原作「循」，據右引改。

〔三〕二尺：原作「一尺」，據右引改。

〔四〕羸：原作「羸」：據右引改。

〔五〕奸：原作「衆」，據右引改。

〔六〕如：原作「於」，據右引改。

〔七〕聞奏：原倒，據右引乙。

〔八〕者：原作「日」，據右引改。

編年 此狀爲朱熹浙東任上所作。熹至任浙東在淳熙八年十二月六日，改除江西提刑在九年九月十二日，據以繫年。確切時日一時難考，年譜長編置於九年八月，根據似不足。

奏鹽酒課及差役利害狀淳熙九年八月

臣竊見本司所管鹽酒課利國計所資爲甚廣，而民情所患爲甚深，若不根索弊原，別行措畫，竊恐民力日困，亦非國家久遠之利。臣雖書生，不曉錢穀，然其大體亦竊講聞。久欲條奏以聞，顧以救荒方急，有所不暇。今以罪疾，力請投閑，惓惓之私，懷不能已，輒有己見，冒昧奏陳。如有可采，欲乞別選忠厚通敏之臣，付以其事，令其詳細稽考，因事制宜，使民情亟得去其所患，而國計永不失其所資，實爲利便。至於差役一事，亦屬本司所管，今亦有少利害，并具其説如後，須至奏聞者。

一、浙東所管七州，而四州瀕海，既是産鹽地分，而民間食鹽必資客鈔，州縣又有空額，比較增虧，此不便之大者。夫産鹽地分距亭場去處近或跬步之間，遠亦不逾百里，故其私鹽常賤而官鹽常貴。利之所在，雖有重法不能禁止。故販私鹽者百十成群，或用大船般載，巡尉既不能訶，州郡亦不能詰，反與通同，資以自利，或乞覓財物，或私收税錢。如前日所奏台州一歲所收二萬餘貫是也。以此之故，除明、越兩州稍通客販，粗有課利外，台、温兩州全然不成次第，民間公食私鹽，客人不復請鈔，至有一場一監累月之間不收一袋，不支一袋，而官吏糜費〔一〕、吏卒搔擾有不可勝言者。然以有比較之法，州縣恐有殿罰，則不免創立鹽鋪，抑勒民户，妄作名色，抑令就買，出入暗昧，不可稽考。大略瘠民以肥吏，困農民以資游手。爲州縣、爲提舉主管者非不之知，然皆以國計所資，不敢輒有陳説，日深月久，民愈無聊。若不變通，恐成大患。臣生長福建，竊見本路下四州軍舊行産鹽之法，令民隨二税納産鹽錢，而請鹽於官。近歲官鹽雖不支給，而民間自食私鹽〔二〕，官司既得産鹽税錢，亦不復問其私販，雖非正法，然實兩便。欲乞聖慈特詔本司取會福建路轉運司下四州軍見行産鹽法，將本路地里遠近、鹽價高低比附參考，立爲沿海四州鹽法，其餘州軍自依舊法施行，則亦革弊救民之一事也。伏乞聖慈詳酌施行。

一、酒坊之弊，其説有四：一曰官監，二曰買撲，三曰拍户抱額，四曰萬户抱額。臣竊以爲莫不便於官監，莫便於萬户，其他則亦互有利害。而萬户之中，亦不能無少利害，要在講究詳盡，然後施行，則庶乎其弊之可革矣。今官監之害，朝廷既知而罷之矣，然州郡占吝，多不遵禀，户部漕司所撲，仍不廢罷，此則害雖除而未盡者也。買撲之害，在買人有消折本柄、破壞家産之患，在衆人有掯托抑勒、捕捉欺凌之擾，雖加禁防，法式明備，然勢之所在，終不能革。拍户抱額，則庶幾矣。然或額重而抱納不前，或藉此而掯托搔擾，則其弊亦不異於買撲。唯萬户抱額最爲簡便，然須以一州或一縣通計田畝浮財物力而均出之，使無官户民户之殊，城居村居之異，一概均敷，立爲定籍，乃爲盡善。若舍官户而敷民户，舍城居而困村居，不立官簿而私置草簿，使吏得以陰肆出没走弄於其間，則又病矣。此法本路處州見已施行四五十年，民無争訟，官省禁防，雖其小害尚不能無，然入其封境，觀其氣象，宛然樂國，與諸州不同。今欲便取其法行於諸州，則恐本州課額素輕，或非他州之比，未可遽議。然他州課額雖多，從來拘催少曾登足，皆是虚名，徒掛空簿。若蒙聖恩深詔有司取淳熙六年、七年、八年三歲實催到庫之數，參校取中，立爲定額，然後以此科敷，俾爲萬户，則亦庶幾安民省事之一端也。伏乞聖慈詳酌施行。

一、臣於今年□月内曾具差役利害□事申尚書省，幾數千言。内有徐詡所畫歇役年限一條，最爲詳密。而近準户部行下，乃無一言見施行者。臣生長田間，頗諳鄙事，竊謂其言若得聖明一賜觀覽，決須有可采者。欲望聖慈特賜宣索，觀其大概，然後付之愛民曉事、老成詳細之臣，令其看詳，擇可行者具爲條畫，别降指揮施行，庶於陛下愛民之意少有裨補，臣不勝萬幸。

右謹録奏聞，伏候敕旨。

校記　〔一〕糜：原作「縻」，據宋浙本改。

〔二〕自：原作「日」，據右引改。

編年　文云「久欲條奏以聞，顧以救荒方急，有所不暇。今以罪疾，力請投閑」，朱熹以劾唐仲友不效乞罷黜在淳熙九年八月，據以繫年。參年譜長編。

奏義役利害狀 淳熙九年八月

具位臣朱熹：　臣巡歷到處州，竊見本州昨奉聖旨，依布衣楊權所請，結立義役。此見陛下愛民之切，雖草茅之言，苟有便於民者，無不采納施行，天下幸甚。然本州目今奉行，却有未盡善者。如令上户、官户、寺觀出田以充義田，此誠善矣，而本州却令下户只有田一二畝者亦皆出田，或令出錢買田入官，而上户田多之人，或却計會減縮，所出殊少。其下户今既被科出田，將來却不充役，無緣復收此田之租，乃是困貧民以資上户，此一未盡善也。如逐都各立役首，管收田租，排定役次，此其出納先後之間，亦未免却有不公之弊，將來難施刑罰，轉添詞訴，此二未盡善也。又如逐都所排役次，今日已是多有不公，而況三五年後，貧者或富，富者或貧，臨事不免却致争訟，此三未盡善也。所排役次，以上户輪充都副保正，中下户輪充夏秋户長，上户安逸而下户陪費，此四未盡善也。凡此四事，是其大概。目下詞訴紛然，何況其間更有隱微曲折，未可猝見〔一〕。若不兼采衆論，熟加考究，竊恐將來弊病百出，詞訴愈多，改之則枉費前功，不改則反貽後患，將使義役之名重爲異議者所笑，無復可行之日，誠有未便。臣昨見紹興府山陰縣見行義役，只是本縣勸諭人户各出義田，均給保正户長，各有畝數，具載砧基。其保正户長依舊只從本縣定差，更不别置役首，亦不先排役次。而其當役之户既有義田可收，自然樂於充應，不至甚相糾訐。但其割田未廣去處，未免尚仍舊弊。若更葺理增置，便無此患。竊謂其法雖似闊疏，然却簡直易明，無他弊病，又且不須衝改見行條法，委實利便。故嘗取其印本砧基，行下州縣。然以未經奏請，畫降指揮，州縣往往未肯奉行。臣愚欲望聖慈詳酌，行下處州，止令合當應役人户及官户、寺觀均出義田，罷去役首，免排役次，止用山陰縣法，官差保正副長輪收義田，仍令上户兼充户長。俟處州行之有緒，却令諸州體做施行，庶幾一變義風，永息争競。須至奏聞者。

右謹録奏聞，伏候敕旨。

校記　〔一〕猝：原作「倅」，據宋閩、浙本改。

編年　文云巡歷到處州，據卷十九又乞罷黜狀，朱熹於淳熙九年八月末至處州，據以繫年。

按知台州唐仲友第一狀 淳熙九年七月十九日

〔外封〕奏爲本路諸州人户間有流移去處奏聞事。

〔内封〕奏爲台州催税緊急，户口流移，知台州唐仲友别有不公不法事件〔一〕，臣一面前去審究虚實奏聞事。

〔貼黄〕臣竊見本人近蒙進擢，而臣蹤迹方此孤危，較權量力，實犯不韙。顧以疏賤，蒙被誤恩，實當一路耳目之寄，不敢緘默，以負使令。伏惟睿照〔二〕，力賜主張，免致復爲小人陰有中害，不勝幸甚！

具位臣朱熹：臣今月十六日起離紹興府白塔院，道間遇見台州流民兩輩，通計四十七人，扶老携幼，狼狽道途。臣問其故，皆云本州旱傷至重，官司催税緊急，不免抛離鄉里，前去逐食。臣即量給錢物，喻令復業，竟不能回，各已迤邐西去。臣因詢究得本州日前似此流移户口已多，目今方是初秋，已致如此，竊恐向後愈見數多。除已行下本州約束，令其存撫見在人户，毋致復有流移外，臣續訪聞知台州唐仲友催督税租委是刻急，多差官吏在縣追呼，屬邑奉承，轉相促迫，急於星火，民不聊生。又聞本官在任，多有不公不法事件，衆口讙譁，殊駭聞聽。臣今一面躬親前去審究虚實，别具聞奏，乞賜究治外，所有上項事理，須至先次奏聞者。

右謹録奏聞，伏候敕旨。

校記 〔一〕不公不法：宋浙本作「不法不公」。

〔二〕睿：原作「眷」，據宋閩、浙本改。

編年 據年譜長編。

按唐仲友第二狀淳熙九年七月二十三日

〔貼黄〕奏爲知台州唐仲友違法促限催税，搔擾飢民事，伏候敕旨。

具位臣朱熹：臣昨訪聞知台州唐仲友催税急迫，致得民户流移等事，即具大略奏聞。今巡歷到本州天台縣，據人户遮道陳訴，本縣夏税絹一萬二千餘匹，錢三萬六千餘貫，緣本州催促嚴峻，六月下旬已納及絹五千五百餘匹，錢二萬四千餘貫。而守臣唐仲友嗔怪知縣趙公植催理遲緩，差人下縣追請赴州。縣人聞之，相與號泣，遮攔公植回縣，情願各催户下所欠零税絹二千五百匹，限十日内赴州送納，方得放免。仲友遂專牒縣尉康及祖催納零欠，更不照應三限條法及近日累降指揮，牒内明言要在六月終以前一切數足。又牒縣尉催淳熙七年、八年殘欠官物，專差人吏牟穎在縣監督〔一〕，及節次差下承局、禁子等人絡繹在道，乞覓搔擾，無所不至。又據寧海人户論訴，本州專差天台主簿張伯温及州吏鄭椿、姜允在縣催督去年殘米、下户丁税，百端搔擾。本司見行追問未到，而聞張伯温在寧海縣追呼迫急，本縣人户不堪其擾，相與群聚喧譟，欲行毆擊。伯温知之，僅得走免。臣竊惟台州頻年災傷，民力凋弊，仲友儒臣，幸得蒙恩典郡，專以布宣德澤、摩撫疲瘵爲職，而乃舞智徇私〔二〕，動乖仁恕。在法，夏税省限至八月三十日下限方滿，近來户部擅行指揮，必要七月盡數到庫，已是違法，而仲友乃於户部所促之限又促一月，公行文移，督迫屬縣，頓辱良吏，苦虐飢民，使千里之人愁怨嘆息，無所告訴，甚失聖朝所以選用賢良、惠恤鰥寡之本意。又况方此飢饉，人心易摇，萬一果然生事，不知何以彈壓？臣雖疏賤，誤蒙任使，職在刺舉，不敢不言。欲望聖慈先將仲友亟賜罷黜，以慰邦人之望。其不公不法事件，臣當一面審實以聞。須至奏聞者。

右謹録奏聞，伏候敕旨。

校記　〔一〕牟穎：宋閩本并下文「鄭椿」、「姜允」均缺，宋浙本作「吴穎」。

〔二〕徇：原作「循」，據宋閩、浙本改。

編年　據年譜長編。

申尚書省狀 淳熙九年七月二十三日

具位朱熹：今有狀奏知台州唐仲友促限催税，違法擾民，乞賜罷黜事。緣在道路，次舍淺迫，慮有漏泄，不敢備録全文申尚書省。其狀如蒙聖慈降出，欲乞早賜敷奏施行，以快千里疲民之憤。須至供申。

右謹具申尚書省，伏乞照會，謹狀。

編年　此與上篇同時申省狀，故作在同日。

按唐仲友第三狀淳熙九年七月二十七日

〔貼黄〕奏爲知台州唐仲友在任不公不法事件〔一〕，除已將干連人送紹興府司理院根勘，録案奏聞，欲乞聖慈將唐仲友先賜罷黜，仍詔有司毋得觀望，嚴行究治事，伏候敕旨。

此項已追到鐵匠作頭林明供具分明，尋別具奏，伏乞聖照。

仲友差官非法估没人户財産，多是差曹格及司户趙善德，案中可見，伏乞聖照。

造假會人蔣輝，已據通判趙善伋、監押趙彦將就州宅後門捉獲，臣已押送紹興府司理院。傳聞此人在此造作假會甚多，其台州解到行在諸庫官會，欲乞密遣公正臣寮驗其真僞，伏乞聖照。

此項已據人户潘牧繳到仲友長子手簡與弟子王静，内説計囑周士衡論分公事，及婦人李六娘訴王静及弟子鮑雙入宅求囑犯奸公事。臣追到王静、鮑雙，供通委有取受詣實，尋別奏聞，伏乞聖照。

具位臣朱熹：　臣昨兩次具狀按劾知台州唐仲友促限催税，違法擾民罪狀聞奏，乞賜罷黜，及聞本人更有不公不法事件，乞候一面審究以聞。臣於今月二十三日到本州，密切體訪。及先據本州通判申，并據士民陳狀，皆稱仲友到任以來，少曾出廳受領詞狀，多是人吏應褒、林木接受財物，方得簽押，無錢竟不得通。以市户應世榮爲耳目，令其在外刺求富民之陰事。民間初無詞訴，急遣吏卒奄至其家，捕以送獄。擇奸貪之吏鍛鍊考掠，傅致其罪，往往徒配。或請囑既行，則又忽然縱舍，曲直輕重，初無定論。邦人畏其凶焰，無不重足而立。又本州違法收私鹽稅錢歲計一二萬緡，入公使庫，以資妄用，遂致鹽課不登，不免科抑，爲害特甚。又抑勒人户賣公使庫酒，催督嚴峻，以使臣姚舜卿、人吏鄭臻〔二〕、馬澄、陸侃爲腹心，妄行支用。至於饋送親知，刊印書籍，染造匹帛，製造器皿，打造細甲兵器，其數非一，逐旋發歸鄉里。其他細碎不急之物，下至魚鱟臭腐，但直一文以上，無不津致以歸，籠擔動十百計，絡繹不絕於路。凡此皆人所共見，有口者類能言之。臣嘗令本州通判趙善伋取其公庫文曆，自二十四日巳午間至中夜不至。據監庫官司理王之純及造買使臣姚舜卿供，每遇知州判下支單，即時關支出庫。所有應干簿籍，於今日巳時知州聞得本司勾追馬澄，即時盡行拘收入宅，有公庫貼司俞實、張公輔、吴允中備見。之純等曾親往控告，知州堅執不肯付出。仲友又悦營妓嚴蕊，欲携以歸，遂令僞稱年老，與之落籍，多以錢物償其母及兄弟。據司理王之純供，今年五月滿散聖節，方知弟子嚴蕊、王蕙、張韻、王懿四名，知州判狀放令前去，即不曾承準本州公文行下妓樂司照會。仲友身既不正，遂不能令其子弟，以至白晝公然乘轎出入娼家，交通關節，受納財賂，曾爲群不逞就娼家歐擊狼狽，而仲友不敢問。其嚴蕊、沈芳之徒，招權納賂，不可盡紀。其簿曆文字少經倅貳之手，惟倚□臨海縣丞曹格及曹官范杉等。格妻與之有婣婣，得出入其家，早暮無節，物論頗醜。凡此細碎污穢之迹，臣不敢縷陳，以瀆天聽。

臣謹按，仲友身爲儒生，早取科目，繼登臺省，爲清望官。今又蒙恩出守名郡，所宜夙夜恪勤，正身率下，務以承流宣化、牧養小民爲職。顧乃不思報稱，公肆奸心，其刻核擾民之政，既如臣前奏所述，其貪污不法之狀，又如臣今奏所陳，而近侍貴臣或未知其所爲，猶以故意期之，以至交章論薦，上誤寵擢。臣以職事所在，恐負使令，誠知蹤迹孤危，不敢隱情惜己。其官屬所言、士民所訴，與臣前後所聞大略不異。雖其曲折未必盡如所陳，然萬口一詞，此其中必有可信者。而觀其公然占吝公庫文曆，不肯解送，則其衷私折换，以蓋日前侵盗入己之迹，亦有不待案驗而可知者。臣更不敢差官體究，慮涉張皇，却致本人潛將文案盡底改易，無可供證。竊謂唯有付之所司，盡實根勘，則其有無虚實自不可掩。除已牒本州通判趙善伋、高文虎拘收本州自仲友到任以後至截日終應干收支文曆公案，及將合干人等押送紹興府司理院禁勘外，欲望聖慈閔此一方久罹凶害，亟詔有司毋得觀望，嚴行究治，依法施行，以爲遠近四方守臣貪殘不法之戒。須至奏聞者。

一、淳熙八年受納秋苗糙米，每年是十月半後開場，仲友信委司户趙善德，差爲受納官，公然倍取合耗，高帶斛面，不半月間，善德已申所納糙米數足。方十一月，仲友將人户未納糙米違法高價一并折錢，人户盡用賤價糴米，高價納官，一郡皆以爲苦。至今追催所折米錢，更不顧恤朝廷上司時暫住催指揮。其收到錢雖入於糴本庫收附，多是關入公庫，巧作名色，支破私用。

欲乞委官到州，監合干人供具去年折納糙米月日石數，見得不恤民力，一意取錢實迹。

一、淳熙八年春，本州荒歉，抄劄諸縣合賑濟人户姓名，散給未嘗周遍。仲友却專委人吏李迴乘勢監勒鄉司儹具隱落丁税之人，抑勒諸鄉司乘此作弊增減〔三〕，成其奸計〔四〕，詞訴至今不已。每縣添至數千人，多是失實，比常年添增五縣丁産絹數千匹。在兩年中，納夏税和買絹未及七分，却并高價折錢，困及小民，無錢可納，增起丁税，以無爲有，爲一州無窮之害。欲乞委官再行審實，早與除豁。其所取到添丁錢并不曾起發，不審將作何用。

一、公使庫自來不許賣酒，緣添歸正人，合支些小供給錢。仲友到任以來，以此爲名，公庫每日貨賣生酒至一百八十餘貫，煮酒亦及此數。一日且以三百貫爲率，一月凡九千貫，一年凡收十萬餘貫。其所造酒米麥之屬，既并取於倉庫羡餘，而所收息錢太半不曾收附公使庫錢曆，并是入己。

一、自到任以來，緣公庫賣酒錢額既高，督責兵官尉司逐日捕捉私造酒麴及糶糯米糯穀者。所犯之家與四鄰盡是籍没貲産，以充自立賞錢格。所犯止於升合，亦不能免。兩年中，破壞二千餘家。其間久繫囹圄，染疫而死者甚多。所犯甚輕，并出私意，文致其罪，至於徒配，如兵士盧宗之類。闔郡軍民冤恨，無一日安迹。

一、公庫所入，舊例并支見任官員逐月供給及宴會之屬。自兩年來，却以糴本庫錢撥入軍資庫，軍資庫撥入公使庫，以支供給。公庫之錢既富，乃巧作名色，以饋送爲名，多至五百貫，少至數十貫，專委公庫手分馬澄支行，及書表司楊楠僞作書劄，送與官員，封角了當，却供入宅堂。又其間婺州親戚如妻之親兄何知縣、何教授，其子之妻父曹宣教，其表弟高宣教者甚多，止宿郡齋，争受關節，以此頻作宴會，無不預坐，留連數月，臨行饋送各以數百千。及去年十一月，其次子娶婦〔五〕，凡供帳幕帟，染破紫綾羅絹凡數百匹。從人衣衫數百領，樂妓衣服并是什物庫陸侃支公使庫錢，往仲友私家婺州所開綵帛鋪高價買到暗花羅并瓜子、春羅三四百匹，及紅花數百斤，本州收買紫草千百斤，日逐拘繫染户在宅堂及公庫變染紅紫。其妓弟四十餘人，都行首嚴蕊分真紅暗花羅，餘行首分瓜子羅，其餘分春羅。每人分俵真紅大袖帔子、背子、紅裙、衫段、幃子各一副。一州驚駭，自來未嘗有知州爲妓弟製造衣服。名件不一，違法如此，盡是父子逾濫，以此取媚。其餘所染到真紅紫物帛，并發歸婺州本家綵帛鋪貨賣。其子親會宴集經月，姻族内外，一文以上皆取辦於公庫。其妓弟今夏又分紗帛衣，名件并如前。

一、仲友專委司户趙善德兼管公庫，前後妄自支使，并無合破名色條例。善德將滿，遂密獻計，以收買米麴物料爲名，於今年二月上旬一日之間支錢二萬貫，皆是入己，并無他處簿書收附證照。

一、司户趙善德兼管羅本庫，今年二月上旬，忽支落十餘萬貫。以轉運司差官點檢，且欲移寄他庫爲名。此項錢後來即不見起發，亦不見拘收，并無下落。

一、仲友專委人吏鄭榛、陳忠充財賦司，凡官賦所入，其間有不該係省及諸庫收附者，盡是別作名色支破，差人往外州買銀子。及收到來，即不知將作何用。及就本州置買銀場，逐日監繫鋪户，稍違限期，無不重斷。多是以所賣公庫生酒錢支買，不曾附曆。先是，司户趙善德及二胥吏同謀作弊，逐時於公庫以犒賞爲名，支錢遺賂，善德一歲至二三千緡。其妄用錢物，甚於泥沙，不可明説。其兩吏所支，亦數百貫。

一、仲友少曾坐廳受領詞狀，間有判下人户論訴，皆係應褒、林木接受，忽自宅堂傳出。盡是子弟同坐，商議判詞，其父子或自相争執。弟妓早晚出入宅堂，公然請囑，每事皆有定價，多至數千緡。又縱獄吏百端乞覓，民間冤苦，不可勝言。

一、仲友自到任來，本性喜引致奸私公事，或告首事不干己，或幃箔曖昧不明，或僧道與人有冤，并行受領，皆欲窮究根底。并不憑信獄官推司所勘，自引歸花園中亭館及宅堂後宴坐去處，親自鞠問，語言穢媟，吏卒羞聞。當面露示其合該刑名至重之意，其弟妓與心腹人吏、住持鄉僧等，内外相通，同共請托，取受貨賂，不可勝計，并是子弟專決。其所諾不副者，雖已釋去，復行追繫，增其刑名。所需既滿者，刑名雖重，結案之後，平白不斷。如僧景猷犯奸事，道士祝元善亦預。景猷富厚，責賂甚重，不能應其所需，則籍没其衣鉢莊産之屬。祝元善因栖霞知宫姓李者以彈琴出入宅堂，首以厚賂徑達，未斷間先令放出，竟不斷罪。李承節之妻爲應楊所犯，乃外甥犯從舅母，或佃者犯主母，干連十餘人。臨斷時，得二千緡，平白不斷。富室黄士龍、黄日新更易其妻，穢不可言，并自引上親勘。既受其物，至今不斷。凡此等事皆顯然，人所共知者。

一、兩獄直日，收禁罪囚，羅織枝蔓，不容獄官依法裁處，須令逐日過廳取禀己意，以爲輕重高下，每事多是曲法枉斷。緣此拘繫既多，致死百餘人，全不顧恤。

一、仲友在鄉開張魚鮝鋪，去年有客人販到鮝鮭一船，凡數百簉，更不容本州人户貨買，并自低價販般，歸本家出賣，并差本州兵級般運。其他海味，悉皆稱是，至今逐時販運不絕。

一、仲友自到任以來，關集刊字工匠在小廳側雕小字賦集，每集二千道。刊板既成，般運歸本家書坊貨賣。其第一次所刊賦板印賣將漫，今又關集工匠又刊一番。凡材料、口食、紙墨之類，并是支破官錢。又乘勢雕造花板，印染斑襭之屬凡數十片，發歸本家綵帛鋪，充染帛用。

一、仲友因修造兵器，前後發買牛羊皮穿甲及生絲打弓弩弦，支破不可勝計。其牛羊皮買來甚少，錢亦不歸。所買生絲，除量支作弓弩弦用外，并發歸本家綵帛鋪機織貨賣。

一、仲友又因修造兵器，自造精細鐵甲數副，及弓弩刀槍各十數件，收入宅堂，不知將作何用。

一、本州新報恩寺元有住持僧，誣以他罪逐去，却請鄉僧介登來此住持，早晚出入宅堂，傳度關節。凡五縣僧寺，易換住持幾遍，盡是介登保明乞差，通同接受貨賣，每處必數百緡。其中皆是婺州富僧，近又有應世榮者，亦作士户狀陳乞，即時給帖。其無忌憚，容小人紊亂郡政，一至於此。

一、仲友自到任以來，違法招刺厢兵，每一名必立定價，外寨兵士一百貫，在城兵士止三五十貫。下至學院子、修合醫人，刊碑刊版工匠，弟妓厨子，各得干預請求。去年七月間，有外寨兵士經州下狀，告論兵士周榮託仙居縣丞楊浩齎錢一千貫，囑本官廳子轉求刺軍十名事，雖送有司，緣錢入己，竟不追究，有案狀可驗。若刷具仲友自到任以來刺過厢兵人數，可照所受錢數。

一、本州販香牙人應世榮奸猾小人，因其家資稍厚，左右引致〔六〕。以曾與仲友建立生祠，乃延爲上客，與之頌贊，親自題寫。世榮乃刻石誇張，因此妄作聲勢，出入宅堂。仲友專一信委，爲心腹爪牙〔七〕，凡首奸獲酒，盡是世榮發之，仲友却令臨海縣丞將帶兵卒數十人追捕。每一如此，闔郡搔擾驚走。其他挑起事端及報其私冤，羅織平人，置於重憲，不可勝數。所斷輕重，并出世榮己意，全無州郡。雖士大夫善人之家，亦被凌蔑，郡人指爲殃禍。其人取受，前後不可計數，每事所得，必與其子弟分受。若非送有司勘其情犯，編配遠惡去處，何以贖陷害鄉士善良無窮之罪！

一、臨海縣丞曹格係仲友長子妻黨，其人凶暴貪婪，全無忌憚。自仲友到任，倚恃至親之故，妄作聲勢，凌侮同官，捶撻胥吏。凡士大夫，不問見任寄居，無不遭其譖訴。以其妻出入郡齋，日有醜惡之聲傳播一郡，公然不時出入宅堂，或入其子舍傳度關節，百端取受。并仲友長子之妻父曹宣教者，即曹格之堂兄，往來曹格之家，通同干預公事，全無顧藉。仲友弟婦兒女婦侄不時往曹格之家飲燕，媟狎無禮，靡所不至，全無廉耻。其曹格日來縱横尤甚，每年受納官物，皆干求差預，百端阻抑。人户所納之物，絹必掗拶令破，綿子曬或經月，米麥必十來日宿倉，又多取合耗，人之冤苦，無所告訴。似此奸猾小吏，輒敢憑藉聲勢，苦虐士民，可不明正典刑！

一、仲友有三子，長曰士俊，次曰士特、士濟，及其甥侄數人，隨侍來此。自到任，見客則立於屏側，引問公事則環於坐隅，或與胥吏混立〔八〕，紛然干預。有簽押決遣，各出己意，不容其父下筆。多因賄賂先入，其父不止，明知有公受其欺者，是非曲直，一切反戾。其父子各據弟妓，三子多出入王静、沈玉、張嬋、朱妙、沈芳之家，盤合簡帖，絡繹道路。本州士民有得其子所與弟妓書簡受關節者，亦曾連粘投狀，訴於提刑行司。

一、仲友自到任以來，寵愛弟妓，遂與諸子更相逾濫。行首嚴蕊稍以色稱，仲友與之媟狎，雖在公筵，全無顧忌。公然與之落籍，令表弟高宣教以公庫轎乘錢物津發歸婺州别宅。嚴蕊臨行時，係是仲友祖母私忌式假，却在宅堂令公庫安排筵會，餞送嚴蕊。近來又與沈芳、王静、沈玉、張嬋、朱妙等更互留宿宅堂，供直仲友洗浴。引斷公事，多是沈芳先入，私約商議既定，沈芳親抱仲友幼女出廳事勸解。仲友僞作依從形狀，即時寛放。如應楊犯奸等事，并是臨時裝點此等情態。本州亢旱，啓建祈雨道場，安撫司文牒傳奉聖旨，令精意祈求，非不嚴切，仲友却追拘收外縣弟子十餘人及散樂二三十人，逐日出入宅堂，以下棋彈琴爲名，公然於道場前往來。一日，寄居士民在儀門下修設水陸道場，其長子士俊自臨海縣丞曹格家醉歸，帶挾弟妓數人，於本處觀視，嬉笑歌唱，無所不至。士庶嘆恨，皆云太守如此，兒子又如此，如何會有雨澤感應？又因斷屠日，仲友却令公厨供造法煮雞鵝蹄肚食物入宅堂，其長子士俊又以盤合乘貯生料猪羊水雞之類送與行首王静，人皆驚駭。緣此百姓忿怒，因士俊鬬游無節，公然捶打於弟妓家，更不敢根究。

一、仲友有婺州鄰近人周四，會放煙火，其妻會下棋。仲友招喚來此〔九〕，遇作州會，以呈藝爲由，每次支破公庫錢酒計十餘貫，前後支過錢約數百貫。妻常出入宅堂下棋，仲友却委放煙火人探聽外事。如犯奸首酒等事，亦是此人在外邀求，稍不如意，即時挑發。其間又有在婺州喚到刊字碑塑佛工匠十餘人，壁截郡治堂屋安歇，支破公庫錢物供贍，專是在外探刺生事。

一、仲友造置浮橋破費，支萬餘貫官錢，搔擾五縣百姓數月方就。初以濟人往來爲名，及橋成了，却專置一司，以收力勝爲名，攔截過往舟船，滿三日一次放過，百端阻節搜檢，生出公事不可勝計。此項若不早與奏聞，行下廢罷，却是本州添一税場，遺害無窮。向去復有掊刻之人，因而增添收税課額，若一兩政循襲，必不肯廢。此大係利害，橋成未及一年，已收過力勝錢二千五百餘貫，見有簿曆可照。

一、仲友貪墨無耻，素乏廉稱。到官之初，適見公使庫有前政積下官錢十餘萬貫，竟遂有席卷之意〔十〕。乃擇奸猾使臣姚舜卿爲監官，并與公庫手分馬澄日夕握手密謀，將公庫諸色官錢巧作名色支破，變轉官會，并用竹籠盛貯入宅，輒先令其子節次作文字行李擔押歸。前後幾數萬緡，皆有實迹。及染造真紫色帛等物，動至數千匹，皆用官錢，託以人事爲名，逐旋發歸，以爲貨賣之資。其他不急之物，往往稱是。乞追姚舜卿、馬澄并帳設庫專知陸侃，送清强官司勘鞫，便見著實。今來既得改除歸鄉，行李亦數百擔，他可知矣。有雕匠姓蔣人，因造假會事發，永康縣差人密來擒捕。仲友輒令兵卒劫取，反將承差人送獄絣打。永康縣無如之何，徑申提刑司，牒本州發遣。仲友輒作本人身死備申，至今尚在本州。其不遵法度，皆此類也。

右其通判及士民所述仲友罪狀，謹件如前。謹録奏聞，伏候敕旨。

校記

〔一〕不公不法：宋閩、浙本作「不法不公」。
〔二〕臻：下文作「榛」。
〔三〕諸：原缺，據清康熙本、四庫全書本補。
〔四〕成：原缺，據右引補。
〔五〕其：原缺，據宋浙本補。
〔六〕致：原作「置」，據右引改。
〔七〕爪牙：原倒，據右引乙。
〔八〕或：原缺，據清康熙本、四庫全書本補。
〔九〕喚：原作「换」，據宋浙本改。
〔十〕竟：原缺，據清康熙本、四庫全書本補。

編年　據年譜長編。

朱熹文集編年評注卷十九

奏狀

按唐仲友第四狀淳熙九年八月八日

〔貼黄〕奏爲續根究知台州唐仲友不法事件，及藏匿僞造官會人蔣輝實迹，乞付外照勘，伏候聖旨。

仲友所印四子，曾送一本與臣，臣不合收受，已行估計價值，還納本州軍資庫訖。但其所印，幾是一千來本，不知將作何用，伏乞聖察。

奏狀内第十四項，係藏匿僞作官會人蔣輝詐妄行移首尾情節，伏乞聖慈詳賜省覽。此項係仲友舍匿死罪亡命奸人蔣輝詐妄行移首尾情節，乞賜詳覽，即知仲友所犯，非獨贓私小過而已。伏乞聖照。

臣竊見仲友本貫婺州，近爲侍御史論薦，又其交黨有是近臣親屬者，致臣三奏，跨涉兩旬，未奉進止。深慮本人狡猾，別有計會，兼恐所司觀望，或致滅裂，切乞聖明照察，嚴賜戒敕施行。

具位臣朱熹：臣因巡歷至台州，見唐仲友委有不公不法事件，已於前月二十七日具録奏聞，仍將一行干連人送紹興府根勘。乞詔有司毋得觀望，嚴賜根究，依法施行，以爲郡守貪殘之戒。臣連日又據人户陳訴仲友不法事件，略行審究，有旋行供到情實數條。及本州公庫簿曆雖爲仲友收藏，追索不出，今據監庫官司理王之純旋尋檢到仲友拘收不盡草簿，干照年月，亦不接續，遂令庫子葉志具出仲友有非法支用數目已多。及據宜人趙氏狀訴，故夫鄭槐昨任江東提刑日，曾按劾仲友罪狀，後來寄居台州，仲友到任，懷恨不已，不支俸錢，百端凌辱，以致飲氣身死。仍繳到當時劾章内事件，亦是多遣軍兵，遠出禁地，以捉酒爲名，掠其所有財物，抑勒人户輸納十年虧欠和買役錢，拘占民船，抑載官綱，至有子告母奸，弟訴兄濫，取受關節，著意究治，種種無狀事迹，一切不異於今日之所爲。足以見其貪縱刻薄本於天資，而長惡不悛，日增月益，以至於今，遂肆然爲無所忌憚之意，上欺君，下虐民，而專以陛下所付千里刑賞之柄爲立威取貨〔一〕、娱悦婦人之具。臣前所奏雖已略陳其大端，今既得其實狀，請摭其一二，冒死奏聞，以質前言之非妄。欲望聖慈略賜省覽，降付所委推勘官司照應，催促疾速勘結，毋得少有觀望，庶幾可以少攄千里神人鬱積之憤。惟是言語媟瀆，非所宜道於君父之前，臣不勝大懼。伏惟陛下哀憐裁赦，須至奏聞者。

一、據庫子葉志等供草簿内，仲友於公庫支錢二萬八千六百一十六貫六百八十二文，送惠與人。内一千四百八十二貫二百六十三文送妻兄，及與第二兒婦之父何知縣、何教授、何宣教兄弟，係淳熙八年二月止淳熙九年四月簿内支破。

一、據葉志等供草簿内，仲友以官錢開荀、揚、文中子、韓文四書，即不見得盡饋送是何官員。

一、據葉志等供草簿内，仲友以公庫錢六百九十九貫五十二文買暗花羅等，與弟子嚴蕊等製造衣服，其嚴蕊等亦已供招件數在案分明。

一、人户張見等狀訴，仲友與弟子行首嚴蕊情涉，交通關節，及放令歸去。今據通判申，於黄巖縣鄭奭家追到嚴蕊，據供，每遇仲友筵會，嚴蕊進入宅堂，因此密熟，出入無間，上下合干人并無阻節。今年二月二十六日宴會夜深，仲友因與嚴蕊逾濫，欲行落籍，遣歸婺州永康縣親戚家，説與嚴蕊，「如在彼處不好，却來投奔我」。至五月十六日筵會，仲友親戚高宣教撰曲一首，名卜算子，後一段云：「去又如何去？住又如何住？但得山花插滿頭，休問奴歸處。」五月十七日，仲友賀轉官燕會，用弟子祇應，仲友復與嚴蕊逾濫。仲友令嚴蕊逐便「且歸黄巖住下，來投奔我」，遂得放令逐便。嚴蕊緣與仲友密熟，有兄周召充黄巖縣欄頭，因被監官何承節窘拾行打，知得妹嚴蕊出入宅堂，凡事喜美信據，遂托嚴蕊寫信，令人力計會傳達仲友，乞辭退欄頭等事。仲友遂作訪聞，追上何承節并周召等六名，於七月二十一日赴州出頭，押下當直司供責。仲友作周召不供何承節事情爲由，當廳免斷，差陳敦押下縣放罷。其何承節等至今知在，未曾結絕。嚴蕊又供，據臨海縣貼司徐新等，因差在城外三路及在城總店賣酒不行〔二〕，并是陪錢送納，見經本縣陳狀，備申本州，乞免賣酒。許嚴蕊錢一百貫文省，託囑仲友免賣。徐新先將銀盞七隻付嚴蕊作當，候得判免，備錢收取。嚴蕊將銀盞三隻就廟弄丁官人家典錢一十二貫足用過，後仲友與免總店賣酒。徐新令人力將錢三十貫文足，係嚴蕊同母收受，付還銀盞四隻，却將三隻典貼與徐新，自備本利錢取贖。通計受過錢四十二貫二百四十文足。嚴蕊及弟子朱妙入宅打囑仲友，免斷楊準藏伉弟子張百二事，許錢一百貫文，并受過青紗冷衫段、水線魚鮝等，供責是實。

一、據弟子行首王靜供，元係長行弟子，每遇祇應筵會，多在宅堂出入無間。今年三月內，因公筵勸酒，遂與仲友男十八宣教逾濫，自後往來不絕。五月二十一日，十八宣教借馬三匹與王靜、嚴蕊、沈玉乘騎，仍將官會五道與王靜支散馬下人。至二十三日，行首嚴蕊落籍，是王靜囑十八宣教稟覆仲友補充行首，仍是十八宣教將官會五十貫文與王靜支分使用，并送毛段一丈四尺。及曾將蓮花紗一匹、扇子一柄、曲二十册，係學院子金璉送與王靜作人事。至六月十八日，王靜移過廟弄嚴蕊舊屋居住，節次是十八宣教到家宿卧，至四更回州，因此外人得知。多有犯事人託王靜關節，説與十八宣教，得錢使用，供責是實。

一、據道士李冲虛供，本房道童丁希言兄丁全充院虞候，仲友遣往寧海縣追散樂弟子王醜奴、張百二入州祇應。內張百二不到，將丁全枷送州院根勘取受，結案斷配。先憑冲虛告覆十八宣教，後再託弟子王静關節。據王静供，丁全憑鄧十二付官會三十貫文，託王静入宅打囑十八宣教。除學院子金璉并韓百九抽退官會六貫文外，王静得官會二十四貫文，還得從輕作杖一百，勒罷科斷，供責是實。

一、婦人李六娘狀訴，仲友非理追勘與道士王永昌有情涉，弟子王静同弟子鮑雙與李六娘入宅打囑仲友長男十八宣教。今據王静供，寫批與十八宣教告仲友。又蒙將李六娘封案，王静受過錢二十貫文省，鮑雙受銀盞四隻，錢十一貫文足，推司蕭明受銀盞二隻〔三〕。已追索銀盞六隻，寄收州庫訖。六月内，書表司丁志、學院子金璉到王静家，言説有相知董承信妻李氏與應楊犯奸公事，送司理院結絕。今逐人在外和會，欲得免斷，許王静錢一百貫文。王静寫批囑託十八宣教，後蒙杖罪贖銅。兵士謝榮欲差充學院子，許王静錢五貫文囑託十八宣教。王五七囑託王静，稱姊夫左永因事送當直司結案，許王静官會一十貫文，將金裹釵二隻作當。王静并與囑託十八宣教，供責是實。

一、人户潘牧狀，繳到仲友長男十八宣教親書寫批子與弟子王静，打囑周士衡理分公事，與錢五十貫，收下質庫，批當分明。已據王静供，係朱十九助教相託，王静委曾入宅計囑。上件批子係仲友長男令金通引送與王静，供責是實。

一、據弟子王静供，仲友侄三六宣教同十八宣教到王静家飲酒，及與弟子沈玉情涉。據沈玉供，三六宣教先與弟子林瑩、散樂弟子劉醜逾濫，今年五月内，因宴會，方與三六宣教逾濫，自後往來不絕。五月二十一日，三六宣教借馬與乘騎，得錢五貫文，與直馬人支分。緣此多有犯事人託打囑關節，得錢使用。五月内，貼司王敦仁得會子一十道，囑託仲友，蒙給帖補充帳司人吏。并鮑卜妻許錢二十貫文，説與三六宣教，囑託仲友刺軍。并三六宣教令學院子姓董人送真紅紗一匹、白蓮花紗一匹、青扇一柄、曲二十册與沈玉作人事，供責是實。

一、鐵匠作頭林明投白紙，令當廳供，係本州差在教場内打造軍器。内仲友私打造衣甲二副，湯瓶三十三隻，鍮石頭盔二副，并係官中鐵炭工力，仲友收受入己，曾支食錢三貫文，酒六瓶作送到犒設。仲友男亦曾令私打竹節鐵鞭一條，監造官林路分亦各私造鐵甲頭盔一副，湯瓶十二隻，雜物五十餘件，箭三百隻。并差待缺官邢判院同監造，亦私自造刀、斧、箭、交椅，數目已多。又怒林明不與依數打造，凡九次斷決小杖。路分曾遣兵士張顯入行衙計囑林明，據林明、張顯供責是實。

一、仲友有婺州鄰人周四，本名花康成，會放煙火，妻能下棋。仲友招來，每有宴會，以煙火撮藥爲名，支給錢酒。仍是仲友令男十八宣教令兵士劉德等與放單本索子於諸司公吏倉場庫務及臨海縣并縣官、廳吏、弓手、牙人等，率斂錢物。及康成日逐出入，阿劉入宅無間，上下觀望，從此有犯事人託打關節。據花康成供，仲友筵會凡三十二次，使放煙火、下棋，共支官庫錢一百三貫文，并酒二百一十七瓶，計價錢四十三貫二百九十文足。并率斂索子錢，得錢三百貫文。并曾爲威果兵士祝信犯酒，送當直司寄禁，司理院抑勘行打管營，結案該配，將官會二十五道託虞候陳長送與唐十八宣教〔四〕，得免罪名。并吴信供，母阿朱并弟吴益與鄰人李念一交争，投廂解州，送當直司，却追出在室兩妹吴六娘、吴九娘枷禁勘奸。承行人林木要錢一百貫打關節，吴信將金釵一隻、金裹釵三隻、銀盞三隻作當，方得將母并弟、兩妹各勘杖八十。内二妹封案，吴信將錢三十貫七十陌付林木，并曾先托花康成、阿劉。并花康成受人吏陸侃引領寧海縣朱秀理庫本錢事，將銀子計錢一百貫，并馬一匹，連鞍直錢一百貫，與仲友侄三六宣教收受入己。朱秀并將官會十五道與花康成，又五十道與陸侃。并松門寨兵士謝興不伏差使，解州，康成取錢三貫，囑託十八宣教説與仲友，將謝興止押下本寨交管。花康成取受院虞候陶顯錢三貫文，囑託十八宣教，差往天台縣催税。花康成受弟子何蕙官會一十貫，囑託令妹抵替回縣。花康成受東陽縣陳客官會五貫文，囑託仲友侄三六宣教，令案吏出引監索人頭少欠紗錢。花康成取受仙居縣公人王富官會一十貫，計囑十八宣教，説與仲友，放令回縣免罷，各供責是實。

一、據城下天慶觀道士祝元善供，與陳百一娘有奸，事發，送州院禁勘結録，下法司檢斷，決脊杖十三還俗〔五〕。託曹縣丞打囑仲友，至今不曾科斷。見令元善起建蓋竹洞屋宇，曹縣丞受本人丹砂二百餘粒。及黄士龍與承信郎黄復妻互行通奸，送司理院根勘，欲具情犯申尚書省。係仲友親兄慈谿宰關節，便行放出，供責是實。

一、據本州通判備應世榮家狀，解到仲友親戚高宣教綿五籠，并人力張四等二名，遂送司理，根問來歷。據司理院申，已申州，牒兵官追捉高宣教，緣本人藏閃宅堂，卒未出獲。及備據夏税場專揀張元亨等供，七月十二日，是本場專知陸侃家人陸允稱，知州宅高宣教有綿四百屯，作空鈔使印，候親戚曹縣丞上場交秤。緣提舉出巡到州，未曾交納，寄留應世榮家。今秤計二十七貫八百四十文重，并係下等不中粉藥綿，每兩市價直錢一百文。若納官將鈔出賣，每兩得錢三百文，共合得錢□百三十五貫二百文。張元亨看驗，其綿不曾經官投税，其四百屯又合納勘合頭錢一百六貫七十文。雖係孫澄於鈔面使交錢印訖，即未見齎錢入庫。及根問高宣教買綿錢，據公庫合干人陸斌等供，五月二十三日，仲友令於公庫支錢一千貫，付什物庫手分陸侃收買接官絹，更不曾收附什物庫曆，徑付仲友親戚高宣教將去。其高宣教止於七月初一日買到輕怯大絹一百十八匹，高價估錢入庫，計四百九十貫九百六十五文省，盡將變染作從物使用。其餘錢五百餘貫，即未見買到物件。又據李冲虛狀陳首，高宣教寄下羅一十匹、紗五匹。及據百姓夏松狀首，高宣教寄下羅一十匹，紗一十匹。又據開茶店百姓蔣三乙狀首，高宣教寄下紗一十匹。及弟子嚴蕊供，高宣教與弟子行首張嬋曾在書院逾濫，其高宣教見事發覺，隱避宅堂，不伏出官，供責是實。

一、據丁志供，本州有開字匠蔣念七，名輝，係婺州人事〔六〕，因僞造假會，斷配台州。蒙本州拘入書院，同陳顯開文字。續婺州差人緝捉蔣輝，爲僞造官會，知州令蔣輝家屬具狀，經州陳論，婺州差來人打折蔣輝手骨，將差來公人送下州院禁勘，勒令招伏，放令公人回歸婺州，自後令蔣輝在宅躲閃宿食事。臣遂索本州元行遣婺州追蔣輝公案，見得婺州義烏縣差弓手劉興、貼司劉儀帶親弟劉保及樓二齎縣牒并申狀，前來台州及臨海縣與兵馬司投下，勾追蔣輝，照勘見禁黄念五等僞造官會公事。劉興等恐蔣輝逃走，先捉下蔣輝，方敢投公文。被蔣輝同伴周安先覆仲友，令同蔣輝妄論被劉興等打損傷骨，仍令醫人徐浩妄作驗狀，稱肩并背脊、脇、腳、手并皆打損，及傷骨蹉跌。仍令蔣輝男亞德具狀稱被打傷重，人命難保。仲友妄作差趙成忠抄劄口詞，虛立一重案卷，却差獄子朱先追義烏縣差來人劉興等，枷項收禁，逼作打損蔣輝，傳鋪押回本縣。仍將臨海縣同追弓手金信、張臯斷罪勒罷，妄作將蔣輝用藥醫治，牢固知管。却又作去年九月二十九日，差兵士王張押蔣輝前去婺州義烏縣交管，其蔣輝即不曾發遣。又詐作王張逃走，并係假作行遣。及義烏縣申提刑司、轉運司及婺州回牒到本州催追，并不發遣，止作根捉王張將帶家屬逃走，不見回報。臣昨令本州通判勾追，乃就州治後門捉到蔣輝。據供，淳熙四年在廣德軍僞造會子四百五十道，在臨安府事發，斷配台州。至淳熙七年十二月十四日，同黄念五在婺州蘇溪樓大郎家開僞印六顆，并寫官押及開會子出相人物，造得成貫會子九百道，與黄念五等分受，於去年二月初回歸。八月十二日，婺州義烏縣弓手前來追捉，躲閃在府衙中藏隱是實。臣照對蔣念七既僞造會子發覺，乃是死罪亡命之人。婺州義烏縣前來追捉，仲友差人奪回〔七〕，却妄作打損，收留醫治，仍假作兵士姓名，管押發遣逃走，藏匿州治。不知仲友身爲郡守，乃敢蓄養此輩亡命造幣奸人〔八〕，意欲何爲？其蔣輝臣已押送紹興府司理院，欲望聖慈特賜指揮，嚴加鞫治，必得其情〔九〕。

一、據婺州東陽周大雅并許與供，於六月二十三日前來參謁仲友，在王八家安歇。周大雅送皺紗二匹，許與送金條紗二匹，與仲友作人事。仲友差學院子李錫、兵士葉旺當直，時復出入州衙書院。六月二十九日，同仲友男十八宣教并侄三六宣教往王静家飲酒，因外人囑託關節。七月内，有獄子陳敦許錢二十貫文，囑託十八宣教出引往黄巖縣追人，及受外縣弟子許韻等五名錢一百貫文，放歸本縣。并李錫許錢二十貫文，囑託親情俞安敗酒事〔十〕。李錫又許錢四十貫文，託刺厢軍二名。并馮顯因事被禁在獄，馮顯母許錢一十貫文，及將錢二百五十文憑手分馬澄就官庫打供筵酒一十瓶，往弟子施韻家飲吃逾濫，供責是實。

一、據王定狀訴，書表司丁志抄寫假會，係蔣輝雕造。及仙居縣張應龍狀論丁志取過見錢，已行下本州，令將丁志送司理院禁勘。緣蔣輝先已發遣往紹興府取勘，丁志隱諱，未伏供招。旋據承認，去年十二月，因張應龍載糯穀二十石過浮橋捉住，係黄勉囑託丁志取受張應龍錢六十貫文九十六陌，丁志告覆仲友，遂得疏放。丁志又曾同學院子葉需等五人并擦浴兵士打囑十八宣教，刺打甲軍兵一十名，蒙送路分廳保明。内吴信招到九名，丁志招到徐明一名，得刺軍關節錢二十貫文九十六陌〔十一〕。衙前甘淵許丁志官會二十貫，討差充軍資庫專知，供責是實。

一、據朱綽然供，五月内，同張將仕、韓天與往弟子許韻家飲酒，與石提轄交争，追送當直司招伏。仲友勘罪，朱綽然憑表兄方禮將官會三十貫文託僧義玗過送與十八宣教，并將官會五十貫文託手分陸侃送與高宣教，得免斷贖銅。十八宣教又受道士李冲虚舊琴一面〔十二〕，供責是實。

一、仲友非法科罰人户，追納贓賞錢，致令小民監繫日久，無可送納。遂追到財賦司人吏郭起、張謂、鄧莊，截日終，具到有周念五等一百七十六户未納酒麴賞錢一千五百八十二貫五百六十二文，有王十二等一百三十六户未納雜色贓錢四千五百四十七貫四百九十九文，有諸軍等一百八十六户未納贖銅錢一百三十六貫二百三十文。正此歉歲，委是不應監納，已具單名并出榜市曹，盡行除放。如官吏輒敢仍舊催索，别容按劾聞奏。

一、仲友身爲郡守，當此歉歲，不能存恤飢民，乃促限催税，以寧海縣押録林僅拘催夏税遲慢，斷配本州牢城，致得本縣人户流移，至今不絶，臣已於前奏具述。又據本州通判趙善伋申，據本州阿鄭狀訴，夫邵文係院虞候，今年正月抱患請假在家。押番潘寅差院虞候林益往龍泉縣追會公事，因販私鹽走閃。本州更不受理取覆，在假被開拆司人吏應褒、什物庫陸侃執覆知府雷例，配本州牢城不當。檢照并無論訴，委是羅織罪名，本州已給據付邵文改正訖。又據婦人阿王狀，男盧宗係崇節指揮兵士，六月内，因與兵士張立作鬧，妄經三務陳首，到家捉酒，決脊杖二十，斷配嚴州不當。阿王經提刑行衙番理，被本州將孫盧杲又作受過仙居縣典石端三十貫文，決脊杖十五，配本州牢城不當。臣遂送本州兩通判根究，據申追人吏蕭镏等供招，委是元斷不當。看詳盧宗、盧杲，據干連人供證，委無過犯，强勒供招，遂致決配，情實無辜。本州已改正，出給公據，付盧宗、盧杲照證着役，仍移文嚴州放還盧宗。又據臨海縣長樂鄉人户沈三四、王細九、張四八狀，各住鄉下地名迹村江次，取州五十來里，即非禁地内人户。七月初九日，驀有船三隻，係酒務腳子楊榮等，到家捉酒。沈三四等爲天旱，雇覓人工車水，雖有些少白酒吃用，即不曾將出沽賣。即被捉押，及將各家衣物搬去，拷打抑令供認罰錢三百八十貫。緣無從出，被酒務專匠林椿、陳明等妄作沈三四等在州界内賣酒，本州并從徒罪斷遣，監納贜錢。無可送納，乞行根究。臣遂送本州通判趙善伋根究施行。據申，喚到酒匠林椿、腳子楊榮供，本務以課利沽賣遲細，本州日拘納錢三百二十貫文。緣天氣亢旱，禾稻失收，細民闕食，遂致發賣酒貨不行。緣本州拘定額錢，稍或違欠，官吏得罪，不免於在城遣販私酒之家搜捉〔十三〕，罰令納錢，補趁課利。本務探問有沈三四等家在禁界外，逐人薄有家産，當用工車戽田畝之時，須有造下酒貨。是林椿同專知陳明前去捉獲，勒令逐人罰錢，以助課利。不納解州，作徒罪科斷，追犯酒賞錢。本州通判趙善伋點對，委是於州界外捉酒騷擾，已從徒罪斷遣，目今尚行監繫，追納賞錢。當此荒旱，百姓不得安業，已將陳明等從杖一百科斷，内陳明勒罷。又據臨海縣義城鄉柯焕狀，因今年正月内争分，被伯敦義計會開拆司人吏林木傳狀入宅堂簽押，誣告焕令人力吴五七等行打女使及伯敦義。被冒役推司蕭籀迎逢判府私意，枷絣拷訊，勒令供招。改送司理院勘結，將焕及母阿童各斷徒刑，情實枉屈，乞行根勘事。臣遂送本州主管官根究，依法施行未到。今訪聞柯敦義與柯焕父壽祺係親兄弟，已曾分户年深。緣柯敦義自行廢蕩，復誣賴弟壽祺物産。本州取受關節，不與理斷。柯壽祺經省部及漕司陳訴，仲友怒其番理，緣柯壽祺未歸，故將其妻阿童并男柯焕非理鍛煉，并科斷徒罪，闔郡之人莫不憐之。按仲友在本州二年，凡非理窘拾人户，用刑輕重，盡出私意，并不遵守法令，不法不公，莫此爲甚，聞者莫不切齒。

一、據本州通判趙善伋申，七月二十八日，據諸指揮衆軍等狀，自淳熙八年十月二十四日、二十五日至目今，支散五指揮軍兵糙白米，每名被專斗就厫裏各減退八升，以致軍人缺少口食，無處告訴，不知上件減退米歸著去處。今來日下支散八月衆軍冬衣，聞得街巷皆言，本州盡將納到堪好夏税綿絹擔扛前去婺州，換到粗綿紕絹，各家老小委是狼狽。重念衆軍等如有些小情犯到州，盡被款司將本身家糧全分開閣，以致老小缺食，難以存活，乞備申施行。臣已牒兩通判根究，嚴行止約，不得作弊。

右謹録奏聞，伏候敕旨。

校記

〔一〕取：原作「收」，據宋浙本改。

〔二〕三：原作「二」，據右引改。

〔三〕明：原缺，據徐樹銘朱子集補。

〔四〕長：原缺，據徐樹銘朱子集補。

〔五〕十三：正訛改作「三十」。

〔六〕事：底本原注疑當作「氏」，朱玉朱子文集大全類編作「氏」。

〔七〕差：原作「幣」，據宋浙本改。

〔八〕幣：原作「差」，據右引改。

〔九〕其情：宋浙本作「情實」。

〔十〕敗：底本原注疑當作「販」。
〔十一〕錢：原缺，據宋浙本補。
〔十二〕舊：原缺，據清康熙本補。
〔十三〕遺：原缺，據右引補。

編年 據年譜長編。

按唐仲友第五狀 淳熙九年八月十日

具位臣朱熹：臣猥以疏賤，叨被使令，雖衰病之餘，精力不逮，而驅馳勞瘁，不敢頃刻自安者，誠以陛下知遇之深，而思有以仰報萬分也。今者不幸不得其職，臣實有罪，無所逃刑。然有血誠，敢勤天聽。臣昨在紹興府，道間聞得台州守臣唐仲友催稅刻急，民多流移，即於七月十九日具狀奏聞。至二十三日入本州界，又得其實，再以狀奏。至二十七日，又得其貪污淫虐、蓄養亡命事狀數件，復具條奏。竊謂聖明威斷，必不容貸，雷霆震擊，將不旋踵。而側聽兩旬，未奉處分。仲友始者自知罪贓應死，亦甚惶恐。此數日來，忽復舒肆，追呼工匠，言語譸張。至以弟子嚴蕊繫獄之故，中懷忿切〔一〕，公遣吏卒突入司理院門，拖拽推司，亂行捶打。其狂悖無忌憚之氣，悖然不衰。及至本州結録引斷蕊等罪案，仲友又遣客將張惠傳語通判趙善伋，云已得指揮，差浙西提刑前來體究，未可引斷。竊詳上件事理元係本司奏劾，若有指揮，合是本司被受。本司既無被受，仲友何緣聞知，便敢傳布，意欲施行？觀此氣象，若非有人陰爲主張，擿語消息，仲友罪人，何敢遽然如此？是則不惟臣竊惑之，而此州闔境千里，前日歡呼鼓舞之民，莫不人懷疑懼，懍乎如虎兕之將復出於柙也。

臣伏見仲友本貫婺州，其亡弟之妻王氏見隨仲友同在郡舍，仲友近日又爲吏部尚書、侍御史所薦，而其支黨共爲貪虐之人，又皆臺省要官子弟親戚。況仲友爲人陰狡有素，事窮勢迫，干求請託，何所不爲？竊慮以此之故，黨援衆多，曲爲掩蔽，使臣孤忠無路上達，有以仰累日月之明。兼衢、婺、明州災傷極重，而處州士民近亦告急，臣欲自此遍走諸州，計度救荒事務，而台州之人以仲友未罷，恐其一旦復出爲惡，邀留臣車，不容起發。臣遂不免申尚書省，且住本州，恭俟奏報。竊慮違程日久，按行遲緩，有失數州飢民之望，仰貽陛下宵旰之憂。静言本末，由臣愚闇，見事遲晚，既不能及早按劾，致留天誅；又不能阿徇權豪，共爲欺蔽。有此二罪，難以復居官次。顧以本路飢民阽於溝壑，未敢自劾，謹復具此曲折，昧死奏聞。欲乞睿斷，先將仲友早賜罷黜，付之典獄，根勘行遣，以謝台州之民。然後申詔攸司，議臣之罪，重置典憲，以謝仲友之黨。臣不勝幸甚！干犯天威，無任恐懼戰灼之至。須至奏聞者。

右謹録奏聞，伏候敕旨。

〔貼黄〕臣竊詳今來所奏事理，若果如唐仲友所得消息，已降指揮，委官體究，恐亦止是文具。蓋其所犯，非得清强獄官嚴行根究〔二〕，無由見得情實。其見禁人若行放出知在，亦恐漏泄已勘獄情，事屬不便。伏乞聖照，别賜施行。

校記 〔一〕中：原缺，據清康熙本補。

〔二〕究：宋浙本作「勘」。

編年 據年譜長編。

乞罷黜狀 淳熙九年八月

〔貼黄〕奏爲恭稟聖訓，疾速起發，及論紀綱頹壞，乞留聖慮等事，伏候敕旨。

具位臣朱熹：臣今月十四日準尚書省劄子，備奉聖旨，據臣奏知台州唐仲友罪狀，并仲友劄子訴臣不合搜捉轎檐，驚怖弟婦王氏，心疾甚危等事，又據檢正左右司申，擬欲從朝廷送浙西提刑司，委清强官一員，依條前去體究，詣實聞奏〔一〕。其台州守臣唐仲友既已改除江西提刑，欲乞劄下新知台州史彌正，星夜疾速前去之任，仍具起發月日申尚書省。小貼子稱，今來若從所擬，欲乞劄下提舉朱熹照會外，契勘浙東州郡旱傷去處稍多，合委提舉官躬親巡歷相度。若不先期措置，竊慮失時。欲乞劄下提舉朱熹，疾速起發前去相視。八月五日，三省同奉聖旨，依檢正左右司看詳到事理施行，劄付臣者。

臣所按仲友罪狀實迹，近於八月八日、八月十日又已兩次具奏，伏想已徹聖覽。臣不敢重疊陳述，仰勤聖聽。今來仲友所訴事件，乃是監司按發贓私作過官吏常程行遣，臣即不敢過有凌逼。其仲友弟婦王氏門族貴盛，正仲友所恃以爲奸者，臣初不曾令人驚怖，亦不曾聞有疾病，呼醫問藥。臣之所以久留台州，只緣憂慮仲友逞憾報復，殘虐吏民，欲候新知本州史彌正到來，交割即行。今彌正已到，俟其一兩日間交割州印，臣即便恭禀聖旨，依檢正左右司看詳到事理，日下起發，不敢稽留外，再念臣雖孤賤，叨被使令，今者所按巨奸，贓污戾虐，衆所共知，而未蒙朝廷依準常法，略賜行下。至於所擬委官體究一節，竊意只是欲與拖延旬月，等候赦恩，且令奏薦子弟，然後迤邐從輕收殺。如此則是不唯臣無復顔面可以號令諸州〔二〕，使之悉力推行荒政，而自是以往，郡縣之吏復有貪殘不法、肆毒害民如仲友者，未審在臣合與不合按劾，朝廷合與不合行遣？如臣愚闇，實有疑焉。然以臣之私計而言，則唯有收迹朝市，遠避權豪，可以少遂初心，克全素守。而臣謹已昧死上奏，乞賜罷免，必蒙開允，以保餘齡。顧獨惟念方今連歲旱災，星文失度，正是朝廷之上君臣相戒，修明賞罰，以敬天怒、恤民隱之時，而交黨蔽欺，紀綱頽壞至於如此，臣雖不肖，誠竊痛之。敢冒鈇鉞，效其狂愚。伏惟陛下深留聖慮，無以此事爲小而忽之，則臣雖被戮，無所復恨。干冒天威，臣不勝震懼惕息之至。須至奏聞者。

右謹録奏聞，伏候敕旨。

校記　〔一〕詣：原作「指」，據宋閩、浙本改。

〔二〕不唯臣：原作「臣不唯」，據宋浙本乙。

編年　文云已得八月十四日省劄而尚未離台州，據下篇又乞罷黜狀，朱熹離台在八月十八日，則此狀作在十四至十八數日之間。

又乞罷黜狀 淳熙九年八月

〔貼黄〕奏爲臣職業隳廢，踪迹孤危，乞賜黜責，伏候敕旨。

具位臣朱熹：　臣昨審究到知台州唐仲友罪狀實迹，於八月八日具狀奏聞。又以七月内節次所奏未蒙朝廷盡法施行，續於八月十日、十二日兩次具奏，乞賜睿斷，將臣罷黜，伏想悉已仰關聖聽。今來臣已於十八日恭禀聖訓，依檢正左右司所申，起離台州，至二十二日入處州縉雲縣界訖。累日以來，恭俟威命，未有所聞。竊伏自念職業既隳，難叨寵禄，孤危已甚，大懼中傷。兼以久苦眵昏健忘腸澼之疾，近日愈甚，省閲文書，區處事務，乘馬坐轎，皆有所妨，委實不堪奔走往來，幹當職事。欲望聖慈哀其狂妄，早賜黜責，以安愚分，臣不勝幸甚。須至奏聞者。

右謹録奏聞，伏候敕旨。

〔貼黄〕臣伏爲今者按發唐仲友，遂與宰相、侍從、臺諫皆有妨嫌，已覺州郡解體，不復禀承約束。竊恐將來難以自效，有誤使令，伏乞聖慈早賜處分。

編年　據本文月日。

申尚書省劄子 淳熙九年八月

具位朱熹：　熹緣按知台州唐仲友奸贜罪狀，不蒙施行，職業既隳，難叨廪禄，孤危已甚，大懼中傷，兼以衰病支離，不堪奔走，已具奏聞，乞賜黜責。伏望朝廷特賜敷奏，重作行遣，不勝幸甚。須至供申。

右謹具申尚書省，伏候指揮。

編年　此與上篇同時所上，據以繫年。

按唐仲友第六狀 淳熙九年九月四日

具位臣朱熹：臣九月四日準尚書省劄子，據臣前奏知台州唐仲友催税刻急及有不公不法等事，奉聖旨，唐仲友罷新任者。臣昨來具奏仲友罪狀，已蒙朝廷委送别路官司體究，方慮失實，自取罪戾，不謂乃蒙陛下奮發睿斷，特賜施行，不唯足以仰見大明之下，邪正洞分，而所以鎮撫台州千里之民，紓其憤疾之氣者，抑又甚厚。臣於當日又取會到紹興府司理院勘到情節，如臣累奏，頗有實狀。若使將來體究官司依公閲實，仲友之罪，固無所逃。但臣又側聞已蒙聖恩改除臣别路差遣，伏緣未有被受，未敢具奏謝恩陳情，懇祈罷免。然實深慮將來臣既去官之後，章奏無因得關聖覽，體究官司不無觀望，或至變亂白黑，以惑天聽，敢復掇其一二大者，條奏以聞。伏惟聖慈赦其僭瀆，留神省覽，臣不勝大幸。須至奏聞者。

一、據台州公使庫手分馬澄供，唐仲友任内據客將陳庚、周式、夏公明并書表司楊楠每月寫單曆供送官員等，特送折酒折茶等錢，係楊楠徑就庫子葉志邊請取，前去收買海味等，支送親三月初五日止淳熙九年六月初十日，共支過錢一萬九千五百二貫三百二十三文，送與陳宣教等。如去年閏三月二十八日，支錢一十貫文，支送新鎮江府諸軍糧料院姜大夫辭赴任發路折酒錢，係是著實支送，并不曾具入前項帳內。且澄所具出支送錢物帳狀，委不知唐仲友曾不送與官員。

一、據台州書表司楊楠供，去年三月內，唐仲友叫楠指揮：「我到任，鄉里官員相知并無送惠。」口點官員士人六七員姓位，令具單狀，公庫支送折酒錢。數內一員一十五貫，或一十貫，或五貫，湊及五十貫，具單判送本庫關取會子，封角同書，就書院供納。自後或二日一次，或三日一次，或五日一次，類及五十千，取呈批判，就庫關取會子，封角并書，係楠齎入書院交納。今將付書簿逐一拖具，除實送外，内唐仲友虛作送與官員邵朝議等，納入書院共九十項，計官會四千六百四十五貫。所有馬澄具出帳内其餘項目，及恐有漏落名件，供具未盡。及唐仲友更有令客將夏公明、陳庚、林實、周式、張惠及本司李瑀各別有承受指揮，寫單支送官員，楠不知名件。并唐仲友開雕荀、揚、韓、王四子印板共印，見成裝了六百六部，節次徑納書院。每部一十五册，除數内二百五部自今年二月以後節次送與見任寄居官員，及十部見在書院〔一〕，三部安頓書表司房，并一十三部係本州史教授、范知録、石司户、朱司法經州納紙兑換去外，其餘三百七十五部，内三十部係□表印，及三百四十五部係黄壇紙印到，唐仲友逐旋盡行發歸婺州住宅。内一百部於二月十三日令學院子董顯等與印匠陳先等打角，用箬籠作七擔盛貯，差軍員任俊等管押歸宅。及於六月初九日，令表背匠余綬打角一百部，亦作七擔，用箬籠盛貯，差承局阮崇押歸本宅。及一百七十五部，於七月十四日又令印匠陳先等打角，同别項書籍亦用箬籠盛貯，共作二十擔擔夯，係差兵級余彦等管押歸宅分明。

一、據台州公使什物庫專知陸侃供，去年十二月間，唐仲友關支軍資庫絹二百匹，令染鋪夏松收買紫草，就本州和清堂染紫，造做宅堂帳幔、應干牀幃及幃設〔二〕、大卓衣及支散人從衣衫等物。内除從人衣衫著用外，有其他什物，蒙唐仲友令三六宣教用黄巖竹籠六隻盛貯，般入宅堂，排辦念九宣教娶新婦用。及去年十二月間娶新婦，弟妓散樂并重造新衫，係公庫馬澄徑支錢，收買婺州羅回歸，就和清堂令馮四等變染真紅。係唐仲友令客將林實唤上弟妓嚴蕊等，具名就書院親自看揀俵散。及今年六月初十日，唐仲友親戚高一宣教就公庫馬澄邊支錢一千貫文〔三〕，前去收買新知府從物絹帛，於七月初一日旋交納到絹一百一十八匹，變染做造外，有其餘錢，即不見買到物帛，亦不見回納公庫。并去年十二月間，三次共關錢三百貫文省，支買宅堂什物，及做造罣罳二把，并打造竹簾、新婦行嫁動用等，衹備念九宣教娶宅眷。及自去年止目下，支錢收買竹籠一百五隻，麻布四百匹，做造布袋，盛貯物色使用。并支在官零絹，做袋袋五色果盤圈大小九百個。及支錢收買竹木，做造細竹衣籠二百隻。并今年正月十五日元霄設醮，係公庫徑支錢，往婺州收買黄蠟，做造蠟燭。有剩下四兩、三兩、二兩蠟燭七百八十條，係三六宣教令邵客用紙打角，在西書院大橱内安頓，不曾遮出燒點。

一、據登仕郎應世榮供，於七月內，有唐仲友親戚高宣教將帶箬籠，盛貯絹并綿，前去報恩庫下安歇。過幾日，只見般箬籠五隻，盛貯綿前來出賣。其高宣教問世榮，稱說要出賣綿〔四〕。世榮言説此回行市未好賣，其高宣教言説不然將上件綿與縣丞説過，送納了，出賣見成抄，與人户開銷。令世榮問城下攬子顧九、祝十三、毛三十、沈二。其衆人説但納得綿，得見成抄，將錢買開。其時爲納綿未得，高宣教却問州中人討書，往黄巖縣去。又問見禁人楊楠，不肯寫書與高宣教。世榮七月二十六日得知高宣教却將公使庫官錢買到大絹并綿，除大絹去什物庫交納外，見有綿五籠，安寄在家。世榮已於七月二十七日具狀，作世榮名，齎上件綿五籠，隨狀經本州通判陳首，蒙解送提舉行司訖。

一、據蔣輝供，元是明州百姓，淳熙四年六月內，因同已斷配人方百二等僞造官會，事發，蒙臨安府府院將輝斷配台州牢城，差在都酒務着役月糧，雇本州住人周立代役，每日開書籍供養。去年三月內，唐仲友叫上輝，就公使庫開雕揚子、荀子等印板。輝共王定等一十八人在局雕開，至八月十三日，忽據婺州義烏縣弓手到來台州，將輝捉下，稱被僞造會人黄念五等通取。輝被捉，欲隨前去證對公事，仲友便使承局、學院子董顯等三人捉回。仲友台旨：「你是弓手，捉我處兵士，你不來下牒捉人。」當時弓手押回，奪輝在局生活。至十月內，再蒙提刑司有文字來追捉輝，仲友使三六宣教令輝收拾作具入宅，至後堂名清屬堂安歇宿食，是金婆婆供送飲食。得三日，仲友入來，説與輝，稱：「我救得你在此，我有些事問你，肯依我不？」輝當時取覆仲友，不知甚事。言了，是仲友稱説：「我要做些會子。」輝便言，恐向後敗獲不好看。仲友言：「你莫管我，你若不依我説，便送你入獄囚殺，你是配軍不妨。」輝懼怕台嚴〔五〕，依從。次日，見金婆婆送飯入來，輝便問金婆婆：「如何得紙來？」本人言：「你莫管，仲友自交我兒金大去婺州鄉下撩使菴頭封來。」次日，金婆婆將描模一貫文省會子樣入來，人物是接履先生模樣。輝便問金婆婆，言是大營前住人賀選在裏書院描模。其賀選能傳神寫字，是仲友宣教耳目。當時將梨木板一片與輝，十日雕造了，金婆婆用藤箱子乘貯，入宅收藏。又至兩日，見金婆婆同三六宣教入來，將梨木版一十片，雙面，并後典麗賦樣第一卷二十紙。其三六宣教稱：「恐你閑了手，且雕賦板，候造紙來〔六〕。」其時三六宣教言説：「你若與仲友做造會子留心，仲友任滿，帶你歸婺州，照顧你不難。」輝開賦板至一月，至十二月中旬，金婆婆將藤箱貯出會子紙二百道，并雕下會子板及土朱、靛青、椶墨等物付與輝，印下會子二百道了，未使朱印，再乘在箱子內，付金婆婆將入宅中。至次日，金婆婆將出篆寫「一貫文省」并專典官押三字，又青花上寫字號二字，輝是實〔七〕，方使朱印三顆。輝便問金婆婆，三六宣教此一貫文篆文并官押是誰寫，金婆婆稱是賀選寫。至十二月末旬，又印一百五十道。今年正月內至六月末間，約二十次，共印二千六百餘道，每次或印一百道，及一百五十道，并二百道。直至七月內，不曾印造。至七月二十六日，見金婆婆急來報説：「你且急出去，提舉封了諸庫，恐搜見你。」輝連忙用梯子布上後墻，走至宅後亭子上，被趙監押兵士捉住，押赴紹興府禁勘。

一、台州人吏鄭榛供，唐仲友節次支行公庫官錢，送委婺州唐十二宣教收買銀子，抵還糴本庫供支米本錢，作糴本銀起發。除買到銀子徑赴買銀場交秤，係攢司章奎、馬禮交收，附簿及支發起綱亦係逐人，并各案見得實數外，尚有續次支去錢二千貫，未曾買到銀子。緣公庫收支簿曆干照於内多有不明，盡係唐仲友收藏入宅。今來馬澄齎到排日收支官會草簿細數見在，乞勒本人詳細供具。及有關買物帛泛費名件，亦乞令馬澄同什物庫專知陸閈逐一銷破〔八〕，便見欺弊。

右謹録奏聞，伏候敕旨。

〔貼黄〕臣伏睹近者劉焞、宇文子震妄用官物，聖斷赫然，中外震悚。今仲友所用官物不減二人，而自盗入己，畜養亡命，僞造官會之屬，又二人所無有，顧乃獨蒙寬貸，臣竊有所未喻。伏乞聖照。

臣契勘在法，監司按發公事，不得送置司處，蓋防本官於所勘獄情輒有干預。今紹興府雖係臣置司處，臣自按發之後，見在巡歷，不曾回司，所勘獄情，無容得有干預，伏乞聖照。

校記

〔一〕十：原作「七」，據正誂改。

〔二〕幃及：原缺，據宋浙本補。

〔三〕文：原缺，據清康熙本補。

〔四〕説：原缺，據宋浙本補。

〔五〕懼：原缺，據右引補。

〔六〕候：原作「侯」，據右引改。

〔七〕是實：記疑云疑有誤。

〔八〕閒：上文作「侃」。

編年 據年譜長編。

乞蠲減漳州上供經總制額等錢狀 紹熙元年五月

具位臣朱熹：伏睹本州昨準本路提刑司牒，準尚書省劄子，臣僚劄子：「陛下龍飛正位，施實德於民，比因臣下有請，諸州縣經總制及月椿版帳錢悉議裁減。然朝廷雖行蠲減，而州縣之巧取於民者自若。欲乞行下諸路提刑司，應州縣日前以經總制月椿版帳爲名，巧作色目，科歛民錢以足額者，嚴行禁止，則朝廷所減爲及民之實惠矣。」四月二十一日，奉聖旨依。及準安撫諸司牒，準尚書省劄子，臣僚上言：「蠲減之數，郡實私之，而縣之督責於民者如故。乞令諸路監司與州郡公心商議缺乏縣道，如昆山、常熟之類，寬融減放。必不得已，則聞之朝廷，量與蠲減。各限一季聞奏。監司則開具一路所當減之州，守臣則開具一州所當減之縣，仍各要見所減名色錢數若干，庶幾灼然，實惠及民」。四月二十四日，奉聖旨依奏。臣伏讀前件兩次所降指揮，有以仰見皇帝陛下盛德至仁，勤恤民隱，至於偏州下邑，亦無不欲其蒙被堯舜之澤者，甚大惠也。

然以臣所領一州四縣觀之，則雖無月椿一項之輸，而諸色上供及經總制無額等錢，或全無窠名，或收不及額。其間亦有州郡已爲抱認代納，而諸縣猶或不免違法科罰，以足其數者。就中漳浦一縣，缺乏狼狽尤不可言。竊意昆山、常熟之類，其窘未必至於此也。今者本州雖蒙聖恩蠲免經總制額一千貫省，然諸縣日前此色官錢除實收外，所欠常數千緡，以郡計之，則又不啻二萬餘貫。今者所減雖已不爲不多，然逐縣所得，在欠數中僅及二十餘分之一。若以此故，便欲禁其科罰，猶恐尚爲虚文，况欲遽見其所減放名色之若干乎？至於諸色上供全無指擬，則前此又未嘗有以聞者。州縣官吏以此二弊，私憂竊嘆，以爲不知何時可免斯苦。今者乃幸遭遇仁聖，憂勤惻怛，至於如此，而臣於此時適叨委寄，得與一季開具聞奏之列，若不能罄竭所聞，以稱明詔，則臣雖死，且有餘罪。臣竊計度本州財計以及諸縣，所無者固無可言，所有者，名色亦多不正，其爲曲折，固未易以一言盡。今若得蒙聖慈且將州縣所認折茶錢、罷科荔枝龍眼乾錢、抱認豐國監鑄不足鉛本錢七千六十四貫及近年通判趙不敵所增經總制無額錢四千七百五十四貫特賜蠲減，則諸縣事力庶幾稍可支持，而日前科罰之弊亦可漸行禁戢。但欲便見其所減之名色錢，則恐朝廷所爲蠲減之數實未爲多，未容責效如此之速。臣謹具條畫前件所陳兩項利害如後，須至奏聞者。

一、臣契勘本州上供錢物一歲之數通及四萬餘貫，除一萬七千餘貫買銀五千兩解發，又有大禮年分銀一千兩，該錢三千五百餘貫，不在常年解發數内外，一項折茶錢七千貫，一項罷科龍眼荔枝乾錢四千貫，係逐年尚書户部準崇寧、大觀上供錢物格符下樁辦。又一項名爲抱認建寧府豐國監鑄不足鉛本錢，其數亦一萬六千貫，雖無省符行下，然逐年登帶省司帳狀，不可分文違欠。三色總計二萬三千餘貫，是皆無復根原來歷之可考，亦無户眼窠名之可催。從前只是本州多方那兑，一歲僅能趲得一萬二千貫錢起發，而其餘一萬一千四十貫，則以敷下諸縣，措置解補。向來州郡費出有經，縣道亦有寬餘，可以樁辦，以故移東補西，未覺敗缺。近年以來，州郡增添寄居、待缺、宗子、孤遺、養老、歸正等官，歲所支錢比之往時日有增廣，以此州郡窘匱而縣道急迫，日以益甚，無復贏餘可以補趁。雖於紹興、乾道年中兩次蒙朝廷將上件三色上供錢盡數撥下本州，應副左翼軍口食馬料及忠順官驛料支遣，其錢雖不起發，然皆是逐月措定之數，期限促迫，尤不可緩。而縣道所解，往往愆期。至乾道五年，漳浦一縣趁辦不行，州郡不免將其所認錢數減下三千九百七十六貫，州郡自行抱認，於是本州樁辦之數遂成一萬五千九百七十六貫，而諸縣所敷，猶各不減二千餘貫，合三縣共爲七千六十四貫。縣道既無贏餘可積，又無窠名可催，官吏且欲避免一時州郡督責，則不過因民之訴訟而科罰之，甚則誘人以告訐而脅取之。州郡聞知，稍行禁約，則諸縣便以籍口，不肯留心趁辦，州郡不免又將別色官錢那兑補足。爲州郡者憚其如此，則遂一切聽其所爲，不復何問。不唯非理違法，妄取民財之可罪，而民之負冤苦而訴於官司者，皆無自而得其平矣。前後守臣不知其幾，目擊此弊，能不動心？顧以數目浩大，別無計策可以斡旋〔一〕，朝廷又無蠲減之意，是以不敢遽然有請。今幸議臣建白，聖明開納，許爲蠲減，而臣獨幸得遭此時，其敢不以實聞而力請之乎？然上供錢内所有二萬餘貫買銀之數，臣固不敢輕議。

其三色錢内，本州椿辦一萬五千九百七十六貫之數，臣亦未敢有請〔二〕。故前所奏，只乞聖慈明詔有司，且將諸縣所敷七千六十四貫特賜除罷，却於本州合發别項朝廷錢内照數截撥，添揍應副前項左翼軍、忠順官等支遣，則庶幾州粗有以恤縣，縣粗有以恤民，而海隅蒼生、惸獨鰥寡，亦可以少被聖主發政施仁之澤矣。

一、臣契勘經總制錢不當立額，不待知者而後知也。蓋其出於倉庫出納、田宅契券之所收者，雖可約計其大概，然財計有時而虧盈，物價有時而高下，則其數已有不可得而準者。又況所謂無額錢者，元無一定窠名可以椿辦，其多少不可得而預知。故其創立之初，直以無額名之，則其不當立額也，雖至愚亦知之矣。而比年以來，悉皆立額比較。蓋緣紹興十九年中推行經界，人户多有白契，不堪照用，争出投印，致得當年經總制錢所收增羨，遂有無狀小人獻此殘賊之計。一時朝廷既爲所誤，而其流毒至今未已。此本州經制之額所以至於二萬四千六百五十一貫者，蓋以紹興二十三年之數爲準也。總制之額所以至於五萬五千六百七貫者，蓋以紹興二十八年之數爲準也。然此其所以爲準者，又非當年自然收到之實數，皆是後來督責追補之虚額。而一時朝廷決以意施行，官吏不敢争執，遂以至今，逐年收趁不上，常虧一二萬貫。至於無額之額，則立法以來，只以遞年爲額，爲錢不過五千三百一十二貫而已。隆興二年，通判趙不敵者妄意希賞，創立北溪税場，於數十里外遠收竹木之税，又於買納上供銀寳收回出剩價錢，多方督迫，趲得四千七百五十四貫，以充其數，於是無額之額遂增至一萬六十六貫。遞年收趁不上，所虧亦不下六七千貫。州縣無計可爲，則亦兑那科罰，如前項所以趁辦上供之術而已。而又重以守倅皆有磨勘之賞，下吏相與希意迎合，故其督責無藝，冒昧不顧，又非別色官錢之比。使仁人君子坐視民之狼狽而不知所以爲策，亦有年矣。

今幸外廷之議偶及於此，得與諸州例蒙蠲減。而本州不幸獨以遞年發足之故，所減不及百分之一。此蓋任事者未知遞年所以不曾拖欠，正以官吏無狀，避罪希賞，不能仰體聖朝愛民厚下之本意，不顧郡計之盈虛，民情之苦樂，既已增立虛額於前，而又强爲登足於後也。且其所取之數若彼其多，所減之數如此其少，分之諸縣，至有僅得五十千者。是曾不足以當其平日所罰中人一家之數，而論者遽欲責其盡除日前科罰之弊，又望其便見蠲減名色若干之實，其亦難矣。故臣前所奏，欲乞聖慈且將近年通判趙不敵所增四千七百五十四貫者特賜蠲減，庶幾州縣稍稍有以相恤，百姓不至大段受害。至於此錢不當立額之本末，則臣昨因賜對，嘗獲面陳，伏蒙至尊壽皇聖帝深加奬納。然臣於是時尋即去國，以故不聞有所施行。今亦未敢出位犯分，輒有所陳，但望聖慈博采群議，更加詳酌，拔本塞原，以幸天下，臣不勝大願。

右件如前，謹録奏聞，伏候敕旨。

〔貼黄〕臣到任之初，刷具本州逐年起發經總制及無額錢數實收之數，極多不過七萬五千貫〔三〕，而補發之數多至二萬五千餘貫〔四〕。其補發者，并是州司兑那發納，以故昨來版曹比較歲額無欠。而議者不知其然，便爲本州事力有餘，不肯多與蠲減。然考累年以來實收之數日少而代納之數日多，亦足以見州郡事力日就空竭，加以數年，恐亦無以爲州，而自爲昆山、常熟之不暇，固不能有以恤其縣，而縣之不恤其民，將益甚於今日矣。臣不敢以此繁碎浼瀆聖聰，謹已別具細數單狀申尚書省。如蒙聖慈哀憐，特賜宣索，除依今來所乞減下無額錢數外，更令有司於淳熙十六年十一月二十五日減無額數内，將經總制兩項正錢比倣他州所欠分數再與蠲減，不勝幸甚。

校記　〔一〕幹：原作「榦」，據宋閩、浙本改。

〔二〕有：原作「自」，據右引改。

〔三〕七：記疑云有誤。

〔四〕二：記疑疑誤。

編年　據年譜長編。

條奏經界狀 紹熙五年六月

具位臣朱熹：準尚書省劄子，備奉聖旨指揮，令臣相度漳州先行經界事聞奏者。臣衰晚迂疏，無所能似，猥蒙聖恩，畀以郡紱〔一〕，静惟僥冒，常懼無以補報萬分。今者乃幸遭逢聖朝不忘遐遠，推行仁政，首於二郡，以臣適守是邦，使得與討論之列，其爲慶幸，何可勝言！

臣自早年即爲縣吏，實在泉、漳兩郡之間〔二〕，中歲爲農，又得備諳田畝之事，竊見經界一事，最爲民間莫大之利。其紹興年中已推行處，至今圖籍有尚存者，則其田税猶可稽考，貧富得實，訴訟不繁，公私之間，兩得其利。獨此泉、漳、汀州不曾推行，細民業去産存，其苦固不勝言；而州縣坐失常賦，日朘月削，其勢亦將何所底止？然而此法之行，其利在於官府細民，而豪家大姓、猾吏奸民皆所不便，故向來議臣屢請施行，輒爲浮言所沮，甚者至以汀州盗賊藉口，恐脅朝廷。殊不知往歲汀州累次賊盗，正以不曾經界，貧民失業，更被追擾，無所告訴，是以輕於從亂，其時初未嘗有經界之役也。以此相持，久無定論，不唯汀州之民不能得其所欲，而泉、漳二州亦復并爲所累，弊日益深，民日益困，論者惜之。

今者議臣之請，且欲先行泉、漳二州而次及於臨汀，既免一州盗賊過計之憂，又有以慰兩郡貧民延頸之望，誠不可易之良策也。臣雖多病，精力早衰，無以仰副使令，然不敢先一身之勞佚而後一州之利病，竊獨任其必可行也。然今已是仲秋，向去十月農隙之時，只有兩月之久。若蒙聖慈特許施行，則所有合行事件，欲乞便令監司州郡一面施行。若候得旨方行奏請，更俟報可，竊恐遲緩，不及於事。須至條畫，并此奏聞。今具下項：

一、推行經界最急之務，在於推擇官吏。臣昨因本路諸司行下詢究，嘗具己見申陳，欲乞朝廷先令監司一員專主其事，使擇一郡守臣，汰其昏繆疲軟、力不任事如臣等者，而使郡守察其屬縣，令或不能，則擇於其佐，又不能，則擇於它官，一州不足則取於一路，見任不足則取於得替、待缺之中，皆委守臣踏逐申差，或權領縣事，或只以措置經界爲名，使之審思熟慮於其始，而委任責成於其終，事畢之後，量加旌賞。果得其人，則事克濟而民無擾矣。伏乞聖照，許賜施行。

一、經界之法，打量一事最費功力，而紐折算計之法，又人所難曉者。本州自聞初降指揮，即已差人於鄰近州縣已行經界去處取會到紹興年中施行事目，及募本州舊來有曾經奉行，諳曉算法之人，選擇官吏將來可委者，日逐講究，聽候指揮。但紹興年中户部行下打量攢算格式印本，多方尋訪，未見全文，竊恐諸州亦未必有。欲乞聖慈特詔户部根檢謄録，點對行下。

一、圖帳之法，始於一保，大則山川道路，小則人户田宅，必要東西相連，南北相照，以至頃畝之闊狹，水土之高低，亦須當衆共定，各得其實。其十保合爲一都，則其圖帳但取山水之連接與逐保之大界總數而已，不必更開人户田宅之闊狹高下也。其諸都合爲一縣，則其圖帳亦如保之於都而已，不必更爲諸保之别也。如此則其圖帳之費亦當少減。然猶竊慮今日民力困弊，又非紹興年中之比，此費雖微，亦恐難以陪備。若蒙朝廷矜憐三郡之民，不忍使之更有煩費，則莫若令役户只作草圖草帳，而官爲買紙雇工〔三〕，以造正圖正帳。專委守倅及所差官會計買紙雇工之費，實用若干錢物，具申漕憲兩司，許就本州所管兩司上供錢内截撥應副。如此則大利可成而民亦不至於甚病矣。

又據龍巖縣尉劉壁申〔四〕，經界之行，惟里之正長其役最爲煩重，疆理畎畝，分别土色，均攤税賦，其在當時，動經再歲。彼出入阡陌，妨廢家務，固已不勝其勞。一有廣狹失度，肥磽失宜，輕重失當，則詞訴并興而督責又隨至矣。然有産則有役，適當重難，使出心力以應役使，亦無可奈何。然彼皆鄉民，安知經界書算？則必召募書人以代此役。而書人能書算，必嘗爲胥史之傑黠者，莫不乘時要求高價。執役之人急於期限，不免隨索則酬。而又簿書圖帳所用紙札，亦復不貲。執役之人，安能勝此勞費？竊謂經界之在今日，不可不行，行之亦不患無成。若里正、里長、書人、紙札之費有以處之，則可舉行；若坐視其殫力耗財如曩日，恐非仁政之意也。臣竊詳此意與臣所奏大指略同，而所陳利害更爲詳盡，伏乞參照，特許施行。

一、紹興經界打量既畢，隨畝均産，而其産錢不許過鄉。此蓋以算數太廣，難以均敷，而防其或有走弄失陷之弊也。若使諸鄉産錢祖額素來均平，則此法善矣。若逐鄉産錢祖額本來已有輕重，即是使人户徒然遭此一番打量攢算之擾，而未足以革其本來輕重不均之弊，無乃徒爲煩擾而不免有害多利少之嘆乎。今來推行經界，乃是非常之舉，不可專守常法。欲乞特許産錢過鄉，通縣均紐，庶幾百里之内輕重齊同，實爲利便。伏乞聖照，特許施行。

一、本州民間田有産田，有官田，有職田，有學田，有常平租課田，名色不一，而其所納税租輕重亦各不同。政使坐落分明，簿書齊整，尚難稽考，何况年來産田之税既已不均，而諸色之田散漫參錯，尤難檢計。奸民猾吏并緣爲奸，實佃者或申逃閣，無田者反遭俵寄。至於職田，俵寄不足，則或撥別色官錢以充之。如此之類，其弊不可遍舉。今來欲行經界，若更存留此等名字，則其有無高下仍舊不均，而名色猥多，不三數年，又須生弊。爲今之計，莫若將見在田土打量步畝，一概均産，每田一畝，隨九等高下定計産錢幾文，而總合一州諸色租税錢米之數，却以產錢爲母，別定等則，一例均敷，每產一文，納米若干，錢若干。去州縣遠處，遞減令輕。米只一倉受納，錢亦一庫交收，却以到官之數照元分數分隸若干爲省計，若干爲職田，若干爲學糧，若干爲常平，逐旋撥入諸色倉庫。除逐年二税造簿之外，每遇辰、戌、丑、未之年，逐縣更令諸鄉各造一簿，今子、午、卯、酉年應辦大禮，寅、申、巳、亥年解發舉人，惟此四年州縣無事。開具本鄉所管田數、四至步畝等第，各注某人管業，有典賣則云元係某人管業，某年典賣，某人見今管業，却於後項通結，逐一開具某人田若干畝，產錢若干，使其首尾互相照應。又造合縣都簿一扇，類聚諸簿，通結逐户田若干畝，產錢若干文。其有田業散在諸鄉者，則并就烟爨地分開排總結，并隨秋料税簿送州印押，下縣知佐，通行收掌。人户遇有交易，即將契書及兩家砧基照鄉縣簿對行批鑿，則版圖一定而民業有經矣。但或者尚疑如此則本州產田納税本輕而今當反重，官田納租本重而今當反輕，施行之後，争競必多。須俟打量了畢，灼見多寡實數，方可定議，其説似亦有理。伏乞聖照，并與行下，俟一面打量了畢，別具利害申奏聞次。

一、本州更有荒廢寺院田產頗多，目今并無僧行住持，田土爲人侵占，逐年失陷税賦不少。將來打量之時，無人照對，亦恐別生奸弊。加以數年，將遂不可稽考。欲乞特降指揮，許令本州出榜召人實封請買，不唯一時田業有歸，民益富實，亦免向後官司税賦因循失陷，而又合於韓愈所謂「人其人、廬其居」之遺意，誠厚下足民、攘斥異教不可失之機會也。伏乞聖照，特許施行。

右謹録奏聞，伏候敕旨。

〔貼黄 第四項〕臣契勘産錢不得過鄉，此平世之常法也。然此法之來亦甚未久，向來未立此法之時，産錢往往過鄉，割上烟爨去處。故州城縣郭所在之鄉，其産無不甚重，與窮山僻壤至有相倍蓰者。此逐鄉産錢祖額所以本來已有輕重之所由也。伏乞聖照。

〔第五項〕所謂俵寄者，正田不知下落，官司恐失租米，即以其租分俵，寄搭鄰近人户，責令送納。推此一端，貧民受弊亦可見矣。然它處不聞有此名字，獨漳州見之，伏乞聖照。

〔第六項〕臣伏見本州城壁素來頽壞，高者不及丈餘，低者全是平地，居民日夜往來，不可禁制〔五〕。向來沈師之亂，闔郡驚擾，不知所爲。向非朝廷威靈，尋即破滅，則此邦之患何可勝言！以往推來，此亦事之不可不慮者。今若許賣此田，其錢欲乞且令本州樁管，别行相度，漸爲修築之計，務一兩得，莫便於此，并乞聖照。

校記

〔一〕紱：原作「級」，據宋閩、浙本改。

〔二〕泉漳：原倒，據右引乙。

〔三〕買：原作「置」，據右引改。

〔四〕壁：原作「璧」，據右引改。

〔五〕可：原作「得」，據右引改。

編年　據年譜長編。

又奏乞戒約州縣妄科經總制錢及除豁虛額錢數狀紹熙二年

具位臣朱熹： 右臣去年到任之初，即準省符行下臣僚奏請〔一〕，州縣以經總制錢爲名，巧作色目，科歛民錢，以足歲額者，欲乞嚴行禁止。又乞令諸路監司與州郡公心商議，將缺乏縣道寬融減放，奉聖旨依奏。臣於是時即已遵稟具奏，以本州罷科茶及荔枝龍眼乾，抱認建寧府豐國監鑄不足鉛本三色上供錢，除本州自來以省計通融支遣一萬五千九百七十餘貫外，尚欠七千六十四貫，并無户眼源流可催；又有隆興二年增起經總制無額錢四千七百餘貫，逐年收趁不上，并是敷下諸縣，巧作名色，科罰人户，供輸發納，違法害民，事屬不便，乞將上件錢除一萬五千餘貫本州依前通融支遣外，其所敷下諸縣七千餘貫，及隆興二年增起無額虛數四千七百餘貫特賜減免。仍乞指揮別撥一項錢物，應副截支左翼軍官兵口食等用。已蒙聖慈開允，行下本路漕司相度。今經日久，未委本司已未申奏，以致未得早被蠲貸之恩。臣今在任將及一考，逐時稽考本州財計，見得自去年四月以來，節次行下諸縣，不得妄行科罰，而所有上供七千六十四貫，只以省計通融支遣，亦不至於大段欠缺，自不須更令州縣收簇解發，亦不當上煩朝廷別行應副。臣輒已行下諸縣，自今并免解發，及申嚴約束，不得似前以此爲名，妄行科擾去訖。但恐將來官吏不能遵守，復致違戾，欲望聖慈特賜睿旨，嚴行戒敕，如有依前科擾去處，州縣當職官吏并與重行坐罪，庶幾海裔窮民獲安田里，咸知聖主憫仁元元，不間幽遠之意。至於經總無額錢內四千七百餘貫虚額之數，即在州縣不容措畫，却乞聖恩矜憐，特詔有司直與除豁，永絶科擾之原，益廣涵濡之澤，臣不勝大願。臣冒犯天威，不任恐懼俟命之至。謹録奏聞，伏候敕旨。

〔簽黄〕臣所奏不敷諸縣發納上供七千餘貫，乞賜戒約縣道，不得科罰，即於上供元額并無虧減。乞將此項先賜施行，其經總制無額錢却乞付之有司，立限聞奏，取自聖裁，特賜除豁。

校記　〔一〕請：原作「諸」，據宋閩、浙本改。

編年　文云到任將及一考，朱熹到任漳州在紹熙元年四月二十四日，故知本篇作於二年四月以前。年譜長編置於三月，根據似不足。

乞褒録高登狀紹熙二年二月

〔貼黄〕奏爲本州故迪功郎高登嘗以直言干忤秦檜，貶死容州，乞賜昭洗褒録事，伏候敕旨。

具位臣朱熹：臣猥以塵賤，備員偏州，仰體聖明收用奬拔之意，思竭駑鈍，仰報萬分，故於聽訟決獄之際，不敢不盡其愚。今幸逾年，目前人户些小曲直〔一〕，粗得其情。獨有事在數十年之前，而其枉直之分、舉錯之重或非州郡之所得爲者，則在臣之職，不敢不具以聞，伏惟聖慈特垂聽察。

臣伏見本州漳浦人故迪功郎高登資禀忠義，氣節孤高。少游太學，值靖康之禍，嘗與陳東詣闕上書，力陳六賊之罪，且言金人不可和狀。至紹興間廷對，力陳闕失，無所顧避。覆試官忌其直，降爲下州文學。高宗皇帝嘉其忠而收之，調靜江府古縣令。是時秦檜當國，帥臣胡舜陟以其父嘗宰是邑，欲爲立祠，以悦其意，而登獨持不可。舜陟欲以危法中之，召致獄官，驗問訊掠，訖無罪狀可書。後爲潮州試官，又使諸生論直言不聞之可畏，策閩、浙水沴之所由。檜聞益怒，以爲陰附趙鼎，削官徙容州以死。檜没之後，諸以口語爲檜所陷者，高宗皇帝深察其冤，巨細存亡，無不甄録。而登以遠人下士，獨無爲言之者。至乾道間，近臣梁克家等始援紹興二十六年赦書以請，而有司拘文，廢格弗下。近歲守臣傅伯壽又嘗具奏如前，然今亦已逾年，未奉進止。是使登以抱恨没身，垂五十年，而姓名猶在罪籍，未蒙昭洗。雖其孤忠自信，獨立不懼，精爽凛然，必不以此爲悔，而在聖朝伸冤雪枉、勸善懲惡之意，則議者猶竊恨焉。

臣幸得蒙恩，假守其鄉，目睹兹事，若又緘默，不能具以上聞，則雖萬被戮，不足償罪。是以敢冒言之。伏惟皇帝陛下御極以來，虚心克己，容納盡言，比以陰陽失和，申詔近臣，樂聞至論。草茅之士，雖有狂直過甚之言，始雖忤旨，終薄其罪。竊揆聖志，如登之忠直，宜在矜奬。欲望特發德音，復其官秩，量加褒録，以慰九原，且使天下之欲爲忠義者知所勸慕，誠非小補。臣不量疏遠，干犯威嚴，無任震懼隕越之至。謹録奏聞，伏候敕旨。

〔貼黄〕臣竊詳傅伯壽奏底有「加贈官秩，施恩後嗣，係於聖神之獨斷，非小臣所敢請」之語。臣之疏遠，尤不敢輒論及此。然區區之情，實亦有同焉者。伏乞聖照。

校記　〔一〕小：原作「少」，據宋閩、浙本改。

編年　據年譜長編。

按黄岌狀 紹熙元年八月

照對本州管下沿海寨巡檢一員，土軍一百六人，逐年截撥漳浦縣人户苗米三千一石五升，近寨置倉，專委縣官就彼交納，應副支遣土軍月糧。例是一月餘日方得交畢，結局回縣。去年係委縣官從事郎黄岌，不知有何私幹，到寨未及十日，即便回縣。既不恤人户搬運〔一〕，且令仍舊搬米前來倉所等候，其黄岌又不前去地頭續爲交納，遂至五月以後，大軍缺食，赴州陳訴。本州累行催促，其黄岌頑然略不介意。本州爲見大軍節次奔走號訴，殊可矜憐，遂將别色官錢量行兑支，仍截下人户未納州米，别行委官前去，監督本縣催促支散。至今日久，未能按月支遣。蓋緣黄岌怠慢不職，專務營私，不以國家養兵捕盜爲念，不爲及時交納，致得一寨土軍一百餘人飢餓狼狽，實非細事，委是難以存留在任。本州遂於八月初七日將黄岌與龍巖縣主簿迪功郎陸槐對移，及具狀申尚書省吏部并諸監司照會訖，并皆未蒙果决，回降指揮。今來伏睹符下六月十八日樞密院劄子，施行朝請郎王銖論奏，乞行約束州軍，弓手土軍雇錢衣糧須管按月支發，毋使侵擾細民，奉聖旨依。本州竊詳上項申請指揮正與本州按發黄岌事件一同，仰見朝廷撫軍恤民，丁寧深切之意。所有黄岌罪狀，不敢隱默。欲望聖斷，特將黄岌重賜施行，以爲官吏慢令廢職、不恤軍民之戒。伏候敕旨。

校記　〔一〕運：原缺，據清康熙本補。

編年　文云八月七日已將黄炭對移，朱熹知漳州於紹熙二年四月二十九日離任，據以繫年。

薦知龍溪縣翁德廣狀 紹熙二年二月

具位臣朱熹：右臣叨被誤恩，假守偏郡，自到官以來，惟思所以仰稱使令之意。以爲布宣德意，固爲郡守之職，然茍屬縣奉行不得其人，則無自而及於百姓。故嘗深察諸縣令佐之賢否，其背公營私、廢弛不職者，已嘗按劾具奏，得旨施行。其涖官公勤、委有善狀者，又豈敢默默而不以上聞乎？

臣伏見朝奉郎、知龍溪縣翁德廣天資剛直，才氣老成，不爲赫赫可喜之名，而每有懇懇愛民之實。臣嘗以縣事大要者三察其施爲，知其果有可稱者，刑獄、詞訟、財賦是也。縣所解徒流以上罪，歲率數十，臣取其案牘觀之，見其親畫條目，委曲難問，必盡囚辭而後已。及州司理院再行審鞫，而囚卒無異詞，皆以縣之所鞫爲得其情。是能上體國家哀矜庶獄之意也。漳之四邑，龍溪爲大，理訴之牒，日百餘紙，巧僞詆讕，奸詐百出。德廣乃隨事處決，終朝而畢，人服其公，未嘗有知責留禁之人。是能使百姓無屈抑不伸之訟也。縣所賦入，最爲浩繁，合三縣之數，不足以當龍溪十分之八，郡之經費，賴以取足。德廣乃從容應辨，民自樂輸，吏無追督，是能足用裕民而無抑配科歛之患也。考其治行，蓋庶幾乎古之循吏者。竊謂若使凡爲縣者皆能如此，則國家德澤不患於壅隔，而田里之間亦不復有嘆息愁怨之聲矣。

臣與德廣爲同郡人，其孝友稱於宗族，行義信於鄉閭，臣素知之，固已甚審。至此一年，察其所以施於有政者又如此，故今不復以鄉曲爲嫌，已照薦舉格令，舉充陞陟員數。又念方以災患，乞奉香火，朝夕得旨，便當解罷，而德廣去替亦已不遠，竊恐後來者知德廣之賢未能若臣之詳，偶至脱略，則在臣有見賢不能舉之罪。臣愚欲望睿慈察臣所舉出於公論，將德廣特與陞擢差遣，以爲官吏勤事愛民之勸，臣不勝大幸。謹録奏聞，伏候敕旨。

編年 文云「至此一年」，又云「方以災患，乞奉香火」，指紹熙二年二月以長子卒請祠事，據以繫年。

劾將官陸景任狀 紹熙五年五月

具位臣朱熹：照對臣誤蒙聖恩，委付閫寄〔一〕，於今月初四日到潭州交割職事。有本州駐劄東南第八將武功郎陸景任前來公參，見得本官病患尪羸，不能行立，考其出身，係因泛使入國，用入流減年奏補。所歷差遣，止是監當場務，元不曾經兵官職事。而今來所任，係管潭州禁軍八指揮，并有揀中軍兵幾及千人，全藉有精力不衰、諳曉軍務兵官訓練教閲。又本州管下有産茶地分，及上江州軍各有溪洞，亦賴兵官聲勢彈壓。目今邵州見被湖北猺賊侵犯，已調發本州駐劄東南第八副將黄俊部兵往山前把截，其潭州將官，豈是僥倖庸流尸禄養痾、晏然端坐之地〔二〕？兼臣到任之初，方欲督責兵官，練習軍旅，以爲銷伏奸宄、彈壓盜賊之計，其陸景任實難倚仗。欲望聖慈特降睿旨，將陸景任與宫觀差遣，别選材武曾歷管軍職事之人前來充職，庶幾軍務不致廢弛。須至奏聞者。

右謹録奏聞，伏候敕旨。

校記　〔一〕付：原作「任」，據宋閩、浙本改。

〔二〕地：原作「也」，據宋浙本改。

編年　文云「今月初四日到潭州交割職事」，朱熹至潭州任在紹熙五年五月四日，據以繫年。

同監司薦潘燾韓邈蔡咸方銓狀 紹熙五年夏

具位臣朱熹等：　臣等竊見比年以來，臣僚申嚴薦舉之法，以革獨員之弊，蓋所以示公道而杜私情也。然人之才固有不同，而薦之者所見亦或不一，往往獨員之薦常多，而列銜之薦常少，繇此故也。臣等備員帥臣監司，其於一路人才，職當留意，既不敢以己見獨薦，而參之以公論，苟有可以備采擇者，又安敢隱嘿？

竊見朝請大夫、權知邵州潘燾以學問持身，以儒雅飾吏，不鄙夷其民，首以教化爲務，崇尚學校，修建先賢祠宇。民有嚚訟，諭之以理，事至有司，敏於決遣，由是庭訟日簡，郡圄屢空。湖北猺寇侵犯邊境，而燾處置得宜，民用安堵。至於移屯置寨，爲民防患者，無所不用其至。其他設施，一切不苟。臣熹昨與帥臣周必大已嘗以其姓名薦聞矣。朝請郎、權知全州韓邈，名臣之後，材力有餘。入仕以來，凡三作邑，皆有可紀。民情利病，纖悉洞究。全之爲郡，久費枝梧，而邈乃能檢柅吏奸，稽考滲漏，民間輸納，不多取斛面，縻費商税，寬減苛細。前政財賦不辦，邈至未幾，即不欠漕計，且足郡用。奉議郎、權通判邵州蔡咸，有高祖襄精明之風，自初試吏，即以能聞。用獲盗賞改官，又用收强賊應副錢糧賞循資，又因水潦賑濟，中書籍記姓名。比者邵有猺人之擾，咸詣山前督捕，暴露經時，多設方略，鈎致蠻獠之情，卒能使之恐懼納款。其他佐理郡政，不競不隨，經總制錢，不待催督〔一〕，每歲溢額，總所亦已保奏，委之賑濟，措置有方，民被實惠。奉議郎、提刑司幹辦公事方銓，器資宏裕，識趣高明。向宰懷安劇邑，連事三帥，皆稱其寬簡不擾，急吏緩民，所薦之詞，如出一口，懷安之民至今稱之。今任湖南屬官，其在幕中靖重寡言，澹若無營。至於酬應事機，多所贊助。前任提刑孫某嘗以其學識深潛，持守正固，薦充所知。是四人者，職雖不同，然其才各適於用。欲望聖慈特加旌擢，以爲趨事赴功者之勸。如後不如所舉，臣等甘坐謬舉之罰。須至奏聞者。

右謹録奏聞，伏候敕旨。

校記　〔一〕催督：原作「督責」，據宋閩、浙本改。

編年　朱熹至任潭州在紹熙五年五月四日，離任在八月六日，故此狀當作在夏間。年譜長編置於五月，根據似不足。

舉潘友恭自代狀紹熙五年八月

具位臣朱熹：準令，侍從官授告訖，限三日内舉官一員自代。右臣伏見從事郎、新明州司理參軍潘友恭存心懇惻，造理精深，居家有孝友之稱，持己有廉静之節，其於世務，亦所該通。臣實不如，舉以自代。謹録奏聞，伏候敕旨。乞降付中書門下省。

編年 朱熹於紹熙五年八月五日除焕章閣待制兼侍講，即本文所云「侍從官」。其舉自代在三日以内，故知作在八月初。

乞潭州譙王等廟額狀紹熙五年十月

〔貼黄〕奏爲潭州創立晋譙王承及紹興死事之臣孟彦卿、趙民彦、劉玠、趙聿之等廟，乞賜敕額，伏候敕旨事。

具位臣朱熹：臣前任知潭州日，伏準紹熙五年七月七日大赦内一項節文，歷代忠臣烈士祠廟損壞，令本州支係省錢修葺。竊見東晋王敦之亂，湘州刺史、譙閔王司馬承起兵討賊，不克而死。紹興初，金賊犯順，通判潭州事孟彦卿、趙民彦督兵迎戰，臨陣遇害。城陷之日，將軍劉玠、兵官趙聿之巷戰，罵賊不克而死。此五人者皆以忠節没於王事，而從前未有廟貌，無可修葺，無以仰稱聖朝褒顯忠義之意。遂牒本州於城隍廟内創立祠堂，象五人者，并考譙王本傳，并象其參謀數人〔一〕，立侍左右，各立位版，記其官職姓名，奉祀如法。方行考究，未及營表，而臣忽被誤恩，赴闕奏事。計其功力不至甚多，本州必已起造了畢〔二〕。欲望聖慈特詔有司賜之廟額，仍下本州照應施行，庶以慰答忠魂，爲天下萬世臣子之勸，臣不勝大願。謹録奏聞，伏候敕旨。

乞降付尚書省。

校記　〔一〕謀：宋浙本作「佐」。

〔二〕必：原作「除」，據右引改。

編年　文云前任潭州應詔赴闕，又云祠堂功力不多，計已造畢，顯爲任職臨安時所上。朱熹赴朝在十月初，至閏十月末離京。此初至時奏，當作於十月。其十月四日奏對第五劄即乞修潭州城，事類於此。

朱熹文集編年評注卷二十

申請

請徐王二生充學賓申縣劄子 紹興二十三年七月至二十六年七月

契勘縣學教集生徒，漸成次第，但職事員數既少，又皆頗有分職，以此不得專意教導。竊見本縣進士徐應中留意講學，議論純正，進士王賓天資樸茂，操履堅慤，求之輩流，未見其比。乞從縣司行下本學，具禮差人敦請赴學，特給厨饌，待以賓客之禮。不惟使生徒睹其言行，得以矜式，亦庶幾士民向風，有所興勸。云云。

編年　此劄爲縣學事申縣衙，作在同安甚明。朱熹任同安主簿兼領學事在紹興二十三年七月至二十六年七月之間，然其間嘗辭去學事，見於卷二十四答陳宰書，但確切年月無考。書信編年將答陳宰書置於紹興二十五年，王懋竑朱子年譜將此劄叙於紹興二十三年，年譜長編則置於二十四年，似皆無確據。

代同安縣學職事乞立蘇丞相祠堂狀 紹興二十五年冬

右某等伏睹故觀文殿大學士、太子太保致仕、贈司空趙郡蘇公道德博聞，號稱賢相，立朝一節，終始不虧。自其高曾，世居此縣，比因游宦，始寓丹陽。今忠義、榮陽二坊故宅基地宛然尚在，而後生晚學不復講聞前賢風節、學問源流，是致士風日就凋弊。某等今欲乞改榮義坊爲丞相坊〔一〕，仍於縣學空閑地架造祠堂一所。不惟增修故事，永前烈之風聲；庶以激厲將來，俾後生之竦飭。謹具狀申主簿學士，伏乞備申縣衙，照會施行。

校記 〔一〕義：記疑云疑作「陽」。大同集卷八「滎陽」、「滎義」皆作「滎義」。

編年 此狀作於同安無疑，但確切年月無考，卷七十七蘇丞相祠記及卷八十六諸祭文亦不署年月。年譜長編置於紹興二十五年冬，所考有一定道理，姑從之。

申嚴昏禮狀 紹興二十三年七月至二十六年七月

竊惟禮律之文，昏姻爲重，所以别男女、經夫婦，正風俗而防禍亂之原也。訪聞本縣自舊相承，無昏姻之禮，里巷之民貧不能聘，或至奔誘，則謂之引伴爲妻，習以成風。其流及於士子富室，亦或爲之，無復忌憚。其弊非特乖違禮典，瀆亂國章而已。至於妒娼相形，稔成禍釁，則或以此殺身而不悔。習俗昏愚，深可悲憫。欲乞檢坐見行條法，曉諭禁止。仍乞備申使州，檢會政和五禮士庶婚娶儀式行下，以憑遵守，約束施行。

編年 年譜長編據王懋竑朱子年譜置於紹興二十五年，實無確據，今不取。唯其作於朱熹仕同安期間則無疑。

舉柯翰狀 紹興二十四年

照對縣學見缺直學一員，竊見進士柯翰守道恬退，不隨流俗，專以講究經旨爲務，行年五十，亹亹不倦。置之學校，必能率勵生徒，興於義理之學，少變奔競薄惡之風。欲乞備申使府，差補施行。

編年 據年譜長編。

與曾左司事目劄子 淳熙六年三月至七年六月

熹已具前劄，復有愚懇，并以浼聞，事目如後：

一、本軍恭奉聖旨，打造步人弓箭手鐵甲，一年以三百日爲期，兩日一副。昨已打造到一百五十副了畢，申乞起發。繼準樞密院劄子，檢坐元降指揮，只令如法樁收。竊緣上件鐵甲計用皮鐵匠一萬八千工，錢五千二百餘貫，匠人多係遠鄉農民，追呼搔擾，離家失業，不無愁嘆。錢除給降到見錢乳香數外，尚欠七百餘貫。乳香變賣不行，不敢科抑，又兑支過一千一百八十餘貫。

初謂朝廷别有急切用處，今乃但令本處樁收，徒使州縣勞民費財，以供不急之用，已爲非策，又况樁收日久，皮線爛斷，札片鏽澀，不堪使用，亦有深可惜者。設若遂爲歲例，則其爲害無有窮已，尤爲不便。欲望一言密贊廟堂，特賜開陳，將已造者各令發赴比近屯駐軍馬去處，披帶校閲〔一〕，日夕使用，免致朽損。仍降指揮，向後年分更不打造，則州縣民間不勝幸甚。或慮缺於武備，即乞行下諸軍，取會累年以來，中外制造鐵甲數目不少，既是久無征戰，不應無故損失。須管契勘見收管數目若干，便見虚實。如有不足，亦可令諸州有作院處多募役兵，漸次打作，庶無闕事。

一、本軍昨來奉行增種二麥指揮，逐年所申，漸次增廣，至淳熙五年，三縣共種一千四百餘頃。内星子縣最爲窄狹，已占三百餘頃。近據知縣王仲傑申，本縣今年所種已是增多，然實計之，所種不過六千餘畝，未敢循習舊例，供申虚數。熹昨在田里，素聞此事，皆是官司立定數目，行下鄉村，妄亂供申，公行欺罔。遂判其狀行下，依實供申。及行下兩縣，亦不得循習舊弊，欺罔朝廷去訖。將來申到，比之舊數必是大段虧少。若朝廷以此加罪，固無可言。萬一緣此别行根究，竊恐其他州軍官吏有任其咎者，在熹私義，亦所未安。欲乞一言密贊廟堂，别作開陳，恐日前所申有未實處，立限許令陳首改正。違限不首，然後坐以誣上之罪，使知其罪者得以自新，實爲幸甚。然所有增種指揮，實無補於足食之功，徒有損於責實之政。而州縣奉行，鄉村應對，畫圖供帳，亦或不能無擾。或降指揮直行寢罷，尤爲簡静。

校記　〔一〕校：原作「教」，據宋閩、浙本改。

編年　文稱「本軍」，作在南康任上無疑。其所請爲減輕百姓負擔之事，而無一言及南康大災，故必作在淳熙七年七月大旱之前。朱熹至任則在六年三月末，據以繫之。年譜長編乃置於七年九月，無據，今不取。

申南康旱傷乞放租税及應副軍糧狀淳熙七年八月

伏睹本軍今爲久闕雨澤，旱田旱損，已依準令式，具狀奏聞訖。照對本軍地荒田瘠，税重民貧，昨於乾道七年曾遭大旱，伏蒙聖恩，放免本年夏秋二税錢米紬絹共八萬六千三百二十貫石匹，及詔本路監司應副軍糧米四千石，撥到糴軍糧米錢九千餘貫，并撥本軍未起米一萬一千七百餘石、本軍借兑過乳香度牒錢一萬餘貫凑糴軍糧，支遣官兵，及撥到賑糶米五萬石，又拖欠兩年上供折帛月樁等錢共九萬三千四百一十六貫石匹兩〔一〕，然後遺民復得存活，以至今日。今兹不幸，復罹枯旱之災，又蒙御筆深詔守臣，精加祈禱。而熹奉職無狀，無以感格幽明，祈禱兩月，殊無應效。今則旱田十損七八，晚田亦未可知。正使幸得薄收，其數亦不能當旱田之一二。訪問耆老，皆云乾道七年之旱雖不止於如此，然當時承屢豐之後，富家猶有蓄積，人情未至驚憂。又以朝廷散利薄征，賑給之後，而人民猶不免於流移殍死，閭井蕭條，至今未復。況今民間蓄積不及往時，人情已甚憂懼，目下軍糧便缺支遣，計料見管常平米斛斗，亦恐將來不足賑濟支用。若不瀝懇先事奏聞，竊恐將來流殍之禍及它意外之憂，又有甚於前日。除已具録奏聞，許依分數放免税租〔二〕，更令轉運、常平兩司多撥錢米應副軍糧，準備賑濟外，云云。

校記

〔一〕百：原作「日」，據宋閩、浙本改。

〔二〕税租：原倒，據右引乙。

編年 文云已依式上狀訴旱，指卷十六奏南康軍旱傷狀、再奏南康軍旱傷狀。據第二狀，六月上旬以後祈禱不應。此文云「祈禱兩月，殊無應效」，則知作在八月。

申南康旱傷乞倚閣夏税狀 淳熙七年九月

熹昨爲本軍今年災傷至重，奏截留兩年上供米斛，已蒙支撥淳熙六年未起米五千石，充軍糧及賑糶等支用。本軍除已恭稟施行訖，今來檢放旱傷秋苗，通計不止七分。除已一面攢具奏聞外，竊見本軍今年所理夏税，緣自省限起催以來，即苦旱乾，人户車水救田，日不暇給，憂勞愁嘆，實與常歲不同，遂不敢嚴督諸縣依限催理，只令勸諭人户自行輸納〔一〕。至今截日，方據納到絹九千四百匹，錢一萬六千七百三十五貫二百五十九文省。其絹一面支裝起發，所有見錢，竊緣本軍别無儲積可備賑糶，不免擅行兑借，并未起淳熙六年折帛錢七千三百一十九貫二百九十六文省，通前兩項，共錢二萬四千五十二貫五百五十文省，趁此米價未起之間，收糴米斛〔二〕，約計可得一萬一千五百七十餘石，賑糶飢民。却俟糶畢，收簇元錢，節次起發。其餘人户所欠錢絹數目尚多，而民間自今以往，飢餓寒凍之憂日甚一日，漸次無力可以供輸。熹誠不忍更行催督，以速其流離轉死之禍。除已具録奏聞，乞賜許將本軍今年人户未納夏税錢帛權行倚閣，令候來年蠶麥成熟，却隨新税帶納，庶幾飢饉餘民得保生業，不勝萬幸。所有熹輒將上供官錢兑借糴米之罪，亦已具奏，恭俟朝典，并乞施行。

校記　〔一〕諭：原作「論」，據宋閩、浙本改。

〔二〕糴：原作「糶」，據右引改。

編年　文云截留兩年上供米斛事，見卷十六乞截留米綱充軍糧賑糶賑給狀，作在淳熙七年七、八月間。又云本年夏税未能按時催足，則必已過八月十五省限。參之以「民間自今以往，飢餓寒凍之憂日甚一日」之語，置於淳熙七年九月爲近。

乞住招軍買軍器罷新寨狀 淳熙八年春

具位：熹照對本軍見準上司備準朝省指揮，招填缺額禁軍，及抛買軍器物料，并向來申請乞行省罷管下都昌縣創置新寨逐項利害，除已具公狀申聞外，合行供禀者。

一、準安撫司備準樞密院劄子，立定本軍軍額，招填禁軍共五百人。今照本軍舊管禁軍額數至多，蓋緣承平之際，户口繁多，投募者衆，州郡又未有諸色上供及揀汰歸正使臣軍員，倉庫充溢，足以支遣。近年以來，税重民貧，户口逃散，已是無人應募。州郡上供之額既重，冗食之數又多，并無留州得用錢米可以養贍。所以招收常不及額，猶尚支遣不足。蒙朝廷察見上件事理，於淳熙七年内已降指揮，權以二百人爲額。今來又準上項指揮，照應見管二百人外，尚缺三百人。雖已遵依，分委兵官招收，緣本軍僻陋小郡，户口不多，目今雖是荒年，尚乃無人應募。設若有人應募，其添招禁軍三百人，每年合用糧米五千四百石，料錢八百六十四貫文省，春冬衣絹一千三百五十四，紬一百五十四，綿四千五百兩，衣錢七百六十五貫，委是數目浩瀚，即無合撥窠名可以支遣。況當荒歉之後，税苗蠲放殆盡，見在人數尚且支給不行，若不申陳，竊慮虚負稽緩之責。欲望鈞慈特賜敷奏，乞依元降指揮，且以二百人爲額。如以州郡武備不修，必欲招足元數，亦乞限一年添招十人，庶幾數十年間漸還舊貫，而州郡得以漸次措畫，不致違誤。

一、準轉運司備準樞密院行下拋買第十一料至十五料甲葉牛皮數，竊緣郡境民貧，不堪搔擾，十一至十五料節次具申，未敢行下收買。獨十四料幸蒙漕司申奏蠲免，而又已有拋買第十五料指揮。竊緣本軍三縣去歲大旱，民間貧困，異於常時，官司夏秋二税檢放倚閣，無可催理，逐月官兵請俸尚且積壓，無可支遣，今來雖是漸次起催新税，然旱荒之後，民氣未蘇，尤當存恤撫摩，庶幾不至流散。若更分拋下縣，催督買發，官司初無合破官錢，不過科擾取辦。上件軍器既未有急切用處，徒爾驅逐飢民，使之逃亡失業，因致死亡，有負朝廷救荒恤民之意，事屬不便。欲望鈞慈軫念，特賜敷奏，權與蠲免。候二三年後，年穀豐熟，却令漸次收買，起發施行。

一、照對本軍淳熙五年内，蒙提刑司奏請，於管下都昌縣創置營寨，招刺軍兵，彈壓盜賊，已行依應旋招到軍兵二十名，及於管下巡檢司各差撥兵士十名，并於本軍添差兵官内差委一員，專一在寨統轄教閱。今照都昌爲邑百餘里，見有棠陰、四望、松門、楮溪、大孤山五寨土軍，額管四五百人，縣郭又有弓手八十人，足可彈壓盜賊。當時止緣盜徒倪四等乘船經過縣岸，提刑高公泗一時申請添置。此寨見在縣郭，當五寨之中，而與尉司相去僅百餘步，委是虛設，徒費帑廩。昨來備述利害，及以本軍匱乏，無以贍給，累具申陳，乞行省罷此寨，欲將招到軍兵并歸四望山寨，填補闕額之數，未蒙行下。欲望鈞慈特賜敷奏，依所乞施行。

編年 文云「於淳熙七年内已降指揮」，又云「本軍三縣去歲大旱」，可知作於淳熙八年。朱熹八年閏三月離任，故當作於春間。

乞除豁經總制錢及月樁錢狀 淳熙八年春

熹照對本軍去歲旱傷至重，檢放秋苗八分以上；及蒙朝省行下，將第三等以下人户夏税畸零倚閣，是致經總制錢收趁不及，合行除豁；及月樁錢無從樁辦，不能如額。已嘗具申總領、轉運、提刑司照會，乞行除豁無收經總制錢，及乞據實樁到月樁錢數起發。除别具狀供申尚書省，乞賜敷奏外，今具事節合行申稟者。

一、經總制錢年額係於夏秋二税内收趁，緣本軍去年分檢放過苗米三萬七千四百五十石一斗二升三合一勺，紐計無收經總制勘合頭子錢六千三百七十二貫一百一十七文省。及依準淳熙七年十月二十六日聖旨指揮，倚閣本年第三等以下人户未納畸零夏税折帛錢二萬三千三百一十五貫四百六十五文，本色絹三千八百一十六匹九尺六寸，紐計無收經總制勘合頭子錢二千九百二十五貫八百四十七文。二項共合除放經總制錢九千二百九十七貫九百六十四文。其苗米上所收經總制頭子勘合等錢，遵從淳熙四年户部韓尚書申明已得指揮，并合隨苗除放。其夏税畸零錢帛既已倚閣，亦無合收經總制勘合頭子錢數目，合依例除豁。方欲具申，乞下總所并憲司照會，今會得池州近以旱傷申請，已奉聖旨，除豁檢放苗米上無收經總制錢。况本軍旱傷尤甚，既檢放秋苗外，又蒙倚閣第三等以下畸零夏税，所有上項經總制錢，委實無所從出。欲望鈞慈矜察，特賜敷奏，於本軍淳熙七年分合發經總制錢内，除豁前項放免無收錢九千二百九十七貫九百六十四文，仍乞行下憲司、總所及本軍照會。

一、本軍月樁錢，係於夏秋二税并場務出納錢物收到頭子、經總制無額錢及酒税課利分隸樁辦。緣去歲旱傷之故，苗米放及八分，三等夏税亦復倚閣，自九月至十二月終〔一〕，月額共合樁辦一萬四千五百三十三貫九百一十二文。除已據實收樁到錢將新補舊，遞互儹那，共計一萬三千九百一十三貫五百四十七文節次起發外，尚有六百二十貫三百六十五文，及今年正月以後合發錢數目，今空竭無可樁辦。欲望鈞慈特賜敷奏，將淳熙七年九月至十二月終收趁不足月樁錢六百二十貫三百六十五文特賜蠲免外，所是淳熙八年正月以後合發月樁錢數，亦乞行下淮東總領所照會，據本軍每月實樁到錢數起發。候向去年歲豐熟，民力稍蘇，即依舊數發納。

校記 〔一〕至：原缺，據正誤補。

編年 文云「本軍去歲旱傷至重」，知作於淳熙八年。朱熹閏三月去郡，知作於春間。

申修白鹿洞書院狀淳熙六年十月

具位：契勘廬山白鹿洞舊屬江州，今隸本軍，去城十有餘里，元係唐朝李渤隱居之所。南唐之世，因建書院，買田以給生徒，立師以掌教導，號爲國學，四方之士多來受業，其後出爲世用，名迹章顯者甚衆。至國初時，學徒猶數十百人。太宗皇帝聞之，賜以監書，又以其洞主明起爲蔡州褒信縣主簿，以旌勸之。其後既有軍學，而洞之書院遂廢，累年於今，基地埋没〔一〕。近因搜訪，乃復得之。竊惟廬山山水之勝甲於東南，老佛之居以百十數。中間雖有廢壞，今日鮮不興葺。獨此一洞，乃前賢舊隱儒學精舍，又蒙聖朝恩錫褒顯〔二〕，所以惠養一方之士，德意甚厚。顧乃廢壞不修，至於如此，長民之吏，不得不任其責。除已一面計置，量行修立外，竊緣上件書院功役雖小，然其名額具載國典，則其事體似亦非輕。若不申明，乞賜行下，竊慮歲久，復至埋没。須至申聞者。

右謹具申尚書省及尚書禮部，伏乞鈞旨，檢會太平興國年中節次指揮，行下照會，庶幾官吏有所遵守，久遠不至堙没。謹狀。

〔小貼子〕契勘本軍已有軍學可以養士，其白鹿洞所立書院不過小屋三五間，姑以表識舊迹，使不至於荒廢堙没而已，不敢妄有破費官錢，傷耗民力。伏乞鈞照。

校記　〔一〕地：宋浙本作「址」，考異所引别本同。

〔二〕錫：原作「賜」，據宋閩、浙本改。

編年　朱熹發現白鹿洞故址在淳熙六年十月十六日，見卷一白鹿洞賦。此云計置修理，當爲發現之初。卷三十四答吕伯恭第七十八書作在淳熙六年十一月七日，已求其爲新白鹿洞書院求記矣。

乞支錢米修築石堤劄子 淳熙七年秋

照對本軍邊臨大江，舊有石砌堤寨，堰住西灣水汊，藏泊舟船。每歲江西諸州錢糧綱運并商椎舟船浮江上下，并於寨内抛泊。或值風濤大作，亦免沉溺之患，公私兩便。自紹興以來，不暇開修，逐年風浪衝擊，砌石損動，往往多被回運空綱偷般壓船前去，以致寨内水汊沙土填塞，積歲之久，不復開浚。重載舟船不免於石寨外江心排泊，沿岸石磊不堪繫纜，每有大風震作，漂溺人船，不容拯救，前後抛失官私錢物不可勝計。本軍慮其所用工料錢米無所從出，又恐土石一興，有妨農作，緣此坐視，不敢申請。今緣本軍旱傷至重，細民闕食，檢準紹興重修常平免役令，諸災傷監司隨所分州縣有興工役而可以募人者，雖非農田水利，謂如城隍、道路、堤岸土工及種植林木之類〔一〕。各預行檢計工料錢穀之數，具利害奏聞。本軍已委星子知縣王文林、司户毛迪功躬親詣地頭，逐一從實檢計到開修石寨去處，合用工料等錢五千三百七貫一百二文，米四百五十六石四斗五升。本軍已行具申轉運使衙，取撥窠名錢米，雇募人工修葺去後。近準使司回牒，止撥到移用錢一千貫文，米五百石。今照先委星子知縣王文林、司户毛迪功檢計工料錢米，并是實用之數，本軍今不敢全乞取撥，望止乞更行增撥錢米，付本軍支散。自餘少缺之數，本軍自行計置，貼助使司撥到錢米，趁此天氣和暖，雇募人工開修。不唯官私舟船得免風濤之患，且使飢民就役，不致缺食。須至申稟者。

校記 〔一〕植：原缺，據宋浙本補。

編年 文云「本軍旱傷至重」，又云「趁此天氣和暖」、「使飢民就役」，故知作於淳熙七年秋。

乞催修石堤劄子淳熙七年冬

熹照對本軍臨江石砌堤岸自紹興以來，被風浪衝擊損壞，及港汊堙塞，稍自江水退落，不堪住泊舟船，已嘗具利害申稟，乞行計料開修。已蒙委官相度，開具合用工食錢米供申去訖，未蒙行下。緣目今水涸，正是并工開修之際，若更蹉時〔一〕，向後寒凍，工匠艱辛。除別具公狀申呈，欲望台慈早賜申奏，仍乞行下，逐旋取撥窠名錢米，一面趁時用工，開修施行，實爲公私久遠利濟之惠。

校記 〔一〕更：原作「是」，據宋閩、浙本改。

編年 此承上篇，當作在稍後冬間。文云「目今水涸」，又云「若更蹉時，向後寒凍」，知入冬未深也。

論都昌創寨劄子 淳熙八年春

熹竊見自古建立州縣，與安頓營寨去處不同。州縣須得山水環聚，地土寬平，可容官府民居去處，而未必要害；營寨即須相度地勢，果是盜賊來往所必經由之地，可以卓望邀截，不容走透，方爲要害，然後建立，此事理之必然也。故古人於此二者經度安置各有所處，未嘗差互。其州縣去處雖非要害，然既有官府民居，倉庫刑獄，則亦不可無備。故逐縣皆有尉司弓級，大者百餘人，小者不下數十人，與營寨土軍表裏防護，其用意亦備詳而深遠矣。若以州縣去處瀕江帶河，恐有奸人不測侵犯，便爲要害，則凡州縣少不近水，設使果是要害去處，其縣道亦有弓手，足得防護，不必更於弓手之外立寨招兵，然後可以守也。

本軍都昌縣者，地實瀕江，然上有棠陰、松門〔一〕、四望，下有楮溪、大孤山，大小五寨，近者四五十里，遠者亦不過百餘里，逐處可以卓望把截，是爲要害。其縣郭去處，正在五寨之間，又有尉司弓級，額管七十五人，四至八到，在隆興、饒、江三州，星子、建昌兩縣之間，即與淮南州郡并無連接去處。百十年來，除李成大盜横流之後，不聞曾有盜賊直犯縣邑。只於淳熙四年，因有散亡窮寇三人匿迹舟中，經由縣步，初未嘗敢上岸作過，却被尉司弓級緝捉驚趕，即時竄逸。是時偶有饒州職官沿檄到縣，中路得於傳聞，意謂本縣已被焚劫，遂張皇其事，妄申憲司。一時憑信，便將官吏對移，奏稱都昌縣接連淮南，而南康管内都無一兵，乞創此寨。以天子使者持斧逐捕之威，而爲窮寇三人驚駭擾亂至於如此，固已可笑；又況初不計算增兵百人，一歲所費爲米一千八百石，錢五百餘貫，絹五百匹，綿一千五百兩，使州縣何所從出，亦不審慮兵官一員，禁軍百人，出在外縣，使聽何人節制，於民有無搔擾，致誤朝廷降此指揮。自今觀之，利害得失昭然可見，人無愚智，莫不知之。故本軍昨來輒具申陳，乞行廢罷。今幸朝廷行下使司相度，竊計必蒙洞照底裏，力賜主張，使邑屋無侵擾之虞，州郡免供億之費，遂除一方永久之害。

然熹愚慮尚恐州縣官員解事者少，而便文自營之私勝，觀望畏怯之習深，既不明形制要害之緩急，又不察公私事力之有無，但恐廢罷之後，萬一復有衝突，或能累己，又見元係憲司陳請，不無觀望之意。雖到地頭相度，往往不能盡公竭慮，而偷爲一切首鼠之計。或稱實係要害去處，見有招到軍兵，造到寨屋，難以廢罷，上誤鈞聽，則熹請有以折之。夫地勢要害、衣糧耗費種種利害，熹前已詳言之矣，請更以一事論之。今所置寨，正在本縣尉司之南數十步間，若以弓手爲不足恃，則廢弓手而專募寨兵可也。今置寨以來，弓手之巡警未嘗敢廢，近又會合外縣，捉獲但淳莊賊。而所招新兵者飽食安坐，未嘗少立功效。及本軍行下督責巡尉之際，其軍兵反教寨官申稱當來置寨只爲防護縣郭，不合下鄉巡捕。其無用如此，但能在縣生事擾民，詞訴不絕。州郡相去既遠，縣官莫敢誰何。若不早行廢罷，向後郡縣民間之害，將有不可勝言者。若蒙察此利害數端之實，許行廢罷，其見招軍兵數目不多，自可撥隸諸寨，填補闕額。見造之屋，其數亦少，自可就近撥充弓手營房，他無所用也。豈可明知其傷財害民，有損無益，而但爲此羸卒數人、破屋數間之故，留此巨害之根，以貽患於無窮乎？

夫論事不論其利害之實，而欲因陋就簡，偷合取容，以徇目前一切之計，此乃世俗淺陋之常談，宜不足以惑高明之聽。然熹之愚亦有不能無過計之憂者，故敢復盡其言，以煩執事，伏惟幸垂察焉。其或議者尚慮復有前日舟中三人之盜而不可以無備，則望鈞慈更垂體察，只勒本縣立限招足闕額弓手，而更於額外增置二十五人，湊足一百人，亦足以增重形勢，防衛不虞。而弓手係屬本縣，縣尉、知縣等級相承，名分素定，易爲拘轄，比之立寨招軍，利害蓋萬萬不侔矣。其都昌縣與諸寨相去遠近里數形勢，今并彩畫成圖，連粘在前，乞賜鈞覽。干冒威尊，皇恐死罪。

校記　〔一〕松：原作「木」，據本卷乞住招軍買軍器罷新寨狀改。

編年　此劄與本卷乞住招軍買軍器罷新寨狀同意，應爲一時先後所作，據此繫年。

申免移軍治狀

淳熙六年三月至七年六月

準安撫、轉運使衙牒，備準尚書省劄子，新差知袁州曹大夫奏，乞將南康軍移治湖口縣，撥隸彭澤縣及都昌縣，依舊成三邑，却將星子、建昌縣撥隸江州事，除已移牒諸司，從長相度經久可行利便，修寫同銜檢狀，連書施行外，牒軍詳此，從長相度有無利害，具狀供申。所準前項使牒指揮，本軍檢會昨淳熙三年内，準安撫、提刑、轉運、提舉使衙牒，準二月二十六日尚書省劄子，户部申，準都省批下白劄子，乞將南康軍建昌縣隸江州，而復以江州湖口縣隸南康軍，或建昌縣若還隸隆興府事，牒本軍契勘建昌縣、湖口縣坐落去處，并各縣抵接本軍水陸界分、地里遠近，相度經久可行利便，具狀供申。本軍已行取會逐縣具利害回報，及塌畫地圖送簽廳，集衆官會議，合依建昌縣士民比建昌水陸地界至江州皆遠，至南康皆近，陳乞仍舊隸屬本軍爲便事理，保明具申安撫、提刑、轉運、提舉使衙，照會施行去訖。今又準上項指揮，本軍今相度，開具下項，須至申聞者：

一、本軍自太平興國七年始建軍治，至建炎間，李成賊馬殘破，其元建軍額案牘不存。尋照圖經及簽判廳舊題名記，并詢訪士民，檢到皇宋咸平本軍判官兼通判余致堯撰新創利民橋記，見得自太平興國六年，相國張齊賢轉漕江表，以其地在廬山之陽，彭蠡匯澤直注於是，每春江水漲，洲沈島没，虔、吉、撫、筠、洪諸城軍實萬艘浮江而下，或天鼓噫氣，怒濤沃空，篙工棹郎，摧檣是慮，指斯邑也爲拯溺之地。公於是度其便，則泝流之要衝；相其宜，則上游之樞會，非鳴鼓角、樹牧帥以守兹土，則觀風之政幾致闕如。由是紀事實以入奏，請改其邑爲軍。太宗皇帝嘉其言曰：「俞，南方之俗，其在康哉，可賜名南康軍。」自是之後，幾二百年。至紹興以來，復建軍治及諸倉庫、郡官廨舍、兩獄、諸軍營房，洎至成就，所費不貲。若一旦棄而不用，徙置它所，必須創建軍治城壁及諸帑廩、郡官廨舍、兩獄、諸軍營房，不知所費從何取撥？而湖口縣治地勢窄狹，前近大江，後逼高山，亦無建立軍壘去處。今欲創建軍壘，必須占奪民間田地，搔擾不細。以此論之，移治之説，彼此公私有害無利，灼然可見。

一、星子縣係本軍見今治所，地瘠民貧，昨因經界之後，二稅愈重，倍於它邑。自辛卯大旱之後，民力未甦，幸而輸納水陸皆便，朝至暮歸，無諸枉費。然而民間未免猶有愁嘆，若隸江州，則陸路一百二十里，而水路順流一百二十里至湖口縣，又泝流四十里至江州〔一〕。泝流一里折二里，通二百里，輸送期會，轉見遥遠。以此論之，則割隸江州，於民有害，於官無利，灼然可見。

一、建昌縣元申，據進士熊望之等并父老及稅户傅政等連狀，本縣陸路至江州一百八十里〔二〕，至南康一百三十里，水路至本軍三百里〔三〕，去江州則又一百二十里到湖口縣，湖口縣又泝流而上八十里，方到江州。又必經由南康軍、湖口縣兩處口岸，不無阻節。見今江州係駐劄去處，一有所科，近縣則便，遠處則不便。且如德安縣，乃江州屬邑之遠者，尚不過一百二十里。本縣去在德安縣之南又六十里，且以馬料微事言之，隨稅高下均科，本縣水行五百餘里，方至江州。如陸程，則南去鄉分到本縣又百餘里，往返有六百里之遠，動經旬日。若中等之家，科藁二百束，每人止負兩束，以人數較之，動費百夫，上等人户則又不止百夫。若令人户就縣交納，亦有般擔縻費，官司解發，亦不過取辦於民。本縣既遠於德安縣，况連丁大旱之後，人民流移，未盡全復，若更以隸江州，豈特流移之家不歸，而見在人户亦必逃移。竊以普天之下莫非王土，江之東西亦皆王民。萬一必欲撥隸，民間豈敢固違？然望之等伏見朝廷清明，四方無虞，東西兩路之民各安其業，與其有所改易，不若仍舊貫爲安。陳乞備申朝省，詳酌利害施行，以便民情。本軍今來相度，建昌縣昨來所申事理委得允當。以此論之，則割隸江州於民有害，於官無利，灼然可見。

一、本軍逐年起發上供經總制月樁等錢，及支遣官兵衣糧百色支費，全仰三邑樁辦，而建昌、星子應辦不啻過半。今來若將撥隸它州，則所餘都昌地瘠人貧，歲多旱歉，催科稍急，則有逃徙之患，財計實無所出。雖以湖口、彭澤兩縣改隸本軍，名爲依舊三縣，而湖口、彭澤所入亦少，不足裨補。且以苗米論之，星子、湖口各止六千，僅可相當，而建昌秋苗二萬，彭澤所入約計不及其半。今欲以二縣二州夏秋二税及諸色歲計之目依各縣元數，令逐州承認，惟上供之數或可隨縣改割，至於養贍在軍官吏軍兵支用之數，不知從何而出？以此論之，以建昌、星子隸江州，以湖口、彭澤隸本軍，於官有害，於民無利，灼然可見。

右本軍相度利害如前〔四〕。又詳建議之人首尾陳述略無義理，其言江南分東西路，實以江西爲界者，今契勘江西一路，自隆興府、撫州、建昌軍皆在江西之東，若如議者之言，則此一府一州一軍盡合移治江西之西，而其諸縣亦合改隸江南東路矣。又江州、南康疆境交互，奔走期會，民頗難之。又有風濤之險，監司巡歷、民户輸送往來，每以爲艱。今契勘星子、建昌兩縣民户輸送地里遠近如前所陳，若以議者之言，便行改割，則是使之捨近就遠，去易就難，與其所陳事理利害正相違背。兼本軍所管都昌一縣雖是隔江，然人户輸納，不過苗米一項最爲粗重，自來久例，又只在本縣交納，裝綱起發，人户即無往來之阻。至於移動一軍城壁、官舍、倉庫、營寨，所費浩瀚，度須用數萬緡，而起遣一縣民居、屋舍及占奪其地，使之蕩析流離，不得安其生業，尤非細事。而議者率爾言之，僅同兒戲。不知今日民力凋弊、州縣空竭之際，如何計置得上件錢物，給此支用？而勞民動衆，爲此有害無利之舉，其説竊恐難以施行，徒然煩費文移，動摇物議，使一境軍民日夕憂惶，不遑寧處，極爲非便。謹具申監司衙，欲望詳酌，早賜奏聞，寢罷前件指揮，以安一郡軍民之心，不勝幸甚。伏候台旨。

〔小貼子〕契勘本軍建昌縣陸路至本軍經涉江州德安縣界，而小路直至本軍，不隔外州。其隔江州界分去處，初亦無甚利害，只是德安縣遞鋪兵士以非本軍所轄，尋常不肯傳送本軍及建昌縣文字，有此一節小小利害。然亦須别有措置，豈有爲此之故而輕移一軍，遽割四縣之理？今若將德安一縣遞角文字特令兩州巡轄使臣通行點檢，則郵傳亦自不至阻滯。并乞台照。熹上覆。

校記

〔一〕又：原作「入」，據宋浙本改。

〔二〕一：原作「二」，據宋閩、浙本改。

〔三〕軍：原作「縣」，據右引改。

〔四〕如：原作「於」，據右引改。

編年　本狀申訴免移軍治理由，僅言「自辛卯大旱之後，民力未甦」，而隻字未提淳熙七年七月大旱，故必作於該月之前。從事理而言，朝廷亦無正當大災而議移軍治之理。年譜長編置於淳熙八年正月，無據。彼時正開場濟糶，救荒不暇。

論馬辛獄情劄子淳熙六年三月至八年閏三月

熹契勘本軍軍院昨準使帖，押下承局馬辛，根勘凌犯階級情罪，依條施行。已據本院勘到招伏情節，依條合徒二年，配鄰州。熹竊詳本人所犯，却因發覺方彥故違使司元降約束，私買板木，遂致爭鬭。若便依條斷罪，竊恐情輕法重，或非台慈之本意，未敢便行決遣，亦不敢輒具公狀申陳，敢以此私於下執事。欲望矜察行下，稍從寬典，不勝幸甚〔一〕。熹以亟遣遞筒，未暇別紙布謝悃〔二〕，并乞台照。

校記　〔一〕宋浙本句末多「幸甚」二字。

〔二〕正訛「悃」下添「忱」字。

編年　文稱「本軍」，知作於南康無疑，即淳熙六年三月朱熹至任至八年閏三月離任之間。確切時日則不可考矣。

論南康移治利害劄子淳熙六年三月至七年六月

熹輒有愚懇，仰瀆台聽：近準安撫衙牒，備承使司公文，差委池州余推官前來相度曹大夫者所陳移治湖口、改割兩縣事，本軍已遵依行下兩縣相度去訖。然其事理，實有不難知者。本軍建立二百餘年，兵火之餘，掃地赤立。今又五十餘年，官府民居方稍就緒，然猶頗有未圓備處。若更遷徙，必致狼狽。兼今來民力已極困弊，官司尤覺煎熬，移治所費，少亦不下數萬緡，不知何所從出？又聞湖口地步窄狹，目今爲縣尚且費力，若欲改建軍壘，城壁、官府、倉庫、牢獄所占地步計須十倍於前，未知何處可以安頓？設使可以安頓，亦必起遣居民，毁拆其屋，占奪其地，乃可營建。不知今日幸無迫切利害，何必爲此以動摇人心，爲國取怨？此移治不便之説也。至於改割兩縣，則兩縣距今南康治所道里近，而去江州治所道里遠；南康財賦取辦於建昌、星子者過半，而湖口、彭澤二縣所入不足以補其數。雖上供歲額或可隨縣改割，而本軍官兵吏員廩禄，不知何所從出？此割縣不便之説也。竊意此事終久决難施行，而徒煩費文移，動摇衆聽，使兩處軍民之情疑慮惶惑，不安厥居，極爲非便。熹衰病之餘，扶曳來此，旦夕即爲引去之計，視此不啻如傳舍，豈有毫髮顧戀之心？特以既荷聖恩，强畀民社，既未能有以使其人安於田里而無愁嘆之聲，誠不忍更使復爲庸人淺議所擾，故敢直以己意干昧申呈。其詳見於公狀，欲乞台覽，早賜奏陳，寢罷其説，以安兩處軍民之心。不勝幸甚！

編年　此劄與本卷申免移軍治狀同時所作，據以繫年。文云「衰病之餘，扶曳來此，旦夕即爲引去之計」，當作於淳熙六年三月至任後至七年七月大旱前也。

論阿梁獄情劄子 淳熙六年三月至八年閏三月

熹照對本軍阿梁之獄節次番詞互有同異，須至依條再行推鞫。然以愚見，本人番詞雖非實情，然且只據其所通情理，亦不可恕，不必再行推鞫，盡如前後累勘所招，然後可殺也。蓋阿梁與葉勝私通，致葉勝因其夫病而手殺之。雖使阿梁全然不知殺害之情，究其所因，已絕人理。況已明知殺意，當時自合出門聲叫，或密投鄰里，以求救援。今乃抱兒立於門外半時之久，以俟其夫之死，及見其夫之出，聞其夫之聲，知其事之不成，然後隨聲叫呼以求救。只此一節，其情蓋已灼然可見，不必同謀共殺然後可置極典也〔一〕。夫人道莫大於三綱，而夫婦爲之首。今阿梁所犯窮凶極惡，人理之所不容，據其番詞，自合誅死，無足憐者。本軍雖已具申，乞行推鞫，然熹愚意欲望使司詳此情節〔二〕，別具奏聞，乞降睿旨，只依元降指揮處斬施行。不惟得以畓正典刑，使奸凶之人不得以遷延幸免，亦以聳動群聽，使衆著於人倫之義，於以弼成聖教，實非小補。熹以人微職賤，不敢頻有奏陳，敢以此私於執事，伏惟鈞照。

校記　〔一〕共：原作「其」，據宋閩本改。

〔二〕司：原作「可」，據清康熙本改。

編年　文稱「本軍」，知作於南康任上，即朱熹至任至離任之間。

論木炭錢利害劄子一 淳熙七年正月

熹輒有愚懇，仰瀆台聽：伏見管下都昌縣人户夏税錢内一項科折木炭，自來只用本色備船裝載，赴監送納。自紹興二十四年，提點韓寶文任内，因納炭稽遲，追典押取問，偶一時懼罪，自行供認，乞每秤折納價錢二百六十文省，解發赴監，自行置場買炭。考之縣吏，每税錢二十文折木炭一秤。以税錢則例言之，夏税見錢一貫五十文，合折絹一匹，官交價錢六貫文省。若折木炭，合管炭五十二秤半，每炭一秤，官交正錢二百六十文省，共錢一十三貫六百五十文。已上以兩項價錢比并，則木炭錢多於折絹價錢七貫六百五十文，係争一倍以上，數目已極懸絶。況都昌民户逐年長養園林，采柴燒炭，每斤直錢五文至六文止。若比倣折納價錢，又幾三倍，所以民力重困，多掛欠籍，追逮督迫，幾不聊生。今來人户乞依祖來舊例，備本色自雇船裝載，赴監送納，獲鈔銷注，誠爲便利。民户所陳，大略如此，所有曲折，具於公牘。敢乞台慈詳酌，俯從所請，庶幾疲瘵之民得以少蘇，實出使臺之惠，不勝幸甚。冒昧台嚴，不勝悚仄。

〔小貼子〕上件所陳乞納本色木炭事，或以爲不若比附納絹，量減價錢，却從使司置場收買，尤爲利便。更乞台慈詢究，詳酌施行。

編年　據年譜長編。

論木炭錢利害劄子二　淳熙七年三月

照對本軍管下都昌縣人户舊例送納本色木炭，赴使司交納。紹興十五年間，使司行下，每秤折納價錢一百五十文足。續又每秤至二百六十文省。契勘其炭係以絹税紐折，今來所納價錢，比之折絹計多一倍以上，委是太重，民力不堪。昨據人户陳訴，已曾具申使司，乞納本色，未蒙行下，不免具申朝廷。今準省劄，已送使司指定。竊念本軍地狹民貧，税額偏重，而折納炭錢比於納絹計增一倍以上，比於本色，計增三倍以上。農桑之家有木無錢，送納累年，委實困弊。欲望台慈仰體聖朝勤恤民隱之意，特賜詳酌，許依所乞送納本色，不勝幸甚。干冒台嚴，俯伏俟罪。

編年 據年譜長編。

論木炭錢利害劄子三 淳熙七年四月

熹昨日伏蒙面諭，許賜行下究實都昌木炭價錢利害，特與蠲減，仰見仁人君子所以愛民之實，不爲苟悦於一時，而所以爲之計慮深遠如此，感幸嘆息，無以爲喻。適準使帖，謹已遵禀施行，續當條上。然熹竊伏思之，復有一説，上可以推廣台慈矜恤之惠，而下不至於多失有司經常之入，敢預言之，以俟采擇。謹按，木炭本以税絹紐計，納本色比之納絹，所費已增一倍之數，折納價錢比之納絹，所費又增三倍之數，反覆紐折，至於數倍，上違法意，下損民力。本軍三縣皆受其弊，然二縣距使臺爲遠，津般本色，其費不貲，故雖價錢稍重，而不敢深以爲苦。都昌則距使臺甚近而津般不難，故獨願納本色，而深以價錢之重爲病。要之以錢比絹而論之，則三縣之事體初不異也。熹前者妄論未能及此，向若使司直從所請，令納本色，則熹不及有所議矣。今乃幸蒙矜念，更令究實，却與蠲減，是以熹得以復有所言。欲望台慈更賜詳酌，三縣第三等户一概重行蠲減，其上兩等人户却令且依舊送納，庶幾一郡細民均被大賜，而上兩等户事力稍重，猶可不至大段狼狽。兼亦不至多失使司財計，免致別有經畫，實爲利便。須至申禀者。

編年　據年譜長編。

乞聽從民便送納錢絹劄子 淳熙六年八月

熹近者兩具劄目，陳乞宫廟差遣，恭想已徹鈞聽。外服下僚，不敢數以寒暄浮禮仰塵威重，兹乃復有愚悃，輒冒布之。熹束髮讀書，不親世務，加以疾病，益復懶廢。兹蒙誤恩，起家試郡，觸事昏塞，不知所爲。近因奉行近降指揮，令上三等户税絹畸零丈尺湊鈔送納本色外，下户不成端匹税絹，每尺并以一百文足折價，從便獨鈔送納。節次據本軍下户陳訴，乞依舊湊納本色。熹初不知利害曲折，只見朝廷指揮之意本爲優恤下户，但行喻遣，催促送納。自後點檢得見納到數目大段稀少，遂行詢問，乃知本軍絹價每匹不過三貫文足，今令上三等户得納本色，而下户却令一尺折錢一百文足，即納一匹計成四貫文足，委是折錢太多，所輸反重於上户，所以下户不願折納。而熹昏愚，不能加意詢訪，及時申明，致此違慢。已從本軍具狀申尚書省，欲乞許從民便，送納錢絹。敢乞鈞慈早賜敷奏行下，以憑遵守催督，免致拖欠，爲公私久遠之害。所有熹申明後時，上誤國計，亦乞明賜黜責，以爲守臣慢令廢職之戒。干冒鈞聽，伏深恐懼。

〔小貼子〕熹所申事理，緣今夏税末限將滿，欲乞鈞慈詳酌，徑自朝廷施行，庶幾猶可及事。若送户部行遣，往還動淹旬月，州縣之吏無所禀承，則懦者不敢督趣，必至於闕供；强者不恤有無，必至於病民矣。切乞垂念。

熹又竊詳今者所降指揮，它州未聞有以爲病而申陳者，或是本處絹價高貴。今得例從低估，民間實以爲便。故熹所申，亦不敢乞減所定錢數，只乞許從民便，則價貴處人自納錢，價賤處人自納絹，兩不相妨，各得其便。伏乞鈞照〔一〕。

校記 〔一〕鈞：原作「均」，據宋閩、浙本改。

編年 文云「今夏税末限將滿」，時夏税自五月十五日起征，八月十五日滿限，可知作在八月。而全篇初未言及旱災，則作在淳熙六年無疑。若作在七年，則夏税已申請蠲免倚閣；作在八年，則朱熹已於閏三月離任矣。

乞禁保甲擅關集劄子 淳熙六年夏至七年夏

契勘保甲之法，什伍其民，使之守護里閭，覺察奸盜，誠古今不易之良法也。然既許其蓄藏兵仗，備置金鼓，則其節制階級似亦不可不嚴。竊見目今見行條法，累降指揮，但有團結教習之文，初無戒令糾禁之法。鄉里豪右平居挾財恃力〔一〕，已不可制，一旦藉此尺寸之權，妄以關集教閱爲名，聚衆弄兵，凌弱暴寡，拒捍官司，何所不至？如本軍都昌縣劉邦逵等，只緣劉彦才争競，聞得官司追呼，遂於盛夏輒行關集，鳴鑼持仗，過都越保，欲以報復怨仇，抗禦捕吏。向非託於保甲之名，安敢公然如此？熹除已將劉邦逵等依相毆報冤爲名，結集徒黨立社法等第決配編管外，仍具利害申使司，欲望台慈詳酌，特賜行下，約束施行。區區之懷別有愚見，更望使司特賜敷奏，明降指揮：今後應保甲首領等人，輒以關集教習爲名，聚衆弄兵，欲以恐脅官私，報怨拒捕者，比凡人之法特加一等收罪，庶幾豪强知畏，不致夤緣敗壞良法，委實利便。須至申稟者。

校記　〔一〕右：宋浙本作「民」，考異所引別本同。

編年　文云「本軍」，則作於南康。又云「盛夏」，則不作在淳熙八年可知，因朱熹已於八年閏三月去郡。故當作於淳熙六年或七年夏，而又以六年夏最爲可能，因七年夏已大旱，救荒不暇矣。

乞保明減星子縣税劄子 淳熙七年夏

熹昨日方遣人具劄目申稟，想徹台聽。適所遣陳乞減星子税人回，齎到省劄一道，謹復專人申納，乞賜台念，保明回申，不勝幸甚。其間上供對補之説，竊謂若本不虧上供元額，即初無可申請。若有別色可以對補，即亦不須申請。今有司之吝至乃以此爲問，則蠲減之恩似已無復可望。然邑人緣此陳乞，往來計會，亦已薄有所費，其心不能無僥倖於萬一。而熹元奏固已有謂「如蒙施行，不唯今日見存人户得保生業，而已逃未復、願耕無田之人，必將有扶老携幼而至者。不數十年，生齒日繁，墾田日廣，向來樁閣之數，亦可漸次起理，以復承平之舊」者，似已預爲今日解紛之地。欲望台慈頗采其意，特爲申述，使得不爲刀筆所沮，而早得蒙被堯舜之澤，熹與邑人千萬幸甚！干冒威尊，無任戰悚。

〔小貼子〕上件文字欲乞不別委官看詳，徑從使司保明回申，幸甚。

編年 據卷十六乞蠲減星子縣税錢第二狀，户部責以對補之説在淳熙七年夏。此篇言及上供對補之説，當作在同時，據以繫之。

報經總制錢數目劄子 淳熙七年冬

熹照對近準使司公牒，依準總領使所牒，催發本軍去歲未發錢四千六百餘貫，并今年未發錢三萬九千五百四十餘貫。謹按，去年錢内合除豁坊場敗闕體減下錢一千四百四十貫三百餘文〔一〕，僧道免丁比額不敷錢一百六十四貫六百餘文，截使招軍造甲經總制錢一千八百九十五貫文，及已申及乞理折曹秉義等税錢九百九貫餘文，共計登四千四百九貫三百四十五文省外，實催到茶租錢二百八貫，已差衙前蕭彦押發，别無未起之數，節次具申總領所照會去訖。所是今來錢除已起發春季外，未發錢數内亦有合除豁坊場敗闕體減下錢、僧道免丁比額不敷錢，共登一千九百一十三貫七百九十文。自餘合催錢數，緣本軍今年夏初以來，田禾便遭枯旱，今則秋苗已放八分已上，民間目下已自闕食。兼淳熙七年第三等以下未納畸零夏税，已蒙上司備奉聖旨行下，權行倚閣。今來正税既無所入，其經總制等錢亦别無合收窠名官錢可以樁辦。所有秋季經總制等錢，係據實收到錢七千四百六十三貫二十四文省，差衙前王溥管押外，有冬季錢數，當在來年正月起發。本軍亦緣旱傷，人户艱於輸納，兼準近降指揮，住閣夏税官物，竊恐將來拖下合發錢數〔二〕，虚負罪戾，已節次具申朝廷并上司，乞賜敷奏，將合趁經總制錢容本軍據所屬實收到錢數批曆入帳，拘收起發，免以遞年季分比虧去訖。除已别具公狀供申外，今蒙使司所追都吏以下，欲望台慈存留，催發官物。干冒威嚴，不勝惶恐之至。

校記　〔一〕體：原缺，據宋浙本補。

〔二〕拖：原作「施」，據宋閩、浙本改。

編年　文云「本軍今年夏初以來」遭旱，又云秋季錢已起發，冬季錢俟來年起發，則作在淳熙七年冬甚明。

乞減移用錢額劄子淳熙六年三月至七年六月

熹契勘本軍財賦匱乏，官兵支遣常是不足，逐時全仰酒税課利分隸相助。近自乾道九年内，蒙使司於經常分隸錢數之外創立名色，每月抛移用額錢一千二百餘貫，均於城下及兩縣酒税務趁辦。自此之後，酒税所收課利，除椿移用錢外，諸司所得分隸錢數不多，致本軍財計轉見闕乏，支持不行。兼近年以來，沿流州軍收税太重，商旅稀疏，又爲諸軍差出軍兵販賣物色，齎到户部總所曆頭，不許州縣收税，場務愈見虧欠，州縣愈見窘闕。只如本軍，見今拖欠使司移用錢四個月，無以起解。今有公狀具申，欲望台慈矜憐，特賜於元抛移用額錢上重賜裁減，行下椿辦，非獨場務可以補解逋欠，亦於本軍不無少有補助。干冒威嚴，不任悚慄。

〔小貼子〕照對州縣財計取辦於税務，税務課額仰給於客旅，然則客旅雖非農民之比，亦官司財用取資，不宜重困，使其望風畏避而不敢出於其塗也。今者本軍得蒙使司蠲減苗米水脚錢，每石至一百三十九文，農民固已幸甚，獨往來商旅，州郡場務以課額浩大，不容優恤。若蒙台慈詳察，將上件移用無名之額痛賜裁減，使州郡得以約束務官，輕減商税，招邀客旅，令得通行，是亦使司久遠大利之源，不必竭取於一時然後爲快也。

編年 文云「本軍」，知作在南康。乞減上交錢額而不以大災爲由，則必作於淳熙七年七月大旱之前。朱熹六年三月到任，據以繫年。

乞行遣攔米官吏劄子 淳熙七年十月

熹已具申禀，未行之間，復有危懇，重浼鈞聽：熹昨嘗妄以鄰路遏糴利害申聞，已蒙聖旨特賜指揮。近得彼路諸司文移，始許通放，而屬縣下吏乃敢蔑視朝廷號令，帶領吏卒公肆拘攔，至於越境釘斷陂口，以絕往來之路，正復戰國相傾之世，不至於此。雖已移書彼郡及諸監司，請照條令按劾，尚恐未以爲意，不免具狀申省，乞賜約束。欲望鈞慈矜憐，早賜行遣，不勝幸甚。熹干冒非一，罪無所逃，伏紙不勝戰栗俟罪之至！

編年 此與下篇皆言糴米被阻之事，別集卷九申諸司乞行下江西不許遏糴一文言此事甚詳，乃米船於淳熙七年十月二十四日被阻於江西。據以繫年。

乞申明閉糴指揮劄子 淳熙七年十月

熹輒有迫切之懇，仰干鈞聽：本軍地瘠民貧，米穀不多，遞年雖是豐熟，亦仰上流州軍客船販米，糴糴食用。今年遭此大旱，檢放七分以上，而上流儘有得熟去處，顧乃循習舊弊，公然遏糴，以致米船不通，細民闕食。本軍竊慮無以賑糴支遣，遂逐急那兑諸色官錢，差人前去收糴米斛。今據差去人申，已糴到米，而諸處官司出榜禁約，不許放行。竊慮客販不通，官糴又阻，境内飢民日就狼狽，除已移文諸處官司，請照累降指揮疾速放行，及不許阻節客旅外，更欲具奏及申尚書省，又慮遽失鄰援之歡，向後别致邀阻，反爲深害，謹密具此申稟。欲望鈞慈特賜矜察，早爲敷奏，特降睿旨，檢舉舊法，遍下諸路嚴行約束。但使公私米穀遠近通行，則沿流荒旱州軍自當不至闕食，非獨此邦之幸而已。干冒威尊，伏增震悚。

〔小貼子〕照對本軍勸諭上户賑糴近十萬石，其間多有有錢無米之人，亦須上流收糴。若被沿路阻節，米船不通，即此勸諭之數，盡失指準，民命所繫，爲害非輕。伏乞鈞慈深賜留念。

編年 此劄與上篇所言一事，作在一時，參上篇繫年。

乞撥兩年苗税劄子 淳熙七年冬

熹昨曾具奏及申尚書省，約計本軍今秋放旱外三分苗米一萬三千九百五十五石，及去年零欠綱運米五千餘石，乞賜截撥下本軍充軍糧支遣。今續據管内三縣申到檢放實數，多是全户乾死，所傷不啻八九分。若依元數，必取三分苗米，即恐人户無從輸納，必致逃移。其去年殘欠，初意亦候今冬催理填納。今既災傷如此，亦非并督舊逋之時。以此計之，即熹前奏所乞兩項米數，正使便蒙聖恩，許賜截撥，然皆已難作十分指準。未蒙哀憐，則其狼狽又將有不可勝言者。

蓋嘗竊謂有軍則糧決不可以不足，既旱則税決不可以不放，此二者皆必然之理也。但在今日，欲取足軍糧，則民已無食，更責其税，必有逃移死亡之憂；欲盡放民税，則有軍而無糧，民亦將有不能保其安者。二者之爲利害，其交相代又如此。然就其一端而論之，則闕軍食之禍淺而易見，不放税之禍深而難知。故今州縣之吏，不過且救目前，爲應文逃責之計，掩蔽災傷，阻遏披訴，務以餉軍不闕爲先務。至於民不堪命而流殍死亡，皆不暇恤。殊不知民既死徙，閭井蕭條，田園蕪没，或數十年而户口賦税無以復於其舊，積其所失，比之全放一年之税，何止倍蓰？

且如本軍，乾道七年歲嘗大侵，流殍滿道，至今十年，而流庸尚有未安集者，田土尚有未開墾者。今者不幸復遭此旱，計其分數，乃或甚於彼時。民尚無以爲食，若復責以輸納租税，將來之患，必當有甚於前。不知更費幾年功夫，可得復似今日？此尤不可不深慮者也。然非朝廷察此利害之幾，有以給其軍食，使之得以盡實檢放而無乏供之患，則難知之深害未弭，而目前立至之禍已不可免。此熹之所以不敢避僭瀆之罪，復論前奏之未審者。仰冀鈞慈深加憐察，特賜敷奏，且依所乞，截留兩項米斛外，更令帥漕兩司同共相度，别行應副，則闔郡軍民死生而骨肉矣。如蒙留念，更望早賜行下，以安其心。熹無任惶恐俟命之至。

〔小貼子〕熹所申禀，只爲乞撥六年殘欠及七年放外兩項米斛，又恐朝廷怪其檢放分數之多，故其妄言遂至覼縷，誠不能無草野倨侮之嫌。然其區區之心，實欲深爲國家生聚教訓恢復久遠之計。若熹之私，則去替不遠，疾病侵陵，罪戾孤蹤，日俟譴斥，决非久於此者，亦何必曲沾民譽，過爲身謀，以罔朝聽而陷於不測之誅？伏惟鈞慈深賜洞察。

編年 文云「本軍今秋放旱外三分苗米」，又云諸縣旱傷已檢放完畢，則知作在淳熙七年冬。宋代秋税九至十二月征收。

與執政劄子 淳熙七年冬

熹瞻望台躔，久不申起居之問，下情第切宗仰。比以災旱告急於朝，竊計已蒙鈞念。惟是疏拙，素不更事，重此困迫，不無煩擾。今復有劄子二通，申禀放税、乞米及鄰境閉糴事。而熹疾病之餘，不堪扶曳，輒有私懇，仰瀆威尊。敢望鈞慈并爲敷奏，乞從所請，千萬之幸。熹頻有干恩，不敢累幅以勞侍史，并乞鈞照。

編年 此劄所言放税、乞米及閉糴諸事申禀，即上數篇劄子，故當與諸劄作在同時。

乞以泗水侯從祀先聖狀 淳熙七年三月

照對本軍昨因修葺軍學，照得從祀神位名號差舛，曾具狀申尚書禮部。續準本部符降到見行從祀神位名號，本軍謹已遵依，彩畫題寫奉安訖。熹恭睹崇寧元年二月二十五日詔，追封孔鯉爲泗水侯，孔伋爲沂水侯。今按本部降到神位名號，其泗水侯獨未得在從祀之列。蓋嘗考之論語，伯魚過庭，親承詩、禮之訓，先聖又嘗使爲周南、召南之學，其才雖曰不及顏淵，然亦不應盡出七十子之下。竊意當來禮官一時討論偶失編載，非固有所取舍升黜於其間也。熹愚欲望朝廷特賜詳酌，將泗水侯列於從祀，位在七十子之後，沂水侯之前，庶幾孔門之賢悉登祀典，有以仰稱崇寧聖詔褒崇之意。須至申聞者。

右謹具申尚書省，伏乞照會施行。謹狀。

編年 據年譜長編。

乞頒降禮書狀 淳熙七年三月

照會政和五禮新儀州郡元有給降印本，兵火以來，往往散失。目今州縣春秋釋奠、祈報社稷及祀風雨雷師，壇壝器服之度，升降跪起之節，無所據依，循習苟簡，而臣民之家冠昏喪祭，亦無頒降禮文可以遵守，無以仰稱國家欽崇祀典、防範民彝之意，須至申聞者。

右謹具申行在尚書禮部，欲乞特賜申明，檢會政和五禮新儀内州縣臣民合行禮制，鏤板行下諸路州軍。其壇壝器服制度，亦乞彩畫圖本，詳著大小高低、廣狹淺深尺寸行下，以憑遵守。

〔小貼子〕契勘王公以下冠昏喪祭之禮，鄂州見有印本，但恐其間或有謬誤。只乞行下取

其州縣祭禮及壇壝器服制度，即乞檢會，抄寫圖畫，別爲一本，鏤版行下。不須別行鏤版。索，精加校勘，印造給降，

編年 據年譜長編。

乞增修禮書狀 淳熙七年三月

伏見本軍昨準尚書禮部符下政和五禮祭祀儀式，竊嘗參考，其間頗有未詳備處。方欲具狀申審，今睹進奏官報，近者判部、侍講、侍郎奏請編類州縣臣民禮儀，鏤版頒降，已奉聖旨依奏。此誠化民善俗之本，天下幸甚。然熹竊慮其間未詳備處，將來奉行或致牴牾，今具如後，須至申聞者：

一、所準行下釋奠禮儀，熹按，其神位除正配三位外，有殿上兩廊從祀，未見位號名數。不委新儀全書有無具載？欲乞討論，并賜行下。然按祀令，二月、八月上丁釋奠文宣王〔一〕，以兗國公、鄒國公配，牲共用羊一，豕一，白幣三而已。今其所祀，乃近一百餘位，一羊一豕，無緣可以遍及。又州縣廟學窄狹，祭器獻官多不及數，往往不能一一分獻，其爲欺慢，莫甚於斯。竊欲更乞相度申明，許令州學免祭兩廊諸位，縣學并免殿上十位，庶幾事力相稱，儀物周備，可以盡其誠敬。

熹又按，行下釋奠行事儀引三獻官詣舒王神位前一節，係政和間所定，後來靖康年中，已有

指揮追貶王安石爵秩，停罷配享訖。今來上件儀注尚仍舊文，竊慮州縣奉行，反致疑惑，亦合申明改正，并乞台照。

一、所準行下釋奠陳設儀云：「設著尊四，犧尊四，爲二重，在殿之東南隅，北向西上。配位即於正位酌尊之東。著尊在前，皆有坫，加勺冪，爲酌尊。」著尊一實明水，爲上尊，餘實泛齊，初獻酌之。犧尊一實明水，爲上尊，餘實醴齊，亞、終獻酌之。熹按，後章行事儀云：「初獻酌犧尊之泛齊，亞、終獻酌象尊之醴齊。」與此不協，竊疑兩處必有一誤。尋考祭社稷、祀風雨雷師陳設儀，皆設犧尊、象尊爲酌尊，乃知正是此章之誤。其「著」字當作「犧」字，「犧」字當作「象」字。又既云北向，則是犧尊在北，象尊在南。所云在前，亦是重複倒置。欲乞申明改正行下。

一、所準行下釋奠祭祀陳設章，皆云「又設太尊二，山尊二，在神位前；太尊一實泛齊，山尊一實醴齊，各以一尊實明水。著尊二，犧尊二，象尊二，壺尊六，著尊一實盎齊，犧尊一實醍齊，象尊一實沈齊，各以一尊實明水。壺尊三實玄酒，三實三酒。明水、玄酒皆在上，五齊三酒皆以本處酒充。在殿下，皆北向西上，内祭社稷儀云南向東上。加冪。五齊三酒皆設而不酌。」熹按此太尊、山尊，乃是都共設於殿之前楹，壇之南面，其北更容獻官拜跪酌獻，非是逐位之前各設四尊。所謂北向者，恐是太尊二爲一行，其南山尊二爲一行，又次南階下著尊二爲一行，又次南犧尊二爲一行，又次南象尊二爲一行，又次南壺尊六爲三行。其南向者反此。所謂西上者，謂西實玄酒〔二〕，東實五齊、三酒。其東上者反此。未委是否？各乞討論，并賜行下。

一、所準行下州縣社稷、風雨雷師壇壝制度，熹按，其文有制度而無方位。尋考周禮左祖右社，則社稷壇合在城西。而唐開元禮祀風師於城東，祀雨師於城南，未委新儀全書有無同異？欲乞討論，并賜行下。

一、準禮，諸侯祭名山大川之在其境内者，又曰山川之神，水旱疫癘之災，於是乎禜之。蓋以其崇高深廣，能出雲氣、爲風雨，以滋養潤澤乎一方也。今州郡封域不減古之諸侯，而封内名山大川未有望祭之禮，其有祠廟，亦是民間所立，淫誣鄙野，非復古制。顧乃舍其崇高深廣、能出雲雨之實，而傴僂拜伏於土木偶人之前，以求其所謂滋養潤澤者，於義既無所當，又其牲牢器服一切循用流俗褻味燕器，於禮又無所稽。至於有山川而無祠廟者，其歲時祈禱，遂不復禜於山川，而反求諸異教淫祠之鬼，此則尤無義理，而習俗相承，莫知其謬。欲乞檢照五禮新儀，如已有祭山川禮，即與編類行下。如有遺闕，亦乞討論，依放祭社禮儀立定時日、壇場、方位制度，并賜行下。

一、伏睹累降赦書，歷代聖帝明王、忠臣烈士，有功及民者，并令致祭。謹按唐開元禮，享先代聖王，并用禮器法服。今即未委新儀全書有無歲時祠祭儀式？欲乞檢照討論，并賜行下。

右謹具申尚書禮部，如有可采，乞賜台旨施行，庶編類成書之後，免致疑惑，復有更改。謹狀。淳熙七年三月□日。

校記〔一〕丁：原作「下」，據宋浙本改。

〔二〕正訛「實」下添「明水」二字。

編年 據年譜長編。

乞加封陶桓公狀淳熙六年

據都昌縣税户董翌等狀：「伏睹本軍榜示詢訪先賢事迹，數中一項：晉侍中、太尉長沙陶桓公興建義旗，康復帝室，勤勞忠順，以没其身。謹按圖經，公始家鄱陽，後徙尋陽〔一〕，見有遺迹在本軍都昌縣界，及有廟貌在本軍城内及都昌縣，水旱禱禳，皆有感應。未委上件事迹是與不是詣實〔二〕。且翌等係都昌縣居民，縣境之南北的有陶桓公廟二所，其神聰明正直，陰有所助。廟貌建立年代深遠，逐時居民商旅祈禱，無不感應。及本縣管下并鄰近州縣等處，遇春夏闕雨，鄉民詣廟祈求，立有感應。兼本廟邊臨匯澤大江，水勢湍急，綱運舟船往來祈禱，風濤自然恬静，前後廟記聲述分明。今來翌等不敢没其實，陳乞詳酌，具録陶桓公靈應事迹，保明奏聞，乞加封號。」本軍所據前項狀述，尋行下都昌縣，勘會得董翌等所陳委是著實，保明申軍。及繳到江南劉義仲所撰公贊曰：「晉太尉陶桓公侃有大功於晉，讀其書，凛乎若見其唱義於武昌，破石頭，斬蘇峻，何其壯也！東坡蘇公嘗爲予言，桓公忠義之節横秋霜而貫白日，晉史書折翼事，豈有是乎？且就其説考之。桓公夢生八翼，登天門，九重登其八，閽者以杖擊之，墜地折左翼。及握强兵，居上流，潛有窺覦之志，輒思折翼之祥，自抑而止。心之所寓者爲志，神之所寓者爲夢，何自而知其然哉？至其書梅陶稱機神明鑒似魏武，忠順勤勞似孔明，豈不信哉？魏武起徒步，唱義兵，非若桓公威名之著也。以漢德之深，磐石之固，可折箠驅之，以息天下之禍，非若成帝削弱之資也。董卓之亂，未必大於蘇峻；魏武之功，未必過於桓公。保兖州以爲固，挾天子以爲資，其意安在？則其託興復以爲名，是乃窺漢之計也。名莫大乎忠孝，分莫大乎君臣。若魏武無忠臣之節，其所謂機神明鑒者，奸雄耳，桓公豈其比乎？始蘇峻之禍，賊將害其子者，馮鐵也。馮鐵奔石勒，爲戍將。石勒畏桓公之强，殺馮鐵。石勒自以爲一時豪傑，標置二劉之間，俯視曹孟德、司馬仲達而氣出其右，顧畏桓公如此。桓公没，距今幾千年，所在廟祀之，都昌縣南北廟爲尤盛。廟屢廢而屢興，由其有功德於斯民者厚也。」又繳到近世撫州布衣吴澥所著辯論曰：「卓哉，陶士行之獨立也！方魏晋之際，浮虚之俗摇蕩朝野，一時聞人達士、名卿才大夫莫不陷於末流，罔知攸濟。唯士行深疾時弊，慨然有作，蓄其剛毅沉厚之氣，秉其忠慤貞固之節，以與流俗争衡。雖動而見尤，所向白眼，一入仕途，荆棘萬狀，而方寸耿耿者，未始少渝，終日運百甓於竹頭木屑間，纖悉經營，雖一束之穟，劬勞不怠。當時名士觀之，宜若老農俗吏，無足比數。而士行確然爲之不屑也，卒能恢廓才猷，立功立事，以大庇斯民。當晋室横流之中，屹爲底柱。自非明智獨立，安能臻此哉？然覽庾亮之傳，應詹之書，則疑侃有跋扈之心；觀温嶠之舉，毛寶之謀，則見侃有顧望之迹。比至洒血成文，登天折翼，動可疑怪，豈有是事也哉！此蓋行高於人，衆必非之。加以蘇峻之誅，庾亮耻爲之屈，既士行溘先朝露，後嗣零落，而庾氏世總朝權，其志一逞，遂從而誣謗之耳。秉史筆者既有所畏，何所求而不得哉？是其旁見曲出，乃所以證成其罪也。然觀士行義旗既建，一麾東下，子喪不臨，直趨蔡洲，一時勤王之師蔑有先者。曁元勛克集，實主斯盟，而退然不有，旋師歸藩。既坐擁八州，據上流，己重泰山，晉輕鴻毛，移其宗社，曾不反掌，而臣節益修，未始擅作威福，以自封殖。朝廷憚其勛名，每加疑備，而士行泰然，曾不少芥胸次。及末年卧疾，封府庫而登舟，舉愆期而自代，視去方伯之重，不啻脱屣，其臣節終始夷險，無一可訾。窮晉二百年間，卓然獨出，不忠之迹，果安在哉？今捨其灼然之實而信其似是之虚，豈可謂善觀史也哉！嗟乎！自古欲誣人而不得者，必污以閨房之事，以其難明故也。今晉史欲誣士行，而乃以夢寐之祥，是其難明殆又甚於閨房哉。然不知士行而實懷異志，則如此夢寐之祥，正合自知耳，人安得而知之？晉史以此待士行，其智果不得與小兒等，其説固不待攻而自破云。」本軍今檢準乾道重修令，諸道釋神祠祈禱靈應，宜加官爵封號廟額者，州具實事狀申轉運司，本司驗實保明。及詳本縣繳到文字，所以發明公之心迹，尤爲明白，有補名教，理宜褒顯。而公位登三事，爵冠五等，當時所以品節尊名者，亦已稱其行事之實。今據士民陳請在前，欲乞朝廷詳酌，采其行事，特賜廟額，以表忠義，更不别賜爵號，須至申聞者。右謹具申轉運使衙，伏乞照會，詳酌前項所申事理，依條施行。伏候台旨。

校記　〔一〕尋：原作「潯」，據宋閩、浙本改。

〔二〕詣：原作「指」，據右引改。

編年　據年譜長編。

朱熹文集編年評注卷二十一

申請

與辛執劄子 淳熙八年十一月

熹昨具劄子奏聞，乞撥米三十萬石，添貼紹興府糴濟，未蒙指揮支撥。竊緣熹所乞上件米數内十四萬三千餘石係取到本府見行揹約間日糴濟數目，别作逐日糴濟會計合用之數，其餘亦係慮恐日後更有增添，約度大數。若不得此，則不唯使熹今日空手渡江，無以布宣聖主憂勞惻怛之意，實恐將來飢民日食半升之米，不足充虚接力，不能作業營生，必致殍死流離，上貽當宁宵旰之憂。或恐豐儲見在米數不多，難以盡行支撥，即乞且撥十四萬三千石，先付熹前去，將紹興府諸縣一例作逐日糴濟外，所乞餘數却乞紐計價錢，付熹前去，與知明州謝直閣同共措置，雇募海船，收糴廣米，接續糴濟。仍須管除賑濟外，所有賑糴到錢令項樁管，申取朝廷指揮，實爲利便。伏望鈞慈早賜敷奏，應副施行。

編年　文云若不得撥米三十萬石，則將空手渡江，知入見孝宗後尚未離京赴任。朱熹延和奏對在淳熙八年十一月二十六日，其第三劄即乞撥米三十萬石，則知此劄作在數日後，蓋催促將米下撥也。

乞禁止遏糴狀 淳熙八年十二月

契勘紹興府、婺、衢州諸縣皆有災傷，見行賑濟，合用米斛，已承降聖旨指揮，給降到本錢三十萬貫，接續濟糴。緣本路兩年薦遭水旱，無處收糴，熹今體訪得浙西州軍極有豐稔去處，與本路水路相通，最爲近便。已行差官雇船前去收糴，及印榜遣人散於浙西、福建、廣東沿海去處，招邀客販。竊慮逐州縣不體鄰路飢荒之急，故行遏糴，及客人應募般販亦恐逐州縣稅務循習邀阻〔一〕，妄作名色，輒收雜稅力勝、買醋錢之類，使本路飢民日就狼狽，虛被聖主撥賜賑恤之恩，事屬不便。今檢準淳熙令，諸穀遇災傷，官司不得禁止般販。及今年八月三日聖旨，勘會淳熙七年九月二十四日敕，兩浙、江東、湖北旱傷，全藉鄰路豐熟去處通放客米。訪聞得熟州郡輒將客販米斛邀阻禁遏，奉聖旨劄付諸路帥漕，各檢坐指揮條法，遍下州軍，不得遏糴。如敢違戾，仰逐司覺察按劾。及今年十一月二十九日，本路獲降指揮，本路州縣稅場邀阻，妄收稅錢力勝之類，將官吏并於見行條法各加一等坐罪。至來年六月，却依舊法。欲望朝廷特賜敷奏，早降指揮，將見行遏糴條法劄下兩浙轉運司，令行下浙西得熟州縣約束。其沿路稅務邀阻收錢，亦乞依本路已獲降前件指揮，加等坐罪施行，庶幾公私般運免致艱阻，一路飢民得霑實惠。

校記　〔一〕般：原作「船」，據宋閩、浙本改。

編年　朱熹浙東離任在淳熙九年九月，文云「及今年十一月二十九日」，故知作在八年十二月。

乞賑糶賑濟合行五事狀（淳熙八年十二月）

照對自到任以來，奉行賑糶賑濟，有合行五事，已具申朝廷，未蒙回降，開具下項：

一件：熹體訪得浙西州軍極有豐稔去處，與本路水路相通，最爲近便，已差官雇船前去收糴，及印榜招邀客販。竊慮逐州縣故行遏糴，亦恐州縣税務邀阻，妄作名色，輒收雜税力勝、買醋錢之類，乞敷奏，將見行遏糴條法劄下兩浙轉運司，行下浙西得熟州縣約束。其沿路税務邀阻，亦乞依本路已獲降指揮，加等坐罪施行。

一件：熹照得本路今歲災傷，唯紹興府最甚。雖蒙朝廷給降錢米濟糶，猶恐不能周給。其勸諭上户獻助，至今未有勸到數目。臣僚奏請，特依淳熙元年耿延年獲降指揮，減半推賞。熹詢訪得紹興府田土瘠薄，連年災傷，上户縱有儲蓄，所出之米及格者必少。乞敷奏，如諸路州縣人户願出米穀，自行般運前來紹興府賑糶賑濟，亦乞與依上項指揮，減半米數推賞。

一件：熹契勘人户身丁每年合納本色、折帛、丁鹽絹綿、丁錢等，係隨夏料送納，依準省限，合至五月十五日方行起催。熹訪聞紹興府諸縣日前年分多是正月初間便行催督，已是違法，況今旱荒，人民飢餓，不容官吏更有侵擾。熹除已行下紹興府及屬縣照應條法，不得促限追擾外，乞指揮更賜劄下紹興府，鈐束諸縣遵守條法，不得前期追擾施行。

一件：熹照對本司去年勸諭到上户陳之奇等出助米穀賑濟賑糶，合行該賞。本司先已保明，具申尚書省，未蒙朝廷推恩，以致人户無以激勸。已具録奏聞及申尚書省，乞速賜推恩施行。

一件：照對昨準省劄，熹所奏檢放不實之弊，奉聖旨令熹詢訪不實最多處，按劾施行。及續準省劄，紹興府山陰、會稽等縣人户余宗榮等狀訴檢放秋苗不盡不實，劄下檢實。熹詢訪見得本府諸縣檢放委有不實去處，但今田土多是已種二麥，及爲飢民采取鳧茈，鋤掘殆遍，無復禾稻根查，可見荒熟分數。乞且將下户等第住催，上户寬限勸諭。其新林一帶，亦許熹差官檢定潮泥不堪耕種之處，等第蠲閣租税。其衢、婺州及本路應有訴旱去處，亦乞依此委官約度分數，住催官物。乞敷奏，特降指揮施行。

右竊緣紹興府今年飢荒極重，官司雖已不住措置糶濟，竊緣錢米不多，終是不能均濟。惟有蠲除税租，禁止苛擾，激勸上户，最爲急務。譬如救焚拯溺，不可遲緩。於淳熙八年十二月十七日具申尚書省，乞照前狀，速賜指揮施行。其檢計户口，分撥錢米，見已一面施行。候見欠闕定數，别具供申，聽候指揮。

編年 文云「紹興府今年飢荒極重」，又云「於淳熙八年十二月十七日具申尚書省」，故知作在八年十二月末。

申審住催官物指揮狀淳熙八年十二月二十八日

近準尚書省劄子，勘會已降指揮，行下江、浙、兩淮旱傷州縣，將第四、第五等户今年以前應干殘欠苗税丁錢并特住催，及將官私債負權免理還。其流移人拖欠官物，亦與除豁，不得令保正長代納。并支撥米斛，通行賑濟。十二月四日，三省同奉聖旨，令江、浙、兩淮帥、漕、提舉司各行下所部州縣，將流移到人户遵依已降指揮多方存恤，毋致失所。來春如願歸業，趁時耕種，即量支錢米，給據津遣，與免夏料催科，仍仰所在州軍出榜曉諭。劄付本司，已即時恭禀，遍行下諸縣施行。今據紹興府新昌縣申，照對「今年以前」，未委是淳熙七年官物，或是淳熙八年二税？若是淳熙七年二税，并無合催之數。淳熙八年夏税丁錢，今年八月二十二日，已承本府帖行下備降指揮住催訖。所有今年秋苗，人户爲見前項指揮：旱傷州縣將第四、第五等下户今年應干殘欠苗税丁錢并特住催，因此不肯送納。有此疑惑，申乞行下。

右所據前項申述，本司照對所降指揮，所謂「今年以前應干殘欠苗税丁錢并特住催」，即未審「今年以前」是淳熙七年終，唯復淳熙八年見催之數？具申尚書省及户部，伏乞明降指揮行下，以憑遵守施行。

編年 題下原注年月日。

乞將衢州義倉米糶濟狀 淳熙九年

照對衢州管下屬縣去歲旱傷，細民闕食，本州申朝廷，乞從條於有管常平義倉米取撥五萬石出糶。去年十二月十六日劄下本司，照條施行。今據本州申，淳熙七年旱傷，檢放苗米四千餘石，遂取撥義倉米及勸諭上户出助，并措置和糴計五十餘萬石賑濟賑糶，幸無流徙。後爲去年秋旱，放苗米九千餘石，比之七年一倍以上。兼以鄰郡嚴、婺、徽、饒類皆旱歉，本州地居其中，大略相似，以此愈見艱得米穀，細民闕食。雖已勸諭及申尚書省，乞先撥義倉米五萬石，仍一面開場，每升量減作二十文足賑糶去後，但緣連遭荒旱，民情嗷嗷，艱得錢物，深山窮谷僻遠小民委是無錢糴米，乞行下，於所申取撥義倉米五萬石内支撥二萬石應副賑濟，免有流移餓殍之患。熹尋躬親巡歷到衢州點檢，見得本州逐縣委是災傷，多有飢民餓損，羸困闕食，合行救助賑濟。及檢準條令，義倉米專充賑給，不得它用，自合撥充賑濟。熹除已逐急一面下本州，於申請取撥出糶常平義倉米五萬石數内取撥一萬石，委官措置，收拾賑濟，其餘四萬石仍舊出糶外，欲望朝廷特賜劄下衢州施行。已具申尚書省，乞指揮施行。

編年 文云「躬親巡歷到衢州點檢」，朱熹巡歷衢州在淳熙九年正月下旬，其巡歷日月載於卷十六奏巡歷合奏聞陳乞事件狀、奏巡歷婺衢救荒事件狀，歷歷分明，故知此狀作於正月。二月則朱熹已結束巡歷，返回紹興矣。

救荒事宜畫一狀 淳熙九年

今有職事，已具狀奏聞外，再申尚書省。如熹所奏得蒙降出，欲乞敷奏，早賜施行。

一、爲紹興府救荒之備不盡三月，竊恐麥熟之前、麥盡之後尚須接濟，欲乞盡推去年賞典，痛減度牒米數，再撥官會三十萬貫，庶幾賑給之餘，更可作將來儲備。又乞照應見行移用條法，支撥諸州常平義倉米斛，應副紹興府麥前急闕。

一、爲伏睹近降指揮，將臨安、餘杭兩縣四等、五等人户淳熙八年秋苗夏税依徽、饒州例并與住催，欲乞出自聖意，特降指揮，將紹興府山陰、會稽、嵊縣、諸暨、蕭山五縣四等、五等户夏税秋苗丁錢并與住催。其餘諸州縣，逐都檢放旱傷及五分以上者，五等户亦與住催，七分以上者，并四等户并與住催，候秋成日并行帶納。

編年 文云住催淳熙八年秋苗夏税，又云應副麥熟前急闕，可知作於淳熙九年春夏間。麥熟在夏五月。

論督責税賦狀 淳熙九年三月三日

承尚書省劄子，勘會江、浙、兩淮州郡去歲委實旱傷去處，其合納苗税，已降指揮檢放倚閣。近來州郡以寬恤爲名，將不係檢放倚閣之數故作稽滯，不行起發，劄下本司，將管下州郡年額合起綱運除檢放倚閣數外，嚴行督責，須管日下起發。如仍前違慢，仰開具守倅令佐及當職官職位姓名申尚書省。所準前項省劄，熹恭惟國家張官置吏，本以爲民，所以平時但聞朝廷戒敕州郡奉行寬恤，惟恐有所不至。至於「督責」二字，考之前史，則韓非、李斯慘刻無恩、詿誤人主之術，非仁人之所忍言也。今來旱傷，檢放倚閣，民間固已蒙被寬恩，然其不係放閣之數，亦止合且令勸諭，寬限拘催，難以嚴行督責。所有前項朝旨，若便推行，竊慮有傷治體。熹雖愚陋，委實不敢奉行。

編年 題下原注年月日，年號據前後文及所言旱傷事補。

論臧否所部守臣狀 淳熙九年三月三日

承尚書省劄子，勘會已降指揮，令諸路帥臣監司歲終各具所部守臣臧否聞奏。所有淳熙八年分，未見奏到。正月十三日，三省同奉聖旨，令遵依已降指揮，日下聞奏，劄付本司。所準省劄，令本司具淳熙八年分所部守臣臧否奏聞事。照對熹去年十二月六日到任，即不見得本路諸州守臣去歲臧否。兼近因按劾衢州守臣李嶧，不蒙朝廷施行，熹委是材輕德薄，不足取信，豈復更敢臧否人物？伏乞照會，免行考察。

編年 題下原注「三月三日」，蓋與上篇同日所作。

乞給借稻種狀 淳熙九年五月五日

本司準淳熙九年正月二十日尚書省劄子，勘會春耕是時，深慮江、浙、兩淮州縣去歲旱傷之後，貧民下户并流移歸業之人艱得稻種，却致妨廢農務，理宜措置。正月十九日，三省同奉聖旨，令逐路轉運提舉司疾速行下去歲旱傷州縣，多方措置稻種，斟量給借，務令及時布種。候豐熟，却行拘還。具已借支數目聞奏，仍多出文榜曉諭。本司照對紹興府去歲旱傷爲甚，衢、婺州爲次，遂那撥錢，發下紹興府，及下衢、婺兩州諸縣，恭禀聖旨指揮，措置給借，并鏤版曉諭人户通知。先據婺州申，本州鄉俗體例，并是田主之家給借。今措置欲依鄉俗體例，各請田主每一石地借與租户種穀三升，應副及時布種，候收成日帶還，不得因而收息。如有少欠，官司專與催理，不同尋常債負。已下諸縣從此施行。及紹興府申，支撥官錢，委官同與縣官措置給借，五縣共給借過第五等下户并流移歸業人五萬七千八百户，計錢一萬七十四貫五十四文省。并衢州申，管下屬縣那借官錢五百貫文，及勸諭上户將收到稻種共二萬一千六百二十二石四斗二升二合，斟量分借鄉民布種去訖。

編年 文云準淳熙九年正月劄子，題下原注「五月五日」，據以繫年。

發蝗蟲赴尚書省狀 淳熙九年七月初

本司近訪聞得紹興府累有飛蝗入境，即於今月初五日差人前去探問。據兵士孫勝報，今到會稽縣白塔寺相對東山下，有蝗蟲數多，收拾得大者一籃，小者一袋，其地頭村人皆稱蝗蟲遇夜食稻。熹即今前去看視，一面監督官吏打撲焚瘞，尋别具奏聞次〔一〕，須至申聞者。

右其蝗蟲大小兩色，各用紫袋盛貯，隨狀見到。謹具申尚書省，伏乞敷奏施行。

校記 〔一〕次：原缺，據宋閩、浙本補。

編年 題下原注「七月」。朱熹淳熙八年十二月至浙東任，九年九月離任，故知作在九年七月。據卷十七御筆回奏狀、卷十八奏巡歷至台州奉行事件狀，可確知朱熹此次出巡在十五日。文云「即今前去看視」，參以卷十七奏蝗蟲傷稼狀，知此行乃專至其地看視，非十五日巡歷之行，故當作在月初。

乞支降錢物狀 淳熙九年七月十五日

熹今起發前去諸州，便要錢物分俵逐州守臣，責令運糴，以備糶濟。所有前狀所乞錢物，欲乞鈞慈早賜敷奏，盡數支降，庶熹所到，便得揭榜曉諭，宣布德意，安慰飢民，寬其流離餓殍之憂，息其無聊妄作之念，實繫利害。如是將來見得會計實數，所乞錢少，更當別具申奏，亦望廟堂力賜主張，疾速應副，千萬幸甚！

編年 文云「熹今起發前去諸州」，可知爲第二次巡歷出發之日，據以繫年。參上篇所考。

乞許令佐自陳岳廟狀 淳熙九年夏秋間

契勘今來諸州連歲災傷，將來艱食，又非去年之比，全藉知縣佐官協力措置，以救民命。竊慮其間或有老病庸懦、不能任事之人，欲加按劾，則無顯過；欲置不問，則爲民害。欲望朝廷敷奏，特降指揮，如有似此之人，許令自陳岳廟差遣一次。仍嚴責已差下人，除程半月，疾速赴上，不得少有違滯。其未到間，即乞不以縣之大小，委自本司差人權攝，許於得替待闕、不應差出人内選差。俟荒政結局，即行住罷，庶幾數月之間逐縣得人，不至誤事。須至供申者。

右謹具申尚書省，伏候指揮。

編年 文云今來諸州災傷非去年之比，知作在淳熙九年。九年之旱乃夏旱。卷十七奏衢州官吏擅支常平義倉米狀作在五月，言「今來旱勢已成」，故知作在夏秋間。

申知江山縣王執中不職狀 淳熙九年七月七日

熹今月初七日承進奏官傳到報狀云云，浙東久闕雨澤，近自衢州江山來者〔一〕，本縣被旱最甚，苗已就槁，民尤乏食。鄰邑有米可糴，禁遏不令出境，江山之民爲飢所迫，已有奪糧之意。似聞衢、信間更有如此等處。若不預行措置，竊恐小民無知，易致生事。乞令有司檢舉閉糴指揮，申嚴行下，已奉聖旨依。熹照對昨巡歷至江山縣，見得知縣宣教郎王執中庸謬山野，不堪治劇。及據士民詞訴稱其多將不應禁人非法收禁，人數極多，盡是公吏畫策，務要科罰錢物。後來疫氣大作，入者輒病，反以此勢嚇脅平民，科罰取錢等事。熹以所論不係本司職事，兼本官只是庸謬，别無顯然贓私罪犯，遂只行下本縣禁約。去外，熹近又聞衢州諸縣新穀未登，街市全無客販，及上户閉糴，絶少米斛出糶。數内江山一縣尤甚，遂即行下本縣，將去年已撥下官米及上户未糴米斛接續出糶。如有貧病無錢收糴之人，即行賑濟及煮粥存養。其知縣王執中一向坐視，并無一字報應。却據衢州繳到諸縣所申，米價每升皆四十文上下，其江山縣狀内獨稱大禾米每省升止糶一十八文，小禾米一十七文足，比之諸縣米價大段遼遠，與所訪聞事體不同。方於六月二十九日行下，追本州縣人吏赴司根究。今者伏睹前件臣僚所奏本縣飢民奪糧事理，上勤聖慮，特降指揮，而熹備使一路，曾不聞知，其本州縣全無申報，在熹無所逃罪，其知縣王執中委是弛慢不職之甚，難以容令在任。除已行下衢州，先將本官對移閑慢職事外，須至供申。

右謹具申尚書省，伏乞敷奏，將王執中特賜罷黜。所有本司失察之罪，亦乞并賜責罰施行。并牒衢州，請詳此，先將本官對移閑慢職事，聽候朝廷指揮。

校記　〔一〕此句疑有脱誤。

編年　文云「昨巡歷至江山縣」，指淳熙九年正月出巡。「方於六月二十九日行下」，「今月初七日」承報狀，知作在七月七日。

申再有措置災傷事件狀淳熙九年八月

熹今再有措置本路災傷事件，已具奏聞，乞賜施行外，欲望朝廷速賜行下，庶幾一路飢民早被聖恩，不致狼狽。須至供申，今開具下項：

一、奏乞特降睿旨，支撥一百七十萬貫，湊前所給，通作二百萬貫，令熹及早分給諸州，廣行運糴。俟見糴給户口實數，却行計度支用不盡之數，先次拘收回納。仍乞於内紐計米數，量給空名告身五七十道，并度牒官會，湊成二百萬貫，付熹收掌。如有獻助及格之人，令熹與安撫使書填給付。

一、奏乞特降睿旨，於今來所降減半指揮内，删去「將來檢踏，見得災傷最重處，方得保明取旨」之文，只依乾道七年耿延年所請已得指揮施行。

一、奏乞特降睿旨，將本路災傷縣分人户夏税權行住催，却俟檢放秋米分數定日，却將夏税亦依分數蠲減，一并住催。

一、奏乞特降睿旨，許熹前項所請百七十萬貫，而令於内量撥什三，候諸州通判申到合興修水利去處，即與審實應副。其合糴給人有應募者，即令繳納糴給由曆，就雇入役，俟畢工日，糴給如舊。

一、奏乞特降睿旨，許令被災州縣人户苗米五斗以下，不候檢踏，先次蠲放，令轉運司疾速施行。

一、奏乞特降睿旨，申嚴舊請，仍詔有司，諸被災傷州縣人户，欲興販物貨往外州府收糴米穀，就闕米處出糶者，各經所在或縣或州或監司自陳所帶貨物，判執前去。其糶米訖，所買回貨，亦各經所在自陳，判執回歸。往回所過，并不得輒收分文税錢。違者并依税米穀法，必行無赦。徑下轉運司，約束施行。

右謹具申尚書省，伏候指揮。

編年 此狀與卷十八再乞給降錢物及減放住催水利等狀爲言同一事，同時所作，特一上皇帝，一上尚書省爾。參彼文繫年。

論差役利害狀 淳熙九年

竊見差役一事，利害非輕。本司日逐受理詞訟，多是人户陳訴上項事理。雖不敢不爲究心理斷，然其間尚有於法有礙，難以施行者。若不申明，乞賜指揮，必是久困良民，難革舊弊。今輒開具下項，須至申聞者：

一、舊制，都副保正、大小保長皆選有心力材勇之人，所以聯比居民，出長入治，實古者黨正族師、閭胥比長之任，亦不輕矣。至於管幹鄉村盜賊、鬥毆、煙火、橋道公事，則耆長主之；催納税租，則户長主之，皆是募人充應，各有雇錢。而保正有願兼代耆長者，大保長有願兼户長者，則聽之。其不願者，不得輒差。此皆祖宗成法，至今爲不刊之典。然而州縣奉行往往違戾，至如江、浙等處，則遂直以保正承引，保長催税，於是承引者有雇募奔走之勞，催税者有比訊陪備之苦，破家蕩産，幾不聊生。朝廷蓋亦深知其弊，故所以爲之關防措置，無所不備。然而不得其本，民亦終不被其澤。熹嘗原其所以，蓋緣朝廷曾有指揮，罷支耆、户長雇錢，以充經總制窠名起發，遂致州縣無錢可雇耆長户、長，而此等重役遂一切歸於保正、保長無禄之人。至其猶存二長舊額去處，又皆無賴游手之徒，既無雇錢，不復可繩以法度，遂致乞覓搔擾，反爲民害。熹竊以爲莫若將罷支耆、户長雇錢一項并免起發，撥還州縣，依舊募税户充耆長、户長，罷支耆、户長錢，紹興府共管若干貫，以此計之，諸路所入錢數不多，不足顧惜。則凡此衆弊，不革自去，所以關防措置之術，皆不必講，而户無大小，家無貧富，咸得以安居樂業，爲太平之民。伏乞朝廷詳酌施行。

一、上項復雇耆、户長，最爲良法。若以吝惜小費，未能遽行，而欲少寬中下等户充大保長催科陪備之苦，則亦有一説焉。蓋論物力之等第，則通選二十五家内物力高者一人爲大保長，一年一替；通選二百五十家内物力最高者二人爲都副保正，二年一替。此見行法也。論力役之輕重，則爲保正者既皆上户，而承受引判、追呼公事，陪費實輕。大保長既是中下之户，而一年之内輪當催税者四人，比訊陪備，其費不貲，充應之家無不破産。其都内上户，是年之内偶不當充保長者，固皆拱手端坐，以視此曹之狼狽，而當此役者，其間狡猾奸巧百端，避先趨後，舍重取輕，顛倒錯亂，神出鬼没，所以重爲貧民之害者，不可勝究。州縣間有知其弊者，則遂陰破此法，以便其民，或以物力最高、合充保正之户通入保長役脚，或不專取見役十大保長輪差催税，而别通差上中之户爲催頭。此皆足以粗救一時一方之急，而頑民得以援引條法，把持論訴，監司難以移文行下，衝改成法，大率歸於豪猾得志，貧弱受弊而已。今若朝廷不惜小費，將罷支耆、户長錢撥還州縣，依舊雇人，則更不待措置關防，而此數十年深錮牢結之弊，一旦豁然冰銷凍釋。如其不然，則莫若將大保長於物力最高人内通差，而删去大保長願兼户長一條，今人户畏避催税，如畏陷阱，豈有願兼户長之理？人户既不願兼，而官司又不可無人催税，則只是抑勒輒差，雖有徒二年斷罪之法，何嘗施用？只令十大保長各催本保人户官物，則充役者物力既高，而所催官物又少，自然易得足辦。其狹都十大保長内，有物力低小之家，即令諸縣每年夏税起催前一月，逐都一并輪差物力最高人户四名充户長。内尤高者催夏料，次高者催秋料，即不問已未見充都副保正、大保長及歇役久近，亦不理爲保正保長役次，則庶幾諸弊稍息，而中下之户得以少安矣。伏乞朝廷詳酌施行。

一、伏睹淳熙七年六月十七日聖旨指揮，臣僚劄子奏：「夫差役以都而不以鄉，此前人成法也。何法行既久，人僞滋起，於是有徙都之弊。謂如一鄉有三都，其第一、第二都富者多而貧者少，則所差之役常及富者，而貧者得以安業；若第三都貧者多，富者少，則富者慮役及己，巧生計較，預圖遷徙於鄰都以避，謂富者頗多，迭相循環，而充役之時少也。是以富少貧多之都，每遇點差，殊乏其人，纔及數千之産，亦使之充役。逮夫著役之後，力薄費重，非唯生計蕩盡，至於鬻妻賣子，殊可憐憫。乞將差役之法不限以都，舉一鄉而通差之，庶幾役常在上户而不及於貧民。」劄本司從長相度，具本處可行利便申。熹竊詳通鄉差募，則鄉分闊處私雇家丁，隔都應役，亦於富民有所不便。今欲適中裁處，莫若立法，諸物力産錢合充保正、保長之户，無故不得移居出都保界。其有須至出界者，經官自陳户役，并於元處收排，方聽遷徙。違者杖八十，勒還本都居住。若自富鄉役次疏處移入狹鄉役次密處者〔一〕，即聽，并移户役入所居都分。如此則亦足以稍均力役，少革奸弊。其或都狹民貧，役次頻數，選差不行者，即許相度，或全都附入鄰都，或將一都分作數分，附入鄰都。其及五大保者，依法别置都保正一人，通於都内選差，則窮鄉細民亦可粗免差役頻并之苦。伏乞朝廷詳酌施行。

右謹具申尚書省，伏乞鈞慈特賜詳覽，或與立限，委官看詳。如有可采，即乞敷奏，修立逐項條貫，頒降遵守施行。

校記 〔一〕下「鄉」字：原作「都」，據宋閩、浙本改。

編年 文云「本司」，又云「紹興府共管若干貫」，又云伏睹淳熙七年聖旨，可知作在浙東任上。卷十八奏鹽酒課及差役利害狀云：「臣於今年□月内曾具差役利害事申尚書省」，即指此狀。彼狀作於淳熙九年八月，則此篇當在其前不久，故知作在九年。

經界申諸司狀 紹熙元年六月

具位：伏睹本州準轉運衙及準提刑、提舉衙牒，備準省劄，臣僚劄子奏：「聞經界之政公私俱利，閩、廣接壤，廣中已行經界，而閩中未行。頃者，朝廷俾閩路漕臣措置汀州經界，續恐有擾而權行住罷。夫經界雖難遽行，然因其鄉俗而行之以漸，則無勞擾之患。蓋閩郡多山田，素無畝角可計，鄉例率計種子，或斗或升，每一斗種大率繫産錢十餘文。若使民户自以本户産錢均配其田，自爲二簿，一輸之官，一爲户簿，如江、浙之例，每段畫圖而旁寫四至，配以産錢若干，其簿之首總計本户産錢，以合官簿之數。其隱瞞不載者，甘没於官，許人告首請佃。間有郡例元産一錢約抵它郡數文者，使每一錢以十分爲率而折之，則山田小段并可均配。行之二三年，畝産漸實，然後使保正長自畫圖，爲『甲』、『乙』、『壬』、『癸』等字號而總計之，則民心自安，不差官吏、不置司局而民亦無擾矣。」二月十九日〔一〕，三省同奉聖旨，令福建路監司相度，條具聞奏。牒請契勘本州曾未舉行經界，如或已行，即未委先來係作如何施行，目今見行遵守，有無所行未盡。若未行經界，亦合作何措置，逐一條具經久利便因依狀申者。本州除已一面詢訪到龍谿知縣翁承議條具事狀，備録供申外，熹竊自念久處田間，嘗試縣吏，其於此事，尤所習知。正以本州向來不曾推行經界，田税不均，貧弱受弊，方欲少俟數月之間，條上五事，首以爲請。今睹上項指揮，適與鄙意所欲言者不約而合。以此更加詢訪，見得經界行否之利害一，經界詳略之利害一，又得其所必可行之術三，又得其將不得行之慮一，不敢隱默，謹具如後：

一、版籍不正，田税不均，雖若小事，然其實最爲公私莫大之害。蓋貧者無業而有税，則私家有輸納欠負、追呼監繫之苦；富者有業而無税，則公家有隱瞞失陷、歲計不足之患。及其久也，訴理紛紜，追對留滯，官吏困於稽考，人户疲於應對，而奸欺百出，率不可均，則公私貧富俱受其弊。歲引月長，有增無減。且以熹身之所歷者言之。熹紹興二十三四年間，備員泉州同安主簿，是時已見本州不曾經界，縣道催理税物不登，鄉司例以逃絶爲詞，官司便謂不可推究。徐考其實，則人户雖已逃亡，而其田土只在本處，但或爲富家巨室先已并吞，或爲鄰至宗親後來占據，陰結鄉吏，隱而不言耳。固嘗畫策以請於縣，一時均割，雖亦頗多，然本原未正，弊隨日生，終不能有以爲久遠之利。況自彼時至今，又已三四十年。兹者南來，每見縣道官員諳曉民事者，無不以此爲病。至於田里之民，則其苦此而欲得經界，又不待言而可見。此經界行否之利害然也。然則今日議臣之請，亦可謂深知所以救時弊之急矣。但其所言閩、廣之事，或非親見，容有未實。蓋紹興年中，福建一路實但泉、漳、汀州不曾經界，然亦非全然不行也。是其打量攢造，蓋已什八九成，而提刑孫汝翼以爲山賊未平，民散田荒，慮有不實，亟奏罷之，本非此三州者偏有不可經界之勢也。且其至今，歲月益久，流亡復業，田土開墾，又已非復昔時矣。使昔時真不可行，豈至今日終不可行而遂已乎？伏乞台察。

一、經界利害如前所陳，則其不可不行審矣。然行之詳略，又有利害者。蓋版籍之所以不正，田税之所以不均，政緣教化未明，風俗薄惡，人懷私意，不能自克，是以因循積弊，以至於此。雖有教化，亦未可以卒然變也。況今吏治，何暇及此？而遽欲版圖之正、田税之均，是豈不差官、不置局、不打量步畝、不攢造圖帳之所能辦乎？所以紹興年中，雖以秦太師之權力、李侍郎之心計，然猶不憚甚勞大費，以至淹歷歲時之久，而後能有成也。若如議者之言，即是熙寧手實之法〔二〕，其初雖若簡易，其終必將大起告訐之風，徒傷淳厚之俗，而卒不足以得人户田産有無多寡之實，又反不如偷安度日，都不作爲之爲愈也。抑紹興經界立法甚嚴，人所創見，莫不震悚，然而奸猾之民猶有故犯之者。況於今日，以此苟簡之法施之玩習之民，而欲妄意簿正而税平，豈可得哉？此經界詳略之利害者然也。伏乞台察。

一、經界之行否詳略，其利害已悉具於前矣。今欲行之，則紹興已行之法誠不可易，但當時所行亦有一二未盡善者。如不擇諸道監司以委之，而至於專遣使命；不擇州縣官吏，而泛委令佐；至其中半，又差官覆實以紛更之，此則今日之所不可不革者也。蓋當是時，秦氏用事，諸路監司皆其親黨，固未嘗擇。至於州縣官吏，又以逐州逐縣無不奉行，用人至多而不暇擇，所以其勢不得不至於此。今幸朝廷清明，而本路諸司皆一時之選，欲行經界之地，又不過三州十有七縣，其用官吏，一縣兩人，則亦不過三十四人而已。若蒙朝廷先令監司一員專主其事，使之擇三郡守，汰其昏謬疲軟、力不任事如熹等者，而於一路之中求此三四十人，應亦不至絶不可得。蓋縣令不能則擇於其佐，佐又不能則擇於它官，一州不足則取於一路，見任不足則取於得替待闕之中，皆委守臣踏逐，申差權領縣事，要以得其人而後已。既得其人，則使之審思熟慮於其始，而委任責成於其終，事畢之後，量加旌賞，以報其勤。其權領者，則又稍優其賞而歸之故官，則大事克濟，而於其不能者亦無大害。此則差官置局必可行之説也。

至於打量一事，則其勢不得不少勞民力。但一縣之地，大者分爲數百千保，小者分爲數十百保，使之分頭散出，各自打量，則亦不至多費時月。而紹興遺法，亦必有能識之者，此打量步畝必可行之説也。

至於圖帳之法，始於一保，大則山川道路，小則人户田宅，必要東西相連，南北相照，以至頃畝之闊狹，水土之高低，亦須當衆共定，各得其實。其十保合爲一都，則其圖帳但取山水之連接與逐保之大界總數而已，不必更開人户田宅之闊狹高下也。其諸都合爲一縣，則其圖帳亦如保之於都而已，不必更爲諸保之别也。如此則其圖帳之費亦當少減。然猶竊慮今日民力困弊，又非紹興年中之比，此費雖微，亦恐難以陪備。若蒙朝廷矜憐三郡之民，不忍使之更有煩費，則莫若令役户只作草圖草帳，而官爲買紙雇工，以造正圖正帳，專委守倅及所差官會計買紙雇工之費實用若干錢物，具申漕憲兩司，許就本州所管兩司上供錢内截撥應副，如此則大利可成而民亦不至於甚病。此則攢造圖帳必可行之説也。

抑此皆其法也，若夫法外之意，又在官吏用心如何。熹頃在同安，嘗見惠安縣丞鄭昭叔自言知仙游縣日，適值朝廷推行經界，初得户部行下事目，讀之茫然不曉所謂。而寮佐吏史亟請施行，因竊自念己猶未曉，何以使人？乃閉閤謝事，覃思旬日，然後通曉，心口反復，更相詰難，胸中洞然，無復疑滯，然後集諸同官而告語之，使其有疑即以相問。如是數日，而同官亦無不曉者。同官既曉，然後定差保正、保長，闔縣通差，不以煙爨遠近爲拘，不以歇役新舊爲限，但取從上丁産高人，分爲二等，大者以備都副保正，小者以備大保長，各以紙籤書其姓名，分置兩貼。又於二貼各分四類，或物力高强，或人丁衆盛，或才智足任謀畫，或筋力可備奔走，各以其類，置於一貼。凡選一都一保，則必兼取此四色人，使之同事，令其各出所長，以相協濟，於是人皆悦從，相率就事。差役既定，然後以户部事目印本給之，又爲説其大意，使之退而講究。期以一日，悉集縣廷，凡有所疑，恣其請問，悉以己意詳爲解説。力疲氣乏，則請同官更番應之。如是五六日，凡爲保正、長者，亦無不悉曉其法，然後散遣打量，不過兩月，它邑差役未定，而仙游打量見次第矣。熹嘗竊記其言，以爲若使被差之官人人如鄭君之用心，則雖歲歲方田，年年經界，亦無害於民者。今者幸遇朝廷復有推行此法之意，敢録其説，并以陳獻。如蒙采擇，上之朝省，下之屬部，不獨使被差官吏有所取法，亦庶幾鄭君之心因以暴白於後世。鄭，福州寧德人，其後致仕家居，老壽康寧，九十六歲而終，亦其誠心愛民之報也。并乞台察。

一、經界行否詳略之利害與其必可行之術，熹之言亦詳矣。而復有所謂不得行之慮者，何也？蓋此法之行，貧民下户雖所深喜，而豪民猾吏皆所不樂。喜之者多單弱困苦無能之人，故雖有誠懇，而不能以言自達；不樂者皆財力辨智有餘之人〔三〕，故其所懷雖實私意，而善爲説詞以惑群聽。甚者至以盜賊爲詞，恐脅上下，務以必濟其私。而賢士大夫之喜安静、厭紛擾者，又或不能深察其情而望風沮怯，例爲不可行之説以助其勢。殊不知泉、漳之民本自良善，不能爲寇，唯汀州及漳之龍巖素號多盜。然前後數起，如沈師、姜大老官、黄三之徒，皆非爲經界而起也。乃以不曾經界、有税無業之民狼狽失所者衆而輕於從亂耳。若其富家巨室，業多税少之人，則雖有不樂受産之心，而豈肯以此之故，棄其子孫久遠之業，以爲族滅無餘之計也哉？其不足慮亦明矣。但此等事情曲折微細，亦須身履目見，乃有以信其必然。今朝廷之尊、臺府之重，其去田里有税無業之民蓋已遠矣。而又有此浮僞奸險之説以蕩摇乎其間，則亦何由信此利害之實而必行之哉！此熹所以雖獨知之，而不能不以或不得行爲慮也。伏乞台察。

右謹件如前。熹之愚意又竊以謂此事今在諸司詳爲開陳，朝廷力賜主張，首以定計爲先，次以擇人爲急，然後博采衆論，取其所長，則雖事之至難者，亦將無所不濟。如其不然，而使復爲懷奸挾詐、因循苟簡之論所勝，則是使三州之民日就窮困，永無蘇息之望矣，可不痛哉！熹衰朽之餘，誤叨郡寄，不勝喜懼交戰之極。謹具狀申安撫、轉運、提刑、提舉常平使司，伏候台旨。

〔小貼子〕此狀所陳，乃熹平日所聞不經界之通患。今到任稍久，續行體訪，又見本州稅籍不正，田畝荒蕪，官司失陷，正稅數目浩瀚〔四〕，無以供解歲計，遂至巧作名色，科敷責罰，以救目前。官既不法，吏又爲奸，是以貧弱之民受害愈甚。州郡非不深知其弊，然勢之所驅，有不容已，雖有賢者，不過包羞忍恥，拱手竊嘆而已。若不推行經界，決是無由革去此病之根。此於通行利害之中，又是一郡要切利害，并乞台照。

校記　〔一〕宋浙本「月」下有「二」字。

〔二〕底本原注：「手疑當作首，去聲。」

〔三〕辨：原作「辦」，據宋閩、浙本改。

〔四〕正：原作「王」，據正訛改。

編年　據年譜長編。

再申諸司狀 紹熙元年七月

具位：伏見本州逐日承準使牒，備坐省劄内聖旨指揮，詢究經界利害。契勘熹到官之初，即被上件指揮，已具已見畫一供申。本州又已取到知龍谿翁朝奉等官議狀，備申去訖。近準泉州關報，亦已條具申聞。竊意事之利病雖未易以一言盡，然其可否之決，當亦可見於此矣。而至今累月，未有定論。使司排日移文，尚且更令詢究，此雖高明謙遜，博盡下情，謹之重之，不爲輕舉，然此一事自初降旨，今幾半歲，若欲決意舉行，則須及此七八月間畫降指揮，檢照紹興年間户部所行事目，雕印行下，令逐州縣前期講究，隨宜損益，舉辟官吏，取撥錢物，差下保正副長，要使秋成之後即便打量，東作之前次第了畢，庶幾乘此農隙，可以集事。今來已是夏末秋初，而都未見有此消息，文字往來，泛然而已。正使幸而不至寢罷，亦須明年秋冬方得下手。是則不惟虚費時月，使三州疲悴之民更受一年之苦，而上下官吏必將妄疑諸司無意主張，不肯著力詢究。兼是事未施行，利害曲折亦非常情所能預料，雖欲詢究，其道無由，徒爾紛紜，不惟無益，而適所以漏洩幾事，動摇衆心，使營私避事之人得以陰笑竊議於其後，非計之得也。且以紹興之役觀之，當時舉東南數百州之地，同日施行，只是李侍郎一人建白於下，秦太師一人主張於上，斷然行之，未嘗如此遲疑顧慮，而中外響應，無有一夫以爲厲己而敢萌叛亂之意。及其訖事，則版圖稍正，税役稍均，民到于今賴之，不可誣也。故熹竊謂此事雖或不免勞人動衆，然其勢不得不行，而其理亦決然可行。其爲利害，不在乎它，但在斷與不斷、行與不行之間爾。若蒙諸司力爲申明，朝廷早賜行下，使官吏曉然知是斷然必行之令，已終不得不任其責，則其利病之曲折，自當有能次第推尋、接續申請者。今皆不必預以爲憂，使謀空多而事不集，以失三州窮民之望也。又況本州今年早稻稍熟，民力稍寬，可爲之時，似不可失。須至申聞者。

右謹具再申安撫、轉運、提刑、提舉常平使衙，伏乞台旨施行。

編年 此承上篇而作，觀所言事理甚明。文云「須及此七八月間畫降指揮」，又云「今來已是夏末秋初」，可知作在紹熙元年七月。翌年四月則朱熹已離任矣。

回申轉運司乞候冬季打量狀 紹熙二年正月中旬

具位：本州今月初九日準轉運衙牒，録白到尚書省十二月二日劄子，福建轉運、提刑、提舉司奏，相度到漳、泉、汀州經界，十一月二十六日降指揮，令福建轉運司照相度到事理，先將漳州措置施行。仍每縣各於所部内選差有材力、能幹官一員，同知縣公共措置，務要盡得其實，毋致引惹詞訴。及委陳某專一提督，候打量開具已行事件及打量圖本申尚書省，先具知稟狀申。須至申聞者。

右準指揮，熹照對本州自去年二月準使司牒，條具經界利便，於六月恭奉聖旨，令熹相度聞奏，當已節次具狀申奏去訖。仍累行下屬縣，曉諭士民，各據陳述利便，紐算方法。仍會到福州興化軍諸縣紹興十八年舉行經界案祖，逐項斟酌，取其簡便易行、將來不至煩擾者，分明曉諭，并將田形算法鏤版行下四縣，先令人吏習學，指教民户，務要人人通曉。其它節目，亦皆稍有倫緒。只是差保正副長分畫都界、置立土封之類，以未得旨，不敢預先行下。今來伏準使牒，備坐省劄恭奉聖旨指揮，先將本州措置施行。熹聞命驚喜，即欲奉行，既而思之，方量之役，全在田野，其所使令保正副長、唤集照應書押人户，又是産税耕農之家，所以紹興十八年間舉行此法，必在十月以後，正以不欲奪其農時，務欲公私兩便。而熹自去年累次申請，亦欲秋成之後即便打量，東作之前次第了畢。其後又因具奏待罪，明言年歲向晚，播穀有期，若便施行，亦恐不免有緩不及事之責。蓋區區之愚慮，亦未嘗不在於此也。目今雖然方是正月中旬，然閩南地煖，管下田土纔及冬春之交，民間已是耕犂，若於此時施行，不惟有妨農務，而春月雨水常多，原野泥濘，恐亦難得應期了畢。曠日持久，勞費倍多，將使無知之民不見朝廷之良法美意，而反以爲厲己。豪家大姓隱瞞租税之人本所不悦，又得以此藉口，肆爲扇惑動摇之計。凡此曲折，實有未便，以是反有遲疑，未敢遽然下手。

然又竊惟念此事之行雖非熹所建白，然而節次條陳利害，則熹實任其可行，致蒙諸司特賜保明，朝廷俯從所請。至於異議紛紜，久而不决，又蒙聖明果斷，特許行之一州。德意所加，至深至厚，豈可不亟奉行，更有前却？則又且欲及此農務尚寬之際，先次差下保正副長，便令打量城市山坂，至春深而權罷，俟秋晚而復行。既又深念如此施行，不惟未有深益，且是既行復止，中間半歲，機緘泄露，人情玩習，其弊且將無所不有。是以不敢復顧避事之嫌，而極論其未可遽行之説如此。欲望使司詳酌其宜，特賜敷奏，略倣紹興十八年事體，許俟七月一日方行差役，十月一日然後打量。其它分畫都界、置立土封之類，即容本州日下一面措置。以至秋成之後，打量之時，規畫當益詳盡，吏民當益諳熟，既免妨農之實害，又銷不逞之浮言。蓋雖遲之數月，而累歲依違不决之議，一方因襲難革之弊，百年久遠一定之規，可以優游而責成，不至趣迫而害事，豈勝幸甚！謹具申轉運使衙，伏乞台旨，備奏施行。

編年　文云「目今雖然方是正月中旬」，所言時日甚明。

乞撥飛虎軍隸湖南安撫司劄子紹熙五年五月至七月

熹竊見荆湖南路安撫司飛虎軍元係帥臣辛棄疾創置，所費財力以鉅萬計，選募既精，器械亦備，經營葺理，用力至多。數年以來，盗賊不起，蠻傜帖息，一路賴之以安。而自棄疾去鎮之後，便有指揮撥隸步軍司，既而又有指揮撥隸荆鄂副都統。自此之後，只許緩急聽本司節制，而陞差事權并在襄陽。竊詳當日創置此軍，本爲彈壓湖南盗賊，專隸本路帥司。本路别無頭段軍馬，唯賴此軍以壯聲勢，而以帥司制御此軍，近在目前，行移快疾，察探精審，事權專一，種種利便。今乃遥隸襄陽，襄陽乃爲控制北邊大敵，自有大軍萬數，何藉此軍爲重？而又相去一千二百餘里，其將吏之勤惰，士卒之勇怯，紀律之疏密，器械之利鈍，豈能盡知？而使制其升黜之柄，徒使湖南失此事權，不過禮數羈縻，略相賓服而已。於其軍政，平日無由覺察，及有調發，然後從而節制之，彼此不相諳委，有誤事必矣。欲望朝廷考究元來創置此軍一宗本末，照辛棄疾當時所請，特賜敷奏，别降指揮，仍舊以湖南飛虎軍爲額。其陞差節制一切事務，并委帥臣專制，只令荆鄂副都統司每歲十月關湖廣總領所，同共差官，按拍事藝，覺察有無闕額虚券雜役之類，庶幾互相防檢，緩急可恃。

編年 朱熹至潭州在紹熙五年五月四日，離任在八月六日，據以繫年。

祧廟申省狀 紹熙五年閏十月

右熹初十日蒙恩宣引，面奏祧廟事狀，蒙聖慈宣諭若曰：「僖祖自不當祧，高宗即位時不曾祧，壽皇即位時亦不曾祧，太上即位時又不曾祧，今日豈可容易？」竊見聖明已有定議。今已多日，未委因何不蒙朝廷審奏，取旨施行。謹具狀申尚書省，乞賜檢會將上，早降指揮。伏候鈞旨。

編年 據卷十五議祧廟劄子、進擬詔意，朱熹面奏、擬詔意皆在閏十月初，據以繫年。

再申省狀 紹熙五年閏十月

右熹昨具狀申尚書省，議不當祧遷僖祖廟室，及具劄子奏聞，乞行詳議。面奉聖訓，僖祖自不合祧，高宗時未嘗祧，壽皇時未嘗祧，太上時亦未嘗祧，今豈可祧？續蒙降出所奏劄子，今來日久，未見施行。熹不勝惶恐，所有妄議宗廟之罪，欲望朝廷付之理官，依法施行。謹具狀申尚書省，伏候鈞旨。

〔小貼子〕熹所請依法坐罪，或恐朝廷未欲如此施行，即乞鈞旨，請與議衆官同赴都堂，并給筆札，與熹廷辯。如熹委是妄言，甘伏朝典。

編年　此承上篇，當作在稍後。

史館擬上政府劄子紹熙五年閏十月

熹等竊聞高宗皇帝駐蹕紹興時，有小官婁寅亮上書，以皇嗣未生，乞選宗室子入侍禁中。是時高宗年未三十，一聞其言，欣然開納，即以寅亮爲監察御史。其後宰相趙鼎、張浚等遂建大議，至尊壽皇聖帝由此入資善堂，封建國公。然猶未正皇嗣之名，仍有配嫡之慮，議者憂之。又後數年，乃有張燾之疏，見於其家所述行狀。最後因范如圭進其所集昭陵儲議，且請高宗斷以公道，毋貳毋疑，其言尤切。一日，高宗遂詔宰相陳康伯定策，以壽皇爲皇子，進封建王，遂自儲宫正位宸極。其事見於日曆，本末詳備。熹等竊惟堯父舜子傳受之美，遠邁前世，冠絶古今。雖由天命，非出人謀，然而一二忠賢抗言悟主，其功亦不可以不録。又聞故將岳飛亦嘗有請，故殿中侍御史張戒私記其事，而它臣僚亦有嘗獻言者，但無文字可以稽考。欲望朝廷特賜開陳，廣行搜訪，稍加褒顯，以見聖朝崇德報功之意。

婁寅亮、張燾、趙鼎文字抄録見到，其范如圭有子念德見知平江府長洲縣，張戒家在建昌軍居住，欲乞行下兩處取索。其張戒亦係紹興名臣，有奏議、文集、雜記等書凡數十卷，并乞指揮建昌軍抄録申送，付下實録院參照修纂。

編年　據王懋竑朱子年譜，朱熹入史院在紹熙五年閏十月十一日，據以繫年。

朱熹文集編年評注卷二十二

辭免

辭免召命狀 己卯 紹興二十九年九月二十六日

右熹九月二十六日準尚書省劄子，八月十三日，三省同奉聖旨，召赴行在者。伏念熹性資朽鈍，學術迂疏，絶無所長，可以自見。爲親干禄，得備祠官，斗升是營，敢有他望？今者伏遇公朝薦延多士，濫塵收召之目，雖知非稱，豈敢有辭？獨念素有心氣之疾，近數發動，應對思慮，未復故常。若使貪冒恩榮，聞命奔走，竊恐臨事顛錯，自取罪戾，無以上副招徠之意。欲乞且依徐度、吕廣問、韓元吉例，令熹候岳廟滿日前赴行在，庶幾得遂恬養，猶或可以勉悉愚慮，備使令於異日，熹不勝幸甚！謹具狀申尚書省，伏望特賜敷奏施行。謹狀。

編年 題下原注「己卯」，據以繫年。

辭免召命狀 癸未　隆興元年四月十二日

右熹四月十二日準尚書省劄子云云，熹已於當日望闕祇受訖。伏念熹性資朴鄙，學術空疏，內自省循，無以仰副朝廷招徠之選。若不瀝情控告，祈免誤恩，即恐冒昧之嫌難逃物論。伏望某官特賜敷奏，追寢元降指揮，使熹得以少安愚分。謹具狀申尚書省。謹狀。

編年　題下原注「癸未」，據以繫年。

回申催促供職狀一 己丑〔一〕　乾道五年五月

右熹準尚書省劄子，勘會樞密院編修官施元之因磨勘改官，别行注授，令熹疾速前來供職，仍具已起發月日申尚書省。緣熹近感濕氣，見患足疾，未任起發前去供職。謹具狀申尚書省，伏乞照會。謹狀。

校記　〔一〕丑：原作「卯」，據宋浙本改。

編年　題下原注「己丑」，本卷回申催促供職狀二云五月內兩次準省劄，已回申，即指此回申催促供職狀一及下篇乞岳廟劄子，據以繫年。

乞岳廟劄子 乾道五年五月

熹昨監潭州南岳廟未滿，準敕差充樞密院編修官。近準尚書省劄子，令熹疾速前來供職。竊緣熹近感濕氣，見苦足疾，未任就道，而家貧親老，急於禄養，久欲復備祠官，顧未敢請。今既迫以官期，深恐稽延，自取罪戾。欲望鈞慈特與陶鑄岳廟差遣一次。干冒威嚴，不勝恐懼之至。

編年 此與上篇同時所作，參見上篇所考。

回申催促供職狀二 乾道五年七月

右熹昨準尚書省劄子，令熹疾速發來供職者。照對熹昨於五月内兩次準尚書省劄子，催促前來供職，已具因依回申，乞監岳廟一次，未蒙施行。今來又準前件指揮，緣熹委是家貧親老，迎侍不前，不敢依應指揮，前去供職。欲望檢會前狀，早賜陶鑄岳廟差遣。伏乞照會施行。

編年 據年譜長編。

辭免召命狀一 壬辰二月 乾道八年二月

右熹正月十七日準建寧府遞到乾道七年十二月二十六日尚書省劄子，令熹遵依已降指揮，疾速起發赴行在。續準本府再送到元寄納軍資庫尚書省劄子二道，内一道備坐乾道六年十二月二十六日三省同奉聖旨，召熹赴行在指揮，熹已於二月十日就本家望闕謝恩訖。伏念熹才不逮人，學無所就，累蒙召擢，訖無補報。近者喪制未終，復叨收召之命，甫及除禫，朝旨又趣其行。熹雖至愚，仰戴恩遇，豈不感激奮勵，庶以圖報萬分？·實以凡庸，自知甚審，頃希微禄，徒以爲親。

今則禍罰之餘，荒蕪益甚，誠不忍虚冒榮寵，以增不洎之悲。加以憂患侵淩，心志凋弱，近於髀裏復發癰腫，雖幸破潰，耗損愈多。正使義無可辭，筋力亦難勉强。惟是迹涉違慢，心不自安，敢罄微誠，仰干洪造。伏望參政、僕射、平章相公洞鑒悃愊，曲賜矜憐，都俞之間，特賜敷奏，早與寢罷元降指揮，庶使微賤小官獲安愚分，免以稽留威命，抵冒刑誅，則熹不勝幸甚！謹具狀申尚書省。謹狀。

編年　題下原注「壬辰二月」，據以繫年。

辭免召命狀二 乾道八年五月

右熹五月三日準建寧府遞到尚書省劄子一道，四月十三日，三省同奉聖旨，林枅、朱熹依已降指揮，疾速起發赴行在。熹已於當日望闕謝恩祗受訖。伏念熹昨蒙聖恩收召，續被朝旨趣行，自知愚陋，初乏寸長，無以仰稱公朝薦延之意。復念往者爲親，妄意干禄，然猶自審無能，不敢過希榮進。矧今孤露，僅及免喪，遽於此時起趨名宦，情既不忍，義亦難安。加以禍罰餘生，氣血凋瘁，疾病攻撓，勉强不前，即已具狀懇辭，乞賜敷奏，寢罷去訖。竊慮其狀在路迂回，未徹朝聽，是致今來再有前件聖旨指揮，恩厚命嚴，跼蹐無措。然匹夫之志，前已具陳，勢迫情哀，必蒙鑒察。更望參政丞相、丞相特與檢會，早賜開陳，收回元降指揮，以安愚賤之分，則熹不勝幸甚！

編年 此承上篇，言五月三日奉省劄，據以繫年。

辭免召命狀三（乾道八年秋）

右熹準尚書省劄子，檢會四月十三日，三省同奉聖旨，林枅、朱熹依已降指揮，疾速起發赴行在，劄付熹，令疾速起發者。伏念熹微賤無堪，頻煩趣召，拜恩踧踖，震懼靡皇。實以禄弗逮親，不忍從宦，加以疾病，牽勉莫前，已於二月、五月内兩次具狀陳乞敷奏寢罷去訖〔一〕。雖人微趣下，詞義鄙拙，不足以仰勤朝聽，然披瀝肝膽，事皆有據，不敢一言之妄，以取要君罔上之誅。伏望參政丞相、丞相更賜檢會，少留聽覽，特與敷奏，寢罷施行，則熹不勝幸甚！謹具狀申尚書省。謹狀。

校記 〔一〕月：原作「日」，據正訛改。

編年 此承上篇，當作在其稍後，下篇之前，即秋間也。

辭免召命狀四（乾道八年冬）

右熹準尚書省劄子，據熹狀，乞敷奏寢罷趣召指揮，劄付熹遵依已降指揮，疾速起發前來者。伏念熹自蒙收召，前後三狀，陳述事理已極詳明。既未蒙敷奏施行，今亦未敢别有祈請。偶以近遭叔母之喪，别無得力子弟，喪葬之役，須當躬親營奉，度至來春方得了辦。欲望朝廷矜憐，特賜寬假，許熹候叔母葬事了日，别聽指揮，不勝幸甚！謹具狀申尚書省，伏乞照會。謹狀。

編年 此承上篇，云叔母之葬「度至來春方得了辦」，知作在冬間。卷三十三答吕伯恭十五云「比復遭叔母之喪」，又云「即日霜寒」，亦可證爲冬間事。

辭免召命狀五 乾道九年三月

右熹準三月二十六日尚書省劄子，令熹遵依已降指揮，疾速起發赴行在，仍具已起發月日申尚書省者。伏念熹昨蒙聖恩猥加收召，自省庸愚，無所可用，兼以私義有所不安，且復疾病支離，不堪奔走，已嘗節次具狀瀝懇，乞賜敷奏罷免去訖。不謂愚誠未能上達，致煩朝旨再三催促，愈益嚴峻。熹自揣微賤，不勝恐懼，遂不敢再有陳述。只乞候叔母葬事畢日，别聽指揮。今來又準上項朝旨，再念熹貧家獨力，卜地營葬已及半年，未有次第。若遽舍之而出，竊恐愈見狼狽。重以多難早衰，舊疾間作，近因久雨，感濕傷冷，復苦脚弱，步履艱難，雖不俟屨而疾趨，其勢亦有不可得而勉强者。竊恐久稽朝命，負罪益深，夙夜憂危，不遑啓處。謹復具狀申尚書省，欲望參政丞相特賜敷奏〔一〕，收回元降指揮，以安愚分，且便私計，實爲厚幸。或恐不欲以一介犬馬之私輕改朝廷已行之命，即乞别賜陶鑄，差熹監岳廟一次，使得杜門養病。萬一異時稍復强健，尚或可備使令之末。熹不勝幸甚！

校記 〔一〕特：原作「府」，據宋閩、浙本改。

編年 此承上篇，作於翌年甚明。

辭免改官宮觀狀一 癸巳 乾道九年六月

右熹準建寧府送到五月二十九日尚書省劄子一道，五月二十八日，奉聖旨，朱熹安貧守道，廉退可嘉，特與改合入官，主管台州崇道觀，任便居住者。熹聞命震驚，罔知所措。伏念熹至愚不肖，昨蒙聖恩收召，至於再三，屬以憂患之餘，疾病衰廢，不能扶曳一造闕庭，逋慢之誅，方竊俯伏以俟，不謂天地父母之恩至隆極厚，既赦其罪，不即誅滅，而又過於臨照，誤有褒嘉，一字之榮，踰於華衮。至於特改京官，即畀祠禄，又皆朝廷平日所以進賢賞功、優老報勤之典。乃使愚賤小臣終年安坐，一日無故而驟得之，熹雖至愚，豈不知感激聖恩，誓死圖報，何敢復議辭受取舍於其間？實以多病無能，求退得進，揆之私義，既有未安，而賞不當功，名不孚實，竊慮以此或致上累聖朝綜核之政，則熹之罪又將有不可勝誅者。此熹之所以怔營前却，千慮百思而終不得以不辭者也。所有前件省劄不敢祇受，謹已寄納建寧府軍資庫訖。敢復瀝懇披陳，仰干洪造，欲望參政丞相特賜敷奏，收還元降指揮。或許仍理舊資，即乞別與岳廟差遣，以安愚分，實爲幸甚！謹具狀申尚書省。謹狀。

編年 題下原注「癸巳」，又據文中月日，命下在五月二十九日，被受則當在六月矣。

辭免改官宮觀狀二〔一〕乾道九年夏秋間

右熹昨準尚書省劄子，奉聖旨，特與改合入官，主管台州崇道觀。熹以私義未安，未敢祇受，已具狀申尚書省，及將所準省劄申建寧府寄納軍資庫訖。今來又準告命一軸，仰戴異恩，俯伏震懼。然熹愚懇已具前狀，不敢再有陳述。除已將上件告命并送建寧府寄納訖，謹具狀申尚書省，乞賜檢會前狀，敷奏施行。謹狀。

校記 〔一〕二：原作「一」，據宋閩、浙本改。

編年 此承上篇，當作在稍後，蓋不出夏秋間也。

辭免改官宮觀狀三乾道九年十一月二十四日

右熹準十一月二十四日尚書省劄子，據熹狀，辭免改合入官，主管台州崇道觀恩命，乞許仍理舊資，別與岳廟差遣事，檢會到乾道二年十二月十八日敕節文，臣僚辭免恩命，各有定制，比來不合辭免，亦具申陳，委是妨廢職事，令吏部申嚴行下，劄熹依已降指揮施行者。伏念熹昨以憂哀摧毁，疾病侵凌，不獲恭趨嚴召，所以累具辭免。乃蒙聖慈寬赦不誅，誤加褒異，恩生望外，事逾例表，非常之寵，風動四方。況熹身被隆私，豈不知感？實以衰惰廢棄，志行不修，無德可褒，無功可録，無以仰稱聖主特達之知，有愧國家勸勵賢能之意，以故冒昧復有懇辭。不意愚誠不能感動，乃蒙檢會前件指揮施行。在熹豈敢固執迷方，輕冒憲綱？然竊詳考元降指揮，止爲辭免推遷〔一〕，妨廢職事，合行禁約。若熹所被恩除，初無職業，即與前件立法之意事體不同，敢復披誠，再干洪造。所冀愚悃得徹聖聰，庶幾微賤小臣幸終免於逋慢之誅，而區區匹夫之守獨得伸於分列之外。又況屏絶浮虛，抑止貪競，其於聖朝厲精責實之政，亦未必全無所補。熹之所請，亦非止以自爲而已。下情無任瞻望祈扣之切，伏望參政丞相洞鑒精悃，早賜開陳，則熹不勝幸甚！謹具申尚書省。謹狀。

校記　〔一〕止：原作「上」，據宋閩、浙本改。

編年　此承上篇，據文中月日繫年。

辭免改官宫觀狀四 淳熙元年三月十七日

右熹準建寧府送到三月十七日尚書省劄子，據建寧府據熹狀申，乞敷奏寢罷昨來特改宣教郎、主管台州崇道觀恩命事，并檢會乾道九年閏正月二日不許臣僚辭免恩命指揮，三月十六日，三省同奉聖旨，劄下朱熹照會者。熹聞命震驚，罔知所措。竊念熹昨蒙聖恩誤有褒擢，感戴激切，不知所言。徒以自知本非巖穴知名之士，行能材術又不逮人，貧病退藏，自其常分，實無毫髮可以仰稱聖朝褒勸之意，所以屢觸科禁，冒罄悃誠。不謂聖慈尚閟俞音，恐懼顛越，愈不自安。不免冒昧再有陳述，狂妄昏愚，罪在不赦。伏望鈞慈委曲敷奏，特加寬宥，追寢誤恩。或令仍守舊資，別與岳廟差遣，則不惟小臣獲免昧利苟得之譏，在聖朝亦無輕用名器之失，熹不勝幸甚！謹具狀申尚書省。謹狀。

編年 此承上篇，則作於次年可知。據文中月日繫年。

申建寧府狀一 淳熙元年三月

右熹伏蒙使府專委崇安縣丞王文林賫送到熹元寄納告命一道，尚書省劄子一道，印紙一軸，到熹所居，令熹祗受者。照對熹近準尚書省劄子一道，據熹狀辭免上件恩命，檢會近降不許辭免指揮，付熹照會。熹竊詳上項指揮本意蓋慮内外職任臣僚妄爲辭免，妨廢職事，即與熹今來所乞事體不同。已將所準省劄具狀申使府寄納軍資庫，及申尚書省，乞賜敷奏寢罷去訖。所有今來使府送到告命文字，委實難以祗受。重念熹一介微賤，本無寸長，際遇聖明，累叨獎拔，所以每形遜避，蓋亦各有端由。昨來申省狀中，不敢縷細陳述，是致愚悃未能自通。今敢述其一二，乞賜備申，庶幾微誠或蒙矜察。竊緣熹本以諸生應舉干禄，於紹興十七年請到文解，得試禮部，叨預奏名，濫綴末第。後來參部銓試，注授泉州同安縣主簿。到任四年，省罷歸鄉。偶以親老食貧，不能待次，遂乞岳廟差遣。再任未滿，誤蒙召對，除武學博士。又以急於禄養，復乞岳廟一次。又未滿間，準敕差充樞密院編修官，尋以丁憂，不及供職。續蒙收召，又以憂制未終，不獲拜命。比及免喪，再蒙檢舉催促，則憂患之餘，心志摧謝，血氣耗傷，疾病交攻，不復堪從仕矣。

艱苦半生，首末如此，迂愚之分，敢不自安？今乃誤蒙褒嘉，特改京秩，畀以祠禄，寵數過優，内省庸虚，實爲非據。蓋語其勞最，則入仕以來二十七年，閑居之日十居七八。語其志節，則隨群逐隊，應舉覓官，前後求閑，皆緣急禄。語其學行，則躬行不力，未能寡過，俯仰愧怍，内訟方深。此皆非有高世之心、絶俗之行，豈真能驕富貴而輕爵禄者？而使之竊安貧守道之名，冒養老優賢之禮，以熹愚昧，尚有以自知不稱，況公論有在，人謂斯何？若復貪戀恩榮，不知引避，强顔忍耻，靦面受之，此必傳笑四方，貽譏後世。在熹雖不足道，實懼玷辱聖朝，此區區所以冒犯鈇鉞而不得不盡其辭者也。所有告劄印紙，熹既不敢祗受，謹已即時當面納還崇安縣丞王文林。仍具公文回報，請爲申送使府，依舊送庫寄納外，今謹具述愚懇。欲乞鈞慈矜念，特與備申朝廷，乞賜敷奏，收回元降告劄印紙，庶使小臣不致久違朝命，免獲罪戾。或蒙還以丁憂已前初品舊階，改差岳廟一次，俾安愚分，以盡餘年，尤爲厚幸。熹不勝祈懇激切之至。謹具狀申建寧府使衙。伏乞照會，備申施行。謹狀。

編年 此與上篇皆言檢會不許辭免指揮，可知作在一時，一申朝廷，一申府衙，據以繫年。

申建寧府狀二淳熙元年夏

右熹準使府牒，差建陽縣主簿送到尚書省劄子一道，并熹元寄納告命一道，省劄二道，印紙一軸，令熹祗受者。竊緣熹昨來辭免，實以私義未安，不敢冒受朝廷褒寵之恩，所以控竭愚誠，仰干朝聽，亦蒙使府備申去訖。今來雖有上件回降指揮，緣熹所陳未奉俞允，義難苟止，須至再有陳述。今有狀一封申尚書省，欲乞使府發遞前去。所有告命一道、省劄三道、印紙一軸，其建陽主簿不肯交領前回，今專遣家人賫詣使府，乞依舊寄納軍資庫。謹具狀申建寧府使衙。謹狀。

編年　此承上篇。據下篇，朱熹已於六月二十三日拜命，知此作在三至六月之間。

謝改官宫觀奏狀淳熙元年六月二十三日

右臣熹昨準尚書省劄子，奉聖旨，以臣安貧守道，廉退可嘉，特改左宣教郎、主管台州崇道觀。續準降到告命一道，授臣前件官。臣聞命震驚，罔知所措，前後三次具狀申尚書省，乞與敷奏寢罷。尋準尚書省劄子，檢會近降不許庶官辭免指揮，奉聖旨劄與臣照會者。仰體德意，不敢固辭，已於六月二十三日望闕謝恩祗受訖。伏念臣一介微賤，無所能似，昨蒙聖恩收召，實以憂患侵淩，血氣凋瘁，不獲輿曳殘疾，顛越道塗，以盡臣子之恭。方竊屏伏，以俟誅夷，乃蒙聖慈誤形褒寵，改官賦禄，絶無近比。及其皇恐辭避，冒觸科禁，則又申命丁寧，不以即罪。恭惟褒勸之意，寬赦之恩，皆非臣愚所能稱塞。顧不敢再有辭遜，以瀆天威。祗命感恩，心口相誓，惟當躬佩訓詞，益堅持守，以求無負天地父母至隆極厚之恩。舍此而言，則雖湛身碎首，九隕而不辭，亦不足以論報矣。臣無任瞻天望聖受恩感激之至。謹具狀奏聞。謹奏。

編年　文云已於六月二十三日受命，據以繫年。

申省狀 淳熙元年六月二十三日

右熹昨準尚書省劄子，奉聖旨，以熹安貧守道，廉退可嘉，特改左宣教郎、主管台州崇道觀。續準降到告命一道，授熹前件官。聞命震驚，罔知所措。前後三次具狀申尚書省，乞賜敷奏寢罷。尋準尚書省劄子，檢會近降聖旨，再劄付熹照會者。熹仰體德意，不敢固辭，已於六月二十三日望闕祗受訖。除已具奏稱謝外，謹具狀申省，伏乞照會。謹狀。

編年 此與上篇同日所作，分上皇帝與尚書省者，據以繫年。

申建寧府狀 淳熙元年六月二十三日

右熹茲者祗受告命，係出特恩，今有奏狀稱謝，合於使府附遞申發。竊慮小臣微賤，限於條制，無由得徹冕旒之聽，謹具狀申建寧府使衙，欲乞照會，繳奏施行。

編年 此爲乞申發謝改官宮觀奏狀申府者，亦當作在同日。

辭免秘書郎狀一 丙申七月八日 淳熙三年

右熹準六月二十一日尚書省劄子并告命一道，授熹秘書郎者。熹聞命震驚，罔知所措。竊以聖主寤寐俊傑，圖起事功，片善寸長，靡不收用，巖穴幽隱，亦弗棄遺，遂使妄庸，有此遭遇。

恩德隆重，捧戴難勝，豈敢飾詞遜避，以孤獎拔之意？然熹竊惟國家開建圖書之府，所以儲蓄秀異之才，選試有程，未始輕授。郎以奉守爲職，雖異典校之官，然自昔相承，或用以處老成耆德之士。如熹凡陋，豈所克堪？今若貪冒寵榮，不自量度，此必坐取嘲笑，以累聖主知人之明。又況頃年屢以多病不才，懇辭召命，已蒙聖慈洞照肺腑。蓋既憐其愛君憂國、粗有畎畝夙夜之誠，而又知其衰朽無庸，重閔勞以官職之事，故凡所以假借褒嘉、惠養全活之意，雖非愚賤之所當得，然天地父母委曲生成之恩，則有不可以終辭者。此熹所以懇辭逾年而卒拜明命，且復具以此意附奏陳謝〔一〕，其所以感恩自誓之誠，蓋有皦然而不可欺者。今乃欲因聖主前日所以假借惠養之資，而遂夤緣以冒進擢無涯之寵〔二〕，則是古人所謂登龍斷而左右望以罔市利者。不惟士夫清議有所不貸，而熹之不肖，亦竊羞之。是以恐懼回皇，不敢祇受。伏惟鈞慈憐察，特爲敷奏，早賜寢罷元降指揮，使熹愚分稍安，不勝幸甚！熹除已將省劄、告命申建寧府送軍資庫寄納外，謹具狀申尚書省，伏候指揮。謹狀。

校記　〔一〕附：淳熙本作「敷」。

〔二〕夤：右引作「因」。

編年　題下原注「丙申七月八日」，據以繫年。

辭免秘書郎狀二 淳熙三年八月三日

右熹準八月三日尚書省劄子，以熹辭免新授秘書省秘書郎恩命，八月三日，三省同奉聖旨，不許辭免者。伏念熹草茅賤士，章句腐儒，昨被詔除，自知不稱，輒形控避。方俟譴訶，豈意天慈曲垂恩旨。聞命震恐，即合奉承，敢以固辭，重勤淵聽？伏況邇者聖德日新，容受讜言，旌賞狂直，雖在亡没，亦不棄捐。海内聞風，感動興起，以至更相勸勵，咸願竭忠。如熹之愚，雖不及此，亦豈不願依附末光，效其尺寸？何忍自棄明時，老死巖谷，泯泯没没，徒與草木俱腐？實以空疏頑鄙，本非臺閣之姿，不敢輒塵華貫，進官頒禄，已冒閑退之寵，難以復造朝班，所以千慮百思，徊徨瞻顧，雖感恩惜日，不勝畎畝之誠，而仰愧俯怍，卒不得不盡其詞也。是敢重瀝肺肝，再嬰斧鑕，必冀上回冲鑒，下遂夙心。伏望參政特爲開陳，早賜寢罷，或仍舊與宫廟差遣一次，則熹不勝大幸。其降到省劄内有聖旨指揮，不敢拜受，已寄納建寧府軍資庫外，謹具狀申尚書省，乞賜敷奏施行。謹狀。

編年　此承上篇，據文中月日繫年。

辭免知南康軍狀 戊戌　淳熙五年八月十七日

今月十七日〔一〕，準尚書省劄子，奉聖旨，差知南康軍，填張杅闕。又準尚書省牒，奉敕，宜差權發遣南康軍事兼管内勸農事，仍借緋者。聞命震驚，若無所措。伏念熹疏繆之姿，不堪從宦，病卧林野，日益支離。昨蒙聖慈矜憐，特與改官，仍畀祠禄，以遂閑退之願，於熹愚分，已爲過優。今者忽有前件恩命〔二〕，又出意望之外，足見天地之仁，不遺一物，寸長尺短，皆欲使其有以自見。在熹感激誠不自勝〔三〕，然竊惟念州郡之寄〔四〕，所係不輕，苟非其人，千里受弊。所以朝廷不惟審擇以寄民命〔五〕，而又嚴立資格，以叙人材。蓋不欲使庸妄輕淺之流得以因緣冒處，爲民不利。前後臣寮建請，詔旨丁寧，亦可謂深切而著明矣〔六〕。如熹之愚，素號庸劣，又自初官一任解罷，今已二十餘年，杜門空山，罕接人事，民情吏職，懵不通曉。改官以來，未滿四考，雖名知縣資叙，而備數祠官〔七〕，初無職事可以自試，默默寢卧〔八〕，習成媮惰。一旦使之强起田間，攝承郡事，不惟資淺望輕，有礙累降指揮，亦懼無以承流宣化，仰稱聖天子綜核名實、愛養元元之意。此熹之所以恐懼踧踖而不得不辭者也。或者以爲熹之賤微，屏處窮僻〔九〕，而朝廷記憶，恩指隆厚至於如此，若復苟圖安佚，固爲遜避，則將無以自竭犬馬報效之勞，而陷於不恭之罪，熹竊以爲不然。蓋熹本以無能退處田里〔十〕，聖朝過聽，誤加奬借，寵以廉退之名，勵以堅高之操，訓詞在耳，天鑒弗違。熹雖至愚，不能及此，猶當刻心自誓，終始不渝，庶幾可以仰報萬分，下全素守。今不務此，而欲以奔走承命爲恭〔十一〕，則亦非義之所安矣〔十二〕。又况蒲柳之質，多病早衰，年歲以來，精力頓減，政使方在仕塗〔十三〕，亦須量力引退，顧乃甫於今日强自修飾，起趨名宦，豈不大爲有識所笑，重貽前詔之羞哉？初以官卑人微，不敢輒具辭免，且欲祗拜恩命，續伸投閑之請。竊緣所差南康軍係填見闕〔十四〕，度亦不過兩月〔十五〕，即便復紊朝聽，誠不若直情控訴，冀蒙矜察〔十六〕，庶免煩瀆之罪。所有遞到劄子敕牒不敢祗受，除已申送建寧府軍資庫寄納外，謹具狀申尚書省。欲乞參政丞相少保特爲敷奏，寢罷今來所降指揮，令熹依舊宫觀差遺，則熹不勝幸甚！謹狀。

校記

〔一〕淳熙本句首有「右某」二字。

〔二〕者：右引作「此」。

〔三〕激：右引作「幸」。

〔四〕郡：右引作「縣」。

〔五〕右引「擇」下有「賢能」二字，「寄」下有「此」字。

〔六〕深：右引作「詳」。

〔七〕數：右引作「奉」。

〔八〕臥：右引作「飯」。

〔九〕窮：右引作「荒」。

〔十〕里：右引作「園」。

〔十一〕恭：右引作「榮」。

〔十二〕義：右引作「某」。

〔十三〕政：右引作「設」。

〔十四〕竊：右引作「却」。

〔十五〕兩：右引作「旬」。

〔十六〕冀：右引作「覬」。

編年 題下原注「戊戌」，又據年譜長編。

乞宫觀劄子 淳熙五年十月二十三日

熹昨蒙聖恩，差權發遣南康軍事，屬以私義未安，不敢祗受，即已具狀辭免。續奉聖旨不許辭免，令疾速前去之任，候任滿日前來奏事。熹聞命震慴，已於十月二十三日望闕謝恩祗受敕命訖。仰惟天地之恩至隆極厚，一介疵賤，捧戴難勝。矧以孤愚，久被涵育，雖緣疏拙，自甘退藏，至於策名委質之義，學道愛人之心，則實有所不能忘者。豈不願及明時，奉承寬詔，悉心營職，爲國養民？實以今秋以來，疾病益侵，精神益耗，勉從吏役，懼速顛隮。加以本軍闕人已久，若以熹故更復遷延，竊恐官曹解弛，簿書緣絶，别致誤事，則熹違命不恭之罪，益難幸免。欲望鈞慈俯賜矜念，特與陶鑄宫廟差遣一次，則熹不勝幸甚。

編年 朱熹淳熙六年三月三十日到任南康，此云十月受敕命，則作在五年可知。

乞宫觀狀 淳熙六年二月

右熹昨以疾病衰耗，不堪吏役，曾於正月二十日具狀申尚書省，陳乞宫廟差遣。然以被命已久，不敢寧居，即於當月二十五日扶病起離前來。二月四日至信州鉛山縣管下歇泊，聽候指揮。已經旬日，未奉處分。而熹伏自到此以來，衰病之軀愈覺羸悴，雖無痛楚危急形證，而精神氣力日見凋枯，行坐無力，語言少氣，思慮應接失後忘前。旁人雖未遽覺，而熹之自知甚審。若更勉强扶曳前去，不惟在路必至顛踣，雖幸到官，亦難於支吾。欲望鈞慈俯憐衰朽，檢會前狀，并賜開陳，特與改差宫廟差遣一次，使螻螘微命得遂天年，不至狼狽於道路，則熹不勝幸甚！熹見今且在鉛山縣聽候指揮，謹具狀申尚書省，乞賜敷奏施行。

編年 此爲朱熹赴官南康途中所作，文中所言時日甚明。

與宰執劄子 淳熙六年二月

熹輒有危懇，冒瀆鈞嚴：熹昨以衰病支離，不堪吏責，累具申陳，乞賜陶鑄宫廟差遣。然以久稽朝命，義不遑安，即已扶病離家，前來信州管下聽候處分。今已旬日，未奉進止。而熹衰病日益侵加，精神昏耗，氣力綿惙，若復勉强輿曳之官，必取顛踣，爲世嗤笑。在熹賤微，不足深恤，竊恐或非聖朝所以眷憐收用之本意也。今不獲已，復具公狀，冒昧有請。伏惟丞相幸垂察而加憐焉，特賜開陳，從其所欲，俾之早得歸伏田里，休息疲瘁，訪問醫藥，以終餘年，則熹之感恩戴德、銘鏤肺肝，何有窮已！敢忘進越，輒具劄子申聞，伏乞鈞察。

編年 此與上篇同時所作，觀文中所述甚明。

自劾不合用劄子奏事狀 淳熙六年七月

右熹伏睹都進奏院牒，臣寮劄子奏：「臣竊見舊制，章奏凡内外官登對者，許用劄子，其餘則前宰執、兩省官以上許用劄子，以下并用奏狀。乞申嚴有司，應帥漕郡守主兵官，如事涉兵機，許用劄子。餘僭越犯分，有不如式，則令所屬退還」等事，三省同奉聖旨依奏者。伏念熹山野生疏，不識事體，近於今年六月二十二日，因本軍陳乞蠲減税錢事，曾具劄子奏聞。雖在上項指揮之前，實亦有違舊制，聞命震恐，不知所爲。即欲具奏自劾，又恐復以狂妄，重干典憲，謹具狀申尚書省，欲望敷奏，亟行罷黜，以爲疏遠小臣慢上不恭之戒。謹狀。

編年 據本篇及卷十一庚子應詔封事、卷十三延和奏劄六、卷十六乞蠲減星子縣税錢第二狀，可確知朱熹用劄子乞減税在淳熙六年六月二十二日。此狀作在稍後，王懋竑朱子年譜置於七月，姑從之。

自劾不合致人户逃移狀一 淳熙七年十月

右熹昨蒙聖恩，畀以郡紱，懇辭不獲，冒昧而來。到官未幾，不勝吏責，疾病交作，殆不自支，即具劄子申乞改差宫觀差遣。側聽累月，未蒙敷奏施行。熹誠愚昧，夙夜靡寧。亦欲勉悉疲駑，以酬恩遇，顧以山野，不閑吏道，重以凋郡財匱民貧，去年上供綱運起發至今粗及其半，官吏相承，但知竭力催科，以給公上，庶逃罪責，不意屬縣今秋有旱傷處，不惟失於檢放，加以程督過嚴，遂致人户流移，怨謗蜂起。雖已遣官慰喻，尚恐未能安帖。熹竊自惟平生章句腐儒之學雖不適於世用，然區區之志，亦未嘗不以愛人利物爲功。今乃以是上負使令，下負所學，積此慚懼，疾病侵加，誠無心顔可食俸禄。欲望鈞慈特與敷奏，早賜罷免，以爲遠近牧守不勤撫字之戒。而熹亦得以杜門省身，益求其學之所未至，庶幾後效，以贖前愆，不勝幸甚！謹具狀申尚書省，伏候鈞旨。

編年 據下篇所言，知此狀作在淳熙七年十月。

自劾不合致人户逃移狀二 淳熙七年十二月

右熹昨緣本軍管内今秋有荒旱處，不知及早檢放，而催理舊欠過於嚴急，遂致人户愁怨，相率逃移，已於十月内具狀自劾，申尚書省，乞賜罷黜，以爲州縣之戒。惕息俟命，至今兩月，未奉處分。憂懼日積，疾病有加，職事之間，益以荒廢。謹具狀申尚書省，乞賜檢會前狀，早賜敷奏施行。謹狀。

編年 文云已於十月上狀，即指前篇。又云「至今兩月」，可知作在十二月。

乞宫觀劄子 庚子正月 淳熙七年

熹輒有誠懇，上瀆鈞聽：熹昨蒙聖恩，差權發遣南康軍事，已於去年三月三十日到任。累以疾病陳乞祠禄，未蒙敷奏施行。今來在任已滿十月，非久當書一考，實緣衰病愈侵，心力凋耗，加以脚氣痰飲發作無時，難以勉强在職。欲望朝廷特賜敷奏，改授祠廟差遣一次，使得杜門竊食，休養殘廢，庶幾不至即日顛殞，不勝幸甚！

編年　題下原注「庚子正月」。

乞宫觀狀 庚子三月　淳熙七年

右熹昨準敕，差前件差遣，累以病患辭免，不蒙開允，遂於去年三月三十日扶病到官，交割職事。今來在任已是逾年，疾病支離，不堪吏責。中間節次具狀陳乞宫觀差遣，亦未準回降指揮。近於三月六日視事之際，風痰大作，頭目旋暈，幾至僵踣。今已累日，精神愈見昏憒，委是狼狽，不可支持。謹具狀申尚書省，欲乞鈞慈檢會熹累乞宫觀文字，早賜敷奏，特依所請，不勝幸甚！伏候鈞旨。

編年　題下原注「庚子三月」。

與政府劄子 淳熙七年三月

熹昨以衰病支離，輒具劄目，陳乞陶鑄宫觀差遣。側聽逾月，未蒙處分。近於三月六日視事之際，風痰大作，頭目旋暈，幾欲僵仆。今已累日，精神愈見昏慢，委是狼狽，不堪勉强。已具狀申尚書省，欲望鈞慈早賜敷奏，特從所請，使熹得遂休養，以保餘齡，不勝幸甚！干冒威嚴，俯伏俟罪。

編年　此與上篇同時所作甚明。

乞宫觀劄子 淳熙七年七月

熹輒有危迫之懇，干冒鈞聽：熹舊有心氣之疾，近因禱雨備災，憂懼怵迫，復爾發動，怔忪炎燥〔一〕，甚於常時。竊慮當此旱荒曠廢郡事，其爲利害又非它時之比，欲望鈞慈特賜敷奏，與熹宫廟差遣，令得少遂休養，不勝幸甚！所有本軍荒政，昨已措置略有次第，更望催促替人石𡼏疾速前來，接續賑救，則千里飢民不勝幸甚。

校記 〔一〕忪：原作「忡」，據宋閩、浙本改。

編年 卷十六乞截留米綱充軍糧賑糶賑給狀、卷二十二乞宫觀劄子皆有催促石𡼏前來接任之語，綜觀所叙，皆在荒政之初。文云「近因禱雨備災」，據卷十六奏南康軍旱傷狀、乞放免租税及撥錢米充軍糧賑濟狀、再奏南康軍旱傷狀等，南康禱雨在六七月間。然文云荒政措置已有序，則作於七月爲近。

辭免直秘閣狀一 淳熙八年七月十八日

右熹準七月十八日尚書省劄子，七月十七日，三省同奉聖旨，以熹昨任南康軍日，修舉荒政，民無流殍，可除直秘閣者。熹聞命震驚，受恩感激，有不知所以言者。然竊伏念熹昨以非才，誤蒙任使，不能布宣德意，以惠遠民，乃以刑政失中，招致殃咎，赤地千里，民不聊生，據罪論刑，豈容幸免！政使粗能措畫，不致大段狼狽，亦是職守之常，何足補塞愆負？而况蠲閣租税，撥賜錢米，許借上供錢物，糴米賑糶，皆是聖主天地貺施非常之恩，官吏於此，豈有絲毫之力？至於勸諭富民發廩糶濟，亦是聖朝不愛官爵，以救民命，頒下賞格，極於醲厚，以故富民觀感視效，始肯竭其困倉累歲之積，以應公上一旦之須，亦非官吏之力所能及也。然其賑濟人户，初無致旱之罪，今又不取一錢，而捐米四五千石，方得一官，自私家言之，其數亦已多矣。此則在所當賞而不可緩者，非一時官吏有罪無功之可比也。今熹幸際隆寬，曲加容貸，更蒙除用，已極叨逾。今者又被聖恩，復有上件除命，而熹前所奏南康軍賑濟人户張世亨等四名，合依元降賞格補授文武官資者，有司顧以微文沮却其事，至今未見報行推賞指揮。是乃聖主過恩，既賞於其所當罪，而有司失信，反吝於其所當賞。熹雖至愚，於此竊有所不安者。所有降到省劄，不敢祇受，已送建寧府寄納軍資庫。謹具狀申尚書省，欲望朝廷洞照誠悃，特爲敷奏，許賜收回。仍檢會今年閏三月内南康軍奏及熹獨銜奏狀，詳酌所陳事理，如是節次官司果是固爲邀阻，至今不爲保明推賞，即將張世亨等并爲敷奏，依熹所乞，不候諸司保明，特與先次依格等第推賞，直降付身，令本軍日下當官給賜。是則不惟熹之私義得以自安，亦庶幾自今以來，州郡長吏奉法遵職，務格和平，不至幸民之災，自圖身利。不惟此四人者早蒙聖恩，免有邀阻乞覓之擾，父子兄弟感戴無窮，而萬一不幸四方復有水旱饑饉之災，亦使其他富民知所激勵，易爲勸誘，貧者有所恃賴，不復流移，其利非止一端而已也。狂妄僭率，干冒朝聽，祈恩俟罪，不任懇切恐懼之至〔一〕。

謹狀。

〔小帖子〕税户張世亨賑濟五千石，依格乞補承節郎。税户劉師輿賑濟四千石，依格乞補承信郎。進士張邦獻賑濟五千石，依格乞補迪功郎。待補太學生黄澄賑濟五千石，依格乞補迪功郎。

右具如前。伏念熹罷官還家，舊任别無絓繫，只此一事未了。初謂朝廷賞格必非虚文，不謂今乃以此自陷於罔民之罪，每一思之，如負芒刺。顧以居閑，不敢陳請。今者幸因辭免恩命，得效一言。過此則分守有拘，又將無以自達。切望鈞慈早賜垂念，千萬幸甚。如是四人近日皆已得霑恩賞，不曾報行，即熹屏居深山，探問不實之罪，亦乞矜貸。而其所乞辭免恩命，與此事體自不相須〔二〕，更望力賜開陳，期於得請，乃爲厚幸。伏乞鈞照。

校記　〔一〕不：原作「無」，據宋閩、浙本改。

〔二〕此：原作「比」，據宋浙本改。

編年　文云「今年閏三月内南康軍奏及熹獨銜奏狀」，又云「熹罷官還家」，可確知作於淳熙八年南康卸任之後。月日則具於文中。

辭免直秘閣狀二 淳熙八年九月四日

右熹九月初四日準八月十七日辰時尚書省遞到告命一道，照對熹昨準尚書省劄子，奉聖旨，以熹前任南康軍日，修舉荒政，民無流殍，可除直秘閣。熹竊伏惟念昨來在任，政刑乖錯，招致旱災，有罪無功，不敢祗受。兼在任日遵奉淳熙七年九月二十三日敕旨賞格，勸諭到税户張世亨、劉師輿、進士張邦獻、待補國學生黄澄四名出米賑濟，共計一萬九千石，已行支散，即具奏聞及申諸司，乞與保明推賞，補授文武官資。今來已是半年，竊慮熹既得替之後，諸司未曾保明，致得本人未蒙朝廷推賞，已具狀申尚書省，乞賜敷奏，收還誤恩，仍將張世亨等四名不候諸司保明，早依原降賞格特與推恩，給降付身，令本軍日下當官給付。及具狀繳連所降省劄，寄留建寧府軍資庫訖。今來又準上項告命，熹爲有前項所申兩節事理未準回降指揮，不敢祗受，已并申建寧府寄留外，謹再具狀申尚書省，伏乞檢會前狀，特與敷奏，許熹辭免。仍將張世亨、劉師輿、張邦獻、黄澄四名早賜依格推賞，則熹不勝幸甚。謹狀。

編年 此承上篇，月日具於文中。

辭免直秘閣狀三 淳熙八年九月

右熹準九月五日尚書省劄子，備坐熹前狀所乞寢罷新除直秘閣恩命事，奉聖旨不許辭免者。熹仰戴聖恩，不勝感激。雖未敢即日祗受，謹已望闕稱謝訖。但熹狀内所稱熹雖至愚，於此有不能自安者，正爲南康軍保明勸諭到税户張世亨獻米五千石賑濟，依格合補承節郎；進士張邦獻獻米五千石賑濟，依格合補迪功郎；待補國學生黄澄獻米五千石賑濟，依格合補迪功郎；税户劉師輿獻米四千石賑濟，依格合補承信郎一節，未蒙户部依格放行恩賞，乞賜敷奏施行。今來所準省劄内，却删去此項事理，熹竊恐區區愚昧迫切之誠未得仰關天聽，其合推賞人依舊未得霑被聖恩，則熹於義亦難祗受。又况目今諸路水旱廣闊，公家所積已經發散，所餘無幾，全賴富民獻米賑恤。若見朝廷施行如此，誰肯應募，助國救民？兼熹見蒙改除提舉浙東常平公事，當此凶歲，專以救荒爲職，若此所乞依格推賞不蒙施行，不惟失信於南康舊治，亦無面目可見浙東之民，將來必致誤事，上貽仁聖宵旰之憂。熹雖萬死，不足塞責。欲望朝廷詳酌，特賜敷奏，詳熹前狀所陳，將南康軍所奏税户張世亨、劉師輿、黄澄、張邦獻各與照應元格，早賜補授文武官資，則上件恩命不必加於熹身，而聖朝綜核之政修於上，遠近觀聽有所激勸於下矣。謹再具狀申尚書省，伏候指揮。

編年 此狀緊承上篇，當爲後數日作。

除浙東提舉乞奏事狀 淳熙八年九月二十二日

右熹今月二十二日準尚書省劄子，奉聖旨，改除前件差遣。熹以衰病之餘，心力凋耗，目昏耳重，不堪繁劇，擬具情懇，干告廟堂，乞與敷奏，聽容辭免。而聞之道路，本路今年災傷至重，民已艱食，若更遷延，有失措置，竊恐向後飢民愈見狼狽，重貽聖主宵旰之憂，謹已於當日望闕謝恩祗受訖。所有合赴行在奏事，未奉指揮。伏念熹自違陛戟，十有九年，誠不勝臣子惓惓，願得一瞻天日之光。况今救荒，合行奏稟事件非一，又熹前任南康，亦有合奏聞事，謹具狀申尚書省，欲望鈞慈特賜敷奏施行。謹狀。

編年 據年譜長編。

辭免進職奏狀一〔一〕 壬寅　淳熙九年九月四日

臣九月四日到處州遂昌縣，準尚書省劄子，奉聖旨，淳熙八年旱傷去處，監司守臣賑濟有勞，令臣進職二等者。聞命震驚，不知所措。謹已即時望闕謝恩訖。伏念臣昨以孤愚，誤叨臨遣，仰瞻玉色，既閔然有畏天恤民之誠，而聖訓丁寧，又無非惻怛焦勞之實。退惟疵賤，遭遇如此，誠不敢愛其夙夜之勤，冀以仰稱萬一。而疾病之餘，精力淺短，徒費大農數十萬緡之積，而無以全活一道饑饉流殍之民，蓋嘗一再自劾，恭俟嚴科。陛下赦而不誅，已爲寬典，至於過恩假寵，躐等疏榮，則懼非所以示勸懲、惜名器而謹馭臣之柄也。况臣昨以按劾知台州唐仲友，反被論訴，見蒙送浙西提刑司，差官體究。近日雖蒙聖斷，已罷本人新任，所有體究指揮，尚未結絶。臣方當囚服藉藳，以俟斧誅，豈宜遽竊恩榮，以紊賞刑之典？所有前件恩命，臣實不敢祗受。欲望聖慈特許辭免，臣不勝幸甚！

編年 題下原注「壬寅」，月日則具於文中。

校記 〔一〕道命録卷五於題下署：「宣教郎、直秘閣、提舉兩浙東路常平茶鹽公事、借緋臣朱熹。」

辭免江西提刑奏狀淳熙九年九月十二日

右臣九月十二日準尚書省劄子，八月十八日，三省同奉聖旨，除臣江南西路提點刑獄公事，填見闕。去冬已經奏事，不候受告，疾速前去之任者。臣聞命感激，已於當日就衢州常山縣界首安泊處望闕謝恩，解罷前任職事訖。伏念臣天賦朴愚，與世寡合，爰自早歲，即甘退藏。雖蒙聖朝累加收用，竟亦不敢冒昧就職，杜門屏處，玩思遺經。賴天之靈，偶窺管穴，因竊妄意討論删述，冀成一家之言，以待後之學者。中間誤蒙聖恩，特改京秩，訓詞褒勵，蓋亦以是期之。其後更被除書，起補郡吏，而臣所守不固，不能力辭，二年之間，中夜撫枕，起坐太息，未嘗不私自憐悼而悔其初心也。既而復忝推擇，備使近畿，凡所奏陳，多蒙開納，賜錢蠲税，無請不從。自惟孤愚，遭遇如此，則又幡然思竭駑頓，以稱所蒙。唯懼縱奸賊民，棄命廢職，異時無復面顏以見陛下。至於觸忤權貴，掇取怨嫌，則雖必知其然，而有所不暇計也。既而果如所料，沮撓萬端，又獨蒙陛下聖明，察其孤忠，委曲覆護，非唯不加誅殛，又使得以進職遷官爲名而去。臣竊不自知區區之迂愚疵賤，何以得此於陛下？顧念感激，涕下交頤。所有恩命，誠不當更有辭避，以孤睿奬。然臣之愚，實有所不獲已者，蓋以心目俱昏，不堪吏責，今夏已嘗抗章俟罪，未奉進止。而旱蝗繼作，恭奉御筆戒喻丁寧，仰惟聖心憂勞特甚，是以惶懼屏息，未敢復言。今既蒙恩許解賤職，正是草野愚臣乞賜骸骨，以遂夙心之時，而所除官又係填唐仲友闕，蹊田奪牛之誚，雖三尺童子，亦皆知其不可，况臣雖愚，粗識義理，何敢自安？儻蒙聖慈特賜罷免，或與岳廟差遣，使臣得以歸耕故壟，畢志舊聞，内休已憊之精神，外避當途之猜怨，則臣不勝千萬幸甚！所有前件省劄内除授恩命，臣决不敢祗受，已送衢州常山縣寄收。仍一面出本路界，還家俟命。欲望聖慈早賜指揮。謹録奏聞，伏候敕旨。

編年　文云「去冬已經奏事」，指淳熙八年入見。又云「今夏」旱蝗繼作，則作在翌年甚明。月日則具於文中。

辭免江東提刑奏狀一　淳熙九年十月九日

右臣十月九日準尚書省劄子，據臣辭免新除江西提刑恩命，奉聖旨，令臣與江東提刑梁總兩易其任。臣已即時望闕謝恩訖。伏念臣區區誠懇，已具前奏，既蒙改命，曲遂其私，使得免於攘奪之嫌，以全素守，其在微臣，固已甚幸。但臣前所奏陳，願得蒙恩投置閑散，以爲養病著書、全身遠害之計，則尚有未蒙聖察者。於臣私計，未便猶多，敢昧萬死，再有塵瀆。欲望聖慈詳臣前奏，曲賜哀憐，追寢誤恩，改畀祠禄，使其得遂夙心，免罹非禍，則於微臣又爲莫大之幸。所有省劄内聖旨指揮，臣不敢祗受，已送建寧府崇安縣寄收訖。聖恩隆厚，報效無階，瞻望軒墀，臣無任犬馬戀慕激切之至！

〔貼黄〕臣祖鄉徽州婺源縣，正隸江東，見有墳墓宗族及些小田産，合該回避。又梁總到官今方月餘，一旦忽然無故改易，不惟迎新送故，煩擾吏民，亦礙累降指揮，有失朝廷舉措之重。伏乞聖照。

編年 朱熹除江西提刑在淳熙九年八月十八日，此時已卸浙東提舉任居家，據以繫年，月日則具於文中。

申省狀 淳熙九年十月九日

右熹十月九日準尚書省劄子，據熹辭免新除江西提刑恩命，奉聖旨令熹與江東提刑梁總兩易其任。熹以前奏所乞未蒙開允，不敢祇受，已再具奏辭免外，謹具狀申尚書省，欲乞敷奏寢罷，或與岳廟差遣，不勝幸甚！

編年 此與上篇同日所作，據以繫年。

辭免江東提刑奏狀二 淳熙九年十一月七日

右臣十一月七日準尚書省劄子，據臣奏辭免江東提刑及回避田産事，奉聖旨不許辭免，田産特免回避者。臣草野賤微，屢有煩瀆，顧勞天語，重賜丁寧，感極涕零，不知所措。已即時望闕遥謝訖。重念臣昨被使令，妄意職業，智識淺短，條奏闊疏，上誤公朝，失於舉措，自知罪大，不敢自赦，是以再蒙恩除，不免瀝懇辭避。凡所陳述，皆出鄙誠，非敢飾辭備禮，以爲觀聽之美而已。唯是曲折之間，猶有不敢盡其辭者。然竊仰惟陛下天日之明，無幽不燭，固不待臣之喋喋然後有以悉其危懼怵迫之情也。又況今來所除差遣，仍是按察官司，若復奉公守法，則恐如前所爲，或至重傷朝廷事體；若但觀勢徇私，又恐下負夙心，上孤陛下眷知任使之意。進退惟谷，無地自處，是敢忘其再三之瀆，上干鈇鉞之威。欲望矜憐，早賜開允，特與岳廟差遣一次，使臣得以休養精神，卒其舊業，退避仇怨，保此餘生。或者未填溝壑間，得見陛下重振綱維，一新治化，而達聰明目，未忘孤忠，別有遠外重難驅使，則臣雖衰拙，尚庶幾效其尺寸，將惟陛下所以命之，不敢復有辭矣。若爲今日之計，則退藏之外，無可爲者。伏惟陛下哀憐財幸〔一〕。干冒宸嚴，臣無任戰栗俟命之至。

校記 〔一〕財：原缺，據宋閩、浙本補。

編年 此承上篇，月日具於文中。

申省狀 淳熙九年十一月七日

右熹準尚書省劄子，據熹辭免江東提刑恩命，及回避祖鄉田産事，奉聖旨不許辭免，田産特免回避，劄付熹者。伏緣狂妄疏拙，已試罔功，不敢復當刺舉之職，已再具奏狀辭免。謹具狀申尚書省，伏乞敷奏施行。

編年 此與上篇同時所作甚明。

辭免進職奏狀二 淳熙九年十一月七日

右臣十一月七日準降到告命一道，授臣直徽猷閣者。臣昨在任日，被省劄，備坐前件恩命，已嘗具奏，稱爲按劾台州唐仲友贓濫不法，反被論訴，未蒙結絶，不敢祇受。今者伏睹已降指揮，仲友已罷新任，更不差官體究，其紹興府見勘已招僞造官會人蔣暉等〔一〕，亦聞已得朝旨盡行釋放訖。詳此事理，竊恐臣所按劾不公不實，别有合得罪名，未蒙朝廷行遣，難以却因職事微勞，遽與其他無罪之人例霑恩賞。其所降到告命，臣不敢祇受，已送建寧府崇安縣寄收訖。欲望聖慈深察，特賜追寢施行，則臣不勝幸甚。

校記 〔一〕暉：據卷十八、十九按唐仲友狀當作「輝」。

編年 此承本卷辭免進職奏狀一，月日具於文中。

辭免江東提刑奏狀三 淳熙九年十二月十四日

右臣十二月十四日準尚書省劄子〔一〕，據臣辭免直徽猷閣及江東提刑恩命，奉聖旨并不許辭免，令疾速起發前去之任者。臣昨以怨仇當路，蹤迹孤危，屢貢封章，乞回成命，情迫意切，忘其再三。既而深自省循，始知震懼，方且計日以俟誅夷，不謂陛下天度含容，聖恩溥博，雖未開允，亦免譴訶。臣聞命感激，涕泗交頤。恭惟聖詔丁寧，不可數得，雖知私義有所未安，然不敢不抑鄙情以承睿獎，即於當日遥望闕庭拜受直徽猷閣恩命訖。所有江東提刑職事，迫威命之已行，亦擬即日拜受，晝時起發。而臣至愚，反復思慮，復有所甚懼而不能已者，不免昧死瀝血，再觸天威，瞻顧傍徨，不知所措。伏念臣所劾贓吏黨與衆多，棋布星羅，并當要路，自其事覺以來，大者宰制斡旋於上，小者馳騖經營於下，其所以蔽日月之明而損雷霆之威者，臣不敢論。若其加害於臣，不遺餘力，則遠而至於師友淵源之所自，亦復無故横肆觝排。向非陛下聖明，洞見底蘊，力賜主張，則不惟不肖之身久爲魚肉，而其變亂白黑、詿誤聖朝，又有不可勝言者。然陛下之憐臣愈厚，則此輩之疾臣愈深，是以爲臣今日之計，惟有乞身就閑，或可少紓患害。若更貪戀恩榮，冒當一道刺舉之責，則其速怨召禍，必有甚於前日者。陛下雖欲始終保全，亦恐有所不能及矣。故臣於此深竊恐懼，再三籌度，以爲與其他日拘攣戚促而失身於仇人之手，不若今日再三辭避而得罪於陛下之前。又况陛下至仁至明，且既憐臣之厚而保全之如此，固未必肯以此加臣之罪而必棄之也。是敢決意仰首呼天而一罄其説如此。所有前件差遣，欲望聖慈深察危懇，特賜改差岳廟一次，使臣得以卒被前日生死肉骨之恩，免遭異時睚眦中傷之禍，臣不勝幸甚。若臣前奏所謂著書者，則臣自集諸經訓説之外，於資治通鑑亦嘗妄有論次，數年之前，草稿略具，一行作吏，遂至因循。每一念之，常恐永爲千古之恨。今若少寬原隰之勞，更竊斗升之禄，假以歲月，卒成此書，使於世務略有絲毫之補，則臣之所以仰報大恩者，固不必在於簿書期會之間也。臣狂妄進越，死有餘罪。伏惟陛下天地父母矜而赦之，臣不勝幸甚！謹録奏聞，伏候敕旨。

〔貼黄〕臣誤蒙聖恩，俾將使指，而臣方以按劾贓吏，干忤相臣，一身孤危，不能自保，其何以控制奸猾，循撫柔良？凡此哀鳴，非特自愛，實爲陛下一司事權、一道民命之計。切望聖慈深賜鑒察。

臣舊讀資治通鑑，竊見其間周末諸侯僭稱王號而不正其名，漢丞相亮出師討賊，而反書入寇，此類非一，殊不可曉。又凡事之首尾詳略，一用平文書寫，雖有目録，亦難檢尋。因竊妄意就其事實別爲一書，表歲以首年，而因年以著統，大書以提要，而小注以備言。至其是非得失之際，則又輒用古史書法，略示訓戒，名曰資治通鑑綱目。如蒙聖慈許就閑秩，即當繕寫首篇草本，先次進呈。恭俟臨決。

校記 〔一〕二：原作「一」，據宋浙本改。

編年 此承本卷辭免江東提刑奏狀一、二，月日則具於文中。

申省狀 淳熙九年十二月十四日

右熹準十二月十四日尚書省劄子，據熹辭免直徽猷閣及江東提刑恩命事，奉聖旨并不許辭免，令疾速起發前去之任。熹仰惟恩旨稠疊，不敢固辭，已於當日拜受直徽猷閣恩命訖。所有江東提刑差遣，緣熹於廊廟大臣有合回避事理，已别具狀奏聞。如蒙降出，乞賜敷奏，早與施行，熹不勝幸甚。謹具狀申尚書省，伏候鈞旨。謹狀。

編年　此與上篇同時所作，月日具於文中。

乞宮觀劄子 淳熙十二年二月

熹伏自頃歲罷官浙東，聖恩畀以祠禄，至今考滿，家貧累重，未能忘禄，欲望特賜敷奏，更與再任一次。伏候指揮。

編年　黄榦朱子行狀云朱熹守南康、使浙東歸，「退而奉崇道、雲臺、鴻慶之祠者五年」。文云罷官浙東，奉祠考滿，顯係指台州崇道觀而言。朱熹差奉此祠在淳熙十年正月，二月拜命。此云考滿，知作在淳熙十二年二月。

申建寧府改正幫勘俸給狀 淳熙十一年

右熹昨於去年二月内準尚書省牒，差充上件差遣，當申使府批書，勘請俸給，蒙糧料院依職司人例幫勘。緣熹昨來雖蒙聖恩除授江西、江東提刑，當即辭免，并不曾受告赴任，難以依職司人例勘請添支。已即節次具狀申使府，乞行改正，未蒙施行。在熹私義，實難冒受。今再具狀申建寧府使衙，伏乞指揮，依條施行。謹狀。

編年　狀所言「上件差遣」，當指浙東歸來首任祠禄台州崇道觀，故尚以未實任江西、江東提刑爲由請改正俸禄，若二任、三任祠官以後，則前數年按職司人例支俸已久，何獨此時要求改正？言「去年二月」拜祠命，可知本狀作在十一年。

辭免江西提刑狀一 淳熙十四年七月二十八日

右熹見任主管南京鴻慶宮，七月二十八日，準尚書省劄子，三省同奉聖旨，朱熹除江西提點刑獄，替馬大同成資闕者。孤遠之迹，誤蒙聖恩，感激之深，豈敢辭避？實以連年災患，久病摧頹，此去赴官之期，又已不過數月，竊慮將來不堪繁劇，終須別有祈懇，已受復辭，爲罪愈大，所有恩命委實不敢祇受。其省劄已送崇安縣寄收外，欲望朝廷特爲敷奏，追寢成命，令熹依舊奉祠，以安愚分。

編年 朱熹淳熙十四年三月除主管南京鴻慶宮，秋七月除江西提刑。月日則具於文中。

辭免江西提刑劄子一 淳熙十五年春

右熹近準尚書省劄子，奉聖旨，令奏事訖之任者。熹聞命震驚，即欲依稟起發前去。實以累年以來積負憂畏，精神恍惚，耳重目昏，筋骨支離，腰痛足弱，其餘病苦發歇不常，蓋有言所不能盡者。所以昨來被命之初，即以此誠控告，未蒙俞允，不敢遽有煩瀆。今來又被前件恩旨，熹竊惟念已試無堪，再蒙收用，天地父母之恩已極隆厚，而又特降睿旨，使得奏事而行，以爲使臣光華之寵，自惟何者，有此遭逢？若使稍能自力，一造闕庭，不惟得以少慰八年犬馬慕戀之誠，面陳重疊受恩感激之意，而拜起應對之間，亦須便蒙聖主哀憐照察，不至虛有詞費，以干留令之誅。顧實衰殘，不堪扶曳，仰孤隆旨，自棄明時，望絶雲天，涕下霑臆。輒冒萬死，復罄愚衷。欲望朝廷特賜敷奏，寢罷前降指揮，令熹依舊奉祠，以終餘息。

編年 文云聖旨令奏事訖之任，乃淳熙十五年正月事。據下篇，朱熹三月十八日已離家，故此篇當作於正月至三月之間。

辭免江西提刑劄子二 四月一日 淳熙十五年

熹昨緣衰病，嘗具劄目，陳乞宮觀差遣。續準聖旨，令依已降指揮，疾速赴行在奏事訖之任。熹聞命震驚，不敢復有辭避，已於三月十八日起離前來。緣路疾病發作不常，所至濡滯，今幸已到信州。深欲勉强前進，而病勢侵加，腰脚疼痛，俯仰拜跪，極爲費力。顧以趣召之嚴，未敢輒爲歸計，不免專具申禀，迤邐前路聽候。欲望矜憐，特賜敷奏，改差宮觀差遣，令熹早得還家將理，不至狼狽道路，不勝幸甚！

編年 題下原注「四月一日」，又見下篇所言。

辭免江西提刑劄子三 淳熙十五年四月

照對熹昨蒙聖恩，令赴行在奏事，實緣衰病，嘗具劄目，陳乞宮觀差遣。續準尚書省劄子，備奉聖旨，令依已降指揮，疾速赴行在奏事訖之任。熹聞命震驚，不敢復有辭避，已於三月十八日起離前來。緣路疾病發作不常，所至濡滯，於當月三十日到信州。深欲勉强前進，而病勢侵加，腰脚疼痛，俯仰拜跪，殊覺艱難。顧以趣召之嚴，未敢輒爲歸計，已於四月初一日再具劄子申稟，迤邐前路聽候。乞賜敷奏，改差宫觀差遣，令熹早得還家將理，不至狼狽道路。尋即扶曳前來，以初四日到玉山縣等候。今已十有餘日，未見前回。竊慮所差去人在路病患，致熹愚誠未徹，稽違益久，罪戾愈深，謹復專人别具申稟。伏望鈞慈詳酌，早賜敷奏施行，不勝幸甚！

編年 文云四月四日到玉山，「今已十有餘日」，知作在四月中旬。

乞宫觀劄子 淳熙十五年六月九日

熹衰遲之迹，退閑既久，兹蒙召對，遂獲再瞻咫尺之威。又蒙聖慈擢登郎省，感戴恩寵，何以論報！伏緣熹舊有足疾，沿路偶值陰雨，感冒濕氣，遂復發動。比入都城，疾勢稍間，粗能扶持，一登殿陛。而勞曳遂增沉綿，伏枕呼號，兩脛如割，是以被受省劄累日，未能赴部供職。雖已具申，乞給朝假將理，竊慮未有痊愈之日，稽留成命，義有未安。欲望特賜敷奏，改授一在外宫觀差遣。

編年 文云「兹蒙召對」、「擢登郎省」，指淳熙十五年六月七日奏對延和殿，除兵部郎官。其上劄日參下篇。

辭免江西提刑狀二淳熙十五年六月

熹衰悴餘生，養痾待盡，聖上不忍棄捐，復加收用，且令奏事而去。自惟孤遠，何以上軫記憐？感激恩遇，未知報塞，固當聞命即日引道，實緣頻年憂患，疾病多端，不免具狀陳乞祠禄。既不得請，即不敢家居固辭，而力疾就道。行次信州，脚氣果作，兩次遣人復申前請，俯伏俟命。凡歷四旬，幸而調治稍安，且有促行之命，即遂扶曳前進。然自入國門，右足復痛，中間幸得小愈，始克進望清光，面陳愚悃，悉荷開納。於熹志願，豈復有它？而奏對之時，左足已痛，繼以參謁，勞動有加。及至次日，特蒙聖恩，除熹兵部郎官，則痛楚已甚，宛轉號呼，不能履地矣。熹以未能即日拜命供職，即具申朝廷，給假將理。是晚忽有吏人抱印前來，令熹交割。熹以未曾供職，不敢收領。嘗具公狀劄子回申，本部并無回報，但令吏人指揮必要交印。熹又具劄子陳懇，亦不收受。熹不得已，遂令吏人在安下處同共看守，呻吟少暇，即令呼唤嚴切照管，擬俟病愈，赴部供職。凡此本末，衆所共知，守印吏人亦皆見聞，未嘗敢有毫髮偃蹇邀求之意。而次日傳聞長貳已有劾章，熹不敢自辯，即時具狀請祠回避。復蒙聖慈曲賜全護，使得仍舊持節江西，并與放行累年磨勘。在熹愚分，優幸已深，即合奔走赴上，以圖報稱。而繼聞論者謂熹奸妄，過有邀求，目爲亂人之首，加以事君無禮之罪，對衆宣言，遠近傳播。聞之駭懼，益不自勝。但以去國未遠，嫌於紛競，不敢遽然有請。今迤邐西行，浸迫所部，竊自思念，爲人臣子而有此名，罪當誅戮，豈可復任外臺耳目之寄？政使聖恩寬貸，在熹亦何面目可見吏民？兼熹所患足疾，日困奔馳，不得休息，乍止乍休，未能一向痊平，而江西憲司久闕正官，若更遷延日月，則是以熹衰病嫌疑之故，久廢一路之事，稽留朝命，爲罪愈深。熹除已一面還家待罪，欲望朝廷特賜敷奏，詳熹罪狀，實如論者之言，即乞重行黜責，使得杜門念咎，畢此餘生，熹不勝幸願祈懇之至！伏候指揮。

〔小貼子〕或謂熹之此請，迹涉違慢，恐實論者之言，反速大戾。熹竊自念前日奏對劄子，兩論刑獄利害，一論經總制錢不當立額，一論江西諸州科罰之弊，熹之區區，豈是妄有邀求，厭薄外使？但以今者自致煩言，不堪耳目之寄，須至陳懇。天日在上，必蒙監照，欲乞并賜敷奏施行。

編年 文中言由兵部郎官改除江西提刑始末甚詳。文云「今迤邐西行，浸迫所部」，朱熹離京在六月十二日，則此狀當作於其後數日。參年譜長編。

與宰執劄子 淳熙十五年六月

熹輒有危悃，冒干鈞聽：熹一介孤遠，久荷聖知，兹者曲被記憐，擢自冗散，付以一道祥刑之寄；又使得以職事奏對，面賜褒諭，留置省曹。在熹何人，可以報稱？實以素有足疾，在道屢作，自入國門，右足先痛，中間小愈，僅能扶持入對，行立稍久，即覺左足復痛，不能支吾。既出宫門，復行參謁，即遂大痛。比及被受省劄，則已赤腫拘攣，不能履地矣。以此不得即日供職，亦嘗申省請假，即非有它。而傳聞長貳遽有封章，劾其奸妄，指爲亂人之首，加以事君無禮之罪。雖聖朝廣大，曲加掩覆，使之得以私請，復畀舊官，從容而去，然彈文喧播，罪戾著聞。竊自揣量，若使果如所言，則熹罪當誅戮，豈可復叨外臺耳目之寄？今有公狀申省待罪，伏望鈞慈特賜敷奏，重行黜責，使得杜門屏迹，深自循省，不勝萬幸。

編年 此與上篇同時所作甚明。其云「今有公狀申省待罪」，即指上篇。

辭免江西提刑狀三 淳熙十五年七月

右熹昨爲兵部侍郎林栗抗章劾數其要君拒命、作僞無禮之罪，幾數百言，得之傳聞，不勝駭懼，遂不敢前赴新任，而具狀申省，伏候嚴譴。今準尚書省劄子，六月二十六日奉聖旨：「朱熹力疾入對，奏劄皆論新任職事，朕諒其誠，復從所請，可依已降指揮，疾速之任。」熹拜受伏讀，感極涕零。伏惟天日之明，洞燭幽隱，凡群下之誠僞曲直，蓋無所匿其情者。以至皇慈廣覆，不間微賤，優容之至，辨白之詳，撫喻之温，褒借之寵，則又有非疏遠小臣所當得者。誠宜祗承德意，拜命即行。而熹歸途踏熱度嶺，足疾又頗發動，委是不任起發前去。又況林栗見今在職，餘憤未平，萬一事有統臨，必至重遭按治。孤遠之迹，誠不自安。欲望朝廷哀憐，特賜敷奏，寢罷元降指揮。或恐聖慈閔其貧病，即乞委曲開陳，特與宫廟差遣一次，使得杜門念咎，畢此餘生，千萬幸甚！謹具狀申尚書省，伏候鈞旨。

編年 據年譜長編。

與宰執劄子淳熙十五年七月

熹輒有私懇，仰干公聽：熹昨以疾病未愈，誣詆未明，不敢祇赴新任，輒以公狀申省待罪，及具劄子控瀝鄙懷。近者伏奉省劄，仰聆玉音，乃知聖明已垂深照，辨理昭晰，訓喻丁寧。三復以還，不勝感涕。實以所苦足疾在路踏熱，頗有增加，而林侍郎列職中臺，尚須回避，除已別具申省文狀，陳乞敷奏施行外，敢復具此，冒昧崇聽。欲望鈞慈矜念，早賜開陳，俾寬彈射之虞，獲酬香火之願，熹不勝幸甚！

編年 此與上篇同時所作甚明。

辭免磨勘轉官狀淳熙十五年七月

右熹今月二日準尚書吏部降到告命一道，磨勘轉朝奉郎者。伏念熹昨以無能，跧伏林野，聖慈過聽，特改京官，在熹之愚，已出望外。後來雖有考第，合該磨勘，緣熹改官之後，一向奉祠，即無勞效可考。中間雖曾實歷知南康軍一任，及提舉浙東常平數月，又已各蒙聖恩，特除貼職，所以不敢妄有陳乞，自速貪冒之罪，以負褒擢之恩。今來不謂方被重劾，反蒙聖知，仍舊差遣，特詔有司給還磨勘，以寵其行，致有上件恩命。仰戴天慈，雖深感激，俯循私分，敢負夙心？兼以近方具狀申省，回避兵部侍郎林栗，仍乞宫觀差遣，所有恩命，熹實不敢無故祇受。除已送建寧府寄收外，謹具狀申尚書省，伏乞敷奏，收回所降告命，以安愚分，伏候鈞旨。

編年 據年譜長編。

與宰執劄子 淳熙十五年七月

熹輒有愚悃，仰干鈞聽：熹昨以蹤迹孤危，懇求祠禄，未奉進止，方竊凌兢，忽蒙尚書吏部遞到磨勘轉官告命一道。熹實以自昨改秩以來，累任祠官，無績可考。中間兩被任使，又已各蒙除授職名，所以前後不敢陳乞磨勘，即非固爲矯激。又況今來方被重劾，曲荷寬恩，揆之師言，已爲幸免，豈敢無故冒當聖世陟明之典，上累公朝責實之政？除已具狀申尚書省，欲望鈞慈特賜敷奏，追寢前命，則熹不勝千萬大幸！

編年 此與上篇同時所作甚明。

辭免直寶文閣狀 淳熙十五年八月

熹昨以妄庸，薦叨除用，辟言引疾，曲荷俯從，省已顧私，不任感激。所有宫觀差遣，熹已即時望闕謝恩祇受訖。惟是進職恩命，眷獎隆深，自顧么微，莫堪稱塞。兼睹近制，内閣清班非有勛庸，不輕遷授。而熹無狀，行不掩言，無以取信交游，以至自貽訴辱。既勤聖慮，復紊朝綱，罪則已多，功於何有？靦顔冒受，義實難安。欲望朝廷特賜敷奏，追寢成命，令熹且以舊官竊食祠館，不勝榮幸。伏候指揮。

編年 據年譜長編。

與宰執劄子 淳熙十五年八月

熹輒有愚懇，仰塵鈞聽：熹昨者辟言引疾，曲荷矜憐，已遂奉祠之請，不勝幸甚。但蒙聖恩横加職秩，俯循愚分，仰稽近制，皆有所未安者，謹已具狀申省辭免。欲望鈞慈深察誠悃，早賜敷奏，特與施行，則熹尤不自勝千萬幸願之至！

編年 此與上篇同時所作甚明。

辭免召命狀 淳熙十五年九月

右熹準九月二十六日尚書省劄子，奉聖旨：朱熹召赴行在。熹聞命震駭，不知所爲。伏念熹今年六月已蒙賜對，狂妄無取，被劾而歸。雖蒙聖明始終臨照，遷官進職，曲示寵光〔一〕，自揣安庸，莫勝負荷，俯仰跼蹐，慚懼已深。獨念凡此誤恩，皆爲許其閑退，故竊冒受，不以爲嫌。不謂皇慈未忍捐棄，復加收召，俾造闕庭。區區臣子之心，豈不深願乘此幸會，再見君父，庶以畢其前日未盡之餘忠？顧以方竊難進易退之褒，遽爾復爲彈冠結綬之計，則其爲世觀笑，不但往來屑屑之譏，又況朝廷舉措之重，亦有不宜數爲天下有識所窺者。熹誠恐懼，不敢冒進。乞賜敷奏，收還前件指揮，使得卒被矜憐惠養之厚恩，不至上誤訓辭褒勸之隆指。伏候指揮。

編年　文云「今年六月已蒙賜對」，知作在淳熙十五年。其月份具於文中。

校記　〔一〕示：原作「賜」，據宋閩、浙本改。

與辛執劄子 淳熙十五年九月

熹輒有愚悃，敢冒公朝之聽：熹昨丐祠禄，休養衰殘，曲荷矜從。方此拜命，忽爾并被堂帖，又蒙聖恩收召。聞命震惕，無所自容。顧以今夏已嘗進對，尋被彈劾，惶懅而歸。半年之間，屢叨榮寵，若不自揆，復此奔趨，是使詔褒悉爲虚語，龍斷之誚，熹竊懼焉。又況意廣才疏，頭方命薄，儻復更遭詆辱，不惟愈傷士氣，亦恐重爲朝廷之羞。已具狀申省辭免，欲乞鈞慈特賜敷奏，得遂追寢，實爲厚幸。

編年　此與上篇同時所作甚明。

辭免召命奏狀 淳熙十五年十一月一日

右臣輒有愚懇，上瀆天威：臣伏自今年六月蒙恩賜對，繼叨除授，寵數重疊，卒畀祠禄，以遂退藏。感激方深，慚懼亦劇。曾未逾月，又蒙收召。臣以屢蒙褒嘉，不敢復希榮進，具狀申省，乞賜寢罷。而陛下過恩，未即開允，仍詔疾速趨赴行在。臣聞命震恐，不知所爲。顧念前狀所陳已極詳盡，未蒙聖照，不敢頻煩。竊自惟念昨者進對，迫於疾作，口陳之説有所未盡，即嘗面奏，乞具封事以聞。至今日久，未得投進，恐或以此之故，再煩趣召之嚴。内省稽違，不勝恐懼。今謹撰成奏疏一通，準式實封，隨狀投進。伏望聖慈少賜觀覽，則臣雖不獲身到闕庭，亦與面對指陳無異。陛下幸試察焉，如其可行，則采其狂妄之言而全其進退之節，臣之幸也。如不可用，亦乞聖明哀憐其愚，曲加裁赦，只與寢罷元降指揮，亦臣之幸也。草野賤微，干犯斧鉞，下情無任危懼戰栗之至。謹録奏聞，伏候敕旨。

編年　文云「撰成奏疏一通，準式實封，隨狀投進」，指卷十一戊申封事。據以繫年。

申省狀 淳熙十五年十一月一日

右熹昨嘗具狀申，乞敷奏寢罷召赴行在指揮。今準尚書省劄子，奉聖旨不許辭免，疾速赴行在者。熹聞命震恐，不能自勝。伏念臣之事君，猶子事父，東西南北，唯命之從，此古今不易之理也。矧熹至愚，遭遇明聖，不忍終棄，曲賜甄收，私義未安，不免辭避，未蒙開允，猶復有言，揆以常情，實乖臣子之禮。然熹之愚悃，前狀敷述已極詳明，今更不敢喋喋以煩公聽。惟是今年六月蒙恩賜對，時以迫於疾作，口陳之説不獲究盡，即嘗面奏，乞具封事以聞。至今日久，未得投進。恐或以此之故，再煩收召之嚴。内省稽違，不勝恐懼。謹已繕寫，準式實封，遣人賫擊，詣闕通進。若使狂妄之言得塵聖覽，即熹雖不獲身到闕庭，亦與面對口陳無異。必蒙聖慈許其辭免，以全進退之節。除已具狀奏聞外，謹具狀申尚書省。伏乞更賜敷奏，寢罷元降指揮。伏候鈞旨。

編年 此與上篇同時所作甚明。

與宰執劄子 淳熙十五年十一月一日

熹昨具狀劄，懇辭召命，兹被恩旨，未賜允俞。熹之微誠已具前牘，不敢重陳，以煩公聽。今謹撰到奏疏一通，準式實封，具狀繳進。及别具狀，略述鄙誠，恭扣廟堂，乞賜敷奏。欲望鈞慈照察，早垂矜念，使得遂其所請，不至久稽宸命，以乖臣子之恭，則熹不勝幸甚。干冒威尊，伏增震悚。

編年 此與上二篇皆同時所作甚明。

申登聞檢院狀 淳熙十五年十一月一日

右熹昨於今年六月蒙恩賜對，偶以足疾發作，更有口陳事理未得殫盡，嘗即面奏，乞許續具封事以聞。至今日久，未獲投進。兹者又蒙聖恩，輒敢撰到奏疏一通，準式實封，遣人賫擊，詣闕投進。并述愚誠，懇辭恩命。謹具狀申行在登聞檢院，欲望依法施行。謹狀。

編年 此亦與上三篇作在同日，蓋同時四文也。

辭免崇政殿説書奏狀淳熙十五年十一月三十日

右臣昨蒙收召，懇辭未獲，輒敢具奏，再申愚悃。自惟冗賤，輕犯天威，方此踧踖，以俟嚴譴，今月三十日，忽準省劄，奉聖旨，差臣主管西太一宫，兼崇政殿説書，疾速前來供職。臣聞命震恐，無地自容。伏念臣本以今歲以來屢叨恩奬，不敢祇赴召命，又慮稽違日久，有乖承命之恭，以故不免籲天陳誠，冀蒙開允。至於輒干斧鉞，冒進封章，亦幸聖明察其淺妄，庶幾必遂退藏之願。不謂聖恩隆厚，天度并包，雖閟俞音，亦寬刑典，其爲感激，已不勝言。而又特降除書，俾侍經幄。竊惟此職屢得真儒，實闡聖猷以開帝學，職親地密，任遇非輕。顧臣何人，敢與兹選？又况方祈閑退，反得超陞，冒昧之嫌，亦難自解。在臣私義，尤所未安。伏望聖慈俯察誠款，特賜寢罷元降指揮，令臣仍奉外祠，以全素守，不勝幸甚。干冒宸嚴，臣無任恐懼隕越之至。謹録奏聞，伏候敕旨。

編年 據年譜長編。文云「今月三十日」，即指十一月三十日。

申省狀淳熙十五年十一月三十日

右熹昨以懇辭召命，未蒙開允，輒具奏聞，及申尚書省，乞賜敷奏。今月三十日，忽準尚書省劄子，奉聖旨，差熹主管西太一宫、兼崇政殿説書，疾速前來供職者。熹方祈自屏，反被殊恩，聞命震驚，莫知所措。已再具狀奏聞，乞賜寢罷外，更乞朝廷特賜敷奏，早降指揮，以安愚分，熹不勝幸甚。謹具狀申尚書省，伏候鈞旨。

編年　此與上篇同時所作甚明。

與宰執劄子 淳熙十五年十一月三十日

熹輒有愚誠，仰干朝聽：熹昨以控辭召命，未蒙開允，僭率具奏，深懼犯干。乃蒙聖恩，擢侍經幄。自惟山野，方願退藏，反速褒陞，益深悚仄〔一〕。已具奏狀懇辭，及申朝廷，乞賜敷奏外，欲望鈞慈察熹所陳即非備禮，早賜將上，令熹依舊得竊外祠之禄，以畢餘年，不勝大幸。冒瀆威尊，伏深戰栗。

校記　〔一〕仄：原缺，據宋閩、浙本補。

編年　此與上篇同時所作。

辭免秘閣修撰狀一 淳熙十六年二月

右熹昨具奏狀，辭免主管西太一宫，兼崇政殿説書恩命。今月十一日，準尚書省劄子，奉聖旨依所乞，可除秘閣修撰，仍舊宫祠。熹已即時望闕謝恩，復還舊任，下情不勝感戴欣幸之至。

唯是進職指揮，竊緣去秋方蒙聖恩直寶文閣，懇辭不獲，祇受無名。自頃至今，曾未五月，每自循省，慚懼日深。今來只因辭免新除，别無絲髮勞效，復有前件優異之恩，比之去年，尤爲超躐。恭惟聖主隆天厚地之施，豈一介疏遠小臣所敢辭避？實以公朝爵賞之重、私心義理之安交有所妨，决難冒受。欲望朝廷深賜矜察，特爲敷奏，寢罷元降指揮，庶幾少安愚分。謹具狀申尚書省，伏候鈞旨。

編年　朱熹除秘閣修撰在淳熙十六年正月二十三日，文云「今月十一日」，則在二月可知。

與宰執劄子淳熙十六年二月

熹輒有私懇，仰干公聽：熹近準省劄，恭被聖恩，以熹辭免内祠經幄之命，俾以中秘論撰之職復歸故官。熹謹已拜恩，還理舊任，感幸之至，不可勝言。唯是進職無名，頻繁超躐，不唯分義之守有愧私心，亦恐過誤之恩未厭公議，已具狀申尚書省，乞賜敷奏寢罷。又念所請實出至情，即非尋常備禮辭遜，是以復此干冒威尊。欲望矜憐，早賜處分。熹下情無任祈扣迫切之至。

編年　此與上篇作在一時甚明。

辭免秘閣修撰狀二淳熙十六年四月二十二日

右熹四月二十二日準尚書省劄子，以熹辭免秘閣修撰恩命，奉聖旨不許辭免。仍準吏部降到告命一道，授熹前件職名者。聞命感激，不知所言。伏念聖朝爵賞之重，小臣分義之安，前狀敷陳已極詳備，不敢重出，以煩公聽。獨觀近事，蓋有曾任執政臣僚，見帶職名，起鎮藩服，丐祠得請，進職一階，有命未行，已復報罷者。况熹微賤，非彼之倫，而誤寵横加，乃超三級，則又非特如彼之序進而已。法義昭著，比類明白，不待有識而後知其不可。此熹所以不避再三之瀆，而敢復有辭者也。又况熹本以賤貧，應舉干禄，豈敢輒忘君臣之義，妄意山林之高？前後所以累辭恩命，實緣自度卑鄙，無以仰稱所蒙。至如中間東浙救災之役，稍可勉效驅馳，即便承命以行，未嘗一辭丐免。其後節次該遇霈恩，合得恩例，熹亦隨衆陳乞，此亦足以見其非敢矯情飾詐而罔上以要名矣。今者所陳，實以决無可受之理，所以不量螻蟻之賤，屢觸雷霆之威。儻未允從，不容苟止。伏惟朝廷深察此意，力賜開陳，特與追寢誤恩，或令且帶舊職，庶幾仰全壽皇眷知惠養之意，昭示聖主涵容覆露之恩，免使戇愚自取夷滅，則熹不勝千萬幸願之至。所有告命不敢祗受，已送建寧府寄收訖。謹具狀申尚書省，伏候鈞旨。

編年 朱熹除秘閣修撰在淳熙十六年正月末，此稱四月二十二日準省劄，據以繫年。

與宰執劄子 淳熙十六年四月二十二日

熹有危迫之懇，不避誅斥，再犯威嚴，伏望高明少賜憐察。伏念熹昨以蒙恩進職，輒具辭免，非敢矯情飾詐，罔上盗名，實以僥冒重疊，獎拔超逾，稽之國常，揆以私義，决無可受之理，故輒冒昧，日冀允從。不謂愚衷未能上達，不免復具公狀，引例陳情。切望鈞慈深照本末，詳賜開陳，得蒙聖恩，俯從卑願，則熹不勝千萬幸甚。干瀆再三，俯伏俟罪。

編年 此與上篇同時所作甚明。

朱熹文集編年評注卷二十三

辭免

辭免江東運使狀一 淳熙十六年八月九日

右熹見任主管西京嵩山崇福宫，忽於今月九日準尚書省劄子，奉聖旨，朱熹除江東轉運副使，填見闕，不候受告，疾速之任，任滿前來奏事。熹聞命震驚，不知所措。伏念熹空疏無取，疾病早衰，入仕四十餘年，止是循常竊禄，本無奇節可以逾人。徒以屢蒙恩私，横加除用，間有非其分之所當得與其力之所能堪者，不得不控辭以干朝聽。而傳聞不察，指目多端。獨荷壽皇天日之照臨，許全素守；又辱聖主雲章之藻飾，誤借寵褒，遂得偷安里閭，畢願香火。在於愚分，已極叨逾。不謂聖恩記憐，遂加任使。仰惟始初清明之日，正是賢智馳騖之秋。顧雖殘廢之餘，豈不願效尺寸？實以積衰既久，百恙交攻，心剿形疲，視昏聽重，竊自揣度，決然不堪一路耳目之寄。若不祈哀丐免，必致自取顛隮。兼熹祖鄉徽州，正屬本路，見有墳墓宗族田産在婺源，竊慮在法亦合回避。欲望朝廷洞照本末，曲爲敷奏，特與追寢新命，令熹復還故官，庶幾少安愚賤之迹，則熹不勝千萬幸甚。謹具狀申尚書省，伏候鈞旨。

編年　據年譜長編。

與宰執劄子 淳熙十六年八月九日

熹輒有愚誠，仰干崇聽：今者伏蒙聖恩，除熹江南東路轉運副使。此蓋廟堂光輔聖主，圖起治功，既已并用群材，不忍獨遺一士之意，非特熹之私幸。然熹以久病積衰，目昏耳重，心力凋殘，動多遺忘，自度不堪公朝一道之寄，已具狀申尚書省，乞賜敷奏寢罷去訖。其間所陳病證，皆有實迹，不敢輒有一詞之僞。至於墳墓田産，有嫌當避，理亦明甚。欲望洪造矜憐，早賜將上，曲爲開陳，使得依舊竊食祠官，以安賤迹，實熹疾病孤危千萬之幸。干冒威尊，不勝俯伏震懼之至。

編年　此與上篇同時所作甚明。

辭免江東運使狀二 淳熙十六年十月二十一日

右熹十月二十一日準尚書省劄子，據熹辭免新除江南東路轉運副使恩命，及回避祖鄉田産事，十月五日奉聖旨，免回避，依已降指揮疾速之任。熹已於當日望闕謝恩訖。竊聞臣之事君，猶子事父，東西南北，唯命之從。熹雖至愚，敢忘斯義？又况平生碌碌，初無奇節，今者該遇覃恩轉官，改賜章服，并是隨衆陳乞，冒昧祇受，豈敢獨於聖恩除授差遣，乃飾它詞，固爲遜避，上干違命之誅，下速近名之謗？實以衰病支離，不容勉强。且於衆疾之中，目昏爲甚。今但拜官入境，便有吏民訴訟，遮擁道路，百十爲群，若但草草一觀，備禮撥遣，即於愚心有所未安，若欲子細披閲，必期有以上副使令，下慰民望，則熹之目力實所不堪。未論其它職業曠廢，只此一事，便見疏虞。在熹孤蹤，固難逃於吏議；而於公朝推擇之意，亦豈不至上累聖明？反復思惟，益增惶懼，不免復此控訴，祈免誤恩。欲望朝廷特賜敷奏，令熹仍舊奉祠竊禄，以安愚分。干冒威尊，下情不任戰灼之至。謹具申尚書省〔一〕，伏候鈞旨。

〔小貼子〕熹所陳回避田産事，雖蒙聖恩特免回避，然熹宗族衰微，子弟猥衆，當此之際，豈無夤緣侵擾鄉鄰、紊煩官府之害？故雖未敢祇受，而已不勝憂懼之懷。然不敢專以此事爲辭者，蓋恐又煩朝廷换移别路差遣，而熹衰病，終是不堪，又須再有塵瀆，則熹獲罪愈深，無由自解。伏乞鈞慈俯賜憐察。

校記　〔一〕「具」下宋浙本有「狀」字。

編年　此承上二篇而作，月日具於文中。

與宰執劄子淳熙十六年十月二十一日

熹輒布腹心，仰干造化：熹昨蒙聖恩，擢貳江東將漕之寄，自度衰病，不堪任使，且有故里之嫌，恐招物議，即已具狀辭免。今乃蒙恩特免回避，仍令疾速之任。仰認隆指，感極涕零。但熹衆疾所攻，目眚爲甚，受理詞訴，搜尋案牘，皆有所不堪者。竊恐黽勉到官，必致曠闕，上誤委寄，爲罪益深。已有公狀申尚書省，欲望鈞慈特賜將上，冀蒙聖慈矜閔，追寢前命，仍畀祠禄，以安愚分，則熹區區不勝幸甚。干瀆崇嚴，無任俯伏俟罪之至。

編年 此與上篇同時所作甚明。

辭免知漳州狀 淳熙十六年十一月下旬

右熹準尚書省劄子，奉聖旨差知漳州，填見闕，不候受敕，疾速之任，候任滿前來奏事者。伏念熹昨者懇辭江東恩命，陳乞依舊祠禄，今準前件指揮，雖未盡從所請，然已極爲優幸。自惟么麼，無所取材，乃蒙聖主覆冒容載之恩，公朝委曲成就之意至於如此，豈宜復有辭避，以重違命之誅？實以所苦目疾昏暗愈甚，省閲書判，皆有所妨。若不自量，冒昧祗赴，必至貽患千里，獲罪非輕。是以再三籌度，終不獲已，而復敢冒鈇鉞之威，以畢前懇。欲望鈞慈特賜敷奏，令熹依舊奉祠，以安愚分，固爲莫大之幸。或且別與僻遠閑慢差遣一次，使得少效微勞，仰承德意，而免於曠職殃民之罪，以全晚節，則亦熹之幸也。謹具狀申尚書省，伏候鈞旨。

〔小貼子〕竊見諸路帥司參議之屬，比之宫觀，粗有職業，但以禮秩太優，不敢陳乞。若蒙陶鎔，使得備數，過望幸甚。

編年　據年譜長編。

與宰執劄子 淳熙十六年十一月

熹輒有私懇，仰干公聽：熹昨者懇辭江東恩命，已蒙聖恩改畀郡紱。此蓋廟堂矜憐衰朽，曲賜陶鎔，有以及此，幸甚幸甚！但熹所苦目疾，比復增劇，自度决然不任郡事，已具狀申省，乞許辭免。若蒙矜憐，令熹依舊奉祠，固爲甚幸。或與改一閑慢差遣，使得少效微勞，仰承德意，而免於曠職殃民之罪，則於熹亦爲甚幸。屢瀆威嚴，俯伏戰汗。

編年　此與上篇同時所作甚明。

辭免知漳州劄子 淳熙十六年十二月

熹伏準尚書省劄子，以熹辭免差知漳州恩命，令熹依已降指揮，疾速之任者。螻蟻寸誠，未能上達天聽，又迫已行之命，有不容勉强者，敢復控辭，以干洪造。伏念熹多病早衰，本非一證，昨以餘疾雖切己身，未至有妨職事，以故不敢一一陳述，而專以目眚爲言。又念聖主臨御之初，非是臣子堅卧固辭之日，以故不敢必求祠禄，而并以閑局爲請。區區愚悃，自謂必蒙矜憐。不意廟堂未察其私，不爲及時將上，使熹違命日久，進退無據。今又反蒙朝命督趣，危懼益深，是以不免復此控訴。伏望鈞慈俯垂聽察，特與敷奏，除熹依舊宫觀，或合入閑慢差遣一次，使熹得以尋訪醫藥，休養衰殘，庶幾未死之前，或可別聽驅策，則熹不勝千萬幸甚！干冒威嚴，無任俯伏俟罪之至。

編年 前辭免知漳州狀作在十一月末，則此再辭劄子當在稍後，不允則拜命矣。

自劾本州地震及患脚氣不能祗赴錫宴妨廢職務乞賜罷黜奏狀 紹熙元年十月末

右臣中年病廢，久託祠官，近蒙聖恩，起分符竹。到任今恰半年，却無大段疾痛。又被聖訓，令臣相度本州先行經界利害。臣竊自幸，以爲若得憑恃威靈，更且强健，誓當竭力奉行仁政，使一方千里之内，貧富之民各得其所，而州縣之間亦得以隱覈奸欺，實出失陷財賦，而免於白撰歲計、違法害民之弊。而臣不幸賦性至愚，臨事多暗，刑政乖戾，侵迫陰陽，當州境内自九月以來累次地震，臣實恐懼，未及申奏待罪，而舊苦脚氣忽然發動，痛楚寒熱，倍於常年，遍傳兩足，連及右臂。以至會慶聖節滿散錫宴之日，病勢方劇。臣以臣子之誼不敢自安，亟欲强自扶掖，少伸三呼百拜之恭，而筋骨拘攣，不容自力，憂悸反側，無地自容。只此一節，已無心顔可居士民之上。又况在告日久，獄訟稽留。今雖略能强起視事，而病中服藥，出汗過多，氣血精神，日益凋耗。一郡軍民之務，日有萬端，思慮少或不周，爲害非細。加以年歲向晚，播穀有期，而所請經界至今未奉進止。設使即今便蒙行下，已是後時，雖欲竭力奉行，終恐不免緩不及事之責。以是思惟，憂惶怵迫，不知所以爲計，輒冒萬死，哀籲以聞。伏惟聖慈察臣守土失職、事上不恭之罪，特賜罷黜，投之遠裔，以爲中外臣子之戒，臣死且不朽。儻或憐臣愚暗拙疏、疾病狼狽之實，不加大譴，曲賜保全，使臣得以自裹殘骸，歸窆故土，亦死且不朽。干犯天威，臣無任震懼隕越之至。謹録奏聞，伏候敕旨。

編年 文云「到任今恰半年」，朱熹至漳州任在紹熙元年四月二十四日，則此狀作在十月末可知。

乞宫觀劄子 紹熙二年二月

熹輒有哀懇，仰瀆崇聽：熹昨以被病，不堪郡寄，輒露投閑之請。伏蒙聖恩未賜俞允，亦會賤軀稍可支吾〔一〕，不敢再有陳乞。續準轉運司牒，被奉聖旨，許令本州先行經界。熹即已遵稟，日逐講究，漸見倫緒，只俟秋冬下手打量，意謂可以少效疲駑，仰副使令之意。而熹無狀，行負幽明，長男暫往婺州，遽爾夭殁。不惟老病之餘不堪悲痛，而料理喪葬、收拾遺孤，相去隔遠，私計實有未便。雖欲强自扶持，黽勉從事，勢有不可得者。欲望鈞慈特爲敷奏，復俾奉祠，退歸田里，則熹父子存殁均被莫大之恩，不勝千萬幸甚！

校記 〔一〕賤：原作「殘」，據宋閩、浙本改。

編年 朱熹長男朱塾病故於紹熙二年正月二十四日，此劄以此爲乞歸之由，可知作在稍後，從王懋竑朱子年譜置於二月。

辭免秘閣修撰狀一 紹熙二年四月二十七日

右熹昨蒙聖恩，權發遣漳州事，在任陳乞奉祠。今月二十七日，準尚書省劄子，奉聖旨，依淳熙十六年正月二十三日指揮，除秘閣修撰，差主管南京鴻慶宮，任便居住。熹已於當日望闕謝恩，將本州牌印職事交割次官通判軍州事高伉管幹訖。獨念熹以愚賤疏遠，無所能似，昨者誤蒙至尊壽皇聖帝非常之知，已曾除授前件職名。熹以無名授受，力具辭免。適當聖上即政之初，已荷聖恩特降褒詔，曲從其請。自爾以來，曾未再期，守郡一年，又無絲髮勞效可紀，特以禍患，輒丐便私，已乖陳力致身之義。方竊恐懼，不謂天慈矜閔，許以投閑，復申前命，有此超躐。內自循省，何以克堪？所有前件除秘閣修撰恩命，熹實不敢祇受。欲望朝廷特爲敷奏，許熹辭免，則不惟在熹愚分不貽冒受之譏，其於公朝，亦免輕授之失。熹下情無任懇禱激切之至。謹具狀申尚書省，伏候鈞旨。

編年 文云「守郡一年」，朱熹至漳州任在紹熙元年四月二十四日，則知此狀作在翌年四月，其日則具於文中。參年譜長編。

與宰執劄子 紹熙二年四月二十七日

熹輒有誠懇，仰干崇聽：熹昨以禍患，陳乞祠祿，以便私計，伏蒙聖慈矜憐，即賜開允。

區區私義，實有所不自安者。已具公狀申尚書省，欲望鈞慈特賜敷奏，收還成命，令熹且以舊職寅奉真游，而免於受爵不遜之譏，則在熹愚分，榮幸已多。伏惟高明俯垂照察。

編年　此與上篇同時所作甚明。

辭免秘閣修撰狀二 紹熙二年七月四日

右熹七月四日準尚書省劄子，以熹辭免新除秘閣修撰恩命，奉聖旨不許辭免者。陳誠未力，聞命不遑，謹已即日望闕謝恩訖。伏念熹昨於淳熙十六年内被前件恩除，兩具辭免，所陳事理已極詳備，所以當時便蒙開允。今者乃以私故丐祠，又叨申命之寵，在熹愚分，尤所未安。蓋若使熹在任之日遭罹災患，而能抑制私情，黽勉王事，究宣聖朝經界之仁政，以惠千里侵冤失職之民，或於懇求去郡之際，遂能辭榮納禄，致其爲臣之事，以謹不能者止之戒，則朝廷之旌勞獎退猶頗有名，而熹之辭受取舍尚不爲甚無説者。今皆不然，則於前此所陳之外，又有此不當受之説二焉。是以雖迫宸命之嚴，而顧慮徘徊，進退無據，不免上冒瀆尊之罪，下觸干名之嫌，復控血誠，仰干公聽。欲望鈞慈特爲敷奏，收還已行告命，別降敕牒指揮，令熹且以舊帶職名仍充祠官差遣，則在熹已不勝其過分叨榮之幸。干冒威嚴，皇恐無地。伏候鈞旨。

編年　此承上二篇，其月日具於文中。

與宰執劄子 紹熙二年七月四日

熹輒有愚昧不移之懇，再冒威嚴，仰瀆鈞聽：熹一昨辭免新除秘閣修撰恩命，近準省劄，奉聖旨不許辭免。在熹微賤，曲荷天慈，寬其狂僭之誅，加以申命之寵，固不當再有辭避。然反覆以思，在任既無尤異可賞之功，求去又無廉退可褒之節，靦顔冒受，實懼無名。謹已再具公狀申省辭免，欲望特賜矜憐，都俞之際，曲爲敷奏，得從所乞，實爲至幸。干冒頻煩，伏深戰栗。

編年 此與上篇同時所作甚明。

辭免湖南運使狀一 紹熙二年十月九日

右熹十月九日準尚書省劄子，奉聖旨除熹荆湖南路轉運副使，填見闕，不候受告，疾速之任，任滿前來奏事。熹聞命震驚，罔知所措，已於當日望闕謝恩訖。伏念熹前任假守漳州，適緣長男物故，輒丐閑秩，歸治喪葬。蒙恩得備祠官，到任方及月餘，凡百經營，未有次第。加以憂患摧頹，精力衰耗，雖欲痛自策勵，勉赴事功，終恐無以仰稱使令之意。欲望朝廷特爲敷奏，收還成命，令熹且食祠禄，以終餘年，不勝千萬幸甚。謹具狀申尚書省，伏候鈞旨。

編年 據年譜長編。

與宰執劄子 紹熙二年十月九日

熹輒有愚懇，仰干公聽：熹昨以私家患難，乞歸治葬，伏蒙矜憐，陶鑄祠禄。今來到任方及一月，貧家舉動費力，凡百尚未就緒。今者忽被聖恩，付以湖南將漕之節。仰體皇慈不遺孤遠之意，不勝感荷激切之至。然熹之家事如前所陳，而憂患以來，精力凋耗，竊恐無以仰副使令，自速罪戾。欲望某官特賜敷奏，收還成命，令熹且食祠禄，以終餘年，則熹不勝千萬幸甚。冒瀆威嚴，俯伏俟罪。

編年 此與上篇同時所作甚明。

辭免湖南運使狀二 紹熙二年十月至十二月

右熹昨具狀辭免新除荆湖南路轉運副使恩命，近準尚書省劄子，奉聖旨不許辭免，仍依已降指揮，疾速之任。熹已於當日望闕謝恩訖。仰戴皇慈容覆之深，恭體聖訓丁寧之切，極知臣子之義不當復以家事爲辭，便欲起發前去，祗服賤事〔一〕，以稱明詔。顧竊惟念昨者蒙恩假守漳州，伏值聖旨行下臣僚申請，乞行本州經界，令熹相度聞奏。熹竊見本州紹興年中經界良法方行遽罷，貧民産去税存，不堪追呼之擾，富家業多税少，益長兼并之勢，後來朝廷節次欲再舉行，皆以豪右浮言沮撓而輟，積至于今，苦樂不均，公私受弊，有害國家發政施仁之實，日甚一日，無有窮已，是以不勝憤懣，即以己見論其當行。本路諸司審此曲折，亦已條具申奏。伏蒙聖恩特從所請，貧民下户欣幸方深，而鄉官土豪已慘然不樂，怨謗蜂起矣。今者果聞已行住罷，静惟厥咎，由熹愚昧〔二〕，思慮不審，上誤朝廷。得逭誅夷，已爲幸免，更叨寵擢，益紊彝章。熹雖不才，粗識廉耻，誠無心復效奔走，無顏復臨吏民，無宜復當委寄，輒冒萬死，自劾以聞。伏望公朝特賜敷奏，收還除命，重行黜責，以爲不度時勢、生事擾民之戒。謹具狀申尚書省，伏候鈞旨。

校記　〔一〕賤：底本原注疑當作「職」。

〔二〕昧：宋浙本作「暗」。

編年　詔罷漳州經界在紹熙二年十月，此狀云「今者果聞已行住罷」，當作在其後不久。年譜長編據朱子年譜置於十二月，根據不足。

與宰執劄子 紹熙二年十月至十二月

熹輒罄愚衷，再干洪造：熹昨以私家喪葬未畢，懇辭湖南之行，伏蒙聖恩未賜俞允。仰惟詔令督遣之嚴，俯念臣職驅馳之賤，不敢更以家事爲請，自求便安。惟是伏思見識迂疏，思慮淺短，中間被旨相度經界，不量事勢，上誤朝廷，負犯已深，何以復堪一道耳目之寄？輒已具狀申省自劾，欲望鈞慈俯垂聽察，特爲敷奏，收還成命，重賜黜責，使得退省前愆，免罹後咎，則熹不勝千萬幸甚。

編年　此與上篇一時所作甚明。

辭免湖南運使狀三 紹熙三年二月二十日

右熹今月二十日準尚書省劄子，以熹具狀自劾前任漳州，相度經界，不合妄乞施行，上誤朝聽，乞賜敷奏，收還湖南轉運副使除命，別行黜責，奉聖旨，漳州經界議行已久，湖南使節事不相關，可依已降指揮，疾速之任者。自惟罪戾[一]，當伏重誅，上賴皇慈曲加容覆，不唯赦其萬死，而又申以訓詞，慰喻丁寧，趣令之任，蓋雖慈父之於愛子，其恩勤閔惻不過如此。在熹一介疏遠疵賤，何以堪之！是以聞命拜恩，至於感泣，便欲即日就道，祇服厥官，以稱明詔。而熹命窮福薄，災病相挻，舊苦脚氣今春發動，腫痛寒熱，倍於常年。目今困重，未能步履。設使從今便得減瘥，更加休養，三數月間，亦恐未堪上道。曠日彌久，既乖承命之恭，而本司闕官已是數月，恐亦不無廢務。在熹愚分，尤所未安。欲望朝廷特賜敷奏，令熹補滿舊任宮觀差遣，庶幾得以深省前愆，免罹後咎，不勝幸甚。謹具狀申尚書省，伏候鈞旨。

校記　〔一〕惟：原作「罹」，據宋閩、浙本改。

編年　據年譜長編。文云「脚氣今春發動」，亦見作在年初。

與宰執劄子 紹熙三年二月二十日

熹輒輸賤誠，上瀆鈞聽：熹昨以前任妄議經界罪戾自劾，乞罷新除湖南將漕恩命，伏蒙聖慈赦宥洗雪，趣遣之官，訓喻丁寧，反復勤至。疏賤小臣，何以得此？所宜即日引道，以稱所蒙。而脚氣發動，異於常年，曉夕呻吟，不能履地，委實不容起發前去。竊慮久稽詔命，仰觸雷霆之威，已具狀申尚書省，陳乞祠禄外，區區愚悃，欲望鈞慈憐閔，早賜開陳，得諧卑願，以活餘年，千萬幸甚。冒昧威嚴，俯伏俟罪。

編年 此與上篇作在同時甚明。

辭免知静江府狀一 紹熙三年十二月十九日

右熹十二月十九日準尚書省劄子，奉聖旨除知静江府。熹聞命震驚，竊自惟念孤賤寒遠，碌碌無聞，伏自聖主臨御，於今累年，又未嘗得群下士，仰望日月之光，而聖恩厖鴻，不間幽隱，擢自閑散，付以名藩，在熹感激，誠無以喻。謹已即時望闕謝恩訖。再念熹性本至愚，學無所就，自其少日，已不如人。矧今衰殘，寧復有用？又况静江守臣實兼帥司職事，有數千里邊面軍民之寄，舉措得失，所係不輕。自度無能，决難冒處。加以所患脚氣之疾作止不常，春夏二時尤難將攝，萬一前路發動，却致稽留朝命，在熹愚分，尤所未安。欲望朝廷特賜敷奏，寢罷已降指揮，令熹依舊宮觀，實爲大幸。謹具狀申尚書省，伏候鈞旨。

編年　下辭免知静江府狀二云「前年」辭湖南運副，朱熹辭湖南在紹熙二年，則彼狀作在四年。據文中月日，知本篇作在三年矣。

與宰執劄子 紹熙三年十二月十九日

熹輒有危懇，仰扣公朝：熹伏準省劄，恭奉聖旨，除知静江府事，區區感激，蓋不勝言。顧以罪戾之餘，疾病沉痼，不堪任使，而内自揆度，迂疏悖謬，又非邊帥之才，實不敢冒當重寄，以累君相知人之明。輒具公狀，申省辭免。欲望某官特賜省覽，曲爲開陳，許其遜避，以安愚分。熹冒瀆威尊，不勝皇恐戰栗之至。

編年　此與上篇同時所作甚明。

辭免知静江府狀二 紹熙四年正月二十三日

右熹正月二十三日準正月七日尚書省劄子，以熹辭免知静江府恩命，正月六日奉聖旨，不許辭免，依已降指揮疾速之任。熹聞命震驚，隕越無地。竊伏思念罪戾孤蹤，誤蒙收用，命輕恩重，感激難勝。向使自量粗能供事，豈敢輒有辭避，以速刑誅？實以材質凡庸，識慮淺暗，向來假守支郡，非有繁難，然猶不能審度時宜，以致上誤朝聽。雖幸曲蒙寬貸，獲免譴訶，然而内自省循，未忘憂懼。以故前年蒙恩將漕湖南，尚且不敢拜受，況今除授，實專西南一面軍政邊防之寄，責任至重，非它帥比，則熹又安敢冒受而不辭哉？前狀所陳懇切詳盡，不謂未蒙照察，申命益嚴。熹雖至愚，亦豈不知微賤之臣分義有守，不當再有煩瀆？然反復以思，區區所言非止自爲身計，實恐邊境事宜或有緩急，全賴帥臣區處鎮壓，而熹乖繆妄發，又復如前，必將有以仰貽國家南顧之憂者，非細事也。是敢昧死復有陳述。至於憂悴蚤衰，足疾時作，目昏耳重，心氣短乏，凡此種種，於熹私計有不便者，則皆不敢言矣。伏惟朝廷曲垂矜閔，再爲開陳，收回誤恩，俾還舊秩，熹不勝祈懇激切、俯伏俟命之至。謹具狀申尚書省，伏候鈞旨。

編年 參前辭免知静江府狀一所考，月日則具於文中。

與宰執劄子 紹熙四年正月二十三日

熹輒布誠懇，仰扣公朝：熹昨具狀辭免知静江府恩命，今準省劄，備奉聖旨，未賜允俞。聞命憂懼，莫知所措。然區區愚慮，猶有未能已者。已再具狀申尚書省，伏乞丞相少保國公、參政相公詳賜省覽，曲爲開陳，收回誤恩，復畀祠禄，千萬幸甚！千萬幸甚！

〔小貼子〕愚慮終恐疏拙，不足以當一面之寄，或有緩急，必誤使令。欲望知院相公、樞密同知相公深加照察，曲爲開陳，收回誤恩，以安愚分。

編年 此與上篇同時所作。

辭免知潭州狀一 紹熙四年十二月

右熹十二月初十日準尚書省劄子，奉聖旨差知潭州者。伏念熹疏謬不材，試郡無狀，解罷之後，方知循省，所以中間兩蒙聖恩，皆嘗力陳愚悃，竟荷從欲，尚叨祠禄，以盡餘年。不意今者又蒙記憐，有此除授。三年之間，三被拔拭，自惟何者，有此叨逾？假使衰病支離，不堪扶曳，亦當聞命奔走，不敢復有辭避。實以區區愚慮前已控陳，而昨來已曾辭免知静江府，又不能無辭遠就近之嫌，在熹私義，尤難冒處。所有降到省劄内聖旨指揮，竊緣熹見遭大功之喪，準格未該除服，未敢望闕謝恩，已送建陽縣庫寄收訖。欲望朝廷檢會前此兩番辭免申狀，詳酌事理，早賜開陳，令熹仍舊補滿宫觀考任，實爲大幸。謹具狀申尚書省，伏候鈞旨。

編年 朱熹以趙汝愚、留正薦除知潭州在紹熙四年十一月，文云「十二月初十日準尚書省劄子」，則其被受之日，據以繫之。

與宰執劄子 紹熙四年十二月

熹輒有誠懇，仰干朝聽：熹幸蒙陶鑄，備數祠官，竊禄養痾，方以愧幸，忽蒙恩命，假守長沙。仰戴鴻私，伏深感涕。重念熹賦性迂闊，處事乖疏，昨試偏州，已無善狀，所以兩年之間，再蒙除用，力陳悃愊，得遂退藏。不意今來復此叨冒，載循涯分，實所未安。又况昨來已辭遠戍，於今未久，復玷近藩，擇地顧私，人言可畏。謹已具狀申尚書省，乞賜敷奏寢罷。欲望某官曲垂矜閔，早賜開陳，使得仍舊奉祠，苟安田里，則熹千萬幸甚。冒犯威尊，不勝戰栗。

編年 此與上篇同時所作甚明。

辭免知潭州狀二 紹熙五年正月

熹昨蒙聖恩，差知潭州，即已具狀申乞補滿宫觀考任。今準尚書省劄子，奉聖旨不允，依已降指揮，疾速之任。熹聞命震驚，即已望闕謝恩訖。伏念熹自罹災患，日覺摧頹，唯有疏頑，略無悛改。所以前此再辭誤恩，皆荷天慈俯從人欲。不謂今者尚閟俞音，竊自省循，决難黽勉。是敢冒昧再有控陳，欲望矜憐，特賜敷奏，曲從所請，或畀偏州，改命通才往奠南服，則不惟衰晚無狀獲逃戒得之譏，亦足使處置得宜，益壯維藩之勢。熹不勝鞠躬祈懇、引領俟命之至。謹具狀申尚書省，伏候鈞旨。

編年 據年譜長編。

與宰執劄子 紹熙五年正月

熹區區愚悃，前屢控陳，天聽未回，日深恐懼。今復有狀，披告朝廷。若蒙矜憐，許歸祠館，别咨時彦，往布上恩，則賢否公私，各得其所，而爲幸大矣。萬一未蒙體察，必使復效驅馳，亦乞別與陶鑄遠小州軍，或充以次閑慢差遣，則於私義雖或未免冒昧之譏，而爲湖南一道軍民之計，猶爲莫大之幸。再干威重，彌切戰兢。伏惟高明俯賜財幸。

編年　此與上篇同時所作甚明。

乞放歸田里狀（紹熙五年六月）

右熹叨被聖恩，濫分民社，兼領一道，事任非輕。顧嘗竊謂天下國家之所以長久安寧，唯賴朝廷三綱五常之教有以建立修明於上，然後守藩述職之臣有以稟承宣布於下，所以內外相維，小大順序，雖有强猾奸宄之人，無所逞其志而爲亂。不然，則以一介白面書生，强而置諸數千百里軍民之上，彼亦何所憑恃而能服其衆哉？熹雖至愚，自知甚審，而亦粗嘗竊窺古今治亂安危存亡之變矣，誠恐朽鈍之餘，不堪今日方面之寄。兼以近者伏奉大行至尊壽皇聖帝遺誥，攀號不逮，迷悶隕絶，自覺精力亦難支吾。欲望朝廷特賜敷奏，放歸田里，速選明牧，以濟多虞，則不唯下保衰殘，亦庶幾不至上誤國家建設藩屏之意。熹不勝幸甚。謹具狀申三省、樞密院，伏候鈞旨。

編年　據年譜長編。

辭免召命狀（紹熙五年八月）

右熹準七月十一日尚書省劄子，奉聖旨，令熹赴行在奏事者。聞命震懾，不知所爲，謹已望闕祗受稱謝訖。恭惟聖上受禪之初，一新庶政，寤寐俊傑，協圖事功，宜得超異之才，以承付託之重。而搜揚之失，下及凡庸，是蓋不惟無益於時，亦恐適足重取嗤誚。況熹衰晚，疾病摧殘，俯仰跼蹐，無所逃避。若使區區之精神筋力稍堪勉强，亦豈不願及此際會，效其涓埃，以卒平生愛君憂國、畢義願忠之志？顧實支離，不堪扶曳，政使得至殿庭，亦恐顛沛失容，增益罪戾，是以不免控瀝肝膽，冀蒙哀憐，俾還香火之班，以終螻蟻之命，則熹不勝大幸。今亦不敢仰稽朝命，久留軍府，已將職事牌印交割本路運判何異，迤邐前路聽候指揮外，謹具申尚書省，欲望鈞慈特賜敷奏，伏候鈞旨。

編年 據年譜長編。

與宰執劄子 紹熙五年八月

熹輒有誠懇，仰干朝聽：熹衰病迂疏，不適世用，蒙恩補郡，并以一道軍民爲寄，到任未久，已覺疲憊。方恐仰孤任使，輒敢便請退閑，豈意非常之恩，使得赴闕奏事。熹雖至愚，竊自揆度，荒陋不學，頑鄙無聞，不惟無以仰裨嗣皇訪落之初政，而目疼足腫，不利進趨，使造殿庭，必致顛躋。除已詳具曲折申尚書省，一面起發前路聽候指揮外，欲望某官察其悃愊，曲賜矜憐，特爲敷陳，俾諧私願，則熹不勝幸甚。干冒威嚴，伏增震恐。

編年　此與上篇同時所作甚明。

辭免焕章閣待制侍講奏狀一 紹熙五年八月

右臣昨任潭州日，蒙恩令赴行在奏事。方以迂疏疾病，力具懇辭，已歷兩旬，未奉報可。今者東歸，道中忽被省劄，誤蒙聖恩，除臣焕章閣待制兼侍講者。臣聞命震驚，罔知所措。恭惟國家設官分職，以熙庶事，其遷進之序、選用之方，雖甚細微，莫不有法。而况次對之官，班通禁近，其自内而除者，猶有歲月之限；在外而擢者，必以勞效而陞。從昔以來，未嘗輕授。至於經帷，則又仰關帝學，在今初政，尤所當先。必得醇儒，使任其職，然後有以發揮道要，感格君心，大明謹始之規，以爲出治之本，尤不可以不遴其選也。如臣疏賤，久以病廢，比叨試用，又復罔功，固已不堪超躐不次之除；聞見甚淺，記識不强，妄意本原，亦未知要，則又無以仰副招延自近之意。在臣非敢自愛，實恐不免冒昧之譏，有累維新之政。加以盲聵跛躄，不利走趨，昨蒙收召之恩，已伸辭避之懇，所有今來恩命，臣實不敢祗受。欲望皇帝陛下察其悃愊，特賜矜憐，俯徇愚誠，曲全素志，則臣不勝千萬幸甚。臣無任瞻天望聖激切祈懇之至。謹録奏聞，伏候敕旨。

編年　據年譜長編。

與宰執劄子（紹熙五年八月）

熹輒有私懇，仰干公聽：熹昨任潭州，特蒙收召，方以疾病迂疏，力祈寢罷，未奉報可，忽被殊恩，擢陞次對之聯，俾司勸講之職。除命超躐，近比所無。聞命震驚，措身無所。謹已具奏辭免外，欲望某官察今所陳，參以前狀，即見區區懇避之實。但使暫詣闕庭，一修朝覲，揣其分際，猶所不堪，況欲接武俊游，入侍經幄，既冒叨逾之誚，復深顛躋之虞，在於鄙懷，可勝慚懼！敢乞特爲敷奏，速賜收還，俾以舊官續食祠廩，庶安愚分，免累清朝。熹不勝千萬幸願之至。

編年 此與上篇同時所作甚明。

辭免焕章閣待制侍講奏狀二（紹熙五年九月）

右臣昨具狀奏，辭免新除焕章閣待制、侍講恩命。今到信州，仍準尚書省劄子，奉聖旨不允者。愚衷已竭，聰聽未回，須至敷陳，再干旒扆。蓋念臣迂闊無能，分甘閑散，雖自蚤年入仕，而實歷釐務差遣僅及五任，通計不滿九考。前後伏蒙兩朝聖恩，除授職名，内自循省，已爲過分。所有見帶秘閣修撰，仍是紹熙二年八月祗受，至今僅及三年，其間即無絲髮勞效可録。資淺望輕，既不足以污侍從之選；加以年齡晚莫，學殖荒落，目盲聽重，步履艱難，其於勸講經幄、出入禁闥，私竊自揆，尤所不堪。所以懇辭，皆出情實，即非飾詞備禮、姑應故事而已。不謂螻蟻之誠不足仰動天聽，聞命踧踖，恐懼益深。又竊惟念皇帝陛下嗣位之初，方將一新庶政，所宜愛惜名器，不可輕以假人。若使僥倖之門一開，其弊豈可復塞？至於萬機之暇，博延儒臣，早夜孜孜，專意講學，蓋將求所以深得親歡者，爲建極導民之本；思所以大振朝綱者，爲防微慮遠之圖。顧問之臣，實資輔養，用人或謬，所係非輕。并望聖明曲垂洞照，亟還虚授，以穆師言。臣以昨辭召命，已被疾速前來供職指揮，今兹祈免詔除，又奉不允之詔，不敢更有留滯，見已一面起離信州，前路聽候處分。仰冀聖慈早賜開允，臣不勝千萬幸甚之至。謹録奏聞，伏候敕旨。

編年　據年譜長編。

與宰執劄子 紹熙五年九月

熹輒控鄙誠，仰干朝聽：熹攝承帥閫，方愧不堪，誤辱聖恩，特加收召。辭免未獲，又奉詔除，亟拜遜章，未蒙開允。今再具奏，冀得收還恩命。區區誠懇，悉已敷陳，皆出實情，即非僞飾。如蒙降出，切望某官早賜將上，詳爲開陳，庶幾聖主無輕授之譏，賤臣免非據之辱，盡繄大造，圖報敢忘！干冒威嚴，不勝恐懼。

編年　此與上篇同時所作甚明。

辭免焕章閣待制侍講乞且帶元官職詣闕奏狀三 紹熙五年九月

右臣準尚書省劄子，以臣再狀辭免新除焕章閣待制、侍講恩命，九月十四日，三省同奉聖旨，依已降指揮不允，疾速前來供職者。愚衷屢竭，天聽未回，祇誦恩言，益增震悸。伏念臣猥以凡品，遭值昌辰，龍德天飛，萬物咸睹，豈不願以此時進趨軒陛，仰瞻穆穆之光？況使執經入侍帷幄，得以所學論説人主之前，臣雖至愚，亦豈不冀幸少有萬一可以仰裨聖聰？特以次對異恩，無故超受，在臣私分，實難自安，是以彷徨，未敢拜受。今來復準前項聖旨，雖已望闕遥謝聖恩，即日起發前去外，欲乞到日許臣且依七月十一日已降指揮，帶元官職詣闕奏事。所有新除，却俟面奏辭免，别聽處分。冒瀆宸嚴，臣不任惶懼隕越之至。謹録奏聞，伏候敕旨。

編年 據文，省劄下於九月中旬，而朱熹十月二日已入國門，則此狀當作在九月下旬。

申省狀 紹熙五年九月

右熹準尚書省劄子，以熹再狀辭免新除焕章閣待制、侍講恩命，九月十四日，三省同奉聖旨，依已降指揮不允，疾速前來供職者。伏念熹愚賤小臣，屢煩嚴詔，不敢再三辭避，謹已即日起發前去。欲乞到日，許熹且依七月十一日元降指揮，帶元官職詣闕奏事。所有新除，却俟面奏辭免，别聽處分。除已具狀奏聞外，謹具申尚書省，伏乞照會。

編年 此與上篇同時所作甚明。

又申省狀 紹熙五年十月二日

右熹準尚書省劄子，以熹辭免新除待制、侍講恩命，奉聖旨不允，依已降指揮，疾速前來供職者。伏念熹昨以聖恩過厚，私義未安，三具懇辭，自知拙訥，不能仰動聖聽，所以未敢必冀開允，只乞許帶元官赴闕奏事，面陳悃愊，別聽處分。今來已到國門，又準前項指揮，在熹猶有未盡之懷，决然不敢冒昧祗受。然又不敢再具奏牘，頻煩天聽。欲望朝廷特賜敷奏，依熹前請，庶幾早得趨赴行宫奏事，瞻望日月之光，則熹不勝幸甚。謹具狀申尚書省，伏候鈞旨。

編年 文云「已到國門」，知作在十月二日。

辭免待制侍講面奏劄子 紹熙五年十月四日

臣一介草野，初乏寸長，遭遇兩朝，過加擢用，不幸未能有以報效萬一，而大行至尊壽皇聖帝奄棄萬國。奉諱攀號，欲死無路。旋聞太上皇帝哀疚迫切，亦厭萬機，臣子之心，尤極震懼。所幸復得遭值皇帝陛下祗膺寶命，正位當天，臨御之初，首加記憶，召命既出，除目隨頒，稽以故常，實爲超躐。自惟鄙拙，重以衰殘，義當力辭，以安愚分。顧以當仕有職，不敢屢瀆天威，冒昧以來，唯冀仰望清光，俯鑒愚款。今幸二事已遂所懷，雖先犬馬，退就溝壑，亦無所恨。唯是新除恩命累奏辭免，未蒙開允。在臣愚悃，亦豈不願因此際會，得以所聞一二仰贊大猷？獨恨病衰足弱，拜起艱難，目左翳而右昏，耳右聾而左重，内自量度，必至顛隮。伏惟聖明必已洞照，欲望矜憐，特賜處分，收還元降除命，令臣姑守舊官，賜以祠禄，放歸田里，待盡餘齡，則臣不勝千萬大幸。干冒宸嚴，伏俟誅殛。取進止。

編年 題稱面奏，知作在十月四日行宫便殿面對之時。

辭免待制改作説書狀 紹熙五年十月五日

右熹昨具劄子面奏，辭免新除焕章閣待制、侍講恩命。續準尚書省劄子，奉聖旨，依已降指揮不允，日下供職者。熹昨蒙誤恩，輒加奬拔，實以資淺，不敢冒受。愚誠屢控，天聽未孚。至於面有奏陳，意謂必蒙矜許，乃蒙恩旨，尚閟俞音。祗拜以還，不勝感激。熹已仰體聖意，不敢力辭講筵職事。第以未得進説，先受厚恩，萬一異時未有報效，而疾病發作，不可支吾，遂竊侍從職名而去，則熹之愚，死有餘罪。欲望朝廷察其情實，特爲開陳，與免待制職名，改作説書差遣，容熹即日拜命供職。或勉强年歲之間，少有補於聖主緝熙光明之學，見諸行事之實，發號施令，罔有不臧，然後隨衆霑恩，熹亦不敢多遜。古語有之：事君者大言入則望大利，小言入則望小利。夫進言於君而望其利，已非正理，况今一言未入而遽受大利，區區於此尤所未安。然不敢數具奏狀，上勞聖覽，謹具狀申尚書省，伏候鈞旨。

編年 此與下篇同時所作。下篇云「昨日面稟」、「今被省劄」，知作在五日，據以繫年。

與辛執劄子 紹熙五年十月五日

熹昨日面稟，懇辭恩命，意謂愚悃必蒙矜照。今被省劄，乃奉睿旨，未賜允俞。誠意未孚，深自咎責。然念既蒙君相恩意之重如此，今已不敢力辭講筵職事。唯是職名太峻，前已具陳，庶官侍講，亦無近比，欲乞改正，然後供職，庶於愚分稍得自安。熹有狀申省，敷述義理已極詳盡。欲望某官特爲開陳，不憚改命，使熹千里而來，早得進説上前，不至遷延，虚度時日，亦區區千萬之幸。頻有干瀆，伏深恐懼。

編年 此與上篇同時所作甚明。

謝御筆以次對係銜供職奏狀 紹熙五年十月十日

右臣十月初十日準御前降到御筆一封付臣，令臣勿復牢辭次對之職。臣昨以新除恩命超躐異常，累具辭免，日望開允，豈意仰勤聖主親御翰墨，俯賜褒諭，令勿牢辭。疏賤小臣，分不當得，拜受伏讀，不勝恐懼。謹已仰遵聖訓，係銜供職外，謹具奏聞，伏乞睿照。

〔回中使劄子〕云：熹伏蒙轉到御筆一封，已祇受訖。今有奏狀一封稱謝，得爲進呈，不勝幸甚。

編年　此承上數篇，言紹熙五年入朝供職事，月日具於文中。

辭免兼實録院同修撰奏狀一 紹熙五年十月十四日

右臣今月十四日準尚書省劄子，奉聖旨，差臣兼實録院同修撰者。臣聞命震駭，不知所爲。伏惟高宗皇帝中興艱難，實同創業，成功盛德，莫可形容。信史所傳，垂法萬世，宜得鴻博之士執簡操筆其間，庶幾將來有以考信。如臣固陋，才不逮人，白首章句之間，僅能略通訓詁，入侍經幄，已愧叨逾。至於蒐輯舊聞，勒成大典，自知寡陋，本非所長。況復病衰，心目俱廢，豈能冒昧，强所不能，塵穢簡編，以取嗤誚？在臣非敢自愛，實懼仰貽聖朝之羞。所有前件恩命，臣決不敢祇受。欲望聖慈洞鑒誠悃，特賜追寢，以安愚分。謹録奏聞，伏候敕旨。

編年　此爲紹熙五年事，依年譜長編繫於十月，日期具文中。

辭免兼實録院同修撰奏狀二 紹熙五年十月中旬

右臣昨具狀，辭免差兼實録院同修撰恩命。今準尚書省劄子，奉聖旨不允者。瀝懇控陳，必期從欲，聞命悚惕，不知所言。重念臣愚素無史學，然於是非得失之故，實有善善惡惡之心。又況先臣在紹興初嘗掌兹事，實事高宗皇帝，其於豐、祐、紹、符之際，分别邪正，用力爲多。臣雖至愚，敢忘斯志？今獲叨冒，復踐世官，在臣私心，豈非幸願？但恨心力凋耗，目翳耳昏，記憶檢尋，皆所不便，復叨選擇，備數經帷，晝繹夜思，猶懼不逮，豈有餘力，可效編摩？所以懇辭，即非備禮。雖被譴却，恐懼徒深，義當固辭，不容默已。儻蒙聖察，特賜允從，庶使安庸，獲安愚分。臣無任祈天望聖千萬懇激之至。謹録奏聞，伏候敕旨。

編年　此狀未有月日，然承上篇而作，則當在其後數日間。

謝御筆與宮觀奏狀 紹熙五年閏十月二十一日

右臣今月二十一日伏準降到御筆賜臣：「朕憫卿耆艾，方此隆冬，恐難立講，已除卿宮觀，可知悉。」臣衰病餘年，不知引退，曲蒙聖造，特賜矜憐，臣無任感恩荷聖、激切屏營之至。謹具狀奏謝，伏乞聖照。

編年　朱熹遭罷在紹熙五年閏十月，日則具於文中。

乞放謝辭狀 紹熙五年閏十月二十一日

右熹今月二十一日伏準御筆，除熹宮觀，已具奏稱謝訖。緣熹脚氣發動，有妨拜跪，欲望朝廷特賜敷奏，與免謝辭。謹具狀申尚書省，伏候指揮。

編年　此與上篇同時所作甚明。

辭免寶文閣待制與郡狀紹熙五年閏十月二十五日

右熹昨者恭奉御筆，除熹宫觀，續準尚書省劄子，奉聖旨與放謝辭。熹即已起發，前路聽候指揮。至二十五日晚，又準尚書省劄子，奉聖旨，除熹寶文閣待制，與州郡差遣。熹聞命震驚，不知所措。伏念熹戇拙有餘，勸講無狀，分當顯黜，豈合優遷？況耳重目盲，累嘗面奏，州郡繁劇，尤所不堪。所有恩命，决難祗受。欲望朝廷特賜敷奏，令熹只以本官仍舊主管南京鴻慶宫，庶協師言，以安愚分。謹具狀申尚書省，伏候指揮。

編年 此承上二篇言罷任離朝事，仍閏十月，日則具於文中。

辭免兩次除授待制職名及知江陵府奏狀一〔一〕紹熙五年十一月末

右臣昨奉手詔宣諭，除臣宫觀。繼準省劄，又蒙聖恩除臣寶文閣待制，與州郡差遣。臣以無名，不敢冒受，即具辭免。又準省劄，恭奉聖旨不允，仍除臣知江陵府，不候受告，疾速之任者。寶儲峻秩，荆楚要藩，委寄益隆，視遠猶邇，恩旨之重，捧戴難勝。然臣伏念昨者皇帝陛下即位之初，臣以愚賤疏遠之蹤，首蒙眷知，召置講席，正以庶官無由入侍禁闥，故特假以侍從職名。臣於是時，固已自料衰病迂闊，勢必不能久奉清間〔二〕，故嘗再三懇辭，乞以本官充職，庶免後日别致紛紜。不唯不蒙開允，乃更曲荷天慈，加賜手札，俾速祗受，此見陛下虚心求善，屈己下賢之意，近歲以來，君臣之間所未有也。而臣不佞，適幸遭逢，可謂千載一時之會，私念若得因此罄竭凡陋，裨補聰明，是亦臣子之至願，學問之初心。因遂不敢力辭，輒爾冒受。供職四旬，屢得進講。凡所關啓，多蒙開納。而臣戇愚迫切，便欲致君堯舜之上，遂觸忌諱，以煩譴訶。皇慈過恩，猶不加罪，親御翰墨，俾就退閑。旬日之間，除書繼下，蕩滌瑕垢，曲全始終，是亦近歲以來，君臣之間所未有也。臣雖至愚，豈不知感？所宜即日拜命，奔走率職，別圖後效，以塞前愆。而反覆思惟，前日之罪既以學力未充，誠意不至，無以仰稱明詔，感悟天衷，釁咎已深，不容湔洗，所有元借職名，已是難復冒居，豈敢更叨進擢之寵？至於西門甲兵，委寄尤重，亦豈目盲耳聵之人所宜竊據，以誤使令？昨來雖略申陳，然猶未盡底藴，是致今復有此誤恩。揣分量材，決難祗受，是敢瀝懇，直貢封章。欲望聖明俯垂鑒察，正其瘝曠之罪，追還新舊職名，俾以寄禄元官復奉鴻慶故宫列聖香火，庶幾憑恃威靈，涵濡德澤，未填溝壑之間，猶及親見陛下聖學日新，聖德日茂，盡送往事居之孝，極用賢納諫之誠，永御丕圖，爲宋令主，則臣雖即死，無復遺憾。干試雷霆，眷戀軒幄，無任皇恐激切之至。謹録奏聞，伏候敕旨。

〔貼黄〕臣伏睹元祐初特起河南處士程頤以爲通直郎、崇政殿説書，後以人言罷守本官，權同主管西京國子監。頤上奏乞歸田里，其間有云：「若臣元是朝官，朝廷用爲説書，雖罷説書，却以朝官去，乃其分也。臣本無官，只因説書授以朝官，既罷説書，獨取朝官而去，極無義理。」臣今實以侍講之故，得此待制職名，既罷侍講，即所授職名理合追奪，與頤所陳事理實無以異。伏望聖慈鑒察，許臣辭免，不勝至幸。

校記〔一〕一：原缺，據宋閩、浙本補。

〔二〕問：原作「問」，據右引改。

編年 據年譜長編。

申省狀 紹熙五年十一月末

右熹昨具狀申，乞辭免進職與郡恩命。今準尚書省劄子，奉聖旨不允，仍除熹知江陵府，不候受告，疾速之任者。伏念熹無所能似，元係庶官，只因聖主欲令進講，遂除侍從職名。今既奉職無狀，莫補豪分，尚蒙寬恩，假以佚禄〔一〕，即於私分已爲過優。先來所授侍從職名，自不當得，況又寵加峻秩，俾殿大藩，尤非罪戾殘廢之人所能負荷。已具奏聞，乞賜追還新舊職名，只以本官還奉鴻慶香火，其間敘述義理詳明。如蒙降出，欲望朝廷早賜敷奏，特從所請，千萬幸甚。謹具狀申尚書省，伏候指揮。

校記〔一〕佚：原作「秩」，據宋閩、浙本改。

編年 此與上篇同時所作甚明。

與宰執劄子 紹熙五年十一月末

熹昨被寬恩，奉祠去國，自疑罪戾，不獲躬詣大府，面禀辭行，下懷至今不勝悵仰。兹者乃復叨被除書，進職寶儲，作牧荆楚，在熹無狀，失職負㾏，實無心顔可備驅使。謹已具奏申省，皆極詳明，不敢逐一覼縷，以勤聽覽。欲望鈞慈察其悃愊，特與將上，力賜開陳，使區區賤迹得以自安，實衰朽迂愚千萬之幸。干冒威尊，不勝震悚。

編年 此與上二篇同時所作甚明。

乞追還焕章閣待制奏狀二 正月十四日 慶元元年

右臣昨具狀奏辭免新除寶文閣待制、知江陵府恩命，并乞追還昨來任侍講日所帶焕章閣待制職名。今準尚書省牒，奉敕宜差提舉南京鴻慶宫。臣已於今月十一日望闕謝恩祇受訖。得辭閫寄，還備祠官，仰荷天慈，俯從人欲，恩深莫報，感極難言。然而尚有待制職名未蒙鐫削，區區愚悃，須至重陳。伏念臣本是庶官，無它勞效，元帶秘閣修撰，已是兩朝過恩。比者只緣聖意欲亦令講書，遂使暫陪邇列。臣亦自知衰病迂闊，決難久冒寵榮，故於聞命之初，即嘗瀝懇具奏，乞免進職，改授説書。不謂鄙誠未能上達，更煩親札褒諭益勤，遂爾冒居。未及兩月，果以罪戾遣罷而歸。所被誤恩，理宜追奪，而一再陳懇，竟未矜從。仰戴皇慈，豈勝感激！顧以愚分實有未安，敢觸天威，復此祈扣。伏望聖明洞照，早賜收還，或令依舊論撰職名，改作主管宫觀差遣，則在朝廷黜陟之典，免紊彝章，而於微臣進退之宜，亦全私誼。謹録奏聞，伏候敕旨。

〔貼黄〕臣今雖已拜命繫銜，然尚未敢幫勘請給，恭俟報可。伏乞聖照。

編年 此承上數篇而作在正月，知爲慶元元年。題下原注「正月十四日」。

申省狀 慶元元年正月十四日

右熹昨具狀申奏，辭免進職補郡恩命，及乞追還先來任侍講日所帶待制職名，近準敕命，特授前件宫觀差遣，熹已即時望闕拜受訖。唯是所乞追還職名未奉俞允，理難冒據，恐懼益深。除已再具奏聞外，欲望朝廷更賜敷奏，特從所請，以安愚分，則熹不勝千萬幸甚。謹具狀申尚書省，伏候鈞旨。

編年 此與上篇同時所作甚明。

與宰執劄子 慶元元年正月十四日

熹輒有誠懇，再冒威嚴：熹昨具申奏，辭免進職補郡恩命，已荷開允，改授祠官，尚有所乞收還待制職名，未蒙施行。熹已具奏及申朝廷，再有祈懇。欲望某官深賜照察，特爲開陳，俾遂所祈，以安愚分，則熹不勝千萬幸甚。

編年 此與上二篇同時所作甚明。

乞追還待制職名奏狀三 慶元元年三月三日

右臣三月三日準尚書省劄子，以臣再奏，乞追還焕章閣待制職名，奉聖旨不允。臣已即時望闕遥謝聖恩訖。但念臣之所請，實出丹衷，天聽太高，未賜開允，迫以私義，决難冒居，敢復控陳，必冀省察。蓋臣竊以西厢待對，名列近臣，班序既崇，恩禮尤渥。蓋國家所以寵待儒學議論之賢〔一〕，欲其雖或守藩奉祠於外，而猶有論思獻納之責，不異朝夕陪侍於禁闥之下，出入乎周衛之間也。臣之凡愚，素號山野，入侍經幄，僅及四旬，意見闊疏，言辭鄙拙，固已自知不堪選用之意。惟有中間輒議僖祖皇帝皇家始祖，不當一旦并行祧毁，且使太廟之祀止及八世，降於天子九廟之禮，尤非所宜，獨蒙聖恩特賜宣問。親奉玉音，以謂僖祖之廟自不當遷，至於再三，即以所進議狀并劄子并行降出。竊意已蒙嘉納，必遂施行。不謂孤論難持，竟亦無取。退伏循省，益愧心顔。尚借寵榮，許仍舊職，非但有乖輿論，亦恐上累清朝，控避莫回，周章失據。敢冒萬死，再犯天威。欲望聖明察臣誠悃，縱未重加貶黜，亦合收還誤恩，庶使孤蹤獲逃後咎。臣無任祈天望聖皇恐俟罪之至。謹録奏聞，伏候敕旨。

校記　〔一〕議：考異云一作「講」。

編年　此承上數篇言乞還職名事，乃慶元元年，月日具於文中。

申省狀 慶元元年三月三日

右熹三月三日準尚書省劄子，以熹奏乞收還待制職名，奉聖旨不允者。愚誠既竭，聰聽未回，私義未安，不容寢默。重以向來曾有妄議太廟初室不合遷毁，已蒙聖主宣問嘉納，而朝廷不爲施行。竊疑其間所陳，必是有違典禮，自知不學無術，難以復厠近班，謹已再具奏聞。欲望朝廷特爲將上，早賜行遣，以爲臣子孤陋寡聞、輕議大典之戒。熹不勝幸甚。謹具狀申尚書省，伏候鈞旨。

編年 此與上篇同時所作甚明。

與宰執劄子 慶元元年三月三日

熹昨具狀奏乞賜收還元降待制恩命，未蒙開允。私義未安，不容寢默。重以向來曾有妄議太廟初室不合遷毁，已蒙聖主宣問嘉納，而朝廷不爲施行。竊疑其間所陳必是有違典禮，自知不學無術，難以復厠近班，謹已再具奏聞，并具狀申朝廷矣。欲望鈞慈特爲將上，早賜行遣，以爲臣子孤陋寡聞，輕議大典之戒，熹不勝幸甚。干冒威尊，皇恐俟罪。

編年 此與上二篇同時所作甚明。

申省狀 慶元元年五月

右熹伏準尚書省降到劄子一道，以熹辭免焕章閣待制職名，奉聖旨不允。緣熹目今脚氣發作，手足拘攣，不堪拜起，謝恩不得，已送建寧府建陽縣寄收，候痊安日請領，别具申奏次。謹先具狀申尚書省，伏乞照會。

編年　據年譜長編。

申建寧府乞保明致仕狀（慶元元年五月）

右熹舊患脚氣，近數發動，日加困重，不可支吾。欲乞守本官致仕，謹具狀申建寧府，伏乞照會，依條施行。謹狀。

編年　據年譜長編。

乞追還待制職名及守本官致仕奏狀四（慶元元年五月至六月）

右臣昨具狀奏乞賜追還待制職名。三月二十八日，準尚書省劄子，伏奉聖旨，次對之職，除授已久，與廟議初不相關，依已降指揮不允，不得再有陳請。臣以見患脚氣，有妨拜跪，不得謝恩祗受，遂將所被省劄權送建陽縣庫寄收，仍申尚書省照會去訖。後來不意病勢危篤，自知難戀聖朝，依例合乞致仕。又念見係庶官，不敢專具奏牘，遂申本貫，依條陳乞。今來復準省劄，恭奉聖旨，未賜開允。戴恩重疊，恐懼難勝，揣分捫心，但知感激。唯是區區本以鄉來入侍日淺，自知未有毫髮報稱，不當仍帶舊職，出領祠官，所以懇避再三，即非過爲沽激。況今疾病沉痼，雖未即死，精華已竭，後效無期，更竊寵榮，義益難處。兼睹近日從臣有自西掖出守大藩者，猶自止帶修撰，況臣罪戾，方此投閑，而所得職名過爲優厚，以此較彼，誠有未安。是敢不避煩瀆之誅，復陳迫切之悃。欲望皇明委照，聖度并容，深察愚衷，參稽近比，特降睿旨，俾遂所祈，則臣不勝千萬大幸。所有昨來陳乞致仕，實緣病勢危迫，方敢冒昧。今雖苟延殘息，終是不堪異日使令，不敢更叨廪禄，以速滿盈之咎。亦望矜憐，并賜俞允，使就窮約，庶保餘年。臣無任祈天望聖俯伏俟命之至。謹録奏聞，伏候敕旨。

〔貼黄〕臣今者伏蒙吏部降到告命，磨勘轉官，臣即已謝恩祗受，可見愚衷非敢飾詞，妄爲遜避。伏乞聖照。

編年 文中提及上二篇所言事，及新準省劄，則當作在其後，或於五月，但未可必也。然應不出六月，據以繫年。

申省狀 慶元元年五月至六月

右熹累具申奏，乞罷所帶職名，及於建寧府陳乞保明致仕。今準尚書省劄子，各奉聖旨，未賜開允。熹以私義難安，不能自已，不免復申前請，别具奏陳。如蒙降出，欲望朝廷特賜將上，俯從所請，早賜施行，不勝幸甚。謹具狀申尚書省，伏候鈞旨。

編年 此與上篇同時所作甚明。

與宰執劄子 慶元元年五月至六月

熹輒有危懇，仰干鈞聽：熹昨以入侍日淺，無補豪分，既領祠官，不當復帶舊職，累奏乞行追奪，未蒙開允。近者復以疾病危篤，陳乞致仕，又蒙聖恩，未從所請。伏念熹前後所乞，皆出誠心，非敢詭衆飾辭，過爲矯激。未能感格，深不自安，不免再露血誠，復干天聽。其間陳叙曲折，援引比例，極爲詳盡。若蒙降出，欲望朝廷深察情悃，力賜開陳，使孤危之迹早遂退藏，免以罪戾姓名、愚昧識見數干旒扆，久紊彝章，招致人言，重煩譴斥，則熹不勝千萬大幸。情迫意切，言語無倫，伏惟鈞慈并賜容照。

編年　此與上二篇同時所作甚明。

乞追還待制職名并自劾不合妄議永阜攢陵事奏狀五 慶元元年七月末

右臣昨累具奏，乞免帶待制職名，仍以病衰，再乞致仕。伏蒙聖慈特降睿旨：「辭職謝事，非朕優賢之意，不得再有陳請。」臣即已望闕拜命，恭謝聖恩訖。自惟愚賤，誤被睿知〔一〕，陳力無堪，輒求閑退。更蒙寵渥，申諭隆私，假以優賢之名，却其再至之請。顧臣何者，可稱衮褒？感激之深，無言以諭。所乞致仕，謹已恭禀聖訓，未敢再溷宸聰。所辭職名，亦已仰體睿慈，不敢再祈避免。然伏自念去歲叨冒，獲厠周行，曾因集議永阜攢宫，妄意輒陳管見，欲乞少寬遠日，改卜神皋，庶妥威靈，以延運祚。後雖罷議，無所施行，然在私心，豈容自昧？今者伏睹進奏院報，前日小大之臣曾議此者，皆已坐罪，次第降黜。而臣狂妄，又嘗面奏，其迹尤不可掩，其罪尤不可赦。但以所入文字不曾付外，是致漏網，未抵譴訶。若遂隱匿不言，更冒榮寵，竊慮祇受之後，公論不容，未及終朝，便煩褫奪。顧微臣進退之義雖不足言，而聖朝刑賞之中則爲可惜。以此之故，反復思惟，復致憂疑，未敢拜受。輒冒斧鉞，自劾以聞。伏望聖明奮發威斷，付之司敗，以肅邦刑，庶免煩言，重勞淵聽。臣無任祈天俟罪跼蹐屏營之至。謹録奏聞，伏候敕旨。

校記　〔一〕睿：宋浙本作「眷」。

編年　據年譜長編。

申省狀慶元元年七月末

右熹昨具申奏，乞免帶待制職名，仍以病衰，再乞致仕。今來伏準尚書省劄子，奉聖旨：「辭職謝事，非朕優賢之意，不得再有陳請。」熹已望闕謝恩，恭禀聖訓，未敢再乞致仕，以煩朝聽。所有職名，仰體聖恩，本亦不敢更具辭免，却緣去年集議永阜攢宫，蓋嘗妄陳管見，欲乞少緩發引之期，别擇寧神之地。今者竊見前日臣僚有曾論此者，皆已坐罪，次第行遣，而熹無狀，乃獨幸免，區區愚慮，實不自安。若使祇受聖恩，復忝近列，竊料非久即致煩言，迷誤朝廷，紊亂刑賞，愚賤之迹，獲罪愈深。謹已具奏自劾，恭俟嚴誅。如蒙降出，乞賜將上取旨，特賜處分，則熹不勝千萬幸甚。謹具狀申尚書省，伏候鈞旨。

編年　此與上篇同時所作甚明。

與宰執劄子慶元元年七月末

熹輒有愚悃，仰干公聽：熹昨者累奏辭免職名，再奏陳乞致仕，近準省劄批降睿旨，示以優賢之意，杜其再至之請，恩指隆厚，假借超逾。熹雖至愚，豈不知感？告老之牘，未敢重陳，除職之恩，亦擬拜受。但以頃於殰陵嘗有妄議，今見前後同爲此説者，皆已坐罪行遣，而熹獨漏網，更冒寵榮，竊料公論終不見容，異日決難幸免。萬一拜命之後，即致煩言，則不唯使聖朝失刑賞之中，而區區賤迹亦乖進退之義，俯仰踧踖，無地自容。謹已具奏自劾，及申朝廷去訖。欲望某官曲加憐念，特賜開陳，照例施行，庶愜輿議。熹不勝千萬祈懇之至。

編年 此與上二篇同時所作甚明。

乞追還待制職名奏狀六慶元元年十一月

臣昨具奏，自劾擅議山陵，陳乞免帶舊職。今者伏準尚書省劄子，恭奉聖旨：「朱熹自劾，無罪可待，餘依已降指揮」者。頻瀆天威，久須嚴譴，復蒙寬宥，感極涕零。伏念臣自去歲誤蒙聖恩，擢置近列，使侍講筵，即以迂疏寡陋、資淺望輕懇辭四五，而不獲命，遂已不敢復辭講職。只慮所帶職名大爲超躐，今若冒受，則將來或有罷免，却須回納，又致紛紜，遂具狀申省，乞賜敷奏，令臣且以元官舊職改充説書。其所陳説，極爲詳備。尋以宸翰下臨，不容固避。然而口與心誓，所有職名只是暫受權帶，以爲入從之階，異時若罷講官，此職決當回納，庶以少贖今日不能力辭之罪。其後果以老病怯寒，不能立講，曲蒙矜憫，重賜親筆，除臣宫觀。既已拜命，又被恩旨，進職與郡，則臣不敢當，而亟如向來私誓之言，具奏辭免。雖幸追寢後命，而猶未鐫舊職。自是之後，凡四具奏，力申前懇，率皆不蒙開允。蓋臣本意止爲已罷講官，不敢復帶侍從職名，而於其間三次奏狀，乃因它事，忘其前語，此其所以屢瀆聖聰而曾不足以少回天意者也。於今始覺前日之謬，不敢再有他説，輒冒萬死，復此祈恩。伏惟聖明洞鑒誠悃，特降睿旨，照臣去年申省及後來第一、第二次辭免奏狀，早賜施行，使臣得以本官仍奉香火，屏伏田畝，以終餘年，則臣不勝千萬大幸。干冒宸嚴，無任祈天俟命、激切屏營之至。伏候敕旨。

〔貼黄〕臣聞或者謂臣去歲初除之日，已受疏封錫服之寵，該遇饗恩，又叨封贈蔭補之澤，其後又承吏部取會磨勘，得轉一官，皆爲已受侍從恩數之實。今於職名乃欲回避，不無作僞之嫌。臣味其言，極爲有理，實於彼時思慮不及，致此冒昧，追悔無由。今又不敢輒乞回納，伏望聖慈并賜處分，討論改正，臣不勝幸甚。

編年 文云去年入朝任職，則作於慶元元年無疑。而事承上數篇，又作在其後可知。王懋竑朱子年譜置十一月，未言其據，姑從之。

乞改正已受過從官恩數狀 慶元元年十一月

右熹昨具狀奏，乞免待制職名，已蒙聖恩特賜開允，仍舊充秘閣修撰、提舉南京鴻慶宫。已於今月六日望闕祇受及奉表稱謝訖。竊緣元奏内有貼黄稱，於昨來已冒疏封錫服之寵，封贈蔭補之澤，及用檢舉磨勘轉官，皆爲已受從官恩數，乞賜處分，討論改正。今來未奉進止，在熹私義，實所未安。然又不敢頻具封章，上瀆天聽，只乞朝廷更賜矜憐，特爲敷奏，申敕攸司，將熹所陳五項事理檢照條例，逐一討論，悉行改正，庶安愚分，免紊彝章，則熹不勝大願。謹具狀申尚書省，伏候鈞旨。

編年　此與上篇同時所作甚明。

與宰執劄子慶元元年十一月

熹復有誠懇，敢瀆公聽：熹昨來辭免近職，已荷聖恩特從所請，不勝幸甚。但元奏貼黄内所陳疏封、錫服、磨勘、封贈、蔭補五項，欲乞并行改正，未蒙施行。在熹愚計，深不自安。今來不敢別具奏牘，輒具公狀申尚書省，欲乞將上取旨，特降處分，則熹不勝千萬幸甚。

編年　此與上二篇同時所作甚明。

申建寧府乞保明致仕狀慶元四年十二月

熹年滿七十，疾病衰殘，尚忝階官，義當納禄。伏緣見係謫籍，不敢冒貢封章，乞依條備録申奏，令熹守本官致仕，庶得偷安田里，以盡餘年。伏候台旨。

編年 據年譜長編。

與宰執劄子慶元四年十二月

熹輒有私懇，仰干公聽：熹伏爲今歲年滿七十，疾病衰殘，尚忝階官，義當納禄。又以見係謫籍，不敢冒貢封章，遂經本貫建寧府具狀陳乞。本府以熹罪戾，不敢依條保奏，已爲備録申尚書省去訖。欲望鈞慈矜念，特與敷奏，令熹守本官致仕，庶得偷安故里，待盡餘年，則熹不勝千萬幸甚。冒瀆威嚴，伏深戰栗。

編年 此與上篇同時所作甚明。

乞致仕狀慶元五年四月

右熹昨爲年滿七十，疾病衰殘，尚忝階官，義當納禄，又以見係謫籍，不敢冒貢封章，遂經本貫建寧府具狀陳乞。本府以熹罪戾，不敢依條保奏，已爲備録申尚書省去訖。近者忽睹臣僚論列士大夫老不知退之弊，已得聖旨，播告施行。因伏自念雖幸日前已嘗有請，然今累月，未聞可報，竊慮本府所申在路或有遺失，致熹寸誠不能上達，且將重得違戾聖制、干犯名教之罪，反復思惟，不勝恐懼，不免冒昧驀越披訴。欲望朝廷矜憐，特賜敷奏，依熹所乞，令守本官致仕，庶安賤迹，以盡餘年，免以孤愚再煩吏議，則熹不勝千萬幸甚。謹具狀申尚書省，伏候鈞旨。

編年　文云見臣僚論奏致仕事，據下與宰執劄子第二篇，可知朱熹從邸報得知此事在慶元五年三月，又云「探問得此狀三月末間尚未申到」，揣摩文意，此狀當作於四月爲宜。據以繫年。

與宰執劄子　慶元五年四月

熹輒有私懇，仰干公聽：熹昨爲年滿七十，疾病衰殘，尚忝階官，義當納禄，又以見係謫籍，不敢冒貢封章，遂經本貫建寧府具狀陳乞。本府以熹罪戾，不敢依條保奏，已爲備録申尚書省去訖。今來日久，未奉進止。又聞臣僚建議，申嚴致仕條限，已得聖旨，播告施行。竊慮元狀稽留遺墜，使熹重得違戾聖制、干犯名教之罪，不勝憂懼，不免再具公狀，徑申朝廷。欲望鈞慈矜念，特與敷奏，令熹守本官致仕，庶得偷安故里，待盡餘年，免以孤蹤再煩吏議，則熹不勝千萬幸甚。冒瀆威嚴，伏深戰栗。

編年　此與上篇同時所作甚明。

與宰執劄子　慶元五年四月

熹輒有危懇，再干崇聽：熹草野微命，罪戾孤蹤，始生之年，號紀建炎，歲在庚戌，應舉入仕，脚色分明。推移至今，適滿七十足歲，考之禮經，合乞致仕。顧念名在謫籍，深慮不合自陳，因竊詢考條貫，乃知元無妨礙，遂於去冬預懇州郡投納公狀，乞作今年正月開假之日，備録申奏。而閭里横議，官吏過疑，咸謂負罪之人無事可致，不當冒昧自求優逸，遷延稽故，不爲依條保奏。至二月半間，方得申尚書省狀一紙，又以私家貧乏，無力遣人，至三月初方得附發前去。尋睹邸報，知有臺臣章疏申嚴休致舊法，已得指揮，播告施行。方幸所請前已控陳，私歲官年，元無增減，然而引頸俟命，今已五旬，却方探問得此狀三月末間尚未申到。竊慮在路稽違，或是别有沉匿，致使微誠無路上達，則於元犯奸惡大罪之外，且將更取違戾聖制、干犯名教之誅。枯朽之餘，豈堪摧拉？謹已具狀徑申朝廷，及具公劄申禀去訖。恐此瑣末，無由上徹鈞聽，故敢復此縷縷敷陳。冒犯威嚴，伏祈鑒照。

編年 本文叙事理時日甚悉，據以繫年。

與辛執劄子 慶元五年四月

熹竊以孟夏漸熱，伏惟某官廊廟尊嚴，政幾暇豫，神人依賴，鈞候起居萬福。熹罪戾孤蹤，名在謫籍，化鈞無外，得以偷安，區區鄙懷，豈不知感！兹緣年及，禮合告休，又蒙某官特爲開陳，即賜俞允，所以上昭聖明優老念舊、洗垢匿瑕之美意，下使衰朽捐棄之人得託退休之號、除廢錮之籍，而少慰其出身事主、一世勤苦之夙心，則其爲賜也大矣，其爲勸也廣矣。然猶非爲熹一人設也。至於加賜鈞翰，封示敕書，且復垂諭所以委曲保全之意，則又仰見洪鈞大化之中，克勤小物之慮至深至遠，而熹獨幸得被此賜之爲安且吉也。感激之私，言有不能喻者，禮當修具公啓，略布萬一。而聖制有嚴，不敢干紊，謹具短劄，少見下誠，伏惟鈞慈特垂照察。黄閣在望，趨拜無期，切乞順時之宜，從民之望，益保崇重，以永太平之基。熹下情不勝瞻望拳拳之祝。諸執政無「然猶」至「吉也」一節。

編年 文云已得致仕之命，又云「孟夏漸熱」，知作在慶元五年四月。

國家社科基金西部項目

（宋）朱熹 著
郭齊 尹波 編注

朱熹文集編年評注

第四册

福建省政協文化文史和學習委員會 編

海峽出版發行集團
THE STRAITS PUBLISHING & DISTRIBUTING GROUP
福建人民出版社

朱熹文集編年評注卷二十四

書 時事出處

與鍾户部論虧欠經總制錢書〔一〕 紹興二十六年二月一日

二月一日，具位朱熹謹東向再拜，致書侍郎右司執事：熹昨得見執事於省户下，忽忽五年矣。中間執事來使閩部，熹是時方退伏田里，有俯仰出入之故，雖不得瞻望履舄之餘光，亦嘗以章少卿丈所致書，輒爲數字之記以通於左右。是後乃不復敢有所關白，不自知其果能達視聽否也。比來同安，跧伏簿書塵土中，乃聞執事復爲天子出使巴蜀萬里之外，弛去逋負緡錢之在官者以數百巨萬計。弭節來還，天子嘉之，下所議奏於四方，擢執事置尚書省爲郎，以計六曹二十四司之治，可謂寵且榮矣。又以執事通於君民兩足之義，俾執事攝貳於版曹，務以均節財用、便安元元爲職。除目流聞，四方幽隱無不悦喜，以爲執事必能以所嘗施於蜀者惠綏此民，寬其財力之所不足，以助天子仁厚清静之政也。今執事之涖事數月矣，四方之聽未有所聞也。熹不佞，竊有所懷，敢以請於下執事。

蓋熹聞之，天子憫憐斯民之貧困，未得其職，故數下寬大詔書，弛民市征、口算與逃賦役者之布，又詔税民毋會其踦贏以就成數，又詔遣執事使蜀，弛其逋負，如前所陳者。熹愚竊以爲此皆民所當輸，官所當得，制之有藝而取之有名者〔一〕，而猶一切蠲除，不復顧計，又出御府金錢以償有司，是天子愛民之深而不以利爲利也明矣。而況於民所不當輸，官所不當得，制之無藝而取之無名，若所謂虧少經總制錢者乎？熹以謂有能開口一言於上，以天子之愛民如此，所宜朝奏而暮行也。而公卿以下共事媕阿，莫肯自竭盡以助聰明、廣恩惠，前日之爲户部者，又爲之變符檄、急郵傳，切責提刑司，提刑司下之州，州取辦於縣，轉以相承，急於星火。奉行之官，如通判州事者〔三〕，利於賞典，意外督趣，無所不至。此錢既非經賦常入，爲民所逋負，官吏所侵盗，而以一歲偶多之數制爲定額，責使償之，又如合零就整，全是經總制錢，今年二税放免，今年虧欠必多，亦不可不知也。自户部四折而至於縣，如轉圜於千仞之坂，至其址而其勢窮矣，縣將何取之？不過巧爲科目以取之於民耳。而議者必且以爲朝廷督責官吏補發，非有與於民也，此又與盗鍾掩耳之見無異。蓋其心非有所蔽而不知，特藉此爲説，以詿誤朝聽耳。計今天下州縣以此爲號而率取其民者，無慮什之七八，幸其猶有未至於此者，則州日月使人持符來逮吏〔四〕，繫治搥擊，以必得爲效。縣吏不勝其苦，日夜相與撼其長官以科率事，不幸行之，則官得其一，吏已得其二三，并緣爲奸，何所不有！是則議者所謂督責官吏者，乃所以深爲之地而重困天子所甚愛之民也。夫吏依公以侵民，又陽自解曰：此朝廷所欲得，非我曹過也。夫愚民安知其所以然者何哉？亦相聚而怨曰：朝廷不恤我等耳。嗚呼！此豈民之所當輸，官之所當得者耶？其制之無藝，取之無名甚矣。

夫以天子之愛民如此，彼所當輸當得，有藝而有名者猶一切出捐而無所吝，況如此者？惟其未之知耳，一有言焉，其無不聽且從矣。而獨愛其言者，何哉？是執政任事之臣負天子也。執事誠能深察而亟言之，使所謂虧欠經總制錢者一日而罷去，則州縣之吏無以藉其口，而科率之議寢矣。然後堅明約束，痛加繩治，敢以科率病民者，使民得自言尚書省御史臺，則昔之嘗爲是者，其罪亦無所容矣。於以上廣仁厚清静之風，下副四方幽隱之望，無使西南徼外巴賓、邛莋之民夷獨受賜也，豈不休哉！豈不休哉！

熹疏遠之迹，於執事有先君子之好，而亦嘗得一再見，辱教誨焉。今也執事適在此位，爲可言者，誠不自知其愚且賤，思有以補盛德之萬分，故敢獻書以聞，惟執事之留意焉。方春向温，伏惟益厚愛以俟真拜，不宣。某再拜[五]。

校記

〔一〕此題大同集卷八作「上鍾侍郎經總制錢書」。

〔二〕藝：原作「義」，據宋閩、浙本改。

〔三〕州：原缺，據大同集卷八補。

〔四〕月：右引作「日」。

〔五〕此句原缺，據右引補。

編年　據年譜長編。

與李教授書紹興二十五年

竊惟朝廷興建學官，以養天下之士，使州之士以學於州，縣之士以學於縣，以便其仰事俯育之私，而非以别異之也。然其制財用之法，所謂贍學錢者，蓋州縣通得用之。今執事之議於提學司曰：業於州者得食於縣官，而業於縣者無與焉。以熹觀之，朝廷立學養士之意與夫制財用之法，似皆不如此。今且置此，而以私言之。蓋朝廷以執事宜爲人師，故以執事教泉之人爲士者〔一〕，執事固不得而盡教之。雖使教，不能盡，亦不愈於坐而棄之乎？今執事之議曰：使縣之任其費〔二〕。執事以爲縣將焉取之？縣之取之於民者悉矣。今兹民力困竭，官吏愁勞，日不暇給，而責之以此，是其不能有以教而將直棄之明甚。於執事不爲有補，執事何苦而必行之，以棄此縣之人也？如曰縣學所以教者不能如州，則諸縣者熹所不能知，如熹所領學，其誦説課試大小條科，熹自以爲亦無甚愧於執事之門。而其師生相接之勤，則竊自隱度，以爲雖執事，力或有所未能也。謂宜得在假借之域，而反以例削之，使不得自盡，此何説哉？熹已具公狀申禀，而以此私於左右。伏惟思究朝廷立學養士之意而考其制財用之法，痛念吏民之艱弊，而深察熹之所領，其於州縣有異焉，於不可與之中捐而與之，亦所以視高明之意有在，而不專於己勝，足以勸其能者，而不能者知所厲焉，又况理法有可與者乎？干冒威嚴，不勝皇恐。

校記　〔一〕此句大同集卷八作「故以執事教泉之人，凡泉之人爲士者」。

〔二〕之任：右引作「自議」。

編年　下篇與此書言同一事，則此篇當作在稍前甚明，據以繫年。

答陳宰書〔一〕　紹興二十五年

某頓首上覆：經宿，伏惟尊候起居萬福〔二〕。昨夕坐間，蒙出示廣文公書，似未見察者，聊陳其一二。李君兄弟之賢，聞於閩中。熹少時見諸老先生道語其故，心甚慕之。及來此，道過三山，乃識其兄迂仲，即之粹然而温，無諸矜争之色。時未識李君，以謂其猶兄也。至官未久，聞其分教是邦，心甚喜，以爲所領縣學事有相關者，當大得其力助，故事有可不可，未嘗不因書文以喻意指，而不意其怒至此也。

熹所辨七事如左：李君書以爲熹有少年鋭氣，嘗謂論事者當以事理之長短曲直，而不當以其年之先後。若直以年長者爲勝，則是生後於人者，理雖長而終不可以自伸也。又謂奚不於監司郡守前論列，此李君之所能而熹誠不敢也。所以然者，直不欲以監司郡守之勢脅持上下耳。此李君之所能，而熹誠不敢也。李君又自謂本無欲勝人之心，止是推車欲前耳。異哉！李君之欲前其車也，獨不思夫郡縣之學本一車耶？譬則郡其軫蓋而縣其衡軶也，後其衡軶，而獨以蓋軫者驅馳之，曰吾欲前此耳，此熹所不曉也。又謂四分錢乃郡縣學通得用，熹既留其二，而歸其二於郡學矣，尚何言？使縣不得用其二分，是猶州不得用其二分也。假糧於道，是乃前所謂自備錢糧者，郡學，泉州學也；同安學，同安縣學也，各盡力於其中耳。此又不然。熹前疏所陳云云者，非以自高，乃所以極論究心之一二而求見哀於李君耳〔三〕。豈有一州之教官，上爲丞相所自擇用，下與大府部刺史分庭抗禮，而熹銓曹所擬一縣小吏，而敢有勝之之心乎？今李君所云，無乃與熹之私指謬也。又謂熹不能有所養，而於此未能自克，此則中其病。但熹所争，乃公家事，無毫髮私意於其間。此固官長之所深知，而其所戒熹敢不思也〔四〕。

熹已謝學事，但此色官錢終不可失。蓋此乃同安一縣久遠利害，非吾人所得用以徇一旦之私。伏惟持之不變，以幸此縣之人，而以熹所陳者曉李君無深怒也。李君書與熹前所爲劄并封納呈，他尚容面究。不宣。某頓首上覆知縣學士長官陳丈〔五〕。

校記

〔一〕此題大同集卷八作「答陳宰元雱」。

〔二〕「某頓首」至「萬福」原缺，據右引補。

〔三〕之：原缺，據右引補。

〔四〕所：原缺，據右引補。

〔五〕「不宣」以下原缺，據右引補。

編年

文云已謝學事，考朱熹同安任内至少至紹興二十五年仍兼學事，如卷七十七泉州同安縣學官書後記，該年十月秦檜死後之縣學諸策問及立蘇頌祠於學宫等，皆是明證。是此書之作不能早於二十五年。而二十六年朱熹大半出差在外，至秋七月秩滿，未見學事施爲。故置於二十五年爲近。書信編年亦列於該年，但未言理由。年譜長編列於二十三年，似無據。

與黄樞密書 辛巳冬　紹興三十一年

竊聞虜酋隕命，種人遁走，淮北遺民悉降我師，此蓋天命眷顧宗廟社稷之靈，廓清中原，以全畀付，莫大之慶，海内同之。然熹之愚慮，獨不勝私憂過計，敢以布于下執事。

蓋自戊午講和以至于今，二十餘年，朝政不綱，兵備弛廢，國勢衰弱，内外空虛。近歲以來，天啓聖心，稍加振理，始復漸有條緒。然宿弊已深，非得同心同德之臣，素爲海内所屬望者爲之輔佐，進賢退奸，修滯補弊，要之以盡而持之以久，使其勢翕然而大變，則未可以有爲也。前日不量事勢，亟下親征之詔，則既失之易矣。然理直言順，庶幾有成，事同發機，有進無退。而曠日引月，不聞進發之期，任國政者，不聞有寇忠愍之謀，典宿衛者，不聞有高烈武之請，使諸將惰心，六軍解體，虜騎横突，深入兩淮，兵少而敵益强，事急而糧已匱。於是戒嚴未及兩月，而募兵科借之禍已及民矣。向非天佑皇家，降罰于彼，則勝負之决，蓋未可知。今日之事，其不可謂諸公謀於廟堂之效、群帥攻城野戰之功，亦已明矣。愚謂正宜君臣相戒，兢慎祗肅，改圖柄任，益修政理，以答揚上天眷顧之命，不宜坐虞鄰國之難，以幸爲利，而遽自以爲安也。

抑今中原之地幅員萬里，虜人奔走震駭之餘，力未能争，朝廷坐視而不取則非計，取之則功緒廣而勞費多。此正安危得失之機，差之毫釐，繆以千里，不可以不審也。熹竊以爲必能因其人以守，因其糧以食，使東南之力不困，然後根本固而不摇，必有以大慰其來蘇之望而深結其同濟之心，使西北之情益堅，然後藩籬密而可恃；必使虜人他日痛定力全之後，不能復窺吾盧龍之塞，然後朝謁陵廟、還反舊京之事乃可言也。

不知今日朝廷之上，侍從之列誰爲能辦此者？獨舊人之賢，起而未用者一二公，使之出則重於今日視師之人，授之政則賢於今日秉鈞之士，獨恐朝廷終不聽用，則無如之何耳。失今不早爲計，虜人士馬精强，固未有損，今兹所失，獨完顏亮一夫耳。萬一旬月之間，復悉其衆，挾其喪君之耻以，修怨於我，不知朝廷之議復以何計禦之？斂民則民憔悴而不堪，募兵則兵脆弱而無用，將據中原而與之争，則形勢未習；將棄中原而守淮、泗，則恢復無期，不知議者何以處此？苟處之未審，而曰姑又以待天幸之來，則非愚之所敢知者。是以私憂過計，夙夜拳拳而不能已也。

顧衰病之餘，氣短辭拙，不能言利害之實。然其大要不遠是矣。閣下以道學履踐致身廟堂，在諸公間最有人望，故熹敢以此言進。觸冒威尊，皇恐無地。狂妄之罪，惟左右者裁之。

編年 題下原注「辛巳冬」。文云「虜酋隕命」，指完顔亮被殺，事在紹興三十一年十一月。

評論 周大璋朱子古文讀本卷二與黄樞密書：海陵隕命之時，正中原可復之機，而紀綱不立，軍政不修，君臣偷安，坐失機會，良可痛惜。黄公祖舜是時同知樞密，寔管兵柄，故公亟論之。

答陳漕論鹽法書 季若　癸未　隆興元年

熹昨承垂示鹽法利害，累日究觀，竊以爲適今之宜，莫便於此。及詢諸鄉人，則其説不無同異，不敢不以聞。蓋問之崇安之人，則比其舊費略有所省，無不以爲便者。問之建陽之人，則云千金之産，今日買鹽，所折不過千錢，而新法輸錢半倍其舊，又須出錢買引鹽食之，計引鹽至建溪上流，比之今價，亦不能甚賤，則其爲利爲害未可知也。兩邑之數，具之别紙，可見其實。又不知他邑如何爾。然熹竊謂法之大體，實已利便。蓋强弱均敷，已寬下貧，應役之民便省陪費。又凡種種弊倖，皆無所自而作，固不可以輕變。但更須博盡衆謀，多方措置，使輸錢之數比舊稍輕，買鹽之價比舊頓減，即公私兩便，法可久行。若其不然，則官户豪宗昔幸免而今例輸者，横議紛紛，必有所緣而起，雖有良法美意，不可行矣。

竊嘗思之，引價之所以貴，以引額之數拘之也；本錢之所以多，以所支之數取之也。此鹽之所以貴也。賣引之額所以狹，以所運之數拘之也；海船之錢所以取，以般運之費計之也。此計産輸錢之所以重也。欲致二利，去二害，在乎罷海倉之買納而已矣。誠能罷海倉及下四州諸縣之買納，而使客人請引，南自漳、泉，北至長溪，各從便路，徑就埕户買鹽興販，則引價可減，本錢可輕而鹽賤矣。引額可增，海船可罷，而計産所輸亦薄矣。

夫海倉爲鹽法蠹害之根本，使臺知之詳矣。下四州諸縣買納之弊不異乎海倉，而漳州以盜賣合支産鹽，重爲民害，使臺知之亦詳矣。使其無害於今日所議之法，猶將廢置以蠲積弊，況所以增官鹽之價而厚私鹽之利者，皆在乎此，豈可以不罷而改圖其新乎？

夫賣引之額，以上四州逐年運到一千萬斤者爲率，而海倉每歲所取亦止此數，尚有乏絶不繼，停留綱運之時，故引價至於二十三文而患其貴，引錢止得二十三萬而患其少，皆此之由也。熹竊謂夫一千萬斤者，官運之正數也。若夫出於埕户，搭於綱船，漏於步擔而散於四郡之間，食之無餘者，一歲又何啻數百萬斤？此乃埕户所煎、民間所食之實數。而前日棄之，以爲私販之資者，正以海倉侵盗本錢，稽留割剥，使埕户不願輸官，而寧私爲賤鬻，以救目前之急故也。今若罷去海倉而收此數百萬斤者并入引額，則引價每斤可減數錢，而所以收引錢大數反增於舊矣。謂如增作一千五百萬斤引，而一斤止賣二十文，亦得三十萬貫。恐不止此數，更乞籌之。又使埕户更無私鹽可賣而官鹽益快，何憚而久不爲此？

夫所以使客人納鹽本錢每斤十二文者，將以給埕户爲循環本也。今官收而官給之，在客人則爲枉費，在埕户則無實利，曷若使埕户客人自爲貿易而官封之，沿海逐縣專委令丞或簿尉。則客人不費四五文可得鹽一斤，每斤所省數錢，足以具舟楫、資往來。埕户售鹽一斤，實得四五文，比之請於官司，名爲十二文，而經過官吏攬子之手，什不得其一二者，大相遠矣。

所以使州縣椿海船錢五萬餘貫者，本爲漕司自海倉運至懷安，以待客販也。若罷海倉，而使客人徑從便路興販，則此錢固已在所蠲矣。行此數者，使引價可減，本錢可省，則官鹽自賤而私販自戢。引額可增，海船錢可罷，則此兩項所增所罷之數，以減計産所輸之數，亦不啻什四五矣。

下四州人户則使徑就埕户買鹽，不限引法，但立法以防其興販透入上四州界可也。此外非熹聞見思慮所及。但議者見使司自王侍郎以來，三四年間代納上供，其數不少，或謂增鹽尚有可減之數。更望計度，如其可減，則願更減分數，於三項立法之中，均退幾錢，尤爲久遠之利。使閩中之人相與稱曰：鹽法之利於吾民，自陳公始。子孫不忘，豈不休哉！鄙見如此，未知當否。以下問之勤，不敢虛辱。既采民言，又竭愚慮，以稱塞萬分。狂妄之罪，尚冀高明矜而恕之。幸甚幸甚！

編年 題下原注「癸未」。

答劉平甫書 隆興元年十一月

聞已遣兩使議和，虜人待遇甚厚，或疑虜勢實衰，故欲且緩我師耳。所遣乃歸正人也，楊已罷御營，用周元特之言也〔一〕。周已還南榻矣。山中已聞否？伯崇兄不及別上狀，想且留屏山。比日讀何書？講論切磋之益，想不但文字間也。上蔡帖中儒異於禪一節，道間省記，頗覺有警。試相與究之，見日面論也。

與陳書謾寫去，只可呈大兄一讀，而焚之勿留也。此言之發，其不能受也固宜，然萬一成行，則所言必有甚於此者，又將何以堪之耶？觀此氣象，不若杜門之爲愈，下計終當出此耳。元履云，若爲貧，即不妨。已以行道自任，而以爲貧處人，此正吴材老之論古音也，可以一笑。

校記　〔一〕特：當爲「持」。元持爲周操字。

編年　據年譜長編、書信編年、書札彙編。

與延平李先生書 隆興元年九月二十六日

熹拜違侍右，倏忽月餘，頃嘗附兩書於建寧，竊計已獲關聽矣。熹十八日離膝下，道路留滯，二十四日到鉛山，館於六十兄官舍。路中幸無大病。今日戴君來診脉，其言極有理，許示藥方矣。云無他病，只是禀受氣弱，失汗多，心血少，氣不升降，上下各爲一人。其他曲折，皆非俗醫所及。頃在建陽，惟見大湖一親戚語近此耳。至於心意隱微，亦頗得之，信乎其不可掩也。

熹向蒙指喻二説，其一已叙次成文，惟義利之説見得未分明，説得不快。今且以泛論時事者代之，大略如中前書中之意。到闕萬一得對畢，即録呈也。但義利之説乃儒者第一義，平時豈不講論及此？今欲措辭斷事，而茫然不知所以爲説，無乃此身自坐在裏許而不之察乎？此深可懼者。此間亦未有便，姑留此幅書，以俟附行。若蒙賜教，只以附建寧陳丈處可也。天氣未寒，更乞爲道保重，以慰瞻仰。九月二十六日拜狀，不備。

編年　李侗卒於隆興元年十月十五日，文云赴闕奏對，知作於該年。月日具於文中。

與魏元履書隆興元年十一月

熹六日登對，初讀第一奏，論致知格物之道，天顔温粹，酬酢如響。次讀第二奏，論復仇之義，第三奏論言路壅塞，佞幸鴟張，則不復聞聖語矣。副本已送平甫，託寫呈，當已有之矣。十二日有旨除此官，非始望所及，幸幸甚甚。然闕尚遠，恐不能待，已具請祠之劄，辭日投之。更屬凌丈催促，必可得也。

和議已決，邪説横流，非一葦可杭。前日見周葵，面質責之，乃云此皆處士大言，今姑爲目前計耳。熹語之曰：「國家億萬斯年之業，參政乃爲目前之計耶！」大率議論皆此類。韓無咎、李德遠皆不復尋「遂初賦」矣，庶寮唯王嘉叟諸人尚持正論，然皆在閑處，空復爾爲。兩日從官過堂詣府第，不知所論云何。欲少贊之，輒不值，未知渠所處也。言路惟小坡論甚正，但恐其發不勇，不能勝衆楚爾。王之望、龍大淵已差使副，不知尚能挽回否。諸非筆札可盡。

共父之出，中批所命，朝野不知所坐。本欲作先生一書，醉矣不能，因書及之。亦令平甫寫其劄副稿寄呈矣。

編年 朱熹登對在隆興元年十一月六日，文中所言甚明。又言十二日除武學博士，此書當作在後數日。

與魏元履書隆興二年

近時一種議論出於正人之口，而含糊鶻突，聽之使人憒憒。似此氣象規模，如何抵當得？王之望、尹穡輩更何足挂齒牙間也。

編年 據書信編年。

與陳侍郎書乾道元年五月

昨者伏蒙還賜手書，慰藉甚厚，拜領感激，不知所言。而奉祠冒昧之請，又蒙台慈引重再三，卒以得其所欲。所示堂帖，謹以祗受，仰荷恩眷，尤不敢忘，而不知所以報也。蓋熹賦性樸愚，惟知自守，間一發口，枘鑿頓乖〔一〕。度終未能有以自振於當世，退守丘園，坐待溝壑而已。今以閣下之力得竊廪假，以供水菽之養，其爲私幸，亦已大矣。顧於義分猶有僥冒之嫌，而閣下推挽之初心猶以爲不止於此，此則豈熹所敢聞哉！

又蒙垂喻今日之事，慨然有戛戛乎其難哉之嘆。且承任職以來屢有建白，去處之義自處甚明。熹也雖未獲與聞其詳，然有以見賢人君子立乎人之本朝，未嘗一日而忘天下之憂，亦不肯以一日居其位而曠其職蓋如此。然猶不鄙迂愚疏賤之人而語之及此，其意豈徒然哉！熹誠不足以奉承教令，然竊不自勝其慕用之私，是以忘其不佞而試效一言焉，執事者其亦聽之。

熹嘗謂天下之事有本有末，正其本者，雖若迂緩而實易爲力；救其末者，雖若切至而實難爲功。是以昔之善論事者，必深明夫本末之所在而先正其本，本正則末之不治非所憂矣。且以今日天下之事論之，上則天心未豫而饑饉薦臻，下則民力已殫而賦斂方急，盜賊四起，人心動摇。

將一二以究其弊，而求所以爲圖回之術，則豈可以勝言哉？然語其大患之本，則固有在矣。蓋講和之計決而三綱頽、萬事隳，獨斷之言進而主意驕於上，國是之説行而公論鬱於下，此三者，其大患之本也。然爲是説者，苟不乘乎人主心術之蔽，則亦無自而入。此熹所以於前日之書不暇及他，而深以夫格君心之非者有望於明公。蓋是三説者不破，則天下之事無可爲之理，而君心不正，則是三説者又豈有可破之理哉？不審閣下前日之論，其亦嘗及是乎？抑又有大於此者，而山野之所弗聞弗知者乎？閣下誠得其本而論之，則天下之事一舉而歸之於正，殆無難者，而吾之去就亦易以決矣。熹竊不自勝其憤懣之積，請復得而詳言之。

夫沮國家恢復之大計者，講和之説也。壞邊陲備禦之常規者，講和之説也。内咈吾民忠義之心，而外絶故國來蘇之望者，講和之説也。苟逭目前宵旰之憂，而養成異日宴安之毒者，亦講和之説也。此其爲禍，固已不可勝言，而議者言之固已詳矣。若熹之所言，則又有大於此者。蓋以祖宗之仇，萬世臣子之所必報而不忘者。苟曰力未足以報，則姑爲自守之計，而蓄憾積怨以有待焉，猶之可也。今也進不能攻，退不能守，顧爲卑辭厚禮以乞憐於仇讎之戎狄，幸而得之，則又君臣相慶，而肆然以令於天下曰：凡前日之薄物細故，吾既捐之矣。欣欣焉無復豪分忍痛含冤、迫不得已之言，以存天下之防者。嗚呼！孰有大於祖宗陵廟之仇者？而忍以薄物細故捐之哉！夫君臣之義，父子之恩，天理民彝之大，有國有家者所以維繫民心，紀綱政事，本根之要也。今所以造端建極者如此，所以發號施令者如此，而欲人心固結於我而不離，庶事始終有條而不紊，此亦不待知者而凛然以寒心矣。

而爲此説者之徒懼夫公論之沸騰而上心之或悟也，則又相與作爲獨斷之説，傅會經訓，文致奸言，以深中人主之所欲，而陰以自託其私焉。本其爲説，雖原於講和之一言，然其爲禍則又不止於講和之一事而已，是蓋將重誤吾君，使之傲然自聖，上不畏皇天之譴告，下不畏公論之是非，挾其雷霆之威、萬鈞之重以肆於民上，而莫之敢攖者，必此之由也。嗚呼！其亦不仁也哉！甚於作俑者矣。仁人君子其可以坐視其然，而恬然不爲之一言以正之乎？

此則既然矣，而旬日之間，又有造爲國是之説以應之者，其欺天罔人，包藏險慝，抑又甚焉。主上既可其奏，而群公亦不聞有以爲不然者，熹請有以詰之。夫所謂國是者，豈不謂夫順天理、合人心而天下之所同是者耶？誠天下之所同是也，則雖無尺土一民之柄，而天下莫得以爲非，况有天下之利勢者哉？惟其不合乎天下之所同是而强欲天下之是之也，故必懸賞以誘之，嚴刑以督之，然後僅足以劫制士夫不齊之口，而天下之真是非則有終不可誣者矣。不識今日之所爲若和議之比，果順乎天理否耶？合乎人心否耶？誠順天理、合人心，則固天下之所同是也，異論何自而生乎？若猶未也，而欲主其偏見，濟其私心，强爲之名，號曰國是，假人主之威以戰天下萬口一辭之公論，吾恐古人所謂德惟一者似不如是，而子思所稱「具曰予聖，誰知烏之雌雄」者，不幸而近之矣。

昔在熙寧之初，王安石之徒嘗爲此論矣，其後章惇、蔡京之徒又從而紹述之，前後五十餘年之間，士大夫出而議於朝，退而語乎家，一言之不合乎此，則指以爲邦朋邦誣，而以四凶之罪隨之。蓋近世主張國是之嚴，凛乎其不可犯，未有過於斯時者〔一〕。而卒以公論不行，馴致大禍，其遺毒餘烈至今未已。夫豈國是之不定而然哉？惟其所是者非天下之真是，而守之太過，是以上下相徇，直言不聞，卒以至於危亡而不悟也。傳曰：「差之毫釐，繆以千里。」況所差非特毫釐哉！嗚呼，其可畏也已！奈何其又欲以是重誤吾君，使之尋亂亡之轍迹而躬駕以隨之也？

嗚呼！此三説者，其爲今日大患之本明矣。然求所以破其説者，則又不在乎他，特在乎格君心之非而已。明公不在朝廷則已，一日立乎其位，則天下之責四面而至。與其顛沛於末流而未知所濟，孰若汲汲焉以勉於大人之事，而成己成物之功一舉而兩得之也。

熹杜門求志，不敢復論天下之事久矣。於閣下之言竊有感焉，不能自已，而復發其狂言如此，不審高明以爲如何也。尚書王公計就職已久〔三〕，方群邪競逐，正論消亡之際，而二公在朝，天下望之，屹然若中流之底柱，有所恃而不恐。雖然，時難得而易失，事易毁而難成。更願合謀同力，早悟上心，以圖天下之事。此非獨熹之願，實海内生靈之願也。

校記　〔一〕枘：原作「柄」，據宋閩、浙本改。

〔二〕斯：原作「近」，據右引改。

〔三〕王：正訛改作「汪」。

編年　據年譜長編、書信編年。

評論　周大璋朱子古文讀本卷二與陳侍郎書：三説天下大患之本，君心不正又三患之本。不去三患，天下不可爲。不格君心，三患不可去。痛發其病而教以補救之功，真是醫國聖手。公嘗與魏元履書云：「近時一種議論出於正人之口，而含糊鶻突，聽之使人憒憒。似此氣象規模，如何抵當得？王之望、尹穡輩何足挂齒牙間也。」若此等文字，真無一字含糊鶻突。

與汪帥論屯田事〔一〕 乾道元年

崇安有范芭通判者，頃從鄭資政鎮蜀，能言當時漢中屯田之利，所以實邊郡、紓民力、省歲費者，甚有條理。不知其幕府文書猶有存於今日者否？就使不完，當日官吏必尚有可訪者。今之所謂和好，豈可長保？萬一可保，而在我者亦豈當但爲安坐以守所保之計乎？聚人之本，財用爲急。與其賣度牒，責財於民而髡其首，以絶生聚之源；賣官告，使入仕之流猥濫訛雜，以爲吾民之病，孰若因天時、分地利，借力於飽食安坐之兵，而坐收富强之實效乎？況前人已試之驗未遠，在博訪而亟行之爾。稼穡之功，經歲乃成。然當可爲之時，緩之一日，則失一歲之事。今以閣下之明，乘此邊事少休、歲收大稔之際，兵民皆有餘力，可以就事。況諸司又皆通情，則事之在漢中者，亦可委曲審議而共爲之。失今不爲，恐後難復值此可爲之會矣。

熹在遠僻，不能深得利病之詳。然得於傳聞，參以簡册所記載，竊以爲此最當今邊防之急務。而申軍律、練士卒、備器械抑又次之，皆不可不先事預謀以爲之備。不審台意以爲如何？

校記　〔一〕事：宋浙本作「書」。

編年 汪應辰帥蜀在乾道元年至四年，此書建議參考同鄉人范芑舊時文書，應在應辰初至蜀時。書信編年姑置是年，以文集編序爲言，較爲客觀。年譜長編坐實爲九月而無説，今不取。

與曹晉叔書乾道三年九月末

熹此月八日抵長沙，今半月矣。荷敬夫愛予甚篤，相與講明其所未聞，日有問學之益，至幸至幸。敬夫學問愈高，所見卓然，議論出人意表。近讀其語説，不覺胸中洒然，誠可嘆服。岳麓學者漸多，其間亦有氣質醇粹，志趣確實者，只是未知向方，往往騁空言而遠實理。告語之責，敬夫不可辭也。長沙使君豪爽俊邁，今之奇士，但喜於立異，不肯入於道德，可惜。屢詢近況，似深念尊兄者，曾得近書否？共父到闕之後，言事者數矣，其言又皆慷慨勁正，近世之所未有，聖主聰明，無不容納。然所憂者一「薛居州」，若得三五人贊助之，國事或可扶持也。此豈人力所能參哉，看上蒼如何耳。

編年 朱熹晤張栻於長沙，唯乾道三年有此事。「此月」指九月，則年譜長編、書信編年皆已詳之。

與魏元履書乾道四年七月

被教，備悉至意，大概只放税、廪窮兩事爾。放税是秋冬間事，且與諸公商量未晚。廪窮亦是州縣間合行事，似不必聞之朝廷。朝廷每事如此降指揮，恐不是體面。昨日已作芮書，今録呈，不知且如此可否？

第五等是五百文以下，其間極有得過之人。若物業全被水傷，固不可不全放；若但傷些小，如何一例放得？但百十錢以下産户，即不能如此分別，與全放不妨爾。

西府書旦夕遣去，熹亦當作書，且以老兄所説與熹鄙意告之，惟其所擇。但一兩縣災傷，似只是監司州郡事。若執政者切切然只專爲鄉里理會事，似屬偏頗，道理亦不如此。芮漕之書相咨問如此，若以誠告，豈有不行？徐任亦方留意此事〔一〕，儘得商量。若商量到十數日間，亦須有定議矣。朝廷在千里外，其爲報應，豈不緩耶？但商量事須酌中合宜，教人行得，即無不可告之理。其或不入，咎乃在彼。若自家所説過當，教人信不及，行不得，則是自家未是，安得專咎他人耶？况禹、稷、顔子事體不同，吾人已是出位犯分了。若合告州府監司者告州府監司，合告朝廷者告朝廷，盡誠以告之，而行與不行付之於彼，猶未爲大失。今一向如此，却似未是道理。蓋此事一發，使朝廷失慮四方之體，州郡監司失其職，吾輩失其守，雖活千人，不可爲也。如何如何？不若更度事理之所宜，力告諸公，有合朝廷應副者，令自申明，而約以助其請，則庶幾或可爾。

謝諸公書必已有定論，頃見伊川集中謝韓康公啓，乃是除講官後方謝之。吴憲既得書，却難不答，且答其書，因謝其意，似無不可。但諸公無書來者，則未須爾。將來謝帥之辭，不過自叙己意，謝其薦揚而已，横渠有數篇謝人薦舉書，甚佳。何必作佞語，亦何必作蠢辭？但薦書中有此人姓名，亦是人生不幸事，此古人所以難受爵位也。

養源小批如此，而遂竟去，何耶？熹看得今日之事，只是士大夫不肯索性盡底裏説話，不可專咎人主。柳子厚曰：「食君之禄畏不厚兮，憚得位之不昌。退自服以默默兮，曰吾言之不行。」今人多是此般見識也。

得汪丈六月十九日九江書云，六月末可到玉山，於彼俟請祠之報，已作書速其行矣。一請猶是禮數，若又再請，則無謂矣。熹與書云：「有如再請，忽遂雅懷，而治亂消長由此遂分，豈惟公終身恨之，天下後世亦且有所歸責矣。」不知渠又以爲如何。所欲言甚衆，亟遣人，草草。

校記　〔一〕任：疑當作「倅」，見本卷六月十一日答汪尚書書。

編年　據年譜長編、書信編年。

與魏元履書 乾道四年九月

里中大稔，數年所無，幸事。然小民債負亦倍常年，比收斂已，想亦無餘矣。昨得趙推書云，漕司已備録熹劄子行下府中，未知後來如何。王守、趙漕都未通書，蓋亦懶與此事矣。

共父前月二十間因論王琪專被密旨築真州城，不經由三省密院，大忤上旨，批與端殿宫觀，次日又批與知隆興。乞放謝，却令朝辭；乞以念八日，又令初四日，却似悔前舉之失。然共父書云，陳丈力争此事，恐亦不能久。兩公在朝雖做大事不得，然善類不無所恃。今各辭去，亦可慮也。書中令致意尊兄，云事體與昔不同，陳丈若去，則此事當自審處。平父亟遣人至雲際，人立俟書，草此爲報。集議文字上内，欽夫他文未暇檢。然多取而不究其旨，此乃尊兄舊病，何爲未能去耶？芮老書中相告戒，切中拙病，荷其相愛之意，不敢忘也。

編年 據書札彙編。

賀陳丞相書 戊子冬 乾道四年十一月

恭聞制書延拜，進秉國均，凡在陶鎔，孰不欣賴？伏惟明公以大忠壯節早負天下之望，自知政事，贊襄密勿，凡所論執，皆繫安危。至其甚者，輒以身之去就争之，雖未即從，而天子之信公也益篤，天下之望公也益深，懔懔然惟懼其一旦必去而不可留也。夫明公所以得此於上下者，豈徒然哉！今也進而位乎天子之宰，中外之望莫不欣然，咸曰陳公前日之言，天下之言也。争之不得，危於去矣，而今乃爲相，則是天子有味乎陳公之言而將卒從之也。陳公其必以是要説上前，而決辭受之幾矣。且天下之事，其大且急者又不特此，陳公果不得謝而立乎其位，必且次第爲上言之，爲上行之，其不默然而受，兀然而居也明矣。熹雖至愚，亦有是説。然今也聽於下風亦既餘月，政令之出，黜陟之施，未有卓然大異於前日，則是明公蓋未嘗以中外之望於公者自任，而苟焉以就其位矣。熹受知之深，竊所愧嘆，未知明公且將何以善其後也。請得少效其愚，而明公擇焉。

蓋聞古之君子居大臣之位者，其於天下之事知之不惑，任之有餘，則汲汲乎及其時而勇爲之。知有所未明，力有所不足，則咨訪講求以進其知，扳援汲引以求其助，如救火追亡，尤不敢以少緩。上不敢愚其君，以爲不足與言仁義；下不敢鄙其民，以爲不足以興教化；中不敢薄其士大夫，以爲不足共成事功。一日立乎其位，則一日業乎其官；一日不得乎其官，則不敢一日立乎其位。有所愛而不肯爲者，私也；有所畏而不敢爲者，亦私也。屹然中立，無一毫私情之累，而惟知爲其職之所當爲者，夫如是，是以志足以行道，道足以濟時，而於大臣之責可以無愧。不審明公圖所以善其後者，其有合於此乎？其有近於此乎？無乃復有進於此者，而熹之愚不足以知之乎？願亟圖之，庶乎猶足以終慰天下之望，毋使前日之欣然者更爲今日之悒然也。

抑熹又有請焉：蓋熹嘗辱明公賜之書矣，其言有曰：「前輩爲大臣，不過持循法度，主張公道，知無不言，復君以德，公行賞罰，進賢退不肖而已。今日事有至難，風俗敗壞，官吏苟且，强敵在前，邊備未立，如之何其可爲也。」熹愚不肖，深有所疑。蓋凡明公之所易者，皆古人之所難；而明公所難者，乃古人之所易也。反復思慮，不得其説，將以質之左右而未暇也。今者敢因修慶而冒以爲請，伏惟明公試反諸心，而以事理之輕重本末權之。誠知夫真難易之所在而有以用其心焉，則亦無難之不易矣。詩曰：「伐柯伐柯，其則不遠。」願明公留意，則天下幸甚！

編年 題下原注「戊子冬」。年譜長編定其作於十一月，從之。

評論

康熙御製文集第三集卷四十三：蘊忠藎之意，發爲直諒之言，固應勉勵備至。

周大璋朱子古文讀本卷二賀陳丞相書：出没變化，離合縱擒，與老泉上富丞相書同，而議論之深醇百倍過之。中間勉以古義，慷慨伉直，凛然如泰山喬嶽，不可玩視。

古文雅正卷十三：陳丞相，名俊卿，朱子知交好友也。作相月餘，朱子所以勖之者如此。古人朋友之義如此，大儒作相規模如此。

古文眉詮卷七十七：延登不久，舉其未真拜時成模，先進頌詞，合賀書體。「亦既餘月」轉入責望之詞，餘月便爾深企，正引明决副望。「居大臣之位者」以下，以知明行决作正勗，反時不少緩，正對餘月未有設施。三「不敢」作激詞，仁義教化共功，見大儒真際。「一日」四句，見大儒風概，正以拍緊明决副望。「行道」收仁義教化，「濟時」收及時不緩，「亟圖」緊照月餘。勁氣直達，其所勗勉，實由一生忠信明决發露出來。

答魏元履書乾道五年

所喻杜征南語，此固切論。然今日之事，恐異於此。蓋彼以强大兼人之國，故其計謀規畫不得不然。今以弱小自守，而義當有爲，乃其義理事勢不得不爾。今日雖無征南之明略，而天下之事當得但已耶？愚謂孟子所謂成功則天，董子所謂明道正義，武侯所謂鞠躬盡力，死而後已，成敗利鈍非所逆料者，正是今日用處。若以征南之言爲正，竊恐落第二義也。前日答書，思慮偶不及此，見來書又言之，聊發其愚，不知老兄以爲如何也。

頃見林黄中説在宮邸讀史記秦伐楚，王翦、李信争兵多少處，偶及近事，因云：「今乃欲以數萬之卒横行中原，何其慮事之不詳也。」熹因爲言此事正不爾，秦滅六國，楚最無罪，故楚既亡，而其國人悲思，有三户之謡。則當時秦人之攻，楚人之守，勢可知矣。今日之事與此正相反，奈何以爲比乎？此與所論亦稍相似，因謾及之。大抵議論先要根本正當，然後紀綱條目有所依而立。近看論語説及爲兒輩説唐鑑，因得究觀范太史之學，不知此人胸中如何，其議論乃爾。暇日試熟觀數過，當見古人論事輕重緩急之方矣。每讀至會心處，未嘗不廢卷而嘆也。

編年　此書無明顯時間綫索，書信編年據文集編序，定作於乾道五年初，或近之。蓋元履時任太學録，五年七月因言事罷。此書通篇言論事之法，似爲元履上言發也。又卷三十己丑與汪尚書言及「近林黄中自九江寄其所撰祠堂記文」，亦在五年。此言與其論秦楚事，或亦一時相先後也。

與陳丞相書 己丑　乾道五年五月

熹啓：中夏毒熱，恭惟僕射平章樞使相公鈞候起居萬福。熹昨奉咫尺之書，修致慶問，因以愚慮上瀆高明，自揣妄庸，宜得譴斥之罪，乃蒙鈞慈還賜手教，撫存開納，禮意勤厚。伏讀三嘆，有以見明公位愈高而心愈下，德彌盛而禮彌恭，果非小人之腹所能料也。台司禮絶，不敢復致啓謝，惟是區區歸心黄閣之下，未始一日而忘。

忽又奉承堂帖，戒以祗事之期，囊封疾置，似亦非常制所當得者。自顧何人，可以當此？尤竊恐懼，不能自安。然熹之狂猥朴愚，不堪世用，明公知之蓋有素矣。頃自祠官叨被除目，聞命之初，即惕然有不敢當之意。顧以近制不應辭避之科，因欲復求祠官，幾得斗升之祿，以共水菽之養，則又以待次尚遠，懼有貪躁之嫌，是以因仍寢嘿，以至于今。幸官期已及，而廟堂又特爲下書以招徠之，則熹之不獲已而有求，似亦不爲甚無謂者。已别具劄子一通，道其所欲。伏惟明公哀憐而幸聽之，不使輕犯世故，以貽親憂，則明公之賜於熹厚矣。或恐未即遽蒙矜許，則熹請得復罄其説。

蓋熹雖愚不肖，無所短長，然區區用力於古人之學，閲天下之義理，亦庶幾不爲懵然者。豈不知外有君臣之義，内有母子之情，而平生知己如明公者，待之又不爲不厚，豈不願及明時，效尺寸以報君親、酬知遇，而直逡巡退縮，以求守此東岡之陂乎？此其中必有甚不得已者。惟明公幸察焉，而聽其所欲，使得竊祠官之禄以養其親，而自放於荒閑寂寞之境，以益求其所志，庶乎動心忍性，涵泳中和，賴天之靈，得遂變化其狂猥樸愚之質。則異時明公未忍終棄，猶欲熏沐而器使之，其或可以奉令承教而不敢辭也。

明公亦宜自謀所以清化原、革流弊者，使乾剛不亢而君道下濟，忠讜競勸而臣道上行，則天地交泰，上下志同，而天下之士雖有囂囂然處畎畝而樂堯舜者，猶將爲明公出，况如熹者，又豈足道也哉！伏惟明公勉焉，則天下幸甚。自餘加護鼎食，以慰具瞻。熹不勝懇禱拳拳之至，謹奉手啓以聞，伏惟照察。

編年　題下原注「己丑」，文云「中夏毒熱」，據以繫年。

與汪尚書書 己丑　乾道五年五月

自頃拆號，日望登庸，尚此滯留，不省所謂。海内有識之士，蓋莫不爲明公遲之，而熹之愚，獨有爲明公喜者。蓋以省闈之取舍觀之，則疑明公於天下之義理尚有當講求者，而喜其猶及此閑暇之時也。

自道學不明之久，爲士者狃於偷薄浮華之習，而詐欺巧僞之奸作焉。上之人知厭之矣，然欲遂變而復於古，一以經行迪之，則古道未勝，而舊習之奸已紛然出於其間而不可制。世之人本樂縱恣而憚繩檢，於是乘其隙而力攻之，以爲古道不可復行，因以遂其自恣苟簡之計。俗固已薄，爲法者又從而薄之，日甚一日，歲深一歲，而古道真若不可行矣。譬之病人，下寒而客熱熾於上，治其寒則熱復大作。俗工不求所以治寒之術，遂以爲真熱而妄以寒藥下之，其不殺人也者幾希矣。蘇氏貢舉之議正如此，至其詆東州二先生爲矯誕無實，不可施諸政事之間，則其悖理傷化，抑又甚焉。而省闈盜用此文者兩人，明公皆擢而置之衆人之上，是明公之意蓋不以其説爲非也。生於其心，害於其政，發於其政，害於其事。明公未爲政於天下，而天下之士已知明公之心，争誦其書，以求速化，耳濡目染，以陷溺其良心而不自知，遂以偷薄浮華爲真足尚，而敢肆詆欺於昔之躬行君子者不爲非也。況於一旦坐廟堂之上，而以宰相行之，其害又當如何哉？明公前者駁正張綱之謚，深詆王氏之失，識者韙之。而今日之取舍乃如此，死者有知，得無爲綱所笑？不審明公亦嘗悔之否乎？

熹愚無知，辱知獎甚厚，往者亦嘗關説及此，而今略驗矣。故獨不敢以延拜之遲爲恨，而以猶得及此暇時，講所未至爲深喜。明公若察其願忠之意而寬其忘分之誅，則願深考聖賢所傳之正，非孔子、子思、孟、程之書不列於前，晨夜覽觀，窮其指趣而反諸身，以求天理之所在。既以自正其心，而推之以正君心，又推而見於言語政事之間，以正天下之心，則明公之功名德業，且將與三代王佐比隆，而近世所謂名相者，其規模蓋不足道，況蘇氏浮靡機變之術，又其每下者哉！

熹忽被堂帖，戒以官期，本不欲行，今乃得遂初心。有書懇丞相，求祠禄以供水菽之奉。恐或怒其不來，未易遽得，即乞從容一言之賜，早遂所求，幸甚幸甚！參政梁公之門，初無灑掃之舊，不敢以書請。又恐疑於簡己也，有劄子一通，乞轉致之，且及此意，則又幸甚。熹不敢復論時事，蓋亦有不待論而白者，明公尚勉之哉。

編年　題下原注「己丑」。又下篇承此而作，言汪應辰五月二十七日書勸其入京就職，而此書尚未及此，故必作在五月。參書信編年。

評論　周大璋朱子古文讀本卷二與汪尚書書：蘇氏與程學牴牾，尚書用其言以取士，生心害政，將爲異日之禍，故痛切言之。侃侃正論，毛髮爲悚。衛道之嚴，如是如是！

答汪尚書書 六月十一日 乾道五年

徐倅轉致五月二十七日所賜教帖，恭審比日暑雨潤溽，台候起居萬福，感慰之深。伏蒙勸行，尤荷眷念。熹近拜手啓，并申省狀，自崇安附遞，懇請祠禄，不審已得徹台聽否？熹孤賤無庸，學不加進，而戇愚日甚，與世背馳，自度不堪當世之用久矣。往者猶意明公來歸，必將有以上正君心，下起頽俗，庶幾或可效其尺寸，以佐下風，是以未敢決然遂爲自屏之計。而今也明公之歸亦既累月矣，似又未有以大慰區區平昔之望，則熹也尚復何望於他人，而可輒渝素守，以從彼之昏昏哉？所以深不獲已，而有前書之請。非獨自爲，亦欲明公識察此意而圖其新耳。今承誨飭之勤，敢不深體至意。然熹愚竊謂明公必欲引内其身，不若聽用其言，言行矣，則其身之出也可以無所愧，其不出也可以無所恨。若言不用、道不合，顧踽踽然冒利禄而一來，前有厚顔之愧，後有駭機之禍，熹雖至愚，獨何樂乎此而必爲之，而明公亦何取乎熹而必致之也。

抑明公之教熹曰：「既到之後，若有未安，則在我矣。」兩得元履書，亦以公言見告如此。此則明公愛熹之深，而所以爲熹謀者反未盡也。夫事之可否，方雜乎冥冥之中而未知所決，則姑爲之以觀其後可也。今此身之不可仕，仕路之不見容已昭然矣，尚何待於既至然後有所未安耶？古之君子量而後入，不入而後量。今身在山林，尚恐不能自主，况市朝膠擾之域，當世之大人君子，至是而失其本心者踵相尋也。若熹者，又可保其不失耶？故熹深有所不能無疑於明公之計，惟前書之懇，敢因是而復有請焉。如蒙矜許，固爲大幸；若其不遂，則熹豈敢坐違朝命而不一行？

但老人年來多病，既不敢勞動登途，又不敢遠去膝下，只此一事，便自難處。藉令單行，至彼就職，則便被拘縻；不就，則重遭指目。就職之後遽去，則又似無説，不去則自違素心。凡此曲折，皆已思之爛熟，其勢必至顛沛，無可疑者。伏惟明公以其所以見愛之心施之於此而爲之謀，則必有有所處矣。然熹亦非必欲祠禄，若荒僻無士人處教官、少公事處縣令之屬，似亦可以藏拙養親，但恐無見闕耳。窮空已甚，若有數月之闕，即不可待，又不若且作祠官之爲便也。復因徐倅便人拜啓，區區底蘊，敢盡布之，伏惟明公察焉。進見未期，伏乞進德修業，爲主眷人，望千萬自重，不宣。謹啓。

編年　此承上篇而作，題下原注「六月十一日」。文云兩得元履書勸行，時元履尚在太學録任，逾月則罷矣。

評論　周大璋朱子古文讀本卷二答汪尚書書：時事既不可爲，尚書又不聽用其言，則身決無可仕之理。極力辭謝，情意懇至。此皆出處大關頭，孔孟處之不過爾爾。

答汪尚書書 乾道五年七月二日

國史侍讀内翰尚書丈台席：去月十一日，徐倅轉致台翰之賜，即已具啓，盡布腹心。今當徹聽聞久矣。今日得崇安遞中十八日所賜教帖，伏讀再三，仰認至意，感服之餘，得以竊聞比日暑中，台候起居萬福，又以爲慰。

熹學不加進，而迂戾日甚，特以去違門墻之久，明公不深知，猶復以故意期之，移書招徠，詞旨篤厚。此見高明好賢樂善之意有加於前，而熹無以堪之，徒自懼耳。區區之懷所欲陳者，所附徐倅書已索言之。但不知向託元履致丞相書及申省狀等，曾一一投之否？度可否之報，必已有所定。然未知諸公所以必欲其來，何謂也哉？以爲欲行其道，則熹學未自信，固無可行之道；今日所處，人得爲之，又非可行之官；且諸公皆以耆德雋望服在大僚，而紀綱日紊，奸倖肆行，未有能遏之者，又非有可行之效也。以爲欲榮其身，則使熹捐親而仕，舍靈龜而觀朵頤，隨行逐隊，則有持禄之譏；印首信眉，則有出位之戒，是亦何榮之有哉？

凡此數者，久已判然於胸中。往時猶欲以明公卜之，是以未敢決然爲長往之計。今明公還朝期年，諸事又且如此，則熹亦豈待視一魏元履而爲去就哉？然聞元履數有論建，最後者尤切。至若一旦真以此去，則有志之士雖欲不視之以爲去就，亦不可得矣。蓋出處語默固不必同，然亦有不得不同者，皆適於義而已。熹累蒙敦譬〔一〕，固已不敢輒徇匹夫之守。今只俟前日之報，若已得請，固爲幸甚，無所復言；若猶未也，而諸公果能協成元履之論，使聖德日新，讒佞屏遠，逆耳利行之言日至於前而無所忤焉，則熹失所望於前者，猶或可以收之於後，又何説之辭哉。程、張二先生固可仕而仕，然亦未嘗不可止而止也。熹則何敢議此？特因來教而及之。

至於前日冒進瞽言，明公不以爲譴，而欲與之上下其論，且將推是而益省察焉，明公進德不倦之意可謂盛矣。然事變無窮，幾會易失，酬酢之間，蓋有未及省察而謬以千里者，是以君子貴明理也。理明則異端不能惑，流俗不能亂，而德可久、業可大矣。若熹前日所請，欲明公致一於孔、孟、程子之書者，乃窮理之要，不審高明果以爲何如也。近見吕申公家一二議論，殊乖僻悖理，不謂原明親炙有道，而所見乃爾。向見明公篤信之，今亦覺其非否？蓋天下無二道，今兩是相持於胸中，所以臨事多疑，而當疑者反不察也。所欲言者無窮，薄暮，欲遣書入遞，不能盡懷。伏惟益爲此道，千萬自重。不宣。

校記 〔一〕累：宋浙本作「屢」。

編年 題下原注「七月二日」，文云「去月十一日」已具啓盡布腹心，指上篇，據以繫年。

與陳丞相書 己丑七月十四日　乾道五年

熹昨以愚懇，冒瀆威尊，似聞鈞慈憐念，未許遽就閑退，區區感激，何可具言！實以鄙性蠢愚，觸事妄發，竊觀近事，深恐一旦不能自抑，以取罪戾。不肖之身非敢自愛，誠懼仰負相公手書招徠之意，重玷聽言待士之美，則其爲罪大矣。伏况老親行年七十，旁無兼侍，尤不欲其至於如此，日夕憂煩，幾廢寢食，人子之心，深所不遑。是敢再瀝悃誠，仰干大造。欲乞檢會前狀，特與陶鑄岳廟一次，俾得婆娑丘林，母子相保，遂其麋鹿之性，實爲莫大之幸。情迫意切，不知所言，伏望鈞慈俯賜憐察。

編年　題下原注「己丑七月十四日」。

答汪尚書書七月二十六日　乾道五年

熹此月二日遞中領賜教，即以尺書附遞拜答。續又領章左藏寄來台翰，又以數字附劉審計，伸前日之懇。不審今皆呈徹未也。忽徐倅送示九日所賜手帖，恭審即日秋暑，盛德有相，台候起居萬福，感慰不可言。

重蒙戒喻，令熹審思出處之計，苟合於義，他不必問也。熹雖至愚，荷明公矜念之深、教誨之切至於如此，豈不願奉承一二，少答知己之遇？然區區之意已具前書，更望留意反復，則有以知熹之所處，其度於義蓋已審矣。但恐熹所謂義，乃明公所謂不必問者而忽之耳。然熹既已申省，則今日亦須再得省劄而後敢行。但至彼不過懇辭而歸，他亦無以自效。却慮一旦親見諸公之訑訑，音聲顔色有不能平，所發或至於過甚，以自取戾，則明公雖欲曲加庇護而不可得，殆不若早爲一言，遂其所請之爲愈也。

前書戒以勿視元履爲去就，熹固已略言之矣。夫朝有闕政，宰執、侍從、臺諫熟視却立，不能一言，使小臣出位犯分，顛沛至此，已非聖朝之美事。又不能優容獎勵，顧使之逡巡而去，以重失士心，又不俟其自請而直譴出之，則駭聽甚矣。陳公之待天下之士乃如此，明公又不少加調護而聽其所爲，則熹亦何恃而敢來哉？蓋熹非敢視元履爲去就，乃視諸公所以待天下之士者而爲進退耳。願明公思之，爲熹謝陳公。熹之坐違朝命，已三月矣，欲加之罪，不患無辭。既不早從所請，則不若正其違傲之罪而譴斥之，亦足以少振風聲，使天下之士知守道循理之不可爲，而一於阿諛委靡之習，以遂前日之非，亦一事也。不識明公其亦以爲然乎？

頃年陳公在建安，明公在蜀郡，熹嘗獲侍言於陳公，竊以爲天下之事非兩公不能濟，陳公蓋不辭也。至於今日，乃復自憂其言之不效。往者則不可諫矣，來者其亦尚可追乎？伏惟明公深達陳公，相與亟圖之，熹之心蓋猶不能無拳拳也。

承諭旦夕即上告歸之請，熹竊惑之。蓋明公非不可去，特萬里還朝，主知人望如此其不薄也，一旦未有以藉手而無故以去，此古人所以有屑屑往來之譏也。愚意却願明公審思以合於義，毋使人失望焉，則熹之願也。陳公劄子一通，乞賜傳達，幸甚幸甚。邈然未有拜侍之期，伏惟順時之宜，爲國自重。不宣。

編年 題下原注「七月二十六日」。文云「此月二日遞中領賜教」，指前乾道五年七月二日答汪尚書書，據以繫年。

評論 周大璋朱子古文讀本卷二答汪尚書書：就他義字剖析，侃侃誾誾，温肅備至。砥障狂瀾，屹然中流一柱。

與陳丞相書 乾道五年七月二十六日〔一〕

屢以愚懇冒瀆鈞聽，未蒙矜許，憂懼實深。今日復得尚書汪公書，戒以速行，謹以愚見復之，頗盡曲折。竊恐相公未知區區之心，試取而一觀之，則知我罪我，當有所決矣。熹受知之深，豈願如此？亦惟有以深矚其不得已之故，或遂改圖，則不惟熹猶有望焉，而天下實受其賜。惟相公深圖之。

校記　〔一〕六：宋浙本作「八」。

編年　此與前篇同時所作，同寄至京甚明。題下原注「七月二十六日」。

答劉平甫書 乾道五年七月

領武昌五月下旬書，知行李平安，登覽雄勝，甚慰所懷。而安國諸詞更勤手筆，讀之使人飄然，直有凌雲之氣也。比日新秋尚熱，伏惟到荆已久，侍奉萬福。熹請祠久不報，昨得元履書，云相君怒甚，恐不可得。然三得汪書書，已兩報之，竭盡底蘊，次第亦須見怒矣。或恐更有備禮文字來，即當再入文字，强勉一到衢、婺間聽朝命。又不得請，即須一到，面懇諸公，恐到彼終無好出場耳。

元履竟不容於朝，雖所發未爲中節，然比之尸位素餐、口含瓦石者，不可同年語矣。陳固無可觀，汪亦碌碌，知人之難乃如此，此則拙者之誤一兒也。聞到鄂已有所處置，威望隱然，甚善甚善。到荆不知又别有何施行？想規模素定，不勞而政舉也。邊候既未聳，統帥之命當且中止，似亦不必切切以爲言。熹向兩書爲一兒言此，知皆達否？

編年　據年譜長編、書信編年。

答張欽夫乾道五年秋

昨所惠吴才老諸書，近方得暇一觀，始謂不過淺陋無取，未必能壞人心術如張子韶之甚。今乃不然，蓋其設意專以世俗猜狹忿懟之心窺聖人，學者苟以其新奇而悦之，其害亦有不勝言者。道學不明，無一事是當，更無開眼處，奈何奈何！

元履十六日已到家，昨日遺書來，未暇往見之。然想其脱去樊籠，快適當如何也。諸公既不能克己從善，使人有樂告之心，又曲意彌縫，恐有失士之誚，用心如此，亦已繆矣。熹所與劄子謾録呈，足以見區區，然勿示人〔一〕，幸甚。

校記　〔一〕示：原作「視」，據宋閩、浙本改。

編年　據書信編年。

朱熹文集編年評注卷二十五

書 時事出處

答張敬夫書 乾道六年閏五月至六月

垂喻曲折，必已一一陳之，君相之意果如何？今當有一定之論矣。伏蒙不鄙，令誦所聞，以裨萬一，此見臨事而懼之意，推是心也，何往不濟？然此蓋非常之舉，廢興存亡，所繫不細。在明者尚不敢輕，況愚昧荒迷之餘，其何敢輕易發口耶？大抵來教綱領極正當，條目亦詳備，雖竭愚慮，亦不能出是矣。顧其間有所未盡，計非有所不及，恐以爲無事於言而不言耳。請試陳之。

夫春秋之法，君弑，賊不討，則不書「葬」者，正以復仇之大義爲重，而掩葬之常禮爲輕，以示萬世臣子，遭此非常之變，則必能討賊復仇，然後爲有以葬其君親者。不則雖棺椁衣衾極於隆厚，實與委之於壑，爲狐狸所食、蠅蚋所嘬無異。其義可謂深切著明矣。而前日議者乃引此以開祈請之端，何其與春秋之義背馳之甚耶！又況祖宗陵寢、欽廟梓宮往者屢經變故，傳聞之說，有臣子所不忍言者，此其存亡，固不可料矣。萬一狡虜出於漢斬張耳之謀以誤我，不知何以驗之，何以處之？

熹昨日道間見友人李宗思，相語及此。李云，此決無可問。爲臣子者但當思其所以不可問之痛，沫血飲泣，益盡死於復仇，是乃所以爲忠孝耳。此語極當。若朝廷果以此義存心，發爲號令，則雖瘖聾跛躄之人，亦且增百倍之氣矣，何患怨之不報，耻之不雪，中原之不得，陵廟梓宫之不復，而爲是紕繆倒置，有損無益之舉哉？不知曾爲上論此意，請罷祈請之行否？此今日正名舉義之端，不可不審。萬一果有如前所陳張耳之説，却無收殺。若前日之言未盡此意，當更論之，此不可放過也。

其他則所論盡之，但所謂德者當如何而修，所謂人才者當如何而辨，所謂政事者當如何而立，此須一一有實下功夫處。愚謂以誠實恭畏存心，而遠邪佞，親忠直，講經訓以明義理爲之輔。凡廷臣之狡險逢迎、軟熟趨和者，以漸去之。凡中外以欺罔刻剥生事受寵者，一切廢斥。而政令之出，必本於中書，使近習小人無得假託以紊政體，此最事之大者。又須審度彼己，較時量力，定爲幾年之規。若孟子大國五年、小國七年之説，其間施設次第，亦當一一子細畫爲科條，要使上心曉然開悟，知如此必可以成功，而不如此必至於取禍，決然不爲小人邪説所亂，不爲小利近功所移，然後可以向前擔當，鞠躬盡力，上成聖主有爲之志，下究先正忠義之傳。如其不然，則計慮不定，中道變移，不惟不能成功，正恐民心内摇，仇敵外侮，其成敗禍福，又非坐而待亡之比。家族不足惜，奈宗社何？此尤當審處，不可容易承當，後將有悔而不及者。願更加十思，不可以入而後量也。

抑又有所獻：熹幸從游之久，竊覵所存大抵莊重沉密，氣象有所未足，以故所發多暴露而少含蓄，此殆涵養本原之功未至而然。以此慮事，吾恐視聽之不能審而思慮之不能詳也。近年見所爲文，多無節奏條理，又多語學者以所未到之理，此皆是病。理無大小，小者如此，則大者可知矣。又丐免丁絹，期反牛羊之説〔一〕，喧播遠近，尤非小失，不可不戒〔二〕。願深察此言，朝夕點檢，絶其萌芽，勿使能立，則志定慮精，上下信服，其於有爲，事半而功倍矣。事之有失，人以爲言，固當即改，然亦更須子細審其本末，然後從之爲善。向見舉措之間多有一人言而爲之，復以一人言而罷之者，亦太輕易矣。從之輕，則守之不固必矣。慕仰深切，不勝區區過計之憂，敢以爲獻，想不罪其僭易也。

虞公能深相敬信否？頗聞尚有湖海之氣，此非廊廟所宜。願從容深警切之，使知爲克己之學，以去其驕吝之私，更進用誠實沈静之人，以自輔其所不足，乃可以當大任而成大功。不然，鋭於趨事而昧於自知，吾恐其顛躓之速也。熹向得汪丈書，道虞公見問之意。時已遭大禍，不敢越禮言謝。今願因左右效此區區，庶幾不爲虛辱公之問者。

伯恭於此何爲尚有所疑？熹嘗以爲内修外攘，譬如直内方外，不直内而求外之方固不可，然亦未有今日直内而明日方外之理。須知自治之心不可一日忘，而復仇之義不可一日緩，乃可與語今世之務矣。

校記 〔一〕期：記疑云疑當作「乞」。

〔二〕宋浙本句末有「也」字。

編年　是書作於乾道六年夏，年譜長編、書信編年所考已詳。唯年譜長編置於閏五月，似有不妥。張栻於閏五月十七日赴召，此言「垂喻曲折，必已一一陳之，君相之意果如何？今當有一定之論矣」。是遣使入金尚未定論，而張栻已對罷。考范成大於六月十五日出使，則此書當作於閏五月末至六月間，不能必其在閏五月也。

答張敬夫 乾道六年六月

今日既爲此舉，則江、淮、荆、漢便當戒嚴以待，不知將帥孰爲可恃者？近年此輩皆以貨賂倚託幽陰而得兵柄，漫不以國家軍律爲意。今日須爲上説破此病，進退將帥，須以公議折中，與衆共之，則軍不待自練而精，財不待自節而裕矣。此張皇國威之本，不可不早慮也。

兩淮屯田兩年來措置不知成倫緒否？議者紛紛，直以爲不可，固不是議論，然亦恐任事者未必忠信可仗，其所措畫未必合義理，順人心，此亦不可不早爲之所。向見范伯達丈條具夫田之説甚詳，似可行於曠土，便爲井地寓兵之漸，試詢究其利病如何。

均輸之政，見上曾及之否？此決無益於事，徒失人心。今時州縣老兄所親見，豈有餘剩可劃刷耶？

閩中之兵春間忽有赴帥司團教指揮，七郡勞遣，所費不貲，然後肯行。至彼又無營寨止泊，聞極咨怨，出不遜語。此等舉動誠不可曉。

昨日道間又見奉行强盗新法者，殺傷人、犯奸、縱火皆死，此固無疑於當戮。但贜滿之限亦從而損之，此似太過。蓋所以改此法，正以人之軀命爲重耳，今乃一例爲此刻急，則人但見峻文之迹，而未察乎所以愛人之心者，亦不得不駭矣。不若改此一條，使贜滿之數比舊法又加寬焉，以見改法之本意，所重乃在人之軀命，而不在乎貨財，則彼微有貪生惜死之情者，爲惡將有所極，而人之被劫者，亦或可以免於殺傷之禍、污辱之耻矣。又經貸命而再犯者殺之，似亦太過，不若斬其左足，使終身不復能陸梁。全生之仁、禁非之義并行不悖，乃先王制刑督奸之本意也。憂居窮寂，不聞外事，接於耳目者，僅有此耳。一一薦聞，幸少留意。

編年 此承上篇，據年譜長編、書信編年。

答張敬夫 乾道六年七月

奏草已得，竊觀所論，該貫詳明，本末巨細無一不舉。不欲有爲則已，如欲有爲，未有舍此而能濟者。但使介遂行，此害義理、失幾會之大者。若虜人有謀，不拒吾請，假以容車之地，使得往來朝謁，不知又將何以處之？今幸彼亦無謀，未納吾使，不若指此爲釁，追還而顯絶之，乃爲上策。若必待彼見絶而後應之，則進退之權初不在我，而非所以爲正名之舉矣。尊兄所論雖不見却，然只此一大節目，便已乖戾，而他事又未有一施行者，竊意虞公亦且繆爲恭敬，未必真有信用之實。不若早以前議與之判决，如其不合，則奉身而退，亦不爲無名矣。蓋此非細事，其安危成敗間不容息，豈可以坐縻虚禮，逡巡閔默，以誤國計而措其身於顛沛之地哉？必以會慶爲期，竊恐未然之間，卒有事變，而名義不正，彌綸又疏，無復有著手處也。彼若幸而見聽，則更須力爲君相極言學問之道，使其於此開明，則天下之事不患難立。詳觀四牘，却似於此有未盡也。

熹常謂天下萬事有大根本，而每事之中又各有要切處。所謂大根本者，固無出於人主之心術，而所謂要切處者，則必大本既立然後可推而見也。如論任賢相、杜私門，則立政之要也；擇良吏、輕賦役，則養民之要也；公選將帥、不由近習，則治軍之要也；樂聞警戒、不喜導諛，則聽言用人之要也。推此數端，餘皆可見。然未有大本不立而可以與此者，此古之欲平天下者所以汲汲於正心誠意以立其本也。若徒言正心而不足以識事物之要，或精覈事情而特昧夫根本之歸，則是腐儒迂闊之論，俗士功利之談，皆不足與論當世之務矣。吾人向來非不知此，却是成己功夫於立本處未甚端的，如不先涵養而務求知見是也。故其論此，使人主亦無下功夫處。今乃知欲圖大者當謹於微，欲正人主之心術，未有不以嚴恭寅畏爲先務，聲色貨利爲至戒，然後乃可爲者。此區區近日愚見之拙法，若未有孟子手段，不若且循此塗轍之無悔吝也。不審高明以爲如何？

編年 此承上篇，言使節入金而被拒納，范成大出使在六月十五日，以時日計之，此書應作於七月爲近。

答張敬夫 乾道七年春

昨陳明仲轉致手書，伏讀再三，感幸交集。蓋始見尊兄道未伸而位愈進，實不能無所憂疑。

及得此報，乃豁然耳。向者請對之云，乃爲不得已之計，不知天意殷懃，既以侍立開盡言之路，而聖心鑒納，又以講席延造膝之規，此豈人謀所及哉？竊觀此舉，意者天人之際、君臣之間已有嚮合之勢，甚盛甚盛！勉旃勉旃！凡平日之所講聞，今且親見之矣。蓋細讀來書，然後知聖主之心乃如此，而尊兄學問涵養之力，其充盛和平又如此，宜乎立談之頃發悟感通，曾不旋踵，遂定腹心之契，真所謂千載之遇也。然熹之私計，愚竊不勝十寒衆楚之憂，不審高明何以處之。計此亦無他術，但積吾誠意於平日，使無食息之間斷，則庶乎其可耳。

夜直亦嘗宣召否？夫帝王之學雖與韋布不同，經綸之業固與章句有異，然其本末之序，愚竊以爲無二道也。聖賢之言平鋪放著，自有無窮之味。於此從容潛玩，默識而心通焉，則學之根本於是乎立，而其用可得而推矣。患在立説貴於新奇，推類欲其廣博，是以反失聖言平淡之真味，而徒爲學者口耳之末習。至於人主能之，則又適所以爲作聰明自賢聖之具，不惟無益，而害有甚焉。近看論語舊説，其間多此類者，比來尊兄固已自覺其非矣。然近聞發明「當仁不讓於師」之説云：「當於此時識其所以不讓者爲何物，則可以知仁之義。」此等議論又只似舊來氣象，殊非聖人本意，才如此説，便只成釋子作弄精神意思，無復儒者脚踏實地功夫矣。進説之際，恐不可以不戒。

筵中見講何書？愚意孟子一書最切於今日之用，然輪日講解，未必有益，不若勸上萬幾之暇，日誦一二章，反復玩味，究觀聖賢作用本末，然後夜直之際，請問業之所至而推明之。以上之聰明英睿，若於此見得洞然無疑，則功利之説無所投，而僥倖之門無自啓矣。異時開講，如伊川先生所論坐講之禮，恐亦當理會也。

孟子論王道，以制民産爲先。今井地之制未能遽講，而財利之柄制於聚斂掊克之臣，朝廷不恤諸道之虚實，監司不恤州縣之有無，而爲州縣者又不復知民間之苦樂。蓋不惟學道不明，仕者無愛民之心，亦緣上下相逼，只求事辦，雖或有此心而亦不能施也。此由不量入以爲出，而反計費以取民，是以末流之弊不可勝救。愚意莫若因制國用之名而遂修其實，明降詔旨，哀憫民力之凋悴，而思所以膏澤之者，令逐州逐縣各具民田一畝歲入幾何，輸税幾何，非泛科率又幾何，一縣内逐鄉里不同者，亦依實開。州縣一歲所收金穀總計幾何，諸色支費總計幾何，逐項開。有餘者歸之何許，不足者何所取之，俟其畢集，然後選忠厚通練之士數人，類會考究而大均節之。有餘者取，不足者與，務使州縣貧富不至甚相懸，則民力之慘舒亦不至大相絶矣。陸宣公論兩税利害數條，事理極於詳備，似可采用也。是則雖未能遽復古人井地之法，而於制民之産之意亦仿佛其萬一。如此然後先王不忍人之政庶乎其可施也。

又屯田之議，久廢不講，比來朝廷似稍經意，然四方未睹其效，而任事者日被進擢，不知果能無欺誕否。今日財賦歲出以千百巨萬計，而養兵之費十居八九，然則屯田實邊，最爲寬民力之大者。但恐疆理不定，因陋就簡，則欺誕者易以爲奸，而隱覈者難於得實。此却須就今日邊郡官田，略以古法畫爲丘井溝洫之制，亦不必盡如周禮古制，但以孟子所言爲準，畫爲一法，使通行之。邊郡之地已有民田在其間者，以内地見耕官田易之，使彼此無疆埸之争，軍民無雜耕之擾，此則非惟利於一時，又可漸爲復古之緒。

高明試一思之，今日養民之政，恐無出於兩者。其他忠邪得失，不敢概舉。但政本未清，倖門未窒，殊未有以見陽復之效。願更留意，暇日爲上一二精言之。至於省中職事，施行尤切，伏想直道而行，無所回互，不待愚言之及矣。猥承下問，敢效其愚，伏惟采擇。

編年 據書信編年。

答沈侍郎書 乾道九年夏秋間

熹伏蒙送示告命，極感眷存，竊計揄揚推挽之力多矣。然熹愚不肖，昨以憂苦之餘，疾病殘廢，不堪仕宦，故召命之下，不得不辭。最後諸公以謂無故罷遣，非朝廷待士之禮，勢必難從，不若以岳祠爲請，庶幾有以藉手而罷。始者猶以無事而食禄爲嫌，不敢出口，久之然後敢言。意謂向來遭喪，既已去官，今若朝廷畀之舊秩，從其所請，使之得便私計而免於稽違偃蹇之罪，則已爲非常之恩矣。不謂今復横被殊私，事出於望表，始者聞之未敢遽信，既而猶謂臺省諸賢必有能論其失者，勢必中寢。忽前日府中送省劄來，乃知此命之遂行。而今得竊窺訓誨叮嚀之意，尤使人皇恐震慄而不敢當，已送建寧府寄内。

今有二狀申省，輒以附内，得賜台旨投達爲幸。但其間所陳，緣愧恐悚迫，不能盡鄙懷，敢乞因見丞相，特借一言，因熹之辭，便從所請，不惟孤疏之迹得免邀君釣寵之譏，亦免以謬恩濫賞上累公朝綜核之政，則上下之勢兩便而俱全矣。如其不然，寧碎首瀝血，以請違命之誅，不敢蒙羞忍耻，爲儌幸苟得之人也。切望台慈鑒此誠懇，早賜矜念，則覆護保全之賜，終身銜佩，何敢弭忘！本欲自作劄祈哀，又念孤遠，不敢容易。至感激知遇之厚，則有不待言而喻者。然亦頗恨其不能置此無用之人於度外，而必爲此以促迫之也。此懷抑鬱，無路自通，正賴高明終惠之耳。

編年　據本書所言辭官始末，先以丁憂辭免召命，繼之以請祠，而事出望表，朝廷所允優厚，頒示告命省劄，熹不敢受，均寄納建寧府庫，而以二狀申省辭免。考朱熹自乾道五年九月丁母憂以來，終八年皆辭召命，至九年三月始并請祠。五月二十八日改官，予台州崇道祠，即所謂「事出望表」、「横被殊私」者。其寄納省劄、告命并以二狀申省指卷二十二辭免改官宮觀狀一、二。其第一狀言被省劄，第二狀言受告命，皆作在癸巳夏秋間，故此書亦當作在其時。書信編年以其作在八年，似誤。

與建寧諸司論賑濟劄子　淳熙元年夏秋間

一、安撫司賑濟米合於冬前差船般運，免至冬後與民間般載租米互有相妨，或致延滯。

一、廣南最係米多去處，常歲商賈轉販，舶交海中。今欲招邀，合從兩司多印文榜，發下福州沿海諸縣，優立價直，委官收糴，自然輻湊。然後却用溪船節次津般，前來建寧府交卸。

一、般運廣米，須得十餘萬石，方可濟用。合從使府兩司及早撥定本錢，選差官員使臣或募土豪，給與在路錢糧，令及冬前速到地頭，趁熟收糴。潮、惠州與本路界相近。往回別無疏虞，即與支賞。約運到米一千石，支錢三十貫充賞，更多尤好。其糴到米數最多之人，仍與別議保奏，推賞施行。

一、上件福、廣米既到府城，即城下居人自無闕食之理，不須過有招邀上溪般米，反致鄉村匱乏，將來却煩官司般米賑濟，勞費百端。今合先次出榜曉諭諸縣産户寺院，除日逐出糶，不得閉糴外，每産錢一貫，樁米三十石省。禾亦依此紐數〔一〕，兩貫以下不樁。委社首遍行勸諭，親自封樁，開具本都樁管米數及所樁去處，限十一月内申縣，祇備覆實。不得輒徇顔情，虚申數目，及妄挾怨仇，生事搔擾。其社首家禾米即委隅官封樁。

一、鄉下有外里産户等寄莊，即仰社首及本處居人指定，經官陳説，封樁十分之七。

一、鄉下有産錢低小而停積禾米之家，仰鄰保重立罪賞陳告，亦與量數封樁十分之五，并依前法。

一、上户有願於合樁數外別行樁糴之人，許具實數經縣自陳，收附出糶，量行旌賞。

一、所樁禾米更不預定價直，將來隨鄉原高下量估，平價出糶，不使太貴，以病細民，亦不使太賤，以虧上户。

一、所樁禾米自來年正月爲始，以十分爲率，至每月終，即給一分還元樁産户自行出糶。直至稍覺民飢，即據見數，五日一次差隅官監糶，大人一斗，婦人七升，小兒四升。如至六月中旬，民間不甚告飢，即盡數給還産户，自行出糶。

一、府城縣郭及鄉村居民合糴禾米之家，合預行括責，取見户口實數，即見合用米數。及將來分定坊保，給關收糴，庶免欺弊。大人、婦人、小兒逐户分作三項。

一、上户自有蓄積，軍人自有衣糧，公吏自有廩禄，市户自有經紀，工匠自有手作，僧道自有常住，并不在收糴之限。

一、鰥寡孤獨老病無錢糴米之人，候三四月間別議措置，如是饑荒，須令得所。

右謹具呈。第一項至第三項，乞使府兩司早賜詳度定議。第四項以後，乞使府出榜通衢，恐有未盡未便之處，令諸色人詳其利害，疾速具狀陳述，廣詢審議，然後施行，庶使大户細民兩得安便。伏候台旨。

此米須留以待來歲之用，目今秋成在邇，般運到人已食新，切乞存留，無爲虛費。椿米多則上户不易，少又儲蓄不足，此數更乞裁酌，更以户口之數計之，方見實用米數。

校記 〔一〕紐：原作「紀」，據宋閩、浙本改。

編年 據年譜長編、書信編年。

與建寧傅守劄子 淳熙元年九月末

熹竊以秋冬之交，寒氣未應，恭惟某官台候起居萬福。熹北津建陽，凡兩拜問，必皆已呈徹矣。拜遠誨益，忽已累日，追思館遇勞貺之寵，已劇愧荷。至於連榻奉教，又皆潤澤忠厚老成人之言，感發多矣，幸甚。熹昨日已至山間，弛擔兩日，又當南下。然旱久水澀，更須數日乃可抵城下也。

歸塗訪問田畝，豐儉相補，計已不至甚虧常數〔一〕。但備禦之策不可不講，而知舊往往見尤，不能深陳糜穀之害。且云未論醞釀所耗，只今造麴，崇安郭内度費萬斛，黄亭小市亦當半之，而鄉村所損，又未在數。與其運於他州，有風波之虞、舟楫之費，曷若坐完此穀，了無事而百全也。萬斛之麴，將來所糜秫米又當以數萬計。若能果如前日收糴秫米之説，所完亦豈及此？聞邵武已行此令，彼以蕞爾小邦，尚能行之，豈堂堂使臺大府之力而反不能乎？到家得浦城知友書，亦頗及此。今謹納呈，願高明更與楊丈熟計之也。但恐已緩不及事耳。此人姓張名體仁，好學有志，佳士也，似亦與景仁昆弟同年。前此因垂問人物，亦嘗及之矣。

又聞楊丈已行下主簿糴米，而未及秔秫之别，不知果如何。糴秔之害，前已陳之。然千里之内，户口不知其幾，若必人人糴米而食之，恐無以濟。其勢須令上户樁留禾米，如前日之説，儲備乃廣。但所遇縣道官吏之説，皆憚於此計，蓋恐上户見怨，又慮見欺。殊不知救災之政與常日不同，决無静拱而可以獲禽之理。夫富人之多粟者，非能獨炊而自食之，其勢必糶而取錢，以給家之用。今但使之存留分數，以俟來歲聽官司之命，以恤鄰里之闕，何所不可？正使其間不無冥頑難喻之人，然喻之以仁恩，責之以大義，甚不從者俟之以刑，其樂從者報之以賞，何至憚其怨怒，且慮其欺己而不敢爲哉？似聞建陽之西已有自言於官，願以家貲二百萬糴米，以俟來歲之荒而以本價出之。若果如此，則人亦豈爲鬼爲魅，全不可化者？但患上之人先以無狀期之，故强者視以爲深仇而肆其凌暴，弱者畏之如大敵而不復能以正義相裁，二者其失均也。

嘗讀蘇明允書，以爲權衡之論爲仁義之窮而作，竊以爲此乃不知仁義之言。夫舒而爲陽，慘而爲陰，孰非天地生物之心哉。仁義之於人，亦猶是已。若仁義而有窮，則是天道之陰陽亦有窮也，而可乎？故凡此所論，雖若柱後惠文一切之説，其實趨時救弊，不得不然。蓋其心主於救人而所及者博，故雖有人所不欲而强之者，初亦不出乎仁術之外也。夜不能寐，起坐作此，信意直書，無復倫次，不審高明以爲然否？正使未必可行，亦足以當一劇論也。

前日所稟弟子職、温公雜儀謹納上，字已不小〔二〕，似可便刊。女誡本傳中有一序，恐可并刊。此印行紙内上數幅，字數疏密，須令作一樣寫乃佳。仍乞早賜台旨，當不日而就也。刻成之日，當以弟子職、女誡各爲一秩，而皆以雜儀附其後。蓋男女之教雖殊，此則當通知者，使其流行，亦輔成世教之一事也。

雜儀之書蓋頃年楊丈嘗以教授者，感今懷昔，歲月如流，而孤露至此，言之摧咽不能自已。語次及之，亦足爲慨然也。熹本更拜書楊丈，昨日方歸，今早有人行，鷄鳴起，僅能及此，遂不暇作。然所欲言不過此，想從容次必盡及之。未拜侍前，更乞以時自重，前即詔除。然區區竊與閩人俱不能無借留之願耳。

校記　〔一〕不：原作「未」，據宋閩、浙本改。

〔二〕小：宋閩本作「少」，義長。

編年　據年譜長編、書信編年。文云秋冬之交，知作在九月末。

答傅守劄子 淳熙元年

垂喻曲折，極感眷念之勤。但兹事鄙意初固料其如此，蓋理法當然，無可疑者。台念不置，宛轉至今，事體益以明白。在使府雖欲奉承朝廷矜恤之美意，而在熹豈得執法令之疑文，以冒受所不當得之禄哉。熹雖貧病，然爲日已久，粗能自安，實不敢以此自毁廉隅，仰累執事。謹具狀申，乞寢罷其未行者，收毁其已行者，以安愚賤之迹。切望憐其誠懇，特與施行，千萬幸甚。

編年 據書信編年。

答龔參政書 淳熙二年春

乃者明公還朝，一再旬朔，即被書贊，延登廟堂。近歲以來，君臣之契感會神速，未有若斯之盛者。熹竊聞之，不勝其喜，即欲修咫尺之書以稱慶於門下。顧以衰病懶廢，因循前却，以至于今，而遂不知所以進也。不謂明公眷念不忘，枉賜手教，伏讀感懼，不知所言。又得本府韓尚書報，朝廷以熹未敢受禄之故，申飭所司特給符券，府司既受而行之矣。此非明公矜憐之厚，則亦何以得之？自是以往，不惟得以少逭溝壑之虞，抑使窮悴孤蹤，不以矯異詭激得罪於公正之朝，爲幸大矣。惟是支離伉拙，無由進趨賓客之後，自竭愚頓，以報萬分。伏惟明公深以平生所學爲念，仰體聖天子所以圖任仰成之心，端本清源，立經陳紀，使陰邪退聽，公論顯行，則群生蒙福，海内幸甚。熹不勝瞻望惓惓之至。

編年 據書信編年、年譜長編。

答龔參政書 淳熙三年夏秋間

伏自去春拜啓之後，不復敢貢起居之問，蓋懼瀆尊之咎，亦避援上之嫌。其於瞻仰之私，則不以一日而忘也。兹蒙賜之手書，眷撫甚厚，區區感激，蓋不勝言。惟是恩除過望，深所未安。此雖參政記憐疇昔，有以及此，然熹之平生，有志無才，少容多忤，參政固所深知。顧乃以是處之，似恐未得其適也。數年以來，私自揣度，決無可用於世。重以前歲冒受朝廷寵褒惠養之恩，其義不容復捨退間，起趨名宦。非惟自處已審，至於友朋之論，亦皆以謂必其若此，庶或可以少補前日冒受之非也。敬以公狀申堂，伏惟矜憐，早爲敷奏，如其所請，或令仍舊充備祠官，則熹之受賜亡涯矣。熹其勢終不可出，萬一未蒙俞允，必至再辭。竊恐迫阸之甚，言語粗率，有以自取罪戾者。參政必不欲其至此，幸早圖之。所以記憐擁護之恩，宜無大此者焉。伏惟留意，千萬幸甚。

編年 據書信編年、年譜長編。

答陳秘監書 淳熙三年夏秋間

熹憂患餘生，屏處田野，瞻仰重望，蓋亦有年，顯晦殊途，無由徹聲於下執事。兹乃伏辱不鄙而惠以書，喻以恩除之意，且速其來，眷予良厚。顧惟衰賤無庸，久絶榮望，於此有不獲承命者。已具公狀哀懇廟堂，所示告劄，亦已送本府寄納矣。衰疾杜門，瞻望無日，鄉風引領，不勝依依。

編年 據書信編年。朱熹除秘書郎在淳熙三年六月二十一日。

與傅漕書 淳熙三年秋

熹竟不免真有前日之命，皇恐失措。龔公以書付陳舍人，遣人以來，此意雖厚，然熹出處之計已定於前歲受官之日矣，至此不容復有前却，已具狀申省，及以告劄寄納軍帑，乞賜台判送下，幸甚。宮觀恐合日下解罷，俸給亦乞住勘爲幸。龔公亦有書至門下，還書之際，幸略及鄙意，蓋終不可復出者。異時復得舊物，或奉香火於幔亭之祠，以畢誅茅夕陰之願，於熹足矣。若迫之不已，必發其狂疾，却恐倍費調護，不若及此而藥之之爲全也。熹申省狀已極詳備，不復爲第二狀之計矣。用此進呈，少假一言之助，其勢可以一請而遂。切乞力爲言之，盡此底蘊。千萬幸甚。

編年 據書信編年、年譜長編。書云已得除命，秘書郎命下在六月二十一日，故此書當作於秋間矣。

與吕伯恭書 淳熙三年七月

熹六月初始得離婺源，扶病觸熱，幸免他虞。到家未幾，忽聞除命，出於望外，不知所爲。

然向年所叨異恩，已是朝廷愍勞惠養之意，況今又兩三年，精力益衰，豈復尚堪從宦〔一〕？不免復以此意懇辭，當以力請，必得爲期耳。

昨日得韓丈書，遣時未有是説。然見人説韓丈嘗於榻前復及姓名，勢必緣此。若然，則是向來哀懇都無絲毫之效〔二〕，足見平生言行不相副，無以取信於人如此〔三〕，使人皇恐，無地自容。向來冒受恩命，已是辭却一年，後來見無收殺，又思此既是朝廷美意，又直許其退閑，於理疑若可受，故不能終辭。然朋友四面之責，已不勝其喋喋。況昔已取彼，今復受此，則是真爲壟斷，無復廉耻，雖有子貢之辨，亦不復能自明矣。在熹一身，固無足道。然區區自守，略已半生，辛勤勞苦，無所成就，今日韓丈又豈忍必破壞之邪？況世衰道微，士大夫假真售僞，託公濟私者，方騖於世，若又開此一塗，使清官美職可以從容辭遜而得〔四〕，年除歲遷，何所不至？則是此弊由熹致之。平生所以自任者雖不足言，然又不至如此之輕〔五〕，實不忍以身啓此弊，爲後世嗤笑〔六〕。已作韓丈書懇之，幸因書更爲一言，使其察此衷誠，力贊廟堂，因其辭避〔七〕，早爲寢罷，不使蹤迹布露，反取譴訶，則拙者之幸也。又況如老兄者，未忘經世之心，而又富有其具，乃未收用，而使此荒拙猥在其先，此又豈所宜邪？

年來百念俱息〔八〕，唯覺親勝己、資警益之樂爲無窮。何時復奉從容，豁此意耶？又向來見人陷於異端者，每以攻之爲樂，勝之爲喜。近來唯覺彼之迷昧爲可憐，而吾道不振之可憂，誠實痛傷，不能自已耳。此不知年老氣衰而然耶？抑亦漸得情性之正也？向見吾兄於儒釋之辨不甚痛説，此固爲深厚。然不知者便謂高明有意陰主之，此利害不小。熹近日見得學者若於此處見得不分明，便使忠誠孝友有大過人之行，亦須有病痛處，其爲正道之害益深。正當共推血誠，力救此弊，乃是吾黨之責耳〔九〕。

校記

〔一〕宦：原作「官」，據宋閩、浙本改。

〔二〕毫：淳熙本作「髮」。

〔三〕以：右引作「從」。

〔四〕辭遜：右引作「遜避」。

〔五〕又：右引作「亦」。

〔六〕右引句末有「也」字。

〔七〕辭：右引作「遜」。

〔八〕念：右引作「慮」。

〔九〕右引句末有「云云」二小字。

編年 據年譜長編。書信編年以此書作於六月，不確。

與呂伯恭書 淳熙三年秋

區區出處之計，極感誨喻。異時難處，亦深慮之。但目下便有許多間阻，使人難於進退。平生多所愧耻，於此自信未及，打不過耳。又更有一二事，平生自知無用，只欲修葺小文字，以待後世，庶小有補於天地之間。今若一出，此事便做不成。設使異時收拾得就，將來亦無人信矣。又今日諸公推挽之意，人人知之，若到彼之後，所見一有不同，便爲背負知己，如陳了翁事，亦是賢者之不幸，非其所欲也。若每事唯唯，緘默隨衆，則其爲負益深，又非鄙性所堪。然則亦何爲必出，以犯此數患乎？今日聞元履褒贈之命，使人感傷。渠亦正坐當時不量諸公相知之淺深，趣向之同異，故後來不免紛紛之論耳。康節之慮，前此固嘗講之。所以受却前年恩命，亦政爲此。然曾不足以止今日之所蒙者，而或反以爲梯，此又豈計慮之所及乎？猜阻之患，亦深憂之。但既出之後，或有妄發，不能自已處，則其爲猜阻甫益深耳。

前日龔參自以書來，當時煩撓中答之，不盡此意，旦夕或別以書言之。今且望老兄以此兩書曲折盡達韓丈，今日別無醫治方法，只有早聽其辭，便自帖帖無事。若更降指揮，一下一上，則干冒頻煩，傳聞廣而譏議多，必別致生事矣。熹祠官向滿，方患未敢再請，只得再差一次，爲幸甚厚。此外實不敢有一毫意想也。前書勇往之説，以今觀之，又似舊病依然，略未痊減一二分。易言之責，深以自懼耳。

編年　據年譜長編、書信編年。

答韓尚書書 淳熙三年七月

區區行役，前月半間，始得還家。忽聞除命，出於意望之外。自視才能，豈稱茲選？愧懼窘迫，不知所爲。然竊妄意此必尚書丈過恩推挽之力。既而府中遞到六月十五日所賜書，傅丈亦以所得别紙垂示，乃知台意所以眷念不忘者果如此。私感雖深，然非本心平日所望於門下也。

熹狷介之性，矯揉萬方而終不能回，迂疏之學，用力既深而自信愈篤，以此自知決不能與時俯仰，以就功名。以故二十年來自甘退藏，以求己志。所願欲者，不過修身守道，以終餘年，因其暇日，諷誦遺經，參考舊聞，以求聖賢立言本意之所在，既以自樂，間亦筆之於書，以與學者共之，且以待後世之君子而已。此外實無毫髪餘念也。中間懇辭召命，反誤寵褒，初亦不敢奉承。既而思之，是乃君相灼知無用之實，而欲假以閔勞惠養之恩，故少進其官、益其禄而卒許以投閑，似若有可受者，以故懇避逾年，而終於拜受。私竊以爲是足以上承朝廷之美意，而下得以自絶於名宦之途，自是以往，其將得以優游卒歲，就其所業，而無蹙迫之慮矣。而事乃有大繆不然者，熹亦安得默然而亡言哉？

夫以熹之狷介迂疏，不能俯仰，世俗固已聞風而疾之矣，獨賴一時賢公名卿或有誤而知之。然聽於下風，考其行事議論之本末，則於鄙意所不能無疑者尚多。今若不辭而冒受，則賓主之間，異同之論必有所不能免者，無益於治而適所以爲群小嘲笑之資。且熹之私願所欲就者，亦將汩没而不得成。其或收之桑榆而幸有所就，人亦必以爲已試不驗之書而不之讀矣。又况今日一出，而前日所以斟酌辭受而不敢苟然之意，亦且黯闇而不能以自明。諸公誠知之深，愛之厚，則曷爲不求所以伸其志、全其守，而必脅敺縱臾，使至此極也耶？

且士大夫之辭受出處，又非獨其身之事而已，其所處之得失，乃關風俗之盛衰，故尤不可以不審也。若熹者，向既以辭召命而得改官矣，今又因其所改之官而有此授，熹若受而不辭，則是美官要職可以從容辭遜，安坐而必致之也。近世以來，風頹俗靡，士大夫倚託欺謾，以取爵位者不可勝數，獨未有此一流耳。而熹適不幸，諸公必欲强之，使充其數，熹雖不肖，實不忍以身蒙此辱，使天下後世持清議者得以唾罵而嗤鄙之也。

且熹之言此於門下有年，苦言悲懇，無所不至，而執事者聽之藐然，方且從容游談，大爲引重，而其要歸成效則不過使之内違素心、外貽深誚而後已。此熹所不能識，且復竊自計，其平生言行必有大不相副者，而使執事者不信其言以至此也。深自悔責，無所歸咎，然亦不敢終默默於門下，是以敢復言之，伏惟憐而察焉。

熹前日所報大參書，匆匆不及盡此曲折，故今僭易有言，非獨以伸鄙意於明公，亦使因是以自達於龔公也。必若成命已行，不欲追寢，則願因其請免，復畀祠官之秩，其於出令之體，似未爲失。何必待其狂疾之既作，然後藥之乎？瞻望門墻，無由趨侍，情意迫切，言語無倫。伏惟高明垂賜矜察。

編年　據書信編年、年譜長編。

評論　康熙御製文集第三集卷四十三：此書可以勵士節，砥廉隅，不徒文字之工。

周大璋朱子古文讀本卷二與韓尚書書：得君行道，固君子素心，然以辭召命而得改官，是左右望而罔市利也。寧辭寵擢，不冒苟榮，况動輒得謗，更多齟齬乎？書詞懇切，嚴正如山，真得出處之正者。歷觀綱目，可知其心矣。

與龔參政書淳熙三年八月

熹衰陋亡庸，誤蒙引拔，自知不稱，嘗力懇辭，未奉俞音〔一〕，秪增震懼。今再有狀，欲望哀憐，早賜敷奏施行，則熹之幸也。抑又有以聞於下執事者：熹自幼愚昧，本無宦情。既長，稍知爲學，因得側聞先生君子之教，於是幡然始復誤有濟時及物之心。然亦竟以氣質偏滯，狂簡妄發，不能俯仰取容於世，以故所向落落，無所諧偶。加以憂患，心志凋零，久已無復當世之念矣。而明公乃欲引而致之搢紳之列，不識明公將何所使之也。使之隨群而入，逐隊而趨耶？則盛明之旦，多士盈庭，所少者非熹等輩也。使之强顔苟禄，以肥妻子耶？則熹於飢寒習安已久，所病者又不在此也。且必無已，而使之得以其所聞於古而驗於今者，效其愚於百執事之後，則熹之所懷，將不敢隱於有道之朝。竊料非獨一時權倖所不樂聞，意者明公亦未必不以爲狂而斥之也。由前二者，明公之計決不出此。由後之説，則懼熹之殺身無補而反得罪於明公也。意迫情切，言不及究，伏紙隕越。

校記　〔一〕音：淳熙本作「旨」。

編年　據書信編年、年譜長編。

評論　周大璋朱子古文讀本卷二與龔參政書：勁氣直達，毫無回護，蒼松勁柏，亭亭物表。

與龔參政書 淳熙四年六月

熹竊伏田里，仰依大造，自頃拜敕奉祠，以書陳謝之後，無故不敢輒通牋敬，以犯等威，區區第切瞻仰。兹者竊聞還政宰路，歸榮故鄉，行道之難，不無私嘆。然意者必得參候車塵，瞻望顏色，以慰積年引領之懷，而卧病田間，偶失偵伺，遂乖始願，尤劇悯然。獨念頃歲黄亭客舍拜違左右，屈指於今十有五年。其間事變反覆，何所不有？而其不如人意，使人悒悒不能無遺恨者，則已多矣。憂患之餘，衰病零落，雖已無復當世之念，然私所幸願，猶冀天啓聖心，日新厥德，公道庶幾其復可行乎。明公强食自愛，應之於後，以遂初心，則海内幸甚。暑行良苦，引首馳情。

編年 據書信編年、年譜長編。龔茂良罷職在淳熙四年六月八日，文云「暑行良苦」，則茂良應尚在途中或初還家，故是書之作當在六月。

答陳丞相書 淳熙四年九月

熹昨罷私覺，仰勤吊恤，拜啓還使，未足究盡鄙懷。方欲别伸問訊之禮，忽聞拜章公車，祈就閑退，聖主重違明公之意，峻其班秩而後賜可。竊自惟念雖與一道窮民同失膏雨之潤，不無怊悵，然想税駕里門，雍容就第，超然事物之外，其樂有不可涯者。至於聖主不忘之意，則又海内搢紳之所共慶，而熹之愚昧，竊獨深有感焉。蓋今時論歸趣益異於前，後來諸公未見卓然有可望以回天意者，有識之士日夕寒心。明公受國家大恩，起布衣至將相，位尊禄厚，德流子孫。今又爲聖主所優尊，士大夫所歸鄉如此，誼豈以一身之樂而忘天下之憂哉？伏惟高明深念此意，亟於此時反躬探本，遠佞親賢，以新盛德、廣賢業，庶幾異時復起，有以格君定國，剗弊鉏奸，慰斯人之望者。千萬幸甚！

編年 據年譜長編、書信編年。陳俊卿離任在九月中下旬，此云「忽聞」其事，當在命下離任之初。

與陳公別紙 淳熙四年九月

前幅所禀親賢遠佞之意，蓋已屢瀆鈞聽。然似頗未蒙深察，懷不能已，輒復陳之。蓋在今日，此事利害尤不難見。惟試思平日所以願忠於國者云何，而反求諸其身，則其得失之數，隱然心目之間矣。有諸己而後求諸人，無諸己而後非諸人，況欲格君心以救一時之禍，此豈細事？而可不責之於吾身，積之於平日，而苟焉以一朝之智力圖之哉？

編年 此乃上篇之別幅，同時所作。

與陳丞相書 淳熙五年夏秋間

竊聞鈞旆尚留上饒，不審幾日遂東？所以反覆啓告之方，必已有定論矣。但熹竊料比來言者指陳闕失，白發奸欺不爲不盡，而未有開悟之益，正坐不正之於本而正之於末，不求之於理而求之於事，不言所以增崇聖德、紀綱政體之意，而惟群小之過惡是攻，此其所以用力多而見功少者與。伏惟高明深察乎此而有以反之，庶乎其有以慰天下之望也。蓋不惟元老大臣所以告君之體當然，顧其理勢，攻之於彼，不若導之於此之爲易；誦衆人之所已言，不若濟其言之所不及者之爲切也。鄙意如此，而不能達之於言，不審相公以爲如何？數日道間竊窺日用之妙，其忠誠博厚之意，蓋盎然溢於容貌詞氣之間，知數年以來，所以進德者如此其深且遠也。以此感物，何往不通？况吾君之聰明，而又助之以海内忠臣義士之心乎？願相公益勉旃。不幸而不得其言，則不可暫而立其位也。

熹前幅之尾所禀，尤願垂意。蓋不合而去，則雖吾道不得施於時，而猶在是，異時猶可以有爲也。不合而苟焉以就之，則吾道不惟不得行於今，而亦無可望於後矣。此其機會，所繫不淺。熹愚不肖，又病且衰，蓋已决然無復當世之願，顧其痛心疾首，所不能忘者，獨在於此。前日雖嘗言之，然自覺有所未盡，故復喋喋於此。忠憤所激，至於隕涕，伏惟相公念之。

編年 據年譜長編、書信編年。

答吕伯恭書 淳熙五年八月十七日

遞中兩辱手教，獲聞邇日秋清，尊候萬福，感慰之至。但所被恩命，以熹之資歷分義，精神筋力，皆無可受之理。雖感君相矜憐之意，重以仁賢説誘之勤，終未敢起拜而恭受也。申省狀已附遞回付奏邸，副本録呈。叙説雖詳，然似無過當之語，只是須如此説，方盡底藴耳。如以未安，幸爲却回，仍别爲作數語見教，庶幾可以無忤。若只熹自作，終只有此等詞氣出來也。觀此氣象，豈是今日仕途物色？當路者必欲强之，大是違才易務矣。區區之志，狀中備見。

更有一事，自數年來絶意名宦，凡百世務，人情禮節，一切放倒。今雖作數行書與人，亦覺不入時樣，唯在山林，則可以如此恣意打乖，人不怪責。一日出來作郡，承上接下，豈容如此？又已慣却心性，雖欲勉强，亦恐旋學不成，徒爾發其狂疾，此是一事。又數年來次輯數書，近方略成頭緒，若得一向無事，數年不死，則區區所懷可以無憾，而於後學亦或不爲無補。今若出補郡吏，日有簿書期會之勞，送往迎來之擾，將何暇以及此？因循歲月，或爲終身之恨，而其爲政又未必有以及人，是其一出，乃不過爲兒女飢寒之計，而所失殊非細事。

此皆未易與外人道，故狀中不敢及之。只欲老兄知之，更爲宛轉緩頰，使上不得罪於君相，下不見疑於士大夫足矣。扶接導養之功，正應於此用力，想不以爲煩也。揆路未敢作書，煩爲深達此意。只俟此事定疊，再得宫觀如舊，便自作書謝之也。武夷今冬當滿，今既未受命，亦未敢便落舊銜，但未敢請俸耳。或恐得祠，别有所加，此亦決然難受。亦可微詞風曉之，免臨時復紛紛也。千萬留念，至懇至懇！保全孤迹，使不至疏脱，深有望於高明也。

熹來日出紫溪，迎哭劉樞之柩。昨得其訣書，猶以國耻未雪爲恨，亦可哀也。臨行甚冗，又急遣回遞中，草草作此，殊不盡意。八月十七日上狀，不宣。熹頓首再拜。

子重不及拜狀，昨日亦嘗以書附政和行者，想未能即達也。此事亦告調護，得免疏脱，朋友之賜厚矣。欽夫久不得書，彼想時聞問也。王程驅迫，不得少休，聞此尤使人怕出頭耳。

編年 據書信編年、年譜長編。

答鄭自明書 淳熙五年十月

副封囊恨未見，今兹幸得竊讀，感嘆之餘，斂衽敬服。嘗竊論之，以爲非獨忠諒懇切有以過人，於才辨智略亦非人所能及。不知劉元城、陳了翁輩如何爾。上聖聰明，開納如此，一旦感寤，去鼠輩如反覆手耳。太平萬歲，雖老且病，尚庶幾及見之，幸甚幸甚。

補郡懷章，雖鬱公議，然得以此閑暇進德修業，益懋久大之規，天意亦有非偶然者矣。更願深自培養，以厚其基，篤志講學，以濬其源，使誠意充積而鋒穎潛藏，義理著明而議論條暢，則一日復進而立於朝，其所以動寤啓發者，决不但如今日之所就而止也。蓋前日文字固爲剴切，但論事多而論理少，數群小之奸欺雖詳，而於人主之所以端本清源、修德立政之意有未備也。此其所以然者，失於逆料聽者謂之迂闊而不敢言，亦自於此理講之未精，不免於自以爲迂闊而不足言也。兼今日之病，只此一病最大，若藥之未效，則其他小小證候不必泛投湯劑，以緩藥勢。而欲攻此病，所用之藥亦須一君二臣三佐五使，多少緩急，次第分明，乃易見效。今既雜治他證，而所用以攻病根者，又未免互有得失。亦已詳爲令弟言之〔一〕，歸當一一稟白，不審尊意以爲如何。衰陋不足以及此，猥蒙不鄙，見使與議其間，亦私感時論之至此，不覺傾倒而忘其愚耳。

此外則伯恭所告讀書取人之意，亦所宜深留意者。蓋吾人所立已如此，使天無意於右宋則已，若有此意，異日之事豈得而辭其責哉。然則今日吾人之進德修業，乃是異時國家撥亂反正之所繫，非但一身之得失榮辱也。惟高明深念之。然講學之方未得面論，猶頗以爲恨也。

陳丈此行，所繫不輕，待於下流，不勝日夕之拳拳也。熹之出處不足爲時重輕，諸公或聽其辭固幸，不爾，則受命而復請祠。又不得，則當申審奏事，以卜可否。又不得，則引疾丐閑。此於進退固自以爲有餘裕者，未審老兄以爲如何？若終身不出之計，則自祿不逮養之時已決於心懷矣。今亦不敢固必，且得隨事應之耳。但申審狀中，欲少露久違軒陛，願得一望清光之意，使知本無羞薄詔除之心，不知可否？幸爲籌度，留數字於曹晋叔處，令尋的便附來見教爲望。或不必然，即只依常格寫去也。

似之文字果佳，甚慰人意。老兄亦當勉其進修，以俟時也。向來一番前輩，少日粗有時望，晚年出來，往往不滿人意，正坐講學不精，不見聖門廣大規模，少有所立，即自以爲事業止此，更不求長進了。荆公所謂末俗易高，險塗難盡者，亦可念也。人材衰少，風俗頽壞之時，士有一善，即當扶接導誘，以就其器業，此亦吾輩將來切身利害。蓋士不素養，臨事倉卒乃求，非所以爲國遠慮而能無失於委任之間也。陳侯官處更有胡明仲侍郎史論，議論亦多切於事理，不知嘗見之否？若未，可就借看，發人意思也。

昨得都下知識書云，伯恭説熹不必請對，此其意蓋恐熹復以抵觸得罪，沮壞士氣。此意人少識之者，只似熹偷得差遣做一般。彼意固善，然恐不可承用也。如何？

校記　〔一〕詳：原作「嘗」，據宋閩、浙本改。

編年　據年譜長編、書信編年。後者以其作於秋間。

評論　康熙御製文集第三集卷四十三：講明學術，扶進人才，兩意無不該暢。

朱熹文集編年評注卷二十六

書 時事出處

與史丞相劄子〔一〕 淳熙六年二月

熹申謝常禮，已具公函，候問勤誠，又見前幅，不敢復有陳及，以慁鈞聽。唯其愚賤之鄙懷，則有不得不爲執事言者。熹伏自頃者誤蒙陶鑄，懇辭不獲，不敢屢瀆朝聽，即已力疾上道，來見吏民。違負初心，已積慚憒，而閑放之久，驟嬰吏役，觸事迷塞，復有血指汗顔之羞。加之伉拙有素，不能俯仰流俗，雖欲抑而爲之，念已不入時宜，輒復慨然自廢。計此孤危，竊恐未敢告去之間，已不免於彈射之禍矣。在熹愚賤，不足深惜。所可惜者，明公薦延海内名士，今無得立於朝者，甚或重遭詆毁，被以惡名而去。若又以熹之故，重爲門墻之辱，則於私義誠有所不敢安者。切望鈞慈早賜垂念，使得先駭機之未發而奉其不肖之身以歸老於故丘，則明公之賜之厚，又百倍於前日之所蒙矣。冒昧威尊，伏增恐懼。至於病衰目暗，作字草略，并冀寬度，有以亮之，幸甚幸甚。

校記 〔一〕史丞相：年譜長編據宋史宰輔表四以爲當作「趙丞相」。徐樹銘朱子集補題注：「己亥以後」。

編年 據書信編年。此與下篇當同時所作，下篇已過鉛山，作在二月，則此篇亦當在其時。

與王樞密劄子 淳熙六年二月

熹申謝常禮，已具公函，候問勤誠，又見前幅，不敢復有陳及，以慁鈞聽。唯其區區之鄙懷，則有不得不爲執事言者。熹伏自鉛山拜領鈞翰之賜，開譬詳悉，愛念良厚，遂不敢復請，謹已力疾來見吏民。違負初心，已積慚憤，而閑放之久，遽從吏役，觸事迷塞，復有血指汗顔之羞。加之伉拙有素，不能俯仰流俗，雖欲抑而爲之，念已不入時宜，不忍徒變所守，輒復慨然自廢。計此孤危，竊恐未及引去之間，而已有或擊之者。雖欲夙夜究心，詢求民瘼，爲此一方除深錮之害，興久遠之利，以副聖上特達之知，群公薦寵之意，亦不可得矣。有少文字，託潘郎中、袁寺丞面稟。若蒙矜念，早賜宛轉，使得先駭機之未發而去之，則熹之受賜，又不啻前日之所蒙矣。冒瀆威尊，伏深戰栗。病衰目暗，字畫不謹，并乞矜恕。

編年 據書信編年。此與上篇同時所作，文字大抵相同，蓋一稿而稍改兩用也。

與袁寺丞書〔一〕 淳熙六年五月

熹失計此來，無可言者。初若稍可支吾，亦不敢必爲去計。今内則精神昏憒，兩目生花，白晝對人，往往坐睡，而省閲文案、簽書決遣之際爲尤甚，此一當去也。

外則財用耗竭，支遣不行，性本疏拙，不能稽考收拾，恐更一二月，轉見狼狽，此二當去也。

至於刑獄，最是重事，而一經監司何問，官吏便欲望風希旨，變異情節〔二〕，則是此事亦復不得自專，此三當去也。

鄙性伉直，不能俯仰，所以忍飢杜門，不敢萌仕進意。今行年五十，乃復變其所守，爲此睢盱，以求苟免於譴辱，中夜思之，既以自愧〔三〕；而當其俯仰之時，大悶不聊〔四〕，深恐不能自抑而忽發其狂疾，此四當去也。

到官兩月，思歸之情不能自閟，往往無日不發於言語書問之間。官吏知之，亦不復以尊重難危見期。所以號令不行，財賦不辦。而熹以一身孤客於此，携小兒甥在此〔五〕，無婦女看當〔六〕，無日不病。熹時又須自視問其醫藥〔七〕，家中碎小，想見無人收拾，亦復不成模樣。業已不爲久計〔八〕，又不容復往般取，以耗公家，此五當去也。

蒙喻作書從班言路諸公，此非所憚〔九〕。但初意只一二月間便去，故不能虛爲此以違素心。今既不能得去，又有所奏請事勢須關白，已不免作書與之。但言語拙直，不能婉順，其間未必不有觸其忌諱者。或反以速其抨彈，亦不可知，此六當去也。

向來閑中私竊有所論著，自謂庶幾可以傳前聖之心，開後學之耳目，實非細事。今既來此，無復功夫可以向此，而衰困澌盡，與死爲鄰，萬一溘然於此，則此事遂成千古之恨，非獨熹不瞑目而已也。此七當去也。

當去之事，略數之有此七條，其他曲折，不暇遍舉。熹亦已有書懇諸公丐祠，然又不敢盡言此意，只告尊兄力爲一言，使必從所請，乃千萬之幸。大抵自度材力事勢，祠廟之外，不選甚差遣，都做不得，小即小狼狽，大即大狼狽，遠即遠狼狽，近即近狼狽。諸公儻相哀憐，必欲扶持而全安之，豈應使至此極耶？幸以此意極力盡言，使不至於再請，以煩尊聽，則大善。不然繼此亦須有請。但恐前所陳者忽有一事不恰好，則諸公雖欲曲相維持，亦無所用其力耳。

校記

〔一〕淳熙本「丞」下有「樞」字。

〔二〕異：右引作「易」。

〔三〕以：右引作「已」。

〔四〕不：右引作「無」。

〔五〕右引「甥」上有「外」字。

〔六〕當：右引作「管」。

〔七〕熹：右引作「病」。

〔八〕右引「已」下有「如此」二字。

〔九〕右引句末有「也」字。

編年 據書信編年。

與曹晉叔書 淳熙六年秋

熹此既多病，而郡中窘闕，外縣廢壞，本初不爲久計，不欲深料理，今决不容久安。前月末已上祠請，度更半月，必有報。萬一不遂，不免再請，以必得爲期耳。學中時到，今已漸有能致思者。但恨非久客，不能盡所以告語之意。廬阜亦唯三峽、玉淵爲最勝，然暫游不款，賓從猥多，不無勞擾，亦不敢數出也。作官不好，相此可見。山亦不可得游，而况其他乎？谷簾遠，未能至。但飲其水信佳，恨遠，不能奉寄，以助甘旨之奉耳。趙丞書掩已附的便。渠前日遣人來，有書，今却附納。直卿已歸，所與之書亦回納也。周子一册二圖已就，今内去。又一本寄伯謨，不及别書。便中承書，甚慰意也。子澄近到此，相聚甚樂，謾知之。

編年 據書信編年。

與楊教授書 淳熙六年四月至淳熙七年

熹昨日面懇寢罷鏤板事，未蒙深察。竊自愧恨誠意不孚，言語不足以取信於左右。欲遂息默，則事有利害，不容但已，須至再有塵瀆。蓋兹事之不可者四，而長者之未喻區區之心者一。此書雖多前賢之説，而其去取盡出鄙見，未必中理，或誤後人，此不可之一也。政使可傳，而修改未定，其未滿鄙意者尚多。今日流傳既廣，即將來蓋棺之後，定本雖出，恐終不免彼此異同，爲熹終身之恨。此其不可之二也。忝爲長吏於此，而使同官用學糧錢刻己著之書，内則有朋友之譙責，外則有世俗之譏嘲，雖非本心，豈容自辨？又况孤危之蹤，無故常招吻脣，今乃自作此事，使不相悦者得以爲的而射之，不唯其啾喧呫囁使人厭聞，甚或緝以成罪，亦非難事。政如頃年魏安行刻程尚書論語，乃至坐贓論，此不遠之鑒。此其不可之三也。近聞婺源有人刻熹西銘等説，方此移書毁之。書行未幾，遽自爲此，彼之聞者，豈不怪笑？其被毁者，豈不怨怒？此又使熹重得罪於鄉黨宗族，此其不可之四也。

昨日蓋嘗以此爲懇，而執事不深曉，直以熹爲謬爲謙遜者。熹之不得已而爲此書，其不遜甚矣。正以非其一時苟作之文，是以謹之重之，而不敢輕出。而平日每見朋友輕出其未成之書，使人摹印流傳而不之禁者，未嘗不病其自任之不重、自期之不遠也。區區於此實有廣己造大之羞，而執事者反謂其謬爲謙遜，而爲此不情之語，其不相察亦甚矣。

愚意迫切，不得不力懇於左右，幸辱矜照，一言罷之。其所已刻者，熹請得以私錢奉贖毁去，而其已置之版，却得面議，别刻一書，以成仁者開廣道術之意，自不失爲善事。不審尊意以爲如何？專此布露，切冀痛察。

編年 楊教授即楊大法，字元範，浙江武義人，時任南康軍學教授。據卷七元範别後寄惠佳篇詩、卷三十四答吕伯恭第八十三、八十七書，知楊大法淳熙七年離任。朱熹六年三月三十日至南康任，據以繫年。

與臺端書淳熙七年夏

熹未見顔色，比輒妄以名姓自通，方以僭瀆自咎，乃蒙教答，又枉手帖之誨，降屈威重，謀及疏遠。此古人之事，而執事者行之，甚盛甚盛。顧熹之愚，不足以當之。然敢無詞以對？

蓋嘗竊謂欲起膏肓之疾者，必攻其受病之處，而其用功之緩速，制藥之寒温，又有不可以頃刻毫釐差者。今天下之病在膏肓者久矣，夫人而能知之，夫人而欲言之，顧以不當其任，則雖欲一效其伎而無所施耳。乃者天子以執事有廉靖貞孤之操，擢置諫垣，納用其言，屏去奸惡，皆所謂膏肓之餘證。海内有志之士知上之心蓋已深悟隱疾之在躬，而欲假執事之藥以去之也，又知執事之心所以姑從事於此者，蓋亦以爲之兆耳。其必將有以讙之，則夫所謂病本者可去無疑也。然而側聽累月，未有所聞，則又懼夫二豎子者知良醫之傷己，而先爲術以去之，以是憂疑，不知所定。尚幸聖心堅定，不入其言，而又進執事於臺端之重，是必君臣之間已有一定之計，足以少慰士大夫心。然熹之愚竊獨私憂過計，意夫奸賊窺見端倪，則其所以自爲謀者，必將愈深切，而有先執事以發其機者。不審執事何以處之？蓋伐木而翦其枝葉，不若斧其根；壅水而捍其波流，不若塞其源；鳴金鼓、耀戈甲而噪呼以逐虎，不若乘其方睡而斃之之速也。今執事則既撼而覺之矣，又猶欲緩視徐趨，以當其虓怒決裂之勢，熹竊爲執事者危之也。

然此等小人有生以來，自朝至暮無非罪惡，不可殫數。且又人主素以倡優奴僕畜之，初不責以名檢〔一〕，而間者議臣乃復抉擿苛細而一一以陳之，其不納則宜矣。唯其日侍燕閑，逢迎縱臾，使人主之心恬於逸欲，而法家拂士之言不得以進，狃於卑近，而正大久遠之計不得以聞，賄賂公行，奸邪堵立，蓋凡所以爲天下國家之綱紀者，日傾月壞，而上下相蒙，莫敢以告，是則此一二人之罪所以上通於天，而深爲今日膏肓之病者。執事誠能聲此爲罪，揚於王庭，深贊聖主去邪勿疑之志，又引同列之賢，合謀并力以決去之，則天下膏肓之病者庶幾其可去矣。太平萬歲，熹雖不武，尚能爲執事誦之，不識執事亦有意乎？

熹比因三月九日指揮，已略爲明主言之矣。顧疏賤之言，未足取信，而或以取戾，謹已束裝，恭俟嚴譴。惟執事者毋以爲戒而亟深圖之〔二〕，則天下幸甚。

亟遣此人，專此布稟，交淺言深，分疏禮簡。蓋區區之心深以古人之事望於執事，而不復以世俗之常態自疑，伏惟深察。然此書也，一讀焉而采其意，然後削而投之火中，不足爲外人道也。引領臺寺，不勝拳拳。

〔小貼子〕此事所繫不輕，其成否不可必，但義所當爲，有不得而避者，願早決計。萬一不濟，此心固無負於幽明，四方忠義之士必有聞風而興起者。直言日聞，聖主之心終必感寤矣。葵藿野心，言及於此，不勝憤激痛恨之至。

校記　〔一〕以：原作「其」，據宋閩、浙本改。

〔二〕毋：原作「每」，據右引改。

編年　據書信編年。朱熹上封事在四月二十一日，文云束裝恭俟嚴譴，當作在上封事後不久，蓋不出夏間也。

評論　康熙御製文集第三集卷四十三：激切痛快之言，一根於忠愛，洵可垂世而不刊。

周大璋朱子古文讀本卷二與臺端書：此必爲覿、抃輩而作。小人蠹惑君心，最是隱微深痼之疾，針其膏肓，自臺端責也。忽縱忽擒，矯健不群，與歐公上范司諫書并壽。

與皇甫帥書淳熙六年

似聞戎車將有湖廣之役，不審定以何日戒塗？伏計運籌決勝，自有成算，疏遠不當僭有所陳。然慕用之私懷不自已，輒效其愚，惟高明裁之。

熹生長閩中，又嘗試吏泉、漳之間，其地密邇江西頃歲山寇出没之處。紹興十八九年間，朝廷屢遣重兵，卒不得志，甚者至於敗衄，狼狽不還。及後專委陳太尉敏招募土兵而後克之，所謂左翼軍者是也。蓋此輩初無行陳部伍，憑恃險阻，跳踉山谷之間，正得用其長技，而官軍乃以堂堂之陳當之，地形兵勢，凡彼之所長者皆我之所短，是以每戰而每不勝也。近年茶寇形勢正亦如此，所以江西官兵屢爲所敗，而卒以摧鋒敢死之兵困之，此往事之明驗也。竊計今日湖廣之寇正亦類此，熹願太尉養威持重，擇形勝之地，堅壁以待之，而廣募土人鄉兵，厚其金帛，結以恩意，使之出入山林，上下溪谷，以與此獠從事，則彼之長技正與賊同。又倚太尉之威聲，以順討逆，彼假息游魂之衆，亦將何所逃其命哉？

熹書生也，輒語兵事，近於僭率而可笑。然私心惓惓，竊恐太尉不勝忠義奮發之心，直欲以輕兵鋭進，深窮巢穴草薙而禽獮之，則非計之得也。大率東南形勢絶與西北不同，願更博訪而審度之，以圖萬全之功，則區區之望也。仰恃知照，敢布陳之，以俟采擇。惟不以其狂妄畏怯而鄙棄之，則幸甚幸甚。

編年　此書無時間綫索，唯卷三十四淳熙七年春答吕伯恭第八十二書言及「江州皇甫帥之子歲前至彼」，此皇甫帥即此書所與之人，名倜，時爲江州都統，别集卷五有與書一通。其子名斌，字文仲，卷八十一有朱熹淳熙六年八月一日爲所刻程氏易傳所作跋語，别集卷五有與書七首。據以上材料，朱熹淳熙六年與皇甫斌過從較密，斌是年末去之荆州張栻幕下，而朱熹與皇甫倜并未謀面。據此，此書作在六年爲近。書信編年置於七年，而以文集編序爲言，然以下數篇正皆作於六年也。

評論　周大璋朱子古文讀本卷六與皇甫帥書：好謀而成，所謂仁者之勇也。當與昌黎與鄂州柳中丞書參看。

與王漕劄子 淳熙六年六月

熹輒布誠悃，仰瀆台聽：熹比蒙聖恩，誤膺郡寄，懇辭弗獲，亦既視事。唯是小邦民貧財匱，歲必乏數月之糧，熹到任以來，官兵廩給全無顆粒可以支遣。究原其弊，緣本軍三邑所管苗米止四萬六千餘石，每年科撥起四萬外，餘米亦係使臺盡數刷發，如此則本軍將何所取以供用度？較之旁郡，如饒、池州，皆有存留贍用官兵米數，獨本軍先來有失申請存留支遣。況今來除上供已起外，自餘未發米數，係諸縣先因旱澇，有逃移死亡及零殘拖欠無户可催之數，縱有催到，非惟不多，又且累政隨即借兑，目今虚掛欠籍。用敢輒拜公牘，冒浼控告。欲乞台慈仰體邇者聖詔丁寧之意，計盈虚，通有無，將淳熙三年、四年、五年未起零殘之數悉從蠲免。繼自今以往，亦乞存留，以爲贍用官兵之費。高明必有以矜憐之。與其留腐倉庾，終爲後人之妄費，孰若使千里并受其賜，而民力不至於重困耶？惟執事圖之。干冒台嚴，不勝恐悚。

編年 文云乞免淳熙三、四、五年未起餘米，未及六年，則六年夏税尚未起征，當作在六年。本文所言内容，悉見於卷三十四答吕伯恭第六十九書。該書作在六月上旬，則此劄當作於其月。書信編年失考，以文集編序證作於七年，誤，因其上篇亦誤置七年也。由此可見文集編序不可不信，亦不可全信。

與顏提舉劄子淳熙六年秋

熹昨者輒以撥米，干冒台聽，仰荷矜憐，俯從所請。然顒俟久之，未蒙明文行下。今復專人具稟，欲乞台慈特照舊例，早賜開允，不勝幸甚。復有少稟：本軍米斛舊來多就建康交納，近一兩年，忽蒙使臺改撥入都，不唯小郡頓增水脚之費，無所從出，而舟船艱得，裝發遲緩，盤剥留滯，耗折百端，於事有甚不便者。今亦有狀申稟，乞賜台旨，只令赴建康府交納。儻蒙垂念，不勝厚幸。

編年　據書信編年。

與顏提舉劄子淳熙六年秋

熹不揆疏遠疵賤之迹，自到任來，數以職事仰干台聽，例蒙矜照，感幸已深。惟是至今未被明文行下，竊與一郡官吏軍民同切翹跂，以俟嘉命。今此又有所稟，仰祈恩施，内循進越，不勝恐悚。熹昨以星子一縣税錢偏重，奏乞蠲減，亦已具申聞矣。今聞睿旨已下使臺，竊惟聖天子明目達聰之意雖不間於芻蕘，至於其所決然取信而亡疑，則在明使者之一言耳。欲望台慈早賜垂念，遣吏核實，具以上聞，使一方疲瘵遺氓速霑仁聖之休澤，不勝幸甚。至於前請，亦乞始終大賜，以慰顒顒之望。千萬幸甚幸甚。

編年　據書信編年。

與顔提舉劄子 淳熙六年秋

熹瞻望使臺，無由伏謁，傾仰不自勝。長至節臨，又不獲奉觴群吏之後，尤切馳情。已具公牘修慶。竊惟清名重德，士論所歸，履兹剛長之辰，固不待祝而諸福朋來也。熹昨者使還，蒙賜手教，復以標準新圖魯公墓帖爲貺，尤荷不鄙之意。前此因遣牙吏部綱，嘗具禀劄，略陳固陋，計今當已徹聽聞矣。恐或未安，更望垂誨，幸甚幸甚。撥米二事，仰荷台念，感激尤深。蠲租之請，亦當已蒙施行矣。區區衰拙，不堪爲吏，强顔於此，百事隤廢。若非明使者矜而容之，種種假借，久已罪去矣。復有少懇，别紙布之，伏乞台照。

編年　據書信編年。

與顔提舉劄子 淳熙六年冬

熹復有少禀：敝郡今秋少雨，晚田多旱，除星子、都昌多是早田，被災處少，唯有建昌一縣晚田數多，前此失於訪問，遂速檢放之限。近因遣佐官行縣，乃知其實，則又不容坐視，已具奏聞及申使司，而熹已具狀申省自劾矣。見亦一面遣官行視，俟見分數，當復具申使司，得賜矜從，略與減放，不勝幸甚。星子王令老成篤實，邑人甚愛之，同官中如其比者蓋少也。小郡荒涼，人材衰乏，同官中可任者不過三數人，其間又有有才而過當，其他則又難言。所以凡事費力，不能滿人意。誠無心顔久尸榮禄，自劾之請既上，即束裝以俟罷遣矣。每荷垂念，故敢并及之。

編年　據書信編年。卷二十二有自劾不合致人户逃移狀兩篇，爲此劄作年確證，書信編年未舉出。又年譜長編將以上四劄前三篇置於淳熙六年六月，不確，而此第四劄不列六年之内，或見文云「今秋少雨，晚田多旱」，故以爲七年事耶？

與執政劄子 己亥冬　淳熙六年

熹昨以疾病侵凌，不堪吏責，屢以祠官之請冒瀆朝聽。伏蒙鈞慈垂念，未忍棄捐，不惟發教下臨，慰藉勤懇，至於士友之間，傳道所以誨飭存撫之意，又諄諄焉。自惟疵賤，何以堪之？感激之心，無以爲喻。自是遂欲勉竭駑頓，冀以仰答恩私。意謂姑使上不得罪於朝廷，下不得罪於百姓，則亦可以少延時月，徐罄前懇。而山野愚瞢，不能斟酌事宜，近因屬縣旱傷失於檢放，加以催科不無追擾，遂致人户流移，怨讟蠭起。仰惟朝寄，本以爲民，俯循素心，亦期及物，今乃一舉而兩失之。日夕憂愧，疾病益侵，勢恐不堪復加勉强，不得不早爲計，謹已具申都省。欲望鈞慈特與敷奏，絀削罷遣，以謝無告之民。熹雖飯蔬没齒〔一〕，何敢有怨？或蒙矜憐，曲加全護，使其仍得祠官之禄以終餘年，則其幸抑又甚矣。干冒崇嚴，不勝戰栗。

校記　〔一〕蔬：原作「疏」，據宋浙本改。

編年　題下原注「己亥冬」。

與丞相劄子淳熙七年正月

熹輒有危懇，仰干洪造：熹昨蒙誤恩，畀以符竹，自度疏野，不堪委寄，累辭不獲，黽俛就事，今十閲月矣。惟念君相所以眷顧使令之意，不敢不竭駑頓，以圖報稱。而材力有限，疾病相仍，形苦心勞，卒無善狀，政荒財匱，歲惡民流。自去秋以來，知舊往來涉其境者，問於道塗，黄童白叟無不愁嘆蹙頞，或苦其刑政之苛，或病其征賦之重，以至流聞遠邇，亦莫不然，貽書譙責，提耳告戒者，殆無虛日。以故去冬嘗以公狀申省自劾，又以劄目哀鳴，冀得早蒙敷奏，亟賜罷免。而鈞慈含覆，未遽矜從。疏遠賤微，何敢固必？謹以抑心自强，祗服官次，不敢復有所言矣。而一二月來，國言愈甚，士友之責愈深，使人日夕憂惶，不知所以自處。夫爲政而不宜於民，爲所厭苦至於如此，誠無心可居官府，無顔可食俸禄，不免復冒威嚴，再有陳請。而又竊惟某官終欲曲賜保全，不忍以其罪戾之迹聞於天聽，故於公劄更不敢具述如上曲折。儻蒙陶鎔，得以病免，其何幸如之！仰瀆高明，俯伏俟罪。

編年　據書信編年。此劄作年佐證甚多，除下篇乃别紙外，其後與王樞使、丞相、曹晋叔、黄教授四書，卷二十二乞宫觀劄子等皆爲明證。

與丞相別紙淳熙七年正月

熹區區愚懇已具前幅，復不自量，輒有逾涯之請，忘其罪戾，敢私言之。熹愚昧之資，少即疏懶，書史之外，酷好山水。今以某官造化之力，乃得爲吏廬阜之下。其丘林泉石，號爲東南最殊勝處，固已私愜所願。而去歲勞農山間，又得所謂白鹿洞者，溪山邃密，林趣茂美，尤有幽絶之致。熹惟是雖遐僻，而實先朝所嘗留意，不當廢墜至於如此，乃即其處復立七架小屋五間，亦已具狀申省矣。因竊妄意，以爲朝廷儻欲復修廢官，以闡祖宗崇儒右文之化，則熹雖不肖，請得充備洞主之員，將與一二學徒讀書講道於其間，庶幾上有以副知遇使令之意，下有以遂其平生之懷。若復更蒙矜憐，假之稍廩，略如祠官之入，則在熹又爲過望，而於州縣亦不甚至有縻耗。顧以事體希闊，言之若草野而倨侮者，是以不敢輒具公狀申聞。惟冀鈞慈深察愚悃，都俞之暇，因事及之。萬一可從，則熹之受賜爲不淺矣。狂妄之罪，亦惟有以寬之。

編年　此爲上篇別紙，一時所作。

與王樞使劄子淳熙七年正月

熹不避狂僭瀆尊之罪，復有迫切之懇，須盡布陳。熹素愚昧，不曉物情，加以閑散日久，尤不諳悉吏事，至此將及一年，凡所施爲，雖不敢不竭愚慮，而所見乖謬，動失民和，四方士友貽書見責者，積於几閣不知其幾，而前件陳克己者尤其詳盡。其間歷數謬政，無一可者。迹其所聞，皆有實狀。區區鄙劣，亦豈不欲痛自矯厲，以補前愆？而精力凋殘，已有所不能及者矣。竊以爲此非奸民猾吏流言飛文之書，乃出於相愛慕來問學之口，尤足取信，故敢冒昧繳連陳獻。若蒙鈞念，得以遍呈東府兩公，庶幾有以察熹前言之非妄者，早爲開陳，亟賜罷免，或如前兩劄所請者，則熹猶可以不重得罪於此民，而此邦之人猶可以安其生業，而免於流亡死徙之患，不勝幸甚。干犯頻仍，伏紙尤增隕越。

編年 文云「至此將及一年」，將此劄與下與曹晋叔書對讀，此篇作在其稍前，而彼篇作於淳熙七年正月，則此劄亦作在正月可知。

與丞相劄子 淳熙七年春

熹仰恃知照，忘其罪戾，猶復别有私懇，輒以仰干鈞聽。熹近因尋訪得白鹿洞故基，稍加興葺，已具曲折上之尚書矣。今以罪戾，義當自屏，而狂妄進越，猶欲并緣此事，輒有私請。蓋熹前幅所懇二端，竊計必有一遂，若直蒙賜以罷免，則固無復敢有所言，若以洪私曲被，使得復備祠官之列，則熹竊願丞相特爲敷奏，舉先朝之故事，修洞主之廢官，使熹得備執經焉，而其禄賜略比於祠官，則熹之榮幸甚矣。蓋與其使之以崇奉異教之香火爲名而無事以坐食，不若修祖宗之令典，使之以文學禮義爲官而食其食之爲美也。熹遠外之蹤，率易及此，誠有草野倨侮之嫌，然其實亦朝廷正名革弊之一事。竊惟聖君賢佐必垂察焉，是以敢冒言之。

編年 文云「前幅所懇二端」，指上與丞相劄子、與丞相別紙所乞罷免、任洞主事，則承其所作甚明，當作在春間也。

與曹晋叔書 淳熙七年正月

熹求去久不獲，近忽得機仲及一二知識報，諸公已有見許之意，其説可笑。會前數日已遣人行，投此機會，勢必得之。曾原伯亦許爲致力也。但聞敬夫病殊可憂，前此得請，意欲一往視之。若已歸湖南，即自江西便道以歸也。此間謬政，想亦傳聞。近得陳勝私書，責以煩刑暴斂數條，已封與王季海，託其轉呈東府矣。今但得脱去爲上，更不論此是非虚實也。季通、子直到此，相攻亦甚力，次第不虚傳也。劉公度來此，不能久居，其氣質不易得也。德廣留家於此，暫歸臨江矣〔一〕。東老可傷，此人行遽，未暇致奠，因見其子幸及之。擇之書角煩付往，近刻康節書納一本，他無可寄也。

校記 〔一〕江：宋浙本作「汀」。

編年 張栻卒於淳熙七年二月二日，此書尚不知其死訊，故當作在正月。參上與王樞使劄子。

答黄教授書〔一〕 淳熙七年夏

熹無狀，居此一年有餘，率意直前，不能違道干譽，得罪於士民多矣。請祠雖已報聞，然旦夕自當以他罪行遣，不至久爲仁里之害也。示喻曲折，深荷愛念。然必欲使熹餧啗虎狼，保養蛇蝎，使奸猾肆行，無所畏憚，而得歌頌之聲洋溢遠近，則亦平生素心所不爲也。姓高人事，文叔在此備見首尾。此而可恕，則亦無以官吏爲矣。至如木炭錢事，亦是州郡所當爲，而幸上司之見聽，方恨不能推類，盡蠲苛擾，初不以是而求歌頌於斯人也。此錢都昌所減獨多，又是毛掾考究之力。此人固有過當處，然細詢田野之言而考之案牘以求其實，則前日銷骨之毁，亦云甚矣。此舉錯枉直之間所以難明，非有道以照之，則所自謂公正者，未必非私意之尤也。區區不喜自辯，又於老兄不可有隱情，故久不知所以爲報。今偶有便，信筆及之，非欲較比是非，亦欲老兄深察於公私名實之間，而真得其所謂本心之正耳。太極之説甚善，南軒遺言兩句，不知其本文上下所指何事，俟更問之定叟也。

校記　〔一〕此書又見別集卷六與黄商伯。

編年　據書信編年。

與江東陳帥書 淳熙七年六月

兹者伏審榮被明綸，進班亞保，竊惟明主思賢念舊之意，可謂盛矣。然使相公尚淹藩服而未得究其輔贊彌綸之業，則海内有識之士猶以爲恨。抑無故而驟遷，在彼權幸寵利之臣則可，而施於相公，則於四方之觀聽亦不能無所疑也。不審高明何以處此？熹則竊爲門下憂之，而未敢以爲賀也。茲承鈞慈遠賜手書，竊審嘗欲有所論建，自以文不逮意而罷，熹於是竊爲門下喜焉，而敢冒進其説。

夫諫説主於忠誠，不尚文飾。且今日之言有不可緩者，猶救火追亡人也。況以相公之忠義懇切，豈真以文不足爲病而怠於納誨者哉？亦曰將有待而言之耳。夫苟誠有待而言之，則其所待無有大於今日之所遭者。願相公因辭謝之章而因有以附見其説，不必引據鋪張，不須委曲回互，直以心之所欲言、時之所甚患者條件剖析，爲明主言之。其所病者，乃在於文之過，而不病其不足也。幸而聽從，天下固受其賜，而相公之榮豈止於今日？不幸而不入，則相公辭受之决，亦不難處矣。失今不言，於天下之事固失其機，而在我者不無昧利之嫌。一旦雖欲復有所言，人亦莫之聽矣。長孫無忌之事與近歲李參政光前車尚未遠也。

況今所授，正與其人并肩而處，若果出於無心，尚爲可耻〔一〕，且又安知其不故以是風切相公，而使與之同哉？熹疏賤狂瞽之言，意謂必觸雷霆之怒，今聞已降付後省矣，是明主固優容之。但此章宣露，賤迹自是愈孤危耳〔二〕。夫以聖恩之寬大，於熹猶且容之，而況於相公乎？萬一未即開納，無後咎餘責，亦可保矣。願相公勿疑，極意盡言，以扶宗社，以救生靈。熹不勝激切懇禱之至。

校記　〔一〕耻：原作「取」，據宋閩、浙本改。

〔二〕耳：原作「矣」，據右引改。

編年　據年譜長編、書信編年。

與陳帥畫一劄子淳熙七年秋

一、本路諸郡旱損處多，竊料將來賑濟用米不少。然今來旱勢甚廣，近郡之穀不復可仰，須廣爲規畫，多致米斛，乃可接濟。至如乾道七年本軍得米凡五萬石，然流殍之民不可勝數，田里空虛，至今未復，此不可不早慮也。似聞總所積穀頗多，日就陳腐，更久亦不堪用。若得商量措置，且就支此米餉給諸軍，而計諸路綱運，除檢放外，更許截留，分與諸州般運賑糶，收簇價錢所管，或候豐年補前本色斛斗，亦爲利便。

一、目今旱勢如此，而漕司差人在此，催發舊欠。夫催欠之與救災，事體各别，不可雙行。欲乞一言，且與追回。其他州郡想亦有此，并得一例施行，尤爲幸甚。若是户部指揮，漕司自合申請停緩。或不敢言，則丞相自當言之，亦致和消沴之一術，而救急安民之切務也。

一、去年赦恩所放官物，諸司依舊理催。欲乞帥司因此旱傷，作訪聞檢舉行下諸州，令逐一具申，特與蠲放。

一、旱災如此，良由賦斂苛急，民氣不和所致。欲乞丞相建言，乞將赦恩所放之後一年官物并行除放。

一、本軍建昌縣去年放旱米三千餘石，總所漕司累次行下，令於上供軍用數内分豁，此甚允當。今漕司忽變其説，令本軍全於軍用數内除豁，不得減上供數。熹有劄子懇兩漕，别本具呈，乞賜鈞念，一言及之，是亦救荒之助也。

一、本軍申漕倉兩司乞撥錢米修結石寨狀別本具呈，并乞鈞念。或蒙應副，亦可并下諸州，放此施行，募民充役，可以集官事，濟飢民，消盜賊。伏乞鈞照。

熹復有愚懇，欲從漕司借留六年上供零米五千餘石，約今冬或來春可還。有狀申漕司，今亦録呈，乞賜宛轉及之，幸甚。適又檢得乾道七年省劄，亦録梗概上呈，恐今歲事體不減此也。提舉遞鋪司牒有近日雨水日多之説，恐江東已霑足矣。此獨無有，奈何？

編年 據書信編年、年譜長編。

與陳帥書 淳熙七年十月

前此屢以上流遏糴利害申稟，未蒙施行。今本軍糴米人船已爲隆興邀截，不許解離，又凡客販，皆爲阻絶。江西頗有得熟州郡，本自不須如此，又况著令及累降指揮皆有明文。已作書力懇之，恐其未必經意。蓋自初糴，已節次懇之，今乃約束愈峻，其意亦可見矣。切乞早賜移文，仍申朝省或具奏聞，乞遍下諸路約束，不獨此邦蒙大賜也。頃時劉樞遭旱，首奏此事，其後客船輻凑，米價自減，此最爲救荒之急務。向蒙賜教，乃謂上流皆旱，無所告糴，但擬撥樁積米，此但爲建康一郡計耳〔一〕。然贛、吉、鼎、澧、湖南諸郡皆熟，若用劉樞舊例奏請〔二〕，此米皆可致而一路受賜矣。不然，則樁積之米得賜取撥，使諸郡各得三五萬石，亦爲幸甚。漕使本別具稟，熹偶足疾大作，疼痛亡憀，不敢多作字，只乞鈞念，爲達此懇，同賜區處，以速爲上。移文至江西附遞恐遲，得爲專人徑往，千萬之幸。

校記　〔一〕一：原作「州」，據宋浙本改。

〔二〕奏請：原倒，據右引、明天順本乙。

編年　文云「今本軍糴米人船已爲隆興邀截，不許解離」，據卷二十乞行遣攔米官吏劄子、别集卷九申諸司乞行下江西不許遏糴，其事在淳熙七年十月二十四日，據以繫年。

與江東王漕劄子淳熙七年秋

熹久不拜起居之問，日有瞻仰。人還被教，感慰亡窮。蒙喻置寨事，極荷台念。但事已差池，今又方有救災之急，未暇再請。若稍定未去，終當料理耳。減税事尤感垂意之勤，初謂必可遂請，適有牙吏還自臨安，云省吏果以使司未保明爲言，勢須再下，此終有望於維持也。白鹿官書拜賜甚寵，謹已别具謝劄矣。但今歲旱勢甚盛，此自五月半間得雨之後，枯旱至今，雖有得少雨處，殊不沾洽。早稻已無可言，晚禾亦未可保，民情皇皇，未知所以慰安之者。而使司差人在郡追人吏、催官物者凡三四輩，熹雖不敢拒違台命，然當此之時，督責縣道，追擾農民，則實有所不忍。得賜追還，令得一意講求備禦賑恤之政，以救此遺民於溝壑之中，不勝幸甚。其可辦者，熹固自不敢緩也。又建昌去歲檢放，總所已行下，今均在上供州用數中，而反未蒙使司除豁上供之數，尤非所望於仁人君子者。熹竊惑之，更乞深賜省察。狂妄冒瀆，皇恐死罪。

熹前幅所禀之外，更有石堤一事，已具公狀申聞，不審台慈賜念否？若今之君子，則固不敢以此望之。惟執事者儻以禹、稷之心爲心，則此一役也而可以兩濟。得蒙垂意，不勝幸甚。此或有委，并乞垂示。

熹前幅所禀去冬放旱事，初已得使帖，如總司之云矣。既而中改，一予一奪，殊不可曉。今别具公狀及劄子，乞賜台覽。若決不可行，則熹於此不容宿留，便當自劾去官，雖重得罪，不敢辭矣。本欲初秋即申祠請，又遭旱虐，自以爲義不當求自逸，故勉强於此。若不獲已，則亦不免冒此嫌耳。一生忍窮，不敢求仕，正爲如此。且未來此時，知友皆以爲于公之仁必能庸崔君，今乃反爲所誤。而姚提點平生不相識，乃能俯聽愚言，一奏減本軍木炭錢二千貫，不審亦嘗聞之否？熹老矣，已無意於人間，不堪久此鬱鬱也。

編年　據書信編年、年譜長編。上與陳帥畫一劄子云「漕司差人在此，催發舊欠」，此云「使司差人在郡追人吏、催官物者凡三四輩」，可知作在一時。

與漕司畫一劄子淳熙七年九月

一、本軍昨具奏，乞依乾道七年例，支撥錢米應副。後來照得元數頗多，恐難應副，遂再具實欠軍糧米，奏乞截留六年殘欠五千石，及今年擬放七分外三分米一萬餘石，庶幾數少易撥。今續契勘諸縣檢放，分處，大段乾損處多，恐不能及三分之數，即雖蒙朝廷許截上件米，亦恐不足支遣。更俟取到實放數外合納之數，却行紐計欠數申稟，或別具奏乞送使司，預乞台照。

一、本軍常平米通兩縣計五萬石，見行取會下户仰食之人數目未到。候將來冬後闕食，即將上件米斛分等第糶給，別具措畫詳細申聞。或恐米數不足，即乞支撥應副。熹已兑那諸色官錢往鄰近收糴，約可得萬餘石。但苦錢少，而近地米價已高，難運耳。

一、石堤已差官計料，以俟徐推之來。此舉本不敢容易，蓋欲因此贍給飢民，一舉兩利，切乞留念。

一、去秋建昌檢放米，當依台喻申省部，乞下使司，乞賜保明除豁。然此又是一重往復，不知徑自使司申請如何？此已一面申部矣。

一、星子減税，省部對補之説，乃似肉糜之論，可付一笑。若本軍本縣自有名色可補，即何用更乞減放耶？近世議論大抵如此，令人氣塞。見已別具公狀申聞，仍申朝省，極論其繆，預乞台悉。

一、聞得贛、吉諸州及湖北鼎、澧諸州皆熟，得湖南詹憲書云，湖北米船填街塞巷，增價招邀，氣象甚可喜。欲乞更與帥相商度，奏乞指揮兩路不得阻節客販，許下流被害州軍徑具奏聞，重作行遣。此一項早乞留念。

編年 據書信編年、年譜長編。此劄作年内證甚多，因二書所考已確，不煩遠引。

與王運使劄子淳熙七年

熹復有少稟：近準使牒奉行詔書，取會本軍金穀出納大數。初欲一一從實供申，偶會得池州式樣，官吏皆以爲當放其所爲，可無後悔，遂止據有正當窠名合收之數以爲收支之數，而凡州郡多方措畫以添助支遣者，皆不敢載。大約所供才十之二三，而米猶不在數中也。見欲一面如此攢寫供申，然在鄙意終有未安。蓋聖詔所爲丁寧，使臺所謂取索，凡以欲知州縣有無之實而均給之，以寬民力耳。今乃如此，在熹素心，則爲上欺使臺以及君父；在州郡利害，則恐今既自謂有餘，後日將不得蒙均給之惠以病其民也。是以深竊疑之，未敢不以實對。然官吏之説，則又有二端焉。其一以爲州郡措置所收窠名多不正當，恐有詰責，莫任其咎。此則便文自營之計，熹所不敢避也。其一以爲若盡實供具出數，今日固未必實有均給之惠，而盡實供具入數，異時上官所見不同，或將按籍而取之，則州郡必致重困。此則其説不爲無理，而熹有所不敢違也。是以尤竊疑之，又未敢遽以實對。伏念旬日，不能自定。敢以此私于下執事，伏惟台慈開示所鄉，使得奉以從事，不勝幸甚。

編年 文稱「本軍」，作在南康任上無疑。書信編年以文集編序推之，置於淳熙七年，姑從之，以俟深考。其王運使即王漕，時任江南東路轉運使。本卷有淳熙六年六月與其劄子。年譜長編以此人爲王師愈齊賢，誤。蓋其見卷二十七有與王漕書，題下注「齊賢」也。實則師愈未嘗作江東運使，見卷八十九王公神道碑。

與江西張帥劄子一 淳熙七年冬

熹比數以短劄承候起居，計悉已塵几下。今者復有少懇，輒敢以冒聞聽：熹以不德，招殃致凶，又無術略以濟饑饉，已屢伸告糴之請。然小郡貧薄，不能多致儲積，遠近軍民唯仰客販沿流而下，得以糊口，其引領南望，朝夕之勤，蓋不啻農夫之望歲也。今乃竊聞督府所臨，南自贛、吉，西極袁、筠，東被南城，方地數千里，幸蒙德政之餘休，皆有秋成之慶，而任事者私憂過計，未撤津梁之禁。熹愚竊意高明方以天下之重自任，其視鄰道，何以異於吾民？願賜一言，俾除其禁，則不惟蕞爾小邦歌舞大賜，抑自是以東，列城數十，實均賴之。率爾干冒，始猶自疑，及念前日荔子分甘之意，然後有以決知執事之不棄此土之人也，是以敢卒言之。伏惟台慈俯賜矜照。

編年 此劄與以下四篇逐篇相承，皆一時先後所作。其與張帥第二劄以下皆言及糴米之船遭扣事，據本卷與陳帥書及卷二十乞行遣攔米官吏劄子、別集卷九申諸司乞行下江西不許遏糴，其米船遇阻事在淳熙七年十月二十四日，則此相連諸篇作在冬間可知。參書信編年。

與江西張帥劄子二 淳熙七年冬

咫尺門牙，無緣進謁，第切傾鄉之私。比以告糴仰干台聽，竊意必蒙矜念。今聞收糴牙吏未及解發，而使府約束愈峻，遂不能歸。且鄙郡荒凉，舊雖豐歲，亦不免仰食船粟之來自封境者，況今旱歉，溝壑在前，其所望於餘波之惠者，又非他日之比。前記之懇，雖出僭易，然亦仁人君子所宜動心也。今再具禀，及以公文爲請，伏惟高明擴一視同仁之心，敦救災恤鄰之義，俯賜矜允，千萬幸甚！千萬幸甚！

編年 見上篇所考。

與江西錢漕劄子 淳熙七年冬

比以民饑，告糴隆興，已具曲折懇張帥，意必蒙其憐閔，推所餘以并活此邦之人。乃今聞其約束愈峻，所遣牙吏得米而不能歸，至於客販，亦復斷絕。若上流果亦荒旱，則不敢請。傳聞贛、吉、臨川諸郡及隆興屬邑自有豐熟去處，則江西當自不至闕食〔一〕，而其餘波因可以及鄰境。恐不必過計爲此，以傷一視同仁之心，害救災恤鄰之義。熹已手書復致此懇於張帥，更望台慈賜以一言之重，使得早遂見聽，則此邦之人仰戴仁人之施，其可量哉！

校記 〔一〕當：原作「常」，據宋閩、浙本改。

編年 見上與江西張帥劄子一所考。

與江西張漕劄子 淳熙七年冬

熹未見顏色，輒有祈懇：比以民饑，告糴隆興，已具曲折，懇禀張帥閣學，意必蒙其憐閔，拯此困急。今乃聞其約束愈峻，所遣牙吏得米而不能歸，至於客販，亦復斷絕。竊緣本軍地瘠民貧，雖號熟年，不免仰食上流諸郡，況今凶儉，事勢可知。然若上流果亦荒旱，則亦不敢固請。今贛、吉、臨川諸郡及隆興屬邑皆有豐熟去處，則使節所臨江西一路，決當不至闕食，而其餘波自可惠及鄰境，是以敢布其私。欲望台慈一言於張帥，早得放行本軍所糴及弛客販之禁，則台座活人之恩被於鄰道，此邦之人所以感激歸戴者爲如何哉！

編年 見上與江西張帥劄子一所考。

與江西張帥劄子三 淳熙七年冬

熹累具懇稟，告糴米船乞賜照應條法及近降指揮，特與通放，亦已累蒙公移回報開許，良感仁庇之及。但奉新令尉乃敢公然違戾，百端攔遏，其意必使敝邑飢民束手受斃而後已。設若使境之旱與弊軍等，則熹不敢有請。今使境諸邑粒米狼戾，發洩不行，而弊軍諸縣放皆及八分，山谷之民已苦艱食，所遣糴米本錢又皆兑借上供錢物，方此自劾，罪無所逃，竊意窮苦之狀必蒙矜憐。不謂此輩乃爾不仁，既格詔旨，又違使臺約束，而所以貽患於鄰邑者，尤爲無狀。熹已具公文上之幕府，欲望台慈詳酌，將本縣官吏重作行遣，將本軍米船早賜通放，上以體聖朝一視同仁之恩，下以見盛府救災恤鄰之義，不勝幸甚。

編年 見上與江西張帥劄子一所考。

與星子諸縣議荒政書淳熙七年秋

熹爲政不德，致此旱災，雖已究心，多方措置，庶幾吾民得以保其生業而免於飢餓流離之苦。然竊自念智力淺短，不惟精神思慮多所不周，而事體次第亦須由軍而縣，方能推以及民。若非三縣同官各存至公至誠之心，深念邦本民命之重，相與協力，豈能有濟？今有愚見，懇切布聞，條具如後：

一、逐縣知佐既是同在一縣，協力公家，當以至公至誠之心相與。凡百事務，切要通情，子細商量，從長措置，自然政修事舉，民受其賜。苟或上忽其下，唯務私己吝權；下慢其上，但知偷安避事，則公家之務何由可濟？況今災數非常，民情危迫，經營措置，當如拯溺救焚之急，不可小有遲緩齟齬，有誤民間性命之計。切告深體此意，盡革前弊，庶幾事有成功，民受實惠。

一、檢放之恩，著在令甲，謹已遵奉施行。今請同官當其任者少帶人從，嚴切戒約，給與糧米錢物，不得縱容需索搔擾。又須不憚勞苦，逐一親到地頭，不可端坐寬凉去處，止憑鄉保撰成文字。又須依公檢定分數，切不可將荒作熟，亦不可將熟作荒。其間或有疑似去處，或有用力勤苦之人，寧可分明過加優恤，不可縱令隨行胥吏受其計囑，别作情弊。

一、勸諭上户，請詳本軍立去帳式，令鄉衆依公推舉，約定所蔭客户、所糴米穀數目，縣司略備酒果，延請勸諭，厚其禮意，諭以利害，不可縱令胥吏非理搔擾。上户既是富足之家，必能體悉此意。其間恐有未能致悉之人，亦當再三勸諭，審其虛實，量與增減。如更詐欺抵拒，即具姓名申軍，切待別作施行。

一、根括貧民，請詳本軍所立帳式，行下諸都隅官保正，子細抄劄，著實開排。再三叮嚀説諭，不得容情作弊，妄供足食之家，漏落無告之人。將來供到，更於本都唤集父老貧民，逐一讀示，公共審實，衆議平允，即與保明。如有未當，就令改正，將根括隅官保正重行責罰。

一、將來糶米，亦請一面早與上户及糴米人户公共商議置場去處，務令公私貧富遠近之人各得其便。大抵官米只於縣市出糶，上户米穀即隨近便鄉村置場出糶〔一〕，不須般載往來，徒有勞費。如有大段有餘不足去處，及將來發糶常平米斛，即具因依申來，切待別行措置。

一、凡郡中行下寬恤事件，各請誠心公共推行。如有未當或未盡事宜，更望子細示喻，當行改正。

右件如前，各請痛察。如或未蒙聽從，尚仍前弊，致此飢民一有狼狽，即當直以公法從事，不容更奉周旋矣。千萬至懇至懇！

校記 〔一〕隨：原作「與」，據宋閩、浙本改。

編年 據書信編年。此書所議皆救荒之初事，作於秋間無疑。年譜長編坐實於八月，則似根據不足。

與執政劄子 淳熙七年八月

熹輒有危迫之懇，已具公劄申陳。然其曲折，有不敢盡言於君父之前者，復此干冒鈞聽。得賜宛轉陶鑄，不勝幸甚。熹昨緣疾病，不堪吏役，累具劄目，乞備祠官。至五月間，伏準尚書省劄子，奉聖旨不允。自惟卑賤，不敢頻有祈扣，觸犯天威。欲俟新秋，乃伸前請。而德薄政荒，招致災旱，深念千里民命之重，不忍當此艱難窮困之秋輒求自便，於是屈心抑志，黽俛服官。祈禱百方，卒無所效。又慮將來軍民必致闕食，不免行下屬縣，勸諭富民，根括下户，那兑官錢，於鄰近州縣米價稍平去處收糴米斛，準備賑給。又已申奏朝廷，及申轉運、常平兩司，乞行救助。更欲勉悉疲駑，講求荒政，以副聖主子愛黎元之意。而力小任重，日夕驚憂，遂致心疾大段發動，上炎下潦，勢甚危急。在熹一身，死生夜旦所不足言，實懼失於備禦，有誤一方飢民，横致流殍，則熹爲上負朝廷，死有餘憾。於是不復敢顧辭難避事之嫌，有此申禀。欲望鈞慈憐察，特賜敷奏，與熹宫廟差遣，使得歸死故山。仍催已差下人石𡼖疾速前來料理荒政，救濟飢民，不勝幸甚！

〔小貼子〕伏念熹昨以朝命敦迫，勉强到官，不敢携家，爲久住計，祗挈一小兒在此，方十餘歲。今若病勢有加，即彼此存没一時狼狽。欲望鈞慈深賜憐察。

編年　據年譜長編、書信編年。

與周參政劄子 淳熙七年八月

熹竊以仲秋之月，暄涼未定，恭惟參政鈞候起居萬福。熹前日專人奏記，尋即奉被遞中所賜手教，伏讀再三，感慰亡逾。又蒙垂喻繆妄所陳，聖旨乃有假借納用之意，自惟疏賤，不宜得此，悚戴之私，殆未易以言説既也。然前事不聞有所施行，後事更被詰問，若將反以違滯之罪罪之者，惜乎聖主虚心受言之美，未有以見於行事之實也。加之賤體自遣人後，心痛寖劇而足疾復作，痛楚非常，不能履地，在告已旬日矣。自度衰頽，不堪勉强，恐誤一郡軍民性命，日夕憂懼，不能自安。謹再具劄子，申布賤懇。然於所職，亦不敢忘過計之憂。頃有狀奏乞截綱運充軍糧事，并以申省。然於群公前已致問，不敢頻有煩瀆。願因間語賜一言焉，得并前劄早賜開陳，使熹得輿病以歸，而軍民不至狼狽，不勝幸甚。力疾專此具禀，不能他及。瞻望台躔，邈在霄漢，無由進拜，第切拳拳。

編年　此與上篇一時先後所作，見書信編年、年譜長編。

與周參政劄子淳熙七年秋

近得尤倉書，已具道鈞意矣。固知遠方下邑，朝廷不當偏有應副。然災傷如此，竊意似當隨其重輕，普加恩意也。昨日省符行下，議臣奏請檢放之弊，所謂但憂郡計之不支，不慮民力之愈困者，真可謂仁人之言矣。三復嘆息，不意議者猶能及此。方之對補之論，蓋不啻九牛毛也。然郡計之不支，亦非細事，熹嘗論之矣，切望垂意。朝廷之體固不當私一郡，尤不可棄諸郡也，不審鈞意以爲如何？未能自脱而欲爲左右言，可謂僭妄。然區區之心有不能已者，其所以望於參政者，蓋非特今人之事也。伏惟恕而察之，幸甚。

本路尤倉甚留意，然常平之積，恐不足以周今歲之用。聞建康樁積甚富，而漕司亦有餘財，但相去之遠，呼叫不聞，未知所以爲計耳。前此減税及乞放去年建昌三千餘石，猶不任責，況有大於此者，尚何望哉？觀此事勢，上下決不相應。熹性狷狹，進則有搪突之傷，退則迫切無憀，疾病侵加，恐徒死而無益。參政儻哀憐之，不若投畀閑散以安全之，乃爲大幸。然其所請截撥應副，乃一郡之計，初不繫於熹之去留也。遏糴之請尤急，聞其用法甚峻，犯者或乃没入其家。此望早賜約束，少遲則早穀向盡，晚米價高，雖通無益矣。熹又思之，恐得祠去此，見在同寮未有能亢此難者，已與尤倉密計，更調守者。然朝廷亦當一面催促代者，彼至則足以蘇此人。但道里遼遠，未能猝至耳。凡此皆望深賜留念，幸甚幸甚。

又蒙垂喻所以曉子澄者，莫非至當之言，不勝嘆服。但未知子澄之意果如何？若熹則方與邦人厄於陳、蔡之間，雖有雜燒之令，亦不暇起而争救之矣。匆匆亟遣此人，未及究鄙懷之一二。然其僭易煩瀆之罪，已不勝悚仄矣。并乞鈞察，千萬之幸。

編年 據書信編年。此劄承上篇，當作在其後。又言遏糴之事，「聞其用法甚峻」，則當在十月糴米船被扣江西，遍求諸司之前，故知作在秋間。參本卷與陳帥書所考。

與周參政劄子 淳熙七年冬

熹復有愚見，懷不能已，敢以私於下執事：今歲之旱，其勢甚廣。比見連日降旨，所以爲祈禱寬恤之計者，足以知聖主之憂勞矣。然所謂禁屠宰、決杖罪、放房緡及茶鹽賞錢者，恐未足以爲應天之實。而今日又報蠲放綱運欠米十石以下者，此尤近於兒戲。欲以此消已成之災，息未形之患，吁亦難矣！成湯桑林之禱，宣王側身修行之意，其反求諸己者爲如何哉？熹竊思之，今日之事，應天之實有四，曰求直言，曰修闕政，曰黜邪佞，曰舉正直。恤民之大者有六，曰重放稅租，乞行下諸路監司，察州郡不受訴者，郡守察其縣令，皆以名聞。曰通放米船，乞下江西、湖南路，仍許下流諸路州軍具奏，重行責罰。曰勸分賑乏，曰截留綱運，曰嚴禁盜賊，曰糾劾貪懦。區區念此至熟悉矣，欲卬首信眉，一言於上，又慮出位干時，未必取信，故敢以告於執事。伏惟都俞之暇，從容造膝，一爲明主極言之，則天下幸甚。

編年 據書信編年。此建議通放米船，仍承上書，參見該篇所考。

與周參政別紙 淳熙七年冬

竊聞參政間以隔并之災，過自引咎，顧留行之詔既下，則明公不得終遂其高矣。然天戒昭昭，聖心警懼，惕然有意於講闕政以召和氣，此實盡忠補過，轉禍爲福不可失之幾，願明公深以爲意，則天下幸甚。熹前日所陳應天恤民之目，皆今日之急務，而求言之詔，尤四方所渴聞者。不識明公亦有意乎？若復推遷，失此大會，則自今以往，熹之言不復能出諸口矣。引領東閣，不勝拳拳。

編年 此爲上書別紙，承彼所作，一時先後爾。

與陳師中書淳熙八年五月

熹試郡無狀，以丞相庇臨之力，幸及終更。復叨除命，傳聞嘗污丞相薦墨，是以有此。意者偶因臧否支郡及之。比歸見劉平父，乃知所以假借稱道者過實殊甚，使人愧懼踧踖，不知所言。丞相既已失之，老兄在旁又不力諫止，使熹負此無實之名，他日反爲門墻之累，追悔何可及耶？欲具書謝丞相，具道此意，偶值此便未暇，更旬日間，當有的便續修致也。

歸途所過，知識往往能道次舍經歷之狀，但未知果以何日至莆中舊第？區區不勝瞻仰也。熹閏月二十七日受代，即日出城，游山玩水，自江州界渡江，在道十餘日，以前月十九日到家。疾病支離，且得休息。江西敕告尚未被受，衰懶豈復堪此？幸闕期尚遠，得以徐爲去就耳。

自明之亡，行且期矣，念之怛然，痛恨如新。不知向來所喻編次文字，今已就否？渠所立自足以不朽，然其議論曲折，亦不可不使後人聞之也。其家事復如何？朋友傳説令女弟甚賢，必能養老撫孤，以全柏舟之節。此事更在丞相夫人獎勸扶植以成就之，使自明没爲忠臣，而其室家生爲節婦，斯亦人倫之美事。計老兄昆仲必不憚贊成之也。昔伊川先生嘗論此事，以爲餓死事小，失節事大，自世俗觀之，誠爲迂闊。然自知經識理之君子觀之，當有以知其不可易也。伏况丞相一代元老，名教所宗，舉錯之間，不可不審。熹既辱知之厚，於義不可不言。未敢直前，願因老兄而密白之，不自知其爲僭率也。

編年　據書信編年。

與陳丞相別紙 淳熙八年五月

自明云亡，忽將期歲，念之令人心折。其家想時收安問。熹前日致書師中兄，有所關白，不審尊意以爲何如？聞自明不幸旬月之前，嘗手書列女傳數條，以遺其家人，此殆有先識者。然其所以拳拳於此，亦豈有他？正以人倫風教爲重，而欲全之閨門耳。伏惟相公深留意焉。

編年　據書信編年。

與福建顔漕劄子 淳熙八年九月

前日已被改除信劄，傳聞會稽斗米八百錢，其勢不容辭避，已申乞奏事矣。邵武勢須四五日間方得歸，即治裝以俟命。萬一成行，恐不復得請教，不勝引領之懷。凡所以居官治民及救荒方略有可見教者，尚冀不鄙，幸甚幸甚！

道間詢問收成次第，云僅可得六七分。今又遭雨，若未遽止，即不得及此數矣。恐欲聞其實，故敢及之。

編年　據年譜長編。書信編年據朱子年譜置於八月，不確。

與顏漕劄子 淳熙九年夏

熹衰病之餘，强顏一出，適此大侵，費縣官數十萬，而越人之殍猶不可以數計。俯仰幽明，跼蹐憂愧，殆未易以言喻也。加以伉拙，不堪世俗之迫隘，中間求去不得，復此宿留。今幸二麥登場，賑救訖事，見攢帳目申發，即尋前請，庶幾觀變玩占，可以無大過耳。浙東山佳處都未得放懷登覽，剡中雖兩到，然憂累方深，無復佳興也。若便得報罷，當取道石橋、龍湫以歸，庶不負此行耳。前承枉書，竊審軺車一出，周遍八郡，狂寇束手，奸民屏息，山谷困窮受賜多矣。他可以爲一方久遠計者，尚冀高明慮之，千萬幸甚。

編年　據書信編年。

上宰相書 淳熙九年六月八日

六月八日，具位謹奉書再拜，獻于某官：熹嘗謂天下之事有緩急之勢，朝廷之政有緩急之宜。當緩而急，則繁細苛察，無以存大體，而朝廷之氣爲之不舒；當急而緩，則怠慢廢弛，無以赴事幾，而天下之事日入於壞。均之二者皆失也。然愚以爲當緩而急者，其害固不爲小；若當急而反緩，則其害有不可勝言者，不可以不察也。

竊觀今日之勢，可謂當急而不可緩者矣。然今日之政則反是，愚不知其何以然也。去歲諸路之饑，浙東爲甚，浙東之饑，紹興爲甚。聖天子閔念元元之無辜，傾困倒廩以救之，而甚者至出内帑之藏，以補其不足，德意之厚，與天同功。熹於是時僵卧田野，而明公實推挽之，使得與被使令趨走之末。仰惟知遇，撫己慚怍。然自受任以來，夙夜憂嘆，恐無以仰承聖天子之明命而辱明公之知於此時也，是以不憚奔走之勞，不厭奏請之煩，以盡其職之當爲者，求以報塞萬一。而乃奏請諸事多見抑却，幸而從者，又率稽緩後時，無益於事。而其甚者，則又漠然無所可否，若墮深井之中。至其又甚者，則遂至於按劾不行，反遭傷中。而明公意所左右，又自曉然，使人憤懣，自悔其來而求去不得，遂使因仍，以至於今。

比日以來，神明消耗，思慮恍惚，兩目昏澀，省閲艱辛。方欲少俟旬日，別上封章，冀蒙哀憐，得就閑佚，又以連日不雨，旱勢復作，紹興諸邑仰水高田已盡龜坼，而山鄉更有種不及入土之處。明、婺、台州皆來告旱，勢甚可憂。雖已一面多方祈禱，必冀感通，然天道高遠，事有不可期者。萬一更加旬日，未遂所求，則去年境界，又在目前。而上自大農，下及閭巷，公私蓄積頻年發散，亦自無餘，後日之憂，必有萬倍於前日者。熹之迂愚，固不知所以爲計。誠恐雖以聖主之聰明聖智，明公之深謀遠慮，亦未必有斷然不可易之長策，真可以惠活飢民，彈壓奸盜，而保其必無意外之患也。熹是以彷徨怵迫，未敢遽請，而復冒昧一罄其愚，惟明公試幸聽之。

竊惟朝廷今日之政無大無小，一歸弛緩。今亦未暇一一條數，以溷崇聽。且以荒政論之，則於天下之事，最爲當急而不可緩者。而荒政之中有兩事焉，又其甚急而不可少緩者也。一曰給降緡錢，廣糴米斛。今二廣之米，艫舳相接於四明之境，乘時收糴，不至甚貴，而又顆粒匀净，不雜糠秕，乾燥堅碩，可以久藏。欲望明公察此事理，特與敷奏，降給緡錢三二百萬，付熹收糴，則百萬之粟旬月可辦。儲蓄既多，緩急足用，政使朝廷别有支撥，一紙朝馳而米夕發矣。且往時不免轉大農之粟，發内帑之幣，以應四方之求矣，積之於此，與彼何異？而又乘賤廣糴，利重費輕，殆與臨期支撥，糴貴傷財者不可同日而語。且今米船已集，求售無所，停住日久，坐失本利，後者懲創，因不復來，無窮之害，實自今始，此一事也。二曰速行賞典，激勵富室。蓋此一策本以誘民，事急則籍之以爲一時之用，事定則酬之以爲後日之勸。旋觀今日，失信已多，别有緩急，何以使衆？欲望明公察此事理，特與敷奏，照會元降，即與推恩，使已輸者無怨恨不滿之意，未輸者有歆艷慕用之心，信令既行，願應者衆，則緩急之間，雖百萬之粟可指揮而辦。況是此策不關經費，揆時度事，最爲利宜。而乃遷延歲月，沮抑百端，使去歲者至今未及霑賞，而今歲者方且反覆却難，未見涯際。是失信天下，固足以爲今日之所甚憂；而自壞其權宜濟事之策者，亦今日之所可惜也。謀國之計乖戾若此，臨事而悔，其可及哉！此二事也。

然或者之論則以爲朝廷撙節財用，重惜名器，以爲國之大政，將在於此，二者之請，恐難必濟，愚竊以爲不然也。夫撙節財用，在於塞侵欺滲漏之弊；愛惜名器，在於抑無功幸得之賞。今將預儲積蓄，以大爲一方之備，則非所謂侵欺滲漏之弊也；推行恩賞，以昭示國家之信，則非所謂無功幸得之賞也。且國家經費用度至廣，而耗於養兵者十而八九。至於將帥之臣，則以軍籍之虛數而濟其侵欺之奸；餽餉之臣，則以簿籍之虛文而行其盜竊之計，苞苴輦載，争多鬥巧，以歸於權倖之門者，歲不知其幾巨萬。明公不此之正，顧乃規規焉較計豪末於飢民口吻之中，以是爲撙節財用之計，愚不知其何説也。國家官爵布滿天下，而所以予之者，非可以限數也。今上自執政，下及庶僚，内而侍從之華，外而牧守之重，皆可以交結託附而得。而北來歸正之人，近習戚里之輩，大者荷旄仗節，小者正任横行，又不知其幾何人。明公不此之愛，而顧愛此迪功、文學、承信、校尉十數人之賞，以爲重惜名器之計，愚亦不知其何説也。

然熹亦嘗竊思其故而得其説矣，大抵朝廷愛民之心不如惜費之甚，是以不肯爲極力救民之事；明公憂國之念不如愛身之切，是以但務爲阿諛順指之計。此其自謀，可謂盡矣。然自旁觀者論之，則亦可謂不思之甚者也。蓋民之與財，孰輕孰重？身之與國，孰大孰小？財散猶可復聚，民心一失，則不可以復收。身危猶可復安，國勢一傾，則不可以復正。至於民散國危而措身無所，則其所聚，有不爲大盜積者耶？明公試觀自古國家傾覆之由，何嘗不起於盜賊？盜賊竊發之端，何嘗不生於飢餓？赤眉、黄巾、葛榮、黄巢之徒，其已事可見也。

數公當此無事之時，處置一二小事尚且瞻前顧後，逾時越月而不能有所定，萬一薦饑之餘，事果有不可知者，不審明公何以處之？明公自度果有以處之，則熹不敢言。若果無以處之，則與其拱手熟視而俟其禍敗之必至，孰若圖難於易，圖大於細，有以消弭其端而使之不至於此也。古之人固有雍容深密不可窺測，平居默然若無所營，而臨大事、決大策，不動聲氣而措天下於太山之安者。然從今觀之，自其平日無事之時，而規模措畫固已先定於胸中，是以應變之際敏妙神速，決不若是其泄泄而沓沓也。

况今祖宗之仇耻未報，文武之境土未復，主上憂勞惕厲，未嘗一日忘北向之志，而民貧兵怨，中外空虚，綱紀陵夷，風俗敗壞，政使風調雨節，時和歲豐，尚不可謂之無事，况其飢饉狼狽，至於如此？爲大臣者乃不愛惜分陰，勤勞庶務，如周公之坐以待旦，如武侯之經事綜物，以成上意之所欲爲者，顧欲從容偃仰，玩歲愒日，以僥倖目前之無事，殊不知如此不已，禍本日深，熹恐所憂者當不在於流殍，而在於盗賊，受其害者當不止於官吏，而及於邦家。竊不自勝漆室嫠婦之憂，一念至此，心膽墮地。

念不可不一爲明主言之，而猶未敢率然以進，敢先以告于下執事。惟明公深察其言，以前日遲頓寬緩之咎自列於明主之前，君臣相誓，務以盡變前規，共趨時務之急，而於熹所陳荒政一二事者少加意焉，則熹雖衰病，不堪吏役，尚可勉悉疲駑，以備鞭策。至其必不可支吾而去，後來之人亦得以因其已成之緒葺理整頓，仰分顧憂。如其不然，則熹之愚昧衰遲，固不能爲此無麵之不托，而其狂妄，將有不能忍於明主之前者。明公不如早罷其官守，解其印綬，使毋得以其狂瞽之言上瀆聖聰，則熹也謹當緘口結舌，歸卧田間，養鷄種黍，以俟明公功業之成而羞愧以死，是亦明公始終之厚賜也。情迫意切，矢口盡言，伏惟明公之留意焉。

編年　此言浙東任上之事，而云「去歲」浙東之饑紹興爲甚，「比日以來」旱勢復作，明作在九年。月日則具於文中。

評論

黄氏日鈔卷三十四： 謂以荒政之急爲緩，「自古國家傾覆之由，何嘗不起於盜賊？盜賊竊發之端，何嘗不生於飢餓？今朝廷愛民不如惜費之甚，明公憂國不如愛身之切」，其言苦至，所當成誦。

康熙御製文集第三集卷四十三： 非任事之誠，孰肯進此戇言？所謂實心實政者，具見於此。此段語意痛切，非見之最真，不能言及此。是即古人臨深履薄之心，朽索六馬之喻。朕生平念兹在兹者，亦即此也。

周大璋朱子古文讀本卷二上宰相書： 指陳時弊，勢如燃眉，規畫事宜，較若聚米。積憤胸中，一直抒出，略無瞻徇隱避之情。文氣山排海倒，時宰見之，當舌撟而不能下，肉顫而不能安也。非大儒，安有此堂堂正論哉！唐宋八家集中，上宰相書皆求哀乞憐、諂諛媚悦之言耳，文字雖工，不足道也。

古文眉詮卷七十七： 書爲救荒弛緩而上也，用「緩急」平提開局。（若當急反緩）側入緩一邊。「給錢」、「收糴」，節眼。（「且遄時」三句）確是相時明識，遲速之間，得失利病，洞燭無遺。（「況是此策」二句）古今蠲例之開，固非善政，然揆以時事所迫，而招以人情所趨，因勢利導，亦足權宜相濟。「信」字最扼要。（然或者之論）筆陣一轉，探取時論，一拓，開出累幅文瀾。兩事分頂，整整相對。（「夫撙節財用」至「幸得之賞也」）一較論間，而其所據以爲沮抑者，不煩言而已破矣，此是總領。（而耗於養兵者）此申破節財用，所指侵欺滲漏之費，帶諷時弊，至切。（「明公不此之正」至「何説也」）轉詰明快。此申破惜名器，所指無功幸得之賞，帶諷時弊，又切。（然某亦嘗）筆陣再轉，推出沮抑病源，由於惜費阿指，言人所不敢言。（「明公自度」三句）筆陣三折，每一折加一倍緊醒。（「與其拱手熟視」至「不至於此也」）上論救荒事理，十分透露矣。下兜轉弛緩意，作策屬之言。先將似弛緩而非弛緩者，託起一層。（「況今祖宗」四句）并抉出寄處偏隅情事，帶諷更吃緊。末以入告激之，又作折筆。（「以前日遲頓」二句）轉緩爲急，收正文。（如其不然）筆又折，作掉尾事。入告一掉，請罷再掉。（「謹當緘口結舌」以下）掉筆至此，雖屬忠憤激發之詞，實具進退從容之概，高極。裕儲道在乘機，勸輸道在鼓舞，此荒政要策也。其中并有宜急不宜緩意。此而飾辭以緩之，其病由於揣指而屢費，而時情又皆習退遜而樂因循。會此數層，拓出波瀾議論，字字對樇矣。其章法勻整，已開制藝之先。

與陳丞相別紙 淳熙十年

蒙諭第二令孫爲學之意，乃能舍世俗之所尚，而求夫有貴於己者，此蓋家庭平日不言之教有以啓之，非面命耳提之所及也。熹嘗聞之師友，大學一篇，乃入德之門户，學者當先講習，知得爲學次第規模，乃可讀語、孟、中庸。先見義理根原體用之大略[一]，然後徐考諸經，以極其趣，庶幾有得。蓋諸經條制不同，功夫浩博，若不先讀大學、論、孟、中庸，令胸中開明，自有主宰，未易可遽求也。爲學之初，尤當深以貪多躐等、好高尚異爲戒耳。然此猶是知見邊事，若但入耳出口，以資談説，則亦何所用之？既已知得，便當謹守力行，乃爲學問之實耳。伊洛文字亦多，恐難遍覽。只前此所稟近思録，乃其要領。只此一書，尚恐理會未徹，不在多看也。大學、中庸向所納呈謬説，近多改正，旦夕別寫拜呈。近又編小學一書，備載古人事親事長、灑掃應對之法，亦有補於學者。并俟録呈，乞賜裁訂，以授承學也。

校記　〔一〕先：考異云一作「究」。

編年　此書未可詳考，姑置淳熙十年者，一以文云「近又編小學一書」，考卷三十五與劉子澄諸書，朱熹始與子澄謀編小學在淳熙十年，而子澄初刊此書於鄂州在翌年。此云近編，又云「俟録呈」，似在編纂初期，即十年也。二以文集編序而言，前篇作於淳熙九年，下與趙帥書作於十至十一年，故此書或作在十年也。

朱熹文集編年評注卷二十七

書 時事出處

與趙帥書 子直〔一〕 淳熙十年

竊見使司行下委兩鄰附籍事，官司嘗已施行。但此事初議只委鄉官勸諭人户自來附籍，蓋不欲使吏與其間，恐有煩擾。雖有不願請米者，亦不之强，但欲請米者，非已附籍不給，即其人利害切己，附與不附皆須自任其責。行之既久，人漸相信。今忽有此指揮，即自此之後，生子得米之人可以安坐不問，而歸其責於鄰人，鄰人不得米者，顧乃代之任責，而又無罪賞以督其後。又況一甲之内，除懷孕家外，尚有四家，今却只取兩家爲鄰，若在街市人家齊整去處，猶可責之兩畔切鄰，不容推託。若在鄉村人煙星散去處，即或前或後，或左或右，或疏或密，必是互相推託，不肯爲任此責。其生子得米之人既不干預，却使無利害之人任無罪賞之事，而四家之中又無正定主名，萬一無人及時申附，直至生子之後，其家或欲殺棄，即通同蓋庇，不復申舉。或欲請米，即須論訴鄰人，以爲不申附之罪。鄉官既難受理根究，其勢必煩有司追證搔擾，其害不細。不知及今尚可回否？

若得且令鄉官依舊勸諭人户自行附籍，而委措置官考察附籍者之殿最〔二〕，取其尤怠慢者申縣改差而稍加沮辱，以警其餘，亦足以革舊弊，廣恩意。如其不然，即須嚴立罪賞，而使甲内四家同任其責。如有懷孕五月之家，即四鄰先取本家申乞附籍文狀，仍説願與不願請米，四鄰連名簽押。狀内公共指定，專委兩鄰某人某人傳送，取附籍鄉官批回付本家收照。候生子訖，再取四鄰保明，繳連元批，赴收支鄉官請米。其不願請米人，亦須四鄰具狀，繳連元批，保明不曾殺棄，關報注籍。如此乃可關防推託遺滯、詞訴搔擾之弊。然既如此，即事體規模頓異前日，而將來亦恐終不免於煩擾。更乞詳酌其宜，計其利害之實而行之也。

大抵此事從初商量，非不知如此措置決是不能周遍，然所恃者既無煩擾之弊，而勸諭恩意有以感動之，則賑給之惠雖不能周，而陰受生活之賜者，自將不勝其衆耳。若以此爲不廣，而欲其速得周遍，則決非勸諭之所可及，勢須一切以文法禁令驅迫，然後可成。如此非不美觀，然恐官司徒有文移而無事實，民間徒被搔擾而無恩惠，非前日所爲思慮措畫之本意也。不審高明以爲如何？熹上覆。

近日倉司所行全是文具，委官散榜，編排甲户，置立粉壁，處處紛然，而實無一文一粒及於生子之家。愚意此可以爲戒而不可學也。

校記 〔一〕徐樹銘朱子集補題注「癸卯」。

〔二〕考：原作「者」，據宋浙本改。

編年 據書信編年、年譜長編。本篇校記〔一〕亦可參考。年譜長編列於三月，太拘，證據不足。

與趙帥書 淳熙十年夏

適聞崇安宰丞同到精舍，云被使檄有所營造，不知果然否？此是私家齋舍，不當慁煩官司。不唯在熹私義有所不安，加以蹤迹孤危，動輒得謗，今更坐役官司起造屋宇，此正是好題目，彼等所日夜窺伺而不可得者。侍郎見念之悉，豈當以此禍餉之乎？春間在彼，亦有朋友數人欲爲營葺，已定要束矣。尋聞去歲有人僞印圖榜，列熹及劉平父名銜，勸緣題疏，有一後生親見印本。因思如此乃是爲實前謗，遂報諸人罷其所謀。況今乃煩官司，豈得爲穩便乎？向嘗蒙喻，蓋已有此意。其時亦嘗具稟，委之官司，恐不穩便，但未嘗究其説耳。官司爲之，於義既不可，於事亦不便。蓋其一則必有搔擾，其二則不能如法，萬一爲之，自此熹更不敢入精舍矣。聞之憂恐，急作此附遞拜懇，乞且行下罷役。若台意必欲不虚前諾，徐别圖之，亦未晚也。

編年 據書信編年、年譜長編。

與趙帥書 淳熙十年

前書所禀，懷有不能自已者。既而思之，言語過當，深以自咎，然有以知高明之必見容也。

賣鹽之事誠亦非便，蓋下四州民間納産鹽錢，州縣自合給鹽償之。今既例不給鹽，而帥司復行榷賣，議者之言亦未爲不當。但相承已久，調度所資，有不獲已者。向時汪丈入閩，正值沈漕罷去王與道住賣之後，亦深以此爲疑。後不得已，竟復榷之，想亦是别無擘畫處也。不知使司今欲作如何相度？愚意此事今且如此暗行貨賣，姑爲不得已之計，則他日或有能弛之者。若遂相度奏請，明降指揮，則是福州民間增此一項無名之賦，自我而始。况泉、漳、興化事體一同，勢必援例公行，則其爲害又不但福州而已。此事更乞深思，少遼緩之，不須催促漕司相度，或只作手劄密奏，上意未必不以爲然。更以書白廟堂諸公，亦當曉然見此利害也。不審台意以爲如何？祠請未遂，不知再入文字否？似聞論鹽事者頗及浚湖之役，不知是否？前日林子方因治建昌士人無禮教官事，幾爲要路所擠。今日風俗大抵不甚睹是，令人憤懣。伏想高懷於此必有處也。

編年　書云前書所禀言語有過當處，應指前篇「更不敢入精舍」用語太峻，故當承前書，作在十年。書信編年列在十一年，根據不足。此書初不及旱荒事，與下數篇異也。

與林擇之書 淳熙十一年秋

彼中旱勢如何？得雨莫已沾足否？槁苗尚可救否？此中燥濕不均，山間有頻得雨處，有極枯槁處，度其勢短長相補，亦足以相救。所患者人心喜亂，不待飢餓而已生狂妄之意。又患些小米穀爲他處般販，則亦無以爲繼，而實有飢餓之憂，以速變亂耳。已累書白帥，宜亟糴廣米及台州米。近聞永嘉亦有米可來，此皆不可不早爲之計。如福州闕米，則此間米不可仰。近觀其所處置，却只是禁上流攔米及遣人來收糴。此二策者，不過取之吾之境内，譬如一家之中，二子皆飢，乃奪甲以哺乙耳。亦已極論其非是，不知以爲然否。幸以累年以來見聞之驗告之，此非細事也。唯壬午、癸未陳應之守建時禁港甚嚴，而汪丈在福州〔一〕，一無所問，此最爲得。其後趙清卿、任元受在福州，則陳邦彦在建與之争，王瞻叔在福州，則任希純在建與之争。三公雖悍〔二〕，然卒不能奪建人之守，然後無事。今上流諸州，其小者不敢抗大府之命，其大者又未必有意於民，而亦不知其利害之若此也。帥府又快於吾令之得行，吾民之可以無飢，而未及慮夫建、劍之俗一有紛紜，則將爲吾之憂有大於此者而不及救也。只如建寧，向來屢飢，亦不免用諸縣自給之説，不得般米下船，然後村落獲濟。城中又泝流發米以助諸縣，然亦不聞城中之飢。今任事者曾不察此，諸縣以舊事告，皆不之信。此必不能有説以告帥司，全在帥司自爲一路之計，算其長者而爲之耳。聞延平積粟皆已匱竭，此可深憂。宜檄諸州照例禁港，不得般販村米。無致將來闕食生事。大凡盗賊皆起於深山遠官府處，不可不慮。此於帥府事體，蓋所當然。而一面多方招邀運致外道米斛入界，乃爲上策。廣中雖云不熟，然亦當勝本路。如温、台，則粒米狼戾。今正及時，可招可糴，不可失也。如本路糴米，則非計之得，又非其時，枉費多錢，反得少米。不若且看將來，如他處米來多，即不須糴。若不得已，亦且俟十月以後間晚禾成熟後方可糴。此理的然，前日書中亦説不盡，更煩子細爲陳之，不可有一字之遺也。

校記　〔一〕在：原作「任」，據宋閩、浙本改。

〔二〕三：原作「二」，據右引改。

編年　據書信編年、年譜長編。書云「且俟十月以後」，則作在秋間甚明。

與林擇之書 淳熙十一年九月

近因便兵附狀，想達。秋凉，遠惟德履佳勝。不知到城中居甚處？必已不復入學矣。前書所論，曾言之否？聞汀寇甚熾，想幕府無暇及他事矣。近例帥須親到地頭督戰，此甚非策。然既有此指揮，恐不得不一出。但未可遽深入，且到延平，徐議進退可也。

此賊已敗官兵，殺將吏，決不可招，只有盡力撲討。然其所以致此，必是官司前後非理侵擾，有以致之。却須詢究其由，將元來官吏奏劾，重作施行，以謝其人。仍計盜起縣分合起發支遣錢物，并令一切倚閣，以慰人心，不令别致響應。即支遣不可闕者，令漕司撥錢應副。此兩項是第一義，若能行之，即一面多出印榜，簡約其詞，令人於地頭散貼曉諭〔一〕。其次即須非時接見賓客僚吏，務通下情，以資計策。此事平日已是欠闕，今尤不可循舊失也。

其次須有將有兵，乃可責效。若只用見今兵官，統見今兵卒，此則決然敗事無疑。聞辛幼安只是得所募敢死之力，見馮湛説亦是招得賊中徒黨作鄉導〔二〕，方能入山破賊巢穴。本路左翼軍向來便是此等人，所以陳敏用之有功。今已無復舊人，只與諸州禁軍、土軍無異。却恐歸正官及牢城中有可募者，但得有心膽事藝者，勿問其所從來可也。向見帥喚得商榮者在彼，後來看得如何？沙世堅者，本亦只是此流，欽夫拔之徒隸之中，使捕小賊輒有功。至李接之亂，遂收其用耳。

起發諸州禁軍，决是無用。然今卒未有人，其勢不可以不起。但亦止可遥爲聲勢，切不可使入山與賊交鋒，適所以長賊威而沮官軍之勢，亦防賊人乘虛衝突旁近州郡。或本處有嘯亂應賊之人，須稍分留，令足彈壓。必不得已，寧可申朝廷撥廣東摧鋒軍，與左翼相掎角，亦是一事。但正當此荒歉，供億之費不貲，不知何以爲計耳。

聞沙縣宰頗有才，南劍推官趙師淵、劍浦令丞皆曉事。此是將來帥到南劍，可備使令之人，亦不可不知也。此皆老生常談，恐或可裨思慮之所不及，相見煩爲言之。

前日通放米船之説，當此火色，尤不宜力主偏見，以摇人心。更可細説，得作訪聞行下建、劍，云恐上流州郡闕米，本司日前行下通放米船約束更不施行。仍委本州逐縣隨宜相度，措置儲蓄，以備賑恤。如此即事體正當，物情便安矣。

今日向前進討，勝負之外，更有衝突、響應二事，甚可慮。西南慮衝突，東北慮響應。此間諸公只宋倉尚可告語，然非捕盗職事，不知新憲如何。若亦未有長策，即一路之命全在趙帥一身獨自擔當，不是小事。昨夕聞此，令人展轉不寐。偶有歐陽慶嗣便，託渠先發此書。此間事不暇及，渠到必自相見也。

校記 〔一〕貼：原作「帖」，據宋閩、浙本改。

〔二〕是：原缺，據宋浙本補。

編年 據書信編年、年譜長編。書云「秋涼」，知作在九月也。

與趙帥書淳熙十一年秋

熹竊聞究心荒政，以爲來歲之備者甚至，甚善甚善。但上流糴米之數似亦太多，蓋雖未即津發，然收之官，民間便闕此數。又且處處置場收糴，冬間米價便須增長，來春糴貴亡疑。今業已施行，不敢便乞住罷，若但得少損其數，亦不爲無補也。又聞浙米來者頗多，市價頓減，邦人甚喜，而識遠者慮其將不復來，此一道安危之大機也。謂宜多方招致，稍增市價，官爲收糴，以勸來者。比之溪船海道官自搬運，縻費損失，所争決不至多。此等事一是要早商量，二是要審計度，三是斷置果決，不可因循。去冬見議開湖事，熹謂須先計所廢田若干，所溉田若干，所用工料若干，灼見利多害少，然後爲之。後來但見匆匆興役，至今議者猶以費多利少爲疑。浮説萬端，雖不足聽，然恐亦初計之未審也。大抵集衆思者易爲力，專己智者難爲功。此等事但呼官吏之可與謀者條畫而算計之，其贏縮利害可以一日而決，不必閉閤深念，徒弊精神，而又未必盡乎利病之實也。庸闇疏闊，智不謀身，而過計多言，喜與人事，深自覺其可厭，而未能遽已，不審高明以爲如何？狂妄之罪，亦惟并寬之也。

官自運米，弊病百端，頃時會稽有一斛而虧兩斗者，不免奏劾坐押使臣。而王仲衡力庇之，反欲捃拾發舉官吏，乃剡縣葉簿，即黄丞之表弟，問之可知也。或謂當募出等商賈，使之抱認津致，雖或優其傭費，亦未敵官運折欠之多也。此事前日陳教授歸嘗囑以稟聞，似亦可采用也。陳雖後生，然甚曉事，聞侍郎遇之頗厚，凡百更垂下問，當有所助。然詢謀貴廣，亦不專在一人。嘗記先儒解孟子「訑訑」二字，以爲「自足其智，不嗜善言之貌」，此言甚有味也。今時士大夫非無愛人憂國之心，但雖賢者，不免有此氣象。所以雖其所知所與可以盡言而無間者，亦未必得竭懷抱，而況於疏遠卑賤之人乎？此可爲長太息也。

諸公奏議大體甚正，其間一二篇，如蔡承禧輩議論，無甚可采，不足列於諸老之間。而獨斷數篇，恐或飲藥以增病也。温公兩篇，當爲章惇而發，雖其救時之切，不暇遠謀，然亦終不可以爲後世法也。使紹聖、崇寧之間群小得此蹤迹，豈不爲奇貨哉？又聞明道王霸劄子中間雖遭擯黜，今雖已復收，然恐其他更有似此若迂而實切、若小而甚大者，須別作一眼目看，不可輕有遺棄，恐後世有明眼人，冷地看著，有所遺恨竊笑於今日也。伯恭文鑒所載奏疏甚詳，頃但見其目録，亦不暇細考。然恐其去取之間，亦須有説。鄙意以爲凡其所載似不可遺，其所不載乃當增益，此亦條例中之一事也。此事之説甚長，恨去歲困於人事，不得子細請教耳。

編年　據書信編年、年譜長編。書云「冬間米價便須增長」，乃逆料之辭，則時未入冬也，在秋間可知。

與趙帥書淳熙十一年冬

熹衰病之餘，災患踵至，殊不自堪。伏蒙問恤，良以爲感。又蒙軫其乏絶，割清俸以周之，仰認眷存，尤切愧荷。但窮巷書生，蔬食菜羹自其常分，不知後生輩以爲創見，便爾傳説，致誤台慈以爲深憂，亟加救接，至於如此。在熹之義，豈當復有辭避？實以近日偶復粗可支吾，未敢虛辱厚意，謹已復授來使，且以歸納。萬一他日窘急有甚於今，當別稟請，以卒承嘉惠也。人參、附子則已敬拜賜矣。

但少有鄙懷，冒浼台聽：不審高明以近日所處劉家典庫事爲如何？若熹鄙見，則竊以爲甚不類門下平日之舉措也。鄉里自此旬月以來，閭巷聚談，有識竊嘆，下至三尺童子，亦皆憤然有不平之氣。熹恐門下於此偶未之思也。行迷雖遠，尚及改圖，以全素節，以息流議，不審門下亦有意乎？如其不然，則天下之士將有以夷虜之道疑於門下而不入其鄉者矣。此熹之所大恐，蓋不特爲劉氏游説也。久辱知遇，不敢不盡所懷。雖被譴絶，所不敢辭，伏惟有以察之而已。他喻數條，未暇報稟。歲晚，更乞順時之宜，進德自重。區區不勝祈望之切，并幾台照。

編年　據書信編年。文云「歲晚」，知作在冬間。

答梁丞相書 淳熙十二年

熹伏讀賜教，盛德不居，退託愚懦，仰惟明公之心正大光明，表裏洞徹，無一豪有我自私之意。而熹以妄庸受知之久，又勤下問至於如此，亦豈能恝然自閉，一無所進以效其尺寸之愚哉？但以正此退藏，不當出位，是以於政體之是非，人材之邪正，一豪不敢有所陳説，而獨請以王通所謂「願君侯正身以統天下」者，敬爲明公誦之。其言雖近，其指則遠。伏惟明公於此試留意焉，廣引人材，勤攻己闕，使凡政事之出於我者無一疵之可指，則上以正君，下以正人，將無所求而不得。如其不然，則事之小不正者積之之多，亦足以害吾之大正，使吾至大至剛之氣日有所屈於中，而德望威名日有所損於外，是則且將見正於人之不暇，尚何望其能有正君定國之功哉。今天心未豫而民力已殫，國威未振而虜情叵測，惟明公於此深念而亟圖之，則熹也受賜多矣。狂言犯分，亦惟高明有以寬之。

編年 此書無時間綫索，姑據書信編年置於此，以俟詳考。

評論 康熙御製文集第三集卷四十三：舉綱挈要，義蘊弘長。

與陳福公書 淳熙十二年夏秋間

北方消息傳聞不真，春間有上封事者，前言虜爲西夏所逼，故遷國以避之，其後乃慮其設詐以謀我。此已是揣摸，無一定之計。最後又只泛言乞詔樞廷嚴爲邊備而已，乃大中上意，改秩除官。其後乃聞盧帥王希吕奏，虜爲契丹遺種大石林牙所襲，失亡甚夥，老酋遁走，不知所在，三日而後得之，朝廷頗信其言。然去冬有親戚自淮上歸，已傳此言，却云渤海所襲，尋亦不聞的耗。然則此報又未知其信否也。若鄙意，則以爲此虜盛極而衰，舉措顛錯，就如所聞未必得實，其勢不足深慮。彼其修城浚汴，特爲虚聲以懼我耳。然朝廷已爲之調發海舟，一番騷動，此正高熲、王朴之遺策，而我已落在計中。

至於天文變於上，坤軸動於下，正是君臣上下動色相戒，飭躬正事，以圖消弭之時，顧乃視之恬然，略無驚懼之意，上之則九重不聞有側席求言之詔，下之則諸府不聞有引咎避位之章，舉朝媕阿相徇，爲日已久，士大夫稍有氣節、敢議論者，盡在遠外，寂然不聞有一人能爲明主忠言，以指奸佞、裨闕失、固邦本、達民情者。聞其語及天變，則盡以歸之虜酋，使應天道，此已爲諂諛不忠之大。至於地震，東南數路無一不然，又將使誰當之而不以爲慮耶？

熹以爲今日之事所當憂者莫大於此，而境外之事不與焉。明公果有乃心王室之意，但當以此曲折極言於上，勸以博詢芻蕘，深求己闕之意，則明公雖不盡言天下之事，而天下之言因我而達，此功固已大矣，又何必刺探隱謀，密陳秘計然後爲論事哉？觀富韓公退居西都時，已嘗坐汝州青苗削奪之譴，司馬公、吕申公又皆新法異論，得罪有嫌之人，然因事抗章，盡言無隱，不少異於立朝之時。彼豈不知迹方孤危，重咈主意，復忤貴權之爲患？誠以愛君憂國之誠切於中而不暇顧也。又况明公乞身已久，於今日諸人本無睚眦之怨，固無諸公之嫌，而上心不忘，便蕃寵錫，又非若諸公之嘗在淪落擯棄之域也，亦何惜而不爲明主一言，以安宗社於阽危之際，救生靈於水火之中乎？近年以來，將相大臣始終全德，無可指議如明公者，指不可以再屈。誠能及此更爲此舉，則功烈被於當年，聲稱垂於後世者，又不止於前日矣。不然，不過今日苟全上下之交，而後之忠臣義士考觀歲月，計慮安危，必將有大不滿於明公者。夫以裴令之賢，猶不免於晚節浮沉之譏，可不念哉！可不戒哉！仰恃知照，不覺縷縷，伏惟高明有以亮之。

編年 據書信編年、年譜長編。文言虜情、地震，當在五月之後。未言詔陳侍祠事，當在是冬以前，故宜置夏秋間也。

與陳丞相書 淳熙十二年秋冬間

竊聞侍祠之詔至於再三，此蓋聖主思見故老，有所咨詢，非獨循常備禮之所爲。而得林擇之書，側聞丞相亦有行意。伏惟久去闕庭，不勝忠戀。且以向來嘗欲有言，因循未果，乃復有此幾會，誠不可失，計程今或已在道矣。虜中事不足言，今日之憂，正在精鋭銷耎，慣習燕安，廟堂無經遠之謀，近列無盡規之義，阿諛朋黨，賢知伏藏，軍政弄於刑臣，邦憲屈於豪吏，民窮兵怨，久不自聊。季孫之憂，恐不在於顓臾也。不審尊意以爲如何？

井伯書云，廉夫有學易之意，甚善。然此書難讀，今之説者多是不得聖人本來作經立言之意，而緣文生義，硬説道理。故雖説得行，而揆以人情，終無意味。頃來蓋嘗極意研索，亦僅得其一二，而所未曉者尚多。竊意莫若且讀詩、書、論、孟之屬，言近指遠而切於學者日用功夫也。抑嘗聞之，元城劉忠定公有言，子弟寧可終歲不讀書，而不可一日近小人，此言極有味。大抵諸郎爲學，正當以得師爲急，擇友爲難耳。

編年　據年譜長編、書信編年。此書言「向來嘗欲有言」，指在朱熹鼓動下欲上言於帝；又云「虜中事不足言」，指上篇之「北方消息」，故承上篇而作甚明，秋冬間也。

與陳福公別紙淳熙十二年

熹冒昧有所干扣，極犯不韙。近得泉州黄寺丞書，云陳休齋病中嘗爲渠言，曾令熹致懇丞相，爲其女求嫁資，令其見語，復以禀聞。熹實不記曾有此説，初不敢爲言。既而思之，此老之意，止是欲令熹與黄寺丞共致此懇，而無其端，故設此言以發之。意丞相聞其屬纊深悲之言，必當惻然憐之也。故敢因黄回便，先附此劄。其詳黄必具禀，熹更不敢覼縷，然已不勝其恐懼矣。

編年　據書信編年。

與史太保書淳熙十二年冬

熹竊聞頃者几杖造朝，禮際隆洽，蓋自祖宗盛時，所以褒崇故老、報答元勛，未有若斯之盛者也。自是以來，人無愚智，莫不咨嗟嘆息，以爲聖主尊師重道之意若此其厚，而以明公平日自任之重卜之，知其所以報此殊遇者，必當有以度越前人，決不肯爲張禹、孔光以及近世之以明良慶會自居者之遺臭於無窮也。今者變異重仍，虜情叵測，當宁側席，有識寒心。熹愚竊謂元老大臣同國休戚，告猷之會，誠未有急於斯時者。明公不能及此發口一言，則永無報效之期，終懷寵利之愧矣。故願深察愚言，亟召門下直諒多聞之士，曲加訪問，俾盡其説，兼總條疏，悉以上聞。於以報塞恩遇，慰答群情，追配前修，一洗疑論，計無便於此者。不審明公亦有意乎？至於狂瞽妄發，罪當誅斥，則惟明公有以寬之。

編年　據書信編年、年譜長編。

答史太保別紙 淳熙十二年冬

熹昨者狂妄，輒以瞽言仰瀆崇聽，自循分守，當得譴斥之罪。不謂高明博大，無所不容，誨答諄諄，罄竭底藴。三復自幸，不惟私以免於罪戾爲喜，而又得側聞前此告猷之益，天下已有陰受其賜者，尤竊增氣。尚恨未得躬扣昌言之目以發蒙昧耳。今者邊事益急，變異薦臻，人無智愚，共以爲懼。然熹淺陋，竊以爲境外之傳未足憂，而譴告之深爲可畏也。今朝廷於其不足慮者既已過爲之防，而於其深可畏者反未有處，熹甚惑焉。夫以災異而求直言，歷世相傳，具有故實。明公身爲天下大老，誠有憂國之心，亦不當俯及細務。願以此意爲上一言，使幽隱之情得以上通，則天下之言皆明公之言，而明目達聰，感召和氣，皆明公之功矣。感激容貸之恩，懷不能已，敢復言之，俯伏俟罪。

編年 此承上篇，據書信編年。

答詹帥書 淳熙十三年秋

熹自頃拜狀之後，涉秋以來，百病交攻，幸以餘庇，未至委頓，以故所委文字久未能寫。及來使到，伏奉賜書，乃始下筆，欲俟其還自三山而授之。而屢寫輒不入意，比其還也，猶三四易紙，收拾補綴，又五六日然後畢。要是本不能書，而又嘗略識古人書法，不敢信手胡寫，以孤見屬之意，勉强爲之，終是不能成字。今既無收殺，只得封納，可用與否，更在高明財之也。補貼處不入行道，須得善工識字體者儹那取正。其墨水浸漬，不見元筆路處，并令照應修減乃佳。碑額元只欲題貼職，今詳階官封爵皆高於職名，今并書之。然亦只用幅紙，碑石必可容也。但本文一二處未穩，别紙具呈，望更詳酌，恐可略修定，庶可傳久遠耳。

侍郎丈入陪近班，日有論思之益，善類方以爲喜，今乃以區區一方鹽筴之故輕去朝廷，識者不能不以爲恨。謙仲詩雖佳，然急於枝葉而緩其根本，亦未得爲至論也。

州縣賣鹽不能無弊，閩中今亦尚有病此之處。然頃來推行鈔法，又奪州縣之入以歸朝廷，緣此州縣束手，雖軍兵衣糧，亦有支不行處，幾致生事。今者廣西所行既經仁者之慮，必無此患。

然鹽利盡歸商賈，而州縣只得净利錢，已是不及向來官賣之數。又失夾帶耗剩之利，將來必是不免須有費力去處。此恐今日亦不得不爲之過慮也。昨來會稽見一書記李誠之廣西數事，而鹽法爲之首。大抵古人立法，非是苟爲寬弛，以劉晏造船之類，正自有深意耳。今謾録呈，幸一過目。又如半年不能千籮，而五日乃十倍之，此得無近於蔡尹之役法否？王正之頃嘗一見，雖不甚款，然意其老成更練，所慮必深，恐尚可咨訪，以盡利病之實。此固高明所不憚也。辱知之厚，不敢默默，僭易及此，愧悚亡已。

欽夫舊政固有賴於修明，然在明牧，必自有以深慰四方之望者。頃在浙東，見州郡催科奉行版曹文書，不依省限，既先期取了，民固已不堪命矣。今見小報，新坡有請州郡上供錢上下半年比校，此其勢愈急刻矣。當路之人略無忠言奇策以開廣德意，而所以椓喪邦本者日甚一日，爲之奈何！

學術之章，固知有謂，然所以反身之實，亦實有愧於其言者，但知皇恐自修而已。此其爲賜，亦不可謂不厚也。病中整頓得中庸、孟子，頗勝於前。恨地遠不得携以請教，閑中又無人抄寫拜呈，深以爲恨耳。益遠聲光，伏幾爲斯道斯民千萬自重，區區至禱。

編年　據書信編年、年譜長編。文云「涉秋以來」，明作在秋間。

答詹帥書 淳熙十三年

熹向蒙下喻欲見諸經鄙説，初意淺陋，不足薦聞。但謂庶幾因此可以求教，故即寫呈，不敢自匿。然亦自知其間必有乖繆以失聖賢本指、誤學者眼目處，故嘗布懇，乞勿示人。區區此意，非但爲一時謙遜之美而已也。不謂誠意不積，不能動人，今辱垂喻，乃聞已遂刊刻。聞之惘然，繼以驚懼。向若預知遣人抄録之意已出於此，則其不敢承命固已久矣。見事之晚，雖悔莫追。

竊惟此事利害如前所陳，所繫已不細矣。又况賤迹方以虚聲横遭口語，玷黜之禍，上及前賢，爲熹之計，政使深自晦匿，尚恐未能免禍。今侍郎丈乃以見愛之深，衛道之切，不暇以消息盈虚之理推之，至爲刻畫其書，流布遠近，若將以是與之較强弱、争勝負者。熹恐其未能有補於世教，而適以重不敏之罪，且於門下亦或未免分朋樹黨之譏。蓋未論東京禁錮、白馬清流之禍，而近世程伯禹、洪慶善之事亦可鑒矣。豈可遽謂今之君子不能爲前日之一德大臣耶？况所説經固有嫌於時事而不能避忌者，如中庸九經之類。指爲訕上而加以刑誅，亦何不可乎？去歲建昌學官偶爲刻舊作感興詩，遂爲諸生注釋，以爲謗讟而納之臺諫。此教官者，幾與林子方俱被論列，此尤近事之明鏡。雖若無足畏避，然亦何苦而直觸此奸慝之鋒耶？

欲布愚懇，便乞寢罷其事，又恐已興工役，用過官錢，不可自已。熹今有公狀申使府，欲望書押入案，收索焚毁。其已用過工費，仍乞示下實數，熹雖貧，破産還納，所不辭也。如其不然，此輩决不但已。一身目前利害初不足道，正恐以是反爲此道無窮之害耳。切乞更入思慮，不憚速改，千萬幸甚。

德慶刊本重蒙序引之賜，尤以悚仄。此書比今本所争不多，但緊切處多不滿人意耳。序中所用善學聖賢之語極有意味，但今日紛紛，本非爲程氏發，但承望風旨，視其人之所在而攻之耳。若此人尚談清虛，則并攻老子；幸修齋戒，則兼詆釋迦，曾讀三經、字説，則攻王氏，曾讀權書、衡論，則斥三蘇。怒室色市，彼亦何嘗有定論，而可與之較是非曲直哉？但不察此而欲力與之争，則必反以激成其勢而益堅其説，或遂真爲道學之害，亦不爲難。此尤不可不慮耳。當時與王信伯辨者，恐亦尚是近道理人，故得以此言屈之。若在今日，彼豈有憚於此耶？

蒙喻欽夫説曾點處，鄙意所疑，近已於中庸或問「鳶魚章」内説破。蓋明道先生乃借孟子「勿忘勿助」之語發明己意説不到處，後人却作實語看了，故不能不失其意耳。

經題之説尤見精密，不肯容易放過。大抵此理何所不在？今人初不理會，只見事體小可，便謂無害，而以必整理者爲過當，非獨此事爲然也。頃嘗見楊子直説晁景迂嘗言先儒經解之題，例不敢以己之姓名加之經上。如春秋左氏傳、尚書孔氏傳，周禮鄭氏注，皆經題在上，姓氏在下，此爲得體。鄙意舊亦嘗謂如此，故每題程先生易傳，必曰周易程氏傳。後來以告伯恭，伯恭亦深以爲然，爲換却婺學易傳籤子。以此論之，則今者所喻猶若有所未盡也。如何如何？

近傳得一文字，詆鹽策尤力，不知已見之否？此事雖累蒙誨諭，然每詢之往來，無一人以爲便，而仕於廣右者無一人不以州縣窘乏爲言。近又細詢，只桂州諸邑之鈔，已是不免等第科賣。凡此皆與尊喻不同，不知果如何。區區過計之憂，尚欲高明更加詢究，算其利於民之多者而從之也。其范守文字，謹以元本封呈，幸一過目。或有所取，則彼攻吾短者乃所以成吾之長，固仁人之所不忍棄也。僭易及此，悚恐之深，尚幸垂察。

編年　據書信編年、年譜長編。

評論　潘潢晦庵先生朱文公文集跋：潢故習朱氏易、詩、四書，想見其爲人。比涉是編，始得公所爲融會折衷、深造大成者審在沉潛反覆、積累有年之後，而師友淵源、經綸本末、始終條理燦然詳明，尤足以發揮本義、集注、語録曲折，上探聖賢之緼。雖公於文所好不存，潢以世傳大學序、白鹿洞賦草暨答吕伯恭論洞記等徵之，當時思繹之熟，改定之精，凡未可以言語文字求之也。獨嘅公老慶元間，學禁方厲，片詞隻字所在毁棄。每讀請詹帥罷鋟梓書，未嘗不掩卷太息，惡小人之罔極。

答詹帥書 淳熙十三年

伏蒙開喻印書利病，敬悉雅意。然愚意本爲所著未成次第，每經翻閲，必有修改，是於中心實未有自得處，不可流傳，以誤後學。加以此道年來方爲群小仄目〔一〕，竊味聖賢垂戒，欲知進退存亡而不失其正之指，只合杜門却掃，陰與同志深究力行，以俟道之將行，不當如此用官錢刻私書，故觸其所不欲聞者，使其有所指以爲病，而其禍且上流於此學，使天下鉗口結舌，莫敢信鄉。是則欲道之行而反以梔之，此稷下、甘陵所以基坑焚、黨錮之禍也。

然今竊味台誨，必以利害休戚置之度外爲説，則亦無可言者。但兩年以來，節次改定又已不少，其間極有大義所繫，不可不改者，亦有一兩文字，若無利害，而不改終覺有病者。今不免就所示印本改定納呈，欲乞暇日一賜省覽，即見前日之繆。本非可傳之書，削而焚之上也，鐫而藏之次也，必不得已，則改而正之。其字多於舊處，分作兩行注字亦可，此則最爲下策。雖未必便能不誤學者，亦且粗滿區區今日之心。然後患之來，可以立俟。熹非自愛而憂之，實懼其不知妄作，未能有補於斯道斯民而反爲之禍也。伏惟執事試深思之，若能斷然用熹所陳之上策，即案前此兩次公狀舉而焚之，如反手耳。或恐前狀未蒙書判付曹，今再納一本，切望深察也。

欽夫文集久刻未成，俗人嗜利，難與語。然亦一面督之，得即納去。次孟子説，渠已不幸，無復增修，刻亦無害，恐未能使其無遺憾於九原耳。伯恭大事記甚精密，古今蓋未有此書。若能續而成之，豈非美事？但讀書本自不多，加以衰老昏憊，豈復能辨此事？世間英俊如林，要必有能爲之者。但恐其所謂經世之意者未離乎功利術數之間，則非筆削之本意耳。浙中近年怪論百出，駭人聞聽，壞人心術，强者唱，弱者和，淫衍四出，而頗亦自附於伯恭。侍郎丈在遠，未必聞之。他日還朝，當爲深嘆息也。

楊子直近爲趙帥招致入蜀，不知已發臨川未，尚未得書也。此間官鹽利病參半，而臨汀受弊爲尤甚。趙帥欲更之，而諸司議多不協，至有違言，子直亦遭指目，興事之難蓋如此。

録示鹽筴條奏及别紙誨諭詳悉，尤見所以因時救弊，加惠一方之本。但不知州縣果無闕乏否？賣鈔果無科擾否？將來不至復爲招糴折苗之計否？近見一相識來此云，在廣東事但憲，聞其論此事甚悉。云家廣右數十年，平日亦嘗深持鈔鹽之論，今得家問，乃知其有不易行者。此必鄉間之公論，聞渠已移廣西漕，必相見面議也。此人亦甚有志節，必不苟爲同異。幸更與詳細反復，殊勝遠方傳聞其人未必皆賢，而言未必皆可信也。熹於此事本無所預，出位而言，非若印書之利病，猶有關於己也。但樂慕道德之深，得之傳聞之衆，其言亦或出於平生所謂忠信不妄者之口，是以不能不深疑耳。今既蒙喻，懇切至到，雖亦未有以灼然見其無可疑者〔二〕，且以長者之言必當可信而不敢不信耳。然亦願深計遠慮，屢省其成，有所未便，隨事變通，使不失吾前日變法之本意而已，其迹固不必深徇而長守也。不審台意以爲如何？只如諸州俸給後來增添之數，舊來鹽息不入省計，故可供此。今既罷去，雖得朝廷及漕司撥錢，恐亦只可助公家支俸錢，而供給之屬無所取辦。若不徑行裁損，明乞指揮，過取一錢，論如入己贜法，則只此一項終爲久遠之害。又不知他事如何，恐亦合討論究索，預爲之防也。

閩中八郡，上四州不産鹽，故舊以客鈔官般并行。下四州産鹽，故舊來只令百姓隨二税納産鹽錢，而受鹽於官以食。近歲上州客鈔廢而下州官不給鹽，其官般者利病參半。如前所云，其納錢而不受鹽者，或自買私鹽而食之，人亦不以爲病也。不知今廣西瀕海諸州産鹽地分私鹽一斤爲錢幾何？鈔鹽一斤爲錢幾何？若私價甚低，官價甚高，則宜實有不便，如范君所言者，恐亦不宜不加思也。向見浙東七郡，四郡瀕海，而例食客鹽，縣道急於辦課，力於搜捕，細民冒法陷刑，不勝其衆，嘗欲爲討論申請，參用福建下四州法而未果，至今恨之。此亦恐可以補今法之不及也。

中庸、大學舊本已領，二書所改尤多，幸於未刻，不敢復以新本拜呈。幸且罷議，他日却附去請教也。中庸序中推本堯、舜傳授來歷，添入一段甚詳。大學格物章中，改定用功程度甚明，删去辨論冗説極多。舊本真是見得未真。若論語、孟子二書，皆蒙明眼似此看破，則鄙拙幸無今日之憂久矣。高教授能留意學校，甚善。渠嘗從陸子静學，有意爲己，必能開道其人也。近日諸處教官亦有肯留意教導者，然其所習不過科舉之業，伎倆愈精，心術愈壞，蓋不如不教，猶足以全其純愚之爲愈也。太極、西銘二解，近亦嘗有所更定，今同附呈，欲乞并賜詳酌而去留之，幸甚。白鹿堂揭示，以時世輩行言之，不當在高君之前，亦乞改正，仍以高氏修學門庭爲目，幸甚。教官跋語所謂「欣然無吝色」以下數語，似熹自以此書已就而喜於流行者，尤爲非便。區區此時若知幕府已有流傳之意，即不敢承命納呈矣。今若毁棄此序，固無所施；如其不然，即乞易去此言及下文數句，幸甚幸甚。

校記 〔一〕仄：原作「反」，據宋閩、浙本改。

〔二〕灼然見其：原作「見其灼然」，據右引乙。

編年 據書信編年、年譜長編。

與詹帥書 淳熙十三年

熹前日拜書并已校過文字，臨欲發遣而略加點檢，則諸生分校，互有疏密，不免親爲看過。

其間又有合修改處甚多，不免再留來使，助其口食，令更俟三五日。昨日始得了畢，但論語所改已多，不知尚堪修否？恐不免重刊，即不若依舊本作夾注，於體尤宜。向見子直道晁景迂之説云，先儒解經只作此體，是亦尊經之意。若不再刊，不必議也。若但修改，亦乞專委通曉詳細之人親自監臨，儹那字數，減處空闕不妨，多處不免分作兩行，如夾注狀，不可便以此本直付匠者，恐其憚於工力，揭去紙帖，致有合改處不曾改得，久遠爲害也。然又細思，此亦且是今日所見，以爲粗免疏脱，更過數日再看，决須更有改易。若隨時修版，印版有不勝修者，且亦無時而已，將來又豈復常有留意於此者？則是此書之行，爲學者之利殊少而爲害多，使熹介然常有不滿之意，其害又不止於論列行遺而已也。懷不能已，再此具禀，伏乞台照。

編年　據書信編年、年譜長編。

與張定叟書 淳熙十四年九月

契勘汀州在閩郡最爲窮僻，從來監司巡歷多不曾到。州縣官吏無所忌憚，科敷刻剥，民不聊生，以致逃移，抛荒田土，其良田則爲富家侵耕冒占，其瘠土則官司攤配親鄰，是致税役不均，小民愈見狼狽，逃亡日衆，盜賊日多，每三四年一次發作，殺傷性命，破費財物，不可勝計。雖爲王土，實未嘗得少霑惠澤，殆與化外羈縻州軍無異，甚可痛也。近因户部王郎中申請乞行經界，得旨施行，千里細民鼓舞相慶，其已逃亡在漳、潮、梅州界内者，亦皆相率而歸，投狀復業。然此一事豪家大姓不以爲便，縣吏鄉司不以爲便，官員之無見識、樂苟簡者不以爲便，往往皆能造爲浮語，扇惑上下。獨有貧民下户欲行此事，有同飢渴，而其冤苦之情無路上通，是致前任監司妄有申述，沮格成命，使昔之鼓舞者今變而爲咨嗟，昔之投狀歸業者今復相與狼狽而去。有識之士深痛惜之，而在位者未之知也。所幸元降指揮猶有秋成取旨之文，今既及期，而汀州歲實大稔，且其守臣學道愛人，有風力，可以倚辦，失今不爲，竊恐向後難得似此幾會。欲望檢舉元降指揮，詳陳前項利害，申述取旨，只委本路監司及本州守倅趁此農隙，疾速推行，庶幾永爲一方久遠之利。

編年　據年譜長編、書信編年。

與王漕書 齊賢　淳熙十四年秋

熹伏辱賜教，并審即日秋陽尚驕，臺府清暇，台候萬福，不勝感感。熹前日伏蒙垂問，率爾具報。既而思之，其所論者乃經理州縣財賦源流之術，若以今日救荒恤民之事言之，則未爲要切之務也。慮之不精，發之不當，方以自愧，亦意高明見其迂闊，不過付之一笑而已，以故因循，未暇以書自解。不謂乃蒙專人再枉謙誨，俾盡其説。

此事既非今日之急，而其條目猥多，亦有非熹之所能盡知者。然其大要，不過欲得使司於見行鹽法之中，擇其不可行之甚處，如政和、尤溪、汀州諸邑之類。小變其法而損其歲入之數，使官享其利而民不以爲病，州縣可以立脚，而漕司不失歲輸之實而已。今一等破敗縣道，竊料不過虛有欠數，實無可得之錢。然此事乃在使司審熟討論百全而後可發，非一旦猝然之所可言也。若夫今日救荒恤民之急，則不過視部内被災之郡，使之實檢放，福建惟下四州水旱時有檢放。若上四州，則民間全不知有此條法恩意，但知田無所收，則殺人放火耳。今示之以此，亦所以息其作亂之心。捐逋租，近日州縣無他事可以擾民，唯有催理舊税，不問已納未納，一切禁繫決撻，責令重納，此爲大害。寬今年夏秋二税省限，各展一月，具以條目言之於朝，而其可直行者一面行下，然後謹察州縣奉行之勤惰得失而誅賞之，使愁嘆亡聊之民猶復有所顧藉，而不忍肆其猖狂悖亂之心，以全其首領，保其家族，靖其鄉間，此則今日救荒恤民之急務也。

此外則視荒損尤甚之鄉，使之禾米得入而不得出；有餘之處則許其通融糴販，稍勸富民平價出糶；勸民廣種大小喬麥、蔔芋、蔬菜之屬，以相接續；其貧甚者，使更互相保，而別召税户保之，借以官本，收成之後，抵納元錢，亦一助也。此等爲災傷甚處乃行之，想亦不至甚多也。又此事雖屬常平司，然或彼司無錢而漕司有錢，則借而爲之，亦不爲侵官也。鄙見如此，未知當否？姑以仰塞下問之勤，伏望裁擇其可，幸甚幸甚。

山間之旱日甚一日，祈禱經月，略不見效。連日隨衆登山祈神，周視一村，太半焦赤。居此四十餘年，未嘗有今日之旱，令人憂懼，殆無措身之所，奈何奈何！使還具稟，臂病，猶未能多作字，伏乞台察。

編年 此書書信編年置於淳熙十四年，年譜長編置於十三年，然皆未有確據。考本卷淳熙十三年所作答詹帥書一云「涉秋以來，百病交攻，幸以餘庇，未至委頓」，而此言「秋陽尚驕」，作在秋初，而云「祈禱經月，略不見效。連日隨衆登山祈神」，顯非大病之中，故與十三年書所言不合，應置於十四年爲近。今從書信編年。

與周丞相書 淳熙十五年春

熹狂妄闊疏，無用於世，一昨丞相知其如此，特加除用，使得仰奉列聖真游香火於受命之邦，感慨之餘，方竊自幸，而未及半歲，遽被誤恩。懇辭報聞，未敢再告，而袁吏部經由，出示所被賜教別紙，所以存問之意甚厚，然於愚分終不自安。近者忽聞江西代者以人言報罷，有旨趣熹躬聽臨遣，聞命隕越，不知所爲。既而方知正以丞相開陳之故，是以有此。熹竊恨丞相前日之賜不終，而虛爲此紛紛也。

熹之衰病，首尾七年，去冬一二陰邪危惡之證雖已罷去，然腹心之患甫益堅牢，攻擊萬方，略無動意。若不自揆，冒昧輕進，竊恐不惟自取顛躓，亦或反貽丞相軫念之憂，故今輒有劄子，復申前懇。欲望丞相始終哀憐，少假鈞陶之力，使得復供鴻慶守祧之役，則生託榮名，死題墓道，無復有遺恨。

熹舊讀崔德符觀魚作詩，有「丈夫五十年，要須識行藏」之句，未嘗不反復詠嘆而有動於懷。不謂今日真踐斯境，而益知其言之有味也。瞻望黃閣，無由趨拜下風，以盡其所欲言。伏惟上爲國家益隆寳衛，亟躋元宰，以慰四海具瞻之望。熹不勝祈懇願望之至，謹奉手記，伏祈鈞察。

編年 據年譜長編、書信編年。

與曹晉叔書 淳熙十四年七月

累辱惠問，未能一一奉報。春卿來，又奉近教，獲審比日雨涼，尊候萬福，感幸深矣。熹行負幽明，禍及幼稚，第三女子前月末間已似向安，疾勢忽變，至此十二日〔一〕，遂不可救。痛苦之極，殆無以堪。加以衰病之餘，氣血凋耗，不勝悲惱，日覺尪悴，恐亦不復能久於世矣。江右之除，出自上意，當路不悦者衆，此恐未必爲福。而目下便失祠禄，又須來春闕到，方敢請祠，已自不勝其撓。況未請之間，駭機一發，又未必敢更請祠。衰老患難一至於此，豈復更有榮望？但神明不遺，下燭幽隱，力沮邪議，褒許有加，此恩無路可報，徒切感慨而已。

校記 〔一〕二：宋浙本作「三」。

編年 據年譜長編、書信編年。

答尤延之書 戊申四月 淳熙十五年

熹留玉山已半月，日望回信，冀得言歸。今所遣人乃空手來，而所賜教中見喻者，又非熹之所病也。區區之意，正爲禮節之間有不能强顔者耳。如其所謂宛轉者，去冬已聞之，此豈可信？政使可信，吾亦豈可爲此而屈哉。老大抗拙，無復餘念於此世，顧以君臣大義未能忘懷，初欲冒進，一吐所懷，知難而退，憂則違之，今亦已矣。唯願諸賢協贊明主進賢退奸，大開公正之路，使宗社尊安〔一〕，生靈有庇，則熹之受賜厚矣。亦何必誘之以其所不欲，而强之以其所不堪也哉。再遣此人，文字在元善處，更望垂念，便得早歸，千萬之幸。餘不暇及。

校記 〔一〕尊：正訛改作「奠」。

編年 題下原注「戊申四月」。

與江東尤提舉劄子〔一〕 淳熙七年秋冬間

此間糴米者五輩，其一已還，餘尚未有端倪。然四近米價皆高，恐不及元料之數〔二〕。而諸縣下户口數萬，建昌四鄉申到，計一月已當米四千石，餘雖見催未到，然以鄉計之，尚當七倍於此，則一月已用三萬餘石。今計常平之積及本軍所餘，僅可給兩月，勸諭上户所得，可給一月，即開春便無以繼。欲以糴到錢再糴，則諸處米向後必愈難得，又恐未可指準，不知使司番陽之米將來可撥幾何？若得五萬餘石，即所欠尚有月餘，多方那儹，或可接得大麥。都昌小户尤多，恐用米穀不止此。若不及此數，即尤狼狽矣。欲乞早示一公牒，撥定米數，此當一面差人般運，庶以慰安善良，彈壓奸盜，非細事也。

校記　〔一〕宋浙本此篇次於卷二十六與周參政别紙後。

〔二〕料：原作「科」，據宋閩、浙本改。

編年　據書信編年。

與周丞相劄子 六月　淳熙十五年

熹區區此來，竊知皆出丞相推挽之力。向之所以次且而不敢進者，其故亦可知已。適有幸會，遂得一見聖主，呻吐所懷之一二〔二〕，妄意自此儻猶有以效其愚於左右。而事乃有出於生平意料之所不及者，卒煩君相委曲調護，然後得以逡巡而去。丞相又枉手教以存問之，此意亦益厚矣。崎嶇暑行，已及衢州之境，前望江西，不越數舍，深念此行若當前日奏對之時便蒙臨遣，則受命引道，無所復辭。今既紛紜，而所坐之罪有非臣子所能堪者，冒昧而行，實深憂懼。謹以公狀申省，因輒還家俟罪，别有劄目遍詣公府，而復以此私於下執事。三者之中，狀詞尤詳，足見本末。伏望鈞慈取以奏禀，早賜譴黜而改命使臣，則庶幾猶可以不重其前罪。熹不勝幸甚幸甚！抑以熹之無庸，辱知不爲不久，而未嘗少效其尺寸於門下，今遂投迹山林，不容復出，而所願於丞相又有非幅紙所能盡者。伏惟深以天下之重自任，而引天下之士以圖之，使由中及外，自近而瀕，無一不出於正而亡有私意奸其間者，則君正而國定矣。若夫阿諛順指以爲固位之術，牢籠媢嫉以爲植黨之計，則固前人之所以自敗，而丞相平日所非矣，無所待於愚言。然熹之惓惓，猶願深以自警，無至於復蹈其轍也。干冒威尊，并深恐懼。

校記　〔一〕呻：正訛改作「伸」。

編年　據年譜長編、書信編年。題下原注「六月」。

與留參政劄子淳熙十五年六月

熹未嘗有一日奔走之勞於門下，而參政所以知遇獎借，不後於衆人。越自頃年，叨被改秩之恩，參政實掌書命，褒與之詞，已浮其實，而所以告戒之者，又若憂其不能保夫晚節末路之難。此其所以愛之之深，可謂至矣。熹雖至愚，亦知佩服。顧以君臣之義不可終廢，自此以來，雖在疏遠，而聖主之知益深益厚，遂不自量，妄意陳力。然每起輒仆，狼狽不支。今者之來，一前一却，雖獲扶病進望清光，然獨未及一見參政，而衰病復作，遂以煩言逡巡引去。切聞進呈之際，參政猶欲少加意焉，誠不自知其何以得此於大君子之門也。區區南歸，已迫所部，竊伏惟念來章所指，在臣子爲不赦之罪，被此以出，復何面目以見吏民？今輒具狀申省待罪，并具劄目禀聞。伏惟機政之餘，少賜垂念，使熹便即得罪，而江西不久闕官，則所以寬其後咎餘責者莫大於此。庶幾收之桑榆，有以卒副前日丁寧眷予之意，幸甚。熹當暑病目，作字不成，貢問之初，遽爾草率，并望鈞慈特賜矜恕。

編年 據年譜長編。文云「區區南歸，已迫所部」，與上篇「前望江西，不越數舍」同，故爲一時先後所作。

與周丞相書 七月十二日 淳熙十五年

熹負罪以來，奉頭鼠竄，修塗酷暑，不可禁當。連日行衢、信、建寧之境，又聞猛虎白晝群行，道旁居民多爲所食，哭泣相聞，無所赴訴。自惟命薄，尤竊憂懼，却幸偶不相值，得以善達田舍。人還，恭被省劄，仰味聖語丁寧之意，已深感激。而丞相賜書開喻勤至，又增悚怍。理合拜命，即日戒塗，而區區之私終有未能自安者。竊計朝廷寬大，愛惜事體，量度重輕，必未能别爲處分，則熹之孤蹤，只合杜門屏迹，以俟議論之定，未容冒此疑似，出備使令。未論後患如何，但只如此行止，便已非熹夙心。且如向來退避七年，及今乃能一出，猶復宿留淹回四五十日，然後敢進，熹之意非專爲畏彼也。丞相於此，其必有以察之矣。今日之事，亦何以異此耶？又且久稽王命，心不遑安。竊恐聖上以謂前日訓詞已極温厚，而熹冥頑，不肯奉詔，忽震雷霆之怒。又聞江西前月亦已闕雨，不知今復如何。萬一職事曠廢，或至生事，則熹之罪皆不可逃，非但前日口語之無根而已也。若論私計，則熹自去歲八月已失祠禄，今適期年，貧病之態，不言可知。江西迓兵又已遣去，只此疾足，乃是私雇，使之往還，勢亦不容至再矣。切望丞相曲賜留念，早如所請，免致紛紜，不勝幸甚。

且又別有一事，尤係利害：昨聞去歲朝堂之議〔一〕，欲使今袁少卿自處易贛，而丞相以爲贛卒悍而袁性剛，不可不慮，此見高明計事之審。然則熹於南康嘗因莫守經由薄治贛卒之横，其釁有端，又非袁之比矣。弊性狷急，自度亦似不在袁下。萬一軍民之間事有曲直，不容回枉，則事將有不可知者。前此所以不敢援此自言者，政恐復如頃年避奪牛之嫌，而自西徂東，騷動兩路，竟歲不寧也。今不獲已，聊復陳之，但欲丞相知江右之不可行耳。

熹已有公狀申省，及具劄子遍扣諸公之門矣。又有封事一通，乃前日已蒙聖慈開允，今恐投進不得，亦於狀内貼説，乞賜開陳。然其間全不敢及前事曲直也。前書狂易，曲蒙謙受，不勝反側。區區亦尚欲有所言，以亟遣人不暇。然每私計天下之事，則未嘗不爲丞相惜此歲月幾會也。

熹輒有私懇，率易干瀆：昨過玉山，見其邑宰鄭謨乃十二三歲時相與同學，別後聞其陷虜隔絶。及此再見，恍然如世俗所謂前後身者，爲之太息流涕久之。然其人温謹有餘而材具不足，此縣摧敗日久，其勢必不能支。曾有文字干投丞相，乞以歸正恩例，改差一釐務添倅或簽幕之屬，仍屬熹爲面禀。昨來匆匆，不暇它及。此亦嘗託張太丞禀知，不審已蒙鈞念否？熹後來不得其書，想其事勢只有急迫。儻蒙哀憐，早賜陶鑄，千萬之幸。又邵武黄大監永存亦云向來蒙恩奉祠，無自陳之文，已嘗懇禀丞相，不知鈞意如何，屬熹乘間言之。不敢不達其意，并乞垂照。未能自脱，乃欲爲左右言，良覺可笑。伏惟宏度有以容之。

校記　〔一〕朝：宋浙本作「廟」。

編年　此書所言，承上二書甚明。題下原注「七月十二日」。

答劉澧書 淳熙十五年冬

熹平生戇拙，無以愈人，揣分自安，非有他望。公朝過聽，拔用過宜，方起輒仆，上累聖神之知，於此再矣。尚賴皇明洞照幽隱，所以慰藉撫循，有非小臣所當得者。極欲强扶衰朽，起奉明詔，而自度孤危，尚須辟人以全末路，而疾疢交攻，有不容自力者。以是仰煩開諭，反復熟悉，引義慷慨，詞旨不凡，三復竦然，敢不斂衽。然前請已行，度一二日當有進止之命。儻遂退藏，是爲大幸。區區此意，諒亦蒙深照也。

編年 此與下篇對讀，所言一時一事甚明，故當作在同時。此云「方起輒仆」，即前與留參政劄子之「每起輒仆」。「强扶衰朽，起奉明詔」，指淳熙十五年九月復召入闕事，即前篇所言「恭被省劄」、「理合拜命，即日戒塗」。「自度孤危，尚須辟人」及下篇之「罪垢未盡滌除」，指遭林栗彈劾中傷事，即前與周丞相劄子所云「所坐之罪有非臣子所能堪者」，與留參政劄子所云「來章所指，在臣子爲不赦之罪」，故此與下篇皆當作於上數書稍後可知，即淳熙十五年冬也。

答或人書 淳熙十五年冬

熹不度時宜，自取困辱，比嘗自劾，幸上照知，申諭趣行，有非小臣所當得者。但顧罪垢未盡滌除，未敢即引道耳。祠請之上，勢必可得也。

編年 參上篇所考。

朱熹文集編年評注卷二十八

書時事出處

與周丞相書戊申八月十四日　淳熙十五年

熹前日專人奏記，伏想尋當登徹。昨日先所遣人還，拜領鈞翰之賜，感慰之極，不可具言。至於進職疏恩，奉祠得請，又出陶鑄，尤以銜戢。然而丞相方且欲然深以前日不能力辨是非爲病，此則仰見大君子責己之周，又不自勝其愧仰也。崇福謹已拜命矣。嫌名之喻，曲荷記存。此於禮律無疑，豈敢更煩公聽？惟是進職之恩，則有所未安者。蓋方以避仇自列，而彼黜已升，内揆於心，尚覺未免上九鞶帶之嫌，况於他人，豈容户曉？且於近制，此等遷除雖非德選，亦必有所託以爲號。今此何名也哉？又况温陵之行，情狀未白，此必怏怏，尚有餘言。且其爲人亦嘗頗有時譽，今日之去，遠近必有爲之不平者。異時得以藉口，則非獨爲熹之害，竊恐丞相亦不得不以爲慮也。大抵近年習俗，凡事不欲以大公至正之道顯然行之，而每區區委曲於私恩小惠之際。

本欲人人而悦之，而其末流之弊，常反至於左右拘牽，倍費財處，而卒又無以慰天下之公論。此則熹之所不敢言，而丞相之明其自知之，亦不待熹之言矣。熹今有公狀申省，并以劄子遍懇群公，語悉由衷，即非備禮。切望矜察，早賜開陳，得遂鄙懷，乃荷大賜。昨辭遷秩，想亦已蒙鈞念。若猶未上，得并與將上，不勝幸甚。

編年 題下原注「戊申八月十四日」。

與曹晉叔書 淳熙十五年十一月

熹辭免文字修寫方畢，更一二日，始得遣人，未知所請竟如何。然亦作一奏疏，極道所懷，此儻可爲行止之決耳。山間殊不聞外事，只前月得都下書，聞以諸人薦士之故，近列有横議者。不知後來竟如何？蓋其間有一二病根，若不能去除，不惟善類立不得，亦非廟社之福也。不承教之久，渴仰無量。顧無可入城之理，坐成阻闊，奈何奈何！

編年 據年譜長編、書信編年。

答陳同父書 淳熙十五年十二月

熹所遣人度月半前後到都城，不知歲前便得歸否。但迂滯之見，書中已説盡，自看一過，亦覺難行，次第八九分是且罷休矣。萬一不如所料，又須别相度，今亦未可預定耳〔一〕。來教所云，心亦慮之，但鄙意到此，轉覺懶怯。況本來只是閒界學問，更過五七日，便是六十歲人。近方措置，種得幾畦杞菊，若一脚出門，便不能得此物喫，不是小事。奉告老兄且莫相攛掇，留取閑漢在山裏咬菜根，與人無相干涉，了却幾卷殘書，與村秀才子尋行數墨，亦是一事。古往今來，多少聖賢豪傑韞經綸事業不得做，只恁麽死了底何限？顧此腐儒，又何足爲輕重！況今世孔、孟、管、葛自不乏人也耶？來喻「恐爲豪士所笑」，不知何處更有豪士笑得？老兄勿過慮也。

校記　〔一〕未：原作「不」，據宋閩、浙本改。

編年　據書信編年、年譜長編。

答陳同父書 淳熙十六年正月

熹懇辭召命，不蒙開允，反得除用，超異非常。内省無堪，何以勝此！已上免奏，今二十餘日矣，尚未聞可報，踧踖不自勝。來書警誨，殊荷愛念。然使熹不自料度，冒昧直前，亦只是誦説章句，以應文備數而已，如何便擔當許大事？況只此僥冒，亦未敢承當，老兄之言，無乃太早計乎。然世間事思之非不爛熟，只恐做時不似説時，人心不似我心。孔子豈不是至公至誠？孟子豈不是粗拳大踢？到底無著手處。況今無此伎倆，自家勾當一個身心尚且奈何不下，所以從前不敢容易出來，蓋其自知甚審。而世間一種不相識、有公論底人，亦莫不知之。只是吾黨中有相知日久、相愛過深者，好而不知其惡，誤相假借，以爲粗識廉耻，而又年紀老大，節次推排，遂有無實之名，以至上誤君父之聽，有此叨竊。每中夜以思，悚懼慚怍，無以少答上下之望，未嘗不發汗沾衣也。不意以老兄之材氣識略過絕流輩，而亦下同流俗，信此虛聲，將欲强僬僥以千鈞之重，而不憂其覆跌狼狽，以誤知人之明也。

辭免人行已久，旦夕必有回報。似聞後來廟論又有新番，從官已有以言獲罪而去者，未知事竟如何。封事雖無高論，然恐無降出之理。萬一果如所傳，則孤蹤尤是不復可出。自今以往，牢關固拒，尚恐不免於禍，況敢望入帝王之門乎？彼去都城不遠，想已見得近日爻象矣。萬一再辭不得，即不免束裝裹糧，爲生行死歸之計。

承許見訪於蘭溪，甚幸，但恐無説話處。向來子約到彼，相守三日，竟亦不能一吐所懷。或先得手筆數行，略論大意，使未相見間，預得紬繹而面請其曲折，庶幾猶勝匆匆説話不盡，只成閑追逐也。

編年 據書信編年。年譜長編以爲此與上篇順序互倒，而定作於淳熙十五年末，根據不足，今不取。

評論 黄氏日鈔卷三十四：「世間事思之非不爛熟，只恐做時不似説時，人心不似我心。孔子豈不是至公至誠？孟子豈不是粗拳大踢？到底無著手處。」愚竊意「粗拳大踢」必就用陳同父來書中語，然以此形容孟子，亦不害其爲救世之精采也。

與周丞相書 淳熙十六年三月

熹間者側聞光膺詔册，進保帝躬，體貌益隆，中外交慶。熹既不獲追隨班賀之末，又不獲以時奏記，少見下懷，瞻望門墻，徒增悚惕。

前此率易申懇，伏蒙寵賜教答，誨喻丁寧，眷念有加，尤深感激。惟是所請未蒙施行，憂懼之深，莫知所措。區區鄙志前已具陳，既未能有以上動朝聽，則亦不敢復申其説。今者具狀，獨以范參政進職近例爲請。伏惟丞相試一覽焉，則朝廷之予奪與熹之辭受，其當否得失皆曉然矣。然朝廷於此本無愛憎之私，但爲偶失參照，則亦未爲大闕。獨使熹竊非其據而幸討論之不及，則其辱大矣。熹雖無狀，竊深耻之。萬一此請不遂，熹豈容但已？蓋與其閔默冒受，寧以罪戾竄斥爲有榮耀也。然熹之本心，亦豈樂爲是亢激者？狀中已備言其曲折矣，并乞深察而力陳之，庶幾聖主有以洞照其愚而亟遂其請，則不惟熹之幸，而免使丞相分上又添此一段不了事，則亦不爲無補也。

前書率爾之言，無足采取。過荷開納，愧悚良深。顧今自謀之拙，進退失據，亦不復能爲門館計矣。

袁侍郎歸來，道間一見，語殊未款。比聞其病，欲往視之，而賤軀衰乏尤甚，未能自力，念之不能忘也。承問之及，因輒布之。疾病餘生，無從復望履舄，伏惟深爲天下之重千萬自愛，熹不勝至願。

編年 據年譜長編、書信編年。

與李誠父書己酉五月二日〔一〕 淳熙十六年

久不拜狀，兹聞榮被親擢，進居六察之聯，深以爲慰。比日清和，伏惟台候動止萬福。先生抱道不試，然其心未嘗忘當世也。門人弟子既不足以少承厥志，而家有賢子，足繼其業。學者之望，蓋非常人之比。况新天子繼照之初，慨然有志於治，而外則夷虜憑陵，國威不振，内則陰邪朋結，國論未定，此亦賢人君子效忠宣力，垂名竹帛之秋也。尊兄平日立志持身固有定論，然區區更願一意爲國，無徇常日往還厚善之私，深察天下公議之所在，精慮而决行之，使陰消於上而陽長於下，政事修理而國勢尊安，不亦老先生平日之所望於後人者乎？熹託契深厚，不敢效常人進諛詞，以贊除用之喜，狂妄及此，不審尊兄以爲如何？胡公論事皆合公論，甚强人意。但二小諫之去，殊可惜，乃不能遂其言，何耶？諸公排逐正人，乃以尊兄塞責，此相輕之甚，謂兄必不能爲薛、許耳。不可懷此小恩而忘大辱，幸深念之。

校記　〔一〕二：宋浙本作「一」。

編年　題下原注「己酉五月二日」。

與張元善書淳熙十六年五月

辭免文字極荷留念，危疑之迹，久爲賢者之累，尤以慚悚。今復遣此人，乃漕司借來。省狀公劄已與錢令自投矣，只煩因見扣之。狀稿録呈，區區卑意只是如此，更無他説。如云立節抗論，却非事實，而反以益其疑忌。蓋平生辭官只是兩事，一則分不當得，二則私計不便而已，非有他也。所云如有差妄〔一〕，却與此事體不同。若是本等差遣，力所能堪，豈有不受之理？但名位超躐，或非力所辦，則亦不得不辭耳。清源之説，尤非所敢聞者。中固不見容，外亦非所堪，衰晚如此，精力昏耗，一事做不得，只得一日安静即是一日之福，此外無所求也。

對班果在何日？不知欲論何事？來書所云非甚利害不暇謀人者，何見事之遲耶。觀二諫之去，江夏之升，此乃不犯手勢而斡旋運轉，無不如其意者。自古小人所以敗亂國家，豈皆凶惡猛鷙，有可畏之威而後能之？但有患失之心，便自無所不至，先聖言之精且切矣。南臺西掖，乃爲差强人意者。然不清其原而窒其流，恐徒費力而無補也。况南牀擊去新諫，此已明與之忤。渠既不得志，必須更尋一枚如此等比置之本處，不知又將何以爲計？此事不遠，計只在旦夕矣，可因見痛針劄之。此公雖未相識，然見其文字，知其純厚，不會駡人。須力從臾之，以速爲上，稍遲一日，即壞一日事矣。二諫之去，必須有曲折，幸子細報及。天下事只有個做，有個不做，無如此依違僥倖之理。彼之隱忍回互，蓋曰將以有爲也，而所就者亦止如此，與奮發直前者相去亦復幾何？向使奮發直前，果去禍根，却未必不做得事也。境外之事，則諉曰無後段，不知如此拱手安坐，幾時是有後段時？此事苦痛，更是無告訴處。不知祖宗之靈何負於此輩，而忍至此也！

誠父遷後相見否？聞渠曾與之鄰居，相與甚厚，須有以警覺之。縱不能回戈奮擊，且得不爲所使以害善良，亦幸事也。蕭果卿初除御史，虞丞相意也。人或賀之，蕭喟然曰：「彼見吾憒憒，謂我不能言，而以是處我也。其輕我甚矣！」不數日首論其黨，遂并攻之，論者服其勇云。

經總制錢若只如此減得不多，全不濟事。熹去年有一劄子，曾降出否？諸公之意非不欲速行，只是怕諸路條上，乞減太多，難可否耳。若未定論，且守前説爲佳。過了此番，又無時可理會也。紹興和買，熹向有一説，欲減總額零數，十四萬中減其四萬。而後以田畝餘財諸般物力貫頭均敷，庶幾重者得輕，而元無者所增亦不至重。後來不曾上得。鄭書赴鎮時，曾寫與之，不知渠後來如何區處也。廣西鈔鹽只是州縣苦之，必不至大爲民害。今復官賣，却須有害民處，以本路觀之可見矣。

詳觀所論，大率見得人情事幾未甚分明。此乃平日意思不甚沉静，故心地不虚不明，而爲事物所亂。要當深察此病而亟反之。古人所謂安而後能慮，定而後能應，正爲此也。若只如此泛泛度日，即恐枉得道氣之名而不享其利，徒有損而無益也。千萬留念。

校記　〔一〕妄：正訛改作「委」。

編年　據年譜長編、書信編年。

答李誠父書淳熙十六年五月

副本垂示，極感不外之意。三復以還，伏念頃侍先生教誨，所論無非此事，感念疇昔，不勝悲嘆。又喜家學有傳，遂爲世用，有以慰九原之思也。

首章所論，乃古今不易之常道，而在今日尤爲要切。然自世俗觀之，不以爲迂闊之常談、道學之邪氣者鮮矣。尊兄既發其端，此必已爲彼等所惡。然吾所以告君之道無以易此，則亦何顧於彼？但當守此一言，以爲平生議論之本。他日論事，每每拈出此個話頭，不論甚事，都從此話上推出去，則百病之根無所藏匿，而於人主所以反躬正事之幾，亦約而易操矣。若把此話別爲一事，而當世之弊又自各爲一事，則内外精粗不相聯屬，而真不免乎迂闊之譏矣。切望勿忘此言，每見必須拈出，常令接續，無少間斷，則久久自見效矣。

恢復一事，以今事力固難妄動，然此意則不可忘。頃見先生亦常常説今日但當將「不共戴天」四字貼在額頭上，不知有其他，是第一義。今觀老兄所論，亦得此意。但當因此便陳内修政事之意，而稍指切今日宴安放倒之弊，乃爲有力耳。

至於分察職事，計亦默有所處。此則大要在於詳審，勿徇偏詞爲善，而覆護善人，掩其疵疾之意，亦不可忘耳。又其大本則欲正人者必先正己，况欲正君，而可自有不正之累耶？此在高明處之必已素定。既承下問，不容不盡耳。

編年　據《年譜長編》、《書信編年》。

答王謙仲劄子 淳熙十六年五月

云云，不勝千萬幸甚。又蒙不鄙，俯垂訪逮，此見高明之度，雖以爵位德業之隆，而自視欲然，不自賢智至於如此，甚感甚感。顧熹至愚，本無知識，加以疾病廢學，意見愈益闊疏，其將何以仰承嘉命？惟是平生所聞明公之節概風烈，凛然其非今世之士，其尊主庇民之略，蓋素所蓄積也。今日得其位而施之於海内，有識仰首拭目以望膏澤之流亦有日矣。熹獨竊意明公之優游不迫，蓋將有所待而爲之也。雖然，時難得而易失，古之聖賢蓋有皇皇汲汲而坐以待旦者。唯明公不忘疇昔之志而果斷奮發〔一〕，以乘其不可失之機，則宗社之休，生靈之幸也。

校記〔一〕昔：原作「音」，據四庫全書本改。

編年　據年譜長編、書信編年。

與留丞相劄子淳熙十六年八月

熹昨具短劄，懇辭恩命，方懼進越，自取罪戾，不謂乃蒙鈞慈還賜手教，拜領伏讀，感悚益深。又蒙鐫喻丁寧，褒與隆厚，仰認至意，尤切凌兢。誠宜即日拜命，便道之官，服勤職業，深求所以仰稱吾君吾相知遇使令之意。而疾病之餘，昏耗已甚，竊自揆度，決無以堪一道委寄之重，不免復具公牘，再干朝聽，而别以此私於下執事。伏惟丞相國公詳加省覽，特賜矜憐，曲爲敷陳，仍畀祠禄，使得卒逃吏議，以遂餘生，則熹不勝幸甚幸甚。或恐朝廷未知熹之實病，誤謂尚堪使令，不忍終身置之閑散，則謀議之官若蒙陶鑄，或可自效。然以禮秩太優，不敢有請。伏惟相公試詳度之。但熹雖出，終不能久，近則半年，遠則周歲，決須再有祈懇，復勞區處，不若及今便與祠禄之爲便耳。

抑嘗聽於道路，側聞乃者相公蓋嘗白發左右之奸，斥之遠外，所以輔君德、振朝綱者，甚慰中外之望。熹雖愚懦，亦不勝其喜幸。竊意相公必將乘此機會大有建明，以爲宗社永久無窮之計。而伏聽累月，未有聞也。夫陽長而不遂進，陰消而不遂滅，此最安危治亂之機，而昔人所深畏。以熹之愚，猶竊爲相公慮之，不識高明何以處此而善其後也。遠迹田間，無由伏謁黃閣之下，仰首一言，以贊大慮，引領東望，不勝惓惓。伏惟上爲國家，俯爲人望，千萬自重，熹不勝懇禱真切之至。

〔小貼子〕熹目力昏耗，不能細書楷字，墨色濃淡、行道欹斜，殊不成禮。本不能親書，以所被教出於手墨，勉强作此，率略殊甚。伏乞鈞慈矜恕，幸幸甚甚！熹皇恐上覆。

編年　據年譜長編、書信編年。此云「一道委寄之重」即下之「力辭江東之行」，此之「謀議之官」即下篇之「謀曹之請」，故知二書前後相承。

與留丞相劄子　己酉十月二十一日　淳熙十六年

熹竊以仲冬嚴寒，伏惟丞相國公鈞候起居萬福。熹頃以衰疾，再辭恩命，方懼僭瀆，自速罪戾，乃蒙丞相矜憐，曲爲敷奏，改畀符竹，以便其私，固已甚幸。至於那移闕次，不一而止，倍費生成之力，仰累公平之政，此又熹之所大懼也。若使稍堪勉强，豈復更敢辭避，以招尤取鬧而自棄於明時？實以所苦目疾浸以增加，臨漳雖名事簡，然一郡千里，生齒萬數，獄訟財計，所繫不輕。若以愛身之故，漫不加省而委之他人，豈得自安？若欲一一親臨，則竊自揆度，決有所不能堪者。前日所以力辭江東之行，良以此故。竊意爲熹言者亦未究知其實，而或雜以他説，是以丞相雖已憐之，而猶未深信其必然也。

以熹今日精力之所堪，惟有奉祠一官，可竊升斗之禄。又復惟念君相之恩隆厚至此，而熹必求閑退，固執不回，則或者之論必又有以爲羞薄詔除，而加以傲上無禮之罪者，是以今者冒昧朝聽，不敢專以祠禄爲請，蓋已出怵迫無聊之計，而陷於貪冒苟求之譏矣。伏惟丞相試加察焉，賜之一言，明其實病，而復與之祠官之禄，使得休養神明，避遠讒謗，庶幾未死之間，及見丞相格君定國之效，使群邪屏伏而衆賢彙進，奸言熄滅而公論顯行，國勢尊崇於上，民心悦豫於下，則熹雖在田野之中，亦得以安心肆意，明目開口，爲太平之民。其與懷抱憂畏，側肩屏息，以寄其身於吏民之上者，屈伸苦樂，萬萬不侔矣。若丞相亦以熹前所疑有不得不慮者，則謀曹之請願垂意焉。然此已爲甚不得已之計，萬一近地或無見次，則又不必謄那增創，以致人言。但與祠官乃其舊物，縱使得罪，亦易辭也。

熹未嘗有一日灑掃之勞於門下，而丞相知之之深、念之之悉至於如此，故熹不敢不盡其愚。伏惟丞相擇而處之，千萬幸甚。未由趨拜門館，伏乞上爲兩宫倍保崇重，永扶公道，以福含生〔一〕。熹不勝至願。

校記 〔一〕含：原作「蒼」，據宋閩、浙本改。

編年 題下原注「己酉十月二十一日」。年譜長編以「十月」爲「十一月」之誤。

與黄仁卿書 紹熙元年春

熹行義不修，無以取信交游，遂使中傷之禍上及先賢。若非神聖鑒知，則其流害將不止於不肖而已。負此悚惕，無以自容。

熹竟不免臨漳之行，示喻積弊，此固當然。其横斂擾民，爲害有大於此者，到官之後，須次第討論更革之，今未敢洩此意。若過劍、福，得左右在彼面議爲幸。或出沙縣，亦當先附報，奉約一出相會也。於州縣事體本自生疏，又多時不出，意思疏懶，既承當了擔子，便又苟簡不得，甚欲子細商量也。

請祠事亦似不必如此，隨分仕宦，不起患得失之心〔一〕，何處不是安地？政不須如此。若論爲學，則在官何嘗不可爲學？直患自不愛日用功耳。

買田舉子之説甚善，此間周居晦、劉晦伯皆有此議。但愚意以爲如此則只做得一事，不如斂散，既可舉子，兼可救荒。又將來田租亦爲豪民坐欠，催督費力。此建陽已見之弊，須更子細商量。大抵事無全利，亦無全害，但算其多者爲之耳。只恐一日饑荒，却思此米無討處也。

校記 〔一〕宋浙本「得」下有「患」字。

編年　文云不免臨漳之行，指淳熙十六年十一月詔知漳州。朱熹拜命在十二月，而起行在翌年二月。觀書中已在積極準備起程赴任，故作在紹熙元年初爲近。

答趙帥論舉子倉事 庚戌　紹熙元年十一月

次月初十日請米不得折支價錢。

元立約束逐月三次支米，使生子之家不過一旬便得接濟，極爲利便。但支米官獨員自支，或不得人，則徇私作過，無所不有。至有將私家所收輕禾泛穀重行估折者，亦有將所支官米準還本家私債者。似此之弊，不一而足，不但折支價錢而已。故中間甚不得已，而改爲三月一支之法，雖期日稍遠，然却得關會諸都附籍鄉官同在一處，不容大段作弊。鄉人雖是得米稍遲，却無邀阻乞覓之患，亦頗安之。今欲一月一支，誠爲中制。然若不關集諸附籍官，則獨支之弊復如前日。若欲盡行關集，則一月一來，其稍遠者不無厭倦；支米官又利其不來，決不便行申舉，因循視效，必致無肯來者，而獨支之弊又如故矣。反復思之，只有一説，雖或未能盡革舊弊，然亦勝於不行。欲乞更於所示事目本文「次月初十日請米一石」之下注云：「仍舊關集諸附籍鄉官，各將本籍前來參驗，方得支給。」注止此。仍於後項立法支米，以恤其私，見第三項。則或可以責其必來，而免致復有獨支之弊。如其不然，雖欲多設關防，曲行小惠，徒爲文具，終有損而無益也。

佃户人户欠米未有約束。

舉子根本，全仰諸莊佃户送納租課，諸都人户回納息米。今佃户多是豪猾士人、仕宦子弟，力能把持公私，往往拖延不納，至有及來年夏秋而無敢催督之者。請米人户間有形勢之家，詭名冒請，一家至有百十石。鄉官明知其然，而牽於人情，不能峻拒；亦有慕其權勢而因以爲納交求媚之計者，亦有畏其把持嘲誚而姑爲避禍苟免之計者。及至冬月回納之時，又皆公然拖欠，鄉官無如之何，縣官亦復畏憚，不肯留意催促，遂有經隔年歲，終不送納者。麻沙常平社倉曾被一新登第人詭名借去一百餘石，次年適值大赦，遂計會倉司人吏直行蠲放。緣此鄉俗視效，全無忌憚，視此官米，便同己物，歲久月深，其弊愈甚。若不早加覺察，將欠多人追赴使司，勘斷監納，佃户即令召人剗佃，則數年之後，根本靡拔，鄉官徒守空倉，舉子之家無復得米之望矣。

諸縣措置官下書手月支米五斗。

如此則措置官似亦當有月給。兼第一項所陳利害，欲乞并就此條立法。若云諸縣措置官月支供給錢若干，折米若干。逐官下置書手一名，月支米五斗，支米、附籍鄉官逐月每人支米若干，以充茶湯飲食童僕往來之費。此數未敢擬定，更乞詳酌，稍優爲善。

編年　據年譜長編。題下原注「庚戌」。

與陳憲劄子 紹熙元年秋冬間

熹輒有愚悃，仰干台聽：昨以漳浦黄尉不納軍糧，營私廢職，致寨兵飢餓狼狽，事有可憂，不免具狀申省部諸司，例皆不蒙行下。獨荷使臺留意，差官前來推勘，官吏聞風，無不震悚。今者忽被使檄，乃問本人有無情弊，固已愕然。續得勘官關報，又云已奉台旨，住行起發。不惟熹竊疑之，一郡士民無不驚怪，以爲使臺舉措不應如此。熹雖已具回申，具言本人罪狀明白，不待更有情弊，然後可按，故本州前此申狀，初不謂其別有他罪，乞照已行事理施行。不審已蒙台察與否如何也。然兩日以來，竊伏思之，此事本非區區敢容私意，正爲州郡差使不行，以至欠闕軍糧，事勢危迫，若不懲治，深恐官吏習見州郡事體削弱，不能使人，向後迭相倣效，無所禀畏。萬一一旦稍有緩急，事將有不可勝慮者。所以勢不得已，須至按劾。然猶以諸司在上，不欲遽爾具奏。既見使臺特加究治，竊料台意必有所處。而不意一旦自爲縱弛，以至於此也。伏惟提刑郎中以清名直道有聞於時，必不肯容請託之私，以廢公法，不知此何意也。

熹昨已具狀申省部諸司，乞避此尉。又念台慈顧遇過厚，不應遽爾妄發，遂且引却。區區衰病，雖已求去，然一郡之防，則有不當以熹之將去而遂廢者，是猶不能已而一言之。伏惟高明少賜矜察，果於去惡而無爲因循中輟之計，以壞紀綱，以損名譽，則非熹之幸，乃此邦之幸，乃閣下之光也。頃年嘗讀鄱陽去郡之章，至有「雖鼎鑊有所不辭」之語，嘗竊壯之，以爲此真今世之古人，其剛大正直之氣不可屈撓乃如此，而亦意其必能有以容夫度外逆耳之言也。是以不敢不盡其愚，伏惟幸察。

編年 據書信編年。

與留丞相劄子 紹熙元年十一月

熹輒有誠懇，仰瀆鈞聽：熹衰病餘生，不堪從宦，兹蒙誤恩假守，黽勉南來，意謂若幸無他疾痛，可以冒昧歲月，然於職事亦不敢不盡其愚。前此依準通融蠲減指揮，乞免上供，罷科茶錢及減無額經總制錢之額，以至恭奉聖旨，相度經界利病，皆是一郡永久利害。而經界尤利害之大者，所以不避僭率，極意盡言，不敢少有顧望前却、首鼠兩端之意。退而講究，巨細本末不敢不盡，規摹措畫蓋已什八九成矣。鄙意無他，蓋以本州田税不均，隱漏官物動以萬計，公私田土皆爲豪宗大姓詭名冒占，而細民産去税存，或更受俵寄之租，困苦狼狽，無所從出。州縣既失經常之入，則遂多方擘畫，取其所不應取之財，以足歲計。如諸縣之科罰，州郡之賣鹽是也。上下不法，莫能相正，窮民受害，有使人不忍聞者。熹自到官，蓋嘗反復討論，欲救其弊，而隱實郡計，入不支出，乃知若不經界，實無措手之地。所以前此申奏，欲得及此秋冬之交，早賜行下。竊聞廟堂有意施行，版曹亦無異論，亦蒙丞相賜書喻意，謂必可行。熹區區自喜，竊謂漳民自此可脱塗炭之苦，而熹區區强顔扶病，亦不虚爲此來矣。

不幸心勞事拙，賦政不平，前九月中，州境屢有地震之異，未及自劾以聞，而舊疾發動，遍傳兩足，連及右臂，痛楚呻吟，不可堪忍。以至滿散錫宴之日，皆不得少伸臣子歸美報上之誠。今雖少能自力扶曳，出廳執捉批判，而病中服藥，多是疏利發散之劑，精神氣血衰竭殆盡，無復筋力可以支吾。又況所請罷科茶錢、無額經總之屬，皆久不蒙開允。經界聞亦有陽爲兩可而陰實力沮之者。只今已近冬至，更五十日，即是新春，設使便蒙施行，亦無日子可以辦集。至於按劾弛慢不虔之吏，諸司又不主張，甚或已行取勘而無故自引罷者。如此使熹寧復更有顏面可臨吏民？鄙性狷急，不能俯仰，前日所以杜門空山，甘忍窮餓，而不敢有意於仕宦，正以此耳。今年六十有一，衰病侵凌，行將就木，乃欲變心從俗，以爲僥倖俸錢禄米之計，不亦可羞之甚乎！憤懣無聊，不能自抑，已具奏牘，干犯天威，乞從罷黜，而并以此私布腹心於下執事。伏惟某官少賜矜憐，曲加陶鑄，或使復得奉祠，歸死巖壑，則又千萬之幸，而非熹之所敢望也。抵冒崇嚴，俯伏俟命，熹不任恐懼震栗之至。

編年 據書信編年、年譜長編。

與趙帥書 辛亥二月 紹熙二年

雷雪之變，誠可憂懼，而寒雨連月，陰盛陽微，天雖不言，意極彰著，此亦可深慮者。但求言之路未廣，不知果有切至之論可以感寤聖心，解謝天意者否？侍郎身雖在外，然以宗屬之親，侍臣之重，而平日愛君憂國之心，與今之從政者不可同日而議。適此幾會，似亦不容默默以自同於衆人也。不審囊封入告，當復以何爲先？區區願竊聞之，以寬嫠緯之憂。因來密喻，千萬幸甚。

近聞有旨招填諸州禁軍，寄募沿江戍卒，兩事并行，似難辦集。且今日州郡禁軍緩急何足恃賴？正當別作措置，以漸消除，而悉收江上諸軍子弟刺填本軍，以時練習，却令分下諸州就糧，以省餽運、防緩急，歲時更代，却還本軍，則其事藝自然不敢退墮〔一〕，而州兵之未消者，亦得以激厲增進，乃爲長久之計。今不慮此，反令州郡泛行招刺，若守將不得其人，則適足以資其賣鬻之奸，而空耗衣糧，重傷民力，又未論也。至於寄招之令，則棄子弟素習之技，而取浮浪無能之人，尤爲非計。似聞軍中向來以不堪用，嘗奏罷之，數年之間，州郡得以少息勞費。不知今日有何急切，而忽取此已棄之繆策而復行也。往在南康日〔二〕，見隆興所發之人全船遁去，并與部轄掌事者皆不復還，移文鄰郡，搜捕甚急。此等之人，設使到得軍中，亦豈復堪倚仗也？竊謂此二事者，在帥司亦合申請，更以書曉諸公，必不得已，且罷寄招，而稍遞增禁軍本等及大等第斗力，必使及格，方許收刺。仍於逐年奏帳本名之下各注斗力，不測點名抽喚，令赴帥司按拍，則猶庶幾其或可用也。此間子弟投募者衆，因限以必及次高强斗力乃收，而來者亦不少，此亦已試之驗也。

校記　〔一〕藝：原作「勢」，據宋閩、浙本改。

〔二〕日：宋浙本作「目」，則當屬下。

編年　題下原注「辛亥二月」。

與趙帥書辛亥三月二十三日　紹熙二年

熹竊見元降指揮，將海船作三番拘集，聽候募發。後來節次有旨，許令當番船户只在本州界内逐便漁業，此見朝廷燭見幽遠，務從寬恤之意。然去年三月八日方降指揮，本州四月八日方始被受，則船户拘集已久，不無廢業。官吏恬不省察，恣行邀索，直至命下，尚且拘留。適熹到官之初，究治奸弊，方得放散。以此之故，船户畏憚，不肯如期到岸，聽候點檢。欲望使司特賜申明，乞降指揮，今後當番船隻追集到岸，日下差官點視，即時逐旋放散，令於本州界内漁業，委自守臣專切挂意，不得拘留。向後年分，并依此施行，更不候别降指揮，實爲利便。恐或未欲如此施行，即且乞逐年初冬便與預先行下，使船户知得到州點視，便得放散，自然樂於聽命，不致誤事。

編年　題下原注「辛亥三月二十三日」。

答陳漕書紹熙二年正月

近因使還，已具經界乞候將來農隙施行利害申稟，伏想已塵台鑒。未奉回降，但增悚惕。今準使牒，便令差官。熹前此準擬外州一二待闕官，近聞朝論大以爲不然，此亦小事，不欲固争，勢須别行踏逐外州一二官員相添，乃可集事。蓋此四縣，龍溪縣官皆可委仗，不須差人。龍巖山多田少，只一劉尉，永嘉士人，嘗從王亞夫游，頗知經界利病，足當一縣。或更助以一人亦得。長泰縣小地狹，或更須一人。但漳浦地廣而荒，尤費區處。而宰丞簿或老或繆，皆不堪使，只有一尉曉事，然亦是巡捕官。已擬用一龍巖簿貼之。然更須得兩人或三人，乃足用。州官中亦未見能曉事有可差者，容更踏逐，别得具申。但既未即施行，即且小候，詳細差撥，庶得其人，乃爲有補。不審台意以爲如何？已具公狀申述，拱俟回降，即當遵稟。

編年 據書信編年、年譜長編。

與留丞相劄子 紹熙二年正月

經界已被漕檄，竊聞此事丞相極勞經畫，乃得施行，千里貧民無不知感。但恨聞命之日，已是正初，農事方興，不容措手，已申漕司，乞候十月一日下手打量矣。其合預行措置事件，則目今不住施行講究，令益精審，以俟及期而行，必不致有誤事。但此事之行，雖細民之所願欲，而豪家右族倚勢并兼者惡其害己，莫不陰謀詭計，思有以動摇。未知此八九月之間，事體又復如何。更願丞相深察其情，而以天下至公之理裁之，有以終惠此邦之人，而不墮於騰口間説之計，則如熹等輩，尚得以奔走塵坌泥塗之中，上爲國家均愛赤子，而徼幸於有成。如其不然，則雖賤軀自可支吾，亦當别以微罪自劾而歸，不敢游丞相陶鈞之内矣。

熹以本郡不曾被受省劄，不敢具申。其回報漕司狀檢謹録一通，冒涜鈞聽，僭率皇恐。蠲減錢物，竊知已下漕司，亦當一面條具，申禀彼司，聽候處分。更望廟堂力賜主張，使不奪於有司出納之吝，則非熹之幸，乃此邦之幸，非此邦之幸，乃此民之幸也。國家愛惜斯人，如護元氣，不忍以毫髮擾之。詔令所頒，戒飭州縣，未嘗不以嚴禁科罰爲言。而其所以取之州縣者乃如此，是則陽爲禁止而陰實縱之，又從而驅之，使必出於此。聖主在御，丞相秉鈞，豈忍爲是以欺其民哉？

熹前書晋越，冒進所聞。中間伏奉手教，開納誨諭周至，三復以還，喜懼交集。然遡聽累月，竟未聞公論之勝，邪説之消，如丞相之言者。顧其當勝而反消，當消而反勝者，則有之矣。州縣粗官，不當議此，惟丞相深圖之，則天下幸甚，天下幸甚！熹瞻望台躔，不勝依仰，敢乞上爲兩宮益加鼎食之衛，千萬至懇。

編年 據年譜長編、書信編年。

與留丞相劄子 紹熙二年正月

熹誤蒙選擇，備數海邦，又被詔旨，特許本州推行經界，以惠疲氓，方幸得以罄竭駑頓，仰副使令，而不幸遽聞長男之訃，悲痛不堪。自度精神思慮將有不可得而黽勉者，已具公劄申禀，乞賜陶鑄宮觀差遣，使得蚤歸，營辦喪葬，收拾孤嫠。切望哀憐，早賜敷奏，千萬幸甚。

熹又有愚懇：本州判官葉機假滿百日，依條離任，念其貧病，已許爲伸岳祠之懇，未及而遽遭此禍。然不欲食言，并有劄子率易投納。伏惟鈞慈不忍一物之失其所，并賜垂念，則不惟葉機之幸，亦熹之幸也。方寸迷亂，言無倫次，伏紙不勝皇恐俟罪之至。

編年 據年譜長編、書信編年。

與留丞相書 四月二十四日 紹熙二年

熹竊以孟夏漸熱，伏惟丞相國公鈞候起居萬福。熹遠守偏城，日荷臨庇，昨以哭子悲傷，私計不便，干冒威嚴，已深震悚。而前此人還，蒙賜手教，存撫甚至，且有憐其久處瘴鄉之意。伏讀反側，不知所爲。熹去歲之病，乃是宿疾發動，即非染瘴，不知趙帥何故乃爾具稟，致煩軫念？況此邦事簡俗淳，今歲以來，吏民亦粗相安，又經界已得指揮，若非家有私故，則熹非唯義不當去，亦不願舍此僻遠之安，而就繁會之危也。幸今已聞奉祠之請既有成命，此蓋丞相察其哀懇而陶鎔及此，千萬幸甚。雖論譔華資所不當得，然亦且得去此，只俟受命，一面控辭，而於前路聽從欲之報也。計差去人不三數日會當至此，但今郡中却有二事，不免具狀申奏。

其一爲昨來所乞蠲免罷科茶錢，已蒙行下漕司相度。今計郡中自可樁辦，只乞降旨約束官吏，不得沿此爲名，似前科擾，不敢更煩蠲免應副。而所乞除減無額一項五千緡者，即乞特詔有司便與施行，庶爲一郡久遠之利。其一爲漳浦高知縣登忠言直節，不幸貶死，欲望聖恩特與昭雪，褒録其家。二事皆乞丞相留意開陳，得從所請，千萬幸甚。雖當去此，而惟君相所以遣之此來之意似非偶然，欲圖以報萬分者，是以於此有所不能忘懷。其他瑣細，亦有合因革者，然其事在州郡而不在朝廷，又不敢以煩鈞聽也。

其他至如經界一事，若非丞相力賜主張，則浮議動摇，其罷久矣。玆者又蒙垂諭諄悉，尤切感嘆。此事貧民所欲而富者不願，理勢甚明，似不難曉。而群言胥動，噂沓萬端，則不唯愚者惑之，而賢且智者亦或不免，此可怪也。然此邦之人富者尚少，其力能沮議而得關説於前者亦不甚多。熹之所憂，獨恐温陵富室既多，其間豈無出入門墻之下，承眄睞之恩者？必將巧爲詞説，乘間伺隙，以濟其私。竊願高明審加察焉，使此邦之績不敗於將成，則泉、汀以次悉蒙其利，而三州之境窮苦無告之民，無不感戴生死肉骨之恩矣。

昨來陳憲委官來此商度，因令行視田野，汀之行賈聞之驚喜，相率拜其車下，問此法何時可及吾州，此可以見夫人之真情矣。而必爲説以敗之而圖自利，其亦不仁也哉！往時有閤門舍人林宗臣者，亦丞相之邑子，嘗因奏對，論及此事。其言憤激痛切，蓋有所指。今泉之貧民願士，人人能誦道之，公議良心，不可泯没。彼沮之者設不出此，子孫决不乞食，獨何必過爲之慮而蒙此詬於其身耶？是可嘆已。惟丞相深念，有以反之，此又自爲門下之計，而非獨爲三州貧民計也。

熹又蒙垂諭，深以士大夫之朋黨爲患，此古今之通病，誠上之人所當疾也。然熹嘗竊謂朋黨之禍止於縉紳，而古之惡朋黨而欲去之者，往往至於亡人之國。蓋不察其賢否忠邪，而惟黨之務去，則彼小人之巧於自謀者，必將有以自蓋其迹；而君子恃其公心直道，無所回互，往往反爲所擠，而目以爲黨。漢、唐、紹聖之已事，今未遠也。熹雖至愚，伏讀丞相所賜之書，知丞相愛君憂國之心，無一言一字不出於至誠惻怛，此天下之賢人君子所以相率而願附於下風也，而未能不以朋黨爲慮。熹恐丞相或未深以天下之賢否忠邪爲己任，是以上之所以告於君者，未能使之判然不疑於君子小人之分；下之所以行於進退予奪者，未能有以服天下之心，慰天下之望，而陰邪讒賊，常若反有侵凌干犯之勢。丞相又慮此身自陷於君子之黨，而使彼之蓄憾久而爲禍深也，又稍故爲迷亂昏錯之態以調柔之，反使之氣豪意健，旁若無人，敢於干禄之章，肆爲誣善之語，而朝廷亦不之問也。夫杜門自守，孤立無朋者，此一介之行也。延納賢能，黜退奸險，合天下之人以濟天下之事者，宰相之職也。奚必以無黨者爲是而有黨者爲非哉？夫以丞相今日之所處，無黨則無黨矣，而使小人之道日長，君子之道日消，天下之慮將有不可勝言者，則丞相安得辭其責哉？熹不勝愚者之慮，願丞相先以分別賢否忠邪爲己任，其果賢且忠耶，則顯然進之，惟恐其黨之不衆而無與共圖天下之事也；其果奸且邪耶，則顯然黜之，惟恐其去之不盡而有以害吾用賢之功也。不惟不疾君子之爲黨，而不憚以身爲之黨；不惟不憚以身爲之黨，是又將引其君以爲黨而不憚也。如此，則天下之事其庶幾乎。前年逐二諫官，去年逐一御史，近聞又逐一諫官矣，上下不交，而天下將至於無邦。丞相不此之慮，而慮士大夫之爲黨，其亦誤矣。

熹雖荷知獎，而未遂掃門之願，顧蒙出語之勤，似不爲無可取者，是以輒空胸臆，少答恩顧，不自知其狂且妄也。干冒威尊，俯伏震懼。伏惟寬容，有以裁之。瞻望黃閣，無由趨拜，敢冀上爲國家倍保崇重。熹不勝下情千萬懇禱之至。

熹竊見紹興初年，趙忠簡公爲相，一時收用人材之盛，後來莫及。然細考其間，亦豈無不滿人意者？但其多寡之勢，此强彼弱，故雖少雜而不能害治，當時有「小元祐」之號。今者竊觀丞相之心即趙公之心，然論一時人材賢佞之勢，則此少而彼多，此弱而彼强，此則區區所以不能不深憂，而輒以分别賢否忠邪之説爲獻於門下也。伏乞鈞照，熹皇恐又覆。

熹又蒙垂諭陳憲、趙守曲折，謹悉。陳憲於此極留意，熹前劄已具禀矣。昨見移節，方竊憂之，不謂鈞念已及此也，幸甚。趙守舊識之，有心力肯向前，誠如尊命。然更得一言勉之，幸甚。近因遣官下鄉分界，且遍喻父老以所爲方量之意，并以算法授之，人見其簡易易行，無不悦喜。今見熹去，頗以爲憂，而不知丞相主張之力，初不爲熹一介作輟也。更乞加意垂念，千萬至幸。熹皇恐又覆。

編年 據書中所言，時已哭子而在漳州之任，是紹熙二年也。題下原注「四月二十四日」。

評論 周大璋朱子古文讀本卷二答留丞相書：小人害君子，必誣之爲黨，所以一網可盡也。留公身爲宰相，不能黜陟賢奸，懼小人之圖己，而以朋黨爲患，誤矣。剖析詳明，疑慮可撤，較歐公朋黨論更爲痛切。

與留丞相書 七月十日 紹熙二年

熹竊以孟秋猶熱，伏惟丞相國公鈞候起居萬福。熹區區賤迹，自四月二十六日解罷郡事，越三日，遂發臨漳。五月二十四日，遂抵建陽，因遂寄寓，以畢喪葬。但悲惱之餘，無復生意。仰賴巨庇，偶未即死耳。

七月四日，始被省劄，并領手教之賜，仰荷鈞慈垂念之厚。但所請上還進職恩命，未奉俞允。上恩隆重，威令已行，知友皆謂不當復有干冒。而反覆以思，竟未得其所以可受之説，不免復從建寧借人，持狀申省。愚慮悃款，罄竭亡餘，不敢重浼崇聽。得賜省覽，詳悉開陳，上謹聖朝予奪之公，下全匹夫辭受之義，則熹不勝千萬幸甚。

又蒙垂喻經界利病，乃是温陵士夫猶有公論。始者但見漳人有仕於朝者，奔走權門，日肆摇沮，而妄疑之耳。數日前，陳憲按部經由，亦有所聞，深不自安。改送之請，殆必爲此。然周漕始至，相見首問及此，云恐朝廷或從陳憲之請，即欲略知曲折，未知後來既聞浮議紛紜之後，又復如何。此非閑人所敢干預，第因下喻之及，敢布所聞耳。

無額錢事曲蒙垂念，尤深感戢。版曹今當已有定論，但恐出内之吝，有司常態，須仰廟堂力賜主張，始可不乖所望也。

高古縣事不審已作如何施行？此事南方之人無不聞知，況如丞相尤是目睹，而梁文靖公向來亦嘗爲之申雪，固不待鄙言而後信。但得榻前委曲敷陳，特與昭灑，則不唯直既往之寃，申泉壤之恨，而自今以往，忠言日聞於丞相，效美遜直之心亦不爲無所助矣。如聞比日朝士有以不願爲忠臣之説當上心被親擢者，遠方傳聞，不知信否。如審有之，則小人過計之憂，恐其不得爲興邦之言也。又聞其人亦嘗出入門墻，深辱知顧，當是其時未有此論。如又不然，則知言知人之訓，妄意丞相更當留意，博求直諒之賢，置之東閣，與圖天下之事，則大人格心之效不日可見，而勛業之茂，不但逾於前後數公矣。諸葛武侯之教有曰：「諸有忠慮於國者，但勤攻吾之闕，則事可成，賊可死，功可翹足而待矣。」太祖皇帝嘗語侍臣：「唐太宗虛心求諫，容受盡言，固人主之難事，然曷若自不爲非，使人無得而諫之爲愈乎？」至哉言乎！大哉言乎！愚竊願以武侯之言爲丞相獻，又願丞相以太祖聖訓日啓迪於上前也。

至如朋黨之論，則前記所陳有未究者，致煩鐫喻，至於勤縟。三復愧悚，不知所言。章、蔡之禍，誠如尊命，但忠賢奔播至於如此，推本其原，蓋自有在。而九年之間，黜幽陟明，培固根本，其效見於靖康、建炎之際者，民到於今賴之，又自有不可誣者。若其無此，而元豐、紹聖便相傳襲，則後日之禍，豈但若此而已哉？前輩有論嘉祐、元豐兼收并用異趣之人，故當時朋黨之禍不至於朝廷者，世多以爲名言。熹嘗謂此乃不得已之論，以爲與其偏用小人而盡棄君子，不若如是之猶爲愈耳。非以爲君子不可專任，小人不可盡去，而此舉真可爲萬世法也。若使當時盡用韓、富之徒而并絀王、蔡之屬，則其所以卒就慶曆之宏規，盡革熙寧之秕政者，豈不盡美而盡善乎？後之覽者得其言而不得其心，知退守其所爲不得已之論，而不知進求其盡美盡善之策，是以國論日卑，而天下之勢卒至於委靡而不振，此可悲也。至如元祐，則其失在於徒知異己者之非君子，而不知同己者之未必非小人，是以患生於腹心之間，卒以助成仇敵之勢，亦非獨章、蔡之能爲己禍也。然則元祐之失，乃在於分别之未精，而丞相以爲太甚，熹竊有所未喻也。是以知言知人，聖有明誡，區區已效於前矣，深願丞相之加之意也。

抑又聞之，天下事勢有消長賓主之不同，以易而言，方其復而長也，一陽爲主於下，而五陰莫之能遏。及其遇而消也，五龍夭矯於上，而不足以當一陰羸豕蹢躅之孚，甚可畏也。丞相觀於今日之勢，孰爲主而方長乎？孰爲客而方消乎？孰能制人而孰爲制於人者乎？於是焉而汲汲乎以求天下之賢以自助，使之更進迭入，日陳安危治亂之明戒，以開上心，排抑陰邪，無使主勢小傾而陷入其黨，尚恐後時而無及於事，不精而未免有失，亦何遽至預憂其分别太甚而爲異日之患乎？

熹未獲趨拜，而辱知至深，且今分甘投老，無復世念，故不自嫌而冒昧及此。伏惟赦其狂妄而取其愚忠，千萬幸甚。當暑目昏，作字不謹，并丐原恕。自餘唯冀上體兩宫之眷，俯慰四方之望，加毖重茵列鼎之衛，以究久大之業，千萬幸甚。

編年 此繼上書言罷任漳州還家之事，紹熙二年也。題下原注「七月十日」。

評論 周大璋朱子古文讀本卷二與留丞相書：王蔡當國，引用兇邪，卒以覆亡。元祐諸君子起而争之，一暴之功，又何益哉！賓主消長之勢，不可不審。若憂其分别太甚，務爲調停，必爲小人所噬。養虎遺患，可爲寒心也。至謂元祐分别未精，患生心腹，而九年之間，黜幽陟明，培固根本，至今賴之，超越尋常萬倍。讀史者當具此隻眼。

與留丞相書 十月四日　紹熙二年

竊以孟冬漸寒，伏惟丞相國公鈞候起居萬福。熹昨者人還，伏奉省劄，喻以聖恩褒借，不許終辭之旨。又蒙鈞慈加賜手教，所以開曉尤極懇至。伏讀再三，仰體吾君吾相委曲眷憐之意如此其厚，謹已齋祓，祗拜告命，奉表稱謝矣。恭惟丞相國公知遇之深，固不以世俗常禮見望，然亦有不敢廢者。鄙語卒章，少見所以圖報之實。儻蒙照察，千萬幸甚。

高古縣事特蒙主張，得被仁聖漏泉之澤，九原忠憤，一旦獲伸，丞相所以褒顯忠直，擯抑奸諛之意，不但施之今日，周行之間，所勸多矣。龍溪亦蒙收召之恩，始望蓋不及此，第切惶恐。無額錢事，近聞已蒙施行，邑中尚未見報，未敢致謝。此錢雖是州額，從來抛下諸邑，漳浦爲多。此縣比年殘廢已甚，熹向來措置，州郡自爲抱認罷科茶錢數千緡。今若得更免此，則此邑庶幾有可整葺之望。萬一今來方是行下漕司指定，即將來更望丞相力賜主張，始終其惠，使此邑疲民免於非理科罰之苦，千萬之幸。或已俯從所乞，盡賜蠲除，則熹昨奏抱認罷科茶錢事雖無施行，亦乞行下本州遵守，不得再抛下縣。仍切覺察，勿令諸縣以此爲名，妄行科罰，此又永久之利也。此錢自係上供之數，不敢求免，本自不必具奏。所以有前日之請，良以此耳，伏乞鈞察。

熹未嘗有一日灑掃之勞於門下，而丞相所以知獎優異不在衆人之後，顧今精神耗竭，筋力疲憊，無復可期以伸報效。區區願丞相深觀大易陰陽消長、否泰往來之變，謹察君子小人之分而公進退之，毋爲調停之説所誤，使忠言日聞，聖德日新，而天下之人真享富壽康寧之福，朝廷之上真見平平蕩蕩之風，則衰病之軀老死丘壑，無所憾矣。如於忠邪之分察之有未明，消長之戒信之有未篤，而又以一身利害之私參錯乎其間，則今所謂持平者，是乃所以深助小人之勢，以爲君子之病，將見彼黨日盛，此勢日孤，天下之事將有不可爲者。丞相雖欲奉身而退，窮勝事而樂清時，亦不得辭後世良史之責矣。熹不勝感德之至，輒復冒昧言之。伏惟恕其狂妄而采其千慮之一得焉，則又幸之大者。瞻望門墻，無由伏謁，伏乞以時爲國千萬自重。熹至懇至禱，死罪死罪。

編年 此承上書而作甚明。題下原注「十月四日」。

與留丞相書 十月十二日 紹熙二年

熹區區賤懇，已具前幅，必蒙矜念，俾遂退間，不敢重出，以煩公聽。惟是昨因致謝，輒罄鄙懷，狂妄僭率，不勝皇恐。然自遣人之後，即得朝士私書，語及近事。恭聞丞相忠誠感格，天意爲回，重陰之底，復有陽復之漸，乃竊自幸其言之不效。既又反覆以思，則恐今日之事未足爲喜，而前日之論猶有可思者也。蓋自古君子小人雜居并用，非此勝彼，即彼勝此，無有兩相疑而終不決者，此必然之理也。故雖舉朝皆君子，而但有一二小人雜於百執事之間，投隙抵巇，已足爲患，况居侍從之列乎？况居丞弼之任而潛植私黨，布滿要津乎？蓋二三大臣者，人主之所與分別賢否，進退人材，以圖天下之事，自非同心一德，協恭和衷，彼此坦然，一以國家爲念而無一豪有己之私間於其間，無以克濟。若以小人參之，則我之所賢而欲進之者，彼以爲害己而欲退之，我之所否而欲退之者，彼以爲助己而欲親之。且其可否異同，不待勉争力辨而後決。但於相與進對之間，小爲俯仰前却之態，而已足以敗吾事矣。是豈可不先以爲慮，而輕爲他計，以發其害我之機哉。

此猶姑以鈎敵之常勢言之耳。況今親疏新舊之情本自不侔，忠邪遜逆之趣又各有在，彼已先據必勝之地而挾群黨以塞要衝，凡一舉手，一搖足，皆足以爲吾之害，下至近習纖人，亦或爲之挾持簡牘，關通内外，以助其勢；而吾乃兀然孤居，孑然特立，絶無蚍蜉蟻子之援，可與用力於根本之地，以覺上心而清言路。其可望以爲公道之助者，不能留之跬步之間，而欲求之千里之外。彼方爲主而我方爲客，彼方爲刀而我方爲肉，此固天下之危機敗證。而又時取彼所甚惡之人，置之不能爲助之處，徒益其疑而無補於事。愚恐雖能遍起天下之賢人君子置之内外，彼亦不必動其聲氣，但陰拱而微伺其勢似能害己，則便一眴目而群吠四起，使來者或未及門，至者或未暖席，而已狼狽倉皇，奔迸四出矣，尚何國事之可圖哉！

今日之事，丞相以爲但去一人，班列便無小人，臺閣便無異論乎？胡不觀於鄭尚書、王著作、孫司業之遂去而不留，袁温州之已除而中寢，此皆誰實爲之也哉？以愚觀之，但見其操心益危、慮患益深，而爲崇益甚耳。語曰：「治水不自其原，末流彌增其廣。」又曰：「射人先射馬，擒賊當擒王。」蓋慮此也。去年劉副端初除抗論，震動朝野，善類相慶，而熹獨深憂之。今日之勢，何以異此？伏願丞相試熟計之，而亟陰求學士大夫之有識慮氣節者相與謀之，先使上心廓然，洞見忠邪之所在，而自腹心以至耳目喉舌之地，皆不容有毫髮邪氣留於其間，然後天下之賢可以次而用，天下之事可以序而爲也。如其不然，則自今以往，丞相之憂乃有甚於前日。是以熹竊危之，而未敢以爲喜也。

辱知之厚，不敢不盡愚，惟高明察之。抑天下之事固多以欲速而致敗，然見幾不蚤，猶豫留時，亦智者所甚懼也。今日在我之勢固爲甚危，然乘隙疾攻，正在此時，投機之會，間不容息。惟丞相深計而亟圖之，則不唯善類之幸，實宗社生靈之幸。熹死罪死罪。

編年　此承上篇而作甚明。題下原注「十月十二日」。

評論　康熙御製文集第三集卷四十三：篇中言君子小人消長之機，極爲明切。周大璋朱子古文讀本卷二與留丞相書：邪正消長，勢若持衡，自古未有小人在內，而正人君子得以容其身者。是時大奸在位，遍植鷹犬，布滿要津，殆哉岌岌，莫此爲甚。故公痛切言之，教之感格君心，廣進善類，以爲除奸根本而歸於果斷，真老成深識之言，危悚激切。千古小人情狀，宛然在目。

與留丞相劄子 紹熙二年十月

熹竊以孟冬冰寒，伏惟某官鈞候起居萬福。熹昨蒙聖恩，超遷職秩，懇辭不獲，更被寵褒，又得竊食祠官之禄，以便私計而卒其舊業，公朝誤恩，於熹已爲厚矣。故熹前日奏記，蓋嘗略陳其說，以伸謝悃，意謂必蒙矜察。不意今者又被省劄，乃復將有所使令。聞命驚惶，進退失據。至以家門患難之私，賤軀殘朽之故，反復推較，則又皆有所未安者，已具申狀稟劄，一一條陳，以干公朝之聽。顧猶有未敢盡其言者，而復以此私於下執事。伏惟某官特賜矜憐，少垂寬假，使得躬視埋葬，以塞老牛舐犢之悲，休養神明，以駐衰頽就盡之景，更以餘日討繹舊聞，以副聖主華衮之褒，而助明時風化之美，則某官之恩之德，又將被於存没而無窮矣。干冒威尊，不勝戰灼。又以近方拜啓，不敢復以累幅仰勤聽覽，并冀垂察。唯是瞻望門墻，無復趨拜之日，下情尊仰，不勝拳拳。敢乞上爲兩宫倍保崇重，長輔聖主，永康兆民。熹區區無任祈懇激切之至。

編年 據書信編年。

與趙帥書 紹熙二年十月

熹適間道左拜違，不勝惘惘移刻。伏惟台候動止萬福。所需文字適方檢得，謹以内呈。復有少禀，乃適間所忘記者。熹辭免文字，度今已到久矣。台旆到闕日，若已得請，則無他禱；萬一未遂，則望特爲一言，及此私計未便之實，使早得從鄙願，千萬之幸。

經界一事，將來本欲説破，以昨夕見教之勤，且復隱忍。但此事不可不使彼知之，亦幸爲詳言之，則熹雖不言，而義亦伸矣。蓋此一事貧民以爲利，而并兼豪奪之徒以爲不便，其理甚明。故當時臣僚建請，而朝廷行下諸司，諸司行下諸郡，泉、汀之言雖有異同，而諸司察其無理，幸以熹言爲是，反復論難，蓋千百言，以聞於朝，則其慮之已不爲不審矣。今雖有此一人之訴，朝廷亦合審其虚實，押下諸司，再令審覈，則其教誘資給誣罔之罪，必將可得。如其不然，諸司中必有觀望風旨，自爲前却者，此謗猶有所分，不專在於朝廷也。今所施行乃匆匆如此，是朝廷不以臣僚之言爲可信，又不以熹之言爲可信，又不以諸司之言爲可從，而偏聽此人之説，與其教誘資給者之説也。

丞相相知甚深，薦引存問不爲不厚，熹雖知不足以堪此，然平時狂妄，所以傾倒不敢自他者，亦不爲不至。故前日之辭免，不敢决然爲不出之計，而於馬貳卿書復露異時乞郡之請，此意亦可見矣。今以此事觀之，乃知丞相所以見遇者，乃在漳州進士吴禹圭及諸教誘資給者之下。今雖無耻，其敢冒此而進哉？

熹伉拙奇蹇，一出而遭唐仲友，再出而遭林黄中，今又遭此吴禹圭矣，豈非天哉！天實爲之，豈敢尤人？然復云云如此者，猶感丞相相知之意，而懼其以此待天下之士也。幸侍郎一爲誦之，千萬至望。

編年　據年譜長編、書信編年。

與留丞相劄子 紹熙二年十二月

熹竊以季冬極寒，伏惟丞相國公鈞候起居萬福。熹昨者妄以小夫竿牘干冒崇聽，方懼僭瀆，以取罪咎，乃蒙賜教累番，加以真翰，所以慰答其意者甚厚。至於懇避恩除，以便私計，亦蒙矜憐，委曲鐫喻。而馬侍郎、黄寺簿、吕司令又皆以書具道鈞意甚悉，區區下情，不勝感激之至。

謹已仰體盛旨，不敢復以家事爲言。但經界妄議竟煩寢罷，則熹之罪戾有不敢自赦者。朝廷寬大，雖不忍置之重辟，亦豈宜更加寵擢，以紊賞刑之典？而熹雖無狀，不識廉耻，然亦豈宜適當此時，復叨任使，以乖去就之方哉？省狀公劄別具浼聞，伏惟鈞慈幸賜財察。趙侍郎前日經此，亦嘗託其面禀。今以被受日久，方借得人，亟此申陳，不暇他及。瞻望門墻，無從進謁，敢乞上爲國家千萬自重，熹不任祈懇激切之至。

編年　據書信編年、年譜長編。

朱熹文集編年評注卷二十九

書　時事出處

與趙尚書書　紹熙三年二月

竊以仲春之月，氣候暄和，伏惟某官茂對明恩，神人協相，台候起居萬福。茲者竊聞榮被追詔，入長天官，夫以尚書望實之隆，宜在廟堂參斷國論之日久矣。去歲入朝，登用在即，而抗論極言，不以利害之私少有回屈，士論益以歸重，而深恨其不少留也。乃今幸甚，天啓聖心，召還故官，是蓋將授以政，無可疑者。有識傳聞，交相慶賀，蓋不獨爲門下之私喜也。

然今日之事，蓋有甚難於爲力者，不審明公何以處之？竊計雅懷於其大者素有定論，不待愚者之言矣。惟其小者之一二，區區鄙懷竊有所疑於平日，輒忘僭易而一言之，惟高明之垂聽焉。蓋天下之事，決非一人之聰明才力所能獨運，是以古之君子雖其德業智謀足以有爲，而未嘗不博求人才，以自裨益。方其未用，而收置門墻，勸獎成就，已不勝其衆，是以至於當用之日，推挽成就，布之列位，而無事之不成也。今夫明公之立朝不爲不久〔一〕，而未聞天下有卓然可用之才出於門墻之下。自頃出臨藩服，而熹始得觀於進退官屬之際，則見明公之所與者，率多碌碌凡庸，睢盱偵伺，以希寸進之流，未有以職修事舉，爲衆所稱，以爲當舉而得之者也，而况於其學行醞畜真有以大過於人者乎。今者進位於輔相之列，則所資於天下之才者益衆，而所進退於天下之才者益重。若但以前日進退官屬之尺度取之，則熹恐天下之士所以望於明公者有未厭也。時事如此之難，明公之任如此之重，而所以求助者如此之狹，熹雖至愚，猶竊爲明公慮之。而辱知有素，不敢不及此而一言也。伏惟寬宏恕其狂易，試加察焉。蓋不惟明公所自舉，而凡所爲屬之同列，以妨賢者之路，若宜皆在詘指之中，則熹之虛實可睹矣。來使還自三山，熹前此已屢拜啓，薄冗，姑此少伸賀禮，而亦不敢爲無益之空言也。末由趨拜履舄，伏乞以時爲國自重。

校記 〔一〕夫：原作「日」，據宋閩、浙本改。

編年 據書信編年。

答趙尚書 紹熙三年四月二十六日

四月二十六日，熹扣首再拜，上覆吏部尚書台座：熹久病，不得拜書，第切馳仰。即日淫雨寒凉，伏惟論思多暇，神人交相，台候起居萬福。竊聞清蹕已御外朝，尚書首奉延訪，忠言至論，聳動上心，有識傳聞，無不感嘆。但以疇昔所嘗商較者揆之，似已太勁切矣。豈忠肝義膽得全於天，有不可得而抑者？抑以論議不齊，事功難必，而故出此以趨勇退之塗耶？以出處語默之常理言之，二者誠皆有當，然非海内深思遠識之士所以望於明公者也。顧今指趣已聞，標的已建，而未見幡然聽納之效，不審高明又當何以繼此？此恐更宜廣詢博訪以善其後，未可以便謂無策，而付之不可如何也。朝士下僚中，恐不能無可咨訪者。願自今以來，稍加延納，虚心降意，采其所長，庶乎其有補耳。

東府復留，勢豈能久？意其亦必自知如此，而姑爲偷安引日之計以媚群小，冀無後災。此其爲害，又將有不可勝言者。尚書與之情義不薄，曷若勸之乘此必不能久之勢，力言於上，極陳安危治亂之機，大明忠邪枉直之辨，以爲國家久遠之計，其濟則宗社之靈，生民之幸；不濟則與其抑首下心，前迫後畏，以保此須臾之光景，纖芥之榮禄，而不能自拔於小人之群，以誤國家，以此易彼，豈不浩然而無愧悔於心哉。但其人自無遠識，親狎庸佞，全身保妻子之慮深，而憂國愛民之念淺，恐未必能聽此大度之言耳。但尚書既與之厚，而不乘此機，發此策，則於吾之心有不盡者。嘗試一言之，政使未必能用，亦未至於有害，又與建白於朝事體不同也。不審高明以爲如何？

劉德脩忽自蜀中寄一書來，慷慨振厲，略不少衰，真奇士也。觀其書意，似亦甚悔前日欠人商量，失却事機，此真可太息爾。然事變無窮，又安知後之視今，不猶今之視昔；人之視己，不猶己之視人耶？士居平世，處下位，視天下之事意若無足爲者。及居大位，遭事會，便覺無下手處。信乎義理之難窮而學問之不可已也！病中信手亂抽得通鑑一兩卷看，正值難處置處，不覺骨寒毛聳，心膽墮地。向來只作文字看過，却全不自覺，真是枉讀了他古人書也。

熹一春病脚，至今未能出入，醫藥雜進，灸灼滿身，殊未見效。只今兩脛細弱，飲食減少，自度非能久於世者。所幸小屋略就，旦夕可以定居，便與世相忘矣。向來小報幸是誤傳，不然，又費分疏，愈增罪累耳。

閩中自得林、辛，一路已甚幸。若象先來，更能爲上四州整頓得財賦源流，即更爲久遠之惠。但恐其意只如所謂去泰甚者，則又失望耳。近日此等議論真全軀保位之良藥，而病國殄民之烏喙也。無由瞻晤，寫此紓鬱，切冀深爲人望千萬自重，不宣。

編年　據書信編年。

與趙尚書論舉子田事 紹熙三年

熹拜書將遺，而周宰見訪，説及近降指揮，出賣絶户官田。此間舉子義莊絶院二十五所田，收米四百八十餘石，或云史公所買，而無明文可考。只有淳熙三年陳公政内劄下催督義莊租課，開列二十五院，與今一同。又有八年梁公政内劄下丞廳，亦云拖照淳熙元年買建陽縣絶産田充義莊，即是當時已買分明，今自不合隨例出賣。唯是兩縣絶户江驥、江大受，作過人程如岡三家田收米七百三十餘石，即係元不曾買，今日難以拘占。然今倉司施行甚峻，縣吏奉承唯謹，固不容辨其當賣與否矣。若不及早整理，則此田日下便爲他人之有，而舉子之政遂成中輟，甚可惜也。欲望詳酌，特爲申明，乘此機會，别降指揮，依贍學田與免出賣，則不唯已買者不爲奪去，而未買者亦可因而撥正，無復動摇。其元降指揮恐隨行無本，今并録呈。其間所引淳熙三年指揮本路絶産不許出賣，通融以充一路養子之費者，或恐亦可再與拈出。且只免賣上四州絶院，使朝廷易於聽從，而其他未舉行處，亦可漸次接續措置，誠爲永久之利。周宰亦已有書懇丘侍郎言之，但須自尚書發之，彼乃有據而行爾。此事甚急，切幸早賜留念。熹皇恐上覆吏部尚書。

後項所稟，若只云住賣上四州絶院，則又礙江驥、江大受、程如岡田。須云乞將已買及已撥充舉子田免行出賣外，將來上四州軍如有絶産寺院，并免出賣，撥充舉子之費，令安撫司拘收措置，如此則無病矣。

編年 據書信編年、年譜長編。

與趙尚書書 紹熙三年

熹向託廷老面稟一二事，不審台意如何。今日之事，第一且是勸得人主收拾身心，保惜精神，常以天下事爲念，然後可以講磨治道，漸次更張。如其不然，便欲破去因循苟且之弊，而奮然有爲，決無此理。既無此理，則莫若且静以俟之，時進陳善閉邪之説，以冀其一悟。此外庶事，則唯其甚害於君心政體而立致患害者，不得不因事救正。若其它閑慢，非安危存亡所繫者，皆可置而不論，如學校之政是也。

此等事欲大更張，非唯任事者未必肯行，亦恐主議之人未必究知先王學校教育之本意良法，政使行之，未能有益而反有害。若欲因議而發，且如來教所謂就見行法中略與修整，則熹前書紙尾四五條者最爲穩當，不驚動人耳目，而可以坐消奔馳僞冒請囑之弊。然其行與不行，亦非安危存亡之所繫，議而不行，正亦不必固請也。今所規畫，皆是創立條貫，多所更革，安得謂之就見行法中修整乎？又況教官未必得人，將來奸弊百出，既已慮之，而未知所以爲計，又何必抗言極論，以争此嘗試疏闊之策，而使旁觀者重有紛更不静之譏乎？前日山間拜書，不能盡此曲折，深有遺恨。蓋策之未善，猶未足言，所深慮者，尚書人望之重，本所拳拳者當爲何事？而今乃切切於此不急之務，以取嫌忌嘲笑於流俗，知時識勢者固如是乎？

然欲爲前所謂時進陳善閉邪之説以冀上心之悟者，又在反之於身，以其所欲陳於上者先責於我，使我之身心安静，精神專一，然後博延天下之賢人智士，日夕相與切磋琢磨，使於天下之事皆有以洞見其是非得失之正，而深得其所以區處更革之宜。又有以識其先後緩急之序，皆無毫髮之弊，然後并心一力，潛伺默聽，俟其間隙，有可爲者，然後徐起而圖之，乃庶幾乎其有益耳。尚書天資高明，而於當世之務講之熟矣。至於前世名臣議奏，又嘗博觀而精擇之，以爲一書，宜其投機合變，慮無遺策。而今者之議，以大言之則不時，以小言之則不巧，不唯熹之至愚以爲未安，而天下有識亦無不竊怪其不當出於明者之口也。抑其言又有大於此者，蓋又皆以爲尚書頗以簡貴自高，憚於降屈，而無好士受言之美也。不識尚書何以得此於梁、楚之間哉？其必有以取之矣。願反諸身而熟察之，有諸己而後可以求諸人，無諸己而後可以非諸人，雖敵己以下猶然，而况於南嚮萬乘之主乎？尚書誠以天下之事爲己任，則當自格君心之非始。欲格君心，則當自身始。蓋非獨熹之所望於下執事者如此，計善類之所望，莫不然也。久欲言之而不得暇，今日偶病，怯風，不敢出户，因得極陳其愚。伏惟恕其狂率，幸甚幸甚。他所欲言無大此者，請俟後便。不宜。

編年　據年譜長編、書信編年。

與留丞相劄子 紹熙三年十二月

熹竊以季冬極寒，伏惟丞相國公鈞候起居萬福。熹伏自春間一再干冒，竟蒙恩厚，獲安祠館。區區感戴，蓋不勝言。顧以罪戾之餘，不敢復以姓名自通門墻之下。不意今者曾未逾年，又叨除目，付以一路軍民之寄。此蓋某官愛惜人才，不忍使其終身棄於無用之地，故以及此。德意良厚，感激難勝。但熹衰病益侵，精神益耗，使之從政，其所施爲悖眊顛錯必有甚於前者。而廣西一路地廣民貧，邊面闊遠，得失所繫，又非内地監司郡守之比。在熹自度，實難冒受，以誤使令之意。謹已具狀辭免，欲望鈞慈俯察愚誠，特與將上，令熹終滿今任祠禄之後，别聽指揮。若其精神筋力足以堪之，熹不敢復辭避也。干冒威嚴，俯伏俟命，惟某官裁之。熹瞻望台躔，無由趨拜履舄，伏乞上爲兩宫垂意茵鼎之衛，光輔神聖，永福寰區，熹不勝願望之至。伏惟鈞照。

編年 據書信編年、年譜長編。

與執政劄子 紹熙三年十二月

云云，熹伏自違遠門墻，積有年所，疾病不問，無從修致謦御者之問。邇者竊承延登宥密，中外交慶。辱知有素，欣賀尤深，而亦不敢進越，輒以姓名自通。不意今者誤恩横被，擢自閑散，付以一路軍民之寄。此蓋某官顧念疇昔，曲借推揚，有以及此。餘同前。

編年 據書信編年、年譜長編。文末注「餘同前」，顯係與前篇一稿而改作。

與漕司劄子 癸丑夏〔一〕 紹熙四年

政和縣有小路數條，通羅源、寧德海鄉，步行不過兩三程可到，故私鹽每斤不過四十五文。而官鹽則必泝流運綱，或半歲而後達，脚費不貲，故官鹽立價不得不高，每斤之直遂至不下九十文。所以從來民間只吃私鹽，而官鹽自非科抑，雖銖兩無售者。蓋縣道空乏狼狽，而州府漕司不得此縣財賦之入者有年矣。中間知縣袁采始爲出賣落草私鹽之術，其實乃自買私鹽，而分置數坊賣之，以給歲計。自此以來，縣道稍可支吾，而州府漕司亦獲其助。但民間本自不願買吃官坊貴鹽，而不買者又有申舉追呼之擾，故行之未久，即以違法致訟而罷。於是本縣一歲但起兩綱，盡數折還州府版帳、漕司增鹽之屬，本錢雖不易辦，而官吏免得冒法賣鹽致訟，民間免得買吃官坊貴鹽，以致申舉追呼之擾，比之袁宰之術，尤爲穩便。上下方以爲安，而漕使陳右司政内有司偶失契勘，却將本司積下諸州縣增鹽用船裝載，泝流般上政和，勒令出賣，每月責認解錢五百貫文。殊不知若使政和官鹽可賣，則本縣必須自般自賣，以供公上，而積其餘以爲循環之本，前不至爲冒法行險販私之詭計，後不至爲逐綱撰本，盡以還州之拙謀矣。正緣鹽不可賣，是以不得已而爲此。今乃不察，而必使之抱賣他州外縣可賣不賣之增鹽，至於移貴就賤，倒置煩擾，則又未論於民有無利害，而善理財者似亦不肯如此。自此之後，本縣遂復置坊出賣此鹽，然實計每斤只賣得四十五文，其餘四十五文無所從出。又官鹽在倉日久，亦有走滷欠折之數，乃用袁宰之餘謀，陰許管坊人潛販私鹽，以足其數。後來趁賣不上，雖已量減鹽價月額，然病根不除，使官吏日懼譴責，百姓須吃貴鹽，而漕司一歲所得，不過三四千貫而已，於民有害，於官無利，其理甚明。竊恐高明未詳本末，敢采民言以獻。欲望台慈特不下司〔二〕，密行考究，特賜住罷，百里幸甚。

校記　〔一〕夏：原缺，據宋浙本補。

〔二〕不下：正訛改作「下有」。

編年　題下原注「癸丑夏」。

與留丞相書 紹熙四年十二月

熹輒有愚悃，仰塵鈞聽：孤賤鄙儒，迂闊有素，中間諸公不知其不肖，往往誤有收拾使令之意。而熹方拙，不能奉承，是以多致齟齬，而不能無遺恨於其後。爰自戊申之夏，狼狽出關，杜門空山，蓋已無復當世之念矣。不意相公曾未識其面目，乃於秉鈞之初首加拔用。熹以衰懶不堪劇部爲辭，又蒙改命，更畀郡符。到官一年，有請必遂，如褒贈漳浦高公、減免經總制錢之屬，皆前日守臣所屢請而不得者。是相公於熹知之不爲不深，而於漳之士民愛之不爲不厚矣。至於經界一事，乃獨屢上而不報，至其甚不得已而陽許之，則又多爲疑貳之言，以來讒賊之口，曾不一年而卒罷之。則熹於是始疑相公所以知熹者，不若其於鄉里小兒之深；所以愛夫漳之士民者，不如其於瑣瑣姻婭之厚，而匹夫之志，因以慨然自知其決不可以復入相公之門矣。是以湖南、廣西再命再辭，蓋不唯以粗伸己志，亦庶幾陰以解謝臨漳千里狼狽失業之民，而於相公則不敢以爲恨也。

今者相公郊居累月，一旦來歸，未遑他事，而復首以不肖之姓名言於上前，付以湖南一路之寄。聖主以相公之言爲重，即使出命，而相公又申以手札之賜，慰喻勸勉，禮意勤渥，有加於前。君相之恩隆厚若此，政使賤軀羸頓，不堪上道，神識昏昧，不任治劇，亦當黽勉拜命，走伏官次，以稱所蒙。而熹之私心反復思之，終以前事有未能忘者。又竊惟念相公自居大位，悉引海内知名之士，無一不聚於朝。今茲之事，雖相公出舍於郊，不得親回天意，而諸賢在列，各攄忠悃，并進苦言，不遺餘力，是乃無異出於相公之口。相公於此得士之多，致君之效，其亦以無愧古人矣。然則若熹之愚，姑亦勿問而置之度外，似亦未足以虧盛德之萬分。而况啓擬之恩，謙尊之美，相公又已行之乎？夫宰相以得士爲功，下士爲難，而士之所守，乃以不自失爲貴。今相公之得士如此，下士如此，已爲盛美，若又能容熹，使不自失其所守，則是古人所謂人有其實者，亦何必使之回面污行而爲終身之羞哉。

抑今日之勢，天意雖若暫回，而恐未固；禍機雖若暫息，而恐未除，事會之來，乃有大於漳州之經界者，而恐不但如前日之易平也。願相公深以前事爲戒，公其心，遠其慮，毋使天下之士賢於熹者復有所激而不肯出於門墻，則熹今日之言猶未爲無以報德也。區區此意，但欲相公知之。所有省狀公劄，則不敢盡吐所懷矣。儻蒙將上，早賜施行，勿使至於再瀆，則熹千萬幸甚。

編年　據年譜長編、書信編年。

與留丞相書 紹熙五年正月

昨者伏蒙丞相少保國公降屈威重，先辱手書，雖以奏記，略陳謝悃，而語意狂率，不知所裁。竊意相公必將怒而絶之，則熹因得以伸匹夫之志。而相公方且坦懷虚受，不以爲忤，加賜真筆，眷眷益勤，此已出於望外矣。至於所乞寢罷誤恩，則又未蒙賛可。顧以元日奉觴盛禮之次，開陳督遣，且因書指喻以宜行，熹誠狹中，不足以窺大人之度，然私心猶竊不能無所疑者。則以爲此雖足以見相公含垢納污之量，屈己下士之誠，而未知相公之心，以熹前日之事、今日之言爲果何如也。

熹今承命再三，固已不敢必於退避，但恐衰年精力，不足以勝一道之責。欲丐相公都俞之際，委曲一言，换一小壘，若帥幕謀曹之屬，庶幾可以扶曳衰殘，仰承恩指。然其所以事相公者，則不敢少有毫髮異於前日之心也。亦願相公深以前事爲戒，於天下之事有可否，則斷以公道，而勿牽於内顧偏聽之私；於天下之議有從違，則開以誠心，而勿誤以陽開陰闔之計，則庶乎德業盛大，表裏光明，中外遠邇心悦誠服，非獨如熹等輩終身服役而不敢有議於萬分矣。如其不然，則殆不若及其去就之未定而遂其本志之爲愈也。干冒謦竭，恐懼殊深。進之退之，唯相公之所以命。

編年 此承上篇言辭湖南命事，而言「元日奉觴」，故當作於紹熙五年初。朱熹拜命在二月，故此書當作在正月。

答吴茂才書 益 紹熙五年八月至九月

熹衰繆亡狀，謬忝召除，業已在官，不容辭避。然亦以病告而宿留前途，以俟報罷之命矣。所論時務，衆共知其如此，而未知所以處之之方。來誨又若有所難言而不欲盡者，反復思之，未得其要。若便得請，固無所預；萬一不免一到臨安，或恐當路有問焉者，尚望高明不鄙而瀆告之。然必直書其事而勿爲材語，使愚者一見而曉然，乃爲厚幸。不然，又將有所不解而虛辱諄諄之誨矣。至懇至望。

編年　文云「謬忝召除，業已在官，不容辭避」，考朱熹生平，在任而召赴行在僅紹熙五年知潭州時爾。書云宿留前途以俟辭召之報，朱熹於是年八月六日離任，十月二日入國門，則是書當作在八九月間也。書信編年乃誤以爲時在赴官長沙途中，而置於甲寅之春，今不取。

與臨江王倅書 紹熙五年八月

熹昨臨罷郡，見邸報臺諫集議素服事，已有指揮施行。時彼中尚未著紫衫，然即已榜客位，預告賓客官屬矣。過袁，見郡縣官皆已素服，獨盛府未之行，心竊疑之。欲以奉扣，而匆匆不暇也。不知後來别有指揮衝改耶？抑偶未之省也？至此，又有豐城縣官亦如宜春，恐隆興亦已如此。竊慮更當檢校討論，白守倅而正之，乃爲宜爾。向以將赴江西入辭，時永思已入土，而壽皇所御衣冠皆以大布，此爲革去千古之弊。而百官皆用紫衫皂帶，乃王丞相以親老爲嫌，不肯素服，議者皆有有君無臣之議。近日之論，乃鑒其失，然猶未能仿佛古制也。又記在長沙初奉諱時，方語從吏車帷當易紫以青〔一〕，適未即出，而何漕已易之如所言矣。蓋於心有不安，故不約而同也。并幸知之。

校記 〔一〕帷：原作「惟」，據宋閩、浙本改。

編年 書言孝宗喪服事，當作在紹熙五年。朱熹是年八月由潭州任上赴召，於江西之境蓋由袁江、贛水順流而下。文云已過宜春、臨江而未至隆興，則作在豐城甚明，「至此」之「此」即指豐城也。據年譜長編所列行程，朱熹至豐城乃八月末事，據以繫之。書信編年以爲當途經臨江時作，時在秋季，歉精確。

答汪長孺書 紹熙五年十月十四日

熹到官三月，無日不病，扶曳此來，良非獲已。上恩過厚，辭謝不獲，叨冒供職，愧恨難勝。所幸無他，而主上留神問學，得以少效區區。丞相時得間見，可以吐露心腹。但事勢牽掣，亦有不得如人意處。天變未銷，人情未靖，如涉大水，不見津涯，尚深憂懼耳。今日入侍，方講大學，頗蒙開納。歸來疲倦，來使索書，草草附此。

編年 據年譜長編、書信編年。

與王樞使謙仲劄子 紹熙五年十月

熹昨者到官長沙，嘗獲一修記府之問，伏蒙鈞慈還答之寵，捧領感慰，不勝下懷。繼以病作，不能嗣致虔敬，惟是尊仰不忘於中。未幾遂以收召去郡，行未兩日，即聞大纛移鎮是邦，甚恨不得宿留，以俟參展。然甚爲一路軍民喜於將蒙惠澤。而三月之間，頗類之政，亦幸有以陶冶於大專槃物之中也。伏想今兹已遂開府，輒因還役，敬具公牘修賀，而復以此布其腹心，伏幸鈞察。

熹麋鹿之性，久放山林，老入修門，尤以爲苦。雖荷閔勞之意，職務優閑，而其實則有甚難副者。日夕悚懼，未知所以逃責。伏惟高明有以教之，則千萬之幸也。長沙版築不容中輟〔一〕，軍屯未得專制，皆不得不言者。比已僭易陳及，亦皆得旨施行，想今已有所處矣。湘西精舍漕臺想已稟聞，得賜一言，俾遂其役，千萬之望。昨欲廟祀一二忠賢以厲凡百，已委官相視矣。不知亦可并垂念否？二事皆關名教，計所樂聞，故敢輒以爲請，并幾矜察。

校記 〔一〕輟：原作「輒」，據宋閩、浙本改。

編年 據年譜長編。朱熹紹熙五年以十月二日入京，閏十月二十六日離闕，自十月二十三日經筵留身面奏四事以後，始漸不合矣。此言「荷閔勞之意，職務優閑」，初無抵牾之意，故當作於十月。書信編年定作於秋冬間，不確。

與王樞使劄子 紹熙五年十月

熹昨在任日，因準赦書修葺忠臣祠廟，契勘晋譙閔王及近世孟、趙二龍圖，劉大夫、趙將軍皆以忠義死於國事，合立廟像，歲時奉祠，以勵臣節，即已牒州，委官措置。并檢到晋志譙王衣冠制度外，及申太常寺，乞會孟龍圖等衣冠制度。今取到太常寺回牒一道，并令人塑到孟龍圖等小樣兩身，責付承局袁超齎回投納。伏望鈞旨檢會元案，特賜處分。熹又嘗支錢，令進奏官製造本州祭祀三獻官法服冠冕等，恐未發到，亦乞并令催促，免致遺墜，不勝幸甚。其譙王等廟，熹已具奏乞賜敕額，候得指揮，別具禀次。熹上覆。

編年　觀此劄所言，朱熹時在侍講任内，而積極奔走前任遺留事務，辭旨閑暇從容，顯係承上篇，至官之初所作，冬十月也。

答李季章書

紹熙五年十一月至十二月

熹扶曳殘骸，幸抵田舍，行藏之計，無復可言。但向來職事不能無遺恨，此獨深愧耳。東府爲况如何？故宇凄凉，新居鼎盛，行路之人忘其前事，頗復有爲之不平者。此處不早調護，將有乘人之隙者，此大可慮。又向來放過大體已多，今亦不容坐視，不爲收救之計。此外則無他説，唯有去耳。欲去則不可不早，然未去之間，亦不可一日不葺理。季章相與之深，不可不力爲言此也。近事因來語及一二大者，幸幸。

編年　據書信編年。按别集卷二與劉智夫書九，朱熹十一月二十日至家。此云「扶曳殘骸，幸抵田舍」，當作於還家後不久，非十一月末即十二月初也。

與趙丞相書 慶元元年正月

熹竊以獻歲發春，伏惟丞相國公鈞候起居萬福。熹伏蒙賜教，并示差敕，得備祠官之數，皆出陶鎔，豈不知感？但鎸職之請未蒙敷奏，特從所請，區區私分深所未安。復有祈懇，切乞留念。熹今未敢請俸，必以得遂爲期，非若異時一再不獲，尚可黽勉冒受也。

奏牘所陳之外，又有一事，蓋向來祧廟之議，上意已自開納，而丞相持之不下，便將太廟毁拆。及臺諫有言，不知只作如何處分，致後省復有云云。據其所言，亦未敢深以熹説爲非，但云未見本議，欲乞降出，而丞相又不降出，便從其請。以此而觀，其罪不在樓、陳，而丞相實任之也。夫絀始祖之尊置之别廟，不使與於合食之列，而又并遷二祖，止祀八世，熹固已議之矣，而亦未敢盡其詞也。今太上聖壽無疆，方享天下之養，而於太廟遽虚一世，略無諱忌，此何禮也？熹本欲於免奏自劾前議不明，致此疏脱，又聞彼中他議方作，不欲以此助其指擿，姑從刊削，然不可不使丞相聞之也。聞今别廟乃是向來二后所祔，不知是否？夫以十世之祖考而下列於孫婦之廢廟，此不論而知其得失也，相公何忍爲之耶？歸來因閲所編奏議，乃知平日已不主荆公之論，此乃向來講究未精之失。今乃必遂其非而不肯改，其誤益甚矣。

熹愚暗，不見事機，向者誤謂丞相有相知之意，及今而後知丞相之大不相知，而平日相與之意初不出於誠實也。然則今日不唯得罪於人主，而丞相固亦謂其不堪言語侍從之選矣。但恨日前不合受過恩數，不容一一回納，故且乞收還職名，以贖後咎。若又不蒙白從其請，則熹不得已，將出下策，不復能計世道之消息盛衰矣〔一〕。然丞相以宗枝入輔王室，而無故輕納鄙人之妄議，毀撤祖宗之廟以快其私，其不祥亦甚矣。欲望神靈降歆，垂休錫羨，以永國祚於無窮，其可得乎？言及於此，令人痛心疾首，不如無生。丞相其亦念之，熹自此不敢復通記府之問矣。周、吳二劄，亦已拜領。皇恐之劇，專此具禀。目盲，不辨白黑，不能他及。唯乞以時爲國自重，千萬至懇。

校記 〔一〕息：宋浙本作「長」，考異所引別本同。

編年 據年譜長編、書信編年。

別幅 録示所擬奏藁 慶元元年正月

向來嘗竊妄論僖祖皇帝實本朝始祖之廟，不合祧遷，已荷聖明延問嘉納，而竟不蒙廟堂講究施行，遂致太廟并遷二祖，止祀八世。不唯上簡宗廟，失禮違經，而尤非所以仰稱陛下孝養壽康，祝延萬壽之意。由臣淺陋不學，言無足采，致累聖朝，貽災後世，自知不堪言語侍從之選，不免再干旒扆，自劾以聞。

編年 此乃上篇別紙，作在一時甚明。

答李季章書慶元元年正月

熹歸來粗遣，但左目全盲，右目昏甚，又脾泄時作，頗妨應接耳。前日始拜祠命，職名義不當受，已復上免章。賤迹何繫重輕？計必得之也。昨聞子壽、德夫之去，方爲嘆惜，忽報德脩繼往，令人尤不能爲懷。今日之勢，政使衆賢交輔，未必能濟，顧乃椓之如此，其將奈何？不知德脩徑歸蜀耶？或且留江、湖間也？一書煩附便，幸勿沉浮。計此形勢〔一〕，與集賢不能無關涉，不知能復幾許時耳。

校記　〔一〕形：原作「刑」，據宋閩、浙本改。

編年　據年譜長編。

答李季章書慶元元年三月

台鼎動揺，想諸事又一新。外日聞茂獻亦補外，是何故耶？文叔除命可喜，且歸鄉里作村監司，亦不惡也。德脩赴湖南否？近皆得書，目疾未暇報，因書更煩道意。旦夕寫得，却别寄也。去相彈文云何？因風語及。聞當序遷者乃下兼參與，然則當卜相於外矣，不知果誰得之也。

編年　據書信編年。文云「去相彈文云何」，指右正言李沐稟韓侂胄意擊罷趙汝愚，時在慶元元年二月二十二日。

答黃仁卿書慶元元年三月

所示劄子語簡意足，李倉必須留意。但恐見黃商伯狼狽後，打草蛇驚，亦不敢放手做事耳。鹽利向時不暇整頓，但初出關時，陳時中名庸，台州人，時作檢正，清和豈弟人也。相訪於浙江亭，説此利害甚詳。時不甚曉，又失於詢訪，且以救荒方急，不暇及，既而悔之。今得來諭，乃審曲折，甚愧見事之遲也。趙公相見有何語？當時大事不得不用此輩，事定之後，便須與分界限、立紀綱。若不能制而去，亦全得朝廷事體，不就自家手裏壞却。去冬亦嘗告之，而不以爲然，乃謂韓是好人，不愛官職。今日弄得朝廷事體郎當，自家亦立不住，畢竟何益？且是群小動輒以篡逆之罪加人，置人於族滅之地，以苟自己一時之利，亦不復爲國家計，此可爲寒心者。惜乎此公有憂國之心而無其術，以至於此也。熹一目已盲，其一亦漸昏暗，勢亦必盲而後已。今年脚氣幸未發，而脾胃先衰，飲食不化，兀坐更無好況。辭職趙公已相諾，再請可得。而今已去，方復請之，未知如何。然勢不可已，或只得次等職名，不作從官，亦便可受。却是來書所説鄙夫見識，蓋位卑勢遠，只得如此，亦不奈何也。

編年 據書信編年。

答李公晦書慶元元年秋

兩請既皆不遂，不免再告。鄙意休官尚可少緩，而辭職不容不力，正與諸人之見相反。然又未知今此果能遂此志否。累書所喻，得所未聞，然事已爾，無可奈何，只得任之耳。試後去住如何？鄉里雖窮寂，然却無閑是非，亦可樂也。

編年 據書信編年。文云「試後去住如何」，當指秋試，以朱熹休官、辭職之請在五月也。

答李公晦書 慶元元年秋

別紙：或者以爲鄉來封贈奏補磨勘之屬，皆已引用次對恩數，今日不當反有辭避，遠近知識所説亦多如此。而熹鄙意竊謂前此供職講筵之日，帶此職名，便合受此恩例；今年已罷講職，則自不合帶此職名，便不合受此恩例。前日之受，今日之辭，彼此一時，自不相須。設使前日爲不當受，則今日只有改正納還，豈可却因已嘗誤受而終遂其非之理？至於所謂已罷講職，不當復帶侍從職名，則其理亦甚分明，但人不察耳。且如侍郎給舍班皆在待制上，及其補外，則往往止帶論撰職名，如近日鄧舍人是也。豈可以其在内嘗任侍從差遣，而補外亦必待帶侍從職名乎？嘗試屏去一切利害之私而平心以觀之，則此理曉然，不難知也。

編年 據書信編年。首句「別紙」二字，疑當爲標題。蓋上書言休致、辭職二事，此則專門詳申辭職理由，當與上篇一時所作也。

與鄭參政劄子 慶元元年十一月

熹竊以仲冬之月，陽氣潛萌，伏惟參政相公鈞候起居萬福。熹伏蒙鈞慈還賜手教，捧讀感悚，不知所言。區區之請，又復不遂，雖荷容庇，得免大戾，然非素心所望於門下也。今復有狀申奏，并懇諸公矣。此事直自去冬此等時節勞攘至今，若使鄙意止爲備禮辭讓，亦何苦冒觸天威，煩瀆朝聽，更使不相樂者得以議其後而終不自已耶？寔以從初不欲虚受，已有狀申省甚詳。後來既以罪去，其無分豪之補可知，即是全無義理可受官職，其勢不得不辭。前此却荷趙公察知此意，許以再上，當爲開陳。若渠更得一兩月不去，則此事已定久矣。不然，則及國論未變，善類未逐之時，冒昧受了，今亦無由追悔。却是後來過了許多時月，入了許多文字，説了許多道理，下稍却只如此閔默受却，則熹雖無狀，豈有顔面可見友朋？今不得已，須至再上，以得爲期。却望參政力賜主張，協贊諸公，同爲敷奏。謂其所請實出誠意，則天意必須可回；或恐不欲盡奪，即得降一二等，却得舊來所帶閣撰，熹亦不敢固辭矣。況此因熹力辭而改，即非責降，而可以保庇孤蹤，免遭彈射，又可以仰全國家退人之禮，於事體殊無所傷，廟堂何憚而不肯爲乎？如更不蒙留意，則是參政略無矜念之意，而直付之言路之筆端，使得肆其詆毁，而諉曰我無所預也。熹不得請，即須得罪，决於此行。若使未然，亦不容苟止，但自此不復敢以告於門下，而坐待譴訶之及耳。伏惟少垂意焉。

貼黄内事，恐只蔭補、磨勘兩事須合改正。蓋熹去年本是帶職員郎，前此一郊，中子已叨恩命，去年自不合奏請，非但不應得京官也。磨勘則所供考第不知比之庶官月日如何，恐或不足，則亦當鐫改。其餘雖不繫利害，然得盡削去，亦一快也。熹今年遣人來往，虚費不貲，今亦不能復遣。初欲附遞致懇，適龔提幹過門，謹此修敬，并致下懷，切幸情照。無由瞻望，馳仰良深。切幾以時爲國自重，熹千萬至禱。

編年 據書信編年。

與鄭參政劄子 慶元元年六月

熹山野伉拙，處世不諧，然自少日即蒙當世一二鉅公教誨期許，待以國士，居常厲志，不敢少貶，以辱其門，亦庶幾得因濟會，少有毫髮以自效於當世。不意暮年此志不遂，而又適遭時論大變，威福下移，忠賢奔波，海内震駭，病中聞之，憒悶鬱結，覓死無路。亟欲草疏自通，幾或開悟，而子弟諸生交謁更諫，以爲如此適增國家之累而無益。紛拏累日，疾勢遂侵，此乃窮命使然，是亦無足言者。今若得因病辭官，并脱無名之職，則與世長辭，含笑入地，無所恨矣。伏惟參政矜憐有素，切望乘此機會，曲賜保全。萬一更有纏擾，不遂所懷，則熹素心尚在，本未能平，一旦遇事感觸，不能自已，更以垂死之年，自貽投竄之禍，亦非參政之所欲也。抑時事如此，有識寒心，而參政從容其間，未肯身任其責，此亦中外所深疑者，而熹猶竊恐高明之有待而發也。不知其果然耶？其不然耶？如其果然，則安危之機相去日遠，亦不可以少緩矣。垂絕之言，無復倫次，唯此一念，炳然如丹，伏惟明公念之。

編年 據年譜長編、書信編年。

與李季章書 慶元二年二月

平生少年日，分手易前期。及此同衰暮，非復別離時。勿言一樽酒，明日難重持。夢中不識路，何以慰相思？

史院同僚餞別靈芝，坐間或誦此言。李季章見謂，平生亦甚愛此，盍書以見贈？予謂如僕乃知此味，季章未也，胡爲亦愛此耶？既而思之，解携之際，但有一人衰暮，便足令滿坐作惡，乃知隱侯之言猶有所未盡也。因并書以寄，季章以爲如何也？

已作前幅送行之處，渠未遣行，而熹復從渠借人去上謝表，方得并令帶去。衡陽之訃，聞者傷嘆，況吾人相與之厚耶？歸葬之恩，可見上意未嘗忘之。復書雖未遂，恐終不能久沮格也。熹前所請封贈蔭補等五事未得指揮，不免再申朝廷，只得付之有司，使以法裁之足矣。若不可辭，熹亦無固必。但衆議論紛紛，至今未已，熹非固欲如此也。幸因見諸公一言及之，仍懇鄭丈早得回降，付去人歸爲幸。此是借人，難令久伺候也。昨聞宣入試闈，今想已出。前書所説歸計，果如何耶？行之昨日過此，亦疑久未踐也。

編年 據書信編年。

評論 周大璋朱子古文讀本卷二與李季章書：言簡意遠，豐韻態度超軼古人。朱青岩以爲絶調，信然。

與留丞相書 慶元元年冬

熹自少鄙拙，凡事不能及人，獨聞古人爲己之學而心竊好之，又以爲是乃人之所當爲而力所可勉，遂委己從事焉，庶幾粗以塞其受中以生之責，初不敢爲異以求名也。既而閭里後生有相問者，因以所聞告之。而流傳之誤，乃有自遠至者。其才之高下、質之厚薄雖爲不同，然皆以是心至，熹不得拒也。不謂熹之無狀，偶自獲罪於世，而詿誤連染，上累斯道，下及衆賢，例得詭僞之名，詆以不道之法，至有初不相識而横罹其禍者。杜門循習，私竊負愧。雖欲悔之，而厥路無繇矣。顧其繼而來者，又未忍却。然每對之，未嘗不自笑其愚，而又憐彼之愚甚於熹也。今幸旬月以來，各以事歸，計亦聞知外間風色，自不敢復來矣。垂問之及，深感鈞慈風諭保全之意，故敢詳布委折。昨日李袁州過此，能言近事。又知僥冒獲附下風之義，尤竊自慶幸也。

編年 書信編年據書中未言及慶元二年十二月落職罷祠事，定其作在此前，甚有理。然置於丙辰，則根據不足。考二年正月二十四日，劉德秀奏劾留正引僞學之徒以危社稷四大罪，而此言垂問、風諭保全，初無留正自危迹象，故必作在正被劾之前。而所言諸生各以事歸，或因歲末各歸度歲也，非直爲黨事而作。故此書之作，當在元年冬爲近。

答任行甫書 慶元四年十二月

衰病益侵，無足言者。今有申府公狀及府公手書，爲乞保明申請休致，煩爲投之。仍計會申奏一宗文字，付之去人，仍作來年正月押下申發乃佳。幕僚二書，并以囑之矣。又此休致文字，不知更要録白繳申脚色之類否？案中紙札及省部亦應有合用常例，悉煩問之。此間者已批付幹人，依例支與，幸呼來付之。省部者得子細批報爲佳。

編年　據書信編年、年譜長編。

答任行甫書 慶元四年十二月

休致文字極荷留念。所以亟欲得之，只爲欲因赴省人帶行。然亦不敢令到日即投，計程未合到，須令正月下旬以後投之，决不至爲州郡之累也。今再有書懇文昌，及託林推言之，想必可得也。録白俟檢法看如何，若須用，即續寄去。數日來頗有講論之樂，恨賢者不聞之也。

編年　據書信編年、年譜長編。

答任行甫書 慶元四年十二月

熹病愈甚，蓋是天意催促休致消息，可見悠悠之論殊無所謂。府公聞已許開正發文字，而俞建安亦數爲游説，又今再與書致懇。此中初六、七間有人入都，須趁此前到此乃佳。書中已説託建安及賢者面言，幸早留念。若難相見，只建安言之可也。林推書説要録白文字等，今亦有書報之。但陳乞狀不欲全依式，恐有嫌疑。其他建安書中可互見，此不能盡布也。

編年　據書信編年、年譜長編。

答任行甫書 慶元四年十二月

謝事文字極荷留念。林推所喻印紙已借人寫，須更兩三日方可得，即遣人送去。且煩爲道鄙意謝之，俟遣人别上狀也。保官俞宰書中已説，但亦恐其難之，故不欲直求之，但云託其宛轉而已。今果如所料，可付一笑。所説諸人，或恐未升朝，或恐亦有所畏，不欲更啓口。只南劍田右司雖是放罷，然屢已經赦，罷後又曾磨勘轉官，恐或可作，已專令吴定往求之。今若不是乞兒，不肯與癩子作保。然亦煩更問法意如何，以狀式觀之，但非分司致仕等人自可作也。亦已喻幹請人，令勿幫正月以後俸錢，并煩爲收起券身之屬，便中示及也。

編年　據書信編年、年譜長編。

與任行甫書 慶元四年十二月

保官久求不得，已絶意不求。只欲懇州府，乞一申省狀。又聞府坐移鎮〔一〕，已亟作書賀之，并别緘致此懇。遣行矣，忽得昭武黄衡州書〔二〕，自求作保。人之識度相越乃如此，不免趕回，且發去賀書，煩爲投之。亦一面遣人去昭武僉圓文字，借印紙來，俟到即發去。求奏狀内有一書至林推，今亦且抽回。只券身仍煩取回，俟有回便却付來也。

校記 〔一〕坐：底本原注恐「主」字之誤。

〔二〕昭：宋浙本作「邵」，下同。

編年 據書信編年、年譜長編。

與楊子直書 慶元元年五月

熹一病沈綿，遂不能起。今遣人去下致仕文字，不知尚及拜受否也。世間喻於義者則爲君子，喻於利者即是小人。而近年一種議論，乃欲周旋於二者之間，回互委曲，費盡心機，卒既不得爲君子，而其爲小人亦不索性，亦可謂誤用其心矣。人之將死，其言也善，惟老兄念之。

編年 朱熹凡兩上挂冠之請，一在慶元元年五月，一在慶元四年十二月。此篇當作於元年，以病況知之也。朱熹晚年每年春夏幾乎無不病者，然無如慶元元年四月以後之病險惡者。此言「遂不能起」，「不知尚及拜受否」，「人之將死」，故當作於是年。參之以下二篇「永訣」之語及續集卷五與田侍郎四、與章侍郎一尤明。年譜長編置於慶元四年冬，書信編年置於慶元五年初，皆誤。

與項平父書 慶元元年五月

熹老病死矣，無復可言。今漫遣人去下致仕文字，念公平生故人，不可無數字之訣。時論一變，盡言者得禍，求全者得謗，利害短長之間，亦明者所宜審處也。

編年 此與上篇一時先後所作，亦當在元年五月。「漫遣人」者，有試探之意，亦可證爲初上致仕之請時也。書信編年置於慶元五年，年譜長編置於四年，皆誤。

答張定叟書 慶元元年五月

熹昧於攝理，百病交攻，初亦只是常年脚氣，而根本已衰，不能與病爲敵，遂至沈困，日甚一日。今已無復生全之望，亟上掛冠之請矣。自惟平生無所肖似，雖不及趨拜先忠獻公幕府，而荷知遇之意不薄。及游兄伯仲間，又以道義德業相期於千載。敬夫棄我而先已十餘年，而熹今衰病又如此，則亦不得久留矣。昨蒙朝廷不棄，累加收用，訖無補報，狼狽而歸。方此省愆，尚期後效，而時論一變，中外震駭，忠賢斥逐，下及韋布，蓋近世所無有。病中憒悶無聊，悲嘆累日。顧念疏遠，言之無益，竟不能發一語以效其愚。適會疾亟，遂姑出此下計，庶幾旦夕瞑目，有以見兄家父兄、平生師友於地下耳。此外尚何言哉〔一〕！

時事如此，有識寒心。默計中外群公，威望隱然，忠義明白，誰如吾定叟者？異時扶傾補敗，洪濟艱難，熹雖瞑目，實不能不以此望於門下也。更願勉思令猷，益求强輔，燕居深念，恬養本原，遠耳目之細娱，圖國家之大計，此又區區所深望也。游誠之才力可仗，不但救荒一事。得收置門下，異時儘有用處。但亦更願兼收并蓄，更得方正嚴重，有餘識遠慮，可敬畏者參錯其間，使勤攻吾闕，如崔州平、法孝直之於孔明，則天下之事庶乎其可濟也。

承喻先正經解，寶藏無恙，今謹封納。其間頗有續記所聞處，蓋亦疑而未定之詞。今固不容輒有增損，不審尊意以爲如何也。

熹病甚，不能作字，口占布此，氣已不相屬矣。即此永訣，切望俯念愚言，千萬自愛，至懇至懇。

校記 〔一〕宋浙本此句下尚有「尚何言哉」四字。

編年 據書信編年，參見上與楊子直書所考。年譜長編置於慶元四年，誤。

答劉季章書 慶元五年夏

告老得謝，固爲甚幸，而無狀之蹤，乃復累及從之。方此踧踖，不能自安，忽得來書，乃聞其訃，尤深痛惜。欲寄一書慰其子弟，不知曾作何差遣來？有便幸批報也。子壽憂悴，殊可念。近日樓大防又已行遣，一時流輩芟夷略盡，其勢必從頭別尋題目整頓一番。聞鄉日湖南所按吏有訴冤於朝者，已下本路體量改正，次第首見及矣〔一〕。知在晉輔處相聚，甚善。可更勉其收拾身心，向裏用力，不須向外枉費心神，非唯無益，當此時節，更生患害不可知。鄉日石刻及今所刊三册，勸其且急收藏，不可印出。鄉後或欲更爲此舉，千萬痛止之也。無疑志趣誠實，但惜其横起猜疑，自立界限，不肯鄉上進步，書中枉費心力分疏。

校記 〔一〕「近日」至「及矣」句又見別集卷二與劉季章書一。

編年 據書信編年。

與黃直卿書 慶元六年三月八日

三月八日，熹啓：人還得書，知已至三山，一行安樂，又知授學次第，人益信向，所示告文規約皆佳，深以爲慰。今想愈成倫理，凡百更宜加勉力。吾道之託在此者，吾無憾矣。衰病本自略有安意，爲俞夢達薦一張醫來，用硇砂、巴豆等攻之，病遂大變。此兩日愈甚，將恐遂不可支吾〔一〕。泰兒又遠在千里外，諸事無分付處，極以爲撓。然凡百已定，只得安之耳。異時諸子諸孫切望直卿一一推誠力賜教誨，使不大爲門户之羞，至祝至祝。恩老昏事餘干有許意，彼所言者，上有外家之嫌，不可問也。

禮書今爲用之、履之不來，亦不濟事，無人商量耳。可使報之〔二〕，可且就直卿處折衷。如向來喪禮，詳略皆已得中矣。臣禮一篇兼舊本，今先附案，一面整理。其他并望參考條例，以次修成。就諸處借來〔三〕，可校作兩樣本，行道大小并附去，并紙各千番，可收也。

謙之、公庶各煩致意，不意遂成永訣，各希珍重。仁卿未行，亦爲致意。病昏且倦，作字不成，所懷千萬，徒切悽黯。不具。

校記 〔一〕遂：原缺，據宋閩、浙本補。

〔二〕使：右引作「便」。

〔三〕徐樹銘朱子集於「來」下補「分寫」二字。

編年 據年譜長編、書信編年。

與陳建寧劄子 紹熙間

伏見本府夏税小麥、秋税糯米除作折錢外，并納净利錢。聞之故老，本府酒課舊來元係官榷，至宣、政間，故御史中丞翁公出鎮鄉邦，始以官務煩費，收息不多，而民以私釀破業陷刑者不勝其衆，於是申請罷去官務，而會計一年酒課所入，除米麥本柄官吏請給之外，總計净利若干，均在二税小麥、糯米折錢數内，别項送納，民間遂得除去酒禁，甚以爲便。但今竊詳「净利」二字不見本是酒課之意，竊慮將來官司不知本末，或有再榷之議。欲望台慈詢究本末，申明省都〔一〕，將「净利」二字改作「酒息」，庶幾翁公所以惠於鄉邦者垂於永久，不勝幸甚。

此事曲折，舊見妻家尊長説及，當時以鄉黨親戚之故，親見翁公措置此事，至今爲利。中間偶聞官司有再榷之意，因以此説告之，得寢其議。然數年以來，耆舊凋零，已無知其説者，深慮日久無復稽考，必有後患。伏惟知府尚書於姻戚間必嘗知其本末，今又屈臨此邦，得賜台念，幸甚幸甚。

校記 〔一〕都：明萬曆本作「部」同。

編年 此劄無時間線索，書信編年按文集編序姑置慶元五年。然時值黨禁，朱熹以獲罪之身，似無出位犯分，干預地方政事之可能。文稱陳建寧爲「知府尚書」，考乾隆福建通志，宋歷朝知建寧府陳姓者，唯陳居仁此前嘗假吏部尚書使金，故此陳建寧或即陳居仁。居仁知建寧府在紹熙間，故此劄當作於朱熹居閑時，紹熙二年至五年也。

乞給由子與納税户條目紹興二十三年至二十六年

一、諸縣舊例，每遇二税起催，前期印造由子，開具逐户産錢出入及合納税物逐項數目，給付人户，以憑送納。近年諸縣間有都不印給由子，致人户無憑送納，或有所納過多，既成虚費；或有少欠些小，又被追呼。欲乞行下約束，依例及時印給。

一、諸縣人户送納税物，官司交訖，合給朱鈔。縣鈔即關主簿勾銷，户鈔即付人户執照，使人户免致重疊追呼搔擾。近年諸縣間有受納錢物不即印鈔，即以鈔單給付人户，既無官印，不可行用。及至追呼，不爲點對，勘斷監納，山谷細民被害尤甚。欲乞檢坐敕條，行下約束，諸縣倉庫交到人户税物一錢以上，須管當日印給朱鈔，令所納人當官交領，不得似前只將鈔單脱賺人户。

一、諸縣受納，亦有即印鈔者，又不即時關過簿廳，已關過者主簿又不即時勾銷正簿，雖承使府倉庫發下朱鈔，亦是如此怠慢，不即勾銷，以致縣道妄行追呼。人户雖有執到户鈔者，又不與照應釋放，及將鄉司案吏重作行遣，却將已納人决撻監繫，追胥案吏誅求乞覓，至有只欠三五十錢而所費十數千者。甚者又遭送獄禁繫，勘斷監納，人不聊生。欲乞檢坐敕條，行下約束，嚴責主簿須管依限勾銷。其催税官司，如有人户執到户鈔，即仰畫時疏放，仍將鄉司案吏重行勘斷。

右具如前，并乞行下約束，仍印小榜，簡約其詞，令人户通知。其有奉行違戾去處，許人户徑赴使府陳訴，將官吏重作行遣。

編年 此文未可詳考，觀其文爲申州公文，所論皆主簿職事，故可斷定朱熹時在官，爲州官以下小吏。朱熹平生任此職事唯有同安主簿，紹興二十三年至二十六年也。據以繫之。

與李彦中帳幹論賑濟劄子 慶元二年

示喻勸分之説，足見仁人之心。區區所慮，蓋亦如此。但閑中不敢數與外事，前日但以船粟盡輸城中，鄉落細民無所得食，恐有他患，不免以書扣府公。久未得報，未知竟如何。但此説又與來喻浦城發米之説正相戾，恐不容自有異同。竊意莫若邀率鄉里諸長上，先次相與合議可行之策，使城郭鄉村、富民貧民皆無不便，然後共以白於當路而施行之。蓋此事利害稍廣，非一夫之智所能獨決。又筆札敷陳，未必盡意，不若面言之可究底藴也。但此事之行，於富民必不能無所不利，但以救民之急，不得不小有所忍，權以濟事。若爲富民計較太深，則恐終無可行之策也。

告急朝廷，丐糴鄰部，恐亦不能有補。吾鄉在重山複嶺之中，朝廷縱有應副，不識何路可以運致？鄰部唯有廣東船米可到泉、福，然彼中今年亦旱，近得福州知識書，言之甚詳。此固無可指準，就使有之，亦如何運得到此？

浦城之米，想亦不能甚多，發之無節，恐山谷間細民飢餓，將復有貽州郡諸司之憂者，尤不可不深慮也。度今城下惟有兩縣勸分之説須作措置，然亦且令愛惜撙節，接續長遠，乃爲至策。若乘快督迫，數日之間散盡所畜，則無以爲後日之計矣。但上户有米無米之實最爲難知，若一概用産錢高下爲數，此最不便。顧恐今勢已迫，不暇詳細，不免只用此法耳。若説不拘多少，勸諭任其自糶，則萬無是理也。要須别有一法以核其實乃佳耳。浦城之米，必不得已可就糴，而不可通販。蓋就糴猶爲有限，而通販則其出無窮，必傾此縣而後已。凡此數端，恐可以裨商論之末，故略陳之，不識高明以爲如何也。

編年 參卷九題李彦中所藏俞侯墨戲所考。

書 汪張吕劉問答

答汪尚書〔一〕癸未六月九日 隆興元年

蒙垂喻語録中可疑處，仰見高明擇理之精，不勝嘆服。如韓、富未嘗同朝，王、韓拜相先後，如所考證，蓋無疑矣。龜山之語，或是未嘗深考，而所傳聞不能無誤。竊謂止以所考歲月注其下，以示傳疑，如何？

書解三段不類記録答問之言，按行狀自有書解，恐即解中説也。共、兜事三經義辨中亦云，若據經所記，即驩兜之罪正坐此，堯典所記，皆爲後事起本，反復詳考，即自見矣。「典刑」兩句絕類王氏，殊不可曉。細推其端，即「道不可以在」之一語自莊子中來，所以尤覺不粹。以此知異學決不可與聖學同年而語也明矣。

龜山答胡迪功問中一段，「老子五千言以自然爲宗，謂之不作可也」，熹亦疑此語。如論語老彭之説，只以曾子問中言禮數段證之，即「述而不作，信而好古」皆可見。蓋老聃周之史官，掌國之典籍，三皇五帝之書，故能述古事而信好之。如五千言，亦或古有是語而老子傳之，未可知也。蓋列子所引黄帝書，即老子「谷神不死」章也，豈所謂三皇五帝之書？即龜山之意，却似習於見聞，不以莊老爲非者，深所未喻也。帝舜申之之説，亦嘗疑之。既而考其文，則此序乃三篇之序也。「臯陶矢厥謨」，即謂臯陶謨篇也。「禹成厥功」，即謂大禹謨篇也。陳九功之事，故曰成厥功也。申，重也。帝舜因臯陶陳九德而禹俞之，因復申命禹曰：「來，禹，汝亦昌言。」而禹遂陳益稷篇中之語，此一句序益稷篇也。以此讀之，文意甚明，不煩生意。今曰不屈於法度之威，氣象却殊淺近，信乎其非所以言舜也。

謝楊二先生事，頃見胡明仲家所記侯師聖之言有曰：「明道先生謂謝子雖少魯，直是誠篤，理會事有不透，其顙有泚，其憤悱如此。」此語却與羅公所記暗合，恐與所謂玩物喪志者有不相害。蓋世固有人聰明辨博而不敏於聞道者矣，惟其所趣不謬於道而志之不舍，是以卒有所聞。而其所聞必皆力行深造之所得，所以光明卓越，直指本原。姑以語録、論語解之屬詳考，即可知矣。如語解中論子路有聞一章，可見其用力處也。龜山却是天質粹美，得之平易，觀其立言亦可見。妄論僭越，良犯不韙。然欲取正有道，不敢自隱其固陋耳。乞賜鐫喻可否，幸甚幸甚。

至於「不居其聖」等説，則又有所疑，亦不敢嘿，并以請教。「不居其聖」，若以爲謙辭，即與得無所得不類。今龜山既云非謂謙而引此爲比，則其意正合矣。上蔡於語解「好古敏求」章亦云「其言則不居，其意則不讓」矣，亦此意也。形色即是天性，非離形色別有天性，故以色即是空明之。龜山又於語解「屢空」處云「大而化之，則形色、天性無二致也，無物不空矣」，亦此意也。然恐此類皆是借彼以明此，非實以爲此之理即彼之説也。

所示王丈云天民、大人不可分，如大、聖、神之不可優劣，熹竊意此等向上地位與學者今日立身處大故懸絕，故難遥度。今且以諸先生之言求之，則聖、神固不可分，橫渠曰：「聖不可知謂神。莊生謬妄，又謂有神人焉。」伊川曰：「神則聖而不可知，非聖人之上又有一等神人也。」大與聖則不可不分。伊川曰：「大而化之，己與理一也。未化者，如操尺度量物，用之尚不免差。已化者，己即尺度，尺度即己。顏子大而未化，若化則達於孔子矣。」橫渠曰：「大，可爲也，化，不可爲也，在熟之而已。易所謂窮神知化，乃養盛自致，非知力能强也。」又曰：「大人未化，未能有其大，化而後能有其大。」又曰：「大幾聖矣，化則位乎天德矣。」更以言語氣象揣度，則「達可行於天下而後行之」語「正己而物正者」〔二〕，亦不得不異。且如伊尹曰：「吾豈若使是君爲堯舜之君哉？使是民爲堯舜之民哉？豈若於吾身親見之哉？」又曰：「予將以斯道覺斯民也，非予覺而誰也？」此可謂「達可行於天下而後行之」矣，其於舜之「恭己正南面而已矣」如何哉？似此恐未可謂不可分也。但其分難見，如顏子之未達一間處，只是顏子自知耳。狂妄率爾，肆意及此，伏惟高明樂與人爲善，必不罪而終教之，區區下情不勝至望。

校記 〔一〕尚書：此與以下五篇宋浙本皆作「帥」。

〔二〕語：正訛改作「與」。

編年 題下原注「癸未六月九日」。

答汪尚書 隆興二年五月

別紙示及釋氏之説，前日正以疑晦未祛，故請其説。方虞僭越，得罪於左右，不意貶損高明，與之酬酢如此，感戢亡已。熹於釋氏之説，蓋嘗師其人，尊其道，求之亦切至矣，然未能有得。其後以先生君子之教校夫先後緩急之序，於是暫置其説而從事於吾學，其始蓋未嘗一日不往來於心也，以爲俟卒究吾説而後求之，未爲甚晚耳，非敢遽絀絶之也。而一二年來，心獨有所自安，雖未能即有諸己，然欲復求之外學以遂其初心，不可得矣。然則前輩於釋氏未能忘懷者，其心之所安，蓋亦必有如此者，而或甚焉，則豈易以口舌争哉？竊謂但當益進吾學，以求所安之是非，則彼之所以不安於吾儒之學而必求諸釋氏然後安者，必有可得而言者矣。所安之是非既判，則所謂反易天常，殄滅人類者，論之亦可，不論亦可，固不即此以定取舍也。

上蔡所云止觀之説，恐亦是借彼修行之目，以明吾進學之事。若曰彼之參請猶吾所謂致知，彼之止觀猶吾所謂克己也，以其語録考之，其不以止觀與克己同塗共轍明矣。後之好佛者遂掇去首尾，孤行此句，以爲己援。正如孔子言夷狄之有君，不如諸夏之亡也，豈真慕夷狄？明道適僧舍，見其方食，而曰「三代威儀盡在是矣」，豈真欲入叢林耶？胡文定所以取楞嚴、圓覺，亦恐是謂於其術中猶有可取者，非以爲吾儒當取之以資己學也。孔子曰：「攻乎異端，斯害也已。」吕博士謂：「君子反經而已矣，經正，斯無邪慝。今惡邪説之害正而攻之，則適所以自敝而已。」

此言誠有味者。故熹於釋學雖所未安，然未嘗敢公言詆之。特以講學所由有在於是，故前日略扣其端。既蒙垂教，復不敢不盡所懷，恐未中理，乞賜開示，不憚改也。更願勿以鄙説示人，要於有定論而已。

和戰之説，頃嘗蒙面誨。及今所示，非不明白，利害較然矣，然愚意終未敢安。蓋衛君待夫子而爲政，夫子以正名爲先。以子路之賢，尚疑其迂，然後夫子極言之，以爲名之不正，其禍至於使民無所措其手足。聖人之言，萬世之法，豈苟然哉？惟明人倫、達天理，知其上際下蟠，無所不極，無所逃於天地之間，然後信斯言之果不妄也。今欲以講和爲名而修自治之實，恐非夫子正名爲先之意。内外心迹判爲兩途，雖使幸而成功，亦儒者之所諱也。况先自處於背盟違命之地，而使彼得擅其直以責於我，内疑上下之心，外成仇敵之勢，皆非計之得也。必以摇動爲慮，則所謂自治者，其惟閉關固圉，寇至而戰，去不窮追，庶可以省息勞費，蓄鋭待時乎。以此自治，與夫因機亟决、電掃風馳者固不同，然猶同歸於是，其與講和之計不可同年而語矣。不審台意以爲如何？

編年 據年譜長編。

答汪尚書 甲申十月二十二日〔一〕 隆興二年

熹兹者累日侍行，得以親炙。竊惟道德純備，固非淺陋所能窺測。而於謙虚好問，容受盡言之際，尤竊有感焉。蓋推是心以往，將天下之善皆歸之，其於任天下之重也何有？愚恐他日之事常人所不能任者，閣下終不得而辭也。是以不勝拳拳，每以儒釋邪正之辨爲説，冀或有助萬分。而猶恐其未足於言也，請復陳之，幸垂聽焉。

大抵近世言道學者失於太高，讀書講義，率常以徑易超絶，不歷階梯爲快，而於其間曲折精微正好玩索處，例皆忽略厭棄，以爲卑近瑣屑，不足留情。以故雖或多聞博識之士，其於天下之義理，亦不能無所未盡。蓋以多聞博識自爲一事，不甚精察其理之所自來，却謂别有向上一著，與此兩不相關。此尹和靖所以有「此三事中一事看破，則此患亡矣」之説，可謂切中其病矣。理既未盡，而胸中不能無疑，乃不復反求諸近，顧惑於異端之説，益推而置諸冥漠不可測知之域，兀然終日，味無義之語，以俟其廓然而一悟。殊不知物必格而後明，倫必察而後盡。格物只是窮理，物格即是理明，此乃大學功夫之始，潛玩積累，各有淺深，非有頓悟險絶處也。近世儒者語此，似亦太高矣。呂舍人書别紙録呈。彼既自謂廓然而一悟者，其於此猶憒然也，則亦何以悟爲哉。儒者爲此學而自謂有悟者，雖不可謂之憒然，其察之必不詳者矣。又況俟之而未必可得，徒使人抱不決之疑，志分氣餒，虚度歲月而倀倀耳。曷若致一吾宗，循下學上達之序，口講心思，躬行力究，寧煩毋略，寧下毋高，寧淺毋深，寧拙毋巧，從容潛玩，存久漸明，衆理洞然，次第無隱，然後知夫大中至正之極、天理人事之全無不在是，初無迥然超絶，不可及者。而幾微之間，豪釐畢察，酬酢之際，體用渾然，雖或使之任至重而處所難，亦沛然行其所無事而已矣，又何疑之不決而氣之不完哉。縱言至此，亦可謂躐等矣。然以閣下之明，勉而進之，恐不足以爲難也。此其與外學所謂廓然而一悟者，雖未知其孰爲優劣，然此一而彼二，此實而彼虛，則較然矣。就使其説有實非吾儒之所及者，是乃所以過乎大中至正之矩，而與不及者亡以異也。窮極幽深，過也，反倫悖理，不及也。蓋大本既立，準則自明，此孟子所以知言，而詖淫邪遁接於我者皆不能逃其鑒也。生於其心，害於其政，發於其政，害於其事，可不戒哉！可不懼哉！

愚意如此，不識高明以爲如何？如其可取，幸少留意焉，既以自任，又以是爲格非定國之本，則斯言之發，庶不得罪於君子矣。或未中理，亦乞明賜誨喻，將復思而請益焉，固無嫌於聽納之不弘也。孤陋寡聞，企望之切。

中國所恃者德，夷狄所恃者力。今慮國事者大抵以審彼己、較强弱爲言，是知夷狄相攻之策，而未嘗及中國治夷狄之道也。蓋以力言之，則彼常强，我常弱，是無時而可勝，不得不和也。以德言之，則振三綱，明五常，正朝廷，勵風俗，皆我之所可勉，而彼之所不能者，是乃中國治夷狄之道，而今日所當議也。誠能自勵以此，則亦何以講和爲哉。愚之所憂，獨恐力既不振，德又不修，則曰戰曰和，俱無上策耳。

悦親有道，在於誠身，誠身有道，在乎明善。今和戰殊途，兩宮異論，秋防已迫，恐誤大計。蓋由誠身未至，自治未力，無以取信於親而然耳。必欲違令行義，以圖事功，其勢甚逆而難。孰若誠身幾諫，以冀感悟，其理至順而易哉。

校記 〔一〕十：宋浙本作「六」。

編年 題下原注「甲申十月二十二日」。

評論 康熙御製文集第三集卷四十三：紫陽爲學本領略具於此書，朱陸異同得失，亦於此可見。周大璋朱子古文讀本卷二答汪尚書書：剖判儒釋學術邪正，未有若此之明且盡者。朱陸異同，可以知所左右袒矣。干城斯道者，勉旃毋忽！

答汪尚書 七月十七日〔一〕 乾道四年

熹不揆愚鄙，妄陳管見，伏蒙高明垂賜誨答，反復玩味，欽佩無忘。然有所疑，敢不自竭。道在六經，何必它求，誠如台諭，亦可謂要言不煩矣。然世之君子亦有雖知其爲如此而不免於淪胥者，何哉？以彼之爲説者曰，子之所求於六經者，不過知性知天而已。由吾之術，無屈首受書之勞而有其效。其見解真實，有過之者，無不及焉。世之君子既以是中其好徑欲速之心，而不察乎它求之賊道，貴仕者又往往有王務家私之累，聲色勢利之娱，日力亦不足矣，是以雖知至道不外六經而不暇求，不若一注心於彼而僥幸其萬一也。然則「何必」云者正矣，而熹竊恨其未嚴也。若易「必」以「可」，儻庶幾乎。蓋不必云者，無益之辭也。不可云者，有害之辭也。夫二者之間，相去遠矣。如烏啄食之而殺人，則世之相戒者必曰不可食，而未有謂不必食而已者也。妄意如此，不審高明以爲如何？

又蒙教喻以兩蘇之學不可與王氏同科，此乃淺陋辭不别白，指不分明之過，請復陳之於後。

而來教又以歐陽、司馬同於蘇氏，則熹亦未能不以爲疑也。蓋歐陽、司馬之學，其於聖賢之高致，固非末學所敢議者，然其所存所守，皆不失儒者之舊，特恐有所未盡耳。至於王氏、蘇氏，則皆以佛老爲聖人，既不純乎儒者之學矣，非惡其如此，特於此可驗其於吾儒之學無所得。而王氏支離穿鑿，尤無義味，至於甚者，幾類俳優。本不足以惑衆，徒以一時取合人主，假利勢以行之，至於已甚，故特爲諸老先生之所排詆。龜山與胡文定書及答蕭子莊書可見其意矣。在今日則勢窮禍極，故其失人人得見之。至若蘇氏之言，高者出入有無而曲成義理，如易之性命陰陽〔二〕，書之人心道心，古史之中一性善，老子之道器中和。下者指陳利害而切近人情，蘇氏此等議論不可殫舉，且據論語，則東坡之論見陽貨，子由之論彼子西，皆以利害言之也。其智識才辨，謀爲氣概，又足以震耀而張皇之，使聽者欣然而不知倦，非王氏之比也。然語道學則迷大本，如前注中性命諸説，多出私意，雜佛老而言之。性命之説尤可笑，熹嘗辨老子説中一段，今以拜呈，可見其梗概矣。論事實則尚權謀，如陽貨、子西事，乃以此論聖人，可見其底藴矣。衒浮華，忘本實，貴通達，賤名檢，此其害天理、亂人心、妨道術、敗風教，亦豈盡出王氏之下也哉。但其身與其徒皆不甚得志於時，無利勢以輔之，故其説雖行而不能甚久。凡此患害，人未盡見，故諸老先生得以置而不論。使其行於當世，亦如王氏之盛，則其爲禍不但王氏而已，主名教者亦不得恝然而無言也。龜山集中雜説數段，爲蘇氏發也，當時固已慮此矣。程氏語録中論賢良處，亦似有所指。蓋王氏之學雖談空虚而無精彩，雖急功利而少機變，其極也陋，如薛昂之徒而已。蔡京雖名推尊王氏，然其淫侈縱恣，所以敗亂天下者，不盡出於金陵也。龜山所論晁鷙詩，乃其所假以爲號耳。若蘇氏，則其律身已不若荆公之嚴，其爲術要未忘功利而詭秘過之。其徒如秦觀、李廌之流，皆浮誕佻輕，士類不齒，相與扇縱横捭闔之辨以持其説，而漠然不知禮義廉耻之爲何物。雖其勢利未能有以動人，而世之樂放縱、惡拘檢者，已紛然向之〔三〕。使其得志，則凡蔡京之所爲，未必不身爲之也。世徒據其已然者論之，是以蘇氏猶得在近世名卿之列，而君子樂成人之美者，亦不欲逆探未形之禍，以加譏貶。至於論道學邪正之際，則其辨有在豪釐之間者，雖欲假借而不能私也。今乃欲專貶王氏而曲貸二蘇，道術所以不明，異端所以益熾，實由於此。愚恐王氏復生，未有以默其口而厭其心也。

狂妄僭率，極言至此，恐閤下未以爲然，胡不取熹前所陳者數書之説而觀之也。以閤下之明，秉天理以格人欲，據正道以黜異端，彼亦將何所遁其情哉。熹之愚昧么麽，豈不知其力之不足？所以慨然發憤而不能已，亦決於此而已矣，天下豈有二道哉。

受學之語見於吕與叔所記二先生語中，云昔受學於周茂叔，故據以爲説。「從游」蓋所尊敬而不爲師弟子之辭，故范内翰之於二先生，胡文定之於三君子，熹皆用此字。但二先生於康節，誠似太重，欲改爲「與」，又似太輕，不知别下何字爲當。更乞示誨，幸甚。程、邵之學固不同，然二先生所以推尊康節者至矣。蓋以其信道不惑，不雜異端，班於温公、横渠之間，則亦未可以其道不同而遽貶之也。和靖之言，恐如孟子言伯夷、伊尹之於孔子，爲不同道之比。妄意其然，不識台意以爲然否。抑康節之學抉摘窈微，與佛老之言豈無一二相似？而卓然自信，無所污染，此其所見必有端的處。比之温公欲護名教而不言者，又有間矣。因論康節及此，并以求教。

校記〔一〕七月十七日：原缺，據宋浙本補。

〔二〕之：原作「説」，據右引改。

〔三〕紛：考異云一作「歙」。

編年 據書信編年。題下宋浙本原注「七月十七日」。年譜長編定此與下篇作於隆興二年，根據不足，今不取。

評論 周大璋朱子古文讀本卷二答汪尚書書：子瞻一代文人，當世每曲護之，而不知其爲道之賊，二程正叔且以爲奸而深嫉之，謗訕詆毁，無所不至。其與禁道學、斥僞學等輩何以異哉！世衰道否，邪正不分，言朱陸則每右朱而左陸，言蜀洛則每是蜀而非洛。文公此書，得不以爲已甚乎。

答汪尚書 十一月既望　乾道四年

别紙諄誨，良荷不鄙。自頃致書之後，方竊悚懼，以俟譴訶，豈意高明不以爲罪而虚受之，此真熹所敬服嘆慕而不能已者，幸甚幸甚！然所謂一字之失者，若推其所自來，究其所終極，恐其失不但一字而已。更望少留意焉，則熹之願也。濂溪、河南授受之際，非末學所敢議。然以其迹論之，則來教爲得其實矣，敢不承命而改焉。但通書、太極圖之屬，更望暇日試一研味，恐或不能無補萬分，然後有以知二先生之於夫子，非若孔子之於老聃、郯子、萇弘也。

惟是蘇學邪正之辨，終未能無疑於心。蓋熹前日所陳，乃論其學儒不至而流於詖淫邪遁之域。竊味來教，乃病其學佛未精，而滯於智慮言語之間，此所以多言而愈不合也。夫其始之闢禪學也，豈能明天人之蘊，推性命之原，以破其荒誕浮虚之説而反之正哉？如大悲閣、中和院記之屬，直掠彼之粗以角其精，據彼之外以攻其内，是乃率子弟以攻父母，信枝葉而疑本根，亦安得不爲之詘哉。近世攻釋氏者，如韓、歐、孫、石之正，龜山猶以爲一杯水救一車薪之火，况如蘇氏以邪攻邪，是束緼灌膏而往赴之也，直以身爲燼而後已耳。

來教又以爲蘇氏乃習氣之弊，雖不知道而無邪心，非若王氏之穿鑿附會，以濟其私邪之學也。熹竊謂學以知道爲本，知道則學純而心正，見於行事，發於言語，亦無往而不得其正焉。如王氏者，其始學也，蓋欲凌跨揚、韓，掩迹顔、孟，初亦豈遽有邪心哉？特以不能知道，故其學不純，而設心造事遂流入於邪。又自以爲是，而大爲穿鑿附會以文之，此其所以重得罪於聖人之門也。蘇氏之學雖與王氏若有不同者，然其不知道而自以爲是則均焉。學不知道，其心固無所取則以爲正，又自以爲是而肆言之，其不爲王氏者，特天下未被其禍而已。其穿鑿附會之巧，如來教所稱論成佛、説老子之屬，蓋非王氏所及。而其心之不正，至乃謂湯、武篡弑而盛稱荀彧，以爲聖人之徒。凡若此類，皆逞其私邪，無復忌憚，不在王氏之下。

借曰不然，而原情以差其罪，則亦不過稍從末減之科而已，豈可以是爲當然而莫之禁乎？書曰：「天討有罪，五刑五用哉。」此刑法之本意也。若天理不明，無所準則，而屑屑焉惟原情之爲務，則無乃徇情廢法而縱惡以啓奸乎？楊朱，學爲義者也，而偏於爲我；墨翟，學爲仁者也，而流於兼愛。本其設心，豈有邪哉？皆以善而爲之耳。特於本原之際微有豪釐之差，是以孟子推言其禍，以爲無父無君而陷於禽獸，辭而闢之，不少假借。孟子亦豈不原其情而過爲是刻核之論哉？誠以其賊天理、害人心於幾微之間，使人陷溺而不自知，非若刑名狙詐之術，其禍淺切而易見也。是以拔本塞源，不得不如是之力。書曰：「予畏上帝，不敢不正。」又曰：「予弗順天，厥罪惟均。」孟子之心，亦若是而已爾。以此論之，今日之事，王氏僅足爲申、韓、儀、衍，而蘇氏學不正而言成理，又非楊、墨之比。愚恐孟子復生，則其取舍先後必將有在，而非如來教之云也。

區區僭越，辨論不置，非敢自謂工訶古人而取必於然諾，實以爲古人致知格物之學有在於是，既以求益，而亦意其未必無補於高明也。

編年 據書信編年。題下原注「十一月既望」。

評論 周大璋朱子古文讀本卷二答汪尚書書：坡公在宋，讜言亮節，不無可觀。然學術偏頗，使得柄用，大行其志，貽害國家，固一介甫也。看諸策議論自見。蓋學以知道爲本，既不知道，則詖言邪行生心害政，又何疑哉。文公攻之不遺餘力，夫亦不得已焉爾。子瞻嘗云：「聖人之所爲惡夫異端，盡力而排之者，非異端之能亂天下，而天下之亂所由出也。」不知率獸食人，人將相食，亂天下者，非異端其誰？坡公未得志，天下未被其毒，遽以是詆之，人自不信。然使介甫得君不專，行政不久，亦未必陵夷至此也。「周公恐懼東歸日，王莽謙恭下士時，若使一朝身便死，當時真僞有誰知？」真千古格言哉！

與汪尚書己丑　乾道五年

去春賜教，語及蘇學，以爲世人讀之，止取文章之妙，初不於此求道，則其失自可置之。夫學者之求道，固不於蘇氏之文矣，然既取其文，則文之所述有邪有正，有是有非，是亦皆有道焉，固求道者之所不可不講也。講去其非以存其是，則道固於此乎在矣，而何不可之有？若曰惟其文之取，而不復議其理之是非，則是道自道，文自文也。道外有物，固不足以爲道，且文而無理，又安足以爲文乎？蓋道無適而不存者也，故即文以講道，則文與道兩得而一以貫之，否則亦將兩失之矣。中無主，外無擇，其不爲浮誇險詖所入而亂其知思也者幾希。況彼之所以自任者，不但曰文章而已。既亡以考其得失，則其肆然而談道德於天下，夫亦孰能禦之？愚見如此，累蒙教告，終不能移也。

又蒙喻及二程之於濂溪，亦若横渠之於范文正耳。先覺相傳之秘，非後學所能窺測。誦其詩，讀其書，則周、范之造詣固殊，而程、張之契悟亦異。如曰仲尼、顔子所樂，吟風弄月以歸，皆是當時口傳心受，的當親切處。後來二先生舉似後學，亦不將作第二義看。然則行狀所謂反求之六經然後得之者，特語夫功用之大全耳。至其入處，則自濂溪，不可誣也。若横渠之於文正，則異於是，蓋當時粗發其端而已。受學乃先生自言，此豈自誣者耶？

大抵近世諸公知濂溪甚淺，如吕氏童蒙訓記其嘗著通書，而曰用意高遠。夫通書、太極之説，所以明天理之根源，究萬物之終始，豈用意而爲之？又何高下遠近之可道哉？近林黄中自九江寄其所撰祠堂記文，極論「濂」字偏旁，以爲害道，尤可駭嘆。而通書之後，次序不倫，載蒲宗孟碣銘全文，爲害又甚。以書曉之，度未易入。見謀於此别爲叙次而刊之，恐却不難辨也。春陵記文亦不可解，此道之衰，未有甚於今日，奈何奈何！

編年 題下原注「己丑」。

答汪尚書 乾道八年

伏蒙垂教以所不及，反覆再四，開發良多。此足以見閑居味道，所造日深，而又謙虚退託，不自賢智如此。區區下懷，尤切欣幸。第顧淺陋，不足以當誘掖之勤，玆爲愧懼耳。然竊思之，東、西銘雖同出於一時之作，然其詞義之所指，氣象之所及，淺深廣狹，迥然不同。是以程門專以西銘開示學者，而於東銘，則未之嘗言。蓋學者誠於西銘之言反復玩味而有以自得之，則心廣理明，意味自别。若東銘，則雖分别長傲遂非之失於豪釐之間，所以開警後學，亦不爲不切，然意味有窮，而於下學功夫蓋猶有未盡者，又安得與西銘徹上徹下、一以貫之之旨同日而語哉？竊意先賢取舍之意或出於此，不審高明以爲如何？

至於體用一原、顯微無間之語，則近嘗思之。前此看得大段鹵莽，子細玩味，方知此序無一字無下落，無一語無次序。其曰「至微者，理也；至著者，象也。體用一原，顯微無間」，蓋自理而言，則即體而用在其中，所謂一原也。自象而言，則即顯而微不能外，所謂無間也。其文理密察，有條不紊乃如此。若於此看得分明，則即西銘之書，而所謂一原無間之實已瞭然心目之間矣，亦何俟於東銘而後足耶？若俟東銘而後足，則是體用顯微判然二物，必各爲一書，然後可以發明之也。先生之意，恐不如此。不審高明又以爲如何？

太極圖、西銘近因朋友商確，嘗竊私記其説。見此抄録，欲以請教，未畢而明仲之僕來索書。不欲留之，後便當拜呈也。然頃以示伯恭，渠至今未能無疑。蓋學者含糊覆冒之久，一旦遽欲分剖曉析而告語之，宜其不能入也。

又蒙語及前此妄論平易蹉過之言，稱許甚過，尤切皇恐。然竊觀來意，似以爲先有見處，乃能造夫平易，此則又似禪家之説，熹有所不能無疑也。聖門之教，下學上達，自平易處講究討論，積慮潛心，優柔饜飫，久而漸有得焉，則日見其高深遠大而不可窮矣。程夫子所謂善學者求言必自近，易於近者非知言者也，亦謂此耳。今曰此事非言語臆度所及，必先有見，然後有以造夫平易，則是欲先上達而後下學，譬之是猶先察秋豪而後睹山岳，先舉萬石而後勝匹雛也。夫道固有非言語臆度所及者，然非顔、曾以上幾於化者，不能與也。今日爲學用力之初，正當學問思辨而力行之，乃可以變化氣質而入於道。顧乃先自禁切，不學不思，以坐待其無故忽然而有見，無乃溺心於無用之地，玩歲愒日而卒不見其成功乎？就使僥倖於恍惚之間，亦與天理人心、叙秩命討之實了無交涉，其所自謂有得者，適足爲自私自利之資而已。此則釋氏之禍横流稽天而不可遏者，有志之士所以隱憂浩嘆而欲火其書也。

舊讀明道行狀，記其學行事業累數千言，而卒道其言不過力排釋氏，以爲必闢之而後可以入道。後得呂滎公家傳，則以爲嘗受學於二程，而所以推尊稱美之辭甚盛。考其實，亦誠有以大過人者。然至其卒章而誦其言，則以爲佛之道與聖人合。此其師生之間分背矛盾，一南一北，不審台意平日於此是非之際何以處之？天之生物，使之一本，此是則彼非，此非則彼是，蓋不容并立而兩存也。

愚昧無知，誤蒙誘進，敢竭愚慮，庶幾决疑。伏望恕其狂易而終教之，幸甚幸甚。

編年 據書信編年。

答汪尚書論家廟 癸巳 乾道九年

熹伏蒙垂問廟制之説，熹昨託陳明仲就借古今諸家祭儀，正以孤陋寡聞，無所質正，因欲講求，俟其詳備，然後請於高明，以定其論耳。不謂乃蒙下詢，使人茫然不知所對。然姑以所示兩條考之，竊謂至和之制雖若不合於古，而實得其意，但有所未盡而已。政和之制則雖稽於古者，或得其數，而失其意則多矣。蓋古者諸侯五廟，所謂二昭二穆者，高祖以下四世有服之親也。所謂太祖者，始封之君，百世不毀之廟也。今世公侯有家而無國，則不得有太祖之廟矣。故至和四廟，特所謂二昭二穆，四世有服之親，而無太祖之廟，其於古制雖若不同，而實不害於得其意也。又況古者天子之三公八命，及其出封，然後得用諸侯之禮。蓋仕於王朝者，其禮反有所厭而不得伸，則今之公卿，宜亦未得全用諸侯之禮也。禮家又言，夏四廟，至子孫而五，則是凡立五廟者，亦是五世以後，始封之君正東向之位，然後得備其數，非於今日立廟之初，便立太祖之廟也。政和之制，蓋皆不考乎此，故二昭二穆之上，通數高祖之父以備五世。夫既非始封之君，又已親盡而服絶矣，乃苟以備夫五世而祀之，於義何所當乎？

至於大夫三廟，説者以爲天子、諸侯之大夫皆同。蓋古者天子之大夫與諸侯之大夫品秩之數不甚相遠，故其制可以如此。若今之世，則唯侍從官以上乃可以稱天子之大夫，至諸侯之大夫，則州鎮之幕職官而已爾，横渠先生止爲京官，而温公云官比諸侯之大夫則已貴。是安可以拘於古制而使用一等之禮哉？故至和之制專以天子之大夫爲法，亦深得制禮之意。但其自東宫三少而上乃得爲大夫，則疑未盡，而適士二廟，官師一廟之制，亦有所未備焉耳。政和之制固未必深考古者天子諸侯之大夫同爲一等之説，然其意實近之。但自大侍從至陞朝官并爲一法〔一〕，則亦太無隆殺之辨矣。蓋官職高下，則有古今之不同，但以命數準今品數而論之，則禮之等差可得而定矣。然此亦論其得失而已，若欲行之，則政和之禮行於今日，未之有改，凡仕於今日而得立廟者，豈得而不用哉？但其所謂廟者，制度草略，已不能如唐制之盛，而況於古乎？此好禮之士所以未嘗不嘆息於斯也。

然考諸程子之言，則以爲高祖有服，不可不祭。雖七廟五廟，亦止於高祖，雖三廟一廟，以至祭寢，亦必及於高祖，但有疏數之不同耳。疑此最爲得祭祀之本意。今以祭法考之，雖未見祭必及高祖之文，然有月祭享嘗之别，則古者祭祀以遠近爲疏數亦可見矣。禮家又言，大夫有事，省於其君，干祫及其高祖，此則可爲立三廟而祭及高祖之驗。而來教所疑私家合食之文，亦因可見矣。但干祫之制，它未有可考耳。

墓祭之禮，程氏亦以爲古無之，但緣習俗。然不害義理，但簡於四時之祭可也。凡此皆直據鄙見與其所聞而論之，以求教於門下，伏惟高明財擇，因風還賜一言，以决其是非焉，則熹不勝幸甚。熹又嘗因程氏之説草其祭寢之儀，將以行於私家，而連年遭喪，未及盡試，未敢輒以拜呈。少俟其備，當即請教也。

校記　〔一〕記疑云此句疑誤。

編年　題下原注「癸巳」。

答汪尚書乾道九年

前蒙垂諭廟制，率易薦聞，未知中否。不蒙辨詰，殊失所望。然若果於台意無疑，則亦足自安矣。别紙下詢，尤見謙德之盛，愈下而愈光。顧熹之愚，不足以有所發耳。夫宋公以外祖無後而歲時祭之，此其意可謂厚矣。然非族之祀，於理既未安，而勢不及其子孫，則爲慮亦未遠。曷若訪其族親，爲之置後，使之以時奉祀之爲安便而久長哉。但貧賤之士，則其力或不足以爲此，或雖爲之，而彼爲後者無所顧於此，則亦不能使之致一於所後。若宋公，則其力非不足爲，若爲之而割田築室以居之，又奏授之官以禄之，則彼爲後者，必將感吾之誼而不敢乏其祀矣。此於義理甚明，利害亦不難曉。竊意宋公特欲親奉嘗之，以致吾不忘母家之意，而其慮遂不及此耳。若果如此，則使爲後者主其祭，而吾特往助其饋奠，亦何爲而不可？伏惟高明試一思之，如有可采，願早爲之，使異時史策書之，可以爲後世法，而宋公之事不得專美於前，則區區之深願也。愚見如此，不審台意以爲如何？

編年 據年譜長編、書信編年。

答汪尚書乾道九年

伏蒙垂諭祭儀之闕，此間前日蓋亦有疑之者。熹竊以爲正廟配食，只合用初配一人，其再娶及庶母之屬，皆各爲别廟祠之，乃於情義兩盡，不審台意如何？焚黄近世行之墓次，不知於禮何據。昨見欽夫謝魏公贈謚文字，却只云告廟，此與近世所行，又不知孰爲得失也。更乞台諭，幸甚。又見王彦輔麈史記富文忠、李文定忌日變服事，横渠理窟亦有變服之説，但其制度皆不同。如熹前日所定，則與士庶吉服相亂，恐不可行。不知三家之説當從何者爲是，亦乞批誨，當續修正也。

編年 據年譜長編、書信編年。

與汪尚書乾道九年

郭子和所辨買宅事，元本尚未還納，今偶尋不獲，别録一本拜納，伏乞視至。其所辨論，不審台意以爲如何？如其有徵，即合刻之程書本卷之後。若其尚在疑信之間，則亦不必傳也。便還，乞示一的報，幸甚。但其所辨侍疾事，云有請問録、象學説及伊川往來書，雖已焚蕩，想渠尚及記憶。欲乞因書試爲詢訪，或得其大略梗概，當有益於學者，而亦可以證明其説之不妄矣。渠説又云，譙天授亦黨事後門人。熹見胡、劉二丈説親見譙公，自言識伊川於涪陵，約以同居洛中。及其至洛，則伊川已下世矣。問以伊川易學，意似不以爲然。至考其它言行，又頗雜於佛、老子之學者，恐未得以門人稱也。以此一事及其所著象學文字推之，則恐其於程門亦有未純師者。不知其所謂卒業者果何事耶？凡此皆熹所疑，敢并以請。得賜開喻，幸甚幸甚。

編年　據書信編年，姑置於此。

與張欽夫别紙乾道八年

侯子論語抄畢内上。其間誤字顯然者，已輒爲正之矣。但其語時有不瑩，豈其不長於文字而然耶？抑别有以也？頃在豫章，見阜卿所傳語録，有尹和靖所稱伊川語云：「侯師正議論只好隔壁聽。」詳味此言，以驗此書，竊謂其學大抵明白勁正，而無深潛縝密、沈浸醲郁之味，故於精微曲折之際不免疏略，時有罅縫。不得於言而求諸心，乃其所見所存有此氣象，非但文字之疵也。狂妄輒爾輕議前輩，可謂不韙，然亦講學之一端，所不得避。不審高明以爲如何？人回却望批誨，幸甚幸甚。

編年 此書論侯仲良論語説并徵求張栻意見，南軒集卷二十答朱元晦秘書末書云：「侯師聖之説多可疑，然亦有好處也。」該書即答朱熹此篇。其中言及劉珙將有湖南之除，期待與朱熹再見及問魏掞之疾事，知作於乾道八年，故此篇當在其時。本書所云「頃在豫章」，考朱熹生平行實，當指乾道三年游南岳後東歸經由。

答張欽夫 乾道五年

蒙示及答胡彪二書、吕氏中庸辨，發明親切，警悟多矣。然有未諭，敢條其所以而請於左右。答廣仲書切中學者之病，然愚意竊謂此病正坐平時燭理未明，涵養未熟，以故事物之來，無以應之。若曰於事物紛至之時，精察此心之所起，則是似更於應事之外別起一念，以察此心。以心察心，煩擾益甚，且又不見事物未至時用力之要，此熹所以不能亡疑也。儒者之學，大要以窮理爲先。蓋凡一物有一理，須先明此，然後心之所發，輕重長短，各有準則。書所謂「天叙」、「天秩」、「天命」、「天討」，孟子所謂「物皆然，心爲甚」者，皆謂此也。若不於此先致其知，但見其所以爲心者如此，識其所以爲心者如此，泛然而無所準則，則其所存所發，亦何自而中於理乎？且如釋氏擎拳竪拂、運水般柴之説，豈不見此心？豈不識此心？而卒不可與入堯舜之道者，正爲不見天理，而專認此心以爲主宰，故不免流於自私耳。前輩有言，聖人本天，釋氏本心，蓋謂此也。

來示又謂心無時不虚，熹以爲心之本體固無時不虚，然而人欲已私汨没久矣，安得一旦遽見此境界乎？故聖人必曰正其心，而正心必先誠意，誠意必先致知，其用力次第如此，然後可以得心之正而復其本體之虚，亦非一日之力矣。今直曰無時不虚，又曰既識此心則用無不利，此亦失之太快而流於異學之歸矣。若儒者之言，則必也精義入神，而後用無不利可得而語矣。

孟子存亡出入之説，亦欲學者操而存之耳，似不爲識此心發也。若能常操而存，即所謂敬者純矣。純則動静如一，而此心無時不存矣。今也必曰動處求之，則是有意求免乎静之一偏，而不知其反倚乎動之一偏也。然能常操而存者，亦是顔子地位以上人方可言此。今又曰識得便能守得，則僕亦恐其言之易也。明道先生曰，既能體之而樂，則亦不患不能守。須如此而言，方是顛撲不破，絶滲漏、無病敗耳。高明之意，大抵在於施爲運用處求之，正禪家所謂石火電光底消息也。而於優游涵泳之功，似未甚留意，是以求之太迫而得之若驚，資之不深而發之太露。易所謂寬以居之者，正爲不欲其如此耳。愚慮及此，不識高明以爲如何？

編年　據書信編年。

評論　周大璋朱子古文讀本卷二答張欽夫書：朱青岩云：「剖别儒釋界限，如冰炭薰蕕，有功人心，不在三聖之下。」愚謂此等書正當與孟子七篇并傳。

與張欽夫先生自注云：「此書非是，但存之以見議論本末耳。」下篇同此。乾道二年

人自有生即有知識，事物交來，應接不暇，念念遷革，以至於死，其間初無頃刻停息，舉世皆然也。然聖賢之言，則有所謂未發之中，寂然不動者。夫豈以日用流行者爲已發，而指夫暫而休息，不與事接之際爲未發時耶？嘗試以此求之，則泯然無覺之中，邪暗鬱塞，似非虛明應物之體，而幾微之際一有覺焉，則又便爲已發，而非寂然之謂。蓋愈求而愈不可見，於是退而驗之於日用之間，則凡感之而通，觸之而覺，蓋有渾然全體應物而不窮者。是乃天命流行，生生不已之機，雖一日之間萬起萬滅，而其寂然之本體則未嘗不寂然也。所謂未發，如是而已，夫豈別有一物，限於一時，拘於一處，而可以謂之中哉？然則天理本真，隨處發見，不少停息者，其體用固如是，而豈物欲之私所能壅遏而梏亡之哉？故雖汩於物欲流蕩之中，而其良心萌蘖，亦未嘗不因事而發見。學者於是致察而操存之，則庶乎可以貫乎大本達道之全體而復其初矣。不能致察，使梏之反覆，至於夜氣不足以存而陷於禽獸，則誰之罪哉？周子曰：「五行，一陰陽也；陰陽，一太極也；太極，本無極也。」其論至誠，則曰静無而動有。程子曰：「未發之前更如何求？只平日涵養便是。」又曰：「善觀者却於已發之際觀之。」二先生之説如此，亦足以驗大本之無所不在，良心之未嘗不發矣。

編年 據年譜長編、書信編年。

與張欽夫 先生自注云：「此書所論尤乖戾，所疑語録皆非是，後自有辨説甚詳。」乾道二年

前書所扣，正恐未得端的，所以求正。兹辱誨喻，乃知尚有認爲兩物之蔽，深所欲聞，幸甚幸甚。當時乍見此理，言之唯恐不親切分明，故有指東畫西，張皇走作之態。自今觀之，只一念間已具此體用，發者方往而未發者方來，了無間斷隔截處，夫豈别有物可指而名之哉。然天理無窮，而人之所見有遠近深淺之不一，不審如此見得又果無差否。更望一言垂教，幸幸。

所論龜山中庸可疑處，鄙意近亦謂然。又如所謂學者於喜怒哀樂未發之際以心驗之，則中之體自見，亦未爲盡善。大抵此事渾然，無分段時節先後之可言。今著一「時」字一「際」字，便是病痛。當時只云寂然不動之體，又不知如何。語録亦嘗疑一處説存養於未發之時一句，及問者謂當中之時，耳目無所見聞，而答語殊不痛快，不知左右所疑是此處否？更望指誨也。

向見所著中論有云：「未發之前，心妙乎性，既發則性行乎心之用矣。」於此竊亦有疑。蓋性無時不行乎心之用，但不妨常有未行乎用之性耳。今下一「前」字，亦微有前後隔截氣象，如何如何？熟玩中庸，只消著一「未」字，便是活處。此豈有一息停住時耶？只是來得無窮，便常有個未發底耳。若無此物，則天命有已時，生物有盡處，氣化斷絶，有古無今久矣。此所謂天下之大本，若不真的見得，亦無揣摸處也。

編年 據年譜長編、書信編年。

與張欽夫乾道二年

昨見共父家問，以爲二先生集中誤字，老兄以爲嘗經文定之手，更不可改，愚意未曉所謂。夫文定固有不可改者，如尊君父，攘夷狄，討亂臣，誅賊子之大倫大法，雖聖賢復出，不能改也。若文字之訛，安知非當時所傳亦有未盡善者，而未得善本以正之歟？至所特改數處，竊以義理求之，恐亦不若先生舊文之善。若如老兄所論，則是伊川所謂「昔所未逞，今不得復作，前所未安，後不得復正」者，又將起於今日矣。已作共父書詳言之，復此具禀。更望虚心平氣，去彼我之嫌，而專以義理求之，則於取舍從違之間知所處矣。

道術衰微，俗學淺陋極矣。振起之任，平日深於吾兄望之。忽聞此論，大以爲憂。若每事自主張如此，則必無好問察言之理。將來任事，必有不滿人意處。而其流風餘弊，又將傳於後學，非適一時之害也。只如近世諸先達，聞道固有淺深，涵養固有厚薄，擴充運用固有廣狹，然亦不能不各有偏倚處。但公吾心以玩其氣象，自見有當矯革處，不可以火濟火，以水濟水而益其疾也。

熹聞道雖晚，賴老兄提掖之賜，今幸略窺仿佛。然於此不能無疑，不敢自鄙外於明哲，故敢控瀝，一盡所言。不審尊意以爲如何？其詳則又具於共父書中，幸取而并觀之，無怪其詞之太直也。

編年　據年譜長編、書信編年。

與張欽夫 乾道二年

「不先天而開人，各因時而立政」，胡本「天」作「時」，欽夫云作「天」字大害事。愚謂此言「先天」，與文言之「先天」不同。文言之云「先天」、「後天」，乃是左右參贊之意。如左傳云「實先後之」，意思即在中間，正合天運，不差豪髮。所謂啐啄同時也。此序所云「先天」，却是天時未至，而妄以私意先之，若耕穫菑畬之類耳。兩「先天」文同而意不同，「先天」、「先時」却初不異。但上言天，下言人，上言時，下言政，於文爲協耳。

「窺聖人之用心」，胡本無「心」字，欽夫云著「心」字亦大害事，請深思之。愚謂孟子言：「堯舜之治天下，豈無所用其心哉？」言用心，莫亦無害於理否？

編年　據年譜長編、書信編年。

別紙 乾道二年

稱侄固未安，稱猶子亦不典。按禮有從祖從父之名，則亦當有從子從孫之目矣。以此爲稱，似稍穩當。慮偶及此，因以求教，非敢復議改先生之文也。與富公及謝帥書，全篇反復，無非義理。卒章之言，止是直言義理之效，感應之常。如易六十四卦，無非言吉凶禍福。書四十八篇，無非言災祥成敗。詩之雅頌，極陳福禄壽考之盛以歆動其君，而告戒之者尤不爲少。卷阿尤著。孟子最不言利，然對梁王亦曰「未有仁義而遺後其君親者」，答宋牼亦曰「然而不王者未之有也」，此豈以利害動之哉，但人自以私心計之，便以爲利，故不肖者則起貪欲之心，賢者則有嫌避之意，所趣雖殊，然其處心之私則一也。若夫聖賢，以大公至正之心，出大公至正之言，原始要終，莫非至理，又何嫌疑之可避哉。若使先生全篇主意專用此説，則誠害理矣。向所見教同行異情之説，於此亦可見矣。

春秋序兩處，觀其語脉文勢，似熹所據之本爲是。「先天」二字，卷中論之已詳，莫無害於理否？理既無害，文意又協，何爲而不可從也。「聖人之用」下著「心」字，語意方足，尤見親切主宰處。下文所謂得其意者是也。不能窺其用心，則其用豈易言哉。故得其意然後能法其用，語序然也。其精微曲折，蓋有不苟然者矣。若謂用心非所以言聖人，則孟子、易傳中言聖人之用心者多矣。蓋人之用處無不是心，自聖人至於下愚一也。但所以用之者有精粗邪正之不同，故有聖賢下愚之别，不可謂聖人全不用心，又不可謂聖人無心可用，但其用也妙，異乎常人之用耳。然又須知即心即用，非有是心而又有用之者也。

編年　據書信編年、年譜長編。

與張欽夫論程集改字 二十七日別紙 乾道二年

伏蒙垂諭向論程集之誤，定性書、辭官表兩處已蒙收録，其它亦多見納用，此見高明擇善而從，初無適莫，而小人向者妄發之過也。然所謂不必改、不當改者，反復求之，又似未能不惑於心，輒復條陳，以丐指喻。

夫所謂不必改者，豈以爲文句之間小小同異，無所繫於義理之得失而不必改耶？熹所論出於己意，則用此説可也。今此乃是集諸本而證之，按其舊文，然後刊正，雖或不能一一盡同，亦是類會數説而求其文勢語脉所趨之便。除所謂「疑當作某」一例之外，未嘗敢妄以意更定一點畫也。此其合於先生當日本文無疑。今若有尊敬重正而不敢忽易之心，則當一循其舊，不容復有豪髮苟且遷就於其間，乃爲盡善。惟其不爾，故字義迂晦者，必承誤强説而後通；如「遵」誤作「尊」，今便强説爲「尊其所聞」之類是也。語句刓闕者，須以意屬讀然後備。如「嘗食絮羹，叱止之」，無「皆」字，則不成文之類是也。此等不惟於文字有害，反求諸心，則隱微之間，得無未免於自欺耶？且如吾輩秉筆書事，唯務明白，其肯故舍所宜用之字而更用它字，使人强説而後通耶？其肯故爲刓闕之句，使人屬讀而後備耶？人情不大相遠，有以知其必不然矣。改之不過印本字數稀密不匀，不爲觀美，而它無所害，然則胡爲而不改也？卷子内如此處已悉用朱圈其上，復以上呈。然所未圈者，似亦不無可取。方執筆時，不能不小有嫌避之私，故不能盡此心。今人又來督書，不容再閲矣，更乞詳之可也。

所謂不當改者，豈謂富謝書、春秋序之屬？而書中所喻「沿」「泝」、「猶子」二説，又不當改之尤者耶？以熹觀之，所謂尤不當改者，乃所以爲尤當改也。大抵熹之愚意，止是不欲專輒改易前賢文字，稍存謙退敬讓之心耳。若聖賢成書稍有不愜己意處，便率情奮筆，恣行塗改，恐此氣象亦自不佳。蓋雖所改盡善，猶啓末流輕肆自大之弊，況未必盡善乎？伊川先生嘗語學者，病其於己之言有所不合，則置不復思，所以終不能合。答楊迪及門人二書，見集。今熹觀此等改字處，竊恐先生之意尚有不可不思者，而改者未之思也。蓋非特己不之思，又使後人不復得見先生手筆之本文，雖欲思之以達於先生之意，亦不可得。此其爲害，豈不甚哉！夫以言乎己，則失其恭敬退讓之心；以言乎人，則啓其輕肆妄作之弊；以言乎先生之意，則恐猶有未盡者而絶人之思。姑無問其所改之得失，而以是三者論之，其不可已曉然矣。老兄試思前聖入太廟每事問，存餼羊，謹闕文，述而不作，信而好古，深戒不知而作，教人多聞闕疑之心爲如何，而視今日紛更專輒之意象又爲如何，審此則於此宜亦無待乎熹之言而決，且知熹之所以再三冒瀆，貢其所不樂聞者，豈好己之説勝，得已而不已者哉？熹請復論「沿」「泝」、「猶子」之説，以實前議。

夫改「沿」爲「泝」之説，熹亦竊聞之矣。如此曉破，不爲無力。然所以不可改者，蓋先生之言垂世已久，此字又無大害義理，若不以文辭害其指意，則只爲「沿」字而以「因」字、「尋」字、「循」字之屬訓之，於文似無所害，而意亦頗寬舒。必欲改爲「泝」字，雖不無一至之得，然其氣象却殊迫急，似有强探力取之弊。疑先生所以不用此字之意，或出於此。不然，夫豈不知「沿」「泝」之别而有此謬哉？蓋古書「沿」字亦不皆爲順流而下之字也。荀子云：「反鈆察之。」注云：「鈆與沿同，循也。」惜乎當時莫或疑而扣之，以祛後人之惑，後之疑者又不能闕而遽改之，是以先生之意終已不明，而舉世之人亦莫之思也。大抵古書有未安處，隨事論著，使人知之可矣。若遽改之，以没其實，則安知其果無未盡之意耶？漢儒釋經，有欲改易處，但云「某當作某」，後世猶或非之，况遽改乎？且非特漢儒而已，孔子删書，「血流漂杵」之文因而不改，孟子繼之，亦曰「吾於武成取二三策而已」，終不刊去此文，以從己意之便也。然熹又竊料改此字者，當時之意亦但欲使人知有此意，未必不若孟子之於武成。但後人崇信太過，便憑此語塗改舊文，自爲失耳。愚竊以爲此字决當從舊，尤所當改。若老兄必欲存之，以見「泝」字之有力，則請正文只作「沿」字，而注其下云「某人云『沿』當作『泝』」，不則云「胡本『沿』作『泝』」，不則但云「或人」可也。如此兩存，使讀者知用力之方，改者無專輒之咎，而先生之微音餘韻後世尚有默而識之者，豈不兩全其適而無所傷乎？

「猶子」之稱謂不當改，亦所未喻。蓋來教但云侄止是相沿稱之，而未見其害義不可稱之意，云稱「猶子」尚庶幾焉，亦未見其所以庶幾之説，是以愚瞢未能卒曉。然以書傳考之，則亦有所自來。蓋爾雅云：「女子謂兄弟之子爲侄。」注引左氏「侄其從姑」以釋之，而反復考尋，終不言男子謂兄弟之子爲何也。以漢書考之，二疏乃今世所謂叔侄，而傳以父子稱之，則是古人直謂之子，雖漢人猶然也。蓋古人淳質，不以爲嫌，故如是稱之，自以爲安。降及後世，則心有以爲不可不辨者，於是假其所以自名於姑者而稱焉。雖非古制，然亦得別嫌明微之意。而伯父叔父與夫所謂姑者，又皆吾父之同氣也，亦何害於親親之義哉？今若欲從古，則直稱子而已。若且從俗，則伊川、横渠二先生者皆嘗稱之。伊川嘗言禮從宜，使從俗有大害義理處，則須改之。夫以其言如此而猶稱侄云者，是必以爲無大害於義理故也。故其遺文出於其家，而其子序之，以行於世，舉無所謂「猶子」云者。而胡本特然稱之，是必出於家庭之所筆削無疑也。若曰何故它處不改，蓋有不可改者。如祭文則有對偶之類是也。若以稱侄爲非而改之爲是，亦當存其舊文而附以新意。況本無害理，而可遽改之乎？今所改者出於檀弓之文，而彼文止爲喪服兄弟之子與己子同，故曰「兄弟之子，猶子也」。與下文「嫂叔之無服也」、「姑姊妹之薄也」之文同耳，豈以爲親屬之定名哉。猶即如也，其義繫於上文，不可殊絶明矣。若單稱之，即與世俗歇後之語無異。若平居假借稱之，猶之可也，豈可指爲親屬之定名乎？若必以爲是，則自我作古，別爲一家之俗，夫亦孰能止之？似不必强挽前達，使之同己，以起後世之惑也。故愚於此亦以爲尤所當改以從其舊者。若必欲存之〔一〕，則請亦用前例，正文作「侄」，注云「胡本作『猶子』」，則亦可矣。

春秋序、富謝書其説略具卷中，不知是否。更欲細論，以求可否。此人行速，屢來督書，不暇及矣。若猶以爲疑，則亦且注其下云「元本有某某若干字」，庶幾讀者既見當時言意之實，又不掩後賢删削之功。其它亦多類此，幸賜詳觀，即見區區非有偏主必勝之私，但欲此集早成完書，不誤後學耳。計老兄之意豈異於此？但恐見理太明，故於文意瑣細之間不無闊略之處，用心太剛，故於一時意見所安必欲主張到底，所以紛紛，未能卒定。如熹則淺暗遲鈍，一生在文義上做窠窟，苟所見未明，實不敢妄爲主宰，農馬智專，所以於此等處不敢便承誨諭，而不自知其僭易也。伏惟少賜寬假，使得盡愚，將來改定新本，便中幸白共父寄兩本來，容更參定，箋注求教。所以欲兩本者，蓋欲留得一本作底，以備後復有所稽考也。儻蒙矜恕，不録其過而留聽焉，不勝幸甚幸甚。

校記　〔一〕存：原缺，據正訛補。

編年　據年譜長編、書信編年。

答張欽夫 乾道四年

祭説辨訂精審，尤荷警發。然此二事初亦致疑，但見二先生皆有隨俗墓祭不害義理之説，故不敢輕廢。至於節祠，則又有説。蓋今之俗節，古所無有，故古人雖不祭，而情亦自安。今人既以此爲重，至於是日，必具殽羞相宴樂，而其節物亦各有宜，故世俗之情至於是日不能不思其祖考，而復以其物享之。雖非禮之正，然亦人情之不能已者。但不當專用此而廢四時之正禮耳。故前日之意，以爲既有正祭，則存此似亦無害。今承誨諭，以爲黷而不敬，此誠中其病。然欲遂廢之，則恐感時觸物，思慕之心又無以自止，殊覺不易處。且古人不祭，則不敢以燕，況今於此俗節既已據經而廢祭，而生者則飲食宴樂，隨俗自如，殆非事死如事生，事亡如事存之意也。必盡廢之然後可，又恐初無害於義理而特然廢之，不惟徒駭俗聽，亦恐不能行遠，則是已廢之祭拘於定制，不復能舉，而燕飲節物漸於流俗，有時而自如也。此於天理，亦豈得爲安乎。

夫三王制禮，因革不同，皆合乎風氣之宜，而不違乎義理之正。正使聖人復起，其於今日之議，亦必有所處矣。愚意時祭之外，各因鄉俗之舊，以其所尚之時，所用之物，奉以大槃，陳於廟中，而以告朔之禮奠焉，則庶幾合乎隆殺之節而盡乎委曲之情，可行於久遠而無疑矣。至於元日履端之祭，禮亦無文，今亦只用此例。又初定儀時祭用分至，則冬至二祭相仍，亦近煩瀆。今改用卜日之制，尤見聽命於神，不敢自專之意。其它如此修定處甚多，大抵多本程氏而參以諸家，故特取二先生説今所承用者，爲祭説一篇，而祭儀、祝文又各爲一篇，比之昨本稍復精密。繕寫上呈，乞賜審訂示及，幸甚。

編年　據書信編年。

答張欽夫 乾道四年

所示彪丈書論天命未契處，想尊兄已詳語之。然彪丈之意，似欲更令下語，雖自度無出尊兄之意外者，然不敢不自竭以求教也。

蓋熹昨聞彪丈謂天命惟人得之，而物無所與，鄙意固已不能無疑。今觀所論，則似又指稟生賦形以前爲天命之全體，而人物所受皆不得而與焉，此則熹之所尤不曉也。夫天命不已，固人物之所同得以生者也，然豈離乎人物之所受而別有全體哉。觀人物之生生無窮，則天命之流行不已可見矣。但其所乘之氣有偏正純駁之異，是以稟而生者，有人物賢否之不一。物固隔於氣而不能知，衆人亦蔽於欲而不能存，是皆有以自絕於天，而天命之不已者，初亦未嘗已也。人能反身自求，於日用之間存養體察，以去其物欲之蔽，則求仁得仁，本心昭著，天命流行之全體固不外乎此身矣。故自昔聖賢不過使人盡其所以正心修身之道，則仁在其中，而性命之理得。伊川先生所謂盡性至命必本於孝弟，正謂此耳。遺書第十八卷一段論此甚詳。夫豈以天命全體置諸被命受生之前，四端五典之外，而別爲一術以求至乎彼哉。

蓋仁也者心之道，而人之所以盡性至命之樞要也。今乃言聖人雖教人以仁，而未嘗不本性命以發之，則是以仁爲未足，而又假性命之云以助之也。且謂之大本，則天下之理無出於此，但自人而言，非仁則無自而立。故聖門之學以求仁爲要者，正所以立大本也。今乃謂聖人言仁未嘗不兼大本而言，則是仁與大本各爲一物，以此兼彼而後可得而言也。凡此皆深所未喻，不知彪丈之意竟何如耳。

知言首章即是説破此事，其後提掇仁字，最爲緊切，正恐學者作二本三本看了。但其間亦有急於曉人而剖析太過，略於下學而推説太高者，此所以或啓今日之弊。序文之作，推明本意，以救末流，可謂有功於此書而爲幸於學者矣，尚何疑之有哉。

釋氏雖自謂惟明一心，然實不識心體，雖云心生萬法，而實心外有法，故無以立天下之大本，而内外之道不備。然爲其説者猶知左右迷藏，曲爲隱諱，終不肯言一心之外别有大本也。若聖門所謂心，則天序、天秩、天命、天討、惻隱、羞惡、是非、辭讓莫不該備，而無心外之法。故孟子曰：「盡其心者，知其性也，知其性則知天矣。存其心，養其性，所以事天也。」是則天人性命豈有二理哉。而今之爲此道者，反謂此心之外别有大本，爲仁之外别有盡性至命之方，竊恐非惟孤負聖賢立言垂後之意，平生承師問道之心，竊恐此説流行，反爲異學所攻，重爲吾道之累。故因來示得效其愚，幸爲審其是否而復以求教於彪丈，幸甚幸甚。

編年　據書信編年。

朱熹文集編年評注卷三十一

書汪張吕劉問答

與張敬夫四月一日　乾道六年

春秋正朔事，比以書考之，凡書月皆不著時，疑古史記事例只如此。至孔子作春秋，然後以天時加王月以明上奉天時、下正王朔之義。而加春於建子之月，則行夏時之意亦在其中。觀伊川先生、劉質夫之意似是如此。但「春秋」兩字乃魯史之舊名，又似有所未通。幸更與晦叔訂之，以見教也。

編年　據書信編年。題下原注「四月一日」。

答張敬夫乾道六年春夏間

竊承政成事簡，暇日復有講習之樂，英材心化，多士風靡，此爲吾道之幸，豈特一郡之福哉！奏罷丁錢，此舉甚美。初謂遂獲蠲除，不知僅免一歲，雖亦不爲無補，特非久遠利耳。然熹竊謂有身則有庸，此近古之法。蓋食王土，爲王民，亦無終歲安坐、不輸一錢之理。但不當取之太過，使至於不能供耳。今欲再奏，不若請令白丁下户每歲人納一二百錢，四等而上，每等遞增一二百，使至于極等，則略如今日之數，似亦不爲厲民。而上可以不失大農經費之入，下可以爲貧民久遠之利，於朝廷今日事力亦易聽從而可以必濟。不審尊意以爲如何？似聞浙中諸郡有全不輸算賦者，有取之無藝，至于不可堪者。凡此不均，皆爲未便，朝廷自合因此總會所入之大數，斟酌裁損而均平之，乃爲盡善。

至如尊兄前奏有不容援例之語，亦非愚心之所安也。聚斂之臣，誠可憎疾。爲國家者明道正義以端本於上，而百官有司景從響附於下，則此輩之材，寸長尺短亦無所不可用。但使之知吾節用裕民之意而謹其職守，則自不至於病民矣。今議者不正其本而唯末之齊，斥彼之短而自無長策以濟目前之急，此所以用力多而見功寡，卒無補於國事而虚爲此紛紛也。

伯恭漸釋舊疑，朋友之幸。但得渠於此有用力處，則歲月之間，舊病不患不除矣。此有李伯間者，名宗思。舊嘗學佛，自以爲有所見，論辨累年，不肯少屈。近嘗來訪，復理前語，熹因問之：「天命之謂性，公以此句爲空無一法耶？爲萬理畢具耶？若空則浮屠勝，果實則儒者是，此亦不待兩言而決矣。」渠雖以爲實，而猶戀著前見，則請因前所謂空者而講學以實之。熹又告之曰：「此實理也，而以爲空，則前日之見誤矣。今欲真窮實理，亦何藉於前日已誤之空見而爲此二三耶？」渠遂脱然，肯捐舊習而從事於此。此人氣質甚美，内行修飭，守官亦不苟，得其回頭，吾道殊有賴也。前此答福州一朋友書正論此事，書才畢而伯間至。不一二日，其言果驗，亦可怪也。今以上呈。二人伯恭皆識之。深卿者舊從伯恭游，聞其家學守之甚固，但聞全不肯向此學用功，正恐難猝拔也。

編年 據書信編年、年譜長編。

答張敬夫 乾道六年

示喻黄公灑落之語，舊見李先生稱之，以爲不易窺測到此。今以爲知言，語誠太重，但所改語又似太輕。只云「識者亦有取焉，故備列之」，如何？所謂灑落，只是形容一個不疑所行、清明高遠之意，若有一豪私吝心，則何處更有此等氣象邪？只如此看，有道者胸懷表裏亦自可見。若更討落著，則非言語所及，在人自見得如何。如曾點舍瑟之對，亦何嘗説破落著在甚處邪？

通書跋語甚精，然愚意猶恐其太侈，更能斂退以就質約爲佳。太極解後來所改不多，别紙上呈，未當處更乞指教[一]。但所喻無極、二五不可混説，而「無極之真」合屬上句，此則未能無疑。蓋若如此，則無極之真自爲一物，不與二五相合，而二五之凝，化生萬物，又無與乎太極也。如此豈不害理之甚？兼「無極之真」屬之上句，自不成文理，請熟味之，當見得也。各具一太極，來喻固善，然一事一物上各自具足此理，著個「一」字，方見得無欠剩處，似亦不妨，不審尊意以爲如何？擇之亦寄得此書草來，大概領略一過，與鄙意同。後不曾子細點檢，不知其病如何。或是病痛一般，不自覺其病耳。

伯恭不鄙下問，不敢不盡愚。但恐未是，更賴指摘。近日覺得向來胡説，多誤却朋友，大以爲懼。自此講論，大須子細，一字不可容易放過，庶得至當之歸也。

別紙所諭邵氏所記，今只入外書，不入行狀。所疑小人不可共事固然，然堯不誅四凶，伊尹五就桀，孔子行乎季孫，惟聖人有此作用，而明道或庶幾焉。觀其所在爲政而上下響應，論新法而荆公不怒，同列異意者亦稱其賢，此等事類非常人所及。所謂元豐大臣當與共事，蓋實見其可而有是言，非傳聞之誤也。然力量未至此而欲學之，則誤矣。序目中語所更定者甚穩，然本語熹向所謂「先生之學大要則可知已」者，正如春秋序所謂「大義數十，炳如日星，乃易見也」之比，非薄春秋之詞也，不改似亦無害。若必欲改，則新語亦未甚活落，大抵割裂補綴，終非完物，自是不能佳耳。

校記 〔一〕未：原作「來」，據宋閩、浙本改。

編年 據書信編年。

與張敬夫 乾道六年至七年

伯恭想時時相見，欲作書不暇，告爲致意。向得渠兩書，似日前只向博雜處用功，却於要約處不曾子細研究，病痛頗多。不知近日復如何？大抵博雜極害事，如閫範之作，指意極佳，然讀書只如此，亦有何意味耶？先達所以深懲玩物喪志之弊者，正爲是耳。范醇夫一生作此等功夫，想見將聖賢之言都只忙中草草看過，抄節一番，便是事了，元不曾子細玩味。所以從二先生許久，見處全不精明，是豈不可戒也耶！

渠又爲留意科舉文字之久，出入蘇氏父子波瀾，新巧之外更求新巧，壞了心路，遂一向不以蘇學爲非，左遮右攔，陽擠陰助，此尤使人不滿意。向雖以書極論之，亦未知果以爲然否。

近讀孟子，至答公都子好辨一章，三復之餘，廢書太息。只爲見得天理忒煞分明，便自然如此住不得。若見不到此，又如何强得也。然聖賢奉行天討，却自有個不易之理，故曰「能言距楊、墨者，聖人之徒也」。此便與春秋討亂臣賊子之意一般。舊來讀過亦不覺，近乃識之耳。不審老兄以爲如何？

編年 據書信編年。

答張敬夫 乾道六年至七年

建陽一二士人歸自臨安，云嘗獲奉教，亦録得數十段答問來，其間極有可疑處。雖所録或失本意，亦必有些來歷也。又有泛然之問，略不曾經思索，答之未竟而遽已更端者，亦皆一一酬酢。此非惟於彼無益，而在我者亦不中語默之節矣。又隨問遽答，若與之争先較捷者，此其間豈無牽强草略處？流傳謬誤，爲害不細。就令皆是，亦徒爲口耳之資。程子所謂轉使人薄者，蓋慮此耳。元履嘗疑學徒日衆，非中都官守所宜，熹却不慮此，但恐來學者皆只是如此，而爲教者俯就太過，略不審其所自，則悔吝譏彈將有所不免矣。況其流弊無窮，不止爲一時之害，道之興喪，實將繫焉。願明者之熟慮之也。

編年　據書信編年。

答張敬夫 乾道八年

類聚孔孟言仁處，以求夫仁之説，程子爲人之意，可謂深切。然專一如此用功，却恐不免長欲速好徑之心，滋入耳出口之弊，亦不可不察也。大抵二先生之前，學者全不知有仁字，凡聖賢説仁處，不過只作愛字看了。自二先生以來，學者始知理會仁字，不敢只作愛説。然其流復不免有弊者。蓋專務説仁，而於操存涵泳之功不免有所忽略，故無復優柔厭飫之味、克己復禮之實，不但其蔽也愚而已，而又一向離了愛字，懸空揣摸，既無真實見處，故其爲説恍惚驚怪，弊病百端，殆反不若全不知有仁字而只作愛字看却之爲愈也。

熹竊嘗謂若實欲求仁，固莫若力行之近。但不學以明之，則有擿埴冥行之患，故其蔽愚。若主敬、致知交相爲助，則自無此蔽矣。若且欲曉得仁之名義，則又不若且將愛字推求。若見得仁之所以愛而愛之所以不能盡仁，則仁之名義意思瞭然在目矣，初不必求之於恍惚有無之間也。此雖比之今日高妙之説稍爲平易〔一〕，然論語中已不肯如此迫切注解説破，至孟子，方間有説破處。然亦多是以愛爲言，如惻隱之類。殊不類近世學者驚怪恍惚、窮高極遠之言也。

今此録所以釋論語之言，而首章曰仁其可知，次章曰仁之義可得而求，其後又多所以明仁之義云者，愚竊恐其非聖賢發言之本意也。又如首章雖列二先生之説，而所解實用上蔡之意〔二〕，正伊川説中問者所謂「由孝弟可以至仁」而先生非之者，恐當更詳究之也。

按遺書，或問：「中之道莫與喜怒哀樂未發謂之中同否？」先生曰：「喜怒哀樂之未發，是言在中之義。只是一個中字，用處不同。」又曰：「中所以狀性之體段。」又曰：「中之爲義，自過不及而立名。」又曰：「不偏之謂中。道無不中，故以中形道。」又曰：「與叔謂不倚之謂中，甚善，而語由未瑩。」或問何故未瑩，曰：「無倚着處。」熹按，此言中之道與在中之義不同，不知如何分別。既狀性曰狀性〔三〕，又曰形道，同異如何？所謂自過不及而得名之中，所謂不偏之中，所謂無倚着處之中，與所謂中之道、在中之義復何異同？皆未能曉然無疑，敢請其説。

明道先生説「推己及物之謂恕」乃違道不遠之事，而一貫之忠恕自與違道不遠異。蓋一以貫之，則自然及物，無待乎推矣。伊川先生經解於一以貫之處却云「推己之謂恕」，似與明道不同，而於乾道變化、各正性命之説似亦相戾，不知何謂。解中又引孟子「盡其心者知其性也」一句，豈以盡心釋盡己之義耶？如此則文意未足，且與尋常所説盡心之意亦自不合。一本下文更有兩句云：「知性則知天矣，知天則道一以貫也。」若果有此兩句，則似不以盡心釋盡己，却是以知天説一貫。然知天亦方是真知得一貫之理，與聖人一貫之實又似更有淺深也。反復推尋，未得其説，幸思之，復以見教。

曾子告孟敬子語只明道、和靖説得渾全，文意亦順，其它説皆可疑。向來牽合，强爲一説，固未是，後來又以經解之説指下句爲工用處，亦未然也。不審尊意以爲如何〔四〕？

校記〔一〕稍：淳熙本作「至」。

〔二〕實：右引作「亦」。

〔三〕「既」下「狀性」二字疑衍。

〔四〕「按遺書」以下三段原缺，據淳熙本補。

編年 據年譜長編。書信編年列於乾道七年。

答張敬夫 乾道七年至八年

大抵觀過知仁之説，欲只如尹説，發明程子之意，意味自覺深長。如來喻者，猶是要就此處强窺仁體，又一句岐爲二説，似未甚安帖也。又太極中、正、仁、義之説，若謂四者皆有動静，則周子於此更列四者之目爲剩語矣。但熟玩四字指意，自有動静，其於道理極是分明。蓋此四字便是元、亨、利、貞四字，仁元、中亨、義利、正貞。元、亨、利、貞一通一復，豈得爲無動静乎？近日深玩此理，覺得一語嘿、一起居，無非太極之妙，正不須以分別爲嫌也。仁所以生之語固未瑩，然語仁之用，如此下語似亦無害〔一〕。不審高明以爲如何？

校記　〔一〕下：原作「不」，據淳熙本、宋閩、浙本改。

編年　據書信編年。

答張敬夫 乾道八年

細看言仁序云「雖欲竭力以爲仁〔一〕，而善之不明，其弊有不可勝言者」，此數句似未安。爲仁固是須當明善，然仁字主意不如此，所以孔子每以仁、智對言之也。近年説得仁字與智字都無分別，故於令尹子文、陳文子事説得差殊，氣象淺迫，全與聖人語意不相似。觀此序文意思首尾，恐亦未免此病。更惟思之，如何？

校記　〔一〕仁：淳熙本作「善」。

編年　據年譜長編、書信編年。

答張敬夫 乾道八年

中字之説甚善，而所論狀性、形道之不同，尤爲精密，開發多矣。然愚意竊恐程子所云「只一個中字，但用不同」，此語更可玩味。夫所謂「只一個中字」者，中字之義未嘗不同，亦曰不偏不倚、無過不及而已矣。然「用不同」者，則有所謂在中之義者，有所謂中之道者是也。蓋所謂在中之義者，言喜怒哀樂之未發，渾然在中，亭亭當當，未有個偏倚過不及處。其謂之中者，蓋所以狀性之體段也。有所謂中之道者，乃即事即物自有個恰好底道理，不偏不倚，無過不及。其謂之中者，則所以形道之實也。只此亦便可見來教所謂狀性、形道之不同者。但又見得中字只是一般道理，以此狀性之體段，則爲未發之中；以此形道，則爲無過不及之中耳。且所謂在中之義，猶曰在裏面底道理云爾，非以在中之中字解未發之中字也。愚見如此，不審高明以爲如何？

忠恕之説，竊意明道是就人分上分别淺深而言，伊川是就理上該貫上下而言。若就人分上説，則違道不遠者，賢人推之之事也；一以貫之者，聖人之不待推也。若就理上平説，則忠只是盡己，恕只是推己。但其所以盡所以推，則聖賢之分不同，如明道之説耳。聖人雖不待推，然由己及物，對忠而言，是亦推之也。大抵明道之言發明極致，通透灑落，善開發人；伊川之言即事明理，質慤精深，尤耐咀嚼。然明道之言一見便好，久看愈好，所以賢愚皆獲其益；伊川之言乍見未好，久看方好，故非久於玩索者不能識其味。此其自任所以有成人材、尊師道之不同。明道渾然天成，不犯人力；伊川功夫造極，可奪天巧。所引盡心知天，恐是充擴得去之意，不知是否？

秦、漢諸儒解釋文義雖未盡當，然所得亦多。今且就分數多處論之，則以爲得其言而不得其意，與奪之際，似已平允。若更於此一向刻核過當，却恐意思迫窄而議論偏頗，反不足以服彼之心，如向來所論知言不當言釋氏欲仁之病矣〔一〕。大率議論要得氣象寬宏，而其中自有精密透漏不得處，方有餘味。如易傳序中説秦、漢以來儒者之弊，及令人看王弼、胡安定、王介甫易之類，亦可見矣。况此序下文反復致意，不一而足，不應猶有安於卑近之嫌也。又所謂言雖近而索之無窮，指雖遠而操之有要，自謂此言頗有含蓄，不審高明以爲如何？

以愛論仁，猶升高自下，尚可因此附近推求，庶其得之。若如近日之説，則道近求遠，一向没交涉矣。此區區所以妄爲前日之論，而不自知其偏也。至謂類聚言仁，亦恐有病者，正爲近日學者厭煩就簡，避迂求捷，此風已盛，方且日趨於險薄，若又更爲此以導之，恐益長其計獲欲速之心，方寸愈見促迫紛擾，而反陷於不仁耳。然却不思所類諸説，其中下學上達之方，蓋已無所不具。苟能深玩而力行之，則又安有此弊？今蒙來喻，始悟前説之非，敢不承命。然猶恐不能人人皆肯如此慤實用功，則亦未免尚有過計之憂。不知可以更作一後序，略采此意以警後之學者否？不然，或只盡載此諸往返議論以附其後，亦庶乎其有益耳。不審尊意以爲如何？

校記 〔一〕欲：淳熙本作「知」。

編年 據年譜長編、書信編年。

答張敬夫 乾道八年壬辰冬

答晦叔書，鄙意正如此，已復推明其説，以求教於晦叔矣。但於來示所謂知底事者，亦未能無疑，已并論之。今録以上呈，更乞垂教。

在中之義之説，來諭説得性道未嘗相離，此意極善。但所謂此時蓋在乎中者，文意簡略，熹所未曉，更乞詳諭。又謂已發之後，中何嘗不在裏面，此恐亦非文意。蓋既言未發時在中，則是對已發時在外矣。但發而中節，即此在中之理發形於外。如所謂即事即物，無不有個恰好底道理是也。一不中節，則在中之理雖曰天命之秉彝，而當此之時，亦且漂蕩淪胥而不知其所存矣。但能反之，則又未嘗不在於此。此程子所以謂以道言之則無時而不中，以事言之則有時而中也。所以又謂善觀者却於已發之際觀之也。若謂已發之後，中又只在裏面，則又似向來所説以未發之中自爲一物，與已發者不相涉入，而已發之際，常挾此物以自隨也。然此義又有更要子細處。夫此心廓然，初豈有中外之限？但以未發已發分之，則須如此，亦若操舍、存亡、出入之云耳。并乞詳之。

心譬之水，是因知言有此言而發。然性情既有動静，善惡既有順逆，則此言乃自然之理，非用意差排也。「人無有不善」，此一言固足以具性情之理，然非所以論性情之名義也。若論名義，則如今來所説亦無害理，不費力，更惟詳之〔一〕。

太極圖立象盡意，剖析幽微，周子蓋不得已而作也。觀其手授之意，蓋以爲唯程子爲能受之。程子之秘而不示，疑亦未有能受之者爾。夫既未能默識於言意之表，則道聽塗説，其弊必有甚焉。近年已覺頗有此弊矣。觀其答張閎中書云：「書雖未出，學未嘗不傳，第患無受之者。」及東見録中論横渠清虚一大之説，使人向別處走，不若且只道敬，則其微意亦可見矣。若西銘，則推人以知天，即近以明遠，於學者之用爲尤切，非若此書詳於天而略於人，有不可以驟而語者也。孔子雅言，詩、書、執禮，而於易則鮮及焉，其意亦猶此耳。韓子曰：「堯舜之利民也大，禹之慮民也深。」其周子、程子之謂乎。熹向所謂微意者如此，不識高明以爲如何？

校記 〔一〕惟：原作「推」，據宋閩、浙本改。

編年 題下原注「壬辰冬」。

答張敬夫 乾道八年

所引家語，只是證明中庸章句，要見自「哀公問政」至「擇善」「固執」處只是一時之語耳，於義理指歸初無所害，似不必如此力加排斥也。大率觀書但當虛心平氣以徐觀義理之所在，如其可取，雖世俗庸人之言有所不廢；如有可疑，雖或傳以爲聖賢之言，亦須更加審擇，自然意味平和，道理明白，脚踏實地，動有據依，無籠罩自欺之患。若以此爲卑近，不足留意，便欲以明道先生爲法，竊恐力量見識不到它地位，其爲泛濫殆有甚焉。此亦不可不深慮也。且不知此章既不以家語爲證，其章句之分當復如何爲定耶？家語固有駁雜處，然其間亦豈無一言之得耶？一概如此立論，深恐終啓學者好高自大之弊，願明者熟察之。其他如首章及論費隱處，後來略已修改，如來喻之意。然若必謂兩字全然不可分説，則又是向來伯恭之論體用一源矣。如何如何？

編年 據書信編年、年譜長編。

答張敬夫語解 乾道九年

語解云：「學者工夫固無間斷，又當時時紬繹其端緒而涵泳之。」此語恐倒置。若工夫已無間斷，則不必更言時習。時習者，乃所以爲無間斷之漸也。

「巧言令色」一段，自「辭欲巧」以下少曲折。近與陳明仲論此，説具別紙。

「三省者，曾子之爲仁」，恐不必如此説。蓋聖門學者莫非爲仁，不必專指此事而言，意思却似淺狹了。大抵學者爲其所不得不爲者，至於人欲盡而天理全，則仁在是矣。若先有個云我欲以此去爲仁，便是先獲也。昨於知言疑義中嘗論此意矣。「傳不習乎」，疑只當爲傳而不習之意，則文理順，亦是先孝弟而後學文之類。

「道千乘之國」，「道」字意恐未安。

「友不如己」，恐只是不勝己，胡侍郎説得此意思好。

「慎非獨不忽，追非獨不忘」，恐不必如此説。上蔡多好如此，似有病也。「厚者，德之所聚而惡之所由消靡」，此句亦未安。

「父在觀其志」一章似皆未安。

「信近於義」，則言必可復矣；「恭近於禮」，則可遠恥辱矣。因是二者而不失其所親，則亦可尚也已。熹舊説此章只如此，似於文意明順，與上文孝弟謹信而親仁，下文篤敏慎而就正，意亦相類。不審尊意以爲如何？

「樂與好禮視無諂無驕，正猶美玉之與碔砆」，此句與後面「必也無諂無驕，然後樂與好禮可得而進焉」者似相戾。蓋玉、石有定形而不可變，唯王、霸之異本殊歸者，乃得以此爲譬耳。熹又嘗論此所引詩正謂孔子以無諂無驕爲未足，必至於樂與好禮而後已，有似乎治骨角者既切之而復磋之，治玉石者既琢之而復磨之，蓋不離是質而治之益精之意也。如何如何？

「患不知人」，恐未合説到明盡天理處，正爲取友用人而言耳。大率此解雖比舊説已爲平穩〔一〕，尚時有貪説高遠，恐怕低了之意。更乞平心放下，意味當更深長也。首章便如此矣。

校記 〔一〕穩：原作「援」，據宋浙本改。

編年 據書信編年。

答張敬夫論中庸章句 乾道九年至淳熙元年

「率夫性之自然」，此語誠似太快，然上文説性已詳，下文又舉仁、義、禮、智以爲之目，則此句似亦無害。或必當改，則改爲「所有」字，如何？然恐不若不改之渾然也。

「不睹」、「不聞」等字，如此剖析誠似支離，然不如此，則經文所謂「不睹」、「不聞」，所謂「隱微」，所謂「獨」，三段都無分别，却似重複冗長。須似熹説，方見得戒慎不睹、恐懼不聞是大綱説，結上文「可離非道」之意；莫見乎隱，莫顯乎微，是就此不睹不聞之中提起善惡之幾而言，故君子愼其獨。蓋其文勢有表裏賓主之異，須略分別，意思方覺分明，無重複處耳。

隨時爲中，「爲」改作「處」如何？

道之不明、不行，來喻與鄙意大指不異，但語有詳略遠近不同耳。然熹所謂不必知、不必行、所當知、所當行等句，正是要形容「中」字意思。所謂以爲不足行、以爲不必知、不知所以行、不求所以知等句，又是緊切關紐處，恐不可闕。但鄙論自覺有個瑣碎促狹氣象，不能如來教之高明簡暢爲可恨。然私竊以謂不期於同而期於是而已，故又未能遽舍所安。萬一將來就此或有尺寸之進，此病當自去耳。大抵近年所修諸書多類此，以此未滿意。欲爲疏通簡易之説，又恐散漫無收拾處，不知所以裁之也。

編年　據書信編年。

答張敬夫 乾道九年至淳熙元年

中庸謹獨處，誠覺未甚顯煥，然著盡氣力，只説得如此。近欲只改末後一句云：「所謂獨者，合二者而言之，不睹之睹，不聞之聞也。」比舊似已稍勝，然終亦未爲分明也。更乞以尊意爲下數語，如何？

以敬爲主，則內外肅然，不忘不助而心自存。不知以敬爲主而欲存心，則不免將一個心把捉一個心，外面未有一事時，裏面已是三頭兩緒，不勝其擾擾矣。就使實能把捉得住，只此已是大病，况未必真能把捉得住乎。儒釋之異，亦只於此便分了。如云常見此心光爍爍地，便是有兩個主宰了。不知光者是真心乎？見者是真心乎？來諭剖析雖極精微，却似未及此意。愚慮及此，不審是否，如何？

「何有於我哉」，古注云：「人無是行於我，獨我有之。」按此語是孔子自言「此三事何人能有如我者哉」。孔子之意，蓋欲勉人以學也。伊川先生似亦是如此説，「默識而無厭倦，何有於我哉？勉人學當如是也」，所以發明夫子之意。而尹和靖云「孰能如孔子者哉？是以勉學者云耳」，又所以發明伊川之意。蓋此兩項七事，乃人之當然而示之以近者，故聖人以此自居而不以爲嫌。如云「不如丘之好學」之意，語雖若少揚，而意實已深自抑矣。吕氏之説，句中添字太多，恐非本意。如「吾有知乎哉？無知也」兩句文義亦自難説。近看似此等處極多，日前都草草懸空説過了也。

編年　據書信編年。

再答敬夫論中庸章句 乾道九年至淳熙元年

「執其兩端」，熹説是推明程子之意，未有過巧之病。如來諭云云，固先儒所未及，然却似過巧。兼此方論「中」，未應遽及此，又似隔驀説過了一位也。

「强哉矯」，矯，强貌，古注云爾，似已得之。吕、楊之説却恐不平穩也。

「素隱」，俟更思之。

「造端乎夫婦」，如此説固好，但恐句中欠字太多。兼「造端」兩字是實下功夫之意，不應如此泛濫也。此類當兩存之。

「人心之所安者，即道也」，上文有「率性之謂道」云云，故其下可以如此説。若恐人錯會，當更曉破耳。

游子之言行相顧爲有餘不足之事，恐未安。此數句各是一事，不可混而爲一也。細意玩之，自可見矣。此亦當兩存之。

章句之失，誠如尊喻，此間朋友亦有疑其如此者。但鄙意疑此書既是子思所著，首尾次序又皆分明，不應中間出此數章，全無次序，所以區區推考如此。竊意其中必須略有此意。正使不盡如此，亦勝如信彩逐段各自立説，不相管屬也。更望細考，若果未安，當爲疑詞以見之。大率擺落章句，談説玄妙，慣了心性，乍見如此瑣細區別，自是不奈煩耳。

編年　據書信編年。

與張敬夫 乾道九年六月二十八日

夷齊讓國而逃，諫伐而餓，此二事還相關否？或謂先已讓國，則後來自是不合更食周粟。若爾，則當時自不必歸周，亦不待見牧野之事，又諫不從而後去也。且若前日已曾如彼，即今日更不得如此，此與「時中」之義不知又如何？凡此鄙意皆所未安，幸乞垂教。

編年　據書信編年。題下原注「六月二十八日」。書札彙編繫於淳熙元年。

答張敬夫 淳熙二年三月十四日

熹昨承誨諭五王之事，以爲但復唐祚而不立中宗，則武曌可誅，後患亦絕，此誠至論。但中宗雖不肖，而當時幽廢，特以一言之失，罪狀未著，人望未絕。觀一時忠賢之心，與其募兵北討之事，及後來諸公説李多祚之語，則是亦未遽爲獨夫也。乃欲逆探未形之禍，一旦舍之而更立宗室，恐反爲計校利害之私，非所以順人心、乘天理，而事亦未必可成也。愚慮如此，然而此外又未見別有長策，不知高明以爲如何？若維州事，則亦嘗思之矣。唐與牛、李，蓋皆失之也。夫不知春秋之義而輕與戎盟，及其犯約，攻圍魯州，又不能聲罪致討，絕其朝貢，至此乃欲效其失信叛盟之罪而受其叛臣，則其義有所不可矣。然還其地可也，縛送悉怛謀，使肆其殘酷，則亦過矣。若論利害，則僧孺固爲大言以恐文宗〔一〕，如致堂之所論，而吐蕃卒不能因維州以爲唐患，則德裕之計不行，亦未足爲深恨也。計高明於此必有定論，幸并以見教。牛論正而心則私，李計譎而心則正。「何有於我哉」，後來思尹子説誠未安，竊意只是不居之詞。聖人之言此類甚多，不以俯就爲嫌也。「惡知其非有也」，頃時亦嘗爲説，正如晦叔之意。後來又以爲疑，乃如尊兄所諭。今細思之，却不若從晦叔之説，文意俱順，法戒亦嚴，不啓末流之弊也。如何如何？

校記　〔一〕大：原作「人」，據宋浙本、經濟文衡後集改。

編年　據書信編年。題下原注「三月十四日」。

答張敬夫 淳熙二年十二月

熹窮居如昨，無足言者。但遠去師友之益，兀兀度日，讀書反己，固不無警省處，終是旁無强輔，因循汩没，尋復失之。近日一種向外走作、心悦之而不能自已者，皆準止酒例戒而絶之，似覺省事。此前輩所謂「下士晚聞道，聊以拙自修」者。若充擴不已，補復前非，庶其有日。舊讀中庸慎獨，大學誠意、毋自欺處，常苦求之太過，措詞煩猥。近日乃覺其非，此正是最切近處、最分明處，乃舍之而談空於冥漠之間，其亦誤矣。方竊以此意痛自檢勒，懍然度日，惟恐有怠而失之也。

至於文字之間，亦覺向來病痛不少。蓋平日解經最爲守章句者，然亦多是推衍文義，自做一片文字。非惟屋下架屋，説得意味淡薄，且是使人看者將注與經作兩項功夫做了，下稍看得支離，至於本旨，全不相照。以此方知漢儒可謂善説經者，不過只説訓詁，使人以此訓詁玩索經文，訓詁、經文不相離異，只做一道看了，直是意味深長也。中庸、大學章句緣此略修一過，再録上呈。然覺其間更有合删處。論語亦如此草定一本，未暇脱稿。孟子則方欲爲之，而日力未及也。

近又讀易，見一意思：聖人作易，本是使人卜筮以決所行之可否，而因之以教人爲善，如嚴君平所謂與人子言依於孝，與人臣言依於忠者。故卦爻之辭，只是因依象類，虛設於此，以待扣而決者，使以所值之辭決所疑之事。似若假之神明，而亦必有是理而後有是辭。但理無不正，故其丁寧告戒之詞皆依於正。天下之動，所以正夫一而不繆於所之也。以此意讀之，似覺卦爻、十翼指意通暢。但文意字義猶時有窒礙，蓋亦合純作義理說者，所以强通而不覺其礙者也。今亦録首篇二卦拜呈。此說乍聞之必未以爲然，然且置之，勿以示人，時時虛心略賜省閲，久之或信其不妄耳。

傷急不容耐之病，固亦自知其然，深以爲苦而未能革。若得伯恭朝夕相處，當得減損。但地遠，不能數見爲恨耳。此間朋友絶少進益者，擇之久不相見，覺得病痛日深。頃與伯恭相聚，亦深嘆今日學者可大受者殊少也。奈何奈何！子壽兄弟氣象甚好，其病却是盡廢講學而專務踐履，却於踐履之中要人提撕省察，悟得本心，此爲病之大者。要其操持謹質，表裏不二，實有以過人者。惜乎其自信太過，規模窄狹，不復取人之善，將流於異學而不自知耳。

鄉約之書，偶家有藏本，且欲流行，其實恐亦難行，如所喻也。然使讀者見之，因前輩所以教人善俗者而知自修之目〔一〕，亦庶乎其小補耳。

校記 〔一〕目：原作「日」，據宋浙本改。

編年 據書信編年。題下原注「十二月」，書信編年云疑其有誤，以書中有「頃與伯恭相聚」之語，指淳熙二年夏鵝湖之會也。其實「頃」者乃「前不久」之意，并非不可指數月乃至半年之前。以南軒集卷二十三答朱元晦第一書等考之，此篇作於十二月當不誤也。

評論 程敏政書朱子答張敬夫書：按此書謂陸子廢講學而專務踐履，將流於異學。然朱子他日又謂「溫公只恁行將去，無致知一段」，疑其與論象山之失同。

答張敬夫集大成説 淳熙二年

孔子之謂集大成，集，合也，言合衆理而大備於身也。或曰集謂合樂，成謂樂之一變，此即以樂譬之也。集大成也者，金聲而玉振之也。金聲也者，始條理也；玉振之也者，終條理也。始條理者，智之事也；終條理者，聖之事也。此以樂明之也。金聲之變無窮，玉聲首尾如一。振之者，振而節之，猶今樂之有拍也。凡作樂者，始以金奏而後以玉振之，猶聖人之合衆理而備於身也。條理，衆理之脉絡也。始窮其然而縷析毫分者，智也；終備於身而渾然一貫者，聖也。二者惟孔子全之，三子則始不盡而終不備也。漢兒寬論封禪亦云「兼總條貫」，金聲而玉振之意亦如此，疑此古樂家語也。知譬則巧也，聖譬則力也。猶射於百步之外也，其至爾力也，其中非爾力也。此復以射明之也。射之所以中者，巧也。其所以至者，力也。中雖在至之後，然其必中之巧，則在未發之前也。孔子巧力兼全，至而且中，三子力而不巧，各至其至而不能中也。若顏子，則巧足以中，特力未充而死耳。

承示及集大成説，發明詳備。此説大意不過如此，今所欲論者，正在言語氣象微細曲折之間。然則來説似頗傷冗，費脚手，無餘味矣。「金」、「玉」二字，正是譬喻親切有功處，今却不曾説及，只做「始」、「終」字看了。如此則孟子此一節譬喻全是剩語矣。舊見學者所傳在臨安時説此一段，却似簡當，然亦不能盡記。熹舊所解又偶爲人借去，不及參考得失。然記得亦似太多，今略説如前。竊謂似此已是不精約，使人無可玩味了。若更著外來意思，言語即愈支離矣。不審高明以爲如何？

編年 據書信編年。

答敬夫孟子説疑義 淳熙三年

告子篇論性數章。

按此解之體，不爲章解句釋，氣象高遠。然全不略説文義，便以己意立論，又或别用外字體貼，而無脉絡連綴，使不曉者展轉迷惑，粗曉者一向支離。如此數章論性，其病尤甚。蓋本文不過數語，而所解者文過數倍；本文只謂之性，而解中謂之太極。凡此之類，將使學者不暇求經，而先坐困於吾説，非先賢談經之體也。且如易傳已爲太詳，然必先釋字義，次釋文義，然後推本而索言之。其淺深近遠，詳密有序，不如是之匆遽而繁雜也。大抵解經但可略釋文義名物，而使學者自求之，乃爲有益耳。

夜氣不足以存。解云：「夜氣之所息能有幾？安可得而存乎？」

按此句之義，非謂夜氣之不存也。凡言存亡者，皆指心而言耳，觀上下文可見。云「仁義之心」，又云「放其良心」，又云「操則存，舍則亡，惟心之謂與」，正有「存亡」二字，意尤明白。至於日夜之所息而平旦之好惡與人相近者，則其夜氣所存之良心也。及其旦晝之所爲有梏亡之，蓋人皆有是良心而放之矣，則此心又不可見。若梏亡反覆而不已，則雖有日夜之所息者，亦至微薄而不足以存其仁義之良心矣，非謂夜氣有存亡也。若以氣言，則此章文意首尾衡決，殊無血脈意味矣。程子亦曰：「夜氣之所存者，良知良能也。」意蓋如此。然舊看孟子未曉此意，亦只草草看過也。

大體小體。

此章之解意未明而説太漫，蓋唯其意之未明，是以其説不得而不漫也。按本文「耳目之官不思而蔽於物」、「心之官則思」，此兩節方是分別小體之不可從而大體之當從之意。解云：「從其大體，心之官也。從其小體，耳目之官也。」只此便多却「從其」四字矣。下文始結之云：「此二者皆天之所以與我者，但當先立乎其大者，則小者不能奪耳。」此章内「先立乎其大者」一句方是説用力處，而此句内「立」字尤爲要切。據今所解，全不曾提掇著「立」字，而只以思爲主。心不立而徒思，吾未見其可也。於是又有君子徇理、小人徇欲之説，又有思非泛而無統之説，又有事事物物皆有所以然之説，雖有心得其宰之云，然乃在於動而從理之後。此由不明孟子之本意，是以其説雖漫而愈支離也。七八年前，見徐吉卿説曾問焦某先生爲學之要，焦云：「先立乎其大者。」是時熹説此章正如此解之支離，聞之惘然，不解其語。今而思之，乃知焦公之學，於躬行上有得力處。

反身而誠。解云：「反身而至於誠，則心與理一云云。」

按此解語意極高，然只是贊詠之語，施之於經，則無發明之助；施之於己，則無體驗之功。竊恐當如張子之説，以「行無不慊於心」解之，乃有落著。兼「樂莫大焉」，便是「仰不愧，俯不怍」之意，尤愨實有味也。若只懸空説過，便與禪家無以異矣。

所過者化，所存者神。解中引程子、張子之説，合而爲一。

按此程子、張子之説自不同，不可合爲一説。程子云：「所過者化，是身所經歷處；所存者神，所存主處便神。」是言凡所經過處人皆化之〔一〕，而心所存主處，便有鼓舞風動之意，不待其居之久而後見其效也。「經歷」及「便」字尤見其意。又引「綏來動和」及易傳革卦所引用〔二〕，亦可見也。今以孟子上下文意求之，恐當從程子爲是。張子説雖精微，然恐非本文之意也。

君子不謂命也。

此一章前一節文意分明，然其指意似亦止爲不得其欲者而發。後一節古今説者未有定論，今讀此解，説「智之於賢者」、「聖人之於天道」兩句極爲有功，但上三句却似未穩。蓋但云出於自然，則只似言性，而非所以語命矣。頃見陳傅良作此論，意正如此，方以爲疑，不知其出於此。豈嘗以是告之耶？熹竊謂此三句只合依程子説爲稟有厚薄，亦與下兩句相通。蓋聖與賢則其稟之厚，而君子所自以爲稟之薄而不及者也。然則此一節亦專爲稟之薄者而發。

可欲之謂善，有諸己之謂信。

竊詳所解，熹舊説亦然。自今觀之，恐過高而非本意也。蓋此六位爲六等人爾，今爲是説，則所謂善者，乃指其理而非目其人之言矣，與後五位文意不同。又舊説「信」爲「自信」之意，今按此六位皆它人指而名之之辭，然則亦不得爲「自信」之「信」矣。近看此兩句意思似稍穩當，蓋善者人之所同欲，惡者人之所同惡。人之爲人，有可欲而無可惡，則可謂之善人矣。然此特天資之善耳，不知善之爲善，則守之不固，有時而失之。惟知其所以爲善而固守之，然後能實有諸己而不失，乃可謂之信人也。張子曰：「可欲之謂善，志仁則無惡也。誠善於心之謂信。」正是此意。不審高明以爲如何？此說「信」字未是，後別有說。

前書所示孟子數義皆善，但「條理」字恐不必如此說。蓋此兩字不能該得許多意思也。「始條理」、「終條理」，猶曰「智之事」、「聖之事」云爾。「條理」字不須深說，但「金玉」二字却須就「始終」字上說得有來歷乃佳耳。易之說固知未合，亦嘗拜稟，姑置之，以俟徐考矣。大抵平日說得習熟，乍聞此說，自是信不及。但虛心而微玩之，久當釋然耳。若稍作意主張求索，便爲舊說所蔽矣。此書近亦未暇卒業，却看得周禮、儀禮一過，注疏見成，却覺不甚費力也。亦嘗爲人作得數篇記文，隨事頗有發明，卒未有人寫得。俟送碑人回，附呈求教也。心氣未和，每加鐫治，竟不能悛。中間嘗覺求理太多而涵泳之功少，故日常匆迫而不暇於省察，遂欲盡罷生面功夫，且讀舊所習熟者而加涵養之力，竟復汩没，又不能遂。大抵氣質動擾處多難收斂也。且如近讀二禮，亦是無事生事也。

蘄州文字亦嘗見之，初意其說止是不喜人闢佛而惡人之溺於佛者。既而考之，其間大有包藏，遂爲出數百言以曉之，只欲俟伯諫歸而示之，未欲廣其書也。近年士子稍稍知向學，而怪妄之說亦復蜂起〔三〕，其立志不高、見理不徹者，皆爲所引取，甚可慮也。間嘗與佛者語，記其說，亦成數篇，後便并附呈次。

昨夕因看大學舊説，見「人之所親愛而辟焉」處，依古注讀作「譬」字，恐於下文意思不屬。據此「辟」字只合讀作「僻」字，蓋此言常人於其好惡之私常有所偏而失其正，故無以察乎好惡之公。而施於家者又溺於情愛之間，亦所以多失其道理而不能整齊也。如此讀之，文理極順，又與上章文勢正相似。且此篇惟有此五「辟」字，卒章有「辟則爲天下僇」，「辟」字亦讀爲「僻」，足以相明。但「畏敬」兩字初尚疑之，細看只爲人所懾憚，如見季子位高金多之比云爾。此説尤生，不知尊意以爲如何？然此非索而獲之，偶讀而意思及此耳。近年静中看得文義似此處極多，但不敢一向尋求，而於受用得力處則亦未有意思耳。

校記　〔一〕之：原作「也」，據宋閩、浙本改。

〔二〕綏：原作「緩」，據右引改。

〔三〕蜂：原作「螽」，據宋浙本改。

編年　據書信編年。

與張敬夫論癸巳論語説 淳熙四年

學而時習之。

程子曰：「時復紬繹。」本文作「思繹」，今此所引改「思」爲「紬」，不知何説。學者之於義理，當時紬繹

其端緒而涵泳之也。「學而時習之」，此是論語第一句。句中五字，雖有虛實輕重之不同，然字字皆有意味，無一字無下落。讀者不可以不詳，而説者尤不可以有所略也。「學」之爲言效也，以己有所未知，而效夫知者以求其知；以己有所未能，而效夫能者以求其能之謂也。「而」者，承上起下之辭也。「時」者，無時而不然也。「習」者，重複温習也。「之」者，指其所知之理、所能之事而言也。言人既學矣，而又時時温習其所知之理、所能之事也。蓋人而不學則無以知其所當知之理，無以能其所當爲之事。學而不習，則雖知其理、能其事，然亦生澀危殆而不能以自安。習而不時，則雖曰習之〔一〕，而其功夫間斷，一暴十寒，終不足以成其習之之功矣。聖言雖約，而其指意曲折深密而無窮蓋如此。凡爲解者，雖不必如此瑣細剖析，然亦須包含得許多意思，方爲完備。今詳所解，於「學而」兩字全然闊略，而但言紬繹義理，以解時習之意。夫人不知學，其將何以知義理之所在而紬繹之乎？且必曰「紬繹義理之端緒而涵泳之」，又似義理之中別有一物爲之端緒，若繭之有絲，既紬繹出來，又從而涵泳之也。語意煩擾，徒使學者胸中擾擾，拈一放一，將有揠苗助長之患，非所以示人入德之方也。**説者，油然内慊也。**程子但言浹洽於中則説，雖不正解「説」字，而「説」字之意已分明。今既述程語〔二〕，而又增此句，似涉重複。且慊者〔三〕，行事合理而中心滿足之意，施之於此，似亦未安。

孝弟也者，其爲仁之本與。

自孝弟而始，爲仁之道，生而不窮。按有子之意，程子之説，正謂事親從兄，愛人利物，莫非爲仁之道。但事親從兄者本也，愛人利物者末也。本立然後末有所從出，故孝弟立而爲仁之道生也。今此所解，語意雖高而不親切。**其愛雖有差等，而其心無不溥矣。**此章「仁」字正指愛之理而言耳〔四〕，易傳所謂「偏言則一事」者是也。故程子於此但言孝弟行於家而後仁愛及於物，乃著實指事而言。其言雖近，而指則遠也。今以心無不溥形容，所包雖廣，然恐非本旨，殊覺意味之浮淺也。

巧言令色。

若夫君子之修身，謹於言語容貌之間，乃所以體當在己之實事，是求仁之要也。此意甚善，但恐須先設疑問以發之，此語方有所指。今無所發端而遽言之，則於經無所當，而反亂其本意矣。如易傳中發明經外之意，亦必設爲問答以起之。蓋須如此，方有節次來歷，且不與上文解經正意相雜。而其抑揚反覆之間，尤見得義理分明耳。

爲人謀而不忠。

處於己者不盡也。「處」字未安。

道千乘之國。

信於己也，「己」字未安。自使民以時之外。此句無所當，恐是羨字。

毋友不如己者。

不但取其如己者，又當友其勝己者。經但言「毋友不如己者」，以見友必勝己之意。今乃以「如己」、「勝己」分爲二等，則失之矣。而其立言造意，又似欲高出於聖言之上者。解中此類甚多，恐非小病也。

慎終追遠。

慎，非獨不忘之謂，誠信以終之也。追，非獨不忽之謂，久而篤之也。以「慎」爲不忘，「追」爲不忽，若舊有此説，則當引其説而破之。若初無此説，則此兩句亦無所當矣。且下文兩句所解亦未的當。凡事如是，所以養德者厚矣。慎終追遠，自是天理之所當然，人心之所不能已者。人能如此，則其德自厚而民化之矣。今下一「養」字，則是所以爲此者，乃是欲以養德，而其意不專於慎終追遠矣。厚者德之聚，而惡之所由以消靡也。此語於經無當，於理未安。

父在觀其志。

志欲爲之而有不得行，則孝子之所以致其深愛者可知。此章舊有兩説，一説以爲爲人子者，父在則能觀其父之志而承順之，父没則能觀其父之行而繼述之，又能三年無改於父之道，則可謂孝矣。一説則以爲欲觀人子之賢否者，父在之時，未見其行事之得失，則但觀其志之邪正。父没之後，身任承家嗣事之責，則當觀其行事之得失。若其志與行皆合於理，而三年之間又能無改於父之道，則可謂孝矣。此兩説不同，愚意每謂當從前説，文勢爲順〔五〕。若如後説，則上文未見志行之是非，不應末句便以「可謂孝矣」結之也。今詳此解蓋用後説，然謂父在而志不得行可以見其深愛，則又非先儒舊説之意矣。經文但有一「志」字，乃是通邪正得失而言，如何便見得獨爲志欲爲之而不得行，又何以見夫致其深愛之意耶？三年無改於父之道，志哀而不暇它之問也。又曰：三年無改者，言其常也，可以改而可以未改者也。此句之説，惟尹氏所謂「孝子之心有所不忍」者最爲慤實。而游氏所謂「在所當改而可以未改」者，斟酌事理尤得其當。此解所云「志哀而不暇它之問」者，蓋出謝氏之説，其意非不甚美，然恐立説過高，而無可行之實也。蓋事之是非可否日接於耳目，有不容不問者。君子居喪，哀戚雖甚，然視不明、聽不聰、行不正、不知哀者，君子病之，則亦不應如是之迷昧也。所謂「可以改而可以未改」者，則出於游氏之説，然又失其本指。蓋彼曰「在所當改」，則迫於理而不得不然之辭也〔六〕。今曰「可以改」，則意所欲而冀其或可之辭也。二者之間，其意味之厚薄相去遠矣。又此經所言，亦爲人之父不能皆賢，不能皆不肖，故通上下而言，以中人爲法耳。今解又云「三年無改者，言其常也」，似亦非是。若言其常，則父之所行，子當終身守之可也，豈但以三年無改爲孝哉？

信近於義。

恭謂貌恭。又曰：恭而過於實，適所以招耻辱。恭不近禮，謂之無節而過卑則可，謂之貌恭而過實則失之矣。且貌恭而過實，亦非所以取耻辱也。言而不可復則不可行，將至於失其信矣。或欲守其不可復之言，則逆於理而反害於信矣。此數句似不分明〔七〕，恐未盡所欲言之曲折也。竊原本意，蓋曰欲其言之信於人而不度於義者，復之則害於義，不復則害於信，進退之間，蓋無適而可也。故君子欲其言之信於人也，必度其近於義而後出焉，則凡其所言者，後無不可復之患矣。恐須如此説破，方分明也。

就有道而正焉。

異世而求之書。本文未有此意，恐不須過説。或必欲言之，則别爲一節而設問以起之可也。

貧而樂，富而好禮。

進於善道，有日新之功，其意味蓋無窮矣。此語不實。

詩三百。

其言皆出於惻怛之公心，非有它也。「惻怛」與「公心」字不相屬。「非有它也」，乃嫌於有它而解之之辭，然亦泛矣。詩發於人情，似無有它之嫌。若有所嫌，亦須指言何事，不可但以「有它」二字概之也。

無違。

生事之以禮，以敬養也。死葬之以禮，必誠必信也。祭之以禮，致敬而忠也。專言敬則愛不足，專言誠信則文不足。「忠」字尤所未曉，然致敬而忠，恐亦未足以盡祭禮。大率聖人此言至約而所包極廣，條舉悉數，猶恐不盡，況欲率然以一言該之乎。

十世可知。

若夫自嬴秦氏廢先王之道，而一出於私意之所爲，有王者作，其於繼承之際，非損益之可言，直盡因革之宜而已。此一節立意甚偏而氣象褊迫，無聖人公平正大、隨事順理之意。且如此説，則是聖人之言不足以盡古今之變，其所謂百世可知者，未及再世而已不驗矣。嘗究此章之指，惟古注馬氏得之。何晏雖取其説，而復亂以己意，以故後來諸家祖習其言，展轉謬誤，失之愈遠。至近世，吴才老、胡致堂始得其説，最爲精當。吴説有續解、考異二書，而考異中此章之説爲尤詳，顧試一觀，或有取焉。大抵此二家説其它好處亦多，不可以其後出而忽之也。

非其鬼而祭之，諂也。

無其鬼神，是徒爲諂而已。聖人之意，罪其祭非其鬼之爲諂，而不識其祭無其鬼之徒爲諂也。諂自惡德，豈論其有鬼無鬼、徒與不徒也哉？

韶武。

聖人之心初無二致，揖遜征伐，時焉而已。此理固然，但此處解「美」、「善」兩字而爲此説，似以舜、武心皆盡美，而武王之事有未盡善，則「美」字反重而「善」字反輕，爲不倫耳。蓋美者聲容之盛，以其致治之功而言也。善者致美之實，以其德與事而言也。然以德而言，則性之反之雖有不同，而成功則一。以事而言，則揖遜征伐雖有不同，而各當其可。則聖人之心，亦未嘗不同也。

仁者能好人惡人。

仁者爲能克己。此語似倒，恐當正之。

無終食之間違仁。

無終食之間違仁，是心無時而不存也。造次顛沛必於是，主一之功也。此二句指意不明，語脉不貫。初竊疑其重複，既而思之，恐以上句爲成德之事，下句爲用功之目。若果如此，則當改下句云「所以存其心也」，乃與上文相應，庶讀者之易曉。然恐終非聖人之本意也。

無適無莫。

或曰：異端無適無莫而不知義之與比，失之矣。夫異端之所以不知義者，正以其有適有莫也。異端有適有莫，蓋出於程子之言。然譏其無適莫而不知義，亦謝氏之說。言雖不同，而各有所指，未可遽以此而非彼也。若論先後，則正以其初無適莫而不知義，故徇其私意以爲可否，而反爲有適有莫。既有適莫，故遂不復求義之所在，而卒陷於一偏之說也。

求爲可知。

若曰使己有可知之實，則人將知之，是亦患莫己知而已，豈君子之心哉。此說過當。若曰「所謂求爲可知者，亦曰爲其所當爲而已，非謂務皎皎之行以求聞於人也」，則可矣。

一以貫之。

道無不該也，有隱顯内外本末之致焉。若無隱顯内外本末之致，則所謂一貫者，亦何所施哉。此意甚善，然其辭則似生於辨論反覆之餘者。今發之無端，則無所當而反爲煩雜。若曰「聖人之心於天下事物之理無所不該，雖有内外本末隱顯之殊，而未嘗不一以貫之也」，則言順而理得矣。

欲訥於言。

言欲訥者畏天命，行欲敏者恭天職。言行自當如此，不必爲畏天命、恭天職而然。今若此言，則是以言行爲小，而必稱天以大之也。且言行之分亦未穩當〔八〕，行之欲敏，獨非畏天命耶？

晝寢。

知抑精矣。「抑」字恐誤。

臧文仲。

世方以小慧爲知。小慧似非所以言臧文仲。

季文子。

非誠其思。此語未善。

顔淵、季路侍。

爲吾之所當爲而已，則其於勞也奚施？「施勞」，舊説皆以「施」爲「勿施於人」之「施」，「勞」者，勞辱之事。今如此説，語不分明。子細推尋，似亦以「施」爲夸張之意，「勞」爲「功勞」之「勞」，其意雖亦可通，但不知「施」字有如此用者否耳〔九〕。必如此説，更須子細考證，説令明白乃佳。存乎公理。此句亦未善。

質勝文則野。

失而爲府史之史，寧若爲野人之野乎？此用楊氏「與其史也，寧野」之意，然彼亦以爲必不得已而有所偏勝，則寧若此耳。今解乃先言此，而又言矯揉就中之説，則既曰「寧爲野人之野」矣，又何必更説「修勉而進其文」乎？文理錯雜，前後矛盾，使讀者不知所以用力之方。恐當移此於矯揉就中之後，則庶乎言有序而不悖也。

人之生也直。

罔則昧其性，是冥行而已矣。此説似好，然承上文「直」字相對而言，則當爲欺罔之罔。

中人以下。

不驟而語之以上，是亦所以教之也。孟子言「不屑之教誨，是亦教誨之」，蓋爲不屑之教誨，已是絶之而不復教誨，然其所以警之者，亦不爲不至，故曰是亦教誨之而已矣。所謂「亦」者，非其正意之辭也。若孔子所言「中人以下未可語上」，而不驟語之以性與天道之極致，但就其地位，告之以切己著實之事，乃是教之道正合如此，非若不屑之教誨，全不告語，而但棄絶以警之也。今曰「是亦教誨之也」，則似教人者不問其人品之高下，必盡告以性與天道之極致，然後始可謂之教誨。才不如此，便與絕而不教者無異。此極害理，非聖門教人之法也。且著此一句，非惟有害上文之意，覺得下文意思亦成躐等，氣象不佳，試思之。若但改云：「不驟而語之以上，是乃所以漸而進之，使其切問近思而自得之也。」則上下文意接續貫通，而氣象無病矣。此所撰集注已依此文寫入矣。

敬鬼神而遠之。

遠而不敬，是誣而已。「誣」字未安。

知仁動静。

知之體動而静在其中，仁之體静而動在其中。此義甚精，蓋周子太極之遺意，亦已寫入集注諸説之後矣。但在此處讀之，覺得有急迫之病，略加曲折，别作一節意思發明乃佳。大抵此解之病在於太急迫而少和緩耳。

子見南子。

過衛國，必見寡小君。孔子居衛最久，不可但言過衛。見小君者，禮之當然，非特衛國如此也。夫子聽衛國之政，必自衛君之身始。此理固然，然其間似少曲折，只如此説，則亦粗暴而可畏矣。試更思之，若何？

博施濟衆。

不當以此言仁也。仁之道不當如此求也。但言不當，而不言其所以不當之故，不足以發聖人之意。先言仁者，而後以仁之方結之。立人達人，仁也；能近取譬，恕也。自是兩事，非本一事而先言後結也。

述而不作。

聖人所以自居者，平易如此。「平易」二字説不著。老彭、孔子事同，而情性功用則異。孔子賢於堯舜，非老彭之所及，人皆知之，自不須説。但其謙退不居而反自比焉，且其辭氣極於遜讓，而又出於誠實如此，此其所以爲盛德之至也。爲之説者，正當於此發其深微之意，使學者反復潛玩，識得聖人氣象，而因以消其虚驕傲誕之習，乃爲有力。今但以「平易」二字等閑説過，而於卒章忽爲此論，是乃聖人鞠躬遜避於前，而吾黨爲之攘袂扼腕於後也。且無乃使夫學者疑夫聖人之不以誠居謙也乎哉？大率此解多務發明言外之意，而不知其反戾於本文之指，爲病亦不細也。

默而識之。

默識非言意之所可及，蓋森然於不睹不聞之中也。又云：世之言默識者，類皆想像億度，驚怪恍惚，不知聖門實學貴於踐履，隱微之際，無非真實。默識只是不假論辨而曉此事理，如侯子辨揔老之説是已。蓋此乃聖人之謙詞，未遽説到如此深遠處也。且此説雖自踐履言之，然其詞氣，則與所謂驚怪恍惚者亦無以相遠矣。

子之燕居。

聖人聲氣容色之所形，如影之隨行。聲氣容色不離於形，同是一物。影之於形，雖曰相隨，然却是二物。以此况彼，欲密而反疏矣。且衆人聲氣容色之所形，亦其有於中而見於外者〔十〕，豈獨聖人爲然哉。

志於道。

藝者所以養吾德性而已。上四句解釋不甚親切，而此句尤有病。蓋藝雖末節，然亦事理之當然，莫不各有自然之則焉。曰「游於藝」者，特欲其隨事應物，各不悖於理而已。不悖於理，則吾之德性固得其養，然初非期於爲是以養之也。此解之云，亦原於不屑卑近之意，故耻於游藝而爲此説以自廣耳。又按張子曰：「藝者，日爲之分義也。」詳味此句，便見得「藝」是合有之物，非必爲其可以養德性而後游之也。

自行束脩以上。

辭氣容色之間，何莫非誨也，固不保其往爾。「誨」字之意，恐未説到辭氣容色之間，亦未有不保其往之意也。蓋「吾無隱乎爾」，乃爲二三子以爲有隱而發，「不保其往」，乃爲門人疑於互鄉童子而發，皆非平日之常言，不應於此無故而及之也。若以禮來者，不以一言告之，而必俟其自得於辭氣容色之間，又先萌不保其往之意，則非聖人物來順應之心矣。此一章之中而説過兩節意思，尤覺氣迫而味短也。

憤悱。

憤則見於辭氣，悱則見於顏色。此兩字與先儒説正相反，不知別有據否。

子謂顏淵。

其用也豈有意於行之？其舍也豈有意於藏之？聖人固無意必，然亦謂無私意期必之心耳。若其救時及物之意皇皇不舍，豈可謂無意於行之哉？至於舍之而藏，則雖非其所欲，謂舍之而猶無意於藏，則亦過矣。若果如此，則是孔、顏之心漠然無意於應物，推而後行，曳而後往，如佛老之爲也。聖人與異端不同處正在於此，不可不察也。程子於此但言「用舍無與於己，行藏安於所遇」者也。詳味其言中正微密，不爲矯激過高之説，而語意卓然，自不可及，其所由來者遠矣。程子又云：「樂行憂違，憂與樂皆道也，非己之私也。」與此相似，亦可玩味。

子行三軍則誰與？

臨事而懼，好謀而成，古之人所以成天下之事而不失也，豈獨可行三軍而已哉。臨事而懼，好謀而成，本爲行三軍而發，故就行三軍上觀之，尤見精密。蓋聖人之言雖曰無所不通，而即事即物，毫釐之間又自有不可易處。若如此解之云，是乃程子所訶「終日乾乾，節節推去」之病矣〔十一〕。

子所雅言。

性與天道，亦豈外是而它得哉。固是如此，然未須説。

子不語。

語亂則損志。「損志」二字未安。

弋不射宿。

不忍乘危。「乘危」二字未安。

奢則不孫。

聖人斯言，非勉學者爲儉而已。聖人深惡奢之爲害，而寧取夫儉之失焉，則其所以勉學者之爲儉，其意切矣。今爲此說，是又欲求高於聖人，而不知其言之過、心之病也。温公謂揚子作玄，本以明易，非敢別作一書以與易競。今讀此書，雖名爲說論語者，然考其實則幾欲與論語競矣。鄙意於此深所未安，不識高明以爲如何？

曾子有疾，召門弟子。

形體且不可傷，則其天性可得而傷乎？此亦過高之說，非曾子之本意也。且當著明本文之意，使學者深慮，保其形體之不傷而盡心焉，是則曾子所爲丁寧之意也。且天性亦豈有可傷之理乎？

孟敬子問之。

將死而言善，人之性則然。此語太略，幾不可曉，恐當加詳焉。動容貌者，動以禮也。正顔色者，正而不妄也。出詞氣者，言有物也。動容貌則暴慢之事可遠，正顔色則以實而近信，出詞氣則鄙倍之意可遠。此說蓋出於謝氏，以文意求之，既所未安，而以義理觀之，則尤有病。蓋此文意但謂君子之所貴乎道者，有此三事，動容貌而必中禮也，正顔色而非色莊也，出詞氣而能合理也。蓋必平日莊敬誠實，涵養有素，方能如此。若其不然，則動容貌而不能遠暴慢矣，正顔色而不能近信矣，出詞氣而不能遠鄙倍矣。文勢如此，極爲順便。又其用功在於平日積累深厚，而其效驗乃見於此，意味尤覺深長。明道、尹氏説蓋如此，惟謝氏之説以動、正、出爲下功處，而此解宗之。夫經但云「動」，則其以禮與否未可知；但云「正」，則其妄與不妄未可見；但云「出」，則其有物無物亦未有以驗也。蓋夫子嘗言「非禮勿動」，則動容固有非禮者矣。今但曰「動」，則暴慢如何而遽可遠乎？又曰「色取仁而行違」，則正色固有不實者矣。今但曰「正」，則信如何而遽可近乎？又曰「出其言不善」，則出言固有不善者矣。今但曰「出」，則鄙倍如何而遽可遠乎？此以文義考之，皆所未合。且其用力至淺而責效過深，正恐未免於浮躁淺迫之病，非聖賢之本指也。

弘毅。

弘由充擴而成。此句似説不著。

民可使由之。

使自得之。此亦但謂使之由之耳，非謂使之知也。

蕩蕩乎民無能名焉。

無所不該而其用則密。只廣大便難名，不必言其用之密也。

禹，吾無間然矣。

皆所以成其性耳。禹之所行，皆理之所當然，固是本出於性，然禹亦爲其所當爲而已，非以其能成吾性而後爲之也。

子絕四。

絕而不復萌。此顔子不貳過之事，非所以語孔子，蓋此「絕」字猶曰「無」耳。然必言「絕」而不言「無」者，見其無之甚也。

顔淵喟然嘆曰。

約我以禮，謂使之宅至理於隱微之際。侯氏曰：「博文，致知格物也。約禮，克己復禮也。」其説最善。此解説得幽深，却無意味也。必曰「如」者，言其始見之端的者然也。此句亦不可曉。

未見好德。

衆人物其性。此語未安。蓋性非人所能物，衆人但不能養其性而流於物耳，性則未嘗物也。

語之而不惰。

不惰，謂不惰其言也。夫子之言昭然發見於顔子日用之中，此之謂不惰。「惰」字乃怠惰之義，如所解，乃墜墮之義，字自作「墮」，或有通作「墮」者，不作「惰」也。且其爲説，又取禪家語墮之意，鄙意於此尤所未安也。

衣敝緼袍。

不忮不求之外，必有事焉。此語不可曉。

可與共學。

或者指權爲反經合道、驚世難能之事。世俗所謂權者，乃隨俗習非，偷安苟得，如公羊祭仲廢君之類耳，正不謂驚世難能之事也。

唐棣之華。

唐棣之詩，周公誅管、蔡之事。論語及詩召南作「唐棣」，小雅作「常棣」，無作「棠」者。而小雅「常」字亦無「唐」音。爾雅又云：「唐棣，棣；常棣，移。」則唐棣、常棣自是兩物。而夫子所引，非小雅之常棣矣。且今小雅常棣之詩章句聯屬，不應別有一章如此，蓋逸詩爾。論語此下別爲一章，不連上文，范氏、蘇氏已如此説。但以爲思賢之詩，則未必然耳。或説此爲孔子所删小雅詩中之一章，亦無所考。且以文意參之，今詩之中當爲第幾章耶？

食饐而餲。

聖人所欲不存，豈有一毫加於此哉？此句不可曉。

出三日，不食之矣。

或出三日，則寧不食焉。按經文，此句乃解上文祭肉不出三日之意，言所以三日之中食之必盡而不使有餘者，蓋以若出三日，則人將不食而厭棄之，非所以敬神惠也。

不可則止。

有不合於正理，則從而止之。按經文意，不可則止，但謂不合則去耳。後篇論朋友處〔十二〕，「不可則止」文意正同。今爲此說，穿鑿費力而不成文理，竊所未安。且兩句文同，不應指意頓異如此也。

點，爾何如？

「曾子非有樂乎此也」至**「故行有不掩焉也」**。此論甚高，然反復玩之，則夸張侈大之辭勝，而慤實淵深之味少。且其間文意首尾自相背戾處極多，且如所謂「曾子非有樂乎此也，蓋以見夫無不得其樂之意耳」，只此一句，便自有兩重病痛。夫謂「曾子非有樂乎此」，此本於明道先生「簞瓢陋巷非有可樂」之説也。然顏、曾之樂雖同，而所從言之則異，不可不察也。蓋簞瓢陋巷實非可樂之事，顏子不幸遭之，而能不以人之所憂改其樂耳。若其所樂，則固在夫簞瓢陋巷之外也。故學者欲求顏子之樂，而即其事以求之，則有没世而不可得者，此明道之説所以爲有功也。若夫曾皙言志，乃其中心之所願而可樂之事也。蓋其見道分明，無所係累，從容和樂，欲與萬物各得其所之意，莫不藹然見於詞氣之間。明道所謂「與聖人之志同，便是堯舜氣象」者，正指此而言之也。學者欲求曾皙之胸懷氣象，而舍此以求之，則亦有没世而不可得者矣。夫二子之樂雖同，而所從言則其異有如此者，今乃以彼之意爲此之説，豈不誤哉！且夫子之問，欲知四子之所志也。四子之對，皆以其平日所志而言也。今於曾皙之言獨謂其特以見夫無所不得其樂之意，則是曾皙於夫子之問獨不言其平日之所志，而臨時信口撰成數句無當之大言，以夸其無所不樂之高也。如此則與禪家拈槌竪拂、指東畫西者何以異〔十三〕？其不得罪於聖人幸矣，又何喟然見與之可望乎。至於此下雖名爲推説曾皙之意者，然盡黜其言而直伸己見，則愚恐其自信太重，視聖賢太輕，立説太高，而卒歸於無實也。且所謂「無不得其樂」者，固以人而言之矣，而其下文乃以「天理自然，不可忘助〔十四〕，不可過不及，不可倚著」者釋之，則未知其以理而言耶？抑以人言之耶？以理而言，則與上文「得其所樂」之云似不相應；以人而言，則曾晳之心艱危恐迫、傾側動摇亦已甚矣，又何以得其所樂而爲天理之自然耶？其以爲「叙、秩、命、討，天則所存，堯舜所以無爲而治者」，則求諸曾晳之言，殊未見此曲折。且此既許之以聖人之事矣，又以爲聖門實學存養之地，則是方以爲學者之事也。若曰姑以爲學者之事而已，而又以爲行有所不掩焉，則是又并所謂存養者而奪之也。凡此數節，殊不相應，皆熹之所不能曉者。竊惟此章之旨惟明道先生發明的當，若上蔡之説，徒贊其無所系著之意，而不明其對時育物之心。至引列子御風之事爲比，則其雜於老、莊之見而不近聖賢氣象尤顯然矣。凡此説中諸可疑處，恐皆原於此説。竊謂高明更當留意，必如横渠先生所謂「濯去舊見，以來新意」者，庶有以得聖賢之本心耳。論語中大節目似此者不過數章，不可草草如此説過也。

克己復禮。

「斯言自始學至成德，皆當從事」至「無所見夫克矣」。此一節意思似亦因向來以克己爲後段事，故有此反復之論。今但如此發之無端，恐亦須設問答以起之。

子帥以正。

其有不率者，則明法敕罰以示之，亦所以教也。理固如此，但此處未應遽如此説，奪却本文正意耳。易曰「明罰敕法」，此倒其文，不知别有意否？

直躬。

「世之徇名而不究其實者」至「幾何其不若是哉」。此不知所指言者謂何等事，文意殊不明也。

爲命。

「雖然」至「言外之意也」。恐聖人未有此意，但作今自推説，却不妨耳。

人也。

以其有人之道也。古注云：「猶詩『所謂伊人』。」此説當矣。莊子曰：「之人也，物莫之傷。」亦與此同。若曰有人之道，極言之則太重，管仲不能當；淺言之則太輕，又非所以語管仲也。

孟公綽。

趙、魏老在當時號爲家事治者。此句不可曉，恐傳本有誤字。

正譎。

程子曰云云。此解恐當用致堂説，向見伯恭説亦如此。

古之學者爲己。

所以成物，特成己之推而已。按此爲人，非成物之謂。伊川以「求知於人」解之，意可見矣。若學而先以成物爲心，固失其序，然猶非私於己者，恐亦非當時學者所及也。吕與叔中庸序中亦如此錯解了。

不逆詐。

孔注文義爲順。按孔注文義極不順，惟楊氏説得之。「抑」者，反語之詞，如云：「求之與？抑與之與？」「硜硜然小人哉，抑亦可以爲次矣。」皆略反上文之意也。

微生畝。

包注訓「固」爲陋，此解是。恐亦未安。

諒陰。

大君敕五典以治天下，而廢三年之達喪。經文未有此意，短喪自是後世之失。若欲發明，當別立論而推以及之，不可只如此説，無來歷也。

修己以敬。

敬有淺深，敬之道盡，則修己之道亦盡，而安人安百姓皆在其中。此意甚善，但「敬有淺深」一句，在此於上下文并無所當，反使人疑修己是敬之淺者，安百姓是敬之深者。今但削去此四字及下文一「亦」字，則意義通暢，自無病矣。

原壤。

「幼而孫弟」至「見其弊之所自也」。恐聖人無此意，今以爲當如是推之則可耳。

予一以貫之。

所謂「約我以禮」者歟？此説已見「顔淵喟然」章。此亦子貢初年事。既曰當其可，則子貢是時應已默契夫子之意矣。後來所言夫子之得邦家者，安知不由此而得之？何以知其爲初年事耶？此等既無考據，而論又未端的，且初非經之本意，不言亦無害也。

子張問行。

人雖不見知，而在己者未嘗不行。夫子之言，言其常理耳〔十五〕。人雖不知，別是一段事，未應遽説，以亂夫子之意。向後別以己意推言，則可耳。參前倚衡，使之存乎忠信篤敬之理也。此謂言必欲其忠信，行必欲其篤敬，念念不忘而有以形於心目之間耳。若不責之於言行之實，而徒曰存其理而不舍，亦何益哉。

卷而懷之。

猶有卷而懷之之意，未及潛龍之隱見。恐不須如此説。

志士仁人。

仁者人之所以生也，苟虧其所以生者，則其生也亦何爲哉。志士仁人所以不求生以害仁者，乃其心中自有打不過處，不忍就彼以害此耳〔十六〕，非爲恐虧其所以生者而後殺身以成仁也。所謂成仁者，亦但以遂其良心之所安而已，非欲全其所以生而後爲之也。此解中常有一種意思，不以仁義忠孝爲吾心之不能已者，而以爲畏天命、謹天職，欲全其所以生者而後爲之，則是本心之外別有一念，計及此等利害重輕而後爲之也。誠使真能舍生取義，亦出於計較之私，而無慤實自盡之意矣。大率全所以生等説，自它人旁觀者言之，以爲我能如此則可，若挾是心以爲善，則已不妥帖。況自言之，豈不益可笑乎？呂覽所載直躬證父一事而載取名事，正類此耳。

放鄭聲，遠佞人。

非聖人必待戒乎此也，於此設戒，是乃聖人之道也。此是聖人立法垂世之言，似不必如此説。然禹以丹朱戒舜，舜以「予違汝弼」責其臣，便説聖人必戒乎此，亦何害乎？此蓋尊聖人之心太過，故凡百費力主張，不知氣象却似輕淺迫狹，無寬博渾厚意味也。

一言終身行之。

行恕則忠可得而存矣。此句未安，當云「誠能行恕，則忠固在其中矣」。

誰毁誰譽？

毁者指其過，譽者揚其美。此説未盡。愚謂毁者，惡未至此而深詆之也。譽者，善未至此而驟稱之也。非但語其已然之善惡而已。誰毁誰譽，謂吾於人無毁譽之意也。聖人之心仁恕公平，實無毁譽，非但無其意而已。有所譽必有所試，因其有是實而稱之。此亦未盡。試猶驗也，聖人或時有所譽者，雖其人善未至此，然必嘗有以驗之，而知其將至是矣。蓋聖人善善之速，惡惡之緩，而於其速也亦無所苟焉。又曰：可毁可譽在彼。又曰：不云有所毁，聖人樂與人爲善也。必有所試而後譽，則其於毁亦可知矣。若如此説，則是聖人固常有毁，但於此著其有譽而匿其有毁，以取忠厚之名也，而可乎？毁，破壞也，如器物之未敗而故破壞之，聖人豈有是乎？

禮樂征伐自天子出。

天子亦豈敢以爲己所可專，而加私意於其間哉，亦曰奉天理而已。意見「原壤夷俟」、「子張問行」章。

三愆。

言而當其可，非養之有素不能也。聖人此言只是戒人言語以時，不可妄發，未説到此地位也。言及之而不言，當言之理不發也。此語甚怪，蓋爲養之有素所牽而發耳。然若如此，則是自見不到，有隱於人矣。

生而知之。

其至雖一，而其氣象規模終有不同者。此一節當删去，於解經之意亦未有所闕也。

子謂伯魚。

「爲」者，躬行其實也。按諸先生多如此説，意極親切，但尋文義，恐不然耳。「爲」只是誦讀講貫，「墻面」只是無所見。書所謂「不學墻面」，亦未説到不躬行則行不得處也。

患得之。

所爲患得者，計利自便之心也。此句解得文義不分明，而語意亦不親切。

君子有惡。

「以子貢之有問」至「抑可知矣」。夫子之問，未見惡人之疑；子貢之對，亦未見檢身之意。

三仁。

皆稱爲仁，以其不失其性而已。此説「仁」字恐不親切。

荷篠。

植杖而芸，亦不迫矣。止子路宿，則其爲人蓋有餘裕。又曰行以避焉，隘可知也。此語自相矛盾。

不施其親。

引尹氏説。尹氏固佳，然不知「施」字作如何解？若如謝氏，雖亦引「無失其親」爲解，然却訓「施」爲「施報」之「施」，則誤矣。此等處須説破，令明白也。陸德明釋文本作「弛」字，音詩紙反，是唐初本猶不作「施」字也。吕與叔亦讀爲「弛」，而不引釋文，未必其考於此，蓋偶合耳。今當從此音讀。

士見危致命。

楊氏曰云云。似不必如此分別。

君子學以致其道。

致者，極其致也。恐當云：「致者，極其所至也。」自未合者言之，非用力以致之，則不能有諸躬。道固欲其有諸躬，然此經意但謂極其所至耳，不爲有諸躬者發也。若曰有諸躬，則當訓「致」爲「致師」之「致」，如蘇氏之説矣。然本文意不如此。

大德小德。

小德，節目也。此章説甚佳，但以記所謂「後其節目」者觀之，則此二字似未甚當。

子夏之門人小子。

「君子之道，孰爲當先而可傳」至「循其序而用力耳」。詳本文之意，正謂君子之道本末一致，豈有以爲先而傳之？豈有以爲後而倦教者？但學者地位高下不同，如草木之大小，自有區別，故其爲教不得不殊耳。初無大小雖分而生意皆足、本末雖殊而道無不存之意也。「焉可誣也」，蘇氏得之。「有始有卒」，尹氏得之。此章文義如此而已。但近年以來，爲諸先生發明本末一致之理，而不甚解其文義，固失其指歸。然考之程書，明道嘗言：「先傳後倦，君子教人有序，先傳以近者小者，而後教以遠者大者，非是先傳以近小，而後不教以遠大也。」此解最爲得之。然以其言緩而無奇，故讀者忽之而不深考耳。

孟莊子。

孟莊子所以不改，意其事雖未盡善，而亦不至於悖理害事之甚與？莊子乃獻子之子，獻子賢大夫，其臣必賢，其政必善。莊子之賢不及其父，而能守之，終身不改，故夫子以爲難，蓋善之也。此臨川鄧丈元亞説，諸家所不及也。

仲尼焉學。

萬物盈於天地之間，莫非文武之道，初無存亡增損。近年説者多用此意，初若新奇可喜，然既曰「萬物盈於天地之間」，則其爲道也，非文武所能專矣。既曰「初無存亡增損」，則「未墜於地」之云，又無所當矣。且若如此，則天地之間可以目擊而心會，又何待於賢者識其大，不賢者識其小，一一學之，然後得耶？竊詳文意，所謂文武之道，但謂周家之制度典章爾。孔子之時，猶有存者，故云未墜也。大抵近世學者喜聞佛老之言，常遷吾説以就之，故其弊至此。讀者平心退步，反復於句讀文義之間，則有以知其失矣。

生榮死哀。

生榮死哀，無不得其所者也。所解不明。似謂天下之人其生皆榮，其死皆哀，無不得其所者，不知是否。若如此説，則不然矣。子貢言夫子得邦家時其效如此，范氏所謂「生則天下歌誦，死則如喪考妣」者是也。

謹權量。

此亦帝王爲治之要。此篇多闕文，當各考其本文所出而解之。有不可通者，闕之可也。謹權量以下，皆武王事，當自「周有大賚」以下至「公則悦」爲一章。蓋興滅國、繼絕世、舉逸民，當時皆有其事，而所重民食喪祭，即武成所謂「重民五教，惟食喪祭」者也。

校記

〔一〕則：原缺，據宋閩、浙本補。
〔二〕今：原缺，據右引補。
〔三〕且：原作「則」，據宋浙本改。
〔四〕耳：原作「曰」，據右引改。
〔五〕文勢：原作「所解」，據宋閩、浙本改。
〔六〕迫：原作「近」，據右引改。
〔七〕數：原作「結」，據右引改。
〔八〕亦：原作「屬」，據右引改。
〔九〕施：原作「勞」，據右引改。
〔十〕其：原作「以」，據右引改。
〔十一〕訶：原作「謂」，據右引改。
〔十二〕後：原作「前」，據宋浙本改。
〔十三〕句末原有「哉」字，據宋閩、浙本刪。
〔十四〕忘：原作「妄」，據正訛改。
〔十五〕耳：原作「此」，據宋浙本改。宋閩本作「也」。
〔十六〕耳：原作「且」，據正訛改。

編年

據書信編年、年譜長編。

朱熹文集編年評注卷三十二

書汪張吕劉問答

答敬夫論中庸説乾道九年

「鳶飛魚躍」注中引程子説，蓋前面説得文義已極分明，恐人只如此容易領略便過，故引此語，使讀者於此更加涵泳。又恐枝葉太盛，則人不復知有本根，妄意穿穴，别生病痛，故引而不盡，使讀者但知此意而别無走作，則只得將訓詁就本文上致思，自然不起狂妄意思。當時於此詳略之間，其慮之亦審矣。今欲盡去，又似私憂過計，懲羹吹虀，雖救得狂妄一邊病痛，反没却程子指示眼目要切處，尤不便也。

「前知」之義，經文自説禎祥妖孽蓍龜四體，解中又引執玉高卑之事以明四體之説，則其所謂前知者，乃以朕兆之萌知之。蓋事幾至此，已自昭晰，但須是誠明照徹，乃能察之。其與異端怪誕之説，自不嫌於同矣。程子所説用與不用，似因異端自謂前知而言。其曰「不如不知之愈」

者，蓋言其不知者本不足道，其知者又非能察於事理之幾微，特以偵伺於幽隱之中，妄意推測而知，故其知之反不如不知之愈。因引釋子之言，以見其徒稍有識者已不肯爲，皆所以甚言其不足道而深絕之，非以不用者爲可取也。今來喻發明固以爲異端必用而後知，不用則不知，惟至誠則理不可掩，故不用而自知，是乃所謂天道者，此義精矣。然不用之云，實生於程子所言之嫌，而程子之言初不謂此，引以爲説，恐反惑人。且以此而論至誠、異端之不同，又不若注中指事而言，尤明白而直截也。

切、磋、琢、磨，但以今日工人制器次第考之，便可見。切者，以刀或鋸裁截骨角，使成形質；磋則或鑢或盪，使之平治也。琢者，以椎擊鑿鐫刻玉石，使成形質；磨則礱以沙石，使之平治也。蓋骨角柔韌，不容琢磨；玉石堅硬，不通切磋，故各隨其宜以攻治之。而其功夫次第從粗入細又如此，雖古今沿習或有不同，然物有定理，恐亦無以相遠也。故古注舊説雖與此異，然其以切、磋爲治骨角，琢、磨爲治玉石，亦未嘗亂，但不當分四者各爲一事而不相因耳。豈亦有所傳授而小失之與？來喻欲以四者皆爲治玉石之事，而謂切爲切其璞，琢爲琢其形，此於傳文協矣。然切其璞而琢其形，則不必遽磋，磋之既平，而復加椎鑿，則滑净之上却生瘢痕，與未磋何異？竊恐古人知能創物，不應如此之迂拙重複也。蓋古人引詩，往往略取大意，初不甚拘文義。故於此兩句但取其相因之意，而不細分其物。若細分之，則以切、琢爲道學，磋、磨爲自修，如論語之以切、琢比無諂無驕，磋、磨比樂與好禮，乃爲穩帖。今既不同，亦不必强爲之說，但識其大意可也。況經傳中此等非一，若不寬著意思緩緩消詳，則字字相梗，亦無時而可通矣。

編年　據書信編年。

答張敬夫 淳熙五年春夏間

諸諭一一具悉。比來同志雖不爲無人，然更事既多，殊覺此道之孤，無可告語，居常鬱鬱。但每奉教喻，輒爲心開目明耳。子澄所引馬、范出處，渠輩正坐立志不强而聞見駁雜，胸中似此等草木太多，每得一事可借以自便，即遂據之以爲定論，所以緩急不得力耳。近來尤覺接引學者大是難事，蓋不博則孤陋而無徵，欲其博則又有此等駁雜之患。況其才質又有高下，皆非可以一格而例告之。自非在我者充足有餘，而又深識幾會，亦何易當此責耶。

周君恨未之識，大率學者須更令廣讀經史，乃有可據之地。然又非先識得一個義理蹊徑，則亦不能讀，正惟此處爲難耳。

建康連得書，規模只如舊日。前日與之書，有兩語云：「憂勞惻怛雖盡於鰥寡孤獨之情，而未有以爲本根長久之計；功勛名譽雖播於兒童走卒之口，而未有以喻乎賢士大夫之心。」此語頗似著題，未知渠以爲如何。然亦只說得到此，過此尤難言也。尋常戲謂佛氏有所謂大心衆生者，今世絕未之見。凡今之人營私自便、得少爲足，種種病痛，正坐心不大耳。

子重語前書已及之，所言雖未快，然比來衆人已皆出其下矣。交戰雜好之説，誠爲切至之論，吾輩所當朝夕自點檢也。誠之久不得書，如彼才質，誠欠追琢之功。恨相去遠，無所效力也。陳唐弼者，舊十餘年前聞其爲人，每恨未之識。此等人亦可惜沉埋遠郡，計其年當不下五六十矣。吴儆者聞對語亦能不苟，不易不易。此等人材與温良博雅之士，世間不患無之，所恨未見。前所謂大心衆生者，莫能總其所長而用之耳。

寄示書籍石刻，感感。近作濂溪書堂記，曾見之否？謾内一本。發明天命之意，粗爲有功，但恨未及所謂不謂命者，闕却下一截意思耳。此亦是玩理不熟，故臨時收拾不上。如此非小病，可懼也。學記刻就，幸早寄及。只作兩石，不太大否？近思舉業三段及横渠語一段并録呈，幸付彼中舊官屬正之。或更得數字，説破增添之意尤佳。蓋閩、浙本流行已廣，恐見者疑其不同，兼又可見長者留意此書之意，尤學者之幸也。中庸章句只如舊本，已如所戒矣。近更看得數處穩實，尤覺日前功夫未免好高之弊也。通鑑綱目近再修至漢、晋間，條例稍舉，今亦謾録數項上呈。但近年衰悴目昏，燈下全看小字不得，甚欲及早修纂成書。而多事分奪，無力謄寫，未知何時可得脱稿求教耳。

雖然，天非獨私於二先生，二先生亦未嘗以自私也。學者誠能因其言以求其心，由下學之功馴致於上達之地，則道在我矣。若曰二公天人，匪學可到，習卑守陋，姑以自賢於世俗而已，豈惟非二先生之心，實有負於天也。文公有不謂命之云，意或在是，故并及之。

編年 據書札彙編。

評論 按南軒先生二書，皆將去桂林時作。任侯所藏文公先生帖，正其往復者也。當乾道、淳熙間，二先生更相師友，以斯文爲己任，一言論一著述，反覆講磨，必極其至當而後已。此書所論中庸、近思，蓋其一也。夫以二先生之學，可謂深造自得者矣，而猶汲汲於友朋之助如此，况學者乎。文公記濂溪書堂，以爲斯文之傳，惟天所畀，乃得與焉。此帖所謂「發明天命之意」是也。夫濂溪生千載之後，而接孔、孟不傳之統，信天之所畀矣。二先生并時而出，講明斯道，以續周、程之正脉，謂非天意可乎。真德秀任漢州所藏朱文公與南軒先生書帖：

答張敬夫 乾道三年春

誨諭曲折數條，始皆不能無疑，既而思之，則或疑或信而不能相通。近深思之，乃知只是一處不透，所以觸處窒礙。雖或考索强通，終是不該貫。偶却見得所以然者，輒具陳之，以卜是否。

大抵日前所見累書所陳者，只是儱侗地見得個大本達道底影象，便執認以爲是了，却於「致中和」一句全不曾入思議，所以累蒙教告以求仁之爲急，而自覺殊無立脚下功夫處。蓋只見得個直截根源傾湫倒海底氣象，日間但覺爲大化所驅，如在洪濤巨浪之中，不容少頃停泊，蓋其所見一向如是，以故應事接物處但覺粗厲勇果增倍於前，而寬裕雍容之氣略無毫髮。雖竊病之，而不知其所自來也。而今而後，乃知浩浩大化之中，一家自有一個安宅，正是自家安身立命、主宰知覺處，所以立大本、行達道之樞要。所謂體用一源，顯微無間者，乃在於此。而前此方往方來之說，正是手忙足亂，無著身處。道邇求遠，乃至於是，亦可笑矣。

正蒙可疑處，以熹觀之，亦只是一病。如定性則欲其不累於外物，論至靜則以識知爲客感，語聖人則以爲因問而後有知，是皆一病而已。「復見天地心」之說，熹則以爲天地以生物爲心者也，雖氣有闔闢，物有盈虛，而天地之心則亘古亘今未始有毫釐之間斷也。故陽極於外而復生於內，聖人以爲於此可以見天地之心焉。蓋其復者氣也，其所以復者，則有自來矣。向非天地之心生生不息，則陽之極也一絕而不復續矣，尚何以復生於內而爲闔闢之無窮乎？此則所論動之端者〔一〕，乃一陽之所以動，非徒指夫一陽之已動者而爲言也。夜氣固未可謂之天地心，然正是氣之復處，苟求其故，則亦可以見天地之心矣。

校記 〔一〕論：淳熙本作「謂」。

編年 據書信編年。

答張敬夫 乾道二年

前書所禀寂然未發之旨、良心發見之端，自以爲有小異於疇昔偏滯之見，但其間語病尚多，未爲精切。比遺書後，累日潛玩，其於實體似益精明。因復取凡聖賢之書，以及近世諸老先生之遺語，讀而驗之，則又無一不合。蓋平日所疑而未白者，今皆不待安排，往往自見灑落處。始竊自信，以爲天下之理其果在是，而致知格物、居敬精義之功，自是其有所施之矣。聖賢方策，豈欺我哉！

蓋通天下只是一個天機活物，流行發用，無間容息。據其已發者而指其未發者，則已發者人心，而凡未發者皆其性也，亦無一物而不備矣。夫豈別有一物拘於一時、限於一處而名之哉，即夫日用之間，渾然全體，如川流之不息、天運之不窮耳。此所以體用、精粗、動静、本末洞然無一毫之間，而鳶飛魚躍，觸處朗然也。存者存此而已，養者養此而已，「必有事焉而勿正，心勿忘，勿助長也」。從前是做多少安排，没頓著處。今覺得如水到船浮，解維正柂而沿洄上下，惟意所適矣，豈不易哉！始信明道所謂「未嘗致纖毫之力」者，真不浪語。而此一段事，程門先達惟上蔡謝公所見透徹，無隔礙處。自餘雖不敢妄有指議，然味其言亦可見矣。近范伯崇來自邵武，相與講此甚詳，亦嘆以爲得未曾有，而悟前此用心之左。且以爲雖先覺發明指示不爲不切，而私意汩漂，不見頭緒。向非老兄抽關啓鍵，直發其私，誨諭諄諄，不以愚昧而捨置之，何以得此？其何感幸如之！區區筆舌蓋不足以爲謝也，但未知自高明觀之復以爲如何爾。

孟子諸説，始者猶有齟齬處，欲一二條陳以請。今復觀之，怳然不知所以爲疑矣。但「性不可以善惡名」，此一義熹終疑之。蓋善者無惡之名，夫其所以有好有惡者，特以好善而惡惡耳，初安有不善哉？然則名之以善，又何不可之有？今推有好有惡者爲性，而以好惡以理者爲善，則是性外有理而疑於二矣。知言於此雖嘗著語，然恐孟子之言本自渾然，不須更分裂破也。知言雖云爾，然亦曰「粹然天地之心，道義完具」，此不謂之善，何以名之哉？能勿喪此，則無所適不爲善矣。以此觀之，不可以善惡名，大似多却此一轉語。此愚之所以反覆致疑而不敢已也。

編年 據書信編年、年譜長編。

問張敬夫 淳熙元年

心具衆理，變化感通，生生不窮，故謂之易。此其所以能開物成務而冒天下也。圓神、方知變易，二者闕一，則用不妙。用不妙，則心有所蔽而明不遍照。洗心正謂其無蔽而光明耳，非有所加益也。寂然之中，衆理必具而無朕可名〔一〕，其密之謂歟？必有怵惕惻隱之心，此心之宰而情之動也。如此立語如何？

校記 〔一〕必：正訛改作「畢」。

編年 據書信編年、年譜長編。

問張敬夫 淳熙元年

熹謂感於物者心也，其動者情也。情根乎性而宰乎心，心爲之宰，則其動也無不中節矣，何人欲之有？惟心不宰而情自動，是以流於人欲而每不得其正也。然則天理人欲之判，中節不中節之分，特在乎心之宰與不宰，而非情能病之，亦已明矣。蓋雖曰中節，然是亦情也，但其所以中節者乃心爾。今夫乍見孺子入井，此心之感也。必有怵惕惻隱之心，此情之動也。「内交」、「要譽」、「惡其聲」者，心不宰而情之失其正也。怵惕惻隱乃仁之端，又可以其情之動而遽謂之人欲乎？大抵未感物時，心雖爲未發〔一〕，然苗裔發見，却未嘗不在動處。必舍是而別求，却恐無下功處也。所疑如此，未審尊意如何？

校記 〔一〕未：原作「已」，據正訛改。

編年 據書信編年、年譜長編。

問張敬夫 淳熙元年

遺書有言，人心私欲，道心天理。熹疑「私欲」二字太重，近思得之，乃識其意。蓋心一也，自其天理備具、隨處發見而言，則謂之道心；自其有所營爲謀慮而言，則謂之人心。夫營爲謀慮，非皆不善也，便謂之私欲者，蓋只一豪髮不從天理上自然發出，便是私欲。所以要得「必有事焉而勿正，勿忘，勿助長」，只要没這些計較，全體是天理流行，即人心而識道心也。故又以「鳶魚飛躍」明之。先覺之爲後人也，可謂切至矣。此語如何？更乞裁喻。答云：「栻近思却與來喻頗同。要當於存亡出入中識得惟微之體，識得則道心初豈外是？不識只爲人心也。然須實見方得，不識如何？」

編年 據書信編年、年譜長編。

問張敬夫淳熙元年

熹謂存亡出入固人心也，而惟微之本體，亦未嘗加益；雖舍而亡，然未嘗少損。雖曰出入無時，未嘗不卓然乎日用之間而不可掩也。若於此識得，則道心之微初不外此，不識則人心而已矣。蓋人心固異道心，又不可作兩物看，不可於兩處求也。不審尊意以謂然否？

編年 據書信編年、年譜長編。

答張敬夫淳熙元年

人心私欲之説，如來教所改字極善。本語之失，亦是所謂本原未明了之病，非一句一義見不到也。但愚意猶疑向來妄論引「必有事」之語亦未的當，蓋舜禹授受之際，所以謂人心私欲者，非若衆人所謂私欲者也，但微有一毫把捉底意思，則雖云本是道心之發，然終未離人心之境。所謂「動以人則有妄，顔子之有不善，正在此間」者是也。既曰有妄，則非私欲而何？須是都無此意思，自然從容中道，才方純是道心也。「必有事焉」，却是見得此理而存養下功處，與所謂純是道心者蓋有間矣。然既察本原，則自此可加精一之功而進夫純耳，中間儘有次第也。「惟精惟一」，亦未離夫人心，特須如此克盡私欲，全復天理。儻不由此，則終無可至之理耳。

編年 據書信編年、年譜長編。

答張敬夫問目乾道六年

孟子曰：「盡其心者，知其性也。知性則知天矣。」心體廓然，初無限量，惟其梏於形器之私〔一〕，是以有所蔽而不盡。人能克己之私，以窮天理，至於一旦脱然，私意剥落，則廓然之體無復一毫之蔽，而天下之理遠近精粗，隨所擴充，無不通達。性之所以爲性，天之所以爲天，蓋不離此而一以貫之，無次序之可言矣。孔子謂「天下歸仁」者，正此意也。

「存其心，養其性，所以事天也。」心性皆天之所以與我者，不能存養而梏亡之，則非所以事天也。夫心主乎性者也，敬以存之，則性得其養而無所害矣。此君子之所以奉順乎天，蓋能盡其心而終之之事，顔、冉所以請事斯語之意也。然學者將以求盡其心，亦未有不由此而入者。故敬者學之終始，所謂「徹上徹下」之道，但其意味淺深有不同爾。

「殀壽不貳，修身以俟之，所以立命也。」云「殀」，與「夭」同。夫夭壽之不齊，蓋氣之所禀有不同者。不以悦戚二其心，而惟修身以俟之，則天之正命自我而立，而氣禀之短長非所論矣。愚謂「盡心」者，私智不萌，萬里洞貫，歛之而無所不具，擴之而無所不通之謂也。學至於此，則知性之爲德無所不該，而天之爲天者不外是矣。存者存此而已，養者養此而已，事者事此而已。生死不異其心，而修身以俟其正，則不拘乎氣禀之偏，而天之正命自我立矣。

告子曰：「不得於言，勿求於心；不得於心，勿求於氣。」孟子引告子之言以告丑，明告子所以不動其心術如此。告子之意，以爲言語之失當直求之於言，而不足以動吾之心；念慮之失當直求之於心，而不必更求之於氣。蓋其天資剛勁，有過人者，力能堅忍固執，以守其一偏之見，所以學雖不正，而能先孟子以不動心也。觀其論性數章，理屈詞窮，則屢變其説以取勝，終不能從容反覆，審思明辨，因其所言之失而反之於心，以求至當之歸。此其不得於言而不求諸心之驗也歟〔二〕。

「不得於心，勿求於氣，可；不得於言，勿求於心，不可。」孟子既引告子之言而論其得失如此。夫心之不正，未必皆氣使之，故勿求於氣，未爲甚失〔三〕。至言之不當，未有不出於心者，而曰勿求於心，則有所不可矣。伊川先生曰：「人必有仁義之心，然後有仁義之氣睟然達於外。所以不得於心，勿求於氣，可也。」又曰：「告子不得於言，勿求於心，蓋不知義在内也。」皆此意也。然以下文觀之，氣亦能反動其心，則勿求於氣之説未爲盡善。但心動氣之時多，氣動心之時少，故孟子取其彼善於此而已。凡曰「可」者，皆僅可而未盡之詞也。至於言，則雖發乎口而實出於心，内有蔽、陷、離、窮之病，則外有詖、淫、邪、遁之失。不得於言而每求諸心，則其察理日益精矣。孟子所以知言養氣以爲不動心之本者，用此道也。而告子反之，是徒見言之發於外，而不知其出於中，亦義外之意也。其害理深矣，故孟子斷然以爲不可。於此可見告子之不動心所以異於孟子，而亦豈能終不動者哉。

「滿腔子是惻隱之心」，此是就人身上指出此理充塞處，最爲親切。若於此見得，即萬物一體，更無内外之别。若見不得，却去腔子外尋不見，即莽莽蕩蕩，無交涉矣。陳經正云：「我見天地萬物皆我之性，不復知我身之所爲我矣。」伊川先生曰：「它人食飽，公無餒乎？」正是説破此病。知言亦云：「釋氏以虚空沙界爲己身〔四〕，而不敬其父母所生之身。」亦是説此病也。

「仲尼焉學」，舊説得太高，詳味文意，文武之道只指先王之禮樂刑政、教化文章而已，故特言文武，而又以未墜於地言之。若論道體，則不容如此立言矣。但向來貪個意思，將此一句都瞞過了。李光祖雖欲曲爲之説，然終費氣力，似不若四平放下，意味深長也。但聖人所以能無不學無不師而一以貫之，便有一個生而知之底本領。不然，則便只是近世博雜之學，而非所以爲孔子。故子貢之對雖有遜詞，然其推尊之意，亦不得而隱矣。

「寂感」之説甚佳，然愚意都是要從根本上説來，言其有此，故能如此，亦似不可偏廢。但「爲」字下不著耳。今欲易之云：「有中有和，所以能寂感。而惟寂惟感，所以爲中和也。」如何？

「夫易何爲者也」止「以斷天下之疑」，此言易之書其用如此。

「是故蓍之德」止「不殺者夫」，此言聖人所以作易之本也。蓍動卦静而爻之變易無窮，未畫之前，此理已具於聖人之心矣。然物之未感，則寂然不動而無朕兆之可名；及其出而應物，則憂以天下，而所謂圓神方智者，各見於功用之實矣。「聰明睿智，神武不殺」，言其體用之妙也。

「是故明於天之道」止「以前民用」，此言作易之事也。

「聖人以此齋戒，以神明其德夫」，此言用易之事也。齋戒，敬也。聖人無一時一事而不敬，此特因卜筮而言，尤見其精誠之至。如孔子所慎齋戰疾之意也。湛然純一之謂齋，肅然警惕之謂戒，玩此則知所以神明其德之意也。

「乾坤其易之藴耶」止「乾坤或幾乎息矣」，自易道統體而言，則乾陽坤陰，一動一靜，乃其藴也。自乾坤成列而觀之，則易之爲道，又不在乾坤之外。惟不在外，故曰「乾坤毁則無以見易」。然易不可見，則乾自乾，坤自坤，故又曰「易不可見，則乾坤或幾乎息矣」。

「學而」，説此篇名也，取篇首兩字爲别，初無意義。但「學」之爲義，則讀此書者不可以不先講也。夫學也者，以字義言之，則己之未知未能，而曉夫知之能之之謂也。以事理言之，則凡未至而求至者，皆謂之學。雖稼圃射御之微，亦曰學，配其事而名之也。而此獨專之，則所謂學者，果何學也？蓋始乎爲士者，所以學而至乎聖人之事。伊川先生所謂「儒者之學」是也。蓋伊川先生之意曰，今之學者有三：詞章之學也，訓詁之學也，儒者之學也。欲通道，則舍儒者之學不可。尹侍講所謂學者，所以學爲人也。學而至於聖人，亦不過盡爲人之道而已。此皆切要之言也。夫子之所志，顔子之所學，子思、孟子之所傳，皆是學也。其精純盡在此書，而此篇所明又學之本，故學者不可以不盡心焉。

「哭則不歌」，一日之中或哭或歌，是褻於禮容。范曰：「哀樂不可以無常，無常非所以養心也。」哭與歌不同日，不惟恤人，亦所以自養也。尹曰：「於此見聖人忠厚之心也。」

「不圖爲樂之至於斯」，言不意舜之爲樂至於如此之美，使其怳然忘其身世也。

「愼而無禮」，葸，絲里反，畏懼之貌。絞，急也。

「寢不尸」，范以爲嫌惰慢之氣設於身體。孫思邈言：「睡欲蹶，覺則舒。」引夫子「寢不尸」爲證。

「君子不以紺緅飾」，紺，玄色。説文云：「深青楊赤色也。」緅，絳色。飾者，緣領也。齋服用絳，三年之喪，既期而練，其服以緅爲飾。紅、紫非正色。青、赤、黄、白、黑，五方之正色也。緑、紅、碧、紫、騮，五方之間色也。蓋以木之青克土之黄，合青、黄而成緑，爲東方之間色。以金之白克木之青，合青、白而成碧，爲西方之間色。以火之赤克金之白，合赤、白而成紅，爲南方之間色。以水之黑克火之赤，合赤、黑而成紫，爲北方之間色。以土之黄克水之黑，合黄、黑而成騮，爲中央之間色。

「可欲之謂善」，天機也，非思勉之所及也。「今人乍見孺子入井，皆有怵惕惻隱之心」，「小人閑居爲不善，無所不至，見君子而後厭然掩其不善而著其善」。玩「乍見」字、「厭然」字，則「知可欲之謂善」其衆善之首、萬理之先而百爲之幾也歟。可欲之謂善，幾也。聖人妙此而天也，賢人明此而敬也，善人由此而不知也，小人舍此而不由也。雖然，此幾不爲堯存，不爲桀亡，其始萬物、終萬物之妙也歟。

「喜怒哀樂之未發謂之中」，性也。「發而皆中節謂之和」，情也。子思之爲此言，欲學者於此識得心也。心也者，其妙情性之德者歟。

易「無思也，無爲也，寂然不動」，忠也，敬也，立大本也。「感而遂通天下之故」，恕也，義也，行達道也。

「定」、「静」、「安」三字雖分節次，其實「知止」後皆容易進，「安而後能慮，慮而後能得」，此最是難進處，多是至安處住了。「安而後能慮」，非顔子不能之。去「得」字地位雖甚近，然只是難進。挽弓到臨滿時，分外難開。

「舜好察邇言」，邇言，淺近之言也，猶所謂尋常言語也。尋常言語，人之所忽而舜好察之，非洞見道體無精粗差别不能然也。孟子曰：「自耕稼陶漁以至爲帝，無非取諸人者。」又曰：「聞一善言，見一善行，若決江河，沛然莫之能禦。」此皆好察邇言之實也。伊川先生曰：「造道深後，雖聞常人語，言至淺近事，莫非義理。」是如此。

孟子明則動矣，未變也；顔子動則變矣，未化也。

有天地後，此氣常運；有此身後，此心常發。要於常運中見太極，常發中見本性。離常運者而求太極，離常發者而求本性，恐未免釋老之荒唐也。

校記

〔一〕器：正訛改作「氣」。

〔二〕不求：原作「勿求」，據宋閩、浙本改。

〔三〕甚：原作「盡」，據右引改。

〔四〕以：原作「和」，據右引改。

編年 據書信編年。

答張敬夫 乾道六年至七年

道即本也。

道即本也，却恐文意未安。蓋莫非道也，而道體中又自有要約根本處，非離道而別有本也。如云：「親親，仁也；敬長，義也。」此所謂本也。「無它，達之天下也。」則是本既立而道生矣。此則是道之與本，豈常離而爲二哉？不知如此更有病否？

苟志於仁。

夫舉措自吾仁中出，而俯仰無所愧怍，更無打不過處，此惟仁者能之，顔、曾其猶病諸。今以志於仁者便能如此，亦不察乎淺深之序矣。愚竊以爲志於仁者，方是初學有志於仁之人，正當於日用之間念念精察有無打不過處。若有，即深懲而痛改之，又從而究夫所以打不過者何自而來，用力之久，庶乎一旦廓然而有以知仁矣。雖曰知之，然亦豈能便無打不過處？直是從此存養，十分純熟，到顔、曾以上地位，方是入此氣象。然亦豈敢自如此擔當？只是誠心恭己，而天理流行自無間斷爾。今説才志於仁，便自如此擔當了，豈復更有進步處耶？又且氣象不好，亦無聖賢意味。正如張子韶孝經首云：「直指其路，急策而疾趨之。」此何等氣象耶？蓋此章「惡」字只是入聲，諸先生言之已詳，豈忽之而未嘗讀耶？理之至當，不容有二，若以必自己出而不蹈前人爲高，則是私意而已矣。

橫耳所聞，無非妙道。

「橫耳所聞」，乃列子之語，與聖人之意相入不得。聖人只言耳順者，蓋爲至此渾是道理，聞見之間無非至理，謂之至理，便與妙道不同。自然不見其它。雖有逆耳之言，亦皆隨理冰釋，而初無橫耳之意也。只此便見聖人之學、異端之學不同處。其辨如此，只毫髮之間也。

與四時俱者無近功，所以可大受而不可小知也，謂它只如此。

一事之能否，不足以盡君子之蘊，故不可小知。任天下之重而不懼，故可大受。小人一才之長，亦可器而使，但不可以任大事爾。

民非水火不生活，於仁亦然，尤不可無者也。然水火猶見蹈之而死，仁則全保生氣，未見蹈之而死者。

此段文義皆是，只此一句有病，不必如此過求。

知、仁、勇，聖人全體皆是，非聖人所得與焉，故曰夫子自道也。

道體無窮，故聖人未嘗見道之有餘也。然亦有勉進學者之意焉。自道恐是與道爲一之意，不知是否？

上達下達，凡百事上皆有達處，惟君子就中得個高明底道理，小人就中得個污下底道理。

吕謂君子日進乎高明，小人日究乎污下。

天下之爲父子者，定爲子必孝，爲臣必忠，不可易也。

羅先生云：「只爲天下無不是底父母。」此説得之。

四體不言而喻，無人説與它，它自曉得。

語太簡，不知「它」指何人，此亦好高之弊。

强恕而行，臨事時却爲私利之心奪。不强則無以主恕〔一〕。

「萬物皆備於我矣，反身而誠，樂莫大焉」，此是理明欲盡者。「强恕而行，求仁莫近焉」，此是强恕而行者。

無所用耻，小人機變之心勝，初不知有耻，故用不著它。

爲機變之巧，則文過飾非，何所不至？無所用耻也。

「禮之用，和爲貴」，禮之發用處以和爲貴，是禮之和猶水之寒、火之熱，非有二也。當時行之，百姓安之，後世宜之，莫不見其爲美也。所謂「民之質矣，日用飲食，群黎百姓，遍爲爾德」。先王之道若以此爲美，而小大由之，則有所不行。蓋天下皆知美之爲美，斯惡矣。知和之云云，又逐末而忘本，故亦不可行也。

大凡老子之言與聖人之言全相入不得也。雖有相似處，亦須有毫釐之差，况此本不相似耶？

此説似亦過當，「禮」與「和」是兩物，相須而爲用。范説極好，伊川、和静以「小大由之」一句連上句説，似更分明，可更詳味。若如此説，恐用心漸差，失其正矣。

「先行其言」，一云行者不是泛而行，乃行其所知之行也。但先行其言，便是個活底君子，行仁言則仁自然從之，行義言則義自然從之，由形聲之於影響也。道理自是如此，非有待而然也，惟恐其不行耳。

此章范、謝二公説好，不須過求，恐失正理。

「見其禮而知其政」，子貢自説己見禮便知政，聞樂便知德。禮樂正意不必是百世之王，亦不必是夫子，只是泛論。由百世之後，等校百世之王，皆莫能逃吾所見。吾所見自生民以來未有如孔子者。宰我、子貢、有若到那時雖要形容孔子，但各以其所自，見得孔子超出百世，而孔子所以超出百世，終不能形容也。

此説甚好，但不知子貢敢如此自許否？恐亦害理也，更商量看。

一云是子貢見夫子之禮而知夫子之所以爲政，聞夫子之樂而知夫子之所以爲德也。如知夫子之得邦家之事也，亦是子貢聞見所到也。「莫之能違」，則吾夫子是個規矩準繩也。

「君子無所争，必也射乎」，謂必於射，則不免有争焉。及求其所以争者，則乃在乎周旋揖遜之間，故其争也，君子異乎衆人，所以角力尚客氣也。

此説甚好。

「充類至義之盡也」，謂之「義」，則時措之宜，無有盡也。若要充類而至，如不由其道而得者，便把爲盜賊之類，是義到此而盡，舉世無可與者。殊不知聖賢權機應用，無可無不可者，亦與其潔之義。如象日以殺舜爲事，及見之，象喜亦喜，義到此有何盡時？不必如此說。「夫謂非其有而取之者，盗也。充類至義之盡也。」熹舊嘗爲説曰：「充吾不穿窬之心而至於義之盡，則可自謂如此，豈可緊以此責人哉？諸侯之於民，所取固不足道云。」

校記　〔一〕主：正訛改作「行」。

編年　據書信編年。

答張欽夫 論仁説　乾道八年

「天地以生物爲心」，此語恐未安。

熹竊謂此語恐未有病。蓋天地之間，品物萬形，各有所事，惟天確然於上，地隤然於下，一無所爲，只以生物爲事。故易曰：「天地之大德曰生。」而程子亦曰：「天只是以生爲道。」其論「復見天地之心」，又以動之端言之，其理亦已明矣。然所謂「以生爲道」者，亦非謂將生來做道也。凡若此類，恐當且認正意而不以文害詞焉，則辨詰不煩而所論之本指得矣。

不忍之心可以包四者乎？

熹謂孟子論四端，自首章至「孺子入井」，皆只是發明不忍之心一端而已，初無義、禮、智之心也。至其下文，乃云「無四者之心非人也」，此可見不忍之心足以包夫四端矣。蓋仁包四德，故其用亦如此。前説之失，但不曾分得體用，若謂不忍之心不足以包四端，則非也。今已改正。

仁專言則其體無不善而已，對義、禮、智而言，其發見則爲不忍之心也。大抵天地之心粹然至善，而人得之，故謂之仁。仁之爲道，無一物之不體，故其愛無所不周焉。

熹詳味此言，恐說「仁」字不著。而以義、禮、智與不忍之心均爲發見，恐亦未安。蓋人生而静，四德具焉，曰仁，曰義，曰禮，曰智，皆根於心而未發，所謂理也，性之德也。及其發見，則仁者惻隱，義者羞惡，禮者恭敬，智者是非，各因其體以見其本〔一〕，所謂情也，性之發也。是皆人性之所以爲善者也。但仁乃天地生物之心而在人者，故特爲衆善之長，雖列於四者之目，而四者不能外焉。易傳所謂「專言之則包四者」，亦是正指生物之心而言，非別有包四者之仁，而又別有主一事之仁也。惟是即此一事便包四者，此則仁之所以爲妙也。今欲極言「仁」字，而不本於此，乃概以「至善」目之，則是但知仁之爲善，而不知其爲善之長也。却於已發見處方下「愛」字，則是但知已發之爲愛，而不知未發之愛之爲仁也。又以不忍之心與義、禮、智均爲發見，則是但知仁之爲性，而不知義、禮、智之亦爲性也。又謂仁之爲道無所不體，而不本諸天地生物之心，則是但知仁之無所不體，而不知仁之所以無所不體也。凡此皆愚意所未安，更乞詳之，復以見教。

程子之所訶，正謂以愛名仁者。

熹按程子曰：「仁，性也；愛，情也。豈可便以愛爲仁？」此正謂不可認情爲性耳，非謂仁之性不發於愛之情〔二〕，而愛之情不本於仁之性也。熹前說以愛之發對愛之理而言，正分別性、情之異處，其意最爲精密。而來諭每以愛名仁見病，下章又云：「若專以愛命仁，乃是指其用而遺其體，言其情而略其性，則其察之亦不審矣。」蓋所謂愛之理者，是乃指其體性而言，且見性情、體用各有所主而不相離之妙，與所謂遺體而略性者，正相南北。請更詳之。

　　元之爲義，不專主於生。

熹竊詳此語，恐有大病。請觀諸天地而以易彖、文言、程傳反復求之，當見其意。若必以此言爲是，則宜其不知所以爲善之長之説矣。此乃義理根源，不容有毫釐之差。竊意高明非不知此，特命辭之未善爾。

　　孟子雖言仁者無所不愛，而繼之以急親賢之爲務，其差等未嘗不明。

熹按仁但主愛，若其等差，乃義之事。仁、義雖不相離，然其用則各有主而不可亂也。若以一仁包之，則義與禮、智皆無所用矣，而可乎哉？「無所不愛」四字，今亦改去。

校記　〔一〕體：記疑疑當作「端」。

〔二〕於：正訛改作「爲」。

編年　據書信編年、年譜長編。

又論仁説 乾道八年

昨承開諭仁説之病，似於鄙意未安，即已條具請教矣。再領書誨，亦已具曉，然大抵不出熹所論也。請復因而申之。謹按程子言仁，本末甚備，今撮其大要，不過數言。蓋曰仁者，生之性也，而愛其情也，孝悌其用也。公者所以體仁，猶言「克己復禮爲仁」也。學者於前三言者可以識仁之名義，於後一言者可以知其用力之方矣。今不深考其本末指意之所在，但見其分别性、情之異，便謂愛之與仁了無干涉；見其以公爲近仁，便謂直指仁體最爲深切。殊不知仁乃性之德而愛之本，因其性之有仁，是以其情能愛。義、禮、智亦性之德也。義，惡之本；禮，遜之本；智，知之本。因性有義故情能惡，因性有禮故情能遜，因性有智故情能知，亦若此爾。但或蔽於有我之私，則不能盡其體用之妙。惟克己復禮，廓然大公，然後此體渾全，此用昭著，動静本末，血脉貫通爾。程子之言意蓋如此，非謂愛之與仁了無干涉也，此説前書言之已詳，今請復以兩言決之。如熹之説，則性發爲情，情根於性，未有無性之情，無情之性，各爲一物而不相管攝。二説得失，此亦可見。非謂「公」之一字便是直指仁體也。細觀來喻所謂「公天下而無物我之私，則其愛無不溥矣」，不知此兩句甚處是直指仁體處？若以愛無不溥爲仁之體，則陷於以情爲性之失，高明之見必不至此。若以公天下而無物我之私便爲仁體，則恐所謂公者漠然無情，但如虚空木石，雖其同體之物尚不能有以相愛，况能無所不溥乎？然則此兩句中初未嘗有一字説著仁體。須知仁是本有之性，生物之心，惟公爲能體之，非因公而後有也。故曰公而以人體之故爲仁。細看此語，却是「人」字裏面帶得「仁」字過來。由漢以來，以愛言仁之弊，正爲不察性、情之辨，而遂以情爲性爾。今欲矯其弊，反使「仁」字泛然無所歸宿，而性、情遂至於不相管，可謂矯枉過直，是亦枉而已矣。其弊將使學者終日言仁而實未嘗識其名義，且又并與天地之心、性情之德而昧焉。竊謂程子之意必不如此，是以敢詳陳之。伏惟采察。

編年　據書信編年、年譜長編。

評論　周大璋朱子古文讀本卷六答張敬夫論仁書：剖析奧義，如數家常，其指示下手處，尤爲金針盡度，學者不可不盡心也。

又論仁說 乾道八年

熹再讀別紙所示三條，竊意高明雖已灼知舊說之非，而此所論者差之毫忽之間，或亦未必深察也。謹復論之，伏幸裁聽。廣仲引孟子「先知先覺」以明上蔡「心有知覺」之說，已自不倫，其謂「知此覺此」，亦未知指何爲說。要之大本既差，勿論可也。今觀所示，乃直以此爲仁，則是以「知此覺此」爲知仁覺仁也。仁本吾心之德，又將誰使知之而覺之耶？若據孟子本文，則程子釋之已詳矣。曰「知是知此事，知此事當如此也〔一〕。覺是覺此理」，知此事之所以當如此之理也。意已分明，不必更求玄妙。且其意與上蔡之意亦初無干涉也。上蔡所謂知覺，正謂知寒暖飽饑之類爾〔二〕。推而至於酬酢佑神，亦只是此知覺，無別物也，但所用有小大爾。然此亦只是智之發用處，但惟仁者爲能兼之，故謂仁者心有知覺則可，謂心有知覺謂之仁則不可。蓋仁者心有知覺，乃以仁包四者之用而言，猶云仁者知所羞惡辭讓云爾。若曰心有知覺謂之仁，則仁之所以得名初不爲此也。今不究其所以得名之故，乃指其所兼者便爲仁體，正如言仁者必有勇，有德者必有言，豈可遂以勇爲仁、言爲德哉？今伯逢必欲以覺爲仁，尊兄既非之矣。至於論知覺之淺深，又未免證成其說，則非熹之所敢知也。至於伯逢又謂上蔡之意自有精神，得其精神則天地之用皆我之用矣，此說甚高甚妙。然既未嘗識其名義，又不論其實下功處，而欲驟語其精神，此所以立意愈高，爲說愈妙，而反之於身愈無根本可據之地也。所謂天地之用即我之用，殆亦其傳聞想像如此爾，實未嘗到此地位也。愚見如此，不識高明以爲如何？

校記 〔一〕知：原作「如」，據淳熙本改。

〔二〕右引「暖」下有「覺」字。

編年 據書信編年、年譜長編。

又論仁説 乾道八年

來教云：「夫其所以與天地萬物一體者，以夫天地之心之所有，是乃生生之蘊，人與物所公共，所謂愛之理也。」熹詳此數句，似頗未安。蓋仁只是愛之理，人皆有之。然人或不公，則於其所當愛者反有所不愛〔一〕；惟公，則視天地萬物皆爲一體而無所不愛矣。若愛之理，則是自然本有之理，不必爲天地萬物同體而後有也。熹向所呈似仁説，其間不免尚有此意，方欲改之而未暇。來教以爲不如克齋之云是也，然於此却有所未察。竊謂莫若將「公」字與「仁」字且各作一字看得分明，然後却看中間兩字相近處之爲親切也。若遽混而言之，乃是程子所以訶以公便爲仁之失〔二〕。此毫釐間正當子細也。又看「仁」字，當并「義」、「禮」、「智」字看，然後界限分明，見得端的。今舍彼三者而獨論「仁」字，所以多說而易差也。又謂體用一源、內外一致爲仁之妙，此亦未安。蓋義之有羞惡，禮之有恭敬，智之有是非，皆内外一致，非獨仁爲然也。不審高明以爲如何？

校記〔一〕反：原作「又」，據宋閩、浙本改。

〔二〕訶：原作「謂」，據右引改。

編年 據書信編年、年譜長編。

答欽夫仁疑問 乾道九年夏

「仁而不佞」章。

説云：「仁則時然後言。」疑此句只説得「義」字。

「不知其仁也」章。

説云：「仁之義未易可盡，不可以如是斷。若有盡，則非所以爲仁矣。」又曰：「仁道無窮，不可以是斷。」此數句恐有病。蓋欲極其廣大而無所歸宿，似非知仁者之言也。

「未知焉得仁」章。

此章之説，似只説得「智」字。

「井有仁焉」章。

此章之説，似亦只説得「智」字。

「克己復禮爲仁」章。

説云：「由乎中，制乎外。」按程集此誤兩字，當云：「而應乎外。」又云：「斯道也，果思慮言語之可盡乎？」詳此句意，是欲發明學要躬行之意，然言之不明，反若極其玄妙，務欲使人曉解不得，將啓望空揣摸之病矣。向見吴才老説此章云：「近世學者以此二語爲微妙隱奧，聖人有不傳之妙，必深思默造而後得之。此雖一偏之論，然亦吾黨好談玄妙有以啓之也。」此言之失，恐復墮此，不可不察。

「必世而後仁」章。

説云：「使民皆由吾仁。」如此則仁乃一己之私，而非人所同得矣。

「樊遲問仁」章。

説云：「居處恭，執事敬，與人忠，則仁其在是矣。」又云：「要須從事之久，功夫不可間斷。」恐須先説從事之久，功夫不可間斷，然後仁在其中。如此所言，却似顛倒也。

「仁者必有勇」章。

説云：「於其所當然者，自不可禦。」又云：「固有勇而未必中節也者，故不必有仁。」此似只説得「義」字。

「未有小人而仁者也」章。

説云：「惟其冥然莫覺，皆爲不仁而已矣。」此又以覺爲仁之病。

「殺身成仁」章。

説云：「是果何故哉？亦曰理之所會，全吾性而已。」欲全吾性而後殺身，便是有爲而爲之。且以「全性」兩字言仁，似亦未是。

「知及仁守」章。

説云：「如以愛爲仁，而不明仁之所以愛。」此語蓋未盡。

「宰我問喪」章。

説云：「以爲不仁者，蓋以其不之察也。宰我聞斯言而出，其必有以悚動於中矣。」據此，似以察知悚動爲仁，又似前説冥然莫覺之意。

「殷有三仁」章。

説云：「三人皆處之盡道，皆全其性命之情，以成其身，故謂之仁。」又云：「可以見三子之所宜處矣。」此似只説得「義」字。又以全其性命之情爲仁，前已論之。

「博學而篤志」章。

明道云：「學者要思得之。」説云：「蓋不可以思慮臆度也。」按此語與明道正相反，又有談説玄妙之病。前所論「不知其仁」、「克己復禮」處，與此正相類。大抵思慮、言語、躬行各是一事，皆不可廢。但欲實到，須躬行，非是道理全不可思量、不可講説也。然今又不説要在躬行之意，而但言不可以言語思慮得，則是相率而入於禪者之門矣。

以上更望詳考之，復以見教。又劉子澄前日過此，説高安所刊太極説見今印造，近亦有在延平見之者，不知尊兄以其書爲如何？如有未安，恐須且收藏之，以俟考訂而後出之也。言仁之書，恐亦當且住，即俟更討論，如何？

編年 據年譜長編。書信編年以爲乾道七年至八年作，不妥。

答欽夫仁説 乾道九年

仁説明白簡當，非淺陋所及。但言性而不及情，又不言心貫性、情之意，似只以性對心。若只以性對心，即下文所引孟子「仁，人心也」，與上文許多説話似若相戾。更乞詳之。

又曰：「己私既克，則廓然大公，與天地萬物血脉貫通，愛之理得於内，而其用形於外，天地之間無一物之非吾仁矣。此亦其理之本具於吾性者，而非强爲之也。」此數句亦未安。蓋己私既克，則廓然大公，皇皇四達，而仁之體無所蔽矣。天理無蔽，則天地萬物血脉貫通，而仁之用無不周矣。然則所謂愛之理者，乃吾本性之所有，特以廓然大公而後在，非因廓然大公而後有也；以血脉貫通而後達，非以血脉貫通而後存也。今此數句有少差紊，更乞詳之。愛之之理便是仁，若無天地萬物，此理亦有虧欠。於此識得仁體，然後天地萬物血脉貫通而用無不周者，可得而言矣。蓋此理本甚約，今便將天地萬物夾雜説，却鶻突了。夫子答子貢博施濟衆之問，正如此也。更以「復見天地之心」之説觀之亦可見。蓋一陽復處，便是天地之心，完全自足，非有待於外也。又如濂溪所云「與自家意思一般」者，若如今説，便只説得「一般」兩字，而所謂「自家意思」者，却如何見得耶？

又云：「視天下無一物之非仁。」此亦可疑。蓋謂視天下無一物不在吾仁中則可，謂物皆吾仁則不可。蓋物自是物，仁自是心，如何視物爲心耶？

又云：「此亦其理之本具於吾性者，而非强爲之也。」詳此蓋欲發明仁不待公而後有之意，而語脉中失之。要之「視天下無一物非仁」與此句似皆剩語，并乞詳之，如何？

編年 據書信編年、年譜長編。

答張欽夫 乾道五年春夏間

諸説例蒙印可，而未發之旨又其樞要，既無異論，何慰如之！然比觀舊説，却覺無甚綱領，因復體察，得見此理須以心爲主而論之，則性情之德、中和之妙皆有條而不紊矣。然人之一身，知覺運用莫非心之所爲，則心者固所以主於身，而無動静語默之間者也。然方其静也，事物未至，思慮未萌，而一性渾然，道義全具，其所謂中，是乃心之所以爲體而寂然不動者也。及其動也，事物交至，思慮萌焉，則七情迭用，各有攸主，其所謂和，是乃心之所以爲用，感而遂通者也。然性之静也而不能不動，情之動也而必有節焉，是則心之所以寂然感通、周流貫徹而體用未始相離者也。然人有是心而或不仁，則無以著此心之妙。人雖欲仁而或不敬，則無以致求仁之功。蓋心主乎一身而無動静語默之間，是以君子之於敬，亦無動静語默而不用其力焉。未發之前，是敬也固已主乎存養之實；已發之際，是敬也又常行於省察之間。方其存也，思慮未萌而知覺不昧，是則静中之動，復之所以「見天地之心」也。及其察也，事物紛糾而品節不差，是則動中之静，艮之所以「不獲其身，不見其人」也。有以主乎静中之動，是以寂而未嘗不感；有以察乎動中之静，是以感而未常不寂。寂而常感，感而常寂，此心之所以周流貫徹而無一息之不仁也。然則君子之所以致中和而天地位、萬物育者，在此而已。蓋主於身而無動静語默之間者，心也。仁則心之道，而敬則心之貞也。此徹上徹下之道，聖學之本統，明乎此則性情之德、中和之妙可一言而盡矣。

熹向來之説固未及此，而來喻曲折，雖多所發明，然於提綱振領處，似亦有未盡。又如所謂「學者先須察識端倪之發，然後可加存養之功」，則熹於此不能無疑。蓋發處固當察識，但人自有未發時，此處便合存養，豈可必待發而後察，察而後存耶？且從初不曾存養，便欲隨事察識，竊恐浩浩茫茫，無下手處，而豪釐之差、千里之繆將有不可勝言者。此程子所以每言孟子才高，學之無可依據，人須是學顔子之學，則入聖人爲近，有用力處，其微意亦可見矣。且如灑掃應對進退，此存養之事也。不知學者將先於此而後察之耶，抑將先察識而後存養也。以此觀之，則用力之先後判然可睹矣〔一〕。

來教又謂「動中涵静，所謂復見天地之心」，亦所未喻。熹前以復爲静中之動者，蓋觀卦象便自可見。而伊川先生之意，似亦如此。來教又謂「言静則溺於虚無」，此固所當深慮。然此二字如佛者之論，則誠有此患。若以天理觀之，則動之不能無静，猶静之不能無動也。静之不能無養，猶動之不可不察也。但見得一動一靜互爲其根，敬義夾持，不容間斷之意，則雖下「靜」字，元非死物，至靜之中，蓋有動之端焉。是乃所以見天地之心者。而先王之所以至日閉關，蓋當此之時，則安靜以養乎此爾，固非遠事絕物，閉目兀坐而偏於靜之謂。但未接物時，便有敬以主乎其中，則事至物來，善端昭著，而所以察之者益精明爾。伊川先生所謂「却於已發之際觀之」者，正謂未發則只有存養，而已發則方有可觀也。周子之言主靜，乃就中正仁義而言。以正對中，則中爲重；以義配仁，則仁爲本爾。非四者之外別有主靜一段事也。來教又謂熹言以靜爲本，不若遂言以敬爲本，此固然也。然「敬」字工夫通貫動靜，而必以靜爲本，故熹向來輒有是語。今若遂易爲「敬」，雖若完全，然却不見敬之所施有先有後，則亦未得爲諦當也。至如來教所謂「要須察夫動以見靜之所存，靜以涵動之所本，動靜相須，體用不離，而後爲無滲漏也」，此數句卓然，意語俱到，謹以書之座右，出入觀省。然上兩句次序似未甚安，意謂易而置之，乃有可行之實。不審尊意以爲如何？

校記　〔一〕睹：原作「觀」，據宋閩、浙本改。

編年　據書信編年。

評論　劉洪謨叙朱子文集大全：天理渾然，亦燦然，虛心順理最難。各自爲方，偏動偏靜，均非正理。故答陳器之書云：「仁智交際之間，乃萬化之機軸。此理循環不窮，脗合無間。」最後答張敬夫中和書云：「人心周流貫徹，動靜相須，中和交濟，不仁無以著此心之妙，不敬無以致求仁之功。仁，心之道；敬，心之貞也。」

朱熹文集編年評注卷三十三

書汪張吕劉問答

答吕伯恭隆興元年十一月

三山之别，闊焉累年，跧伏窮山，不復得通左右之問。而親友自北來者，無人不能道盛德，足以慰瞻仰也。比日冬寒，伏惟侍奉吉慶，尊候萬福。熹不自知其學之未能自信，冒昧此來，宜爲有識者鄙棄。而老兄不忘一日之雅，念之過厚。昨日韓丈出示家信，見及枉誨甚勤，不知所以得此。顧無以堪之，三復愧汗，無所容措。區區已審察，一兩日當得對，恐未能無負所以見期之意。而心欲一見，面論肺腑，不知如何可得。自度恐非能久於此者，故專裁此，以謝盛意，并致下懷。餘惟進德自愛爲禱。

編年　據書信編年、年譜長編。朱熹此次登對在十一月六日，文云「一兩日當得對」，知作在十一月初。

答吕伯恭 乾道五年夏

前日因還人上狀，不審達否？暑氣浸劇，伏惟道養有相，尊候萬福。易傳六册，今作書託劉衢州達左右。此書今數處有本，但皆不甚精。此本讎正稍精矣，須更得一言喻書肆，令子細依此謄寫，勘覆數四爲佳。曲折數條，别紙具之。或老兄能自爲一讀，尤善也。前書所禀語録，渠若欲之，令來取尤幸。近世道學衰息，售僞假真之説肆行而莫之禁。比見婺中所刻無垢日新之書，尤誕幻無根，甚可怪也。己事未明，無力可救，但竊恐懼而已。不知老兄以爲如何？因書幸語及。前此附便所予書，至今未拜領也。未即承教，萬望以時爲道加重。

編年　據書信編年。

答吕伯恭 乾道六年冬

郎中丈伏惟安問日至，熹近亦領賜書，即已附便拜答。今有妻兄一書，煩爲附的便。有報章，只託澧臺遞下建陽可也。右司韓丈因見，爲道區區，幸幸。昨承惠教，便遽不及拜狀。趙卿所刻尹論甚精，鄙意却於跋語有疑，不知趙守曾扣其説否？蓋尹公本是告君之言，今跋但以誨人爲説，恐不類耳。又云伊川出易説七十餘家，不知伊川教人果如此周遮否？語次試爲扣之爲幸。謹嚴之誨，敬聞命矣。但以是心至者，無拒而不受之理。極知其間氣質不無偏駁，然亦未嘗不痛箴警之，庶幾不負友朋之責。却聞門下多得文士之有時名者，其議論乖僻，流聞四方，大爲學者心術之害，使人憂嘆不自已。不知亦嘗擿其邪僞否？久欲奉聞，復忘記，今輒布之。然其曲折，非面莫能究也。

編年 據年譜長編。書信編年姑據文集編序置於乾道五年，蓋失考。書中所言趙德莊刻印尹焞論語說及討論韓元吉跋語是非事，書證甚多，歷歷可考也。

答吕伯恭 乾道六年春夏間

竊承進學之意甚篤，深所望於左右。至於見屬過勤，則非區區淺陋所堪。然不敢不竭所聞，以塞厚意。熹舊讀程子之書有年矣，而不得其要。比因講究中庸首章之指，乃知所謂「涵養須用敬，進學則在致知」者，兩言雖約，其實入德之門無逾於此。方竊洗心以事斯語，而未有得也，不敢自外，輒以爲獻。以左右之明，尊而行之，不爲異端荒虚浮誕之談所遷惑，不爲世俗卑近苟簡之論所拘牽，加以歲月，久而不舍，竊意其將高明光大，不可量矣。

承喻所疑，爲賜甚厚。所未安者，别紙求教。然其大概，則有可以一言舉者。其病在乎略知道體之渾然無所不具，而不知渾然無所不具之中，精粗本末、賓主内外蓋有不可以豪髮差者，是以其言常喜合而惡離，却不知雖文理密察、縷析豪分，而初不害乎其本體之渾然也。往年見汪丈舉張子韶語明道「至誠無内外」之句，以爲「至誠」二字有病，不若只下個「中」字。大抵近世一種似是而非之説，皆是此個意見，惟恐説得不鶻突，真是謾人自謾，誤人自誤。士大夫無意於學，則恬不知覺；有志於學，則必入於此。此熹之所以深憂永嘆，不量輕弱而極力以排之，雖以得罪於當世而不敢辭也。

注中改字，兩説皆有之。蓋其初正是失於契勘凡例，後來却因汪丈之説，更欲正名，以破其惑耳。然謂之因激增怒則不可。且如孟子平時論楊、墨，亦平平耳。及公都子一爲好辯之問，則遂極言之，以至於禽獸。蓋彼之惑既愈深，則此之辯當愈力。其禽縱低昂，自有準則，蓋亦不期然而然。然禽獸之云，乃其分内，非因激而增之也。

來教又謂吾道無對，不當與世俗較勝負，此説美則美矣，而亦非鄙意之所安也。夫道固無對者也，然其中却著不得許多異端邪説，直須一一剔撥出後，方曉然見得個精明純粹底無對之道。若和泥合水，便只著個「無對」包了，竊恐此無對中却多藏得病痛也。孟子言楊、墨之道不熄，孔子之道不著，而大易於君子小人之際，其較量勝負，尤爲詳密，豈其未知無對之道邪？蓋無對之中，有陰則有陽，有善則有惡，陽消則陰長，君子進則小人退，循環無窮，而初不害其爲無對也。況熹前説已自云「非欲較兩家已往之勝負，乃欲審學者今日趣向之邪正」，此意尤分明也。康節所著漁樵對問，論天地自相依附，形有涯而氣無涯，極有條理。當時想是如此説，故伊川然之。今欲分明，即更注此段於其下，如何？

科舉之教無益，誠如所喻。然謂欲以此致學者而告語之，是乃釋氏所謂「先以欲勾牽，後令入佛智」者，無乃枉尋直尺之甚，尤非淺陋之所敢聞也。伊川學制固不必一二以循其迹，然郡學以私試分數較計餔啜，尤爲猥屑，似亦當罷之。若新除已下，則上説下教，使先生之説不遂終廢於時，乃吾伯恭之責，又不特施於一州而已也。

編年 據書信編年、年譜長編。後者定其作於五月，根據不足。

答吕伯恭乾道六年夏

示喻曲折，深所望於左右。顧其間有未契處，不得不極論，以求至當之歸。至於立彼我、較勝負之嫌，則熹雖甚陋，豈復以此疑於左右者哉。持養斂藏之誨，敢不服膺。然有所不得已者，世衰道微，邪詖交作，其他紛紛者固所不論，而賢如吾伯恭者，亦尚安於習熟見聞之地，見人之詭經誣聖，肆爲異説，而不甚以爲非，則如熹者，誠亦何心安於獨善，而不爲極言覈論，以曉一世之昏昏也。使世有任其責者，熹亦何苦而譊譊若是耶？設使顔子之時上無孔子，則彼其所以明道而救世者，亦必有道，决不退然安坐陋巷之中以獨善其身而已。故孟子言禹、稷、顔子易地則皆然。惟孟子見此道理，如揚子雲之徒，蓋未免將顔子只做個塊然自守底好人看。若近世，則又甚焉。其所論顔子者，幾於釋、老之空寂矣。熹竊謂學者固當學顔子者，如克己復禮，不遷怒貳過，不伐善施勞之類，造次顛沛，所不可忘。但亦須審時措之宜，使體用兼舉，無所偏廢，乃爲盡善。若用有所不周〔一〕，則所謂體者，乃是塊然死物而已，豈真所謂體哉？觀伊川先生十八歲時上書所論顏子、武侯所以不同，與上蔡論韶、武異處，便見聖賢之心無些私意，只是畏天命、循天理而已。此義與近世論内修外攘之説者亦相貫。夫吾之所以自治者，雖或有所未足，然豈可以是而遂廢其討賊之心哉？

示喻蘇氏於吾道不能爲楊、墨，乃唐、景之流耳，向見汪丈亦有此説。熹竊以爲此最不察夫理者。夫文與道，果同耶？異耶？若道外有物，則爲文者可以肆意妄言而無害於道。惟夫道外無物，則言而一有不合於道者，則於道爲有害，但其害有緩急深淺耳。屈、宋、唐、景之文，熹舊亦嘗好之矣。既而思之，其言雖侈，然其實不過悲愁、放曠二端而已。日誦此言，與之俱化，豈不大爲心害？於是屏絶，不敢復觀。今因左右之言，又竊意其一時作於荆楚之間，亦未必聞於孟子之耳也。若使流傳四方，學者家傳而人誦之，如今蘇氏之説，則爲孟子者亦豈得而已哉？況今蘇氏之學上談性命，下述政理，其所言者，非特屈、宋、唐、景而已。學者始則以其文而悦之，以苟一朝之利，及其既久，則漸涵入骨髓，不復能自解免。其壞人材、敗風俗，蓋不少矣。伯恭尚欲左右之，豈其未之思邪？其貶而置之唐、景之列，殆欲陽擠而陰予之耳。向見正獻公家傳語及蘇氏，直以浮薄談目之〔二〕，而舍人丈所著童蒙訓，則極論詩文必以蘇、黄爲法，嘗竊嘆息，以爲若正獻、滎陽，可謂能惡人者，而獨恨於舍人丈之微旨有所未喻也。然則老兄今日之論，未論其它，至於家學，亦可謂蔽於近而違於遠矣。更願思之，以求至當之歸，不可自誤而復誤人也。

前書奉問謝公之説，正疑其不能無病。詳考從上聖賢以及程氏之説論下學處，莫不以正衣冠、肅容貌爲先。蓋必如此，然後心得所存而不流於邪僻。易所謂「閑邪存其誠」，程氏所謂「制之於外，所以養其中」者，此也。但不可一向溺於儀章器數之末耳。若言所以正、所以謹者，乃禮之本，便只是釋氏所見，徒然横却個所以然者在胸中，其實却無端的下功夫處。儒者之學，正不如此。更惟詳之。

校記 〔一〕周：原作「同」，據唐順之朱子文集、四庫全書本改。

〔二〕談：宋浙本作「輩」。

編年 據書信編年。

評論 周大璋朱子古文讀本卷二答吕伯恭書：此篇乍看似兩橛，其實只是一意，但前隱後顯耳。前半所謂見人之詭經誣聖，肆爲異説，而不甚以爲非，即暗指蘇氏而言也。文與道不得岐而爲二，日溺於無道之言，敗壞心術，必爲世道深憂。當路巨公，幸於此一深省可耳。

答吕伯恭 乾道六年冬

學校之政，名存實亡，徒以陷溺人心，敗壞風俗，不若無之爲愈。聞嘗有所釐正，而苟且放縱者多不悦其事，亦可想而知矣。然當留意於立教厲俗之本，乃爲有補。若課試末流，小小得失之間，則亦不足深較也。向見所與諸生論説左氏之書，極爲詳博。然遺詞命意，亦頗傷巧矣。恐後生傳習，益以澆漓，重爲心術之害。願亟思所以反之，則學者之幸也。前書所引「文理密察」，初看得不子細。近詳考之，似以「密」爲秘密之「密」，「察」爲觀察之「察」。若果如此，則似非本指也。蓋「密」乃細密之「密」，「察」乃著察之「察」，正謂豪釐之間一一有分别耳。故曰「文理密察，足以有别」，只是一事，非相反以相成之説也。若道理合有分别，便自顯然，不可掩覆，何必潛形匿迹以求之，然後爲得邪？大抵聖賢之心正大光明，洞然四達，故能春生秋殺，過化存神，而莫知爲之者。學者須識得此氣象而求之，庶無差失。若如世俗常情，支離巧曲，瞻前顧後之不暇，則又安能有此等氣象邪？不審高明以爲如何？

編年 據書信編年。

答吕伯恭 乾道六年

所論孟子論二子之勇處，文意似未然。蓋「賢」字只似「勝」字，言此二人之勇，未知其孰勝，但孟施舍所守得其要耳。蓋不論其勇之孰勝，但論其守之孰約，亦文勢之常，非以爲二子各有所似而委曲回互也。且二子之似曾子、子夏，亦豈以其德爲似之哉，直以其守氣養勇之分量淺深爲有所似耳。此亦非孟子之所避也。大抵伯恭天資温厚，故其論平恕委曲之意多；而熹之質失之暴悍，故凡所論皆有奮發直前之氣。竊以天理揆之，二者恐皆非中道。但熹之發，足以自撓而傷物，尤爲可惡。而伯恭似亦不可專以所偏爲至當也。無以報箴誨之益，敢效其愚，不審然否？因來及之，幸甚幸甚。

欽夫書來，具道近事曲折，少釋憂懣，想贊助之力爲多。「出入無疾，朋來無咎」，大率致意此語尤切當，然想已有成規。更願凡百毖重，以圖萬全。最是人材難全，懲其所短則遺其所長，取其所長則雜其所短，此須大段子細著眼力，乃可無悔吝耳。

編年 據書信編年。書札彙編置於乾道八年春。

答呂伯恭 乾道七年春

所喻「閑先聖之道」，竊謂只當如「閑邪」之「閑」，方與上下文意貫通。若作「閑習」，意思固佳，然恐非孟子意也。政使必如是説，則閑習先聖之道者，豈不辨析是非、反復同異，以爲致知格物之事？若便以爲務爲攘斥，無斂藏持養之功而不敢爲，則恐其所閑習者終不免乎豪釐之差也。若顔子則自不須如此，所以都無此痕迹耳。此事本無可疑，但人自以其氣質之偏，緣情立義，故見得許多窒礙。若大其心，以天下至公之理觀之，自不須如此回互費力也。

所論智、仁、勇之意，則甚精密。然龜山之説亦不可廢。蓋以其理言之，則所至雖不同，而皆不可闕，如左右之説是也。若以其所至之地言之，則仁者安之，知者利之，勇者强焉，又自各有所主，如龜山之説矣。然此兩説者，要之皆不可廢，經緯以觀，其意始足。如何？

動静陰陽之説，竟未了然，何耶？豈非向來奉答者未得其要，有以致賢者之疑乎？比再觀之，方以爲病，欲別爲説以奉報。今以來喻所引者推明之，似却更分明也。夫謂人生而静是也，然其感於物者，則亦豈能終不動乎？今指其未發而謂之中，指其全體而謂之仁，則皆未離乎静者而言之。至於處物之宜謂之義，處得其位謂之正，則皆以感物而動之際爲言矣。是則安得不有陰陽、體用、動静、賓主之分乎？故程子曰：「仁體義用也。知義之爲用而不外焉者，可以語道矣。世之論義者多外之，不爾則混然而無别，非知仁義之説者也。」此意極分明矣。且體、用之所以名，政以其對待而不相離也。今以静爲中正仁義之體，而又謂中正仁義非静之用，不亦矛盾杌棿之甚乎？意者專以知覺名仁者，似疑其不得爲静，恐當因此更加究察。所謂仁者，似不專爲知覺之義也。

編年　據書信編年。

答吕伯恭 乾道七年夏

久不聞問，方切懷仰，得元履書，乃知賢閤安人奄忽喪逝，驚愕良深。伏惟伉儷義重，傷悼難堪。區區所願約情就禮，爲君親德業千萬自重，幸甚。欽夫去國，聞之駭然。想驟失講論之益，無佳況也。道遠，不敢請其説。然吾道之難行，亦可知矣。奈何奈何！因便草此奉慰，不敢别具狀疏，諒蒙識察，不次。

國器云亡，極可傷。今日又聞賓之亦逝去，善類凋殘，甚可慮也。知言疑義再寫，欲奉呈，又偶有長沙便，且寄欽夫處，屬渠轉寄。若到，千萬勿示人，但痛爲指摘爲幸。功夫易間斷，義理難推尋，而歲月如流，甚可憂懼。奈何奈何！

編年　據書信編年、年譜長編。

答呂伯恭乾道七年冬

前日因便附書，今既達否？比日冬深，氣候暄燠，伏惟進德有相，尊候萬福。熹去喪不死，痛慕亡窮，它無可言者。但塵務汩没，舊學蕪廢，思得從容，少資警益而不可得。欽夫又一向不得書，懷想既深，憂懼亦甚。奈何！今以舅氏之葬，當走尤溪，魏應仲來墓次，得以略聞動静。因其行附訊，匆匆，不及究所欲言者。歲晚，願言爲道學自重。因便來時枉書，有以警策疲懦者不憚煩，深所願望〔一〕。前書許寄條對之文，亦幸早得之也。

校記　〔一〕願：原作「顧」，據宋閩、浙本改。

編年　據書信編年。

答呂伯恭乾道七年冬

近因元履之子附狀，必達。比日冬温，伏惟德業有相，尊候萬福。建人劉氏兄弟𤒹、炳。同預薦送，乃翁亦以免舉試禮部，皆欲見於門下。熹新阡與其居密邇，兩年相從甚熟，知其嗜學可教。因其行復附此爲先容，幸與之進。餘已具前書，此不縷縷，幸察。

編年　據書信編年、年譜長編。

答呂伯恭 乾道八年春

便中辱書，感慰。信後已經新歲，伏惟君子履端，多納福祐。熹免喪不死，無足言者。去冬以舅氏之喪再走尤溪，逼歲方歸。而目前俗冗事狀殊迫猝，無佳思，舊學益荒蕪矣。向所附呈諸說，幸反覆痛箴藥之，區區猶有望也。立論相高，吾人固無此疑，然只要得是當，亦良不易耳。論治固有序，然體、用亦非判然各爲一事，無今日言此而明日言彼之理。如孟子論愛牛制産，本末雖殊，然亦罄其說於立談之間。大抵聖賢之言隨機應物，初無理事精粗之別。其所以格君心者，自其精神力量有感動人處，非爲恐彼逆疑吾說之迂，而姑論無事之理以嘗試之也。若必如此，則便是世俗較計利害之私，何處更有聖賢氣象耶？愚見如此，更惟精思而可否之。區區之論所以每不同於左右者，前後雖多，要其歸宿，只此毫釐之間，講而通之，將必有日矣。奏篇伏讀，感發良多。愚意尚恐其詞有未達者，此人立俟，未暇詳叩。臨書傾想無已，正遠，惟益進德業，自愛重，是所願望。

編年　據書信編年。

答呂伯恭 乾道八年夏

慰問之誠，謹具前幅。比日中夏久雨，伏惟純孝感格，體力支勝。熹自泉、福間得侍郎中丈教誨，蒙以契舊之故，愛予甚厚。比年以來，闊别雖久，而書疏相繼，獎厲警飭，皆盛德之言。感激銘佩，何日敢忘！區區尚冀異時得奉几杖於寂寞之濱，以畢餘誨，豈謂不淑，遽至於此！聞訃悲咽，不能爲懷。而山居深僻，無婺女之便，以故至今不能致一書以道此懷，且候左右哀疚以來興寢之狀，往來於心，如食物之不下也。不審能亮之否？左右孝誠切至，何以堪此？然門户之寄，朋友之望，實不爲輕，千萬節抑，以慰遠懷。人物眇然，伏紙增涕。

編年　據書信編年。

答吕伯恭 乾道八年

襄奉卜吉，定在何時？只就婺女否？熹貧窶之甚，不能致一奠之禮，又以地遠，不得伏哭柩前，楚愴之懷，無以自見。奈何！此書因趙守轉示韓丈書，始得宛轉附此，却託韓丈致之，不知達在何時。過此又復悠悠，無通問處矣。熹向以召命不置，欲自載一至近縣，庶幾得以一見。尋念無益，且亦貧甚，無辦裹糧處，遂復中輟。已瀝懇哀祈諸公，儻得報聞，何幸如之。所欲言者無窮，此書亦未敢旁及也。

編年　據書信編年。

答吕伯恭 乾道八年冬

便中伏奉手疏，伏讀感愴不能已。且審反虞之久，又恨不得從執紼者之後也。即日霜寒，伏惟哀慕有相，孝履支福。熹窮陋如昔，比復遭叔母之喪，憂悴之外，無可言者。舊學雖不敢廢，然章句誦説之間，亦未見一安穩處。所欲相與講評反覆者，非書札所能寄也。示喻深知前此汗漫之非，幸甚。比來講究必已加詳密矣。累得欽夫書，亦深欲伯恭更於此用力也。别紙數事求教，幸一一批誨。比日讀書，此類甚多，少冗，不能詳録，當俟後便耳。祭禮略已成書，欲俟之一兩年，徐於其間察所未至。今又遭此期喪，勢須卒哭後乃可權宜行禮，考其實而修之，續奉寄求訂正也。因便附此，復因韓丈致之。未由承晤，千萬以時節哀，爲遺體自愛。幸甚幸甚！

編年 據書信編年。

答吕伯恭 乾道九年春

專使奉教，承新春以來孝履支福，感慰深矣。教告諄複，警策殊多。離群索居，其害至此，良可警懼。蓋初心之善未始不明，但失照管，即隨事汩没，不自覺耳。來介市書未還，偶有便人，亦欲令持此書以往，因復附此，未暇它及，先此少謝厚意。言行二書，亦當時草草爲之，其間自知尚多謬誤，編次亦無法，初不成文字。因看得爲訂正示及爲幸。餘俟盛價還日，别得奉問。便遽草草。

編年 據書信編年、年譜長編。

答吕伯恭 乾道九年春

伏奉近告，竊審已經祥祭，追慕無窮，尊體神相多福。買茶人書尚未領，當是已徑之府中矣。謝遣學徒，杜門自治，深爲得策，所造詣想日深矣。恨未有承教之期，爲悵恨耳。但爲舉子輩抄録文字流傳太多，稽其所敝，似亦有可議者，自此恐亦當少訒其出也。如何如何？禮運以五帝之世爲大道之行，三代以下爲小康之世，亦略有些意思。此必粗有來歷，而傳者附益，失其正意耳。如程子論堯舜事業非聖人不能，三王之事大賢可爲也，恐亦微有此意。但記中分裂太甚，幾以二帝三王爲有二道，此則有病耳。胡公援引太深，誠似未察也。鄙見如此，高明復以爲如何？因便附問，草草。

眷集伏惟均慶，山中有委勿外。熹拜問。

薛湖州昨日又得書，其相與之意甚勤。聞其學有用，甚恨不得一見之。然似亦有好高之病，至謂義理之學不必深窮，如此則幾何而不流於異端也耶？其進爲甚驟，亦所未曉。因書幸見告以其所自。熹又拜。

密庵主僧從穆近已死，其徒法舟見權管幹。此庵元只作右丞莊屋，如可且令看守，即求一榜并帖付之。恐或别有可令住者，遣來尤佳。但此庵所入亦薄，非復謙老之時矣，只令法舟守之亦便也。

編年　據書信編年。

答吕伯恭乾道九年夏

便中累辱手書，伏審已經練祭，哀慕如新。即日溽暑，孝履支福，感慰之至。熹昨已作書，欲遣兒子詣席下，會連雨未果行，俟梅斷看如何也。但此兒懶惰之甚，在家讀書絕不成倫理，到彼冀親警誨，或肯向前。萬一只如在家時，即乞飛書一報，當呼之使歸，不令久奉累也。「仁」字之説，欽夫得書云已無疑矣。所論「愛之理猶曰動之端、生之道云爾」者，似頗未親。蓋「仁」者愛之理」，此「理」字重；「動之端」，「端」字却輕。試更以此意秤停之，即無侵過用處之嫌矣。如何？劉博士墓誌不曾收得，早録寄幸甚。欲作淵源録一書，盡載周、程以來諸君子行實文字，正苦未有此，及永嘉諸人事迹首末，因書士龍，告爲託其搜訪見寄也。士龍相款，所論大者幸喻及一二，亦甚恨無因緣得相見。渠更待闕耶〔一〕？其改命必有以也。前時湖州買茶人回，曾附書，不知收得否？因書煩扣之，并爲致千萬意也。庵榜已付之，其僧有狀，今附此便去。擇之來此相聚甚樂，有書納上。元履春間不幸不起疾，甚可傷。近方爲卜得地，旦夕往與謀葬也。承問及之，因便拜狀，草草，餘已具所遣兒子書矣。

校記　〔一〕耶：原作「耳」，據宋閩、浙本改。

編年　據書信編年。

答吕伯恭 乾道九年秋

潘守附致所予書，得聞近況，感慰之深。信後暑毒異常，伏惟讀禮之餘，孝履支福。熹窮居碌碌，無可言。召命竟未能免，近被堂帖，督趣逾峻，勢須一行，至衢婺間恭俟罷遣。或得承晤，何幸如之！子澄過此兩三日，諸況具能言之〔一〕。因其行附此，不復縷縷。餘惟以時保衛，區區至懇。

眷集伏惟鈞安，此間有骫勿外。兒子寓食之計，似終未穩，豈可終歲擾人耶？幸更爲處之，使賓主之間可久處而不厭，乃佳耳。與叔度書不欲深言此，但老兄以意裁之，則善矣。叔度惠書，觀其論説，氣質良厚，不易得也。聞薛士龍物故，可駭可嘆。且恨竟不識斯人也。

校記 〔一〕具：原作「其」，據宋閩、浙本改。

編年 據書信編年、年譜長編。

答吕伯恭 乾道九年秋

昨以召旨之嚴，不免爲造朝計，意經由必獲一見。子澄之行，草草附問，已嘗及其故矣。既而忽有改秩奉祠之命，知獲遂退藏之願。然褒寵過厚，又有所不敢當者。力爲懇辭，未知諸公頗見亮否。萬一再三不如所請，其將何以爲計？有以見教，幸甚。兒子久欲遣去，以此擾擾，未得行，謹令扣師席。此兒絕懶惰，既不知學，又不能隨分刻苦作舉子文。今不遠千里以累高明，切望痛加鞭勒，俾稍知自厲。至於擇交游、謹出入，尤望垂意警察。如其不可教，亦幾早以見報，或便遣還爲荷，千萬勿以形迹爲嫌也。賤迹如此，又未有承晤之日，臨風悅然。惟以時節哀，爲道自愛。

編年　據書信編年。此前後數書内容相承，故皆作於秋間也。

答吕伯恭乾道九年秋

前書所論仁愛之説，甚善甚善。但不知如何立言，可使學者有所向望而施涵泳玩索之功，又無容易領略之弊耶？因來喻及，幸甚幸甚。劉博士誌文得之，幸甚。此類文字此間所已有者，旦夕録呈。切告據此以訪其所無，異時成得一書，亦學者之幸也。近得毗陵周教授數篇論語，令兒子帶去。試一讀之，以爲與程門諸君子孰高孰下也，以一言語及爲幸。長沙此三兩月不得書，邵武有孟子説，不知所疑云何。預以見告，俟得本考之也。然此等文字流傳太早，爲害不細。昨見人抄得節目一兩條，已頗有可疑處，不知全書復如何。若洙泗言仁，則固多未合，當時亦不當便令盡版行也。吾人安得數月相携於深山無人之境，共出其書，一商訂之，以求至當之歸乎？更有數條，又具别紙，幸早垂教也。

編年　據書信編年。此書承上啓下，亦作於秋間。

答吕伯恭乾道九年秋

方作書欲附便，未行而兵子還，辱書至感。又得竊聞比日秋清，孝履支福，至慰至慰。熹賤迹且爾辭免，未報爲撓。不爲已甚之戒，甚荷愛念。此非所以爲高。但坐邀禮命，有所未安。今且得力辭，冀蒙相捨。若其不獲，又別相度耳。若初意，則直欲力辭，雖使得罪，亦無所避也。欽夫得書，觀其語意，亦似不以爲可受也。更望審思，復以見教，幸甚幸甚。時位之戒，敢不敬承。欽夫移書見戒一二事亦類此，顧恐偏蔽已甚，矯革爲難，未知終能副朋友所期否耳。今歲紛紛，蓋爲初不爲備，率然整頓，故有此患。近已預爲嗣歲之備，亦自不至此也。周教授語解誠如所喻，愚意其篤實似尹公，謹嚴過之而純熟或不及也。高明以此語爲如何〔一〕？

小兒無知，仰累鞭策，感愧深矣。在家百計提督，但無奈其懶何。今得嚴師畏友，先與擊去此病，庶或可望其及人也。又得叔度、叔昌書，兒子書中及回兵口説，荷其照屬之意良厚，益深愧怍。偶欲入城，臨行冗甚，作此附便，餘俟後便也。匆匆。

校記 〔一〕「周教授」以下一段又見文集卷三十六答吕伯恭五。

編年 據書信編年。

答吕伯恭 乾道九年秋

人還，承答字，感慰之深。比日秋高，伏惟孝履支福。熹碌碌無足言者，誨諭辭受之義，此亦方以爲撓。若如來教，雖可逆避將來之患，顧恐於今日義理未安耳。幸更爲思之，因書見告爲望，懇懇。兒子既蒙容受，感佩非常。不知能應程課、入規矩否？凡百更望矜念愚懇，痛賜鞭策，爲幸之甚。即不可教，亦告早以垂喻，即遣還，尤幸也。横渠集刊行甚善，但不知用何處本？若蜀中本，即所少文字尚多。俟寄來看，或當補，即作別集也。説文此亦無好本，因便已作書與劉子和言之矣。欽夫近得書，寄語解數段，亦頗有未合處。然比之向來，收斂慤實則已多矣。言仁諸説録呈，渠別寄仁説來，比亦答之，并録去。有未安處，幸指誨也。因便致問，正遠，節哀自重爲請。

編年 據書信編年、年譜長編。

答吕伯恭 乾道九年冬

仁説近再改定，比舊稍分明詳密，已復録呈矣。此説固太淺，少含蓄，然竊意此等名義，古人之教自其小學之時已有白直分明訓説，而未有後世許多淺陋玄空、上下走作之弊，故其學者亦曉然知得如此名字但是如此道理，不可不著實踐履。所以聖門學者皆以求仁爲務，蓋皆已略曉其名義而求實造其地位也。若似今人茫然理會不得，則其所汲汲以求者，乃其平生所不識之物，復何所向望愛説而知所以用其力邪？故今日之言比之古人誠爲淺露，然有所不得已者。其實亦只是祖述伊川仁、性、愛、情之説，但剔得名義稍分界分，脉絡有條理，免得學者枉費心神，胡亂揣摸，唤東作西爾。若不實下恭敬存養、克己復禮之功，則此説雖精，亦與彼有何干涉耶？故却謂此説正所以爲學者向望之標準，而初未嘗侵過學者用功地步。明者試一思之，以爲如何？似不必深以爲疑也。自己功夫與語人之法固不同，然如此説，却似有王氏所論高明、中庸之弊也。須更究其曲折，略與彼説破乃佳。

編年 據書信編年、年譜長編。

答吕伯恭乾道九年冬

昨日作書，欲附便行，今日忽得手示〔一〕，獲聞比日冬寒，孝履支福，既以感慰；又得别紙誨諭之詳，伏讀再三，警發甚至，其爲欣荷，又不自勝。但所謂飽經歷、真切磨者，不敢當耳。區區已復詳具求教，顒俟益論也。

辭免文字附沈尹專人，自七八月間去此，意其已到。近託人致懇廟堂，求聽所請，得報乃云文字未至，良以爲疑。得子澄書，乃其人更過何處取書，計今必已至矣。當時若知其迂回如此，只發遞去，自無浮沉也。然部中行下建寧，又云已給批書，此須作熹狀申部出給。熹既不受，不知此文字是如何行遣？都不可曉，亦不知此物今在何處。杜門無事，乃有此撓。聞是韓丈拈出，前此亦未知。今既如此狼狽，却須得韓丈出手，大家收救，莫令到無收拾處，乃荷相念。然又不欲作書，彼亦未必以爲誠然。不知可煩老兄因書一言所以不敢受之意非出矯僞，得自廟堂上辭免文字，特依所乞，再授元官，差監岳廟，便是一個出場也。前日作書忘記及此，因問之及，復此忉忉，千萬垂念也。

康節恐是打乖法門，非辭受之正。伊川再受西監，止是叙復元官，還莅舊職，又可逡巡解去，即與今日事體全不相似，皆未敢援以自比。欽夫書來，亦云豈可逆料後患而先汩所守之義，此語亦甚直截。然渠却不曾爲思量如何解免得脱，若只如此廝喠，恐非臣子所敢安也。千萬便爲盡以此意達之韓丈，得早爲解紛，幸甚幸甚〔二〕。夜作此書，不能它及。

校記　〔一〕手：原作「守」，據宋閩、浙本改。

〔二〕「康節恐是」以下又見續集卷五答吕東萊。

編年　據書信編年。

答吕伯恭 乾道九年十一月

便中辱書教，感慰之深。信後匆匆，已迫長至，伏惟感時追慕，何以爲懷！神相孝履，起處萬福。熹昨以叔母之葬走政和，往返月餘。今適反舍，汩没無好況，它無足言者。臨行寓書，有所咨扣，想已聞徹。得早報及爲幸。兒子極感教誨，不知近復如何？正唯懶惰，不肯勤謹檢飭，此爲大患，計必有以變化之。爲文稍能入律否？初欲歲下令略歸，今思之，恐徒勞往返，不若且令留彼度歲。既蒙矜念如此，當不異父兄之側矣。但久溷潘宅，不自安耳。子澄一書，告爲附便。陸子壽聞其名甚久，恨未識之。子澄云其議論頗宗無垢，不知今竟如何也。學者用工不實之弊，誠如來誨。不但學問，今凡一小事，才實理會，便自然見道理漸漸出來也。近見建陽印一小册，名精騎，云出於賢者之手，不知是否？此書流傳，恐誤後生輩，讀書愈不成片段也。雖是學文，恐亦當就全篇中考其節目關鍵。又諸家之格轍不同，左右采獲，文勢反戾，亦恐不能完粹耳。因筆及之，本不足深論也。因便禀此，草草。

編年　據書信編年。

答吕伯恭 乾道九年十二月

便中連辱手教，感慰亡喻。即此歲除，伏惟感時追慕，神相純孝，起居支福。熹碌碌如昨，無所可言。但懇辭既不得請，又被堂帖檢坐近降行下。然觀立法之意，乃爲有官職之事者設，與此避過恩、辭逸禄者初不相關。已復注釋此意，别作狀回申矣。亦得韓丈書，敦勉甚至。却爲合下見得此一邊義理稍重，未能勇從。萬一果掇疑怒，亦無所避之也。韓丈必已開府，前日臨安人回，已附書致謝。此便遽，又當除日百冗，不暇再作也。

兒子蒙教督甚至，舉家感激不可言。但所作大義似未入律，聞亦已令專治此業，甚善。觀其氣質，似亦只做得舉子學。初尚恐其不成，今既蒙獎誘，不知上面更能進步否？此亦必待其自肯，非他人所能强也。

子澄去就從容，甚可喜。昨聞周子充辭郡得請，今又睹此，益知辭受由人而不在於時。豈彼能之而我不能哉？若來喻所云親切用工處，誠亦更當致力。想相見必熟講之矣。范伯崇云歸途亦欲請見，今皆已到未耶？淵源録許爲序引，甚善。兩處文字告更趣之。祭禮已寫納汪丈處，託以轉寄，不知何爲至今未到？然其間有節次修改處，俟旦夕別録呈求訂正也。

所論克己之功，切中學者空言遥度之病。然向來所論，且是大綱要識得仁之名義氣味，令有下落耳，初不謂只用力於此，便可廢置克己之功。然亦不可便將克己功夫占過講習地位也。中間有一書論古人小學已有如此訓釋一段甚詳〔一〕，幸更考之。然克己之誨，則尤不敢不敬承也。

欽夫近得書，別寄言仁録來，修改得稍勝前本。仁説亦用中間反覆之意改定矣。聞其園池增闢，盡得江山之勝，書來相招。屬此蹤迹未自由，又鄉里饑儉，未敢輕諾之也。

王教授來，值熹入城，不得相見。以老兄所稱許如此，甚恨未及識之耳。

小本易傳尚多誤字，已令兒子具稟。大本校讎不爲不精，尚亦有闕誤。掃塵之喻信然，能喻使改之爲幸。聞又刻春秋胡傳，更喻使精校爲佳。大抵須兩人互讎乃審耳。兩人一誦一聽，看如此一過，又易置之。横渠集已畢未耶？得本早以見寄，幸甚。如此間程集，似亦可作小本流布。

蓋版在官中，終是不能廣也。向議欲刊説文，不知韓丈有意否？試扣其説，因贊成之爲佳。偶便附此，除日百冗，不能既所欲言。惟千萬節哀自愛，以振吾道爲祝。匆匆不宣。

校記 〔一〕甚：原作「其」，據宋浙本改。

編年 據書信編年、年譜長編。

答呂伯恭 淳熙元年正月

歲律更新，伏惟感時追慕，何以堪之！神相孝思，體力支勝。熹此粗如昨。歲前附一書於城中尋便，不知達否？紙尾所扣婺人番開精義事，不知如何？此近傳聞稍的，云是義烏人，説者以爲移書禁止，亦有故事。鄙意甚不欲爲之，又以爲此費用稍廣，出於衆力，今粗流行，而遽有此患，非獨熹不便也。試煩早爲問故，以一言止之，渠必相聽。如其不然，即有一狀，煩封至沈丈處，唯速爲佳。蓋及其費用未多之時止之，則彼此無所傷耳。熹亦欲作沈丈書，又以頃辭免未獲，不欲數通都下書，只煩書中爲道此意。此舉殊覺可笑，然爲貧謀食，不免至此，意亦可諒也。正遠，萬萬節哀自重，餘已具前書矣。便遽草草。

編年 據書信編年。

答呂伯恭 淳熙元年正月

自經新歲，未及上問，竊惟孝思有相，起處支福。祥禫計亦不遠，追慕想難爲懷也。熹屏居如昨，向來辭免，堂中竟用檢會近降海行指揮行下，不免再具狀懇辭矣。梁公至此相見之後，始知前此請之由衷，亦爲言於諸公。今茲之請，其必遂矣。此外無致力處，姑復任之，但惕息俟罪而已。去冬了叔母葬事，又人事出入，迫歲方小定。開正復擾擾，才得旬日休息，又以梁公遭憂，不免入城吊之，計又須旬日往返。加以親舊間死喪吊送，奔走不暇，鄉民又已嗸嗸告飢，此皆不免勞心費力，殊覺胸次塵埃。學業固無由進益，至於尤悔之積，亦有不暇點檢者。每一念之，如此紛紛，竟亦何益？欲舍此以求講論規誨之助而不可得，則亦悵然而已。欽夫得書，相招爲湘中之游，以此未能行。然它亦有使人不欲前者。至於老兄相去不遠，亦無從相見，胸中所欲言者無窮。偶有便行，臨出不及拜書，道中作此寄家中，令付之。匆匆，不及究所懷之一二。若免喪之後，不免復爲禄仕，能求一官南來否乎？引領馳情，尚冀節哀自愛。不宣。

編年 據書信編年。

答呂伯恭 淳熙元年三月

便還奉教，感慰之深。即日春和，伏惟孝履支福。已經祥祭，追慕何窮！然俯就先王之制，誠有望於賢者。熹再辭未報，惕息俟命，未知所以爲計也。承問，感感。衢、温文字幸早留意。寄及横渠文集，此有一寫本，比此增多數篇。偶爲朋友借去，俟取得寄呈，可作別集，以補此書之闕也。所喻講學克己之功，哀多益寡，政得恰好，此誠至論。然此二事各是一件功夫，學者於此須是無所不用其極，然後足目俱到，無偏倚之患。若如來喻，便有好仁不好學之蔽矣。且中庸言學問思辯而後繼以力行，程子於涵養、進學亦兩言之，皆未嘗以此包彼而有所偏廢也。若曰講習漸明，便當痛下克己功夫以踐其實，使有以真知其意味之必然，不可只如此説過，則其言爲無病矣。昨答敬夫，言仁説中有一二段已説破此病。近看吴才老論語説論子夏「吾必謂之學矣」一章與子路「何必讀書」之云，其弊皆至於廢學，不若「行有餘力則以學文」、「就有道而正焉」、「可謂好學」之類，乃爲聖人之言也，頗覺其言之有味。不審高明以爲何如？因便附此，不盡所懷。餘惟節抑餘哀，千萬保重。

眷集伏惟均休。子約已别奉書矣。兒子久累教拊，舉家愧荷，不可勝言。更願終賜，使隨其資之高下有所成就，幸甚，固不敢大望之也。子澄、伯崇到彼，所講何事？伯崇且還江西，尚未到里中也。叔度寄得薛士龍行狀，讀之使人慨嘆不已。不知所著諸書嘗見之否？今有書吊其家，煩爲致之。欲求中庸、大學、論語説及陰符、握奇、揲蓍、本政叙凡七書，不審能爲致之否？此委却望不外。

編年　據書信編年。

答吕伯恭 淳熙元年三月

前月末及此月初兩附便拜狀，不知達否？府中轉致近教，獲聞比日春晚，尊候萬福，感慰深矣。熹屏居如昨，近出展墓，遂登蘆山〔一〕。小庵在孤峰絕頂之側，少留旬日。舉目雲山盡數百里，足以稍滌塵滯，它無足言也。懇辭未報，若不將上，則不若不報之爲愈。今幸如此，且爾偷安耳。示喻專心致志之功，警發昏惰，爲幸甚矣。但年來浸益多事，雖書策功夫，亦不能得相接續，此爲可懼。至於朋友，亦正自難得人。大抵氣習已偏而志力不强，殊未有以慰人意者。門墻之下，渠亦有其人乎？誘接之道雖各不同，要是且令於平易明白處漸加功夫，時加警策而俟其自得，此爲正法耳。弟子職、女戒二書，以温公家儀系之，尤溪欲刻未及，而漕司取去。今已成書，納去各一本。初欲遍寄朋舊，今本已盡，所存只此矣。如可付書肆摹刻，以廣其傳，亦深有補於世教。或更得數語題其後，尤幸也。外書、淵源二書頗有緒否？幸早留意。兒子荷教誨，舉家感刻。昨深慮其經義疏闊，今得略有條理，甚幸甚幸。新茶三十夸，謾到左右〔二〕。因便附此，草草不宣。

校記 〔一〕蘆：原作「盧」，據宋閩、浙本改。

〔二〕到：正訛改作「致」。

編年 據書信編年、年譜長編。

答吕伯恭 淳熙元年春夏間

昨已具前幅，而便信差池，便中又辱況書，慰感亡量。聞携書入山水勝處，想講學之餘，日有佳趣。小兒亦得從行，荷意愛厚矣，感刻何敢忘也。所論吴才老説經之意，切中其病。然在今日平心觀之，却自是好語也。學記「深造自得」之語，初亦覺其過，欲改之，則已刻石不及矣。以此知人心至靈，只自家不穩處，便須有人點檢也。李習之在唐人特然知中庸之爲至，亦不可多得。然其所論實本佛老之説，故特於序文發之。蓋不遺其善，而抑揚之間，亦不爲無意，似不可謂不足而略之也。「哀公問政」以下數章，本同時答問之言，而子思删取其要，以發明傳授之意，鄙意正謂如此。舊來未讀家語，嘗疑數章文意相屬〔一〕，而未有以證之。及讀家語，乃知所疑不繆耳。「天斯昭昭之多」以下四條譬諭，似以天地爲積而至於大者，文意頗覺有礙。不知當如何説？幸見教。他所欲請者甚衆，臨書匆匆忘之。顧未有面論之日，茲爲悵悵耳。

校記 〔一〕意：原作「章」，據宋浙本改。

編年 據書信編年。

答吕伯恭 淳熙元年春夏間

子約惠書，已奉報矣，不知何故如此猶豫前却？此不誠不敬之本，於進道中正是莫大之病，須痛加治療。熹書中已極言之，想從容之際，亦必有以警之也。吴晦叔來奔其母之喪，今日方見之，能道欽夫病狀。亦得欽夫書，今已復常矣。晦叔亦多病癯瘁也。人各有偏，非見徹克盡，所不能免，此誠至論，佩服不敢忘也。小兒無知，荷教誨之意甚厚。異時稍識去就，不知何以爲報也。但久擾叔度兄弟，甚不自安。又聞浙東艱食，恐向後道路難行，今專此人去，恐可遣歸，即從韓丈借人送歸。或尚可少留，即亦唯長者之命，歸來却無讀書處也。熹書中已詳稟韓丈矣，其去住遲速，却在裁度也。大學、中庸墨刻各二本，子魚五十尾，并以伴書，幸留之。它委勿外。熹再拜上問。

編年　據書信編年。

答呂伯恭 淳熙元年春夏間

熹僭易拜問，台眷伏惟上下均安。子約賢友不及奉狀，前書所講，必有定論，因來幸示及。兒子久累誨督，春來不得書，不知爲學復如何？向令請問選録古文之意，不知曾語之否？此間與時文皆已刊行，於鄙意殊未安也。近年文字奸巧之弊熟矣，正當以渾厚樸素矯之，不當崇長此等，推波以助瀾也。明者以爲如何？尤川新學二刻，令兒子持納求教，幸爲一觀。記文之謬，千萬指示也。

編年　據書信編年。

答呂伯恭 淳熙元年六月二十三日

便中連三辱書，感慰無量。即日庚伏酷暑，伏惟禮制有終，永慕何已！神相尊候，動止萬福。熹杜門如昨，辭免不遂，今日已拜命矣。屢煩惇勸，愧荷之深。前日得王漕書，亦具道盛意也。三釜之樂，永負初心。方此感愴，忽又聞一表兄之喪，明日當復奔赴，亟遣此人唤小兒還家，草草布此，未暇它及。此兒久荷教育，舉家感德無窮。今迫試期，幸聽其歸。異時復遣卒業，終以累高明也。已有書懇韓丈借人，更告借以一言，得早還家爲幸。承從人嘗至三衢，汪丈必甚款，所論何事？因書及之。熹辭免已決，秋冬間無事，或可出入。甚思承教，但未敢預期耳。正唯以時進德自重爲禱，不宣。熹頓首再拜上狀。

聞懷玉山水甚勝，若會於彼，道里均矣，如何？

編年 據書信編年、年譜長編。

答吕伯恭 淳熙元年秋

兒子歸，承手書之貺，感慰良深。秋氣漸凉，伏惟尊候萬福。熹昨以事一至城中，還家諸況如昨，蓋無足言者。懷玉之約遲以明年，無所不可。但兒子説車馬自會稽遂如天台、雁蕩，不審亦可留此勝概，以俟來春相與俱行否？若爾，則不必登懷玉，只自此徑走婺女，相就而行也。

兒子歸來，不惟課業勝前，至於情性作爲，亦比往時小異，信乎親炙薰陶之效，舉家感德，不可名言。但惜乎其氣質本凡，又無意於大受，不足以希升堂之列耳。還日又蒙借人津遣，尤以懼荷。但歸來衮衮，俗務汩没，不得如臨行所戒次第。場屋得失，初非所期，亦復任之耳。

損減收斂之喻，真實切當，謹銘坐右，不敢忘也。汪丈進德不倦，後學幸甚。但其所辨石林燕語頗留意於儀章器數之間，此曾子所謂「則有司存」者，豈其餘力之及此耶？專意於此，則亦非區區所敢知者矣。長沙頻得書，地遠，難得相見。此公疏快，書中不敢盡言，心之所憂，亦微詞以見。晦叔歸，因託寄懷，想其亦樂聞之。但事有日生者，須推類以通之，則告者不費而聞者有深益耳。中庸章句一本上納，此是草本，幸勿示人。更有詳説一書，字多未暇，餘俟後便寄去。有未安者，一一條示爲幸。大學章句并往，亦有詳説，後便寄也。「此謂知之至也」一句，爲五章闕文之餘簡無疑。更告詳之，系於經文之下，却無説也。淵源、外書皆如所喻，但亦須目下不住尋訪，乃有成書之日耳。

別紙所論，更俟參訂奉報。叔度此人已留數日，不欲久稽之，且附此書遣還也。未即承教，馳想亡窮。惟千萬爲道自愛。

編年　據書信編年。

答吕伯恭 淳熙元年十月十四日

昨自叔度人還之後，一向不得奉問，豈勝向仰！比日冬温，伏惟味道有相，尊候萬福。熹杜門如昔，無足言者。昨附去中庸、大學等書如何？未相見間，便中得條示所未安者，幸幸。近稍得暇，整頓得通鑑數卷，頗可觀。欲寄，未有別本，俟來春持去求是正也。聞老兄亦爲此功夫，不知規摹次第如何？此間頗苦難得人商量，正唯條例體式亦自難得合宜也。如温公舊例，年號皆以後改者爲正，此殊未安。如漢建安二十五年之初，漢尚未亡，今便作魏黄初元年，奪漢太速，與魏太遽，大非春秋存陳之意，恐不可以爲法。此類尚一二條，不知前賢之意果如何爾。所欲言者甚衆，此便又遽，不及究一二。春初即治温、台之行，承教且不遠矣。向寒，伏冀爲道自愛，不宣。十月十四日，熹頓首再拜上狀。

熹僭易再拜上問，眷集伏惟均慶。子約賢友不及拜書，兒輩附拜問禮。大兒本即遣去席下，又一動亦費力，來春當自携行。但恐又難去叔度處，不知當置何許也。前書所扣一二事，因便告早及之，欲爲之備。貧家辦事爲難，須及早料理也。此書附建陽范澤民解元，渠去赴省，云欲便道請見。其人老成，孝友誠愨，朋輩間所難得。然苦貧，此行甚費力。或有可接手處，得與垂念，幸甚幸甚。此委不外。熹僭易拜問。

韓丈政成，想多暇日相見。便遽，不敢草草爲書，語次告略及之，幸甚幸甚。熹拜懇。

編年　據書信編年。

答呂伯恭淳熙元年冬

近以書附建陽范澤民秀才，計已次第聞達〔一〕。人至，伏奉手誨，竊審比日冬寒，尊候萬福，感慰之劇。功衰之戚，不易爲懷，痁疾想一向平復久矣。杜門進學，所造想日深。所謂凝聚收斂是大題目，此不易之論，乃功夫根本。至謂察助長之失，乃其間節宣之宜耳，此語却恐未盡。蓋平論之，則「有事」、「勿正」、「勿忘」、「勿助」自是四事，不應偏察其一。若偏論之，則「助」者已是用意太過之病，若又以「察」隨之，竊恐轉見紛擾。此須更審之，恐或立辭之病耳。

中庸解固不能無謬誤，更望細加考訂，來春面叩，以盡鄙懷也。叔度云欲傳録，此非所愛者。况在同志，何所不可？但恐未成之書，若緣此流布，不能不誤人耳。已書懇其且俟相見商榷之後，度可傳則傳之，亦未爲晚也。

聘禮謹如所戒，來春到彼，便可先畢此禮。但叔度書云，其令女方年十三歲，此則與始者所聞不同。此兒長大，鄙意欲早爲授室。如温公之儀，則來歲已可爲婚。此并候到彼面議。來日欲爲次子納婦，入夜百冗，草草修報，目昏不成字。承教不遠，預以自幸。未間，更冀以時珍重。

校記　〔一〕聞：原作「問」，據宋閩、浙本改。

編年　據書信編年。

答吕伯恭 淳熙二年十二月

自冬來五被誨示，出入多故，復苦少便，都不得奉報，豈勝愧仰！昨聞幼弟之喪，復遭功衰之慘，伏惟悲痛何以堪處！而營治襄事，亦不能不勞神觀，區區尤劇馳情。比日歲窮，伏惟尊候萬福。熹碌碌粗安，無足言。但叔京自冬初與邵武朋友三兩人來寒泉，相處旬日，既歸即病。十一月末間，手書來告訣，得之驚駭，即走省，至則已不起數日矣。朋友間如此公者不易得，極可傷痛。然其病中極了了，語不及私，所以教子弟者，語皆可記。所與熹書并令致意諸朋友，今録去一通。度其意於當世之慮不無望於伯恭，當亦爲愴然也。然不必以示它人爲幸。熹開正當復往，爲料理葬。比來甚覺衰憊，不堪奔走，然不得不爲一行也。

兒子蒙收教，極感矜念。更望痛加鞭策，千萬幸甚。昨所獻疑，本末倒置之病，明者已先悟其失。不知近來所以開導之際，其先後次第復如何？因來見告爲幸。

機仲、擴之來，皆未相見。擴之過此日，熹往邵武未歸，但留書云老兄有所見教一二事，甚恨未得聞也。其間略説遺書不須删定，與來書似不相照，不知果如何。然渠開正須復來此，當細扣之，便中亦望批喻也。渠託於縣宰之館，誠似未便，聞老兄亦嘗警告之。并俟其來，細與商榷，令去請教也。

修定書説甚善，得并程書、詩外傳等節次見寄，甚幸。前書託求本政書、續添圖子、論事録等，望留意。近桂林寄本政書後，更有一二種文字，已屬其別寄老兄處，或可并補足，成一家之書也。欽夫書來，及其爲政之意甚美。令作修舜廟碑文，題目不小，勉强成之，不及求教爲恨。今亦未暇録呈，它時當見之耳。聞更欲修堯廟〔一〕，此其勢必當屬筆於老兄也。

熹近讀易，覺有味。又欲修吕氏鄉約、鄉儀，及約冠昏喪祭之儀，削去書過行罰之類，爲貧富可通行者。苦多出入，不能就。又恨地遠，無由質正。然旦夕草定，亦當寄呈，俟可否然後改行也。所懼自修不力，無以率人，然果能行之，彼此交警，亦不爲無助耳。季通昨欲出浙，竟不能行。今復欲謀之，亦未定。旦夕相見，當致盛意。應仲書亦未有報也。今日歲除，鄉人有告行者，草草附此，未究所懷。願言爲道自重，以對大來之亨，區區至望，不宣。熹頓首再拜。

校記　〔一〕聞：原作「間」，據宋閩、浙本改。

編年　據書信編年、年譜長編。

答吕伯恭淳熙二年八月

昨承枉過，得兩月之款，警誨之深，感發多矣。别去匆匆兩月，向仰不少忘。便中奉告，承已税駕，欣慰之劇。信後秋氣已清，伏惟尊候萬福。熹還家數日，始登蘆山之頂〔一〕，清曠非復人境。但過清難久居耳。至彼，與季通方議丹丘之行，忽得來教，爲之惘然。却悔前日不且挽留，或更自鵝湖追逐入懷玉深山，坐數日也。

損約收斂，此正區區所當從事。日前外事有不得已而應者，自承警誨，什損四五矣。自此向裏漸漸整治，庶幾寡過。但恐密切處，不似外事易謝絶也。綱目草稿略具，俟寫校净本畢，即且休歇數月。向後但小作功程，即亦不至勞心也。向來之病，非書累人，乃貪躁内發而然。今當就此與作節度，庶幾小瘳耳。汪丈文字，已寫寄之矣。韓丈近得書，問「清議」二字所出何書，殊不省記，但憶劉元城語耳。因書告見教。唐裝之説，此亦多知其誤紊官制，此欲救其小而不知其一於大者之過也〔二〕。專人奉問，未究所懷，惟千萬爲道自重，不宣。熹頓首再拜上狀。

別紙誨示，開發良多。太伯、夷、齊事，鄙見偶亦如此也。復有少反復，更望垂誨。已作書，又得府中寄來七月九日所惠書，爲慰尤深。但所謂前兩惠書者，其一未到，不知附何人？可究問也。數日來，蟬聲益清，每聽之，未嘗不懷高風也。熹又覆。

校記 〔一〕蘆：原作「廬」，據宋閩、浙本改。

〔二〕一：原缺，據四庫全書本補。

編年 據書信編年、年譜長編。

答呂伯恭 淳熙二年八月十四日

昨專人反，附府中一書，想比日秋涼，伏惟尊候萬福。近思録近令抄作册子，亦自可觀。但向時嫌其太高，去却數段，如太極及明道論性之類者。今看得似不可無。如以顔子論爲首章，却非專論道體，自合入第二卷。作第二段。又事親居家事直在第九卷，亦似太緩。今欲別作一卷，令在出處之前，乃得其序。卷中添却數段，草卷附呈，不知於尊意如何？第五倫事閫範中亦不載，不記曾講及否？不知去取之意如何，因來告諭及也。此書若欲行之，須更得老兄數字，繫於目録之後〔一〕，致丁寧之意爲佳，千萬勿吝也。

遺書節本已寫出，愚意所刪去者亦須用草紙抄出，逐段略注刪去之意，方見不草草處。若只暗地刪却，久遠却惑人也。記論語者，只爲不曾如此，留下家語，至今作病痛也。往時商量，欲以程子格言爲名，不如只作微言，如何？雖有時氏所編已用此名，然將來自作序説破不妨也，更裁之。又欲煩就汪丈處借吕和叔集，檢看有西銘解否，有望録示也。此三事切望留念。又向時所許録寄文字，及前書所請者，或去人已遣歸，所寄未盡，望續附來爲幸。更説有何人語、孟説，亦望見寄也。叔度、叔昌二兄未及拜狀，因見煩致區區，不宣。熹頓首再拜，八月十四日。

所云府中一書無之，誤記也。

校記 〔一〕繫：原作「附」，據宋閩、浙本改。

編年 據書信編年。書尾明署「八月十四日」。

答吕伯恭淳熙三年十月

便中承書，良慰瞻仰。比日冬温異常，伏惟尊候萬福。熹窮陋如昨，諸公許不强致，其計甚便。所喻諄複，深見仁者憂世之心。然初辭甫上，便有前却，此似有制之者，非人力所能計較也。近得建業轉致定叟報甚詳，此亦不可便謂無妄之疾，要是自處有不至耳。得韓丈書，甚以老兄爲念。然諸公不先其難者，以開進賢之路，而區區用力於末流，適足以信其讒口，於事竟何補耶？近事一二，似亦可喜。然勿貳勿疑，古人之深戒，適足爲寒心耳。

竊承讀詩終篇，想多所發明，恨未得從容以請。熹所集解，當時亦甚詳備，後以意定，所餘才此耳。然爲舊説制，不滿意處極多。比欲修正，又苦別無稽援，此事終累人也。不審所欲見教者何事？亟欲聞之，恐不能悉論，姑得大者數條見示，亦足以有警也。

論語説得暇亦望早爲裁訂示及。會稽之行，計亦不多日也。近看周、儀二禮，頗有意思。但心力短，過眼即復惘然，又似枉費工夫耳。「相人偶」更有一二處，但皆注中語，不應禮記注中又自引此注文。不知别有成文，或當時人語如此耶？近思刻板甚善，曲折已報叔度矣。垂喻昏議，此極不忘。但熹未敢輕易，已具以來誨諭諸往來者，有可問處，别馳報也。擴之不曾相見，擇之欲來，亦未見到，不知何故。季通有母之喪，貧迫甚可念也。董氏詩建陽有版本，旦夕託人尋訪納去。其間考證極博，但不見所出，使人未敢安耳。近讀大學，疑「人之其所親愛而辟焉」，只合讀爲「僻」字，則與上章同體，而於下文甚順。幸試思之見報，如何？

桂林近得書，區處一路財計，甚有條理。但云州兵閲習已成次第，不知如何也。亦甚覺向來講論過高之弊矣。近復一到武夷，留近旬月，窮探遍歷，乃知昔之未始游也。摩挲舊題，俯仰陳迹，而叔京遂爲古人，重以傷嘆耳。塾子久累誨督，感刻已深。又承許其稍進，尤切銘篆。苦淡之習，欲其自知進步，恐無此日。更得明示好惡而痛加撙節，則爲幸又不可言矣。相望千里，未有承教之日，臨風不勝黯然。願言爲道自重，副此禱懇。

編年 書信編年姑按文集編序置於淳熙二年，又據本卷答吕伯恭三十九書爲二年歲除作，首言何鎬卒事，本年此書之後不應再有書，疑本篇當作於三年冬，所疑甚是。然本文中一重要證據，書信編年似未注意。文云：「熹窮陋如昨，諸公許不强致，其計甚便。」此指淳熙三年辭免秘書省秘書郎得遂其請之事無疑。蓋朱熹淳熙元年六月始拜祠命，至三年六月考滿，以薦授上件差遣。經反復辭免，始於是年九月差主管武夷山冲祐觀。至五年六月再考滿，則差知南康軍矣。書言其事，又云「比日冬温異常」，則作於三年十月無疑。參之本卷答伯恭末書、下卷首書，則更明矣。

答吕伯恭淳熙三年正月

廟碑恐未刻間尚可改〔一〕，録呈一本，幸指喻。或因書徑報桂林，令緩刻也。叔京家屬爲埋銘，方草定如此，亦以求教。此全未成，尤望斤削，然亦不必示人也。元善遭祖母之喪，遽投解官文字而歸，州郡以法不許，目今進退無據。前日來問，欲請祠或尋醫，勸其不若尋醫。蓋渠以自幼鞠於祖母，故欲如此，然亦太輕率矣。渠前日寫得亂道詩數篇去，囑其勿示人。近聞乃嘗呈似子約，云已寫得。切告掩藏，勿令四出爲幸。

校記　〔一〕改：原作「解」，據宋閩本、明天順本改。

編年　據書信編年。

答吕伯恭淳熙三年正月三十日

正初以書附便人，想已達。自此過小溪旬日，遂來富沙見韓丈，略聞近況爲慰。比日春雨應候，伏惟尊候萬福。汪丈遽至於此，想同此傷嘆。此始聞之，猶未敢信，到城中始知果然。此公實爲今日善類之宗主，一旦隕没，何痛如之！即欲奔往哭之，又不敢輒至近甸，然旦夕歸婺源，或當便道一過其家。情義所在，有不得而避者。然亦不敢見人，幸勿語人也。因擴之行附此，草草，不暇它及。塾獲依師席，幸甚。凡百望痛加鞭勒。餘惟以道自重爲禱，不宣。正月晦日，熹頓首再拜上狀。

眷集均慶，子約不及別狀。

編年 據書信編年。

答呂伯恭 淳熙三年二月

近因韓丈得附狀，計不至浮湛。人至奉告，欣審即日春和，尊候萬福。承喻以期會之所，甚幸。但區區此行，迫不得已，須一至衢，正以不欲多歷郡縣，故取道浦城以往。只擬夜入城寺，遲明即出，却自常山、開化過婺源，猶恐爲人所知，招致悔咎。今承誨諭欲爲野次之款，此固所深願。但須得一深僻去處，跧伏兩三日乃佳。自金華不入衢，徑趣常山道間尤妙。石巖寺不知在何處？若在衢、婺間官道之旁，即未爲穩便。蓋去歲鵝湖之集，在今思之，已非善地矣。更熟籌度之。又熹行期亦尚未定，大約在後月半間，經過宿留，度月盡可到衢耳。未敢預約，候到浦城，專遣一介馳報，回日即告喻以定處爲幸。亟遣此人，草草修報。它惟爲道自重，不宣。熹頓首再拜上狀。

前書所懇爲韓丈言者，告留念。前日自言之已力，似已蒙領略。然恐或忘之，脱致紛紜，不得不深防耳。千萬。

編年 據年譜長編、書信編年。

答呂伯恭 淳熙三年二月

近因韓丈遣人拜狀，計先此達矣。比日春和，伏惟尊候萬福。行期想只數日間，自此屈指以望車音。幸疾其驅，慰此傾跂也。叔度兄昨小違和，今已安否？不知諸朋友孰能同來？因便信過門，草草附問，餘惟面言。

編年 據書信編年、年譜長編。

答呂伯恭 淳熙三年三月

便中兩辱誨示，感慰之深。即日雨寒，伏惟尊候萬福。熹正初復至邵武，還走富沙，上崇安，四旬而後歸。將爲婺源之行，未及而韓丈召還，道出邑中，寄聲晋叔，必欲相見。不免又出山一巡，疲曳不可支矣。極欲一到三衢，哭汪丈之喪，而未敢前，未知所以爲決。旦夕上道，却徐思其宜耳。叔昌寄示所作奠文，曲盡其爲人之梗概，讀之令人隕涕也。何兄誌文語病誠如所喻，前此固已疑而改之矣。它所更定尚多，匆匆未暇録呈，草本告收毁之也。子澄已對未？所欲言者，想已子細商較。大抵今日發口，欲其盡己而不失時義之中，此爲難耳。尊嫂葬事想已畢，自此無事，以次整頓諸書，以惠後學，甚善。然亦願早下手也。熹所欲整理文字頭緒頗多，而日力不足。今又方有遠役，念念未始一日去心也。

讀易之法，竊疑卦爻之詞本爲卜筮者斷吉凶，而因以訓戒。至彖、象、文言之作，始因其吉凶訓戒之意而推説其義理以明之。後人但見孔子所説義理，而不復推本文王、周公之本意，因鄙卜筮爲不足言；而其所以言易者，遂遠於日用之實，類皆牽合委曲，偏主一事而言，無復包含該貫、曲暢旁通之妙。若但如此，則聖人當時自可別作一書，明言義理，以詔後世，何用假託卦象，爲此艱深隱晦之辭乎？故今欲凡讀一卦一爻，便如占筮所得，虛心以求其詞義之所指，以爲吉凶可否之決，然後考其象之所已然者，求其理之所以然者，然後推之於事，使上自王公，下至民庶，所以修身治國皆有可用。私竊以爲如此求之，似得三聖之遺意。然方讀得上經，其間方多有未曉處，不敢强通也。其可通處，極有本甚平易淺近，而今傳注誤爲高深微妙之説者。如「利用祭祀」、「利用亨祀」，只是卜祭則吉；「田獲三狐」、「田獲三品」，只是卜田則吉；「公用亨于天子」，只是卜朝覲則吉；「利建侯」，只是卜立君則吉；「利用爲依遷國」，只是卜遷國則吉；「利用侵伐」，只是卜侵伐則吉之類。但推之於事，或有如此説者耳。凡此之類不一，亦欲私識其説，與朋友訂之，而未能就也。不審尊意以爲如何？因來幸以一言可否之。

禮書亦苦多事，未能就緒。書成，當不俟脱稿，首以寄呈，求是正也。示喻令學者兼看經史，甚善甚善。此間來學者少，亦欲放此接之。但少通敏之姿，只看得一經或論、孟，已無餘力矣。所抄切己處，便中得數段見寄幸甚。然恐亦當令多就經中留意爲佳。蓋史書鬧熱，經書冷淡，後生心志未定，少有不偏向外去者，此亦當預防也。如何？季通行計久未能辨，近復有同母兄之喪，旦夕或同過婺源，然後入浙。擴之已去，今想到彼久矣。到邑中擾擾，臨行作此，書不盡懷。子約兄不及別狀，意蓋不殊此。塾蒙收教，舉家知感。恐其懶惰未能頓革，更望痛加鞭策，千萬幸甚。餘惟爲道自重。

編年 據年譜長編、書信編年。

答呂伯恭 淳熙三年四月

昨承遠訪，幸數日款，誨論開警良多。別忽五六日，雖在道途，不忘向仰。乍晴漸熱，伏惟尊候萬福。熹十二日早達婺源，乍到，一番人事冗擾，所不能免。更一兩日，遍走山間墳墓，歸亦不能久留也。

道間與季通講論，因悟向來涵養功夫全少，而講説又多强探必取、尋流逐末之弊，推類以求，衆病非一，而其源皆在此。恍然自失，似有頓進之功。若保此不懈，庶有望於將來。然非如近日諸賢所謂頓悟之機也。向來所聞誨諭諸説之未契者，今日細思，脗合無疑。大抵前日之病皆是氣質躁妄之偏不曾涵養克治，任意直前之弊耳。自今改之，異時相見，幸老兄驗其進否而警策之也。

近思録道中讀之，尚多脱誤，已改正送叔度處。横渠諸説告早補定，即刊爲佳。此本既往，無以應朋友之求假，但日望印本之出耳。千萬早留意，幸甚。精義可補處，亦望補足見寄。只寫所補段字〔一〕，注云：「入某段下。」精義或以屬景望刊行，如何？熹書中已言之矣。昨所問趙公時曾有虜使到闕事，想已得之。此人回，幸批示。前日過拜石門墓下，甚使人悽愴也。因便拜狀，草草。正遠，惟爲道自重爲禱。

校記 〔一〕段：原作「假」，據宋閩、浙本改。

編年 據書信編年、年譜長編。

答吕伯恭 淳熙三年九月

奉八月六日手教，開警良深。信來逾月〔一〕，秋霖爲冷，不審尊候復何如？伏惟德業有相，起處多福。熹前月至昭武，見端明黄丈，旬日而歸。幸粗遣日，無足言者。黄丈端莊渾厚，老而不衰，議論不爲詭激，而指意懇切，亦自難及。見之使人不覺心服，益自愧其淺之爲丈夫也。

伏承誨諭辭受之説甚詳，蓋一出於忠誠義理之心，非世俗欣厭利害之私所能及。三復玩味，使人心平氣和，恨其聞之晚也。然中間亦嘗妄意出此，及被不許之命，則臨事又覺有忸怩處，遂復以狀懇辭，而甚婉其説。但昨以書謝韓丈及此并懇廟堂，則已頗盡其詞。蓋來教所謂不當廣者，悉已陳之矣。諸公悉其狂妄，必相垂念。萬一不然，則熹亦不爲有隱於今日，冒昧一行，蓋非所惜。但恐所處亦不能如來教之所謂者，則反有所激，以爲身世之害，未可知耳。昨日得伯崇書，道其所聞於周子正者，則行止又似别有所制，非復諸公所能斟酌矣。然月末再狀已行，度旬月間必有决語，亦恭以俟命而已，復何説哉。

儒釋之辨，誠如所喻。蓋正所當極論明辨處，若小有依違，便是陰有黨助之意，使人不能不致疑。而不知者遂以迷於向背，非小病也。自今切望留意於此，豈可退託以廢任道之實，幸其衰熄而忽防微之戒哉！

近思數段，已補入逐篇之末，今以上呈。恐有未安，却望見教。所欲移入第六卷者，可否？亦望早垂喻也。喪禮兩條承疏示，幸甚。或更有所考按，因便更望批報也。偶有便人，夜作此附之，未及究所欲言，臨風惘惘。子約兄未及别狀，近讀何書？所進何如？有可見語者，願聞之。叔度向欲刻近思板，昨汝昭書來，云復中輟，何也？此人行速，亦未及作書。此事試煩商訂，恐亦有益而無損也〔二〕。未承教中，正惟以道自重爲禱。

校記 〔一〕來：宋浙本作「後」。

〔二〕亦：原作「未」，據宋閩、浙本改。

編年 據年譜長編、書信編年。

評論 王柏跋朱子帖：乾道丁亥秋，文公朱先生訪張宣公於長沙，道由昭武，拜端明黄公中於里第，先之以長書，其辭前後有曰……其書見於文集。九月抵長沙，此書則在長沙時遺東萊先生吕成公之手筆也。故書中首言見端明事，稱其德履，且自愧淺之爲丈夫。時朱子年三十有八，其景行前修，氣識宏遠，度越一時，至今使人躍然興起。嘉定乙亥，金華後學王柏受是書於成公門人獨善汪公大度之家，寶藏於笥，又五十有七年矣。嗚呼！自三先生之聲教絶響，後生小子安識前輩敬老尊賢之禮哉？至於辭受之宜，儒釋之辨，當時朋友切磋之實意，典則滿紙，義理沛然，大有補於世教者。

朱熹文集編年評注卷三十四

書 汪張呂劉問答

答呂伯恭 淳熙三年十月

前日專人拜狀，想達。偶至建陽，竊聞新除，不勝慰喜。而區區私請亦遂從欲，尤以欣幸。諸公若早知出此，則無如許紛紛矣。老兄憂時之切，惓惓不忘，竊計裂裳裹足，不俟屨而就途矣。所願慨然以身任道，無所回隱，因上心之開明，及時進説，以慰善類之望，千萬幸甚！往者固憂鄭自明之舉莫之或繼，其爲安危禍福之機，有不容息者。今得賢者進爲，少寬畎畝之憂矣。熹亦未知差敕在甚處，想諸公必已發來。或尚留彼，告爲早取附便也。

大兒方幸依託，不知今當如何。欲便遣人取之，又以懇叔度催畢親事，更俟其報。若只此歲裏，則未能便喚歸也。然老婦之病日益進，深以此事爲憂。得并爲一言速之，千萬幸甚！因黄尉行附此，草草。自此不欲數以名姓入都，音問不得數通矣。千萬爲道自愛。

編年　據書信編年。下篇承此，而言「前月半間」附黄尉書，則此篇作在朱熹夫人劉氏卒之前數月中旬，即十月也。

答吕伯恭 淳熙三年十一月

前月半間遣人拜書，及建陽附黄尉二書，想已達。不審從人竟用何日入都？比日初寒，伏惟尊候萬福。任道濟時，此中外所深望於明哲，而區區尤所不能忘者。計所處素定，以時發之，當不待它人之贊也。熹祠請已遂，尚未知敕命所在，不知諸公發在甚處也。前書所懇大兒姻事，今楊元禮教授經由，專託渠見叔度面議。若老兄未行，亦望留意，庶得便遣其歸也。昨所寓李主管書，今日方到，恐閑知之。未即承教，惟千萬爲道自愛。

眷集伏惟均福。承惠筆墨霜柿，感領厚意。便遽，未有以爲報也。有委勿外。熹拜問。

編年　據書信編年。上書作於十月中旬，此云「前月半間」，則作於十一月矣。文云「比日初寒」，亦十一月之候也。

答吕伯恭 淳熙三年十二月

昨附建陽黄尉兩書，不審已達未？得子約書，聞已供職矣，甚善甚善。又得向來便中所惠書，尤以慰幸。比日冬寒，伏惟尊候萬福。熹私門禍故，老婦竟不起疾，悲悼不可爲懷。兒子遠歸，已後其母，又切傷痛也。一體胖合，情義不輕，而自此門内細碎，便有不得不關心者。衰懶詎復堪此？奈何奈何！又聞叔度之病亦復不尋常，深以懸念。不知竟如何？此公清介，在朋友中最爲可畏者，且願其早平復也。

老兄到館而已旬月，諸况如何？近年一種議論，專務宛轉回互，欲以潛回主意，陰轉事機。此在古人，固有以此而濟事者，然皆居亂世，事昏主，不得已而然者。竊謂今日主相樂聞忠言，非不切至，特蔽於陰邪，不能決然信用。而或者乃欲以彼術施之，計慮益巧，誠意益衰。以上聰明，亦豈不悟其爲此〔一〕？此所以屢進而卒不效也。不審高明以爲如何？然當默之，勿以語人也。前附黄尉書或未到，亦宜索之。其間亦有一二語非它人所欲聞者，不可浮湛也。自此拜狀不能及此等矣。

熹祠命已下，偶值喪禍，未及拜受。上恩如此，何以爲報！正惟修身守道，以求無負奬寵之意而已。因便拜狀，衮冗，不暇它及。千萬爲德業自愛爲禱。

校記 〔一〕爲此：宋浙本作「□己」。

編年 據書信編年。

答吕伯恭 淳熙四年正月

私家不幸，室人隕喪，悲悼酸楚，不能自堪。黄仲本來，伏承惠書慰問，哀感之深。并辱歸賻，尤以愧荷。即日春寒，伏惟尊候萬福。史篇計已奏御，勾考計良勞，然得是非黑白不至貿亂，足以傳信久遠，亦非細事也。熹自遭禍故，益覺衰憊，内外瑣細，自此便有不得不關心者。加以目下一番賓客書問之冗，至今未定，形神俱耗，不復能堪矣。偶婺源滕秀才珙在上庠，其兄來爲求書請見，因得附此致謝。滕生未相見，聞資質頗佳，亦知向學。得與其進爲幸。未有承教之期，臨風傾仰。惟千萬爲道自重，慰此遠誠。

編年　據書信編年。

答吕伯恭 淳熙四年二月

昨黄仲本至，并領回書〔一〕，吊問甚勤，且辱賻襚。尋以數字附婺源滕生致謝，不知今已達否？即日春和，伏惟尊候萬福。熹杜門忽忽，意緒殊不佳。雨多，卜葬至今未定。更旬日間，且出謝親知，并看一兩處。若可用，即就近卜日也。今日得叔度書，知已向安，甚慰。近思已寄來，尚有誤字，已校定寫寄之矣。汝昭聞已復官，諸公必有以處之。但不知後來竟自陳否耳。徽録當已進呈，自此或少事矣。小魏過門，附此問訊，它不敢及。惟千萬爲道自愛，亟推所有以正君及物爲幸，不勝吾黨拳拳之望。

校記　〔一〕回：宋浙本作「兩」。

編年　據書信編年。書云「春和」，二月之候也。

答吕伯恭淳熙四年二月

前日魏應仲行拜狀，想達。比日春暖，伏惟尊候萬福。熹所欲言者已見前書，適記一事，嚴州遺書本子初校未精，而欽夫去郡。今潘叔玠在彼，可以改正，并刻外書，以補其遺。前附叔玠書，因忘及此，今此便遽，又未暇作渠書。告因便爲達此意，并求一印本，便中示及，容爲校定送彼。蓋此中已無其本也。切幸留意。友人王欽之主簿赴調過此，因得附訊。欽之有意於學，而病悠悠，因見有以警之爲幸。正遠，爲道自愛。

編年 據書信編年。書云「春暖」，亦二月之候。

答吕伯恭淳熙五年六月

久不聞問，積有馳情。元善歸承書，少慰。其後曾丞經由，亦道存問之意，爲感。然久不致問訊，雖聞遷進之寵，曾不能一致賀，顧此亦未足以甚慰所望云爾。比日劇暑，伏惟尊候萬福。來書諸論差强人意，更願益以其大者自任，上有以正積弊之源，下有以振久衰之俗，則區區之望也。今瞑眩之藥屢進未效，其他小小温平可口之劑，固無望其有補矣。不勝畎畝私憂，輒復及此，惟高明深念之也。敬夫北歸，私計甚便。近收初夏間書，云其子病。繼聞音耗殊惡，果爾，殊可念也。椓仲到必已久，子重時相見否？叔度兄弟久不得書，不知爲况如何。詩説所欲修改處，是何等類？因書告略及之。比亦得閑刊定，大抵小序盡出後人臆度，若不脱此窠臼，終無緣得正當也。去年略修舊説，訂正爲多。尚恨未能盡去，得失相半，不成完書耳。綱目近亦重修及三之一，條例整頓，視前加密矣。異時須求一爲櫽括，但恐不欲入此千古是非林中，擔當一分。然其大義例，熹已執其咎矣。但恐微細事情有所漏落，却失眼目，所以須明者一爲過目耳。

文海條例甚當，今想已有次第。但一種文勝而義理乖僻者，恐不可取。其只爲虚文而不説義理者，却不妨耳。佛老文字，恐須如歐陽公登真觀記，曾子固仙都觀、菜園記之屬乃可入，其他贊邪害正者，文詞雖工，恐皆不可取也。蓋此書一成，便爲永遠傳布，司去取之權者，其所擔當，亦不減綱目，非細事也。況在今日，將以爲從容説議，開發聰明之助，尤不可雜置異端邪説於其間也。欽夫寄得所刻近思録來，却欲添入説舉業數段，已寫付之。但不知渠已去彼，能了此書否耳。近時學子有可收拾者否？近兩得子壽兄弟書，却自訟前日偏見之説，不知果如何。曾丞説劉醇叟者欲來相訪，而久不至，豈不成行邪？近看論、孟等書，盡更有平高就低處，恨未得從容面論耳。子約昨聞欲過湖秀，今已歸否？塾等拜起居。正遠，千萬爲道自重，區區至禱。

編年　據書信編年、年譜長編。書云「此日劇暑」，當作在六月。

答吕伯恭 淳熙五年七月

前日便中伏辱近告，感慰亡量。信後秋清，伏惟尊候萬福。熹比與純叟及廖子晦同登雲谷，遂來武夷。數日講論甚適，今將歸矣。偶浦城林叔文見訪亦累日，云嘗從徐誠叟學，頗能道其緒言。今欲至浙中謁知舊，以葬其親，意亦可憐。或恐有求館客者，其人老成篤實，得垂記念，幸甚。臨行草草附此，未暇他及。惟千萬爲道自重。

編年 據年譜長編、書信編年。

答吕伯恭 淳熙五年秋

前日所禀密庵事，想蒙垂念。近以久不得報，凈昇者益無禮，至於聞官。已令回申，云熹遣人賫書往門下審其虚實矣。切望早白知府令叔，早發一信相報，或別遣一僧來，追收静昇文帖爲佳。不然，此事無收殺，必壞此庵，可惜也。千萬至懇至懇。子重所遷何官？未及上狀，因見煩致區區。

編年 書信編年置於淳熙五年，是也，然僅以文集編序爲據，蓋未深考。書云「子重所遷何官」，據朱熹所作石憝墓志（文集卷九十二），史浩再入相，乃薦子重，召對，除監登聞鼓院，改將作、太常主簿，未幾奉祠歸。此言子重遷官事即指此。時吕祖謙任著作佐郎於朝，故言「因見煩致區區」也。史浩再入相、吕祖謙除著作佐郎皆在五年春間，參之文集編序，是書或在秋間也。

答吕伯恭 淳熙五年十月

近因劉家便人一再上狀，想達。人日遞中忽被報聞之命，丞相又以私書鎸喻懇切，勢不容復辭，已即拜受。但敕劄尚留府中，旦夕當請以歸也。朝廷厚意如此，豈敢不承？但衰懶決不堪仕宦，其勢須專人致書謝丞相，而復申宫廟之請耳。初謂僉緣可得一對，使君相親見其衰悴不堪之狀，或可脱免。今既有任滿奏事指揮，則正自不如所料，只得罄竭懇請，庶免疏脱耳。遞中具此，幸預爲一言，庶得旦夕遣人到日，便得遂請，勿使至再。不唯陰芘孤蹤，不使至於狼狽，亦使斗升微禄不至斷絶，實爲幸甚。適獲忝覽册府賡歌，從容風議之辭，獨得之於高明耳，嘆仰嘆仰。比日初冬，寒氣未應，伏惟尊候萬福。更幾以時深爲吾道自重，幸甚幸甚。

編年　據書信編年、年譜長編。書云「比日初冬」，知作在十月。

答吕伯恭 淳熙五年十一月

月末人還，承書，具審比日冬寒，尊候萬福，感慰之劇。進長著廷，行膺獻納之選，吾道爲有望矣。熹所請不遂，諸公意則甚勤。但私計爲甚不便，私義爲甚不安。加以近來疾病益衰，前日欲略入城，將就車而病作，兩日不能起。今方粗支，然尚未敢出門户也。未論其他，觀此氣象，豈復更堪遠官〔一〕？今亦無可奈何，且一面呼迓兵，爲輿病獨往之計。萬一臨行不堪勉强，又當别致情懇。且前後誨諭之意非不詳悉，亦竊自念一向如此，實於大義有所不安。又思今日致身事主以扶三綱者，世不乏人，決不至以熹故，遂使大倫至於廢闕，故願乞其庸繆衰殘之身，以偷安自逸，盡此餘年。且萬一不免復有祈請，全仗老兄力爲主張，使不至大段狼狽也。子約得書否？亦甚爲熹憂此行。蓋此理灼然，況今又甚於前日邪？便中寓此，不敢他及，惟以時爲道自愛。

校記 〔一〕官：宋浙本作「宧」。

編年 據書信編年。書承上篇「比日初冬」而言「比日冬寒」，當作於十一月。

答吕伯恭 淳熙五年十二月

月初遞中辱書并省劄，良感眷念。比日霜寒，伏惟尊候萬福。熹昨以祠請不遂，欲俟迓兵到即行。今忽以此故累及他人，心不自安，不免復伸前請。納去劄子三通，其中但是説病不可支，更上煩一爲宛轉。不欲作諸公書，又非倉卒所能辦。兼亦不敢家居俟命，已一面前走饒、信間俟指揮。若得回降，告只發來鉛山、弋陽以來尋問也。非欲故違丁寧之誨，顧以私心實不自安，亦以鹽司前日之舉似太輕率，恐致人言，故不免復爲此請。切幸見亮，早爲料理，使得免於後日之患，則所望也。熹今雖行，亦未敢越番陽而西，且宿留安仁、餘干界中俟命耳。更有少懇：劉樞之葬，此間無曉飾棺制度者。府中有狀申部，得戒吏屬分明圖畫，寫注行下爲幸。熹暫到城中，留此付其所遣人。連日人事紛冗，已不能支，不復他及。

編年 據書信編年。文云「比日霜寒」，又言祠請不遂，指是年十二月省劄趣之南康任事，故當作於十二月。

答吕伯恭 淳熙五年十二月

昨在城中附府司持申部狀人一書，不知達未？比日霜寒，伏惟尊候萬福。熹還家兩日，南康已略遣得數人來，而今日復被堂帖趣行，勢不敢久居家。但開正須略到近處墳墓省視，及欲略走邵武，問黄丈之疾，歸來方得就道，計在燈夕前後矣。昨所懇三劄，不知已投否？幸早爲宛轉，得及行之未遠而被命以還爲幸。不然，亦須早得一報，蓋在道不容久宿留也。千萬留念，至懇至懇。劉家葬禮，得早爲指揮，圖畫注釋行下爲幸。或假未開，亦告督趣行下。蓋其家葬已有期，欲及時早辦也。渠家昨受過建康買棺錢，今欲還納。聞周内翰深以爲不可，不識何謂。試煩叩之，子細批報爲幸。遞中拜狀，不敢他及。歲晚珍重，以對大來之慶，吾黨甚望甚望。

編年 據書信編年、年譜長編。書云「比日霜寒」，同作於十二月。

答吕伯恭 淳熙六年正月

歲前累奉狀，今想皆達。但得伯崇書，聞嘗苦末疾，甚駭聞聽。不知賢者清修寡欲，何以忽有此疾？當是耽書過甚，或失飲食起居之節，致外邪客氣得以乘虚投隙而入耳。然計根本完固，非久當遂平復，尚恃此以不恐耳。熹昨懇請祠，不知曾爲致力否？恐不曾爲料理，再遣此人去，託機仲宛轉求之。或前日所懇已有回降指揮，即語機仲，更不必投也。蓋病軀日來雖無他苦，但一味昏耗倦怠，應對隨輒遺忘，坐久即思瞌睡，此豈堪作吏者？諸公想亦能哀之也。然亦不敢居家俟命，旦夕略過分水一兩程，以俟得請而還。幸語機仲早爲致力爲幸。急遣此人，不暇他及。惟千萬加意調養，以取全安爲望。

編年　據書信編年。朱熹起赴南康之任在淳熙六年正月二十五日，此書尚未離家，當作在前數日也。

答吕伯恭 淳熙六年正月

數日來聞體中不安，懸情不可言。建卒還，得子約書，知已有退證，甚慰。以老兄平日存養之厚，根本深固，必無他慮，今當日勝一日矣。熹二十五日已離家，前至鉛山即止，以俟前請之報。但機仲不爲投下文字，此甚費力。向使當時即投前劄，今或已免此行。今若更不爲投，即不免遣還迓兵，决爲歸計矣。深不欲至此，但事勢使然，不得已耳。交歲以來，十病九痛，甚不堪此勞頓。正使遂以罪罷，不得祠禄，亦所願欲。因見機仲，幸更爲督之。若必欲熹赴官，亦須更得朝旨乃可去。蓋已報本軍官吏以嘗請祠，今無故忽然撞到面前，亦可笑也。老懶殊甚，若得遂所請尤幸。此但爲不得已之言耳。子約不及別書，意不殊此。引疾丐閑，計已屢上，若度三兩月間未能就職，不若力請爲宜也。遞中草此。

編年　據書信編年、年譜長編。朱熹二月四日至鉛山待命，此時未至彼處，言二十五日而不稱「前月」，故知作在正月。

答吕伯恭 淳熙六年四月

自發鉛山後，一向不聞動静，殊以爲懷。到此始得叔介書，知已出都門，體候益輕快，喜可知也。比日清和，伏惟尊候萬福。休養既久，計日覺平復矣。熹去月之晦已交郡事，違負夙心，俯仰愧嘆。重以衰病，精力昏耗，驟從吏役，尤覺不堪。尚幸地狹人稀，獄訟絶簡少。然猶治事終日，不得少休。亦緣乍到，不知事之首尾，綱紀又皆廢墜，諸邑無復禀畏，極費料理。民貧財匱，不得不少勞心力，更看一二日後如何。若更如此，則住不得，便須告歸。若能少定，則或推遷至夏末也。始至，首下書訪陶桓公、靖節、劉凝之、周先生諸公遺迹，教授楊元範已作劉祠，因并立周象，配以二程先生，尚未成也。四五日一到學中，爲諸生誦説，只此一事，猶覺未失故步。其他不能盡報，塾必能略道之。或有未當，幸口授子約，細條畫見教爲望，千萬至懇。廬阜勝絶，粗慰鄙懷。漱玉、三峽皆已一到，簡寂亦深秀可喜也。每至勝處，輒念向來鵝湖之約，爲之悵然。今殊未有并游之日，但願早脱此羈縶，亟往問訊，庶獲款教耳。未間，千萬珍重。

編年 據書信編年、年譜長編。

答吕伯恭 淳熙六年四月

前日兒子行，拜狀矣。即日天氣不定，不審尊候復何似？竊惟斯文有相，益向平復。熹到此初不自料，欲小立綱紀，爲民整頓一二久遠弊〔一〕，兩日來覺氣象殊不佳，已走介請祠矣。却有小事拜懇：學中元範教授立得濂溪祠堂，并以二程先生配食，又立得陶靖節、劉凝之父子、李公擇、陳了翁祠，通榜曰「五賢」。蓋四公此間人，而了翁亦嘗謫居於此也。周祠在講堂西，五賢在東。周祠已求記於欽夫矣，五賢之記，意非吾伯恭不可作。本欲專人拜懇，而小郡寒陋之甚〔二〕，不敢多遣人出入，只令入都人附此於汝昭兄弟處。書到，切望便爲落筆，却懇韓丈借一介送來。或恐熹已行，即徑送楊教授處可也。陶公栗里只在歸宗之西三四里，前日略到，令人嘆慕不能已已。廬山記中載前賢題詠亦多，獨顔魯公一篇獨不干事，尤令人感慨。今謾録呈，想已自見之也。極知老兄體候未平，不當有此請。然恐已清安，不妨運思，故敢以爲請耳。韓丈不暇拜書。蓋此所避，正韓丈向來所遭躪藉之流，甚恨失計輕去山林，踧踖于此，如坐針氈之上也。相見煩爲説及。此來不曾了得公家一事，但做得此祠堂，看得廬山耳。然非暇日不敢出，出又有所費，初亦不敢數數。今覺日子無多，不免每旬一出也。罷書才到郡，徑走谷廉，轉山北，拜濂溪書堂之下而歸，亦足以少復雁門之踦矣。今日周先生之子來訪，令人悵然。明日亦約與俱游山也。亟遣人，所欲言者尚多，皆未暇及。惟千萬加愛爲禱，不宣。

校記　〔一〕宋浙本「弊」下空一字。底本原注別本同。

〔二〕郡：宋浙本作「邦」。

編年　據書信編年、年譜長編。

答吕伯恭 淳熙六年五月

自承病訊之後，雖聞已漸向安，然殊不得手字。今又月餘，不聞動静，懸仰不可言也。比日暑溽，不審起居復何似？計益輕健也。熹到官四閲旬矣，俯仰束縛，良有不可堪者。見爲料理一二利害文字，旦夕列上，并申歸田之請也。叔度昆仲、子約諸兄友皆未及上狀。兒子到彼，必已久矣，乞嚴賜檢束爲幸。顧雖無海門之禍，然亦不免了翁之憂也。因便附此，令郡吏轉達。蓋恐已歸婺女，如或未行，亦可早命駕也。必以無醫藥爲憂者惑也，高明必深矚此，聊言之，以助思慮之所不及云爾。他惟爲道珍重。

編年 據書信編年。

答吕伯恭 淳熙六年六月七日

近得子約書，知已還舊隱。又見德化主簿經過，云亦嘗得望顔色，喜慰深矣。比日想益輕健。但數日暑氣異常，不知宜如何耳。又聞尊嫂亦嘗不快，想亦無他也。熹失計此來，百事敗人意。此月内當遣人丐祠禄，得與不得，復未可知。然不以病去，則必以罪去矣。前請祠記，近已畢事奉安，不審能爲抒思否？此不敢必，但若得之，不惟爲此邦之幸，亦使四方善類知老兄病中猶不廢此，足以少自慰也。廬阜奇處盡在山南，玉淵、三峽蓋已屢到。但此數日來，不欲暑行勞人，徒夢想水石間也。三峽之西有懸瀑瀉石龕中，雖不甚高，而勢甚壯。舊名卧龍，有小庵，已廢。近至其處，不免捐俸金結茅，欲畫孔明像壁間，俟得解郡事，且入其間，盤礴旬日而後去耳。此來百事敗人意，獨此差自慰耳。塾不知已到否？此兒來，自此徑去，渠至中路，又聞同中子歸家，其不聽人言語皆類此。到彼幸時呼來痛鐫責之，渠於老兄教誨即不敢忽也，千萬至懇。聞少嘉爲真曲折，甚强人意。此亦一大幾會，惜渠輩伎倆止此，不能乘勢立作也。此間斗海，殊不聞事，不知近事復如何耳。子約不及别狀，意不殊前。

熹來此，日間應接衮衮，莫夜稍得閑向書册，則精神已昏，思就枕矣。以此兩月間只看得兩篇論語，亦是黄直卿先爲看過，參考同異了，方爲折中，尚且如此。渠昨日又聞兄喪歸去，此事益難就緒矣。近年百念灰冷，只此一事庶幾少慰平生之願。今又如此，亦命矣夫。因毛掾告有便附此，未能究所懷。惟千萬爲道自重，因便數頻寄聲爲幸。潘叔介書來，云老兄能書大字，書中得一二字，幸甚幸甚，不宣。六月七日，熹頓首再拜，上狀伯恭參議直閣大著契兄〔一〕。

荆州久不聞問，遣人去亦未回，但傳其政甚偉，不知果如何也。

校記 〔一〕「六月」以下原缺，據宋浙本補。考異所引别本同。

編年 據年譜長編、書信編年。

答吕伯恭 淳熙六年六月

昨日方以書託毛掾附便，未行。今晨人還，忽領手字，把玩無斁，喜可知也。但聞尊嫂復不甚安，何乃如是？計今服藥調理，亦當平復矣。

誨諭數事，極感垂念。學中向來略爲説大學，近已終篇。今却只是令教官挑覆所授論語諸生説未到處，略爲發明。兼亦未嘗輒升講坐，侵官瀆告，如來教所慮也。但只如文翁、常衮之爲，區區志願止於如此耳。

政事固欲簡静，但今時仕宦之人不務恤民，多是故縱吏胥，畏憚權豪，凡有公事，略加點檢，無不坐此二病者。勢不得已，須差擇一二根治，此外則絶不敢有毫髮之擾。

財賦適諸縣皆不得人，弛廢殊甚。爲丞佐所迫，亦不免追人吏監禁斷遣。然思爲縣者亦豈不欲了辦財賦，見知州郡，何苦如此逋慢？想亦是有做不行處。每握筆欲判此等文字，未嘗不慨然太息。乃知真是腐儒，不敢違人指目也。趙守規模具在，但終是意思不如此，自使不行。然亦恐官私俱竭，政使人存政舉，亦未必能爲可繼也。此事可慮，真是使人不忍。所以急欲丐去，非是苟求自佚，亦是下不得如此毒手也。見爲星子縣討論經界，添税重定，旦夕申乞，蠲減得三五百匹和買，未知朝廷肯相從否。此爲益殊不多，然亦勝於不減耳。所懇漕司者，乃是上供餘米，兩漕近皆相許，但未得明文撥下耳。蓋本軍年額秋苗四萬六千石，而上供四萬石，餘六千石漕司樁管在軍，往往亦催不足。其見催到者，本軍既不敢支，漕司又無所用，但陳腐積壓，消折見欠數。而本軍官無支給，并是額外加耗，巧作名色取之。故今欲從漕司乞此餘數，科撥在軍，應副軍糧。然亦僅可供四五月之用，其他依舊須自辦也。平生讀書，要作如何利益底事？今到此，此等事便做不得。中夜以思，實不遑安處。每誦韋蘇州句云「身多疾病思田里，道有流亡愧俸錢」，此中百姓倏來忽往，更無固志，未嘗不低徊愧嘆也。

寄居積俸，只是初到有以本身料錢爲請者。量與逐月帶支，所費不多。他如見任官員使臣任滿當去而未支者，亦量事制宜，不敢一例放行，亦不敢一切不恤也。

修造事，學中二祠只是因舊設像，别無地步可起造。其他方作得劉凝之庵亭并門。凡此等皆用初到送代者折送香藥及逐月供給中不應得者椿管爲之，不敢破使官錢。至如前書所説卧龍庵，又自用俸錢，亦不敢破此錢矣。園中蓬蒿没人，尚未能芟除，何暇及他事耶？

求去之説，如前所云。又以衰病之餘，精力耗損，每對吏民、省文案，或至坐睡，不惟有所不堪，亦恐吏輩乘隙爲奸，貽患千里〔一〕，故欲急去。且承喻之及，故悉具報如此，只得勤尊慮也。有未當理處，却幸垂教，所深望也。

前書懇作五公祠記，計今可以抒思矣。因來千萬早寄示爲幸。蓋已具石，恐熹或去此，又不能得了耳。承教未期，千萬加意調衛，以取十全之安，至望。

校記 〔一〕貽：原作「胎」，據宋閩、浙本改。

編年 據書信編年。

答吕伯恭 淳熙六年六月十八日

數日前毛掾人行附狀，想達。比日庚伏暑盛，竊計尊體日益清安矣。熹昏眊短拙，支吾不行，已遣人上減税之奏，并以奉祠請於諸公矣。其鳴甚哀，恐必可得。不然，亦須再請，以得爲期也。

熹向嘗拜書，以五賢祠記爲懇，後來不及遣行，而嘗因書申懇。昨偶檢閲故書得此，恐後書首尾不見，今以納呈，幸爲出數語爲賜也。近得荆州書，已許爲記三先生祠。若得老兄之文與之并傳，真此一方之幸也。「五賢」欲作「五君子」，如何？更告誨諭。然此文大概當以教官爲主，蓋劉、李之祠本楊元範所立，今但增數公耳，不欲掩其善。且近以此著於薦書，不可於此有異同也，切幸留念。

去意已决，他無可言。亦不及作叔度昆仲書，因見煩致此意。子約亦不殊此。塾已成昏未？亦不及與之書，告呼來喻之。辨志録偶不帶來，欲令塾寫一本，并告語之也。尊嫂所苦當已向安矣。暑氣未衰，更冀加意珍重，不宣。六月十八日，熹頓首再拜，上狀伯恭參議直閣大著契兄坐下。

子約不及别書。塾在叔度處，只令就學書館亦幸，可否更在尊意裁度也。適又領四月三日所寄郡吏書，不及作報也。

編年　據書信編年。

答吕伯恭 淳熙六年七月

便中屢拜狀，當一一關徹矣。比日清秋，伏惟尊候萬福。但久不聞動静，懸想不可言。向來所苦，今當洗然矣。願更加意飲食起居之節，以壽斯文。區區之禱，非獨朋友之私情也。熹在此不樂，求去不遂，無以爲計。近因輒用劄子奏蠲租事，爲廷議所折，已申省自劾矣。祠禄不敢冀，只得罷逐而歸，亦爲幸甚也。郡事得同官相助，近却稍不費力。但所治無非米鹽箠撻之事，殊使人厭苦。得早去，真如脱兔也。汝玉竟不免彈射，此亦仁鳥增逝之秋矣。前書拜懇記文，千萬勿拒，便付此人以來爲幸，千萬至禱。因遣人吊叔度，草草附此。

編年　據年譜長編、書信編年。

答吕伯恭淳熙六年八月

久不聞動静，不勝懸仰。比日秋凉，竊計尊候益輕健矣。熹昨懇求盛文，以記五賢祠事，想已蒙念。得早示及爲幸，恐熹去不及刻矣。又嘗附隆興書，浼子約借精義，補足横渠説定本，欲與隆興刻板，亦乞爲子約言，早付其人，或徑封與彼中黄教授可也。千萬留念，至懇至懇。今日釋奠處，見楊教授説有便，亟作此，不暇他及。亦不暇作叔度昆仲書，幸爲致意。塾亦不及書，只乞唤來以此示之。餘惟爲道自重爲禱。

編年　據書信編年、年譜長編。上書作在七月，言「秋清」，此言「秋凉」，入秋漸深，當在八月。年譜長編也置於八月。

答吕伯恭 淳熙六年八月

熹昨拜書，以五君子祠堂記文爲請，屢辱教字，都未蒙喻及可否之意。竊觀書札語意，似已不妨出此數語，以慰一方學者之望。况發明前賢出處之意，又高明平昔所以自任之重乎？非專出於鄙意也。濂溪祠記荆州已寄來矣，已屬子澄書而刻之。旦夕刻成，即寄。但所請竊望便爲留意，及熹未去得之，幸甚。石謹具矣，顒俟顒俟，至懇至懇。熹上覆。塾子時乞呼來戒教之爲幸。熹又拜懇。

編年 據書信編年。

答吕伯恭 淳熙六年八月

久不聞問，正此馳情，忽奉手告，竊審尊候日益輕安，喜不可言。子澄適亦在此，相與慶抃也。尊嫂所苦亦喜向平，浙中醫藥計不難致也。熹前日所請，只乞減星子一縣偏重税錢，及減和買三二百匹耳。此未足以慰益上下之望，前日度力量恐不能有以加，且爾粗塞責耳。請祠已并上，甚恨聞教之晚。然衰病疏拙，實非所堪，勢不得不爲此也。李嶧之事顔漕已燭其妄，昨亦宛轉附之。但恐此人前路復有譸張，不得不移書朝列一二故舊，使之聞之，非有咎顔漕意也。通書初實甚懶，近因申請減税，已例與之矣。凡此隨俗，漸乖宿心，勢豈容久住？只有力懇而去，他皆不暇計也。子約不及别狀，意不殊此。餘惟爲道千萬自愛，不宣。

編年 據書信編年。

答吕伯恭 淳熙六年八月

僭易拜問，尊嫂宜人向來聞不安，今想亦平復矣。子約老友未及别書。前便奉問達否？比讀何書？所進想日超詣，因來及之，滌此塵坌，幸甚。熹此來不得讀書，胸次覺茆塞。至於平日疾惡之心，施之政事，亦不免有刻急之譏，無復寬裕和平之氣，甚可懼也。不知所聞如何？幸有以警之。熹再拜上問。

熹汩没吏事，心力益衰。前書記得有數事致懇，今皆忘之，幸檢看，一一還報也。

編年 據書信編年。

答吕伯恭 淳熙六年九月

昨聞尊嫂宜人奄忽喪逝，深爲驚愕。即欲遣人致慰問，而未暇及。便中乃辱手書訃告，益愧不敏。竊惟伉儷義重，痛悼難堪。然尊體未盡平復，深宜節抑，以慰友朋之望也。

熹黽俛於此，恰已半年，求去不得，深以爲撓。自秋中得報，即欲再請，而諸公皆以爲雖大臣故老典藩，亦必期年而後敢請，意若以犯分僭越爲咎者，是以遲遲。又以秋來若不甚大病，作書懇請雖極諄諄，覺得亦有難説處，不免少忍逾冬，以應期年之説，庶幾得之。今亦託人先達此意，逼歲通賀正書時便并遣也。前此或恐有不相樂者，或相中害，此亦無如之何，任其彈射，不能如此切切顧慮也。

郡事比亦甚簡静。秋間以兩縣破壞，不免暫易其人，即日詞訟便減什七八。今或至當日而無訟者。亦緣略鉏去一二亂政生訟者之故，戒令勸率，民間亦肯相信。如中間舉行别籍異財之令，父子復合者數家。此緣子澄力勸下令，初恐其未必從令，不謂其能爾也。但財計全仰商税，盈虚之數繫於風水，非人力所及。近以風故，虧欠甚多，亦殊可慮耳。文字亦稍得功夫整頓，隨分有應接，但終不似在家專一耳。亦爲黄生歸去，無人相助，頗覺闕事也。

子約書致盛意，欲得語解定本，此亦有欲修改處。今且納二册，餘却續寄也。但聞又欲修定向來所集，告且斟酌，不可太用精力也。熹解中有未安處，望口授子約，一一録示，千萬千萬。或呼塾子來，令受其説，子細寫來，亦幸。此子在彼如何？進見之際，幸痛加教戒，使知有所畏忌爲幸。叔度比日爲况如何？前已遣人吊之，尚未還也。昨得其書，自言於佛學有得，未諭是否。計亦當有以處此，顧乃不堪，何耶？子壽得書云欲往，見今已到未耶？向見所集詩解出車篇，説戒嚴之日，建而不旆，不知此有何證？幸見教。若果有證，説文義殊省力也。其間亦有數處可疑，今不盡記。大抵插入外來義理太多，又要文勢連屬，不免有强説處。不知近日看得如何？亦望垂喻也。

此有周彦誠之書甚富，比借得一二，而不暇細讀。大抵多出臆見，然恐其間有可取處也。世有麻衣心易者，亦出此間人所造，嘗見之否？九日嘗登紫霄峰頂，昨日又到陶翁醉石處，過簡寂、開先而歸。山水之勝，信非他處所及。尚恨拘繫，不得恣游，又恨不得賢者之同也。今遣此人附狀奉問，并有賻禮，具別狀，幸視至。餘惟以時自重，因風時枉教督，只口授諸生，令子細寫來爲幸。

編年　據書信編年。

答吕伯恭 淳熙六年十月

子壽相見，其説如何？子静近得書，其徒曹立之者來訪，氣質盡佳，亦似知其師説之誤。持得子静近答渠書與劉淳叟書，却説人須是讀書講論，然則自覺其前説之誤矣。但不肯翻然説破今是昨非之意，依舊遮前掩後，巧爲詞説。只此氣象，却似不佳耳。立之寫得伊川先生少年與人書三四幅來，規模氣象合下便如此大了，决非人所能僞作。已託渠摹勒來此刻石矣，云藏趙德莊婿方子家也。今且録一本去。見刻康節手筆數紙，旦夕可先寄也。尤延之已寄五賢祠記來矣，旦夕刻就寄去。今日見劉生策卷後語，令人心膽墮地，奈何奈何！熹再拜伯恭兄。

編年　據書信編年、年譜長編。

答吕伯恭 淳熙六年十一月七日

昨專人拜狀奉慰，當已達矣。叔度人來，領近書，甚慰。比日冬温，伏惟履兹陽復，起居益輕安矣。擊强之戒，固知如此，鄙性疾惡，終不能無過當處。毛掾之於建昌，亦正坐此而有甚焉者。雖已遣官慰喻，寬租期、檢旱傷，然終不能無愧於已病之民，比復申省自劾矣。去留未知竟如何，然意緒益懶，無復好况。

詩説前已納上，不知尊意以爲如何？聞所著已有定本，恨未得見，亦可示及否？鄙説之未當者，并求訂正。只呼塾子來，面授其説，令録以呈白，而後遣來可也。桐鄉志文質實寬平，無所爲作，文字利病不足言，正足以見養德之效，甚幸甚幸。顧深自病其年愈衰而氣愈厲，未知可以進此否也。近作兩記納呈，可發一笑耳。初請諸賢祠記，蒙見喻不欲勞心，不敢固請。今見此志，乃恨其請之不力。然叔度却報云有意爲記卧龍山居，此固甚幸。然今事又有大於此者，敢以爲請，别紙所具白鹿洞事迹是也。幸賜之一言，非獨以記其事，且使此邦之學者與有聞焉，以爲入德之門，則此惠深矣厚矣。千萬勿辭，仍願亟以見寄，恐劾章忽下，不得竟其事也。郭功父舊記納呈，向怪前輩多靳侮之，果不虛得也。

荆州近寄一詩來，讀之令人感慨，今亦録去。渠以信陽事甚不自安，叔度、子約書云都下諸人頗不直，果如何？然世間人口無真是非，未知果孰爲是也。

叔度人回草此，不能究所欲言。千萬爲吾道自重，不宣。十一月七日，熹頓首再拜，上啓伯恭沖祐直閣大著契兄侍史。

復有專人隨叔度人去，令候得白鹿、卧龍記文而歸。幸一揮付之，千萬。建陽人來，聞欲刊新文海，此本已傳出耶？甚恨未見。向機仲許寄其目，亦未得也。靖康間有處士陳安節召對，授通直郎、崇政殿説書者，今史録中有其事否？幸子細批喻。其子弟見屬叙述，以不知其本末，不敢作也。千萬留念。熹又拜。

編年 據書信編年。

答呂伯恭 淳熙七年正月四日

人還，領所報書，得聞尊體日益輕安，而來書字畫又足爲驗，幸不可言。記文之賜，尤荷垂念，思致筆力蓋不減未病時也。此又慰幸之甚者。既以爲賀，又以爲謝也。但鄙意有少未安處，別紙上呈，幸更爲詳酌示報。此已礱石，只俟定本，即託人寫刻也。「并山而東」，地勢略是如此，但此處已是山麓，自郡城望之，北多而東少，不知別當如何下語。或云「東北入廬山下」，不知可否？又「率損其舊十三四」〔一〕，今亦不見得舊來規模廣狹，但據地基，則亦略是如此。恐此語説得亦太牢固，不若爲疑詞以記之。如云「度損其舊七八」，如何？又此役乃星子令王仲傑董之，亦欲特附名其間，以傳久遠，并望因筆及之也。其人老成忠厚，民甚愛之。此不必言，但欲知之耳。洞主命官事記亦見之，决非僻書，但此無書可檢耳。此類傳疑，正不必深説也。

誨諭數條，極荷愛念。但前日未得回報間，已再申矣。又因地震之變，心自不安，不免具奏，乞降付三省密院。此亦面生，或恐觸忤憎嫌，因得遂請也。未去以前，郡事一日不敢廢，但終是心意自懶，覺得難勉强耳。更看回報如何，不得請即當如所教也。

治財太急、用刑過嚴二事，亦實有之。蓋州郡用度猶可支吾，最是上供綱運拖下兩年不起，令人坐卧不安，不得不緊急。然比之他人，已是寬了〔一〕。稍可寬處無不放過，若更寬著，即倒却人州縣矣。傳者之言，似爲建昌而發，便是向來自劾事。初以此縣不辦，令户掾往代之。此公性鋭質薄，作事不無過當。初蓋亦慮之，但以無人，不免再三丁寧而遣之。到彼果然過甚，大失民和。亟遣簽判親往慰喻，然後粗定。此則選擇不精、戒喻不詳之罪，今已令且還矣。但此縣便覺無分付處，撓不可言。來喻所謂未斟酌者，可謂切中其病。少俟訟竟，事經憲司，當以尊意開喻之也。

士人犯法者，教唆把持，其罪不一。但後來坐法結斷，贓罪爲重耳。然亦但送學夏楚，編管江州。其人經赦，便計會彼州官吏違法放還。今日到家，明日便陪涉宗室，教唆詞訟，爲人所訴。復追來欲撻之，而同官多不欲者，只决却小杖數下，再送他州，亦不爲過也。弊政固多疏脱，至此一事，往來之人雖有苦口見規者，問於道途，無不以此事爲當也。判語之失，誠如所喻。前亦覺之，但已施行，無及於改耳。其所争者，乃是一人與妻有私而共殺其夫，暑中繫獄病死，而此宗室者乃認爲己僕，而脅持官吏，禁近十人在獄，逾年不決。勢不得已，須與放却。但一時不勝其忿，故詞語不平至此耳。

詩説昨已附小雅後二册去矣。小序之説，未容以一言定，更俟來誨，却得反復。區區之意，已是不敢十分放手了。前諭未極，更須有説話也。恐尊意見得不如此處，却望子細一一垂喻，更容考究爲如何。逐旋批示尤幸，并得之却難看也。近看吴才老説胤征、康誥、梓材等篇，辨證極好。但已看破小序之失而不敢勇决，復爲序文所牽，亦殊覺費力耳。

所欲言者甚多，亟遣此人，未暇詳布。正遠，千萬爲道自愛。塾子更望時賜誨飭，令不至怠惰放逸爲幸，千萬至懇。欲趁此有人，令其挈婦還家，叔度書來，又似留其就學，二者之計，未知所處。不審尊意以爲如何？此人回，幸報及。韓丈何爲忽有此命？此未見報，不知果爲何事。今想已行矣，不知却歸何處？後便當致書也。正月四日上狀，不宣。熹頓首再拜，上狀伯恭沖祐直閣大著契兄坐下。

卧龍庵記聞已蒙落筆，願并受賜也。欽夫寄一詩來，當并刻之耳。信陽事誠如來誨，然此言非獨欽夫當佩服也，在於戇拙，所警多矣。叔昌書中有數語，可發一笑。子約書中所論，却望喻其當否也。熹又覆。

今日得蘄州寄來王信伯集并語録，讀之駭人，此洞記所爲作也。然以一噎而廢食，又似過當，故愚意欲明者更加意也。恐後人觀之，復如今之視昔也。

校記 〔一〕三四：吕集作「七八」。

〔二〕是：原缺，據宋浙本補。

編年 據書信編年。

與東萊論白鹿書院記 淳熙七年正月

當是時，士皆上質實，實則入於申、商、釋、老而不自知。

祖宗盛時風俗之美固如所論，然當時士之所以爲學者，不過章句文義之間，亦有淺陋駁雜之弊。故當時先覺之士往往病其未足以明先王之大道，而議所以新之者。至於程、張諸先生論其所以教養作成之具，則見於明道學制之書詳矣，非獨王氏指以爲俗學而欲改之也。王氏變更之議，滎公初亦與聞。王氏之學，正以其學不足以知道，而以老釋之所謂道者爲道，是以改之，而其弊反甚於前日耳。今病於末俗之好奇而力主文義章句之學，意已稍偏，懲於熙、豐、崇、宣之禍而以當時舊俗爲極盛至當而不可易，又似太過。且所以論王氏者，亦恐未爲切中其病也。

「明道程先生」止「卑忠信而小之也」。

世固有忠信而不知道者，如孔子所稱忠信而不好學者，伊川所譏篤學力行而不知道者是也。然則王氏此言亦未爲失，但不自知其不知道，而反以知道者爲不知道，此則爲大惑耳。其以忠信目明道，以爲卑明道而小之則可，以爲卑忠信而小之則不可。蓋以忠信對知道，固當自有高卑小大之辨也。

「關洛緒言」止「盍思所以反之哉」。

程氏之言學之本末始終無所不具，非專爲成德者言也。今此語意似亦少偏，兼於上文無所繫屬。

「政使止於章句文義之間」止「三代之始終也」。

三代之教，自離經辨志以後，節次有進步處，是以始乎爲士而終乎爲聖人也。今但如此言之，則終於此而已，恐非三代教學之本意也。

「自有此山以來」止「亦君子之意也」。

所謂與日月參光者，不知何所指？更望批喻。其曰「區區濬之」者，又恐卑之已甚，有傷上文渾厚之氣，如馬伏波之論杜季良也。兼此役本爲發明先朝勸學之意，初不專爲濬之。今但得多說此邊意思出來，而略帶續其風聲之意，則事理自明，不必如此罵破也。

鄙意欲如第一段所論，引明道劄子後，即云：「不幸其說不試而王氏得政，知俗學不知道之弊，而不知其學未足以知道，於是以老釋之似亂周孔之實，雖新學制，頒經義，黜詩賦，而學者之弊反有甚於前日。建炎中興，程氏之言復出，學者又不考其始終本末之序，而争爲妄意躐等之說以相高，是以學者雖多，而風俗之美終亦不逭於嘉祐、治平之前，而况欲其有以發明於先王之道乎？今書院之立，蓋所以究宣祖宗興化勸學之遺澤，其意亦深遠矣。學於是者，誠能考於當時之學以立其基，而用力於程、張之所議者以會其極，則齊變而魯，魯變而道矣。」此語草略不文，而其大體規模似稍平正，久遠無弊。欲乞頗采此意，文以偉辭，不審尊意以爲可否？若只如此示，却恐不免有抑揚之過，將來別生弊病，且將盡變秀才而爲學究矣。蓋此刻之金石，傳之無窮，不比一時之間，爲一兩人東説西話，隨宜説法，應病與藥也。

編年 據書信編年。

評論 潘潢晦庵先生朱文公文集卷目後題記：潢故習朱氏易、詩、四書，想見其爲人。比涉是編，始得公所爲融會折衷、深造大成者審在沉潛反覆、積累有年之後，而師友淵源、經綸本末，始終條理燦然詳明，尤足以發揮本義、集注、語録曲折，上探聖賢之緼。雖公於文所好不存，潢以世傳大學序、白鹿洞賦草暨答吕伯恭論洞記等徵之，當時思繹之熟，改定之精，凡未可以言語文字求之也。獨慨公老慶元間，學禁方厲，片詞隻字所在毁棄。每讀請詹帥罷鋟梓書，未嘗不掩卷太息，惡小人之罔極。

答吕伯恭 淳熙七年二月

人至，辱手書，得聞春來尊體益輕健，放杖徐行，又有問花隨柳之樂，甚慰。記文定本辭約義正，三復嘆仰，已送山間，屬黄子厚隸書，到即入石矣。

欽夫竟不起疾，極可痛傷。蓋緣初得疾時，誤服轉下之藥，遂致虚損，一向不可扶持。從初得疾，又縁奏請數事例遭譴却，而同寮無助之者，種種不快而然。雖云天數，亦人事有以致之，此尤可痛耳。熹前月初遣人請祠，至今未還，今又專人再懇，勢必可得。只俟命下，便自此便道一過長沙哭之也。

詩傳已領，小雅何爲未見？此但記得曾遣去，即不記所附何人。或已到，幸早批喻也。綱目此中正自難得人寫，亦苦無專一子細工夫，所修未必是當，請更須後也。雷頻失威之喻，敬聞命矣。諸喻皆一一切當，謹當佩服。但小序之説，更有商量。此人亟欲遣請祠者，不欲稽留之，別得奉扣耳。

塾蒙收拾教誨，感幸不可言。望更賜程督文字之外，因語及檢束身心大要，幸甚幸甚。子壽學生又有興國萬人傑字正純者，亦佳。見來此相聚，云子静却教人讀書講學。亦得江西朋友書，亦云然，此亦皆濟事也。匆匆作此，未及詳，唯爲道珍重。

編年 據書信編年。年譜長編置於三月，不確。參之別集卷六答黄商伯十四，此書所言「前月初遣人請祠」蓋指正月也，故當作在二月。

答吕伯恭 淳熙七年三月

久不拜書，適潘復州來，略聞動静，粗足爲慰。比日春晚清和，伏惟尊候萬福。熹祠請竟未聞命，昨再遣人，亦無消息，不知何故如此。此心已去，住此殊無好况，百事皆懶。雖强爲一日必葺之計，終是無十分功夫。吏民知其不久，亦不馴服，倍費心力駕馭。細思何苦造此惡業？以此思歸益切，不知所以爲計也。

荆州之訃，前書想已奉聞。兩月來，每一念及之，輒爲之泫然。朋舊書來，無不相吊。吾道之衰乃至於此，爲將奈何？得江西書，傳聞其柩已徑歸魏公墳所祔葬矣。昨遣人致奠，亦未歸，未知端的也。江州皇甫帥之子歲前至彼，見其未病時奏請多不遂，且多爲人所賣，中語亦不與之；團教義勇，亦不與支例物錢，放散之日，人得五百金而去，以此上下之情不甚和輯，馴致疾病，端亦由此，益令人痛憤。又以知今日仕宦之不可爲也。但其身後所上遺奏，乃爲人摹刻石本，流傳四出，極爲非便。或云是定叟意，其不解事不應至此，殊不可曉也。遺奏想已見之，更不録去。想聞此曲折，亦深爲慨然耳。

洞記事人託子厚隸書未到，甚以爲撓。然雖去此，同官必能爲成其事也。十八日已入院開講，以落其成矣。講義只是中庸首章或問中語，更不録呈也。

向來所喻詩序之説，不知後來尊意看得如何？「雅鄭」二字，「雅」恐便是大、小雅，「鄭」恐便是鄭風，不應概以風爲雅，又於鄭風之外别求鄭聲也。聖人删録，取其善者以爲法，存其惡者以爲戒，無非教者，豈必滅其籍哉？看此意思甚覺通達，無所滯礙，氣象亦自公平正大，無許多回互費力處。不審高明竟以爲如何也。

得韓丈上饒書及尤延之書，皆令勸老兄且屏人事，捐書册，專精神，近醫藥，區區之意亦深念此。幸更於此少留意焉，千萬之望。學者之來，略隨分量接之，不可更似前日命題改課，爲此無益而有損也。塾子在彼，不能無望於此。然不敢以私計妨此至情，尤當蒙見亮耳。

因楊教授遣人，草此爲問。子約老友不及別書。前日書尾之戒甚有警發，近日更不敢申請，已忍却一兩事，但惜乎聞命之晚耳。

編年　據書信編年。

答呂伯恭 淳熙七年六月六日

元範人回，承手字，獲聞比日尊體益輕健，爲慰之劇。又承誨諭數條，尤荷愛念。信後雨餘蒸鬱，伏惟玩心有相，起處亨福〔一〕。熹自被報聞之命，不敢復有請。但前日妄發，本蘄密贊聖聰，昨日乃聞降付後省。不密失身，從是始矣。然業已致身事主，生死禍福惟其所制，非己所得專也。此間只有三五擔行李及兒甥一兩人，去住亦不費力，但屏息以俟雷霆之威耳。前日如自明諸人文字及近習者，皆不降出，此乃付外，又不可曉。區區愚忠，猶不能無冀幸於萬一耳。

欽夫之逝，忽忽半載，每一念之，未嘗不酸噎。同志書來，亦無不相吊者，益使人慨嘆。蓋不惟吾道之衰，於當世亦大有利害也。自向來人還，至今不得定叟書，今日方再遣人往致葬奠。臨風哽愴，殆不自勝。計海内獨尊兄爲同此懷也。援筆至此，爲之淚落。痛哉痛哉！祭文真實中有他人所形容不到處，嘆服。今此人去，亦有一篇，謹録呈。蓋欽夫向來嘗有書來，云見熹諸經説〔二〕，乃知閑中得就此業，殆天意也。因此略述向來講學與所以相期之意，而嘆吾道之孤且窮，於欽夫則不能有所發明也。

盛文所叙從善受言，使言者得自盡，施於褊狹，所警尤多。平日亦知敬服渠此一節，而不能學。今老矣，而舊病依然，未知所以藥之也。不唯如此，近日覺得凡百應接，每事須有些過當處，不知如何整頓得此身心四亭八當，無許多凹凸也。耐煩忍垢之誨，敬聞矣。今大綱固未嘗敢放倒，但不免時有偷心，以爲何爲自苦如此。故事有經心而旋即遺忘者，亦有不敢甚勞心力而委之於人者，亦有上説不從、下教不入而意思闌珊、因循廢弛者。此兩月來，既得不允指揮，不敢作此念。又爲狂妄之舉，準備竄謫，尤不敢爲久計。身寄郡舍，而意只似燕之巢於幕上也。言事本只欲依元降指揮條具民間利病，亦坐意思過當，遂殺不住，不免索性説了。從頭徹尾，只是此一個病根也。

獄訟極不敢草草，然見人説亦多過處，乃與塾子所論諸葛政刑相似。然欲一切姑息，保養奸凶，以擾良善，而沽流俗一時之譽，則平生素心深竊耻之，亦未知其果如何而得其中也。所論荆州從游之士多不得力，此固當深警。然彼猶是他人不得力，今自循省，乃是自己不曾得力，此尤爲可懼也。不知老兄看得此病合作如何醫治，幸以一言就緊切處見教，千萬之望。子壽兄弟得書，子静約秋凉來游廬阜，但恐此時已换却主人耳。渠兄弟今日豈易得？但子静似猶有些舊來意思。聞其門人説，子壽言其雖已轉步而未曾移身，然其勢久之亦必自轉。回思鵝湖講論時是甚氣勢，今何止什去七八耶。

元範立碑之説，向曾見告。嘗語之云：「熹固不足道，但恐人笑老兄耳。」意其已罷此議。不謂乃復爲之，聞之令人汗下。幸已蒙喻止，必且罷休矣。平生性直，不解微詞廣譬，道人於善，故見人有小失，每忍而不欲言。至於不得已而有言，則衝口而出，必至於傷事而後已，此亦太陽之餘證也。

塾書説近建家廟，立宗法，此正所欲討論者，便中得以見行條目子細見教爲幸。白鹿書院承爲記述，非惟使事之本末後有考焉，而所以發明學問始終深淺之序，尤爲至切。此邦之士蒙益既多，而傳之四方，私淑之幸又不少矣。謹以十一本投納書几。内一本裝褾與濂溪祠堂記爲對，又有雜刻數種并往。伊川先生與尹和靖者可背作一卷，此人亟行不暇也。然伊川先生才説病便有藥，和靖却似合下便作死馬醫。此道之傳，真未易以屬人也。

觀書實非養病所宜，若不能已，當有以程之，日讀若干以下也。

因人往永嘉督新簽赴任附此。其人姓薛名洪，不是士龍之宗族否？中間旱甚，田幾不可耕。今幸數得雨，然鬱蒸未解，亭午揮汗。未能盡所欲言，惟千萬爲道自重，不宣。六月六日，熹頓首再拜，上啓伯恭武夷直閣大著契兄坐下。

令子想日佳茂。周子充遂參大政，不知嘗有以告之否？至此若復喑默，則更無可説，不知其計安出也。熹又拜。此專遣人至叔度處，令便歸。告早批數字或口授子約見報。蓋至彼問兒婦消息，望其速還也。

校記〔一〕享：宋浙本作「萬」。

〔二〕諸：原作「説」，據宋閩、浙本改。

編年　據書信編年。

答吕伯恭淳熙七年七月

承局回，承書，得聞比日尊候萬福。細觀筆札，又比前日不同，深以爲慰。熹前被不允指揮，今已三月，方始再上祠請。適此旱災，祈禱未能感格。今早禾已不可救，若更數日不雨，即晚禾亦不可保。觀此事勢，必致大段狼狽，遂不敢言去，只得竭盡駑力。若自以曠敗抵罪，則無可奈何耳。竊觀事勢，萬一不稔，即軍食所須是第一義，而後可及賑恤。已多方擘畫，未知其濟否如何。切幸因風有以見教於其思慮之所不及者，幸甚幸甚。

囊封付出，乃邸吏云爾。方竊怪之，當時誠亦輕發，然今已不可悔矣。積其誠意，待時而發，固所當然。但恐如諺所謂「今年自家雪裹凍殺，不知明年甚人吃大椀不托」耳。言之痛心，苦事苦事！謹密之戒，乃今聞之。初但不敢以草本示人及與人説其中所論，不謂乃并此題目不得漏洩也。數年前風俗尚不如此，自今當深戒之耳。既云有調護者，即是嘗有譴怒之意，亦幸密見告也。

近緣旱虐，百事放寬，又覺得雨露太勝雪霜。然亦且得如此，前日誠有過當處也。二陸後來未再得信，救荒方急，未暇遣人問之。子静欲來游山，聞此中火色如此，又未知能來否耳。立廟等事甚善，他時修定，當得求教也。康節刻成甚久，何故不曾寄去耶？今往五本。他刻恐欲分人，亦各并致一二也。塾不知果能漸解事否？人家後生，只得自有意做好人，便有可望。此郎正坐無此根本，使人憂心耳。今令歸鄉應舉，臨行更望丁寧之也。試罷略令此來，有可見教，書不能盡者，幸以語之。但恐亦不是寄附處耳。知看書不多，甚善。詩不知竟作如何看？近來看得前日之説猶是泥裏洗土塊，畢竟心下未安穩清脱。便中求所定者節目處一二篇一觀，恐或有所警發也。尤延之見祭敬夫文，以爲意到而詞語不若平日之温潤，鄙意亦頗疑其如此。渠令深勸且省思慮，意甚拳拳也。

新參近通問否？大承氣證，却下四君子湯，如何得相當？然尚幸其不發病耳。老兄與之分厚，須痛箴之。吾輩與百萬生靈性命盡在此漏船上，若唤得副手稍工不至沉醉，緩急猶可恃也。再去長沙人未回，前日因便又作書與定叟，略致盛意矣。與説今日請祠，便是奉行敬夫遺戒第一義，時時勿忘此心而充擴之，則甚善。老兄因書更自勸勉之爲佳耳。承教未期，臨風引領，千萬爲道自重。

編年　據書信編年。該書定此篇作於七八月間，考卷十六奏南康軍旱傷狀、再奏南康軍旱傷狀，與此篇所言情狀相同，即初旱之時，祈雨無效，早禾枯死，晚禾危殆，故當作在七月爲近。

答吕伯恭淳熙七年八月十九日

久不辱問，向仰良深。比日秋雨稍凉，伏惟尊候萬福。熹夏秋以來，以旱暵祈禳奔走，日日暴露，不得少休。既無所效，又不得不爲救荒之備，郡小財匱，無擘畫處，日夕究心，遂發心疾，上炎下潦，勢甚可畏。已急遣人呼二兒及約子澄，恐有不測，無人主宰。既而飲藥，僅得少定。又苦腳跟痛，不能履地，此兩日方能移步，然亦終未脱然。郡中賑助檢放等事，却已稍有緒。但軍糧無所指擬，不免具奏祈哀，并以衰病之實丐求罷免，未知復如何。但欲退縮省事，以俟終更，而事勢驅迫，有不自由者。今且信緣，未知果安所税駕也。

夏秋以來，今日方得竟日之雨，民間遂可種麥蒔蔬，庶幾有以係其心志而不至於流移。此後公私多方接濟，到得春來，則麥可食而無所事矣。但其間日月尚多，又未知果能如人所料否耳。其間隨事措置，曲折甚多，未暇一一求教。所幸民間却稍相信，鄉村士人有事便可來説，上下之情稍通，官吏不敢十分相罔，凡事省力。但一味無錢，没撰處耳。今日見省符并致文字，有相及者。此固不足爲重輕，亦殊可笑也。

比來計益輕健，詩説可見示一二大節目處否？不似書説，又被人傳印也。别有論著可見教者，勿吝幸甚。子約不及别書。兒輩計今日方終場，度後月十間可到此也。所欲言者甚衆，急遣此人，不暇。正遠，惟千萬保重，不宣。八月十九日，熹頓首再拜上啓。

長沙人至今未還，亦不得明信，令人懸心耳。子壽兄弟久不得書，子静欲來，想以旱故，未必能動。旦夕或遣人候之也。自明之亡，極可痛惜，天亦爲此曹復讎也耶？不可曉。

編年 據書信編年。

答吕伯恭 淳熙七年九月

昨專人去拜狀，想達。比日秋冷，伏惟尊候萬福。熹强勉於此，精力日衰，大抵罔罔，如夢寐間度日耳。救荒不得不經心，然亦失前忘後，不成倫理。告歸已三請，未知可得否，方以爲憂。近再得大農曾丈報云必可得，幸甚。不知今已命下未也。大兒來自里中，懶慢如故，令誦程文，僅能記三兩句耳。數日鄉間寂然，必是又遭黜矣。且令往挈婦孫歸家，但恐自此遠去師席，愈益怠惰，奈何？此中事渠亦略能言之，偶作書多，心忡目澀，不能詳布。昨日答胡伯逢書，戲語之云：「元來禹稷如此不好做。」今日作此，又思尊兄之病未必不爲福也。子約老友承書，多感。病倦不及别狀。正遠，千萬加意攝理，以慰遠懷。幸甚幸甚。

編年 據書信編年。

答吕伯恭 淳熙七年十月

久不奉問，向來微恙計已平復矣。著庭議幕之命相繼而下，殊不可曉。不知果强起承上意否？熹衰病日益昏耗，恐不堪郡事。目下民間雖未告饑，然盜賊頗已有端，日夕憂窘，不知所以爲計，惟望祠請之果遂耳。昨曾丈報甚的，既而復不然，造物之意果難測也。陸子壽復爲古人，可痛可傷。不知今年是何氣數？而吾黨不利如此也。趙景昭官滿過此，甚款，意思甚好。今日如此等人亦難得也。塾到復何如？近得叔度書，似未許其歸。此番破戒差人借請，糜費公私不少，若不成行，不惟枉費，向後恐亦無人可使，轉見費力。幸爲一言及此，令其早歸爲望。元範歸，偶連日冗甚，夜作此書，未暇他及。惟千萬爲道自重。

編年　據書信編年。陸九齡卒於九月二十九日，故此篇當作於十月。

答呂伯恭 淳熙七年十月九日

熹近因塾行，已拜狀。今日求得西山地黄五斤，恰毛掾有便，謹以附内。向見塾説藥裹所須也。冗甚目昏，不容他及。十月九日，熹再拜。

子約不及別書。曾丈聞已過京口，欲遣人致問，尚未暇也。但所報祠請殊不效耳。

編年　據書信編年。

答呂伯恭 淳熙七年秋

再祭敬夫之文，語意輕脱，尋亦覺之，則已不及改矣。誨諭之意微婉深切，銘佩何敢忘也！

「弘大平粹」四字，謹書坐隅以爲終身之念。稟賦之偏，前日實是不曾用力消磨，豈敢便論分數？然自今不敢不勉，更望時有以提撕警策之也。專此布謝，言不盡意。熹再拜。

熹既不得去，景望之事可以爲法。值此災傷，恐有合理會事，不得不通政府書。然非甚不得已，亦不敢發也。此間幸亦無大齟齬，諸司頗亦相悉。泉司近爲奏請，減得三縣人户木炭錢二千緡，殊非始望所及。却是漕司不識好惡，雖當予者或反奪之。前日作書，已大罵之。復思老兄之言，且忍須臾，只細與條析事理，庶幾其或悟耳。

編年 據書信編年。

答吕伯恭 淳熙七年冬

久不拜狀，日以馳情。比聞已遂祠官之請，良以爲慰。即日霜寒，伏惟尊候萬福。熹黽俛於此，再見歲晚。祠請未報，然去替只百餘日，今亦不復請矣。幸再乞旱餘苗米，已盡得之。所遺人猶未還，而已被堂帖之命，計此周參之力爲多也。得此不唯軍士得食，官吏免責，民間亦免將來縣道預借之擾，上恩此爲厚也。賑濟當自元旦舉行，民間歲前有闕食處，稍已賑濟之。但聞頗苦乏錢，此則無如之何。然見修江堤，役工買木，亦足以散錢於民間，但不多耳。子壽云亡，深可痛惜。近遣人酹之。吾道不振，此天也，奈何奈何！欽夫遺文見令抄寫，其間極有卓絕不可及處。然亦有舊説不必傳者，今便不令抄矣。每一開卷，令人慘然。只俟解印，徑往哭之，小洩此哀也。遣人迓子重，草草附此，此亦是小三昧矣。未即承晤，惟千萬爲道自重，不宣。

編年　據書信編年。

答吕伯恭 淳熙八年正月

熹幸粗安，已遣人迓子重，至即合符而行矣。賑恤之備，粗有支吾。奏請數事，悉蒙朝廷應副，衰拙之幸。大抵今歲江東諸郡放旱分數稍寬，緣此民間未至流徙。此間諸縣鄉村四十里置一場，糶官米及勸喻到富民米穀。元日初糶，殊未有來糴者。以賞格募得三家米近二萬石賑濟，當得官者四人，而飢民受惠不少矣。然今未敢散，須俟深春也。昨楊教授人還，領至日批示，具曉至意，不復有他請矣。子壽之亡極可痛惜，誠如所喻。近得子静書云，已求銘於門下，屬熹書之。此不敢辭，但渠作得行狀殊不滿人意，恐須别爲抒思，始足有發明也。毛仲益自江西來，逼歲方領前此所惠書，已久，猶足慰意。又得細詢昨來動静，如著書日有課程，甚恨未得一窺草稿。然朋友之論多以爲病中未可勞心，深不欲老兄之就此編也。大事記想尤奇尤有益，然尤費力，此更望斟酌也。二書告令人録一二卷多發明處見寄，甚幸。只送潘卿處，令付郡吏以來。汝昭過此小款，渠當時自合請祠，此行極費力，於義亦覺未安，不審尊意以爲如何？因奇卿人還附此，雪寒手凍，未能詳悉，惟益自愛，以慰惓惓之望。

編年　據書信編年。

答吕伯恭 淳熙八年正月至二月

熹在此支撑甚费力，子重不來，已遣人通吴守書，速其來矣。境内目今幸未至流殍，未知將來復如何。但願早去，庶免疏脱耳。即今覺闕雨，若更數日如此，即可慮也。少懇：向來劉樞之亡，以其兒女爲託。今其女年漸長，未有許婚之所。來議者多，往往未滿人意，不敢輕諾。與平父議，恐今年新進士中有佳士，老兄所素知者，得爲物色一人報劉氏，與之定議。平父欲自拜書，專人致懇。幸與留念推擇，使其家得佳婿，而熹不孤逝者之託，千萬幸甚幸甚。此書恐未遽達，不復他及。正遠，惟以時加衛，幸甚幸甚。子約不及書，叔度亦然，并煩爲道意。塾子望時賜檢責，不至怠惰爲望。

編年 據書信編年。此承上書，言石子重不來，而下書始言及陸九淵至南康事，陸至在二月初，故此篇當作在正月二月間也。

答吕伯恭 淳熙八年二月

便中伏奉近書，筆迹輕利，視前有異，深以爲喜。比日春和，伏想日益佳健。熹疾病幸不至劇，飢民亦幸未至流徙，軍食想可支吾。比連得雨雪，麥秀土膏，人情似有樂生之望矣。子重不來，可恨。吴守度閏月初可到，到即合符而南矣。去年之旱非常，幸賴朝廷留意得早，諸處奏請，悉皆應副，故得不至大段狼狽。此於國計所損幾何？而其利甚博。此間即是周参政調護之力爲多也。欽夫遺文俟抄出寄去。子静到此數日，所作子壽埋銘已見之。叙述發明，此極有功，卒章微婉，尤見用意深處，嘆服嘆服。子静近日講論比舊亦不同，但終有未盡合處。幸其却好商量，亦彼此有益也。詩説、大事記便中切幸垂示。子約不及別書，意不殊前。正遠，切冀爲道自重。

編年　據書信編年。書云「比日春和」，二月之象也。

答吕伯恭 淳熙八年夏

自頃謀歸，即無暇奉問，而辱書至三四，感慰不可言。近書報及飲食衣服已不須人，尤以爲喜。吾道之衰，日以益甚，天意亦不應如此之恝然也。比日庚暑，伏惟尊候益輕健。熹一出兩年，無補公私，而精神困弊，學業荒廢，既往之悔，有不可言者。自去年秋冬災傷之後，不能求去，以及今春，遂有江西之命。又俟代者，至閏月二十七日方得合符而歸。初欲乘此一走長沙，自彼取道分寧，往還甚徑。尋以女弟之訃，悲傷殊甚，誼不可以他適，遂罷前議。替後只走山南山北旬日，拜謁濂溪書堂而歸。以四月十九日至家，雖幸息肩〔一〕，又苦人事紛冗，老幼病患，未能有好况。然大概已是入清凉境界中矣。

道中看中庸，覺得舊説有費力處，略加修訂，稍覺勝前。計他書亦須如此。義理無窮，知識有限，求之言語之間，尚乃不能無差，况體之身、見諸事業哉？稍定，從頭整頓一過，會須更略長進也。

子静舊日規模終在，其論爲學之病，多説如此即只是意見，如此即只是議論，如此即只是定本。熹因與説既是思索，即不容無意見；既是講學，即不容無議論；統論爲學規模，亦豈容無定本？但隨人材質病痛而救藥之，即不可有定本耳。渠却云正爲多是邪意見、閑議論，故爲學者之病。熹云如此即是自家呵叱亦過分了，須著「邪」字、「閑」字方始分明，不教人作禪會耳。又教人恐須先立定本，却就上面整頓，方始説得無定本底道理。今如此一概揮斥，其不爲禪學者幾希矣。渠雖唯唯，然終亦未竟窮也。

來喻十分是當之説，豈所敢當？功夫未到，則乃是全不曾下功夫，不但未到而已也。子静之病，恐未必是看人不看理，自是渠合下有些禪底意思，又自主張太過〔二〕，須説我不是禪，而諸生錯會了，故其流至此。如所喻陳正己，亦其所訶，以爲溺於禪者。熹未識之，不知其果然否也。大抵兩頭三緒，東出西没，無提撮處。從上聖賢，無此樣轍。方擬湖南欲歸途過之，再與子細商訂，偶復蹉跌，未知久遠竟如何也。然其好處自不可掩覆，可敬服也。他時或約與俱詣見，相與劇論尤佳。俟寄書扣之，或是來春始可動也。

敬夫遺文不曾謄得，俟旦夕略爲整次寫出，却并寄元本求是正也。詹體仁寄得新刻欽夫論語來，比舊本甚不干事。若天假之年，又應不止於此，令人益傷悼也。劉家事極感垂念。渠家爲閑人來問者多，頗費應酬，又招怨怒，亦欲早聞定論也。塾子蒙招攜，令寫綱目大字。渠懶甚，向令寫一二年大事記及他文字一兩篇，竟不寫來，不知竟能爲辦此否耳。意緒本自不佳，見此等事，益令人嘆惋，奈何奈何！子澄相聚月餘，意思盡好，直至湖口渡頭，方分手也。聞浙中水潦疾疫，死者甚衆，聞之令人酸鼻。諸公直是放得下，可嘆服也。未即承教，引領馳情，切冀厚自愛重，以幸斯人。

校記　〔一〕息：原作「悉」，據正訛改。

〔二〕自：原作「是」，據宋閩、浙本改。

編年　據書信編年。

答吕伯恭 淳熙八年七月

夏中潘家人還奉問，無便，不能嗣音，良以向仰。比日新秋已半，天氣漸涼，伏惟尊體益勝健。熹衰病如昨，非但人事縈絆，不得一意讀書爲恨。比一至郡中，鄭守時已久病，應接甚費力，又放不下。覺其精力凋耗而郡事不理，諸司數有譴問，勸其力請引去，渠甚以爲然，未及用而已不起矣。如此人材，用之違其所長，中道夭喪，甚可傷也。熹一出兩年，仙洲久不到。前日方得一往，會大雨竟日，瀑水甚壯。既而復霽，遂得窮搜澗壑，水石可觀處非止一二，悉已疏薙而聚土累石，爲臺以臨之。自此往游，觀賞益富，不但如前日矣。但恨不能致杖屨之一來。論著當益有次第，每書各得數段見教爲幸。比看文鑑目録，無書者固不論，其可檢者尚有不能無疑處，恨不得面扣其説，當有深意也。數時絶無學者講學，便覺頽惰，無提撕警策之助。旦夕亦欲作一課社〔一〕，未必有益於人，庶幾自有益耳。但塾子歸家，讀書殊無頭緒，未有以處之。因來幸有以教督之，并令如何度此光陰也。歸自山中，倦甚，草草布此。子約未暇别書，亦不能異此。惟千萬自愛爲禱。

校記　〔一〕社：原作「程」，據宋閩、浙本改。

編年　據書信編年。

朱熹文集編年評注卷三十五

書汪張呂劉問答

答呂伯恭問龜山中庸乾道六年六七月間

龜山中庸首章之語，往者蓋以爲疑，欽夫亦深不取。自今觀之，却未有病。但集中云「喜怒哀樂未發之際，以心體之，則中之體自見。執而勿失，無人欲之私焉，發必中節矣」，此則不可。天地之所以位，萬物之所以育，雖出一理，然亦各有所從來。玩其氣象，自可見龜山之語亦不爲病。如孟子語始、終條理，則亦豈不分别而言耶？

「達道達德」一章，婺本因有兩「達德」字，而脱去中間數句，以故不成文理。今以爲勝嚴本，是亦喜合而惡離之過耳。

成己成物之道無不備，故能合内外之道而得時措之宜。蓋融徹洞達，一以貫之而然也。然細分之，亦有龜山之意。但不當專以此爲説，却無總統耳。

「誠，自成也」，此説恐是。蓋此是道理自然如此，但人却只要誠之耳。

「尊德性」一章，龜山從上説下，吕與叔從下説上，蓋無所不通。

「不尊不信」，此段未得其説。向見伊川亦只如此説，且當從之。有説勝此，乃可易耳。

龜山中庸有可疑處，如論「中庸不可能」、「不可以爲道」、「鬼神之爲德」等章，實有病。而來教所指，却不爲疵也。

編年 據書信編年、年譜長編、書札彙編。

別紙 乾道六年六七月間

聖賢之言，離合弛張各有次序，不容一句都道得盡。故中庸首章言中、和之所以異，一則爲大本，一則爲達道。是雖有善辨者，不能合之而爲一矣。故伊川先生云：「大本言其體，達道言其用。」體用自殊，安得不爲二乎？學者須是於未發已發之際識得一一分明，然後可以言體用一源處。然亦只是一源耳，體用之不同，則固自若也。天地位便是大本立處，萬物育便是達道行處，此事灼然分明。但二者常相須，無有能此而不能彼者耳。子思之言與龜山氣象固不同，然若使龜山又只道個致中和、天地位、萬物育，則不成解書矣。釋氏便要如此，嘗見其徒説李遵勗請某僧注信心銘，其人每句大書而再注本句於其下，便是只要如此鶻突也。

「中庸不可能」，明道但云克己最難，故曰中庸不可能也。此言貫徹上下，不若龜山之奇險也。龜山之説，乃是佛老緒餘，決非孔子、子思本意。兼「人之爲道而遠人，不可以爲道」兩句，若如龜山之意，則文理自不通。但人悦其新奇，不覺其礙耳。若今人依本分做文字，則「而遠人」處下「而」字不得，須下「則」字方成文理。後面雖有求仁之説，然其言自道言之，自學者言之，又似王氏説話。道若果不可爲，則學者又安可求仁以爲道？若學者可求，則不可爲之説又贅矣。枉費説詞，無益學者，而反有害於義理之正，不可從也。向見李先生亦自不守此説，又言羅先生、陳幾叟諸人嘗以爲龜山中庸語意枯燥，不若吕與叔之浹洽，此又可見公論之不可掩矣。吕與叔説道不遠人處記得儘好，可更檢看。

「鳶魚」、「鬼神」兩章，却是上蔡説得通透，有省發人處。如此説雖是排著一片好言語，然却無個貫穿處也。

智、仁、勇須做有輕重看，若言仁者必有勇，則仁勇一而已，豈有輕重？然言勇者不必有仁，則又豈可便言無輕重乎？此三者，天下之達德，然逐人稟賦成就不同，故有生知安行、學知利行、困知勉行之異。然仁則渾然全體，智、勇固在其中。生知安行則從容中道，而學利、困勉不足言矣。

「其動以天，聖人之事」，龜山此章若以上章「誠者天之道」言之，則「以」字不爲害。若直指道體而言，則「以」字下不得矣。

「近而不尊」者，謂何等事？試舉一二以證之。要之此章説得常不快人意也。

編年　據年譜長編、書札彙編。

答呂伯恭 乾道九年閏正月

承喻整頓收斂則入於著力，從容游泳又墮於悠悠，此正學者之通患。然程子嘗論之曰：「亦須且自此去，到德盛後，自然左右逢其原。」今亦當且就整頓收斂處著力，但不可用意安排，等候即成病耳。「勿正」之「正」，其字義正如今人所謂等候指準。春秋傳云：「師出不正反，戰不正勝。」用字之意亦正如此耳。

編年　據書信編年。題下原注「閏正月」。

別紙 乾道九年

「川上」之論甚當，「不逝」之云，極知非是。然須如此説破，乃可以釋學者之疑耳。以「修道之謂教」爲設教，此固有諸儒之説。以程子之言爲爲此而設教，則恐微有牽合之弊。大抵諸先生解經不同處多，雖明道、伊川亦自有不同處。蓋或有先後得失之殊，或是一時意各有指，不可强牽合爲一説也。「修道之謂教」，疑只與「自明誠謂之教」之「教」皆同言由教而入者耳。所謂「以失其性，故修而求復」，只是直解此文，非有爲此設教之曲折也。故下文遂言戒慎恐懼，及致中和，乃修道之始終也。近得侯氏中庸，亦正如此説，不知高明以爲如何？先生自注云：「此説非是。」

中和、中庸，如所論得之。然「中和」之「中」專指未發而言，「中庸」之「中」則兼體用而言。

參前倚衡之説甚簡當。尹公云：「此只是收拾心，令有頓放處。」此意亦好。艮背之用固在於止其所，然能止其所，乃知至物格以後事，始學者還便可用否？更告喻及也。

「仁」字之義，孟子言心，該貫體用，統性情而合言之也。程子言性，剖析疑似，分體用而對言之也。其他已具别説。如來喻之云固好，然恐未爲直截分明耳。

學者推求言句工夫常多，點檢日用工夫常少，今日此等人極多。然或資質敏利，其言往往有可采者，則不免資其講論之益。而在我者躬行無力，又無以深矯其弊，方此愧懼。今得來喻，敬當遍以警告常所與往來者，使自省察耳。却是老成敦篤、志行可保之人，往往又却遲鈍，看道理不透。求其有精神而醇者，真難得耳。

近看中庸古注，極有好處。如説篇首一句，便以五行五常言之。後來雜佛老而言之者，豈能如是之慤實耶？因此方知擺落傳注，須是兩程先生方始開得這口。若後學未到此地位，便承虚接響，容易呵叱，恐屬僭越，氣象不好，不可以不戒耳。又注「仁者，人也」云：「人也，讀如『相人偶』之人。以人意相存問之言。」「相人偶」此句不知出於何書，疏中亦不説破，幸以見告。

所謂人意相存問者，却似説得字義有意思也。

編年 據書信編年。

答吕伯恭乾道九年九月

泰伯、夷、齊事，鄙意正如此。蓋逃父非正，但事須如此，必用權然後得中，故雖變而不失其正也。然以左傳爲據，便謂泰伯未嘗斷髮文身，此則未可知。正使斷髮文身，亦何害也。「富而可求」，以文義推之，恐只得依謝、楊説。伊川説雖於義理爲長，恐文義不妥帖，似硬説也。

上蔡本説學詩者不得以章句横在胸中，因有堯舜事業横在胸中之説。然則非爲「有其善」之意矣。竊疑此乃習忘養心之餘病，而遺書中上蔡所記亦多此等説話。如「玩物喪志」之類。此恐須更有合商量處，不可草草看過也。

「誰毁誰譽」一章，所論得之。但只説得三代直道而行意思，更有「斯民也之所以」六字未有下落。疑「斯民也」是指當時之人而言，今世雖是習俗不美，直道難行，然三代盛時所以直道而行者，亦只是行之於此人耳，不待易民而化也。諸儒之説，於此文義殊不分明，却是班固景贊引得有意思，注中説得亦好。大抵聖人之意，止是説直道可行，無古今之異耳。言譽而不及毁之意，來喻亦善。但「毁譽」兩字更須細看。譽者，善未顯而亟稱之也；毁者，惡未著而遽詆之也，「試」亦驗其將然而未見其已然之辭〔一〕。聖人之心欲人之善，故但有所試而知其賢，則善雖未顯已進而譽之矣。不欲人之惡，故惡之未著者，雖有以決知其不善，而亦未嘗遽詆之也。此所以言譽而不及毁，蓋非全不别白是非，但有先褒之善而無預詆之惡，是則聖人之心耳。

周教授語解誠如所喻，愚意其篤實似尹公，謹嚴過之而純熟不及，高明以爲如何〔二〕？

新刻小本易傳甚佳，但籤題不若依官本，作周易程氏傳。舊嘗有意，凡經解皆當如此，不以傳先乎經，乃見尊經之意。漢晉諸儒經注皆如此也。後見朋友説晁景迂亦有此論，乃知前輩意已及此矣。今日又得景迂語解，亦有好處。大抵北方之學終是近本實也。

校記　〔一〕驗：原作「恐」，據宋閩、浙本改。

〔二〕「周教授」以下又見文集卷三十三答吕伯恭二十二。

編年　據書信編年、書札彙編。

答吕伯恭别紙乾道九年九月

上蔡「堯舜事業横在胸中」之説，若謂堯舜自將已做了底事業横在胸中，則世間無此等小器量底堯舜。若説學者，則凡聖賢一言一行，皆當潛心玩索，要識得他底藴，自家分上一一要用，豈可不存留在胸次耶？明道「玩物喪志」之説，蓋是箴上蔡記誦博識而不理會道理之病。渠得此語，遂一向掃蕩，直要得胸中曠然，無一毫所能，則可謂矯枉過其正矣。觀其論曾點事，遂及列子御風，以爲易做，則可見也。大抵明道所謂與學者語如扶醉人，真是如此。來喻有懲創太過之説，亦正謂此，吾人真不可不深自警察耳。

「誰毁誰譽」，已具答子約書中。然頃時聞伯恭議論常有過厚之意，今此所論，却與往者不同，豈亦前所謂矯枉過正之論耶？聖人大公至正處，似無人情。然其隱惡揚善之心，則未嘗無也。此乃天地生物之心，孔門教人求仁，正是要得如此耳。試更思之，復以見教爲幸。

言仁諸説，欽夫近亦答來，於舊文頗有所改易，然於鄙意亦尚有未安處。大率此書當時自不必作，今既爲之，則須句句字字安頓得有下落始得，不容更有非指言仁體而備禮説過之語在裏面，教後人走作也。性與天道不可得而聞，但是聞者未易解耳。聖賢之言固無所不盡，如孟子説個浩然之氣，大小面生，然亦只説得個難言了，下面便指陳剖析，一向説將去，更無毫髮不盡處也。伊尹先知先覺，伊川以爲「知是知此事，覺是覺此理」，與上蔡所謂「心有知覺」意思迥然不同。向來晦叔諸公亦正引此相難，蓋不深考也。且如而今還敢道伊尹天民之先仁否〔一〕？試更子細較量，便可見矣。懲創太過，不免倚著之病，近亦深覺其然。然嘗見明道有言，學者須守「下學上達」之語，乃學之要，又似且如此用功，基腳却稍牢固，未敢便離却下學之地，別求上達處也。但當更於存養踐履上著力，不可只考同異、校詳略，專爲章句之學而已。大率道理平鋪放著〔二〕，極低平處，有至高妙底道理，不待指東畫西，説南道北，然後爲得不傳之妙也。明者思之，以爲如何？

養忠厚、革澆浮之論甚善，要當以此爲主，而剖析精微之功自不相妨耳。和靖録中説伊川未嘗言前輩之短，此意甚善。今人往往見二先生兄弟自許之高，便都有個下視前輩意思。此俗不可長。和靖之言，要當表而出之也。

校記 〔一〕仁：正訛改作「覺」。

〔二〕率：原作「抵」，據宋閩、浙本改。

編年 據書信編年、書札彙編。

答吕伯恭論淵源録 淳熙元年

元豐中詔起吕申公，此段初固知其有誤，然以其不害大體，故不復刊。今欲正之，亦善。但去「司馬温公、温公不起」八字，及依程集本題改「寄」爲「贈」可也。

明道言當與元豐大臣共政，此事昨來已嘗論之，然亦有未盡。今詳此事乃是聖賢之用，義理之正，非姑爲權譎，苟以濟事於一時也。蓋伊川氣象自與明道不同，而其論變化人材，亦有此意。見外書胡氏所記。易傳於睽之初爻，亦有「不絶小人」之説，足見此事自是正理當然，非權譎之私也。然亦須有明道如此廣大規模，和平氣象，而其誠心昭著，足以感人，然後有以盡其用耳。常人之心既不足以窺測此理，又無此等力量，自是信不及。設有信者，又不免以權譎利害之心爲之，則其悖理而速禍也爲尤甚矣。此今之君子所以不能無疑於明道之言也。胡氏所記，尹氏亦疑之，豈所謂未可與權者耶？邵子文晚著此書，於其早歲之所逮聞者，年月先後，容或小差。若語意本末，則不應全誤。且所謂二公并相，蓋終言之；召宗丞未行，以疾卒，亦記其不及用耳。非必以爲二公既相，然後召明道也。又謂邵録多出公濟，恐亦未然。蓋其父子文體自不同也。

折柳事有無不可知，但劉公非妄語人，而春秋有傳疑之法，不應遽削之也。且伊川之諫，其至誠惻怛、防微慮遠既發乎愛君之誠，其涵養善端、培植治本又合乎告君之道，皆可以爲後世法。而於輔導少主，尤所當知。至其餘味之無窮，則善學者雖以自養可也。故區區鄙意深欲存之，蓋其説如此，非一端也。今乃以一説疑之而遽欲刊去，豈不可惜？若猶必以爲病，則但注其下云：「某人云國朝講筵儀制甚肅，恐無此事。」使後之君子以理求者得其心，以事考者信其迹，其亦庶乎其可矣。

范公不爲程門弟子，下卷范公語中論之已詳。此年譜所載，特鮮于所録之本文耳。然不削去「門人」二字者，范公語中既引以爲説，則此不可削，史固有變例也。但來喻引范公日記，以爲伊川所爲范公未必盡知。若率先具素饌，則應大與東坡忤，何以能處程、蘇之間而無違言乎？此則恐於事理皆未盡也。蓋范公所記正叔獨奏，乞就寬凉處講讀，而并及修展邇英次弟，則固善之之辭，而非有譏貶之意也。但伊川已奏而事方施行，則自不必更言。而在范公之自處，則亦或有不敢言者。至於國忌齋筵，葷素所宜，則以范公之賢，於己之所行自當顧義理之是非以爲從違，不當視同列之喜怒以爲前却也。使其果欲依違兩間，曲全交好，則具素饌既忤東坡，具肉食亦忤伊川〔一〕。若慮於彼而忽於此，則亦非所以兩全矣。況范公之意未必出此，而他書所記亦云范醇夫輩食素，秦、黄輩食肉，則所記雖不同，而范公之不畏東坡而每事徇從，亦當時所共知矣。故嘗竊意范公雖不純師程氏，而實尊仰取法焉。其於東坡，則但以鄉黨游從之好素相親厚，而立朝議論趣向略同。至其制行之殊，則迥然水火之不相入。且觀其辨理伊川之奏，則其心豈盡以東坡爲是哉？但不能辨之於當時，而發之於數年之後，此則剛强不足，不免乎兩徇之私者。而其所重在此，故卒不能勝其義理之公也〔二〕。大抵程、蘇學行邪正不同，勢不兩立，故東坡之於伊川素懷憎疾，雖無素饌之隙，亦不相容。若於范公，則交情既深，而其氣象聲勢無足畏者，故雖有右袒之嫌，而不以害其平生之歡也。

侯師聖論二先生大概亦得之，但語意少不足耳，亦不必删去也。

文潞公事但注其後云：「某人云：先生判監時，潞公未嘗尹洛，疑此有小誤。」

「以管窺天」，此伊川本語，見於遺書，不必曲爲隱諱。兼其語有抑揚，善讀者當自知之。若爲其不善讀而毁吾説以避之，則古今書傳之得存者寡矣。

横渠墓表出於吕汲公，汲公雖尊横渠，然不講其學而溺於釋氏，故其言多依違兩間，陰爲佛老之地，蓋非深知横渠者。惜乎當時諸老先生莫之正也。如云學者苦聖人之微而珍佛老之易入，如此則是儒學異端皆可入道，但此難而彼易耳。又稱横渠不必以佛老而合乎先王之道，如此則是本合由老佛，然後可以合道，但横渠不必然而偶自合耳。此等言語與横渠著書立言，攘斥異學，一生辛苦之心全背馳了。今若存之，非但無所發明，且使讀者謂必由老佛易以入道，則其爲害有不可勝言者，非若前段所疑年月事迹之差而已也。又行狀記事已詳，表文所記無居狀外者，亦不必重出。

呂侍講學佛事似不必載〔三〕，如何？

溝封奉聖鄉雖非封建，然亦可以爲封建之漸，且無時不可爲。若曰分茅胙土，大封王侯，則主少國疑，誠非可爲之時矣。但伊川決不至如此不曉事，必待晚年更歷之多，然後知其不可也。大抵前輩議論不能無小不同，今兩存之，學者正好思索商量，非若汲公之論横渠，大本不同，其流有害也。

楊應之事以少見，故悉取之，亦變例也。恐可訪問，更增廣之。

楊於程門，亦未必在弟子列也。

呂進伯、和叔本當別出，以事少無本末，故附之與叔，甚非是。告訪問增益，別立兩條。臨川有薛氏，汲公甥也，可因人問之。

蘇博士語中胡公所論，蓋以越職言事，便非語默之當然。又以其得罪之重，知其言必有過當處耳。詞之未瑩，故若可疑。然蘇乃元符末年應詔上書，恐未可以越職罪之也。此事吾輩更合商量，非特爲蘇公之是非也。

楊公墓志首尾聯貫，不容剪截，故全書之，亦變例也。胡公所辨發明述作之意最爲有功，似不可去。

胡公行狀取屏斥學生事，乃爲作學録、行學規之様轍，非獨爲後來論列張本也。然明道叙述中亦有如此者，劉立之記罷判武學事。伊川存而不去，蓋欲備見事情。雖知氣象之小，而不得避也。其他浮辭多合删節，當時失於草草耳。卷首諸公，當時以其名實稍著，故不悉書。自今觀之，誠覺曠闕。但此間少文字，乏人檢閲，須仗伯恭與諸朋友共成之也。

校記 〔一〕肉食：原作「酒肉」，據宋閩、浙本改。

〔二〕卒：原作「率」，據右引改。

〔三〕事：原作「老」，據右引改。

編年 朱熹編成淵源録并寄吕祖謙在乾道九年末，見年譜長編所考。其與之商榷必在此後不久，或在次年也。書信編年列在淳熙七年，恐二人討論不應遲至數年之久。書末「須仗伯恭與諸朋友共成之也」之語，亦似初草求正之言，故不取書信編年之説也。書札彙編以爲作在是年七月或稍後。

答吕伯恭 淳熙八年

熹昨見奇卿，敬扣之以比日講授次第，聞只令諸生讀左氏及諸賢奏疏，至於諸經、論、孟，則恐學者徒務空言而不以告也。不知是否？若果如此，則恐未安。蓋爲學之序，爲己而後可以及人，達理然後可以制事。故程夫子教人先讀論、孟，次及諸經，然後看史，其序不可亂也。若恐其徒務空言，但當就論、孟經書中教以躬行之意，庶不相遠。至於左氏奏疏之言，則皆時事利害，而非學者切身之急務也。其爲空言，亦益甚矣。而欲使之從事其間而得躬行之實，不亦背馳之甚乎？愚見如此，不敢不獻所疑，惟高明裁之。

編年 此書難以詳考，書信編年姑列於淳熙七年。據文集卷三十四答呂伯恭第四十二書末云「因奇卿人還附此」，此書云「熹昨見奇卿」，似當作在一時。彼書作於淳熙八年正月，據以繫之。蓋朱熹時尚在南康，奇卿者往謁，朱熹嘗托其還浙之人捎信呂祖謙也。

答劉子澄 紹興三十年四月

四月十三日，左迪功郎、監潭州南岳廟朱熹謹西向再拜，復書主簿學士足下：熹至愚極陋，自幼事事不能及人。顧乃不自度量，妄竊有意於古人爲己之學。雖講之有年矣，而未始有聞也。徒以從事之久，足迹相接於先生長者之門，反復論辨，不絕於一二友朋之口，是以人或以務學之名歸之。而世之不識其面目，不接其言議者，遂相與疑之，以爲是果何如人也。誠使一日見其面目，聽其辭氣而徐察其所爲，則冗然一庸人耳，其不唾之而去者幾希。執事以盛年壯氣、清節直道發軔進塗，既有聞於當世矣，而說學好問之意勤勤有加，又將有意於古人爲己之學者而然邪？誠如是，則所以取友而輔仁者，擇之亦宜審矣。乃道聽於人，枉道垂顧，以禮於名爲務學而未始有聞之庸人，畀之手書，辭高而禮下。熹誠不佞，不識執事於夫人之言何所取信，而遽爲謙屈以至於此也。既又留連竟日，告語不倦，雖疏食菜羹，相與共之，略無厭怠之色，則又疑執事真若有取於熹者。顧樸陋荒淺，殆不能有以裨補一二爲慚，率意妄言，間亦自知其可笑也。然則執事果何所取於斯哉？恐懼增劇，因風陳布，莫究所懷。連日快晴，計已次昭武矣。承顔盡歡，退有怡怡之樂，爲况良不惡。向暑，千萬以時自重。

編年　據年譜長編。書信編年則推測其作於紹興三十一年或稍後。

答劉子澄 乾道六年

來書深以異學侵畔爲憂，自是而憂之，則有不勝其憂者。惟能於講學體驗處加功，使吾胸中洞然無疑，則彼自不能爲吾疾矣。若不求衆理之明而徒恃片言之守，則雖早夜憂虞，僅能不爲所奪，而吾之胸中初未免於憒憒，則是亦何足道？顧老兄專以聖賢之言反求諸身，一一體察，須使一一曉然無疑，積日既久，自當有見。但恐用意不精，或貪多務廣，或得少爲足，則無由明爾。熹比來温習，略見日前所未到一二大節目，頗覺省力。但昏弱之姿，執之不固，尤悔日積，計有甚於吾友之所患者。乃承訪以所疑，使將何辭以對耶？然以所聞質之，則似不可不兩進也。程夫子曰：「涵養須用敬，進學則在致知。」此二言者，體用本末無不該備。試用一日之功，當得其趣。不然，空抱疑悔，不惟無益，反有害矣。夫涵養之功，則非他人所得與，在賢者加之意而已。若致知之事，則正須友朋講學之助，庶有發明。不知今者見讀何書？作如何究索？與何人辨論？惟毋欲速，毋蓄疑，先後疾徐適當其可，則功日進而不窮矣。因書或有以見教，勿憚辭費，熹亦不敢不盡愚也。向見前輩有志於學而性涉猶豫者，其内省甚深，下問甚切，然不肯沛然用力於日用間，以是終身抱不決之疑，此可以爲戒而不可以爲法也〔一〕。

伯恭近通問否？比亦嘗附一書，不知達否。所示三録，極有警發人處，然亦有合商量者。所云只被公家學佛，又顧子敦治通典之説，此兩條曾與伯恭商量否？既云從容侍食，告語之詳，而又云云，則疑若有欲告而不得盡之意。既云專治通典，使應變浹洽，而元祐經筵駁議，乃似未始略知今古之人，此不知亦有説耶？如未嘗語及，告因書爲扣伯恭，却以見教爲幸。今世學者語高則淪於空寂，卑則滯於形器，中間正當緊要親切合理會處，却無人留意，此道之所以不明不行，而邪説暴行所以肆行而莫之禁也。不知伯恭後來見得此事如何。所欲言似此者非一，無由面論，徒增耿耿。

校記 〔一〕此以上又見別集卷五丁仲澄，乃誤收，當刪。

編年 此書「不可以爲法也」以上又見別集卷五丁仲澄，收入臨漳語録，乃紹熙二年作。然自「伯恭近通問否」以下又絶非紹熙間所作，以吕祖謙卒於淳熙八年也。故此篇乃二書合成，前半作於紹熙二年，或誤收於子澄名下；後半以本卷編序觀之，依王懋竑朱子年譜列乾道六年或近之。

答劉子澄 乾道六年

反復書辭，具悉近況。但學者正欲胸中廓然大公，明白四達，方於致知窮理有得力處。今乃追咎往昔，念念不忘，竊恐徒自煎熬，無復理義悦心之味也。程子所謂「迫切不中理，則反爲不誠」，亦正慮此耳。升高自下，陟遐自邇，能不遺寸晷而不計近功〔二〕，則終必有至矣。如何如何？張、吕時得書，有所講論，然亦頗有未定者，未欲報去也。大抵聖賢立言本自平易，而平易之中其旨無窮。今必推之使高，鑿之使深，是未必真能高深而固已離其本指，喪其平易無窮之味矣。所論緑衣篇意極温厚，得學詩之本矣。但添入外來意思太多，致本文本意反不條暢，此集傳所以於諸先生之言有不敢盡載者也。試更思之，如何？

校記　〔一〕晷：原作「略」，據宋閩、浙本改。

編年　據書信編年。按篇末言及集傳，指詩集傳，成於淳熙四年，故有所疑。書信編年以「張、吕時得書」爲二人同居都下，似勉强，時得二人書不必二人皆居都下也。下篇不亦言「頃與欽夫、伯恭論之甚詳，亦皆有反復」乎？姑置此俟考。書札彙編則直據言及集傳而繫於淳熙五年或稍後。

答劉子澄 乾道八年壬辰

知言之書用意精切，但其氣象急迫，終少和平。又數大節目亦皆差誤，如性無善惡，心爲已發，先知後敬之類，皆失聖賢本指。頃與欽夫、伯恭論之甚詳，亦皆有反復。雖有小小未合，然其大概亦略同矣。文字頗多，未能寫去，又有掎摭前輩之嫌，亦不欲其流傳也。然此等文字且未須看，俟自家於論、孟諸經平易明白處見得分明無疑，然後可以逐一考究，判其是否。固未可盡以爲是，亦未易輕以爲非也。

天運不息，品物流形，無萬物皆逝而已獨不去之理。故程子因韓公之嘆而告之曰：「此常理從來如是，何嘆焉？」此意已分明矣。韓公不喻，而曰：「老者行去矣。」故夫子又告之曰：

「公勿去可也。」以理之所必無者曉之，如首篇所云「請别尋一個好底性來，换了此不好底性著」之意爾。及公自知其不能不去，則告之曰：「不能則去可也。」言亦順夫常理而已。反復此章之意只如此，恐不必於「不去」處别求道理也。

明道德性寬大，規模廣闊；伊川氣質剛方，文理密察，其道雖同而造德各異。故明道嘗爲條例司官，不以爲浼，而伊川所作行狀，乃獨不載其事。明道猶謂青苗可且放過，而伊川乃於西監一狀較計如此，此可謂不同矣。然明道之放過，乃孔子之獵較爲兆；而伊川之一一理會，乃孟子之不見諸侯也。此亦何害其爲同耶？但明道所處是大賢以上事，學者未至而輕議之，恐失所守。伊川所處雖高，然實中人皆可跂及，學者只當以此爲法，則庶乎寡過矣。然又當觀用之淺深、事之大小，裁酌其宜，難執一意，此君子所以貴窮理也。横渠龍女衣冠事，却是一時偶見未到。若見得到，横渠必不肯放過。蓋此乃禮官職事，使明道當之，亦不肯放過也。

劉、李、游、楊四公所到固未敢輕議，然如所論，亦近之矣。但却不專爲仕宦奪志而然，蓋劉、李未嘗不仕，游、楊非固徇俗，自其所見有淺深，故所就有純駁耳。大抵學問緊要是見處要得透徹，然不自主敬致知上著功夫，亦無入頭處也。

學者所志固當大，至於論事，則當視己之所處與所論之事、所告之人而爲淺深，則無失言失人之患，出位曠官之責矣。吾學若果未至，見若果未明，既未能自信，且不爲人所信，則寧退而自求耳。言而背其所學，用而不副其言，皆不可也。

卒章所問甚切，在賢者處之，必已熟矣，淺陋何足以及此？然竊謂此事難以言語定論，須且虚心觀理，積習功夫，令一日之間胸次洞然，則隨事隨物無不各有一定之理矣。無補於事而秖以取名固所不爲〔一〕，然亦有義所當爲，而或疑於二者，則亦不得而避也。如此處極要斟酌，須是理明義精，則源源自見，不待問人矣。

校記　〔一〕秖：原作「秪」，據宋閩、浙本改。

編年　題下原注「壬辰」。

答劉子澄 淳熙五年

此間文字修改不定，朝成暮毁，甚覺可笑，直卿必能言之。所喻學者心粗，愛看見成義理，此亦人之通患。但雖如此，終是須要自家玩味浹洽，考訂精詳，方信得及。通計亦是許多工夫也。綱目亦修得二十許卷，此一卷是正本五卷。義例益精密，上下千有餘年，亂臣賊子真無所匿其形矣。恨相去遠，不得少借餘力，一加訂正。異時脱稿，終當以奉累耳。

近看温公論東漢名節處，覺得有未盡處。但知黨錮諸賢趨死不避爲光武、明、章之烈，而不知建安以後，中州士大夫只知有曹氏，不知有漢室，却是黨錮殺戮之禍有以毆之也。且以荀氏一門論之，則荀淑正言於梁氏用事之日，而其子爽已濡迹於董卓專命之朝。及其孫彧，則遂爲唐衡之婿，曹操之臣，而不知以爲非矣。蓋剛大直方之氣折於凶虐之餘，而漸圖所以全身就事之計，故不覺其淪胥而至此耳。想其當時，父兄師友之間，亦自有一種議論文飾蓋覆，使驟而聽之者不覺其爲非而真以爲是，必有深謀奇計，可以活國救民於萬分有一之中也。邪説横流，所以甚於洪水猛獸之害，孟子豈欺予哉！年來讀書，只覺得此意思分明，參前倚衡，自不能舍。雖知以是爲人所惡，而終窮以死，其心誠甘樂之，不自以爲悔也。來喻之云，真知我者，尚何言哉！然亦願子澄深察此意，有以自振於頽波之中也。欽夫得書，云嘗得子澄書，於所謂云云者，亦頗有所疑也。

編年 據書信編年。

答劉子澄 淳熙十年秋

程子遺書廣東未寄來，道遠難督趣，甚撓人耳。近一朋友借得游先生家本，有鮑若雨録數條，頗佳，昨所未見也。他雜出者已一面編集，但殊費心力。知言已刊行，謹納一本，幸視至。暇日熟觀，亦發人意思也。周之想時過從，所論何事？異時來簿延平，則有承教之期矣。所諉記文非敢忘之，亦衮衮未暇，旦夕當思所以應命者，幸察。

編年 據書信編年。

答劉子澄 淳熙十年七月二十一日

七月二十一日，熹頓首再拜子澄通守奉常老兄：詹總幹、章参議兩致手帖，良以爲慰。比日秋已復涼，伏惟尊候萬福。熹五月間因曹挺之行附書，想已達矣。悲惱之餘，心氣間作，加以瘡腫諸疾交攻，更無一日寧帖，恐不復能支久矣。日前爲學緩於反己，追思凡百多可悔者。所論著文字，亦坐此病，多無著實處。回首茫然，計非歲月功夫所能救治，以此愈不自快。前時猶得敬夫、伯恭時惠規益，得以警省。二友云亡，耳中絶不聞此等語，因循婾惰，安得不至於此？今乃深有望於吾子澄，自此惠書，痛加鐫誨，乃君子愛人之意也。

朗灃之行，覽觀山川，感今慨古，亦足償其勞矣。又有同行令弟感發精進，此尤可樂者。恐有行記，撰録一時之勝，願以見寄也。李丈到闕，未聞有何大議論。經筵直宿，足以從容啓沃，亦非細事也。游誠之聞到三山已久，一向不得書。其人强敏可喜，而忮狠之根不除，又計較世俗利害太切切，恐不免上蔡「鸚鵡」之譏耳。許生初意其飄然無累，方欲約之來此教小兒，今聞其既授室，此事又差池矣。塊坐窮山，無嚴師畏友之益，其不爲小人之歸也鮮矣。奈何奈何！直卿赴試長沙，病於清江，賴向丈診視之。前日聞得，亟遣人往覓信，至今兩旬未還，甚令人懸心。然必是已向安，遂西行矣。此間後生中只有渠尚可望，但亦傷太狹耳。昨渠行時，亦屬令過省景陽、公度，不知病後能枉道經由否。

小學書曾爲整頓否？幸早爲之，尋便見寄，幸幸。昨來奉報，只欲如此間所編者。今細思之，不若來教規模之善。但今所編皆法制之語，若欲更添「嘉言」、「善行」兩類，即兩類之中自須各兼取經史子集之言，其説乃備。但須約取，勿令太泛乃佳。如管仲「畏威如疾」之語，心每愛之。文章尤不可泛，如離騷忠潔之志固亦可尚，然只正經一篇，已自多了。此須更子細決擇。敘古蒙求亦太多，兼奥澀難讀，恐非啓蒙之具。却是古樂府及杜子美詩意思好，可取者多，令其喜諷詠，易入心，最爲有益也。來喻又有避主張程氏之嫌，程氏何待吾輩主張？然立言垂訓，事關久遠，亦豈當避此嫌耶？其詳雖已見於近思，然其一言半句，灼然親切，不可不使後學早聞而先入者，自不妨特見於此書也。若只欲其合於世俗而使庸人愛之，則符讀書城南一篇足矣，何事勞吾人捃摭之功哉？

荒田如何措置？能録示其施行條目爲幸。更如何勸得離軍歸正人情願耕佃尤佳。向曾於封事中及此，去冬奏對，猶蒙上記憶宣喻，以爲善也。學校頗得人表率否？不然，亦恐無益，徒費錢糧耳。精舍四言并十詠幸早爲賦之。適得祁師忠書，聞書堂中元前後可立木〔一〕。又寄得所爲編定武當集録，甚簡當。但與王叔堅、林質夫論兵一二篇頗佳，何爲不録耶？

熹向承見語有爲昆弟之約，未敢遽信。而忽蒙加以非據之稱，一向因循，不得辭避。今欲復尋故約而罷去無實之稱，如蒙報書，須用此禮，即大幸也。千萬痛察痛察。社記得爲撰數十言，敘致本末，亦使拙者省得一半氣力，尤妙。

荆州地勢四平，其守當在外，楚人所謂「方城爲城，漢水爲池」是也。若不能守，直至城下，則無説矣。

校記　〔一〕木：原作「本」，據宋閩、浙本改。

編年 據書信編年。

答劉子澄 淳熙六年八月九日

行記甚佳，但人説天池光怪有飛空往來，或入檐楹，或出自房闥者，與所記不類，豈偶有所遺？抑所見適止此耶？此爲陳實之屬，無足深怪。世人胸次昏憒隘狹，自以爲疑耳。此記流傳，亦足以少祛其惑也。

編年 此篇實乃與劉子澄寺簿書中之一段，全文見本書遺集卷一，作於淳熙六年八月九日，參見該篇所考。

答劉子澄 淳熙十一年春

熹一出三月，歸已迫歲。病軀幸無他，臂痛竟不脱然去體，但不甚妨事，可置不問。却是精神困憊，目力昏暗，全看文字不得，甚覺害事耳。舊書且得直卿在此商量，逐日改得些少，比舊儘覺精密。且令寫出净本，未知向後看得又如何也。

到泉南，宗司教官有陳葵者，處州人，頗佳。其學似陸子静，而温厚簡直過之。但亦傷不讀書，講學不免有杜撰處。又自信甚篤，不可回耳。後生中亦有一二可教，其一已入陳君保社，其一度今歲當來此。然亦恐只堪自守，未必可大望。自餘則更是難指望，此甚可慮。蓋世俗啾喧，自其常態，正使能致焚坑之禍，亦何足道？却是自家這裏無人接續，極爲可憂耳。

讀所寄文字，切切然有與世俗争較曲直之意，竊謂不必如此。若講學功夫實有所到，自然見得聖人所謂「不知不愠」不是虚語。今却爲只學人弄故紙，要得似他不俗，過了光陰，所以於此都無實得力處。又且心知其爲玩物喪志而不能决然舍棄，此爲深可惜者。且既謂之玩物喪志，便與河南數珠不同，彼其爲此，正是恐喪志耳。班范外事不知編得於己分有何所益？於世教有何所補？而埋没身心於此，不得超脱，亦無惑乎子静之徒高視大言而竊笑吾徒之枉用心也！且羅守之賢如此，與之同官相好，乃不能補其所不足，而反益其所有餘，又從而自陷焉，亦獨何哉？數年來，此道不幸，朋舊凋喪，區區所望以共扶此道者，尚賴吾子澄耳。今乃如此，令人悼心失圖，悵然累日，不知所以爲懷。不審子澄能俯聽愚言而改之乎？不然則已矣，無復有望於此世矣。奈何奈何！

小學書却非此比，幸早成之。精舍詩拈筆可就，亦不妨早見寄也。羅守之文，可謂有意於古矣。社壇記已寫送似矣，此是狀體文章，不古不今，不知是何亂道。而人來求不已，殊不可曉，但可笑耳。于尉策題亦不易，此等人且收拾教减得分數，亦是一事。桃原詩卷甚佳，但李習之復性書已有禪了，石林考其年是未見藥山時作。必是有此根苗，韓公不曾斬截得斷，後來遂張主耳。詩中所辯，却恐未必然也。向丈詩初亦未解，承喻乃荷其見愛之深，當因書謝之也。拙詩并序録呈。韓丈爲作記來，意態閑暇，甚可愛。渠更欲改一二處，未及寫去也。祁居之論兵處，何爲不取？願聞其説。説易詩誠可疑也。

濂溪書堂聞規摹甚廣，鄙意恐不必如此。將來無人住得，亦只是倒了。不若裁損制度而壯其材植，更爲買少田以贍守者，使其可以長久，乃爲佳耳。壽安銘乃大佳，恨得之晚。今亦當刻版散施也。趙蘄水書來，聞嘗就取「庶人」章解。當時草草，説得不周遍。後在會稽，因探禹穴，見壁間有古靈勸喻文，愛其言簡切有理，因刻印散之。凡投牒者，亦人與一本〔二〕，并刻石置臺門外。今各往一通，恐亦可散施，或有益也。公度聞近到建昌娶婦，甚念一見之而不可得，奈何奈何！因書更勸其向裏做工夫，莫又錯了路頭也。知通不受互送罪不在專殺譚、賴之下，可惜不作一章劾了，少快公論耳。一笑一笑。

然老兄宿逋已盡償，又有菜飯可吃，又已穿壙買棺，可謂了事快活人。如僕則債未盡償，食米不足，將來不免永作祠官，方免溝壑。儉德亦方用力，但惜乎其已晚耳。有意入閩相見，甚善。熹固衰憊，意老兄未至此。然觀來書，説得亦可畏，誠不可不謀一再會合。但恐諸公迫於公議，有不得已而相挽者，或能敗此約耳。然若能遂吐至言，力扶公議，則其功不細，又不敢以私計不遂爲恨也。

楊子直何爲到彼？相聚幾日？曾説廟學配祀升黜之議否？不合與晁家人相聚來，遂一向與孟子不足，亦可怪也。三山見趙子直，稍款。莆中過龔實之墓下，并見其子弟，令人感嘆。陛辭論恢復，乃是勸勿輕舉之意，反遭醜詆，甚可傷耳。

校記〔一〕人與：原倒，據宋閩、浙本乙。

編年 據書信編年。

與劉子澄 淳熙十一年

吴生之傳，甚駭人聽，不謂禍根乃爾。近日此類非一，不了官事，連累平人，其勢駸駸，恐未遽已，使人憂懼。奈何奈何！襄陽之役不爲無補，細讀來書及詩，令人慨嘆。此事未知將來分付甚人，天意必有在矣。吾徒之力，無如之何，只有講學修身，傳扶大教〔一〕，使後生輩知有此道理，大家用力，庶幾人材風俗他日有以爲濟世安民之助而已。

所喻戲謔本欲詞之巧而然，此固有之。然亦是自家有此玩侮之意以爲之根，而日用之間流轉運用，機械活熟，致得臨事不覺出來。又自以爲情信詞巧主於愛人，可以無害於義理，故不復更加防遏，以至於此。蓋不惟害事，而所以害於心術者尤深。昔横渠先生嘗言之矣。見近思之四〔二〕。此當痛改，不可緩也。近覺所聞所知真實行得，令人大段歡喜，與尋常會得説得不同。此不可不知，不可不勉也。博雜之病，亦是把做小事忽略了，以爲不足以喪人之志，又不自知是自家病痛，却以應副人情爲解。此亦是大病，非小病，須痛斬截也。吾人未老先衰，餘日幾何？而費日力於此，却於自家身心上都不著力，豈不是顛倒迷惑之甚耶？

小學書却與此殊科，只用數日功夫便可辦，幸早成之，便中遺寄也。得公度書，有哭弟之悲，又云甚窘，深以爲念。地遠無力，不能少助之爲恨。季章甚不易，比來作何功夫？須更切己用力，乃有實頭進步處耳。此間學者未有大段可分付者，然亦有一二，將來零星揍合，或可大家扶持也。

校記　〔一〕扶：宋浙本作「持」。
〔二〕「之」字原在「見」字下，據右引移。

編年　據書信編年。

與劉子澄淳熙十二年二月

喻及治財聽訟望祀之意，甚善。所刻之書皆有益，但小學惜乎太遽，又不蒙潤色耳。近略修改，每章之首加以本書或本人名字，又別爲題詞韻語，庶便童習。今謾録去一觀，他時有暇，終望爲補故事之缺也。羅集等異時刻就，各求一二本。端良止此，極可傷惜。信道不及，亦是合下看得記誦詞章太重了，後來又於此得味，所以一向不肯放下，未必專爲禁忌指目也。若使見得此道理重，便斬作萬段，亦須向前，豈容復有顧慮耶？

近年道學外面被俗人攻擊，裏面被吾黨作壞，婺州自伯恭死後，百怪都出。至如子約，別説一般差異底話，全然不是孔孟規模，却做管商見識，令人駭嘆。然亦是伯恭自有些拖泥帶水，致得如此，又令人追恨也。子静一味是禪，却無許多功利術數。目下收斂得學者身心，不爲無力。

然其下稍無所據依，恐亦未免害事也。

去年被人强作張吕畫贊及敬夫集序，今并録呈。婺州學者甚不樂也。李丈奏議行狀可得一觀，幸甚。甚恨不得一見此老，然讀其書，却是大模樣，大手段，非如一種左右掇拾、委曲計校小小家計，爲無用之學也。他時與羅鄂州小集皆願附名於其後，然亦只能作題跋，無力做得大文字也。被薌林向丈來催後序，正冗，未能下筆。近得書，乃以死見要，甚令人皇恐也。社記樸拙粗疏，不成文字，不知端良以爲如何。渠文字細密，有經緯可愛，真如來喻之云也。

汝昭歲前到山間，只得一宿，便發病遽歸。近聞尚未全安。渠却是將護太過，易得生疾耳。伯起聞已到官，想經由必款曲。居晦近一再相會，皆爲人多，説話不得。旦夕無事，當招其入山，或過武夷相聚數日也。蔡季通、劉韜仲諸人近日皆長進，潘德夫之子友端廷對甚切直，尤延之甚愛之。爲同寮所抑，頗降其等。此不足計，渠兄弟皆好，此輩後生將來皆可望也。

熹又三四日，祠禄便滿。前日因便已託尤延之爲再請，勢必得之。食貧，不得已復爲此舉，甚不滿人意。前此聞諸人頗有蓋抹之意，决難承當，此不過徒與談者藉口耳。然若得其用汝昭故事，亦可優游卒歲也。不審明者以爲如何？

建陽有丘伯興者，字敦詩，廉謹質實，今爲武安節度推官。得書云趙清獻嘗爲此官，嘗即廨舍營一堂，求名以見師慕趙公之意。熹爲名曰「愛直」，蓋取碑額云爾。渠復求記，以不暇作辭之。已語之，將爲轉求於子澄矣，不識能爲作否？此亦好題目，得勉爲出數語爲幸。

公度不及别書，向來諸生頗復來集否？離群之後，誰更進益耶？西山詩蘇、黄之外，却是三孔有筆力，但不知所謂「攙搶枉矢」指何人耳。晁、張一時聲價如此，詩在衆人中未覺穎出也。此等小技，直是有定分，况其大者，功力不到處，可强耶？廣陵歸塗必取道浙中，到衢、信間，能略見過，唤集朋友説話數日否？老矣多病，後會不可知，此日足可惜也。

編年 據書信編年。

與劉子澄 淳熙十二年七月九日

諸書今歲都修得一過，比舊儘覺簡易條暢矣，恨不得呈似商量也。小學見此修改，益以古今故事，移首篇於書尾，使初學開卷便有受用，而末卷益以周、程、張子教人大略及鄉約、雜儀之類别爲下篇，凡定著六篇。更數日方寫得成，恨仲叔不能等候，得後便當附呈也。

知欲一來建安，甚善甚善。前書亦嘗奉問，欲就中路深僻處相聚數時，不知曾踏逐得此去處否？麻姑當是佳處，但聞去城差近，不免人事之擾，却不濟事耳。武夷結茅雖就，然亦苦此。覺得却是朋友直來相訪，只就書院中寢食，則都無外面閑人相擾也。晉陵將來如何？尤丈得書，亦云甚願得賢守臨之，但恐難合耳。今豐守稍正當，諸司已不樂之，不知將來竟如何。前此似有相物色作史官者，今又寂然，想又有不主張者〔一〕。此等自有時節，但景色日見不佳，萬一不免，即難出手耳。

向丈「著甚來由」之語，是此老子受用得力處，然却不是薌林句法也。序文極力只做得如此，却是好個題目，所恨筆力弱耳。仲叔來此，前此在社倉宿食，相去差遠，近方移來閤下，渠又告歸。其人資性平和，看文字亦易曉，然似亦習成閑懶，離群之後全不曾做得功夫。到此方討册子看，便未有可商量處。如倉庫無紅腐貫朽之積，軍士無超距投石之勇，只是旋收旋支，或鼓或罷，終是不成頭緒。已向渠説，别後惜取光陰，須看教滿肚疑難，不能得相見，相見後三五日説不透，方是長進也。希仲相見，每問動静，亦甚以晋陵之行爲慮也。居晦才力有餘，晦伯、韜仲恐不及。然意趣則皆可喜。誠之久不相見，不知後來游諸賢間所進如何。但向覺其物我太深，胸中不甚坦夷，此甚礙著事耳。

伯恭無恙時愛説史學，身後爲後生輩糊塗説出一般惡口小家議論，賤王尊霸，謀利計功，更不可聽。子約立脚不住，亦曰「吾兄蓋嘗言之」云爾。中間不免極力排之，今幸少定。然其强不可令者，猶未肯竪降幡也。但昨日得婺人書云，子約五月間得眩瞀之疾，繼以藏府不安，或作或止。地遠，未得安信，甚令人念之也。子静寄得對語來，語意圓轉渾浩，無凝滯處，亦是渠所得效驗。但不免有些禪底意思〔二〕。昨答書戲之云：「這些子恐是葱嶺帶來。」渠定不伏。然實是如此，諱不得也。近日建昌説得動地，撑眉努眼，百怪俱出，甚可憂懼。渠亦本是好意，但不合只以私意爲主，更不講學涵養，直做得如此狂妄。世俗滔滔，無話可説，有志於學者又爲此説引去，真吾道之不幸也。

公度書來，似有此病痛，不知季章如何？學問固是須著勇猛，然此勇猛却要有個用處。若只兩手握拳，努筋著力，枉費十分氣力，下稍無可成就，便須只是怪妄而已。吴伯起資質本是大段昏弱，故得此氣力，便能振厲而短長相補，不至於怪。然亦失之偏枯，恐不能大有所就。若資性中本有些子精神，被此發作，如陽藏人吃却伏火丹砂，其不發狂者幾希矣〔三〕。近日因看大學，見得此意甚分明。聖賢已是八字打開了，但人自不領會，却向外狂走耳。

所寄諸書刻皆佳。端良之亡，爲可惜也。然其文意亦傷冗，乃是困於所長耳。郡守題名記法戒甚備，射亭詞筆皆佳，不知兩君爲如何人也。

校記　〔一〕不：原缺，據宋閩、浙本補。

〔二〕有：原缺，據右引補。

〔三〕矣：原作「耳」，據右引改。

編年　據書信編年。題下原注「七月九日」。

與劉子澄 淳熙十三年春

衡陽改命，不省所繇。今日忽聞蘇訓直又有别與近次之命，此於取舍之際，不無可疑。不審何以處之？計必有定論，不容草草也。學館答問甚佳，曾君亦不易得，但亦須有的當存主處，此等始爲有助耳。家塾祀夫子，於古未聞。若以義起，當約釋菜禮爲之乃佳。開元、政和兩書必有之，可參考也。時令之書恨未得見，不知所補於家國者何事爲急？因便幸示及，并喻及子細也。子路不能變化氣質之論，言之不難，政懼行之不易，是以難輕言耳。周子有言：「聖人之教，使人自易其惡，自至其中而已爾。」竊意如子路者，可謂能易其惡矣。若至其中一節功夫，則雖夫子每每提撕，然未見其有用力處也。人百己千者終可必至，宜若登天則終不可及，兩論正自不同，又何疑耶？大學近再看過，方見得下手用功處路陌徑直。日前看得誠是不切，亂道誤人也。

趙子直入蜀，前日至武夷別之。亦與説游誠之、周居晦，渠却云今只要尋個不説話底人。看此議論，似已怕此一等人了，宜乎作貴人也。更進一步，便參到周子充地位矣。張甥向學不易得，可喜。但讀大學章句恐無長進，須向裏面尋討實下手處乃佳耳。直卿去冬暫歸，今已復來。仁卿亦來相訪，見在此，意思亦甚好也。

便人告行，復作此附之，未能盡所欲言。但念果爲湖南之行，即相望益遠，令人作惡耳。宋憲樂善愛民，可與共事。諸子頗有意向學，但前此未得師友，今在彼又爲戴溪鶻突。若到彼，可力與救拔，亦一事也。

編年 據書信編年。

與劉子澄 淳熙十三年秋

使至，辱誨示，得聞到郡諸況，深用慰喜。信後秋深益熱，恭惟尊候萬福。條教所先，必有以大慰遠人之望者，不審謂何？今既累月，上下亦必已相安矣。酒引竟作如何處置？宋憲亦當可商量。天下事有極要委曲者。趙子直在此，講求臨汀鹽法利病甚悉，竟以諸司議論不一而罷，甚可惜。然亦是渠合下不與漕司商量之過，不可專罪他人也。居官無修業之益，若以俗學言之，誠是如此。若論聖門所謂德業者，却初不在日用之外，只押文字，便是進德修業地頭，不必編綴異聞，乃爲修業也。近覺向來爲學實有向外浮泛之弊，不惟自誤，而誤人亦不少。方別尋得一頭緒，似差簡約端的，始知文字言語之外真別有用心處，恨未得面論也。

浙中後來事體大段支離乖僻，恐不止似正似邪而已。極令人難説，只得皇恐，痛自警省，恐未可專執舊説以爲取舍也。小學能爲刊行，亦佳。但須更爲稍加損益乃善。近得韓丈書云，如鄧攸縛子於樹之屬，似涉已甚，恐此等處誠可削也。若不欲盡去其事，且刊前此語亦佳耳。史傳中嘉言善行及近世諸先生教人切近之語，亦多有未載者。更望刷出補入，乃爲佳也。衡州劉德老，宋憲嘗言之，二君却未聞。僻郡有此，亦可喜。此間却自艱得也。

編年　據書信編年。

與劉子澄 淳熙十五年

老兄歸來無事，又得祠禄添助俸餘，無復衣食之累，杜門讀書，有足樂者。不審比來日用事復如何？且省雜看，向裏做些功夫爲善。

熹病雖日衰，然此意思却似看得轉見分明親切。歲前看通書極力説個「幾」字，儘有警發人處。近則公私邪正，遠則廢興存亡，只於此處看破，便斡轉了。此是日用第一親切工夫，精粗隱顯，一時穿透。堯舜所謂「惟精惟一」，孔子所謂「克己復禮」，便是此事。食芹而美，甚欲獻之吾君也。

去歲作高彦先祠堂記，前日漳守方送來，今往一本。此等議論亦觸時忌，會帶累人吃章也。廬陵舊學子却須聚集，高、劉諸人頗長進否？今日無事可爲，只有收拾後生，磨礲成就，是著得力處。而此間朋友鼓作不起，深爲可慮。不知彼中如何？更望留意，以身率之，乃所望也。

向讀女戒，見其言有未備及鄙淺處，伯恭亦嘗病之。間嘗欲別集古語，如小學之狀，爲數篇，其目曰「正静」，曰「卑弱」，曰「孝愛」，曰「和睦」，曰「勤謹」，曰「儉質」，曰「寬惠」，曰「講學」。班氏書可取者，亦删取之。如「正静」篇，即如杜子美「秉心忡忡，防身如律」之語，亦可入。凡守身事夫之事皆是也。「和睦」謂宜其家人，「寬惠」謂逮下無疾妒，凡御下之事。病倦不能檢閲，幸更爲詳此目有無漏落，有即補之而輯成一書，亦一事也。向見所編家訓，其中似已該備。只就彼采擇，更益以經史子集中事，以經爲先，不必太多，精擇而審取之尤佳也。

編年 據書信編年。

與劉子澄 淳熙十五年

承寄示所和鴻慶舊詩，三復感嘆。但麻鞋之契，今何敢望有如此事耶？槐陰詩文講卷皆佳，季章蓋所謂爲切問近思之學者，真不易得。但似有迫切狹吝之意，見得道理到處十分到，不到處亦十分不到。想見都不讀書理會文義，雖理會，亦是先將己意向前攙斷，扭捏主張，所以有來喻云云之病。景陽又忒寬慢，自己分上想見是不親切也。公度向時得見，資質儘過諸人，但後來覺得亦有局促私吝之意，不知今又如何也。

卷子隨看，各以鄙見批在紙背，請更詳之。似此講論，初聞之以爲當有益，故嘗往求問目，欲令諸生條對。以今觀之，則問者本無所疑而答者初無所見，多是臨時應課塞白。似此講論，恐無所益。又有一種切己病痛：日用功夫只在當人著實向前，自家了取，本不用與人商量，亦非他人言説所能干預。縱欲警覺同志，只合舉起話頭，令其思省，其聞之者亦只合猛省提掇，向自己分上著力，不當更著言語，論量應對。如人有病，只合急急求藥；既得藥，只合急急服餌，不當更著言語形容此病，更著言語贊嘆此藥也。今將實踐履事却作閑言語説了，方其説時，意在於説而不在於行，此恐不惟無益，而又反有害也。以愚見觀之，似不若將聖賢之書大家講究一件，有疑即問，有見即答，無疑無見者，不必拘以課程，如此却似實有功夫，不枉了閑言語。不知老兄以爲如何也。

編年　據書信編年。

國家社科基金西部項目

朱熹文集編年評注

第五册

（宋）朱熹 著
郭齊 尹波 編注

福建省政協文化文史和學習委員會 編

海峽出版發行集團
THE STRAITS PUBLISHING & DISTRIBUTING GROUP
福建人民出版社

朱熹文集編年評注卷三十六

書 陸陳辯答

答陸子壽 淳熙四年三四月間

蒙喻及祔禮，此在高明考之必已精密。然猶謙遜博謀，及於淺陋如此，顧熹何足以知之？然昔遭喪禍，亦嘗考之矣。竊以爲衆言淆亂，則折諸聖，孔子之言萬世不可易矣，尚復何說？況期而神之之意，揆之人情，亦爲允愜。但其節文次第，今不可考。而周禮則有儀禮之書，自始死以至祥禫，其節文度數詳焉。故温公書儀雖記孔子之言，而卒從儀禮之制。蓋其意謹於闕疑，以爲既不得其節文之詳，則雖孔子之言亦有所不敢從者耳。程子之説意亦甚善，然鄭氏説「凡祔，已反于寢，練而後遷廟」，左氏春秋傳亦有「特祀于主」之文，則是古人之祔固非遂徹几筵，程子於此恐其考之有所未詳也。開元禮之説，則高氏既非之矣。然其自説大祥徹靈坐之後，明日乃祔于廟，以爲不忍一日未有所歸，殊不知既徹之後，未祔之前，尚有一夕，其無所歸也久矣。凡此皆有所未安，恐不若且從儀禮。温公之説，次序節文亦自曲有精意，如檀弓諸説可見。不審尊兄今已如何行之？願以示教。若猶未也，則必不得已而從高氏之説。但祥祭之日未可撤去几筵，或還稍近廣處。直俟明日奉主祔廟然後撤之，則猶爲亡於禮者之禮耳。鄙見如此，不審高明以爲如何？

編年　據書信編年、書札彙編。

答陸子壽 淳熙四年夏

先王制禮，本緣人情。吉凶之際，其變有漸，故始死全用事生之禮。既卒哭祔廟，然後神之。然猶未忍盡變，故主復于寢而以事生之禮事之。至三年而遷于廟，然後全以神事之也。此其禮文見於經傳者不一，雖未有言其意者，然以情度之，知其必出於此無疑矣。其遷廟一節，鄭氏用穀梁練而壞廟之説，杜氏用賈逵、服虔説，則以三年爲斷。其間同異得失雖未有考，然穀梁但言壞舊廟，不言遷新主，則安知其非於練而遷舊主，於三年而納新主邪？至於禮疏所解鄭氏説，但據周禮「廟用卣」一句，亦非明驗。故區區之意竊疑杜氏之説爲合於人情也。來諭考證雖詳，其大概以爲既吉則不可復凶，既神事之則不可復以事生之禮接爾。竊恐如此非惟未嘗深考古人吉凶變革之漸，而亦未暇反求於孝子慈孫深愛至痛之情也。

至謂古者几筵不終喪而力詆鄭、杜之非，此尤未敢聞命。據禮，小斂有席，至虞而後有几筵，但卒哭而後不復饋食於下室耳。古今異宜，禮文之變，亦有未可深考者。然周禮自虞至祔曾不旬日，不應方設而遽徹之如此其速也。

又謂終喪徹几筵，不聞有入廟之説，亦非也。諸侯三年喪畢之祭，魯謂之「吉禘」，晋謂之「禘祀」，禮疏謂之「特禘」者是也。但其禮亡，而士大夫以下則又不可考耳。夫今之禮文，其殘闕者多矣，豈可以其偶失此文而遽謂無此禮耶？

又謂壞廟則變昭穆之位，亦非也。據禮家説，昭常爲昭，穆常爲穆，故書謂文王爲「穆考」，詩謂武王爲「昭考」。至左傳，猶謂畢、原、酆、郇爲「文之昭」，邘、晋、應、韓爲「武之穆」，則昭穆之位，豈以新主祔廟而可變哉？但昭主祔廟則二昭遞遷，穆主祔廟則二穆遞遷爾。此非今者所論之急，但謾言之，以見來説考之未精類此。

又謂古者每代異廟，故有祔于祖父祖姑之禮。今同一室，則不當專祔於一人。此則爲合於人情矣。然伊川先生嘗譏關中學禮者有役文之弊，而吕與叔以守經信古，學者庶幾無過而已，義起之事，正在盛德者行之。然則此等苟無大害於義理，不若且依舊説，亦夫子存羊愛禮之意也。熹於禮經不熟，而考證亦未及精，且以愚意論之如此，不審高明以爲如何？然亦不特如此，熹常以爲大凡讀書處事，當煩亂疑惑之際，正當虚心博采以求至當。或未有得，亦當且以闕疑闕殆之意處之。若遽以己所粗通之一説而盡廢己所未究之衆論，則非惟所處之得失或未可知，而此心之量亦不宏矣。閑并及之，幸恕狂妄。

編年　據書信編年、書札彙編。

評論　康熙御製文集第三集卷四十三：此文考據既精，而用意尤慎。即議禮一事，可悟進學之道。

答陸子美淳熙十三年

伏承示諭太極、西銘之失，備悉指意。然二書之説，從前不敢輕議，非是從人脚根，依他門户，却是反覆看來，道理實是如此，别未有開口處，所以信之不疑。而妄以己見輒爲之説，正恐未能盡發其奥而反以累之，豈敢自謂有扶掖之功哉？今詳來教及省從前所論，却恐長者從初便忽其言，不曾致思，只以自家所見道理爲是，不知却元來未到他地位，而便以己見輕肆抵排也。今亦不暇細論，只如太極篇首一句，最是長者所深排。然殊不知不言無極，則太極同於一物，而不足爲萬化之根；不言太極，則無極淪於空寂，而不能爲萬化之根。只此一句，便見其下語精密，微妙無窮。而向下所説許多道理條貫脉絡井井不亂，只今便在目前，而亘古亘今，攧撲不破。只恐自家見得未曾如此分明直截，則其所可疑者乃在此而不在彼也。

至於西銘之説，猶更分明。今亦且以首句論之。人之一身，固是父母所生，然父母之所以爲父母者，即是乾坤。若以父母而言，則一物各一父母。若以乾坤而言，則萬物同一父母矣。萬物既同一父母，則吾體之所以爲體者，豈非天地之塞；吾性之所以爲性者，豈非天地之帥哉？古之君子惟其見得道理真實如此，所以親親而仁民，仁民而愛物，推其所爲，以至於能以天下爲一家，中國爲一人，而非意之也。今若必謂人物只是父母所生，更與乾坤都無干涉，其所以有取於西銘者，但取其姑爲宏闊廣大之言以形容仁體而破有我之私而已，則是所謂仁體者全是虚名，初無實體，而小己之私却是實理，合有分別；聖賢於此却初不見義理，只見利害，而妄以己意造作言語，以增飾其所無，破壞其所有也。若果如此，則其立言之失，「膠固」二字豈足以盡之？而又何足以破人之梏於一己之私哉？

大抵古之聖賢千言萬語，只是要人明得此理。此理既明，則不務立論而所言無非義理之言，不務正行而所行無非義理之實，無有初無此理，而姑爲此言以救時俗之弊者。不知子靜相會，曾以此話子細商量否？近見其所論王通續經之說，似亦未免此病也。此間近日絕難得江西便，草草布此，却託子靜轉致。但以來書半年方達推之，未知何時可到耳。如有未當，切幸痛與指摘，剖析見教。理到之言，不得不服也。

編年 據書信編年。

評論 周大璋朱子古文讀本卷二答陸子美書：於太極實見得無形有理之妙，於西銘實見得分殊理一之妙，辨駁陸氏，足以拔其舌矣。而嘵嘵不已，甚矣陸氏之輕於立論也。此等文語雖朴直，而關係絕大，讀者詳之。

答陸子美 淳熙十三年冬

前書示諭太極、西銘之說，反復詳盡。然此恐未必生於氣習之偏，但是急迫看人文字，未及盡彼之情而欲遽申己意，是以輕於立論，徒爲多說而未必果當於理爾。且如太極之說，熹謂周先生之意恐學者錯認太極別爲一物，故著「無極」二字以明之。此是推原前賢立言之本意，所以不厭重複，蓋有深指。而來諭便謂熹以太極下同一物，是則非惟不盡周先生之妙旨，而於熹之淺陋妄説亦未察其情矣。

又謂著「無極」字便有虚無好高之弊，則未知尊兄所謂太極是有形器之物耶？無形器之物耶？若果無形而但有理，則無極即是無形，太極即是有理明矣，又安得爲虚無而好高乎？熹所論西銘之意，正謂長者以横渠之言不當謂乾坤實爲父母，而以「膠固」斥之，故竊疑之，以爲若如長者之意，則是謂人物實無所資於天地，恐有所未安爾，非熹本説固欲如此也。今詳來誨，猶以横渠只是假借之言，而未察父母之與乾坤，雖其分之有殊，而初未嘗有二體，但其分之殊則又不得而不辨也。

熹之愚陋，竊願尊兄更於二家之言少賜反復，寬心游意，必使於其所説如出於吾之所爲者而無纖芥之疑，然後可以發言立論而斷其可否，則其爲辨也不煩而理之所在無不得矣。若一以急迫之意求之，則於察理已不能精，而於彼之情又不詳盡，則徒爲紛紛，而雖欲不差不可得矣。然只此急迫即是來諭所謂氣質之弊，蓋所論之差處雖不在此，然其所以差者則原於此而不可誣矣。不審尊意以爲如何？

子静歸來，必朝夕得款聚。前書所謂異論卒不能合者，當已有定説矣。恨不得側聽其旁，時效管窺以求切磋之益也。延平新本龜山别録漫内一通。

近又嘗作一小卜筮書，亦以附呈。蓋緣近世説易者於象數全然闊略，其不然者又太拘滯支離，不可究詰，故推本聖人經傳中説象數者，只此數條，以意推之，以爲是足以上究聖人作易之本指，下濟生人觀變玩占之實用，學易者決不可以不知。而凡説象數之過乎此者，皆可以束之高閣而不必問矣。不審尊意以爲如何？

編年 據書信編年。

答陸子美 淳熙十四年

示諭縷縷，備悉雅意。不可則止，正當謹如來教，不敢復有塵瀆也。偶至武夷，匆匆布叙，不能盡所欲言。然大者已不敢言，則亦無可言者矣。

編年 據書信編年。

寄陸子静 淳熙十二年夏秋間

奏篇垂寄，得聞至論，慰沃良深。其規模宏大而源流深遠，豈腐儒鄙生所能窺測？不知對揚之際，上於何語有領會？區區私憂，正恐不免萬牛回首之嘆。然於我亦何病？語圓意活，渾浩流轉，有以見所造之深，所養之厚，益加嘆服。但向上一路未曾撥轉處，未免使人疑著，恐是葱嶺帶來耳。如何如何？一笑。熹衰病益侵，幸叨祠禄，遂爲希夷直下諸孫，良以自慶。但香火之地，聲教未加，不能不使人慨嘆耳。

編年 據書信編年。

答陸子静 淳熙十三年

昨聞嘗有丐外之請而復未遂，今定何如？莫且宿留否？學者後來更得何人？顯道得書云嘗詣見，不知已到未？子淵去冬相見，氣質剛毅，極不易得。但其偏處亦甚害事，雖嘗苦口，恐未必以爲然。今想到部，必已相見，亦嘗痛與砭磚否？道理雖極精微，然初不在耳目見聞之外，是非黑白，即在面前。此而不察，乃欲别求玄妙於意慮之表，亦已誤矣。熹衰病日侵，去年災患亦不少。此數日來，病軀方似略可支吾。然精神耗減，日甚一日，恐終非能久於世者。所幸邇來日用功夫頗覺有力，無復向來支離之病。甚恨未得從容面論，未知異時相見，尚復有異同否耳。

編年 據書信編年。

評論 程敏政書朱子答陸子七書：按以上七書，曰日用工夫頗覺有力，無復向來支離之病；曰近日方實見得向日支離之病；曰却始知此未免支離；曰覺得外馳，支離繁碎；曰向來説話有太支離處；曰向來誠是太涉支離；曰若只如此支離，漫無統紀，展轉迷惑，無出頭處。蓋朱子深悔痛艾於支離，而有味於陸子之言，既以之自咎，又以之語人，鞭策淬礪，極其警惻。所謂豪傑之才、聖賢之學，知有義理之公，而無彼我之見，百世之下，所當刻骨而師之者也。

答陸子静 淳熙十四年丁未五月二日

稅駕已久，諸況想益佳。學徒四來，所以及人者在此而不在彼矣。來書所謂利欲深痼者，已無可言。區區所憂，却在一種輕爲高論，妄生内外精粗之别，以良心日用分爲兩截，謂聖賢之言不必盡信，而容貌詞氣之間不必深察者。此其爲説乖戾很悖，將有大爲吾道之害者，不待他時末流之弊矣。不審明者亦嘗以是爲憂乎？此事不比尋常小小文義異同，恨相去遠，無由面論，徒增耿耿耳。李子甚不易知向學，但亦漸覺好高。鄙意且欲其著實看得目前道理事物分明，將來不失將家之舊，庶幾有用。若便如此談玄説妙，却恐兩無所成，可惜壞却天生氣質，却未必如乃翁樸實頭，無許多勞攘耳。

編年 題下原注「丁未五月二日」。

評論 宋元學案卷七十七：李雲者，興國人也，將家子。少時，欲合數百人爲盜，一日，見象山，翻然自悔，遂請業焉。亦嘗往見朱子，朱子以書告象山曰：「李子誠不易知向學，但亦漸覺好高。鄙意且欲其著實看得目前道理事物分明，將來不失將家之舊，庶幾有用。若便如此談玄説妙，却恐多無所成，反壞其天性氣質，却未必如乃翁，樸實頭地，無有許多勞攘也。」先生復見用於畢再遇帳下，稱良將。其家祠祀象山，以報其成就之恩。

答陸子静 淳熙十五年正月十四日

學者病痛誠如所諭，但亦須自家見得平正深密，方能藥人之病。若自不免於一偏，恐醫來醫條析見教，何幸如之！虛心以俟，幸因便見示。如有未安，却得細論，未可便似居士兄遽斷來章也。

編年 據書信編年。

答陸子静 淳熙十五年十一月八日

十一月八日，熹頓首再拜，上啓子静崇道監丞老兄：今夏在玉山，便中得書，時以入都，旋復還舍，疾病多故，又苦無便，不能即報。然懷想德義與夫象山泉石之勝，未嘗不西望太息也。比日冬温過甚，恭惟尊候萬福，諸賢兄、令子侄、眷集以次康寧，來學之士亦各佳勝。熹兩年冗擾，無補公私，第深愧歉。不謂今者又蒙收召，顧前所被已極叨逾，不敢冒進，以速龍斷之譏，已遣人申堂懇免矣。萬一未遂，所當力請，以得爲期。杜門竊廪，温繹陋學，足了此生。所恨上恩深厚，無路報塞，死有餘憾也。

前書誨諭之悉，敢不承教。所謂古之聖賢惟理是視，言當於理，雖婦人孺子有所不棄；或乖理致，雖出古書，不敢盡信，此論甚當，非世儒淺見所及也。但熹竊謂言不難擇而理未易明。若於理實有所見，則於人言之是非，不翅黑白之易辨，固不待訊其人之賢否而爲去取。不幸而吾之所謂理者或但出於一己之私見，則恐其所取舍未足以爲群言之折衷也。况理既未明，則於人之言恐亦未免有未盡其意者，又安可以遽絀古書爲不足信，而直任胸臆之所裁乎？

來書反復，其於無極、太極之辨詳矣。然以熹觀之，伏羲作易，自一畫以下，文王演易，自「乾元」以下，皆未嘗言太極也，而孔子言之。孔子贊易，自太極以下，未嘗言無極也，而周子言之。夫先聖後聖，豈不同條而共貫哉？若於此有以灼然實見太極之真體，則知不言者不爲少而言之者不爲多矣，何至若此之紛紛哉。今既不然，則吾之所謂理者，恐其未足以爲群言之折衷，又况於人之言有所不盡者又非一二而已乎？既蒙不鄙而教之，熹亦不敢不盡其愚也。

且夫大傳之太極者，何也？即兩儀、四象、八卦之理具於三者之先，而緼於三者之内者也。聖人之意，正以其究竟至極，無名可名，故特謂之太極。猶曰「舉天下之至極無以加此」云爾，初不以其中而命之也。至如「北極」之「極」，「屋極」之「極」，「皇極」之「極」，「民極」之「極」，諸儒雖有解爲中者，蓋以此物之極常在此物之中，非指「極」字而訓之以中也。極者，至極而已。以有形者言之，則其四方八面合輳將來，到此築底，更無去處；從此推出，四方八面都無向背，一切停匀，故謂之極耳。後人以其居中而能應四外，故指其處而以中言之，非以其義爲可訓中也。至於太極，則又初無形象方所之可言，但以此理至極而謂之極耳。今乃以中名之，則是所謂理有未明而不能盡乎人言之意者一也。

通書理性命章，其首二句言理，次三句言性，次八句言命，故其章内無此三字，而特以三字名其章以表之，則章内之言固已各有所屬矣。蓋其所謂「靈」，所謂「一」者，乃爲太極；而所初未嘗以是爲太極也。且曰「中焉止矣」，而又下屬於二氣五行、化生萬物之云，是亦復成何等文字義理乎？今來諭乃指其中者爲太極而屬之下文，則又理有未明而不能盡乎人言之意者二也。

若論「無極」二字，乃是周子灼見道體，迥出常情，不顧旁人是非，不計自己得失，勇往直前，説出人不敢説底道理，令後之學者曉然見得太極之妙不屬有無，不落方體。若於此看得破，方見得此老真得千聖以來不傳之秘，非但架屋下之屋、疊牀上之牀而已也。今必以爲未然，是又理有未明而不能盡人言之意者三也。

至於大傳既曰「形而上者謂之道」矣，而又曰「一陰一陽之謂道」，此豈真以陰陽爲形而上者哉？正所以見一陰一陽雖屬形器，然其所以一陰而一陽者，是乃道體之所爲也。故語道體之至極，則謂之太極；語太極之流行，則謂之道。雖有二名，初無兩體。周子所以謂之「無極」，正以其無方所，無形狀，以爲在無物之前，而未嘗不立於有物之後；以爲在陰陽之外，而未嘗不行乎陰陽之中；以爲通貫全體，無乎不在，則又初無聲臭影響之可言也。今乃深詆無極之不然，則是直以太極爲有形狀，有方所矣。直以陰陽爲形而上者，則又昧於道器之分矣。又於「形而上者」之上復有「况太極乎」之語，則是又以道上别有一物爲太極矣。此又理有未明而不能盡乎人言之意者四也。

至熹前書所謂「不言無極，則太極同於一物而不足爲萬化根本；不言太極，則無極淪於空寂而不能爲萬化根本」，乃是推本周子之意，以爲當時若不如此兩下説破，則讀者錯認語意，必有偏見之病，聞人説有即謂之實有，見人説無即以爲真無耳。自謂如此説得周子之意已是大煞分明，只恐知道者厭其漏洩之過甚，不謂如老兄者，乃猶以爲未穩而難曉也。請以熹書上下文意詳之，豈謂太極可以人言而爲加損者哉？是又理有未明而不能盡乎人言之意者五也。

來書又謂大傳明言「易有太極」，今乃言無，何耶？此尤非所望於高明者。今夏因與人言易，其人之論正如此。當時對之，不覺失笑，遂至被劾。彼俗儒膠固，隨語生解，不足深怪。老兄平日自視爲如何？而亦爲此言耶？老兄且謂大傳之所謂有，果如兩儀、四象、八卦之有定位，天地五行萬物之有常形耶？周子之所謂無，是果虛空斷滅，都無生物之理耶？此又理有未明而不能盡乎人言之意者六也。

老子「復歸於無極」，「無極」乃無窮之義。如莊生「入無窮之門，以游無極之野」云爾，非若周子所言之意也。今乃引之而謂周子之言實出乎彼，此又理有未明而不能盡乎人言之意者七也。

高明之學超出方外，固未易以世間言語論量，意見測度。今且以愚見執方論之，則其未合有如前所陳者。亦欲奉報，又恐徒爲紛紛，重使世俗觀笑。既而思之，若遂不言，則恐學者終無所取正。較是二者，寧可見笑於今人，不可得罪於後世。是以終不獲已而竟陳之，不識老兄以爲如何？

編年　據書信編年、年譜長編。書云「今夏在玉山，便中得書，時以入都，旋復還舍」，「不謂今者又蒙收召」，皆淳熙十五年以江西提刑入都奏事，旋辭歸，復召入朝事。其月日則具文中。

評論　周大璋朱子古文讀本卷二答陸子靜書：子靜之學，宗旨自禪學中來，又自滿自足，强辯取勝。朱子他書云：「老兄却是先立一説，務要突過有若子貢以上，更不數近世周程諸公。故於其言不問是非，一例吹毛求疵，須要討不是處。正使説得十分無病，此意却先不好了。況其言之粗率，又不能無病乎。此所以於無極二字不能通曉，便嘵嘵不休也。」書中「理有未明，不能盡乎人言之意」，正中他隱微深痼之疾。陸學所以得罪於聖門，流毒於後世者，此也。學者不能窺破底裏，反欲爲彼張其軍而助之焰，嗚呼，其亦不仁甚矣！

答陸子靜 淳熙十六年正月

來書云：「浙間後生貽書見規，以爲吾二人者所習各已成熟，終不能以相爲。莫若置之勿論，以俟天下後世之自擇。鄙哉言乎！此輩凡陋，沈溺俗學，悖戾如此，亦可憐也。」

熹謂天下之理有是有非，正學者所當明辨。或者之説誠爲未當，然凡辨論者，亦須平心和氣，子細消詳，反復商量，務求實是，乃有歸著。如不能然，而但於匆遽急迫之中肆支蔓躁率之詞，以逞其忿懟不平之氣，則恐反不若或者之言安静和平，寛洪悠久，猶有君子長者之遺意也。

來書云「人能洪道」止「敢悉布之」。

熹按此段所説規模宏大而指意精切，如曰「雖自謂其理已明，安知非私見蔽説」，及引大舜善與人同等語，尤爲的當。熹雖至愚，敢不承教。但所謂「莫知其非歸於一是」者，未知果安所決。區區於此亦願明者有以深察而實踐其言也。

來書云「古人質實」止「請卒條之」。

熹詳此説，蓋欲專務事實，不尚空言，其意甚美。但今所論「無極」二字，熹固已謂不言不爲少，言之不爲多矣。若以爲非，則且置之，其於事實亦未有害。而賢昆仲不見古人指意，乃獨無故於此創爲浮辨，累數百言，三四往返而不能已，其爲湮蕪亦已甚矣。而細考其間緊要節目，并無酬酢，只是一味慢罵虚喝，必欲取勝。未論顏曾氣象，只子貢恐亦不肯如此。恐未可遽以此而輕彼也。

來書云「尊兄未嘗」止「固自不同也」〔一〕。

熹亦謂老兄正爲未識太極之本無極而有其體，故必以「中」訓「極」，而又以陰陽爲形而上者之道。虚見之與實見，其言果不同也。

來書云「老氏以無」止「諱也」。

熹詳老氏之言有無，以有無爲二；周子之言有無，以有無爲一，正如南北水火之相反。更請子細著眼，未可容易譏評也。

來書云「此理乃」止「子矣」。

更請詳看熹前書曾有「無理」二字否？

來書云「極亦此」止「極哉」。

「極」是名此理之至極，「中」是狀此理之不偏。雖然同是此理，然其名義各有攸當，雖聖賢言之，亦未嘗敢有所差互也。若「皇極」之「極」，「民極」之「極」，乃爲標準之意。猶曰立於此而示於彼，使其有所向望而取正焉耳，非以其中而命之也。「立我烝民」，「立」與「粒」通，即書所謂「烝民乃粒，莫匪爾極」，則「爾」指后稷而言。蓋曰使我衆人皆得粒食，莫非爾后稷之所立者是望耳。「爾」字不指天地，「極」字亦非指所受之中。此義尤明白，似是急於求勝，更不暇考上下文。推此一條，其餘可見。「中者天下之大本」，乃以喜怒哀樂之未發，此理渾然，無所偏倚而言。太極固無偏倚而爲萬化之本，然其得名自爲「至極」之「極」，而兼有「標準」之義，初不以「中」而得名也。

來書云「以極爲中」止「理乎」。

老兄自以「中」訓「極」，熹未嘗以「形」訓「極」也。今若此言，則是己不曉文義，而謂他人亦不曉也。請更詳之。

來書云「大學、文言皆言知至」。

熹詳「知至」二字雖同，而在大學則「知」爲實字，「至」爲虚字，兩字上重而下輕，蓋曰「心之所知無不到」耳。在文言則「知」爲虚字，「至」爲實字，兩字上輕而下重，蓋曰「有以知其所當至之地」耳。兩義既自不同，而與太極之爲至極者又皆不相似。請更詳之。此義在諸説中亦最分明，請試就此推之，當知來書未能無失，往往類此。

來書云「直以陰陽爲形器」止「道器之分哉」。

若以陰陽爲形而上者，則形而下者復是何物？更請見教。若熹愚見與其所聞，則曰凡有形有象者，皆器也。其所以爲是器之理者，則道也。如是則來書所謂始終、晦明、奇偶之屬，皆陰陽所爲之器；獨其所以爲是器之理，如目之明，耳之聰，父之慈，子之孝，乃爲道耳。如此分別，似差明白。不知尊意以爲如何？此一條亦極分明，切望略加思索，便見愚言不爲無理，而其餘亦可以類推矣。

來書云「通書曰」止「類此」。

周子言「中」，而以「和」字釋之。又曰「中節」，又曰「達道」。彼非不識字者，而其言顯與中庸相戾，則亦必有説矣。蓋此「中」字是就氣稟發用而言其無過不及處耳，非直指本體未發，無所偏倚者而言也。豈可以此而訓「極」爲「中」也哉？來書引經必盡全章，雖煩不厭，而所引通書乃獨截自「中焉止矣」而下，此安得爲不誤？老兄本自不信周子，政使誤引通書，亦未爲害，何必諱此小失而反爲不改之過乎？

來書云「大傳」止「執古」。

大傳、洪範、詩、禮皆言極而已，未嘗謂極爲中也。先儒以此極處常在物之中央而爲四方之所面内而取正，故因以中釋之，蓋亦未爲甚失。而後人遂直以極爲中，則又不識先儒之本意矣。爾雅乃是纂集古今諸儒訓詁以成書，其間蓋亦不能無誤，不足據以爲古。又況其間但有以「極」

訓「至」，以「殷齊」訓「中」，初未嘗以極爲中乎？

來書云「又謂周子」止「道耳」。前又云「若謂欲言」止「之上」。

無極而太極，猶曰「莫之爲而爲，莫之致而至」，又如曰「無爲之爲」，皆語勢之當然，非謂別有一物也。向見欽夫有此説，嘗疑其贅。今乃正使得著，方知欽夫之慮遠也。其意則固若曰非如皇極、民極、屋極之有方所形象，而但有此理之至極耳。若曉此意，則於聖門有何違叛而不肯道乎？「上天之載」，是就有中説無；「無極而太極」，是就無中説有。若實見得，即説有説無、或先或後都無妨礙。今必如此拘泥，强生分別，曾謂不尚空言，專務事實，而反如此乎？

來書云「夫乾」止「自反也」。

太極固未嘗隱於人，然人之識太極者則少矣。往往只是於禪學中認得個昭昭靈靈能作用底，便謂此是太極，而不知所謂太極乃天地萬物本然之理，亘古亘今，顛撲不破者也。「迥出常情」等語，只是俗談，即非禪家所能專有，不應儒者反當回避。況今雖偶然道著，而其所見所説即非禪家道理，非如他人陰實祖用其説，而改頭换面，陽諱其所自來也。如曰「私其説以自妙而又秘之」，又曰「寄此以神其奸」，又曰「繫絆多少好氣質底學者」，則恐世間自有此人可當此語。熹雖無狀，自省得與此語不相似也。

來書引書云：「有言逆于汝心，必求諸道。」

此聖言也，敢不承教。但以來書求之於道而未之見，但見其詞義差舛，氣象粗率，似與聖賢不甚相近，是以竊自安其淺陋之習聞，而未敢輕舍故步以追高明之獨見耳。又記頃年嘗有平心之説，而前書見喻曰：「甲與乙辨，方各自是其説，甲則曰願乙平心也，乙亦曰願甲平心也。平心之説恐難明白，不若據事論理可也。」此言美矣。然熹所謂平心者，非直使甲操乙之見，乙守甲之説也，亦非謂都不論事之是非也，但欲兩家姑暫置其是己非彼之意，然後可以據事論理，而終得其是非之實。如謂治疑獄者當公其心，非謂便可改曲者爲直，改直者爲曲也，亦非謂都不問其曲直也。但不可先以己意之向背爲主，然後可以審聽兩造之辭，旁求參伍之驗，而終得其曲直之當耳。今以粗淺之心，挾忿懟之氣，不肯暫置其是己非彼之私，而欲評義理之得失，則雖有判然如黑白之易見者，猶恐未免於誤；況其差有在於毫釐之間者，又將誰使折其衷而能不謬也哉？

來書云「書尾」止「文耶」。

中間江德功封示三策，書中有小帖云：「陸子静策三篇，皆親手點對，令默封納。先欲作書，臨行不肯作。」此并是德功本語。不知來喻何故乃爾？此細事，不足言。世俗毁譽，亦何足計。但賢者言行不同如此，爲可疑耳。德功亦必知是諸生所答，自有姓名。但云是老兄所付，令寄來耳。

熹已具此，而細看其間亦尚有説未盡處。大抵老兄昆仲同立此論，而其所以立論之意不同。子美尊兄自是天資質實重厚，當時看得此理有未盡處，不能子細推究，便立議論，因而自信太過，遂不可回。見雖有病，意實無他。老兄却是先立一説，務要突過有若、子貢以上，更不數近世周、程諸公，故於其言不問是非，一例吹毛求疵，須要討不是處。正使説得十分無病，此意却先不好了。况其言之粗率，又不能無病乎？夫子之聖，固非以多學而得之。然觀其好古敏求，實亦未嘗不多學。但其中自有一以貫之處耳。若只如此空疏杜撰，則雖有一而無可貫矣，又何足以爲孔子乎？顏、曾所以獨得聖學之傳，正爲其博文約禮，足目俱到，亦不是只如此空疏杜撰也。子貢雖未得承道統，然其所知似亦不在今人之後，但未有禪學可改換耳。周、程之生，時世雖在孟子之下，然其道則有不約而合者。反覆來書，竊恐老兄於其所言多有未解者，恐皆未可遽以顏、曾自處而輕之也。顏子以能問於不能，以多問於寡，有若無，實若虛，犯而不校；曾子三省其身，惟恐謀之不忠，交之不信，傳之不習，其智之崇如彼而禮之卑如此，豈有一毫自滿自足，强辯取勝之心乎？來書之意，所以見教者甚至，而其末乃有「若猶有疑，不憚下教」之言。熹固不敢當此，然區區鄙見亦不敢不爲老兄傾倒也。不審尊意以爲如何？如曰未然，則「我日斯邁而月斯征」，各尊所聞，各行所知亦可矣，無復可望於必同也。言及於此，悚息之深，千萬幸察。

近見國史濂溪傳載此圖説，乃云「自無極而爲太極」。若使濂溪本書實有「自」、「爲」兩字，則信如老兄所言，不敢辨矣。然因渠添此二字，却見得本無此字之意愈益分明，請試思之。

校記 〔一〕自：原作「冒」，據宋浙本、明萬曆本改。

編年 據書信編年、年譜長編。

答陳同甫 淳熙九年正月

數日山間從游甚樂，分袂不勝悵然。君舉已到未？熹來日上剡溪，然不能久留，只一兩日便歸。蓋城中諸寄居力來言不可行，深咎前日衢、婺之行也。如此則山間之行不容復踐，老兄與君舉能一來此間相聚爲幸。官舍無人，得以從容，殊勝在道間闕置車中，不得終日相語也。君舉兄不敢遽奉問，幸爲深致此意，千萬千萬。戰國策、論衡二書并自注田説二小帙并往〔一〕，觀之如何也。所定文中子千萬携來。陳叔達説有韓公所定禮儀，尚未及往借也。别後鬱鬱，思奉偉論，夢想以之。臨風引領，尤不自勝。

校記 〔一〕二書：原作「一書」，據龍川文集附録此書改。

編年 據年譜長編、書信編年。

與陳同甫 淳熙九年七月

君舉竟未有來期，老兄想亦畏暑，未必遽能枉顧，勢須秋凉乃可爲期。但賤迹孤危，力小任重，政恐旦夕便以罪去耳。旱勢已成，三日前猶蒸鬱，然竟作雨不成。此兩日晨夜凄凉〔一〕，亭午慘烈，無復更有雨意。雖祈禱不敢不盡誠，然視州縣間政事無一可以召和而弭災者，未知將復作何究竟也。本欲俟旬日間力懇求去，緣待罪文字未報，未敢遽發。今遂遭此旱虐，如何更敢求自便？但恐自以罪罷則幸甚，不然，則未知所以爲計也。不審高明將何以見教也。

新論奇偉不常，真所創見。驚魂未定，未敢遽下語。俟再得餘篇，乃敢請益耳。婺人得錢守，比之他郡事體殊不同。他人直是無一點愛人底心，無醫治處也。趙倅之去甚可惜，鄙意亦欲具曾救荒官吏殿最以聞，以方俟罪，嫌於論功，遂不敢上。不知錢守曾再奏否？若其遂行，實可惜也。書義破題真張山人所謂「著相題詩」者，句意俱到，不勝嘆服。他文有可録示者，幸并五篇見教，洗此昏憒也。向説方巖之下伯恭所樂游處，其名爲何？其地屬誰氏？幸批示。近刊伯恭所定古易，頗可觀，尚未竟。少俟斷手，即奉寄。但恐抱膝長嘯人，不讀此等俗生鄙儒文字耳。社中諸友朋坐夏安穩，山間想見虛涼，無城市歊煩之氣。比所授之次第，亦可使聞一二乎？「可與立者，未可與權」，願明者之審此也。

校記 〔一〕日：原作「月」，據宋閩、浙本改。

編年 據書信編年、年譜長編。

答陳同甫 淳熙十年秋冬間

病中不能整理別頭項文字，閑取舊書諷詠之，亦覺有味，於反身之功亦頗有得力處，他亦不足言也。示喻見予之意甚厚，然僕豈其人乎！明者於是乎不免失言之累矣。震之九四，向來顔魯子以納甲推賤命，以爲正當此爻，常恨未曉其説。今同甫復以事理推配，與之暗合如此，然則此事固非人之所能爲矣。

附託之戒，敢不敬承。然其事之曲折，未易紙筆既也。叔昌所云初實有之，蓋意老兄上未及於無情，而下決不至於不及情，是以疑其未免乎此。今得來喻，乃知老兄遂能以義勝私如此，眞足爲一世之豪矣。而區區妄意，所謂淺之爲丈夫者，又以自愧也。

武夷九曲之中，比縛得小屋三數間，可以游息。春間嘗一到，留止旬餘。溪山回合，雲煙開斂，旦暮萬狀，信非人境也。嘗有數小詩，朋舊爲賦者亦多。薄冗，無人寫得，後便當寄呈求數語。韓丈亦許爲作記文也。此生本不擬爲時用，中間立腳不牢，容易一出，取困而歸。自近事而言，則爲廢斥；自初心而言，則可謂「爰得我所」矣。承許見顧，若得遂從容此山之間，款聽奇偉驚人之論，亦平生快事也。但聞未免俯就鄉舉，正恐自此騫騰，未暇尋此寂漠之濱耳。

策問前篇，鄙意猶守明招時説；後篇極中時弊，但須亦大有更張，乃可施行。若事事只如今日而欲廢法，吾恐無法之害又有甚於有法之時也。如何如何？去年十論，大意亦恐援溺之意太多，無以存不親授之防耳。後生輩未知三綱五常之正道，遽聞此説，其害將有不可勝救者，願明者之反之也。妄意如此，或未中理，更告反覆，幸幸！

李衛公集一本致几間。此公才氣事業當與春秋戰國時何人爲比，幸一評之，早以見寄。幸甚！

編年 據書信編年。

與陳同甫淳熙十一年四月

比忽聞有意外之禍，甚爲驚嘆。方念未有相爲致力處，又聞已遂辨白而歸，深以爲喜。人生萬事，真無所不有也。比日久雨蒸鬱，伏惟尊候萬福。

歸來想諸况仍舊，然凡百亦宜痛自收斂。此事合説多時，不當至今日。遲頓不及事，固爲可罪。然觀老兄平時自處於法度之外，不樂聞儒生禮法之論，雖朋友之賢如伯恭者，亦以法度之外相處，不敢進其逆耳之論，每有規諷，必宛轉回互，巧爲之説，然後敢發，平日狂妄深竊疑之，以爲愛老兄者似不當如此。方欲俟後會從容面罄其説，不意罷逐之遽，不及盡此懷也。今兹之故，雖不知所由，或未必有以召之，然平日之所積，似亦不爲無以集衆尤而信讒口者矣。老兄高明剛决，非吝於改過者。願以愚言思之，絀去義利雙行、王霸并用之説，而從事於懲忿窒欲、遷善改過之事，粹然以醇儒之道自律，則豈獨免於人道之禍，而其所以培壅本根、澄源正本，爲異時發揮事業之地者益光大而高明矣。荷相與之厚，忘其狂率，敢盡布其腹心。雖不足以贖稽緩之罪，然或有補於將來耳。不審高明以爲如何？悚仄悚仄。

編年 據書信編年、年譜長編。

答陳同甫淳熙十一年秋

昨聞汹汹，常託叔度致書奉問，時猶未知端的，不能無憂。便中忽得五月二十六日所示字，具審曲折，喜不可言。且得脱此虎口，外此是非得失，置之不足言也。林叔和過此，又得聞其事首末尤詳，是亦可嘆也已。還家之後，諸況如何？所謂少林面壁，老兄決做不得，然亦正不當如此，名教中自有安樂處。區區所願言者，已具之前書矣。大率世間議論不是太過即是不及，中間自一條平穩正當大路，却無人肯向上頭立腳，殊不可曉。老兄聰明非他人所及，試一思愚言，不可以爲平平之論而忽之也。偶有便，匆匆未暇索言。

編年 據書信編年、年譜長編。

答陳同甫〔一〕 淳熙十一年九月十五日

九月十五日，某頓首再拜同甫上舍老兄：夏中朱同人歸，辱書，始知前事曲折，深以愧嘆。尋亦嘗別附問，不謂尚未達也。兹承不遠千里專人枉書，尤荷厚意。且審還舍以來，尊候萬福，足以爲慰。即細詢來使〔二〕，又詳歸路戒心之由，重增嘆駭也。事遠日忘，計今處之帖然矣。熹衰病杜門，直此生朝〔三〕，孤露之餘，方深哽愴，乃蒙不忘，遠寄新詞，副以香果佳品；至於裘材，又出機杼，此意何可忘也！但兩詞豪宕清婉，各極其趣，而投之空山樵牧之社，被之衰退老朽之人，似太不著題耳。

示喻縷縷，殊激懦衷。以老兄之高明俊傑，世間榮悴得失本無足爲動心者。而細讀來書，似未免有不平之氣。區區竊獨妄意，此殆平日才太高，氣太鋭，論太險，迹太露之過，是以困於所長，忽於所短。雖復更歷變故，顛沛至此，而猶未知所以反求之端也。嘗謂「天理」、「人欲」二字，不必求之於古今王伯之迹，但反之於吾心義利邪正之間，察之愈密，則其見之愈明；持之愈嚴，則其發之愈勇。孟子所謂「浩然之氣」者，蓋斂然於規矩準繩不敢走作之中，而其自任以天下之重者，雖賁育莫能奪也。是豈才能血氣之所爲哉？

老兄視漢高帝、唐太宗之所爲，而察其心果出於義耶？出於利耶？出於邪耶？正耶？若高帝，則私意分數猶未甚熾，然已不可謂之無。太宗之心，則吾恐其無一念之不出於人欲也。直以其能假仁借義以行其私，而當時與之争者才能智術既出其下，又無有仁義之可借〔四〕，是以彼善於此而得以成其志耳〔五〕。若以其能建立國家、傳世久遠，便謂其得天理之正，此正是以成敗論是非，但取其獲禽之多而不羞其詭遇之不出於正也。千五百年之間，正坐如此，所以只是架漏牵補，過了時日。其間雖或不無小康，而堯、舜、三王、周公、孔子所傳之道，未嘗一日得行於天地之間也。

若論道之常存，却又初非人所能預。只是此個自是亘古亘今常在不滅之物，雖千五百年被人作壞，終殄滅他不得耳。漢、唐所謂賢君，何嘗有一分氣力扶補得他耶〔六〕？至於儒者成人之論，專以儒者之學爲出於子夏，此恐未可懸斷。而子路之問成人，夫子亦就其所及而告之。故曰「亦可以爲成人」〔七〕，則非成人之至矣。爲子路，爲子夏，此固在學者各取其性之所近，然臧武仲、卞莊子、冉求中間插一個孟公綽，齊手并脚，又要文之以禮樂，亦不是管仲、蕭何以下規模也。

向見祭伯恭文，亦疑二公何故相與聚頭，作如此議論。近見叔昌、子約書中説話，乃知前此此話已説成了〔八〕。亦嘗因答二公書力辨其説，然渠來説得不索性，故鄙論之發亦不能如此書之盡耳。老兄人物奇偉英俊〔九〕，恐不但今日所未見。向來得失短長，正自不須更挂齒牙〔十〕，向人分説。但鄙意更欲賢者百尺竿頭進取一步，將來不作三代以下人物，省得氣力爲漢唐分疏，即更脱灑磊落耳。李、孔、霍、張，則吾豈敢？然夷吾、景略之事，亦不敢爲同父願之也。

武夷諸詩能爲下一語否？韓記陸詩納呈。韓丈又有櫂歌，今并録去。大字甚荷不鄙，但尋常不曾爲寺觀寫文字，不欲破例。此亦拘儒常態，想又發一笑也。寄來紙却爲寫張公集句坐右銘去，或恐萬一有助於積累涵養、睟面盎背之功耳。

聞曾到會稽，丘宗卿頗款否？更曾與誰相見？項平父未受代否？曾游山否？越中山水氣象終是淺促，意思不能深遠也〔十一〕。武夷亦不至甚好，但近處無山，且隨分占取做自家境界。春間至彼，山高水長〔十二〕，紅緑相映，亦自不惡。但年來窘束殊甚，詩成屋未就，亦無人力可往來，每以爲念耳。

來人不欲久留，草草布此，不能盡所欲言。無物可伴書，古龍涎二兩，鍾乳四兩，藤枕一枚幸視入。更有近思録兩册，并以唐突，勿怪勿怪。尊嫂郎娘均慶！徐子才今在何處？或見，幸爲致意。向寒，珍重爲禱。有人之城，謾作數字寄叔度處，恐有便來此也。引領晤對，臨風悵然。不宣。熹頓首再拜。

校記

〔一〕此篇底本缺文較多，今换用淳熙本。
〔二〕即：原底本作「而」。
〔三〕直：原底本作「忽」。
〔四〕無：原底本作「不知」。
〔五〕志：原底本作「功」。
〔六〕補：原底本作「助」。
〔七〕爲：原缺，據原底本補。
〔八〕話：原作「語」，據原底本改。
〔九〕俊：原底本作「特」。
〔十〕牙：原作「頬」，據原底本改。
〔十一〕能：原缺，據原底本補。
〔十二〕長：原底本作「深」。

編年 據年譜長編、書信編年。

評論 周大璋朱子古文讀本卷二答陳同甫書：同甫才氣自是奇偉英特，但義利雙行，王霸並用，不能澄源正本，將來發揮事業，亦只在漢唐圈襀內。自云「堂堂之旗，正正之鼓，推倒一時之豪傑，開擴萬古之心胸」，似猶期許太過。看朱子屢書箴之，便可知其學問不醇處。

答陳同甫〔一〕 淳熙十二年二月十四日

熹頓首再拜同父上舍老兄：自頃人還，不得再附問，日以馳情。專人至止，忽奉誨示，獲聞即日春和，尊候萬福，感慰并集。且聞葺治園亭，規模甚盛，甚恨不得往同其樂而聽高論之餘也。「樓臺側畔楊花過，簾幕中間燕子飛」，只是富貴者事，做沂水舞雩意思不得，亦不是躬耕隴畝、抱膝長嘯底氣象。却是自家此念未斷，便要主張將來做一般看了。竊恐此正是病根，與平日議論同一關鍵也〔二〕。所需惡札一一納去，但抱膝詩以數日修整破屋，扶傾補敗，叢冗細碎，不勝其勞，無長者臺池之勝而有其擾，以此不暇致思。留此人等候數日，竟不能成。且令空回，俟旦夕有意思却爲作，附便以往也。二公詩皆甚高，而正則摹寫尤工，卒章致意尤篤，令人嘆息。所惜不曾向頂門上下一針，猶落第二義也。君舉得郡可喜，不知闕在何時？正則聞甚長進，此得其書甚久，不曾答得。前日有便，已寫了，復遺之。今以附納，幸爲致之。觀其議論，亦多與鄙意不同。此事儘索商量，但卒乍未能得相聚，便得相聚，亦恐未便信得及耳。令外舅何丈何時物故？今乃葬邪？墓額亦已寫去，似却勝六字。然回首向來道間相見，如昨日事，而便有幽明之隔。人世營營，欲何爲邪？坐右銘固知在所鄙棄，然區區寫去之意，却不可委之他人，千萬亟爲取以見還爲幸，自欲投之水火也〔三〕。他所誨諭，其説甚長。偶病眼，數日未愈，而來使留此頗久，告歸甚亟，不免口授小兒，別紙奉報。不審高明以爲如何？此已覺昏澀，不能盡所欲言。惟冀以時自愛，臨紙不勝馳情。二月十四日，熹頓首再拜上狀。

熹拜問：眷集伏惟佳慶，令郎爲學勝茂！從學諸君必有秀彦可與言者，恨未得見也。子才今得甚處差遣？欲作書，以未知此，寫不得。爲學甚篤，尤慰所懷，但未知所學何學耳。惠貺柑栗尤荷厚意，村落蕭然，無以伴書，金絲膾材十餅、紫菜少許，共作一小篭，幸視至。天民到官可喜，因見幸爲致意。旦夕有便，自拜書也。熹再拜。

校記 〔一〕此篇底本缺文較多，今換用淳熙本。

〔二〕一：原缺，據原底本補。鍵：原底本作「捩」。

〔三〕之：原缺，據原底本補。

編年 據年譜長編、書信編年。月日具文中。

評論 愛日齋叢鈔卷三：陳同甫治園池，爲柏屋三間，名曰抱膝齋，葉正則爲作抱膝吟二首。……陳君舉有寄題抱膝齋詩。……同甫復因書求題詠於文公，有云：「正則爲作抱膝吟二首，君舉作一首，詞語甚工，然猶説長説短，説人説我，未能盡暢抱膝之意也。同床各作夢，周公且不能學得，何必一一論到孔明哉？亮又自不會吟得，使此耿耿者無以自發。秘書高情傑句横出一世，爲亮作兩吟，其一爲和平之音，其一爲悲歌慷慨之音，使坐此屋而歌以自適，亦如常對晤也。去僕已別賫五日糧，令在彼候五七日不妨，千萬便爲一作。」文公辭之曰：「抱膝詩以數日修整破屋，扶傾補敗，叢冗細碎，不勝其勞，無長者池臺之勝而有其擾，以此不暇致思。留此人等候數日，竟不能成，且令空回，伺旦夕有意思，却爲作，附便以往也。二公詩皆甚高，而正則摹寫尤工，卒章致意尤篤，令人嘆息。所惜不曾向頂門上下一針，猶落第二義也。」又因書促之云：「許作抱膝吟，須如前書，得兩篇可長諷詠者。不必論到孔明抱膝長嘯，各家園池自有各家景致，但要得語言氣味深長耳。」又辭之云：「抱膝吟亦未遑致思，兼是前論未定，恐未必能發明賢者之用心，又成虚設。若於此不疑，則前所云者，便是一篇不押韻無音律底好詩，自不須更作也。」蓋是時問答義利王伯之論，意已寢異，故云「前論未定」。他日求之不已，其書有云：「連書求作抱膝吟，非求秘書粧撰而排連也，只欲眼前寫景色，道今昔之變，一爲和平之音，一爲慷慨悲歌，以娛其索居野處耳。信手直寫，便自抑揚頓挫，何必過於思慮以相玩哉。去奴留待幾日儘不妨，願試作意而爲之。」則又辭之曰：「抱膝吟久做不成，蓋不合先寄陳、葉二詩來，田地都被占却，教人無下手處也。況今病思如此，是安能復有好語，道得老兄意中事耶？」其後猶徵促甚力，而文公答語有云：「抱膝之約，非敢食言，正爲前此所論未定，不容草草下語，須伺他時相逢，彈指無言可説，方敢通個消息。但恐彼時又不須更作這般閑言語耳。」自淳熙乙巳有請，迨紹熙癸丑幾十年，訖不許。如晚諸陸務觀老學庵銘，亦不復肯作。先儒語默間，各有劑量也。

答陳同甫淳熙十二年春

來教累紙，縱横奇偉，神怪百出，不可正視。雖使孟子復生，亦無所容其喙，況於愚昧蹇劣，又老兄所謂賤儒者，復安能措一詞於其間哉？然於鄙意實有所未安者，不敢雷同，曲相阿徇，請復陳其一二，而明者聽之也。

來教云云，其説雖多，然其大概不過推尊漢唐，以爲與三代不異；貶抑三代，以爲與漢唐不殊。而其所以爲説者，則不過以爲古今異宜，聖賢之事不可盡以爲法，但有救時之志，除亂之功，則其所爲雖不必盡合義理〔一〕，亦自不妨爲一世英雄。然又不肯説此不是義理，故又須説天、地、人并立爲三，不應天地獨運而人爲有息。今既天地常存，即是漢唐之君只消如此，已能做得人底事業，而天地有所賴以至今。其前後反覆，雖縷縷多端，要皆以證成此説而已。若熹之愚，則其所見固不能不與此異，然於其間又有不能不同者。今請因其所同而核其所異，則夫毫釐之差、千里之繆將有可得而言者矣。

來書「心無常泯，法無常廢」一段，乃一書之關鍵。鄙意所同，未有多於此段者也；而其所異，亦未有甚於此段者也。蓋有是人則有是心，有是心則有是法，固無常泯常廢之理。但謂之無常泯，即是有時而泯矣。謂之無常廢，即是有時而廢矣。蓋天理人欲之并行，其或斷或續，固宜如此。至若論其本然之妙，則惟有天理而無人欲，是以聖人之教必欲其盡去人欲而復全天理也。若心，則欲其常不泯而不恃其不常泯也，法則欲其常不廢而不恃其不常廢也。所謂「人心惟危，道心惟微，惟精惟一，允執厥中」者，堯、舜、禹相傳之密旨也。夫人自有生而梏於形體之私，則固不能無人心矣。然而必有得於天地之正，則又不能無道心矣。日用之間，二者并行，迭爲勝負，而一身之是非得失、天下之治亂安危莫不係焉。是以欲其擇之精而不使人心得以雜乎道心，欲其守之一而不使天理得以流於人欲，則凡其所行，無一事之不得其中，而於天下國家無所處而不當。夫豈任人心之自危而以有時而泯者爲當然，任道心之自微而幸其須臾之不常泯也哉？夫堯、舜、禹之所以相傳者既如此矣，至於湯、武，則聞而知之，而又反之以至於此者也。夫子之所以傳之顔淵、曾參者此也，曾子之所以傳之子思、孟軻者亦此也。故其言曰：「一日克己復禮，天下歸仁焉。」又曰：「吾道一以貫之。」又曰：「道不可須臾離也，可離非道也。是故君子戒慎乎其所不睹，恐懼乎其所不聞。」又曰：「其爲氣也，至大至剛，以直養而無害，則塞乎天地之間。」此其相傳之妙，儒者相與謹守而共學焉，以爲天下雖大，而所以治之者不外乎此。

然自孟子既没，而世不復知有此學，一時英雄豪傑之士或以資質之美，計慮之精，一言一行偶合於道者，蓋亦有之；而其所以爲之田地根本者，則固未免乎利欲之私也。而世之學者稍有才氣，便自不肯低心下意做儒家事業、聖學功夫，又見有此一種道理，不要十分是當，不礙諸般作爲，便可立大功名，取大富貴，於是心以爲利，争欲慕而爲之。然又不可全然不顧義理，便於此等去處指其須臾之間偶未泯滅底道理，以爲只此便可與堯、舜、三代比隆，而不察其所以爲之田地本根者之無有是處也。

夫三才之所以爲三才者，固未嘗有二道也。然天地無心而人有欲，是以天地之運行無窮，而在人者有時而不相似。蓋義理之心頃刻不存則人道息，人道息則天地之用雖未嘗已，而其在我者則固即此而不行矣。不可但見其穹然者常運乎上，頽然者常在乎下，便以爲人道無時不立而天地賴之以存之驗也。夫謂道之存亡在人而不可舍人以爲道者，正以道未嘗亡而人之所以體之者有至有不至耳，非謂苟有是身則道自存，必無是身然後道乃亡也。天下固不能人人爲堯，然必堯之道行然後人紀可修，天地可立也。天下固不能人人皆桀，然亦不必人人皆桀而後人紀不可修，天地不可立也。但主張此道之人，一念之間不似堯而似桀，即此一念之間便是架漏度日，牽補過時矣。

且曰心不常泯而未免有時之或泯，則又豈非所謂半生半死之蟲哉？蓋道未嘗息而人自息之，所謂「非道亡也，幽、厲不由也」，正謂此耳。惟聖盡倫，惟王盡制，固非常人所及。然立心之本，當以盡者爲法，而不當以不盡者爲準。故曰：「不以舜之所以事堯事君，不敬其君者也；不以堯之所以治民治民，賊其民者也。」而況謂其非盡欺人以爲倫，非盡罔世以爲制，是則雖以來書之辨，固不謂其絕無欺人罔世之心矣。欺人者人亦欺之，罔人者人亦罔之，此漢唐之治所以雖極其盛，而人不心服，終不能無愧於三代之盛時也。

夫人只是這個人，道只是這個道，豈有三代、漢、唐之别？但以儒者之學不傳，而堯、舜、禹、湯、文、武以來轉相授受之心不明於天下，故漢唐之君雖或不能無暗合之時，而其全體却只在利欲上。此其所以堯、舜、三代自堯、舜、三代，漢祖、唐宗自漢祖、唐宗，終不能合而爲一也。今若必欲撤去限隔，無古無今，則莫若深考堯、舜相傳之心法，湯、武反之之功夫，以爲準則而求諸身；却就漢祖、唐宗心術微處痛加繩削，取其偶合而察其所自來，黜其悖戾而究其所從起，庶幾天地之常經、古今之通義有以得之於我；不當坐談既往之迹，追飾已然之非，便指其偶同者以爲全體，而謂其真不異於古之聖賢也。

且如約法三章固善矣，而卒不能除三族之令，一時功臣，無不夷滅；除亂之志固善矣，而不免竊取宫人私侍其父，其他亂倫逆理之事往往皆身犯之。蓋舉其始終而言，其合於義理者常少，而其不合者常多；合於義理者常小，而其不合者常大。但後之觀者於此根本功夫自有欠闕，故不知其非而以爲無害於理。抑或以爲雖害於理，而不害其獲禽之多也。觀其所謂學成人而不必於儒，攬金、銀、銅、鐵爲一器而主於適用，則亦可見其立心之本在於功利，有非辨説所能文者矣。

夫成人之道，以儒者之學求之，則夫子所謂「成人」也。不以儒者之學求之，則吾恐其畔棄繩墨，脱略規矩，進不得爲君子，退不得爲小人。正如攬金、銀、銅、鐵爲一器，不唯壞却金銀，而銅鐵亦不得盡其銅鐵之用也。荀卿固譏游、夏之賤儒矣，不以大儒目周公乎？孔子固稱管仲之功矣，不曰「小器而不知禮」乎？「人也」之説，古注得之。若管仲爲當得一個人，則是以子産之徒爲當不得一個人矣。聖人詞氣之際不應如此之粗厲而鄙也。

其他瑣屑，不能盡究。但不傳之絶學一事，却恐更須討論，方見得從上諸聖相傳心法，而於後世之事有以裁之而不失其正。若不見得，却是自家耳目不高，聞見不的，其所謂洪者，乃混雜而非真洪；所謂慣者，乃流徇而非真慣。竊恐後生傳聞，輕相染習，使義、利之别不明，舜、跖之塗不判，眩流俗之觀聽，壞學者之心術，不唯老兄爲有識者所議，而朋友亦且陷於收司連坐之法。此熹之所深憂而甚懼者，故敢極言以求定論。若猶未以爲然，即不若姑置是事而且求諸身，不必徒爲譊譊，無益於道，且使卞莊子之徒得以竊笑於旁而陰行其計也。

校記 〔一〕必：原缺，據淳熙本補。

編年 據年譜長編、書信編年。

評論 周大璋朱子古文讀本卷二答陳同甫書：同甫以漢唐事功不異唐虞三代，便是認人欲爲天理，壞人心術不淺。文公於性術則斥象山，於事功則斥同甫，爲其於聖賢本原差謬，爲天下萬世防閑慮深遠也。不然，嘵嘵多言，徒相爲訾，豈聖賢之心哉？

答陳同甫 淳熙十二年春夏間

示喻縷縷，備悉雅意。然區區鄙見，常竊以爲亘古亘今只是一體，順之者成，逆之者敗，固非古之聖賢所能獨然，而後世之所謂英雄豪傑者，亦未有能舍此理而得有所建立成就者也。但古之聖賢從本根上便有惟精惟一功夫，所以能執其中，徹頭徹尾，無不盡善。後來所謂英雄，則未嘗有此功夫，但在利欲場中頭出頭没，其資美者乃能有所暗合而隨其分數之多少以有所立。然其或中或否，不能盡善則一而已。來喻所謂「三代做得盡，漢、唐做得不盡」者，正謂此也。然但論其盡與不盡而不論其所以盡與不盡，却將聖人事業去就利欲場中比并較量，見有仿佛相似，便謂聖人樣子不過如此，則所謂毫釐之差、千里之繆者，其在此矣。且如管仲之功，伊、吕以下誰能及之？但其心乃利欲之心，迹乃利欲之迹，是以聖人雖稱其功，而孟子、董子皆秉法義以裁之，不少假借。蓋聖人之目固大，心固平，然於本根親切之地，天理人欲之分，則有毫釐必計，絲髮不差者。此在後之賢所以密傳謹守以待後來，惟恐其一旦舍吾道義之正以徇彼利欲之私也。今不講此，而遽欲大其目、平其心以斷千古之是非，宜其指鐵爲金，認賊爲子而不自知其非也。

若夫點鐵成金之譬，施之有教無類、遷善改過之事則可，至於古人已往之迹，則其爲金爲鐵固有定形，而非後人口舌議論所能改易久矣。今乃欲追點功利之鐵，以成道義之金，不惟費却閑心力，無補於既往，正恐礙却正知見，有害於方來也。若謂漢唐以下便是真金，則固無待於點化，而其實又有大不然者。蓋聖人者，金中之金也。學聖人而不至者，金中猶有鐵也。漢祖、唐宗用心行事之合理者，鐵中之金也。曹操、劉裕之徒，則鐵而已矣。夫金中之金乃天命之固然，非由外鑠，淘擇不浄，猶有可憾。今乃無故必欲棄舍自家光明寶藏而奔走道路，向鐵鑪邊查礦中撥取零金，不亦誤乎？帝王本無異道，王通分作兩三等，已非知道之言。且其爲道，行之則是，今莫之禦而不爲，乃謂不得已而用兩漢之制，此皆卑陋之説，不足援以爲據。若果見得不傳底絕學，自無此蔽矣。今日許多閑議論，皆原於此學之不明，故乃以爲笆籬邊物而不之省。其爲唤銀作鐵，亦已甚矣。

來諭又謂「凡所以爲此論者，正欲發儒者之所未備，以塞後世英雄之口而奪之氣，使知千塗萬轍，卒走聖人樣子不得」。以愚觀之，正恐不須如此費力。但要自家見得道理分明，守得正當，後世到此地者，自然若合符節，不假言傳。其不到者，又何足與之争耶？況此等議論正是推波助瀾，縱風止燎，使彼益輕聖賢而愈無忌憚，又何足以閉其口而奪其氣乎？

熹前月初間略入城，歸來還了幾處人事，遂入武夷。昨日方歸，冗甚倦甚，目亦大昏，作字極艱。草草布此，語言粗率，不容持擇，千萬勿過。其間亦有瑣細曲折不暇盡辨，然明者讀之，固必有以深得其心，不待其詞之悉矣。

何丈墓文筆勢奇逸，三復嘆息不能已。挽詩以心氣衰弱，不能應四方之求，多所辭却。近不得已，又不免辭多就少，隨力應副，往往皆不能滿其所欲。今若更作此，即與墓額犯重，破却見行比例矣。且乞蠲免，如何如何？抱膝吟亦未遑致思，兼是前論未定，恐未必能發明賢者之用心，又成虛設。若於此不疑，則前所云者便是一篇不押韻、無音律底好詩，自不須更作也。如何如何？

編年　據書信編年、年譜長編。

評論　見本卷答陳同甫書第七。

周大璋朱子古文讀本卷二答陳同甫書：較前兩篇更明暢。同甫見此，猶不細心體認，固執己見，此所以終於雜霸，無竿頭進步也。

答陳同甫 淳熙十二年秋

誨諭縷縷，甚荷不鄙。但區區愚見，前書固已盡之矣。細讀來諭，愈覺費力。正如孫子荆「洗耳」、「礪齒」之云，非不雄辨敏捷，然枕流漱石，終是不可行也。已往是非不足深較，如今日計，但當窮理修身，學取聖賢事業，使窮而有以獨善其身，達則有以兼善天下，則庶幾不枉爲一世人耳。

編年　據書信編年。

答陳同甫淳熙十三年秋冬間

方念久不聞動静，使至，忽辱手書，獲聞近况，深以爲喜。且承雅詞下逮，鄭重有加，副以蜀縑、佳果、吴牋，益見眷存之厚。顧衰病支離，霜露悽惻，無可以稱盛意者，第增愧怍耳。「吃緊些兒」之句，尤荷高明假借之重，然鄙儒俗生，何足語此？咏嘆以還，不知所以報也。

熹今年夏中粗似小康，涉秋，兩爲鄉人牽挽，蔬食請雨，積傷脾胃，遂不能食，食亦不化。中間調理稍似復常，又爲腳氣發動，用藥過冷，今遂大病，疲乏不可言。丹附乳石，平日不敢向口者，今皆雜進，尚未見效。意氣摧頹，如日將暮，恐不得久爲世上人矣。

來喻衮衮，讀之惘然。反復數過，尚不能該其首末。蓋神思之衰落如此，况能相與往復，上下其論哉？向來讀書頗務精熟，中間亦幸了得數書，自謂略能窺見古人用心處，未覺千歲之爲遠。然亦無可告語者，時一思之以自笑耳。其間一二有業未就，今病已矣，不能復成書矣。不知後世之子雲、堯夫復有能成吾志者否？然亦已置之，不能復措意間也。只今日用功夫，養病之餘，却且收拾身心，從事於古人所謂小學者，以補前日粗疏脱略之咎，蓋亦心庶幾焉，而力或有所未能也。仝父聞之，當復見笑。然韓子所謂「斂退就新懦，趨營悼前猛」者，區區故人之意，尚不能不以此有望於高明也。如何如何？此外世俗是非毁譽，何足挂齒牙間？細讀來書，似於此未能無小芥蔕也。大風吹倒亭子，却似天公會事發，彼洛陽亭館又何足深羡也？嘗論孟子「説大人則藐之」，孟子固未嘗不畏大人，但藐其巍巍然者耳。辦得此心，即更掀却卧房，亦且露地睡，似此方是真正大英雄人。然此一種英雄，却是從戰戰兢兢、臨深履薄處做將出來。若是血氣粗豪，却一點使不著也。伯恭平時亦嘗説及此否？此公今日何處得來！然其於朋友不肯盡情，亦使人不能無遺恨也。

抱膝吟久做不成，蓋不合先寄陳、葉二詩來，田地都被占却，教人無下手處也。況今病思如此，是安能復有好語，道得老兄意中事耶？承欲爲武夷之游，甚慰所望。但此山冬寒夏熱，不可居。惟春暖秋涼，紅緑紛葩，霜清木脱，此兩時節爲勝游耳。今春纔得一到，而不暇宿。秋來以病，未能再往，職事甚覺弛廢。若得來春命駕，當往爲數日款也。但有一事處之不安，不敢不布聞。私居貧約，無由遣人往問動静，而歲煩遣介存問生死，遂爲故事。既又闕然不報，而坐受此過當之禮，雖兄不以爲譴，而實非愚昧所敢安也。自此幸損此禮，因人入城時，以一二字付叔度、子約俾轉以來，亦足以道情素，不爲莫往莫來者矣。如何如何？

編年　據書信編年、年譜長編。

評論　見本卷答陳同甫書第七。

答陳同甫 淳熙十三年以後

熹衰病如昨，不足言。但所見淺滯，只是舊時人。承喻正則自以爲進，後生可畏，非虚言也。想已相見，必深得其要領，恨不得與聞一二。然自度愚暗，於老兄之言尚多未解，政使得聞，決是曉會不得。如前書所報一二條，計於盛意必是未契。又如今書所喻「過分不止」之説，亦區區所未喻。如僕所見，却是自家所以自處者未能盡絕私意之累，而於所以開導聰明者未盡其力爾。故夬以五陽之盛而比一陰，猶欲決之，故其繇曰：「揚于王庭，孚號有厲，告自邑，不利即戎，利有攸往。」蓋雖危懼自修，不極其武，而揚庭孚號，利有攸往，初不顧後患而小却也。拙詩前已拜禀，大字固當如戒，但恨未識錢君，不知其所謂「正」與「大」者爲如何，未敢容易下筆也。

來詩有「大正志學」之語，逢時報主，深悉雅志。此在高明必已有定論，非他人所得預。然所謂「不能自爲時」者，則又非區區所敢聞也。但願老兄毋出於先聖規矩準繩之外，而用力於四端之微，以求乎究公之所樂，如其所以告於巍巍當坐之時之心，則其行止忤合付之時命，有不足言矣。就其不遇，獨善其身，以明大義於天下，使天下之學者皆知吾道之正而守之以待上之使令，是乃所以報不報之恩者，亦豈必進爲而撫世哉。佛者之言曰：「將此身心奉塵刹，是則名爲報佛恩。」而杜子美亦云：「四鄰耒耜出〔一〕，何必吾家操？」此言皆有味也。夫聖賢固不能自爲時，然其仕久止速，皆當其可，則其所以自爲時者亦非他人之所能奪矣，豈以時之不合而變吾所守以徇之哉。

校記　〔一〕耒耜：原作「來報」，據杜詩大雨改。

編年 書信編年以文集排序姑列淳熙十三年或其後，姑置於此。書札彙編則置於十四年初。

評論 見本卷答陳同甫書第七。

答陳同甫 紹熙四年癸丑九月二十四日

自聞榮歸，日欲遣人致問，未能，然亦嘗附鄰舍陳君一書於城中轉達，不知已到未也。專使之來，伏奉手誨，且有新詞厚幣佳實之況。感認不忘之意，愧怍亡喻。然衰晚病疾之餘，霜露永感，每辱記存始生，過爲之禮，秪益悲愴，自此告略去之也。比日秋陰，伏惟尊候萬福。熹既老而病，無復强健之理。比灼艾後，始粗能食，然亦未能如舊。且少寬旬月，未即死耳。

新詞宛轉，説盡風物好處。但未知「常程正路」與「奇遇」是同是別，「進御」與「不進御」相去又多少？此處更須得長者自下一轉語耳。老兄志大宇宙，勇邁終古，伯恭之論無復改評。今日始於後生叢中出一口氣，蓋未足爲深賀。然出身事主，由此權輿，便不碌碌，則異時事業亦可卜矣。但來書諸論，鄙意頗未盡曉。如云「無動何以示易」，不知今欲如何其動？如何其易？此其區處必有成規，恨未得聞其詳也。又如「二者相似而實不同」處，亦所未喻。若如鄙意，則須是先得吾身好，黨類亦好，方能得吾君好，天下國家好。而所謂好者，又有虛實、大小、久近之不同。若自吾身之好而推之，則凡所謂好者皆實、皆大而又久遠。若不自吾身推之，則彌縫掩覆，雖可以苟合於一時，而凡所謂好者，皆爲他日不可之病根矣。蓋修身事君，初非二事，不可作兩般看。此是千聖相傳正法眼藏，平日所聞於師友而竊守之。今老且死，不容改易。如來喻者，或是諸人事宜，非老僕所敢聞也。

不知象先所論與此如何？向見此公差强人意，恨未得款曲，盡所懷耳。此中今夏不雨，早稻多損。秋初一雨，意晚稻可望。今又不雨多日，山間得霜又早，次第亦無全功。幸日下米價低平，且爾遣日，未知向後如何耳。抱膝之約，非敢食言。正爲前此所論未定，不容草草下語。須俟他時相逢，彈指無言可説，方敢通個消息。但恐彼時又不須更作這般閑言語耳。人還，姑此爲報。未即會晤，千萬以時自愛，倚俟詔除。

編年 題下原注「癸丑九月二十四日」。

評論 見本卷答陳同甫書第七。

朱熹文集編年評注卷三十七

書問答論事〔一〕

校記　〔一〕宋浙本題注作「前輩平交往復」。

與籍溪胡原仲先生紹興三十年七月

熹拜覆正字丈丈尊前：熹拜違教席，忽已月餘，瞻慕之誠，食息不置。即日秋暑未闌，伏惟秘府清暇，尊候動止萬福。熹侍親養疾，幸粗遣，不煩賜念。但自别後，殊不聞動静。今日拜省二十姑，亦云未得到在所消息，不勝懸想耳。計程月初可到，今想視事久矣。官居廪食之況不敢問，物情時變，必已了然於胸中矣。「如有用我而將奚先」，此則區區所欲聞也。因來賜書，願以開示，少紓畎畝之憂。幸甚幸甚！

吾道不幸，范丈前月十八日遂不起疾。憂時深切，信道篤誠，世豈復有斯人哉！前此往哭其殯，視其家生理蕭然，未知所稅。衆議葬於渭曲，從其卜居之志，甚善。但聞其家欲居泰寧，似非良計。然伯修樂之，人不得而間也。熹初與元履諸人議，以爲居建陽一則便於墳墓，二則便於講學，三則便於生事，言之甚詳，未有見從之意。竊惟范丈平日教誨之誼，未敢默然，故敢復言於左右。伏想一慟之餘，亦當念之至此。因書一提其耳，或能改轍東來，則甚善也。

八哥此月亦物故，其重不幸如此，可傷！伯逢令侄自崇安徑趨邵武，聞留止數日，想今已行矣。不得一見，甚以爲恨。共父數相見否？迎侍乍到，不知爲況又如何。旬父後月初可歸，到時恐尚留邵武〔一〕，旦夕亦當歸也。山中絕無事，早秔收熟，斗穀售十五錢，小民無他恙，幸可寧息。謾恐欲知之。熹衰疾幸不作，氣體似亦差勝。向欲得真齊州半夏合固真丹，不知都下有之否？如可尋訪，乞爲置得一二兩，便中寄示，幸甚！蓋病雖小愈，不得不過爲堤防也。伯誠仙尉尊兄想非晚可歸矣，不敢別狀。天氣向涼，伏乞順時保重，行奮壯猷，以慰人望。謹啓，不備。

校記　〔一〕時恐：原缺，據徐樹銘朱子集補。

編年　據書信編年。其日具於書中。

與籍溪胡先生 紹興三十年八月十四日

熹拜覆正字丈丈尊前：前月附便拜書，不知已達尊視否？自拜違後，一向不聞問。數日前拜省二十姑宜人，蒙出示家問，獲聞詳實，深以爲喜。承嘗有賜書，然亦未拜領也。即日秋氣澄明，伏惟尊候動止萬福。熹奉親養疾，幸安田里，不敢上勤紀録。但里中秋來闕雨，此數日來晚稻秀而將實，尤覺焦渴爲患。方議祈禱，謾恐欲知。

范丈卜以重陽日葬，近得伯崇書，令爲處葬禮一二變節，一日爲檢閱，今日方略定矣。遠地，不得求正於丈丈。及有爲撰壙中誌石文，并俟他日請教〔一〕。倦甚，拜書不能詳。范家事於共父書中言之頗子細，乞轉詢之也。熹前書所議謀居一事，與前日所見家問中意偶合。此事勢難復與，蓋其家已目元履與熹爲伯崇之黨矣，可嘆之甚！然不能息意者，政以范丈平日教誨之德不敢忘耳。得丈丈因書告語之，甚善。

秋已向深，江上消息如何？得且平善，甚幸。然愚意反以爲憂，蓋今出師防戍，轉輸科斂所不能免，聞沿江海州縣已騷然矣。歲歲如此，何以支吾？此不待兩兵相加而坐受弊之勢也。前日劉子源來此，道嶺上拜别所聞誨言，以爲必極論天下事，至於慷慨灑涕，有以見仁人之心不能忘世如此。近又見共父家兵士説丈丈至彼耳聽漸聰，天其或者將一試大儒之效乎？聞之喜而不寐，伏計必有規模素定於胸中。熹竊謂天下形勢如前所云者，亦當路所不可不知也。救之之術，獨在救其本根而已。若隨其變而一一應之，則其變無窮，豈可勝救也哉。而所謂救其本根之術，不過視天下人望之所屬者，舉而用之，使其舉措用舍必當於人心，則天下之心翕然聚於朝廷之上，其氣力易以鼓動。如羸病之人，針藥所不能及，焫其丹田氣海，則氣血萃於本根而耳目手足利矣。不審丈丈以爲如何？因筆不覺及此。燈下作書，目力方倦，極草草不如法，伏乞尊察。未拜侍間，伏乞保重，以俟休命。中秋前一日，謹拜啓，不備。熹拜覆。

校記　〔一〕宋浙本「教」下有「可□」二字。

編年　據書信編年。

與范直閣 紹興二十八年三月二十九日

胡丈書中復主前日一貫之説甚力，但云若理會得向上一著，則無有内外、上下、遠近邊際，廓然四通八達矣。熹竊謂此語深符鄙意。蓋既無有内外邊際，則何往而非一貫哉。忠恕蓋指其近而言之，而其意則在言外矣。聞子直説吾丈猶未以卑論爲然，敢復其説如此，幸垂教其是非焉。熹頃至延平，見李願中丈，問以一貫忠恕之説。見謂忠恕正曾子見處，及門人有問，則亦以其所見諭之而已，豈有二言哉。熹復問以近世儒者之説如何，曰：「如此則道有二致矣，非也。」其言適與卑意不約而合，謾以布聞。李丈名侗，師事羅仲素先生。羅嘗見伊川，後卒業龜山之門，深見稱許，其棄後學久矣。李丈獨深得其閫奥，經學純明，涵養精粹。延平士人甚尊事之，請以爲郡學正。雖不復應舉，而温謙慤厚，人與之處久而不見其涯，鬱然君子人也。先子與之游數十年，道誼之契甚深。

編年　據年譜長編、書信編年。

與范直閣 紹興二十八年五月

伏奉賜教，獲聞邇日起居之詳，慰感亡以喻。信後暑雨應候，伏惟盛德所臨，百神勞相，台候萬福。熹親旁粗遣，未有可言者。伏蒙教諭忠恕之説，自非愛予之深，不鄙其愚，豈肯勤勤反復如此？感幸深矣。但伏思之，終未有契處，不敢隱默，請畢其詞，以求正於左右。

熹前書所論忠恕則一，而在聖人、在學者，則不能無異，此正猶孟子言「由仁義行」與「行仁義」之别耳。孟子之言不可謂以仁義爲有二，則熹之言亦非謂忠恕爲有二也。但聖賢所論，各有所爲而發，故當隨事而釋之。雖明道先生見道之明，亦不能合二者而爲一也。非不能合，蓋不可合也。强而合之，不降高以就卑，即推近以爲遠，始倚一偏，終必乖戾。蓋非理之本然，是乃所以爲不一也。蓋曾子專爲發明聖人「一貫」之旨，所謂「由忠恕行」者也。子思專爲指示學者入德之方，所謂「行忠恕」者也。所指既殊，安得不以爲二？然核其所以爲忠恕者，則其本體蓋未嘗不同也。以此而論，今所被教問曲折，可以無疑矣。不識尊意以爲然否？

若夫曾子所言發明一貫之旨，熹前書一再論之，皆未蒙决其可否。熹又有以明之。蓋「忠恕」二字，自衆人觀之，於聖人分上極爲小事，然聖人分上無非極致，蓋既曰一貫，則無小大之殊故也。猶天道至教，四時行、百物生，莫非造化之神，不可專以太虛無形爲道體，而判形而下者爲粗迹也。此孔子所謂「吾無隱乎爾」者，不離日用之間。二三子知之未至而疑其有隱，則是正以道爲無形，以日用忠恕爲粗迹，故曾子於此指以示之耳。此説雖陋，乃二程先生之舊説，上蔡謝先生又發明之。顧熹之愚，實未及此。但以聞見之知推衍爲説，是以不自知其當否而每有請焉。更望詳覽前書，重賜提誨，不勝幸甚！前日諸疑，亦望早賜鐫譬，俾毋疑爲望。時序向熱，伏乞爲道保重，以須環召。區區不勝大願，不備。

編年 據年譜長編、書信編年。

與范直閣 紹興二十八年四月二日

四月一日，領所賜教帖，伏讀再三，仰佩眷予之厚，感慰不可以言。前日因平甫遣人，亦嘗拜狀矣，不審已達台聽否？即日初夏清和，伏惟班布多暇，台候起居萬福。熹奉親屏處，幸粗遣免。山間深僻，亦可觀書。又得胡丈來歸，朝夕有就正之所，窮約之中，此亦足樂矣。迫於親養，夏末須爲武林之行，計不三四月，未得定居也。

伏蒙别紙垂諭忠恕義，仰荷不棄其愚，與之反復，爲賜甚厚。謹以來教所示熟思之矣，敢復爲説以請益焉。熹所謂忠恕者，乃曾子於「一貫」之語默有所契，因門人之問，故於所見道體之中，指此二事日用最切者以明道之無所不在；所謂「已矣」者，又以見隨寓各足，無非全體也。「忠恕」兩字，在聖人有聖人之用，在學者有學者之用。如曾子所言，則聖人之忠恕也，無非極致。二程所謂「維天之命，於穆不已，天地變化，草木蕃」者，正所以發明此義也。如夫子所以告學者與子思中庸之説，則爲學者言之也。故明道先生謂曾子所言與「違道不遠」異者，動以天爾。蓋動以天者，事皆處極，曾子之所言者是也。學者之於忠恕，未免參校彼己，推己及人，則宜其未能誠一於天，安得與聖人之忠恕者同日而語也？若曾子之所言，則以聖人之忠恕言之，而見其與性、與天道者未嘗有二，所以爲一貫也。然此所謂異者，亦以所至之不同言之，猶中庸安行、利行、勉行之别耳。苟下學而上達焉，則亦豈有所隔閡哉？愚見如此，更乞教其不至者，重賜鐫曉，使得所正焉，不勝幸甚！

他疑義尚多，蒙諭使得請教，此宿昔之願。但今日方聞伯崇欲以初三四日行，迫遽，未暇抄録所記。俟暇日料理，有便即附行也。前日在共父處見直閣丈還朝陛對副本〔一〕，讀之不能舍去。愛君敬主之義，蓋終篇三致意焉。然久矣莫以此言謦欬吾君之側者矣。近日所用雖不能盡滿人望〔二〕，其間若亦有一二端士焉。前言儻見思乎？思其言必用其人，延登之命，計亦非晚矣。願爲斯道斯民厚自保重，副此歸依。謹上狀，不備〔三〕。

校記　〔一〕見：淳熙本作「得」。

〔二〕右引「所」下有「召」字。

〔三〕「謹上」以下原缺，據右引補。

編年　據年譜長編、書信編年。

與范直閣 紹興二十八年五月

熹向嘗以忠恕一貫之説質疑於函丈，伏蒙鐫曉切至，但於愚見尚有未安。比因玩索，遂於舊説益有發明，乃知前者請教之時雖略窺大義，然涵泳未久，説詞未瑩，致煩辨析之勤如此。今再録近所訓義一段拜呈〔一〕，乞賜批鑿可否示下，容更思索，續具咨請也。去歲在同安獨居幾閱歲，看論語近十篇〔二〕，其間疑處極多，筆札不能載以求教，伏紙但切馳仰。

校記　〔一〕再：淳熙本作「謹」。

〔二〕右引「看」下有「得」字。

編年　據年譜長編、書信編年。

與慶國卓夫人紹興三十二年六月

熹輒有愚見，初欲面禀，今既不成行，敢此布之。五哥岳廟近自春中以來，頓減游燕，復近書册。若常能如此，寡過可期。更望因書褒勸，以奬成之。且聞尊意欲爲經營幹官差遣，不知然否？熹則竊以爲不可。近世人家子弟多因爲此壞却心性，一生仕官費力。蓋其生長富貴，本不知艱難，一旦仕官，便爲此官，逐司只有使長一人可相拘轄，又間有寬厚長者，即以貴游子弟相待，不欲以法度見繩，上無職事了辦之責，下無吏民窺伺之憂，而州縣守倅勢反出己下，可以凌轢，故後生子弟爲此官者無不傲慢縱恣，席勢凌人。其謹飭者雖不至此，亦緣不親民事，觸事懵然，非如州縣小吏等級相承，職事相轄，一日廢慢則罪戾及之，故仕於州縣者常曉事而少過。愚意以爲平父可且令參部，受簿尉之屬，乃爲正當。若不欲如此，即舍人兄爲營一稍在人下、有職事、吃人打駡差遣，乃所以成就之。若必欲與求幹官，乃是置之有過之地，誤其終身，恐非太碩人高明教子之本意也。受恩深厚，冒昧及此。皇恐皇恐！

熹所稟大概如此，更有曲折意度，紙盡寫不得。舍人兄長必深委悉，只乞因其侍次，試以問之，必以爲然也。熹又覆。

編年 據年譜長編。

評論 鶴林玉露甲編卷二子弟爲幹官：朱文公與慶國卓夫人書云……前輩愛人以德，至於如此。卓夫人乃少傅劉公子羽之妃，樞密共父之母，五哥即平甫，朱與劉蓋姻婭。初，文公之父韋齋疾革，手自爲書，以家事屬少傅。韋齋歿，文公年十四，少傅爲築室於其里，俾奉母居焉。少傅手書與白水劉致中云：「於緋溪得屋五間，器用完備，又於七倉前得地，可以樹，有圃可蔬，有池可魚。朱家人口不多，可以居。」文公視卓夫人猶母云。

上黄端明淳熙三年八月十一日

八月十一日，具位熹敢齋沐裁書，請納再拜之禮于致政尚書端明丈丈台座：熹聞之，孟子有言，天下有達尊三：爵一，齒一，德一。此言三者之尊達于天下，人所當敬而不可以慢焉者也。雖然，爵也，齒也，蓋有偶然而得之者，是以其尊施于朝廷者則不及於鄉黨，施于鄉黨者則不及於朝廷，而人之敬之也亦或以貌而不以心。惟德也者，得於心，充於身，刑於家而推於鄉黨，而達於朝廷者也。有是而兼夫二者之尊焉，則通行天下，人莫不貴。雖斂然退避，不以自居，而人之所以心悦而誠服者，蓋不可解矣。

恭惟明公以兩朝侍從元老上還印綬而退處于家，自天子不敢煩以政，賜之几杖而乞言焉，其位與年固非偶然而得之者矣。而明公則未嘗以是而自異於人，其所以默而成之，不言而信者，則日新又新而未嘗有止也。此天下知德之士所以莫不竊慕下風之義，俱有執鞭之願，而熹之愚則有甚焉者。蓋其平生氣禀偏駁，治己則不能謹於細微，立志則不能持於常久，以至待人接物之際，温厚和平之氣不能勝其粗厲猛起之心，是以常竊自悼，以爲安得朝夕望見明公之盛德容貌而師法其萬一，庶幾可以飭身補過於將來，而不遂爲小人之歸也。今日之來，蓋將頓首再拜于堂下，以償其夙昔之願。伏惟明公坐而受之，使得自進於門人弟子之列，而不孤其所以來之意，則熹之幸也。鄉往之深，不自知其僭越，敢以書先于將命者而立于廡下，以聽可否之命。熹不勝皇恐之至！

編年　據年譜長編、書信編年。

與王龜齡 乾道三年冬

熹窮居晚學，無所肖似，往者學不知方，而過不自料，妄以爲國家所恃以爲重，天下所賴以爲安，風俗所以既漓而不可以復淳，紀綱所以既壞而不可以復理，無一不係乎人焉。是以聞天下之士有聲名節行，爲時論所歸者，則切切然以不得見乎其人爲嘆。及其久也，或得見之，或不得見之，而熹之拳拳不少衰也。聞其進爲時用，則私以爲喜；聞其阨窮廢置，則私以爲憂。及夫要其所就而觀之，則始終大節真可敬仰者蓋無幾人；而言論風旨卒無可稱，功名事業卒無可紀者，亦往往而有。以此喟然自嘆，知天下所謂聲名節行者，亦未足以定天下之人，而天下之事未知其果將何寄也。自是以來，雖不敢易其賢賢之心，緩其憂世之志，然亦竊自笑其前日所求於人之重而所以自待者反輕，如孟子之所譏也。於是始復取其所聞於師友者，夙夜講明，動静體察，求仁格物，不敢弛其一日之勞，以庶幾乎有聞者，而於前日之所爲切切然者，則既有所不暇矣。

當是時，聽於士大夫之論，聽於輿人走卒之言，下至於閭閻市里、女婦兒童之聚，亦莫不曰天下之望，今有王公也。已而得其爲進士時所奉大對讀之，已而得其在館閣時上奏事讀之，已而得其爲柱史、在臺諫、遷侍郎時所論諫事讀之，已而又得其爲故大丞相魏國公之誄文及楚東酬唱等詩讀之，觀其立言措意，上自奏對陳説，下逮燕笑從容，蓋無一言一字不出於天理人倫之大，而世俗所謂利害得喪、榮辱死生之變一無所入於其中，讀之真能使人胸中浩然，鄙吝消落，誠不自意克頑廉懦立之效乃於吾身見之。於是作而嘆曰：「士之求仁，固當以反求諸己爲務，然豈不曰事其大夫之賢者云哉？今以前日失數公者自懲，是以一噎而廢食也。」於是慨然復有求見於左右之意而未獲也。

昨聞明公還自夔州，撫臨近甸，而熹之里閈交游適有得佐下風者，因以書賀之，蓋喜其得賢大夫事之；而自傷無狀，獨不得一從賓客之後，以望大君子道德之餘光也。不意夤緣與其向來鄙妄無取之言皆得徹聞於視聽，明公又不以凡陋爲可棄，狂僭爲可罪，而辱枉手筆，以抵宋倅，盛有以稱道。竊惟明公之志，豈非以世衰道微，遺君後親之論交作肆行，無所忌憚，舉俗滔滔，思有以障其横流者，是以有取於愚者一得之慮，因以不求其素而借之辭色也耶？明公之志則正矣，大矣，而熹之愚未有稱明公之意也。雖然，有一於此，其惟益思砥礪，不敢廢其所謂講明體察、求仁格物之功者，使理日益明，義日益精，操而存之日益固，擴而充之日益遠，則明公之賜庶乎其有以承之，而幸明公之終教之也。

雖然，明公以一身當四海士大夫軍民一面之責，其一語一默，一動一静之間，所係亦不輕矣。伏惟盛德大業前定不窮，其剛健中正、篤實輝光者固無所勉强。以熹之所睹記，則古語所謂「行百里者半九十里」，明公其亦念之。況今人物眇然，如明公者僅可一二數，是以天下之人責望尤切，而明公尤不可以不戒。不審明公以爲如何哉？熹又聞之，古之君子「尊德性」矣，而必曰「道問學」；「致廣大」矣，必曰「盡精微」；「極高明」矣，必曰「道中庸」；「温故知新」矣，必曰「敦厚崇禮」。蓋不如是，則所學所守必有偏而不備之處。惟其如是，是故居上而不驕，爲下而不倍，有道則足以興，無道則足以容，而無一偏之蔽也。熹之區區以此深有望於門下，蓋所謂德性、廣大、高明、知新者必有所措，而所謂問學、精微、中庸、崇禮者又非别爲一事也。狂易無取，明公其必有以裁之。

往者明公在夔，成都汪公聲聞密邇，竊意有足樂者。此來時通問否？此公涵養深厚，寬静有容，使當大事，必有不動聲色而内外賓服者。明公相知之深，一日進爲於世，引類之舉，其必有所先矣。熹杜門養親，足以自遣。昨嘗一至湖湘，出資交游講論之益。歸來忽被除命，既不敢辭而拜命矣。然明公未歸朝廷，熹亦何所望而敢前也。引領牙纛，未有瞻拜之期，向風馳義，日以勤止。輒敢復因宋倅相爲介紹，致書下執事，以道其拳拳之誠。伏惟照察。

編年 據書信編年。

評論 康熙御製文集第三集卷四十三：極寫嚮往之誠，末兼勉勵意。兩賢相慕，豈同世情酬酢。周大璋朱子古文讀本卷二與王龜齡書：從天下無人引入自己，又從自己引入王公，因王公獎許，益加勉策，又復鼓舞王公，以副天下仰望。一路透迤曲折，綿綿渺渺，真有山重水複、柳暗花明之妙。即以文論，豈不獨踞泰華峰頭乎？

與陳丞相〔一〕 淳熙五年夏末秋初

熹竊觀古之君子有志於天下者，莫不以致天下之賢爲急。而其所以急於求賢者，非欲使之綴緝言語，譽道功德，以爲一時觀聽之美而已，蓋將以廣其見聞之所不及，思慮之所不至，且慮夫處己接物之間或有未盡善者，而將使之有以正之也。是以其求之不得不博，其禮之不得不厚，其待之不得不誠，必使天下之賢識與不識莫不樂自致於吾前以輔吾過，然後吾之德業得以無愧乎隱微而寖極乎光大耳。然彼賢者其明既足以燭事理之微，其守既足以遵聖賢之轍，則其自處必高，而不能同流合污以求譽；自待必厚，而不能陳詞飾説以自媒；自信必篤，而不能趨走唯諾以苟容也。是以王公大人雖有好賢樂善之誠，而未必得聞其姓名，識其面目，盡其心志之底蘊；又況初無此意，而其所取特在乎文字言語之間乎？

恭惟明公以厚德重望爲海内所宗仰者有年矣，而天下之賢士大夫似未得盡出於門下也。豈明公所以好之者未至歟？所以求之者未力歟？所以待之者未盡歟？此則必有可得而言之者矣。蓋好士而取之文字言語之間，則道學德行之士吾不得而聞之矣；求士而取之投書獻啓之流，則自重有耻之士吾不得而見之矣；待士而雜之妄庸便佞之伍，則志節慷慨之士寧有長揖而去耳。而況乎所謂對偶駢儷，諛佞無實，以求悦乎世俗之文，又文字之末流，非徒有志於高遠者鄙之而不爲，若乃文士之有識者，亦未有肯深留意於其間者也。

而間者竊聽於下風〔二〕，似聞明公專欲以此評天下之士。若其果然，則熹竊以爲誤矣。江右舊多文士，而近歲以來行誼志節之士有聞者亦彬彬焉。惟明公留意，取其强明正直者以自輔，而又表其惇厚廉退者以厲俗，毋先文藝以後器識，則陳太傅不得專美於前，而天下之士亦庶乎不失望於明公矣。衰病屏伏，所欲面論者非一，而不獲前，姑進其大者如此。若蒙采擇，則熹所不及言者必有輕千里而告於明公者矣。

校記　〔一〕此題宋浙本作「與龔實之」，底本原注别本同。

〔二〕間：原作「聞」，據宋閩、浙本改。

編年　據書札彙編。

評論　周大璋朱子古文讀本卷二與陳丞相書：先文藝，後器識，所取者浮夸之士耳。千古當路，盡坐此弊。讀此文，其亦知所決擇矣。

與劉共父 乾道二年冬

近略到城中，歸方數日。見平父示近問，承寄聲存問，感感。但所論二先生集，則愚意不能無疑。伯逢主張家學，固應如此，熹不敢議。所不可解者，以老兄之聰明博識，欽夫之造詣精深而不曉此，此可怪耳。若此書是文定所著，即須依文定本爲正。今此乃是二先生集，但彼中本偶出文定家，文定當時亦只是據所傳録之本，雖文定蓋不能保其無一字之訛也。今别得善本，復加補綴，乃是文定所欲聞。文定復生，亦無嫌間。不知二兄何苦尚爾依違也。此間所用二本固不能盡善，亦有灼然却是此間本誤者，當時更不曾寫去。但只是平氣虚心看得義理通處，便當從之。豈可肚裏先横却一個胡文定後，不復信道理耶？

如定性書及明道叙述、上富公與謝帥書中删却數十字，及辭官表倒却次序，易傳序改「沿」爲「泝」，祭文改「侄」爲「猶子」之類，皆非本文，必是文定删改。熹看得此數處有無甚害者，但亦可惜改却本文，蓋本文自不害義理故也，叙述及富、謝書是也。有曲爲回互而反失事實、害義理者，辭表是也。曲爲回互，便是私意害義理矣。惟定性書首尾雖非要切之辭，然明道謂横渠實父表弟，聞道雖有先後，然不應以聞道之故傲其父兄如此。語録説二先生與學者語有不合處，明道則曰「更有商量」，伊川則直云不是。明道氣象如此，與今所删之書氣象類乎？不類乎？且文定答學者書雖有不合，亦甚宛轉，不至如此無含蓄，況明道乎？今如此删去，不過是減得數十個閑字，而壞却一個從容和樂底大體氣象。恐文定亦是偶然一時意思，欲直截發明向上事，更不暇照管此等處。或是當時未見全本，亦不可知。今豈可曲意徇從耶？向見李先生本出龜山家，猶雜以游察院之文。比訪得游集，乃知其誤。以白先生，先生嘆息曰：「此書所自來可謂端的，猶有此誤，況其它，又可盡信耶？」只此便是虚己從善，公平正大之心，本亦不是難事。但今人先着一個私意横在肚裏，便見此等事爲難及耳。

又「猶子」二字，前論未盡。禮記云：「喪服，兄弟之子猶子也。」言人爲兄弟之子喪服猶己之子，非所施於平時也。況「猶」字本亦不是稱呼，只是記禮者之辭，如下文嫂叔之「無服」，姑姊妹之「薄」也。今豈可沿此，遂謂嫂爲「無服」，而名姑姊妹以「薄」乎？古人固不謂兄弟之子爲侄，然亦無云猶子者，但云「兄之子」、「弟之子」，孫亦曰「兄孫」耳。二先生非不知此，然猶從俗稱侄者，蓋亦無害於義理也。此等處文定既得以一時己見改易二程本文，今人乃不得據相傳别本改正文定所改之未安處，此何理耶？

又明道論王霸劄子等數篇胡本亦無，乃此間録去，有所脱誤，非文定之失。伊川上仁廟書此間本無，後來乃是用欽夫元寄胡家本校，亦脱兩句。此非以他人本改文定本，乃是印本自不曾依得文定本耳。似此之類，恐是全不曾參照，只見人來説自家刻得文字多錯，校得不精，便一切逆拒之，幾何而不爲訑訑之聲音顔色，拒人於千里之外乎？夫樂聞過、勇遷善，有大於此者，猶將有望於兩兄，不意只此一小事，便直如此，殊失所望。然則區區所以劇論不置者，正恐此私意根株消磨不去，隨事滋長，爲害不細，亦不專爲二先生之文也。

如必以胡氏之書一字不可改易，則又請以一事明之。集中與呂與叔論中書注云：「子居，和叔之子。」胡氏編語録時，意其爲邢恕之子，遂削此注，直於正文「子居」之上加一「邢」字。頃疑呂氏亦有和叔，因以書問欽夫。答云：「嘗問之邢氏，果無子居者。」以此例之，則胡氏之書亦豈能一無繆誤？乃欲不問是非，一切從之乎？況此乃文字間舛誤，與其本原節目處初無所妨，何必一一遵之而不敢改乎？近以文定當立祠於鄉郡説應求、邦彦，二公皆指其小節疑之，魏元履至爲扼腕。今二兄欲尊師之，而又守其尤小節處以爲不可改，是文定有所謂大者，終不見知於當世也。此等處非特二先生之文之不幸，亦文定之不幸耳。今既用官錢刊一部書，却全不睹是，只守却胡家錯本文字以爲至當，可謂直截不成議論。恐文定之心却須該遍流通，决不如是之陋也。若説文定决然主張此書，以爲天下後世必當依此，即與王介甫主張三經、字説何異？作是説者，却是謗文定矣。設使微似有此，亦是克未盡底己私，所謂賢者之過。横渠所謂「其不善者共改之」，正所望於後學，不當守己殘而妒道真，使其遺風餘弊波蕩於末流也。程子嘗言，人之爲學，其失在於自主張太過。横渠猶戒以自處太重，無復以來天下之善。今觀二兄主張此事，得無近此？聖賢稽衆舍己、兼聽并觀之意，似不然也。胡子知言亦云：「學欲約不欲陋。」此得無近於陋耶？如云當於他處别刊，此尤是不情悠悠之説，與月攘一雞何異？非小生所敢聞也。

每恨此道衰微，邪説昌熾，舉世無可告語者。望二兄於千里之外，蓋不翅飢渴之於飲食。乃不知主意如此偏枯。若得從容賓客之後，終日正言，又不知所以不合者復幾何耳。欽夫尊兄不及別狀，所欲言者不過如此，幸爲呈似。所云「或不中理，却望指教」，熹却不敢憚改也。向所録去數紙合改處，當時極費心力，又且勞煩衆人，意以爲必依此改正，故此間更無別本。今既不用，切勿毀棄，千萬盡爲收拾，便中寄來，當十襲藏之，以俟後世耳。向求數十本，欲遍遺朋友，今亦不須寄來，熹不敢以此等錯本文字誤朋友也。天寒手凍，作字不成，不能傾竭懷抱，惟加察而恕其狂妄可也。

編年 據年譜長編、書信編年。按，乾道三年八月朱熹訪張栻於潭州，共游南岳，時劉珙已不在湖南任。此云「天寒手凍，作字不成」，不在三年可知，故作於二年無疑。

與劉共父 乾道八年

修德之説，但云主上憂勤恭儉，非不修德，然而上而天心未豫，下而人心未和，凡所欲爲，多不響應，疑於修德之實有未至焉。蓋修德之實在乎去人欲、存天理。人欲不必聲色貨利之娱，宫室觀游之侈也，但存諸心者小失其正，便是人欲。必也存祇懼之心以畏天，擴寛宏之度以盡下，不敢自是而欲人必己同，不徇偏見而謂衆無足取，不甘受佞人而外敬正士，不狃於近利而昧於遠猷，出入起居，發號施令，念兹在兹，不敢忘怠，而又擇端人正士剛明忠直、能盡言極諫者，朝夕與居左右，不使近習便利捷給之人得以窺伺間隙，承迎指意，污染氣習，惑亂聰明，務使此心虚明廣大，平正中和，表裏洞然，無一豪私意之累，然後爲德之修，而上可以格天，下可以感人，凡所欲爲，無不如志。陛下自省於是數者，其心有得於中乎？其方從事於此而有未至乎？其無乃謂此無益而正背馳乎？一有不合乎此，則臣恐所謂修德之實者有所未至也。

恢復之形一段，切中今日之病。前日籤帖更定數語，非是欲苟全正論，蓋只此豪釐之間，便是人欲、天理同行異情處，不可不精察而明辨也。夫内修自治，本是吾事所當爲，非欲與人爲敵然後爲之。而爲之之道，必急其實而緩其名，必以深厚淵塞爲務，而不爲浮薄淺露之態，然後可以蓄可久之德而成可大之功。亦非爲畏泄其機而固爲是不可測也。若謂姑爲純正之論，而其實必用機心、扶陰謀然後可，則是心迹乖離，内外判析，孔子讀而儀、秦行矣。彼管仲、商君、吴起、申不害非無一切之功，而所以卒得罪於聖人之門者，正在於此。願明者之熟察之也。

編年　據文集卷八十八劉珙神道碑云：「八年免喪，乃復除知潭州，安撫湖南。過闕，見上言曰：『人君能循天下之理，然後有以得天下之心而立天下之事。然非至誠虚己，兼聽并觀，使在我者空洞清明而無一毫物欲之蔽，亦未有能循天下之理者也。』因以極論時事，言甚切至。」其所言内容與此書中所言相近，是書或朱熹乾道八年與劉珙討論面奏内容所作。考神道碑、行狀所載劉珙奏對，内容無過此次相近者，故置於此年或近之。

與劉共父淳熙三年春

平父示别紙，諭及明道冠服事。熹初意既在學校立祠，密邇先聖先師之側，則不應直用野服爲象，故有此議。兼在延平學中見曹御史、陳了翁象，亦是豸冠法服。二公自去諫職，流落於外，皆非卒於其官者。見聞習熟，因欲援以爲例，而未嘗計其當時之得失也。今如或者之言固亦有理，但明道之爲御史，初非攝官，而宗正之除未嘗就職〔一〕，此其考之亦恐有未精也。竊謂今日御史法冠乃是追用其平生冠服之最盛者，似亦無害於理。不然，則直用承議郎本品法服亦佳。據會要，則九品官皆有法服，但不知元豐官制後寄禄官有法服與否耳。又不然，則直用幞頭公服亦可，嘗見其家畫本緋衣也。但太不近古耳。鄙見如此，更惟高明裁之。或者所謂伊川祠堂之制，不知何謂？更告詢之，并問何人所立，今在何處可也。

校記　〔一〕之：原缺，據宋閩、浙本補。

編年　據書信編年。朱熹建康府學明道先生祠記作於三年四月，而此書討論明道廟像服飾，尚未立祠，當作於春間。

與劉共父 淳熙五年春末夏初

熹前幅所禀訪問人材事，初若率然，既而思之，此最急務。然其意有未盡者，輒詳論之如左云。古之大臣以其一身任天下之重，非以其一耳目之聰明、一手足之勤力爲能周天下之事也。其所賴以共正君心，同斷國論，必有待於衆賢之助焉。是以君子將以其身任此責者，必咨詢訪問，取之於無事之時，而參伍校量，用之於有事之日。蓋方其責之必加於己而未及也，無旦暮倉卒之須，則其觀之得以久；無利害紛拏之惑，則其察之得以精。誠心素著，則其得之多；歲引月長，則其蓄之富。自重者無所嫌而敢進，則無幽隱之不盡；欲進者無所爲而不來，則無巧僞之亂真。久且精，故有以知其短長之實而不差；多且富，故有以使其更迭爲用而不竭。幽隱畢達，則讜言日聞而吾德修；取舍不眩，則望實日隆而士心附。此古之君子所以成尊主庇民之功於一時，而其遺風餘韻猶有稱思於後世者也。

今之人則不然，其於天下之士固有漠然不以爲意者矣，其求之者又或得之近而不知其遺於遠，足於少而不知其漏於多，求之備而不知其失於詳也。其平居暇日所以自任者雖重，而所以待天下之士者不過如此，是以勤勞惻怛雖盡於鰥寡孤獨之情，而未及乎本根長久之計；恩威功譽雖播於兒童走卒之口，而未諭乎賢士大夫之心。此蓋未及乎有爲，而天下之士先以訑訑之聲音顔色待之矣。至於臨事倉卒而所蓄之材不足以待用，乃始欲泛然求己所未知之賢而用之，不亦難哉。

或曰：然則未當其任而欲先得天下之賢者，宜奈何？曰：權力所及則察之舉之，禮際所及則親之厚之，皆不及則稱之譽之，又不及則鄉之慕之。如是而猶以爲未足也，又於其類而求之，不以小惡掩大善，不以衆短棄一長，其如此而已。抑吾聞之李文公之言曰：「有人告曰，某所有女，國色也，天下之人必將極其力而求之，無所愛也。有人告曰，某所有人，國士也，天下之人則不能一往而先焉。此豈非好德不如好色者乎？」嗚呼！欲任天下之重者誠反此而求之，則亦無患乎士之不至矣。

編年　據書札彙編。

評論　康熙御製文集第三集卷四十三：若無意爲文而文之敏妙，迥非修辭家所能企及，由其理勝故耳。

周大璋朱子古文讀本卷二與劉共父書：以人事君，自是大臣首務。知之不豫，臨事自無可用之材，此咨詢訪問所以在於平居暇日也。好德不如好色，尤爲藥石之言，當路君子，宜銘座右。

古文雅正卷十三：薦賢爲事君第一義，宣尼所以心折於鮑叔、子皮，而遺恨於臧孫也。三代而下，推狄梁公、王子明、吕正獻好善薦賢，不遺餘力，蓋秉彝之好與忠愛之忱合并而出也。朱子與共父此書，可謂詳達而曲盡矣。即「好善」一節，亦可以驗君子小人。今有人於衆座中，稱某人如何行誼，如何才略。其諄問其姓氏里居者，必君子人也；其漠然若無關者，必庸碌人也；其初不深知，直從而毁之，或素不相識，徑從而疑者，必爲小人無疑矣。辨之於其辭色形神故也。昔有一人居官頗清慎，而終身不薦一賢。或問其故，對曰：「與我生者，則以不深知而不敢薦；與我熟者，則以未滿意而不敢薦。時存此念而已。」此種人豈徒寡識游移哉，緣好善之心不篤，謀國之念不深，私己之心勝故也。朱子此書，可謂明透。

古文眉詮卷七十七：「人材」，揭篇主。「急務」，拍緊訪求。（將以其身）逗落衆賢。玩「將」字，從未大用時立論。（「必咨詢訪問」四句）四句提綱一勒，俱主預求待用言。（「而未及也」至「無巧僞之亂」）緊切事權未及，乘此相士爲盡善。其神暇，故久而精。其勢寛，故多而富。其地不同奔競，故無隱無僞。頂上申言其效。（「此蓋未及」二句）任未及而士先遠，句有轡勒。（「權力所及」至「如此而已」）層層鞭逼。（好德不如好色）引成語，反應急務。「欲任」，仍切未大任。　書似共父未當要職時致之。所言求士之道，皆從平素留觀、預儲待事立説，其於求之之存心，得所求之應念，與夫隨方以求之妙用，八面算到。身膺天下之望者，宜以此書日陳於前。

答韓無咎 乾道六年冬

誨諭儒釋之異在乎分合之間，既聞命矣。頃見蘇子由、張子韶書皆以佛學有得於形而上者而不可以治世，嘗竊笑之。是豈知天命之性而叙、秩、命、討已粲然無所不具於其中乎？彼其所以分者，是亦未嘗真有得於斯耳。不審高明以爲如何？

和靖兩書昔嘗見之，其謹於傳疑之意則是，而遂欲禁絶學者，使不復觀，則恐過矣。如以春秋改用夏時爲無此説，以「傳爲按、經爲斷」爲背於理，則疑其考之未精，或未盡聞他人所聞，而欲一以己所聞者概之之失也。春秋傳乃伊川所自著，其詞有曰：「周正月非春也，假天時以立義耳。」若果無改用夏時之意，則此説復何謂乎？况序文所引論語之言尤爲明白，不可謂初未嘗有此意也。又門人所記有答黄聱隅之語，謂以傳考經之事迹，以經别傳之真僞者，蓋見於兩家之書，是亦猶所謂傳爲案、經爲斷之意，而豈二人所記不期而皆誤乎？推此兩條，則凡和静所謂非先生語者，恐特他人聞之而和靖亦未聞耳。今疑信未分而不復思繹，遽以一偏之説盡廢衆人所傳之書，似不若盡存其説而深思熟講，以考其真僞得失之爲善也。况明道行狀云：「其辨析精微，稍見於世者，學者之所傳耳。」觀此則伊川之意亦非全不令學者看語録，但在人自着眼看耳。如論語之書，亦是七十子之門人纂録成書，今未有以爲非孔子自作而棄不讀者。此皆語録不可廢之驗，幸更深察之。如何如何？

編年 據年譜長編。書信編年姑置於淳熙元年，失考無據。

與芮國器燁 乾道五年秋冬間

竊聞學政一新，多士風動，深副區區之望。但今日學制近出崇、觀，專以月書季考爲陞黜，使學者屑屑然較計得失於毫釐間。而近歲之俗又專務以文字新奇相高，不復根據經之本義。以故學者益騖於華靡，無復探索根原、敦勵名檢之志。大抵所以破壞其心術者不一而足，蓋先王所以明倫善俗、成就人材之意掃地盡矣。惟元祐間伊川程夫子在朝，與修學制，獨有意乎深革其弊。而當時咸謂之迂闊，無所施行。今其書具在，意者後之君子必有能舉而行之。區區願執事少加意焉，則學者之幸也。又蘇氏學術不正，其險譎慢易之習入人心深。今乃大覺其害，亦望有以抑之，使歸於正，尤所幸願。

編年 據年譜長編、書信編年。

與芮國器 乾道五年秋冬間

昨者妄以鄙見薦聞，伏蒙垂諭，反復其説，幸甚幸甚！然熹竊以爲未嘗行之，不可逆料今日之不可行。且事亦顧理之所在如何耳，理在當行，不以行之難易爲作輟也。盡心竭力而爲之，不幸而至於真不可行，然後已焉，則亦無所憾於吾心矣。

蘇氏之學以雄深敏妙之文煽其傾危變幻之習，以故被其毒者淪肌浹髓而不自知。今日正當拔本塞源，以一學者之聽，庶乎其可以障狂瀾而東之。若方且懲之而又遽有取其所長之意，竊恐學者未知所擇，一取一捨之間，又將與之俱化而無以自還。是則執事者之所宜憂也。

編年 據年譜長編、書信編年。

答鄭景望 乾道六年秋

龔帥過建陽，遣人相聞，不及一見爲恨。今日季教授見訪，云嘗小款，道其語，皆出於忠厚長者。然在愚意，尚未有深解處〔一〕。如論范忠宣救蔡新州及元祐流人，以爲至當之舉。熹嘗竊論此矣，以爲元祐諸賢憂確之不可制，欲以口語擠之，固爲未當；而范公乃欲預爲自全之計，是亦未免於自私，皆非天討有罪之意也。至其論諸公忽反爾之言，違好還之戒，自取禍敗，尤非正理。使後世見無禮於君親者拱手坐視而不敢逐，則必此言之爲也。且舜流四凶族，爲臯陶者亦殊不念反爾之戒，何耶？推此心以往，恐無適而非私者。邵子文以爲明道所見與忠宣合，正恐徒見所施之相似，而未見所發之不同。蓋毫釐之間，天理人欲之差有不可同年而語者矣。

又聞深以好名爲戒，此固然矣。然偏持此論，將恐廉隅毀頓，其弊有甚於好名。故先聖云

「君子疾没世而名不稱焉」，而又曰「君子求諸己」。詳味此言，不偏不倚，表裏該備，此其所以爲聖人之言歟！學者要當於此玩心，則勿忘勿助之間，天理卓然，事事物物無非至當矣。

熹又記向蒙面誨堯舜之世一用輕刑，當時嘗以所疑爲請，匆匆不及究其説。近熟思之，有不可不論者。但觀皋陶所言「帝德罔愆」以下一節，便是聖人之心涵育發生，真與天地同德。而物或自逆于理以干天誅，則夫輕重取舍之間，自有决然不易之理。其宥過非私恩，其刑故非私怒，罪疑而輕非姑息，功疑而重非過予。如天地四時之運，寒凉肅殺常居其半，而涵養發生之心未始不流行乎其間。此所以好生之德洽于民心而自不犯于有司，非既犯而縱舍之謂也。不審高明以爲如何？

又别本

聞二十一日旌旆定行，何丞之論，已不及事矣。然渠所言大概謂盗賊之餘，土曠人稀，州縣以昔日歲計之額取辦今日見存之户，民力素已不堪。後來復以荒田之産均之見户，由此流移愈多，公私愈困耳。向蒙面誨堯舜之世一用輕刑，當時嘗以所疑爲請，匆匆不及究其説。近熟思之，亦有不可不論者。但觀皋陶所言「帝德罔愆」以下一節，便見聖人之心涵育發生，真與天地同德。而物或自逆于理以干天誅，則夫輕重取舍之間，亦自有决然不易之理。其宥過非私恩，其刑故非私怒，罪疑而輕非姑息，功疑而重非過予。如天地四時之運，寒凉肅殺常居其半，而涵育發生之心未始不流行乎其間。此所以好生之德洽于民心而自不犯于有司，非既抵冒而復縱舍之也。夫既不能止民之惡，而又爲輕刑以誘之，使得以肆其凶暴於人而無所忌，則不惟彼見暴者無以自伸之爲冤，而奸民之犯于有司者且將日以益衆，亦非聖人匡直輔翼，使民遷善遠罪之意也。

校記　〔一〕未有：宋浙本作「有未」。

編年　據年譜長編。書信編年列在五年，蓋誤以景望行部之日爲至官之日也。其於龔帥過建陽事，則置而未考。

答鄭景望　乾道六年秋

虞書論刑最詳，而舜典所記尤密。其曰「象以典刑」者，「象」如天之垂象以示人，而「典」者常也，示人以常刑。所謂墨、劓、剕、宮、大辟，五刑之正也，所以待夫元惡大憝、殺人傷人、穿窬淫放，凡罪之不可宥者也。曰「流宥五刑」者，流放竄殛之類，所以待夫罪之稍輕，雖入於五刑而情可矜、法可疑與夫親貴勛勞而不可加以刑者也。四凶正合此法。曰「鞭作官刑」、「扑作教刑」者，官府學校之刑，以待夫罪之輕者也。曰「金作贖刑」，罪之極輕，雖入於鞭扑之刑，而情法猶有可議者也。疑後世始有贖五刑法，非聖人意也。此五句者，從重及輕，各有條理，法之正也。曰「眚災肆赦」者，「眚」謂過誤，「災」謂不幸。若人有如此而入於當贖之刑，則亦不罰其金而直赦之也。此一條專爲輕刑設。春秋肆大眚，則過誤之大入于典刑者亦肆之矣，所以爲失刑也。書又曰：「宥過無大。」明過之大入於典刑者，特用流法以宥之耳。曰「怙終賊刑」者，「怙」謂有恃，「終」謂再犯。若人有如此而入于當宥之法，則亦不宥以流而必刑之也。此二句者，或由重而即輕，或由輕而入重，猶今律之有名例，又用法之權衡，所謂法外意也。聖人立法制刑之本末，此七言者大略盡之矣。雖其輕重取舍、陽舒陰慘之不同，然「欽哉欽哉，惟刑之恤」之意，則未始不行乎其間也。蓋其輕重毫釐之間各有攸當者，乃天討不易之定理，而欽恤之意行乎其間，則可以見聖人好生之本心矣，夫豈一於輕而已哉。

又以舜命皋陶之辭考之，士官所掌，惟象、流二法而已。鞭扑以下，官府學校隨事施行，不領於士官，事之宜也。其曰「惟明克允」，則或刑或宥，亦惟其當而無以加矣，又豈一於宥而無刑哉。今必曰堯舜之世有宥而無刑，則是殺人者不死而傷人者不刑也。是聖人之心不忍於元惡大憝，而反忍於銜冤抱痛之良民也。是所謂「怙終賊刑，刑故無小」者，皆爲空言以誤後世也。其必不然也亦明矣。

夫刑雖非先王所恃以爲治，然以刑弼教，禁民爲非，則所謂傷肌膚以懲惡者，亦既竭心思而繼之以不忍人之政之一端也。今徒流之法既不足以止穿窬淫放之奸，而其過於重者則又有不當死而死，如强暴贓滿之類者。苟采陳群之議，一以宫、剕之辟當之，則雖殘其支體，而實全其軀命，且絕其爲亂之本，而使後無以肆焉，豈不仰合先王之意而下適當世之宜哉。況君子得志而有爲，則養之之具、教之之術亦必隨力之所至而汲汲焉，固不應因循苟且，直以不養不教爲當然，而熟視其争奪相殺於前也。

編年　據年譜長編。

答鄭景望 乾道六年秋

初謂按行涓吉，必不渝期，今所賜字，殊未及此，何耶？遠民傾首以聽車馬之音久矣，行期屢却，無乃使之失望；而下吏之奉約束、聽期會者，將亦因是解弛而不虔乎。伏惟執事者試深慮之。僭易及此，皇懼之至。

示諭明道程文不必見於正集，考求前此固多如此。然先生應舉時已自聞道，今讀其文，所論無非正理，非如今世舉子阿時徇俗之文，乃有愧而不可傳也。曾南豐序王深父之文，以爲片言半簡，非大義所繫，皆存而不去，所以明深父之於細行皆可傳也。況先生非欲以文顯者，而即此程文便可見其經綸之業已具於此時，雖文采不豔，而卓然皆有可行之實，正學以言，未嘗有一辭之苟。其所以警悟後學，亦不爲不深矣。愚意只欲仍舊次第，不審台意以爲如何？

編年　上答鄭景望第一書別本云「聞二十一日旌旆定行」，即此書所云「按行涓吉」。而此言逾期未行，則作在其後不久可知。

答鄭景望 淳熙八年

家祭禮三策并上，不知可補入見版本卷中否？若可添入，即孟詵、徐潤兩家當在賈頊家薦儀之後，孟爲第七，徐爲第八，而遞價以後篇數，至政和五禮爲第十一，而繼以孫日用爲第十二，乃以杜公四時祭享儀爲第十三，而遞價以後，至范氏祭儀爲第十九。又於後序中改「十有六」爲「十有九」，仍删去「孟詵、徐潤、孫日用」七字。此版須别换。不然，即存舊序而别作數語附見其後，尤爲詳實。不審尊意以爲如何？更俟誨諭也。但寫校須令精審無誤，然後刻版，免致將來更改費力爲佳。或未刻間，且并寫定上版真本寄示，容與諸生詳勘納上，尤便也。

編年 據年譜長編。書信編年據朱熹跋古今家祭禮列於淳熙元年，誤。

答尤延之袤 淳熙十三年秋至十四年春

熹杜門竊食，不敢與聞外間一事，尚不能無虎食其外之憂。衰病疲薾，雖在山林，亦不能有尋幽選勝之樂。但時有一二學子相從於寂寞之濱，講論古人爲己之學，至會心處，輒復欣然忘食，不自知道學之犯科也。年來目昏，不甚敢讀書。經説閑看，疏漏頗多，不免隨事改正，比舊又差勝矣。

綱目不敢動着，恐遂爲千古之恨。蒙教揚雄、荀彧二事，按温公舊例，凡莽臣皆書「死」，如太師王舜之類，獨於揚雄匿其所受莽朝官稱而以「卒」書，似涉曲筆，不免却按本例書之曰「莽大夫揚雄死」，以爲足以警夫畏死失節之流，而初亦未改温公直筆之正例也。荀彧却是漢侍中光禄大夫而參丞相軍事，其死乃是自殺，故但據實書之曰「某官某人自殺」，而系於曹操擊孫權至濡須之下，非故以彧爲漢臣也。然悉書其官，亦見其實漢天子近臣而附賊不忠之罪，非與其爲漢臣也。此等處當時極費區處，不審竟得免於後世之公論否。胡氏論彧爲操謀臣，而劫遷、九錫二事皆爲董昭先發，故欲少緩九錫之議，以俟他日徐自發之。其不遂而自殺，乃劉穆之之類，而宋齊丘於南唐事亦相似。此論竊謂得彧之情，不審尊意以爲何如？

李淙、謝廓皆略識之，李在此作縣甚得民情，謝甚俊，即任伯參政之孫，其家有古書者也。但吴仲權亦聞其名，見其文字甚清警，未知材氣如此也。今日下位後生中尚不爲無人，雖真僞相半，然亦且得勸勉奬就之，未敢輕有遺棄也。陳同父近得書，大言如昨，亦力勸之，令其稍就斂退。若未見信，即後日之患猶或有甚於此者，甚可念也。

叔祖奉使葬事，甚荷憐念。此事初未敢有請，不謂已蒙特達如此。不知今有定論否？叔祖當日挺身請使，留虜中十六年，竟保全節而歸。以奏對論和不可專恃，且虜有可圖之釁忤秦丞相，遂廢以死。在虜中時，嘗有祭徽廟文，或傳以歸，乙覽感動，錫賚甚寵。其書皆在此，此便不的，不敢附呈。鄙意輒欲次其行事以請於左右，幸而并賜之銘，則宗族子孫皆受不貲之惠矣。叔祖受知於晁景迂，學甚博，詩甚工也。

編年　據書信編年、年譜長編。按，以上二書前者置此篇於淳熙十三年秋冬間，後者置十四年春，雖各有所據，然皆不能確指其具體時日，要不得早於十三年秋，不得晚於十四年春也。

答尤延之 淳熙十三年秋至十四年春

垂諭揚雄事，足見君子以恕待物之心。區區鄙意正以其與王舜之徒所以事莽者雖異，而其爲事莽則同，故竊取趙盾、許止之例而概以莽臣書之，所以著萬世臣子之戒，明雖無臣賊之心，但畏死貪生而有其迹，則亦不免於誅絕之罪。此正春秋謹嚴之法。若温公之變例，則不知何所據依。晚學愚昧，實有所不敢從也。不審尊意以爲如何？如未中理，却望垂教也。

編年 此承前書，見上篇所考。

評論 黄氏日鈔卷三十四：論揚雄臣賊莽，但畏死貪生而有其迹，亦不免誅絕。愚按雄之劇秦美新，似不止畏死貪生而已。莽亦何嘗殺不頌功德者耶。然雄後世尊之，比孟子，甚至本朝名儒或抑孟而尊揚。先生獨奮春秋之筆，與孔子誅少正卯異事同科，亦奇矣哉。

答林黄中 栗 淳熙十三年

室户之説屢蒙指教，竟所未曉。蓋如所論，即室户乃在房之西偏，而入室者先必由房而後進至于室矣。歷考禮書，不見此曲折處。郤子之登，必自西階，房户雖在室户之東，蓋亦無所經見，恐未足以證室户之必東出也。愚意於此深所未解，更丐一言以發其蔽，幸甚幸甚！又見易圖深詆邵氏先天之説，舊亦嘗見其書，然未曉其所以爲説者。高明既斥其短，必已洞見其底蘊矣。

因來并乞數語掊擊其繆，又大幸也。

編年 據年譜長編、書信編年。

答林黄中 淳熙十三年

誨喻縷縷，備悉。樂章必已得之，因風幸早示及。丘推參選未還，尚未得聞室户之誨。大抵所欲知者，此户南鄉西鄉，果安所决？而經傳實據果安所取？不論傳授之有無也。邵氏先天之説，以鄙見窺之，如井蛙之議滄海。而高明直以「不知而作」斥之，則小大之不同量，有不可同年而語者。此熹之前書所以未敢輕效其愚，而姑少見其所疑也。示諭邵氏本以發明易道，而於易無所發明。熹則以爲易之與道非有異也，易道既明，則易之爲書，卦爻象數皆在其中，不待論説而自然可睹。若曰道明而書不白，則所謂道者恐未得爲道之真也。不審高明之意果如何？其或文予而實不予，則熹請以邵氏之淺近疏略者言之。

蓋一圖之内，太極、兩儀、四象、八卦生出次第、位置行列不待安排而粲然有序。以至於第四分而爲十六，第五分而爲三十二，第六分而爲六十四，則其因而重之，亦不待用意推移而與前之三分焉者未嘗不脗合也。比之并累三陽以爲乾，連疊三陰以爲坤，然後以意交錯而成六子；又先畫八卦於内，復畫八卦於外，以旋相加而後得爲六十四卦者，其出於天理之自然與人爲之造作蓋不同矣。况其高深閎闊、精密微妙又有非熹之所能言者。今不之察，而遽以「不知而作」詆之，熹恐後之議今猶今之議昔〔一〕，是以竊爲門下惜之，而不自知其言之僭易也。

校記　〔一〕宋浙本上「今」下有「必亦」二字，「昔」下有「者」字。

編年　據年譜長編、書信編年。

答林黄中淳熙十三年

所扣鄉飲酒疑義，近細考所奏樂有不用二南、小雅六笙詩，而用南吕、無射兩宫十章，不知何據？豈有以見古之鄉樂用此律而寫其遺聲邪？將古樂已亡，不可稽考，而别制此樂也？然則特用此律，其旨安在？又所奏樂必有辭，聲必有譜，而律之短長必有定論。凡此數端，皆所未諭，幸因風詳悉指教。

編年　據書信編年。

與郭冲晦淳熙七年秋冬間

熹窮鄉晚出〔一〕，妄竊有志於道，雖幸有聞於師友，而行之不力，荏苒頽侵，今犬馬之年五十有一矣。修身齊家，未有可見之效，而志氣不强，不能固守貧賤之節，强起從宦，舊學愈荒，施之於人，尤齟齬而不合。大抵志不能帥氣，理未能勝私，中夜以思，怛然内疚。高明不鄙，不知將何以教誨之？熹所拱而俟也〔二〕。

向來次輯諸書，雖亦各有據依，不敢妄意損益，然疑信異傳，不無牴牾。嘗得汪丈端明示以執事所辨數事，方且復書質之汪丈，更求一二左驗，別加是正，則汪公已捐賓客矣。自此每念一扣門下，以畢其説，而相去絶遠，無從致問。今幸得通姓名，又以單車此來，無復文書可以檢索，不復記向之所欲質問者。尚俟異時還家，別圖寓信，但恐益遠難致耳。近刻程先生、尹和靖二帖及白鹿、五賢二記，各納一本，伏幸視至。其間恐有可因以垂教者，切望不棄。

校記〔一〕出：淳熙本作「生」。

〔二〕此句右引作「某所深願也」。

編年　文云「今犬馬之年五十有一矣」，朱熹生於建炎四年，年五十一則淳熙七年也。別集卷八有跋所刻和靖帖，作於七年夏。此言及寄示尹帖，則當作於秋冬間也。

與郭冲晦淳熙十三年

易説云：「數者，策之所宗，而策爲已定之數。」熹竊謂數是自然之數，策即蓍之莖數也。禮曰龜爲卜、筴爲筮是已。老陽一爻過揲三十六策，故積六爻而得二百一十有六策耳。

又云：「大衍之數五十，是爲自然之數，皆不可窮其義。」熹竊謂既謂之數，恐必有可窮之理。

又云：「奇者，所掛之一也；扐者，左右兩揲之餘也。得左右兩揲之餘置於前，以奇歸之也。」熹竊謂奇者，左右四揲之餘也；扐，指間也。謂四揲左手之策，而歸其餘於無名指間；四揲右手之策，而歸其餘於中指之間也。一掛之間凡再扐，則五歲之間凡再閏之象也。

又云：「三多三少，人言其數雖不差，而其名非矣。」熹竊謂多少之説雖不經見，然其實以一約四，以奇爲少，以偶爲多而已。九八者，兩其四也，陰之偶也，故謂之多；五四者，一其四也，陽之奇也，故謂之少。奇陽體員，其法徑一圍三而用其全，故少之數三；偶陰體方，其法徑一圍四而用其半，故多之數二。歸奇積三三三而爲九，則其過揲者四之而爲三十六矣。歸奇積三二二而爲六，則其過揲者四之而爲二十四矣。歸奇積二三三而爲八，則其過揲者四之而爲三十二矣。歸奇積二二三而爲七，則其過揲者四之而爲二十八矣。過揲之數雖先得之，然其數衆而繁；歸奇之數雖後得之，然其數寡而約。紀數之法，以約御繁，不以衆制寡。故先儒舊説專以多少決陰陽之老少，而過揲之數亦冥會焉，初非有異説也。然七八九六所以爲陰陽之老少者，其説又本於圖、書，定於四象，詳見後段。其歸奇之數亦因揲而得之耳。大抵河圖、洛書者，七八九六之祖也；四象之形體次第者，其父也；歸奇之奇偶方圓者，其子也；過揲而以四乘之者，其孫也。今自歸奇以上皆棄不録，而獨以過揲四乘之數爲説，恐或未究象數之本原也。

又云：「四營而後有爻。」又曰：「一掛再扐，共爲三變而成一爻。」熹竊謂四營方成一變，故云「成易」，易即變也。積十二營三掛六扐乃成三變，三變然後成爻。

「易有太極，是生兩儀。兩儀生四象，四象生八卦。」熹竊謂此一節乃孔子發明伏羲畫卦自然之形體次第，最爲切要，古今説者惟康節、明道二先生爲能知之。故康節之言曰：「一分爲二，二分爲四，四分爲八，八分爲十六，十六分爲三十二，三十二分爲六十四，猶根之有榦，榦之有枝，愈大則愈少〔一〕，愈細則愈繁。」而明道先生以爲加一倍法，其發明孔子之言又可謂最切要矣。蓋以河圖、洛書論之，太極者，虚其中之象也。兩儀者，陰陽奇耦之象也。四象者，河圖之一合六、二合七、三合八、四合九，洛書之一含九、二含八、三含七、四含六也。八卦者，河圖四正四隅之位，洛書四實四虚之數也。以卦畫言之，太極者，象數未形之全體也。兩儀者，⚊爲陽而⚋爲陰，陽數一而陰數二也。四象者，陽之上生一陽則爲⚌而謂之太陽；生一陰則爲⚍而謂之少陰。陰之上生一陽則爲⚎而謂之少陽；生一陰則爲⚏而謂之太陰也。四象既立，則太陽居一而含九，少陰居二而含八，少陽居三而含七，太陰居四而含六。此六、七、八、九之數所由定也。八卦者，太陽之上生一陽則爲☰，而名乾；生一陰則爲☱，而名兌。少陰之上生一陽則爲☲，而名離；生一陰則爲☳，而名震。少陽之上生一陽則爲☴，而名巽；生一陰則爲☵，而名坎。太陰之上生一陽則爲☶，而名艮；生一陰則爲☷，而名坤。康節先天之説，所謂乾一、兌二、離三、震四、巽五、坎六、艮七、坤八者，蓋謂此也。至於八卦之上，又各生一陰一陽，則爲四畫者十有六。經雖無文，而康節所謂八分爲十六者，此也。四畫之上又各有一陰一陽，則爲五畫者三十有二。經雖無文，而康節所謂十六分爲三十二者，此也。五畫之上又各生一陰一陽，則爲六畫之卦六十有四，而八卦相重，又各得乾一、兌二、離三、震四、巽五、坎六、艮七、坤八之次，其在圖可見矣。今既以七、八、九、六爲四象，又以揲之以四爲四象，疑或有未安也。

河圖、洛書，熹竊以大傳之文詳之，河圖、洛書蓋皆聖人所取以爲八卦者，而九疇亦并出焉。今以其象觀之，則虛其中者，所以爲易也；實其中者，所以爲洪範也。其所以爲易者，已見於前段矣；所以爲洪範，則河圖九疇之象、洛書五行之數有不可誣者，恐不得以其出於緯書而略之也。

叢書云：「理出乎三才，分出於人道。西銘專爲理言，不爲分設。」熹竊謂西銘之書，横渠先生所以示人至爲深切，而伊川先生又以「理一而分殊」者贊之，言雖至約，而理則無餘矣。蓋乾之爲父，坤之爲母，所謂理一者也。然乾坤者，天下之父母也。父母者，一身之父母也，則其分不得而不殊矣。故以民爲同胞、物爲吾與者，自其天下之父母者言之，所謂理一者也。然謂之民，則非真以爲吾之同胞；謂之物，則非真以爲我之同類矣。此自其一身之父母者言之，所謂分殊者也。又況其曰同胞，曰吾與，曰宗子，曰家相，曰老，曰幼，曰聖，曰賢，曰顛連而無告，則於其中間又有如是差等之殊哉。但其所謂理一者貫乎分殊之中而未始相離耳。此天地自然古今不易之理，而二夫子始發明之，非一時救弊之言，姑以强此而弱彼也。

又云：「西銘止以假塗，非終身之學也。」熹竊謂西銘之言指吾體性之所自來，以明父乾母坤之實，極樂天踐形、窮神知化之妙，以至於無一行之不慊而没身焉。故伊川先生以爲「充得盡時，便是聖人」，恐非專爲始學者一時所見而發也。

又云：「性善之善，非善惡之善。」熹竊謂極本窮原之善與善惡末流之善非有二也，但以其發與未發言之有不同耳。蓋未發之前只有此善〔二〕，而其發爲善惡之善者亦此善也。既發之後，乃有不善以雜焉。而其所謂善者，即極本窮原之發耳。叢書所謂「無爲之時，性動之後」者，既得之矣。而又曰「性善之善非善惡之善」，則熹竊恐其自相矛盾而有以起學者之疑也。

又云：「孟子以養氣爲學，以不動心爲始。」熹竊謂孟子之學蓋以窮理集義爲始，不動心爲效。蓋唯窮理爲能知言，唯集義爲能養其浩然之氣。理明而無所疑，氣充而無所懼，故能當大任而不動心。考於本章，次第可見矣。

校記　〔一〕少：原作「小」，據正訛改。

〔二〕前：原作「善」，據宋閩、浙本改。

編年　據年譜長編、書信編年。

與郭冲晦〔一〕　淳熙三年夏至七年秋冬間

某竊以中夏劇暑，共惟冲晦處士老丈燕居静勝，神相尊候，動止萬福。某遠藉餘蔭，末由瞻晤，敢幾以時爲道自重，前膺三聘，用慰輿論。區區不勝至望！

仰服大名，得所論著而讀之，有年於此矣。某跧伏閩嶺，忽忽半生，無從望見德容，聽受誨藥，引領函丈，徒切拳拳！比者寅緣附致悃款，乃蒙謙眷，先枉教函。三復以還，感慰既深，又重自愧其不敏也。附便致謝，言不逮意，幸察。

竊惟執事家傳正學，有德有言，遁世離群，聖主不得而致，清風素節，愈久愈高。今經帷諫列尚多缺員，衆謂當得高世之士以格君心，庶有變通於將來。非執事者，孰任其責邪？加璧之徵，計在辰夕。某辱在臭味，尤深欣矚之至！

借易再拜，上問德門尊少，各惟佳福！是邦有委，幸示其目。

校記 〔一〕此篇原缺，據淳熙本補入。

編年 將此篇與上與郭冲晦第一書對讀，其作在一書之前甚明，淳熙本亦將第一書置於此篇之後，爲第四書。據第一書，汪應辰卒時朱熹與郭冲晦尚未通問。應辰卒於淳熙二年十二月，故此篇之作不得早於三年中夏。其作在一書之前，則至遲又不得晚於七年秋冬間也。

答程可久 迥 淳熙七年春夏間

熹昨者拜書草率，重蒙枉答，誨示懃懇；并劉掾轉示所製古度量及圖義一册，伏讀捧玩，開發良多。其爲感慰，不可具言！熹孤陋之學，於古人制度多所未講。近看范蜀公集引房庶漢志別本比今增多數字，又論員分、方分之差，亦甚詳悉，竊意其所以與司馬公、胡先生不同之端正在於此，所當明辨。今圖義中似已不取其説，然未嘗質其所以不然之意，熹於此有未曉然者。因便更乞詳以見教，幸甚。劉掾又云蒙許并寄古權，亦願早得之也。温公周尺刻本舊亦嘗依放制得一枚，乃短於今鐵尺寸許，不知何故如此差誤。俟檢舊本，續求教也。

口賦、阡陌二説，并荷指教，考證精博，嘆服尤深。但「阡陌」二字，鄙意未能無疑。因以來教「千百」之義推之，則熹前説所謂「徑涂爲阡」者當爲陌，「畛道爲陌」者當爲阡。蓋史記索隱引風俗通「南北曰阡，東西曰陌」，又云「河南以東西爲阡，南北爲陌」。今以遂人之法考之，當以後説爲正也。遂人鄭注：「徑從畛横，涂從道横。」今考一徑之内爲田百畝，一涂之内爲田百夫，而徑涂皆從，即所謂南北之陌；一畛之内爲田千畝，一道之内爲田千夫，而畛道皆横，即所謂東西之阡也。其立名取義，正以夫畝之數得之。而其字爲道路之類，則當從「𨸏」〔一〕，而不當從「人」。蓋史記其本字，而漢志則因假借而亂之，恐不當引以爲據也。「馬阡陌之間成群」，正謂往來田間道路之上；「富者連阡陌」，亦謂兼并逾制，跨阡連陌，不守先王疆理之舊界耳。若作「仟伯」字説，恐難分明也。不審尊意以爲如何？却望終賜誨示，幸甚！

校記　〔一〕𨸏：宋浙本作「阝」，底本原注别本同。

編年　據年譜長編、書信編年。

答程可久 淳熙七年春夏間

熹昨承寵示公劄，諭及黍尺制度，極荷不鄙。但素所未講，同官亦少有能知其説者，竊慮高明必有一定之論，却乞垂教，幸甚幸甚！弊郡向來製造祭器時未準頒降此册，只用臨川印本司馬書儀内周尺爲之，殊覺低小。今雖得此制，亦已無力可修改矣，并幾台悉。少懇：田賦、夫田二書，更欲求得數本，以廣長者救世之心。得早拜賜，甚幸甚幸！

編年 據年譜長編、書信編年。

答程可久〔一〕 淳熙七年春夏間

太極之義，正謂理之極致耳。有是理即有是物，無先後次序之可言。故曰「易有太極」，則是太極乃在陰陽之中，而非在陰陽之外也。今以「大中」訓之，又以乾坤未判、大衍未分之時論之，恐未安也。形而上者謂之道，形而下者謂之器，今論太極而曰「其物謂之神」，又以天地未分，元氣合而爲一者言之，亦恐未安也。有是理即有是氣，氣則無不兩者。故易曰「太極生兩儀」，而老子乃謂道先生一，而後一乃生二，則其察理亦不精矣。老莊之言之失大抵類此，恐不足引以爲證也。

兩儀四象之説，閩中前輩嘗有爲此説者，鄙意亦竊謂然，初未敢自信也。今得來示，斯判然矣。但謂兩儀爲乾坤之初爻，謂四象爲乾坤初、二相錯而成，則恐立言有未瑩者。蓋方其爲兩儀，則未有四象也；方其爲四象，則未有八卦也，安得先有乾坤之名，初、二之辨哉？妄意兩儀只可謂之陰陽，四象乃可各加以太少之别，而其序亦當以太陽⚌、少陰⚍、少陽⚎〔二〕、太陰⚏爲次。蓋所謂遞升而倍之者，不得越⚍與⚎而先爲⚏也。此序既定，又遞升而倍之，適得乾

一、兑二、離三、震四、巽五、坎六、艮七、坤八之序也，與邵氏先天圖合。此乃伏羲始畫八卦自然次序，非人私智所能安排，學易者不可不知也。

晋公子貞屯悔豫之占，韋氏舊注固有不通，而來示之云，鄙意亦不能無所疑也。蓋以穆姜東宫之占言之，則所謂「艮之八」者，正指其所當占之爻而言之也。今云「貞屯悔豫皆八也」，而釋之以爲指三爻之不變者而言，則非其當占之爻，而於卦之吉凶無所繫矣。據本文語勢，似是連得兩卦而皆不值老陽老陰之爻，故結之曰「皆八也」。而占之曰「閉而不通，爻無爲也」，蓋曰卦體不動，爻無所用占爾。然兩卦之中亦有陽爻，又不爲偏言皆八，則此説似亦未安。且東宫之占，説亦未定，恐或只是遇艮卦之六爻不變者。但乃「艮其背不獲其身，行其庭不見其人」之占，史强爲「之隨」之説，以苟悦于姜耳。故傳者記史之言而曰「是謂艮之隨」，明非正法之本然也。然其九三、上九亦是陽爻，又似可疑。大抵古書殘闕，未易以臆説斷。惟占筮之法則其象數具存，恐有可以義起者推而得之，乃所謂活法耳。

校記　〔一〕可久：淳熙本作「知縣」。

〔二〕陽：原作「陰」，與上句「陰」互倒，據正訛乙。

編年　據年譜長編、書信編年。

答程可久 淳熙七年春夏間

熹前書所謂太極不在陰陽之外者，正與來教所謂不倚於陰陽而生陰陽者合。但熹以形而上下者其實初不相雜，故曰在陰陽之中。吾丈以形而上下者其名不可相雜，故曰不在陰陽之外。雖所自而言不同，而初未嘗有異也。但如今日所引舊説，則太極乃在天地未分之前，而無所與於今日之爲陰陽，此恐於前所謂不倚於陰陽而生陰陽者有自相矛盾處。更望詳考見教。

兩儀四象，恐須如先天之序〔一〕，乃爲自然之數。而始乾終坤，理勢亦無不可。若必欲初⚌次⚏，乃是以意安排，而非自然之序。又⚌象之上各生兩爻，即須以乾、兑、艮、坤爲次，復無所據。更乞詳考見教。

乾坤六爻圖位鄙意亦有未曉處，更乞誨示。

揲蓍新圖内策數，不知於占筮有用處否？亦乞開諭。

校記 〔一〕須：原作「雖」，據宋閩、浙本改。

編年 據年譜長編、書信編年。

答程可久 淳熙十六年

臨汀鹽筴既無可言，經界又不得行，民之窮困日以益甚，但有散爲流庸、聚爲盜賊兩事耳。廣右首議之人行遣甚峻，近世少見其比，益令人懶開口。奈何奈何！黄齊賢韵語用心甚苦，諸圖尤有功夫，甚不易得。已遵尊命，以數語附卷末。晚生淺學，何足爲重？三復長者之言，爲之慨嘆。科舉之弊至於如此，奈何奈何！

編年 據書信編年。文集卷八十二載跋通鑑韻語，即此書所言黄齊賢書跋語，作於淳熙十六年三月。

答程可久〔一〕 紹熙五年

所諭爲學本末，甚詳且悉。前書所謂世道衰微，異言蜂出，其甚乖剌者，固已陷人於犯刑受辱之地；其近似而小差者，亦足使人支離繳繞而不得以聖賢爲歸。岐多路惑，甚可懼也。願且虚心徐觀古訓，句解章析，使節節透徹，段段爛熟，自然見得爲學次第，不須別立門庭，固守死法也。

校記 〔一〕此篇辭氣似訓後學，疑非與程迥之書。其文又見卷六十三答孫敬甫二，蓋與敬甫者也。

編年 據書信編年。此篇實爲答孫敬甫，卷六十三所載書末有「途中草草奉報」之語，當作於長沙入朝途中也。

答程可久 淳熙十三年

示諭曲折，令人慨嘆。然今日上下相迫，勢亦有不得已者。故事之從違可否，常在人而不可必。唯審時量力、從吾所好爲在己而可以無不如志爾。先生研精於易，至有成書，樂行憂違，伏想胸中已有成算，固非晚學所得而輕議也。

編年 據年譜長編、書信編年。

答程可久淳熙十三年

程書易原近方得之，謹以授來使。易學啓蒙當已經省覽矣，有未安處，幸辱鐫誨。上饒財賦源流得蒙録示，幸甚。伯謨説近有刻石記文，亦願得之也。又有小懇，欲求妙墨爲寫大戴禮武王踐祚一篇，以爲左右觀省之戒，不審可否？卷子納上，得蒙揮染，不勝幸甚！

編年　據年譜長編、書信編年。

答程可久紹熙五年

忽聞有奉祠之命，爲之惘然。得非反以貳車改正之舉而激之至此也邪？世路險巇，人情不可測。以長者之寬平博厚處之，尚未能坦然無所繫閡，况如鄙狹之姿，又安可望於少行其志耶？行亦力請祈還故官，仰繼後塵爾。

編年　據書信編年。年譜長編據宋史迥本傳言「朝奉郎朱熹以書」致祭云云，定迥卒於淳熙十六年，乃誤讀宋史原文而致。原文「朝奉郎」當屬上，作「卒官朝奉郎」，乃指程迥官終此也。文集卷五十二有朱熹紹熙二年答吴伯豐第八書云：「沙隨諸書及茶已領，便遽，未有物可奉報也。」是其時迥尚在世之明證。

答程可久紹熙慶元間

春秋例目拜貺甚厚。其間議論小國自貶其爵以從殺禮，最爲得其情者。頃年每疑胡氏滕子朝桓之説非春秋惡惡短之義，今已釋然。蓋後來鄭大夫亦有「鄭伯，男也，而使從諸侯之賦」之説，則當時諸侯之願自貶者固多，但霸主必以此禮責之，故有不得而自遂爾。然其他尚有欲請教者，便遽未暇。大抵此經簡奥，立説雖易而貫通爲難，以故平日不敢措意其間。假以數年，未知其可學否爾。

編年　此書未可詳考，然朱熹淳熙七年始與程迥通書，而前此諸書皆未言及春秋學術。文集卷五十一答萬正淳第六書數處言及程迥春秋説，包括此篇所論小國自貶其爵之説。其書作於慶元四年前後，故此篇時日當亦較晚，紹熙慶元間也。

答程泰之大昌　淳熙八年

道生一，一生二，二生三。

熹恐此「道」字即易之太極，「一」乃陽數之奇，「二」乃陰數之偶，「三」乃奇偶之積。其曰「二生三」者，猶所謂二與一爲三也。若直以「一」爲太極，則不容復言「道生一」矣。詳其文勢，與列子「易變而爲一」之語正同。所謂「一」者，皆形變之始耳，不得爲非數之一也。

策數。

策者，蓍之莖數，曲禮所謂「策爲筮」者是也。大傳所謂「乾坤二篇之策」者，正以其掛扐之外見存蓍數爲言耳。蓋揲蓍之法，凡三揲掛扐，通十三策而見存三十六策，則爲老陽之爻；三揲掛扐，通十七策而見存三十二策，則爲少陰之爻；三揲掛扐，通二十一策而見存二十八策，則爲少陽之爻；三揲掛扐，通二十五策而見存二十四策，則爲老陰之爻。大傳專以六爻乘老陽老陰而言，故曰乾之策二百一十有六，坤之策百四十有四，凡三百有六十。其實六爻之爲陰陽者，老少錯雜，其積而爲乾者未必皆老陽，其積而爲坤者未必皆老陰。其爲六子諸卦者，或陽或陰，亦互有老少焉。蓋老少之別本所以生爻，而非所以名卦。今但以乾有老陽之象，坤有老陰之象，六子有少陰陽之象，且均其策數，又偶合焉，而因假此以明彼則可；若便以乾六爻皆爲老陽，坤六爻皆爲老陰，六子皆爲少陽少陰，則恐其未安也。但三百六十者，陰陽之合，其數必齊於此。若乾坤之爻而皆得於少陰陽也，則乾之策六其二十八而爲百六十八，坤之策六其三十二而爲百九十二，其合亦爲三百六十，此則不可易也。

河洛圖書。

論雖以四十五者爲河圖，五十五者爲洛書，然序論之文多先書而後圖。蓋必以五十五數爲體，而後四十五者之變可得而推。又況易傳明有「五十有五」之文，而洪範又有九位之數耶？

當期。

易卦之位，震東離南，兑西坎北者爲一説，十二辟卦分屬十二辰者爲一説。及焦延壽爲卦氣直日之法，乃合二説而一之，既以八卦之震、離、兑、坎二十四爻直四時，又以十二辟卦直十二月，且爲分四十八卦爲之公、侯、卿、大夫，而六日七分之説生焉。若以八卦爲主，則十二卦之乾不當爲巳之辟，坤不當爲亥之辟，艮不當侯於申酉，巽不當侯於戌亥。若以十二卦爲主，則八卦之乾不當在西北，坤不當在西南，艮不當在東北，巽不當在東南。彼此二説，互爲矛盾。且其分四十八卦爲公、侯、卿、大夫以附於十二辟卦，初無法象，而直以意言，本已無所據矣，不待論其減去四卦二十四爻而後可以見其失也。揚雄太玄次第乃是全用焦法，其八十一首蓋亦去其震、離、兑、坎者，而但擬其六十卦耳。諸家於八十一首多有作擬震、離、坎、兑者，近世許翰始正其誤。至立踦贏二贊，則正以七百二十九贊又不足乎六十卦六日七分之數而益之，恐不可反據其説以正焦氏之失也。

孔穎達。

孔氏「是一揲也」四字，先儒莫有覺其誤者。今論正之，信有功矣。但細詳疏文後段，孔氏實非不曉揲法者，但爲之不熟，故其言之易差而誤多此四字耳。其云「合於掛扐之處」，又云「合於掛扐之一處而總掛之」，則實有誤，然於其大數亦不差也。

畢中和。

畢氏揲法視疏義爲詳，柳子厚詆劉夢得，以爲膚末於學者，誤矣。畢論三揲皆掛一，正合四營之義。唯以三揲之掛扐分措於三指間爲小誤，然於其大數亦不差也。其言餘一益三之屬，乃夢得立文太簡之誤，使讀者疑其不出於自然而出於人意耳。此與孔氏之失固不可不正，然恐亦不可不原其情也。

編年 據書信編年。詳見下篇所考。

答程泰之 淳熙八年

熹昨聞禹貢之書已有奏篇，轉借累年，乃得其全。猶恨繪事易差，間有難考究處。近乃得温陵印本，披圖按說，如指諸掌，幸甚幸甚！此書之傳，爲有益於學者。但頃在南康兩年，其地宜在彭蠡、九江、東陵、敷淺原之間，而考其山川形勢之實，殊不相應。因考諸説，疑晁氏九江東陵之説以爲洞庭巴陵者爲可信。蓋江流自澧而東，即至洞庭，而巴陵又在洞庭之東也。若謂九江即今江州之地，即其下少東便合彭蠡之口，不應言「至東陵然後東迆，北會于匯」也。白氏所論敷淺原者，亦有理，而未盡。蓋詳經文，敷淺原合是衡山東北一支盡處，疑即今廬阜，但無明文可考耳。德安縣敷陽山正在廬山之西南，故謂之敷陽，非以其地即爲敷淺原也。若如舊説，正以敷陽爲敷淺原，則此山甚小，又非山脉盡處。若遂如晁氏之説，以爲江入海處，則合是今京口，所過之水又不但九江而已也。若以衡山東北盡處而言，即爲廬阜無疑。蓋自岷山東南至衡山，又自衡山東北而至此，則九江之原出於此三山之北者，皆合於洞庭而注於岷江，故自衡山而至此者必過九江也。此以地勢考之，妄謂如此，不審參以他書，其合否又如何。但著書者多是臆度，未必身到足歷，故其説亦難盡據，未必如今目見之親切著明耳。閤下向者固嘗經行，而留意之久，記覽之富，其必有以質之。故敢輒獻所疑，伏惟有以教之，幸也。

編年 據書信編年。按，文云「禹貢之書已有奏篇」，指程大昌之禹貢論。大昌淳熙四年任侍講，授尚書，寫成禹貢論五十二篇、後論八篇，繪製山川地理圖，附叙説三十一篇上表進呈，孝宗詔付秘書省收藏。云「近乃得温陵印本」，指淳熙八年泉州州學刻本，今藏國家圖書館。又稱「頃在南康兩年」，故此書作在淳熙八年或稍後爲近。前後二書與大昌論學，未可詳考，姑置於此。年譜長編列在淳熙十三年，無據。

答程泰之 淳熙八年

病中得窺易老新書之秘，有以見立言之指深遠奥博，非先儒思慮所及矣。尚以道中籃輿摇兀，神思昏憒，未容盡究底藴。獨記舊讀「儼若客」止作「容」字〔一〕，而蘇黄門亦解爲修容不惰之意，嘗疑此或非老子意。後見一相書引此，乃以「容」字爲「客」字，於是釋然，知老子此七句而三協韻，以「客」韻「釋」，脗若符契。又此凡言「若某」者，皆有事物之實。所謂客者，亦曰不敢爲主而無與於故事〔二〕，其容儼然耳。近見温公注本亦作「客」字〔三〕，竊意古本必更有可考者。雖非大義所繫，然恐亦可備討論之萬一。不審台意以爲如何？

校記 〔一〕客：原作「容」，據正訛改。

〔二〕故事：宋浙本作「事故」。

〔三〕客：原作「容」，據宋閩、浙本改。

編年 據書信編年。詳見上篇所考。

答李壽翁 淳熙七年秋

熹竊嘗聞之，侍郎知易學之妙，深造理窟，每恨不得執經請業。兹辱誨諭，警省多矣。麻衣易說熹舊見之，常疑其文字言語不類五代國初時體製，而其義理尤多淺俗，意恐只是近三五十年以來人收拾佛老術數緒餘所造。嘗題數語於其後，以俟知者。及去年至此，見一戴主簿者，名師愈，即今印本卷後題跋之人。初亦忘記其有此書，但每見其說易專以麻衣爲宗，而問其傳授來歷，則又秘而不言。後乃得其所著他書觀之，則其文體意象多與所謂麻衣易說者相似，而間亦多有附會假託之談，以是心始疑其出於此人。因復遍問邦人，則雖無能言其贋作之實者，然亦無能知其傳授之所從也。用此決知其爲此人所造不疑。然是時其人已老病昏塞，難可深扣，又尋即物故，遂不復可致詰。但今考其書，則自麻衣本文及陳、李、戴注題四家之文如出一手〔一〕，此亦其同出戴氏之一驗。而其義理，則於鄙意尤所不能無疑。今以台諭之及，當復試加考訂，他日別求教也。程君著說亦嘗見之，其人見爲進賢令，至此數得通書，愷悌博雅，君子人也。自別有易說，又有田制書，近寄印本及所刻范伯達丈夫田說來。今各以一編呈納，伏幸視至。他所欲請教者非一，屬以歲凶，郡中多事，留此便人日久，且草具此拜稟，早晚別尋便拜啓次。

校記 〔一〕注：原作「汪」，據宋閩、浙本改。

編年 據書信編年。

答陳體仁 淳熙十一年以前

蒙別紙開示説詩之意尤詳，因得以窺一二大者。不敢自外，敢以求於左右。來教謂詩本爲樂而作，故今學者必以聲求之，則知其不苟作矣。此論善矣，然愚意有不能無疑者。蓋以虞書考之，則詩之作本爲言志而已。方其詩也，未有歌也，及其歌也，未有樂也。以聲依永，以律和聲，則樂乃爲詩而作，非詩爲樂而作也。三代之時，禮樂用於朝廷而下達於閭巷，學者諷誦其言以求其志，詠其聲，執其器，舞蹈其節以涵養其心，則聲樂之所助於詩者爲多。然猶曰「興於詩，成於樂」，其求之固有序矣。是以凡聖賢之言詩，主於聲者少而發其義者多。仲尼所謂「思無邪」，孟子所謂「以意逆志」者，誠以詩之所以作本乎其志之所存，然後詩可得而言也。得其志而不得其聲者有矣，未有不得其志而能通其聲者也。就使得之，止其鍾鼓之鏗鏘而已，豈聖人「樂云樂云」之意哉？

況今去孔孟之時千有餘年，古樂散亡，無復可考，而欲以聲求詩，則未知古樂之遺聲今皆以推而得之乎？三百五篇皆可協之音律而被之弦歌已乎？誠既得之，則所助於詩多矣，然恐未得爲詩之本也。況未必可得，則今之所講，得無有畫餅之譏乎？

故愚意竊以爲詩出乎志者也，樂出乎詩者也。然則志者詩之本，而樂者其末也。末雖亡，不害本之存，患學者不能平心和氣，從容諷詠以求之情性之中耳。有得乎此，然後可得而言，顧所得之淺深如何耳。有舜之文德，則聲爲律而身爲度，簫韶、二南之聲不患其不作。此雖未易言，然其理蓋不誣也。不審以爲如何？二南分王者諸侯之風，大序之説恐未爲過。其曰聖賢淺深之辨，則説者之鑿也。程夫子謂二南猶易之乾坤，而龜山楊氏以爲一體而相成，其説當矣。試考之，如何？召南「夫人」恐是當時諸侯夫人被文王、太姒之化者，二南之「應」，似亦不可專以爲樂聲之應爲言。蓋必有理存乎其間，豈有無事之理、無理之事哉？惟即其理而求之，理得則事在其中矣。

編年 據書信編年。朱熹任同安主簿時即已識陳知柔，其後交往餘三十年。此書未可詳考，僅知作於淳熙十一年陳知柔卒之前。

評論 康熙御製文集第三集卷四十三：約舉理要，可與言詩，可與正樂。

答顔魯子淳熙八年秋

熹昨蒙諭及深衣，謹并幅巾大帶納上，皆温公遺製也。但帶當結處合有黑紐之組，所未能備。其説見於書儀本章，可考而增益也。又有黑履，亦見書儀，此不敢納呈。去古益遠，其冠服制度僅存而可考者獨有此耳。然遠方士子亦所罕見，往往人自爲制，詭異不經，近於服妖，甚可嘆也。若得當世博聞好禮者表而出之，以廣其傳，庶幾其不泯乎。

編年　據書信編年。

答顔魯子 淳熙八年秋

蒙諭深衣約紐，正所未曉。向借得者，亦闕此制。但既云「條似紳而加闊」，即與今之匾條相似，不知其制果如何。又今法服背後垂綬亦是古組綬之遺象，不記其以何物爲之。恐亦可參考，却俟訂正垂教也。又承垂諭景望謙卦忌盈之説，未審曲折。并薛氏鬼神事，於此素亦未能無疑。顧恨未得面扣其旨，以祛所惑。或恐有可以言語發明者，幸因筆及之也。熹忽例蒙誤恩，寬其致旱之罪而過録微勞，皆出推借之及。初不敢辭，適郡人應募賑濟者數家合得官資皆未放行，義難先受，不免申堂辭免，并乞早與推恩矣。恐欲知其曲折，故敢及之，非敢固爲矯激也。

編年　據書信編年。

朱熹文集編年評注卷三十八

書問答〔一〕

校記 〔一〕宋浙本題注作「前輩平交往復」。

答袁機仲樞 淳熙十三年

熹數日病中方得紬繹所示圖書、卦畫二説，初若茫然不知所謂，因復以妄作啓蒙考之，則見其論之之詳，而明者偶未深考，是以致此紛紛，多説而愈致疑耳。夫以河圖、洛書爲不足信，自歐陽公以來已有此説，然終無奈顧命、繫辭、論語皆有是言，而諸儒所傳二圖之數，雖有交互而無乖戾，順數逆推，縱横曲直皆有明法，不可得而破除也。

至如河圖與易之天一至地十者合而載天地五十有五之數，則固易之所自出也。洛書與洪範之初一至次九者合而具九疇之數，則固洪範之所自出也。繫辭雖不言伏羲受河圖以作易，然所謂「仰觀俯察」、「近取遠取」，安知河圖非其中之一事耶？大抵聖人制作所由，初非一端，然其法象之規模，必有最親切處。如鴻荒之世，天地之間陰陽之氣雖各有象，然初未嘗有數也。至於河圖之出，然後五十有五之數奇偶生成，粲然可見。此其所以深發聖人之獨智，又非泛然氣象之所可得而擬也。是以仰觀俯察、遠求近取，至此而後，兩儀、四象、八卦之陰陽奇偶可得而言。雖繫辭所論聖人作易之由者非一，而不害其得此而後決也。

來喻又謂熹不當以大衍之數參乎河圖、洛書之數，此亦有説矣。數之爲數，雖各主於一義，然其參伍錯綜，無所不通，則有非人之所能爲者。其所不合，固不容以强合；其所必合，則縱横反覆，如合符契，亦非人所能强離也。若於此見得自然契合、不假安排底道理，方知造化功夫神妙巧密，直是好笑，説不得也。若論易文，則自「大衍之數五十」至「再扐而後掛」，便接「乾之策二百一十有六」至「可與祐神矣」爲一節，是論大衍之數；自「天一」至「地十」却連「天數五」至「而行鬼神也」爲一節，是論河圖五十五之數。今其文間斷差錯，不相連接，舛誤甚明。伊川先生已嘗釐正，啓蒙雖依此寫，而不曾推論其所以然者，故覽者不之察耳。

至於卦畫之論，反復來喻，於熹之説亦多未究其底藴。且如所論兩儀有曰「乾之畫奇，坤之畫偶」，只此「乾坤」二字便未穩當。蓋儀，匹也。兩儀，如今俗語所謂「一雙」、「一對」云爾。自此再變，至生第三畫，八卦已成，方有乾坤之名。當爲一畫之時，方有一奇一偶，只可謂之陰陽，未得謂之乾坤也。

來喻又曰以二畫增至四畫爲二奇二偶，又於四畫之上各增一奇一偶而爲八畫，此亦是於熹圖中所説發生次第有所未明而有此語。蓋四象第一畫本只是前兩儀圖之一奇一偶，緣此一奇一偶之上各生一奇一偶，是以分而爲四，而初畫之一奇一偶亦隨之而分爲四段耳，非是以二畫增成四畫，又以四畫增成八畫也。此一節正是前所謂自然契合，不假安排之妙。孔子而後，千載不傳，至康節先生始得其説。然猶不肯大段説破，蓋易之心髓全在此處，不敢容易輕説，其意非偶然也。

來喻又曰：「不知陰陽二物果可分老少而爲四象乎？」此恐亦考之未熟之過。夫老少於經固無明文，然揲蓍之法，三變之中掛扐四以奇偶分之〔一〕，然後爻之陰陽可得而辨。又於其中各以老少分之，然後爻之變與不變可得而分。經所謂「用九」、「用六」者，正謂此也。若其無此，則終日揲蓍，不知合得何卦？正使得卦，不知當用何爻？安得以爲後世之臆説而棄之乎？

又詳所論直以天地爲兩儀，而「天生神物」以下四者爲四象，此尤非是。大抵曰儀，曰象，曰卦，皆是指畫而言。故曰易有太極而生兩儀、四象、八卦，又曰易有四象而示人以卦爻吉凶。若如所論，則是先有太極、兩儀、四象，然後聖人以畫八卦，而兩儀、四象、八卦三物各是一種面貌，全然相接不著矣。此乃易之綱領，如法律之有名例，不可以豪釐差。熹之所見判然甚明，更無疑惑，不審高明以爲如何？如其未然，幸復有以見教也。

校記　〔一〕四：正訛改作「各」。

編年　據年譜長編。

答袁機仲淳熙十三年

邵子曰：「太極既分，兩儀立矣。此下四節通論伏羲六十四卦圓圖。此一節以第一爻而言，左一奇爲陽，右一偶爲陰，所謂兩儀者也。今此一奇爲左三十二卦之初爻，一偶爲右三十二卦之初爻，乃以累變而分，非本即有此六十四段也。後放此。陽上交於陰，陰下交於陽而四象生矣。此一節以第一爻生第二爻而言也。陽下之半上交於陰上之半，則生陰中第二爻之一奇一偶，而爲少陽、太陰矣。陰上之半下交於陽下之半，則生陽中第二爻之一奇一偶，而爲太陽、少陰矣。所謂兩儀生四象者也。太陽一奇，今分爲左上十六卦之第二爻；少陰一偶〔一〕，今分爲左下十六卦之第二爻〔二〕，少陽、太陰，其分放此。而初爻之二，亦分爲四矣。陽交於陰，陰交於陽而生天之四象；剛交於柔，柔交於剛而生地之四象。此一節以第二爻生第三爻言也。陽謂太陽，陰謂太陰，剛謂少陽，柔謂少陰。太陽之下半交於太陰之上半〔三〕，則生太陰中第三爻之一奇一偶，而爲艮爲坤矣。太陰之上半交於太陽之下半，則生太陽中第三爻之一奇一偶，而爲乾爲兑矣。少陽之上半交於少陰之下半，則生少陰中第三爻之一奇一偶，而爲離爲震矣。少陰之下半交於少陽之上半，則生少陽中第三爻之一奇一偶，而爲巽爲坎矣。此所謂四象生八卦也。乾一奇，今分爲八卦之第三爻；坤一偶，今分爲八卦之第三爻，餘皆放此。而初爻、二爻之四，今又分而爲八矣。乾、兑、艮、坤生於二太，故爲天之四象；離、震、巽、坎生於二少，故爲地之四象。八卦相錯，而後萬物生焉。」一卦之上，各加八卦以相間錯，則六十四卦成矣。然第三爻之相交，則生第四爻之一奇一偶，於是一奇一偶各爲四卦之第四爻，而下三爻亦分爲十六矣。第四爻又相交，則生第五爻之一奇一偶，於是一奇一偶各爲二卦之第五爻，而下四爻亦分而爲三十二矣。第五爻又相交，則生第六爻之一奇一偶，則一奇一偶各爲一卦之第六爻，而下五爻亦分而爲六十四矣。蓋八卦相乘爲六十四，而自三畫以上，三加一倍以至六畫，則三畫者亦加二倍而卦體横分，亦爲六十四矣。其數殊塗〔四〕，不約而會，如合符節，不差毫釐，正是易之妙處。此來教所引邵先生説也。今子細辨析奉呈，幸詳考之，方可見其曲折，未遽可輕議也。

然此已是就六十四卦已成之後言之，故其先後多寡有難著語處。乍看極費分疏，猝然曉會不得。若要見得聖人作易根原直截分明，却不如且看卷首横圖，自始初只有兩畫時漸次看起，以至生滿六畫之後。其先後多寡既有次第而位置分明，不費詞說。於此看得，方見六十四卦全是天理自然挨排出來，聖人只是見得分明，便只依本畫出，元不曾用一毫智力添助。蓋本不煩智力之助，亦不容智力得以助於其間也。及至卦成之後，逆順縱横，都成義理，千般萬種，其妙無窮，却在人看得如何。而各因所見爲說，雖若各不相資，而實未嘗相悖也。

蓋自初未有畫時說到六畫滿處者，邵子所謂先天之學也。卦成之後，各因一義推說，邵子所謂後天之學也。今來喻所引繫辭、說卦三才六位之說，即所謂後天者也。先天、後天既各自爲一義，而後天說中取義又多不同，彼此自不相妨，不可執一而廢百也。若執此說，必謂聖人初畫卦時只見一個三才，便更不問事由，一連便掃出三畫，以擬其象。畫成之後，子細看來，見使不得，又旋劃擘，添出後一半截。此則全是私意杜撰補接，豈復更有易耶？來喻條目尚多，然其大節目不過如此。今但於此看破，則其餘小小未合處自當迎刃而解矣。故今不復悉辨以浼高明，伏幸財察。

校記

〔一〕少：原作「太」，據宋閩、浙本改。

〔二〕左：原作「右」，據正訛改。

〔三〕上：原作「下」，據右引改。

〔四〕其：宋浙本作「二」，考異所引別本同。

編年　據年譜長編。

答袁機仲 淳熙十三年

來教疑河圖、洛書是後人僞作。

熹竊謂生於今世而讀古人之書，所以能別其真僞者，一則以其義理之所當否而知之，二則以其左驗之異同而質之，未有舍此兩塗而能直以臆度懸斷之者也。熹於世傳河圖、洛書之舊所以不敢不信者，正以其義理不悖而證驗不差爾。來教必以爲僞，則未見有以指其義理之繆、證驗之差也。而直欲以臆度懸斷之，此熹之所以未敢曲從而不得不辨也。況今日之論，且欲因象數之位置往來以見天地陰陽之造化、吉凶消長之本原，苟於此未明，則固未暇別尋證據。今乃全不尋其義理，亦未至明有證據，而徒然爲此無益之辨，是不議於室而譟於門，不味其腴而齩其骨也。政使辨得二圖真僞端的不差，亦無所用，又況未必是乎？願且置此，而於熹所推二圖之説少加意焉，則雖未必便是真圖，然於象數本原亦當略見意味，有歡喜處，而圖之真僞將不辨而自明矣。

來教疑先天、後天之説。

據邵氏説，先天者，伏羲所畫之易也；後天者，文王所演之易也。伏羲之易初無文字，只有一圖以寓其象數，而天地萬物之理、陰陽始終之變具焉。文王之易即今之周易，而孔子所爲作傳者是也。孔子既因文王之易以作傳，則其所論固當專以文王之易爲主。然不推本伏羲作易畫卦之所由，則學者必將誤認文王所演之易便爲伏羲始畫之易，只從中半説起，不識向上根原矣。故十翼之中，如八卦成列，因而重之，太極、兩儀、四象、八卦而天地、山澤、雷風、水火之類，皆本伏羲畫卦之意；而今新書原卦畫一篇，亦分兩儀，伏羲在前，文王在後。必欲知聖人作易之本，則當考伏羲之畫；若只欲知今易書文義，則但求之文王之經、孔子之傳足矣。兩者初不相妨，而亦不可以相雜。來教乃謂專爲邵氏解釋，而於易經無所折衷，則恐考之有未詳也。

來教謂七、八、九、六不可爲四象。

四象之名，所包甚廣。大抵須以兩畫相重、四位成列者爲正。而一、二、三、四者，其位之次也；七、八、九、六者，其數之實也。其以陰陽剛柔分之者，合天地而言也；其以陰陽太少分之者，專以天道而言也。若專以地道言之，則剛柔又自有太少矣。推而廣之，縱横錯綜，凡是一物，無不各有四者之象，不但此數者而已矣。此乃天地之間自然道理，未畫之前，先有此象此數，然後聖人畫卦時依樣畫出，揲蓍者又隨其所得掛扐過揲之數以合焉，非是元無實體而畫卦揲蓍之際旋次安排出來也。來喻於此見得未明，徒勞辨説，竊恐且當先向未畫前識得元有個太極、兩儀、四象、八卦底骨子，方有商量，今未須遽立論也。用九用六之文，固在卦成之後；而用九用六之理，乃在卦成之前，亦是此理。但見得實體分明，則自然觸處通透，不勞辨説矣。

至謂七、八、九、六乃揲蓍者所爲而非聖人之法，此誤尤不難曉。今且説揲蓍之法出於聖人耶？出於後世耶？若據大傳，則是出於聖人無疑。而當是之時，若無七、八、九、六，則亦無所取決，以見其爻之陰陽動静矣，亦何以揲蓍爲哉？此事前書辨之已詳，非熹之創見新説，更請熟玩，當自見之，今不復縷縷也。來喻又云繫辭本只是四象生八卦，今又倍之，兩其四象而生八卦之一，此數字不可曉。然想不足深辨，請且於前所謂實體者驗之，庶乎其有得也。

來教疑四爻五爻者無所主名。

一畫爲儀，二畫爲象，三畫爲卦，則八卦備矣。此上若旋次各加陰陽一畫，則積至三重，再成八卦者八，方有六十四卦之名。若徑以八卦遍就加乎一卦之上，則亦如其位而得名焉。方其四畫五畫之時，未成外卦，故不得而名之耳。内卦爲貞，外卦爲悔，亦是畫卦之時已有此名。至揲蓍求之，則九變而得貞，又九變而得悔，又是後一段事，亦如前所論七、八、九、六云爾，非謂必揲蓍然後始有貞悔之名也。大抵新書所論卦位與繫辭、説卦容有異同，至論揲蓍，則只本繫辭，何由別有他説？如此等處至爲淺近，而今爲説乃如此，竊恐考之殊未詳也。

來教引伊川先生説重卦之由。

重卦之由，不但伊川先生之説如此，蓋大傳亦云「八卦成列，因而重之」矣。但八卦所以成列，乃是從太極、兩儀、四象漸次生出，以至於此，畫成之後，方見其有三才之象，非聖人因見三才，遂以己意思惟而連畫三爻以象之也。因而重之，亦是因八卦之已成，各就上面節次生出。若旋生逐爻，則更加三變方成六十四卦。若并生全卦，則只用一變便成六十四卦。雖有遲速之不同，然皆自然漸次生出，各有行列次第。畫成之後，然後見其可盡天下之變。不是聖人見下三爻不足以盡天下之變，然後別生計較，又并畫上三爻以盡之也。此等皆是作易妙處，方其畫時，雖是聖人，亦不自知裏面有許多巧妙奇特，直是要人細心體認，不可草草立說也。

以上五條，鄙意傾倒無復餘蘊矣。然此非熹之說，乃康節之說；非康節之說，乃希夷之說；非希夷之說，乃孔子之說。但當日諸儒既失其傳，而方外之流陰相付受，以爲丹竈之術。至於希夷、康節，乃反之於易，而後其說始得復明於世。然與見今周易次第行列多不同者，故聞者創見，多不能曉而不之信，只據目今見行周易緣文生義，穿鑿破碎，有不勝其杜撰者。此啓蒙之書所爲作也。若其習聞易曉，人人皆能領略，則又何必更著此書，以爲屋下之屋，牀上之牀哉？更願高明毋以爲熹之說而忽之，姑且虛心遜志以求其通曉，未可好高立異而輕索其瑕疵也。玩之久熟，浹洽於心，則天地變化之神、陰陽消長之妙自將瞭於心目之間，而其可驚可喜、可笑可樂必有不自知其所以然而然者矣。言之不盡，偶得小詩以寄鄙懷曰：「忽然半夜一聲雷〔一〕，萬户千門次第開。若識無心涵有象，許君親見伏羲來。」說得太郎當了，只少個拄杖卓一下〔二〕，便是一回普說矣。狂妄僭率，幸勿鄙誚也。

校記 〔一〕半夜：宋浙本作「平地」。

〔二〕宋浙本「個」下有「枯」字，考異所引別本同。

編年 據年譜長編。

答袁機仲 慶元四年

伏承別紙誨諭諄悉，及示新論，尤荷不鄙。但區區之説，前此已悉陳之。而前後累蒙排擯揮斥，亦已不遺餘力矣。今復下喻，使罄其説，顧亦何以異於前日耶？然既辱開之使言，則又不敢嘿嘿。然其大者未易遽論，姑即來教一二淺者質之。

夫謂温厚之氣盛於東南，嚴凝之氣盛於西北者，禮家之説也。謂陽生於子，於卦爲復；陰生於午，於卦爲姤者，曆家之説也。謂巽位東南，乾位西北者，説卦之説也。此三家者各爲一説，而禮家、曆家之言猶可相通。至於説卦，則其卦位自爲一説，而與彼二者不相謀矣。今來教乃欲合而一之，而其間又有一説之中自相乖戾者，此熹所以不能無疑也。夫謂東南以一陰已生而爲陰柔之位，西北以一陽已生而爲陽剛之位，則是陽之盛於春夏者不得爲陽，陰之盛於秋冬者不得爲陰，而反以其始生之微者爲主也。謂一陰生於東南，一陽生於西北，則是陰不生於正南午位之姤而淫於東，陽不生於正北子位之復而旅於西也。謂巽以一陰之生而位乎東南，則乾者豈一陽之生而位於西北乎？況説卦之本文，於巽則但取其潔齊而位之東南〔一〕，於乾則但取其戰而位之西北。巽以三畫言之，雖爲一陰之生，而其所以位之東南者，初非有取乎其義。至於乾，則又三陽之全體，而初無一陽已生之義可得而取也〔二〕。凡此崎嶇反復，終不可通，不若直以陽剛爲仁、陰柔爲義之明白而簡易也。蓋如此則發生爲仁，肅殺爲義，三家之説皆無所牾。肅殺雖似乎剛，然實天地收斂退藏之氣，自不妨其爲陰柔也。

來教又論黑白之位，尤不可曉。然其圖亦非古法，但今欲易曉，且爲此以寓之耳。乾則三位皆白，三陽之象也。兑則下二白而上一黑，下二陽而上一陰也。離則上下二白而中一黑，上下二陽而中一陰也。震則下一白而上二黑，下一陽而上二陰也。巽之下一黑而上二白，坎之上下二黑而中一白，艮之下二黑而上一白，坤之三黑，皆其三爻陰陽之象也。蓋乾、兑、離、震之初爻皆白，巽、坎、艮、坤之初爻皆黑，四卦相間，兩儀之象也。乾、兑、巽、坎之中爻皆白，離、震、艮、坤之中爻皆黑，兩卦相間，四象之象也。乾、離、巽、艮之上爻皆白，兑、震、坎、坤之上爻皆黑，一卦相間，八卦之象也。豈有震、坎皆黑而如坤，巽、離皆白而如乾之理乎？此恐畫圖之誤，不然則明者察之有未審也。

凡此乃易中至淺至近而易見者，契丈猶未之盡，而況其體大而義深者，又安可容易輕忽而遽加詆誚乎？此熹所以不敢索言，蓋恐其不足以解左右者之惑而益其過也。幸試詳之，若熹所言略有可信，則願繼此以進，不敢吝也。

又讀來書，以爲不可以仁、義、禮、智分四時，此亦似太草草矣。夫五行、五常、五方、四時之相配，其爲理甚明而爲説甚久，非熹獨於今日創爲此論也。凡此之類，竊恐高明考之未詳，思之未審，而率然立論〔三〕，輕肆詆訶，是以前此區區所懷不欲盡吐於老丈之前者尚多。此其爲訑訑之聲音顔色大矣。若欲實求義理之歸，恐當去此而虚以受人，庶幾乎其有得也。僭易皇恐，熹又稟。

校記　〔一〕「而位」以下原缺，據宋浙本補。考異所引别本同。

〔二〕「位之西北」以下原作「已而未嘗有一陰一陽始生之説也」，據右引改補。

〔三〕卒：原作「卒」，據宋閩、浙本改。

編年　據書信編年。

答袁機仲别幅 慶元四年

乾於文王八卦之位在西北，於十二卦之位在東南。坤於文王八卦之位在西南，於十二卦之位在西北。故今圖子列文王八卦於内，而布十二卦於外，以見彼此位置迥然不同。雖有善辯者，不能合而一之也。然十二卦之説可曉，而八卦之説難明。可曉者當推，難明者當闕，按圖以觀，則可見矣。

論十二卦，則陽始於子而終於巳，陰始於午而終於亥；論四時之氣，則陽始於寅而終於未，陰始於申而終於丑。此二説者雖若小差，而所争不過二位。蓋子位一陽雖生而未出乎地，至寅位泰卦則三陽之生方出地上，而温厚之氣從此始焉。巳位乾卦六陽雖極而温厚之氣未終，故午位一陰雖生而未害於陽，必至未位遁卦而後温厚之氣始盡也。其午位陰已生而嚴凝之氣及申方始，亥位六陰雖極而嚴凝之氣至丑方盡，義亦放此。蓋地中之氣難見而地上之氣易識，故周人以建子爲正，雖得天統，而孔子之論爲邦，乃以夏時爲正。蓋取其陰陽始終之著明也。按圖以推，其説可見。

來喻謂坤之上六陽氣已生，其位在亥。乾之上九陰氣已生，其位在巳。以剥上九「碩果不食」，十月爲陽月之義推之，則剥卦上九之陽方盡而變爲純坤之時，坤卦下爻已有陽氣生於其中矣。但一日之内，一畫之中，方長得三十分之一，必積之一月，然後始滿一畫而爲復，方是一陽之生耳。夬之一陰爲乾爲遇，義亦同此。來喻雖有是説而未詳密，故爲推之如此。蓋論其始生之微，固已可名於陰陽；然便以此爲陰陽之限，則其方盛者未替，而所占不啻卦内六分之五；方生者甚微，而所占未及卦内六分之一，所以未可截自此處而分陰陽也。此乃十二卦中之一義，與復、遇之説理本不殊。但數變之後，方説得到此，不可攙先輥説，亂了正意耳。

來諭又謂冬春爲陽，夏秋爲陰。以文王八卦論之，則自西北之乾以至東方之震，皆父與三男之位也。自東南之巽以至西方之兑，皆母與三女之位也。故坤、蹇、解卦之彖辭皆以東北爲陽方，西南爲陰方。然則謂冬春爲陽、夏秋爲陰亦是一説。但説卦又以乾爲西北，則陰有不盡乎西；以巽爲東南，則陽有不盡乎東，又與三卦彖辭小不同。此亦以來書之説推之，而説卦之文適與彖辭相爲表裏，亦可以見此圖之出於文王也。但此自是一説，與他説如十二卦之類各不相通爾。

來喻以東南之温厚爲仁，西北之嚴凝爲義，此鄉飲酒義之言也。然本其言，雖分仁義而無陰陽柔剛之别，但於其後復有陽氣發於東方之説，則固以仁爲屬乎陽，而義之當屬乎陰從可推矣。來諭乃不察此，而必欲以仁爲柔，以義爲剛。此既失之，而又病夫柔之不可屬乎陽，剛之不可屬乎陰也，於是强以温厚爲柔，嚴凝爲剛，又移北之陰以就南，而使主乎仁之柔；移南之陽以就北，而使主乎義之剛。其於方位氣候悉反易之，而其所以爲説者率皆參差乖迕而不可合。又使東北之爲陽、西南之爲陰亦皆得其半而失其半，愚於圖子已具見其失矣。

蓋嘗論之，陽主進而陰主退，陽主息而陰主消。進而息者其氣强，退而消者其氣弱，此陰陽之所以爲柔剛也。陽剛温厚，居東南，主春夏，而以作長爲事；陰柔嚴凝，居西北，主秋冬，而以斂藏爲事。作長爲生，斂藏爲殺，此剛柔之所以爲仁義也。以此觀之，則陰陽、剛柔、仁義之位豈不曉然？而彼揚子雲之所謂於仁也柔，於義也剛者，乃自其用處之末流言之。蓋亦所謂陽中之陰，陰中之陽，固不妨自爲一義，但不可以雜乎此而論之爾。

向日妙湛蓋嘗面稟易中卦位義理層數甚多，自有次第，逐層各是一個體面，不可牽强合爲一説。學者須是旋次理會，理會上層之時，未要攪動下層，直待理會得上層都透徹了，又却輕輕揭起下層，理會將去。當時雖似遲鈍，不快人意，然積累之久，層層都了，却自見得許多條理，千差萬别，各有歸著，豈不快哉。若不問淺深，不分前後，輥成一塊，合成一説，則彼此相妨，令人分疏不下，徒自紛紛，成鹵莽矣。此是平生讀書已試之效，不但讀易爲然也。

前書所論仁、義、禮、智分屬五行四時，此是先儒舊説，未可輕詆。今者來書雖不及之，然此大義也，或恐前書有所未盡，不可不究其説。蓋天地之間，一氣而已，分陰分陽，便是兩物，故陽爲仁而陰爲義。然陰陽又各分而爲二，故陽之初爲木，爲春，爲仁，陽之盛爲火，爲夏，爲禮；陰之初爲金，爲秋，爲義，陰之極爲水，爲冬，爲智。蓋仁之惻隱方自中出，而禮之恭敬則已盡發於外；義之羞惡方自外入，而智之是非則已全伏於中。故其象類如此，非是假合附會。

若能默會於心，便自可見。元、亨、利、貞其理亦然，文言取類尤爲明白，非區區今日之臆説也。五行之中，四者既各有所屬，而土居中宫，爲四行之地，四時之主。在人則爲信，爲真實之義，而爲四德之地，衆善之主也。五聲、五色、五臭、五味、五藏、五蟲，其分放此。蓋天人一物，内外一理，流通貫徹，初無間隔。若不見得，則雖生於天地間，而不知所以爲天地之理；雖有人之形貌，而亦不知所以爲人之理矣。故此一義切於吾身，比前數段尤爲要緊，非但小小節目而已也。

編年　據書信編年。

答袁機仲 慶元四年

垂諭易説，又見講學不倦、下問不能之盛美，尤竊欽仰。已悉鄙意，别紙具呈矣。此但易中卦畫陰陽之分位耳，未是吾人切身之事。萬一愚見未合盛意，可且置之而更别向裏尋求，恐合自有緊切用功處也。

編年　據書信編年。

答袁機仲 慶元四年

再辱垂喻，具悉尊旨。然細觀本末，初無所争，只因武陵舊圖仁義兩字偶失照管，致有交互，其失甚微。後來既覺仁字去西北方不得，義字去東南方不得，即當就此分明改正，便無一事。顧乃護其所短而欲多方作計，移换「陰陽剛柔」四字以蓋其失，所以競辨紛紜，以至於今而不能定也。蓋始者先以文王八卦爲説，而謂一陰生於巽，一陽生於乾，則既非説卦本意矣。其以三陽純乾之方爲一陽始生之地〔一〕，則又爲乖剌之甚者。及既知之〔二〕，而又以十二卦爲説，則謂一陽生於乾之上九〔三〕，一陰生於坤之上六，遂移北方之陰柔以就南，使之帶回仁字於西南而不失其爲陰柔；移南方之陽剛以歸北，使之帶回義字於東北而不失其陽剛，則亦巧矣。然其所移動者凡二方，而六辰六卦例皆失其舊主，又更改却古來陰陽界限，蓋不勝其煩擾。而其所欲還就之意，乃不過僅得其半而失其半。蓋北方雖曰嚴凝，而東方已爲温厚；南方雖曰温厚，而西方已爲嚴凝也。是則非惟不足以救舊圖一時之失，而其耻過作非、故爲穿鑿之咎反有甚於前日者。竊恐高明於此急於求勝，未及深致思也。欲究其説以開盛意，又念空言繳繞，難曉易差，不免畫成一圖，先列定位，而後别以舊圖之失及今者兩次所論之意隨事貼説，有不盡者，則又詳言，别爲數條以附於後。切望虚心平氣，細考而徐思之。若能於此翻然悔悟，先取舊圖分明改正「仁義」二字，却將今所移易「陰陽剛柔」等字一切發回元來去處，如熹新圖之本位，則易簡圓成，不費詞説，而三才五行、天理人事已各得其所矣。

至於文王八卦，則熹嘗以卦畫求之，縱横反覆，竟不能得其所以安排之意，是以畏懼，不敢妄爲之説，非以爲文王後天之學而忽之也。夫文王性與天合，乃生知之大聖，而後天之學方恨求其説而不得，熹雖至愚，亦安敢有忽之之心耶？但如來書所論，則不過是因其已定之位、已成之説而應和贊嘆之爾。若使文王之意止於如此，則熹固已識之，不待深思而猶病其未得矣。故嘗竊謂高明之於此圖尊之雖至，信之雖篤，而所以知之則恐有不如熹之深者，此又未易以言語道也。

至如邵氏以此圖爲文王之學，雖無所考，然説卦以此列於「天地定位」、「雷以動之」兩節之後，而其布置之法迥然不同，則邵氏分之以屬於伏羲、文王，恐亦不爲無理。但未曉其根源，則姑闕之以俟知者，亦無甚害，不必率然肆意立論而輕排之也〔四〕。

又謂一奇一偶不能生四象，而二奇二偶不能生八卦，則此一圖極爲易曉，又不知老丈平時作如何看，而今日猶有此疑也。蓋其初生之一奇一偶，則兩儀也。一奇之上又生一奇一偶，則爲二畫者二，而謂之太陽、少陰矣。一耦之上亦生一奇一耦，則亦爲二畫者二，而謂之少陽、太陰矣。此所謂四象者也。四象成，則兩儀亦分爲四。太陽奇畫之上又生一奇一偶，則爲上爻者二而謂之乾、兑矣〔五〕。餘六條準此。此則所謂八卦者也。八卦成，則兩儀四象皆分爲八。是皆自然而生，瀵涌而出，不假智力，不犯手勢，而天地之文、萬事之理莫不畢具。乃不謂之畫前之易，謂之何哉？僕之前書固已自謂非是古有此圖，只是今日以意爲之，寫出奇偶相生次第，令人易曉矣。其曰畫前之易，乃謂未畫之前已有此理，而特假手於聰明神武之人以發其秘，非謂畫前已有此圖，畫後方有八卦也。此是易中第一義〔六〕，若不識此而欲言易，何異舉無綱之網，挈無領之裘，直是無著力處。此可爲知者道也。目疾殊甚，不能親書，切幸深照。

第四畫者，以八卦爲太極而復生之兩儀也。第五畫者，八卦之四象也。第六畫者，八卦之八卦也。再看來書，有此一項，此書未答，故復及之。熹又稟。

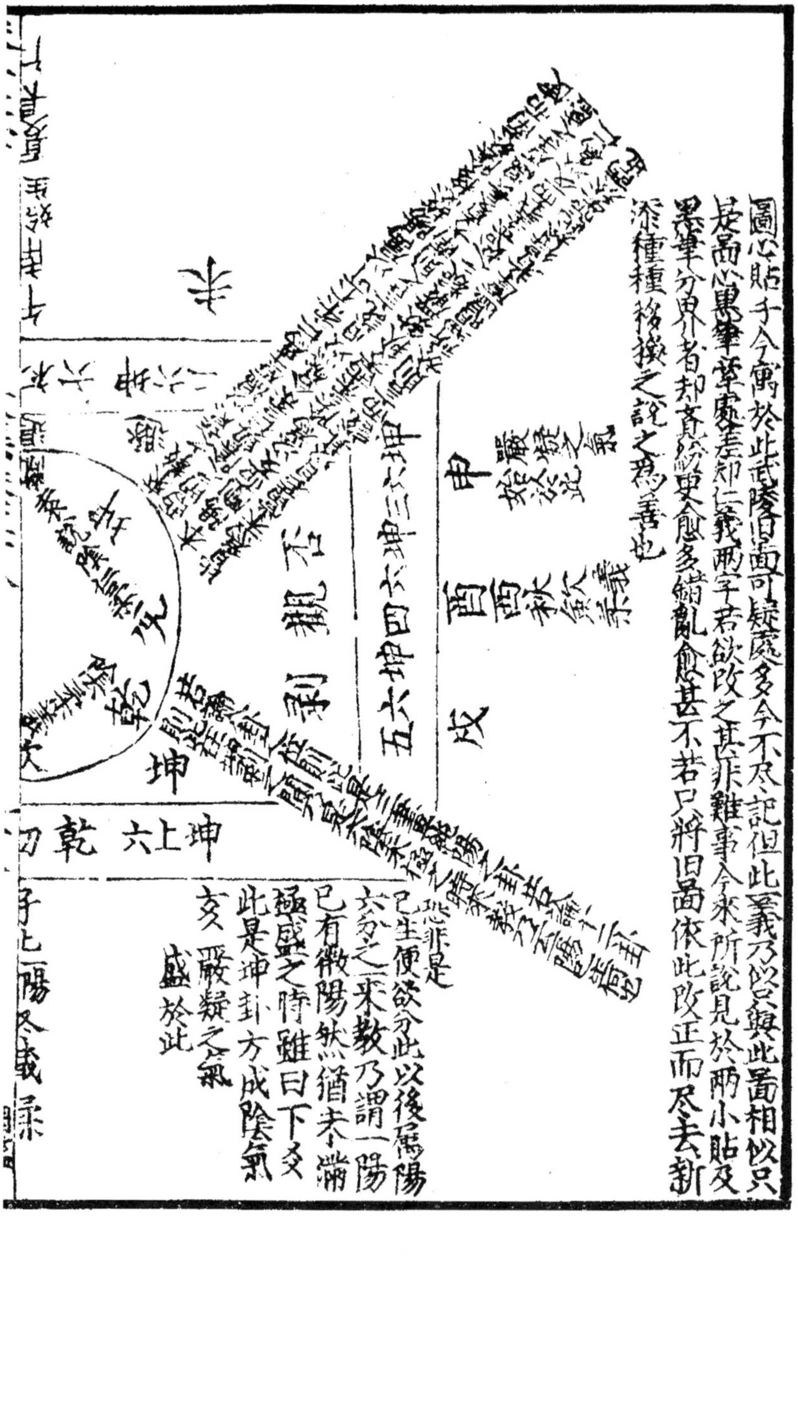
圖心貼于今寫於此武陵旧圖可疑處多今不盡記但此義乃以與此圖相似只
是圖心累筆差處差却亡義兩字若欲改之甚非難事今來所說見於兩小貼及
累筆分界者却齊欲更愈多錯亂愈甚不若只將旧圖依此改正而盡去新
添種種移換之說之爲善也
申
酉
戌
坤上六
乾

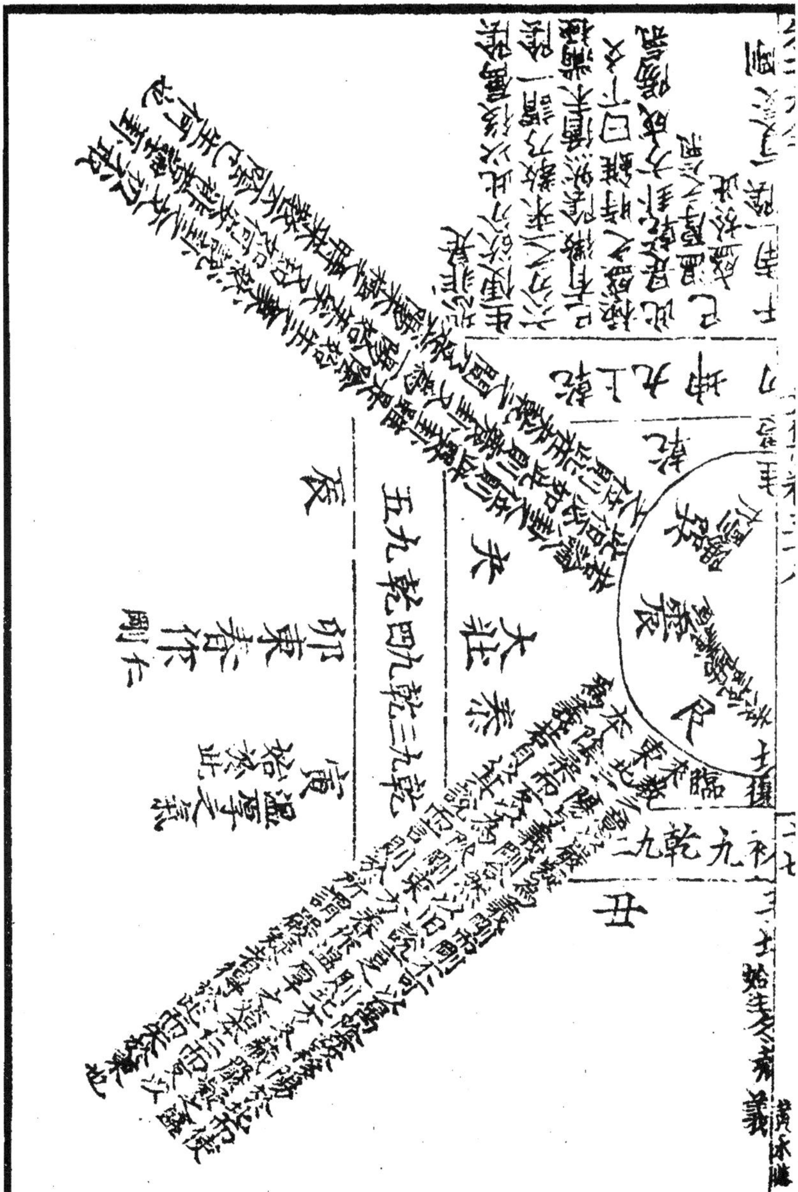

大壯
辰
卯
寅
丑

校記

〔一〕三：原作「二」，據宋浙本改。

〔二〕之：原缺，據右引補。

〔三〕則：原作「而」；陽：原作「陰」，據宋閩、浙本改。

〔四〕率：原作「卓」，據宋浙本改。

〔五〕二：原作「三」，據正訛改。

〔六〕句末原有「也」字，據宋閩、浙本刪。

編年 據書信編年。

答袁機仲 慶元四年

易説不知尊意看得如何？前書所云二方六卦六辰皆失其所與得半失半之説，後來思之，亦有未盡。蓋徙陽於北，使陽失其位而奪陰之位；徙陰於南，使陰失其位而奪陽之位，二方固已病矣。東方雖得仍舊爲陽，然其温厚之仁不得南與同類相合，而使强附於北方嚴凝之義，不則却須改仁爲義，以去陰而就陽，方得寧貼。然又恐無此理，是東方三卦三辰亦失其所也。西方雖得仍舊爲陰，然其離北附南，與夫改義爲仁，其勢亦有所不便。是西方三卦三辰亦失其所也。蓋移此二方而四方、八面、十二辰、十二卦一時鬼亂，無一物得安其性命之情也。前書所稟，殊未及此之明白詳盡也。

編年　據書信編年。

答袁機仲慶元四年

易説已悉。若只如此，則熹固已深曉，不待諄諄之告矣。所以致疑，正恐高明之見有所未盡而費力穿鑿，使陰陽不得據其方盛之地，仁義不得保其一德之全，徒爾紛紜，有損無益爾。今既未蒙省察，執之愈堅，則區區之愚尚復何説？竊意兩家之論，各自爲家，公之不能使我爲公，猶我之不能使公爲我也。不若自此閉口不談，各守其説，以俟羲、文之出而質正焉。然以高明之見，自信之篤，竊恐羲、文復出，亦未肯信其説也。魏鄭公之言以爲「望獻陵也，若昭陵則臣固已見之矣」；佛者之言曰「諸人知處良遂總知，良遂知處諸人不知」，正此之謂矣。世間事吾人身在閑處，言之無益，此正好從容講論，以慰窮愁。而枘鑿之不合又如此，是亦深可嘆者，而信乎其道之窮矣。

編年　據書信編年。

答袁機仲慶元四年

易説垂示，極荷不鄙。然淺陋之見，前已屢陳，至煩訶斥久矣，今復何敢有言？但詳序説諸篇，唯是依經説理，而不惑於諸儒臆説之鑿，此爲一書要切之旨。今以篇中之説考之，則如繫辭、說卦解兩引禮記以春作夏長爲仁，秋斂冬藏爲義，說卦解又獨引溫厚之氣始於東北，盛於東南；嚴凝之氣始於西南，盛於東北，以爲仁義之分，此於經既有據，又合於理之自然，真可謂不惑於諸儒臆說之鑿矣。但其所以爲說，則又必以爲聖人恐乾止有陽剛而無仁，坤止有陰柔而無義，故必兼三才以爲六畫，然後能使乾居東北而爲冬春之陽，坤居西南而爲夏秋之陰。又必橫截陰陽各爲兩段，以分仁義之界，然後能使春居東而爲乾之仁，夏居南而爲坤之仁，秋居西而爲坤之義，冬居北而爲乾之義，此非本書之詞，但以鄙意注解如此，庶覽者之易曉耳。則其割裂補綴，破碎參差，未知於經何所據依，而何以異於諸儒臆說之鑿也。又按文王、孔子皆以乾爲西北之卦，艮爲東北之卦，顧雖未能洞曉其所以然，然經有明文，不可移易，則已審矣。今乃云乾位東北，則是貶乾之尊使居艮位，未知使艮却居何處，此又未知於經何所據依，而何以異於諸儒臆說之鑿也。又按孔子明言易有太極，是生兩儀，是則固以太極爲一，兩儀爲二，而凡有心有目者，皆能識之，不待推曆布算而後可知也。今太極論乃曰「乾坤者，易之太極」，則以是兩儀爲太極，而又使之自生兩儀矣。未知此於經何所據依，而又何以異於諸儒臆說之鑿也。至繫辭解，又謂太極者一之所由起，則是又以爲太極之妙一不足以名之，而其序則當且生所起之一而後再變，乃生兩儀矣。此則又未暇論其於經有無據依，是與不是諸儒臆說之鑿，而但以前論參之，已有大相矛盾者。不審高明之意果何如也。凡此四條，熹皆不敢輒以爲非以觸尊怒，但所未曉，不敢不求教耳。

編年　據書信編年。

答袁機仲慶元四年

誨諭參同、邵氏不知易之説，辨博高深，非淺陋所能窺測。但參同之書本不爲明易，乃姑借此納甲之法以寓其行持進退之候。異時每欲學之，而不得其傳，無下手處，不敢輕議。然其所言納甲之法，則今所傳京房占法見於火珠林者是其遺説。沈存中筆談解釋甚詳，亦自有理。參同所云甲、乙、丙、丁、庚、辛者，乃以月之昏旦出没言之，非以分六卦之方也。此雖非爲明易而設，然易中無所不有，苟其言自成一説，可推而通，則亦無害於易，恐不必輕肆詆排也。至於邵氏先天之説，則有推本伏羲畫卦次第生生之妙，乃是易之宗祖，尤不當率爾妄議。或未深曉，且當置而不論，以謹闕疑。若必以爲不知易，則如熹輩尚何足與言易，而每煩提耳之勤也。既荷不鄙，不敢不盡其愚。其他如「六五坤承」，向亦疑有誤字，見於考異。而所示十二卦圖以姤爲子，以復爲午，亦所未喻。所引坎、離無爻位，亦有脱字。此或只是筆誤，皆未暇論也。

編年　據書信編年。

答趙提舉善譽　淳熙十三年

慕用之久，往歲雖辱寵臨，而倥偬卒迫，不能少款，每以爲恨。近乃竊窺所著易、論語書，又嘆其得之之晚而不獲親扣名理也。間因虞君轉請所疑，初未敢以姓名自通，而高明不鄙，遠辱貽書，所以傾倒之意甚厚。三復以還，感慰亡量，不敢無以報也。

蓋道體之大無窮，而於其間文理密察，有不可以毫釐差者。此聖賢之語道，所以既言「發育萬物，峻極于天」，以形容其至大，而又必曰「禮儀三百，威儀三千」，以該悉其至微；而其指示學者修德凝道之功，所以既曰「致其廣大」，而又必曰「盡其精微」也。近世之言道者則不然，其論大抵樂渾全而忌剖析，喜高妙而略細微。其於所謂廣大者則似之，而於精微有不察，則其所謂廣大者亦未易以議其全體之真也。

今且以經言論之，其所發明固不外乎一理，然其所指則不能無異同之别。而就其所同之中，蓋亦不無賓主、親疏、遠近之差焉。如卦之所以八者，以奇偶之三加而成也。而爻之所以三，則取諸三才之象，而非奇偶所能與，此理之一而所指之不同者也。四象之説，本爲畫卦，則當以康節之説爲主，而七、八、九、六，東、西、南、北，水、火、金、木之類爲客。得其主則客之親疏遠近皆即此而可定，不得其主而曰是皆一説，則我欲同而彼自異，終有不可得而同者矣。此所指之同而不能無賓主之分者也。是皆樂渾全而忌剖析之過也。至於乾、坤之純而不雜者，聖人所以形容天地之德，而爲六十四卦之綱也。乾之純於剛健而不雜，又聖人所以形容天理自然之全體而爲坤之綱也。所以贊其剛健柔順之全德，以明聖人體道之妙、學者入德之方者，亦云備矣，未嘗以其偏而少貶之也。至於諸爻，雖或不免於有戒，然乾九三之危，以其失中也；其得無咎，以其健而健也。坤六五之元吉，以其居尊而能下也；上六之龍戰，以其太盛而亢陽也。是豈惡乾之剛而欲其柔，惡坤之柔而欲其剛哉？今未察乎其精微之藴，而遽指其偏以爲當戒，意若有所未足於乾、坤而狹小之者，是不亦喜高妙而略細微之過乎？至於用九用六，乃爲戒其剛柔之偏者。然亦因其陰變爲陽、陽變爲陰之象而有此戒，如歐陽子之云者，非聖人創意立説而强爲之也。

大抵易之書本爲卜筮而作，故其詞必根於象數，而非聖人己意之所爲。其所勸戒，亦以施諸筮得此卦此爻之人，而非反以戒夫卦爻者。近世言易者殊不知此，所以其説雖有義理而無情意，雖大儒先生有所不免。比因玩索，偶幸及此，私竊自慶，以爲天啓其衷。而以語人，人亦未見有深曉者，不知高明以爲如何？舊亦草筆其説，今謾録二卦上呈。其他文義未瑩者多，未能卒業，姑以俟後世之子雲耳。近又嘗編一小書，略論象數梗概，并以爲獻。妄竊自謂學易而有意於象數之説者，於此不可不知，外此則不必知也。心之精微，言不能盡。臨風引領，馳想增劇。

編年 據年譜長編、書信編年。

答趙提舉 淳熙十三年

易學未蒙指教，乃有「簡易」之褒，令人踧踖。其書草略，何足以當此？然此二字在易數中真不可易之妙。近世説易者愈多而此理愈晦，非見之明，孰能以一言盡之哉？嘆伏亡已。近嘗略修數處，尋別寄呈。但圖、書錯綜縱橫，無不脗合，終有不可得而盡者。信乎天地之文非人之私智所能及也！

編年 據年譜長編、書信編年。

與周益公 紹熙五年四月

熹竊以孟夏清和，伏惟判府安撫少保大觀文丞相國公鈞候動止萬福。熹近嘗拜書，并胡先生墓文請教。今者至城中，乃知未遣。已白史君趣其行，諒亦非久當徹鈞聽也。熹有少懇，率易拜稟。熹先君子少喜學荆公書，收其墨迹爲多。其一紙乃進鄴侯家傳奏草，味其詞旨，玩其筆勢，直有跨越古今、開闔宇宙之氣。然與今版本文集不同，疑集中者乃删潤定本，而此紙乃其胸懷本趣也。嘗欲抄日録、李傳本語附其後而并刻之，使後之君子得以考焉而未暇也。今江西使者汪兄季路乃欲取而刻之臨川，妄意欲求相公一言以重其事，庶幾覽者有以知此幅紙數行之間而其所關涉乃有不可勝言之感，非獨爲筆札玩好設也。伏惟相公亦當慨然於此而終惠之，早賜揮染附季路，爲幸甚厚。其他尚有與王觀文論邊事數紙，異時并當附呈，以求審定也。專此具稟，不敢它及。伏乞鈞照。

編年 此書書信編年置於淳熙十六年，所據爲李壁周必大行狀所述己酉三月升少保、益國公，尋以觀文殿大學士判潭州。按書明明稱判府，而非判州，故此説有誤。年譜長編置於紹熙五年四月。按文忠集卷一百九十三載周必大是年夏答朱元晦待制第四書言及本篇所求之題新安吏部朱公喬年稿已由汪季路刻成，該跋今載文忠集卷四十六，署爲紹熙五年二月作。據本篇稱必大之銜爲「判府安撫少保大觀文丞相國公」，考必大之子周綸所編必大年譜，紹熙四年十月己酉制「依前少保、觀文殿大學士、特授判隆興軍府事兼管内勸農營田使、充江南西路安撫使、馬步軍都總管」，符合本篇稱銜，故本篇作於五年四月無疑。

答周益公慶元二年冬

昨蒙寵喻范、歐議論，鄙意有所不能無疑。欲以請教，而亦未暇。今遇此便，似不可失，而病軀兩日覺得沉重，愈甚於前，勢不容詳細稟白。但竊以爲范、歐二公之心明白洞達，無纖芥可疑。吕公前過後功，瑕瑜自不相掩。若如尊喻，却恐未爲得其情者，故願相公更熟思之也。向見范公與吕公書引汾陽、臨淮事者，語意尤明白，而集中却不見之，恐亦爲忠宣所删也。忠宣固賢，然其規模氣象似與文正有未盡同者。深諱此事，雖不害爲守正，然未得爲可與權也。不審高明以爲如何？少日見徐五丈端立自言嘗見石林疑范、馬鍾律之辨乃故爲同異〔一〕，以釋朋比之疑者，因告之曰：「此事信否未可知，然爲此論者亦可謂不占便宜矣。」石林爲之一笑而罷。今日之論恐或類此，故并及之。僭率皇恐，切望矜恕。

校記　〔一〕五：原作「玉」，據宋浙本改。

編年　據年譜長編、書信編年。

答周益公慶元二年冬

前者累蒙誨諭范碑曲折，考據精博，論議正平而措意深遠，尤非常情所及。又得吕子約録記所被教墨，參互開發，其辨益明。熹之孤陋，得與聞焉，幸已甚矣，復何敢措一詞於其間哉？然隱之於心，竊有所不能無疑者。蓋嘗竊謂吕公之心固非晚生所能窺度，然當其用事之時，舉措之不合衆心者蓋亦多矣。而又惡忠賢之異己，必力排之，使不得容於朝廷而後已〔一〕。是則一世之正人端士莫不惡之。况范、歐二公或以諷議爲官，或以諫諍爲職，又安可置之而不論？且論之而合於天下之公議，則又豈可謂之太過也哉？逮其晚節，知天下之公議不可以終拂，亦以老病將歸而不復有所畏忌，又慮夫天下之事或終至於危亂，不可如何，而彼衆賢之排去者或將起而復用，則其罪必歸於我而并及於吾之子孫，是以寧損故怨，以爲收之桑榆之計。蓋其慮患之意雖未必盡出於至公，而其補過之善，天下實被其賜，則與世之遂非長惡，力戰天下之公議以貽患於國家者相去遠矣。

至若范公之心，則其正大光明固無宿怨，而惓惓之義實在國家。故承其善意，既起而樂爲之用。其自訟之書，所謂「相公有汾陽之心之德，仲淹無臨淮之才之力」者，亦不可不謂之傾倒而無餘矣。此書今不見於集中，恐亦以忠宣刊去而不傳也。此最爲范公之盛德而他人之難者，歐陽公亦識其意而特書之。

蓋呂公前日之貶范公自爲可罪，而今日之起范公自爲可書。二者各記其實而美惡初不相掩，則又可見歐公之心亦非淺之爲丈夫矣。今讀所賜之書而求其指要，則其言若曰：「呂公度量渾涵，心術精深，所以期於成務，而其用人才德兼取，不爲諸賢專取德望之偏，故范、歐諸公不足以知之，又未知其諸子之賢而攻之有太過者。後來范公雖爲之用，然其集中歸重之語亦甚平平，蓋特州郡之常禮，而實則終身未嘗解仇也。其後歐公乃悔前言之過，又知其諸子之賢，故因范碑託爲解仇之語以見意。而忠宣獨知其父之心，是以直於碑中刊去其語，雖以取怒於歐公而不憚也。」凡此曲折，指意微密，必有不苟然者。顧於愚見有所未安，不敢不詳布其説，以求是正，伏惟恕其僭易而垂聽焉。

夫呂公之度量心術，期以濟務則誠然矣。然有度量則宜有以容議論之異同，有心術則宜有以辨人才之邪正，欲成天下之務則必從善去惡，進賢退奸，然後可以有濟。今皆反之，而使天下之勢日入於昏亂，下而至於區區西事一方之病，非再起范公，幾有不能定者。則其前日之所爲，又惡在其有度量心術而能成務也哉？其用人也，欲才德之兼取，則亦信然矣。然范、歐諸賢非徒有德而短於才者，其於用人，蓋亦兼收而并取。雖以孫元規、滕子京之流恃才自肆，不入規矩，亦皆將護容養，以盡其能，而未嘗有所廢棄，則固非專用德而遺才矣。而呂公所用，如張、李、二宋，姑論其才，亦決非能優於二公者。乃獨去此而取彼，至於一時豪俊跅弛之士，窮而在下者不爲無人，亦未聞其有以羅致而器使之也。且其初解相印而薦王隨、陳堯佐以自代，則未知其所取者爲才也耶？爲德也耶？是亦不足以自解矣。

若謂范、歐不足以知呂公之心，又不料其子之賢而攻之太過，則其所攻事皆有迹，顯不可掩，安得爲過？且爲侍從諫諍之官，爲國論事，乃視宰相子弟之賢否以爲前却，亦豈人臣之誼哉。若曰范、呂之仇初未嘗解，則范公既以呂公而再逐，及其起任西事而超進職秩，乃適在呂公三入之時。若范公果有怨於呂公而不釋，乃閔默受此而無一語以自明其前日之志，是乃内懷憤毒，不能以理自勝，而但以貪得美官之故，俛而受其籠絡，爲之驅使。未知范公之心其肯爲此否也。若曰歐公晚悔前言之失，又知其諸子之賢，故因范碑以自解，則是畏其諸子之賢，而欲陰爲自託之計，於是寧賣死友，以結新交，雖至以無爲有，愧負幽冥而不遑恤。又不知歐公之心其忍爲此否也。況其所書但記解仇之一事，而未嘗并譽其他美，則前日斥逐忠賢之罪，亦未免於所謂欲蓋而彰者，又何足以贖前言之過而媚其後人也哉。

若論忠宣之賢，則雖亦未易輕議，然觀其事業規模，與文正之洪毅開豁終有未十分肖似處，蓋所謂可與立而未可與權者。乃翁解仇之事，度其心未必不深耻之，但不敢出之於口耳。故潛於墓碑刊去此事，有若避諱然者。歐公以此深不平之，至屢見於書疏，非但墨莊所記而已。況龍川志之於此，又以親聞張安道之言爲左驗。張實呂黨，尤足取信無疑也。若曰范公果無此事而直爲歐公所誣，則爲忠宣者正當沫血飲泣，貽書歐公，具道其所以然者以白其父之心迹，而俟歐公之命以爲進退。若終不合，則引義告絕而更以屬人，或姑無刻石，而待後世之君子以定其論，其亦可也。乃不出此，而直於成文之中刊去數語，不知此爲何等舉措？若非實諱此事，故隱忍寢默而不敢誦言，則曷爲其不爲彼之明白而直爲此黯闇耶？

今不信范公出處文辭之實，歐公丁寧反復之論，而但取於忠宣進退無據之所爲以爲有無之決，則區區於此誠有不能識者。若摭實而言之，但曰吕公前日未免蔽賢之罪，而其後日誠有補過之功；范、歐二公之心則其終始本末如青天白日，無纖毫之可議；若范公所謂平生無怨惡於一人者，尤足以見其心量之廣大高明，可爲百世之師表；至於忠宣，則所見雖狹，然亦不害其爲守正，則不費詞説而名正言順，無復可疑矣。不審尊意以爲如何？狂瞽之言，或未中理，得賜鐫曉，千萬幸甚！

後書誨諭又以昭録不書解仇之語而斷其無有，則熹以爲吕公拜罷、范公進退既直書其歲月，則二公前憾之釋然不待言而喻矣。不然，則昭録書成，歐公固已不爲史官，而正獻、忠宣又皆已爲時用，范固不以墓碑全文上史氏，而吕氏之意亦恐其有所未快於歐公之言也，是以姑欲置而不言，以泯其迹，而不知後世之公論有不可誣者，是以啓今日之紛紛耳。如又不然，則范公此舉雖其賢子尚不能識，彼爲史者知之必不能如歐公之深，或者過爲隱避，亦不足怪，恐亦未可以此而定其有無也。

墨莊之録出於張邦基者，不知其何人。其所記歐公四事，以爲得之公孫當世。而子約以爲紹興舍人所記，此固未知其孰是。但味其語意，實有後人道不到處，疑或有自來耳。若談叢之書，則其記事固有得於一時傳聞之誤者。然而此病在古雖遷、固之博，近世則温公之誠，皆所不免，況於後世，雖頗及見前輩，然其平生蹤迹多在田野，則其見聞之間不能盡得事實，宜必有之，恐亦未可以此便謂非其所著也。丹朱之云誠爲太過，然歐公此言嘗爲令狐父子文字繁簡而發，初亦無大美惡，但似一時語勢之適然，不暇擇其擬倫之輕重耳。故此言者雖未敢必其爲公之言，而亦未可定其非公之言也。此等數條，不足深論。然偶因餘誨之及而并講之，使得皆蒙裁正，則亦不爲無小補者。

唯是所與子約書中疑「學道三十年」爲後學之言者，則熹深惑焉，而尤以爲不可以不辨。不審明公何所惡於斯言而疑之也。以道爲高遠玄妙而不可學邪，則道之得名，正以人生日用當然之理，猶四海九州百千萬人當行之路爾〔二〕，非若老佛之所謂道者，空虚寂滅而無與於人也。以道爲迂遠疏闊而不必學耶，則道之在天下，君臣父子之間，起居動息之際，皆有一定之明法，不可頃刻而暫廢。故聖賢有作，立言垂訓以著明之，巨細精粗，無所不備。而讀其書者必當講明究索，以存諸心、行諸身而見諸事業，然後可以盡人之職而立乎天地之間；不但玩其文詞，以爲綴緝纂組之工而已也。故子游誦夫子之言曰：「君子學道則愛人，小人學道則易使。」而夫子是之。則學道云者，豈近世後學之言哉。若謂歐公未嘗學此而不當以此自名耶，則歐公之學雖於道體猶有欠闕，然其用力於文字之間，而泝其波流以求聖賢之意，則於易、於詩、於周禮、於春秋皆嘗反復窮究，以訂先儒之繆；而本論之篇，推明性善之説，以爲息邪距詖之本，其賢於當世之號爲宗工巨儒而不免於祖尚浮虛、信惑妖妄者又遠甚。其於史記善善惡惡，如唐六臣傳之屬，又能深究國家所以廢興存亡之幾，而爲天下後世深切著明之永鑒者，固非一端。其他文説，雖或出於游戲翰墨之餘，然亦隨事多所發明，而詞氣藹然，寬平深厚，精切的當，真韓公所謂仁義之人者。恐亦未可謂其全不學道，而直以燕、許、楊、劉之等期之也。若謂雖嘗學之，而不當自命以取高標揭己之嫌耶，則爲士而自言其學道，猶爲農而自言其服田，爲賈而自言其通貨，亦非所以爲夸。若韓公者，至乃自謂己之道乃夫子、孟軻、揚雄所傳之道，則其言之不讓益甚矣，又可指爲後生之語而疑之耶？凡此又皆熹之所未諭者，蓋嘗反復思之而竟不得其説。

恭惟明公以事業文章而論世尚友，其於范、歐之間固已異世而同轍矣。至於博觀今昔，考訂是非，又非肯安下雌黄者。且於六一之文，收拾編彙，讎正流通，用力爲多，其於此事必不草草。況又當此正道湮微，異言充塞之際，餘論所及小有左右，則其輕重厚薄便有所分，竊計念之已熟而處之亦已精矣。顧熹之愚，獨有未能無疑者，是以不敢默默而不以求正於有道。所恨僞學習氣已深，不自覺其言之狂妄。伏惟高明恕而教之，則熹不勝千萬幸甚！

校記 〔一〕得：原作「能」，據宋閩、浙本改。

〔二〕當：宋浙本作「常」，考異所引別本同。

編年 據年譜長編、書信編年。

評論 周大璋朱子古文讀本卷二答周益公書：辨析呂公，瑕瑜不掩，范歐心迹，剖判更極明白，知人論世，於此略見一斑。不止文字恢奇，爽心愜意也。

與留丞相別紙 慶元三年

伏蒙别紙垂諭楊至曲折，不勝皇恐。熹前此本以異議得罪於丞相，幸蒙矜察。今又失於周防，有此疏脱，意必已重得罪而遂見絶矣。不謂丞相采聽不遺，洞見底藴，至於誨諭之詳，雖使熹自爲辯數，不過如此，幸甚！然聞州縣奉行之間不無觀望，囚繫箠撻，横及無辜，程督之嚴，至今未解，遠近傳聞，過有疑論。此殆未知丞相與其外家自有契分，而仁心曠度本不忍使其狼狽至此也。熹既蒙鐫誨，感懼之深。尚恐未有以此聞于鈞聽者，輒復禀白。伏惟照察，千萬幸甚！

編年 此與下篇皆言楊至遭追逮之事，作在一時。楊至字至之，朱熹門人，蔡元定婿。朱子語類中楊至所録爲紹熙四五年語，是其從學在此期間。書云「前此本以異議得罪於丞相」，當指紹熙中論朋黨及漳州經界事。蔡元定因黨事遭逮，編管道州，楊至被追捕當受其牽連，其時爲慶元三年。

與留丞相 慶元三年

前此蒙喻楊至秀才事，率易報禀。似聞已荷寬慈，許以容恕，足見大人之度至公無我有如此者，不勝敬服[一]。然聞有司尚以前日符移之峻追捕未已，其人至今竄伏，無所容寄，有足矜者。如蒙推念，更得一言明喻所屬罷其捕逮，仍俾互相關白，使知盛德雅量不讎匹夫之意，則此人終受賜矣。熹辱知素厚，不敢復避嫌疑而冒昧及此，并冀容察。皇恐死罪！

校記 〔一〕敬：宋浙本作「嘆」。

編年 見上篇所考。

答留丞相 慶元四年

李通判歸，出示所賜手教，拜領伏讀，慰幸已深。至於垂喻諄複勤懇，則又竊仰德盛禮恭，樂取諸人，不難舍己之意，蓋有一介布衣之士所不易者。嘆慕感激，所得多矣。前此偶因垂問，率易呈獻，亦以姑備燕申餘暇遮眼止睡之須。不謂乃蒙親賜點閲，日有程課，以及終篇；而斟酌取予詳審精切，又有專門名家所不逮者。此周公執贄還贄之心，畢公克勤小物之意。此所以爲聖賢之盛節，而非近世諸公所及也。熹雖凡陋，然其用力於此不爲不久，而歷選平生，講磨論説，其得此於人蓋鮮。不意臨老乃有遇於明公也。更有它書，欲遂傾囷倒廩以跪進於几下，而私居乏人，艱於繕寫，少假歲月，當遂此心。儻得一一悉蒙印證，則亦足以自信而無憾於方來矣。顧所不能無恨者，猶以登門之晚，而其質疑請益乃有十年之遲。伏想明公於此亦不能不慨然其間也。謹因李倅還便奏記叙謝。目昏不得謹好，尤以皇懼，并乞矜察。

編年 據書信編年。

與曾裘父 乾道三年冬

求仁之方，竊意潛心久矣。方恨未獲躬扣，昨欽夫寄示送行序文，其説似皆的當。不審高明以爲如何？

編年　文云「欽夫寄示送行序文」，按南軒集卷十五送曾裘父序云裘父見於長沙，又云「憂患不文」，知時居父喪中。張浚卒於隆興二年八月，至乾道三年八月滿喪。然南軒集卷五又有送曾裘父詩，注云「樞密劉公嘗欲以遺逸舉裘父」，劉珙知樞密院事在乾道三年十一月，故本篇當作於是年冬。

與曾裘父 乾道四年

向聞垂意魯論，聖門親切指要正在此書，想所造日以深矣，恨未得聞一二也。敬夫得書否？比來講論尤精密，亦嘗相與講所疑否？元履遇合非常，未知所以稱塞。士友蓋多榮之，而熹竊有懼焉。想高懷正如此，當有以警策之也。

編年　書云「元履遇合非常」，指乾道四年以布衣召赴行在事，據以繫年。

與曾裘父 乾道四年

敬夫爲元履作齋銘，嘗見之否？謾納一本。其言雖約，然大學始終之義具焉，恐可置左右也。崇安二公祠記，熹所妄作，輒往求教。雖不及改，尚警其後也。

編年　據書信編年。

答黄叔張維之　淳熙十五年

示及三書，感感。誠立誠通之論〔一〕，誠如尊喻，不敢多遜。竊意自有此書，無人與之思索至此。西銘、太極諸説亦皆積數十年之功，無一字出私意。釋氏以胸襟流出爲極則，以今觀之，天地之間自有一定不易之理，要當見得不假毫髮意思安排，不著毫髮意見夾雜，自然先聖後聖如合符節，方是究竟處也。

校記　〔一〕下「誠」字，正訛改作「明」。

編年　據書信編年。

答耿直之秉　淳熙十年

熹生長窮僻，少日所聞於師友者，不過修身窮理、守正俟命之説，雖行之不力，有愧夙心，亦未嘗敢舍之而從人也。頃歲入浙，從士大夫游，數月之間，凡所聞者無非枉尺直尋、苟容偷合之論，心竊駭之。而獨於執事者見其綜理名實，直道而行，卓然非當世之士也。顧雖未及一見，而職事之間適相首尾，乃有不約而合者，於是始復益信前日心期之不偶然也。兹者又承示及所與學官弟子講論之説，不唯有以見賢侯在泮弦歌之盛，而潛心大業，體用圓融之妙，所以警發昧陋者又爲深切。三復欣幸，不知所言。

然頃於此書粗嘗討究，亦見前輩之説有如此者。因以文義求之，竊疑聖言簡直，未遽有此曲折，而孔顔之所以爲聖賢，必有超然無一毫意、必、固、我之私者以爲之本，然後有以應事物之變而無窮。以是止據舊説，不復致疑。今睹來示，雖若不異於前人，而其規模之大，體用之全，則非彼所到，而熹之愚亦未及也。更俟從容反復玩味，别以求教。它所論著，亦有欲就正者。私居乏人抄寫，後便寄呈也。去歲救荒後時，狼狽殊甚，不謂其人乃復見恕如此。來喻所及，令人恐懼不自安耳。

編年 據書信編年。

答薛士龍 季宣〔一〕 乾道八年九月

熹竊伏窮山，講服盛名之日久矣。去年邂逅林擇之歸自宣城，又能道餘論一二，皆成己成物之大致。區區益願承教於前，顧以憂患之餘，屏迹田里，而執事名問方昭，德業方起，隱顯異趣，私竊揣料，未容遽遂鄙懷，則亦悵然太息而已。玆者林擴之之來，乃知榮膺睿眷，出試輔藩，宣布之初，譽處休洽〔二〕，深以爲慰。又蒙不鄙，遠貽書翰，所以教告甚悉。擴之又以所聞相與推説，皆平生所深欲聞者，感幸之至，不容於心。然而三復來教，則有熹愚不敢當者二焉，請陳其説而左右者察之。

熹自少愚鈍，事事不能及人。顧嘗側聞先生君子之餘教，粗知有志於學，而求之不得其術，蓋舍近求遠，處下窺高，馳心空妙之域者二十餘年。比乃困而自悔，始復退而求之於句讀文義之間，謹之於視聽言動之際，而亦未有聞也。方將與同志一二友朋并心合力以從事於其間，庶幾銖積絲累，分寸躋攀，以幸其粗知理義之實，不爲小人之歸，而歲月侵尋，齒髮遽如許矣。懍然大懼日力之不足，思得求助於當世有道之君子以速其進而未得也。執事乃不知此，而反以講道教人之事期之，此熹之所以不敢當者一也。

至於聖賢出處之義，則亦略聞之矣。顧以材智淺劣，自知甚明，而又學無所成，不堪酬酢，故自十數年來，日益摧縮，不敢復有當世之念。雖昨來奉親之日急於甘旨之奉，猶不敢自强其所不足以犯世患〔三〕；矧今孤露餘生，形神凋喪，懶廢無用，益甚於前，誠不忍復爲彯纓結綬之計，以重不孝之罪。是以杜門空山，甘忍窮寂，以遂區區之志，而庶幾或寡過焉。執事又不知此，而反以行道濟時之事責之，此熹所以不敢當者二也。感服至意，無以爲謝，敢布腹心，伏惟加憐察焉。繼此儻未斥絕，尚冀有以警誨之，使不迷於入德之塗，則執事之賜厚矣，它非所敢望也。

湖學之盛，甲於東南，而其湮廢亦已久矣。蓋自熙寧設置教官之後，學者不復得自擇師，是以學校之政名存實亡〔四〕，而人才之出不復如當日之盛。今得賢太守身爲之師，其必將有變矣。然竊嘗讀安定之書，考其所學，蓋不出乎章句誦説之間。以近歲學者高明自得之論校之，其卑甚矣。然以古準今，則其虛實淳漓、輕重厚薄之效，其不相逮至遠。是以嘗竊疑之，敢因垂問之及而請質焉。因風見教及此，幸甚。又聞慶曆間嘗取湖學規制行之太學，不知當時所取果何事也。

求諸故府，必尚有可考者。得令書吏録以見賜，則又幸甚。相望之遠，無由造前請益，所欲言者何啻萬端。遥想郡齋之間，伏紙不勝引領！

校記　〔一〕此題淳熙本作「答薛湖州」。
〔二〕處休洽：右引作「休浹洽」。
〔三〕足：右引作「及」。
〔四〕政：原作「正」，據右引及宋閩、浙本改。

編年　據年譜長編、書信編年。

評論　周大璋朱子古文讀本卷二答薛士龍書：講道教人，行道濟時，概不敢當。辭謝之中，隱告以學問出處之道。後幅見湖學規制，所當訪求，正破陸學之失。薛君其或有志頓悟者歟？

答薛士龍〔一〕　乾道九年三月

熹屏居窮陋，幸無他苦，而涉春以來，親友喪亡，吊問奔走不得少安，殊無好況。此外無足言者。誨諭諄複，仰荷不鄙之意。然無可不可之教，則非初學所敢自期，而待禮而應者，尤非衰陋所敢萌意也。區區之懷，前言蓋已盡之矣。萬一諸公終不察，則不過恭俟嚴譴而已，無它説也。蒙愛念之深，而其間頗有未相悉者，故敢及之。然不足爲外人道也。

垂諭湖學本末，不勝感嘆。而所論胡公之學蓋得於古之所謂灑掃應對進退者，尤爲的當，警發深矣。竊意高明所以成己成物之要未嘗不在於此，而廣大精微之藴，其所超然而獨得者，又非言之所能諭也。跧伏之蹤，未由承教於前，徒切嘆仰。儻不棄外，時得惠音以鞭策之，實爲萬幸。而來教之云，倒置已甚，讀之愧汗踧踖，不知所以自容。萬望矜察。自此書來，存訪死生之外，削去虛文，直以道義啓告誘掖，此真區區所望於門下者。鄙懷悾悾，亦得無所慚憚而悉布之，以求藥石之誨。不審尊意能容而聽之否？

校記　〔一〕士龍：淳熙本作「湖州」。

編年　據年譜長編、書信編年。

答林謙之 光朝　乾道五年秋

茲承祗召還朝，不獲爲問以候行李。伏奉黄亭所賜教帖，恭審執御在行神相，起居萬福，感慰之至。比日伏想已遂對揚，從容啓沃，必有以發明道學之要，切中當世之病者，恨未得聞。至於不次之除，非常之數，則不足爲執事道也。

熹愚不適時，自量甚審，所願不過力田養親，以求寡過而已。所謂趨赴事功，自當世賢人君子事，豈熹所敢議哉。過蒙諄譬，荷愛之深，書尾丁寧尤爲切至。屬數日前已申祠官之請，聞命不早，雖欲奉教而不可得矣。抑熹久欲有請於門下，而未敢以進。今輒因執事之問而一言之。

蓋熹聞之，自昔聖賢教人之法，莫不使之以孝弟忠信、莊敬持養爲下學之本，而後博觀衆理，近思密察，因踐履之實以致其知。其發端啓要，又皆簡易明白〔一〕，初若無難解者。而及其至也，則有學者終身思勉而不能至焉。蓋非思慮揣度之難，而躬行默契之不易。故曰「夫子之文章可得而聞也，夫子之言性與天道不可得而聞也」。夫聖門之學所以從容積累，涵養成就，隨其淺深，無非實學者，其以此與。今之學者則不然，蓋未明一理而已傲然自處以上智生知之流，視聖賢平日指示學者入德之門至親切處例以爲鈍根小子之學，無足留意。其平居道説，無非子貢所謂不可得而聞者，往往務爲險怪懸絶之言以相高。甚者至於周行却立，瞬目揚眉，内以自欺，外以惑衆。此風肆行，日以益甚，使聖賢至誠善誘之教反爲荒幻險薄之資，仁義充塞，甚可懼也。熹緜力薄材，學無所至，徒抱憂嘆，末如之何。竊獨以爲非如執事之賢，素爲後學所觀仰者，不能有以正而救之，故敢以爲請。執事誠有意焉，則熹雖不敏，且將勉策駑頓以佐下風之萬一，不識執事亦許之否乎？謹此布聞，因謝先辱。餘惟爲道自重，以慰後學之望。上狀不宣。

校記　〔一〕簡：宋浙本作「坦」，考異所引别本同。

編年　據年譜長編、書信編年。

答江元適　泳　隆興二年閏十一月

孤陋晚生，屏居深僻，未嘗得親几杖之游，乃蒙不鄙，使賢子遺之手書，致發明道要之文三編，加賜親札，存問繾綣，反若後進之禮於先進。熹愚不肖，不知所以得此於門下者。拜受踧踏，若無所容。退而伏讀以思，至於三四。雖昏憒無聞，未獲直闞所至之堂奥，然竊有以識夫所謂求仁之端者，而知其玩心高明，深造自得，非世儒之習也。幸甚幸甚！

熹天資魯鈍，自幼記問言語不能及人。以先君子之餘誨，頗知有意於爲己之學，而未得其處，蓋出入於釋老者十餘年。近歲以來，獲親有道，始知所向之大方。竟以才質不敏，知識未離乎章句之間。雖時若有會於心，然反而求之，殊未有以自信。其所以奉親事長，居室延交者，蓋欲寡其過而未能也。日者誤蒙收召，草野之臣，其義不敢固辭。造朝之際，無以待問，輒以所聞於師友者一二陳之。豈胸中誠有是道以進之吾君哉，特欲發其大端，冀萬一有助焉耳。不謂流傳，復誤長者之聽。伏讀誨喻，慚負不知所言。然厚意不可虛辱，敢因所示文編，其間有不能無疑者，略抒其愚，以請於左右，伏惟幸復垂教焉。

無極齋記發明義理之本原，正名統實於毫釐幾忽之際〔一〕，非見之明，玩之熟，詎能及此？然其間有曰「易姑象其機，詩、書、禮、樂姑陳其用」，熹竊謂「姑」者，且然而非實之辭也。夫易之象其機，詩、書、禮、樂之陳其用，皆其實然而不可易者，豈且然而非實之云乎？又有曰「仿佛」，曰「强名」，曰「假狀」，凡此皆近乎老莊溟涬鴻蒙之説。以六經、語、孟考之，凡聖人之言皆慤實而精明，平易而淵奥，似或不如是也。又有曰「禮樂政事，典謨訓誥，皆斯齋之土苴耳」，土苴之言，亦出於莊周，識者固已譏之。今祖其言以爲是説，則是道有精粗内外之隔，此恐未安。又曰「老兮釋兮，付諸大鈞範質之初」，語意隱奥，亦所未喻。又曰「西伯不識不知，仲尼毋意毋我，兹蓋乾坤毀，無以見易；易不可見，乾坤或幾乎息矣」。熹竊謂詩人之稱文王，雖曰「不識不知」，然必繼之曰「順帝之則」，孔門之稱夫子，雖曰「毋意毋我」，然後之得其傳者語之，必曰「絕四之外，必有事焉」。蓋體用相循，無所偏滯，理固然也。且大傳所謂易不可見則乾坤息者，乃所以明乾坤即易，易即乾坤，乾坤無時而毀，則易無時而息爾，恐非如所引終篇之意，乃類於老氏復歸於無物之云也。若夫中庸之終所謂「無聲無臭」，乃本於上天之載而言，則聲臭雖無，而上天之載自顯，非若今之所云并與乾坤而無之也。此恐於道體有害，自所謂求仁之端者推之，則可見矣。

士箴本末該備，説天人貫通其餘，指示仁體極其親切。三要書推天理而見諸人事，其曰「體不立而徒恃勇斷以有爲，一旦智窮力屈，善後之謀索矣」，可謂切中今日之病。又曰「體中心之誠實者，達於禮樂刑政之間，而加之四方萬里之遠」，可謂善補衮職之闕，皆非淺陋所及也。然熹竊嘗聞之，聖人之學所以異乎老釋之徒者，以其精粗隱顯體用渾然，莫非大中至正之矩，而無偏倚過不及之差。是以君子智雖極乎高明，而見於言行者未嘗不道乎中庸。非故使之然，高明、中庸實無異體故也。故曰：「道之不行也，智者過之，愚者不及也。道之不明也，賢者過之，不肖者不及也。」又曰：「差之毫釐，繆以千里。」聖人丁寧之意，亦可見矣。凡此謬妄之言，皆不知其中否。正欲求教於左右以啓其未悟，故率意言之，無復忌憚。蓋以爲不如是不足以來警切之誨爾。因來不吝垂教，實所幸願，而非敢望也。

校記　〔一〕宋浙本無「統」字，考異所引别本同。

編年　據年譜長編、書信編年。

答江元適〔一〕隆興二年

别紙所喻汪洋博大，不可涯涘，然竊以平生所聞於師友者驗之，雖其大致規模不能有異，至其所以語夫進修節序之緩急先後者，則或不同矣。蓋熹之所聞，以爲天下之物無一物不具夫理，是以聖門之學，下學之序始於格物以致其知。不離乎日用事物之間，别其是非，審其可否，由是精義入神，以致其用。其間曲折纖悉，各有次序，而一以貫通，無分段，無時節，無方所。以爲精也而不離乎粗，以爲末也而不離乎本，必也優游潛玩，饜飫而自得之，然後爲至。固不可自畫而緩，亦不可以欲速而急。譬如草木，自萌芽生長以至於枝葉華實，不待其日至之時而揠焉以助之長，豈不無益而反害之哉？凡此與來教所謂傷時痛俗，急於自反，且欲會通其旨要，以爲駐足之地者，其本末指意似若不同。故前後反復之言，率多違異。今姑論其大概，以爲求教之目，其他曲折，則非得面承不能究也。

「精義」二字，聞諸長者，所謂義者，宜而已矣。物之有宜有不宜，事之有可有不可。吾心處之，知其各有定分而不可易，所謂義也。精義者，精諸此而已矣。所謂精云者，猶曰察之云爾。精之之至而入於神，則於事物所宜，毫釐委曲之間無所不悉，有不可容言之妙矣。此所以致用而用無不利也。來教之云似於名言之間小有可疑，雖非大指所繫，然此乃學者發端下手處，恐不可略，故復陳之。不審高明以爲如何？

校記　〔一〕此書又見續集卷六答江隱君。

編年　據書信編年、年譜長編。

答江元適 隆興二年

熹嘗謂天命之性流行發用，見於日用之間，無一息之不然，無一物之不體，其大端全體，即所謂仁。而於其間事事物物莫不各有自然之分，如方維上下定位不易，毫釐之間不可差繆，即所謂義。立人之道不過二者，而二者則初未嘗相離也。是以學者求仁精義，亦未嘗不相爲用。其求仁也，克去己私以復天理，初不外乎日用之間。其精義也，辨是非、别可否，亦不離乎一念之際。蓋無適而非天理人心體用之實，未可以差殊觀也。孟子告齊王曰：「權然後知輕重，度然後知長短，物皆然，心爲甚。王請度之。」嗚呼，此求仁之方也，而精義之本在焉，孟子其可謂知言之要矣。今執事以反身自認、存真合體者自名其學，信有意於求仁矣。而必以精義之云爲語道之精體，而無與乎學者之用力，又以辨是非、别可否爲空言，不充實用而有害乎簡易之理，則熹恐其未得爲至當之論也。蓋曰道之精體，則「義」不足以名之；以「義」强名，則義之爲名又無所當。此蓋原於不知義之所以爲義，是以既失其名，因昧其實，於是乎有空言實用之說。此正告子義外之蔽也。既不知義，則夫所謂仁者亦豈能盡得其全體大用之實哉。近世爲精義之説，莫詳於正蒙之書，而五峰胡先生者，名宏，字仁仲。亦曰「居敬所以精義也」。此言尤精切簡當，深可玩味。

恐執事未以爲然，則試直以文義考之。「精義入神」，正與「利用安身」爲對。其曰「精此義而入於神」，猶曰「利其用而安其身」耳。揚子所謂「精而精之」，用字正與此同，乃學者用功之地也。若謂「精義」二字只是道體〔一〕，則其下復有「入神」二字，豈道體之上又有所謂神者，而自道以入神乎？以此言之，斷可決矣。

抑所謂反身自認、存真合體者，以孔子「克己復禮」、孟子「勿忘勿助」之説驗之，則亦未免失之急迫，而反與道爲二。大抵天人初無間隔，而人以私意自爲障礙，故孔孟教人，使之克盡己私，即天理不期復而自復。惟日用之間所以用力循循有序，不凌不躐，則至於日至之時，廓然貫通，天人之際不待認而合矣。今於古人所以下學之序則以爲近於傀儡而鄙厭之，遂欲由徑而捷出〔二〕，以爲簡易，反謂孔孟未嘗有分明指訣，殊不知認而後合，揠苗助長，其不簡易而爲傀儡亦已大矣。熹竊以爲日用之間無一事一物不是天真本體，孔孟之言無一字一句不是分明指訣。故孔子曰「吾無隱乎爾」，又曰「天何言哉」，而子貢曰：「夫子之文章可得而聞也，夫子之言性與天道不可得而聞也。」夫豈平日雅言常行之外，而復有所謂分明指訣者哉。

此外抵牾尚多，然其大概節目具於是矣。以執事教誨不倦，念未有承晤之期，不敢久虚大賜，是以冒昧罄竭其愚。伏惟恕其狂妄，少賜覽觀，還以一言，示及可否，虚心以俟。如有所疑，不敢不以復也。

校記〔一〕只：宋浙本作「即」。

〔二〕由：右引作「曲」，考異所引别本同。

編年 據書信編年、年譜長編。

答詹體仁 儀之 淳熙七年至八年

湘中學者之病誠如來教，然今時學者大抵亦多如此。其言而不行者固失之，又有一種只説踐履而不務窮理，亦非小病。欽夫往時蓋謂救此一種人，故其説有太快處，以啓流傳之弊。今日正賴高明有以救之也。爲學是分内事，纔見高自標致，便是不務實了，更説甚底？今日正當反躬下學，讀書則以謹訓説爲先，修身則以循規矩爲要，除却許多懸空閑説，庶幾平穩耳。不審尊意以爲如何？

編年 文云「湘中學者之病誠如來教」，又云「欽夫往時」云云，「今日正賴高明有以救之」，是體仁時官湘中，而張栻已經去世。體仁淳熙七年提點荆湖南路刑獄，八年召拜吏部郎中，期間曾刻張栻論語説。卷三十四答吕伯恭九十四書云「詹體仁寄得新刻欽夫論語來」，該書作於淳熙八年夏。是本篇當作於七至八年間也。

答楊庭秀 萬里　慶元元年八月

程弟轉示所惠書教，如奉談笑，仰見放懷事外，不以塵垢粃糠累其胸次之超然者，三復嘆羨，不能已已。數日偶苦脾疾，心腹撓悶，意緒無聊。值此便風，不敢不附報。自力布此，僅能問何如，他皆未暇及也。時論紛紛，未有底止。契丈清德雅望，朝野屬心，切冀眠食之間以時自重，更能不以樂天知命之樂而忘與人同憂之憂，毋過於優游，毋決於遁思，則區區者猶有望於斯世也。

編年　據年譜長編、書信編年。

評論　鶴林玉露甲編卷四誠齋退休：楊誠齋自秘書監將漕江東，年未七十，退休南溪之上，老屋一區，僅庇風雨。長鬚赤腳，纔三四人。徐靈暉贈公詩云：「清得門如水，貧唯帶有金。」蓋紀實也。聰明强健，享清閑之福十有六年。寧皇初元，與朱文公同召。文公出，公獨不出。文公與公書云：「更能不以樂天知命之樂而忘與人同憂之憂，毋過於優游，毋決於遁思，則區區者猶有望於斯世也。」然公高蹈之志，已不可回矣。

答李季章 壁　慶元二年

兩書縷縷，皆有飄然遠引之意，不審果以何日決此計耶？熹懇祠得請，深荷上恩。既還舊官，無復可辭之誼。孤危之迹雖未可保，然姑無愧於吾心可也。承問及先人紹興中文字，遺稿中劄子第三篇，疑即此奏。豫章所刊集中有之，今以納呈，已加籤貼於其上矣。筆削之際，儻得附見，千萬幸甚。諸公争和議時，先人與胡德輝、范伯達諸公同入文字，皆史院同寮也。當時此一宗議論不知有無登載。魏元履所集戊午讜議一書甚詳，亦嘗見之否耶？如館中未有，得行下建寧抄録上送，亦一事也。

慶遠計程已到零陵久矣，又聞其自處泰然，亦不易也。但未知便得一向安坐否耳。前年與陳君舉商量，拈出孝宗入繼大統一事。當時議臣如婁寅亮、趙張二相、岳侯、范伯達、陳魯公皆未有褒録，恐可更詢訪當時曾有議論之人，并與拈出也。

編年　據書信編年。

答李季章 慶元二年

昨承喻及先君奏疏已蒙筆削，得附史氏篇末，幸甚！痛念先君早歲讀書，即爲賈、陸之學。遭時艱難，深願有以自見，而不幸不試，所得陳於當世者止此而已。今乃得託史筆以垂不朽，豈不幸甚？但恐賢者去國之後，或爲不肖之孤所累，因見刊削，未可知耳。又聞黄文叔頃年嘗作地理木圖以獻，其家必有元樣，欲煩爲尋訪，刻得一枚見寄。或恐太大，難於寄遠，即依謝莊方丈木圖，以兩三路爲一圖，而傍設牝牡，使其犬牙相入，明刻表識以相離合，則不過一大掩可貯矣。切幸留念。

河西爲一，陝西爲一，河東、河北、燕雲爲一，京東西爲一，淮南爲一，兩浙、江東西爲一，湖南北爲一，西川爲一，二廣、福建爲一，大略如此，更詳闊狹裁之。相合處須令吻合，不留縫罅乃佳。

編年 據書信編年。

答李季章 慶元三年春

熹罪戾之蹤，竟不免吏議。然已晚矣，又幸寬恩，未即流竄，杜門念咎，足以遣日，不足爲故人道也。累年欲修儀禮一書，釐析章句而附以傳記，近方了得十許篇，似頗可觀。其餘度亦歲前可了。若得前此别無魔障，即自此之後便可塊然兀坐，以畢餘生，不復有世間念矣。元來典禮淆訛處古人都已說了，只是其書衮作一片，不成段落，使人難看。故人不曾看，便爲憸人舞文弄法，迷國誤朝。若梳洗得此書頭面出來，令人易看，則此輩無所匿其奸矣，於世亦非少助也。勿廣此說，恐召坑焚之禍。

荆公奏草不記曾附去否？今往一通，可見當日規摹亦不草草也。禹迹圖云是用長安舊本翻刻，然東南諸水例皆疏略。頃年又見一蜀士說蜀中嘉州以西諸水亦多不合，今其顯然者，如蜀江至瀘州東南乃分派南流，東折，逕二廣自番禺以入海。以理勢度之，豈應有此？必是兩水南北分流，而摹刻者誤連合之，遂使其北入江者反爲逆流耳。然柳子厚詩亦言「牂牁南下水如湯」，則二廣之水源計必距蜀江不遠，但不知的自何州而分爲南北耳。又自瀘以南諸州今皆不聞，必已廢并。幸爲詢究，一一見喻。其圖今往一紙，可爲勾抹貼説，却垂示也。

編年 據書信編年。

答李季章 慶元四年冬

熹今歲益衰，足弱不能自隨，兩脅氣痛，攻注下體，結聚成塊，皆前所未有，精神筋力大非前日之比。加以親舊凋零，如蔡季通、吕子約皆死貶所，令人痛心。益無生意，决不能復支久矣。所以未免惜此餘日，正爲所編禮傳已略見端緒而未能卒就，若更得年餘間未死，且與了却，亦可以瞑目矣。其書大要以儀禮爲本，分章附疏，而以小戴諸義各綴其後。其見於它篇或它書可相發明者，或附於經，或附於義。又其外如弟子職、保傅傳之屬，又自别爲篇，以附其類。其目有家禮，有鄉禮，有學禮，有邦國禮，有王朝禮，有喪禮，有祭禮，有大傳，有外傳。今其大體已具者蓋十七八矣。因讀此書，乃知漢儒之學有補於世教者不小。如國君承祖父之重，在經雖無明文，而康成與其門人答問蓋已及之，具於賈疏，其義甚備，若已預知後世當有此事者。今吾黨亦未之講，而憸佞之徒又飾邪説以蔽害之，甚可嘆也。

喻及仁里士人有志於學而能不事科舉者，近亦似曾聞説，但不知其姓名。此殊不易得，幸因風略報及也。舊來諸經説三四年來幸免煨燼，今亦恐未可保。然間因講説時有更定，欲寄一本去，恐可與西州同志者共之而未暇也。留衛公得詩説，日閲數版，手加點抹，書來頗極稱賞，仍盡能提其綱，亦甚不易。老年精力乃能及此，又不厭章句訓詁之煩也。要是天姿深静純實，故能若此。亦恨其聞此之晚，不得早效區區之愚耳。

德脩、文叔家居亦何所務？各有一書，煩爲致之，子直亦然也。今年閩中鄭、黄、鄧皆物故，氣象極覺蕭索。楊子直得祠又遭駁，項平父聞亦杜門不敢見人，其它吾人往往藏頭縮頸，不敢吐氣，甚可笑也。熹明年七十，已草告老之章，只從本貫依庶官例陳乞，亦不欲作廟堂書劄。而或者尚恐觸犯禍機。顧念禮律自有明文，而罪戾之餘尚忝階官，亦無不許致仕之法，并已決意爲之，不復顧慮。政使不免，亦所甘心。蓋比之一時輩流，已獨爲優幸矣。尚欲低回，貪戀微禄，以負平生之懷，復何爲哉！

前此附書〔一〕，似是因李普州便。書中欲煩借黄文叔家地理木圖爲製一枚〔二〕，不知達否？此近已自用膠泥起草，似亦可觀。若更得黄圖參照尤佳。但恐此書或已浮沉，不曾製得，即亦不必爲矣。禮殿圖舊亦有之，但今所寄摹畫精好，想正得古本筆意也。三五之目不可考，古事類此者多矣，今日豈能必其是非也邪？但既有是名號，則必有是人，易大傳但舉其制作之盛者而言耳。如漢人但言高祖、孝文，豈可便謂其間無惠帝耶？洮研發墨，鋒鋩可畏，此所難得，足爲佳玩矣。

校記 〔一〕此：宋浙本作「所」。

〔二〕理：原作「里」，據本卷前答李書改。

編年 據書信編年、年譜長編。

答李季章 慶元四年

熹伏承不鄙，貺以先正文簡公詩編行實，并及三夫人二壙刻文，跽領伏讀，足慰平生高山仰止之心。而反復再三，又見其立德立言明白磊落，所以開發蒙吝，有不一而足者。幸甚幸甚！至於不察熹之愚陋，而將使之纂次其事，刻之幽宮以視來世，則熹之不德不文，人知其不足以勝此寄矣。顧念平生未嘗得拜文簡公之函丈，而讀其書、仰其人則爲日蓋已久。又嘗聽於下風，而知公之所以相知，亦有不待識其面目而得其心者，是以願自附焉而不敢辭也。唯是今者方以罪戾書名僞籍，平居杜門，屏氣齰舌，不敢輒出一語以干時禁，而凜凜度日，猶懼不免，乃於此時忽爾破戒，政使不自愛惜，亦豈不爲公家之累？是以彷徨顧慮，欲作復止，而卒未有以副來命之勤也。伏惟執事姑少察此而深計之。竊意高文大筆取之今世不爲無人，固不必眷眷於一無狀罪廢之人，而使盛德百世之傳不得以時定也。

熹區區鄙意，前幅具之詳矣。始者亦嘗深念，欲便草定而託以前日所爲。既而思之，又似不誠而不可爲也。又念劉、孫所定本出賢昆仲之手者，自足傳信後世，但循例必欲更經一手删節，則雖在今日陰竊爲之，亦自不害。只是目下未可使人知有此作，將來草定，亦不可使人見有此書，此則難遮護耳。來使本欲留以少俟，渠亦以丁寧之切，不來相逼。但覺此終是未敢落筆，不如且遣之還。俟一面更將所示者子細繙閱，隨記所當增損處，密託人送令弟處。又恐經由都下不便，不若且少忍之。若未即死，固當有以奉報。或使溘先朝露，亦當以付兒輩令轉奉聞也。平生多做了閑文字，不能無愧詞。今此好題目，可惜不做。但又適當此時，令人鬱鬱耳。

續通典見詩中及之，恐有印本，求一部。長編改定本只寫改處，不知有多少册？得爲致之爲幸。或云建炎、紹興事亦已成書，不知然否？尤所欲得，但恐字多難寫耳。頃見靖康間事楊龜山多有章疏，不曾編入，不知後來曾補否？蓋汪丈所刻本不曾載，福州、成都二本皆然。其奏議後來南劍一本却有之，恐亦不可不補也。

編年　據書信編年。

答范文叔淳熙十六年

大學之序固以致知爲先，而程子發明未有致知而不在敬者，尤見用力本領親切處。今讀來喻，知於主一蓋嘗用功，則致知之學宜無難矣。而尚欲更求其說，何耶？熹舊讀大學之書，嘗爲之說，每以淺陋，有所未安。近加訂正，似稍明白。親知有取以鋟木者，今內一通，幸試考之。或有未當，却望誨喻。然切告勿以示人，益重不韙之罪也。

編年 據書信編年。

答范文叔 慶元元年

讀書不覺有疑，此無足怪。蓋往年經無定說，諸先生所發或不同，故讀書不能亡疑。比年以來，衆說盡出，講者亦多，自是無所致疑。但要反復玩味，認得聖賢本意、道義實體不外此心，便自有受用處耳。尹和靖門人贊其師曰：「不哉聖謨，六經之編。耳順心得，如誦己言。」要當至此地位，始是讀書人耳。子約之去，私計良便。象先相從，所論云何？去歲相見不款，未得盡所欲言，至今爲恨耳。講義反復詳明，深得勸誦之體。特寄此章，豈亦有感於時論耶？大學近閱舊編，復改數處。今往一通，試以舊本參之，當見鄙意也。

編年 據書信編年。

答范文叔 慶元初

春風堂記久已奉諾，安敢忘之？但近覺孤危之迹爲當世所憤疾，日以益甚，遂絕口不敢爲人出一語。非獨畏禍，亦義理之當然也。兼亦覺得此等空言無益於實，僅同戲劇，區區裝點，是亦徒爲玩物喪志而已。若論爲己切實功夫，豈此等所能助？而爲仁由己，亦何待他人之助耶？況明道先生氣象如此，乃是不違仁之影子。今於影外旁觀而玩其形似，孰若深察其心之所到而身詣之之爲實耶？竊謂爲仁之要固不出乎聖賢之言，若子夏所謂「博學篤志」、「切問近思」，夫子所謂「克己復禮」，所謂「恭敬忠恕」，可以備見其用力之始終矣。幸深味乎此而實加功焉，則爲有以慰區區之望，固不在於言語文字之間而已也。

編年 據書信編年。書云「近覺孤危之迹爲當世所憤疾，日以益甚，遂絕口不敢爲人出一語」，本卷答李季章末書辭其所託文字云「今者方以罪戾書名僞籍，平居杜門，屏氣齰舌，不敢輒出一語以干時禁」，其語類似，而「日以益甚」之云，則似黨事初起時也。要皆在慶元年間也。

答陳君舉 紹熙二年春

熹自頃寓書之後，南來擾擾，未能嗣音。至於懷仰德義，則無日而不勤也。乃蒙不忘，專人枉教，此意厚矣，何感如之！垂諭詩説，向見二君能道梗概，大指略同，意其必有成編，故以爲請。今承語及，乃知爾雅蟲魚決非磊落人之所宜注也。唐突負愧，如何可言！

誨示之勤，尤荷不鄙。然嘗謂人之爲學，若從平實地上循序加功，則其目前雖未見日計之益，而積累功夫，漸見端緒，自然不假用意裝點，不待用力支撐，而聖賢之心、義理之實必皆有以見其確然而不可易者。至於講論之際，心即是口，口即是心，豈容別生計較，依違遷就，以爲諧俗自便之計耶？今人爲學既已過高而傷巧，是以其説常至於依違遷就而無所分別。蓋其胸中未能無纖芥之疑有以致然，非獨以避咎之故而後詭於詞也。若熹之愚，自信已篤。向來之辯雖至於遭讒取辱，然至於今日，此心耿耿，猶恨其言之未盡，不足以暢彼此之懷，合異同之趣，而不敢以爲悔也。不識高明何以教之？惟盡言無隱，使得反復其説，千萬幸甚！老病幽憂，死亡無日。念此一大事非一人私説、一朝淺計，而終無面寫之期，是以冒致愚悃。鄉風引領，不勝馳情。

編年　據年譜長編、書信編年。

答陳君舉 紹熙二年

前書所扣未蒙開示，然愚悃之未能盡發於言者亦多，每恨無由得遂傾倒，以求鐫切。近曹器之來訪，乃得爲道曲折。計其復趨函丈，必以布露。敢丐高明少垂采擇，其未然者痛掊擊之，庶有以得其真是之歸，上不失列聖傳授之統，下使天下之爲道術者得定於一，非細事也。惟執事圖之。

編年　據年譜長編、書信編年。

與陳君舉 紹熙五年冬

先人自少豪爽，出語驚人。逾冠中第，更折節讀書，慕爲賈誼、陸贄之學。久之，又從龜山楊氏門人問道授業，踐修愈篤。紹興初，以館職郎曹與修神宗正史、哲徽兩朝實録，而於哲録用力爲多。其辨明誣謗、刊正乖謬之功，具見褒詔。後以上疏詆講和之失忤秦相，去國補郡，不起，奉祠以終。

編年 據書信編年。

與陳君舉 紹熙五年冬

先人贈告必已蒙落筆。母妻二告如亦合命詞，則前日失於具稟，今再有懇。先妣德性純厚，事姑極孝敬。祖母性嚴，先妣能順適之。治家寬而有法，歲時奉祀必躬必親。撫媵御有恩意，無纖毫嫌忌之意。亡婦先世自國初時以儒學登高科，其父諱勉之，字致中，紹興中嘗以布衣召至都堂，與秦丞相議不合而去。東萊呂舍人所謂「老大多才，十年堅坐」者也。凡此曲折，得頗見於詞命，足爲泉壤之榮，幸辱矜念。脱或已行，亦乞刊定。幸甚幸甚！

編年 據書信編年。

與劉德脩 光祖〔一〕 慶元五年夏

方念久不聞動静，忽閲邸報，有房陵之行，爲之悵然，寢食俱廢，累日不能自釋。不審彼以何日就道？自簡至房，道里幾何？取道何州？閲幾日而後至？風土氣候不至甚異否？居處飲食能便安否？官吏士民頗知相尊敬否？吾道之窮，一至於此！然亦久知會有此事，但不謂在目前耳。偶有鄂便，託劉公度轉致此問。如有的便，亦望得一書之報，使知動息，少慰遠懷，千萬之幸！

馮、李亦復不容，季章得郡而名見乃弟疏中，恐亦非久安者。李良仲鴻飛冥冥，使人深羡，第恨不得扣其玄中之趣。范文叔却幸未見物色，想亦深自晦也。熹足弱氣痞，已半年矣。策杖人扶，僅能略移跬步。而腹脇脹滿，不能俯案，觀書作字，一切皆廢。獨於長者未敢依例口占耳。數日又加右臂作痛，寫字不成。衰憊至此，無復久存之理。承教無期，尚冀以時深爲世道自愛耳。熹隨例納禄，幸已得請。中間蓋亦小有紛紛，後雖粗定，然猶不免爲從之之累〔二〕，亦可嘆也。

校記 〔一〕此書又見續集卷六。

〔二〕從：原缺，據續集又見補。

編年 據書信編年、年譜長編。

答黄文叔度 慶元元年八月二十四日

八月二十四日〔一〕，具位朱熹頓首復書于知府顯謨正言執事：熹跧伏窮山，聞執事之名舊矣。未獲既見，每竊恨焉。去歲趨召北歸，道聞新天子以執事爲賢，擢居言路，方與善類同深喜幸，以爲上新即位，首擇一人以爲諫官，即得執事之賢以充其選，是必將用其言以新庶政無疑矣。以執事之賢如此，又遭難得之時如此，其必將有以開寤上心，謹始建極，以慰中外之望又無疑矣。而未一二日，已聞出守之命，則又爲之惘然昏惑，莫曉所謂。比至中都，亟問其故，則凡有識無不扼腕，而劉德脩獨取執事所上免章謄本相視。熹於是時亦復慨然浩嘆，蓋不唯爲執事惜此事會，亦爲朝廷惜此舉措。且自恨其失一見之便，而又決知吾道之將不行矣。曾未兩月，果已罷遣。道間聞當來婺，又以行役有程，不能宿留，以俟車騎之來。還家又苦疾病，重以春夏之交，氣候大變，邪毒薰心，危證悉見，自謂必死矣，固不能先自通於左右。乃於呻吟之中，忽奉手教之辱，三復醒然過望，幸甚！然而執禮過謙，稱道浮實，比擬非倫，則非淺陋之所敢當也。豈其戲耶？則執事莊士也，非以言爲戲者也。以爲誠耶？則懼其有傷執事者閱理之明、知人之哲也。

至論古昔聖賢所處之難易，則執事之意可知矣。如熹之愚，蓋嘗不自揆度，而妄竊有志於此。然學未聞道，言語無力，精神不專，不足以動人悟物。蓋昔人所謂説將尚不下者，而又何足以議此耶？雖然，今亦老矣，衰病益侵，旦暮且死，此心雖不敢忘，亦無復有望於將來矣。顧今運祚方隆，聖德日新，有永之圖必將與明者慮之，則夫所謂致一以格天者，乃執事事也。執事其亦察乎舜之所謂人心道心者爲如何，擇之必精而不使其有人心之雜，守之必固而無失乎道心之純，則始終惟一，而伊尹之所以格天者在我矣。於以正君定國而大庇斯人於無窮，豈不偉哉！鄙見如此，不識執事以爲如何？如有未當，願反復之，以卒承教之願，千萬幸也！

前此承書未久，即聞去郡，來使遂不復來取報章。今想已還會稽，不審爲況復何如？時論日新，尚復何説！因趙主簿歸天台，寓此爲謝。不能盡所欲言，又苦目痛，不能多作字，不得親書，深以愧恨。相望千里，邈無晤見之期，惟冀以時自重，使斯世猶有賴焉，則幸甚。不宣。

校記　〔一〕四：原作「二」，據宋閩、浙本改。

編年 據書信編年。

答徐元敏 乾道末

昨者拜書，方愧草率，人還，賜教勤至，區區悚仄已不自勝。别紙垂誨，警發尤深。但詞意之間，謙卑已甚，非晚學小子所敢當。伏讀再三，益增恐懼。然竊伏觀尊誨之微指，大率以曲禮首章爲修己治人之大要，喜其易行而病於難久。此非擇善之精，反躬之切，何以及此？顧念平昔所聞於師友者，其大端誠不外是。然行之不力，一暴十寒，其樂舒肆、喜談譃之病殆有甚於高明之所患者，而何能有以少補於萬分？抑又聞之，主敬者存心之要，而致知者進學之功。二者交相發焉，則知日益明，守日益固，而舊習之非自將日改月化於冥冥之中矣。所聞如此，然躬所未逮，不自知其當否。敢因垂問之及而以質焉。儻蒙矜憐，還賜誨飭，使不迷於入德之方，則熹千萬幸甚。

編年 徐元敏，名詡，福建浦城人，紹興二十一年周必大同年進士。據文忠集卷六次韻徐元敏權貨同年、卷七徐元敏察院詡頃和子中兄長篇語頗相屬今承出使交廣次韻送行兼簡經略劉文潛，元敏淳熙二年提轄行在榷貨務，後任監察御史三年，淳熙六年使廣東。書信編年據朱熹思想演進軌迹定其作於乾道五年「己丑之悟」後。今觀書中辭氣，疑元敏時未在官，至少未任要職，故以作在乾道末爲近。

答林正夫 淲 慶元五年

慕仰高風，固非一日。中間雖幸寅緣再見，然苦忽忽，不得款奉誨語，至今以爲恨也。歸來抱病，人事盡廢，無繇奉記以候起居，每深馳跂。今兹楊通老來，忽奉手誨之辱，假借期許，既非愚昧之所敢當；而執禮過恭，尤使人恐懼踧踖而無所避也。雖然，高明之所以見屬之意，豈若世之指天誓日而相要於聲利之場者哉。況在今日而言之，尤足以見誠之至而好之篤。是以不敢隱其固陋，而願自附於下風焉。

蓋嘗聞之先生君子，觀浮圖者，仰首注視而高談，不若俯首歷階而漸進。蓋觀於外者雖足以識其崇高鉅麗之爲美，孰若入於其中者能使真爲我有而又可以深察其層累結架之所由哉。自今而言，聖賢之言具在方册，其所以幸教天下後世者，固已不遺餘力；而近世一二先覺又爲之指其門户，表其梯級，而先後之學者由是而之焉，宜亦甚易而無難矣。而有志焉者或不能以有所至，病在一觀其外，粗覘仿佛，而便謂吾已見之，遂無復入於其中，以爲真有而力究之計。此所以驟而語之，雖知可悦，而無以深得其味，遂至半途而廢，而卒不能以有成耳。竊計高明所學之深、所守之正，其所蕴蓄蓋已施之朝廷而見於議論之實，於此宜不待於愚言矣。然既蒙下問，不可以虚辱；而熹之所有不過如此，若不以告於門下，以聽執事者之采擇，則又有非區區之所敢安者。是以敢悉布之，可否之決，更俟來教，熹所虚伫而仰承也。

通老在此相聚甚樂，比舊頓進，知有切磋之益。惜其相去之遠，忽起歸興而不可留也。從之聞以牙痛爲庸醫所誤，投以涼劑，一夕之間遂至長往，深可痛惜。然此亦豈醫之所能爲哉？德脩崎嶇遠謫，令人動心。然聞其平居對客誦言，固每以此自必，乃今爲得所願。然所關繫則不淺矣。有寫其記文以來者，已屬通老呈白，想亦深爲廢卷太息也。元善寓霅川，殊不自安，且晚必歸。子宣今日方得書也〔一〕。熹氣痞，不能久伏几案，作字草草，且亦未能究所欲言。臨風引領，悵想亡量，惟高明察之。

校記 〔一〕宣：宋浙本、明天順本作「宜」。

編年 據書信編年。

朱熹文集編年評注卷三十九

書知舊門人問答

答戴邁紹興二十三年至二十五年

熹來此，得足下於衆人之中，望其容色，接其議論，而知足下之所存若有所蓄積，而未得其所以發之者，心獨期足下可共進於此道。及以論語之説授諸生，諸生方愕眙不知所向，而足下獨以爲可信也，手抄口誦而心惟之。熹謂足下將得其所以發之者矣，甚慰所望。今辱書及以所抄四大編示之，而責其淺陋之辭託名經端，則非熹之任而足下之過也。夫執經南面，而以其説與門人弟子相授受，此其非熹之任明矣。熹無所復道，獨敢竊議足下之所以過，願寬其僭易而幸聽之。

夫學期以自得之而已，人知之不知之，無所與於我也。今足下自謂其已自得之耶，則宜無汲汲於此，而熹之言亦何爲足下重？不然，雖熹妄言之，於足下何有？足下之爲甚過。足下勉自求之，期有以自得之而後已，熹雖荒落矣，尚能與足下上下其説而講評之。四編且以歸書室，而具其所以然者報足下，幸察。

編年 此與以下答林巒、答吕侁、答楊宋卿皆一時先後所作，書信編年置於紹興二十五年，年譜長編置於二十四年，然皆無確據。且朱熹於二十三年七月到任同安主簿，即領學事，亦不能排除數書爲是年作也。唯二十六年則春間即外出，秋七月任滿，且任中已辭學事，故作於二十六年可能性甚小。今列於二十三至二十五年間，庶幾近之。

答林巒 紹興二十三年至二十五年

辱示書及所爲文三篇，若以是質於熹者。熹少不喜辭，長復嬾廢，亡以副足下意。然嘗聞之，學之道非汲汲乎辭也，必其心有以自得之，則其見乎辭者非得已也。是以古之立言者其辭粹然，不期以異於世俗，而後之讀之者知其卓然非世俗之士也。今足下之詞富矣，其主意立説高矣，然類多采摭先儒數家之説以就之耳。足下之所以自得者何如哉？夫子所謂德之棄者，蓋傷此也。足下改之，甚善。示喻推所聞以講學閭里間，亦甚善。記曰：「教然後知困。」知困則知所以自强矣。熹所望於足下者在此，足下勉旃！

編年 見上篇所考。

答林巒 乾道九年

率性之謂道，修道之謂教。

伊川先生説「率性之謂道」，通人物而言，更以其説思之。「修道之謂教」，二先生及侯氏説却如此，然恐不如吕、游、楊説。尤溪集解想已見之。

喜怒哀樂未發謂之中。

伊川先生云：「涵養於未發之時則可，求中於未發之前則不可。」宜更思之，檢此段熟看。

「民鮮能久矣」與「甚矣，吾衰也久矣」之「久」同。

「久矣」之意得之。

夫婦之愚。

伊川先生論之已詳。大抵自夫婦之所能知能行直至聖人天地所不能盡，皆是説「費」處，而所謂「隱」者不離於此也。

道不遠人。

此段文義未通，又多用佛語，尤覺走作。且更熟玩其文義爲佳。

正己而不求人則無怨。

凡讀書，且虛心看此一處文義，令語意分明，趣味浹洽乃佳。切不可妄引他處言語來相雜，非惟不相似，且是亂了此中正意血脉也。

編年　據書信編年。

答呂侁 紹興二十三年至二十五年

惠書，甚慰。所守審如是，足下之所存誠遠且大，非熹所能及也。顧不能不以貧自累而求有以得於人，則足下之忍其大而不忍其細，又非熹之所能知也。抑熹之官於此，禄不足以仁其家而無以副足下之意，敢以所聞爲謝，冀足下之堅其守也。貧者士之常，惟無易其操則甚善。

編年 見前答戴邁所考。

答楊宋卿 紹興二十三年至二十五年

前辱柬手啓一通及所爲詩一編，吟諷累日，不忍去手。足下之賜甚厚，吏事匆匆，報謝不時，足下勿過。熹聞詩者志之所之，在心爲志，發言爲詩。然則詩者豈復有工拙哉，亦視其志之所向者高下如何耳。是以古之君子德足以求其志，必出於高明純一之地，其於詩固不學而能之。至於格律之精粗，用韻屬對、比事遣辭之善否，今以魏晋以前諸賢之作考之，蓋未有用意於其間者，而况於古詩之流乎？近世作者乃始留情於此，故詩有工拙之論，而葩藻之詞勝，言志之功隱矣。熹不能詩，而聞其説如此，無以報足下意，姑道一二。盛編再拜封納，并以爲謝。

編年 見上答戴邁所考。

答柯國材 翰　紹興二十四年

辱書，示以顏子、子貢俱以仁爲問，而夫子告之有若不同者。此固嘗思之，而非如足下之説也。「爲仁由己」，此論爲仁之至要，蓋始終不離乎此。夫其所以求師友而事之之心豈自外至哉，既得師友而事之矣，然不求諸己，則師友者自師友耳，我何有焉？以此意推之，則二説者初不異也。如足下之言，恐非長善救失之意。足下思之而反復其説，則熹之願。他所以見屬者，豈熹所敢當哉。戴、陳二生趣向文辭皆可觀，固知其所自矣。有友如此，足以輔仁，敢以爲足下賀，而僕亦將有賴焉。齋居無事，宜有暇日，以時過我，幸得講以所聞，而非所敢望也。

編年　據年譜長編。書信編年置於二十五年。

答柯國材 隆興二年閏十一月三十日

熹頓首再拜國材丈執事〔一〕：蔡强來，領三月、六月、九月三書，急拆疾讀，如奉誨語，良慰久別不聞問之懷，幸甚幸甚！信後歲已晚矣，不審爲況何如〔二〕？伏惟味道有相，尊候萬福。熹奉親粗遣，武學闕尚有三年，勢不能待。目今貧病之迫已甚，旦夕當宛轉請祠也。親年日老，生事益聊落〔三〕，雖吾道固如此，然人子之心不能不慨然耳。

時事竟爲和戎所誤，今歲虜人大入，據有淮南，留屯不去。監前事之失，不汲汲於渡江，欲圖萬全之舉，此可爲寒心。而我之所以待敵者，内外本末一切刓弊，又甚於往年妄論之時矣。奈何奈何！遠書不能詳言也。

熹自延平逝去，學問無分寸之進，汩汩度日，無朋友之助，未知終何所歸宿。邇來雖病軀粗健〔四〕，然心力凋弱，目前之事十亡八九。至於觀書，全不復記，以此兀兀，於致知格物之地，全無所發明。思見吾國材精篤之論而不可得，臨書悒然也。

所示易卦次叙，此未深究，不敢輕爲之説。但本圖自初爻而陰陽判，左三十二卦共一陽，右三十二卦共一陰。次爻即一變而陰陽交，左下十六卦之陽，右下十六卦之陰，上交於右上之陰，下交於左上之陽。又次爻又一變而又交〔五〕，兑與艮交，震與巽交。而八卦小成矣。其上因而重之，而成六十四卦。此次叙甚明。其所以爲易者，蓋因陰陽往來相易而得名〔六〕，非專謂震、巽四五相易而然也。此理在天地間無時不然，仰觀俯察，暑往寒來，莫非運用，恐不待考諸圖象而後明也。然古人制作之妙，顯發乾坤造化之機〔七〕，有如此者，是亦可樂而玩之耳。

不合無愧之説，在我固然；第所不能無恨者，精神言語不足以感悟萬一爲恨耳。若人人持不合無愧之説，則君臣之大倫廢矣。如何如何？李君好學禮賢，其志可嘉。國材想亦推誠與之講論，有可采處。若得同爲此來，真寡陋之幸也。

春秋工夫未及下手，而先生棄去。蓋亦以心志凋殘，不堪記憶。此書雖云本根天理，然實與人事貫通，若不稽考事迹，參以諸儒之説，亦未易明也。故未及請其説。然嘗略聞其一二，以爲春秋一事各是發明一例，如看風水移步换形，但以今人之心求聖人之意，未到聖人灑然處，不能無失耳。此亦可見先生發明之大旨也。論語比年略加工夫，亦只是文義訓詁之學，終未有脱然處。更有詩及孟子，各有少文字。地遠，不欲將本子去，又無人别寫得，不得相與商確爲恨爾。若遂此來之約，則庶幾得講之耳。

三序示及，想見用心之精。但每每推與過當，恐未得爲不易之論。又論語序云學爲仁一節，不知見得「仁」字如何分明？後面節次如何成褫此義？須句句有下落始得，不可只如此含糊也。近衢州一江元適登仕泳，以書來云：「頃歲獨學，常窺求仁之端，又謂須明識所謂元者，體諸中而無疑，則道之進也化也基諸此矣。」此論似非苟然默識，試一思之如何？江君未相識，書多好議論，亦是一老成前輩也。易序中云「此以無思相似以至有思〔八〕」，此恐亦不能無病。試更思之。近方再讀此經，建陽一學者亦欲講之，因招之來年教兒輩。得與共學，用年歲工夫，看如何。

昨齊仲寄疑義來，乃不知是石丞者，妄意批鑿，非所施於素昧平生之人。然渠既以此道相期，必不相怪，但在熹有僭率之咎耳。

所欲言者無窮，以久不得書，無所發端。今得來示，又以來人立俟，天寒手冷，作字不成，不能究悉胸中所欲言。千里相望，豈勝慨嘆！但願果能乘便一來，庶得傾倒，不然，終非紙札所能具也。閤正孺人、令郎各安佳，老人以下幸安。每勤問念，至感。未由會晤之前，千萬以時進道自愛。不宣。閏月晦日，熹頓首再拜國材丈執事。

欲識「仁」字大概，且看不仁之人可見。蓋其心頑如鐵石，不問義理〔九〕，事任己知〔十〕，是以謂之不仁。識此氣象，則仁之爲道可推而知矣。因書試言所得，以答合否如何耳。

校記〔一〕以上原缺，據淳熙本補。

〔二〕右引「況」下有「復」字。

〔三〕聊落：右引作「薄」。

〔四〕邇：右引作「年」。

〔五〕「次爻即一變」至「左上之陽又」原缺，據右引補。

〔六〕蓋：右引及宋浙本作「似」，大同集卷七同。

〔七〕化：淳熙本作「物」，大同集卷七同。

〔八〕相、有思：原缺，據徐樹銘朱子集補。

〔九〕問：淳熙本作「認」，大同集卷七同。

〔十〕事、知：淳熙本作「專」、「私」，大同集卷七同。

編年　據年譜長編、書信編年。

答柯國材 隆興二年冬

傳序鄙意不欲如此，昨因論語小傳之作，已罄鄙懷。不蒙領略，遂更不敢復言。今所惠書反謂有所愛於言，何耶？行行之號，尤非所以矯氣習之偏而反之於中和之域，區區之意亦不願老丈之爲此稱也。如何？

編年　據書信編年。上書云「三序示及，想見用心之精。但每每推與過當」。此書云「傳序鄙意不欲如此」，當承其後。

答柯國材隆興二年冬

示諭忠恕之説甚詳，舊説似是如此。近因詳看明道、上蔡諸公之説，却覺舊有病。蓋須認得忠恕便是道之全體，忠體而恕用，然後「一貫」之語方有落處。若言恕乃一貫發出，又却差了此意也。如未深曉，且以明道、上蔡之語思之，反復玩味，當自見之，不可以迫急之心求之。如所引「忠恕篤欽」以下，尤不干事。彼蓋各言入道之門、求仁之方耳，與聖人之忠恕道體本然處初不相干也。一陰一陽不記舊説，若如所示，即亦是謬妄之説。不知當時如何敢胡説。今更不須理會，但看一陰一陽往來不息，即是道之全體，非道之外别有道也。逆順之説，康節以爲先天之數。今既曉圖子不得，强説亦不通，不若且置之。易序兩句大病在「彼此」二字上，今改得下面不濟事也。凡此數説，姑塞來問，未知中否。有便却望垂教，幸甚幸甚！

石丈相聚所談何事？其篤誠好學已不易得，而議論明快，想講論之際少所凝滯也。書來有少反復，草草作答，不能盡所言。大抵講學只要理會義理非人所能爲，乃天理也。天理自然各有定體，以爲深遠而抑之使近者，非也；以爲淺近而鑿之使深者，亦非也。學者患在不明此理而取決於心。夫心何常之有？好高者已過高矣，而猶患其卑；滯於近者已太近矣，而猶病其遠。此道之所以不明不行而學者所以各自爲方而不能相通也。前此以陳、許二友好爲高奇，喜立新説，往往過於義理之中正，故常因書箴之。蓋因其病而藥之，非以爲凡講學者皆當晝於淺近而遂止也。然觀聖賢之學與近世諸先生長者之論，則所謂高遠者，亦不在乎創意立説之間。伊川云：「吾年二十時，解釋經義與今無異。然思今日意味，覺得與少時自別。」又尹和靖門人稱尹公於經書不爲講解，而耳順心得，如誦己言，此豈必以創意立説爲高哉。今吾輩望此地位甚遠。大概讀書且因先儒之説，通其文義而玩味之，使之浹洽於心，自見意味可也。如舊説不通，而偶自見得別有意思，則亦不妨。但必欲於傳注之外別求所謂自得者而務立新説，則於先儒之説或未能究而遽舍之矣。如此則用心愈勞而去道愈遠，恐駸駸然失天理之正而陷於人欲之私，非學問之本意也。且謂之自得，則是自然而得，豈可强求也哉。今人多是認作「獨自」之「自」，故不安於他人之説，而必己出耳。

凡此皆石丈書中未及盡布者，或因講論之次，閑爲及之，幸甚幸甚！并以呈齊仲、順之，不知如此卑説還可高意否？二公更不及別書也。徐丈惠書云有疑難數板，却未見之，豈封書時遺之耶？偶數時村中乏紙，亦不別拜狀，只煩爲致此意，幸甚幸甚！順之書中似以横渠「平易其心」之説爲不然，談何容易？更且思之爲佳。蓋所謂平易者，非苟簡輕易之謂也。群居終日，別作何工夫？便中千萬示及一二。苟有未安，不憚獻所疑以求益也。

編年　據書信編年。

評論　劉洪謨叙朱子文集大全：學者先讀答柯國材論天理書，則知天理自然，非高非卑，非近非遠。人心無常，不可自决也。

答許順之 紹興二十九年秋冬間

示諭記中語病的當，改云「知用其力而不知所以用力之方，則未有不反爲之累」，如何？大抵見道未明，揣摩求合，自然有漏綻處。得公如此琢磨，爲益大矣。後便見報，幸甚！兩書皆有來意，甚慰所望。當在何時耶？近讀何書？工夫次第如何？熹論語説方了第十三篇，小小疑悟時有之，但終未見道體親切處。如説仁者渾然與物同體之類，皆未有實見處，反思茫然，爲將奈何！熹比因堂劄促行，再入文字乞候終秩。萬一諸公不欲如此，得一教官之屬南去，即相見之期近矣。但分別之事，豈可預料耶。山間無他事，歲豐米賤，農家極費力。然細民飽食，遂無他志，亦一幸也。

編年 據年譜長編、書信編年。

答許順之 紹興二十九年秋冬間

熹衰老幸向安，然氣體虚弱，非復昔時，心力亦未復，都不敢思慮，舊業荒廢，無所發明。反而求之，似於存養用力處未有地位，甚以自懼耳。如吾友於此却已有餘，第未能達於詞命之間，恐其間亦有未徹底處，却宜於事物名數上着少工夫。蓋既無精粗本末之異，即此亦不可忽也。喪禮留意甚佳，但其度數亦不易曉。若哀敬之實，則吾友素知之矣，當益有餘味也。近得横渠語録有云：「曲禮乃天地五藏，魂魄心府寓於其事。」試思此語，亦足以發耳。記文如所改甚善，但所辨説未能盡曉。熹意欲云「心之爲體亦微矣，彼不知用力於此者，固徇於物欲而不自知」，餘即悉如來示。蓋「不能用其力」之語，亦似有病了。真如衆盲摸象，達者見之，可付一笑。

編年 據年譜長編、書信編年。

答許順之 紹興二十九年秋冬間

檀弓篇云：「殷既練而祔，周卒哭而祔。孔子善殷。」據孔子以殷禮爲善，則當從殷禮練而祔無疑矣。然今難遽從者，蓋今喪禮皆周禮也。葬而虞，虞而卒哭，卒哭而祔，是一項事首尾相貫；若改從殷禮，俟練而祔，即周人之虞亦不可行，欲求殷禮而證之，又不可得，是以雖有孔子之言，而未敢改也。温公只依周禮，唐開元禮及近世亦有改者，然終不安。禮文極是密察，不可儱侗，故聖人致詳於此，豪髮不差。蓋未詳未盡，則於己之心且不能安，民之不從尚未論也。疑夫子於二代之禮必有類此者，闕其一二，則無所證矣。

前書因見讀禮，故勸以致詳微細，因有「損所有餘，勉所不足」之言。來書乃謂：「本末精粗本無二致，何用如此分別？」此又誤矣。若每每如此，則更無用功處，更無開口處矣。子夏對子游之語，以爲「譬之草木，區以別矣」，何嘗如此儱侗來？惟密察於區別之中，見其本無二致者，然後上達之事可在其中矣。如吾子之説，是先向上達處坐却，聖人之意正不如是。雖至於堯、舜、孔子之聖，其自處常只在下學處也。上達處不可著工夫，更無依泊處。日用動静語默，無非下學，聖人豈曾離此來？今動不動便先説個本末精粗無二致，正是鶻崙吞棗。向來李丈説鐵籠罩却之病，恐未免也〔一〕。

校記　〔一〕淳熙本句末有「云云」二字。

編年　據年譜長編、書信編年。

答許順之 隆興元年

承在縣庠爲諸生講説，甚善甚善。但所寄諸説，求之皆似太過。若一向如此，恐駸駸然遂失正途，入於異端之説，爲害亦不細。差之豪釐，謬以千里，况此非特豪釐之差乎！三復來示，爲之悵然，已輒用愚見附注於下。然其曲折非筆端可盡，恐當且以二先生及范、尹二公之説爲標準，反復玩味，只於平易慤實之處認取至當之理。凡前日所從事一副當高奇新妙之説并且倚閣，久之見實理，自然都使不著矣。蓋爲從前相聚時，熹亦自有此病，所以相漸染，成此習尚。今日乃成相誤，惟以自咎耳。如子韶之説，直截不是正理，説得儘高儘妙處，病痛愈深。此可以爲戒而不可學也。何由面話，究此精微？臨風鬱結，無有窮已。

國材、元聘爲况如何？昨寄得疑難來，又是一般説話。大抵齊仲、順之失之太幽深，順之尤甚。

而三公失之太執著，執著者有時而通，幽深者蕩而不反矣。中間一條平坦官路却没人行著，只管上山下水，是甚意思！因書可録此意及二序送之，爲致不及書之意。范伯崇學大進，劉德明者亦稍識理趣，皆可喜耳。伯崇雜説一紙附去，可見其持守不差，見理漸明之大概矣。然其説有少未盡，更求之，却以見喻。

伯崇去年春間得書，問論語數段，其説甚高妙，因以呈李先生。李先生以爲不然，令其慤實做工夫，後來便别。此亦是一格也。然其當時高妙之説，亦只是依諸先生説而推言之過當處耳，非如順之所示，硬將文義拗横説却也。切宜速改，至祝至祝。大抵文義先儒盡之，蓋古今人情不相遠，文字言語只是如此。但有所自得之人，看得這意味不同耳，其説非能頓異於衆也。不可只管立説求奇，恐失正理，却與流俗詭異之學無以異也。只據他文理反復玩味，久之自明。且是胸中開泰，無許多勞攘，此一事已快活了。試依此加功，如何？

編年　據書信編年、年譜長編。

答許順之 隆興元年

讀書大抵只就事上理會，看他語意如何，不必過爲深昧之説，却失聖賢本意，自家用心亦不得其正，陷於支離怪僻之域，所害不細矣。切宜戒之，只就平易慤實處理會也。「必有事焉」之書不曾接得，不知如何。上蔡云：「出入起居，無非事者。正以待之，則先事而迎。忘則涉乎去念，助長則近於留情。聖人之心如鏡，所以異於衆人也。」觀此所謂「事」者，只是「事事」之「事」，遇此一事，則事此一事，本體昭然，此便見所謂「操則存、舍則亡」也。見此理極平易，只在目前，人自貪慕高遠，所以求之過當而自失之也。近再看論語尹先生説，句句有意味。可更玩之，不可以爲常談而忽之也。伊川先生云：「立言當含畜意思，不可使知德者厭，無德者惑。」此言深有味，更思之如何？

編年　據書信編年。

答許順之 隆興二年

「空空如也」，或者多引真空義爲問〔一〕，如何？

二程先生説此段甚分明，横渠説似過當了。愚謂且以二程先生之説爲主〔二〕，理會正當文義，道理自在裏許。只管談玄説妙，却恐流入詖淫邪遁裏去。

「貧而樂」云云，善莫病於有爲，學莫病於自足。有爲則無爲而或輟，自足則不足而或止。此學者之大病，而賢達之必期於進德也。蓋善自己之當然而學須至於不厭。知所當然則貧而樂，富而好禮，驕與諂無所事也。知所不厭則切瑳以道學，琢磨以自修，學問明辯之不可已也。是宜引詩以自況，亦明道學之無窮也。

此段雖無病，然語脉中窒礙處亦多。大凡不必如此立説，此先儒之説已略具矣。李光祖説甚善。

「不逆詐，不億不信」，此有以見聖人皆欲天下後世歸於寬厚長者之域處。蓋天下不能皆君子，不能皆小人，私淑艾之可也。今設有詐與不信之人，彼未必不心知其非，第此以誠實之道處之，亦未必不觀感而化，不亦善乎？何用逆億爲？然君子可欺以其方，難罔以非其道。彼以小人之道來〔三〕，使此而不先覺，豈不爲所罔乎？故亦在所先覺方爲賢耳。

逆詐億不信，恐惹起自家機械之心，非欲彼觀感而化也。胡明仲云：「逆億在心，是自詐自不信也。」只是此意。若如此説，便支離了，不親切。「抑亦先覺者是賢乎」，李光祖曰：「理地明白，則私智無所用之矣。」此説極善〔四〕。齊仲云，「抑亦」二字當玩味，有深意，固是如此。「莫須也著先覺方是賢乎」，乎者，疑問之辭，以上意未盡故疑問也。

社，夫子曾語宰我「明命鬼神，以爲黔首，則百姓以畏，萬民以服」，則知古人立社，豈虛設哉，亦以土地所宜之木而使民知戒懼，其爲教莫大焉。然哀公問社宰我，宰我受學聖人之門，豈無格言以正其心術？直以是而長之逢之，宜得罪於聖人，故反覆重言而深罪之。如「我戰則克」，夫子非不知陣，而對靈公必以俎豆；晋乘、楚檮杌、魯春秋，孟子非不知聞，而對威文以無傳。凡此皆引君於當道。曾謂宰我久學於聖人而不之知，豈有補於名教者耶。

此段只依古注爲是。又謂古人立木於社，使民知所存著，知社之神必有所司，則國君所以守社稷其嚴乎。三桓擅改而魯之權失所司〔五〕，則哀公之問社，宰我因其問而言「使民戰栗」。惜乎其說之不詳，故夫子嘆之曰「成事不說」，謂不爲之詳說也，「遂事不諫」，謂不因事而諫也。使宰我之知不足以知之，則無責可矣。知而言之不盡，此聖人之所以惜之也。「既往不咎」，蓋因其問而可以言而不言，既往之失，今則無及矣，無可咎也，猶曰「今無可言矣」。

校記

〔一〕爲問：原缺，據淳熙本補。

〔二〕且：右引作「直」，大同集卷七同。

〔三〕彼：原作「被」，據宋閩、浙本改。

〔四〕「逆詐億不信」以下，大同集卷七單爲一篇，題作「批王近思說後」。

〔五〕改：正訛改作「政」。

編年 據書信編年。

答許順之 隆興二年

與四時俱者無近功，所以可大受而不可小知也。謂他只如此。

一事之能否不足以盡君子之蘊，故不可小知。任天下重而不懼，故可大受。小人一才之長亦可器而使，但不可以任大事耳。

「和順道德而理於義，窮理盡性以至於命」，「莫非命也，順受其正」，則君子於此將如何哉？亦曰修其在我者以聽其在天者而已矣。

和順於道德，是默契本原處；理於義，是應變合宜處。物物皆有理，須一一推窮；性則是理之極處，故云盡；命則性之所自來處。以此推之，自不重複，不必如前所説〔一〕。

校記　〔一〕此書兩條答語，大同集卷七分爲兩篇，分别題爲「答許順之問大受小知説」、「答許順之問道德性命之説」。

編年　據書信編年。

答許順之乾道二年

山間有一二學者相從，但其間絶難得好資質者。近得一人，似可喜，亦甚醇厚，將來亦可望也。齋舍迫狹，已遷在圭甫屋後佛頂庵中相聚矣。向聞與齊仲在浄隱，不知得多少時？看何文字？如何作工夫？今歲復相聚否？所有發明，條示數端，得反復焉，亦勝空書往來耳。所示孟子説備見用意之精，然愚意竊謂如此反似求索太過，援引太雜，使聖賢立言之本意汩没不明。已逐段妄以己意略論其一二梗概矣，可以類推，其餘不能一一備論也。語録中有一節正論此，今亦録去，可詳味之，便見病痛處亦非小疾，不可執吝，以爲無傷而不之改也。齊仲、元聘書中各有少辨論，大抵亦止是理會近時學者過高之失，可并取觀也。

編年　據書信編年。

答許順之乾道二年

亦將以利吾國乎。

以利心爲仁義，即非仁義之正，不待有不利然後仁義阻也。

「孟子見梁襄王，出語人曰」云云。

「定於一」只是混一之「一」，與「德惟一」之「一」不同，不必過爲此說。出而語人亦是偶然說及，不必言「公天下之善」以下云云之說。

「齊宣王問曰：『齊桓、晋文之事可得聞乎？』」云云。君子之道，譬如行遠必自邇，譬如升高必自卑，推之有本，用之有序，初非有甚高難行之事，但病不求之耳。歸而求之有餘師，安在乎行險以僥倖，區區於霸者之爲而昧於遵王之道哉。故孟子特指惻怛愛牛之一端，以啓其行不著而習不察之病，欲齊王之知吾有是心，亦曾於愛牛處見之，吾安得而自失之耶？反之吾身，急於百姓〔一〕，何止乎及禽獸而已。正納約自牖之論，因其明以投之也。惜乎齊王終身由之而不知其道，且曰：「夫我乃行之，反而求之，不得吾心。」是亦豈真知反而求之哉，第不過見孟子之論而一時消盡鄙吝之心，故有是云爾。使真知求之，則明益明而聖益聖，能自已乎？不得吾心，無有是也。

此段甚好，然語亦有過當處。

齊宣王問曰：「交鄰國有道乎？」

湯事葛之事見於孟子，詳味其曲折，則知聖人之心矣。

「君子不以天下儉其親」云云。此極言仁人孝子之心親切處。當其親親之重，雖大而天下，苟得用心，亦不以爲大而儉於其親而不用也，況其餘乎？非必天下也。推其心是如此。此説甚好。熹舊説此句：「以猶爲也。不爲天下惜一棺椁之費而儉於其親也。」更參酌看如何爲穩，却示報也。

「有餘不敢盡」云云。在我雖有餘，然猶不敢以爲盡，謂只如此了。蓋道體無窮，雖文王亦只得云「望道而未之見」耳。「有餘不敢盡」，似止是過者俯而就之之意。故下文云「言顧行，行顧言，君子胡不慥慥爾」，其文意可見也。

校記　〔一〕急：疑當作「及」。

編年　據書信編年。

答許順之 隆興二年

石丈惠書，以「夫子」見謂。詳此二字，古人用之本非尊稱，如伐顓臾之季氏，毁仲尼之叔孫，皆得以稱，蓋猶曰「夫夫」、「之人」之比耳。然以孔門弟子稱仲尼以此，故後之人往往避其號。蓋不惟不敢使人以是加諸己，亦不敢以是加諸人也。熹初通書，不欲紛紜及此。幸爲一言，繼此惠音削去二字，乃所願望，不然不敢拜而受也。告爲深陳之，至懇至懇。且既以道相知，凡百禮文之過其宜者，恐亦有可刊落者，得并及之，幸甚幸甚！

編年 據書信編年。

答許順之乾道二年秋

此間窮陋，夏秋間伯崇來，相聚得數十日，講論稍有所契。自其去，此間幾絕講矣。幸秋來老人粗健，心間無事，得一意體驗，比之舊日漸覺明快，方有下工夫處。日前真是一盲引衆盲耳〔一〕。其説在石丈書中，更不縷縷。試取觀之爲如何，却一語也。更有一絕云：「半畝方塘一鑑開，天光雲影共徘徊。問渠那得清如許？爲有源頭活水來。」試舉似石丈，如何？湖南之行，勸止者多，然其説不一。獨吾友之言爲當，然亦有未盡處。後來劉帥遣到人時已熱，遂輟行。要之亦是不索性也。

校記 〔一〕一盲：原作「一目」，據宋浙本、明萬曆本改。

編年 據書信編年。

答許順之乾道三年

書中所諭，皆的當之論，所恨無餘味耳。更向平易著實處子細玩索，須於無味中得味，乃知有餘味之味耳。「之所譬焉」，如石丈所説反求諸身，亦是要切；但經文指意恐不必如此。修身等事前章已説了，此章正是理會修身齊家中間事。若不如此，即愛憎予奪皆不得其所矣。「譬」

字只是度量擬議之意，義以方外之事，然義初不在外也。如何如何？

敬齋記所論極切當，近方表裏看得無疑。此理要人識得，識得即雖百千萬億不爲多，無聲無臭不爲少。若如所疑，即三綱五常都無頓處，九經三史皆爲剩語矣。此正是順之從來一個窠臼，何故至今出脱不得？豈自以爲是之過耶？聞有「敬字不活」之論，莫是順之敬得來不活否？却不干「敬」字事。惟敬故活，不敬便不活矣。此事所差豪釐，便有千里之繆，非書札所能盡。切在細思，會當有契耳。先覺之論，只著得「誠」字，「感」字，亦是贅語。只如文字不敢與柯丈見，便是逆詐億不信了。吾人心中豈有許多事耶？夜氣之説，近得來答，始覺前説之有病也。

編年　據書信編年。

答許順之 乾道三年

今歲却得擇之在此，大有所益，始知前後多是悠悠度日。自兹策勵，不敢不虔。但道力衰薄，未知能終不退轉否耳。大學之説，近日多所更定。舊説極陋處不少，大抵本領不是，只管妄作，自誤誤人，深爲可懼耳。向所論「敬字不活」者如何？近日又見此字緊切處，從前亦只是且如此説。擇之必相報矣。

編年　據書信編年。

答許順之乾道四年春

熹一出幾半年，學問思辯之益，警發爲多。大抵聖門求仁格物之學無一事與釋氏同，所以尋常議論間偶因記憶自然及之，非是特然立意，與之爭勝負、較曲直也。想見孟子之闢楊、墨亦是如此，故其言曰：「予豈好辯哉？予不得已也。」今觀所與祝弟書，乃有「謗釋氏」之語，殊使人驚嘆，不知吾友别後所見如何而爲是語也。及細讀二書，則所可怪者不特此耳。且論其大者。如所謂棲心淡泊，與世少求，玩聖賢之言可以資吾神、養吾真者，一一勘過，只此二十餘字無一字不有病痛。夫人心是活物，當動而動，當静而静，動静不失其時，則其道光明矣。是乃本心全體大用，如何須要棲之淡泊然後爲得？且此心是個什麽，又如何其可棲也耶？聖賢之言無精粗巨細，無非本心天理之妙。若真看得破，便成己成物更無二致，内外本末一以貫之，豈獨爲資吾神、養吾真者而設哉？若將聖賢之言作如此看，直是全無交涉。聖門之學所以與異端不同者，灼然在此，若看不破，便直唤作「謗釋氏」，亦何足怪？吾友若信得及，且做年歲工夫，屏除舊習，案上只看六經、語、孟及程氏文字，著開擴心胸，向一切事物上理會，第一不得唤作塵事昏心也。方知「體用一源、顯微無間」是真實語，不但做兩句好言語説，爲資神養真、胡茶自己之説而已也。

又承見警，此則甚荷相愛之深。然儒者之學，於此亦只是順理而已，當顯則顯，當默則默。若涵養深淳，則發必中節，更無差互。既未到此地位，自是隨其氣習，所發不同。然若一向矯枉過直，則柔弱者必致狂暴，剛强者必爲退縮，都不見天理之當然。惟聖門之學以求仁格物爲先，所以發處自然見得是非可否不差毫髪，其工夫到與不到，却在人。今吾友見教，要使天下之人不知有自家方做得事，且道此一念從何處來？唤做本心得否？唤做天理得否？直是私意上又起私意，縱使磨挫掩藏得全不發露，似個没氣底死人，亦只是計校利害之私，與聖門求仁格物、順理涵養氣象大故懸隔。信知儒釋只此豪釐間，便是繆以千里處。却望吾友更深思之，仍將此書遍呈諸同志，相與反復商確，不可又似向來説「先覺」之義，更不與徐、柯二丈見也。朋友商論，正要得失分明，彼此有益，何必於此掩覆？只此是私意根株，若不拔去，使之廓然大公，何緣見得義理真實處耶？所論好善優於天下，只是一個「公」字，此等處何不公之甚也。

編年 據書信編年。

答許順之 乾道四年春

尤溪書來，議論極佳。不知平日講論於此等處有異同否？若無異同，則亦可疑耳。擇之所見日精，工夫日密，甚覺可畏。如熹輩，今只是見得一大綱如此，不至墮落邪魔外道耳。若子細工夫，則豈敢望渠也。徐、柯二丈及汝器、近思諸友相聚説何等話？向者程舶來求語録本子去刊，因屬令送下邑中，委諸公分校。近得信却不送往，只令葉學古就城中獨校，如此成何文字？已再作書答之，再送下覆校。千萬與二丈三友子細校過。但説釋氏處不可上下其手，此是四海九州千年萬歲文字，非一己之私也。近聞越州洪适欲刊張子韶經解，爲之憂嘆，不能去懷。若見得孟子正人心、承三聖意思，方知此心不是苟然也。二先生集一部納去，可與二丈及林、王、陳諸友同看。已有一本并通書送縣學。通書偶盡，且寄此去，亦適值只有此一本，不能遍寄耳。聞已吃肉，甚善。推此類而擴充，則異說不能惑矣。

編年 據書信編年、年譜長編。

答許順之 乾道四年三月

承上巳日書，知嘗到城中校書曲折，甚慰甚慰。但且據舊本爲定，若顯然謬誤，商量改正不妨。其有闕誤可疑，無可依據者，寧且存之，以俟後學，切不可以私意輒有更改。蓋前賢指意深遠，容易更改，或失本真，以誤後來，其罪將有所歸，不可容易。千萬千萬！舊來亦好妄意有所增損，近來或得别本證之，或自思索看破，極有可笑者。或得朋友指出。所幸當時只是附注其傍，不曾全然塗改耳。亦嘗爲人校書，誤以意改一兩處，追之不及，至今以爲恨也。

編年 據書信編年、年譜長編。

答許順之 乾道四年夏

文字鏤板有次第否？無異論否？徐、柯二丈通問否？學之不講，似是而非之論肆行而莫之禁。所欲言者，非書可既。

編年 據書信編年。

答許順之 乾道七年

石兄書來，云順之旦夕到彼。深欲去相聚，以此間事緒牽繫動不得。屈指月日，直到來年春夏間始得少間耳。幼兒未有讀書處，甚以爲撓。地遠，不能遣去尤溪，甚可恨也。經閣所要二書，偶未有本，俟有寄去。

編年 據書云「石兄書來」，又云不能遣幼子去尤溪讀書，知時石憝官尤溪。據别集卷六乾道六年所作答林擇之十五書，石憝赴尤溪知縣在乾道七年。此篇語意應爲到官不久後書，故當作在該年。至十一月，朱熹後以舅氏之喪再赴尤溪，見文集卷三十三答吕伯恭十二書。

答許順之 乾道七年至八年

乾之爲卦，上下純乾，天之動也，人欲不與焉。潛只得潛，見合當見。三則過矣，君子尤當致謹。四則德盛仁熟，磨不磷，涅不緇，不可以常情測。進退去就，時不可失，皆所以進吾德、修吾業也。先儒多以舜自深山之中及其爲天下之事明之，其弊恐必至於王氏謂九三之知、九五之位可至而至之，得非以利而言乎？

乾卦皆聖人之德，六爻乃其所處之位也。如以舜明之，深得其象，舜亦非知堯之位可至而往至之也。熟讀程傳可見，不須別立說。若專以進德爲言，則九五、上九兩爻又如何解？

「人而不仁，如禮何？人而不仁，如樂何？」仁也者，人也。合而言之，道也。既已不仁，痒痾疾痛已尚不知，頑冥之甚，安知其禮樂之爲禮樂也？是其無如之何也宜矣。

大略如此，更宜玩味，看教著實。

「何有於我哉」，自聖人觀衆人，則遍爲爾德，無不可者。自衆人觀聖人，則猶天之不可階而升也。故聖人因事發見，示之以無有也。猶曰「女奚不曰」云云，皆其本分事爾。

此意固好，然聖人之詞不如是之夸也，恐只是謙退不居之詞。論語有兩處「何有於我哉」，須并觀之。

「夜氣不足以存」，始論「豈無仁義之心哉」，無之是生不得。惟其物交物，則惟知有物，遂與隔絕。孟子於夜氣言之，當其萬慮澄寂之中體之，虛明自別，引而喪之者無有矣。故欲以復之初爻及之，庶幾有以用力。如何？

人皆本有仁義之心〔一〕，但爲物欲所害，恰似都無了。然及其夜中休息之時，不與物接，其氣稍清，自然仁義之良心却存得些子。所以平旦起來，未與物接之際，好惡皆合於理。然才方如此，旦晝之所爲便來梏亡之，此仁義之心便依前都不見了。至其甚也，夜間雖得休息，氣亦不清，存此仁義之心不得，便與禽獸不遠。學者正當於旦晝之所爲處理會克己復禮、懲忿窒欲，令此氣常清，則仁義之心常存，非是必待夜間萬慮澄寂，然後用功也。若必如此，則日間幹當甚事也？「不遠復」，更檢易傳看，與所論亦不相似。

「操則存，仁能守之。舍則亡，仁不能守之。出入無時，莫知其鄉，惟心之謂與？」仁之不可已也如是。似以「操則存〔二〕，舍則亡」爲人心惟危，「出入無時，莫知其鄉」爲道心惟微。妄意推測，慚怍之甚，乞賜提誨一二，庶知所向。幸甚幸甚！

孟子此四句只是説人心是個活物〔三〕，須是操守，不要放舍，亦不須如此安排也〔四〕。心一也，操而存則義理明而謂之道心，舍而亡則物欲肆而謂之人心。亡不是無，只是走出逐物去了。自人心而收回，便是道心；自道心而放出，便是人心。頃刻之間，恍惚萬狀，所謂「出入無時，莫知其鄉」也。所引「仁」字尤不是，正是倒説了。且更平心玩味，不要説得太高妙、無形影，非唯教他人理會不得，自家亦理會不得也。大率講學本爲聖賢之言難明，故就下面説出，教分明。若是向上面説將去，即轉見理會不得矣。如建州人未識泉州，須且教他從南劍州問路去，豈可教他過漳州尋耶？此是大病，不可不知。

校記　〔一〕此條答語大同集卷七單爲一篇，題爲「答許順之夜氣不足以存説」。

〔二〕似：宋浙本作「升」。

〔三〕此條答語大同集單爲一篇，題爲「答許順之操則存説」。

〔四〕亦：淳熙本作「耳」。

編年　此與下篇所言内容相承，爲一時先後之作，然作年未可詳考。據上篇云「順之旦夕到彼」，下篇乾道九年二月書云「知來尤川日有講習之樂」，此與下篇列於其間，蓋順之赴尤溪將至未至之時也，時爲七年或八年，據以繫之。

答許順之〔一〕 乾道七年至八年

所論操舍存亡之説，大概得之。然有未分明處，須他日面論也。在山頭理會數條，始知舊説太高之弊。如「君子不謂命」，止是以所值於外者而言。如舜之於瞽瞍、文王之於紂、晏嬰之於孔子、孔子之不得時位之類，不須説氣質不同，蓋爲下兩句説不行故也。凡若此類甚多，皆好高之弊。大抵讀書以此爲戒，且於平易切近分明處理會爲佳耳〔二〕。

校記 〔一〕此篇大同集卷七不單出，爲答子重順之問諸説中之一。

〔二〕淳熙本句末有「云云」二字。

編年 見上篇所考。

答許順之 乾道九年二月

熹頓首：祝弟歸，承書，知來尤川日有講習之樂，甚慰。信後暄暖，伏惟德履佳勝。熹此如昨，但春來吊喪問疾〔一〕，略無少暇。前月末間，元履又不起疾，交游凋落，可爲傷嘆。而歲月如流，悔吝日積，亦將無聞而死，爲可懼耳。所喻孟子疑處甚善，鄙意尋常正亦疑此〔二〕。若如諸家之説，即每事只説得一邊。要須説「口之於味」云云，此固性之所欲，然在人則有所賦之分，在理則有不易之則，皆命也。是以君子不謂之性而付命於天。「仁之於父子」云云，在我則有厚薄之禀，在彼則有遇不遇之殊，是皆命也。然有性焉，是以君子不謂之命而責成於己。須如此看，意思方圓，無欠闕處。請試思之〔三〕，更與石丈諸公參較喻及爲幸。同安想時得書，賤累一一承問，感感。兒輩附拜問意。餘惟以時自愛，不宣。熹再拜上狀〔四〕。

校記　〔一〕「但」字以上原缺，據淳熙本補。

〔二〕亦：原作「以」，據右引及宋浙本改。

〔三〕「所喻孟子」以下，大同集卷七置於答子重順之問諸説中。

〔四〕「同安」以下原缺，據淳熙本補。

編年　據書信編年。魏掞之卒於乾道九年閏正月，書稱「前月末間」，是作於二月也。

答許順之 乾道九年秋

尤川學政甚肅，一方向風，極可喜。擇之書來，云古田宰聞之亦欲效顰，果爾則石宰之化不止行於尤川矣。天下事無不可爲，但在人自强如何耳。觀此可見也。順之既有室家，不免略營生理。書中所説，不知當如何措畫。此固不得不爾也。粗有衣食之資，便免俯仰於人，敗人意思，此亦養氣之一助也。但不可汲汲皇皇，役心規利耳。想順之於此必有處，决不至如此也。

編年　據文集卷九十二知南康軍石君墓誌銘，林擇之曾於石𡼏尤溪任上助其學政。據文集卷三十三答吕伯恭十八、卷四十四答方伯謨五，擇之乾道九年夏由尤溪至崇安見朱熹，七月初歸古田。書云「古田宰聞之」云云，是擇之已歸，在秋間也。

答許順之乾道九年秋

齋記子細看未甚活絡，未須刊刻。如何？學不到此地位，强勉鬥凑，不通檢點如此，如此便是靈驗處也。

編年 石憝於淳熙元年正月離任，以上下各書參之，本篇亦當作於九年秋。

答許順之乾道九年秋

熹頓首：便中承書，粗慰向往。比日已復秋風，不審所履如何？伏想佳勝〔一〕，閤中安好，想亦能甘淡泊，相助經家務也。修身齊家，只此是學，更欲别於何處留心耶。熹因循苟且，今將老矣，而進修之功略不加進，於此每有愧焉。冬間或欲一到尤溪省舅母，不知彼時能來彼相聚否〔二〕？相見似無可説，别後又覺得有無限説話合商量，以此臨風，每深懷想耳〔三〕。

校記 〔一〕以上原缺，據淳熙本補。

〔二〕「冬間」以下原缺，據右引補。

〔三〕右引句末有「云云」二字。

編年　據書信編年。書云「冬間或欲一到尤溪省舅母」，續集卷二答蔡季通一百十三書云：「一出又半月，臨出城，值石宰與順之、擇之更一二朋友來。」知石𡸣罷任在淳熙元年正月，此書當作在前年秋也。

答許順之 淳熙元年夏

熹爲朝廷不許辭免，州府差官逼迫，甚無好況。然亦只得力伸己志，他無可言者。示喻「是吾憂也」，楊、謝之説固未爲得，順之所論亦過當。唯尹公乃是發明程子之意。試更思之，似亦只是稱己勉人之意。聖人本意似只如此也〔一〕。

校記　〔一〕「示喻是吾憂也」以下，大同集卷七置於答子重順之問諸説中。

編年　據書信編年。朱熹於乾道九年五月改左宣教郎，主管台州崇道觀，以爲求退得進，多次辭免，朝廷有旨不許，遂於淳熙元年六月拜受。此書正言其事也。

答許順之 淳熙元年十月十日

熹頓首：久不聞問，承書，甚慰。信後冬温，遠惟德履佳勝，閤中令郎均安。熹此粗安，無足言者也〔一〕。所示數條，鄙意有未安者已具紙尾。大抵舊來多以佛老之似亂孔孟之真，故每有過高之弊。近年方覺其非，而亦未能盡革，但時有所覺，漸趨平穩耳〔二〕。順之此病尤深，當痛省察矯揉也。國材在甚處？久不得書，甚念之。因書煩致意也〔三〕。鄧尉持己愛人如此〔四〕，甚不易得。但今時學者輕率大言，先將恭敬退讓之心壞了，不是小病。若實有爲己之意，先去此病然後可耳〔五〕。天台近得書，易説不知如何理會，亦未聞其詳也。向來游山之興屢謀屢失，今且杜門静坐矣。未由會見，千萬珍重，不宣。十月十日，熹再拜〔六〕。

校記

〔一〕以上原缺，據淳熙本補。

〔二〕「大抵舊來」以下，大同集卷七置於答子重順之問諸説中。

〔三〕「國材」以下原缺，據淳熙本補。

〔四〕人：右引作「民」。

〔五〕「鄧尉」以下，大同集卷七置於答子重順之問諸説中。

〔六〕「天台」以下原缺，據淳熙本補。

編年

書云「向來游山之興屢謀屢失」，指與吕祖謙相約入浙游山之事。是游始謀於乾道九年，先後議及衢、婺之間懷玉山、天台、雁蕩等。最後約定淳熙二年「開正即行」，然由於吕祖謙改爲來閩而作罷。至二年四月，吕至崇安。卷四十三載淳熙元年所作答林擇之第十三書云：「游山之計，束裝借人，行有日矣。得伯恭書，却欲此來，遂復中輟。山水之興雖未能忘，然杜門省事，未必不佳也。」與本篇所言「今且杜門静坐矣」意同。

答許順之 淳熙中

潮州有一許敬之者，聞嘗相過甚好，不知謝簿識之否？煩爲問云今在何處，因書報及。陳君詩亦佳，大凡學者勉其務實、少近名爲佳耳。

編年　此書未可詳考，然本卷答許順之諸書按寫作時間先後排列，秩序井然，故此書必作在上篇之後。上篇作於淳熙元年，而順之卒於十二年，故作在淳熙中可知。

答陳齊仲乾道二年冬

向所寄示詩解，用意甚深，多以太深之故，而反失之。凡所疑處，重已標出，及録舊説求教，幸試思之，因便垂誨，幸幸。三事之喻甚善，但既知其驕矜走失而猶以爲未可去，不知更欲如何方可去也。差之毫釐，繆以千里，豈容公然走失耶？相馬之説，恐與忠恕之意不同。蓋忠恕之理則一，而人之所見有淺深耳，豈有所揀擇取舍於其間哉。學者欲知忠恕一貫之指，恐亦當自「違道不遠」處著力，方始隱約得一個氣象，豈可判然以爲二物而不相管耶？格物之論，伊川意雖謂眼前無非是物，然其格之也，亦須有緩急先後之序，豈遽以爲存心於一草木器用之間而忽然懸悟也哉。且如今爲此學而不窮天理、明人倫、講聖言、通世故，乃兀然存心於一草木、一器用之間，此是何學問？如此而望有所得，是炊沙而欲其成飯也。來諭似未看破此處病敗，恐不免出入依違之弊耳。近嘗辯論雜學家數家之説，謾録此數條去，不審高明以爲如何？順之「不二法門則不可休」，不可休似未是不二法門，請更於此下語，如何？渠所寄來孟子説，大抵其説亦苦於太高，却失本意。可更商量，須於平易明白中薦取，不必如此打繞也。

編年 據書信編年。

答徐元聘 乾道二年

文王無伐紂之心，而天與之，人歸之，其勢必誅紂而後已，故有「肅將天威，大勛未集」之語。但紂惡未盈，天命未絕，故文王猶得以三分之二而服事紂。若使文王未崩，十二三年，紂惡不悛，天命已絕，則孟津之事文王亦豈得而辭哉。以此見文、武之心未嘗不同，皆無私意，視天與人而已。

伊川謂無觀政之事，非深見文、武之心不能及此，非爲存名教而發也。若有心要存名教，而於事實有所改易，則夫子之録泰誓、武成，其不存名教甚矣。近世有存名教之説，大害事，將聖人心迹都做兩截看了。殊不知聖人所行便是名教，若所行如此而所教如彼，則非所以爲聖人矣。

周公東征，不必言用權。自是王室至親與諸侯連衡背叛，當國大臣豈有坐視不救之理？帥師征之，乃是正義，不待可與權者而後能也。若馬、鄭以爲東行避謗，乃鄙生腐儒不達時務之説，可不辨而自明。陳少南於經旨多疏略，不通點檢處極多，不足據以爲説。來教所謂周公之志非爲身謀也，爲先王謀也；非爲先王謀也，以身任天下之重也，此語極佳。

召公不説，蓋以爲周公歸政之後，不當復留，而已亦老而當去。故周公言二人不可不留之意曰：「嗚呼，君已！曰時我，我亦不敢寧于上帝命，弗永遠念天威，越我民罔尤違。」又歷道古今聖賢倚賴老成以固其國家之事，又曰：「予不惠若兹多誥，予惟用閔于天越民。」只此便見周公之心。每讀至此，未嘗不喟然太息也。試於此等處虚心求之，如何？

編年 據書信編年。

答徐元聘乾道二年

承喻人物之性同異之説，此正所當疑當講者，而考訂精詳，又見志意之不衰也。慰幸慰幸！熹聞之，人物之性本無不同，而氣禀則不能無異耳。程子所謂「率性之謂道，兼人、物而言」，又云「不獨人爾，萬物皆然」者，以性之同然者而言也。所謂人受天地之正氣，與萬物不同，又云「只是物不能推，人則能推之」者，以氣禀之異而言也。故又曰：「論性不論氣不備，論氣不論性不明，二之便不是。」熟味此言，可見先生之意，豈若釋氏之云哉。來喻云云，胡子知言正如此説。内一章首云「子思子曰」者是也。然性只是理，恐難如此分裂。只是隨氣質所賦之不同，故或有所蔽而不能明耳。理則初無二也。至孟子説中所引，乃因孟子之言，只説人分上道理。若子思之意，則本兼人、物而言之也。「性同氣異」，只此四字包含無限道理，幸試思之。若於此見得，即於聖賢之言都無窒礙矣〔一〕。

校記 〔一〕淳熙本句末有「云云」二字。

編年 據書信編年。

答王近思 乾道四年

向所寄論筆勢甚可觀，但少主宰。著眼目多被題目轉却，已是大病。又多用莊子語，虛浮無骨肋。試取孟、韓子、班、馬書大議論處熟讀之，及後世歐、曾、老蘇文字亦當細考，乃見爲文用力處。今人多見出莊子題目，便用莊子語，殊不知此正是千人一律文章。若出莊子題目，自家却從別處做將來，方是出衆文字也。老鈍久不爲文，如此主張未知是否，更思之，更思之。抑人之爲學，亦不專爲科舉而已，不審吾友比來於爲己之學亦嘗致意否？汝器諸友相聚，日所講者何事？因來更詳及此爲佳。

編年 據書信編年。

答王近思 乾道六年

窮居且爾，憂苦之餘，無復仕進意，杜門修身，以畢此生而已。累書所問，緣多出入，無人收拾，往往散落，以此不及奉報。然其大略只是要做文字、應科舉、誇世俗而已。年來懶廢，於此尤悉棄置，不能有所可否於其間也。

編年 據書信編年。書云「憂苦之餘」，朱熹母祝氏卒於乾道五年九月。又云「緣多出入」、「年來懶廢」，蓋指謀葬往返建陽、廬墓守喪於寒泉精舍諸事也。

答王近思 乾道六年

示喻學之難易及别紙所疑，足見好問之意。本欲一一答去，然熟觀之，似未嘗致思而泛然發問者。若此又率然奉答，竊恐秖爲口耳之資而無益問學之實。今且請吾友只將所問數條自加研究，自設疑難，以吾心之安否驗衆理之是非，縱未全通，亦須可見大略，然後復以見諭。計其間當有不待問而决者矣。所云或者競生新意，不知此是何人？并幸喻及。

編年　據書信編年。

答王近思 乾道六年

别紙所示，適此冗冗，不及細觀。大抵似有要説高妙、作文章之意。此近世學者之大患也。但日用之間以敬爲主，而於古昔聖賢及近世二先生之言逐一反復子細玩味，勿遽立説以求近功，則久之當有貫通處，而胸次了然無疑矣。

編年　據書信編年。

答王近思 乾道八年以後

所論縷縷，已悉。大抵吾友明勉有餘而少持重韜晦氣象，此是大病。今秋若與薦送，能迂道一見過，幸幸。所懷當面布之，乃可盡耳。聞祝弟持大學説及「觀過知仁」辨論去，皆是向來草稿，往返未定之説。渠乃不知本末，持去誤人，甚不便，可爲焚之。

編年　據書信編年。書札彙編繫於乾道七年。

答王近思 乾道八年以後

前此欲銘先夫人之墓，以未嘗習爲之，無以應命。亦自念君子之事親以誠，正不在此。但能篤志力行，使人謂之君子之子，則其爲親榮也大矣。祭文尤所未解。凡喪，父在父爲主，今自主之，一失也。古者將葬，祖奠、遣奠祝以事告而無文辭，二失也。古人居喪則言不文，蓋哀戚勝之，不能文也。今文甚矣，又將振而矜之，此三失也。孔子曰：「喪，與其易也，寧戚。」吾友其未之思歟？大抵吾友誠慤之心似有未至，而華藻之飾常過其哀，故所爲文亦皆辭勝理，文勝質，有輕揚詭異之態而無沉潛溫厚之風。不可不深自警省，訥言敏行，以改故習之謬也。

編年　據書信編年。

答王近思 乾道四年

校書聞用力甚勤，近作一序，略見編纂之意。若但欲旦夕自警，則亦何必求其辭之美耶？精思力行於送往事居之際而識其所由來，是則學者之急務也。

編年　據書信編年、年譜長編。

答王近思 乾道八年以後

所示疑問，深見好學之篤，已輒具注所見於下。且更於先達所言之中擇取其精要者一說，反復玩味，久而不忘，當自有心解處；不可妄以私意穿鑿，恐失之浸遠，難收拾也。如「必聞其政」之說，亦駸駸然走作了也。戒之戒之！

編年　據書信編年。

答王近思 紹熙元年七月

到此忽忽三月，政不得施，教不得行，日有愧怍而已。所論已悉，洪範說未暇細看。此間相去不遠，不知能略見訪，相聚數日否？此事須款曲講論，方見意味，非文字言語可寄也。人還草草，餘俟面道。

編年　據書信編年。

答王近思 乾道八年以後

平時無事，是非之辯似不能惑。事至而應，則陷於非者十七八。雖隨即追悔，後來之失又只如故。今欲臨事時，所謂可喜可怪可畏可沮者不能移其平時之心，其道何由？此是本心陷溺之久，義理浸灌未透之病。且宜讀書窮理，常不間斷，則物欲之心自不能勝而本心之義理安且固矣。

顔子在陋巷，而顔路甘旨有闕，則人子不能無憂。顔子方不改其樂，必有處此矣。此説亦只是上條意思，此重則彼自輕，别無方法，别無意思也。

孔子謂夷齊不念舊惡，則是其父子兄弟之間猶有可議也。蘇氏違言之説，果可據乎？孔子之言必有見矣。

伯夷既長且賢，其父無故舍之而立叔齊，此必有故，故蘇氏疑之。觀子貢問「怨乎」之意，似或有此意。然不必疑，但看後來求仁得仁便無怨處，則可以見聖賢之心。便有甚死讎，亦只如此消融了也。

孫思邈「膽欲大」之説有所未喻。

彼丈夫也，我丈夫也，吾何畏彼哉！

霍光小心謹厚，而許后之事不可以爲不知；馬援戒諸子以口過，而裹屍之禍乃口過之所致。二人之編在小學，無亦取其一節耶？

「采葑采菲，無以下體」，取人之善，爲己師法，正不當如此論也。

編年 據書札彙編。

答王近思紹熙二年十二月

昨在郡怱怱，不能款曲，至今爲恨耳。别紙疑義已悉奉答，亦恨向來不得面論也。熹歸來數日，卜葬未定，湖南誤恩，不容祇赴。又聞經界報罷，不見信於朝廷如此，如何更可任一道之寄耶？初辭未允，近已上章自劾，次第必得請矣。

編年　據書信編年。

答王近思紹熙二年十二月

吾道一以貫之。

此説未是。更檢精義中二程先生及謝、侯二説熟看。楊、尹説正是錯會明道意，然曾子是力行得熟後見得，今人只是説得，自是意味不同。正使説得十分，亦不濟事。

仁。

此説未是。更檢伊川先生説孝悌爲仁之本、博愛之謂仁、心譬如穀種三處看，更檢易傳復卦彖辭及孟子論四端處子細看。

編年　據書信編年。

答魏元履 乾道二年前後

欲爲春秋學，甚善。但前輩以爲此乃學者最後一段事，蓋自非理明義精，則止是較得失、考同異，心緒轉雜，與讀史傳摭故實無以異。況如老兄心中本鬧，恐非所以矯失而趨中也。愚意以爲不若只看論語，用年歲工夫，却看證候淺深，別作道理。然但論語中看得有味，餘經亦迎刃而解矣。聖人之言平易中有精深處，不可穿鑿求速成，又不可苟且閑看過。直須是置心平淡慤實之地，玩味探索而虚恬省事以養之，遲久不懈，當自覺其益；切不可以輕易急迫之心求旦暮之功，又不可因循媮惰，虚度光陰也。語録中一兩段説此事處別紙上呈，可見此非臆説，亦見春秋之未易學也。若於此見得一義理血脉，方覺從前一團私意妄想，自家身心尚且奈何不下，如何説得行道救時底話？真是可笑。語録散漫，亦難看，卒無入頭處。若只欲遮眼，又不濟事。不若且只就論語中做工夫。有胡丈會義初本否？二先生説論語處皆在其中矣。大抵只看二先生及其門人數家之説足矣。會義中如王元澤、二蘇、宋咸雜説甚多，皆未須看，徒亂人耳。所欲言者甚多，然其序説未到，幸且勉力，終不敢自外也。

編年 據書信編年。

答魏元履 乾道二年前後

裘父所云欲於論語作數説，此語可疑。尋常讀書，只爲胸中偶有所見，不能默契，故不得已而形之於口；恐其遺忘，故不得已而筆之於書，初不覺其成說也。若讀書而先有立說之心，則此一念已外馳矣，若何而有味耶？老兄所論昭烈知有權而不知有正，愚意則以謂先主見幾不明，經權俱失。當劉琮迎降之際，不能取荆州，烏在其知權耶？至於狼狽失據，乃不得已而出於盜竊之計，善用權者正不如此。若聲罪致討，以義取之，乃是用權之善。蓋權不離正，正自有權，二者初非二物也。子房用智之過，有微近譎處。其小者如躡足之類，其大則挾漢以爲韓而終身不以語人也〔一〕。若武侯即名義俱正，無所隱匿。其爲漢復讎之志如青天白日，人人得而知之，有補於天下後世，非子房比也。蓋爲武侯之所爲則難，而子房投間乘隙，得爲即爲，故其就之爲易耳。頃見李先生亦言孔明不若子房之從容，而子房不若武侯之正大也。不審尊意以爲如何？

校記　〔一〕挾：原作「扶」，據宋閩、浙本改。

編年　據書信編年。

答魏元履 乾道二年前後

比來觀何書？大抵人當有以自樂，則用行捨藏之間，隨所遇以安之。和静先生云：「如霽則行，如潦則休。」此言有味也。三哥失解，能自遣否？後生所慮學不足、身不立爾，得失區區何足深介意也。

編年　據書信編年。

與魏應仲 元履子　乾道二年前後

三哥年長，宜自知力學，以副親庭責望之意，不可自比兒曹，虚度時日。逐日早起，依本點禮記、左傳各二百字，參以釋文，正其音讀，儼然端坐，各誦百遍訖，誦孟子三二十遍，熟復玩味訖，看史數板，不過五六。反復數遍。文詞通暢、議論精密處誦數過爲佳。大抵所讀經史，切要反復精詳，方能漸見旨趣。誦之宜舒緩不迫，令字字分明。更須端莊正坐，如對聖賢，則心定而義理易究。不可貪多務廣，涉獵鹵莽，纔看過了，便謂已通。小有疑處，即更思索，思索不通，即置小册子逐日抄記，以時省閲，俟歸日逐一理會。切不可含糊護短，耻於資問而終身受此黯暗以自欺也。又置簿記逐日所誦説起止，以俟歸日稽考。起居坐立，務要端莊，不可傾倚，恐至昏怠。出入步趨務要凝重，不可票輕，以害德性。以謙遜自牧，以和敬待人。凡事切須謹飭，無故不須出入。少説閑話，恐廢光陰。勿觀雜書，恐分精力。早晚頻自點檢所習之業，每旬休日，將一旬内書温習數過，勿令心少有放佚，則自然漸近道理，講習易明矣。

編年　本篇未可詳考。前書云「三哥失解」，此云「三哥年長」，言其進學事，似相去不遠，姑次於此。書札彙編以爲撰於隆興元年九月間。

答范伯崇 癸未　隆興元年

前書所詢「民可使由之」一段，熹竊謂兩説似不相妨。蓋民但可使由之耳，至於知之，必待其自覺，非可使也。由之而不知，不害其爲循理。及其自覺此理而知之，則沛然矣。必使之知，則人求知之心勝而由之不安，甚者遂不復由，而惟知之爲務，其害豈可勝言？釋氏之學是已。大抵由之而自知，則隨其淺深，自有安處；使之知，則知之必不至，至者亦過之而與不及者無以異。此機心惑志所以生也。

編年 題下原注「癸未」。

答范伯崇隆興元年

蘇氏「陳靈以後未嘗無詩」之説，似可取而有病。蓋先儒所謂無詩者，固非謂詩不復作也，但謂夫子不取耳。康節先生云「自從删後更無詩」者，亦是此意。蘇氏非之，亦不察之甚矣。故熹於集傳中引蘇氏之説而繫之曰：「愚謂伯樂之所不顧，則謂之無馬可矣。夫子之所不取，則謂之無詩可矣。」正發明先儒之意也。大抵二蘇議論皆失之太快，無先儒惇實氣象，不奈咀嚼。所長固不可廢，然亦不可不知其失也。十五國風次序恐未必有意，而先儒及近世諸先生皆言之，故集傳中不敢提起。蓋詭隨非所安，而辨論非所敢也。歐陽公本末論甚佳，熹亦收在後語中矣。似此等且當闕之，而先其所急乃爲得耳。

不可使知之，謂凡民耳，學者固欲知之，但亦須積累涵泳，由之而熟，一日脱然自有知處乃可，亦非可使之强求知也。機心惑志，就吕博士之説求之，則只如前日所説爲是。學者未知所止，則不必言機心惑志，只是冥行妄作耳。機心惑志正謂見得一斑半點而鑿知自私之流也。聖人教人不過博文約禮，而學者所造自有淺深，此「喟然」、「弗畔」所以不同也。顏子見聖人接人處都從根本上發見，橫渠所指是也。餘人但能因聖人所示之方，博文以窮理，約禮以修身，如此立得定，則亦庶乎可以不爲外物誘怵，異端遷惑矣。自今觀之，顏子地位見處固未敢輕議，只「弗畔」一節，亦恐工夫未到此，不可容易看也。

「性中只有仁、義、禮、智，曷嘗有孝悌來？」此語亦要體會得是，若差了，即不成道理。蓋天下無性外之物，豈性外別有一物名孝悌乎？但方在性中，即但見仁、義、禮、智四者而已。仁便包攝了孝悌在其中，但未發出來，未有孝悌之名耳。非孝悌與仁各是一物，性中只有仁而無孝悌也。仁所包攝不止孝悌，凡慈愛惻隱之心皆所包也。猶天地一元之氣，只有水、火、木、金、土，言水而不曰江、河、淮、濟，言木而不曰梧、檟、樲、棘，非有彼而無此也。伊川又云「爲仁以孝悌爲本，「事之本」、「守之本」之類是也。論性則以仁爲孝悌之本」，「天下之大本」之類是也。此皆要言，細思之則自見矣。

編年 據書信編年。

答范伯崇 隆興元年以後

衛君待子而爲政。

熹嘗問先生瞽瞍殺人事，先生曰：「蒯聵父子只爲無此心，所以爲法律所縛，都轉動不得。若舜之心，則法律縛他不住，終身訢然，樂而忘天下，求仁得仁，何怨之有？然此亦只是論其心爾，豈容他如此去得？」問先儒八議之説如何，曰：「此乃蔽罪時事，其初須著執之，不執則士師失其職矣。」熹嘗以先生之意參諸明道及文定之説，明道説見師訓，文定説見哀二年。竊謂蒯聵父子之事，其進退可否只看輒之心如何爾。若輒有拒父之心，則固無可論；若有避父之心，則衛之臣子以君臣之義當拒蒯聵而輔之。若其必辭，則請命而更立君可矣。設或輒賢而國人不聽其去，則爲輒者又當權輕重而處之，使君臣父子之間道并行而不相悖，亦必有道。苟不能然，則逃之而已矣。義至於此，已極精微，但不可有毫髮私意於其間耳。

來喻以謂蒯聵之來，諸大夫當身任其責，請命於天子而以逆命討之，是矣。已嘗有天子之命而蒯聵違之，則不請命亦可。但又云「輒不與謀其事，避位而聽於天子」，則恐不免有假手於大夫以拒父，而陰幸天子之與己之心焉。掩耳盜鍾，爲罪愈大。許多私意都在，只是免得自家犯手，情理尤不好也。又云：「遽然興師以脅其父，於人子之心安乎？」自衛國言之，則興師以拒得罪於先君而不當立之世子，義也。自輒言之，則雖己不與謀，而聽大夫之所爲，請命於天子而討之，亦何心哉。來喻本欲臣子之義兩得，立意甚善。但推而言之，便有此病。似是於輒之處心緊要處看得未甚灑落，所以如此。孟子所謂「不得於言，勿求於心，不可」者，此也。故愚竊謂輒之心但當只見父子之親爲大，而不可一日立乎其位，自始至終，自表至裏，只是一個逃而去之，便無一事，都不見其他，方是直截。不審伯崇以爲如何？

子貢問士。

伊川先生所云以子貢平時氣象知之，又味夫子所答之意，有耻不辱，纔是依本分，不疏脱，不是過當底事，儘似退後一步説。然考其實則甚難，所謂篤實自得之事也，便可見往來答問意旨。子貢所以請問其次者，蓋爲自省見得有未穩當處，可見孔門學者爲己之實。若曰固已優爲，便是失照管也。

編年 據書信編年。書札彙編以爲作在紹興三十二年春。

答范伯崇 隆興元年以後

來書謂聖人未嘗以得天下爲心，是矣。但謂可取則取，未可以取則不取，莫非順乎天理，如此則是有待而爲也，語似有病。嘗謂文王之事紂，惟知以臣事君而已，都不見其他，兹其所以爲至德也。若謂三分天下，紂尚有其一，未忍輕去臣位，以商之先王德澤未忘，曆數未終，紂惡未甚，聖人若之何而取之？則是文王之事紂非其本心，蓋有不得已焉耳。若是則安得謂之至德哉。至於武王之伐紂，觀政于商，亦豈有取之之心？而紂罔有悛心，武王灼見天命人心之歸己也，不得不順而應之，故曰：「予弗順天，厥罪惟均。」以此觀之，足見武王之伐紂順乎天而應乎人，無可疑矣。此説與來書云云〔一〕，固不多争。但此處不容有毫髪之差，天理人欲、王道霸術之所以分，其端特在於此耳。來書以謂文武之心初無異旨，固是如此。但恐此處不分明，即所謂無異旨者，乃是一時差却耳。孟子論取之而燕民不悦，則勿取，文王是也。取之而燕民悦，則取之，武王是也。此亦止爲齊王欲取燕，故引之於文武之道，非謂文王欲取商，以商人不悦而止，而武王見商人之悦而歸己，而遂往取之也。如言仲尼不有天下，益、伊尹、周公不有天下，豈益、周公、伊尹、仲尼皆有有天下之願，而以無天子薦之與天意未有所廢而不得乎？直是論其理如此耳。凡此類皆須研究體味，見得聖人之心脱落自在，無絲毫惹絆處〔一〕，方見義理之精微，於日用中自然得力。所謂知至而意誠也。蓋幾微之間，衆理昭晰，雖欲自欺而不可得矣。至此方可説言外見意，得意忘言。不然，止是鑽故紙耳。愚意如此，不知伯崇以爲如何？恐有疏繆處，切望反復，幸甚。

三分天下一節，似因十亂之事而遂言之。兼此前後數章，皆是歷舉古聖王事，如孟子「舜明庶物」以下數章之比，更詳考見教爲幸。達巷黨人本不知孔子，但嘆美其博學而惜其無所成名，謂不以一善得名也。此言至爲淺近，然自察邇言者觀之，則於此便見聖人道德純備，不可以一善名。愚夫愚婦可以與知，而其所以然者，聖人有所不知也。故孔子不欲以黨人之所稱者自居，而曰：「必欲使我有所執而成名，則吾嘗執御矣，何不以是見名乎？」此章吕與叔説蓋如此，但其辭約耳。餘説似皆未滿人意。如何如何？

校記〔一〕説：原作「悦」，據宋閩、浙本改。

〔二〕絲：原作「私」，據正訛改。

編年 據書信編年。

答范伯崇 同呂子約、蔣子先 乾道四年至六年

「易，變易也，隨時變易以從道也。」易也，時也，道也，皆一也。自其流行不息而言之，則謂之易；自其推遷無常而言之，則謂之時；而其所以然之理，則謂之道。時之古今，乃道之古今；時之盛衰，乃道之盛衰。人徒見其變動之無窮也，而不知其時之運也；徒見其時之運也，而不知其道之爲也。道之爲道，實造化之樞機，生物之根本，其隨其從，非有所隨、有所從也，一氣運行，自有所不得已焉耳。所謂易有太極，其此之謂歟。一説當處便是時，其變動不居、往來無窮者，易也。其所以然者，道也。一説易，道之生也，故曰「易，變易也」。然易有太極，故又曰「隨時變易以從道也」。故伊川曰：「君子順時，如影之隨形，可離非道也。」夏葛冬裘，飢食渴飲，豈有一毫人爲加乎其間哉，隨時而已。時至自從而自不可須臾離也。以是知「隨時變易以從道」，三者雖若異名，而易之於道，初無兩物也。

然自學者分上言之，苟未識夫所謂易，則時食而飲，時葛而裘，毫釐之差，其應皆忒，則將以何爲道哉。又嘗以是思之，盡天下之變而已不自道者，其易之體歟。未嘗截然離析者，其斯之謂道歟。「易，變易也，隨時變易以從道也」，此指易而言，謂人事也。以理言之，一流行

而無窮，則時之遷移固自未嘗不隨其所當然而然也。當然而然即從道也。就人言之，衆人不識易而不能體，則時既遷而不知，遂以倒行逆施而違其時之所當然。惟聖賢之流行無窮而識之體之，其身即易，故能變易以從道。所謂「隨時變易以從道」，猶曰時中云耳。道不可直謂之中，姑借「時中」而言耳。未知是否？

「易」指卦爻而言，以乾卦之潛、見、躍、飛之類觀之，則「隨時變易以從道」者可見矣。

「有以見天下之動而觀其會通，以行其典禮者，聖人事也」。先觀「動」之一字，則知會通者，變動之總也。天下之事變動無窮，而其所以至於如此變動無窮者，必有一事爲之端由也。此一事者，萬變之所總也。聖人則有以見天下之動而舉目即觀夫變動之所總，故無窮之事變滔滔然各入其綱目，而事事物物各處之以其所當然，所謂行其典禮也。典禮，事物中之所有而當然者也。一説「觀會通以行典禮」，會通，綱要也，事物之樞也。觀會通猶云「知至」，行典禮猶云「至之」也。如父父、子子之會通，惟慈孝而已。至於父止於慈、子止於孝，各止其則，是乃行其典禮也。苟不知父父之慈、子子之孝，則將何自而行其禮乎？一説「會通」，會而且通也。未知孰是？

「會」以物之所聚而言，「通」以事之所宜而言。

聖人，生而知之者也。然未生於天地之間，則始終之理雖具，而大明之者誰乎？「雲行雨施，品物流形，聖人出焉，大明天道之終始」，便是卦之六位應時俱成，更無漸次，由是時乘六龍以御天而變化無窮焉。天地設位，理固皆具；聖人成能，理乃大明。具者天也，明者人也。先生批云：「抹處説得甚巧，然極有病。」

自「大哉乾元」至「品物流形」，是言元亨之義；「大明終始」至「以御天」，是説聖人體元亨之用耳。

四德之元，專言之則全體生生之理也，故足以包四者。偏言之則指萬物發生之端而已，故止於一事。

孔子之言仁，專言之也。孟子之言仁義，偏言之也。

「保合大和」，即是保合此生理也。「天地絪縕」，乃天地保合此生物之理，造化不息。及其萬物化生之後，則萬物各自保合其生理，不保合則無物矣。

「各正性命」，言其稟賦之初；「保合大和」，言於既得之後。天地萬物蓋莫不然，不可作兩節説也。

「見龍在田，德施普也」。如日方升，雖未中天，而其光已無所不被矣。

九二君德已著，至九五然後得其位耳。

「元者，善之長也」，亦仁而已。體仁則痒痾疾痛舉切吾身，故足以長人。「亨者，嘉之會」，會，通也，會而通也。通有交之意，「嘉會」猶言慶會。會通而不嘉者有矣，如小人同謀，其情非不通也，然非嘉美之會，又安有亨乎?「利者，義之和」，和合於義即利也。利物足以和義，蓋義者得宜之謂也。處得其宜，不逆於物，即所謂利。利則義之行，豈不足以和義乎？「貞者，事之榦」，徹頭徹尾不可欠闕。人之遇事，所以頹惰不立而失其素志者，不貞故也。此所謂貞固足以幹事。文言四德大概就人事言之，自「君子體仁」以下，體乾之德，見諸行事者也。是以係之曰：「君子行此四德者，故曰：乾，元、亨、利、貞。」

「嘉之會」，衆美之會也。如萬物之長，暢茂蕃鮮，不約而會也。君子能嘉其會，則可以合於禮矣。如「動容周旋，無不中禮」是也。利是義之和處。義有分別斷割，疑於不和，然行而各得其宜，是乃和也，君子之所謂利也。利物，謂使物各得其所，非自利之私也。「榦」猶身之有骨，故板築之栽謂之楨榦。推此可以識貞之理矣。

「乾，元、亨、利、貞」，猶言「性，仁、義、禮、智」。

此語甚穩當。

初九龍德而潛隱，止言其自信自樂而已。至九二出見地上，始見其純亦不已之功也。

潛者，隱而未見，行而未成，德雖已完，特未著耳。

既處無過之地，則唯在閑邪純敬而已。雖曰無過，然而不閑則有過矣。「確乎其不可拔」，非專謂退遁不改其操也。憂樂行違，時焉而已，其守無自而可奪。如富貴不淫，貧賤不移之意。「忠信修辭」，且大綱説所以進德修業之道。「知至知終」，則又詳言其始終工夫之序如此，親切縝密，無纖悉之間隙。忠信便是著實根基，根基不實，何以進步？修辭立誠，只於平日語默之際，以氣上驗之，思與不思而發，意味自别。明道所謂「體當自家敬以直内、義以方外之實事」者，只觀發言之平易躁妄，便見其德之厚薄，所養之淺深矣。「知至」則知其道之所止，「至之」乃行矣而驗其所知也。「知終」則見其道之極致，「終之」乃力行而期至於所歸宿之地也。「知而行，行而知」者，交相警發而其道日益光明，終日乾乾，又安得一息之間哉。九三雖曰聖人之學，其實通上下而言，學者亦可用力。聖學淵源，幾無餘藴矣。

忠信，心也；修辭，事也。然藴於心者，所以見於事也；修於事者，所以養其心也。此聖人之學所以内外兩進，而非判然兩事也。「知至」、「至之」主至，「知終」、「終之」主終，程子此説極分明矣。

上下無常，進退無恒，非爲邪枉，非離群類，則其心之所處果安在哉？隨時而變動，静不失其宜，乃進德修業之實也。

遺書云：「仁道難言，唯公近之。」非以「公」訓仁，當公之時，仁之氣象自可默識。公固非仁，然公乃所以仁也。仁之氣象於此固可默識，然學者之於仁，非徒欲識之而已。

編年 據書信編年。書札彙編以爲作於乾道九年冬或以後。

答范伯崇 乾道四年至六年

「『有朋自遠方來』，以平生之所聞驗之，若合符節而無絲髮之差，豈不樂哉。」此出於上蔡，而其本説太廣，撮其要如此。

此但以志合道同，故可樂。謝先生謂無絲髮之差，不免過言。

事君則能格其非心。不至於以訐爲直，格君心之非者，大人之事。孝悌固是順德，然所造有淺深，未必皆能大人之所爲也。犯顔而諫，主於愛君。夫子之告子路，亦曰「勿欺也而犯之」。然則所謂犯上者，恐不如此，直謂出事公卿，凡在己上者，能移孝心以事之，不至犯分而已。

犯上不必專爲事君，凡在己上者皆是。舉事君如此，則其他可知。孟子曰：「惟大人爲能格君心之非。」而穆王命伯冏以繩愆糾繆，格其非心，則不必大人也。前賢如董仲舒之流非一人，皆能使其君愧畏而不敢爲非，是亦格其非心也。

「記曰『辭欲巧』，詩美仲山甫而以『令儀令色』稱之，則巧言令色非盡不仁也。若巧言令色而無德以將之，以是説人之觀聽，此之謂失其本心，焉得仁？有諸中而形諸外，則其色必莊而非有意於令，其辭必順而非有意於巧。君子所以貴乎道者如此，詩人所以美仲山甫之德而非巧言令色之謂也」。「辭欲巧」自承上文「情欲信」爲説，蓋曰既有誠心，須善辭令以將之耳，與此異旨。「鮮」者立言婉微之體，所謂辭不迫切而意已獨至者。若謂「非盡不仁」，則巧言令色有時而仁矣，義恐未安。又曰「無德以將之，故鮮仁」。竊謂巧言令色其本已不正，何能復有德以將之耶。

「辭欲巧」乃斷章取義，有德者言雖巧、色雖令無害，若徒巧言令色，小人而已。

「信近於義」，横渠説與謝説自不同。如横渠説「遠耻辱」一句，恐不通。竊謂此章意在謹始，如言須當近義，慮其後之不可復也。恭須當近禮，恐其自貽耻辱也。不敢失親於可賤之人，懼其非所可宗也。有言必慮其所終，行必稽其所敝之意。

此論頗善。

「退而省其私，亦足以發」。以「私」爲私室，如古注説，恐未安。竊謂「私」是顔子自受用處，夫子退而默省之，以爲亦足以啓予矣。此一句游大信説。蓋非顔子不能深喻夫子之言，非夫子不足以知顔子之所以潛心也。

以「私」爲顔子自受用處恐未安。退非夫子退，乃顔子退也。發，啓發也。始也如愚人，似無所啓發，今省其私，乃有啓發，與「啓予」之「啓」不同。

「視其所以」，此章蓋述上文爲説。「退而省其私」，私，所安也。

論語立言雖間以類相從，每稱「子曰」即自爲一段，不必專以上下文求之。

「温故知新」，學至此而無窮矣。至於夫子而猶曰「學不厭」，非以其無窮哉。「可以爲師」者，以其足以待無方之問也。温故而不知新，雖能讀三墳、五典、八索、九丘，足以爲史而不足以爲師也。

此論甚佳。

「人而無信」，車之與馬牛本兩物，以輗軏交乎其間，而引重致遠，無所不至焉。物與我未合，亦二物，以信行乎其間，則物我一致矣。夫然後行。

本文只言車無輗軏不可行，譬如人無信亦不可行，今乃添入馬牛於其間，此蘇氏之鑿。

「子入太廟」，舊説謂禮主於敬，「每事問」所以爲敬，恐勝今説。

楊先生之説甚長。

編年　據書信編年。

答范伯崇 紹興三十年秋

王制：「喪三年不祭，天地社稷，惟越紼而行事。」鄭氏不解不祭之義。按吕博士云：「人事之重，莫甚於哀死，故有喪者之毀，如不欲生；大功之喪，業猶可廢。喪不貳事如此，則祭雖至重，亦有所不行。蓋祭而誠至則忘哀，祭而誠不至則不如不祭之爲愈。後世哀死不如古人之隆，故多疑於此。」鄭氏解惟祭天地社稷云「不以卑廢尊也」。愚謂此説非是。按天子諸侯之喪，所不祭者惟宗廟爾，郊社五祀皆不廢也。天地可言尊於宗廟，五祀社稷不尊於宗廟也。但内事用情，故宗廟雖尊而有所不行；外事由文，故社稷五祀不可廢其祭。曾子問疏所謂「外神不可以己私喪久廢其祭」，其説優於鄭氏矣。

内事用情者，以子孫哀戚之情推祖考之心，知其必有所不安於此，曾子問篇曰：「天子崩，國君薨，祝取群廟之主而藏諸祖廟。」鄭氏注曰：「象有凶者聚也。」愚謂此蓋示與子孫同憂之意。而子孫之於祖考至敬不文，又不可使人攝事，必也親之，則哀粗不可以臨祭，又不可以釋衰而吉服、徇情而廢禮亦明矣。外事由文者，「有國家者，百神爾主」，天子之於天地，諸侯之於社稷，大夫之於五祀，皆禮文之不可已者，非若子孫之於祖考也。以文爲尚，故不得以私喪久廢其祭，而其祭之也，必以吉禮吉服。故不得已隨其輕重而使人攝焉，期於無廢其文而已。雖哀戚方深，交神之意有所不至，不得已也。以文而行，其亦禮之稱乎。

又曾子問：「天子崩，殯，天子七日而殯。五祀之祭不行。哀戚方甚，故不祭。既殯而祭。疏曰：「五祀外神，不可以己私喪久廢其祭，故既殯，哀情稍殺而後祭也。」其祭也，尸入，三飯不侑，酳不酢而已矣。不備禮也。自啓將葬啓殯。至于反哭，既葬而反。五祀之祭不行。啓殯見柩，哀情益深，故亦不祭。已葬而祭，義同既葬〔一〕。祀畢獻而已也。」未純吉也。鄭氏曰：「郊亦然，社亦然，唯嘗禘宗廟俟吉也。」「諸侯自薨至殯，諸侯五日而殯。自啓至于反哭，奉帥天子。」如天子之禮也。左傳僖公三十三年：「凡君薨，卒哭而祔，祔而作主，特祀於主，蒸嘗禘於廟。」杜氏注謂此天子諸侯之禮，不通於卿大夫。蓋卒哭後特用喪禮祀新死者於寢，而宗廟四時嘗祭自如舊也。此與禮記不同。釋例又引晉三月而葬悼公，改服修官，烝于曲沃，會于溴梁之事爲驗。戰國禮變如此。蓋三年之喪，諸侯莫之行久矣。左傳特記一時之事，而杜氏乃誤爲正禮也〔二〕。

右三條皆非士大夫之制，然其禮有可得而推者。古大夫宗廟有五祀，推「外事由文」之意，則五祀惟自卒至殯，自啓至于反哭暫廢。既葬殯，則使家臣攝之。推「內事用情」之理，則宗廟之祭宜亦廢也。今人家無五祀，惟享先一事遭喪而廢，蓋無疑矣。

在喪廢祭，古禮可考者如此。但古人居喪，衰麻之衣不釋於身，哭泣之聲不絕於口，其出入居處、言語飲食皆與平日絕異，故宗廟之祭雖廢而幽明之間兩無憾焉。今人居喪與古人異，卒哭之後，遂墨其衰，凡出入居處、言語飲食與平日之所爲皆不廢也，而獨廢此一事，恐亦有所未安。竊謂欲處此義者，但當自省所以居喪之禮果能始卒一一合於古禮，即廢祭無可疑。若他時不免墨衰出入，或其他有所未合者尚多，即卒哭之前不得已準禮且廢，卒哭之後可以略放左傳杜注之説，遇四時祭日，以衰服特祀於几筵，用墨衰常祀於家廟可也。（左傳之意，卒哭前亦廢祭也。）但卒哭之期，須既葬、立主、三虞之後，卜日而祭以成事方可耳。（温公、高氏二書載此節文甚詳，可以熟考。）若神柩在而欲以百日爲斷，墨衰出入，則決然不可。愚見如此，不知伯崇以爲如何？然主奉喪祭乃令兄職，此事非伯崇所得專。但以此義從容咨講，更與知禮者評之，庶其聽則可矣。萬一有所不合，則熹聞之，喪與其哀不足而禮有餘，不若禮不足而哀有餘。夫子亦言「喪，與其易也，寧戚」，（熹常解此義，以爲具文備禮而非致愨焉之爲易。今人多此病，試思之。）此則伯崇所當勉也。更思之。熹拜聞〔三〕。

校記 〔一〕葬：淳熙本作「殯」，正訛所改同。

〔二〕禮：淳熙本及宋浙本作「理」。

〔三〕此句原缺，據淳熙本補。

編年 據書札彙編。

答范伯崇 乾道五年冬

須送行語，哀苦中不復能爲文。然觀伯諫之言，已是藥石，但更須求所以立其本耳。日用之間以莊敬爲主，凡事自立章程，鞭約近裹，勿令心志流漫，其剛大之本乎。由此益加窮理之功，以聖賢之言爲必可信，以古人之事爲必可行，則世俗小小利害不能爲吾累矣。當官廉謹，是吾輩本分事，不待多説。然微細處亦須照管，不可忽略，因循怠墮。吕氏童蒙訓下卷數條，防閑之道甚至，皆可佩服。自治既不苟，更能事上以禮，接物以誠，臨民以寬，御吏以法，而簿書期會之間亦無所不用其敬焉，則庶乎其少過矣。暇日勿廢温習，少飲酒，擇交游。子澄相去不遠，真直諒多聞之益。果能受其實攻而不憚改焉，則彼亦將不憚啓告之煩矣。區區所以相告者不過如此，恐臨别匆匆，不能盡舉，預以拜聞，惟所材擇。

編年 據書信編年。

答范伯崇 乾道六年春

熹比携二子過寒泉，招季通來相聚，更有一二朋友來相聚，初不廢講議。但昏惰不敏，自救不給，何能有以及人？而學者氣禀强弱不齊，各有病痛，未見卓然可恃者，此亦殊可懼也。

知老兄官守不苟，又得賢守相聽從，得以少伸己志，深副所望。向來猶恐應變之才有所不周，今乃如此，信乎氣質之用小，道學之力大，而程子所謂「一命之士苟存心愛物，於人必有所濟」者，非虛語也。凡百勉旃，以大遠業之基，增吾黨之氣，幸甚！但久留郡中，於簿領之責竊恐曠弛，亦似非便。受納既畢，所謂他事若他人所可辦者，即不若且歸邑中之爲愈也。如何？或未能歸，凡百亦須戒懼，遠避嫌疑，無爲恩怨之府乃佳。

欽夫得行所學，吾道之幸。但此事大難，不可喜而可懼。近復如何，得正月書，亦未有異聞也。論學依舊有好高傷快之弊。熹近覺此事全放在底下，著實涵養玩味，方見工夫。有一二段雜問答，漫寫呈，當否俟喻及。他所欲言，非書所能盡也。

編年　據書信編年。

答范伯崇 乾道六年春夏間

伯諫前日過此，季通亦來會，相與劇論儒佛之異。因問伯諫：「『大命之謂性』，此句爲實邪，爲空邪？」渠以爲實。熹云：「如此則作空見者誤矣。且今欲窮實理，亦何賴於前日之空見哉。」又爲季通指近事譬喻，渠遂釋然，似肯放下舊學。若自此不爲異議所移，則吾道又得此人，其資禀志尚過人數等，真有望矣。

編年　據書信編年。

答范伯崇乾道六年夏

欽夫日前議論傷快，無涵養本原功夫，終是覺得應事匆匆。熹亦近方覺此病，不是小事也。伯恭講論甚好，但每事要鶻圇説作一塊，又生怕人説異端俗學之非，護蘇氏尤力，以爲争校是非，不如斂藏持養。頃見子澄有此論，已作書力辨之，不知竟以爲如何也。子澄通書否？渠向疑處當時答得却有病，近看此書病尤多。文定云「好解經而不喜讀書」，大抵皆是捉住一個道理，便横説竪説，都不曾涵泳文理，極有説不行處。如程子文字，往往尤看不熟也。因作子澄書，爲致意。

編年 據書信編年。

答范伯崇乾道六年

伯崇近日何以用功？官事擾擾，想不得一向静坐看書。然暇時速須收斂身心，或正容端坐，或思泳義理，事物之來，隨事省察，務令動静有節，作止有常，毋使放逸，則内外本末交相浸灌而大本可立，衆理易明矣。此外别無著力處。官事有可以及人處，想不憚出力。然檢身馭下，尤不可不加意也。

編年 據書信編年。

答范伯崇 乾道七年

前書所論數事，大概得之，但語意多未著實。曾子有疾之説，近嘗通考諸説，私論其故。今以上呈，幸更爲訂之。「心無死生」，所論意亦是。但所謂「自我而立，自觀我者而言」，此語却大有病。知言中議論多病，近疏所疑，與敬夫、伯恭議論，有小往復。文多未能録寄，亦懼頗有摭掎前輩之嫌。大抵如心以成性，相爲體用；性無善惡，心無死生；大理人欲同體異用；先識仁體，然後敬有所施；先志於大，然後從事於小，如本天道變化，爲世俗酬酢，及論游、夏問孝之類。此類極多。又其辭意多迫急，少寬裕，良由務以智力探取，全無涵養之功，所以至此，可以爲戒。然其思索精到處，亦何可及也。「巨室」恐如吕與叔大學解中云，乃「吾之一家」耳。「室」者，私室；「家」則室之巨者也。蓋承上文之意讀之，只合如此説，意思方正當，語勢亦穩帖。若以「巨室」爲强家，便有著心牢籠之意，雖説不可違道干譽，終是專立此意爲標準，便有縫罅，不似聖賢平日規模也。如何？舊説「天下歸仁」用吕與叔贊，説夫子言性與天道用上蔡説，近覺皆未是。試更推之，復以見告。觀書比何所得？因來亦告及之，極所欲聞也。

欽夫近爲學者類集論語「仁」字，各爲之説，許寄來看。然熹却不欲做此工夫，伯崇以爲然否？欽夫又説「當仁不讓於師」，要當此時識所以不讓者何物，則知此仁矣。此説是否？

編年 據書信編年。

答范伯崇乾道七年以後

異端害正，固君子所當闢。然須是吾學既明，洞見大本達道之全體，然後據天理以開有我之私，因彼非以察吾道之正，議論之間，彼此交盡，而内外之道一以貫之。如孟子論養氣而及告子義外之非，因夷子而發天理一本之大，此豈徒攻彼之失而已哉，所以推明吾學之極致本原，亦可謂無餘藴矣。如此然後能距楊、墨而列於聖賢之徒，不然譊譊相訾，以客氣争勝負，是未免於前輩自敝之譏也。

編年　據書信編年。

朱熹文集編年評注卷四十

書　知舊門人問答

答劉平甫　玶〔一〕　紹興二十九年春

新年人事幾日而定？定後進業，恐不可廢。昨日歲前有欲奉聞者，以無間處，不暇及。亦嘗令四弟相告，曾及之否？大抵家務冗幹既多，此不可已者。若於其餘時又以不急雜務虛費光陰，則是終無時讀書也。愚意講學幹蠱之外，挽弓鳴琴、抄書讎校之類皆可且罷。此等不惟廢讀書，亦妨幹也。平甫試思此等於吾身計果孰親且急哉？

又比來游從稍雜，與此曹交處，最易親狎，而驕慢之心日滋。既非所以養成德器，其於觀聽亦自不美，所損多矣。有國家者猶以近習傷德害政，況吾徒乎？然亦非必絕之，但吾清心省事，接之以時，遇之以禮，彼將自疏。如僕輩固不足道，然平甫亦嘗見衡門之下有雜賓乎？以禮來者以禮接之，亦嘗有留連酒炙、把臂并游、對牀夜語者乎？此不足爲外人道，但欲平甫自知而節之。若徒暴露於外而無見聽之實，但使衆怨見歸，爲僕作禍耳。千萬幸察。裴丈正歲出山來，幸爲道區區。此公勁直，凡所告戒千萬信受，不可如聽熹言之悠悠，恐不能堪耳。

校記 〔一〕題注原缺，據宋閩、浙本補。

編年 據書信編年、年譜長編。

答劉平甫〔一〕 紹興二十九年秋

前日奉聞，可且自觀書。恐衆説紛紜，未能自決，即且理舊書如何？二南説未編次，可及今爲之，它日相聚裁定也。論語向者看四篇似未浹熟，可兼新舊看爲佳。去歲所治，大抵未熟者，今悉温尋之爲善。向數奉語，可録出所作工夫次第作一紙，時復省察了與未了分數。此最善，可便爲之。蓋雖相聚一年，所進業殊少，所當爲而未爲者殊多。今又疾病如此羸頓，勢未能出與兄相聚，相聚亦思索講究未得，恐負太碩人與共甫兄相責望之意。特復奉白，幸惟思之。無事勿出入，蓋共甫兄不在，宅中別無子弟，户門深闊，事有不可勝虞者。不惟惰游廢業爲不可，賓客至者談説戲笑，度無益於身事家事者少酬酢之，則彼自不來矣。切祝且温習勿廢，使有常業而此心不放，則異日復相聚亦易收拾。試思自去冬以來已過之日多少，其間用心處放蕩幾何，存在幾何，則亦足以自警矣。

校記 〔一〕此書又見續集卷七。

編年　據書信編年、年譜長編。

答劉平甫 紹興二十九年秋冬間

墓表須看令式合高多少，若所有石不及格，便可買石，不必問字之多少也。臨時分上一截寫額，下一截刻文，却看廣狹如何，爲字大小，今難預定也。舊文兩日多所更定，漸覺詳備。銘文亦已得數語，但不甚佳。并歸日面議也。

尊嫂聞向安，殊可喜。點視湯藥之暇，可以理舊學矣。日月易得，毋因循失之，乃所深望。前以戲謔奉規，能留意否？先聖言「君子不重則不威，學則不固」，向曾講此至熟。日用之間，只此一句勿令違失，則工夫已過半。千萬千萬！熹以同召者例有任滿指揮，不免援例陳請。范丈亦以爲兄至此，渠冗甚，不得款語。然却儘有合處，不至如早賦之矛盾也。歸日當面言之。惟益力進所學，力行所知。元履向至泰寧，譽兄於諸人間不容口。無使爲過情之聞，則甚善。

編年　據年譜長編、書信編年、書札彙編。

答劉平甫 紹興二十九年

昨因聽兒輩誦詩，偶得此義，可以補橫渠説之遺。謾録去，可於疑義簿上録之。

一章言后妃志於求賢審官，又知臣下之勤勞，故采卷耳、備酒漿，雖后妃之職，然及其有懷也，則不盈頃筐而棄置之於周行之道矣。言其憂之切至也。二章、三章皆臣下勤勞之甚，思欲酌酒以自解之辭。凡言「我」者，皆臣下自我也。此則述其所憂，又見不得不汲汲於采卷耳也。四章甚言臣下之勤勞也。

又定之方中「匪直也人」云云，言非特人化其德而有塞淵之美，至於物被其功，亦至衆多之盛也。

編年 據年譜長編、書信編年。

答劉平甫 紹興二十九年

關雎章句亦方疑之，當作四章，三章章四句，一章章八句乃安。但於舊説俱不合，莫可兼存之否？「好逑」如字乃安，毛公自不作「好」字説。更檢兔罝「好仇」處看音如何，恐不須點破也。蘇黄門并載馳詩中兩章四句作一章八句，文意亦似。關雎末後兩章「琴瑟友之」、「鐘鼓樂之」作一章八句，依故訓説亦得。

編年 據年譜長編、書信編年。

答劉平甫 紹興二十九年以後

熹承詢及影堂，按古禮，廟無二主。嘗原其意，以爲祖考之精神既散，欲其萃聚於此，故不可以二。今有祠版，又有影，是有二主矣。古人宗子承家主祭，仕不出鄉，故廟無虛主，而祭必於廟。惟宗子越在他國，則不得祭，而庶子居者代之。祝曰：「孝子某宗子名。使介子某庶子名。執其常事。」然猶不敢入廟，特望墓爲壇以祭。蓋其尊祖敬宗之嚴如此。今人主祭者游宦四方，或貴仕於朝，又非古人越在他國之比。則以其田禄修其薦享尤不可闕，不得以身去國而使支子代之也。

禮意終始全不相似，泥古則闊於事情，徇俗則無復品節。必欲酌其中制，適古今之宜，則宗子所在，奉二主以從之，於事爲宜。蓋上不失萃聚祖考精神之義，二主常相依則精神不分矣。下使宗子得以田禄薦享，祖宗宜亦歆之。處禮之變而不失其中，所謂「禮雖先王未之有，可以義起」者蓋如此。但支子所得自主之祭，則當留以奉祀，不得隨宗子而徙也。所喻留影於家，奉祠版而行，恐精神分散，非鬼神所安。而支子私祭上及高曾，又非所以嚴大宗之正也。明則有禮樂，幽則有鬼神，其禮一致。推此思之，則知所處矣。學絕道喪，此語世所罕聞，聞之必以爲笑。然以吾友下問之勤，不敢不以正對。侍次試以禀知，更與圭甫熟講，斷然行之，一新弊俗。共甫博學多聞，亦不應以此爲怪也。更詳思之。

編年 據書信編年。書札彙編以爲作於乾道四年。

答劉平甫紹興二十九年以後

夫子云：「不學詩，無以言。」先儒以爲心平氣和則能言。易繫辭曰：「易其心然後語。」謂平易其心而後語也。明道先生曰：「凡爲人言者，理勝則事明，氣忿則招拂。」告子云：「不得於言，勿求於心。」孟子以爲不可。此凡言與人交際之道。記曰：「子事父母，父母有過，下氣怡色，柔聲以諫。」此事親事長之道也。適以此意奉聞大略，然此等事更留意體察，勤加鐫治爲妙。此別須有旬月之期，懷不能已，聊復言之。他日相見，只此可驗進學工夫，更不須問疑難也。在彼凡事存此意〔一〕，善處爲佳。途中望寬懷自愛。

孟子之意以言有不順、理不自得處即是心有不順、理不自得處，故不得於言，須求之於心，就心上理會也。心氣和則言順理矣。然亦須就言上做工夫始得。伊川曰「發禁躁妄，内斯静專」是也。内外表裏照管無少空闕，始得相應。試如此用工夫，如何？

校記　〔一〕在：淳熙本作「至」。

編年　據書信編年。

答劉平甫 紹興二十八年

近收耕老書，説一貫之旨甚善，但忠恕即説成兩貫了。兩貫之理，全然透不過忠恕裏面來。如此即惡在其爲一貫耶？此事政須自得，而渠堅守師説，自作障礙，無如之何。但循循不差，却無躐等之患，亦可貴爾。

編年　據書信編年。

與平父書中雜説乾道四年

近得廟堂記一本奇甚，蓋百十年前物，刻畫完好，尚有界行，恨未令平甫見也。

論語讀之想有味。訓蒙草草不堪看，只看要義自佳也。

沙縣羅家傳得先聖像甚佳，并武侯成都本，與閻本大異。此像嚴毅沈正，恐差近之也。

二先生、邵、張公四象，今并欲煩爲背之。惟横渠一象服章不類，或有此闊絹，并告爲摹易之。如二先生野服，如何？

元履此劄曾寄呈樞兄否？此題目難做，非「籲俊尊上帝」之比，而彼易爲之，亦不思矣。又時宰何嘗知有此事？率爾發之，殊不中節。比以書正之，已不及矣。可笑可笑！

袠父詩勝他文，近體又勝古風，今乃見之，幸甚。

曾詩有廬山圖者，不知有此圖否？若未得游，且得一圖想像勝處亦佳。

熹碌碌如初，貧病日侵，而仕宦之意愈薄，吾命有所制矣。

程氏遺書細看尚多誤字，蓋元本如此，今以它本參之，乃覺其誤耳。

文定春秋并二書傳之甚善，更問欽夫看如何。渠似不甚愛通旨，愚意則以爲亦可傳也。

編年 據書信編年。

答吴耕老 紹興二十八年

胡丈昔年答黄繼道問一貫義云：「一貫，誠也；忠恕，思誠也。誠者天之道，思誠者人之道。」此語形容得甚妙。中庸曰：「鳶飛戾天，魚躍于淵，言上下察也。君子之道造端乎夫婦，及其至也，察乎天地。」此是子思在天舉一物，在地舉一物，在人舉夫婦。鳶與魚其飛躍雖不同，其實則一物爲之耳。夫婦之道亦不出乎此。是皆子思發見一貫之道也。孔子繫易辭有曰：「以言乎遠則不禦，以言乎邇則静而正，以言乎天地之間則備矣。」亦發明斯道也。如何如何？

來教引中庸、易傳之言以證一貫之理，甚善。愚意所謂一貫者亦是如是。但據熹所見而以諸先生之説證之，則忠恕便已在一貫之中。如所謂「鳶飛魚躍雖不同，然其實則一物」之意是也。若耕老之説，則是鳶魚飛躍，内外精粗合爲一貫矣。而一貫之外，零却「忠恕」二字，恐非聖賢之意也。胡丈以一貫爲誠，而以忠恕爲思誠也。若熹之意，則曾子之言忠恕即誠也，子思之言違道不遠，孟子之言求仁莫近，乃思誠也。試推此思之，如何？

編年 據書信編年。

答何叔京 乾道二年五月十八日

五月十八日，新安朱熹謹再拜裁書，復于知丞學士執事：熹少而魯鈍，百事不及人，獨幸稍知有意於古人爲己之學，而求之不得其要。晚親有道，粗得其緒餘之一二，方幸有所向而爲之焉，則又未及卒業而遽有山頹梁壞之嘆，倀倀然如瞽之無目，擿埴索途終日而莫知所適，以是竊有意於朋友之助。顧以鄙樸窮陋，既不獲交天下之英俊以資其所長；而天下之士其聰明博達足以自立者，又往往流於詞章記誦之習，少復留意於此。熹所以趑趄於世，求輔仁之益，所得不過一二人而已。間者竊聞執事家學淵源之正，而才資敏鋭，絶出等夷，其深造默識，固有超然非誦説見聞之所及也，而其口講心潛，躬行力踐，已非一日之積，是以嘗欲一見執事而有謁焉。聽於下風，又聞執事蓋嘗過聽游談之誤，憐其願學之久而未始有聞，且將引而置之交游之末，使得薰沐道誼之餘以自警飭，以此尤欲及時早遂此願。而貧病之故，不能贏糧數舍，求就正之益，以慰夙心而承厚意；自惟薄陋，聲迹本疏，又不敢率然奉咫尺之書以煩隸人，而爲異日承教之漸。惟是瞻仰不能一日而忘，而且愧且恨亦未嘗不一日往來于心也。

不謂執事不鄙其愚，一日惠然辱貺以書。意者高明抱道獨立，亦病夫世之末學外鶩不可告語，於是有取乎熹之鈍愚静退，以爲臭味之或同，而不盡責其餘耳。至於詞旨奥博，反復通貫，三復竦然，有以仰見所存之妙。竊不自勝其振厲踴躍，以爲雖未獲瞻望於前，而亦無以異於親承指誨也。惟其稱道太過，責望太深，乃熹所欲請於左右者，而怠緩不敏，反爲執事所先，此則不能不以爲愧。

然道之在天下，天地古今而已矣。其是非可否之不齊，决於公而已矣。然則熹之所望於執事而執事之所以責於熹者，又豈有彼此先後之間哉！繼自今以往，執事有以見教而熹有以求教，願悉屏去形迹之私，商訂辨析，務以求合乎至當之歸，庶幾有以致廣大、盡精微而不滯於一偏之見，則熹之幸也，執事之賜也。其它未暇一二，姑先以此爲謝，復屬伯崇轉致，不審高明以爲如何？

暑雨煩鬱，伏惟承顔盡歡，尊候神相萬福。熹杜門奉親，日益孤陋，向風引領，不任馳情。承許秋涼見過，何幸如之，而非所敢望也。未間，更冀以時爲道千萬自愛，進爲時用，以張斯文，慰山野之望。幸甚！

編年 據年譜長編、書信編年。

答何叔京 乾道二年秋

熹孤陋如昨。近得伯崇過此，講論逾月，甚覺有益。所恨者，不得就正於高明耳。它日伯崇相見或通書，當能備言之。或有差誤，不吝指誨，幸甚！李先生教人，大抵令於静中體認大本未發時氣象分明，即處事應物，自然中節。此乃龜山門下相傳指訣。然當時親炙之時貪聽講論，又方竊好章句訓詁之習，不得盡心於此，至今若存若亡，無一的實見處，辜負教育之意。每一念此，未嘗不愧汗沾衣也。脱然之語，乃先生稱道之過。今日猶如掛鈎之魚，當時寧有是耶？然學者一時偶有所見，其初皆自悦懌，以爲真有所自得矣。及其久也，漸次昏暗淡泊，又久，則遂泯滅，而頑然如初無所睹。此無他，其所見者非卓然真見道體之全，特因聞見揣度而知故耳。竊意當時日聞至言、觀懿行，其心固必有不知所以然者。洎失其所依歸，而又加以歲月之久，汩没浸漬，今則尤然爲庸人矣。此亦無足怪者。因下問之及，不覺悵然，未知其終何所止泊也。

東平先生遺事猥蒙垂示，得以究觀前賢出處之大致，先廷問學之淵源，與夫高明纂輯成書，以傳世垂後之意，幸幸甚甚！更容熟復，續得具稟也。語録頃來收拾數家，各有篇帙首尾，記録姓名，比之近世所行者差爲完善。故各仍其舊目而編之，不敢輒有移易。近有欲刻板於官司者，方欲持以畀之。前已刊行，當得其摹本以獻，今無别本可以持内也。孟子集解本欲自備遺忘，抄録之際，因遂不能無少去取及附己意處〔一〕。近日讀之，句句是病，不堪拈出。它時若稍有所進，當悉訂正以求教〔二〕，今未敢也。見所與伯崇講論，敬仰之深。然有少疑，嘗與伯崇論之，恐未中理。更乞垂喻，以警不逮。幸幸甚甚！

校記 〔一〕宋浙本「附」下有「記」字。

〔二〕正：原作「定」，據右引改。

編年 據書信編年。

答何叔京 乾道二年秋

昨承不鄙，惠然枉顧，得以奉教累日，啓發蒙陋，爲幸多矣。杜門奉親，碌碌仍昔。體驗操存雖不敢廢，然竟無脱然自得處。但比之舊日，則亦有間矣。所患絕無朋友之助，終日兀然，猛省提掇，僅免憒憒而已，一小懈則復惘然。此正天理人欲消長之幾，不敢不著力。不審别來高明所進復如何？向來所疑，定已冰釋否？若果見得分明，則天性人心、未發已發渾然一致，更無别物。由是而克己居敬，以終其業，則日用之間亦無適而非此事矣。中庸之書要當以是爲主，而諸君子訓義於此鮮無遺恨，比來讀之，亦覺其有可疑者。雖子程子之言，其門人所記録亦不能無失。蓋記者之誤，不可不審所取也。

孟子集解當悉已過目，有差繆處切望痛加刊削，警此昏憒，幸甚幸甚！伯崇云論語要義武陽學中已寫本，次第下手刊板矣。若成此書，甚便學者觀覽。然向上儘索眼力，若在本領處久不透徹，則雖至言妙論日陳於前，只是閑言語也。廣文更欲刊通書，此亦甚善。今人知趣向如此者亦自少得，往往伯崇游談之助爲多也。孟子看畢，先送伯崇處。近成都寄得横渠書數種來〔一〕，其間多可附入者，欲及注補也。淵源録亦欲早得，邵氏且留不妨也。本欲專人致書以謝臨辱〔二〕，又苦農收乏人，只附此於伯崇處，未知達在何時。臨書悵惘不自勝。

校記　〔一〕成：原作「城」，據宋浙本、明天順本改。

〔二〕宋浙本「本」上有「前」字。

編年　據書信編年。

答何叔京乾道二年冬

專人賜教，所以誨誘假借之者甚厚，悉非所敢當。然而此意不可忘也。謹當奉以周旋，益思其所未明，益勉其所未至，庶幾或能副期待之意耳。杜門奉親，幸粗遣日，無足言者。前此失於會計，妄意增葺弊廬以奉賓祭，工役一興，財力俱耗，又勢不容中止，數日衮冗方劇，幾無食息之暇也。來春又當東走政和展墓，南下尤川省親，此行所過留滯，非兩三月不足往返。比獲寧居，當復首夏矣。光陰幾何，而靡敝於事役塗路之間，動涉時序，雖隨事應物，不敢弛其警省之功，然客氣盛而天理微，才涉紛擾，即應接之間尤多舛逆。如來教一言未終，已覺其有過言；一事未終，已覺其有過行者，在高明未必然，而熹實當之矣。以此常恐因循汩没，辜負平生師友之教。尚賴尊兄未即遐棄，猶時有以振德之也。

前此所論，未能保其不無紕繆，乃殊不蒙指告，來諭勤勤，若真以其言爲不妄者，何哉？豈其以是進之，欲其肆志極言而無毫髮之隱，因有所擇取於其間哉？不然，則庸妄所聞必有偶合高明之見者矣。欣幸欣幸！

中庸集説如戒歸納，愚意竊謂更當精擇，未易一概去取。蓋先賢所釋一章之中文句意義自有得失精粗，須一一究之，令各有下落，方愜人意。然又有大者，昔聞之師，以爲當於未發已發之幾默識而心契焉，然後文義事理觸類可通，莫非此理之所出，不待區區求之於章句訓詁之間也。

向雖聞此而莫測其所謂，由今觀之，始知其爲切要至當之説，而竟亦未能一蹴而至其域也。僭易陳聞，不識尊意以爲如何？

孟子集解重蒙頒示，以遺説一編見教，伏讀喜幸，開豁良多。然方冗擾，未暇精思，姑具所疑之一二以求發藥。俟旦夕稍定，當擇其尤精者著之解中，而復條其未安者盡以請益。欽夫、伯崇前此往還諸説，皆欲用此例附之。昔人有古今集驗方者，此書亦可爲古今集解矣。既以自備遺忘，又以傳諸同志，友朋之益，其利廣矣。

語録比因再閲，尚有合整頓處。已略下手，會冗中輟。它時附呈未晚。大抵劉質夫、李端伯所記皆明道語，餘則雜有。至永嘉諸人及楊遵道、唐彦思、張思叔所記，則又皆伊川語也。向編次時有一目録，近亦修改未定，又忙，不暇拜呈，并俟它日。

淵源、聞見二録已領，西山集委示，得以披讀，乃知李丈議論本末如此，甚幸甚幸！其間有合請教者，亦俟詳觀，乃敢以進也。高文委示，尤荷意愛之厚。大抵必根於義理，而詞氣高妙，又足以發夫中之所欲言者，非近世空言無用之文也。易説序文敬拜大賜，三復研味，想見前賢造詣之深，踐履之熟，故詞無枝葉而藹然有篤厚愨誠之氣。它時若得盡見遺編，何幸如之！遺録、行狀并且歸内，改定後更望別示一本，幸幸！

孔明傳近爲元履借去，示喻孔明事，以爲天民之未粹者，此論甚當。然以爲略數千户而歸，不肯徒還，乃常人之態，而孔明於此亦未能免俗者，則熹竊疑之。夫孔明之出祁山，三郡嚮應，既不能守而歸，則魏人復取三郡，必齮齕首事者墳墓矣。拔衆而歸，蓋所以全之，非賊人諱空手之謂也。近年南北交兵，淮、漢之間數有降附，而吾力不能守，虜騎復來，則委而去之，使忠義遺民爲我死者肝腦塗地而莫之收省。此則孔明之所不忍也，故其言曰：「國家威力未舉，使赤子困於豺狼之吻。」蓋傷此耳。此見古人忠誠仁愛之心，招徠懷附之略，恐未必如明者之論也。妄論如此，如有未當，因便有以見教，幸甚！

雜學辨出於妄作，乃蒙品題過當，深懼上累知言之明，伏讀恐悚不自勝。宗禮處亦未有便，因書當如所戒也。伯崇近過建陽相見，得兩夕之款，所論益精密可喜，其進未可量也。大抵學者用志不分，必有進益。惟熹懶墮日甚，不覺有分寸之進。世間無有不進而不退者，然則其却行者必矣。自此予書，當痛加鞭策，庶乎不爲小人之歸。舍是而唯唯焉，殆非所望於直諒多聞之友也。

編年　據書信編年。

答何叔京 乾道二年冬

伏蒙委撰味道堂記，前者已嘗懇辭，今又辱貶喻，尤切悚畏。熹於文辭無所可取，使爲它文，則或可以率意妄言，無問嗤點。今欲發揚先志，昭示後來，茲事體重，豈宜輕以假人？切望更加三思，無輕其事，則非獨小人免於不韙之譏，亦不爲賢者失人之累。幸甚幸甚！

戒殺子文近建陽印本納上數紙，其間雖涉語怪，然施之盲俗，亦近而易知，不爲無助。幸以授鄰里，使張之通塗要津也。呂公之説，龜山嘗論之，亦以爲不過喻以利害，其論尤粹而切。向喻元履令附其説於後，今不見，恐是忘記，别紙録呈。若鄰里間有可説諭者，令别刻一版，附此呂説之後爲佳。不然，則别得老兄數語跋之，却於跋中載龜山之語一道發明，庶幾曲終奏雅之意尤善。如何？若然，則跋中更不須説禨祥報應事矣。

編年 據書信編年。

答何叔京 乾道三年正月

熹奉親屏居，諸況仍昔。所憂所懼，大略不異來教之云，而又有甚者焉耳。躁妄之病，在賢者豈有是哉？顧熹則方患於此未能自克，豈故以是相警切耶？佩服之餘，嘗竊思之，所以有此病者，殆居敬之功有所未至，故心不能宰物，氣有以動志而致然耳。若使主一不二，臨事接物之際真心現前，卓然而不可亂，則又安有此患哉。或謂子程子曰：「心術最難執持，如何而可？」子曰：「敬。」又嘗曰：「操約者，敬而已矣。惟其敬足以直内，故其義有以方外。義集而氣得所養，則夫喜怒哀樂之發，其不中節者寡矣。」孟子論養吾浩然之氣，以爲集義所生，而繼之曰「必有事焉而勿正，心勿忘，勿助長也」。蓋又以居敬爲集義之本也。夫「必有事焉」者，敬之謂也。若曰其心儼然，常若有所事云爾。夫其心儼然肅然，常若有所事，則雖事物紛至而沓來，豈足以亂吾之知思？而宜不宜、可不可之幾，已判然於胸中矣。如此則此心晏然，有以應萬物之變，而何躁妄之有哉。雖知其然，而行之未力，方竊自悼，敢因來教之及而以質於左右，不識其果然乎否也。

遺説所疑，重蒙鐫喻，開發爲多。然愚尚有未安者，及後八篇之説并以求教。有未中理，伏惟不憚反復之勞，有以振德之。

孔明失三郡，非不欲盡徙其民，意其倉卒之際，力之所及止是而已。若其心則豈有窮哉。以其所謂「困於豺狼之吻」者觀之，則亦安知前日魏人之暴其邊境之民不若今之胡虜哉。孔明非急近功、見小利，詭衆而自欺者，徙民而歸，殆亦昭烈不肯棄民之意歟。欽夫傳論并熹所疑數條請求指誨，幸以一言決之。

味道堂記誠非淺陋所敢當，故有前日之懇，非敢飾辭以煩再三之辱。既不蒙聽察而委喻益勤，益重不敏之罪，謹再拜承命，不敢復辭矣。然須少假歲月，使得追繹先志之所存，俟其略見仿佛而後下筆，庶幾或能小有發明，可以仰丐斤削耳。

下喻行己臨官之道，此在高明平日所學舉而措之，則夫世俗所謂廉謹公勤有不足言矣。區區乃方有愧於此，其何以仰助萬分之一乎。

祠堂記推尊之意甚善，而所謂「人心天理不容亡滅，學者於此百世以俟聖人而已」者亦佳，但亦有可議者。如以字謂諸先生，一也。「立不教，坐不議，無言心成」，乃莊周荒唐之説，非聖賢授受本旨，二也。以穆、尹、歐陽文章末技比方聖學，擬不以倫，三也。明道無恙時，學者甚衆。今曰未嘗爲師，四也。吕正獻之未薨，伊川已去講席，蓋其道有非當時諸賢所及知者，是以難合，非特以兩公之在亡爲輕重。今曰二公薨而伊川去，五也。又曰正叔自謂道已大成，可以無愧，氣象淺狹，恐非先生之志，六也。世傳了翁所序明道中庸，乃吕與叔所著，了翁蓋誤。而今又因之，七也。摭其語而論之，其失如此。蓋其大概切切然以辨謗釋言爲事，亦淺乎其知先生矣。嘗愛明道墓表有云：「學者於道知所向，然後見斯人之爲功；知所至，然後信斯名之稱情。」蓋此事在人隨其所至之淺深而自知之，彼不知者豈可以口舌强争，彼知之矣，則又何待較短長而後喻哉。記中所稱「兼山氏」者名忠孝，語録中載其問疾伊川之語。然頃見其易書溺象數之説，去程門遠甚。而尹子門人所記，則以爲忠孝自黨論起絶迹師門，先生没不致奠，而問疾之語亦非忠孝也。然則其人其學亦可見矣。愚見與所聞如此，不審明者謂之何哉。

歲前報葉、魏登庸，蔣參預政，陳應求同樞密知院事；南北之使，交贄往來；元夕有旨，州縣張燈。山間所聞者不過如此，羅、李之除，則未知也。聞相麻以四事戒飭：理財用、省冗官、汰冗兵，其一則未聞。蓋未嘗見麻，但傳聞爾。宰相帶知國用，參政、同知皆入銜，并恐欲聞之。金聲玉振之説改定舊説，寫呈求教，不知是否。諸葛傳所疑瑣細，不能盡録，其大者帖於册内矣。

編年　據書信編年、書札彙編。

答何叔京乾道三年二月

昨承示及遺説後八篇，議論甚精，非淺陋所至。或前儒所未發，多已附於解中。其間尚有不能無疑者，復以求教，更望反復之，幸甚！

「巨室」之説亦已附入，可以補舊説之未備。然廢舊説而專主此意，則又似有牢籠駕御之心，非聖賢用處也。麥丘邑人之語，亦陳天下之理以警其君耳。如孟子「聞誅一夫紂矣」之語，豈可謂脅其君哉，引之欲證「得罪」二字出於人君之身有不正，而非巨室怨望之私也，莫亦無害於理否？林少穎引裴晋公「豈朝廷之力能制其死命哉，直以處置得宜，能服其心」之語爲證，亦甚善。當時不能盡載，尋當添入，其意乃備耳。

「仁義」二字未嘗相離。今曰事親以仁，守身以義，恐涉支離隔截，爲病不細。「孝弟也者，其爲仁之本歟」，此言孝弟乃推行仁道之本，「仁」字則流通該貫，不專主於孝弟之一事也。但推行之本自此始耳。「爲」字蓋推行之意。今以對「乃」字立文，恐未詳有子之意也。程子曰：「論行仁則以孝弟爲本，論性則以仁爲孝弟之本。」此語甚盡。

「手舞足蹈」，所論得之。然李説亦有不可廢者，今注於其下，則理自明矣。其間句意小有未安處，欲更定「躍如也」爲「左右逢原」，「神明其德」爲「從容中道」，如何？

乘輿濟人之説，與熹所聞於師者相表裏，但不必言奸人。聖賢所警，正爲仁人君子豪釐之差爾，奸人則尚何説哉。諸若此類，稍加密察爲佳。「辟除」之「辟」，乃趙氏本説，與上下文意正相發明，蓋與舍車濟人正相反也。此段注釋近略稍改，稍詳於舊。略云：「惠謂私恩小利，政則有公平正大之體、綱紀法度之施焉。惠而不知爲政者，亦有仁心仁聞，而不能擴充以行先王之道云爾。」又云：「十月成梁，蓋時將寒沍，不可使民徒涉，又農功既畢，可以役民之時。先王之政細大具舉，而無事不合民心、順天理，故其公平正大之體、綱紀法度之施，雖纖悉之間亦無遺恨如此，豈子産所及哉。諸葛武侯之治蜀也，官府次舍、橋梁道路莫不繕理而民不告勞。蓋其言曰：『治世以大德不以小惠。』其亦庶幾知爲政矣。」又云：「君子能行先王之政，使細大之務無不畢舉，則惠之所及亦已廣矣。是其出入之際，雖辟除人，使之避己，亦上下之分固所宜然，何必曲意行私，使人知己出然後爲惠？又况人民之衆，亦安得人人而濟之哉。」

「有故而去」，非大義所係，不必深爲之説。臣之去國，其故非一端。如曰親戚連坐，則先王之制，父子兄弟罪不相及，亦豈有此事哉。但昔者諫行言聽，而今也有故而去，而君又加禮焉，則不得不爲之服矣。樂毅之去燕近之。

「非禮義之禮義」，所論善矣。但以爲其心皆在於異俗而邀名，則不必皆然。蓋有擇焉不精，以爲善而爲之者，知言所謂「緣情立義，自以爲由正大之德而不知覺」者也。此句之失與論子産而指奸人相類。

孟子鄙王驩而不與言固是，然朝廷之禮既然，則當是之時，雖不鄙之，亦不得與之言矣。鄙王歡事於出吊處已見之，此章之意則以朝廷之禮爲重。時事不同，理各有當。聖賢之言無所苟也，豈爲愧衆人爲已甚而始以是答之哉，正所以明朝廷之禮而警衆人之失也。

「象憂喜亦憂喜」，此義集解之説初若不明，及細玩之，則詞不逮意之罪也。今略改定云：「言舜喜象之來，非不知其將殺己，但舜之心見其憂則亦憂，見其喜則亦喜。今見其喜而來，故亦爲之喜。蓋雖明知彼之將殺己，而自我觀之，則吾弟耳，兄弟之愛終豈能忘也哉。或曰云云，愚聞之師曰：『兄弟之親，天理人倫，蓋有本然之愛矣。雖有不令之人傲狠鬥鬩於其間，而親愛之本心則有不可得而磨滅者。惟聖人盡性，故能全體此理，雖遭横逆之變，幾殺其身，而此心湛然，不少摇動。』伊川先生所謂云云，正謂此耳。或者之云固善，然恐非所以語聖人之心也。」如此言之，莫稍盡否？

「罔」訓蒙蔽，「得之方」訓術數，恐未是。「罔以非其道」者，獨非術數耶？蓋愛兄放魚，欺以其方也。市有虎，曾參殺人，罔以非其道也。井有仁焉亦是。君子不逆詐，故可欺。然燭理明，故彼以無是道之語來，則豈得而蒙蔽哉。

「艾」讀爲「乂」，説文云：「芟草也，從丿乀。」左「丿」右「乀」，芟草之狀，故六書爲指事之屬。「自艾」、「淑艾」，皆有斬絶自新之意。「懲乂」、「創乂」，亦取諸此，不得復引彼爲釋也。

金聲玉振之説未安。金聲，博學之事；玉振，則反約矣。反約者，不見始終之異，而始終之理具焉。如射畢而觀破的之矢，不見其巧力而巧力皆可見，故下文又以射譬之。若以金聲始隆終殺兼舉博約之事，則玉振無所用矣。愚意如此，亦恐未盡，俟更思之。

「尚友」章所謂「口道先王語而行如市人」者，恐非孟子尚友之所取。以論其世者，正欲知其言行之曲折精微耳。兼兩意説不得。

「桐梓」之説甚善，但不必分身心爲兩節。又以木根爲譬，似太拘滯。蓋言身則心具焉，「壹是皆以修身爲本」是已。今但云以理義養其心，則德尊而身安矣，意亦自見。

「狼疾」之訓甚善，然古字多通用，不必言誤也。如孟子中「由」、「猶」二字常互用之。

「天爵」二説，其一極善，其一未安，亦由集解之説自不明白，有以致疑。今改其答辭曰：「亦觀其心之所存者如何耳。若假仁要利之心不去，則夫不捨其天爵者，亦將以固其所得之人爵而已。是或可以幸而不至於亡，然根於鄙吝之私，是豈可以入堯舜之道哉。必也真知固有之可貴，而寖忘其平日假仁要利之私，則庶乎其可矣。」大抵假仁與利仁不同，須曉析不差，然後可耳。易傳論聖人之公、後王之私亦是此意。見比卦彖辭注中。

「鄉道」、「志仁」不可分爲二事。中庸曰「修道以仁」，孟子言「不志於仁」，所以釋上文不鄉道之實也。又云：「務引其君以當道，志於仁而已。」亦言志仁之爲當道爾。「舍生取義」，諸先生説已盡之矣。義重於生，不假言也。

「夜氣」以爲休息之時則可，以爲寂然未發之時則恐未安。魂交而夢，百感紛紜，安得爲未發？而未發者又豈專在夢寐間耶？赤子之心，程子猶以爲發而未遠乎中，然則夜氣特可以言「復而見天地心」之氣象耳。若夫未發之中，則無在而無乎不在也。

「耳目之官即心之官也」，恐未安。耳目與心各有所主，安得同爲一官耶？視聽淺滯有方而心之神明不測，故見聞之際必以心御之，然後不失其正。若從耳目之欲而心不宰焉，則不爲物引者鮮矣。觀上蔡所論顔、曾下功處，可見先立乎其大之意矣。書之「不役耳目，百度惟貞」，亦此意也。

羿匠之説理則甚長，但恐文意繁雜，頭緒太多，不如尹氏之説明白而周盡。故云必如羿之彀率、大匠之規矩，然後爲至，則是羿與大匠自别有彀率、規矩，與孟子意正相戾矣。若是所以教人之規矩、彀率，則只是衆所共由之法，又非所以言至也。

歐陽公論世宗之事未爲失，但以孟子爲爲世立言之説則害於理矣。夫聖賢之立言，豈不度其事之可行與否而姑爲是可喜之論，以供世之傳誦道説而已哉？蓋必有是理然後有是心，有是心而後有是事，有是事然後有是言，四者如形影之相須，而未始須臾離也。皋陶之執，舜之逃，天理人倫之至，聖人之心所必行也，夫豈立言之説哉。聖人顧事有不能必得如其志者，則輕重緩急之間於是乎有權矣。故緣人之情以制法，使人人得以企而八議之説生焉。然其所謂權者，是亦不離乎親親貴貴之大經，而未始出於天理人心之外也。今必以正理爲空言而唯權之爲徇，不幸而有毫釐之差，則不失於正者鮮矣。此義龜山亦嘗論之，見集第二十一卷。

「躍如也」，正是形容懸解頓進之意。「意有所感觸而動」却不親切，「感觸」二字自佳，但少頓進意耳。引而不發，則其思也必深。思之既深，則有所感觸而動，其進也必驟矣。如此而言，意似稍備，如何？

「好名之人」如此説甚善，但「苟非其人」一句不通，而此章兩事亦無收拾結斷處。子臧、季札，守節者也，恐其不可謂役志於物。

「反身而誠」，言能體而有之者如此。欲作「言能體其全者如此」。「强恕而行，」言既失而反之者如此。欲作「言既失而所以反之者如此」。「行之不著」者，所造未至也。欲作「不先致知也」。

「機變之巧」所論甚當，更欲增數語云：「乘時逐便以快其欲，人所甚羞而己方且自以爲得計，蓋唯知有利而已，何所復用其愧耻之心哉。」如此乃盡其情，如何？

「人心亦皆有害」，趙氏謂人心爲利欲所害，此説甚善。愚謂飢渴害其知味之性，則飲食雖不甘，亦以爲甘；利欲害其仁義之性，則所爲雖不可，亦以爲可。來喻辭費而理煩，恐非孟子長於譬喻之本旨也。

「執中當知時，苟失其時，則亦失中矣。」此語恐未安。蓋程子謂子莫執中比楊墨爲近，而中則不可執也。當知子莫執中與舜、禹、湯之執中不同，則知此説矣。蓋聖人義精仁熟，非有意於執中，而自然無過不及，故有執中之名，而實未嘗有所執也。以其無時不中，故又曰時中。若學未至、理未明而徒欲求夫所謂中者而執之，則所謂中者，果何形狀而可執也。殆愈執而愈失矣，子莫是也。既不識中，乃慕夫時中者而欲隨時以爲中，吾恐其失之彌遠，未必不流而爲小人之無忌憚也。中庸但言擇善，而不言擇中，其曰「擇乎中庸」，亦必繼之曰「得一善」，豈不知善端可求而中體難識乎？夫惟明善則中可得而識矣。

「仁義者道之全體」，此説善矣。又云「能居仁由義，則由是而推焉，無所往而非道」，則又似仁義之外猶有所謂道者矣，是安得爲全體哉。「親親而加以恩」，似有夷子施由親始之病。夫親親之有恩，非加之也。欲親親而不篤於恩，不知猶有病否？大抵墨氏以儒者親親之分仁民，而親親反有不厚；釋氏以儒者仁民之分愛物，而仁民反有未至。

「山徑之蹊」，恐不必言爲高子發。人心皆然，一息不存，則放僻邪侈之心生矣。

「不聞君子之大道」者，肆情妄作，無所不至，不但挾勢陵人而已。

「鄉原」之論甚佳，但孔子所稱具臣者，猶能有所不從，若馮道之徒，則無所不從矣。許以具臣已過其分，有以更之，如何？

編年　據書信編年、書札彙編。

答何叔京（乾道三年春）

熹碌碌講學親旁，思索不敢廢。但所見終未明了，動静語默之間，疵吝山積，思見君子，圖所以洒濯之者而未可得。今年却得一林同人在此，（名用中，字擇之。）相與討論。其人操履甚謹，思索愈精，大有所益，不但勝己而已。欽夫亦時時得書，多所警發，所論日精詣。向以所示遺説數段寄之，得報如此。始亦疑其太過，及細思之，一一皆然。有智無智，豈止校三十里也。今録去上呈，其它答問反復及它記序等文尚多，以伯脩行速，不能抄爲恨。

熹前此書中所請教者，於尊意云何？竊意其説不過如此，但持之不力，恐言語間不容無病。深望指誨，得以自警而改之，幸也。向曾上稟迓夫到日借數人來，爲相聚數日之計，今恐已熱，難出入。又意此人已到，不能久留，而尊兄已就道久矣。或已到官，亦未可知。三四舍之遠，阻隔不相聞如此，可爲深恨也。

武侯傳讀之如何？更有可議處否？問疑數條例小差，以書問之欽夫，皆以爲然。但熹欲傳末略載諸葛瞻及子尚死節事，以見善善及子孫之義，欽夫却不以爲然。以爲瞻任兼將相而不能早去黄皓，又不能奉身而去，以冀其君之悟，可謂不克肖矣。此法甚嚴，非慮所及也。老兄以爲如何？

但欽夫極論復見天地心，不可以夜氣爲比。熹則以爲夜氣正是復處，固不可便謂天地心，然於此可以見天地心矣。易中之意亦初不謂復爲天地心也。又老兄云：「人皆有是善根，故好是懿德。」欽夫説見別紙，熹則竊以爲老兄此言未失，但不知「好」者爲可欲而以「懿德」爲可欲，此爲失耳。蓋好者，善根之發也。懿德者，衆善之名也。善根，無對之善也。衆善者，有對之善也。無對者以心言，有對者以事言。夫可欲之善乃善之端，而以事言之，其失遠矣。此兩條更望思之，却以見教。幸甚幸甚！西山集讀之疑信相半，姑留此以俟的便。

近事一二傳聞可慶，然大病新去，尤要調攝將護，不知左右一二公日夕啓沃用何説耳。此又似可慮。如何如何？欽夫書令致願交之意，恨未詹識。它日有可見教者，無相棄也。恐願聞之。

編年 據書信編年、年譜長編。

答何叔京 乾道三年春

示喻温習之益、體驗之功，有以見用力之深，無少逸豫。嘆服之餘，悚厲多矣。録寄數條，無非精微廣大之致。顧鄙陋何足知之？然貪於求教，輒復以管見取正於左右，却望指摘見告，幸甚！

熹近來尤覺昏憒，無進步處。蓋緣日前媮墮苟簡，無深探力行之志。凡所論説，皆出入口耳之餘，以故全不得力。今方覺悟，欲勇革舊習而血氣已衰，心志亦不復强，不知終能有所濟否。今年有古田林君擇之者在此，相與講學，大有所益。區區稍知復加激厲，此公之力爲多也。遺説向來草草具稟，其間極有淺陋疏脱處，都不蒙一捂擊，何耶？前日伯脩書有欽夫所論數條甚精，試一思之，當有發耳。大率吾曹之病皆在淺急處，於道理上纔有一説，似打得過，便草草打過，以故爲説不難而造理日淺。今方欲痛自懲革，然思慮昏窒已甚，不知能復有所進否。左提右挈之所助，深不能無望於尊兄也。

所喻孔明於管、樂取其得君以行志，此説恐未盡。欽夫論瞻權兼將相而不能極諫以去黄皓，諫而不聽，又不能奉身而退，以冀主之一悟，兵敗身死，雖能不降，僅勝於賣國者耳。以其猶能如此，故書「子瞻嗣爵」，以微見善善之長；以其智不足稱，故不詳其事，不足法也。此論甚精，愚所不及。不知高明以爲如何？

所借書悉如所戒，但易傳無人抄得，只納印本去。此有別本，遂留几間可也。知言所傳已借出，却借得一本在此看。本欲轉以上內，然所借書已多，一目之力，何能遽及？無乃有妨精思坐進之功耶？熹蓋宿有此病者，今未能除，然已覺知是病矣。西山集前便恐有浮沉，不敢附。今付來人，其間大有可疑處，未暇論也。

編年 據書信編年。

答何叔京 乾道三年夏

承喻及味道堂記文，惕然若驚。比既敬諾，安敢食言？然須少假歲月，庶幾賴天之靈，或有少進，始敢措辭耳。

金聲玉振，不知當時寫去者云何。近嘗思索，更定其說。始亦以爲無疑矣，比再閱之，又覺有礙。更望相與探討，異時各出其說以相參驗，亦進學之一方也。道理無窮，思索見聞有限。聖人之言正在無窮處，而吾以其有限者窺之，關鎖重重，未知何日透得盡耳。

自占之説，甚不足較。然舊説本之商賈，似亦無害。若農民，則先王制民之産自有常度，不待自占然後知其豐約矣。所謂掊斗折衡者，恐非先王之法。以舜之盛德，猶以同律度量衡爲先，孔子亦言謹權量、審法度，夫豈以掊折爲可耶。度量權衡，天理至公之器，但操之者有私心耳。以其操之者私而疾夫天理之公，是私意彼此展轉相生，而卒歸於大不公也。

近事久不聞，春間龍、曾皆以副帥去國，英斷赫然，中外震懾，而在廷無能將順此意者。今其黨與布護星羅，未有一人動，奸竪在途，亦復遲遲其行，亦豈尚有反予之望耶？倚伏之機，未知所決。雖在畎畝，竊不勝過計之憂。不審高明以爲如何？

編年 據書信編年、書札彙編。

答何叔京 乾道三年夏

奉親遣日如昔，但學不加進，鄙吝日滋，思見君子以求切磋之益而不可得，日以憒憒，未知所濟也。

向來妄論持敬之説，亦不自記其云何。但因其良心發見之微，猛省提撕，使心不昧，則是做工夫底本領。本領既立，自然下學而上達矣。若不察於良心發見處，即渺渺茫茫，恐無下手處也。中間一書論「必有事焉」之説，却儘有病。殊不蒙辨詰，何耶？

所喻多識前言往行，固君子之所急，熹向來所見亦是如此。近因反求未得個安穩處，却始知此未免支離。如所謂因諸公以求程氏，因程氏以求聖人，是隔幾重公案？曷若默會諸心，以立其本，而其言之得失自不能逃吾之鑒耶？欽夫之學所以超脱自在，見得分明，不爲言句所桎梏，只爲合下入處親切。今日説話雖未能絶無滲漏，終是本領是當，非吾輩所及。但詳觀所論自可見矣。

諸葛之論，乃是以春秋責備賢者之法責之，於瞻不薄矣。春秋褒死節，然亦有不書者甚多，取舍之間，必有微意。思之未精，考之未遍，不敢輕爲之説，請俟它日也。惟微者，心也；復者，所以傳是心也。若滔滔汩汩，與物競馳而不反，亦何自見此而施精一之功乎。

有對無對之説誠未盡善，然當時正緣「好是懿德」而立文耳。如易所謂「元者善之長」，元豈與善而二哉，但此善根之發，迥然無對，既發之後，方有若其情、不若其情而善惡遂分，則此善也不得不以惡爲對矣，其本則實無二也。凡此數端，據愚見直書，遠求質正。又疑孟之説，尚有未盡之意，輒因來教引而伸之，别紙具呈。更有二段，擇之前日爲説甚精，偶其還家，未得寫内，旦夕附便致之也。今此所論，且望不吝痛加反復，幸甚！

近日狐鼠雖去，主人未知窒其穴，繼來者數倍於前。已去者未必容其復來，但獨斷之權執之益固，中書行文書，邇臣具員充位而已。其奸憸者觀望迎合，至謂天下不患無財，皆欣然納之，此則可憂之大者。其它未易以言既也。北虜責歸降甚急，予之則失信生亂，不予又慮生釁隙，未有以應之。然廟堂之議斷然不予，但上近者捐八十萬緡築揚州之城〔一〕，群臣之諫不聽，其附會贊成者遂得美遷，觀此邊事亦不能久寧矣。根本如此，何以待之？可慮可慮！

校記 〔一〕捐：原作「損」，據宋浙本改。

編年 據書信編年。

答何叔京 乾道四年春

所喻疑義，大抵諸説一概多病。蓋於大本處未甚脱然見得，所以臆度想象，終亦有差。如云持志則心自正，心正則義自明，又云能體認之則爲天德，又云心性仁義之道相去毫髮之間，此語尤有病。心者發而未動，及論鬼神能誠則有感必通，此數條皆句句有差，不知何故如此？豈偶思之未熟耶？大學之序格物致知至於知至意誠，然後心得其正，今只持志便欲心正義明，不亦太草草乎？性，天理也，理之所具，便是天德，在人識而體之爾。云能體認之便是天德，體認乃是人力，何以爲天德乎？性、心只是體、用，體、用豈有相去之理乎？「性即道，心即仁」，語亦未瑩，須更見曲折乃可。心者，體用周流，無不貫徹，乃云發而未動，則動處不屬心矣，恐亦未安也。鬼神之體便只是個誠，以其實有是理，故造化發育，響應感通，無非此理。所以云「體物而不可遺」，非爲人心能誠則有感應也。此等處尚多，人事冗迫，不容詳遣布。此稟亦已草略，且舉大綱而老兄思之可也。仍恕僭易，幸甚！

又聞嵩卿之賢好學，得聞其餘論，尤以爲喜。此道知好之者日衆，孤陋真有望矣。幸爲道意，未敢率然拜書也。

所欲細論者甚多，不知何日得會面也。所欲文字偶在城中，無緣取內。然博觀草草，徒費心目之力，不若就一處精思之爲有益也。如「仁」字，恐未能無疑。且告録出孔、孟、程、謝説處，反復玩味，須真見得，則其它自可見。恕、性等説皆不待别立説也。嵩卿是韓子之言固失之，而老兄所論亦未盡得。博愛之不得爲仁，正爲不見親切處耳。若見親切處，則博愛固仁者之事也。試以此意思之，如何？博施濟衆一段，不知嵩卿如何看？恐更須子細也。

編年 據書信編年、書札彙編。

答何叔京 乾道四年五月

今年不謂饑歉至此。夏初所至洶洶，遂爲縣中委以賑糶之役。中間又爲鄰境群盜竊發，百方區處，僅得無事。今早稻已熟，雖有未浹洽處，然想無它虞矣。對接事變，不敢廢體察，以爲庶幾或可寡過。然悔尤之積，打不過處甚多，即以自懼耳。

自老兄南去，日以爲念。讀來書，知志不獲伸，細詢來使，乃盡知曲折。此朋友之責也，夫復何言？謹已移書漕臺，且爲兄求一差檄來建、邵，到即又徐圖所處。因此且可暫爲寧親之計，亦急事也。今日所向如此，但臨汀深僻，王靈不及，當愈甚爾。

朝政比日前不侔矣，近又去一二近習，近臣之附麗者亦斥去之，但直道終未可行。王龜齡自夔府造朝，不得留，出知湖州，又不容而去。今汪帥來，且看又如何。上以薦者頗力，又熟察其所爲，其眷仡少異於前矣。然事係安危，未知竟如何耳。熹無似之蹤不足爲輕重，然亦俟此決之耳。

欽夫臨川之除，薦者意不止此，亦係時之消長，非人力能爲也。近寄得一二篇文字來，前日伯崇方借去，已寄語令轉録呈，其間更有合商量處也。

前此僭易拜稟博觀之敝，誠不自揆。乃蒙見是，何幸如此！然觀來喻，似有未能遽舍之意，何耶？此理甚明，何疑之有？若使道可以多聞博觀而得，則世之知道者爲不少矣。熹近日因事方有少省發處，如「鳶飛魚躍」，明道以爲與「必有事焉，勿正」之意同者，今乃曉然無疑。日用之間，觀此流行之體初無間斷處，有下功夫處，乃知日前自誑誑人之罪蓋不可勝贖也。此與守書册、泥言語全無交涉，幸於日用間察之，知此則知仁矣。所欲言甚衆，不欲久稽來使，草草略具報如此，殊不盡懷。

向蒙垂示先大夫易集義，得以伏讀。竊窺觀象玩辭之意，知前輩求道之勤蓋如此，不勝嘆仰。顧恨不得執經門下，躬扣所疑，三復遺篇〔一〕，徒深感悵。昨承見索，以在府中，不得即歸内。今謹封識，以授來人，至幸檢納，不勝幸甚！

上蔡語録上卷數段極親切，暇日試涵泳之，當自有味。不必廣求，愈令隨語生解，不得脱灑耳。

校記 〔一〕篇：宋浙本、四庫全書本作「編」。

編年　據年譜長編、書信編年。

答何叔京 乾道五年六月

一出五旬而後反，歸來隨分擾擾，未得開卷。歲月逝矣，天理未明，物欲方熾，每得朋友論辯之書，爲之愧汗不能已，未知終何以自脱於小人之歸也。幸閭里粗寧，老幼平遣，雖貧悴日甚，且復推遷。官期亦未及，區區甚憚此行，欲俟暫到，復爲請祠計。若不獲命，始當奉來教以周旋。敬夫相爲謀亦如此也。竊承深以去親爲念，又嘆從仕之害其所學，浩然有歸與之志，此固吾人之所同。然仕州縣者遷就於法令之中，猶或可以行所志之一二，仕於朝者又不復有此。但知其不可而冒進自處，便不是了，更無可説。此所以徘徊之久而重於一行也。

承喻「温厲」之説，不記當時如何及之。若直以厲爲主，誠可謂一偏之論矣。或恐以氣質之偏而欲矯以趨中，則有當如是者，亦不爲過矣。然聖人之温而厲，乃是天理之極致，不勉不思，自然恰好，毫髮無差處。要須見此消息，則用力矯揉，隨其所當自有準則，不至偏倚矣。不然，正恐如扶醉人也。來教所謂聖人所以處中，似非本旨，更告詳之。

伯崇近得書，講學不輟，似亦稍進。但爲偷兒入室，夜囊爲之一空，亦非貧者所宜遭也。寄示答問六條，得以見邇來用功處。然鄙意多所未安，輒敢條析以求訂正，亦未敢自以爲是也。

宗禮之亡可傷，不知後來所學如何？似未能脱去禪學也。今朋友間資質如此人亦不易得，惜其止於此耳。

編年　據書信編年、書札彙編。朱熹母祝氏於是年九月去世，此言「老幼平遺」，當在其前也。下篇同此。

答何叔京 乾道五年五月

示喻所以居官之意，甚善。昔范巽之問政於横渠，横渠告之曰「尊所聞，力所及」。願尊兄益充此心，則力之所及初亦無限量也。來使云頗招得流亡復業，及募得新民願受一廛者，此最厚下固本之良策。然更有方便，與寬得一兩項泛科，亦久遠之利，來者必益衆矣。如何？聞新倉使鄭景望甚賢，或可告語耳。

熹奉親粗遣，官期已及，再被堂帖趣行。然區區本志已不欲往，而近見交親入仕於朝，無不失其故步，學力未充，深有此懼，已遣書丐祠矣。萬一不遂，或當一行。但單行非所安，迎養又不便，只此一節，便自難處。其曲折又有非遠書所能致者。

編年　據年譜長編、書信編年。

答何叔京 乾道四年春

熹蒙喻堂記，悚仄之深。此固所不敢忘者，但題目大，未敢率爾措辭。意欲少假歲時，尚冀學有分寸之進而後爲之，庶有以窺測先志之一二而形容之，不爲虛作耳。區區此心，更望垂察，幸甚幸甚！知言一册納上，語録程憲未寄來也。所疑記善，足見思索之深。然得失亦相半，別紙具稟其詳。向者瞽説固不能無病，來誨反復，深啓蒙滯。所未安處，亦具別紙，更望提耳，幸甚幸甚！和篇之喻，非所敢當。正此沉綿，未有以爲計，何暇救人之疾乎？尹氏解「無終食違仁」處，蓋本明道先生之言而失之。明道云：「純亦不已，天德也。造次必於是，三月不違仁之氣象也。又其次，則日月至焉。此是三等人。」「人心私欲，道心天理」，此亦程氏遺言。中間疑之，後乃得其所謂。舊書中兩段録呈，有未然者，更告指喻。

編年　據書信編年。

答何叔京〔一〕淳熙初

來教云：「天地之心不可測識，惟於一陽來復，乃見其生生不窮之意，所以爲仁也。」熹謂若果如此説，則是一陽未復已前〔二〕，別有一截天地之心，漠然無生物之意，直到一陽之復，見其生生不窮，然後謂之仁也。如此則體用乖離，首尾衡決，成何道理？王弼之説便是如此，所以見闢於程子也。須知元亨利貞便是天地之心，而元爲之長，故曰「大哉乾元，萬物資始」，便是有此乾元，然後萬物資之以始，非因萬物資始然後得元之名也。

「仁者心之用，心者仁之體」，此語大有病，程子已嘗闢之矣。其下文乃有穀種之説，正是發明闢此之意。今引穀種爲説而立論乃如此，非惟不解程子所闢之意，竊恐并穀種之意而不明也。

校記 〔一〕宋閩、浙本題下皆注云：「自此至知覺言仁共五段，一云與王子合。」淳熙本此與下篇正合題爲「答王子合言仁諸説」。

〔二〕未：淳熙本作「來」。

編年 此與下篇當依淳熙本作答王子合。本篇言復卦「見天地之心」説及心體之説，卷四十九答王子合二、五書皆言復卦，二、五、十二書皆言心體，故當一時先後所作。彼數書作於淳熙初年，故此與下篇亦當作於同時。書信編年仍作答何叔京，置乾道三年、八年，不妥。

答何叔京 淳熙初

熹所謂「仁者天地生物之心，而人物之所得以爲心」，此雖出於一時之臆見，然竊自謂正發明得天人無間斷處稍似精密。若看得破，則見「仁」字與「心」字渾然一體之中自有分別，毫釐有辨之際却不破碎，恐非如來教所疑也。

性、情一物，其所以分，只爲未發已發之不同耳。若不以未發已發分之，則何者爲性，何者爲情耶？仁無不統，故惻隱無不通，此正是體用不相離之妙。若仁而不統而惻隱有不通〔一〕，則體大用小，體圓用偏矣。觀謝子爲程子所難，直得面赤汗下，是乃所謂羞惡之心者。而程子指之曰：「只此便是惻隱之心。」則可見矣。孟子此章之首但言不忍之心，因引孺子入井之事以驗之。而其後即云「由是觀之，無惻隱、羞惡、辭讓、是非之心，則非人也」，此亦可見矣。

知覺言仁，程子已明言其非〔二〕。見二十四卷。蓋以知覺言仁只説得仁之用而猶有所未盡，不若

「愛」字却説得仁之用平正周遍也〔三〕。

校記 〔一〕上「而」字：原作「無」，據宋浙本改。

〔二〕淳熙本「子」下有「亦」字。

〔三〕淳熙本「用」下有「處」字。

編年 見上篇所考。

答何叔京 淳熙中

盡心知性知天，言學者造道之事；窮理盡性至命，言聖人作易之事。

「樂天知命」，天以理言，命以付與言，非二事也。「五十而知天命」，亦知此而已矣。「知」只是知得此道理，初無它説。「不知命無以爲君子」，此「知命」字真與「知天命」不同，程子嘗言之矣。

存心養性，便是正心誠意之事。然不可謂全在致知格物之後，但必物格知至然後能盡其道耳。

「體會非心」不見横渠本語，未曉其説。

「至誠」之「至」，乃「極至」之「至」，如「至道」、「至德」之比。

「惟精惟一」固是敬，然如來諭之云，却殊不端的。「精」、「一」二字亦有分別，請并詳之。

九德之目，蓋言取人不可求備，官人當以其等耳，豈德不可僭之謂耶。

「洗心」，聖人玩辭觀象，理與心會也。「齋戒」，聖人觀變玩占，臨事而敬也。

「明德」統言在己之德本無瑕垢處，「至善」指言理之極致隨事而在處〔一〕。

蓍以七爲數，是未成卦時，所用未有定體，故其德員而神，所以知來。卦以八爲數，是因蓍之變而成，已有定體，故其德方以知，所以藏往。卦惟三易有之，皆筮法也。若灼龜而卜則謂之兆，見於周禮，可考也。

「安土」者，隨所遇而安也。「敦乎仁」者，不失其天地生物之心也。安土而敦乎仁，則無適而非仁矣，所以能愛也。「仁者樂山」之意，於此可見。

「無妄災也」，説者似已得之，不知所疑者何謂？却望批誨。

耕菑固必因時而作，然對穫畬而言，則爲首造矣。易中取象，亦不可以文害辭、辭害意。若必字字拘泥，則不耕而望穫，不菑而望畬，亦豈有此理耶？

建牧立監，與巡狩之義并行不悖。祭天、朝諸侯、躬巡撫之意，皆在其中矣。先王之政，體用兼舉，本末備具，非若後世儒者一偏之説，有體而無用，得本而遺末也。

「時習」、「三省」固未爲聖人成德事，然亦不專是初學事也，蓋通上下之言耳。

校記　〔一〕在：淳熙本作「見」。

編年　書信編年以此與下篇無考，姑置乾道八年，不妥。下篇既當依淳熙本作答王子合，作在淳熙初年，此篇疑亦當依上下之序，作於其時先後不久也，要必作於淳熙中。

答何叔京〔一〕淳熙中

公羊分陜之説可疑。蓋陜東地廣，陜西只是關中雍州之地耳，恐不應分得如此不均。周公在外，而其詩爲王者之風；召公在内，而其詩爲諸侯之風，似皆有礙。陳少南以其有礙，遂創爲分岐東西之説。不惟穿鑿無據，而召公所分之地愈見促狹，蓋僅得今隴西天水數郡之地耳，恐亦無此理。二南篇義但當以程子之説爲正。

邶、鄘、衛之詩未詳其説，然非詩之本義，不足深究。歐公此論得之。

「罪人斯得」，前書已具報矣，不知看得如何？此等處須著個極廣大無物我底心胸看方得，若有一毫私吝自愛、惜避嫌疑之心，即與聖人做處天地懸隔矣。萬一成王終不悟，周公更待罪幾年，不知如何收殺？胡氏家録有一段論此，極有意思，深思之，如何？

「倬彼雲漢」，則爲章于天矣。周王壽考，則何不作人乎？遐之爲言何也。此等語言自有個血脉流通處，但涵泳久之，自然見得條暢浹洽，不必多引外來道理言語，却壅滯却詩人活底意思也。周王既是壽考，豈不作成人材？此事已自分明；更著個「倬彼雲漢，爲章于天」，唤起來便愈見活潑潑地。此六義所謂「興」也。「興」乃興起之義，凡言興者，皆當以此例觀之。易以言不盡意而立象以盡意，蓋亦如此。

校記　〔一〕淳熙本題爲「答王子合問詩諸説」。

編年 此篇當依淳熙本作答王子合。卷四十九答王子合諸書大多作於淳熙中，而淳熙本所收之文截止淳熙十六年，故此篇作於淳熙中無疑。

答何叔京 乾道五年冬

後書所論持守之説，有所未喻。所較雖不多，然此乃實下功夫田地，不容小有差互。嘗與季通論之，季通以爲尊兄天資粹美，自無紛擾之患，故不察夫用力之難而言之之易如此。此語甚當，然熹竊觀尊兄平日之容貌之間，從容和易之意有餘，而於莊整齊肅之功終若有所不足。豈其所存不主於敬，是以不免於若存若亡而不自覺其舍而失之乎？二先生拈出「敬」之一字，真聖學之綱領，存養之要法，一主乎此，更無内外精粗之間，固非謂但制之於外則無事於存也。所謂「既能勿忘勿助，則安有不敬」者，乃似以敬爲功效之名，恐其失之益遠矣。更請會集二先生言敬處子細尋繹，自當見之。

編年 據書信編年。

答何叔京 乾道六年

持敬之説，前書亦未盡。今見嵩卿，具道尊意，乃得其所以差者。蓋此心操之則存，而敬者所以操之之道也。尊兄乃於覺而操之之際，指其覺者便以爲存，而於操之之道不復致力，此所以不惟立説之偏，而於日用功夫亦有所間斷而不周也。愚意竊謂正當就此覺處敬以操之，使之常存而常覺，是乃乾坤易簡交相爲用之妙。若便以覺爲存而不加持敬之功，則恐一日之間存者無幾何，而不存者什八九矣。願尊兄以是察之，或有取於愚言耳。所喻旁搜廣引，頗費筋力者，亦所未喻。義理未明，正須反復鑽研，參互考證，然後可以得正而無失。古人所謂博學、審問、慎思、明辯者，正爲是也。奈何憚於一時之費力而草草自欺乎？竊謂高明之病或恐正在於此，試反求之，當自見矣。

編年 據書信編年。

答何叔京 乾道六年

持敬之説，前書已詳禀矣。如今所喻先存其心，然後能視聽言動以禮，則是存則操、亡則舍，而非操則存、舍則亡之謂也。「由乎中而應乎外」，乃四箴序中語。然此一句但説理之自然，下句「制之於外所以養其中」，方是説下功夫處。以箴語考之可見矣。若必曰先存其心，則未知所以存者果若何而著力邪？去冬嘗有一書，請類集程子言敬處考之，此最直截。竊觀累書之諭，似未肯於此加功也，豈憚於費力而不爲邪？

編年 據書信編年。

答何叔京 乾道六年

示喻根本之説，敢不承命。但根本枝葉本是一貫，身心内外元無間隔。今曰專存諸内而略夫外，則是自爲間隔，而此心流行之全體常得其半而失其半也。曷若動静語默由中及外，無一事之不敬，使心之全體流行周浹而無一物之不遍，無一息之不存哉。觀二先生之論心術，不曰「存心」而曰「主敬」，其論主敬，不曰虚静淵默而必謹之於衣冠容貌之間，其亦可謂言近而指遠矣。今乃曰「不教人從根本上做起而便語以敬，往往一向外馳，無可據守」，則不察乎此之過也。夫天下豈有一向外馳、無所據守之敬哉？必如所論，則所以存夫根本者，不免著意安排、揠苗助長之患。否則雖曰存之，亦且若存若亡，莫知其鄉而不自覺矣。愚見如此，伏惟試反諸身而察焉。有所未安，却望垂教也。太極中正仁義之説，玩之甚熟。此書條暢洞達，絶無可疑。只以「乾，元亨利貞」五字括之，亦自可盡。大抵只要識得上下主賓之辨耳。

編年 據書信編年。

答何叔京 淳熙元年冬

伏蒙示及心説，甚善，然恐或有所未盡。蓋入而存者即是真心，出而亡者亦此真心，爲物誘而然耳。今以存亡出入皆爲物誘所致，則是所存之外别有真心，而於孔子之言乃不及之，何邪？

子重所論，病亦如此，而子約又欲并其出而亡者不分真妄，皆爲神明不測之妙，二者蓋胥失之。熹向答二公，有所未盡，後來答游誠之一段方稍穩當。今謹録呈，幸乞指誨。然心之體用始終雖有真妄邪正之分，其實莫非神明不測之妙。雖皆神明不測之妙，而其真妄邪正又不可不分耳。不審尊意以爲如何？

潘君之論，則異乎所聞矣。其所誦説環溪之書雖未之見，然以其言考之，豈其父嘗見環溪，而環溪者，即濂溪之子元翁兄弟也歟？元翁與蘇、黄游，學佛談禪，蓋失其家學之傳已久，其言固不足據。且潘君者又豈非清逸家子弟耶？清逸之子亦參禪，雖或及識濂溪，然其學則異矣。今且據此書論之，只文字語言便與太極、通書等絶不相類。蓋通書文雖高簡，而體實淵慤，且其所論不出乎陰陽變化、修己治人之事，未嘗劇談無物之先、文字之外也。而此書乃謂「中」爲有物，而必求其所在於未生之前，則是禪家本來面目之緒餘耳。殊不知「中」者，特無偏倚、過不及之名，以狀性之體段；而所謂性者，三才、五行、萬物之理而已矣，非有一物先立乎未生之前而獨存乎既没之後也。其曰執，曰用，曰建，亦體此理以修己治人而已矣，非有一物可以握持運用而建立之也。通書論「中」但云：「中者，和也，中節也。」又曰：「中焉止矣。」周子之意尤爲明白。其後所謂立象示人以乾元爲主者，尤爲誑誕無稽。大概本不足辨，以來教未有定論，故略言之。因來誨諭，幸甚幸甚！

編年　據書信編年、書札彙編。

答何叔京 淳熙元年冬

心説已喻，但所謂「聖人之心如明鏡止水，天理純全」者，即是存處。但聖人則不操而常存耳，衆人則操而存之。方其存時，亦是如此，但不操則不存耳。存者，道心也；亡者，人心也。心一也，非是實有此二心，各爲一物，不相交涉也，但以存亡而異其名耳。方其亡也，固非心之本；然亦不可謂别是一個有存亡出入之心，却待反本還原，别求一個無存亡出入之心來换却。只是此心但不存便亡，不亡便存，中間無空隙處。所以學者必汲汲於操存，而雖舜、禹之間，亦以精一爲戒也。且如世之有安危治亂，雖堯舜之聖，亦只是有治安而無危亂耳，豈可謂堯舜之世無安危治亂之可名邪？如此則便是向來胡氏性無善惡之説。請更思之，却以見教。

編年 據書信編年、書札彙編。

評論 劉洪謨叙朱子文集大全：蓋朱子四十以前，如存齋記、答何叔京二書，專説求心見心，是猶馳心玄妙，未悟天理時語也。

答何叔京 淳熙元年

承示近文，伏讀一再，適此冗中，未及子細研味。但如云「仁義者，天理之施」，此語極未安。如此則是天理之未施時，未有仁義也，而可乎？心性仁愛之説所以未契，正坐此等處未透耳。竊意不若云「仁義者，天理之目；而慈愛羞惡者，天理之施」。於此看得分明，則性、情之分可見，而前日所疑皆可迎刃而判矣。

編年　據書信編年。

答何叔京 淳熙元年

天理既渾然，然既謂之理，則便是個有條理底名字。故其中所謂仁、義、禮、智四者，合下便各有一個道理，不相混雜。以其未發，莫見端緒，不可以一理名，是以謂之渾然。非是渾然裏面都無分别，而仁、義、禮、智却是後來旋次生出四件有形有狀之物也。須知天理只是仁、義、禮、智之總名，仁、義、禮、智便是天理之件數。更以程子好學論首章求之，即可見得。果然見得，即心性仁愛之説皆不辨而自明矣。

編年　據書信編年。

答何叔京 乾道八年

未發之前，太極之静而陰也。已發之後，太極之動而陽也。其未發也，敬爲之主而義已具；其已發也，必主於義而敬行焉。則何間斷之有哉。

主敬存養雖説必有事焉，然未有思慮作爲，亦静而已。所謂静者，固非槁木死灰之謂；而所謂必有事者，亦豈求中之謂哉。

「真而静」是兩字，「純一無僞」却只説得「真」字。

仁是用功親切之效，心是本來完全之物。人雖本有是心，而功夫不到，則無以見其本體之妙。故熹向者妄謂人有是心而或不仁，則無以著此心之妙，以此故爾，非謂旋安排也，但著字差重耳。然舍此又未有字可下，只此似亦不妨。若下句則似初無病。「仁是用功親切之效」，此句有病，後別有説。

心主於身，其所以爲體者性也，所以爲用者情也。是以貫乎動静而無不在焉。以此言之，已似太粗露了，何得更爲無著莫乎？

孟子雖多言存養，然不及其目。至論養氣，則只以義爲主，比之顔子便覺有疏闊處。程子之言，恐不專爲所禀與氣象。蓋所學繫於所禀，氣象又繫於所學，疏則皆疏，密則皆密，唯大而化之，然後不論此耳。

「雨木冰」，上温，故雨而不雪；下冷，故著木而冰。

答楊庚書論存心明理、主敬窮理兩段意好，然無總攝，却似相反，使人不知所先後。要之須説二字交相養、互相發而操存者爲主，乃分明耳。

答作肅書所謂「性理之本」，此語未安。夫本，對末之名也，今以性爲理之本，然則以理爲性之末，可乎？所引「元者，善之長」，爲比亦不類。元在衆善之先，故爲衆善之長，與此文意自不同也。吕與叔云「中者道之所由出」，程子以爲若謂道出於中，則道在中内別爲一物，正今日之異同也。「覺」與「動」字固不同，然「覺」字須貫動静而無不在。若睡覺之喻，則是動静分屬性、情，只留得中間些子欲動未動處屬心也，與前所謂心無時不在者亦自相矛盾矣。又云「心、情亦可通言」，而又云「情即心也」，此皆未安。又難作肅云：「性者理之會，是性本無，須待理會於此方以爲性。」此亦非也。所謂理之會者，猶曰「衆理之總會處」爾。又所引「率性之謂道」，亦正是吕氏之説。熹向説此三句語雖未瑩，然却是程子意。見東見録。試參考之，或有取爾。又云「所以言性理之本，以其一源也」，此亦未安。體用是兩物而不相離，故可以言一源。「性理」兩字即非兩物，謂之一源，却倒説開了。餘已見答作肅書。

出母有服，所論得之。記得儀禮却説爲父後者則無服，此尊祖敬宗、家無二主之意。先王制作精微不苟蓋如此。子上若是子思嫡長子，自合用此禮，而子思却不如此説，此則可疑。竊意檀弓所記必有失其傳者。

云「能不改樂，仁便在此」，亦未安，唯仁故能不改樂耳。

云「敬久則誠，誠者忠信之積」，此語恐未安。

光武雖名中興，實同創業，所立廟制以義起之，似亦中節。不審果何如？更望參訂也。餘論皆當，向見胡明仲侍郎論李固事，亦正如此也。

編年　據書信編年。

答何叔京乾道八年

人之本心無有不仁，但既汩於物欲而失之，便須用功親切，方可復得其本心之仁。故前書有「仁是用功親切之效」之説。以今觀之，只説得下一截。「心是本來完全之物」，又却只説得上一截。然則兩語非有病，但不圓耳。若云心是通貫始終之物，仁是心體本來之妙；汩於物欲，則雖有是心而失其本然之妙，惟用功親切者爲能復之，如此則庶幾近之矣。孟子之言固是渾然，然人未嘗無是心，而或至於不仁，只是失其本心之妙而然耳。然則「仁」字「心」字亦須略有分別始得。記得李先生説孟子言「仁，人心也」，不是將「心」訓「仁」字，此説最有味，試思之。

顔、孟氣象，此亦難以空言指説，正當熟讀其書而玩味之耳。

「體用一源」者，自理而觀，則理爲體，象爲用，而理中有象，是一源也。「顯微無間」者，自象而觀，則象爲顯，理爲微，而象中有理，是無間也。先生後答語意甚明，子細消詳，便見歸著。且既曰有理而後有象，則理象便非一物。故伊川但言其一源與無間耳。其實體用顯微之分，則不能無也。今曰理象一物，不必分別，恐陷於近日含胡之弊，不可不察。

「天命之謂性」，有是性便有許多道理總在裏許。故曰性便是理之所會之地，非謂先有無理之性而待其來會於此也。但以伊川「性即理也」一句觀之，亦自可見矣。「心妙性情之德」，「妙」字是主宰運用之意。又所引「孝，德之本」雖不可以本末言，然孝是德中之一事，此孝德爲本而彼衆德爲末耳。今曰「性，理之本」，則謂性是理中之一事，可乎？又云天下之理皆宗本於此，則是天下之理從性生出而在性之外矣，其爲兩物，不亦大乎？記得前書所引程、吕答問者似已盡之，更乞詳考。

光武之事，始者特疑其可以義起耳，非以爲正法當然也。所論立伯升之子以奉私廟，此最得之。但成、哀以下，即陵爲廟，似已允當。蓋彼皆致寇亡國之君，又未嘗命光武以興復，自不當更立廟於京師也。如漢獻帝、晋懷帝又不同，蓋昭烈、元帝嘗受二帝之命矣。此等事乃禮之變節，須精於義理，乃能於毫釐之間處之不差。若只守常執一，便不相應。如温公、伊川論濮園事之不同，亦可見矣。

龜山「人欲非性」之語自好，昨來胡氏深非之。近因廣仲來問，熹答之云云。此與廣仲書隨其所問而答之，故與今所諭者不相似，不能盡録。然觀來教謂不知自何而有此人欲，此問甚緊切。熹竊以謂人欲云者，正天理之反耳。謂因天理而有人欲則可，謂人欲亦是天理則不可。蓋天理中本無人欲，惟其流之有差，遂生出人欲來。程子謂善惡皆天理，此句若甚可駭。謂之惡者本非惡，此句便都轉了。但過與不及便如此。自何而有此人欲之問，此句答了。所引惡亦不可不謂之性，意亦如此。

編年　據書信編年。

答何叔京 乾道五年以後

示喻必先盡心知性，識其本根，然後致持養之功，此意甚善。然此心此性人皆有之，所以不識者，物欲昏之耳。欲識此本根，亦須合下且識得個持養功夫次第而加功焉，方始見得。見得之後，又不舍其持養之功，方始守得。蓋初不從外來，只持養得便自著見，但要窮理功夫互相發耳。來喻必欲先識本根〔一〕，而不言所以識之之道，恐亦未免成兩截也。主於滅者，以進爲文；主於盈者，以反爲文，中間便自有個恰好處，所謂性情之正也。此固不離於中和，然只喚作中和，便說殺了。須更玩味，進反之間，見得一個恰好處，方是實識得中和也。

學、仕是兩事，然却有互相發處。

「毋不敬」，是統言主宰處。「儼若思」，敬者之貌也。「安定辭」，敬者之言也。「安民哉」，敬者之效也。此只言大綱本領，而事無過舉，自在其中。若只以事無過舉可以安民爲說，則氣象淺迫，無涵畜矣。

「敬則心有主宰而無偏系」，惟勿忘勿助者知之。

「體物而不可遺」，今人讀此句多脱却「可」字，故說不行。當知鬼神之妙始終萬物，物莫得而遁焉，所謂不可遺也。

窮盡物理，然後好善如好色，惡惡如惡臭，故必知至而後意誠。

校記 〔一〕宋浙本「識」下有「其」字。

編年 據書信編年。

答何叔京 淳熙元年

雖曰未學，吾必謂之學矣。

天下之理有大小本末，皆天理之不可無者。故學者之務有緩急先後而不可以偏廢。但不可使末勝本、緩先急耳。觀聖人所謂「行有餘力則以學文」者，其語意正如此。若子夏之論，則矯枉過其正矣。故吳才老病其言，蓋有見於此者。來喻之云，却似未領其意。唯呂伯恭謂才老蓋以記誦爲學者，故其言雖若有理，然其意之所主則偏矣。此論爲得之。蓋意偏論正，自不相妨也。

三年無改於父之道。

來喻云：「父或行有不善，子不爲則可矣，何改之有？」熹謂「不爲」便是改，聖人之意，正要於此處之得宜耳。此章之指初不爲有國家者設也，大意不忍改之心是根本處，而其事之權衡，則游氏之説盡之。試詳考之可見。龜山之説施於此章，誠非本文之意。然其所謂不忍死其親者，恐與之死致生之病不同，幸詳之。

小大由之。

當依伊川説。但「人自少時」即讀屬下句，故今乍見其説突兀耳。平心味之，自見歸著，省無限氣力也。若屬下句，即上句説不來，又與「知和而和」意思重疊。

信近於義。

來喻云「信必踐，言則復，言非信也」，此句熹所未曉。

蜡賓之問，當時必有來歷。恐傳者或失其真，故其言不能無失耳。

伯恭夷齊之論大概得之。讓國之事，若使柳下惠、少連處之，不知又當如何，恐未遽飄然遠引也。

「危論」等語，此或者道伯恭之言，其間頗有可疑處，故因書扣之。而伯恭自辨如前所云耳。「隨時」云者，正謂或危或孫，無不可隨之時耳。若曰當視時之可隨與否，則非聖人所謂隨時矣。

「專心致志」等語，正是教人如此著力。教者但務講明義理，分別是非，而學者泛然聽之，若存若亡，則亦何由入於胸次而有所醒悟邪。

仁愛之説，累書言之已詳，請更檢看。更并仁、義、禮、智四字分别區處，令各有去著，則自當見之。不欲多言，以取瀆告之咎也。若如來喻，則孟子「惻隱之心，仁之端也」，此語亦當有病。當云「公覺之心，仁之端也」，乃爲備耳。如此立言，有何干涉乎？

編年　據書信編年。

朱熹文集編年評注卷四十一

書知舊門人問答

答馮作肅乾道二年至八年

所諭兩條，如叔京兄所論孔子非沮子貢，乃勉其進，此意甚善。而作肅所疑，亦有不得不疑者。但此章自不必别爲之説，但看伊川先生解云：「我不欲人之加諸我，吾亦欲無加諸人，仁也。己所不欲，勿施於人，恕也。恕則子貢可勉而能，仁則非子貢之所及。」此意極分明矣。博施濟衆之問與此語先後不可考，疑却因能近取譬之言用力有功，而有欲無加人之説也。熹嘗謂欲立人、欲達人，即子貢所謂「欲無加人」，仁之事也。能近取譬，求仁之方，即孔子所謂「勿施於人」，恕之事也。熟玩文意，似當如此。然諸先達未之嘗言，未知是否。幸試思之，更白叔京兄質其可否，復以見諭，幸甚！又所引與點爲證，恐聖人與點之意不止如此，亦可并商量也。

編年　據書信編年，此與下二篇當作於乾道八年以前。而據卷四十答何叔京一，朱熹始交叔京在乾道二年。此書言及其人，與有講論，故不得早於乾道二年也。

答馮作肅 乾道二年至八年

所論懲創後生妄作之弊甚善，然亦不可以此而緩於窮理。但勿好異求新，非人是己，則知識益明而無穿穴之害矣。若因陋畜疑，不爲勇決之計，又非所以矯氣質之偏而進乎日新也。

編年 見上篇所考。

答馮作肅 乾道二年至八年

示論頗爲他慮所牽，不得一意講習，只得且將明白義理澆灌涵養，令此義理之心常勝，便是緊切功夫，久之須得力也。

編年 見第一書所考。

答馮作肅 乾道八年

敬義之説甚善，然居敬、窮理二者不可偏廢，有所偏廢則德孤而無所利矣。「動静，仁智之體」，對下文「樂壽爲仁智之效」而言，猶言其體段如此耳，非體用之謂也。學者求爲仁智之事，亦只如上章居敬、窮理之説，便是用力處。若欲動中求静，静中求動，却太支離，然亦無可求之理也。

以伊尹爲天民，蓋以其事言之。如耕莘應聘之事，即分明見得有此蹤迹也。治亦進，亂亦進，是指五就湯、五就桀而言，乃是就湯之後，以湯之心爲心，非不待可行而遽行之謂也。傅説是大賢，比伊尹須少貶，其見可而後行雖同，但所以行者或不及耳。周、孔又高，直是正己而物正之事，「可行而行」，亦有所不足道矣。

二南乃天子諸侯燕樂，用之鄉人，用之邦國，所以風天下也。然隨事自有正樂者，則兼及之，如燕禮自有鹿鳴等詩。無正樂者，則專用之。如鄉飲酒别無詩也。恐是如此，然亦未及考也。

可欲之善與繼善之善同，有諸己之信與成之者性理雖一，而所施則異，當更深察之。

性情等説有已見叔京書者，但所與嵩卿論者，今議其得失於此。嵩卿云：「理即性也，不可言本。」此言得之。程子亦云性即理也，今見遺書二十二上。但其下分别感有内外，則有病。作肅非之，是也。作肅又云：「性者自然，理則必然而不可悖亂者。」此意亦近之。語亦有病。但下云「理不待性而後有，必因性而後著」，此則有大病。蓋如此則以性與理爲二也。下云「性者理之會」却好，「理者性之通」則又未然。蓋理便是性之所有之理，性便是理之所會之地，而嵩卿失之於太無分别，作肅又失之於太分别，所以各人只説得一邊也。作肅云：「情本於性，故與性爲對。心則於斯二者有所知覺而能爲之統御者也。未動而無以統之，則空寂而已；已動而無以統之，則放肆而已。」此數句却好，但必以不動爲心，則又非矣。若心本不動，則孟子又何必四十而後不動心乎？須知未動爲性，已動爲情，心則貫乎動静而無不在焉，則知三者之説矣。知言曰：「性立天下之有，情效天下之動，心妙性情之德。」此言甚精密，與其他説話不同。試玩味之，則知所言之失矣。

編年 據書信編年。

答連嵩卿 淳熙元年

「正顔色斯近信矣」，此言持養久熟之功。正其顔色，即近於信，蓋表裏如一，非但色莊而已。以上下兩句考之可見，非謂正顔色即是近信也。若非持養有素，則正顔色而不近信者多矣。宿諸者，未有以副其諾而預諾之，如今人未有此物而先以此物許人之類。集解不用此義〔一〕。盡心以見處而言，盡性以行處而言。

易簀結纓，未須論優劣，但看古人謹於禮法，不以死生之變易其所守如此，便使人有行一不義、殺一不辜而得天下不爲之心，此是緊要處。子路仕衛之失，前輩論之多矣。然子路却是見不到，非知其非義而苟爲也。

以道左爲無用，則道乃無用之物也，而可乎？但仁是直指人心親切之妙，道是統言義理公共之名，故其言有親疏，其實則無二物也。中庸曰「修道以仁」，胡子亦謂「人而不仁則道義息」，意亦可見。

「天地設位而易行乎其中」，以造化言之也。「乾坤成列而易立乎其中」，以卦位言之也。乾者萬物之始，對坤而言，天地之道也。元者萬物之始，對亨、利、貞而言，四時之序也。錯綜求之，其義乃盡。

功用妙用之説，來諭得之。

所謂天地之性即我之性，豈有死而遽亡之理，此説亦未爲非。但不知爲此説者以天地爲主耶，以我爲主耶？若以天地爲主，則此性即自是天地間一個公共道理，更無人物彼此之間、死生古今之別。雖曰死而不亡，然非有我之得私矣。若以我爲主，則只是於自己身上認得一個精神魂魄有知有覺之物，即便目爲己性，把持作弄，到死不肯放舍。謂之死而不亡，是乃私意之尤者，尚何足與語死生之説、性命之理哉。釋氏之學本是如此，今其徒之黠者往往自知其陋而稍諱之，却去上頭別説一般玄妙道理，雖若滉漾不可致詰，然其歸宿實不外此。若果如此，則是一個天地性中別有若干人物之性，每性各有界限，不相交雜，改名換姓，自生自死，更不由天地陰陽造化，而爲天地陰陽者亦無所施其造化矣。是豈有此理乎？煩以此問子晦，渠必有説，却以見諭。

校記 〔一〕宋浙本「不」上有「已」字。

編年 據書信編年。

答連嵩卿〔一〕 淳熙元年以後

「爲其多聞也，爲其賢也」，多聞何以謂之師？夫賢有小大，記曰：「以人望人則賢者可知。」至於多識前言往行以畜其德，易之大畜〔二〕，故可以爲師。

賢與多聞細分固當有別，但若只如此理會，則與王氏新經何異？恐不必深致意也。下段春秋補助之説放此。

「配義與道」，而不言仁，充塞天地之間，則仁在其中矣。孟子言氣主於集義故也。

更熟看上下文，子細思索，不可只如此草草説過。

樂正子「有諸己之謂信」與「反身而誠則能動人也」，如何？信有諸己，誠則能動人也。

信與誠大概相似，但反身而誠所指處地位稍高，亦未論能動人否也。

孟子不見儲子，謂其儀不及物。夫儲子之平陸，特遣人致幣，交於孟子，則其接也不以禮。孟子何以受其幣而不見？豈非不屑教誨之道，與孔子不見孺悲而鼓瑟之義同？

初不自來，但以幣交，未爲非禮。但孟子既受之，後便當來見，而又不來，則其誠之不至可知矣。故孟子過而不見，施報之宜也，亦不屑之教誨也。

楚令尹子南之子棄疾、雍糾之妻，一告而殺夫，一不告而殺父，二者亦不幸而遇此。然當如何爲正？

居二者之間，調護勸止，使不至於相夷者，上也。勸之不從，死而以身悟之，次也。舍是亦無策矣。

桓公不足以有爲，民不免左衽。管仲之不死，得爲仁乎？或以爲管仲自信其才，雖不遇，而仲之仁自若也。若夫成功，則天也。孔子許管仲以仁，正以其功言之耳，非以管仲爲仁人也。若其無功，又何得爲仁乎。

校記 〔一〕連：原缺，據宋閩、浙本補。

〔二〕此句疑當爲小注。

編年 據書信編年。

答連嵩卿 淳熙元年以後

「恭敬」二字，語、孟言之多矣〔一〕。如「敬而無失，與人恭而有禮」，「居處恭，執事敬」，「行己也恭，事上也敬」，「責難於君謂之恭，陳善閉邪謂之敬」。伊川先生言發於外者謂之恭，有諸中者謂之敬，蓋恭敬只一理表裏之言。以此意解語、孟之言似不契，莫是有輕重否？

恭主容，敬主事。自學者而言，則恭不如敬之力。自成德而言，則敬不如恭之安。

鬼神憑依，此亦有理，「莫見乎隱，莫顯乎微」而已。此莫只是誠之不可掩，感而遂通之意否？

鬼神憑依之說，大概固然。然先生蓋難言之，亦不可不識其意也。

窮神則無易矣。

此言人能窮神，則易之道在我矣，豈復別有易哉。

乾是聖人道理，坤是賢人道理。

乾是自然而然，坤便有用力處。

論性不論氣不備，論氣不論性不明。

論性不論氣，則無以見生質之異；論氣不論性，則無以見理義之同。

兵法遠交近攻，須是審行此道。智崇禮卑之意。蓋學者其知要高明，其行須切近。「立則見其參於前」，所見者何事？竊謂言忠信、行篤敬，所主者誠敬而已。所主者既誠敬，則所見者亦此理而無妄矣。故坐必如尸，立必如齊，此理未嘗不在前也。

二說皆善。

顏淵問仁，孔子告之以仁與禮。仁與禮果異乎？竊謂五常百行，理無不貫。仁者人此者也，義者宜此，禮者履此。仁之與禮，其命名雖不同，各有所當，皆天理也。人之所以滅天理者，以爲人欲所勝耳。人能克去己私，則天理自復〔二〕，動容周旋中禮，仁孰大焉！

仁禮之說亦得之，但仁其統體，而禮其節文耳。

校記　〔一〕言之：原倒，據淳熙本乙。

〔二〕自：原作「者」，據宋浙本改。

編年　據書信編年。

答連嵩卿 淳熙元年以後

「德輶如毛，民鮮克舉之」，孔子所謂爲仁由己也。仁以爲己任，不亦重乎？程子所謂克己最難也。周子亦曰：「至易而行難，果而確，無難焉。」蓋輕故易，重故難。知其易故行之必果，知其難則守之宜確。能果能確，則又何難之有乎？恐不必引堯舜病諸，以爲任重之證也。

死生有命，言禀之素定，非今日所能移。富貴在天，言制之在彼，非人力所能致。如所諭却費力也。

天下歸仁，熟考經文及程氏説，似只謂天下之人以仁歸之，與呂氏贊不同。蓋事事合理則人莫不稱其仁，如宗族稱孝，鄉黨稱悌之比。若有毫髮之私留於胸中，則見乎外者必有所不可掩矣，人亦必以其實而稱之，又何歸仁之有？

「知化」只是知化育之道，不必以知爲主。但「窮神知化」、「存神過化」，伊川、横渠説此二義皆不同。試考其説，當孰從耶？

忠、質、文不見於經，然亦有理。蓋忠則只是誠實，質便有損文就質之意矣。

曾子言「仁，人此」、「義，宜此」，只就孝上説。孟子言仁之實、義之實，則兼孝悌而言。程子言此雖只是一理，然須分别得出，是亦理一而分殊之意。大凡道理皆如此也。此是説遺書第一卷中「仁，人此」一段。

「夫仁者，己欲立而立人，己欲達而達人」，所謂以己及物，仁也。「能近取譬，可謂仁之方也已」，所謂推己及物，恕也。

「并行不悖」一章甚善，此君子所以不謂命也。但堯、舜、孔子爲疏戚之異，似未然。此各是發明一事，皆不以天而廢人者。然所謂人者，是亦天而已矣。此所以并行而不相悖也。

編年 據書信編年。

答程允夫 洵 紹興三十年

讀蘇氏書，愛其議論不爲空言，竊敬慕焉。

蘇氏議論切近事情，固有可喜處，然亦譎矣。至於衒浮華而忘本實，貴通達而賤名檢，此其爲害，又不但空言而已。然則其所謂可喜者，考其要歸，恐亦未免於空言也。

爲學之道，戛戛乎難哉！

爲學之道至簡至易，但患不知其方而溺心於淺近無用之地，則反見其難耳。

潁濱「浩然」一段，未知所去取。

反復讀孟子此章，則蘇氏之失自見。

孟子集解先録要切處一二事，如論養氣、論性之類。

孟子集解雖已具稿，然尚多所疑，無人商確。此二義尤難明，豈敢輕爲之説而妄以示人乎？

來書謂此二義爲甚切處〔一〕，固然。然學者當自博而約，自易而難，自近而遠，自下而高，乃得其序。今舍七篇而直欲論此，是躐等也。爲學之序不當如此。而來書指顧須索，氣象輕肆，其病尤大。

窮理之要，不必深求。先儒所謂「行得即是」者，此最至論。若論雖高而不可行，失之迂且矯，此所謂過猶不及，其爲失中一也。

「窮理之要不必深求」，此語有大病，殊駭聞聽。「行得即是」固爲至論，然窮理不深，則安知所行之可否哉。宰予以短喪爲安，是以不可爲可也。子路以正名爲迂，是以可爲不可也。彼親見聖人，日聞善誘，猶有是失，况於餘人，恐不但如此而已。窮理既明，則理之所在動必由之，無論高而不可行之理。但世俗以苟且淺近之見謂之不可行耳。如行不由徑，固世俗之所謂迂；不行私謁，固世俗之所謂矯，又豈知理之所在，言之雖若甚高，而未嘗不可行哉。理之所在，即是中道。惟窮之不深，則無所準則而有過不及之患。未有窮理既深而反有此患也。易曰：「精義入神，以致用也。」蓋惟如此，然後可以應務，未至於此，則凡所作爲皆出於私意之鑿，冥行而已。雖使或中，君子不貴也。

前所論蘇潁濱，正以其行事爲可法耳。

蘇黄門謂之近世名卿則可，前書以顔子方之，僕不得不論也。今此所論，又以爲行事可法。本朝人物最盛，行事可法者甚衆，不但蘇公而已。大抵學者貴於知道，蘇公早拾蘇、張之緒餘，晚醉佛老之糟粕，謂之知道，可乎？古史中論黄帝、堯、舜、禹、益、子路、管仲、曾子、子思、孟子、老聃之屬，皆不中理，未易概舉。但其辨足以文之，世之學者窮理不深，因爲所眩耳。僕數年前亦嘗惑焉，近歲始覺其繆。

所謂行事者，内以處己，外以應物，内外俱盡，乃可無悔。古人所貴於時中者，此也。不然，得於己而失於物，是亦獨行而已矣。

處己接物，内外無二道也。得於己而失於物者無之。故凡失於物者，皆未得於己者也。然得謂得此理，失謂失此理，非世俗所謂得失也。若世俗所謂得失者，則非君子所當論矣。時中之説，亦未易言。若如來諭，則是安常習故，同流合污，小人無忌憚之中庸，後漢之胡廣是也，豈所謂時中者哉。大抵俗學多爲此説，以開苟且放肆之地，而爲蘇學者爲尤甚。蓋其源流如此，其誤後學多矣。

校記 〔一〕甚：宋浙本、明天順本作「要」。

編年 據年譜長編、書信編年。

答程允夫 紹興三十年

所示詩文筆力甚快，書中所云，則未敢聞命。別紙條析以往，試熟看數過，當自見得。大抵自道學不明，千有餘年，爲士者習於耳目見聞之陋，所識所趣不過如此。如欲爲文章之士而已，則以吾弟之才少加勉勵，自應不在人後；但不當妄談義理，徒取誚於識者。若果有意於古人之學，則如所示，皆未得其門而入者。要須把作一件大事，深思力究，厚養力行，然後可議耳。但恐浮艷之詞染習已深，未能勇決，棄彼而取此，則非僕之所敢知也。

編年 據書信編年。

答程允夫 紹興三十年

熹承寄示前書，所諭皆未中理，不得不相曉。來書謂熹之言乃論蘇氏之粗者，不知如何而論，乃得蘇氏之精者？此在吾弟必更有説。然熹則以爲道一而已，正則表裏皆正，譎則表裏皆譎，豈可以析精粗爲二致？此正不知道之過也。

又謂洗垢索瘢，則孟子以下皆有可論，此非獨不見蘇氏之失，又并孟子而不知也。夫蘇氏之失著矣，知道愈明，見之愈切，雖欲爲之覆藏而不可得，何待洗垢而索之耶。若孟子，則如青天白日，無垢可洗，無瘢可索。今欲掩蘇氏之疵而援以爲比，豈不適所以彰之耶？黄門比之乃兄，似稍簡静。然謂簡静爲有道，則與子張之指清忠爲仁何以異？第深考孔子所答之意，則知簡静之與有道蓋有間矣。況蘇公雖名簡静，而實陰險。元祐末年，規取相位，力引小人楊畏，使傾范忠宣公而以己代之。既不效矣，則誦其彈文於坐，以動范公。此豈有道君子所爲哉。此非熹之言，前輩固已筆之於書矣。吾弟乃謂其躬行不後二程，何其考之不詳而言之之易也！二程之學始焉未得其要，是以出入於佛老。及其反求而得諸六經也，則豈固以佛老爲是哉。如蘇氏之學，則方其年少氣豪，固嘗妄觝禪學，如大悲閣、中和院等記可見矣。及其中歲，流落不偶，鬱鬱失志，然後匍匐而歸焉，始終迷惑，進退無據。以比程氏，正揚子「先病後瘳，先瘳後病」之說。吾弟比而同之，是又欲洗垢而索孟子之瘢也。

又謂程氏於佛老之言皆陽抑而陰用之〔一〕，夫竊人之財猶謂之盜，況程氏之學以誠爲宗，今乃陰竊異端之説而公排之以蓋其迹，不亦盜憎主人之意乎？必若是言，則所謂誠者安在，而吾弟之所以敬仰之意果何謂也。挾天子以令諸侯，乃權臣跋扈，借資以取重於天下，豈真尊主者哉。若儒者論道而以是爲心，則亦非真尊六經者。此其心術之間反覆畔援〔二〕，去道已不啻百千萬里之遠，方且自爲邪説詖行之不暇，又何暇攻百氏而望其服於己也。

凡此皆蘇氏心術之蔽，故其吐辭立論，出於此者十而八九。吾弟讀之，愛其文辭之工而不察其義理之悖，日往月來，遂與之化，如入鮑魚之肆，久則不聞其臭矣。而此道之傳，無聲色臭味之可娱，非若侈麗閎衍之辭，縱横捭闔之辨，有以眩世俗之耳目而蠱其心。自非真能洗心滌慮以入其中，真積力久，卓然自見道體之不二，不容復有毫髮邪妄雜於其間，則豈肯遽然舍其平生之所尊敬向慕者而信此一夫之口哉。故伊川之爲明道墓表曰：「學者於道知所向，然後見斯人之爲功；知所至，然後見斯名之稱情。」蓋爲此也。然世衰道微，邪僞交熾，士溺於見聞之陋，各自是其所是，若非痛加剖析，使邪正真僞判然有歸，則學者將何所適從以知所向？況欲望其至之乎？此熹之所不得不爲吾弟極言而忘其僭越之罪也。

程氏書布在天下，所至有之。此間所有，不過是耳。謾寄大全集一本、龜山語録一本去。大全中有他人之文，目録中已題出矣。恐已自有之，如未有，且留看，夏中寄來未晚也。程氏高弟尹公嘗謂易傳乃夫子自著，欲知其道者，求之於此足矣，不必傍觀他書。蓋語録或有他人所記，未必盡得先生意也。又言先生踐履盡一部易，其作傳只是因而寫成。此言尤有味，試更思之。若信得及，試用年歲之功，屏去雜學，致精於此，自當有得，始知前日所謂蘇、程之室者，無以異於雜薰蕕冰炭於一器之中，欲其芳潔而不污，蓋亦難矣。

蘇氏文辭偉麗，近世無匹。若欲作文，自不妨模範。但其詞意矜豪譎詭，亦有非知道君子所欲聞。是以平時每讀之，雖未嘗不喜，然既喜，未嘗不厭，往往不能終帙而罷。非故欲絕之也，理勢自然，蓋不可曉。然則彼醉於其說者欲入吾道之門，豈不猶吾之讀彼書也哉，亦無怪其一胡一越而終不合矣。蘇、程固嘗同朝，程子之去，蘇公嗾孔文仲齕而去之也。使其道果同，如吾弟之所論，則雖異世亦且神交，豈至若是之戾耶。文仲爲蘇所嗾，初不自知，晚乃大覺，憤悶嘔血以至於死。見於吕正獻公之遺書，尚可考也。吾弟未之見耳。因筆及此，似傷直矣。然不直則道不見，吾弟察之。幸甚！

校記 〔一〕陽：原作「揚」，據宋閩、浙本改。

〔二〕術：考異云一作「迹」。

編年 據書信編年。書札彙編以爲作於紹興三十一年春。

答程允夫 乾道四年

仁者，天理也。理之所發，莫不有自然之節。中其節則有自然之和，此禮樂之所自出也。人而不仁，滅天理矣〔一〕，何有於禮樂？

此說甚善。但「仁，天理也」，此句更當消詳〔二〕，不可只如此說過。

明則有禮樂，幽則有鬼神。鬼神者，造化之妙用；禮樂者，人心之妙用。

此說亦善。

「禮之用，和爲貴」，禮之用以和爲貴也。和如和羹，可否相濟。先王制禮，所以節人情，抑其太過而濟其不及也。若知和而和，則有所偏勝。如以水濟水，誰能食之？中庸曰：「發而皆中節謂之和」，知和而和，則不中節矣。

以「和」對「同」，則「和」字中已有「禮」字意思。以「和」對「禮」，則二者又不可不分。恐不必引和羹相濟之說。

政者，法度也。法度非刑不立，故欲以政道民者必以刑齊民。德者，義理也。義理非禮不行，故欲以德道民者必以禮齊民。二者之決而王、伯分矣，人君於此不可不審。此一正君而國定之機也。

此說亦善。然先王非無政刑也，但不專恃以爲治耳。

孔氏之門雖所學者有淺深，然皆以誠實不欺爲主。子曰：「由，誨汝知之乎？知之爲知之，不知爲不知，是知也。」教之以誠也。若未得謂得，未證謂證，是謂自欺。如此人者，其本已差，安可與入道？樊遲問智，孔子既告之矣，又質之子夏，反覆不知已〔三〕，不敢以不知爲知也。凡此皆爲學用力處。

此說亦善。

非其鬼而祭之，諂也。諂於鬼，則於人可知矣。

推說則如此亦可。但本文「諂」字止謂諂於鬼神耳。

自「孔子謂季氏八佾舞於庭」至「季氏旅於泰山」五段，皆聖人欲救天理於將滅，故其言哀痛激切，與春秋同意。

此說亦然。

夏、殷之禮，杞、宋固不足徵。然使聖人得時得位，有所制作，雖無所徵而可以義起者，亦必將有以處之。爲是言者，恐後生以私意妄議先王典禮耳。

夏、殷之禮，夫子固嘗講之，但杞、宋衰微，無所考以證吾言耳。若得時有作，當以義起者，固必有以處之。但此言之發，非謂後生妄議而云耳。

身有死生而性無死生，故鬼神之情，人之情也。

死生鬼神之理，非窮理之至未易及。如此所論，恐墮於釋氏之說。性固無死生，然「性」字須子細理會，不可將精神知覺做性字看也。

「居上不寬，爲禮不敬，臨喪不哀，吾何以觀之哉？」寬、敬、哀，皆其本也。聖人觀人必觀其本，實不足而文有餘者，皆不足以入道。

此説得之。

心有所知覺則明，明則公，故曰惟仁者能好人，能惡人。

仁者固有知覺，然以知覺爲仁則不可。更請合「仁」、「義」、「禮」、「智」四字思惟，就中識得「仁」字乃佳。

一念之善則惡消矣，一念之惡則善消矣，故曰「苟志於仁矣，無惡也」，又曰「未有小人而仁者也」。

此意亦是，然語太輕率，似是習氣之病，更當警察療治也。

行不由道而得富貴，是僥倖也，其可苟處乎？行不由道而得貧賤，是當然也，其可苟去乎？然則君子處貧賤富貴之際，視我之所行如何耳。行無愧於道，去貧賤而處富貴可也。故曰：「富與貴是人之所欲也，不以其道得之不處也。貧與賤是人之所惡也，不以其道得之不去也。」當以「不以其道」爲一句，「得之」爲一句。先生批：「如此説則『其』字無下落，恐不成文理也。」

此章只合依先儒説有得富貴之道，有得貧賤之道爲是。張子韶云：「此言君子審富貴而安貧賤」。亦甚簡當。

「朝聞道，夕死可矣。」天下之事，惟死生之際不可以容僞，非實有所悟者，臨死生未嘗不亂。聞道之士原始反終，知生之所自來，故知死之所自去。生死去就之理了然於心，無毫髮疑礙，故其臨死生也如晝夜，如夢覺，以爲理之常然，惟恐不得正而斃耳，何亂之有？學至於此，然後可以託六尺之孤，寄百里之命，臨大節而不可奪也。

此又雜於釋氏之說。更當以二程先生說此處熟味而深求之。知吾儒之所謂道者與釋氏迥然不同，則知朝聞夕死之説矣。

「君子懷德，小人懷土。君子懷刑，小人懷惠。」君子安於德義，如小人安於居處；君子安於法度，如小人之安於惠利。心之所安一也，所以用其心不同耳。

此蘇氏說之精者，亦可取也。

「放於利而行多怨」，「利」與「害」爲對。利於己必害於人，利於人必害於己。害於己則我怨，害於人則人怨。是利者，怨之府也。君子循理而行，理之所在，非無利害也，而其爲利害也公，故人不得而怨。人且不得而怨，而況於己乎。

此説得之。

德不孤，中德也，中必有鄰。夫子之道至今天下宗之，非有鄰乎？

此説非是。

心本仁，違之則不仁。顔子三月不違仁，不違此心也。

熟味聖人語意，似不如此。然則何以不言「回也，其身三月不違心」乎？

凡人有得於此，必有樂於此。方其樂於此也，寢可忘也，食可廢也。蓋莫能語人以其所以然者，唯以心體之乃可自見。周濂溪嘗使二程先生求顔子所樂者何事，而先生亦謂顔子不改其樂，「其」字有味。又云使顔子樂道，則不爲顔子。夫顔子舍道，亦何所樂？然先生不欲學者作如是見者，正恐人心有所繫，則雖以道爲樂，亦猶物也。須要與道爲一，乃可言樂。不然，我自我，道自道，與外物何異也〔四〕？須自體會乃得之。

此只是贊咏得一個「樂」字，未嘗正當説著聖賢樂處。更宜於著實處求之。

易曰：「敬以直内，義以方外。」敬以養其心，無一毫私念，可以言直矣。由此心而發，所施各得其當，是之謂義。此與中庸言「喜怒哀樂未發謂之中，發而皆中節謂之和」相表裏。中庸言理，易言學。

此説是也。

聖言其所行，智言其所知。聖智兩盡，孔子是也。若伯夷、伊尹、柳下惠者，其力皆足以行聖人之事，而其知不逮孔子，故惟能於清、和、任處知之盡，行之至，而其他容有所未周。然亦謂之聖者，以其於此三者已臻其極，雖使孔子處之，亦不過如此故也。前輩言人固有力行而不知道者，若三子非不知道，知之有所未周耳。知之未周，故伯夷於清則中，而於任、於和未必中也。伊尹、柳下惠於任、於和則中，而於清未必中也。易大傳論智常與神相配，而中庸稱舜亦以大智目之，則智之爲言，非天下之至神，孰能與於此？

此說亦是。但易大傳以下不必如此說。智有淺深，若孔子之金聲，則智之極而無所不周者也。學者則隨其知之所及而爲大小耳。豈可概以爲天下之至神乎。

學道者始於知之，終於行之，猶作樂者始以金奏，終以玉節也。孟子之意特取其終始言之，不必於金玉上求其義。

此說亦是。但孟子正取金玉以明始終智聖之義，蓋金聲有洪纖，而玉聲則首尾純一故也。

不動心一也，所養有厚薄，所見有正否，則所至有淺深。觀曾子、子夏、子路、孟子、告子、北宮黝、孟施舍之議論趨操則可見矣。

此章之說更須子細玩索，不可如此草草說過。

郭立之以不動心處己，以擴充之學教人，與王介父以高明、中庸之學析爲二致何以異？

郭立之議論不可曉多類此。尹和靖言其自黨論起，不復登程氏之門，伊川没，亦不吊祭，則其所得可知矣。此論未理會析爲二致，止恐其所謂不動心者〔五〕，未必孟子之不動心也。

校記

〔一〕矣：原作「夫」，據宋浙本改。

〔二〕當：考異云一作「索」。

〔三〕知：各本同，疑衍。

〔四〕也：宋浙本、明天順本作「此」。

〔五〕止：宋浙本作「正」。

答程允夫 乾道四年冬

久不聞問，方以爲懷，人來，并得兩書，備審比來侍奉之餘，進學不倦。某去冬走湖湘〔一〕，講論之益不少。然此事須是自做工夫於日用間行住坐卧處，方自有見處。然後從此操存，以至於極，方爲己物爾。敬夫所見超詣卓然，非所可及。近文甚多，未暇録，且令寫此一銘去，此尤勝他文也。密院闕期尚遠，野性難馴，恐不堪復作吏。然亦姑任之，不能預以爲憂耳。

所示語、孟諸説，深見日來進學之力。别紙一一答去，更且加意。如此探討不已，當有得耳。丁寧葉仁來時去取書，恐更有商量處，一一示及。孤陋無所用心，惟得朋友講論則欣然終日，千萬有以慰此懷也。「可欲之謂善」，此句尋常如何看？因來諭及。龜山易傳傳出時已缺乾、坤只有草稿數段，不甚完備；繫辭三四段不絶筆，亦不成書。此有寫本，謾附去。然細看亦不甚滿人意，不若程傳之厭飫充足。潘子淳書頃亦見之，蓋雜佛老而言之者，亦不必觀。向所論蘇學之蔽，吾弟相信未及。今竟以爲如何？他時於己學上有見處，此等自然冰消瓦解，無立脚處。游於聖人之門者難爲言，真不虚語。正蒙已領。近泉州刊行程氏遺書，乃二先生語録，此間所録，旦夕得本，首當奉寄也。

此學寂寥，士友不肯信向。吾弟幸有其志，又有其才，每一得書，爲之增氣。更願專一工

編年 據書信編年。

夫，期以數年，當有用力處。如艮齋銘，便是做工夫底節次。近日相與考證古聖所傳門庭，建立此個宗旨，相與守之。吾弟試熟味之，有疑却望示諭。秋試得失當已決，早了此一事亦佳。然是有命焉，亦不足深留意也。

校記　〔一〕「某」以上原缺，據淳熙本補。

編年　據書信編年、年譜長編。書云秋試得失已決，故知作於是年冬。

答程允夫 乾道五年十一月

可欲之説甚善，但云「可者欲之，不可者不欲，非善矣乎」，此語却未安。蓋只可欲者便是純粹至善自然發見之端，學者正要於此識得而擴充之耳。若云可者欲之，則已是擴充之事，非善所以得名之意也。又謂「能持敬則欲自寡」，此語甚當。但紙尾之意以爲須先有所見，方有下手用心處，則又未然。夫持敬用功處，伊川言之詳矣。只云但莊整齊肅，則心便一，一則自無非僻之干。又云但動容貌、整思慮，則自然生敬，只此便是下手用功處，不待先有所見而後能也。須是如此，方能窮理而有所見。惟其有所見，則可欲之幾瞭然在目，自然樂於從事，欲罷不能，而其敬日躋矣。伊川又言，涵養須是用敬，進學則在致知。又言入道莫如敬，未有致知而不在敬者。考之聖賢之言，如此類者亦衆，是知聖門之學别無要妙，徹頭徹尾只是個敬字而已。

又承苦於妄念而有意於釋氏之學，此正是元不曾實下持敬工夫之故。若能持敬以窮理，則天理自明，人欲自消，而彼之邪妄將不攻而自破矣。至於鳶飛魚躍之問〔一〕，則非他人言語之所能與。亦請只於此用力，自當見得。蓋子思言君子之道費而隱，以至於天下莫能載，莫能破，因舉此兩句以形容天理流行之妙。明道、上蔡言之已詳，想非有所不解，正是信不及耳。欲信得及，捨持敬窮理則何以哉！

所示宗派，不知何人爲之。昔子貢方人而孔子自謂不暇，蓋以學問之道爲有急乎此者故也。使此人而知此理，則宜亦有所不暇矣。無見於此，則又何所依據而輕議此道之傳乎。若云只據文字所傳，則其中差互叢雜，亦不可勝道。今亦未暇泛論，且以耳目所及與前輩所嘗論者言之。圖内游定夫所傳四人，熹識其三，皆未嘗見游公，而三公皆師潘子醇，亦不云其出游公之門也。此殆見游公與四人者皆建人，而妄意其爲師弟子耳。至於張子韶、喻子才之徒，雖云親見龜山，然其言論風旨、規摹氣象自與龜山大不相似。胡文定公蓋嘗深闢之，而熹載其説於程氏遺書之後。試深考之，則世之以此學自名者，其真僞皆可覈矣。胡公答仲并語切中近時學者膏肓之病，尤可發深省也。

「三年無改」，只是説孝子之心如此，非指事而言也。存得此心，則雖或不得已而改焉，亦無害其爲孝矣。元祐之於熙、豐，固有所謂不得已者。然未知當時諸公之心如何。若蘇公「野花啼鳥」之句，得無亦有幸禍之心耶。

校記 〔一〕問：考異云一作「間」。

編年 書信編年據夏炘述朱質疑所言朱程問答繫年，今從之。

答程允夫 乾道六年以後

亦足以發。

顏子所聞，入耳著心，布乎四體，形乎動静，則足以發明夫子之言矣。

忠、恕、誠、仁之别。

「誠」字以心之全體而言，「忠」字以其應事接物而言，此義理之本名也。若曾子之言忠恕，則是聖人之事，故其忠與誠、恕與仁得通言之。恕本以推己及物得名，在聖人則爲以己及物矣。侯氏説未嘗誤，「萬物」者誠有病。

「有德者必有言，有仁者必有勇。」洵竊謂有德者未必有言，然因事而言，則言之中理可必也。仁者未必有勇，然義所當爲，則爲之必力可必也。故皆曰必有。

有德者未必以能言稱，仁者未必以勇著。然云云以下，各如所説。

天下有道則庶人不議，不議謂不得與聞國政，非謂禁之使勿言也。如陽虎之流，以庶人而與國政者也。

恐不如此。陽虎饋豚於孔子，蓋以大夫自處，非庶人也。蘇説之誤。

「天何言哉！四時行焉，百物生焉，天何言哉！」洵竊謂四時行、百物生，皆天命之流行，其理甚著，不待言而後明。聖人之道亦猶是也，行止語默無非道者，不爲言之有無而損益也。有言，乃不得已爲學者發耳。明道先生言「若於此上看得破，便信是會禪」，亦非謂此語中有禪，蓋言聖人之道坦然明白，但於此見得分明，則道在是矣，不必參禪以求之也。

如此辨別甚善。近世甚有病此言者，每以此意曉之，然不能如是之快也。

子夏曰：「仕而優則學，學而優則仕。」洵竊謂仕優而不學則無以進德，學優而不仕則無以及物。仕優而不學，固無足議者，學優而不仕，亦非聖人之中道也。故二者皆非也。仕優而不學，如原伯魯之不説學是也。學優而不仕，如荷蓧丈人之流是也。子夏之言似爲時而發，其言雖反覆相因，而各有所指，或以爲仕而有餘，則又學；學而有餘，則又仕。如此則其序當云「學而優則仕，仕而優則學」。今反之，則知非相因之辭也。不知此説是否？

此説亦佳。舊亦嘗疑兩句次序顛倒，今云各有所指，甚佳。

遺書載司馬温公嘗問伊川先生欲除一人爲給事中云云，洵竊謂若以公言之，何嫌之足避？豈先生於此亦未能自信邪？

前賢語默之節更宜詳味。吾輩只爲不理會此等處，故多悔吝耳。近正有一二事可悔，忽讀此問，爲之矍然。

上蔡語録中有「真我」之語，洵竊謂不必如此立論，恐啓後人好奇之弊。蓋「毋我」之「我」與「我所固有」之「我」字同義異，本自分明，只下一「真」字，便似生事，二程先生議論不如此。上蔡之學所造固深，此亦似是其小疵也。

此說甚當。上蔡所云「以我視，以我聽」者，語亦有病。

編年 據書札彙編。

答程允夫 乾道八年

龜山曰：「宰我問三年之喪，非不知其爲薄也，只爲有疑，故不敢隱於孔子。」只此無隱，便是聖人作處。

龜山之意當是如此。然聖人之無隱與宰我之無隱，亦當識其異處。

伊川舟行遇風，端坐不爲之變，自以爲誠敬之力。烈風雷雨而舜不迷錯，其亦誠敬之力歟？

舜之不迷，此恐不足以言之。

善爲說辭，則於德行或有所未至。善言德行，則所言皆其自己分上事也。

此說得之。

「善與人同」，以己之善推而與人同爲之也。「舍己從人」，樂取諸人以爲善，以人之善爲己之善也。

此說亦善。

賢賢、事父母、事君、與朋友交，此四者皆能若子夏之言，可以言學矣。然猶有「雖曰未學」之語，若猶賴乎學者。蓋雖能如是而不知其所以能如是者從何而來，則所謂行之而不著、習矣而不察者也。

此句意思未見下落，請詳言之，方可議其得失也。

羞惡之心義之端，故人不可使之無廉耻。無廉耻則無以起其好義之心，若之何而可化？聖人之於民，必使之有耻且格者，此也。

人自是不可無耻，不必引羞惡好義爲言也。

知敬親者其色必恭，知愛親者其色必和，此皆誠實之發見，不可以僞爲。故子夏問孝，孔子答之以色難。

據下文恐是言承順父母之色爲難，然此説亦好。

「君子周而不比，小人比而不周。」君子循理之所在，周流天地之間，無不可者。其親之也，理之所當親也；其遠之也，理之所當遠也。何比之有？

尊賢容衆，嘉善而矜不能，此之謂周。溺愛徇私，黨同伐異，此之謂比。周，周遍也；比，偏比也。不必言周流天地之間。

謝上蔡曰：「慎言其餘」、「慎行其餘皆有深意，惟近思者可以得之。」蓋言行有絲毫不慎，則於理有絲毫之失，則與天地不相似矣。

「愼言其餘」，「愼行其餘」，藉用白茅之意。似此推言，於理不害，然恐未遽説到此也。

小人之陵上，其初蓋微僭其禮之末節而已。及充其僭禮之心，遂至於弑父弑君，此皆生於忍也。故孔子謂季氏：「八佾舞於庭，是可忍也，孰不可忍也！」

敢僭其禮，便是有無君父之心。

人有中雖不然，而能勉强於其外者，君子當求之於其中。中者，誠也；外者，僞也。故父在當觀其事父之志。行者，行其志而有成者也。父没，則人子所以事父之大節始終可睹矣，故父没當觀其事父之行。事父之行既已終始無愧，而於三年之間又能不失其平日所以事父之道，非孝矣乎？

此説甚好，然文義似未安。

「敏於事」如「必有事焉」之「事」，當爲即爲，不失其幾也。

事只是所行之事。「必有事焉」，不知尋常如何説，請詳論之，乃見所指之意。大抵説經以彼明此固爲簡便，然或失其本意，則彼此皆不分明，所以貴於詳説也。

「子貢曰貧而無諂」至「告諸往而知來者」，此爲學之法也，亦可以見聖賢悟入深淺處。凡窮理自有極致，觀聖人如此發明子貢，則可見矣。

此章論進學之實效，非論悟入深淺也。「悟入」兩字既是釋氏語，便覺氣象入此不得。大學所謂知至格物者，非悟入之謂。

死生一理也，死而爲鬼，猶生而爲人也，但有去來幽顯之異耳。如一晝一夜，晦明雖異而天理未嘗變也。

死者去而不來，其不變者只是理，非有一物常在而不變也。更思之。

子聞之，曰：「是禮也。」三字可以見聖人氣象宏大，後世諸子所不及也。

「詩三百，一言以蔽之，曰思無邪」，與「關雎樂而不淫，哀而不傷」，皆聖人教人讀詩之法。

此類言之太略，不曉所主之意。恐其間有差，或致千里之繆也。

見實理是爲智，得實理是爲仁。

惟仁者能得是理，而以得實爲仁〔一〕，則仁之名義隱矣。

理之至實而不可易者莫如仁〔二〕。義、禮、智、信，非仁不成。如孝、弟、禮、樂、恭、寬、信、敏、惠，皆仁之用也。

此數句亦未見下落。

學者須先有所立，故孔子「三十而立」，又曰「患所以立」。然則若何而能立？曰窮理以明道〔三〕，則知所立矣。

立是操存踐履之效，所説非是。「患所以立」承「不患無位」而言，蓋曰患無以立乎其位云爾。

古者言之不出，耻躬之不逮也。如諸葛孔明草廬中對先主論曹、孫利害，其後輔蜀抗魏、吳，其言無一不酬者。蓋古人無侈心，故無侈言如此。

所引事不相類。

劉器之問誠之目於温公，曰：「當自不妄語入。」此易所謂「修辭立其誠」也。

近之。

子謂公冶長可妻也。長之可妻，以其平昔之行也，非以無罪陷於縲紲爲可妻也。雖嘗陷於縲紲，而非其罪，則其平昔之行可知。

「吾斯之未能信」，言我於此事猶未到不疑之地，豈敢莅官臨政，發之於用乎。

此「事」謂何事？

子謂子貢曰：「女與回也孰愈？」孔子以此問子貢，則子貢之才亦顏、曾之亞。然其所以不及二子者，正在於以見聞爲學。孔子未欲以見聞外事語之，故姑云「吾與女弗如」。他日乃警之曰：「汝以予爲多學而識之者歟？」道非多學所能識，則聞一知十，亦非所以爲顏子。

子貢言聞一知二、知十乃語知，非語聞也。見聞之外，復謂何事？請更言之。

忠與清皆仁之用，有覺於中，忠清皆仁；無覺於中，仁皆忠清。

以覺爲仁，近年語學之大病，如此四句，尤爲乖戾。蓋若如此，則仁又與覺爲二而又在其下矣。

「又敬不違」，非從父之令，謂事親以禮，無違於禮也。所謂起敬起孝。「見志不從，又敬不違」，則不得已而從父之令者有矣。「勞而不怨」，則所謂「悦則復諫」，「不敢疾怨」也。若不從而遂違之，則父子或至於相夷矣。

居簡而行簡，則有志大略小之患，以之臨事，必有怠忽不舉之處。居敬而行簡，則心一於敬，不以事之大小而此敬有所損益也。以之臨事，必簡而盡。

居敬則明燭事幾而無私意之擾，故其行必簡。

爲仁固難歟？曰，孔子不以易啓人之忽心，亦不以難啓人之怠心。故曰：「仁遠乎哉？我欲仁，斯仁至矣。」又曰：「爲之難，言之得無訒乎？」

仁固不遠，然不欲則不至。仁固難，爲之則無難。

致知以明之，持敬以養之，此學之要也。不致知則難於持敬，不持敬亦無以致知。

二者交相爲用固如此，然亦當各致其力，不可恃此而責彼也。

「丘之禱久矣」，聖人與天地合其德，與鬼神合其吉凶，我即天地鬼神，天地鬼神即我，何禱之有？

自他人言之，謂聖人如此可也。聖人之心豈以此而自居耶？細味「丘之禱也久矣」一句，語意深厚，聖人氣象與天人之分、自求多福之意皆可見。

「以能問於不能，以多問於寡，有若無，實若虛，犯而不校」，此聖人之事也，非與天同量者不能。顏子所以未達一間者，正在此。故第曰「嘗從事於斯」，非謂已能爾也。

此正是顏子事，若聖人則無如此之迹。有如此説處，便有合内外之意。如舜善與人同，舍己從人，好察邇言，用中於民，必兼言之。惟顏子行而未成，故其事止於如此耳。

子絶四，蓋以此教人也，故曰「毋」。毋者，戒之之辭。

「毋」，史記作「無」，當以「無」爲正。

「未見其止也」，學必止於中，而「止」非息也，於中止行耳。百尺竿頭猶須進步，豈有止法乎。

據上下章，「止」字皆但爲止息之意。學止於中，乃止其所之止，非止息之意，字同用異，各審其所施。竿頭進步，狂妄之言，非長於譬喻者。

四科乃述論語者記孔氏門人之盛如此，非孔子之言，故皆字而不名，與上文不當相屬。或曰論語之書出於曾子、有子之門人，然則二子不在品題之列者，豈非門人尊師之意歟？

四科皆從於陳、蔡者，故記者因夫子不及門之嘆而列之。

君子之道，本末一致。灑掃應對之中，性與天道存焉，行之而著、習之而察則至矣。孰謂此本也宜先而可傳，此末也宜後而可倦哉。譬諸草木，其始植也，爲之區别而已。灌溉之，長養之，自芽蘖以至華實，莫不有序，豈可誣也。然學者多慕遠而忽近，告之以性與天道，則以爲當先而傳；教之以灑掃應對，則以爲當後而倦焉，躐等陵節，相欺以爲高。學之不成，常必由此。惟聖人下學上達，有始有卒，故自志學充而至於從心不踰矩，自可欲之善充而至於不可知之神，莫不有序，而其成也不可禦焉。觀孟子謂徐行後長者爲堯舜之孝弟，則灑掃應對進退之際苟行著而習察焉，烏有不可至於聖者。

子夏言我非以灑掃應對爲先而傳之，非以性命天道爲後而倦教，但道理自有大小之殊，不可誣人以其所未至。唯聖人然後有始有卒，一以貫之，無次序之可言耳。二先生之説亦是如此。但學者不察，一例大言，無本末精粗之辨，反使此段意指都無歸宿。須知理則一致，而其教不可闕，其序不可紊耳。蓋惟其理之一致，是以其教不可闕，其序不可紊也。更細思之。

篤，實也，學當論其實。論其實則與君子者乎，與色莊者乎？君子，有實者也；色莊，無實者也。

得之。

克己之道，篤敬致知而已。非禮勿視、勿聽、勿言、勿動，篤敬也。所以知其爲非禮者，致知也。

克己乃篤行之事，固資知識之功，然以此言之，却似不切。只合且就操存持養處説，方見用力切要處。

言顧行，行顧言，故古者言之不出，耻躬之不逮也。中庸曰：「力行近乎仁。」論語司馬牛問仁，子曰：「爲之難，言之得無訒乎？」

答司馬牛之意更宜思之。

質直而好義則能修身，察言而觀色則能知人。內能修身，外能知人，而又持之以謙，此盛德之士也。雖欲不達，得乎？此與「祿在其中」同意。名實相稱之謂達，有名無實之謂聞。察言觀色，如孟子所謂「聽其言也，觀其眸子，人焉廋哉〔四〕」。

孔子所言三句，皆誠實退讓之事。能如此，則不期達而自達矣，非謂能修身知人而持之以謙也。說知人猶遠正意。

子路問政，子曰：「先之勞之。」請益，曰：「無倦。」凡不教而殺，不戒視成，慢令致期，皆無以先之也。既有以先之，又當有以勞之。帝堯曰：「勞之來之。」凡生之而不傷，厚之而不困，皆勞之之謂也。此堯舜之政也。其要在力行耳，故復告之以無倦。

先之謂以身率之，勞之謂以恩撫之。二者苟無誠心，久必倦矣，故請益，則曰無倦而已。

簿書期會各有司存，然後吾得以留意教化之事。故曰先有司。

先有司然後綱紀立而責有所歸。

校記　〔一〕底本原注云「實」下疑當有「理」字。

〔二〕理：宋浙本作「道」，考異所引別本同。

〔三〕道：宋浙本作「善」。

〔四〕廋：原作「瘦」，據宋浙本改。

編年　據書信編年。

答程允夫 乾道八年以後

張子曰：「天性在人，猶水性之在冰，凝釋雖異，其爲物一也。」觀張子之意，似謂水凝而爲冰，一凝一釋而水之性未嘗動；氣聚而爲人，一聚一散而人之性未嘗動。此所以以冰喻人，以水性喻天性也。然極其説，恐未免流於釋氏。兄長以爲如何？

程子以爲横渠之言誠有過者，正謂此等發耳。觀孔子、子思、孟子論性，似皆不如此。康節云：「性者，道之形體也。心者，性之郛郭也。身者，心之區宇也。物者，身之舟車也。」

鬼神之理，某向嘗蒙指示大意云：「氣之來者爲神，往者爲鬼。天地曰神曰祇，氣之來者也；人曰鬼，氣之往者也。」此説與張子所謂「物之始生，氣日至而滋息；物生既盈，氣日反而流散〔一〕。至之謂神，以其伸也；反之謂鬼，以其歸也」之意同。近見兄長所著中庸説亦引此，然張子所謂物者，通言萬物耶？抑特指鬼神也？若特指鬼神，則所謂物者，如易大傳言「精氣爲物」之「物」爾。若通言萬物，則上四句乃泛言凡物聚散始終之理如此，而下四句始正言鬼神也。精氣爲物，嚮亦嘗與季通講此。渠云：「精氣爲物者，氣聚而爲人也。游魂爲變者，氣散而爲鬼神也。」此説如何？更望詳賜批教。

易大傳所謂物，張子所謂物〔二〕，皆指萬物而言，但其所以爲此物者，皆陰陽之聚散耳。故鬼神之德體物而不可遺也。所謂氣散而爲鬼神者非是。

校記 〔一〕流：原作「游」，據淳熙本、宋浙本改。

〔二〕謂：原作「論」，據淳熙本改。

編年 據書信編年。

答程允夫 乾道八年以後

程子曰：「鬼神者，天地之妙用，造化之迹也。」凡氣之往來聚散，無非天地之用，而鬼神尤其妙者也。然既已動於氣，見於用矣，是形而下者也，故曰造化之迹。呂氏曰：「萬物之生〔一〕，莫不有是氣，氣也者，神之盛也。莫不有是魄，魄也者，鬼之盛也。故人亦鬼神之會爾。」中庸説曰：「鬼神之爲德，雖不可以耳目見聞接，然萬物之聚散始終，無非二氣之屈伸往來者，是鬼神之德爲物之體，而無物能遺棄之者也。」向按此二説則張子所謂「物之始生〔二〕，氣日至而滋息；物生既盈，氣日返而游散」，乃泛言萬物聚散始終之理如此。而鬼神者，亦物之一爾。但其德在物之中爲尤盛，故爲物之體而莫有能遺之者。人亦物之一也，其斂散終始亦二氣之屈伸往來，與鬼神同。故呂氏曰：「人亦鬼神之會耳。」然則非特人也，凡天地之間，禽獸草木之聚散始終，其理皆如此也。其理一而其得於氣者有隱顯、偏正、厚薄之不同，茲其所以有鬼神人物之異歟。謝氏曰：「鬼神是天地妙用，流行充塞，觸目皆是，欲其有則有，欲其無則無。」鬼神，氣也，人心之動亦氣也。以氣感氣，故能相爲有無。呂氏曰：「鬼神周流天地之間，無所不在，雖寂然不動，然因感而必通。」即此意也。

詳此兩段，皆是人物、鬼神各爲一物，是殆見廟中泥塑鬼神耳。呂氏所謂「人亦鬼神之會」者甚精，更請細推之。

校記 〔一〕生：原缺，據正訛補。

〔二〕向：記疑云疑當作「洵」。

編年 據書信編年。

答程允夫淳熙四年

太極解義以太極之動爲誠之通，麗乎陽，而繼之者善屬焉；静爲誠之復，麗乎陰，而成之者性屬焉，其説本乎通書。而或者猶疑周子之言本無分隸之意，陽善陰惡，又以類分。又曰：「中也，仁也，感也，所謂陽也，極之用所以行也；正也，義也，寂也，所謂陰也，極之體所以立也。」或者疑如此分配，恐學者因之，或漸至於支離穿鑿。不審如何？

此二義但虚心味之，久當自見。若以先入爲主，則辯説紛拏，無時可通矣。

仁義中正，洵竊謂仁義指實德而言，中正指體段而言。然常疑性之德有四端，而聖賢多獨舉仁義，不及禮智，何也？

中正即是禮智。

解義曰：「程氏之言性與天道多出此圖，然卒未嘗明以此圖示人者，疑當時未有能受之者也。」是則然矣，然今乃遽爲之説以傳之，是豈先生之意耶？

當時此書未行，故可隱。今日流布已廣，若不説破，却令學者枉生疑惑，故不得已而爲之說爾。

濂溪作太極圖，發明道化之原。横渠作西銘，揭示進爲之方。然二先生之學，不知所造爲孰深？

此未易窺測，然亦非學者所當輕議也。

程子曰：「無妄之謂誠，不欺其次矣。」無妄是聖人之誠，不欺是學者之誠，如何？

程子此段似是名理之言，不爲人之等差而發也。

近思録載横渠論氣二章，其説與太極圖動静陰陽之説相出入。然横渠立論，不一而足，似不若周子之言有本末次第也。

横渠論氣與西銘、太極各是發明一事，不可以此而廢彼。其優劣亦不當輕議也。

程子曰：「孔子言語句句是自然，孟子言語句句是事實。」所謂事實者，豈非是當行可行底事耶？然未可謂自然者，豈以其猶是思焉而得之歟？

大概如此，更翫味之。

所教學者看精義説甚善。然竊以爲學者須先從師友講貫，粗識梗概，然後如此用工。不然，恐眩於衆説之異同也。

此乃憚煩欲速之論，非所敢聞。然亦非獨此書爲然。若果有志，無書不可讀。但能剖析精微，翫味久熟，則衆説之異同自不能眩，而反爲吾磨礪之資矣。

編年　據書札彙編。

答程允夫 淳熙二年以後

昨來疑義久不奉報，然後來長進，又見得前説之是非也。每與吾弟講論，覺得吾弟明敏，看文字不費力，見得道理容易分明。但似少却玩味踐履功夫，故此道理雖看得相似分明，却與自家身心無干涉，所以滋味不長久，纔過了便休，反不如遲鈍之人多費功夫方看得出者，意思却久遠。此是本原上一大病，非一詞一義之失也。記得向在高沙，因吾弟説覺得如此講論都無個歸宿處，曾奉答云〔一〕：「講了便將來踐履，即有歸宿。」此語似有味，更告思之。草此爲報，不能多及。餘惟力學自愛。

校記　〔一〕答：宋浙本作「啓」。

編年　據書信編年。書札彙編以爲作於淳熙四年春夏間。

答程允夫 淳熙十二年前後

版籍固所職，然勢有所壓而不得爲，則亦無可奈何。潘憲却要理會事，俟出入少定，試更白之，或能相聽，亦百里之幸也。版籍分明，自是縣道理財之急務。今人只見重疊催税之利，而不察鄉吏隱瞞之害，故不肯整理。此是上下俱落在厮兒計中，甚可嘆也。石鼓之役，意思甚好，但恐擇之却難處耳。魏公好佛，敬夫無如之何。此正明道先生所謂「今之入人因其高明，所以爲害尤甚」。不知這些邪見是壞却世間多少好人，破却世間多少好事也。「誠」字得力甚善，然知之亦已晚矣。凡百就實事上更著力爲佳。

編年 書云「版籍固所職」，指程洵時任衡陽主簿。又云「潘憲却要理會事」，指潘畤，淳熙十二年任湖南提刑，見卷七十九衡州石鼓書院記、卷九十四直顯謨閣潘公墓誌銘。又云「石鼓之役，意思甚好，但恐擇之却難處耳」，指潘畤修石鼓書院興學事，而林用中與此事相關，有難處者，據以繫年。書信編年疑作在乾道末淳熙初，而暫列於淳熙二年，不當。

答黃子厚 淳熙二年夏

知讀精義有得，尤以爲喜。大指固不出二先生之説，然并觀博考，見其淺深疏密於毫釐之間，尤能發人意思，使人益信二先生之説不可易也。忠信只是一事，但自我而觀謂之忠，自彼而觀謂之信，此先生所以有盡己爲忠，盡物爲信之論也。鄙意如此，試思之然否，却見諭。登山之興，前日失之於跬步之間，今復冒暑而往，則有所不能矣。或恐欲尋舊約，即請見過，却議行計也。伯恭甚愛上嵐山水，前日經行，適值風雨，尤快心目也。

編年 文云「伯恭甚愛上嵐山水，前日經行，適值風雨」，吕祖謙東萊集卷十五入閩記云：「（淳熙二年）四月初一日……二里，上嵐，林巒秀潤。……半里，上嵐橋。一里，上嵐嶺。……至五夫，訪朱元晦，館於書室。是日晴。」可確知是書作於此年。「前日經行」云者，乃朱熹送吕祖謙返浙，會於鉛山鵝湖時經由上嵐。卷六有是年所作雲谷雜詩十二首，其懷人提及黄子厚有約不至，倦游言及吕祖謙别後報罷天台之游。

朱熹文集編年評注卷四十二

書知舊門人問答

答胡廣仲乾道六年

欽夫未發之論誠若分別太深，然其所謂無者，非謂本無此理，但謂物欲交引，無復澄静之時耳。熹意竊恐此亦隨人禀賦不同，性静者須或有此時節。但不知敬以主之，則昏憒駁雜，不自覺知，終亦必亡而已矣。故程子曰：「敬而無失乃所以中。」此語至約，是真實下功夫處。願於日用語默動静之間試加意焉，當知其不妄矣。近來覺得「敬」之一字真聖學始終之要，向來之論謂必先致其知，然後有以用力於此，疑若未安。蓋古人由小學而進於大學，其於灑掃應對進退之間，持守堅定，涵養純熟，固已久矣。是以大學之序，特因小學已成之功而以格物致知爲始。今人未嘗一日從事於小學，而曰必先致其知然後敬有所施，則未知其以何爲主而格物以致其知也。故程子曰：「入道莫如敬，未有能致知而不在敬者。」又論敬云：「但存此久之，則天理自明。」

推而上之，凡古昔聖賢之言，亦莫不如此者。試考其言而以身驗之，則彼此之得失見矣。

編年 據書信編年。

答胡廣仲 乾道七年

太極圖舊本極荷垂示，然其意義終未能曉。如陰静在上而陽動在下，黑中有白而白中無黑，及五行相生先後次序，皆所未明。而來諭以爲太極之妙不可移易，是必知其説矣。更望子細指陳所以爲太極之妙而不可移易處以見教，幸甚幸甚！

解釋文義，使各有指歸，正欲以語道耳。不然，則解釋文義將何爲邪？今來諭有云「解釋文義則當如此，而不可以語道」，不知如何立言而後可以語道也。仁義之説，頃答晦叔兄已詳。今必以爲仁不可對義而言，則説卦、孟子之言皆何謂乎？來諭又云「仁乃聖人極妙之機」，此等語亦有病。但看聖賢言仁處還曾有一句此等説話否？

來諭又謂動静之外別有不與動對之静，不與静對之動，此則尤所未諭。「動静」二字相爲對待，不能相無，乃天理之自然，非人力之所能爲也。若不與動對，則不名爲静；不與静對，則亦不名爲動矣。但衆人之動則流於動而無静，衆人之静則淪於静而無動，此周子所謂「物則不通」者也。惟聖人無人欲之私而全乎天理，是以其動也，静之理未嘗亡；其静也，動之機未嘗息。此周子所謂「神妙萬物」者也。然而必曰主静云者，蓋以其相資之勢言之，則動有資於静，而静無資於動。如乾不專一則不能直遂，坤不翕聚則不能發散，龍蛇不蟄則無以奮，尺蠖不屈則無以伸，亦天理之必然也。

來諭又有動則離性之説，此尤所未諭。蓋人生而静雖天之性，感物而動，亦性之欲。若發而中節，欲其可欲，則豈嘗離夫性哉。惟夫衆人之動動而無静，則或失其性耳。故文定春秋傳曰「聖人之心感物而動」，知言亦云「静與天同德，動與天同道」，皆未嘗有聖人無動之説也。却是後來分別「感物而通」、「感物而動」，語意迫切，生出許多枝節。而後人守之太過，費盡氣力，百種安排，幾能令臧三耳矣。然甚難而實非，恐不可不察也。

知言「性之所以一」，初見一本無「不」字，後見别本有之，尚疑其誤。繼而遍考此書，前後説頗有不一之意，如「子思子曰」一章是也。故恐實謂性有差别，遂依别本添入「不」字。今既遺稿無之，則當改正。但其它説性不一處，愈使人不能無疑耳。昨來知言疑義中已論之，不識高明以爲然否。

上蔡雖説明道先使學者有所知識，却從敬入，然其記二先生語，却謂未有致知而不在敬者。又自云：「諸君不須别求見處，但敬與窮理則可以入德矣。」二先生亦言根本須先培擁，然後可立趨向。又言莊整齊肅，久之則自然天理明。五峰雖言知不先至則敬不得施，然又云格物之道必先居敬以持其志，此言皆何謂邪？熹竊謂明道所謂先有知識者，只爲知邪正、識趨向耳，未便遽及知至之事也。上蔡、五峰既推之太過，而來喻又謂「知」之一字便是聖門授受之機，則是因二公之過而又過之。試以聖賢之言考之，似皆未有此等語意，却是近世禪家説話多如此。若必如此，則是未知已前可以怠慢放肆，無所不爲，而必若曾子一唯之後，然後可以用力於敬也。此説之行，於學者日用工夫大有所害，恐將有談玄説妙以終其身而不及用力於敬者，非但言語之小疵也。

上蔡又論横渠以禮教人之失，故其學至於無傳。據二先生所論，却不如此。蓋曰「子厚以禮教學者最善，使人先有所據守」。但譏其説清虚一大，使人向别處走，不如且道敬耳。此等處上蔡説皆有病，如云正容謹節，外面威儀，非禮之本，尤未穩當。子文、文子，知言疑議亦已論之矣〔一〕。僭冒不韙，深以愧懼。但講學之際務求的當，不敢含糊，不得不盡言耳。

校記　〔一〕議：宋閩、浙本皆同，正訛改作「義」。

編年　據書信編年。

答胡廣仲 乾道七年

知仁之説，前日答晦叔書已具論之。今細觀來教，謂釋氏初無觀過功夫，不可同日而語，則前書未及報也。夫彼固無觀過之功矣，然今所論亦但欲借此觀過，而知觀者之爲仁耳。則是雖云觀過，而其指意却初不爲遷善改過、求合天理設也。然則與彼亦何異邪？嘗聞釋氏之師有問其徒者曰：「汝何處人？」對曰：「幽州。」曰：「汝思彼否？」曰：「常思。」曰：「何思？」曰：

「思其山川城邑，人物車馬之盛耳。」其師曰：「汝試反思，思底還有許多事否？」今所論因觀過而識觀者，其切要處正與此同。若果如此，則聖人當時自不必專以觀過爲言。蓋凡觸目遇事，無不可觀，而已有所觀〔一〕，亦無不可因以識觀者而知夫仁矣。以此譏彼，是何異同浴而譏裸裎也耶。

人欲非性之語，此亦正合理會。熹竊謂天理固無對，然既有人欲，即天理便不得不與人欲爲消長。善亦本無對，然既有惡，即善便不得不與惡爲盛衰。譬如普天之下莫非王土，率土之濱莫非王臣，此本豈有對哉。至於晋有五胡，唐有三鎮，則華夷、逆順不得不相與爲對矣。但其初則有善而無惡，有天命而無人欲耳。龜山之意，正欲於此毫釐之間剖判分析，使人於克己復禮之功便有下手處。如孟子道性善只如此説，亦甚明白慤實，不費心力。而易傳大有卦、遺書第二十二篇棣問孔孟言性章。論此又極分明，是皆天下之公理，非一家所得而私者。願虚心平氣，勿以好高爲意，毋以先入爲主，而熟察其事理之實於日用之間，則其得失從違不難見矣。

蓋謂天命爲不囿於物可也，以爲不囿於善，則不知天之所以爲天矣。謂惡不可以言性可也，以爲善不足以言性，則不知善之所自來矣。知言中此等議論與其他好處自相矛盾者極多，却與告子、楊子、釋氏、蘇氏之言幾無以異。昨來所以不免致疑者，正爲如此。惜乎不及供灑掃於五峰之門而面質之，故不得不與同志者講之耳。亦聞以此或頗得罪於人，然區區之意只欲道理分明，上不負聖賢，中不誤自己，下不迷後學而已，它固有所不得而避也。

校記　〔一〕已：淳熙本作「凡」。

編年　據書信編年。

答胡廣仲 乾道八年秋

伊川先生曰：「天地儲精，得五行之秀者爲人。其本也真而静，其未發也五性具焉，曰仁、義、禮、智、信。形既生矣，外物觸其形而動於中矣，其中動而七情出焉，曰喜、怒、哀、樂、愛、惡、欲。情既熾而益蕩，其性鑿矣。」熹詳味此數語，與樂記之説指意不殊。所謂静者，亦指未感時言爾。當此之時，心之所存渾是天理，未有人欲之僞，故曰「天之性」。及其感物而動，則是非真妄自此分矣。然非性則亦無自而發，故曰「性之欲」。「動」字與中庸「發」字無異，而其是非真妄特決於有節與無節、中節與不中節之間耳。來教所謂「正要此處識得真妄」是也。然須是平日有涵養之功，臨事方能識得。若茫然都無主宰，事至然後安排，則已緩而不及於事矣。

至謂「静」字所以形容天性之妙，不可以動静真妄言，則熹却有疑焉。蓋性無不該，動静之理具焉。若專以静字形容，則反偏却性字矣。記以静爲天性，只謂未感物之前，私欲未萌，渾是天理耳，不必以静字爲性之妙也。真妄又與動静不同，性之爲性，天下莫不具焉，但無妄耳。今乃欲并與其真而無之，此韓公道無真假之言所以見譏於明道也。伊川所謂其本真而静者，「真」、「静」兩字亦自不同。蓋真則指本體而言，静則但言其初未感物耳。明道先生云：「人生而静之上不容説，纔説性時便已不是性矣。」蓋人生而静只是情之未發，但於此可見天性之全，非真以静狀性也。愚意如此，未知中否。

編年　據書信編年、年譜長編。

答胡廣仲 乾道八年秋

熹承諭向來爲學之病，足見高明所進日新之盛。一方後學，蒙惠厚矣。然以熹觀之，則恐猶有所未盡也。蓋不務涵養而專於致知，此固前日受病之原；而所知不精，害於涵養，此又今日切身之病也〔一〕。若但欲守今日之所知而加涵養之功以補其所不足，竊恐終未免夫有病，而非所以合内外之道。必也盡棄今日之所已知而兩進夫涵養格物之功焉，則庶乎其可耳。蓋來書所論，皆前日致知之所得也，而其病有如左方所陳者，伏惟幸垂聽而圖之。

夫太極之旨，周子立象於前，爲説於後，互相發明，平正洞達，絶無毫髮可疑。而舊傳圖、説皆有繆誤，幸其失於此者猶或有存於彼，是以向來得以參互考證，改而正之。凡所更改〔二〕，皆有據依，非出於己意之私也。舊本圖子既差，而説中「静而生陰」，「静」下多一「極」字，亦以圖及上下文意考正而削之矣。若如所論，必以舊圖爲據而曲爲之説，意則巧矣。然既以第一圈爲陰静，第二圈爲陽動，則夫所謂太極者果安在耶？又謂先有無陽之陰，後有兼陰之陽，則周子本説初無此意，而天地之化似亦不然。且程子所謂無截然爲陰爲陽之理，即周子所謂互爲其根也。程子所謂升降生殺之大分不可無者，即周子所謂分陰分陽也。兩句相須，其義始備。故二夫子皆兩言之，未嘗偏有所廢也。今偏舉其一，而所施又不當其所，且所論先有專一之陰，後有兼體之陽，是乃截然之甚者，此熹之所疑者一也。

「人生而静，天之性」者，言人生之初，未有感時便是渾然天理也。「感物而動，性之欲」者，言及其有感，便是此理之發也。程子於顔子好學論中論此極詳，但平心易氣，熟玩而徐思之，自當見得義理明白穩當處，不必如此强説，枉費心力也。程子所謂常理不易者，亦是説未感時理之定體如此耳，非如來諭之云也。此熹之所疑者二也。

知言疑義所謂「情亦天下之達道」，此句誠少曲折，然其本意却自分明。今但改云「情亦所以爲天下之達道也」，則語意曲折備矣。蓋非喜怒哀樂之發，則無以見其中節與否；非其發而中節，則又何以謂之和哉。心主性情，理亦曉然。今不暇别引證據〔三〕，但以吾心觀之，未發而知覺不昧者，豈非心之主乎性者乎？已發而品節不差者，豈非心之主乎情者乎？心字貫幽明、通上下，無所不在，不可以方體論也。今曰「以情爲達道，則不必言心矣」，如此則是專以心爲已發，如向來之説也。然則謂未發時無心可乎？此義程子答吕博士最後一書説已分明〔四〕，今不察焉而必守舊説之誤，此熹之所疑者三也。

性善之善不與惡對，此本龜山所聞於浮屠常總者，宛轉説來，似亦無病。然謂性之爲善未有惡之可對則可，謂終無對則不可。蓋性一而已，既曰無有不善，則此性之中無復有惡與善爲對亦不待言而可知矣。若乃善之所以得名，是乃對惡而言。其曰性善，是乃所以別天理於人欲也。天理人欲雖非同時并有之物，然自其先後、公私、邪正之反而言之，亦不得不爲對也。今必謂別有無對之善，此又熹之所疑者四也。

中庸鄙説誠有未當，然其説之病正在分曉太過，無復餘味，以待學者涵泳咀嚼之功。而來諭反謂未曾分曉説出〔五〕，不知更欲如何，乃爲分曉説出耶？天命之性不可形容，不須贊嘆，只得將它骨子實頭處説出來，乃於言性爲有功。故熹只以仁、義、禮、智四字言之，最爲端的。「率性之道」，便是率此之性，無非是道，亦離此四字不得。如程子所謂「仁，性也，孝悌是用也。性中只有仁、義、禮、智而已，曷嘗有孝弟來」，此語亦可見矣。蓋父子之親、兄弟之愛固性之所有，然在性中只謂之仁，而不謂之父子兄弟之道也。君臣之分、朋友之交亦性之所有，然在性中只謂之義，而不謂之君臣朋友之道也。推此言之，曰禮曰智，無不然者。蓋天地萬物之理無不出於此四者。今以此爲倒説，而反謂仁義因父子君臣而得名，此熹之所疑者五也。

中和體用之語，亦只是句中少曲折耳。蓋中者所以狀性之德而形道之體，和者所以語情之正而顯道之用。熹前説之失，便以中和爲體用，則是猶便以方圓爲天地也。近已用此意改定舊語。如來諭所疑，却恐未然。又云中自過不及而得名，此亦恐説未發之中不著。此熹之所疑者六也。

至於仁之爲説，昨兩得欽夫書，詰難甚密，皆已報之。近得報云却已皆無疑矣。今觀所諭，大概不出其中者，更不復論。但所引孟子「知覺」二字，却恐與上蔡意旨不同。蓋孟子之言知覺，謂知此事、覺此理，乃學之至而知之盡也。上蔡之言知覺，謂識痛癢、能酬酢者，乃心之用而知之端也。二者亦不同矣。然其大體皆智之事也。今以言仁，所以多矛盾而少契合也。憤驕險薄，豈敢輒指上蔡而言？但謂學者不識仁之名義，又不知所以存養，而張眉努眼，説知説覺者，必至此耳。如上蔡詞氣之間亦微覺少些小温粹，恐亦未必不坐此也。夫以「愛」名仁固不可，然愛之理則所謂仁之體也。天地萬物與吾一體，固所以無不愛，然愛之理則不爲是而有也。須知仁、義、禮、智四字一般，皆性之德，乃天然本有之理，無所爲而然者。但仁乃愛之理，生之道〔六〕，故即此而又可以包夫四者，所以爲學之要耳。細觀來諭，似皆未察乎此，此熹之所疑者七也。晦叔書中論此大略與吾丈意同，更不及別答，只乞轉以此段呈之。大抵理會「仁」字須并「義」、「禮」、「智」三字通看，方見界分分明，血脉通貫。近世學者貪説「仁」字而忽略三者，所以無所據依，卒并與「仁」字而不識也。

夫來教之爲此數説者，皆超然異於簡册見聞之舊，此其致知之功亦足以爲精矣。然以熹之所疑考之，則恐求精之過而反失之於鑿也。大抵天下事物之理亭當均平，無無對者，唯道爲無對。然以形而上下論之，則亦未嘗不有對也。蓋所謂對者，或以左右，或以上下，或以前後，或以多寡，或以類而對，或以反而對，反復推之，天地之間真無一物兀然無對而孤立者。此程子所以中夜以思，不覺手舞而足蹈也。究觀來教，條目固多，而其意常主於別有一物之無對，故凡以左右而對者則扶起其一邊，以前後而對者則截去其一段。既强加其所主者以無對之貴名，而於其所賤而列於有對者又不免別立一位以配之，於是左右偏枯，首尾斷絶，位置重叠〔七〕，條理交并。凡天下之理勢，一切畸零贅剩，側峻尖斜，更無齊整平正之處。凡此所論陰陽、動静、善惡、仁義等說，皆此一模中脱出也。常安排此個意思規模横在胸中，竊恐終不能到得中正和樂、廣大公平底地位。此熹所以有「所知不精，害於涵養」之説也。若必欲守此，而但少加涵養之功，别爲一事以輔之於外，以是爲足以合内外之道，則非熹之所敢知矣。要須脱然頓舍舊習，而虚心平氣，以徐觀義理之所安，則庶乎其可也。仰恃知照，不鄙其愚，引與商論，以求至當之歸，敢不罄竭所懷，以求博約。蓋天下公理非一家之私，儻不有益於執事之高明，則必有警乎熹之淺陋矣。

校記〔一〕身：淳熙本作「己」。

〔二〕改：右引作「易」。

〔三〕引：右引作「尋」。

〔四〕已：右引作「得」。

〔五〕反：原作「及」，據右引及宋浙本改。

〔六〕淳熙本「生」上多一「生」字。

〔七〕位置：淳熙本作「名位」。

編年 據書信編年、年譜長編。

評論 張栻答朱元晦秘書書：觀所與廣仲書，析理固是精明，亦可謂極力救拔之矣。然言語未免有少和平處。謂當循前人樣轍，言約而意該，於緊要處下針。若聽者肯思量，當自有入處。不然，我雖愈極力，彼恐愈不近也。如何如何？

答胡廣仲乾道六年秋

久不聞問，向仰良深。即日秋涼，伏惟燕居味道，神相尊候萬福。熹哀苦不死，忽見秋序，觸緒傷割，不能自堪。時來墳山，幸有一二朋友温繹舊聞，且爾遣日，實則不若無生之愈也。欽夫召用，甚慰人望。但自造朝，至今未收書。傳聞晦叔且歸，亦久未至，使人懸情耳。吾丈比來觀何書？作何功夫？想所造日益高明，恨無從質問。向嘗附便寄呈與欽夫、擇之兩書，不審於尊意云何？有未中理，幸賜指誨。此書附新清遠主簿楊子直方，因其入廣西，取道岳前，屬使求見。渠在此留幾兩月，講會稍詳，此間動静可問而知。其人篤志於學，朋友間亦不易得也。恐其或欲寓書，告爲尋便遣來，幸甚幸甚！今日當還家，臨行草草布此，不能它及。邈無承教之期，惟冀以時珍衛，千萬幸甚！

熹再拜上問閤政孺人：伏惟懿候萬福，郎娘均慶。伯逢兄不及拜狀，昨鄭司法行，已嘗寓書矣，不知達否？子直亦欲求見，幸遣人導之。并及此意，此委勿外。熹再拜上問。

昨承季立兄慰問，欲具疏上謝，又恐子直之行繚繞，反致稽緩。旦夕還家，作書附子飛處，未必不先達也。熹又覆。

編年　據書信編年。

與吴晦叔 乾道六年以前

文叔出示近與諸公更定祭儀，其間少有疑〔一〕，輒以請教，幸與諸公評之。「廟必東向」，此一句便可疑。古人廟堂南向，室在其北，東户西牖。皆南向。室西南隅爲奥，尊者居之，故神主在焉。詩所謂「宗室牖下」者是也。主既在西壁下，即須東向，故行事之際，主人入户，西向致敬。試取儀禮特牲、少牢饋食等篇讀之〔二〕，即可見矣。今通典開元禮釋奠儀猶於堂上西壁下設先聖東向之位，故三獻官皆西向，仿佛古制。今神位南向，而獻官猶西向，失之矣。凡廟皆南向，而主皆東向，惟祫祭之時，群廟之主皆升，合食於太祖之時，則太祖之主仍舊東向，而群昭南向，群穆北向，列於太祖之前。此前代禮官所謂太祖正東向之位者，爲祫祭時言也，非祫時則群廟之主在其廟中無不東向矣，廟則初不東向也。

至朱公掞録二先生語，始有廟必東向之説，恐考之未詳，或記録之誤也。且禮「左宗廟」，則廟已在所居之東南。禮家謂當直巳丙上。若又東向，則正背却中庭門道，於人情亦不順矣。故疑語録恐是錯「東」字。然其後又言太祖東向，則廟當南向而列主，如祫祭之位，唐禮閣新儀祭圖設位，曾祖在西壁下，東向；祖北壁下，南向；父阼階上，北向。又恐於今人情或不相稱。牴牾如此，似難盡從。又考其説，與後來伊川所定祭儀主式亦不相合，伊川以四仲月祭，而此録秋用重陽，非仲月。伊川作主，粉塗書屬稱，而此云刻牌子。疑亦當時草創未定之論。此皆語録之誤也。

又今儀冬至祭始祖并及祧廟之主，夫冬至祭始祖，立春祭先祖，季秋祭禰廟，此伊川之所義起也。蓋取諸天時，參以物象，其義精矣。今不能行則已，如其行之而又不盡，更以己意竄易舊文，失先賢義起精微之意，愚意以爲殆不若不行之爲愈也。此則新儀之誤矣。其餘小小節文未備處，未暇一一整頓，只此兩大節目，似不可不正。試與諸公議之。如何如何？

校記 〔一〕少有：宋浙本作「有少」。

〔二〕牢：原作「宰」，據儀禮改。

編年 據書信編年。

答吴晦叔 乾道六年春夏間

別紙所詢三事，皆非淺陋之所及。然近者竊讀舊書，每恨向來講説常有過高之弊。如「文武之道未墜於地」，此但謂周之先王所以制作傳世者，當孔子時未盡亡耳。「夫子焉不學，而亦何常師之有」，此亦是子貢真實語。如孔子雖是生知，然何嘗不學，亦何所不師？但其爲學與他人不同，如舜之聞一善言、見一善行，便若决江河，莫之能禦耳。然則能無不學、無不師者，是乃聖人之所以爲生知也。若向來則定須謂道體無時而亡，故聖人目見耳聞，無適而非學，雖不害有此理，終非當日答問之本意矣。其他亦多類此，不暇一一辨析也。

鬼神者，造化之迹，屈伸往來，二氣之良能也。天地之升降，日月之盈縮，萬物之消息，變化盈虚〔一〕，無一非鬼神之所爲者。是以鬼神雖無形聲，而遍體乎萬物之中，物莫能遺。觀其能使天下之人齊明盛服以承祭祀，便洋洋乎如在其上，如在其左右，便見不可遺處，著見章灼，不可得而掩矣。前輩引用此句，或有脱了「可」字者，乃似鬼神有不遺物之意，非物自不可得而遺也。來喻亦脱此字，豈或筆誤而然耶？

春秋書正，據伊川説，則只是周正建子之月。但非春而書春，則夫子有行夏時之意，而假天時以立義耳。文定引商書「十有二月」，漢史「冬十月」爲證，以明周不改月，此固然矣。然以孟子考之，則七八月乃建午建未之月，暑雨苗長之時，而十一月、十二月乃建戌建亥之月，將寒成梁之候，國語引夏令曰：「十月成梁。」又似并改月號，此又何耶？或是當時二者并行，惟人所用，但春秋既是國史，則必用時王之正。其比商書不同者，蓋後世之彌文。而秦漢直稱十月者，則其制度之闊略耳。注家謂十月乃後人追改，當更考之。愚意如此，未知是否。因便復以求教，幸還以一言可否之，此區區所深望也。

尊兄近日所觀何書？如何用力？想必有成規，恨未得面扣。敬夫小試，已不負所學，使人增氣。但從容講貫之際，陰助爲不少矣。

校記　〔一〕盈虚：原缺，據宋浙本補。

編年　據書信編年、書札彙編。

答吴晦叔 乾道六年

陰陽太極之間本自難下語，然却且要得大概如此分明。其間精微處，恐儘有病在。且得存之，異時或稍長進，自然見得諦當，改易不難。今切切如此，較計一兩字，迫切追尋，恐無長進，少氣味也。伊川答横渠書只云「願更完養思慮，涵泳義理，久之自當條暢」，此可見前賢之用心矣。如何如何？仁右道左一段，先生説得極有曲折，無可疑者。蓋仁是這裏親切處，道是衆所共由，故有左右陰陽之別。古人言道慤實平穩，一一有下落處，不若今人之漫無統紀也。

編年　據書信編年。

答吴晦叔 乾道六年

夫易，變易也，兼指一動一静、已發未發而言之也。太極者，性情之妙也，乃一動一静、未發已發之理也。故曰易有太極，言即其動静闔闢而皆有是理也。若以「易」字專指已發爲言，是又以心爲已發之説也。此固未當，程先生言之明矣，不審尊意以爲如何？

編年　據書信編年。

答吴晦叔 乾道六年

前書所諭周正之説，終未穩當。孟子所謂七八月，乃今之五六月，所謂十一月、十二月，乃今之九月、十月。是周人固已改月矣。但天時則不可改，故書云「秋大熟，未穫」，此即止是今時之秋。蓋非酉戌之月〔一〕，則未有以見夫歲之大熟而未穫也。以此考之，今春秋月數乃魯史之舊文，而四時之序則孔子之微意。伊川所謂「假天時以立義」者，正謂此也。若謂周人初不改月，則未有明據。故文定只以商、秦二事爲證。以彼之博洽精勤，所取猶止於此，則無它可考必矣。今乃欲以十月隕霜之異證之，恐未足以爲不改月之驗也。蓋隕霜在今之十月則不足怪，在周之十月則爲異矣，又何必史書八月然後爲異哉。況魯史不傳，無以必知其然，不若只以孟子、尚書爲據之明且審也。若尚有疑，則不若且闕之之爲愈，不必强爲之説矣。詩中月數又似不曾改，如「四月維夏」、「六月徂暑」之類，故熹向者疑其并行也。

校記 〔一〕酉戌：淳熙本作「申酉」。

編年 據書信編年。

答吴晦叔 乾道七年

觀過一義，思之甚審。如來喻及伯逢兄説，必謂聖人教人以自治爲急，如此言乃有親切體驗之功，此固是也。然聖人言知人處亦不爲少，自治固急，亦豈有偏自治而不務知人之理耶？又謂人之過不止於厚薄愛忍四者，而疑伊川之説爲未盡。伊川止是舉一隅耳，若「君子過於廉，小人過於貪」，「君子過於介，小人過於通」之類皆是〔一〕，亦不止於此四者而已也。但就此等處看，則人之仁不仁可見，而仁之氣象亦自可識。故聖人但言「斯知仁矣」。此乃先儒舊説，爲説甚短而意味甚長。但熟玩之，自然可見。若如所論，固若親切矣，然乃所以爲迫切淺露而去聖人氣象愈遠也。且心既有此過矣，又不舍此過而別以一心觀之；既觀之矣，而又別以一心知此觀者之爲仁，若以爲有此三物遞相看覷〔二〕，則紛紜雜擾，不成道理。若謂止是一心，則頃刻之間有此三用，不亦忽遽急迫之甚乎〔三〕？凡此尤所未安，姑且先以求教。

校記　〔一〕通：淳熙本作「流」。

〔二〕看覷：右引作「觀照」。

〔三〕不亦：右引作「亦無乃」。

編年　據書信編年。書札彙編以爲作於乾道八年四五月間。

答吴晦叔 乾道八年五月

臣下不匡之刑，蓋施於邦君大夫之喪國亡家者，君臣一體，不得不然。如漢廢昌邑王賀，則誅其群臣，而本朝太祖下嶺南，亦誅其亂臣龔澄樞、李托之類是也。澄樞等實亡劉氏，乃飛廉、惡來之比，誅之自不爲冤。若昌邑群臣，與賀同惡者固不得不誅，其餘正可當古者墨刑之坐耳。乃不分等級，例行誅殺，是則霍光之私意也。又如文定論楚子納孔、儀處，事雖不同，意亦類此。試參考之，則知成湯之制官刑，正是奉行天討毫髮不差處，何疑之有哉。

孟子「知覺」二字，程子云「知是知此事，覺是覺此理」，此言盡之，自不必別立説也。事親當孝，事兄當悌者，事也。所以當孝，所以當悌者，理也。

兩魏之分，東則高歡，西則宇文，已非復有魏室矣。當是之時，見微之士固已不立乎其位。不幸而立乎其位，其賤者乎，則亦去之可也；其貴者乎，則左右近臣從君於西，社稷大臣守國於東，而皆必思所以爲安國靖難、興復長久之計，不濟則以死繼之而已。此外復何策哉。

前書所論觀過之説，時彪丈行速，怱遽草率，不能盡所懷。然其大者亦可見，不知當否如何？其未盡者，今又見於廣仲、伯逢書中，可取一觀。未中理處，更得反復詰難，乃所深望。然前所示教引「巧言令色」、「剛毅木訥」兩條，以爲聖人所以開示爲仁之方〔一〕，使人自得者，熹猶竊有疑焉，而前書亦未及論也。蓋此兩語正是聖人教人實下功夫、防患立心之一術，果能戒巧令、務敦樸，則心不恣縱而於仁爲近矣，非徒使之由是而知仁也。

大抵向來之説皆是苦心極力要識「仁」字，故其説愈巧而氣象愈薄。近日究觀聖門垂教之意，却是要人躬行實踐，直内勝私，使輕浮刻薄、貴我賤物之態潛消於冥冥之中，而吾之本心渾厚慈良、公平正大之體常存而不失，便是仁處。其用功著力，隨人淺深，各有次第。要之須是力行久熟，實到此地，方能知此意味，蓋非可以想象臆度而知，亦不待想象臆度而知也。近因南軒寄示言仁録，亦嘗再以書論所疑，大概如此，而後書所論「仁智」兩字尤爲明白，想皆已見矣。并爲參詳可否〔二〕，復以見教，幸甚幸甚！

校記　〔一〕爲：淳熙本作「知」。

〔二〕詳：右引作「訂」。

編年　據年譜長編。書信編年列於七年。

答吴晦叔 乾道八年

五刑一段，近得大紀諸論考之，其説詳矣。然有所未曉，復以求教。蓋此經文本有七句，今於其間雜然取此五句以爲五刑之目，而又去流取贖，輕重不倫，一也。先贖後賊，則非以重及輕；先鞭後贖，又非從輕至重，先後無序，二也。又謂「象以典刑」施於士大夫，而以不顯其過、隨宜改叙爲近於流宥之法，即不知「正象刑」是作如何行遣，三也。又皋陶作士，本以治夫蠻夷寇賊之爲亂者，若如此説，則書所稱皋陶「方施象刑，惟明」，乃獨以其施於士大夫者言之，不惟非命官之本意，亦與本篇上文不相應〔一〕，四也。又鞭朴自是輕刑，得宥反遭流徙，去輕即重，不足爲恩，五也。金贖、流宥本是一例，而就其間贖又輕於流者。今贖乃列於一刑之目，而當贖得宥者，反從流徙之坐，尤爲乖戾，六也。移鄉謂之流，猶爲近之；改叙他官及坐嘉石、入圜土，則與「流」字意義不同矣，七也。凡此七條，皆所未曉。更望參訂下諭，幸甚幸甚！

校記　〔一〕上：正訛改作「下」。

編年　此承前篇論刑，當作在同年稍後。

答吴晦叔 乾道八年冬

熹伏承示及先知後行之説，反復詳明，引據精密，警發多矣。所未能無疑者，方欲求教，又得南軒寄來書稿讀之，則凡熹之所欲言者，蓋皆已先得之矣。特其曲折之間小有未備，請得而細論之。

夫泛論知行之理，而就一事之中以觀之，則知之爲先，行之爲後，無可疑者。如孟子所謂「知皆擴而充之」，程子所謂「譬如行路，須得光照」，及易文言所謂「知至至之，知終終之」之類是也。然合夫知之淺深、行之大小而言，則非有以先成乎其小，亦將何以馴致乎其大者哉。如子夏教人以灑掃應對進退爲先，程子謂「未有致知而不在敬者」，及易文言所言「知至」、「知終」，皆在「忠信」、「修辭」之後之類是也。蓋古人之教，自其孩幼而教之以孝悌誠敬之實；及其少長，而博之以詩、書、禮、樂之文，皆所以使之即夫一事一物之間，各有以知其義理之所在而致涵養踐履之功也。此小學之事，知之淺而行之小者也。及其十五成童，學於大學，則其灑掃應對之間，禮樂射御之際，所以涵養踐履之者略已小成矣。於是不離乎此而教之以格物，以致其知焉。致知云者，因其所已知者推而致之，以及其所未知者而極其至也。是必至於舉天地萬物之理而一以貫之，然後爲知之至。而所謂誠意正心、修身齊家、治國平天下者，至是而無所不盡其道焉。此大學之道，知之深而行之大者也。今就其一事之中而論之，則先知後行，固各有其序矣。誠欲因夫小學之成以進乎大學之始，則非涵養履踐之有素，亦豈能居然以夫雜亂紛糾之心而格物以致其知哉。

且易之所謂忠信、修辭者，聖學之實事，貫始終而言者也。以其淺而小者言之，則自其常視毋誑、男唯女俞之時固已知而能之矣。知至至之，則由行此而又知其所至也，此知之深者也。知終終之，則由知至而又進以終之也，此行之大者也。故大學之書雖以格物致知爲用力之始，然非謂初不涵養履踐而直從事於此也；又非謂物未格、知未至則意可以不誠，心可以不正，身可以不修，家可以不齊也。但以爲必知之至，然後所以治己治人者始有以盡其道耳。若曰必俟知至而後可行，則夫事親從兄、承上接下，乃人生之所不能一日廢者，豈可謂吾知未至而暫輟，以俟其至而後行哉。按五峰作復齋記，有「立志居敬，身親格之」之説，蓋深得乎此者。但知言所論，於知之淺深不甚區別，而一以知先行後概之，則有所未安耳。

抑聖賢所謂知者雖有淺深，然不過如前所論二端而已。但至於廓然貫通，則内外精粗自無二致，非如來教及前後所論觀過知仁者，乃於方寸之間設爲機械，欲因觀彼而反識乎此也。侯子所闢總老「默而識之是識甚底」之言，正是説破此意。如南軒所謂「知底事」者，恐亦未免此病也。又來諭所謂端謹以致知，所謂克己私、集衆理者，又似有以行爲先之意；而所謂在乎兼進者，又若致知力行初無先後之分也。凡此皆鄙意所深疑，而南軒之論所未備者，故敢復以求教。幸深察而詳諭之。

編年 據書信編年。

答吴晦叔 乾道八年至九年

「復非天地心，復則見天地心」，此語與「所以陰陽者道」之意不同，但以易傳觀之，則可見矣。蓋天地以生物爲心，而此卦之下一陽爻即天地所以生物之心也。至於復之得名，則以此陽之復生而已，猶言臨、泰、大壯、夬也，豈得遂指此名以爲天地之心乎？但於其復而見此一陽之萌於下，則是因其復而見天地之心耳。「天地以生物爲心」，此句自無病。昨與南軒論之，近得報云亦已無疑矣。大抵近年學者不肯以愛言仁〔一〕，故見先生君子以一陽生物論天地之心，則必欲然不滿於其意，復於言外生説，推之使高，而不知天地之所以爲心者，實不外此；外此而言〔二〕，則必溺於虛，淪於静，而體用本末不相管矣。聖人無復，故未嘗見其心者。蓋天地之氣所以有陽之復者，以其有陰故也。衆人之心所以有善之復者，以其有惡故也。若聖人之心則天理渾然，初無間斷，人孰得以窺其心之起滅耶。若静而復動，則亦有之，但不可以善惡而爲言耳。愚意如此，恐或未然，更乞詳諭。

「踐形」之説來諭得之〔三〕，但説得文義未分明耳。熹謂「踐形」如「踐言」之「踐」，程子所謂「充人之名」是也。蓋人之形色莫非天性，如視則有明，聽則有聰，動則有節，是則所謂天性者，初不外乎形色之間也。但常人失其性，故視有不明，聽有不聰，動有不中，是則雖有是形而無以踐之。惟聖人盡性，故視明聽聰而動無不中，是以既有是形而又可以踐其形也。可以踐形，則無愧於形矣。如此推説，似稍分明。不知是否？

「絶四」有兩説，一説爲孔子自無此四者，「毋」即「無」字，古書通用耳。史記孔子世家正作「無」字也。一説爲孔子禁絶學者毋得有此四者，今來諭者乃此意也。兩説皆有意思，然以文意考之，似不若只用前説之爲明白平易也。又來諭「毋意」一句似亦未安，「意」只是私意計較之謂，不必以溢美溢惡證之，恐太遠却文意也。餘三句則所論得之，無可議者矣。大抵「意」是我之發，「我」是意之根。「必」在事前，「固」在事後，當在二者之間，生於意而成於我，此又四者之序也。

所示下學上達，先難後獲之説，不貴空言，務求實得，立意甚美。顧其間不能無可疑者，請試論之。蓋仁者，性之德而愛之理也。愛者，情之發而仁之用也。公者，仁之所以爲仁之道也。元者，天之所以爲仁之德也。仁者，人之所固有，而私或蔽之，以陷於不仁。故爲仁者必先克己，克己則公，公則仁，仁則愛矣。不先克己，則公豈可得而徒存？未至於仁，則愛胡可以先體哉。至於元，則仁之在天者而已，非一人之心既有是元而後有以成夫仁也。若夫知覺，則智之用而仁者之所兼也。元者四德之長，故兼亨、利、貞。仁者五常之長，故兼義、禮、智、信。此仁者所以必有知覺而不可便以知覺名仁也。

大凡理會義理，須先剖析得名義界分各有歸著，然後於中自然有貫通處。雖曰貫通，而渾然之中所謂粲然者初未嘗亂也。今詳來示，似於名字界分未嘗剖析，而遽欲以一理包之，故其所論既有巴攬牽合之勢，又有雜亂重複、支離涣散之病。而其所謂先難下學實用功處，又皆倒置錯陳，不可承用。今更不暇一一疏舉，但詳以此説考之，亦自可見矣。

校記　〔一〕年：淳熙本作「世」。

〔二〕而：右引作「爲」。

〔三〕右引此章以下另行，有題。

編年　據書信編年。

答吴晦叔淳熙元年

人心私欲之説，如來教所改字極善。本語之失，亦是所謂本源未明了之病，非一句一義上見不到也。但愚意猶疑向來妄論引「必有事焉」之語亦多未的當。蓋舜、禹授受之際，所謂人心私欲者，非若衆人所謂私欲也。但微有一毫把捉底意思，則雖云本是道心之發，然終未離人心之境也。所謂「動以人則有妄，顔子之有不善，正在此間」者是也。既有妄，則非私欲而何？須是都無此意思，自然從容中道，才方純是道心。「必有事焉」，却是見得此理而存養下功處，與所謂純是道心者蓋有間矣。然既察見本源，則自此可加精一之功而進夫純爾，中間儘有次第也。「惟精惟一」，亦未離夫人心。特須如此，乃可以克盡私欲，全復天理。儻不如此，則終無可至之理耳。

前書云「即人心而識道心」，此本無害，再作此書時忘記本語，故復辨之耳。

編年　據書信編年。

答吴晦叔淳熙元年

孟子「操舍」一章，正爲警悟學者，使之體察，常操而存之。吕子約云「因操舍以明其難存而易放」，固也，而又指此爲心體之流行，則非矣。今石子重、方伯謨取以評之者大意良是，但伯謨以爲此乃「人心惟危」，又似未然。人心，私欲耳，豈孟子所欲操存哉。又不可不辨也。

編年 據書信編年。

答吴晦叔 乾道五年

未發之旨既蒙許可，足以無疑矣。又蒙教以勿恃簡策，須是自加思索，超然自見無疑，方能自信。此又區區平日之病，敢不奉承。然此一義，向非得之簡策，則傳聞襲見，終身錯認聖賢旨意必矣。又況簡策之言皆古先聖賢所以加惠後學、垂教無窮，所謂「先得我心之同然」者將於是乎在，雖不可一向尋行數墨，然亦不可遽舍此而他求也。程子曰：「善學者求言必自近，易於近者非知言也。」愚意却願尊兄深味此意，毋遽忽易。凡吾心之所得，必以考之聖賢之書，脱有一字之不同，則更精思明辨，以益求至當之歸，毋憚一時究索之勞，使小惑苟解而大礙愈張也。

編年 據書信編年。

答石子重 𡼏 乾道初

熹竊謂人之所以爲學者，以吾之心未若聖人之心故也。心未能若聖人之心，是以燭理未明，無所準則，隨其所好，高者過，卑者不及，而不自知其爲過且不及也。若吾之心即與天地聖人之心無異矣，則尚何學之爲哉。故學者必因先達之言以求聖人之意，因聖人之意以達天地之理，求之自淺以及深，至之自近以及遠，循循有序，而不可以欲速迫切之心求也。夫如是，是以浸漸經歷，審熟詳明，而無躐等空言之弊。馴致其極，然後吾心得正，天地聖人之心不外是焉。非固欲晝於淺近而忘深遠，舍吾心以求聖人之心，棄吾説以徇先儒之説也。

編年　卷三十九答柯國材二云：「昨齊仲寄疑義來，乃不知是石丞者，妄意批鑿，非所施於素昧平生之人。」該書作於隆興二年冬，知是時朱熹尚未識石𡼖。然稍後答柯第四書即云石𡼖「書來有少反復，草草作答」，「凡此皆石丈書中未及盡布者」，則與石𡼖通書當在乾道初可知。此篇及下篇即通書之初草草作答者也。

答石子重 乾道初

所論仁之體用，甚當甚當。以此意推之，古今聖賢之意歷歷可見，無一不合者。但其用力則不過克己之私，而私之難克，亦已甚矣。區區不敏，竊願與長者各盡力於斯焉。猶恐墮廢，不克自強，尚賴時有以警策之。幸甚幸甚！

編年　見上篇所考。

答石子重 淳熙元年

按孔子言「操則存，舍則亡，出入無時，莫知其鄉」四句，而以「惟心之謂與」一句結之，正是直指心之體用而言其周流變化、神明不測之妙也。若謂以其舍之而亡，致得如此走作，則是孔子所以言心體者乃只説得心之病矣。聖人立言命物之意，恐不如此。兼「出入」兩字有善有惡，不可皆謂舍之而亡之所致也。

又如所謂心之本體不可以存亡言，此亦未安。蓋若所操而存者初非本體，則不知所存者果爲何物，而又何必以其存爲哉。但子約謂當其存時，未及察識而已遷動，此則存之未熟而遽欲察識之過。昨報其書甞極論之，今録求教。其餘則彼得之已多，不必别下語矣。

因此偶復記憶胡文定公所謂「不起不滅心之體，方起方滅心之用。能常操而存，則雖一日之間百起百滅，而心固自若」者，自是好語。但讀者當知所謂不起不滅者，非是塊然不動，無所知覺也，又非百起百滅之中别有一物不起不滅也。但此心瑩然，全無私意，是則寂然不動之本體；其順理而起，順理而滅，斯乃所以感而遂通天下之故者云爾。向來於此未明，反疑其言之太過。自今觀之，却是自家看得有病，非立言者之失也。不審高明以爲如何？因風却望示教。

編年　據書信編年。

答石子重 淳熙元年

心説甚善，但恐更須收斂造約爲佳耳。以心使心，所疑亦善。蓋程子之意亦謂自作主宰，不使其散漫走作耳。如孟子云「操則存」，云「求放心」，皆是此類，豈以此使彼之謂邪。但今人著個「察識」字，便有個尋求捕捉之意，與聖賢所云操存主宰之味不同〔一〕。此毫釐間須看得破，不爾則流於釋氏之説矣。如胡氏之書，未免此弊也。昨日得叔京書，論此殊未快，答之如此，别紙求教。如此言之，莫無病否？窮理盡性等説，不記話頭是如何。然此亦非大節所存，俟徐講之未晚也。

校記　〔一〕云：宋浙本作「示」。

編年　據書信編年。

答石子重 乾道四年正月

熹自去秋之中走長沙，閲月而後至，留兩月而後歸。在道繚繞，又五十餘日。還家幸老人康健，諸況粗適，他無足言。欽夫見處卓然不可及，從游之久，反復開益爲多。但其天姿明敏，從初不歷階級而得之，故今日語人亦多失之太高。湘中學子從之游者遂一例學爲虛談，其流弊亦將有害。比來頗覺此病矣，别後當有以救之。然從游之士亦自絶難得樸實頭理會者，可見此道之難明也。胡氏子弟及它門人亦有語此者，然皆無實得，拈槌竪拂，幾如説禪矣，與文定合下門庭大段相反，更無商量處。惟欽夫見得表裏通徹，舊來習見微有所偏，今此相見，盡覺釋去，儘好商量也。伯崇精進之意反不逮前，而擇之見趣操持愈見精密。

「敬」字之説，深契鄙懷。只如大學次序，亦須如此看始得。非格物致知全不用誠意正心，及其誠意正心，却都不用致知格物。但下學處須是密察，見得後便泰然行將去，此有始終之異耳。其實始終是個「敬」字，但敬中須有體察功夫，方能行著習察。不然，兀然持敬，又無進步處也。觀夫子荅門人爲仁之問不同，然大要以敬爲入門處，正要就日用純熟處識得，便無走作。非如今之學者，前後自爲兩段，行解各不相資也。近方見此意思，亦患未得打成一片耳。「大化之中，自有安宅」，此立語固有病，然當時之意却是要見自家主宰處。所謂大化，須就此識得，然後鳶飛魚躍，觸處洞然。若但泛然指天指地，説個大化便是安宅，安宅便是大化，却恐顢頇儱侗，非聖門求仁之學也。不審高明以爲如何？

克齋恐非熹所敢記者，必欲得之，少假歲年，使得更少加功，或所見稍復有進，始敢承命耳。欽夫爲人作一克齋銘録呈，它文數篇并往。有可評處，幸與聞之。欽夫聞老兄之風，亦甚傾企，令熹致願交之意也。

順之此來不及一見，所養想更純熟。留書見儆甚至，但終有桑門、伊蒲塞氣味。到家後又寄書來，與此間親戚問湘中議論，而曰：「謗釋氏者不須寄來。」觀此意見，恐於吾儒門中全未有見。又云「不如且棲心淡泊，於世少求，時玩聖賢之言，可以資吾神，養吾真」者，一一勘過，似此説話皆是大病。不知向來相聚，亦嘗儆之否？

此道寂寥，近來又爲邪説汨亂，使人駭懼。聞洪适在會稽盡取張子韶經解板行，此禍甚酷，不在洪水夷狄猛獸之下，令人寒心。人微學淺，又未有以遏之。惟益思自勉，更求朋友之助，庶有以追蹤聖徒，稍爲後人指出邪徑，俾不至全然陷溺，亦一事耳。順之聞之，必反以爲謗子韶也。

和篇拜賜甚寵，足見比來胸中灑落，如光風霽月氣象。但見屬之意甚過，而稱謂屢請不蒙改更，深不自安。自此萬望垂聽，乃荷愛予，不然，恐與來教再拜而辭之，則不得復資勝己之益矣。千萬誠告，伏惟裁之。熹忽有編摩之命，出於意外，即不敢當。復聞闕期尚遠，足以逡巡引避，遂且拜受。然亦不敢久冒空名，旦夕便爲計矣。但順之又未必以爲是耳。

編年 據書信編年。

答石子重 乾道七年

所論縣庠事，前書已具禀矣。若如今者所論，則事體尤重，須有傳道授業解惑之實，乃能當之。不然，則以縣道事力遽爲此事，典憲譏訶，恐有所不能免。耕老雖故舊食貧，心極念之，然不敢贊兄爲此也。必欲相見，招其一來，爲旬日之款則不妨。一書納上，書中之説只云老兄欲相見，它不敢及也。

大抵講學難得是當，而應事接物尤難中節。向來見理自不分明，不得入德門户，而汲汲爲人妄有談説，其失已誤人，非一事矣。今每思之，不覺心悸。故近日議論率多畏怯，無復向來之勇鋭。惟欲修治此身，庶幾寡過。自非深信得及，下得樸實功夫者，未嘗敢輒告語。以此取怒於人蓋多。然與其以妄言妄作得罪於聖人，不若以此得罪於流俗之爲愈。私心甚欲一見長者面論而未可得，不知尊兄近日觀書立論比向日如何？因書得示一二，便是平日受用處矣〔一〕。

校記　〔一〕是：淳熙本作「足見」。

編年　此與下篇皆言學事，爲一時先後之作。石憝知尤溪縣之初即整頓縣學，乾道七年也，見年譜長編所考。下篇云：「順之有來期未？」卷三十九答許順之十八云：「石兄書來，云順之旦夕到彼。」是與之作在同時。彼書亦作於七年也。

答石子重 乾道七年

順之有來期未〔一〕？國材苦學最可念，所恨駁雜滯泥，自無受用處。深欲一見之，或到，能津遣一來爲幸。明道集中所論學制最爲有本，曾經意否？每讀其書，觀其論講學處，未嘗不慨然發嘆，恨此生之不生於彼時也。伊川元祐所修條制，立尊道堂之類，亦是此意，然時措從宜處亦有曲折。幸并取觀之，當有所契。

校記　〔一〕此句原缺，據淳熙本補。

編年　見上篇所考。

答石子重 乾道八年

南軒語解首章，其失在於不曾分別「學」、「習」二字，又謂學者工夫已無間斷，却要時習，只此二事可疑耳。擇之雖欲分別「學」、「習」二字，而不曾見得分明，却遂便差排硬説，尤覺紛拏，不成條理。大抵「學」、「習」二字却是龜山將顔子事形容得分明，上蔡所謂「傳者得之於人，習者得之於己」，其説亦是。然統而言之，則只謂之學，故伊川有「博學、審問、慎思、明辯、篤行，五者廢其一，非學也」之語。分而言之，則學是未知而求知底功夫，習是未能而求能底功夫。須以博學、審問爲學，慎思、明辯、篤行爲習。故伊川只以「思」字解「習」字，蓋舉其要也。學者既學而知之，又當習以能之，及其時習而不忘，然後無間斷者始可得而馴致矣。若已無間斷，則又何必更時習乎？「習」字南軒之説正顛倒了〔一〕，擇之所論又不分明，而詞氣不和，意象輕肆，尤非小病，所宜深警省也。

「行有餘力」，此章所辨詞意殊不分明。大率行有餘力止是言行此數事之外有餘剩底工夫，方可將此工夫去學文藝耳，非謂行到從容地位爲有餘力，必如此然後可學文也。

伊川言「孝子居喪，志存守父在之道」與張解「志哀而不暇它問」之語不同〔二〕，游氏説「在所當改而可以未改」與張解「可以改，可以未改」之語亦異。擇之辨説雖多，却不及此，何也？

校記 〔一〕上句「更時」至本句「習字」，淳熙本作「更著習字」。

〔二〕暇：原作「蝦」，據右引及宋閩、浙本改。

編年 下第九、十、十一、十二書據書信編年所考，皆作在乾道八年。觀其時林擇之、許順之皆在尤溪，其考近之。此篇言及論語解説，與下篇相同，故當一時所作。書札彙編以爲作於淳熙四年或稍後。

答石子重 乾道八年

從事於斯是著力否？若是著力，却是知自己能、自己多，須要去問不能與寡者；自知己有、己實，須要若無若虚，不幾於詐乎？若説不著力，却是聖人地位。曰：顔子只見在己不足，在人有餘，何嘗以己爲能爲多，爲有爲實？曾子却見得顔子以能問不能，以多問寡，有若無，實若虚，故贊嘆其所爲如此，非謂其著力也。到得聖人，則如天地，不必言能不能、多寡、有無、虚實矣。此只是顔子地位。

熹按，此謂顔子只見在己不足，在人有餘者，得之矣，然只問不能、問寡，若無若虚，便是更有用力處在，但不是著力作此四事耳。若聖人則固如天地，然亦未嘗自以爲有餘也。

「篤信」猶曰「深信」。伊川謂只是無愛心，其實只是未知味。知味而愛，所謂信之篤者也。若不篤信，安能好學？「守死」謂死得有落著，「善道」謂善其道，猶「工欲善其事」、「善於其職」之「善」。守死所以善道。

「篤」有厚意，「深」字説不盡。守死只是以死自守，不必謂死得有落著。蓋篤信乃能好學，而守死乃能善道也。又能篤信好學然後能守死善道；又篤信所以能守死，好學所以能善道；又篤信不可以不好學，守死須要善得道；此所謂死得有落著也。又篤信好學須要守死善道。數義錯綜，其意始備。

且如自已爲學官，爲館職，遇朝廷有利害得失，或是宰執臺諫所當理會者，它不理會，自己要緘默，又不忍國家受禍；要出來説，又有出位謀政之嫌，如之何則可？曰：若任他事却不可，若以其理告君，何故不可？

若是大事，繫國家安危、生靈休戚，豈容緘默？館職又與學官不同，神宗固嘗許其論事矣。但事之小者，則亦不必每事數言也。

子欲居九夷，與乘桴浮海同意。當時傷道之不行，中國之陋，實起欲居九夷之念。已而不去，亦是順理，都無私意。「君子居之，何陋之有？」言君子所居則化，何陋之有？或問九夷尚可化，何故不化中國？曰：此是道已不行，中國已不化，所以起欲居九夷之意。化與不化在彼，聖人豈得必所居則化？理如此耳。中國之不化，亦怎奈何。

當時中國未嘗不被聖人之化，但時君不用，不得行其道耳。

「未見其止」，止是聖人極致處，所謂中是也。顔子見得中分明，只是未到，到便是聖人，故夫子嘆之。問「吾止也」與「未見其止」同異，曰：止則一般，但用處别。「未見其止」是止於其所止，「吾止也」是於其所不當止而止。

以上下文考之，恐與「吾止」之「止」同。

知以明之，仁以守之，勇以行之，其要在致知。知之明，非仁以守之則不可；以仁守之，非勇而行之亦不可。三者不可闕一，而知爲先。

此說甚善，正吾人所當自力也。

知者不惑，仁者不憂，勇者不懼，擇之云此是進德事。仁者不憂，智者不惑，勇者不懼，此是成德事。先知後仁，從外做入，由用以至體，自明而誠。誠之者，人之道也。先仁後智，從裏做出，由體以及用，自誠而明。誠者，天之道也。三句雖同，只仁智先後不同，便有成德、進德之間，不可不辨也。

程先生自分別此兩條，今如此推說，亦詳盡也。

「夫子之道忠恕」，動以天者也，由仁義行也。「誠者天之道也」，不思而得，不勉而中也。譬如做梁柱，聖人便是尺度了，不用尺度，纔做便揍著。它人須用尺度比量大小、闊狹、方圓後，方始揍著。

此說亦善。

顏淵死，孔子若有財，還與之椁否？順之曰：「不與。喪稱家之有無，顏淵家本無，則其無椁乃爲得宜。孔子若與之椁，便是使顏淵失宜，孔子必不肯。蓋椁者，可有可無者也，若無棺，則必與之矣。」

孔子若有財，必與顏淵爲椁。蓋朋友有通財之義，况孔子之於顏淵，視之如子耶？所謂喪具稱家之有無者，但不可以非義它求耳。

「鼓瑟希，鏗爾，舍瑟而作，對曰：異乎三子者之撰」，天機自動，不知其所以然。

門人詳記曾皙舍瑟之事，但欲見其從容不迫、灑落自在之意耳。若如此言，則流於莊、列之説矣。且人之舉動，孰非天機之自動耶？然亦只此便見曾皙狂處，蓋所見高而涵養未至也。

伊川云，灑掃應對，便是形而上者，理無大小故也。故君子只在謹獨。灑掃應對是事，所以灑掃應對是理。事即理，理即事。道散在萬事，那個不是？若事上有毫髮蹉過，則理上便有間斷欠闕。故君子直是不放過，只在慎獨。

此意甚好，但不知無事時當如何耳。慎獨須貫動静做功夫始得。

伊川云，克己最難，故曰中庸不可能也。此有「必有事焉而勿正」之意，過猶不及，只要恰好。

克盡己私，渾無意必，方見得中庸恰好處。若未能克己，則中庸不可得而道矣。此子思、明道之意也。「必有事焉而勿正」，是言養氣之法，與此不同。

言動猶可以禮，視聽如何以禮？且如見惡色，聞惡聲，若不視不聽，何以知得是惡色惡聲？知得是惡色惡聲，便是已聽已視了。曰：此之視聽是以心受之，若從耳目過，如何免得？但心不受，便是不視不聽。

視聽與見聞不同。聲色接於耳目，見聞也。視聽則耳目從乎聲色矣，不論心受與不受也。

「在邦無怨，在家無怨」，猶言無可憾者。若它人之怨不怨，則不敢必。天地之大，人猶有所憾。

以文意觀之，恐是他人之怨。

「出門如見大賓，使民如承大祭」，就體上説；「己所不欲，勿施於人」，就用上説；「在邦無怨，在家無怨」，就效處説。

此説甚好。擇之疑出門、使民已是用處，然亦不妨。蓋此兩事只是自家敬其心耳，未有施爲措置也。

「其言也訒」，有「嘿而存之〔一〕，不言而信，存乎德行」、「天何言哉，四時行焉，百物生焉」之意。或曰，説得深了，只是箴司馬牛多言之失。「仁者其言也訒」，此「仁者」與「仁者不憂」、「仁者安仁」之「仁者」不同，正與「仁者人也，義者宜也」之「仁者」一般。

前説誠太深。「仁者其言也訒」，蓋心存理著，自是不胡説耳。後説亦恐未然。

「能言距楊墨者，聖人之徒也。」楊氏爲我近乎義，墨氏兼愛近乎仁，當時人皆以爲真仁義也，靡然從之，未有言距之者。若不是見得聖人這邊道理明白，如何識得楊墨之非仁義？故曰能言距楊墨者，亦聖人之徒也。

出邪則入正，出正則入邪，兩者之間，蓋不容髮也。雖未知道而能言距楊墨者，已是心術向正之人，所以以聖人之徒許之，與春秋討賊之意同。

「好名之人能讓千乘之國，苟非其人，簞食豆羹見於色。」順之云，此言過不及也。好名之人能讓千乘之國，過也；苟不是這樣人，簞食豆羹必見於色〔二〕，此不及也。二者俱非也。擇之云，好名之人能讓千乘之國，若非有德之人，雖以慕名而能讓，然於簞食豆羹有時却見於顔色，其心本不如是故也。正所謂人能碎千金之璧，不能無失聲於破釜者也。

兩説皆通。舊來只如後説，然亦嘗疑其費力。但前説又無甚意味耳。請更商確之。

「身不行道，不行於妻子。使人不以道，不能行於妻子。」言身若不行道，則妻子無所取法，全無畏憚了，然猶可使也。若使人不以道，則妻子亦不可使矣。擇之如此説。順之云，不行於妻子，百事不行，不可使亦在其中。不能行於妻子，却只指使人一事言之。

順之説是。

事親仁之實，從兄義之實。蓋人之生也，莫不知愛其親；及其長也，莫不知敬其兄，此乃最初一著，其它皆從此充去。故孟子曰：「無它，達之天下也。」有子曰：「君子務本，本立而道生。孝弟也者，其爲仁之本歟？」孟子又謂徐行後長者謂之弟，疾行先長者謂之不弟。堯舜之道，孝弟而已矣。豈非事親仁之實，從兄義之實乎？

仁義只是理，事親從兄乃其事之實也。

在天爲命，在人爲性。無人言命不得，無天言性亦不得。但言命則主於天，言性則主於人耳。誠者，合内外之道，兼性命而爲言者也。

「誠者」以下語似有病。

心該誠、神，備體、用，故能寂而感，感而寂。其寂然不動者，誠也，體也；感而遂通者，神也，用也。體用一源，顯微無間，惟心之謂歟。

此說甚善。

動而不正不可謂道，用而不和不可謂德。

此兩句緊要在「正」字、「和」字上。

「在中之義」，義者，理也。只是這個理，在中者，中也；在外者，和也。中者性之體段，和者情之體段也。

「義」字說得太重。伊川本意亦似只說體段云爾。「和者情之體段」，語意未備。

「止於至善」，至善乃極則。擴之曰，不然，至善者本也，萬善皆於此乎出。至善乃極則。

思是發用之機，君子爲善，小人爲惡，那事不從這上出？但君子約入裏面來，小人拖出外面去，故曰思者，聖功之本而吉凶之機也。

正當於此謹之，君子所以貴慎獨也。

「聖人定之以中正仁義而主靜」，所以主靜者，以其本靜，靜極而動，動極復靜。靜也者，物之終始也。萬物始乎靜，終乎靜，故聖人主靜。

伊川先生曰：「動靜無端，陰陽無始。」若如此，則倚於一偏矣。動靜理均，但「靜」字勢重耳。此處更宜深玩之。

動静有終始賓主，方其動也，動爲主，静爲賓；及其静也，静却爲主，動却爲賓。動極而静，則動却終，静却始；静極復動，則動却始，静却終。雖然，方其動也，静之理未嘗不存也。及其静也，動之理亦未嘗不存也。

擇之云，此段甚好，但更欠説主静之意。

蒙，學者之事，始之之事也。艮，成德之事，終之之事也。

周子之意當是如此。然於此亦可見主静之意。

誠、敬如何分？順之曰，誠字體面大，敬字却用力。曰，伊川曰：「居處恭，執事敬，與人忠，是徹上徹下語。」如此敬亦是聖人事。曰，固是，畢竟將敬做誠不得。到得誠，則恭、敬、忠皆其藴也。

誠是實理，聖人之事，非專之謂也。推此意則與「敬」字不同自分明矣。聖人固未嘗不敬，如堯欽明，舜恭己，湯聖敬日躋是也。但自是聖人之敬，與賢人以下不同耳。

「一陰一陽之謂道」，陰陽，氣也；所以陰陽，道也。道也者，陰陽之理也。

此説得之。

「致中和」，致，極也，與「盡」字同。致中和便是盡性。

此説亦是。然「致」字是功夫處，有推而極之之意。擴之書中亦講此段〔三〕，然其意亦雜，幸并以此示之。渠又論慎獨，意亦未盡。大抵「獨」字只是耳目見聞之所不及而心獨知之之地耳。若謂指心而言而不謂之心，蓋恐指殺，似不然也。「故君子慎其心」，是何言耶？

校記 〔一〕存：今本易作「成」。

〔二〕簞：原作「簞」，據宋閩、浙本改。

〔三〕擴：原作「充」，避寧宗諱。宋浙本此處不避，據改。

編年 據書信編年。

答石子重 乾道八年

口之於味等事，其當然者，天理也。若概謂之理，則便只成釋氏運水般柴之説。

「不可離」恐未有不可得而離之意，以下文觀之可見。

此一節當分作兩事。「戒謹不睹，恐懼不聞」，如言聽於無聲，視於無形也。是防於未然，以全其體。「謹獨」是察之於將然，以審其幾。不知高明以爲如何？

此道無時無之，然體之則合，背之則離也。一有離之，則當此之時，失此之道矣。故曰「不可須臾離」。君子所以戒謹不睹，恐懼不聞，則不敢以須臾離也。所謂以下文觀之者如此。

「小人閒居爲不善」，惡惡不如惡惡臭也。「必見君子然後著其善」，好善不如好好色也。皆所以自欺而已。

「德無常師，主善爲師。善無常主，協于克一。」此言於天下之德無一定之師，惟善是從，則凡有善者皆可師也。於天下之善無一定之主，惟一其心，則其所取者無不善矣。「協」猶齊也，如所謂「協時月」。

編年　據書信編年。

答石子重 乾道八年

「孝弟也者，其爲仁之本歟」，是爲仁自孝弟始也。仁道之大而自孝弟始者，以其即愛親從兄之心習而察則仁矣。然而不敢説必無犯上作亂，故曰「鮮」。其或有之，以其習而不察。故有子之言以人人有是心，是以爲仁，患在不察故爾。表記曰：「事君，處其位，不履其事，則亂也。」謂違君命爲亂，此所謂犯上者。犯顔作亂者，違命也。

孝弟順德，犯上作亂逆德，論孝弟却説犯上作亂底事，只爲是它喚做孝弟，恰似「小人之中庸也，小人而無忌憚也」一般，君子則不然。先理會個根本，根本既立，道自此生，曷惟其已？許順之云，其爲人也孝弟，猶是泛而論之。如君子之道，夫婦之愚不肖可與知，可能行，非不孝弟也，惟知務之不如君子也。然孝弟順德，終是不善之心鮮矣。

此二説大抵求之過矣。鮮只是少，聖賢之言大概寬裕，不似今人蹙迫，便説殺了。此章且看伊川説，深有意味〔一〕。

「我不欲人之加諸我，吾亦欲無加諸人」，伊川解曰：「我不欲人之加諸我也，吾亦欲無加諸人，仁也。施諸己而不願，亦勿施諸人，恕也。」又語録曰「施諸己而不願，亦勿施諸人」，正解此兩句。又曰：「我不欲人之加諸我，吾亦欲無加諸人，恕也，近於仁矣，然未至於仁也。以有『欲』字耳。」前以爲仁，後以爲恕而未仁，二義不同。若以有「欲」字便以爲未仁，則「我欲仁，斯仁至矣」亦有「欲」字，不知如何？

二先生説經如此不同處亦多，或是時有先後，或是差舛，當以義理隱度而取捨之。如此説則當以解爲正。蓋其義理最長，而亦先生晚年所自著，尤可信也。「欲仁」之「欲」與「欲無加諸我」之「欲」文意不同，不可以相比。更推詳之。

「君子所貴乎道者三，動容貌，斯遠暴慢矣；正顔色，斯近信矣；出辭氣，斯遠鄙倍矣。」明道曰：「動容貌，周旋中禮，暴慢斯遠；正顔色則不妄，斯近信矣；出辭氣，正由中出，斯遠鄙倍。」此動容貌、正顔色、出辭氣皆不著力，是成德之事；斯遠暴慢、斯近信、遠鄙倍，猶云便遠暴慢，便近信，便遠鄙倍，自然如此也。伊川曰：「辭氣之出，不使至於鄙倍，却是就『遠』字上用工。」上蔡云：「動也，正也，出也，君子自牧處。」又曰「緊要在上三字」，説不同。如何？

熹詳此意，當以明道之説爲正，上蔡之説尤有病。

克齋記説天下歸仁處，先本云「天下之人亦將無不以仁歸之」，後本云「視天下無一物不在吾生物氣象之中」，先後意甚異。畢竟天下歸仁當如何説？

初意伊川說，後覺未穩；改之如此，乃呂博士說。恐當以後說爲正。蓋所謂伊川說，亦止見於外書雜説中，容或未必然也。

克齋記不取知覺言仁之説，似以愛之説爲主。近子細玩味，似若知覺亦不可去。蓋不知覺則亦必不愛，惟知覺故能愛。知覺與愛，并行而不相悖，恐亦無害於言仁。但不可專以知覺爲仁耳。醫者以四支頑痺爲不仁，頑痺則不知痛痒，又安能愛？更乞開發。

此義近與湖南諸公論之甚詳，今略録一二上呈，亦可見大意矣。一答胡廣仲書仁之説，一答張敬夫書〔二〕。

校記　〔一〕此段答語大同集卷七爲「答子重順之問諸説」中之一。

〔二〕淳熙本句末有「再讀別紙」四字。

編年　據書信編年。

答石子重 乾道八年

所疑荀批誨，今皆已釋然。蓋仁者心有知覺，謂知覺爲仁則不可，知覺却屬智也。理一而分殊，愛有差等，殊與差等品節之，却屬禮。施之無不得宜，却屬義。義也，禮也，智也，皆仁也，惟仁可以包夫三者。然所以得名，各有界分，須索分別。不然，混雜爲一，孰爲仁？孰爲義？孰爲智？

「仁」字之説甚善。要之須將仁、義、禮、智作一處看，交相參照，方見疆界分明。而疆界分明之中却自有貫通總攝處，是乃所謂仁包四者之實也。近年學者專説「仁」字，而於三者不復致思，所以含胡溟涬，動以仁包四者爲言，而實不識其所以包四者之果何物也。今得尊兄精思明辯如此，學者益有賴矣。幸甚〔一〕！

校記　〔一〕淳熙本句末多「幸甚」二字。

編年　據書信編年。

朱熹文集編年評注卷四十三

書 知舊門人問答

答陳明仲 乾道四年

熹窮居奉養，粗安義分，無足言者。惟是精力有限而道體無窮，人欲易迷而天理難復，凜乎日以憂懼，蓋未知所以脱於小人之歸者。方念未能得叩餘論以自警發，忽得來教，乃知高明之見已如此。自顧疲駑，雖殫十駕之勤，亦無以相及矣。矍然驚嘆，不知所言。至於反復再三，則有不能無疑者。蓋來喻自謂嘗有省處，此心直與孔孟無異。言行之間，既從容而自中矣。如此則是老兄之學已到聖賢地位，尚復何疑？而其後乃復更有學無得，老將至之嘆，則又無以異於某所憂者。此雖出於退讓不居之意，然與初之所言亦太相反矣，使熹將何取信而能亡疑於長者之言耶？又以其他議論參考之，竊意老兄涵養之功雖至，而窮理之學未明，是以日用之間多所未察，雖言之過，而亦不自知也。老兄既不鄙其愚而辱問焉，熹雖淺陋，亦不敢以虚厚意也。區區管見，願老兄於格物致知之學稍留意焉。聖賢之言，則反求諸心而加涵泳之功；日用之間，則精察其理而審毫釐之辨。積日累月，存驗擴充，庶乎其真有省而孔孟之心殆可識矣。示喻讀書之目，恐亦太多，姑以應課程可矣。欲其從容玩味，理與神會，則恐决不能也。程子之書，司馬、張、楊之説，不知其果皆出於一轍耶？抑有所不同也。此等處切須著眼，不可尋行數墨，備禮看過而已。既荷愛予，直以此道相期，不覺僭易，盡布所懷。伏惟既以温公之心爲心，必有以容之。然説而繹，從而改，尚不能無望於高明也。但能如程子所謂不敢自信而信其師，如此著力，兩三年間，亦當自見得矣。

汪丈每以吕申公爲準則，比觀其家傳所載學佛事，殊可笑。彼其德器渾厚謹嚴，亦可謂難得矣。一溺其心於此，乃與世俗之見無異。又爲依違中立之計以避其名，此其心亦可謂支離之甚矣。顧自以爲簡易，則吾不知其説也。程子曰：「欲不學佛，見得他小，便自然不學。」真知言哉！

編年 據書信編年。

答陳明仲 乾道四年

所示諸説，足見留意。便遽，未暇條對，大抵終有未脱禪學規模處。更願於平易著實處理會，不必以頓然有省爲奇，只要漸覺意味明白深長，便是功效。然亦不可存此計較功效之心，但循循不已，自有至矣。

編年 據書信編年。

答陳明仲 乾道四年

前書所論不求安飽，惟在敏於事上著力，此恐倒却文意，兼義亦不如此。蓋惟無求飽求安之心，乃能敏於事耳。謹於言，亦不專爲耻躬之不逮，大凡言語皆當謹也。愚見如此，未知是否。

編年 據書信編年。

答陳明仲 乾道四年

喻及論語諸説，以此久不修報。然觀大概，貪慕高遠，説得過當處多，却不是言下正意。如首章論耻躬不逮，便説古人誠貫天地，行通神明，今人作僞行詐，欺世盗名，都未合説到此。且熟味「古者言之不出，耻躬之不逮也」緊要用力處是如何，不必説向前去。如此久之，意味自别。且如尹和靖講説，便都無似此，簡約精微，極好涵泳也。推此一章，餘皆可見。

編年 據書信編年。

答陳明仲 乾道四年

程集荷借及，略看一二處，止是長沙初開本。如易傳序「沿流」作「泝流」，祭文「侄」作

「猶子」之類，皆胡家以意改者。後來多所改正，可從子飛求之，殊勝此本也。

編年　據書信編年。書札彙編以爲作於乾道五年秋冬間。

答陳明仲乾道四年

累承示經説，比舊益明白矣。然猶有推求太廣處，反失本意。今不暇一一具禀，異時面見，當得一一指陳，以求可否。大抵讀書當擇先儒舊説之當於理者，反復玩味，朝夕涵泳，便與本經正言之意通貫浹洽於胸中，然後有益，不必段段立説，徒爲觀美而實未必深有得於心也。講學正要反復研窮，方見義理歸宿處，不可只略説過便休也。

編年　據書信編年。

答陳明仲隆興二年

向辱書喻有意於程氏之學，甚善甚善。然向聞留意空門甚切，不知何故乃復舍彼而將求之於此？豈亦知前之失而然邪？抑以爲彼此初不相妨，既釋而不害其爲儒也。二者必有一矣。由前之説，則程氏教人以論、孟、大學、中庸爲本，須於此數書熟讀詳味，有會心處，方自見得。如其未然，讀之不厭熟，講之不厭煩，非如釋氏指理爲障，而兀然坐守無義之語，以俟其僥倖而一得也。此數書程氏與其門人高弟爲説甚詳，試訪求之，自首至尾，循守加功。須如小兒授書，節節而進乃佳，不可匆匆繙閱，無補於事；又不可雜以他説，徒亂宗旨也。如蘇氏之類。若曰彼此不相妨，儒釋可以并進，則非淺陋所敢聞也。

編年 據書信編年。

答陳明仲 乾道九年以後

示喻讀書遺忘，此士友之通患，無藥可醫。只有少讀深思，令其意味浹洽，當稍見功耳。讀易亦佳，但經書難讀，而此書爲尤難。蓋未開卷時，已有一重象數大概工夫，開卷之後，經文本意又多被先儒硬説殺了，令人看得意思局促，不見本來開物成務活法。廷老所傳鄙説，正爲欲救此弊。但當時草草抄出，疏略未成文字耳。然試略考之，亦粗見門户梗概。若有他説，則非吾之所敢聞也。

編年 據書信編年。書札彙編以爲作於淳熙三年或稍後。

答陳明仲 乾道九年

丞事如過割一條，亦是民間休戚所係。頃在同安，見官户富家、吏人市户典買田業，不肯受業，操有餘之勢力，以坐困破賣家計狼狽之人，殊使人扼腕。每縣中有送來整理者，必了於一日之中。蓋不如此，則村民有宿食廢業之患，而市人富家得以持久困之，使不敢伸理。此最弊之大者。嘗見友人陳元滂説昔年趨事吏部許公於邵陽，許公自言「吾作縣有八字法」，請問之，則曰「開收人丁，推割産税」而已。此可謂知爲政之本者，願高明志之。明道行狀及門人叙述中所論政事叙指，無事亦宜熟看，殊開發人意思也。所詢喪禮别紙具禀，顧亦考未精，又適此數時擾擾，不及致思，恐未必是。更可轉詢知禮之士，庶不誤耳。

編年　據書信編年。

别紙 乾道九年

靈席居中堂。

家無二主，似合少近西爲宜。

朔祭子爲主。

按喪禮，「凡喪，父在父爲主」，則父在子無主喪之禮也。又曰：「父没，兄弟同居，各主其喪。」注云：「各爲妻子之喪爲主也。」則是凡妻之喪，夫自爲主也。今以子爲喪主，似未安。

先遺柩歸而奉魂帛，終喪，埋帛立主。時在官所。

此於古無。初既不能盡從古制，即且如此亦可，然終不是也。

奉祀者題其子。

此亦未安，且不須題奉祀之名亦得。

廟別三世，別設一位於其下。

禮：卒哭而祔於祖姑，三年而後入廟。今既未葬，則三虞、卒哭之制無所施。不若終喪立
主而祔，祔畢，於家廟旁設小位以奉其主，不可於廟中別設位也。愚見如此，未知是否。告更以
溫公書儀及高氏送終禮參考之，當有定論也。

編年 據書信編年。

答陳明仲 乾道九年

喻及喪禮逾期主祭之疑，此未有可考。但司馬氏大小祥祭已除服者皆與祭，則主祭者雖已除
服，亦何害於主祭乎。但不可純用吉服，須略如吊服或忌日之服可也。更告博詢深於禮者議之。

編年 據書信編年。

答陳明仲 乾道九年

祭禮比得書，亦及此數條，各已隨事釐正。如配祭只用元妃，繼室則爲別廟；或有庶母，
又爲別廟；或妻先亡，又爲別廟；弟先亡無後，亦爲別廟；與伯叔祖父兄之無後者，凡五等，
須各以一室爲之，不可雜也。冬至已有始祖之祭，是月又是仲月，自當時祭，故不更別祭。其他
俗節，則已有「各依鄉俗」之文，自不妨隨俗增損。但元旦則在官者有朝謁之禮，恐不得專精於

祭事。熹鄉里却止於除夕前三四日行事，此亦更在斟酌也。忌日服制，王彦輔塵史載富鄭公用垂腳黲紗幞頭、黲布衫、脂皮帶，如今人禫服之制，此亦未得。汪丈報不知以爲如何也。

編年 據書信編年。

答陳明仲 乾道九年

喪服前書已具去，昨日又略爲元伯道一二，恐古制未明，或且只用四腳襴衫之制亦可。但虞祭後方可釋服，然後奉主歸廟耳。自啓殯至虞，其間吉禮權停可也。次日恐亦未宜遽講賀禮，恐令嗣有未安。尊兄以禮意喻之，則無疑矣。此最禮之大節，精意所在，衣裳制度抑其次耳。

編年 據書信編年。

答陳明仲 乾道四年

苟欲聞過，但當一一容受，不當復計其虚實，則事無大小，人皆樂告而無隱情矣。若切切計較，必與辨争，恐非「告以有過則喜」之意也。

編年 據書信編年。

答陳明仲 乾道四年

「不遠游」與「三年無改」各是一章，文義自不相蒙。或欲牽合，强爲一説，非聖人本意也。

竊謂夫子此言只是發明孝子之心耳。蓋父之所行雖或有所當改，然苟未至於不可一朝居，則爲之子者未忍遽革而有待於三年，亦可見其不忍死其親之心矣。此心是本，但能存得此心，則父之道或終身不可改，或一日不可行，皆隨其事之輕重而處之不失其宜矣。聖人特指此心以示人，所謂貫徹上下之言，而豈曰姑以是爲中制也哉。若如所喻，章句文義固已不通，而其間又極有害義理處。夫謂三年而免於父母之懷者，責宰予耳。父母之愛其子而子之愛其親，皆出於自然而無窮，豈計歲月而論施報之爲哉。若所謂中，乃天理人倫之極致，隨時而所在不同。以禹、稷、顏子之事觀之，則可見矣。今曰姑以中制言之，則是欲於半上落下之間指爲一定之中，以同流俗、合汚世而已，豈聖人之所謂中也哉。

編年　據書信編年。

答陳明仲乾道四年

爲長府與季氏聚斂事相因與否不可知，不必附會爲説。

子路鼓瑟不和，蓋未能盡變其氣質。所云未能上達不已，語不親切。

「屢空」之「空」，恐是空乏。屢至空乏而處之能安，此顏子所以庶幾於道也。下文以子貢貨殖爲對，文意尤分明。若以空爲心空，而屢空猶頻復，則顏子乃是易傳所謂復善而不能固之人矣，何以爲顏子？

子路非謂不學而可以爲政，但謂爲學不必讀書耳。上古未有文字之時，學者固無書可讀，而中人以上，固有不待讀書而自得者。但自聖賢有作，則道之載於經者詳矣。雖孔子之聖，不能離是以爲學也。捨是不求而欲以政學，既失之矣，况又責之中材之人乎。然子路使子羔爲宰，本意未必及此，但因夫子之言而託此以自解耳。故夫子以爲佞而惡之。

曾點見道無疑，心不累事，其胸次灑落，有非言語所能形容者。故雖夫子有「如或知爾」之問，而其所對亦未嘗少出其位焉，蓋若將終身於此者。而其語言氣象，則固位天地、育萬物之事也。但其下學工夫實未至此，故夫子雖喟然與之而終以爲狂也。

克己之目不及思，所論大概得之，然有未盡。熹竊謂洪範五事，以思爲主，蓋不可見而行乎四者之間也。然操存之漸，必自其可見者而爲之法，則切近明白而易以持守。故五事之次，思最在後，而夫子於此，亦遍舉「四勿」而不及夫思焉。蓋欲學者循其可見易守之法，以養其不可見、不可係之心也。至於久而不懈，則表裏如一而私意無所容矣。程子四箴，意正如此。試熟玩之，亦自可見。

學固以至聖爲極，習固是作聖之方，然恐未須如此說。且當理會聖賢之所學者何事，其習之也何術，乃見入德之門。所謂切問而近思也。「人不知而不愠」，和靖所謂「學在己，知不知在人，何愠之有」者最爲的當。蓋如此而言，乃見爲己用心之約處。若以容人爲説，竊恐爲己之心不切，而又涉乎自廣狹人之病，其去道益遠矣。嘗見或人説此乃有容天之論，此又欲大無窮而不知其陷於狂妄者也。

編年　據書信編年。

答李伯諫 甲申　隆興二年

詳觀所論，大抵以釋氏爲主，而於吾儒之説，近於釋者取之，異於釋者，在孔孟則多方遷就，以曲求其合；在伊洛則無所忌憚而直斥其非。夫直斥其非者，固未識其旨而然；所取所合，亦竊取其似是而非者耳。故語意之間，不免走作。不得於言，而求諸心，則從初讀孔孟伊洛文字，止是資舉業，此來書之語。固無緣得其指歸，所以敢謂聖學止於如此。至於後來學佛，乃是怕生死此亦來書中之語。而力究之，故陷溺深。從始至末，皆是利心，所謂差之毫釐者，其在兹乎。然敢詆伊洛而不敢非孔孟者，直以舉世尊之而吾又身爲儒者，故不敢耳，豈真知孔孟之可信而信之哉。是猶不敢顯然背畔，而毁冠裂冕、拔本塞源之心已竊發矣。學者豈可使有此心萌於胸中哉！

來書云，於程氏雖未能望其堂奥，而已窺其藩籬矣。熹竊謂聖人道在六經，若日星之明。程氏之説，見於其書者亦詳矣。然若只將印行册子從頭揭過，略曉文義，便爲得之，則當時門人弟子亦非全然鈍根，無轉智之人，豈不能如此領會？而孔門弟子之從其師，厄窮飢餓，終其身而不敢去；程氏之門已仕者忘爵禄，未仕者忘飢寒，此游察院語。此亦必有謂矣。試將聖學做禪樣看，日有孜孜，竭力而進〔一〕，竊恐更有事在，然後程氏藩籬可得而議也。

來書謂聖門以仁爲要，而釋氏亦言正覺，亦號能仁，又引程氏之説爲證。熹竊謂程氏之説以釋氏窮幽極微之論觀之，似未肯以爲極至之論。但老兄與儒者辨，不得不借其言爲重耳。然儒者言仁之體則然，至語其用，則毫釐必察。故曰「仁之實，事親是也」，又曰「孝弟也者，其爲仁之本與」。此體用所以一源而顯微所以無間也。釋氏之云正覺、能仁者，其論則高矣，美矣，然其實其本果安在乎〔二〕？

來書引天下歸仁以證滅度衆生之説，熹竊謂恐相似而不同。伊川先生曰：「克己復禮，則事事皆仁，故曰天下歸仁。」試用此意思之，毫髮不可差，差則入於異學矣。

來書云，夫子語仁以克己爲要，佛氏論性以無心爲宗，而以龜山「心不可無」之説爲非。熹謂所謂己者，對物之稱，乃是私認爲己而就此起計較，生愛欲，故當克之。克之而自復於理，則仁矣。心乃本有之物，虚明純一，貫徹感通，所以盡性體道，皆由於此。今以爲妄而欲去之，又自知其不可而曰有真心存焉，此亦來書之語。則又是有心矣。如此則無心之説何必全是，而不言無心之説何必全非乎？若以無心爲是，則克己乃是有心，無心何以克己？若以克己爲是，則請從事於斯而足矣，又何必克己於此而無心於彼，爲此二本而枝其辭也。

來書云，輪回因果之説，造妖捏怪，以誑愚惑衆，故達磨亦排斥之。熹竊謂輪回因果之説乃佛説也，今以佛爲聖人而斥其言至於如此，則老兄非特叛孔子，又謗佛矣。豈非知其説之有所窮也而爲是遁辭以自解免哉？抑亦不得已於儒者而姑爲此計以緩其攻也？嗚呼！吾未見聖人立說以誑愚惑衆，而聖人之徒倒戈以伐其師也。孰謂本末殊歸、首尾衡决如是而尚可以爲道乎。

來書云，韓退之排佛而敬大顛，則亦未能真排佛也〔三〕。熹謂退之稱大顛頗聰明，識道理，能外形骸，以理自勝，不爲事物侵亂而已。其與原道所稱「以之爲己則順而祥，以之爲人則愛而公，以之爲天下國家則無所處而不當」者，果如何耶？

來書云，形有死生，真性常在。熹謂性無僞冒，不必言真；未嘗不在，不必言在。蓋所謂性，即天地所以生物之理，所謂「維天之命，於穆不已」、「大哉乾元，萬物資始」者也，曷嘗不在而豈有我之所能私乎。釋氏所云真性，不知其與此同乎否也？同乎此，則古人盡心以知性知天，其學固有所爲，非欲其死而常在也。苟異乎此，而欲空妄心，見真性，惟恐其死而失之，非自私自利而何？是猶所謂廉賈五之，不可不謂之貨殖也。伊川之論未易遽非，亦未易遽曉。他日於儒學見得一個規模，乃知其不我欺耳。

來書謂伊川先生所云内外不備者不然，蓋無有能直内而不能方外者，此論甚當。據此正是熹所疑處。若使釋氏果能敬以直内，則便能義以方外，便須有父子，有君臣，三綱五常，闕一不可。今曰能直内矣，而其所以方外者果安在乎？又豈數者之外別有所謂義乎？以此而觀伊川之語，可謂失之恕矣。然其意不然，特老兄未之察耳。所謂有直内者，亦謂其有心地一段工夫耳。但其用功却有不同處，故其發有差，他却全不管著，此所以無方外之一節也。固是有根株則必有枝葉，然五穀之根株則生五穀之枝葉華實而可食，稊稗之根株則生稊稗之枝葉華實而不可食，此則不同耳。參术以根株而愈疾，鉤吻以根株而殺人，其所以殺人者，豈在根株之外而致其毒哉？來書云，不能於根株之外別致其巧也。故明道先生又云：「釋氏惟務上達而無下學，然則其上達處豈有是也，元不相連屬，但有間斷，非道也。」此可以見内外不備之意矣。然來書之云，却是從儒向佛，故猶籍先生之言以爲重。若真胡種族，則亦不肯招認此語矣。如何如何？

來書云，以理爲障者，特欲去其私意小智。熹謂認私意小智作「理」字，正是不識「理」字。來書又謂上蔡云佛氏不肯就理者爲非。熹謂若不識「理」字，則此亦未易以口舌争也。他日解此，乃知所言之可笑耳。

來書云，儒佛見處既無二理，其設教何異也。蓋儒教本人事，釋教本死生。本人事故緩於見性，本死生故急於見性。熹謂既謂之本，則此上無復有物矣。今既二本，不知所同者何事？而所謂儒本人事，緩見性者，亦殊無理。三聖作易，首曰：「乾，元亨利貞。」子思作中庸，首曰：「天命之謂性。」孔子言性與天道，而孟子道性善，此爲本於人事乎？本於天道乎？緩於性乎？急於性乎？然著「急」字亦不得。俗儒正坐不知天理之大，故爲異説所迷，反謂聖學知人事而不知死生，豈不誤哉！聖賢教人盡心以知性，躬行以盡性，終始本末，自有次第，一皆本諸天理，緩也緩不得，急也急不得，直是盡性至命，方是極則；非如見性之説，一見之而遂已也。上蔡云：「釋氏之論性，猶儒者之論心；釋氏之論心，猶儒者之論意。」此語剖析極精。試思之，如何？

來書云，子貢之明達，性與天道猶不與聞。熹竊謂此正癡人前説夢之過也。來書又謂釋氏本死生，悟者須徹底悟去，故祖師以來，由此得道者多。熹謂徹底悟去之人，不知本末内外是一是二？二則道有二致，一則死生人事一以貫之，無所不了。不知傳燈録中許多祖師，幾人做得堯舜禹稷？幾人做得文武周孔？須有徵驗處。

來書云，特聖人以中道自任，不欲學者躐等。熹謂此正是王氏「高明處己，中庸處人」之説，龜山嘗力詆之矣。須知所謂不欲學者躐等者，乃是天理本然，非是聖人安排教如此。譬諸草木，區以別矣。且如一莖小樹，不道他無草木之性，然其長須有漸，是亦性也。所謂便欲當人立地成佛者，正如將小樹來噴一口水，便要他立地干雲蔽日，豈有是理？便欲當人立地成佛，亦是來書中語。設使有此幻術，亦不可謂之循理。此亦見自私自利之規模處。

來書云引大易生死之説、程氏語默、日月、洪鑪之論。熹按此四者之説初無二致，來書許其三，排其一，不知何所折衷而云然？然則所許三説，恐未得其本意也。愚意以爲不必更於此理會，且當按聖門下學工夫求之，久自上達。所謂未知生，焉知死也。

來書云，聖人體易，至於窮神知化、未之或知之妙。熹疑此語脉中有病。又云生死之際，必不如是之任滅也。熹謂「任滅」二字亦是釋氏言之，聖人於死生固非任滅，亦初不見任滅之病。更以前段參之。

來書云，曹參、楊億不學儒，不害爲偉人。熹前書已奉答矣，而細思之，則老兄固云夫子之道乃萬世仁義禮樂之主，今乃有不學儒而自知道者，則夫子何足爲萬世仁義禮樂之主也？且仁義禮樂果何物乎？又曹參、楊億二人相擬，正自不倫。曹參在漢初功臣中人品儘粗疏，後來却能如此避正堂，舍蓋公，治齊相漢，與民休息，亦非常人做得，其所見似亦儘高。所可惜者，未聞聖人之道而止於是耳。楊億工於纖麗浮巧之文，已非知道者所爲。然資禀清介，立朝獻替略有可觀。而釋子特以爲知道者，以其有「八角磨盤」之句耳。然既謂之知釋氏之道，則於死生之際宜亦有過人者。而方丁謂之逐萊公也，以他事召億至中書，億乃恐懼至於便液俱下，面無人色。當此時也，八角磨盤果安在哉？事見蘇黄門龍川别志第一卷之末。蘇公非詆佛者，其言當不誣矣。然則此二人者雖皆未得爲知道，然億非參之倫也。子比而同之，過矣。蓋老氏之學淺於佛，而其失亦淺。正如申韓之學淺於楊墨，而其害亦淺。因論二人，謾及之，亦不可不知也。

來書云，鹽官講義急於學者見道，便欲人立地成佛。熹於前段已論之矣。然其失亦不專在此，自是所見過中，無著實處。氣象之間，蓋亦可見。

來書所謂發明西洛諸公所未言者，即其過處也。嘗聞之師曰：「〔二〕蘇聰明過人，所説語、孟儘有好處。蓋天地間道理不過如此，有時便見得到，皆聰明之發也。但見到處却有病，若欲窮理，不可不論也。」「見到處却有病」，此語極有味。試一思之，不可以爲平常而忽之也。

校記

〔一〕力：原作「才」，據宋浙本改。

〔二〕其實：原缺，據右引補。

〔三〕真排：原倒，據正訛乙。

編年　題下原注「甲申」。

答李伯諫乾道六年

承喻及從事心性之本以求變化氣質之功之説，此意甚善。然愚意此理初無内外本末之間，凡日用間涵泳本原，酬酢事變，以至講説辯論，考究尋繹，一動一静，無非存心養性、變化氣質之實事。學者之病在於爲人而不爲己，故見得其間一種稍向外者，皆爲外事。若實有爲己之心，但於此顯然處嚴立規程，力加持守，日就月將，不令退轉，則便是孟子所謂深造以道者。蓋其所謂深者，乃功夫積累之深；而所謂道者，則不外乎日用顯然之事也。及其真積力久，内外如一，則心性之妙無不存，而氣質之偏無不化矣。所謂自得之而居安資深也，豈離外而内，惡淺而深，舍學問思辯力行之實而别有從事心性之妙也哉。至於易之爲書，因陰陽之變以形事物之理，大小精粗無所不備，尤不可以是内非外、厭動求静之心讀之。鄙意如此，故於來喻多所未安。竊恐向來學佛病根有未除者，故敢以告。然恐亦未必盡當於理，惟高明擇之。

編年　據書信編年。

答李伯諫乾道六年

誨諭勤勤，深荷不鄙。然人之爲學，各有所見，豈能必於盡同？亦各信其所信而勉焉耳。今高明所造日深日遠，而愚蒙底滯，不能變其初心，竊意必無可合之理。來書乃欲曲加鐫誨，期之異日，雖荷眷舊之私，然恐亦徒爲競辨而無補於進修之實也。謹此少謝厚意之辱，伏幸裁照。

編年　據書信編年。

答吴公濟 隆興二年

來書云，儒釋之道，本同末異。熹謂本同則末必不異，末異則本必不同。正如二木是一種之根，無緣却生兩種之實。

來書云，夫子專言人事生理，而佛氏則兼人鬼生死而言之。熹按伯諫書中亦有此意，已於答伯諫書中論之矣。他日取觀，可見鄙意。抑又有説焉，不知生死人鬼爲一乎？爲二乎？若以爲一，則專言人事生理者，其於死與鬼神固已兼之矣，不待兼之而後兼也。若須别作一頭項窮究曉會，則是始終幽明却有間隔。似此見處，竊恐未安。

來書云，夫子罕言之者，正謂民不可使知，恐聞之而生惑。熹謂聖人於死生鬼神雖不切切言之，然於六經之言，格物誠意之方，天道性命之説，以至文爲制度之間，名器事物之小，莫非示人以始終幽明之理，蓋已無所不備。若於此講究分明而心得之，則仰觀俯察，洞然其無所疑矣，豈聞之而反有所惑耶。但人自不學，故聖人不能使之必知耳，非有所秘而不言也。今乃反謂聖人秘而不言，宜其惑於異説而不知所止也。

來書云，賢士大夫因佛學見性，然後知夫子果有不傳之妙。論語之書，非口耳可傳授。熹謂論語固非口耳所可傳授，然其間自有下工夫處，不待學佛而後知也。學佛而後知，則所謂論語者，乃佛氏之論語，而非孔氏之論語矣。正如用琵琶、秦箏、方響、觱栗奏雅樂，節拍雖同而音韻乖矣。

來書云，因語、孟見理，然後知佛氏事理俱無礙之說。熹按上文言因佛學見性，此言因語孟見理，理與性同乎？異乎？幸剖析言之，以曉未悟。但恐真見語、孟所言之理，則釋氏事理無礙之間所礙多矣。

來書云，幽明之故，死生之説，晝夜之道，初無二理。明之於幽，生之於死，猶晝之於夜也。鬼神之情狀見乎幽者爲不可誣，則輪回因果之説有不可非者。謂上智不在此域可也，謂必無是理不可也。熹竊謂幽明、死生、晝夜固無二理，然須是明於大本而究其所自來，然後知其實無二也。不然，則所謂無二者，恐不免於彌縫牽合而反爲有二矣。鬼神者，造化之迹，伊川語。乃二氣之良能也，橫渠語。不但見乎幽而已。以爲專見乎幽，此似未識鬼神之爲何物〔一〕，所以溺於輪回因果之説也。幽則有鬼神者，對禮樂而言之。大抵未嘗熟究聖人六經之旨，而遽欲以所得於外學者籠罩臆度言之，此所以多言而愈不合也。至又謂不可謂無此理，特上智不在此域，此尤害理。蓋不知此理是合有耶？合無耶？以爲不可謂必無是理，則是合有也。合有則盈天地之間皆是此理，無空闕處。而上智之人獨不與焉，不知又向甚處安身立命？若是合無，則凡此所謂不可無之理，乃衆生之妄見，而非真諦也。此其與聖人之心大相遠矣。而曰聖人無兩心，吾不信也。

校記 〔一〕此似：原倒，據宋閩、浙本乙。

編年 據書信編年。

答趙佐卿 乾道末

所示易說，足見玩意之深，不勝嘆服。此經舊亦嘗伏讀，然每病其未有入處。乃承見喻，使反復其論，蓋久不知其所以對也。顧厚意不可以終辭，姑以己意略疏其後，未知當否。惟高明裁之，復有以誨警之，則幸甚。大抵聖經惟論、孟文詞平易而切於日用，讀之疑少而益多。若易、春秋，則尤爲隱奥而難知者，是以平日畏之而不敢輕讀也。

編年 據書信編年。朱熹正式提出易爲卜筮而作之綱領在淳熙二、三年間，此初未及此，當作於其前，置乾道末或近之。

答曹晉叔 乾道五年

近仁之説來喻固未安，擇之説亦有病。竊原聖人之意非是教人於此體仁，乃是言如此之人於求仁爲近耳。雖有此質，正須實下求仁功夫，乃可實見近處。未能如此，即須矯揉到此地位，然後於仁爲近，可下功夫。若只守却「剛毅木訥」四字，要想象思量出仁體來，則恐無是理也。

編年 據書信編年。

答林擇之 用中 乾道四年

熹以崇安水災，被諸司檄來，與縣官議賑恤事，因爲之遍走山谷間，十日而後返。大率今時肉食者漠然無意於民，直是難與圖事。不知此個端緒何故汩没得如此不見頭影。因知若此學不明，天下事決無可爲之理。王丞文字足罷去，因力薦何叔京攝其事。若得此人來，將來檢放一段事須有條理。但只恐才不足，然終是勝今日諸人耳。此水所及不甚廣，但發源處皆是高山，裂石涌水，川原田畝無復東西，皆爲巨石之積，死傷幾百人。行村落間，視其漂蕩之路，聽其冤號之聲，殆不復能爲懷。云云。

所寄李先之記文體面甚佳，趣向甚正，但緊切處殊不端的。只云此爲仁，此爲義，却何如便由此而用之？且若真知仁義之實，則又不可云以誠而意，以正而心。此類非一，大抵此是尤緊切處，只如此，他可勿論也。恐更有可指處，因來更論之，以起惰氣也。

編年 據年譜長編。書信編年置於三年，蓋承王懋竑朱子年譜之誤。

答林擇之 乾道四年

熹奉養粗安。舊學不敢廢，得擴之朝夕議論，相助爲多，幸甚。敬夫得書，竟主觀過之說。因復細思，此說大害事，復以書扣之。擴之録得稿子奉呈，不知擇之以爲如何也。伯逢來問造端夫婦之説，偶亦嘗思之，前此説得泛濫，不縝密，今答之如此。擴之亦已録去矣。近見古人下工夫處極是精密，日用之間不敢不勉，庶幾他時相見或有尺寸之進耳。

敬夫又有書理會祭儀〔一〕，以墓祭節祠爲不可。然二先生皆言墓祭不害義理，又節物所尚，古人未有，故止於時祭。今人時節隨俗燕飲，各以其物，祖考生存之日蓋嘗用之。今子孫不廢此，而能恝然於祖宗乎？此恐太泥古，不盡如事存之意。方欲相與反復，庶歸至當，但舊儀亦甚草草。近再修削，頗可觀。一歲只七祭爲正祭，自元日以下皆用告朔之禮，以薦節物，於隆殺之際，似勝舊儀。便遽，未及寫去。

校記 〔一〕又：原作「文」，據宋閩、浙本改。

編年 書信編年據朱熹林用中字序、林允中字序，列此篇於乾道三年。考林用中字序署乾道二年作，乃「三年」之誤，故書信編年因而誤之，實則此篇當作於四年，林用中三年始從學得字也。

答林擇之 乾道五年

熹侍旁如昨。祠官再請，若更不得請，當如所戒。近事則無可説，觀左史之除，可見綱紀之紊。但如諸公若不相捨，不得不一行。又聞亦有招致南軒之意，果爾，猶或庶幾，但恐終不能用爾。所欲言甚衆，遠書不欲多談，可默會也。元履竟爲揆路所逐，雖其多言，未必一一中節，亦坐謄稿四出之故，然其爲吾君謀也則忠。士大夫以言見逐，非國家美事，亦使幽隱之賢難自進耳。

近得南軒書，諸説皆相然諾。但先察識後涵養之論執之尚堅，未發已發條理亦未甚明。蓋乍易舊説，猶待就所安耳。敬以直内爲初學之急務，誠如所諭。亦已報南軒，云擇之於此無異論矣。此事統體操存，不作兩段，日用間便覺得力，嘗驗之否？康節云：「若非前聖開蒙吝，幾作人間小丈夫。」誠哉是言！近讀易傳，見得陰陽剛柔一個道理儘有商量，未易以書見也。兩段之疑，動靜之説甚佳；「赤子之心」，前書已嘗言之。謂言其體則無賢愚少長之別。今曰赤子之心，已是指其用而言之。前此似亦未理會到此，試爲思之，如何？來諭謂其言非寂然不動，與未發不同，爲將動靜做不好説，似初無此意。但言不專此而言，則兼已發感通之用在其中耳。今者只如前書推明程子之意，則亦不須如此分別費力矣。

編年　據書信編年。

答林擇之 乾道六年夏

此有李伯諫，往時溺於禪學，近忽微知其非。昨來此留數日，蔡季通亦來會，劇論不置，遂肯捨去舊習。此亦殊不易，蓋其人資禀本佳，誠心欲爲爲己之學。雖一邊陷溺，而每事講究，求合義理，以故稍悟天命之性非空虚之物。然初猶戀著舊見，謂不相妨。今則已脱然矣，可尚可尚！仲尼焉學、體物而不可遺、春王正月、胡傳之説如何？谷神不死，此數義近皆來問者，幸各以數語明之。遺書論天地之中數段，亦告爲求其旨見喻，更以周禮、唐天文志系之爲佳。

編年　據年譜長編、書信編年。

答林擇之乾道五年春

昨得晋叔書，説「剛毅木訥近仁」，云擇之嘗告以「仁者，人所以肖天地之機要，須就發見處看得通神，自然識得」。細看此説，似非所以曉人，乃所以惑人。晋叔緣此説得來轉没交涉，不免就其説答之，似稍平穩。今謾録去，不知還更有病否？孔門求仁功夫似只是如此著實説，未有後來許多玄妙也。「通神」之語，恐亦有病。况不務涵養本根而直看發處，尤所未安。「仁者，人所以肖天地之機要」，此句極好，然却只是一句好説話。正如世俗所謂卦影者，未知仁者定理會不得，知仁者又不消得如此説與它。要之聖賢言仁自不如此，觀論語、孟子可見矣。如何如何？

編年　據書信編年。

答林擇之乾道五年春

所答二公問甚精當，熹亦嘗答之，只説得大概，不能如此之密。然勸深父且看語、孟、大學，其意亦如所示也。「仲弓」一段太迫切，觀渠氣質與識致所及，似禁不得如此鉗鎚也。晋叔亦是自悠悠，諸公覺得且如此。何丞近得書，亦未有進處，餘則不聞問也。季通兩日儘得講論，亦欲附書，未暇。渠終是未專一，若降伏得此病痛下，方有可用力處。已深告之，未知如何。終日憒憒，自救不了，更添得此累，思與吾擇之相聚，觀感警益之助，何可得耶？瞻仰非虛言也。

昨日書中論未發者看得如何？兩日思之，疑舊來所説於心性之實未有差，而「未發」、「已發」字頓放得未甚穩當。疑未發只是思慮事物之未接時，於此便可見性之體段，故可謂之中而不可謂之性也。發而中節是思慮事物已交之際，皆得其理，故可謂之和而不可謂之心。心則通貫乎已發未發之間，乃大易生生流行，一動一静之全體也。云云。舊疑遺書所記不審，今以此勘之，無一不合。信乎天下之書未可輕讀，聖賢指趣未易明，道體精微未易究也。

編年 據書信編年。

答林擇之 乾道六年至七年

「太山爲高矣，然太山頂上已不屬太山」，此喻道體之無窮，而事業雖大，終有限量爾。故下文云云，意可見也。又既得後須放開，此亦非謂須要放開，但謂既有所得，自然意思廣大，規模開廓。「須」字如用「必」字。若未能如此，便是未有所得，只是守爾。蓋以放開與否爲得與未得之驗，若謂有意須放教開，則大害事矣。上蔡論周恭叔放開忒早，此語亦有病也。「鳶飛魚躍，察見天理」，正與中庸本文「察」字異指。「便入堯舜氣象」，亦只是見得天理自然，不煩思勉處爾。若實欲到此地位，更有多少功夫，而可易其言耶？疑上蔡此語亦傷快也。近來玩索，漸見聖門進趣實地，但苦惰廢，不能如人意爾。

編年　據書信編年。

答林擇之乾道七年春

竹尺一枚，煩以夏至日依古法立表以測其日中之景，細度其長短。示及孟説，正欲煩訂正，俟見面納。向來數書所講，亦并俟面論。但顯道記憶語中數段，子細看皆好，只「太山頂上已不屬太山」，此但論道體之無窮，而事業雖大，終有限量耳。故下文云云，意可見矣。欽夫春來未得書，聞歲前屢對，上意甚向之。然十寒衆楚，愛莫助之，未知竟何如耳。鄭丈至誠樂善，當時少比，必能相親。其德器粹然，從容厚重，亦可佳也。

編年　據書信編年。

答林擇之乾道六年

比因朋友講論，深究近世學者之病，只是合下欠却持敬工夫，所以事事滅裂。其言敬者，又只説能存此心，自然中理。至於容貌詞氣，往往全不加工。設使真能如此存得，亦與釋老何異？上蔡説便有此病了。又況心慮荒忽，未必真能存得耶。程子言敬，必以整齊嚴肅、正衣冠、尊瞻視爲先，又言未有箕踞而心不慢者，如此乃是至論。而先聖説克己復禮，尋常講説於「禮」字每不快意，必訓作「理」字然後已。今乃知其精微縝密，非常情所及耳。近略整頓孟子説，見得此老直是把得定，但常放教到極險處，方與一斡轉，斡轉後便見天理人欲直是判然。非有命世之才，見道極分明，不能如此。然亦只此便是英氣害事處，便是才高無可依據處，學者亦不可不知也。

編年 據書信編年。

答林擇之 乾道六年

熹哀苦之餘，無他外誘，日用之間痛自斂飭，乃知敬字之功親切要妙乃如此。而前日不知於此用力，徒以口耳浪費光陰，人欲橫流，天理幾滅。今而思之，怛然震悚，蓋不知所以措其躬也。

編年 據書信編年。

答林擇之 乾道五年

所論顔、孟不同處，極善極善，正要見此曲折，始無窒礙耳。比來想亦只如此用功。熹近只就此處見得向來所未見底意思，乃知「存久自明，何待窮索」之語是真實不誑語。今未能久，已有此驗，况真能久邪？但當益加勉勵，不敢少弛其勞耳。

拙齋和篇莊重和平，讀之如見其人，煩爲多致謝意。莊子詩亦皆有味，但可惜只玩心於此耳。竊恐論語、孟程之書平易真實處更有滋味，從前咬嚼未破，所以向此作活計。然不敢僭易獻此說，顧無以謝其不鄙之意，只煩擇之從容爲達此懷也。

吕公家傳深有警悟人處，前輩涵養深厚乃如此。但其論學殊有病。如云「不主一門，不私一說」，則博而雜矣。如云「直截勁捷，以造聖人」，則約而陋矣。舉此二端，可見其本末之皆病。此所以流於異學而不自知其非耶。而作此傳者，又自有不可曉處。如云「雖萬物之理本末一致，而必欲有爲」，此類甚多，不知是何等語。又義例不明，所載同時諸人或名或字，非褒非貶，皆不可考。至如蘇公，則前字後名，尤無所據。豈其學無綱領，故文字亦象之而然邪？最後論佛學，尤可駭嘆。程氏之門千言萬語，只要見儒者與釋氏不同處。而吕公學於程氏，意欲直造聖人，盡其平生之力，乃反見得佛與聖人合，豈不背戾之甚哉！夫以其資質之粹美，涵養之深厚如此，疑若不叛於道，而窮理不精，錯謬如此，流傳於世，使有志於道而未知所擇者坐爲所誤，蓋非特莠之亂苗、紫之亂朱而已也。奈何奈何！

編年　據書信編年。本卷答陳明仲一亦言及吕公家傳事，作於乾道四年，可參也。

答林擇之 乾道六年

所論大抵皆得之，然鄙意亦有未安處。如「滿腔子是惻隱之心」，此是就人身上指出此理充塞處，最爲親切。若於此見得，即萬物一體，更無内外之別。若見不得，却去腔子外尋覓，則莽莽蕩蕩，愈無交涉矣。陳經正云：「我見天地萬物皆我之性，不復知我身之爲我矣。」伊川先生曰：「他人食飽，公無餒乎？」正是説破此病。知言亦云：「釋氏以虚空沙界爲己身，而不敬其父母所生之身〔一〕。」亦是説此病也。

三代正朔，以元祀十有二月考之，則商人但以建丑之月爲歲首而不改月號；時亦必不改也。以孟子七、八月，十一月、十二月之説考之，則周人以建子之月爲正月而不改時。改月者，後王之彌文。不改時者，天時不可改，故祭祀田獵猶以夏時爲正。以書「一月戊午，厥四月哉生明」之類考之，則古史例不書時。以程子「假天時以立義」之云考之，則是夫子作春秋時特加此四字以繫年，見行夏時之意。若如胡傳之説，則是周亦未嘗改月，而孔子特以夏正建寅之月爲歲首，月下所書之事，却是周正建子月事。自是之後，月與事常相差兩月。恐聖人制作之意不如是之紛更煩擾，其所制作亦不如是之錯亂無章也。愚見如此，而考之劉質夫説，亦云先書「春王正月」而後書二百四十二年之事，皆天理也，似亦以「春」字爲夫子所加。「王」字亦非史策舊文。但魯史本謂之春秋，則又似元有此字。而杜元凱左傳後序載汲冢竹書乃晉國之史，却以夏正建寅之月爲歲首，則又似胡氏之説可爲據。此間無竹書，煩爲見拙齋扣之，或有此書，借録一兩年示及，幸甚幸甚！又漢書「元年冬十月」，注家以爲武帝改用夏時之後，史官追正其事，亦未知是否。此亦更煩子細詢考也。

金聲或洪或殺，清濁萬殊，玉聲清越和平，首尾如一。故樂之作也，八音克諧，雖若無所先後，然奏之以金，節之以玉，其序亦有不可紊者焉。蓋其奏之也，所以極其變也；其節之也，所以成其章也。變者雖殊，而所以成者未嘗不一；成者雖一，而所歷之變洪纖清濁，亦無所不具於至一之中。聖人之知，精粗大小無所不周；聖人之德，精粗大小無所不備，其始卒相成蓋如此。此金聲而玉振之所以譬夫孔子之集大成，而非三子之所得與也。然即其全而論其偏，則洪而不能纖〔二〕，清而不能濁者，是其金聲之不備也。不能備乎金聲而遽以玉振之，雖其所以振之者未嘗有異，然其所振一全一闕，則其玉之爲聲亦有所不能同矣。此與來喻大同小異，更請詳之，却以見告。

「仲尼焉學」，舊來説得太高。詳味文意，文武之道只指先王之禮樂刑政、教化文章而已，故特言「文武」，而又以「未墜於地」言之。若論道體，則不容如此立言矣。但向來貪説個高底意思，將此一句都瞞過了。李光祖雖亦曲爲之説，然費氣力，似不若四平放下意味深長也。但聖人所以能無不學、無不師而一以貫之，便是有個生而知之底本領。不然，則便是近世博雜之學，而非所以爲孔子。故子貢之對雖若遜辭，然其推尊之意亦不得而隱矣。

校記　〔一〕敬：原作「知」，據知言、宋浙本改。

〔二〕洪、纖：原倒，據宋浙本乙。

編年　據書信編年。

答林擇之 淳熙元年冬

游山之計，束裝借人，行有日矣。得伯恭書，却欲此來，遂復中輟。山水之興雖未能忘，然杜門省事，未必不佳也。

潘丈之政爲閩中第一，其愛民好士，近世誠少比，恨未識之耳。端叔向見欽夫稱之，恭叔昨在建寧得一見，匆匆不能款，然知其惑於世俗高妙之虛談矣。大抵好高欲速，學者之通患，而爲此説者立論高而用功省，適有以投其隙。是以聞其説者欣然從之，唯恐不及，往往遺棄事物，略脱章句，而相與馳逐於虛曠冥漠之中。其實學禪之不至者，而自託於吾學以少避其名耳。道學不明，變怪百出，以欺世眩俗，後生之有志者爲所引取，陷於邪妄而不自知，深可悼懼也。擇之既從其招致，要當有以開之，使决然無惑於彼，乃爲不負其相向之意。然擇之向來亦頗有好奇自是之弊，今更當虛心下意，向平實處加潛玩浸灌之功，不令小有自主張之意，則自益益人之功庶乎其兩進矣。

編年 據書信編年。卷三十九答許順之言及游山報罷之事，作於淳熙元年十月十日，可參也。

答林擇之 淳熙二年

所示疑義已略看。端叔、恭叔惠書，極感其意。但如此用功，鄙意不能無疑。要須把此事來做一平常事看，朴實頭做將去，久之自然見效，不必如此大驚小怪，起模畫樣也。且朋友相聚，逐日相見，晤語目擊，爲益已多，何必如此忉忉，動形紙筆，然後爲講學耶？如此非惟勞攘無益，且是氣象不好，其流風之弊，將有不可勝言者。可試思之，非小故也。

其間所論操存涵養苦要分別先後，已是無緊要；而元禮忽然生出一句「心有未嘗放者」，遂就此上生出無限枝葉。不知今苦苦理會得此一句，有甚緊切日用爲己功夫處耶？又如可欲之善，向來説得亦太高了，故端叔所論雖失之，而擇之亦未爲得也。擴之云已子細報去，此不復縷縷矣。卷尾二段却好，大抵説得是當，自然放下穩帖，無許多枝蔓䠊隉處。且如二公所論可欲之善，是欲向甚處安頓也。

編年 據書信編年。

答林擇之 用中 淳熙元年

不仁者不可以久處約、長處樂，後説得之。蓋君子而不仁者有矣夫，未有小人而仁者也。此皆所謂不仁者，但所失亦有淺深久速之差耳。大抵聖人之言雖渾然，無所不包，而學者却要見得中間曲折也。

好仁者無以易其所好，則尚自尚也。惡不仁者不使加乎其身，則加自加也。若謂人不能加尚之，恐未遽有此意也。兼我方惡不仁於此，又安能必彼之不見加乎？用力於仁，又是次一等人，故曰「蓋有之矣」。若好仁惡不仁之人，則地位儘高，直是難得。禮記「無欲而好仁，無畏而惡不仁者，天下一人而已」，正是此意。

曹交識致凡下，又有挾貴求安之意，故孟子拒之。然所以告之者，亦極親切，非終拒之也。使其因此明辨力行而自得之，則知孟子之發己也深矣。顧交必不能耳。

子思、泄柳之事，恐無空留行道之別。但謂穆公之留子思出於誠意，今客之來，非有王命耳。

程子有言：「志壹氣壹，專一之意。若志專在深僻〔一〕，豈不動氣？氣專在喜怒，豈不動志？」當只依此説。來喻此一段皆好，但此兩句正倒説，却與本文下句不相應耳。

按喪服傳，出母之服，期，但爲父後者無服耳。子思此事不可曉，兼污隆之説亦似無交涉，或記者之誤與。

易簀事據曾子自言，則非不知者。蓋因季孫之賜而用，雖有所緣，然終是未能無失。但舉扶而易之，當下便冰消凍釋耳。

「文之不可無質，猶質之不可無文，若質而不文，則虎豹之鞟猶犬羊之鞟矣。」「鞟」須依舊説，細看來喻，却覺文義不通。

「天以誠命萬物，萬物以誠順天」，此語固有病，而所改云「天命萬物，萬物奉天，誠也」，亦枯槁費力。若曰「天之命物也以其誠，誠之在物也謂之天」，不知如何？

校記 〔一〕深：原作「滛」，據宋閩、浙本改。

編年 據書信編年。書札彙編以爲作於乾道八年春。

答林擇之 淳熙元年

誠之在物謂之天，前書論之已詳。來書所説，依舊非本意。向爲此語，乃本「物與無妄」之意，言天命散在萬物而各爲其物之天耳。意雖如此，然窮窘迫切，自覺殊非佳語也。觀過知仁，只依伊川説，更以和靖説足之。聖人本意似不過如此。記曰：「仁者之過易辭也。」語曰：「苟志於仁矣，無惡也。」如此推之，亦可見矣。子張所問子文、文子，只説得事，不見其心所以處此者的實如何，所以見他仁與不仁未得。伊川云：「若無喜愠，何以知其非仁乎？」如此理會，方見得聖門所説「仁」字直是親切。若如五峰之説，却説出去得更遠了，與仁字親切處轉無交涉矣。知言中説仁字多類此。

切脉觀雞之説固佳，然方切脉觀雞之際，便有許多曲折，則一心二用，自相妨奪，非唯仁不可見，而脉之浮沉緩急，雞之形色意態，皆有所不暇觀矣。竊意此語但因切脉而見血氣之周流，因觀雞雛而見生意之呈露，故即此指以示人。如引醫家手足頑痺之語，舉周子不去庭草之事，皆此意爾。若如來諭，觀雞之説文義猶或可通，至切脉之云，則文義決不如此。又所云「同一機」者，頗類無垢句法。

孟敬子問疾一章，但看二先生及尹和靖說，可見曾子之本意，而知上蔡之爲强說矣。蓋非惟功夫淺迫，至於文義亦說不去也。

盡心之說謂「盡」字上更有工夫，恐亦未然。

編年　此承上書，作在稍後甚明。書札彙編以爲作在乾道八年夏。

答林擇之 乾道六年

喜怒哀樂渾然在中，未感於物，未有倚著一偏之患，亦未有過與不及之差，故特以中名之，而又以爲天下之大本。程子所謂「中者在中之義」，所謂「只喜怒哀樂不發便是中」，所謂「中所以狀性之體段」，所謂「中者性之德」，所謂「無倚著處」，皆謂此也。擇之謂在中之義是裏面底道理，看得極子細。然伊川先生又曰「中即道也」，又曰「不偏之謂中」，「道無不中，故以中形道」，此言又何謂也？蓋天命之性者，天理之全體也；率性之道者，人性之當然也。未發之中，以全體而言也；時中之中，以當然而言也。要皆指本體而言。若呂氏直以率性爲循性而行，則宜乎其以中爲道之所由出也，失之矣。

編年　據書信編年。

答林擇之 乾道六年

「何事於仁」，恐是何止於仁，但下兩句却須相連說。蓋博施濟衆非但不止於仁，雖聖人猶以爲病，非謂仁者不能而聖者能之也。「民鮮久矣」，只合依經解説。但中庸「民鮮能久」，緣下文有「不能期月守」之説，故説者皆以爲「久於其道」之「久」。細考兩章相去甚遠〔一〕，自不相蒙，亦只合依論語説。蓋其下文正説道之不明不行，鮮能知味，正與伊川意合也。前寄三章大概皆是，但語氣有未粹處耳。石兄向論在中之説甚精密，但疑盡己便是用，此則過之。大抵此盡己推己皆是賢人之事，但以二者自相對待，便見體用之意。盡己是體上工夫，推己是用上工夫。若聖人之忠恕，則流行不息，萬物散殊而已，又何盡己推己之云哉。師訓中一段極分明，正是此意，可更詳之。

校記 〔一〕章：淳熙本作「語」。

編年 據書信編年。

答林擇之 乾道五年夏

答熙之仁説甚佳，其頗未盡處，熹答其書復詳言之。仁著於用，用本於仁，當時自不滿意。今欲改云：「仁者，心體之全，其用隨事而見。」所舉伊川先生格物兩條極親切，上蔡意固好，然却只是説見處。今且論涵養一節，疑古人直自小學中涵養成就，所以大學之道只從格物做起。今人從前無此工夫，但見大學以格物爲先，便欲只以思慮知識求之，更不於操存處用力。縱使窺測得十分，亦無實地可據。大抵敬字是徹上徹下之意，格物致知乃其間節次進步處耳。

答林擇之乾道五年

所引「人生而静」，不知如何看「静」字？恐此亦指未感物而言耳。蓋當此之時，此心渾然，天理全具。所謂「中者狀性之體」，正於此見之。但中庸、樂記之言有疏密之異，中庸徹頭徹尾説個謹獨工夫，即所謂敬而無失平日涵養之意。樂記却直到好惡無節處，方説「不能反躬，天理滅矣」。殊不知未感物時，若無主宰，則亦不能安其静，只此便自昏了天性，不待交物之引然後差也。蓋「中和」二字皆道之體用，以人言之，則未發已發之謂。但不能慎獨，則雖事物未至，固已紛綸膠擾，無復未發之時。既無以致夫所謂中，而其發必乖，又無以致夫所謂和。惟其戒謹恐懼，不敢須臾離，然後中和可致而大本達道乃在我矣。此道也二先生蓋屢言之，而龜山所謂「未發之際能體所謂中，已發之際能得所謂和」，此語爲近之，然未免有病。舊聞李先生論此最詳，後來所見不同，遂不復致思。今乃知其爲人深切，然恨已不能盡記其曲折矣。如云「人固有無所喜怒哀樂之時，然謂之未發，則不可言無主也」。又云「『致』字如『致師』之致。」又如先言慎獨，然後及中和，此意亦嘗言之。但當時既不領略，後來又不深思，遂成蹉過，孤負此翁耳。云云。「致」與「位」字，非聖人不能言，只以此觀之，亦自可見。蓋包括無窮意義而言之初不費力，此其所以難及耳。

答林擇之乾道五年

編年　據書信編年。

古人只從幼子常視無誑以上，灑掃應對進退之間，便是做涵養底工夫了。此豈待先識端倪而後加涵養哉，但從此涵養中漸漸體出這端倪來，則一一便爲己物。又只如平常地涵養將去，自然純熟。今曰「即日所學，便當察此端倪而加涵養之功」，似非古人爲學之序也。又云「涵養則其本益明，進學則其智益固，表裏互相發也」，此語甚佳。但所引三傳語，自始學以至成德，節次隨處可用，不必以三語分先後也。蓋義理，人心之固有，苟得其養而無物欲之昏，則自然發見明著，不待别求。格物致知，亦因其明而明之爾。今乃謂不先察識端倪，則涵養個甚底，不亦太急迫乎？

敬字通貫動静，但未發時則渾然是敬之體，非是知其未發，方下敬底工夫也。既發則隨事省察而敬之用行焉，然非其體素立，則省察之功亦無自而施也。故敬義非兩截事，必有事焉而勿正，心勿忘，勿助長，則此心卓然，貫通動静，敬立義行，無適而非天理之正矣。

伊川論「中」、「直」、「静」之字，謂之就當體形容是也〔一〕。然「静」字乃指未感本然言。蓋人生之初，未感於物，一性之真，湛然而已，豈非當體本然未嘗不静乎〔二〕？惟感於物，是以有動。然所感既息，則未有不復其常者。故熹常以爲静者性之貞也。不審明者以爲如何？「主静」

二字，乃言聖人之事，蓋承上文「定之以中正仁義」而言，以明四者之中又自有賓主爾。觀此則學者用工固自有次序，須先有個立腳處，方可省察，就此進步。非謂静處全不用力，但須如此方可用得力爾。前此所論敬義，即此理也。

校記　〔一〕當：原作「常」，據宋閩、浙本改。

〔二〕當：原作「常」，據右引改。

編年　據書信編年。

答林擇之 乾道五年

「精一」之説誠未盡，但擇之之説乃是論其已然，須見得下工夫底意思乃佳。伊川云：「惟精惟一，言專要精一之也。」如此方有用力處。如擇之之説，却不見「惟」字意思如何。前日中和之説看得如何？但恐其間言語不能無病，其大體莫無可疑。數日來，玩味此意，日用間極覺得力。乃知日前所以若有若亡，不能得純熟，而氣象浮淺，易得動摇，其病皆在此。湖南諸友其病亦似是如此，近看南軒文字，大抵都無前面一截工夫也。大抵心體通有無，該動静，故工夫亦通有無、該動静，方無透漏。若必待其發而後察，察而後存，則工夫之所不至多矣。惟涵養於未發之前，則其發處自然中節者多，不中節者少，體察之際，亦甚明審，易爲著力，與異時無本可據之説大不同矣。用此意看遺書，多有符合，讀之上下文極活絡分明，無凝滯處。亦曾如此看否？

編年　據書信編年。

答林擇之 乾道五年以後

「心有忿懥」之説，似亦無可疑。「心」字只是唤起下文「不得其正」字，非謂心有是四者也。遺書云：「易無思無爲也，此戒夫作爲也。」向來欲添「非」字，以今觀之，似不必然。此意蓋明聖人之所謂無，非漠然無所爲也，特未嘗作爲耳。只此便是天命流行，活潑潑地。戒之者，非聖人之自戒，特以作爲爲不可耳。大抵立言欲寬舒平易。云云。

編年　據書信編年。書札彙編與下二書皆置於淳熙元年。

答林擇之 乾道五年以後

「戒夫作爲」，此對老子之無爲而言。既不爲老子之無爲，又非有所作爲，此便是天命流行、鳶飛魚躍之全體。感而遂通天下之故未嘗離此，然體用自殊，不可不辨。但當識其所謂一源者耳。

編年　據書信編年。

答林擇之 乾道五年以後

「費而隱」一節，正是叩其兩端處。其實君臣、父子、人倫、日用無所不該，特舉夫婦而言，以見其尤切近處。而君子之道所以造端，其微乃至於此而莫能破也。但熟味上下文意及鳶飛魚躍、上下察之意，即見得顯微巨細渾是此理，意義曉然也。

編年 據書信編年。

答林擇之淳熙七年春

此中見有朋友數人講學，其間亦難得朴實頭負荷得者。因思日前講論只是口説，不曾實體於身，故在己在人都不得力。今方欲與朋友説日用之間常切點檢氣習偏處、意欲萌處與平日所講相似與不相似，就此痛著工夫，庶幾有益。陸子壽兄弟近日議論却肯向講學上理會，其門人有相訪者，氣象皆好。但其間亦有舊病。此間學者却是與渠相反，初謂只如此講學漸涵，自能入德，不謂末流之弊只成説話，至於人倫日用最切近處，亦都不得毫毛氣力，此不可不深懲而痛警也。

編年 據年譜長編、書信編年。

答林擇之乾道四年前後

近見莆中西銘解義，其「胡公説」莫是向來所説吕氏別本否？謂之胡説固非，然恐亦不是吕説。似初無甚發明，不知何人所作，而如此流行誤人。兼其後有數段言語，極可怪也。

編年 據書信編年。書札彙編以爲作於紹熙五年。

答林擇之 乾道四年前後

敬夫寄得書論二先生事實中數段來，改正謬訛，所助頗多。但記二蘇排伊川處，只欲改正云「同朝之士有不相知者」，其説以爲二蘇之於先生，但道不同，不相知耳。不審賢者以爲如何？又欲削去常夷父、張茂則兩段，以爲决無此事。他議論亦尚多，不能一一及之。甚恨地遠，不得相與訂正也。

編年 據書信編年。

答林擇之 乾道四年

游尉能與師魯游，必有志者。因一見之，啓其要，未見他事，且令於百姓分上稍發些不可得身心，亦是一事也。

編年 據書信編年。

答林擇之 乾道四年

知言序如所論尤有精神，又照管得前來貫穿，甚善甚善！寄得郴學、擴齋二記，其文亦此類，不知何故如此？不只是言語文字之病。試爲思之，如何？書中云常與右府書云：「願公主張正論，如太山之安，綢繆國事，無累卵之慮。」此語却極有味。大抵長於偶語韻語，往往嘗説得事情出也。湘江諸人欲心不知果能便消否，第恐「野火燒不盡，春風吹又生」耳。渠如此易其言，正如廣仲説納交要譽易去一般。

編年　據書信編年。

答林擇之乾道四年以後

酒誥已領。前日讀之不詳，但所疑悉如來示。然初亦不曾得致思，但覺礙人耳。

編年　據書信編年。

答林擇之乾道四年以後

所論聞人説性説命、説仁説學等語，自覺羞愧，此又矯枉過直之論。其下論注疏與諸老先生得失亦然。大抵近見擇之議論文字、詩篇及所以見於行事者，皆有迫切輕淺之意，不知其病安在？若如此書所論，則凡經典中説性命仁學處皆可删，而程、張諸公著述皆可焚矣。願深察之，此恐非小病也。

編年　據書信編年。

答林擴之〔一〕乾道中

所諭陰陽動静之説，只以四方五行之位觀之，便可見矣。優柔平中，如擴之所論得之。「中」字於動用上説亦然。明道云「惟精惟一，所以至之，允執厥中，所以行之」，即此意也。然只云於動用上説，却覺未盡。不若云於動用上該本體説，如何？「喪事不敢不勉」，恐只是一句。程子亦有云「喪事人所不勉」，恐解中亦且欲成文，不免如此作句，未必以四字包上三字也〔二〕。「不成章不達」，此通上下而言，所謂有節次者是也。伊川所引充實光輝，特舉一事以明之耳，非必以成章，專爲此地位也。

校記　〔一〕擴：原作「充」，避寧宗諱。宋浙本作本字而缺筆，據改。下篇同。

〔二〕三字：正訛改作「三句」。

編年　據書信編年。

答林擴之乾道中

擴之近讀何書？恐更當於日用之間爲仁之本者深加省察，而去其有害於此者爲佳。不然，誦説雖精而不踐其實，君子蓋深耻之。此固擴之平日所講聞也。

編年　據書信編年。

國家社科基金西部項目

（宋）朱熹 著
郭齊 尹波 編注

朱熹文集編年評注

第六册

福建省政協文化文史和學習委員會 編

海峽出版發行集團
THE STRAITS PUBLISHING & DISTRIBUTING GROUP
福建人民出版社

朱熹文集編年評注卷四十四

書 知舊門人問答

答蔡季通 元定〔一〕 乾道中

昨日上狀必已達，此人至又辱書，三復感嘆，不能自已。所謂一劍兩段者，改過之勇固當如此。改過貴勇而防患貴怯，二者相須，然後真可以修慝辨惑而成徙義崇德之功。不然，則向來竊聆悔過之言非不切至，而前日之書頓至於此，亦可驗矣。自今以往，設使真能一劍兩段，亦不可以此自恃，而平居無事常存祗畏警懼之心以防其源，則庶乎其可耳。

易説三條，昨亦思之，此上下文本自通貫，前此求其説而不得，故各自爲説而不能相通耳。洗心齋戒，特觀象玩辭、觀變玩占之大者，但方其退藏，而與民同患之用已具。及其應變，則又所以齋戒而神明其德。此則非聖人不能，與精義致用、利用崇德亦頗相類。此下所言闔闢往來，乃易之道。「易有太極」，則承上文而言所以往來闔闢而無窮者，以其有是理耳。有是理則天地設位而易行乎其中矣。兩而生四，四而生八，至於八則三變相因而三才可見。故聖人因之，畫爲八卦，以形變易之妙而定吉凶，至此然後可以言書耳。前所謂「易有太極」者，恐未可以書言也。愚意如此，不審如何？

校記　〔一〕此書又見續集卷二。

編年　據年譜長編所考，蔡元定從學朱熹在乾道二年，而朱熹文集中最早與之書信在四年。朱熹正式提出「易爲卜筮而作」之觀點在淳熙二三年間，此書論易，未言及此而已有此傾向，故作於乾道中爲近。

答蔡季通 紹熙二年

人之有生，性與氣合而已。然即其已合而析言之，則性主於理而無形，氣主於形而有質。以其主理而無形，故公而無不善；以其主形而有質，故私而或不善。以其公而善也，故其發皆天理之所行；以其私而或不善也，故其發皆人欲之所作。此舜之戒禹所以有人心道心之別，蓋自其根本而已然，非爲氣之所爲有過不及而後流於人欲也。然但謂之人心，則固未以爲悉皆邪惡；但謂之危，則固未以爲便致凶咎。但既不主於理而主於形，則其流爲邪惡以致凶咎亦不難矣。此其所以爲危，非若道心之必善而無惡，有安而無傾，有準的而可憑據也。故必其致精一於此兩者之間，使公而無不善者常爲一身萬事之主，而私而或不善者不得與焉，則凡所云爲不待擇於過與不及之間而自然無不中矣。凡物剖判之初，且當論其善不善，二者既分之後，方可論其中不中。「惟精惟一」，所以審其善不善也。「允執厥中」，則無過不及而自得中矣，非精一以求中也。

此舜戒禹之本意，而序文述之，固未嘗直以形氣之發盡爲不善，而不容其有清明純粹之時，如來諭之所疑也。但此所謂清明純粹者既屬乎形氣之偶然，則亦但能不隔乎理而助其發揮耳，不可便認以爲道心而欲據之以爲精一之地也。如孟子雖言夜氣，而其所欲存者乃在乎仁義之心，非直以此夜氣爲主也。雖言養氣，而其所用力乃在乎集義，非直就此氣中擇其無過不及者而養之也。來諭主張「氣」字太過，故於此有不察。其他如分別中氣過不及處，亦覺有差。但既無與乎道心之微，故有所不暇辨耳。

編年 據書信編年。

答蔡季通 乾道中

所喻「以禮爲先」之説，又似「識造化」之云，不免倚於一物，未是親切工夫耳。大抵濂溪先生説得的當，通書中數數拈出「幾」字，要當如此瞥地，即自然有個省力處，無規矩中却有規矩，未造化時已有造化。然後本隱之顯推見至隱，無處不吻合也。

編年 此書無考，以蔡元定從學在乾道初，而所持「以禮爲先」、「識造化」等説與下篇觀過説之云皆有向外走作之意，故次於此。書札彙編以爲作於紹熙元年。

答蔡季通 乾道中

觀過説猶未安，前日二生所寫告爲收毁。仍試别加思索，只於欽夫舊説中去得昨來所攻之病，便自妥帖簡當也。國寶程書告早爲校正示及。書堂誠欲速就，然當使伯夷築之乃佳耳。

小兒輩又煩收教，尤劇愧荷。但放逸之久，告痛加繩約爲幸。所示孟子數説，未及細觀。略看大意皆好，但恐微細有所未盡耳。所與子直書論大本處甚佳，雖云凡聖本同，亦有明與不明之異。昨見子直説及，正疑其太儱侗，今得此書，乃釋然耳。

通鑑東漢已後却未用得，然昨日略看，更有一例，如人主稱「上」，稱「車駕行幸」，皆臣子之詞；「我師」、「我行人」之屬，皆内詞，皆非所宜施於異代。此類更須别考也。但無道之君無故而入諸臣之家，無詞以書，只當書「幸」，以見其出於私恩耳。餘卷想看了，若行李暫出，告并所編例示及。所欲改處，望子細開諭也。

環中圖已見之，初意書中别有密傳耳。樂圖曾理會否？此便是七均八十四調之法，「變」當是變徵，「閏」當是變宫耳。疑大樂亦只是如此推校，但律之高下未有準則。王朴之樂想亦只是得此法，而不得律之高下。所云黄鍾之管與今黄鍾之聲相因，因而推之，得十二律，乃是只以當時見存之律爲準，如此安能得其真耶。故歐公云：「凡其所爲，當時莫敢難者，然亦莫能加也。」似亦以此等爲疑耳。向所托校歸藏告示及，晁以道易説亦望借及。此書近細讀之，恐程傳得之已多，但不合全説作義理，不就卜筮上看，故其説有無頓著處耳。今但作卜筮看，而以其説推之，道理自不可易，但其間有不須得如此説處，剩著道理耳。正如詩之興者，舊説常剩却一半道理也。

編年 據書信編年。

答蔡季通 乾道六年

還家半月，節中哀痛不自勝。兩兒久欲遣去，因循至今。今熹亦欲過寒泉矣，謹令詣左右。告便令入學，勿令游嬉廢業子幸〔一〕。大兒不免令讀時文〔二〕，然觀近年一種淺切文字殊不佳，須尋得數十年前文字寬舒有議論者與看爲佳。雖不入時，無可奈何。要之將來若能入場屋，得失又須有命，决不專在趨時也。向借得子勉舊本書儀，皆今人所不讀者，其間儘有佳作。又記向年曾略看論粹前後集，其間亦多好論。然當時猶以爲俚俗而不觀，安知今日乃作此曲拍乎。可嘆！此兒讀左傳向畢，經書要處更令温繹爲佳。如禮記令揀篇讀。韓、歐、曾、蘇之文滂沛明白者，揀數十篇，令寫出，反復成誦尤善。莊、荀之屬皆未讀，可更與兼善斟酌，度其緩急而授之也。此兒作文更無向背往來之勢，自首至尾，一樣數段，更看不得，可怪。望與鐫之。小者尤難説，然只作小詩無益，更量其材而誘之爲幸。近來覺得稍勝往年，不知竟能少進否，可慮！錢物已令携去一千足，米俟到後山遣致。或彼價廉，即寄錢去，煩爲糴也。

數日在家看得孟子兩篇，今日讀滕文公篇，觀其答景春之問，直是痛快，三復令人胸中浩然，如濯江漢而暴秋陽也。胡文定一書答朱子發，舉南泉斬貓話者〔三〕，集中有之否？看此等處直是好著眼目也。

所論始終條理甚精密矣，引康節志文尤當。兒寬未必是引孟子，恐是古來樂家自有此語而因用之耳。蓋前漢人多不甚説孟子也。此亦無緊要，但前日説中亦不曾如此説，又其文太冗，須更刊定趨約乃佳耳。持養之功，想日有味，要之以久，則克伐怨欲之私自當退聽矣。欽夫、伯恭、晦叔得書，納去一觀，却付此便回。欽夫書勿以示人也。伯恭竟未脱然，前日答書，不免又極論。「持養欽莊」，實有愧於其語，然不敢私其身之意，當有能識之者。所答書無暇寫去，大概是此意，可見也。擇之亦得書，中有數條，今再以往。數書之説，得暇試爲一一論之，相見日面講也。伯諫前日過宿其家，來書示之，渠甚嘆服精進。但公濟孤立甚可念，恨無力能挽回耳。

道間思「久假」之説，欲下語云：「五伯假之而至於功施當時，名顯後世，則是久假而不歸矣，人亦安能知其本非真有哉。孟子之言，蓋疾矯僞之亂真，傷時人之易惑，而非與五伯之辭也。」煩爲呈似元禮、可大二兄，商量看如何。今日因思此義，偶得一法，大抵思索義理到紛亂窒塞處，須是一切掃去，放教胸中空蕩蕩地了，却舉起一看，便自覺得有下落處。此説向見李先生曾説來，今日方真實驗得如此，非虚語也。

綱目數日曾看得否？高紀中數詔極佳，如立口賦法及求賢詔皆合入，更煩推此類添入。有看了册，旋付此童來，幸甚！易學辨惑及邵氏辨誣暫借，皆可付此人，便欲用也。

别又旬日，已劇馳情。奉告，承即日秋暑，侍履吉慶，壽堂眷集一一佳勝，爲慰。前日之嘆，蓋見近日朋友談説紛然而躬行不力，以至言談舉止之間猶未有以異於衆人，是以憂之。承問之及，豈亦致疑於此耶？古易納上，坊中更有王日休所刊，求之未獲。可訪問，考訂孰爲得失也。鄙意與伯諫深欲季通一來，稍霽便望命駕。有合商量事甚多，非書札所能辨也。通鑑簽貼甚精密，乍到此，未暇子細，并俟相見面論。撥冗作書，遣此人歸，不及詳悉。千萬早來爲佳。

兼善遠訪，無以堪其意，愧惕不自勝。然捐其舊學之非，非季通深排痛抵之力，亦不能辨。朋友正當如此。衰懶不振，負愧多矣。渠不肯少留，未及子細，亦恨賢者不在此共評訂耳。熹向所論中和等説，近細思之，病敗不少。理固未易窮，然昏憒如此，殊可懼。安得即面言之？佇俟來音，旦夕别遣人奉候。

啓蒙近又推得初揲之餘不五則九，其數皆奇，而其爲數之實五三而九一之，應圍三徑一之數。第二三揲之餘不四則八，其數皆偶，而其爲數之實四、八皆二，亦應圍四用半之數。是三揲之次，亦已自有奇偶之分。若第二三揲不掛，則不復有此差别矣。如何？

星經紫垣固所當先，太微、天市乃在二十八舍之中，若列於前，不知如何指其所在？恐當云在紫垣之旁某星至某星之外，起某宿幾度，盡某宿幾度。又記其帝坐處須云在某宿幾度，距紫垣幾度，赤道幾度，距垣四面各幾度，與垣外某星相直，及記其昏見，及昏旦夜半當中之星〔四〕。

其垣四面之星，亦須注與垣外某星相直，乃可易曉。不知盛意如何也。參同二册、鍾乳一兩納上。考異熹安能決其是非？但恐文義音讀間有可商量處耳。

鐘律之篇大概原於盛編，而其先後不同。蓋但用古書本語或注疏，而以己意附其下方，甚簡約而極周盡，學樂者一覽可得梗概。其他推説之泛濫，旁證之異同，不盡載也。當俟歸日面呈，决求訂正耳〔五〕。星經可付三哥畢其事否？甚願早見之也。近校得步天歌頗不錯，其説雖淺而詞甚俚，然亦初學之階梯也。但恨難得人説話，非惟不能有助，亦自不曉人意，令人鬱鬱，無分付處。想亦不能無此嘆也。

校記　〔一〕子：底本原注疑誤，正訛改作「千」。疑當作「爲」，蓋行草楷化致誤也。

〔二〕免：原作「兒」，底本原注疑誤，據正訛改。

〔三〕斬：原作「新」，形近之譌。南泉普願和尚斬貓是禪宗的一樁著名公案，據改。

〔四〕星：原作「月」，據正訛改。

〔五〕決：疑當作「央」。

編年　據書信編年。按，此篇亦似數書相雜，非作於一時。書札彙編分此爲兩篇，分置於乾道七年、淳熙十年。

答蔡季通 淳熙十三年十四年間

人還承書，爲慰。又承示及行日卦爻之説，尤荷留念。即此春暖，共惟尊履萬福。所苦比復如何？須鹿茸納去，視至。通鑑本末并注、綱目提要，第九、第十册以是未定，不曾寫。此物甚難作，書法固不可不本春秋，然又全用春秋不得。舊有例一册，不知曾并送去了？洪範新説恨未得聞，俟面見以請。算工俟爲尋訪，然亦須立一格目，要得甚様人始得。如州縣攢司，儘有能算者，但恐不能算曆耳。

人還承書〔一〕，知已還舍，爲慰。易圖甚精，但發例中不能盡述，當略提破而籍圖以傳耳。陳法大略亦可見，當如近日所説，但未能洞曉其曲折耳。樂圖煩更問子本〔二〕，此只有十二様，而調名之多〔三〕，何耶？琴説亦告尋便示及，千萬。

登山失事，久知如此，雖遂事不諫，亦可斟酌，簡其功程也。二譜已領，昨日過元善，聽其弦歌二南、七月，頗可聽，但恐嚇走孔夫子耳。磬制乃賢者立論之失，豈可推范蜀公？蜀公若道「季通許多説著處都不推我，只這一事錯了，便相執㢸」，則將何詞以對耶？如此護前，恐爲心術之害，不但一事之失也。

通書注修改甚精，元來「誠幾德」便是太極二五，此老些子活計盡在裏許也。前後知他讀了幾過，都不曾見此意思。於此益知讀書之難也。近得林黄中書，大駡康節數學、横渠西銘，袁機仲亦來攻邵氏甚急，可笑。嘗記共甫説往時有亡大夫坐乞毁通鑑板被責，發來復官，詞臣草其制，有一聯云：「出幽谷而遷喬木，朕姑示於寬恩；以鳴鶚而笑鳳凰〔四〕，爾無沉於迷識。」此輩今亦可并按也。一笑。

前日七、八、九、六之説，於意云何？近細推之，乃自河圖而來。即老兄所謂洛書者。欲於啓蒙之首增此一篇，并列河圖、洛書以發其端。而揲蓍法中，只自大衍以下，又分變卦圖別爲一篇，此卦以後雖不畫卦，亦列卦名，庶幾易檢。幸爲録示也。

河、洛辨説甚詳，然皆在夫子作傳之後，其間極有不足據以爲説者。鄙意但覺九宫之圖意義精約，故疑其先出。而八卦、十數、九疇、五行各出一圖，自不相妨。故有虚中爲易，實中爲範之説，自謂頗得其旨。今詳所論，亦是一説，更俟面論。然恐卒未有定論，不若兩存以俟後人之爲愈也。歸奇多寡不同，向時嘗辱見示，無可疑者，似合附入圖中。今却附還，幸便寫入四象之後也。律吕新書并往。

題辭協律，恨未得聞，且愧其詞義之不稱也。祭禮只是於温公儀内少增損之，正欲商訂。須俟開春稍暇，乃可爲也。程氏冬至、立春二祭昔嘗爲之，或者頗以僭上爲疑，亦不爲無理。亦并俟詳議也。

作肅所求，熹與其人本不相熟，今才一見耳，固不容便作書。亦見近日朋友憂道不如憂貧之切，心甚愧恐。平日所講果爲何事？而一旦小利害，便打不過，欲望其守死善道難矣。

校記

〔一〕此段又見續集卷二。

〔二〕樂：原作「藥」，據續集改。

〔三〕名：原作「見」，據右引改。

〔四〕鳲鴞：底本原注疑「鴟鴞」之誤。

編年　此篇亦數書相雜，參考書信編年，書札彙編暫繫於此。

答蔡季通 紹熙五年十月

至臨江，忽被改除之命，超越非常，不敢當也。始者猶欲且歸里中，俟辭召命予决。今既如此，又得朝士書，皆云召旨乃出上意親批，且屢問及，不可不來；又云主上虚心好學，增置講員，廣立程課，深有願治之意。果如此，實國家萬萬無疆之休，義不可不一往。遂自臨川改轅趨信上，以俟辭免之報。但岳麓事前書奉報，乃廷老所定。後兩日彦忠到，却説合在風雩右手僧寺菜畦之中，背負亭腳，面對筆架山，面前便有右邊横按掩抱，左邊坂亦拱揖，勢似差勝。但地盤直淺而横闊，恐須作排廳堂乃可容耳。已屬廷老更畫圖來，納去求正，而未至。更俟其來，當别遣人。但代者乃毁道學之人，未知其能不敗此否耳。熹老矣，方學做官，甚可笑。朝從奔走，皆非所堪。但叨冒過分，上恩深厚，未敢言去耳。經筵陳説，不敢不盡區區。上意亦頗相嚮，但未蒙下問反復，未得傾竭鄙懷耳。君舉在上前陳説極詳緩勤懇，其所長自不可及。區區實敬愛之，非但如來教所云也。通理宗教之命已行，前日亦已歸矣。渠年少家温，所欠者腹中書耳。得闕遠官閑，更讀數年書，未必不爲福也，何必汲汲於此乎。公濟不長進，只管來討書。若有相識，自不須説，若無，如何寫得？不知他許多禪寄放甚處。臨此等小小利害，便如此手足皆露也。不知今已行未？如未行，煩致意，不成臘月三十日亦問人討書，去見閻家老子也。諸公已各爲致意，但黄文叔已逝去，熹來亦不及見之。此非獨吾黨惜之，亦爲宗社惜也。

今日進講，恭聞玉音，以爲太上心氣漸寧，但尚苦健忘，發引之前，必得相見，此亦是一大事。幸甚幸甚！恐欲知之也。不知何時可赴三衢之約？能乘興東下，爲數日款，幸甚！樓、陳諸公亦數奉問也。

修曆事若下，須更商量。蓋但測驗，即人皆可爲，或須改造，則恐不免一出，亦非今日一時事也。史遷不可謂不知孔子，然亦知孔子之粗耳。歷代世變，即六國表序是其極致，乃是俗人之論。知孔子者，固如是耶？正朔服色，乃當時論者所共言，如賈生、公孫臣、新垣平之徒皆言之，豈獨遷也。此等處自是渠輩眼目低，故見得高了，亦可笑耳。祭法須以宗法參之，古人所謂始祖，亦但謂始爵及别子耳。非如程氏所祭之遠，上僭則過於禘，下僭則奪其宗之爲未安也。

曆事不知後來有何施行？若如其説，不知可爲一行否？祭法世數明有等差，未易遽改。古人非不知祖不可忘，而立法如此，恐亦自有精意也。史記不知渠説好處是如何好，必須曾舉一二尤緊切處。若只如曹器遠輩所説，則亦不足言也。

編年 據書信編年。書札彙編分此篇爲四書，分置於紹熙五年、淳熙十六年。

評論 虞集跋晦庵與蔡季通書：文公先生之於蔡季通氏，情義均骨肉，學問則師友，其事迹見諸當時講明，傳乎後世炳如也。其大者如河圖、洪範之説，太極、經世之旨，所以輔益於朱子者不少。名物若律歷，支餘若相地，亦非淺學後生所盡知也。此帖於出處隨時之義，藹然情至，猶可想見。蓋成德君子造次所發，無一毫無可徵者如此。

答蔡季通 紹熙四年癸丑三月二十一日

中間到宅上，聞是日得子，深爲贊喜。衰鈍之蹤素不利市，自年三十餘時，每到人家，輒令人生女，如是凡五七處。今年乃值慶門得男，則又似漸有傾否亨屯之象。既以奉慶，又竊自賀，但恨其已晚耳。夏口、武昌一帶形勢既聞命矣，涉重湖，窺衡湘，歷襄漢，下吴會，方羊而歸，所得當益富。屈指計歸程，冀得傾竦以聽劇談也。律準前日一哥來此，已刻字調弦而去。但中弦須得律管，然後可定。然則此器亦是樂家第一義也。閣記固難遽辨，又適此數日脚氣雖輕而未愈，今旦右臂下自爪掌以上連肩背無處不痛，寒熱大作，其勢非更數日，卒未能定。不知許教既滿，彼中代者爲誰？或同官中别有可託以竟此事者爲誰？亦已作書報之，及與元善説，俟此間病愈，一面捻合成，當尋的便寄薛卿處與之，當無不達也。今年病雖不重，而氣體極衰，至於昨日，遂至無力説話。朋友遠來相守，又不欲甚孤其意，勉强應接，常慮相見之日不復更能長久。季通倦游，亦望早歸，相與切磋，以盡餘年，寔所願望。

啓蒙修了未？早欲得之。通書、皇極例等説不知已下手否？如未，幸早爲之。乍歸窘甚，爨無欲清之人〔一〕，只欲得賢者一來，會語數日爲幸。切不必多與人同，虚費又難語也。可以他意却之，不必露此。千萬千萬！

所苦且喜向安，亦宜更加將護也。許見訪甚幸，但亦自欲一到寒泉。未能預定日子，恐或塗中相失也。此行見上，褒予甚至，言雖狂妄，亦無忤色，意謂可以少效尺寸。而事之不可料者，乃發於先天、訂頑之間，是可笑也。已專人自劾，及盡還江右迓兵矣。此等小小怪謬議論如猬毛而起，更不可開口，奈何？始者信書太過而閲人不廣，不謂萬物之靈者乃如此不靈也，奈何？更五七日，當有後命，未知如何也。元善説欲下州郡月致筆札之費，然此事亦當審處，恐此事面生，後或有悔也。

伯諫來此已兩三日，初欲來日歸，因與商量，約左右一來相聚。今專遣此人相挽，渠亦遣人歸戒徒御，少緩一兩日來矣。千萬即命駕。其所論極不争多，孤城悉拔，合軍并力，一鼓可克也。

中間報去，欲改文王八卦邵子説應天時、應地方説下注脚，今覆檢之，不得其説。恐前説有誤，却錯改却印本。煩令一哥檢出録示，幸甚。細詳此圖，若以卦畫言之，則震以一陽居下，兑以一陰居上而相對。坎以一陽居中，離以一陰居中，故相對。巽以一陰居下，艮以一陽居上，故相對。乾純陽，坤純陰，故相對。此亦是一説。但不知何故四隅之卦却如此相對耳。此圖是説不得也。聞有在陳之厄，不能有以相周，爲之嘆息而已。律説少有礙處，便不可筆之於書，此意甚善。不惟此一事而已，它事亦何莫不然也。但員徑亦須更子細，如引漢志，由此之義起十二律之周徑，恐未免有牽强處也。嘉量積處數之前〔一〕，合定方深圜徑之數以相參驗。證辨首章可早修定，寄來商量。此處無頭，難下語也。四象之數，前日間推只自三畫未成之時已具此數，蓋太陽居一而含九，少陰居二而含八，少陽居三而含七，太陰居四而含六，不待揲蓍而後有也。揲蓍歸奇之數，乃是揍着此數，過揲之數又是揍着歸奇之數耳。近見論者專以過揲之數斷七、八、九、六之説，至於歸奇之數，尚不能明，況能及此乎？嘗爲之説曰：「四象之畫，六、七、八、九之祖也。四象之次，六、七、八、九之父也。歸奇者，其子也。過揲者，其孫也。」此論似不可易。又曰：「象之次自十倒數，畫六而得太陰之四，以上皆然。又屈五指而計之，一與九同，二與八同，三與七同，四與六同。」此亦自然不言之妙，直是可笑，不由人安排也。不知明者以爲如何？啓蒙所疑當得面扣，然得先批示大略尤佳。歸奇已具卦象，固平日所常論，但亦其中一小支節耳。蓋其多寡不均，無所發明於蓍卦之説，正自不足深論也。如何如何？律説幸早改定，過彼即借看。或能相伴入城，途中得款曲商訂尤幸也。

中庸序云「若吾夫子，則雖不得其位」，昨看此間寫本脱一「吾」字，煩一哥爲看，如少，即添之。此雖不繫義理，然亦覺少不得也。「費隱」之説，今日終日安排，終不能定。蓋察乎天地終是説做「隱」字不得，百種計較，更説不來。且是所説「不知」、「不能」、「有憾」等句虛無恍惚，如捕風繫影，聖人平日之言恐無是也。與「未之或知」、「不可能也」不同。不審看得如何？幸詳以見喻也。

仁義之説固如來喻，但於説卦六畫中安排，則仁剛義柔，不可易矣。仁柔義剛，又別是一說，不相參雜也。程先生謂天地間無截然爲陰爲陽之理，然其升降生殺之大分不可無也，正是此意。而袁於此等處都瞢然不曉，所以難説話也。修身齊家固當警省，至於有無之慮，姑直任之，不必切切介意。若此等處更放不下，即修行轉無力矣。區區於此可憂者大於老兄，然亦只得隨事驅遣，瞑目之後，一切任之，亦不復屬自己界分矣。中庸、詩傳幸速修改示及。中庸更有數處，今并録呈，幸即付之也。

西山之約，一何拒客之深耶？俟武夷歸，别當奉扣。然臨風引領，似已聞采薇之歌矣。歸來又得伯恭書云：「學者須是專心致志，絕利一源，凝聚渟滀，方始收拾得上。」此論甚當，不敢不以告也。吴曾文字已領，亦甚不易。但無斁三篇似不甚條暢耳。數日臨睡讀史記一兩卷，沈着痛快，真不可及。不知永嘉諸人尊信此書，而道得言語却不相似，是何故也。豈善學柳下惠者固如是耶？元吉尚未行，何耶？渠來此未嘗不忠告之。但渠自不耐煩而憒然訣去，豈長者之絕子乎？季通似亦不須枉費心力。宋元憲公牢籠之事，吾所不能，而聖人亦已固有顯比之訓矣。若必人人贈言以悦之，豈不勞哉！

公濟、伯諫得書否〔三〕？某歸塗過伯諫，見收公濟書，大段手忙腳亂也。大學誠意之説已再觀之，果如所論。想他書似此處多，須一一整頓也。明道遺文納去一本。

校記

〔一〕清：原作「請」，據莊子人間世改。

〔二〕處：正譌改作「黍」。

〔三〕此段又見續集卷二。

編年　題下原注「癸丑三月二十一日」。然此篇亦雜數書，非作於一時。末段又見續集卷二，作於乾道七年。書札彙編分此篇爲九書，分置於乾道、淳熙、紹熙間。

答蔡季通 淳熙十四年

律書中有欲改更，別紙奉呈。不審如此是否？幸早報及也。易中七、八、九、六之數，向來只從揲蓍處推起，雖亦脗合，然終覺曲折太多，不甚簡易，疑非所以得數之原。近因間看四象次第，偶得其説，極爲徑捷。不審亦嘗如此推尋否，亦幸語及。

本原第一章圍徑之説殊不分明，此是最大節目，不可草草。候氣章恐合移在第四、五間，蓋律之分寸既定，便當埋管候氣，以驗其應否。至於播之五聲，二變而爲六十調者，乃其餘耳。況審度、嘉量、謹權，尤不當在候氣之前也。但候氣章已有黄鍾之變半分數，而前章未有明文，恐合於正律、分寸章後別立一章，具載六變律及正半、變半聲律之長短分寸，乃爲完備耳。後段論説有發明此章指者，并移附入。

審度章云云，「生於黄鐘之長」下，當改云「以子穀秬黍中者九十枚度之，一爲一分，凡黍實於管中，則十三枚而滿一重，積九十重則千二百枚而滿其龠矣。故此九十枚之數，與下章千二百枚之數其實一也。十分爲寸」云云。

嘉量章龠、合、升、斗、斛皆當實計廣狹分寸。

證辨第一章「今欲求聲氣之中」下當改云「而莫適爲準，則莫若且多截竹以擬黄鍾之管，或極其短，或極其長。長短之内，每差一分而爲一管，皆即以其長權爲九寸而度其圍徑，如黄鐘之法焉，如是則更迭以吹」云云。

司馬貞九分爲寸之説，本原既不載，恐合於證辨中立爲一條，以證前篇之説。諸尺是非後來考得如何？已改定，幸并録示。

編年 據年譜長編、書信編年。

答蔡季通 慶元三年春

熹頓首再拜〔一〕：前日埜行已拜狀，不審即日行次何許？每念遠别，不勝惆悵。至於讀書玩理，欲講而無從，又不但常人離别之思而已也〔二〕。兩日晴暖，恭惟尊候萬福〔三〕。熹連日讀參同頗有趣，知「千周萬遍」非虚言也。但恨前此不得面扣耳。向見爲抄一册卦氣消息者，不知了未？幸語一哥取以見予也。又讀握機後語「何也」數條尤奇，昔蓋未有此體，亦恨不得究其説耳。平日相聚，未知其樂，别後乃覺闕事，可嘆可嘆！

校記 〔一〕熹頓首再拜：原缺，據新編事文類聚翰墨全書甲集卷八補。

〔二〕而已：原缺，據右引補。

〔三〕兩日晴暖，恭惟尊候萬福：原作小字「云云」，據右引改。

編年　據書信編年。

答蔡季通〔一〕　慶元三年春夏間

別後只得到豐城及宜春書〔二〕，知途中諸況，足以爲慰。但至今尚未聞到春陵，復深以爲懸念。每至讀書講學無可咨扣、無可告語，尤覺仰德之深也。比日恭惟尊候萬福，三哥子陵一一安佳。此亦時得一哥書，八哥前日入城，亦過此。熹足病前日幾作，今又小定，未知竟如何。但精神日耗，血氣日衰，舊學荒蕪，有退無進，恐遂没没無聞而死耳。樂書非敢忘之，但方此齰舌，豈敢更妄作耶？此書決然泯没不得，近看他人所説，更無堪入耳者。不知老兄平日與元善相處，曾説到子細處否？但恐子期不曾聽得，便只似不曾説也。近因諸人論琴，就一哥借得所畫圖子，適合鄙意。乃知朝瑞只説得黄鐘一均内最上一弦，而遽以論琴之全體，宜乎膠固偏執而無所合也。「學不欲陋」，豈不信然！偶有邵州便，託彦中附此，亦令過一哥處取安問矣。政遠，千萬爲道自愛。

校記　〔一〕此書又見續集卷三。

〔二〕只：原缺，據又見補。

編年　據書信編年。

答蔡季通 慶元三年

云云。琴説向寄去者尚有説不透處，今别改定一條録呈，比舊似差明白，不審盛意以爲如何〔一〕？琴固每弦各有五聲，然亦有一弦自有爲一聲之法，故沈存中之説未可盡以爲不然。大抵世間萬事其間義理精妙無窮，皆未易以一言斷其始終。須看得玲瓏透脱，不相妨礙，方是物格之驗也。衆至之患，賢者所未免，乃以散遣諸生見教，何耶？此亦任其去來，若有患難，雖杜門齰舌亦未必可免也。

校記 〔一〕「琴説」以下，又見續集卷三。

編年 據書信編年。

答蔡季通 慶元三年

琴中旋宫一事，正爲初弦有緊慢，而衆弦隨之耳。若一定而不可移，則旋宫之法何所施耶？但恐午未以後聲太高急而小弦斷絶，故疑所謂五降者，乃謂蕤賓以下不可爲宫耳。此説固未必然，然與今所謂一定而不可易，古所謂隨十二月爲宫者，似得中制。試更推之如何，復以見教也。參同之説子細推尋，見得一息之間便有晦朔弦望。上弦者，氣之方息，自上而下也。下弦者，氣之方消，自下而上也。望者，氣之盈也，日沈於下而月圓於上也。晦朔之間者，日月之合乎上，所謂「舉水以滅火，金來歸性初」之類是也。眼中見得了了如此，但無下手處耳。自從别後，此等事更無商量處，劇令人憒憒。今此病中，又百事不敢思量，未知異時賢者之歸，得復相見論此否耳。

編年　據書信編年。

答蔡季通 慶元四年春

熹自開正即病，至今未平。今日方能把筆作書，足猶未能平步也。氣血日衰，前去光景想亦不多。病中塊坐，又未能息心休養，才方繙動册子，便覺前人闊略病敗，欲以告人而無可告者，又不免輒起著述之念。亦是閑中一大魔障，欲力去之而未能。以此極思向來承晤之樂，未知此生能復相從如往時否耳。知看語、孟有味，深慰所願。已許誨示，幸早寄及也。前書奉扣琴譜旋宮之法，不知考得果如何？若初弦一定，不復更可緊慢，恐無是理也。

編年　書云「若初弦一定，不復更可緊慢，恐無是理也」，乃承上書。而又云「開正即病」，明作於次年初也。

答方伯謨 士繇　乾道七年前後

「隨時變易以從道」主卦爻而言，然天理人事皆在其中。今且以乾卦潛、見、飛、躍觀之，其流行而至此者，易也；其定理之當然者，道也。故明道亦曰「其體則謂之易，其理則謂之道」，而伊川又謂變易而後合道，「易」字與「道」字不相似也。又云「人隨時變易爲何？爲從道也」。此皆可以見其意矣。

易中無一卦一爻不具此理，所以沿流而可以求其源也。

「會」以理之所聚而言，「通」以事之所宜而言，其實一也。

「或躍在淵」，九四中不在人，則其進而至乎九五之位亦無嫌矣。但君子本非有此心，故云「或躍」，而文言又以「非爲邪也」等語釋之。

九、六之説，楊遵道録中一段發明傳意與來喻不同，然亦未曉其説。嘗謂五行成數，去其地十之土而不用，則七、八、九、六而已。陽奇陰耦，故七、九爲陽，六、八爲陰。陽進陰退，故九、六爲老，七、八爲少。然陽極於九，則退八而爲陰；陰極於六，則進七而爲陽。一進一退，循環無端。此揲蓍之法所以用九、六而不用七、八，蓋取其變也。只以此説推之，似無窒礙。龜山所謂「參之爲九，兩之爲六」，乃康節以三爲真數，故以三、兩乘之而得九、六之數。今以一三五爲九，二四爲六，則乃是積數，非參之、兩之之謂。且若此而爲九、六，則所謂七、八者又何自而來乎？疑亦未安。

「大明終始」，傳意自明。其曰明，曰見，曰當，非人而何？更看楊遵道録中一段，則尤分明矣。天人一理，人之動乃天之運也。然以私意而動，則人而不天矣。惟其潛、見、飛、躍各得其時，則是以人當天也。然不言「當天」而言「御天」，以見遲速進退之在我爾。雖云在我，然心理合一，初無二體，但主心而言爾。

元者用之端，而亨、利、貞之理具焉。至於爲亨，爲利，爲貞，則亦元之爲爾。此元之所以包四德也。若分而言之，則元、亨誠之通，利、貞誠之復，其體用固有在矣，恐亦不得如龜山之説也。以用言則元爲主，以體言則貞爲主。

彖詞乃卜筮詞，釋彖則夫子推其理以釋之也。以「安貞之吉，應地無疆」爲卜筮之詞，恐記之誤也。

編年 據書信編年。書札彙編以爲撰於淳熙元年。

答方伯謨 乾道七年前後

夫子夢寐周公，正是聖人至誠不息處。然時止時行，無所凝滯，亦未嘗不灑落也。故及其衰，則不復夢亦可見矣。若是合做底事，則豈容有所忽忘耶？以忘物爲高，乃老莊之偏説。上蔡所論曾點事似好，然其説之流恐不免有此弊也。

「志於道」，「志」字如有向望求索之意。大學格物致知即其事也。

衛輒事龜山以爲有靈公之命，左傳、史記皆無此説。冉有、子貢之疑，只以嫡孫承重之常法言之，似有可以得國之理耳。謂夷齊不當去，此説深所未曉，且當闕之。

「不義而富且貴」，所謂富貴，非指天位天職而言，但言勢位奉養之盛耳。此等物若以義而得，則聖人隨其所遇，若固有之，無鄙厭之心焉。但以不義而得，則不以易吾飯疏飲水之樂耳。「富而可求」，以文義推之，當從謝、楊之說。東坡說亦是此意，似更分明。蓋上句是假設之詞，下句方是正意。下句說「從吾所好」，便見上句執鞭之事非所好矣。更味「而」字、「雖」字、「亦」字，可見文勢重處在下句也。

編年 據書信編年。年譜長編以爲乾道八年方士繇始問學，文集中與其書信以是年爲最早，似尚根據不足。書札彙編則以爲作於淳熙七年。

答方伯謨 乾道七年前後

「正所以立」近之，「全」字不穩當，俟更思之。

齊王見牛兩段，當未發見時，便合涵養。惟其平日有涵養之功，是以發見著明而擴充遠大也。若必俟其發見然後保夫未發之理，則是未發之時漠然忘之，及其發然後助之長也。

泄柳、申詳，向聞李先生說正如是〔一〕，林說恐非。

「天之生物，使之一本」，前說是。

王驩之說亦是。

周公之過只依舊說。

孟子言昔者所進，今日不知其亡，故王問何以識其不才而舍之，而孟子告以進賢如不得已。

蓋於進退之間無所不審，非但使之致察於去人殺人也。

明道先生言：「性即氣，氣即性，生之謂也。」又云：「論性不論氣不備，論氣不論性不明，二之便不是。」大抵本然之性與氣質之性亦非判然兩物也。前日之説只是論性雖有五，然却亦不離乎一，未有磨瑩澄治之意也。

「仁」、「覺」兩段互有得失，然論愈精微，言愈易差，不若只遵伊川先生之説，以「公」字思量而從事乎克復之實，久當自有見也。

正固便是事之榦，故傳曰「亨貞之體，各稱其事」，明其義與乾坤不殊，但各主於其事而言耳。

觀六三傳，但以爲未至失道而求不失道耳，非直以爲不失道也。

鬼神功用之説得之。李説不可曉，不知如何自有一種意，亦不解其文義也。

揲法陽爻皆用九而不用七，故於純陽之卦發此凡例。凡揲而六爻皆九者，則以此辭占之。「見群龍」，謂值此六爻皆九也。「無首」謂陽變而陰也。剛而能柔，故吉，而聖人因之以發明剛而不過爲用剛之道也。左傳蔡墨云：「在乾之坤，曰見群龍無首，吉。」杜注亦如此説。

「知至至之，知終終之」，舊來所説未是。遺書「知至至之主知，知終終之主終」，蓋上句則以「知至」爲重而「至之」二字爲輕，下句則以「知終」爲輕而「終之」二字爲重也。「存義」言其有以存是理而不失，非有取乎不過之義也。

「碩果不食」，只不食便有復生之意，不必云推廣而言也。

校記〔一〕向：原缺，據正訛補。

編年　據書信編年。書札彙編置於淳熙元年。

答方伯謨 乾道七年前後

昨承致書，久無便可報。但每朋友講論，未嘗不奉懷耳。文字煩抄録爲愧，比復有更定一二，且未可出以示人也。所論數條，足見思索之深，甚副所望。「正所以守」，「守」字誠未安，但此字難下，不知曾爲思之否？因來及之，得以反復也。所論聖賢立言之意，亦中淺陋之失。蓋當時欲矯其顧慮遲疑之弊，不自覺其過而生病耳。頃嘗語伯恭，此是吾二人氣質之偏，當各加矯革。古人韋弦之戒，殆正爲此設也。所論陰陽男女之説則未然。天地之間，陰陽而已。以人分之，則男女也；以事言之，則善惡也。何適而不得其類哉。中正仁義，如「君子時中」，「順受其正」，「仁者愛人」，「義以爲質」之類，皆周子之意。他處有不同者，各隨所主而言，初不相妨。如子貢以學不厭爲智，教不倦爲仁，而中庸則以成己爲仁，成物爲智，此類亦可推矣。甚思晤語，秋前想未能來，有便時寄所疑爲望。

編年　據書信編年。

答方伯謨 乾道九年冬

熹自春涉夏多病多故，奔走出入不得少休。近屏杯杓，病才少愈。惟是事端無窮，未有寧息之期，又迫朝命有「託故稽留，令憲府覺察」指揮，勢或當一出。前憂後愧，未知所以爲計也。甚欲一與伯謨相見，不知能乘隙一見過否？來月之初，須且扶送叔母之喪還政和，歸來月末，方得爲去計也。擇之來此已兩月，秋間方歸。日間時有講論，然苦人事斷續，不得專一。若伯謨能一來，爲旬日款，殊慰所望也。子澄亦到此三四日而行。令舅府判侍次，煩爲致問訊意。此便少遽，未及拜書。克明爲況何如？曾再往光澤否？欲作書及附趙宰書，亦未暇，悉煩道區區。或伯謨未能來，近日講學所得所疑，便還略告批喻。李君到彼，略周顧之爲幸。未間，千萬力學自愛。

編年　據年譜長編、書信編年。

答方伯謨 淳熙元年夏

昨王變還，承書至慰。不聞問又許久，劇暑，伏惟侍履佳勝。所喻心說似未安。蓋孔子說此四句，而以「惟心之謂與」結之，不應如此著力，却只形容得一個不好底心也。來書所說自相矛盾處亦多，可更詳之。令舅府判侍次嘗及此否？試爲質之，必有至當之說也。克明及諸朋友皆煩以此詢之。誠之聞歸已久，不知今在甚處，或見煩致意。南軒云有書附渠來，告早尋便示及也。

編年　據書信編年。

答方伯謨淳熙元年

前日託俞尉附一書，當達。比日遠惟侍學增勝。前所懇令舅府判兄作字，不知已爲落筆否？「二月甲子」下更著一「朔」字尤佳，仍望早附的便示及也。近作得六先生畫象贊，謾録去，煩呈令舅一觀，求其未當處。旦夕畫成，當并以拜浼，早得刊定爲幸耳。李積微篆字墨本近偶得之，似亦不滿人意。小技難精猶如此，況其大者乎。得連嵩卿書云：「廖子晦言天地之性即我之性，豈有死而遽亡之理？」因引大全集中堯舜託生之語爲證，渠諸人未有以折之。伯謨可與克明各下一語，便中見喻也。

月初至寒泉，叔京約來相聚旬日，不知能約諸同志者同爲此會否？但恐不欲令諸生又廢業耳。

編年　據書信編年。

答方伯謨淳熙元年

昨附俞尉及崇化兩書，不知皆達否？得兼善報云，所要文字已發去，想亦已到久矣。前書託稟令舅，向日所浼敬箴更求注字，「乾道癸巳二月甲子，新安朱熹作，建安呂□□書〔一〕。」後書欲「甲子」下增一「朔」字，不知已爲寫否？如已寫下，即於空處別寫此字不妨，不必易紙也。六先生象内去，并煩求揮翰。但不知前日所呈本子曾經參訂否？今別録去，内略有改更處。又叔京疑伊川贊後四句不相應，本意謂伊川之言平易深遠，人所難識耳，不知叔京之意如何。渠又疑横渠贊中「逃」字，據行狀云「於是盡棄舊學，淳如也」，即是舊時嘗有雜學，下此字似亦不妨。更禀令舅看如何。若無可疑，即乞爲書，付此便回。并所懇敬箴。此贊就畫象上寫一本，須依今寫去本，首尾向背蓋隨面所向也。就此界紙上寫一本。首尾亦依寫去本。此本伯諫欲刻石，如紙不好，界不匀，即煩爲易之。如叔京之説當改或別有可疑處，即且留此畫於彼，人回喻及，俟却報去也。敬箴「大本乃立」一句，「乃」字不知舊作甚字？恐舊本不同，即改作「乃」字爲佳。數以鄙語塵溷妙筆，何愧如之！數日偶無事，了得數篇文字，未有人寫得去，俟後便也。向跋胡公帖，煩録一本，并跋語付此人回。或有講論，亦可付此便，此便甚的也。

校記 〔一〕「吕」下當爲「勝己」二字。

編年 據書信編年。

與方伯謨 淳熙二年

人還承書，至慰。比日遠惟侍履佳勝。篆字甚佳，然其間不能無病筆，已封寄去。但恐彼欲磨崖，則所書大字或不堪用。今其人過彼，更煩別爲大書徑尺以上者封與誠之，令轉呈南軒。但筆路亦須稍重，蓋恐崖石粗，若字畫太細，即不可辨耳。向寄二刻不必寄來，只留几間可也。許來春見過，幸甚。但正初恐亦須略出，叔京又約相會於邵武，若至此相聚尤便。但恐人事擾擾，不能從容耳。所欲言者無窮，未即會面，千萬自愛。

孟子説附還。彼中朋友商量此書有疑處否？

編年 據書信編年。書札彙編以爲作於乾道九年末。

與方伯謨淳熙三年三月

昨承枉顧，別遽累月，馳向深矣。比日春晚，伏惟侍學增勝。所與處者爲誰？見作何等工夫？有可以見告者，便中及之爲幸。近嘗一至雲谷，留十餘日。朋友來集，隨分有少講論，大率追正舊説之太高者爲多也。克明、德柄皆未及書，煩爲致意。直翁聞問否？欲作書亦未暇，俟後便也。濟之有少文字，欲至彼粥之。有可爲鄉導處，幸略爲致力，幸甚。長沙人歸未耶？

編年 據書信編年。

與方伯謨淳熙四年夏

別後一得手書，亦無便可報。今復久不聞問，懷想可量！比想劇暑，侍履佳慶。熹衰悴如昨，欲往吊茂實，至今未能。不免且遣人致書，亦復因循，不能得遣。蓋目前百事敗人意，當此午暑時，兩眼幾不復可視物也。向見所作平父諸小詩甚佳，章辰州爲人求詩，懶甚，無佳思，輒以奉煩。渠本取韋賢語名閣，須略點破也。近讀何書？向見頗有因循之病，更宜勉强。區區所望於賢者，不但如此而已也。季通病甚，强起如建陽料理墳墓。數日不得書，不知爲況如何。聞欲遂過邵武，不知是否。遣此人本欲子細作書，適意思不佳，草草附此，殊不及所懷之一二。季克、佐卿皆已得郡，季克待闕否？佐卿想便赴官也。因見致意，倦甚，未及拜狀也。方暑自愛。

編年　據書札彙編。

與方伯謨淳熙三年冬

熹此粗安，免章雖未報，然諸公已見許，章下必遂請無疑也。前日所説伯恭昏事，以書問之，得其兄弟報字，只要年長淑善，安貧睦族，他所不計。以吾輩度之，更須耐静。已悉以屬茂實，亦略與周佐説來，祝其密之，只與伯謨商量。若有七八分以上可問，即爲微扣之，却託茂實專人來報也。千萬留意，至祝至祝！茂實、仲本前日到此，不及登山，然却得静坐兩日説話，頗款。仲本託爲齋記，已爲草寄，當必見之也。虞祠刻已寄來，規模甚大。文固不稱，篆額似亦差小耳。未有別本，俟續得之當分去也。前書所煩作字，便中示及爲幸，置物亦然。季通竟罹家難，窘迫可念。彼中葬事如何？勢須俟堯舉復來耳。仲本別時所寄聲奉聞者想已發之，此不可已也。

編年　據年譜長編、書信編年。

與方伯謨 淳熙三年至四年

昨承遠訪，愧感良深。别去惘惘，人還奉告，聞比日侍履佳勝，爲幸。熹悲悴如昨，無可言。甚感愛念寬勉之意，然觸事傷懷，亦未能遽平也。匕筯衣被并領。季通屢得書，殊未有定論，然亦未聞其西去之期，不知果如何爾。録示九江文字甚發人意，大體只須如此，得失已自可見。但恐未足以盡其情僞曲折之變，彼或以吾曹爲真可欺耳。然世間自當有明眼人，此亦初不足辨也。得伯恭書云，到會稽見伯諫守其所聞，牢不可破。自信之篤如此，亦良可尚耳。常德二書煩達之，想日相聚，所講論當益有緒，因便示一二爲幸。因孫巨源見過附此，草草。襄事之後，能一來顧，慰此幽鬱否乎？常德之官後，别有學徒相從否？因便早及之爲望。

編年 據書信編年。

與方伯謨 淳熙七年七月

前日承書，人還，匆匆不能作報。比日秋暑，德履佳勝。永福收近信否？熹此諸況，如前所與廷老書。此後竟未得雨，祈禱萬方，平生所不欲爲者皆爲之，亦卒無驗。然每設醮處，爲人引去天師前燒香，即記著後漢書，此亦何緣有效也。救災之備不敢不勉，但今日上下不相恤，雖已具奏及申省部諸司，未知復如何也。在今日義不當求去，萬一所請不從，則亦可以已矣。但憲司有相料理之意，今日又聞其劾信州林子方，此亦是殺鳴犢底消息。旦夕或自以此去不可知耳。數日前寫得趙帥兄弟書，因欲致一奠，今爲此災傷，凡百皆廢，且往空書，因見幸略及之也。居仁遭誰喪？昨日欲作書，偶檢來書不見，下筆不得，因書更報及也。搬過建安良便，恐此間動未得，秋涼能來爲幸。但恐薦送，即又不容來耳。諸刻昨已遣去，想已達。未相見，珍重。

編年　據書信編年。

與方伯謨 慶元二年春

韓文考異大字以國子監版本爲主，而注其同異，如云「某本某作某」。辨其是非，如云「今按云云」。斷其取舍，從監本者已定，則云「某本非是」。諸別本各異，則云「皆非是」。未定則各加「疑」字。別本者已定則云「定當從某本」，未定則云「且當從某本」。或監本、別本皆可疑，則云「當闕」，或云「未詳」。其不足辨者略注而已，不必辨而斷也。

熹不及奉書，考異須如此，方有條理，幸更詳之。

編年　據書信編年、年譜長編。

與方伯謨 慶元二年三月

便中承書，具審即日所履佳勝，爲慰。親闈安問想不輟收也。惠及新茶，極感厚意。病軀更此蒸濕，却幸不動，飯食亦粗吃得。只願且得如此，則譴何之及有以當之，他不足計也。韓文考異已寫成未？如無人寫，可懇元善轉借一二筆吏，速寫以來。只有此一事稍稍趨時，不可緩也。聞公試簾前語否？

編年　據書信編年、年譜長編。

與方伯謨 慶元二年五月

比想所履日佳，端午莫須一歸否耶？韓考煩早爲并手寫來，便付此人尤幸。聞冰玉皆入僞黨，爲之奈何？爲之魁者不暇自謀，特爲賢者慮破頭耳。因便草草。

編年　據書信編年、年譜長編。

與方伯謨 慶元二年秋

適方遣人奉簡，忽承手示，爲慰。幼恭書已領，少須手可作字，并奉報章。但不知其行期在幾時？幸批報也。韓考已領，今早遣去者更煩詳閲籤示。適有人自三衢來，云瑣闥以論陳源故補外，見詹卿煩及之。人還草草。

揚子序篇有「冠乎群倫」之云，以爲無義者固可笑，而問人出處者亦疏脱也。

編年　據書信編年、年譜長編。

與方伯謨慶元二年

承簡，喜聞佳勝。韓考所訂皆甚善，比亦别修得一例稍分明。五夫人到日，能略過此少款一二日爲幸。勿以徒御爲憂，白飯青芻，不難辦也。兼更欲有所扣耳。人還草草。

編年 據書信編年、年譜長編。

與方伯謨慶元二年

熹今年之病久而甚衰，此月來方能飲食，亦緣灸得脾腎俞數壯，似頗得力也。韓考已從頭整頓一過，今且附去十卷，更煩爲看，籤出疑誤處附來換下卷。但鄙意更欲俟審定所當從之正字後，却修過，以今定本爲主，而注諸本之得失於下，則方本自在其間，亦不妨有所辨論。而體面正當，不見排抵顯然之迹。但今未暇耳。緣其間有未甚定處，須更子細爲難也。記得籍溪先生曾寫得陳希夷墓表云是吕洞賓所撰。見與，偶尋不見。煩爲問子端，恐有本，即爲借寫一本附來也。廟額方響得紙，旦夕寫得，自從此寄去。所求龕額，便中望早寄也。天氣甚好，能下來數日否？

編年 據書信編年、年譜長編。

與方伯謨慶元三年正月

别近旬日，不審爲况復何如？前日匆匆，又以病作遽歸，不及拜尊夫人，皇恐不可言也。大哥來，聞子端竟有哭子之悲，深爲惘然。且煩致意，不及附書爲問也。欲煩篆數十字，納去紙兩卷，各有題識，幸便爲落筆。欲寄江西，刻之巖石，有人在此等候，不能久也。千萬便付此人回。仍不須大作意，只譬如等閑胡寫，則神全氣定，自然合作矣。更欲篆六十四卦名及一等小字數十，其界紙又作一封，請并書之。所寫之字，各在封内矣。熹忽聞有鎸職罷祠之命，尚未被受，不勝皇恐。何時可來相聚數日耶？專人馳布，不宣。

大哥今日已行矣，已戒令速去，恐碑倒也。可因書更促之。

編年　據書信編年。

與方伯謨 慶元三年

詹卿昨日過此，尚在南林，更兩三日方行。不出見之否？韓文欲并外集及順録作考異，能爲員滿此功德否耶？「宓子賤」，洪慶善楚辭補注中引顔之推説云是「伏」字，濟南伏生即其後也。如何如何？

編年　據書信編年、年譜長編。

與方伯謨 慶元三年秋

昨辱惠書，爲慰。但見元興及小兒皆説伯謨頗覺衰悴，何爲如此？今想已强健矣。更宜節適自愛，但强其志則氣自隨之，些小外邪不能爲害也。熹病軀粗遣，諸證亦時往來，但亦隨事損益，終是多服補藥不得。令子聞已歸，韓文外集考異曾帶得歸否？便中得早寄示，幸幸。正集者已寫了，更得此補足，須更送去詳定。莊仲爲點勘，已頗詳細矣。近又看楚詞，抄得數卷。大抵世間文字無不錯誤，可嘆也。趙幹之喻荷其不彼，冒此巇險，尤見所存異於流俗之意。但憂畏之餘，多所謝絕，固不容獨破戒。幸爲道此區區，多謝其意可也。異時未死之間，禁網稍寬，則或尚可勉强也。因便寓此，草草。

編年　據書信編年、年譜長編。

與方伯謨 慶元三年秋

昨日承寄示吕公奏議，至感至感。比想侍奉佳慶。令子程試必甚如意，聞將以望前一日揭榜，冀聞吉語也。奏議得一快讀，甚幸。朝廷無此議論六十年矣，可爲慨嘆也。但末卷乞詔定大舉策一篇未竟，而定策大舉一篇全無，幸更爲補之乃佳耳。韓考後卷如何？得早檢示幸甚。熹衰病百變，支吾不暇，近又得一奇證，若寒疝者。間或腹中氣刺而痛，未知竟如何，姑復任之耳。

編年　據書信編年、年譜長編。

答梁文叔 瑑　淳熙十一年前後

澮臺石刻已領，考證詳密，亦自是一種工夫也。略於制度之説，不知謂何，往往亦多是問得繁碎，非學者所先，或是從來剖判不得。如論語「千乘之國」，注家自是兩説，此等如何强通？況又舍所急之義理而從事於此，縱得其説，亦何所用乎。昨日有人問看史之法，熹告以當且治經，求聖賢修己治人之要，然後可以及此。想見傳聞又説不教人看史矣。

編年 據書信編年。書札彙編以爲作於乾道六年。

答梁文叔 淳熙十一年前後

日用功夫如此甚善，然須實下功夫，只説得不濟事也。李先生意只是要得學者静中有個主宰存養處，然一向如此，又不得也。皇極之説，來説亦得之。大抵此章自「皇建其有極」以下是總説人君正心修身，立大中至正之標準以觀天下，而天下化之之義，「無偏無陂」以下乃是反覆贊嘆，正説皇極體段；「曰皇極之敷言」以下是推本結殺一章之大意。向見諸葛誠之説略是如此，但渠説有過當處耳。

編年 據書信編年。

答梁文叔 淳熙十一年前後

示喻所處，甚善。不知幾道相聚作何工夫？近看孟子見人即道性善，稱堯舜，此是第一義。若於此看得透，信得及，直下便是聖賢，更無一毫人欲之私做得病痛。若信不及，孟子又説個第二節功夫，又只引成覸、顔淵、公明儀三段説話教人。如此發憤，勇猛向前，日用之間，不得存留一毫人欲之私在這裏，此外更無别法。若於此有個奮迅興起處，方有田地，可下功夫。不然，即是畫脂鏤冰，無真實得力處也。近日見得如此，自覺頗得力，與前日不同，故此奉報，可以呈幾道也。

編年　據書信編年。

答梁文叔 紹熙二年前後

鄭康成所説氣魄，雜學辨云：「精聚則魄聚，氣聚則魂聚。」蓋精是陰氣，如耳目之聰明，乃陰精之所爲，故謂之魄。或欲於魄中求魂，魂中求魄。琢竊謂氣在人之一身，陽即爲魂，陰則爲魄，噓吸聰明乃是一身之中魂魄之所發見而易見者耳，恐不必於魂中求魄，魄中求魂也。精氣周流，充滿於一身之中，噓吸聰明乃其發而易見者，固如來喻。然既周流充滿於一身之中，則鼻之知臭，口之知味，非魄耶？耳目之中皆有煖氣，非魂耶？推之遍體，莫不皆然。佛書論四大處，似亦祖述此意。

體魄歸於地，先生云：「體、魄自是兩物。」不知如何分别？以目之明言之，則目之輪一成而不可變者，體也；睛中之明而能照鑑萬象者，魄也。魄既降，則目之輪雖存，而其精光則無矣。以耳之聰求之未透，蓋耳但見其竅而不見其他故也。

所論目之體魄得之，耳則竅即體也，何暇他求耶？

體魄既是兩物，不知魂與氣亦爲兩物否？孔穎達謂魂附於氣，中庸或問直指康成之説，則孔氏之説亦未得爲通論。體魄從前所聞只指爲一物，是以今人言目魄，亦皆以黑處爲魄。若以眼光落地之説推之，竊恐月之全輪受光處爲魄，及其月光漸虧，亦如人之魄降，其黑處却是體。注疏之説皆不然，思之未通。

魂氣細推之亦有精粗，但其爲精粗也微，非若體魄之懸殊耳。或問之意誠少子細也。所論月魄恐不然，日月不可以體言，只有魂魄耳。月魄即其全體，而光處乃其魂之發也。

且鬼神魂魄就一身而總言之，不外乎陰陽二氣而已。然既謂之鬼神，又謂之魂魄，何耶？瑑竊謂以其屈伸往來而言，故謂之鬼神。以其靈而有知有覺而言，故謂之魂魄。或者乃謂屈伸往來不足以言鬼神，蓋合而言之，則一氣之往來屈伸者是也；分而言之，則神者陽之靈，鬼者陰之靈也。以其可合而言，可分而言，故謂之鬼神。以其可分而言，不可合而言，故謂之魂魄。或又執南軒「陽魂爲神，陰魄爲鬼」之説，乃謂鬼神魂魄不容更有分別。瑑竊謂如中庸或問雖曰「一氣之屈伸往來」，然屈者爲陰，伸者爲陽，往者爲陰，來者爲陽。而所謂陽之靈者，陰之靈者，亦不過指屈伸往來而爲言也。

鬼神通天地間一氣而言，魂魄主於人身而言。方氣之伸，精魄固具，然神爲主。及氣之屈，魂氣雖存，然鬼爲主。氣盡則魄降而純於鬼矣，故人死曰鬼。南軒説不記首尾云何，然只據二句，亦不得爲無別矣。

編年　據書信編年。

與吴茂實英　淳熙七年春

近來自覺向時工夫止是講論文義，以爲積集義理，久當自有得力處，却於日用功夫全少點檢。諸朋友往往亦只如此做工夫，所以多不得力。今方深省而痛懲之，亦願與諸同志勉焉，幸老兄遍以告之也。陸子壽兄弟近日議論與前大不同，却方要理會講學。其徒有曹立之、萬正淳者來相見，氣象皆儘好。却是先於情性持守上用力，此意自好。但不合自主張太過，又要得省發覺悟，故流於怪異耳。若去其所短，集其所長，自不害爲入德之門也。然其徒亦多有主先入，不肯捨棄者，萬、曹二君却無此病也〔一〕。

校記　〔一〕淳熙本篇末注：「曹建、萬人傑。」

編年　據書信編年。

與吴茂實〔一〕　淳熙七年以後

所欲言者不過前夕。然亦非謂全然不事其心，但資次等級未應遽爾超躐，須物格知至，然後意可誠，心可正耳。

校記　〔一〕此篇文字同卷五十八答邊汝實。

編年　據書信編年。書札彙編繫於紹熙元年。

答任伯起 希夷〔一〕　淳熙十年

示喻静中私意横生，此學者之通患。能自省察至此，甚不易得。此當以敬爲主，而深察私意之萌多爲何事，就其重處痛加懲窒，久之純熟，自當見效。不可計功於旦暮而多爲説以亂之也。論語别本未曾改定，俟後便寄去。然且專意就日用處做涵養省察功夫，未必不勝讀書也。

校記　〔一〕此篇文字同卷五十四答周叔謹。

編年　書信編年暫繫於淳熙九年。然朱熹淳熙十年有閩南之行，任伯起九年即爲浦城主簿，或即是時從學，姑次於此。書札彙編列於淳熙十四年。

答任伯起 淳熙十年

誠敬寡欲皆是緊切用力處，不可分先後，亦不容有所遺也。然非逐項用力，但試著實持守體察，當自見耳。

編年　見上篇所考。

答任伯起 慶元初

所喻己業荒廢，比亦甚以爲疑。意謂世味漸深，遂已無復此志，今乃猶有愧恨之心，足以見善端之未泯也。一旦幡然如轉户樞，亦何難之有哉。熹衰病之軀，飲食起居尚未能如舊，流竄放殛，久已置之度外。諸生遠來，無可遣去之理。朝廷若欲行遣，亦須符到奉行，難以遽自匆匆也。詳觀來諭，似有仰人鼻息以爲慘舒之意。若方寸之間日日如此，則與長戚戚者無以異矣。若欲學道，要須先去此心，然後可以語上。上蔡先生言：「透得名利關，方是小歇處。」今之士大夫何足道？能言真如鸚鵡也。不知曾見此書否？

編年 書云「流竄放殛，久已置之度外」，「朝廷若欲行遣，亦須符到奉行」，顯爲慶元初放罷而未落職罷祠之時也。

答江德功 默 淳熙元年前後

道千乘之國。

以此五者爲人君之德，意則甚善。然程先生只云「論其所存，故不及治具」。龜山只云「苟無是心，雖有政不行焉」。以此二言觀之，則「德」字似太重矣。兼亦不必引「道之以德」爲證，似有牽合之病。

子入太廟。

所云已當執事，不可不問，固然。然亦須知聖人平日於禮固已無所不知，而臨事敬慎又如此也。

德不孤。

據此文意，但言同聲相應，同氣相求，德不孤立，必以類至而已〔一〕。若如所訓，則其文當云「德不私於己，必不私於人」，如此則成何文理耶？

吾道一以貫之。

一以貫之，不專爲彼己而發，忠恕亦非專爲一彼己而已也。二程先生論此甚詳，且宜潛心，未容輕議也。

子謂仲弓。

此意甚佳，東坡之説正如此。但不必以「仲弓」字爲絶句，如「子謂顔淵未見其止」，亦非與顔淵言也。

加我數年。

無大過恐只是聖人之謙辭。蓋知吉凶消長之理，進退存亡之道，然後可以無大過耳。謂易道無大過差，雖是程先生説，然文意恐不甚安。謂使後人不敢輕立説，聖人未必有此意。然在今日，深足以有警於學者。

聖人吾不得而見之矣。

此但爲思其上者而不可得，故思其次之意，無不觀其質而觀其學之意也。若論質學之異，則聖人君子以學而言，善人有常者則其質美而已。張敬夫説如此，似頗有理。

曾子有疾。

此章之指蓋言日用之間精粗本末無非道者，而君子於其間所貴者，在此三事而已。謂其動容貌，則能和敬而無暴慢也。其正顏色，則非色莊而能近信也。其出詞氣，則能當於理而無鄙倍也。凡此三者，皆其平日涵養功夫至到之驗，而所以正身及物之本也，故君子貴之。若夫籩豆之事，則道雖不外乎此，然其分則有司之守，而非君子之所有事矣。蓋平日涵養功夫不至，則動容貌不免暴慢，正顏色不出誠實，出詞氣不免鄙倍矣。一身且不能治，雖欲區區於禮文度數之末，是何足以爲治哉。此乃聖門學問成己成物著實效驗，故曾子將死，諄諄言之，非如異端揚眉瞬目，妄作空言之比也。所謂道在容貌、顏色、詞氣者，文意義理皆有所不通。必若此言，則道固無所不在，君子所貴，又何止於三乎？且其氣象狂易恍惚，不近聖賢意味，尤非區區之所敢聞也。

士不可以不弘毅。

謂仁以爲己任者，體之而不違是也。若曰循頂至踵，知痛癢處都是仁，則非聖賢之本意矣。體而不違，只是克己復禮，無一念之不仁耳。死而後已，來說亦太過。若曰生有限量，仁無紀極，則豈以死而遂已耶？

吾有知乎哉。

無知者，聖人之謙詞。叩其兩端而竭焉，又言己雖無知，而於告人不敢不盡。大凡聖人氣象只是如此著實看，自然見得無世俗許多玄妙虛浮之說也。扣兩端而竭，只如程先生、范、尹諸公説盡之。若曰只舉兩端，教人默識，取中間底，此又近世禪學之餘。三代以前風俗淳厚，亦未有此等險薄浮誕意思也。

唐棣之華。

別爲一章甚是，精義中范公已有此説。東坡亦然，但其爲説或未盡耳。

其言似不足者。

此説謝氏得之，所謂意有餘者，恐未是。

當暑袗絺綌。

先儒之説皆如來喻，但鄙意常疑其不然，似却是先著裹衣，表絺綌而出之於外，乃得文意。不知如何？

不撤薑食。

恐只合依舊説。若如所云，則是他物有可棄之於地者矣，恐不然也。

南人有言。

此但甚言無常之不可，初不論道藝之別也。

其言之不怍。

此但謂大言不怍者其實難副耳。來説理意亦善，但文勢稍倒，恐不若依舊説。

子路問君子。

諸説之中，此條尤爲險怪，深非鄙拙之所敢聞也。若曰修己以安百姓，幾時安得了？故曰「堯舜其猶病諸」。然則其曰「修己以安人」而不曰「堯舜病諸」者，又何謂耶？

君子疾没世而名不稱焉。

只合依程先生説。

誰毁誰譽。

所論毁譽是加減了底甚當，但此章更有曲折，當熟玩之。所謂「如有所譽」者，又何謂耶？

見善如不及。

聖人之用舍行藏，非但求志行義而已。且此章文勢斷續，或有闕文，或非一章，皆不可考，不必强爲之説。

性相近也。

此只合依程先生説。若如所論，似欲深而反淺，欲密而反疏也。性之在人，豈得以相近而爲言耶？

子張問仁。

所論「行」字之意甚善，聖言著實，大抵類此。推之以及其餘，則聖人之意可得，而浮誕之見無所入於其中矣。

飽食終日。

此不欲啓博奕之端，防慮甚密。然聖人乃假此以甚彼之辭，不必過爲之説，文義不通，却成穿鑿也。

君子有惡。

諸先生有説夫子所惡以戒人，子貢所惡以自警者，此意得之，恐無天人之別。

子夏之門人小子。

此章之説，明道先生曰：「先傳後倦，君子教人有序，先傳以小者近者而後教以遠者大者，非是先傳以近小而後不教以遠大也。」愚按諸家之説唯此數句明白的當。試詳味之，可見文義。「譬諸草木，區以別矣」，只是説大小有序，不可躐等之意。「君子之道，焉可誣也」，東坡得之。「有始有卒，其惟聖人」，尹氏得之。

猶之與人也。

舊説「猶」字只爲「譬」字之意，文義亦通。若覺未穩，即且闕之，不必强爲之説也。

校記　〔一〕至：宋浙本作「應」。

編年　據書信編年。

答江德功淳熙元年前後

「有禮則安」説立意甚善，但詳本文之意，只説施報往來之禮，人能有此，則不忤於物而身安耳，未遽及夫心安也。况古人之所以必由於禮，但爲禮當如此，不得不由，豈爲欲安吾心而後由之也哉。若必爲欲安吾心然後由禮以接於人，則是皆出於計度利害之私，而非循理之公心矣。大抵近世學者溺於佛學，本以聖賢之言爲卑近而不滿於其意，顧天理民彝有不容殄滅者，則又不能盡叛吾説以歸於彼，兩者交戰於胸中而不知所定，於是因其近似之言以附會而説合之。凡吾教之以物言者，則挽而附之於己；以身言者，則引而納之於心，苟以幸其不異於彼而便於出入兩是之私。至於聖賢之本意，則雖知其不然，而有所不顧也。蓋其心自以爲吾之所見已高於聖賢，可以咄嗟指顧而左右之矣。又况推而高之，鑿而深之，使其精神氣象有加於前，則吾又爲有功於聖賢，何不可者？而不自知其所謂高且深者，是乃所以卑且陋也。此近世雜學之士心術隱微之大病，不但講説異同之間而已。不審賢者以爲如何？

大學諸説亦放前意，蓋不欲就事窮理，而直欲以心會理，故必以格物爲心接乎物；不欲以愛親敬長而易其所謂清浄寂滅者，故必以所厚爲身而不爲家，以至新民、知本、絜矩之説，亦反而附之於身。蓋惟恐此心之一出而交乎事物之間也。至於分别君、相、諸侯、卿、大夫、士、庶人之學，亦似有獨善自私之意，而無公物我、合内外之心。此蓋釋氏之學爲主於中，而外欲强爲儒者之論。正如非我族類而欲强以色笑相親，意思終有間隔礙阻不浹洽處。若欲真見聖賢本意，要當去此心而後可語耳。

格物之説，程子論之詳矣。而其所謂「格，至也。格物而至於物，則物理盡」者，意句俱到，不可移易。熹之謬説實本其意，然亦非苟同之也。蓋自十五六時知讀是書，而不曉格物之義，往來於心，餘三十年。近歲就實用功處求之，而參以他經傳記，内外本末反復證驗，乃知此説之的當，恐未易以一朝卒然立説破也。夫「天生烝民，有物有則」，物者，形也；則者，理也。形者所謂形而下者也，理者所謂形而上者也。人之生也固不能無是物矣，而不明其物之理，則無以順性命之正而處事物之當，故必即是物以求之。知求其理矣，而不至夫物之極，則物之理有未窮，而吾之知亦未盡。故必至其極而後已。此所謂「格物而至於物，則物理盡」者也。物理皆盡，則吾之知識廓然貫通，無有蔽礙，而意無不誠，心無不正矣。此大學本經之意，而程子之説然也。其宏綱實用，固已洞然無可疑者；而微細之間，主賓次第、文義訓詁詳密精當，亦無一毫之不合。今不深考，而必欲訓致知以「窮理」，則於主賓之分有所未安；知者吾心之知，理者事物之理。以此知彼，自有主賓之辨，不當以此字訓彼字也。訓格物以「接物」，則於究極之功有所未明。人莫不與物接，但或徒接而不求其理，或粗求而不究其極，是以雖與物接，而不能知其理之所以然與其所當然也。今曰一與物接而理無不窮，則亦太輕易矣。蓋特出於聞聲悟道、見色明心之餘論，而非吾之所謂窮理者，固未可同年而語也。且考之他書，「格」字亦無訓「接」者。以義理言之則不通，以訓詁考之則不合，以功用求之則又無可下手之實地，竊意聖人之言必不如是之差殊疏略，以病後世之學者也。

又所謂「非特形之所接，乃志之所至」，所謂「格物與小學同，致知與小學異」，亦皆無當之言。其爲闕字增語，反致讀者之疑多矣。至於强解程子之意以附己説，其如他語之可證何？又謂熹解以格物致知混爲一説，則其考之亦未詳也。又謂老佛之學乃致知而離乎物者，此尤非是。夫格物可以致知，猶食所以爲飽也。今不格物而自謂有知，則其知者妄也；不食而自以爲飽，則其飽者病也。若曰老佛之學欲致其知，而不知格物所以致其知，故所知者不免乎蔽陷離窮之失而不足爲知，則庶乎其可矣。

所厚者謂父子兄弟骨肉之恩，理之所當然而人心之不能已者。今必外此而厚其身，此即釋氏滅天理、去人倫以私其身之意也。必若是而身修，則雖至於六度萬行具足圓滿，亦無以贖其不孝不弟之刑矣。「此謂知本」，以例推之，凡言「此謂」者，皆傳文，非經之結句也。

「無所不用其極」，觀上文三引詩、書而此以「無所」二字總而結之，則於自新新民皆欲用其極可知矣。自新固新民之本，然天下無一物非吾度内者，亦無一事非吾之所當爲者。譬如百尋之木，根本枝葉，生意無不在焉。但知所先後，則近道耳。豈曰專用其本而直棄其末哉。今曰不求爲新民而專求之德化，則又賤彼貴我之私心，而無以合内外之道矣。

「盛德至善，民不能忘」，此言聖人之事蓋渾然一體，不可得而分焉者也。但以人言則曰德，以理言則曰善，又不爲無辨耳。今曰「體至善以成德」，則乃學者之事，而非傳文所指矣。然體而成德以至於盛，而無思勉之累焉，則亦聖人而已矣。

聽訟與新民之説略同，請并詳之。又古人言語有序，此傳未解格物以下數節，不應先解結句。况「此謂知本」之云，又非經之結句乎。

「誠意」一章大意頗善，然此傳文意但解經文所謂誠意者，只是教人不得自欺，而欲其好善惡惡，皆如好色、惡臭之實然耳，非以聖人而言也。今之所發「聖人所以即事即物而止於至善，又恐人不信，故即人所知者以明之」，則失其指矣。「心廣體胖」之説，甚善甚善。「人之其所親愛而辟焉」，訓「之」爲「至」非是。此等處雖非大義所係，然亦須虚心平氣，徐讀而審思之，乃見聖賢本意，而在己亦有著實用處。不必如此費力生説，徒失本指而無所用也。

「此以心感，彼以心應，其效如此之速」，感應神速，理固如此。但著一「以」字，便有欲速之意。所謂「憧憧往來，朋從爾思」者，正病此也。

絜矩者，度物而得其方也，以下文求之可見。今曰度物以矩，則當爲「矩絜」乃得其義矣。治國、平天下與誠意、正心、修身、齊家只是一理。所謂格物致知，亦曰知此而已矣。此大學一書之本指也。今必以治國平天下爲君相之事而學者無與焉，則内外之道異本殊歸，與經之本旨正相南北矣。禹、稷、顔回同道，豈必在位乃爲爲政哉。風濤洶涌之説，亦所未喻。此篇所論自一身而推之以及天下，平正簡易，不費纖毫氣力，與横渠所論周官冢宰法制之事意思不同。

編年　據書信編年。

答江德功淳熙元年前後

致知格物前説已詳。來書只舉得一截，正當説「格」字、「致」字處乃遺而不道，恐考之有未詳。若但以「格」爲法度之稱而欲執之以齊天下之物，則理既未窮，知既未至，不知如何爲法而執之？且但守此一定之法，則亦無復節節推窮以究其極之功矣。此義且當以程子之説爲主，而以熹説推之，不必强立説，徒費力也。

經文末後兩句來喻固與舊説有間矣，但所論先後之序，經中上文已屢言之，而「本亂末治」之云，又已該舉，自不須説。但聖人於此特下此語，正要讀者有以知夫人道之大有在於此，不可同於仁民愛物之例而一以末視之。此意不可不著眼耳。今不領此，而又必以身言，非釋氏之意而何哉？衍文得失不足深辨，然以所謂免作衍文者觀之，便見苟且遷就之意。若信未及，莫若兩存而徐玩之，不必决取舍於今日也。

「盛德至善」，盛也，至也，皆無以復加之詞，而上下文規模氣象皆聖人事，則此不得獨爲賢人事矣。且賦詩斷章，此但取其咏嘆不忘之意，與衛武公初無干涉也。

絜矩之説，蓋以己之心度物之心，而爲所以處之之道爾。來喻殊不可曉，而所謂先自度者尤無所當。今以鄙説畫爲兩圖，合而觀之，則方正之形隱然在目中矣。

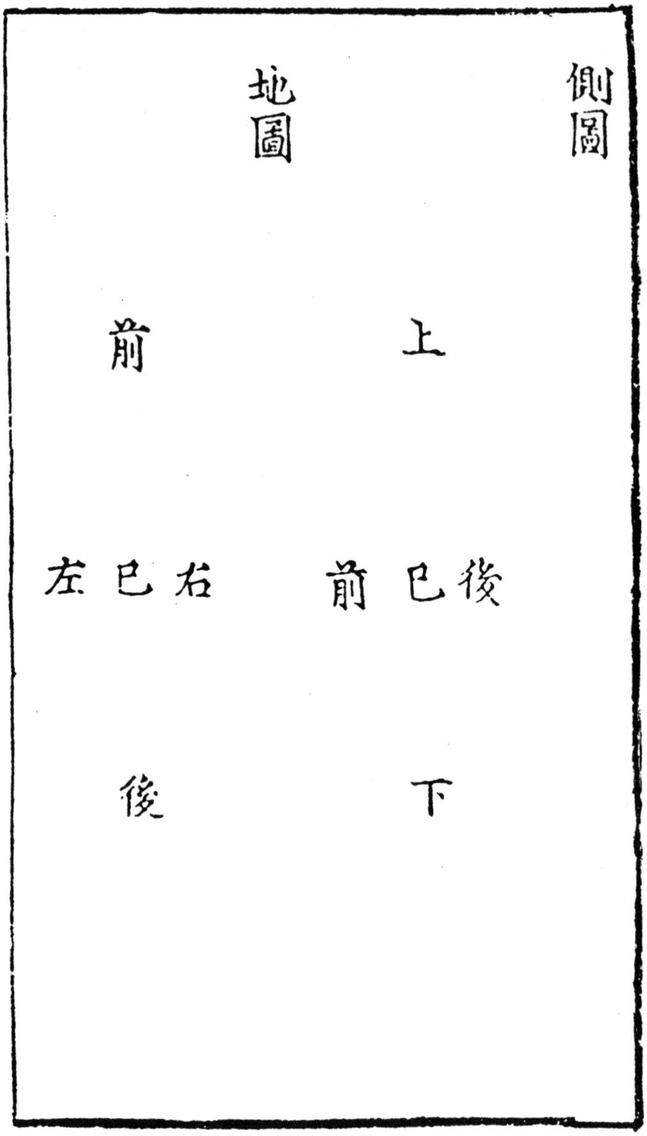
側圖
上
後
巳
前
下
地圖
前
右
巳
左
後

「有禮則安，無禮則危」，如云仁則榮，不仁則辱，初無身心本末之辨。蓋聖賢之言各有所指，隨其淺深而莫非至理之極也。今必以内外爲精粗而欲去彼取此，豈非有所陷溺其心而然耶。且學者之勉强力行，亦勉其所當爲者而已。若曰勉焉以冀其有以自慰，則是先獲後難而爲謀利計功者之所爲矣。聖學異端之別於此亦略可見。試深察之可也。

編年 據書信編年。

答江德功 淳熙六年

圓而神也〔一〕，其所以藏往者，向之所謂方以知者也。「神武不殺」，言聖人不假卜筮而知吉凶也。「是以明於天之道」以下言教民卜筮之事，而聖人亦未嘗不敬而信之，以神明其德也。此章文義只如此，程先生説或是一時意到而言，不暇考其文義。今但玩味其意，別看可也。若牽合經旨，則費力矣。

校記 〔一〕記疑云此句上疑有缺文。

編年 據書信編年。

答江德功 淳熙六年〔己〕亥十一月五日

中庸集解「程先生曰『生之謂性，性即氣，氣即性』」止「舜有天下而不與焉者也」，默竊謂此段反復譬喻，皆是生之謂性，而必以性善之説間乎其中，以性善之言證之於後，何也？若曰性只是理，則夫爲惡者謂之非理可也，何以言惡亦是性，濁亦是水？此理不爲堯、桀存亡，何以言流之遠近，清之遲速？此皆氣稟之譬，於性善之説自當分別，却衮説了，不知如何。直翁以水譬氣稟，清譬天理，濁譬人欲，初亦可喜，恐「只是元初水」一句又解不得。直翁又爲之説曰：「夫所謂『繼之者善』者以下皆因言性善而爲説，水譬性，就下與清譬性善；流而至於海，終無所污者，此譬聖人之全天理；流而濁者譬人欲也。『不可以濁者不爲水』，謂感物而動，皆性之欲也。『及其清明，却只是元初水』，謂復其本然之善也。」此説於「不可以濁者不爲水」一句似失性善之意，不知先生以爲何如？

此説但以性善爲本，而以氣稟有善惡者錯綜之，反復玩味，自然見得。

中庸曰：「人莫不飲食也，鮮能知味也。」竊謂此兩句大意言百姓日用而不知。程先生牲牢之譬，却是不曾飲食而不知，非日用不知也。據程先生所言，只譬如道者，如人食牲牢，須曾吃了方知，非爲此章。至於吕與叔謂必察於芻豢之性、草木之滋、火齊之節、調飫之宜，恐非本旨。默竊謂「味」即指飲食而言，若曰「人莫不飲食，鮮能知味也」，即飲食則行之而著、習矣而察者也。「味」與「飲食」只是作互用文耳。不知如何？直翁以飲食譬日用，味譬理，此説亦似當，不知是否？

直翁説是。

中庸曰：「君子之道造端乎夫婦，及其至也，察乎天地。」默竊謂此四句若本上文，謂道始於夫婦之愚不肖，意味殊少。默竊妄意謂「上下察」是知得此理，「察乎天地」是行到處。君子之道造端乎夫婦者，子思下章已申言之曰：「君子之道，譬如行遠必自邇，譬如登高必自卑。詩云：『妻子好合，如鼓瑟琴。兄弟既翕，和樂且耽。宜爾室家，樂爾妻帑。』子曰：『父母其順矣乎。』」此察乎天地之次序也。本意言君子所語，而繼之以上下察，故默謂是知此理，蓋孟子難言之意也。言君子之道而繼之以察乎天地，故默謂是行到處，蓋文王「刑于寡妻」之氣象也。不知如何？直翁云先生或問中已有「易重咸、恒」之説，默未之見也。

此「察」字訓著，不訓到。觀此兩句，只是疊説上文意思，未有知到行到之意。

論語精義：「伊川先生曰，學必盡其心，盡其心則知其性，知其性云云。反而誠之，聖人也。故洪範曰：『思曰睿，睿作聖。』誠之之道在乎信道篤，信道篤則行之果，行之果則守之固。」直翁所疑曰：「學而至於盡心，則與道不隔，非信道篤者能之也。則所以誠之者特在存養而已，至此豈待言信道篤？而伊川云爾者，蓋信道者通貫上下者也。爲學之始，固在夫信道之篤；至於盡心之後，亦在夫信道之篤也。」默以爲惟與道不隔者爲能信篤，若與道隔，則尚未識道，安能信哉。其所信者，特信聖賢之言爾，非自信也。故伊川信道篤必在於盡心知性之後。學者要當先明盡心性爲何學，然後知學之可以爲聖人決矣。不知先生以爲如何？

信有淺深，有是篤信聖賢而信之者，有是自見得道理當然而信之者。伊川之意蓋如德功之說，然謂如此然後能信，則又過矣。又「道」字之義，恐伊川之意與德功亦不同也。伊川先生曰：「不違仁是無纖毫私欲，有少私欲便是不仁。」直翁推之曰：「仁者，天理也。人能無欲，則天理之妙渾然于中，其心無所越於仁矣。」默謂「越」字與「違」別〔一〕，「違」字乃違背之意，只私欲蔽了仁便是違也。「越」字却是違越之意，豈得違越得他？直翁云：「纔有放心，便是違越仁矣。」默云放心亦只是不能存其心，云放心非是越也。惟禮有品節，可以言越，仁者無外，不可言越。不知先生以爲如何？

違猶離也，去也。

此卷據鄙見奉報，未知是否，幸反復論之也。易說則全然草率，不通點檢，未敢奉報。告且子細，未要如此容易立論。千萬千萬！至懇至懇！

校記　〔一〕默：原作「然」，據文意改。

編年　題下原注「亥十一月五日」，蓋己亥年也。

答江德功 淳熙六年〔己〕亥十一月初五〔一〕

所喻易、中庸之說足見用心之切，其間好處亦多。但聖賢之言意旨深遠，子細反覆，十年二十年尚未見到一二分，豈可如此纔方撥冗看得一過，便敢遽然立論？似此恐不但解釋文義有所差錯，且是氣象輕淺，直與道理不相似。願且放下此意思，將聖賢言語反覆玩味，直是有不通處，方可權立疑義，與朋友商量，庶幾稍存沉浸醲郁氣象，所繫實不輕也。直翁謹願詳審，好相聚講習，所論「遮欄」意亦佳。然前賢固已言之矣，但在力行如何。

校記 〔一〕題注原缺，據宋閩本補。

編年 題下原注「亥十一月初五」，蓋己亥年也。

答江德功 淳熙七年

示喻誠、敬之別，此猶是以地位而言。須看其命字之本意，則誠是真實，敬是畏謹，指意自不同也。又論今昔用功之異，此固曉然。但不知今日之有、昔日之無是同？是別？是相妨？是不相妨？更須他日款曲面論，今未敢懸斷可否也。二銘意甚佳，然亦皆有未安處。如「天理既循，人欲自克，彼己既融，萬物同體」等語，亦當俟面講之。但此等文字非有不得已者，亦不必作，不若默存此理於胸中而驗之行事之實也。

編年 據書信編年。

答江德功 淳熙八年辛丑正月二日

示喻諸說已悉。前書所論誠、敬字義不同，正爲方此論敬，不當引誠爲說，本欲高妙，反成支離耳。意皆因事物而有，然事物外至而意實内生，但於中有邪正耳。難以誠意爲内，邪意爲外也。來喻又云「誠者體物而不可遺，敬亦體物而不遺」，此語殊不可曉。大率左右向來不曾子細理會文義，反復涵泳義理，故於此等處多是鹵莽。恐更須加詳細也。所喻舊學之誤但爲不將事試，故不能自合義理。今就義理上用工，又患未能全合。詳此意思，似是欲因舊學所見而加事試之功，以補其闕耳。正恐所見有差，根腳便不是了。雖加事試之功，終不免兩截也。義理名字呼喚得尚自有差，却如何便得全合義理耶？此等處仍是舊病躐等欲速之意，尤不可不察也。

編年　題下原注「辛丑正月二日」。

答江德功 淳熙八年至九年

疑義俟細看奉報。易説知頗改更，甚善。然學者以玩索踐履爲先，不當汲汲於著述。既妨日用切己工夫，而所説又未必是，徒費精力。此區區前日之病，今始自悔，故不願賢者之爲之也。絶學捐書，是病倦後看文字不得。正緣前日費力過甚，心力俱衰，且爾休息耳。然亦覺意思安静，無牽動之擾，有省察之功，非真若莊生所謂也。

編年　據書信編年。

答江德功 淳熙八年至九年

示及易説等書，實不曉所謂，不敢開卷。累承喻及，必欲見强，使同其説，隱之於心，有未能安者，遂不敢奉報。今承見語，欲成書而不出姓名，以避近名之譏，此與掩耳偷鈴之見何異？不知賢者所見何故日見邪僻，至於如此？夫天下之理，唯其是而已。若是，則出名何害？若不是，則不出名何益？若如所論「乾坤」二字，乃是將一部周易從頭鶻突了，豈能使易道著明乎？若曰人人親見三聖而師之，此尤不揆之言。如所説「乾坤」字義，恐自家未夢見三聖在，如何敢開此大口耶？元書謹用封納。拙直之言，盡於此書，今後不復敢聞命矣。千萬見察。

編年 據書信編年。

答江德功 淳熙八年至九年

所示經説，孟子大意頗佳，其間亦有少未合處，徐議未晚也。但易説愈見乖戾，三復駭然。因復慨念鄉里朋友清素朴實，刻意讀書，無世間種種病痛，未有如德功者，所以平日私心常竊愛慕，思有以補萬分者。亦荷德功不鄙，三數年來，雖所論不合，加以鄙性淺狹，譏誚排斥無所不至，而下問之意愈勤不懈。此在他人，亦豈能及？然自頃至今，爲日愈久而所執愈堅，所見愈僻，孜孜矻矻，日夜窮忙，不暇平心和氣，參合彼己異同之説，反覆論難，以求至當之歸，而專徇己意，競出新奇，以求己説之勝，以至於展轉支離，日益乖張而不悟。不知用心錯誤何故至此？使人更不可曉，但竊嘆恨而已。今且據來示而舉其一二言之。

如既曰「乾，健也」，而又曰「能體其健之謂乾」，若乾本是健，即別無體此健者。若更要體得此健方謂之乾，則是乾在健外，以此合彼，而後得謂之乾也。又如群龍無首，乃用程傳無妄六二之説，雖於理不謬，然安頓不是地頭，全然不是文理。又且岐而爲二，互相矛盾。蓋乾爲萬物之始，故天下之物無不資之以始。但其六爻有時而皆變，故有群龍無首之象。而君子體之，則當謙恭卑順，不敢爲天下先耳。非謂可天德而不可爲首也，又非謂乾不爲首也。可天德而不可爲首，不成文理，無可言者。若曰乾不爲首，則萬物何所資始，而又誰使爲之首乎？且程傳之説，爲人不可以私意造始，故爲之戒耳。若乾之爲始，乃是天理自然，非若人有形體心思而能以私意造始也。

此二説者，其失甚不難見。原其所以失之，大抵只是日前佛學玄妙之見尚在，故以理爲外，以事爲粗，而必以心法爲主。然又苦其與大易體面不同，須至杜撰捏合，所以欲高而反下，欲密而反疏耳。此是義理本原大差謬處，不但文義之失。然在今日德功病痛，尚是第二義。却是日用之間，自己分上更不曾實下功夫，而窮日夜之力，以爲穿鑿附會之計，此是莫大之害。正使撰得都是，亦無用處，不得力。況其乖戾日甚一日，豈不枉費功夫，虛度光陰，不惟無益，而反有害乎？

熹之鄙意竊願德功放下日前許多玄妙骨董，即就日用存主應接處實下功夫，理會個敬肆義利、是非得失之判。若要讀書，即且讀語、孟、詩、書之屬，就平易明白、有事迹可按據處看取道理體面，涵養德性本原，久之漸次踏著實地，即此等説話須自見得黑白，不須如此勞心費力矣。若必欲便窮竟此説，亦請先罷穿鑿己見，且更追思今日以前凡熹所説與德功不同者，并合兩家，寫作一處，子細較量，考其是非，痛加辯詰，亦庶幾有究竟處。不至如今日只見一邊，不相照應，而信口信筆，無有了期也。病起倦甚，懷不能已，略此奉報，千萬詳之。若以爲是，幸即加功。若以爲非，即此書不煩見答，今後亦不須更下喻矣。

編年　據書信編年。

答江德功 淳熙十五年春

熹災病相仍，衰悴萬狀，昨被按刑之命，判不能往赴矣。正初忽聞奏事指揮，疲曳進趨，尤覺費力，專人懇辭，竟不得命，旦夕不免就道。或入文字，而於前路俟報。萬一不獲，即一到都下，面懇而歸。度此衰殘，必蒙聖照也。所示諸經序解，偶此冗劇，未及細看。然觀大略，似亦未離舊處也。渾儀詩甚佳，其間黄簿所謂渾象者，是也。三衢有印本蘇子容丞相所撰儀象法要，正謂此俯視者爲渾象也。但詳吴掾所説平分四孔，加以中星者，不知是物如何制作，殊不可曉，恨未得見也。

編年　據書信編年。

答江德功〔一〕 淳熙十五年秋

熹老病之餘〔二〕，扶曳造朝，自取羞辱。雖幸天日有以辨明，然罪終有未盡滌者，已力請奉祠矣。理直義明，計必可得。不然，雖使得罪，亦勝忍恥作官也。璣衡之制，在都下不久，又苦足痛，未能往觀〔三〕。然聞極疏略，若不能作水輪，則姑亦如此可矣。要之以衡窺璣，仰占天象之實〔四〕，自是一器，而今人所作小渾象自是一器，不當并作一説也。元祐之制極精，然其書亦有不備，乃最是緊切處。必是造者秘此一節，不欲盡以告人耳。便還，匆匆布此〔五〕。

校記　〔一〕此題淳熙本作「答建陽江默德言」。

〔二〕熹：原缺，據右引補。

〔三〕能：右引作「及」。

〔四〕占：右引作「觀」。

〔五〕「便還」以下原缺，據右引補。

編年　據書信編年。

答黄直翁寅　乾道七年前後

商因於夏禮，所損益可知也。周因於殷禮，所損益可知也。是周監二代之制而損益之，其文大備，亦時使然也。聖人不能違時，烏得不從周之文乎。然亦少有不從處，如行夏之時，乘商之輅是也。

周之文固可從，而聖人不得其位，無制作之時，亦不得不從也。使夫子而得邦家，則將損益四代，以爲百王不易之法，不專於從周矣。

程子曰：「三讓者，不立一也，逃之二也，文身三也。」寅竊意求之，繼立以嫡，聞父喪而奔，身體不敢毀傷，萬世之通義也。泰伯胡爲而不然耶？蓋不立者，泰伯知王季之賢，又有文王之聖，必能基成王業，從而讓之，亦太王之志也。不奔父喪，非本心也，奔則王季辭立矣。太王欲立之而未有命，季歷必爲叔齊之事。逃而適他國足矣，必之荆蠻，斷髮文身而後已者，蓋不示以不可立則心不安，其位未定，終無以仁天下、繼父志而成其遠者大者也。三者，權也。夫泰伯之讓，上以繼太王之志，下以成王季之業，無非爲天下之公而不爲一身之私。其事深遠，民莫能測識而稱之，兹其德所以無得而加也。

此說亦是，但以天下讓，只依龜山說推本而言之爲是。所云不示以不可立，則王季之心不安而位未定，此意甚好。非惟說得泰伯之心，亦說得王季之心也。蘇子由云，漢東海王以天下授顯宗，唐宋王成器以天下授玄宗，皆兄弟終身無間言，何必斷髮文身？若使王季之心如漢顯宗、唐玄宗，則此說可也。若有叔齊之心，則不能一朝居矣。王季之賢，豈下叔齊也哉。然泰伯三讓，權而不失其正，是乃所以爲時中也。故夫子以至德稱之。

編年 此與下篇皆言讓國事，先後相承甚明。此篇云：「但以天下讓，只依龜山說推本而言之爲是。」下篇云：「衛君事伯謨書中已略論之。」本卷答方伯謨二云「衛輒事龜山以爲有靈公之命」，正與此所言同。彼書作於乾道七年前後，此二書亦當作於同時。書信編年以爲作在淳熙八年之前，書札彙編則置於淳熙七年。

答黄直翁乾道七年前後

衛君事伯謨書中已略論之，徐思不奉父命而逃去，固爲未善，故程子亦以爲不可。但居勢如此，不逃却不得。如泰伯、王季之事，亦非常理，但變而不失其正耳。

編年 見上篇所考。

答黄直翁淳熙八年

示喻誠敬異同之説，已具德功書中矣。且既曰誠之者擇善而固執之，則敬者但可爲誠之之一事，不可專以敬爲誠之之道也。明道先生蓋舉其一事而言爾。大凡看文字須認正意，不可如此支蔓，無了時也。

編年 據書信編年。

答曹子野駉　乾道八年以前

示及史記疑數條，熹向曾考證來了，功臣表與漢史功臣表其户數先後及姓名多有不同，二史各有是非，當以傳實證之，不當全以史記所傳爲非真也。如淮陰爲連敖典客，漢史作票客，顔師古謂其票疾而以賓客之禮禮之。夫淮陰之亡，以其不見禮於漢也。蕭何追之而薦於漢王，始爲大將。若已以賓禮禮之，淮陰何爲而亡哉？此則史記之所載爲是。三代表是其疏謬處，無可疑者。蓋他説行不得，若以爲堯舜俱出黄帝，是爲同姓之人，堯固不當以二女嬪于虞，舜亦豈容受堯二女而安於同姓之無别？又以爲湯與王季同世，由湯至紂凡十六傳，王季至武王纔再世爾。是文王以十五世之祖事十五世孫紂，武王以十四世祖而代之，豈不甚繆戾耶？通鑑先後之不同者，却不必疑。史家叙事或因時而記之，或因事而見之。田和遷康公，通鑑載於安王十一年，是因時而紀之也。史記載於安王十六年，是因事而見之也，何疑之有？只有伐燕一節，史記以爲湣王，通鑑以爲宣王，史記却是考他源流來，通鑑只是憑信孟子。温公平生不喜孟子〔一〕，到此又却信之，不知其意如何。張敬夫説通鑑有未盡處，似此一節，亦是可疑。但二説今皆無所證，未知孰是孰非。更可反覆詳究，如有所見，却幸垂教。

校記 〔一〕生：原作「日」，據宋閩、浙本改。

編年 此書論及通鑑，皆就事論事，議其是非，初未提及資治通鑑綱目之作，則似應作於乾道八年書成之前也。姑繫於此。

朱熹文集編年評注卷四十五

書 知舊門人問答

答虞士朋 太中　淳熙十三年

「易有太極，是生兩儀」者，一理之判，始生一奇一偶，而爲一畫者二也。「兩儀生四象」者，兩儀之上，各生一奇一偶，而爲二畫者四也。「四象生八卦」者，四象之上，各生一奇一偶，而爲三畫者八也。爻之所以有奇有偶，卦之所以三畫而成者，以此而已。是皆自然流出，不假安排；聖人又已分明説破，亦不待更著言語，别立議論而後明也。此乃易學綱領，開卷第一義，然古今未見有識之者。至康節先生，始傳先天之學而得其説，且以此爲伏羲氏之易也。説卦「天地定位」一章，先天圖乾一兑二離三震四巽五坎六艮七坤八之序，皆本於此。若自八卦之上，又放此而生之，至于六畫，則八卦相重而成六十四卦矣。六十四卦之上，又放此而生之，至十二畫，則六十四卦相重而成四千九十六卦矣。焦貢易林是也。

剛柔雖若各有所偏，必相錯而後得中，然在乾、坤二卦之全體，當剛而剛，當柔而柔，則不待相錯而不害其爲全矣。其爻位之無過不及者，如乾、坤之二、五，亦不待相錯而不害其爲中矣。陰陽變化而太極之妙無不在焉，於此蓋可見也。今謂乾剛坤柔，便有所偏，恐於二卦之象及二、五之爻詞有不通者。其論四爻過不及之淺深，則爲精密，非它説之所及矣。

用九用六，當從歐陽公説，爲揲蓍變卦之凡例。蓋陽爻百九十二，皆用九而不用七；陰爻百九十二，皆用六而不用八也。特以乾、坤二卦純陽純陰而居篇首，故就此發之。此歐陽公舊説也。而愚又嘗因其説而推之，竊以爲凡得乾而六爻純九，得坤而六爻純六者，皆當直就此例占其所繫之辭，不必更看所變之卦。左傳蔡墨所謂乾之坤曰見群龍無首者，可以見其一隅也。蓋群龍無首，即坤之「牝馬」、「先迷」也。「利永貞」，即乾之「不言所利」也。

學而首章甚善，但「學」之一字實兼致知力行而言，不可偏舉。今所引顔子功夫，乃專爲力行事耳。

二章所謂「不失其愛敬之本心，則仁不可勝用」者甚善，但有子亦據實理而正言之，非曲爲當世而發也。

巧言令色，求以悦人，則失其本心之德矣，不待利己害人然後爲不仁也。

「三年無改」，乃謝氏之説。其意美矣，然恐過之，不若游氏、尹氏之爲實也。

「無諂無驕」一章文義，東坡得之。蓋無諂無驕，隨事知戒，足以自守矣。然未見其於全體用功而有自得處也。「樂」與「好禮」，乃見其心之所存有非貧富之所能累者，此子貢所以有切磋琢磨之譬也。治骨角者既切而復磋之，治玉石者既琢而復磨之，皆先略而後詳、先粗而後精之意。大學乃斷章取義，不必引以爲説也。

「如愚」之説、「爲不知」之説、「焉得知」之説、「觀過」之説，皆恐失之過高，後亦多類此者。詳其意味，似從張無垢議論中來。其爲得失，非但訓詁文義之間而已。此須異日子細商量，今未敢容易説也。

「一以貫之」，乃聖門末後親傳密旨，其所以提綱挈領、統宗會元，蓋有不可容言之妙。當時曾子默契其意，故因門人之問，便著「忠恕」二字形容出來，則其一本萬殊、脉絡流通之實益可見矣。然自秦漢以來，儒者皆不能曉。直至二程先生，始發明之，而其門人又獨謝氏、侯氏爲得其説。今不考焉，而但以「忘物我」者爲言，吾恐其失之遠也。况夫子以此語告子貢，乃因博學多識而發，其與忘物我者又有何關涉耶？

編年 此與下篇皆論易、論語，當作於一時。下篇云「昨承寄示趙倉易、論語説」，趙倉即趙善譽。據樓鑰朝奉郎主管雲臺觀趙公墓誌銘，善譽淳熙十一年至十三年提舉湖北常平茶鹽。卷三十八有淳熙十三年朱熹與書二則，與此二書作在同時，據以繫之。

答虞士朋 淳熙十三年

昨承寄示趙倉易、論語説，足浣愁疾。易説簡易精密，不惟鄙意多所未及，警發之深，而近世諸儒説不到處亦甚多，甚不易其玩索至此。深恨未得一見，面扣其詳也。但象數乃作易根本，卜筮乃其用處之實，而諸儒求之不得其要，以至苛細繳繞，令人厭聽。今乃一向屏棄闊略，不復留意，却恐不見制作綱領、語意來歷，似亦未甚便也。昨於乾、坤二卦略記所疑之一二，今謾録呈，幸爲詳之。試因話次，以盛意扣之，看有何説，却以見報。熹與之未相識，不欲遽相辯難，千萬不必云熹所説也。論語説有意古人爲己之學，意亦甚正。但覺看得張無垢文字太熟，用意太切，立説太高，反致失却聖人本指處多。今亦未欲遽論。二説謾往，并煩扣之，亦勿云熹所寄也。

編年 見上篇所考。

答游誠之 九言 乾道九年

示喻讀書玩理次第，甚慰所懷。但嚴立功程、寬著意思，久之自當有味，不可求欲速之功也。所論日用功夫，尤見其爲己之意。但心一而已，所謂覺者亦心也。今以覺求心，以覺用心，紛拏迫切，恐其爲病不但揠苗而已。不若日用之間以敬爲主而勿忘焉，則自然本心不昧，隨物感通，不待致覺而無不覺矣。故孔子只言克己復禮，而不言致覺用敬；孟子只言操存舍亡，而不言覺存昧亡。謝先生雖喜以覺言仁，然亦曰心有知覺，而不言知覺此心也。請推此以驗之，所論得失自可見矣。

若以名義言之，則仁自是愛之體，覺自是知之用，界分脉絡，自不相關。但仁統四德，故人仁則無不覺耳。然謝子之言，侯子非之曰「謂不仁者無所知覺則可，便以心有知覺爲仁則不可」，此言亦有味，請試思之。

克齋記近復改定，今別寫去。後面不欲深詆近世之失，「波動危迫」等語皆已削去。但前所論性情脉絡、功夫次第自亦可見底裏，不待盡言而後喻也。因見南軒，試更以此意質之，當有以相發明爾。

編年 據書信編年。

答游誠之 乾道九年

仁、覺之説，前書已詳報矣。此書所喻「惻隱似非出於覺」者，此語甚佳。但所謂「覺之一字未必不佳」者，鄙意亦非以覺爲不佳，但謂功夫用力處在敬而不在覺耳。上蔡云「敬是常惺惺法」，此言得之。但不免有便以惺惺爲仁之意，此則未穩當耳。所喻從前馳騖之過，此非明者不能自知，甚善。然既自知之，則亦自改之而已，它人不得而與也。窮理涵養，要當并進。蓋非稍有所知，無以致涵養之功；非深有所存，無以盡義理之奥。正當交相爲用而各致其功耳。

編年 據書信編年。

答游誠之 淳熙元年

心體固本静，然亦不能不動。其用固本善，然亦能流而入於不善。夫其動而流於不善者，固不可謂心體之本然；然亦不可不謂之心也，但其誘於物而然耳。故先聖只說「操則存，存則靜，而其動也無不善矣。舍則亡，於是乎有動而流於不善者。出入無時，莫知其鄉。出者亡也，入者存也，本無一定之時，亦無一定之處，特係於人之操舍如何耳。」只此四句，說得心之體用始終、真妄邪正無所不備；又見得此心不操即舍，不出即入，別無閑處可安頓之意。若如所論，出入有時者爲心之正，然則孔子所謂出入無時者，乃心之病矣。不應却以「惟心之謂與」一句直指而總結之也。所答石、呂二書寫呈，但子約書中語尚有病，當時不暇子細剖析。明者擇焉可也。

編年　書云「所答石、呂二書寫呈」。所言即卷四十二答石子重三、卷四十七答呂子約十，皆作於淳熙元年，故本篇亦作於是年也。

答吴伯起 淳熙十二年

成都之諸乃爾輕發，可怪。然亦在我者有以致之，但當自省，不當責人也。渠近辟韜仲不下，次第愈縮手矣。趙總卿頃得書，甚相念，不知所許竟如何。然吾之所謂義者無窮，而彼之具析體究對移者有盡，但十二時中常切照管，勿令有滲漏處，則彼之來者不足問矣。今人戚戚，不能信命者，固無足道；然謂付之造物，亦非極摯之語。此處儘要見得分明，便不動心。不可只靠一言半句海上單方，便以爲足。恐事變之來，抵當不去，恐成好笑也。

編年　據書信編年。

答吴伯起淳熙十二年

且審聞善感發，判然義利之間，衰懦之餘，警省多矣。然一時意氣，易得消歇。正要朝夕講求義理以培植之，不可專恃此便爲究竟也。

編年 據書信編年。

答歐陽慶似光祖 淳熙中

頃在里中，雖屢獲見，而常苦匆匆，不及盡所欲言。然已固知所志之不凡矣。今辱惠問，乃慨然有志於學，甚善甚善。抑嘗病今之學者不知古人爲己之意，不以讀書治己爲先，而急於聞道，是以文勝其質，言浮於行，而終不知所底止。方竊以是反而求之而未之有得也，愧辱下問之勤，無以稱塞，敢私布之。不識明者謂之然否？

編年 此與下篇未可詳考。然卷二十七與林擇之末書言「偶有歐陽慶嗣便，託渠先發此書」，其時在淳熙十一年；卷四十九答王子合二云「歐陽慶嗣書云甚賴切磨之益」，其時在淳熙二年以後，或朱熹與之通書皆在淳熙間。姑繫於此。

答歐陽慶似淳熙中

所需序文，迫歲冗甚，不暇執筆。然爲學治己之方，前此講之熟矣。當官之務推此而達之，則奉法愛民，不求聞達，皆吾分内事耳。此固不待拙者之言，又况其外之文乎。吕氏童蒙訓下卷論守官之法亦頗明備，暇日更試考之，當有益也。

編年 見上篇所考。

答嚴居厚 士敦 淳熙中

示喻進學加功處，甚善。觸事未能不爲事物所奪，只是未遇事時存養未熟，所以如此。然又别無他岐，不可欲速，但常存此心，勿令間斷，講明義理以栽培之，則久當純熟明快矣〔一〕。科舉之習前賢所不免，但循理安命，不追時好，則心地恬愉，自無怵迫之累。昨見所論三子具體而微，似未免太徇時好。然務爲奇險，反使詞義俱不通暢。久欲奉告，而未及也，因此布陳，僭易僭易。

别紙喻及養氣之説，足見講學不倦之意。但此章文義正自難明，且當虚心平氣，反復諷誦，久當有味。今以迫切之心求之，正猶治絲而棼之，雖欲强爲之説，終非吾心所安，穿鑿支離，愈叛於道矣。今且據來喻而略言之。「縮」字訓「直」，禮書如此處多，先儒之言，似不可易。「壹」字非訓「一」，便只是「一」字，乃「專一」之意耳。記得程先生有説：「志專在淫僻，豈不動氣？氣專在喜怒，豈不動志？」試以是思之，知言則知義理之所在，無毫釐之差，故日用之間有以集義而生浩然之氣。「詖淫邪遁」四字有次序，而無彼此之分。如楊、墨、釋、老之言，無不具此四者。然今亦未易遽論也。請且如前説，反復玩味，要之以久，自當釋然有解悟處。不必廣求，徒勞日力。只二先生有説處，抄出同看可也。

校記〔一〕快：宋浙本作「決」，考異所引别本同。

編年此篇無考，觀朱熹文集中凡涉士敦之詩文時間皆較晚，姑從書信編年置於淳熙中。

答丘子野 乾道中

示喻觀、玩之别，想已有成説。兹因下問之及，嘗竊思之，敢布左右。蓋易有象八卦六爻。然後有辭，卦爻之辭。筮有變老陰老陽。然後有占。變爻之辭。象之變也，在理而未形於事者也，辭則各因象而指其吉凶，占則又因吾之所值之辭而決焉，其示人也益以詳矣。故君子居而學易，則既觀象矣，又玩辭以考其所處之當否；動而諏筮，則既觀變矣，又玩占以考其所值之吉凶。善而吉者則行，否而凶者則止。是以動静之間，舉無違理，而自天祐之，吉無不利也。蓋觀者一見而決，玩者反復而不舍之辭也。

筮短龜長之説，惟見於左氏元凱之注，理固有之。但先王制卜筮之法至嚴至敬，虚其心以聽於鬼神，專一則應，疑貳則差。故禮曰「卜筮不相襲」，蓋爲此也。晉獻之欲立麗姬，以理觀之，不待卜而不吉可知。及其卜之不吉也，則亦深切著明已矣。乃不勝其私意而復筮之，是以私心爲主而取必於神明也，豈有感通之理哉！此所以筮之雖吉，而卒不免於凶也。今不推其所以聽於鬼神者之不專不一，而遽欲即此以校龜筮之短長，恐未免乎易其言之責也。

理則一而已矣，其形者則謂之器，其不形者則謂之道。然而道非器不形，器非道不立。蓋陰陽亦器也，而所以陰陽者道也。是以一陰一陽，往來不息，而聖人指是以明道之全體也。此「一陰一陽之謂道」之説也，不審高明以爲然否？

編年 此篇未可詳考，然文集諸作朱熹與子野交往甚早，有紹興二十一年之詩篇唱和，有紹興三十二年所寫作之論語纂訓序。其乾道六年所作別集卷六答林擇之十五云「某表兄丘子野欲求一依託書館處」。本篇言易，却未明確闡述「易爲卜筮而作」之基本觀點。（此觀點於淳熙二三年間始提出）綜上所言，姑置於乾道中，或近之。

答丘子服 膺 慶元四年

「寵辱若驚，貴大患若身」，貴猶重也。言寵辱細故，而得之猶若驚焉；若世之大患，則尤當貴重之而不可犯，如愛其身也。寵爲下者，寵人者上於人者也，寵於人者下於人者也。是辱固不待言而寵亦未足尚。今乃得之而猶若驚，而況大患與身爲一，而可以不貴乎？若使人於大患皆若其將及於身而貴重之，則必不敢輕以其身深預天下之事矣。得如是之人而以天下托之，則其於天下必能謹守，如愛其身，而豈有禍敗之及哉。老子言道之真以治身，又言身與名孰親，而其言外其身、後其身者，其實乃所以先而存之也，其愛身也至矣。此其學之傳所以流而爲楊氏之爲我也。蘇子由乃以忘身爲言，是乃佛家夢幻泡影之遺意，而非老氏之本真矣。

編年 據書信編年。

答丘子服 慶元四年

兩日連得手示，爲慰。貴大患如此説固好，但後一「貴」字别爲一義，似未安耳。「出生入死」章，諸家説皆不愜人意，恐未必得老子本指。今只自「夫何故」以下看，則語意自分明。蓋言人所以自生而趨死者，以其生生之厚耳。聲色臭味、居處奉養、權勢利欲，皆所以生之者。惟於此太厚，所以物得而害之。善攝生者遠離此累，則無死地矣。此却只是目前日用事，便可受持，他既難明，似亦不必深究也。如何如何？

編年 據書信編年。

答李深卿 泳 乾道六年夏

昨擇之持示别紙，教告甚悉。時亦不暇奉報，然因其行，嘗口附區區，不知高明以爲然否。夫儒釋正邪之異，未易以口舌争。但見得分明，則觸事可辨。今未暇遠引，且以來教所舉中庸首章論之，則吾之所謂一者彼以爲二，吾之所謂實者彼以爲虚，其邪正得失於此已判然矣。然世之學者於吾學初未嘗端的用功，而於彼説顧嘗著力研究，是以於彼説日見其高妙，而視吾學爲不足爲。陷溺益深，則遂不復自知其爲陷溺。是雖以孟子之辨守而告之，恐未易拔，而况今日才卑德薄之人乎。然有一於此，疑若可救。蓋天理人心，自有至當，我順彼逆，體勢不侔。是以爲吾學者深拒力排，未嘗求合於彼；而爲彼學者支辭蔓説，惟恐其見絶於我。是於其心疑亦有所不安矣。誠如是也，則莫若試於吾學求其所以用力者，如往時之一意於彼而從事焉。假以歲時，不使間斷，則庶乎其可以得本心之正而悟前日之非矣。

所論不當啓後學輕視前輩之弊，此則至論，敢不承教。然觀聖賢議論，雖未嘗不推尊前輩，而其是是非非之際，亦未嘗有毫髪假借之私。若孟子之論伊尹、夷、惠抑揚其辭，不一而足，亦可見矣。若吕氏之學，在近世則亦近正矣。然觀正獻對神祖空寂之問，則以堯舜所知所急爲兩途；觀原明述正獻學佛之事，則見正獻所學所言爲二致。諸若此類，不可殫舉。蓋猶未免於習俗之蔽，而以前輩之故一例推尊，禁不得復議其失，是孔子不當論臧文仲之不仁不智，且當直許子文、文子以仁然後爲可也。擇之講論精密，務求至當，似未爲過。但其間却實不免有輕視前輩之心，此則不可。去年因書蓋嘗箴之，正如老兄之意。但不敢謂緣此都不得别白是非也。

凡此二條，皆近世學者深錮之弊，是以因來喻之及而極論之。願試以愚言思之，一事正則其餘皆正矣。蓋理無二致，非如老兄所論中庸首章三句别爲兩事，與吕氏所知所急、所學所言有彼此之殊也。鄙見如此，或有未當，因來却望見教，勿憚反復。不有益於彼，則必有益於此矣。千萬至懇至懇。

編年　據書信編年。

答胡寬夫 乾道九年以後

示喻疑義數條，足見別後進學之篤，甚慰甚慰。大概如此看，更須從淺近平易處理會，應用切身處體察，漸次接續，勿令間斷，久之自然意味浹洽，倫類貫通。切不可容易躁急，厭常喜新，專揀一等難理會、無形影底言語暗中想像，杜撰穿鑿，枉用心神，空費日力；更勿與人辨論釋氏長短，自家未有所見，判斷它不得。況廢却自家合做底緊切工夫，却與人争一場閑口舌，有損無益，尤當深戒也。主一之功，學者用力切要處，承於此留意，甚善。但其它推説似太汗漫，多病痛。以熹觀之，似不必如此。只就如今做書會處理會，便見漸次。大抵自家所看文字及提督學生工夫皆須立下一定格目，格目之内，常切存心；格目之外，不要妄想。如看論語，今日看到此段，即專心致意只看此段。後段雖好，且未要看。直待此段分曉，説得反復不差，仍且盡日玩味。明日却看後段。日用凡事皆如此，以類推之可見。不然，雖是好事，亦名妄想。此主一之漸也。若不如此，方寸之間頃刻之際千頭萬緒，卒然便要主一，如何按伏得下？試更思之。「我不欲人之加諸我，吾亦欲無加諸人」，與子思所謂「施諸己而不願，亦勿施於人」，此言且只各就本句中體味踐履，久之純熟，自見淺深。今亦不須强分別也。大抵學者之患在於好談高妙，而自己腳根却不點地。正所謂道在邇而求諸遠，事在易而求諸難也。大學解想亦看未到，四哥又自有日課，不欲妨它。教人者須常存此心。郭子和中庸頃曾見之，切不可看，看著轉迷悶也。其它所欲文字，合用者前已附去，其他非所急者更不上内，想自曉此意。千萬息却此心，且就日課中逐些理會，慤實踐履，方有意味。千萬千萬。後生輩誦書亦如吾人講學，只是量力，不要貪多。仍須反覆熟讀，時時温習，是要法耳。

編年　據書信編年。

答吴德夫 獵　淳熙中

承喻「仁」字之説，足見用力之深。熹意不欲如此坐談，但直以孔子、程子所示求仁之方，擇其一二切於吾身者，篤志而力行之，於動静語默間，勿令間斷，則久久自當知味矣。去人欲、存天理，且據所見去之存之。功夫既深，則所謂似天理而實人欲者次第可見。今大體未正而便欲察及細微，恐有放飯流歠而問無齒決之譏也。如何如何？「易」之爲義，乃指流行變易之體而言。此體生生，元無間斷，但其間一動一静相爲始終耳。程子曰：「上天之載，無聲無臭。其體則謂之易，其理則謂之道，其用則謂之神。」正謂此也。此體在人，則心是已。其理則所謂性，其用則所謂情，其動静則所謂未發已發之時也。此其爲天人之分雖殊，然静而此理已具，動而此用實行，則其爲易一也。若其所具之理、所行之用合而言之，則是易之有太極者。昨來南軒嘗謂太極所以明動静之藴，蓋得之矣。來喻以不易變易爲未發已發，恐未安。試以此説推之，非惟見得「易」字意義分明，而求仁用力要處亦可得矣。

編年　未可詳考。獵從張栻學，淳熙初栻官廣西，檄爲静江府教授，爲湖湘學派重要傳人。書云「昨來南軒嘗謂」云云，則時張栻已去世，淳熙七年以後也。姑置淳熙中。

答楊子直方　乾道七年

承喻太極之説，足見用力之勤，深所嘆仰。然鄙意多所未安，今且略論其一二大者，而其曲折，則託季通言之。

蓋天地之間，只有動静兩端，循環不已，更無餘事，此之謂易。而其動其静，則必有所以動静之理焉，是則所謂太極者也。聖人既指其實而名之，周子又爲之圖以象之，其所以發明表著，可謂無餘藴矣。原極之所以得名，蓋取樞極之義。聖人謂之太極者，所以指夫天地萬物之根也。周子因之而又謂之無極者，所以著夫無聲無臭之妙也。然曰無極而太極，太極本無極，則非無極之後别生太極，而太極之上先有無極也。又曰五行陰陽，陰陽太極，則非太極之後别生二五，而二五之上先有太極也。以至於成男成女，化生萬物，而無極之妙蓋未始不在是焉。此一圖之綱領，大易之遺意，與老子所謂物生於有，有生於無，而以造化爲真有始終者正南北矣。

來喻乃欲一之，所以於此圖之説多所乖礙而不得其理也。熹向以太極爲體，動静爲用，其言固有病，後已改之曰「太極者，本然之妙也；動静者，所乘之機也」，此則庶幾近之。來喻疑於體用之云甚當，但所以疑之之説則與熹之所以改之之意又若不相似然。蓋謂太極含動静則可，以本體而言也。謂太極有動靜則可，以流行而言也。若謂太極便是動靜，則是形而上下者不可分，而「易有太極」之言亦贅矣。其它則季通論之已極精詳，且當就此虛心求之，久當自明，不可別生疑慮，徒自繳繞也。

持敬之説不必多言，但熟味整齊、嚴肅、嚴威、儼恪、動容貌、整思慮、正衣冠、尊瞻視此等數語而實加功焉，則所謂直内，所謂主一，自然不費安排而身心肅然，表裏如一矣，豈陸棠之謂哉。彼其挾詐欺人，是乃敬之賊耳。今反以敬之名歸之而謂敬之實真有不足行者，豈不誤甚矣哉！大抵身心内外，初無間隔。所謂心者固主乎内，而凡視聽言動、出處語默之見於外者，亦即此心之用而未嘗離也。今於其空虛不用之處則操而存之，於其流行運用之實則棄而不省，此於心之全體雖得其半，而失其半矣。然其所得之半，又必待有所安排布置然後能存，故存則有揠苗助長之患，否則有舍而不芸之失。是則其所得之半又將不足以自存而失之。孰若一主於敬而此心卓然，内外動靜之間，無一毫之隙、一息之停哉。叔京來書尚執前説，而來喻之云亦似未見内外無間之實。故爲此説，并以寄叔京，而所以答叔京者亦并寫呈。幸詳思之，却以見告也。

編年　據書信編年。

答楊子直 紹熙元年至二年

來書譙責不少置，不記前書云何，何所得罪，一味皇恐而已。但來書既云鐫責諄切，其後又謂不教而棄之，殊不可曉。如前書尚在，望令小吏録以見寄，當一一供答，以聽裁處。熹却自覺尚且耐煩，不至如老兄激發怨懟之深也。且如向來出川時所予書，無非怨懟之語，此非怨熹之詞，想自記得。故竊疑之，以爲士君子去就離合之際不當如此。因答書中頗致寬解之詞，未有相貶外處。如後來見教政事條目，其間亦有一二心未安處，故因筆自解，即非相貶外。不知今來所謂貶外是指何語？恐實有之而熹不自覺者，即望一一疏示，容其改過，幸甚幸甚。

且如今書「四子」之説極荷見教，然此書之目只是一時偶見大學太薄，裝不成册，難作標題，故如此寫，亦欲見得四書次第，免被後人移易顛倒。只如大學，據程先生説，乃是孔氏遺書，而謂其他莫如論、孟，則其尊之固在論語之右，非熹之私説矣。今必欲抑之而尊論語，復何説乎？竊恐此意未必爲大學壓論語發，恐又只是景迂作祟，意欲擯斥孟子耳。萬一揣料失當，所言非是，亦告且爲平心息怒，子細見教，使得反復，以究實是之歸，幸甚幸甚！

平時與老兄講論，常是不曾合殺，只被中間一句不合尊意，便蒙見怒，更不暇復論前語之是非，而一向且争閑氣。所以老兄見教之美意與區區獻疑之誠懇皆不見其有益，而反積爲後日無窮之怨隙。所謂忠告善道，不可則止者，豈若是乎？世衰道喪，吾黨日孤。見自無事，不要似此尋事厮炒，使旁觀指目，益爲道學之病，乃是助彼自攻，古人所謂將鬥而自斷一手以求必勝者也。願老兄自今或有異同之論，且耐煩息怒而極論理之是非，則理日益明，氣日益和，雖使十反，極其紛拏，亦自無忿懟之撓矣。老兄見責不能受人盡言，而前後怨忿之詞至於如此，請出兩家之書付之識者，使其審訂，則誰爲不能受言者，必有在矣。王肅方於事上而好人佞己，此不絜矩之過也。願更思之，下交淺劣，不勝至望。

編年 據書信編年。

答楊子直 紹熙二年以後

學者墮在語言，心實無得，固爲大病，然於語言中罕見有究竟得徹頭徹尾者。蓋資質已是不及古人，而工夫又草草，所以終身於此若存若亡，未有卓然可恃之實。近因病後不敢極力讀書，閑中却覺有進步處。大抵孟子所論求其放心是要訣爾。

編年 據書信編年。書札彙編以爲作於淳熙十一年。

答楊子直 慶元六年春

前日晦伯人還，已上狀矣。但忘記一事，欲煩爲作小楷四箴百十字。今納界行去，暇日得爲揮染，甚幸。此箴舊見只是平常説話，近乃覺其旨意之精密，真所謂一棒一條痕，一摑一掌血者。故欲揭之座隅，使不失墜云耳。時節不是當，字學亦絕，故又欲得妙札，時以寓目，以祛病思。幸勿靳也。

編年 據書信編年。

答楊子直此庚申閏二月二十七日書，去夢奠十二日。

熹病日覺沉重，而醫者咸以爲可治，但服藥殊不見效，亦付之無可奈何，安坐拱手以聽天命耳。曾光祖在此備見，當能道之也。此間諸況曲折，亦不暇詳布，渠亦可問也。

前書所求妙札，曾爲落筆否？便中早得寄示爲幸。近以書懇益公，求作先人墓碑，不知渠肯作否。若肯作又并書，即不敢奉浼，不然又當有請也。夏小正文已編入禮書，但所見數本率多舛誤，所示未暇參考。少俟功夫，子細校畢，即納還也。四民月令亦見當時風俗及其治家齊整，即以嚴致平之意推尋也，亦俟抄了并納還。不知近日更得何異書？便中望見告。此却亦讀得舊書，但鍛鍊得愈純熟，亦頗有實用，不專是空言也。此間新定參同契曾寄去否？如未有，可喻及，當續致也。此書理會他下手處不得，但愛其文古雅，因校此本。買櫝還珠，甚可笑也。

光祖家有泉石頗佳，已屬令去求詩，能爲出數語否？王才臣寄示所得諸圖，幽閒淡泊，彼間風俗嗜好不同，未必識此味也。

編年　題下原注年月日。

答呂季克淳熙三年

承示及環叟之書，粗釋所疑。此公舊亦聞之，平父、伯崇皆與之相識，然不聞其爲濂溪家子弟也。其所著書乃如此，若原説者，則可謂青過於藍矣。道學不明，異端競起，士雖有意於學，而浮沉世故，不能篤信聖言，躬行默體以至不疑之地，鮮有不没溺者，甚可嘆也。八桂久不得書，昨亦見其所與尊兄書論原説者，大意甚正。但似未究其巧譎之情耳。

編年 卷七十八江州重建濂溪先生書堂記云：「淳熙丙申，今太守潘侯慈明與其通守吕侯勝己始復作堂其處。」此書言及濂溪後人及著作，必爲季克倅江州時事也。其云「八桂久不得書」，當指張栻，時知静江府、廣西安撫。

答廖子晦 德明 淳熙元年

德明舊嘗極力尋究，於日用事上若有所感〔一〕，而知吾身之具有者廣大虚静，範圍天地，根本萬物，易所謂「寂然不動」〔二〕，中庸所謂「喜怒之未發」者是也〔三〕。人惟習而不察，故不知有貴於己者爲何物。君子知夫此，復加修治之功，庶幾於本歟〔四〕。德明將以此爲大本，漸加修治之功，未知所見是否。

聖門之學，下學而上達，至於窮神知化，亦不過德盛仁熟而自至耳。若如釋氏理須頓悟，不假漸修之云，則是上達而下學也，其與聖學亦不同矣。而近世學者每欲因其近似而説合之，是以爲説雖詳，用心雖苦而卒不近也。中庸所謂「喜怒哀樂之未發謂之中，發而皆中節謂之和」，只是説情之未發，無所偏倚。當此之時，萬理畢具，而天下萬物無不由是而出焉。故學者於此涵養栽培，而情之所發自然無不中節耳。故又曰「中者，天下之大本；和者，天下之達道」。此皆日用分明底事，不必待極力尋究，忽然有感，如來喻之云，然後爲得也。必若此云，則是溺於佛氏之學而已。然爲彼學者自謂有見，而於四端五典、良知良能、天理人心之實然而不可易者，皆未嘗略見仿佛。甚者披根拔本，顛倒錯繆，無所不至。則夫所謂見者，殆亦用心大過，意慮泯絕，恍惚之間，瞥見心性之影象耳。與聖門真實知見，端的踐履，徹上徹下，一以貫之之學，豈可同年而語哉。

程子以敬教人，自言主一之謂敬，不之東又不之西，不之此又不之彼，如此則何時而不存？然欲到得此功夫，須如釋氏攝心坐禪始得。德明又慮至此成「正」與「助長」，故近日又稍體究禮樂不可斯須去身之説。蓋禮則嚴謹，樂則和樂，兩者相須而後能。故明道先生既以敬教人，又自謂於外事思慮儘悠悠。又曰：「既得後便須放開，不然却只是守。」故謝子因之爲展托之論。德明又恐初學勢須把持，未敢便習展托。於斯二者，孰從孰違？雖然，是固操存舍亡之意，而孔氏教人求仁爲先。竊謂仁，人心也。克己之私而循天之理，則本心之仁得矣，夫復何事？嘗試求之，覺得難甚。先難後獲，寧不信然！

二先生所論敬字，須該貫動静看方得。夫方其無事而存主不懈者，固敬也；及其應物而酬酢不亂者，亦敬也。故曰：「毋不敬，儼若思。」又曰：「事思敬，執事敬。」豈必以攝心坐禪而謂之敬哉。禮樂固必相須，然所謂樂者，亦不過謂胸中無事而自和樂耳，非是著意放開一路而欲其和樂也。然欲胸中無事，非敬不能。故程子曰「敬則自然和樂」，而周子亦以爲禮先而樂後，此可見也。「既得後須放開，不然却只是守」者，此言既自得之後，則自然心與理會，不爲禮法所拘而自中節也。若未能如此，則是未有所自得，纔方是守禮法之人爾。亦非謂既自得之，又却須放教開也。克己復禮，固非易事，然顔子用力乃在於視聽言動禮與非禮之間，未敢便道是得其本心而了無一事也。此其所以先難而後獲歟。今言之甚易而苦其行之之難，亦不考諸此而已矣〔五〕。

明道先生云：「『鳶飛戾天，魚躍于淵』，言其上下察也，與『必有事焉而勿正心』同。」德明竊謂萬物在吾性分中，如鑑中之影，仰天而見鳶飛，俯淵而見魚躍，上下之見，無非道體之所在也。方其有事而勿正之時，必有參乎其前而不可致詰者。鳶飛魚躍，皆其分内耳。活潑潑地，智者當自知之。

鳶飛魚躍，道體無乎不在。當勿忘勿助之間，天理流行正如是爾。若謂萬物在吾性分中，如鑑之影，則性是一物，物是一物，以此照彼，以彼入此也。横渠先生所謂「若謂萬象爲太虚中所見，則物與虚不相資，形自形，性自性」者，正譏此爾。

夫子告子路曰：「未能事人，焉能事鬼？未知生，焉知死？」意若曰知人之理則知鬼之理，知生之理則知死之理，存乎我者，無二物也。故正蒙謂「聚亦吾體，散亦吾體，知死而不亡者，可與言性矣。」竊謂死生鬼神之理，斯言盡之。君子之學汲汲修治，澄其濁而求清者，蓋欲不失其本心，凝然而常存，不爲造化陰陽所累。如此則死生鬼神之理將一於我而天下之能事畢矣。彼釋氏輪回之説，安足以語此？

盡愛親、敬長、貴貴、尊賢之道，則事鬼之心不外乎此矣。知乾坤變化、萬物受命之理，則生之有死可得而推矣。夫子之言固所以深曉子路，然學不躐等，於此亦可見矣。近世説者多借先聖之言以文釋氏之旨，失其本意遠矣。

德明伏讀先生太極圖解義第二章曰：「動而生陽，誠之通也。繼之者善，萬物之所資始也。靜而生陰，誠之復也。成之者性，萬物各正其性命也。」德明謂無極之真，誠也，動而生陽，靜而生陰，動靜不息，而萬物繼此以出與因此而成者，皆誠之著。固無有不善者，亦無非性也，似不可分陰陽而爲辭。如以資始爲繫於陽，以正性命爲繫於陰，則若有獨陽而生、獨陰而成者矣。詳究先生之意，必謂陽根於陰，陰根於陽，陰陽元不相離。如此，則非得於言表者不能喻此也。

繼善、成性分屬陰陽，乃通書首章之意，但熟讀之，自可見矣。蓋天地變化不爲無陰，然物之未形則屬乎陽。物正其性不爲無陽，然形器已定則屬乎陰。嘗讀張忠定公語云「公事未著字以前屬陽，著字以後屬陰」，似亦窺見此意。

校記

〔一〕以上二句淳熙本作「某竊嘗體究此理，若有所感」。

〔二〕右引此句下尚有「感而遂通天下之故」八字，宋浙本同。

〔三〕淳熙本此句引作「喜怒哀樂之未發謂之中，發而皆中節謂之和」。

〔四〕「人惟」以下原缺，據淳熙本補入。

〔五〕「二先生所論」以下一段又見卷六十四答或人三。

編年 據書信編年。

答廖子晦 淳熙元年

德明平日鄙見，未免以我爲主。蓋天地人物，統體只是一性。生有此性，死豈遽亡之？夫水有所激與所礙則成漚，正如二機闔闢不已，妙合而成人物。夫水固水也，漚亦不得不謂之水，特其形則漚，滅則還復是本水也。人物之生，雖一形具一性，及氣散而滅，還復統體是一而已，豈復分別是人是物之性？所未瑩者，正惟祭享一事，推之未行。若以爲果饗耶，神不歆非類，大有界限，與統體還一之説不相似。若曰饗與不饗蓋不必問，但報本之道不得不然，而詩、書却明言「神嗜飲食」、「祖考來格」之類，則又極似有饗之者。竊謂人雖死無知覺，知覺之原仍在。此以誠感，彼以類應。若謂盡無知覺之原，只是一片太虚寂，則似斷滅，無復實然之理，亦恐未安。君子曰終，小人曰死，則智愚於此亦各不同。故人不同於鳥獸草木，愚不同於聖，雖以爲公共道理，然人須全而歸之，然後足以安吾之死。不然，則人何用求至賢聖，何用與天地相似？倒行逆施，均於一死而不害其爲人，是直與鳥獸禽魚俱壞，懵不知其所存也。

死生之論，向來奉答所諭知生事人之問已發其端。而近答嵩卿書，論之尤詳。意明者一讀當已洞然無疑矣。而來書之諭，尚復如此。雖其連類引義，若無津涯，然尋其大指，則皆不出前此兩書所論之中也。豈未嘗深以鄙説思之而直以舊聞爲主乎？既承不鄙，又不得不有以奉報，幸試思之。

蓋賢者之見所以不能無失者，正坐以我爲主，以覺爲性爾。夫性者，理而已矣。乾坤變化，萬物受命，雖所稟之在我，然其理則非有我之所得私也。所謂反身而誠，蓋謂盡其所得乎己之理，則知天下萬物之理初不外此，非謂盡得我此知覺，則衆人之知覺皆是此物也。性只是理，不可以聚散言。其聚而生，散而死者，氣而已矣。所謂精神魂魄，有知有覺者，皆氣之所爲也。故聚則有，散則無。若理則初不爲聚散而有無也。但有是理，則有是氣。苟氣聚乎此，則其理亦命乎此耳，不得以水漚比也。

鬼神便是精神魂魄。程子所謂天地之功用，造化之迹，張子所謂二氣之良能，皆非性之謂也。故祭祀之禮以類而感，以類而應。若性則又豈有類之可言耶？然氣之已散者，既化而無有矣，其根於理而日生者，則固浩然而無窮也。故上蔡謂「我之精神即祖考之精神」，蓋謂此也。然聖人之制祭祀也，設主立尸，焫蕭灌鬯，或求之陰，或求之陽，無所不用其極，而猶止曰「庶或享之」而已。其至誠惻怛，精微恍惚之意，蓋有聖人所不欲言者，非可以世俗粗淺知見執一而求也。豈曰一受其成形，則此性遂爲吾有，雖死而猶不滅，截然自爲一物，藏乎寂然一體之中，以俟夫子孫之求而時出以饗之耶？必如此説，則其界限之廣狹、安頓之處所必有可指言者。

且自開闢以來，積至於今，其重并積叠，計已無地之可容矣。是又安有此理耶。

且乾坤造化，如大洪爐，人物生生，無少休息，是乃所謂實然之理，不憂其斷滅也。今乃以一片大虛寂目之，而反認人物已死之知覺謂之實然之理，豈不誤哉。

又聖賢所謂歸全安死者，亦曰無失其所受乎天之理，則可以無愧而死耳。非以爲實有一物可奉持而歸之，然後吾之不斷不滅者得以晏然安處乎冥漠之中也。夭壽不貳，修身以俟之，是乃無所爲而然者。與異端爲生死事大、無常迅速然後學者，正不可同日而語。今乃混而言之，以彼之見爲此之説，所以爲説愈多而愈不合也。

凡此皆亦粗舉其端，其曲折則有非筆舌所能盡者。幸并前兩説參考而熟思之，其必有得矣。若未能遽通，即且置之，姑即夫理之切近而平易者實下窮格工夫，使其積累而貫通焉，則於此自當曉解，不必別作一道理求也。但恐固守舊説，不肯如此下工，則拙者雖復多言，終亦無所補耳。

編年 據書信編年。

答廖子晦 淳熙元年

德明自得賜誨，日夕不去手，紬繹玩味，未能盡究，亦嘗隨所知而爲之説。蓋天人無二理，本末無二致。盡人道即天道亦盡，得於末則本亦未離。雖謂之聖人，亦曰人倫之至而已。

佛氏離人而言天，岐本末而有所擇，四端五常之有於性者，以爲理障；父子、君臣、夫婦、長幼所不能無者，以爲緣合；甚則以天地、陰陽、人物爲幻化，未嘗或過而問焉，而直語太虛之性。夫天下無二理，豈有天人本末輒生取舍而可以爲道乎？夫其所見如此，則亦偏小而不全矣。豈所謂徹上徹下，一以貫之之學哉。聖門下學而上達，由灑掃、應對、進退而往，雖飲食男女，無所不用其敬。蓋君子之道費而隱，費即日用也，隱即天理也。即日用而有天理，則於君臣、父子、夫婦、長幼之間，應對、酬酢、食息、視聽之頃，無一而非理者，亦無一之可紊。一有所紊，天理喪矣。故君子無所不用其敬。由是而操之固、習之熟，則隱顯混融，内外合一而道在我矣。佛者烏足以語是哉！佛氏之所謂悟，亦瞥見端倪而已。天理人心，實然而不可易者，則未嘗見也。其所謂修，亦攝心寂坐而已。棄人倫、滅天理，未見其有得也。此先生所以謂其卒不近也。

喜怒哀樂之未發，即寂然不動者是也。即此爲天地之心，即此爲天地之本。天下無二本，故乾坤變化，萬類紛揉，無不由是而出；而形形生生，各有天性，此本末之所以不可分也。得其靈而爲人，而於四者之際淵然而虛静，若不可以名言者。而子思以其無所偏倚而謂之中，孟子以其純粹而謂之善，夫子即謂生生之體而言之以仁，名不同而體一，亦未嘗離於日用之間。此先生所以謂其分明不待尋究者也。

某昔者讀紛然不一之書而不得其要領，泛觀乎天地陰陽、人物鬼神而不能一，在邇求遠，未免有極力尋究之過。亦嘗聞於龜山先生之説曰：「未言盡心，先須理會心是何物。若體得了然分明，然後可以言盡。」某前日之説，正坐是也。然道無須臾可離，日用昭昭，奚俟於尋究？此先生所爲丁寧開喻，某敢不敬承。

至於鑑影之惑，非先生之教幾殆也。某昔者閑居默坐，見夫所謂充周而洞達者，萬物在其中，各各呈露，遂以鑑影之譬爲近，故推之而爲鳶魚之説，竊以爲似之。先生以太虚萬象而闢其失，某讀之久，始大悟其非。若爾，則鳶魚、吾性分爲二物矣。詳究先生之意，蓋鳶魚之生，必有所以爲鳶魚者，此道體之所在也。其飛其躍，豈鳶魚之私？蓋天理發越而不可已也。勿忘、勿助長之間，天理流行，無纖毫之私，正類是。此明道先生所以謂之同。某鄙見如此，未知合於先生之意否乎。其它死生鬼神之説，須俟面求教誨。

來喻一一皆契鄙懷，足見精敏，固知前此心期之不謬也。其間尚一二未合，亦非大故。屬此客中冗冗，未及一二條對。更願益加辨學之功，所見當漸真實也。

編年 據書信編年。

答廖子晦〔一〕 淳熙四年以後

所諭詩説，先儒本謂周公制作時所定者爲正風、雅，其後以類附見者爲變風、雅耳，固不謂變者皆非美詩也。大序之文，亦有可疑處，而小雅篇次尤多不可曉者，此未易考。但聖人之意，使人法其善、戒其惡，此則炳如日星耳。今亦不須問其篇章次序、事實是非之如何，但玩味得聖人垂示勸戒之意，則詩之用在我矣。鄭、衛之詩，篇篇如此，乃見其風俗之甚不美。若止載一兩篇，則人以爲是適然耳。大抵聖人之心寬大平夷，與今人小小見識、遮前掩後底意思不同。此語亦卒乍與人説不得，且徐思之，俟它日面講也。

校記　〔一〕子晦：淳熙本作「教授」。

編年　據書信編年。書札彙編列於淳熙八年或稍後。

答廖子晦 淳熙四年以後

乾之四德，以貞配冬，無可疑。人之四德，以智配冬，猶未瑩。豈以一歲之功、萬物之成畢見於此，如智之明辨者乎？

智主含藏分別，有知覺而無運用，冬之象也。

以五常之道配五典之倫，則仁行於父子，義行於君臣，禮行於長幼，智行於夫婦，智所以別。信行於朋友，皆不易之定理。中庸或問首章不以禮主長幼，智主夫婦，何也？豈以禮與智通行無間，不當指定分配也歟？

智字分配，似稍費力，正不必如此牽合也。

一陰一陽之謂道，其在人者不越仁義兩端而已。陽爲仁，陰爲義。自此推之四端。竊謂禮亦陽德，仁之屬也；智亦陰德，義之屬也。如火木皆陽，水金皆陰之類。不識然否？

此段無可疑者。

德明讀先生詩傳，極有感發，始知詩真可以興也。所疑正、變風雅，已荷開曉。又見教讀書之説，且云聖人之心寬大平夷，與今人小小見識、遮前掩後底意不同。夫温柔敦厚，寬大平夷，固詩之教。求諸緑衣、終風、柏舟、考槃，尤曉然可見。但所謂小小見識、遮前掩後者，不知所主何意？於詩何與？豈只以所載刺詩有淫褻不可告語者，聖人亦存而不删也耶？所疑未得，伏乞批誨。

鄙意初亦正謂如此。但寬大平夷，亦舉大體而言，不專指此一類也。

編年　據書信編年。書札彙編列於淳熙九年。

答廖子晦 淳熙七年七月

熹頓首再拜：使至奉告，欣審比日秋清，尊履佳福。熹此諸況，已具平父書中矣。輕犯世禍，非欲如此，顧恐邂逅蹉跌，亦非所能避耳。要之惟是不出，可以無事。一行作吏，便如此計較不得。才涉計較回互，便是私意也。劉家大哥聞甚知好學，皆教導之力，感不可言。此衰拙之任，而老兄當之，其效又如此，爲幸甚矣。行期想有定論，渠家叔侄意甚拳拳也。問及學舍次第，此間事既隔手，又生徒希少，殊不成次第，無可言者。然亦未嘗不告之以窮理修身之事，但無緣朝夕與之親接，又其間知爲己求益者絶少，故亦無以用其力耳。論語集注已移文兩縣，并作書囑之矣。今人得書不讀，只要賣錢，是何見識？苦惱殺人，奈何奈何！余隱之所刊聞之已久，亦未之見。此等文字不成器，將來亦自消滅，不能管得也。鄭台州奇禍可駭，天意殊不可曉，令人憂懼。人還草此，未暇它及。惟千萬自愛，不宣。

熹再拜上問，慈闈安問日至。作肅家事處置甚善。示及疑義，各以鄙見條析。但宗法從來理會不分明，此間又無文字檢閲，恐只依鄭氏舊説，亦自穩當也。

編年　據年譜長編、書信編年。

答廖子晦 紹熙元年

所論易傳「無妄」之説甚善，但所謂雖無邪心而不合正理者，實該動靜而言，不專爲莊敬持養，此心既存設也。蓋如燕居獨處之時，物有來感，理所當應，而此心頑然，固執不動，則此不動處便非正理。又如應事接物處理當如彼，而吾所以應之者乃如此，則雖未必出於血氣人欲之私，然只似此，亦是不合正理。既有不合正理，則非邪妄而何？恐不必言未免紛擾，敬不得行，然後爲有妄之邪心也。

所論近世識心之弊，則深中其失。古人之學所貴於存心者，蓋將即此而窮天下之理。今之所謂存心者，乃欲恃此而外天下之理。其得失之端，於此亦可見矣。故近日之弊，無不流於狂妄恣肆而不自知其非也。

編年 據書札彙編。

答廖子晦 慶元元年

守官得上官相知，可以行志。然獲上有道，自守亦不可失也。獄事人命所繫，尤當盡心。近世流俗惑於陰德之論，多以縱出有罪爲能，而不思善良之無告。此最弊事，不可不戒。然哀矜勿喜之心，則不可無也。所示疑義甚善，但一二處小未圓備，别紙具去。職事之餘，更能玩意於此，固佳。然觀書亦須從頭循序而進，不以淺深難易有所取舍，自然意味詳密。至於浹洽貫通，則無緊要處所下功夫亦不落空矣。今人多是揀難底好底看，非惟聖賢之言不可如此間别，且是只此心意便不定疊。縱然用心探索得到，亦與自家這裏不相干，突兀聱牙，無田地可安頓。此病不可不知也。

子晦所論「始終條理」甚善。然去歲見三山上游諸論皆不可曉，何耶？豈同官所見不同，難力争耶？至中固不當以始終言，然射之所以中者，亦是其未用力時眼中見得親切，故其發而能中耳，發處方用得力也。其它則所論皆善矣。

國材以仁喻心之説，恐渠記之誤，不應如此謬妄也。理一分殊，便是仁義之理，不待行之而後爲義也。以行之爲義，乃是告子義外之説，自韓子失之矣。大抵仁義禮智皆心之理，而仁在其中又無所不包，故孟子以人心言之。如四端皆心之用，而惻隱之心無所不貫，亦可見也。「信近於義，言可復也」，未可便説言不必信。蓋言欲其信，然須是近義，然後言可復而能全其信。此正言慮所終之意也。「竭力」非不敢有其身之謂，「卒至於不敢慢」，語尤無序，皆不必如此説。四端一段甚好，此義理之綱領，能如此推明，甚慰所望也。「説大人」之義，熹嘗説孟子不是教人去藐大人，但教人勿視其巍巍然者而已。今人不是畏大人，只是畏其巍巍然者而已。如蘇秦嫂所謂見季子位高金多，正是此見識也。若能勿視其巍巍然而不失夫畏大人之心，則是乃真能畏大人者矣。「萬物皆備於我」，下文「反身」、「强恕」皆蒙此句爲義，不可只説一截。所謂反身而誠，乃窮理力行，功夫成就之效，貫通純熟，與理爲一處，不可只以敬字盡之也。

編年　據書信編年。

答廖子晦 慶元元年

「巧言令色爲失其本心」，此語非不是，但近時説者多因孟子之言，遂以「心」字替却「仁」字，此則不可。當更於此思之，得其説，則凡言仁者皆可默識，不但此章之義而已。且巧言亦不專爲譽人過實，大凡辭色之間務爲華飾以悦人之觀聽者皆是。上蔡語録中説寫柬請客之類皆是。

「察私心所從起」，亦不記當時如何説。然亦非謂平居無事而伺其所起，但操存有功，即念慮之萌無不知覺；未能如此，即此心應物之際，不可不審其邪正公私而施克復之功也。

曾子易簀非記者之誤，所論得之。

「千乘」之説，未有端的證據。司馬法説雖占地太廣，然以周禮考之，又不止此。如云九夫爲井，四井爲邑，四邑爲丘，四丘爲甸，鄭氏讀「甸」爲「乘」，云四丘之地出車一乘，乃是十六井也。所云未聞七家出一人之役，後來宇文周制府衛法，乃是七家共出一兵，疑於古制亦有所考。然今不可知矣。此類恐當細考而兼存之，以俟知者决焉，不必自爲之説也。

編年 據書信編年。

答廖子晦 慶元中

所喻已悉，但事已如此，不若且静以聽之。吾人所學，正要此處呈驗。若着些利害〔一〕，便不免開口告人，却與不學之人何異？向見李先生説，若大段排遣不去，只思古人所遭患難有大不可堪者，持以自比，則亦可以少安矣。始者甚卑其説，以爲何至如此。後來臨事，却覺有得力處，不可忽也。若閤中不快，亦無可奈何。事已至此，已展不縮，已進不退，只得硬著脊梁與它廝崖，看他如何自家决定，不肯開口告他。若到任滿，便作對移批書離任，則他許多威風都無使處矣〔二〕，豈不快哉！東坡在湖州被逮時面無人色，兩足俱軟，幾不能行。求入與家人訣，而使者不聽。雖伊川先生謫涪陵時，亦欲入告叔母而不可得。惟陳了翁被逮，聞命即行，使人駭之。請其入治行裝，而翁反不聽。奇哉奇哉！願子晦勉旃，毋爲後人羞也。

此間有吳伯起者，不曾講學，後聞陸子靜門人説話，自謂有所解悟，便能不顧利害。及其作令，纔被對移它邑主簿，却不肯行，而百方求免。熹嘗笑之，以爲何至如此。若對移作指使，即逐日執杖子去知府廳前唱喏。若對移做押録，即逐日抱文案去知縣案前呈覆。更做耆長壯丁，亦不妨與它去做，况主簿乎？吳不能用，竟至憤鬱成疾而死。當時若放得下，却未必死。今不免死，而枉陪了許多下情，所失愈多。雖其臨機失於斷決，亦是平日欠了持論也。

「志士不忘在溝壑，勇士不忘喪其元」，此夫子所以有取於虞人，而孟子亦發明之。李先生説「不忘」二字是活句，須向這裏參取。愚謂若果識得此意，辨得此心，則無入而不自得，而彼之權勢威力亦皆無所施矣。前幅未盡鄙意，故復布此。試反復之，當自有判决處。

校記 〔一〕着：原作「看」，據宋閩、浙本改。

〔二〕他：原作「它」，據鶴林玉露甲編卷四小官對移改。

編年 據書信編年。

評論 鶴林玉露甲編卷四小官對移：廖子晦爲小官，遭長官以非理對移，殊不能堪。朱文公以書曉之云……文公之意，蓋謂心無愧怍，則無入而不自得；心無貪戀，則無往而不自安。此不在於臨事遇變之時，而在於平居講學之際。講之素精，見之素定，真知夫進退得喪、死生禍福之不足以累吾心，則雖鼎鑊刀鋸，視之如寢飯之安矣，况於一陞黜予奪之間者哉。

答廖子晦 慶元中

唐臣問：「中孚傳曰：『中虛爲中孚之象，中實亦爲孚義。』又曰：『中虛信之本，中實信之質。』又曰：『中虛爲誠之象，中實爲孚之象。』夫有本則有質，有誠則有孚，蓋即質生於本而孚出於誠也。似有終始，似有先後，然不可得指而名之，以爲終始先後也。故分而言之則曰中實，合而言之則曰中虛。分謂二體，兑與巽也。合謂全體，中孚是也。二體以剛而得上下之中，雖曰實矣，及其成體，則二柔在中而又生於虛焉。蓋虛中未嘗無實，而中實未嘗不虛也。以虛爲實之體，而實爲虛之用，雖曰體曰用，又不可岐而爲二也。大抵虛根於實，實出於虛。及其虛也，實之理未嘗不在焉；於其實也，虛之義未嘗不存焉。但不可執其虛而忘其實，忘其實則無質也，無信也；又不可泥其實而失其虛，失其虛則無本也，不誠也。是猶陰根於陽，陽根於陰，静無而動有，道并行而不相悖者也。今夫天地之間，一元之氣杳冥無迹，豈非虛耶？萬物生成，各具形器，豈非實耶？然物雖成形，豈能離於一元之氣？豈能捨於物而自用哉〔一〕。在今學者，體天地之化，盡形色之則，中不可不虛，亦不可不實。存養在我，則中心廣大，纖毫不留，不失於信之本，不忘於誠之象，豈非虛耶？應接於外，則必矜細行，克勤小物，不失於信之質，不忘於孚之象，豈非實耶？此亦伊川先生所謂『由乎中以應乎外，制於外所以養其中』之義也。如是則體用一源，内外交養，豈不美哉！某讀易傳而有此疑義，萬望詳教。」

德明答云：「中孚之義微奧，豈德明所能識？嘗試考諸卦體，二、五皆陽而中實者，中心純實而有信之義也。内外皆實而中虛者，中心虛明而能信之義也。就所主而言，則中實爲信之質；就所感而言，則中虛爲信之本。又以澤、風二象言之，則水以虛而受風之入，下以虛而受上之感，皆所以爲信也。其體其實其虛，一歸於信，此易之所以變易而無不各極其道，而中孚之義著矣。來説謂虛中未嘗無實，實中未嘗無虛，固善；又謂虛根於實，實根於虛，又以一元之氣爲虛，萬物生成爲實，其言竊恐有病。精義云：『沖漠無朕而萬象森然已具。』其曰萬象已具，則雖沖漠無朕之際已不爲虛矣，况於一元之氣所既有者，得爲虛乎？此幾於老氏『有生於無』之論，見闢於正蒙之書者也。又以存養於中、應接於外爲兩截，恐失程子『由乎中以應乎外』之本意。不審高明以爲如何？」

唐臣問：「呂與叔嘗言思慮多，不能驅除，曰：『此正如破屋中禦寇，東面人來未逐得，西面又一人至矣。左右前後，驅逐不暇。蓋四面空疏，盗固易入，無緣作得主定。又如虛器入水，水自然入。若以一器實之以水，置之水中，水何能入來？蓋中有主則實，實則外患不能入，自然無事。』『學者先務，固在心志，然有謂欲屏去聞見知思，則是絶聖棄智；有欲屏去思慮，患其紛亂，則須坐禪入定。如明鑑在此，萬物畢照，是鑑之常，難爲使之不照。人心不能不交感萬物，難爲使之不思慮。若欲免此，唯是心有主。如何爲主？敬而已矣。有主則虛，虛謂邪不能入；無主則實，實爲物來奪之。大凡人心不可二用，用於一事則它事更不能入者，事爲之主也。事爲之主，尚無思慮紛擾之患，若主於敬，又焉有此患乎？所謂敬者，主一之謂敬。所謂一者，無適之謂一。且欲涵泳主一之意，不一則二三矣。至於不敢欺，不敢慢，尚不愧於屋漏，皆是敬之事也。』此二條一以實爲主，一以虚爲主，而皆收入近思録。唐臣以愚意度之，虚以敬言，實以事言。以敬爲之主則虚，虚則邪不能入；以事爲之主則實，實則外患不能入。故程先生於『有主則實』下云『自然無事』，於『無主則實』下云『實謂物來奪之』。詳此二條之意，各有所在，不可并作一意看。未知是否？」

德明答云：「有主則實，有主則虚，虚實二説雖不同，然意自相通，皆謂以敬爲主也。敬則其心操存而不亂，虚静而能照。操存不亂，外患自不能入；虚静而能照，外物自不能干，無有二事。程子曰『主一之謂敬』，又曰『敬則自虚静』，又曰『敬勝百邪』，意亦可見。只緣吕氏患思慮多，程子謂其中心無主，所致如虚器入水，破室致寇，故言有主則實，實則外患不能入。後來學者又欲盡屏見聞知思，程子以爲人心不能無感，如鑑不能不照，但涵養清明，則自無紛擾，不待屏除也，故言有主則虚，虚謂邪不能入。各有攸當，皆是以敬爲主。若岐而爲二，恐非程子本意。又前言有主則實，則是心有主也。後言無主則實，則是物來奪之，中心昏塞也。辭雖同而意則異。所言虚者亦然。」

李君二説亦佳，但太支蔓作病耳。「有本則有質，有誠則有孚，蓋質生於本，而孚出於誠」，此四句自好，「似有始終」以下則贅矣。分合則是論卦體，非爲不可以先後指名而言也。「虚中未嘗無實」以下亦是衍説，與此義初不相干。所云實出於虚，此尤無理。至謂執虚忘實，泥實失虚，皆極有害。大抵如今一念之間，中無私主，便謂之虚；事皆不妄，便謂之實，不是兩件事也。其説又以存養於中爲虚，應接於外爲實，亦誤矣。子晦之言大抵近之，但語有未親切處耳。後段虚實之説亦類此，子晦之説甚善。但敬則内欲不萌，外誘不入。自其内欲不萌而言則曰虚，自其外誘不入而言故曰實。只是一時事，不可作兩截看也。

校記　〔一〕此句上疑脱「一元之氣」四字。

編年　據書信編年。

答廖子晦 慶元中

所喻禮文，此等事平昔不曾講究，一旦荒迷，又不暇問，所以例多苟簡，不滿人意。然「喪與其易也寧戚」，但存其大節，使不失吾哀痛之誠心爲急。此等雖小不備，亦不得已也。禮服制度見於儀禮爲詳，諸家皆祖之而有更變爾。若必欲致詳，可細考也。據今所急，卜葬爲先，葬後三虞，卒哭而祔。祔畢，主復于寢，以俟三年而後撤几筵。此禮經皆有明文，不必用它説改易也。

編年　據書信編年。

答廖子晦 慶元中

廟議當時只用荆公之説，蓋伊川先生之意也。所謂不備九廟之制，蓋議者欲并祧僖、宣二祖而祔孝宗一室，則自太祖而至孝宗纔八世耳。兄弟共爲一世。正使荆公之説未必當理，宣祖亦未合在祧毀之限也。此事不當私議，然蒙見問，故謾及之，不必爲它人言也。所問葬法，大概得之。但後來講究，木椁瀝青似亦無益。但於穴底先鋪炭屑築之，厚一寸許，其上之中即鋪沙灰，四傍即用炭屑，側厚寸許，下與先所鋪者相接。築之既平，然後安石椁於其上，四傍又下三物如前。椁底及棺四傍〔一〕、上面復用沙灰實之。俟滿，加蓋，復布沙灰，而加炭屑於其上，然後以土築之，盈坎而止。蓋沙灰以隔螻蟻，愈厚愈佳。頃嘗見籍溪先生説，嘗見用灰葬者。後因遷葬，則見灰已化爲石矣。炭屑則以隔木根之自外入者，亦里人改葬者所親見。故須令嘗在沙灰之外，四面周密，都無縫罅，然後可以爲固。但法中不許用石椁，故此不敢用全石，只以數片合成，庶幾不戾法意耳。

校記　〔一〕椁：家禮作「棺」。

編年　據書信編年。

答廖子晦 慶元中

德明向者侍坐，嘗問降衷之性具有五典之彝，既已知之而行之，或有未至，只是爲私欲所撓耳。其要在窒欲。先生賜教云：「一分私欲便有一分見不盡〔二〕。」時道中妄陳所見，以及無極太極、動静陰陽、五氣五性與夫萬事善惡之出，因言：「大端人倫，似只如此，不審如何著工夫，方見得盡？」先生云：「據説亦只是如此，無可思索。此乃『雖欲從之，末由也已』處。只要時習，常讀書，令常在目前，久之自然見得。」某佩服至訓，罔敢失墜。茲者辱書，又蒙誨以離群索居之際自能提撕，不廢講習體驗之功，則與同堂合席，朝夕講磨無以異矣。某執書三復，不勝感發。生我者父也，教我者夫子也。俛焉孳孳，斃而後已。因念顔子鑽仰堅高，恍惚前後，喟然發嘆，既知道體之無窮，又無所用其力，將欲罷之，而此理已躍如於中，有不容已者。而夫子循循善誘，復示以用力之方，博之以文，約之以禮。顔子窮格克復，既竭吾才，日新不息，於是實見此理卓然，若有所立，昭昭而不可欺，且又非力行之所能至，故曰「雖欲從之，末由也已」。如顔子者，可謂真知者哉！夫博文約禮，先生所謂講習體驗之功也。所立卓爾，亦豈離降衷之性、固有之彝哉？而顔氏之真知如彼，後人之不能及又如此，進寸退尺，每誦師言，惕然警懼。輒敢推廣先生之説，復以求教，詳賜開曉。幸甚！

所論顔子之嘆，大概得之，然亦覺有太煩雜處。約而言之，則高堅前後者，顔子始時之所見也；博文約禮者，中間用力之方也；欲罷不能以後者，後來得力之效驗也。中庸所謂得一善則拳拳服膺而不失者，正謂此博文約禮工夫不可間斷耳。若能如此實用其力，久之自然見得此個道理無處不在，不是塊然徒守一物而硬定差排，喚作心性也。若不如此，政使思索勞苦，説得相似，亦恐隨手消散，不爲吾有，况欲望其融會貫通而與己爲一耶？舊見李先生常説少從師友，幸有所聞，中間無講習之助，幾成廢墮。然賴天之靈，此個道理時常只在心目間，未嘗敢忘。此可見其持守之功矣。然則所見安得而不精，所養安得而不熟邪？近時朋友漫説爲學，然讀書尚不能記得本文，講説尚不能通得訓詁，因循苟且，一暴十寒，日往月來，漸次老大，則遂漠然忘之，更無頭緒可以接續。至有不獲講學之利而徒取廢錮之禍者，甚可嘆也。來喻蓋已得此大意，然持之以久，全在日用工夫，勿令間斷，久當自有真實見處也。

「班朝治軍、莅官行法，非禮威嚴不行；禱祠祭祀，非禮不誠不莊。」先生謂古人以誠莊對威嚴，蓋爲政以嚴爲本，寬以濟嚴之太過也。某向聞其語，猶未深訂。近讀蒙卦初六曰：「發蒙，利用刑人，用脱桎梏。」而程氏傳曰：「聖王設刑罰以齊其衆，明教化以善其俗，刑罰立而後教化行。治蒙之功，若非威之以刑，使之脱去昏蒙之桎梏，則善教無由而入。」某反覆深思，若威信不立，誠不足以立政，然猶有疑焉。孔子曰：「居上不寬，吾何以觀之哉。」竊謂居上以寬爲本，寬則得衆，嚴以濟寬之不及耳。若一意任威，是蒙爻所謂「以往吝」也，其弊將有至於法令如牛毛者。抑又聞之，四德之元，猶五常之仁，故元爲善之長，仁包義禮智三者。先之以仁，裁之以義。三代得天下以仁，莫不有慘怛之愛、忠利之教。所以不免於刑者，亦好仁惡不仁耳。今之爲州縣者不念民生之艱，刑罰失平，征取無藝，箠楚流血，苟以逃上官之責；而過於寬者，又一切廢弛不立，所在有之。此固不足道，然先王爲政之本，寬嚴先後之異施者，不敢不詳講。伏乞賜誨。

爲政以寬爲本者，謂其大體規模意思當如此耳。古人察理精密，持身整肅，無偷惰戲豫之時，故其政不待作威而自嚴。但其意則以愛人爲本耳。及其施之於政事，便須有綱紀文章關防禁約，截然而不可犯，然後吾之所謂寬者得以隨事及人而無頽弊不舉之處，人之蒙惠於我者亦得以通達明白，實受其賜，而無間隔欺蔽之患。聖人説政以寬爲本，而今反欲其嚴，正如古樂以和爲主，而周子反欲其淡。蓋今之所謂寬者，乃縱弛，所謂和者，乃哇淫，非古之所謂寬與和者。故必以是矯之，乃得其平耳。如其不然，則雖有愛人之心，而事無統紀，緩急先後、可否與奪之權皆不在己，於是奸豪得志而善良之民反不被其澤矣。此事利害只在目前，不必引書傳、考古今然後知也。緩急、可否是兩事，無程限則緩急不在己，不親臨則可否不在己。今見争訟人到官常苦不得呈覆，須當計會案吏，然後得之，便可見其無政事，不待可否失當，然後知其繆矣。又如縣道送兩税簿上州磨審，皆有日限，有違失則糾正之，無即簽押用印給還。今有數月不還者，守倅漫不加省。如此之類，不可勝數。以此爲寬，不知孔子意裏道如何也。但爲政必有規矩，使奸民猾吏不得行其私，然後刑罰可省，賦斂可薄。所謂以寬爲本，體仁長人，孰有大於此者乎！

河出圖，洛出書而起八卦九疇之數，聽鳴鳳而生六律六吕之聲。因思黄帝造律一事，與伏羲畫卦、大禹錫疇同功。況度量權衡皆起於律，而衡運生規，規生圓，圓生矩，繩直準平，至於定四時、興六樂，悉由是出。故曰律者萬事之根本，學者詎可廢而不講哉！

夫黄鍾之管九寸，三分損一，下生林鍾。林鐘之管六寸，三分益一，上生太蔟。周旋十二律，復生黄鐘，而還相爲宫之義。又一宫各生五聲，總十二律，凡生六十聲〔二〕。如八卦重而爲六十四，皆自然之理也。然司馬遷律數與班固志不同者多未曉，考其實亦無不同，但司馬曆書微隱，此等尤費思索耳。如黄鐘長八寸七分，或謂「七」字是誤，蓋十分也，是爲九寸。此等不審然否？十二律還相爲宫，今考禮運疏義，黄鐘爲第一宫，下生林鐘，爲徵。上生太蔟，爲商。下生南吕，爲羽。上生姑洗，爲角。林鐘爲第二宫，終於中吕，爲第十二宫，各有上生下生所管之聲。此數蓋本於司馬遷曆書，然與黄鐘爲宫、太蔟爲商、姑洗爲羽、林鐘爲徵、南吕爲羽、應鐘爲變宫、蕤賓爲變徵者不同。其次大吕、太蔟，終於無射、應鐘，凡十二律，迭相爲宫，其下各有商、角、羽、徵、變宫、變徵之聲。向見書堂七弦琴準用此法以定清濁高下之聲，但不知疏義各爲一説，孰是孰否？其必各有所主也。變宫、變徵，其聲清耶？不知古律已用之否？或後來增加之也。

至於埋律候氣一事，尤所未曉。書傳所載候氣之法，置十二律於密室，實葭灰管埋之地中，一氣至則一律飛灰。或疑所置諸律方不逾數尺，氣至，獨本律應之，何也？此必有造化密相感召之理。或又按隋志之説曰：「律之長短不同，各齊其上，隨深淺入地中。冬至陽氣距地面九寸而止，惟黄鐘之管九寸，故達。」此説似爲有理。今因其説而推之。十一月，黄鐘，管長九寸。十二月，大吕，八寸四分。正月，太蔟，管長八寸。二月，夾鐘，長七寸。推而下之，其長者遞減。至九月，無射，五寸。十月，應鐘，四寸五分。雖埋律之地方不逾數尺，氣至無有不達，然候管長短不同，管長者氣必先達，灰亦先動；管短者氣達在後。亦如所謂南枝春先到，北枝差遲耳。不審然否？

律吕之説，今有新書并辨證各一册，及向時所撰序一篇并往，可細考之，當得其説。凡十二律，各以本律爲宫而生四律。如黄鐘爲宫，則太蔟爲商，姑洗爲羽，林鐘爲徵，南吕爲角。是黄鐘一均之聲也。若林鐘爲宫，則南吕爲商，應鍾爲角，太蔟爲徵，姑洗爲羽。是林鐘一均之聲也。各就其宫以起四聲，而後六十律之聲備。非以黄鐘定爲宫，太蔟定爲商，姑洗定爲羽，林鐘定爲徵，南吕定爲角也。但黄、大、太、夾、姑、中、蕤、林、夷、南、無、應爲十二律長短之次，宫、商、角、徵、羽爲五聲長短之次。黄鐘一均，上生下生長短皆順，故得各用其全律之正聲。十二律名，今俗樂亦用之。合字即是黄鐘，但其律差高耳。筆談言之甚詳，可呼俗工問之。

自林鐘之宫而生太蔟之祉，則林鐘六寸而太蔟八寸，祉反長於宫而聲失其序矣。故以十二律而言，雖當爲林鐘上生太蔟，而以五聲而言，則當爲宫下生祉，而得太蔟半律四寸之管，其聲方順。又自太蔟半律四寸之祉而生南吕五寸有奇之商，則於律雖本爲下生，而於聲反爲上生矣。自南吕五寸有奇之商而生姑洗七寸有奇之羽，則於律雖本爲上生，而於聲則又當用其半而爲下生矣。自姑洗半律三寸有奇之羽而生應鐘四寸有奇之角，則於律雖爲下生，而於聲反爲上生矣。其餘十律皆然。孔疏蓋知此法，但言之不詳耳。半律，杜佑通典謂之子聲者是也。

此是古法，但後人失之，而唯存黄鐘、大吕、太蔟、夾鐘四律，有四清聲，即此半聲是也。變宫、變祉始見於國語注中及後漢樂志，乃十二律之本聲自宫而下，六變七變而得之者，非清聲也。如黃鐘爲宮，則第六變得應鐘，爲變宮，第七變得蕤賓，爲變祉；如林鐘爲宮，則第六變得蕤賓，爲變宮，第七變得大呂，爲變祉是也。凡十二律，皆有二變，一律之内，通前五聲合爲七均。祖孝孫、王朴之樂皆同。所以有八十四調者，蓋每律各添此二聲而得之也。新書此説甚詳。

候氣之説，其中亦已論之。蓋埋管雖相近，而其管之長短、入地深淺有不同，故氣之應有先後耳，非以方位而爲先後也。但畫一圖，朝夕看誦，仍於指掌間輪之，久久自熟，乃見其妙。此又可驗凡事皆然，別無奇巧，只是久而習熟，便是妙處也。禮書有此一卷，比新書差約。偶在他處，俟取到寄去看也。

天有黃、赤二道，沈存中云非天實有之，特曆家設色以記日月之行耳。夫日之所由，謂之黃道。史家又謂月有九行：黑道二，出黃道北；赤道二，出黃道南；白道二，出黃道西；青道二，出黃道東；并黃道而九。如此即日月之行，其道各異。況陽用事則日進而北，晝進而長；陰用事則日退而南，晝退而短。月行則春東，從青道；夏南，從赤道；秋西，從白道；冬北，從黑道。日月之行，其不同道又如此。然每月合朔，不知何以同度？而會於所會之辰，又有或蝕或不蝕，悉未能曉。向承指喻其行或高而出黃道之上，或低而出黃道之下，或相近而偪，或差遠而不相值，則皆不蝕。是時不能反覆，今望賜誨。

日月道之説，所引皆是。日之南北雖不同，然皆隨黃道而行耳。月道雖不同，然亦常隨黃道而出其旁耳。其合朔時，日月同在一度；其望日，則日月極遠而相對；其上下弦，則日月近一而遠三。如日在午，則月或在卯，或在酉之類是也。故合朔之時，日月之東西雖同在一度，而月道之南北或差遠，於日則不蝕。或南北雖亦相近，而日在內，月在外，則不蝕。此正如一人秉燭，一人執扇，相交而過。一人自內觀之，其兩人相去差遠，則雖扇在內，燭在外，而扇不能掩燭。或秉燭者在內，而執扇在外，則雖近而扇亦不能掩燭。以此推之，大略可見。此説在詩十月之交篇，孔疏説得甚詳。李迂仲引證亦博，可并檢看，當得其説。

易啓蒙曰：「圓者河圖之數，方者洛書之文。」夫河圖無四隅之位，截然四正而方，謂之圓，何也？又曰：「圓者，星也，曆紀之數，其肇於此乎？」注云：「曆法合二始以定剛柔，二中以定律曆，二終以紀閏餘。」今考班固志，天數始於一，中於三，終於二十五；地數始於二，中於六，終於三十。夫始、中、終蓋如此，推之於剛柔、律曆、閏餘，却有未深瑩者。抑亦履端於始，舉正於中，歸餘於終之義乎？然亦不合。願求其説。

河圖既無四隅，則比之洛書固爲圓矣。注中三句，本唐書曆志一行之説。二始者，一、二也。一奇，故爲剛；二耦，故爲柔。二中者，五、六也。五者，十日；六者，十二辰也。二終者，十與九也。閏餘之法，以十九歲爲一章，故其言如此。然一章之數似亦附會，當時姑借其説以明十數之爲河圖耳。

「寧武子邦有道則智，邦無道則愚。其智可及也，其愚不可及也。」此章一句，初理會不得。今讀集注，參考左氏傳，乃知武子當衛成公無道失國之時，周旋其間，盡心竭力而不去。及成公囚京師，武子求掌橐饘，賂醫薄酖，免衛侯於死，終以復國。及元咺之訟，武子又獨以忠而獲免。其能保身以濟其君如此，雖謂之智可也。而夫子曰其愚不可及。夫子嘗曰：「君子哉，蘧伯玉！邦有道則仕，邦無道則可卷而懷之。」以伯玉之事責武子，雖謂之愚不識時，亦可也。然武子惓惓忠君，不避險艱，能爲人所不能爲，抑亦難矣。故夫子曰其愚不可及，蓋閔之也。今觀論語一書，於有道無道之世屢致意焉。其稱南容曰：「邦有道則仕，邦無道則免於刑戮。」武子之免者亦幸矣。然武子仕衛兩世，其君信任之，義不可棄之而去，其幾於東漢王允乎。允又不免被害。嘗聞先生誦周子之言曰：「學顏子之學，志伊尹之志。」夫伊尹以天下爲己任者也，治亦進，亂亦進。然使成湯不興，聘幣不至，雖五就桀，其志曷施？陳蕃，漢代人豪，驅馳險阨之中，與刑人腐夫同朝爭衡，屢退而不去者，以仁而爲己任，非人倫莫相恤也。卒以謀疏見殺，亦昧於夫子免刑戮之戒矣。然陳蕃、王允猶是當時朝廷倚任，身居鼎軸，義當與國存亡。故程子曰亦有不當愚者，比干是也。若無言責官守，則如東海逢萌，當先漢之亂，憤三綱之既絕，挂冠東都門，浮海而去，惟恐其或緩也。君子之道或出或處，或默或語，詎可不識時幾？聊發狂言，以驗中否。

所疑寧武子事大概得之。但爲蘧伯玉、南容之愚則易，而爲武子之愚則難。所以聖人有「不可及」之嘆也。陳蕃、王允固不得爲伯玉、南容之愚，然蕃事未成而謀已泄，允功未就而志已驕，則又不能爲寧武子之愚矣。此其所以取禍也。然爲逢萌則甚易，爲二公則甚難，又不可以彼而責此。但當問其時義之如何與其所處之當否耳。

校記　〔一〕正訛於句首補「有」字。

〔二〕六十：原倒，據本文改。

編年　文中小注云：「禮書有此一卷，比新書差約。偶在他處，俟取到寄去看也。」朱熹集衆修禮書在慶元二年，子晦亦與焉，故此書當作在二年以後，六年朱熹去世之前也。以下數書亦言及禮書，可參。

答廖子晦慶元五年

陳君全未有用心處，相見殊未有益。近時後生多只如此，難可以向上事期望之。只如老蘇，但爲學做些小語言文字，直將聖賢之言兀然端坐終日讀了七八年。今人説要學道，乃不曾略拚得旬月工夫讀一卷書，不曾成行記得。如此而望有成，吁亦難矣！

編年　據書信編年。

答廖子晦慶元五年

顔淵之嘆一段，是顔子見處，今無的慤證驗之可言。但以義理推之，且得如諸先生及集注之說，庶幾少病。如有所立卓爾，只是見得比之舊時愈見親切，不似鄉來無捉摸處，但亦未有道理便得入於其間，據爲己物耳。今此謂在顏子心目之間，則是先來所見者不在顏子心目之間；又以爲方是實見，則前此非是實見矣，恐不然也。大抵此等處吾輩既未到彼地位，臆度而言，只可大概實説，却於其中反覆涵泳，認取它做工夫處做自己分上工夫，久之自當心融神會，默與契合。若只似此直以今日所見附會穿鑿，只要説得成就，正使全無一字之差，亦未有益。况以近觀遠，以小觀大，又自不能無所失乎。

心性一段大概則然，但中間方說心爲之主，不知從前說太極、二五、四端之未發時，此心却在甚處？可更思之。

實見一段大意極善，然非熹之說也，程先生遺書中自有一段說得極分明。章首云「皆實理也，人知而信者爲難」云云，即此意也。大學誠意章說如惡惡臭，如好好色，亦是此意，可并詳之。

曾點一段，集注中所引諸先生說已極詳明。蓋以其所見而言，則自源徂流，由本制末，堯舜事業，何難之有？若以事實言之，則既曰行有不掩，便是曾點實未做得，又何疑哉？聖人與之，蓋取其所見之高，所存之廣耳，非謂學問之道只到此處便爲至極而無以加也。上蔡所記伊川先生與之答問天下何思何慮一段，語意亦正類此。見於外書，可并檢看。然則學者觀此，要當反之於身。須是見得曾點之所見，存得曾點之所存，而日用克己復禮之功却以顏子爲師，庶幾足目俱到，無所欠闕。横渠先生所謂心要弘放，文要密察，亦謂此也。來喻大概得之，然其間言語亦多有病，其分根原、學問爲兩節者，尤不可曉，恐當更入思慮也。

禮書中青史氏之記，見大戴禮。

經世紀年，其論甚正，然古人已嘗言之。如漢高后之年，則唐人已於武后、中宗紀發之；蜀漢之統，則習鑿齒晋春秋已有此論矣。堯以甲辰年即位，乃邵康節皇極經世説，諸家之説亦有同者。此則荒忽，不可究知。敬夫所説牴牾處，必是謂武王克商之年。泰誓序作十一年，經作十三年，而編年之書乃定從序説。鄉見柯國材説，以洪範考之，訪於箕子是十三年事，必是當年初克商時便釋其囚而問之，不應十一年已克商，至兩年後乃問之也。其説似有理。亦嘗以告敬夫，敬夫大以爲然。其書已嘗刊行，至是遂止。敬夫之服善如此，亦難及也。

潮州王尚書舊嘗識之，其人勁正，忠實有餘，在言路嘗論湯思退之奸而逐之。但爲人頗疏率，學問偏任己見，諸經極有怪説，立朝議論亦有不到頭處。然不害爲一代正人。今所得奏議，煩録一本見寄。傅景初是其婿，恐必有本，旦夕當寄書問之也。

樂記圖譜甚荷録示，但尚未曉用律次第。此間有人頗知俗樂，方欲問之，偶以事冗未暇。此固未必盡合古制，然未及百年而淪廢已如此，是可嘆也。

韓文考異，袁子質、鄭文振欲寫本就彼刻版，恐其間頗有僞氣，引惹生事。然當一面録付之。但開版事須更斟酌耳。若欲開版，須依此本別刊一本韓文方得，又恐枉複勞費工力耳。

禮書入疏者，此間已校定得聘禮以前二十餘篇，今録其目附去。彼中所編，早得爲佳。此間者已送福州，令直卿與劉履之兄弟參校，寫成定本，尚未寄來。若有可增益處，自不妨添入也。然因此得看禮疏一番，亦非小補。不然，此等如嚼木札，定無功夫看得也。

編年 據書信編年。

答廖子晦淳熙元年

來書疑著生死鬼神之説，此無可説。只緣有個私字分了界至，故放不下耳。除了此字，只看太極、兩儀、乾父、坤母體性之本然，還有此間隔否耶？

編年 據書信編年。

答廖子晦慶元六年春

前此屢辱貽書，有所講論，每竊怪其語之不倫，而未能深曉其故，只據一時鄙見所未安處，草草奉答，往往只是説得皮膚，不能切中其病。所以賢者亦未深悉，而猶有今日之論也。此雖微陋疏率之罪，然因此却得左右明辨力扣，敷述詳明，然後乃能識得前後所説之本意；而區區愚見亦因得以自竭，非小補也。

蓋詳來喻，正謂日用之間別有一物光輝閃爍，動蕩流轉，是即所謂無極之真，所謂谷神不死。二語皆來書所引，所謂無位真人，此釋氏語，正谷神之酋長也。學者合下便要識得此物，而後將心想象照管，要得常在目前，乃爲根本功夫。至於學問踐履，零碎湊合，則自是下一截事，與此粗細迴然不同。雖以顔子之初鑽高仰堅，瞻前忽後，亦是未見此物，故不得爲實見耳。此其意則善矣，然若果是如此，則聖人設教，首先便合痛下言語，直指此物，教人著緊體察，要令實見，著緊把捉，要常在目前，以爲直截根原之計；而却都無此説，但只教人格物致知，克己復禮，一向就枝葉上零碎處做工夫，豈不誤人枉費日力耶？論孟之言平易明白，固無此等玄妙之談。雖以子思、周子吃緊爲人，特著中庸太極之書以明道體之極致，而其所説用功夫處只説擇善固執，學問思辨而篤行之，只説定之以中正仁義而主静，君子修之吉而已，未嘗使人日用之間必求見此天命之性、無極之真而固守之也。蓋原此理之所自來雖極微妙，然其實只是人心之中許多合當做底道理而已。但推其本，則見其出於人心，而非人力之所能爲，故曰天命；雖萬事萬化皆自此中流出，而實無形象之可指，故曰無極耳。若論功夫，則只擇善固執、中正仁義便是理會此事處，非是别有一段根原功夫又在講學應事之外也。如説求其放心，亦只是説日用之間收斂整齊，不使心念向外走作，庶幾其中許多合做底道理漸次分明，可以體察；亦非捉取此物藏在胸中，然後别分一心出外，以應事接物也。

來書又云，事事物物皆有實理，如仁義禮智之性，視聽言動之則，皆從天命中來，須如顔、曾洞見全體，即無一不善。此説雖似無病，然詳其語脈，究其意指，亦是以天命全體者爲一物之渾然，而仁義禮智之性、視聽言動之則皆是其中零碎查滓之物，初不異於前説也。至論所以爲學，則又不在乎事事物物之實理，而特以洞見全體爲功。凡此似亦只是舊病也。且曰洞見全體而後事無不善，則是未見以前未嘗一一窮格以待其貫通，而直以意識想象之耳。是與程子所訶對塔而説相輪者何以異哉？

來喻又疑考異中説韓公見道之用而未得其體，以爲亦若自謂根原、學問各有一種功夫者，此亦不然。前日鄙意正爲韓公只於治國平天下處用功，而未嘗就其身心上講究持守耳，非病其不曾捉得此物藏在懷袖間也。此是學問功夫徹上徹下細密緊切處，向使不因來喻之詳，終亦未覺其病之在是。今幸見得，不是小事。千萬詳看此説，子細尋繹，更推其類，盡將平生所認有相關處一一勘驗，當自見得。如有未契，更宜反覆，不可容易放過也。安卿之病正亦坐此，向來至此，説得既不相合，渠便藏了，更不説著，遂無由與之極論，至今以爲恨。或因與書，幸亦以此曉之，勿令久自拘縶也。

大顛問答，初疑只是其徒僞作，後細思之，想亦有些彷彿。計其爲人山野質朴，雖不會説，而於修行地位做得功夫著實，故其言語有力，感動得人。又是韓公所未嘗聞，而亦切中其病，故公既聞其語，而不覺遂悦之也。然亦只此便見得韓公本體功夫有欠闕處，如其不然，豈其自無主宰，只被朝廷一貶，異教一言而便如此失其常度哉？此等處極不可草草看過，更宜深體之也。其餘已具見於考異外集卷中者，今不復論。然若不得此碑，亦無由見得許多曲折也。

坡公海外意況深可嘆息。近見其晚年所作小詞，有「新恩雖可冀，舊學終難改」之句，每諷詠之，亦足令人慨然也。二詩亦未甚曉，不敢又便率然奉答。然恐亦只是舊來意思，但請只就前説觀之，恐亦可自見得矣。蓋性命之理雖微，然就博文約禮實事上看，亦甚明白，正不須向無形象處東撈西摸，如捕風繫影，用意愈深而去道愈遠也。

編年 據書信編年。

朱熹文集編年評注卷四十六

書知舊門人問答

答李濱老呂　淳熙六年十月

熹愚陋無聞於世，足下不鄙，辱貺以書，甚盛禮也。熹少好讀程氏書，年二十許時，始得西山先生所著論孟諸説讀之，又知龜山之學横出此枝，而恨不及見也。既而得從何兄叔京游，乃知足下蓋得其家傳者。是時家居，西距高隱不能甚遠，而以事牽，不得一往質其所疑，徒日往來於心不忘也。不謂此來各去其家數百里之外，乃承惠音，許以臨辱。奉讀驚喜不可言。既又聞以微疾東轅，爲之悵然累日也。

示喻向來爲學之意，有以知家庭授受之要，感嘆無已。蓋竊嘗病今世學者幸得諸老先生爲之先唱，指示要途，以趣聖賢之域，而不能自淺及深，自近及遠，循序以進。或乃探測幽微，馳騖於言意之表，以是徒爲談説之資，而卒無所得於造理行事之實。其幸不至於中道而廢者，則必流於老佛之歸而不悟。今足下之學之傳遠有端緒，其必有以異於此者，顧恨未得面扣其詳耳。

通鑑之書，頃嘗觀考，病其於正閏之際、名分之實有未安者。因嘗竊取春秋條例，稍加檃括，別爲一書。而未及就，衰眊浸劇，草藁如山，大懼不能卒業，以爲終身之恨。今聞足下亦嘗有所論著，又恨其未得就正，以資博約之誨也。

廬阜固爲東南雄麗奇特之觀，而又有陶靖節祖孫、劉西澗父子之遺風，濂溪暮年嘗守其地，而西山舅氏陳忠肅公亦嘗謫居焉，今老儒生猶有及見之者。然前此未嘗有留意者。區區此來，適會學官楊君訪得西澗遺象，與元祐李公擇尚書并祠於學，因與復議，并取靖節、忠肅及西澗之子秘丞公合而祠之，更立濂溪之祠於其右，配以程氏二夫子焉。陶公有醉石，在郡西北數十里所謂栗里者也。劉公之墓在西門外荒草中，幾無復知其處者。今皆作亭以表之。以來教之語及之，知足下之有意乎此也，故并以告，想聞之亦爲一太息也。

叔京進德未已，遂爲古人，每一念之，潸然出涕。往時見其遺藁有與足下往來詩句，竊計傷惜之懷不減於此，不獨爲姻戚之好也。端明黃公盛德高年，中間一病，亦甚可駭。今聞其已能步履，豈弟君子神明所扶，固當如此，抑亦見其平日持養之功矣。凡此皆因來教之及，所欲爲足下言者，蓋不止此也。來使還自九江，撥冗修復，草草，幸察。不宣。

編年　據年譜長編、書信編年。

與汪伯虞淳熙七年正月十一日

正月十一日，同郡朱熹頓首復書伯虞茂才鄉丈執事：熹之外家於門下有姻婭之好，而執事丈人行也。久客閩中，未獲一見，獨幸從親故間講聞聲譽之美，差以自慰。兹承不鄙，遠致長書，禮意既隆，而所以稱道期許之者又過其實，熹不敢當也。

示諭尚書金公名堂之意，俾得贊一詞焉，幸甚幸甚。金公亦先友也，熹頃歲嘗獲拜之臨安，俯仰十有七年矣。三復來誨，若復得望見其衣冠而聞其謦欬者。甚矣，金公之厚於執事而所以相告者之切而當也。邕州使君往見張荆州、吕著作皆稱其才。今讀記文，又有以見其所存者，益恨未得一聽議論之餘也。顧二公之意所以望於執事者皆非他人所能與，獨在明者精擇而力行之耳。況如熹之淺陋，其又將何以辱禮命之勤哉？加以拙疏，乍親吏事，公私倥偬，日不暇給，尤覺荒澀，不能一吐胸中所欲言者，因風敬謝先辱〔一〕。旦夕儻得脱此羈馽，歸卧田間，呻吟之暇，乃當有報執事耳。

惠墨甚富且珍，未有以報，此間石刻各往一通，幸視至。未有承晤之日，正惟進德自重，慰此願言。不宣。

校記　〔一〕此句淳熙本作「因風先此致敬以謝」。

編年　據書信編年，月日具於文中。

答汪太初淳熙七年四月八日

四月八日，同郡朱熹頓首復書汪君太初茂材足下：熹於足下雖得幸同土壤，而自先世流落閩中，以故少得從故里之賢人君子游，顧其心未嘗一日而忘父母之邦也。屬隨宦牒來官廬阜，同郡諸生間有肯相過者，而足下乃以手書先之。三復誨諭，喜幸無窮。又承示以文編，益欽德學之盛，而恨其未得少奉從容也。

然間嘗竊病近世學者不知聖門實學之根本次第，而溺於老佛之説，無致知之功，無力行之實，而常妄意天地萬物、人倫日用之外別有一物空虛玄妙，不可測度，其心懸懸然惟徼幸於一見此物，以爲極致；而視天地萬物本然之理、人倫日用當然之事皆以爲是非要妙，特可以姑存而無害云爾。蓋天下之士不志於學，則泛然無所執持而徇於物欲。幸而知志於學，則未有不墮於此者也。熹之病此久矣，而未知所以反之。蓋嘗深爲康〔一〕、胡二君言之，而復敢以爲左右之獻。不識高明以爲然否？

抑嘗聞之，學之博者似雜〔二〕，其約者似陋。惟先博而後約，然後能不流於雜而不掩於陋也。故中庸明善居誠身之前，而大學誠意在格物之後，此聖賢之言可考者然也，足下其試思之。未即會晤，惟進學自愛爲禱。匆匆，不宣。熹再拜。

校記　〔一〕康：淳熙本作「庾」。

〔二〕博、雜：原互倒，據正訛乙。

編年 據書信編年，月日具於文中。

答方耕道 末 乾道六年以後

開喻詳悉，足見進學不倦之意。以左右明敏强毅之資，厲志於此，何患於不得？然以愚見論之，詞氣之間，似猶未免迫急之病，於所謂平心和氣、寬以居之者，恐未有得力處也。願更於日用語默動静之間自立規程〔一〕，深務涵養，毋急近效，要以氣質變化爲功。若程夫子所謂敬者，亦不過曰正衣冠、一思慮、莊整齊肅、不慢不欺而已。但實下功夫，時習不懈，自見意味。不必懸加揣料，著語形容，亦不可近捨顯然悔尤，預憂微細差忒也。其他尚多有可論處，來書偶留墳庵，不能盡記曲折。然其大概亦具此矣。大抵學問之道不敢自是，虚以受人，乃能有益。若一有所聞，便著言語撑拄過去，則終無實得矣。

校記 〔一〕自：原作「日」，據宋浙本、明天順本改。

編年 據書信編年。

答方耕道 乾道六年以後

示問詳複，具審比日進學不倦之志，甚善甚善。顧淺陋何足以及此？然荷意之厚，不敢虚也。向者妄謂自立規程，正謂正衣冠、一思慮、莊整齊肅、不慢不欺之類耳。此等雖是細微，然人有是身，內外動息不過是此數事。其根於秉彝，各有自然之則。若不於此一一理會，常切操持，則雖理窮玄奥，論極幽微，於我亦有何干涉乎？弘毅之云，雖聖賢所示之要，然恐其間更須細密，方有實用功處。不然，則所謂只作一場話説，務高而已者，不可以不戒也。若必謂有所見然後有所主，則程子所謂未有致知而不在敬者，是爲敬有待於見乎？見有待於敬乎？果以徒然之敬爲不足事，而必待其自然乎？長沙有二先生文集，朋友間亦必有遺書本子。暇日更求此二書，反覆熟讀，不計近功，則智當益明而有以審乎此矣。前書所謂捨顯過、憂小失，正謂放飯流歠而問無齒决之類。舍此憂彼，則爲失其序耳。若日用功夫果能謹之於微，不使至於形顯，則善何以加？但恐言太高而難踐，則非所謂切問而近思耳。

編年　據書信編年。

答方耕道 乾道六年以後

老兄以明敏果决之資，挾凌高厲遠之志，士友間所難得。今兹需次，暫得閑日，所宜潛心味道，益進所學，以副區區期望之意。向來所探似亦太高，所存似亦太簡，又每有自喜己材、獨任己見之意。今當小立課程而守之以篤，博窮物理而進之以漸，常存百不能、百不解之心而取諸人以爲善，則德之進也不可禦矣。愛慕之深，不覺縷縷，幸恕僭易也。

編年　據書信編年。

答曾節夫撙　淳熙七年以後

所喻夷狄之云，恐不當以此爲比。只此一語，便是十數年洶洶之根。願平心定氣，徐以疇昔所聞於湖湘者考校此語所從來，則於此其必有處矣。不然，平日之言却似與此心此事不相入，恐非亡友所望於賢者也。

編年　據書信編年。

答呂士瞻竦（一）　淳熙十一年以後

道一遠來，甚慰孤陋。天資明敏，極不易得。到此數日，適值小冗，撥置與語，令人不倦。觀其意趣，事事通曉，但於爲己一著未有肯心，此區區所深惜。故其告歸，再三留之。今日乃言有信得及處。此事體大，日月長遠，政使實得，亦須接續功夫，常不間斷，方可保任。況一時意思，未知果如何。須更於過庭之際，入大鑪鞴，與之鍛鍊，始可放行耳。

示喻艮背之説，周、程先生意是如此，尋常亦只如此曉會，於道理功夫無不是處。但近讀易，見得彖辭解云：「艮其止，止其所也。」正説此句之意。則所謂艮乃止也，背乃當止之所也。程先生於此句下亦作此説，却不本上文卦辭之義。蓋理自兩通，但文王本意則只當依孔子所解爲是〔二〕，不須更引不見之説以雜之也。不審尊意以爲如何？

南軒辨吕與叔中庸，其間病多，後本已爲刪去矣。但程先生云涵養於未發之前則可，求中於未發之前則不可，此語切當，不可移易。李先生當日用功，未知其於此兩句爲如何，後學未敢輕議。但今當只以程先生之語爲正，則欽夫之説亦未爲非。但其意一切要於鬧處承當，更無程子涵養之意，則又自爲大病耳。渠後來此意亦改，晚年説話儘不干事也。

校記 〔一〕士瞻：宋浙本作「知録」。

〔二〕本：原缺，據右引補。

編年 據書信編年。

答吕道一 淳熙十一年以後

三復來示，詞義通暢，爲之爽然。但其所論有於鄙意未安者。大凡論學，當先辨其所趨之邪正，然後可察其所用之能否。苟正矣，雖其人或不能用，然不害其道之爲可用也。如其不正，則雖有管仲、晏子之功，亦何足以稱於聖賢之門哉。且古之君子所以汲汲於學者，不爲其終有異於物而勸，故亦不爲其終無異於物而肆也。不爲其有名而勸，故亦不爲其無名而沮也。不爲其有利而爲，故亦不爲其無利而止也。是其設心蓋儻然一無有所爲者，獨以天理當然而吾不得不然耳。

若夫萬物散爲太虚之説，則雖若有以小異於輪回之陋，然於天地之化育蓋未得爲深知之者也。此未易言，今且當熟讀聖賢之書而以漸求之耳。

編年 據書信編年。

答呂道一 淳熙十一年以後

示喻已悉。但爲學之功且要行其所知，行之既久，覺有窒礙，方好商量。今未嘗舉足而坐談遠想，非惟無益，竊恐徒長浮薄之氣，非所以變化舊習而趨於誠實也。

編年 據書信編年。

答詹兼善 乾道五年以後

示喻儒釋之分，益見潛心之力。所謂釋氏一覺之外更無分別，不復事事，而吾儒事事無非天理，此語是也。然吾儒亦非覺外有此分別，只此覺處便自天高地下，萬物散殊，毫髮不可移易。所謂天敘、天秩、天命、天討，正在是耳。所論孟子甚善，其大概不外此矣。更於其間子細研窮，見得曲折處，方有意味。願益勉旃，以慰所望。

編年 據卷四十四答蔡季通五，知詹兼善乾道六年在建陽蔡元定處，共商輔導朱熹二子之事。該書又云「兼善遠訪」，「熹向所論中和等説，近細思之，病敗不少」。書信編年疑此篇作在己丑之悟後，是也，今從之。書札彙編列於淳熙十年。

答曾致虛乾道五年至淳熙七年間

所論誠敬之説甚善，但欽夫之意亦非直謂學者可以不誠，蓋以爲既曰持敬，便合實有持敬之心，不容更有不誠之敬，必待别著誠字，然後爲誠也。大抵誠字在道則爲實有之理，在人則爲實然之心，而其維持主宰，全在敬字。今但實然用力於敬，則日用工夫自然有總會處，而道體之中名實異同、先後本末皆不相礙。若不以敬爲事而徒曰誠，則所謂誠者不知其將何所錯？且五常百行，無非可願。雜然心目之間，又將何所擇而可乎？鄙意如此，不審高明以爲如何？願於日用間一驗其實，因風語其可否焉。

編年　據書信編年。書札彙編列於乾道八年。

答曾致虛慶元元年乙卯二月一日

南康從祀畫象，乃取法監學，已詳報吴廣文矣。白鹿當時與錢子言商量，只作禮殿，不爲象設，只依開元禮臨祭設席，最爲得禮之正。不然，則只用燕居之服，以石爲席而坐於地，亦適古今之宜，免有匍匐就食之誚。子言皆不謂然。但今已成，恐毁之又似非禮。此更在尊意斟酌報之也。蓋幼年聞先君言嘗過鄭圃〔一〕，謁列子廟，見其塑象地坐，則此不爲無據也。

校記　〔一〕聞：原作「間」，據宋浙本、明天順本改。

編年　題下原注「乙卯二月一日」。

答朱魯叔淳熙十四年

劉守請祠未報，計須且留。知早晚得親炙，又與程弟講學，甚善甚善。風俗不好，直道而行便有窒礙。然在吾人分上，只論得一個是與不是，此外利害得喪有所不足言也。爲學之要，先須持己，然後分別義利兩字，令趣向不差，是大節目。其它隨力所及爲之，務在精審而不貴於泛濫涉獵也。

編年　據書信編年。

答黄商伯灝　淳熙十六年以後

心喪問大意甚善，但云本生之服視其屬之親疏，却似不然。蓋不問其親疏，而概以齊衰不杖期服之也。本生繼母蓋以名服。如伯叔父之妻，於己有何撫育之恩？但其夫屬乎父道，則妻皆母道，况本生之父所再娶之妻乎？此兩節幸更考之。恕説亦佳，但大學絜矩常在格物之後，蓋須理明心正，則吾之所欲所不欲莫不皆得其正。然後推以及物，則其處物亦莫不皆得其正而無物我之間。如其不然，而以私己自便之心爲主，又欲以是而及人，則人道不立而驅一世以爲姑息苟且之場矣。此處亦幸更思之也。熹嘗於大學「治國平天下」或問中極論此事，此便遽未及奉寄，旦夕別附致也。

編年　據書信編年。

答黃商伯 紹熙五年夏

熹請祠人未還，計亦不出數日。蓋其去已餘兩旬，計程當歸已久。必是已如所請，等候出敕留滯耳。萬一未遂，愚計所處正如來喻之云也。年來衰病，支離日甚，今無他望，但願殘年飽吃飯耳。往年游豫章，每至東湖之上，未嘗不慨然有懷陳仲舉、徐孺子之高風。出處之間，禍福不同，然亦各行其志。未知此漂漂者竟如何耳。

示喻向來喪服制度，私固疑之。幞頭四腳，所喻得之矣。但後來報狀中有幞頭，又有四腳，各爲一物，與此注文又不同。不知當日都下百官如何奉行。固無一人來問，以書扣禮官，竟亦未報也。至於直領襴衫上領不盤，此間無人曉得，遂有爲之説者云，但用布夾縫繞頸直過，略作盤領之狀，而不用斜帛接續盤繞。州縣多用此制。詳此只是杜撰，但禮官之意却未必不是如此。然想官人亦未必曉，只是手分世界中化現出來耳。

竊疑直領者，古禮也；檢三禮圖可見。襴衫者，今禮也。如公服之狀，乃有横襴。必是故事中曾有兩説，各用一説，而今遂合爲一。既矛盾而不合，於是爲此杜撰之説以文之耳。更以報中第一項證之。既有斜巾，又有帽，又有四腳，又有冠，一日之中，一元之上并加四服，此亦并合古今之誤。蓋斜巾本未成服之冠，如古之免帽，却與四褑衫爲稱；四脚即與襴衫爲稱。冠即見三禮圖者，當與直領衫裙爲稱。今則并加四者，而下服有襴有裙，亦是重複，而真直領之衣遂廢。只此一事，便令人氣悶。今幸有討論之命，然亦未見訪尋士大夫之好古知禮者，次第又只是茅纏紙裹，不成頭緒。

近報作百日禮數，此亦不經之甚。且唐制本爲王公以下，豈國家所宜用邪？禮器之失，不但一爵。今朝廷所用宣和禮制局樣度雖未必皆合古，然庶幾近之。不知當時禮部印本何故只用舊制？向來南康亦無力，但以爵形太醜，而句容有新鑄者，故易之耳。其實皆當遣人問於禮寺而盡易之，乃爲盡善。但恐其費不貲，州郡之力不能辦耳。福州余丞相家有當時所賜，甚精，然今亦莫能用也。

濂溪之祠，郡將乃能留意如此，并及陶、劉，亦甚善。此等事自世俗言之似無緊要，然自今觀之，於人心政體所繫亦不輕。如今日荒政，便與此事相表裏。若如庚子年中守令見識，彼安肯作此事邪？

編年 據書信編年。

答黃商伯 紹熙五年冬

方喪無禫，見於通典，云是鄭康成説。而遍檢諸篇，未見其文，不敢輕爲之説。但今日不可謂之方喪，則禮律甚明，不可誣耳。儀禮喪服傳「爲君之祖父母、父母」條下疏中趙商問答極詳，分明是畫出今日事。往時妄論，亦未見此。歸乃得之，始知學之不可不博如此，非細事也。左、杜所記，多非先王禮法之正，不可依憑。要之三代之禮，吉凶輕重之間，須自有互相降厭處。如顧命康王之誥之類，自有此等權制，禮畢却反喪服，不可爲此便謂一向釋服也。

心喪無禫，亦見通典，乃是六朝時太子爲母服期已除，而以心喪終三年。當時議者以爲無禫，亦非今日之比也。此事本不欲言，以自是講學一事，故及之，切勿爲外人道也。

跪坐近得楊子美書，引僧人禮懺、道士宣科爲比。彼蓋未嘗以爲難，只是慣耳。其説亦爲得之。皇祐祭式却未之見，如有本，幸因的便借及。彼時所用，只是開寶通禮。此有其書，欲一參校也。開寶與開元大概相襲，開元只有先師二位，無諸從祀，或是開寶所增也。位牌於法亦只卧之於地，與獻官位版相似，非此爲神位也。今獻官位版亦有植之以趺而立之者，皆誤也。塑象如開元禮則無之，想當時初加夫子王號，即內出袞冕以被之，則爲有象，不知何故牴牾如此。豈所修禮書亦姑以存古而實未必行邪？而韓退之、劉禹錫諸廟學碑亦皆言有象，本朝則固有之久矣。可更試考之也。

編年　據書信編年。

答黃商伯 慶元四年

大學「知止能得」或問云：「知止云者，物格知至而於天下之事皆有以知其至善之所在。」

又曰：「能知止則事事物物皆有定理。」至「能慮」，則又曰：「隨事觀理，極深研幾，無不各得其所止之地而止之。」程子則曰：「格物非欲盡窮天下之物」，又曰：「今日格一件，明日格一件，積習多後，脱然有貫通處。」妄謂一物既格，則能知一物至善之所在，而亦可得其所止。然猶有定、静、安、慮之四節，學者必知止而用其力，然後求得所止也。今或問云：「天下之事皆有以知其至善之所在」，其釋知止之本文全體可謂當矣。然恐學者見其有「天下」字，有「皆」字，以爲必盡窮天下之理然後可以知至善所在而得所止。如程子所言格物工夫未足以知至善，必待物盡格，知盡至，始爲知至。身修以至天下平，皆得所止之效與？所以繼綱目三語之後言之，蓋舉大學之全體極致與？乞賜指教（一）。

經文物格猶可以一事言，知至則指吾心所可知處不容更有未盡矣。程子一日一件者，格物工夫次第也。脱然貫通者，知至效驗極致也。不循其序而遽責其全，則爲自罔；但求粗曉而不期貫通，則爲自畫。故古經、程子之言未見其有不同也。

中庸章句言人物之生各得其所賦之理，以爲健順五常之德，所謂性也。竊謂二五之精妙合而凝，則賦健順五常之德，理無可疑。然自昔秪言五常而不及健順，體之於心，得非敏於爲善者是其健，循其自然者是其順乎？然自昔秪言五常而不及健順，何邪？

陰陽之爲五行，有分而言之者，如木火陽而金水陰也；有合而言之者，如木之甲，火之丙，土之戊，金之庚，水之壬皆陽，而乙、丁、己、辛、癸皆陰也。以此推之，健順五常之理可見。

中庸章句謂人物之生各得其所賦之理，以爲健順五常之德，所謂性也〔二〕。或問亦言在人在物雖有氣稟之異〔三〕，而其理則未嘗不同〔四〕。孟子集注「生之謂性」章〔五〕，以氣言之則知覺運動人與物若不異也，以理言之則仁義禮智之稟豈物之所得而全哉？告子徒知知覺運動之蠢然者人與物同，而不知仁義禮智之粹然者人與物異。某舊□論性不論氣之説、置器日中之喻與章句、或問同，而集注仁義禮智之稟非物所得而全，則以所賦之理亦異矣。乞賜開示，以啓愚蔽〔六〕。

論萬物之一原，則理同而氣異；觀萬物之異體，則氣猶相近而理絶不同也。氣之異者，粹駁之不齊；理之異者，偏全之或異。幸更詳之，自當無可疑也。

石氏集解引「生之謂性，性即氣，氣即性」一章，竊謂此章先明理與氣不相離，遂言氣質之性雖有善惡，然性中元無此兩物相對而生，其初只是善而已。由氣稟有昏濁，又私欲污染，其善者遂變而爲惡。當爲惡時，非別有一善性也。故有惡不可不謂之性，濁不可不謂之水之説，似指「成之者性」以後而言，與孟子拔本窮源性善之論不同。然惡或不萌，則本體亦有時發見。若能澄治，則復其初矣。至於水流而就下，以爲繼之者善，則是以喜怒哀樂已發之後皆指爲繼。竊謂須如易解之説，在「成之者性」以前，方是本旨。以濁比惡，亦是專指「欲動情流」之後〔七〕。竊謂須如大學集解之説，因氣稟之不齊，而又私欲生其間，分此兩節，然後精盡也。未審是否？

繼之者善，易中本是就造化上説。到下句「成之者性」，方以人物而言。程子所引，乃借上一句便就人性上説，而指其已發動之所爲也。不容説處，即性之本體。如水則只是水，别著一字不得。至謂之善，則性之發如水之下矣。清濁之喻，又是一節，來喻已得之矣。大抵此一條説性字最多，須分别得甚句是本來之性，甚句是氣質之性，即語脉自分明矣。

未發之前，唯當敬以持養；既發之後，又當敬以察之。未發之中，不待推求而已瞭然於心目。一有求之之心，則其未發者固已不得而見矣，剖析可謂明白。吕氏欲求中於未發之前而執之，誠無是理。然既發之情是心之用，審察於此，未免以心觀心。前章或問謂别以一心求此一心、見此一心爲甚誤，論語或問「觀過知仁」章亦有此説。豈非學者不能居敬以持養，格物以致知，專務反求於心，迫急危殆，無科級依據，或流入於異端，與始終持敬、體用相涵、意味接續者爲不同也？

已發之處以心之本體權度，審其心之所發，恐有輕重長短之差耳。所謂「物皆然，心爲甚」是也。若欲以所發之心别求心之本體，則無此理矣。此胡氏觀過知仁之説所以爲不可行也。

中庸第二十章之問語誠始詳，明善擇善所以爲誠之基本者，亦始於此章并言之。舊嘗觀乾九三、九四與坤六二，覺聖人説乾之修爲易，而坤則工夫緊實，似有聖賢之分。大學初説致知格物，中庸首章惟言戒懼謹獨，工夫規模，覺得似比大學爲高遠。直至二十章，始言明善擇善，與大學所以教者同。亦似二書隨學者器質爲教也。未審是否〔八〕。

大學是通言學之初終，中庸是直指本原極致處，巨細相涵，精粗相貫，皆不可闕，非有彼此之異也。

五行各一其性，宜五行亦各一其德。舊聞先生説義理分界至處須要截然，要貫通處又自貫通。竊謂仁發而爲愛，愛而得宜便是義，有品節便是禮之類，則體雖各立，而亦相貫通。竊恐五行亦如此。嘗見人言五行之體質，便是土如木之堅，則亦有金；金之從革，亦有曲直之性也。未審是否，理有未明。雖於事非急，亦不可終於不知。略乞賜教。

曲直、稼穡各是兩事，餘亦合準此例。潤下者，潤而下也；炎上者，炎而上也；從革者，一從一革，互相變而體不變也。

一曰水，二曰火，三曰木，四曰金，五曰土。竊謂氣之初温而已，温則蒸溽，蒸溽則條達，條達則堅凝，堅凝則有形質。五者雖一有俱有，然推其先後之序，理或如此。

向見吴斗南説五事庶證皆當依此爲序，其言亦有理〔九〕，幸試推之。

鬼神之理未易測識，然學者亦欲隨所見決其是非。祀先之義，向來因「聖人不言有無」之説，竊謂氣散而非無，苟誠以格之，則有感通之理。況子孫又其血氣之所傳，則其感格尤速也。未審是否？

三條皆善。横渠説五行數段甚精，可并考之。

陳勝私嘗説雷霆震擊，真有鬼物。先生不答。次日乃言，學者當於正理上立得見識，然後理之變者可次第而通。若將理之變者先入於心，立爲定見，則正理終不能曉矣。竊嘗服膺。妄謂夫子所言與答宰我之問，程子、張子之論，無非正理。但張子「神與性乃氣所固有」之語似主氣而言，却恐學者疑性出於氣，而不悟理先於氣，語似未瑩。未審然否？上蔡之説，或問以爲善。竊疑石氏所集其言有及於理之變者。如「自家要有便有，要無便無，始得」，又似以心起滅，不問有無之正理。上蔡之意必不如是。某因「致死不仁，致生不智」之訓思之，恐宗廟祭祀，不致死之也；葬埋壇墠，不致生之也。理之有者，聖人制禮，使人誠意以感通。其間曲折精微，莫非仁智之盡。若理所無者，聖人不道也。至於理之變者，竊謂皆氣之所爲而皆因於人，雖復多端，似可以次第而曉。所謂天地之妙用，豈非造化陰陽之理、人心精神之聚、上下感化之所自歟？妄意如此，殊未明徹。乞指教。

此論甚善，但張子語不記子細。然論鬼神，則氣爲近，未至遽有先於理之嫌也。上蔡論語爲政卒篇論鬼神甚詳，大概亦如來喻，恐可參考也。

校記

〔一〕「今或問」以下，原作「今或問以爲必盡窮天下之理然後可以知至善所在而得所止，與程子所言格物工夫似若不同。得非或問所指是舉大學之全體極致而言之歟？」比宋浙本、考異所引別本差略。今據改。

〔二〕此句原缺，據宋浙本補。

〔三〕兩「在」字原缺，據宋浙本補。

〔四〕其：原缺，據宋浙本補。

〔五〕「生之謂性」章：原缺，據宋浙本補。

〔六〕「告子」以下原作「二説似不同。豈氣既不齊，則所賦之理亦隨以異歟？」差略。今據宋浙本改。

〔七〕情：原作「静」，據正訛、四庫全書本改。

〔八〕此句原缺，據宋浙本補。

〔九〕亦：原作「似」，據宋閩、浙本、四庫全書本改。

編年　據書信編年。

答黄商伯 慶元四年至六年

熹自少日幸蒙師友之訓，得窺聖學門户。退與朋友講之，聞而信者固多，然能終始用力而不爲中道之廢者甚少。況年大官達，則其忽然忘之者益以速矣。區區以此每深憂之，恐先師傳付之旨至此而遂絶也。今得來問，每以此事爲念，而其論説亦多與鄙意合，乃知此道猶有望也。幸甚幸甚。如前時所論仁義禮智之説，此是去年信州發來書。今者所論讀易之説，真無欲之説，皆平正精切，非一概悠悠之論。且年亦過中，而更閲世故又已多矣，乃能切切用力於此，愈於年少新學之爲者，是可尚已。更願勉旃，有以卒副所望，則又大幸之甚也。熹再拜。

編年　據書信編年。

答詹元善 體仁 乾道五年八月

雅聞左右才雋行馴，好學不倦，私竊嘆慕，以爲天之賦予如是，其不苟然矣。獨恨未獲從容，未知所學者果何學耳。世衰道喪，俗學多岐，天理不明，人心頗僻，未有甚於此時者。熹竊不自知其淺陋，方以其所聞於師友者夙夜勉焉，而志力不强，未知攸濟，是以樂聞賢者之風而有望於切磨之助。伏惟益厲初心，求知所至而用力焉，有以慰此懷也。僭易，皇恐皇恐。

承喻請祠之意，深所未曉。然元履已歸，不知曾爲辦此事否？若熹之意，則以爲政煩民困，正有官君子盡心竭力之時。若人人内顧其私，各爲自逸之計，則分義廢矣。至於盜賊公行，善良蒙害，尉捕之職也，何不忍之有？若以爲實有可哀矜者，則當明言於上而求所以振業之，使不至於爲盜，雖以獲戾，所不辭也。又何避此而求去之亟乎？若夫祠官，無事之禄，本非義理所安，前輩蓋非辭尊辭富，則莫之肯爲。熹之不肖，固不足言。然居此官最久，前後三請，亦皆有故，非以辭難就逸而爲之也。故區區之意，願左右少俟終更而後求之。未去之前，盡心所職，思其出於分義之所當爲而無敢有厭斁之心焉，則庶乎其可以自安矣。慕用之深，不覺覼縷，伏惟有以亮之。

元履一出，未能有爲。然士大夫始復知天下之有正論，廉貪激懦，所助多矣。熹官期已及，坐此未敢遽出，然亦不敢有忘當世之意。賢者當有以識此心耳。未由面論，臨風耿耿。

編年　據年譜長編、書信編年。

答詹元善 乾道五年秋

昨致書後，宋臣見過，能道比來賢者所誦書，若將應科目之爲者，已竊憂之。又於元履處見所著書及孟子説，然後慨然發嘆，不意賢者用心之差乃至於此！便欲致書相曉，而久不值便，以至於今，蓋未嘗一日不往來於懷也。

夫義利之間，所差毫末，而舜、跖之歸異焉。是以在昔君子之爲學也，莊敬涵養以立其本，而講於義理以發明之，則其口之所誦也有正業，而心之所處也有常分矣。至於希世取寵之事，不惟有所愧而不敢，實亦有所急而不暇焉。今左右乃方讀本經而治詞業〔一〕，是何外慕之重而自待之輕邪？竊謂此心不除，决無入道之理。

至於談經之際，則又專以人欲之私妄意聖賢，其言險譎乖戾，不近人理，聞之使人耳聾心悸，不謂斯言一旦而出於賢者之口也。養氣之説雖不至是，然掇拾老莊荒誕之餘，以求入乎聖賢敬義之實，亦非熹之所敢聞也。前書所謂儒名而釋學，潘、張特其小小者耳。蘇氏兄弟乃以儀、秦、老、佛合爲一人，其爲學者心術之禍最爲酷烈，而世莫之知也。前書微發其端，蓋預憂左右之將陷焉，而不知其深入之久已如此矣。感下問之勤，不忍隱嘿，不識能聽之否。

校記　〔一〕本：原作「水」，據正訛改。

答詹元善 紹熙四年三月

歸宗之請，計已報可。此於人情恩義之間有難處者，而輕重本末事理甚明，自見賢者之不安於此者有年矣。今追贈之榮既及泉壤，則於恩意已爲曲盡。但異時所以益致其惓惓不忘之意，如范公之於朱氏者，此論想已素定也。但近至城中，見羅養蒙之孫示及其祖事狀有此一條，事與今日極相類。今謹録去，恐更合稽參禮律，以盡情文之變，乃爲盡善。此非小節，不可草草耳。

近日大除拜，一番紛紜，雖公議幸伸，然自此中外之責愈重。而其人之才智局度猶昔人也，不知何以處此乎。來書所賦蕩之卒章，真可爲流涕痛哭也。進對之際，言之不切不足以盡吾心，而吾言雖切，度亦未有轉移之勢，不知明者又將何以處此也。偶得黄子由奏疏，謾録去。其言至此，不爲不切，蓋已下到大承氣湯矣，而略無動意，奈何？境外之事，彼若爲萬全之計，固不輕發；但恐萬一狂謀輕襲，而我之邊障未有以當之，此則慮外之慮，而所繫亦不小也。故都之事不成，乃是天幸。如其不然，趙豹無故之疑、梁武金甌之戒直可爲寒心，不知今日諸公何以處之。大抵近年風俗浮淺，士大夫之賢者不過守文墨、按故事，説得幾句好話而已。如狄梁公、寇萊公、杜、范、富、韓諸公規模事業，固未嘗有講之者。下至王介甫做處，亦模索不著。其有讀得楚、漢、孫、劉、楊、李間數十卷書者，則又便有不作士大夫之意，善人君子莫能抗也。端居深念，爲之永慨，未知天意竟如何耳。

季通一出，飽觀江湖表裏形勢，不爲無補。甚恨匏繫，不能與之俱行。其律書法度甚精，近世諸儒皆莫能及。但吹律未諧，歸來更須細尋訂耳。此行所資，亦足爲晚年休息之計。元善篤於友誼，固自不薄，而張帥之傾蓋勝流，今之君子亦鮮能及也。子静旅櫬經由聞甚周旋之，此殊可傷。見其平日大拍頭、胡叫喚，豈謂遽至此哉！然其説頗行於江湖間，損賢者之志而益愚者之過，不知此禍又何時而已耳。許教似亦小中毒也。如何如何？

編年　據年譜長編、書信編年。

答潘叔度 乾道九年秋冬間

邵子文記明道先立標準之言深中近日朋友之病，且孟子亦有襲而取之之戒，尤當深念也。

編年　據年譜長編、書信編年。

答潘叔度 乾道九年秋冬間

所論標準襲取之戒極爲精密，然所謂「有爲若是，如舜而已」者，必自有的實平穩下功夫處，非是徒然晝思夜度，以己所爲校舜所爲而切切然惟恐不如舜也。譬如病人，正當循序服藥，積漸將理，使氣體浸充，可及平人而後已，豈可責效於一丸一散、一朝一夕之間而遽怪其不及平人哉？默誦中庸一卷於寐覺之時，此亦甚善。然與其必誦一過，不若虛心玩理之從容而有味也。

編年 據年譜長編、書信編年。

答潘叔度 淳熙元年

來喻縷縷，備見立志之遠，嘆服良深。但所謂敬之爲言所以名持存之理者，於鄙意似未安。蓋人心至靈，主宰萬變，而非物所能宰，故纔有執持之意，即是此心先自動了。此程夫子所以每言坐忘即是坐馳，又因默數倉柱發明其說；而其指示學者操存之道，則必曰敬以直内，而又有「以敬直内便不直矣」之云也。蓋惟整齊嚴肅則中有主而心自存，非是别有以操存乎此而後以敬名其理也。此類初若名言小失，不足深辨，然欲放過，則恐於日用之功不能無害，故輒言之。子約書中有所反覆，亦是此意。幸參考而互評之，則其辨益明而儒釋之殊亦可因以判矣。横渠集云云，大凡作事匆匆，不能博盡異同，便有遺恨。前輩所謂「甚事不因忙後錯了」者，誠有味也。

編年 據書信編年。

答潘叔度 淳熙元年

所喻敬者存在之謂，此語固好，然乃指敬之成功而言。若只論敬字下功夫處，蓋所以持守此心而欲其存在之術耳。只著一畏字形容，亦自見得。故和靖尹公只以收斂身心言之。此理至約，若如來喻，却似太瀾翻也。大抵諸所誨諭似皆傷於語言道理頭緒多，云云。愚意且欲賢者於此稍加屏置，而虚心觀理於平易專一之地，不審於意果如何也。

編年 據書信編年。

答潘叔度 淳熙末

熹衰病，今歲幸不至劇，但精力益衰，目力全短，看文字不得。瞑目閑坐，却得收拾放心，覺得日前外面走作不少，頗恨盲廢之不早也。看書鮮識之喻誠然，然嚴霜大凍之中，豈無些小風和日暖意思？要是多者勝耳。江南之業，恐自是慶曆、元祐之功，不當以此論也。此語甚長，非面莫既。大抵鄙見與彼中議論不同處非一，而此爲其最。是乃天理人欲之分，直截剖判，不相交雜處，安得相與極論，以會至當之歸乎？忿疾之意，發於羞惡之端，固有不可已者。然至於加一「忿」字，便和自家這裏有病了。此亦深欲面論之尤緊切者，恨未有其便耳。醍醐毒藥之喻恐亦過當。聖賢只得立言垂世，從違真僞却在他人，如何必得？况吾輩所急在於自明，正不當常以此念横在胸中也。陳膚仲近得書，云欲旦夕過此。此等人未欠講論，却是欠收斂。此又是别一個話頭，要之須面論乃究耳。吾人無用於世，只自己身心一段事，又不曾講究得徹，衆盲摸象，各説異端，不知却如何收殺。可慮可慮！奈何奈何！

編年 據書信編年。書札彙編列於淳熙十一年。

答潘叔昌 乾道九年冬

熹講聞雋譽，爲日蓋久，每恨未及際晤，以慰所懷。兹承不鄙，遠貽誨帖，傾倒甚至。自顧涼薄，何以堪之？反復再三，有愧而已。即日冬寒，伏惟進德日新，尊履多福。

熹蚤獲執侍先生君子之側，粗知以問學爲事，而躬行不力，老大無聞，顧省平生，第有愧恨。左右才高識明，所以自期蓋已不淺，乃不知其如此而辱垂問焉，則已誤矣。况所謂日用之間不放不亂者，又熹之所以早夜竭力而未能仿佛者，其何以有助於高明之萬一乎？然先其所難而不計其獲，聖賢所以示人爲仁之方也。熹雖不敏，願與賢者共勉焉。因風修報，未究所懷。繼此有可以開警者，願日聞之。幸甚幸甚！

編年 據年譜長編、書信編年。

答潘叔昌 乾道九年冬

細讀來喻，足見爲己之力。但學者先須置身於法度規矩中，使持於此者足以勝乎彼，則自然有進步處。如孔子之告顔淵，以非禮勿視、聽、言、動爲克己之目，亦可見矣。若自無措足之地，而欲搜羅抉剔於思慮隱微之中，以求所謂人欲之難克者而克之，則亦代斲代張，没世窮年而不能有以立矣。躬所未逮，姑誦所聞，已深愧靦。惟明者有以裁之。

編年　據年譜長編、書信編年。

答潘叔昌 淳熙四至八年

示喻讀史曲折，鄙意以爲看此等文字但欲通知古今之變，又以觀其所處義理之得失耳，初不必於玩味究索以求變化氣質之功也。若慮其感動不平，遂廢不讀，則進退之間，又恐皆失之太過而兩無所據也。

昨聞叔度兄頗爲佛學，因獻所疑，大蒙峻却，愧悚深矣。今不敢復言，而其未已之意不免因子約達之。恐其過江未還，煩爲略道鄙意。大抵近世儒者於聖賢之言未嘗深求其義理之極致，而惟以多求劇讀爲功，故往往遂以吾學爲容易之空言，而求所以進實功、除實病者，皆必求之於彼。殊不知將適千里而迷於所向，吾恐其進步之日遠而稅駕之日賒也。今若未能決意自拔，得且姑置其說，而專意於吾學，捐去雜博，專讀一書，虛心游意，以求夫義理之所在。如此三年不得，而後改圖，則朋友之心無所復恨，而於其所以進功除病之實亦未爲晚也。如何如何？

編年　卷四十七答吕子約十九云：「叔度忽爲佛學」，「蓋不欲人之議己而設此以峻却之耳」，與此篇所言同一事，作在同時。彼書作於淳熙四年至八年間，據以繫年。

答潘叔昌 淳熙十年至十一年

承喻讀李、陸、孫氏之書，慨然有感，此見進學不倦之意。然熹愚意學者當且就聖門文字中研究，得個入頭處，却看此等。其合者固所不遺，而其不合者亦易看破，自然不費功力也。嘗竊私怪彼中朋友不肯於論語、孟子、中庸、大學深下功夫，而泛觀博取於一時議論之間，所以頭緒多而眼目少，規模廣而意味不長。試以孟子論子路、管仲處觀之，可見其得失矣。不審明者以爲如何？沈叔晦章疏出於何人？大抵世俗近年一種議論愈見卑狹，令人擡頭不起，轉身不得。看此頭勢，只有山林是安樂處，別無可商量也。

編年 據書信編年。

答潘叔昌 淳熙十一年

示喻天上無不識字底神仙，此論甚中一偏之弊。然亦恐只學得識字，却不曾學得上天，即不如且學上天耳。上得天了，却旋學上大人亦不妨也〔一〕。中年以後，氣血精神能有幾何？不是記故事時節。熹以目昏，不敢著力讀書，閑中静坐，收斂身心，頗覺得力。間起看書，聊復遮眼。遇有會心處，時一喟然耳。蜀學之弊誠如所喻，唐論却未暇細看也。六國表議論乃是衰世一種卑陋之説，吾輩平日講誦聖賢，何爲却取此等議論以爲標的？殊不可曉。建州有徐柟者，常言秦始皇賢於湯、武，管仲賢於夫子，朋友間每每傳以爲笑。不謂來説亦頗似之也。此恐是日前於根本上不曾大段用功，而便於討論世變處著力太深，所以不免此弊。向答子約一書，亦極言之，正恐亦幟已立，未必以爲然耳。熹老矣，不復有意於此世，區區鄙懷，猶欲勉率同志之士熟講勤行，以趣聖賢之域。不謂近年異論蜂起，高者溺於虛無，下者淪於卑陋，各執己見，不合不公，使人憂嘆，不知所以爲計。而今而後，亦不復敢以此望於今世之人，姑抱遺經以待後之學者而已。不審明者以爲如何？

校記　〔一〕上大：正訛改作「天上」。

編年　據書信編年。

答潘叔昌 淳熙十一年

示諭漢唐初事，以兩家論優劣則然，以三代之天吏言之，則其本領恐不但如此。若子房、孔明之所黽勉，亦正是渠欠闕處。吾輩正當以聖賢爲師，取其是而監其非，不當以彼爲準則也。今人只爲不見天理本原，而有汲汲以就功名之心，故其議論見識往往卑陋，多方遷就，下梢頭只是成就一個私意，更有甚好事？若必以爲然，即程正叔寧可終身只作國子祭酒，却讓他陳正己作宰相也。可怪可怪！

編年　據書信編年。

答潘叔昌 淳熙十一年至十二年

前書示及易傳二義，陰陽交和，恐非是指君子小人而言。君子之於小人，固不當過爲忿疾，然無交和之理。韓、富當時事力蓋不足以勝二奸，非固欲與之和也。元祐誠有過甚處，然當時事勢，恐不如此亦不免禍。要當有以開悟人主之心，乃絕後患耳。東漢誅宦官事，前輩多論之，大略皆如來喻。然嘗細考其事，恐禍根不除，終無可安之理。後人據紙上語指點前人，甚易爲力，不知事到手頭，實要處斷，毫髮之間便有成敗，不是容易事。若使陳、竇只誅得首惡一二人，後來未必不取王允、五王之禍也。

編年　據書信編年。

答潘叔昌 淳熙十一年至十二年

向來鄙論初無深旨，來書誦及，足見不遺一善之意。然所謂有主於中者，亦只是此持守之意耳。遺書首篇答李端伯之問者，正是此意，不可離此持守，别想像一物以主乎中也。

編年　據書信編年。

答潘叔昌 書杜生二論後　淳熙十一年至十二年

荀彧之死，胡文定引宋景文説，以爲劉穆之、宋齊丘之比，最爲得其情狀之實，無復改評矣。考其議論本末，未見其有扶漢之心也，其死亦何足悲？又據本傳，彧乃唐衡之婿，則彧之失其本心久矣。顏公之智誠有所不足，非獨棄平原一事也。但仁、義、禮、智、信列於五常，聖人皆顯之以爲教，未嘗偏有所隱也。今曰聖人獨顯仁義、忠信以爲教，而神智以爲幾，不知何據而言？若其果然，則是仁義忠信乃無用之樸，而智乃仁義忠信之賊矣。學術不正，使人心頗僻如此，甚可憂懼。不知老兄曾見此論否？聞其託於賓館，必嘗相與講學者。幸有以警之，毋使東萊宗旨轉而爲權謀機變之學也。

編年　據書信編年。

答潘叔昌 淳熙元年

所示內外交養，勿使偏枯，聞斯行之，不必猶豫，此正今日應病良藥也。薛氏書已領，觀其用功纖密，良可嘆服。而昨得其論語及春秋，却有難曉解處。豈其用力於彼者深，固所謂藝之至者不兩能邪？學者於此要當知所擇耳。仁傳正類南軒所爲，鄙意亦所未安。伯恭昨補外書震澤語録問聖賢之言要切處思一段，意思却極好也。陳齊之文乃如此，尤所不解。亦嘗究其失否？微言既絕，大義益乖，甚可悼懼，不覺傾倒至此。此紙不可以示人也，只欲賢者知之，不枉用心耳。

編年　據書信編年。

答劉叔文 紹熙二年

所謂理與氣，此决是二物。但在物上看，則二物渾淪，不可分開各在一處，然不害二物之各爲一物也。若在理上看，則雖未有物而已有物之理，然亦但有其理而已，未嘗實有是物也。大凡看此等處須認得分明，又兼始終，方是不錯。只看太極圖熹所解第一段，便見意思矣。若未會得，且虛心平看，未要硬便主張，久之自有見處，不費許多閑説話也。如此虛心理會不得時，却守取舊來所見，亦未爲晚耳。如或未然，且放下此一説，别看他處。道理尚多，或恐别因一事透著此理，亦不可知。不必守此膠漆之盆，枉費心力也。

編年 據書信編年。

答劉叔文 紹熙二年

細詳來喻，依舊辨别性氣兩字不出。須知未有此氣已有此性，氣有不存，性却常在。雖其方在氣中，然氣自氣，性自性，亦自不相夾雜。至論其遍體於物，無處不在，則又不論氣之精粗而莫不有是理焉；不當以氣之精者爲性，性之粗者爲氣也。來説雖多，只以此意思之，便見得失。如云精而又精，不可名狀，所以不得已而强名之曰「太極」；又曰氣愈精而理存焉，皆是指氣爲性之誤。又引通書解云云，亦是不察陰陽二字是形而下者，便指爲誠。不知此是誠之流行歸宿處，不可便指爲誠也。又引無極之真，以爲真固是理，然必有其氣，是以可與二五妙合而凝，此尤無理矣。夫真者理也，精者氣也。理與氣合，故能成形。豈有理自有氣，又與氣合之理乎？其間瑣細，不暇一一辨論。但更看太極圖解第一段初兩三行，便見理之與氣各有去著，不待如此紛紜矣。

編年　據書信編年。

答王子充 淳熙十三年前後

老兄深靜篤實，天資甚美，平時於輩流中心所敬仰。顧恨相從日淺，未得深扣所存，以自警策。今讀來教，乃有懶弱自安之語，何邪？大抵今日之弊，務講學者多闕於踐履，而專踐履者又遂以講學爲無益。殊不知因踐履之實以致講學之功，使所知益明，則所守日固，與彼區區口耳之間者固不可同日而語矣。不然，所存雖正，所發雖審，竊恐終未免於私意之累，徒爲拘滯而卒無所發明也。愚意如此，不審高明以爲如何？

編年　據書信編年。

答胡伯逢 淳熙五年前後

赤子之心固無巧僞，但於理義未能知覺，渾然赤子之心而已。大人則有知覺擴充之功，而無巧僞安排之鑿，故曰不失赤子之心。著個「不失」字，便是不同處。南軒所説固善，然必謂從初不失，此恐太拘。既失而反之，却到此地位，亦何害其爲不失乎？

編年　據書札彙編。

答胡伯逢 乾道三年

男女居室，人事之至近而道行乎其間，此君子之道所以費而隱也。然幽闇之中，衽席之上，人或褻而慢之，則天命有所不行矣。此君子之道所以造端乎夫婦之微密，而語其極則察乎天地之高深也。然非知幾慎獨之君子，其孰能體之？易首於乾、坤而中於咸、恒，禮謹大昏，而詩以二南爲正始之道，其以此歟。知言亦曰「道存乎飲食男女之事，而溺於流者不知其精」，又曰「接而知有禮焉，交而知有道焉，惟敬者能守而不失耳」，亦此意也。

編年 據書信編年。

答胡伯逢 乾道七年

昨承喻及知仁之説，極荷開曉之詳。然愚意終覺未安。來諭大抵專以自知自治爲説，此誠是也。然聖人之言有近有遠，有緩有急。論語一書，言知人處亦豈少耶？大抵讀書須是虚心平氣，優游玩味，徐觀聖賢立言本意所向如何，然後隨其遠近淺深、輕重緩急而爲之説，如孟子所謂以意逆志者，庶乎可以得之。若便以吾先入之説横於胸次，而驅率聖賢之言以從己意，設使義理可通，已涉私意穿鑿而不免於郢書燕説之誚；况又義理窒礙，亦有所不可行者乎？

竊觀來教所謂「苟能自省其偏，則善端已萌。此聖人指示其方，使人自得，必有所覺知，然後有地可以施功而爲仁」者，亦可謂非聖賢之本意而義理亦有不通矣。熹於晦叔、廣仲書中論之已詳者，今不復論。請因來教之言而有以明其必不然者。

昔明道先生嘗言，凡人之情易發而難制者，惟怒爲甚。能於怒時遽忘其怒而觀理之是非，亦可以見外誘之不足惡，而於道亦思過半矣。若如來教之云，則自不必忘其怒而觀理之是非，第即夫怒而觀夫怒，則吾之善端固已萌焉而可以自得矣。若使聖賢之門已有此法，則明道豈故欲捨夫徑捷之塗而使學者支離迂緩以求之哉？亦以其本無是理故爾。且孟子所謂「君子深造之以道，欲其自得之」者，正謂精思力行，從容涵泳之久，而一日有以泮然於中，此其地位亦已高矣。今未加克復爲仁之功，但觀宿昔未改之過，宜其方且悔懼愧赧之不暇，不知若何而遽能有以自得之邪？有所知覺然後有地以施其功者，此則是矣。然「覺知」二字，所指自有淺深。若淺言之，則所謂覺知者亦曰覺夫天理人欲之分而已。夫有覺於天理人欲之分，然後可以克己復禮而施爲仁之功，此則是也。今連上文讀之而求來意之所在，則所謂覺知者乃自得於仁之謂矣。如此則「覺」字之所指者已深，非用力於仁之久，不足以得之，不應無故而先能自覺，却於既覺之後方始有地以施功也。觀孔子所以告門弟子，莫非用力於仁之實事，而無一言如來諭所云「指示其方，使之自得」者。豈子貢、子張、樊遲之流皆已自得於仁，而既有地以施其功邪？其亦必不然矣。

然熹前説其間亦不能無病，如云爲仁淺深之驗，觀人觀己之説，皆有病。以今觀之，自不必更爲之説。但以伊川、和靖之説明之，則聖人之意坦然明白，更無可疑處矣。

答胡伯逢 乾道八年

知言之書，用意深遠，析理精微，豈末學所敢輕議？向輒疑之，自知已犯不韙之罪矣。茲承誨喻，尤切愧悚。但鄙意終有未釋然者。知行先後，已具所答晦叔書中，其説詳矣。乞試取觀，可見得失也。至於性無善惡之説，則前後論辨不爲不詳。近又有一書與廣仲丈論此，尤詳於前。因龜山中庸首章而發，及引易傳大有卦及遺書第二十二卷者。此外蓋已無復可言者矣。然既蒙垂諭，反復思之，似亦尚有一説，今請言之。

蓋孟子所謂「性善」者，以其本體言之，仁、義、禮、智之未發者是也。程子曰「『止於至善』，『不明乎善』，此言善者義理之精微，無可得而名，姑以『至善』目之」是也。又曰「人之生也，其本真而静。其未發也，五性具焉，曰仁、義、禮、智、信。」所謂「可以爲善」者，以其用處言之，四端之情發而中節者是也。程子曰「『繼之者善』，此言善却言得輕。但謂繼斯道者莫非善也，不可謂惡」是也。蓋性之與情雖有未發已發之不同，然其所謂善者則血脉貫通，初未嘗有不同也。程子曰：「喜怒哀樂未發，何嘗不善？發而中節，則無往而不善」是也。此孟子道性善之本意，伊洛諸君子之所傳而未之有改者也。知言固非以性爲不善者，竊原其意，蓋欲極其高遠以言性，而不知名言之失反陷性於摇蕩恣睢、駁雜不純之地也。所謂極其高遠以言性者，以性爲未發，以善爲已發，而惟恐夫已發者之混夫未發者也。所謂「名言之失」者，不察乎至善之本然，而概謂善爲已發也。所謂「反陷性於摇蕩恣睢、駁雜不純之地」者，既於未發之前除却「善」字，即此「性」字便無著實道理，只成一個空虛底物，隨善隨惡，無所不爲。所以有「發而中節，然後爲善；發不中節，然後爲惡」之說。又有「好惡性也，君子好惡以道，小人好惡以己」之說。是皆公都子所問，告子所言，而孟子所闢者，已非所以言性矣。又其甚者，至謂天理人欲同體異用，則是謂本性之中已有此人欲也。尤爲害理，不可不察。竊意此等偶出於前輩一時之言，非其終身所守不可易之定論。今既未敢遽改，則與其爭之而愈失聖賢之意、違義理之實，似不若存而不論之爲愈也。

知仁之說，亦已累辨之矣。大抵如尊兄之說，則所以知之者甚難而未必是，而又以知仁、爲仁爲兩事也。所謂觀過知仁，因過而觀，因觀而知，然後即夫知者而謂之仁，其求之也崎嶇切促，不勝其勞，而其所謂仁者，乃智之端也，非仁之體也。且雖如此，而亦曠然未有可行之實，又須別求爲仁之方，然後可以守之。此所謂知之甚難而未必是，又以知與爲爲兩事者也。如熹之言，則所以知之者雖淺而便可行，而又以知仁、爲仁爲一事也。以名義言之，仁特愛之未發者而已。程子所謂「仁，性也；愛，情也」。又謂「仁，性也；孝弟，用也」。此可見矣。其所謂「豈可專以愛爲仁」者，特謂不可指情爲性耳，非謂仁之與愛了無交涉，如天地冠屨之不相近也。而或者因此求之太過，便作無限玄妙奇特商量。此所以求之愈工而失之愈遠。如或以覺言仁，是以知之端爲仁也。或以是言仁，是以義之用爲仁也。夫與其外引智之端、義之用而指以爲仁之體，則孰若以愛言仁，猶不失爲表裏之相須而可以類求也哉。故愚謂欲求仁者，先當大概且識此名義氣象之仿佛與其爲之之方，然後就此慤實下功，尊聞行知以踐其實，則所知愈深而所存益熟矣。此所謂知之甚淺而便可行，又以知與爲爲一事者也。不知今將從其難而二者乎？將從其易而一者乎？以此言之，則兩家之得失可一言而决矣。

來教又謂方論知仁，不當兼及不仁。夫觀人之過而知其愛與厚者之不失爲仁，則知彼忍而薄者之决不仁，如明暗黑白之相形，一舉目而兩得之矣。今乃以爲節外生枝，則夫告往知來、舉一反三、聞一知十者，皆適所以重得罪於聖人矣。竊謂此章只合依程子、尹氏之說，不須別求玄妙，反失本指也。直叙胸臆，不覺言之太繁，伏惟高明財擇其中。幸甚幸甚！

編年　據書信編年。

答黄仁卿 東　淳熙二年以後

所示春秋大旨甚善。此經固當以類例相通，然亦先須隨事觀理，反復涵泳，令胸次開闊，義理貫通，方有意味。若便一向如此排定説殺，正使在彼分上斷得十分的當，却於自己分上都不見得個從容活絡受用，則亦何益於事邪？大抵不論看書與日用功夫，皆要放開心胸，令其平易廣闊，方可徐徐旋看道理，浸灌培養。切忌合下便立己意，把捉得太緊了，即氣象急迫，田地狹隘，無處著功夫也。此非獨是讀書法，亦是仁卿分上變化氣質底道理也。然看春秋外，更誦論孟及看近思録等書以助其趣乃佳。若只如此，實恐枯燥，難見功耳。

編年　據書信編年。

答黄仁卿 紹熙三年春

示諭食貧之狀，深爲嘆息。向見擬此闕，意官期必甚近，不謂尚許久也。然從官兩世，清貧如此，益見家法之有傳，足使貪濁知所愧矣。所恨自困涸轍，不能少致濡沫之助，但有嘆恨耳。改葬之議，既非人謀所及，假卜筮以决之，亦古人所不廢，更詳思之，如何？熹自劾之章已批，上旨喻以事不相關，則是已經進呈矣。遜詞避寵，亦事之宜，紛紛不已，又似過甚。今已幸得請矣，只用省劄令還故官，更不再出敕牒，亦甚省事。位高言廢，又是上一等人。今人則位未高時已無及物之志矣，可爲深太息也。此間親知有仕於汀者書來説彼民望行經界尤切，韶仲歸，説趙書亦請行之，當軸頗難之。彼於汀無利害，只恐牽連，并及泉、漳耳。□□之政且得如此亦善，人固難得每事皆善也。漳人亦淳，但淳者太淳，故其有勢力者得肆殘暴，爲可憐耳。向來繆政撫其淳者甚至，而治其豪猾不少貸，亦有精力不及而誤縱舍者。然或者至今以爲嚴，殊不可曉。深自愧恨，不得如仁卿者爲寮友而規正之也。

編年　據書信編年。

答黄直卿 榦　淳熙三年至十一年間

别紙之喻，如此處心甚善，然亦似有先立標準之病。武侯所謂鞠躬盡力，死而後已，成敗利鈍，非能逆睹者，非獨建立事功爲然也。如此則知處不期寬而自寬，行處不期遠而自遠矣。試更思之。

編年　黄榦從學在淳熙三年，而據書信編年所考，此書作年下限不得晚於淳熙十一年，今從之。書札彙編以爲作於紹熙三年。

答黃直卿〔一〕 紹熙二年

子春聞時相過，甚善。爲學直是先要立本，文義却可且與説出正意，令其寬心玩味，未可便令考校同異，研究纖悉，恐其意思促迫，難得長進。將來見得大意，略舉一二節目漸次理會，蓋未晚也。此是向來差誤，今幸得見，却須勇革，不可苟避譏笑，却誤人也。

校記 〔一〕此書又見續集卷一。

編年 據書信編年。書札彙編列於淳熙五年秋初。

答黃直卿 淳熙三年至十一年間

前書所論先天太極二圖，久無好況，不暇奉報。先天乃伏羲本圖，非康節所自作。雖無言語，而所該甚廣。凡今易中一字一義，無不自其中流出者。太極却是濂溪自作，發明易中大概綱領意思而已。故論其格局，則太極不如先天之大而詳；論其義理，則先天不如太極之精而約。蓋合下規模不同，而太極終在先天範圍之内，又不若彼之自然，不假思慮安排也。若以數言之，則先天之數自一而二，自二而四，自四而八，以爲八卦；太極之數亦自一而二，剛柔。自二而四，剛善、剛惡、柔善、柔惡。遂加其一，中。以爲五行，而遂下及於萬物。蓋物理本同而象數亦無二致，但推得有大小詳略耳。近日講論及修改文字頗多，當候相見面言之。

編年　見本卷答黄直卿一所考。書札彙編列於淳熙十四年。

答黄直卿〔一〕 淳熙三年至十一年間

示喻讀書次第，甚善。但所謂先天太極之義，覺得大段局促。日用之間，只教此心常明，而隨事觀理以培養之，自當有進。才覺如此狹隘拘迫，却恐不能得展拓也。子細已別録去，可更詳之。

校記　〔一〕此書又見續集卷一。

編年　見本卷答黄直卿一所考。書札彙編列於淳熙十四年。

答黄直卿 淳熙三年至十一年間

所論太極散爲萬物，而萬物各具太極，見得道不可須臾離之意，而與一貫之指、川上之嘆、萬物皆備之説相合，學者當體此意，造次顛沛不可間斷，此説大概得之。但周子之意若只如此，則當時只説此一句足矣，何用更説許多陰陽、五行、中正、仁義及通書一部種種諸説邪？通書中所謂誠無爲者，太極也；幾善惡者，陰陽也；德曰仁、義、禮、智、信者，五行也。皆就圖上説出。其餘如静虚、動直、禮先、樂後、淡且和、果而確之類，亦是圖中陰陽動静之意。蓋既曰各具太極，則此處便又有陰陽五行許多道理，須要隨處一一盡得。如先天之説，亦是太極散爲六十四卦，三百八十四爻。而一卦一爻莫不具一太極，其各具一太極處又便有許多道理，須要隨處盡得，皆不但爲塊然自守之計而已也。然此亦只是大概法象，若論日用功夫，則所見所守須先有個自家親切要約處〔一〕，不可必待見圖而後逐旋安排。其隨處運用，亦須虛心平氣，徐觀事理，不可只就圖上想像思惟也。既先有個立脚處，又能由此推考證驗，則其胸中萬理洞然，通透活絡，而其立處自不費力而愈堅牢開闊矣。若但寸寸銖銖比量湊合，逐旋將來做工夫，則亦何由有進步處邪？

校記　〔一〕所見：原缺，據宋浙本補。

編年　見本卷答黄直卿一所考。書札彙編列於淳熙十四年。

答黄直卿 慶元三年春夏間

前書所論大學兩條似未然，如此則是明德新民其初且苟簡做一截，到「止於至善」處又子細做一截也。「知至」之「至」，向來却是誤作「切至」之「至」，只合依舊爲「極至」之「至」。然此「至」字雖與「至善」之「至」皆訓「極」字〔一〕，而用處不同。至善是自然極至之「至」，知至是功夫極至之「至」，難作一例説也。可試思之。此義非獨熹不謂然，以示季通諸人，亦皆疑直卿不知何故作此見也。病中看得孟子要略數章分明，覺得從前多是衍説，已略修正寫去。此書似有益於學者，但不合顛倒却聖賢成書，此爲未安耳。大學諸生看者多無入處，不如看語、孟者漸見次第。不知病在甚處？似是規模太廣，令人心量包羅不得也〔二〕。

校記　〔一〕之至：原作「之善」，據正訛、四庫全書本改。

〔二〕「病中看得」以下又見續集卷一。

編年　據書信編年。

答黃直卿 慶元三年至六年

喪服篇所説析出經傳，破碎重複，不相連屬，不可行也。

此篇已略修定，似有條理。且其間有「見上條」、「見本條」之類，尚涉重複。然去之又似太疏略，可更裁之。或於本條下依重出例注之，而逐條之下却皆削去，亦自簡便。後有通例一條甚好，恐更有可入者當補之。

喪服義。

此篇都未編，可更考之。恐當以三年問一篇爲首，蓋其言所以制服行喪出於人情之實，最爲明切，又包三年期功以下皆盡。其後乃取諸篇中論喪輕重意義者附之。若此類不多，即不若依舊只附前篇作傳記，亦得。

士喪禮上下。

兩卷略定，更詳之。

士虞禮。

當以士卒哭、祥、禫之禮附其後，而於篇目下注云：「祔、卒哭、祥、禫禮附。」

喪大記上下。

自天子達於庶人者，居喪之禮也。若其送死之節、禮文制數，則貴賤之等固不同矣。今以天子、諸侯、大夫之禮附於士禮之篇，殊不相入，自合采集，別爲一篇。但以世俗拘忌，不敢別立篇名，故欲只因喪大記篇包舉王侯士庶之禮，而放士禮次第分其章段。凡言禮之法而似經者，則依經例雜法，與此篇相表裏。凡記事實有議論者，則依記例，似稍明白。但恐其間尚有脱漏差舛，可更詳之。其虞禮以下尚闕，如「天子九月而卒哭」及「九虞」「七虞」等語，當別爲下篇，依士禮次第編集，却於見編卒哭等禮篇内删出。三傳作主等説，亦當附入。其杜預邪説，前輩已有掊擊之者，亦當載。王侯、大夫制度，皆入此篇。其書、禮、論語内説諒陰制度及左傳説天子諸侯喪事，亦皆依記例，隨事附於章目之後。如諒陰及后、世子皆爲三年之類，即附祥禫章後。譏華元、樂舉及仲幾對宋公楄柎藉幹語之屬，即附棺椁窆葬等章。楚恭王能知其過之類，即入誄謚章。如此類更推廣求之，可附即附。但顧命、康王之誥，恐尤不可遺。然又不可分，只於篇末附入，如何？

奔喪。

道喪附此篇之目下，依虞禮例。并喪恐更有説，此所取似疏略，可更考之。

居喪記。

吊喪附此篇之目下，依虞禮例。

喪義。

以檀弓「哀戚之至」一條爲首，此條甚長，今注疏皆誤分斷了，今當合之。其餘有通説喪禮或沿喪事，如「孔子早作」、「子張庶幾」等語，皆合附入。別紙更有説。又剪下碎段一束，恐亦可附。邾婁復以矢、天生地藏、子羔之襲、喪不剝奠之類已削去，皆可入。

以上共十篇。

重出例不須如來喻，但於初見處注尾著圈而注其下曰：「後某章某章放此。」喪服篇説中亦有一例依此，可并詳之。

士虞禮記「既封」至「除之」，此一項不入例，可更詳之。

「上大夫之虞」，此條當入大記下篇。

周禮喪車更詳之，若是上下通用，即入喪服通例經中；若是王禮，即入大記初用車處。

凡已剪下重複碎段，恐有漏落或當載者，可更詳之。所寄數卷若前此旋次得之，即可子細看。今并寄來，又值事冗目痛，只看得一兩卷子細。自「既夕」以後，多不及詳。可更加功，修此數卷也。卒哭篇附虞禮後，以本記補經。

「始死三日而殯」止「遂卒哭」注。「用剛日，曰哀薦成事」節注。「將旦而附」止「辭一也」注。末云：「『哀薦成事』一句，未知當附何處。」「饗辭」止「之饗」注。

右卒哭。○記云云。

「明日，以其班祔」止「尚饗」。

右祔。○云云。○祔，杖不上於堂。

「期而小祥，曰薦此常事。」

右小祥。○記云云。

「又期而大祥，曰薦此祥事。」

右大祥。○記云云。

「中月而禫」止「未配」。

右禫。○記云云。

注中云「見某篇云云」者，更契勘今所定本，恐已删去，隨事改正。

所論士廟之制，雖未能深考，然所論堂上前爲三間，後爲二間者，似有證據。但假設尺寸大小，無以見其深廣之實。須稍展樣，以四五尺以上爲一架，方可分畫許多地頭，安頓許多物色。而中間更容升降、坐立、拜起之處，净掃一片空地，以灰畫定，而實周旋俯仰於其間，庶幾見得通與不通，有端的之驗耳。

若如此圖，則堂基之上便分前段三間、後段四間及兩邊夾室之位矣，即不見得殿屋横棟從甚處斷，兩霤之分從甚處起，又不見厦屋兩翼如何似今之門廡，又不見兩夾堂外既無墉，亦合有柱與否。云有柱，則於經無文；云無柱，則兩屋角懸空，無寄託處。又恐間架次第雖如所説，其殿屋分四霤處亦合如前來寄去之説，但移得洗更稍向東當檐滴水處耳。夏屋亦須作次棟以覆兩夾，但設摶風版於兩夾之外次棟盡頭，而設洗於其南，如此乃有門廡之狀。先之説福州人所謂君臣門也。蓋屋之前後皆爲五間，而中三間爲直棟，旁兩間爲兩夾。其上椽瓦或爲東西霤之上流，或爲次棟而設搏風於其外也。若不如此，則殿屋直棟反短於夏屋之棟，等殺不應爾也。

古者降殺以兩，恐士廟深廣，當自天子制度三降而得之。又於其間細分間架，乃見其實也。適又思之，恐只是作三大間，旁兩間之中爲墻，以分房室。兩夾之界，略如趙子欽説，但「門廡」二字未合耳。可更考之。

編年　據書信編年。朱熹卒於慶元六年。

朱熹文集編年評注卷四十七

書 知舊門人問答〔一〕

校記　〔一〕題注原無「知舊門人」四字，據宋浙本補。以下「書」類各卷同。

答吕子約 祖儉　乾道九年秋冬間

示喻縷縷，足見力學之志。然所讀書似亦太多矣。大抵今人讀書務廣而不求精，是以刻苦者迫切而無從容之樂，平易者泛濫而無精約之功。兩者之病雖殊，然其所以受病之源則一而已。今觀來喻，雖云數書之外有所未暇，然只此已是多少功夫？又論、孟、中庸、大學乃學問根本，尤當專一致思，以求其指意之所在。今乃或此或彼，泛然讀之，此則尤非所以審思明辨而究聖學之淵源也。愚意此四書者當以序進，每畢一書，首尾通貫，意味浹洽，然後又易一書，乃能有益。其餘亦損其半，然後可以研味從容，深探其立言之旨而無迫切泛濫之累。不審賢者以爲如何？

編年　據年譜長編、書信編年。

答吕子約 乾道九年秋冬間

喻及日來進學之功，尤慰孤陋，且深有助於警省，爲惠厚矣。氣質未化，偏重難反，學者之通病。今亦但當用力於恭敬持養之地而玩意義理以培養之，不必反復較計、悔咎尅責，如此太深，却恐有害清明和樂之氣象，亦足以妨日新之益也。

編年 據年譜長編、書信編年。

答吕子約 乾道九年秋冬間

示諭縷縷，備見篤學力行之意。然未免較計務獲之病，著此意思横在方寸間，日夕紛擾，非所以進於日新也。所讀書亦太多，如人大病在床，而衆醫雜進，百藥交下，决無見效之理。不若盡力一書，令其反復通透而復易一書之爲愈。蓋不惟專力易見功夫，且是心定不雜，於涵養之功亦有助也。又謂不欲但爲聞見之知，此固當然。然聞見之知要得正當〔一〕，亦非易事，誠未可輕厭而躐等也。

校記 〔一〕然：原缺，據淳熙本、宋浙本補。

編年 據年譜長編、書信編年。

答吕子約 乾道九年冬

時習之義，程子云「習，重習，時復思繹，浹洽於中則説」，此恐是學原於思之意。凡所當事者皆學也，不致其思繹以通之，則無自而進。苟苦思力索，則淺迫無味，亦失所謂説矣。惟學焉而時復思繹，勿忘勿助，積累停蓄，浹洽涵養，杜元凱所謂如江海之浸，如膏澤之潤，涣然冰釋，怡然理順，然後爲得。此即時習而説之注釋也。張先生所云似與程子之意未合。

此説甚佳。南軒解義爲人借去，不盡記其説。然覺得儘有未安處也。

「巧言令色鮮矣仁」，恐止當從尹氏説。

尹説固好，然其間曲折恐亦不可不講。若有人引上蔡所引許多同異問之尹公，他必有説，不只如此打過也。

「傳不習乎」，恐止當從明道説。蓋恐不習而傳之，則在己審問明辨之功有加無已，篤於自反而懼於傳之或差。上蔡之説恐與章指未合。

如明道説，文勢似不甚順。若從上蔡之説，則先忠信後講學，乃與上下章意思相似，又文勢安帖，不煩多訓，似亦有理。試更思之。

「父在觀其志」一章，恐指意在下。又志，所存也，行，所爲也，有父兄在，安得聞斯行之？雖欲成父之美，而親心未順焉；雖欲爲不善，而莫得肆焉，止觀志之所存可也。若親没矣，吾之所欲爲者遂矣，故必觀其所爲之專與不專而後可。蓋雖爲之善，然不能忍而遽改，則亦謂之死其親可也。至於三年之間，事死如事生而無伸己之意，乃謂之孝。「可謂孝矣」云者，深嘉之辭。若曰「如其非道，則何待三年」，是未深體觀其行之意也。夫不幸而有所當改，是乃吾平日之拳拳而未能乎於吾親者。今也哀痛之深，固有所斡旋改移於不動聲氣之中者矣，苟有決厲之意，則縱有丘山之善，然此心不幾於息乎？

此説甚好，但謂固有斡旋改移於不動聲氣之中者，此句未安。熹舊來亦嘗有此意，後看史書，見有居官不改前人之政，但因事遷就，使人不見其迹者，必大悦之，以爲代人居官，猶有能如此者，况於所天乎？因以此問於李先生，先生曰：「此意雖好，但每事用心如此，恐駸駸然，所失却多。聖人所謂無改者，亦謂尚可通行者耳。若不幸而有必不可行者，則至誠哀痛而改之，亦無可奈何，不必如此回互也。」此意竊謂學者不可不知，恐當更思之也。又有謂其志其行皆指父而言，意亦自好。試并思之，如何？

日月謂一日一個亦得，論氣之感也。謂古今一個亦得，論氣之本也。

「感」字未安。李文饒謂日月終古常見而光景常新，此亦善言天者。

季路問事鬼神，告以事人；問死，告以知生，欲令子路原始觀終，聚而通之也。未知生，焉知死，是固然矣。未能事人，焉能事鬼，恐救子路忽於近之病。蓋在目今雖曰未能事人，然隱微之間，如執虛奉盈，所以事之者，自當深用其力。苟於此知所事，則事人之道亦可進。但闕略於事人，則益不能事鬼矣。

熹嘗謂知乾坤變化、萬物受命之理，則知生而知死矣；盡親親、長長、貴貴、尊賢之道，則能事人而能事鬼矣。只如此看，意味自長。戒慎隱微，又別是一事，不必牽合作一串也。

「體物而不可遺」之義，蓋物是形而下者，物其物則息生不窮，是所謂體物而不可遺也，即形於上者也。苟物而不物，則死矣。「體」云者，其流行發見非物自爾，而必有體之者也。

體物之意剖析得甚好，但本是鬼神之德爲此萬物之體，非是先有是物，而鬼神之德又從而體之也。「物而不物則死矣」，此句有病。須知若初無體之者，則亦無是物矣。

游魂爲變之義如何？

精，魄也；耳目之精明爲魄。氣，魂也，口鼻之噓吸爲魂。二者合而成物。精虛魄降，則氣散魂游而無不之矣。魄爲鬼，魂爲神。禮記有孔子答宰我之問，正説此理甚詳。雜書云：「魂，人陽神也；魄，人陰神也」，亦可取。橫渠、上蔡論此亦詳。

「誰毁誰譽」一章，恐當看「誰」字，此正見聖人大公無我之心。如有所譽者，其有所試矣，此又聖人無所私好，而於善善之意亦不侵過分毫。來誨所謂但有先褒之善而無預詆之惡，似恐於公平之意思未完。

熹昨來之説善善速、惡惡緩，正書所謂「與其殺不辜，寧失不經，罪疑惟輕，功疑惟重」，春秋傳所謂「善善長、惡惡短」，孔子樂道人之善，惡稱人之惡之意，而仁包五常、元包四德之發見證驗也。聖人之心雖至公至平，無私好惡，然此個意思常在，便是天地生物之心。若但一向恝然無情，則恐或有流於申商慘覈之科矣。試更思之。洪範皇極亦有此意。

編年 據年譜長編、書信編年。

答呂子約 乾道九年冬

所喻日用工夫，足見爲己之意，甚善。然别紙所論論語首章，便是讀書玩理之樣轍，更無别塗。請只如此用功，不必切切論功計獲也。

編年 據書信編年、年譜長編。

答呂子約 乾道九年冬

示喻日用功夫有未到處，此見省身克己用力之深，不勝嘆仰。然前後已屢奉聞，不必如此計較迫切，但措其心於中和平正之地，而深以義理灌溉培養之，自然日有進益。如其不然，則存養講習之功未及一二，而疑悔勞殆之病已奪其千百矣。試更思之。至如讀書，只且立下一個簡易可常底程課，日日依此積累功夫；不要就生疑慮，既要如此，又要如彼，枉費思慮言語，下梢無到頭處。昔人所謂多岐亡羊者，不可不戒也。

編年 據書信編年、年譜長編。

答吕子約乾道九年冬

「巧言令色鮮矣仁」，論章旨則尹氏之説爲完。若旁通其義，如辭欲巧之類，是乃修省細密工夫，其發原自别。然修辭之功亦易得入於安排計較，而不自知其所發之偏者，亦爲鮮矣仁也。

發原自别之説甚好。修辭之功固易入於安排計校，然亦只得就發原處謹之耳。若捨此而别生疑慮，則又轉見繳繞，不得剖决也。

曾子之三省，爲人謀、與朋友交、傳諸人，惟恐應物之或不如己而篤於自反也。尹子言：「諸公遠來，依先生之門，某豈敢輒爲他説？萬一有少差，豈不誤他一生？」恐正是「傳不習」之意。先忠信後講學，固是如此；但忠因謀言，信因交言，恐與「行有餘力則以學文」之意未類。上蔡之説竟未敢安〔一〕。

所引尹公語甚好。然於此文句中似覺少兩三字，聖賢立言不如是之巧而晦也。謀不忠則欺於人，交不信則欺於友，傳不習則欺於己、欺於師，是亦忠信之類耳。更思之。

「其志」「其行」皆指父而言，意亦好，但於本章之旨恐未安。父在觀其志，觀其所志之善惡也；父没觀其行，觀其所行之肆與否也。三年無改於父之道，則事亡如事存而不忍死其親焉，故曰「可謂孝矣」。斡旋改移，其始止於隱惡諱過，本在於愛親。駸駸而往，易入於私，其病固不細，然彌縫調停之工又不可廢。所謂「度不可行，至誠哀痛而改之」，固不必回互，但弗知所以改之之方，則或傷於張皇驟快而無遲遲浸漸之意味，亦非篤於愛親者也。謝方明事祖儉舊看得甚可爲法，然李先生之言亦要於此致察。

先生之言，恐更當思之。「至誠哀痛」四字儘有意思，存得此心，自不至張皇也。據今日病證，似當且服此藥，便自胸次開闊，黑白分明。若更主張「調停」兩字，正是以水濟水，竊恐昏昧隘促，轉見無進步處。父没觀行必如舊説，亦爲是非邪正之類，所包甚廣。今只云「肆與否」，却覺拘滯。兼又與上句參差，下句重并，尤未穩當。

日月終古常見而光景常新，其理固如此。然所謂常見，所謂常新，必有科別。

日月，陰陽之精，終古不易，然非以今日已昳之光復爲來日將升之光也，故常見而常新。

未能事人而欲事鬼，未能知生而欲知死，是猶未知其首而欲知其尾也。知首之旨〔二〕，當如來教。又思事人之旨，恐止是不敢欺，不敢慢，出門如賓之類皆是。如此而致敬密察，庶幾可以交神明矣。「事」如「祇事」之「事」，所謂盡親親、長長、貴貴、尊賢之道，恐於「事」字未叶。

此説甚好，比熹説尤親切。蓋親親、長長、貴貴、尊賢之道固不外乎愛敬，但如此説方親切耳。然四者之目亦不可廢，請更思之。

「視之不見，聽之不聞，體物而不遺」，此三句乃指鬼神之德而言。視不見，聽不聞，無形聲臭味之可聞可見也，然却體物而不遺，則甚昭然而不可掩也。所謂體物者，固非先有是物而後體之，亦非有體之者而後有是物。萬物之體即鬼神之德，猶云氣即性，性即氣而不可離也，可離則無物矣。所謂不可遺者，猶言無遺闕滲漏，蓋常自洋洋生活，不間乎晦明代謝也。

物之聚散始終，無非二氣之往來伸屈，是鬼神之德爲物之體，而無物能遺之者也。所謂「非有體之者而後有是物」與所謂「無遺闕滲漏」者，皆非是。

「魂者其氣也，氣散魂游而無不之」，所謂無不之者，已屈之氣尚有在於天地之間邪？抑否也？然氣聚則生，氣盡則死，何者爲游魂？玩「游」之一字，謂其即便消散，又似未盡也。體魄藏於地，恐指成質而言。如月魄以無光明者言。謂耳目之聰明爲魄，有所未曉。合耳目之聰明而言，則魂不離魄；聰明即氣之運，乃是魄也。失其耳目之聰明而言，則魂去魄存，恐難以耳目聰明命之爲魄也。

程子曰魂氣歸於天，消散之意，游魂亦是此意。蓋離是體魄，則無所不之而消散矣。雖未必皆即時消散，要必終歸於消散也。魂魄之分，更當熟究陰陽之分。體、魄自是二物，魄之降乎地，猶今人言眼光落地云爾。體即所謂精氣爲物，蓋必合精與氣，然後能成物也。

洙泗言仁及契丈仁説，竊得諷味。復之六二「休復之吉〔三〕，以下仁也」，謂初九也。易傳云：「一陽復於下，乃天地之心」，此正與「元者善之長」同理。竊謂五常之仁猶四時之春，至善醇醲不雜。孟子指乍見之心爲仁之端，下即論非内交要譽而然，蓋因乍見之真而可知其有仁也。端云者，苗裔端倪之謂也。覺痛癢則非不仁，則覺者所以驗乎仁。有彼我心則爲不仁，則公者是仁之意思，愛是仁之用，恕是仁之施。而樂山静壽，又乃形容仁之體段也。程子氣類相合之言殊覺有味。要須先以萬善之先名仁，而後可以用工致力。若所謂克己復禮、如見如承之類，皆用工致力之道也。要皆當一一剖析，又不敢太成支離，失其全體。「以萬善之先名仁」，殊不親切，且以所引易傳及四時之春者體之即見。熹前所論統仁、義、禮、智及四端而言者，其分界限明而血脉通貫，不必别立名字。但要用工致力，使真不失此心，然後爲得耳。

校記　〔一〕竟：宋浙本作「意」。

〔二〕首：正訛改作「生」。

〔三〕六：原作「九」，據易復卦改。

編年　據書信編年、年譜長編。

答吕子約 淳熙元年春

承喻專看論語，浸覺滯固，因復看易傳及繫辭，此愚意所未喻。蓋前書布此曲折已再三矣，似已略蒙聽察，不知何爲而復蹈舊轍也。夫論語所記，皆聖人言行之要，果能專意玩索，其味無窮，豈有滯固之理？竊恐却是不曾專一，故不見其味而反以爲滯固耳。至如讀易，亦當遵用程子之言，卦、爻、繫辭自有先後。今亦何所迫切而手忙脚亂一至於此邪？所論主一主事之不同，恐亦未然。主一只是專一，蓋無事則湛然安静而不騖於動，有事則隨事應變而不及乎他。是所謂主事者，乃所以爲主一者也。觀程子書中所論敬處，類集而考之，亦可見矣。若是有所係戀，却是私意。雖似專一不舍，然既有係戀，則必有事已過而心未忘，身在此而心在彼者。此其支離畔援，與主一無適非但不同，直是相反。今比而論之，亦可謂不察矣。惟其不察於此，是以未能專一而已有固必矜持之戒，身心彼此實有係戀支離之病，而反不自知其非。又凡前後所言，類皆瞻前顧後、一前一却之論，不曾坦然驀直行得數步。此亦一個大病根株，恐當痛下功夫刊削，不可悠悠，又只如此説來説去，久之看得只似尋常也。

編年 據書信編年。

答呂子約 淳熙元年夏秋間

修省言辭，誠所以立也。修飾言辭，僞所以增也。發原處甚不同。夫子所謂巧令鮮仁，推原辭意而察巧令之病所從來，止是有所爲而然。如未同而言，以言餂人，脅肩諂笑，以喜隨人之類，皆有所爲也。曰鮮矣仁云者，獨言巧令之人於仁或幾乎息而不敢謂之全無也〔一〕。

有所爲之説甚善，但「不敢謂之全無」，指意畢竟如何，幸更喻及。伊川先生解中却云「謂非仁也」，便如此直截説破，意又如何？

曾子之三省，忠信而已，則程子包「傳不習乎」一語解之矣。所謂欺於己、欺於師，想是程子之意。但祖儉竊謂「傳不習乎」亦須兼就不習而傳於人上説。蓋不習而傳，則是中有未盡而與欺人無異也，與上文同旨。而傳習又所當省者，故專言之。如子夏後爲莊周之類，皆由傳之有所未習，故流傳之久，不能無弊。觀「老於西河之上」氣味，謂之講習之功全盡，未可也。惟曾子謹其所傳，故至今無弊。然「彼以其富」之言、摽使者出大門之義、「説大人則藐之」之訓，其血脈貫通，皆似有少傷和粹處。信乎，傳而習之爲難也！所謂傳，非如釋氏半夜傳法之謂。蓋在己有所未克，則其動止之間不能無失。苟時習之功有所未至，流傳於後，豈不有害？

所論甚善，末後注腳尤好，但恐文意未如此耳。恐當放下許多道理，且平心看他文義向甚處去，都不要將道理向前拽他。待他文義有歸著去處，穩帖分明後，却有個自然底道理出來，不容毫髮有所增損抑揚。此處正好玩味也。大抵先要虚心爲要耳。如「禹無間然」一段，五峰説得甚好。然近日細看，恐聖人當日贊嘆之時未有此意。他似此者甚多。

李先生之論，蓋欲拯世人計較之病，大要恐人思前算後，遷就回互，入於不誠不直而弗自覺知。然人之資禀剛柔不齊，則藥其所偏者，又恐難一概論。止是要認得此意旨所發，而於計較思算時常常點檢也。

日用功夫固當縝密，然覺得如此煩碎繳繞，又似自縛殺了。故先生之意大抵且要簡節疏目，先整頓得大體是當，然後却就上面子細點檢。是亦學不躐等之意也。

坎離，陰陽之成質，故爲上篇之終。既濟，坎離之合；未濟，坎離之交，故爲下篇之終。

五行之運，獨言水火，又謂爲成質，何也？

陰陽成質，水火爲先，故洪範一曰水，二曰火。正蒙中亦有一段論五行次序，說得分明，可更檢看。數學有乾坤付正性於離坎之說，似亦有理。

日月，陰陽之精氣，向時所問殊覺草草。所謂終古不易與光景常新者，其判别如何？非以今日已昳之光復爲來日將升之光，固可略見大化無息而不資於已散之氣也。然竊嘗觀之，日月虧食，隨所食分數，則光没而魄存，則是魄常在而光有聚散也。所謂魄者在天，豈有形質邪？或乃氣之所聚而所謂終古不易者邪？

日月之說，沈存中筆談中說得好，日食時亦非光散，但爲物掩耳。若論其實，須以終古不易者爲體，但其光氣常新耳。然亦非但一日一個，蓋頃刻不停也。

二氣五行，造化萬物，一闔一闢，萬變是生。所謂五行之氣，即雷、風、水、火之運邪？又即二氣之參差散殊者邪？先儒謂物物皆具，則人之氣禀有偏重者，謂之皆具可乎？或謂雖物皆具，而就五行之中，有得其多者，有得其少者。於此思之，殊茫然未曉。

五行之氣，如温涼、寒暑、燥濕、剛柔之類，盈天地之間者，皆是舉一物無不具此五者，但其間有多少分數耳。五音、五色、五味之類皆是也。

鬼神之德蓋甚難知，於此粗入思慮，竟於體物不遺上看得未極分明。於此不透，故不自知而溺於釋氏處多。明道答上蔡語謂：「向你道有來，又恐賢問某討；向你道無來，你又恁生信得及？」每每於此思量，乍得乍失。近因相識有饋生鵝者，欲殺之，則甚不忍；欲貨之，則取其利而殺其身，恐有寃之之意，常感於中。此病不已，便入因果上去。又因夜夢，疑若有世間所謂鬼者欲出，雖未睡覺，然心知其無，以理却之，竟無有也。雖曰以理却之，然中心不無驚悸。若此類，則釋氏之説久久極易惑人，但先入者爲主，可以主張。然非實曉，亦安能保也。

鬼神只是氣之屈伸，其德則天命之實理，所謂誠也。天下豈有一物不以此爲體而後有物者邪？以此推之，則體物而不可遺者見矣。著實見得此理，則聖賢所論一一分明。不然，且虛心向平易分明處別理會個題目，勿久留情於此，却生別種怪異底病痛也。生鵝之論，只以子釣而不綱、弋不射宿、孟子遠庖厨之義斷之，便自直截。

吴才老之論亦是一意，然覺得未完。「吾必謂之學」云者，謂夫世人不知以是爲學而專以講論爲學也。「則以學文」者，謂夫世人不知修其當位之職而徒欲學文也。意各有當，言各有指，似難以未該遍論之。

伯恭論得此意甚好，謂才老之論不可謂不然，但其發處有病耳。誠然誠然。今日兩端之論，恐亦正坐此也。但若論文義，子夏所説終是倚著一邊，豈亦矯枉過直而然邪？

「乾知大始」，程子云：「乾當始物，乾以易知。」程子又云：「乾，始物之道易。」似不以此「知」字爲知崇及極高明之意。「當」字如何形容？

乾便是物之太始，故以「當」字言之最爲密切。

魂，陽也，屬天；魄，陰也，屬地。魂氣歸於天，體魄藏於地是也。聚而復散者爲魂，聚而不散者爲魄。魄，非氣也。精氣爲物者，合氣之聚而復散與夫聚而不散言也。游魂者，專指聚而復散言也。來教謂體、魄自是兩物，未能深曉，更願詳賜批誨。

魂陽而魄陰，故魂之盡曰散，散而上也。魄之盡曰降。降而下也。古人謂之徂落，亦是此義。林少穎云然。今以聚而不散者爲魄，恐未然。體、魄是二物，精氣爲物，猶言魂魄爲體爾。以此推之，更有曲折。

「仁者，天下之正理」，此一語與仁意義如何？

此是對下文禮樂而言，非專以訓仁之名義也。大率前賢語意寬廣，不若今人之急迫。今人見得些道理，便要鐫鑿開却，正是心量小，不耐煩耳。近日甚覺前日説得惡模樣也。然説得如此，人尚不會，況不説乎？此又不可廢也。

校記 〔一〕獨：正訛改作「猶」。

編年 據書信編年、年譜長編。

答吕子約 淳熙元年夏秋間

程氏葬説父祖子孫同氣，彼安則此安，彼危則此危。墓以藏體魄也，所謂安者，何所指邪？

正指體魄而言耳。程子論此意思甚詳，讀之使人惻然感動。有此疑者，豈非惑於莊生「愛其使形者」之論邪？此異端之言，賊恩之大者，不可以不辨。

上蔡「以我視我聽」等言，以「子絕四」之旨觀之，終未免有「我」底意思。雖與放而不知求者遠甚，然其究極似未平正也。見於文句者，每每有「我」底意思。

五峰作復齋記云：「知自反而以理視。」此語無病。如此所引，非惟有「我」不平於下學切己功夫，亦有任「意」而失理之病。其流弊之甚，多至於妄作。

「主忠信」之言後於「不重則不威」，其意如何？

聖賢所言爲學之序例如此，須先自外面分明有形象處把捉扶竪起來，不如今人動便說正心誠意，却打入無形影、無稽考處去也。

「傳不習乎」，據文勢意脉，當以明道言爲正。

此等處義理亦兩通，存之可也。

程子「知周乎萬物而道濟天下，故不過」，釋之曰「義之所包知也」，文意如何？

程子說「易」字，皆爲易之書而言，故其說如此。但鄙意似覺未安。蓋易與天地準，故能彌綸天地之道，此固指書而言。自「仰觀俯察」以下，須是有人始得。蓋聖人因易之書而窮理盡性之事也。近讀此書，方見得一端緒，非面論不能既也。

夏商損益，繼周者亦必有損益。蓋氣運升降，不容不爾。特聖人能因時而不逆之耳。

理大概如此，然非夫子告子張之意，請更詳之。

林放問禮之本，歷考程子之言有曰「飾過則失實〔一〕，故寧儉」，又曰「儉則實所出」，又曰「節文太過，則和那些誠意都不見」，則儉近本而不可正名曰本也。

禮正在恰好處。泝而上之則儉爲本，沿而下之則奢爲末，當以易傳之言爲正。龜山發明得亦佳。

生死者，氣運往來之常也。異端以有生爲幻而謂之無常，是不明乎天地之性、陰陽之本也。

此説固然，程子蓋言之矣。

「每事問」，程子謂：「雖知亦問，欽慎之至。」問者，問所未知也。問所知焉，似於未誠。謝氏之説，聖人之心恐不如是。程子之意雖知其意味甚深，然看得未分明。以石慶數馬與張湯陽驚事相對觀之可見。

雖知亦問，自有誠僞之别。兼或人謂夫子爲鄹人之子，則亦夫子始仕，初入太廟時事。雖平日知其説，然未必身親行之而識其物也，故問以審之。理當如此，必不每入而每問也。然大綱節目與其變異處亦須問也。

「不以其道得去貧賤」，當如明道説。若曰「不以其道得貧賤則不去」，恐君子之心不如是也。

明道説意甚密，但文義似費力耳。

近看得忠恕只是體用，其體則純亦不已，其用則塞乎天地；其體則實然不易，其用則擴然大通。然體用一源而不可析也，故程子謂「看忠恕二字自見相爲用處」，而夫子曰：「吾道一以貫之。」

此說甚善。

「出入無時，莫知其鄉」，只是大概言人之心如是，甚言此心無時不感而不可以不操也。不操則感動於不善而失其本心矣。雖曰失其本心，而感處即心也，故程子曰「感乃心也」。而程子答「心有亡也」之問又曰：「纔主著事時先生以目視地便在這裏，纔過了便不見。」又云：「心豈有出入？亦以操舍而言。」蓋寂然常感者，心之本體。惟其操舍之不常，故其出入之無止耳。惟其常操而存，則動無不善，而瞬息頃刻之間亦無不在也。顏氏之子三月不違，其餘則日月至，政以此心之常感而易危故也。

寂然常感者，固心之本體也，然存者，此心之存也；亡者，此心之亡也。非操舍存亡之外別有心之本體也。然亦不須苦説到此〔二〕，只到朱勾處便可且住也。

校記 〔一〕過：原作「實」，據二程外書卷七改。

〔二〕苦：原作「舌」，據宋閩、浙本、四庫全書本改。

編年 據書信編年、年譜長編。

答呂子約 淳熙元年夏秋間

示喻讀書用力之意，甚善。所謂收拾向裏，固爲急務，但亦當虛以待之，則心體自存，善端自著，不可一向抑遏安排也。近作一文字，正述此意。録寄伯崇矣，亦屬轉以奉呈也。謝說未安者多此類，所論孝弟之說，蓋本有不屑卑近之意，故其言日用切身處往往多有此意思。且如此章不以事親從兄爲本分當然之事，而特藉之以爲知仁之資，則方其事親從兄之時，其心亦不專於所事，而又別起知仁之想矣。往年與正字兄論知言中病痛，亦多如此。蓋其所授受有自來也。却是呂與叔先生論民可使由之處意思極好。昔侍李先生論近世儒佛雜學之弊，因引其說，先生亦深然之。凡百但以此等意思存之，便自平實。至於近世專門之說，蓋亦不必深論其失，取其可取者焉可也。

編年 據書信編年、年譜長編。

答呂子約 淳熙元年秋

時復思繹之義如何？長沙說中謂紬繹其端緒，又何也？又時習專以「思繹」爲訓，又何也？

凡言學，多指講論誦讀言之，故以習爲思繹。長沙說不記云何，紬繹端緒亦苦無異義也。

學即行也，所謂「所以學者，將以行之也」，意必有在。

中庸言博學，又言篤行，則學與行自是兩事。

説、樂之分如何？所謂説在心，政孟子「理義悦我心，猶芻豢悦我口」之意。但所謂樂主發散在外，朋友之樂蓋亦實見其可樂，但此説爲發舒耳。謂之主發散在外，願明其説。

謂之發散在外，即是由中而出，但「樂」字之義主於發散在外而得名耳。

謝氏「時習、朋來、不愠」一章，意脉似與本章之旨不貫。所謂「不必同堂合席謂之朋」，則於朋來而樂之意似不切。所謂「知我者希則我貴」，既以知者希爲貴〔二〕，則亦與人不知而愠者相去只一間耳，非所謂不見是而無悶者也。

謝氏説多類此，大抵過於高遠也。

孝弟爲仁之本，程子、謝氏之旨如何？程子謂孝弟行於家而後仁愛及於物，蓋以本立而道生也。謝氏謂知此心則知仁，蓋以自是而仁可見。是固然也，却恐非爲仁自孝弟始之意。

只當從程子説。近年論者多欲設爲機械，以求知仁，其原蓋出於謝氏。且若如其説，則其事親從兄之際心亦不專於所事矣。

明道論孝弟本其所以生乃爲仁之本，而又論守身守之本，不失其身而能事其親，乃誠孝也，推此可以知爲仁之本。此意如何？

明道因論事親，又推本守身之意，以明必如此，然後爲能事其親，乃所謂孝子成身之義。

「其爲人也孝弟，自然和順慈祥，豈復萌犯上之心？況於爲逆理亂常之事乎？」此蓋深言孝弟之爲順德而人道之根柢也。自是而積習著察，則爲仁之道自然周溥充大。所謂「老吾老以及人之老，幼吾幼以及人之幼」，而非過情違道之小仁也。故曰「本立而道生」，而又贊之曰「孝弟也者，其爲仁之本歟」。若夫仁民而推親親，固曰無本，然所謂仁民者，亦必有甚不仁者矣。

自仁民而推親親，本不足辨，然亦不必言必有甚不仁者。

巧令鮮仁，尹氏之説爲完。程子直指爲非仁，何也？詳考程子辭意，蓋直指修飾之爲非仁，欲學者深知乎仁與不仁之分，故他有所未暇論也。昨領來喻，謂程子如此直截説破，恐是此意否？

程子固是直指修飾之爲非仁，而聖人本意初亦不兼持養者而爲言也。但聖人辭氣舒緩，程子恐人不會，更向巧令中求其少有之仁，故如此直説破耳。

曾子之三省，忠信而已，而不及「傳不習乎」一語，何也？前雖求教，謂已兼釋之，今却未曉。

程子説「傳不習乎」是不習而傳與人，是亦欺人之事，故以忠信舉三省。此句須更思之，與謝氏孰長？

入孝出弟、謹行信言、泛愛親仁，蓋爲弟爲子日用出入之實職。曠此而徒區區於文義章句間，抑末也。程子謂非爲己之學，意蓋如此。然必曰學文者，誠以未能著察，而品節等差、重輕緩急不得其宜，則或有所害。以此見周伯忱之説甚當。謝氏盡孝盡弟以及乎親仁成己，至行有餘力，則以學文，則看得學文頗輕，而説得入孝出弟之類一節便做成德，似非本旨意。

修弟子之職，固所以爲己，然博學於文以明義理之歸，亦爲己也。洪慶善説未有餘力而學文，則文滅其質；有餘力而不學文，則質勝而野。此意亦好。

「道千乘之國」，政與「道之以德」、「道之以政」之「道」同。「道」猶導也，與齊治之義別。「敬事而信」以下，或以爲五者，或以爲三者，當從何説？程子釋此章謂「今之諸侯能如是，足以保其國矣」，非小乎此也，政以今之諸侯所以導其國者不能如是也。然否？

分別「道」、「齊」二字甚善。此章當爲五事，然先後相因，不可相無，則亦一事而已。程子之言固非小此，蓋以其略，故其言之若不足耳。

程子謂論性則以仁爲孝弟之本，又謂仁是性也，孝弟是用也，因此得求仁之方，要須是從克己入。程子論季路、顔淵言志一段可見。蓋喜怒好惡之偏，頃刻胡越霄壤之判，如何得氣脉通貫，本末連屬？每覺於至親上尚有物我處多，況於他人乎？直須是由身至家，由家至外，檢察消磨，漸漸融通，則庶乎仁矣。前輩謂公近仁，愛屬仁，而魯論所謂己欲立、達而立人、達人爲仁之方，而孟子所謂「仁者如射，正己而發，發而不中，不怨勝己，反求諸己」，如此之類，皆是欲人之求仁當自克治己私而入。學者但當於此下手耳。向者所謂以萬善之先名仁，誠不親切。

論性則以仁爲本，此只是泛説。論義理則性中只有仁義禮智，而孝弟本出於仁。論爲仁之功夫，則孝弟是仁中之最緊切處，當務此以立本而仁道生也。來喻雖善，然非程子立言之本意也。

一心之謂誠，盡心之謂忠，其分如何？又謂忠，天道也，其與盡心之義同否？

一心之謂誠，專以體言。盡心之謂忠，是當體之用。忠，天道也，對恕推己而言，正指盡心之義。

校記 〔一〕「以」下原有「不」字，據宋浙本删。正訛改「不」爲「所」。

編年 據書信編年、年譜長編。

答吕子約 淳熙元年秋

所示心無形體之説，鄙意正謂如此，不謂賢者之偶同也。然所謂寂然之本體殊未明白之云者，此則未然。蓋操之而存，則只此便是本體，不待別求。惟其操之久而且熟，自然安於義理而不妄動。則所謂寂然者，當不待察識而自呈露矣。今乃欲於此頃刻之存遽加察識，以求其寂然者，則吾恐夫寂然之體未必可識，而所謂察識者，乃所以速其遷動而流於紛擾急迫之中也。程夫子所論「纔思便是已發，故涵養於未發之前則可，而求中於未發之前則不可」，亦是此意。然心一而已，所謂操存者，亦豈以此一物操彼一物，如鬥者之相捽而不相舍哉，亦曰主一無適，非禮不動，則中有主而心自存耳。聖賢千言萬語，考其發端，要其歸宿，不過如此。子約既識其端，不必别生疑慮，但循此用功，久而不息，自當有所至矣。

編年 據書信編年、年譜長編。

答吕子約 淳熙元年秋

向來所喻數條，亦皆窮理之要。今承喻及有不曉毫髮之語，此又范太史所謂小其所知以爲不知之弊。竊謂莫若因其所知者玩繹而推廣之，自當有味，不可捨此而别求，恐轉益荒遠而終無得也。此類猶是好高之病，不可不警。

編年 據書信編年、年譜長編。

答吕子約 淳熙元年秋

示喻縷縷，具悉。但泛説尚多，皆委曲相合。恐更當放下，且玩索所讀書，依本分持養爲佳耳。陸子静之賢，聞之蓋久，然似聞有脱略文字、直趨本根之意。不知其與中庸「學問思辨然後篤行」之旨又如何耳。

編年 據書信編年、年譜長編。

評論 程敏政書朱子答吕子約書：按此書朱子未與陸子相見時語。所謂「脱略文字，直趨本根」與中庸

「先學問思辨而後篤行」之説，乃朱、陸最異處。今考陸子與其門人書，亦孜孜以講學爲務，而獨切切以空言爲戒，疑所謂空言者指朱子也。朱子豈倡爲空言者哉，其説可謂大不審矣。

答吕子約 淳熙元年十月

所喻日用功夫甚善，然必謂博學詳説非初學事，則大不然。古人之學固以致知格物爲先，然其始也，必養之於小學，則亦灑掃、應對、進退之節，禮、樂、射、御、書、數之習而已。是皆酬酢講量之事也，豈以此而害夫持養之功哉？必曰有害，則是判然以動静爲兩物，而居敬窮理無相發之功矣。大抵聖賢開示後學進學門庭、先後次序極爲明備，今皆舍之，而自立一説以爲至當，殊非淺陋之所敢聞也〔一〕。

向示心説，初看頗合鄙意，細觀乃復有疑。亦嘗竊與朋友論之，而未及奉報。今得所論，益知向所疑者之不謬也。蓋操舍存亡雖是人心之危，然只操之而存，則道心之微便不外此。今必謂此四句非論人心，乃是直指動静無端、無方、無體之妙，則失之矣。又謂荒忽流轉，不知所止，雖非本心，而可見心體之無滯，此亦非也。若心體本來只合如此，則又何惡其不知所止，而必曰主敬以止之歟？近與一朋友論此，録以奉呈。幸試思之，復以見告。昨日得欽夫書，亦論此，於鄙意亦尚有未盡者。異時相見面論之，筆札不能既其曲折也。

校記　〔一〕敢：原缺，據宋浙本補。

編年 據書信編年、年譜長編。

答吕子約 淳熙元年冬

所示内外兩進之意甚善，此是自古聖賢及近世諸老先生相傳進步直訣，但當篤信而力行之，不可又爲他説所摇，復爲省事欲速之計也。近聞陸子静言論風旨之一二，全是禪學，但變其名號耳。競相祖習，恐誤後生。恨不識之，不得深扣其説，因獻所疑也。然想其説方行，亦未必肯聽此老生常談，徒竊憂嘆而已。操舍存亡之説，諸人皆謂人心私欲之爲乃舍之而亡所致，却不知所謂存者亦操此而已矣。子約又謂存亡出入皆神明不測之妙，而於其間區别真妄又不分明，兩者蓋胥失之。要之存亡出入固皆神明不測之所爲，而其真妄邪正、始終動静又不可不辨耳。

編年 據書信編年、年譜長編。

評論 程敏政書朱子答吕子約蔡季通二書：按以上二書，朱子始謂陸子全是禪學，且嘆其深誤後生之好資質者。今考象山之書，往往以異端爲憂，其於儒釋之辨亦嚴，蓋朱子直以其主尊德性之説太過，而疑其爲禪耳。然陸子與朱子書，則又譏其爲葛藤末説，不知縈絆多少好氣質底學者。殆其言皆出於早年氣盛語健之時，學者未可執以爲定論也。

答吕子約 淳熙四年

來書所喻程門議論，鄙意正謂如此。此或問之書所爲作也。但掎摭前賢，深負不韙之罪耳。

管仲之喻甚正，但以夫子之言考之，恐無此意。程子之意蓋欲主張名教，而以爲夫子許其不死，却不如以爲存而不論之可畏也。試更思之。

編年 據書信編年。

答呂子約 淳熙四年至八年間

叔度忽爲佛學，私竊憂之。前嘗因書扣之，今此書來，不答所問，但云實病難除，實功難進，不敢容易言之而已。如此則是以爲求進實功、除實病必求之釋氏然後可，而吾聖賢立言垂訓與吾黨平日講學存養，皆容易之空言也。叔度所見不應如此，蓋不欲人之議己而設此以峻却之耳。區區雖欲再進其説，而已覺難於發口。然鄙意猶有未能已者。願子約從容自以己意言之，勸其且讀論語，看諸先生説而深思之，以求聖人之意。聖人之意即是天地之心，思而得之，則實理可見而實病可除，實功可進，初不待求之釋氏之言矣。且求之釋氏，却是適越北轅，却行求進，此區區所以深惜叔度平日之用心，而不欲其陷於此也。

頃在静安，見其議論之間，每不欲人攻釋氏之非，私心固已疑之。今果如此。蓋本其平日用功只以博學力行爲事，而未嘗虚心平氣熟玩聖賢之言，以求至理之所在，故其弊至於如此。熹恐伯恭亦不得不任其責，不知其聞此消息以爲如何。然熹之愚猶竊有疑於伯恭詞氣之間，恐其未免有陰主釋氏之意。但其德性深厚，能不發之於口耳。此非小病，吾輩於此若猶或有纖芥之疑，速須極力講究，以去其非而審其是，不可含胡隱忍，存而不決，以貽他日走作之患也。大抵彼中朋友立説過高，立心太迫，不肯相聚討論，只欲閉門劇讀以必其自得，故人自爲學，而或不免蔽於一己之私見。此亦殊非小病耳。

編年　據書信編年。

答吕子約　淳熙十一年以前

所喻數條，足見玩理之深。然論孟兩説恐看得太幽暗支離了，所謂欲密而反疏者。須更就明白簡約處看，一句只是一句，截斷兩頭，都無許多枝蔓，方是真實見處也。太極諸説亦未見端的處。又所謂萬化未嘗止息者，是矣，然却爲甚於復然後見天地之心邪？請更下此一轉語，如何如何？

編年　據書信編年。

答吕子約　淳熙十一年以前

前書所喻原憲一條，似於鄙意有未安者。而來書云云支蔓繳繞，只如舊日。更望詳細思繹，勇猛掃除，庶於正大光明之域有進步處也。

編年　據書信編年。

答吕子約淳熙十一年春

所論江西之弊切中其病，然前書奉告者，非論其人也，乃論吾學自有未至，要在取彼之善以自益耳。謂彼全無本原根柢，則未知吾之所恃以爲本原根柢者果何在邪？幸更思之，復以見教。

編年 據書信編年。

答吕子約淳熙十一年春夏間

熹衰病如昨，無足言者。暇日自力觀書，惟覺聖賢之言意味深長，儘有向來見不到處。若於子約所謂經史貫通之妙，則未有得也。然既曰千里一曲，則便不如且就不曲處理會之爲愈。且如史記禮書篇首四言，恐只是大概説道理如此，豈爲秦漢把持天下而設？且既曰把持天下矣，則又豈有不由智力而致者邪？此等處恐是舍却聖賢經指而求理於史傳，故只見得他底高遠，便一向隨他腳跟轉，極力贊嘆他。若看得聖賢説禮樂處有味，決定不作此見。兼謂其爲秦漢而發此四言，亦恐反説低了他意思也。讀詩諸説，乃是詩小序説，非詩説，疑亦是從前太於世變一事留意得重，故只見得此意思。大率向外底意思多，切己底意思少，所以自己日用之間都不得力。前書因論陸子静處及説韓巖時話，似已詳説此病，奈何都不見察，至今日然後始覺身心欠收拾乎？兼此語前此已屢聞之，恐今日所覺亦未必是真覺也。所謂秦漢把持天下有不由智力者，乃是明招堂上陳同甫説底。平日正疑渠此論未安，不謂子約亦作此見，爲此論也。

大抵讀書寬平正大者多失之不精，而精密詳審者又有局促奸巧之病。雖云人之情僞有不得不察者，然此意偏勝，便覺自家心術亦染得不好了。近年此風頗盛，雖純誠厚德之君子，亦往往墮於其中而不自知，所以區區常竊憂之，而不願子約之爲之也。子約何不試取論語、孟子、中庸、大學等書讀之，觀其光明正大、簡易明白之氣象，又豈有如此之狡獪切害處邪？世路險窄，已無可言；吾人之學聖賢者，又將流而入於功利變詐之習〔一〕，其勢不過一傳再傳，天下必有受其禍者，而吾道益以不振，此非細事也。子約思之，如何？

大事記尚有第十一卷半卷未寫，今附元册去，幸爲寫足附來。不須裁截裝背，却恐與前後册大小不同也。此書固佳，然昨看論張湯、公孫弘處，亦不能無疑也。

校記　〔一〕習：原作「曾」，據宋閩、浙本改。

編年　據書信編年、年譜長編。

答吕子約 淳熙十一年夏秋間

前書所喻正容謹節之功，比想加力。此本是小學事，然前此不曾做得工夫，今若更不補填，終成欠闕，却爲大學之病也。但後書又不免有輕内重外之意，氣象殊不能平，愚意竊所未安。大抵此學以尊德性、求放心爲本，而講於聖賢親切之訓以開明之，此爲要切之務。若通古今、考世變，則亦隨力所至，推廣增益，以爲補助耳。不當以彼爲重，而反輕凝定收斂之實，少聖賢親切之訓也。若如此說，則是學問之道不在於己而在於書，不在於經而在於史，爲子思、孟子則孤陋狹劣而不足觀，必爲司馬遷、班固、范曄、陳壽之徒，然後可以造於光明正大〔二〕、簡易明白之域也。八字乃來書本語。

夫學者既學聖人，則當以聖人之教爲主。今六經、語、孟、中庸、大學之書具在，彼以了悟爲高者，既病其障礙而以爲不可讀，此以記覽爲重者，又病其狹小而以爲不足觀，如是則是聖人所以立言垂訓者徒足以誤人而不足以開人，孔子不賢於堯舜而達磨、遷、固賢於仲尼矣，無乃悖之甚邪！

前書所示中庸、詩頌、西銘等說皆極精密，意者後書所謂不能下心細意，特一時憤激所發耳。如其不然，則不能下心細意於孔、孟，乃能下心細意於遷、固，何邪？此則尤非區區所素望於賢者，不敢不盡所懷也。禮樂之云，前此只恐未必史遷有此意耳。正使有之，乃是挾禮樂動化之權以爲智力把持之用，學者所以謹於毫釐之差而懼其有千里之繆者，正爲此耳。今不之察，而遂指人欲爲天理，吾恐其不止於議論之小失，而且爲心術之大害也。

「阡陌」二字，熹前說亦未是，當如風俗通，後說乃爲得之。蓋「阡」之爲言「千」也，「陌」之爲言「百」也。遂人徑是百畝之界，涂是百夫之界，而二者皆從，即所謂南北之陌。畛是千畝之界，道是千夫之界，而二者皆横，即所謂東西之阡。蓋二字名義本以夫畝之數得之，決是井田舊制所本有。若曰秦始爲之，則決裂二字，牽强説合，費氣力而無文理。且井田既有徑畛之制，而秦人去之，則又何必更取東西南北之正以爲阡陌，然後可以静生民之業而一其俗哉？此細事，不足辨，或恐有助於古今事變之學耳。

徽録新書近方看得數卷，大抵是用長編添修，然亦有不盡處。長編亦據曾布、蔡絛爲多，此二書雖無狀，然亦見其不可掩者。禍敗之釁，豈偶然哉？讀之令人憤鬱，殊損道心也。

同父事解後得書，亦甚呶呶。前此蓋已作書慰勞之，勸其因此一洗舊轍，斂就繩墨。若能相信，失馬却未必不爲福耳。此事向來朋友畏其辯博，不究其是非而信奉其説，遂無一言及於儆戒切磋之意，所以使渠至此。蓋有不得不任其責者。子約既敬之，於此恐不可不盡情也。

叔晦必且家居待除，象先呈身之説，恐是且欲揚此虚聲，以避守高之嫌，然亦不必如此也。季和聞亦不爲久計，相見勸其早歸，亦是一事。渠却甚歸心恭兄教誨，與他人不同也。誠之恐難説話，蓋本是氣質有病，又被杜撰扛夯作壞了。論其好處，却自可惜也。

恭兄文字狀子已投之，當路如醉如夢，面前事尚不能管得，何可望以此等？但近日百怪競出，不可禁遏，又甚於前。此既無可奈何，但當修其本以勝之，早爲收拾平生文字訓説之略成書而可傳者，著爲篇目而公傳道之，則彼託真售僞者將不禁而自息矣。若但築堤烟水，决無可救之理也。

校記　〔一〕光：原作「高」，據上篇及宋刻本晦庵先生語録大綱領附録中改。

編年　據書信編年。

答呂子約淳熙十二年夏

熹再叨祠禄，遂爲希夷法眷。冒忝之多，不勝慚懼。今年病軀粗覺勝前時，但心目俱昏，不堪繙閲，深以爲撓耳。

所喻向來立論之偏，近日用功之實，甚慰所望。兩卷所論，皆精義也。其間亦有鄙意未合處，具之别紙，幸更思之。或猶未安，却更反復極論，以歸至當乃佳耳。

同父後來又兩得書，已盡底裏答之。最後只問他三代因甚做得盡，漢唐因甚做得不盡，見頓著聖賢在面前，因甚不學，而必論漢唐，覓他好處，并文中子一并破除一上，似頗痛快著題。未知渠復如何做轉身一路也。可因書扣之，令録去，此無人寫得也。兩書皆引「惟精惟一」者是。

來書亦於「智」「力」二字必竟看不破、放不下，殊不知此正是智力中之仁義，賓中之主，鐵中之金。若苦向這裏覓道理，便落在五伯假之以下規模裏，出身不得。孟子、董子所以拔本塞原，斬釘截鐵，便是正怕後人似此拖泥帶水也。熹嘗語此間朋友，孟子一生忍窮受餓，費盡心力，只破得「枉尺直尋」四字。今日諸賢苦心勞力，費盡言語，只成就「枉尺直尋」四字。不知譊訛在甚麽處？此話無告訴處，只得仰屋浩嘆也。

史遷固非班、范之比，然便以爲學者於此不可有所未足而欲專就此處尋討道理，則亦陋矣。

公謹前日一二書來問所疑，覺得却似稍通曉，勝往時也。此一等人不能談王説霸，然終是慤實謹厚，是這一邊人。鄙意近來覺得只愛此等人也。

兩卷之説，今亦不能易紙。「仁」字固不可專以發用言，然却須識得此是個能發用底道理始得，不然此字便無義理，訓釋不得矣。且如元者善之長，便是萬物資始之端，能發用底本體，不可將仁之本體做一物，又將發用底別做一物也。「平旦之氣」以下一節，譬喻得不甚相似。至以元氣淋灕、星斗清潤爲利貞之象，亦不可曉。「合而言之」一句，文意亦似未安。大抵仁之爲義，須以一意一理求得，方就上面説得無不通貫底道理。如其不然，即是所謂儱侗真如、顢頇佛性，而仁之一字遂無下落矣。向來鄙論之所以作，正爲如此。中間欽夫蓋亦不能無疑。後來辨析分明，方始無説。然其所以自爲之説者，終未免有未親切處。須知所謂純粹至善者，便指生物之心而言，方有著實處也。今欲改「性之德，愛之本」六字爲「心之德，善之本」，而天地萬物皆吾體也，但心之德可以通用，其他則尤不著題。更須細意玩索，庶幾可見耳。

求其放心與克己復禮，恐亦不可分爲兩事。蓋放却心即視、聽、言、動皆非禮，非禮而視、聽、言、動即是放却心，此處不容更作兩節。今所論却似太支離也。

養氣一節，只説得程子意。若論孟子門庭指意，又却不然。「至大至剛」，只合四字爲句。「以直養而無害」，此「直」字便是上文「縮」字，下文「義」字。孟子之意只是説每事做得是當，即自然無所愧怍，意象雄豪，所以雖當大任而無所畏懼耳。推其本原，固未有不立敬而能集義者，然此章之意則未及夫敬字也。此自程子門庭功夫，因此説出來耳。

易所謂「寂然不動，感而遂通天下之故」，乃指蓍卦而言之。推之天下萬物，無一不如此者。初不爲心而發，而遂不可以言性也。五峰議論似此拘滯處多，惜乎不及其時而扣之，反復究窮，必有至當之論也。

「孝悌則心下，心下則此心溥」，此意甚巧，然却走了孝弟二字親切本意。若但如此，則只「卑巽」兩字亦得，不必云孝弟矣。此蓋本因立下「仁，人心也」四字，要得貫穿許多去處道理，又怕惹著「愛」字，故不免有此牽强。似不必如此，却只成立議論做文字也。

「未知，焉得仁」，文義句讀恐亦不如此。若如此說，則前所謂「不知其仁」等句又作如何説耶？程子所謂「仁者，天下之公，善之本也」，止是贊嘆仁字之言，非是直解字義。如云「仁者，天下之正理」，此亦只是包含在内，不可便以此爲盡得仁字之義也。

「正顔色斯近信矣」，蓋謂學者平日心不誠實，則雖正顔色而不免於欺僞，如所謂「色取仁而行違」者，故以正顔色而能近信爲貴耳。亦非如來示注中所云也。

論語所記有失無失，須見到夫子地位，方判斷得。今此所論，亦侏儒之觀優耳。吾人但當玩索涵養，以到爲期，自不必如此預先安排此等閑議論，無益於學也。

「所過者化」，程子於易傳中引之，革九五。及其語録中説，似皆以爲身所經歷處人化其德。此意平實，亦與上下文意相應，似不必更爲他説。若論人心本虚，事物過了便無朕迹，却自不妨有此理也。凡此數説，不知賢者以爲如何？如有未安，幸更反復也。

編年 據書信編年。

答吕子約 淳熙十二年

自頃承書，有專介存問之約，日望其至。忽得郭希吕書，聞嘗感疾不輕，甚以爲慮。而無從附問，但切懸情。前日使至，忽領手書，未及發視，亟問來人，知已無他，憂疑頓釋。既而細讀，乃審向來疾證誠亦可畏。今幸平復，而又自能過意調攝，尤副所望。比日竊惟體候益佳健矣。但來書以爲勞耗心力所致，而諸朋友書亦云讀書過苦使然，不知是讀何書？若是聖賢之遺言，無非存心養性之事，決不應反至生病，恐又只是太史公作祟耳。孟子言學問之道惟在求其放心，而程子亦言心要在腔子裏。今一向耽著文字，令此心全體都奔在册子上，更不知有己，便是個無知覺、不識痛癢之人。雖讀得書，亦何益於吾事邪？況以子約平日氣體不甚壯實，豈可直以耽書之故遂忘饑渴寒暑，使外邪客氣得以乘吾之隙？是豈聖人謹疾、孝子守身之意哉！今既能以前事爲戒，凡百應酬，計亦例加節嗇。然區區之意於此猶不能忘言。更祝深以門户道學之傳爲念，幸甚幸甚！

枉尺直尋，素未嘗以此奉疑也。但見頃來議論一變，如山移河決，使學者震蕩回撓，不問愚智，人人皆有趨時徇勢、馳騖功名之心，令人憂懼，故不得不極言之。蓋非獨爲子約惜，實爲伯恭惜，又重爲正獻、滎陽諸公惜也。

「漢唐本體，只是智力，就中有暗合處，故能長久」，如此言之，却無過當。但若講得聖門學問分明，則此固無足言者。而王道正理未嘗一日而可無者，亦不待引此然後爲有徵也。設若接引下根，亦只須略與説破，仍是便須救拔得他跳出功利窠窟，方是聖賢立教本指。今乃深入其中，做造活計，不惟不能救得他人，乃并自己陷入其中而不能出，豈不誤哉！陳正己書來，説得更是怕人。今録所答渠書去，幸一觀。此尤可爲嘆息也。

仁字之説，論之愈詳，愈覺迷昧。然竊恐所謂「秪就發用之端而言，則無由見仁之本體」，只此一句，便是病根也。蓋孟子論仁雖有惻隱人心之殊，程子於此亦有偏言專言之别，然若實於惻隱之偏言處識得此人心專言者，其全體便可見。今只爲於此認得不真，故不能有以識其全體。乃欲廣大其言，以想象而包籠之，不知言愈廣大而意愈不親切也。程子之言，惟穀種一條最爲親切，而非以公便爲仁者，亦甚縝密。今乃反皆不認，而必以易傳偏旁贊嘆之言爲直解字義，則不惟不識仁，亦錯看了易傳矣。「克己復禮」前説已得之〔一〕，却是看得不子細，誤答了。今承再喻，愈詳密無疑矣。

「浩然之氣」一章，恐須先且虚心熟讀孟子本文，未可遽雜他説。俟看得孟子本意分明，却取諸先生説之通者錯綜於其間，方爲盡善。若合下便雜諸説混看，則下梢亦只得周旋人情，不成理會道理矣。近日經説多有此弊，蓋已是看得本指不曾分明，又著一尊畏前輩、不敢違異之心，便覺左右顧瞻，動皆窒礙，只得曲意周旋，更不復敢著實理會義理是非、文意當否矣。夫尊畏前輩，謙遜長厚，豈非美事？然此處纔有偏重，便成病痛，學者不可不知也。

又「非義襲而取之」句内，亦未見外面尋義理之意，請更詳之。横渠先生言觀書有疑，當且濯去舊見，以來新意，此法最妙。

凡言「易」者，多只是指蓍卦而言。蓍卦何嘗有思有爲？但只是扣著便應，無所不通，所以爲神耳。非是别有至神在蓍卦之外也。曾子告孟敬子三句，不是説今日用功之法，乃言平日用功之效。如此看得，文義方通。來喻糾紛，殊不可曉也。

「不知其仁」之説恐未安。且未論義理，只看文勢，已自不通；若更以義理推之，尤見乖戾矣。蓋知自是知，仁自是仁。孔門教人，先要學者知此道理，便就身上著實踐履。到得全無私心，渾是天理處，方唤作「仁」。如子路諸人，正爲未到此地，故夫子不以許之，非但欲其知之而已也。若謂未知者做得皆是，而未能察其理之所以然，則諸人者又恐未能所爲皆是，固未暇責其察夫理之所以然也。

校記 〔一〕此句至篇末又見卷五十三答沈叔晦五。

編年 據書信編年。

答吕子約 淳熙十二年

日用功夫，比復何如？文字雖不可廢，然涵養本原而察於天理人欲之判，此是日用動静之間不可頃刻間斷底事。若於此處見得分明，自然不到得流入世俗功利權謀裏去矣。熹亦近日方實見得向日支離之病，雖與彼中證候不同，然其忘己逐物、貪外虛内之失則一而已。程子説不得以天下萬物撓己，己立後自能了得天下萬物。今自家一個身心不知安頓去處，而談王説霸，將經世事業別作一個伎倆商量講究，不亦誤乎？相去遠，不得面論，書問間終説不盡，臨風嘆息而已。

編年 據書信編年。

答呂子約 淳熙十二年

所論爲學之意，比向來儘正當矣。但所謂「省節視聽」及「閑得心地半時，便是半時功夫」者，却似微有趣静之偏。所謂「鬼神雖無形聲可求，而須著視聽」者，又似推求考索之過。由前之説，且可爲目前養病之計，而非所以爲學。由後之説，則不惟義理有差，而亦非所以休養已憊之精神也。

編年 據書信編年。

朱熹文集編年評注卷四十八

書 知舊門人問答

答吕子約 淳熙十四年丁未五月十三日〔一〕

聞後來有來依講席者，敎學之功，交相爲助，政自不惡。但所論經指頗覺支蔓。如云維清一篇又周禮之所寓，此等議論，又支蔓之尤甚者，只似時文。如此即我將亦周禮之所寓矣。太皞、皋陶之祀一旦廢絶，固足以見世衰道喪之徵，然其未泯，則於世道却未能大有所扶助。如胡致堂兄弟極論關雎專美后妃之不妒忌，而以獨孤亡隋爲證。熹嘗論之，以爲妒忌之禍固足以破家滅國，而不妒忌之美未足以建極興邦也。此等處恐皆是道理太多，隨語生解。要須滌除，令胸次虚明直截，然後真個道理方始流行，不至似此支蔓勞攘，徒爲心害，有損無益也。詩説鄙意雖未必是，然看子約議論如此，自是無緣得契合。更請打并了此一落索後看，却須有會心處也。

校記 〔一〕題注原缺，據宋閩、浙本補。

編年　題下原注「丁未五月十三日」。

答吕子約淳熙十四年丁未七月三日

示喻維清、須句二義，既是真實見得，足以自信，則亦何待他人之言？但鄙意覺得此般偏旁寄搭議論無光明正大氣象，終不甚喜聞。故前此輒爾獻疑。而今雖承誨諭之悉，竟亦不能深曉也。戰國時，秦、趙出伯益，齊出舜，楚出祝融，魏出畢公，燕出召公，韓亦姬姓之國，此獨非聖賢之後邪？又有一事，向讀元城譚録論劉壯輿字畫處，嘗疑其言之過。以今觀之，則似信而有徵者。不審明者以爲如何？公謹之言不記云何，來喻云云，得無有尤人之意邪？

編年　題下原注「丁未七月三日」。

答吕子約淳熙十三年九月十三日

日用功夫不敢以老病而自懈，覺得此心操存舍亡，只在反掌之間。鄉來誠是太涉支離，蓋無本以自立，則事事皆病耳。

來喻拈出劉康公語，甚善甚善。但上面蹉却話頭，恐亦是義理太多，費了精神，故向裏時少耳。詩説久已成書，無人寫得，不能奉寄。亦見子約專治小序而不讀詩，故自度其説未易合而不寄耳。謂變風止乎禮義，其失甚明。但若只以小序論之，則未見其失耳。讀古人書，直是要虚著心，大著肚，高著眼，方有少分相應。若左遮右攔，前拖後拽，隨語生解，節上生枝，則更讀萬卷書亦無用處也。易書似已納去，何爲未見？恐此誤記，後便喻及却納去。此亦是見近日説者多端，都將自然底道理穿鑿壞了，固不得已而出之耳。聞子約教學者讀禮，甚善。然此書無一綱領，無下手處。頃年欲作一功夫，後覺精力向衰，遂不敢下手。近日潘恭叔討去整頓，未知做得如何。但禮文今日只憑注疏，不過鄭氏一家之説，此更合商量耳。

齋中見作如何理會？必有一規模樣轍，因風幸示一二也。又聞講授亦頗勤勞，此恐或有未便。今日正要清源正本，以察事變之幾微，豈可一向汩溺於故紙堆中，使精神昏弊，失後忘前，而可以謂之學乎？

編年 據書信編年。題下原注「九月十三日」。

評論 程敏政書朱子答呂子約書：按朱子謂「覺得此心操存舍亡，只在反掌之間」，又謂「豈可汩没於故紙堆中，使精神昏蔽，而可謂之學」。陸子之言則曰「念慮之正不正，在頃刻之間」，又謂「非明實理有實行之人，往往乾没於文義間，爲蛆蟲識見以自喜而已」。朱子前所謂「道合志同」者於是益驗。

答呂子約 淳熙十三年

聞欲與二友俱來，而復不果，深以爲恨。年來覺得日前爲學不得要領，自做身主不起，反爲文字奪却精神，不是小病。每一念之，惕然自懼，且爲朋友憂之。而每得子約書，輒復恍然，尤不知所以爲賢者謀也。且如臨事遲回，瞻前顧後，只此亦可見得心術影子。當時若得相聚一番，彼此極論，庶幾或有判決之助。今又失此幾會，極令人悵恨也。訓導後生，若説得是，當極有可自警省處，不會減人氣力。若只如此支離，漫無統紀，則雖不教後生，亦只見得展轉迷惑，無出頭處也。

編年 上篇云：「齋中見作如何理會？必有一規模樣轍，因風幸示一二也。」此與下篇皆討論授學訓徒之事，當承上篇之後也。

答吕子約 淳熙十四年

示喻授學之意，甚善。但更須小作課程，責其精熟，乃爲有益。若只似日前大餐長啜，貪多務速，即不濟事耳。灑掃應對，乃小子之學，今既失之於前矣。然既壯長而專使用力於此，則恐亦無味而難入。要須有以使之内外本末兩進而不偏，乃爲佳耳。向見説書旁推曲説，蔓衍太多，此是大病。若是初學便遭如此纏繞，即展轉迷闇，無復超脱之期矣。要當且令看得大意正當精約，則其趣味自長，不在如此支離多説也。

編年 見上篇所考。

答吕子約 慶元元年十一月二十七日

子合到此，亦略能言彼中相聚曲折，云子約頗訝熹書中語太峻，不記是何事。若只是説易處，則來書又有「權術」及「伯恭心迹未明」等語，殊不可曉。竊恐今亦不須如此支蔓，只且做一不知不會底人，虚心看聖賢所説言語，未要便將自家許多道理見識與之争衡。退步久之，却須自有個融會處。蓋自家道理見識未必不是，只是覺得太多了，却似都不容他古人開口，不覺蹉過了他説底道理耳。至如前人議論得失，今亦何暇爲渠分疏？且救取自家目今見處，是要切事。若舍却自己，又救那一頭，則轉見多事，不能得了矣。前日借得荆公日録閑看，其論某人但能若古、未能稽古，此等説話，想平日已知其失而笑之。然不知其病所以至此者，亦只是道理太多，不得聖賢言語中下一兩個閑慢字，便著緊説出許多道理來，楦塞得更轉動不得。只此便是病根，未論所説之邪正得失也。

所論易是聖人模寫陰陽造化，此説甚善。但恐於盡其言處未免多著道理，説殺了耳。此非面論未易究竟。然向於啓蒙後載所述四言數章，説得似已分明，卒章尤切，不知曾細看否？幸試考之，有所未安，却望見教也。

對班在何時？今日極難説話，而在疏遠爲尤難。看得且只收斂得人主心念不至大段走作，是第一義。其他道理非不可説，只恐説得未必應急救病耳。若此處不下功夫，便要翻騰拆洗了安静和平底家計，做艱難辛苦底功夫，恐尤不相當耳。

禮書已領，但喪禮合在祭禮之前乃是。只恐不欲改動本書卷帙，則且如此亦不妨也。但士、庶人祭禮都無一字，豈脱漏邪？若其本無，則亦太草草矣。鄉人欲者甚多，便欲送書坊鏤版，以有此疑，更俟一報，幸早示及也。恰寫至此，忽報已有農簿之命，此亦可喜。但不知不蹉却對班否？又恐釋奠祭器等文字又因循也。然舊同官有可語者，得更叮囑之尤佳。

幾道且得改秩，亦是一事。其弟在此亦佳。台州又有一師邦者在此，亦儘知用力，不易得也。子欽恨未識面，寄得禮圖來，甚精，未暇細考。此却好一員禮官也。但説易亦多瑣碎穿穴耳。十弟事不知竟如何？今日一個風俗如此，不知士大夫是何等見識也。別紙數事，皆切中其病，如偏執、闊疏、貴氣之云，尤是親切。一種樂因循者，已不足言，其有作爲之意，又有此病，豈天固不生材於今日邪？前日因饒廷老去，嘗寄聲痛箴之，不知能聽受否。奉常差强人意，但覺亦欠子細商量，甚恨前此匆匆，不能甚款也。其可喜處，却是簡潔而不支蔓，故力專而勢不分。又沈静而有思量，故機圓而語有力。若安排得在要地，須儘可望也。叔昌必已之官，同父爲况如何？頗亦謀所以善後之計否？因書幸痛箴之。此却是個改過遷善底時節幾會，所謂乃今可爲者，正謂此耳。切告留念。

編年　文云「台州又有一師邦者在此，亦儘知用力」。師邦即趙師邦，字恭父，台州臨海縣人。紹熙元年進士，授慶元府鄞縣主簿。事見攻媿集卷一百三趙明道墓誌銘、嘉定赤城志卷三十四。文集卷五十九有朱熹答其書六首。據文集卷八十二跋滕户曹守台州事實、卷八十九義靈廟碑及三希堂法帖所載朱熹六月五日帖、辛丑消夏記卷一朱熹八月廿二日帖，可確知趙師邦至建陽見朱熹在慶元元年夏，至冬尚未返回，據以繫之。月日見題注。書信編年列於淳熙十五年，書札彙編列於紹熙三年，皆不確。

答吕子約 慶元元年

示喻日用功夫如此，甚善。然亦且要見得一大頭腦分明，便於操舍之間有用力處。如實有一物，把住放行在自家手裏，不是謾説求其放心，實却茫茫無把捉處也。「公而以人體之」，只是無私心而此理自然流行耳，非是公後又將此意尋討他也。

編年 據書信編年。

答吕子約 慶元元年

所示日用功夫，大慰所望。舊讀胡子知言答或人以放心求放心之問，怪其覼縷，散漫不切，嘗代之下語云：「知其放而欲求之，則不放矣。」嘗恨學者不領此意。今觀來論，庶幾得之矣。所論必有事焉，鳶飛魚躍，意亦甚當。孔子只説個「先難後獲」一句，便是這話。後來子思、孟子、程子爲人之意轉切，故其語轉險，直説到活潑潑地處耳。知得如此，已是不易，更且虚心寬意，不要回頭轉腦，計較論量，却向外面博觀衆理，益自培殖，則根本愈固而枝葉愈茂矣。若只於此静坐處尋討，却恐不免正心助長之病。或又失之，則一蹴而墮於釋子之見矣，亦可戒也。

讀書如論、孟，是直説日用眼前事，文理無可疑。先儒説得雖淺，却别無穿鑿壞了處。如詩、易之類，則爲先儒穿鑿所壞，使人不見當來立言本意。此又是一種功夫，直是要人虚心平氣，本文之下打疊交空蕩蕩地，不要留一字先儒舊説，莫問他是何人所説，所尊所親，所憎所惡，一切莫問，而唯本文本意是求，則聖賢之指得矣。若於此處先有私主，便爲所蔽而不得其正。此夏蟲井蛙所以卒見笑於大方之家也。

且如向來主張史記時變之學，以近日「都人觀美，出涕沱若」之章觀之，亦可見其流弊之所極矣。此乃前人有醇德而無虛心之弊，反爲所誘，以墮一偏之見。今日子弟欲發其所長而覆其所短，正在專於自己分上公聽并觀，打破前來窠臼，乃可以發明前人本來心事之正，而使學者戒其所偏。此在子約，比之他人又有此一重擔負，尤不可以不勉也。

編年 據書信編年。

答呂子約 慶元元年

誨諭「工夫且要得見一個大頭腦，便於操舍間有用力處。如實有一物，把住放行在我手裏，不是漫説收其放心」。某蓋嘗深體之，此個大頭腦本非外面物事，是我元初本有底。其曰「人生而靜」，其曰「喜怒哀樂之未發」，其曰「寂然不動」，人汩汩地過了日月，不曾存息，不曾實見此體段，如何會有用力處？程子謂「這個義理，仁者又看做仁了，智者又看做智了，百姓日用而不知，此所以君子之道鮮。此個亦不少，亦不剩，只是人看他不見，不大段信得此話」。及其言「於勿忘勿助長間認取」者，認乎此也。認得此則一動一靜皆不昧矣。惻隱、羞惡、辭讓、是非，四端之著也，操存久則發見多。忿懥、憂患、好樂、恐懼，不得其正也，放舍甚則日滋長。記得南軒先生謂「驗厥操舍乃知出入」，乃是見得主腦，於操舍間有用力處之實話。蓋苟知主腦，不放下，雖是未能常常操存，然語默應酬間歷歷能自省驗，雖非實有一物在我手裏，然可欲者是我底物，不可放失；不可欲者非是我物，不可留藏。雖謂之實有一物在我手裏，亦可也。若是謾説，既無歸宿，亦無依據，縱使强把捉得住，亦止是襲取，夫豈是我元有底邪？愚見如此，敢望指教。

此段大概甚正當親切。「操存久則發見多，放舍甚則日滋長」，此二句甚好。

誨諭「胡子知言舉或人以放心求心之問，怪其麤縷，散漫不切，當代之下語云：『知其放而欲求之，則不放矣。』」某竊謂或者之問元不識心體，所對雖欲使人察夫良心之苗裔，致操存之功，然説得驚惶不縝密，便是用功處未到。恐方説時亦未免是放也。自家所知固有廣狹淺深處，然曾云省察，則是我元初者、非我元初者，真妄客主，亦豈不識個體段模樣？操存稍熟，則省察浸精。省察浸精，則操存愈固。昨之所謂非放者，今猶覺其爲放；昨之所謂相近者，今猶覺其尚遠。近看遺書説修辭立其誠，乃是體當自家敬以直內，義以方外之實事，又説聖賢千言萬語，只是欲人將已放之心約之，使反復入身來，自能尋向上去。

「下學而上達」，此語方是不麤縷散漫。自覺用力雖未能敏勇，然實欲從事於斯也。又嘗深自體驗，固是知其放而求之則不放，然其間幾多艱難曲巧。方其志不勝氣，其爲抑遏掩蔽，心固知之。如醉中知醉而未醒，夢中知夢而未覺，非澄治平帖，亦未易遽存。及其身心向裏，有頓放處，非不是我來爲主，然浮念忽起，病根隱然。又思乎此也方有端緒，他思便來間之，展轉牽引，把捉不住。近得一法，於致思之時而思慮忽起，若所當思也，則便以筆識之，不使之累吾心。然亦難概論，蓋適有所感，當便尋繹，則只得放下元初所思，却致思乎此。若非所當思也，則當深省而消去之，亦頗有效驗。第於主一功夫未至，不能如程子所謂使他思時方思。然且得隨力量如此存察，更望指教。

此意大概亦好，但太支蔓，不直截，不覺却將此心放了。恐當一切掃去，且將所代五峰一語早晚提撕，令有個要約處乃佳。不然，又似程子説温公爲中所亂矣。

誨諭謂「必有事焉，鳶飛魚躍，孔子只説個『先難後獲』一句，便是這話。後來子思、孟子、程子爲人之意轉切，故其語轉險，直説到活潑潑地」。某竊謂此個義理固是自家元有底，無少無剩，初無差異，然亦須實見到這裏，不可少有鶻突。聖賢設教，固不越於下學而上達，然著書立言必有不容已者。如鳶飛魚躍，子思雖以「上下察」爲言，固已示諸人，然非得伊洛諸君子再拈掇出來，如何理會得是子思吃緊爲人處？其曰「與『必有事焉而勿正』之意同」，既説得親切，與我相應；又曰「會得活潑潑地，不會得時只是弄精魂」，則又恐人將此玩弄走作，以爲神通妙用，却入私意，却成助長，却失了元初本有底，其爲害又不特入於語險而已。大抵窮理工夫若不能認取，則非我所及者皆爲涉虛；若能認取，則一動一静，天理流行，莫非無極之真也。程子又云：「勿忘勿助，只是養生之法。不識怎養生？」此語極善。蓋識個主腦，則勿忘勿助而養而無害，非勿忘勿助是本體，於勿忘勿助之間認取本體也。此全在學者於己分上實自體認，方信得聖賢之言、先儒之論都是將實得者説與人，不是説分外事，顧我之領略淺深何如耳。敢望誨示。

此段看得亦未親切。須知「必有事焉」，只此一句便合見得天理流行，活潑潑地。方要於此著意尋討，便窒礙了。如説先難，只此二字已見得爲仁工夫。然於此處才有計較，便夾雜了。故才説上句，便説下句以急救之，如方安頓一物在此，又便即時除却。是非教人先安排此有事勿正之兩端，而就其中以求之也。

誨諭謂「只於静坐處尋討，却恐不免助長之病。或又失之，則一蹴而墮於釋氏之見」。某自顧涣散之久，近稍收拾，粗有静養工夫。然工夫淺薄，客慮猶多。雖未至便有此病，然亦豈敢不常自警省也。兼亦自覺未墮釋氏之見者，蓋釋氏是從空處求，吾儒是自實處見。喜怒哀樂之未發，初非空無，寂然不動，本皆完具。釋氏於此看得偏闕，所以隨在生病。又「元者善之長」底意思，釋氏既不識元，絶類離群，以寂滅爲樂，反指天地之心爲幻妄，將四端苗裔遏絶閉塞，不容其流行。若儒者，則要於此發處認取也。近看周子「動而無動，静而無静」之語，頗有所省。夫動而無動，則唤不有止；静而無静，則唤不森然。此雖非天下之至神不能與於此，然一動一静之本體蓋元如是。因此静存動察，既無交互，亦不落空。今所慮者，非在於墮釋氏之見，乃在於日用之間主敬守義工夫自不接續而已。若於此能自力，則敬義夾持，此心少放，自不到得生病痛也。所見如此，更願指誨。

此正如明道所説扶醉人語，不溺於虚無空寂，即淪於紛擾支離矣。

誨諭「讀書如論語、孟子，是直説日用眼前事，文理無可疑。先儒説得雖淺，却别無穿鑿壞了處。如詩、易之類，則爲先儒穿鑿所壞，不見當來立言本意。此又是一種功夫，直是要人虚心平氣，本文之下打疊交空蕩蕩地，不要留先儒一字舊説，莫問他是何人所説，所尊所親，所憎所惡，一切莫問，而唯本文本義是求，則聖賢之指得矣」。某深惟訓誨，真可謂直截指示。雖非某所及，未能言下即承，然敢不默會此意。第有所欲論辨，當吐露者，亦不敢不詳陳之。某往者讀書，有時自驗於會心處，固有不待注釋訓説而見得明白，然此心稍有蔽虧，即便忘失。且又閲理不熟，大指精義弗能致察。若非自生意見，即便讀過不覺，終歸之因循鶻突而已。日來豈敢以爲能讀，然稍能收拾身心〔一〕，有個主腦，義理之實漸漸相親，玩索先覺所説，時時有契於心。反復讀之，其於本文本義固能打疊到空蕩蕩田地，然於用意深處，漸能進其所知，隨其文義，亦各略見所説着落。因此見得讀書之法固是要見得立言本意，不要繳繞支離，然須是自有工夫，使義理來相浹洽，方能與書相應。若與書相應，始能善思，通其精微而意味無窮。雖當讀時固不可先留舊説在胸中，然虚心平氣，待其自見，有意要掃去他亦不得。苟要掃去，則又是我底意見，亦未必是真實指義也。如讀易，只以程子易傳爲主，非不知象占爲不可廢，然文王、夫子作彖、象、文言、大傳，所發明者却不在於象上，直是要人得其辭以通其意。其曰「易，變易也，隨時變易以從道也」。其曰「吉凶消長之理〔二〕、進退存亡之道備於辭，推詞考卦，可以知變，象與占在其中」。其曰「至微者理，至著者象。體用一源，顯微無間」。其曰「乾、坤爲易知，諸卦爲難知」。今學者不求諸象占，固有所闕，然學有本末，若未能玩索乎此而欲求之於象占，則於程子「備於詞」、「在其中」之意不能無失也。又自孟子後，易書非不以象占而傳，然非所謂「自秦而下〔三〕，其學不傳」者，果何所指邪？雖所見如此，然先生謂又是一種工夫，則殊未詳。更望指教也。

大凡讀書，須是虚心以求本文之意爲先。若不得本文之意，即是任意穿鑿。如説會心處之類，正是大病根本。如易之詞，乃是象占之詞。若舍象占而曰有得於詞，吾未見其有得也。此皆過高之弊，所以不免勞動心氣。若只虚心以玩本文，自無勞心之害。

誨諭「公而以人體之，只是無私心，而此理自然流行耳，非是公後又將此意思尋討也」。某深味此語，固是恐人添個意思尋討，然覺得下語自傷於快。竊謂仁固難名：以覺名仁而覺非仁也，以愛名仁而愛則屬情也，以公名仁，特近仁耳，亦難指公爲仁也。先生謂仁者愛之理，别出性情，最爲明白。然程子「公而以人體之」意則於「公」字上兼「愛之理」意思言之。蓋公雖近仁，然又須實下工夫，物物皆體。若有扞格，各不相貫屬，便有未仁。若只是説個「公」字，便此理自流行，却欠却體仁工夫也。又近看南軒先生復卦贊有云：「其在於人，純是惻隱。動匪以斯，則非天命。曰義禮智，位雖不同，揆厥所基，脉絡流通。」及近來玉山所刻先生講説，於程子所謂「偏言之則一事，專言之則包四者」雖未能十分昭晰〔四〕，然却見得此意脉分明。其曰偏言，則本末次第不可以混言。其曰專言，則莫不始於此、本於此而皆一貫也。孟子論「乍見孺子，怵惕惻隱之心」便説由是觀之，無惻隱之心非仁，無羞惡之心非義，無辭讓之心非禮，無是非之心非智。其只舉惻隱一端發見處示人，餘三端更不一一拈出，夫豈有所略哉？蓋此乃良心苗裔發見最先處，乃天地之心，萬物之元，必自此而後流行不息，亨而利貞。則是章雖曰偏言，而所謂專言之者亦不離此矣。

仁是本來固有之理，不因公而有，特因公而存爾。如溝渠窒塞，故水不通流。去其窒塞，則水流矣。水固不因去塞而有，然亦非既去其塞而又別有一段工夫使水流通也。以此推之，所論之得失自見矣。又論偏言專言處，語意未瑩，使人難曉。

校記　〔一〕然：原缺，據宋浙本補。〔二〕曰：原作「間」，據程頤易傳序改。〔三〕非：正訛改作「其」。〔四〕十分：原缺，據宋浙本補。

編年　據書信編年。

答呂子約慶元三年至四年

代語之喻甚善。妄爲此語，今已是十餘年，每以告人，無領略者。今乃得子約書，知其爲切要之語，始有分付處也。但前日張富歸所惠書，所論或問中語却似未安。請且自反於心，分別未發已發界分令分明，却將册子上所説來合看，還是如此否？自心下看得未明，便將衆説回互，恐轉生迷惑，斷置不下也。且如子約平生還曾有耳無聞、目無見時節否？便是祭祀，若耳無聞、目無見，即其升降饋奠皆不能知其時節之所宜。雖有贊引之人，亦不聞其告語之聲矣。故前旒黈纊之説，亦只是説欲其專一於此而不雜他事之意，非謂奉祭祀時都無見聞也，所謂王乃在中，尤無交涉。讀書最忌如此支蔓。況又平居無事之時乎？故程子云「若無事時，耳須聞，目須見」。既云耳須聞，目須見，則與前項所答已不同矣，又安得曲爲之説而强使爲一義乎？至静之時，但有能知能覺者而無所知所覺之事，此於易卦爲純坤，不爲無陽之象。若論復卦，則須以有所知覺者當之，不得合爲一説矣。故康節亦云「一陽初動處，萬物未生時」。此至微至妙處，須虛心静慮，方始見得。若懷一點偏主强説意思，即方寸之中先自擾擾矣，何緣能察得彼之同異邪？

編年　據書信編年。

答吕子約 慶元三年至四年

所示四條，其前二義雖有小差，然猶不至難辨，各已略報去矣。至於未發、浩氣二義，則皆雜亂膠轕，不可爬梳，恐非一朝之辨所能決。本欲置而不論，以俟賢者之自悟，又恐安於舊説，未肯致疑，不免略啓其端。千萬虛心垂聽，不可一向支蔓固執，只要彌縫前人闕誤，不知却礙自家端的見處也。

蓋今所論，雖累數百言之多，然於中庸但欲守程門問者之説，謂未發時耳無聞、目無見而已。於浩氣之説，但欲謂此氣元是配合道義而成，無道義則氣爲之餒而已。其他援引之失，皆緣此文以生異義，自爲繁冗。若一一究析，往復不已，則其説愈繁，其義愈汩而未必有益。故今奉勸不若只取子思、孟子之言虛心平看，且勿遽增他説，只以訓詁字義隨句略解，然後反求諸心，以驗其本體之實爲如何，則其是非可以立判。若更疑著，則請復詳論之。

夫未發已發，子思之言已自明白。程子數條引寂然感通者，皆與子思本指符合，更相發明。但答吕與叔之問，偶有「凡言心者皆指已發」一言之失，而隨即自謂未當，亦無可疑。至遺書中，「纔思即是已發」一句，則又能發明子思言外之意。蓋言不待喜怒哀樂之發，但有所思，即爲已發。此意已極精微，説到未發界至十分盡頭，不復可以有加矣。問者不能言下領略，切己思惟，只管要説向前去，遂有無聞無見之問。據此所問之不切與程子平日接人之嚴，當時正合不答，不知何故却引惹他，致他如此記録，前後差舛，都無理會。後來讀者若未敢便以爲非，亦且合存而不論。今却據守其説，字字推詳，以爲定論，不信程子手書。此固未當之言，而寧信他人所記自相矛盾之説，强以已發之名侵過未發之實，使人有生已後、未死已前更無一息未發時節，惟有爛熟睡著可爲未發，而又不可以立天下之大本，此其謬誤又不難曉。故或問中粗發其端。今既不信而復有此紛紛之論，則請更以心思、耳聞、目見三事校之，以見其地位時節之不同。

蓋心之有知與耳之有聞、目之有見爲一等時節，雖未發而未嘗無。心之有思乃與耳之有聽、目之有視爲一等時節，一有此則不得爲未發。故程子以有思爲已發則可，而記者以無見無聞爲未發則不可。若苦未信，則請更以程子之言證之。如稱許渤持敬而注其下云：「曷嘗有如此聖人？」又每力詆坐禪入定之非，此言皆何謂邪？若必以未發之時無所見聞，則又安可譏許渤而非入定哉？此未發已發之辨也。

若氣配道義，則孟子之意不過曰此氣能配道義，若無此氣，則其體有不充而餒然耳。此其賓主向背、條理分合略無可疑，但粗通文理之人，無先入偏滯之説以亂其胸次，則虚心平氣而讀之，無不曉會。若反諸身而驗之，則氣主乎身者也，道義主乎心者也；氣形而下者也，道義形而上者也。雖其分之不同，然非謂氣在身中而道義在皮外也，又何嫌於以此配彼，而爲崎嶇詰曲以爲之説曰「道義本存乎血氣，但無道義，則此氣便餒而止爲血氣之私，故必配義與道，然後能浩然而無餒」乎？語勢不順，添字太多，不知有何憑據見得如此。若果如此，則孟子於此當別有穩字，以盡此意之曲折，不當下一「配」字，以離二者合一之本形；而又以氣爲主，以倒二者賓主之常勢也。且其上既言「其爲氣也」以發語，而其下復言「無是餒也」以承之，則所謂「是」者，固指此氣而言。若無此氣，則體有不充而餒然矣。

若如來喻，以「是」爲指道義而言，若無此道義，即氣爲之餒，則孟子於此亦當別下數語，以盡此意之曲折，又不當如此倒其文而反其義，以疑後之讀者，如今之云也。且若如此，則其上本末須説以直養而無害，其下亦不須更説是集義所生矣。今乃連排三句，只是一意，都無向背彼此之勢，則已甚重複而太繁冗矣。而其中間一句又如此其暗昧而不分明，如此其散緩而無筋骨，依以誦説，使人迷悶，如口含膠漆，不可吞吐，竊意孟子胸中明快灑落，其發於言語者必不至於如此之猥釀而紕繆也。又況來喻已指「無是而餒」者爲浩氣於前矣，其後又謂無道義則氣爲之餒而但爲血氣之私，不亦自相矛盾之甚邪？若程子之言，則如以金爲器、積土成山之喻，皆有不能使人無疑者。來喻雖亦不敢據以爲説，然其所慮恐爲二物者，亦程子之常言。今又不察其施安之所當，而冒取以置於此也。

其他分別血氣、浩氣，小體、大體，皆非孟子正意，而妄爲離合，却自墮於二物之嫌。原其所以，只因「配義與道」一句不肯依文解義，著實平説，故須從頭便作如此手勢翻弄，乃可以迤邐遷就，委曲附會而求其通耳。孟子言「毋暴其氣」，而釋之曰「氣，體之充」，又言「其爲氣也」，而指之曰「無是餒也」。是數語者，首尾相應，表裏相發，其所指者正一物耳。今必以無暴者爲血氣而其爲氣者爲浩然，而又恐犯二物之戒，故又爲之説曰「浩氣不離乎血氣」，徒爲紛擾，增添冗長，皆非孟子之本意也。

今亦不暇悉數以陷於來喻之覆轍，然只如此説，已覺不勝其冗矣。幸深思之，且以自己分上明理致知爲急，不須汲汲以救護前輩爲事。蓋其言之得失白黑判然，已不可掩，救之無及，又況自家身心義理不曾分明，正如方在水中，未能自拔，又何暇救他人之溺乎？

但所云未發不可比純坤而當爲太極，此却不是小失，不敢隨例放過。且試奉扣：若以未發爲太極，則已發爲無極邪？若謂純坤不得爲未發，則宜以何卦爲未發邪？竊恐更宜静坐，放教心胸虚明浄潔，却將太極圖及十二卦畫安排頓放，令有去著，方可下語。此張子所謂「濯去舊見，以來新意」者也。如决不以爲然，則熹不免爲失言者，不若權行倚閣之爲愈。不能如此紛拏强聒，徒費心力，有損而無益也。

編年　據書信編年。

答吕子約 慶元三年

張元德訓「道」爲「行」，固爲疏闊，子約非之是也。然其所説「行」字，亦不爲全無來歷。今不就此與之剖析，而别引程子「冲漠氣象」者以告之，故覺得有墮於窈冥恍惚之病。程子所説，乃因對義而言，故自有歸著而不爲病。而所以破其説者，又似彼東我西，不相領略。此乃吾之所見自未透徹，未免臆度籠罩而强言之，所以支離浮泛而不能有所發明也。若如鄙意，則道之得名，只是事物當然之理。元德直以訓「行」，則固不可。當時若但以當行之路答之，則因彼之説發吾之意，而冲漠之云亦自通貫矣。今且以來示所引一陰一陽、君臣父子、形而上下、冲漠氣象等説合而析之，則陰陽也，君臣父子也，皆事物也，人之所行也，形而下者也，萬象紛羅者也。是數者各有當然之理，即所謂道也，當行之路也，形而上者也，冲漠之無朕者也。若以形而上者言之，則冲漠者固爲體，而其發於事物之間者爲之用。若以形而下者言之，則事物又爲體，而其理之發見者爲之用。不可概謂形而上者爲道之體，天下達道五爲道之用也。元德所云「道不能以自行」以下自無病，而答語却説開了。其説自是好語，但答他不着爾。今更爲下一語云：「形而上者謂之道，物之理也。形而下者謂之器，物之物也。」且試屏去他説，而只以此二句推之，若果見得分明，則其他説亦自通貫而無所遺也。

編年 據書信編年。

答吕子約 慶元三年

所以不以元德以「道」訓「行」爲然者，蓋以道爲行，則道非「行」字所能盡，又須以所以行者言之，則毋乃欲一而反二乎。故以程子「道有冲漠氣象」告之，欲渠深探夫峻極之體，而默識夫無聲無臭之妙，則自知非「行」之一字所能盡。若謂當行之路，則恐秖可言達道耳。於論道之原，則恐難如此著語也。形而下即形而上者，易傳謂「至微者理」，即所謂形而上者也。「至著者象」，即所謂形而下者也。「體用一源，顯微無間」，則雖形而上、形而下，亦只是此個義理也。

元德所説之病，前書盡之。如來喻之云，却攻他不著。恐是只見自家底是，於鄙論却未深考也。

謂當行之理爲達道，而冲漠無朕爲道之本原，此直是不成説話。不謂子約見處乃只如此，亦無怪他説之未契也。須看得只此當然之理冲漠無朕，非此理之外别有一物冲漠無朕也。至於形而上下，却有分别。須分得此是體，彼是用，方説得一源；分得此是象，彼是理，方説得無間。若只是一物，却不須更説一源、無間也。元德訓「道」爲「行」，便似來喻訓「學」爲義理之藴一般，一則以所能爲能，一則以能爲所能也。佛書有能與所能之説，能謂人所做作，所能謂人所做作底事，其分别文義亦甚密。如道則所能之謂，學即所謂能也。如今小兒屬對，「看花折柳」，「看」與「折」字是能，「花」與「柳」是所能，此不可亂也。此等倫類，尚不能通，是乃心意大段粗在，豈能及其深微之奥邪？

編年　據書信編年。

答吕子約 下論語雜論同　慶元四年戊午二月五日

所論「五帝紀所取多古文尚書及大戴禮爲主〔一〕，爲知所考信」者，然伏羲、神農見易大傳，乃孔聖之言，而八卦列於六經，爲萬世文字之祖，不知史遷何故乃獨遺而不録，遂使史記一書如人有身而無首，此尚爲知所考信者邪？

「太史公之洋洋美德，即蘇黄門之騶虞竊脂」，觀其下文，全書不知還撑柱得此數句起否？學者於聖人之道徒習聞其外之文而不考其中之實者，往往類此。王介父所以惑主聽而誤蒼生，亦只是此等語耳。豈可以此便爲極摯之談而躋之聖賢之列，屬以斯道之傳哉？以此等議論爲極至，便是自家見得聖賢道理未曾分明，被他嚇倒也〔二〕。

以史遷能貶卜式與桑羊爲伍，又能不與管仲、李克，爲深知功利之爲害，不知六國表所謂「世異變，成功大」，「議卑易行」，「不必上古」，貨殖傳譏長貧賤而好語仁義爲可羞者，又何謂邪？

伯夷傳辨許由事固善，然其論伯夷之心，正與求仁得仁者相反。其視蘇氏之古史孰爲能考信於孔子之言邪？

謂遷言公孫弘以儒顯爲譏弘之不足爲儒，不知果有此意否？彼固謂儒者博而寡要，勞而少功，是以其事難盡從。然則彼所謂儒者，其意果何如邪？

所示數條，不暇悉辨。若以馬遷與班固并論，則固不無優劣。而其書數十萬言，亦豈無好處？但論其大旨，則蘇氏兩語，恐史遷復生不能自解免也。今乃諱其所短，暴其所長，以爲無一不合聖人之意，推尊崇奬，至與六經比隆，聞有議其失者，則涬然見於詞色，奮拳攘臂，欲起而扔之，一何所見之低矮邪！此事不唯見偏識淺，去取差謬，爲明眼人所笑，亦正犯子惡苗碩之戒〔三〕，大爲心術之害，不可不知。

論語

學之爲言，蓋指義理之藴。至於感孚而復有講習相滋之説，自夫始學而所願者外，則其本已虧矣。謝氏「坐如尸，坐時習，立如齋，立時習」，觀聖人立言之旨，有不在彼者。尹氏

「學在己，知不知在人」，微有立我之病。

以義理之蘊訓「學」字，恐非字義，不成文理。後「不重」章更有説。「感孚」之説與「所願者外」，意似相反。且程子於朋來之樂何故不如此説？恐更當細思之。尹氏説未見立我之病。

此章是説初學入道之門，未須大段説得玄妙也。

「鮮」則和順積諸中者未厚。所積者既厚，其於逆理亂常之事可以保其必無也。

犯上之過小，作亂之罪大，故其言之序如此，非謂未厚已厚而然也。「務本道生」是泛言，以起下句之實。集注之説，宜更詳之。

「巧言令色鮮矣仁」，此章論明善之功。

此章只是戒人勿爲巧言令色，如何便説得明善之功？

有所未習，其傳或差。如師之過，商之不及，不能不生流弊。唯傳而習，習而傳，然後爲得其正傳。

「傳不習乎」文勢恐不如此。曾子之學，其傳不差，乃是合下見得通透的確，非習之功也。若所見不是而徒習之，愈增其誤耳。讀書窮理，須認正意，切忌如此緣文生義，附會穿穴，只好做時文，不是講學也。

敬以事言，而信則無不盡也。

信是與民有信，期會賞罰，不欺其民。淺言之，則魏文侯之期獵，商君之徙木亦其類也。不須如此高説，失聖言之本意。

「行有餘力而後學文」，夫豈以講切爲可緩哉？書固不可不讀，但比之行實差緩耳。不然，則又何必言行有餘力而後學邪？

「究義理之藴」，言學者不可不究夫義理之藴也。因此語爲子夏之言，而遂致疑於其間。以子夏之言爲不如孔子，亦未爲貶。不必如此回護，但當虚心觀理而隨宜斟酌耳。義理之藴，上著一「究」字，比首章稍成文理。然首章之義實當兼踐履而言，故謝説亦不可廢。若如所説，却只説得窮理一邊也。

「由乎中而應乎外，制乎外所以養其中。」

「由乎中而應乎外」，是推本視、聽、言、動四者，皆是由中而出，泛言其理之如此耳，非謂從裏面做功夫出來也。「制乎外所以養其中」，方是説做功夫處全是自外而内，自葉流根之意，非謂内外交相養，與此章之文本不相戾，不須如此分疏也。如視、聽二箴云：「心兮本虚，秉彝天性。」亦皆是推本而言。若其功夫，則全在制之於外、閑邪勿聽處，可更詳之。向見叔昌之弟摹刻尹和静所書四箴，作「由乎中所以應乎外」，嘗辨其謬。後見尹書他本，却皆不錯。然既有此誤，則尹公想亦未免錯會其師之意也。

校記 〔一〕論：原作「謂」，據宋閩、浙本改。

〔二〕嚇：原作「赫」，據右引改。

〔三〕正：原作「至」，據右引改。

編年 題下原注「戊午二月五日」。

答呂子約 慶元三年至四年

「戒懼於不睹不聞」者，乃謹獨之目。而謹獨者，乃戒懼於不睹不聞之總名，似未可分爲二事也。今曰「道固無適而不在，而其要切之處，尤在於隱微。雖無所不謹，而所謹者尤在於獨」，固欲學者用功轉加切近。云云。若末章「潛雖伏矣」、「不愧屋漏」分爲兩節，雖可以各相附屬，然前一節謂人所不見則屬乎人，後一節謂己之所有則猶有迹，比之己之不睹不聞，則又有間矣。今以人之所不見爲謹獨，意雖切而反輕，以不愧屋漏爲不睹不聞，則又幾於躐等。

來示所疑中庸首章數句，文義亦通，比之章句之説尤省力而有味。但以上文考之，既言道不可須臾離，即是無精粗隱顯之間皆不可離，故言「戒謹乎不睹不聞」以該之。若曰自其思慮未起之時早已戒懼，非謂不戒謹乎所睹所聞，而只戒謹乎不睹不聞也。此兩句是結抹上文「不可須臾離」一節意思了。下文又提起説無不戒謹之中，隱微之間念慮之萌尤不可忽，故又欲於其獨而謹之，又別是結抹上文「隱微」兩句意思也。若如來説，則既言不可須臾離而當戒謹矣，下句却不更端，而偏言唯隱微爲顯見而不可不謹其獨，則是所睹所聞、不隱不微之處皆可忽而不謹。如此牽連，即將上句亦説偏了。只這些子意思，恐於理有礙，且於文勢亦似重複而繁冗耳。所謂「固欲學者用功轉加謹密」，熹之本意却不如此。蓋無所不戒謹者，通乎已發未發而言，而謹其獨則專爲已發而設耳。卒章所引「潛雖伏矣」，猶是有此一物藏在隱微之中，「不愧屋漏」則表裏洞然，更無纖芥查滓矣。蓋首章本静以之動，卒章自淺以及深也。且所不見，非獨而何？不動而敬，不言而信，非戒謹乎其所不睹不聞而何？若首章不分别，即此等處皆散漫而無統矣。

編年 據書信編年。

答吕子約 慶元三年至四年

不睹不聞既即是隱微之間念慮之萌，則所謂「莫見乎隱、莫顯乎微」者，蓋非别有一段工夫在戒懼不睹不聞之後明矣。

只爲「道不可須臾離」與「莫見乎隱、莫顯乎微」不同，「戒謹不睹、恐懼不聞」與「謹獨」不同，所以文意各别。今却硬説做一事，所以一向錯了也。

既以不睹不聞爲己所不知，若能於此致謹，則所謂隱微之間念慮之萌固已不能不謹。若果如此，則上段文意已足，不知何故又須再説必謹其獨邪？曷嘗有如此煩絮底聖賢？

不愧屋漏，亦未免於微有迹也。謂之表裹洞然，更無查滓，則恐幾於陵節矣。

若猶有迹，便是未能無愧於屋漏矣。此段説得愈更支離，若只管如此纏繞固執，則只己見便爲至當之論，亦不須更講論矣。前書寫去已極分明，只是不曾子細看，先横著一個人我之見在胸中，於己説則只尋是處，雖有不是，亦瞞過了；於人説則只尋不是處，吹毛求疵，多方駁難。如此則只長得私見，豈有長進之理？此亦便是論司馬遷底心也。今更不能再説得，只請將舊本再看，將此兩節虛心體認，只求其分，勿求其合，認來認去，直到認得成兩段了，方是到頭。如其未然，更不須再見喻也。

來教又謂心之有思與耳之有聞、目之有見爲一等時節。

所圈出「思」字，初看即疑恐當作「知」字。而尋舊本未見，不知當時的是何字。又恐或是筆誤，方欲再請舊本來看，子細剖析奉報，偶復尋得舊本，果是「知」字。不知來喻何故如此錯誤？豈舊本脱漏此一節邪？如其不然，則此等處尚爾疏略，又安能得其精微之意邪。元本兩行，今再録去，可更詳之。舊本云：「心之有知與耳之有聞、目之有見爲一等時節，雖未發而未嘗無。心之有思乃與耳之有聽、目之有視爲一等時節。」云云。再看來書他處所説已有「知」字，即是舊本元無脱漏，是直看得老草，將「知」字、「思」字作一樣看耳。

前書無聞無見之説，只做未有聞、未有見平看過。若看得過重，以爲無所聞、無所見，則誠近於異端矣。

未有聞見與無所聞見，平看重看不知如何分別？更請子細説。

謂未有聞、未有見爲未發，所謂冲漠無朕，萬象森然已具，不知衆人果能有此時乎？學者致知居敬之功積累涵養，而庶幾有此爾。

子思只説喜怒哀樂，今却轉向見聞上去，所以説得愈多愈見支離紛冗，都無交涉。此乃程門請問記録者之罪，而後人亦不善讀也。不若放下，只白直看子思説底。須知上四句分別中和，不是説聖人事，只是泛説道理名色地頭如此。下面説致中和，方是説做功夫處，而唯聖人爲能盡之。若必以未有見聞爲未發處，則只是一種神識昏昧底人，睡未足時被人驚覺，頃刻之間，不識四到時節，有此氣象。聖賢之心湛然淵静，聰明洞徹，决不如此。若必如此，則洪範五事當云貌曰僵，言曰啞，視曰盲，聽曰聾，思曰塞乃爲得其性，而致知居敬，費盡工夫，却只養得成一枚癡獃罔兩漢矣〔一〕。千不是萬不是，痛切奉告莫作此等見解。若信不及，一任狐疑，今後更不能説得也。詳看此段來意，更有一大病根，乃是不曾識得自家有見聞覺知而無喜怒哀樂時節。試更著精彩看，莫要只管等閑言語，失却真的主宰也。

以未發爲太極。

以未發爲太極，只此句便不是，所以下文一向差却。未發者太極之静，已發者太極之動也。須如此看得，方無偏滯，而兩儀四象、八卦十二卦之説皆不相礙矣。

太極動而生陽，動則爲已發矣。

以動而生陽爲已發，是也。即不知静而生陰爲已發、爲未發邪？

前日所稟，未嘗敢以已發爲無太極也。而又云已生兩儀四象八卦，難以爲未發。

未嘗以已發爲無太極，是也。而又云已生兩儀四象八卦，難以爲未發，何邪？

易之無思無爲比未發，猶是以心爲言，於性之體段已是猶欠拈出。

以無思無爲爲説心而不及性，不知「心」、「性」兩字是一物邪？兩物邪？

來教謂有此氣來配道義，始能充其體而無餒，若無此氣來配，則雖有道義亦不能不餒矣。

意。今却硬將文義紐轉，以道義爲主而氣爲客，又將熹説亦添入一「來」字，則區區所見雖謬，決不至如此之顛倒也。前書之言已盡，今更不能説得。只請且依此意捩轉舊來話頭，依孟子本文主客形勢排擬，教成行道，有歸著，直候將來見得舊説全然不是，方是究竟。如其不然，不若忘言之爲愈也。

校記　〔一〕罔兩漢：宋浙本作「人」，考異所引别本同。

編年　據書信編年。

答吕子約 慶元三年至四年

所喻前論未契，今且當以涵養本原、勉强實履爲事，此又錯了也。此是見識大不分明，須痛下功夫鑽研勘覈教透徹了，方是了當。自此以後，方有下手涵養踐履處。如横渠先生所見，只是小小未瑩，伊川先生猶令其且涵泳義理，不只説完養思慮了便休也。如今乃是大段差舛，却不汲汲向此究竟，而去别處閑坐，道我涵養本原，勉强實履。又聞手寫六經，亦是無事費日，都不是長進底道理。要須勇猛捐棄舊習，以求新功，不可一向如此悠悠，閑過歲月也。

本欲俟德華人回附書，今日偶有南豐便至道夫處，且先附此奉報。此事不比尋常，不可頃刻失其路脉也。大抵學問只有兩途，致知、力行而已。在人須是先依次第十分著力，節次見效了，向後又看甚處欠闕，即便於此更加功夫，乃是正理。今却不肯如此，見人説著自家見處未是，却不肯服，便云「且待我涵養本原，勉强實履」，此如小兒迷藏之戲，你東邊來，我即西邊去閃你；西邊來，我又東邊去避，如此出没，何時是了邪。區區本已不能説得，今更説此一番〔一〕，若更不相領略，便且付之忘言矣。如人上山，各自努力，到此時節，豈更有心情管得他人邪。

校記 〔一〕一：原作「後」，據宋浙本改。

編年 據書信編年。

答吕子約 慶元三年至四年

兩書所喻，備見日來進學新功，甚慰牢落。兩卷悉已條對納呈，幸更詳之也。大抵爲學只是博文、約禮兩端而已。博文之事，則講論思索要極精詳，然後見得道理巨細精粗無所不盡，不可容易草略放過。約禮之事，則但知得合要如此用功，即便著實如此下手，更莫思前算後，計較商量。所以程子論中庸未發處答問之際，初甚詳密，而其究竟〔一〕，只就「敬」之一字都收殺了。其所謂敬，又無其他玄妙奇特，止是教人每事習個專一而已，都無許多閑説話也。今詳來喻，於當博處既不能虚心觀理以求實是，如論易、詩處是也。於當約處乃以引證推説之多反致紛擾，如論求其放心，而援引論説數十百言，不能得了。只此便是放其心而不知求矣。凡此之類，皆於鄙意深所未安。竊謂莫若於此兩塗各致其極，無事則專一嚴整，以求自己之放心，讀書則虚心玩理，以求聖賢之本意，不須如此周遮勞攘，枉費心力，損氣生病而實無益於得也。

橫渠謂：「心寧静，於此一向定疊，目前縱有何事，亦不恤也。休將閑細碎在思慮。」近雖見此漸明，然養得未熟，有時不好底意思上心來，則此見便若有物昏蔽。雖目前小小事，亦能來相礙。因是知得尚未屬己。

此理固然，然亦須是真實知至物格，方得自然如此。若但説時快活，間或又不如此，則只是想象摶量，不足恃也。

「子在川上」云云。觀諸天地古今事變，莫非逝者。然故故新新，相因不已，以何爲始，以何爲終？故周子發明太極之藴，則曰太極本無極云云。聖人之心純亦不已，此乃天德。有天德便可語王道，其要只在謹獨。終歸於謹獨者，莫見乎隱，莫顯乎微，不於獨而致謹，則天命流行遏於躬而不知矣。

理固如此，然援引太多，反汩没了正意。兼所引亦有不相似者。如周子無極之語。純亦不已，只是無間斷。於獨而不謹焉，則有間斷而與天地不相似矣。

太極動而生陽，以本體言之，即易所謂「繼之者善」也。以氣運言之，即易所謂「復其見天地之心」也。以卦言之，即震之「一索」，咸之「男下」也。然易傳謂動則終而復始，所以恒而不窮。雖物有終始，而此理無窮，則雖動極而静，静極復動也云云。學者固當兼致静存動察之功，然於動之端而有見乎天地之心，斯能窺乎太極之藴矣。其曰「元亨誠之通，利貞誠之復」，其曰「利貞者乾之性情」，蓋以夫人徒見生意之發於春夏，而不知夫藏於根荄也。觀諸草木搖落之時，生意若息矣，而根荄膏潤，苞芽潛萌，是乃終而復始。蓋情性然也。有以明乾之性情，則知太極之性情矣。有以見天地之心，則知太極之動而生陽矣。

此段尤多可疑，請且就通書太極體認，令此數項歷落分明，未要添入復卦、震、咸、性情等説，夾雜得都不明，不濟事也。震、咸尤無干涉，性情之義亦非是，須各自看乃佳。

程子暌卦傳曰：「物雖異而理本同，故天下之大，群生之衆，暌散萬殊，而聖人爲能同之。」某觀至此，於「不有兩則無一」之義稍分明。但所謂理本同者，程子之説雖詳，終未能實見其理。

天施地生，男倡女隨，此感彼應，蓋不能以相無也。非理之本同，何以如此？

「其爲氣也」云云。某竊詳此段所言「其爲氣也」非有異義。上言此氣之浩然，體段本如是，養之之法，勿忘勿助，則無所耗傷而此氣流行充塞，無所抑遏，蓋不待自反而縮也。故「直」之一字當因大、剛而爲三德，若坤之直方，即浩氣之剛直，其可虧欠乎？下言此氣合義與道而成，而血氣循乎軌轍，到此則血氣便是義道矣。非是養氣之後，又待此而爲助也。所以再言「其爲氣也，配義與道」，蓋深明夫此氣之發見本是義道，若識得此氣之本然，則知所養，而其動非血氣矣。其曰「無是餒也」，欲人知夫此身之所以爲主者苟或虧失，則便枵然也。愚見如此，不敢不竭言之。

「自反而縮」是本章上文，坤爻「直方」是他書異義。二者孰爲親疏？請試思之，得失可見。

氣是形而下者，道義是形而上者，如何合得？況配義與道，分明是將此氣配彼義道而爲之助，豈是養氣之後又將此而爲助也？如此看得，全然不識文義，更宜深思，未易遽立説也。

此是胸中先有舊説，爲所牽制，不得虚平，故爾滯礙，枉費心力。可且將舊説權行倚閣，而只將本文反復玩味，久久自然漸虚漸平，則於此無疑矣。

「朝聞道，夕死可矣」，近看得程子所謂：「除了身只是理」之説，於此最親切。蓋私乎此身，則莫知主乎此身者爲何如，其生其死，真有同於醉夢矣云云。故大程子謂：「動容周旋中禮者，盛德之至。君子行法以俟命而已。朝聞道，夕死可矣之意。」小程子既謂死得是，又謂：「苟有此志，則不肯一日安。於所不安，何止一日？須臾不能。」皆是發明「除了身只是理」底意思。詳觀遺書，亦載大程子有云：「皆實理也，人知而信者爲難。死生亦大矣，非誠知道，豈以夕死爲可乎。」則雖概言之，而日月寒暑、屈伸往來之常理同乎晝夜死生者，皆可致察。小程子有云：「聞道者，知所以爲人也。夕死可矣，是不虚生也。」則又指切言之，以明實理所存。是亦「除了身只是理」之意。至於小程子經解，乃親筆也，則止云「人不可以不知道，苟得聞道，雖死可也」。雖不加一辭，而語意則甚不輕矣。今集注本大程子實理之説，而以「事物當然之理」名之，固不使人求之恍惚，然果足以究斯義乎？又大程子「非誠知道」之言，以尹氏所説考之，固爲切實，然恐所謂得者，或流於偏差而未必得其總腦也。某據所曉者吐露，以求誨剖。

「道」字，「理」字，「禮」字，「法」字，「實理」字，「日月寒暑、往來屈伸之常理」，「事物當然之理」，此數説不知是同是别？「除了身只是理」，只是不以血氣形骸爲主而一循此理耳，非謂身外别有一物而謂之理也。流於偏差，則非所謂得矣。

「一陰一陽之謂道」，天地絪緼也。「繼之者善」，物與無妄也。「成之者性」，各正性命也。各正性命則屬乎氣禀矣。遺書言：「凡人説性，只是説繼之者善也。孟子言人性善是也。」又若先言氣禀而後及此。

周子以萬物資始爲善，各正性命爲性，此是就造化處説。今欲以「物與無妄」言之，則此句屬性，而以上句「天下雷行」爲善，方始相對得過。程子所云「今人説性只是説繼之者善」，此又是近下就人性分上説。語各有當，更請詳之。只看本文，都不得引外來一字，方始見得。

向觀遺書所載：「人生而静，以上不容説，才説性時便已不是性也。凡人説性，只是説繼之者善也。孟子言人性善是也。」茫然不曉所謂。今始粗曉此文義。「人生而静」，天之性也，周子所謂主静者，以此也。然所謂「不容説」者，是豈終不可得而説乎？周子不得已而言之曰「無極而太極」，則指不容説者以喻諸人耳。所謂「才説性時便已不是性」，此却因上文而言之，或指太極爲性，則非矣。蓋天命之謂性，命之於人始謂之性也。所謂「凡人説性，只是説繼之者善」，此説得性善最爲親切。若秖論成而不論繼，則有二本，非性之果善也。故孟子道性善，既因其繼而得其本源，其言惻隱仁之端、羞惡義之端，則又因其發見之苗裔而知其爲固有。學者於此唯有操存之功不舍，使漸著察耳。

此條尤覺紊亂，更請且以前段之説識認文義，令有條理，未可如此引援衮雜，轉見不分明也，所謂治絲而棼之也。

校記 〔一〕竟：原作「意」，據宋閩、浙本改。

編年 據書信編年。

答吕子約 慶元三年十一月十二日

所喻博文約禮盡由操存中出，固是如此。但博文自是一事，若只務操存而坐待其中生出博文功夫，恐無是理。大抵學問功夫看得規模定後，只一向著力，挨向前去，莫問如何若何，便是先難後獲之意。若方討得一個頭緒，不曾做得半月十日，又却計較，以爲未有效驗，遂欲別作調度，則恐一生只得如此移東換西，終是不成家計也。

益公近亦收書，於歐集考訂益精，亦不易老來有許多心力也。需中庸、詩傳，此便未可寄。又恐且要操存，無暇看讀，更俟後便也。蘇黄門初不學佛，只因在筠州陷入此漩渦中，恐是彼中風土不好，一生出不得。今請著些精彩，莫只管回頭轉腦，忽然不知不覺也旋入去，即不相奈何也。風色愈勁，精舍諸生方幸各已散去〔一〕。今日輔漢卿忽來，甚不易渠能自拔。向在臨安相聚，見伯恭舊徒無及之者。説話儘有頭緒，好商量，非德章諸人之比也。

校記　〔一〕已：原缺，據宋浙本補。

編年　據書信編年。

答呂子約 慶元三年十一月十二日

前書所論四事，不審雅意云何？竊意賢者用力於此不爲不久，其切問近思之意不爲不篤，而比觀所講與累書自叙説處，覺得瞻前顧後，頭緒太多，所以胸次爲此等叢雜壅塞纏繞，不能得明快直截。反不得如新學後生聞一言且守一言，解一義且守一義，雖未能便有所得，亦且免得如此支離紛擾，狼狽道途，日暮程遥，無所歸宿也。

編年　子約卒於慶元四年八月，題下原注「十一月十二日」，以序言之，當作於三年冬。書札彙編列於淳熙十四年。

朱熹文集編年評注卷四十九

書 知舊門人問答

答王子合 遇〔一〕淳熙二年六月

熹頓首再拜子合教授奉議賢友：久不聞問，方此鄉往，奉告，欣審比日尊履多福。熹杜門如昨，夏初伯恭見訪，因同入城。見候吏報丈丈府判經由，意可以一見。已而聞不入城，甚以爲恨。不知乃留居舊第也。前月末送伯恭至鵝湖，陸子壽兄弟來會。講論之間，深覺有益。此月八日，方分手而歸也。伯恭奉祠已久，亦每談志行之美也。所論變化氣質，方可言學，此意甚善。但如鄙意，則以爲惟學爲能變化氣質耳。若不讀書窮理，主敬存心，而徒切切計較於今昨是非之間，恐其勞而無補也。不審明者以爲如何？昨來所附子晦書竟未之領，近至城中，問得下落，方託人督取也。未由晤見，惟以時珍重爲禱。不宣。熹頓首再拜。

校記〔一〕此篇底本略甚，今改用淳熙本。

編年　據書信編年。

答王子合淳熙二年以後

向來觀「復其見天地之心乎」，易傳云「動之端，乃天地之心也」，未睹其旨。近思得之，敢質於先生。遇謂天地之心生生不已，太極一動，二氣運行，互爲其根，蓋未嘗或息，非可以動静言也。其曰「動之端」云者，指流行之體示之，即生物之原者也。遺書云「天只是以生爲道」，天地之心固在於生物，然於生處觀之，則偏於動而不知動之所以然，非指其端無以見生生之理也。在人則惻隱之心是也。乍見孺子將入井，必有怵惕惻隱，此心不遠，於此察之，庶可見矣。此心雖非心之本體，然始發見在是，故推此心則廓乎天地之間，無所不愛。人惟汩於欲而不知復，則是心泯然不見。猶窮陰沍蔽，萬物歸根，生生之理雖未嘗或息，何自見之？一陽微動，生意油然，此復所以見天地之心也。在學者工夫，則平日涵養，語默作止須要識得端倪，則心體昭然，可默識矣。故伊川云：「善學者不若於已發之際觀之。」觀於已發，識其未發，克己不已，一旦復之，則造次顛沛皆見此心之妙，始可以言仁矣。

別紙所喻復見天地心之説甚善〔一〕，然此須通動静陰陽善惡觀之，見得各是一理，而此意無所不通，始盡其曲折耳。學者工夫則只如易傳所説，知其不善，則速改以從善，此是要約處。若説須要識得端倪而心體可識，則却是添却一事也。鄙見如此，或恐未然，更告諭及。子晦相見煩致意，未及奉書。歐陽慶嗣書云甚賴切磨之益，想日有至論也。熹再拜〔二〕。

校記　〔一〕別紙：原缺，據淳熙本補。

〔二〕此句原缺，據右引補。

編年　據書信編年。書札彙編以爲此與下三篇皆作於乾道九年。

答王子合 淳熙二年以後

所喻思慮不一，胸次凝滯，此學者之通患。然難驟革，莫若移此心以窮理，使向於彼者專，則繫於此者不解而自釋矣。

編年　據書信編年。

答王子合 淳熙二年以後

子晦所謂「使無童子之言，則曾子亦泊然委順，未足以病其死。唯童子之言一入其聽，而士死於大夫之簀，則有所不安，故必舉扶而易之，然後無一毫愧心而安其死」。此數句甚善。但謂大夫有賜於士之禮，則未知所據，似未安也。子合所謂「大夫之簀，季孫安得賜諸曾子？曾子亦安得受諸季孫？曾子固曰『我未之能易』，則其平日蓋欲易之矣」。此論亦善。但謂曾子辭季孫之仕，則亦無據。而曰「不欲爲已甚而黽勉以受其賜」，則又生於世俗委曲計較之私，而非聖賢之心矣。又云「死生之際則異於是，蓋有一毫不正，則有累於其生」〔一〕，如此則是人之生也可無不爲，必將死而後始爲計也，此亦必不然矣。

今但平心而論，則季孫之賜、曾子之受皆爲非禮。或者因仍習俗，嘗有是事而未能正耳。但及其疾病不可以變之時，一聞人言而必舉扶以易之，則非大賢不能矣。此事切要處只在此毫釐頃刻之間，固不必以其受之爲合禮而可安，亦不必以爲與世周旋，不得已而受之也。況善吾生乃所以善吾死，豈有平時黽勉徇情，安於僭禮，必俟將死而後不肯一毫之差而足以善其死耶？且若如此，則聖賢臨死之際，事緒紛然，亦不勝其改革矣。若曾子之事，計其未死之前有人言之〔二〕，則必即時易之，而不俟將死之日矣。

然就二説論之，謂受簀合禮者，但失之輕易粗略，考之不精；而謂黽勉周旋者，其巧曲支離，所以爲心術之害者甚大，恐不止於此一事。要當推類究索，拔本塞源，然後心得其正，而可語聖賢之學也。鄙見如此，幸復相與考之，再以見喻。熹上呈〔三〕。

校記 〔一〕生：正訛改作「死」。

〔二〕死：淳熙本作「病」。

〔三〕此句原缺，據淳熙本補。

編年 據書信編年。

答王子合 淳熙二年以後

昨承問及復卦之説，如所諭固善，然亦有説。蓋陰陽生殺，固無間斷，而亦不容并行。且如人方窮物欲，豈可便謂其間天理元不間斷，而且肆其欲哉？要須窮欲之心滅息，然後天理乃得萌耳。程夫子所謂「天地間雖無截然爲陰爲陽之理，然其升降生殺之大分不可無也」，此語最爲完備。然陰陽動静是造化之機，不能相無者。若善惡，則有真妄之分，人當克彼以復此，然後可耳。

至所謂可識心體者，則終覺有病。蓋窮理之學只是要識如何爲是，如何爲非，事物之來，無所疑惑耳，非以此心又識一心，然後得爲窮理也。

曾子受季孫之賜，無可緣飾，只得做不是，所以後來須要易了方死。只如此看，多少直截。若謂因仍習俗，非曾子之爲，然則向所謂黽勉周旋者，又豈得爲曾子之爲邪？要之一等是錯了，不若只如此看，猶不失爲仁者易辭之過也。如何如何？

編年 據書信編年。

答王子合 淳熙十四年以前

所問禮文曲折，此在經訓甚明。但今世人情有不能行者，且依温公書儀之説，亦不爲無據也。見成服及祥禫處。然今日月已久，計已如此行之矣。家祭一節，熹頃居喪不曾行，但至時節略具飯食，墨衰入廟，酌酒瞻拜而已。然亦卒哭後方如此，前此無衣服可入廟也。今服其喪未葬，亦不敢行祭。非略之，乃謹之也。不審明者以爲如何？

答王子合淳熙十四年以前

前書所論實地功夫者甚善，但常存此意，時復提撕，勿令墜墯乃佳。今時學者未論外誘，多只是因循怠惰，自放倒耳，真不可以不戒。至於出門有礙之説，則似未然。自家持守處固是不可放過，至於應世接物，同異淺深，豈容固必？但看得破、把得定，自不妨各隨分量應副將去，何必如此懷不平之心而浪自苦哉？纔有此等意思，恐亦便是本原有不察處，政不可作兩截看也。

今書所論中庸大旨，蓋多得之。但言「其上下察也」，「其」者指道體而言，「察」者昭著之義，言道體之流行發見昭著如此也。謝、楊之意，似皆以爲觀察之察。若如其言，則此「其」字應是指人而言，不知此時豈有人之可指，而亦豈上下文之意耶。吕氏以夫婦所知所能爲費，聖人所不知不能爲隱，此爲用横渠説而異乎伊川者。然伊川亦不説著「費隱」二字如何分畫，但想其意不如此耳。「天地閉爲不恕」一語雖有病，然大意取象是如此。如易之陰陽，以天地自然之氣論之，則不可相無；以君子小人之象言之，則聖人之意未嘗不欲天下之盡爲君子而無一小人也，豈相病哉？「其鬼不神」，是老子語。謝氏語解所引，正與其語録相表裏，不知如何見得優劣處，恐不必如此分别也。恐别有説，更煩詳喻。二十七章説，則所分畫似全未是，恐更當以章句之説考之。「乾知太始」，説者多爲主宰之論，似若微妙而反粗淺。蓋若如此，則乾與太始各是一物，而以此一物管彼一物，如今言某官知某州事也。故伊川先生只以「當」字釋之，則其言雖若淺近，却無二物之嫌，意自渾全也。「不顯」二字，二十六章者別無他義，故只用詩意。卒章所引緣自章首「尚絅」之云，與章末「無聲無臭」皆有隱微深密之意，故知其當別爲一義，與詩不同也。「知遠之近，知風之自」，據表而知裏也。「知微之顯」，由內以達外也。

宗廟南向，堂室皆南向，但室户在室南壁之東偏而南向，牖在室南壁之西偏而南向，故以室西南隅爲奥而爲尊者之居，所謂「宗室牖下」也。既以西南爲尊者之位，則室中之位固以東鄉爲尊矣，非謂廟東鄉而太祖東向也。然亦非獨太祖也，凡廟皆南鄉，而本廟之主在其廟室中皆東鄉。但祫祭於太廟之時，則獨太祖不易其位，而群廟之主合食於前者，皆南鄉北鄉以叙昭穆耳。禘祭於太廟，則又以所出之帝爲東鄉，而太祖反居南鄉爲配位也。通典、開元禮釋奠先聖東向，先師南向，乃古禮也。堂上之位，則以南向爲尊。如儀禮鄉飲酒，賓席牖前〔一〕，南向。今沈存中説祭禮朝踐於堂，亦以南向爲尊。而政和新儀亦有是説，但未見所據之本文。又秦漢間廣武君、王陵母皆云東向坐，田蚡傳亦云「自坐東鄉，而坐其兄南鄉」，此則不知其爲室中，爲堂上，但猶以東鄉爲尊則可見矣。

校記　〔一〕席：原作「廣」，據宋閩、浙本改。

編年　據書信編年。

答王子合淳熙十四年以前

别紙所論甚悉，但如此講論，愈覺支離。勢須異時面見，口講指畫，乃可究見底藴。今且當就理義分明處理會，令徑路滑熟，庶於上達處有可漸進之階耳。祭禮廟室西上，證據甚多，但通典注中有「夫人之主處右」之説，而賈頊祭儀又云「夫人版皆設於府君之左」，韓魏公祭圖亦以妣位居考之東。詳此廟室，既以西爲上，則不應考東而妣西，恐通典或字誤耳。此書雖舊杭本，亦多舛誤〔一〕。孝子之稱，據禮亦有如此通稱者，如云「孝子某使介子某執其常事」之類。但今當各以其屬書之，似爲穩當耳。

校記　〔一〕舛：原與上句「舊」字互倒，據宋閩、浙本改正。

編年　據書信編年。

答王子合淳熙十四年丁未十二月二十五日

謝氏致生致死之説，亦是且借此字以明當祭與不當祭之意。致生之者，如事死如事生，事亡如事存是也。致死之者，如絶地天通、廢撤淫祀之類是也。若於所當祭者疑其有又疑其無，則誠意不至矣，是不得不致生之也。於所不當祭者疑其無又疑其有，則不能無恐懼畏怯矣，是不得不致死之也。此意與檀弓論明器處自不相害。如「鬼神」二字，或以一氣消息而言，或以二氣陰陽而言。説處雖不同，然其理則一而已矣。人以爲神便是致生之，以爲不神便是致死之。然此兩句獨看却有病，須連上文看「可」與「不可」兩字，方見道理實處，不是私意造作。若不然，即是「應觀法界性，一切唯心造」之説矣。其他未暇詳論，蓋成伯告歸甚迫，故且附此，餘俟來春相見面論。大率尊德性一條，章句似已詳備，更熟玩之，自見功夫分别處。日用間常切提撕，著實下手，方見得力處。若只解説，無有了期，不濟事也。

編年　題下原注「丁未十二月二十五日」。

答王子合淳熙十五年

細看前書諸説，謝氏之言大概得之。若以本文上下考之，即誠不免有病。乃若其意，則所謂致生之者即是人以爲神，致死之者即是人以爲不神之意耳。天神、地示、人鬼只是一理，亦只是一氣。中庸所云，未嘗分别人鬼不在内也。人鬼固是終歸於盡，然誠意所格，便如在其上下左右，豈可謂祀典所載不謂是耶？奇怪不測，皆人心自爲之，固是如此，然亦須辨得是合有合無。若都不分别，則又只是「一切唯心造」之説，而古今小説所載鬼怪事皆爲有實矣。此又不可不察也。

編年　據書信編年。

答王子合淳熙十五年五月十七日〔一〕

動静無端，陰陽無始，本不可以先後言，然就中間截斷言之，則亦不害其有先後也。觀周子所言太極動而生陽，則其未動之前固已嘗静矣。又言静極復動，則已静之後固必有動矣。如春秋冬夏、元亨利貞，固不能無先後，然不冬則何以爲春？而不貞又何以爲元？就此看之，又自有先後也。又如克己復禮然後可以爲仁，固不可謂前此無仁，然必由静而後動也。惟精惟一而後可以執中，固不可謂前此無中，然亦由静而後動也。舉此類而推之，反復循環，無非至理。但看從甚處説起，則當處便自有先後也。

「性之善猶水之下」，此「善」字却是就人物稟受以後而言。據其發用之初，對其成就之極，又自爲陰陽也。「念念相連〔二〕，事事相續，無頃刻不如此」，大意亦與前段相似，細推之可見。來喻所引乃舊本，後來思之，不能又生支節，轉費分疏，故嘗削去。然今得子合如此商量却好，不然，則此意終不分明也。

「愛人利物」等語亦不甚精，後已删去矣。「仁」字須是就一事上見統體之全，就統體處見一事之實，方始活絡無滯礙處。

此段甚好，如云「氣之所聚，理即在焉。然理終爲主，此即所謂妙合也」。又云「自其生化之所自出而言，故曰妙合」，此句却不甚親切。

鬼神第一段甚好。

二氣之分，即一氣之運。所謂一動一静，互爲其根，分陰分陽，兩儀立焉者也。在人者以分言之，則精爲陰而氣爲陽，故魄爲鬼而魂爲神。以運言之，則消爲陰而息爲陽，故伸爲神而歸爲鬼。然魂性動，故當其伸時非無魄也，而必以魂爲主；魄性静，故方其歸時非無魂也，而必以魄爲主。則亦初無二理矣。

幽滯之魄終歸於盡，以此論伯有爲厲之事則可矣。然亦須兼魂魄而言，不可專指幽陰也。若論魂魄之正，則便只是陰陽，元非他物。若天地之陰陽無窮，則人物之魂魄無盡。所以誠意所格，有感必通，尤不得專以「陰滯未散，終歸於盡」爲説矣。

大學直卿看過，有疑處已貼在内，可詳之。但「知止」則「止」字爲重，言知其所當止也。「知至」則「知」字爲重，言其知識到極處也。今曰「格物致知」，「格」是極乎知之至，其地位固如此，然其文意不同，亦不可以不察。

校記　〔一〕題注原缺，據宋浙本補。

〔二〕連：原作「逢」，據右引改。

編年　據書信編年。題下原注「五月十七日」。

答王子合 淳熙十五年

陰陽之氣相勝而不能相無，其爲善惡之象則異乎此。蓋以氣言則動静無端，陰陽無始，其本固并立而無先後之序、善惡之分也。若以善惡之象而言，則人之性本獨有善而無惡，其爲學亦欲去惡而全善，不復得以不能相無者而爲言矣。今以陰陽爲善惡之象，而又曰不能相無，故必曰小人日爲不善，而善心未嘗不間見，以爲陰不能無陽之證。然則曷不曰君子日爲善而惡心亦未嘗不間見，以爲陽不能無陰之證耶？蓋亦知其無是理矣。且又曰克盡己私，純是義理，亦不離乎陰陽之正，則善固可以無惡矣。所謂不能相無者，又安在耶？大凡義理精微之際，合散交錯，其變無窮而不相違悖。且以陰陽善惡論之，則陰陽之正皆善也，其沴皆惡也。周子所謂「剛善剛惡，柔亦如之」者是也。以象類言，則陽善而陰惡。以動静言，則陽客而陰主。此類甚多，要當大其心以觀之，不可以一説拘也。

窮理之學，誠不可以頓進，然必窮之以漸，俟其積累之多而廓然貫通，乃爲識大體耳。今以窮理之學不可頓進，而欲先識夫大體，則未知所謂大體者果何物耶？

道即理也，以人所共由而言則謂之道，以其各有條理而言則謂之理。其目則不出乎君臣、父子、兄弟、夫婦、朋友之間，而其實無二物也。今曰子貢、曾點知道矣，而窮理未盡，則未知所謂道者又何物耶。

心猶鏡也，但無塵垢之蔽，則本體自明，物來能照。今欲自識此心，是猶欲以鏡自照而見夫鏡也。既無此理，則非别以一心又識一心而何？後書所論「欲識端倪，未免助長」者得之矣，然猶曰其體不可不識，似亦未離前日窠臼也。細看後書，已改「識」字爲「知」字，又云「心體之知」，亦似已覺前弊，但未脱然耳。

編年 據書信編年。

答王子合 淳熙十五年

聖人以此洗心。

「聖人以此洗心」，「此」字指蓍卦之德、六爻之義而言。「洗心」言聖人玩此理而默契其妙也。「退藏於密」，但言未感物之時耳。「及其吉凶與民同患」，則所用者亦此理而已。其所以知來者，向之所謂員而神者也。其所以藏往者，向之所謂方以知者也。「神武不殺」，言聖人之不假卜筮而知吉凶也。「是以明於天之道」以下，乃言教民卜筮之事，而聖人亦未嘗不敬而信之，以神明其德也。此章文義只如此。程先生説，或是一時意到而言，不暇考其文義。今但玩味其意，别看可也。若合經旨，則費力矣〔一〕。

孟子言性善一章，伊川先生謂「性之本」，又謂「極本窮源之性」，明道先生則謂「人生而静以上不容説，纔説性時便已不是性。凡人説性，只是説繼之者善也」。伊川以爲本而明道言其繼，何也？竊思伊川之言只謂性之本然耳，明道言「人生而静以上不容説」，則周子之所謂無極也，不可容言也。若太極，則性之謂也。太極固純是善，自無極而言，則只可謂之繼。明道之言，所以發明周子之意也。伊川之意，只是説性之本然無不善耳，所以爲極本窮源之性，與明道之意不相妨。鄙見如此。

周子所謂無極而太極，非謂太極之上別有無極也，但言太極非有物耳。如云「上天之載，無聲無臭」，故下文云「無極之真，二五之精」。既言無極，則不復別舉太極也。若如今說，則此處豈不欠一「太極」字耶？「人生而靜」，靜者固是性，然只有「生」字便帶却氣質了。但「生」字已上又不容說，蓋此道理未有形見處，故今纔說性，便須帶著氣質，無能懸空說得性者。「繼之者善」，本是說造化發育之功，明道此處却是就人性發用處說。如孟子所謂「乃若其情，則可以爲善」之類是也。伊川所言極本窮源之性，乃是對氣質之性而言。言其氣質雖善惡不同，然極本窮源而論之，則性未嘗不善也。

「易，變易也，隨時變易以從道也。」易即道也，然以變易而得名。道者，自然不易之理也。從之者，亦適當之而已，非以此而從彼也。

易之所以變易者，固皆是理之當然。聖人作易，則因其爻象之變灼見理之所當然者，而繫之辭，教人以變易從道之方耳。如乾初則潛、二則見之類，皆隨時變易以從道之謂也。

乾，聖人之分也，可欲之善屬焉。坤，學者之分也，有諸己之信屬焉云云。

此說大概得之，但乾坤皆以性情爲言，不當分無形有形，只可論自然與用力之異耳。

八卦之位如何？

康節說伏羲八卦乾位本在南，坤位本在北，文王重易時更定此位，其說甚長。大概近於附會穿鑿，故不曾深留意。然説卦所説卦位竟亦不能使人曉然，且當闕之，不必强通也。

校記 〔一〕矣：原作「耳」，據宋閩、浙本改。

編年 據書信編年。

答王子合淳熙十五年

竊謂聖人既已玩易而默契其妙，自然退藏於密，吉凶與民同患，更無先後之可言。理固無先後，然時與事則不能無先後之殊矣。此等處須子細著實理會，不可一向掠空説向上去，無收殺也。

性之初只有善，本無惡之可言，乃四德之元、五常之仁也。孟子所謂性善者，此是也。明道言繼之者善，方言性之發用，則四端之心是也，烏得與情合而言之？性之始終，一於善而已，不當云性之初只有善也。若如所云，則謂性之終爲有惡，可乎？性之發用，非情而何？情之初則可謂有善而無惡耳。「乃若其情」，「若」字恐亦未必訓「順」也。

編年 據書信編年。

答王子合淳熙十六年己酉閏五月十八日

所喻祠記，前日之書似已奉報，不知後來頗見邸報否？語默隱顯，自有時節。前日膚仲亦以修學來求記，謹不敢作矣。今只有解釋經義，與時事無大相關，且流俗所不觀，故猶不免偷閑整頓。然亦凜凜不敢自保，况敢作文章、説道理，大書深刻，與人遮屋壁，使見其姓名，指瑕求釁，以重世俗之憎病乎？李伯諫初去時極要整頓學校，後來病痛多般，立脚不住，都放倒了。大抵吾輩於貨色兩關打不透，便更無話可説也。

大學解義平穩，但諸生聽者須時時抽摘問難，審其聽後果能反復尋繹與否。近覺講學之功不在向前，只在退後，若非温故，不能知新。蓋非惟不能知新，且并故者亦不記得，日用之間，便成相忘。雖欲不放其良心，不可得矣。此事切宜自警，并以提撕學者爲佳。如其不然，則吕藍田所謂無可講者真不虚矣。若得它就此得些滋味趣向，立得一個基址，即向後自住不得。若都茫然無本可據，徒然費人詞説，久遠成得甚事？切望於此留意，不須鎸碑立名，只爲一時觀美，無益於人，邂逅或能生事也。

編年　題下原注「己酉閏五月十八日」。

答王子合 淳熙十六年

使天下皆知此理而求止焉，固是新民之事，然其所以使之如此者，必有道矣。示之表儀，固是所以新之之本，然已屬明明德之分矣。須知政教法度之施於民者，亦無不欲其止於至善也。「定」、「静」、「安」、「慮」、「得」五字是功效次第，不是工夫節目。

興孝興弟，不倍上行下效之意，上章已言之矣。治國。此章再舉之者，平天下。乃欲引起下文「君子必須絜矩，然後可以平天下」之意。不然，則雖民化其上，以興於善，而天下終不免於不平也。故此一章首尾皆以絜矩之意推之，而未嘗復言躬行化下之説。然則治國、平天下雖無二道，然其設施之際，不可謂無異術也。

意雖心之所發，然誠意工夫却只在致知上做來。若見得道理無纖毫不盡處，即意自無不誠矣。意誠然後心得其正，自有先後。今曰主於心而由中以出，安有不誠？正是顛倒説了。

以上四説請詳之。横渠先生有言：「義理有疑，即濯去舊見，以來新意。」此言最有理。蓋舊見已是錯了，今又就上面更起意思，擘畫分疏，費力愈多，而於本經正文意思轉見昏了。須是一切放下，只將經文虛心涵泳，令其本意瞭然心目之間，無少差互，則却回頭來看舊來見處，其是非得失不崇朝而決矣。

編年 據書信編年。

答王子合 紹熙四年

示喻曲折，具曉所謂。但區區之意，初見彼間風俗鄙陋污濁，上不知有禮法，下不知有條禁，其細民無知，猶或可憐；而號爲士子者恃强挾詐，靡所不爲，其可疾爲尤甚，故於此輩苟得其情，則必痛治之。蓋惟恐其不嚴，而無以警動於愚俗。至於廉退好修之士，柔良鰥寡之民，則未嘗以此加之也。細民籍籍，不知此意，妄生恐懼，而彼爲士者亦何遽至畏縮而不敢來相見乎？若果有之，即是其見識不高，趨向凡下，無以異於愚民。爲政者亦安能每人而悦之哉。

至如經界一事，固知不能無小擾。蓋驅田里之民，使之隨官荷畚持鍤、揭竿引繩以奔走於山林田畝之間，豈若其杜門安坐、飽食而嬉之爲逸哉。但以爲若不爲此，則貧民受害無有已時。故忍而爲之，庶其一勞而永逸耳。若一一恤此，必待其人人情願而後行之，則無時而可行矣。且如此間紹興年間正施行時，人人嗟怨，如在湯火之中。是時固目見之，亦以爲非所當行。但訖事之後，田税均齊，里閭安靖，公私皆享其利，遂無一人以爲非者。凡事亦要其久遠如何耳。但惜乎此事未及下手，而上下共以私意壞之，使人預憂其擾而不見其利。此則非熹之罪，而當世自有任其責者，尚何言哉！然當時若更施行，則其擾不但土封而已，不知噂沓又復如何也。若便指土封爲擾而謂經界之不善，則如子合者亦未究此利害也。桂林之行，亦引此自列，然後得免，後世當有知此心者耳。

新學既成，氣象開豁，但願自今以往游其間者亦各放開心胸，莫作舊時卑污暗昧見識，乃爲佳耳。

編年　據書信編年。

評論　鶴林玉露甲編卷六經界：「朱文公守漳，將行經界，王子合疑其擾。公答書曰：『經界一事，固知不能無小擾。……』文公此論，可謂明確。蓋自商鞅有『成大事者不和於衆』之説，卒以滅宗，故後之爲政者，每畏拂人情。不知人情固不可拂，亦不可徇，唯當論理之是非，事之當否爾。商之遷毫，周之遷洛，何嘗不拂人情？及其事久論定，然後知拂之者，乃所以愛之也。司馬相如曰：「世必有非常之人，然後有非常之事；有非常之事，然後有非常之功。夫非常者，固常人之所異也。故曰非常之元，黎民懼焉；及臻厥成，天下晏如也。」亦見得此理。

答王子合 紹熙四年

所喻土封事，當時却無人來論訴，亦無人子細説及。熹又尋即去郡，故其事不及露而失於究治耳。但如來喻所云，所費不多，不能與之訟於官府，則其爲害應亦不至太甚。但今已不行，無可得説，便且借此爲話端而興謗議耳。若果盡行，則熹自料雖使更用嚴刑峻法，此等小擾亦恐終不能免，其謗必有大於此者。而如子合者，亦將有番悔青苗之議矣。此可付一笑也。少時見所在立土封，皆爲人題作「李椿年墓」，豈不知人之常情惡勞喜逸，顧以爲利害之實，有不得而避者耳。如禹治水，益焚山，周公驅猛獸，豈能不役人徒而坐致成功？想見當時亦必須有不樂者。但有見識人須自見得利害之實，知其勞我者乃所以逸我，自不怨耳。子合議漢事甚熟，亦曾看漢高初定天下，蕭何大治宫室，又從婁敬説，徙齊、楚大姓數十萬於長安，不知當時是費幾個土封底功夫，而不聞天下之不安。其於今日事勢何如也？

子餘留此久，適熹病，不得朝夕相聚。又見渠長上，不欲痛下鈐鎚〔一〕。後來自覺如此含胡恐誤朋友，方著力催儹功夫，則渠已有行日矣。其有尚宿留者用新法課程，近日却頗長進。信乎小仁者大仁之賊，而無面目者乃長久人情也。

校記 〔一〕鈐：正訛改作「鉗」。

編年 據書信編年。

答林伯和 淳熙十年

示諭前此蓋嘗博求師友，而至今未能有得，足見求道懇切之意。以熹觀之，此殆師友之間所以相告者未必盡循聖門學者入德之序，使賢者未有親切用力之處而然耳。大抵聖人之教博之以文然後約之以禮，而大學之道以明明德爲先，新民爲後。近世語道者務爲高妙直截，既無博文之功，而所以約之者又非有復禮之實。其工於記誦文詞之習者，則又未嘗反求諸身，而囂然遽以判斷古今〔一〕、高談治體自任。是皆使人迷於入德之序而陷於空虛博雜之中。其資質敦篤慤實，可以爲善而智識或不逮人者，往往尤被其害。此不可不察也。

爲老兄今日之計，莫若且以持敬爲先，而加以講學省察之助。蓋人心之病，不放縱即昏惰。如賢者必無放縱之患，但恐不免有昏惰處。若日用之間務以整齊嚴肅自持，常加警策，即不至昏惰矣。講學莫先於語、孟，而讀論、孟者又須逐章熟讀，切己深思，不通然後考諸先儒之説以發明之。如二程先生説得親切處，直須看得爛熟，與經文一般成誦在心，乃可加省察之功。蓋與講學互相發明，但日用應接、思慮隱微之間每每加察，其善端之發，慊於吾心而合於聖賢之言，則勉厲而力行之；其邪志之萌，愧於吾心而戾於聖賢之訓，則果决而速去之。大抵見善必爲，聞惡必去，不使有頃刻悠悠意態，則爲學之本立矣。異時漸有餘力，然後以次漸讀諸書，旁通當世之務，蓋亦未晚。今不須預爲過計之憂，以失先後之序也。若不務此而但欲爲依本分、無過惡人，則不惟無以自進於日新，正恐無本可據，亦未必果能依本分、無過惡也。無由面諭，姑此布萬一，幸試留意焉。此紙勿以示人，但叔和、幾道及林兄昆仲諸人，亦不可不知耳。

校記　〔一〕囂：考異云一作「嚚」。

編年　據書信編年。

答林叔和 淳熙十年

示喻爲學本末，足見雅志。嘗觀當世儒先論學初非甚異，止緣自視太過，必謂它人所論一無可取，遂致各立門庭，互相非毁，使學者觀聽惶惑，不知所從。竊意莫若平視彼己，公聽并觀，兼取衆長以爲己善，擇其切於己者先次用力，而於其所未及者姑置而兩存之，俟所用力果有一入頭處，然後以次推究，纖悉詳盡，不使或有一事之遺，然後可謂善學。不可遽是此而非彼，入主而出奴也。

編年　據書信編年。

答林叔和淳熙十年

襄事既在秋冬，日下想亦少寬。雖或紛冗，不得近書册，然此心此理隨處操存，隨處體察，亦無往而非學也。只在日間常切警省，勿令昏惰耳。

編年　據書信編年。

答林叔和淳熙十年

孟子、程子所説「才」字之意不同，既是聖賢之言，後學如何便敢判斷？但此事道理只就自己身上體認，便自見得。而其所以爲是非得失者，亦不容無分别也。如集注中以程子爲密，即是見得孟子所説未免少有疏處。今但以程子爲主，而推其説以陰補孟子之不足，則於理無遺，而兩書之説亦不至甚相妨矣。

編年　據書信編年。

答林熙之乾道三年四年間

易文言「德不孤」，正是發明「大」字意思。謂德盛者，得之矣，然與物同亦是此意。試玩「敬義立而與物同」之意，當得之。恐不可云只是説與物同也。

編年 據書信編年。按熙之爲林用中之師，其與朱熹通書當在用中乾道三年從學朱熹之後。而四年冬熙之亦訪朱熹於崇安，見文集卷六送林熙之詩五首、別集卷五與林熙之。據以繫之。

答陳膚仲 孔碩 淳熙十年至十一年

所論詩序之疑，舊嘗有此論，而朋友多不謂然，亦不能與之力争。姑著吾説，以俟後之知者而已。關雎序文之失固然，論語之意，亦謂其樂得淑女也不過而爲淫，其哀夫不得也不過而爲傷，正如詩文之謂耳。但序者不曉，乃析哀、樂、淫、傷爲四事，而所謂傷善之心者，尤爲無理。此則不可不察也〔一〕。然此等處姑默識之，不須遽與人辨。今人耳學，都不將心究索，難與論是非也。大抵諸經文字有古今之殊，又爲傳注障礙，若非理明義精，卒難決擇。不如且讀論、孟、大學、中庸，平易明白而意自深遠。只要人玩味尋繹，目下便可踐履也。陸學固有似禪處，然鄙意近覺婺州朋友專事聞見，而於自己身心全無功夫，所以每勸學者兼取其善，要得身心稍稍端静，方於義理知所決擇，非欲其兀然無作，以冀於一旦豁然大悟也。吾道之衰，正坐學者各守己偏，不能兼取衆善，所以終有不明不行之弊，非是細事。

校記 〔一〕此：原作「是」，據宋閩、浙本改。

編年 據書信編年。

答陳膚仲淳熙十年至十一年

來書云「今且反復諸書以收心，至涵養工夫，日有所奪，未見其效」，此又殊不可曉。夫讀書固收心之一助，然今只讀書時收得心，而不讀書時便爲事所奪，則是心之存也常少，而其放也常多矣。且胡爲而不移此讀書工夫向不讀書處用力，使動静兩得而此心無時不存乎？然所謂涵養功夫，亦非是閉眉合眼如土偶人，然後謂之涵養也。只要應事接物處之不失此心，各得其理而已。諸書解偶未有定本，謾此奉報，可試思之。若於此得力，却遠勝看解也。

聞有用度不足之憂，何故如此？豈非意氣太豪，日用間羞言撙節計量之事，而又多徇人情，應副求假，不免有虚内事外之弊耶？此雖與吝嗇鄙細者相去懸隔，然其爲失中則均，恐亦當自省而改之也。

編年 前篇云「於自己身心全無功夫」，「要得身心稍稍端静，方於義理知所決擇，非欲其兀然無作，以冀於一旦豁然大悟也」。此篇云「所謂涵養功夫，亦非是閉眉合眼如土偶人」，兩書相承，當作在一時。

答陳膚仲淳熙十六年

累書喻及教導曲折，甚善。此傳丞便來，雖不得書，傳亦具言近况，知人情頗相信，足以爲喜。但更須自家勉力，使義理精通，踐履牢實，足以應學者之求而服其心，則成己成物兩無虧欠。如其不然，只靠些規矩賞罰以束縛之，則亦粗足以齊其外而已，究竟亦何益乎！

科舉文字固不可廢，然近年翻弄得鬼怪百出，都無誠實正當意思，一味穿穴，旁支曲徑，以爲新奇。最是永嘉浮僞纖巧，不美尤甚，而後生輩多宗師之，此是今日莫大之弊。向來知舉輩蓋知惡之而不能識其病之所在，顧反抉摘一字一句以爲瑕疵，使人嗤笑。今欲革之〔一〕，莫若取三十年前渾厚純正、明白俊偉之文誦以爲法，此亦正人心、作士氣之一事也。

大學説得如何？近得王子合書，彼亦説此，寄得講義來，頗詳悉。恨未見膚仲所講，有便幸録來也。「絜矩」文義更宜反復上下句意，未可容易立説。若如所喻，則「老老興孝」等句與絜矩之道有何交涉耶？

熹兩年擾擾，今幸粗定。辭職未允，已再請矣。此非欲爲高，自是義無可受之説，不得不力辭。世俗不解人意，尤悶人也。大學近修得益精密平實，恨未有別本可寄去。易啓蒙、太極、西銘、通書解義、學記各一本謾往。四明頗通問否？曾見其讀西銘説否？全然不識文理，便敢妄議前輩，令人不平，然亦甚可笑也。向來辨論理非不直，所自愧者初無懇惻之意，而以戲侮之心出之，所以召怨而起鬭也。

校記 〔一〕革：考異云一作「救」。

編年 據書信編年。

答陳膚仲淳熙十六年

講説次第且如此亦得，但終是平日不曾做得工夫，今旋捏合，恐未必能有益耳。又有本不欲爲而卒爲之，本欲爲而終不能爲者，此皆規模不定、持守不固之驗。凡事從今更宜審細，見得是當，便立定腳跟，斷不移易，如此方立得事。若只如此輕易浮泛，終何所成？不但教導一事也。「絜矩」更無可疑，且更詳味，須破得舊説，方立得新説。不然，只是看得未透，未可容易下語也。近覺朋友讀書多是苟簡，未曾曉會得，便只如此打過。何況更要它更將已曉會得處反復玩味，言外別見新意。決是有所不能矣。以此理會文字，只是備禮，無一事做得到底，悠悠泛泛，半明半暗，都不成次第。如何得有一個半個發憤忘食、索性理會教十分透徹，少慰衰朽之望乎？

西銘後題是去年未離家時所題，後來不能去得。然此是道理所繫，我且直之，固不容有所避也。仁仲所説，因書報及，謾欲知耳。所云不必置辨，今時流俗例爲此説。乃是自見道理不明，纔有此説，便有此説之害。如許行之并耕，白圭之治水，二十取一，若似今人所見，則孟子亦何用與之辨耶？

釋奠儀，政和五禮中陳設、行事兩條中有自相牴牾處，著尊、犧尊、象尊酌獻先聖、先師。不知曾見此失否？向在南康，曾有申禮部狀，論之頗詳。今未必有本，但細考之可見。王伯照本却未見，有便幸録寄，并所定須知見寄，更加參考，方可刊行也。政和禮只首章仲秋下便疏脱，舊見申明中已改正。近寫得一本，却是此條。如有舊日頒降印本，可檢看，不然即託人於太常問之也。學記本當作，但近日道學朋黨之論方起，著甚來由立此標榜，招拳惹踢耶。已展者不可縮，此却容斟酌耳。又況韓文公腳下不是做文章處，爲人指笑，却怪他不得也。

編年 據書信編年。

答陳膚仲淳熙十六年

老老、長長、恤孤，正是治國之事，皆人君躬行以化其下者。至於有夫三者之效，則國治矣。故欲平天下者，必須先有此個本領效驗，然後有以爲地而致其絜矩之功。所謂平天下在治其國者也。文勢甚明，無可疑者。其不能絜矩之病，章句、或問三處説極分明。如來喻所謂奪其財力，使不得養其父母者，亦無疑矣。又何以更有「憤然不平，善心爲之不生」之説耶？凡此等處，皆是處心不寧静、看書不子細之病，與前日所論釋奠禮文疏略處大抵略相似，更宜深以爲戒。讀書别無法，只要耐煩子細是第一義也。

編年 據書信編年。

答陳膚仲淳熙十六年以後

承以家務叢委，妨於學問爲憂，此固無可奈何者。然亦只此便是用功實地。但每事看得道理，不令容易放過，更於其間見得平日病痛，痛加翦除，則爲學之道何以加此？若起一脱去之心，生一排遣之念，則理事却成兩截，讀書亦無用處矣。但得少間隙時不可閑坐説話，過了時日，須偷些小工夫，看些小文字，窮究聖賢所説底道理，乃可以培植本原，庶幾枝葉自然張旺耳。

編年 據書信編年。

評論 古文眉詮卷七十七：（只此便是用功實地）一語刻刻受用。即事看理，即事見病，正是用功實地，何可有意排脱。「理事兩截」句，喝透。（「須偷些」三句）足此一層，乃無廢書之病，圓密無落放。一部論語，無離事言學者，賴此百餘字表出綱宗，乃爲聖學真種子。

答滕德粹 璘 淳熙二年

僕與足下雖幸獲同土壤，而自先世已去鄉井，中間才得一歸，掃丘墓、省族姻。今又二十餘年，以故於鄉里後來之秀少所接識，計其不相存録亦已久矣。而昆仲乃獨惠然枉書，道説過盛，非所敢當。然所論爲學之意，則正區區所望於鄉人者，甚幸甚幸！

夫學者患不知其所歸趣與其所以蔽害之者，是以徘徊岐路而不能得所從入。今足下既知程氏之學不異於孔孟之傳而讀其書矣，又知科舉之奪志、佛老之殊歸皆不足事，則亦循是而定取舍焉爾，復何疑而千里以問於僕之不能耶？意者於其所欲去者既未能脱然於胸中，所欲就者又雜然并進而不無貪多欲速之意，是以雖知其然而未免於茫然無得之嘆耳。足下誠若有志，則願暫置於彼而致精於此，取其一書，自首而尾，日之所玩不使過一二章，心念躬行，若不知復有他書者。如是終篇，而後更受業焉，則漸涵之久，心定理明而將有以自得之矣。論語一書，聖門親切之訓，程氏之所以教尤以爲先。足下不以愚言爲不信，則願自此書始。因風寓謝，他未暇及。昆仲書無異指，故不復别致，幸察。

編年 新安文獻志卷二十二載滕璘題晦庵先生真迹後云：「淳熙乙未，先君始命璘兄弟修書辭以請教。先生報書，示以爲學之要。明年，先生來歸，始克謁見而請益焉。」是篇即所謂報書也。

評論 滕璘題晦庵先生真迹後：晦庵先生世家吾鄉，中徙於閩，倡明道學，户外屨滿，而鄉人未有至者。淳熙乙未，先君始命璘兄弟修書辭以請教。先生報書，示以爲學之要。明年，先生來歸，始克謁見而請益焉。自後通書，悉蒙見答，訓迪備至。今老矣，無以仰副先生期待之意，而弟珙不幸早世，所藏真迹散逸之餘，僅存三十紙。每一覽之，悚然起敬，恨先生不可復見也。刻之博雅堂，以示子孫，俾知先生不忘故鄉，私淑諸人者如此。

答滕德粹 紹熙中

所問禱祠之惑，此蓋燭理未明之故。又爲憂患所迫，故立不定。今雖未能遽明，但且謹守自家規矩，一面講學窮理。遇聖賢有説此事處，便更著力，加意理會。積累功夫，漸漬日久，一旦忽然有開明處，便自然不爲所惑矣。今未能然，且當謹守聖賢訓戒，以爲根腳，如程子所謂不敢自信而信其師者，始有寄足之地。不然，則飄揺没溺，終不能有以自立矣。

編年 書云「又爲憂患所迫」，知德粹時爲丁憂中。據文集卷九十四滕君希尹墓誌銘，德粹母胡氏、父洙先後卒於紹熙二年、四年，故其丁憂皆在紹熙間也。

答滕德粹 淳熙三年至八年

補試得失如何？此不見補試榜，然計此亦分定矣。雖斷置不下，徒自紛紜，豈能移易毫髪於其間哉？而其所以害夫學問之道者，則爲不細。蓋物欲利害之私日交戰於胸中，亦何暇而及於玩索存養之功也耶？近思所疑，但熟玩之，自當漸見次第。但恐心不專一，則無由可通耳。

編年 據書信編年。蓋璘淳熙三年從朱熹游，而八年中進士也。書札彙編繫於淳熙五年。

答滕德粹 淳熙十二年

到官既久，民情利病必已周知。更宜每事加意，使隨事有以及人，則亦可以充其職業而無愧於廪食矣。親炙諸賢，想亦有益。日用之間，常更加持守講習之功，以求其遠者大者，則區區之所願也。

編年 見下篇所考。

答滕德粹淳熙十二年

知官閑頗得讀書，不知做得何工夫？歲月如流，易得空過。彼中朋友書來，多稱德粹之賢。然鄙意所望者，則不止此。願更勉力，益加探討之功，勿令異時相見無疑可問，乃所望耳。溪堂雜文久欲爲作序，但以當時收拾得太少，詩篇、四六之外，雜文僅有兩篇，想亦未是當時著力處，未有意思可以發明，又不成只做一篇通用不著題底文字，以故遲遲至今。欲留此人，等候草成附去。又此數日正爲諸處人督迫文字，困憊殊甚，不免且小須也。釋氏之説易以惑人，誠如來喻。然如所謂若有所喜，則已是中其毒矣。恐須於吾學有進步處，庶幾可解。不然，雖欲如淫聲美色以遠之，恐已無及於事，而毒之浸淫侵蝕日以益深也。

編年　文云「溪堂雜文久欲爲作序」，此指文集卷八十二跋滕南夫溪堂集，作於淳熙十四年，故本篇不得晚於是年。下答滕德章四也言及此事，云「示諭溪堂序跋，此固所不忘」，該書云「南軒之文近方爲編得一本」，南軒文集編於淳熙十一年，故答德章書不得早於是年。本文云「知官閑頗得讀書」，承上篇「到官既久」而言。考德粹淳熙十一年至十四年間官鄞縣尉，見卷八十二跋范文正公送竇君詩。故此書應作於是時，淳熙十二年也。

答滕德粹淳熙十二年至十三年

所示語説一條甚善，但程先生説自不可廢。今作實事推説太廣，却恐又有礙也。兼看文字，且虛心體認實用工處，而就己分用力，方有實效。若一向只如此立說，却不濟事也。大抵學問以變化氣質爲功，不知向年遲緩悠悠意思頗能有所改革否？若猶未也，更須痛自鞭策，乃副所望耳。

編年 此書亦應德粹鄞縣尉任上所作，以序言之，淳熙十二年至十三年間也。

答滕德粹 淳熙十三年至十四年

示喻讀莊周書，泛觀無害，但不必深留意耳。若謂已知爲學之大端而自比於明道，則恐未然。明道乃是當時已見大意，而尚有疑其說之相似〔一〕，故始雖博取而終卒棄之。向來相聚，見德粹似於此理見得未甚端的，且尚不能無疑於釋子之論。今若更以莊周之說助之，恐爲所漂蕩而無以自立也。況今日諸先生議論流傳於世，得失已分明，又非當日之比耶。若論泛觀，則世間文字皆須看過，又不特莊子也。承有意此來，不如乘間早決此計。流光易失，衰老尤不可恃。果欲究竟此事，似不宜太因循也。

校記 〔一〕相：原作「想」，據宋浙本改。

編年 文云「承有意此來」，據卷八十二跋滕南夫溪堂集，德粹至崇安在淳熙十四年秋。此書當在稍前，十三年至十四年也。下答滕德章四云「聞德粹以新侯之來，頗不安迹」，蓋其不久罷歸，遂至崇安問學也。

答滕德粹 淳熙十六年春

熹昨者再辭恩命，復叨祠禄，幸且杜門，無足言者。前書所喻，深悉學道愛人之志，然退藏之計已決，不獲奉以周旋。聞鄉州絹税近遂有蠲減之命〔一〕，亦足爲慶也。

校記　〔一〕聞：原缺，據四庫全書本補。

編年　據書信編年。

答滕德粹 淳熙十三年至十四年

璘近讀論語「禮之用，和爲貴」，觀諸家解多以和爲樂。璘思之，和固是樂，然便以和爲樂，恐未穩當，須於禮中自求所謂和乃可。因問之長上，或設喻以見告曰：「所謂禮者，猶天尊地卑而乾坤定，卑高以陳而貴賤位，截然甚嚴也。及其用，則天道下濟而光明，地道卑而上行，此豈非和乎？」璘當時聽之，甚以爲然矣。已而思之，亦恐只是影説過，畢竟禮中之和不可見。望先生有以教之。如曲禮所陳禮之條目甚詳，不知何者爲和乎？

和固不可便指爲樂，然乃樂之所由生。所設喻亦甚當，如曲禮之目皆禮也，然皆理義所宜，人情所安，行之而上下親疏各得其所，豈非和乎。

舍弟珙近自太學附信歸，問仁知、動静之説，蓋學中近以爲論題也。然説者只云仁之静亦未嘗不動，而大體則静處是仁；知之動亦未嘗不静，而大體則動處是知。多是以文辭影説過，畢竟不明言動静如何。璘取精義讀之，亦未能曉。因子細玩味此兩句，乃若有所曉。蓋仁者静，知者動，仁、知非動，静也，乃仁、知之人其情性或動或静耳〔一〕。而説者只就仁、知上求動静，所以多説不明。譬如圓者動，方者静，不可便指方圓爲動静也。然璘雖曉得如此，却未知仁者之所以静、知者之所以動如何形容，望先生詳賜指教。

仁者敦厚和粹，安於義理，故静；知者明徹疏通，達於事變，故動。但詳味「仁智」二字氣象，自見得動静處，非但可施於文字而已。

校記　〔一〕情性：原倒，據宋閩、浙本乙。

編年　書信編年列於淳熙十三年，近之。但文云「附信歸」，則德粹已自鄞縣尉任上罷歸，尚未入崇安，亦可能在十四年。書札彙編列於淳熙四年。

答滕德粹 紹熙元年

示喻縷縷，備悉。但若果能真使私情不勝正理，便是確然可據之地，不必舍此而他求也。顧恐或未能耳。記序之作，或不免俯徇俗情，誠如來喻。然其間亦不敢甚遠其實，異時善讀者當自得之也。衰病日侵，求去未獲，便民之事，所不敢忘。然其可否亦何可必？少須旬月，復申前請耳。淳叟、國正想時相見，有何講論？方丈計亦時會見也。因便附此，草草，惟千萬以時進學自重。

編年　據書信編年。

答滕德粹 淳熙十一年

示問曲折具悉。大抵守官且以廉勤愛民爲先，其它事難預論。幸四明多賢士，可以從游。不惟可以咨決所疑，至於爲學修身，亦皆可以取益。熹所識者楊敬仲簡、呂子約監米倉，所聞者沈國正煥、袁和叔燮，到彼皆可從游也。

編年　據書札彙編。文中「呂子約」下注云「監米倉」，據宋史呂祖儉傳：「監明州倉，將上，會祖謙卒。」呂祖謙卒於淳熙八年，則祖儉監倉在九年以後。

答滕德粹 淳熙十四年冬

熹冬來却幸稍健，正思、叔重來，得數日之款，亦足少慰離索。但念吾友昆仲不知近日功夫如何，切宜痛加矯厲，專一用功，庶幾不至悠悠虛度時日也。

編年　據書信編年。是年九月德粹亦訪朱熹於崇安，據西山文集卷四十六德粹墓誌銘，此訪「留止四旬」，蓋其歸後正思、叔重方來也。

答滕德章 珙 淳熙十四年

知教授里門，來學者衆，甚善甚善。大抵今日後生輩以科舉爲急，不暇聽人説好話，此是大病。須先與説破此病，令其安心俟命，然後可教。告以收拾身心，討論義理，次第當有進耳。序文甚佳，文字只取達意而已，正不必過爲華靡辨巧也。

編年 據書札彙編。

答滕德章 淳熙十五年

示喻大學之説，甚善。熹舊所爲書，近加修訂，稍有條理。補闕處正如來喻矣，令人抄寫，未得奉寄也。所論義利之説得之，聽訟之云，則不必如此説。「君止於仁」、「以體仁足以長人」、「居上不寬」等語，觀之可見。蓋爲人上者無此意思，即上下乖睽壅隔而無以相有矣。所引淇奥詩但以形容盛德至善之充盛宣著耳，其餘則舊解已詳，更熟考之，當自見也。

編年 據書札彙編。

答滕德章 淳熙十年

吾友秋試不利，士友所嘆。然淹速有時，不足深計，且當力學修己爲急耳。陸丈教人，於收斂學者散亂身心甚有功，然講學趣向亦不可緩，要當兩進乃佳耳。熹病餘衰耗，不敢看文字，恐勞心發病耳。後生精敏，且當勉學，未可以此爲例也。

編年　據書札彙編。

評論　包恢跋晦翁先生二帖：前輩名儒嘗評晦庵先生字畫之精神風采，邵康節所謂「天外鳳凰飛處別」者也，世以爲確論。有如其片言隻字傳在人間者，爭寶藏之，字畫云乎哉！瑞之陳兄公明方少年而喜學，恨生之晚而不及見先生也，得此二帖而珍之，其所志當有在矣。慕其德猶鳳凰，則必不肯混於雞鶩之群；想其飛在天外，則必不屑棲於林木之末。且二書中固非有他答問，然如以目昏不讀書爲天意，以欠人文字多爲債負，聞人稱之尤多，見公論之不掩，其懇切於成己成人之事者，無小大類如此。讀書知人，尚友論世，雖生晚而不及見，如將見之矣。某之先君子從學四十餘年。慶元庚申之春，某亦嘗隨侍坐考亭春風之中者兩月。每一追思，常嘆景星之還復快覩。且家積其前後書問至十數巨軸，比年不幸，連遭寇燬，盡爲六丁取去。今陳兄之出示是帖，拜手敬讀，重有感焉，乃忘其僭而書此以歸之，亦因以寓勵翼之意云。

答滕德章 淳熙十二年至十三年

熹衰病益侵，無足言者。南軒之文近方爲編得一本，然尚有不敢盡載者。東萊文字，須其弟編定乃可行。然近日書坊皆已妄有流傳，不可得而禁戢矣。示諭溪堂序跋，此固所不忘。但年來病思昏憒，作文甚艱，又欠人債負頗多，須少暇乃可爲耳。聞德粹以新侯之來，頗不安迹。仕宦遭此，是亦命。但當以道自守，不可輕爲之屈也。

編年　據上答滕德粹五、七書所考，德粹官鄞縣尉在淳熙十一至十四年間。書云其以新侯之來而不安迹，則在將去之時，淳熙十二三年間也。

評論　見上篇評論。

答滕德章 淳熙十四年冬

德粹之來，幸此款曲，所恨賢者在遠，未遂合并之願耳。廷對甚佳，三復增嘆。然今既得脱去場屋，足以專意爲己之學，更望勉力，以慰平日期望之意。此間曲折，德粹歸想能言之，不復縷縷也。

編年　據文集卷八十二跋滕南夫溪堂集，德粹訪朱熹在淳熙十四年九月，據以繫之。

答滕德章 紹熙元年

縣僻官卑，想亦少事。然勾銷簿鈔，所繫不輕，政自不可忽也。暇日讀何書？作何事業？學問別無他巧，只要持守純固，講誦精熟耳。兩事皆以專一悠久爲功，二三間斷爲敗，不可不深念也。安定詩舊所未見，温潤和平，真有德之言也。

編年　據書札彙編。

答滕德章 慶元元年至二年

到官既久，聞學政甚修，想見横經之暇，亦自不妨進修之益也。熹衰病益侵，無足言者。鄉在彼刊得四經四子，當時校勘自謂甚子細，今觀其間乃猶有誤字。如書禹貢「厥貢羽毛」之「羽」誤作「禹」字，詩下武「三后在天」之「三」誤作「王」字。今不能盡記，或因過目遇有此類，幸令匠人隨手改正也。古易音訓最後數版有欲改易處，今寫去。所欲全換者兩版，并第三十四版之末行五字。此已是依元版大小及行字疏密寫定，今但只令人依此寫過，看令不錯誤，然後分付匠人改之爲佳。此只是修改舊版，但密爲之，勿以語人，使之如不聞者乃佳。若與人商量，必有以僞學相沮難，反致傳播者。此不可不戒也。

編年 據書信編年。朱熹以慶元二年冬落職罷祠，以此書語氣觀之，雖入黨事，然未至厲禁，故當在元年二年之間也。

答林子玉 振 乾道九年以後

竊讀太極圖傳云：「陽之變也，陰之合也。」不知陽何以言變，陰何以言合？

陽動而陰隨之，故云變合。

又水陰盛故居右，火陽盛故居左。不知陰盛何以居右，陽盛何以居左？

左右但以陰陽之分耳。

又木陽稚，故次火；金陰稚，故次水。豈以水生木、土生金耶？

以四時之序推之可見。

又「五殊二實，無餘欠也」，不知何以見得無餘欠？又云「陰陽一太極，精粗本末無彼此也」，不知何以見得無彼此？又云「五行之生也各一其性，無假借也」，不知何以謂之無假借？

此三段意已分明，更玩味之，當自見得。

又乾男坤女，以氣化者言；萬物化生，以形化者言。不知何以見得以氣化言？又何以見得以形化言？

天地生物，其序固如此。遺書中論氣化處可見。

又「分陰分陽，兩儀立焉。分之所以一定而不可移也」，不知謂「名分」之「分」，「性分」之「分」？

「分」猶定位耳。

又動静者，所乘之機也。此豈言其命之流行而不已者耶？

此句更連上句玩味之，可見其意。

又以質而語其生之序，則曰水、火、木、金、土。而水、木，陽也；火、金，陰也。此豈就圖而指其序耶？而水、木何以謂之陽，火、金何以謂之陰？

天一生水，地二生火，天三生木，地四生金。一、三，陽也；二、四，陰也。

又以氣而語其生之序，則木、火、土、金、水。而木、火，陽也；金、水，陰也。此豈即其運用處而言之耶？而木、火何以謂之陽，金、水何以謂之陰？

此以四時而言，春夏爲陽，秋冬爲陰。

又伊川先生解孟子云：「不得於言，勿求於心，此觀人之法。」擇之乃謂不得於言，謂在己失之於言也。而孟子與公孫丑問答論知言，大概謂知人之言。不知擇之之説還可從否？

孟子文義正謂在己者失之於言耳，然言爲心聲，則在己在人皆如此也。

又伊川先生云：「志，氣之帥，不可小觀。」某竊謂以志帥氣，此爲養氣者而言。不知所謂小觀之意如何？

不可小觀，只是不可小看了之意，更熟味之。

又「切要之道，無如敬以直内」，又云「有主於内則虚」，不知直内還只是虚其内耶？

敬則無委曲，故直。直則無係累，故虚。不可便以直内爲虚其内也。

又云：「德不孤，必有鄰。到德盛後，自無窒礙，左右逢其原也。」某畢竟曉「不孤」之義未得。

不孤只是盛德意。

又云：「集義所生者，集衆義而生浩然之氣，非義外襲而取之也。」不知集義何以能生氣？而生之意義又如何義外襲我而取氣？

熹常謂孟子之意蓋謂此氣乃集義而生，事皆合義，則胸中浩然，俯仰無所愧怍矣。非行義而襲取此氣於外，如「掩襲」之「襲」，以此取彼也。

又見濟之兄云，中和以性言，寂感以心言，言伊川曾有此語。不知此語如何？

伊川無此語，只是此間朋友如此商量耳。

又見濟之兄云：「喜怒哀樂未發謂之中，此『中』是『在中』之義，猶言喜怒哀樂是在中底道理。」而伊川云：「中所以狀性之體段。」濟之云：「此與在中之義一般看。」某竊恐有異同。

頃見石兄論此甚好，可更質問商量，當見異同之實。

又中庸言「鳶飛戾天，魚躍于淵，上下察也」，某竊謂此「察」字是道理著見之義，不知如何？

「察」是著見之義，然須見其所著見者是何物始得。細觀所問，似思索未深，如此泛問，恐無所益。當更革去好高之弊，且就平易處深思，反復句讀，沉潛訓義，久之自然習氣消除，意思開闊也。

編年 據書信編年。

答廖季碩 俁 淳熙十二年夏

久不聞動静，正此馳情，漕臺使至，忽辱惠問。獲審比日熱暑，關決有相，台候萬福，爲慰爲感〔一〕。誠齋薦語精當，真無愧詞。第顧衰蹤不足爲重，而恐或反爲累耳。西銘首論天地萬物與我同體之意，固極宏大，然其所論事天功夫，則自「于時保之」以下方極親切。承喻日誦此書，計必有以深得乎此矣。戴在伯向見朋友間多稱之，恨未之識也。

校記　〔一〕爲感：原缺，據宋閩、浙本補。

編年　據書信編年。

答廖季碩淳熙十二年以後

比兩辱書，良以爲慰，又深愧感。尤異登聞，士友咸喜。修塗逸駕，自此其可量耶！累書下問勤懇，顧何愛於一言？但欲以其所以自信自守者爲獻，則誤賢者於迂闊而不可行之地；欲舍其所以自信自守者爲説，則又不知所以言也。是以久而不知所以對。惟高明之有以擇焉，則於此二柄其必有所處矣。

編年　據書信編年。

答廖季碩紹熙二年五月

熹衰晚遭此大禍，痛苦不可爲懷。請祠得歸，已及里門矣。去家益近，觸目傷感，尤不易堪也。見剛之詞，三復悚嘆，足見厲志之篤。至於見屬之意，則有所不敢承也。誠齋直道孤立，不容於朝，然歛其惠於一路，猶足以及人也。知有講評之樂，尤以歆羡。越上親朋久不聞問，泰州計亦不久當受代，乃有悼亡之悲。人生信鮮歡也。

編年　據書信編年。

朱熹文集編年評注卷五十

書 知舊門人問答

答楊元範大濩　淳熙六年至七年

承示及新著易説，開卷一讀，啓發已多。屬此數日諸處書問萃集，撥置不下，未及詳細。但所略看過處，其不能無疑者已兩三條。如「元亨利貞」，文王本意只是大亨而利於正耳，至彖傳、文言，乃有四德之説。今若依而釋之，則此乾卦只合且以陽氣推説，不應於「利」字遽以陰氣佐陽爲言。且以一木言之，萌芽則元，華葉則亨，枝幹堅强則利，子實成熟則貞。貞則所成之實又可種而爲元，循環蓋無窮也。若但謂歸根復命，則亦不見貞字之意矣。此須更於天地大化通體觀察，其曲折未易以尺紙言也。

又「大明終始」，乃言聖人大明乾道之終始。程先生説本如此，但傳中言之簡略，却是語録中有此意。若云乾道自能大明其終始，殊費言語，卒不成文義也。

大有卦「亨」、「享」二字，據説文本是一字，故易中多互用。如「王用亨于岐山」，亦當爲「享」，如「王用享于帝」之云也。字畫音韻是經中淺事，故先儒得其大者多不留意。然不知此等處不理會，却枉費了無限辭説牽補而卒不得其本義，亦甚害事也。非但易學，凡經之説，無不如此。獨恨早衰，無精力整頓得耳。

大抵陰陽只是一氣，陰氣流行即爲陽，陽氣凝聚即爲陰，非直有二物相對也。此理甚明，周先生於太極圖中已言之矣。

編年　書信編年置於淳熙六年，云當爲南康所作。若然，則元範於七年已離任，見卷七元範別後寄惠佳篇詩、卷三十四答吕伯恭三十三，則是篇亦不得晚於七年。書札彙編暫列淳熙八年。

評論　黄氏日鈔卷三十四：謂「元亨利貞，文王只是大亨而利於正。至彖傳、文言，乃有四德之説」，愚謂此平實語。又謂「陰陽只是一氣，陰氣流行即爲陽，陽氣凝聚即爲陰」，愚謂此通透語。

答潘文叔友文　淳熙十三年

所喻爲學利病，至纖至悉。既知如此，便當實下功夫，就其所是，去其所非，久之自然有得力處，正不必如此論量計較，却成空言，無益己事也。況其所説一前一却，纏綿繳繞，終日勞攘，更不曾得下功夫，只如此疑惑擔閣，過却日時，深爲可惜。向見子約書來多是如此，嘗痛言之。近日方覺撒手向前行得數步，雖未必盡是，且免如此遲疑惶惑、首鼠兩端也。

知行之説，恐古人説「知」字不如此。大學所謂格物致知，乃是即事物上窮得本來自然當然之理，而本心知覺之體光明洞達，無所不照耳。非是回頭向壁隙間窺取一霎時間己心光影，便爲天命全體也。斫輪、相馬之説，亦是此病。紙尾所謂壞證者，似已有之。切宜便就腳下一切掃去，而於日用之間稍立程課，著實下工夫，不要如此胡思亂量，過却日子也。

編年 據書信編年。

答潘文叔 淳熙十三年

瞥然知見之説，前書似已奉聞矣。尚書亦無他説，只是虚心平氣，闕其所疑，隨力量看教浹洽，便自有得力處。不須預爲較計，必求赫赫之近功也。近亦整頓諸家説，欲放伯恭詩説作一書。但鄙性褊狹，不能兼容曲徇，恐又不免少紛紜耳。詩亦再看，舊説多所未安，見加刪改，別作一小書，庶幾簡約易讀。若詳考，即自有伯恭之書矣。大學之格物，中庸之明善，近日方亦看得親切。恨相遠，無由面論耳。

編年 據書信編年。

答潘文叔 淳熙十三年以後

「命之以事」與上文「謂之有」、「謂之無」一例，未是指殺之語。侯先生文字疏率，只可大概看。然此一節却無病也。

人之氣質不同，謀野而獲，亦是虚曠閑静處見事精審，無膠擾之患耳。固是質之所偏，然亦非大病也。

「左右」固非大臣，亦非閹宦弄臣，但謂親近之臣，如漢侍中、給事中，魏晋以來中書、門下之比云耳。所謂「左右太親者身蔽」，正指劉放、孫資而言耳。「大夫」却是任政之臣。六卿官之長，亦上大夫也。孟子之意，但欲齊王審於擇人，未必以其信左右之言而發。所云教之以不信大臣，亦是推説之過。大抵讀書只合平心説理，不必如此過求，却失正意也。

編年　據書信編年。

答潘文叔 淳熙十三年以後

所喻讀書求道、深思力行之意，深慰所望。然殊未見常日端的用功及逐時漸次進步之處，而但説不敢向外馳求，不作空言解會，恐又只成悠悠度日，永不到真實地頭也。承許官滿見訪，會面非遠，當得細論。但歲月如流，光陰可惜，既以自嘆，又不能不以人物世道爲憂也。

編年　據書信編年。書札彙編繫於紹熙四年。

評論　王柏跋東村得朱子帖：僕每讀到「悠悠度日，永不到真實地頭，光陰可惜，既以自嘆，又不能不以世道人物爲憂也」，未嘗不聳然流汗。子孫不能保愛，流落於人間固多矣。苟能於言下省悟，亦不異於及門也。觀者其毋忽。

答潘端叔 友端　淳熙二年

示諭講學之意，甚善甚善。但此乃吾人本分事，只以平常意思密加慤實久遠功夫而勿計其效，則從容之間日積月累，而忽不自知其益矣。近時學者求聞計獲之私勝，其於學問思辨之功未加毫末，而其分畫布置、準擬度量之意已譁然於其外矣。是以内實不足而游聲四馳，及其究也，非徒無益於己，而其爲此學之累有不可勝言者。惟明者思有以反之，則友朋之望也。

編年　據書信編年。

答潘端叔 淳熙十二年

示喻子約曲折，甚當。渠所守固無可疑，但其論甚怪，教得學者相率而舍道義之塗以趨功利之域，充塞仁義，率獸食人，不是小病。故不免極力陳之。以其所守言之，固有過當，若據其議論，則亦不得不説到此地位也。承需論語或問，此書久無功夫修得，只集注屢改不定，却與或問前後不相應矣。山間無人録得，不得奉寄。可只用舊本看，有不穩處子細喻及，却得評量也。今年諸書都修得一過，大學所改尤多，比舊已極詳密，但未知將來看得又如何耳。義理無窮，精神有限，又不知當年聖賢如何説得如此穩當精密，無些滲漏也。

編年 據書信編年。

答潘端叔〔一〕 淳熙十三年

持守省察，不令間斷，則日用之間不覺自有得力處矣。禮記須與儀禮相參，通修作一書，方可觀。中間伯恭令門人爲之，近見路德章編得兩篇，頗有次第。然渠輩又苦盡力於此，反身都無自得處，亦覺枉費工夫爾。

校記 〔一〕此書又見本卷答潘恭叔四。

編年 據書信編年。

答潘端叔〔一〕 淳熙十三年以後

子曰：「回也其心三月不違仁〔二〕，其餘則日月至焉而已矣。」友端竊謂仁，人心也，蓋非二物。曰心不違仁者，分而言之，則心猶言仁之形，仁猶言心之理也。顔子心不違仁，雖無時而或違，然視聖人則猶有以此合彼氣象。蓋聖人不勉而中，不思而得，從容中道，純乎天理，己則仁也。顔子必勉而中，必思而得，私欲不萌，天理常存，心不違仁也。然其用力也甚微，而其所存者無息，故聖人以三月言其久，蓋常而不變也。顔子未達一間者，政在不違處，以尚有些小思勉而已。或謂不違，則有時而或違。不違者三月，則或違於三月之外〔三〕，非也。其餘則日月至，日至謂一日無間斷，月至謂一月無間斷。雖不若顏子之常存，然亦必工夫純熟，積累深久者，始能至於此耳。

三月不違，則三月之外或有時而少違矣。以此合彼，亦恐說得心與仁真成二物了。所謂仁之形者亦然。此類更涵養意思看，不容如此太急迫也。

子曰：「志於道，據於德，依於仁，游於藝。」友端竊謂事事物物皆有理也，志於道則思以極之於涵泳之中也。身者，理之所在也。據於德，則躬以踐之，敦篤於行也。心者，身之主也。依於仁，則體切於仁，全體此心也。若夫游於藝，則又所以防閑於外而涵養於中耳。

志者，求知是理而期於必至之謂。

子曰：「天生德於予，桓魋其如予何！」友端竊謂聖人素其位而行，無入而不自得也，豈若常人隕穫於患難，畔天之命哉。夫子之身，桓魋所能害也；夫子之德，桓魋其如之何哉。以畏匡之語參之，此聖人決知桓魋不能害己之詞。「之身」、「之德」，其說過矣。

「子與人歌而善，必使反之而後和之」，伊川先生解，歌必全章也，與割不正不食，席不正不坐同也。未曉，乞開誨。

嘗謂此章見聖人謙退詳審，不掩人善之意，乃爲盡其曲折。伊川先生但言其不從中間一截和起耳，雖亦是一意思，然恐未盡。

子曰：「泰伯其可謂至德也已矣。三以天下讓，民無德而稱焉。」友端竊謂文王有聖德，蓋天命之所在也。泰伯知天命之所在，故其讓也純乎天下之公，而不係乎一己之私。雖斷髮文身，舉世不見知而不悔〔四〕，止於至善而已，庸他計乎？非精於義、達於權者，其孰能與於此？至德云者，人心之安，天理之極，無過與不及，而不可一毫加損者也。

此段意思甚佳。

曾子曰：「可以託六尺之孤，可以寄百里之命，臨大節而不可奪也，君子人與？君子人也。」友端竊謂「臨大節而不可奪也」貫上二句，蓋惟臨大節而不可奪，方見得可以託、可以寄耳。夫託孤寄命，幸而無大變，未見其難也。唯其幾微之間義理精明，危疑之時志意堅定，雖國勢搶攘，人心搖兀，猶能保輔幼孤而安其社稷，維持百里而全其生靈，利害不能移其見，死生不能易其守，故曰臨大節而不可奪也。斯足以當夫所謂可以託、可以寄矣。

此段亦好，鄙意正如此説。然「可以」二字蓋猶以其才言之，不可奪處，乃見其節。重處正在此也。

子曰：「如有周公之才之美，使驕且吝，其餘不足觀也矣。」友端竊謂驕則挾爲己有，專於夸己者也；吝則固爲己私，不肯舍己者也。二者皆生於有己而已。但驕者驕於人，吝者吝於己；驕則外若有餘，吝則内常不足耳。曰「其餘不足觀」者，「其餘」指才美而言。蓋善者，天下之公善也。人之有善，如才美在身，雖若周公之多，亦人之所當爲耳，夫何有於己？以爲己有，則所謂才美者皆出於一己之私，雖善猶利也。故曰有其善，喪厥善，是以其餘不足觀也。二者之病，未易去也。自學者言之，以一能自居，以一知自喜，皆所謂驕也。善而不公於人，過而憚改於己，皆所謂吝也。惟深致其知而勇於克己者，始知二者之誠有害，而後能覺其起而化其萌矣。

此義亦善。

子曰：「三年學，不至於穀，不易得也。」友端竊謂三年之間，存察之功無斯須之忘也，則工夫亦熟矣，積累亦久矣，其必至於善矣。有不至焉者，難得也，則以夫所學之差謬、施工之斷續而然耳。此章之意，竊恐聖人欲使人知夫善非作輟之可成，必積而後至。蓋不惟可以懲學者玩善之病，而又足以啓學者進善之心也。

此章文義難通，嘗意當從楊先生説，但「至」當作「志」乃通耳。考上下章意亦此類。

「子畏於匡」至「匡人其如予何」。友端竊謂堯、舜、禹、湯、武王、周公，有其時而道行於世者也。文王，非其時而道傳之書者也。孔子，聖人之在下者〔五〕，老而不遇，退而將傳之書，故此章以斯文爲言，而獨曰「文王既没」也。

此章意恐未然。文王道行於當時，澤及於後世矣。

「顔淵喟然嘆曰」至「末由也已」。友端竊謂自「仰之彌高」至「忽焉在後」，此顔子贊嘆道體之大也。道無方也，非力之所能中，故雖仰之鑽之而益高堅也。道無形也，非見之所能及，故雖瞻之而在前在後也。蓋至理中著一物不得，只仰之鑽之、瞻之忽之之處便已非中矣〔六〕。恐須物格知至以上始能及此，而非學者知力之所能到也。然在學者，却當用力從事於致知主敬之功，所以求止乎中也。乃若知至格物，則聽夫工夫之自至，而非旦暮之可期也。所以夫子循循善誘，使學者循序以求，而不使之躐等以進，博文約禮，乃實下手處。張先生所謂集衆義於聞見之間，宅至理於隱微之際是也。「欲罷不能」，顏子無一息間斷而自不能已也。「既竭吾才」，工夫深而力到也。「如有所立卓爾」，誠之形而行之著也。「雖欲從之，末由也已」，雖見是而未能遂止乎是。非顏子未止於中，蓋未能從容中道，由中而行耳，故曰「末由也已」。未達一間者，其在兹歟。

抹處皆有病，約禮當從侯先生說，主敬二字亦該未盡。

子曰「從我於陳蔡者」至「子游、子夏」。友端竊謂顏、閔、冉、雍稱其學，宰我、子貢以下稱其才。顏、閔四子非無才，才不足以名之，故所稱者學也。宰我以下非不學，學未至於成，故所稱者止於才也。皆舉其重者言之耳。然非由、賜、游、夏之徒終身之事，而止於稱者而已也。蓋才有不同，學則無不同。因其才之偏而抑揚進退之，教者之事也。因其才之偏而求有以化之，學者之事也。今程先生曰有以文學入者，有以政事入者，有以言語入者，有以德行入者，是學有多岐而所入之門各不同也。蓋恐記者之誤耳。

學不可以一事名，德行、言語、政事、文章，皆學也。今專以德行爲學，誤矣。伊川先生之言，恐當深味而以實事驗之。由、賜、游、夏之徒終身之事，孔子所稱蓋亦如此，不必過爲辭説，曲加尊奉也。

子曰：「君子耻其言而過其行。」友端竊謂過其行猶易所謂「行過乎恭，喪過乎哀，用過乎儉」之「過」，非言過其行也。以「而」字貫其中，可見矣。范氏以下之説，恐文勢不順。

舊嘗疑此章當如此説，今得來喻，甚合鄙意也。

「子張問行」至「子張書諸紳」。友端竊謂此章謂言忠信，行篤敬，存養之工繼而不息，則事來知起，不爲物欲所昏，而理之所在，不能掩於省察之際矣。夫然後可行也。參前倚衡云者，理之形，非實有物也。今以日用言之，以存主爲本，至事物之來，知之所覺，心之所慊，乃力行之，庶幾此意循循而有進焉。若如楊氏，「其」者指物之辭，所謂「其」者果何物？學者見此而後行，則「無入而不自得」之説置之胸中，則恐事物之來反成疑貳，却反無下手處。「其」字正指忠信篤敬耳。「參前倚衡」謂言必欲其忠信，行必欲其篤敬，念念不忘，常如有此二物在目前也。

子曰：「不曰如之何，如之何者，吾末如之何也已。」友端竊謂「如之何」猶言無可奈何也。天下無不可爲之事，聖人不曰如之何也。學未至而歸咎於質，事不成而歸咎於命，國不治而歸咎於時，皆付之無可奈何者。苟付之無可奈何，則已矣，雖聖人亦無如之何矣。

此章數説皆通，未知何者的爲正意。且存之可也。

子曰：「惟女子與小人爲難養也。近之則不遜，遠之則怨。」友端竊謂此所謂小人，乃服役之人，僮僕之類。若泛言小人，則不應謂之養耳。女子小人近之則傷褻，遠之則寡恩，不遜與怨，皆感之之道有未至耳。其惟嚴於治己，恕以待人，則不遜與怨庶免乎。

此章鄙意亦如此。

校記　〔一〕此篇底本缺文甚多，今改用宋浙本。問中凡自稱「某」者，均據宋閩本及底本改爲「友端」，不再一一出校。

〔二〕其心：原缺，據宋閩本補。

〔三〕或：原缺，據右引補。

〔四〕世：原缺，據右引補。

〔五〕「之」下原有「任」字，據右引删。

〔六〕怨之之：原缺，據右引補。

編年　據書信編年。

答潘恭叔 友恭　淳熙二年以後

友恭坐時亦間有虛静之象，此時却是無欲。而未能無欲也。此謂平時。所恨工夫未能接續，故憚煩失錯之處極多。惟其憚煩，愈多失錯。深知之而不能改，蓋欲静意勝也。

所論皆善，但不可如此迫切計功，非惟無益，反有所害。宜深戒之。

橫渠先生曰：「德不勝氣，性命於氣；德勝其氣，性命於德。窮理盡性則性天德，命天理。氣之不可變者，死生修夭而已。」〔一〕横渠説「性命於氣」、「性命於德」之「命」，恐只是聽命之意。「性天德，命天理」，「天理」云者，亦曰聽命於德，無非天理之當然耳。不知是否？

「性命於氣」，恐「性命」兩字須作一般看，言性命皆出於氣稟之偏也。「性天德，命天理」，即所謂性命於德。

「惟聖人可以踐形」云者，踐行當來吾身所具之理也。「可」云者，盡理而無餘欠也。楊氏體性之説如何？

程先生以充人之名解「踐形」字，甚善。「踐」猶踐言、踐約之「踐」，非謂踐行所具之理也。楊氏體性之語不可曉〔二〕。

太子蒯聵得罪靈公，出奔晉趙氏。靈公嘗游於郊，謂公子郢曰：「我將立若爲後。」靈公卒，夫人奉遺命而立郢。郢以輒在爲辭，於是國人立輒。輒立十二年，輒出亡〔三〕，蒯聵入，是爲莊公。莊公立三十年而出奔。友恭竊詳此事，妄意謂輒不顧其父而自立，固已失父子之義矣。蒯聵得罪於父而出奔，乃因豎良夫及孔悝母劫悝升臺而盟立之，是不用先君之遺命，父子君臣之義俱失之矣。然則宗國所宜立者何人？其必郢乎。當郢辭國之日，國人立輒之時，輒能逃去，則郢無得而辭，蒯聵亦無復君衛之意。及夫蒯聵既入，良夫、悝母相與劫悝。是時悝能守之以死，則蒯聵安得而立哉。惜乎孔悝不知出此，一切付之無可奈何，此蒯聵所以立也。雖然，天下豈有無父子君臣之國哉，宜乎蒯聵未幾而復奔也。

此論大概得之。但謂輒逃去，則蒯聵無復君衛之意，及蒯聵既立而復奔者，非是。蓋輒自當逃去，非欲爲是以拒蒯聵之來也。蒯聵脱或能守其國，亦不可知，但義理自不是耳，不必如此牽合也。

孔悝有母不能禁而使之爲亂，及爲衛之臣，又不能有所立。以子路之賢，爲其家臣，其事如何？心甚疑之。亦何所見而如此？乞賜教。

聖人之門不使人逃世避人以爲潔，故群弟子多仕於亂邦。然若子路、冉有之徒，亦太不擇矣。此學者所當深戒也。

「仲尼元氣」段中「并」字莫是包上兩句否？「時焉而已」，「時」字恐是戰國風氣所致。

「并秋殺盡見」，則以春生爲主而兼舉之也。「時焉而已」，語意不分明，未知端的指趣。如此所説亦通，或恐更有「時既無人，不得不自任」之意。或説秋殺氣象不常如此，蓋有時而或見之也。未知孰是，試并思之。

或謂游氏以「犯上作亂」爲兩節，據友恭所見，只是一節。據説「不好犯上」處亦貫忠順而言〔四〕，則知其非兩節也。

「作亂」以上，後説得之。「爲仁之本」一句，似皆未得其説。程説自與謝説不同，不可混爲一説也。看得程説分明，則自見謝説之非矣。

或謂「傳不習乎」是得於人而不習，友恭謂不習而傳與人。或謂忠信能相有而不能相無，故程先生以爲内外表裏。友恭謂盡己者自反而無慊於中，故曰内；以實者即此而施之於人，故曰外。或謂謝氏雖推廣見得不止踐言爲信，亦恐包括不盡。後結云「幾於無我則能之」，莫傷易否？友恭謂説信處却不少包總，只欠以踐言爲信作本意。幾於無我亦不爲過。

傳習恐當如前説。忠信後説近之，而亦未盡。蓋忠信一理，但以所從言之則異耳。所云「自反無慊」、「即此而施」之語皆失之，更當別下語也。踐言後説得之，無我前説得之。大率前説看得文意平直而傷於草略，後説子細而失之支蔓，有回互遷就之意。不知前説誰所論，不罪輕率也。

閔子侍側。

舊説：「誾誾，和悦而諍也。侃侃，剛直之貌。」此訓得之，更宜詳味。「子樂」，但爲樂得英才而教育之之意。如云不害爲自得，皆其力分之所至，似皆衍説也。楊氏所引傷勇，亦非孟子之意。

「師過商不及」，詳味此章，歷考二子言行之間，有以知其因氣禀之偏而失性情之正。

此説甚佳。二子晚年進德雖不可知，然子張之語終有慷慨激揚之氣，子夏終是謹守規矩也。所云「氣禀雖爲未化，亦不可謂全未化也」，此語亦是。但似此立語，微覺有病耳。楊、墨之説恐未然。楊氏之學出於老聃之書，墨子則晏子時已有其説也，非二子之流也。

屢空。

只是「空乏」之「空」。古人有「簞瓢屢空」之語是也。但言顏子數數空匱而不改其樂耳。下文以子貢貨殖爲言，正對此相反而言，以深明顏子之賢也。若曰心空，則聖人平日之言無若此者。且數數而空，亦不勝其間斷矣。此本何晏祖述老莊之言，諸先生蓋失不之正耳。

程子曰：「孔子弟子，顏淵而下有子貢。」夫子門人，要其歸而論之，則曾子、仲弓、閔子、冉子恐不在子貢之下。莫以其天資穎悟而言否？程子所指意果如何？

此等不須遥度，造理深後當自見得。

校記〔一〕「横渠先生」至此原缺，據淳熙本補。

〔二〕語：底本原注一作「説」。

〔三〕輒：淳熙本作「而」。

〔四〕據：原作「遽」，據宋閩、浙本改。

編年 據書信編年。書札彙編繫於淳熙四年。

答潘恭叔 淳熙二年以後

友恭竊謂性命主理而言，德氣主身而言。性命之理得之於身者，德也；而其梏亡陷溺之者，氣也。蓋德無不善，而氣則有偏。善所以成性立命，而氣偏則隔之耳。兩端之在身，相爲消長，隨其多寡，迭爲勝負。德不勝氣，是無以勝其偏，偏日以勝而善日以微，則是性命之理反亂於氣矣。故德不勝氣，性命於氣。德勝其氣，是有以勝其偏，善日以充而偏日以化，則是性命之理不外於德矣。故曰德勝其氣，性命於德。未知是否？

氣亦有純有駁，不得專以梏亡陷溺爲言。但德不勝氣，則其善者亦出於血氣之禀耳。

孟子曰：「形色，天性也，惟聖人可以踐形。」先生謂踐言、踐約之「踐」，反復紬繹，極覺有味。竊謂有是性則有是形色，單舉形色則天性固在其中矣，故曰「形色，天性」。故孟子言聖人不曰盡性，而曰踐形也。踐形云者，猶言「爽厥子，不忝於素」云耳。曾子全而歸之，曰「啓予足，啓予手」，亦此意，蓋幾於踐矣。學者主忠信，所以求夫踐也。一息不存，則非踐矣。游氏之説比楊氏爲密，曰「形者，性之質」，曰「能盡其性，則踐形而無愧」，又曰「未能盡性，則於質有所不充」。如此發明固好，但終不若程先生充人之形爲的也。蓋盡性乃能踐形，在性則言盡，在形則言踐，其實一也。如引「反身而誠」之説及「豈不慊於形哉」之論，則亦本程先生之意矣。楊氏指形色爲物，指天性爲則，固佳。如謂踐形體性，恐未善。尹氏引程先生之説，蓋亦充人之形之意也。不知此語見於何書？先生之説皆善，但其間微有疏密。妄意如此，乞賜批誨。

學者求至於可以踐形之功，非但主忠信一事而已。「非踐」語亦未瑩，蓋曰形有所不踐云耳。盡性然後可以踐形，今曰盡性乃能踐形，亦未瑩。

先生曰：「忠信一理，但所從言之異耳。」友恭竊謂忠信一理，而於己言忠，於物言信者，蓋己則主心而言〔一〕，物則主理而言。故盡己之心爲忠，循物之理爲信。雖内外之不同，要之皆誠於我耳。

心、理不可以彼己分，以理爲事可也。循物無違，非謂循物之理，但言此物則循於此物之實而無所違，則是所謂信耳。

「冉有、子貢，侃侃如也」，先生曰：「侃侃，剛直之貌。」二子剛直之象，無顯言者。以論語考之，妄意冉有自謂「非不悦子之道，力不足也」，有以見其不肯掩覆，不敢欺隱。爲子華請粟，夫子與之釜；請益，與之庾；不滿其意，便往，自與粟五秉。至於子貢因叔孫武叔毀夫子，便曰：「人雖欲自絕，其何傷於日月乎？多見其不知量也。」夫子答問友曰：「不可即止，毋自辱焉。」意者子貢平日多直己見，因其質而語之。凡此恐帶剛直之象，恐別有所據。「侃侃」只是比之「誾誾」者微有發露顯著氣象，便是涵養未甚深厚處。

先生所云「子張、子貢氣質雖爲未化，亦不可謂全未化，此語亦是。似此立語，漸覺有病耳」。友恭竊謂學者氣質苟未至於聖人，皆不可以言化。以二子進工之久，殆曰變而未已者。然尚當用力，則未可謂之化也。

「變化氣質」之「化」與「大而化之」之「化」不同。

或問：「程子以薄昭之言證桓公之爲兄，信乎？」曰：「荀卿嘗謂桓公殺兄以爭國，而其言固在薄昭之前矣，蓋亦未有以知其必然。但孔子之於管仲，不復論其所處之義，而獨稱其所就之功耳。蓋管仲之爲人，以義責之，則有不可勝責者，不可以復立於名教之中。以功取之，則其功所以及人者未可以遽貶而絕之也。是以置其所不勝責者而獨以其不可貶者稱之。稱之固若與之，而其所置而不論者，又若將有時而論之也。夫若將有時而論之，則其所以爲存萬世之防者，亦不可不謂之切至耳矣。蓋聖人之心至明至公，人之功罪得失固無所逃於其間，而其抑揚取舍之際，亦未嘗有所偏勝而相掩也。非可與權者，其孰能知之？」曰：「然則程子非與？」曰：「彼於聖人之所存而不論者曲加意焉，其所以微顯闡幽，建立民彝之意至深遠矣。學者當熟考而深求之，未可以率然議也。」

友恭竊詳二子之問，子路曰：「召忽死之，管仲不死，未仁乎？」以召忽對管仲言之，是以召忽之死爲是，以疑仲不死難爲非，故以爲未仁也。子貢曰：「不能死，又相之。」既言「不能死」，復繼以「又相之」，是疑仲不特不能死，而又事殺其主之人，故亦以爲非仁也。意者子路以仲爲當死而不當生，而子貢則并以爲設使可生，桓公亦不當事，而俱有未仁之問也。殊不知仲同糾謀，則雖有可死之道，而桓乃當立，則無不可事之理。蓋仲雖糾之傅，然非糾之臣，乃齊之臣也。桓公當立，則桓乃吾君，所當事也。但仲之罪乃在於不能諫糾之爭而反輔糾之爭耳。是其不死，殆知前日之爭爲不義〔二〕，而非求生之比也。桓公舍其罪而用之，則名不正而事正，亦非反覆不忠之比也。故夫子答子路爲未仁之問，則稱九合之功曰「如其仁」，以爲不死之未仁不如九合之仁也。夫以九合之仁過於不死之未仁，則夫子之意未直以不死爲非可知矣〔三〕。答子貢不死又相桓爲非仁之問，則復稱其功，又辨其不死，而曰：「豈若匹夫匹婦之爲諒，自經於溝瀆而莫之知。」曰「豈若」云者，是又以仲之不死過於死也。是夫子之意皆以不死相桓爲可，而不以其所處爲非也。故舊日讀此一章，以程先生之説爲正，以桓公爲兄，子糾爲弟，召忽之死爲守節，管仲不死爲改過。二子不仁之問，正疑其所處之非，而夫子答之，乃論其所處之義，而非專取其所就之功也。今伏讀先生之説，怳然自失。玩味累日，迄未有得。區區之意，竊謂若從荀卿之説，則桓公爲殺兄，管仲爲事讎，是仲不可復立於名教之中。聖人當明辨之，以存萬世之防可也。舍二子之所問而旁及其所成就之功〔四〕，毋乃以功而掩義乎？使二子問仲之功，夫子置其所處之義，而以不可貶者稱之可也。今所問者不答，而所答者非問，則是略其義而取其功也。且不明以辨二子之問，而陰以存萬世之防，當其時而不論，而將有時而論之，幾於不切而謂之切至，何也？薄昭之言雖未知其必然，然以聖人取之之意，則妄意謂桓公非殺兄，管仲非事讎可也。

此論甚善。向吕子約亦來辨之，然不若來喻之詳也。但管仲之意未必不出於求生，但其時義尚有可生之道，未至於害仁耳。

校記

〔一〕蓋：原作「盡」，據宋閩、浙本改。

〔二〕殆：宋浙本作「乃」。

〔三〕直：原作「真」，據宋閩、浙本改。

〔四〕成：原缺，據宋浙本補。

編年 據書信編年。書札彙編繫於淳熙四年。

答潘恭叔 淳熙二年以後

學佛之所以差者，蓋未嘗識心耳。夫性不能不動，心之所形，性之所有也。彼之所以不識心者，以不知夫性之不能不動，故離心以求性於「人生而静」以上耳。夫是以四端之著，則以爲心之妄想而非性之本然，反用力以殄滅之。彼之無三綱五常，蓋原於此耳〔一〕云云。

性固不能不動，然其無所不有，非爲其不能不動而後然也。雖不動，而其無所不有亦曷嘗有虧欠哉？釋氏之病，乃爲錯認精神魂魄爲性，非爲不知性之不能不動而然也〔二〕。使其果能識性，即不可謂之妄見。既曰妄見，則不可言見夫性之本空。此等處立語未瑩，恐亦是見得未分明也。

校記 〔一〕以上恭叔問原缺，據淳熙本補。

〔二〕不動：原缺「不」字，據右引補。

編年 據書信編年。

答潘恭叔 淳熙十三年

示喻爲學之意甚善，然不須如此計較，但持守省察，不令間斷，則日用之間不覺自有得力處矣。讀詩之説甚善，頃見祁居之論語説，此一段亦好，大概如來喻之云也。其他各據偏見，便爲成説，殊不能有所發明。此固無足怪者。而伯恭集解首章便引謝氏之説，已落一邊。至桑中篇後爲説甚長，回護費力，尤不能使人無競。不審亦嘗致思否？近年讀書，頗覺平穩不費注解處意味深長。修得大學、中庸、語、孟諸書，頗勝舊本。禮記須與儀禮相參，通修作一書，乃可觀。中間伯恭欲令門人爲之，近見路德章編得兩篇，頗有次第。然渠輩又苦盡力於此，反身都無自得處，亦覺枉費功夫〔一〕。熹則精力已衰，決不敢自下功夫矣。恭叔暇日能爲成之，亦一段有利益事。但地遠，不得相聚評訂爲恨。如欲爲之，可見報，當寫樣子去也。今有篇目，先録去。此又是一例，與德章者不同也。綱目亦苦無心力了得，蓋心目俱昏，不耐勞苦，且更看幾時如何。如可勉强，或當以漸成之耳。

校記　〔一〕「禮記」至此又見本卷答潘端叔三。

編年　據書信編年。

答潘恭叔 淳熙十三年

學問根本在日用間持敬集義工夫，直是要得念念省察。讀書求義乃其間之一事耳。舊來雖知此意，然於緩急先後之間終是不覺有倒置處，誤人不少，今方自悔耳。詩説已注其下，亦未知是否，更告詳之。大抵近日學者之弊，苦其説之太高與太多耳。如此只見意緒叢雜，都無玩味功夫，不惟失却聖賢本意，亦分却日用實功，不可不戒也。范公立子之説，誠有未盡，然太王之明、太伯之讓、王季之友，皆有非唐高祖父子所及者。蓋此意思不是一朝一夕捏合得成，故范公寧守經據正，而不敢遽以用權達節論之也。儀禮已附高要范令去，不知今已到否？此等功夫度有餘力乃可爲，不可使勝却涵養省察之實也。

編年　據書信編年。

答潘恭叔淳熙十三年冬

詩備六義之旨。

六義次序，孔氏得之。但六字之旨極爲明白，只因鄭氏不曉周禮籥章之文，妄以七月一詩分爲三體，故諸儒多從其説，牽合附會，紊亂顛錯，費盡安排，只符合得鄭氏曲解周禮一章，而於詩之文義意旨了無所益。故鄙意不敢從之，只且白直依文解義。既免得紛紜，枉費心力，而六義又都有用處，不爲虚設。蓋使讀詩者知是此義，便作此義，推求極爲省力。今人説詩空有無限道理，而無一點意味，只爲不曉此意耳。周禮以六詩教國子，亦是使之明此義例，推求詩意，庶乎易曉。若如今説，即是未通經時無所助於發明，既通經後徒然增此贅説。教國子者，何必以是爲先？而詩之爲義，又豈止於六而已耶？籥章之豳雅、豳頌，恐大田、良耜諸篇當之。不然，即是別有此詩而亡之，如王氏説。又不然，即是以此七月一篇吹成三調，詞同而音異耳。若如鄭説，即兩章爲豳風，猶或可成音節。至於四章半爲豳雅，三章半爲豳頌，不知成何曲拍耶？

關雎疑周公所作。

凡言「風」者，皆民間歌謡，采詩者得之，而聖人因以爲樂，以見風化流行，淪肌浹髓，而發於聲氣者如此。其謂之風，正以其自然而然，如風之動物而成聲耳。如關雎之詩，正是當時之人被文王、太姒德化之深，心膽肺腸一時換了，自然不覺形於歌詠如此。故當作樂之時，列爲篇首，以見一時之盛，爲萬世之法，尤是感人妙處。若云周公所作，即國風、雅、頌無一篇是出於民言，只與後世差官撰樂章相似，都無些子自然發見活底意思，亦何以致移風易俗之效耶。

卷耳詩疑文王征伐四方、朝會諸侯時后妃所作。

卷耳詩恐是文王征伐四方、朝會諸侯時后妃所作。首章來喻得之，後三章疑承首章之意而言，欲登高望遠而往從之，則僕馬皆病而不得往，故欲酌酒以自解其憂傷耳。大意與草蟲等篇相似。又四愁詩云「我所思兮在太山，欲往從之梁父艱」，亦暗合此章耳。

樛木序文。

有嫉妒之心，則必無逮下之思矣〔一〕。此序却未有害也。

螽斯序文。

螽斯不妒忌，未有以察之。小序又非的確可信之書，詩中亦無不妒忌之意，但見其衆多和集之狀，如人之不妒忌耳。

桃夭詩曰華，曰葉，自其生意之所及以至無所不及，言室家、家室、家人，亦其德之所及以至無所不及也。一則生意浸大，一則德意浸廣，宛轉取譬，此言意之所以無窮也。

桃夭序文首句恐已涉附會矣，他説得之。

羔羊之序與桃夭相似，二南篇中類多如此。「委蛇」，如毛氏説，即於「正直」二字意尤親切。然小序本未必能盡詩意，即鄭、張二説，意亦自佳，更須審擇取舍。或兼存而自爲一義不妨，不可强合爲一説也。

「振振君子」，即是家室思念君子。不著其惡而著其善，蓋居者念行者，事之常也。

殷其雷本無著其惡之意，不必爲此説。但如死麕之「吉士」，日月之「德音」，則須説破耳。

摽有梅上二句蓋言男女之念，人皆有之，而若是者，皆女子之發乎情而不能以自達者也。下兩句蓋言必待媒妁之言、婚禮之備而後可行，亦止乎禮義之謂也。此詩即人情之近以感切當時之爲人父母者，使之婚姻之不失其時而已。或曰是皆當時女子自賦之辭，則不足以爲風之正經矣。

發乎情，止乎禮義之説甚善，感切人之父母却恐未必有此意。或是女子自作，亦不害。蓋里巷之詩但如此，已爲不失正矣。

小星兼取程説，甚善。

「江汜」之序恐未安。又始則不能無悔，至「不我與」則隨其所遇而安，終「不我過」則處之已熟，知其無可奈何，無復憂慮。「嘯」如淵明之「舒嘯」。

小序固不足信，然謂江沱之間，則未有以見其不然。蓋或因其所見山川以起興也。「其後也悔」，「其後也處」兩句，若如今説，以爲媵之自言，則「後」字不通。而三章「其」字皆指物之稱，亦非所以自命也。集傳「嘯」字之義，向來伯恭深以爲然。野有死麕，言强暴者欲以不備之禮爲侵凌之具者，得之。騶虞驅發之説，近亦疑之。楚詞云「君王親發兮憚青兕」，此爲發矢之義明矣。然舊説虞人翼五豝以待公射，中則殺一而已，恐文勢不順。疑此亦爲禽獸之多，見蒐田以時，不妄殺伐。至於當殺而殺，則所謂取之以時，用之以禮，固不病其殺之多也。蓋養之者仁也，殺之者義也，自不相妨，不必曲爲之説。兼文勢如此乃順，如杜詩「一箭正墜雙飛翼」之比。若如所解，即當先言「五豝」而後言「一發」，乃可通耳。

疑何彼襛矣〔二〕。

何彼襛矣此詩義疑，故兩存之。東遷之初，王室猶未甚卑也，王命諸侯固有不斥其名者，如微子、畢公之類。文侯當時既有大功，稱字或是禮秩當然，未可便爲王室衰弱之證。

校記 〔一〕思：底本原注疑「恩」之誤。

〔二〕宋浙本注有「平王之爲文王之爲宜臼」十字。

編年 據書信編年。

答潘恭叔淳熙十三年冬

讀詩諸説前書已報去。近再看二南舊説，極有草草處，已略刊訂，别爲一書，以趨簡約，尚未能便就也。周禮恐五峰之論太偏，只如冢宰一官，兼領王之膳服嬪御，此最是設官者之深意。蓋天下之事無重於此，而胡氏乃痛詆之，以爲周公不當治成王燕私之事，其誤甚矣。胡氏大紀所論井田之屬，亦多出臆斷，不及注疏之精密。常恨不曾得見薛、陳諸人，不知其説又如何也。通鑑舉要詳不能備首尾，略不可供檢閲，此綱目之書所爲作也。但精力早衰，不能卒業，終爲千古之恨耳。小學未成，而爲子澄所刻。見此刊修，旦夕可就，當送書市別刊，成當奉寄。此書甚有益也。

編年　據書信編年。

答潘恭叔 淳熙十四年九月

敬之一字，萬善根本，涵養省察、格物致知種種功夫皆從此出，方有據依。平時講學非不知此，今乃覺得愈見親切端的耳。願益加功，以慰千里之望。

禮記如此編甚好，但去取太深，文字雖少而功力實多，恐難得就，又有擔負耳。留來人累日，欲逐一奉答所疑，以客冗不暇。昨夕方了得一篇，今別録去。册子必有別本可看，却且留此，俟畢附的便去也。儀禮附記似合只依德章本子，蓋免得拆碎記文本篇。如要逐段參照，即於章末結云：「右第幾章。」儀禮即云：「記某篇第幾章當附此。」不必載其全文，只如此亦自便於檢閲。禮記即云：「當附儀禮某篇第幾章。」又如此大戴禮亦合收入，可附儀禮者附之，不可者分入五類。

如管子弟子職篇，亦合附入曲禮類，其他經傳類書説禮文者并合編集，别爲一書。周禮即以祭禮、賓客、師田、喪紀之屬事别爲門，自爲一書。如此即禮書大備。但功力不少，須得數人分手乃可成耳。

所論讀通鑑正史曲折甚善，學不可不博，正須如此。然亦須量力，恐太拽出精神向外，減却内省功夫耳。

若作集注，即諸家説可附入。或有己見，亦可放温公揚子法言、太玄例也。若只用注疏，即不必然，亦悶人耳。

分爲五類，先儒未有此説。第一類皆上下大小通用之禮，第二類即國家之大制度，第三類乃禮樂之説，第四類皆論學之精語，第五類論學之粗者也。大戴禮亦可依此分之。

卷數之説，須俟都畢，通計其多少而分之，今未可定也。其書則合爲一書者爲是，但通以禮書名之，而以儀禮附記爲先，禮記分類爲後。如附記初卷首即云「禮書第一」，本行下寫「儀禮附記一」五字。次行云「士冠禮第一」，本行下寫「儀禮一」三字；「冠義第二」，本行下寫「禮記一」三字。分類初卷首第一行云「禮書第幾」，本行下寫「禮記分類一」五字；次行云「曲禮上第一」，本行下寫「禮記幾」。通前篇數計之。其大戴、管子等書亦依此分題之。

首章言君子修身，其要在此三者，而其效足以安民，乃禮之本，故以冠篇。「毋不敬」止「安民哉」。

「賢者」至「能遷」，此言賢者於其所狎能敬之，於其所畏能愛之，於其所愛能知其惡，於其所憎能知其善，雖積財而能散施，雖安安而能徙義，可以爲法，與上下文禁戒之辭不同，舊説非是。「安安而能遷」，來説得之，但辭太煩耳。「疑事勿質，直而勿有」兩句，連説爲是。「疑事毋質」，即少儀所謂「毋身質言語」是也。「直而勿有」，謂陳所見，聽彼決擇，不可據而有之，專務强辨。不能如此，則是以身質言語矣。

「敖不可長」云云，此篇雜取諸書精要之語，集以成編，雖大意相似而文不連屬。如首章四句，乃曲禮古經之言，「敖不可長」以下四句，不知是何書語，又自爲一節，皆禁戒之辭也。「賢者」以下六句，又當別是一書。說見前段。「臨財毋苟得」以下六句，又是一書，亦禁戒之辭。若夫「坐如尸，立如齊」，劉原父以爲此乃大戴記曾子事父母篇之辭，曰：「孝子惟巧變，故父母安之。若夫坐如尸，立如齊，弗訊不言，言必齊色，此成人之善者也，未得爲人子之道也。」此篇蓋取彼文，而「若夫」二字失於删去。鄭氏不知其然，乃謂此二句爲丈夫之事，其説誤矣。此説得之。又「立如齊」，注疏所説立容甚詳，今皆不取，而所取者乃無所發明之剩語，此類恐更宜詳擇也。「禮從宜，使從俗」，當又是一書，其説舊注亦得之。劉氏七經小傳有儀禮等説，不可不看。「若夫」二字與中庸「好學近乎智」上「子曰」二字相似，皆失於删去者也。

「聖人作」絶句，舊見蜀中印本有如此點者，似亦有理。又「人生十年曰幼」亦爲絶句，「學」字自爲一句，下文至「百年曰期頤」皆然，似亦得之。「取於人」，此與孟子「治人」、「治於人」、「食人」、「食於人」語意相類，於人者，爲人所取法也。取人者，人不來而我引取之也。下文「來學往教」即其事之實也。齋戒，儀禮雖無娶妻告廟之文，而左傳曰「圍布几筵，告於莊、共之廟而來」，是古人亦有告廟之禮，不知何故不同耳。

編年 據年譜長編、書信編年。

答潘恭叔 淳熙十四年以後

「成於樂」，如學樂誦詩，舞勺舞象，豈不是學者事？舜命夔典樂教胄子，豈不是學者事？但漸次見效，直至聖人地位，始可言成耳。

「敖惰」，讀者多以爲疑，嘗欲於或問中補數語以發之而未暇。大抵此本有一等人〔一〕，上不至於可親愛畏敬，下不至於可賤惡哀矜，使人視之泛然，不入念慮者耳。然於此而猶以恐其有偏爲戒，則豈真敖忽而忘之哉？

「己欲立而立人，己欲達而達人」，欲立謂欲自立於世，立人謂扶持培植，使之有以自立也。欲達謂欲自遂其志，達人謂無遏塞沮抑，使之得以自達也。

此說是。

「隱居求志，行義達道」，集注謂伊尹、太公之流可當之，是也。顏子所造所得，二賢恐無以過之，而云「亦庶乎此」，下語輕重抑揚處，疑若於顏子少貶者。若云「古之人有行之者，伊尹、太公之流是也。若顏子，可以當之矣。然隱而未見，又不幸蚤死，故夫子言然」，不知可否？

當時正以事言，非論其德之淺深然也。語意之間，誠有如所論者，更俟詳之。

「驕吝」二字，平時作兩種看。然夫子「使驕且吝」之言，則若不分輕重者。程子「氣盈氣歉」之説亦然。今集注引程子之言而復有本根枝葉之論，此説雖甚精，但與程子説不同。而以鄙嗇訓釋「吝」字，若語意未足者，蓋先生將「吝」字看得重，直是説到蔽固自私、不肯放下處。故凡形於外者無非私己之發，此驕之所由有如此，則工夫全在「吝」上。

此義亦因見人有如此之弊，故微發之。要是兩種病痛彼此相助，但細看得「吝」字是陰病裏證，尤可畏耳。

禮記言「鄙詐慢易之心入之」，則是内外有兩心。曰「入之」，則此心是在外矣。「鄙詐慢易」，似非所以言心。

「入」之一字，正是見得外誘使然，非本心實有此惡也。雖非本有，然既爲所奪而得以爲主於内，則非心而何？恐不必致疑也。

校記　〔一〕本：宋浙本作「是」，底本原注别本同。

編年　據書信編年。

答鄭仲禮 紹熙五年二月

一别二十餘年，不復聞動静。但中間得季隨所寄疑義，獨賢者之言偶合鄙意，而厄於衆口，不能自伸，初不知其爲誰何。既而乃知改名曲折，甚慰别後之思也。兹辱惠書，益以爲喜。比日春和，遠惟德履殊勝。

熹憂患衰朽，中間幾有浮湘之便，竟以病懶迂疏，不復敢出。今又紛紛，度其勢終亦難動。每念吾敬夫逝去之後，不知後來諸賢所講復如何。比得季隨書，又無復十年前意象矣。歲月易失，岐路易差。無由相聚，痛相切磨，千里相望，徒有慨嘆耳。

示諭讀易之説甚善。向見敬夫及吕伯恭皆令學者專讀程傳，往往皆無所得。蓋程傳但觀其理而不考卦畫經文，則其意味無窮，各有用處，誠爲切於日用功夫。但以卦畫經文考之，則不免有可疑者。熹蓋嘗以康節之言求之，而得其畫卦之次第，方知聖人只是見得陰陽自然生生之象，而摹寫之初，未嘗有意安排也。至於經文，亦但虚心讀之，間略曉其一二。至有不可曉處，則便放下，不敢穿鑿以求必通。如此却似看得有些意思，亦嘗粗筆其説而未成也。至於畫卦揲蓍之法，則又嘗有一書模印以傳，名曰啓蒙，不知賢者曾見之否？今以奉寄，試詳考之，復以見喻，幸也。

來喻所謂隱者，豈非麻衣之流乎？此乃僞書，向來敬夫雖不以其説爲然，然亦誤以爲真希夷之師説也。其言專説卦畫，大概似是，而其所以爲説者則皆瑣碎支離、附會穿鑿，更無是處。如別紙所示數説，恐亦未免此病也。大學章句一本并往，其間雖無玄妙奇特之説，然皆是直説聖門著實用功處，亦幸細觀。如有所疑，并以見告，不敢不盡所懷也。

彼中朋友今有幾人？其趣向成就果能不失前人衣鉢之傳否？向來猶時有往來商訂之益，得以知其疏密。近年遂有不涉思慮言語之意，虚無象罔，不可捕詰，皆非平日所聞於吾亡友者。不知何故變得如此，甚可嘆也。因便寓此，未能盡所欲言。正遠，千萬以時自愛。

編年　據書札彙編。書云「比日春和」，知作在二月。

答鄭仲禮 紹熙四年以後

示喻爲學之意，甚善。讀書固不可廢，然亦須以主敬立志爲先，方可就此田地上推尋義理，見諸行事。若平居泛然，略無存養之功，又無實踐之志，而但欲曉解文義，説得分明，則雖盡通諸經，不錯一字，亦何所益？况又未必能通而不誤乎。近覺朋友讀書講論多不得力，其病皆出於此，不可不深戒也。季隨、季忱爲學如何？近來有何講論？因書幸致此意。

編年　據書信編年。書札彙編繫於慶元元年。

答余占之 慶元四年以前

試期不遠，且作舉子文固所當然，然義理意味亦不可遽斷絶耳。思無邪之説，伊川意已如此，氣味自長，不必牽合諸説，却味短也。仁者能好惡人，上蔡亦謂無私好惡耳，但語中少却一「私」字，便覺有病。不以辭害意可也。平易固疑於卑近，然却正是初學事，須從此去，漸次自到高遠處，乃是升高自下、陟遐自邇之義。未聞先高遠而後平易也。仁者愛之理，而直以愛爲仁則不可。此處且更潛心，久之有見，方信得及。今且當就此兩句裏面思量，不必向外頭走作也。周、張二書恐未暇及，若欲便看過，熟讀深思，此外更無别巧。然亦不惟二書，凡讀書之法皆不外此也。

編年　據書信編年。書札彙編以爲作於紹熙三年秋冬間。

答余占之 慶元四年以前

仁愛之説大概近之，且更涵泳推廣，久之浹洽，自當信得及也。「井有仁焉」，謂赴井以救人爲仁耳。文義雖略迂晦，然大意當是如此。以下文「可逝不可陷」者觀之可見也。七月開冰之説，近亦有朋友如此致疑，但不如此説，則鑿冰逾月而後納之，又似太緩。恐此但先後相因之文，非實以爲今日明日也。經傳類此處多，但兼通衆説以俟講究，虛心以容之，不必遽爲一定之説也。

編年　據書信編年。書札彙編以爲與上書相承。

答余占之 慶元四年

熹此亦粗遣，但老衰殊甚，疾病益侵，仇怨交攻，蓋未知所税駕也。今年絶無朋友相過，近日方有至者。只一二輩，猶未有害，若多，則恐生事矣。無由會面，遠書不能盡懷。不知冬間能枉路一顧否？

編年 據書信編年。

答余占之 慶元五年至六年

直卿已歸在此。今年往來亦有一二十人相過講習，其間豈無曉會得意思者，然未見大段斷然可負荷此事者，甚可慮也。

編年 據書信編年。

答汪清卿 淳熙七年

所喻五常即是五行之性，初無異義。此性本善，但感動之後或失其正，則流於惡耳。此等處反之於身，便自見得，不必致疑。只是自家感動善惡之端須常省察持守耳。

編年 據書信編年。

答程正思 淳熙三年以後

設啓奠，祝詣殯前跪告祝詞，依高氏書，日内復具饌以辭訣。

葬前數日啓殯前未可謂之辭訣，恐是日但設奠而啓殯，至葬前一夕，乃設奠辭訣。

啓喪遣奠，用高氏書祝文。

高氏祝詞云「形神不留」者，非是。據開元禮，當作「靈辰不留」，「旋」亦當作「柩」。今雖不用此詞，亦謾及之。

按禮，既虞之後，以吉祭易喪祭。吉祭、喪祭何辨？未葬時奠而不祭，但酌酒陳饌再拜而已。虞始用祭禮，卒哭則又謂之吉祭，其説則高氏説已詳矣。但古禮於今既無所施，而其所制儀復無吉凶之辨，惟温公以虞祭讀祝於主人之右，卒哭讀祝於主人之左爲别，蓋得禮意。大抵高氏考古雖詳而制儀實疏，不若温公之慤實耳。

編年 據書信編年。書札彙編以爲作於淳熙四年，下二書稍在其後。

答程正思 淳熙三年以後

示喻日用操存之意，甚善甚善。用功如此，所造豈易量？然亦須藉窮理功夫，令胸次灑落，始有進步處。大學所謂知至而後意誠者，正謂此也。讀禮之暇，宜取論語逐章細看，每日不過兩三段，先令盡通諸説異同，然後深求聖言本意，則久久自當見效矣。

編年 據書信編年。

答程正思 淳熙三年以後

所示禮文考訂詳悉，上合禮意，下適時宜，甚善甚善。其間小未備處，已輒補之矣。幸詳擇而勉行之，使州里之間有所觀法，非細事也。

編年 據書信編年。

答程正思 淳熙八年

承喻致知力行之意，甚善。然欲以「静」、「敬」二字該之，則恐未然。蓋聖賢之學，徹頭徹尾只是一「敬」字。致知者，以敬而致之也。力行者，以敬而行之也。「静」之爲言，則亦理明心定，自無紛擾之效耳。今以静爲致知之由，敬爲力行之準，則其功夫次序皆不得其當矣。中庸所謂博學審問，謹思明辨者，皆致知之事，而必以篤行終之，此可見也。苟不從事於學問思辨之間，但欲以静爲主而待理之自明，則亦没世窮年而無所獲矣。

編年 據書信編年。

答程正思 淳熙三年以後

葬地之訟，想已得直。凡百更宜審處，與其得直於有司，不若兩平於鄉曲之爲愈也。觀書以己體驗固爲親切，然亦須遍觀衆理而合其歸趣乃佳。若只據己見，却恐於事理有所不周，欲徑急而反疏緩也。

編年 前答程正思一至三書皆居母喪讀禮時作，此言及葬地，當作在一時先後，據以繫之。書札彙編繫於淳熙十六年冬。

答程正思 淳熙七年前後

論語舊嘗纂定諸說，近細考之，所當改易者什過五六。知近讀此書有緒，亦甚欲相與商訂耳。

編年 據書信編年。

答程正思 淳熙七年前後

論語三篇説甚子細，衮衮未暇詳看。所訂集注中一二字甚善，如「三事」之爲「三」者，當即改易也。此間講說不廢，能問者不過二三人耳。濂溪祠記刻成已久，何爲未見？今并新刻三種内去，先人小集一册并往。此間無他物可爲寄也。

編年 據書信編年。

答程正思淳熙八年冬

熹忽被改除之命，來日當往奏事。儻得遂瞻玉陛，不敢愛身，以爲朋友羞。但恐疏拙，不能有以感動上意耳。致知力行，論其先後，固當以致知爲先，然論其輕重，則當以力行爲重。昨告擇之，正爲徒能知之言之而不能行者設耳。於理固無大害也。

編年 據書信編年。

答程正思淳熙八年以後

諸書再看，義理未安處甚多，皆是要切大頭項處，令人恐懼不可言。

編年 據書信編年。

答程正思淳熙七年以後

熹病倦，不敢極力觀書。閑中玩養，頗覺粗有進處。恨相去遠，不得朝夕款聚。亦幸有一二朋友在此，不廢講論，因事提掇，不爲無助。不知正思能一來否？沙隨程丈聞亦欲入閩，不知何時定成行也。聞其制度之學甚精，亦見其一二文字，恨未得面扣之耳。清卿省處恐靠不得，不知他日來如何做功夫。離群索居，易得鈍滯了人，甚可懼也。

編年　據書信編年。

答程正思淳熙十三年

遷葬重事，似不宜容易舉動。凡百更切審細爲佳，若得已，不如且已也。異論紛紜，不必深辨，且於自家存養講學處朝夕點檢，是切身之急務。朋友相信得及者，密加評訂，自不可廢，切不可於稠人廣坐論説是非，著書立言，肆意排擊，徒爲競辨之端，無益於事。向來蓋嘗如此，今乃悔之，故不願賢者之爲之耳。

編年　據書信編年。書札彙編以爲作於淳熙十六年冬。

答程正思淳熙十三年

且歸侍旁，日與諸弟侄講學，甚善。所謂聖賢大旨斷然無疑，久知賢者有此意思，但覺有枯燥生硬氣象，恐却有合疑處不知致疑耳。所示孟子數條，大概得之。但論心處以爲此非心之本體，若果如此，則是本體之外别有一副走作不定之心，而孔、孟教人却舍其本體而就此指示，令做工夫，何耶？此等處非解釋之誤，乃是本原處見得未明，無個涵泳存養田地，所以如此。更願察之也。世學不明，異端蜂起，大率皆便於私意人欲之實，而可以不失道義問學之名，以故學者翕然趨之。然喭有之：「是真難滅，是假易除。」但當力行吾道，使益光明，則彼之邪説如見晛耳〔一〕。故不必深與之辨。

校記 〔一〕底本原注：「如下一本空一字，疑是『雪』字。」宋浙本空一字。

編年 據書信編年。書札彙編繫於淳熙十六年冬。

答程正思 淳熙十三年

所論放心之說甚善，且更如此存養體驗，久久純熟，又須見得存養、省察不是兩事也。彥忠不能葬其親，遠承賻恤，足見朋友之義。渠甚感激，同舍亦無不動心也〔一〕。

校記 〔一〕「彥忠」至此原缺，據宋浙本補。考異所引別本有此段。

編年 據書信編年。書札彙編繫於淳熙十六年末或稍後。

答程正思 淳熙十三年

向見印行王謝論，大意甚善，但論此兩人實事太草草，恐是看得史書未熟，亦不可不加意。今日正要見得此兩人功少罪多處，方見儒者大學功用之實耳。所喻心說亦恐未精，大抵此心有正而無邪，故其存則正而亡則邪耳。

編年 據書信編年。書札彙編繫於紹熙元年。

答程正思淳熙十二年至十三年

所喻孟子，前日因一二朋友看到此，疑其説之不明，方略改定，正與來喻合。叔重必自報去矣。答陳同父書，不知曾細看否？人皆以爲此不足深辨，此未察時學之弊者也。區區之意，豈爲一人發哉？鋟版乃此間呂沅州爲之，婺本初未有也。此等事當平心觀之，不必如此爲已甚也。

編年　據書信編年。

答程正思淳熙十四年

所論皆正當確實，而衛道之意又甚嚴，深慰病中懷抱。省試得失，想不復置胸中也。告子「生之謂性」，集注雖改，細看終未分明。近日再改一過，此處覺得尚未有言語解析得出，更俟款曲細看。他時相見，却得面論。祝汀州見責之意，敢不敬承。蓋緣舊日曾學禪宗，故於彼説雖知其非，而不免有私嗜之意。亦是被渠説得遮前掩後，未盡見其底藴。譬如楊、墨，但能知其爲我、兼愛，而不知其至於無父無君。雖知其無父無君，亦不知其便是禽獸也。去冬因其徒來此狂妄凶很，手足盡露，自此乃始顯然鳴鼓攻之，不復爲前日之唯阿矣。浙學尤更醜陋，如潘叔昌、呂子約之徒，皆已深陷其中，不知當時傳授師説何故乖訛便至於此？深可痛恨。元善遂能辨此，深可嘆賞。深慚老繆放過此著，今日徒勞頰舌，用力多而見功寡也。

「然則犬之性猶牛之性，牛之性猶人之性與？」犬、牛、人之形氣既具，而有知覺、能運動者生也。有生雖同，然形氣既異，則其生而有得乎天之理亦異。蓋在人則得其全而無有不善，在物則有所蔽而不得其全。是乃所謂性也。今告子曰生之謂性如白之謂白，而凡白之白無異白焉，則是指形氣之生者以爲性，而謂人物之所得於天者亦無不同矣〔一〕。故孟子以此詰之，而告子理屈詞窮，不能復對也。

右第三章，乃告子迷繆之本根，孟子開示之要切。蓋知覺運動者，形氣之所爲，仁、義、禮、智者，天命之所賦。學者於此正當審其偏正全闕，而求知所以自貴於物，不可以有生之同，反自陷於禽獸而不自知己性之大全也。

告子一段，欲如此改定，仍删去舊論，似已簡徑。但恐於一原處未甚分明，請看詳之。

校記 〔一〕人：原作「之」，據正訛改。

編年 據書信編年。

答程正思 淳熙十四年九月

所喻數説皆善。孟子中間又改一過，不記曾録去否？今恐未曾，别寄一本。但初看甚分明，今讀之又似不分曉，試更爲思之。如來喻固佳，初欲取而用之，又覺太繁，注中著不得許多言語。今可更約其辭，爲下數語來。若發脱得意思分明，又當改却此説乃佳也。致知説及他數處近改者，德粹寫得。今有所改或問一二條，亦寫寄之，可就取看。日新一條，似比舊有功也。發見之説，已具叔重書中，可更相與詳之。此是日用功夫最精約處，與向來五峰、敬夫之説不同，可更思之。恐説未透，却又須別下語也。大學或問所引孟子，正是傳授血脉，與援引牽合者不同，試更詳之。人心道心，近書雖云無疑，恐亦有未徹處，故猶有不善看之説，亦請更察之也。其他所論大概皆正當，但於曲折處間有未察，則恐於所謂亭亭當當恰好處未免不子細也。大抵近日朋友例皆昏弱無志，散漫無主，鞭策不前，獨正思篤志勤懇，一有見聞，便肯窮究，此爲甚不易得。常與朋友言之，以爲爲學正須如此，方有可望。然亦覺得意思有粗疏處，辨論功夫勝却玩索意思，故氣象間有喧閙急迫之病，而少從容自得之意。此爲未滿人意耳。

編年　據書信編年。

答程正思 淳熙十五年十一月

熹再辭之章并一疏上之，頗推夏間所言之未盡者，語似太訐，未知得免於戾否。所遣人以月初七八間行，至今未還，不知聖意定何如。自覺疏拙，無以堪此厚恩，冒昧而前，必取顛躋。若得話行而身隱，乃爲莫大之幸耳。所示諸書，甚善甚善。但臨川之辨當時似少商量，徒然合鬧，無益於事也。其書近日方答之，所説不過如所示者而稍加詳耳。此亦不獲已而答，恐後學不知爲惑耳。渠則必然不肯回也。此間書院近方結裹，江、浙間有朋友在彼相聚。興國萬正淳不知舊在南康曾相識否？其間一二人亦儘可講論也。小學字訓甚佳，言語雖不多，却是一部大爾雅也。

編年 據書信編年。

答程正思 淳熙十六年春

答子静書無人寫得，聞其已謄本四出久矣。此正不欲暴其短，渠乃自如此，可嘆可嘆！然得渠如此，亦甚省力，且得四方學者略知前賢立言本旨，不爲無益。不必深辨之云，似未知聖賢任道之心也。

編年 據書信編年。

答程正思 淳熙十一年

所示策甚佳，然詞氣之間亦覺尚欠平和處，豈有所不能平於中耶？陳正己之論，何足深辨？杲老嘗説少時見張天覺，或告之曰：「蔡元長説相公極正當，只是少些機數。」張應之曰：「蔡京斫頭破肚漢，我若有機數，却與你一般也。」若待它説伊川用處不周，即伊川與你一般矣。此可付一笑也。通書注説善惡分明作兩節，何爲尚疑無先善後惡之意耶？「性」字之説亦無可疑，然得賢者如此發明，亦有助也。

編年 據書信編年。

答汪子文淳熙三年以後

似聞比來急於進取，遂爲神怪所惑，殊駭聞聽。於此等處把捉不定，則所講聞於簡册者將以何用耶？自此切須安常守正，以爲進學之地，不宜復徇前失，以陷於邪妄之域也。

編年 此與下篇皆無考。書信編年置於淳熙十一年，無據。按其編序在程正思之後，似皆朱熹歸婺源時從學者，淳熙三年以後也。

答汪聖可淳熙三年以後

示喻讀書勵行之意，甚善甚善。然更願反躬務實，以充其言，使無浮行之愧，則區區之深望也。

編年 見上篇所考。

答周舜弼謨 淳熙六年

熹適承枉顧，示以長牋，稱道過實，决非淺陋所敢當，不敢自辨數也。至謂程氏二書出於記録之餘，不能無誤，誠如所論。向來所以各因本篇而存其姓號以相别者，正謂是爾。然言有似是而實非者，有似非而實是者，非好之篤、玩之深而辨之明者，或未能無誤也。暇日見過，得面叩其一二，幸甚幸甚！

編年　據書信編年。

答周舜弼 淳熙十五年

臨行所説務實一事，途中曾致思否？觀之今日學者不能進步，病痛全在此處。但就實做工夫，自然有得，未須遽責效驗也。「仁」字想別後所見尤親切，或有議論，因來不妨見寄。

編年　據書札彙編。

答周舜弼 淳熙六年以後

葬事不易便能了辦，喪禮盡誠，不徇流俗，此尤所難。更宜深念閔、卜二子除喪而見之意，以終禮制，區區之望也。

彼中朋友用功爲學次第如何？便中喻及。向時每説持敬、窮理二事，今日所見，亦只是如此。但覺得先後緩急之序愈分明親切，直是先要於持守上著力，方有進步處也。孟子説性善及求放心處，最宜深玩之。

編年　據書信編年。書札彙編與下篇皆繫於紹熙三年。

答周舜弼 淳熙六年以後

前此所示别紙條目雖多，然其大概只是不曾實持得敬，不曾實窮得理，不曾實信得性善，不曾實求得放心，而乃緣文生義，虚費説詞，其説愈長，其失愈遠。此是莫大之病。只以其間所論曲折及後段克伐怨欲、鄉原思學、瞻忽前後之類觀之，便自可見。若果是實曾下得工夫，即此等處自無可疑。縱有商量，亦須有著實病痛，不應如此泛泛矣。曾子一段文意雖説得行，然似亦未是真見。似此等處，且須虚心涵泳，未要生説，却且就日用間實下持敬工夫，求取放心，然後却看自家本性元是善與不善，自家與堯舜元是同與不同。若信得及，意思自然開明，持守亦不費力矣。「君子而時中」，却是集注失於太簡，令人生疑，今已削去。只見存文義已自分明，若不爲此句所牽，則亦無可疑矣。恐枉費思索，故并及之。然其切要功夫，無如前件所説。千萬留意也。

編年　據書信編年。

答周舜弼 淳熙十五年

所論「仁」字殊未親切，而語意叢雜，尤覺有病。須知所謂心之德者，即程先生穀種之説。所謂愛之理者，則正所謂仁是未發之愛，愛是已發之仁耳。只以此意推之，更不須外邊添入道理，反混雜得無分曉處。若於此處認得仁字，即不妨與天地萬物同體。若不會得，而便將天地萬物同體爲仁，却轉見無交涉矣。仁、義、禮、智，便是性之大目，皆是形而上者，不可分爲兩事。顔子之勇，只以曾子所稱數事體之於身，非大勇者，其孰能之？克己之説未爲不是，但如此言語上理會，恐無益耳。其他數條似皆未切。大抵前後見舜弼講論多是不切己而止於文字上捏合，所以無意味，不得力。須更就此斡轉，方有實地功夫也。

編年 據書信編年。

答周舜弼 紹熙二年

示及疑問，且當如此涵泳，甚善。致知工夫，亦只是且據所已知者玩索推廣將去，具於心者本自無不足也。敬子遠來不易，其志甚勇，而功夫未密，更宜相與切磋，更令精細平穩乃佳耳。觀其病痛與長孺頗相似，所以做處一般，不知吾人所學且要切身，正不以此等爲高也。若親養未便，亦須委曲商量，不須如此躁迫也。伊川告詞如此，是亦紹興初年議論，未免一褒一貶之雜也。

編年 據書信編年。書札彙編繫於慶元四年。

答周舜弼 紹熙二年

所論「敬」字工夫於應事處用力爲難，此亦常理。但看聖賢説「行篤敬」、「執事敬」，則

「敬」字本不爲默然無爲時設，須向難處力加持守，庶幾動静如一耳。克己亦别無巧法，譬如孤軍猝遇强敵，只得盡力舍死向前而已，尚何問哉。

編年 據書信編年。

答周舜弼 慶元中

示喻爲學之意，大概不過如此。更在日用之間實用其力，念念相續，勿令間斷。

編年 據書信編年。

答周舜弼 慶元中

來喻所云，皆學者不能無疑之處。然讀書則實究其理，行己則實踐其迹，念念鄉前，不輕自恕，則在我者雖甚孤高，然與他人元無干預，亦何必私憂過計而陷於同流合污之地耶？

編年 據書信編年。

答周舜弼 慶元中

講學持守不懈益勤，深慰所望。又聞頗有朋友之助，當此歲寒，不改其操，尤不易得也。更願相與磨厲，以造其極，毋使徒得虚名以取實禍，乃爲佳耳。前書「絜矩」之説大概得之。二字文義，蓋謂度之以矩而取其方耳。今所示數條，各以鄙意附於其後，却以封還，幸試思之。來説大概明白詳細，但且於此更加反復，虛心静慮，密切玩味，久之須自見得更有精微處，不但如此而已也。承欲見訪，固願一見，但遠來費力，不若如前所説，著實下功。果自得之，則與合堂同席亦無以異也。鄉來蔡君今安在？能不受變於俗否耶？

大學之道，莫切於致知，莫難於誠意。意有未誠，必當隨事即物，求其所以當然之理。然觀天下之事，其幾甚微，善惡邪正、是非得失未有不相揉雜乎芒芴之間者。静而察之者精，則動而行之者善。聖賢之學必以踐履爲言者，亦曰見諸行事，皆平日之所素定者耳。今先生之教，必曰知之者切而後意無不誠，蓋若泛論知至，如諸家所謂極盡而無餘，則遂與上文所謂致知者爲無别。況必待盡知萬物之理而後别求誠意之功，則此意何時而可誠耶？此正學者緊切用功之地，而先生訓釋精明，誠有以發聖賢未發之藴。竊嘗體之於心，事物之來，必精察乎善惡之兩端，如是而爲善，則確守而不違；如是而爲惡，則深絶而勿近。先生勾去此并上二句〔一〕。亦庶幾不苟於致知，而所知者非復泛然無切於事理；不苟於誠意，而好善惡惡，直欲無一毫自欺之意。敬守此心，無敢怠忽，課功計效，則不敢以爲意焉。如此用力，不知如何？

知至只是致知到處，非别有一事也。但見得本來合當如此之正理，自然發見透徹，則所知自切，不須更説確守深絶而意自無不誠矣。

傳之二章釋「自新新民」而結之以「君子無所不用其極」者〔二〕，言皆欲止於至善也。蓋自致知以至修身，無非所以自新也。自齊家以至平天下，無非所以新民也。凡此八者，誠大學之條目。然必曰「止於至善」者，深言擇善不可以不精耳。夫善一也，有至善則有未善，先生改云：「善而未至。」所以言擇善之難如此，過則失中，不及則亦未至於中。宜其應事接物之際，固有欲爲公而反遂其私，欲爲義而乃徇乎利，厚薄輕重，泛然而應，不得其當。是皆知之有未切也。補亡之章謂用力之久而一旦廓然貫通焉，則理之表裏精粗無不盡，而心之分別取舍無不切。是必加之以積習之功，庶乎廓然貫通，然後可以言止於至善之事乎。苟未至此，則分別取舍於心當如何？

一事自有一事之至善，如仁敬孝慈之類。

忿懥恐懼，好樂憂患，人之所不能無者。然有一於此，則心不得其正，何哉？蓋此心不可以頃刻而不存，苟喜怒憂懼一萌於中，則心有係累，不特不能帥乎氣，而氣反得以動其心矣。故當忿懥之時，唯有忿懥而已。既以忿懥爲主，尚何心之可存？恐懼之類，莫不皆然。聖人於此深欲學者常存此心，無少間斷，喜怒哀懼猶不可有，而况於曠蕩外馳，邪辟妄念以爲此心之累者乎。故曰心有不存則無以檢其身矣。以此意體之如何？

有喜怒憂懼，則四者之發不得其正；無喜怒憂懼，則四者之發何不正之有？

絜矩之道，推己度物而求所以處之之方。故於上下、左右、前後之際，皆不以己之所不欲者施諸彼而已矣。然皆以敬老、事長、恤孤之三者推之，以見民心之同然。故下文極言好惡不可以異乎人，而財利不可以擅乎己，苟惟不然，皆取惡之道也。是則一章之意無非發明「恕」之一字。上章既言所藏乎身，不恕則不能喻諸人矣，於此復推廣之，以極其所不通之意。恕之爲用，其大如此，求其指歸，則不過孝、弟、慈三者。行乎一家，推而至於治國平天下，同一機而已。孝、弟、慈，非恕也。自身而家，自家而國，自國而天下，推之者近，施之者廣，必與人同其欲而不拂乎人之性，兹其所以爲恕。以此觀之，是否？

此段説得條暢。

「致中和」注云：「自戒謹恐懼而守之，以至於無一息之不存，則極其中而天地位矣。自必謹其獨而察之，以至於無一行之不慊，則極其和而萬物育矣。」夫喜、怒、哀、樂未發謂之中，戒謹恐懼，所以守之於未發之時，故無一息之不存而能極其中。發而皆中節謂之和，必謹其獨，所以察之於既發之際，故無一行之不慊而能極其和。天地之所以位者不違乎中，萬物之所以育者不失乎和，致中和而天地自位、萬物自育者蓋如此。學者於此静而不失其所操，動而不乖其所發，亦庶幾乎中和之在我而已。天地萬物之所以位且育焉，則不敢易而言之。未識是否？

其説只如此，不難曉，但用力爲不易耳。勉旃勉旃。

「凡事豫則立」一節，言與事、行與道皆欲先定於其初，則不跲不困、不疚不窮斯有必然之驗。故下文自不獲乎上、不信乎朋友、不順乎親而推之，皆始於不誠乎身而已。然則先立乎誠爲此章之要旨，而不明乎善則不可以誠乎身也。今欲進乎明善之功，要必格物以窮其理，致知以處其義，夫然後真知善之爲可好而好之，則如好好色；真知惡之爲可惡而惡之，則如惡惡臭。明善如此，夫安得而不誠哉。以是觀之，則中庸所謂明善，即大學致知之事；中庸之所謂誠身，即大學意誠之功。要其指歸，其理則一而已。是否？

得之。

「費而隱」章，引「鳶飛魚躍」之詩以明其旨。程夫子以爲子思吃緊爲人，與「必有事焉而勿正」之意同，活潑潑地。竊以爲子思之言無非實理，而程夫子之説亦皆真見。今又得先生竄定此章，反復開曉，昭然義見。耽玩久之，心融意釋。夫形而下者，道之用矣，必有形而上者爲之體。其用廣，夫安得而不費？其體微，又安得而不隱？體用顯微，初無間絶。人惟睹其用之顯而不見其體之微也，是以終身由之而不知。子思於是託鳶魚以明此理之昭著，而其所以然之故，則亦可知其隱然爲難見也。夫見於鳶魚者尚爾，而況自夫婦隱微之間極而至於天地廣博之際，化育流行，洪纖高下，莫不皆然。此理固非偶然者，而亦孰與之哉。子思之言精密峻潔，而程子之論無纖毫凝滯倚著之意，非先生其孰知之？大意如何？

只是如此，更宜詳味。

二十七章始言道之體極於至大而無外，道之用入於至小而無間。非至德之人，不足以凝之。中言至道之凝，非大小精粗舉而并行，則不足以凝是道也。末言所處之無不宜，所以極言至道之凝其效如此。然大小精粗之旨，諸家所論不同。張子逐句爲義，吕氏因之，以一句自相反覆爲説，游氏以逐句相承接爲説，楊氏以逐句上一節承上節、下一節承下節爲説，却以温故知新爲道問學之事，敦厚崇禮爲道中庸之事。兼而讀之，亦足以發明大旨。然分比精密，條理該貫，終不若以尊德性爲存心之本，而極乎道體之大；以道問學爲致知之本，而盡乎道體之細。遂以廣大高明、温故敦厚爲存心之屬，以精微中庸、知新崇禮爲致知之屬，於是犂然各當於人心，使學者有用力之地而不悖乎名義之紛紜也。竊嘗玩索所謂不以一毫私意自蔽者，指致廣大而言也；不以一毫私欲而自累者，指極高明而言也。乍讀兩句，似若一意相同。然試體之，一以私意自蔽，則心不洪放而狹隘迫窄，何以致廣大乎？一以私欲自累，則此心沉溺而昏暗卑陋，何以極高明乎？此二句若相似而實不同者，妄意如此。是否？

得之。

末章八引詩，前五條論始學至成德疏密淺深之序，後三條皆所以贊不顯之德，前此蓋未有發明斯義若此昭著明白也。今觀「尚絅」一條，則知爲己之學不可以徇名，而入德之方皆由乎己而已。進而至於「亦孔之昭」，則謹獨之行已著。又進而至於「不愧屋漏」，則謹獨之效益彰。其曰「奏假無言」，所以言其德之已成。又曰「不顯惟德」，所以言其德之至盛。故先之以不賞不怒而民自畏勸，終之以篤恭而天下平也。夫自下學謹獨之事積而至於篤恭而天下平，則其存心也愈謹而進德也彌盛。復三引詩，以嘆詠不顯之德固不在乎聲色之末，亦非「德輶如毛」之可比。極論其妙，不若「無聲無臭」之詩爲可以形容其不顯之至耳。竊嘗謂此章之旨正與首章相應。首章論道體之大端，故以性、命、教之三者言之於始。然必戒謹恐懼而存其未發之中，必謹其獨而保其既發之和。中和之至，所以能位天地、育萬物者，蓋其德之盛同乎天而然也。中庸之書所以始於是者，其旨深哉。有志於學者，可不知天德之在聖人者爲如何？於此宜盡心焉爾。未審是否？

「亦孔之昭」是謹獨意，「不愧屋陋」是戒謹恐懼意。

「君子無終食之間違仁」，不但終食之間而已也，雖造次必於是。不但造次而已也，雖顛沛必於是。蓋欲此心無頃刻須臾之間斷也。及稱顏子，則曰「三月不違」，於衆人則曰「日月至焉」而已。今學者於「日月至焉」且茫然不知其所謂，況其上者乎。克己工夫要當自日月至焉推而上之，至終食之間，以至造次，至顛沛，一節密一節去，庶幾持養純熟，而三月不違可學而至。不學則已，欲學聖人，則純亦不已，此其進步之階歟。

下學之功誠當如此。其資質之高明者，自應不在此限，但我未之見耳。

「不忮不求，何用不臧？」貧與富交，强則忮，弱則求。人惟中無所養，而後飢渴得以害其心也。故不能自安於貧，而有慕乎彼之富。此心一動，物欲行焉，故雖可已而不已。孟子所謂宮室之美，妻妾之奉，所識窮乏者得我而爲之類，蓋有不可勝窮之私。由是以失其本心，而忌嫉忮害生焉。否則諂曲以求之，而不自知其爲卑污淺陋之甚也。子路之志不牵乎外物之誘，夫子稱之，欲以進其德。惜乎不能充此而上之，至有終身誦之之蔽。不然，簞瓢陋巷之樂當與顔子同之。日用功夫信乎不可遽已也。是如是。

校記　〔一〕勾：原作「勿」，據宋浙本改。

〔二〕章：原作「年」，據宋閩、浙本改。

編年　據書信編年。

朱熹文集編年評注卷五十一

書 知舊門人問答

答董叔重 銖 淳熙十一年以後

示喻日用功夫，更於收拾持守之中，就思慮萌處察其孰是天理，孰是人欲，取此舍彼，以致敬義夾持之功爲佳。讀書亦是如此，先自看大指，却究諸説，一一就自己分上體當出來，庶幾得力耳。易字之説，前累奉報，鄙意但不欲學者切切於此不急之外務耳。必欲與名相稱，則以「叔重」易之，蓋取通書「其重無加焉耳」之義。如何如何？

編年 據書信編年。

答董叔重 淳熙十三年

所論心之存亡得之。前日得正思書，説得終未明了。適答之云：「此心有正而無邪，故存則正，不存則邪。」不知渠看得復如何也。但來喻所謂深體大原而涵養之，則又不必如此。正惟操則自存，動靜始終，不越敬之一字而已。近方見得伊洛拈出此字，真是聖學真的要妙功夫。學者只於此處著實用功，則不患不至聖賢之域矣。

編年　據書信編年。書札彙編繫於紹熙元年。

答董叔重淳熙十四年

書中所喻兩義，比皆改定。大學在德粹處，孟子似已寫去矣。但所疑搜尋急迫之病，恐是用心太過使然。所云發見之端，只平日省覺提撕處便是。只要人就此接續向下推究，令其開闊，即不曾說等待尋討將來做功夫也。今所改者，亦其詞有未瑩，或重複處耳。大意只是如此也。

編年　據書信編年。

答董叔重淳熙十四年以後

所喻數説甚善，更宜加意涵養於日用動靜之間爲佳。不然徒爲空言，無益而有害也。

編年　據書信編年。

答董叔重淳熙十四年以後

「君子務本」一章，集注云：「本猶根也。君子務本，本立而道生，言君子凡事專用力於根本，根本既立，其道自生。如孝弟則是行仁之本，不務乎此，則仁道無自而生也。」銖竊妄謂仁固孝弟之本，有仁而後有孝弟，伊川曰仁是性，孝弟是用。然仁道生也，生莫先於孝弟。蓋其油然内發，至精實而無僞，自然不可已者，莫如愛親從兄之心。故伊川曰，仁主於愛，愛莫大於愛親。愛則仁之施，仁則愛之理也。仁者愛之理，而愛莫大於愛親，故推行仁道，自孝弟始。是乃行仁之根本也。根本既立，則親親而仁民，仁民而愛物，至於廓然大公，無所不愛，而有以全盡其仁道之大，則皆由此本既立而自生生，有不可遏者耳。此所謂本立而道自生也。生者，生生不窮之意，伊川所謂其道充大是也，非無本而漸生之謂。猶之木焉，根本既立，則枝葉生茂而不可已。苟無其本，枝葉安自而生哉。又程子曰，盡得孝弟便是仁，恐在「盡」字上是聖人人倫之至之意。蓋孝弟亦通上下而言，猶忠恕之爲道也。或人謂由孝弟可以至仁，則孝弟與仁是二本矣。妄意揣度如此，乞賜逐一垂誨。

大概且用此意涵泳，久之自見得失。後皆放此。

程子曰：「循物無違謂信。」竊謂物者，事物之物。有是事則循是事而無所違，無是事則不鑿空而爲之説，此與「以實之謂信」意相似。或者謂物者，理也。實循是理而無所違，有反身而誠之意，蓋孟子「有諸己」之説。不知是否？又程子所謂「盡物之謂信」者，銖所未喻。豈盡己之謂忠者，處於己者無不盡，盡物之謂信者，施於物者必以實歟？則必以實施於物者亦無不盡矣。其所謂表裏内外者，蓋惟其存於己者必盡，則其施於物也必實。在己自盡之謂忠，推是忠而行之之謂信。雖然，曾子之三省必亦各致其功，未必恃此而責彼也。乞賜逐一垂誨。

或者之説非是。

程子曰：「公而以人體之故爲仁。」銖昔嘗問此語於先生，先生曰，體猶體物之體，猶易所謂幹事。其意若謂人之生具此形，即有此性，有此性則有此理，與生俱生，完具無欠。只爲蔽於私，所以不行。若能公，則此理便自周流充足，不假於外。此理即所謂仁也，仁者愛之理。故程子曰：「仁之道，只消道一公字。」然伊川又恐人將公便喚作仁，故曰：「公須以人體之。」體猶主也。銖當時雖省記先生是此意，恐記得差誤，乞賜垂誨。

此下數説大概皆近之，更宜涵泳而實履之，不可只如此説過，無益於事也。

「賢賢易色」一章，竊謂上蔡所謂如惡惡臭、如好好色，天下之誠意無以加此。好德如好色，亦可謂好德之至也，此語似甚精。而或者乃謂不若張子韶曰「學所以明人倫也，好德不好色，則夫婦之倫正」，似恐不必推説至此。然上蔡之説與伊川所謂見賢則變易顔色，愈加恭敬，好善而誠也，二説孰精？又子夏之意以謂人能如此，則雖人以爲未嘗學，子夏必以爲已學也。玩其語意，則子夏未嘗不欲人學，然其語不無病，不若夫子所謂「行有餘力則可以學文」者爲有本末先後。故集注特著吴氏之説，所以垂訓者精矣。乞賜垂誨。

當從謝氏説。

「夫子温、良、恭、儉、讓以得之」一章，竊謂程子之意固已明白，謝氏曰：「學者觀於聖人威儀之間，亦可以進德矣。」此語似甚精。而或者乃謂不若張子韶曰：「温、良、恭、儉、讓固不可以不學，要當學聖人之道，以求其自然發見者。若乃矯僞其行，粉飾其容，此又聖門所誅也。」銖竊謂夫子德容至於如是，固有德盛仁熟而其自然之光輝著見於外。學者之學聖人，固不當矯情飾貌，徒見其外而不養其中也。然容色辭氣之間，亦學者所當用功之地而致知力行之原。今不於此等處存養涵蓄，學聖人氣象，不知復於何者爲學聖人之道乎？竊謂學者内外交相養之功，正當熟玩此等，氣象自別。不知是否？又儉，節制也，節制莫是自然有法度繩約之意否？温、良、讓有和易氣象，恭、儉有儼恪氣象，謝氏所謂「泰然如春，儼然如秋」是也。并乞逐一垂誨。

　　如張氏説，則鄉黨篇可廢矣。

「三年無改於父之道」一章，銖自幼年，則見先生與程先生反復論此一段，當時固莫能曉。近來思之，竊謂程子所謂孝子居喪志存守父在之道，不必主事而言者，頗爲的當。請試言其所思而得之者以求教。志者，志趣，其心之所趣者是也。行者，行實，行其志而有成也。父在子不得專於行事，而其志之趣向可知，故觀其志。父没則子可以行其志矣，其行實暴白，故觀其行。然三年之間，疾痛哀慕，其心方皇皇然，望望然，若父之存而庶幾於親之復見，豈忍以爲可以得行己志而遽改以從己志哉。存得此心，則於事有不得不改者，吾迫於公議，不得已而改之，亦無害其爲孝矣。若夫其心自幸，以爲於是可以行己之志，而於前事不如己意者則遂遽改以從己之志，則不孝亦大矣，豈復論其改之當與不當哉。蓋孝子處心，親雖有存没之間，而其心一如父在，不敢自專。况謂之父道，則亦在所當改而可以未改者。三年之間，如白駒過隙，此心尚不能存，而一不如志，率然而改，則孝子之心安在哉。故夫子直指孝子之心，推見至隱，而言不必主事言也。若乃外迫公議，内懷欲改，而方且隱忍遷就，以俟三年而後改焉，則但不失經文而已，大非聖人之意矣。妄論如此，不知稍不畔否？乞賜垂誨。

此説得之。然前輩已嘗有此意矣，更須子細體認，不可只如此説過。

「君子不重則不威」一章，程子曰：「人安重則學堅固。」范氏、游氏推明其説精矣，然味其經文，竊謂恐不若吕氏曰：「學則知類通達，故不至於蔽固。」蓋若作一事説，則曷不曰「君子不重則不威，而學不固」乎？不重則不威，有篤敬意；學則不固，有致知意。學固兼知與行而言，而夫子言之於此，則學又自有專説知意。「主忠信」，竊謂忠信蓋誠實之意。蓋自理而言，則謂之誠實；自人所行而言，則謂之忠信，其實一也。故伊川曰忠信者，以人言之，要之則實理也。「無友不如己者」，程先生以謂上蔡云「與不勝己者友，鈍滯了人」，此語誠是。然人之求友，固不可無此心，而亦不可必也。必欲求勝己者而後友，則勝己者亦不與我友矣。聖人用心不如是。子夏教其門人以擇交之道曰「可者與之，其不可者拒之」，此未爲過也。而子張猶以爲不可，則不勝己者不與之友，聖人氣象恐不如是。楊氏所謂「如己者，合志同方而已，不必勝己也」，似以此言爲當。銖嘗問之曰：「恐如此其弊或至於無責善輔仁之益。」先生曰：「道不同不相爲謀。」然銖思之，終恐未安。蓋味聖人語意，正謂人好與不己若者處，故爲此言以戒之。「無」與「毋」通，禁止之辭。聞之李氏曰：「人皆求勝己者友，則愚與魯幾於無友矣。然世人知與賢己處者常少，而軋己者常多，此學所以不進。有志於學，則不如己者宜非所友。」此意不知近是否？乞賜垂誨。

學則不固，程、范、游説是。毋友不如己者，李説是。

「顔子不改其樂」章，程子嘗曰：「昔受學於周茂叔，每令尋仲尼、顔子樂處所樂何事。」銖豈當躐等妄論及此？但近見一朋友講論次説及此，覺得説入玄妙，且又拘牽於鮮于侁之問，使「顔子樂道則不爲顔子」之説説入空寂去，因試妄意揣度，以謂聖賢所以皇皇汲汲者，正謂欲求得本心而已。苟得其本心以制萬事，則天下之樂何以加此？區區貧窶，豈足以累其心？顔子在陋巷，人不堪憂，而顔子獨樂者，正樂此而已。此與「求仁而得仁，又何怨」之意近似。孟子曰：「君子所性，雖大行不加，窮居不損。」所性，謂所得於性者。君子所得於性分之内，雖大行窮居不爲加損，樂莫大焉。不知如此揣度，不至大段礙理否？乞賜垂誨。

此等處不可强説。且只看顔子如何做功夫，若學得它功夫，便見得它樂處，非思慮之所能及也。

書金縢曰「我之弗辟，我無以告我先王」一段，按馬、鄭氏皆音「辟」爲「避」，其意蓋謂管、蔡流言，成王既疑周公，公乃避居東都二年之久，以待成王之察。及成王遭風雷之變，啓金縢之書，迎公來返，乃攝政，方始東征。所謂「罪人斯得」者，成王得其流言之罪人也。陳少南、吴才老從之，而詆先儒誅辟之説。銖竊謂周公之誅管、蔡與伊尹之放太甲，皆聖人之變。唯二公至誠無愧，正大明白，故行之不疑，未可以淺俗之心窺之也。此「辟」字與蔡仲之命所謂「致辟」之「辟」同，安得以「辟」爲「避」？且使周公委政而去二年之久，不幸成王終不悟，而小人得以乘間而入，則周家之禍可勝言哉！周公是時不知何以告我先王也。觀公之告二公曰：「我之弗辟，我無以告我先王。」其言正大明白，至誠惻怛，則區區嫌疑有所不敢避矣。惟有此心無愧而先王可告也，自潔其身而爲匹夫之諒，周公豈爲之哉。妄意如此，乞賜垂誨。

「辟」字當從古注説。

微子篇曰「詔王子出迪，我舊云刻子」一段，銖於三仁之去就死生，未知其所以當留、當去、當死之切當不可易處。嘗讀微子書，見其所以深憂宗國之將亡，至於成疾爲狂，瞶耄無所置身，其心切矣。然終不言於紂，以庶幾萬一感悟，而遽爲之去，是必有深意者。東坡則曰，箕子在帝乙時，以微子長且賢，欲立之，而帝乙不可，卒立紂。紂忌此兩人，故箕子曰：「子之出，固其道也。我舊所云者害子，子若不出，則我與子皆危矣。」微子之告箕子，若欲與之俱去，然箕子曰：「吾三人者各行其志，自用其心之所安者而已，人各自以其意貢于先王〔一〕。」微子去之，以續先王之國；箕子爲之奴，以全先王之祀；比干以諫而死，爲不負先王也。而林少穎亦從其説，以爲二人處危疑之地，身居嫌隙，不可强諫，徒死又無益，故微子雖欲謀於箕子以救紂之顛隮，然箕子以謂「我興受其敗」，猶言我起而諫，則受其禍。不可以復諫，又不可居位，故微子遁逃以避禍，而箕子隱晦以自存。惟比干不處嫌疑，故强諫而死。三人所處之勢不同，故各行其志，以自達於先王而已。審如是説，則微子、箕子皆未嘗諫，無乃屑屑然避嫌遠禍以苟存乎？唐孔氏曰：「『我興受其敗』者，我適起而受其禍敗，不可逃免。然殷滅之後，我不事異姓，不能與人爲臣僕，示必欲以死諫紂。但箕子之諫，適值紂怒未甚，故得不死耳。微子告二人而獨箕子答者，比干與箕子意同，經省文也。」竊謂孔氏去古未遠，唐孔氏蓋推本安國之意。其言必有所據。

蓋嘗因是妄謂微子以宗國將亡，不勝其憂愁無聊之心，而謀出處於箕子、比干，故箕子爲言「我興受其敗」，不可逃免，當與宗國俱爲存亡。故雖商祀或至淪亡，我亦誓不臣屬他人。蓋將諫紂，紂不聽，亦不敢苟全逃死。而比干無一言者，孔氏所謂心同，不復重言是也。其後比干果以諫死，而箕子乃不死者，比干初心豈欲徒死以沽名哉，所以諫者，庶幾吾言得行而紂改焉耳。紂既不改而言益切，故紂遂殺之，則比干亦不得而逃死耳。箕子初心，亦豈欲隱晦自存，苟全其生哉，亦猶比干之諫，冀吾言得行而紂改焉耳。紂既不改而因之，偶不死耳。紂囚之而不置之死，則箕子豈固欲自經於溝瀆而爲匹夫之諒哉，故因遂佯狂而爲奴，蓋亦未欲即死，庶幾彌縫其失，而冀其萬有一開悟耳。蓋諫行而紂改過者，二子之本心也。諫不行而或死或囚者，二子所遇之不同爾。使紂而囚比干，意比干亦未敢即死也。使紂而殺箕子，箕子敢求全哉。二子易地，則皆然矣。至於箕子爲微子之計，則其意豈不以謂吾二人者皆宗國之臣，利害休戚，事體一同，皆當與社稷俱爲存亡，不可復顧明哲保身之義？然而微子，國之元子也。往者紂未立，吾嘗言於帝乙而立子，帝乙不從而立紂，是以紂卒疑吾兩人。故吾舊所云者足以害於子，若起諫紂，則紂益生疑，非惟不從，害必先及子而并我危矣。死，分也，不足惜，而未有毫髮益於紂而遽死，可惜也。東萊所謂人先有疑心，則雖盡忠與言，而未必不疑。蓋疑心先入而爲之主是也。故微子不可留，但當遁逃而出，乃合於道。又况我與比干既留諫以事紂，則存亡未可知。萬一不死，罔爲人臣僕，此心已堅定，則亦不可使成湯以來廟不血食。况汝爲元子，又居危疑之地，義當逃去，萬有一全宗祀可也。此三子者其制行不同，各出於至誠惻怛之心，無所爲而爲之，故孔子并稱三仁，或以此歟。妄意如此，乞賜諄切垂誨。

此説得之，史記亦説箕子諫而被囚也。

「咸有一德」，竊謂一者，其純一而不雜。德至於純一不雜，所謂至德也。所謂純一不雜者，蓋歸於至當無二之地，無纖毫私意人欲間雜之，猶易之常，中庸之誠也。説者多以「咸有一德」爲君臣同德，「咸有一德」固有同德意，而一非同也，言君臣皆有此一德而已。蘇氏曰：「聖人如天，時殺時生；君子如水，因物賦形。天不違仁，水不失平。惟一故新，惟新故一。一故不流，新故無斁。」此語似是，不知可以作如此看否？乞賜垂誨。

此篇先言常德、庸德，後言一德，則一者，常一之謂。終始惟一，時乃日新。蘇氏説未的當，可更退步，就實做工夫處看。

盤庚言其先王與其群臣之祖父，若有真物在其上，降災降罰，與之周旋從事於日用之間者。銖竊謂此亦大概言理之所在，質諸鬼神而無疑爾〔二〕。而殷俗尚鬼，故以其深信者導之，夫豈亦真有一物耶。乞賜垂誨。

鬼神之理，聖人蓋難言之。謂真有一物固不可，謂非真有一物亦不可。若未能曉然見得，且闕之可也。

銖竊謂書序之作，出於聖人無疑。學者觀書，得其序則思過半矣。班固言書之所起遠矣，至孔子纂時，上斷於堯，下訖於周，凡百篇，而爲之序，言其作意。而林少穎乃謂書序乃歷代史官轉相授受，以書爲之總目者，非孔子所作。今玩其語意，非聖人，其孰能與於此哉。書序言「成湯既没，太甲元年」，玩其語意，則是成湯没而太甲立。「太甲既立，不明，伊尹放諸桐三年」，則是太甲服湯之喪，既不明，伊尹遂使居於湯之墓廬，三年而克終允德也。或者乃曰，孟子曰：「湯崩，太丁未立，外丙二年，仲壬四年。湯没六年而太甲立，太甲服仲壬之喪。」夫服仲壬之喪而廬於乃祖之墓，恐非人情。伊川謂太丁未立而死，外丙方二歲，仲壬方四歲，乃立太丁之子太甲〔三〕。而或者又謂商人以甲乙爲兄弟之名，則丙當爲兄而壬當爲弟。豈有兄二歲，弟乃四歲乎？按皇極經世圖紀年之次，則太甲實繼成湯而立無疑。不知外丙二年、仲壬四年之説當作如何訓釋？乞賜垂誨。

書序恐只是經師所作，然亦無證可考，但决非夫子之言耳。成湯、太甲年次，尤不可考，不必妄爲之説。讀書且求義理，以爲反身自修之具，此等殊非所急也。

西伯戡黎，舊説多指文王，惟陳少南、吕伯恭、薛季隆以爲武王。吴才老亦曰：「乘黎，恐是伐紂時事。」武王未稱王，亦只稱西伯而已。銖按書序言「殷始咎周，周人乘黎」，則殷自此以前未嘗惡周也。殷始有惡周之心，而周又乘襲戡勝近畿之黎國，迫於王都，且見征伐，黎在漢上黨郡壺關。紂都朝歌，上黨在朝歌之西。此祖伊所以恐而奔告於受曰：「天既訖我殷命。」曰「恐」，曰「奔告」，曰「訖我殷命」，則其事勢亦且迫矣，恐非文王時事也。文王率殷之叛國以事紂，而孔子亦稱其三分天下有其二，以服事殷爲至德，所謂「有事君之小心」者，正文王之事，孔子所以謂之至德也。當時征伐雖或有之，未必迫於畿甸。然史記又謂文王伐犬戎、密須，敗耆國。耆即黎也。史記文王得專征伐，故伐之。二説未知孰是？乞賜垂誨。

此等無證據，可且闕之。

服父母之喪而祭祀祖先，當衣何服？與居母喪而見父、居父母喪而見祖父母，其朔旦歲節，上壽爲禮，各衣何服？父母在而遭所生喪，謂所出母〔四〕。不知合衣何服？合與不合設几筵、出聲哭？舅姑俱存，而子婦丁其父母憂，雖合奔喪，然卒哭後必當復歸，恐三年之服自不可改。遇節序變遷，不審可以發哀出聲否？見舅姑及從舅姑以祭，不知所易當何服？乞賜垂誨。

古者居喪，三年不祭。見曾子問。其見祖父母之屬，古人亦有節文，不盡記，然上壽之禮自不合與。所生母喪，禮律亦有明文，更宜詳考。亦當稍避尊者，乃爲安耳。如女已適人，爲父母服期，禮律亦甚明。若有舅姑，難以發哀於其側，從祭但略去華盛之服可也。

孟子曰「反身而誠，樂莫大焉」，恐有「己欲立而立人，己欲達而達人」之意；「强恕而行，求仁莫近」，恐有「能近取譬，可謂仁之方也已」之意。蓋反求諸身而實有此理，如仁義忠孝、應事接物之理，皆實有之，非出於勉强僞爲。到此地位，則是以己及物，不待推矣。未至於此，則須强恕以去己私，求得天理之公，所謂推己及物也。未知是否？

此説非是〔五〕。

校記　〔一〕王：原作「生」，據宋閩、浙本改。此段引語原誤作微子語，據東坡書傳改。

〔二〕神：原缺，據宋浙本補。

〔三〕丁：原作「子」，據宋閩、浙本改。

〔四〕所出母：原作「非出母」，據御纂朱子全書卷三十八改。

〔五〕「孟子曰反身而誠」至此一問一答原缺，據考異别本補。

編年　據書信編年。書札彙編以爲作於慶元四年前後。

答董叔重淳熙十六年以後

人心之體，虚明知覺而已。但知覺從義理上去則爲道心，知覺從利欲上去則爲人心，此人心、道心之别也。所謂利欲如口之於味、目之於色之類，非遽不好，但不從義理上去，則墮於人欲而不自知矣。

亦是。

「中庸」之「中」字，本是指「時中」之「中」而言。然所以能時中者，以其有是不偏倚者爲本，故「中庸」之「中」實兼二義，非如「中和」之「中」專指性也。致中者，如立乎天地四方之中，未感者，無一息之不然；致和者，如處一堂一室之中，隨處得宜，無少乖戾，無時而不然也。或者有疑於「中庸」、「中和」二「中」字不同，故妄論如此，不知於章句意無大悖否？

「無一息之不然」當改云「無一息之少差」。

曾點言志，氣象固是從容灑落，然其所以至此，則亦必嘗有所用力矣。知其所用力處，則知堯舜事業點優爲之。然堯舜事業亦非一事，要必如點用力，則不難爲。但道理自有淺深，所至亦有高下。點資質高，合下見得聖人大本如此，故其平日用力之妙必有超乎事物之外而爲應事物之本者。其視三子規規於事爲之末者，固有間矣。然一事一物亦各有一事一物之理，學者大本功夫固當篤至，亦必循下學上達之序，逐件逐事理會到底，乃能内外縝密，親切不差。點言志甚高而行不掩焉，觀其舍瑟倚門，亦可見矣。蓋道理無纖毫空闕不周滿處，外面纔有罅漏，則於道體爲有虧矣。或謂曾點只是天資見得大頭腦如此，元不曾用力，又謂點已見到如此，天下萬事皆無不了者，恐皆一偏之論也。未知是否？

此條大概近似，而語意不密。且看它見得道理分明、觸處通貫處是個甚底可也。

編年　據書信編年。

答董叔重 紹熙五年以後

或曰：「天地之數五十有五，而大衍之數五十，何也？」銖竊謂天地之所以爲數，不過五而已。五者，數之祖也。蓋參天兩地，三陽而二陰，三、二各陰陽錯而數之，所以爲數五也。是故三其三、三其二而爲老陽、老陰之數，兩其三、一其二而爲少陰之數，兩其二、一其三而爲少陽之數，皆五數也。河圖自天一至地十，積數凡五十有五，而其五十者，皆因五而後得。故五虛中，若無所爲，而實乃五十之所以爲五十也。一得五而成六，二得五而成七，三得五而成八，四得五而成九，五得五而成十。無此定數，則五十者何自來耶？洛書自一五行至九五福，積數凡四十有五，而其四十者，亦皆因五而後得。故五亦虛中，若無所爲，而實乃四十之所以爲四十也。一六共宗而爲太陽之位數，二七共朋而爲少陰之位數，三八成友而爲少陽之位數，四九同道而爲太陰之位數。不得此五數，何以成此四十耶？即是觀之，河圖、洛書皆五居中而爲數宗祖。大衍之數五十者，即此五數衍而乘之，各極其十，則合爲五十也。是故五數散布於外爲五十而爲河圖之數，散布於外爲四十而爲洛書之數，衍而極之爲五十而爲大衍之數，皆自此五數始耳。是以於五行爲土，於五常爲信。水、火、木、金不得土不能各成一氣，仁、義、禮、智不實有之，亦不能各爲一德。此所以爲數之宗，而揲蓍之法必衍而極於五十，以見於用也。不知是否？

此説是。

變者化之漸，化者變之盡。蓋化無痕迹而變有頭面。逐漸消縮以至於無者，化也。陽化爲陰，剛化爲柔〔一〕，暖化爲寒是也。其勢浸長，突然改换者，變也。陰變爲陽，柔變爲剛，寒變爲暖是也。陽化爲陰，是進極而回，故爲退。陰變爲陽，則退極而上，故爲進。故曰變化者，進退之象也。陽化爲陰，陰變爲陽者，變化也。所以變化者，道也。道者，本然之妙，變化者所乘之機。故陰變陽化而道無不在，兩在故不測。故曰：「知變化之道者，其知神之所爲乎。」不審可作如此看否？

亦得之。

陰陽若以推行言之，不過一氣之運而已。所謂一動一静，互爲其根也。以闔闢言之，則有兩物。所謂分陰分陽，兩儀立焉也。既曰陰陽，又曰柔剛者，陰陽以氣言，剛柔則有形質矣。此猶四象之有老少，亦如以子、午、卯、酉分言陰陽也。不知是否？

闔闢與動静無異，易中以對待言者自多，不必引此也。

在天成象，在地成形，變化見矣。變化非因形象而後有也，變化流行非形象則無以見，故因形象而變化之迹可見也。日月星辰，象也；山川動植，形也。象，陽氣所爲；形，陰氣所爲。然陽中有陰，則日星陽也，月辰陰也。陰中有陽，則山陰而川陽。然陰陽又未嘗不相錯而各自爲陰陽，細推之可見矣。不知是否？

亦是。

「乾以易知」與「易則易知」之「知」字不同。「乾以易知」，「知」猶主也，「知」如知郡縣之「知」。蓋乾健不息，惟主於生物，如瓶施水，無他艱阻，故以易知太始也。「易則易知」，言人體乾之易，故白直無艱阻而人易知之也〔一〕。

文義亦得之。

孟子曰：「口之於味也，目之於色也，耳之於聲也，鼻之於臭也，四肢之於安佚也，性也，此「性」字專指氣而言，如「性相近」之「性」。有命焉。此「命」字兼理與氣而言，如「貧賤之安分，富貴之有節」是也。仁之於父子也，義之於君臣也，禮之於賓主也，智之於賢者也，聖人之於天道也，命也，此「命」字專指氣而言，所遇應不應，所造有淺深厚薄清濁之分，皆係乎氣禀也。有性焉。」此「性」字專指理而言，如「天地之性」之「性」。不知可作如此看否？

此說分得好。

中和者，性情之德也。寂感者，此心之體用也。此心存，則寂然時皆未發之中，感通時皆中節之和。心有不存，則寂然者木石而已，大本有所不立也；感通者馳肆而已，達道有所不行也。故夫動静一主於敬，戒謹恐懼而謹之於獨焉，則此心存而所寂感無非性情之德也。不知是否？

亦是。

「極」之爲言究竟至極、不可有加之謂，以狀此理之名義，則舉天下無以加此之稱也。故常在物之中，爲物之的，物無之則無以爲根主而不能以有立。故以爲在中之義則可，而便訓「極」爲中則不可。以有形者論之，則如屋之有脊棟，囷廩之有通天柱，常在此物之中央，四面八方望之以取正，千條萬别本之以有生。禮所謂「民極」，詩所謂「四方之極」，其義一也。未知推説如此是否？

是。

近見一書，名廣川家學，蓋董逌彦遠所爲。所論亦稍正，不知有傳授否？其爲人如何？如曰：「心者，性之所寓也。所貴於養心者，以性之在心也。」又曰：「形之靈者曰魄，氣之神者曰魂。既生魄矣，魄内自有陽氣，氣之神者名之曰魂。附形之靈者，謂初生時耳、目、手、足運動，啼呼爲聲，此則魄之爲靈也。附氣之神者，謂精神性識漸有所知，此則附氣之神也。魂在魄先，附魄以神。」此等説得亦無甚病否？

既生魄，陽曰魂，謂纔有魄便有魂，自初受胞胎時已具足矣，不可言漸有所知，然後爲魂也。董氏有詩解，自謂其論關雎之義暗與程先生合。但其它文澀難曉。集傳中論京師之屬，頗祖其説。又據黄端明行狀説，圍城中作祭酒，嘗以僞楚之命慰諭諸生。它事不能盡知也。

近見曾彦和論「彭蠡既豬」，引漢志豫章九水合于湖漢，東至彭澤入江；禹貢漢水入江而湖漢九水見遏於江北，於是自匯爲彭蠡，則彭蠡之水本受湖漢之水，欲入江而爲江漢所遏，因却而自豬。蓋漢水未入江之前，則彭蠡未豬，故曰東匯澤爲彭蠡，此說自當。但又有曰彭蠡之豬以受其江漢，而不能紬蘇氏味別之說，則非也。又言九江即是洞庭，引漢志沅水、漸水、元水、底水、叙水、酉水、澧水、湘水、資水皆合洞庭中，東入于江，江則過之而已，九水合于洞庭澤，故洞庭亦可名九江。若謂江分九道，則經當曰「九江既道」而不曰「孔殷」，當曰「播爲九江」而不曰「過九江」矣。然林少穎辨其不然，不知洞庭之澤果是受此水之入否。然彭蠡自有源，而非受江漢而成，九江爲洞庭，而不在潯陽南，則無可疑矣。若彦和之於禹貢，雖未盡善，亦考索精詳，勝它人也。

曾彦和說書精博，舊看得不子細，不知其已有此說。但漢志不知湖漢即是彭蠡，而曰源出雩都，至彭蠡入江，此爲大謬，恐彦和亦不能正也。九江之說，今亦只可大概而言。恐當時地入三苗，禹亦不能細考。若論小水，則湖南尚有蒸、瀟之屬，况兼湖北諸水上流，其數不止於九。若實計入湖之水，只是湘、沅、澧之屬三四而已，又不能及九也。漢水未入江之前，彭蠡未豬，此亦未是。江流甚大，漢水入之，未必能有所增益也。大率今人不敢說經文有誤，故如此多方回互耳。

孟子集注「古公亶甫」下注云：「太王，公劉九世孫。」「五世而斬」下注云：「父子相繼爲一世。」按史記自公劉至古公凡十世，今謂九世，豈不數古公己身耶？然按豳詩集傳云：「公劉復修后稷之業，十世而太王徙居岐山之陽。」則疑孟子集注或錯「九」字否？又按明道行狀云：「先生五世而上居中山之博野，高祖始賜第京師。」則高祖，五世祖也，「而上」即爲六世，是通己身數矣。伏乞垂誨。

通數即計己身爲數，曰祖，曰孫，則不當計己身。蓋謂之祖孫，則是指它人而言矣。史傳及今人文字以高祖之父爲五世祖甚多，無可疑也。

校記 〔一〕剛：原與上句「陰」互倒，據正訛乙。

〔二〕白：原作「曰」，據文公易説卷九改。

編年 據書信編年。

答董叔重 淳熙十六年以後

程先生論中庸「鳶飛魚躍」處曰：「與必有事焉而勿正心之意同，活潑潑地。」銖詳先生舊説，蓋謂程子所引「必有事焉」與「活潑潑地」兩語皆是指其實體，而形容其流行發見無所滯礙倚着之意。其曰「必」者，非有人以必之，曰「勿」者，非有人以勿之者，蓋謂有主張是者而實未嘗有所爲耳。今説則謂「必有事焉而勿正心」者乃指此心之存主處，「活潑潑地」云者方是形容天理流行，無所滯礙之妙。蓋以道之體用流行發見雖無間息，然在人而見諸日用者初不外乎此心，故必此心之存，然後方見得其全體呈露，妙用顯行，活潑潑地，略無滯礙耳。所謂「必有事而勿正心」者，若有所事而不爲所累云爾。此存主之要法。蓋必是如此，方得見此理流行無礙耳。銖見得此説似無可疑，而朋友間多主舊説，蓋以程子文義觀之，其曰「與」，曰「同」，而又以「活潑潑地」四字爲注云，則若此兩句皆是形容道體之語。然舊説誠不若今説之實。舊説讀之不精，未免使人眩瞀迷惑。學者能實用力於今説，則於道之體用流行當自有見。然又恐非程子當日之本意，伏乞明賜垂誨。

舊説固好，似涉安排。今説若見得破，則即此須臾之頃，此體便已洞然，不待説盡下句矣。可更猛著精彩，稍似遲慢便蹉過也。

性與氣雖不相離，元不相雜。孟子論性，獨指其不雜者言之，其論情、才亦如此。要必如程、張二先生之説，乃爲備耳。不知是否？

甚善。集注中似已有此意矣。

吕芸閣云：「性一也，流形之分有剛柔昏明者，非性也。有三人焉，皆一目而別乎色。一居乎密室，一居乎帷箔之下，一居乎廣廷之中。三人所見，昏明各異，豈目不同乎，隨其所居，蔽有厚薄爾。」銖竊謂此言分別得性氣甚明，若移此語以喻人物之性亦好。銖頃嘗以日爲喻，以爲大明當天，萬物咸睹，亦此日耳。蔀屋之下，容光必照，亦此日耳。日之全體未嘗有小大，只爲隨其所居而小大不同耳。不知亦可如此諭人物之性否？伏乞指誨。

亦善。

「周霄問君子仕乎」一段，霄意蓋以孟子不見諸侯爲難仕，故舉此問以諷切之。孟子所言，皆告以君子急仕之意。所引「禮曰諸侯耕助以供粢盛」一段，疑指爲貧而仕者言。蓋仕非爲貧也，然有爲貧而仕者，則君子於仕亦可謂急矣。然仕之心未嘗不急，仕之道則不可以急而不由其道也。蓋欲急仕者，君子之仁；不由其道不敢仕者，君子之義。義行則仁存，未有違義而可以爲仁也。大率孟子教人多因人情而制之以義，此所以卓乎非異端之説所能知也。伏乞垂誨。

此章但言不仕無義，未見爲貧而仕之意。

禮曰：「別子爲祖，繼別爲宗，繼禰者爲小宗。有百世不遷之宗，有五世則遷之宗。」竊謂君適長爲世子，繼先君正統。自母弟以下，皆不得宗。其次適爲別子，不得禰其父，則不可宗嗣君，又不可無統屬，故立爲先君之族，大宗之祖，所謂別子爲祖也。其適子繼之，則爲大宗。凡先君所出之子孫皆宗之，百世不遷。故曰大宗者，繼別子之所自出也。呂氏言別子所自出者，謂別子所出之先君也。如魯季友乃桓公別子所自出，故爲桓公一族之大宗。不知是否。百世不遷者，以其統先君之子孫而非統別之子孫也〔一〕。別子之庶長，義不敢禰別子〔二〕，而自爲五世小宗之祖。其適子繼之，則爲小宗。小宗者，繼別子庶子之所自出也。故惟及五世，五世之外則無服。蓋以其統別之子孫而非統先君之子孫也。不知是否？伏乞垂誨。

宗子有公子之宗，有大宗，有小宗。國家之衆子不繼世者〔三〕，若其間有適子，則衆兄弟宗之爲大宗；若皆庶子，則兄弟宗其長者爲小宗。此所謂公子之宗者也。別子即是此衆子既没之後，其適長者各自繼此別子，即是大宗。直下相傳，百世不遷。別子之衆子既没之後，其適長子又宗之，即爲繼禰之小宗。每一易世，高祖廟毁，則同此廟者是爲袒免之親，不復相宗矣。所謂五世而遷也。

孟子集注序説言，史記言孟子受業子思之門人，注云：「趙氏注及孔叢子亦皆云孟子親受業於子思。」銖謂趙岐所注必有所考，孔叢子恐是僞書，似不必引此書。如何？

孔叢子雖僞書，然與趙岐亦未知其孰先後也，姑存亦無害。

史記謂孟子之書孟子自作，趙岐謂其徒所記。今觀七篇文字筆勢如此，決是一手所成，非魯論比也。然其間有如云「孟子道性善，言必稱堯舜」，亦恐是其徒所記，孟子必曾略加删定也。此非甚緊切，以朋友間或有疑此者，嘗以此答之，恐未是也。伏乞垂誨。

或恐是如此。

校記　〔一〕記疑云「別」下疑當有「子」字。

〔二〕敢：原缺，據宋閩、浙本補。

〔三〕家：正譌改作「君」。

編年　據書信編年。

答董叔重〔一〕 紹熙五年以後

參天兩地倚數，天之象圓，圓者，徑一而圍三。叄天者，叄其一也。地之象方，方者，徑一而圍四。兩地者，兩其二也。故叄其一而爲三者，因圓象而有三數也；兩其二而爲四者，因方象而爲四數也。叄天兩地，則爲數者五，故天地之數皆五也。三三爲六〔二〕，則爲老陽、老陰之數；兩其三、一其二，則爲少陰之數；兩其二、一其三，則爲少陽之數。故叄天兩地者，數之祖也。未知是否？

圍四者，以二爲一，故其一陰而爲二〔三〕，故曰叄天兩地。今曰兩其二而爲四，則不得爲叄天兩地矣。天一而圍三，地一而圍四，然天全用而地半用，故叄天爲三而兩地爲二也。今曰二二爲四，非是。

揲蓍之數以四爲主。蓋四者，數之用也。太陽一，少陰二，少陽三，太陰四，其位四也。分揲掛歸必四營也，揲之亦必以四，故皆以四爲主。故老陽三十六，少陰三十二，少陽二十八，太陰二十四，皆四約之也。及其揲也，五四爲奇，五除掛一，四不除掛一，皆爲四者一，所謂奇也。九八爲偶，九除掛一，八不除掛一，則爲四者二，所謂偶也。是皆以四數爲主。不知是否？

四營恐與四揲不相關。

河圖之數，不過一奇一偶相錯而已。故太陽之位即太陰之數，少陰之位即少陽之數，少陽之位即少陰之數，太陰之位即太陽之數。見其迭陰迭陽，陰陽相錯，所以爲生成也。天五地十居中者，地十亦天五之成數。蓋一、二、三、四已含六、七、八、九者，以五乘之故也。蓋數不過五也。洛書之數，因一、二、三、四以對九、八、七、六，其數亦不過十。蓋太陽占第一位，已含太陽之數；少陰占第二位，已含少陰之數；少陽占第三位，已含少陽之數；太陰占第四位，已含太陰之數。雖其陰陽各自爲數，然五數居中，太陽得五而成六，少陰得五而成七，少陽得五而成八，太陰得五而成九，則與河圖一陰一陽相錯而爲生成之數者，亦無以異也。不知可如此看否？啓蒙言其數與位皆三同而二異，三同謂一、三、五，二異謂河圖之二，在洛書則爲九；河圖之四，在洛書則爲七也。蓋一、三、五，陽也；二、四，陰也。陽不可易而陰可易，陽全陰半，陰常從陽也。然七、九特成數之陽，所以成二、四生數之陰，則雖陽而實陰，雖易而實未嘗易也。不知是否？

所論甚當，河圖相錯之説尤佳。

陰陽以氣言，剛柔則有形質可見矣。至仁與義，則又合氣與形而理具焉，然亦□而已矣。蓋陰陽者，陽中之陰陽也。柔剛者，陰中之陰陽也。仁義者，陰陽合氣，剛柔成質，而是理始爲人道之極也。然仁爲陽剛，義爲陰柔，仁主發生，義主收斂，故其分屬如此。或謂揚子雲「君子於仁也柔，於義也剛」，蓋取其相濟而相爲用之意。

仁體剛而用柔，義體柔而用剛。

「艮其背，不獲其身」者，止而止也，所謂「靜而止其所」也。「行其庭，不見其人」者，行而止也，所謂「動而止其所」也。蓋艮之義，止而已。當止而止，止也；當行而行，亦止也。此所謂止其所也。靜而止其所者，是只見道理所當止處，不見己身之有利害禍福也。動而止其所者，只見道理所當行處，不見在人之有强弱貴賤也。古人所以舍生取義、殺身成仁者，不獲其身也。所以不侮鰥寡、不畏强禦者，不見其人也。然惟不獲其身者，乃能不見其人。未有顧己身之利害禍福而能不畏侮於人之强弱貴賤也。故曰動静各止其所，而必以主夫静者爲本焉，所以自源而徂流也。程先生所謂「止於所不見，則無以亂其心，而止乃安」，是又就做工夫上言。猶所謂奸聲亂色不留聰明，淫樂慝禮不接心術之意。此蓋發明所以能止之義，故其彖傳有曰：「相背〔四〕，故不獲其身，不見其人，是以能止也。」此恐言外之意，未必易之本義。不知如此看得否？

「不獲其身」、「不見其人」推説甚善。然亦不專在此，日用精粗蓋無不然也。程先生説自是其所見，如夫子彖傳、文言，未必文王之本意也。

或問孟子言仁必對義，孔子言仁必配智，其不同也。銖妄意謂孟子之言，指偏言一事之仁也。孔子之言，指專言包四者之仁也。然雖偏言，各專一事，而不仁亦無以爲義；雖專言以包四者，而不智亦無以爲仁，其歸亦一而已矣。然孟子亦有專言之者，如「仁，人心」是也。

孔子亦有偏言之者，如「愛人」是也。故羞惡、辭遜、是非者，惻隱之心隨感而應者也；是非之分素明，則惻隱、羞惡、辭遜之發始各得其當而不悖也。故元、亨、利、貞，而不貞亦無以爲元也。未知是否？

此條大概近似，而語意不密。且看他見得道理分明、觸處通貫處是個甚底可也。

校記〔一〕此篇底本差略，今改用宋浙本。

〔二〕爲六：正訛改作「三二」。

〔三〕記疑疑「故」下當有「兩」字。

〔四〕相：原缺，據程頤易傳艮卦補。

編年據書信編年。

答董叔重紹熙三年秋冬間

辱惠問，并以長牋喻及銘墓之意，尤以愧仄。今年多病，異於常時，又以築室遷居之擾，殊無好況。文字本不能作，前後所辭甚多，但以叔重如此見屬，獨不可辭，因留來人。累日不得功夫，此三數日又覺傷冷，時作寒熱，意緒尤不佳。今日小定，方能力疾草定奉寄。又更與允夫訂之，或有疑則見告，可改也。但此間辭人之多，幸且勿廣爲佳。今所作先丈誌文易就，亦因得好行狀，故不費力。數年前有相屬作一大誌銘者，事緒既多，而狀文全類新唐書體，至今整頓不得也。允夫所作令祖墓表尤佳，近歲難得此文也。

編年　據書信編年。

與黄子耕 淳熙十五年以前

祭禮極難處，竊意神主唯長子得奉祀，之官則以自隨，影像則諸子各傳一本自隨無害也。支子之祭，先儒雖有是言，然竟未安。向見范丈兄弟所定，支子當祭，旋設紙榜於位，祭訖而焚之，不得已此或可采用。然禮文品物亦當少損於長子，或但一獻無祝亦可也。

編年　據書信編年。書札彙編置於紹熙五年前後。

答黄子耕 淳熙十五年以前

熹數年來疾病日侵，患難交至，氣血凋瘁，大非往時之比。來日無幾，甚思與四方士友并力切磋，以求無負師傳之託而不可得。每一念之，徒增永嘆而已。子耕近日所用工處頗得力否？向時説得「致知」兩字亦頗散漫，望更思之，復以見諭也。

編年　據書信編年。書札彙編置於紹熙三年。

答黄子耕 淳熙十年

新除甚佳，闕亦不遠否？但聲利海中溺人可畏耳。前書所謂格物主敬者甚善，但主敬方是小學存養之事，未可便謂篤行。須修身齊家以下，乃可謂之篤行耳。日用之間，且更力加持守而體察事理，勿使虛度光陰，乃是爲學表裏之實。近至浙中，見學者工夫議論多靠一邊，殊可慮耳。

編年 據書札彙編。

答黄子耕 淳熙十六年

時事傳聞不一，然亦未知是否。衰病閑散，既無所效其區區，亦不敢深問也。

示諭且看大學，俟見大指，乃及它書，此意甚善。但看時須是更將大段分作小段，字字句句不可容易放過，常時暗誦默思，反覆研究，未上口時須教上口，未通透時須教通透，已通透後便要純熟，直得不思索時此意常在心胸之間〔一〕，驅遣不去，方是此一段了。又换一段看，令如此。數段之後，心安理熟，覺得工夫省力時，便漸得力也。近日看得朋友間病痛尤更親切，都是貪多務廣，匆遽涉獵，所以凡事草率粗淺，本欲多知多能，下稍一事不知，一事不能；本欲速成，反成虛度歲月。但能反此，如前所云，試用歲月之功，當自見其益矣。

至於作無益語，以本心正理揆之，誠是何補於事？但人不作自己功夫，向外馳走，便見得此等事重。若果見得自己分上合做底事千條萬端，有終身勉勉而不能盡者，則亦自當不暇及此矣。

校記 〔一〕得：正訛改作「待」。

編年 據書信編年。

答黄子耕紹熙元年至二年

示喻爲學之意，甚善。但恐更須看令簡潔明白親切，令下功夫處約而易守乃佳耳。别紙兩條亦覺繁雜，本末始終之説，只是要人先其本、後其末，先其始、後其終耳，不必如此多説也。格物只是就一物上窮盡一物之理，致知便只是窮得物理盡後，我之知識亦無不盡處，若推此知識而致之也。此其文義只是如此，纔認得定，便請依此用功。但能格物，則知自至，不是别一事也。

格物致知只是窮理，聖賢欲爲學者説盡曲折，故又立此名字。今人反爲名字所惑，生出重重障礙，添枝接葉，無有了期。要須認取本意，而就中看得許多曲折分明，便依此實下功夫，方見許多名字并皆脱離，而其功夫實處却無欠闕耳。

編年 據書信編年。

答黄子耕紹熙二年

示及疑義，比舊益明潔矣。但尚有繁雜處，且就正經平白玩味，久當自見親切處，自然直截簡易也。正淳、伯豐近皆得書，學皆進益可喜。泉、漳之間，亦得一二學者將來可望，不虚爲此行也。但經界一事恐未有人承當，而豪右不樂，異論蜂起，遂且悠悠耳。在官一年，不能爲民興利，而除害亦未能盡，此爲可恨也。長孺之去甚勇，但曾守解事，何乃至此？昨晚得趙帥書亦云然，甚可怪也。

編年　據書信編年。

答黃子耕 紹熙二年

熹憂悴無憀，無足言者。治葬、結廬二事皆在來年。今且造一小書院，以爲往來幹事休息之處，它時亦可藏書宴坐。然已不勝其勞費，未知來年復如何也。來喻云云，足見講學自修之力，甚慰所望。所謂動上求静，亦只是各止其所，皆中其節，則其動者乃理之當然而不害其本心之正耳。近修大學此章或問頗詳，今謾録去，可以示斯遠也。

或問喜怒憂懼，人心之所不能無也。而曰有是一者，則心不得正而身不可修，何哉？人之心湛然虚明，以爲一身之主者，固其本體。而喜、怒、憂、懼隨感而應者，亦其用之所不能無者也。然必知至意誠，無所私係，然後物之未感，則此心之體寂然不動，如鑑之空，如衡之平；物之既感則其妍媸高下隨物以應，皆因彼之自爾而我無所與。此心之體用所以常得其正而能爲一身之主也。以此而視，其視必明；以此而聽，其聽必聰；以此而食，食必知味，身有不修者哉。苟其胸中一有不誠，則物之未感而四者之私已主於内，事之已至而四者之動常失其節，甚則暴於其氣而反動其心，此所以反覆循環，常失其正而無以主於身也。以無主之身應無窮之物，其不爲「仰面貪看鳥，回頭錯應人」者幾希。孟子所論平旦之氣與先立乎其大者，正謂此耳。

編年 據書信編年。

答黄子耕 紹熙三年四月

熹湘中之行初但以私計不便懇辭，然愚意尚無固必。既而乃有決不可行者，遂至投劾。諸公蓋已厭之，然猶不肯以此爲名，又以病辭，然後得免。世途艱險，乃至如此，本非欲以是爲高也。歸來已一年矣，而卜葬未遂，築室未成。自春來無日不病，見苦脚氣寒熱，伏枕已兩日矣。大抵血氣日衰，雖是舊病，亦如新證，未知能復得幾時也。示諭爲學之意及中庸疑義，皆比舊儘詳密矣。病中看得恐不子細，略疏一二在別紙，餘俟旦夕附便奉報也。

編年 據書信編年。

別紙 紹熙三年四月

所論二先生説中庸以體用言之，甚善。

吕氏詭激之説本亦無病，聖人之道廣大寬平，豈以詭激爲事？但世之狃常習故者借之以成其私，則不可不察耳。不可以此而廢彼也。

吕氏「盡心以知性」，此語有病。「躬行以盡性」，此却得之。蓋孟子言盡其心者，知其性也，則是人之所以能盡其心者，以其能知性故也。大學所謂知至而後意誠是也。

「民受天地之中以生」，是「始生」之「生」，義與「産」字相似。

「忠信所以進德」，此段初只是解「終日乾乾」是「終日對越在天」之義，下文因而説「天」字道理，其間有許多分別。如説「如在其上」，「如在其下」，亦只是實有此理，自然昭著。形而上爲道，形而下爲器。如今事物莫非天理之所在，然一物之中，其可見之形即所謂器，其不可見之理即所謂道。然兩者未嘗相離，故曰道亦器，器亦道。於此見得透徹，則亦豈有今與後、己與人之間哉。

「率性之謂道」，非是人有此性而能率之，乃謂之道，但説自然之理循將去，即是道耳。「道」與「性」字，其實無甚異，但「性」字是渾然全體，「道」字便有條理分別之殊耳。「修道之謂教」，乃是聖人修此道以爲教於天下，如禮樂刑政之類是也。諸説多端，然細考程先生説，其要不過如此。其間亦有説得不相似處，恐是當時論亦未定也。

人心、道心之説甚善。蓋以道心爲主，則人心亦化而爲道心矣。如鄉黨所記飲食衣服本是人心之發，然在聖人分上，則渾是道心也。

編年　據書信編年。

答黄子耕 紹熙四年冬

病中不宜思慮，凡百可且一切放下，專以存心養氣爲務。但加趺静坐，目視鼻端，注心臍腹之下，久自温暖，即漸見功效矣。

編年 據書札彙編。

答黄子耕 紹熙五年五月至七月

熹初意到此即遣人招正淳、伯豐及余正叔，而此間事繁財匱，時論又方擾擾，令人憂懼，不知所以爲計，遂未能及。幸因書爲致此意，徐觀事勢如何，乃敢議此也。

編年 據書信編年。

答黄子耕 慶元四年

兩書皆領，所云云何不安之甚？今日仕宦只是如此，既未免出來，只得忍耐，勉其力之所及而已。日用之間，更看自家分内許多道理甚底是欠闕底，隨處操存，隨處玩索，不妨自有餘樂，何至如此焦躁耶。所聞豈有是事？政使有，便遭貶責，亦是臣子之常分，但恨力不及耳。

編年 據書信編年。

答黄子耕 慶元四年

伏枕月餘，已分必死，自入夏以來，却稍輕減。但今餘證往來〔一〕，頗亦廢事。明年便當七十，據禮而論，亦合衰殘，無足深嘆也。但此道衰微，方賴朋友潛思固守以庶幾於久遠，年來僅得伯豐最爲可望，乃復盛年奄至大故，聞之傷悼不能爲懷，非獨以平日往來游好之情而已。聞其親年高，遭此何以堪處！江西朋友書來，却皆言其子曉事，此則猶爲不幸之幸。欲遣一人持書致奠，并吊其家，而力不能辦。今有書信，不免奉煩爲尋的便附往。若相去不遠，更得專人取其回書以來，尤所望也。所喻職事縷縷備悉，既是出來仕宦，此等自不能免。耗金文字，以目昏未能盡讀，然其大概已可見矣。改秩後，授一湖北、淮南僻縣，優哉悠哉，聊以卒歲，此乃今日最上策也。

校記　〔一〕往：原作「狂」，據宋閩、浙本改。

編年　據書信編年。

答黃子耕慶元四年

兩辱手示，得詳近況，良以爲慰。竟從銓部調遠邑而歸，既無冒進之嫌，又絕矯亢之累，所處甚精，吾黨足以增氣矣。甚幸甚賀！聞湖北深僻，民少事稀，無迎送督促之煩，以優游讀書，此今日仕宦之最佳處。想歲下了却令兄位下一二事，便可行矣。自分寧取道，應亦不遠，但恨相望益遠，衰晚沈痼，無復相見之期，此爲恨耳。伯豐子弟如何？自其云亡，念之不能已。蓋朋友中敏悟未有其比，意其它日可以任傳付之責者，非獨爲游好之私情也。

編年　據書信編年。

答黄子耕 慶元四年

知赴官有期，僻遠之鄉，官事簡少，可以讀書進學。若如此實做得三年功夫，比之奔走塵埃、俯仰應接，殊未爲失計也。來喻更欲於經史中求簡易用功處，此亦别無它巧，只是且將所已學者反復玩味，不厭重複，久之當覺意味愈深遠，理致愈明白耳。此外昔所未學，亦有切於修己治人之實者，更以暇時量力探討，使其表裏精粗通貫浹洽，則於本原之地亦將打成一片，無處不得力矣。有如衰朽，百病交攻，常時氣滿心腹，今日乍寒痛甚，幾不能起。觀此氣象，餘日幾何？然每開卷及與朋友講論，未嘗不覺其有起予之益。况如賢者，春秋尚富，精力尚强，其可不自勉乎。

安仁經界文字，其畫一中所言户部行下者，即是李仲永所行〔一〕。其言本縣措置者，即是當來邑中推廣。其説雖未及一一細觀，然亦可以見其不苟之意。鄉在臨漳，訪問打量算法，得書數種，比此加詳。然鄉民卒乍不能通曉，反成費力。後得一法，只於田段中間先取正方步數，却計其外尖斜屈曲處，約凑成方，却自省事。恨爲私意浮議所摇，不得盡力其間，以見均田平賦之效。今讀所示，尤使人悵然也。

校記　〔一〕永：原作「水」，據宋浙本改。

編年　據書信編年。

答曹立之 淳熙七年春

伊川先生帖摹勒甚精，石已謹具，但工力未至，更旬日亦當可成。或即去此，亦可屬同官畢其事也。范詩無甚發明，不知前輩讀書何故却只如此苟簡？不可曉也。熹近得蜀本吕與叔先生易説，却精約好看。方此傳寫，或未見，當轉寄也。録示陸兄書意甚佳，近大冶萬正淳來訪，亦能言彼講論曲折，大概比舊有間矣。但覺得尚有兼主舊説，以爲隨時立教，不得不然之意。似此意思，却似漸有掩覆不明白處。以故包顯道輩仍主先入，尚以讀書講學爲充塞仁義之禍。此語楊子直在南豐親聞其説。而南軒頃亦云傅夢泉者揚眉瞬目云云，恐不若直截剖判，便令今是昨非平白分明，使學者各洗舊習，以進於日新之功。不宜尚復疑貳秘藏以滋其惑也。旦夕亦有人去臨川，自當作書更扣陸兄也。進賢宰昨日亦得書，論易數條，已據鄙見報之，未知以爲如何耳。

編年　據書信編年、年譜長編。

答曹立之 淳熙七年秋

所録示二書甚善，但所謂不可以一説片言立定門户，則聖賢之教，未嘗不有一定之門户以示衆人。至於逐人分上，各隨其病痛而箴藥之，則又自有曲折。然亦分明直截，無所隱秘回互，令人理會不得也。隨己分修習，隨己見觀書，學者只得如此。其至不至，明道與不明道，則在其人功力淺深，恐亦不可謂此爲雖不中不遠者，而別求顔、曾明道，見古人用心底奇特工夫也。極欲一見渠兄弟，更深究此，而未可得。向許此來，今賤迹既不定，想其聞此旱暵，又未必成來，深以爲恨也。程丈諸説亦有鄙意所未安者，以未參識，不欲劇論。但未知立之見得「宥辟未發」等語如何，若已無疑，即不須論矣。立之所疑太極之説甚當，此恐未易以口舌争也。

輔養人主心術與開陳善道、排抑佞邪，正是相資爲用，不可作兩事看。如公仲之事，則人主本有畏相畏義之心，而近習之智尚淺，故其爲蔽也未深，是以幸而有濟。若使趙侯之歌者先覺其所薦之能害己而有以間之，則公仲者又如何而爲計邪？元祐諸公不能開導君心，固爲有罪，然謂不當斥逐小人，使至相激，則亦未通。但當時施行有過當處，此則不可不監耳。陳太丘亦是不當權位，故可以逶迤亂世而免於小人之禍。若以其道施之朝廷而無所變通，則亦何望其能有益於人之國哉。然此恐亦姑論其理之當然，若熹自爲之，則必有甚於元祐諸公之所爲，而陷於范滂、陽球之禍必矣。氣質一定，不能自易，奈何奈何！

近得程丈文字，論及黍尺制度，此中無人及文字可討論，尚未及報。但告羅進賢，甚蒙其留意，亦以此取怒於府帥，使人不自安也。立之所與趙子直論事甚佳，如熹自度，必不能濟當世之務。然渠輩作此議論見識，亦適可保身，不犯世患耳。其不能濟世，恐亦無以異也。

編年　據書信編年。

答萬正淳淳熙七年以後

心生道之説恐未安。大抵此段是張思叔所記，多以己意文先生之辭，恐不能無小失真也。「繼之者善」，「繼」之爲義，接續之意。言既有此道理，其接續此道理以生萬物者莫非善，而物之成形即各具此理而爲性也。試以此意推之，當得其旨也。

編年　據書信編年。

答萬正淳淳熙七年以後

所論大概只是如此〔一〕，但日用間須有個欛柄，方有執捉，不至走失。若只如此空蕩蕩地，恐無撈摸也。「中」只是應事接物無過不及，中間恰好處，閱理之精，涵養之久，則自然見得矣。

校記　〔一〕論：原作「論」，據宋閩、浙本改。

編年　據書信編年。

答萬正淳慶元三年

人傑昨答伯豐書云：「示及浩氣説，所謂『浩然之氣，集義所生，既與道義渾然而無間，然道義則實助之〔一〕，以達其用。是氣雖生於集，而其充也却能爲道義之助』，此數語發明集注之說甚佳。子約以爲未安，乃是大綱上看得不分明。但上蔡語子約辨之似當。然上蔡本因孟子鄉爲、今爲之言而生血氣盛衰之論，則上蔡之論亦未可專以爲非也。」觀子約之論，誠可見其用功實處。但鄙見竊謂界分有未甚明，故其辨論多疵病〔二〕。不審先生以爲如何？

子約之病，乃賓主不明，非界分不明也。不知論集義所生則義爲主，論配義與道則氣爲主，一向都欲以義爲主，故失之。若如其言，則孟子數語之中兩句已相複矣，天下豈有如此絮底聖賢耶？子約見得道理大段支離，又且固執己見，不能虛心擇善，所論不同處極多，不但此一義也。伯豐說得極分明，朋友間極不易得，因來喻及此，爲之感嘆不能已。然子約之老成質實，今尤難得，但恨未有道理喚得它醒耳。

人傑昨得伯豐書云：「必大向以鳶魚之說請益于紫陽，尚未得報。近得直卿書，與鄙見合。試商榷之，却以見教。」直卿書云：「浴沂一章，終是看不出。喟然而嘆，夫子與點之意深矣。集注云：『日用之間無非天理流行之妙，曾皙有見於此，故欲樂此以終身。』如此却是樂此天理之流行，而於本文曾皙意旨恐不相似。榦竊意恐須是如此，天理方流行，中心斯須不和不樂，則與道不相似，而計較係戀之私入之矣。夫子無意必固我，老者安之，朋友信之，少者懷之，政是此意，直是與天地相似。易曰『貞吉悔亡，憧憧往來，朋從爾思』，夫子傳之曰：『天下何思何慮？』聖人豈教人如死灰槁木，曠蕩其心，徜徉其志也哉〔三〕。張子曰：『湛一性之本，攻取氣之欲。物各付物而無一毫計較係戀之私，則致廣大而極高明，雖堯舜事業，亦不能一毫加益於此矣。』後來邵康節先生全是見得此意思，明道先生詩中亦多此意。此是一大節目，望詳以見教。」人傑竊謂浴沂一章集注甚分明，無可疑者。其説曰：「曾點之學，有以見夫天理本然之全體無時而不發見於日用之間，故其胸中灑落，無所滯礙，而動静之際從容如此。及其言志，則又不過樂此以終身焉，無他作爲之念也。」乃是曾點見得天理之發見，故欲樂此以終身。今直卿所云，固是道理高處，然其本意却謂須是如此，天理方流行，則是先有曾點之所樂，方得天理之流行也。人傑竊恐全體大用未能瞭然於心目間，而欲遽求曾點之所樂，則夫事物未接之時，此心平静，胸中之樂固或有時而發見。然本根不立，憑虛亡實，亦易至消鑠矣。蓋與集注之意未免有差也。伯豐所見與之相合，鄙意却未敢以爲然。伏乞賜教。

集注誠有病語，中間嘗改定，亦未愜意。今復改數句，似頗無病，試更詳之。直卿之説，却是做工夫底事，非曾點所以答「如或知爾，則何以哉」之問也。況論實做工夫，又却只是操之而存是要的處，不在如此曠蕩茫洋無收接處也。甘節吉甫亦來問此事，并以示之。

曾點之學，蓋有以見夫人欲盡處天理渾然，日用之間隨處發見，故其動静之際從容如此。而其言志，則又不過即其所居之位，適其所履之常，而天下之樂無以加焉。用之而行，則雖堯舜事業亦不外此，不待更有所爲也。但夷考其行，或不掩焉，故不免爲狂士。然其視三子者規規於事爲之末，則不可同年而語矣。所以夫子嘆息而深許之。

校記　〔一〕記疑云此句疑有誤。

〔二〕辨論：原倒，據宋閩、浙本乙。

〔三〕志：原缺，據四庫全書本補。

編年 據書信編年。

答萬正淳 慶元四年以後

謝氏曰：「義重於生，則舍生取義；生重於義，則當舍義取生。最要臨時權輕重以取中。」愚謂舍義取生之説未當。所謂生重於義者，義之所當生也。義當生則生，豈謂義與生相對而爲輕重哉。且義而可舍，則雖生無益矣。如此則所爲臨時權輕重者，將反變而爲計較利害之私矣，尚安能取中乎？

此論甚當，故明道先生曰義無對。

楊氏謂高明者中庸之體，中庸者高明之用，恐不可以體用言。

此説亦是。

楊氏解「知者過之」爲極高明，而不知中庸之爲至；解「賢者過之」爲尊德性，而不及道問學，恐未安。極高明而道中庸，尊德性而道問學，是徹上下、貫本末工夫，皆是一貫，無適而非正也。如楊氏之説，則上下本末可離而爲二矣。

大概得之，更宜體味。

游氏引鄒衍談天、公孫龍詭辨爲智者之過，亦未當。若佛老者，知之過也。談天詭辨，不足以爲知者之過。

知者之過非一端，如權謀術數之類亦是。龍、衍乃是誕妄，又不足以及此。

呂云剛而寡欲，故能中立而不倚。夫中立不倚者，湛然在中，無所偏倚而義理全具者也。剛而寡欲，恐不足以言之。引柳下惠之行爲和而不流，夫下惠固聖之和矣，然孟子推其有不恭之弊，則與中庸所謂和而不流者亦異矣。又引「非其君不事，非其民不使」與夫「獨立不懼，遁世無悶」者爲中立而不倚，夫非其君不事，非其民不使，是乃清者之德，豈可便謂之中立不倚哉。獨立不懼，遁世無悶，固是有中庸之德而窮困在下者如此，然專以此事解釋中立不倚之義，則名義非所當矣。蓋獨立不懼，遁世無悶者，以操行言；中立而不倚，以理義言也。

中立不倚亦只是以行言，所引獨立不懼者近之，「不倚」是無所阿附之意。

呂氏解「素隱」爲方鄉乎隱，「素隱行怪」爲未當行而行之，且舉易之「隱而未見」與孟子之論狂者爲證，恐非本意。素隱行怪，乃是無德而隱而爲怪僻之行者爾，意甚分明，何必曲爲之説乎。

呂説未安。

侯氏以夷、齊、下惠爲素隱行怪，恐失之太過。若晨門、荷蕢、沮、溺、莊、列之徒，乃可以當此名。夷、齊、下惠雖未爲中庸之至，然皆大賢事業，恐未易以此名加之也。

亦是。

吕氏説費隱一章固多差舛，然論知與能一段雖非正意，却説得易知簡能確實明白，有所發明。

此不記得，無本可檢。

游氏説多不可曉，但謂其大無外而中無不周，故天下莫能載；其小無間而中無不足，故天下莫能破，此説爲無病耳。然上文本謂君子之道無往而不中〔一〕，則其下「中」字有未當耳。

既曰未當，便不可謂之無病。

程子曰：「『我不欲人之加諸我也，吾亦欲無加諸人。』中庸曰『施諸己而不願，亦勿施於人』，正解此兩句。」恐是一時問答之語，當以論語解仁恕之别爲正。

是。

或問稱吕氏一本語尤詳實，深可玩味，未見有可玩味處。謂道雖本於天而行之者在人，非此章之正意。忠恕不可謂之道，而道非忠恕不行，此所以言違道不遠，其意亦恐未安。觀程子降一等之説與掠下教人之説，斯可見矣。其論四者未能之説，則曰：「盡人倫之至，通乎神明，光于四海，有性焉，君子不謂之命，則雖聖人亦自謂未能。」夫以盡人倫之至而自謂未能猶可也，通神明而光四海，奚暇遽論及此哉？今觀吕氏論四者未能之説亦有意，恐未容輕議。

吕氏説恐亦不得此句之讀，更試考之。

游氏引「其則不遠」爲盡己之忠，不以道責人而以人治人，取其「改而止」爲盡物之恕，似乎其語未當。楊氏説「以人治人，仁之也，伊尹以斯道覺斯民是也」，恐不當其義。今觀楊氏説亦有可取。

宛轉説來亦可通，但恐不必如此説，枉費言語。

張子謂君子之道天地不能覆載，恐失之太高。子思雖云天下莫能載，復云天下莫能破，大小兼該可也。戾天躍淵，亦以範圍之内言之。今言天地莫能覆載，則過矣。亦是。

謝氏説：「致生之故其鬼神，致死之故其鬼不神，何也？人以爲神則神，人以爲不神則不神矣。」按夫子致生致死之説，本爲明器發也。以致死之爲不仁，故必有是明器；以致生之爲不智，故爲是明器而不可用。故曰神明之也。謝氏之意則與此不同矣。又其説主乎致生，故謂人以爲神則神。如此則所謂鬼神者，其有無專係乎人心而已，無乃似流於作用是性之失乎。又曰：「以爲有亦不可，以爲無亦不可，這裏有妙理。」又曰：「自家要有便有，要無便無。」皆是此意。

記得論語説中似有「當生者使人致生之，當死者使人致死之」，此却有理。謝氏論語説曰：「陰陽交而有神，形氣離而有鬼。知此者爲智，事此者爲仁。推仁智之合者可以制祀典。祀典之意，可者，使人格之，不使人致死之。不可者，使人遠之，不使人致生之。致生之故其鬼神，致死之故其鬼不神。則鬼神之情狀，豈不昭昭乎。」

侯氏曰：「消息盈虚，往來神明，皆是理也。吉凶悔吝，剛柔變化，皆是物也。」恐難分明。愚謂是數者皆物也，而有理存焉。又曰：「以陰陽言之則曰道，以乾坤言之則曰易，貫通乎上下則曰誠。」夫道非陰陽也，所以一陰一陽者，道也，程子固言之矣。繫辭止曰乾坤其易之門，易之藴，而謂易爲乾坤，則非也。且既以貫通上下爲誠矣，而又曰「總攝天地，斡旋造化，動役鬼神，闔闢乾坤，萬物由之以生死，日月由之以晦明者，誠也」，則是誠者乃一作用之物，有似乎陰符經之云者，而不可謂之貫通上下矣。既以鬼神爲形而下者而非誠矣，又曰「誠無内外，無幽明，故可格而不可度射」，審如此説，則詩當云「誠之格思」，而不當言「神之格思」也。凡此自相矛盾，有不可曉者，不審如何？

看得是。

顔雖夭而不亡者存，或問以爲侯氏之説，而集解繫之楊氏説後，孰爲誤也？

似是楊氏、侯氏皆有此語。更考之，若無，即是誤也。

吕氏、楊氏引三年之喪，皆有爲妻之文。按夫爲妻服，齊衰杖期。而左氏傳昭公十五年王太子壽卒、王穆后崩，晉叔向曰：「王一歲而有三年之喪二焉。」杜氏注云：「天子絕期，惟服三年。故后雖期，通謂之三年喪。」審此則是天子之后母儀天下，后之喪，天子可以絕期而不服，故服其喪而通謂之三年也。據經文既曰「三年之喪，達乎天子」，又曰「父母之喪，無貴賤一也」，則是三年之喪有爲長子、爲妻與嫡孫爲祖，故別乎父母之喪也。所謂達乎天子，則是三年之喪亦有通乎上下者矣。今律文與温公書儀皆無爲妻之文，獨吕氏、楊氏引叔向之說，而呂氏之說有可疑者。呂氏之說曰：「三年之喪達乎天子者，三年之喪爲父，爲母，適孫爲祖，爲長子，爲妻而已。天子達乎庶人一也。」似與今文本旨與今律文、書儀皆不同。蓋經文分三年之喪與父母之喪，而呂氏則合之；律文、書儀載夫爲妻杖期，而呂氏則皆以爲三年也。楊氏之說曰：「三年之喪爲長子，爲妻，與嫡孫爲祖，故王太子壽卒，穆后崩，而叔向云云。蓋天子爲子、爲妻，通謂之三年之喪也。故曰三年之喪達乎天子，父母之喪則自天子至於庶人，無貴賤一也。」信如楊氏之說，則與經之本文無戾，而與叔向、杜預之言皆合矣。愚謂三年之喪〔二〕，爲長子與嫡孫爲祖三年者〔三〕，主當爲後者言之。爲妻三年者，主天子絕期而言之也。蓋在大夫士庶之長子、長孫，有當爲後者，有不當爲後者，故有服三年與不服三年之別。妻之喪則自大夫以下皆服期，故是三年者惟天子皆服之，故曰達乎天子也。

恐三年之喪只是指父母之喪而言。下文「父母之喪無貴賤一也」，便是解所以達乎天子之意，與孟子答滕文公語亦相類。

游氏「至貴在我，至富在我，至願在我，生生在我」之說，恐非聖人意思。

此等皆衍說。

集注曰：「仁者心之德，愛之理也。」其言之不一，何耶？蓋仁有偏言者，有專言者。專言者，心之德也。程子、西銘之意是也。偏言者，愛之理也。愛之所施，則親親、仁民、愛物是也。

固是如此。然心之德即愛之理，非二物也。但所從言之異耳。

所謂道者，君臣、父子、夫婦、昆弟、朋友之交是也。所謂德者，智、仁、勇三者是也。此聖人之所謂達道達德，天下公共之理也。此外更無他道。後世學者惑於異端，求玄求妙，窮高極遠，而不知道果在此而不在彼也。孔子曰：「君子之道四，丘未能一焉。」「君子道者三，我無能焉。」聖人非果不能也，亦非姑爲自謙之辭也，蓋欲學者知道之極致不在他求，而人倫之至即斯道之所在也。

呂氏曰：「所謂道者，合天、地、人而言之。所謂人者，合天、地之中而言之。」夫道固所以合天、地、人而言，然方論修身以道，則不必遽及於此也。孟子論仁，只説「仁，人心也」，「惻隱之心，人皆有之」，則「仁者，人也」之意自是分明。今曰合天地之中所謂仁者而言，則似謂一人不足以爲仁，必合天下之人而後足以爲仁也。是其爲言大而無當，不若「人皆有之」等語爲明白切要而詳盡也。

以上二段皆當。

呂氏以知所以治人爲聞一以知二，知所以治天下國家爲聞一以知十，恐未安。夫治人、治天下國家，猶曰安人、安百姓云爾，皆修身之效也。聞一知二與聞一知十，自是分量不同，皆窮理修身之事，豈可引爲比也。

此等處不必深辨。

楊氏曰：「力行則能推其所爲，故近仁。」楊氏之意，蓋指孟子「强恕仁莫近」之意，而謂推其所爲乃恕之事，故引之以解近仁也。夫推其所爲，正古人所以大過人之事。以其猶待乎推，所以未遽可謂之仁。今楊氏舉此以解力行近仁之説，似不爲過。而或問謂其不可曉，何也？

如此則仁字只就愛上説了。

楊氏論誠身一節，失之輕易。其論誠，則曰：「非自外得，反求諸身。」而不知不明乎善，則心不可得而誠。論不誠，則曰：「豈知一不誠，他日舟中之人皆是爲敵國。」而不知所謂不誠亦儘有淺深也。又引莊周鷗鳥之説而曰：「忘機則非其類可親。」則其所以説誠身者益差矣。又曰：「反身而至於誠，則利仁者不足道也。」夫反身而至於誠，正利仁之事。若安仁者，則不待於反，亦不待乎至於誠而自誠矣。

鷗鳥以下所論得之。

或問謂「隱之見，微之顯，實之存亡而不可掩者也」，「存亡」字有誤否？

心廣體胖，實之存也。如見肺肝，實之亡也。此當時立文之本意。然語誠有病，當改之耳。

謝氏曰：「誠是無虧欠，忠是實有之理，忠近於誠。」正倒説著，忠是無虧欠，誠是實有之理。蓋盡己之謂忠，一有不盡，是有虧欠也。以其自盡者言之，則謂之忠；以其實有者言之，則謂之誠。謂忠近於誠，亦非也。又曰：「有我不能窮理，人誰識真我？何者爲我？理便是我。」其言過高而且怪。理者，天下之公，認之爲我，則驕吝益肆矣。

得之。

章句中解致曲一段，乃是程子之説。然一曲之誠至於則形則著則明者，是一曲之誠充擴發見而至於無所不誠，故能變化否？而章句與程子之説但稱一曲之誠著見光輝，而所謂誠能動物，止一曲之誠耶？將無所不誠而能動物耶？若張子以明爲餘善兼照，楊氏以明爲無物不誠，豈疑此而爲説也？故楊氏曰：「曲能有誠，誠在一曲也。明則誠矣，無物不誠也。」竊疑楊氏之説不爲無理。

此章所言正是一曲之誠，然致曲者固無曲之不致也。經雖不言，意自可見。張、楊之説恐未爲得，不若程子之言爲當。

呂氏曰：「學不厭，所以致吾知；教不倦，所以廣吾愛，自入德而言也。」亦恐未安。子貢之論學不厭、教不倦爲仁智，正所以形容夫子之聖，自是成德事，豈可以入德言之乎。

得之。

楊氏曰：「大學一篇，聖學之門户，其取道甚徑。」夫聖人之道自有等級，由其所造之地如何耳，非可以徑取也。

甚徑亦言其平直而無回曲耳。

呂氏曰：「誠與神交感，則同心者無不應。德與氣同運，則同類者無不化。」蓋誠者德之至實，神者氣之至妙。誠與神以其精者言之，故曰交感則同心者無不應。德與氣以其統體言之，故曰同運則同類者無不化。

呂說恐亦未可以爲至論。

謝氏謂「帝是天之作用處」，自然之理恐不可以作用言。如程氏謂以主宰謂之帝，則善於形容者也。

得之。

楊氏曰：「無息者誠之體，不息所以體誠也。」非也。無妄者誠之體，不息者誠之所爲也。

得之。

「尊德性而道問學，致廣大而盡精微，極高明而道中庸」，程子只解極高明而道中庸，非謂二事〔四〕。中庸，天理也。天理固高明，不極乎高明不足以道中庸。豈以極乎高明者是乃中庸之道，非別有高明也？又曰：「理則極高明，行之只是中庸。」以此而例上二句，則意皆明矣。然此乃兼費隱、貫上下之極至者言之，須得張子逐句一義一段之說，其義始備。其曰尊德性須是將前言往行、所聞所知以參驗，恐行有錯；致廣大須盡精微，不得鹵莽；極高明須道中庸之道，互相發明，斯無餘蘊矣。

今觀或問之説，乃謂呂氏因張子之意，須更以謝、楊二說足之，其義始備。愚謂三子之說皆非中庸之正意，謂之各是一說可也。

吕氏曰：「雖有問學，不尊吾自得之性，則問學失其道。雖有精微之理，不致廣大，則精微不足以自信。雖有中庸之德，不極高明以行之，則同污合俗。」今未暇辨乎其他，所謂雖有中庸之德，不極高明以行之，則同污合俗，則是高明、中庸自是兩事，不相關涉，不能極乎高明，則道中庸者乃同污合俗耳。豈有同污合俗而尚可謂之中庸乎？豈有同污合俗之中庸必極高明以行之而復異乎？此乃緣文立義，而未究程、張之指與夫此章之正意也。且既以德性、廣大、高明皆至德，問學、中庸、精微皆至道，其言雖不能無失，而其意則不害其爲兼舉全體。今曰失道與同污合俗之云，則至德果如是乎？又以道之在我、道之全體、道之上達分始、中、終之序，而謂不先立乎此〔五〕、充乎此、止乎此之類者，其失同出一轍，今不暇復辨也。游、楊之說，皆以先後循序而言，則亦恐非正意，特其解經之一說爾。大抵此五句之義乃是聖賢竭其兩端之教，不容偏廢，或偏於一，則必陷於異端曲學而不足以知道學之全。然而學者之病往往多欲進於德性、廣大、高明之域，而於所謂問學、精微、中庸者不留意，或爲之而不知盡其義、極其至焉，則其所謂德性、廣大、高明者，是烏足以爲德性、廣大、高明哉。程、張之說深得乎此，而吕氏之說之意，則所重者在德性、廣大、高明，所輕者在問學、精微、中庸，則正與張子之說相反，豈得爲因其意乎？

楊氏又以温故知新爲道問學之事，敦厚崇禮爲道中庸之事，亦恐失之遷就。本文之意，蓋謂温故者多不知新，敦厚者少能崇禮，與上三句相類耳。若必遷就其說，則温故知新亦可以爲盡精微，而敦厚崇禮亦可以爲尊德性矣。又曰：「道中庸而不極乎高明，則愚不肖者之不及。」則是凡愚不肖皆可以道中庸乎？比呂氏則甚焉者也。侯氏之説尤無倫次，既以禮爲道之物，其名禮者既失之矣，又以和而至合，内外以和行，使萬物各當其分謂之禮，禮各有其物謂之義，則言禮又不經矣。繼之曰：「統而言之則曰道，分而言之，則仁者見之謂之仁，智者見之謂之智，學禮者見之則謂之禮可也。」先後不倫，輕重失當，果何爲哉。特其辨楊氏「道非禮不止」之言之失，則似可取耳。其它至德至道之説，求仁上達之説〔六〕，文義皆失之矣。

此段未安。

二十九章三重之説，程子言之，侯氏述焉。程子所謂此與春秋正相合者，意尤親切，而侯氏所以發明者，亦詳備而可觀。通乎此，則一章之義首尾通貫，意脉接續，深有餘味。且又承上章夫子所言三代之禮，則三重爲三王之禮所重之事亦可信矣。若如章句所從呂氏之説，固亦可通，但意味不如程子之長，且一章文意斷續。如所謂上焉者指夏、商，下焉者指孔子，則是非惟夏、商之禮全不可用，而孔子之善亦無所施。然則夏時商輅與夫春秋之作謂之何哉。若謂其不必如此説，則下文繼之以「故君子之道」，是上焉下焉皆不可用明矣。章句、或問考究推明，其必不苟。幸明辨而明告之。

更思。

侯氏舉明道「堯舜事業如太虛中浮雲」之説以解「故曰配天」一段，其引據已不親切。繼之曰：「尚可得而言也。若夫至誠，又非特如天如淵，配天而已。」却是發至聖不如至誠，豈有此理？

至聖至誠，非有優劣。然「聖」字是從外說，「誠」字是從裏說。

吕氏說「以中立大本，以庸正大經」以下，恐皆未安。姑辨此二句。大本即中也，大經即庸也。經綸大經，立大本，即是盡此中庸之道。若謂以中而立大本，以庸而正大經，則中與大本、庸與大經皆二物也。至謂大經之正，親親、長長、貴貴、尊賢，又發明紛揉會同、更相爲用處儘有功。然而不若只論君臣、父子、夫婦、兄弟、朋友五者爲尤盡大經之義也。

得之。

楊氏曰：「大經，天理也。惇典敷教，所以經綸之也。大本，中也。建其有極，所以立之也。化育，和也，窮神而後知之也。」惇典敷教，即是經綸大經，即是天理，非惇典敷教之外別有天理爲大經也。建其有極，固與立大本之義不同，然所謂建其有極，所以立大本，莫却無病否？以化育爲和，則其失明矣。自「聖人人倫之至」以下，與侯氏之失同而又甚焉。

惇敷是經綸，典教是大經，建是立，極是本。

侯氏「誠則經綸之」以下，其失與吕氏言「以中立大本」者同。蓋本文之意謂惟天下至誠者固能如此，非是以誠去立之知之也。

「知遠之近，知風之自，知微之顯」，乃承上文「尚絅」之意，起下文「不愧屋漏」與慎獨之端。蓋道雖無所不備，而其所以不可離者實在於戒謹恐懼之際。惟君子不愧屋漏，是所謂知遠之近，知風之自也。隱微之間，雖人所忽，而理之善惡則顯然著見。惟君子必慎其獨，是所謂知微之顯也。然而言戒謹恐懼之意，則以知遠知風言之，謹獨則止以知微言之，何也？蓋遠之近者，以事物而言，則其理未嘗不具於吾心；風之自者，以人倫而言，則其用未嘗不本於吾心，故言之也詳。言微則隱在其中，故言之也略。今觀章句之釋，所謂「著乎外者本乎内，有諸内者形諸外」，發明三知之義固已明白。若更以愚意參之，則上下語脉愈益通貫精密矣。不審如何？吕氏卒章之説綱目不明，誠如或問之所論者。至於以「天何言哉」以下爲不待言動而人敬信，則屬之「不愧屋漏」之下者，非惟失其文意，愈錯亂而不備矣。如忘法度、忘言動、德之、聲色之者，尤過高而無實，與其他慤實自得之言若相背馳，不可曉矣。

以上皆得之。

校記　〔一〕謂：原作「爲」，據宋閩、浙本改。

〔二〕年：原作「者」，據正訛改。

〔三〕三：原作「二」，據宋浙本改。

〔四〕非：原作「所」，據中庸輯略卷下改。

〔五〕立：原缺，據宋閩本、四庫全書本補。

〔六〕説：原缺，據宋浙本補。

編年　據書信編年。書札彙編與下篇皆繫於淳熙十六年。

答萬正淳慶元四年以後

人傑去歲嘗讀中庸，妄意辨析先儒之説，今春録以求教矣。間在鄱陽，有一朋友舉或問二十七章之説來言曰：「先生以德性、廣大、高明、故與厚者爲道之大，以問學、精微、中庸、新與禮者爲道之小，何也？」人傑始而疑之，因檢章句、或問研究是説，忽悟其旨。蓋此章首言「大哉，聖人之道！洋洋乎發育萬物，峻極于天」，則道之極於至大而無外者也。「優優大哉，禮儀三百，威儀三千」，則道之入於至小而無間者也。大小兼該，本末不遺，行之者其在人乎。繼之以「故曰苟不至德，至道不凝焉」，誠謂道之所以極於至大至小而莫不具舉而無遺者，必待至德之人以行之也。夫既論其必至德然後可以行至道之意矣，而其指示學者所以進於是道先生改作「修是德」。之工夫，則又不可不詳言之，於是又繼之曰：「故君子尊德性而道問學，致廣大而盡精微，極高明而道中庸，温故而知新，敦厚以崇禮。」所以示學者之於此道不可徒志其大而遺其小，得其本而遺其末，馳意於高遠而不求夫致知力行之實也。知乎此，則横渠之説與夫吕氏、游、楊之説皆所以發明此理，而人傑前日之疑是乃見理不明，妄議之也。吕氏、游、楊有未安處，或問既言之矣。若楊氏又以温故知新爲道問學之事，敦厚崇禮爲道中庸之事，則恐不必如此説，以害正意耳。侯氏以禮爲道之物，不知道之理果何謂也。至其辨楊氏道非禮不止之言之失，却似可取。謹復具此以求教，不知先生以爲如何？

此説得之，但「進於是道」者未安。

編年　據書信編年。

答萬正淳 慶元四年以後

通書謹獨章：「動而正曰道，用而和曰德。匪仁、匪義、匪禮、匪智、匪信，悉邪也。」以太極圖配之，五常配五行，則道德配陰陽，德陰而道陽也。

亦有此理。

今士大夫家喪服有稍從禮制者，止留意於男子之服。若婦人之服，止是因仍時服。按禮記檀弓「婦人不葛帶」章注云：「婦人重要而質，不變所重。」然則婦人喪服衣裳相連，如深衣形製，而用麻爲帶約之。至期除去，只散其要也。又云：「卒哭直變絰而已。絰，首絰也。」按喪服小記正義云，婦人有三髽，一是斬衰髽，二是齊衰布髽。今云變首絰，是變麻爲葛也。不知婦人之首絰是髽之外別有首絰，如男子之首絰，或髽之用麻用布者即是否？若髽之用麻用布者即是絰，則麻可變而爲葛，若布變爲葛，則反重矣。乞詳以見教。

麻髽布髽恐是以此二物括髮而爲髻，其絰則自加於髽上，非一物也。當暑目昏，不暇檢閲，可更詳之。

古者一世自爲一廟，後世同堂異室，是一室之中夫婦相配也。若祫祭之位，則太祖與妣皆東向；昭之位次，則高祖西而妣東，祖西而妣東，皆南向；穆之位次，則曾祖西而妣東，禰西而妣東，皆北向，亦是夫婦相配。今按喪有祔祭，必以昭穆。蓋卒哭而祔，既行禮畢，復迎所祔神主於几筵，以終喪制。至祔廟時，却有當遷之祖，而所祔神主自爲一世。但父在母亡，未可祧遷，恐須別爲一處以祭其母也。又按喪小記云：「婦祔於祖姑。祖姑有三人，則祔於親者。」恐亦是卒哭之祔。若親者是妾祖姑，婦却是適婦，妾祖姑祭於孫止，婦乃傳重入廟者，豈可以混於彼乎？

凡喪，父在父爲主。母或先亡，父自祔之祖母之室，歲時祭之東廂。父死，乃隨之以入廟耳。嫡婦祔於妾祖姑，誠似未安。然未有考，則不得已且從「祔於親者」之文，蓋捨此杜撰不得也。

喪小記「妾祔於妾祖姑」正義云：「妾母不世祭於孫，否則妾無廟。」春秋考仲子之宮，胡氏云：「孟子入惠公之廟，仲子無祭享之所。」審如是，則天子之元后、諸侯之元妃，雖曰無子，必當配食於廟，而其他或繼室，或媵妾，雖曰有子而即天子諸侯之位者，皆當爲壇於廟而別祭之。至大祫則祔于正嫡而祭。所謂「諸侯不再娶，於禮無二嫡」之說，可通於天子也。不審如何？

妾母不世祭，則永無妾祖姑矣。向竇文卿亦嘗問此，無以答之。今恐疏義之説或未可從也。爲壇之説，恐亦未安。祔嫡而祫，妾并坐，尤爲未便。恐於禮或容有別廟，但未有考耳。

命士以上父子異宫，是同處而各有室廬否？

古人宫室之制，前有門，中有堂，後有寢，凡爲屋三重，而通以墻圍之，謂之宫。以理言之，父子固當同處。然所居之左右前後或是他人之居，不可展拓，不知又如何得同處。此等事古今異宜，不可得而考也。

「宋公、陳侯、蔡人、衛人伐鄭」，「衛人殺州吁于濮」，「衛人立晋」，三稱衛人，是非不相掩也，直書而義自見矣。滕侯於隱公時書「卒」，書「來朝」，至桓公二年以後終春秋之世，止稱「滕子」，胡氏以爲因其朝威降而稱「子」。果如是説，則桓公之世貶之足矣，自是稱子而不侯，無乃非「惡惡止其身」之義乎？

沙隨程丈此説甚精，曾見之否？

「胥命于蒲」，三傳、荀卿及胡氏皆有取齊、衛二侯之説，而或者以謂二侯不由王命，相推戴命爲方伯，故春秋變文以譏之也。愚謂若如或者之説，則於文義爲順，恐合經意。彼春秋諸侯私相要誓，誠爲可罪，然其私相會聚，交政中國，雖曰不盟，亦未見其有可取也。彼所謂「相命而信諭，謹言而退」，凡交際之間有投合者，大率皆然，又何足以爲異而必變文深許之乎。况齊僖、衛宣行事載於春秋，誠舉一端〔一〕，如紀會桃丘等事，莫非傾險之習，則其相命之際，不知果何所命乎？不要其相命之公私而概以相命爲可取，愚未敢深信。

史記書「齊、衛會于徐州以相王」，似或者胥命之説。

「夫人姜氏薨于夷，齊人以歸」，恐當從左氏閔公二年之傳。胡氏謂齊人歸者，以其喪歸于魯也。書曰「以歸」，何以決知其以喪歸于魯乎？且七月齊人以喪歸魯，而十有二月其喪方至，豈若是其遲遲乎。

凡書「以歸」，皆爲以之而歸其國，如戎伐凡伯之類。

滕侯自桓公以後稱「子」，杞侯自莊公以後稱「伯」，又僖二十三年卒而書「子」，二十七年朝而書「子」，後又稱「伯」，竊意當時小國朝會於大國，從其爵之大小以納其貢之多少，故子產爭承於平丘之會，以謂鄭伯男也，而使從公侯之貢。吴、晋黄池之會，吴人將以公見晋侯，子服何以謂「敝邑之職貢於吴，有豐於晋，今將以寡君見晋君〔二〕，敝邑將改職貢。若爲子男，則將半邾以屬於吴，而如邾以事晋」？由此觀之，則當時公侯之國以其職貢之不共而自貶其爵者多矣。

沙隨説正如此。

侵曹伐衛，再稱晋侯，先生側邊批云：「此正是晋文譎處。」恐非貶辭。蓋圍宋之役，二國雖不與，而其從楚則一也。晋文不先加兵於陳、蔡、鄭、許，而先侵曹伐衛，或是當時事勢有未可者。豈有楚人暴横，諸侯皆南向從楚，而得一諸侯用兵以張中國之威，春秋遂遽貶之乎？先生側批云：「康節論五霸功罪之意得之。」今以楚人救衛爲善楚貶晋，而成凡書「救」者，未有不善之例，則文公九年「楚人伐鄭，公子遂會晋人、宋人、衛人、許人救鄭」爲罪趙盾，何也？既罪趙盾，何以又書「救」乎？學春秋者固不可執定例以害大義也。至於下書「執曹伯畀宋人」，「衛侯出奔，復歸與元咺」等事，則晉侯無所逃責矣。

有難言者。

楚子虔誘蔡侯般殺之于申，利其國而誘殺之也，故名。胡氏謂蔡般弒君，與諸侯通會盟十有三年矣。楚子若以大義唱天下，奉詞致討其弒父弒君之罪，謀於蔡衆，置君而去，雖古之征暴亂者不越此矣。愚謂諸侯與通會盟者，楚子爲之會主也。以弒君之賊會弒君之賊，同惡相求，非惟不能討其罪，亦不敢討其罪矣。今欲圖其國而殺之，惡人之常態也，是烏可於十有一年之後責楚子以唱大義以討般？楚子未暇治也，而又責其討般，典刑紊矣。

甚善。

「舜、孔子，先天者也。先天而天弗違，志壹之動氣也。伏羲氏，後天者也。後天而奉天時，氣壹之動志也。」此數語恐未安。伏羲是闡三才之理，舜、孔子是感和氣之應，其引先天、後天之説，固爲失之。引孟子志氣之論，尤失其旨。其後又言「聖人之心，感物而動」，辭意亦差，皆以作用觀聖人之失也。

胡氏此章似無病，更宜詳味。但不知文成致麟果然否耳。

極高明而道中庸，中庸雖是常行之道，然其德之至則極乎高明。高明猶言上達也，中庸猶言下學也。

極高明而道中庸，若如來喻，即是上達而下學，成何道理？此處且當虛心熟玩本文之意，參以章句之説，便見日用工夫的確處，不須容易立説也。

有氣稟之惡，有陷溺之惡，然皆當復之以爲善。明道所謂「有流而未遠已漸濁，有出而甚遠方始濁」，却是説陷溺之惡。陷溺之惡，比比皆是；氣稟之惡，則如子越椒之類，不常有也。氣稟之性猶物之有萬殊，天命之性則一也。

氣稟物欲之陷溺，此不必論其常有不常有，但當致其澄治之功耳。

吕氏説率性之謂道一段，如禮謂差等節文與夫喪服異等、儀章異制，大意與修道之謂教相似。

吕氏意却在無所憾、莫敢争處見得率性是道也。

侯氏引告子「生之謂性」以解率性，却只是説得氣質之性。而所謂率性者，不專主乎氣質也，如曰物之自有也。草木之不齊，飛走之異稟，然而動者動，植者植，天機自完，豈非性乎？馬之性健而健，牛之性順而順，犬吠盗，鷄司晨，不待教而知之，豈非率性乎？言草木、飛走、馬牛、犬鷄之性而不及人之性，仁、義、禮、智之爲性，則疏略之甚，無待於此〔三〕。

侯氏説固疏略，然却是宗程先生説。但得其言而不得其意，故信口言之而爲此疏脱耳。

一陰一陽之謂道，言天道之流行者也。率性之謂道，言人物之所以得乎天道者也。

一陰一陽之説是。

楊氏言仁義不足以盡道，恐未安。易只説立人之道曰仁與義。仁義不足以盡道，游、楊之意大率多如此。蓋爲老、莊之説陷溺得深，故雖親聞二先生之言，而不能虚心反覆，著意稱停，以要其歸宿之當否。所以陽離陰合，到急衮處則便只是以此爲主也。此爲學者深切之戒。然欲論此，更須精加考究，不可只恃「曰仁與義」之言而斷以爲必然也。近得龜山列子説一編，讀了令人皇恐，不知何故直到如此背馳也。

侯氏曰：「君子終日乾乾，至無咎者，戒謹所不聞也。君子終日對越上帝，尚何戒謹恐懼之有？以聖人之誠，則無待乎此也。」恐未安。乾乾夕惕爲戒謹恐懼，其説雖可旁通，然乾乾夕惕，乾九三之事也。九三居下之上，君德已著，聖人之心自是如此。中庸言戒謹不睹，恐懼不聞，乃學者之事。比而同之，則少差矣。且其説既已如此，又曰「君子對越上帝，尚何戒謹恐懼？以聖人之誠，則無待乎此」，其説自相背馳，殆不可曉。侯氏説固多疏闊，然以乾乾夕惕爲聖人之事，戒謹恐懼爲學者之事，亦恐未然。大抵戒懼惕厲之心則一，而成德、初學所至自不同耳。

張子曰：「禮亦有不須變者，如天叙天秩之類。時中者不謂此。」五典五禮，生民日用之常，君子之所力行者舉不外此。常者，固此理也。凡事不出此五者，非五者之外别有個時中也。張子之言，如三代所因及所損益之類，理雖一而事不同也，未可遽以爲不然。

校記〔一〕誠：宋浙本作「試」。

〔二〕君：原缺，據右引補。考異所引別本同。

〔三〕待：正訛改作「過」。

編年 據書信編年。書札彙編疑作於紹熙二年以後。

答萬正淳 慶元三年

兩個「其爲氣也」，是言浩氣之體用，未是以養氣爲主〔一〕。「集義」以下是推明氣所由生，非是論以集義爲主。蓋氣雖至剛大，配道義，然非集義，則無以生之，非可以行義而掩取之也。如此爲文，乃得抑揚之意。

橫渠論易乾卦諸爻，恐皆過論。大抵易卦爻辭本只是各著本卦本爻之象，明吉凶之占當如此耳，非是就聖賢地位説道理也。故乾六爻自天子以至於庶人，自聖人以至於愚不肖，筮或得之，義皆有取。但純陽之德，剛健之至，若以義類推之，則爲聖人之象，而其六位之高下，又有似聖人之進退。故文言因潛、見、躍、飛自然之文，而以聖人之迹各明其義位有高下而德無淺深也。然其本意亦甚分明，未嘗過爲深巧，如橫渠之説也。且如初九，則是德已成而行未著，故衆人未見其德，而君子之心確然已有以自信也。九二則人見其庸言庸行、閑邪存誠之迹，又從而化之也。九三則雖涉此危地，而但進德修業之不已也。九四則其位愈進，其危益甚，而亦但知循理，不恤其他也。九五則以天德居天位，而天下莫不仰觀之也。上則過極而亢，不能無悔矣。若以德言，則愈進愈高，此當爲聖而不可知之地，又豈有可悔耶？今橫渠專以聖人爲説，已失本經之指，又逐爻爲漸進之意，又非文言之義。且其龍德正中不在九二而在九三，九二之德博而化，非進於九三，則未免於非理非義之失，而其取義前後相妨，因繆益訛而轉不得其所矣。

大抵近世説經者多不虛心以求經之本意，而務極意以求之本文之外，幸而渺茫疑似之間略有縫罅，如可鈎索，略有形影，如可執搏，則遂極筆模寫，以附于經，而謂經之爲説本如是也。其亦誤矣。此數段文義，正淳所疑多得之。但謂九三天下將歸，益當進德修業爲未然。乾乾夕惕，自是君子之常事。今雖處危地而不失其常耳。知至知終，亦不是言修爲先後之漸，只是見德業内外之別。蓋心則致誠以進德，身則修辭以居業，進德者日新，居業者無倦，與周公「繼日待旦」意雖略相近而不相似也。九四只是循理而行，自無固必耳。亦不爲信乎於人而後可躍也。

乾有兩乾，是兩天也。昨日行矣，今日又行，其實一天耳。而行健不已，此所爲天行健。地平則不見其順，必其高下層層地去，此所以見地勢之坤。順看易傳若自無所得，縱看數家，反被疑惑。如伊川先生教人看易只須看王弼注、胡安定、王介父解，今有伊川傳，且只看此尤妙。解書難得分曉，趙岐孟子拙而不明，王弼周易巧而不明。格物致知，正心誠意，不可著些纖毫私意在其中。

校記　〔一〕氣爲：原倒，據正訛乙。

編年　據書信編年。

國家社科基金西部項目

（宋）朱熹　著
郭齊　尹波　編注

朱熹文集編年評注

第七册

福建省政協文化文史和學習委員會　編

海峽出版發行集團
THE STRAITS PUBLISHING & DISTRIBUTING GROUP
福建人民出版社

朱熹文集編年評注卷五十二

書知舊門人問答

答吴伯豐必大〔一〕淳熙七年二月

熹衰晚無堪，學不加進，足下過聽，辱先以書，其所以稱頌道説者，足以見賢者之志矣，然非區區所及也。示喻程子格物之説，誠若有未易致力者。然其曰天地之所以高厚，一物之所以然，蓋極其大小而言之，以明是理之無不在，而學問之功不可一物而有遺爾。若其所以用力之地，則亦不過讀書史、應事物，如前之云爾。豈茫然放其心於汗漫紛綸不可知之域哉。或人所引易象之數，又似太拘。所謂明理，亦曰明其所以然與其所當爲者而已。鄙見如此，不識賢者以爲如何？恐有未安，幸復見告也。子澄去秋相見甚款，近復招之，尚未有來信。大冶近有萬君人傑者見訪，見留之學中，氣質甚美，議論亦可反復，殊不易得。云亦嘗得從游也。熹比已丐祠，似聞諸公有意聽許。適聞張荆州之訃，若便得請，當一走長沙而歸爾。

校記　〔一〕此題淳熙本、聖宋名賢五百家播芳大全文粹卷六十九皆作「答司户」。

編年　據書信編年。

答吴伯豐 淳熙十六年夏

讀書甚善，所諭亦有條理，但不必如此先立凡例，但熟讀平看，從容諷詠，積久當自見得好處也。所論看大學曲折則未然，若看大學，則當且專看大學，如都不知有它書相似，逐字逐句一一推窮，逐章反覆，通看本章血脉；全篇反覆，通看一篇次第，終而復始，莫論遍數，令其通貫浹洽，顛倒爛熟，無可得看，方可别看一書。今方看得一句大學，便已説向中庸上去，如此支離蔓衍，彼此迷暗，互相連累，非惟不曉大學，亦無功力别可到中庸矣〔一〕。況所比校，初無補於用力之意，徒然枉費心力，閑立議論，番得語言轉多，却於自家分上轉無交涉，不可不察也。

「因其本明」，非是察識端倪，把來玩弄，以資談説，只是因其已知而益廣其知，因其已能而益精其能耳，與湖南説自不同也。「知止有定」之説，似亦未然。更以章句、或問求之爲佳。「知至意誠」之説則大概得之矣。盤銘是注疏説，可自檢看。當時以下文多已説，故不曾標其名氏耳。論、孟、中庸，儘待大學通貫浹洽，無可得看後方看乃佳。若奔程趁限，一向攢看了〔二〕，則雖看如不看也。近方覺此病痛不是小事，元來道學不明，不是上面欠却工夫，乃是下面元無根脚。若信得及，脚踏實地如此做去，良心自然不放，踐履自然純熟，非但讀書一事也。

横渠先生象記得舊傳蜀中本時云亦有御史象，今却不記曾見與不見。歲久，不復可得其真，但當兼收，以見區區尊仰之意而已。但去歲此時同遭論列，今又適以此時相見，亦可笑也。李衛公書如此，正不足傳。顧其全書遂不復可見，殊可惜耳。廬陵近數得書，一病不輕，且幸已平復也。金溪一向不得書，亦省應答之煩。

皇極辨并往，此亦一破千古之惑，可録一本送正淳，皆勿廣爲佳耳。

校記　〔一〕到：宋浙本作「看」，考異所引別本同。

〔二〕看：原缺，據右引補。

編年　據書信編年。

答吴伯豐 紹熙元年春

詩傳中有音未備者，有訓未備者，有以經統傳，舛其次者。此類皆失之不詳，今當添入。然印本已定，不容增減矣。不免別作補脱一卷，附之辨説之後。此間亦無精力辨得，只煩伯豐爲編集。其例如後：

詩集傳補脱

周南

樛木　樂只「音止」二字合附本字下。

鄘

載馳　無我有尤「尤，過也」三字合附「衆人」字下。「無以我爲有過，雖爾」八字合附「大夫君子」字下。

王

中谷有蓷　遇人之不淑矣「淑，善也」三字合移在「嘆矣」字下。

以上略見條例，餘皆依此。且用草紙寫來，恐有已添者却删去也。又黎，黑也，古語黎元，猶秦言黔首。桑柔篇中第二章注中已略言之，孟子首篇亦嘗有解。今若天保篇中未解，可采用其説，著於補脱卷中，却删去桑柔篇注。或但略言之亦可也。更詳之。

大序「先王以是經夫婦〔一〕」，傳曰：「先王，謂文、武、周公、成王。」必大竊謂二南、雅、頌固多周公時所作，然遂謂周公爲先王，則恐讀者不能無疑。

此無甚害，蓋周公實行王事，制禮樂，若止言成王，則失其實矣。

芣苢「薄言有之」，傳曰：「有，藏也。」然其下章曰掇，曰捋，曰袺，曰襭，而首章乃先言藏，恐非其序。必大恐「有」是得之之義。

首章兼舉始終而言，後章乃細述其次第，詩中亦有此例。或於補脱中附入亦可也。

麟之趾，傳以麟興文王、后妃，以趾興其子，故曰：「麟性仁厚，故其趾亦仁厚。文王、后妃仁厚，故其子亦仁厚。」然則下文「吁嗟麟兮」爲指誰耶？

正指公子而言耳。

「昔育恐育鞠」，張子之説固善，然推之下文「及爾顛覆」之云，意不甚貫，不若前説爲順。

姑存異義耳。然舊説亦不甚明白也。

君子偕老「象之揥也」，字書云：「揥，整髻釵也。」是否？

不識此物，姑依舊説。字書之説亦與古注不殊也，或補脱中附之。

齊地東至于海，西至于河，南至于穆陵，北至于無棣。史記索隱曰：「按今淮南有故穆陵門，是楚之境。無棣在遼西孤竹，服虔以爲太公受封所至，不然也。蓋言其征伐所至之域。」其説如何？

穆陵在密州之西，無棣是今棣州，更考地志可見。索隱恐非。

采薇「小人所腓」，傳曰：「腓猶庇也。」又引程子曰：「腓，隨動也，如足之腓，足動則隨而動也。」必大按易咸傳曰：「腓，足肚，行則先動，足乃舉之，非如腓之自動也。」易本義亦曰：「欲行則先自動。」由程子前説觀之，則腓爲隨足以動之物；由後二説觀之，則腓爲先足而動明矣，不當引之以解此詩之義，不若「猶庇」之云得之。生民詩「牛羊腓字」之傳亦以腓爲庇，若施於此詩，與上文君子所依意義亦相類也。

此非大義所繫，今詳兩説誠不合，當刪去。然板本已定，只於補脱中説破可也。又「百卉具腓」又有他訓，不知此字竟是何義也。

楚茨以下四篇，先生謂即豳雅。反復讀之，其辭氣與七月、載芟、良耜等篇大抵相類，無可疑。然又以爲述公卿有田禄者力於農事，以奉其宗廟之祭，則恐未然。蓋周自后稷以農事肇祀，其詩未嘗不惓惓於此。今以爲豳風、豳頌者皆是也。而孟子亦曰：「禮曰，諸侯耕助以供粢盛，粢盛不潔，不敢以祭。」古之人未有不先於民而後致力於神者，恐不必專指公卿言之。

此諸篇在小雅而非天子之詩，故止得以公卿言之。蓋皆畿内諸侯矣。

瞻彼洛矣，傳以爲諸侯美天子之詩，今考其間有「以作六師」之言，則其爲天子之事審矣。然二章、三章祈頌之語，則不過保其家室家邦而已，氣象頗狹，反若天子所以告諸侯者，何也？

家室家邦，亦趁韻耳。天子以天下爲家，雖言家室何害？又凡言萬年者，多是臣祝君之辭。

棫樸「追琢其章，金玉其相」，傳曰：「追琢其章，所以美其文。金玉其相，所以美其質。」然不知所美之人爲誰。

追琢金玉，以興我王之勉勉爾。

那「綏我思成」集傳，鄭氏所引禮記之説，程子則曰：「此特孝子平日思親之心耳。若齊則不容有思，有思非齊也。」必大竊謂人心不容無思齊之日，特齊其不齊者爾。若思其居處之類，乃其致誠意以交乎神者，蓋未害其爲齊也。未知是否？

鄭氏所引者，常法也。程子之義則益精矣。

「子路、曾皙、冉有、公西華侍坐」，集注謂三子之對，夫子無貶辭，則皆許之矣。而又載程子之説曰：「三子皆欲得國而治之，故夫子不與。」二説似相牴牾。以愚意索之，豈非許之者以其材足以有爲，而其不與者則未能合己之志歟？

不與者，不若於曾皙有「與點」之言耳。以「孰能爲大」之語觀之，不害於許其才之可用也。

程子又曰：「子路只爲不達爲國以禮道理，若達，却便是這氣象也。」蓋謂子路之意未免有所作爲，而曾點所言則皆行其所無事耳。使子路有見於此，一皆循其理之所當然而不以己意參焉，則即曾點之氣象矣。然必大觀夫子所以哂子路者，特以其言之不讓而已。如冉有、公西赤之言，非不知讓者，遂謂之能達此道理，可乎？必大於此蓋屢致思而有未能灼然者。

子路地位已高，故見得此理則其進不可量。求、赤之讓，乃見子路被哂而然，非實有見也。又其地位與曾點之地位甚遠，雖知讓之爲美，此外更有多少事耶。

衛君待子而爲政，子曰「必也正名乎」，胡氏之説固正矣。然恐夫子以羈旅之臣，一旦出公用之而遂謀逐出公，此豈近於人情？意者夫子若事出公，不過具言父子之倫以開曉之，使出公自爲去就，然後立郢之事可得而議也。

此説甚善，然聖人之權亦有未易以常情窺測者。

管仲於公子糾其可以無死者，以其輔之非義故也，故聖人不以責。若子路之事孔悝，蓋亦不得謂之正者。結纓之死，不傷勇否？必大竊謂子路之失在不合仕於孔悝耳〔二〕。既食其禄，必死其難可也。不審於其始，而臨難始曰「吾於此可以無死也」，則愚恐世之反側不忠者得以藉口矣。

此説甚善，然聖人不以不死責管仲，何也？

子路問事君，范氏謂犯非子路所難，而以不欺爲難。夫子路最勇於義者，而何難於不欺哉。特其燭理不盡，而好强其所不知以爲知，是以陷於欺耳。以使門人爲臣一事觀之，子路之好勇必勝恐未免於欺也。

侯氏所以求生害仁、殺身成仁皆義也，非仁也。仁義本無二，學者當於一道上别出。先生曰：「仁義體一而用殊。君子之於事，有以仁决者，有以義决者。蓋仁者不以所惡傷所好之體，義士不以所賤易所貴之宜。」必大復推之曰：「以仁决者，因心以爲取舍，必無所違乎其德；以義决者，即事以權輕重，必無所失乎其宜。」未知是否？

此説得之，然細看侯氏説，亦有些意思，試更推之。

校記　〔一〕王：原作「生」，據宋閩、浙本改。

〔二〕「故聖人」至「竊謂子路之」原作「若子路之死」，據宋浙本改補。

編年　據書信編年。

答吴伯豐 紹熙元年

所示諸説別紙報去，但且如此推究玩味，久當自有得也。但前書偶尋未見，似其間亦有合報去者，今不暇也。蘇氏詩傳比之諸家若爲簡直，但亦看小序不破，終覺有惹絆處耳。所欲抄集傳，緣後來更欲修改一二處，且令住寫，今須到官方得寫去也。廬陵之計令人痛惜，亦苦多事，至今未得遣人去也。趙守舊相識，但不曾通書，然亦政不必如此。爲人寮屬，世俗常禮有不可廢者，亦且得隨例，不須大段立異，不濟得事，徒爲人所指目憎嫌，却費調護，求寬假，所屈愈多也。沙隨程丈書來，甚相知。云居頗相鄰，想時相見也。姜叔權曾相見否？資禀篤實，不易得。近得書，亦甚進。能與之游，當有益也。子耕當已歸豫章，時得書否？正淳必已赴省矣，後來所講如何？向來議論似亦傷太快，不子細也。伯豐所論甚詳密，朋友少及之者。更冀勉力，副衰朽之望。官事更宜加意，此後恐音問浸遠難通，切祝爲親自愛。

編年 據書信編年。

答吴伯豐 紹熙元年

大學諸説皆善，可以補或問之缺矣。但「毋自欺」乃解「誠其意」之義，知未至者固當如此用力，然知之至者亦未可便謂不假此也。但知未至者禁之雖力而或未能止，唯知至然後禁之不難而無不能止耳。

「純粹，至善者也」，其立辭猶曰「純粹是至善」云耳。「至善」二字與大學中「至善」同否？

通書「純粹至善」猶曰「純粹而至善」云耳，「至善」與大學理無不同。

注云：「中即禮，正即智，圖解備矣。」必大向者侍教時，雖已略聞大意，今按圖解有曰：「其行之也中。」又曰：「中者，嘉之會也。」所謂中即禮者，固明白矣。至於正，則不過曰其處之也正。又曰：「正者，貞之體也，智之義固在其中。」然恐初學者讀之猶未能分明，欲乞更詳下一語，如何？

元、亨、利、貞分配仁、義、禮、智，先儒已有定論矣。故只如此說，意亦自見。

「五殊二實，一實萬分」，二謂陰陽，一謂太極。然不曰「二氣一理」而皆以實目之者，蓋曰此皆實有之理，非但强爲之名耳。

五、二、一、萬皆實字，殊、實、實、分皆虛字。以此推之，則所謂二實、一實者，不相礙也。

「天地之塞吾其體，天地之帥吾其性。」近見南康一士人云，頃歲曾聞之於先生，「其」字有「我去承當」之意。今考經中初無是說。

細也。

西銘承當之說不記有無此語，然實下「承當」字不得。恐當時只是說稟受之意，渠記得不子細也。

存，吾順事；没，吾寧也。

二句所論甚當，舊説誤矣。然以上句「富貴貧賤」之云例之，則亦不可太相連説。今改云：「孝子之身存則其事親也不違其志而已，没則安而無所愧於親也。仁人之身存則其事天也不逆其理而已，没則安而無所愧於天也。」蓋所謂夭壽不貳而修身以俟之者，故張子之銘以是終焉。似得張子之本意。

「繼而有師命」，沙隨云：「師非師旅之師，是師友之師。蓋齊王欲授孟子室，養弟子以萬鍾也。」

兩説未知孰是，且缺之亦無害。孟子初見齊王，便有去志，但以有師命，不可請，故雖少留而終不受禄。以至將去，而王乃有授孟子室之説。孟子遂不受而竟去，恐不得以授室爲師命也。且若果然，亦何不可以請之有乎。

決汝、漢，排淮、泗。

其説只是一時行文之過，别無奥義，不足深論。况淮、泗能壅汝水，不能壅漢水。今排淮、泗而汝水終不入江，則排淮、泗而後汝、漢得以入江之説有不通矣。沈存中引李翺南來録言，唐時淮南漕渠猶是流水，而汝、淮、泗水皆從此以入江。但今江、淮漸深，故不通耳。此或猶可强説。然運河自是夫差所通之邗溝，初非禹迹。且若如此，則淮又不能專達於海，亦不得在四瀆之數矣。沈説終亦不能通也。

宴安之説無之，味其言似是無垢句法。

中庸或問不誤，只是文字拙澀，不足以達其意耳。「必有是心之實」當連下文讀之乃通。如更覺難曉，即上句「在天者」下更添一「決」字，「在人者」下更添一「容」字，如何？

編年 據書信編年。

答吴伯豐 紹熙元年

學問臨事不得力，固是静中欠却工夫。然欲舍動求静，又無此理。蓋人之身心「動静」二字循環反復，無時不然。但常存此心，勿令忘失，則隨動隨静，無處不是用力處矣。且更著實用功，不可只於文字上作活計也。

編年 據書信編年。

答吴伯豐 紹熙二年春

示及諸説，亦未暇細觀。但覺子融之説全無倫理，而諸友反爲其所牽，亦復擾亂。又不且整理其大病根原，而計較苛細，展轉向枝葉上辨論，所以言雖多而道理轉不分明。今只合且放下許多閑争競，而自家理會「誠」之一字是甚道理，看得精切分明後，却合衆説而剖判之，當自見得，不如此費分疏也。正淳書煩爲附便。渠看得文字却儘子細，所寄中庸説多得之。恐欲見，發之却封寄之不妨也。沙隨八論及史評有印本，望寄及。此不須辨，後人自有眼目，不至如此晦盲也。到此只修得大學稍勝舊本，他書皆未暇整頓。今又遭此禍患，恐不能久於世。以此益思亟歸，更略下少功夫，庶不誤後人枉費心力也。

編年 據書信編年。

答吴伯豐 紹熙二年秋

衰晚遭此禍故，殊不可堪。既未即死，又且得隨分支吾，謀葬撫孤，觸事傷懷〔一〕，不如無生也。昨承惠書，并致奠禮，哀感深矣。一向無便，無從附報，但有馳情。比想秋清，侍奉之餘，宦學增勝。沙隨諸書及茶已領，便遽，未有物可奉報也。此間寓居近市，人事應接倍於山間。今不復成歸五夫，見就此謀卜居。已買得人舊屋，明年可移。目今且架一小書樓，更旬月可畢工也。其處山水清邃可喜，陳師道、伯脩兩殿院之故里也。又有吴仲感名賁，常與古靈薦目中，亦其里人也。若得粗了，便可歌哭於斯。但用度百出，非元料所及，亦覺費力耳。

校記 〔一〕懷：原作「害」，據四庫全書本改。

編年　據書信編年。

答吴伯豐 紹熙二年十一月

歸來半年，卜葬尚未定，築室亦不能得了。湖南之命，出於意外。初但以私故懇祠，然恐或不得請，即求便郡藏拙。近聞臨漳經界報罷，此是廟堂全不相信，政使在官，亦當自劾求退，其義豈容復出？已託人以此告之，計其聞此，亦難以相强矣。閑中頗有學者相尋，早晚不廢講學，得以自警。然覺得今世爲學不過兩種，一則徑趨簡約，脱略過高；一則專務外馳，支離繁碎。其過高者固爲有害，然猶爲近本；其外馳者詭譎狼狽，更不可言。吾儕幸稍平正，然亦覺欠却涵養本原工夫，此不可不自反也。所寄疑義蓋多得之，已略注其間矣。小差處不難見，但却欲賢者更於本原處加功也。

編年　據書信編年。

評論　程敏政書朱子答吴伯豐書：按朱子謂兩種爲學之人，其一徑趨簡約，脱略過高，蓋指陸子之門人；其一覺得外馳，支離繁碎，殆謂己之門人也。然陸子晚年益加窮理之功，朱子晚年益致反身之誠。取是編前後所書考之，則二先生之學所謂去短集長、兼取衆善者，真入道進德不易之法程也。

答吴伯豐 紹熙二年以後

「巧言令色鮮矣仁」，游曰：「使其人志在於善而失其所習，則猶可以自反。」愚謂人之習於不善固無不可反之理，然巧令之人又焉有志在於善者？是必悔過遷善，不復有巧令之習，則其志始可得而信耳。游氏蓋牽於「鮮」之爲少而委曲以失之。

孔子之意，正指人爲巧言令色之時其心已不存耳。若能自反，則豈不足以爲仁？又豈止於鮮仁耶？游氏此説無病，只是不揍著本文正意。

子曰：「弟子入則孝。」游氏學文之説，固足以深警後世棄本逐末之弊。然古之所謂學文者，非弄翰墨、事詞藻，如後世之所謂文也，蓋無非格物致知、修己治人之實事。故既學則必有以究義理之端而趨於聖賢之域矣。然則文以滅質，博以溺心，以爲禽犢，以資發冢，託真以酬僞，飾奸言以濟利心，古之學者豈有是哉。游氏之説，有激而云耳。然抑揚太過，并與古之所謂學文者與後世等而視之，不得不辨也。

古之學文固與今異，然無本領而徒誦説，恐亦不免真如游氏之譏也。

謝氏曰：「小人過於行事，君子過於性情。」此蓋言君子於過能辨之於早耳。然行事之過，在君子亦恐有未能盡免者，惟改之而已。如子路之過，使止在於性情之微，則己自知之可也，它人何由而告之乎？

性情之發即爲行事，行事之本即爲性情，但有深淺耳。以此分君子、小人，自是衍説，經之本指不在是也。

程子曰「良，易直也」，又曰「良乃善心」。

或問多此等處，後來不能修改，蓋已廢之久矣。「良乃善心」，立語太泛，不如「易直」之爲切當也。

詩三百，程子曰：「思無邪，誠是也。」其言簡矣，未審其意謂作詩者以誠而作耶？抑謂讀詩者當誠其意以讀之耶？曰：程子之説特以訓「思無邪」之義云耳。以詩考之，雅、頌、二南之外，辭蕩而情肆者多矣，則「誠」之爲言，固不可概以爲作詩者之事也。若謂使學者先誠其意而後讀之，則是詩之善惡方賴我以决擇，而我之於詩反若無所資焉者，又何取於詩之教耶？以是觀之，程子之言雖簡，然「誠」之一字施之必得其當可也。是則集注之云固所以發明程子之意而言之矣。

范説至矣，特「王心無爲以守至正」一語似贅，何也？削之則盡美矣。

行之無邪，必其心之實也。思而無邪，則無不實矣。此程子之意也。

此是經筵進説，似亦無害。

子曰：「吾與回言終日。」謝氏謂「苟不至於不違之地，則與群弟子無以異」者，竊恐抑揚太過。且以孔門諸子言之，所謂至於不違之地者，顔子一人而已。如謝之説，則是群弟子雖朝夕親炙乎聖人之側，與未嘗親見聖人者無以異也。

謝氏抑揚誠若太過，然亦有此理。

子曰：「學而不思則罔。」周曰：「學欲默識心通也。苟徒出入乎口耳之間而不致思焉，則何以致知？」其言不思之蔽則善矣，而所以語學者則有所未盡。夫「學」，專言之則兼夫致知、力行之兩端，若對「思」而言，則致知爲思，而學云者蓋力行之謂也。今周氏以出入乎口耳者爲學，則學豈誦説而已乎。使止於是，又何所安耶。謝氏曰：「思，知之事也。學，習之事也。」此説得之。而集注「身不親歷」之云，尤明白矣。然程子經解亦曰「力索而不問，學則勞殆」，似亦以學爲講論問辨之事，何耶？然程子固曰博學之云云，五者廢其一，非學也，其不專以講誦爲學審矣。經解所言，反似不若語録之密。如以殆爲勞，義亦無考，或者傳寫不能無誤云。

學是放效見成底事，故讀誦、咨問、躬行皆可名之，非若思之專主乎探索也。以殆爲勞無所見，歐陽公用此「殆」字，又似「怠」字，皆不可曉，不若從古説也。

子曰：「非其鬼而祭之。」或問云：「謝氏所論鬼神之意，學者所宜深考也。」今取其説而讀之，其義精矣。蓋鬼神者，二氣之良能也。所謂神者，陽之爲也；所謂鬼者，陰之爲也。故其聚而生、來而伸者皆曰神。而在人則魂氣爲神，陽之屬也。散而死，反而歸，皆曰鬼。而在人則體魄爲鬼，陰之屬也。天地、山川、風雷、祖考，凡曰鬼神云者，亦不越是二端而已。故事鬼神者必致其敬、發其情，有以極其在我之誠，而後在彼者有來格之理。蓋神人之交皆以是氣而爲感通，使誠之在我者無以致之，則彼之發揚於上者亦何自而聚哉。然則鬼神之有無，揆之吾誠可矣。知此則知謝氏格之遠之之説矣。蓋其可不可者，理也。格之遠之，皆吾心之所不容欺者也。「致生之，故其鬼神；致死之，故其鬼不神」，皆謂人實致之也。孔子曰：「之死而致死之，不仁而不可爲也。之死而致生之，不知而不可爲也。」故惟仁、知之合者可以制祀典。苟不察其理之可不可而祭非其鬼，則惑之甚矣。世之惑者蓋皆求鬼神於茫昧恍惚之間，而不知其所以致之者實在於我故也。測度而言，未知近否？

大概得之，更宜涵泳，似更有未細密處。大抵陰陽有以循環言者，有以對待言者，須錯綜分合，都無窒礙，乃爲得之。

子曰：「君子無所争。」周氏於前篇「君子不器」及此章皆曰：「君子，以仁成名者也。」然則凡言君子之事者，皆可以仁之説推之矣。恐解經不當如是之拘也。

此是王氏説經之弊，大抵熙、豐以來多此病。

子曰：「射不主皮。」楊氏曰：「容節可以習而能，力不可以强而至。」集注改「容節」作「中」字，既不以中爲貫革矣，則所謂中者，抑如張子所謂「不貫革而墜於地者，其中鵠爲可知」之意否？

張子説是。儀禮大射、鄉射皆以中爲勝，非止以容節之得失爲勝負也。

編年 據書信編年。

答吴伯豐 紹熙三年四年間

所示三條皆善。但人心無不思慮之理，若當思而思，自不當苦苦排抑，却反成不静也。異端之學以性自私，固爲大病，然又不察氣質情欲之偏而率意妄行，便謂無非至理，此尤害事。近世儒者之論亦有近似之者，不可不察也。故所見愈高，則所發愈暴。鬼神之説，思之甚精。但所疑今日之來格者非前日之發揚者，則非是。只思上蔡「祖考精神便是自家精神」一句，則可見其苗脉矣。

編年 據書信編年。

答吴伯豐紹熙三年四年間

鬼神之義，來教云：「只思上蔡『祖考精神便是自家精神』一句，則可見其苗脉矣。」必大嘗因書以問正淳，正淳答云：「祖考是有底人便是有此理，爲子孫者能以祖考之遺體致其誠敬以饗之，則所謂來格者，蓋真有此理也。」然必大嘗讀太極圖義有云：「人物之始，以氣化而生者也。氣聚成形，則形交氣感，遂以形化，而人物生生，變化無窮。」是知人物在天地間，其生生不窮者固理也，其聚而生、散而死者，則氣也。有是理則有是氣，氣聚於此則其理亦命於此。今所謂氣者既已化而無有矣，則所謂理者抑於何而寓耶？然吾之此身即祖考之遺體，祖考之所具以爲祖考者，蓋具於我而未嘗亡也。是其魂升魄降，雖已化而無有，然理之根於彼者既無止息，氣之具於我者復無間斷，吾能致精竭誠以求之，此氣既純一而無所雜，則此理自昭著而不可掩。此其苗脉之較然可睹者也。上蔡云：「三日齋，七日戒，求諸陰陽上下，只是要集自家精神。」蓋我之精神即祖考之精神，在我者既集，即是祖考之來格也。然古人於祭祀必立之尸，其義精甚。蓋又是因祖考遺體以凝聚祖考之氣，氣與質合，則其散者庶乎復聚，此教之至也。故曰「神不歆非類，民不祀非族」。必大前書所疑今日之來格者非前日之發揚于上者，固非是矣。而正淳之説，言理而不及氣。若於存亡聚散之故察之不密，則所謂以類而爲感應者益滉漾而不可識矣。敢再此仰瀆尊聽，欲望更賜一言，以釋所蔽。不勝萬幸。

所喻鬼神之説甚精密，叔權書中亦説得正當詳悉。大抵人之氣傳於子孫，猶木之氣傳於實也。此實之傳不泯，則其生木雖枯毀無餘，而氣之在此者猶自若也。此等處但就實事上推之，反復玩味，自見意味真實深長。推説太多，恐反成汨没也。正淳所論誠爲疏略，然恐辭或未盡其意耳。

編年　據書信編年。

答吴伯豐 紹熙五年春

長沙除命再辭不獲，尚有少疑，未敢決爲去計。亦會足疾微動，未容拜受，且看旬日如何也。所示疑義皆精密可喜，已一一報去。此亦有十數朋友，然極少得會看文字者，不免令熟看注解，以通念爲先，而徐思其義，只尋正意，毋得支蔓，似方略有頭緒。然却恐變秀才爲學究，又不濟事耳。知約正父莊子相聚，甚善。前日亦已寄書約正父來官所修纂禮書，是時雖未敢決赴長沙，然已乞换小郡，計必在江、湖間也。今若成爲湖外之行，當踐此約，不知渠如何也。南康諸書後來頗復有所更改，義理無窮，儘看儘有。恨此衰年來日無幾，不能卒究其業，正有望於諸賢。而於其間如伯豐者，尤未易得也。正淳書來，亦有意於衡岳之游，甚幸甚幸。子耕久聞其病，未得端的，且喜向安也。商伯所論恨聞之晚，然亦但恨語侵黄文叔，彼罵邪氣者，亦不足恤矣。

編年 據書信編年、年譜長編。

答吴伯豐 紹熙五年七八月間

熹始計不審，誤爲此來，交事之後，憂恐萬端。旋復奉諱，哀殞之餘，惴慄尤甚。寢驚夢愕，便覺斬頭穴胸已在面前矣，以此百事不敢措意。前月半後宣布霈恩，始有復生之望。方欲修召魂魄〔一〕，爲所欲爲，則召命忽來，不復可措手矣。禮書又失此機會，良可嘆息。奈何奈何！今此之行，亦且歸家俟祠請之報，未知如何。萬一須出，自度亦豈能有補於時？空得屑屑往來之譏耳。

校記 〔一〕修：正訛改作「收」。

編年 據書信編年。

答吴伯豐慶元元年八月

久不聞問，數因廬陵親舊問訊，得吴漕書，乃云已到而暫歸，深以爲念。今承專使惠書，得聞詳實，殊以爲慰也。來書去住似未定，而來人却云已卜近日迎侍之官，如此則亦甚便。不知定以幾時到官也。楊子直爲守，吕子約、劉季章、許景陽皆可與游。糾掾程允夫官亦未滿，尚得從容，亦可樂也。熹今夏一病幾死，今幸少安。然目苦内障，左已不復見物，右亦漸昏，度更數月，即不復可觀書矣。辭職告老未得請，而向來嘗議殰陵，今聞議相先後者皆已行遣，勢不容已。前月末間已上章自劾，寬恩容可逭責，言路決不相容。旬日間，當有所處。但因此得遂鐫削，便是得請，他不敢有所與矣。南卿、子耕見愛殊厚，然告老乃向來病中危殆，只從本州保明陳乞，意謂朝廷意其已死，必便依例降敕。不謂乃爾，再乞不遂，今且休矣。論事之傳，却未敢發。然亦臣子職分所當爲，自愧見義不明，臨事無勇耳。近報復爾，計旬月間又須有一番行遣，嶺海之間，不落寞矣。老拙或不免隨衆經由，當得款會也。孟子誤字，俟更點勘改定。近得正父書，問告子上篇「此天之所與我者」，舊官本皆作「比」字，注中「此乃」亦作「比方」，檢看信然，不知此又何也。諸疑義略爲條析，心目俱昏，不能精審。有未安處，更反覆之爲佳。大學、中庸近看得一過，舊説亦多草草，恨未得面論也。

編年　據書信編年。

答吴伯豐 慶元元年十二月

熹懇避經年，今乃得請，私義少安，皆朋友之助也。但目愈昏，不復可觀書爲撓耳。中間報去數條，看得如何？此間亦有十數朋友往來講學，前此多是看得文字不子細，往往都不曾入心記得，所以不見曲折意味，久之遂至一時忘却。今不免且令熟看，若到一一記得牢固分明，則反覆誦數之間，已粗得其意味矣。更能就此玩繹不置，不患不精熟也。入城曾見呂子約、程允夫、許、劉諸人否？有所講論否？此廬陵劉丞去，必便有的便回來。幸附數字，詳及近況與爲學次第，講論異同，慰此馳想也。

編年　據書信編年。

答吴伯豐 慶元初

所示三條悉已疏去，它未盡者，後便幸續寄示。旋得尤佳，多則擁并，恐看得草草也。正淳因書爲致意，不知渠後來所進如何。此間朋友亦未見有穎脱不群者，而又外有他虞，恐不能久相聚也。所望於伯豐者不淺，更望於本原上益加涵養收斂之功耳。

編年　據書信編年。

答吴伯豐 慶元三年春

熹老大亡狀，自致人言，爲朋友之羞。尚賴寬恩，得安田里。然聞議者經營未已，未知終安所税駕也。示及疑義未及奉報，但念上蔡先生有言，富貴利達，今人少見出脱得者，非是小事。邇來學者何足道？能言真如鸚鵡，此言深可畏耳。伯豐講學精詳，議論明決，朋游少見其比，區區期望之意不淺，願更於此加意。須是此處立得腳定，然後博文約禮之工有所施耳。

編年　據書信編年。

答吴伯豐 慶元初

孟子集解序説引史記列傳，以爲孟子之書孟子自作。韓子曰：「軻之書非自著。」先生謂二説不同，史記近是。而於滕文公首章道性善處。注則曰「門人不能盡記其詞」〔一〕，又於第四章決汝、漢處。注曰「記者之誤」，不知如何？

前説是，後兩處失之。熟讀七篇，觀其筆勢如鎔鑄而成，非綴緝所就也。論語便是記録綴緝所爲，非一筆文字矣。

梁惠王上第三章，楊氏謂自「不違農時」至「喪死無憾」，仁心仁聞而已，未及爲政，故爲王道之始。必大謂使民無憾決非但有其心、無其政者之所能致也，恐當如集注云「爲治之初，法制未備」耳。

此說是。

「仁者無敵」，楊氏曰：「仁者與物無對，自不見其有犯我者，更誰與校？如孟子言仁者無敵，亦是此理。」必大謂楊說蓋自論仁及之，非正解此章之指。楊氏蓋言仁之理如此，孟子乃即事以言夫行仁之效，與楊氏說小不同。

亦是。

梁惠王下第三章，尹氏曰：「仁者之心至公也，智者之心用謀也。以小事大則狹隘而私於一國〔二〕。」必大謂二者所遇不同，而應之皆出於理之所當然。其規模固有廣狹，然其智者私於一國，則非畏天之旨矣。仁、智之辨，當別有說。

仁者自然合理，智者知理之當然而敬以循之，其大概是如此。若細分之，則太王、勾踐意思自不同也。

第四章范氏曰：「若行王政，雖明堂可以勿毀，何况於雪宮？」必大謂若如范氏之說，是明堂反不若雪宮之當存也，恐未安。

明堂非諸侯所宜有，故范說如此。

公孫丑第二章〔三〕，程子評横渠之言曰：「由明以至誠，此句却是，由誠以至明則不然，誠即明也。孟子曰：『我知言，我善養吾浩然之氣。』只『我知言』一句已盡。横渠之言不能無失類如此。」必大謂程子意蓋謂即誠之體而明之用已著，不待由此以至之也。只「我知言」一句已盡者，謂於天下之言既能盡識之，則其心之無蔽者可不言而喻矣，此誠即明之謂也。程子意是如此，但所引孟子之意不可曉，姑闕之可也。

明道曰：「孟子去其中又發揮出浩然之氣。」必大謂自上天之載至修道之教，皆一理也。言氣者，蓋又於此理之中，即人之運用勇決者言之。此氣一出正大之理，即上天之載因人而著見者也。

此說得之。

伊川曰：「氣則只是氣，更說甚充塞？如化育則只是化育，更說甚贊？贊與充塞又早却別是一件事也。」此言天人一體，凡人之所爲皆天也。如子之幹蠱，乃以父母之體爲之，豈得謂之吾有助於父母耶。故曰凡言充塞云，只是指而示之云耳。

亦得之。

明道曰：「道有冲漠氣象。」此「道」字與「義」字相對，蓋指其體而未及於用也。冲漠云者，蓋無朕可見之意。

同上。

伊川曰：「集衆義而生浩然之氣，非義外襲我而取之也。」必大謂非偶合一義，遂可掩取其氣而有之也。伊川之説，疑當云「非以義襲於外而取之」。集義，「有事」與「勿忘」也；

義襲，「正」之與「助長」也。集義所生，非特知氣之不可卒取，而義內非外亦瞭然矣。若夫義襲，真告子之見也。

同上。

横渠曰：「詖辭徇難，近於并耕爲我；淫辭放侈，近於兼愛齊物；邪辭離正，近於隘與不恭；遁辭無守，近於揣摩説難。」呂氏以申、韓爲詖，馬遷之類爲淫，楊、墨、夷、惠爲邪，莊周、浮屠爲遁。南軒以告子爲詖，楊、墨爲邪，莊、列爲淫、遁。今集注則以四者爲相因而無所分屬，是異端必兼此四者而有之。必大謂浮屠之言則詖、淫、邪、遁之尤者，然呂氏以夷、惠爲邪，恐未爲當。

横渠論釋氏，其言流遁失守，窮大則淫，推行則詖，致曲則邪，此語勝其他分析之説。然未詳其相因之序而錯言之，亦未盡善也。

第五章，市廛而不征，法而不廛。

此等制度皆不可詳。大抵邑居者必有廛税，市區亦應有之耳。

第六章，伊川曰「心生道也」，此謂天地之心而人得以爲心者，蓋天地只是以生爲道也。「有是心，斯具是形以生」，謂有理而後有氣也。「惻隱之心，人之生道」，此即所謂滿腔子是惻隱之心者也。

得之。

明道見顯道記問甚博，曰：「賢可謂玩物喪志。」謝不覺身汗面赤。先生曰：「只此便是惻隱之心。」據謝之愧赧，謂之羞惡可也，而以爲惻隱，何哉？蓋此雖爲羞惡之事，而所以能爲羞惡者，乃自夫心之德、愛之理發之，此惻隱所以包四端。

同上。

明道曰：「四端不言信，信本無。在易則是至理，在孟子則是氣。」必大謂信者，實有此仁、義、禮、智而已。至理，元、亨、利、貞也。至於孟子所謂氣，既曰配義與道，則是氣也似有體段形器之可言，恐不與信之理同。未知是否？

信是義理之全體本質不可得而分析者，故明道之言如此。

公孫丑下第二章，楊曰：「先王之時，天下定于一，則士於其時無適而非君也。則君命召，不俟駕而行，禮也〔四〕。周衰，諸侯各擅其土地，士非一國所能專制也，故有不爲臣之義。」必大謂「不俟駕」，孟子蓋謂當仕有官職者。其有不爲臣之義者，士之未嘗仕者也。然亦有往役之義，則亦無非臣也。若如楊説，則天下爲一之時，士不復可遂其高；而周衰，列國之臣無委質之節矣。

此論得之。近者程沙隨深詆王蠋「忠臣不事兩君」之言，竊疑其言之失，將啓萬世不忠之弊。夫出疆載質，乃士之不得已，曾謂以是爲常耶。楚、漢之間，陳平猶得多心之誚，況平世乎。

滕文公上第三章「周人百畝而徹」，集注云：「一夫授田百畝，鄉遂用貢法。十夫有溝，都鄙用助法。八家同井，耕則通力而作，收則計畝而分。」必大謂井田與溝洫之制不同，而近時永嘉諸公及余正父皆謂鄉遂、都鄙初無二制，不知何以考之也。

此亦不可詳知，但因洛陽議論中通徹而耕之説推之耳。或但耕則通力而耕，收則各得其畝，亦未可知也。鄉遂、都鄙田制不同，周禮分明。如近年新説，只教畫在紙上亦畫不成，如何行得？且若如此，則有田之家一處受田，一處應役，彼此交互，難相統一。官司既難稽考，民間易生弊病，公私煩擾，不可勝言。聖人立法必不如此也。

滕文公下第九章，問退之讀墨篇如何，伊川曰：「此篇意甚好，但言不謹嚴，便有不是處。」又曰：「退之樂取人善之心可謂忠恕，然持教不知謹嚴〔五〕，故失之。至若言孔子尚同兼愛與墨子同，則甚不可也。」

未論孔、墨之同異，只此大小便不相敵，不可以對待言也。以此而論，則退之全未知孔子所以爲孔子者。

伊川曰：「不能克己則爲楊氏爲我，不能復禮則爲墨氏兼愛。」必大嘗聞克己者乃所以復禮也，伊川此言乃分爲二事，何耶？

此等或有爲而言，如以事上接下而言忠恕也。要之有病，不可便以爲通論也。

橫渠言：「孟子不得已而用潛龍也，顔子潛龍勿用者也。」必大觀橫渠嘗曰〔六〕：「學者貴乎識時〔七〕，顏子陋巷自樂，以孔子在焉。若孟子時既無人，豈可不以道自任？」以此論之，則在孟子非當潛者矣。而此乃以爲不得已而用者，豈橫渠猶以孟子爲行未成者歟？

孟子以時言之，固不當潛，然以學言之，則恐猶有且合向裏進步處。橫渠此言極有味也。伊川上仁宗皇帝書有此意。

離婁上第二章，程子曰：「仁則一，不仁則二。」必大疑此語猶所謂「公則一，私則萬殊」之意。

此説是。

第十三章，橫渠曰：「太公、伯夷避紂，皆不徒然。及歸文王，亦不徒然。一佐武王伐紂，一諫武王伐紂，皆不徒然。」必大謂二人之歸文王，特以聞其善養老而已，竊恐不爲此而出也。

亦是。

第二十三章「惟大人爲能格君心之非」。若伊尹之於太甲，周公之於成王，可謂能格心者。然其效乃遲之於三年之後，是其初亦未遽格也。孔、孟於齊、梁、魯、衛之君終不能改於其德，後世若子房、魏證亦近能格君者，蓋亦幸遇二君之好謀能聽耳。必大謂孟子之言理則然矣，而未見其人也。

雖有萬金良藥，必病者肯服，然後可責其效。若拒而不信，或吐而不納，固難責其已病之功矣。張良之於漢祖，乃智術相投〔八〕；魏徵之於唐宗，亦利害相制耳。大人格心之道，恐非二子所及也。

二十七章，仁之實、義之實，有子以孝弟爲仁之本，孟子以事親爲仁，事兄爲義，何也？蓋孔門論仁舉體以該用，即所謂專言之仁也。孟子言仁必以其配，即所謂偏言之者也。事親主乎愛而已，義則愛之宜者也。推其事親者以事其長而得其宜，則仁之道行焉。此弟之所以爲義之實也〔九〕。

此説是。

第十二章〔十〕，横渠曰：「不失其赤子之心，求歸於嬰兒也。」此只是還淳反樸之意。横渠此説恐非孟子本意。

第十四章，明道曰：「既得後須放開，不然却只是守。」必大觀顔子之學具體而微矣，然得一善則拳拳服膺而勿失〔十一〕，守之固也如此。不知明道放開之説抑何謂耶。上蔡亦曰：「學者須是胸懷擺脱得開始得。」必大竊謂固滯狹隘固不足以適道，然不勉學者以存養踐行之實而遽以此爲務，此曾點之學，非顔子之學也。

明道之語亦上蔡所記，或恐「須」字是必然之意。言既得則自有此驗，不但如此拘拘耳，非謂須要放開也。曾點之胸懷灑落，亦是自然如此，未必有意擺脱使開也。有意擺脱，則亦不能得開，而非所以爲曾點矣。上蔡説恐不縝密，生病痛也。

第十五章，横渠曰：「約者天下至精至微之理也。」然曰學者必先守其至約，又曰不必待博學而後至于約，其先固守于約也。必大謂精微之理必問辨攻索而後得之，决不容以徑造。横渠之説，恐别有謂。

未博學而先守約，即程子「未有致知而不在敬」之意，亦切要之言也。

范氏於楊雄之説取舍不同，恐楊氏之説爲當。

楊説是。

第十九章，集注云：「由仁義行，非行仁義，則仁義已根於心，而所行皆從此出。」「已」字恐未瑩。

「已」字只作「本」字爲佳。

第二十章，程子曰：「文王望至治之道而未之見，若曰民雖使至治，止由之而已，安知聖人？」上云「文王望治而未之見」，下却云「民由夫治而不知」，何也？

望治之説恐不然。

又曰：「泄邇忘遠，謂遠邇之人之事也〔十二〕。」而横渠以祭祀當之，又以不泄邇爲取紂之事，乃有罪不敢赦之義，恐牽合，不如程子説。

此通人與事而言，「泄」字兼有親信、狎侮、忽略之意。

横渠云：「湯放桀，惟有慚德而不敢赦，執中之難如是。」又曰：「帝臣不蔽，執中也。」

又曰：「執中者，不爲退讓過越之事也。」其意蓋曰湯之事既未嘗越，亦無所退讓，以大公之心而行其所當然，此其所以爲執中爾。

横渠之意應是如此，孟子之意則未必然也。

又曰：「不泄邇，不忘遠，敬事也。」是不敢忽易之意否？

是無所不用其敬之意。

程、張皆以望道爲望治，集注謂文王求道之切如此。必大謂博施濟衆，修己以安百姓，堯舜猶以爲病，文王之心即此心也。不知是否？

「不顯亦臨，無射亦保」，是文王望道如未見之事。

二十三章「可以取」，必大謂取之傷廉，不難於擇矣。若可與不可與、可死不可死之間，不幸擇之不精者，與其吝嗇，寧過與？與其苟生，寧就死？在學者則當平日極其窮理之功，庶於取舍死生之際不難於精擇也。

此意極好，但孟子之意即是恐人過予而輕死也。

王彦輔曰：「死生之際，惟義所在，則義可以對死者也。」明道曰：「不然，義無對。」義不當偏與死對，而可别與不義爲對。

二十六章楊氏之説自相牴牾。

楊氏類多如此，疑其見之未明，而精力亦有不逮處耳。

校記

〔一〕於：原缺，據宋閩、浙本補。

〔二〕於：原缺，據宋浙本補。

〔三〕記疑云「丑」下疑當有「下」字。

〔四〕禮也：原缺，據宋浙本補。

〔五〕持教：原缺，據二程遺書卷十八補。

〔六〕横渠：正訛改作「伊川」。二程遺書卷二上有此條記載。

〔七〕乎：原缺，據宋閩、浙本補。

〔八〕投：原作「役」，據右引改。

〔九〕此句原缺，據宋浙本補。

〔十〕記疑云句首疑有「離婁下」三字。

〔十一〕而勿失：原缺，據宋浙本補。

〔十二〕之事：原作「人事」，據四庫全書本改。

編年 據書信編年。

答吴伯豐 慶元初

必大鄉因楊氏謂舜自怨其不能盡孝以感動父母，而以孟子所以論小弁者辨之，伏蒙批誨云：「程子亦以舜之怨與小弁不同，更思之。」必大已悉尊意，及以孟子二章讀之，其叙舜之事與辨小弁之説其爲不同甚明。二「怨」字之義非特不可并觀，蓋小弁猶是人子之常情，而舜之怨則盛德之事，非常情所可及也。

得之。

必大於説中嘗疑舜、象憂喜一段與孔子微服過宋事似不相類，未詳伊川并舉而例言之意。伏蒙批誨：「以孟子『莫非命也』一章之意推之，則可見矣。」必大竊謂象雖不能殺舜，然彼既有是心，在舜豈得不爲之憂？蓋必如是然後謂之盡道，與孔子微服過宋事正相類。苟付之於命而在我者不自盡焉，則與死於桎梏無以異矣。

「莫非命也」，只説得微服過宋等，舜之事乃是雖知其將殺己而不能自已其親愛之心，亦是并行不悖處，而其類自不同也。

「聖人之於天道」，必大説嘗疑此句比上文義例似於倒置。伏蒙批誨云：「上字在我，其下乃所得所施之不同。如此立語，亦不爲倒。」必大今試釋之曰：仁之所施，厚於父子；義之所施，盡於君臣；禮之所施，恭於賓主之際；智之所施，哲於賢否之辨，聖人之所得全夫天理之粹。若如此解，固未爲倒，但似終費注脚斡旋之力。又仁、義、禮、智四字謂之在我可也，若以此例説「聖人」二字，意亦未安。

聖人以身言，豈非在我？天道以理言，豈非所得？

編年　據書信編年。

答吴伯豐 慶元初

明道曰：「蓋生之謂性，人生而静，以上不容説，纔説性時便已不是性也。凡人説性，只是説繼之者善也。孟子説人性善是也。」伊川曰：「若乃孟子之言善者，乃極本窮源之性。」「以上不容説」者，是指天命本體對其稟賦在人者而言。「極本窮源」者，是就人所稟之正理對氣質之性爲説。此云「繼之者善」，亦與通書所指不同，乃孟子所謂「乃若其情可以爲善」之意，四端之正是也。

「仁之於父子」一段，兩嘗請教，然終有未能安者。近見錢判官文子以仁而施於父子，宜相親愛；以義而施於君臣，宜相契合。吾既有禮矣，則賓主之際必然見答；吾既有智矣，則賢者之交必然見知。以至德爲聖人，則保祐眷顧之休亦天道之所宜昭格者也。而事乃有甚不然者，姑舉聖人於天道言之。堯、湯之水旱，孔、孟之困窮是也。夫是以謂之命。然其在吾性所當盡者，初不可以自已。如父雖不慈，子不可以不孝之類。故曰「有性焉，君子不謂命也」。如此解得「聖人於天道」一句與上四句頗順，不知尊意以爲如何？

前輩有如此説者，與集注之説亦不甚異。但所謂命有内外之不同耳。又「智之於賢者」若如此解，即語勢倒而不順，須如横渠之説乃佳。可更詳之。

編年 據書信編年。

答吴伯豐 慶元三年

又聞攝事郡幕〔一〕，想亦隨事有以及人。但趨舍之決，是乃舜、跖之分，不幸至此，只有一刀兩段。然須是自家著力，非他人所能預也。録示子約往還書，如所謂血氣之盛衰猶足爲理義之消長〔二〕，亦是前輩自有此説。今所援引，乃是舉輕以明重，無不可者。不知子約何所疑也。恐是不曾子細看上下文，便只就此兩句上論得失。講論最怕如此，不盡彼此之情而虚爲是譊譊也。又如説浩氣之體段即道義之流行，此等語殊不可曉。自此以下，一向勞攘。此無他病，只是心地不虚，戀著舊時窠窟，故爲此所障而正理不得見前耳。近日看得讀書別無他法，只是除却自家私意，而逐字逐句只依聖賢所説白直曉會，不敢妄亂添一句閑雜言語，則久久自然有得。凡所悟解，一一皆是聖賢真實意思。如其不然，縱使説得寶花亂墜，亦只是自家杜撰見識也。且道孟子裏還曾有一字説浩氣之體段即是道義之流行否？

編禮直卿必已詳道曲折，祭禮嚮來亦已略定篇目，今具別紙。幸與寶之商量，依此下手編定，尋的便旋寄來，容略看過，須得旋寄旋看乃佳，蓋看多恐不子細，又免已成復改，費工夫也。却送去，附入音疏，便成全書也。直卿所寄來喪禮用工甚勤，但不合以王侯之禮雜於士禮之中，全然不成片段。又久不送來，至十分都了方寄到，故不免從頭再整頓過一番，方略成文字。此可以爲戒也。

祭禮

廟制一以王制、祭法等篇爲首，説廟制處凡若此類者皆附之，自爲一篇，以補經文之闕。

特牲二依冠、昏禮附記及它書親切可證者。

少牢三同上。

有司四同上。

祭義五以本篇言士大夫之祭者爲主，諸篇似此者皆附之。本篇中間有言天子諸侯禮處，却移入祭統。

九獻六以大宗伯篇首掌先王之目爲主，而以禮運「禮之大成」一章附之。周禮及禮記中如此類者皆附其後，如周禮籩人、醢人、司尊彝之屬，正與禮運相表裏。禮運篇已寫去，在直卿處，可更考之，依此編定〔三〕。如禘祫之義，則春秋纂例中趙伯循説亦當收載。

郊社七以大宗伯祀天神、祭地祇之目爲主，而諸篇中言此類者皆附之〔四〕。如皇王大紀中論郊社處亦當收入注疏後。

祭統八以本篇言諸侯天子之禘者爲主，凡諸篇言郊廟祀饗之義者皆附其後。篇内言士大夫之禮處却移在祭義篇内。

或別立祭祀一篇，凡統言祭禮，如王制篇内一段，周禮大宗伯祀天神、祭地祇、享人鬼之目，及今禮記祭法篇，但除去篇目數句入祭統。凡似此類者，冠於廟制之前，不注，而逐篇本文再出者乃附注疏。如何？

王制乃通有夏、商之法，當爲首。周禮次之，禮記燔柴以下又次之。此爲總括祭祀之禮，而廟制以下各隨事爲篇，由賤以及貴，前數類皆然也。

校記　〔一〕郡：原作「都」，據宋閩、浙本改。

〔二〕血：原作「五」，據右引改。

〔三〕編：原作「篇」，據宋浙本改。

〔四〕而：原作「凡」，據宋閩、浙本改。

編年　據書信編年。

答吴伯豐 慶元三年

熹前日奉書説祭禮篇目，内郊社篇中當附見逸禮中霤一條。此文散在月令注疏中，今已拆開，不見本文次序。然以中霤名篇，必是以此章爲首。今亦當以此爲首，而户竈門行以次繼之。皆以注中所引爲經而疏爲注，其首章即以逸禮中霤冠之，庶幾後人見得古有此書，書有此篇，亦存羊之意也。疏中有其篇名，必是唐初其書尚在〔一〕，今遂不復見，甚可嘆也。

校記　〔一〕書尚：原倒，據宋閩、浙本乙。

編年　據書信編年。

答吴伯豐 慶元三年

編禮有緒，深以爲喜。或有的便，望早寄來。心力日短，目力日昏，及今得之，尚可用力。但朋友星散，不知竟能得見成書與否，深可嘆也。再論浩氣語甚的當，切中子約之病。然猶未悟，書來忉怛不已，不可爬梳。雖已竭力告之，恐未必能相信也。伯豐明敏有餘，講學之際，不患所見之不精。區區屬望之意，蓋非他人之比。但願更於所聞深體而力行之，使俯仰之間無所愧怍，而胸中之浩然者真足以配義與道，不但爲誦説之空言而已，則區區之願也。賓之不及別書，編禮想用功不輟，煩爲致意也。

編年 據書信編年。

答姜叔權 大中 紹熙元年

程子言性即理也，而邵子曰性者道之形體，兩説正相發明。而叔權所論乃欲有所優劣於其間，則不惟未達邵子之意，而於程子之語亦恐未極其藴也。方君所謂「道者，天之自然；性者，天之賦予萬物，萬物禀而受之」，亦皆祖述先儒之舊。蓋其實雖非二物，而其名之異則有不可不分者。且其下文有曰：「雖禀而受之於天，然與天之所以爲天者初無餘欠。」則固未嘗判然以爲兩截也。但其曰「道體無爲，人心有動」，則「性」與「心」字所主不同，不可以此爲説耳。如邵子又謂「心者性之郛郭」，乃爲近之。但其語意未免太粗，須知心是身之主宰而性是心之道理，乃無病耳。

所謂識察此心，乃致知之切近者，此説是也。然亦須知所謂識心，非徒欲識此心之精靈知覺也，乃欲識此心之義理精微耳。欲識其義理之精微，則固當以窮盡天下之理爲期。但至於久熟而貫通焉，則不待一一窮之而天下之理固已無一毫之不盡矣。舉一而三反，聞一而知十，乃學者用功之深、窮理之熟，然後能融會貫通，以至於此。今先立定限，以爲不必盡窮於事事物物之間，而直欲僥倖於三反知十之效，吾恐其莽鹵滅裂而終不能有所發明也。

知仁爲愛之理，則當知義爲宜之理矣。蓋二者皆爲未發之本體，而愛與宜者乃其用也。今乃曰義者理之宜，則以義爲本體之發也，不幾於仁内義外之失乎？又以仁爲性之全德，則與方君所謂天理之統體者無一字不相似；又以爲仁爲心體之流行發見，則與方君之流動發生之端緒，皆以仁爲已發之用矣，又何足以相譏乎？方君循其本、循其用數語自無病，而亦非之，恐未安也。

編年 據書信編年。

答姜叔權 紹熙元年

所喻益見灑落，甚慰所望，但西銘之疑則恐未然。横渠之意，直借此以明彼，以見天地之間隨大隨小，此理未嘗不同耳。其言則固爲學者而設，若大賢以上，又豈須説耶。伊川嘗言：「若是聖人，則乾、坤二卦亦不消得。」正謂此也。聞與長孺俱爲廬阜之行，甚喜。渠亦以爲叔權於此不免過疑，然其爲説又似草草，未足以釋賢者之所疑也。向來所論方君之説，有未盡者，具於長孺書中，計必見之。更有可論，無惜痛相反覆，彼此有得也〔一〕。

校記 〔一〕「聞與長孺」以下原缺，據宋浙本補。考異所引别本同。

編年　據書信編年。

答姜叔權 紹熙元年至二年

示喻日用工夫，甚善。然若論實下工夫處，却使許多名字不著。須更趨要約而自然不害衆理之默契，乃爲佳耳。所論西銘名虚而理實，此語甚善。蓋名雖假借，然其理則未嘗有少異也。若本無此理，則又如之何而可强假耶。方賓王之説，昨日方得答之，今録去。有未安處，却幸喻及。沙隨孟子已領，文義考證間尚有少疑處，臨行冗甚，未暇條析。前途稍暇，當具出，託爲宛轉求教也〔一〕。

校記　〔一〕「方賓王」以下原缺，據宋浙本補。考異所引別本同。

編年　據書信編年。

答姜叔權 紹熙元年至二年

所云「既真實而又無妄」，鄙意初不如此，只是兩下互説，夾持令分明耳。如云「至公無我」，至公即是無我，無我即是至公，豈可言既至公而又無我耶。

編年　據書信編年。

答姜叔權 紹熙二年以後

示喻曲折，何故全似江西學問氣象？頃見其徒自説見處言語意氣、次第節拍正是如此，更無少異，恐是用心過當，致得如此張皇。如此不已，恐更有怪異事，甚不便也。長孺所見亦然，但賢者天資慈祥，故於惻隱上發；彼資禀粗厲，故别生一種病痛。大抵其不穩帖而輕肆動盪，則不相遠也。正恐須且盡底放下，令胸中平實，無此等奇特意想，方是正當也。

編年 據書信編年。

答汪長孺 德輔 紹熙元年

「道無方體，性有神靈」，此語略有意思，但「神靈」二字非所以言性耳。告子所謂生之謂性，近世佛者所謂作用是性，其失正墮於此，不可不深究也。性立天下之有，方君之言正得胡子之意。但引之以明邵子之言，則爲未當耳。今反譏其不得胡子之意，則誤矣。方君所云天地萬物以性而有，「性」字蓋指天地萬物之理而言。是乃所謂太極者，何不可之有？天地雖大，要是有形之物，其與人物之生雖有先後，然以形而上下分之，則方君之言亦未大失也。而長孺亦非之，過矣。大抵長孺之性失於太快，故多不盡彼此之情。而語氣粗率，無和平温厚之意，此又非但言語枝葉之小病也。

方君第二説只解易傳，意略有未當處，其他所論首尾相救，表裏相資，所得爲多。長孺率然攻之，而所以攻之之説乃不能出乎方君之所言者。若因其説還以自攻，則亦不知所以自解矣。且方君之語意温厚詳審，而長孺之詞氣輕易躁率，以此而論，則其得失又有在也。

仁、義、禮、智，性也；惻隱、羞惡、辭遜、是非，性之四端，所謂情也。孟子言之詳矣。今曰仁、義、禮、智，性之四端，則性又何物耶？知方君流動發生之端爲非，而不自知仁、義、禮、智爲四端之失，何其工於知人而拙於察己耶。方君謂仁者天理之統體，其「統體」字固有病，而指仁爲性，則無失。今并非之，而又自爲之説曰：「若謂發生處即是仁，庶其近於程子之意。」則其失亦不異於流動發生之云，而與程子「發處乃情」之言大相反矣。凡此更當深玩而徐究析之，未可容易輕肆排抵也。其論方君不當以當然之理爲義則是，而自謂欲處其當者爲義則非；其謂方君不當以見於外者爲義則是，而自謂理之始發於心者爲仁則又非也。

編年 據書信編年。

答汪長孺 紹熙元年

示喻功夫長進，深所欲聞。但恐只此便是病痛，須他人見得自家長進，自家却只見得欠闕，始是真長進耳。又覺得尋常點檢他人頗甚峻刻，略無假借，而未必實中其人之病。此意亦太輕率，不知曾如此覺察否？此兩事只是一病，恐須過捺，見得顔子以能問於不能、以多問於寡不是故意姑且如此，始有進步處耳。

編年 據書信編年。

答汪長孺 紹熙元年

詳此二説，長孺所論爲近之。然語言之間有未簡潔處。大抵明道先生所謂全體此心者，蓋謂涵養本原，以爲致知格物之地而已。如云「聖賢千言萬語，只要人求其放心，自能尋向上去，下學而上達」，亦此意也。未可説得太深，亦不是教人止於此而已也。叔權引援太廣，反汨正意，更宜相與評之。大學定静，乃學者所得之次第，本文意自分明，與太極説中言聖人事者字雖偶同，然指意迥别，不當引以爲證也。

編年 據書信編年。

答汪長孺别紙 紹熙二年以後

大學「知至而後意誠，意誠而後心正」二句，章句注解新舊説不同。若如舊説，則物格之後更無下功夫處，向後許多經傳皆爲剩語矣。意恐不然，故改之耳。來説得之。

舊説静，以爲心不妄動。而今改之者，蓋心雖不可妄動，然動之以正者則不能無，而「不妄動」三字包「静」字不過。今曰不外馳，則心常在腔子裏而静意可見矣。

得之〔一〕。

「天地之所以高深，鬼神之所以幽顯」，天，陽也，氣也，所以高也；地，陰也，質也，所以深也。鬼神變化不測，可謂幽矣。然造化流行，昭著上下，豈非顯耶。

鬼幽神顯。

程子曰：「物必有理，皆所當窮。如天地之所以高深，鬼神之所以幽顯。」又曰：「如欲爲孝，當知所以爲孝之道，如何而爲奉養之宜，如何而爲温清之節。」先生補經文，乃只説窮其理之所當然而不容已者，是但用後一説耳。不知如何？

見得不容已處，便是所以然。

物我一理，纔明彼即曉此，此合内外之道也。一物之理格即一事之知至，固無在彼在此。

論語「謹終追遠」注曰〔二〕：「以此自爲，則己之德厚。」德輔恐此章止爲化民，不見有自爲之意。

謹終追遠，自是人所當然，不爲化民而後爲之也，故己德厚而民德亦歸趣之。雖不明言，然味其間隱然有此意也。

「恭近於禮」，先生或問曰：「致敬於人，固欲其遠耻辱。」德輔以爲若如此，則恭敬非其本心之自然矣。又曰：「不合於節文，則或過或不及，皆所自取耻辱。」德輔謂恭而過，則有巽在牀下之失而不近於禮；若夫不及，則謂之不恭矣，又烏可責之近於禮哉。若説爲恭者本不求遠耻辱，則有子不必如此説，而巽在牀下，失禮於人，皆不足計矣。此説偏蔽粗率，非聖賢之意也。又如後説，則有子之意只防其過，不憂其不及，亦是此病。

「詩三百，一言以蔽之，曰思無邪。」

詩之言有善惡，而讀者足以爲勸戒，非謂詩人爲勸戒而作也。但其言或顯或晦，或偏或全，不若此句之直截而該括無遺耳。

「射不主皮」，楊氏曰：「容節可習而能，力不可强而至〔三〕。」先生易「容節」二字爲「中」字，不知如何？

楊氏大概得之，但云「容節」，則是全不求中，又非射之意也。故因其詞而改此二字，以補其闕耳。

「祖考之精神便是自家精神」，故祭之可以來格。至於妻及外親，則不知如何。

但所當祭者，其精神魂魄無不感通。蓋本皆從一原中流出，初無間隔。雖天地、山川、鬼神亦然也。

鬼者陰之靈，神者陽之靈。司命、中霤、門、行，人之所用有動静作止〔四〕，故古人祀之。不知然否？

有此物便有此鬼神，蓋莫非陰陽之所爲也。五祀之神若細分之，則户竈屬陽，門行屬陰，中霤兼統陰陽。就一祀之中，又自有陰陽也。

「兩在故不測」，其義如何？

神無所不在，或陰或陽，故曰兩在。

「其家不可教而能教人者無之，故君子不出家而成教於國。孝者所以事君也，弟者所以事長也，慈者所以使衆也。」注云：「孝、弟、慈者，家之所以齊也。推之於國，則所以事君、事長、使民之道不外乎是。故三行者修於家，則三教者成於國矣。」詳經之文與注之意，蓋言事父與君之理一也，事兄與長之理一也，慈幼與使衆之理一也。能孝於父，則人化其孝而知所以事君；能弟於兄，則人化其弟而知所以事長；能慈其幼，則人化其慈而知所以使衆。故曰不出家而成教於國。又曰三行者修於家，則三教者成於國，蓋上行下效，感應之機自然而然也。然經文又引康誥「如保赤子」而云云，何也？注曰：「此言慈幼之心非由外得，推以使衆亦猶是也。」蓋作經者又發明孝、弟、慈，人之本心，有是三者，舉斯加彼，初無二致。但舉慈幼一端以見其理之實同，而非指名齊家之人又推慈幼之心以使衆也。今考之或問乃有曰：「言此以明在上之人能推保赤子之心以使衆，至於教成於國。而凡從政者，皆以是爲心焉，民之不得其所非所患矣。」則似以爲齊家之人又能推保赤子之心以使衆，然後教成於國，與前注三行修於家而三教自成於國之説不同。豈非或問自是發明推心之意，不與前注相關，但「教成」二字偶用之耳？不審然否。

此說甚善。舊亦疑所解有未安者，得此甚快。而此間諸朋友説多未合，更俟商確也。

校記 〔一〕「舊説静」至此一問一答原缺，據宋浙本補。考異所引别本同。

〔二〕論語：原缺，據右引補。

〔三〕此句原缺，據右引補。考異所引别本同。

〔四〕止：原作「也」，據右引改。

編年 據書信編年。

答汪長孺 紹熙二年以後

色斯之舉，細詢曲折，果未中節。然事已往，不足深念。但當謹之於後，凡事審諦乃佳耳。别紙所論，殊不可曉。既云識得八病，遂見天理流行昭著，無絲毫之隔，不知如何未及旋踵，便有氣盈矜暴之失，復生大疑，鬱結數日，首尾全不相應？似是意氣全未安帖，用心過當，致得如此，全似江西氣象。其徒有今日悟道而明日醉酒駡人者，嘗舉賈生論胡亥語戲之。今乃復見此，蓋不約而同也。此須放下，只且虚心平意玩味聖賢言語，不要希求奇特，庶幾可救。今又曰「先作云云工夫，然後觀書」，此又轉見詭怪多端，一向走作矣。更宜詳審，不可容易也。

編年 據書信編年。

答李叔文〔一〕 淳熙七年

熹到官之初，首辱惠顧，陳義甚高。顧恨未及少款而從者遽去，悵想迨今。向者妄以學職延致，正欲借重賢德以化邑人，不謂滯留豫章，未得歸視講席。兹辱惠問，良以嘆恨。熹衰病抗拙，不堪俯仰，前月已上祠請，命下即行矣。代者石侯學行才力皆有以過人者，其爲政尤以教化爲先務。異時來歸，共圖所以發明墜緒、興起頽俗，固爲未晚。幸勿以今日之未暇而遽有所辭避也。周子書、近思録各一本納上，暇日試深玩之。餘惟珍重，千萬之懇。

校記　〔一〕此題淳熙本作「答南康李叔文埜」。

編年　據書信編年。

答李叔文淳熙七年秋

熹奉别忽許久，每深嚮往之懷。奉告，獲聞比日清秋，尊履萬福，爲慰。秋試不得賢者爲重，深以爲恨。初見考官説恐在小榜中，既又不然，殊不可曉。葉學録能誦首章，遠過今所取者，相與嘆惜。此正未足爲左右輕重也。示諭知府丈台意，極知不當再三煩瀆。然恐向後米貴，則此所出金亦自折閲耳。已囑法曹面懇，更望老兄左右之也。郡中所糴不佳，已聞之。今亦一面作處置，度至仲冬不致遽壞，即無慮矣。它諭諄悉，深荷留念，當悉施行。放旱通計須及七分，若逐户全損，自不妨全放也。何時入城，冀得款晤。民間利害有聞，願悉見告，尤所深望也。

編年　據書信編年。

答李叔文 淳熙八年

熹別久，殊不聞問。忽辱惠書，獲聞比日德履佳福，深以爲喜〔一〕。熹杜門竊食，貧病不足言。但操存玩索之功雖不敢廢，而未見有以進於前日〔二〕，以是憂愧，殆無以見朋友也。白鹿知亦嘗一到，甚善甚善〔三〕。每念疇昔相與登臨游從之樂，未嘗不發於夢寐。然亦恨當時所以相切磋者猶有所未盡也。相望千里，何時復得從容反覆，如往時耶？更願益加持守之功〔四〕，以求義理之歸，是所願望。便遽，草草奉報，不究所欲言也〔五〕。

校記　〔一〕以上原缺，據淳熙本補。

〔二〕見：右引作「嘗」。

〔三〕二「善」字右引皆作「喜」。

〔四〕功：右引作「力」。

〔五〕「便遽」以下原缺，據右引補。考異所引別本同。

編年　據書信編年。

答李叔文 淳熙八年以後

喻及爲學次第，甚慰所懷。但向來所説性善，只是且要人識得本來固有，元無少欠，做到聖人方是恰好，纔不到此，即是自棄。故孟子下文再引成覸、顔淵、公明儀之言，要得人人立得此志，勇猛向前，如服瞑眩之藥，以除深錮之病，直是不可悠悠耳。「求放心」不須注解，只日用十二時中常切照管，不令放出，即久久自見功效，義理自明，持守自固，不費氣力也。若添著一「求仁」字，即轉見支離，無摸索處矣。嘆美之辭乃胡氏説，大非孟子本意。今亦未須論，但看孟子本説足矣。此不是要解説「性」字，蓋是要理會此物善惡，教自家信得及，做得功夫不遲疑耳。

編年　據書信編年。

答葉永卿淳熙十三年以後

先天之説，昨已報商伯矣。來喻亦推得行，然皆未能究其緼。須先將六十四卦作一横圖，則震、巽、復、姤正在中間。先自震、復而却行以至於乾，乃自巽、姤而順行以至於坤，便成圓圖。而春、夏、秋、冬、晦、朔、弦、望、晝、夜、昏、旦皆有次第，此作圖之大指也。又左方百九十二爻，本皆陽；右方百九十二爻，本皆陰，乃以對望交相博易而成此圖。若不從中起以向兩端，而但從頭至尾，則此等類皆不可通矣。試用此意推之，當自見得也。

編年　據書信編年。

答都昌縣學諸生 淳熙六年

「温故而知新，可以爲師矣」，伊川謂只此一事可師矣。如此等處，學者極要理會。若只認温故而知新便可爲人師，則窄狹却氣象也。伊川先生之意，以温故知新止是一事。若謝先生之言，則以温故知新猶言極高明而道中庸，致廣大而盡精微，非徇物踐迹者之所爲。如是則氣象似不窄狹，與伊川之説不同。未審孰是？

伊川先生之意，蓋以爲此事可師，非人能此即可師也。所謂只此一事者，亦非謂温故知新只是一事，故其解又曰「温故則不廢，知新則日益，斯言可師」，則是以温故知新爲二事，而欲人之師此言耳。然於文義有所未安，謝説又失之過高。要之此章正與學記所謂記問之學不足以爲人師者相對，試更思之。

子貢問「貧而無諂，富而無驕」，孔子謂「未若貧而樂，富而好禮」。而子貢引詩云「如切如磋，如琢如磨」，而孔子即以「始可與言詩」與之。子夏問「巧笑倩兮，美目盼兮」，而夫子答之以「繪事後素」，子夏因有「禮後乎」之對。夫子不惟以可與言詩與之，且曰〔一〕：「起予者商也。」詳觀諸先生説，皆以謂禮果可後。愚竊謂「乎」者，疑辭也。「禮後乎」，猶言禮不可後也。故夫子曰「起予」。若使子夏順從夫子之意，則不可謂之「起予」。未知是否？

此章之説，楊氏得之，禮不可後者非是。夫子方言繪事後素，而子夏於其言外發明禮後之意，非但順從而已也。

「行有餘力則以學文」，「文」者，何文也？或曰「以學文飾之」，未審是否？

伊川先生云：「學文便是讀書。」然則詩書禮樂，皆文也，不但以爲飾而已也。

子曰「巧言令色」，詩取「令儀令色」，何也？

論語與詩人之意，所指各異，當玩繹其上下文意以求之，不可只如此摘出一兩字看也。

孟武伯問孝〔二〕，子曰：「父母唯其疾之憂。」范氏謂武伯弱公室，强私家，得免其身而保其族者，幸也。故孔子告之如此。尹氏謂疾病人所不免，其遺父母憂者，不得已也。如以非義而遺其父母之憂，則不孝之大者。故范氏專爲武伯言，尹氏則爲衆人言。未知孰是？

孟武伯固必有以遺其親之憂者，如范氏之云，則未可知也。聖人之言固必切於其人之身，然亦未有衆人不可通行之理也。

義之與比，伊川先生曰：「親於其身，爲不善者直是不入。」或曰見善如不及，見不善如探湯，是否？

義之與比，但言惟義是從耳。伊川先生似謂有義之人則親比之，恐非文意。然言義之與比，則決不從不義可知。「如不及」、「如探湯」固是當然，然此語意本寬，未須看得如此迫切。

子曰：「父在觀其志，父没觀其行。三年無改於父之道，可謂孝矣。」有君子之道，有小人之道。三年無改於父所行君子之道可也，若其所行小人之道，其亦三年無改乎？適所以重父於不義，孝子果如是乎？

游、尹之說得之，可熟玩也。

子貢問君子，子曰：「先行其言而後從之。」先儒謂子貢多言之人，故以此告之。未審是否？

或當有此。

子曰：「攻乎異端，斯害也已。」異端者，雜楊、墨諸子百家而言之。或曰攻治乎異端，謂學而行之，適所以害先王之正道也，如斯而已乎，言先王之正道不得行於世也。或曰攻乎異端之學而不學焉，其爲害先王之正道者已止而不作〔三〕，不能爲害先王之正道也。未審孰是？

伊川先生、范氏說得之，「已」字只是助辭，不訓止也。

「觀過，斯知仁矣」，過而知仁，何也？

伊川先生及尹氏說盡之。

或問禘之說，子曰：「不知也。知其說者之於天下也，其如示諸斯乎。」指其掌。或人問禘而夫子曰不知，而又曰「知其說者之於天下也，其如示諸斯乎」，是夫子深知之也。或曰，夫子言不知，以躋僖公，爲魯諱也。又曰「知其說者之於天下也，其如示諸斯乎」，指其掌，明其知而不言。雖然其說如此，聖人之意深矣。幸乞指教。

此章呂氏說爲得之，但云不可盡知則非。此所云爲魯諱者，恐不然。又云明其知而不言，則尤非所以言聖人之心矣。

子曰「射不主皮，爲力不同科」，何也？

前輩説「射不主皮」，儀禮大射篇文。「爲力不同科」者，夫子解禮所以如此者，爲人之力不同科故也。此説得之。

子曰：「古者言之不出，耻躬之不逮也。」侯先生曰：「古之學者非獨言之，皆是實能踐履。未能踐履而言之，所以耻也。」或曰「子路有聞，未之能行，惟恐有聞」意同。侯氏是矣。所引子路事亦近之，但不甚切耳。

子曰：「參乎！吾道一以貫之。」曾子曰唯。子出，門人問曰：「何謂也？」曾子曰：「夫子之道，忠恕而已矣。」伊川先生曰：「盡己之謂忠，推己之謂恕。忠，體也；恕，用也。」而明道先生云：「忠恕兩字，要除一個除不得。」而吾夫子嘗曰「行之以忠」，是除恕字也。又曰「其恕乎」，是除忠字也。此一疑也。又忠恕果可以盡一，一果止於忠恕乎？

此一段是論語中第一義，不可只如此看，宜詳味之。「行之以忠」，行處便是恕；「其恕乎」，所以恕者便是忠。所以除不得也。忠恕相爲用之外無餘事，所以爲一。故夫子曰「吾道一以貫之」，而曾子曰「忠恕而已矣」。而已矣者，竭盡而無餘之詞也。

子謂子賤「君子哉若人」，子貢問曰：「賜也何如？」子曰：「女器也。」曰：「何器也？」曰：「瑚璉也。」語録云：「子貢問『賜也何如』，是自矜其長。而孔子則以瑚璉之器答之者，瑚璉，施之於宗廟，如子貢之才可使四方，可使與賓客言也。」或者謂子貢因孔子許子賤以「君子哉若人」之語，子貢意孔子不以君子許之，而遂有「賜也何如」之問，而孔子以瑚璉之器許之者，是未許其爲君子也。抑嘗聞君子不器之説，是以疑之。

二説初不相妨。但自矜其長，意夫子不以君子許之之意，則子貢不應若是耳。

子曰「吾未見剛者」云云，語録謂目欲色、耳欲聲，以至鼻之欲臭〔四〕，四肢之欲安佚，皆有以使之也。然則何以窒其欲？曰思而已矣。學莫貴於思，惟思爲能窒欲。或曰思而不正不足以窒欲，適所以害事。思無邪如何？

思而不正，是亦欲而已矣。思其理之是非可否，則無不正矣。

子曰「賢哉回也！一簞食，一瓢飲」云云，伊川言：「天下有至樂，惟反身者得之，而極天下之欲者不與存焉。」此言顔子能反身，所以有天下之至樂。伊川又言顔子簞瓢非樂也，忘也。二説孰是？

前説至矣。後説非不善，但恐看者不子細，便入老佛去耳。

「季文子三思而後行」云云，語録曰：「爲惡之人未嘗知有思，有思則爲善矣。至於再則已審，三則私意起而反惑矣。」楊先生、尹先生皆言三則惑，或者謂周公仰而思之，夜以繼日，幸而得之，坐以待旦，所思又不止三也。

横渠先生曰：「未知立心，惡思多之致疑；已知立心，惡講治之不精。」講治之思，莫非術内，雖勤而何厭？推此求之可見。

「孰謂微生高直」云云，范氏曰：「是曰是，非曰非，有謂有，無謂無，曰直。微生高以直聞，而夫子因乞醯知其不直。夫審其所以養心者，豈在大哉。」或者謂直，無妄之謂也。「誠」之一字，由無妄入。若微生高未至夫無妄，所以如此。若至誠，則無他事矣。未知如何？

無妄即誠，由無妄入者，非也。此章之説，范氏得之。所以害其養心者，不在於大，此語尤爲痛切。日用之間，不可不常警省也。

校記 〔一〕「子貢問貧」至此原缺，據宋浙本補。考異所引別本同。

〔二〕此句原缺，據右引補。

〔三〕止：原作「正」，底本原注：「已正之正疑止字之誤。」據四庫全書本改。

〔四〕臭：宋浙本作「香」。

編年 據書信編年。

答都昌縣學諸生 淳熙六年

季氏使閔子騫爲費宰。閔子，顏淵之倫也，不仕於大夫，亦不仕於諸侯。以仲弓之賢，猶爲季氏宰。若顏、閔者，夫子之得邦家斯仕矣。吾夫子言冉雍仁而不佞，蓋冉雍亦顏子之倫也。閔子辭費宰，冉雍爲季氏宰，何也？

君子之行，不必盡同，孟子之論夷、惠、伊尹可見。然冉雍仁而不佞，非夫子之言，亦不可以此一句定其爲顏子之倫也。

「十室之邑」，范氏曰：「十室之邑必有忠信者，不誣人也。不如丘之好學者，不自誣也。」尹氏又云：「忠信，質也，人誰無質乎。」注疏之讀恐不成文理。蓋其意以爲夫子不應自謂人不如己，蓋不察夫聖人而自處以好學，爲貶已甚矣。范氏誣人、自誣之説亦是贅語，尹氏「人誰無質」亦非是。此蓋言美質人或有之耳。

仲弓問子桑伯子敬事而信矣，而仲弓之言有以契吾夫子之心，是以其言爲然。居敬之「敬」與敬事之「敬」不同，試更思之。大凡讀書只可以義理求聖賢之意，切忌如此合説了，便無餘味，使人不長進。

子游爲武城宰，謝先生言「未嘗至於偃室」，蓋其意不爲温懦以媚悦人。或者謂澹臺簡易正大之人也，謝説得之矣。

「知之者不如好之者，好之者不如樂之者」，明道先生曰：「好之者如游他人之園圃，樂之者則己物耳。」或者謂此理唯顏子好學，不改其樂得之矣。滅明二事，當熟玩味其氣象，不可只如此説過，無益於學也。

此章當求所知、所好、所樂者爲何物，又當玩知之、好之、樂之三節意味是如何，又須求所以知之、好之、樂之之道，方於己分有得力處。只如此引證，殊無益也。

「樊遲問知」，樊遲之問一也，而夫子對之不同，何也？

孔門問同答異者多。樊遲三問仁，再問智，答之皆不同，必有説矣。然且當逐處理會，令有歸著，即自然見得所答不同之意。今不曉其逐段指意，而遽欲論其異同，既於己分無益，亦終不得聖人之意也。

「天厭之」，伊川既言「猶天喪予」矣，語録又言「天厭吾道」。或人謂從語録之説，是夫子有怨天之意。學者疑之。

「天喪予」即與「天厭吾道」無異，不容是此而非彼。然此章之義恐只合從古注説及范説。

「述而不作」，夫子自比於老彭。不言他事，而止言述而不作，信而好古者，言古人猶不作，猶好古，推而上之，是古人行事未嘗無所本也。夫子非是要自比老彭而稱此二事，蓋自言其有此二事似老彭耳。「推而上之」以下云云，恐本無此意。

「孟武伯問子路仁乎」，范先生曰：「仁唯克己復禮無欲者能之。苟有願乎其外，不足以爲仁，故非三子所及也。」或者謂子路、冉有、公西華非不仁也，蓋吾夫子不輕以仁予人，亦不輕以不仁絶人，故於三子爲不知其仁。唯宰予爲不仁者，孝弟爲仁之本，既短喪矣，孝安在哉？是本不立，不仁孰甚焉。

當從范氏之説。不輕與絶之説，亦未端的。宰予不仁，若無「孝弟爲仁之本」一句，却如何説？大凡説書求義須就實事上看出道理來，方有得力處。若如此引證，要作何用？

編年　據書信編年。

答白鹿長貳淳熙八年以後

書院經雨，不能無隳損，想已加葺治矣。聞又得宣城書籍及建昌莊田，今侯亦一月中一至，此足以爲久遠故事矣。三大字本就卓上寫成，既摹即拭去，今無復可得。既已刻成，煩且打一本寄來，可就修即就本修去，不可即復磨去，亦無緊要用處也。諸生今幾人？想時討論，益有緒。山中閒曠，正學者讀書進德之地。若領袖諸賢同心唱導，不以彼已之私介於胸中，則後生有所觀法而其敗群不率者亦且革心矣。

編年　據書信編年。

朱熹文集編年評注卷五十三

書知舊門人問答

答劉公度孟容　淳熙十二年

示喻爲學之意，終覺有好高欲速之弊。其説亦已見令叔書中矣，願更詳之。講學不厭其詳，凡天下事物之理，方册聖賢之言，皆須子細反覆究竟。至於持守，却無許多事。若覺得未穩，只有默默加功，著力向前耳。今聞廢書不講，而反以持守之事爲講説之資，是乃兩失其宜，下梢弄得無收殺，只成得杜撰捏合而已。至謂彼中朋友只有季章一人可望，此未論其許與之當否，然其言之發亦太輕矣。舊見公度不如此，只此便是新學效驗。向見伯恭説孔子順答魏王問天下之高士，而曰世無其人，此一句似全不是孔子家法。此言有味，願試思之。如何？

編年　據書信編年。

答劉公度 淳熙十五年

所喻「世豈能人人同己，人人知己？在我者明瑩無瑕，所益多矣」，此等言語殊不似聖賢意思。無乃近日亦爲異論漸染，自私自利，作此見解耶？不知聖賢辨異論、闢邪説如此之嚴者，是爲欲人人同己、人人知己而發耶？抑亦在我未能無瑕，而猶有待於言語辨説耶？今者紛紛，正爲論易、西銘而發。雖未免爲失言之過，然未嘗以此爲悔也。臨川近説愈肆，荊舒祠記曾見之否？此等議論皆學問偏枯、見識昏昧之故，而私意又從而激之。若公度之説行，則此等事都無人管，恣意横流矣。試思之，如何？衡州之去爲有邂逅，政不須深自懲創，便相學不説話也。

編年 據書信編年。

評論 程敏政書朱子答劉公度書：按朱子此書，深斥荊公祠記之非。而陸子亦與其門人胡季隨書曰：「王文公祠記乃是斷百餘年未了底大公案，餘子未嘗學問，妄肆指議，無足多怪。同志之士猶或未能盡察，良可慨嘆。」殆謂朱子也。今考其記所云，多與朱子讀兩陳（奏）〔諫〕議遺墨相出入，而又率本諸司馬温公及明道先生之言。今摘其大略附注諸説，以見其語意所從來，亦後學考求探討之不能已者。然朱子讀兩陳（奏）〔諫〕議遺墨，其詞峻，陸子乃荊公鄉人，其詞婉，殆各有攸當，而朱子拔本塞原之論尤不可少也。

答劉公度淳熙十五年

建昌士子過此者多，方究得彼中道理端的是異端，誤人不少。向見賢者亦頗好之，近亦覺其非否？書中所喻衡州數句，爲己之意雖切，然恐未免有迫切之病也。

編年 此書言江西之學之弊及衡州守劉清之事，顯承上篇，當作在一時。書信編年置於淳熙十三年，未見其可。

答劉公度淳熙十五年以後

奮發猛舍之喻甚善，然亦須以義理浸灌涵養，庶幾可以深固久遠。不然一時意氣，恐未可恃也，如何便敢自保不復變耶？

編年 據書信編年。書札彙編列於淳熙十二年。

答劉公度紹熙二年

見喻舊見不甚分明，更欲别作家計，未知底裏果是如何。但此事别無奇妙，只是見成説底便是道理。只要虚心熟玩，久之自然見得實處，自是不容離叛，便是到頭。若更欲别求見解，即是邪説，鮮不流於異端矣。君舉春間得書，殊不可曉。似都不曾見得實理，只是要得雜博。又不肯分明如此説破，却欲包羅和會衆説，不令相傷，其實都曉不得衆説之是非得失，自有合不得處也。葉正則亦是如此，可嘆可嘆！

編年 據書信編年。

答劉公度紹熙二年以後

所論爲學之意甚善。初蓋不能不以爲疑，今得如此，甚慰意也。究觀聖門教學循循有序，無有合下先求頓悟之理。但要持守省察，漸久漸熟，自然貫通，即自有安穩受用處耳。千岐萬徑，雜物并出，皆足以惑世誣民。其信之者既陷於一偏而不可救，其不信者又無正定趣向而泛濫於其間，是亦何能爲有亡耶。平父相處覺得如何？似亦未有個立脚處也。因書更勸勉之。

編年 據書信編年。書札彙編列於淳熙十二年。

答劉仲升淳熙十五年

别紙所示季章議論，殊不可曉。恐不至如此之謬，却是仲升聽得不分明，記得不子細，語脉間轉却他本意。不然，則真非吾之所敢知矣。大抵學問專守文字、但務存養者即不免有支離昏惰之病〔一〕，欲去此病，則又不免有妄意躐等、懸空杜撰之失。而平日不曾子細玩索義理，不識文字血脉，别無證佐考驗，但據一時自己偏見，便自主張，以爲只有此理，更無别法，只有自己，更無他人，只有剛猛剖決，更無温厚和平，一向自以爲是，更不聽人説話。此固未論其所説之是非，而其粗厲激發，已全不似聖賢氣象矣。季章意思正是如此，若只解義有差，下字不穩，猶未爲深害，却是人心、道心、思理、思事等説大段害事。若如其言，即是四端之發皆屬人心，而頑然不動者方是道心；所謂格物者只是分别動與不動，而不復計其動之是否矣。此於體道之要、入德之門皆有所妨，决然不是道理無疑。

但如仲升，則又墮在支離昏惰之域，而所以攻彼者未必皆當於理。彼等所以不服，亦不可不自警省，更就自己身心上做功夫。凡一念慮、一動作，便須著實體認此是天理耶，是人欲耶，子細辨别，勇猛斷置，勿令差誤。觀書論理，亦當如此剖判，自然不至似前悠悠度日矣。所論語、孟兩條亦似未安，此等處且玩索見在意趣，不須如此立説，枉費心力也。

校記　〔一〕但：正訛改作「不」。

編年　據書信編年。

答劉仲升 淳熙十五年

所論玩味見成義理甚善，然亦須就自己分上體當，方見真實意味也。顔子之樂，原憲之問，此等處説時各是一義，其實却只是平日許多功夫到此成就，見處通透無隔礙，行處純熟無齟齬，便自然快活，自無克伐怨欲之根，不是别有一項功夫理會此事也。但未知仲升平日所用功夫如何耳，此不可不勉也。

編年　據書信編年。

答劉季章淳熙十六年冬

劉袁州不謂遂止於此，令人心折。細讀來書，知所以經紀其家者不以生死從違二其心，不勝嘆服，益見袁州之知人，交道之不污也。更望始終此志，使其後人有以承繼前人之志，千萬之幸也。文會規模只如舊耶？或有小改易也？此間朋友只令專一自看一書，有疑問處却與商量，似却不枉費功夫。然亦未見卓然可望者，殊可慮也。

編年　劉袁州即劉清之，其卒在淳熙十六年九月。據書中所言，當作於其初卒之時，是年冬也。

答劉季章紹熙三年至四年

賢者比來爲學如何？雖未相見，然覺得多是不曾寬著心胸，細玩義理，便要扭捏造作，務爲切己，所以心意急迫而理未大明，空自苦而無所得也。熹桂林之行辭免未報，未知竟如何。此間有數士友講學方就緒，從官未必有益。若得免行，成就得一二學者，非小事也。

編年　據書信編年。

答劉季章 紹熙四年

講會想仍舊，專看何書？此書附廬陵葉尉，渠此中人，時有往來之便，有疑可講，不待面諭。但覺得季章意思急迫不寬平，務高不務切，而不肯平心實看道理。只此意思，亦殊礙人知見也。

編年 據書信編年。

答劉季章 慶元元年

熹去歲入都，不能兩月，略無報效，罷遣而歸，深以自愧。今幸復得祠禄，杜門養痾，足以待盡，無足言者。但衰病愈甚，左目已盲，其右亦昏。此數日來，幾全不見物矣。深欲整頓舊書，而病愈如此，則所謂有補於將來者，亦不復可期矣。

編年 據書信編年。

答劉季章 慶元元年

所喻爲學之意甚善，但覺如此私下創立條貫太多，指擬安排之心太重，亦是大病。子約自有此病，賢者從來亦未免此。今又相合，打成一片，恐非所以矯偏補敝而趨於顯明正大之塗也。聖賢教人自有成法，其間又自有至簡約、極明白處。但於本原親切提撕，直便向前，著實進步，自可平行直達，迤邐向上，何必如此迂曲繚繞，百種安排，反令此心不虚，轉見昏滯耶。

編年 據書信編年。

答劉季章 慶元元年至二年

辱書，知所苦向安，已可行坐，深以爲慰。比來想强健勝前矣，然計亦不能無廢書册之功。但齋居謹疾，當亦自有用心處也。熹衰朽杜門，無足言者。但精神昏憊，益甚於前。雖不敢廢書，然度不復能有長進矣。外事絶不敢掛口，但見朋友當此風頭多是立腳不住，况欲望其負荷此道，傳之方來？應是難準擬也。可慮可慮！

編年 據書信編年。

答劉季章 慶元元年以後

曾再到晋輔處否？後生知所趣向，亦不易得。且勉與成就之，令靠裏著實做工夫爲佳。季章近讀何書？作何事業功夫？意思比舊如何？無疑亦久不得信，不知後來於鄙説能信得及否。近來福州得黄直卿、南康得李敬子説誘得後生多有知趣鄉者。雖未見得久遠如何，然便覺得此個氣脉未至斷絶。將來萬一有可望者，却是近上一種老成朋友，若得回頭，便可倚賴。乃復安於舊習，不肯放下，深可嘆惜耳。益公聞甚康健，終日應接不倦，深爲可喜。熹則衰病日益沈痼，死生常理，無足深計。但恨爲學未副夙心，目前文字可以隨分發明聖賢遺意，垂示後來者，筆削未定，纂集未成，不能不耿耿耳。

編年　據書信編年。

答劉季章 慶元四年冬

王晉輔來，求其尊人銘文，久已齚舌，何敢爲此？以其再來，不免題其行狀之後，少答其意。又慮其便欲刊刻流布，則大不便，已作書力戒之矣。渠又説欲得鄙文編次鋟木，此雖未必果，然亦不可有此聲。恐渠後生未更事，不識時勢，不知此是大禍之機，或致脱疏。書中又不敢深説，恐欲蓋而愈章。敢煩爲痛説此利害，當此時節，只得杜門讀書，潛形匿迹，豈可爲此喧譁以自取禍耶？况如老拙蹤迹，又比仁里諸賢事體不同，彼或可言，而此但當默，其理勢不難曉也。只如今所題跋，亦切不可便將出與人看。又刻石、鏤板二事，并望痛爲止之，千萬至懇至懇！此杜元凱所謂既作之後，又復隱諱以避患者，固爲可笑，然亦以子約之故，無以答其意而浸淫至此。全藉賢者相與致力，遏其横流，千萬幸也。

編年　據書信編年。

答劉季章慶元四年

郊霈已行，不知黨錮諸人果得及雞竿下坐否。所論配義與道，其説甚當。所以孟子下文便言是集義所生者，此正如來喻之意也。但子約終看不透，殊不可曉。前日已爲極力言之，不知其信得及否也。

編年 據書信編年。

答劉季章慶元二年

省闈不合，浩然西歸，無愧於心，所得多矣。甚賀甚賀。公度近亦得書，自是不肯求去，致得如此。如近日王興之、龜齡之子。雷季仲、陳和父，皆以力請得去，又何嘗有人苦留之也。潘友□者近亦遭逐，正與公度事體一般。此輩進不能爲君子，退不能爲小人，不與人出氣，令人憤悶也。子約想時相聚，渠近書來，頗能向裏用力。然亦有小未善。已爲詳説，久之必自見得也。景陽前此已嘗附書，今不暇再作，煩爲致意。近日目昏，今日又加手痛，作字頗費力也。承欲就文義事物上做功夫，甚善。然讀書且要虛心平氣隨他文義體當，不可先立己意，作勢硬説，只成杜撰，不見聖賢本意也。

編年 據書信編年。

答劉季章 慶元五年

晉輔亦開敏有志趣，不易得。但涉學尚淺，志氣輕率，須痛與切磨爲佳耳。大學、中庸看得如何？大學近修改一兩處，旦夕須就板改定，斷手即奉寄也。比閲邸狀，時論似寖平。榛中蜿蜒稍稍引去，但恐主人意不堅牢，或有反覆，即其禍愈甚耳。

編年 據書信編年。

答劉季章 慶元二年秋

熹今年之病發作雖輕，而日月甚久，又氣體衰乏，精神昏耗，大與常年不同。亦是年紀催促，理應如此，不足爲怪。但恨平生功夫只到此地頭，前面地步有餘而日月有限，又不得與朋友之賢者相聚，日夕切磋，恐此意思一旦斷絶，更爲後賢之憂耳。劉五十哥且得如此攛掇結裹，向後事不可知，但願前人遺德有以誘其衷者，庶幾可望於後耳。言之令人於邑短氣也。時論静作不常，子壽事後又有舊争之激，其黨稍違忤者已不能容，旦夕必更有一番聳動觀聽底事，以扶國是。覺得懔懔，未知所税駕處。但朋友來者無可拒之理，得早行遣了，亦是一事收殺也。子約幸逢寬恩，且得有北歸之漸。其實高安窮僻，無朋友過從之益、書疏往來之便，却未必得如廬陵也。益公寄惠六一集，纂次讎正之功勤亦至矣。古人所謂後世子雲者，信非虚語。然亦正自難遇耳。

編年 據書信編年。

答劉季章 慶元二年

讀書只隨書文訓釋玩味，意自深長。今人却是背却經文，橫生它説，所以枉費工夫，不見長進。來喻似已覺此病者，更望勉旃，千萬之望。然又當以草略苟且爲戒，所謂隨看便起是非之心，此句最説著讀書之病。蓋理無不具一，事必有兩途。今纔見彼説晝，自家便尋夜底道理反之，各説一邊，互相逃閃，更無了期。今人問難往往類此，甚可笑也。

編年 據書信編年。書札彙編以爲作於慶元五年。

答劉季章 慶元三年春

熹不免，果如所料，餘年無幾，區區舊學足以自娛，不能深以爲念也。若後段，則安能保其必無耶？所示五條，各已附以己意。大抵來喻於事理情實多是不曾究竟，而專以輕重深淺爲言，故不親切。更以此意推類求之，則可見矣。

「未盡善也」，注云：「舜之德性之也，武王之德反之也，故其實有不同者。」某竊謂反之雖異於性之，然其至焉則一而已。使武王於反之之後猶有未盡查滓，至於感格發露，著于樂聲，則其所反之工夫必有未盡之處矣。若曰聖人垂象終是微有不同，則當別論。儻樂以觀之，則似太重矣。如何〔一〕？

樂觀其深矣，若不見得性之、反之之不同處，又豈所謂聞其樂而知其德乎。舜與武王固不待論，今且論湯、武，則其反之至與未至恐須有别。此等處雖非後學所敢輕議，然今但細讀其書，恐亦不待聞其樂而後知之也。

令尹子文之忠，陳文子之清，固非不仁者之所能爲。聖人特許其忠、清而不許其仁。今因夫子之不許其仁而遂疑二子之忠、清未必皆出於理之所當然，而猶未免乎怨悔之私，則聖人之所以許之者，亦有不盡之意矣。竊詳本文之意似不如此，恐是看得仁字與忠、清事俱重，不曾分别求之，遂至疑於太過。如何〔二〕？

二子忠、清而未盡當理，故但可謂之忠、清而未得爲仁，此是就其事上著實研究出來。若不如此看，即不知忠、清與仁有何分别。此須做個題目入思議始得，未易如此草草説過也。

「默而識之，學而不厭，誨人不倦」，注云：「三者已非聖人之極至，而猶不敢當。」然則彼所謂夫子既聖之論，豈非極至歟？詳本文之意，説得雖輕，然如此解得，又似太過。如何？

正爲合「若聖與仁」一段看，見得不厭、不倦非極至處。然夫子之不厭不倦，又須與衆人不同，故子貢、公西華皆有云云之説。可更詳之。

「未可與權」，集注之末有云：「然以孟子嫂溺援之以手之義推之，則權與經亦當有辨。」

某竊謂天下之事只有一個理，所重在此，則其理不外乎此。當嫂溺之時，只合援之以手，雖出於急遽不得已之爲，乃天理人事之不容已者也。今云有辨，開此一綫路，恐學者因以藉口而小小走作，不暇自顧矣。如何？

既云急遽不得已之爲，即是權不可常而經可常，自有不容無辨處。若只説權便是經，都無分別，却恐其弊不止開一綫路而已。

「膚受之愬不行焉」，注云：「愬冤者急迫而切身，則聽者不及致詳而發之暴矣。」某竊恐解得言詞太峻。人非昏暴之甚，亦未遽至此。而乃云因子張之失而告之，不惟形容得子張太過，且言外求意，亦非解經之體。如何？

且論事理還是如此與否，不須疑怕觸忤子張也。

校記 〔一〕「若曰」以下原缺，據宋浙本補。考異所引別本同。

〔二〕「竊詳」以下原缺，據右引補。

編年 據書信編年。

答劉季章 慶元三年

昨已具前幅，而細看來書，方論董子功利之語，而下句所説曾無疑事，即依舊是功利之見。

蓋天下只有一理，此是即彼非，此非即彼是，不容并立。故古之聖賢心存目見，只有義理，都不見有利害可計較。日用之間應事接物，直是判斷得直截分明，而推以及人，吐心吐膽，亦只如此，更無回互。若信得及，即相與俱入聖賢之域；若信不及，即在我亦無爲人謀而不盡底心，而此理是非昭著明白。今日此人雖信不及，向後他人須有信得及底，非但一時之計也。若如此所論，則在我者未免視人顏色之可否以爲語默。只此意思，何由能使彼信得及乎？然此亦無他，只是自家看得道義自不曾端的，故不能真知是非之辨而爲此回枉。不是説時病痛，乃是見處病痛也。試思之，如何？

編年 據書信編年。

答劉季章 慶元三年

孟子説未有仁而遺其親，未有義而後其君，便是仁義未嘗不利。然董生却説正其義不謀其利，明其道不計其功，又是仁義未必皆利，則自不免去彼而取此。蓋孟子之言雖是理之自然，然到直截剖判處，却不若董生之有力也。向聞餘論，似多以利隨義而言，今細思之，恐意脉中帶得偏僻病患。試更思之，如何？

編年 據書信編年。

答劉季章 慶元四年冬

近得益公書，聞且寓晋輔家，甚善。所欲改字，已別報去，前書竟未得下落也。文集之議，當已罷止。此實於彼無益而於此不便。衰老扶病如此，又豈能更去廣南行腳耶？千萬力爲止之，更勉其著實爲學，勿爲此等慕名徇外之事，方是吾人氣象也。

來喻所云「書能益人與否，只在此心」等説，此又是病根不曾除得。以鄙見觀之，都無許多閑説，只著實依文句玩味，意趣自深長；不須如此，又只是立説取勝也。前與無疑書亦有少講論，曾見之否？敬子諸人却甚進，此亦無他，只是渠肯聽人説話，依本分、循次序平心看文字，不敢如此走作閑説耳。大率江西人尚氣，不肯隨人後，凡事要自我出，自由自在，故不耐煩如此逐些理會，須要立個高論，籠罩將去。譬如讀書，不肯從上至下逐字讀去，只要從東至西一抹橫説。乍看雖似新巧，壓得人過，然橫拗粗疏，不成義理，全然不是聖賢當來本説之意，則於己分究竟成得何事？只如臨川前後一二公，巨細雖有不同，然原其所出，則同是此一種見識，可以爲戒而不可學也。因見無疑，可出此紙，大家評量。趁此光陰未至晚暮之時，做些著實基址，積累將去，只將排比章句、玩索文理底工夫換了許多杜撰計較、別尋路脉底心力，須是實有用力處，久之自然心地平夷，見理明徹，庶幾此學有傳，不至虛負平生也。如於雅意尚未有契，可更因書極論，勿遽罷休，乃所望也。

編年 據書信編年。

評論 程敏政書朱子答劉季章書：按此書乃朱、陸不同之肯綮，蓋陸子方以學者口耳爲憂，欲其以尊德性爲先，以收放心爲要；朱子乃欲學者依文句玩味，意趣自深，又欲其趁此光陰排比章句，玩索文理，正與象山之教相左。然朱子晚歲乃深有取於陸説，今摘附於後。

答劉季章 慶元四年冬

熹再啓：熹病愈甚，遇寒尤劇，如今日則全然轉動不得。藥餌雖不敢廢，然未必能取效，姑復任之，無計可爲也。所喻已悉，但所謂語句偶爾而實却不然者，只此分疏，便是舊病未除。所謂誠於中，形於外，此又何可諱耶？無疑之病亦是如此，適答其書説得頗痛快，可試取觀，可見鄙意，此不復縷縷也。又謂病只在懶惰者，亦只消得此一病，便是無藥可醫。人之所以懶惰，只緣見此道理不透，所以一向提掇不起。若見得道理分明，自住不得，豈容更有懶惰時節耶？所謂此外無難除之病者，亦信未及，況自以爲無，則其有者將至矣。便敢如此斷置，竊恐所以自省者亦太疏耳。又謂海内善類消磨摧落之後，所存無幾，此誠可嘆。若鄙意則謂纔見消磨得去，此等人便不濟事。若使真有所見，實有下工夫處，則便有鐵輪頂上轉旋，亦如何動得他。

大學定本修换未畢，俟得之即寄去。王晉輔好且勸它莫管他人是非長短得失，且理會教自家道理分明，是爲急務。此事之外，不可使有毫髪雜用心處也。然人要閑管，亦只是見理不透，無頓自己身心處，所以如此。願更察此，有以深矯揉之，乃爲佳耳。年來頓覺衰憊殊甚，死期將至，而朋友間未有大可望者，令人憂懼，不知所以爲懷。季章千萬勉旃，乃所深望。

編年 據書信編年。

答劉季章 慶元四年春

熹歲前得益公書，報吴伯豐病瘡甚危。適得子約書，乃聞其訃，深爲傷痛。近年朋友讀書講學如此君者絕不易得，此爲可惜，不但交游之私情也。聞後事深荷老兄與無疑周全之，足見朋友之義。

編年 據書信編年。

答劉季章 慶元四年夏

熹今春大病，幾不能起。今幸小康，然亦尚未能平步也〔一〕。初意若得未死，且當屏棄書册，虚心待盡。今又覺不能頓爾捐去，亦苦頭緒太多，不是老年活計，徐當以漸節減也。益公清健可喜，近答其書論范文正公墓碑事，以病草草。今始能究其説，然自覺語言有過當處，不知能不相怪否也。伯豐初亦不知其能自植立如此，但見其於講論辨得下功，剖析通貫，非一時諸人所及，心固期以遠到。不謂乃止於此，殊可痛惜。今承來喻，又得聞其後來所守之堅，此尤不易。吾道不幸遽失此人，餘子紛紛，纔有毛髮利害，便章皇失措，進退無門，亦何足爲軒輊耶！疾少間，亦可漸理舊聞，向前進步否？博文約禮，不可偏廢。雖孔子之教，顔氏之學，不過是此二事。更惟勉旃，乃所深望也。

校記 〔一〕亦：原缺，據宋浙本補。

編年 據書信編年。

答劉季章 慶元四年夏

熹今年一病狼狽，入夏方粗可支吾，但衰憊殊甚。講貫之樂，只一二朋友在此，訓導諸孫，時時整頓得舊書訓詁間有差誤而已。禮書四散，未得會聚參校。其它亦更有合料理文字，覺得精力不逮，皆不復敢萌意矣。賢者作何功夫？因書幸及一二。

編年 據書信編年。

答劉季章 慶元四年

禮書此數日來方得下手，已整頓得十餘篇，但無人抄寫爲撓。蓋可借人處皆畏僞學之污染而不肯借，其力可以相助者又皆在遠而不副近急，不免雇人寫。但資用不饒，無以奉此費耳。

編年 據書信編年。

答劉季章 慶元五年十二月四日

益公處所懇是先人墓碑，幸垂念。但行狀它人未見之，更告爲言及，得不示外人爲幸也。又前書求精舍大字及呈一二文字，語次幸并扣之。大字願早拜賜，鄙文幸痛掊擊也。

編年　據書札彙編。

答許景陽慶元二年

一別十年，彼此皆非復往時矣。近見槐陰問答，覺得所論皆太寬緩。此非言語之病，乃是用功處不緊切耳。來書所論未發之中，恐不如此，似看得太過了。只是此理，對惡而言則謂之善，對濁而言則謂之清，對四旁而言則謂之中，初非有二物。但唯聖人爲能全之，以致其用，衆人則雖有而不能自知，是以汩於物欲而亂之耳。曾子之説似亦未然。嘗謂夫子此機如决積水於千仞之壑，故當時曾子一聞便透，更無疑滯。若如所喻，則夫子方是教它曾子漸次消磨，曾子元未及下功夫，如何便應得個唯字也。此等處且宜虚心玩味，不可輕易立説也。

編年　據書信編年。書札彙編列於紹熙元年。

與陳伯堅淳熙九年冬

沙縣寄到新刻責沈文，字畫精神，非桂本之比。此書流傳，足使世之聾盲者有所警覺，稍知觸净，非小補也。但恐木本或不耐久耳。瓊學記文鄙拙，不足有所發明。亦緣韓兄將滿，方遣人來，恐其代去，匆匆草成，不能滿意耳。垂喻舊書云云，深愧率爾。當時之言，蓋亦有爲而發。

以今觀之，學者但當深窮聖經，使其反之於心而安，考之於經而合，驗之於外而可行，即彼之妄言一覽便破矣。若未到此，遽欲窮之，恐如河南夫子所謂未必能窮而已化爲釋氏矣。愚見如此，不審尊意以爲如何？胡季隨近到此數日，明敏有志，甚可喜也。

編年 據書信編年。

答胡季履 大壯 淳熙九年冬

向來雖幸一見，然忽忽於今，已二十餘年矣。時於朋友間得窺佳句〔一〕，足以見所存之一二。顧未得會面爲歉耳。今承惠問，荷意良勤。區區每患世衰道微，士不知學，其溺於卑陋者固無足言，其有志於高遠者又或騖於虛名而不求古人爲己之實，是以所求於人者甚重而所以自任者甚輕。每念聖人樂取諸人以爲善之意，意其必有非苟然者，恨不得與賢者共詳之也。季隨明敏，朋友中少見其比。自恨衰墮，豈足以副其遠來之意？然亦不敢虛也。歸日當相與講之，有所未安，却望見告，得以反復爲幸。昆仲家學門庭非他人比，而區區所望又特在於其實而不在於名，願有以深察此意也。

校記 〔一〕友：宋浙本作「從」。

編年 據書信編年。

答胡季隨大時　淳熙十一年

易傳平淡縝密，極好看，然亦極難看。大抵講學須先有一入頭處，方好下工夫。昨見文叔處所録近文，恐看得文字未子細，無意味也。不必遠求，但看知言是下多少工夫？不如此散漫泛説，無歸宿也。龜山易舊亦有寫本，此便不甚的，未暇檢尋奉寄。不知詹丈所舉不同者何事？因風詳諭，此等處正好商榷也。道理無形影，唯因事物言語乃可見得是非，理會極子細，即道理極精微。古人所謂物格知至者，不過是就此下功夫。近日學者説得太高了，意思都不確實，不曾見理會得一書一事徹頭徹尾，東邊綽得幾句，西邊綽得幾句，都不曾貫穿浹洽。此是大病，有志之士尤不可以不深戒也。

編年　據書信編年。

答胡季隨淳熙十一年

熹杜門衰病如昔，但覺日前用力泛濫，不甚切己，方與一二學者力加鞭約，爲克己求仁之功，亦粗有得力處也。易傳且熟讀，未論前聖作易本指，且看得程先生意思，亦大有益，不必更雜看。大抵先儒於易之文義多不得其綱領，雖多看亦無益。然此一事卒難盡説，不若且看程傳，道理却不錯也。

所論文定專治春秋，而於諸書循環誦讀，以爲學者讀書不必徹頭徹尾，此殊不可曉。既曰文定讀春秋徹頭徹尾，則吾人亦豈可不然？且又安知其於他書少日已嘗反復研究，得其指歸，至於老年，然後循環泛讀耶？若其不能，亦是讀得春秋徹頭徹尾，有得力處，方始泛讀諸書，有歸宿處。不然，前輩用心篤實，決不如今時後生貪多務得，涉獵無根也。前書鄙論，更望熟究。其説雖陋，然却是三四十年身所親歷、今日粗於文義不至大段差錯之效，恐非一旦卒然立論所可破也。若如來諭，不能俟其徹頭徹尾，乃是欲速好徑之尤，此不可不深省而痛革之也。熹於論、孟、大學、中庸一生用功，粗有成説，然近日讀之，一二大節目處猶有謬誤。不住修削，有時隨手又覺病生。以此觀之，此豈易事？若只恃一時聰明才氣，略看一過，便謂事了，豈不輕脱自誤之甚耶。吕伯恭嘗言，道理無窮，學者先要不得有自足心，此至論也，幸試思之。

南軒文集方編得略就，便可刊行。最好是奏議文字及往還書中論時事處，確實痛切，今却未敢編入。異時當以奏議自作一書，而附論事書尺於其後，勿令廣傳。或世俗好惡稍衰，乃可出之耳。

編年　據書信編年。

評論　虞集跋朱先生答陸先生書：案朱子答葉公謹書云：「近日亦覺向來説話有大支離處，反身以求，正坐自己用工亦未切爾。因此減去文字工夫，覺得氣象甚適。」又與胡季隨書云：「衰病如昔，但覺日前用功泛濫，不甚切己，方與一二學者力加鞭約，爲克己求仁之功，亦粗有得力處。」此兩書皆同時所書，正與書中所謂「病中絶學捐書，却覺得身心頗相收管，似有少進步處。向來泛濫，真是不濟事」之語合。蓋其所謂泛濫，正坐文字太多，所以此時進學用功，實至於此也。然竊觀其反身以求之説，克己求仁之功，令學者且看孟子「道性善，求放心」之説，直截如此用功。蓋其平日問辨講明之説極詳，至此而切己反求之功愈切，是以於此稍却其文字之支離，深憂夫詞説之泛濫。一旦用力，而其效之至速如此，故樂爲朋友言之也。病中絶學捐書，豈是槁木死灰、心如墻壁以爲功者。朱子嘗嘆道問學之功多，尊德性之意少，正謂此也。噫！陸先生之問，傳之未久，當時得力者已盡，而後來失其宗，而後知朱子之説，先傳後倦之有次第也。因見揭集賢無客氣之語，有慨然於予心者，故爲申其説如此云。

答胡季隨 淳熙十三年

易傳明白，無難看處。但此是先生以天下許多道理散入六十四卦、三百八十四爻之中，將作易看，即無意味。須將來作事看，即句句字字有用處耳。詩六義，本文極明白，而自注疏以來汩之，如將已理之絲重加棼亂。近世諸老先生亦殊不覺，不知何故如此。中間有答潘恭叔問説此甚詳，可更扣之，當見曲折。蓋不如此，即六義之名無所用之，當時自不必分别，祇益紛拏，無補於事也。近修詩説，别有一段，今録去。大概亦與前説相似，恐或可參照耳。學問大頭緒固要商量，而似此枝節合理會者亦不爲少。未得面論，徒增耿耿。

編年 據書信編年。

答胡季隨 淳熙十三年

所示諸説，似於中庸本文不曾虚心反覆詳玩，章句之所絶、文義之所指尚多未了，而便欲任意立説，展轉相高，故其説支蔓纏繞，了無歸宿。莫若且就本文細看，覺得章斷句絶，文理分明，即聖人指意所在與今日用力之方不待如此紛拏辨説而思已過半矣。

恭叔所論〔一〕，似是見得熹舊説而有此疑〔二〕。疑得大概有理，但曲折處有未盡耳。當時舊説誠爲有病，後來多已改定矣。大抵其言「道不可離，可離非道，是故君子戒慎乎其所不睹，恐懼乎其所不聞」，乃是徹頭徹尾，無時無處不下工夫，欲其無須臾而離乎道也。不睹不聞與「獨」字不同，乃是言其戒懼之至，無適不然。雖是此等耳目不及無要緊處，亦加照管。如云聽於無聲，視於無形，非謂所有聞見處却可闊略〔三〕，而特然於此加功也。又言「莫見乎隱，莫顯乎微，故君子謹其獨」，乃是上文全體工夫之中，見得此處是一念起處，萬事根原，又更緊切，故當於此加意省察，欲其自隱而見，自微而顯，皆無人欲之私也。觀兩「莫」字，即見此處是念慮欲萌而天理人欲之幾，最是緊切，尤不可不下工處。故於全體工夫之中，就此更加省察。然亦非必待其思慮已萌而後別以一心察之，蓋全體工夫既無間斷，即就此處略加提撕，便自無透漏也。此是兩節，文義不同，詳略亦異。前段中間著「是故」字，後段中間又著「故」字，各接上文以起下意。前段即卒章所謂「不動而敬，不言而信」，後段即卒章所謂「內省不疚，無惡於志」，文義條理大小甚明。從來説者多是不察，將此兩段只作一段相纏繞説了〔四〕，便以戒慎恐懼、不睹不聞爲謹獨，所以雜亂重複，更說不行。前後只是粗瞞過了，子細理會，便分疏不下也。

又季隨云「純熟未易言也」，此語恐有病。蓋季隨意間常說工夫極至之地窮高極遠，決然是不可到。如中間熹說讀書須是精熟，季隨便云須如文定之於春秋方是精熟，今豈易及？亦是此意。夫謂功夫極至之地如此之高，如此之妙，則是矜己之獨能知此而以它人爲不知也。以爲人不可到，則是己亦甘自處於不能也。如此則凡講論皆是且做好話說過，其與自謂「吾身不能居仁由義」者雖若有間，然其實亦無以大相遠矣。不除此病，竊恐百事放倒，都不到頭，非是小失，幸深省而痛矯之也。

又云：「方其未至純熟，天理何嘗不可見乎？」此又不看本文本意而逞快鬥高、隨語生說之過。夫中庸本意欲人戒謹恐懼，以存天理之實而已，非是教人揣摩想象，以求見此理之影也。伯壽下一「見」字，已是有病；季隨又更節上生枝，更不復以純熟自期，只要就此未純熟處便見天理，不知見得要作何用？爲說至此，去本日遠。以言乎經，則非聖賢之本意；以言乎學，則無可用之實功。如此講論，恐徒紛擾，無所補於聞道入德之效也。其他小節，各具於所示本條之下，幸更與諸君詳評之也。

校記

〔一〕恭叔：原倒，據宋閩、浙本乙。

〔二〕得：原缺，據宋浙本補。

〔三〕有：原缺，據宋閩本、四庫全書本補。

〔四〕繞：原缺，據宋浙本補。

答胡季隨 淳熙十三年

戒懼者，所以涵養於喜怒哀樂未發之前〔一〕；當此之時，寂然不動，只下得涵養功夫。涵養者，所以存天理也。慎獨者，所以省察於喜怒哀樂已發之後。當此之時，一毫放過，則流於欲矣。判別義利，全在此時。省察者，所以遏人欲也。已發之後，蓋指已發之時，對未發而言，故云已發之後。不知經意與日用之工是如此否？友恭字恭叔。

此說甚善。

惟能加涵養之功，則自然有省察之實。周椿伯壽。

此說好，然說未透。

戒懼乃所以慎獨也。涵養、省察之際，皆所當然。未發之前，不容著力，只當下涵養工夫，來教得之。省察於已發之時，此句之病恭叔已言之矣。正所以存天理、遏人欲也〔二〕，恐不可分。一之。

作兩事說則不害於相通，作一事說則重複矣。不可分中却要見得不可不分處，若是全不可分，中庸何故重複說作兩節？

「已發之後」，立語自覺未穩。今欲改作「欲發之時」。然欲發即不屬静，不屬動，又欲改

編年 據書信編年。

作「已發之初」。友恭。

作「欲發」是，但亦不是欲發時節別換一心來省察他，只是此個全體戒懼底略更開眼耳。

戒謹、恐懼、慎獨統而言之，雖只是道〔三〕，都是涵養工夫。分而言之，則各有所指。「獨」云者，它人不知，己所獨知之時，正友恭所謂已發之初者。不睹不聞，即是未發之前。未發之前，無一毫私意之雜。此處無走作，只是存天理而已，未說到遏人欲處。已發之初，天理人欲由是而分。此處不放過，即是遏人欲，天理之存有不待言者。如此分說自見端的。

此說分得好，然又須見不可分處如兵家攻守相似，各是一事而實相爲用也。

涵養工夫實貫初終，而未發之前只須涵養〔四〕，纔發處便須用省察工夫。至於涵養愈熟，則省察愈精矣。

此數句是。

「致中和，天地位，萬物育」，若就聖人言之，聖人能致中和，則天高地下，萬物莫不得其所。如風雨不時，山夷谷堙，皆天地不位；萌者折，胎者殰，皆萬物不育。就吾身言之，若能於「致」字用工，則俯仰無愧，一身之間，自然和暢矣。

此說甚實。

極其中，則大經正、大本立而上下位矣。極其和，則事事物物各得其宜而萬物育矣。一之。

此只說得前一截。若聖人不得位，便只得如此。其理亦無虧欠，但事上有不足爾。

如堯、湯，不可謂不能致中和，而亦有水旱之災。恭叔。

致中和而天地位、萬物育者，常也。堯、湯之事，非常之變也。大抵致中和自吾一念之間培植推廣，以至於裁成輔相，匡直輔翼，無一事之不盡，方是至處。自一事物之得所，區處之合宜，以至三光全，寒暑平，山不童，澤不涸，飛潛動植各得其性，方是天地位、萬物育之實效。蓋「致」者，推致極處之名，須從頭到尾看，方見得極處。若不説到天地萬物真實效驗，便是只説得前一截，却要準折了後一截，元不是實推得到極處也。

省察於欲發之時，平日工夫不至而欲臨時下手，不亦晚乎。大時。

若如此説，則是臨時都不照管，不知平日又如何做工夫也。

竊謂操存涵養乃修身之根本，學者操存涵養，便是未發之前工夫在其中矣。凡省察於已發，正所以求不失其操存涵養者也。學者於是二者不可缺一，然操存涵養乃其本也。諸友互相點檢，多得之。然却不曾推出所謂根本，故論未發之前者竟歸於茫然無著力處。或欲惟於欲發之初省察〔五〕，則又似略平日之素。或兼涵養省察言之者，又似鶻突包籠。

此一段差勝，然亦未有的當見處。

喜怒哀樂之未發謂之中，即天命之謂性也。發而皆中節謂之和，即率性之謂道也。定。

詳程先生説「率性」文義，恐不如此。

未發之時能體所謂中，已發之後能得所謂和，則發而中節始可言矣。而中和未易識也。

未發之前，纔要體所謂中，則已是發矣，此說已差。又發而中節方謂之和，今曰得所謂和然後發而中節，亦似顛倒說了。記得龜山似有此意，恐亦誤矣。中和未易識，亦是嚇人。此論著實做處，不論難識易識也。

校記 〔一〕所：原缺，據正訛補。

〔二〕遏：原作「過」，據宋閩、浙本改。

〔三〕雖：原作「錐」，據右引改。

〔四〕前：原作「所」，據右引改。

〔五〕惟：原作「推」，據正訛改。

編年 據書信編年。

答胡季隨 淳熙十三年

所示問答皆極詳矣，然似皆未嘗精思實踐而多出於一時率然之言，故紛紜繳繞而卒無定說也。夫謂未發之前不可著力者，本謂不可於此探討尋求也，則固無害於涵養之說。謂當涵養者，本謂無事之時常有存主也，則固無害於平日涵養之說。謂省察於將發之際者，謂謹之於念慮之始萌也。謂省察於已發之後者，謂審之於言動已見之後也。念慮之萌固不可以不謹，言行之著亦安得而不察？以熹觀之，凡此數條本無甚異，善學者觀之，自有以見其不可偏廢，不至如此紛紜競辨也。細看其間却有一段名一之者。說得平正的確，頗中諸說之病。不知曾細考之否？

編年　據書信編年。

答胡季隨淳熙十三年

彼中議論大略有三種病，一是高，二是遠，三是煩碎。以此之故，都離却本文，説來説去，都不記得元是説甚底。但能放低，著實依本分、依次序做工夫，久久自當去此病也。

編年　據書信編年。

答胡季隨淳熙十三年

南軒集誤字已爲檢勘，今却附還。其間空字向來固已直書，尤延之見之，以爲無益而賈怨，不若刊去。今亦不必補，後人讀之自當默喻也。但序文後段若欲删去，即不成文字。兼此書誤本之傳不但書坊而已，黄州印本亦多有舊來文字，不唯無益，而反爲累。若不如此説破，將來必起學者之疑。故區區特詳言之，其意極爲懇到，不知何所惡而欲去之耶。且世之所貴乎南軒之文者，以其發明義理之精，而非以其文詞之富也。今乃不問其得失是非而唯務多取，又欲删去序文緊切意思，竊恐未免乎世俗之見，而非南軒所以望乎後學之意。試更思之。若必欲盡收其文，則此序意不相當，自不必用，須别作一序，以破此序之説乃可耳。若改而用之，非惟熹以爲不然，南軒有靈，亦必憤嘆於泉下也。久不聞講論之益，深以懷想。前日諸賢相繼逝去，後來未有接續。所望於季隨，實不勝其懃懇。今觀此事，竊疑其用力之不篤也。更願勉旃，以副所望。千萬千萬！至扣至扣！

編年 據書信編年。書札彙編列於淳熙十五年。

答胡季隨 淳熙十三年夏秋間

元善書説與子静相見甚款，不知其説如何。大抵欲速好徑是今日學者大病，向來所講，近覺亦未免此。以身驗之，乃知伊洛拈出「敬」字，真是學問始終日用親切之妙。近與朋友商量，不若只於此處用力，而讀書窮理以發揮之。真到聖賢究竟地位，亦不出此，坦然平白，不須妄意思想頓悟懸絶處，徒使人顛狂粗率，而於日用常行之處反不得其所安也。不審别後所見如何？幸試以此思之，似差平易悠久也。

編年 據書信編年。

答胡季隨 淳熙十四年秋冬間

熹衰病之餘，幸安祠禄，誤恩起廢，非所克堪，已力懇辭，未知可得與否。自度尫殘，决是不堪繁劇。又况蹤迹孤危，恐亦無以行其職業，後日别致紛紛，又如衡陽轉動不得。出門一步，更須審處也。但今年病軀衰瘁殊甚，秋中又有哭女之悲，轉覺不可支吾矣。

目昏，不能多看文字，閑中却覺看得道理分明。向來諸書隨時修改，似亦有長進處。恨相去遠，不得朝夕討論也。易書刊行者，只是編出象數大略。向亦以一本浼叔綱，計必見之。今乃聞其有亡奴之厄，計此必亦已失去矣。别往一本，并南軒集，幸收之也。

所喻克己之學，此意甚佳。但云藉此排之，似是未得用工要領處。近讀知言，有問以放心求心者，嘗欲别下一語云：「放而知求，則此心不爲放矣。」此處間不容息。如夫子所言克己復禮功夫，要切處亦在「爲仁由己」一句也，豈藉外以求之哉。「性其情」，乃王輔嗣語，而伊洛用之，亦曰以性之理節其情，而不一之於流動之域耳。以意逆志，而不以詞害焉，似亦無甚害也。不遷怒，當如二先生説，無可疑者。不貳過，亦唯程、張得之。而横渠所謂「歉於己者不使萌於再」，語尤精約也。

宋漕所委記文，屢欲爲之。而夏秋以來，一向爲女子病勢驚人，不得措詞。兼觀其所喻爲教者，不過舉子事業，亦有難措詞者，故因循至此。今病方小愈，未堪思慮，勢當小須後也。因邵武便，草草布此，復託象之致之。目昏，未能他及，惟以時進德自愛爲禱。大抵爲學不厭卑近，愈卑愈近，則功夫愈實而所得愈高遠。其直爲高遠者則反是，此不可不察也。

編年 據書信編年。

答胡季隨 紹熙二年

閑中時有朋友遠來講學，其間亦有一二可告語者。此道之傳，庶幾未至斷絕。獨恨相望之者。扣其議論〔一〕，多所未安。最是不務切己，惡行直道，尤爲大害。不知講論之間頗亦及此否？王氏中説，最是渠輩所尊信依倣以爲眼目者，不知所論者云何。復、艮之説，則程子已盡之，不知别有何疑。因書須詳及之，乃可下語也。

校記　〔一〕扣：原作「折」，據正訛改。

編年　據書信編年。

答胡季隨 紹熙二年

前書諸喻，讀之惘然。季隨學有家傳，又從南軒之久，何故於此等處尚更有疑？向見意思大段寬緩，而讀書不務精熟，常疑久遠無入頭處，必爲浮説所動。今乃果然。艮、復之義正當思惟，方見親切。别紙諸疑正當解釋，方得分明。今乃曰「才涉思惟，便不親切」，又云「非不能以意解釋，但不欲杜撰耳」，不知却要如何下工夫耶？夫子言「學而不思則罔」，中庸説博學、審問、謹思、明辨，聖賢遺訓明白如此，豈可舍之而徇彼自欺之浮説耶？來書譏項平父出入師友之間不爲不久，而無所得，愚亦恐賢者之不見其睫也。日月逝矣，歲不我與。願深省察，且將大學、論語、孟子、中庸、近思等書子細玩味，逐句逐字不可放過，久之須見頭緒。不可爲人所誑，虛度光陰也。荆門皇極説曾見之否？試更熟讀洪範此一條詳解，釋其文義，看是如此否。君舉奏對，上問以讀書之法，不知其對云何也。

編年　此書言及復、艮之説及陳君舉事，顯與上篇相承，故當作在一時也。

答胡季隨 紹熙五年以後

學者問曰：「延平先生語録有曰：『大抵學者多爲私欲所分，故用力不精，不見其效。若欲進步，須打斷諸路頭，静坐默識，使其泥滓漸漸消去。』又云：『静坐時收拾將來，看是如何，便如此就偏處著理會。』又云：『學者未祛處，只求諸心。思索有窒礙處，及於日用動静之間有咈戾處，便於此致思，求其所以然者。』又云：『大凡只於微處充擴之，方見礙者大爾。』又引上蔡語云：『凡事必有根，必須有用處尋討，要用處將來斬斷，便没事。此語可時時經心。』又云：『静中看喜怒哀樂未發時作何氣象，不惟於進學有功，兼亦是養心之要。』觀此數説，真得聖賢用工緊要處。但其間有一段云：『學者之病，在於未有灑然冰釋凍解處。縱有力持守，不過只是苟免顯然尤悔而已，恐不足道也。』竊恐所謂灑然冰釋凍解處，必於理皆透徹而所知極其精妙，方能爾也。學者既未能爾，又不可以急迫求之，只得且持守，優柔厭飫，以俟其自得。如能顯然免於尤悔，其工力亦可進矣。若直以爲不足道，恐太甚也。」大時答曰：「所謂灑然冰釋凍解，只是通透灑落之意。學者須常令胸中通透灑落，則讀書爲學皆通透灑落而道理易進，持守亦有味矣。若但能苟免顯然悔尤，則途之人亦能之，誠不足爲學者道也。且其能苟免顯然悔尤，則胸中之所潛藏隱伏者固不爲少，而亦不足以言學矣。」

此一條嘗以示諸朋友，有輔漢卿者下語云：「灑然冰解凍釋，是功夫到後疑情剥落，知無不至處。知至則意誠而自無私欲之萌，不但無形顯之過而已。若只是用意持守，著力遏捺，苟免顯然悔尤，則隱微之中，何事不有？然亦豈能持久哉。意懈力弛，則横放四出矣。今曰學者須常令胸中通透灑落，恐非延平先生本意。」此説甚善。大抵此個地位乃是見識分明、涵養純熟之效，須從真實積累功用中來，不是一旦牽强著力做得。今湖南學者所云「不可以急迫求之，只得且持守，優柔厭飫，而俟其自得」未爲不是，但欠窮理一節工夫耳。答者乃云「學者須常令胸中通透灑落」，却是不原其本而强欲做此模樣。殊不知通透灑落如何令得？纔有一毫令之之心，則終身只是作意助長，欺己欺人，永不能到得灑然地位矣。

學者問曰：「遺書曰：『須是大其心使開闊，譬如爲九層之臺，須大做根脚方得。』恐大其心胸時却無收斂縝密底意思，則如何？」大時答曰：「心目不可不開闊，工夫不可不縝密。」答語無病，然不知如何地得開闊？

學者問曰：「遺書曰：『執事須是敬，又不可矜持太過。』竊謂學者之於敬，常懼其放倒。既未能從容到自然處，恐寧過於矜持，亦不妨也。」大時答曰：「頃年劉仲本亦曾舉此條以爲問，蓋嘗答之曰：『敬是治病之大藥，矜持是病之旁證。藥力既到，病勢既退，則旁證亦除矣。』」

「敬是病之藥，矜持是病之旁證」，此兩句文意齟齬，不相照應。若以敬喻藥，則矜持乃是服藥過劑，反生他病之證。原其所因，蓋爲將此敬字別作一物，而又以一心守之，故有此病。若知敬字只是自心自省，當體便是，則自無此病矣。

學者問曰：「遺書曰：『有諸中必形諸外。惟恐不直內，直內則外必方。』至論釋氏之學，則謂『於敬以直內則有之，義以方外則未之有也』。又似以敬義內外爲兩事矣。竊謂釋氏之學亦未有能敬以直內，若有此，則吾儒之所謂『必有事焉』者自不容去之也。」大時答曰：「前一段其意之所重在『有諸中必形諸外』上，後一段其意之所重在『義以方外』上。且謂其『敬以直內，上則有之』，味『有之』二字，則非遽許之，以爲與吾儒之學所謂敬者便可同日而語矣。」

遺書說釋氏有直內無方外者，是游定夫所記，恐有差誤。東見録中別有一段說「既無方外，則其直內者豈有是也」，語意始圓。可細考之，未可如此逞快，率然批判也。

學者問曰：「遺書曰：『釋氏只曰止，安知止乎？釋氏無實，譬之以管窺天，只務直上去，惟見一偏。』又却有曰：『釋氏只到止處，無用處，無禮義。』竊謂既無實，惟見一偏，則其學皆憑虛鑿空，無依據矣，安可謂其到止處，而責之以有用、有禮義乎。」大時答曰：「『釋氏曰止，安知止乎』，此以吾學之所謂止而論之也。『禪學只到止處，無用處，無禮義』，此『止』字就其學之所謂止而論之也。」

答語甚善。論程子説釋氏不知止是以吾學所謂止者而言，又云「釋氏到止處」是以彼所謂止者而言。

學者問曰：「遺書曰：『孟子曰盡其心者，知其性也。彼所謂識心見性是已。若存心養性一段事則無矣。』竊謂此一段事釋氏固無之，然所謂識心見性，恐亦與孟子盡心知性不同。盡心者，物格知至，積習貫通，盡得此生生無窮之體，故知性之稟於天者蓋無不具也。釋氏不立文字，一超直入，恐未能盡其心而知其性之全也。」大時答曰：「釋氏云識心見性，與孟子之盡心知性固是不同。彼所謂『識心見性』之云，蓋亦就其學而言之爾。若『存心養性一段則無矣』之云，所以甚言吾學與釋氏不同也。」

遺書所云釋氏有盡心知性，無存心養性，亦恐記録者有誤。要之釋氏只是恍惚之間見得些心性影子，即不曾子細見得真實心性，所以都不見裏面許多道理。政使有存養之功，亦只是存養得他所見底影子，固不可謂之無所見，亦不可謂之不能養，但所見所養非心性之真耳。

學者問曰：「遺書曰：『學者所貴聞道，若執經而問，但廣聞見而已。』竊謂執經而問雖止於廣聞見而已，須精深究此，而後道由是而可得也。不然，恐未免於説空説悟之弊矣。」大時答曰：「所謂『學者所貴聞道，若執經而問，但廣聞見而已』，蓋爲尋行數墨而無所發明者設。而來喻之云謂必須深究乎此然後可以聞道，則亦俱墮於一偏矣。」

執經而問者知爲己，則所以聞道者不外乎此。不然，則雖六經皆通，亦但爲廣聞見而已。問者似有此意，然見得未分明，故説不出。答者之云却似無干涉也。

學者問曰：「遺書曰：『根本須先培壅，然後可立趨嚮。』竊謂學者必須先審其趨嚮，而後根本可培壅。不然，恐無入頭處。」大時答曰：「必先培其根本，然後審其趨嚮，猶作室焉，亦必先有基址，然後可定所向也。」

先立根本，後立趨嚮，即所謂未有致知而不在敬者。又云「收得放心後，然後自能尋向上去」，亦此意也。

學者問曰：「遺書曰：『誠然後能敬，未及誠時，須敬而後能誠。』學者如何便能誠？恐不若專主於敬而後能誠也。」大時答曰：「誠者天之道也，而實然之理亦可以言誠。敬道之成，則聖人矣。而整齊嚴肅，亦可以言敬。此兩事者，皆學者所當用力也。」

敬是竦然如有所畏之意，誠是真實無妄之名，意思不同。誠而後能敬者，意誠而後心正也。敬而後能誠者，意雖未誠，而能常若有畏，則當不敢自欺而進於誠矣。此程子之意也。問者略見此意而不能達之於言，答者却答不著。

學者問曰：「遺書曰：『只外面有些罅隙，便走了。』學者能日用間常切操存，則可漸無此患矣。」大時答曰：「其中充實則其外無罅隙矣。」

「外面只有些罅隙，便走了」，此語分明，不須注解。只要時時將來提撕，便喚得主人公常在常覺也。

學者曰：「樂記曰：『人生而靜，天之性也。感於物而動，性之欲也。』五峰有曰：『昧天性，感物而動者，凡愚也。』向來朋友中有疑此說，謂靜必有動，然其動未有不感於物。所謂性之欲者，恐指已發而不可無者爲言。若以爲人欲，則性中無此。五峰乃專以感物而動爲言昧天性而歸於凡愚，何也？」大時答曰：「按本語云：『知天性，感物而通者，聖人也。察天性，感物而節者，君子也。昧天性，感物而動者，凡愚也。』曰知，曰察，曰昧，其辨了然矣。今既不察乎此，而反其語而言『乃以感物而動爲昧天性』者，失其旨矣。」

學者又曰：「曰知，曰察，曰昧，其辨固了然。但鄙意猶有未安者，感物而動爾。樂記曰止云感物而動，性之欲也，初未嘗有聖人、君子、凡愚之分，通與節之說。今五峰乃云：『知天性，感物而通者，聖人也。察天性，感物而節者，君子也。昧天性，感物而動者，凡愚也。』是不以感物而動爲得也。更望垂誨。」大時答曰：「人生而靜，天之性也。感於物而動，性之欲也。物格知至，然後好惡形焉。好惡無節於內，知誘於外，不能反躬，天理滅矣。夫物之感人無窮，而人之好惡無節，則是物至而人化於物也。人化於物者，滅天理而窮人欲者也。觀其下文明白如此，則知先賢之言爲不可易矣。且昧『感於物而動，性之欲也』兩句，亦有何好，而必欲舍其正意而曲爲之說以主張之乎。程子云：『寂然不動，感而遂通天下之故者，天理具備，元無少欠，不爲堯存，不爲桀亡。父子君臣常理不易，何曾動來？因不動，故言寂然不動。感而遂通天下，便感非自外來也。』又曰：『寂然不動，萬象森然已具；感而遂通，感則只是自內感，不是外面將一個物來感於此也。』又曰：『寂然不動，感而遂通，此言人分上事。若論道，則萬理皆具〔一〕，更不說感與未感。』又曰：『蓋人萬物皆備，遇事時各因其心之所重者更互而出，纔見得這事重，便有這事出。若能物各付物，則便自不出來也。』以此四條之所論者而推之，益知先賢之言不可易，而所謂『感物而動，性之欲』者，不必曲爲之說以主張之矣。湘山詩云：『聖人感物靜，所發無不正。衆人感物動，動與物欲競。』殆亦與先賢之意相爲表裏云爾。」

此兩條問者知其可疑，不易見得如此。但見得未明，不能發之於言耳。答者乃是不得其說而强言之，故其言粗横而無理。想見於心亦必有自瞞不過處，只得如此撑拄將去也。五峰云「昧天性，感物而動」，故問者云「五峰乃專以感物而動爲昧天性」，於五峰本說未見其異。答者乃責以反其語而失其旨。問者又疑樂記本文「感物而動」初無聖愚之别，與五峰語意不同，而答者但云觀其下文明白如此，則知先賢之言不可易，而不言其所以明白而不可易者爲如何。又謂樂記兩句亦有何好，而不言其所以不好之故。及引程子四條，則又與問者所疑了無干涉，但欲以虛眩恐喝而下之，安得不謂之粗横無理而撑拄强說乎。今且無論其他，而但以胡氏之書言之，則春秋傳「獲麟」章明有「聖人之心，感物而動」之語，頃時與廣仲書常論之矣。不知今當以文定爲是乎？五峰爲是乎？要之此等處在季隨誠有難言者，與其曲爲辨說而益顯其誤，不若付其是非於公論而我無與焉爲愈也。須知感物而動者，聖愚之所同，但衆人昧天性，故其動也流。賢人知天性，故其動也節。聖人盡天性，故其動也無事於節而自無不當耳。文義之失，猶是小病，却是自欺强說，乃心腹膏肓之疾，他人針藥所不能及。須是早自覺悟醫治，不可因循掩諱而忌扁鵲之言也。

校記　〔一〕具：原作「真」，據宋閩、浙本改。

編年　據書信編年。

答胡季隨 紹熙五年以後

所喻兩條，前書奉報已極詳悉。若能平心定氣，熟復再三，必自曉然。今乃復有來書之喻，其言欲以灑落爲始學之事而可以力致，皆不過如前書之説。至引延平先生之言，則又析爲兩段，而謂前段可以著力，令其如此，則似全不曾看其所言之文理，所謂「反覆推究，待其融釋」者，「待」字之意是如何，而自以己意横爲之説也。大率講論文字須且屏去私心，然後可以詳考文義，以求其理之所在。若不如此，而只欲以言語取勝，則雖累千萬言，終身競辨，亦無由有歸著矣。是乃徒爲多事而重得罪於聖人，何名爲講學哉。故熹不敢復爲論説，以增前言之贅。但願且取前書子細反復，其間所云「才有令之之心，即便終身不能得灑落」者，此尤切至之論。蓋纔有此意，便不自然，其自謂灑落者，乃是疏略放肆之異名耳。疊此兩三重病痛，如何能到真實灑落地位耶？古語云：「反者道之動，謙者德之柄，濁者清之路，昏久則昭明。」願察此語，不要思想準擬融釋灑落底功效，判著且做三五年辛苦不快活底功夫，久遠須自有得力處。所謂先難而後獲也。

「灑落」兩字，本是黄太史語，後來延平先生拈出，亦是且要學者識個深造自得底氣象，以自考其所得之淺深。不謂不一再傳，而其弊乃至於此。此古之聖賢所以只教人於下學處用力，至於此等則未之嘗言也。顔、曾以上都無此等語，子思、孟子以下乃頗有之，亦有所不得已也。

樂記、知言之辨，前書亦已盡之。細看來書，似已無可得説，但未肯放下此一團私意耳。如此則更説甚講學？不如同流合污，著衣吃飯，無所用心之省事也。其餘諸説未暇悉報，願且於此兩段反復，自見得從前錯處，然後徐而議之，則彼亦無難語者。幸早報及也。

編年 據書信編年。

答胡季隨 慶元中

熹憂患侵凌，來日無幾，思與海内知友痛相切磨，以求理義全體之至極，垂之來世，以繼聖賢傳付之重〔一〕，而離群索居，無由會合。如季隨者，尤所期望〔二〕，而相去甚遠，再見恐不可期。此可爲深嘆恨也。先訓之嚴，後人自不當置議論於其間。但性之有無善惡，則當舍此而別論之，乃無隱避之嫌而得盡其是非之實耳。善惡二字，便是天理人欲之實體。今謂性非人欲可矣，由是而并謂性非天理，可乎？必曰極言乎性之善而不可名，又曷若直謂之善而可名之爲甚易而實是也。比來得書，似覺賢者於此未有實地之可據，日月易得，深可憂懼。幸加精進之力，入細著實子細推研，庶幾有以自信，益光前烈。千萬至望！

校記 〔一〕重：原作「望」，據宋浙本改。

〔二〕望：原作「重」，據右引改。

編年 書云「憂患侵凌，來日無幾」，爲垂老之言。參之以上數書編序，當作在慶元間。書信編年姑次於元年。

答沈有開 淳熙七年以後

垂諭所以爲學之意與其所聞於師友間者，甚悉。既荷不鄙，又幸其警益之深也。嘗竊妄謂聖賢教人下學上達，循循有序，故從事其間者博而有要，約而不孤，無妄意凌躐之弊。今之言學者類多反此，故其高者淪於空幻，卑者溺於見聞，倀倀然未知其將安所歸宿也。竊窺賢者之所志與其所聞，計其同異之間，其必有所處矣。恨未得相與往還，上下其説以卒究其所窮也。因來更望時有以警告之，實孤陋之深望。至於慨念吾黨之凋零，而欲以進爲撫世爲不肖者之責，此則賢者之失言，而非區區之所敢承也。

編年 據書信編年。

答高應朝 淳熙十三年

所示講義發明深切，遠方學者得所未聞，計必有感動而興起者。然此恐但可爲初學一時之計，若一向只如此説而不教以日用平常意思，涵養玩索功夫，即恐學者將此家常茶飯做個怪異奇特底事看了，日逐荒忙，陷於欲速助長、躁率自欺之病，久之茫然，無實可據，則又只學得一場大話，互相恐嚇而終無補於爲己之實也。只如三段所舉諸書大指雖同，然恐亦須更令子細看得逐段各有下落，方能浹洽通貫，有得力處。若只如此儱侗看了便休，却恐只是粗謾，政使便做得成，亦是捺生做熟，久遠畢竟無意味也。

編年 據書信編年。書札彙編列於淳熙十二年。

答石天民淳熙九年

平生爲學，見得孟子論枉尺直尋意思稍分明。自到浙中，覺得朋友間却别是一種議論，與此不相似，心竊怪之。昨在丹丘，見誠之直説義理與利害只是一事，不可分别，此大可駭。當時亦曾辨論，覺得殊未相領，至與孟子、董子之言例遭排擯。不審尊兄平日於此見得如何？幸更與諸公講論見教。熹竊以爲今日之病唯此爲大，其餘世俗一等近下見識，未足爲吾患也。

編年 據書信編年。

答沈叔晦淳熙十一年

衰病如昨，無足言者。二圖之妄，深荷留念。言多枝葉而不既其實，尤佩警切之戒。但區區平日躬所不逮之言，與此殊不相似，識者當自無疑。惟是尋常實有似是而非之論，不幸爲人傳出，異日或能亂道誤人爲可懼耳。麻沙所刻吕兄文字真僞相半，書坊嗜利，非閑人所能禁。在位者恬然不可告語，但能爲之太息而已。若大事記，則雖非全書，而實有益於學者，有補於世教。區區流傳之意本不爲伯恭計，况門外之紛紛者乎。

編年　據書札彙編。

答沈叔晦淳熙十二年

帥幕非所以處賢者，然自我言之，亦何適而不可安耶。前日務爲學而不觀書，此固一偏之論。然近日又有一般學問，廢經而治史，略王道而尊霸術，極論古今興亡之變，而不察此心存亡之端。若只如此讀書，則又不若不讀之爲愈也。況又中年，精力有限，與其泛觀而博取，不若熟讀而精思，得尺吾尺，得寸吾寸，始爲不枉用功力耳。鄙見如此，不審明者以爲如何？

編年　據書信編年。

答沈叔晦淳熙十二年

示喻兩塗之疑，足見省身求善，不自滿足之意，警發多矣。自惟媮惰，何以及此？況又未得面承，事理之間，亦有難隃度者，何敢容易下語？顧以不鄙見屬之厚，竊以所喻思之，恐所謂聞道讀書者，皆救病之良藥也。但未知其所謂道者何道，所謂書者何書，而所以聞之讀之又如何用其力爾。區區更願審扣其人，以究其説而決其是非。政使其説未必盡是，而因此講求，同異之間，便自可以見真是之所在。向後用力，則以前日躬行之實充之，且不患其不勇也。大抵近年學者求道太迫，立論太高，往往嗜簡易而憚精詳，樂渾全而畏剖析，以此不見天理之本然，各墮一偏之私見，别立門庭，互分彼我，使道體分裂，不合不公。此今日之大患也。不識明者以爲如何？子約爲人固無可疑，但其門庭近日少有變異，而流傳已遠，大爲學者心術之害，故不得不苦口耳。近日一派流入江西，蹴踏董仲舒而推尊管仲、王猛，又聞有非陸贄而是德宗者，尤可駭異。所欲言者，甚衆甚衆。

編年 據書信編年。書札彙編以爲作於紹熙二年。

與沈叔晦 紹熙元年十月

熹衰病之餘，扶曳至此。少時爲吏於此接壤，頗聞其民俗利病，謂或可以少效區區。既至，乃殊無下手處。頃來豐丈過此，亦以一二事爲寄，亦其俗之所甚病。今亦未有以報。朝廷向來蠲減，僅有其名，而今乃欲責其實，且許郡守自列。因得條上一二，未知得見從否。亦知今日上下艱窘，不敢究言。然度已是難施行矣。欲行經界，半年議尚未定。若得遂行，却須救得分數。然病久證壞，要非一藥所能支也。奈何奈何！因便附此問訊，有以見教，願悉聞之。正遠，唯冀以時加衛，以慰吾黨之望。不宣。

編年 據書信編年。

答沈叔晦〔一〕 淳熙十二年

克己復禮，前説已得之，却是看得不子細，誤答了。今承再喻，愈詳密無疑矣。

浩然之氣一章，恐須先且虚心熟讀孟子本文，未可遽雜它説。俟看得孟子本意分明，却取諸先生説之通者錯綜於其間，方爲盡善。若合下便雜諸説輥看，則下梢只得周旋人情，不成理會道理矣。近日説經多有此弊，蓋已是看得本指不曾分明，又著一尊畏前輩，不敢違異之心，便覺左右顧瞻，動皆窒礙，只得曲意周旋，更不復敢著實理會義理是非、文意當否矣。夫尊畏前輩，謙遜長厚，豈非美事？然此處才有偏重，便成病痛，學者不可不知也。又「非義襲而取之」句内，亦未見外面尋義理之意，請更詳之。横渠先生言觀書有疑，當且濯去舊見，以來新意，此法最妙。

凡言「易」者，多只是指蓍卦而言。蓍卦何嘗有思有爲？但只是扣著便應〔二〕，無所不通，所以爲神耳。非是别有至神在蓍卦之外也。

曾子告孟敬子三句，不是説今日用功之法，乃言平日用功之效，如此有得，文義方通。來喻糾紛，殊不可曉也。

不知其仁之説恐未安。且未論義理，只看文勢已自不通。若更以義理推之，尤見乖戾矣。蓋智自是智，仁自是仁，孔門教人，先要學者知此道理，便就身上著實踐履。到得全無私心，渾是天理處，方唤作仁。如子路諸人，正爲未到此地，故夫子不以許之，非但欲其知理而已也。若謂未知者做得皆是而未能察其理之所以然，則諸人者又恐未能所爲皆是，固未暇責其察夫理之所以然也。

校記　〔一〕此書又見卷四十七答吕子約二十六。

〔二〕著：原作「著」，據又見改。

編年　據書信編年。

朱熹文集編年評注卷五十四

書 知舊門人問答

答孫季和 應時 淳熙十二年

所喻平生大病最在輕弱，人患不自知耳。既自知得如此，便合痛下功夫，勇猛舍棄，不要思前算後，庶能矯革。所謂「藥不瞑眩，厥疾不瘳」者也。明善誠身，正當表裏相助，不可彼此相推。若行之不力而歸咎於知之不明，知之不明而歸咎於行之不力，即因循擔閣，無有進步之期矣。它論數條，亦所當講。别紙奉報，幸并詳之。檃括程書，豈所敢當？當時諸先達蓋嘗有欲爲之而未果者，然自今觀之，却似未爲不幸。况後學淺陋，又安敢議此乎。

子約漢唐之論，在渠非有私心，然亦未免程子所謂乃邪心者，却是教壞後生，此甚不便。近年以來，彼中學者未曾理會讀書修己，便先懷取一副當功利之心；未曾出門踏著正路，便先做取落草由徑之計，相引去無人處，私語密傳，以爲奇特，直是不成模樣，故不得不痛排斥之。不知子約還知外面氣象如此否耳。

中庸章句、太極解義方是略説大概，若論裏面道理，精微曲折，知它是更有何窮何盡！未須便慮説得太詳，且當以玩味未熟、分畫未明爲憂。蓋自頃年妄作此書，至今未見有人真實下功，理會到究竟處也。大事記數條，其間誠有可疑者。如韓信事，向來伯恭面論，蓋嘗曰其不反，不知後來看得如何。須是别看出情節來，不然不應如此失入也。此可更問子約，看如何。然渠此書却實自成一家之言，亦不爲無益於世。鄙意所疑，却恐其間注腳有太纖巧處。如論張湯、公孫弘之奸，步步掇拾，氣象不好，却似與渠輩以私智角勝負，非聖賢垂世立教之法也。諸詩語意清遠，讀之令人想見湖山之勝，但亦不無前幅所論兩字之病謂輕弱。耳。子陵、仲弓二絶則甚佳。嘗觀荀淑能譏刺梁氏而爽已不敢忤董卓。至彧，遂爲唐衡之婿、曹操之臣。人家父祖壁立千仞，子孫猶自倒東來西，況太丘制行如此，其末流之弊爲賊佐命，亦何足怪哉！

太極之説與繫辭詳略不同，乃是互相發明，以盡精微之蘊，最爲有功。若只依本分模榻，則亦何用增此贅語，而學者又何由知得其中有許多曲折耶。大抵近日議論喜合惡離，樂含胡而畏剖析，所以凡事都不曾理會到底。此一世之通患也。

明道答横渠書誠似太快，然其間理致血脉精密貫通，儘須玩索。如大公順應，自私用智，忘怒觀理，便與主敬窮理互相涉入，不可草草看過。如上文既云以其情順萬事，即其下云而無情亦自不妨。

明道、伊川論性疏密固不同，然其氣象亦各有極至處。明道直是渾然天成，伊川直是精細平實。正似文王治岐、周公制禮之不同，又似馬援論漢二祖也。

封建之論甚佳。范公之説大抵切於時務，近而易行。但於制度規模、久遠意思大段欠闕。如論租庸、兩税等處，亦甚疏略也。封建一事，向見胡丈明仲所論，大抵與來喻相似，不知曾見之否？要之此論須以聖人不以天下爲一家之私作主意，而兼論六國形勢，以見其利害未嘗不隨義理之是非則可耳。以上諸説有未安處，却幸反復。

編年 據書信編年。

答孫季和 紹熙三年春

縣事想日有倫理。學校固不免爲舉子文，然亦須告以聖學門庭，令士子略知修己治人之實，庶幾於中或有興起，作將來種子。浙間學問一向外馳，百怪俱出，不知亦頗覺其弊否？寧海僧極令人念之，亦可屬之端叔兄弟否？若救得此人出彼陷穽，足使聞者悚動，所係實不輕也。所疑三條，皆恐未然，試深味之，當自見得。古今書文雜見先秦古記，各有證驗，豈容廢絀？不能無可疑處，只當玩其所可知而闕其所不可知耳。小序決非孔門之舊，安國序亦決非西漢文章。向來語人，人多不解，惟陳同父聞之不疑，要是渠識得文字體製意度耳。讀書玩理外，考證又是一種工夫，所得無幾而費力不少。向來偶自好之，固是一病，然亦不可謂無助也。孔氏書序與孔叢子、文中子大略相似，所書孔臧不爲宰相而禮賜如三公等事，皆無其實。而通鑑亦誤信之，則考之不精甚矣。

編年 書信編年據文中所言縣事、學政定其爲慶元三年季和知常熟縣時所作，然又疑其不類晚年書。考季和於紹熙元年四月除父喪，即調嚴州遂安知縣，見其與朱熹書信及史浩送孫季和赴遂安序。在任不久，辟四川制幕。此書應爲紹熙初季和知遂安縣時所作無疑。書札彙編考定作於紹熙三年春。

答石應之 淳熙十二年

所示文字深切詳審，説盡事情。想當時面陳又不止此，而未足以少回天意，此亦時運所繫，非人力所能與也。更願益加涵養講學之功而安以俟之，事會之來，豈有終極？安知其不愈鈍而後利耶？熹衰朽殊甚，春間一病狼狽，公謹見之。繼此將理一兩月，方稍能自支，然竟不能復舊。幸且復得祠禄休養，而幼累疾病相仍，殊無好況，心昏目倦，不能觀書。然日用功夫不敢不勉，間亦紬繹舊聞之一二，雖無新得，然亦愈覺聖賢之不我欺，而近時所謂喙喙争鳴者之亂道而誤人也。無由面論，臨風耿耿。公謹想已到彼矣，渠趣向意味朋友間少得，但意緒頗多支離。更與鐫切，令稍直截，當益長進耳。

編年 據書信編年。

答石應之慶元三年

聞新阡尚未得卜，想今已有定。鄉見説大門上世宅兆之勝，今日求之，未易可得。蓋地有盡而求者無已，若欲立定等則，必求如此之地而後用之，則恐無時而已耳。熹衰病日益沈痼，數日來又加寒熱之證，愈覺不可支吾。相見無期，亦勢應爾，不足深念。猶恨黨錮之禍四海横流，而賢者從容其間，獨未有以自明者。此則拙者他日視而不瞑之深憂也。富貴易得，名節難保，此雖淺近之言，然亦豈可忽哉。便中寓此，以代面訣。

編年 據書信編年。

答諸葛誠之淳熙十三年

示喻競辯之端，三復惘然。愚意比來深欲勸同志者兼取兩家之長，不可輕相詆訾。就有未合，亦且置勿論，而姑勉力於吾之所急。不謂乃以曹表之故，反有所激，如來喻之云也。不敏之故，深以自咎。然吾人所學，吃緊著力處正在天理人欲二者相去之間耳。如今所論，則彼之因激而起者，於二者之間果何處也。子静平日所以自任，正欲身率學者一於天理，而不以一毫人欲雜於其間，恐决不至如賢者之所疑也。義理，天下之公，而人之所見有未能盡同者。正當虚心平氣，相與熟講而徐究之，以歸於是，乃是吾黨之責。而向來講論之際，見諸賢往往皆有立我自是之意，厲色忿詞，如對仇敵，無復長少之節、禮遜之容。蓋嘗竊笑，以爲正使真是仇敵，亦何至此？但觀諸賢之氣方盛，未可遽以片辭取信，因默不言，至今常不滿也。今因來喻輒復陳之，不審明者以爲如何耳。

編年　據書信編年。

答諸葛誠之 淳熙十三年

所喻子静不至深諱者，不知所諱何事？又云銷融其隙者，不知隙從何生？愚意講論義理只是大家商量，尋個是處，初無彼此之間，不容更似世俗遮掩回護，愛惜人情，纔有異同，便成嫌隙也。如何如何？所云粗心害道自知明審，深所嘆服。然不知此心何故粗了？恐不可不究其所自來也。

編年　據書信編年。

答項平父 安世　淳熙九年

示喻此心元是聖賢，只要於未發時常常識得，已發時常常記得，此固持守之要。但聖人指示爲學之方周遍詳密，不靠一邊，故曰敬義立而德不孤。若如今説，則只恃一個敬字，更不做集義工夫，其德亦孤立而易窮矣。須是精粗本末隨處照管，不令工夫少有空闕不到之處，乃爲善學也。此心固是聖賢本領，然學未講，理未明，亦有錯認人欲作天理處，不可不察。識得記得，不知所識所記指何物而言？若指此心，則識者記者復是何物？心有二主，自相攫拏，聖賢之教恐無此法也。持守之要，大抵只是要得此心常自整頓，惺惺了了，即未發時不昏昧，已發時不放縱耳。愚見如此，不知子静相報如何？因風録示，或可以警所不逮也。伊川先生云：「涵養須用敬，進學則在致知。」此兩句與從上聖賢相傳指訣如合符契。但講學更須寬平其心，深沉詳細，以究義理要歸處，乃爲有補。若只草草領略，就名數訓詁上著到，則不成次第耳。

編年 據書信編年。

答項平父 淳熙十年

所喻曲折及陸國正語，三復爽然，所警於昏惰者爲厚矣。大抵子思以來教人之法惟以尊德性、道問學兩事爲用力之要。今子静所説，專是尊德性事，而熹平日所論，却是問學上多了。所以爲彼學者多持守可觀，而看得義理全不子細，又別説一種杜撰道理遮蓋，不肯放下；而熹自覺雖於義理上不敢亂説，却於緊要爲己爲人上多不得力。今當反身用力，去短集長，庶幾不墮一邊耳。

編年 據書信編年。

答項平父 淳熙十三年冬

官期遽滿，當復西歸，自此益相遠，令人作惡也。罵坐之説，何乃至是？吾人爲學別無巧妙，不過平心克己爲要耳。天民聞又領鄉邑賑貸之役，不以世俗好惡少改其度，深可敬服。朋友論議不同，不能下氣虚心以求實是，此深可憂。誠之書來言之甚詳，已略報之。可取一觀，此不復云也。聞宗卿、子静蹤迹，令人太息。然世道廢興，亦是運數。吾人正當勉其在己者以俟之耳。不必深憤嘆，徒傷和氣，損學力，無益於事也。

編年 據書信編年。

答項平父 淳熙十三年以後

所諭讀書次第甚善，但近世學者務反求者便以博觀爲外馳，務博觀者又以内省爲隘狹，左右佩劍，各主一偏，而道術分裂，不可復合。此學者之大病也。若謂堯、舜以來所謂兢兢業業便只是讀書程課，竊恐有一向外馳之病也。如此用力，略無虚間意思，省察工夫，血氣何由可平，忿欲何由可弭耶？無由面論，徒增耿耿耳。

編年 據書信編年。

答項平父 紹熙二年三年間

録寄啓書，尤以愧荷。稱許之過，皆不敢當，但覺「難用」兩字著題耳。至論爲學次第，則更儘有商量。大抵人之一心萬理具備，若能存得，便是聖賢，更有何事？然聖賢教人，所以有許多門路節次而未嘗教人只守此心者，蓋爲此心此理雖本完具，却爲氣質之稟不能無偏。若不講明體察，極精極密，往往隨其所偏，墮於物欲之私而不自知。近世爲此説者，觀其言語動作略無毫髮近似聖賢氣象，正坐此耳。是以聖賢教人雖以恭敬持守爲先，而於其中又必使之即事即物考古驗今，體會推尋，内外參合。蓋必如此，然後見得此心之真，此理之正，而於世間萬事、一切言語無不洞然了其白黑。大學所謂知至意誠，孟子所謂知言養氣，正謂此也。

若如來喻，乃是合下只守此心，全不窮理，故此心雖似明白，然却不能應事，此固已失之矣。後來知此是病，雖欲窮理，然又不曾將聖賢細密言語向自己分上精思熟察，而便務爲涉獵書史、通曉世故之學，故於理之精微既不能及，又并與向來所守而失之，所以倀倀無所依據，雖於尋常淺近之説亦不能辨，而坐爲所惑也。

夫謂不必先分儒、釋者，此非實見彼此皆有所當取而不可偏廢也，乃是不曾實做自家本分功夫，故亦不能知異端詖淫邪遁之害，茫然兩無所見，而爲是依違籠罩之説以自欺而欺人耳。若使自家日前曾做得窮理功夫，此豈難曉之病耶。

然今所謂心無不體之物，物無不至之心，又似只是移出向來所守之心，便就日間所接事物上比較耳。其於古今聖賢指示剖析細密精微之藴，又未嘗入思議也。其所是非取舍，亦據己見爲定耳。又何以察夫氣禀之偏、物欲之蔽，而得其本心正理之全耶。便謂存誠愈固，養氣愈充，吾恐其察之未審而自許過高，異日忽逢一夫之説，又將爲所遷惑而不能自安也。中間得葉正則書，亦方似此依違籠罩，而自處甚高，不自知其淺陋，殊可憐憫。以書告之，久不得報，恐未必能堪此苦口也。大學章句一本謾往，其言雖淺，然路脉不差，節序明審，便可行用。幸試詳之。

編年 據書信編年。

答項平父 紹熙三年

所論義襲，猶未離乎舊見。大抵既爲聖賢之學，須讀聖賢之書；既讀聖賢之書，須看得他所説本文上下意義字字融釋，無窒礙處，方是會得聖賢立言指趣，識得如今爲學功夫，固非可以懸空白撰而得之也。如孟子答公孫丑問氣一節，專以浩然之氣爲主。其曰「是集義所生」者，言此氣是積累行義之功而自生於内也。其曰「非義襲而取之也」，言此氣非是所行之義潛往掩襲而取之於外也。其曰「行有不慊於心則餒矣」者，言心有不慊，即是不合於義而此氣不生也。是豈可得而掩取哉。告子乃不知此，而以義爲外，則其不動心也，直强制之而頑然不動耳，非有此氣而自然不動也。故又曰：「我故曰告子未嘗知義，以其外之也。」然告子之病蓋不知心之慊處即是義之所安，其不慊處即是不合於義，故直以義爲外而不求。今人因孟子之言，却有見得此意而識義之在内者，然又不知心之慊與不慊亦有必待講學省察而後能察其精微者。故於學聚問辨之所得皆指爲外而以爲非義之所在，遂一切棄置而不爲。此與告子之言雖若小異，然其實則百步、五十步之間耳。以此相笑，是同浴而譏裸裎也。由其所見之偏如此，故於義理之精微、氣質之偏蔽皆所不察，而其發之暴悍狂率，無所不至。其所慨然自任，以爲義之所在者，或未必不出於人欲之私也。

來喻敬義二字功夫不同，固是如此。然敬即學之本，而窮理乃其事，亦不可全作兩截看也。洪範「皇極」一章，乃九疇之本，不知曾子細看否？先儒訓「皇極」爲「大中」，近聞又有説「保極」爲存心者，其説如何？幸推詳之，復以見告。逐句詳説，如注疏然，方見所論之得失。大抵爲學但能於此等節目處看得十數條通透縝密，即見讀書凡例。而聖賢傳付不言之妙，皆可以漸得之言語之中矣。

編年　據書信編年。

答項平父 紹熙三年

所喻已悉。以平父之明敏，於此自不應有疑。所以未免紛紜，却是明敏太過，不能深潛密察，反復玩味，只略見一綫路可通，便謂理只如此，所以爲人所惑，虛度光陰也。孟子之意，須從上文看。「其爲氣也，配義與道，無是餒也。是集義所生者，非義襲而取之也。」此上三句本是説氣，下兩句「是」字與「非」字爲對，「襲」字與「生」字爲對，其意蓋曰此氣乃集義而自生於中，非行義而襲取之於外云爾，非謂義不是外襲也。今人讀書不子細，將聖賢言語都錯看了，又復將此草本立一切法〔一〕，横説竪説，誑鏬衆生，恐其罪不止如范甯之議王弼而已也。

校記 〔一〕復：宋浙本作「便」，考異所引别本同。

編年 據書信編年。

答項平父 慶元元年

熹一病四五十日，危死者數矣。今幸粗有生意，然不能飲食，其勢亦難扶理。杜門屏息，聽天所命，餘無可言者。所幸一生辛苦讀書，微細揣摩，零碎括剔〔一〕，及此暮年，略見從上聖賢所以垂世立教之意，枝枝相對，葉葉相當，無一字無下落處。若學者能虛心遜志，游泳其間，自不患不見入德門户。但相見無期，不得面講，使平父尚不能無疑於當世諸儒之論，此爲悢悢耳。

校記 〔一〕碎：宋浙本作「細」。括：王懋竑朱子年譜改作「剖」。

編年 據書信編年。

答陳抑之 謙 乾道九年

熹從士友間得足下之名而願交焉，爲日久矣。衰病屏伏，無從際會，每以爲恨。而聽於往來之言，亦知足下之不鄙我，而將有以辱况之也。年歲以來，私家多故，不獲以聲問先自通於隸人。兹承枉書，感愧亡量。顧陳義高遠，雖古之賢人君子，懼不足以堪足下之意，而熹之愚，何敢當之以自取戾耶。然曩亦嘗有聞於先生長者矣，勤勞半世，汩没於章句訓詁之間，黽勉於規矩繩約之内，卒無高奇深眇之見可以驚世而駭俗者。獨幸年來於聖賢遺訓粗若見其坦易明白之不妄而必可行者，私竊以爲儻得當世明達秀穎之士相與講之，抑彼之過，强此之不及，吾道庶其明且行乎。三復來書，果若有意於此，幸甚幸甚！竄伏窮山，未知見日，繼此書疏之往來，猶足以見區區也。餘惟藏器勉學，慰此遐想。

編年　據書信編年。書札彙編暫列淳熙十五年後。

答俞壽翁 淳熙十五年十一月至十二月

太極之書，度所見不同，論未易合，故久不報。又思理之所在，終不可以不辨，近方以書復之。其説甚詳，未知彼復以爲如何也。「極」不訓「中」，此義甚的。然自先儒失之久矣，未必今人之失也。德功渾象之説，誠如所喻。此公好學而病多，蓋不專在言語文字之間也。來喻有志未勉〔一〕，有見未徹，此見賢者自知之明。見子静曾扣之否？愚意則以爲且當捐去浮華〔二〕，還就自己分上切近著實處用功，庶幾自有欲罷不能、積累貫通之效。若未得下手處，恐未免於臆度虚談之弊也。

校記　〔一〕勉：原作「免」，據宋浙本改。

〔二〕捐：原作「損」，據宋浙本、四庫全書本改。

編年　據書信編年。

答應仁仲 淳熙十五年以前

大學、中庸屢改，終未能到得無可改處。大學近方稍似少病。道理最是講論時説得透，纔涉紙墨，便覺不能及其一二。縱説得出，亦無精彩。以此見聖賢心事今只於紙上看，如何見得到底？每一念此，未嘗不撫卷慨然也。

編年　據書信編年。

答應仁仲 淳熙十五年秋

自幾道來，聞欲相訪，日佇來音。比歸不至，深以惘然。後得呂子約書，乃知已嘗經婺女，竟爾相失，尤以爲恨。歸來乃領向來三月所惠書，雖已遠，猶足慰意也。比日秋冷，遠惟德履佳勝。

熹一出狼狽不可言，幾道必已詳言之矣。歸來已決杜門之計，讀書益有味，但祠請專人徯期未返，未知此事定復何如。度亦不出三五日，當見果決也。甚久欲一見賢者，今既不遂，因書有以見告者，切幸不外。啓蒙、小學二書偶未有本，後便續寄去。中庸等書未敢刻，聞有盜印者，方此追究未定，甚以爲撓也。因便布此，未能盡所欲言。正遠，珍重！

編年　據書信編年。

答應仁仲淳熙十四年秋

熹衰病之餘，災患復不可堪。趙氏聘幣無置之之所，故遣歸之。今既不受，未有以處。欲如來喻納之於壙，則今已葬。且此間之葬例薄，然亦時有意外之患。欲置少田以給墓户，則亦不必如此之多。欲以施諸鄉人之爲橋道者，則似於義亦無所當。反復思之，唯有别以它女再結姻好之爲善。而家間諸女及孫雖多，而年歲無相當者，其最長者才十有二耳。似此再三籌度，皆未有計，不知賢者何以教之，使於義稍安而無所疑也。聞幾道太夫人至爲悲慟變食，此意尤不敢忘耳。熹出處之計未知所定，亦復類此。浙中士友亦頗有知其曲折者，要是杜門藏拙爲上計耳。

編年 據書信編年。

答應仁仲慶元三年前後

久不聞問，小兒歸被告〔一〕，乃知向來體中嘗不佳，證亦不輕，又喜只今已漸平復。竊計比日起居益快健，氣體愈清實也。但累年命駕之約，未知能復踐言否。熹亦益衰，精神筋力皆已非復昔時，勢亦不能遠適。何由一承晤語，以遂心期？念之令人悵悵，不能爲懷也。

禮書方了得聘禮已前，已送致道，令與四明一二朋友抄節疏義附入，計必轉呈。有未安者，幸早見教，尚及改也。覲禮以後，黄婿携去廬陵，與江右一二朋友成之。尚未送來，計亦就草稿矣。前賢常患儀禮難讀，以今觀之，只是經不分章，記不隨經，而注疏各爲一書，故使讀者不能遽曉。今定此本，盡去此諸弊，恨不得令韓文公見之也。

易本義不謂遂達几下。舊讀此書，每於先儒之説有所不快，因以妄意管窺一二，亦不自意推尋至此。尚恨古書放失，聞見單淺。今又衰惰，不能卒業，不知明者何以教之。更望詳賜誨諭，毋使有待於後世之子雲也。正遠，切祈以道自重，益綏壽祉。千萬至望！

編年 據書信編年。

校記 〔一〕被：原作「彼」，據宋浙本改。

答應仁仲 慶元三年前後

久不聞問，辱書爲慰。信後清和，恭惟求志從容，尊履多福。如聞亦苦目疾，莫不至甚妨事否？熹則左目全盲，右亦漸不見物矣。來日幾何，學不加益而罪戾日聞，未知明者何以警策之也。惠許來訪，固所幸願。顧見屬之意有所不敢承耳。何時披晤，訟此堙鬱？更祈珍衛，副此真禱。

編年 據書信編年。書札彙編繫於慶元元年二三月間。

答應仁仲 慶元元年至三年

熹勸講亡狀，竟煩罷斥。杜門念咎，畢此餘生，爲幸甚矣。比來衰悴，愈覺支離，加以耳重目盲，殊費醫治，良以爲撓。然亦老態之常，不足怪也。因便草草。向見朋友編春秋例，鄙意亦欲如此，正如來喻所云也。

熹目盲，不能親書。所喻編禮如此固佳，然却太移動本文，恐亦未便耳。老病益侵，而友朋相望，皆在千百里外，恐此事不能成，爲終身之恨矣。向在長沙、臨安，皆嘗有意，欲藉官司之力爲之，亦未及開口而罷。天於此學如此其厄之，何邪？可嘆可嘆！

編年　據書信編年。

答周叔謹 葉公謹改姓字〔一〕 淳熙十二年

應之甚恨未得相見，其爲學規模次第如何？近來呂、陸門人互相排斥，此由各徇所見之偏，而不能公天下之心以觀天下之理，甚覺不滿人意。應之蓋嘗學於兩家，不知其於此看得果如何？因話扣之，因書喻及爲幸也。熹近日亦覺向來説話有太支離處，反身以求，正坐自己用功亦未切耳。因此減去文字功夫，覺得閑中氣象甚適。每勸學者亦且看孟子道性善、求放心兩章，著實體察收拾爲要。其餘文字且大概諷誦涵養，未須大段著力考索也。

校記　〔一〕正訛題注爲：「介，初姓葉」。

編年　據書信編年。書札彙編以爲作於紹熙四年或稍後。

評論　見文集卷五十三答胡季隨二評論。

答周叔謹淳熙十四年春

叔謹想且留彼，應之相聚，所講何事？文字且虛心平看，自有意味，勿苦尋支蔓，旁生孔穴，以汩亂義理之正脉。中庸謹思之戒，蓋爲此也。子約書來，説得大段支離。要是義理太多，信口信筆縱横去得，説得轉闊，病痛轉深也。如所論功體二字太露之類，亦是此樣。所云須如顔子，方無一毫之非禮，此説却是。但未知其意向在甚處。若云人須以顔子自期，不可便謂已至則可；若謂顔子方能至此，常人不可學他，即大不可。想渠必不至此誤，但亦只是每事須著一句纏繞，令不直截耳。公謹來書依舊説得太多，更宜省約爲佳也。祝汀州已成見次，不知赴官能入山否？朝廷方遣使命行經界、議鹽法，此亦振民革弊之秋，但恐不免少勞心力耳。彦章書來，云欲見訪，却不見到，不知何故。所論二人外内之偏信然，此等處只是容易窄狹，自主張太早了，便生出無限病痛耳。彼既相信不及，勢亦無如之何。莫若且就己分上著力之爲急也。

編年 據書信編年。

答周叔謹淳熙十四年以後

喪禮前書已報大概。適再考儀禮，經五服皆有之〔一〕，一在首，一在要，大小有差。「斬衰」條下傳中已言之，故不復言耳。要經之下又有帶，斬衰絞帶、齊衰布帶是也。蓋經帶以象吉服之大帶，此帶則象吉服之革帶，屈其一端立貫之，還以插於要間。非齊衰則止用布帶而無要絰也。右本在上者，齊衰絰之制，以麻根處著頭右邊，而從額前向左圍向頭後，却就右邊元麻根處相接，即以麻尾藏在麻根之下，麻根搭在麻尾之上綴殺之。有纓者，以其加於冠外，故須著纓，方不脱落也。辟領，儀禮注云「辟領廣四寸」，則與闊中八寸也，兩之爲尺六寸，與來書所言不同，不知何故。詳此辟領是有辟積之義，雖廣四寸，須用布闊四寸、長八寸者摺其兩頭，令就中相接，即方四寸。而綴定上邊於領之旁，以所摺向裏，平面向外，如今裙之有摺，即所謂辟積也。温公所謂裳每幅作三㡌者是也。如此即是一旁用八寸，兩旁共尺六寸矣。菅屨〔二〕、疏屨，今不可考。今略以輕重推之，斬衰用今草鞋，齊衰用麻鞋可也。麻鞋，卒伍所著者。

校記　〔一〕絰：原作「經」，據宋浙本改。

〔二〕菅：原作「管」，據儀禮喪服「斬衰」章改。

編年　據書信編年。書札彙編疑作於慶元四年。

答周叔謹〔一〕　淳熙十年以後

示喻静中私意横生，此學者之通患。能自省察至此，甚不易得。此當以敬爲主，而深察私意之萌多爲何事，就其重處痛加懲窒，久之純熟，自當見效。不可計功於旦暮，而多爲説以害之也。論語别本未曾改定，俟便寄去。然且專意就日用處做涵養省察工夫，未必不勝讀書也。

校記　〔一〕此書又見卷四十四答任伯起一。

編年　見卷四十四答任伯起一所考。

答周叔謹 淳熙十四年以後

所示仁説差勝往時，但所引熹説亦有誤字處，恐又錯認了，更略契勘爲佳。然書中所説收拾放心，乃是緊切下功夫處，講學乃其中之一事。今但專一於此下功，不須思前算後，計較得失。講學亦且看直截明白處，不要支蔓。來書所謂雖若小異，然亦不甚相遠者，全是子約舊時句法也。

編年　據書信編年。

答王季和 鉛　慶元四年以前

別幅之喻，具悉至意。嘗謂道之在人初非外鑠，而聖賢垂訓又皆懇切明白，但能虚心熟讀，深味其旨而反之於身，必有以信其在我而不容自已，則下學上達，自當有所至矣。但讀書不可貪多，今當且以大學爲先，逐段熟讀精思，須令了了分明，方可改讀後段。如此庶易見功，久久浹洽通貫，則無書不可讀矣。

編年　據書信編年。

答王季和〔一〕 慶元四年

來示備悉。學者之志固不可不以遠大自期，然觀孔門之教，則其所從言之者至爲卑近，不過孝弟忠信、持守誦習之間，而於所謂學問之全體初不察察言之也。若其高弟弟子，多亦僅得其一體。夫以夫子之聖，諸子之賢，其於道之全體豈不能一言盡之以相授納，而顧爲是拘拘者以狹道之傳、畫人之志，何哉？蓋所謂道之全體雖高且大，而其實未嘗不貫乎日用細微切近之間。苟悦其高而忽於近，慕於大而略於細，則無漸次經由之實而徒有懸想跂望之勞，亦終不能以自達矣。故聖人之教循循有序，不過使人反而求之至近至小之中，博之以文，以開其講學之端；約之以禮，以嚴其踐履之實，使之得寸則守其寸，得尺則守其尺，如是久之，日滋月益，然後道之全體乃有所鄉望而漸可識，有所循習而漸可能。自是而往，俛焉孳孳，斃而後已。而其所造之淺深，所就之廣狹，亦非可以必諳而預期也。故夫子嘗謂先難後獲爲仁，又以先事後得爲崇德，蓋於此小差，則心失其正，雖有鑽堅仰高之志，而反爲謀利計功之私矣，仁何自而得，德何自而崇哉。聊誦所聞，以答下問之意。至於庵記大字之需，則非學之急，亦老懶之所不暇也。舒大夫向嘗相見於會稽，所論未合。今想其學益有成矣。聞其政亦甚佳，有本者固如是也。不及爲書，因見幸略道意。

校記 〔一〕此書又見卷六十二答林退思二。

編年 據書信編年。

答傅子淵 夢泉 淳熙七年冬

荆州云亡，忽忽歲晚。比又得青田教授陸兄之訃，吾道不幸，乃至於此！每一念之，痛恨無窮。想平生師資之義，尤不能爲懷也。所示江陵問答讀之，敬夫之聲容恍若相接，悲愴之餘，警策多矣。但其間尚有鄙意所未安者，更容熟復，續奉報歸納也。大抵賢者勇於進道而果於自信，未嘗虚心以觀聖賢師友之言，而壹取决於胸臆，氣象言語，只似禪家，張皇鬥怒，殊無寬平正大、沉浸醲郁之意。荆州所謂有拈搥竪拂意思者，可謂一言盡之。然左右初不領略，而渠亦無後語，此愚所深恨也。德起得資友益，書來甚激昂。已報之云，更須講學封殖，不可專恃此矣。

編年 據書信編年。

答傅子淵 淳熙七年以後

示喻戰栗之義，反復思之，終未能曉。豈以宰我如此注解便涉支離，不能簡易故耶？熹看此章只是宰我錯解了，故聖人深責之，不謂其纔下注解，便成支離，如來喻之云也。細詳來喻，是意外生説，附會穿鑿，有不勝其支離者。舉此一端，恐區區所見與賢者不同，不但此一事也。示及得朋進學之盛，深慰鄙懷。然二包、定夫書來，皆躐等好高之論，殊不可曉。顯道本領只是舊聞，正苦其未能猛舍，不謂已見絶於旦評也。

編年 據書信編年。

答傅子淵 淳熙七年以後

示喻所以取舍於前日之論者甚悉。率爾之言，固不能保其無病，然道體規模、功夫節目只是一理，是則俱是，非則俱非，不容作兩種商量，去彼取此也。暇日平心定氣，試一思之，或有以變化氣質而救一偏之弊，則於成己成物之際未必無小補耳。

編年 據書信編年。

答傅子淵 淳熙七年以後

示喻所得日益高妙，非復愚昧所能窺測。但願更於小心密察處稍加意焉，則所謂主敬窮理者殆亦緝熙光明之所不可已者，而初亦不在涣然心喻者之外也。包、黄諸君各精進，捐去舊習，甚善。但恐似此一向掠虚，則又只是改换名目也。超宗遠來，殊未有以副其意者。却似於己分著實處未知用力，又與諸兄大相反也。已喻其就彼商量，雖稍過於簡約，亦無害耳。

編年　據書信編年。

答陳正己剛　淳熙十二年秋

往歲得吕東萊書，盛稱賢者之爲人，以爲十數年來朋友中未始有也。以此心願一見，而無從得。中間聞欲來訪，甚以爲喜。不久，乃聞遽遭閔凶，深爲傷怛。顧以未嘗通問，不欲遽修慰禮。今者辱書，荷意良厚。且審秋辰殘暑，孝履支福，又以爲慰。

示喻爲學大致及别紙數條，皆已深悉。但區區於此有不能無疑者。蓋上爲靈明之空見所持，而不得從事於博學篤志、切問近思之實；下爲俊傑之豪氣所動，而不暇用力於格物致知、誠意正心之本，是以所論嘗有厭平實而趨高妙、輕道義而喜功名之心。其浮陽動俠之意，往往發於詞氣之間，絕不類聖門學者氣象。不知向來伯恭亦嘗以是相規否也。熹自年十四五時，即嘗有志於此。中間非不用力，而所見終未端的。其言雖或誤中，要是想像臆度。所幸内無空寂之誘，外無功利之貪，全此純愚，以至今日，反復舊聞而有得焉。乃知明道先生所謂「天理二字，却是自家帖體出來」者真不妄也。

沖漠無朕一段，恐未可輕議。若當此時萬象未具，即是上面一截無形無兆，後來被人引入塗轍矣。賢者正作此見，何乃遽謂古今無人作此語耶？敬以直内，近思録注中别有一語，先生指意甚明。蓋雖不以爲無，然未嘗以爲即與吾之所謂敬以直内者無毫髮之差也。

許渤爲人不可知其詳，語録中又有一處説其人晨起，問人寒暖，加減衣服，加減一定，終日不易。即是天資篤厚之人，容有不聞隔窗事者，非必有寄寂之意而欲其不聞也。况此條之下一本注云「曷嘗有如此聖人」，則是先生蓋亦未之許也。但嘆美其純德，與世間一種便儇皎厲之人氣象懸隔，亦可尚耳。此等皆未可輕易立説，詘薄前賢也。

注疏之學，却不須如此主張。蘇子由議論自是一偏之説，亦何足爲準的也哉。董仲舒所立甚高，恐未易以世儒詆之。今日病痛，正爲不曾透得道義功利一重關耳。若處置匈奴一節，便使從來才智之士，如婁敬、賈誼亦未免此。來諭於此予奪之間不能無高下其手者，豈立意之偏而不自覺歟？近來浙中怪論蜂起，令人憂嘆。不知伯恭若不死，見此以爲如何也。

編年 據書信編年。

評論 吴澄題朱文公答陳正己講學墨帖後：朱子答正己一書，備述爲學之功，又規正己之失，蓋以其人有志於學，故曲盡其言，懇切之至。厚哉，先覺之用心乎！然澄竊聞之，大功廢業，况服齊斬乎。……正己蕲學聖賢，身有母喪，而交書論學不異常時，則三年之喪爲虚矣。夫親喪本也，論學末也，忘其本而務其末，不知所論之學果何學歟。朱子故已箴其失，然舍其大而議其小，或者姑爲之掩覆也耶？

答陳正己 淳熙十二年

示喻縷縷，皆聖賢大業，熹何足以知之？然亦未得一觀，即爲朋友傳玩，遂失所在。今不復能盡記，但覺所論不免將内外本末作兩段事，而其輕重緩急又有顛倒舛逆之病。究觀底裹，恐只是後世一種智力功名之心，雖强以聖賢經世之説文之，而規模氣象與其所謂存神過化、上下同流者大不侔矣。若戊子年間所見果與聖賢不異，即其所發不應如此。以故鄙意於此尤有不能無疑者。未得面論，徒增耿耿耳。

編年 據書信編年。

答朱子繹 淳熙十六年以前

知讀大學，甚善。大抵其説雖多，多是爲學之題目次第，緊要是「格物」兩字，却未曾説著下手處。故學者之讀此而不得其要者，類如數遺棄之齒而求有獲，亦没世窮年而無得矣。須著精神領略個大體規模，便尋個的當下手處，著實用功，始是會讀大學也。

編年 據書信編年。

答路德章 淳熙十二年

所與子約書甚善，但謂東萊遺言有涉於經濟維持者别爲一事，而異於平日道學之意，則恐亦未免有累於東萊也。龜山嘗譏王氏之學離内外、判心迹，使道常無用於天下而經世之務皆私智之鑿，正謂此耳。又謂儻遇漢祖、唐宗，亦須有争不得、且放過處，亦是舊時意思尚在。方寸之地只有一毫此等見識，便是枉尺直尋底根株。直須見得正當道理分明，不容些兒走作，即自然無復此等意思。雖欲宛轉回護，亦有所不可得矣。古之聖賢以枉尺直尋爲大病，今日議論乃以枉尺直尋爲根本，若果如此，即孟子果然迂闊而公孫衍、張儀真可謂大丈夫矣。德章已見大意，自不必如此説。因筆及之，亦恐餘證未解，聊復云云耳。儀禮編已收，此間朋友未有能辨此者。春秋想亦不輟用工。此文字未爲切己，然亦可惜中廢。但稍減課程，令日力有餘，不至忙迫，即玩索涵養之功不至欠闕矣。

編年 據書信編年。

答路德章 淳熙十二年

所喻水到渠成之説，意思畢竟在渠上，未放水東流時，已先作屈曲準備了矣。毫釐之差，千里之繆。孟子、程子所以爲有功於天理，有力於聖門，有德於後學者，正在此處。不知何故前日直如此看倒了。今日雖欲回頭，而尚爲舊習所牽，不得自由也。

編年 據書信編年。

答路德章 淳熙十二年

奉一日告，獲聞安勝爲慰。但聞忍窮益堅，未有卒歲之計，則未能不相爲動心也。然詳來喻，似所以處者亦有未盡善〔一〕。蓋若謂羞於出入，則不應去冬未覺而今夏方覺。謂厭請託，則此等以義裁之，一切不與，人自不能相干。謂所入不足自資，則又將去此而有求，其得失既未可期，而豐約亦未可料。此恐皆非所以決爲去就之實。或者但以平日意氣不能俯仰，而忽然有所激觸，遂憤然爲此而不暇顧計耳。

大抵德章平日爲學於文字議論上用功多，於性情義理上用功少，所以常有憤鬱不平之意見於詞氣容貌之間。而所向者無非崎嶇傴仄、不可容身之地。此在世俗苟且流徇之中觀之，固亦足爲高；然在吾輩學問義理上看，則豈非膏肓深錮之疾而不可以不早治者耶。

即今且置此勿論，而以所喻讀論、孟者言之，則所謂「不愛把來作口頭説話，故不敢作問而墮於寡陋」者，豈亦不爲憤鬱不平之氣所發耶？夫學者讀書有疑而不能自決，故不得已而不能不問。今人無疑而飾問以資談聽者固不足道，然遂懲此而不問，則未知其果已洞然而無疑耶，抑有疑而耻自同於飾問，遂飲默以自愚？將未至乎有疑而不能問，遂發其憤悶，肆其忌克而託於不問以自欺也？若已洞然而無疑，則善矣，然非上智之資不能及。若不幸而仿佛於後兩者之所謂，則吾恐其深有妨於進學而大有害於養心也。

昨見編集春秋，蓋嘗奉勸此等得暇爲之，不可以此而妨吾涵養之務，正爲此爾。但當時又見所編功緒已成，精密可愛，他人決做不得，遂亦心利其成，不欲一向説殺。以今觀之，則所謂爲人謀而不忠者，無大於此。乃始惕然自悔自咎，蓋不獨爲賢者惜之也。讀書爲學，本以治心，今乃不唯不能治之，而乃使向外奔馳，不得休息，以至於反爲之害，是豈不爲迷惑之甚乎。德章氣節偉然，非流輩所可及，私心常所愛敬。而區區之懷猶有未得盡者，每竊以爲愧且恨也。因風布問，輒盡言之。想所樂聞，不至以爲罪也。

校記〔一〕有未：原倒，據宋浙本乙。

編年　據書信編年。

答路德章淳熙十三年

示喻縷縷備悉，然其大概皆自恕之詞，以此存心，亦無惑乎德之不進而業之不修也。吾人爲貧，只有禄仕一途可以苟活，無害於義。彼中距臨安不遠，豈不能一爲參選計而長此羈旅乎？此則未論義理，而只以利害計之，亦未得爲是也。大抵是日前爲學只是讀史傳、説世變，其治經亦不過是記誦編節，向外意多，而未嘗反躬内省，以究義理之歸，故其身心放縱，念慮粗淺，於自己分上無毫髮得力處。此亦從前師友與有責焉。而自家受病比之它人尤更重害，此又姿禀不美而無以洗滌變化之罪也。今日正當痛自循省，向裏消磨，庶幾晚節救得一半。而一向如此苟簡自恕，若不怨天，即是尤人，殊非平日所望於德章者也。

來諭每謂熹有相棄之意，此亦尤人之論。區區所以苦口相告，正爲不忍相棄耳。若已相棄，便可相忘於江湖，何至如此忉怛，愈增賢者忿懟不平之氣耶？只今可且捺下身心，除了許多閑説話，多方擘畫，去參了部，授一本等合入差遣歸來，討一歇泊處，將論語、孟子正文端坐熟讀，口誦心惟；雖已曉得文義，亦須逐字忖過，洗滌了心肝五臟裏許多忿懥怨毒之氣，管取後日須有進步處，不但爲今日之路德章而已也。

向見伯恭説少時性氣粗暴，嫌飲食不如意，便敢打破家事。後因久病，只將一册論語早晚閑看，忽然覺得意思一時平了，遂終身無暴怒。此可爲變化氣質之法。不知平時曾與朋友説及此事否？德章從學之久，不應不聞。如何全不學得些子？是可謂不善學矣。

編年 據書信編年。

答路德章 淳熙十三年

闕期不遠，便可得禄。襄陽古郡，多前賢遺迹，宦游得此，亦正自不惡也。示喻爲學功夫，果充此言，何患不進？但讀書亦須隨章逐句子細研窮，方見意味。若只用粗心，但求快意，恐終無以滌蕩塵埃，刬除鱗甲也。直卿在此，問以來書所云，渠殊不省。然聞過則喜，吾人正當勉力，不須便懷不平之意，必求伸己而屈人也。踏雪之游，果能踐約，幸甚！

編年 據書信編年。

答康炳道 淳熙八年以後

所論學者之失由其但以致知爲事，遂至陷溺，此於今日之弊誠若近之。然恐所謂致知者，正是要就事物上見得本來道理，即與今日討論制度、較計權術者意思功夫迥然不同。若致得吾心本然之知，豈復有所陷溺耶。正坐論事而不求理，遂至生此病痛耳。熹於此非敢有所與奪，但見邪説横流，恐爲吾道之害，故不得不極言之。信之與否，則在乎人焉。若既排闢之，又假借之，則恐其弊將有至於養虎而遺患者矣。然區區於此，亦固未嘗有所絕於人而不與其進也。彼若皤然覺悟，去邪歸正，又豈熹之所能拒哉。東萊文字須子細整頓成編，乃可商量。但此事亦不宜甚緩，蓋人生不堅固，若過却眼前諸人，即此事無分付處矣。

編年 據書信編年。書札彙編以爲作於淳熙十二年。

答郭希吕 津 紹熙二年

示喻銘叙，此非有所愛，但老病心力衰耗，不能盡給四方之求，不得不自爲性命計耳。鄙性拙直，向使可爲，即已爲之，何至今日更煩再喻然後作耶？況今又經一番悲惱，尤覺昏憊，决不能辨此。且銘重於叙，既已作銘，若有餘力，何惜於叙而費許多詞説分疏耶？誠之若是合下不肯承當，即不應爲希吕移書，以其所不欲者施於人。若以其重而不敢爲，則熹已任其重者矣，渠在今日必不容復有詞也。恐此未必誠之之意，只是希吕不相亮，必欲熹自爲之而故爲此説耳。人之相知，貴相知心。而古之君子不盡人之歡，不竭人之忠，所以全交。千萬深察乎此言，憐其衰老，勿破已成之例，以速其就於死地。幸甚幸甚！

編年　據書信編年。

答郭希吕 紹熙二年以後

知讀論、孟不廢，甚善。且先將正文熟讀，就自己分上看，更考諸先生説有發明處者，博觀而審取之。凡一言一句，有益於己者皆當玩味，未可便恐路徑支離而謂所有不必講也。墓銘之額，更著「宋」字亦佳，伯謨必已報去矣。大抵石長即以十字爲兩行，石短則以九字爲三行，隨事之宜可也。

編年　據書信編年。

答郭希吕 淳熙十五年

示喻所以居家事長之意，甚善甚善。此事他人無致力處，正唯自勉而已。但謂學問大端不敢躐等言之，則鄙意有所未曉者。夫學問豈以他求？不過欲明此理而力行之耳。但其功夫所施有序，而莫不以愛親敬長爲先，非謂學問自是一事，可以置之度外而姑從事於孝友之實也。故熹竊願昆仲相與深察此意，而講於所謂學問之大端者，以求孝弟之實，則閨門之内倫理益正，恩義益篤，將有不期然而然者矣。若以學問爲一大事，不可幾及，而汲汲然徒弊精神於科舉文字之間，乃欲别求一術以爲家庭雍睦悠久之計，竊恐天理不明，人欲横生，其末流之弊將有不可勝慮、不可勝防者。不審賢者以爲如何？

編年　據書信編年。

答郭希吕 淳熙十五年

來喻縷縷，似未悉前後鄙意者。蓋人心有全體運用，故學問有全體工夫。所謂孝弟，乃全體中之一事，但比他事爲至大而最急耳。固不可謂學者止此一事便了〔一〕，而其餘事可一切棄置而不問也。故聖賢教人必以窮理爲先，而力行以終之，蓋有以明乎此心之全體，則孝弟固在其中而他事不在其外。孝弟固不容於不勉，而他事之緩急本末亦莫不有自然之序。苟不明此，則爲孝弟者未免出於有意，且又未必能盡其理而爲衆事之本根也。今以六經、大學、論語、中庸、孟子諸書考之可見矣。

希吕自謂多病，故不能精思博學，而姑用力於其所及，則固已爲自棄，而猶可諉曰近本。若遂以爲孝弟之外更無學問，則其繆見甚矣。且誠多病而不能精思博學矣，則又曷爲而苦心竭力以從事於科舉之文耶？此之不爲而彼之久爲，雖曰不厚於利而薄於義，吾不信也。希吕其更思之。

書院規模，且隨事隨力爲之，却就事實上考察整理，方見次第，不須如此預先安排。記文扁榜，尤是外事，但此等意思即見浮淺外馳之驗。若於學問全體上切己處用得功夫，即氣象自當深厚宏闊矣。太極、西銘、通書各往一本〔二〕，試熟讀而思之，亦求理之一端也。大抵學者不可有放過底事，久之不已，雖無緊要功夫，亦有得力處也。

校記〔一〕者：宋浙本作「問」。

〔二〕往：原作「注」，據右引改。

編年 據書信編年。

答郭希吕淳熙十五年以後

示喻縷縷備悉。然所謂收心、正心，不是要得漠然無思念，只是要得常自惺覺，思所當思而不悖於義理耳。别紙所示看得全未子細，更宜加功。專看大學，首尾通貫，都無所疑，然後可讀語、孟。語、孟又無所疑，然後可讀中庸。今大學全未曉了，而便兼看中庸，用心叢雜如此，何由見得詳細耶？且更耐煩，專一細看爲佳。日月易得，大事未明，甚可懼也。

編年 據書信編年。

答時子雲淳熙十年

來喻滿紙，深所未喻。必是當時於此見得太重，所以如此執著，放捨不下。今想未能遽然割棄，但請逐日那三五分功夫，將古今聖賢之言剖析義利處反復熟讀，時時思省義理何自而來，利欲何從而有，二者於人孰親孰疏，孰輕孰重，必不得已，孰取孰舍，孰緩孰急。初看時似無滋味，久之須自見得合剖判處，則自然放得下矣。捨此不務，紛紛多言，思前算後，展轉纏縛，一生出不得。未論小小得失，政使一旦便登高科、躋顯官〔一〕，又須別有思量擘畫，終不暇向此途矣。試思之，如何？向編近思録，欲入數段説科舉壞人心術處，而伯恭不肯。今日乃知此個病根從彼時便已栽種培養得在心田裏了，令人痛恨也。

校記 〔一〕官：宋浙本作「宦」。

編年 據書信編年。

答毛舜卿 淳熙十年

示喻功夫次第，似覺頭緒太多。今且以敬義二字隨處加功，久久自當得力。義利之間，只得著力分別，不當預以難辨爲憂。聖門只此便是終身事業，亦不須別妄想向上一路也。

編年 據書信編年。

答王伯禮 洽〔一〕 淳熙十五年以後

參，以三數之也；伍，以五數之也。如云什伍其民，如云或相什伍，非直爲三與五而已也。蓋紀數之法，以三數之則遇五而齊，以五數之則遇三而會。故荀子曰：「窺敵制變，欲伍以參。」注引韓子曰：「省同異之言，以知朋黨之分；偶參伍之驗，以責陳言之實。」又曰：「參之以比物，伍之以合參。」而漢書趙廣漢傳亦云：「參伍其賈，以類相準。」皆其義也。易所謂參伍以變者，蓋言或以三數而變之，或以五數而變之，前後多寡，更相反覆，以不齊而要其齊。如河圖、洛書大衍之數，伏羲、文王之卦，曆家之日月五星，章蔀紀元，是皆各爲一法，不相依附，而不害其相通者也。「綜」字之義，沙隨得之。然錯、綜自是兩事，錯者，雜而互之也；綜者，條而理之也。參伍錯綜，又各自是一事。參伍所以通之，其治之也簡而疏；錯綜所以極之，其治之也繁而密。

太極、兩儀、四象、八卦者，伏羲畫卦之法也。説卦「天地定位」至「坤以藏之」以前，伏羲所畫八卦之位也。「帝出乎震」以下，文王即伏羲已成之卦而推其義類之詞也。如卦變圖剛來柔進之類，亦是就卦已成後用意推説，以此爲自彼卦而來耳，非真先有彼卦而後方有此卦也。古注説賁卦自泰卦而來，先儒非之，以爲乾、坤合而爲泰，豈有泰復變爲賁之理？殊不知若論伏羲畫卦，則六十四卦一時俱了，雖乾、坤亦無能生諸卦之理。若如文王、孔子之説，則縱横曲直，反覆相生，無所不可。要在看得活絡，無所拘泥，則無不通耳。

易中先儒舊法皆不可廢，但互體五行、納甲飛伏之類未及致思耳。卦變獨於彖傳之詞有用，然舊圖亦未備。頃嘗修定，今寫去，可就空處填畫卦爻，而以彖傳考之，則卦所從來皆可見矣。然其間亦有一卦從數卦而來者，須細考之，可以見易中象數無所不通，不當如今人之拘滯也。

右：●扐●掛，左：●●。今於圖中如此添修，當已明白矣。

校記 〔一〕禮：原作「豊」，據宋閩、浙本改。此篇首段又見卷六十七參伍以變錯綜其數説。

編年 書云「『綜』字之義，沙隨得之」，沙隨即程迥，朱熹與之辯論易學在淳熙十三年，而其易學啓蒙、蓍卦考誤等書亦成於是年，故此篇或當作於其後。參見卷六十七參伍以變錯綜其數説。

答楊深父 乾道五年前後

示喻自患柔懦不立，而欲務於寬大含容，此正以水濟水之謂也。前此所以奉告，但欲賢者日用之間不昧此心，更於應接事物處各求其理之所在，則喜怒哀樂自無偏倚而皆中節矣。不審賢者以爲如何？

編年 據書信編年。

答楊深父 乾道五年前後

所喻諸疑固嘗面論，若未能判然，莫若條陳所疑，章解而句辨之，當有所决，不可只如此泛論也。略處如某章某説某句〔一〕，如何當取而不取，過處、未安、太甚三説亦然，乃見所疑之實。禮樂刑政之爲教，如寒暑生殺之爲歲，此何所疑？若如來意，則道外有物而刑政專出於蚩尤、申、商矣。此類更宜寬著心胸子細推驗，不可只將尋常小小意見窺測也。觀横渠先生論周禮天官處，亦可見矣。

校記 〔一〕某句：原脱「某」字，據宋閩、浙本補。

編年　據書信編年。

答汪子卿 淳熙七年以後

一別累年，疾病多故，不獲以時致問訊，第積馳仰。正思之來，辱手書兩通，意厚禮勤，有非區區淺陋所敢當者。然足以見好學之篤，雖老而不忘也。信後冬深，寒暖不常，不審尊候何如？伏惟起處萬福。

熹犬馬之齒雖在賢者之後，然今亦是老境。平生爲學非不究心，然未有大得力處。三復來誨，皆其力之所未能及者，而何足以少助於高明？但荷意之勤，亦不敢隱其固陋耳。

竊味來書所引論語數條言仁甚悉，而所論反復亦不爲不詳，獨於仁之一字義理意味與其所以用力之方皆未之及。豈其於此固有以默契而忘言也耶？不然，則仁之所以爲仁者初未嘗曉然有見於心而的然有得於己，吾恐所謂不違不害者之茫然如捕風繫影之無所措，而所以處夫窮通得喪之際者或未能泰然無所動於其中也。長者之明，雖不至此，然以所謂變通之術者觀之，則有以見其未免於彼之重而此之輕也。昔子貢無諂無驕之問，蓋自以爲至矣〔一〕，而夫子以爲未若樂與好禮，何哉？無諂無驕，則尚局於貧富之中；樂且好禮，則已超然乎貧富之外也。然其所以至此，則必嘗有所用其力矣，非規規於兩者之間，有所較計抑遏而求出於此也。又況於自料其必有所不安而預爲變通之計，則恐其所立又將出於無諂無驕之下也無疑矣。

區區鄙意竊願長者於此姑無恤其他，而深探聖賢之言，以求仁之所以爲仁者，反諸身而實用其力焉，則於所以不違不害者皆如有物之可指，而窮通得失之變脱然其無與於我矣。不識高明以爲如何？若有未安，幸復見教也。

校記 〔一〕矣：原缺，據宋浙本補。

編年 據書信編年。

答趙幾道 師淵 淳熙十四年

所論時學之弊甚善，但所謂冷淡生活者，亦恐反遲而禍大耳。孟子所以舍申、商而距楊、墨者，正爲此也。向來正以吾黨孤弱，不欲於中自爲矛盾，亦厭繳紛競辯若可羞者，故一切容忍，不能極論。近乃深覺其弊，全然不曾略見天理仿佛，一味只將私意東作西捺，做出許多詖淫邪遁之説，又且空腹高心，妄自尊大，俯視聖賢，蔑棄禮法，只此一節，尤爲學者心術之害。故不免直截與之説破。渠輩家計已成，決不肯舍。然此説既明，庶幾後來者免墮邪見坑中，亦是一事耳。

編年 據書信編年。

答趙幾道 淳熙十四年以後

昔時讀史者不過記其事實，摭其詞采，以供文字之用而已。近世學者頗知其陋，則變其法，務以考其形勢之利害、事情之得失。而尤喜稱史遷之書，講説推尊，幾以爲賢於夫子，寧舍論、孟之屬而讀其書。然嘗聞其説之一二，不過只是戰國以下見識。其正當處，不過知尊孔氏，而亦徒見其表，悦其外之文而已。其曰折衷於夫子者，實未知所折衷也。後之爲史者又不及此，以故讀史之士多是意思粗淺，於義理之精微多不能識，而墮於世俗尋常之見，以爲雖古聖賢，亦不過審於利害之算而已。唯蘇黄門作古史序，篇首便言古之聖人其必爲善，如火之必熱，水之必寒；不爲不善，如騶虞之不殺，竊脂之不穀，於義理大綱領處見得極分明，提得極親切。雖其下文未能盡善，然只此數句，已非近世諸儒所能及矣。惜其從初爲學功夫本無次序，不曾經歷，不能見得本末一一諦當，只其資質恬静，無他外慕，故於此大頭段處窺測得個影響。到此地位，正好著力，却便墮落釋老門户中去，不能就聖賢指示處立得修己治人正當規模，以見諸事業，傳之學者，徒然説得此個意思，而其意之所重終止在文字言語之間。其徒雖極力推尊之〔一〕，然竟不曾有人能爲拈出此個話頭以建立宗旨者，亦可恨也。其論史遷之失兩句，亦切中其膏肓，不知近日推尊史記者曾爲略分解否耳。今日已作書，偶思得此語，聊復奉告，不審以爲如何也。

校記 〔一〕極：原作「趣」，據宋閩、浙本改。

編年 據書信編年。

答劉仲則 槼 淳熙十六年以後

示喻學問之道不專在書册，而在持身接物之間，理固如此。然便全舍去書册，不復以講學問辨爲事，則恐所以持身接物之際未必皆能識其本源而中於幾會。此子路人民社稷何必讀書之論所以見惡於聖人也。試以治民理事之餘力益取聖賢之言而讀之，而思之，當自覺有進步處，然後知此言之不妄也。大學章句一通，謾奉致思之地。大抵讀書唯虛心專意，循次漸進爲可得之。如百牢九鼎，非可以一嘬而盡其味也。

編年 據書信編年。

答黄文叔〔一〕 紹熙五年以前

所論爲學功夫甚善，但若果是見得日用周旋無非至善，則亦不必大段著力把捉，却恐迫切而反失之。但且悠悠隨其所向，便是持守。久之純熟，自見次第矣。讀書且就分明處看覷涵泳，不必過爲考索，久之浹洽，自然通透也。向説小善不足爲重輕，非是以小善爲不足爲，但謂要識得大體，有用功處，不專恃此爲本領耳。善之所在，即當從之，固不可以其小而忽之也。

校記 〔一〕文叔：原作「冕仲」，與字「文叔」者同名「裳」，然非朱熹同時人。據正訛改。

編年 朱熹交往黄姓字文叔者有二，一爲黄度，一爲黄裳。度與朱熹年相當，熹慶元元年始識之，執語甚恭，見卷三十八答黄文叔度。此篇指示爲學方法，顯非與度者，乃與裳也。據宋史裳傳、卷四十四答蔡季通七、卷五十二答吴伯豐十三，知裳卒於紹熙五年，則此篇之作當在其前。文集中與裳往還甚少，疑朱熹識裳亦晚，或在紹熙中也。

答沙縣宋宰 南强 淳熙十五年

跧伏山間，聽於道塗與凡士友之言，具知政績之美。竊謂今之爲吏者救過目前，不得一意於撫摩之政久矣。乃如執事者出乎其間，民不告勞而官無廢事，是可尚已！如聞當路頗已相知，更願益修其在我者，其實既大，則其聲愈閎，將不可掩，政不必有意於其間也。

編年 據書信編年。書札彙編置於淳熙十二年夏末秋初。

答楊簡卿 迪 紹熙二年正月

久不聞問，辱書，審聞新正以來，侍奉吉慶，爲慰。又知已遂書考，又得史君薦削〔一〕，尤以爲喜。但所諭趙帥書，在吾友妙年，何遽汲汲如此？向使前舉未登科，不成如今亦要舉狀關陞也。平生不敢爲此〔二〕，故亦不欲以此施之於人。不喜人宛轉爲人求知，故亦不欲作此等書。反復思之，無以應命，但有一言爲贈，冀賢者抗志高明，有以自拔於流俗〔三〕，乃所望耳。井伯雖實相愛，然似未知所以相愛也。

校記 〔一〕削：原作「則」，據宋浙本改。宋閩本作「剡」。

〔二〕生：原作「性」，據宋閩、浙本改。

〔三〕拔：原作「技」，據右引改。

編年　據書信編年。

答江夢良 史　紹熙二年

示喻學校曲折，具悉雅志。今時教官能留意如此者誠不易得，然更在勉其學業。雖未能深解義理，且得多讀經史〔一〕，博通古今，亦是一事。不可只念時文，爲目前苟簡之計也。

校記　〔一〕經：宋浙本作「書」。

編年　據書信編年。

答吴宜之 南　淳熙八年以後

所論爲學之功若如所言，則是大段勇猛精進，非復昔人矣。然前後屢聞此言，而及至相見，則性情態度宛然只是舊人〔一〕，元未有毫髮改變。則今日之云，鄙意固有所未敢信也。且不唯所説之病不曾去〔二〕，而省己粗疏、發言輕易之病又更增長。以此爲學，所謂却行而求前也。

校記　〔一〕性：原作「生」，據宋浙本改。

〔二〕去：原作「夫」，據宋閩、浙本改。

編年　據書信編年。

答吴宜之 淳熙八年以後

他説紛紜，皆是不肯安於義命之意。以宜之才氣，若稍加静重，潛心向學，何所不至？今乃一味浮躁，自立一種苟簡自恕議論，讀之令人腹煩。如謂世人習俗薄惡，難卒與語，而欲委曲開導之，竊詳此意，恐自未免於薄惡而難與語也。今日決意登舟，無可言者。但願更思此言，痛自收斂，猶可救得一半。若只如前日意思，他時之困當有甚於今日者。雖欲悔之，不能及也。所謂學者舍科舉文字未有可從事者，不知此語何爲而發？若如鄙意，則科舉文字之外，學者儘有合用力處。此賢者所當深念也。

編年　據書信編年。

答吴宜之 淳熙八年以後

觀來書所論它人長短得失，無不精當，但平日所見所以讀書爲學之意，處己接物之方，則甚有不相似者。豈其務外者多而反身或闕耶？子貢方人，子曰：「賜也賢乎哉！夫我則不暇。」願宜之常思此句，念念向裏，就切己處做功夫，他人之長短得失，非吾之所當知也。陳公之賢固樂聞之，然公私多事，何能及此？新詩固有佳句，然亦非事之急。况欲投獻，求知於人，此鶩外之尤者，不可以不戒。史論正亦未須遽作，且務窮經觀理，深自涵養，了取自家身分上事爲佳。

編年　據書信編年。

答吴宜之 淳熙八年以後

承書，知已爲入都計，今想已到矣。但熹身在閑遠，豈能爲人宛轉求館求試？若能如此，則親戚間如黄直卿輩當先爲圖得矣。兼平生爲學只學固窮守道一事，朋友所以遠來相問，亦正爲此。今若曲徇宜之之意，相爲經營，則是生師之間去仁義而懷利以相接矣，豈相尋問學之本意耶！

編年　據書信編年。

答吴宜之 淳熙八年以後

所喻易説誠是太略，然此書體面與他經不同，只得如此點掇説過，多著言語便説殺了。先儒注解非是不好，只爲皆墮此病，故不滿人意。中間便欲稍移經下注文入傳中，庶得經文意思更寬，而未有功夫到得。今病衰如此，更有無限未了底文字，恐爲没身之恨矣。

編年　據書信編年。

答徐斯遠 文卿　紹熙五年

文叔作縣，不作著實工夫，狼狽至如此，如何著力？辟置之説，臨難苟免，尤爲非義，如何可萌此意？况未有可求處耶。子耕得近信否？所苦如何？想已向安。如今後生遲鈍者不濟事，其開爽者又多騖於文采。子耕近來覺向裏，甚可喜也。

編年　據書札彙編。

答徐斯遠 紹熙二年

彦章守舊説甚固，乃是護惜己見，不肯自將來下毒手彈駁。如人收得假金，不敢試將火煅。如此如何得長進？僧家有琉璃瓶子禪之説，正謂此耳。

編年 據書信編年。

答徐斯遠 紹熙二年

昌父志操文詞皆非流輩所及，至此適值悲撓，未能罄竭所懷。然大概亦已言之，不過欲其刊落枝葉，就日用間深察義理之本然，庶幾有所據依，以造實地，不但爲騷人墨客而已。今渠所志雖不止此，然猶覺有偏重之意，切己處却全未有所安也〔一〕。斯遠亦不可不知此意，故此具報，幸有以交相警切爲佳耳。彦章議論雖有偏滯不通之病，然其意思終是靠裏近實，有受用處也。

校記 〔一〕却：宋浙本作「都」，考異所引别本同。

編年 據書信編年。

答趙昌甫 蕃 慶元五年

斯遠殊可念，吾人當此境界，只有固窮兩字是著力處。如其不然，即墮坑落塹，無有是處矣。尤是文士巧於言語，爲人所説，易入邪徑。如近世陳無己之不見章雷州，吕居仁之不答梁師成，蓋絕無而僅有之，爲可貴也。

編年 據書札彙編。

答徐彦章 紹熙二年

承喻諄複，益見精詣。鄙意竊謂未發之前固不可謂之無物，但便謂情性無二，更無虛静時節，則不可耳。蓋未發之前萬理皆具，然乃虛中之實，静中之動，渾然未有形影著莫，故謂之中。及其已發，然後所具之實理乃行乎動者之中耳。來喻本欲自拔於異端，然却有侵過界分處。而主張太過，氣象急迫，無沈浸醲郁之味，尤非小失。願且寬平其心，涵泳此理而徐剖析於毫釐之際，然後乃爲真知儒佛之邪正，不必如是之迫切也。前日見論語説中破伊川先生孝悌爲仁之本之説，此正是於情性之際未能分別，恐當更加玩味，未可率然立論，輕詆前賢也。致中和一節，亦告深思，毋以先入之説爲主。甚幸甚幸〔一〕！

校記 〔一〕上「甚幸」原倒，據宋浙本乙。

編年 據書信編年。

答徐彦章 紹熙二年

示喻主善之云甚佳，但善中有動静二者，相對而言，則静者爲主而動者爲客，此天地陰陽自然之理，不可以寂滅之嫌而廢也。更望虚心平氣，徐以思之，久必有合矣。若固執舊聞，舉一廢百，懼非所以進於日新也。

編年 據書信編年。

答徐彦章 紹熙二年

熹前日拜狀，而還信已行，遂不得附，深負不敏之愧。兩日偶看經説，有疑義數條，別紙奉扣。并前書送令郎處，尋便附致。幸反復之，使得以致思爲望。説中中和、動静尤是大義，此處一差，非唯錯會經旨，且於道體便不分明，而日用工夫常有急迫之意，無深沉安静氣象，恐不可草草放過也。

編年 據書信編年。

答徐彦章 論經説所疑〔一〕 紹熙二年

純於善而無間斷之謂一，此語甚善。但所論老釋之病、體用之説，則恐未然。蓋老釋之病在於厭動而求静，有體而無用耳。至於分別體用，乃物理之固然，非彼之私言也。求之吾書，雖無體用之云，然其曰寂然而未發者，固體之謂也；其曰感通而方發者，固用之謂也。且今之所謂一者，其間固有動静之殊，則亦豈能無體用之分哉。非曰純於善而無間斷，則遂晝度夜思，無一息之暫停也。彼其外物不接、内欲不萌之際，心體湛然，萬理皆備，是乃所以爲純於善而無間斷之本也。今不察此，而又不能廢夫寂然不動之説，顧獨詆老、釋以寂然爲宗，無乃自相矛盾邪？大抵老、釋説於静而欲無天下之動，是猶常寐不覺而棄有用於無用，聖賢固弗爲也。今説於動而欲無天下之静，是猶常行不止，雖勞而不得息，聖賢亦弗能也。蓋其失雖有彼此之殊，其倚於一偏而非天下之正理則一而已。嗚呼！學者能知一陰一陽、一動一静之可以相勝而不能相無，又知静者爲主而動者爲客焉，則庶乎其不昧於道體，而日用之間有以用其力耳。

「爲上爲德，爲下爲民」，「七世之廟，萬夫之長」，説皆未安。

「彖曰反復其道」當連下句。日月、寒暑、晦明可言反復，死無復生之理。今作一例推説，恐墮於釋氏輪迴之論。天地之心與赤子之心，恐更有商量。程子與吕與叔問答可見，請試詳之。

「中行獨復，合内外之道」以下未曉其説，恐是筆誤。不然，則爲説太高，爻之時義，學之等級，似皆未契。

「一陽來復」與「雷在地中」只是一義，蓋陽生於閉藏之中，至微而未可有爲之時也。今曰不拘乎一，則以二者各爲一義矣，恐未安也。

「然必有事焉」，此句未曉。時習謹獨，即所謂有事。今乃中間下一「然」字，則似以「事」字爲工夫之條目矣，恐或未然。孟子説中已别論矣。

「不勉而中」之「中」以未發言恐未安。此「中」字却是發而無過不及之中。聖人之心當發而發，不待著力而自無過與不及之差，非謂不待著力而常不發也。誠由動言亦未安，謂未動之時未嘗有誠，可乎？

「中者無過不及之謂」，又曰「和者中之異名」，若就已發處言之則可，蓋所謂時中也。若就未發處言之，則中只是未有偏倚之意，亦與「和」字地位不同矣。未發只是未應物時，雖市井販夫、厮役賤隸亦不無此等時節，如何諱得？方此之時，固未有物欲泥沙之汩，然發而中節，則雖應於物，亦未嘗有所汩。直是發不中節，方有所汩。若謂未汩時全是未發，已汩後便是已發，即喜怒哀樂之發永無中節之時矣，恐不然也。於本有涵養操持之功〔一〕，便是靜中工夫。所謂靜必有所事者，固未嘗有所動也。但當動而動，動必中節，非如釋氏之務於常寂耳。

「尊德性」以下皆至德之方，語似未瑩。大抵「發育峻極」、「三千三百」皆至道，其人則至德之人也，此五句皆所以修至德而凝至道也。尊德性所以充其發育峻極之大，道問學所以盡其三千三百之小，下句放此。以其大小兼該，精粗不二，故居上居下、有道無道無所不宜，非止爲知禮也〔二〕。

「中庸」二字各有所主，以爲異名亦未安也。

明道中庸説，問之前輩，乃吕與叔後來傳者之誤也。

「天地之大」以下，所説與上文不連貫。察，著也，謂與「察於人倫」之「察」同亦未安。鳶飛魚躍，咸其自爾，將誰使察之耶？有察之者，便不活潑潑地矣。

「所求乎子句，以事父未能也」句，主意立文，皆與大學絜矩一節相似，人多誤讀。今詳來說，似亦可疑。

「明則動」，「動」以下當從程子說，皆以他人而言。孟子「在下位」一章，全用中庸語。其曰「至誠而不動者未之有也」，即謂此也。

「大哉聖人之道」以下至「其此之謂歟」别是一章。

「知化育」不必言如「乾知太始」之「知」。

「反古之道」，以下文考之，非不師古之謂也。「三重」當從吕氏說。「下焉者」，若謂衰周以下〔四〕，恐當「善」字不得，須别有說矣。

孟子之不動心，當從程子「能無畏難而動其心乎」之說，則一章之指首尾貫通矣。丑非疑孟子以得位爲樂而動其心，故孟子所答之意亦不爲此，詳味可見矣。

量敵慮勝，是孟施舍譏他人不能無懼之言。

縮，直也，儀禮、禮記多有此字，每與「衡」字作對。下文直養之說，蓋本於此。乃一章大指所繫，不可失也。

「必有事焉」，如言有事於上帝，有事於顓臾之類，非是用力之地，乃言須當用力也。「正」者，等待、期望之意，與春秋傳「師出不正反」、「戰不正勝」之「正」同。古注以「望」字釋之，是也。「忘」者，失其所有事。「助長」者，望之不至，而作爲奮迅，以增益之也。

告子論性五説是同是別？「生之謂性」其義如何？

七月一詩而備三體，乃鄭氏不達周禮籥章之義而生此鑿説，不足據信。今考周禮不遺餘力而反信此，何耶？

關雎之淑女似指嬪御，恐非詩意。

中即和也，和即中也，此語已辨於前。恐更須子細，不可如此草略説過。分體用者未必誤學者，却恐爲此説者能自誤耳。

皇極立之於此，四方之所取正，此説甚善。但不知所謂絜矩者其義云何？據此，皇極與「所惡於上，無以使下」一節之意似不同也。

校記 〔一〕此篇底本錯簡，今改用宋浙本。

〔二〕於：原缺，據宋閩本補。

〔三〕非：原作「此」，據右引改。

〔四〕若：原缺，據右引補。

編年 據書信編年。

答包定之 乾道中

近聞永嘉有回禄之災，高居不至驚恐否？講習家庭，得以從事於孝恭友弟之實，非行思坐誦空言之比也。然探索涵泳〔一〕，又不可廢。不審所讀何書？更能温習論語，并觀孟子、尚書之屬，反復諷誦，於明白易曉處直截理會爲佳，切忌穿鑿，屈曲纏繞也。陳國録、徐太丞諸公曾相見否？亦頗得同志相與切磋否？此間今年朋友往來不定，講學殊無頭緒，甚思定之用意精密，不易得也。千萬勉旃，以慰遠懷。

校記 〔一〕探：原作「操」，據宋浙本改。

編年 此與下篇相承，難以詳考。然書中令定之讀論語、孟子、中庸諸書，而未薦自己成書，且言「朋友往來不定，講學殊無頭緒」，似講學尚未成規模，疑其時較早。姑次乾道中。書札彙編次此二書於淳熙十一年。

答包定之〔一〕 乾道中

中庸實未易讀，更宜虛心玩味〔二〕，久當自得。大抵其説雖無所不包，然其用力之端只在明善謹獨。所謂明善，又不過思慮應接之間辨其孰爲公私邪正而已。此窮理之實也。若於此草草放過，則亦無所用其存養之力矣。且更如此用力〔三〕，必自見得。其他文義意指有合商量處，便中却可垂喻。

校記 〔一〕宋閩本無此篇。

〔二〕宜：宋浙本作「且」。

〔三〕且：原作「若」，據宋浙本改。

編年 見上篇所考。

朱熹文集編年評注卷五十五

書 知舊門人問答

答潘謙之 柄 淳熙十年以後

所喻心性分别，不知後來見得如何？性只是理，情是流出運用處，心之知覺，即所以具此理而行此情者也。以智言之，所以知是非之理則智也，性也。所以知是非而是非之者，情也。具此理而覺其爲是非者，心也。此處分别只在毫釐之間，精以察之，乃可見耳。愛、恭宜别，喜怒哀樂，皆情也。以前説推之，可以三隅反矣。看論語只看集注，涵泳自有味。集義、或問不必句句理會，却看一經一史，推廣此意尤佳。

編年 據書信編年。

答潘謙之淳熙十年以後

所示問目，如伊川亦有時教人静坐，然孔孟以上却無此説。要須從上推尋，見得静坐與觀理兩不相妨，乃爲的當爾。易説大概得之，但一陰生之卦，本取一陰而遇五陽之義。今如此説亦佳，但更須子細看，不知能兼此兩意否。萃卦三句是占詞，非發明萃聚之意也。此是諸儒説易之大病，非聖人係辭焉而明吉凶之意。卜田之吉占〔一〕，特於巽之六四言之。此等處有可解者，有不可解者，只得虚心玩味，闕其所疑，不可强穿鑿也。「成性」、「成之者性」，「成」字義同而用異。「成性」是已成之性，如言成説、成法、成德、成事之類；「成之者性」是成就之意，如言成己、成物之類。「神之所爲」與「祐神」同，與「神德行」之「神」小異。法象變通，如此説亦得，但不免微有牽合之病耳。近日别看甚文字？有疑幸語及也。

校記 〔一〕考異云一本無「占」字。

編年 據書信編年。

答潘謙之淳熙十六年以後

孟子首數篇與齊、梁君語，大抵皆爲國治民之事，特患學者不能用之耳。即義利之對而定所趨，充易牛之心以廣其善端，閨門之内，妻子臣妾皆有以察其温飽、均其勞佚而無尊賤之僻焉，亦與民同樂之意。又何往而非切身之事哉。

所論孟子書首，若能如此推類反求，固不害爲切己。但初學者便教如此看，却又添了一重事。不若且依本文看，逐處各自見個道理，久久自然通貫，不須如此費力也。

「樂天」、「畏天」不同。以仁者而居小國，固不免爲智者之事。使智者而居大國，則未必能爲仁者之舉。何者？智者分別曲直，未必能容忍而不與之較，如仁者之爲也。

得之。

禹、稷、顔子時不同而出處不同，乃義之宜。伯夷、伊尹時同而出處異，一是則一非，一善則一惡。孟子何以皆謂之聖人耶？

謂伯夷、伊尹所爲爲非恐未安。

許行欲君民并耕，則於人無貴賤之别；欲市價不貳，則於物無貴賤之差。事雖異而意則同。孟子因齊王易牛以發其不忍之心，因夷之厚葬其親以箴其兼愛之失，皆因其發見處以啓之。

得之。

伊川云「養志莫如敬以直内」，此是就未發上説。孟子所謂「自反而縮」，「以直養而無害」，「集義所生」，皆指事而言，就已發上説。孟子方辨告子，故專救其偏。

孟子論養氣，只合就已發處説。程子説養志，自是當就未發處説。各是一義，自不妨内外之交養，不可説孟子爲救告子義外之失而姑爲此言也。

大人不失其赤子之心，集注之意似以爲德雖至大人而初不失赤子之心也。然以「者」字與「也」字觀之，恐以爲大人所以爲大人者，不過不失其赤子之心而已〔一〕。論赤子之心恐未然。若大人只是守個赤子之心，則於窮理應事皆有所妨矣。

王子墊以人之爲士，下既不爲農工商之事，上又未有卿大夫之職，故疑其若無所事者。孟子言士雖未得位以行道，而其志之所尚，則有仁義焉。尚志之説甚善。「志」字與「父在觀其志」之「志」同，蓋未見於所行而方見於所存也。

「説大人則藐之」，蓋主於説而言。如曰「見大人則藐之」，則失之矣。得之。

「於不可已而已」一節以仁言，「於所厚者薄」一節以義言。夫不可已而已，當厚而薄，則怠惰自私而無力行篤義之心，而失之不及矣。或有發憤勇進者，則又失之助長；迨夫意氣一衰，則私心邪念潰出而不可遏，此又失之太過也。仁義之説未是，進鋭退速之説亦未精切。蓋其病正在意氣方盛之時已有易衰之勢，不待意氣已衰之後然後見其失也。

盡心第一章游氏以知天爲造其理，事天爲履其事，固善矣。然「夭壽不貳」一節，又乃承上二節而言。上乃知而行之，此乃守而不變，游氏之説恐未當。

夭壽不貳亦是知天之效，但游氏説得下句太輕耳。

或問中以楊氏所譏王氏之失爲非是。柄竊以高明之與中庸雖非二物，然細分之，亦不爲無別。中庸者，理之所當然也；高明者，理之所以然也。聖人處己應物固無二道，然處己而盡其理之當然者〔二〕，所以爲中庸也；知處己所以當然之理，則高明也。應物而盡其理之當然者，所以爲中庸也；知應物所以當然之理，則高明也。王氏判而爲二固非矣，而楊氏又渾然無所區別，則亦不察中庸、高明所以得名之實也。其曰智不足以致知，明不足以盡誠者，其意蓋以智爲高明，誠爲中庸。但「明」字與「誠」字不類，而反與上句所謂智者爲一律。豈牽於「自明而誠」之語而誤乎？若如其意，竊欲易曰：知不足以致知，誠不足以力行。惟不足以致知，故以高明爲淵深微妙，而非局於一事爲之末，而不知高明所以爲中庸。惟誠不足以力行，故以中庸爲出於人力之所勉强，而非天理之自然，而不知中庸所以爲高明。此則王氏受病之處。

高明是説中心所存，不爲物欲之所累處，非指理而言也。

首章明道第四説云：「凡人説性，只是説繼之者善也，孟子言人性善是也。」似以孟子所言爲氣稟之性。若以爲氣稟之性，則固有善惡矣，不得專謂之善也。以下文水流之喻觀之，則又似以氣稟本善，發而後有善惡也。使氣稟皆善，則所發之惡何自來哉？

孟子所言不是氣稟之性，但是性自不容説，纔説性時便只説個善字。所謂「天下之言性則故而已」者，正謂此也。

橫渠冰水凝釋之喻似亦無害，但以受光納照爲言〔三〕，則幾於釋氏所謂一靈真性者矣。其所謂未嘗無者，豈以其靈照之中〔四〕，實無一物之不具耶？此則心之知覺，而非性之實迹也。

既如此說，即是有害矣。

舜察邇言，所以無智者之過。蓋智者之過常在於騖高遠而厭卑近也。

舜之智不過，非獨爲此一事，須以全章體之。

舜隱惡而揚善，聽言之道當如此。蓋不隱其惡，則人將耻而不言矣。後之當進賢退不肖之任者，亦以隱惡揚善盜兼包并容之名，是不知隱惡揚善之義也。

隱惡揚善不爲進賢退不肖言，乃爲受言擇善者發也。

和而不流則非不恭之和，中而不倚則非執一之中。中和而不流不倚者擇之精，有道而不變者守之固。擇之精則不患乎道之難明，守之固則不患乎道之不行。能勉乎此，則無賢智之過矣。章句中謂四者各有次序，不知如何。豈不流尚易而不倚爲難，如富而無驕易，貧而無怨難乎？

和而不流，中立而不倚，須就「强」字上看，如此説無功夫矣。

武王、周公之所以爲達孝者，柄竊以爲舜之大孝，所遭之至不幸也。文王之無憂，所遭之至幸也。至幸與至不幸，皆不可以爲常。惟武王、周公之孝，而天下通行之孝也。

恐無此意。

章句中以學知利行爲仁，困知勉行爲勇，竊恐未盡乎仁勇之德也。夫仁者安仁，固不容以利行爲言。知、仁、勇皆謂之達德，則勇固通上下而言也，不可專以困知勉行者目之。以柄觀之，三知三行云者，所以總言達道達德之在人，其氣質雖有不同，而及其至之則一也。三近云者，言人未至乎達德而求至之者，其用功當如是也。似不必以三知三行分知、仁、勇，如何？

此等處且虚心看到并行不悖處乃佳。

「敬大臣則不眩」，章句中以爲信任專而小臣不得以間之，故臨事則不眩也。柄竊觀下文官盛任使之意，似以爲不使之役役於細事，乃所以敬之也。惟其不役役於細事，故其精神暇逸，不至昏眩而迷於大體也。

不然。

二十七章既言「大哉聖人之道」矣，而復以「優優大哉」冠於禮儀之上者，蓋言道體之大，散於禮儀之末者如此。

得之。

二十五章「成己仁也，成物智也」〔五〕，以柄觀之，論語以學不厭爲智〔六〕，誨不倦爲仁，又與此相反。且學不厭與成己雖皆在己之事，然一則學以明其理，一則實體是理於吾身，一知一仁，猶可言也。若夫成物，乃仁之事，何所與於知而歸之耶。

若非有智，何以成物？

二十八章「生乎今之世〔七〕，反古之道，如此者烖及其身」，夫子非使後人不得復古也，但以爲生於春秋之世，既無得位之理，徒欲以匹夫之微而復古之道則不可耳。使得時得位，何不可者？

「反古道」連上文「愚賤」說。

前輩多以夫子損益四代之制以告顔子，而又曰「吾從周」，其說似相抵牾者。然以二十八章「吾學周禮，今用之，吾從周」之意觀之，則夫子之從周，特以當時所用而不得不從耳，非以爲當盡從周。若答爲邦之問，乃其素志耳。

得之。

「君子動而世爲天下道，行而世爲天下法，言而世爲天下則」，「世」猶言世上也，法是法度，則是準則。有可跂之實故言法，言未見於行事，故以其言爲準而行之也。

得之。

校記

〔一〕「大人不失」至此一段原僅有後二句，且「恐」下無「以爲」二字，據宋浙本補入。

〔二〕者：原作「也」，據右引改。

〔三〕納照：原倒，據正訛乙。

〔四〕靈照：原缺，據清康熙本補。

〔五〕五：原作「四」。按：此句引文見中庸章句第二十五章。

〔六〕論語：正訛改作「孟子」。按：此句引文見孟子公孫丑上。

〔七〕八：原缺，據四庫全書本補。按：此句引文見中庸章句第二十八章。

編年 據書信編年。

答楊至之 至 紹熙四年

所喻詩序，既不曾習詩，何緣便理會得？只今且看四子音後所題〔一〕，依其次序，用心講究，入得門户，立得根本，然後熟讀一經，子細理會，有疑即思，不通方問，庶有進處。若只如此泛泛揭過，便容易生説，雖説得是，亦不濟事。況全未有交涉乎？所説易傳，恐亦方是見得皮膚，如何便説得易之大全無餘藴矣？向嘗面説至之有膚淺之病，不知曾究其所以然而加濬治之功否。後之歸永春後，曾復來否？子順、子能爲學復如何？彼中朋友，後之講論可師，叔文持守可法。諸友若能頻與切磋，必有益也。漳州朱飛卿近到此，病作未得細講。陳淳者書來甚進，異日未可量也。

校記 〔一〕音：正訛改作「書」。

編年 據書札彙編。

答楊至之 紹熙四年

率性之説大概得之，然亦有未精密處。

修道之教當屬何處，亦出乎天耳。

「君子中庸」章二「又」字不用亦可，但恐讀者不覺，故特下此字，要得分明耳。

「人皆曰予知」一條説得是，「中庸不可能」一條亦然。然三者亦是就知、仁、勇上説來。蓋賢者過之之事，只知就其所長處著力做去，而不知擇乎中庸耳。

中立不倚之説，當於或問中發之〔一〕。

「素隱行怪」一章文義極分明，如何看不破？聖人之言固渾融，然其中自有條理，毫髮不可差。非如今人鶻圇儱侗，無分別也。

「及其至也」，或問中已如此説，足以相發明。侯氏之説如何是非全體中之不能者，更請子細看。

「未能一焉」固是謙辭，然亦可見聖人之心有未滿處〔二〕，各見一義，自不相妨也。況此兩章正相連，如何見得不是一意？

不見不聞，此正指隱處。如前後章只舉費以明隱也。

「達德」次第甚明，不須疑著。「柔遠人」亦然。

物之終始，或問説得極分明，請更詳之，不須便立異議也。

「上焉者」，王天下者其上不容有人，故只得以時言之，上文極分明矣。

代明之説細碎無理。

校記〔一〕當：正訛改作「嘗」。

〔二〕有未：原倒，據宋浙本、四庫全書本乙。

編年 據書札彙編。

答李守約 閎祖 淳熙十五年前後

讀書之法無他，唯是篤志虛心，反復詳玩爲有功耳。近見學者多是率然穿鑿，便爲定論。或即信所傳聞，不復稽考，所以日誦聖賢之書而不識聖賢之意，其所誦説，只是據自家見識撰成耳。如此豈復能有長進？前輩蓋有親見有道，而其所論終不免背馳處者，想亦正坐此耳。所説持敬工夫，恐不必如此，徒自紛擾，反成坐馳。但只大綱收斂，勿令放逸，到窮理精後，自然思慮不至妄動，凡所營爲無非正理，則亦何必兀然静坐然後爲持敬哉。

編年 據書信編年。書札彙編與下篇皆置於慶元元年。

答李守約 淳熙十五年前後

所示課程及日用功夫甚善，但有疑雖當識以俟問，然亦不可不時時提起閑看，儻或相值，殊勝問而後通也。

編年 據書信編年。

答李守約 淳熙十五年

「克己復禮爲仁」，曾子言容貌、顔色、辭氣，而其要在動、正、出之際。

大抵得之。但曾子之語功夫更在三字之前，此特語其效驗處耳。

「自古皆有死」，集注云：「無信則雖生無以自立，不若死之爲安。」恐語有未瑩。

「安」字極有味，更宜玩之。

「仲弓爲季氏宰，問政」，程子曰：「便見聖人與仲弓用心之小大。」謂仲弓蔽於小則可，若曰仲弓必欲舉賢之權皆出於己，有若要譽而市恩者，則恐仲弓之賢，未必至是。

程子之意固非謂仲弓有固權市恩之意而至於喪邦，但一蔽於小，則其害有時而至，此亦不爲難矣。故極言之，以警學者用心之私也。

「衛君待子而爲政」，胡氏所謂具其事之本末告諸天王，請於方伯，命公子郢而立之，於名正矣。然孔子之於衛，重非世臣，親非貴戚之卿，則恐衛君之未能安己以聽之也。

胡氏之言乃聖人大用之全體，但其間曲折之微，聖人須更有隨宜裁處處，不患其不從也。若但令出從蒯聵，爲輒之私計則可，其如衛國何哉。程子論請討陳常處云：「所以勝齊者，孔子之餘事。」此可見聖人之用矣。

衛公子荆善居室。

言居室，則似是處家之意。

「定公問一言可以興邦」，舊點「言不可以若是」爲句。今以「言不可以若是其幾也」作一句，不識別有微意否？

如集注說，恐二字亦自相應。以「若是」絕句，恐不詞也。

夫子不答南宫适。

适雖非問，然其言可取，則亦不應全然不答。疑其實有貶當世而尊夫子之意，夫子不欲承當，故不答耳。

管仲奪伯氏駢邑。

亦嘗疑蘇說少異，然牽於愛而存之。此但當用吴氏說，引荀子以證之可也。

避地、避世、避色、避言。

所遇不同，固有未及徵於色而已發於聲者矣。

閎祖比會江西一士人，謂太極圖主静之説非吾儒之所宜言〔一〕，乃出於老氏之説。

江西士人大抵皆對塔説相輪之論，未嘗以身體之，故敢如此無忌憚而易其言耳。

敬齋箴云：「須臾有間，私欲萬端。不火而熱，不冰而寒。毫釐有差，天壤易處。三綱既淪，九法亦斁〔二〕。」

須臾之間以時言，毫釐之差以事言，皆謂失其敬耳，非兩事也。

十月未嘗無陽之説，發明程子之所未盡，至爲明白。此理分明，列、莊之徒蓋已窺見之矣，故有密移之説。

校記 〔一〕「非吾儒」以下原缺，據宋浙本補。

〔二〕引文原僅「須臾有間，毫釐有差」二句，據右引補。

編年 據書信編年。

答李守約 淳熙十五年前後

三詩甚善，然爲學當以修身窮理爲急，不患不能此也。師禮自度未有以大爲朋友之益，故不敢當。來喻似未悉鄙懷也。

編年 據書信編年。

答李守約 淳熙十五年前後

示喻爲學之病，此非他人所能與，直須痛自循省，勇猛奮發，方有下工夫處。若只如此悠悠，恐無入德之期也。

編年 據書信編年。

答李守約淳熙十五年前後

所喻春秋難讀，固然。大抵今所可見者，但程先生所謂大義數十，炳如日星，然亦時有所謂隱之於心而未能愜當者，况其精微之意乎。此須異時别商量也。集古後録甚荷留念，但向見傅漕處本中有一跋古鍾鼎帖銘載翟伯壽説，或分一字作兩三字，或合兩三字爲一字者，甚有理。後來見尤延之説常州有葛子平推此説以讀尚書甚有功，以是常欲得之，而悔當時不及傳録。今此本乃無之，不知何故，試煩更爲尋訪，恐有别本，只爲檢此一段來也。

編年 據書信編年。書札彙編置於慶元四年。

答李守約淳熙十五年至十六年

熹目益盲，而中庸未了，數日來不免力疾整頓一過。勢須作三書，章句、或問粗定，但集略覺得尚有未全備處。今并附去，煩子細爲看過。記辯并往，册頭有小例子，可見去取之意。但覺删去太多，恐有可更補者，可爲補之。或有大字合改作小字，小字合改作大字者，煩悉正之，早遣一介示及爲佳。章句、或問中有可商量處，幸喻及。

編年 據書信編年。

答李守約 淳熙十六年春

中庸看得甚精，章句大概已改定，多如所論。但致中和處舊來看得皆未盡，要須兼表裏而言。如致中則欲其無少偏倚而又能守之不失，致和則欲其無少差繆而又能無適不然，乃爲盡其意耳。蓋致中如射者之中紅心而極其中，致和如射者之中角花而極其中，又所發皆中，無所間斷。近來看得此意稍精，舊説却不及此也。集略例當如所喻。或問、集略目疾不能多看，俟旋修得，却奉報也〔一〕。

校記 〔一〕「集略例」以下原缺，據宋浙本補。

編年 據書信編年。

答李守約 淳熙十六年以後

熹向來所苦只是勞心所致，尋以般移應接，内外勞擾，遂不藥而愈。乃知君逸臣勞，真養生之要訣也。

編年 據書信編年。書札彙編列於紹熙三年夏末秋初。

答李守約 慶元三年

所喻庶母之名亦未正。庶母自謂父妾生子者，士服緦麻而大夫無服。若母，則儀禮有「公子爲其母」之文。今令甲其下亦明有注字曰「謂生己者」，則是不問父妻父妾而皆得母名矣。故注中則有嫡母之文，又以明此生己者之正爲母也。至如封叙封贈，亦但謂之所生母而不謂之庶母也。通典之説未暇檢，但以公子爲母練冠麻衣，既葬除之爲比，則承宗廟社稷之重者，恐不得爲父所生之祖母者持重矣〔一〕。更俟病間續考奉報。數日因人説琴，謾爲考之，頗有條理。然不能琴，不識其聲，但以文字求之，恐未必是，亦須面論。

校記　〔一〕母者：原倒，據宋閩、浙本乙。

編年　據書信編年。

答李守約 慶元三年

所問喪禮〔一〕，久以病勢侵迫，無復心情可以及此。又見所説皆已失其大體，而區區於其小節若隨宜區處，則恐亦自失其正而陷於以禮許人之罪，故一向因循，不能奉報。今又承專人以來，不免以屬劉用之，令其條析，具如別紙。又不知能行否也。大率平日見得賢者鄉學之意雖力，而終不免多有世俗之心，凡事必生宛轉回護、遮前掩後之意，常不快意。今乃悉見於此，蓋其處己處人無不然者。不知亦嘗内省及此否耶。

校記　〔一〕問：原作「聞」，據宋浙本、明天順本、四庫全書本改。

編年　據書信編年。

答李守約 淳熙十六年以後

王子合過此，説失解曲折，甚以爲恨。此等事遲速自有時節，若斷置得下，則自與我不相干矣。上蔡於此發明甚有力，正好於實地上驗之也。前書所問「誠」字之説，大概已得之。禽獸於義禮上有見得處，亦自氣稟中來。如飢食渴飲、趨利避害之類而已。只爲昏愚，故上之不能覺知，而下亦不能作僞。來喻上文蓋已言之，不知如何又却更疑著也。大中之説，不記向來所論首尾。此亦只是無事之時涵養本原，便是全體；隨事應接各得其所，便是時中；養到極中而不失處，便是致中；推到時中而不差處，便是致和。不可説學者方能盡得一事一物之中，直到聖人地位，方能盡得大中之全體也。仁包五常之説，已與令裕言之。大抵如今朋友就文義上説，如守約，儘説得去，只恐未曾反身，真個識得，故無田地可以立脚，只成閑話，不濟事耳。

編年 據書信編年。

答李守約 淳熙十六年以後

前日所喻，舉世皆謂當然，熹亦豈敢以爲不然？但恐禍福之來亦有定分，非智力所能免，不欲枉作此忽忽耳。若謂與時消息，固并行而不悖也。

編年 據書信編年。書札彙編以爲或作於慶元三年。

答李守約〔一〕 淳熙十六年以後

所論克復工夫甚簡潔，知用心之精切也。但依此用力，更加講學之功，則必有所至矣。前所寄者，今答於後。史論大概亦甚正也。

「好仁惡不仁」章，某竊觀之，人之資禀固有偏重如此，如顏、孟之事亦可見矣。顏子嫉惡不仁之事罕見於經，可謂好仁者。於孟子則辨數不仁者之情狀，無一毫少貸，可謂惡不仁者。

此説得之。

「斯仁至矣」，「至」若「來至」之意。昔者亡之，今忽在此，如自外而至耳。如易言來復，實非自外而來也。

「君子所貴乎道者三」，「正」之爲言猶有待乎用力之意，非如「動容貌」、「出辭氣」文意自然。

言君子所貴於道者，在此三事，而籩豆之事則其所賤也。「動」、「出」非是全不用力，「正」亦非是大段用力。惟正之而非僞飾〔二〕，所以爲可貴耳。更詳集注以解經文，自見曲折。

「驕吝」章集注曰：「驕，矜誇；吝，鄙吝。」某竊思之，似謂誇其有於己，驕也；不以其有與人，吝也。然又載程子之言曰：「驕氣盈，吝氣歉。」夫自以爲有餘則氣盈，自以爲不足則氣歉，似於集注之説不同〔三〕。

吝之所有，乃驕之所恃也，故驕而不吝無以保其驕，吝而不驕無所用其吝。此盈於虛者所以必歉於實，而歉於實者所以必盈於虛也。

「執御」章集注謂「然則吾當執御矣」，則以爲夫子真執御。至於末後載尹氏之説曰「吾將執御矣」，則以爲夫子之設詞。某竊以後説於上下文意爲順。

黨人之稱孔子如此，不知孔子當以嘗執賤事告人而辭其無所成名之大耶，當故爲自屈之詞以顯其所稱之失耶？二者氣象之大小，必有能辨之者。

「沽之哉」，「哉」之爲義，以常例言之，則爲疑辭。集注直曰「固當賣之」，而不以爲疑詞，何也？

「哉」本嘆辭，其或爲疑辭者，亦嘆以疑之也。此言「沽之哉」，而繼以「待價」，則不得爲疑辭矣。

「巍巍乎，舜、禹之有天下也，而不與焉！」伊川曰：「舜、禹之有天下也，而不與求焉。」集注不取，何也？

「有」字與「與」字相應，若爲不與求，則「有」當作「得」矣，恐不然也。

「不忮不求」章，愚嘗思之〔四〕，不嫉人之有，故無害人之心，此之謂不忮。不耻己之無，故無貪欲之心，此之謂不求。則是以一人而兼二病。然末後載吕氏説曰：「貧與富交，强者必忮，弱者必求。」似非此意，而於本文不明。如何？

不嫉人之有，不耻己之無，正是呂氏意，不知更有何疑？更詳言之。

「不得其醬不食」，「醬」者當是鮓醢之物。

如魚膾不得芥醬，麋腥不得醯醬則不食，謂其不備或傷人也。

孟子「口之於味」章言人之性命有此二端，自口之嗜味以至四體之嗜安逸，形氣之性，君子有弗性焉。自仁之於父子以至聖人之於天道，道義之性，君子性之。猶舜所謂人心道心之在人，特要精別而力行之耳。

看得儘好。

校記　〔一〕底本原注：「一本作答李時可」。宋浙本「守約」作「時可」。

〔二〕飾：原作「飭」，據右引改。

〔三〕此句右引作「似於本章文意未明」。

〔四〕上句「章」字以下原缺，據右引補。

編年　據書信編年。

答李時可 淳熙十六年以後

中庸「非自成己而已也」章，求之章句曰：「誠雖所以自成，然在我者無僞，則自然及物矣。蓋仁知皆性之德〔一〕，故在内外無二道，所以時措之而各得其宜也。」審如是說，則是以仁知爲合内外二道，而非以誠爲合内外之道，恐於「合」字有疑礙。

唯誠爲能盡仁知之德而合内外之道，章句語有未瑩處耳。

中庸「不見而章」章，求之章句則曰：「不見而章，以配地言；不動而變，以配天言。」何也？且觀上下文雖先言博厚，次言高明，先言配地，後言配天，然繼此而論天地山川，則又以天爲稱者，是蓋錯綜而言之耳，不必以地爲先也。

此等處不須深求，只是隨文贊嘆，大略看過可也。

中庸「喜怒哀樂未發謂之中」止「萬物育焉」〔二〕。竊謂中也者，言性之體也，此屬「天命之謂性」。和也者，言道之用也，此屬「率性之謂道」。致中和者，言教之推也，此屬「修道之謂教」。伏讀章句、或問，則致中和專言自己之事，恐欠推以及人數句。既曰天下之大本，天下之達道，則只是此個中和便總攝了天地萬物，不須説推以及乎人也。

前章今承先生曲賜指教，思之大概有二説。能推致中和之極，而又得時得位以行之，則道民以德，齊民以禮，以吾之先知覺彼之後知，以吾之先覺覺彼之後覺，使中和之化浹於天下，然後中道之所感格，天地以位，萬物以育。此以事言者也。雖不得位以行之，而既以全大中之極致，即天地之所以定位者也。既已全至和之極致，即萬物之所以育者也。此以理言之也。

所論中和兩段大意皆是。但前段説得新民意思太多，致和處猶可如此説，若致中，却如何得天下之人皆如吾之寂然不動而純亦不已耶？只是自家有些小本領，方致得和，然後推以及人，使人觀感而化，而動天地、感鬼神耳。自其已成而論之，則見天地之位本於致中，萬物之育本於致和，各有脉絡，潛相灌輸而不可亂耳。

「誠者物之終始」章云云。

凡有一物，則其成也必有所始，其壞也必有所終。而其所以始者，實理之至而向於有也；其所以終者，實理之盡而向於無也。若無是理，則亦無是物矣。此誠所以爲物之終始。而人心不誠，則雖有所爲，皆如無有也。蓋始而未誠，則事之始非始，而誠至之後其事方始；終而不誠，則事之終非終，而誠盡之時其事已終。若自始至終皆無誠心，則徹頭徹尾皆爲虛僞，又豈復有物之可言哉。此即向來所説之意，但章句、或問説得都不分明，故讀者不能曉。今得時可反復問辨，方説得到次第。兩處皆須更定，此可并以示守約也。

校記　〔一〕蓋：原作「若」，據宋浙本改。知：原缺，據正訛補。

〔二〕之：原作「已」；止：原作「正」。底本原注：「已字疑之字誤，正字疑止字誤。」是。今據改。

編年　據書信編年。

答李時可 淳熙十六年以後

所喻子文事大概得之。但專以愛言，似未盡耳。嘗聞延平先生説三仁事云：「當理而無私心仁矣。

既爾，微子自是只得全身以存先王之祀，皆理不得不然者。使其先有殺身强諫之心，則亦不得爲

心，只欲紂改過而圖存。比干之殺身，蓋非得已；箕子亦偶未見殺耳，非有意於爲奴也。事勢

則仁矣。」今以此語推之，則子文合下便有未仁處，不待語其愛之不廣然後知其未仁也。三仁之

編年　據書信編年。

答李時可 淳熙十六年以後

示喻執中之説，程先生云：「惟精惟一所以至之，允執厥中所以行之。」明此「中」字無過不及之「中」，初非未發之「中」也。向於中庸章句序中曾發此義，今謾録去。

編年　據書信編年。

答李時可 淳熙十六年以後

所論大學之要甚善，但定静只是知止之效，不須言養之以定静，又别做一項工夫也。所引「孟敬子」章集注中語「有餘」云者，恐是「有素」，豈印本之誤耶？然莊敬、誠實、涵養，亦非動容貌、正顔色、出詞氣之外别有一段工夫，只是就此持守著力，至其積久純熟，乃能有此效而不費力耳。魯秉周禮，蓋於是時地醜德齊之中，猶能守得舊日禮樂文章耳。若三綱九法之亡，則

當時諸侯之國蓋莫不然，亦非獨魯之責也。

編年　據書信編年。

答李時可 慶元三四年間

諸家説見今方尋檢，元祐説命、無逸講義及晁以道、葛子平、程泰之、吴仁傑數書先附去，可便參訂序次。當以注疏爲先，疏節其要者，以後只以時世爲先後可也。西山間有發明經旨處，固當附本文之下，其統論即附篇末也。記得其數條理會點句及正多方、多士兩篇，可并考之。

編年　據書信編年。

答李時可 慶元三四年間

所寄堯典以目視頗艱，又有他冗，未暇討究。已付諸朋友看，俟其看了却商量也。書序不須引冠篇首，但諸家所解却有相接續處，恐當作注字附于篇目之下。或低一字作傳寫，而於首篇明著其繆亦可。但恐諸家元無此説，即且闕之，以俟書成，別加訂正也。王氏書義序中明言是雱説，然荆公奏議却云「一一皆經臣手」，今但以序爲正可也。餘未報者，并俟後信。

編年　據書信編年。

答李時可 慶元三年四年間

所喻固知孝思之切，於此不能自已者。然風色如此，不論他人，雖賢昆仲，寧能保其不漏露於三族之間耶？此須他日面見子細商量，亦未爲晚。但恐衰朽風燭不定，則是天之命也，亦無可奈何矣。書説緣此間禮書未了，日逐更無餘功可及他事，只略看得禹貢。如冀州分爲三段，頗有條理，易照管。而諸州皆只作一段，則太闊遠而叢雜矣。恐皆合依冀州例，而逐句之下夾注「某人曰某地在某州某縣」。其古今州縣名不同，有復見者，亦并存之，以備參考。段後低一字，大書「右某州第幾節」，以圈隔斷。而先儒有辨論通説處，即亦大字附於其下。如「逾于河」、「過九江」等處，今所取程説只有辨而無解，大是欠闕，須更子細補足。若今日自有所疑，有所斷，則更低一字寫之。如「治梁及岐」恐晁説爲是，其餘固草草。程泰之最著力説，然亦不通。蓋梁山在同州，近河，猶可言河流波及。若岐山則在今鳳翔府，自京兆府西去猶有六七百里，觀地理圖可見其地勢之高且遠，河水何由可及耶。此類須載其本説而斷以非是，則讀者曉然矣。如無此兩項，則各留一二行空紙以俟，恐後有補入者。其導山處，須以四列爲四段，導水則一水爲一段。段後亦如前例云「右導山第幾節」，「右導水第幾節」。其通論疑斷亦如之。如此則庶幾易看矣。所寄册子今却封還，請依此格目作一草卷，便中寄及也。

編年 據書信編年。

答劉定夫 淳熙十四年前後

所喻爲學之意甚善，然説話亦已太多。鄙意且要得學者息却許多狂妄身心，除却許多閑雜説話，著實讀書。初時儘且尋行數墨，久之自有見處。最怕人説學不在書，不務佔畢，不專口耳，下稍説得張皇，都無收拾，只是一場大脱空，直是可惡。細讀來書，似尚有此意思，非區區所欲聞也。

編年 據書信編年。書札彙編與下篇皆繫於淳熙七年春夏之際。

答劉定夫 淳熙十四年前後

來書詞氣狂率，又甚往時。且宜依本分讀書做人，未須如此胡説爲佳。

編年 據書信編年。

答包顯道 揚 淳熙七年以後

所諭「致曲」，如此説於功夫無不可，但盡性乃是自然盡得，不可謂之直處用工耳。致曲只是於惻隱處擴充其仁，羞惡處擴充其義耳。雖在一偏，此却如何少得耶。大率來喻依舊有忽略細微，徑趨高妙之意。子淵書來云：「顯道於異説已自洗濯」〔一〕，熹固疑之。今以此驗之，乃知果如所疑也。

編年 據書信編年。

校記 〔一〕自：原缺，據宋浙本、四庫全書本補。

答包顯道 淳熙十四年前後

既未免讀書，則不曾大段著力理會，復是何説？向見前舉程文，從頭駡去，如人醉酒發狂，當街打人，不可救勸，心甚疑之。今乃知其病之有在也。

編年 據書信編年。

答包詳道 淳熙十四年前後

詳道資稟篤實，誠所愛重。前書云云，非以苟相悦也。但觀所與顯道講論，竊恐却與去歲未相見時所見一般。蓋熟處難忘，所驟聞者未能遽入而復失之耳。大學鄙説近看尚有未安處，却是未甚平正。方略竄定，恨未得奉呈。然使賢者見之，愈未必信。大抵如熹所見愈退而愈平，賢者所見愈進而愈險，彼此不同，終未易合。且當置之，各信其所信者，即看久遠如何耳。顯道根本處亦且是從前所見，但添得此中些説話。如敏道令弟，則立論又甚高，尤非熹之所敢知耳。

編年 據書信編年。書札彙編以爲作於紹熙四年。

答包詳道 淳熙十四年前後

示喻爲學之意，自信不疑如此，他人尚復何説？然觀古人爲學只是升高自下，步步踏實，漸次解剥，人欲自去，天理自明，無似此一般作捺紐捏底功夫，必要豁然頓悟，然後漸次修行也。曾子功夫，只是戰兢臨履，是終身事。中間一唯，蓋不期而會，偶然得之，非是別有一節功夫做得到此，而曾子本心蘄向必欲得此，然後施下學之功也。所論當論是非，不當論平險者甚善，然是則必平正，緣不是，故有險耳。此説甚長，非幅紙可既也。

編年 據書信編年。書札彙編置於淳熙七年。

答包詳道 淳熙十四年前後

示喻曲折，足見進道之力。然若謂氣質之偏，只得如此用力，則固不失爲近本而於獨善其身有得力處。今却便謂聖門之學只是如此，全然不須講學，纔讀書窮理〔一〕，便爲障蔽，則無是理矣。顔子一問爲邦，夫子便告以四代之禮樂。若平時都不講學，如何曉得？禮記有曾子問一篇，於禮文之變纖悉曲盡，豈是塊然都不講學耶。東坡作蓮華漏銘，譏衛朴以己之無目而欲廢天下之視。來喻之云〔二〕，無乃亦類此乎。

校記 〔一〕纔：原作「縱」，據宋閩、浙本改。

〔二〕云：原作「去」，據右引改。

編年 據書信編年。書札彙編置於紹熙五年或稍後。

答包敏道 淳熙十四年前後

示喻已悉。求放心固是第一義，然如所謂軌則一定而浩然獨存，使赤子之心全復於此，而明義之本先立於此，然後求聞其所未聞，求見其所未見，則亦可謂凌躐倒置而易其言矣。聖賢示人，模範具在。近世乃有竊取禪學之近似者，轉爲此説，以誤後生。後生喜其爲説之高，爲力之易，便不肯下意讀書，以求聖賢所示之門户，而口傳此説，高自標致，亂道誤人，莫此爲甚。三復來喻，恐未免此。因便布聞，未知明者以爲如何？第深僭率之愧而已。

編年 據書信編年。書札彙編以此答敏道三書皆作於紹熙四年。

答包敏道 淳熙十四年前後

承喻粗心浮氣剥落向盡，閑居意味殊不淺，自許如此，他人復何所道？區區但覺欲寡其過而未能耳。

編年　據書信編年。

答包敏道 淳熙十四年前後

所喻已悉。但道既不同，不相爲謀，不必更紛紛。今後但以故人相處，問訊往來足矣。九卦若如此說，却似與前幅自相矛盾也。一笑。

編年　據書信編年。

答符舜功 叙 淳熙十三年前後

嘗謂敬之一字乃聖學始終之要，未知者非敬無以知，已知者非敬無以守。若曰先知大體而後敬以守之，則夫不敬之人其心顛倒繆亂之不暇，亦將何以察夫大體而知之耶。

編年　據書信編年。書札彙編暫列於紹熙元年。

答符復仲 初 淳熙十年以後

聞向道之意甚勤，向所喻義利之間，誠有難擇者。但意所疑以爲近利者，即便舍去可也。向後見得親切，却看舊事，只有見未盡、舍未盡者，不解有過當也。見陸丈回書，其言明當。且就此持守〔一〕，自見功效。不須多疑多問，却轉迷惑也。

校記 〔一〕持：原作「待」，據宋閩、浙本改。

編年 據書信編年。

答符復仲 淳熙十年以後

且讀易傳甚佳，但此書明白而精深，易讀而難曉，須兼論、孟及詩、書明白處讀之，乃有味耳。

編年 據書信編年。

答符國瑞 淳熙十年

辱書，具道爲學之志，又見令叔爲言曲折，甚善。既有此志，則窮理飭躬處且當勉力，未可便肆虛談，厭末求本〔一〕，恐或流於輕妄而反失之也。所需墓額，偶苦臂痛，不能寫。然仁人孝子所以顯其親者，正亦不在此也。

校記 〔一〕求：原作「來」，據宋閩、浙本改。

編年 據書信編年。

答黄幾先 淳熙十四年前後

示喻已悉。但既曰各勉其志以自立而有待於歲寒，則何必爲此縷縷而煩執禮之恭哉！衰病比劇，舜功遣人行速，布此不及詳。然亦無以詳爲矣。

編年 據書信編年。書札彙編暫列於紹熙三年。

答陳超宗 淳熙十四年以後

示喻向來鄙論有未盡者，甚善甚善。但爲學雖有階漸，然合下立志，亦須略見義理大概規模，於自己方寸間若有個惕然愧懼、奮然勇決之志，然後可以加之討論玩索之功、存養省察之力而期於有得。夫子所謂志學，所謂發憤，政爲此也。若但悠悠泛泛，無個發端下手處，而便謂可以如此平做將去，則恐所謂莊敬持養〔一〕、必有事焉者，亦且若存若亡，徒勞把捉，而無精明的確、親切至到之效也。但如彼中誠是偏頗，向日之言正爲渠輩之病，却是賢者之藥恐可資以爲益耳。以今觀之，政不必爾，但將聖賢之言事理就己心上作一處看，隨得隨守，則久之須自有開明處也。

校記 〔一〕持：原作「待」，據宋閩、浙本改。

編年 據書信編年。書札彙編暫列答超宗三書於淳熙八年。

答陳超宗 淳熙十四年以後

示喻已悉，但如此安排布置，都是病痛。又如必欲繆札安立標榜，尤是大病。若是真實做工夫底人，只此一念之間，便著實從腳根下做將去，何暇如此擬議粧點邪。不須深議他人得失，政恐未免反爲彼所笑也。

編年 據書信編年。

答陳超宗 淳熙十四年以後

示喻自覺已與舊時迥別，但未免間有小失，果能至此，甚慰所望。但向來商量及得近書所論，似於著實下功處猶未親切，不知如何便得到此。恐可且更向裏用心，將此等向外粧點安排底心一切掃去，久久或有長進耳。若如此説，今日用功，明日見效，則其不曾下功斷可知矣。

編年 據書信編年。

答顔子堅〔一〕 淳熙十年七月九日

七月九日，某頓首復書顔君足下〔二〕：包顯道在此，數稱吾子之賢，每恨未獲一見。辱書，備見雅志，亦足以當晤言矣。然所謂古人學問不在簡編，必有所謂統之宗、會之元者，則僕之愚於此有未諭也。聖人教人博文約禮、學問思辨而力行之，自灑掃應對、章句誦説以至於精義入神、酬酢萬變，其序不可誣也。若曰學以躬行心得爲貴，而不專於簡編則可，若曰不在簡編而惟統宗會元之求，則是妄意躐等，以陷于邪説詖行之流〔三〕，而非聖賢所傳之正矣。抑觀來書詞氣之間輕揚傲誕，殊無謹厚篤實之意，意者吾子於下學之功有未嘗加之意者。不知往年見張、陸二君子，其所以相告者果何事也。又聞不念身體髮膚之重，天叙天秩之隆，方將毁冠裂冕以從夷狄之教，則又深爲惘然。不意吾子知尊敬夫而所趨者若是，豈亦所謂統宗會元者之爲祟〔四〕，而使吾子至於此邪？顯道不能諫止，已失朋友之職。節夫更有助緣，尤非君子愛人之意也。聞已得祠曹牒〔五〕，髡剃有期，急作此附遞奉報。願吾子於此更入思慮〔六〕，或意已決，亦且更與子静謀之，必無異論而後爲之，似亦未晚。如曰不然〔七〕，則道不同不相爲謀，僕不知所以爲子計矣。秋氣向凉，餘惟自愛〔八〕。

校記

〔一〕此題淳熙本作「答建昌顔君子堅書」。

〔二〕以上原缺，據右引及聖宋名賢五百家播芳大全文粹卷六十九補。

〔三〕詖：原作「坡」，據右引及宋閩、浙本改。

〔四〕祟：原作「崇」，據宋浙本、聖宋名賢五百家播芳大全文粹卷六十九改。

〔五〕祠：原作「桐」，據淳熙本及宋閩、浙本、聖宋名賢五百家播芳大全文粹卷六十九改。

〔六〕願：原作「顛」，據淳熙本及宋閩、浙本、聖宋名賢五百家播芳大全文粹卷六十九改。

〔七〕曰：淳熙本、宋浙本、聖宋名賢五百家播芳大全文粹卷六十九作「何」。

〔八〕末二句原缺，據淳熙本、聖宋名賢五百家播芳大全文粹卷六十九補。

編年　據書札彙編。

答熊夢兆 淳熙中

天命謂性，充體謂氣，感觸謂情，主宰謂心，立趨向謂志，有所思謂意，有所逐謂欲〔一〕。此語或中或否，皆出臆度。要之未可遽論，且涵泳玩索，久之當自有見。

或云：「學者天資庸常，舊習未去，便令他學中，則怠墮廢弛，循常習故去。須是奮發，有豪邁之氣，出得舊習了，然後求中。所以孔子道『不得中行而與之，必也狂狷乎』。」竊謂所學少差，便只管偏去，恐無先狂後中之理。

或人之説非惟用力處有病，亦説壞了中字。後説得之。

或云，明道説「居處恭，執事敬，與人忠，了此便是徹上徹下語」。且道如何是徹下語？居處恭，執事敬，與人忠，此是形而下者。然於此須察其所以恭、所以敬、所以忠，其來由如何，以至耳、目、鼻、口、視、聽、言、動皆然，了此便透頂上去，便是天命，天性，純乎天理。此是形而上者，是徹上語，是一體渾然底事，元無兩般。能了此，則他禪宗許多詭怪説話皆見破。

若如此説，是乃自陷於異端而不自知，又如何見得他破？

常學持敬，讀書心在書，爲事心在事，如此頗覺有力。只是瞑目靜坐時，支遣思慮不去。或云只瞑目時，已是生妄想之端〔二〕。讀書心在書，爲事心在事，只是收聚得心，未見敬之體。

靜坐而不能遣思慮，便是靜坐時不曾敬。敬則只是敬，更尋甚敬之體？似此支離，病痛愈多，更不曾得做功夫，只了得安排杜撰也。

每有喜好適意底事，便覺有自私之心。若欲見理，莫當便與克下？

此等事見得道理分明，自然消磨了。似此迫切，却生病痛。

上蔡對伊川也只是去個「矜」字。上蔡才高，所以病痛盡在此。

此說是。

父母之於子，有無窮憐愛，欲其聰明，欲其成立，此謂之誠心耶？

父母愛其子，正也。愛之無窮，而必欲其如何，則邪矣。此天理人欲之間，正當審決。

待人接物之道如何？

知所以處心持己之道，則所以接人待物自有準則。

近專看論語精義，不知讀之當有何法？

別無方法，但虛心熟讀而審擇之耳。

安老懷少，恐其間多有節目。今只統而言之，恐學者流爲兼愛去。

此是大概規模，未說到節目處。

學者有志於仁，雖其趨向已正，而心念未必純善，豈得言無惡也。

志於仁，則雖有過差，不謂之惡。惟其不志於仁，是以至於有惡。此「志」字不可草草看。

富貴貧賤不以道得不去處之說，此是爲大賢已下設。若大賢以上，則處富貴貧賤只如一，更不消如此說。

聖賢之言多是爲學者發，若是聖人分上，固是不須說，不但此章而已也。

聖人不勉不思，今書載傳授之旨云「允執厥中」，下一「執」字似亦大段吃力，如何？

聖人固不思不勉，然使聖人自有不思不勉之意，則罔念而作狂矣。經言此類非一，更細思之。

孔子言關雎樂而不淫，哀而不傷，是言樂不至於淫，哀不至於傷。今詩序將哀樂淫傷判作四事說，似錯會論語意。以此疑大序非孔子作。

此說得之，大序未知果誰作也。

大雅、小雅，或謂言政事及道，故謂之大雅；止言政事，故謂之小雅。竊恐不可如此分別。

如此分別固非是，然但謂不可分別，則二雅之名又何以辨耶。

五伯，秦穆未嘗主盟中夏〔三〕，乃與其數；晉悼嘗爲盟主，却楚服鄭，何故不與？

此等無所考，且依舊說。又有昆吾、豕韋、大彭之說，亦兼存之可也。

竊謂釋氏之失，一是自私自利，厭死生，爲學大體已非；二是滅絕人倫；三是徑求上達，不務下學，偏而不該。其失固不止此，然其大處無越是三者。

未須如此立論。

釋氏言輪回轉化之説，所傳禪長老去何處託生，其迹甚著，是謂氣散而此性靈不滅。伊川聞之曰：「若謂既斃之氣復爲方伸之氣，與造化殊不相似。」似與性靈之説不相干。如何？

此等處窮理精熟，自當見得，未可如此臆度論也。

校記〔一〕逐：原作「遂」，據宋閩、浙本改。

〔二〕生：原作「坐」，據右引改。

〔三〕主：原作「生」，據右引改。

編年 據書信編年。

答安仁吴生 紹熙三年

去歲辱書，無便可報。今又承專人枉問，極感至意。且知志尚之高遠，爲可喜也。然三復來示，蓋已自謂所得之深而自信不疑矣，復何取於老拙之無聞而勤懇若是耶。以爲見教，則僕未嘗有請於吾子；以爲求知於僕，則易簡理得、可久可大之君子，似不應若是其汲汲也。且僕於吾子初未相識，問之來使，則知吾子之齒甚少，而家有嚴君之尊焉。今書及詩序等，乃皆嵬岸倨肆，若老成人之爲者。至於卒然以物饋其所不當饋之人，而不稱其父兄之命，則於愛親敬長之良知良能又若不相似也。吾子自謂已得是心而明是理，僕不知吾子之所謂心者果何心，所謂理者果何理也。夫顏子之樂未嘗自道，曾晳之志，非夫子扣之再三而不置，亦未嘗肯遽以告人也。豈若是其高自譽道而惟恐人之不我知也哉。相望之遠，不知吾子師友淵源之所自。恐其所以相告者未得聖賢窮理修身之實，而徒以空言相誤，使吾子陷於狂妄恣睢之域而不自知其非也〔一〕。所惠紙簡硯墨受之無説，不敢發封，復以授來使矣。吾子其於聖賢小學之教少加意焉，則其進有序而終亦無所不至矣。

校記 〔一〕狂：原作「往」，據宋閩、浙本改。

編年 據書信編年。

答趙然道 師雍 紹熙四年春

足下求官得官，今所從宦又去親庭不遠，足以往來奉養，君親之義爲不薄矣。今乃無故幡然自謂棄一官如棄涕唾，何始慮之不審而乃爲此傲睨之詞耶。此鄙拙之所未喻也。荆門之訃，聞之慘怛。故舊凋落，自爲可傷，不計平日議論之同異也。來喻又謂恨不及見其與熹論辨有所底止，此尤可笑。蓋老拙之學雖極淺近，然其求之甚艱而察之甚審，視世之道聽塗説於佛老之餘而遽自謂有得者，蓋嘗笑其陋而譏其僭。豈今垂老而肯以其千金易人之弊帚者哉。又況賢者之燭理似未甚精，其立心似未甚定，竊意且當虛心擇善，求至當之歸以自善其身，自此之外，蓋不惟有所不暇，而亦非所當預也。向有安仁吴生書來，狂僭無禮，嘗以數字答之。今謾録去，試一觀之，或不爲無補也。所喻寫孟子，字多不暇。三大字適冗，亦未及作。然此亦何能有助於學，而徒使老者勞於揮染耶。

編年　據書信編年。

答康户曹 仲穎〔一〕　慶元中

熹衰懶杜門，少與人接。頃歲偶見足下省闈條對之文，愛其詞氣議論之不凡，每恨無因緣相見，數爲士友言之。兹辱惠書，乃知此意嘗得徹聞，而又喜賢者之不予鄙也。示喻縷縷，足見所存之遠大矣。然嘗以熹所聞聖賢之學，則見其心之所存不離乎日用尋常之近小〔二〕，而其遠者大者自不待於他求，初不若是其荒忽放浪而無所歸宿也。故曰下學而上達，又曰學問之道無他，求其放心而已矣。此聖賢終身事業，熹也少而嘗有志焉，今老且死，尚恨未能有以得其仿佛之萬分也。足下不以愚言爲無取，幸試思之。異時肯來如約，其從與否，熹將望足下之眉睫而有以得之也〔三〕。

校記　〔一〕宋浙本題注無「仲」字。宋閩本原注「一本無仲字」。

〔二〕存：原作「有」，據宋閩、浙本改。

〔三〕之：原缺，據宋浙本補。

編年　據書信編年。書札彙編以爲作在紹熙間。

答邵叔義〔一〕 慶元元年

遠辱惠書，良荷厚意。而長牋短幅，表裏殫盡，尤見雅志之高遠也。高侯教士養民之績已悉書之，如來喻之云矣。但衰晚多病，目瞽神昏，序事之外，無能有所發明，此爲愧耳。至於高侯之所以教與足下之所以學，亦恨未得其詳。然竊意必欲實爲此學，亦當有以自致其力於日用之間，存心養氣〔二〕，讀書窮理，積其精誠，循序漸進，然後可得。決非一旦慨然永嘆而躐等坐馳之所能至也。

校記 〔一〕宋閩本原注：「一本無叔義二字，有機字。」宋浙本作「機」。

〔二〕存：原作「有」，據宋閩、浙本改。

編年 據書信編年。

答邵叔義〔一〕 淳熙十二年秋

竊聞下車以來究心職業，設施注措類非俗吏之所能者，甚善甚盛。委喻祠記，深認不鄙。初以衰病之餘，心力衰耗，兼前後欠人文字頗多，不敢率爾承當〔二〕。又念題目甚佳，却欲附名其間，使後人知賢大夫用心之所在。但見有一二文字未竟，度須更數日方得下筆。九月間更令一介往山間取之爲幸。絜矩之義，乃少日聞之先友范公名如圭〔三〕，字伯達，其說如此。義理切當，援據分明〔四〕，先儒訓説皆未及也。今得仁者表而出之，豈惟學者之幸，蓋今百里之人與異時臨莅所及無不蒙被其澤〔五〕，幸甚幸甚！大學鄙説舊本紕陋不足觀，近年屢加刊訂〔六〕，似頗得聖賢之遺意〔七〕。忽忽，未暇抄録求教，臨風不勝傾想之劇〔八〕！

校記

〔一〕此題淳熙本作「答永康邵浩叔義」。

〔二〕敢：原作「收」，據宋閩、浙本改。

〔三〕聞、圭：原作「間」、「至」，據右引改。

〔四〕據：原作「括」，據右引改。

〔五〕淳熙本「與」下有「凡」字，「澤」下有「矣」字。

〔六〕刊：淳熙本作「删」。

〔七〕似：原作「以」，據淳熙本及宋閩、浙本改。

〔八〕末句原缺，據淳熙本補。

編年　據書札彙編。

答邵叔義 淳熙十六年以前

所喻日用工夫，如此數語誠是要切，然亦須真踐其實，乃爲有益。不然徒爲墻屋標榜，反招譏訕也。

編年　據書信編年。

答邵叔義淳熙十六年春

子静書來，殊無義理，每爲閉匿，不敢廣以示人〔一〕。不謂渠乃自暴揚如此。然此事理甚明，識者自當知之〔二〕。當時若便不答，却不得也。所與左右書，渠亦録來，想甚得意。大率渠有文字，多即傳播四出，唯恐人不知。此其常態，亦不足深怪。吾人所學，却且要自家識見分明，持守正當，深當以此等氣象舉止爲戒耳。太極等書四種謾附呈，恐有所疑，却望疏示，徐丞處想時有便也。吴大年極荷留念，想且留番陽也。

校記　〔一〕敢：原作「收」，據宋閩、浙本改。

〔二〕知：原作「如」，據右引改。

編年　據書信編年。

答湯德遠淳熙十六年前後

示喻爲學之意，極爲高遠〔一〕，非愚慮所及。然未知所論於聖賢之言以何爲據？其用力次第果如何？此必有親切慤實，可以循序而進者，乃爲吾儒之學。如其不然，恐未免陷於佛老之邪説，非熹之所敢知也。

校記　〔一〕爲高：原倒，據宋閩、浙本乙。

編年　據書信編年。

答王德修 慶元元年以前

熹兒侍先君子官中秘書〔一〕，是時和靜先生實爲少監，熹嘗於衆中望見其道德之容，又得其書而抄之。然幼稚愚蒙，不能識其爲何等語也。既長，從先生長者游，受論語之説，遍讀河南門人之書，然後知和靜先生之言，始有以粗得其味。然既不得親受音旨，而其高第弟子如老丈者又未得見，以信其所粗得者果先生之意否也。正叔之來，既獲聞所以相予之意甚厚，又得其所聞於左右者一二。信乎！河南夫子所謂終有守者，其傳固如此也。甚慰甚幸！二説頃歲蓋嘗見之，其間尚有未盡曉處，恨未得面叩耳。讀論語詩，三復感嘆。今日學者不没於利欲之塗，即流於釋氏之徑，往往視此爲迂闊卑近，亦無怪其迷於入德之方也。

校記　〔一〕官：原作「宫」，據宋閩、浙本改。

編年　據書信編年。書札彙編暫繫於淳熙十六年。

答蘇晉叟 溱　淳熙十五年

示喻爲學之意，比之前日加通暢矣。「牛山之木」一章，比類觀之甚善。但論心與性字，似分別得太重了，有直以爲二物而各在一處之病。要知「仁義之心」四字便具心性之理，只此心之仁義，即是性之所爲也。梏之反覆，非顛倒之謂，蓋有互换更迭之意。如平旦之氣爲旦晝所爲所梏而亡之矣，以其梏亡，是以旦晝之所爲謬妄愈甚，而所以梏亡其清明之氣者愈多。此所以夜氣不足以存其仁義之良心也。舊説「夜氣不存」非是，唯程先生説「夜氣之所存者，良知也，良能也」，此語最分明，更詳之。「是豈人之情也哉」，此句解得亦太迂曲。存亡出入一節，乃是正説心之體用其妙不測如此，非獨能安靖純一，亦能周流變化。學者須是著力照管，豈專爲其已放者而言耶。今專指其安靖純一者爲良心，則於其體用有不周矣。書中所論性情者得之，但亦須更以「心統性情」一句參看，便見此心體用之全，自寂然不動以至感而遂通天下之故，無非此心之妙也。

儀象法要頃過三衢已得之矣，今承寄示，尤荷留念。但其間亦誤一二字，及有一二要切處却説得未相接。不知此書家藏定本尚無恙否。因書可稟知府丈丈再爲讎正，庶幾觀者無復疑惑，亦幸之甚也。西銘説極可笑，渠今春寄來，前日紛紛，此亦其一端。後來又嘗請對，詆横渠尤力，不答乃退。向非天日清明，此亦足爲學者之禍也。

編年 據書信編年。

答蘇晋叟 淳熙十五年

示喻已悉，但「心統性情」一語，更宜玩味，令其同異分合之際判然不疑，即於窮理修身到處得力耳。易圖昨亦有書粗論其意，後來有少改更，修版未畢，它日當寄去。論、孟解乃爲建陽衆人不相關白而輒刊行，方此追毁，然聞鬻書者已持其本四出矣，問之當可得。然乃是静江本之未修者，亦不足觀也。近爲此事所撓，甚悔傳出之太早也。

編年 據書信編年。

答蘇晉叟 淳熙十五年以後

所喻大概皆近之，但頗傷冗雜，及論仁字未當。更宜虚心玩味，不必外求，但將此見在所説者子細反復之，自然見得簡約條暢也。持敬格物功夫本不相離，來喻亦太説開了。更宜審之，見得不相離處，日用間方得力耳。

編年 據書信編年。

答蘇晉叟 淳熙十五年以後

别紙所示一一報去。程先生云「性即理也」，此言雖約，而甚親切，有唤省人處，可更就此思之。大抵讀書且當隨文熟看，俟其詞旨曉析貫通，然後自有發明。未可遽捨本文，别立議論，徒長虚見〔一〕，無益於實也。

溱竊謂性體純静，無善惡之可名，愚知之可分〔二〕。而情與才者，則實寓於此性。夫人禀賦之初，自非聖人，生知安行，不俟矯揉，其他氣質往往滯於一偏，而才也者遂有高下清濁之異。人苟隨其所偏而任其情，則賢者僅止於賢，而不賢者無復可反，善惡之流，自此分矣。則是學之不可以已，故賢者即其才之善而抑其偏，則情之所發無非循性之自然，久久不已，得性之全，則與聖人一矣。不賢者即其才之不善而矯其偏，則情之所發始能裁制，以求合乎天理之正，進進不已，漸履其常，常而久之，則亦純合乎此性固有之善，而與聖人亦一矣。故循性之情則情不離性，情隨質遷則性因習遠。情不離性，聖域攸歸；性因習遠，終焉下愚。中庸曰「及其知之一也」，又曰「及其成功一也」。至一之地，其純静明潔大同之始乎。致一之功，其博學篤志不已之力乎。溱擬欲以是爲性情與才之辨，乞賜批誨。

性情與才之辨，當熟考孟子及程先生諸説而反之於身，即今何者是性，何者是情，何者是才，須令一一實有下落，方有下功夫處。如此泛論〔三〕，非惟條理不明，名言多誤，而用力處亦不親切。更幸思之。

溱竊謂易之體用，天地人物安然自有至信至順底道理，停停當當，不以人而過，不以人而不及，此易之體也。中也，宜也，時也，犁然一契於至當之理，此易之用也〔四〕。人何以晦是之體，反是之用？夫人汩之以情僞，亂之以私欲，回視其身，不啻如虚舟飄瓦，尚何覺知此體此用爲如何哉！必也主敬以直其内，立義以方其外，損益盛衰之理，隨時裁制，以就其宜，自然出入起居之際，易之全體不隔毫釐，而易之大用無或偏蔽，體用混融，妙理純契，一天地之闢闔，會鬼神之動静，至矣，盡矣，不可有加矣。溱擬欲如是讀易，乞賜批誨。

易本卜筮之書，而其畫卦、繫辭分別吉凶，皆有自然之理。讀者須熟考之，不可只如此想象贊嘆。若可只如此統説便了，即夫子何用絕韋編而滅漆簡耶〔五〕。

學原於思，不思則不得。然而溱竊復以謂覬得之之心，又學者之患，不審先生以爲然否？更乞誨教。

方其思時，自是著覬得之心不得〔六〕。但思則自當有得，如食之必飽耳。

溱竊謂學者儘收斂，儘安靜，去道儘近；儘放逸，儘流蕩，去道儘遠。不知先生以爲如何？

理固如此，不須如此安排。後章倣此。

程先生云：「知至至之，始條理也。知終終之，終條理也。」其義何如？乞賜批誨。

學者之初，須是知得到，方能行得；末後須是行得到，方是究竟〔七〕。故程先生又云：「知至至之主知，知終終之主行。」此語亦可更考玩也。

校記

〔一〕徒：原作「從」，據宋閩、浙本改。

〔二〕知：原作「痴」，據右引改。

〔三〕泛：原作「之」，據右引改。

〔四〕用：原作「出」，據右引改。

〔五〕編而：原倒，據右引乙。漆：原作「溱」，據右引改。

〔六〕著：原作「箸」，據右引改。

〔七〕竟：原作「意」，據宋浙本改。

編年 據書信編年。

答蘇晉叟淳熙十五年以後

示及自警詩，甚善，然頗覺有安排揍合之意。要須只就日用分明要切處操存省察而此意油然自生，乃佳耳。

編年 據書信編年。

答蘇晉叟淳熙十五年以後

所示文字足見潛心之力，但却須更於分明平實處看，乃見端的。一向如此，恐浸淫入禪學去矣。

編年 據書信編年。

答蘇晉叟慶元二年三年間

先墓之文，每以爲念。前此病足之後，脾胃衰弱，不能飲食，精力疲怠，不能支吾。近方小康，而目盲愈甚，其一已不復見物矣。加以應接紛紜，日間見客寫書，更無少暇，以故久未能下筆。積欠頗多，非獨賢者所屬爲然也。今又重以僞學得罪明時，姓名踪迹無日不掛議者之口，又豈作爲文字、治伐金石之時耶？所示文字敬且收藏，萬一未死之間，幸蒙寬恩，蕩滌瑕垢〔一〕，乃當有以報耳。在親迎黄巖未歸，正以向來奏補僥冒自疑，未敢令赴試也。

校記 〔一〕滌：原作「篠」，據宋浙本改。

編年 據書信編年。

朱熹文集編年評注卷五十六

書知舊門人問答

答趙子欽彦肅　淳熙十三年

昨承寄及文字，意謂一時思索偶有所未至，故率易報去。今承示喻，乃平日所深體而實見者，甚愧輕發。然所謂深體而實見者乃止如此，在賢者似尤不宜如此便休也。删遺書之未精，探易傳之未至，此在當日楊、尹諸先達猶未敢輕言之，今日安敢議此耶？只如所示屯卦之説，深所未曉。若欲以此揍補易傳七分之心，恐合不著也。大率近日學者例有好高務廣之病，將聖人言語不肯就當下著實處看，須要説教玄妙深遠，添得支離蔓衍，未論於己無益，且是令人厭聽。若道理只是如此，前賢豈不會説？何故却只如此平淡簡短，都無一種似此大驚小怪底浮説？蓋是看得分明，思得爛熟，只有此話，别無可説耳。其曰只説得七分者，亦言沈酣浸漬，自信自得之功更在學者自著力耳，豈是更要别添外料〔一〕，釀玄酒而和大羹也耶。

且如「元亨利貞」四字，文王本意，在乾、坤者只與諸卦一般，是大亨而利於正耳。至孔子作彖傳、文言，始以乾、坤爲四德，而諸卦自如其舊。二聖人之意非有不同，蓋各是發明一理耳。今學者且當虛心玩味，各隨本文之意而體會之，其不同處自不相妨，不可遽以己意横作主張，必欲挽而同之，以長私意、增衍説，終日馳騖於虛詞浮辨之間，而於存養省察日用之功反有所損而無所益也。

去歲承書之日，適有江西傅子淵在坐，蓋喜聞足下之説，而以示之，子淵不善也。熹猶未以爲然。然自今觀之，則拙者之見果爲有愧於子淵矣。願賢者深思而有以反之，勿使熹爲終有愧也。

校記　〔一〕料：原作「科」，據宋閩、浙本改。

編年　據書信編年。

答趙子欽 淳熙十三年

示喻訥言敏行之意，甚善。然前書鄙論亦非謂都不講究而專務力行也，正爲聖言微指本自精約，不當如是支蔓以求之，恐其愈多而愈遠耳。

編年　據書信編年。

答趙子欽 淳熙十六年以前

示喻虛一之説，甚善。此本聖人所不言，今著一句便成贅語。來喻推説其理甚當，但以四十九蓍握而未分爲太極之象，則恐亦未穩當。蓋太極，形而上者也。兩三四五，形而下者也。若四十九蓍可合而命之曰太極之象，則二三四五亦可合而命之曰太極之體矣。蓋太極雖不外乎陰陽五行，而其體亦有不離乎陰陽五行者〔一〕。熹於周子之圖書之首固已發此意矣。若必其所象毫髮之不差，則形而上下終不容强於匹配。若曰各隨所指而言，則與其以握而未分者象太極，反不若以一策不用者象之之爲無病也。明者試復思之，如何？

校記　〔一〕離：正訛改作「雜」。

編年　據書信編年。

答趙子欽 淳熙十六年

自反研幾之喻，極感至意，不敢不勉。但他論有未能無疑者。如詩樂起調畢曲之法，乃自古所傳如此，音調方有歸宿，不可紊亂。温公書儀誠有未盡合古制處，然兼而存之，自可考見得失。今以其一詞之不合便欲削去，似亦草率。且彼以俗尚而雜古禮，吾以臆見而改古樂，安知後之視今不猶今之視昔耶？堂室制度必已得其詳實，因便早幸示及。方欲葺數椽之居，或可取以爲法耳。子静後來得書，愈甚於前。大抵其學於心地工夫不爲無所見，但便欲恃此陵跨古今，更不下窮理細密功夫，卒并與其所得者而失之。人欲横流，不自知覺，而高談大論，以爲天理盡在是也，則其所謂心地工夫者又安在哉。

編年　據書信編年。

答趙子欽 紹熙三年冬

禮圖未暇詳考，亦是素看此篇不熟，猝乍看未得。若更得冠、婚禮二圖，容并考之，乃爲幸耳。室户之牖并列於前〔一〕，不知以幾分爲户〔二〕，幾分爲牖？房在室東而無北壁，不知其南户有扉否？房之户當中耶？近東角耶？近西角耶？兩階當直東西序之中而上耶？近兩楹而上耶？近兩壁而上耶？須先定此地盤間架，乃可議其升降出入。幸亦并作一圖，子細見示也。易説用意甚精，然鄙見却有未安處。似是爲説太精，取義太密，或傷簡易之趣。更俟詳玩，别奉扣也。

校記　〔一〕之：正訛改作「及」。

〔二〕宋浙本無「幾分爲户」四字。

編年　據書札彙編。

答趙子欽 紹熙四年春夏間

熹數年來有更定舊書數種，欲得面論而不可得。大抵愚意常患近世學者道理太多，不能虚心退步，徐觀聖賢之言以求其意，而直以己意强置其中，所以不免穿鑿破碎之弊，使聖賢之言不得自在而常爲吾説之所使，以至劫持縛束而左右之，甚或傷其形體而不恤也。如此則自我作經可矣，何必曲躬俯首而讀古人之書哉。不識明者以爲如何？

編年 據書札彙編。

答趙子欽紹熙三年冬

禮圖甚精，但病軀尚爾支離，正甫到此未久，亦大病數十日，今又迫歸，遂不得子細商訂。但昨來黄婿考得堂序制度頗與來示不同，亦未暇參考折中。正甫計必持歸，幸爲詳之，因來喻及也。易説用意固甚精密，愚意亦素謂易學不可離却象數，但象數之學亦須見得大概總領，方可漸次尋探。今但如此瑣細附合，恐聖人之意本未必爾而虚費功力也。大抵讀書須見得有曉不得處，方是長進。又更就此闕其所疑而反復其餘，則庶幾得聖人之意，識事理之真，而其不可曉者不足爲病矣。正甫趨向持守甚不易得，但看文字亦尚多强説處。此學者之通患，如前輩亦或未能免。先聖所謂寬以居之，子張所謂執德不弘，正爲救此病耳。不識明者以爲如何？無由面話，書札不得究所欲言。而衰晚疾病，恐不久在世間。或能早爲命駕一來，使區區懷抱得以傾倒，而萬一辱有取焉，亦非小因緣也。此間雖有士友數輩，然與之語往往不能盡人意。一旦溘然，此事便無所寄，不得不爲之慮耳。大學、語、孟説各一通謾往，此近日所修定，然尚覺得有硬説費力處。煩爲一閲，見日面論，須盡去此等病，方見聖人本意也。

編年　據書札彙編。

答詹子厚 慶元四年

便中辱書，良足爲慰。但所寄喻、趙二書及復齋行實奠詞，三復悲嘆，不能自已。嗚呼，世豈有斯人耶！銘墓誠願效區區，但時論如此，兩三年來不敢爲人作一字而猶不免，今譴責方新，豈敢干犯？且當謹藏，以俟雷霆之威有時或息，而熹偶未死，則終不敢食此言耳。萬一溘先朝露，則諸賢之言自足紀於後世，亦不待熹而顯。幸密以告汪、喻默會此意，勿以語人也。

編年　據書信編年。

答詹子厚 慶元四年

罪戾之餘，幸亦粗遣，不足云云。子欽之逝，念不能忘。前書所報刊行易説事，不知尚及止否？計其書多説象數，似亦不妨。但是有些這下氣息，令人憎嫌耳。可中安在？書中説欲此來，不知成行否？因通書幸爲致意，并問汪正父所在也。此間禮書漸可脱稿，若得二公一來訂之尤佳。然不可語人，恐速煨燼之災也。

編年　據書信編年。

答曾泰之 秘 淳熙四年以後

所喻鄉黨卒章疑義，此等處且當闕之，却於分明易曉、切於日用治心修己處反復玩味，深自省察，有不合處，即痛加矯革，如此方是爲己功夫，不可只於文字語言上著力也。彼中士子有來學者，亦可以此告之。熹論語集注未嘗皆引胡先生説，所傳恐誤。此書之作只是解説訓詁文義，免得學者泛觀費力。然所謂玩味省察功夫，却在當人，不在文字也。

編年 據書信編年。書札彙編以爲作於淳熙十年前後。

答徐載叔 賡 淳熙十六年以後

知放船下都，爲排雲叫閽之舉，此意甚壯。示及稿草，詞氣奔放而叙事詳密。病中目昏，略一披覽，甚快鄙意。所論亦切中今日之弊。如經題破碎，近日尤甚。前日江東未得請時，嘗欲到官後檢舉諸州所申，入一文字，劾其戲侮聖言之尤者一二人。雖或未必聽從，亦且令人傳笑，少警昏俗。既不成行，此事又且已。今讀來示，如癢得搔也。但此事更有根本，今徒然説得病痛，不知如何下藥？又此於治體僅爲一事，而文書浩漾已如此，恐萬機之暇，亦不能詳覽也。更略簡節之，并與施行之目一二陳之，乃爲佳。

所喻學者之害莫大於時文，此亦救弊之言。然論其極，則古文之與時文，其使學者棄本逐末，爲害等爾。但此等物如淫聲美色，不敢一識其趣，便使人不能忘。政當以爲通人之蔽，不當以是爲當務而切切留意也。

放翁之詩，讀之爽然。近代唯見此人爲有詩人風致。如此篇者，初不見其著意用力處，而語意超然，自是不凡，令人三嘆不能自已。蓋愛之者無罪而害之者自爲病耳。近報又已去國，不知所坐何事？恐只是不合做此好詩，罰令不得做好官也。

編年 據書信編年。

答徐載叔 淳熙十六年以後

專人示問，尤荷厚意。但觀所論枝葉太繁，標榜太多，似於古人爲己之意有不相似者。未知謝、陸二公曾以此奉箴否？竊謂此非小病，遂而不反，尤悔之積將有不可勝言者。辨説雖精，無能補也。

編年 據書信編年。

答葉正則 適 淳熙十二年春

來書毫毛鈞石之喻，是乃孟子所謂尋尺者。此等議論近世蓋多有之，不意明者亦出此也。古人爲己之實，無多言語。今欲博考文字以求之，而又質之於膠擾未定之胸次，宜其愈求而愈不得也。既未知其實之所在，則所謂百餘年來之所講貫者，果指何事以充之，而遽以爲未合於聖賢之中耶？

編年 據書信編年。

答葉正則 淳熙十五年秋冬間

向見人家抄録靖康事，有耿黄門劄子，論祖宗致治不如熙、豐之盛者數條，不當專以祖宗爲法。後有欽廟批語，若曰：「昨降某事指揮失於思慮，尚賴師傅大臣正救其失，前命更不施行。」當時不曾録得，後閲實録、長編之屬，皆無此事，不知今尚有考處否？耿之誤國，固非一事。然此一章乃定公、孔子所謂一言者，恐不可不著之史籍，以爲永監也。

編年 據書札彙編。

答葉正則 淳熙十六年

所喻二説之未安，具悉雅意。但熹則以爲舊聞者，中也；獨得者，過也。賢者之所以未然者，不及也。其詳雖有未得盡聞者，然大約當不出此。於此看破，則千里同風，不待片言而群疑決矣。

編年 據書札彙編。

答葉正則紹熙二年

向來相見之日甚淺，而荷相與之意甚深。中間寓舍并坐移晷，觀左右之意，若欲有所言者，而竟囁嚅不能出口。前後書疏往來，雖復少見鋒穎，而亦未能彼此傾倒，以求實是之歸。但見士子傳誦所著書及答問書尺，類多籠罩包藏之語，不唯他人所不解，意者左右亦自未能曉然於心而無所疑也。

世衰道微，以學爲諱，上下相徇，識見議論日益卑下。彼既不足言矣，而吾黨之爲學者又皆草率苟簡，未曾略識道理規模、工夫次第，便以己見摶量湊合，撰出一般說話，高自標置，下視古人。及考其實，則全是含胡影響之言，不敢分明道著實處。竊料其心豈無所疑？只是已作如此聲勢，不可復謂有所不知，遂不免一向自瞞，强作撑柱，且要如此鶻突將去，究竟成就得何事業？未論後世，只今日旁觀，便須有人識破。未論他人，只自家方寸，如何得安穩耶。

如來書所謂在荆州無事，看得佛書，乃知世外瓌奇之説本不能與治道相亂，所以參雜辨争，亦是讀者不深考爾。此殊可駭，不謂正則乃作如此語話也。中間得君舉書，亦深以講究辨切爲不然。此蓋無他，只是自家不曾見得親切端的，不容有毫釐之差處，故作此見耳。欲得會面，相與劇談，庶幾彼此盡情吐露，尋一個是處。大家講究到底，大開眼看覷，大開口説話，分明去取，直截剖判，不須得如此遮前掩後，似説不説，做三日新婦子模樣，不亦快哉！孟子自許雖行霸王之事而不動其心，究其根原，乃只在識破詖、淫、邪、遁四種病處。今之學者不唯不能識此，而其所做家計窠窟乃反在此四種病中，便欲將此見識判斷古今，議論聖賢，豈不誤哉！相望千里，死亡無日，因書聊復一言，不審明者以爲如何？然勿示人，恐又起鬧，無益而有損也。

若見得道理分明，便無事殺決，不暇讀佛書。若偶讀之，亦須便見得其亂道誤人處愈親切，不至爲此言矣。試以此一端思之，可見得失。劉智夫此間相去不百里，暑中未得款會。同志難得，但恐自處已太高了，不肯放下就實做工夫耳。年來見得此事極分明，乃知曾子實以魯得之，而聰明辨博如子貢者，終不得與聞於此道之傳，真有以也。

編年 據書信編年。

答徐居厚 元德 淳熙六年冬

大病新復，正要將護，不可少有激觸，損動真氣。讀書度未能罷，且歇得數月亦佳。將來看時，亦且適意遮眼，自有意味，正不必大段著力記當，損人心力，使人氣血不舒，易生疾病。況古人之學自有正當用力處，此等止是隨力隨分開廣規模。若專恃此，亦成何等學問耶？前此屢欲言之，而匆匆不暇。今亦不特爲養病發也。今人但見孔子問禮問官，無所不學，便道學問只是如此。却不知得他合下是甚次第大底本領，方有功夫到此。若只將自家此等小小見識而學養子而後嫁，豈不誤哉！至於平心和氣，却是吾人學問根本，亦不爲病然後當著力也。

編年　據書札彙編。

答趙履常 崇憲　淳熙末

示喻讀書遺忘，此亦士友之通患，無藥可醫。只有少讀深思，令其意味浹洽，當稍見功耳。讀易亦佳，但經書難讀，而此經爲尤難。蓋未開卷時，已有一重象數大概功夫，開卷之後，經文本意又多被先儒硬説殺了，令人看得意思局促，不見本來開物成務活法。廷老所傳鄙説，正爲欲救此弊。但當時草草抄出，疏略未成文字耳。然試略考之，亦粗見門户梗概。若有他説，則非吾之所敢聞也。

編年　據書信編年。書札彙編列於淳熙十五年。

答方賓王 誼　淳熙十五年夏

伏自先人實與先侍郎丈有游從之好，而熹蚤歲又得以州縣小吏趨走幕府之下，辱慰薦焉。衰悴無堪，不能有以報效萬一。每念知顧之重，未嘗不愧且嘆也。屏居衰僻，病懶相仍，又不能一通問訊門下，然知舊間亦未嘗不詢扣動静而鄉往不忘也。屬者入都，不能半月而匆匆以去。乃辱專人追路，惠以手書，意寄勤厚，三復增嘆。且審即日極暑，尊候萬福，又以爲慰。

示喻爲學之意，親切的當而不失其序。近日所見朋友，講習未有能及此者，甚慰鄙意。但以所謂三條觀之〔一〕，恐前日講貫之功猶有未究其極者，而今日所謂操存涵養者又不免離却前日所講〔二〕，別作一段不言不語底功夫也〔三〕。大學之序，自格物致知以至於誠意正心，不是兩事，但其内外淺深自有次第耳。非以今日之誠意正心爲是，即悔前日之格物致知爲非也。不識明者以爲如何？如延平行狀中語，乃是當時所聞其用功之次第。今以聖賢之言、進修之實驗之，恐亦自是其一時入處，未免更有商量也。程子所論心指已發，後書明言此固未當，則是一時言語不免小差，須如後説乃爲無病。蓋性爲體，情爲用，而心則貫之。必如横渠先生所謂心統情性者，其語爲精密也。忠信之説，大概甚善。但理之是非，事之當否，恐當於是非羞惡之端論之。忠信之得名，未必爲此設也。

道旁客舍草草布此，言不盡意。恐有未安，更俟垂喻。有書只託吕子和發書至婺女，彼中時有便也。未由面講，豈勝悵然！唯冀以時珍衛，用慰遠懷。千萬之望！

校記 〔一〕謂：宋浙本作「論」。

〔二〕謂：右引作「論」。

〔三〕段：右引作「般」。

編年 據書信編年。

答方賓王 淳熙十六年

別紙所喻甚善。向亦見浙中士友多立一偏之論，故爾過憂。然存養之功亦不當專在静坐時，須於日用動静之間無處不下功夫，乃無間斷耳。心、性、情之説亦已得之，但性即理也，今以爲萬理之所自出，又似別是一物。康節先生云「性者道之形體」，此語却似親切也。又云：「静而不知所存，則性不得其中。」性之必中，如水之必寒，火之必熱，但爲人失其性而氣習昏之，故有不中，而非性之不得其中也。鄙意如此，未知是否？

編年 據書信編年。

答方賓王 紹熙元年

性者道之形體，因記先生誨而思之，姑以所見布禀。知言云「性立天下之有」，蓋萬物之所以有者，以是而已。苟無是，則氣化將斷絶，生物有窮終矣。故曰陰陽之根柢，造化之樞紐。而中也者，天下之大本而道之體也。然前賢之論性，未嘗一及於此。而必以人物禀受動静而言者，蓋性不能捨物而自立。捨物而論性，則性蓋不可得而名，如「乾坤毁則無以見易矣」。道也者，言天之自然也。性也者，言天之賦予萬物，萬物禀而受之者也。雖禀而受之於天，然與天之所以爲天者初無餘欠。然則性與天道非二體也，語其分則當然耳。道體無爲也，人心則有動焉。而萬事萬物、人倫物理感通變化之機莫不備具，而仁、義、禮、智所以立人極也。譬之人有是身，頭、目、手、足各有攸職而不相亂，而身之用乃全。性即理也，而繼之以康節之語，妄意恐出於此。未知是否？義愈精則言愈難，矧以淺陋，恐不足以發其藴。乞賜詳誨。

性者道之形體，乃擊壤集序中語。其意蓋曰：性者，人所禀受之實〔一〕；道者，事物當然之理也。事物之理固具於性，但以道言，則冲漠散殊而莫見其實。惟求之於性，然後見其所以爲道之實初不外乎此也。中庸所謂率性之謂道，亦以此而言耳。來諭所云自是胡氏知言之意，與此不相關也。

或者曰，易傳曰：「雖無邪心，苟不合正理，皆妄也，乃邪心也。」誼舊常疑此語，以爲離邪即歸於正，所謂閑邪存其誠，非閑邪之外别有誠可存也，但閑邪則誠自存矣。後來方覺看得不精，元不曾實體得，只是將言語尋求〔二〕，所以草草如此。夫莊敬持養，此心既存，亦可謂之無邪心矣。然知有未至，理有未窮，則於應事接物之際不能處其當，則未免於紛擾而敬亦不得行焉。雖與流放而不知者異，然苟不合正理，則亦未免爲妄與邪心也。故致知所以爲大學之首與。

其用力之次第，則先生所作大學傳所引程子、游氏、胡氏之言數條是也。但莊敬持養，又其本耳。近來學者多説萬理具於心，苟識得心，則於天下之事無不得其當，而指致知之説爲非。其意大率謂求理於事物，則是物外。誼竊謂知者，心之所覺，吾之所固有。蓋太極無所不該，而天下未嘗有心外之物也。惟其汩於物欲，亂於氣習，故其知乃始蔽而不明。而敬以持之，思以通之者，亦曰開其蔽以復其本心之知耳。程子曰「凡一物有一理，須是窮致其理」者，豈皆窮之於外哉，在物爲理，處物爲義。所以處之者欲窮其當，則固在我矣。程子曰：

「致思如掘井，初有渾水，久後稍引動，則清者出來〔三〕。人思慮始皆溷濁，久自明快矣。」所謂渾水與明快〔四〕，非自外來，蓋亦開其蔽而本心之明漸見耳。此心分量之大而運用之無窮，豈一事一物之所能該？一事適其當，他日或未然，則亦不得爲心正。必也如程子所謂覺悟貫通，於天下萬物之理無一毫之不盡，則義精而用妙，始可以言盡心知性矣。不知或者識心之説豈一超直入者乎？

所論易傳無妄之説甚善，但所謂雖無邪心而不合正理者，實該動靜而言。如燕居獨處之時，物有來感，理所當應，而此心頑然，固執不動，則雖無邪心，而只此不動處便非正理。又如應事接物處理當如彼，而吾所以應之者乃如此，則雖未必出於有意之私，然只此亦是不合正理。既有不合正理，則非邪妄而何？恐不可專以莊敬持養，此心既存爲無邪心，而必以未免紛擾，敬不得行然後爲有妄之邪心也。所論近世識心之弊，則深中其失。古人之學所貴於存心者，蓋將推此以窮天下之理。今之所謂識心者，乃欲恃此而外天下之理。是以古人知益崇而禮益卑，今人則論益高而其狂妄恣睢也愈甚，得失亦可見矣。

或者曰，「立人之道曰仁與義」，謂「仁義」二字包括人道無遺。然而仁難言也，嘗即聖賢言心處及程子講論及此者觀之，亦隨有所見。比因讀程子曰：「心譬如穀種，生之性便是仁，陽氣發處乃情也。」此語以身體之，似有省處，而後於聖賢之言與程子之説似可類推。夫仁者，天理之統體而存乎人者，蓋心德之合而流動發生之端緒也。心之具衆理，猶穀種之包容生意，而其流動發生之端，即所謂生之性〔五〕。故曰惻隱之心仁之端，而元者善之長也。夫穀之生而苗，長而秀，成而實，根條花葉，形色臭味各有定體，不可相錯，然莫不根於種而具於生之性。譬之萬事萬物之理，父子之親，君臣之義，以至於屣履之微，語默之暫，亦皆有爲當然不易之理，莫不根於心而具於流動發生之端。此義之名所以立而體用所以兼備也。故曰理一而分殊，蓋循其用則散殊雜擾，變化無窮，而大本一原初不貳也。只此二者，包括人道已盡。然人之有是身，即有自私之蔽。心既不宰而情爲之主，發不以正，而人之生道息焉。故斯須之間有不存，則君子之不仁者有矣。蓋須是於統體上看其發用一出於天理之公而無人欲之私以亂之，事事物物莫不皆然，始爲盡人之道。夫子未嘗許人以仁者如此。

所論仁字大概近之。而以發生流動之端緒爲仁，則是孟子所謂惻隱之心，程子所謂陽氣發處，皆指情而言之，不得爲仁之體矣。又所謂事物之理皆具於流動之端，然後見義之名所以立而體用所以兼備，此語亦似微有義外之病。大抵仁字專言之則混然而難名，必以仁、義、禮、智四者兼舉而并觀，則其意味情狀互相形比〔六〕，乃爲易見。蓋人之性皆出於天，而天之氣化必以五行爲用。故仁、義、禮、智、信之性，即水、火、金、木、土之理也。木仁，金義，火禮，水智，各有所主。獨土無位而爲四行之實，故信亦無位而爲四德之實也。仁、義、禮、智同具於性，而其體渾然，莫得而見。至於感物而動，然後見其惻隱、羞惡、辭遜、是非之用，而仁、義、禮、智之端於此形焉，乃所謂情。而程子以謂陽氣發處者，此也。但此四者同在一處之中，而仁乃生物之主，故雖居四者之一，而四者不能外焉。此易傳所以有「偏言則一事，專言則包四者」之說。固非獨以仁爲性之統體，而謂三者必已發而後見也。大抵仁、義、禮、智，性也；惻隱、羞惡、是非、辭遜，情也。心則統乎性情者也。以此觀之，則區域分辨而不害其同，脉絡貫通而不害其别，庶乎其得之矣。

校記

〔一〕受：宋浙本作「賦」。

〔二〕語：原作「誠」，據右引改。

〔三〕則：正訛改作「得」。

〔四〕快：原作「決」，據宋閩、浙本改。

〔五〕所：原作「此」，據宋浙本改。

〔六〕比：原作「此」，據右引改。

編年　據書信編年。

答方賓王 紹熙元年

前書所喻，思索皆甚精密，不敢草草奉報。嘗遍以示諸來學者，使各以意條析之。近方略爲刊訂，欲因婺女便人轉以寄呈。而臨行適病，不能料理簡書，令人檢尋，不復可得。方以爲撓，而後問適至，欲追思録寄，而心氣衰弱，如憧渺茫，不復可得。今姑據所見，略具别紙，幸一觀之。有所未安，却望報及。

性者道之形體，乃擊壤集序中語。其意若曰：但謂之道，則散在事物而無緒之可尋；若求之於心，則其理之在是者皆有定體而不可易耳。理之在心，即所謂性。故邵子下文又曰：「心者，性之郛郭也。」以此考之，所論之得失可見矣。

人之應事，有不出於意欲之私，而但以不見義理之當然，遂陷於不正者多矣。董子所謂以善爲之而不知其義，是以被之空言而不敢辭者，正爲此耳。恐不必專以此心之存爲無邪心，敬不得施然後爲有邪心也。

心固不可不識，然静而有以存之，動而有以察之，則其體用亦昭然矣。近世之言識心者則異於是，蓋其静也初無持養之功，其動也又無體驗之實，但於流行發見之處認得頃刻間正當底意思，便以爲本心之妙不過如是，擎夯作弄，做天來大事看，不知此只是心之用耳。此事一過，此用便息。豈有只據此頃刻間意思，便能使天下事事物物無不各得其當之理耶？所以爲其學者於其功夫到處亦或小有效驗，然亦不離此處，而其輕肆狂妄、不顧義理之弊已有不可勝言者。此真不可以不戒。然亦切勿以此語人，徒增競辨之端也。

仁、義、禮、智，性也，體也；惻隱、羞惡、辭遜、是非，情也，用也。統性情、該體用者，心也。今曰流動發生之端即所謂生之性，又曰萬事之理莫不具於流動發生之端，此義之名所以立而體用所以兼備，似未安也。蓋孟子所謂四端，即程子所謂陽氣發處，不當以是爲性。而義之名則自其未發之時固已立矣，羞惡之心，則其發見之端也。

所示諸説皆詳密，足見用功之深。其論天下無心外之物一條尤善。鄙意所未安者，只此數處爾。諸人所辨雖不可見，然其大概具於此矣。或有未安，却望疏示。

編年 據書信編年。

答方賓王 紹熙二年

前書下詢數條，類皆精當。敬夫未發之云，乃其初年議論，後覺其誤，即已改之。但舊説已傳，學者又不之察，便加模刻，爲害不細。往時常别爲編次，正爲此耳。然誤本先行，此本後出，遂不復售，甚可恨也。赤子之心，伊川先生最後一書言之甚詳。蓋人心莫不有未發之時，不但赤子爲然。而赤子之心亦莫不有已發之時，不得專指爲未發也。衛輒之事，遺書中亦有兩句與胡傳相似。劉質夫所録明道先生語。胡蓋祖其意而不悟其失之毫釐之間也。此事舊嘗疑之，近日亦方與朋友説及。得來示，適契鄙懷，知閲理之不苟也。其他無可疑者，恨未得面講耳。

編年 據書信編年。

答方賓王 紹熙二年以後

前書所論大學、論語大概皆得之。但大學次序，亦謂學之本末終始無非己事，但須實進得一等，方有立脚處，做得後段功夫，真有效驗爾。非謂前段功夫未到，即都不照管後段而聽其自爾也。聞道方是理會得爲人底道理，從此實下功夫，更有多少事？豈可便謂都無餘事？但到此地，即所見不差，真有廣居可居，正位可立，大道可行，向上自然有進步處耳。

編年　據書信編年。

答方賓王 紹熙二年以後

熹前日看所寄易説不子細，書中未敢察察言之。遣書後歸故居，道間看得兩册，始見其底蘊。如言四象及先天次序，皆非康節本指，其他亦多杜撰。如九轉圖引魏伯陽參同契、張平叔悟真篇尤爲無理，亦自不曉參同契中所説道理，可惜用許多功夫，都不濟事〔一〕。大抵易之一書最不易讀，而今人喜言之，正所謂畫鬼神者。殊不知只是瞞得不會底，於自己分上成得何事？而世人自有曉得者，亦不可得而欺也。熹向來作啓蒙，正爲見人説得支離，因竊以謂易中所説象數，聖人所已言者不過如此。今學易者但曉得此數條，則於易略通大體，而象數亦皆有用。此外紛紛，皆不須理會矣。聞已見之，嘗試推考，自當見得。其第二篇論太極、兩儀、四象之屬尤精，誠得其説，則知聖人畫卦不假纖毫思慮計度，而所謂畫前有易者，信非虛語也。然此書所論彼書之失幸勿語人，又生競辨。區區但恐老兄或信其説而講求之，則枉費功夫，故專附此奉報爾。

校記　〔一〕都：宋浙本作「却」。

編年　據書信編年。

答方賓王 紹熙二年以後

沈君易書詞太汗漫，讀之多所未解，不敢遽下語。其間揲蓍右手餘五之説甚新而整，似若有理。但恐不可謂之歸奇，尚有可疑耳。易於六經最爲難讀，穿穴太深，附會太巧，恐轉失本指。故頃嘗爲之説，欲以簡易通之。然所未通處極多，未有可下手處。只得闕其所不知，庶幾不至大差繆耳。

編年 據書信編年。

答方賓王 紹熙二年以後

所寄易説却以上内。諸疑義所得甚多，其未安者，亦各附己意於其下，并此封内，幸更詳之。前書所論易説已詳，然忽忽尚多未盡。大抵多是未得古人正意而好自立説，此今世讀書者之通病也。

「視其所以」一章，誼謂「所以」，所爲也。天理人欲同行異情，所爲雖曰善矣，抑不知其意之所發爲利乎，爲義乎？所爲合於義，所發亦以義，則固善矣。又當察其平日所存所守果一出於正乎？至是則亦盡觀人之法矣。范氏曰：「視其所以，知其用心之邪正；觀其所由，考其所行之歸趣。」疑倒説了。

察其所安，正是察其所由之安與不安。若其爲善，如惡惡臭，如好好色，則居之安矣。范氏之說誠未當也。

「學而不思則罔」一章，誼竊意「學」謂視聖賢所言所行而效之也，「思」謂研窮其理之所以然也。徒學而不窮其理則罔，罔謂昏而無得，則其所學者亦粗迹爾。徒思而無踐行之實則殆，殆謂危而不安，則其所思者亦虛見爾。學而思則知益精，思而學則守益固，學所以致廣大，思所以盡精微。

學不專於踐履，如學以聚之，正爲聞見之益而言。

「知之爲知之」一章，誼謂學者之於義理、於事物，以不知爲知，用是欺人或可矣，本心之靈庸可欺乎？但知者以爲已知，不知者以爲不知，則雖於義理事物之間有不知者，而自知則甚明而無蔽矣。故曰是知也。以此真實之心學問思辨，研究不舍，則知至物格、心正意誠之事可馴致也。夫子以是誨子路，真切要哉。此意言之若易〔一〕，而於學者日用間關涉處甚多，要當步步以是省察，則切身之用蓋無窮也。

此說甚善。

「德不孤」一章，按程子自有二說：曰各以類聚，曰與物同，曰爲善者以類應，有朋自遠方來，此一說也。曰一德立而百善從之，至德盛後，自無窒礙，左右逢其原，此又一說也。南軒云「善言之集，良朋之來，與夫天下歸仁，是亦不孤而已」，則是兼用程子二說。不知如何？

德不孤，易中所説與論語不同。德盛逢原者，易之説也。善以類應者，論語之説也。各指所之，不可兼用。

「漆雕開吾斯之未能信」一章，誼謂天理精微，深妙無窮，惟知至物格者然後能盡之。苟有一毫未盡，則心體未能周流而無滯也，其於事物之間，能自保其應之而必當乎？信者，理之全體實有諸己而無不盡之謂。漆雕開所見甚大而不肯安於小，自察甚精而不容以自欺，則其立志之宏而進道之勇何可量哉！此夫子所以悦之。

此一章語意駁雜多病，更加玩索爲佳。

「不念舊惡」一章，不知舊惡爲何事？「怨是用希」，不知怨是人怨己，或己怨人？如蘇氏説，則指意皆明，又不知可以爲據否。程子不明説舊惡，竟未知此章之所指歸也。

舊惡是他人前日之過，如其冠不正之類。前日雖已望望然去之，然今日正冠而來，則取其改過而不念前日之過矣。

「夫子爲衛君」一章，誼謂本意只是衛君以父子争國，夷、齊以兄弟讓位，類而言之，則輒之罪著矣。楊氏辨論最爲詳盡，但輒之罪則在據國拒父，無父子之義。而叔齊雖有父命，乃以天倫爲重而逃去之，則以叔齊當輒，輒之罪何所容於天地間乎。似不必引郢以爲説。冉有之問，其不爲郢發也明矣。其後説爲勝。然所謂輒乃先君之命者，按左氏，靈公嘗欲立公子郢矣，輒乃郢讓之，夫人立之，不知此言别有所據否？如所謂蒯聵以父争，輒便合避位，國人擇宗室之賢者立之，斯爲至當。然猶疑輒之逃避當在靈公既薨而夫人欲立之時，如此則庶乎叔齊之風焉。不知是否？

此説甚善。

「吾無隱乎爾」一章，誼謂聖人之作止語默無非教也，唯聖人然後能之。蓋聖人全體是此理，無物不體，無時不然也。故以此語二三子，亦道其實爾。若如謝氏、楊氏之説，則是我與二三子共此理，其仰觀俯察與夫百姓日用者莫非此理之流行，則恐舉物而遺其則，將有運水般柴、揚眉瞬目之意矣。不知如何？

亦善。

「子路問事鬼神」一章，誼謂由聚散故有生死，由幽明故有人鬼。而所謂理，則無有聚散幽明之異也。學者求盡乎理可也，盡乎事人之理，則鬼神之理不外是；知其所以生，則死之理可見。亦即其著見者而致其知、實其行而已。不然，將求諸恍惚茫昧之域，終亦不知焉耳矣。

亦善。然事人之道未易盡，所以生者亦未易知也。

「不踐迹」一章，程子謂循塗守轍，不知塗轍爲何也。張子所謂成法，不知何者爲成法？未有以見其所指之實也。

循塗守轍，猶言循規蹈矩云爾。

「仲弓問焉知賢才而舉之」一章，程子曰：「人各親其親，然後不獨親其親。」又云：「便見仲弓、聖人用心之大小。推此義則一心可以興邦，一心可以喪邦，只在公私之間而已。」反覆思之，未得其說。乞略示梗概。

人各舉其所知，則天下之事無不舉矣，不患無以知天下之賢才也。興邦喪邦，蓋極言之。然必自知而後舉之，則遺才多矣，未必不由此而喪邦也。

語子貢一貫之理，誼謂五常百行、人倫物理紛紜雜揉，不可名狀，是可謂有萬而不同者矣。然一體該攝乎萬有，而萬殊歸乎一原，循其本而觀之，則固一矣。即其用而驗之，則是其本行乎事物之間，斯所謂一以貫之者也。聖人生知，固不待多學而識；學者非由多學，則固無以識其全也。故必格物窮理以致其博，主敬力行以反諸約，及夫積累既久，豁然貫通，則向之多學而得之者，始有以知其一本而無二矣。子貢致知之功已至，其於事物之間，灼然知天理之所在而不疑，特未究夫一之爲妙爾。夫子當其可而問之，發其疑而告之，故能聞言而悟，不逆於心。觀夫子於曾子之外獨以告子貢，則其不躐等而施者抑可見矣。諸儒以多學爲病者，不知其意如何？

此說亦善。

校記　〔一〕意：宋浙本、明天順本作「章」。

編年　據書信編年。

答方賓王紹熙二年以後

閑中頗得講學之友否？比來道術分裂，人自爲師，真胡公所謂人人各説一般見解誑嚇衆生者。勢方横流，力不能遏，可嘆！

編年　據書信編年。

答方賓王慶元元年

閑中想不廢玩索，因書時有以見警，幸甚幸甚！此亦有一二學者，然極難得穎悟之質，又肯耐煩用力者，不絶如綫，甚可慮也。年來目盲愈甚，它病亦多，殊憒憒無好況。思復見賢者，深講所聞而不可得，奈何奈何！比雖已拜祠官之命，然辭職未報，尚此憂懼。萬一未遂，更須力請耳。浙中聞頗有船粟可濟民食，不知比來氣象復如何？外廷諸人不易扶持得且如此，如鄭補之輩尚可望也。向上一節，則遠方不得而聞矣。閑退之人雖不敢復發口，然畎畝之憂不能忘也。

編年　據書信編年。

答方賓王慶元二年

病中却於詭僞舊聞看得轉覺簡約精明，非昔時比，恨不得相與講之也。周、高二君恨未之識。近覺朋友未説見得如何，且是做工夫未入腔窠，所以茫茫然，終日無進步處，非但新學小生爲然也。楊丞文字，累年以病不暇，今年又禁作文字〔一〕，然念其事與今日議論無干涉，欲留其人，草成遺還，而去年病亟時去失所寄行狀，不免却令且回，令別寫附來也。知其練事勤職，甚慰人意。頃一再試郡，更無人可使，始知人才難得。若不加意收拾，緩急真無可恃也。常平之積，所在空虛，無以爲水旱之備，此誠可慮。然去年只緣和糴，故樂土亦爲凶歲，此又未有可爲之時也。不知幕府之議何以處此耶？

校記 〔一〕禁作：原缺，據康熙本補。

編年 據書信編年。

答方賓王 慶元二年

病軀雖幸小康，然亦未能輕健。老境益侵而德學不進，朋友間亦未見卓然可望以爲永久之託者，甚可懼也。

編年 上篇言在病中，此言「病軀雖幸小康」，當爲相承。參之編序，亦當在慶元二年。

答方賓王 慶元二年春

懇辭遂請，深荷上恩。第孤迹殊未可保，且得私義少安，俯仰無愧，它則不暇計爾。舊書讀之，覺得平淡著實中意味愈長。亦有一二朋友漸知路徑，閑中少足自慰也。但時論咄咄逼人，一身利害不足言，政恐坑焚之禍遂及吾黨耳。

編年 據書信編年。

答方賓王 慶元二年

德聞知有進處，甚善。此亦賢者切磋之力，但不知時論既爾，能不退轉否耳。周南仲書來甚勤，然覺得安排準擬之意多，而無驀直向前之氣。若一向如此遲回擔閣，恐難得入頭處也。所喻涵養本原之功誠易間斷，然纔覺得間斷，便是相續處。只要常自提撕，分寸積累將去，久之自然接續，打成一片耳。論學功夫亦是如此，莫論事之大小，理之淺深，但到目前即與理會到底，久之自然浹洽貫通也。

編年 據書信編年。

答陳師德 定〔一〕 乾道中

熹愚不肖，早嘗涉學，歲月逝矣，老大無聞。静循初心，每自愧嘆。過承下問，其何以稱厚意之辱。然嘗聞之程夫子之言曰：「涵養須是敬，進學則在致知。」此二言者，實學者立身進步之要，而二者之功蓋未嘗不交相發也。然夫子教人持敬，不過以整衣冠、齊容貌爲先；而所謂致知者，又不過讀書史、應事物之間求其理之所在而已。皆非如近世荒誕怪譎、不近人情之説也。左右玩意之久，於此蓋必已深有得矣。更願勉旃而無或怠焉，則亦何事於他求哉。抑讀書之法要當循序而有常，致一而不懈，從容乎句讀文義之間，而體驗乎操存踐履之實，然後心静理明，漸見意味。不然，則雖廣求博取，日誦五車，亦奚益於學哉。故程子又曰：「善學者求言必自近，易於近者非知言者也。」此言殊有味，惟困於遠求而無得者知之，亦願左右者之識之也。

校記 〔一〕定：原缺，據宋浙本、明天順本補。

編年 據書信編年。

答陳師德 乾道中

示喻格物持敬之方，足見鄉道不忘之意，甚善甚善！持敬正當自此而入，至於格物，則伊川夫子所謂窮經應事，尚論古人之屬，無非用力之地。若舍此平易顯明之功，而必搜索窺伺於無形無迹之境，竊恐陷於思而不學之病，將必神疲力殆而非所以進於日新矣。况聞左右體羸多病，尤當完養思慮，毋令過苦，成就德器，以慰士友之望。

編年 據書信編年。

答吴申 淳熙八年

所喻從祀曲折，乃向者令邸吏於監學畫到如此。因問楊廣文元範，渠住學久，亦云實然，遂依本畫之。近到都下遍問知識，亦皆云爾，決不誤也。

編年　據書信編年。

答李周翰淳熙十六年

熹跧伏累年，不獲以時候問作止，區區鄉往，蓋不自勝。今歲適滿六十，而衰病支離，無復四方之志，恐不復得遂既見之願矣。茲辱惠書，三復感嘆。來喻諄復，益見謙光，又愧向來妄論之率爾也。然是非得失之間，正當精察而明辨。或者內實安於舊習而陽爲是言，則非熹之愚所望於高明也。無由面論，臨書浩嘆！

編年　據書信編年。

答李周翰淳熙十六年以後

示喻縷縷，備見本末。但原說之辨，歲月浸久，不復記憶。獨仿佛其間頗有陽尊孔子而陰主瞿、聃之意耳。今乃承有未全伏罪之言，又恐當時看得不子細也。所謂終焉位天地、育萬物、厚人倫者，乃吾道之正，亦未見其上文，不知盛意之微果何所寄，未容遽陳鄙見。便中幸復有以教之，則雖自顧無關可抽，無鑰可啓，然亦不敢不披露胸臆，以求訂證也。

編年　據書信編年。

答朱飛卿 紹熙二年

某承先生誨以持敬，某自求病痛，是氣衰不能勝其怠惰。如頭容欲直，手容欲恭，則時或不能。即此便是持敬不純，私意已行矣。窮理不知其當然，今遂欲一一如禮，則力困，實做不得。不知但存之於心而四體則少寬之，終可以有得而無害於敬否？

心無不敬，則四體自然收斂，不待著意安排而四體亦自舒適矣。著意安排，則難久而生病矣。

某比欲窮理，而事物紛紜，未能有灑落處。近惟見得富貴果不可求，貧賤果不可逃耳。

此是就命上理會，須更就義上看當求與不當求，當避與不當避，更看自家分上所以求之避之之心是欲如何，且其得喪榮辱與自家義理之得失利害孰爲輕重，則當有以處此矣。

先生授以詩傳，且教誨之曰：「須是熟讀。」某嘗熟讀一二遍〔一〕，未有感發。竊謂古人教人兼以聲歌之，漸漸引迪，故最平易。又疑鄭、衛之諸詩皆淫聲，小學之功未成，而遽教以淫聲，恐未能使之知戒，而適以蕩其心志否？抑其聲哀思怨怒，自能令人畏惡，故雖小子門人亦知戒乎。某欲令弟侄輩學詩，尚疑此，未敢曉以文義。

詩且逐篇旋讀，方能旋通訓詁，豈有不讀而自能盡通訓詁之理乎。讀之多，玩之久，方能漸有感發，豈有讀一二遍而便有感發之理乎。古之學詩者固有待於聲音之助，然今已亡之，無可奈何，只得熟讀而從容諷味之耳。若疑鄭、衛不可爲法，即且令學者不必深究，而於正當説道理處子細消詳，反復玩味，應不枉費工夫也。

人常有清明昏濁之殊，此固是氣稟。然心不能不隨氣稟而少異。夫口、耳、目、心，皆官也。不知天賦之氣質不昏明清濁其口、耳、目，而獨昏明清濁其心，何也？若曰心理本不異，惟爲氣質所拘而不能自明，然夷、惠、伊尹非拘於氣質者，處物之義乃不若夫子之時。孟子論三子，蓋謂其智不若夫子。夫是非之心智也，豈三子能充其惻隱、羞惡、辭遜之心，而獨於其是非之心不能充之乎？

口、耳、目等亦有昏明清濁之異，如易牙、師曠、離婁之徒〔一〕，是其最清者也。心亦猶是而已。夷、惠之徒便是未免於氣質之拘者，所以孟子以爲不同道而不願學也。

孟子：「盡其心者，知其性也。」

盡心之説，當時見得如此，故以爲意誠之事。後來思之，似只是知至之事，當更尋舊説考之。下文且只平看，不必以「所以」二字爲關鍵也。

改踐形説。

人皆有是形，便有是理。故曰形色，天性也，性即理之謂也。然衆人有是形而不能全其形之理，故有形雖人而心實禽獸，是不足以踐其形矣。惟聖人能全其形之理，故可以踐其形也。伊川先生所謂充人之形，「充」字極分明矣。

改誠意章説。

誠意一章，來喻似未曉章句中意。當云人意之發形於心者，本合皆善，惟見理不明，故有不善雜之，而不能實其爲善之意。今知已至，則無不善之雜，而能實其爲善之意，則又無病矣。又善惡之實於中者皆形於外，但有爲惡之實，則其爲善也不誠矣。有爲善之實，則無爲惡之雜而意必誠矣。純一於善而無不實者，即是此意，未嘗異也。

校記　〔一〕遍：原作「篇」，據下文改。

〔二〕婁：宋浙本作「朱」。

編年　據書信編年。

答鄭子上 可學　淳熙十三年以後

前此所惠書，歸來乃得之。所論詳悉，此間朋友難得如此會思索者。今書所説易、中庸亦甚子細，今并答去，具在别紙。更熟玩之，自見曲折也。程氏易傳已甚詳細，今啓蒙所附益者，只是向來卜筮一節耳。若推廣旁通，則離不得彼書也。程先生説易得其理，則象數在其中，固是如此。然泝流以觀，却須先見象數的當下落，方説得理不走作，不然事無實證，則虚理易差也。不知歲暮或春暖能一來否？此間難得人講論，每深懷想耳。

編年　據書信編年。書札彙編列於紹熙二年秋。

答鄭子上紹熙二年稍前

所論大概多得之。偶以事出近村，不曾帶得書來，不及一一奉報。其間亦有一二合商量處，旦夕當别有便，却附書也。孟子求放心一條，尋常亦草草看了。以今觀之，真是學問之要，不可不留意也。

編年 據書信編年。書札彙編與下篇皆列於淳熙十六年。

答鄭子上紹熙二年稍前

所喻人心道心之説，比舊益精密矣。但常如此虚心精察，自然見得舊説是非，漸次長進矣。甚善甚善！今説如云「必有道心然後可以用於人心」以下數語，亦未瑩也。所謂守得定方可以致知窮理，此説甚當。孟子云「學問之道無他，求其放心而已」。豈是此事之外更無他事？只是此本不立，即無可下手處；此本既立，即自然尋得路逕，進進不已耳。易中占辭其取象亦有來歷，不是假説譬喻。但今以説卦求之，多所不通，故不得已而闕之，或且從先儒之説耳。論語説已注在卷中，幸更詳之，有便復以見喻也。二子同往金華，或相見，幸有以規切之。

編年 據書信編年。

答鄭子上 紹熙二年稍前

道心之説甚善。人心自是不容去除，但要道心爲主，即人心自不能奪而亦莫非道心之所爲矣。然此處極難照管，須臾間斷，即人欲便行矣。通書等何故不曾寄去？今往一本。所疑附録數條，亦略要見脉絡相連處耳，不足深致疑於其間也。但第三十六章注中「二」字當作「一」字。西銘卒章兩句所釋頗未安，試更思之，如何？向來諸書近來整頓愈精密矣，只是近處難得學者肯用心耳。此道之傳不絶如綫，甚可憂嘆。唯冀益加勉厲，以副所望。

編年 據書信編年。書札彙編列於紹熙元年春。

答鄭子上 紹熙元年

此却有數士友相聚，然極難得可共學者。浙人爲功利浸漬壞了腹心，尤難説話。甚可嘆，又可懼也。

編年 據書信編年。

答鄭子上 淳熙十六年以後

所諭大學之疑甚善，但覺前日之論頗涉倒置，故讀者汩没，不知緊切用功。子細看來，經文只是就大體規模上推説將來耳，非謂實經此漸次等級，然後及於格物也。故後來頗削舊語，意以此耳。補亡不能盡用程子之言，故略説破，亦無深意也。大抵看大學須先緊著精神領略取大體規模，却便回來尋個實下手處，著緊用功，不可只守著此個行程節次，便認作到頭處也。

賦題之説，若論詩人本意，則「湛露」云云，只是興發下句之詞，未有他意。而説者推以取義，則似有今日之論，亦不害於義理。但「露以陽晞」，猶諸侯禀王命以從事，非謂陽盛而露晞，如王道盛而諸侯衰滅也。

治道去泰甚，誠出於黄老之意，然吾言亦頗有近似者，但在用者如何。若看得準則定當不可易處，然後隨其深淺而不求備焉，此則儒者之去泰甚也。若一切漫漶，十分放倒，而曰吾姑去泰甚焉，則是詖淫邪遁之詞，而非所以爲訓矣。聖賢惡似而非，正爲此也。尚安得捨吾不可易之權度，而徇彼漢儒黄老之餘哉。不知子上以爲如何？

趙推書云談義理者多被擯黜，不知其間有能及此意者否。然此勿以示人，恐又生競辨，譊譊可憎也。别紙已注其下，卒章幸深留意也。

編年 據書信編年。

答鄭子上 慶元二年以前

子晦書煩致之。或相見間，鄉里公共利害告之無嫌也。君平之説，鄙見正如此。南𦿆事國語中所記尤詳，可檢看也。

編年　據書信編年。

答鄭子上 紹熙三年前後

來書所問鬼神二事，古人誠實，於此處直是見得幽明一致，如在其上下左右，非心知其不然而姑爲是言以設教也。後世説「設教」二字甚害事，如温公之學問雖一本於誠，而其排釋氏亦曰「吾欲扶教」耳。此只是看道理不透，非獨欺人，而并以自欺。此大學之序所以必始於格物以致其知也。平康正直，則來喻得之矣。但不知剛克柔克，謂自克耶，抑謂勝彼耶？此上四句須看得有歸著，乃無窒礙耳。

編年　據書信編年。書札彙編疑作於慶元五年前後。

答鄭子上 紹熙三年

所示論語數條，備見别來玩索功夫。偶以病中意思昏憒，未暇細觀，不敢草草奉報。此間亦有朋友數人往來講學，但久病倦甚，無力應酬，無以副其遠來之意。新舊諸書尚有合整頓處，頭緒不一，亦以病倦，不復能如舊日趲得課程。未知何時復得會面，所欲言者無窮，臨書徒悵然也。

編年　據書信編年。

答鄭子上紹熙二年

此心之靈即道心也。道心苟存而此心虛，則無所不知，而豈特知此數者而止耶。此心之靈，其覺於理者，道心也；其覺於欲者，人心也。昨答季通書語却未瑩，不足據以爲說。

使學者於致知上循序而進，則凡所謂道德齊禮之類皆舉之矣。格物致知乃是就此等實事功夫上窮究，非謂舍置即今職分之所當爲而泛然以窮事物之理，待其窮盡，而後意自誠、心自正、身自修也。

意不誠則撓亂其心，牽連引動，無所不至。能誠意則心自正，意雖不誠，心固不可欺。此說甚善。但不知既謂心不可欺，何故却可撓動？請更詳之。

善端無時而不呈露於外，又云「尚何待於發見哉」，又云「只於居處恭、執事敬上用力，即天理常存，何時而不發見」。

既知善端無時而不呈露，則當知無時不有下功夫處。不可謂常時都不發見，必待其有時發見而後可加功也。若如所論，只於恭敬上用功夫，則又只是存養之事。若便以此爲格物功夫，則是程先生所謂若但敬而不知窮理，却是都無事者矣。須知遇事而知其當然，即是發見。就此推究以造其極，即是格物。但且如此用功，則所謂妄有所指而流於空虛，未有所見而苟且自止之病亦不必慮矣〔二〕。

知至意誠一段。

來喻得之。舊説有病，近已頗改定矣。其他改處亦多，恨未能録寄也。

論易傳。

易之爲書，本爲卜筮而作，然其義理精微，廣大悉備，不可以一法論。蓋有此理即有此象，有此象即有此數，各隨問者意所感通。如「利涉大川」，或是渡江，或是涉險，不可預爲定説。但其本指只是渡江，而推類旁通，則各隨其事。

論中庸。

此書從前被人説得高了，更不曾子細推考文意。若細讀而深味之，其條理脉絡曉然可見。非是固欲如此剖析，自是并合不聚也。如「道也者，不可須臾離也」至「故君子慎其獨也」，若不分作兩段，則「是故君子」云云、「故君子」云云此兩處豈不重複？況「不可須臾離」與「莫見乎隱、莫顯乎微」，「戒謹恐懼於不睹不聞」與「謹其獨」分明是兩事，驗之日用之間，理亦甚明。只是今人用心粗淺，下工不親切，故不見其不同耳。「君子之道四，丘未能一焉」，雖是聖人自責之詞，然必其於責人之際反求諸己，而見其於道之全體，曲折細微容有不能無不盡處，如舜之號泣於旻天之類，但當於此負罪引慝，益加勉勵而不敢自恕焉耳。以此見得古人文字關鍵深密，直是不草草。依乎中庸博學、審問兩段，亦非强爲分別。如庖丁眼中，自是不容有全牛也。請更詳之。

校記 〔一〕苟且：宋浙本作「流於」，考異所引別本同。

編年 據書信編年。

答鄭子上 紹熙二年

「此心之靈，其覺於理者，道心也；其覺於欲者，人心也。」可學蒙喻此語，極有開發。但先生又云：「向答季通書語未瑩，不足據以爲説。」可學竊尋中庸序云：「人心出於形氣，道心本於性命。」而答季通書乃所以發明此意。今如所説，却是一本性命説而不及形氣。可學竊疑向所聞此心之靈一段所見差謬〔一〕，先生欲覺其愚迷，故直於本原處指示，使不走作，非謂形氣無預而皆出於心〔二〕。愚意以爲覺於理則一本於性命而爲道心，覺於欲則涉於形氣而爲人心。如此所見如何？

中庸序後亦改定，別紙録去。來喻大概亦已得之矣。

「告子問性」云云，解云：「蓋指血氣知識爲性。」下又云：「近於後世佛家所謂作用是性之説。」又云：「告子謂人之甘食悦色，性之自然，蓋猶上章知覺運動之意也。」可學謂甘食悦色固非性，而全其天則，則食色固天理之自然。

此説亦是。但告子却不知有所謂天則，但見其能甘食悦色即謂之性耳。

告子先云義猶杯棬，而下云以人性爲仁義，其意蓋謂仁義出於本性。但下文又指仁爲在内。疑告子本皆以仁義爲外，既得孟子説，略認責以爲内，而尚未知其所以愛，故猶執義爲外。告子知所以愛之由乎仁，則亦知義之不離乎仁矣。仁内義外之説，不知告子何以附於「食色性也」之下。可學竊疑告子指食色爲性，以爲由心出，故亦略指愛以爲在心。

初意亦只如此看，適細推之，似亦不以仁爲性之所有，但比義差在内耳。

「盡心知性」云云，可學每讀先生書解，於文義之間最不草草。如「君子深造之以道，夜氣不足以存，他人便不認之。」以「足以」兩字先生拈出，而一段之意皆全。故可學因此每觀書，於文義之間一字不敢放過。蓋古人文字高下曲折之間，皆其意所寓。故於此一段，雖先生之説指意明白，而竊有疑焉。伏乞批示。

論其理，則心爲粗而性天爲妙。論其功夫，則盡爲重而知爲輕。故云所謂盡其心者，即是知性而知天者也。三者只是一時事，但以表裏虚實反復相明，非有功夫漸次也。三者初無分別，故又曰「存其心，養其性，所以事天」，亦言其本一物耳。所謂深造、夜氣，看得甚子細，此書近爲建陽人販賣甚廣，不知有幾人看得此意出來，亦可嘆耳。

校記　〔一〕聞：正訛改作「問」。

〔二〕記疑云「心」上疑有「道」字。

編年　據書信編年。

答鄭子上 紹熙三年

有子言「其爲人也孝悌」，只是言尋常人如此，則好犯上者鮮矣，其言頗輕。下文「孝悌其爲仁之本」，言即重。蓋世間自有一等孝悌人而不知仁，正是由而不知耳。然則此一段當於「務」字、「立」字上著工夫。

上兩句是説道有本末，務本是工夫，當於「務」字、「立」字上著工夫。

志學一段，伊川先生謂聖人未必然，亦只是爲學者立法。先生注中亦取此説，又云：「聖人生知安行，非有進爲之漸。然其乾乾不已之心未嘗自足，則其極至之妙必有日新而又新者，故其言如此。」愚鄙未曉，且欲從伊川説，如何？恐識未至而强求之，徒有揣摩料想之病，而無確實自得之功。

聖賢之學非常情所能測，依約如此，須有與他人不同處耳。

子謂韶盡美一段，先儒皆引征伐以説武王，謂其樂聲自不能掩。今注云「其實有不同」，亦是指其聲耶，或謂其聲雖皆美，推原其義則自有不同也？

美者其功也，善者功之所以立，即揖遜征伐是也。

「吾道一以貫之」一章，前注云：「此皆借學者而言，在聖人則至誠無息而萬物各得其所是也。」「忠恕」二字本是學者分上事，不曾删去「忠也，恕也」。今注去上一句，雖云至誠無息，萬物各得其所，而不明指其爲忠也，未適如何。

「道體無二而聖人」，今改作「聖人之心渾然一理而」。此注是後來改本，解釋極明白矣。

編年　據書信編年。

答鄭子上 紹熙三年

或謂伊川先生：「令尹子文之忠、陳文子之清，使聖人爲之，是仁否？」先生曰：「不然。聖人爲之，亦只是清忠。」先生解云：「心德全體，非事爲一節可論。」但二子之清忠使聖人爲之固只是清忠，莫亦是仁中之清忠，與二子異？孔子謂二子之清忠而未仁，可學謂二人既未仁，則清忠亦未至。似此反觀之，如何？

此說得之。

「回也三月不違仁」，尹氏曰：「三月，言其久。若聖人則渾然無間矣。」可學觀尹氏之意，蓋以不違仁與安仁異，必則聖人之安仁，則無間斷。若只如顏子之不違，則雖欲無間斷不可，非謂不違仁已至極，特有間斷耳。又不知尹氏之意果是如此否？

此說亦得之。

「天生德於予」一章，上蔡云：「使其能害己，亦天也。」龜山亦然，諸家多從之。先生解云：「言必不能違天害己。」可學謂衰亂之世氣運差謬，福善禍淫容或有失。若天理則卓然常在，如許盛德，必不應殺得。故伊川云，聖人極能斷致以理〔一〕。伊川說是夫子正意，謝、楊是推說餘意，亦不可不知也。

泰伯及周之至德。

此兩段且寬著意思看。事殷伐紂事雖不同，然其隨時順天則一而已。

校記 〔一〕致：二程遺書卷十一作「制」。

編年 據書信編年。

答鄭子上 紹熙二三年間

太極圖曰：「無極而太極。」可學竊謂無者，蓋無氣而有理。然理無形，故卓然而常存；氣有象，故闔闢斂散而不一。圖又曰：「太極動而生陽，動極而静，静而生陰。」不知太極〔二〕，理也，理如何動静？有形則有動静，太極無形，恐不可以動静言。南軒云太極不能無動静，未達其意。

理有動静，故氣有動静。若理無動静，則氣何自而有動静乎。且以目前論之，仁便是動，義便是静，此又何關於氣乎？他說已多得之，但此處更須子細耳。

誠與仁之名所以異者，誠自其渾然不動言之，而仁則已流出矣。故在濂溪圖誠爲太極，而通書謂誠無爲。於圖陽動屬仁，於易元屬仁。程先生亦謂生之理便是仁，推此可見。

自性言之，仁字亦未流出，但是其生動之理包得四者，其實與誠字所指不同。須更辨得分明始得。

在臨漳問仁、公，先生曰：「仁在内，公在外。」此論與程氏所論固證得世儒以公爲仁之誤，但可學竊謂仁是本，公是末，必仁然後能公。如程氏之説〔二〕，則是公然後能仁，不知未仁何以能公。

仁是本有之理，公是克己功夫極至處，故惟公然後能仁，理甚分明。其曰公而以人體之，則是克盡己私之後，只就自身上看，便見得仁也。

大學云：「在止於至善。」程先生所謂「理之精微，不可得而名，姑以至善目之」也。文言曰：「元者，善之長也。」程先生云「仁者善之本」，乃是自發出説，與大學非有二善。如孟子説性善，自情觀之，亦是因發以見其善，而其本善者固昭然而不可掩也。程先生所謂姑以至善目之者，乃所以極形容其精微耳。非謂精微之不爲善〔三〕，而借此以名之也。近世諸儒論性往往執此説，謂性不可以善名，而必欲置之於渾淪茫昧之地，乃是粗見其外而不精見於内，故其説差。

此説得之。

命者，天之所以賦予乎人物也。性者，人物之所以禀受乎天也。然性命各有二，自其理而言之，則天以是理命乎人物謂之命，而人物受是理於天謂之性。自其氣而言之，則天以是氣命乎人物亦謂之命，而人物受是氣於天亦謂之性。

氣不可謂之性命，但性命因此而立耳。故論天地之性則專指理言，論氣質之性則以理與氣雜而言之，非以氣爲性命也。

人生有壽夭，氣也，賢愚亦氣也。壽夭出於氣，故均受生而有顔子、盜跖之不同。賢愚出於氣，故均性善而有堯、桀之或異。然竊疑天地間只是一氣，所以爲壽夭者此氣也，所以爲賢愚者亦此氣也。今觀盜跖極愚而壽，顔子極賢而夭，如是則壽夭之氣與賢愚之氣容或有異矣。明道誌程邵公墓云：「以其間遇之難，則其數或不能長亦宜矣。吾兒其得氣之精一而數之局者歟。」詳味此説，氣有清濁，有短長。其清者固所以爲賢，然雖清而短，故於數亦短。其濁者固所以爲愚，然雖濁而長，故其數亦長。不知果然否？

此説得之。貴賤貧富亦是如此，但三代以上氣數醇濃，故氣之清者必厚必長，而聖賢皆貴且壽且富，以下反是。

儒、釋之異。

儒、釋之異，正爲吾以心與理爲一，而彼以心與理爲二耳。然近世一種學問，雖説心與理一，而不察乎氣禀物欲之私，故其發亦不合理，却與釋氏同病，又不可不察。

和靖論敬以整齊嚴肅，然專主於内；上蔡專於事上作工夫，故云敬是常惺惺法之類。謝、尹二説難分内外，皆是自己心地功夫。事上豈可不整齊嚴肅，静處豈可不常惺惺乎。

「君子親親而仁民，仁民而愛物。」然謂之愛物，則愛之惟均。今觀天下之物有二等，有有知之物，禽獸之類是也；有無知之物，草木之類是也。如數罟不入洿池，不麛不卵，不殺胎，不殀夭，聖人於有知之物其愛之如此。斧斤以時入山林，木不中伐不鬻於市，聖人於無知之物亦愛之如此。如佛之説，謂衆生皆有佛性，故專持不殺之戒，似若愛矣。然高宮大室，斬刈林木，則恬不加恤，愛安在哉。竊謂理一而分殊，故聖人各自其分推之，曰親，曰民，曰物。其分各異，故親親、仁民、愛物亦異。佛氏自謂理一而不知分殊，佛氏未必知理一，但借此言。但指血氣言之，故混親、民、物爲一〔四〕，而其他不及察者，反賊害之。此但據其異言之。若吾儒於物，竊恐於有知無知亦不無小異。蓋物雖與人異氣，而有知之物乃是血氣所生，與無知之物異。恐聖人於此須亦有差等。如齊王愛牛之事，施於草木恐又不同。

此説得之。

天地之間有理有氣，理常不移而氣不常定。中庸曰：「大德必得其名，必得其位，必得其壽。」理固當如此。然孔子無位，顔子夭死，蓬蓽之士固有老死而名不著者，豈非氣使之然耶？故君子道其常而不道其非常。然竊疑理先而氣後，今理既不足以勝氣，則凡福善禍淫之説不驗常多，何以爲天地之常經？意謂氣雖不同，然亦隨世而異。堯、舜、禹以聖人在上，天下平治，以和召和，則氣亦醇正而隨於理。如春秋、戰國之時，刑殺慘酷，則氣亦隨之而變，而理反不能勝。此處亦當闕於人事否？

此於前段論性命處已言之矣，雖是所感不同，亦是元氣薄耳。

校記〔一〕不知：原缺，據宋浙本補。
〔二〕「此論」以下原作「可學謂仁然後能公，程説」，據右引改補。
〔三〕非：原作「所」，據正訛改。
〔四〕親：原作「人」，據正訛改。

編年 據書信編年。

答鄭子上 紹熙二年三年間

誠、仁，天下之理一而已。然誠，體也，仁、義、禮、智皆在其中。仁，用也，與禮、義、智皆爲誠中之一理。仁爲生動之理，包含義、禮、智，則又合爲一全理，又只是誠之推耳。

理一也，以其實有，故謂之誠；以其體言，則有仁、義、禮、智之實；以其用言，則有惻隱、羞惡、恭敬、是非之實。故曰五常百行非誠，非也。蓋無其實矣，又安得有是名乎。

「性命」，若生而知之者渾然盡善，則氣自氣，理自理，兩不相關，不必説氣質〔一〕。自生知而下，雖是天理無虧，然却繫於氣。氣清而理明，氣濁則理晦，二者常合，故指爲氣質之性。言此理視氣以爲進退，非以氣質亦爲性命也。

生而知者，氣極清而理無蔽也。學知以下，則氣之清濁有多寡而理之全缺繫焉耳。

儒、釋前承所答云。

吾以心與理爲一，彼以心與理爲二，亦非固欲如此，乃是其所見處不同。彼見得心空而無理，此見得心雖空而萬物咸備也。雖説心與理一，而不察乎氣稟物欲之私，亦是見得不真，故有此病。此大學所以貴格物也。

敬得批教，反覆思繹，乃知只有動静之異而無内外之别。又云二人亦各就一處言之。敬字工夫乃聖門第一義，徹頭徹尾，不可頃刻間斷。子上於講論處儘詳密，却恐此處功夫未到，所以不甚精明，於己分無得力處。須更於此子細著力，以固根本爲佳。

校記 〔一〕不：原作「又」，據正訛改。

編年 據書信編年。

答鄭子上 慶元三年

近修何業？因來幸語及也。此間夏間精舍有數朋友，自熹避地入山，遂皆散去。今則其室久虚，蓋火色如此，想彼自不敢來，此亦不敢願其來也。閑中看得舊書一過，有所未安，隨筆更定。恨相去遠，不得相與討論也。

編年 據書信編年。

答鄭子上 慶元四年

病中不敢勞心看經書，閑取楚詞遮眼，亦便有無限合整理處。但恐犯忌，不敢形紙墨耳。因思古人是費多少心思做下此文字，只隔一手，便無人理會得，深可嘆息也。所編左氏文字如何？若有人寫，旋寫得數段來，亦幸甚也。病中不敢出門已累月，精舍亦鞠爲茂草。塊坐無晤語，偶便附此，臨風依然。

編年 據書信編年。

朱熹文集編年評注卷五十七

書知舊門人問答

答林一之撰 紹熙元年冬

疑問兩條，至誠之説固難躐等遽論，熹於四子後序中已略言之矣。「不謂性命」集注甚明，恐未詳考之過。宜且平心寬意，反復玩味，必當自見。或與朋友講之，亦必得其説也。

編年 據書信編年。

答林一之紹熙二年間

所示疑義，悉已附注鄙見於其下。大抵向來見賢者言語論議頗多繁雜牽連之病，今者所示亦復如此，此是大病，須痛掃除。凡有文字，只就一段内看，并不須引證旁通。如此看得，久之自直截也。「養氣」一章却條暢，所以如此，只爲此章不雜其它説支蔓耳。此得失之證甚明，不待遠求也。

編年 據書信編年。

答林一之 紹熙二年

二解垂示，足見別後進學之功。悲冗亡憀，未暇細考。然其大指似已多得之矣。但西銘中申生、伯奇事，張子但要以此心而事天耳。天命不忒，自無獻公、吉父之惑也。集注所疑亦甚精密，但天之生物不容有二命，只是此一理耳。物得之者，自有偏正開塞之不同，乃其氣禀使然。此理甚明，程、張論之亦甚詳悉，可更詳考，當見其意。告子之失，乃是不合以生爲性。正是便認氣爲性，故其禀不能不同，此亦當更細消詳也。

二十五畝爲貢，恐是印本多「二十」字。此眼前事，不應如此之誤。至如實皆什一之説，記得亦用廬舍折除公田二十畝，如先儒之舊，但此却只説得百畝而徹耳。七十而助之法，則須就公田七十畝中尅除廬舍而實計，則亦可捺成什一。注中必是不曾説此一節，此間無本，檢不得。然此亦是大概依約，不見古法果如何，且當取其大指之略通可也。如來喻商人以七畝爲助，此語亦疏。蓋貢、助異法，貢則直計其五畝之入，自賦於官。助法則須計公田之中，八家各助七畝，只得五十六畝，其十四畝須依古法折除一家各得一畝若干步爲廬舍，方成八家各助耕公田七畝也。

如謂熹說商人九分取一，周人十分取一，恐亦非熹本文。商人九分取一，除廬井則爲十分取一，如前所云，固自分明。周人則鄉遂溝洫用貢法而自賦，自不妨十分取一。唯都鄙井田用助法，則爲九一。然如前說去其廬井，則亦不害爲十之一矣，周人未嘗專用九一也。張子遺法不可見，李泰伯平土書集中有之，亦不在此。然此等姑緩之亦無害，正唯義理之大原與日用親切功夫不可不汲汲耳。

編年　據書信編年。

答李堯卿 唐咨　紹熙二年夏秋間

示及疑義，已悉奉報。但恐且當據見成文義反復玩味，自見深趣，不必如此附會立說，無益於事也。安卿書來，看得道理儘密，此間諸生亦未有及之者。知昏期不遠，正爲德門之慶。區區南官，亦喜爲吾道得此人也。鄧守下車既久，諸事當一新。鹽筴已囑鄭丞、趙糾言之，未知能勇爲否。

所示鬼神之說甚精，更宜玩索，使凡義理皆如此見得有分別而無滯礙，則理其可窮矣。但所云非實有長存不滅之氣魄者，亦須知未始不長存耳。

編年　據書信編年。

答李堯卿 紹熙二年秋

集注：「仁者，愛之理，心之德也。」妄意推求其説，以謂老者安之，朋友信之，少者懷之，此固仁也，而亦莫非愛也。親親而仁民，仁民而愛物，此亦仁也，而亦莫非愛也。所以安之，所以信之，所以懷之，此則理也，非愛也。理則根原來處確然不可易者也，愛則指其見於用者言之，故愛屬乎情，愛乃仁之一事；理屬乎性，而理乃仁道之大全。故愛不是仁，而愛之理則仁也。理者性也，愛者情也。性則體，情則用。仁之爲道，本性而該情，而心乃性情之主乎。主乎性，則所以然之理莫不具於心；主乎情，則所當然之愛莫不發於心。由是而理完於此，由是而愛行於彼，皆心有以主之，則仁豈非心之德歟。

愛之理所説近之，心之德更以程子穀種之譬思之。

「道千乘之國」章，集注謂五者相承，各有次序。竊意有土有民，無非事者。敬其事則心專在是，纔敬便有信底意思，民便有觀感之心。不敬則心不在焉，事便鹵莽，便無終始，全無誠意，何以示信於民哉。既敬而信，則主一之功到而無不慤實者。其自奉必薄，必能節以制度矣。制度無非出於民者，既知省節，必是以民爲念，而知所以愛之也。愛之則不敢傷之，必欲厚其生。然非及時以耕，則其生亦無自而厚，故使之必不違其時矣。不審於相承之意是否？

此等處須看有能如此後方能如此之意，又看有能如此後又不可不如此之意，反復推之，乃見曲折。

主與尸其別如何？既設主祭於其所，又迎尸祭於其奥，本是一神，以奥爲尊，以主爲卑，何也？宗廟之祭設尸，謂以人類求之。五祀有尸，其義如何？

不是尊奥而卑主，但祭五祀皆設主於其處，則隨四時更易；皆迎尸於奥，則四時皆然而其尊有常處耳。據禮家説，祭山川亦有尸，其詳不可考矣。

論韶、武者，大概不出揖讓、征伐二條。程子則兼大傳爲説，集注兼性之反之爲説。以中庸三知三行觀之，及其成功，一也。既謂之成功則一，而見於樂又有不同之實，何也？莫是生知安行終不可得而并，雖曰學知利行有可企及之理，恐亦只是全盡得許多道理，論其天成渾然處，其氣象終有間否？

不惟大傳之説不足信，但看兩聖人事業氣象，自是有等差。如性之反之，成功雖一，然武王地位終是覺得有痕迹在。

樊遲問知，告以敬鬼神而遠之。在三代之時，民間所謂鬼神，士則有五祀與其先祖。此樊遲之所當祭，想無後世之所謂淫祠者。告以敬而遠，莫只以五祀爲戒也。然以子路請禱觀之，則曰「禱爾于上下神祇」，程子謂子路以古人之誄對，則是子路但舉此誄詞，謂其有此禱之理爾，意不在指所禱之神以爲請否？

鬼神固不謂淫祀，然淫祀之鬼神既不當其位，未能除去，則亦當敬而遠之耳。

先生答安卿忘食忘憂，是逐事上看，一憤一樂，循環代至。今略借一事明之。學樂至於三月不知肉味，此發憤忘食底意。及其得之深，乃曰「不圖爲樂之至於斯」，此樂以忘憂底意。想其逐事上皆有此義，故一憤一樂，循環代至。然亦不以此而終身，其言不知老之將至，蓋謙己勉人耳。觀耳順從心之年，樂且不可得而言，况所謂憤耶。

此説得之，然亦太拘滯矣。須看它立言意思如何，不可似此泥著也。

明道先生云：「百官萬務、金革百萬之衆、飲水曲肱，樂在其中。萬變皆在人，其實無一事。」某竊意宅百揆、總元戎之任，與高卧草廬，悠然自樂者，其理則一，本無大小之分。所謂禹、稷、顔回同道也。萬變乃人之萬變，在吾心實無一事。吾之所以爲心者，蓋無入而不自得，素富貴行乎富貴，素貧賤行乎貧賤而已。不審是否？

吾之所以爲心者，如何而能無入而不自得？此須意會，不可只作閑話説過便休也。

太王有翦商之志，而太伯不從。太王欲傳位季歷以及昌，則太伯遜位而去。莫是翦商之事在我雖不從而難必於後人，若不遜位而去，則又兄弟争國，違父之命，已先失德，此所以固讓也？太王既有避狄之心，何故又萌翦商之志於數十年之前？莫是以其理與天命推之，知商之必亡，周家世世修德，知不能違天命之眷付耶？方其去豳也，爲民之故，不欲驅之鋒鏑。及其傳季歷以及昌，亦爲民之故，必欲救之水火之中。故避狄翦商，亦時焉耳而已。事雖不同，其心則一，均之爲民，無所利也。

太伯只是不欲爲此事耳，今亦未見其曲折，不須如此穿鑿附會也。

「成於樂」，是古人真個學其六律八音，習其鍾鼓管弦，方底於成。今人但借其意義以求和順之理，如孟子「樂之實，樂斯二者」，亦可以底於成否？

古樂既亡，不可復學，但講學踐履間可見其遺意耳。故曰今之成材也難。

子罕言利，程子謂計利則害義。害義則勿道可矣，又罕言〔一〕，何也？

有自然之利，如云「利者義之和」是也。但專言之，則流於貪欲之私耳。

夫子教人，不出博文、約禮二事。在門人莫不知有此學，惟顏子獨於博約之間有所進，有所得，故高者有可攀之理，堅者有可入之理，在前在後者有可從而審其的之理。非若其它，僅可以弗畔而已。此門人之所以不可企及也。

此説得之。

升堂摳衣用兩手，則手中無所執矣。若有所贄及執圭〔二〕，則升堂有不必摳衣，但防其不至攝齊否？

執圭而升，則足縮縮如有循，自不至攝齊矣。

執圭上如揖，下如授。既曰平衡，而又有上下，莫是心與手齊，如步趨之間，其手微有上下，但高不至過揖，下不至過授否？

得之。

明衣之制。

未詳，當闕。

近思録「生之謂性，性即氣」一段。

此段看得好，更詳味之〔三〕。

校記　〔一〕又：原缺，據宋浙本補。

〔二〕所：原缺，據右引補。

〔三〕「近思録」以下一問一答原缺，據右引補。考異所引別本同。

編年　據書信編年。

答李堯卿 紹熙二年秋

禘説舉趙伯循謂魯太廟以周公爲始祖，以文王爲配〔一〕。趙莫只是以意推之否？

春秋纂例中引證甚詳。

每事問之義如何？

蓋平日講學，但聞其名而未識其器物，未見其事實，故臨事不得不問耳。

比干之忠方始謂之仁，然亦只是一事之仁。

詳味孔子之言，比干恐不是一事之仁。

祭有小大，有天地之祭，山川之祭，社稷之祭，又有所謂五祀之祭及先祖之祭。不知隨其大小各有其神耶，抑天地間只一理感通耶？竊嘗思其説，天地之間，自其成形而觀之，或小或大，不能無別。故王者既爲天下之主，則天地之大，王者當之，故王者祭天地。而推之諸侯，爲一國之主，則境内之名山大川諸侯祭之。士爲一家之法，則家之有門户中霤之屬，爲士者祭之。若夫社稷，則專爲民而設，凡有土有民者，莫不各有所建社稷而祭之。必有祖，而祖在所祭，自天子以至於庶人，莫不有先祖之祭。若論小大之制，則因王公士庶而爲之等差，其祭秩不能無分別也。若論其所以致祭之理，則所謂「如在其上」、「如在其左右」、「誠之不可掩」處，則上而王者之於天地，下而士庶之於五祀、祖先，其感通只一理耳。上蔡謂「祖考精神便是自家精神」，即此而推，天地精神便是王者精神，其鬼神之德，感通之理，不容有所分別也。妄意推求，不審是否？

大概如此，然更有分別曲折處，宜詳味之。

三代革命，何故要改正朔？夏時既正，必欲改之，商、周無乃好異而未盡相承之義。春夏秋冬，以成一歲，此時序之正。必欲改之，無益於事，祇見亂天時耳。其改之之義謂何？

改正朔，所以新民之耳目。古人蓋有深意，而子丑之月亦有可爲歲首之義。

孔子於定公時墮三都，欲收其甲兵。孟氏不肯墮郕，圍之不克。聖人舉事自是精審，何故郕不肯從命？及圍之又不克，何也？

三都當墮，是時又有可墮之勢，故因而乘之。孟氏亦非不肯墮，但其守者不肯，因喚醒了孟氏耳。

某往年因與先兄異居〔二〕，不知考禮經，輒從世俗，立家先龕子。妄意按温公書儀立牌子，不知用古尺，只用匠者尺，頗長大。且實植於趺〔三〕，考用紫囊，妣用緋囊，考妣共用一木匣，從上罩下至趺〔四〕。伏承台誨云「而今不可動」，謹輒再有懇請。家中所設之主既不可動，尋常只講俗節之祭。向來祭禮行於先兄之家，時祭及禰祭，某皆預陪祭執事之列。自先兄去後，舍侄承祭祀，祧高祖而祀先兄爲禰。某家中既有家先，上闕高祖之祭，下無禰祭，於心實不安。欲於時祭畢，移饌一分祭高祖於某家，某主之。遇當祭禰之月，亦欲私舉禰祭，如何？又恐祭禮既行於嫡子之家，在某只得講俗節之祭〔五〕。若舉此二祭，又成支子有祭，庶子祭禰，於禮經不合。

此事只合謹守禮文，未可遽以義起也。况有俗節，自足展哀敬之誠乎。

某家中自高祖而上三墓埋没草間，高祖墓又被曾叔祖以不利其房下欲改葬。方發故壙，見其中甚温燥，倉皇掩塞，墓面磚石狼籍，自先世皆不及整。三墓相去三四里之内，又在田頭，某往來其下，甚不遑安。今欲重修整，春秋薄講墓祭之禮，令舍侄主之。不審於親盡之墓合祭否？

墓祭無明文，雖親盡而祭，恐亦無害。

自高祖至禰，忌日之衣服飲食主祭者當如何〔六〕？衆子孫當何如？伯叔父母、兄弟、孫侄、嫡子、衆子及再從、三從已往，忌日又當如何？

横渠忌日衣服有數等，今恐難遽行，且主祭者易以黲素之服可也。

校記 〔一〕此句正訛改作「以配文王」。

〔二〕因：原缺，據宋浙本補。

〔三〕趺：原作「跌」，據右引及四庫全書本改。

〔四〕趺：原作「跌」，據右引改。

〔五〕「又恐」以下原缺，據宋浙本補。

〔六〕主祭者：原缺，據右引補。

編年 據書信編年。

答李堯卿 紹熙二年以後

前書所喻大學改字處，已報方簿矣。鄭氏字不必去，亦無害也。「盡」字固可兼得「切」意，恐「切」字却是盡於内之意。若只作「盡」字，須兼看得此意乃佳耳。康誥小序以爲成王封康叔之書，今考其詞謂康叔爲弟而自稱寡兄，又多述文王之德，而無一字及武王者，計乃是武王時書，而序者失之。向來於或問中曾有此一段，後覺其非急，遂删去之，今亦不必添也。但存此一句，讀者須自疑著，别去推尋也。

編年　據書信編年。

答李堯卿 紹熙二年以後

或問所釋皆因經文，獨「致知」舉程子五條於格物之前，何也？莫是格物致知亦難截然分先後，故或問於此章一衮説去否？

格物致知只是一事，難分先後。

「窮理」舉延平先生説，推其意亦不出於程子。謂其規模之大、條理之密有所不逮者，莫是延平窮一事必待其融釋脱落然後别窮一事？若偶於此一事尚未能遽爾融釋，是終爲此一事所拘，不若程子云且别窮一事，或先其易，或先其難，此便是所不逮處否？

程子之言誠善，然窮一事未透，又便别窮一事亦不得。彼謂有甚不通者，不得已而如此耳。不可便執此説，容易改换，却致功夫不專一也。

窮理之學，於六十四卦大象便是貫通處否？

貫通須是無所不通，如此説却拘束了。

經文先從明明德於天下節次説來，説至下工夫之處，始謂致知在格物。又從物格知至節次説去，説至成功之終處，謂天下平。所以如此反覆推説者，欲人知夫進功之序，則不可不勉，又知夫成功之終，則不可不至。於傳之十章，則專以進功爲言。蓋進功之序在學者當深知其然，則成功之驗自可終耳。此傳文釋經之意也。

此説得之。

「樂意相關禽對語，生香不斷樹交花」，此語形容得浩然之氣。莫是那相關不斷底意可以見浩然者本自聯屬，又交花、對語便是無不慊與不餒底意否？

只是大意如此，難似此逐字分析也。

仁則通上下言，聖則造其極。孟子於三子清、和、任各以聖言之，此語涉於通上下否？三子清、和、任正是造其極處。

「天地之塞吾其體」云云，塞者，日月之往來，寒暑之迭更，與夫星辰之運行、山川之融結，又五行質之所具、氣之所行，無非塞乎天地者。

「塞」字意得之。

編年　據書信編年。

答陳安卿 淳　紹熙二年

仁字近看，未審認得意是否，請質諸明訓之下。夫仁者，天地生物之心，而人生所得以爲心者。其體則通天地而貫萬物，其理則包四端而統萬善。蓋專一心之全德而爲性情之主，即所謂乾坤之元者也。故於此語其名義，則以其冲融涵育、温粹渾厚，常生生而不死，因謂之仁。

人惟己私蔽之，是以生道息而天理隔，遂頑然不識痛癢而爲忍人。人之所以體乎仁者，必此身私欲净盡，廓然無以蔽其所得天地生物之體，其中真誠惻怛，藹然萬物之春意常存，徹表徹裏，徹巨徹細，徹終徹始，渾是天理流行，無一處不匝，無一處不到，無一息不貫，如一元之氣流行無間斷，乃可以當渾然之全體而無愧。若一處稍有病痛，一微細事照管不到，一頃刻稍有間斷，則此意便私。私意行而生道息，理便不流通，便是頑麻絕愛處，烏得渾全是仁？如人之一身，渾是血氣周流，便是純無病人。纔一指血脉不到，便是頑麻不仁處。顏子三月不違仁，三月之後，則微有少違，然當下便覺融化，依然復不見其違焉。竊意三月之内渾是中心安仁底氣象，三月之後便是勉而中否？

中後又不須勉，但久則又不免於有違耳。

「志學」是於斯道方識得大綱大體，其心一直向乎此以求之，視聽、寢食、講論、思索無時不念念在此，更不參差插雜，轉慮却顧，遲回於天理人欲之間而不決，此即格物致知用工處也。「立」是於大綱大體已把得定，確然有主於中，持之堅，守之固，而不爲外物所遷奪，此即誠意正心修身用工處也。「不惑」是於大綱大體中又極節目纖悉皆昭晰明徹，灼然真知其蕴而無一理之或疑矣，此即物格處也。「知天命」是又總其精粗大小根原所自來處，全體廓然洞明而會萬理於一本矣。此即知至處也。「耳順」是我與理一，徹表徹裏無間隔違逆，聲纔入心便通，不待吾有以聽於彼，凡入吾聞者，無非至理精義，此又物格知至之熟處也。「從心」則心體渾淪是義理，如一團光潤良玉，如百鍊明瑩精金，至是則非由我矣。凡有動皆隨心之所之，行便行，止便止，喜便喜，怒便怒，惻隱便惻隱，羞惡便羞惡，無不從容大道上行，而莫非準繩規矩之至，絕不容一毫有我於其間。此又意誠心正身修之熟處也。不審如此分別得否？

「立」是物格知至而意誠心正之效，不止是用工處。「不惑」、「知命」是意誠心正而所知日進不已之驗，以至「耳順」，則所知又至極而精熟矣。餘則來說得之。

孔文子何以謂之「文」？據其妻太叔事，亦大節目處悖理傷義如此，其他更不足道矣。孔子却不没其善而許以好學下問，何也？恐此句直就問謚處說，當時人作此謚，其本意所取者在此，故特因其說而言之，亦姑語其大概而已，非美其有是善而許之否？

此章固因論謚而發，然人有一善之可稱，聖人亦必取之，此天地之量也。

「陳文子棄馬十乘」章，集注云：「去之它國，不能審度輕重而卒反於齊焉。」「輕重」字何所指而言之？恐重只是去他國不能請方伯連帥以討崔子之罪，而輕又不能終守其自潔之節，乃戀戀復反其故居云。

陳文子以崔子弑君而去齊可也，它邦未有是事，乃以爲猶崔子而去之〔一〕，所謂不審輕重者此也。

「再斯可矣」，只是就季文子身上行事處說。在學者窮索理義，則思之思之而又思之，愈深而愈精，豈可以數限？而君子物格知至者，萬事透徹，事物之來皆有定則，則從容以應之，亦豈待臨時方致其思？不審此語只是文子事，抑衆人通法，皆當以再爲可耶？不容有越思耶？而程子又何故只就爲惡一邊説也？

物格知至者應物雖從容，然臨事豈可不思？況未至此，又豈可不熟思耶。故以再思爲衆人之通法。蓋至此則思已熟而事可決，過則惑矣。

「與朋友共，敝之而無憾」，有人實無憾朋友之心，但於日間合用之物，貧無財，置之也艱，故或敝則闕其用，亦不能恝然忘情於是物而不爲之嘆惜。不審此於無憾意有妨否？

雖無憾於朋友，而眷眷不能忘情於已敝之物，亦非賢達之心也。

「可也簡」，「可」者，僅可而有所未盡之辭。上句「可使南面」亦有「可」字，此「可」字乃實許之，與下「可」字意不同。不審以何別之？

「可」字單稱與下文有所指者不同〔二〕。

「不如樂之」者，此「樂」字與顔子之樂意思差異否？

較其大概亦不争多，但此樂之者，「之」字是指物而言，是有得乎此道，從而樂之也。猶「樂斯二者」之「樂」，「樂循理」之「樂」。如顔子之樂又較深，是安其所得後，與萬物爲一，泰然無所窒礙，非有物可玩而樂之也。

發憤忘食，是始者著力去求之時；樂以忘憂，是後來有得而安之時。二者先後自不同，而氣象亦自不相并。按集注意，是二者齊著力到老，如何是二者之辯處？恐在學者於此有先後之截，而聖人生知安行，徹始徹終渾是如此，將那個截做先，將那個截做後？但以其序而言，則且如是分別否？抑嘗玩味此章三句，固是謙己勉人如此，然亦可見聖人之心別無它，從生至死，全渾淪在義理中，相與周流不少離，而身世事物之念皆灑然不凝於胸次也。不審是否？

忘食忘憂，是逐事上説。一憤一樂，循環代至，非謂終身只此一憤一樂也。逐事上説，故可遂言不知老之將至，而爲聖人之謙辭。若作終身説，則憤短樂長，不可并連下句，而亦不見聖人自貶之意矣。來喻未然，而集注亦未盡也。

「子食於有喪者之側，未嘗飽也。」「子於是日哭，則不歌。」蓋胸中和樂然後於食能甘美而飫飽，臨乎哀戚之地，此心爲之感動，而吾之哀戚亦興〔三〕，然於食蓋不下咽矣，豈能甘美而飫飽也。哭者哀之至，吊死而至於哭，必其情之厚者，非尋常行吊比也。其思感傷悴，中情之所形，必不能頓然遽釋於一哭之退而便歌樂。此二者皆天理自然而然，真情自有所不忍處，而非人所强爲者。聖人但由天理行，順之而不逆耳。是謂情性之正，本中而達和，而仁之所以流行者也。然質之日用間，則此事更有曲折。如臨乎有喪者之側，主人固留飲，或辭之不得，或與長者同行，長者留則少者有不得而辭者。辭以實，則形主人之非禮；辭以疾，則僞難掩；力辭而峻拒，則又恐咈情而近於硜硜之信果，不知如何爲當。其有情輕不至於哭，但以尋常行吊者，恐亦不能終食之間不化，或感物而笑樂，或燕會於它所，與夫送人之葬而與飲胙燕賓等類，不審有妨無妨如何？若謝氏此章之説，其末意恐施於情厚而當哭者，則未穩否？

聖人情性之正，當於哀未遽忘處看。謝氏乃以忘處爲正，豈習忘養生之餘習耶。聞韶忘味之説亦然，恐皆過矣。所喻行吊而遇酒食，此須力辭，必不得已而留，亦須數辭先起，不可醉飽。

程子曰：「行藏安於所遇，命不足道也。」又謂命爲中人設，上智更不言命。然孔子曰：「天生德於予，桓魋其如予何？」又曰：「天之未喪斯文也，匡人其如予何？」又曰：「公伯寮其如命何？」皆斷以命而安之之辭，何也？命遇之説，望爲剖示。

三語皆必其不能爲害之詞，與不得已而聽命以自安者不同也。

伯夷何以只知有父命而不知有天倫，叔齊何以只知有天倫而不知有父命？恐是在伯夷則其兄弟係於己而父命係於公，以二者權之，則父命爲尊而兄弟爲卑；在叔齊則其父子繫於己而天倫係於公，以二者權之，則天倫爲重而父子爲輕否？

以天下之公義裁之，則天倫重而父命輕。以人子之分言之，則又不可分輕重，但各認取自家不利便處，退後一步便是〔四〕，伯夷、叔齊得之矣。胡氏春秋後有謹始例説得好。

子路請禱，集注舉士喪禮「疾病行禱五祀」，程子曰：「禱者，悔過遷善以祈神之祐也。」范氏亦曰：「子之於父，臣之於君，有疾而禱，禮之常也。」然世俗纔疾病，則靡神不禱，靡祀不修，此乃燭理不明而惑於淫怪，不知死生有命在天，彼沉魂滯魄安能壽之而安能夭之？是特鄉閭庸夫庸婦鄙陋之見耳。今子路如此舉而諸家如此説，則亦有此理而或可爲之耶？

疾病行禱者，臣子之於君父，各禱於其所當祭，士則五祀是也。子路所欲禱必非淫祀，但不當請耳。故孔子不以爲非，而但言不必禱之意。

聖人憂世覺民之心，終其身至死而不忘耶，抑當憂世覺民非其時，此意亦嘗在懷，但不戚戚發露也？若終其身常不忘，則不見聖人胸中休休焉和樂處。若時或恬然，不戚戚發露，則又不見聖人於斯人其心相關甚切處。若憂世之心與和樂之心并行而不悖，則二者氣象又爲何如？

聖人之心，樂天知命者其常也，憂世之心則有感而後見耳。

君子於其所當怒者，正其盛怒之時，忽有當喜事來，則如何應？將應怒了而後應喜耶，抑中間且輟怒而應喜，喜了又結斷所怒之事耶？抑當權其輕重也？

喜怒迭至，固有輕重。然皆自然而應，不暇權也。但有所養，則其所應之分數緩急不失輕重之宜耳。

先生嘗説善人不足任道，狷者剛介有守，有骨肋，做得事。如曾子、孟子，皆過於剛；如文帝是善人，只循循自守；武帝有狷底氣象，足以大有爲。又嘗説孟子比原憲，則憲狷介謹守有餘，然不足以任道，孟子便擔當做得事。其説「狷」字意不同〔五〕，何也？

狂者志高可以有爲。狷者志潔，有所不爲而可以有守。漢武帝不是狷，恐聽之不審也。武帝近狂，然又不純一，不足言也。

爲善則福報，爲惡則禍報，其應一一不差者，是其理必如此，抑氣類相感自如此耶？

善惡各以氣類相感而得其應，便是理合如此。

淳向者道院中常問未發之前是靜，而靜中有動意否，先生答謂不是靜中有動意，是有動之理。淳彼時不及細審，後來思之，心本是個活物，未發之前雖是靜，亦常惺在這裏。惺便道理在，便是大本處，故謂之有動之理。然既是常惺，不恁地瞑然不省，則謂之有動意，亦豈不可耶？而先生却嫌「意」字，何也？恐「意」字便是已發否？抑此字無害而淳聽之誤也？凡看精微處恐易差，更望示教。

未動而能動者，理也；未動而欲動者，意也。

人心是個靈底物，如日間未應接之前，固是寂然未發，於未發中，固常恁地惺，不恁瞑然不省。若夜間有夢之時，亦是此心之已動，猶晝之有思。如其不夢未覺，正當大寐之時，此時謂之寂然未發，則全沉沉瞑瞑，萬事不知不省，與木石蓋無異，與死相去亦無幾，不可謂寂然未發。不知此時心體何所安存？所謂靈底何所寄寓？聖人與常人於此時所以異者如何？而學者工夫此時又以何爲驗也？

寤寐者，心之動靜也。有思無思者，又動中之動靜也。有夢無夢者，又靜中之動靜也。但寤陽而寐陰，寤清而寐濁，寤有主而寐無主，故寂然感通之妙必於寤而言之。

昏禮用命服，程子常論之矣。然以得爲悦言之，恐涉於以利言也。若其意在於爲悦，則終是令人有怍容，不審於禮果合如何？淳正月欲行親迎，欲只用冠帶，如何？

昏禮用命服，乃是古禮。如士乘墨車而執雁，皆大夫之禮也。冠帶只是燕服，非所以重正昏禮，不若從古之爲正。

校記〔一〕猶：宋浙本作「循」。
〔二〕下：正訛改作「上」。
〔三〕戚：原作「樂」，據四庫全書本改。
〔四〕後：原缺，據後篇所引補。
〔五〕字：宋浙本作「介」。

編年 據書信編年。

答陳安卿 紹熙二年

大學舉「吾十有五」章，來教云：「立是物格知至而意誠心正之效，不止是用功處。不惑、知命是意誠心正而所知日進不已之驗，以至於耳順，則所知又至極而精熟矣。」淳竊疑夫立者，確然堅固，不可移奪，固非真知不能。然此時便謂物已格，知已至，恐莫失之太快否？又事物之理精微眇忽，未至於灼然皆無疑惑萬理根原來處，未洞見天命流行全體，安得謂之知已至？曰「所知日進不已」，則是面前猶有可進步，又安得全謂之至？而耳順又云「所知至極而精熟」，又何言之重複也。而集注於耳順條方云「知之至」，又何也？凡此皆淺見未喻。抑此之旨在聖人分上言，則聖人合下本是生知，義理本是昭著，自兒童知已至極，本無疑惑，天命全體本無蔽隔。當入大學，則亦漫勘驗其所以然，隨衆做些小致知格物工夫。雖做此工夫，而與衆超越云云。若以學者爲學之序言，則自其志學時方一一做致知格物工夫，以考察夫義理。積十五年之功，至於確然有立時，是亦真有所知然後能然，未可便謂物已格，知已至。

細思此意〔一〕，只得做學者事看。而聖人所説，則是他自見得有略相似處，今窺測它不得也。正如曾子借忠恕兩字發明一貫之妙，今豈可謂聖人必待施諸己而不願，然後勿施於人也。然曾子所借猶有迹之可擬，此則全不可知，但學者當以此自考耳。

來教「孔文子」章云：「此章固因論謚而發，然人有一善之可稱，聖人亦必取之，此天地之量也。」淳謂自聖人平心泛論人物言之，則凡有一善之可稱，雖元惡大憝，亦必取之，如天地之量，無所不容。自學者精考人物言之，則聖人所取之善當實體以爲法，而其不善則亦當知所以自厲。

大概是如此，然不必説得太過，却覺張皇，無涵蓄意思。

「再思可矣」，「再」字未詳。如何方是一番思，如何方是再番思？

事到面前，便斷置了，是一番思。斷置定了更加審訂，是第二番思。

「桓魋其如予何」，「匡人其如予何」，「公伯寮其如命何」，來教云：「三語皆必其不能爲害之辭，與不得已而聽命以自安者不同。」淳竊謂三語皆是必其不能爲害之辭，此便是聖人樂天知命處。見定志確，斷然以理自信，絶無疑忌顧慮之意。雖曰命而實在主於理，渾不見有天人之辨。彼不得已而聽命以自安者，本不顧夫理義之當如何，但以事勢無可奈何，遂委之命以自遺，而實未能自信乎命，與聖人之所謂命者自不同。程子所謂命爲中人設，即此等所謂命耳。故在聖人分上，則此等命不足道也。是則聖人之所謂命與常人之所謂命者事同而情異焉。不審是否？聖人所謂命者莫非理。

上二語是聖人自處處，驗之已然，而知其決不能害己也。下一語是爲子服景伯等言，知其有命而未知其命之如何，但知公伯寮之無如此何耳。

來教論夷、齊云：「以天下之公義裁之，則天倫重而父命輕。以人子之分言之，則又不可分輕重，但各認取自家不便利處，退後一步便是，伯夷、叔齊得之矣。」淳詳此，竊謂諸侯繼世襲封，所以爲先君之嗣，而爵位内必有所承，上必有所禀，而大倫大義又不至於相悖，端可以光付託而無歉，然後於國爲正。伯夷、叔齊以天倫言之，則伯夷主器之嫡，在法固當立。然不得先君之命，則内無所承，烏得以嗣守宗廟而有國也。以父命言之，則叔齊固有命矣，然伯夷長也，叔齊弟也，叔齊之德不越於伯夷，其父乃舍嫡立少，是一時溺愛之私意，非制命以天下之公義者也。亂倫失正，王法所不與，何可以聞於天子而撫國也。此皆在己有礙而不利便處。此在伯夷，所以不敢挾天倫自處，以壓父命之尊，只得力辭而不受，而決然不敢以或受。在叔齊，所以不敢恃父一時之命以壓天倫之重，只得固讓而不爲，而決然不敢以或爲。此是據其分之所當然，以求即乎吾心之安。蓋不如是，則於心終不安。爲伯夷者，是不受之先君，不受之天王而受之於弟；爲叔齊者，是成父之非命而干王法也，豈得爲受國之正乎。

此說得之，但更看求仁得仁處。

再問子路請禱。

大概是如此，但推得太支蔓，如云「禱爾於上下神祇」，只是引此古語以明有禱之理，非謂欲禱於皇天后土也。

又嘗疑集注曰：「聖人未嘗有過，無善可遷，其素行固已合於神明，故曰丘之禱久矣。」夫自其論聖人所以無事於禱者，其義固如此。然此一句乃聖人自語也，聖人之意豈有謂我未嘗有過，無善可遷，其素行固已合於神明哉。不審此問少曲折，更何如？

聖人固有不居其聖時節，又有直截擔當，無所推讓時節。如「天生德於予」，「未喪斯文」之類，蓋誠有不可掩者。

小學載庾黔婁父病，每夕稽顙北辰，求以身代，而全文此下更云數日而愈，不審果有此應之之理否〔二〕？若果有應之之理，則恐是父子一氣，此精誠所極，則彼既餒之氣因復爲之充盛否？抑此適遭其偶然，而實非關於禱，實無轉夭爲壽、轉禍爲福之理？人子於此雖知其無應之之理，而又却實行其禮，則恐心足不相似。

禱是正禮，自合有應，不可謂知其無是理而姑爲之。

來教云：「寤寐者，心之動静也。有思無思者，又動中之動静也。有夢無夢者，又静中之動静也。但寤陽而寐陰，寤清而寐濁，寤有主而寐無主，故寂然感通之妙必於寤而言之。」淳思此，竊謂人生具有陰陽之氣，神發於陽，魄根於陰。心也者，則麗陰陽而乘其氣，無間於動靜，即神之所會而爲魄之主也。晝則陰伏藏而陽用事，陽主動，故神運魄隨而爲寤。夜則陽伏藏而陰用事〔三〕，陰主靜，故魄定神蟄而爲寐〔四〕。神之運，故虛靈知覺之體煒然呈露，有苗裔之可尋。如一陽復後，萬物之有春意焉，此心之寂感所以爲有主〔五〕。神之蟄，故虛靈知覺之體沉然潛隱，悄無蹤迹。如純坤之月，萬物之生性不可窺其眹焉，此心之寂感所以不若寤之妙，而於寐也爲無主。然其中實未嘗泯，而有不可測者存。呼之則應，驚之則覺，則是亦未嘗無主而未嘗不妙也。故自其大分言之，寤陽而寐陰，而心之所以爲動靜也。細而言之，寤之有思者，又動中之動而爲陽之陽也；無思者，又動中之靜而爲陽之陰也。寐之有夢者，又靜中之動而爲陰之陽也；無夢者，又靜中之靜而爲陰之陰也。又錯而言之，則思之有善與惡者，又動中之動，陽明陰濁也。無思而善應與妄應者，又動中之靜，陽明陰濁也。夢之有正與邪者，又靜中之動，陽明陰濁也。無夢而易覺與難覺者，又靜中之靜，陽明陰濁也。一動一靜，循環交錯，聖人與衆人則同，而所以爲陽明陰濁則異。聖人於動靜無不一於清明純粹之主，而衆人則雜焉而不齊。然則人之學力所係於此亦可以驗矣。

得之。

「宰予晝寢」云云。予雖非顔、閔之倫，而在聖門亦英才高弟，皆聖人所深屬意者。而予懈怠如此，故云云。

學者自是不可懈怠，非有已前許多説話也。

又前段云「吾職分已修，而吾事業已畢乎。吾生已足，而吾將俯仰無愧乎」云云。

義理無窮，若自謂四事都了而可以自安，則雖不晝寢而已爲懈怠矣。此段大支蔓，語氣頗似張無垢。更宜收斂，就親切處看。此事可否，兩言而決耳，何用如此説作耶。

「仁者先難而後獲」，先難，克己也。既曰仁者，則安得有己私？恐此「仁者」字非指仁人而言，語脉猶曰：「所謂仁云者，必先難後獲乃可謂之仁。」

仁人者，正其誼不謀其利，明其道不計其功，語意正如此。仁者雖已無私，然安敢自謂已無私乎？來示數卷，此一樣病痛時時有之。

子賤之成德實出於聖門，夫子歸於魯多賢者。聖人謙厚，於此事可見。而蘇氏説恐未盡。

不然〔六〕。

又集注曰：「先其事之所難而後其效之所得，仁者之心也。」此處下「心」字是如何？豈此處便已是仁者之心耶，抑求仁而其心當如是也？曉此一字未徹。

仁者之心如是，故求仁者之心亦當如之。

又吕氏四句，正是解此章四句〔七〕。然「不憚所難爲」一句，似亦只説得先難意，而後獲意思不切。如何？

當時本欲只用吕説，後見其有此未備，故别下語。又惜其語非它説所及，故存之於後耳。

述而第三十二章既以「爲之不厭、誨人不倦」自許，而第二章「學而不厭、誨人不倦」，集注又謂「皆我所不能有」。或者疑聖人之意不應如此相反，欲以第二章亦爲自許之詞，而「何有於我哉」只謂其何但我有，此衆人皆能如此，庶前後意不相背。淳爲説以破之曰：「聖人之言各隨所在而發，未嘗參差插雜。當其有稱夫子以聖且仁者，故夫子辭之而不敢當，因退而就夫爲之不厭、誨之不倦以自處。此是爲謙之意〔八〕，是辭高而就卑也。及人以學而不厭、誨人不倦二事歸之夫子，則又辭之以我所未嘗有，此時爲謙之意，是辭其有能以就無能也。二處之言雖相襲，而意之所主各自不同。」

不居仁聖，已爲謙矣。以學不厭、誨不倦爲無有，又謙之謙也。至於事父兄公卿一節，則又謙謙之謙也。蓋聖人只見義理無窮，而自己有未到處，是以其言每下而益見其高也。

論語或問説桓魋、匡人不能違天害己處。

此問病處亦與「晝寢」章相類。

又聖人既知天生德於我〔九〕，決無可害之理矣，而避患又必周詳謹密者，何耶？將聖人知人之決不加害者，蓋灼知天理而無疑也〔十〕？「此身爲天地附託，至重」云云。

患之當避，自是理合如此，衆人亦然，不必聖人爲然也。

「君子坦蕩蕩」，「坦蕩」二字只相連，俱就氣象説，只是胸懷平坦寬廣否？抑「坦」字就理説，由循理平坦，然後胸懷寬廣也？

只合連説，看下文對句可見。

「子温而厲，威而不猛，恭而安」，集注云：「盛德之容中正和平，陰陽合德。」竊嘗因其言而分之，以上三截爲陽而下三截爲陰，似乎有合。然又以上三截爲陰而下三截爲陽，亦自有合，未知所决。抑聖人渾是一元氣之會，無間可得而指。學者强爲之形容，如且以其説自分三才而言，則温然有和之可挹而不可屈奪，則人之道也；儼然有威之可畏而不暴於物，則天之道也；恭順卑下而恬然無所不安，則地之道也。自陽根陰而言，則温者陽之和，厲者陰之嚴，威者陽之震，不猛者陰之順，恭者陽之主，安者陰之定。自陰根陽而言，則温者陰之柔，厲者陽之剛，威者陰之慘，不猛者陽之舒，恭者陰之肅，安者陽之健。蓋渾然無適而非中正和平之極，不可得而偏指者也。

此説推得亦好。

泰伯之事，集注云云。當時商室雖衰，天命時勢猶未也。太王乃萌是心，睥睨於其下，豈得不謂之邪志？泰伯固讓，爲成父之邪志，且自潔其身，而以所不欲者推之，後人何以爲至德？集注所謂豈無至公之説，又果何如？

翦商乃詩語，不從亦是左氏所記，當時必有所據。看書中説「肇基王迹」，中庸言「武王纘太王、王季、文王之緒」則可見矣。此聖賢處事之變，不可拘以常法處。而太伯之讓，則是守常而不欲承當此事者也。其心即夷、齊之心，而事之難處則有甚焉。尚以成父之邪志責之，誤矣。

「以能問於不能」章，集注采尹氏「幾於無我」，「幾」字只就「從事」一句可見邪，抑并前五句皆可見邪？犯而不校，亦未能無校，此可見非聖人事。

顔子正在著力不著力之間，非但此處可見，又只就從事上看便分明，不須更説無校之云也。

「篤信好學」猶篤行之云，不是兩字并言，既篤而又信否？集注云：「篤，厚而力也。」何謂厚而力？只是其心加隆重於此，而又懇切於爲之，既不輕信而又不苟信否？

篤信只是信得牢固，不走作耳，未有不輕信、苟信之意。不輕不苟却在好學上見。

泰伯第十六章，蘇氏有是德、無是德之説，所謂德者，是原於天命之性否？

「德」字只是説人各有長處，不必便引到天命之性處也。

「悾而不愿」，「愿」字何訓？或謂謹愿，則有不放縱之意。或謂愿愨，則有樸實之意。二説各不同，不審其義果如何？第十七篇「鄉原」章亦引荀子愿愨之説。

二説無甚不同，鄉人無甚見識，其所謂愿未必真愿，乃卑陋而隨俗之人耳。

集注又曰：「侗，無知；悾悾，無能。」竊意侗者，同也，於物同然一律，瞑無識别，是猶是也，非猶是也。悾者，空也，悾而又悾，是表裏俱悾，無寸長之實。

此亦因舊説，以字義音韻推之，恐或然耳。此類只合大概看，不須苦推究也。

「食不厭精，膾不厭細」，集注云：「言以是爲善，非謂必欲如是也。」竊謂善者微有未穩。善者則有嘉善之意，此不厭但不嫌遠而已，蓋聖人平日簡淡。

以下文推之，聖人凡事子細，初無簡淡之意。若如所説，則記者當云「膾不厭粗，食不厭糲」乃爲正理，不應反作如此説也。

「不得其醬不食」，集注云：「惡其不備也。」竊疑「惡」字太重，似見聖人有意處。

惡其不備，非惡其味之不美，但忘其貪味，不苟食耳。

集注中「仲尼」不易爲「夫子」，何也？若如中庸第二章所辨，則恐在當時爲可耳。

不曾如此理會，恐亦不須如此理會也。中庸或問乃爲近年有以此疑中庸非子思之作者，故及之耳。

「文」之爲説，大要只是有文理可觀之謂。蓋凡義理之載於經籍而存乎事物之間，與夫見於威儀華采而爲盛德之輝光，形於禮樂制度而爲斯道之顯，及所引爲有文理之可觀者皆是云云。

物相雜故曰文，如前所説是也。如下面分别諸説，則恐未然。如曰「則以學文」，何以見其不爲威儀華采、禮樂制度耶？

大學，疑或問云「人物之生，莫不得其所以生者，以爲一身之主」，近改「物」字作「類」字。竊意「類」字意固不重疊，而字似少開，不若只依「物」字。

向來改此「類」字，蓋爲下文專説人之明德，故不可下「物」字。若作「物」字，即須更分别人與物之所以異乃爲全備。近已如此改之矣。

或問云：「既真知所止，則其必得所止，若已無甚間隔。」竊疑「若已」字辭旨恐未明白，欲改作「亦非有甚間隔」。

「若」字意自分明，未是真無間隔也。

「格物」章或問云：「其所以精微要妙，不可測度者，乃在其真積力久，心通默識之中。」此句曉之未詳。

此處細看，當時下語不精，今已改定。

或問又曰：「所謂豁然貫通者，又非見聞思慮之可及也。」此句曉之未詳。不審此只是方其正一一格物時，猶可勉勵用工夫以格之，如所謂豁然貫通處，必真積之久，從容涵泳，優游純熟，不期而自到，非强探力索可擬議以至耶，抑是既到豁然貫通地位，便是真知透徹？云云。若於此而猶用力思索，便是沛然自得。

前説只以文義推可見，何待如此致疑耶。

或問所引書「降衷」以下八言，雖皆所以證夫理，而其相次莫亦有序否？嘗試推之：降衷自天賦於人而言，秉彜自人稟於天而言。衷者，理之至善而無妄也，彜則理之一定而有常也。常即善之所爲，因有是善，故能常。衷者統言，彜則指定言。此二句方舉其大綱，而下文則詳之。「天地之中」，統言天地間實理渾然大中，無所偏倚，爲萬邦之極，而萬物之生莫不以是爲樞紐也。此比所謂衷則又加確矣。「天命之性」，指是理降而在人，爲賦生之全體，而性則實即夫天理之中，而非有二者。是二言者，一言天，一言自天而人，又所以兼明夫天賦於人而詳其降衷之意也。「仁義之心」，仁義乃即天命之性，指其實理，而心則包具焉以爲體而主於身者也。此比所謂彝則又加實矣。「天然自有之中」，又細言是理之散於事物之間，莫不各有當然一定之則，無過無不及，皆天之所爲而非人之力者。「而其實，又不外於其心」，此二句又就性而言，合衷、彝而結之。蓋萬物雖各有當然無過不及之理，然總其根源之所自，則只是一大本而同爲一理也。此理人物所共由，天地間所公共，所以謂之道。而其體則統會於吾之性，非泛然事物之間而不根於其内也。竊疑此下更宜以周子所謂無極而太極以包天人、事物、體用、動静、内外、終始一貫爲說，似於八言之下其意尤爲圓也。而不之取，不審何也。

當時只以古今爲次第，未有此意。周子語意差遠，故不得引以爲證，恐却費注解也。

延平格物之說，原其意亦自程子說中得之云云。又嘗疑前面反復論難，專以程說爲主，蓋不可以復加矣。至此段引延平說，則又曰有非他說所能及，未易以口舌争，其辭似抑揚低昂，有左程右李、别立一家之意。

「它說」是指門人說，語意自明，何疑之有？

傳言謹獨，正就誠意著工夫處說。或問又就意已誠之後說。夫意之誠者既無所不盡，真能慊快充足，仰不愧，俯不怍，到此地位，其勢决然自不能已矣。而猶曰不敢弛其謹獨之勞焉，所以防慮省察，使其日新又新而不至於間斷，何也？恐此時所謂謹獨與向時所謂謹獨者大不同。

兩說不見其不同，但說到此恰好著力，不可間斷耳。

「絜矩」，或問云：「各得其分，不相侵越，廣狹長短，平均如一。」此四句曉之未詳。

所惡乎左，便是左邊人侵了自家左邊界分，而我惡之。故我亦不以此待右邊人，而不侵他右邊之左，如此方得左邊界分分明。又以所惡乎右者度之，方得右邊界分分明。上下前後，亦莫不然，則四至所向皆得均平，而界分方整，無偏廣偏狹之病矣。

「作新民」是成王封康叔之語，而或問中曰武王，何也？

此書序之誤，五峰先生嘗言之。舊有一段辨此，後以非所急而去之。但看此與酒誥兩篇只說文王而不及武王，又曰「朕其弟小子封」，又曰「乃寡兄勗」，武王自稱，猶今人云「劣兄」。則可見矣。周公初基一節是錯簡。

又雜疑中庸序曰：「人莫不有是形，故雖上智不能無人心。」人心只是就形氣上平說天生如此，未是就人爲上說。然上文又曰「或生於形氣之私」，乃却下「私」字，何也？私恐或涉人爲私欲處說，似與「上智不能無人心」句不相合。不審如何？

如飢飽寒煗之類，皆生於吾之血氣形體而它人無與焉。所謂私也，亦未便是不好，但不可一向徇之耳。

程子曰：「人無父母，生日當倍悲痛。」如先生舊時，亦嘗有壽母生朝及太碩人生朝，與向日賀高倅詞，恐非先生筆，不審又何也。豈在人子自己言則非其所宜，而爲父母、待親朋，則其情又有不容已處否？然恐爲此則是人子以禮律身，而以非禮事其親，以非禮待於人也。其義如何？

此等事是力量不足放過了處，然亦或有不得已者，其情各不同也。

程子以心使心之説，竊謂此二「心」字只以人心道心判之自明白。蓋上「心」字即是道心，專以理義言之也。下「心」字即是人心，而以形氣言之也。以心使心，則是道心爲一身之主，而人心爲聽命也。不審是否？

亦是如此。然觀程先生之意，只是説自作主宰耳。

貧者舉事，有費財之浩瀚者，不能不計度繁約而爲之裁處。此與「正義不謀利」意相妨否？竊恐謀利者，是作這一事更不看道理合當如何，只論利便於己與不利便於己，得利便則爲之，不得則不爲。若貧而費財者，只是目下恐口足不相應，因斟酌裁處而歸之中，其意自不同否？

當爲而力不及者，量宜處乃是義也。力可爲而計費吝惜，則是謀利而非義矣。

中庸「尚絅」條以爲己立心明之象，不審如何以爲己立心明之象？莫是有美在其中，只要自温好，不用人知否？

此説得之，然更宜詳味。

校記 〔一〕意：宋浙本作「章」。

〔二〕不審：原缺，據右引補。

〔三〕陰用事：原缺，據正訛補。

〔四〕「定」下原有「而」字，據宋浙本刪。

〔五〕主：原作「生」，據四庫全書本改。

〔六〕「子賤」以下一問一答原缺，據宋浙本補。考異所引別本同。

〔七〕章：原作「意」，據右引改。

〔八〕是：正訛改作「時」。

〔九〕又：原缺，據宋浙本補。

〔十〕「將聖人」以下原作「云云」，據宋浙本改補。

編年 據書信編年。

答陳安卿 紹熙二年

泰伯篇：「三分天下有其二，以服事商。」嘗因是而推，設使文王當武王之時，則革命之事亦爲之否乎？武王處文王之地，則服事之禮亦如文王否乎？竊恐此處皆繫乎天，不由乎人。使天果欲有爲，則亦不容文王不欲爲；天果未欲有爲，則亦不容武王必欲爲。聖人之心廓然大公，如衡之平，彼此一無所偏，惟其來而順權以應之耳，初何容心預安排指擬於其間。文王、武王易地則皆然，不審是否？此非本章正義，但欲因其事變看聖人心耳。張子謂一日天命未絕則爲君，當日天命絕則爲獨夫。天命絕否，視之人情而已。不審一夫之心未解，還得爲天命猶未絕否？抑許大公天下之命，豈偏在一夫上？到此則聖人用權之地，惟幾微義精者乃可以決之，自不容以常法論也。

詳考詩、書，則文、武之心可見。若使文王漠然無心於天下，歙然終守臣節，即三分之二亦不當有矣。然此等處正夫子所謂未可與權者，食肉不食馬肝，未爲不知味也。

高堅前後，大概只是譬其無階可升，無門可入，無象可執捉也。然而考其高堅前後之實，恐亦不外乎日用行事之近，即是日用間事，但其理如是之高堅玄妙耳。「高」是理義原頭上達處，如性，天道所由也。「堅」是理義節會難考處，如數端參錯，盤根錯節處。「前」、「後」是理義變化不居處。「仰」者，望而冀及之貌；「鑽」者，鑿而求通之意。「瞻」則視之方微見也，「忽」則視之又未定也。此正用工憤悱懇篤之際，而萬疑畢湊、欲融未融之時也。所謂欲罷之意，亦易萌於此矣。而夫子在前，却循循善誘，不亟不徐而教有其序。既博我以文，使我有以廓其知而無一理不洞研諸心；又約我以禮，使我有以會其極而無一理不實踐諸己。至此則堅高前後之旨趣要歸亦不外乎其中，而有可從升之級，有可從入之門，有可執守之象矣。是以日益有味而中悅懌，雖欲罷而自不能已。於是又即仰鑽博約之功所未精密而猶可以容吾力者一一極盡，更無去處，然後向之所以爲堅高前後者始瞭然盡在目前，如渠決水通，大明之中睹萬象，真見其全體之實卓爾直立於其所，昭著親切，端的確定而無纖毫疑礙遺遁之處矣。然欲更進一步，實與夫子相從於卓爾之地，則無所由。蓋前此猶可以用力，此則自大而趨於化，自思勉而之不思勉，介乎二者之境，所未達者一間，非人力之所能爲矣。但當據其所已然從容涵養，勿忘勿助，至於日深月熟，則亦將忽不期而自到，而非今日之所預知也。不審是否？

卓爾即是前日高堅前後底，今看得確定卓然爾。如巍巍高底，今從頭徹底皆分明，卓然盡在目中，無有遺遁；節會堅底，今皆融泮，自成條理，卓然森列於中，不容紊亂；前後捉摸兩不定者，今則前者灼見其卓然在前，不可移於後；後者灼見其卓然在後，不可移於前。不是高堅前後之外別有所謂卓爾者也。

諸家多以「前」爲過，「後」爲不及，恐無此意。前後只是恍惚不可認定處，將以前者爲是耶，忽又有在後者焉，而前者又似未是，皆捉摸不著。若見得端的時，皆是時中，無過不及。諸家又以「卓」爲聖人之中，卓却是中，然亦恐未可便説中，則「卓」字意又看不切矣。

此説甚善。昔聞李先生説此章最是夫子循循然善誘人，博我以文，約我以禮至親切處，其言有味。「前」、「後」固非專指中字，然亦彷彿有些意思。

「逝者如斯夫，不舍晝夜」，嘗因是推之。道無一息之停，其在天地，則見於日往月來，寒往暑來，水流而不息，物生而不窮，終萬古未嘗間斷。其在人，則本然虛靈知覺之體常生生不已，而日用萬事亦無一非天理流行而無少息。故舉是道之全而言之，合天地萬物、人心萬事，統是無一息之體。分而言之，則於穆不已者，天之所以與道爲體也。生生不已者，心之所以具道之體也。純亦不已者，聖人之心所以與天道一體也。自强不息者，君子所以學聖人存心事天而體夫道也。不審是否？楊氏此章有不逝之説，亦猶解中庸説死而不亡之意，皆是憧異端處。

此亦得之。但范氏説「與道爲體」四字甚精，蓋物生水流，非道之體，乃與道爲體者也。可更詳之。

「學道立權」章，集注舉楊氏曰：「信道篤然後可與立。」且篤信是好學以前事，既篤信而後能好學也。今此於既學適道之後，却言篤信，何也？恐「信」字徹首徹尾，不可分先後。如篤信而後好學者，方只信個大概；既學之後而又信道篤者，是真知而信之，所信意味自不同。其言各有主，而此意所引「篤」字又應「立」字爲切否？

「信道篤」三字誠有未盡善者。

「鄉人儺」，古人所以爲此禮者，只爲疫癘乃陰陽一帶不和之氣游焉，非有形象附著。人乃天地精氣所會，故至誠作威嚴以驅之，則志帥充實，精氣强壯，自無疑忌怯慑而有可勝之理否。但古人此禮節目不可考，想模樣亦非後世俚俗之所爲者。

後漢志中有此，想亦近古之遺法。

顔子無所不説與終日不違、聞一知十、語之不惰等類，若以知上言之，則此時方只是天資明睿而學力精敏，於聖人之言皆深曉嘿識；未是於天下之理廓然無所不通，猶未得全謂之物已格、知已至，而復其本心光明知覺之全體處。蓋是時猶有待於聖人之言故也。至於所謂卓爾之地，乃是廓然貫通而知之至極，與聖人生知意味相似矣。不審是否？

恐是如此。

鄉黨「瓜祭」，陸氏謂魯論「瓜」作「必」，而季氏一篇又是齊論，則今此書非漢時魯論之篇，乃後世相傳集，三論皆有混其間否？此雖非大義所係，亦當知之。

何晏序云：「就魯論篇章考之齊、古，爲之注。」然今不可得而分矣，舊亦嘗病其如此矣。

「喜怒哀樂未發謂之中，發而皆中節謂之和。」自天道言，未發之前，聖與愚同此一大本，未有是四者之事，而均涵是四者之理。及其發也，衆人之所自然中節處，亦宛然是本底形見，亦與聖人底無異。自人道言，則聖人未發全醒定，既發則全中節。衆人未發則本然底固在，而瞑然不省，其發則雖有中節時節，而其不中者多矣。如中庸此節四句，據本文正義，恐只是推原性情之本，統就天道言。若上文兩節，乃是就人工夫言所以存中和之體。而下文一節，則工夫之極，又所以致中和之用也。然或問中曰：「以其天地萬物無所不該，故曰天下之大本。以其古今人物之所共由，故曰天下之達道。」則此處又不特是未分，不在其中矣。

既云大本達道，則無一物不在其中矣。

理有能然，有必然，有當然，有自然處，皆須兼之，方於「理」字訓義爲備否。且舉其一二。如惻隱者，氣也；其所以能是惻隱者，理也。蓋在中有是理，然後能形諸外，爲是事。

外不能爲是事，則是其中無是理矣。此能然處也。又如赤子之入井，見之者必惻隱。蓋人心是個活底，然其感應之理必如是，雖欲忍之，而其中惕然，自有所不能以已也。不然，則是槁木死灰，理爲有時而息矣。此必然處也。又如赤子入井，則合當爲之惻隱。蓋人與人類，其待之理當如此，而不容以不如此也。不然，則是爲悖天理而非人類矣。此當然處也。當然亦有二，一就合做底事上直言其大義如此，如入井當惻隱，與夫爲父當慈、爲子當孝之類是也。一泛就事中又細揀別其是是非非，當做與不當做處。如視其所當視而不視其所不當視，聽其所當聽而不聽其所不當聽，則得其正而爲理。非所當視而視與當視而不視，非所當聽而聽與當聽而不聽，則爲非理矣。此亦當然處也。又如所以入井而惻隱者，皆天理之真流行發見，自然而然，非有一毫人爲預乎其間，此自然處也。其他又如動靜者，氣也；其所以能動靜者，理也。動則必靜，靜必復動，其必動必靜者，亦理也。事至則當動，事過當靜者，亦理也。而其所以一動一靜，又莫非天理之自然矣。又如親親、仁民、愛物者事，其所以能親親、仁民、愛物者理。見其親則必親，見其民則必仁，見其物則必愛者，亦理也。在親則當親，在民則當仁，在物則當愛，其當親、當仁、當愛者，亦理也。而其所以親之、仁之、愛之，又無非天理之自然矣。凡事皆然，能然、必然者，理在事先；當然者，正就事而直言其理；自然，則貫事理言之也。四者皆不可不兼該，而正就事言者，必見理直截親切，在人道爲有力。所以大學章句、或問論難處，惟專以當然不容已者爲言，亦此意熟則其餘自可類舉矣。

此意甚備。大學本亦更有「所以然」一句，後來看得且要見得所當然是要切處，若果得不容已處，即自可默會矣。

「公而以人體之故爲仁」，李公前所問蓋以「仁」字純就生人之類而言〔一〕。某謂「人」字不當如此說，而李公以爲先生説緊要在「人」字上。今承批教，復未之然。某請畢愚見而折衷焉。竊謂此段之意，「人」字只是指吾此身而言，與中庸言「仁者，人也」之「人」自不同，不必重看，緊要却在「體」字上。蓋仁者心之德，主性情，宰萬事，本是吾身至親至切底物。公只是仁之理，專言公則只虛空説著理，而不見其切於己，故必以身體之，然後我與理合而謂之仁。亦猶孟子合而言之道也。然公果如之何而體，如之何而謂之仁？亦不過克盡己私，至於此心豁然，瑩净光潔，徹表裏純是天理之公，生生無間斷，則天地生物之意常存。故其寂而未發，惺惺不昧，如一元之德昭融於地中之復，無一事一物不涵在吾生理之中。其隨感而動也，惻然有隱，如春陽發達於地上之豫，無一事非此理之貫，無一物非此生意之所被矣。此體公之所以爲仁，所以能恕，所以能愛，雖或爲義，爲禮，爲智，爲信，無所往而不通也。不審是否？

此説得之，不然，則如釋氏之捨身飼虎，雖公而不仁矣。

先生批答李公有云：「比干不止是一事之仁。」竊謂比干不止是一事之仁，只説此一事見其有仁耳。蓋此大節目上不昏昧，則是性綱已舉，其餘自可類從。然詳夫子所以許之之意，蓋亦重在此處，以是爲主，而於全德無所妨故耳。固非謂止此一事有仁，而其他尚有不仁處；亦非謂全體渾然無闕，而不容止以此一事偏指之也。故此三仁之仁與一事之仁固異，而與合下來全仁者亦自不同。先生答李公又云：「吾之所以爲心者如何而能無入而不自得，須要理會。」竊謂須是知止有定，然後無入而不自得也。

得之，然亦須有涵養工夫也。

吕氏「孟子惻隱」説云：「蓋實傷吾心，非譬之也，然後知天下皆吾體，生物之心皆吾心，彼傷則我傷，非謀慮所及，非勉强所能。」此所謂皆吾體、皆吾心者，亦只是以同一理言之否？

非但同理，亦同氣也。

心説：維天之命，於穆不已，所以爲生物之主者，天之心也。人受天命而生，因全得夫天之所以生我者以爲一身之主，渾然在中，虚靈知覺，常昭昭而不昧，生生而不可已，是乃所謂人之心。其體則即所謂元、亨、利、貞之道，具而爲仁、義、禮、智之性。其用則即所謂春、夏、秋、冬之氣，發而爲惻隱、羞惡、辭讓、是非之情。故體雖具於方寸之間，而其所以爲體則實與天地同其大，萬理蓋無所不備，而無一物出乎是理之外。用雖發乎方寸之間，而其所以爲用則實與天地相流通，萬事蓋無所不貫，而無一理不行乎事之中。此心之所以爲妙，貫動静、一顯微、徹表裏，終始無間者也。

人惟拘於陰陽五行所值之不純，而又重以耳、目、口、鼻、四支之欲爲之累，於是此心始梏於形器之小，不能廓然大同無我，而其靈亦無以主於身矣〔一〕。人之所以欲全體此心而常爲一身之主者，必致知之力到而主敬之功專，使胸中光明瑩浄，超然於氣稟物欲之上，而吾本然之體所與天地同大者，皆有以周遍昭晰而無一理之不明；本然之用與天地流通者，皆無所隔絶間斷而無一息之不生。是以方其物之未感也，則此心澄然惺惺，如鑑之虚，如衡之平，蓋真對越乎上帝而萬理皆有定於其中矣。及夫物之既感也，則妍蚩高下之應皆因彼之自爾，而是理固周流該貫，莫不各止其所。如乾道變化，各正性命，自無分數之差，而亦未嘗與之俱往矣。

静而天地之體存，一本而萬殊；動而天地之用達，萬殊而一貫。體常涵用，用不離體，體用渾淪，純是天理，日常呈露於動静間，夫然後向之所以全得於天者，在我真有以復其本，而維天於穆之命亦與之爲不已矣。此人之所以存夫心之大略也。

王丞子正云：「看得儘有功，但所謂心之體與天地同大而用與天地流通，必有徵驗處，更幸見教。」淳因復有後篇。

所謂體與天地同其大者，以理言之耳。蓋通天地間，惟一實然之理而已。爲造化之樞紐，古今人物之所同得。但人爲物之靈，極是體而全得之，總會於吾心，即所謂性。雖會在吾之心，爲我之性，而與天固未嘗間，此心之所謂仁即天之元，此心之所謂禮即天之亨，此心之所謂義即天之利，此心之所謂智即天之貞，其實一致，非引而譬之也。天道無外，此心之理亦無外；天道無限量，此心之理亦無限量；天道無一物之不體，而萬物無一之非天，此心之理亦無一物之不體，而萬物無一之非吾心。那個不是心做？那個道理不具於心？天下豈有性外之物而不統於吾心是理之中也哉。但以理言，則爲天地公共，不見其切於己。謂之吾心之體，則即理之在我有統屬主宰而其端可尋也。此心所以至靈至妙，凡理之所至，其思隨之，無所不至，大極於無際而無不通，細入於無倫而無不貫，前乎上古、後乎萬古而無不徹，近在跬步、遠在萬里而無不同。雖至於位天地、育萬物，亦不過充吾心體之本然而非外爲者。此張子所謂有外之心不足以合天心者也〔三〕。

所謂用與天地相流通者，以是理之流行言之耳。蓋是理在天地間，流行圓轉，無一息之停。凡萬物萬事，小大精粗，無一非天理流行。吾心全得是理，而是理之在吾心亦本無一息不生生而不與天地相流行。人惟欲净情達，不隔其所流行，然後常與天地流通耳。且如惻隱一端，近而發於親親之間。親之所以當親，是天命流行者然也。吾但與之流行，而不虧其所親者耳。一或少有虧焉，則天理隔絶於親親之間而不流行矣。次而及於仁民之際，如老者之所以當安，少者之所以當懷，入井者之所以當怵惕，亦皆天命流行者然也。吾但與之流行，而不失其所懷、所安、所怵惕者耳。一或少有失焉，則天理便隔絶於仁民之際而不流行矣。又遠而及於愛物之際，如方長之所以不折，胎之所以不殺，殀之所以不夭，亦皆天命流行者然也。吾但與之流行，而不害其所長、所胎、所殀者耳。一或少有害焉，則天理便隔絶於愛物之際而不流行矣。凡日用間，四端所應皆然。但一事不到，則天理便隔絕於一事之下；一刻不貫，則天理便隔絕於一刻之中。惟其千條萬緒皆隨彼天則之自爾而心爲之周流貫匝，無人欲之間焉，然後與元、亨、利、貞流行乎天地之間者同一用矣。此程子所以指天地變化、草木蕃以形容恕心充擴得去之氣象也。

然亦必有是天地同大之體，然後有是天地流通之用；亦必有是天地流通之用，然後有是天地同大之體，則其實又非兩截事也。

王丞批「此篇後截稍近」，又曰：「天命性心雖不可謂異物，然各有界分，不可誣也。今且當論心體，便一向與性與天袞同說去，何往而不可？若見得脱灑，一言半句亦自可見。更宜涵養體察。」淳再思之，體與天地同大，用與天地流通，自原頭處論，竊恐亦是如此。然一向如此，則又涉於過高，而有不切身之弊。不若且只就此身日用見定言「渾然在中者爲體，感而應者爲用」爲切實也。又覺聖賢説話如平常，然此二篇辭意恐皆過當，并望正之。

此説甚善。更寬著意思涵養，則愈見精密矣。然又不可一向如此向無形影處追尋，更宜於日用事物、經書指意、史傳得失上做工夫，即精粗表裏融會貫通，而無一理之不盡矣。

校記　〔一〕仁：正訛改作「人」。

〔二〕身：原作「心」，據右引改。

〔三〕天：原缺，據張子全書卷二補。

編年　據書信編年。

答陳安卿紹熙二年

知在王丞處，甚善，且得朝夕講學，有商量也。昨所寄諸説久已批報，但無便可寄，今并附還。又堯卿一紙，煩爲致意達之也。前此所問主祭事，據禮，合以甲之長孫爲之乃是。若其不能，則以目今尊長攝行可也。如又疾病，則以次攝，似亦無害。異時甲之長孫長成，却改正亦不妨也。爲僧無後，固當祭之，無可疑。但宗祭説未暇細考，後更奉報〔一〕。

校記　〔一〕更：宋浙本、明天順本作「便」。

編年　據書信編年。

答陳安卿紹熙二年

淳前日疑大學或問「然既真知所止，則其必得所止，若已無甚間隔」，其間四節，蓋亦推言其所以然之故有此四者。淳竊謂真能知所止者，必真能得所止，而定、静、安、慮，上下一以貫之，當下便一齊都了，中間實無纖毫間隔，乃聖人地位事也。上文「若已無」云者，其接「真知所止，必得所止」之意誠爲快。然既曰「無」矣，而又繼以「甚」者，則是亦有些間隔而不甚多之辭也，恐「甚」字與「無」字又不相應否？然曰所以欲將「若已無」字换爲「非有」字。

「若」之爲言「似」也，雖似如此，而其間亦有少過度處也。健步勇往，勢雖必至，而亦須移步略有漸次也。

孟子所謂盡心，今既定作知至説，則知天一條當何繫屬？繫之知性之下，而盡心之前與知性俱爲一衮事耶？抑繫之盡心之下，乃知至後又精熟底事耶？夫三者固不容截然分先後，然就其間細論之，亦豈得謂全無少别。

知性則知天矣，據此文勢，只合在知性裏説。

一之寄問誌石之制在士庶當如何題，温公謂當書姓名，恐所未安。夫婦合葬者，所題之辭又當如何？

宋故進士或云處士。某君夫人某氏之墓。下略記名字、鄉里、年歲、子孫及葬之年月。

一之卜以三月半葬，并改葬前妣，祔于先塋。以前妣與其先丈合爲一封土，而以繼妣少間數步，又别爲一封土。與朋友議，以神道尊右，而欲二妣皆列於先塋之左，不審是否？然程子葬穴圖又以昭居左而穆居右，而廟制亦左昭右穆，此意何也？

一之所處得之。昭穆但分世數，不爲分尊卑。如父爲穆則子爲昭，又豈可以尊卑論乎。周室廟制，太王、文王爲穆，王季、武王爲昭，此可考也。

用明器亦君子不死其親之意〔一〕，自不容以廢之耶〔二〕？

熹家不曾用。

校記　〔一〕用：原缺，據宋浙本補。

〔二〕此句原缺，據右引補。

編年　據書信編年。

答陳安卿 紹熙二年

太極者，天地之性而心之體也。一元者，天地之心而性情之會也。陰陽慘舒者天地之情，即性之流行而心之用也。不審是否？程子曰：「其體則謂之易，其理則謂之道，其用則謂之神。」更以此語參看。

前者納去心說，後來覺得首語説天心不的當，今改云：「維天之命，於穆不已，所以爲生物之主者，天之心也。」不知是否？

改得語意全備，甚善。

先生答妻父鬼神説云：「所謂非實有長存不滅之氣魄者，又須知其未始不長存爾。」廖子晦見此，謂長存不滅乃以天地間公共之氣體言之。淳恐只是上蔡所謂「祖考精神即自家精神」之意耳。王子合以爲二説只是一意，若非公共底，則安有是精神耶？不審何從。

上蔡説是。

「魂魄」二字，向聞先生説發用處是魂，定處是魄。記事處是魄，小兒無記性，不定疊，皆是魄不足。又先生答梁文叔書謂鼻之知臭，口之知味，魄也。耳目中之煖氣，魂也。淳竊以爲魂不離氣，魄不離體，魂則氣上一個活處，其所流行而不息，發越而有生意者也；魄則體上一個精處，其所真實確定，凝然而不散漫者也。

魂魄且如此看，不須更支蔓。言語間未能無病，久之自見得失，今不須苦求也。所與王丞論者，則太支離矣。王丞説魂即是氣、魄即是體却不是，須知魂是氣之神、魄是體之神可也。佛氏説地水火風亦相類。月之不受日光處，其魄也。故十六以後謂之生魄。其受日光處則其陽氣之明也，故初二、三以後謂之生明。蓋日月只是陰陽之氣，非實有形質也。

明道先生曰：「生之謂性，人生而静，以上不容説。」舊認作未生以前，天理未有所降賦時。近思此説恐幾太過。人既未有生，則不得謂之性也明矣，更何待如此言耶。疑此所謂「以上」云者，似只説其從未感物以前至於所以生之始云耳，恐非離人言天，虚説未生以前事。

此説費力，恐只合仍舊。更思之。

赤子之感於物，有天然發處〔一〕，有發以人處。如啞嗚震悸，則天然之發也。如飲乳、轉眄、孩笑者，則發以人處也。又有人之天處，有人之人處。如良知良能，人之天也。順情則喜，逆情則怒，凡其嗜好，則人之人處也。

所以感者，皆從外生；所以應者，皆從中出。

静中之知覺，伊川以復言之，乃其未發者也。然先生復卦贊曰：「生意鬮然，具此全美。」

又曰：「有茁其萌，有惻其隱。」又自有生意〔二〕，何也？常思之，群陰固蔽之中，一陽之萌，生生之心就本位上已略萌出其端，但未到發達出於外耳。是所謂闖然者。在人則爲萬事沈寂之際，其中虛靈知覺，有活物者存，即此便是仁者生生之心就生體已微露出其端矣，但未到感動出於外耳。是所謂有茁其萌者，與伊川説無異。惻隱則又在茁萌已後，乃已發見處，達而爲惻隱也。若以時運言，則亥盡子初爲復〔三〕。以月運言，則晦盡朔交爲復。以日運言，則黑極而微露於東爲復。在人言，則赤子初生者復也。以神識言，則神初發知者復也。「闖」字後來亦欲改之，但未有穩字耳。茁萌惻隱，却是正指初發處。「日運」以下有説得太遲處，更消息之。

校記　〔一〕有：原作「自」，據宋閩、浙本改。

〔二〕自：宋浙本、明天順本、萬曆本、四庫全書本作「似」。

〔三〕亥：原作「丑」，據正訛改。

編年　據書信編年。

朱熹文集編年評注卷五十八

書知舊門人問答

答張仁叔毅　淳熙四年以後

「居敬行簡」，程子意與仲弓不同，當以仲弓之言爲正。

「不改其樂」，近覺集注克己復禮之目説得未盡，已改作博文約禮之序矣。更思之。所説「不改其樂，學者不能躐進，唯子貢之無諂可爲」，此語有病，可并思之。

「孟之反」一段所説支離，非聖人本意。

「約之以禮」，「禮」字便作「理」字看不得，正是持守有節文處。「克己復禮」之「禮」亦然。

醫書不仁之説，所論得之，但亦須實見此理，不可只如此説過也。

「用之則行」，「則」字之意恐不如此。

「富不可求」，此章之意但方言其不可求耳，未遽及夫求之而得禍也。兩意雖略相似而大不同，可更審之。

「君子所貴乎道者三」，若如此説，則道與物爲二矣。况其文義本不如此，集注説得甚明，可更詳之。

霍光臨大節亦大有虧欠處。

耐久行遠之説得之，但不知如何見得仁以爲己任之重，仁是何物，又如何其任也。可更思之。

一易再易之説，問之果然，或恐中原地美，其瘠土亦勝此間之膏腴也。

什一之法傳於今者大略如此，其詳則不可得而知矣。以孟子考之，野九一而助，國中什一，使自賦，其輕重又不同。而考之周禮，則行助法處有公田，而行貢法處無公田也。孟子集注中似已言其大略，可更詳之。此等亦難卒曉，須以周禮爲本，而參取孟子、班固、何休諸説訂之，庶幾可見仿佛。然恐終亦不能有定論也，但不可不盡其異同耳。

粟一石值錢三十文，一歲而止用錢三百，可見古來錢重。然其賣買皆然，則人亦不以爲病也。其他蓋不可考云。

李悝百畝而收百五十石者，粟也。鼂錯百畝而收不過百石者，似恐是米。然則其多少固自有不同耳。

所論律吕，恐看得未子細。須作一圖子，分定十二律之位，却於中間空處别用紙作一小輪子，寫五聲之位，當心用紙條穿定，令可輪轉。却依通典十二律之均逐一認定，分别正聲、子聲，則自見得次序分明，不可只如此空説也。蓋正聲是全律之聲，如黄鐘九寸是也。子聲是半律之聲，如黄鐘四寸半是也。一均之内以宫聲爲主，其律當最長。其商、角、徵、羽之律若短，即用正聲。或有長者，則只可折半用子聲。此所謂一均五聲而分正聲、子聲之法也。十二律既自有正聲，又皆有子聲以待十二均之用。所謂黄鐘、大吕、太簇無子聲，以其一均之内商、角、徵、羽四聲皆短於本律故也。若以中吕爲宫，則黄鐘爲徵而當用子聲矣。若以蕤賓爲宫，則大吕爲徵而當用子聲矣。若以林鐘爲宫，則太簇爲徵而當用子聲矣。此十二律所以皆有子聲也。試更用此推之，當自曉得。不然，即須面論，乃可通也。

所論三月不違仁、人之生也直、先難後獲、齊魯之變、中庸之德、博施濟衆、默而識之、德之不修、志於道、四教、仁遠等章説皆得之，然亦更宜詳味。

編年 據書信編年。書札彙編繫於淳熙十三年。

答楊仲思紹熙二年

來喻仁説似亦未瑩。如云「仁以行之，則心無不一」，此語甚有病。又云「無思無慮之時每加提省」，此亦非是。所謂敬者，只是要專一耳，初不偏在静處也。又聞尊丈遠出，不知是往何許？尊年獨旅，恐非所宜，爲子弟者當有以代其勞也。漳州陳安卿書來，甚長進，不易得也。

編年　據書信編年。

答楊仲思 紹熙二年

所論仁字大意得之，更宜子細就此玩味，庶幾漸次簡潔分明。仍就實處加功，勿令間斷，乃實爲己物耳。不然，辨析雖精，無益於得也。

編年　據書信編年。

答楊仲思 紹熙二年以後

前書所問數條，皆大義也。但字義同異之間分別未明，故難遽曉。今但看横渠「形而後有氣質之性，善反之則天地之性存焉」一段，將此兩個「性」字分別，自「生之謂性」以下，凡説「性」字者，孰是天地之性，孰是氣質之性，則其理自明矣。公、仁之説，亦是如此。公則無情，仁則有愛，公字屬理，仁字屬人。克己復禮，不容一毫之私，豈非公乎？親親仁民，而無一物之不愛，豈非仁乎？以此推之，意亦可見。

編年　據書信編年。

答楊仲思〔一〕 慶元三年以後

所示疑義，若據易文，即「艮其背」即是止其所之義。而伊川説作兩般，恐非經之本指。然其言止欲於無見，乃非禮勿視勿聽之義，於學者亦不爲無用。更思之。

校記　〔一〕此篇又見卷五十九答楊子順五。

編年　此篇書信編年繫於慶元三年以後，此從其説。參見該篇所考。

答謝成之　慶元四年春夏間

熹病老益衰，今年尤甚，亦理之常，無足怪者。況身外之悠悠，又可復置胸中耶？所恨聞道既晚而行之不力，上無以悟主聽，下無以變時習，而使斯文蒙其黮闇，是則不能無愧於古人耳。所示二典説大概近似，目昏，尚未及細看。此中今年絕無來學者，只邵武一朋友，見編書説未備。近又遭喪，俟其稍定，當招來講究，亦放詩傳作一書。彼編所看後篇得接續寄來尤幸，恐當有所助耳。但三山林少穎説亦多可取，乃不見編入，何耶？李氏説爲誰？其論「放勛」字義與林説正相似，又以「欽哉」爲戒飭二女之詞，則正與鄙意合也。蓋「女于時，觀厥刑于二女」皆堯語，其下云「釐降二女于嬀汭，嬪于虞」，乃是史記其下嫁二女於嬀水而爲婦於虞氏，於是堯戒以「欽哉」，正如所謂必敬必戒者，乃叙事之體也。自孔傳便以「女于時」以下爲史官所記，故失其指耳。

諸詩亦佳，但此等亦是枉費功夫，不切自己底事。若論爲學，治己治人，有多少事？至如天文地理、禮樂制度、軍旅刑法，皆是著實有用之事業，無非自己本分内事。古人六藝之教，所以游其心者正在於此。其與玩意於空言，以校工拙於篇牘之間者，其損益相萬萬矣。若但以詩言之，則淵明所以爲高，正在其超然自得，不費安排處。東坡乃欲篇篇句句依韻而和之，雖其高才，合揍得著，似不費力，然已失其自然之趣矣。況今又出其後，正使能因難而見奇，亦豈所以言詩也哉。東坡亦自曉此，觀其所作黄子思詩序論李、杜處，便自可見。但爲才氣所使，又頗要驚俗眼，所以不免爲此俗下之計耳。

編年 據書信編年。

答黄道夫 紹熙元年

天地之間，有理有氣。理也者，形而上之道也，生物之本也。氣也者，形而下之器也，生物之具也。是以人物之生，必稟此理然後有性，必稟此氣然後有形。其性其形雖不外乎一身，然其道器之間，分際甚明，不可亂也。若劉康公所謂天地之中所謂命者，理也，非氣也。所謂人受以生，所謂動作威儀之則者，性也，非形也。今不審此，而以魂魄鬼神解之，則是指氣爲理而索性於形矣，豈不誤哉！所引禮運之言，本亦自有分别。其曰天地之德者，理也。其曰陰陽之交、鬼神之會者，氣也。今乃一之，亦不審之誤也。詩曰：「天生烝民，有物有則。」周子曰：「無極之真，二五之精，妙合而凝。」所謂真者，理也；所謂精者，氣也；所謂則者，性也；所謂物者，形也。上下千有餘年之間，言者非一人，記者非一筆，而其説之同如合符契，非能牽聯配合而强使之齊也。此義理之原，學者不可不察。

編年　據書信編年。

評論　古文眉詮卷七十七：釋「理」字、「氣」字名義，從理與氣分配出「性」字、「形」字名義。（「分際」二句）以上就我意指明。（「若劉康公所謂」以下）此疏劉康公語中字義，辨正來書所混也。（「其曰天地之德」以下）此疏禮運語中字義，亦辨正來書所混也。（「詩曰」以下）此乃自引詩與周子之言，以證明之。先剖理氣之名，次正來書所引。學者欲明不離之義，須先不雜之義。

答黃道夫 紹熙元年

示喻性氣之説，甚善。但「則者，人之所以循乎天」，「循」字恐未安。蓋「則」之一字，方是人之所受乎天者，至於所謂養之以福，乃所謂循乎天耳。西銘「天地之塞」，似亦著「擴充」字未得。但謂充滿乎天地之間莫非氣，而吾所得以爲形骸者皆此氣耳。天地之帥，則天地之心而理在其間也。五行謂水、火、木、金、土耳，各一其性，則爲仁、義、禮、智、信之理。而五行各專其一，人則兼備此性而無不善。及其感動，則中節者爲善，不中節者爲不善也。

編年　據書信編年。

答李子能 亢宗　紹熙二年

累承喻及爲學之意，甚善甚善。但如此用力，頭緒太多，令人紛擾，無進步處。故程先生説涵養須是敬，進學則在致知。若只於此用力，自然此心常存，衆理自著，日用應接各有條理矣。近思録前三四卷專説此事，近修定大學解，亦説得此次第分明。近思必已有之，大學今往一本，可細考之，依此節次做一兩年功夫，自當見得門路，立得根本也。陳後之持守見識皆不易得，不知今年曾復來城中否？與之講貫，當有深益。劉叔文守得亦好，但未知後來所見如何耳。爲學十分要自己著力，然亦不可不資朋友之助，要在審取之耳。朱飛卿遠來，見此相聚，但亦苦多病，未嘗不相與談及子能也。

編年 據書信編年。

答陳廉夫 紹熙二年

示喻縷縷，足認雅意。但爲學功夫不在日用之外，檢身則動静語默，居家則事親事長，窮理則讀書講義，大抵只要分别一個是非而去彼取此耳，無他玄妙之可言也。論其至近至易，則即今便可用力；論其至急至切，則即今便當用力。莫更遲疑，且隨深淺，用一日之力便有一日之效。到有疑處，方好尋人商量，則其長進通達不可量矣。若即今全不下手，必待他日遠求師友然後用力，則目下蹉過却合做底親切功夫，虚度了難得底少壯時節。正使他日得聖賢而師之，亦無積累憑藉之資可受鉗錘，未必能真有益也。

編年 據書信編年。書札彙編列於淳熙十二年冬或稍後。

答陳叔向 癸 淳熙十二年

去歲南游，幸遂既見之願。别後怱怱逾年，欲致一書未暇而便至，竟辱先施，感愧不可言。示喻學者不能身踐而騖於空言，此誠今世莫大之患，然亦不善讀書者之咎耳。書之設，豈端使然哉〔一〕？大抵聖賢之教無一言一句不是入德門户，如所謂禮樂不可斯須去身者，尤爲深切，真當佩服存省，以終其身，不但後學也。但道體無盡，人見易偏，内外本末又不可不兼舉，此亦所當知耳。

校記 〔一〕端使：四庫全書本作「徒」。

編年 據書信編年。

答舒提幹 淳熙十年前後

示喻兩條，深荷發藥。偶奉祠已得請，姑爲辟色辟言之計。蕃、固之禍，恐亦正坐不能知難而退耳。所刻二書，竊意賢者於鄭注、吕説之云猶有未深考者。願少加詳焉，而摭其義理之不合者復以見教，則幸甚幸甚。

編年 未可詳考。然書言「偶奉祠已得請，姑爲辟色辟言之計。蕃、固之禍，恐亦正坐不能知難而退耳」，乃爲有感而發。疑指淳熙九年浙東按劾唐仲友遭議受挫事，至十年正月始遂祠請。

答顔子壽鑄 淳熙十二年

昨辱枉顧，并示長書，具悉雅意。但君子行身自有法義，固不求於苟異，亦不期於必同。至於行道濟時、用舍行藏又有非人力所能必致者。聖賢之教，歷歷可考。如賢者之所論，是乃謀利計功之意，非熹之所敢聞也。大率近世此説甚熾，人心不正而習俗不美，正坐此耳。願更思之，毋爲卒陷溺也。

編年 據書信編年。

答邊汝實〔一〕 淳熙七年以後

所欲言者不過前夕，然亦非謂全然不事其心，但資次等級未應遽爾超躐，須物格知至，然後意可誠，心可正耳。

校記 〔一〕此篇又見卷四十四答吴茂實。

編年 據書信編年。書札彙編暫列紹熙元年。

答李次張 淳熙七年以前

承留意七篇之指，想深有所契。義利之際，固當深明而力辨，然伊洛發明未接物時主敬爲善一段功夫，更須精進乃佳。不爾，幾無所據以審夫義利之分也。試以此質之南軒，當亦以爲然耳。

編年 據書信編年。

答方平叔銓 紹熙五年以後

伏承遠貽書劄，禮意甚勤，而所以教誨責望之者甚至。熹愚不肖，懼不足以當也。顧獨惟念自省事來，聞師友之訓，讀聖人之書，觀其教人，不過講學修身，以全其所受於天者。出爲世用，則隨其大小，推吾之所有以及人。至於用與不用，合與不合，則直任之。蓋未嘗以是必於人，亦未嘗以是變於己，以此自信，誓將終身由之，而不自知其力之果足以有至焉否也。今讀來教，其觀於當世之變詳矣，然諰諰然常有憂其不合而必於求合之意，其責君子也已詳，其徇小人也已甚，是雖憂世之心甚深，而古之聖賢非不憂世者，其規模氣象似或不如此也。孟子曰：「人病舍其田而耘人之田，所求於人者重而所以自任也輕。」其論狂狷鄉原之得失以及君子反經之意，尤所謂深切而著明者。孔子亦曰：「古之學者爲己，今之學者爲人。」有志之士深省乎此，亦足以判然無疑於舜、蹠之間矣。不審明者以爲如何？

編年 據書信編年。

答王欽之 淳熙五年

承喻編次程書，以類相從，此亦用功之一端。若求之於此而驗之於日用思慮作爲之間，玩索操存，無所偏廢，則窮理居敬之功交相爲助而兩造其極矣。玩物喪志之戒，乃爲求多聞而不切己者發。遺書又有「不可外面只務泛觀物理，正如游騎無所歸」之説，亦爲此耳。至於義理雖明而踐履不至者，則亦多端，或是知之未深，或是行之不力，或是氣質之偏有難化處。在彼誠爲累德，然在我觀之，但當内自警省，不使加乎其身，而不可以此遽起輕視前輩之心，且疑講學之無益也。因下問之及，輒效其愚，未知中否？有未當者，却望垂喻。

編年 據書信編年。書札彙編與下二篇并繫於淳熙三年。

答王欽之 淳熙五年

所須問目，竊謂不必如此。但取一書從頭逐段子細理會，久之必自有疑有得。若平時泛泛，都不著實循序讀書，未説義理不精，且是心緒支離，無個主宰處，與義理自不相親。又無積累功夫參互考證，驟然理會一件兩件，若是小小題目，則不足留心；擇其大者，又有躐等之弊，終無浹洽之功，非區區所以望於尊兄者，故不敢承命浼聞。但願頗采前説，而以論語爲先，一日只看一二段，莫問精粗難易，但只從頭看將去。讀而未曉則思，思而未曉則讀，反復玩味，久之必自有得矣。近年與朋友商量，亦多以此告之，然未見有看得徹尾者。人情喜新厭常乃如此，甚可嘆。論語二十篇尚不耐煩看得了，況所謂死而後已者，又豈能辨如此長遠功夫耶。

編年 據書信編年。

答王欽之 淳熙五年

來書謂窮理不必泥古人言句，固是也。然亦豈可盡捨古人言句哉。程夫子曰，窮理亦多端，或讀書講明道理，或論古今人物，别其是非，或應事接物，求其當否，皆窮理也。夫講道明理，别是非而察之於應接事物之際，以克去己私，求夫天理，循循而進，無迫切陵節之弊，則亦何患夫與古人背馳也。若欲盡捨去古人言句，道理之不明，是非之不别，泛然無所决擇，雖欲惟出處語默之察，譬之適越者不知東西南北之殊而僕僕然奔走於途，其不北入燕，則東入齊、西入秦耳。

編年 此書論爲學，當承上二書，故應一時先後之作。

答胡平一 元衡 淳熙八年以後

白鹿聞極留念，甚喜甚善〔一〕。所謂時文之外别無可相啓發者，語似過謙。此亦在夫爲之而已，豈真有限隔而不容一窺其門户哉。

所喻三代正朔之説，舊嘗疑此而深究之，卒至於不可稽考而益重其所疑，因置不論。今讀來喻，考究雖詳，然反復再三，亦未有以釋所疑也。如云周家記年必首十一月，而春秋乃書春正月，又云未嘗改月號，以冬爲春，假夏月而亂周典，則未知春秋所謂春正月者，其下所書之事爲建子月之事耶？建寅月之事耶？若云建子月事，則春正月者豈非改月號而以冬爲春？若云建寅月事，則是用夏正月而亂周典矣，安得云未嘗云云如是耶？前人蓋已見此不通，故爲胡氏之學者爲之説曰，春正月者，夫子意在行夏之時，而以建寅之月爲歲首也。其下所書之事即建子月之事，無其位而不敢自專也。如此則或可以不礙。然春秋所書之月遂與月下之事常差兩月〔二〕，則恐聖人作經又不若是之紛更多事也。凡此之類，反復推説，儘有可通，亦儘有可難。雖嘗遍問前輩，亦未有決然堅定不可移之説。

竊謂讀書凡若此類，與其求必通而陷於鑿，且又虚費日力而無補於日用切己之功，則似不若闕之之爲愈也。若夫所謂日用切己之功，則聖賢言之詳矣。其在大學、論語、中庸、孟子者文義分明，指意平實，讀之曉然，如見父兄説門内事，無片言半詞之可疑者什八九也。曷爲不少置其心於此，而必用意於彼之崎嶇哉。因書附報，偶及於此，幸明者有以察之也。

校記　〔一〕喜：原作「善」，據宋閩、浙本改。

〔二〕遂：原作「逐」，據宋浙本改。

編年　據書信編年。

答楊志仁 璹 慶元四年冬

示諭不省所謂，然不知賢者之所爲學者，欲得之於己耶？欲見稱於人耶？觀此用心，灼見差誤。請便就此推究來歷，痛與掃除，乃爲格物之實耳。不然，此心外馳，不著自己，徒然誦説，恐無所益也。

編年 據書信編年。

答楊志仁 慶元四年冬

兩書所喻存養工夫，甚喜甚慰。固知他人不能如此著實用工，但此亦且是依本分事〔一〕，正不須把來作奇特想。只合趁此心地明净處，大著胸懷，將世間道理精粗表裏從頭至尾理會一番，交他真個通透，無疑礙處，方是向進。若只守此些個，不敢放開，每看義理，亦只揀取玄妙高遠、無形無象處方肯理會，如此則遂成偏枯，倒向一邊，將爲有體無用之學，而與老、佛無以異矣。

所論理氣先後等説，正坐如此。怕説有氣方具此理，恐成氣先於理，何故却都不看有此理後方有此氣，既有此氣然後此理有安頓處，大而天地，細而螻蟻，其生皆是如此，又何慮天地之生無所付受耶。要之「理」之一字不可以有無論，未有天地之時，便已如此了也。張子説得費力，惟是太極、通書數章説得極分明，熹解得又極分明，可更子細看，便自見得也。「浩然之氣」，若據孟子所言，即合儘就粗處看，不須如明道先生之説。若欲理會明道先生説底，則亦只合就日用間己身上回頭識取，不須如此説作費力也。「日月至焉」，若説顔子，即誠不可如此説。今既明言「回也其心三月不違」，其餘則但止如此〔二〕，則其工夫疏密久近較然可見，何爲而復有此疑耶。且曰非本文之義，則未知以本文之義爲當如何耶？

至德之論，又更難言。論語中只有兩處，一爲文王而發，則是對武王誓師而言。一爲泰伯而發，則是對太王翦商而言。若論其志，則文王固高於武王，而泰伯所處又高於文王。若論其事，則泰伯、王季、文王、武王皆處聖人之不得已，而泰伯爲獨全其心，表裏無憾也。不然，則又何以有「武未盡善」之嘆，且以夷、齊爲得仁耶。前此諸儒説到此處，皆爲愛惜人情，宛轉回護，不敢窮究到底，所以更不敢大開口説，令人胸次憒憒。自欺自誑，此病不小，想賢者尤當疑駭，未敢以爲然也。然當更思之，若信未及，即且放下，向後時時提起，略一審玩，便自見得也。

通老聞欲見訪，顒俟其來。不及作書，因見煩爲致意。然又恨志仁有書社之守，不能偕來，爲不滿耳。

校記　〔一〕且：原缺，據宋閩、浙本補。

〔二〕止：原作「能」，據右引改。

編年　據書信編年。

答徐子融 昭然 淳熙十六年夏秋間

所論浩氣，甚善甚善。大率子融志氣剛決，故所見亦如此，痛快直截，無支離纏繞之弊。更願益加詳審，專就平實親切處推究體認，久當有以自信，不爲高談虛見所移奪也。見正叔説向得「曾參多一唯」之句，深有契合，此正是大病。今只此一唯尚且理會不得，如何欲更向他頭上過去也。

編年 據書札彙編。

答徐子融 淳熙六年以後

子融志趣操守非他人所及，但苦從初心不向裏，故雖稠人廣坐，閉眉合眼，而實有矜能異衆之心。非不讀書講義，而未嘗潛心默究，剖析精微，但據一時所見粗淺意思，便立議論，説來説去，都無意味，枉費筆舌。如向來所論雞抱卵事，才卿便取僧言以爲至當，而不究彼之所事與吾不同之實，固爲疏略。而子融力攻其失，乃不於此著眼，而支離蔓衍，但言雞不合抱卵，而不知檢點其所抱之非卵。凡皆類此，全不子細，只向外走，自己分上了無所得，故中間數爲賢者言之。所謂向外，非謂子融不能閉眉合眼也。想子融自恃有此，便謂已能向裏而人不知，故心不服，而有北門之辨。至於詞氣俱厲，殊駭觀聽。然味其言，如所謂無鬼神、無釋氏者，皆無義理。夫「鬼神」二字著於六經，而釋氏之説見行於世，學者當講究，識其真妄。若不識得，縱使絕口不談，豈能使之無邪。子融議論粗率不精，大率類此。若是果能向裏思量，分别詳細，豈至此耶。今詳來書，所謂觀書究義，反身順理，攻其惡、毋攻人之惡者，依舊是錯認話頭。若只似日前做功夫，即所究之義、所順之理、所攻之惡皆恐未真實也。且講論是非，正爲自家欲明此理，不是攻人之惡。若理會得，是於自家分上儘有得力處。若看錯了，即終日閉口，不别是非，剗地不是矣。此蓋日前窮理未精，便自主張得重，又爲不勝己者妄相尊奬，致得自處太高，將義理都低看淺看了。今若覺悟，須且虚心退後，審細辨認，令自己胸中了然不惑，庶幾有進步處耳。

編年 據書信編年。書札彙編暫列紹熙三年。

答徐子融 紹熙五年

有性無性之説殊不可曉。當時方叔於此本自不曾理會，率然躐等，揀難底問。熹若照管得到，則於此自合不答，且只教他子細熟讀聖賢明白平易切實之言，就己分上依次第做功夫，方有益於彼，而我亦不爲失言。却不合隨其所問率然答之，致渠一向如此狂妄。此熹之罪也。駟不及舌，雖悔莫追。然既有此話頭，又不容不結末〔一〕，今試更爲諸君言之。若猶未以爲然，則亦可以忘言矣。

伊川先生言，性即理也，此一句自古無人敢如此道。心則知覺之在人而具此理者也。橫渠先生又言，由太虛有天之名，由氣化有道之名，合虛與氣有性之名，合性與知覺有心之名，其名義亦甚密，皆不易之至論也。蓋天之生物，其理固無差別，但人物所禀形氣不同，故其心有明暗之殊，而性有全不全之異耳。若所謂仁，則是性中四德之首，非在性外別爲一物而與性并行也。然惟人心至靈，故能全此四德而發爲四端。物則氣偏駁而心昏蔽，固有所不能全矣。然其父子之相親，君臣之相統，間亦有僅存而不昧者。然欲其克己復禮以爲仁，善善惡惡以爲義，則有所不能矣。然不可謂無是性也。若生物之無知覺者，則又其形氣偏中之偏者，故理之在是物者，亦隨其形氣而自爲一物之理。雖若不復可論仁義禮智之仿佛，然亦不可謂無是性也。

此理甚明，無難曉者。自是方叔暗昧膠固，不足深責，不謂子融亦不曉也。至引釋氏識神之説，則又無干涉。蓋釋氏以虛空寂滅爲宗，故以識神爲生死根本。若吾儒之論，則識神乃是心之妙用，如何無得？但以此言性，則無交涉耳。

又謂枯槁之物只有氣質之性而無本然之性，此語尤可笑。若果如此，則是物只有一性，而人却有兩性矣。此語非常醜差，蓋由不知氣質之性只是此性墮在氣質之中，故隨氣質而自爲一性，正周子所謂各一其性者。向使元無本然之性，則此氣質之性又從何處得來耶。况亦非獨周、程、張子之言爲然，如孔子言成之者性，又言各正性命，何嘗分別某物是有性底，某物是無性底？孟子言山之性、水之性，山水何嘗有知覺耶。若於此看得通透，即知天下無無性之物，除是無物，方無此性。若有此物，即如來喻木燒爲灰，人陰爲土，亦有此灰土之氣。既有灰土之氣，即有灰土之性，安得謂枯槁無性也。

又如「狹其性而遺之」以下種種怪説，尤爲可笑。今亦不暇細辯，但請虚心静慮，詳味此説，當自見得。如看未透，即且放下，就平易明白切實處玩索涵養，使心地虚明，久之須自見得。不須如此信口信意馳騁空言，無益於己而徒取易言之罪也。如不謂然，則請子融、方叔自立此論，以爲宗旨，熹亦安能必二公之見從耶〔二〕。至於易之説，又別是一事。今於自己分上見成易曉底物尚且理會不得，何暇及此？當俟異日心虚氣平，萬理融徹，看得世間文字言語無不通達，始可細細商量耳。此等若理會不得，亦未妨事，且闕所疑而徐思之，不當便如此咆哮無禮也。

校記　〔一〕末：宋浙本作「抹」，考異所引別本同。

〔二〕能：右引作「敢」。

編年　據書信編年。

答徐子融 慶元元年秋

熹今年一病，幾至不可支吾，午節後方能强起。比前一二年，幾似争十年氣血矣。老境如此，無足怪者。亦有朋友十數人在此相聚，絶少得穎悟懇切者。前日病中猛省，亦不可全責學者，深自恐懼。今幸稍蘇，更當益加策勵，庶幾不負所以來之意。但恨相去差遠，不得子融爲之表率，使相觀而善耳。前書所論方叔之説大概已是，但其末云性有昏明，則又將性作知覺看矣。試更思之，如何？

編年 據書信編年。

答宋深之 之源 淳熙十二年秋

熹往者入城，幸一再見，雖人事匆匆，未得款語，然已足以自慰矣。别後不得奉問，積有馳情。兹辱惠書，獲聞比日侍奉佳慶，進學有日新之功，尤以忻沃。經史諸説，足見玩理修辭之意，可爲後生讀書之法。屬以病目，方讀得一二篇，其詞氣深博而義理通暢，甚可喜也。異時益求勝己之友，相與講明古人爲己之學而力行之，則其所進當有不止於此者矣。

三聖相授，允執厥中，與孟子所論子莫執中者文同而意異。蓋精一於道心之微，則無適而非中者。其曰「允執」，則非徒然而執之矣。子莫之爲執中，則其爲我不敢爲楊朱之深，兼愛不敢爲墨翟之過，而於二者之間執其一節以爲中耳。故由三聖以爲中，則其中活；由子莫以爲中，則其中死。中之活者，不待權而無不中；中之死者，則非學乎聖人之學不能有以權之而常適於中也。權者，權衡之權，言其可以稱物之輕重而游移前却，以適於平。蓋所以節量仁義之輕重而時措之，非如近世所謂將以濟乎仁義之窮者也。

至於孔孟言性之異，則其説又長，未易以片言質。然略而論之，則夫子雜乎氣質而言之，孟子乃專言其性之理也。雜乎氣質而言之，故不曰同而曰近。蓋以爲不能無善惡之殊，但未至如其所習之遠耳。以理而言，則上帝之降衷，人心之秉彝，初豈有二理哉，但此理在人有難以指言者，故孟子之告公都子但以其才與情者明之。譬如欲觀水之必清，而其源不可到，則亦觀諸流之未遠者，而源之必清可知矣。

此二義皆聖賢所罕言者，而近世大儒如河南程先生、横渠張先生嘗發明之，其説甚詳。具在方册者〔一〕，今倉司所印遺書，即程氏説，而張氏之書則蜀中自有版本，不知亦嘗考之否？熹自十四五時得兩家之書讀之，至今四十餘年，但覺其義之深，指之遠，而近世紛紛，所謂文章議論者，殆不足復過眼。信乎孟氏以來，一人而已！然非用力之深者，亦無以信其必然也。舊嘗擇其言之近者别爲一書，名近思録，今往一通。了翁責沈墨刻亦可見前輩師友源流，并以奉寄。幸細讀之，有疑復見告也。令弟叔季詩、易之説亦甚詳明，區區所望，蓋不殊前之云也。

校記　〔一〕者：宋浙本作「若」。

編年　據書札彙編。

答宋深之淳熙十二年冬

且附去大學、中庸本，大、小學序兩篇，幸視至。大學當在中庸之前，熹向在浙東刻本，見爲一編。恐勾倉尚在彼，可就求之。此三本者，昆仲且分讀也。近年學者多不讀書，見昆仲篤志如此，甚不易得。所恨相聚之晚，不得盡吐腹心。前日臨岐，不勝忡悵。然講學貴於實見義理，要在熟讀精思，潛心玩味，不可貪多務得，搜獵敷衍，便爲究竟也。二序侍次略爲呈白，恐有指摘處，便中幸喻及也。

編年 據書札彙編。

答宋深之 淳熙十六年以後

大學是聖門最初用功處，格物又是大學最初用功處。試考其説，就日用間如此作功夫，久之意思自別，見得世間一切利欲好樂皆不足以動心，便是小小見效處也。荀、楊言性得失，忘記前語首尾云何。然此等處若於自己分上見得分明〔一〕，則亦不待人言，自然見得矣。但恐讀書之時無爲己之意，只欲以資口耳，作文字，即意思浮淺，看他義理不出也。

校記 〔一〕處：宋浙本作「語」，考異所引別本同。

編年 據書信編年。書札彙編列於淳熙十四年。

答宋深之 淳熙十六年以後

示喻知止之説，足見留意。然所謂止，乃萬物各有定理之謂。要在格物窮理，乃可知之。知之不疑，然後此心有定而可以應物，非强遏而力制之也。格物功夫前書已再録去，然亦未盡，且夕當再寫一本去也。前本千萬且勿示人，看令有疑處，乃有進處耳。科舉事業初無高論，賢者俯就，蓋有餘力。既知有命之説，則日用之間内外本末不須作兩截看，必先了此，然後及彼也。戴監廟久聞其名，講學從容，必有至論。季隨、允升相聚，各有何説？因來一一録示，庶知彼中進學次第也。

編年 據書信編年。書札彙編列於淳熙十五年前後。

答宋深之淳熙十六年以後

示喻大學所疑已悉。格物無傳，爲有闕文，章句已詳言之。卒章是推治國之道以平天下，文意甚明，亦已詳説。不知何故尚以爲疑？豈讀之未熟耶？更宜玩味，不厭煩復，則自分明矣。格物致知是大學第一義，修己治人之道無不從此而出，終身要得受用，豈是細事！來喻乃欲不勞而俟其自格，一何言之易耶！近世學者氣輕質薄，不耐持久，每以欲速之心，懷徼幸躐等之望，又有科舉世俗之學以奪其志，所以常若有所驅脅迫逐而不暇從容以及乎有成也。

編年 據書信編年。書札彙編列於紹熙三年前後。

答宋深之淳熙十六年以後

所喻大學以格物爲先，此得之矣。但以致知爲致其所以格物，而謂格物爲及人及物之事，則似於文義殊未詳也。向來寫去大學説，其間固未盡善，近已復多改更。然其所載程先生説此二處文理極分明，又并功夫節次一時俱盡，不知何故看得如此草率。竊意此病從平日科舉之學壞了心術，致得如此。適答子容書已極言之矣。孔子曰：「古之學者爲己，今之學者爲人。」程先生曰：「爲己者，欲得之於己也。爲人者，欲見知於人也。」又曰：「女爲君子儒，無爲小人儒。」程先生曰：「君子儒爲己，小人儒爲人。」此是古今學者君子、小人之分，差之毫釐，繆以千里處，切宜審之。

編年　據書信編年。

答宋深之 淳熙末

示喻爲學之意益以精專，而兄弟相勉，見於詩什，深慰老懷。又知更有蘇、范諸賢相與切磋，尤以爲喜。所問持養觀書之説，前此講之已詳。約而言之，持養之方不過敬之一字，而讀書則世間無一事是不合知者，但要循序量力而進耳。五峰之書，知言爲精，然其間亦不能無小小可議處。其他往往又不能及，故向來敬夫不欲甚廣其傳。今想廣仲之意恐亦有所難言者，非靳惜也。南軒文此間鏤版有兩本，其一熹爲序者，差不雜。黄州亦有官本，篇秩尤多，然多是少作，可恨也。此間本無見存者，不及寄去，後得之當別附便耳。然讀書要須辨得精粗得失，乃於己分有益。若但泛然看過，即枉費功力矣。韓子於道見其大體規模極分明，但未能究其所從來，而體察操履處皆不細密。其排佛、老，亦據其所見而言之耳。程先生説西銘乃原道宗祖，此言可以推其淺深也。近似之説固應辨析，以曉未悟，然須自見得己分上道理極分明，然後可以任此責。如其未然，而欲以口舌校勝負，恐徒起紛競之端，而卒無益於道術之明暗也。孟子論鄉原亂德之害，而卒以君子反經爲説，此所謂上策莫如自治者。况異端邪説日增月益，其出無窮，近年尤甚，蓋有不可勝排者。惟吾學既明，則彼自滅熄耳。此學者所當勉而不可以外求者也。澤之、容之不及別狀，意不殊前。相望數千里，會見無期，惟千萬力學自愛。

編年　據書信編年。書札彙編列於淳熙十三年。

答宋容之 之汪　淳熙十六年以後

所喻讀書未能有疑，此初學之通患。蓋緣平日讀書只爲科舉之計，貪多務得，不暇子細，慣得意思長時忙迫，凡看文字不問精粗，一例只作如此涉獵。如東坡易解乾卦中説性命，繫辭中説道處數章，及穎濱解孟子浩然之氣處，皆是此類，無一字成言語。今當深以此事爲戒，洗滌净盡，別立規模，將合看文字擇其尤精而最急者，且看一書，一日隨力且看一兩段，俟一段已曉，方换一段，一書皆畢，方换一書。先要虚心平氣，熟讀精思，令一字一句皆有下落，諸家注解一一通貫，然後可以較其是非，以求聖賢立言之本意。雖已得之，亦且更如此反復玩味，令其義理浹洽於中，淪肌浹髓，然後乃可言學耳。只如所論大學以正心誠意爲本，此便是不子細處。且請試考經文，正心誠意、致知格物何者爲先後耶？其他如好樂苟善不害於正之説，必有事焉而勿正心之説，敬必以誠爲先之説，亦互有得失。但終是本領未正，未容輕議。便使一一剖析將去，亦恐未必有益。可且就此三四義上子細思索，勿正心即更看古注及諸先生説，後便見喻爲佳。就此反復，殊勝泛論也。大抵科舉之學誤人知見，壞人心術，其技愈精，其害愈甚。正恐前日所從師友多是只得此流，今以上來諸説求之，則比所聞於石鼓者，恐亦未免於此也。

編年　據書信編年。

答宋澤之 紹熙二年夏

自頃人還辱書之後，不能再致問訊，尋有臨漳之役。道里益遠，音問益難通，徒增悵想而已。今春不幸長子喪亡，哀痛不堪，亟請祠以歸。行過三山，始遇來使，并領書五通。乃知先丈郎中已遂窀穸之奉，及前此遣人與今再遣曲折，備見昆仲顯親傳遠之意悠久誠確，有人所甚難者，又不勝其悲嘆也。即此盛夏雨寒，遠惟侍奉佳福。

銘文之喻，昨承喻及，極知不能。然念先契之厚，固已心許久矣。今玆人來，適此禍難，初意决不能辦，欲且遣還來人，俟向後稍間爲之，别尋的便附去。既而思之，昆仲越數千里而來求銘，再遣使而後得達，此意已不可孤。向後因循，未必得償此諾，則何以見先丈於地下？遂留來人隨至建陽，輟哀排冗，亟爲草定，繕寫封内。但鄙拙不文，無以發揮行治之實，而事狀所載，亦有不能悉書者。一則志狀之體，詳略自應不同；二則慮其欲益而反損；如所記未第時事之類。三則病其頗涉於神怪。此三説者，更望高明有以察之也。今且寫得一本，旦夕事定，别抄數本寄都下，託范文叔發遞附便，必可達也。

及承深之遂承遺澤，即登仕版，以究先公欲行未盡之志，而澤之、容之亦將讀書求志，以承家學之傳，此皆區區之所深望。而垂問勤懇，又見不自滿足之意。但千里遠書，難盡心曲。今且以其大者言之。

大抵今之學者之病，最是先學作文干禄，使心不寧静，不暇深究義理，故於古今之學、義利之間不復能察其界限分别之際，而無以知其輕重取捨之所宜。所以誦數雖博，文詞雖工，而祇以重爲此心之害〔一〕。要須反此，然後可以議爲學之方耳。向者蓋亦屢嘗相爲道此，然覺賢者意中未甚明了，終未免以文字言語爲功夫，聲名利禄爲歸趣〔二〕。今以所述事狀觀之，亦可驗其不誣矣。若諸賢者果以愚言爲不謬，則願且以定省應接之餘功收拾思慮，完養精神，暫置其所已學者，勿令洶涌，鼓發狂鬬，却於此處深察前所謂古今之學、義利之間，粒剖銖分，勿令交互，則其輕重取舍之極自當判然於胸中，不待矯拂而趣操自分，聖學之門庭始可以漸而推尋矣。此是學者立心第一義，此志先定，然後修己治人之方乃可决擇而修持耳。

人還，無以爲意，臨漳所刻諸書十餘種謾見遠懷。書後各有題跋，見所爲刻之意。近思録比舊本增多數條，如買櫝還珠之論，尤可以警今日學者用心之繆。家儀、鄉儀亦有補於風教，幸勿以爲空言而輕讀之也。

校記　〔一〕祇：原作「抵」，據宋閩、浙本改。

〔二〕趣：原作「極」，據右引改。

編年　據書信編年。

答陳器之 慶元元年

所示四條，第一、第三兩條得之。但以公爲仁，似未精。伊川先生明言仁道難言，惟公近之，非以公便爲仁。又云公而以人體之，故爲仁。竊詳此意，公之爲仁，猶言去其壅塞則水自通流。然便謂無壅塞者爲水，則不可。更以此意推之，可見仁字下落也。又中之爲義，固非專爲剛柔相半之謂。然當剛則剛，當柔則柔，當剛柔相半則相半，亦皆自有中也。試更思之，如何？

編年　據書信編年。書札彙編以爲作於紹熙四年春。

答陳器之 問玉山講義　慶元元年

性是太極渾然之體，本不可以名字言。但其中含具萬理，而綱理之大者有四〔一〕，故命之曰仁、義、禮、智。孔門未嘗備言，至孟子而始備言之者，蓋孔子時性善之理素明，雖不詳著其條而説自具。至孟子時，異端蜂起，往往以性爲不善。孟子懼是理之不明而思有以明之，苟但曰渾然全體，則恐其如無星之秤，無寸之尺，終不足以曉天下。於是别而言之，界爲四破，而四端之説於是而立。

蓋四端之未發也，雖寂然不動，而其中自有條理，自有間架，不是儱侗都無一物。所以外邊纔感，中間便應。如赤子入井之事感，則仁之理便應，而惻隱之心於是乎形。如過廟過朝之事感，則禮之理便應，而恭敬之心於是乎形。蓋由其中間衆理渾具，各各分明，故外邊所遇隨感而應，所以四端之發各有面貌之不同。是以孟子析而爲四，以示學者，使知渾然全體之中而粲然有條若此，則性之善可知矣。

然四端之未發也，所謂渾然全體，無聲臭之可言，無形象之可見，何以知其粲然有條如此？蓋是理之可驗，乃依然就他發處驗得。凡物必有本根，性之理雖無形，而端的之發最可驗。故由其惻隱所以必知其有仁，由其羞惡所以必知其有義，由其恭敬所以必知其有禮，由其是非所以必知其有智。使其本無是理於内，則何以有是端於外？由其有是端於外，所以必知有是理於内而不可誣也。故孟子言「乃若其情，則可以爲善矣，乃所謂善也」，是則孟子之言性善，蓋亦溯其情而逆知之耳。

仁、義、禮、智既知得界限分曉，又須知四者之中仁義是個對立底關鍵。蓋仁，仁也，而禮則仁之著；義，義也，而智則義之藏。猶春、夏、秋、冬雖爲四時，然春、夏皆陽之屬也，秋、冬皆陰之屬也。故曰「立天之道，曰陰與陽；立地之道，曰柔與剛；立人之道，曰仁與義」。是知天地之道不兩則不能以立，故端雖有四而立之者則兩耳。

仁義雖對立而成兩，然仁實貫通乎四者之中。蓋偏言則一事，專言則包四者。故仁者，仁之本體；禮者，仁之節文；義者，仁之斷制；智者，仁之分別。猶春、夏、秋、冬雖不同，而同出乎春。春則春之生也，夏則春之長也，秋則春之成也，冬則春之藏也。自四而兩，自兩而一，則統之有宗，會之有元矣。故曰五行一陰陽，陰陽一太極，是天地之理固然也。

仁包四端，而智居四端之末者，蓋冬者藏也，所以始萬物而終萬物者也。智有藏之義焉，有終始之義焉，則惻隱、羞惡、恭敬是三者皆有可爲之事，而智則無事可爲，但分別其爲是爲非爾，是以謂之藏也。又惻隱、羞惡、恭敬皆是一面底道理，而是非則有兩面。既別其所是，又別其所非，是終始萬物之象。故仁爲四端之首，而智則能成始，能成終。猶元氣雖四德之長，然元不生於元而生於貞。蓋由天地之化，不翕聚則不能發散，理固然也。仁智交際之間，乃萬化之機軸，此理循環不窮，吻合無間。程子所謂動靜無端，陰陽無始者，此也。

校記　〔一〕理：正訛改作「領」。

編年　據書信編年。

評論　劉洪謨叙朱子文集大全：天理渾然，亦燦然，虛心順理最難。各自爲方，偏動偏靜，均非正理。故答陳器之書云：「仁智交際之間，乃萬化之機軸，此理循環不窮，脗合無間。」最後答張敬夫中和書云：「人心周流貫徹，動靜相須，中和交濟，不仁無以著此心之妙，不敬無以致求仁之功。仁，心之道；敬，心之貞也。」

周大璋朱子古文讀本卷二答陳器之書：性情體用，仁義對待，統宗會元，循環終始，無不言之了了，真發千聖之秘。姚江輩猶欲起而亂之，得罪萬世，不可逭也。

答葉味道 賀 紹熙五年

所喻既祔之後主不當復于寢，此恐不然。向見陸子静居母喪時力主此説，其兄子壽疑之，皆以書來見問，因以儀禮注中之説告之。渠初乃不曾細看，而率然立論，及聞此説，遂以爲只是注説，初非經之本文，不足據信。當時嘗痛闢之，考訂甚詳。且以爲未論古禮如何，但今只如此卒哭之後便除靈席，則孝子之心豈能自安邪？其後子壽書來，乃伏其謬，而有「他日負荆」之語。今偶不見當時往還舊牘，因更以他書考而論之。

如大戴禮諸侯遷廟篇云：「君及從者皆玄服。」則是三年大祥之後，既除喪而後遷矣。其詞但告遷而不言祔，則是既祔之後主復于寢，而至此方遷于廟矣。如穀梁云「易檐改塗」，禮志云「更釁其廟」，則是必先遷高祖於太廟夾室，然後可以壞釁其故廟而納祖考之主。又俟遷祖考於新廟，然後可以壞釁其故廟而納新祔之主矣。如左氏云「特祀於寢」，而國語有日祭之文，韋昭曰：「謂日上食於祖禰。」則是主復寢後，猶日上食矣。但穀梁所謂練而壞廟，乃在三年之内，似恐太速。禮志所謂釁廟而移故主，乃不俟其廟之虚而遽壞之，恐非人情。左氏所謂祔而作主，則與禮經虞主用桑者不合；所謂烝嘗禘於廟，則與王制喪三年不祭者不合，疑左氏此説乃當時之失〔一〕，杜氏因之，遂有國君卒哭而除服之説，皆非禮之正。大率左氏言禮多此類也。皆不足信。而國語日祭月祀時享既與周禮祀天神、祭地祇、享人鬼之名不合，韋昭又謂日上食於祖禰，月祀於曾高，時享於二祧，亦但與祭法略相表裏，而不見於他經。又主既復寢而日祭之，則其几筵未知當俟臨祭而後設耶，或常設而不除也？此類皆無明文，更當詳考。又古者廟有昭穆之次，昭常爲昭，穆常爲穆，故祔新死者于其祖父之廟，則爲告其祖父以當遷他廟，而告新死者以當入此廟之漸也。今公私之廟皆爲同堂異室，以西爲上之制，而無復左昭右穆之次，一有遞遷而群室皆遷，而新死者當入于其禰之故室矣。

此乃禮之大節，與古不同。而爲禮者猶執祔于祖父之文，似无意義。然欲遂變而祔於禰廟，則又非愛禮存羊之意。竊意與其依違牽制而均不免爲失禮，曷若獻議於朝，盡復公私之廟皆爲左昭右穆之制，而一洗其繆之爲快乎！

校記　〔一〕此：原作「所」，據宋閩、浙本改。

編年　據書信編年。

答葉味道 紹熙五年

祔説向嘗細考，欲以奉報，意謂已遺。今承喻却未收得，必是不曾遺去。然今又尋不見。大抵禮注、穀梁皆謂練而遷廟，大戴禮諸侯遷廟其説亦然，此是古人必以練而遷其几筵於廟而猶日祭之，如横渠之説。然今人家廟只有一間，祖考同之，豈容如此？况又已過時，只得從温公之儀，亦適當世人情之宜。雖考之於古少有不同，要未爲大失禮也。錢君所論亦甚精詳，但謂既祔之後主不當復于寢，則似未安。蓋祔與遷自是兩事，祔者，奉新死之主以祭于其所當入之祖廟，而并祭其祖，若告其祖以將遷于他廟，若適士二廟，則此祖已當遷于夾室矣。而告新死者以將遷于此廟也。既告已，則復新死者之主於寢，而祖亦未遷。比至於練，乃遷其祖入他廟或夾室，而遷新死者之主于其廟耳。其未遷于廟與既遷而未祥，饋羞自如他日。如此則廟自不虛，寢亦有饋，皆非如錢君所慮也。頃年陸子壽兄弟親喪，亦來問此。時以既祔復主告之，而子靜固以爲不然，直欲於卒哭而祔之後徹其几筵。子壽疑而復問，因又告之，以爲如此則亦無復問其禮之如何，只此卒哭之後便徹几筵，便非孝子之心，已失禮之大本矣。子靜終不謂然，而子壽遂服，以書來謝，至有「負荆請罪」之語。今錢君之論雖無子靜之薄，而其所疑亦非也。不知味道看得如何？幸更與錢講之，復以見告也。

編年 據書信編年。

答葉味道 紹熙五年

五服飲食居處之節，昨嘗聞其略。但喪大記有「叔母、世母、故主、宗子，食肉飲酒」之文，注云「義服恩輕」，不知自始死至未葬之前，可以通行何如。但一人向隅，滿堂不樂，服既不輕，而飲食居處獨不爲之制節，可乎？

禮既無文，不可强說。竊意在喪次，則自當如本服之制，歸私家則自如，其或可也。

喪大記：三年之喪，「禫而從御，吉祭而復寢。期，居廬，終喪不御於内者。父在，爲母、爲妻齊衰期者，大功布衰九月者，皆三月不御於内」。不知小功、緦獨無明文，其義安在？

禮既無文，即當自如矣，服輕故也。

親迎，男女遭喪之禮，曾子問之詳矣。今有男就成於女家，久而未歸，若婿之父母死，女之奔喪如之何〔一〕？若女之父母死，其女之制服如之何？

此乃原頭不是，且放在塗之禮行之可也。然既嫁則服自當降，既除而歸夫家耳。

曾子問曰：「昏禮既納幣〔二〕，有吉日，女之父母死，則如之何？」孔子曰：「婿使人吊。如婿父母死，則女之家亦使人吊」云云。如未有吉日，獨不當吊乎？

恐無不吊之理。

賀去冬侍坐，承斟酌古今之制，謂居喪冠服當與吉服稱，其制度等級已略言及。近見親戚有居母喪，用温公寬袖襴衫、布幞頭，取其與吉服相符，而又加首絰〔三〕、要絰而去温公之布四脚〔四〕，不知可行否？

今考政和五禮，喪服却用古制，準此而行，則亦無特然改制之嫌。却恐吉服須講求一酌中制度，相與行之耳。

昔侍先生，見早晨入影堂焚香展拜，而昏暮無復再入，未知尊意如何？

向見今趙丞相日於影堂行昏定之禮，或在燕集之後，竊疑未安，故每常只循舊禮晨謁而已。

按雜記，姑姊妹其夫死而夫黨無兄弟，使夫之族人主喪，妻之黨雖親不主。此謂姑姊妹無子，寡而死也。夫若無族矣，則前後家、東西家，無有則里尹主之。或曰主之而祔於夫之黨。妻之黨自主之，非也，夫之黨其祖姑也。今賀有姑，其夫家□，反歸父母家。既耆耋，他日捨兄弟侄之外，無爲主者。但不知既無所祔，豈忍其神之無歸乎？

古法既廢，鄰家、里尹決不肯祭他人之親，則從宜而祀之別室，其亦可也。

女子適人，爲父母服期，傳云：「不貳斬也。」賤婦喪母，遂於既葬卒哭而歸。繼看喪大記曰：「喪父母，既練而歸。期九月，既葬而歸。」注云：「歸謂歸夫家也。」其既葬而歸者，乃婦人爲祖父母、爲兄弟之爲父後者耳。賀雖令反終其月數，而誤歸之月，不知尚可補填乎？因思他人或在母家，彼此有所不便，不可以待練之久，其不可以不歸也，又如之何？

補填如今追服，意亦近厚。或有不便，歸而不變其居處飲食之節可也。衣服則不可不變。此亦以意言之，深恐不免汰哉之誚也。

校記

〔一〕奔：原作「本」，據宋浙本、明天順本改。

〔二〕幣：原作「弊」，據禮記曾子問改。四庫本亦作「幣」。

〔三〕經：原作「經」，據宋閩、浙本改。

〔四〕經：原作「經」，據右引改。

編年 據書信編年。

答葉味道 慶元五年春

省闈想甚得意，奏名必在前列。但尚未見後場題目，不知主司意鄉如何。要之得失已有定分，人徒自爲擾擾耳。改字不若只就舊名之爲安。門生之禮，若在高等，恐例須謁見，即不可廢。若只在行間，亦不必詣之也。禮書未能得了，而衰病日侵，恐未必能究竟此事也。漢卿必時相見，四方更有何朋友在都下？凡百宜以謹密爲上。事了，能一過此相聚否？李敬子尚留此，志尚堅苦，不易得。但看義理未甚明徹細密耳。

編年 據書信編年。

答徐居甫 紹熙二年

寓向看五峰言「天理人欲同行而異情，同體而異用」兩句，頗疑同體異用之説，然猶未見真有未安處。今看得天理乃自然之理，人欲乃自欺之情，不順自然，即是私僞，不是天理，即是人欲，二者面目自别，發於人心自不同。寓常驗之舉動間，苟出於天理之所當爲，胸中自是平正，無有慊愧，自是寬泰，無有不足，接人待物自是無乖忤。學者雖不常會如此，要是此心存時便如此，此心不存則不如此。須是讀書講義理，常令此心不間斷，則天理常存矣。若有放慢時節，任人欲發去，則胸中自是急迫粗率，自是不公不正。爲不善事，雖不欲人之知，胸中自是有愧赧。然亦自不可掩，如何要去天理中見得人欲，人欲中見得天理？二者敻然判別，恐説同體不可，亦恐無同行之理。若曰心本爲利，却假以行，與那真於爲義者其迹相似，如此説同行猶可。今下天理人欲字，似少分別。未審是然否？

頃與欽夫商量，此兩句謂同行異情者是，謂同體異用者非，請更詳之。

「志於道，據於德，依於仁」一章，集注之説備矣。寓看來一節密似一節，志於道則心心念念惟在人倫日用之所當行者，決不向利欲邊去，其志定矣。據於德，如孝親悌長等事，皆吾所自得而行之者，慮有照管不到時節，當據守之而勿失，則吾之所得者實矣。依於仁，則全其本心之德而不間於人欲之私，生生之體自流行不息。工夫至此，亦云熟矣。此三節自立腳大綱以至工夫精察如此。志道即夫子志學處，以等級次第言耳。據德大略如貧而無諂、富而無驕之類，謂其能守也。依仁如貧而樂、富而好禮，謂其不違仁也。游於藝是行有餘力，則以學文。未知此説通否？

此段看得好，但所引貧富者不相似。

「孝弟爲仁之本」章注謂仁者心之德、愛之理，「顔淵問仁」章又謂仁者心之全德。合二處推明其説，未審當否。心德則生道也。蓋天地以生物爲心，故人得之以爲心者謂之仁。其體則同天地而貫萬物，其理則統萬善而包四端。論其名狀，則沖和温粹，渾龐涵蓄，常生生不死，乃得謂之仁焉。此即乾之元，在四時而爲春者也。以仁而主四者，則隨其地分，發爲羞惡，爲辭遜，爲是非，莫不各當其所。若不以仁爲主，而以別個爲主，則但見不相對副，但見乖隔不順。且天地失其所以爲主，而人亦不得其所以生者矣。此所以言仁專一心之德者，豈不以其維綱管攝之妙乎。敬愛之理，只從孝弟上發明。自孝弟而推原其本，則惟有此理耳。所謂以仁爲孝弟之本是也。孝弟而廣充其用，則爲仁民愛物之事，所謂爲仁以孝弟爲本是也。寓恐心之德以專言〔一〕，愛之理以偏言。專言之本則發爲偏言之用，偏言之用則合於專言之本，不可以小大本末二之也。自仁道之不明也，人惟拘於氣稟，蔽於私欲，則生道有息而天理不行，否隔壅塞，不能貫通。如人疾病，血氣不運於四支，則手足頑麻，不知痛癢，而醫者亦謂之不仁。人能有以體乎仁，必其無一毫之私得以間其生生之體，使之流行貫注，無有不達，無有不遍，然後爲能全其心之德、愛之理也。此顏子之克己，仲弓之敬恕，與聖人居處恭、執事敬、博學篤志、切問近思等處，正欲使工夫縝密也。必磨洗蕩滌其私，使無一毫之留，所以喚此仁，使之充長條達，無不周遍，則心德自全而仁斯在我矣。伏乞嚴喻。

此段大意得之，但愛之理未可以用言耳。更味之，久當浹洽，自見得失也。

「敬」之一字，初看似有兩體，一是主一無適，心體常存，無所走作之意；一是遇事小心謹畏，不敢慢易之意。近看得遇事小心謹畏是心心念念常在這一事上，無多岐之惑，便有心廣體胖之氣象。此非主一無適而何？動而無二三之雜者，主此一也。静而無邪妄之念者，亦主此一也。主一蓋兼動静而言，静而無事，惟主於往來出入之息耳。未審然否？

謂主一兼動静而言，是也。出入之息，此句不可曉。

寓一日訪蕃叟先生，因説孟子盡心知性處。陳先生云：「人須是知得始得，若不知得，就事上做得些小，濟得甚事？」寓以爲此説甚然。陳先生問盡其心者作如何説，寓對言：「心統性情，會衆理而妙萬物者也。心最難盡，惟是知得性，方能盡得心。能盡其心者，以知其性故也。蓋性者，理之得於天而自然者也。如君之仁，父之慈，子之孝，以至於日用之所當爲者，皆有個根原來歷處。惟知之無一毫之不盡，無一節之不極，然後吾心之體至通至明，無所蔽惑，斯爲盡其心矣。」陳先生以爲不然，乃言：「甚事不從心生？只要盡得此心。凡所存主，凡所動作起居使合於理，便是盡得此心。此心既盡，則自能知性。如耳之聽正聲，目之視正色，手足舉動合禮，皆是性。」寓云：「向所聞於先生長者與此不同，耳目手足只是形，耳目手足之所以能如此者方是性。」陳先生曰：「某之所以與朱丈不同者，正以此耳。公下稍自知某説爲是，某之用意不同，恐難猝合。」寓所聞如此，未得其精。但「盡其心者知其性也」一句，「盡」上一個「者」字，下應一個「也」字，不知語脉當如何説？寓之所對，不畔尊旨否？

此段論得甚好，但恐下稍不長進，則反見彼説爲是耳。今日正好著力也。

寓向在道院，問親迎禮，先生言親迎以來從温公，婦入門以後從伊川。云廟見不必候三月，只遲之半月亦可。蓋少存古人重配著代之義。今婦人入門即廟見，蓋舉世行之。近見鄉里諸賢頗信左氏先配後祖之説，豈後世紛紛之言不足據，莫若從古爲正否？

永嘉有儀禮之學，合見得此事是非。左氏固難盡信，然其後説親迎處，亦有布几筵告廟而來之説，恐所謂後祖者，譏其失此禮耳。

禮，支子不祭，祭必告宗子。然諸子之嫡子有是襲爵〔二〕，其次子始立宗。大夫、士以嫡子爲宗，所以上承祖宗之重，下垂百代之傳而不敢少慢者。後世禮教不明，人家多以異姓爲後。寓所見鄉里有一人家，兄弟二人，其兄早亡無後，遂立異姓爲後。後來弟却有子，及舉行祭禮，異姓子既爲嫡主，與凡題主及祝版皆用其名。若論宗法，祭惟宗子主之，其他支子但得預其祭而已。今異姓爲後者既非祖宗氣血所傳，乃欲以爲宗子而專主其祭乎？寓意欲以從弟之長者共主其祭事，亦同著名行禮，庶幾祖先之靈或歆享之。不知可以義起否？伏乞裁教。

立異姓爲後，此固今人之失，今亦難以追正。但預祭之時，盡吾孝敬之誠心可也。

行吊之日不飲酒食肉，此古人因變而變常，爲得情性之正。然先王制禮，因人情而爲之節文，必情與文稱，乃爲得宜。寓恐吊喪之日不飲酒食肉，可以施於有服之親或情分之厚者。若吊泛常之人，只當於行吊之時不飲酒食肉，吊畢則復常，既與死者平時分疏，但則少變平日以存古意可也。未審尊意以爲然否？

有服則不但吊日不飲酒食肉矣，其他則視情分之厚薄可也。

校記　〔一〕寓：原作「竊」，據宋閩、浙本改。

〔二一〕諸子、有：四庫全書本作「諸侯」、「已」。

編年 據書信編年。

答徐居甫 紹熙二年

「君子之道費而隱」章。

鳶飛魚躍，是子思吃緊爲人處；必有事焉而勿正心，是孟子吃緊爲人處，皆是要人就此瞥地便見得個天理全體。若未見得，且更虛心涵泳，不可迫切追求，穿鑿注解也。

「君子之道造端乎夫婦，及其至也，察乎天地。」蓋夫婦則情意密而易於陷溺，不於此致謹，則私欲行於玩狎之地，自欺於人所不知之境。人倫大法雖講於師友之前，亦未保其不壞於幽隱之處。儻知造端之重，隱微之際恐懼戒謹，則是工夫從裏面做出，以之事父兄、處朋友皆易爲力而有功矣。

本只是説至近處，似此推説亦好。

「天地之大也，人猶有所憾」，恐非謂天能生覆而不能形載，地能形載而不能生覆。人猶有憾處，恐只在於陰陽寒暑之或乖其常，吉凶災祥之或失其宜，品類之枯敗夭折而不得遂其理。此雖天地不能無憾，人固不能無憾於此也。

既是不可必望其全，便是有未足處。

兩端謂衆論不同之極致，都是就善處説。如斷獄，一人以爲當死，一人以爲當罰，今酌其中而行之否〔一〕？

然所謂中，非如子莫之所執也。

「鬼神爲德」注云：「體物是其爲物之體。」不知此「體」字是「體用」之「體」，還復是「體質」之「體」？

鬼神者，氣之往來也。須有此氣方有此物，是爲物之體也。

校記　〔一〕否：宋浙本作「是也」。

編年　據書信編年。

答徐志伯浩　慶元四年前後

示喻堂銘，極荷不鄙。三數年來，不敢開口道一字，尚且無著身處。今安敢爲此以重其罪，又使餘波所濺，及於賢者乎？兼堂中四壁環列前輩之象，吾乃幅巾便服而游燕寢卧於其中，似亦非便。鄉聞劉子澄在衡陽作朱陵道院，自居正堂，而以兩廡爲前賢祠堂，嘗竊疑其非是。恨渠已去，不及正之也。横渠先生亦言，傳得夫子畫像，而無可設之處，正爲此耳。幸試思之，此雖細故，其間亦自不容無義理也。

編年　據書信編年。

答鄧衛老 絅 問近思録 淳熙二年以後

乾，健也，健而無息之謂乾。

如何見得天之健處？

四德之元猶五常之仁云云。絅謂偏言一事，仁之用也；專言四者，仁之體也。仁之用莫若愛，仁之體則愛有所不能盡，必包四者論之，而後仁之體可見。仁之一事乃所以包四者，不可離其一事而别求兼四者之仁也。

「滿腔子是惻隱之心」，莫只是不餒否？「心要在腔子裏」，莫只是不放却否？所謂腔子之義，豈禪俗語耶？

腔子猶言軀殼耳，只是俗語，非禪語也。滿腔子只是言充塞周遍本來如此，未説到不餒處。下句所説得之。

凡物有本末，不可分爲兩段事。灑掃應對是其然，必有所以然。絅竊謂是其然者，人事也；所以然者，天理也，下學而上達也。

大概是如此，更詳玩之。

楊子拔一毛不爲云云。絅竊謂三子皆執一而不知權故也。使楊子之拔一毛不爲施之在陋巷之時，即顏子矣。墨子之摩頂放踵施之三過其門不入之時，即禹矣。故所謂中者，惟可與權者能之。

楊、墨學不足以知道，其心偏而不中，豈復能爲禹、顏之事？可更思之。

「昔受學於周茂叔，每令尋顏子、仲尼樂處所樂者何事。」絅謂孔、顏之所樂者，循理而已矣。

此等處未易一言斷，且宜虛心玩味，兼考聖賢爲學用力處，實下功夫，方自見得。如此硬説，無益於事也。

「曾點、漆雕已見大意」，絅謂大意者，得非天理流行之妙，聖賢作用之氣象與？二子胸中灑落，無一毫虧欠，安行天理之至，蓋舜有天下而不與焉者也。但二子已能窺測乎此，未必身造乎此也，故曰已見大意。

且如此説，亦未有病。然須實下功夫，真有見處，方有意味耳。

「敬義夾持直上，達天德自此。」絅謂夾持者，豈内外并進之謂乎？直上者，豈進進不已之謂乎？

直上者，不爲物欲所累而倒東來西之謂也。

視聽、思慮、動作皆天理也，人但於其中要識得真與安爾。

「識」字是緊要處，要識得時，須是學始得。

横渠先生謂范巽之曰：「吾輩不及古人，病源何在？」巽之請問，先生曰：「此非難悟。」

設此語者，蓋欲學者存意之不妄，庶游心浸熟，有一日脱然如大寐之得醒耳。

橫渠先生之意，正要學者將此題目時時省察，使之積久貫熟而自得之耳，非謂只要如此説殺也。

明道先生曰：「某寫字時甚敬，非是要字好，只此是學。」絅謂此正在勿忘勿助之間也。今作字匆匆，則不復成字，是忘也。或作意令好，則愈不能好，是助也。以此知持敬者正勿忘勿助之間也。

若如此説，則只是要字好矣，非明道先生之意也。

伊川在講筵，不曾請俸，又不求封叙。絅謂若是應舉得官，便只當以常調自處，雖陳乞封蔭可也。

本以應舉得官，則當只以常調自處，此自今常人言之，如此可也。然朝廷待士却不當如此，伊川先生所以難言之也。但云其説甚長，則是其意以爲要當從科舉法都改變了，乃爲正耳。近看韓魏公論不當使道士於正殿設醮，而不知設醮之非，亦是此類。須説到廢道士而罷設醮，方是究竟也。

介甫言律是八分書，絅謂八分者，豈王氏謂其深刻猶未及於十分也？

律所以明法禁非，亦有助於教化，但於根本上少有欠闕耳。八分是其所長處，二分乃其所闕，此言是他見得者。蓋許之之詞，非譏之也。

「治天下不由井地，終無由得平。周道只是均平」。又曰「井田卒歸於封建乃定」。絅按張氏言治，大抵以井田封建爲主。程先生論封建，頗取柳子厚之説，而范唐鑑亦推廣之。至胡氏管見，乃力詆子厚，并排蘇、范，其説反與程門不合。何也？

遺書中只有一條論封建而取柳子厚者，其他處却不如此，恐此一段乃記録之誤也。范氏説多苟簡，不足爲法。胡氏之論雖正，然其言利害亦有所偏。要之封建郡縣互有利害，但其理則當以封建爲公耳。此類且徐講之，非今日所急也。

釋氏之説，若欲窮其説而去取之，則其説未能窮，固已化而爲佛矣。絅素不喜讀異端之書，然徒知其迹而未究其去著，儻遇辯詰，詞必窮矣。絅自度决不至陷溺，則亦不至騁辯。然理有未窮，則胸中不能無疑礙，雖不陷溺，亦偶然耳，況未必不陷溺耶。至於欲騁辯而耻不知，尤是末節，不足言。但窮理功夫不可有所遺，然又當審其緩急之序也。

一物不知，君子所耻也，不知於此當何以處之？

明道先生曰，周茂叔窗前草不除去，子厚觀驢鳴亦謂如此。又曰，子厚聞生皇子云云。絅謂此即天地生物之心而人物所得以爲心者，蓋仁之事也。聖賢千言萬句，所謂傳心者，惟此而已。

大概然矣。但不可只如此説了便休，須是常切玩味涵養也。

編年　據書信編年。書札彙編與下篇皆列於淳熙五年前後。

答鄧衛老 淳熙二年以後

昨所示卷子，久無便，不得報。所論鬼神者甚有條理，不易看得如此。但説乾健處云只「行」之一字，便見草率之甚。下文云云，則又全不應所問矣。恐可更深思而詳説之也。又以楊、墨爲學仁義而過，亦非是。彼乃正爲不識仁義耳，非學之過而不得中也。曾點之説，乃不真實之尤者。今亦未須便論見處，且當理會如何是實下功夫底方法次第而用力焉，久當自有得耳。若只如此揣摸籠罩將去，即人人會説，更要高妙亦得，但不濟事，反害事耳。

編年 據書信編年。

答張敬之 顯父 紹熙五年以後

梁惠王移民移粟之政，周官廪人之職未嘗廢，孟子非之者，豈以惠王不知仁政之本耶？此無異議，但當熟玩孟子所説王政之始終，其措置施行之方略次第耳。

孟子答齊宣王愛牛一段。此等處與上章亦無甚異，但要熟讀詳玩耳。

「必有事焉」一段，顯父謂此二者界限極難分別，蓋不致力則便無所事而幾於忘，才著意則未免預期欲速而流於助。但將心平鋪謹守，則又未見脱灑處。

此一段依孟子本文，只合就養氣上説，集注言之備矣。明道先生移就持敬上説，却是養氣已前一段事，功夫雖密，然恐不若且依孟子看也。

愛無差等，施由親始，夷子既知此説，便當一親疏、合貴賤方得。今却曰施由親始，則是又將親疏對待而言，豈非吾之愛又有差等哉。其詞氣牴牾，信乎遁而窮矣。

夷之所説愛無差等，此是大病。其言施由親始，雖若粗有差别，然亦是施此無差等之愛耳。故孟子但責其二本，而不論其下句之自相矛盾也。夷之所以卒能感動而自知其非，蓋因孟子極言非爲人泚之心有以切中其病耳。此是緊要處，當著眼目也。

滕文公之問逾迫，而孟子所以答之者若無可爲謀者。極其規模所就，亦不過太王畏天保國之事。至於萬章之問宋，而孟子遽以成湯樂天之事反覆告之。豈滕之地褊小，不足以有爲，而王偃滅滕伐薛，敗諸侯之兵，果有可畏之實耶？

强弱者，勢也；得失者，事也。宋、滕之强弱有異，故其得失之效不同。但其一事之如此而爲得，如此而爲失，則其理未嘗不同耳。若曰以强弱爲得失，則是强者常得，弱者常失也，豈其然乎？

以善服人，則有心於求勝，故人得以勝之。以善養人，則至誠樂與，而人自心悦誠服。其原亦判於公私義利之間也。

以善服人者，惟恐人之進於善也。如張華之對晉武帝，恐吴人更立令主，則江南不可取之類是也。以善養人者，唯恐人之不入於善也。若湯之事葛，遺之牛羊，使人往爲之耕之類是也。

孟子既以智爲始，聖爲終，則智者致知之事，聖者極至之名。其終復曰智巧聖力，是智反妙於聖矣。南軒以爲論學則智聖有始終之序，語道則聖之極是智之極者也。此説似可以破前所疑，不知如何？

智是見得徹之名，聖是行得到之號，有先後而無淺深也。聖而不智，如水母之無鰕，亦將何所到乎？

孟子謂乃若其情，則可以爲善，而周子有五性感動而善惡分，是又以善惡於動處并言之。豈孟子就其情之未發，而周子就其情之已發者言之乎？

情未必皆善也，然而本則可以爲善而不可以爲惡。唯反其情，故爲惡耳。孟子指其正者而言也，周子兼其正與反者而言也。莊子有「遁天倍情」之語，亦此意也。

頃蒙見教云，往者同安因聞鍾聲，遂悟收心之法。顯父不揆，驗之信然。

當時所説聞鍾聲者，本意不謂如此，但言人心出入無時，鍾之一聲未息，而吾之心已屢變矣。

潮汐，月臨子午則潮王，其理謂何？豈以子者陽之始，午者陽之極，月爲陰屬，故其氣交激而至此耶？

潮汐之説，余襄公言之尤詳。大抵天地之間東西爲緯，南北爲經，故子午卯酉爲四方之正位，而潮之進退以月至此位爲節耳。以氣之消息言之，則子者陰之極而陽之始，午者陽之極而陰之始，卯爲陽中，酉爲陰中也。

編年 據書信編年。

答張敬之 紹熙五年以後

向所示問目，看得路脉全未是，又多未曉此章之正意，而遽引他説，以雜乎其間，展轉相迷，彼此都曉不得，不濟得事。且當依傍本文，逐句逐字解釋文理，令其通透，見得古人説此話是此意了，更將來反覆玩味，久之自有見處，不須如此比類也。聖智巧力之説，則已得之矣。此便是看他處底樣子也。又論聖賢優劣，此亦是癡人比較父祖年甲高下之説。學問工夫都不在此，枉費心思言語之力也。

編年 據書信編年。

答丁賓臣 碩 淳熙間

十二月十一日，熹扣首上啓丁君省元老友：頃幸接承，便辱垂問。雖喜用意之高遠，然竊觀容止之間未甚和粹，意其未似聖門學者氣象，而所問又太多而不切，有不容以一詞相反復者，用是默默，不知所對。及承訪逮，至於再三，而不免少露鄙懷，則足下已艴然於色而不欲聞矣。

自是以來，彼此之懷終不相悉。而今者承書，遂有督過之意。三復以還，愧怍亡已。夫道在生人日用之間，而著於聖賢方册之內，固非先知先覺者所獨得，而後來者無所與也。又非先知先覺者所能專，而使後來者不得聞也。患在學者不能虚心循序反復沈潛，而妄意躐等，自謂有見，講論之際，則又不過欲人之知己，而不求其益；欲人之同己，而不求其正，一有不合，則遂發憤肆駡而無所不至，此所以求之愈迫而愈不近也。足下誠以是而深思之，則熹之前日所以告足下者已悉矣。足下之學，其是非得失亦明矣。如以爲然，繼此見問，敢不敬對。如曰不然，則高明之藴必有非愚昧所及知者，幸寬其咎而姑自信其説焉可也。惠况江蟹，感領至意。江茶五瓶，少見微意。布則例不敢受，前日柯國材之子來饋，亦已却之，非獨於左右爲然也。

編年　據書信編年。

答丁賓臣 淳熙間

來喻富貴利達莫非天命，軒冕儻來，似未可必，足見信道之篤。然反復其言，乃於得失之間未免有尤人之意，似又全未得力，何耶？未由面扣，臨風馳想。切冀以時自愛，益遜志於義理之學，是所願望。

編年　據書信編年。

答鄭□□ 艮 紹熙二年

示及疑義，足見勉學之意。已略奉答，但大抵用意未甚親切〔一〕，更宜虚心詳味，未要生疑，只且似林一之看養氣章，順文看去足矣，久之自當有見處、有疑處也。

校記 〔一〕抵、甚：原作「低」、「盡」，據宋閩、浙本改。

編年 據書信編年。

答黄嵩老 淳熙十六年

大抵人情苦於猶豫，多致因循，一向懶廢。今但心所欲爲，向前便做，不要遲疑等待，即只此目下，頃刻之間，亦須漸見功效矣。年運易往，時不待人，况中歲以後，尤宜汲汲也。

編年 據書信編年。書札彙編以爲作於紹熙二年以後。

答黄令裕 淳熙十六年以後

示喻道之大本未有真見之期，此只是急迫之病。道之大本豈别是一物？但日用中隨事觀省，久當自見。然亦須是虚心游意，積其功力，庶幾有得。若一向如此急迫，則方寸之間躁擾不寧，終無可得之期矣。

編年　據書信編年。

答黄令裕〔一〕　淳熙十六年以後

所喻日用功夫甚親切，但更就此勉力爲佳。然書策亦不可廢，若一向如此，又恐偏枯，别生病也。左氏之説，未暇及此。若論當讀之書，何止左氏？但朋友只看論語、孟子，已無餘力，何暇更及他書也？

校記　〔一〕題下底本原注：「一作黄敬之。」

編年　據書信編年。

答黄令裕〔一〕　淳熙十六年以後

收書，雖見鄉道之切，然更宜寛以居之，使其優柔漸漬，有以自得，乃爲有益，正不在如此迫切也。大學文義通貫，所不難見。須更反復，要見下手用力處而從事焉，乃爲有諸己耳。若只如此安排布置，口説得，行未至，未當得功夫也。

校記　〔一〕題下底本原注：「一作黄敬之。」

編年　據書信編年。

朱熹文集編年評注卷五十九

書知舊門人問答

答林正卿慶元三四年間

季通書來，亦謂正卿甚進，不知乃有異論如此。此正是渠病處，蓋不先其在己，而欲廣求於外，所以向裏不甚得力。又不察學者才識之高下，而概欲其無所不知，所以誤得他人亦多馳騖於外。吾人當識其好處而略其所偏也。聞渠謫居却能自適，亦甚不易。歸期正不須問，句呈亦不必求免。如陳了翁曾作諫官，及被謫，猶著白布衫，繫麻鞋，赴句呈。朝廷行遣罪人，正欲以此困辱之。若必求免，是不受君命也。不受君命，不受天命也，而可乎？所論易大概得之，但時事人位等字説得太早。今只可且作卦爻看，看得通透了，到推説處，方説得平居無事處時應事之法，是第二節事也。如乾之初九，只是陽氣潛藏之象，未可發用之占耳。若便著個不易乎世，不成乎名，隱而未見，行而未成底人坐在裏面，便死殺了，非所謂潔静精微者。若會得卦爻本意，却不妨當此時、居此位、作此人也。頃年嘗因人問易，應之曰：「公曾看靈棊課否？易之模樣，便只是如此也。」後有人問：「豈以其不足告而云爾耶？」此錯認了話頭也。試思之。

編年 據書信編年。

答林正卿 慶元三年四年間

觀變於陰陽而立卦，發揮於剛柔而生爻。

分奇偶便是畫，積畫便成卦，卦中看畫便是爻。若如所説，只是引證作文，不知四句之義又如何説。諺所謂鶻侖吞棗者是也，何由知其味耶。

伏羲畫卦，以寫陰陽之變化；文王、周公作繇、爻辭，以斷天下之疑；孔子作彖、象，以推明事物當然之理。然爻畫既具而三者已備乎其中，前聖後聖互相發明耳。

此説近之，然亦未盡。

所以名卦之例非一端，有兼取二義二象者，有專取二義者，有專取二象者，有兼取二象與人情者，有專取人情者，有兼取二象與陰陽之位者〔一〕，有取爻畫之多寡者，有取爻畫兼二象者，有取變卦者，有取爻畫之形與二義者，有不可曉者。

且逐卦玩索，當見各有意味，不須如此安排，貪多涉淺，勞心費力，不濟得事。

家人卦：乾，剛也，施於家則離；兑，説也，施於家則亂；坤，静也，施於家則廢；

震，動也，施於家則擾。坎、艮，非所取義，惟明而順家之道也。

穿鑿得不好。

革與睽相類。睽上火下澤，則不相入，此火在澤下，有變革之理。睽中女在前，少女在後，有相離之義，而此以中女繼少女，故曰革。

鑿。

豫四以震體之陽爲陰主，如大臣轉天下之危爲安，上無爲而下佚樂，故曰豫。

此等處孔子分明説「順以動，豫」，理甚分明，安得舍之而自爲説耶。大病只是著力安排，不曾虚心玩味耳。

中孚外剛中柔，至誠惻怛之人也。

得無色厲内荏之奸耶？大抵此一類都不是，此特其小失耳。

以伏羲易觀之，則看先天圖如寒暑往來，陰陽代謝，若有推排而又莫知其所以然者。以文王、周公易觀之，則六十四卦之名乃十八變以後之私記，三百八十四爻乃三變奇偶之私記，潛龍、牝馬等物如今之卦影，「勿用」、「利有攸往」等語如今斷卦之文。以孔子易觀之，則卦名者，時也，事也，物也。初、二、三、四、五、上者位也，而初、上又或爲始末之義。九、六者，人之才也。處某事，居某時，用某物，其才位適其所當則吉，不然則凶。

此説近之，然既知此〔二〕，而又不免爲前段之支蔓穿鑿，何耶？

易有取兩卦象以爲法者，有取卦名之義而思所以處之者，有取二義而思所以處之者。亦不必如此籠罩。

易疏論連山、歸藏，一以爲伏羲、黄帝之書，一以爲夏、商之書，未知孰是？

無所考，當闕之。

論上下二經爲文王所分，果可信否？

亦不必論。

論六十四卦重於伏羲，果否？

此不可考。或耒耜、市井已取重卦之象，則疑伏羲已重卦。或者又謂此十三卦皆云「蓋取」，則亦疑詞，未必因見此卦而制此物也。今無所考，只説得到此，以上當且闕之。但既有八卦，則六十四卦已在其中，此則不可不知耳。

校記　〔一〕二：原作「一」，據宋閩、浙本改。

〔二〕既：原作「乃」，據宋浙本改。

編年　據書信編年。

答林正卿 慶元三年四年間

所示易疑，恐規模未是。蓋讀書之法須是從頭至尾逐句玩味，看上字時如不知有下字，看上句時如不知有後句，看得都通透了，又却從頭看此一段，令其首尾通貫。然方其看此段時，亦不知有後段也。如此漸進，庶幾心與理會，自然浹洽，非惟會得聖賢言語意脉不差，且是自己分上身心義理日見純熟。若只如此匆匆檢閲一過，便可隨意穿鑿，排布硬説，則不唯錯會了經意，於己分上亦有何干涉耶。且如看此幅紙書，都不行頭直下看至行尾，便只作旁行横讀將去，成何文理？可試以此思之，其得失亦不難見也。

編年 據書信編年。

答林正卿 慶元四年

季通云亡，凡在同志，無不痛傷。然人生要必有死，遲速遠近，亦何足較。聞其臨行却甚了了，區處付屬皆有條理，亦足强人意也。所示中庸疑義，略此條析奉報。大率朋友看文字多有淺迫之病，淺則於其文義多所不盡，迫故於其文理亦或不暇周悉。兼義理精微，縱横錯綜，各有意脉。今人多是見得一邊，便欲就此執定，盡廢他説，此乃古人所謂執德不弘者，非但讀書爲然也。要須識破此病，隨事省察，庶幾可以深造而自得也。

編年 據書信編年。

答曹元可 紹熙二年以後

示喻爲學之意，仰見造詣之深，不勝嘆仰。然嘗聞之，爲學之實固在踐履，苟徒知而不行，誠與不學無異。然欲行而未明於理，則所踐履者又未知其果何事也。故大學之道雖以誠意正心爲本，而必以格物致知爲先。所謂格物致知，亦曰窮盡物理，使吾之知識無不精切而至到耳。夫天下之物莫不有理，而其精蘊則已具於聖賢之書，故必由是以求之。然欲其簡而易知，約而易守，則莫若大學、論語、中庸、孟子之篇也。是以頃年嘗刻四古經於臨漳，而復刻此四書以先後其説，又略述鄙意以附書後。區區於此所以望於當世之友朋者，蓋已切矣。歸來只有數本，皆爲知識持去，不得納呈。然彼間相去不遠，自可致之，不難也。讀之有得，復以見教，千萬之望！

編年 據書信編年。

答李巽卿 淳熙十六年以後

所喻進學處事之意，省察警懼，固當如此。然頭緒太多，却成紛擾。但將聖賢之書小立程課，熟讀深思，反復玩味，以此栽培澆灌，自有長進處，不必如此閑計度也。

編年 據書信編年。

答程次卿 淳熙十六年以後

示喻存心之説，此固爲學之本。然來喻又有所謂有是事必有是理者，不知又何從而察之耶。若如所謂，當應事然後思是事之理，當接物然後思是物之理，則恐思之不豫而無所及。若豫講之，則又陷於所謂出位而思、念慮紛擾之病。竊意用力之久，必有説以處此矣。幸明告我，得以反復之。

編年 據書信編年。書札彙編繫於紹熙三年。

答龔惟微 淳熙十六年以後

聞進學不倦之意，甚幸甚幸！但春秋之説向日亦嘗有意，而病於經文之太略，諸説之太煩，且其前後抵牾非一，是以不敢妄爲必通之計，而姑少緩之。然今老矣，竟亦未敢再讀也。來喻以爲他處皆可執其一説以爲據，獨即位之説爲難通，愚恐其所執之説未必聖人之真意，而非獨即位之説爲無據也。若只欲爲場屋計，則姑取其近似而不害理者用之。若欲真實爲學，則不若即他書之易知者而求之，庶明白而不差也。

編年 據書信編年。

答龔伯善〔一〕 淳熙十六年以後

示喻以門户之故，不免兩用其心，於道全未有得，此今日士子之通患。但窮達有命，非可力求。若其有之，當不待求而自至；如其無之，求亦奚益？惟道義在我，人皆有之而求無不得。今乃以彼而易此，其於利害之算可謂舛矣。願以此而反思之，庶乎其有决也。

校記　〔一〕善：宋閩本、明天順本、四庫全書本作「著」。

編年　據書信編年。

答汪叔耕紹熙四年十月二十三日

十月二十三日，熹扣首啓叔耕茂材鄉友：辱書，并示詩文論説甚富，三復不置，足以見鄉道之勤，衛道之切，而所以用力於詞章者，又若是其博而篤也。顧惟衰晚，於道既無所聞，不足以堪見予之意；而少日粗親筆研，終不能窺作者藩籬，且自覺其初無補於身世，遂用絕意棄去不爲，今數十年矣，又無以知所論之中失而上下其説也。然私竊計之，鄉道之勤，衛道之切，不若求其所謂道者而修之於己之爲本；用力於文詞，不若窮經觀史以求義理而措諸事業之爲實也。蓋人有是身，則其秉彝之則初不在外，與其鄉往於人，孰若反求諸己？與其以口舌馳説而欲其得行於世，孰若得之於己而一聽其用舍於天耶？至於文詞，一小伎耳。以言乎邇，則不足以治己；以言乎遠，則無以治人。是亦何所與於人心之存亡、世道之隆替，而校其利害，勤懇反復，至於連篇累牘而不厭耶。足下志尚高遠，才氣明決，過人遠甚，而所以學者未足以副其天資之美，熹竊惜之。又念其所以見予之厚而不忍忘也，不敢不盡其愚。足下試一思之，果能舍其舊而新是圖，則其操存探討之方固自有次第矣，請繼今以言。人還，姑此爲報。向寒，千萬以時爲親自愛，不宣。熹再拜。

編年　據年譜長編。書信編年暫繫於淳熙十六年。

答汪叔耕 紹熙五年春

熹扣首啓：前此人還，奉書草草，深以未得面論爲恨。專人至止，薦辱枉書，獲聞新歲以來起居佳勝，爲慰〔一〕。來書所論向來爲學次第，足以見立志之高矣。然雜然進之而不由其序，譬如以枵然之腹入酒食之肆，見其肥羹大胾、餅餌膾脯雜然於前，遂欲左拏右攫，盡納於口，快嚼而亟吞之，豈不撑腸拄腹而果然一飽哉。然未嘗一知其味，則不知向之所食者果何物也。

今承來喻，將欲捐其逐末玩華之習〔二〕，而加反本務實之功，則善矣。然所論周、程傳授次第，恐亦有未易言者。而以太極圖爲有單傳密付之三昧，則又近世學者背形逐影、指妄爲真之弊也。夫道在目前，初無隱蔽，而衆人沉溺膠擾，不自知覺，是以聖人因其所見道體之實，發之言語文字之間，以開悟天下與來世，其言丁寧反復，明白切至，惟恐人之不解了也，豈有故爲不盡之言以愚學者之耳目，必俟其單傳密付而後可以得之哉。但患學者未嘗虚心静慮，優柔反覆，以味其立言之意，而妄以己意輕爲之説，是以不知其味而妄意乎言外之別傳耳。

不欺論中所談儒、佛同異得失，似亦未得其要。至論所以求乎儒者之學，而以平其出入之息者參之，又有忘心忘形，非寐非寤，虚白清鏡，火珠静月每現輒變之説，則有大不可曉者。不知儒者之學自六經孔孟以來何嘗有是説，而吾子何所授受而服行之哉。所以求之者如是之雜，無怪乎愈求而愈不得也。而反自謂將從主静持敬、應事接物以求之，則有没世而不能達者，是豈應事接物、主静持敬之罪哉。如此不已，不唯求之不得而已，愚恐其必將有狂易喪心之患。竊爲吾子憂之，不敢不以告也。幸且置此，而即聖賢之言平易明白之處，虚心平氣，熟玩而躬行之，玩之深則理自明，行之篤則力自進，持之以久，亹亹而上達焉，則道體精微之妙，聖賢親切之傳，不待單傳密付而已了然心目之間矣。

其他所論，亦儘有合商量處，未暇悉陳。然根本若正，則此等枝葉亦不待辯而明矣。史論却勝他書，然姑少後之而先其本，則其所至又當不止此也。大學章句一本附往，古人爲學規模及今日用力次第盡在此矣。幸試詳之，勿以爲老生常談而忽之也。

校記 〔一〕以上原缺，據宋浙本補。考異所引别本同。

〔二〕捐：原作「損」，據右引改。

編年 據書札彙編。

答李元翰 紹熙三年以後

元翰前日説得儘近似，今看所示，又説開了。蓋前日所説尤非實見，故把捉不定，又會走作爾。如前日云「存得此心即便是仁」，此句甚好。但下面説「合於心者行之，不合於心者勿爲」，又説從義上去了，不干仁事矣。今所寫來者，乃「先存得此心」一句，便只説合於心爲之云云〔一〕，却是全説不著也。今且只以孟子「仁，人心也；義，人路也」兩句看來，便見仁義之别。蓋仁是此心之德，纔存得此心，即無不仁。如説克己復禮，亦只是要得私欲去後，此心常存爾，未説到行處也。纔説合於心者云云，則便侵過「義，人路」底界分矣。然義之所以能行，却是仁之用處，故學者須是此心常存，方能審度事理。如其不然，則方寸之間自無主宰，亦不復能審度可否而行所當行矣。此孔門之學所以必以求仁爲先，蓋此萬理之原、萬事之本，且要先識認得，先存養得，方有下手立腳處爾。其他所論未穩者多，但先看此一節，久之自見得也。

校記 〔一〕云云：原作「爲之」，據宋閩、浙本改。

編年 據書信編年。

答陳與叔 夢良 淳熙十六年以後

弟子職音韻。

此非大義所繫，不暇深考。

夢良竊意弟子職一章，自「先生施教，弟子是則」以下，似言學莫先於立教云云，自「志無虛邪」以下，又詳言其學之之功如此云云。

此説得之，然亦本無奥義，不必如此之詳也。

夢良竊意弟子職一章論教學之方，其所以敬親事長、從師受業與夫洒掃應對進退之要，皆括乎是。自二章至末十二章，又分明條具其節目之詳，由早至夜，周旋從事，蓋爲纖悉〔一〕。其四章「弟子饌饋」注「饋謂選具在食」，蓋饌乃訓具食，饋訓進食，恐饋者是進具在之食，疑「進」字誤作「選」字，未審如何。又「飯是爲卒」注「既飯而食」，則「卒」義未能通。五章「三飯二斗」注「三飯必二毀斗」及「左執虛豆」〔二〕，斗是何器？「毀」義如何？左執虛豆欲何用？六章「拚前歛祭」，「歛」字何訓〔三〕？用何物搜歛所祭？置之何地？八章「葉適已」，「葉」義如何？「葉是箕舌」，此句即曲禮所謂「以箕自鄉」者也。九章「措總之法」注「總設燭之束」〔四〕，類今時何物？此段中小字先生批。

此數條多所未詳，但「貳」是周禮「再貳」、「一貳」之貳，蓋必所食已盡而增益之也。故執虛挾匕〔五〕，視其不足者而貳之。但豆中有物而謂之虛，此不可曉爾。

大學明明德、新民，皆欲止於至善，而傳之一章結語止言自明，而二章結語乃言無所不用其極。

二章兼明自新新民之事，故通結之。下章又自正解「止於至善」之意，初不相妨也。

胡子知言曰：「天下莫大於心，患在不能推之爾。莫久於性，患在不能順之爾。莫成於命，患在不能信之爾。不能推，故人物内外不能一也。不能順，故死生晝夜不能通也。不能信，故富貴貧賤不能安也。」先生嘗以延平先生讀正蒙書語示夢良，此後五峰胡子書竟未敢看。然此段語已嘗熟誦，自見得說心著「大」字「推」字，性著「久」字「順」字，命著「成」字

「信」字爲有理。恐「大」亦是與天地同體之意，「久」只是常而不變之意，「成」只是一定不易之意否？

此段好，但點出兩處理會不得。

「子在川上曰：『逝者如斯夫，不舍晝夜。』」程子曰：「自漢以來，儒者皆不識此義，此見聖人之心純亦不已也。純亦不已，乃天德也，有天德便可語王道，其要只在謹獨。」竊意其要在謹獨，莫是工夫無間斷否？

川流不息，天運也；純亦不已，聖人之心也。謹獨所以爲不已，學者之事也。

「夫仁者，己欲立而立人，己欲達而達人，能近取譬，可謂仁之方也已」。集注以上一截説仁之體，下一截説仁之術，而程子於此二截乃合而言曰：「欲令如是觀仁，可以得仁之體。」程子合而言之，上下句似不相應，不若分作兩截看。然惟其仁者之心如此，故求仁之術必如此也。

校記

〔一〕蓋：疑當作「益」。

〔二〕上「飯」字，原作「飲」；二毁：原作「毁二」，據卷六十六讀管氏弟子職及管子弟子職改、乙。

〔三〕二「歛」字，原作「枚」，據右引改。

〔四〕九：原缺，據正訛補。

〔五〕匕：原作「己」，據宋浙本改。

編年　據書信編年。

答陳與叔淳熙十六年以後

所示疑義，各已批鑿附回。幸更思之，且於義理上留心，制度名物少緩，亦不妨也。

編年　據書信編年。

答方履之紹熙元年

杜門讀書，謝去場屋，自計已決，夫復何言？逖聞高風，第劇嘆尚。但所謂難者過之，不復致疑，此則泛泛悠悠，恐不得力。目前雖似無事，向後無歸宿處，茫然如未始學者，則恐不免却有多事之累也。平生見朋舊間好資質而似此者多矣，私心嘗竊深嘆惜之，故不願賢者之爲之也。因便寓書，并此奉曉，幸試思之，以爲如何也。

編年　據書信編年。

答方若水壬紹熙元年至二年間

龍巖之行，若問得實，使無罪者不以冤死而有罪者無所逃刑，此非細事也。静退之説亦甚善，但今亦未是教人求退，只是要得依本分，識廉耻，不敢自衒自鬻，以求知求進耳。然亦須是讀書窮理，使方寸之間洞見此理，知得不求只是本分，求著便是罪過，不惟不可有求之之迹，亦不可萌求之之心；不惟不得説著求字，亦不可説著不求字，方是真能自守，不求人知也。

編年 據書信編年。

答方子實 芹之 紹熙元年秋

昨者經由，幸獲一見。别又數月，豈勝馳情！令叔來，承書，獲審比日秋冷，德履佳勝，爲慰。熹比幸粗遣，無足言。長泰令兄幸得同事，相去不遠，亦時相見也。跋語殊犯不韙，更勤刻畫，爲愧益深耳。示喻主敬之説，先賢之意蓋以學者不知持守，身心散漫，無緣見得義理分明，故欲其先且習爲端莊整肅，不至放肆怠墮，庶幾心定而理明耳。程子「無適」之「適」訓之、訓往而讀如字，論語「無適」之「適」訓專、訓主而讀如「的」，其音義皆不同，不當以此而明彼，細考之可見。程子之云，只是持守得定，不馳騖走作之意耳。持守得定而不馳騖走作，即是主一，主一即是敬。只是展轉相解，非無適之外别有主一，主一之外又别有敬也。

編年 據書信編年。

答何巨元 進之 紹熙五年以後

杜門讀書，固爲可樂，而入居學校，又可推以及人，想賢者於此亦不憚應接之煩也。示喻人物之說，未知康節之意果如何。但如來諭以陰陽分之，似亦有理。大抵先天圖自復至乾爲陽，自姤至坤爲陰。陰陽所主既有淑慝之分，則人物所禀亦不能無純駁之辨也。手探足躡，出於一時之謬說，無足深論。當時但以姤在上而復在下，故以手足言之耳。四端之說，若以體用言之，則體爲首而用爲末。若自其發處而言，則發之初爲首而發之終爲末。二說亦不相妨，熟玩之可見也。匆匆奉報，幸更思之，有所未安，復以見喻，幸甚。

編年 據書信編年。

答程成甫 紹熙中

熹服膺二先生之教有年矣，雖幸得誦其詩，讀其書，然猶以未得識其子孫爲恨。茲乃辱書，欣感無量。且承叙述世次行治之詳，使得聞之，又嘆大賢之後中間留落不偶至於如此，甚者遂至淪陷隔絕而無聞。獨幸賢者於此乃能守其門户而不失其問學之傳，猶足以自慰也。今郡博士又能屈致以爲學校之重，其所以望於賢者，豈不欲其服先生之服，誦先生之言，行先生之行，以警動其學者而勉勵之哉。荷意之勤，敢申其說，以致區區之意，惟左右者念之。

編年 據書信編年。

答竇文卿 淳熙十三年以後

辱書，知進學不倦之意，甚善甚善。但自以不能致疑，便謂賢於辯論而不能行者，似有臨深爲高、不求進益之病，亦未免爲自畫也。彼以空言生辯，我以實見致疑，自不相妨，固不當以似彼爲嫌而倦於探討，亦不當一概視彼皆爲空言而逆料其全無實見也。顔子以能問不能，以多問寡，曷嘗敢是己非人而自安於不進之地哉。程先生說於不疑處有疑，方是長進，此不可不深念也。知日誦四書，時時省察，此意甚善。但不知何故都無所疑？恐只是從頭讀過，不曾逐段思索玩味，所以不見疑處。若果如此，則不若且看一書，逐段思索，反復玩味，俟其畢而別换一書之爲愈也。近思録說得近世學問規模病痛親切，更能兼看亦佳也。公謹未及附書，相見煩致意。渠從吕東萊讀左傳，宜其於人情物態見得曲折。今乃如此不解事，何耶？德章似亦不安其官，頗有責上責下而中自恕之意，皆是學問不得力處。吾輩觀此，真當痛自警省，實下工夫也。

編年　據書信編年。

答竇文卿 淳熙十三年以後

爲學之要只在著實操存，密切體認，自己身心上理會，切忌輕自表襮，引惹外人辯論，枉費酬應，分却向裏工夫。

編年　據書信編年。

答竇文卿 淳熙十三年以後

示喻問學之難，豈獨今日？吾黨但當日加持守省察之功，而不廢講誦討論之業，專以古人之爲己者爲師，而深以今人之爲人者爲戒，則庶乎其無負平生之志矣。

編年　據書信編年。

答竇文卿 淳熙十三年以後

夫爲妻喪，未葬或已葬而未除服，當時祭否？不當祭則已，若祭則宜何服？

恐不當祭。熹家則廢四時正祭而猶存節祠，只用深衣凉衫之屬，亦以義起，無正禮可考也。節祠見韓魏公祭式。

未葬不當祭，時或遇先忌，又不知當祭否？若祭，則又何服？

忌者喪之餘，祭似無嫌。然正寢已設几筵，即無祭處，恐亦可暫停也。

凡題主，男子婦人無官稱者宜何書？

伊川主式已詳言之，可考也。

夫在，妻之神主宜何書？何人奉祀？若用夫，則題「嬪某氏神主」，旁注「夫某祀」否？夫祭妻而云奉祀〔一〕，莫太尊否？

旁注施於所尊，以下則不必書也。

古者父在子爲母期，夫爲妻期，其練、祥、禫之祭皆同。今制夫爲妻服與古同，而子爲母齊衰三年，則夫爲妻大祥之日，乃子爲母小祥之祭矣。至於子爲母大祥及禫，夫已無服，其祭當如何？恐只是夫爲祭主，其辭曰：「夫某爲子某薦其祥事。」如曾子問宗子爲介子之禮，不識可否？

今禮几筵必三年而除〔二〕，則小祥、大祥之祭皆夫主之。但小祥之後，夫即釋服，大祥之祭，夫亦恐須素服如吊服可也。以祭，但改其祝詞，亦不必言爲子而祭也。

父在母没，父既除期之喪，子尚爲母服，其見父之時當以何服？

此於禮無文，但問喪有父在不杖之説，可更檢疏議參訂之〔三〕。

子之所生母死，不知題主當何稱？祭於何所？祔於何所？

今法五服年月篇中，「母」字下注云：「謂生己者。」則但謂之母矣。若避嫡母，則止稱亡母而不稱妣以別之可也。伊川先生云祭於私室。

禮記曰：「妾母不世祭，於子祭，於孫止。」又曰：「妾祔于妾祖姑。」既不世祭，至後日子孫有妾母，又安有妾祖姑之可祔耶？不知合祭幾世而止？

此條未詳，舊讀禮亦每疑之，俟更詢考也。

妾母若世祭，其孫異日祭妾祖母，宜何稱？自稱云何？

世祭與否未可知。若祭，則稱之爲祖母而自稱孫無疑矣。

校記　〔一〕祀：原作「事」，底本原注云恐當作「祀」，四庫全書本作「祀」，故改。

〔二〕三：原作「二」，據宋閩、浙本改。

〔三〕議：正訛改作「義」。

編年　據書信編年。

答李公晦 紹熙四年

所喻數條，蘇氏遠慮之説只是譬喻，未必專以地言。謀道一章，若取舊説，則二語爲複出矣。兼又有以學求禄之嫌，恐不若今文協而義精也。知及仁守之説則是，但此亦泛言，如云知之非艱，行之惟艱，古之聖賢亦未嘗無此戒也。恕之示義亦佳，先儒訓詁直是不草草也。正思所言，覽之令人感嘆。偶其鄉人有在此者，當轉致其家也。至之一族被擾非常，極可念。渠近日講論儘精細，但前日忿不思難，生此事端，累及無辜，爲可恨耳。聞其敵近日遣人四出捕緝，至有來此登門尋覓者，惜不及知，不得收縛送官耳。近日章、徐、皇甫、黄商伯四章各出何人之手？幸密批示。

編年　據書札彙編。

答李公晦 慶元四年

墓銘前已爲令叔言之矣，若無此慮，豈敢辭也。子約之亡，深可痛悼。不知諸公能因此事惻然於中，盡還諸遷客否。如其不然，春陵之請適足爲禍，亦尚未見復之，當即作書以力止其行耳。近日蘇子曰〔一〕、任德翁文字當已見之，宜春之詬，至今未知，此近事之鑒也。

校記　〔一〕曰：疑當作「由」。

編年　據書信編年。

答李公晦 慶元四年

所喻四説，往歲在彼固皆聞之，只是欠却明理，其説如東坡所謂不以火點終不明耳〔一〕。説詩近修得國風數卷，舊本且未須出，甚善。

校記　〔一〕其：原缺，據宋閩本、四庫全書本補。

編年　據書信編年。

答李處謙 淳熙十五年以後

昨辱遠訪，深以不獲一見爲恨。及得所留書而讀之，益知賢者之有志，慶閥之多才，又重以爲喜也。大抵爲學當以存主爲先，而致知力行亦不可以偏廢。縱使已有一長，未可遽恃以輕彼而長其驕吝克伐之私，況其有無之實又初未可定乎。凡日用間知此一病而欲去之，則即此欲去之心便是能去之藥。但當堅守，常自警覺，不必妄意推求，必欲舍此拙法而必求妙解也。

編年　據書信編年。書札彙編列於紹熙二年。

答劉履之 慶元元年

衰朽益甚，思與朋友反復講論，而外事紛擾，不能如願。如履之者，又相去之遠，不得早晚相見爲恨。然此事全在當人自家著力，雖日親師友，亦須自做功夫，不令間斷，方有入處。得個入處，却隨時游心，自不相妨。雖應科舉，亦自不爲科舉所累也。

編年　據書信編年。書札彙編繫於紹熙二年。

答楊子順 履正　淳熙十五年

示喻具悉。古人之學雖不傳於天下，而道未嘗不在於人心。但世之業儒者既大爲利禄所決潰於其前，而文詞組麗之習、見聞掇拾之工又日夜有以滲泄之於其後，使其心不復自知道之在是，是以雖欲慕其名而勉爲之，然其所安，終在彼而不在此也。及其求之而茫然如捕風繫影之不可得，則曰此亦口耳之習耳，吾將求其躬行力踐之實而爲之。殊不知學雖以躬行力踐爲極，然未有不由講學窮理而後至。今惡人言仁，言恕，言西銘，言太極者之紛紛，而吾乃不能一出其思慮以致察焉，是惡人説河而甘自渴死也，豈不誤哉！承許枉臨，尚須面論。

編年　據書信編年。

答楊子順淳熙十五年以後

來書所論爲學大意似已得之，但賢者本自會説，説得相似却不爲難。只恐體之未實，即此所説皆是空言，不濟事耳。又以後書孟子之説考之，即前書所謂講明義理以爲涵養培殖之地者，似若未精。此處尚且未精，則其本領工夫恐未免亦類此也。孟子所云必有事焉，乃承上文集義而言，語脉通貫，即無敬字意思來歷。但反復讀之，便自見得，不假注釋矣。明道之語，却是借此四句移在敬字上説，非解此章文義，不若伊川先生之説爲得本文之意。然其解「正」字即是助長，則亦未安。記得一處説正之之甚，遂至於助長，此語却差近，然猶有所未盡也。若看得本文語脉分明，而詳考集注，以究其曲折，子細識認，見得孟子當時立意造語無一字無來歷，不用穿鑿附會，枉費心力而轉無交涉矣。來書所云孟子不肯指認説，欲學者體認此處吃緊工夫，又云學者纔要修身正心，便是助長，告子、釋氏之學皆坐此爾，又云但嫌於迂曲其文，以從注釋，此皆非是，而第二條爲尤甚。請更詳之也。

編年 據書信編年。

答楊子順慶元三年春

所論數條皆善〔一〕。如克己復禮工夫只是如此著實用力，久之自然見效。若只如此做閑話説過，則不濟事矣。天下歸仁，亦是略以其效言之，非是便能使天下皆知吾之仁也。但言若能如此，則雖天下之大，亦無異詞耳。人稱不稱，固非己之所急，但其效自必至此。如食而飽，飲而醉，亦固然之理也。云天下皆歸吾仁之中，却是太作意，説得張皇了。仁、義、禮、智是性之四德，四端乃其發處，乃所謂情也。孟子論性，而曰「乃若其情，則可以爲善」，正指其發處以明其本體之有是耳，非直指四端爲性也。鍾磬有特懸者，有扁懸者〔二〕。其特懸者器大而聲宏，雜奏於八音之間，則絲竹之聲皆爲所掩而不可聽。故但於起調畢曲之時擊其本律之懸，以爲作止之節。其扁懸者，則聲器皆小，故可以雜奏於八音之間而不相淩也。不知今世所謂大樂者其制如何，但以理推之，意古者當如此耳。魂氣之説近之，但便謂魂爲知，則又未可。大抵氣中自有個精靈底物，即所謂魂耳。正名一義，乃可與權者之事。今以常情論之，決不能合。不若且置勿論，而於君臣父子大倫之正深致察焉，則亦不待他求而其輕重取舍之間當自知所處矣。此亦食肉之馬肝，不須深論也。至於書中所説，則狷忿之外，加以猜防，意思殊覺鄙陋。此是氣質本不高明寬廣，又爲學日淺，未有得力處，所以不免如此。今且未論其他，只夫子乘桴之嘆，獨許子路之能從，而子路聞之，果以爲喜，且看此等處，聖賢氣象是如何？世間許多紛紛擾擾，如百千蚊蚋，鼓發狂鬧，何嘗入得他胸次耶？若此等處放不下，更説甚克己復禮？直是無交涉也。至之粗疏，不如子順細密。然此等處却似打得過，正好相切磋也。儀禮此間所編已略定，便遽，未暇詳報，亦恨賢者未能勇於自拔，不能一來，共加刊訂耳。

校記　〔一〕論：原作「喻」，據宋閩、浙本改。

〔二〕扁：正訛改作「編」。

編年　據書信編年。

答楊子順　慶元三年以後

謂一陰一陽之謂道已涉形器，五性爲形而下者，恐皆未然。陰陽固是形而下者，然所以一陰一陽者，乃理也，形而上者也。五事固是形而下者，然五常之性則理也，形而上者也。試更思之，即可見矣。

編年　據書信編年。書札彙編與下篇皆繫於紹熙三年。

答楊子順〔一〕　慶元三年以後

所示疑義，若據易文，即「艮其背」即止其所之義。而伊川説作兩般，恐非經之本指。然其言止欲於無見，乃非禮勿視勿聽之義，於學者亦不爲無用。更思之。

校記　〔一〕此篇又見文集卷五十八答楊仲思四。

編年　據書信編年。

答李寶之慶元三年

祭禮略看，已甚可觀。但特牲第一條準前篇例，合入祭義耳。其他更俟詳考，續奉報。唯祭法及宗廟兩篇附諸篇後，不見祭祀綱領，恐須依向寫去者移在諸篇之前，爲祭禮之首。但舊作兩篇太細碎，今可只通作祭法一篇，如此則王制一段，周禮事鬼神示之目及祭法本文皆可全載〔一〕，不必拆開矣。祭法禘郊祖宗更考國語去取，又鄭注恐不可用。次特牲，次少牢，次有司，次諸侯釁廟，次諸侯遷廟，次祼獻，易名甚當，但前篇之例依儀禮本文皆自下而上〔二〕，故其序當如此。次祭義內事，此如來示，合祭義、祭統爲之，通言上下祭先之義，故又加「內事」二字，以別後篇。次中霤，次郊社，次祭義外事，此爲中霤、郊社兩篇之義，其蜡祭等説亦附此。此祭禮篇目也。其他大傳、外傳向已附去者，可并爲之。只此目中祭義內外二篇及中霤、郊社二篇亦未編定，幸并留念也。禘郊祖宗之説，公、穀、國語、家語、趙氏春秋纂例、中説、橫渠禮説皆當考也。

祭法、祭義及遷廟附記三篇今附還，可照前説重定爲佳。中霤、郊社二篇可并編定，其祭義內、外事兩篇并處諸篇之後亦佳。祭法內「郊之祭也」一章當入外事篇，他皆放此。

校記 〔一〕目：原作「日」，據宋閩、浙本改。

〔二〕文：原作「又」，據右引改。

編年 據書信編年。

答吴仲玭玭〔一〕 紹熙五年

熹遲鈍之資，總角聞道，終躬求之，未有得也。賢者誤聽，以爲可與言者，誨諭詳悉，皆非熹所敢當也。而令弟仲方判院之來，又幸數得從容，開警雖多，然所未合者亦不少。熹既以乍到疾病，公私紛冗，而匆匆遽歸之際，仲方亦不甚佳，遂不得竟其説，至今以爲恨也。

蓋道之體用雖極淵微，而聖賢言之則甚明白。學者誠能虚心静慮而徐以求之日用躬行之實，則其規模之廣大，曲折之詳細，固當有以得之燕閑静一之中，其味雖淡而實腴，其旨雖淺而實深矣。然其所以求之者，不難於求而難於養，故程夫子之言曰：「學莫先於致知，然未有能致知而不在敬者。」而邵康節之告章子厚曰：「以君之材，於吾之學頃刻可盡。但須相從林下一二十年，使塵慮銷散，胸中豁豁無一事，乃可相授。」正爲此也。今觀來喻，似於義理未有實見而强言之，所以談經則多出於新奇，立意則或流於偏宕，而辭氣之間又覺其無温厚和平、歛退篤實之意。是固未論其説之是非，而此數端者已可疑矣。豈於先賢指示入道之方猶有所未講耶？抑已講之而用力有未至耶？若熹之愚，無以及此。然荷不鄙，不敢不盡其愚，而又不敢摘一辭之未達、一義之未安以浼高明之聽也。區區拙直，言不能文，恕其僭率，千萬之幸！

校記 〔一〕仲玭：原缺「玭」字，據宋元學案補遺卷六十九補。

編年 據書信編年。

答吳斗南人傑　紹熙元年春

竊伏山間，久聞德義，且知著述甚富，每以未得亟見其人而盡讀其書爲恨。兹辱惠問，并寄古易、刊誤二書，所以見屬之意甚勤且厚，非熹淺陋之所能堪也。比日春和，敬惟撫字有相，尊履萬福。

二書三復，不能去手，可謂極精博矣。鄙意尚有欲奉扣者，迫此治行之冗，未能盡布。别紙略見一二，幸復有以告之。他書承許盡以見寄，何幸如之！但洪範、詩樂二論尤欲早得之。或其餘未能悉辨，且先得此，幸甚幸甚！

來書又謂方思所以收其放心，而患於未有以自入，此見高明之志又將有意於古人爲己之學，不但爲言語誦説之計而已。區區不敏，尤所敬嘆。蓋竊嘗謂今之人知求雞犬而不知求其放心，固爲大惑。然苟知其放而欲求之，則即此知求之處一念悚然，是亦不待别求入處而此心體用之全已在是矣。由是而持敬以存其體，窮理以致其用，則其日增月益，自將有欲罷而不能者。矧以執事之明而加意焉，則其見聞之博、參考之詳亦何適而非窮理之地哉。如其不然，則是直爲玩物喪志而已。固知賢者不屑爲此，然熹之愚，不得不爲執事者慮之也。感見與之勤，不敢隱其固陋，伏惟察焉。旦夕南去，相望益遠，惟幾以時自愛，亟膺召用；時時書來，慰此窮寂，千萬之望！

編年　據書信編年。

别紙〔一〕 紹熙元年春

古易既畫全卦，繫以彖辭，又再畫本卦，分六爻而繫以爻辭，似涉重複。且覆卦之法，不知何所考據。近歲林栗侍郎乃有此説，然其法又與所論小異，不知曾見其書否？渠亦自以爲先儒未發之秘，則是古未嘗有是説也。且如所論以用九爲少陽，用六爲少陰，如此則當爲用七、用八矣，何九、六之有乎。此與啓蒙陋説正相南北，不審今當定從何説，因筆幸見喻也。

吕伯恭頃嘗因晁氏本更定古易十二篇，考訂頗詳。然據淳于俊之説，便以今王弼易爲鄭康成易，嘗疑其未安。今得所示，分别鄭、王二本，乃有歸著〔二〕，甚善甚善。然不知别有何證據也。

「未有文字已有此書」，謂有此理則可，謂有此書則不可。

繫辭恐并彖辭亦是。蓋彖繫於全卦之下，而爻繇分繫於逐爻之下，其經只是連書，并在卦下，不再畫卦，如今所定之本也。

彖傳釋彖辭，象傳釋爻辭，繫辭傳則通釋卦爻之辭，故統名之曰繫辭傳，恐不可改繫辭傳爲説卦。蓋説卦之體乃分别八卦方位與其象類，故得以説卦名之。繫辭傳兩篇釋卦爻之義例辭意爲多，恐不得謂之説卦也。

大傳言「繫辭」者四，今考其二上文皆兼卦爻而言，恐不得專以爲爻辭。其一雖專指爻辭，則爻辭固繫辭之一也。其一爲七、八、九、六而言，七、八、九、六雖是逐爻之數，然全卦七八則當占本卦辭，三爻七八則當占兩卦辭，全卦九六則當占之卦辭〔三〕，卦辭固不害其爲繫辭也。蔡墨謂乾之坤曰「見群龍無首，吉」，則覆卦之説有不可行者矣。

漢書刊誤固多熹所未講，然其暗合者亦多。但劉氏所斷句，如項羽傳「由是始爲諸侯上將軍」，儒林傳「出入不悖所聞者」，此類甚多，皆與史記合，恐當表而出之，以見其非出臆斷。唯「爲原廟渭北」一條，頃見一書，「廟渭」之間有「於」字，亦其明證。但今不記此出處，遍檢史記、漢書之屬皆無之，恐或記得，幸批喻也。

劉氏所疑，亦自有舛誤處。如溝洫志第二條「於楚」字，本文自屬下句，下文有「於齊」、「於蜀」字，皆是句首，而劉誤讀，屬之上句，乃不悟其非，而反疑本文之誤，補遺未之正也。

楚詞協韻一本納上，其間尚多謬誤，幸略爲訂之，復以見喻，尚可修改也。

校記　〔一〕此題宋浙本作「答吴斗南」，底本原注別本同。

〔二〕有：原作「看」，據宋閩、浙本改。

〔三〕之：疑當作「三」。

編年　據書信編年。

答吴斗南 紹熙二年春

便中奉告，感慰亡量。比已改歲，竊惟履此泰亨，倍膺多祉。熹承攝於此，忽已逾年，疾病侵凌，無一日好況。請祠不遂，經界之役得請後時，不可舉手，少須三五月，即復告歸矣。世路艱棘，不若歸卧田里，以休餘年。及人之事，非復吾力之所及矣。每誦先聖不夢周公之嘆，未嘗不慨然也。承受代改秩亦既有期，甚以爲慰。不知諸公相知者爲誰？鼎之有實，宜謹所之，我仇有疾，乃無尤耳。

前寄諸書，竟未得細考。然疑諸儒之説有不足信據者，要當審擇而遴取之，乃無誤耳。今此所寄却得一觀，恨讀書少，未能有以上下其論。然亦有一二疑處。假開多事，便人行速，未暇一一奉扣。姑録一二，别紙奉呈，幸一一批報。頃見東漢討羌檄日辰與通監長歷不同，又沈存中筆談所載朱浮傳引天作詩，目今范書印本亦異，不記前書曾奉問否？今亦見紙尾，幸并喻及也。李彦平所見趙顔子，不知何人？莫是永嘉趙彦昭否？其所論學大意甚佳，然恐於窮理功夫有所未至，則亦只冥行，終不能升堂睹奥，直入聖賢之域也。裒集程門諸公行事，頃年亦嘗爲之而未就，今邵武印本所謂淵源録者是也。當時編集未成，而爲後生傳出，致此流布，心甚恨之。不知曾見之否？然此等功夫亦未須作。比來深考程先生之言，其門人恐未有承當得此衣鉢者。此事儘須商量，未易以朝耕而暮穫也。心不耐閒，亦是大病。此乃平時記憶討論慣却心路，古人所以深戒玩物喪志，政爲此也。此後且當盡心一意根本之學，此意甚善。今人陷於所長，决不能發此，聽信身心也。

佛學之與吾儒雖有略相似處，然正所謂貌同心異，似是而非者，不可不審。明道先生所謂句句同，事事合，然而不同者，真是有味。非是見得親切，如何敢如此判斷耶。聖門所謂聞道，聞只是見聞玩索而自得之之謂，道只是君臣父子日用常行當然之理，非有玄妙奇特、不可測知，如釋氏所云豁然大悟、通身汗出之説也。如今更不可別求用力處，只是持敬以窮理而已。參前倚衡，今人多錯説了，故每流於釋氏之説。先聖言此，只是説言必忠信，行必篤敬，念念不忘，到處常若見此兩事不離心目之間耳。如言見堯於羹，見堯於墻，豈是以我之心還見我心別爲一物而在身外耶？無思無爲，是心體本然未感於物時事，有此本領，則感而遂通天下之故矣，恐亦非如所論之云云也。所云禪學悟入乃是心思路絶，天理盡見，此尤不然。心思之正，便是天理，流行運用，無非天理之發見，豈待心思路絶而後天理乃見耶。且所謂天理，復是何物？仁、義、禮、智豈不是天理？君臣、父子、兄弟、夫婦、朋友豈不是天理？若使釋氏果見天理，則亦何必如此悖亂，殄滅一切，昏迷其本心而不自知耶。凡此皆近世淪陷邪説之大病，不謂明者亦未能免俗而有此言也。

子合便人督書甚速，草草布此。手痛復作，不能究所欲言。何時面談，倒此胸臆？正遠，唯千萬自愛爲禱。

編年　據書信編年。

答吴斗南 紹熙二年春

所示廟議，乃全用左氏「臨于周廟」一條爲説，然不知似此安排有何經據。如高祖以下通爲禰廟，已非所安，又皆以西爲上，乃後漢同堂異室之制，無復左昭右穆之分，非古法也。若如江都集禮所載孫毓之説，却似可信，而所示舊八廟圖近之。不知是誰所定？但其圖又以廟皆東向，而以北爲昭，南爲穆，乃是室中祫祭之位，而非廟制耳。周有帝嚳廟，禮書并無此文，左傳亦無此説，似難臆斷。況僖祖只可比后稷，又與帝嚳不相似。如此牽合，如熹之陋，固不敢盡信，況朝廷諸賢皆深於禮者，恐亦未敢便依此改作也。

草木疏用力多矣，然其説蘭、蕙殊不分明。蓋古人所説似澤蘭者，非今之蘭，（澤蘭此中有之，尖葉方莖紫節，正如洪慶善説。若蘭草似此，則决非今之蘭矣。）自劉次莊以下所説，乃今之蘭而非古之蘭也。今并引之而無結斷，却只辨得「畦畹」二字，似欠子細。又所謂蕙，以蘭推之，則古之蕙恐當如陳藏器説乃是。若山谷説，乃今之蕙而亦非古之蕙也。此等處正當掊擊，乃見功夫。今皆如此放過，似亦太草草矣。荼恐是蓼屬，（見詩疏載芟篇。）故詩人與堇并稱。堇乃烏頭，非先苦而後甘也。又云荼毒，蓋荼有毒，今人用以藥溪取魚，荼是其類〔一〕，則宜亦有毒而不得爲苦苣矣。「如薺」、「如飴」〔二〕，乃詩人甚言周原之美，舊室之悲，如易之載鬼，詩之童羖，非荼實能甘也。

熹讀書最少，然見此類，不能無疑者尚多，則恐此書亦更少子細也。若論爲學，則考證已是末流，況此又考證之末流，恐自此不須更留意，却且收拾身心向裏做些工夫，以左右之明，其必有所至矣。若遂困於所長而不知所以自反，則熹之愚竊爲賢者惜之也。因便奉報，不覺傾倒，勿過勿過！南北相望，未知見日，千萬珍重，以副願言。

校記

〔一〕荼：正訛改作「堇」。

〔二〕齊：原作「齊」，據宋浙本改。

編年 據書信編年。

答輔漢卿 廣 紹熙五年冬

示喻所疑，足見探討不倦之意。前時所報，實有錯誤，已令直卿子細報去矣。熹向於中庸章句中嘗著其説，今并録去，可見前説之誤也。漢卿身在都城俗學聲利場中，而能閉門自守，味衆人之所不味，雖向來金華同門之士，亦鮮有見其比者。區區之心，實相愛重。但恨前日相見不款，今又相去之遠，無由面講，以盡鄙意。更幾勉力，卒究大業。

編年 據書信編年。

答輔漢卿 慶元元年

近況如何？既失楊館之期，後來别有相聚處否？讀書既有味，想見自住不得。近看舊作諸書，其間有説未透處，見此略加刊削，深覺義理之無窮也。

編年 據書信編年。

答輔漢卿慶元四年

所記鄙語，亦有小小差誤處，便中未暇詳報，并所改書亦未暇寫寄。不知近讀何書？有疑示及。此間今歲絶無人來，只所招上饒某人早晚講論耳。

編年 據書信編年。書札彙編以爲作於慶元二年冬。

答輔漢卿慶元二年

知徙居寬曠，不廢讀書，足以爲慰。此間年來應接差簡，然苦多病，不能用力文字間，又無朋友共講，間有一二，則其鈍者既難揍泊，敏者又不耐煩，有話無分付處，甚思賢者相聚之樂也。諸書無人整頓抄寄，然改處亦不多。但所録語儘有商量，恐非面不能盡耳。風力稍勁，而此一等人多是立腳不住〔一〕，千萬更加勉力，以副所期。餘祝自愛而已。柴中行聞報漕司考校之語其詞甚壯，亦聞之否？

校記 〔一〕腳：原作「却」，據正訛改。

編年 據書信編年。書札彙編繫於慶元三年冬。

答輔漢卿慶元五年

年滿七十，禮合休致，又以罪戾，不敢自上奏牘，百端懇禱，僅得州郡申省狀一紙。今託常寧游宰附與邸吏投之，已子細寫與十弟，更煩賢者同爲分付。此事或觸禍機不可知，但已斷置，一切不計較矣。恐有浮議相阻止者，幸勿聽也。比來看何文字？做何工夫？亦頗有進處否？向所寄來册子，方爲看得一半，其間亦有不足記者。其小未備者已頗爲補足矣，後便方得寄去也。精舍亦有朋友數人相聚，李敬子、胡伯量尚未去，早晚頗有講説。但每相與共恨賢者之不同此樂也〔一〕。只是禮書不能得成，又以氣痞，不可凭几，恐此事又成不了底公案也。省榜非久當出，不知一番朋友得失如何。味道聞寓書館，今尚留否耶？其在彼者頗皆相見否？當此時節，立得腳定者，亦甚難得人，況更向上事耶！

校記 〔一〕共：原作「其」，據宋閩、浙本改。

編年 據書信編年。

評論 魏了翁跋朱文公所與輔漢卿帖：亡友漢卿端方而沈碩，文公深所許與，往來書帖，當不止此。然其懷人憂世、勸學興善之心，於此亦可略見矣。所謂「當此時節，立得脚定者，亦難其人，況更向上事邪」，文公之所望於學者蓋若此，吾黨盍知所儆發云。

答輔漢卿 慶元五年

省闈不利，亦是時節如此。看此火色，且得安坐吃飯，已是幸事，豈可別有冀望耶。承許秋凉相訪，甚幸。此個道理功夫本不可有間斷時節，目下雖無人講貫，自己分上思索體認、持守省察自不可頃刻虚度。如此積累功夫，則其間必有所大疑，亦必有所大悟。一旦相聚，覿面相呈，如決江河，更無凝滯矣。今以謝致仕表附便去，令十弟分付投下，及更料理一二事。渠相見必自説及，恐有可疑，合商量處，亦望與之剖决也。昨承許借博古圖，甚欲見之。但重滯，如何得來？可更試爲籌度也。

編年 據書信編年。

答輔漢卿 慶元五年

精舍有朋友十數人，講學頗有趣。仲秉甚不易遠來，看得文字亦好，但恨漢卿不同此會耳。

編年 據書信編年。

答陳思誠 景思 慶元元年以後

承喻爲學之意與其所聞於師友而服膺弗失者，甚慰甚幸。然此乃近世所謂詭僞之學而斥去之者，向來雖或好之，今亦隱諱遁逃之不暇。以賢者之門地聲迹，蓋將進爲於斯世者，而乃有意於此，何嗜好之異耶！夫名實義利、爲己爲人之判，正則之言是也。但其所爲者要當真實有用力處，所不爲者要當深自省察，蚤戒而預遠之，是乃所謂徵驗之實。不然，則提空名以鄉道，而實無以自拔於流俗之所爲，則亦君子之不取也。荷意之勤，率易布此，不識以爲然否？然勿以語人，又千萬之懇也。

編年　據書信編年。

答陳衛道 鞏 慶元元年

疏示所見，此固足以自樂，賢於世之沉迷冒没之流遠矣。但猶有許多節次脉絡，何耶？然以釋氏所見較之吾儒，彼不可謂無所見，但却只是從外面見得個影子，不曾見得裏許真實道理，所以見處則儘高明脱灑，而用處七顛八倒，無有是處。儒者則要得見此心此理元不相離，雖毫釐絲忽間不容略有差舛，才是用處；有差便是見得不實，非如釋氏見處行處打成兩截也。嘗見龜山先生引龐居士説神通妙用、運水般柴話來證孟子「徐行後長」義，竊意其語未免有病。何也？蓋如釋氏説，則但能般柴運水即是神通妙用，此即來喻所謂舉起處，其中更無是非。若儒者，則須是徐行後長方是。若疾行先長，即便不是。所以格物致知，便是要就此等處微細辨别，令日用間見得天理流行，而其中是非黑白各有條理，是者便是順得此理，非者便是逆著此理，胸中洞然，無纖毫疑礙。所以才能格物致知，便能誠意正心，而天下國家可得而理，亦不是兩事也。

「天生烝民，有物有則」，只生此民時，便已是命他以此性了。性只是理，以其在人所禀，故謂之性，非有塊然一物可命爲性而不生不滅也。蓋嘗譬之，命字如朝廷差除，性字如官守職業。故伊川先生言：「天所賦爲命，物所受爲性。」其理甚明。故凡古聖賢説性命，皆是就實事上説。如言盡性，便是盡得此君臣父子、三綱五常之道而無餘；言養性，便是養得此道而不害。至微之理，至著之事，一以貫之，略無餘欠，非虚語也。此話甚長，非幅紙可盡。然其梗概於此可見，不審明者以爲如何？因風示及，有所未契，尚容反復也。

編年 據書信編年。書札彙編并下篇暫繫於淳熙十四年。

答陳衛道 慶元元年

示喻謹悉。但今欲爲儒者之學，却在著實向低平處講究踐履，日求其所未至。所謂樂處，却好且拈向一邊，久遠到得真實樂處，意又自别，不似此動蕩，攪聒人也。性命之理，只在日用間零碎去處，亦無不是，不必著意思想，但每事尋得一個是處，即是此理之實。不比禪家見處，只在儱侗恍惚之間也。

所云釋氏見處只是要得六用不行則本性自見，只此便是差處。六用豈不是性？若待其不行然後性見，則是性在六用之外别爲一物矣。譬如磨鏡，垢盡明見，但謂私欲盡而天理存耳，非六用不行之謂也。又云其接人處不妨顛倒作用，而純熟之後却自不須如此。前書所譏「不謂如此」，正謂其行處顛錯耳。只如絶滅三綱，無父子君臣一節，還可言接人時權且如此，將來熟後却不須絶滅否？此個道理無一息間斷，這裹霎時間壞了，便無補填去處也。又云雖無三綱五常，又自有師弟子上下名分〔一〕，此是天理自然，他雖欲滅之，而必竟絶滅不得〔二〕。然其所存者，乃是外面假合得來，而其真實者却已絶滅。故儒者之論，每事須要真實是當，不似異端，便將儱侗底影象來此罩占真實地位也。

此等差互處，舉起便是，不勝其多，寫不能窮，説不能盡。今左右既是於彼留心之久，境界熟了，雖説欲却歸此邊來，終是脱離未得。熹向來亦曾如此，只是覺得大概不是了，且權時一齊放下了，只將自家文字道理作小兒子初上學時樣讀，後來漸見得一二分意思，便漸見得他一二分錯處。迤邐看透了後，直見得他無一星子是處，不用著力排擯，自然不入心來矣。今云取其長處而會歸於正，便是放不下、看不破也。今所謂應事接物時時提撕者，亦只是提撕得那儱侗底影象，與自家這下功夫未有干涉也。鄙見如此，幸試思之，還説得病痛著否？因來却見喻也。中庸欲修改，未得功夫。然看文字亦不可如此一輥念過，便只領略得儱侗影象，不見裏面間架詳密，毫髮不可差處。須是且看一書，一日只看一兩段，俟其通透浹洽，然後可漸次而進也。

校記　〔一〕弟：原作「第」，據宋閩、浙本改。

〔二〕必：底本原注恐當作「畢」。

編年　據書信編年。

答陳才卿 紹熙五年至慶元元年

前書所論方叔所説不同者，只是渠以知覺爲性，此是大病。後段所謂本然之性一而已矣者，亦只是認著此物而言耳。本領既差，自是不能得合。今亦不能枉費言語，但要學者見得性與知覺字義不同，則於孟子許多説性善處方無窒礙，而告子「生之謂性」所以爲非者乃可見耳。才卿所論中庸戒懼、謹獨二事甚善，但首章之説性，或通人、物，或專以人而言，此亦當隨語意看，不當如此滯泥也。蓋天命之性雖人物所同禀，然聖賢之言本以修爲爲主，故且得言人。而修爲之功在我爲切，故又有以「吾」爲言者。如言上帝降衷于民，民受天地之衷以生〔一〕，不可謂物不與有。孟子言「我善養吾浩然之氣」，不可謂他人無此浩然之氣也。又謂微細之物亦皆有性，不可以仁、義、禮、智而言。微物之性固無以見其爲仁、義、禮、智，然亦何緣見得不是仁、義、禮、智？此類亦是察之未精，當更思之。又謂所謂率性，只就人物當體而言，却欲删去「而言之」三字，此亦誤矣。道只是性之流行分别處，非是以人率性而爲此道也。謝氏天地不恕之論，所説亦未當。凡此之類，有本不須致疑者，但且虚心反復，當自見得，不必如此横生辯難，枉費詞説也。

校記 〔一〕衷：正訛改作「中」。

編年 據書信編年。

答陳才卿 慶元元年

子顔一室蕭然，有以自樂，令人敬嘆。看詩且如此亦佳，大凡讀書須且虚心参驗，久當自見，切忌便作見解主張也。玉山所説，當已見之。若嫌離析，即却教他捏做一團也。所答守約書大概得之，更當虚心玩味，當更純熟也。

編年　據書信編年。

答陳才卿 淳熙十六年夏秋間

秋試不遠，計不免小忙。然以義理觀之，此亦當有處也。來書所喻大率少寬裕之氣，有勁急之心，如此不已，恐轉入棒喝禪宗矣。切宜省覺，不可一向如此也。子融看得文字痛快直截，可喜。想時相見。正叔在此，無日不講説，終是葛藤不斷也。

編年　據書札彙編。

答陳才卿 淳熙十六年夏

方叔、子融曾相見否？方叔看得道理儘自穩實，却是子融去歲在此講論，多不合處。中間蓋嘗苦口言之，後來一向不得書，不知能相信否。似渠堅苦力量，朋友間豈易得？覺微有向外欲速意思，便做出許多病痛。學者於此，豈可不痛加省察！或因通書，幸爲致意。

編年　據書札彙編。

答陳才卿 慶元元年夏秋間

詳來示，知日用功夫精進如此，尤以爲喜。若知此心此理端的在我，則參前倚衡，自有不容捨者，亦不待求而得，不待操而存矣。格物致知，亦是因其所已知者推之以及其所未知，只是一本，元無兩樣工夫也。

編年　據書信編年。

答陳才卿 慶元元年冬

新詩甚佳。康節胸懷未易窺測，須更於實地加功。若只就之乎者也上學他，恐無交涉也。

編年　據書信編年。

答陳才卿 慶元三年

熹碌碌如昨，但年老益衰，已分上自未有得力處，朋友功夫亦多間斷。方以爲憂，而忽此紛紛，遂皆不敢爲久留計，未知天意果何如也。

編年　據書信編年。

答陳才卿 慶元五年夏

傅簿赴部〔一〕，何時可歸？待次之間，且勉其讀書爲學，亦非細事也。熹今年足疾爲害甚於常年，氣全滿，凭几不得，緣此禮書不得整頓。且看向後病勢又如何，若有可奉煩者，即奉寄也。禮學是一大事，不可不講。然亦須看得義理分明，有餘力時及之乃佳。不然，徒弊精神，無補於學問之實也。

校記 〔一〕傳：原作「傳」，據宋閩、浙本改。

編年 據書札彙編。

答陳才卿 慶元五年十二月

知看儀禮有緒，甚善。此書雖難讀，然却多是重複，倫類若通，則其先後彼此展轉參照，足以互相發明，久之自通貫也。此間所編，直卿及用之兄弟分去謄寫，尚未送來。熹以苦氣痞殊甚，不能俯伏几案。歲晚諸人或來，即開正不免作數月功夫，自聽對讀，或可了也。傳兄相聚，看得甚文字？想其家務，不能專一，不免小作課程而令其日有常度，則積累久之，自見功效矣。明年只在水北，即亦相去不遠，猶不廢切磋之益也。子融日益孤高，深可嘆羨，一書却煩達之。

編年 據書信編年。

答陳才卿 慶元六年

精舍朋友往來不常，早晚頗有講問之樂。但病軀應接比之日前頗費力耳。禮書得直卿、劉用之在此，漸可整頓。然亦多費功夫，甚恨相去之遠，不得賢者之助也。所示儀禮所疑，此等處難卒説。但看時隨手劄記，向後因讀他處邂逅或有發明，自不費力。今徒守此一處，反成擔閣，虚度光陰，不濟事也。其他更讀何書？子融相聚有何講論？因筆及之，所願聞也。

編年 據書信編年。

答陳才卿 慶元五年秋冬間

熹衰病如昨，加以患難，今歲夏間復失一小孫，秋來又有仲婦之戚，悲傷之餘，羸困益甚。細讀來喻，知亦有災患，不知何故，然亦深爲怛然也。示喻憂懼所奪，工夫不進，此亦别無他巧，但得勉力向前爾。

編年 據書札彙編。

答陳才卿 淳熙十五年

正叔别後書來，復有疑問，已詳報之。託其轉寄才卿，可便依此作日用功夫，不須更生疑慮，空費談説，過却光陰也。

編年 據書信編年。

答陳才卿 淳熙十五年

彼中相聚子弟幾人？有可告語者否？此亦時有朋友往來，但難得身心純一、功夫不間斷者耳。

編年　據書信編年。書札彙編繫於紹熙四年。

答陳才卿　淳熙十六年

所喻誠意之説，只舊來所見爲是。昨來章句却是思索過當，反失本旨，今已改之矣。正叔、子融相聚累日，多得講論，甚恨才卿獨不在此也。諸書二兒處皆有本，歸日必同觀，有疑幸詳諭及。康節文字二兒亦已見之，熹亦不能盡究其説。只啓蒙所載爲有發於易，他則别成一家之學。季通近編出梗概，欲刊行，旦夕必見之。然亦不必深究也。

編年　據書信編年。

答陳才卿　淳熙十六年春

熹衰晚，甚幸復安外祠之禄，深以自慶。但使賢者爲亂夢，不無愧耳。大學章句、或問比復略修，大旨不殊，但稍加精約耳。中庸亦更欲删訂，大抵舊書太冗也。遇事固不當有所厭，然謂欲放令此心疏豁，無所執滯，此却恐硬差排不得，著意開放，却成病痛。但且守常程，久之純熟，自然疏豁乃佳耳。子融説得「樂意生香」處甚痛快，但恐又轉入舊腔裏也。

編年　據書信編年。

世人也。

答陳才卿 淳熙十六年至紹熙元年

正叔遽至於此，令人痛傷。人生虚浮，朝不保夕，深可警懼。真當勇猛精進，庶幾不虚作一世人也。

編年 據書信編年。

答余正叔 淳熙十五年以前

示喻已悉。前日所論，正爲敬義工夫不可偏廢。彼專務集義而不知主敬者，固有虚驕急迫之病，而所謂義者或非其義。然專言主敬，而不知就日用間念慮起處分别其公私義利之所在而決取舍之幾焉，則恐亦未免於昏憒雜擾，而所謂敬者有非其敬矣。且所謂集義，正是要得看破那邊物欲之私，却來這下認得天理之正，事事物物，頭頭處處，無不如此體察，觸手便作兩片，則天理日見分明，所謂物欲之誘，亦不待痛加遏絶而自然破矣。若其本領，則固當以敬爲主。但更得集義之功以祛利欲之蔽，則於敬益有助，蓋有不待著意安排而無昏憒雜擾之病。上蔡所謂「去却不合做底事，則於用敬有功」，恐其意亦謂此也。

正叔本有遲疑支蔓之病，今此所論，依舊墮在此中，恐亦是當時鄙論不甚分明，致得如此。故今復如此剖析將去，使正叔知得鄙意不是舍敬談義，去本逐末，正欲兩處用功，交相爲助。正如程子所謂「敬義夾持直上，達天德自此」者耳。今亦不須更生疑慮，别作商量，但請依此實下功夫，久遠純熟，便自見得也。前日三詩，首篇「計功程」字是大病根，而其下亦未見的實用功得力之處。後二篇亦未見踐言之效，只成虚説，尤犯聖門大禁。大概皆是平日對塔説相輪慣了意思，致得如此。須是勇猛決烈，實下功夫，力救此病，不可似前泛泛悠悠，虚度時日也。

編年 據書信編年。

答余正叔 淳熙十五年以前

示喻日用工夫，甚副所望。然前者所論，未嘗欲專求息念，但以爲不可一向專靠書册，故稍稍放教虚閑，務要親切自己。然其無事之時，尤是本根所在，不可昏惰雜擾，故又欲就此便加持養，立個主宰。其實只是一個提撕警策，通貫動静。但是無事時只是一直如此持養，有事處便有是非取舍，所以有直内方外之别，非以動静真爲判然二物也。上蔡之説便是如此，亦甚要切。但如此警覺，久遠須得力爾。千萬且於日用間及論語中著力，令有個會通處，即他書亦不難讀爾。

編年 據書信編年。

答余正叔 淳熙十五年

熹一出無補，幸已還家，又幸奉祠遂請，且得杜門休息。間讀舊書，雖葵藿之心不敢弭忘，然疏遠之分亦不敢不自安也〔一〕。別後讀書觀理，復增勝否？熹歸家只看得大學與易，修改頗多。義理無窮，心力有限，奈何奈何！唯需畢力鑽研，死而後已耳〔二〕。

校記 〔一〕自：原缺；「安」下原衍「何」字，據宋閩、浙本補、删。

〔二〕死：原作「苑」，據右引改。

編年 據書信編年。

答余方叔 大猷 紹熙五年

所喻別紙奉報，幸更思之。有所未安，復以見告。講論不厭精審，方見義理之真。然亦須是虛心平氣，方能精審。若以一時粗淺之見便自主張，即無由有進處也。

大猷竊謂仁、義、禮、智、信元是一本，而仁爲統體，故天下之物有生氣，則五者自然完具；無生氣，則五者一不存焉。只是説及本然之性，先生以爲枯槁之物亦皆有性有氣，此又是以氣質之性廣而備之，使之兼體洞照而無不遍耳。

天之生物，有有血氣知覺者，人獸是也；有無血氣知覺而但有生氣者，草木是也；有生氣已絶而但有形質臭味者，枯槁是也。是雖其分之殊，而其理則未嘗不同。但以其分之殊，則其理之在是者不能不異。故人爲最靈而備有五常之性，禽獸則昏而不能備，草木枯槁，則又并與其知覺者而亡焉。但其所以爲是物之理，則未嘗不具耳。若如所謂纔無生氣便無此理，則是天下乃有無性之物，而理之在天下乃有空闕不滿之處也，而可乎？他説皆得之，但謂敬只是防去此等，以復於理，語意未切。須知敬即此心之自做主宰處，更宜用力，即自見得也。

編年 據書信編年。

答趙恭父 師邦〔一〕 紹熙元年

惠書，得聞爲學之志，固已甚幸。又觀所論條目甚詳，皆學者通患，顧非親曾用力，不能知耳。大抵只是主敬功夫不至，致得間斷。但日用間常自提撕，勿令昏惰，則久久自長進矣。

校記 〔一〕邦：原缺，據宋閩本補。

編年 據書信編年。書札彙編列於紹熙四年。

答趙恭父 慶元三年四年間

所示諸説，備見用意之精。然看得皆過高，不平穩。若一向如此説，即非唯令人解經不得，雖聖賢亦無開口處，凡有言語，皆爲剩物矣。又説日用間似見光景，不覺喜悦，此亦非好消息。且宜就平實明白處看道理是非，久之自然開明安穩，無凝滯也。儀禮文字却好，致道一篇已入注疏，他時諸篇皆當放此。或所附之文有難曉者，亦當附以注疏也。致道告歸，甚令人作惡。此間事渠能言之，更不縷縷。渠認得門路却不錯，但恐未有勤懇積累工夫。凡百更相勸勉爲佳耳。

答趙恭父 慶元三年四年間

謹終追遠，游氏曰：「終者，人之所易忽也，而慎之；遠者，人之所易忘也，而追之，厚之至也。」竊意游氏意恐指凡事而言，非專爲喪祭而發。夫顙泚非爲人愴悽，非謂其終之當謹〔二〕，遠之當追，是皆天理人心不能自已。非若凡事玩於常情，故終謹於始，而及其終也往往易以忽，爲近及遠也往往易以忘。

聖人之言爲衆人發，非專爲賢者發也，故其所言皆理之所當然，而人多不能然者。若皆如來喻，則世間更無偝死忘先之人，不待堯舜而比屋常可封矣。曾子亦不須説此兩句，程子亦不當兼説喪祭也。

「富貴是人之所欲」一章，恐亦不可小看。看此自非顏、閔以上工夫至到者，恐未易言。

看文字只虛心隨文平看，豈有所説本小而須作大看之理？此章之指更宜深玩，方見實用力處。

原思爲之宰，疑亦以類相從而別爲一章，未詳。

此類亦多分得不同，如仲弓、子桑、顏淵、子路不曾分，子賤、子貢、回也、冉求却分了。蓋一時失於點對，然非大義所繫，不能易也。要之不若皆析爲二乃佳。

編年　據書信編年。

「賢哉回也」章集注云：「今不敢妄爲之説。」某竊疑下克己復禮之云，已煞爲學者説破，却似剩著此語。

不曾説樂處如何，所樂何事也。

「用之則行，舍之則藏」章，竊疑「唯我與爾」之「與」是訓同，「則誰與」、「吾不與」之「與」是訓許，故竊以爲恐難合作一章。詳集注「意夫子行三軍，必與己同」意，子路自謂「若行三軍，則舍我復誰同耶」，但覺得氣象太粗暴。若作兩章而不害其相蒙，則字義既明，而氣象亦不覺至如此也。

分章已見前説，但「與」字恐難作兩般説。子路問得粗暴，是其氣象如此，雖作兩章，然粗暴亦只在也。況彼之粗暴，吾又安能追而抑之耶。

「吾止吾往也」，竊意文義，恐「吾」者，聖人自吾也。

若如所解，即句内字數不足，聖人之言不如是之造作奇巧也。

「君子不以紺緅飾」注云：「君子謂孔子。」下文蘇氏曰：「此孔子遺書，雜記曲禮，非特孔子事。」

此二義兼存，以待學者之自擇，未有一定之説。

集注解「回也其庶乎，屢空」章，言其近道，又能安貧也。竊疑「又」字似作兩截，蓋樂道故能安貧，而安貧所以樂道也。

世間亦有質美而能安貧者，皆以爲知道，可乎？更思之。

「論篤是與」章集注云云，詳此文義，恐只是説不可以言取人，下文又言不可以貌取人，何也？

色莊便是兼著貌字。

祭義。

「深愛和氣」一節，承上文「孝子之祭，不詘不愉不欲」等語而發，非獨爲「敬齊之色」一句也。其下乃迤邐雜記孝事，未必爲祭發也。所編者但取其相關者附之經下，其全篇且與泛存。祭統先於祭義，亦無害也。

鄉飲酒義，謹按，此篇自鄉飲酒之義而下，先儒以爲記鄉大夫飲賓于庠序之禮，自鄉飲酒之禮而下，先儒以爲記黨正飲酒于序，以正齒序之位。今詳考其文，由前之説，則有所謂「古之學術，道者將以得身也」云云，固足以見賓興之意。由後之説，則有所謂「六十者坐，五十者立侍以聽政役」之類，亦足以證序齒之事。但某竊疑儀禮所載鄉飲，只是鄉大夫興其賢能而以禮賓之，不知説禮者何取於黨飲而記爲是義？據鄭注云，漢郡國以十月行此飲酒，蓋取黨正之説。然則自鄉飲酒之禮而下，豈自成一章之文，乃世儒述其所以有取於黨正之義而因以傳益之耶〔二〕？淺陋未得其説。

此無他義，只是作記者并舉之耳。

燕義首載庶子官一節，未詳。據文勢，恐當以諸侯燕禮之義爲篇首，而置庶子官一節於篇末，乃成文耳。

當如此。

内則一篇文理密察，法度精詳，見古先聖王所以厚人倫、美教化者無所不用其全。某疑中間似有難看處，如「飯黍稷稻粱〔三〕」止「大夫於閣三，士於坫一〔四〕」一節，與上下文似不相蒙。豈特載此，因以著夫貴賤品節之差耶？又「凡養老」止「玄衣而養老」一節〔五〕，疑王制文重出，不然，亦豈先王之成法，因子事父母而達之天下以及人之老哉。又「曾子曰孝子之養老也」止「至於犬馬盡然，而況於人乎」一節，雖承上章養老之文而云，然此篇既曰「后王命冢宰降德于衆兆民」，則是古昔盛時朝廷所下教命，恐不應引到曾子之言。疑是他簡脱誤在此耳。又「凡養老五帝憲」止「皆有惇史」一節，疑錯簡，恐或當在上文「玄衣而養老」之下。又「淳熬」止「以與稻米爲酏」一節，亦疑錯簡，恐或當屬上文「冬宜鮮羽，膳膏羶」及「雉兔，皆有芼」之下。自此外數節，上下井井有條，獨此未易曉暢。

養老一節，舊亦疑之，似當削去。「曾子」、「惇史」兩節亦然。但説飲食處未知如何，更詳考之。所削去者亦須别收，勿使漏失。

某比在侍側，見余正甫云奔喪、投壺兩篇可補儀禮之闕，心甚喜之。近見禮記釋文引鄭氏篇目注，獨此二篇注云：「實曲禮之正篇也。」餘皆否。某竊詳謂之正篇，則非先儒雜記之文。

又按儀禮疏云：「儀禮亦名曲禮。」又禮器注云：「曲禮謂今禮也。禮篇多亡，本數未聞。」某謂鄭氏所謂今禮即指儀禮而言，然則可補儀禮之闕似無疑矣。內則附昏禮後作傳文亦善，少儀附相見禮，則疑未安。蓋其間數節見少儀，已編入本篇矣，餘爲雜記，恐不足以相證而徒足以相亂耳。未知是否？禮經殘缺，可疑者不能一二數。凡此非敢泛然煩瀆師聽，但據眼前編集文字，因致愚慮於其間。理既有疑，問不容已，自餘不惟不敢肆其狂斐，即亦未暇及，悉告尊察。

少儀亦是無收附處，且因篇首之言而附之耳。若以爲疑，不知却合如何區處，幸批報也。

校記　〔一〕宋浙本「謂」下空一字。其：宋閩本、明天順本作「蓋」。記疑云此條疑有脱誤。

〔二〕傅：原作「傳」，據宋浙本改。

〔三〕粱：原作「梁」，據禮記內則改。

〔四〕一：原作「二」，據右引改。

〔五〕上「老」字原作「生」，據禮記王制、內則改。

編年　據書信編年。

答趙恭父慶元三年

所論數條皆善，然當實用其力，乃見意味，徒爲空言，雖多無益也。大學或問所改首尾兼該，本末具備，若只讀一半截便下注脚，宜其不能不有偏倚之疑也。鄙意却嫌「全提直指」四字近禪學語，未暇改也。又論亦有真知而自欺者，此亦未然。只此自欺，便是知得不曾透徹〔一〕。此間昨晚有嘗鼠藥而中毒者，幾致委頓，只此便是不曾真知砒霜能殺人，更何疑耶。然又不是隨衆略知之外別有真知，更須別作道理尋求，但只就此略知得處著實體驗，須有自然信得及處，便是真知也。所説退人一步，低人一頭者，此則甚善。致道恐亦不可不聞此説，可更相勉勵。今已是不得已而從官，唯有韜晦静默，勿太近前，爲可免於斯世耳。一或不幸，爲人所知，便不是好消息也。

校記　〔一〕徹：原作「轍」，據宋閩、浙本改。

編年　據書信編年。書札彙編與下二篇皆繫於慶元二年。

答趙恭父慶元三年

所論大學，則似不必如此致疑。此等大概諷詠，略見經意，以助知新之功耳。如此拘滯，却成支蔓，而墮於異學之所訶矣。要之淇澳言其明德而可以新民，以見明德之極功；烈文因言非獨一時民不能忘，而後世之民亦不能忘，以見新民之極功，自是語勢當然，況又無可疑耶。親賢樂利，上四字皆自後人而言，下四字或指前王之身，親賢。或指前王之澤，樂利。又皆毫分縷析，無可疑者。可試考之，當自見得也。

編年　據書信編年。

答趙恭父 慶元三年

道心雖微，然非人欲亂之，則亦不至甚難見。惟其人心日熾，是以道心愈微也。人之所以爲人，以其有是性耳。若云性之所以爲性，則語意太重複矣。「君子之時中」與「索隱行怪」兩章未是，可更將章句反覆體認，不須便如此立説也。「體群臣，子庶民」，「子」字與吕説不異，「體」字雖小不同，然吕説大意自好，不欲廢也。勸者，所以致吾親愛之心而慰悦其意也。「親親」似多一字，然非大義所繫，不能深論也。前知之説，章句中説得已自分明。「經綸大經，立大本」，似亦是看得章句未熟。「知遠之近」，亦不必如此迫切，却有不實之病。「知風之自」一句尤無著落，須看交寬平著實乃佳耳。大學若從物格上看下去，即不可不如此之意甚少，更詳之。

編年 據書信編年。

答趙詠道 紹熙三年前後

熹求道不力，衰晚無聞，辱問之勤，不知所以爲報。然少嘗聞之，天下有正理，唯博學審問，謹思明辨，不先自主於一偏之説，而虚心以察衆理之是非，乃可以自得於一定之説而無疑。若得一先入之言而媛媛姝姝，自以爲足，便謂天下之美無易於此，則不唯不足以得天下之正理，亦歸於陋而已矣。胡子曰：「學欲博不欲雜，欲約不欲陋。」此天下之至言也，願明者以是思之。若曰佛老之説衆人亦知其非，豈以彼之明智而肯取以爲用，此殆侏儒觀優之論。今固未論有見於吾道者之如何，但讀近歲所謂佛者之言，則知其源委之所在矣。此事可笑，非面見極談，不能盡其底裏。然爲學之初，便欲窮其説之是非而去取之，則又恐緑衣黄裏之轉而爲裳也。如涉大水，渺無津涯，要當常以聖賢之言爲標準，則不至於陷矣。令弟致道在此相聚數月，雖未能悉力鋭進，亦似頗識爲學之門户，經由必能具道此間曲折。凡此所未及言者，可問而知，不暇盡布也。

編年　據書信編年。

答趙致道 師夏　紹熙中

所疑理氣之偏，若論本原，即有理然後有氣，故理不可以偏全論。若論稟賦，則有是氣而後理隨以具，故有是氣則有是理，無是氣則無是理，是氣多則是理多，是氣少即是理少，又豈不可以偏全論耶。

編年　據書信編年。

答趙致道 紹熙中

周子曰：「誠無爲，幾善惡。」此明人心未發之體而指其已發之端，蓋欲學者致察於萌動之微，知所决擇而去取之，以不失乎本然之體而已。或疑之，以謂有類於胡子同體而異用之云者，遂妄以意揣量，爲圖如後：

此明周子之意

此證胡氏之說

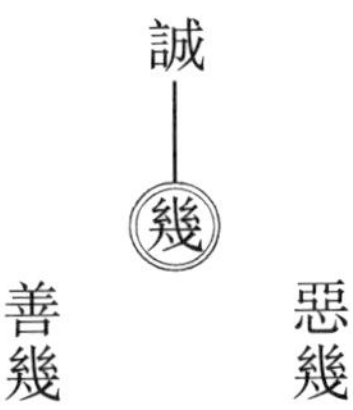

善惡雖相對，當分賓主；天理人欲雖分派，必省宗孽。自誠之動而之善，則如木之自本而幹，自幹而末，上下相達者，則道心之發見，天理之流行，此心之本主而誠之正宗也。其或旁榮側秀，若寄生龐贅者，此雖亦誠之動，則人心之發見而私欲之流行，所謂惡也。非心之固有，蓋客寓也；非誠之正宗，蓋庶孽也。苟辨之不早，擇之不精，則客或乘主，孽或代宗矣。學者能於萌動幾微之間而察其所發之向背，凡其直出者爲天理，旁出者爲人欲，直出者爲善，旁出者爲惡，直出者固有，旁出者横生，直出者有本，旁出者無源，直出者順，旁出者逆，直出者正，旁出者邪，而吾於直出者利導之，旁出者遏絶之，功力既至，則此心之發自然出於一

途而保有天命矣。於此可以見未發之前有善無惡，而程子所謂「不是性中元有此兩物相對而生」，又曰「凡言善惡，皆先善而後惡」，蓋謂此也。若以善惡爲東西相對，彼此角立，則是天理人欲同出一源，未發之前已具此兩端。所謂天命之謂性，亦甚污雜矣。此胡氏同體異用之意也。

此說得之，而圖子有病，已略改定，更詳之。

四子言志一條，程子曰：「夫子與點，蓋與聖人之意同，便是堯舜氣象。使子路若達爲國以禮道理，却便是這氣象也。」何也？蓋爲國不循理道則必任智力，不任智力則循理道，不能出此二途也。曾點有見乎發育流行之體，而天地萬物之理，所謂自然而然者，但吾不以私智擾之，則天地順序而萬物各得其所，此堯舜事業也。子路則以才氣之勝，自以爲雖當顛沛敗壞、不可支持之處，而吾爲之，亦能使之有成。子路誠足以任此矣，然不免有任智力之意，故志意激昂而氣象勇鋭，不若曾點之閑暇和平也。然不曰理而曰禮者，蓋言理則隱而無形，言禮則實而有據。禮者，理之顯設而有節文者也，言禮則理在其中矣。故聖人之言體用兼該，本末一貫，若曾點，則見其體而不及用，識其本而違其末，所以行有不掩而失於狂歟。

得之。

上蔡云：「佛氏之言性，如儒者之言心。釋氏之言心，如儒者之論情。」蓋釋氏以作用者爲性，而儒者以主宰爲心，所以相似也。釋氏以緣景而生者爲心，儒者以感物而動者爲情，所以相似也。大要釋氏不識理，故其言遞低一級，故雖欲歸於清净寂滅而卒不能離乎形而下者也。然雖遞低一級而僅相似，即其僅相似者實大不同。何也？其於作用則不分真妄而皆以爲真，其於感物則不分真妄而皆以爲妄，儒者則於其中分真妄云耳。此其大不同也。

大概亦是。

荀子言性惡禮僞，其失蓋出於一。大要不知其所自來，而二者亦互相資也。其不識天命之懿，而以人欲横流者爲性；不知天秩之自然，而以出於人爲者爲禮，所謂不知所自來也。至於以性爲惡，則凡禮文之美，是聖人制此以返人之性而防遏之，則禮之僞明矣。以禮爲僞，則凡人之爲禮皆反其性，矯揉以就之，則性之惡明矣。此所謂互相資也。告子杞柳之論，則性惡之意也。義外之論，則禮僞之意也。

亦得之。

編年　據書信編年。

答趙致道 紹熙中

「人心道心」一章，其上三句只循中庸章句叙説看，未有所疑。所謂「允執厥中」之「中」，不知指何者而言？若言時中，恐於提綱挈領處未遽及此。若言未發之中，則所謂人心道心正是因已發而言，兼未發之時亦難以言執。今欲於人受天地之中上看，未知可否？

程子曰：「惟精惟一，所以至之。允執厥中，所以行之。」如此則所謂允執厥中，正時中之中矣。惟精惟一，正是提綱挈領處〔一〕，此句乃言其效耳。

程子言仕宦奪人志，或言爲富貴所移也。愚意以爲不特言此，但才仕宦，則於室礙處有隨宜區處之意，浸浸遂入於隨時徇俗之域，與初間立心各别，此所謂奪志也。不知程子之意果出於此否？又不知人未免仕宦而有此病，又何以救之？敢乞指誨。

所論奪志之説是也。若欲救此，但當隨事省察而審其輕重耳。然幾微之間，大須着精彩也。

校記 〔一〕挈：原作「絜」，據宋浙本改。

編年 據書信編年。

朱熹文集編年評注卷六十

書 知舊門人問答

答朱朋孫 紹熙三年四年間

長書垂示，尤荷不鄙。所論爲學之意，又足以見雅志之所存也。夫學非讀書之謂，然不讀書又無以知爲學之方，故讀之者貴專而不貴博。蓋惟專爲能知其意而得其用，徒博則反苦於雜亂淺略而無所得也。今一旦而讀八書，則其茫然而不得其要也，豈足怪哉。願且致精一書，優柔厭飫，以求聖學功夫次第之實。俟其心通意解，書册之外别有實下功夫處，然後更易而少進焉，則得尺得寸雖少，而皆爲吾有矣。欲爲沙隨程丈立祠甚善，但衰病不堪思慮，曲折已報余正父矣，幸察之。

編年 據最近新發現的程迥墓誌銘（中國江西網上饒頻道二〇一四年四月十日通訊員程子華報道），程迥卒於紹熙三年五月。書云「欲爲沙隨程丈立祠」，是在其卒後不久，蓋三四年之間也。書信編年置於慶元元年，乃因迴卒年誤斷所致。

答周純仁慶元四年

彼中既有故舊可以相依，氣候亦須差勝嶺外，又在鄉里遠〔一〕，亦時得親闈安問，於理似亦可少安。年來時論似亦漸平，昨日又聞廟堂一番除拜，固不足爲吾道之重輕，然於故舊或略能垂意。但在自己分上只合閉門堅坐，聽其所爲，切不可因此便起妄念，徒爾紛紜，有損無益也。所欲買書，偶小兒赴銓未歸，已爲託相識置到，付之來人。數在别紙，可自檢點。付來楮券殊少，不足於用，已爲兑數券買去。然尚有不能盡買者，及所補印漢書，不知是要何等紙，板樣大小如何，其人未敢爲印。有便子細報及，當續爲印也。閑中無事，固宜謹出，然想亦不能一并讀得許多。似此專人來往勞費，亦是未能省事，隨寓而安之病。又如多服燥熱藥，亦使人血氣偏勝，不得和平，不但非所以衛生，亦非所以養心。竊恐更須深自思省，收拾身心漸令向裏，令寧静閑退之意勝而飛揚躁擾之氣消，則治心養氣、處世接物自然安穩，一時長進，無復前日内外之患矣。

校記　〔一〕記疑云此句疑有誤。

編年　據書信編年。

答周純仁慶元四年

「神也者，妙萬物而爲言者也」止「既成萬物也」，本義云云。某竊謂止言六子用文王八卦之位者，以六子之主時成用而言，故以四時爲序，而用文王後天之序。下言六子用伏羲八卦之位者，推六子之所以主時成用而言，故以陰陽交合爲義，而用伏羲八卦之序。蓋陰陽各以其偶合而六子之用行，所以能變化盡成萬物也。伏羲八卦，則兑、震以長男而合少女，艮、巽以長女而合少男，皆非其偶然。故自「動萬物者莫疾乎雷」至「終萬物始萬物者莫盛乎艮」，皆别言六子之用，故以四時之次言之，而用文王八卦之序。下則推其所以成用，於陰陽各得其偶，故用伏羲八卦之序。若上用伏羲卦次，則四時失其序；下用文王八卦，則兑、震、艮、巽皆非其偶矣。伏羲卦序與今卦序不同，不知是孔子創爲之而作序卦耶，抑自文王、周公繫辭之後，已更伏羲之序如此，而孔子特以序卦明其義耶？

伏羲自是伏羲卦序，文王、周公自是文王、周公卦序。

編年　據書信編年。

答周南仲 南　紹熙三年冬

往歲湖寺雖嘗獲一面，而病冗，不能款扣餘論。後乃得見廷對之文，切中時病，深以嘆服。益恨相去之遠，不得會聚，以講所聞也。兹辱惠書，又見季通具道游從切磋之益，深以爲慰。比日雪寒，德履佳福。

熹頑鈍之學，晚方自信。每病當世道術分裂，上者入於佛老，下者流於管、商，學者既各以其所近便先入者爲主，而又驅之以其好高欲速之心，是以前者既以自誤而遂以自欺，後者既爲所欺而復以欺人。文字愈工，辨説愈巧，而其爲害愈甚。不有明者，孰能舍其舊而新是謀哉。來喻許以所疑下詢，幸甚。大抵聖賢之言已是明白真實，説盡道理，讀者但能虚心一意，循序致詳，使其句内無一字之不通，則其道理無一毫之不察矣。切不可爲人大言相誑，如九方皐相馬之説者，而妄意馳逐於言語之外也。方賓王每書來，説得道理儘有歸著，知與游從，可謂得友。恐今已歸嘉禾也。周叔謹行，草草附此，不能究所言。政遠，切祈珍重。

編年　書云「又見季通具道游從切磋之益」，周南吴平江人，蔡季通生平至吴僅紹熙三年。卷四十四答蔡季通八云：「夏口、武昌一帶形勢既聞命矣，涉重湖，窺衡湘，歷襄漢，下吴會，方羊而歸，所得當益富。」該書作於癸丑三月二十一日，所謂游從切磋之益蓋指此行，據以繫年。且云「比日雪寒」，當在冬間也。又首句云往歲湖寺一面，湖寺當指杭州西湖之寺廟，一面指朱熹淳熙十五年赴召入都，見下答杜叔高一。

答周南仲 慶元二年

承喻教學相長之意，尤副所望。但爲學之序，必先成己，然後可以成物。反復來示，似於自己分上未免猶有所闕，恐不若且更向裏用工也。此心此理元無間斷虧欠，聖賢遺訓具在方册。若果有意，何用遲疑等待，何用準擬安排？只從今日爲始，隨處提撕，隨處收拾，隨時體究，隨事討論，但使一日之間整頓得三五次，理會得三五事，則日積月累，自然純熟，自然光明矣。若只如此立得個題目頓在面前，又却低徊前却，不肯果決向前，真實下手，則悠悠歲月豈肯待人？恐不免但爲自欺自誣之流，而終無得力可恃之地也。何、程二君能招致之，甚善甚善，來書已報之矣。何兄書中問及三事，雖未要切，然已是能著實講究。若更精進，未可量也。後來之秀，未見有能勇往直前，探討負荷，以續傳道之脉，玆爲可嘆耳。

編年 據書信編年。

答周南仲 慶元二年前後

誠其意者，自修之首也。毋者，禁止之辭。自欺云者，知爲善以去惡而心之所發有未實也。慊，快也，足也。獨者，人所不知而己所獨知之地也。言自修者知爲善以去其惡，則當實用其力而禁止其自欺，使其惡惡則如惡惡臭，好善則如好好色，皆務決去而求必得之，以自快足於己，不可徒苟且以徇外而爲人也。然其實與不實，蓋有他人所不及知而己獨知之者，故必謹之於此，以審其幾焉。

編年 據書信編年。

答周南仲 慶元二年前後

此言小人陰爲不善而陽欲掩之，則是非不知善之當爲與惡之當去，但不能實用其力，以至此耳。然欲掩其惡而卒不可掩，欲詐爲善而卒不可詐，則亦何益之有哉。此君子所以重以爲戒而必謹其獨也。

編年 據書信編年。

答孟良夫 獻 淳熙七年

示喻爲學之意，甚善。但伊洛垂訓以持敬爲先，此要切之語。若不於此處立得根本，既讀書應事，思惟計度，徒成紛擾，卒無歸宿之地。若能於此用力，則動静之間無適而不爲學矣。有書數册，託茂實送學中，與諸生共之。能往一觀，當有益也。聞當路有奉薦者〔一〕，足見公論之不泯，甚慰。然更深其本以須時用，乃所望耳。

校記 〔一〕奉：疑當作「奏」或「舉」。

編年 據書信編年。

答許生 中應 紹熙四年春

去歲薛象先過此，極道左右賢德令聞之美，甚恨跧伏，無因緣相見。今者乃承惠書一通，反復讀之，益見所以求道鄉學之意，深以爲幸。至於稱引前輩，比擬非倫，則有所不敢當也。

左右以應舉覓官、美名好事之學爲不足學，而欲講乎義理，以求修己治人之方，固已不繆於所趨矣。夫道之體用盈於天地之間，古先聖人既深得之，而慮後世之不能以達此，於是立言垂教，自本至末，所以提撕誨飭於後人者無所不備。學者正當熟讀其書，精求其義，考之吾心，以求其實，參之事物，以驗其歸，則日用之間諷誦思存、應務接物無一事之不切於己矣。來喻乃謂讀書逐於文義，玩索墮於意見，而非所以爲切己之實，則愚有所不知其説也。世衰道微，異論蜂起，近年以來，乃有假佛釋之似以亂孔孟之實者。其法首以讀書窮理爲大禁，常欲學者注其心於茫昧不可知之地，以僥倖一旦恍然獨見，然後爲得。蓋亦有自謂得之者矣，而察其容貌辭氣之間，修己治人之際，乃與聖賢之學有大不相似者。左右於此，無乃亦惑其説而未能忘耶？夫讀書不求文義，玩索都無意見，此正近年釋氏所謂看話頭者。世俗書有所謂大慧語録者，其説甚詳，試取一觀，則其來歷見矣。若曰儒、釋之妙本自一同，則凡彼之所以賊恩害義、傷風壞教，聖賢之所大不安者，彼既悟道之後，乃益信其爲幻妄而處之愈安，則亦不待他求而邪正是非已判然於此矣。

又如所謂寧有人皆得見之過，無或有不睹不聞之欺，夫中庸之言，正謂道體流行，初無間斷，是以無所不致其戒懼，非謂獨戒懼乎隱微而忽略其顯著也。若如來喻，則人所共見之處間斷多矣。而曰循是存養，不疾不徐，吾恐其未免爲好高欲速之尤者也。至如孟子所謂非義襲而取之，文義本自分明，而今學者未嘗細考，但據口耳相承，以至施安失所者，蓋十人而二五也。既勤下問，不敢不盡其愚。然亦未暇詳究其曲折，幸深察之，當否俟報也。

近至富沙，見陳守舍人説及建閣藏書事，欲以記文見委，而未得其詳。今收張卿元善、蔡兄季通書，備見首末。偶數日腳氣發作，不能飲食，而右臂亦痛，至不能親執筆，僵卧支離，口占布此。知代期不遠，他日病起，草得記成，當因薛卿轉達代者，或同官中必有能竟其事者。但恐文詞鄙俚，議論不同，未必可用耳。

編年　據書信編年。

答章季思　康　淳熙十六年以後

辱書，具悉雅志。大抵聖賢之教，不過博文約禮四字。博文則須多求博取，熟講而精擇之，乃可以浹洽而通貫。約禮則只敬之一字，已是多了。日用之間，只以此兩端立定程課，不令間斷，則久之自有進步處矣。

編年　據書信編年。

答顔伯奇昆仲　椅、柖　淳熙十六年以後

聖門設教，具有科條，持守講習，要當各致其功，無所偏廢，而不使有頃刻之間斷焉，則當有以自得其趣矣。

編年　據書信編年。

答杜叔高 游　淳熙十五年以後

往歲辱訪於湖寺，且以佳篇爲贈，讀之知所志之不凡。然恨去國怱怱，未得從容罄所懷也。兹辱枉書，并寄兩論，詞意奇偉，則所以知足下者益以深矣。顧念頃與仁里諸賢屢講此事，尚多未契，足下必已聞之。若以愚言爲是，則固無今日之辨；若以爲非，則又何以見語爲哉。聖遠道晦，人心頗僻，險詞怪説雜然并起，不憚於誣天罔聖，詭經破義，而務以適其利欲之私。自非剛健明哲之才，確然以勝私復理爲己任者，鮮不惑焉。率獸食人，人將相食，其兆已見於此，甚可懼也。足下試以愚言思之，反諸其身而驗以聖賢之明訓，必有以得其本心之正，然後可以燭理揆事而無不合。毋徒苦心勞力，爲此附會穿鑿，而卒以陷溺其良心也。

編年　據書信編年。

答杜叔高 淳熙十五年以後

示喻克己之説，甚慰所望。道理分明，本如大路，聖賢又如此指示提撕，不爲不切。今人都不理會，却别去千生萬受，杜撰百般，胡説亂道，於自己分上了無分毫利益，只可誑嚇他人。然亦只誑嚇得不識底人，若被識道理人旁邊冷看，成甚模樣？此區區所以於前日面論之際不能不失笑於賢者之言也。今承來喻，乃知後來思之有得力處，此又見賢者資質本自過人。但從前本欲誑人，却反爲人所詆，今日一聞逆耳，便能發晤於心，不易得也。然克己固學者之急務，亦須見得一切道理了了分明，方見日用之間一言一動何者是正，何者是邪，便於此處立定腳根，凡是己私，不是天理者，便克將去，不但輕躁二字也。辛丈相會，想極款曲。今日如此人物豈易可得？向使早向裏來，有用心處，則其事業俊偉光明，豈但如今所就而已耶。彼中見聞，豈不有小未安者？想亦具以告之。渠既不以老拙之言爲嫌，亦必不以賢者之言爲忤也。

編年　據書信編年。

答程珙 紹熙五年以後

示喻正名之説，胡氏所論固有未盡，然其大義謹嚴，而聖人之妙用變通又自有不可測者，不可以私情常識議其方也。如以爲疑，則食肉不食馬肝，未爲不知味。姑置此而議其切於吾身者焉可也。

編年　據書信編年。

答王南卿 紹熙五年正月

熹方幸閑中得與一二學徒整理舊書，而忽蒙恩收用。雖實衰老，不敢以遠爲辭，但恐迂疏議論多與時背，一辭不獲，比已再上。傳聞諸公亦無相强之意，計必得之矣。萬一未遂，則又未知所以爲計也。示及隊圖，雖不知兵，然頃讀曹公、杜牧孫子，見其所論車乘人數諸儒皆所未言，唯友人蔡季通每論此事，以考周禮軍制皆合。今得此書，乃知前輩已嘗用之而有效矣，是其可傳無疑也。

跋尾所論皆精當，卒章辨荆公事，則恐未然。家有荆公與襄敏公手帖數紙，見當時事若非荆公力主於內，則群議動摇，決難成功。但是後來襄敏見其他政事多出於聚斂掊克之意，故不免有異論耳。若論熙河之事，則二公實同心膂，無異説也。幸試思之，恐須略轉換過，乃可取信。其帖今録以上呈，荆公政事固多失，然此一事却是看得破也。

編年　據書信編年。

答王南卿 紹熙五年三月

長沙除命，深感上恩。但老病衰懶，昏塞廢忘，恐不能堪一道之寄。而再辭不獲，上語丁寧，伏讀皇恐，遽欲起拜，而鄙意尚有少疑，又苦足疾，未容拜受，遂且宿留。更須旬日，可決去就。萬一可往，不知老兄能一乘興相過否？所欲扣者千條萬端，非面不能究。但恐不成行，即此會又未可知耳。所改後語甚佳，但恐金人立喎氏後一節恐不足深辨耳。彼於我爲外臣，而反連夏虜以爲邊患，則我之討伐自爲義舉。彼於金虜非相吞之國，則金人立之以樹黨，在彼不失爲遠交近攻之計，而外假存亡繼絶之名，又足以使之怨我而德彼，亦其狡計之過人也，豈足爲義舉哉。且唃厮囉既有罪，則當時討其所立之子自不爲過，正不必以討其叛孫自解。雖或金虜能立厮囉所立之後，亦未足以愧我而爲賢也。又謂因進陣法，而或以咎荆公，亦不記是誰説。然此事只合論其取之是非，而其瑣細皆不足較。若果是矣，則雖進陣法，亦何不可之有耶。又云今爲荆公之累，恐此句亦未甚穩。不知盛意是謂我累彼耶，彼累我耶？若我累彼，則此語可用，而非所爲立説之意。不然，則恐當改之爲安。或云今以荆公爲累，語意似覺深厚也。妄論如此，目昏不見字，老草。勿怪而并詳之，幸幸甚甚！陣法印本有便求數册。

信州有潏水集印本，乃長安人李復之文，記董氊非唃厮囉之子，乃盜厮囉之妻而竊其國，不知曾見之否？事冗不暇細看，更考之也。

編年　據書信編年。

答王南卿 紹熙五年

陣法細看，尚有誤處。如上卷第五板陣法内，右邊兩隊各欠馬軍紅點二十五人，第四版陣法，凡馬軍後并無押隊照隊；中卷第一版四十萬人而增之至三十萬，其「四」字當作「由」字。幸更詳考，恐更有此等，當改正也。

編年　據書信編年。

答汪易直淳熙十五年

示喻尊名之意，極荷不鄙。但今朋友必已有所稱，往時忘記奉扣，後便幸批示。或已得先端明本旨，即不必改也。

疑義數條，意皆甚正。但首章管仲事，程子所推聖人本意，恐已得之。蓋其不死子糾而從桓公，乃是先迷後得。如今叛逆而遭赦宥，自無可死之理。然此事夫子當時不曾明言，但今以其言專取其功而略無譏貶之詞，可以推見之耳。若果有罪，則聖人必有微詞，以見功過不相掩之意，不特如此説矣。故疑程子此義講之甚精，而鄙意所疑，則其曰若當死而不死，則後雖有功，亦不復取，此則未安耳。功自功，過自過，若過可以掩功，則功亦得以掩其過矣。康節先生論學春秋者當先定五伯之功罪，而以五伯爲功之首，罪之魁，此語最爲切當。然非獨論古事爲然也，見諸行事，則操賞罰之權、持黜陟之柄者，亦當以是爲心，乃能盡用一世之材，以濟天下之務而不失其正耳。仁之一字，以其德而言，則必心無私而事當理，乃能當之。若其功，則惟利澤及人，有恩有惠，便可稱之，初不計其德之如何也。

偶來城中，人事冗擾，且略爲論此條，試更思之。餘俟還家奉答，别附便也。夫子説可與立，未可與權，程子説春秋大義易見，而時措從宜者爲難知，此等處更宜致思。思而得之，則所示數條皆可類推矣。然此不可以强通，却須反求諸心，向性分上講究存養，始當有以自得耳。未由面論，臨風馳想，切幾力學自愛。

編年 據書信編年。書札彙編以爲或撰於淳熙四年或稍後。

答汪易直 淳熙五年

示喻自訟之篇，足見立志爲己之切，尤以爲慰。此正大學所謂誠其意者。然意不能以自誠，故推其次第，則欲誠其意者又必以格物致知爲先。蓋仁義之心人皆有之，但人有此身，便不能無物欲之蔽，故不能以自知。若能隨事講明，令其透徹，精粗巨細無不貫通，則自然見得義理之悦心猶芻豢之悦口，而無待於自欺。如其不然，而但欲禁制抑遏，使之不敢自欺，便謂所以誠其意者不過如此，則恐徒然爲是迫切，而隱微之間終不免爲自欺也。舊説大學此章，蓋欲發明此意，而近日讀之，殊覺未透，因略更定數句。今謾録去，試深察之，以爲何如也。

近思小本失於契勘，致有差誤，此執事不敬之罪也。後來此間書坊別刊得一本，卷尾所增已附入卷中，仍削去重出數字矣。偶未有別本，旦夕求得，續當附去也。

編年 據書札彙編。

答彭子壽 龜年 慶元四年以前

齋銘之屬，豈所敢承？況此病餘昏憊，將何以發明聖賢之旨，爲日用功夫之助乎。然竊聞之，大學於此雖若使人戒夫自欺，而推其本則必其有以用力於格物致知之地，然後理明心一，而所發自然莫非真實。如其不然，則雖欲防微謹獨，無敢自欺，而正念方萌，私欲隨起，亦非力之所能制矣。竊意高明於此非有所未察，特因來喻僭復言之，以爲誠能於此益致其功，則亦無待於謦御之箴而學日益進，德日益修矣。

編年 據書信編年。

答彭子壽慶元四年

垂喻中庸疑義别紙甚詳，乃知賢者於此方且以講求經旨、究極精微不足，日以爲事〔一〕，世間利害固未易以入其胸次也。修道之教，修之者固專出於人事，而所修之道，則天地萬物之理莫不具焉。是乃天人之合，亦何害其爲同耶。又論事豫之説張、游不同，蓋此章首尾以誠爲本，而推其所以誠者乃出於明善，故釋其文義且得以誠爲言。如大學之序始於格物，而其後乃云「壹是以修身爲本」，亦此類也。隱微聞見之分，當時偶見如此而謾序之，若疑未安，置之無害。此非大義所繫，不足深論也。智、仁、勇經文本不曾分，若以爲疑，亦不足論。但諸家所分却未穩當，必欲分之，則須從今説，乃爲盡善。若如來喻，則仁字不合列於三德之中，而又位於其次。蓋聖人之言其名理隨處輕重，所指不同，讀者須隨其輕重而讀之，乃見其意，不可一概死殺排定也。鄙見如此，不審明者以爲如何？如復未安，更望報及也。

校記 〔一〕日以：原連上句「不足」二字作「以日不足」，據宋浙本改。底本原注別本同。

編年 據書信編年。

答折子明 慶元五年

伏蒙鐫喻先正墓文，使人三返而勤懇益至。熹雖至愚，心非木石，豈不惻然有動於中？亦何忍爲此牢辭固拒，以逆盛意？實以衰悴，心目俱疲，不堪思慮檢閱，而兩年以來，名在罪籍，每讀邸報，觀其怒目切齒之態，未知將以此身終作如何處置然後快於其心，未嘗不惕然汗出，浹背沾衣也。是以年來絶不敢爲人作一字，近所祈懇，百拜而辭者已數家矣。若以尊喻之嚴遽弛此禁，則四面之責紛然而至，從之則召禍，不從則取怨，反復思之，未見其可。兼餘年無幾，疾病侵淩，神思昏然，豈有精力可以給此？切告矜亮，貸此殘生，不勝千萬哀懇之至！

編年 據書信編年。

答劉君房 元城之孫 慶元元年

先正忠定公有德有言，没而不朽，百世之下，聞者興起。而熹之外舅聘士劉公嘗得親見而師承之，熹少時猶及竊聞其餘論，於忠定公之言行志節詳矣。是以雖不得及其門墻，而想望其聲容，猶若相接，不止於今世紙上所傳而已也。今辱惠書，乃知其後人所以繼業承家之意如此，而先德遺風具在方册，有能誦其言，行其行，不替其志節，則所以世其家者孰大於是？彼區區之外物，何足道哉。又承類次遺文，已就篇帙，見使爲之序引，以傳來世，此則又豈晚生妄意所敢幾及？但願亟遂鋟木，傳之其人，使熹與有聞於大體之純全，則爲幸甚矣。

編年 據書札彙編。

答劉君房 慶元三年七月

所喻讀易甚善。此書本爲卜筮而作，其言皆依象數以斷吉凶。今其法已不傳，諸儒之言象數者例皆穿鑿，言義理者又太汗漫，故其書爲難讀。此本義、啓蒙所以作也。然本義未能成書，而爲人竊出，再行模印，有誤觀覽；啓蒙本欲學者且就大傳所言卦畫蓍數推尋，不須過爲浮説，而自今觀之，如論河圖、洛書亦未免有剩語。要之此書真是難讀，不若詩、書、論、孟之明白而易曉也。此是僞學見識，不審明者以爲如何？

編年 據書札彙編。

答曾無擇 慶元中

所示疑義悉已報去，但覺得多是在外邊看，未有個入頭處。須更虚心静慮，將聖賢言語從裏面親切處看出來，庶幾見得意味，不爲空言。不然，似此泛濫含胡，無益於事，終久不得力也。

編年 據書信編年。

答曾無疑三異〔一〕 慶元中

昨承枉書，奉報草草，方以爲愧，忽辱再告，益荷眷勤。且審比日凉秋，起處佳福，足以爲慰。詩卷寵示，尤認不鄙之意。三復以還，既嘆其精麗警拔之不可及，又重嘆其不爲大言險語以投世俗之耳目也。然承諭及爲學之意，則似所志又有不止於此者，此尤區區所樂聞。但未知雅意姑欲粗一闚其藩籬，而爲彼善於此之計耶，抑將勇革舊習，而真欲一蹴以至道也？如前之説，則非區區所敢知。如後之説，則如來喻之云固非不善，然欲自是以求道，則恐亦未免爲空言也。大率人之爲學，當知其何所爲而爲學，又知其何所事而可以爲學，然後循其次第，勉勉而用力焉。必使此心之外更無異念，而舊習之能否、世俗之毁譽、身計之通塞自無一毫入於其心，然後乃可幾耳。此固未易以毫楮既，而承見語，亦將有枉顧之期矣。儻得面論，庶竭鄙懷。顧此迂闊，干觸科禁，恐非賢者進取之利。更冀審處於未動之前，毋使貽後日之悔焉，乃所願也。

校記 〔一〕異：原缺，據宋閩、浙本補。

編年 據書信編年。

答曾無疑 慶元中

辱書，良以爲慰。而反復來喻，已得雅志之所存，則區區所疑亦不敢隱也。蓋嘗聞之，孟子之言有曰，人之所以異於禽獸者幾希，庶民去之，君子存之，此君子所爲而學也。然欲存此，則必有以識此之爲何物，而後有以存之。既識之，則所以存之者又必勉勉孜孜而不少懈焉，然後乃可幾也。此君子之所以爲學者而終身勉焉，唯恐一毫之不盡，而不敢少貳其心者也。

今足下自謂學無本原，心常駁雜，豈亦自覺其未嘗用力於此而然耶？此其自知亦明矣。然又欲因其固有而循習之，則亦可以殊塗而同歸，則未知足下所謂固有者爲何物，又如何而循習之，與何者爲殊塗，又同歸於何許也。又謂雖舊習之未忘，而未嘗爲學之累，則又未知今之新者爲何學，而昔之舊者若何而能不爲之累也。凡此所云，竊恐非獨熹之愚有所不解，意者足下之心亦未必能別其孰爲同異而孰爲是非也。足下幸試思之，其然乎？其不然乎？如其果然，則願姑以前者所引孟子之言爲主，而博考古昔聖賢之遺訓以參驗之，則夫人之所爲而學與其所以學者，不待外求而得之於我；向之所謂固有，所謂同歸者，始爲有以識之，而知昔之舊者真不足□而果有累乎今日之新矣。人之爲學，必其有以先識乎此而知取舍之所定，然後其功夫利病可得而言。如其不然，徒爲論説，皆是空言，無下落處，無所補於事也。

景陽、季章於此皆嘗有聞，雖未知其後來所進如何，然苟善取之，亦當有以爲助矣。吾人既不見用於世，只有自己分上一段功夫。若見得門户分明，端緒正當，實用得些子氣力，乃可以不負降衷秉彝之重。此外瑣瑣一知半解，正不足爲重輕也。不審明者亦有意乎？

編年　據書信編年。

答曾無疑 慶元中

示喻爲學之方，固得其要。然若只如此便了，則論語只須存此兩條，其餘皆可以削去矣。聖人教人博學、審問、謹思、明辨而篤行之，蓋於理之巨細精粗無所不講，然後胸次光輝明徹，無所不通，踐履服行，無非真實。似不當如此先立界限，預設嫌疑以自障礙也。

編年　據書信編年。

答曾無疑 慶元中

承喻令兄喪期，於禮聞訃便合成服。當時自是成服太晚，固已失之於前；然在今日祥練之禮，却當計成服之日至今月日實數爲節。但其間忌日却須別設祭奠，始盡人情耳。

謂聖人以喜怒動其志固爲不可，若謂都無所動，則是聖人心如木石，而喜怒之見於外者特爲僞耳，豈有是理哉。此等處須是存養體驗，自做得些工夫，當自見之，難以淺識懸斷也。

學習之「習」與傳習之「習」非有不同，傳即謂所學也。大抵博學審問，學之事也；謹思明辨而力行之，習之事也。集注中所載諸先生説甚備，可細考之。

來喻忠恕二説皆近之。熹鄉來所論，正謂如此。近復細觀，乃有未盡，已於論語集注中更定其説矣。試詳考之，當見曲折。所謂「竊恐狂驚高遠者視之」云云，却不當如此顧慮。終身行之，自是學者事，於聖人何所預哉。

蓍數之説，其義亦精。但不知所謂老陰老陽其數則一，少陰少陽其數乃三是如何。蓋四象之變，極於六十有四，老陽十二，老陰四，少陽二十，少陰二十八，乃自然之數，不容增減。揲者隨其所得而言之，又何慮其不可觀變耶。

揲法：初爻成則便止有三十二卦，二爻成則便止有十六卦，三爻成則便止有八卦，四爻成則便止有四卦，五爻成則便止有二卦，亦是自然次序，節次可見。今所疑者，亦何嫌哉。

揲蓍之法，周禮領於太卜之官，計其法度必甚詳密。今皆不可見矣，獨賴大傳有此數句，可以略見仿佛。而以今推之，亦無不可通處。學者既不得見當時舊法，則亦且當守此，不當妄以私意横起計度也。蒿固非蓍，然亦猶是其類。若以木棋、竹算、金錢當之，則其去蓍益遠矣。又如所言交重之論，亦所未曉。交者拆之聚，故爲老陰；重者單之積，故爲老陽，亦何疑之有乎。然此六爻既成，而畫地以記之象耳，於揲法初無所預也。

編年　據書信編年。

答曾無疑 慶元中

所論爲學之意甚苟不鄙，但若果有所得，出言吐氣便自不同。纔見如此分疏解説，欲以自見其能而唯恐人之不信，便是實無所得。自明眼人觀之，固不待其詞之畢而有以識之矣。

孝悌忠恕，若淺言之，則方是人之常行，若不由此，即日用之間更無立脚處。故聖人之教未嘗不以爲先，如所謂入則孝，出則悌，忠恕違道不遠是也。若極言之，則所謂通於神明，光於四海，無所不通。而曾子所以形容聖人一貫之妙者，亦不過如此，又非如前者言之可易而及也。故大學之道必以格物致知爲先，而於天下之理、天下之書無不博學審問，謹思明辨，以求造其義理之極，然後因吾日用之間常行之道，省察踐履，篤志力行，而所謂孝悌之至，通於神明，忠恕之一以貫之者，乃可言耳。蓋其所謂孝悌忠恕雖只是此一事，然須見得天下義理表裏通透，則此孝悌忠恕方是活物。如其不然，便只是個死底孝悌忠恕，雖能持守終身，不致失墜，亦不免但爲鄉曲之常人，婦女之檢押而已，何足道哉。今且以所舉有子、曾子之言觀之，似於文義之間全未考究。雖近世先覺，如程夫子之言，所以發明其妙者，恐皆未嘗過目而經心，而况於其他義理精微，千差萬别，豈能一一會其旨歸也哉。

故熹竊以爲今日與其自辨以求合，枉費言語，枉費心力，不若一切放下，便依此説，且將大學、論語反復熟讀，而因程子之言與其門人數公之説以求聖賢之指意所在，句句而講，字字而思，使無毫髮不通透處，則自不須如此妄自拘束，强作主張也。無疑試更思之，恐或可信，則一兩月間，天氣差暖，或能乘興一來，面罄其説，庶幾彼此殫盡，免至如此擔閣，虚費光陰也。

晷景製作甚精，三衢有王伯照侍郎所定官曆刻漏圖一編，亦與此同。曆象之學，自是一家，若欲窮理，亦不可以不講。然亦須大者先立，然後及之，則亦不至難曉而無不通矣。「北宫黝似孟施舍」，孟子本文無此語，不知尋常如何曉會？此句未敢輕論其得失也。

編年　據書信編年。

答曾無疑 慶元中

子約書來，必盛稱無疑之爲人。但不知中間相聚，所與切磨誦説者果爲何事，計於緊要親切處亦未必能盡所懷爾。日月逝矣，歲不我與，丈夫有志者，豈當爲此悠悠泛泛，徘徊猶豫，以老其身乎。

編年　據書信編年。書札彙編以爲作於慶元元年末或二年初。

答曾擇之 祖道 慶元五年

禮即理也，但謂之理，則疑若未有形迹之可言；制而爲禮，則有品節文章之可見矣。人事如五者，固皆可見其大概之所宜，然到禮上，方見其威儀法則之詳也。節文儀則是曰事，宜細考之。

「忠恕」二字，其本義只是學者衆人之事，曾子所言，乃借此以形容聖人一貫之妙；程子之言，又借天地造化之體用以明聖人之事。須作三節看，見得各有下落，則一章之指自通貫矣。更徐玩之，非欲速所能達也。

此説未然，但漆雕語意深密難尋，而曾點之言可以玩索而見其意。若見得曾點意，則漆雕之意亦可得矣。且看程子説「大意」兩字是何意，二子見得是向甚處，如何見得。

編年 據書札彙編。

答曾擇之 慶元五年

「仁者心之德，愛之理也。」

仁者心之德，猶言潤者水之德，燥者火之德。愛之理，猶言木之根、水之原。試以此意思之。

「盡己之謂忠」，祖道初以爲盡吾心之所至而無一毫自隱，先生以爲語未瑩。祖道再思之，恐止是竭盡吾心而無一毫不足之義。

後語轉疏，前語只「自隱」二字不切。須知不必自隱然後爲不忠，但有不盡處，便是病也。

主一無適之謂敬。

此等語須力行之，方見得真實意味。

「禮者天理之節文，人事之儀則。」

更就天人上看。

義者事之宜也。

更以孟子説義處推之。

忠恕。

曾子「忠恕」二字便是一以貫之底注腳。可更以二程先生及上蔡説反復體認，仍以集注之説參之，便見聖賢之意直是細密，不是泛然儱侗説話。

以約失之者鮮矣。

約有收斂近裏著實之意，非徒簡而已。上蔡説得好。

德不孤。

此德不孤與易中説德不孤不同，此但言有德者聲氣相求，自不孤立，故必有鄰。易中却是説敬義既立，則内外兼備，則其德盛而不孤也。

漆雕開、曾點。

二子是信個甚底，又是如何地信？曾點語可更以集注爲主，子細體驗，仍看上蔡之説，發明得亦親切。

三年之喪而復有期喪者，當服期喪之服以臨其喪，卒事則反初服。或者以爲方服重，不當改衣輕服。不知如何？

或者之説非是。

卒哭。

百日卒哭乃開元禮以今人葬或不能如期，故爲此權制，王公以下皆以百日爲斷，殊失禮意。古者士逾月而葬，葬而虞，虞而卒哭，自有日數，何疑之有？但今人家諸事不辦，自不能及此期耳。若過期未葬，自不當卒哭，未滿一月，則又自不當葬也。

編年 據書札彙編。

答曾擇之 慶元四年

前書所説欲於「一」字中推尋曲折，不知後來看得如何？恐亦不必如此，但從頭看到要緊處，更加功夫子細辨別，而不緊要處亦不可草草，則久之自然浹洽貫通，精粗一致矣。季章説致曲處，不知如何？今亦不記當時所説。大抵彼中朋友看得文字疏略，不肯依傍先儒成説反覆體驗，而便輕以己意著字下語，正使得其大意，中間亦不免有空闕處，相接不著。欲革此弊，莫若凡百放低，且將先儒所説正文本句反覆涵泳，庶幾久久自見意味也。

編年 據書札彙編。

答曾擇之慶元五年

所論曾點大意則然，但謂漆雕開有經綸天下之志，則未必然。正是己分上極親切處，自覺有未盡耳。雖其見處不及曾點之開闊，得處未至如曾點之從容，然其功夫精密，則恐點有所不逮也。以此見二人之規模格局大概不相上下。然今日只欲想象聖賢胸襟灑落處，却未有益，須就自家下學致知力行處做功夫，覺得極辛苦，不快活，便漸見好意思也。天下歸仁之説，程先生是説實事，吕與叔恐不免墮於虛見，其得失自可見也。季宏之來，只是要求跋尾，全然不曾講學，却須曾理會作文。大率彼間士人多是如此鄉外走作，不曾鄉裏思量，論其淵源，蓋有不得不任其責者矣，甚可嘆也。因其告歸，附此爲報。熹衰病沈痼，腹心之患已成，尚思更與朋友講論此事，少革流弊，以垂永久。賢者無事更能見過，相聚旬月，是所望也。

編年 據書札彙編。

答王才臣慶元六年春

來喻縷縷，備見雅志。然於讀書窮理所得所疑未有以見教者，而較短量長、非人是己之意實多。若果有得於義理之歸，恐不應更有此病也。明者思之，以爲如何？苟有取焉，則願置此，而姑相與實講所疑，乃千萬之幸也。無疑書來，其大指與左右亦相似，已詳報之。或因過目，并以一言論其得失可也。六詠之需，非敢忘之。實以年來纂次禮家文字，頭項頗多，衰病之餘，精力向盡，無暇可及。亦覺未是急務，故不敢以奉浼爾。「格齋」大字，此却好個題目，顧未知所以充之者如何。寫字亦非所難，適此兩日寒甚，衰病拘攣，不可轉動。向後晴暖，當試爲之，以奉寄也。承有枉顧之意，尤荷不鄙。若得會面，彼此傾倒，以判所疑，何幸如之！未間千萬及時專力，使有個端的用心處，庶幾合并之日有可討論也。子直詩甚佳，南容之篇尤有餘味，已輒爲題其後，因書幸以報之也〔一〕。

校記 〔一〕之：原缺，據宋閩、浙本補。

編年 據書信編年。

答度周卿 正〔一〕 慶元四年十月十六日

十月十六日，熹頓首：去歲暮何幸辱遠訪，得遂少款，爲慰爲慰！頃客舍語別，忽忽期年〔二〕，又兩三閱月矣。不審何日得遂舊隱，官期尚幾何時，比來爲況何如？讀書探道亦頗有新功否耶？歲月易得，義理難明，但於日用之間隨時隨處提撕此心，勿令放逸，而於其中隨事觀理〔三〕，講求思索，沈潛反復，庶於聖賢之教漸有默相契處，則自然見得天道性命真不外乎此身〔四〕，而吾之所謂學者，舍是無有別用力處矣。相望數千里，無由再會面，因書涯略，不覺縷縷，切勿爲外人道也。此書附建昌包生去，渠云自曾相識，且欲求一異書，不知果有之否。刻舟求劍，似亦可笑，然亦可試爲物色也。所欲言者非書可悉，燈下目昏，草草不宣。熹再拜周卿教授學士賢友。

濂溪文字後來更曾訪問得否？去歲歸建陽後，方得於此所惠書並書稿策問。所處既非，今又何敢復道耶。熹。

校記　〔一〕此篇文集所收缺誤甚多，今換用民國涪陵縣續修涪州志卷三所收朱子碑文。文首原注「現存北岩中學堂内」。此碑當刻於南宋後期，參見粟品孝未刊稿南宋後期涪陵北岩書院的重修及其講學活動。該答書又見八瓊室金石補正卷一百一十二，同治重修涪州志卷十四藝文。

〔二〕忽忽：原缺一「忽」字，據八瓊室金石補正補。

〔三〕觀：原作「視」，據文集卷六十該文、八瓊室金石補正改。

〔四〕見：原作「有」，據右引改。

編年　據書札彙編。

答李誠之 訦　紹熙三年冬

特承寄示新刻二先生祠記，并枉長書一通，記文鄙淺而書意勤厚，非區區所敢當也。然先生之道，即伏羲、堯、舜、禹、湯、文、武、周公、孔、孟所傳之道；先生之書，即所以發明六經孔孟之書，初非別有玄妙奇特，自爲一家之説，而與古之聖賢異軌殊轍也。世之君子固未必嘗讀其書，而驟讀其書，亦未能遽曉，是蓋不唯不知程氏之學，實乃并與古昔聖賢之學而不之知也。舉世昏冥，恬不覺悟，而其聰明辯博，能爲文字語言，名有氣概才力者，則其惡之爲尤甚。

今以門下之才之美，宜已無愧此數者。而其用心獨不然，蓋不惟立祠伐石，以著其尊慕之意，而來書之喻，又將不鄙迂陋而辱問津焉，此其志豈獨賢於今世之士也哉！竊感下問之勤，故粗論其梗概如此。近所刊定大學章句一通，今致几下。所欲言者，不能外此。幸一讀而三思之，其必將有以得之，而異時所以見於文章事業者愈有光矣。僭率皇恐。

編年 據書信編年。

答李誠之 紹熙元年二年間

昨蒙不鄙，俾撰先正文集後序。自知不文，不足以副厚意。顧以先契之重，鄉往之深，且欲託此以少見尊奬節義、別嫌明微之意，以是不敢力辭，而輒草定其説，以求商訂。區區之心，蓋未敢自以爲是也。所欲更定「尊復明辟」四字，刊去繁冗，著語精切，前輩所謂自有穩字，正此謂也。玩味嘆服，不能自已。但「平賊之功雖由外濟」之語，乃是區區鄙意分功紀實，以息爭論之微指。朱丞相所記當時之事非不詳明，正以欲專其功而反詆吕、張爲敗事，又其後深詆李、趙諸公，誣謗已甚，故讀者往往心非而鼻笑之，并與其可信者而不信之也。願熟思之，恐不可改。如何？

編年 據書信編年。

答徐崇父 僑 慶元中

日用功夫且得如此照管，莫令間斷，久之浹洽，自有見處。亦不須别立標的，便計工程也。

敇惰之説，如所引孟子隱几而臥而以爲當然〔一〕，則已得之矣，何必疑其非本有耶？不但孟子，如孔子取瑟而歌，亦是此類。但大學之意，却是恐人於此一向偏却，更不照管。今當看此重處，識取正意，受用省察，不必向閑慢處枉費思索也。子顔時時往來，甚佳。才卿得託門館，甚善。其人有立作，看得道理亦子細，儘好從容講論也。

校記　〔一〕所：原作「此」，據宋閩、浙本改。

編年　據書信編年。書札彙編以爲作於淳熙末。

答林叔恭 慶元中

爲學只要致誠耐久，無有不得，不須別生計較，思前算後也。

編年　據書信編年。書札彙編以爲作於紹熙四年前後。

答潘子善 時舉　慶元元年

辱書，備知學問之志，甚善甚幸。杜門獨學與周旋師友之間，學之難易固不同矣。然其用力實在於我，非他人所能代也。況彼中朋友以書來者已自數人，切切偲偲，相觀而善，似亦不可謂之全然無助者。更在勉力而已。

編年　此書未可詳考，然下篇確知作於慶元元年秋，而言「便中兩承惠書」，此序在其前，疑即惠書之一，亦當作在是年也。

答潘子善 慶元元年秋

便中兩承惠書，深以爲慰。比日秋凉，所履佳勝。熹衰病涉秋似有向安之漸，但辭職告老皆未報可，日深悚惕之懷耳。恭父留此甚久，儘得從容。因其行草草附此，其他恭父必能言之。未間，唯冀以時自愛，眷集一一佳慶。

諸疑問各疏其下矣，恭父當能道其詳。

編年 據書信編年。

答潘子善 問易傳、近思録 慶元元年秋

大畜彖曰：「能止健，大正也。」傳曰：「能止乎健者，非大正則安能？」據大畜天在山中之象，則是能止其健於下也。今曰止乎健者，不知是止於健，還是止其健耶？伏乞批誨。

能止健，言以艮之止止乾之健也。傳意亦是如此，但其文勢似倒，他亦多此類也。

習坎，八卦中獨坎加「習」字，説者多矣，未知義果如何？

此等不必深求其説。

習坎卦義，傳云：「一始於中，有生之最先者也，故爲水。」夫陽氣之生必始於下，復卦

之象是也。今曰始於中，其義如何？

氣自下而上爲始，程説別是一義，各有所主，不相妨，然亦不可相雜。

咸上六：「咸其輔頰舌。」竊意此爻宜有悔吝，而不言悔吝，何也？

吉凶悔吝係乎邪正，此但見其不足以感人之意耳，未見有失，故不得以悔吝言也。

遯九三：「畜臣妾，吉。」傳曰：「係戀之私恩〔一〕，懷小人女子之道也，故以畜養臣妾則得其心爲吉也。」小人女子近之則不孫，遠之則怨。若專以私恩懷之，未必不有悔吝。而此爻以爲吉，何耶？

此爻不可大事，但可畜臣妾耳。御下而有以懷之，未爲失正，但恐所以懷之者失其正耳。

大壯上六：「羝羊觸藩，不能退，不能遂，無攸利，艱則吉。」傳以「艱」字爲遇艱困則失其壯而得柔弱之分，故吉。竊意不能退遂而無所利，則是已艱困矣，而又曰遇艱，何也？恐此「艱」字只作艱難其事而不敢求進不已則吉，如大畜九三「利艱貞」之「艱」説，如何？

當如大畜之例。

晉序卦：「物不可以終壯，故受之以晉。」傳曰：「物無壯而終止之理，既壯盛，則必進。」竊意物進而後至於壯盛，既壯盛則衰退繼之矣。今曰壯盛則必進，此義如何？

物固有壯而後進者，亦有進而後壯者，各隨其事而言，難以一説拘也。且以十二月卦論，大壯之爲夬，夬之爲乾，豈非壯而後進乎？至乾乃極而衰耳。

晉傳曰：「晉之盛而無德者，無用有也。」然大有可謂盛矣，而卦有卦德，不知如何？

元亨利貞本非四德，但爲大亨而利於正之占耳。乾卦之彖傳、文言乃借爲四德，在他卦尤不當以德論也。

晉六三：「衆允，悔亡。」傳曰：「或曰，不由中正而與衆同，得爲善乎？曰，衆所允者，必至當也。」竊謂世固有不義而得衆，如齊之陳氏，魯之季氏者矣，顧可以爲善乎？

易是虛設之辭，不可以實迹論。若以卦象言之，則順而麗乎大明，自不應有不善也。

「家人有嚴君焉」，傳曰：「家人之道，必有所尊嚴而君長者，謂父母也。」如此則嚴君作兩字說。然自舊諸家只作一字說，未知如何？

所尊嚴之君長也。

蹇九五「大蹇，朋來。」〔二〕傳以其無剛陽之臣，不足以濟蹇。竊謂自古患君之不剛明耳，未有有其君而無其臣者也。傳又以李固、王允、周顗、王導爲言，竊意當時正以無剛明之君故耳，設使有之，數子未必能有爲也。更乞指教。

讀易當看卦畫時節，不可以此論。

夬象曰：「居德則忌。」傳曰：「則，約也；忌，防也。謂約立防禁，則無潰散。」某於此義不能無疑，更乞批報。

未詳。

艮：「行其庭，不見其人。」傳曰：「庭除之間，至近也。在背則雖至近不見，謂不交於物也。外物不接，内欲不萌，如是而止，乃得止之道。」夫人豈能不交於物而孑然自立於世哉，意此所謂不交者，謂非己之所當應，則雖在至近而猶不見也。若非所當應亦感之而動，則非所以爲止矣。未知是否？

熟讀彖傳之詞，可見文義。「艮其背」乃止其所之意，程傳恐非本文之旨。

啓蒙述旨篇云：「仰觀俯察，始畫奇偶。教之卜筮，以斷可否。」不知伏羲之後，文王、周公之前，未有卦及辭，何以定吉凶？敢乞批示。

此無可考，但周禮三易經卦皆八，別皆六十有四，則疑已有辭矣。

義訓宜，禮訓別，智訓知，仁當何訓？竊意仁只是人心一個生理，不知以「生」字訓得否？

不必須用一字訓，但要曉得大意通透耳。

明道先生曰：「學只要鞭辟近裏，著己而已，故切問而近思，則仁在其中矣。言忠信，行篤敬，雖蠻貊之邦行矣。言不忠信，行不篤敬，雖州里行乎哉。立則見其參於前也，在輿則見其倚於衡也，夫然後行，只此是學。質美者明得盡，查滓便渾化却，與天地同體。其次惟莊敬以持養之，及其至則一也。」竊謂切問近思是主於致知，忠信篤敬是主於力行，知與行不可偏廢。而此條之意謂隨人資質，各用其力，而其至則一。如是則亦有行不假於知者，未知如何？

伏乞指教。

切問、忠信只是泛引切己底意思，非以爲致知、力行之分也。質美者固是知行俱到，其次亦豈有全不知而能行者？但因持養而所知愈明耳。

「恕則仁之施，愛則仁之用」，施與用不知如何分？

恕之所施，施其愛耳，不恕則雖有愛而不能及人也。

「人之爲學，忌先立標準，若循循不已，自有所至矣」。竊意若以聖人爲標準，何不可之有？若無所指擬，茫然而去，將何所歸宿哉。伏乞指教。

忌先立標準，如孟子所謂勿正者。學者固當以聖人爲標準，然豈可日日比并而較量之乎。觀顔子喟然之嘆，不於堅高瞻忽處用功，却就博文約禮上進步，則可見矣。

「德不勝氣，性命於氣；德勝其氣，性命於德；窮理盡性，則性天德、命天理。氣之不可變者，獨死生修夭而已。」竊謂知所攝養者則多壽考，肆其嗜欲者則多夭喪，是死生修夭亦可變也。故程子以火爲喻，與此說不合。如何？

正蒙之言恐不能無偏。

横渠云「心要洪放」，又曰「心大則百物皆通，心小則百物皆病」。孫思邈云「膽欲大而心欲小」。竊謂横渠之説是言心之體，思邈之説是言心之用，未知是否？

心自有合要大處，有合要小處，若只著題目斷了，則便無可思量矣。

「且見得路逕後，各自立得個門庭，歸而求之可矣。」竊謂門庭豈容各立耶？有所未解，伏乞指教。

此是説讀六經只要從師講問，且識得如何下工夫，便是立得門庭，却歸去依此實下工夫，便是歸而求之。

校記　〔一〕戀：原作「吝」，據程頤易傳改。

〔二〕九五：原作「初九」，據宋閩、浙本改。

編年　據書信編年。

答潘子善 慶元二年秋

比奉從容累月，别去不勝悵惘。比日秋冷，計還舍之久，諸况安適，家務酬酢之餘，當亦不廢學也。此間朋友去多來少，早晚亦且講論如常。但精力愈衰，愧無警切之功耳。

編年　據書信編年。

答潘子善 慶元三年春

所論爲學之意善矣，然欲專務静坐，又恐墮落那一邊去。只是虚著此心，隨動隨静，無時無處不致其戒謹恐懼之力，則自然主宰分明，義理昭著矣。然著個「戒慎恐懼」四字，已是壓得重了。要之只是略綽提撕，令自省覺，便是工夫也。所示數條，今各奉答，可更詳之。所論孟子、大學説正心處，不知敬仲如何説？如何是二説相似處，如何是有此四者心便不正？可更扣之，須盡彼説，方可判斷，未可便以己意障斷他人話頭也。純仁可念，此間方爲季通遠謫作惡，忽又聞此，其禍乃更甚於季通，使人不能忘懷。然此中近日改移新學，復爲僧坊，塑象摧毀，要脅斷折，令人痛心。彼聖賢者尤不免遭此厄會，况如吾輩，何足道哉！精舍春間有朋友數人，近多散去，僅存一二，未有精進可望者。亦緣無長上在彼唱率，功夫殊無次第。諸友頗思董叔重也。

或疑清廟詩是祀文王之樂歌，然初不顯頌文王之德，止言助祭諸侯既敬且和，與夫與祭執事之人能執行文王之德者，何也？某曰，文王之德不可名言，凡一時在位之人，所以能敬且和與執行文王之德者，即文王盛德之所在也。必於其不可容言之中而見其不可掩之實，則詩人之意得矣。讀此詩，想當時聞其歌者，真若洋洋乎如在其上，如在其左右，又何待多著言語，委曲形容而後足之哉。妄意如此，不知是否？

此説是。

谷風詩四章：「就其深矣，方之舟之。就其淺矣，泳之游之。」集傳以爲興體，某疑是比體，未知如何？乞指教。

若無下面四句即是比，既有下四句，則只是興矣。凡此類皆然，非獨此章也。

子游曰〔二〕：「事君數，斯辱矣。」胡氏曰：「事君諫不行則當去，導友善不納則當止。至於煩瀆，則言者輕，聽者厭矣。是以求榮而反辱，求親而反疏也。」某竊以爲事君而納忠，交友而責善，職所當然而心之不能已者，本非有求榮求親之心，恐胡氏之說不能無過。未知如何？

胡氏說盡人情，未有不是處。

孟子謂「柳下惠進不隱賢」〔二〕，集注謂「不隱賢，不枉道也」。某竊疑與下文「必以其道」意莫重疊否？尚乞指教。

兩句相承，只作一意讀，文勢然也。

「乃孔子則欲以微罪行」，微罪不知是指魯言，是孔子自謂也耶？乞指教。

自謂。

「知性則知天矣」，不知知性便能知天，亦有淺深耶？乞指教。

窮理到知天處，自然見得。

「飢者甘食，渴者甘飲」〔三〕，某竊謂此章是借飢渴之害以言人心之害。所謂人心之害，恐不止爲貧賤而已，凡一切欲有，求之不得而遂不暇擇焉，皆是也。所謂人能無以飢渴之害爲心害者，謂人能無以飢渴害口腹之類爲其心害，則不憂其不及人矣。未知如此說得否？更乞指教〔四〕。

此章從來有兩說，以意則此說勝，蓋不欲人以利欲害其心，如飢渴之害口腹也。以語則不以飢渴之害動其心者爲切於文義。未知果孰是，但後説差不費力耳。

温公稽古録秦論謂「知及之，仁不能守之，雖得之，必失之，秦之謂矣。」又引賈生之論曰：「仁義不施而攻守之勢異也。」某竊以爲守固不當如此守，然攻亦豈可如此攻耶？秦之兼并天下，不啻如禦人於國門之外者。設使守之有道，且不可保，况又非其道耶。然則論秦之亡者，豈可徒咎其守之非道，而不論其攻之已不善哉。更乞指教〔五〕。

賈生、温公之論若究其極，固爲有病。然彼其立論，非爲攻取者謀，以爲可以如是取之而無害也，乃爲既得之後而謀，以爲如是則或可以守耳。今且試以身處胡亥、子嬰之地，而自謀所以處之之宜，則彼前日取之之逆者既不可及矣，吾乃可以拱手安坐以待其亡耶？

魏論，温公謂魏太祖取天下於盜手而非取之於漢室，某於此有所未喻。蓋盡忠以事君，興衰而撥亂，此人臣之職也，安可因其危亂，自多其功，遂掩取之耶。今有巨室，一夕寇至，據其室廬而攘其貲財，有强奴悍僕刼其群盜而復其室廬，不歸之於主而遂以爲己有，謂吾取之於盜手，而非取之於主人，其可乎？温公之論，殆將啓天下奸雄之心，故不能無疑。并乞教誨。

温公此論殊不可曉，知其非是足矣，不須深論前賢之失也。

校記

〔一〕此句原缺，據宋浙本補。

〔二〕「孟子謂」三字原缺，據右引補。

〔三〕飲：原作「飢」，據宋閩、浙本改。

〔四〕此句原缺，據宋浙本補。

〔五〕「某竊以爲」以下底本差略，今從宋浙本、考異。

編年　據書信編年。

答潘子善 慶元三年

所論爲學工夫，亦甚穩密，尤以爲喜。更切勉力，乃所望也。楊敬仲其人簡淡誠慤，自可愛敬；而其論議見識自是一般，又自信已篤，不可復與辨論，正不必徒爲曉曉也。

編年　據書信編年。

答潘子善 慶元四年八月

「欽明文思」，某竊謂「思」猶「意思」之「思」，若只作「思慮」之「思」，未見發於事業處。惟從去聲讀，則見其發於事業者莫不切中情否，煥然可觀，仿佛如論語「中倫」、「中慮」之類。未知是否，伏乞批誨〔一〕。

作去聲讀爲是。

「克明俊德」止「黎民於變時雍」，「俊德」或以爲己之明德，或以爲俊德之士；「百姓」或以爲民，或以爲百官，未知二説如何？若以大學之序觀之，則俊德爲己之明德，百姓爲民，似無可疑者。

俊德當依大學説，百姓程先生以爲畿内之民，是也。

「平秩南訛，敬致」，林氏謂如周禮致日之致。此乃致南方之中星耳，未知是否？

致日乃考日中之景，如周禮土圭之法，非考中星也。

「戒之用休，董之用威，勸之以九歌」，林氏謂自戒自董自勸，未知此説如何？

九歌今亡其詞，不可稽考。以理觀之，恐是君臣相戒，如賡歌之類。

「皋陶矢厥謨，禹成厥功，帝舜申之」，未知「申」字如何看？

此是三篇之叙。第一句説皋陶謨，第二句説大禹謨，第三句説益稷。所謂申之，即所謂「汝亦昌言」者也。此書伏生本只是二篇，皋陶謨、益稷之間語勢亦相連，孔壁中析爲三篇，故其序如此，亦不足據。而説者又多失之，甚可笑也。

「念兹在兹，釋兹在兹，允出兹在兹」，諸説皆以禹欲舜念皋陶，而林氏以爲禹自言其念之如此，未知二説如何？

林説是。

「允迪厥德，謨明弼諧」，疑是稱皋陶〔二〕。未知是否？

若以爲稱皋陶，則下句「禹曰俞」者爲何所「俞」耶？恐此八字是皋陶之言，禹善之而問其詳，故皋陶復説下句，解此八字之義。或云此八字是言皋陶之德，「諧」字下別有皋陶之言，今脱去，未知是否。姑存之可也。

「亦行有九德」，或以爲人之性行，或以爲君之行，未知二説當何從？

亦行有九德，泛言人之行有此九德，故言其人之有德，則當以此而論之。「載采采」古語，不可曉，當闕之。

「夙夜浚明有家」止「亮采有邦」，古注以爲可以爲卿大夫及諸侯，林氏以爲卿大夫諸侯用此三德六德之人，未知孰是？

林説恐得之。猶孝經説争臣之類，蓋曰如是足矣，非必以是爲限也。

「天聰明，自我民聰明；天明畏，自我民明威」，不知明畏是兩字還是一字？林氏以爲聰明言視聽，明畏言好惡，未知如何？

林氏似是。明畏言天之所明所畏，所明如「明明揚側陋」之「明」，上明字。所畏如「董之用威」、「威用六極」之意。

「以出内五言」，林氏以爲宫、商、角、祉、羽之言，古注以爲仁、義、禮、智、信之言，未知當孰從？

未詳，當闕。自「侯以明之」以下皆然。

「關石和鈞」，竊謂此只是鈞石之名，如周禮嘉量之類耳。未知是否？

恐是。

「鬼神其依，龜筮協從」，不知已是曾卜一番了，還是未曾卜？按文義，恐是已曾卜了，禹更請枚卜，故舜言其不必再卜之意。「鬼神其依」者，以鬼神不可得而知，但人謀既協，則鬼神亦必依之，亦是言向者卜時已是無可疑者，今不必更卜也。未知是否？伏乞批誨〔三〕。

恐是初未嘗卜。

「先時者殺無赦，不及時者殺無赦」，林氏謂是誓衆之辭，非言昏迷天象之人。

以上文考之，林説非是。然此篇自可疑，當闕之。

「矧予之德，言足聽聞」，據古注云：「道德善言。」某竊意「言足聽聞」自當作一句，言吾之德言之足使人聽聞，彼安得不忌之？未知是否？

是。

「賁若草木，兆民允殖」，諸家説多不同，未知當如何看？

連上句言天命不僭，明白易見，故人得遂其生也。

「自周有終」，古注及諸家皆以「周」訓忠信。竊謂以忠信自周則可，以忠信訓周恐未安。未知如何？

「自周」二字本不可曉。

「王惟庸罔念聞」，諸家皆於「庸」字絕句。竊謂只作一句讀，以庸訓用，如説命中「王庸作書以告」之「庸」，未知是否？

六字一句。

「若虞機張」，諸家皆訓「虞」爲度。竊謂只作虞人説，如何？

作虞人爲是。

「臣爲上爲德，爲下爲民」，諸説不同，不知此四「爲」字當如何音？

四「爲」字并去聲。爲上者，輔其德而不阿其意之所欲；爲下者，利於民而不徇己之所安。

武成一篇，諸家多以爲錯簡。然反覆讀之，竊以爲自「王若曰」以後皆是史官歷叙以前之事，雖作武王告群后之辭，而實史官叙述之文，故其間如「有道曾孫周王發」及「昭我周王」之語，皆是史官之言，非武王當時自稱如此也。亦如五誥中，「王若曰」以下多是周公之語。若如此看，則似不必改移，亦自可讀。又「既生魄」恐是晦日，「既」者，言其魄之既足也。先生批云：「此句非是〔四〕。」以曆推之，當爲四月晦。未知此篇先生尋常如何看？

「王若曰」以下固是告群后之辭，兼叙其致禱之辭，亦與湯誥相類。但此詞却無結殺處，只自叙其功烈政事之美，又書戊午、癸亥、甲子日辰，亦非誥命之體，恐須是有錯簡。然自王氏、程氏、劉原父以下，所定亦各不同。舊嘗考之，劉以爲王語之末有闕文，似得之。彼有七經小傳否？可檢看。又漢書曆志謂是歲有閏，亦是也。

洪範之書，林氏以爲洛出書之説不可深信，謂「帝乃震怒，不畀洪範九疇，彝倫攸斁」，猶言天奪之鑒也。「天乃錫禹洪範九疇，彝倫攸叙」，猶言所謂天誘其衷也。又云洪範之書大抵發明彝倫之叙，本非由數而起。又曰「天乃錫禹洪範九疇」，猶言天乃錫王勇智耳，不必求之太深也。某竊謂河出圖，洛出書，易中明有此説，豈得而不之信耶。未知林氏之説如何，望折衷。

便使如今天錫洛書，若非天啓其心，亦無人理會得，兩説似不可偏廢也。

「八，庶徵」，「曰時」，林氏取蔡氏説，謂是歲月日之時，自「五者來備」而下，所以申言「曰雨、曰暘、曰燠、曰寒、曰風」之義；自「王省惟歲」而下，所以申言「曰時」之義。某竊謂此「時」字當如孔氏五者各以其時之説爲長。林氏徒見「時」字與雨、暘、燠、寒、風五者并列而爲六，則遂以此「時」字爲贅，不知古人之言如此類者多矣。且仁、義、禮、智是爲四端，加一「信」字，則爲五常，非仁、義、禮、智之外別有所謂信也。故某以爲時之在庶徵，猶信之在五常，不知是否？

林氏之説只與古説無異，但謂有以歲而論其時與不時者，有以月而論其時與不時者，有以日而論其時與不時者，可更推之。

某讀書至盤庚及五誥諸篇，其疑不可數舉。若以諸家之説勉强解去，亦説得行，但恐當時指意未必如此耳。如此等處只得姑存之，如何？

漳州所刻四經，書序有此説。

需卦六四「出自穴」〔五〕，上六「入于穴」，程傳謂「穴，物之所安也」。本義謂「穴者，險陷之所〔六〕」。某以爲謂之險陷之所〔七〕，正得坎體之象，未知是否？

坎即穴也。

訟六三「或從王事無成」，本義謂必無成功，似與象辭「從上吉也」之意不協，又與坤六三文言亦不協。竊意本義是直作占辭解，如此，未知是否？

易中經傳不同如此處多，且兼存之。然經意是本，傳辭是第二節話也。

小畜九五「富以其鄰」，本義謂巽體三爻同力畜乾，鄰之象也。據程傳則曰：「以一陰畜五陽。」某竊謂以統體言之，固是以一陰畜五陽，然就九五而言，則下與四比，上與下連，爲鄰之象。謂巽三爻同力畜乾，却見得自上畜下之意分明〔八〕，未知是如此否？

更以泰卦「不富以其鄰」對之，即可見其文意。

大過上六爻，本義謂是殺身成仁之事，莫是如晉荀息之類否？

荀息所處未得爲成仁者。

遯「小利貞」，本義謂小人也。按易中「小」字未有以爲小人者，如「小利有攸往」與「小貞吉」之類，皆大小之小耳。未知此義如何？

經文固無此例，然以彖傳推之，則是指小人而言。今當且依經而存傳耳。

豐彖曰〔九〕：「天地盈虛，與時消息，而况於人乎？況於鬼神乎？」程子曰：「鬼神者，造化之迹。」然天地盈虛，即是造化之迹矣，而復言鬼神，何耶〔十〕？

天地舉全體而言，鬼神指其功用之迹，似有人所爲者。以謙卦彖辭推之尤明白。

「聖人有以見天下之賾」，本義云：「賾，雜亂也。」據訓詁皆云深也〔十一〕，未知如何？

先儒有此訓，今忘記，檢不得。字書無「賾」字，𦣝、口同義。只作「嘖」，云大呼也。左傳曰「嘖有煩言」，非謂深也。若是深義，即與「隱深遠」三字一義矣，且又何以云不可惡乎。

本義云：「變化云爲，故象事可以知器；吉事有祥，故占事可以知來。」不知變化云爲主於人而言否？

變化者，陰陽之所爲；云爲者，人事之所作。

「幽贊於神明而生蓍」，本義引龜筴傳「蓍生滿百莖」爲證，某竊謂「生」字似只當與下面對「立卦」「立」字、「生爻」「生」字同例看。所謂生蓍者，猶言立蓍而用之耳。未知是否〔十二〕？

卦爻是人所畫，蓍是天地所生，不可作一例說。兼以立蓍而用之爲生蓍，亦不成文理。

「勞乎坎」，據下文云「萬物之所歸也，故曰勞乎坎」，竊意「勞」字當作去聲讀。未知是否〔十三〕？

恐或如此。然此一節多難曉處。

「於論鼓鍾，於樂辟廱」，注云：「辟廱，天子之學也。」不知辟廱從來是天子之學否，還是文王始爲之，及周有天下，遂以爲天子之學，亦如臯門、應門始立於太王，而後遂以爲天子之門耶？伏乞指教〔十四〕。

見不得。

召旻第六章，集傳作賦體，竊疑是比體。未知如何〔十五〕？

作比爲是。

小序麟趾詩：「雖衰世之公子，皆信厚如麟趾之時也。」此句似無義理。江有汜詩是媵自作，非美媵也。此二處下皆未曾注，未知如何？

當補〔十六〕。

論語「仁者不憂」〔十七〕，集注云：「理足以勝私，故不憂。」某嘗推之，恐只是此心常存，不暇閑思慮，惹起閑煩惱耳。未知是否？

未是。

某讀春秋，至「翬帥師會宋公、陳侯、蔡人、衛人伐鄭」處，略窺見聖人所以作春秋之意，僭易録呈，伏乞指教〔十八〕。某謂春秋爲聖人褒貶之書，其説舊矣。然聖人豈損其實而加吾一字之功哉，亦即其事之固然者而書之耳，如「翬帥師」之類是也。蓋不待君命而固請以行，則書之如是宜也。或以爲若是則一代之事自有一代之史，春秋何待聖人而後作哉。曰，春秋即魯史之舊名，非孔子之創爲此經也。使史筆之傳舉不失其實，聖人亦何必以是爲己任？惟官失其守而策書記注多違舊章，故聖人即史法之舊例以直書其事，而使之不失其實耳，初未嘗有意於褒之貶之也。以是而觀春秋，庶足以見聖人光明正大之意，而非持夫一字之功以私榮辱之權也。惟夫不失其實，則爲善者安得而不勸，爲惡者安得而不懼？孟子曰：「孔子作春秋而亂臣賊子懼。」宜哉！

不知書「翬帥師」如何見得其不待君命而行之罪？又如何見得舊例合如此書？此須更有商量，未達則闕之可也。

校記

〔一〕「某竊謂」以下底本差略，今從宋浙本、考異。前「否」字：四庫全書本作「理」。

〔二〕疑：宋浙本作「只」，且句末有「耳」字。

〔三〕「不知」以下原作「不知是已卜，還是未卜」，據宋浙本、考異改補。

〔四〕「先生批云」以下原缺，據宋浙本、考異補。

〔五〕宋浙本此下爲另一篇，題「答潘子善」。

〔六〕險：宋浙本作「陰陽」。又「所」下小注：「二說不同」。

〔七〕險：宋浙本作「以穴爲陰陽」。

〔八〕却：原作「自」，據宋閩、浙本改。

〔九〕象曰：原缺，據宋浙本補。考異所引別本同。

〔十〕「然天地」以下，宋浙本作「今既言天地，而復言鬼神，未知如何分？」考異所引別本同。

〔十一〕據：原缺，據宋浙本補。

〔十二〕「本義引」以下底本差略，今從宋浙本、考異。

〔十三〕「據下文」以下原作「某恐勞字當作去聲讀」，據宋浙本、考異改補。

〔十四〕「於論」以下底本差略，今從宋浙本、考異。

〔十五〕此句原缺，據宋浙本補。

〔十六〕「小序」以下一問一答原缺，據宋浙本、考異補。

〔十七〕論語：原缺，據宋浙本補。

〔十八〕「某讀」以下原作「春秋暈帥師」，據宋浙本、考異改補。

編年 據書信編年。

答潘子善 慶元四年八月

漢志引武成篇曰：「惟一月壬辰，旁死霸，若翌日癸巳，武王乃朝步自周，于征伐紂。」此與古文合，但一二字差。又曰：「粤若來三月，既死霸，粤五日甲子，咸劉商王紂。」顔氏曰：「今文尚書之辭。」又曰：「惟四月，既旁生霸，粤六日庚戌，武王燎于周廟。翌日辛亥，祀于天位。粤五日乙卯，乃以庶國祀馘于周廟。」顔氏曰：「亦今文尚書也。」又畢命、豐刑曰：「惟十有二年六月庚午朏，王命作策豐刑。」孟康曰：「逸書篇名。」今按，伏生今文尚書無武成，獨孔氏古文尚書乃有此篇。今顔氏注劉歆所引兩節，見其與古文不同，遂皆以爲今文尚書，不知何所考也。諸家推曆，以爲此年二月有閏，四月丁未爲十九日，庚戌爲二十二日。若無閏，即四月無丁未、庚戌。然二日皆在生魄之後，則古文爲倒而此志所引者爲順。但其言燎于周廟，似無理耳。況古文此篇文皆錯繆，安知「既生魄，庶邦冢君暨百工受命于周」十四字非本在「示天下弗服」之下，「丁未祀于周廟」之上，而

「王若曰」以下乃大告武成之文耶？以湯誥考之，此説爲是。畢命古文有此篇，其年月日與此同，而「王命作册」乃序文。唯豐刑爲無據，然年月之下亦有「至于豐」字，豈又若伊訓之「方明」耶？但古文之序「册」下更有「畢」字，孔傳以爲命爲册書以命畢公，如此則全不成文理。本文似亦有闕語，疑「作册」二字乃衍文，而闕一「公」字也。以此可見劉歆所見古文已非其正，而今本亦有闕誤，難盡信也。孟康便以豐刑爲逸書篇名，則亦不復本上文自有畢命矣，此又誤之甚也。此恐是劉氏七經小傳之説，當考。

編年 據書信編年。

答潘子善 慶元四年秋冬間

所喻主一功夫甚善，千萬更加勉力爲佳。書説今再報去，去歲卷子八月間已寄往黄巖矣，不知何故未到。然大抵看得似皆疏淺，更宜玩索其間曲折意味，方有得力處也。學禮之意甚善，然此事頭緒頗多，恐精力短，包羅不得。今可且讀詩，俟他日所編書成，讀之未晚。書雖讀了，亦更宜温習。如大學、語、孟、中庸，則須循環，不住温習，令其爛熟爲佳。春秋一經，從前不敢容易令學者看，今恐亦可漸讀正經及三傳。且當看史功夫，未要便穿鑿説褒貶道理，久之却別商量，亦是一事也。公食禮至今未寄來，已報恭叔、致道趣之矣。子約之亡深可傷痛，此間蔡季通亦死貶所，尤可惜。目前便覺無人説得話也。

編年　據書信編年。

答潘子善慶元四年秋冬間

洪範中休徵、咎徵，諸家多以義推説〔一〕。竊以爲此猶易中取象相似，但可以仿佛看，而不可以十分親切求也。庶徵雖有五者，大抵不出陰陽二端而已〔二〕。雨、寒，陰也；暘、燠、風，陽也。肅謀深沉而屬静，陰類也，故時雨時寒應之。又哲聖發見而屬動，陽類也，故時暘時燠時風應之。狂反於肅，急失於謀，故恒雨應之〔三〕。未知如此看得否？

大概如此。然舊以雨屬木，暘屬金，燠屬火，寒屬水，而或者又欲以雨屬水，暘屬火，燠屬木，寒屬金，其説孰是，可試思之。

旅獒「人不易物，惟德其物」，諸家皆讀「易」如字。某竊意當作去聲讀，蓋此二句接上文「無替厥服」與「時庸展親」之意，謂人不敢輕易其物，惟知德其物也。德其物者，謂以所賜之物爲德也。至下文「德盛不狎侮」，却自是别生意，不與「惟德其物」相接。諸家往往以「惟德其物」之「德」接下文「德盛不狎侮」之「德」，而不以接上「時庸展親」之意，故以「易」作如字讀。未知是否〔四〕？

恐不然。

「時庸展親」，諸家多訓「展」作「信」，謂信其親親之意。某竊意只作展省之展，自是平直。未知是否〔五〕？

展，審視也，不當訓信。

召誥文只説召公先至洛而周公繼至，不説成王亦來也。然召公出取幣入錫，周公乃曰「旅王若公」，其辭又多是戒成王，未知如何？

此蓋因周公以告于王耳。但洛誥之文則有不可曉者，其後乃言王在新邑，而其前已屢有問答之詞矣。可試考之。

立政「茲乃三宅無義民」，據此三宅即上文「宅事」、「宅牧」、「宅凖」之「宅」。今孔氏、蘇氏以爲居無義之民，猶舜典五宅三居之意，呂氏以「三宅無義民」一句，「桀德惟乃弗作往任」，謂當桀之時，三宅者曾無義民。未知二説孰長？

呂説是。

司徒、司馬、司空、亞旅不知何故叙於太史、尹伯、庶常、吉士之下，呂氏以爲諸侯之官，未知是否？

謂三官之副與其屬耳。亞謂小司徒之屬，旅則下士也。見周禮序官。

「奠麗陳教則肄」，「麗」字據孔氏音力馳反，施也。諸家多作附麗之麗，謂土著也。奠麗謂養之，陳教則教之。未知其説如何？某竊謂從孔氏説亦自平直，奠麗者謂定其所施之號令也，陳教則陳其所以教之之道也。「肄」或訓勞、習，愚意謂從習爲長。未敢自決，尚幸批誨。

前篇有以「麗」訓刑者，「肆」當訓習。

「思夫人自亂於威儀，爾無以釗冒貢於非幾」，「幾」字多訓危。某竊謂幾即事也，猶「萬幾」之「幾」。「冒貢於非幾」，謂冒進於非所當爲之事。未知是否〔六〕？

幾者，事之微也。

康王釋喪服而被衮冕，受虎賁之逆于南門之外，且受黄朱圭幣之獻。諸家皆以爲禮之變，獨蘇氏以爲失禮，使周公在，必不爲此。未知當此際合如何區處〔七〕？

天子、諸侯之禮與士、庶人不同，故孟子有「吾未之學」之語，蓋謂此類耳。如伊訓元祀十二月朔，亦是新喪，伊尹已奉嗣王祇見厥祖，固不可用凶服矣。漢、唐新主即位皆行册禮，君臣亦皆吉服，追述先帝之命，以告嗣君。韓文外集、順宗實録中有此事，可考。蓋易世傳授，國之大事，當嚴其禮。而王侯以國爲家，雖先君之喪，猶以爲己私服也。五代以來，此禮不講，則始終之際殊草草矣。

程先生文集中主式與古今家祭禮長短闊狹不同，不知此二書開時，皆曾經先生校過否〔八〕？所謂古尺當今五寸五分弱，不知當用今何尺？古今家祭禮中有古尺樣，較之今尺又不止五寸五分，注云「省尺」，省尺莫是今淮尺否？

主式適檢二書，高低雖有少不同，然本只要見式樣，其高廣之度自有尺寸，初不取此爲準也。省尺乃是京尺，温公有圖子，所謂三司布帛尺者是也。會稽司馬侍郎家必有此本，可轉求之。其圖并有古尺數等，此舊有之，今久不見矣。

校記　〔一〕義：正訛改作「意」。

〔二〕「此猶易中」以下原作「五者不出陰陽二端」，據宋浙本、考異改補。

〔三〕正訛於「雨」下補「恒寒」二字。

〔四〕「惟德其物諸家」以下底本略甚，此從宋浙本、考異。

〔五〕「謂信」以下原作「是否」，據宋浙本、考異改補。

〔六〕「思夫人」以下原作「爾無以釗冒貢於非幾」，據宋浙本、考異改補。

〔七〕「受虎賁」以下底本較略，今從宋浙本、考異。

〔八〕「程先生」以下底本差略，今從宋浙本、考異。

編年　據書信編年。

答潘子善慶元五年六月二十七日

六月二十七日，熹頓首：久不聞問，便中辱書，具審比日所履佳勝，又知已遂親迎，良以爲慰。熹衰病益侵，本無足言，最是氣痞，不可伏几觀書，殊以爲撓耳。近日作何工夫？前此問目，已嘗奉報矣。此間朋友亦有十餘人，頗有講論之益，然亦皆不能久留也。不知秋冬間能率諸同志一來，爲旬月之集，以盡所欲言者否？因便口占布此，草草，餘唯以時自愛。

編年　據書信編年。

答余彝孫範　乾道九年以後

有憂有懼者，志不勝氣，氣反動其心。若志立，則氣定矣。故曰内省不疚，夫何憂何懼？有憂有懼者，内有所慊也。自省其内而無所病，則心廣體胖而何憂何懼之有？夫子之語，固已明白完備。今以志立氣定爲言，則是未嘗熟復本文而别生枝節也。

文中子曰：「仁義教之本，先王以是繼道德。」此先道德而後仁義之説也。此説得之。

大學「知止」以至「能得」，孟子「自得」以至「逢原」，或以二章次第相似，範以爲不然。大學知止而下，乃孟子欲其自得之事，至於能得，乃自得處。居之安則資之深，資之深則取之左右逢其原，此乃自得後所進愈不止也。

此亦得之。但聖賢之言各有所指，其次序深淺隨事而言，不可如此牽合。此説猶爲粗可通耳。

「不耕穫，不菑畬」，程子易傳爻辭恐未明白。範竊謂無不耕而穫、不菑而畬之理，只是不於耕而計穫之利。如程子所解象辭，移之以解爻辭則可。

易傳爻、象之辭雖若相反，而意實相近，特辭有未足耳。爻辭言當循理，象辭言不計利，循理則不計利，計利非循理也。但考之經文，則傳與來説於文義之間皆若有可疑者。若曰不耕而穫，則多却「而」字；若曰不於耕而求穫之利，則又須增數字方通。嘗謂此爻乃自始至終都不營爲而偶然有得之意，耕穫菑畬，舉事之始終而言也。當无妄之世，事蓋有如此者。若以義言，則聖人之無爲而治，學者之不要人爵而人爵從之，皆是也。大抵此爻所謂无妄之福，而六三則所謂无妄之禍也。

艮六二「不拯其隨」〔一〕，程子謂「二不得以拯三之不中，則勉而隨之，不拯而惟隨也」，恐「惟」字未的當。若不拯而惟隨，則如樂正子之於子敖，冉求之於季氏也。當只言「不拯其所隨，故其心不快」。如孔孟之於時君，諫不行、言不聽則去而已。勉而隨之，恐非時止之義。

得之。

大司樂：祀天地四望，皆文之以五聲。至於祀天神、地祇、人鬼，獨用宮、角、徵、羽而不及商。或曰祭尚柔，又何以統言五聲耶？一變致羽物，六變致象物，有感則無不通，似不可以次序先後言〔二〕。然下管鼗鼓而鳥獸蹌，簫韶九成而鳳凰儀，又若有次序先後。豈所感有淺深，故其應如之耶？

五聲蓋總言之，其用則不及商也。沈存中筆談亦有說，然此等今無所考，未須深究。感有淺深，古注之說已詳，然今亦未睹其實也。

司服：卿大夫加以大功、小功，則自卿大夫而上皆無此者，何也？

此義周禮疏中其說已備，中庸所謂期之喪達乎大夫是也。乃古人貴貴之義，呂氏之說詳矣。

精義「君子反經」處亦有說。然亦是周公制禮以後方如此〔三〕，故檀弓又云「古者不降，上下各以其親。」大凡禮樂制度若欲理會，須從頭做功夫，不可只如此章〔四〕，草略說一二。但恐日力未遽及此，不若且專意於其近者爲佳耳。

校記　〔一〕二：原作「三」，據今易改。

〔二〕似：原作「但」，據宋閩本、明天順本改。

〔三〕以：原作「而」，據宋閩、浙本改。

〔四〕章：底本原注疑「草」字之誤。

編年　據書信編年。

國家社科基金西部項目

（宋）朱熹 著
郭齊 尹波 編注

朱熹文集編年評注

第八册

福建省政協文化文史和學習委員會 編

海峽出版發行集團
THE STRAITS PUBLISHING & DISTRIBUTING GROUP
福建人民出版社

朱熹文集編年評注卷六十一

書知舊門人問答

答林德久至紹熙五年秋冬間

示喻進學之意，甚善甚善。從事於此，自當有味，但畏間斷不接續爾。然續與不續，其機亦在我而不在人也。

編年 據書信編年。

答林德久紹熙五年十一月十二月間

收斂之喻，足見信道之勇。然須博約相資，方有進步處。而讀書之法，又只是要專一，久自見功，難以歲月期速效也。易説大概多與啓蒙相出入，但後數條旁通衆説，亦有功，俟更徐考奉報。然既知其無取，自不必深究。王輔嗣所謂縱或復值而義無所取，此一言切中事理。中間亦嘗有數語論之，後便寫寄也。向在玉山道間，見徐彦章説離爲龜，故卦中言龜處皆有離象。如頤之靈龜，損、益十朋之龜，以其卦雖無離，而通體似離也。頤六爻，損自二至上，益自初至五。此其求之巧矣。然頤猶取龜義而無取於離，損、益則但言其得益之多，而義亦不復繫於龜矣。今乃不論其所以得益之故，以爲求益之方，而必窮其龜之所自來，亦可謂枉費心力矣。大學歸來不暇整理，蓋此等多因朋友辨論間彼此切磨，説得細密，今無事時自作文字，却有搜索不到處。因暇試爲追記前日所論，便中示及，或便可用也。昨在玉山學中與諸生説話，司馬宰令人録來，當時無人劇論，説得不痛快。歸來偶與一朋友説，因其未喻，反復曉譬，却説得詳盡。因并兩次所言録以報之，試取一觀，或有助於思索也。

編年　據書信編年。

答林德久　紹熙五年至慶元元年

殿記正以病思昏塞，不能有所發明爲愧，斯遠書來，疑一兩處，已報之矣。恐更有未安，且更商量，未可便入石也。彭書荷留意，此公之去，深爲可惜。今外廷尚得諸人扶持，未至甚有過事。但本根之慮，外間無由知其深淺，令人憂嘆耳。

所喻日用功夫甚慰所望。但云一著力便覺多事，此恐未然。此心操舍存亡只在瞬息間，本不須大段著力，然又不可不著力，如此久之，自然見效。若如此論，竊恐非晚定須別求捷徑矣。窮理亦無它法，只日間讀書應事處每事理會便是。雖若無大頭段增益，然亦只是積累久後，不覺自浹洽貫通，正欲速不得也。易象說似未條暢，所論小過、中孚，先儒之說却似未爲過也。熹所論別紙録去，然其大意不過欲姑存而未論耳。

後書所疑，不知後來看得曉然未耶。熹嘗愛韓子說所以爲性者五，而今之言性者皆雜佛老而言之，所以不能不異，在諸子中最爲近理。蓋如吾儒之言，則性之本體便只是仁、義、禮、智之實；如老佛之言，則先有個虛空底性，後方旋生此四者出來。不然，亦說性是一個虛空底物，裏面包得四者。今人却爲不曾曉得自家道理，只見得它說得熟，故如此不能無疑。又纔見說四者爲性之體，便疑實有此四塊之物磊塊其間，皆是錯看了也。須知性之爲體不離此四者，而四者又非有形象方所可撮可摩也。但於渾然一理之中，識得個意思情狀似有界限，而實亦非有墻壁遮攔分別處也。然此處極難言，故孟子亦只於發處言之。如言四端，又言「乃若其情，則可以爲善」之類，是於發處教人識取。不是本體中元來有此，如何用處發得此物出來？但本體無著莫處，故只可於用處看，便省力耳。

所引程子之言乃暢潛道本，前輩疑其間或非先生語。以今觀之，誠是不精切也。所論春不可以包夏、秋、冬，亦未然。若如所論，則是「元」字是總說，下面須更添一字，與亨、利、貞別爲四德矣，豈理也耶。「禮智」二字，當時只是漫說，初無緊要，然亦不可不理會得。今但以四時觀之，即自可見也。中庸游、楊説得不精切，不必深求。中庸對高明而言，是就事物上説，各要得中而平常，正是三千三百底事，安得不謂之小？凡此類更熟味之，自見意思也。目盲，作此數紙已極費力，未能盡鄙意。如更有疑，遞中附數字來，子細反復，此處正好劇論也。

編年 據書信編年。

答林德久 慶元元年

目盲益甚，它疾亦浸劇，辭免未報，且爾杜門，無足言也。新齋已略就，而學子至者終少，難得穎悟可告語、篤信肯用力之人，兀坐殊憒憒耳。賢者敎學之功當日有緒，見讀何書？有可商量者，便中示及一二爲幸。

編年 據書信編年。

答林德久 慶元元年

新齋雖就，而竹木未成陰，學者居之多不安。然今歲適有科舉之累，來者亦無多人。又病中無氣力，不能與人劇論，甚覺負其來意也。疑義兩紙各已奉報，鬼神之説，只且如此涵泳聖賢諸説，久自分明，不必穿鑿，强作見解也。持敬之云，誠如所喻，此是最緊切處。大病之餘，又苦目昏，讀書不得，兀坐終日，於此甚有味也。界限之説，亦是要見得五者之在性中各有體段，要得分辨不雜，不可説未感時都無分別，感物後方有分别也。觀程先生冲漠無朕一段可見矣。德修王丈逝去甚可惜，雖其所講未甚精到，然朴厚誠實，今亦難得此等人也。

編年　據書信編年。

答林德久慶元元年秋冬間

所示疑義，各附鄙説於其後。近覺向來所論於本原上甚欠工夫，間爲福州學官作一説發此意，欲寫奉寄，以斯遠亟欲附家報，未能辦，俟後便也。中庸章句已刻成，尚欲修一兩處。以或問未罷，亦未欲出，次第更一兩月可了。大抵日困應接，不得專一工夫。今又目盲，尤費力爾。不知天意如何，且留得一隻眼了些文字，以遺後來，亦是一事。今左目已不可治，而又頗侵右目矣。

伊川曰：「性中只有個仁、義、禮、智而已，曷嘗有孝悌來？」事親從兄，雖人之良能，論性之體，則仁、義、禮、智。所謂孝悌乃仁之發見者，未知是否伊川所以謂仁主於愛，愛莫大於愛親？

伊川先生固曰「仁，性也；孝悌，用也」，此可見矣。

夫子温良恭儉讓，伊川以爲盛德光輝接見於人者也。學聖人者，其德性當如何涵養？恐是持敬爲先否？

持敬固是本原，然亦須隨事省察，去其不如此者。

「因不失其親」，二程先生謂信、恭、因不失親，近於義、禮，橫渠先生謂不失親於可賤之人，當從何說？

橫渠得之，但全章文意却微有病。

「吾十有五而志於學」一章，伊川以爲且爲學者立下一法，所以勉進後人；橫渠以爲行著習察，則皆聖人進德次序，二說不同，未知孰是。今讀集注「是其日用之間，必有獨覺其進而人不及知者，因其近似以自名」，所謂近似之說，未能盡曉。

此三說未須理會，只且就自己分上點檢。

「不思而得，不勉而中」，中庸皆以爲誠之事，初無節次。以耳順爲不思而得，不踰矩爲不勉而中，所謂不思不勉，有十年工夫，未知如何？

同上。

欲是聖人作用處否？妄意聖人所謂從心所欲，蓋自志學至此則純是義理，心之所欲，即道體流行，自不踰乎天則。莊老猖狂妄行，蹈乎大方，立腳處義理皆差。彼所謂大方，豈真法度也。未知是否？

「欲」字分明，聖人作用處却難曉。如此解經，轉見迷昧矣。猖狂妄行，便是不依本分了。上蔡曰：「聖人未嘗無思，故有所欲；未嘗放，故不踰矩。」聖人之心澹如止水，體用未嘗相離，竊意無思、收與放恐是學者分上事。

上蔡語無病。

「四十而不惑」，伊川曰：「明善之徹。」又曰：「言不惑則自誠。」敢問不惑已至誠之地位否？若橫渠言不惑，則於功用上見，二説如何？

二先生之言未嘗有異，更宜玩索。

「由，誨汝知之乎」，竊意子路勇於進，其於學問恐欠深潛密察之功，故夫子誨之者如此。上蔡謂死生之説，鬼神之情狀，爲學者當知；千歲之遠，六合之外，爲學者所不必知。死生鬼神之所以然，非窮神知化者不足以與此。夫子嘗告之以未知生，未能事人，正子路從事於功用之間〔一〕，豈强其所未易知者？恐非誨其務實之意。

不必如此説。上蔡之説，且以文意論之，已自不是也。

「巧言令色鮮矣仁」，諸儒皆以爲其心未必不仁，志在於善而失其所習與。若實之以君子之德，雖巧令未爲過。竊意巧令者務悦於人，失其本心甚矣。若如諸説，恐離心，迹於二而容悦於外者曰：「吾心不如是也。」可乎？

諸説蓋爲「鮮」字所惑，又爲「詞欲巧」、「令儀令色」所牽，皆以詞害意之失。故伊川先生直截説破云：「謂非仁也。知巧言令色之非仁，則知仁矣。」此足以破千載之謬矣。

伊川曰：「心具天德，心有不盡處，便是天德處未能盡，何緣知性知天？」觀諸先生議論，皆謂盡心而後知性知天，而先生盡心第一章以謂知性而後能盡心，與諸先生議論不同。盡心知性，此是學者第一□〔二〕。如孟子教人，皆從心上用功，如操舍存亡、求放心之類〔三〕。不知先自知性始，當從何處實下工夫？敢告指教。

以文勢觀之，「盡其心者，知其性也」，言人之所以能盡其心者，以其知其性故也。蓋盡心與存心不同，存心即操存求放之事，是學者初用力處；盡心則窮理之至，廓然貫通之謂，所謂知性即窮理之事也。須是窮理方能知性，性之盡則能盡其心矣。

「至大至剛，以直養而無害」，若「直」字絶句，則「直」仍論氣之體。若「剛」字絶句，則直是養氣矣。二者未知孰是？如楊遵道録伊川語與龜山語録，嫌將一物養一物之説，則「直」爲絶句。至常思之，人心平氣定，不爲私欲所誘，氣之本體覺廣大不可屈。一爲私意所撓，則便有歉。所謂直養而無害者，是全義理、去私欲否？

以直養而無害，即上文「自反而縮」之意。人能集義，則無不直而氣浩然矣。

「配義與道」，伊川謂「以義理養成此氣，合義與道」。又云「既生得此氣，語其體則與道合，語其用則莫不是理義」。配義與道，自養氣者而言，或自養而既成者也。龜山謂「氣無聲之可名，故難言之也。而以道義配之，所以著名也」。一似氣、道、義各爲一物，姑借此以明彼爾。尹和靖謂「其爲氣也至大至剛以直，其體則名曰道，其用則名曰義。學者能識之，然後能養之」。則三者皆一事而氣爲之主。兩説未知如何？集注謂合而有助之詞，亦未能盡曉，并告開發。

集注說得分明，更宜深考，當見不敢曲從楊、尹之意。

「必有事焉而勿正」，二程多主於敬，一說須當集義，是承上文「是集義所生者」而言。所謂必有事，則積集衆善工夫否？

孟子上下文無「敬」字，只有「義」字，程子是移將去「敬」字上說，非孟子本意也。集注亦可細玩。

有子以孝悌爲仁之本，孟子分事親從兄爲仁義之實。義主敬，或主於事之宜也？以宜爲主而敬在其中。

「故者以利爲本」，「故者」謂其本如是也，或是已然之故也？謂其本如是，則自其禀受之初者觀之；若已然之故，則必待端緒著見而後可也。伊川謂必求其故者，只是欲順而不害之謂。所謂順利者，得非中庸率性之道而人爲不得參於其間耶？又曰「凡性之初，未嘗不以順利爲主」，則是性本順利，不待矯揉成就也。此只就性之本而言也。至觀「順杞柳之性」與夫「水無有不下」兩章，則性本善，凡所謂不善，皆拂其本也。伊川二說，恐參合看而後全也。如龜山以「故」爲氣質之性，竊類莊子「去智與故」之言。蘇黄門亦有此說，不知如何？

故者已然之迹也。如性之有仁、義、禮、智，不可得而見，而惻隱、羞惡、恭敬、是非則有已然之迹矣。然四者之發，非有所矯揉而後成也，非以利爲本耶？楊、蘇之說皆非是，蘇之失尤甚。此類須痛與辨析，方見工夫。

孟子論三聖，獨伊尹不言聞其風者，亦不言其流弊如夷、惠者，何也？豈以其樂堯舜之道於畎畝之中，必待湯往聘之，乃幡然而起，行止近於聖之時也？

此恐亦偶然耳。如所論者，恐或亦有之也。

「智聖」一章，自「集大成也者」以下，舊見鄉人陳先生説孟子教學者集大成門户，故分智聖始終之事以示人。謂其知有偏全，則行亦有偏全，必自致知而入也。竊觀此章前言聖人之時，後方兼明智聖始終之義。獨言孔子者，恐爲智聖功用而言也。三子者或不足於知，或知有所偏也。如横渠謂聖者不勉而中，不思而至，似不特智之事也。豈所謂智，亦生而知之者否？

孟子此言固專爲孔子而發，然亦可見三子欠闕處及學者功夫次第，不必説教學者以集大成門户及聖人之功用而言也〔四〕。集大成乃聖賢地位極至處，豈有門户之可言？然其所謂知有偏全則行亦有偏全，必自致知處而入，則得之矣。

孟子曰，人無有不善，水無有不下，程氏謂善亦性也，惡亦不可不謂之性也。若指上文氣稟而言，則如子越椒之生，世偶有之，不應稟氣賦形有善惡存焉。若指下文水就下而言，則若有可使爲不善之意。然濁水沙石非水本然也。「惡亦不可不謂之性」，此語未曉所指。

此章「性」字説得最雜，有是説本性者，有是説氣稟者。其言水之下與水之清，亦是兩意，須細分别耳。

「生之謂性」一章，集注以知覺運動者言也。仁、義、禮、智，性也。嘗觀釋氏之説止以知覺運動者爲性，今其徒之説亦有以是靈靈昭昭者爲非者〔五〕。前此常被其惑，今析性與氣而言，性之大本雖已分曉，更有疑處。人賦氣成形之後，便有知覺，所有知覺者，自何而發端？又死之後，所謂知覺運動者隨當與形氣俱亡，性之理則與天地古今周流而無間。横渠所謂非有我之得私者，而有形聚成物，形潰反原之説，如何？釋氏以謂覺性常存，不受沉墜，如其説誠有一物在造化之外。老氏亦謂死而不亡。至於聖人之於喪祭，求諸幽漠如此其至者，果有物無物耶？

知覺正是氣之虚靈處，與形器查滓正作對也。魂游魄降，則亦隨以亡矣。横渠反原之説，程子蓋嘗非之。今東見録中「不可以既反之氣復爲方伸之氣」，此類有數條，皆爲此論發也。喪祭之禮，是因其遺體之在此而致其愛敬以存之，意思又别。

「若夫爲不善，非才之罪也」，孟子謂人之才無有不善，伊川謂性出於天，才出於氣，氣清則才清，氣濁則才濁，才則有善不善，性則無不善，其説似與孟子相反。或四端著見處是才，或所以能充拓者爲才也？

性既本善，則才只可爲善。爲氣有不善，故才有不善耳。然孟子不論氣之病，集注言之詳矣，請更詳之。

「君子不謂性命」一章，上言不謂性也，下言有性焉，上下言性不同。恐上是氣質之性，下是天地之性否？横渠所謂「形而後有氣質之性，善反之則天地之性存焉，故氣質之性君子有弗性者焉」，正本此意否？

以口之於味之屬爲性，非專指氣質，蓋以理之屬於血氣者而言。如書之言人心也。中庸章句序中已詳之，可考。

「大而化之之謂聖」，横渠謂大而化不可爲也，在熟之而已矣。此則與易之擬議以成其變化同。或説大猶有迹，化無迹，謂充實光輝者，使泯然無形迹之可見。竊疑與釋氏銷礙入空之説相似，不知如何？

孟子説「化」字與易之變化不同，後説得之。然非銷礙入空之謂，更分別之，自可見矣。

横渠曰：「由太虚有天之名，由氣化有道之名，合虚與氣有性之名，合性與知覺有心之名。」横渠所謂性者，恐兼天地之性、氣質之性而言否？所謂心者，并人心、道心言否？

非氣無形，無形則性善無所賦。故凡言性者，皆因氣質而言，但其中自有所賦之理爾。人心道心，亦非有兩物也。

「忠信所以進德。終日乾乾，君子當終日對越在天也。蓋上天之載無聲無臭，其體則謂之易，其理則謂之道〔六〕，其用則謂之神，其命於人則謂之性。率性則謂之道，修道則謂之教。孟子去其中又發揮出浩然之氣，可謂盡矣。故説神如在其上，如在其左右。大小大事，而只曰『誠之不可掩如此夫』，徹上徹下，不過如此。形而上爲道，形而下爲器，須著如此説，器亦道，道亦器。但得道在，不係今與後，己與人。」至竊謂此段論至理徹上徹下，本自完具，初無天人微顯之間。誠敬者，所以體當是理者也。一不誠敬，則幾於無物矣。其能貫通而無間〔七〕，此終始專在誠敬上著力。是否？

此是因解「乾」字，「乾」字即是「天」字，遂推言許多名字只是一理，而各有分別；雖各有分別，又却只是一個實理。誠者，實理之謂也，非論人當以誠敬體當是理也。

「中者天下之大本，天地之間亭亭當當，直上直下之正理，出則不是，唯敬而無失最盡。」至竊謂此段論中之體直上直下，無所偏倚。發而中節雖謂之和，而中之體固存。所論出則不是者，出謂發而不中節者否？敬而無失，持養於未發之前否？

出則不是，蓋謂發即便不可謂之中也。且如喜而中節，雖是中節，便是倚於喜矣。但在喜之中無過不及，故謂之和耳。

校記

〔一〕功：宋浙本作「日」。

〔二〕「盡心知性」以下二句原缺，據右引補。學者：考異所引別本作「大學」。「一」下所缺當是「義」字。

〔三〕「如操舍」以下原缺，據宋浙本補。考異所引別本同。

〔四〕必：原作「少」，據正訛改。四庫全書本作「是」。

〔五〕非：正訛改作「性」。

〔六〕此句原缺，據二程遺書、文集卷四十四、四十五等補。乃明道語也。

〔七〕其：四庫全書本及正訛作「豈」。

編年 據書信編年。

答林德久 慶元二年

別紙所論敬爲求仁之要，此論甚善。所謂心無私欲即是仁之全體，亦是也。但須識得此處便有本來生意融融洩洩氣象，乃爲得之耳。顔子不改其樂，是它功夫到後自有樂處，與貧富貴賤了不相關，自是改它不得。仁智壽樂，亦是功夫到此，自然有此效驗。來喻雖亦無病，然語意終未親切活絡。更宜涵養玩索，更於仁智實處下工夫，則久當自見矣。西室所聞未見全書，恐是陳長方所記。此只有震澤記善録，乃淮郡印本，想已有之。其間議論亦多可疑也。

編年 據書信編年。

答林德久 慶元二年

近地教官闕次必遠，既非禄養之宜，又不更治民，亦使人怠惰苟簡，非所以磨厲器業。似不若參選，擬一近闕丞佐之屬爲佳也。熹屏居如昨，朋舊多勸謝客省事者，亦嘗試之，似難勉强。又揀別取舍〔一〕，却恐反生怨怒，不若坦懷待之。若合須過嶺，此亦何可避也。

校記 〔一〕揀：原作「楝」，據宋浙本改。

答林德久 慶元四年

待次閑中足得爲學，未爲失計。要之仕宦只合從選部注擬，是家常茶飯。今人干堂慣了，不覺其非，故有志之士亦不免俯首其間，爲人所前却，此可爲後來之戒也。無事静坐，有事應酬，隨時處無非自己身心運用。但常自提撕，不與俱往，便是功夫。事物之來，豈以漠然不應爲是耶？疑義已略用己意説釋其後，恐有未安，更望反復。大抵似用意未精，齩嚼未破也。漢卿甚不易得，想亦難得相聚也。齋中自去秋後空無一人，亦幸省事。今復頗有來者，然亦不多，目前未見卓然可望也。唯江西吴必大伯豐者相從累年，明敏過人，儘能思索。從事州縣，隨事有以及民。而自守勁正，不爲時勢所屈，甚不易得。今乃不幸短命而死，甚可傷悼耳。

編年　據書信編年。

答林德久 慶元五年

熹疾病益侵，氣痞足弱，不能屈伸。屏居無事，尚能讀書，而以病故，不能俯伏几案。所幸猶有一二朋友早晚講論，少足爲慰耳。引年告老，昨以鄉閭横議，官吏過憂，久不得上，至煩臺評播告，後乃得之。尸居餘氣，何足爲世重輕？而每煩當路注意如此，既以自嘆，又自笑也。二及之。

編年 據書信編年。

陸祠記甚佳，此題目本不好做，想亦只得且如此説過耳。幕中無事，儘可讀書，不知比來作何功夫？因書幸略及之也。武成錯簡，尋常如何讀？韓退之與大顛書，歐、蘇之論孰當？因風幸及之。

答林德久 慶元元年冬

盡心知性之説恐未然。今亦未論義理如何，只看文勢「者也」二字便可見。近有朋友引「得其民者得其心也」以證之，亦自有理。若如所論，私意脱落，無有查滓爲盡心，即不知却如何説「存心」兩字？兼既未知性，即是於理尚有未明，如何便到得此田地耶。此處一差，便入釋氏見解矣。此理甚明，更宜思之。況「知」者有漸之詞，「盡」者無餘之義，其意象規模自應有先後也。太虛實理，正是指形而上者而言。既曰形而上者，則固自無形矣。然謂之無理，可乎？以此思之，亦自曉然也。

編年 據書信編年。

答歐陽希遜 謙之 慶元二年

所示疑義，比舊甚進。所未安各已疏出，幸更思之，因風喻及也。所謂徒守紙上語，擬規畫圓，模矩作方，此初學之通病。然尚有不能守紙上之語，雖擬規矩而不能成方圓者，而未必自知其非也。以愚計之，但且謹守規矩，朝夕模之，不暫廢輟，積久純熟，則不待模擬而自成方圓矣。切不可輒萌妄念，求之於言語文字之外也。

觀孔子言仁，如告顔子以克己復禮所以爲仁之機，殆若發露而無餘藴。至孟子論仁，雖嘗指人心而言，然其意使人自惻隱之心推之，要其旨歸，多主於愛之一辭。雖所以指示於人者豈不精切而確實，然不似聖人之言仁廣大渾全，而使人自得於精思力行之餘也。意者孟子適當夫好戰嗜殺人之時，爲救焚拯溺之計，不可不自夫受病之所而藥之歟。

程子曰：「四德之元，猶五常之仁，偏言則一事，專言則包四者。」惻隱之類，偏言之也。克己之類，專言之也。然即此一事便包四者，蓋亦非二物也。故論語集注中云：「仁者，心之德，愛之理也。」此言極有味，可更思之，不可謂孟子之言不如孔子之周遍。孟子亦有專言之者，「仁，人心」是也。孔子亦有偏言之者，「愛人」是也。又謂孟子以世人好殺而言惻隱，尤非也。孔子雖不以義對仁，然每以智對仁，更宜思之。

「君子所貴乎道者三」，君子之所以重乎此者，爲其發乎吾身而非有待於外也，爲其得於不勉不思而非出於造作而然也。豈若籩豆之事，器數之末，皆身外之物，可以品節劑量、安排布置而爲之者乎。

曾子之意只是説人之用力有此三處，此大而彼小，此急而彼緩爾，亦未説到不勉不思處。籩豆之事固是末節，然亦非全然忽略而不以爲意。但當付之有司，使供其事，而非吾之所當切切留意者耳。所云「身外之物」以下云云者，尤非本文之意也。

論語集注曰：「曾點氣象從容，辭意灑落。」某竊想像其舍瑟之際，玩味其詠歸之辭，亦可以略識其大概矣。程子謂其便是堯舜氣象，竊嘗以程子之意求之，所謂堯舜氣象者，得非若所謂不以位爲樂與夫有天下而不與之意乎。集注又云：「是雖堯舜事業，固優爲之。」不知所謂事業者，就其得於己者而言，就其得於事功者而言？孟子之所謂狂者，蓋謂夷考其行而不掩焉者也。所謂行不掩焉者，若曰言不顧行，行不顧言，所行不能掩其所言也。不知曾點行不掩焉者何處可見？檀弓曰：「季武子死〔一〕，曾點倚其門而歌〔二〕。」於此而作歌，可以見其狂否？

曾點氣象固是從容灑落，然須見得它因甚到得如此始得。若見得此意，自然見得它做得堯舜事業處，不可以一事言也。行有不掩，亦非言行背馳之謂，但行不到所見處耳。倚門而歌，亦略見其狂處。只此舍瑟言志處，固是聖人所與，然亦不害其爲狂也。過此須流入老莊去矣〔三〕。

孟子曰：「我知言，我善養吾浩然之氣。」集注云：「浩然，盛大流行之貌。氣即所謂體之充者，本自浩然，失養故餒。」某竊味氣體之充與下面浩然之氣，兩個「氣」字大意似同，而精微密察處略似有異。前面「氣」字若專主形於外者而言，後面氣字若專主發於内者而言。

氣無二義，但浩然之氣乃指其本來體段而言，謂體之充者，泛言之耳。然亦非外此而別有浩然之氣也。

「反身而誠」者知至之功，「强恕而行」者力行之事，知之在前，行之在後，與篇首「盡其心者知其性也，知其性則知天矣。存其心，養其性，所以事天也」文勢略同。未審是否？反身而誠，乃是反求諸身而實有是理。如仁義忠孝，應接事物之理皆真有之，而非出於勉强僞爲也。此是見得透，信得及處。到此地位，則推己及物，不待勉强而仁在我矣。下言强恕而行者，蓋言未至於此，則當强恕以去己私之蔽，而求得夫天理之公也。

孟子「施於四體，四體不言而喻」，集注云：「言四體雖不能言，而其理自可曉也。」似若指在人而言。

集注此義近看得似未安，恐只是説四體不待安排而自然中禮也。

舜不告而娶，告則廢人之大倫，則娶爲重而告爲輕，不幾於禮輕而色重？賢者飢餓於土地，賙之則受，免死而已，則免死爲重，潔身爲輕，不幾於禮輕而食重？

禮固重於食色矣，然禮亦有大體小節之殊，而食色所係，亦自有小大緩急之不同。孟子言之詳矣，無可疑也。

校記　〔一〕武：原作「康」，據檀弓本文改。

〔二〕點：原作「子」，據右引改。

〔三〕須：原缺，據宋浙本補。

編年　據書信編年。

答歐陽希遜 慶元二年

所示卷子，已悉疏其後矣。時亨處亦有三紙，可互見也。元德爲况如何？元瞻已歸未也？吾人爲學，自爲己事，豈以時論而少變？千萬勉力。

謙之前此請問曾點氣象從容，辭意灑落，堯舜事業亦優爲之，先生批教云：「曾點氣象固是從容灑落，然須見得它因甚得到如此始得。若見得此意，自然見得它做得堯舜事業處。」謙之因此熟玩集注之語，若曰但味其言，則見其日用之間無非天理流行之妙，而用舍行藏了無所與於我；見得曾點只是天資高，所見處大，所以日用之間無非天理流行之妙。惟其識得這理破，便無所係累於胸中。所謂雖堯舜事業亦優爲之，自其所言以逆諸其日用之間，而知其能爾也。何者？堯舜之聖，只是一個循天理而已。然曾點雖是見處如此，却無精微縝密工夫。觀論語一書，點自言志之外，無一語問答焉，則其無篤實工夫可見矣。使曾點以此見識，加之以鑽仰之功，謹於步趨之實，則其至於堯舜地位也孰禦？本朝康節先生大略與點相似，伏乞指教。

人有天資高，自然見得此理真實流行，運用之妙者，未必皆由學問之功。如康節，二程先生亦以爲學則初無不知也。來喻皆已得之，大抵學者當循下學上達之序，庶幾不錯。若一向先求曾點見解，未有不入於佛老也。

謙之前此請問語、孟仁不同處，先生批教曰：「集注中云仁者心之德，愛之理也，此言極有味，可更思之。」近來却覺看得論語中答諸弟子問仁處，如告之以主敬行恕，告之以先難後獲之類，往往不是先藥其人之病痛，則是其人未到仁者地位，未可以抽關啓鑰告之，且爲它安下一個爲仁底根脚，根脚平正牢固，然後却可語之以仁。若答子貢之問，直曰「工欲善其事，必先利其器」，此可以觀矣。樊遲問仁，告之以「居處恭，執事敬，與人忠」。胡氏以爲樊遲問仁者三，此最先，「先難」次之，「愛人」其最後乎，似得聖人之意矣。若是根脚不穩而語之以仁，縱使能用力焉，果能爲我有乎？根脚既正，雖不告語之，亦自然能尋求向上去也。前此讀論語，見聖人答問仁之語其説不一，便將作聖人言仁廣大周遍底意思看了，是以求其要領而不可得，却把孟子言仁處看小了，遂謂孟子之言不如孔子廣大周遍。今此却看得孟子所言惻隱之心與夫人心等語乃是實指仁之端倪，學者便可體認尋求，便有靠實下手處。於此益見得所謂心之德者，乃是仁之真體。蓋事事要得此心之安，不使有一毫之不足處。而愛者乃是仁之實，不以吾身之外皆無與於我而一毫不恤也。程子以西銘爲仁之體，其以此歟。不知是否，伏乞指教。

此段看得大有病。告樊遲三語，便與告顏淵、仲弓都無異，故程子曰「此是徹上徹下語」，安得謂姑爲之安立根脚乎？若此只是安立根脚，即不知如何方是正下手爲仁處耶？大率孔子只是説個爲仁工夫，至孟子方解仁字之義理。如「仁之端」、「仁，人心」之類。然仁字又兼兩義，非一言之可盡，故孔子教人亦有兩路，「克己」即孟子「仁，人心」之說，「愛人」即孟子「惻隱」之說（一）。而程子易傳亦有專言偏言之說。如熹訓釋，又是孟子、程子義疏，可更詳之。

謙之前此請問孟子、程子論才處，曾妄爲之說曰：「性無不善而氣有清濁，人之有昏明强弱者，氣使之然也。才發於性，固無有不善也。氣稟之清而本性常用，則才固無不明且强也。氣稟之濁而本性障蔽，則或有以梏其才之美，而使之昏且弱矣。氣稟昏濁既蔽其性之善，則遂并與其才而失之。何者？性固才之根本也。此孟子所謂不能盡其才而非才之罪也。故夫氣之清則能盡其才，氣之濁則不能盡其才。然其才發於性，自人氣之有清濁，而後才始有盡不盡者焉，則夫昏明强弱其本固不係於才而繫於氣也。」已上前時請問之語。此時先生賜答，不以爲不可。然謙之近來玩味孟子本文與集注之說，又覺前說殊未爲當。孟子之言若曰，惻隱、羞惡、恭敬、是非之心人皆有之，可見其性之善也。夫人之受此性以生也，則必具此形體也。有此形體，則其才能固具於此形體之中。若是器爲刃也，必能刺物也；是器爲舟也，必能行水也。是故有此惻隱、羞惡、辭讓、是非之心，能思而求之，以充惻隱、羞惡、辭讓、是非之心，是所謂盡其所能也。彼其不思不求，不知所以充之者，非無是能也，不知所以盡其所能也。其所以不盡其所能者，則稟是氣之濁與夫陷溺其心者也。程子所謂學而知之，即孟子求則得之之論也。程子所謂自暴自棄，即孟子不盡其才之論也。二說雖異，不害其爲同也。不知是否，伏乞指教。謙之又觀集注曰「才固有昏明强弱之不同」，竊疑昏明是氣，强弱是才，不知於「才」

字上下「昏明」字如何？伏乞指教。

氣禀之殊，其類不一，非但清濁二字而已。今人有聰明通達、事事曉了者，其氣清矣，而所爲或未必皆中於理，則是其氣之不淳也。人有謹厚忠信、事事平穩者，其氣醇矣，而所知未必能達於理，則是其氣之不清也。推此類以求之，才自見矣。

程子曰：「生之謂性，性即氣，氣即性，生之謂也。」又曰：「人生而静已上不容説，才説性時便已不是性也。」謙之竊意明道所言生之謂性與告子所言生之謂性不同，明道之意若謂人生而後方始謂之性，前此天命流行，未有所寄寓，只可謂之善，不可謂之性。然以無可得名，又是性之本源，只且謂之性。若論其體段，則不可謂之性。此人生而静以上不容説，才説性時便已不是性也。性即氣，氣即性，蓋必禀是氣然後人之形體始立，必命之以是性然後人之良知良能始具，必有是性而後有是氣，必有是氣而後有是性，二者蓋不能以相離也。人物未生之時，天命之流行雖其未有底止，不可謂之性，而性之本真實渾然而無所間雜。人物已生之後，氣質之成形，雖其理已命於人，始得謂之性，而性之本體始與氣質交雜，而有待於察識其端倪矣。程子所謂性即氣，氣即性，非謂氣便是性，性便是氣，蓋言其不相離也。此程子所謂「論性不論氣不備，論氣不論性不明，二之則不是」，蓋以此也。不知是否？伏乞指教。

此段近之。

程子曰：「人生氣禀理有善惡，然不是性中元有此兩物相對而生也。有自幼而善，有自幼而惡者，是氣禀使然也。善固性也，然惡亦不可不謂之性也。」謙之竊考夫下文所引水流爲喻，是所謂不是元有兩物相對而生也。然既謂之流而復有濁〔二〕，則非自幼而惡矣。既曰水之清，則性善之謂也，則不可謂之惡亦不可不謂之性矣。既曰有流而至海終無所污，有流而未遠已有所濁，有出而甚遠方有所濁，又曰清濁雖不同，然不可謂濁者不爲水也。謙之竊以謂既是初流出時無濁者，則後來雖有濁者，或是泥沙溷之，外物汩之，不是元初水裏面帶得濁來，到此方見也。此則孟子所謂陷溺其心者也。豈得以惡爲不可不謂之性哉。程子之言必有深意，伏乞指教。

此所謂泥沙外物，正指氣禀而言。

程子曰：「凡人説性，只是説繼之者善也。孟子言性善是也。」近觀先生答嚴時亨所問云：「易大傳言繼之者善，是指未生之前；孟子言性善，是指已生之後。」與程子之説似若有異。伏乞指教。

明道先生之言高遠宏闊，不拘本文正意，如此處多。若執其方而論，則所不可通者不但此句而已。須知性之原本善，而其發亦無不善，則大傳、孟子之意初無不同矣。

鄉黨「非帷裳必殺之」，集注云：「朝祭之服用裳。」問時遺此一句。「正幅如帷，要有襞積而旁無殺縫。其餘如深衣，要半下，齊倍要，則無襞積而有殺縫矣。」所謂有襞積，恐是若今裙制，近要有殺入聲是也。要半下，謂近要者狹，半於下面齊也。齊倍要，謂向下者闊，倍於上面要也。不知旁無殺縫之制如何？恐是深衣之制，裳下面是裁布爲之，近要者殺從其小，以就半下之法，所以旁有殺縫也。伏乞指教。

此讀集注遺下首句，故其下皆無文理。昨乍看之，亦自曉不得也。今添此句讀之，自合見得分明矣。帷裳如今之裙是也，襞積即是摺處耳，其幅自全，安得謂近要者有殺縫耶。

論語「君子周而不比」字舊音毗志反，集注無音。古注、集注皆爲偏黨之義。「義之與比」，舊音毗志反，集注音必二反。孟子「願比死者一洒之」與「且比化者，無使土親膚」，其義與音又俱備，無可疑者。若「御者且羞與射者比」，集注亦爲偏黨之義，音必二反。不知「比」字爲偏黨之義者皆當作必二反如何？至「將比今之諸侯而誅之」，集注曰：「比，連也，音去聲。」所謂去聲者，想却是作毗志反否？伏乞指教。

記得此字是用賈昌朝群經音辨改定，「比今之諸侯」一處改未盡耳，更俟契勘。然亦無甚緊要，今目昏甚，此等處恐不暇料理矣。

孟子曰：「我不貫與小人乘。」貫舊音慣，注曰：「貫，習也。」集注無音，亦曰「貫，習也」，恐是不須音轉亦可。此等不應以煩瀆尊聽，鄉里後生或來質問，不敢以私意揣量以告，伏乞尊察。

貫若不音慣，不知讀作何字？如有別音，即須補之。若依舊只是貫字，則自不須音也。此不暇檢，可更詳之，後便批來。

校記 〔一〕隱：原作「憶」，據宋閩、浙本改。

〔二〕復：正訛改作「後」。

編年 據書信編年。

答歐陽希遜 慶元三年

所論程先生「鳶飛魚躍，必有事焉」之語，元德亦以爲疑，此乃爲或問中舊説所誤。今詳味之，方見程先生説「鳶飛魚躍」是子思吃緊爲人處，以其於事物中指出此理，令人隨處見得活潑潑地；「必有事焉」是孟子吃緊爲人處，以其教人就己分上略綽提撕，便見此理活潑潑地也，非以其文義相似而引以爲證也。今看中庸，且看子思之意，見得分明，即將程先生所説影貼出，便見所引孟子之説只是一意，不可以其文字言語比類牽合而使爲一説也。凡若此類，更宜深思。

所論鬼神一章全不子細，援引太多，愈覺支離，不見本經正意。可且虛心將經文熟看，甚不能曉處，然後參以章句，説教文義分明，道理便有去著。體物之義，兩處説得如此分明，足可致思，乃更泛然而問，可見元不曾入思慮也。祭統所説如有見聞，論語所説祭神如在，皆是主於祭者而言。此章言使天下之人齊明盛服以承祭祀，是主於鬼神而言，自有賓主，如何却如此看？體物使人兩句〔一〕，更須深體。又來喻言「如其神之在焉，非真有在者也」，此言尤害理。若如此説，則是僞而已矣，又豈所謂誠之不可掩乎？「昭明，焄蒿悽愴」，疏説非是。昭明謂光景，焄蒿謂氣象，悽愴使人神思灑淅，如漢書云風肅然者。宰我答問一章，所論鬼神正與中庸相表裏。今且先看令中庸意思分明，却看此章，便見子細。「智、仁、勇」一章雖非經文正意，然文勢相聯，讀者亦須識得去著，方見義理大小精粗縱橫貫穿，無空闕處。今觀所論，全未致思。至如所引論語「仁者安仁，智者利仁」，豈是不知有此兩句？所以如此筆之於書，決須更有深意。今乃如此草草看過，率然發問，殊非所望於朋友也。

校記　〔一〕句：原作「可」，據宋浙本改。

編年　據書信編年。

答嚴時亨 世文　慶元二年

五行之生，各一其性。氣質是陰陽五行所爲，性即太極之全體。但論氣質之性，則此全體墮在氣質之中耳，非别有一性也。

明道言「人生而静，以上不容説」。「人生而静」是未發時，「以上」即是人物未生之時，不可謂性，才謂之性，便是人生以後，此理墮在形氣之中，不全是性之本體矣。然其本體又未嘗外此，要人即此而見得其不雜於此者耳。易大傳言繼善，是指未生之前，孟子言性善，是指已生之後。雖曰已生，然其本體初不相雜也。

程子以忠爲天道，恕爲人道，莫是謂忠者聖人之在己，與天同運，而恕者所以待人之道否？聖人處己待人亦無二理，天人之別，但以體用之殊耳。

「放於利而行多怨」，南軒獨以爲己之怨人。

南軒説固有此理，只是此章語意只合如古注及程子説，不容一語可兼二意。虚心平氣，静以察之，當自見得。不可以其近裏，而遷聖人之本意以就之也。

禮無大小，未嘗不重於食色，不可謂食色有時而重於禮。食色重處是亦禮之重。

此章無它可疑，熟讀本文，自可見矣〔一〕。

「發己自盡謂忠，循物無違謂信」，所謂發己，莫是奮發自揚之意否？循物無違，未曉其義如何。

發己自盡，但謂凡出於己者必自竭盡，而不使其有苟簡不盡之意耳，非奮發之謂也。循物無違，謂言語之發循其物之真實而無所背戾，如大則言大，小則言小，言循於物而無所違耳。

逃墨必歸於楊，逃楊必歸於儒。

楊、墨皆是邪説，無大輕重。但墨氏之説尤出於矯僞，不近人情而難行，故孟子之言如此，非以楊氏爲可取也。孔、墨并稱，乃退之之繆，然亦未見得其與原道之作孰先孰後也〔二〕。

簡易。引呂東萊解禹貢一段。

此說大概得之。然亦不必言先爲其難，大抵只是許多道理須要理會得分明後，方無窒礙，不費力而自簡易耳。如治亂繩，若不解放得開，豈能自成條理而不紛糾耶。

三重當從伊川之說。

伯者之事不得爲善，此章正與上章相發明，乃是相承爲文，非隔章取義也。

六言六蔽說。

此亦但疑其文有不同耳。先立題目，又令復坐而後言之，亦似太鄭重也。

校記〔一〕「禮無大小」以下一問一答原缺，據宋浙本補。考異所引別本同。

〔二〕其：原作「是」，據宋閩、浙本改。

編年 據書信編年。

答嚴時亨 慶元二年

問目各已批出，請更詳之。禮書近方略成綱目，但疏義、雜書中功夫尚多，不知餘年能了此事否。當時若得時亨諸友在近相助，當亦汗青有期也。浙中朋友數人亦知首尾，亦苦不得相聚。未有見日，千萬自愛，更於義理切身處著實進得一步，則所以守此身者不待勉而固矣。

某昨來請問「五行之生也各一其性」，傳云：「五行之生，隨其氣質而所稟不同，所謂各一其性也。各一其性，則渾然太極之全體無不各具於一物之中，而性之無不在又可見矣。」各一其性，周子之意固是指五行之氣質，然水之潤下，火之炎上，木之曲直，金之從革，土之稼穡，此但可以見其氣質之性所禀不同，却如何便見得太極之全體無不各具於一物之中，而性此「性」字是指其義理之性。之無不在也？莫是如上一節所謂五行異質而不能外乎陰陽，陰陽異位而皆不能離乎太極，即此可見得否？覺得此處傳文似猶欠一二轉語，每讀至此，未能釋然。先生答云：「氣質是陰陽五行所爲，性即太極之全體。但論氣質之性，則此全體墮在氣質之中耳，非别有一性也。」

某反復思之，誠非别有一性，然觀聖賢説性，有是指義理而言者，有是指氣禀而言者，却不容無分別。敬讀誨語，謂氣質是陰陽五行所爲，性即太極之全體，始悟周子所謂各一其性專是主理而言。蓋五行之氣質不同，人所共知也，而太極之理無乎不具，人所未必知也。此周子吃緊示人處。今所在板行傳文皆云「五行之生，隨其氣質而所禀不同，所謂各一其性也。詳此文義，這個「性」字當指氣而言。各一其性，則渾然太極之全體無不各具於一物之中〔一〕，而性之無不在又可見矣」，詳此文義，這個「性」字當是指理而言。一段之間，上下文義頗相合，恐讀者莫知所適從。若但云「五行之生，雖其氣質所禀不同，而渾然太極之全體無不各具於一物之中，所謂各一其性」，如此則辭約而義明，正是回教所謂全體墮在氣質之中底意思。伏乞指教。

陰陽五行之爲性，各是一氣所禀，而性則一也。故自陰陽五行而言之，則不能無偏，而人禀其全，所以得其秀而最靈也。

某昨來請問，明道先生云：「人生而静，以上不容説，才説性時便已不是性也。凡人説性，只是説繼之者善也，孟子言性善是也。」夫人生而静，是喜怒哀樂未發之前，此已上誠有不容説者。然自孟子以來至於周、程諸先生，皆善言性者，其大要指人物所得以生之理而言，親切著明。今謂其所説皆不是性，可乎？性理之説本自精微，今謂才説性時便已不是性，無乃使人致思於杳冥不可致詰之境乎。明道此段文意首尾大要是推明人生氣禀理有善惡，竊詳易係言繼之者善，正謂大化流行，賦與萬物，無有不善。孟子言性善，止是言義理之性，人所均禀，初無不善，皆是極本窮源之論。引此以明人生氣禀理有善惡，似不相侔，不知明道所見是如何。先生答曰：「人生而静是未發時，已上即是人物未生之時，不可謂性。才謂之性，便是人生以後，此理墮在形氣之中，不全是性之本體矣。然其本體又亦未嘗外此，要人即此而見得其不雜於此者耳。易大傳言繼善，即是指未生之前；孟子言性善，是指已生之後。雖曰已生，然其本體初不相雜也。」

「以上」是人物未生之時，是某思慮所未到。伏讀批誨，指示親切，却覺得先生之説甚明，而明道之説益有可疑。何者？人物未生時，乃是一陰一陽之謂道，而天命之流行，所謂繼之者善，便是以上事，何故言以上不容説？方其人物未生，固不可謂性，及人物既生，須著謂之性。雖則人生已後，此理墮在形氣中，不全是性之本體，然氣禀不能無善惡者，性之流也；

義理之有善無惡者，性之本體也。然皆不可不謂之性，要在學者隨所讀書自去體認取。今謂才説性時便已不是性，深恐啓人致思於杳冥不可致詰之境。而大傳言繼善，是指未生之前，則命之道也，未可謂之性。孟子言性，是指已生之後，乃易大傳所謂成之者性，而非所謂繼之者善也。明道却云「凡人説性只是説得繼之者善也，孟子言性善是也」，此尤不可曉。近思録一書，皆是删取諸先生精要之語，以示後學入德之門户，而首卷又是示人以道體所在，編入此段，必不是閑慢處。既有所疑，未容放下，再此扣請，乞恕再三之瀆。

此一段已詳於希遜卷中矣。明道先生如此處多，若以本文論之，則皆不可曉矣。要當忘言會意，别作一格看可也。

「子路、曾皙、冉有、公西華侍坐」一章，夫子既語之以「居則曰『不吾知也』，如或知爾，則何以哉」，正是使之盡言，一旦進用，何以自見。及三子自述其才之所能堪，志之所欲爲，夫子皆不許之，而獨與曾點。看來三子所言皆是實事，曾點雖答言志之問，實未嘗言其志之所欲爲，有似逍遥物外，不屑當世之務者。而聖人與此而不與彼，何也？集注以爲「味曾點之言，則見其日用之間無非天理流行之妙，而用舍行藏了無與於我。是雖堯舜之事業蓋所優爲，其視三子規規於事爲之末，不可同年而語矣。」

某嘗因是而思之，爲學與爲治，本來只是一統事，它日之所用，不外乎今日所存，三子却分作兩截看了。如治軍旅、治財賦、治禮樂，與凡天下之事，皆是學者所當理會，無一件是少得底。然須先理會要教自家身心自得無欲，常常神清氣定，涵養直到清明在躬，志氣如神，則天下無不可爲之事。程子所謂不得以天下撓己，己立後，自能了當得天下事物者是矣。夫子嘗因孟武伯之問而言「由也，千乘之國可使治其賦也。求也，千室之邑、百乘之家可使爲之宰。赤也，束帶立於朝，可使與賓客言」。聖人固已深知其才所能辨，而獨不許其仁。夫仁者，體無不具，用無不該，豈但止於一才一藝而已？使三子不自安於其所已能，孜孜於求仁之是務而好之樂之，則何暇規規於事爲之末？緣它有這個能解横在肚皮裏，常恐無以自見，故必欲得國而治之。一旦夫子之問有以觸其機，即各述所能。子路至於率爾而對，更無推遜；求、赤但見子路爲夫子所哂，故其辭謙退，必竟是急於見其所長。聖門平日所與講切自身受用處，全然掉在一偪，不知今日所存便是後日所用，見得它不容將爲學爲治分作兩截看了，所以氣象不宏，事業不能造到至極。

如曾點浴沂風雩，自得其樂，却與夫子飯蔬食飲水樂在其中，顔子簞瓢陋巷不改其樂襟懷相似。程子謂夫子非樂蔬食飲水也，雖蔬食飲水，不能改其樂也。謂顔子非樂簞瓢陋巷也，不以貧窶累其心而改其所樂也。要知浴沂風雩人人可爲，而未必能得其樂者，正以窮達利害得以累其心而不知其趣味耳。

夫舉體遺用，潔身亂倫，聖門無如此事，全不可以此議曾點。蓋士之未用，須知舉天下之物不足以易吾天理自然之安，方是本分學者。曾點言志，乃是素其位而行，不願乎其外，無入而不自得者，故程子以爲樂而得其所也。譬如今時士子，或有不知天分初無不足游泳乎天理之中，大小大快活，反以窮居隱處爲未足以自樂，切切然要做官，建立事功，方是得志，豈可謂之樂而得其所也。孟子謂：「廣土衆民，君子欲之，所樂不存焉。中天下而立，定四海之民，君子樂之，所性不存焉。君子所性，雖大行不加焉，雖窮居不損焉，分定故也。」孟子所謂君子所性，即孔子、顔子、曾點之所樂如此。如老者安之，朋友信之，少者懷之，物各付物，與天地同量，惟顔子所樂如此。故夫子以四代禮樂許之。此浴沂風雩，識者所以知堯舜事業曾點固優爲之也。

然知與不知在人，用與不用在時。聖賢於此乘流則行，遇坎則止，但未用時，只知率性循理之爲樂，正以此自是一統底事故也。龜山謂堯舜所以爲萬世法，亦只是率性而已。外邊用計用較〔二〕，假饒立功業，只是人欲之私，與聖賢作處天地懸隔。如子路當蒯聵之難，知食焉不避其難，而不知衛輒之食不可食；季氏富於周公，而求也爲之聚斂而附益之，後來所成就止於如此，正爲它不知平日率性循理便是建功立事之本，未到無入不自得處。夫子之不與，其有以知之矣。所見如此，不背馳否？乞與訂正。

此一段説得極有本末，學者立志要當如此。然其用力却有次第，已爲希遜言之矣。

校記　〔一〕「太極之」下原有「中」字，據正訛删。

〔二〕較：正訛據孟子序説改爲「數」。

編年　據書信編年。

答嚴時亨慶元二年

「生之謂性」一章，論人與物性之異，固由氣禀之不同，但究其所以然者，却是因其氣禀之不同而所賦之理固亦有異。所以孟子分别犬之性、牛之性、人之性有不同者，而未嘗言犬之氣、牛之氣、人之氣不同也。「人之所以異於禽獸」一章，亦是如此。若如所論，則孟子之言爲不當，而告子白雪、白羽、白玉之白更無差别反爲至論矣。程先生有一處有隙中日光之論，最爲親切。更須詳味，於同中識其所異，異中見其所同，然後聖賢之言通貫反覆，都不相礙。若只據一偏，各説道理，則互相逃閃，終身間隔，無復會通之時矣。

杞柳之性固可以爲桮棬，然須斫伐裁截，矯揉而後可成。故孟子言戕賊杞柳而後可以爲桮棬也。若杞柳可以爲桮棬而楩楠不可以爲桮棬〔一〕，又是第二重道理，與此元不相入，不當引以説也。此等處須且虚心看它聖賢所説文義指意，以求義理之所當，乃爲善學。若如所論，徒爲紛擾，不惟枉費思慮言語，而反有害於窮理之實也。

多怨之説固有此理，但恐如此包裹費力，聖人之言簡易平直，未必如此屈曲。且依程先生説爲善。

五行、太極便與生之謂性相似，以爲同則同中有異，以爲異則未嘗不同。

親親、長長、貴貴、尊賢〔二〕，皆天下之大經，固當各有所尚，然亦不可以此而廢彼。故鄉黨雖上齒，而有爵者則俟賓主獻酬禮畢然後入，又席於尊東，使自爲一列，不爲衆人所壓，亦不壓却它人，即所謂遵也。遵亦作僎。如此則長長、貴貴各不相妨，固不以齒先於爵，亦不以爵加於齒也。

祭五祀説見於月令，注疏甚詳，可自考之。

「越紼」之説注雖簡，疏必詳，此等可自檢看。居喪不祭，伊川、横渠各有説。若論今日人家所行，則不合禮處自多，難以一概論。若用韓魏公法，則有時祭，有節祠。時祭禮繁，非居喪者所能行。節祠則其禮甚簡，雖以墨縗行事，亦無不可也。

喪禮自葬以前皆謂之奠，其禮甚簡，蓋哀不能文，而於新死者亦未忍遽以鬼神之禮事之也。自虞以後，方謂之祭，故禮家又謂奠爲喪祭而虞爲吉祭，蓋漸趣於吉也。酹酒有兩説，一用鬱鬯灌地以降神，則唯天子諸侯之禮有之。今其書亡，不可深考。一是祭酒，蓋古者飲食必祭，今以鬼神自不能祭〔三〕，故代之祭也。今人雖存其禮而失其義，不可不知。

禮必本於太一，高氏説恐不然。

贛州所刊語解，乃是鄭舜舉侍郎者。名汝諧。中間略看，亦有好處。但如所引數條，却似未安。今且論其一二大者。如三仁之事，左傳、史記所載互有不同，但論語只言微子去之，初無面縛銜璧之説。今乃捨孔子而從左氏、史遷，已自難信，又不得已而曲爲之説，以爲微子之去乃去紂而適其封國，則尤爲無所據矣。此乃人道之大變，聖賢所處事雖不同，而心則未嘗不同。故孔子歷舉而并稱之，且皆許其仁焉。更須玩索，未可輕論也。絕四之説尤爲無理，且更虚心看集注中所引諸先生説，不必如此求奇，失却路脉也。

校記〔一〕梗：原作「稉」，據宋閩、浙本改。

〔二〕賢：宋浙本作「尊」。

〔三〕今：原作「人」，據宋閩、浙本改。

編年 據書信編年。

答曾光祖 興宗 紹熙二年

知别後爲學不倦，甚慰。然所謂念欲刻苦加勤，又恐遂成助長之患，而致知之功亦非旦夕可冀，則似未得個下手處也。大綱且得以敬自守，而就其間講論省察，便是致知。知得一分，便有一分功夫，節節進去，自見欲罷不能，不待刻苦加勵而後得也。但目下持守講學，却亦不得不刻苦加勵，不須遽以助長爲憂也。

編年 據書信編年。書札彙編與下篇皆繫於紹熙四年。

答曾光祖 紹熙二年以後

所示問目，甚慰所懷。此是求其放心，乃爲學根本田地，既能如此，向上須更做窮理功夫，方見所存之心、所具之理不是兩事，隨感即應，自然中節，方是儒者事業。不然，却亦與釋子坐禪攝念無異矣。所論内外賓主之辨，意亦得之，但語猶未瑩。須知在内之日多即是爲主，在内之日少即是爲客耳。主式乃伊川先生所制，初非朝廷立法，固無官品之限。萬一繼世無官，亦難遽易，但繼此不當作耳。有官人自作主不妨。牌子亦無定制，竊意亦須似主之大小高下，但不爲判合陷中可也。凡此皆是後賢義起之制，今復以意斟酌如此，若古禮，則未有考也。大學或問之誤所疑甚當，中間已修定矣。今内去兩本，幸收之。偶歸故居，監視社倉交米，草草作此，不暇它及。正遠，千萬進學自愛，只如前所論用功，久之自當有進。蓋已得其要領，不易如此切己致思也。

編年　據書信編年。

答曾光祖紹熙五年四月

熹行役已涉建昌之境，垂老復出，非力所堪，深以愧嘆耳。所示爲學之意甚善，此事元無窮盡，不可計功程，但當鞠躬盡力，看到甚地位耳。

編年　據書信編年。

答曾光祖紹熙五年以後

所詢喪祭之禮，程、張二先生所論自不同。論正禮則當從横渠，論人情則伊川之説亦權宜之不能已者。但家間頃年居喪，於四時正祭則不敢舉，而俗節薦享則以墨衰行之。蓋正祭三獻受胙，非居喪所可行，而俗節則唯普同一獻，不讀祝，不受胙也。如此則於遠祖不必別議稱呼矣。遷主禮經所説不一，亦無端的儀制。竊意恐當以大祥前一日祭當遷之主，告而遷之，然後次日撤几筵，奉新主入廟，似亦稍合人情。幸更詳之，此事尚遠，可徐議之也。

編年 據書信編年。書札彙編以爲作於紹熙四年冬。

答曾光祖 紹熙二年以後

横渠曰：「仲尼絶四，意有思也。」夫子嘗言學而不思則罔〔一〕，又言君子有九思，今横渠之言與此相反。

絶四是聖人事，不思不勉者也。學者則思不可無，但不可有私意耳。

伊川易傳序曰：「至微者理也，至著者象也。體用一源，顯微無間。觀會通以行典禮，則辭無所不備。」其曰象，曰辭，固皆理之所寓。然其曰體用一源，未知三者以何爲體，以何爲用？又所謂典禮者，無非天叙天秩之自然，不知於會通處如何而觀？易中之辭，何者備之？

上四句其説已見於太極圖解後統論中矣。觀會通是就事上看理之所聚與其所當行處，辭謂卦爻之辭。

横渠云：「始學之要，當知三月不違與日月至焉内外賓主之辨。」某謂實有諸己乃能爲仁，雖仁有久近之不同，然非有諸己不能也。其所以三月、日月者，特主義理客氣消長分數之多寡耳，非三月、日月有内外賓主也。

所謂實有諸己乃能爲仁，不知實有是有何物，爲仁是爲何事？知得此意，方可理會内外賓主之辨〔二〕。

明道曰：「目畏尖物，此事不得放過，便與克下。室中率置尖物，須以理勝它，尖必不刺人也，何畏之有？」興宗未曉其説。

人有目畏尖物者，明道先生教以室中率置尖物，便見之熟而知尖之不刺人也〔三〕，則知畏者忘而不復畏矣。

觀之上九曰：「觀其生，君子無咎。」象曰：「觀其生，志未平也。」其生謂言行事爲之見於外者，既有所省，便是未得安然無事。

校記　〔一〕考異云一本句首有「竊意」二字。
〔二〕賓：原作「實」，據宋閩、浙本改。
〔三〕便：底本原注疑當作「使」。

編年　據書信編年。書札彙編以爲作於紹熙四年秋。

答曾景建 慶元二年

辱書，文詞通暢，筆力快健，蔚然有先世遺法，三復令人亹亹不倦。所論讀書求道之意，亦爲不失其正。所詆近世空無簡便之弊，又皆中其要害，亦非常人見識所能到也。然文字之設，要以達吾之意而已。政使極其高妙，而於理無得焉，則亦何所益於吾身而何所用於斯世？鄉來前輩蓋其天資超異，偶自能之，未必專以是爲務也。故公家舍人公謂王荆公曰：「文字不必造語及摹擬前人，孟、韓文雖高，不必似之也。」况又聖賢道統正傳見於經傳者，初無一言之及此乎。

至於讀書，則固吾事之不可已者。然觀古今聖賢立言垂訓，亦未始不以孝弟忠信、收斂身心爲先務，然後即吾日用之間，參以往訓之指，反覆推窮，以求其理之所在，使吾方寸之間虚明洞徹，無毫髮之不盡，然後意誠心正身修而推以治人，無往而不得其正者。若但泛然博觀而概論，以爲如是而無非學，如是而無非道，則吾恐其無所歸宿，不得受用，而反爲彼之指本心、講端緒者所笑矣。鄙見如此，幸試思之。有所未安，復以見告，甚幸甚幸！録示先大父司直公所記龜山先生語，前此所未見，然以其它語推之，知其誠出於龜山無疑也。所示佳篇句法高簡，亦非世俗所及。然憤世太過，恐非遜言之道。千萬謹之，尤所願望。

編年 據書信編年。

答曾景建 慶元二年秋

便中辱書，備知向來遍參反求始末，而又深以主一窮理得所歸宿爲喜也。比日秋清，計所履益佳勝，從事於斯，亦當益有味矣。然二事知之甚易而爲之實難，爲之甚易而守之爲尤難。主一之功固須常切提撕，不令間斷；窮理之事又在細心耐煩，將聖賢遺書從頭循序就平實明白處玩味，不須貪多，但要詳熟，自然見得意緒。若騖於高遠，涉獵領解，則又不免如向來之清話，欲求休歇而反成躁亂也。示及與柴君書甚善，不知渠以爲如何。今人亦未説到此異端之蔽，自是己分上差却入路，欠却功夫。其迷溺者固無足道，其慨然以攘斥爲己任者，又未免有外貪内虚之患，亦徒爲譊譊而已，若之何而能喻諸人哉。幸更思之。若於己分上真實下得切己功夫，則於此等亦有所不暇矣。

編年　據書信編年。

答曾景建 慶元三年正月

所示詩文疑問，其間頗有曲折，俟黄兄歸奉報。熹以臺評蒙恩鐫免，尚爲輕典，感幸深矣。而所連及反罹重坐，令人愧惕。今因其行，草草附此。恐其在塗有合料理事，得爲垂念幸甚。其人辨博，多所該綜，亦可款扣也。

編年　據書信編年。

答曾景建 慶元三年春

前此辱書，蔡季通行，曾附數字奉報矣。所論主一之功甚善，但讀書須更量力，少看而熟復之，只依文義，尋個明白處去，自然有味，不在極力苦思，轉求轉遠也。先德所抄龜山語，以它書考之不妄，然却不及向來所記雜説數條，必是又有李蕭遠所定也。所問兩條三省事，鄙意正如此。後段之云，亦可謂怪論矣。今既知其繆，便直置之，不須與辨，且自理會己分功夫可也。科舉之學，在賢者爲餘事，但公家自有文章大宗師，何故不學，而學它人不好處？一向如此，不惟議論不正當，并與文章亦成澆薄，無餘味矣。爾雅未暇細看，然此等亦未須閑費日力也。

編年 據書信編年。

答曾景建 慶元三年春

季通遠役，深荷煖熱之意，今想已到地頭矣。其所論律歷尤精詣，恨與賢者相聚不久，未極其底蘊也。三篇甚勝，卒章尤工，而僕不足以當之也。爾雅竟未暇細考，但釋親篇恐非如所刊定也。禮書已略定，但惜無人録得。亦有在黄直卿處者，聞吉父在彼〔一〕，必能傳其梗概。然此間後來又有續修處，及更欲附以釋文、正義，卒未得便斷手耳。乾坤性情之説，以三隅反之，何疑之有？性情本是一物，特以動静而異其名耳。

校記 〔一〕吉：原作「告」，據宋閩、浙本改。

編年 據書信編年。

答曾景建慶元三年

别紙七條，第一論勿動勿思者，動可以該思而思不可以該動，故聖言如此，非有先後淺深之序也。但立語用功自是合如此耳。第二論曾點言志，以爲便欲進取揖遜泰和氣象，殊非本意。彼亦但自言其日間受用處，而自它人觀之，則見其或出或處，無所不可，雖堯舜事業亦優爲之，非專指揖遜而言也。第三論問答衛君一條，以爲有所畏避，亦非是，此只是禮合如此耳。此等處相似而不同，只差毫釐，便有公私之異，不可不察也。第四論吕氏恍惚之説，未有大病，不須如此迴避，且認取正意可也。上章亦然。第五，責原壤三語須作一句看，若只老而不死，則聖賢固有壽考者，豈可以其竊天地之機而謂之賊耶？第六，射宿亦不必如此説。第七，按史記之言如此，必有所據，非馬遷自造之語也。蓋今關雎三章皆是關雎之亂，其前必有散聲序引之類，有聲無詞，而此其卒章也。若止第三章是亂，則史之言不如此矣。此七條者，其首二義更宜思之，第二條尤須體認，不可草草。其下五條，則皆非所急，又看得差了。且須虚心認取聖賢立言教人用功之正意，不可只如此容易立説也。

編年　據書信編年。

答曾景建慶元三年以後

參同舊本深荷録示，已令蔡伯静點對，附刻新本之後矣。但龍虎經却是取法參同，亦有不曉其本語而妄爲模放處。如論乾坤二用周流六虚處，可見疏脱，試考之可見也。近來不知所觀何書？或有所見，因風筆示。若得乘此春暖，與吉父相約俱來，以踐前約，豈勝幸甚！徵苗之説甚新，但恐其它無此比數。兼若如此，則禹自當班師，不待伯益贊之而後決矣。此等無所考據，不若姑置之而涵泳於義理之實之爲得也。

編年 據書信編年。書札彙編以爲作於慶元四年春。

朱熹文集編年評注卷六十二

書 知舊門人問答

答張元德 洽 紹熙元年

細讀來書，知進學之意不倦，甚慰。讀書切忌貪多，唯少則易以精熟，而學問得力處正在於此。苟爲不熟，不如稊稗，非虛語也。大學等書近多改定處，未暇録寄。亦有未及整頓者，如論、孟兩書，甚恨其出之早也。此間事雖不多，然亦終日擾擾，少得暇看文字，甚覺歲月之可惜也。通書、太極之旨更宜虛心熟玩，乃見鄙説一字不可易處。政使濂溪復生，亦必莞爾而笑也。若如所論，則所謂静者别在四者之外而不相管矣，而可乎？顔子所以發聖人之藴，恐不可以一事言。蓋聖人全體大用無不一一於顔子身上發見也。「孰不可忍」亦不必如此説，此等處有兩説，當時存之，皆不偶然，更宜詳玩也。武成文字不曾帶來，不能盡記。春秋之説尤所未究，此類又是一種功夫，未曉即且闕之可也。易數之説，近有一書，謾往讀之，來問所疑已悉具其中矣。七經向見其初成之本，後未得也。計此亦是劉公少時作，不然，則亦以其多而不能精故耶？其間詩說尤草草也。

編年　據書信編年。

答張元德 紹熙元年至二年

示喻欲來未能之意，此固無可如何。但日月侵尋，縱不得親師友，亦須自作工程，潛思默究，令胸中明徹，見得道理都無疑礙，方是於踐履功夫有進步處。若只如此悠悠閑過了，誠可惜耳。所示諸說，似未尋着縫罅。雖已各注其後，然只如此講學，恐未有深益也。名齋之意甚善，然着實用功，不在如此安立標榜處〔一〕。雖亦未有大害，然亦便見用心淺處。若實做得功夫是當，自無暇及此等不急之務也。大學近已刊行，今附去一本。雖未是定本，然亦稍勝於舊也。臨漳四子四經各往一本，其後各有跋語，可見讀之之法，請詳之。所問易數，雖非講學所急，然亦見用意未精，且更推尋爲佳。若如此自見得一門户，決須自信得及，正不必問伊川、横渠說如何也。若前人說已分明，則此書不作矣。正爲說者太支離，不說者又太簡略，所以不得已而作。孔氏雜說寫了多時，今附還。其間多是抄出江鄰幾嘉祐雜志也。

校記　〔一〕在：原作「須」，據宋浙本改。

編年　據書信編年。

答張元德 紹熙四年

示喻爲學之意，似覺未甚果決專一，更宜勉力。科場不遠，想不免分了功夫。然此等得失真實有命，若信未及，放不下，亦須且將此字頓在面前，政使未全得力，亦可減得些小分數，不爲無助。夫子所謂不知命無以爲君子，正謂此也。甘君處見送行語，令兄意亦甚佳，兄弟自爲博約，想有味也。但甘君詞筆頗工而趣向未正，數日苦口告之，未知能勇決否耳。所喻易數大概近之，但此等自然法象，深玩索之，自見端的。初見似人安排，而實非人所能安排也。以一爲三，以一爲二，所謂一者，謂一揲所得之奇偶，未是一爻也。一奇爲三，故三奇爲九，方得老陽之爻。一偶爲二，故三偶爲六，方得老陰之爻。兩偶一奇，乃爲少陽之七，兩奇一偶，乃爲少陰之八。此數甚明，但看得不子細耳。甘君歸，可更切磋之。人材難得，可惜只如此汩没了一生也。

編年 據書信編年。

答張元德 慶元二年春

衡陽之訃想已聞之，深足傷嘆。然當路攻擊意殊未已，今雖如此，亦恐更有追削禁錮之類，而一時善類次第皆不可保。吾輩閑中講學，固爲美事，然亦恐有不可測者。此方深以爲懼，而賢者乃以勸彭丈，何也？

熹幸已得祠，差可自安。近與學者講論，尤覺橫渠成誦之説最爲徑捷。蓋未論看得義理如何，且是收得此心有歸著處，不至走作。然亦須是專一精研，使一書通透爛熟，都無記不起處，方可別换一書，乃爲有益。若但輪流通念而覈之不精，則亦未免枉費工夫也。須是都通透後，又却如此温習，乃爲佳耳。所説易傳極有難記當處，蓋經之文意本自寬平，今傳却太詳密，便非本意，所以只舉經文，則傳之所言提挈不起，貫穿不來，須是於易之外别作一意思讀之，方得其極。尋常每欲將緊要處逐項抄出，别爲一書而未暇。大抵讀書求義，寧略毋詳，寧疏毋密，始有餘地也。詳故碎，密故拘。歐、嚴、譚君近來看得又如何？更望以此相勉，但於所讀之書經文注脚記得首尾，通貫浹洽，方有可玩繹處。如其不然，泛觀雜論，徒費日月，决無所益也。

所論新法，大概亦是如此。然介甫所謂勝流俗者，亦非先立此意以壓諸賢，只是見理不明，用心不廣，故至於此。若得明道先生與一時諸賢向源頭與之商量，令其胸中見得義理分明，許多人欲客氣自無處著，亦不患其不改矣。若便以不可與有爲待之〔一〕，而不察其所欲勝之流俗亦真有未盡善處，則亦非所以爲天下之公，而自陷於一偏之説矣。頃見趙丞相所編諸公奏議，論新法者自有數卷，其言雖不爲不多，然真能識其病根而中其要害者殊少，無惑乎彼之以爲流俗之浮言而不足恤也。至如祧廟一事，當時發言盈庭，多者累數千字，而無一言可以的當與介父争是非者。但今人只見介父所言，便以爲非；排介父者，便以爲是，所以徒爲競辨，而不能使天下之論卒定於一也。此説甚長，非面論未易究。

校記　〔一〕與：宋浙本作「以」。

編年　據書信編年。

答張元德 慶元二年以後

來書所論「通復」二字甚密，然亦有未切處。「繼之者善」云者，造化流行，萬物方資以始而未實也。「成之者性」云者，物生已實，造化與物各藏其用而無所爲也。在人則感物而動者通也，寂然不動者復也。以此推之，圖象隱然，不待多言而自可默喻矣。四德則陰陽各二，而誠無不貫，安得不謂五行之性乎。凡此更反復之，當自見也。太伯之事，正也；太王、王季、文、武之事，權也。權而不失其正，則并行而不相悖矣。此義聖人蓋難言之，若看未透，且姑置之，不必深致疑，亦不必多爲説也。廟議看得似亦未精。子孫之於祖考，恩雖無窮而義則有止，不可過，不可不及，亦并行而不悖。且以周而言之，欲使之黜后稷而祖文武，固世俗淺薄之論；若遂欲使之越后稷而祖帝嚳以至於無窮，又賢者過之之失也〔一〕。

校記　〔一〕「安得不謂五行」以下，宋浙本作：「故以爲五行之性亦無可疑，更請詳之。太伯之事，正也；文武之事，權而不失其正也。此義并行，初不相悖。若看未透，且闕之，亦無害。若見得義理表裏洞然，則自見得有下落矣。荆公廟議亦須看得禮家文字熟後，方見得無可疑者。今人正欲廢稷不祀，賢者乃并嚳以上而遂之無窮，此觀過於黨之論也。」考異所引别本同。

編年　據書信編年。書札彙編與下篇皆列於慶元三年。

答張元德慶元二年

「配義與道」之説殊不可曉。大抵讀書須且虚心静慮，依傍文義，推尋句脉，看定此句指意是説何事，略用今人言語襯帖替换一兩字，説得古人意思出來，先教自家心裏分明歷落，如與古人對面説話，彼此對答，無一言一字不相肯可，此外都無閑雜説話，方是得個入處。怕見如此棄却本文，肆爲浮説，説得郎當，都忘了從初因甚話頭説得到此，此最學者之大病也。故程先生有「説書非古意，轉使人薄。漢儒下帷講誦，未必是説書。」又説作論語解已是剩了，又以毛公説詩爲有儒者氣象。觀此等處，其意蓋可見。今説「配義與道」，却不就孟子上理會如何是義，如何是道，如何是氣，如何地配，便一鄉掉開了，只單説個「道」字，已是無捉摸處。又將「道」字訓作「行」字，尤無交涉，説得愈多，去理愈遠矣。今合且先理會如何是義，却就義字上推如何是道，道之與義同異如何，如何又要氣來配他，「配」字又是何意，適檢集注説得儘分明了，不知曾子細看否。只此數字分明，即孟子意思分明可見，而程子所謂冲漠氣象亦在其中，初非有二説也。子約所説亦未免向别處去，如此支離，轉無交涉，却恐不免真爲擎拳豎拂者所笑矣。其它所論時習、率性、鳶魚等説，今皆未暇論，論得亦未有益。可且理會此配義與道令分明，便中早報及也。

編年　據書信編年。

答張元德 慶元二年三年間

人心雖未有喜怒哀樂，而物欲之根存焉，則固已偏於此矣。故於其所偏者得之則喜且樂，失之則怒而哀，無復顧義理也。

此段説得是，但物欲之根存焉之説恐未然。人固有偏好一物者，然此一物未上心時，安得不謂之未發之中乎？欲下功夫，正當於此看取。子約心性之説甚可駭，來喻所引孟子甚當〔一〕。張云，孟子論性而以惻隱、羞惡、恭敬、是非之心爲説，亦可謂失心性之辨乎〔二〕。

性難知而心可盡，所謂盡其心者，如程子所謂當處便認取，此句不干事。與今日格一物，明日格一物，知性也。積習既久，脱然貫通之謂也。盡心也。又如論語集注所云隨事精察，知性也。而未知其體之一，盡心也。真積力久而將有所得，此即盡心知性之案。此段内注字係先生批。

心性一物，知則皆知，但盡之爲難耳。又性可逐事言，心則舉其全體也。

「禹惡旨酒」一章。

此等處只逐句看，不必如此合。

天王狩于河陽。

春秋熹所未學，不敢强爲之説。然以人情度之，天王狩于河陽，恐是當時史策已如此書。蓋當時周室雖微，名分尚在，晋文公召王固是不順，然史策所書想必不敢明言晋侯召王也。李傕、郭汜、朱全忠盜賊狂恣，唯力是視，亦未必曾讀春秋，見有此事而效之也。

習静坐以立其本，而於思慮應事專一以致其用，以此爲主一之法，如何？

明道教人静坐，蓋爲是時諸人相從，只在學中，無甚外事，故教之如此。今若無事，固是只得静坐。若特地將静坐做一件功夫，則却是釋子坐禪矣。但只著一「敬」字，通貫動静，則於二者之間自無間斷處，不須如此分别也。

語、孟或問乃丁酉本，不知後來改定如何？

論、孟集注後來改定處多，遂與或問不甚相應。又無功夫修得或問，故不曾傳出。今莫若且就正經上玩味，有未通處，參考集注，更自思索爲佳，不可恃此未定之書便以爲是也。

校記　〔一〕喻：原作「俞」，據宋閩、浙本改。

〔二〕失：正訛改作「識」。

編年　據書信編年。

答張元德 慶元二年三年間

嘗讀歐陽公論許世子止之事，未免疑之。及讀胡文定公傳，未足以破其疑。洎繼而考之，左氏、公羊之傳自明，但後人因穀梁不嘗藥之説，遂執此一句，以爲止之罪，如此而已。殊不考左氏曰：「許悼公瘧，飲世子止之藥卒。」公羊曰：「止進藥而藥殺也。」此可以見悼公之死於藥矣。當時之事雖未有明文，而治嘗觀近世治瘧者以砒霜鍛而餌之多愈，然不得法，不愈而反殺人者亦多矣。悼公之死，必此類也。不然，當時所進非必死之藥，止偶不嘗而已，則公羊何以謂之藥殺，世子何爲遽棄國而出奔？孟子曰：「殺人以梃與刃，有以異乎？以刃與政，有以異乎？」進藥而藥殺，可不謂之弑哉。其所以異於商臣、蔡般者，過與故之不同耳。心雖不同，而春秋之文一施之者，以臣子之於君父不可過也。如此觀之，似足以正近世經傳之失而破歐公之疑。不識先生以爲如何？

胡文定通旨中引曾吉父説，如律中合御藥誤不如本方，造御舟誤不牢固之類，已有此意矣。但考之於經，不見許止棄國出奔之事，不知果何謂也。

編年　據書信編年。

答張元德 慶元二年三年間

舊與朋友説話，每怪其不解人意，而不知其所以然者。近方覺得學者讀了書，聽了話，元不曾著心記當，紬繹玩味，至有兩年看一部易傳，都不記得緊要處者。雖其根鈍使然，亦是不肯用力。乃知横渠教人讀書必欲成誦，真是學者第一義。須是如此，已上方有著力處也。歐、嚴二君後來曾相見否？此中甚難得人，深可憂懼也。所望以永斯文之傳者，如二三君蓋無幾人也。

編年　據書信編年。

答甘吉甫 慶元三年

此間爲況幸亦如常，但朋友自不敢住，多已引去，亦隨時之義也。所示之説，今却附還。大抵看得未甚浹洽，言多窒礙。且宜少讀，而益加潛心反復玩味之功也。

中庸言健順，仁、義、禮、智之性。妄意以爲健順，用也，仁、義、禮、智之性，體也。「健順」二字在上者，先言用而後言體，又以配上文先言陰陽而後言五行。未知是否？

健順之體即性也。合而言之則健順，分而言之則曰仁、義、禮、智。仁、禮健而義、智順也。

先生前歲論伊尹樂堯舜之道一段云：「樂堯舜之道，須是見得是獨自底，非是衆家常住底。」今歲先生又言：「衆家常住底，何者非堯舜之道？」又言：「若堯舜之道便是衆家常住底，則不消更説堯舜。」

後説近是，但所記語有差。今亦不記當時因何説此也。

蔡丈云：「天根是好人之情狀，月窟是小人之情狀，三十六宮是八卦陰陽之爻。」某疑「人物」二字恐未可便以善惡斷之。又言三十六宮都是春，即月窟亦爲春也。

陽善陰惡，聖賢如此説處極多。蓋自正理而言，二者固不可相無；以對待而言，則又各自有所主。康節所詠，恐是指生物之源而言，則正氣爲人，偏氣爲物，爲陰陽之辨。季通所論却是推説，然意亦通也。

編年　據書信編年。

答甘吉甫 慶元三年

集注中説曾點處有「樂此終身」一句，不知如何。

觀舜居深山之中，伊尹耕於有莘之野，豈不是樂此以終身？後來事業，亦偶然耳。若先有一毫安排等待之心，便成病痛矣。注中若無此句，即此一轉語全無收拾，答它聖人問頭不著，只如禪家擎拳竪拂之意矣。

「君子所以異於人，以其存心」，昨蒙賜教，謂存心者處心也。集注又曰：「以仁存心，言以是存於心而不忘也。」而直卿説是以其心之所存處看它念念在何處。某以爲若如先生之誨，則是以仁禮存在心中。若直卿之言，則是以心存在仁禮上。二説孰是？

直卿説得亦是，但要本文意義順似注説。又須知不是將心去存在仁禮上，亦不是將仁禮存在心裏也。

蔡丈言：「天根爲好人之情狀，月窟爲小人之情狀。」又云：「陰陽都將做好説也得，以陰爲惡，陽爲善亦得。」伏蒙賜教，以爲「陽善陰惡，聖賢如此説處極多。蓋自正理而言，二者固不可相無；以對待而言，則又各有所主」。某疑康節先言天根月窟是合偏正而言，後言以爲都是春者，是專以正者言之。不知是否？

看遺書中善惡皆天理及惡亦不可不謂之性，不可以濁者不謂之水等語，及易傳陽無可盡之理一節，即此義可推矣。更以事實考之，只如鴟梟蝮蝎、惡草毒藥，還可道不是天地陰陽之氣所生否？

編年 據書信編年。

答林退思 補 慶元四年

知讀書有漸，甚善甚善。但亦須且讀一書，先其近而易知者，字字考驗，句句推詳，上句了然後及下句，前段了然後及後段，乃能真實該遍，無所不通。使自家意思便與古聖賢意思泯然無間，不見古今彼此之隔，乃爲真讀書耳。

編年 據書信編年。

答林退思 慶元四年

某區區之見，亦惟以儒者職分實不易盡。今之學者皆有小器易盈之患，於所當知或聞而不講，或講而不精，是以見道不全而應用有闕。用是憤悱，不遑自安，懼所見之有偏，則所至之不遠。反復聖賢之典，泛參百氏之書，師事名儒，以證所疑，以質所見，庶幾識斯道之全體，明入德之大方，事有大變，則有以處之；時有大幾，則足以應之。顧瞻海内之君子，自治嚴密，規摹廣大而進修不已，體用兼該，本末具舉，惟先生一人。今屈於貧困，寸步不能自致，不獲以酬其所欲。身雖在此，而心則在函丈也。

某在天地間甚不足道，亦知不肯爲小人儒。概念往古道學素明，到春秋時，賢士大夫議論與夫經理其國，尚有標置。正學既晦，人物便不耐檢點。資禀粹温者，間有暗合古人仁心處，尚足以維持國體，使意脉未絕；資禀奇偉者，間有暗合古人仁政處，尚足以把持事務，使世變未極。更要進前擔負，自應是去不得。此某所以欲汲汲講究成己之仁、成物之知，庶幾識古人所謂大學者。今以乏財，不得進拜函丈，誰其成就之？律曆兵法要識端涯，莫指其蹤；古今損益大變，職分所當急，朝夕看諸儒之論，以己見揣摩，迄不知其旨。鄉間諸賢無有收而教之者，只得將六經涵泳耳。

某聞明學問之全體，而後可以底夫大成。蓋知至其所至而不能終其所終者有矣，未有不知至其所至而能終其所終者也。孔門之高弟，若子夏、子游、子張，止於有聖人一體，則造夫全體者寧有幾人？然全體之不知，則有同門異户之患，雖欲有其一體，不可得矣。古之君子所以終日孜孜，惟恐學不足以知性命之正，才不足以成天下之務，識不足以周萬物之情者，以爲不如是，則有所偏倚而無以立乎其大者也。大者之不立，猶不登泰山，無以見天下之小；不游大海，無以見衆流之同歸一源。所存既卑，安藜藿之甘，難語太牢之味。

固有以聰明爲障，思慮爲賊，自以爲見性成佛，終不明寂然不動之體也。以智力之所操持，謀略之所駕馭，自許以致功立業，終不明行所無事之知也。涉獵先民之論，泛觀古今之書，自許以博學多聞，終不知皮之不存，毛將焉傅也。夫是之謂無以立乎其大者也。若知從事於其本而以道之全體爲準的，則學足以知性命之正，必通乎死生之説，而異端不能惑矣。才足以成天下之務，則坦然見王道之易行，不至於不以堯之所以治民者治民矣。識足以周萬物之情，則所識前言往行無非畜德，不至泛濫無統，迄無立身之地矣。君子反經而已，經正則由天下之正路而業可大也，德可新也。血氣有盛衰，而與生俱生者未嘗變也。所遇有窮達，在我未嘗有加損也。智及乎此，則可與造全體矣。

某雖昏蒙，尚知自勉，追懷古人，夫豈無志？今世英才，誰肯自卑？今欲考百氏之同異，收斂其偏，以求其全。鄉居僻陋，書册無所取，欲廣交四方之名人，合其所長，用以自反，貧寠無資，寸步不能自致。深慮日月易流，有負初志，結茅爲庵，以「退」爲名，奉親之暇，涵泳六經，退省乎日用之間，自求日新之功，庶乎有得焉耳。敢望先生發揮其義。

來示備悉。學者之志固不可不以遠大自期，然觀孔門之教，則其所從言之者至爲卑近，不過孝弟忠信、持守誦習之間。而於所謂學問之全體，初不察察言之也。若其高第弟子〔一〕，多亦僅得其一體。夫以夫子之聖，諸子之賢，其於道之全體，豈不能一言盡之以相授納，而顧爲是拘拘者以狹道之傳，晝人之志，何哉？蓋所謂道之全體雖高且大，而其實未嘗不貫乎日用細微切近之間。苟悦其高而忽於近，慕於大而略於細，則無漸次經由之實，而徒有懸想跂望之勞，亦終不能以自達矣。故聖人之教循循有序，不過使人反而求之至近至小之中，博之以文，以開其講學之端；約之以禮，以嚴其踐履之實，使之得寸則守其寸，得尺則守其尺，如是久之，日滋月益，然後道之全體乃有所鄉望而漸可識，有所循習而漸可能。自是而往，俛焉孳孳，斃而後已，而其所造之淺深，所就之廣狹，亦非可以必詣而預期也。故夫子嘗以先難後獲爲仁，又以先事後得爲崇德，蓋於此小差，則心失其正，雖有鑽堅仰高之志，而反爲謀利計功之私矣。仁何自而得，德何自而崇哉。聊誦所聞，以答下問之意。至於庵記大字之需，則非學之急，亦老懶之所不暇也。舒大夫向嘗相見於會稽，所論未合，今想其學益有成矣。聞其政亦甚佳，有本者固如是也。不及爲書，因見幸略道意〔二〕。

校記　〔一〕第：原作「弟」，據宋閩、浙本改。

〔二〕「來示備悉」以下答語又見文集卷五十四答王季和二。

編年　據書信編年。

答王晉輔 峴　慶元三年

爲學大概且以收拾身心爲本，更將聖賢之言從頭熟讀，逐字訓釋，逐句消詳，逐段反復，虛心量力，且要曉得句下文意，未可便肆己見，妄起浮論也。

編年　據書信編年。書札彙編繫於二年夏。

答王晉輔 慶元三年

示喻卒哭之禮，近世以百日爲期，蓋自開元失之。今從周制，葬後三虞而後卒哭，得之矣。若祔，則孔子雖有善殷之語，然論語、中庸皆有從周之説，則無其位而不敢作禮樂，計亦未敢遽然舍周而從殷也。況祔於祖父，方是告祖父以將遷它廟，告新死者以將入祖廟之意，已祭則主復于寢，非有二主之嫌也。主復于寢，見儀禮鄭氏注。至三年之喪畢，則又祫祭而遷祖父之主以入它廟，奉新死者之主以入祖廟，此見周禮鄭注、横渠先生説。則祔與遷自是兩事，亦不必如殷之練而祔矣。禮法重事，不容草草。卒哭而祔，不若且從温公之説，庶幾寡過耳。

編年　據書信編年。

答王晉輔 慶元四年前後

自去秋冬及此開正，三辱枉書，皆無便可報。無疑人來，又承惠問，尤以爲慰。訊後已復改歲，遠惟感時追慕，孝履支勝。熹病益深，無可言者。

前書所論告子之説，此等議論不須置意中，亦不須容易與之辨論，且只自家理會聖賢之所已言而求其旨意之所在，久之精熟，自然見得是非，不著問人矣。

大學已領，便中却欲更求十數本，可以分及同志也。太極、西銘切不須廣，蓋世間已自有本，爲此冗長，無益於事，或徒能相累耳。徐侍郎所欲鏤版之書，恨未之見。然此等亦不必看，徒亂人耳。且著實向裏，就切近明白實處理會，便不誤人也。此間諸書，南康板本成後，亦無甚大修改處〔一〕，不知有黑點子者是何本也。只看其間有大同小異處，子細咨問季章，參考得失，便自見得。若有所疑，切冀見諭，當爲契勘奉報也。南軒之書多未斷手，而不幸即世，而或者不察，一例流傳，使人不能無遺恨。所以前此爲之刊削，别爲定本，蓋推本其遺意，非敢以私見輒有去取也。如大愚之説，兼看亦佳。但其規模亦太闊遠，不若且就本經文義上爛熟咀嚼之爲愈也。無疑人到多日，偶以雪寒，不能作書，而其人不能久候，口占布此，殊不盡意。正遠，千萬節哀自愛。

校記 〔一〕大：原作「人」，據宋浙本改。

編年 據書信編年。

答王晉輔 慶元四年

薦承委喻，極荷不鄙。實以多病畏事，不敢作文字，以故前此不敢聞命。今不獲已，輒以數字附於行狀之末，少見鄙意。然已覺太露筋骨，切告勿以示人，恐彼此不穩便，非獨罪戾之蹤爲有害也。

向來子約每言鄉學之意甚美，然於愚意，竊恐務實之意未若好名之多，學道之志未若爲文之力。此亦鄉黨習尚流風之弊，其所從來也遠，宜賢者之未免也。自今以往，更願反躬自省，以擇乎二者之間，察其孰緩孰急，以爲先後。姑屏舊習，而取凡聖賢之言，若大學，若論、孟，若中庸者，朝夕讀之，精思力行，以序而廣，使道義之實有以悦於心而充諸己，則自將無慕於外，而所以顯親揚名者必有以異乎前日之爲矣。若徒以名位之爲尊〔一〕，言語之爲麗，聞譽之爲誇，而汲汲乎伐石攻木以爲事，則是非獨老拙羞之，抑子約平生所望於賢者，亦將大不滿於泉下矣。所喻鄙文，何乃爲此曲折？已託劉季章言之，此豈止載禍相餉而已耶！

校記　〔一〕徒：原缺，據宋閩、浙本補。

編年　據書信編年。

答王晉輔慶元四年

所喻跋語，今再寫去。臨川者亦累問不得報，此書度已浮湛，不可得矣。今亦不須問也。疑義足見向學之意。墓祭不可考，先儒説恐是祭土神。但今俗行拜掃之禮，其來已久，似不可廢。又墳墓非如古人之族葬，若只一處，合爲一分而遥祭之，亦似未便。此等不若隨俗各祭之爲便也。其他闕文數處，或是或否，皆非講學之急務。况集注中又已有説甚明，自可觀考，不必問也。「畏縮」之説，蘇黄門亦云，然非本文之意。兼集注中亦已有定論。禮書「縮」訓「直」者非一，它日當見之，乃先儒之舊，不可易也。范碑曲折，嘗以鄙意請於益公，未蒙剖決。然此公揚歷之久，更事爲多，必有見處。後生況亦未須遽論此事，豈可因此便議前輩之失？非所以致敬於達尊也。

程糾所編年譜，是終身看得此事不透，深可憐憫。渠元不曾寄來，却是身後爲人在廣州鏤版，方得見之。甚恨不得及早止之，做此話欛，没了期也。然世間識者亦少，但恐後世有明眼人指點出來耳。吾友今亦未須理會此等，且理會自家著緊切身要用底道理，久之見識漸明，履踐漸實，自不被人瞞，亦不須與人辨論紛争也。

季章耿介，於人有責善之益。重九後若未來，可力致之。逸居獨學，無師友之益，不知不覺過失日滋，功夫無由長進，不可忽也。景陽悼亡可念，才臣書未到，巽伯亦未有人來。書寄婺女，迂迴難通，今後只託人寄臨川劉教授處可也。不知渠書中有何説？每念仁里諸賢相與甚至，而未得與之痛相切磨，悠悠歲月，日益晚暮，良以爲恨。如無疑亦然也。因見各煩爲致此意。

編年　據書信編年。

答杜仁仲良仲 慶元元年

自頃聞昆仲之名，而願得一見久矣。中間僅得識良仲之面，而於仁仲尚復差池，至今爲恨。兹者乃承不鄙致問，許以來辱，此意厚矣。然理義不外於吾身，但能反躬力索，毋使因循，有所間斷，則無不得之理。孟子所謂歸而求之有餘師者，此也。願益勉旃，以副此望。異時有以自得之，則雖相望之遠，亦不異於合堂同席而居矣。

編年 據書信編年。

答杜仁仲 紹熙二年

示喻爲學之意，甚善。操存舍亡，此外無著力處。但常切提撕，勿計功效，久當自得力耳。理固不可以偏正通塞言，然氣稟既殊，則氣之偏者便只得理之偏，氣之塞者便自與理相隔，是理之在人，亦不能無偏塞也。横渠論受光有大小昏明而照納不二，其說甚備，可試考之。人心道心不能無異，亦是如此。然亦不須致疑，但惟精惟一是著力要切處耳。魂魄之説極詳密矣，文叔書中亦論此，已答之，可取一觀。來喻得失亦已具其中也。

編年 據書信編年。

答杜仁仲 紹熙二年

得文叔書，具道才質之美，恨未一見。兹辱惠書，喜聞比日所履佳勝。示喻爲學之意，甚善。若果見得端緒，常切提撕，不少自恕，則氣質昏弱非所病矣。千萬勉旃，少副所望。

編年 據書信編年。

答杜仁仲紹熙二年

良仲示喻「敬」字工夫，甚善。凡聖賢之言，皆貫動静。如云求其放心，亦不是閉眉合眼，死守此心，不令放出也，只是要得識此心之正，如惻隱、羞惡之類，於動静間都無走失耳。所論氣稟有偏而理之統體未嘗有異，亦得之。明道又謂不可以濁者不爲水，亦是此意也。但謂神即是理，却恐未然，更宜思之。仁仲所論朝聞夕死，則愚意見得二先生之説初不甚異。蓋道即事物當然不易之理，若見得破，即隨生隨死皆有所處。生固所欲，死亦無害也。

編年 據書信編年。

答杜仁仲紹熙二年

良仲前書所論數條皆善，但更勉力研究玩味，久之自然見處明白，踐履從容，不費安排。仁仲蓋有意於切問近思之學者，然亦便如此不得，更須博之以文，始有進步處耳。

編年 據書信編年。書札彙編與下篇皆繫於四年。

答杜仁仲紹熙二年

良仲所示疑義，已附己意於其後，試詳考之，更加虚心游意，反復玩味，久當自釋然也。仁仲反躬克己之意甚切，雖未知所病者何事，然既知其病，即内自訟而亟改之耳，何暇呫呫誦言以咎既往之失而求改過之名哉。今不亟改而徒言之，又自表其未有改之之實也，則是病中生病，名外取名，不但無益而已。

五行之神。

神是理之發用而乘氣以出入者，故易曰：「神也者，妙萬物而爲言者也〔一〕。」來喻大概得之，但恐却將「神」字全作氣看，則又誤耳。

明道云「生之謂性」一條。

明道此章内「性」字有指其墮在氣質中者而言，有指其本原至善者而言，須且分别此一字，令分明不差，方可子細逐項消詳。今來喻大概蓋已得之，只其間有未細密處。且更虚心玩味，久當益精耳。繼之者善，易中本指道化流行之妙而言〔二〕，此却是就人身上指其發用之端而言。如孟子論性善，只以情可爲善爲説，蓋此發用處便見本原之至善，不待别求。若可别求，則是人生而静以上却容説也。孟子所論「天下之言性者，則故而已矣」，亦是此意，更詳之。所云水之方分派者，未曉來意，恐非明道之本旨也。

校記　〔一〕妙：原作「如」，據宋閩、浙本改。

〔二〕道：四庫全書本作「造」。

編年　據書信編年。

答杜貫道 紹熙五年

讀書課程甚善，但思慮亦不可過苦。但虚心游意，時時玩索，久之當自見縫罅意味。持守亦不必著意安排，但亦只且如此從容，纔覺散漫，即便提撕，即自常在此矣。

編年 據書信編年。書札彙編與下篇皆繫於紹熙三年。

答杜貫道 紹熙五年

節次示及諸説皆善，但不已其功，久之見處漸分明矣。其間雖有小未通處，今亦不暇一一條析奉報也。致道歸，草草附此。作書多，不能詳細。仁里諸賢多得相處，但賢者與良仲、仁仲未得一見耳。或能相與一來，大幸！面見指説，殊勝書問往還也。

編年 據書信編年。

答池從周 慶元元年以前

前此辱書未報，今又承惠問，尤以愧感。詢及所疑，足見嗜學之意。但讀論語、大學亦是初學門户，且得如此向前，更有多少功夫？豈可便慮其雜？但此二書亦須反復熟讀，著力研究，乃可見其意耳。所問論語首章，但將所學反復思繹，常切遵行，便是時習。習之之久，自有説處。

此只是爲學實事，別無深遠旨趣也。泛愛雖非初學之切務，然既與物接，若都恝然與之相忘，亦非義理，自是須泛愛也。觀賢者之意，似只欲以兀然自守爲是，故所論每每如此。願少恢廓之，不然，只終不免於昏陋狹隘而無所發明也。

編年 據書信編年。

答胡文叔 璟 慶元元年以前

承書，喻及先世交游之好，不勝感愴。三復書詞，乃知有志傳家之學，又以爲慰。今世徇俗爲人之學固不足道，其稍知用心於内者，往往又以鶩於高遠而失之，是可嘆也。來喻之云，似已察於此者。但常專心致志，思繹踐行，有疑則與同志講而明之，則庶乎其有得矣。

編年 據書信編年。

答潘坦翁 履孫 慶元元年以後

集注解「多聞擇其善者而從」，謂所從不可不擇，「多見而識」，謂善惡皆當存之，以備參考。某恐經文止曰識之，未有皆存善惡以備參考之意。

本文之義只如此，不容別爲之説。蓋「擇」字生於「從」字，「識」則未有便從之意，故不言擇善也。

「子與人歌而善」，程子曰：「歌必全章也，與割不正不食，席不正不坐同。」某未曉其義。

「反之」猶言從頭再起也。若只就中間接續便和，則不成全章矣。故必使其歌已畢，從頭再起，然後和之，則得全章。程子意蓋如此，然其意亦恐未盡也。

「師摯之始，關雎之亂」，某謂亂者，指其成言之爾。蓋樂章至亂而始成，不要其成，無以見其美盛爾，非專指亂而言也。

此等處今不得聞古人之樂，難以深論，且如集注大概說過可也。

「不踐迹」一章，集注曰：「善人，質美而未學者也。」某謂質美故不爲惡，未學故不能知古人所以行者而踐之。惟其不踐迹，故亦無自而入於室也。

集注用程、張二先生說，其理甚精，恐非如來喻之云也。更詳之。

編年　據書信編年。

答奚仲淵 淳熙十二年

示喻所聞，足見志道躬行之實，慰幸嘆仰蓋不勝言。但孟子論浩然之氣是集義所生，非謂集義於此以養彼浩然之氣也。又謂不必於應用處斟酌是否，亦恐未免離內外、判心迹之病。聖賢所謂義者，正欲於應用處斟酌耳。但日用功夫自有先後緩急，不可先其細者而緩於大體。恐仲淵意是如此，若其不然，恐更合商量也。義理之間〔一〕，誠當明辨，然非有格物致知與敬以直內之功，則亦難明而易失。來喻所謂熟處難忘者，恐坐此也。然亦學者之通患，如熹正苦此而未能自脱耳。伯起舊游，每病其不以此事爲急。今乃能勇猛精進如此，人固未易量也。計左提右挈，長者之力爲多。異時歸老田間，復得此一益友，爲幸甚矣。趙德廣在此日相見，殊愧不能有以發其志意者。昨見所與渠書，當知所以自勉也。

校記　〔一〕理：正訛改作「利」。

編年　書云：「伯起舊游，每病其不以此事爲急。今乃能勇猛精進如此，人固未易量也。」朱熹門人交游字伯起者有三，任伯起、楊伯起、吴伯起也。遍考諸文，此伯起者指吴伯起無疑。其爲學一旦勇猛精進事，與諸人書信中多有言及。文集卷四十五答廖子晦十云：「此間有吴伯起者，不曾講學，後聞陸子静門人説話，自謂有所解悟，便能不顧利害。」文集卷三十五與劉子澄十二云「學問固是須著勇猛……吴伯起資質本是大段昏弱，故得此氣力，便能振厲」。文集卷四十五答吴伯起二云：「且審聞善感發，判然義利之間，衰懦之餘，警省多矣。然一時意氣，易得消歇。」所引後二書皆作於淳熙十二年，此篇與之相先後甚明。

答黎季忱 淳熙中

示及兩卷，各已批注封還，幸細考之。語、孟更須寬心細意看令通徹，易則恐未易讀，如此穿鑿，似枉費心力也。蓋易本卜筮之書，故先王設官，掌於太卜，而不列於學校。學校所教，詩、書、禮、樂而已。至孔子，乃於其中推出所以設卦觀象繫詞之旨，而因以識夫吉凶進退存亡之道。蓋聖人當時已曉卜筮之法與其詞意所在，如說田狩即實是田狩，說祭祀即實是祭祀，征伐昏媾之類皆然〔一〕，非譬喻也。故就其間推出此理耳。若在今日，則已不得其法，又不曉其詞，而暗中摸索，妄起私意，竊恐便有聖賢復生，亦未易通。與其虛費心力於此，不若且看詩、書、禮、樂之爲明白而易知也。然大學、論、孟、中庸又在四者之先，須都理會得透徹，方可略看易之大指，亦未爲晚。今所論論語尚爾未通，豈宜遽及此耶。

校記 〔一〕然：原作「無」，據宋閩、浙本改。

編年 本書不可詳考。然文云「易本卜筮之書」，朱熹正式提出此觀點在淳熙元二年間，見於答張栻、呂祖謙諸書。其後淳熙四年成周易啓蒙。故此篇疑作於淳熙中爲近。

答傅敬子 慶元三年

昨承遠訪，別來又已累月。辱書，欣審比日所履佳勝。講學須且著實自家理會，寬著意思涵泳思索，方能有得。如今來所喻，亦須且自看有疑處，方好商量。若只如此泛問，不濟事。又所記心性之語，亦似語脉中不無差誤。今不省記當時如何說也。所欲大字及二卦說，尤是兒戲。若真實做功夫，何用此等裝飾耶。

編年 據書信編年。

答傅誠子 慶元三年冬

茲承惠書，足見好學之篤，已足爲慰矣。比想冬温，所履佳勝。所示疑問皆有急迫之意，此最爲學之害。須且放下，只平平地讀書，玩味其意，理會未得處，且記著，時時拈起看，恐久之須有得力處。若只如此枉費心力，不濟事也。幾微之間，善者便是天理，惡者便是人欲。纔覺如此，便存其善、去其惡可也，何難剖析之有？第二條亦不須得如此理會，且討個書讀，换却許多勞攘，久之須放得下。第三條既知得大有妨害，便掃除了，何問之有？如此紛紜，自作纏繞，無了期也。

編年 據書信編年。

答高國楹 慶元二年

所喻不能處事，乃學者之通病。然欲别求方法，力與之競，轉成紛擾，而卒無可勝之理。不若虚心讀書觀理，收拾念慮，使之專一，長久則自然精明，而此病可除矣。但讀書亦有次第，且取其切於身心者讀之。若經理世務，商略古今，竊恐今日力量未易遽及。且少緩之，亦未爲失也。

編年 據書信編年。

答常鄭卿 紹熙四年

聞學中諸事漸有條理，尤以爲喜。學校規矩雖不可無，亦不可專恃。須多得好朋友在其間表率勸導，使之有鄉慕之意，則教者不勞而學者有益。今得擇之復來，則可因之以招致其餘矣。鄙意又恐更須招致得依本分、識道理、能作舉業者三數輩，參錯其間，使之誘進此一等後生，亦是一事。但此須緩緩子細圖之，恐其間有趨向不同，反能爲害，則不濟事也。頃年又見黄叔張在此作教官時，教小學生誦書，旬日一試，如答墨義然，立定分數，考察去留，似亦有益。小學教諭見無職事可掌，使任其責，似亦兩便。試推此類，多爲之塗，以收拾教養之，則人情感悦，當無扞格之患矣。

編年 據書札彙編。

答李晦叔 煇〔一〕 紹熙中

熹昨承遠訪，別後又辱枉書，感慰感慰。比想所履益佳，何時當遂免喪？日月易得，想深終身之慕也〔二〕。所説工夫，亦且如此做去，看久遠如何，有疑却喻及。吴掾亦聞其人，相處有何議論邪？隆興江法曹此間人〔三〕，有書寄渠處，必時有便也。其人清苦力學，但溺佛好穿鑿耳。令弟今在何處？前得其書，未能別答。所論顔子準的甚善，但難如此泛論，須子細説出日用工夫次第曲折，方見得是非耳。幸以此意語之也。熹今年疾病患難，殆不可堪，勢決不能復出。未有相見之期，千萬力學自愛〔四〕。

校記 〔一〕此題淳熙本作「答南康李晦父」。

〔二〕以上原缺，據右引補。

〔三〕此問人：原缺，據右引補。

〔四〕「熹今年」以下原缺，據右引補。

編年 據書信編年。書札彙編列於紹熙二年。按此下三書皆收入淳熙本，該本刊刻於紹熙中，綜考此答李晦叔諸書，此下三書應作於紹熙中也。

答李晦叔 紹熙中

熹啓：承書，獲審比日所履佳勝，爲慰〔一〕。所論持敬讀書表裏用力，切須實下功夫，不可徒爲虛説。然表裏亦非二事，但不可取此而舍彼耳。其實互相爲用，只是一事，纔説性字，便是以人所受而言，此理便與氣合了。但直指其性，則於氣中又須見得别是一物始得，不可混并説也。江掾所言物性本惡，安有是理？來諭已得之矣。更切涵養爲佳耳。未即相見，臨書惘惘。餘幾自愛〔二〕。

校記 〔一〕以上原缺，據淳熙本補。

〔二〕「未即相見」以下原缺，據右引補。

編年 見上篇所考。

答李晦叔 紹熙中

熹承書，具審比日所履佳勝。大祥想已過，終身之慕，亦何日而忘邪〔一〕！持敬讀書只是一事，而表裏各用力耳。若有所偏，便疑都不曾做工夫。今且逐日著實做將去，未須比量難易，計較得失，徒然紛擾，不濟事反害事。要令日用之間只見本心義理，都不見有它物，方有得力處耳。所問祭禮，各以所見報去，可更詳之。聞户曹多學禮〔二〕，説唐人議論，可試扣之，可檢看也。江法掾清苦力學，不可多得。人之所見要亦未能盡同，但偏執不通，輕於述作，此爲大不便耳。舜弼今歲復在何許？令弟想亦時收安問，爲況復如何耶？未由面會，千萬自愛〔三〕。

程氏祭儀謂凡配止以正妻一人，或奉祠之人是再娶所生，即以所生母配。煇竊謂凡配止用正妻一人是也，若再娶者無子，或祔祭别位，亦可也。若奉祀者是再娶之子，乃許用所生配，而正妻無子，遂不得配享，可乎？

程先生此説恐誤。唐會要中有論，凡是嫡母，無先後，皆當并祔合祭，與古者諸侯之禮不同。古今家祭禮中亦有此段，但恐彼無本耳〔四〕。

夫主不可以二者也，四明高氏之説云耳。煇詳此意，謂有宗子之家主祭，故庶子止以其牲祭於宗子之家可也，是不可以有二主也。今人若兄弟異居，相去遼遠，欲各祭其父祖，亦謂不可以二主乎？

兄弟異居，廟初不異，只合兄祭而弟與執事，或以物助之爲宜。向見説前輩有如此而相去遠者，則兄家設主，弟不立主，只於祭時旋設位，以紙榜標記，逐位祭畢焚之，如此似亦得禮之變也。更詳之〔五〕。

魏公贈謚只告于廟，疑爲得禮。但今世皆告墓，恐未免隨俗耳。更冀裁之。

大抵讀書當擇先儒舊説之當於理者，反覆玩味，朝夕涵泳，使與本經之言之意通貫浹洽於胸中，然後有益，不必段段立説，徒爲觀美而實未有得於心也。

校記 〔一〕以上原缺，據淳熙本補。

〔二〕禮：右引作「所」。

〔三〕「舜弼」以下原缺，據右引補。

〔四〕「程氏祭儀」以下一問一答，淳熙本另作一條，題「南康李煇問陪享説」。

〔五〕「夫主不可以」以下一問一答，右引另作一條，題「南康李煇問祭祀説」。

編年 見第一書所考。

答李晦叔 慶元元年以前

所問數條大概相類，只是所從言之不同，其實則無異義。但虚心游意，兼存而并觀之，久當自見其實固并行而不悖也。程子不得於言之説，恐記者之誤，不必深疑。呂后稱制、武氏革命，事體不同自分明，光武追廢自其私意，不得爲中理也。

編年 據書信編年。

答李晦叔 慶元元年

范氏曰：「聖人同於人者，血氣也；異於人者，志氣也。血氣有時而衰，志氣則無時而衰也。」先生於集注中去却上句「血」字及下句「氣」字，然今南康所刊本又却仍舊從范説，不知如何？

氣一也，主於心者則爲志氣，主於形體者即爲血氣。范氏本説蓋如此。向來誤去其本文兩字，後來覺得未穩，故改從舊説。

集注解「不知命無以爲君子」，謂：「知有命而信之。人不知命則避害趨利，何以爲君子？」而解「公伯寮愬子路」章乃云：「聖人於利害之際，則不待決於命而後安。」二説似相反。某謂公伯寮章指聖人言，所以不決之於命。而此章乃爲欲爲君子者而設，不知如何？

來説是也。上蔡説得此意思好，語録中有之。

肌膚之會，筋骸之束，乃是持敬用力之久，便覺得身心如此。東萊謂操存則血氣循軌而不亂，收斂則精神内守而不浮，恐是此意。某尋常試之，誠覺得如此，然於鬧處又却不然。

東萊此説是也，然不當作兩句看。此處只是放去收來，頃刻間事，只一「操」字已是多了，不須如此著意安排也。

先生頃者次對，實以侍講之故除此，與伊川除説書而授朝官者何異。伊川罷説書而辭朝官，先生罷侍講而辭待制，事體實同。伊川素不曾陳乞封叙，先生既用次對奏薦，又却力辭職名，學者多未喻。陳和父以爲伊川出處與先生不同，居其位則受其恩數，乃理之常。至他日不合而去，但當辭其職耳，不當并辭恩數也。不知如何？

此事不敢自分疏，後世須自有公論也。

子事父母，劉元承所編二先生語録謂婦拜於堂下，子不當拜於堂下，蓋父子主恩，婦乃義合。

子婦一例，恐不當有分别。温公祭畢獻壽，雖言叙立如祭所之位，而不言陞降，恐亦皆在堂上也。

爲長子三年及爲伯叔兄弟皆期服而不解官，爲士者許赴舉，不知當官與赴舉時還吉服耶，衰服耶？若須吉服，則又與五服所載年月有戾矣。

此等事只得遵朝廷法令。若心自不安，不欲赴舉，則勿行可也。當官則無法可解罷。伊川先生看詳學制亦云不禁冒哀守常〔一〕，此可見矣。但雖不得不暫釋衰，亦未可遽純吉也。

校記 〔一〕哀：原作「衰」，據宋閩、浙本改。

編年 據書信編年。書札彙編并下二篇繫於二年。

答李晦叔 慶元元年

大學或問中陰陽五行之說，先生答黄寺丞云：「陰陽之爲五行，有分而言之，有合而言之。」煇嘗推之云云。

分合之説固如此，然就原頭定體上説，則未分五行時只謂之陰陽，未分五性時只謂之健順。及分而言之，則陽爲木、火，陰爲金、水，健爲仁、禮，順爲智、義。

或問曰：「然於其正且通之中，又或不無清濁美惡之異，故其所賦之質又有智愚賢不肖之殊。」煇竊嘗謂命可言所賦，性可言所受，而智愚賢不肖是其所稟之氣有清濁美惡之不同也。先生却以智愚賢不肖不歸於所稟而歸於所賦，何耶？

賦猶俗語云分俵均敷之意，書傳之説或以性言，或以形言，當隨處看。

或問曰：「然而本明之體得之於天，終有不可得而昧者。是以雖其昏蔽之極，而怳惚之間一有覺焉，則即此介然之頃而其本體已洞然矣。」煇竊詳數句只是發明本明之體終有不可得而昧之意，若就學者用工夫上説，則怳惚之間，斷無自覺之理，須是格物致知、誠意正心修身功夫次第曲折，然後本明之體可得而明。

若是冥然都無覺處，則此能致知者是何人耶？此是最親切處，所宜深察。

編年　據書信編年。

答李晦叔 慶元元年

煇曩者因舉肌膚之會、筋骸之束兩句，竊意謂與東萊所謂「操存則氣血循軌而不亂，收斂則精神内守而不浮」正是此意。先生批誨云：「此説是也，然不必作兩句看。」煇因思之，未見有重疊處。

此等處只是閑説，不須著力更下注脚，枉費心力。

先生又批誨云：「此處只是放去收來，頃刻間事，只一操字已是多了，不須如此著意安排也。」煇竊謂心之存亡出入，特繫於人之操舍如何耳。但聖人則不操而常存，衆人則操之而後存也。先生云只一操字已是多了，煇久而未喻。近者看龜山解「七十而從心所欲」之義，謂聖人從容中道，無事乎操，然後始悟先生批誨之意，正是爲已存者設。若心不能無放，則固不可不操。但太著意安排，是助長也。未審先生以爲如何？

此是至親切處，龜山之説亦不謂此。須反之於心，只就放去收來時體看，只此操時，當處便存。只要功夫接續，不令間斷耳。

煇竊嘗謂學者却須當常存此心於莊端静一之中，毋使一毫私意雜乎其間，則方寸之間自有主宰，不致散漫走作，而虚靈洞徹之本體庶乎可以默識矣。然欲真實識其虚靈洞徹之本體，則又須是日與義理相親，克去己私，然後心之本體可得而識。

罷却許多閑安排，除却許多閑言語，只看「操則存」一句是如何，亦不可重疊更下注脚。

煇竊嘗謂自昔明明德於天下者，亦須由格物致知功夫次第曲折，然後始能自明其明德也。今使天下之人皆有以明其明德，便能各誠其意，各正其心，各修其身，各親其親，各長其長，而格物致知之功略不煩於用力焉〔一〕，豈不墮於不擇其本而直圖其末之弊？

若欲正心誠意，須是格物致知。然若説道各格其物，各致其知，則似不成言語，只得如此説過。如云「一是皆以修身爲本」，豈是删了上四事耶。

或問曰：「但其氣質有清濁偏正之殊，物欲有淺深厚薄之異，是以聖之於愚，人之與物，相與懸絶而不能同耳。」煇竊詳此段所説氣質物欲分聖愚、人物處，似覺可疑。若以清濁分聖愚，偏正分人物，則「物欲厚薄淺深」一句復將何指？若謂指聖愚，則聖人無物欲之私；若謂説人物，則物又不可以淺深厚薄論。未曉。

清濁偏正等説，乃本正蒙中語，而吕博士中庸詳説又推明之。然亦是將人物、賢智、愚不肖相對而分言之，即須如此。若大概而論，則人清而物濁，人正而物偏。又細别之，則智乃清之清，賢乃正之正，愚乃清之濁，不肖乃正之偏。而横渠所謂物有近人之性者，又濁之清、偏之正也。物欲淺深厚薄，乃通爲衆人而言。若作有無，則此一等人甚少，難入群隊，故只得且如此下語。若以爲疑，則不若改「聖」字作「賢」字，亦省得分解，而聖人自不妨超然出於其外也。

横渠先生曰：「祔葬祔祭，極至理而論，只合祔一人。夫婦之道，當其初婚，未嘗約再配，是夫只合一娶，婦只合一嫁。今婦人夫死而不可再嫁，如天地之大義，然夫豈得而再娶？然以重者計之，養親承家，祭祀繼續，不可無也，故有再娶之理。然其葬其祔雖爲同穴同几筵，然譬之人情，一室中豈容二妻？以義斷之，須祔以首娶，繼室别爲一所可也。」煇頃看程氏祭儀，謂凡配用正妻一人，或奉祀之人是再娶所生，即以所生配。熚嘗疑之，謂凡配止用正妻一人是也，若再娶者無子，或祔祭别位亦可也。若奉祀者是再娶之子，乃許用所生配，而正妻無子，遂不得配享，可乎？熚舊曾如此請問先生，後來拜領批誨〔二〕：「程先生此説恐誤。唐會要中有論，凡是嫡母，無先後，皆當并祔合祭，與古者諸侯之禮不同。」伏詳先生批誨，已自極合人情。然横渠所説又如此，尋常舍弟亦疑祔葬祔祭之義爲未安，適與横渠所論暗合〔三〕。熚竊疑横渠乃是極至理而論〔四〕，不得不然。若欲處之近人情，只合從先生説〔五〕。萬一從横渠説，則前妻無子而祀奉者却是再娶之子，又將何以處之〔六〕？夫婦之義如乾大坤至，自有等差。故方其生存，夫得有妻有妾，而妻之所天，不容有二。况於死而配祔，又非生存之比。横渠之説，似亦推之有大過也。只合從唐人所議爲允。况又有前妻無子、後妻有子之礙，其勢將有甚杌陧而不安者。唯葬則今人夫婦未必皆合葬，繼室别營兆域，宜亦可耳。

問缺。

理固如此，然須實用其力，不可只做好語説過。又當有以培養之〔七〕，然後積漸純熟，向上有進步處。

校記

〔一〕熕：宋浙本作「須」。

〔二〕「熚舊曾」以下原作「先生答云」，據右引改補。考異所引别本同。

〔三〕「伏詳先生」以下原缺，據右引補。

〔四〕極：原作「及」，據右引改。

〔五〕說：原作「所答」，據右引改。

〔六〕「萬一」以下原缺，據右引補。

〔七〕又：原作「人」，據右引改。

編年　據書信編年。

答余國秀 宋傑　紹熙五年以後

所謂貼裏者，但謂不可向外理會不干己事及求知於人之類耳。若學問之功，則無內外身心之間，無粗細隱顯之分。初時且要大綱持守，勿令放逸而常切提撕，漸加嚴密。更讀聖賢之書，逐句逐字一一理會，從頭至尾，不要揀擇。如此久之，自當見得分明，守得純熟矣。今看此册，大抵不曾著實持守而遽責純熟之功，不曾循序講究而務極精微之蘊，正使說得相似，只與做舉業一般，於己分上全無干涉。此正不貼裏之病也。以下數段，皆是此病，不能一一論辨也。

宋傑嘗謂聖人之道簡易明白，而學者所以處己接物大抵以和爲貴，故每覺有順從苟且因循之失。然纔著意舉一二事，又覺有矯枉過正之病。

既知如此，便速改之，何問之有？凡事亦自有恰好道理，更精察之，則無過直之弊矣。

宋傑竊惟古人多處貧困而泰然不以累其心，不知何道。今值窮困，若一切不問，則理勢不容已；若欲辨集，則未免有屈志靦顏之事。

窮須是忍，忍到熟處，自無戚戚之念矣。韓退之盛山詩序説玩而忘之以文辭也云云，文辭淺事，苟能玩而樂之，尚可以忘仕進之窮通，況吾日誦聖賢之言，探索高遠如此，而臨事全不得力，此亦足以見其玩之未深矣。

編年　據書信編年。

答余國秀 慶元四年

始嘗推測人之身所以與天地陰陽交際處，而不得其説。既讀太極圖説，其中有云：「人物之始，以氣化而生者也。氣聚成形，則形交氣感，遂以形化。」竊謂交際處於此可見。然形化既定，雖不復氣化，而大化之流行接續如川流之不息，凡飲食呼吸，皆是流通處。此身雖由父母生，而莫非天地陰陽之化，此其所以有天地、具情性而可以參天地、贊化育也歟。其大概來歷固是如此，然須理會得其性情之德體用分别各是何面目始得。須逐一體認玩味，令日用間發見處的當分明也。

又嘗因推測人之身而并及於物，以至動植之殊，各極其本原而察之。竊謂陰陽五行之氣化生萬物，其清濁偏正之不同，亦從初有定。而其後大化流行，亦不能變易。如人之必爲萬物之靈，麟鳳龜龍之靈知，猩猩鸚武之能言之類，皆是從初如此，後來亦如此。以身而言，則所以爲耳目鼻口、四肢百體者皆有當然之理。以至爲衆人，爲百物，皆然。不可不一一辨別得，非是只要如此推説也。

竊嘗因求放心而謂視聽思慮由己時是心存，不由己時是心放，李敬子以爲合理時是心存，且謂某有認氣爲心之病。

孟子説存其心，養其性，只是要人常常操守此心，不令放逸，則自能去講學以明義理，而動静之間皆有以順其性之當然也。

竊謂人性本具衆理，本明萬善，由氣質物欲之雜，所以昏蔽。上智之資無此雜，故一明盡明，無有查滓。中人以降必有此雜，但多少厚薄之不同耳。故必逐一求明，明得一分，則去得一分之雜，直待所見盡明，所雜盡去，本性方復。學者體此以致復性之功，不知如何？

此説是。但須是實識得其裏面義理之體用，乃爲有以明之，不可只如此鶻突説過也。

舜聞一善言，見一善行，若決江河，恐只是無氣稟物欲之累，故吾心之理與聞見脗然相契，其決如此。顔子不違如愚，亦是如此。若子路有聞云云，則其立志雖勇，然用力亦似覺難，恐亦未免爲氣稟物欲所累也。

同上。

氣稟物欲均爲害性，然物欲之害易見，氣稟之害難知。然氣稟有二，若昏而不明，則隨所學可以漸進於明；若偏而不中，則强者只見得聖賢剛處，弱者又只見得聖賢寬和處。不知如何？

所學漸明，則所偏亦當漸覺矣。

體察情之動處。

爲學功夫固當有先後，然亦不是截然今日爲此，明日爲彼也。且如所謂先明性之本體而敬以守之，固是如此。然從初若都不敬，亦何由得有見耶。

先生序此四者爲格物之先，竊謂學者欲從事於學，必先明乎此，而後進學之功有實地之可據。苟爲不然，則終覺散漫無統，而所學終無所歸宿矣。

或問中此段只是説從自己身心上推去，到事物上都有許多道理，但要逐節逐件識得，不是只要如此包説也。

編年 據書信編年。

答李敬子燔余國秀宋傑〔一〕 慶元四年

燔氣質躁迫，每於先生强探力取之戒、積漸涵泳之訓玩味用功，但臨事時終覺爲害。今只靠定視聽言動，常於此四事上著力，又以義理融液之，頗覺得力。然終是病根常在〔二〕。

不須如此做伎倆，但才覺時便克將去，莫更計較功效遲速也。後段放此。

燔竊謂顏子「四勿」，今人非不欲如此，只爲不知其孰爲禮，孰爲非禮。顏子所以纔聞「克復」之語便知請問其目，纔聞「四勿」之語便承當去，雖是資質絕人，亦必是素於博文約禮上用功。今之學者且先以博約爲先，而「四勿」之戒隨其所知施之應酬，漸漸望其貼近，庶有實效。

既知如此，何不用力？然博文約禮亦非二事，而異時之深純亦不外乎今日之勉强也。

燔竊妄謂性之者多由內以達諸外，而自不廢夫在外之功；反之者多資外以養乎內，而始有契夫內之理。如顏子之「四勿」，曾子之「三省」，與夫博文約禮、動容正顏之事，皆資外養內之事也。今之學者唯當悉意於此。

勿之省之亦由內，要之內外不是判然兩件事也。

燔竊謂先生教人，只是欲人持敬致知，克己以復其性，其間條目却自多端。

自做功夫看，即自見得，不須如此泛問也。

燔謂敬齋箴後面似少從容意思，欲先生更著數語，使學者遵守，庶幾無持之太甚，轉不安樂之弊。

前已言之矣。

燔祖妣捐棄，朋友以劉輝嫡孫承重事見告，遂申州以請於朝，續準報許。後見范蜀公亦嘗論及，乃知輝非苟然者。而舜弼始終以爲此事只當從衆。今事已無及，但朋友間不幸而值此，不知當如何？

若父是祖之嫡長子，己是父之嫡長子，即合承重無疑。如其不然，則前日之舉爲過於厚，亦不必以爲悔也。朋友之問，則但當以禮律告之，不可使人從己之誤也。當言循理守法，不當言從衆。

熺嘗疑伊川平日斷不肯與人作墓誌，不知其意何在。至太中及明道，又却用之。而其叔父侄女之類，亦復自作，何也？

伊川先生初無斷不作志之説，疑以不能甚工於文，又或未必得其事實，故少作耳。集中亦有叔父墓誌者，施之於家，可無前二者之慮也。

熺家中舊有祖産，今欲禀家叔，諸房各以人口多少備辦經用，儲之堂前，以爲久遠團欒之計。然衆志難諧，未有所處。

諸位各辦歲計，其力不能辦者如之何？此須熟慮，博訪其宜，不可草草也。

熺免喪之後，親戚朋友勸以赴部，以病不能行。或以爲教官可以請祠，熺欲姑守前志，且爲養病讀書計。

未知不仕之意有何義理？只可自以大義裁之，不須問人，亦非它人所能决也。若無正定義理，則爲貧而仕，古人有之，不須如此前却也。

熺嘗謂欲君德之美，當重保傅之選；欲士風之美，當正教取之法；欲吏道之良，當久其任；欲民俗厚，當興禮樂；欲强甲兵，當倣寓兵之意；欲足財用，當急農桑之務。

大概是如此。然須更讀書窮理，博觀古今聖賢所處之方，始有實用，不爲空言也。

燔謂後世人才不振，士風不美，在於科舉之法。然使便用明道賓興之論，伊川看詳之制，則今之任學校者皆由科舉而出，亦豈能遽變而至道哉。

明道所言，始終本末次序甚明，伊川立法，姑以爲之兆耳。然欲變今而從古，亦不過從此規模以漸爲之。其初不能不費力矯揉，久之成熟，則自然丕變矣。

燔謂釋老之學所以舛謬，只緣不能致知〔三〕，但據偏見直情徑行，所以與吾道背馳。使其能求通於聖人，則其所至豈小小哉。又嘗求二氏之學所以盛衰之故，釋氏主於心，緣其就根本上用力，故久而愈熾；老氏主於身，緣其所執亦淺狹，故久而微削。

且熟觀義理，久之自然精密，未須如此椿定死法也。

燔外家司姓，外祖早世，外曾祖復子一戴姓者。戴死無子，只一女，舅氏爲之服三年喪，且合葬祖塋，祠之家廟。屢稟之舅氏，遷戴氏葬之它所，改外祖合葬外不是祖母之側，除戴氏之享，使其女主之。量分産業，使之備禮。事今雖未行，而朋舊多以爲然。續又思之云云。

初説甚善，然亦有一句未是，以河廣之義推之可見。「又思」以下，則又過矣。不共戴天，謂父母見殺而其人不死者耳，移之於此，似非其倫。若果如此，則禮經何爲而制服邪？夫死而嫁，固爲失節，然亦有不得已者，聖人不能禁也。則爲之制禮以處其子，而母不得與其祭焉，其貶之亦明矣。

燔見朋友間多有增親年以希恩霈者，且悔之，又恐兄弟間有堅欲陳乞者。燔以爲不若作一狀子刺破，乞備申省部照會，方爲堅決。

兄弟若欲陳乞，但委曲爲陳不可誣親以欺其君之意足矣，何必作此痕迹邪。

燔因與朋友論及冒貫赴試事，以爲豈可不攻。獨國秀以爲不須攻，幸一言以定衆志。

不知要如何攻？若只經官陳狀，乞泛行約束，即不妨。若指名告示，聚衆毆擊，則非所宜矣。

燔竊謂明德新民不是自己一切事都做了後，方去新民，隨所及所值而爲之耳。

兩語有病。

至善乃萬理盡明，各造其極，然後爲至。

至善是自然底道理，如此説不得。

「至善」〔四〕，如堯舜文王之爲聖，湯武之爲征伐，周公之爲臣，孔子之爲師，伊尹之爲志，顔子之爲學。又謂至善在己，則爲天命之性；在事，則爲率性之道；推之天下，則爲修道之教，此聖人之事也。若學者，則就教上尋求向上去，到得極處，皆只一般，元無加損。

説得未是，亦不須如此閑説。

「知止能得」，燔嘗謂洞然無蔽之謂知，確然有實之謂得，明則誠矣。

近之，但語未瑩。

知，善之明也；得，身之誠也。

近之。

「慮」謂知之尤精而心思所值無不周悉。

是。

燔謂知止則志不惑亂而有定嚮，志定則此心無擾而静，心静則此身無適而不安。心静身安則用自利，事物之來，不特能即事見理，又能先事爲防。如「後甲三日」、「後庚三日」之云，其於事之終始先後、已至未然皆無遺鑒，皆無失舉矣。如是而後爲得其所止，則可以謂之誠有是善而誠極是矣。

此段得之。

燔謂「知」則知其所當然，「慮」則并極其未然。

知是閑時知得，慮是到手後須要處置得是。

燔謂「知止」有明而未誠處，「得止」則一一皆誠矣。到得至誠田地，上面更有變化不測在。

未須如此閑思想。看文字且理會當處義理，漸覺意味深長乃佳，如此支離，不濟事也。

燔謂大學之意當持敬以養其所知之本，格物以廣其所知之端，使吾心虛明洞徹，舉無不燭，則是非當否各以呈露，而至善所在自不容有所蔽矣。周舜弼以謂知止者，非萬理并皆昭徹然後謂之知止，一事便有一理，即其所知而求得其所止。所謂能得者，非是動容周旋各當其則，一事得其所止，如仁敬孝慈之類，皆爲至善。若必以動容周旋當則言之，則將使學者没世窮年無復可以知止而得其所止矣。

經之所言是學之等級，然知有淺深，得有大小，存乎其人，難以一概論也。

物有本末，云云〔五〕。燔謂先後之中更有輕重，本末之先後重，始終之先後輕。

不須如此分別，枉費心思，道理又不如此，無益而有害也。

燔謂注文於「明明德於天下者」之下，似少自己推之之意。

經文次序已自詳悉，何用更説？

或問於明明德於天下處，只言誠意正心修身，而不及致知，又益以親親長長而不及齊家治國平天下，願聞其指。

致知所以明之，親親長長即齊家之大者。

平天下之事，蓋新民之極功，則用益廣而法宜益詳。今考傳文，則皆感發維持之意，而不及乎它，似未免乎略。

平天下章以絜矩推之而詳言同貨利、公好惡之事，其法可謂詳矣，何謂略耶？

大學傳九章「其家不可教」，竊疑「可」字當爲「能」字。

彼之不可教，即我之不能教也。可之與能，彼此之詞也。若作「家不能教」，則不詞矣。

傳之九章，大率皆躬行之事，而未及乎爲政，八章亦然。

成教於國，則政事之施在其中矣。但須以躬行爲本，故特詳之，本末輕重固自不同也。

宋傑嘗於「親愛而辟」上用功，如兄之子，常欲愛之如己子，每以第五倫爲鑒。但愛己子之心終重於愛兄之子。

「常欲」二字即十起之心也。須見得天理發見之本然，則所處厚薄雖有差等，而不害其理之一矣。

燔近於家間區處一二事，便覺上下睽隔，情意寖薄。欲遂置而不問，則諸事不整。不知且只於身上自理會，莫屑屑問它如何？

威如之吉，反身之謂也。

宋傑嘗觀傳文論修身在正其心，嘗每用力自克，亦頗得力。而敬子不以爲然，以謂若論是當，須還是喜怒中節乃可。然宋傑今日之所謂得力者，仍是隨意之所便者以致力，而實未深察夫不能自已者也。

正心之功若自知至意誠中來，則不須如此安排而自無不正矣。未到此地，則亦隨力隨分省察持守可也，不須如此計較。且向格物處用功，乃爲知所先後耳。

燔謂喜怒憂懼之氣心實帥之，帥稍動摇，氣不聽命，則必有是四者之累。學者固當逐件上用功，然非先正其帥，亦未見其爲全功也。

如此則與此傳文意全然背戾矣。試更推之，如何？

誠意謹其發，正心存其體。又曰誠意者，實所發於我而我命之，心正則不問寂感而本體常在。

兩條説意誠皆未安。

宋傑嘗觀傳之六章注文釋自欺謹獨處皆以物欲爲言，或問則兼氣稟言之，似爲全備。

此等處不須疑，語意自合有詳略處也。

宋傑竊謂動於物欲而假善以自欺，易識而易治；雜於氣稟而爲善之不切，難識而難治。欲得精察氣稟之爲害而克治之，當以何道？

考之經文可也。

燔居常好善惡惡，覺得直是分明。然或至自傷其和，而施之於人亦多强猛固必，而無容養之意。夫好惡真切如此而病復隨之者，何哉？

此等處自覺是病，便自治之，不須問人，亦非人所能預也。

康叔臨淵以爲一物格則一知至，燔謂所謂物格者，乃衆理俱窮，相發互通，以至透徹，無復餘藴，然後爲格。若謂一物明一知進則可，一物格一知至則不可。伊川先生曰：「今日格一件，明日格一件。」

叔臨又謂或問所謂内外昭融，内謂理之在己者，外謂理之在物者。内謂理之隱微處，外謂理之周遍處。

㸌謂釋氏不務格物，而但欲自知，故一意澄定而所見不周盡。吾儒静以養其所知之本，動以廣其所知之端，兩者互進，精密無遺，故所見周盡而有以全其天然自有之中。

大概近之，然亦未盡。

或問所謂詣其極而無餘，隨所詣無不盡，㸌謂詣其極猶渠成，隨所詣猶水隨渠至。

譬喻未精，然亦不須如此模寫。

程先生説學者之知道，必如知虎者。㸌謂不待勢法迫驅而自不能已，無所爲而樂於爲之者，真知者也。然知而習，習而熟，又精思而後浸得其真，非一知即能洞徹也。

此亦以中人言之，前已略論之。

宋傑讀書，遇曉不得處，即掉下再三讀之。竟不曉，即置不復問，不知其病何在？

其病在是。

論古今人物而别其是非。宋傑。

人之過惡，豈可輕論？但默觀之而反諸己，或有未明，則密以資於師友而勿暴於外可也。

論天地之所以高深。㸌。

天之外無窮，而其中央空處有限。天左旋而星拱極，仰觀可見。四游之説，則未可知。然曆家之説乃以算數得之，非鑿空而言也。若果有之，亦與左旋拱北之説不相妨。如虚空中一圓毬，自内而觀之，其坐向不動而常左旋；自外而觀之，則又一面四游，以薄四表而止也。

康節天地自相依附之説，燔以爲此説與周子太極圖、程子動靜無端、陰陽無始之義一致，非曆家所能窺測。

康節之言大體固如是矣，然曆家之説亦須考之，方見其細密處。如禮記月令疏及晋天文志皆不可不讀也。近見一書，名天經，只是近世人所作，然類集古今言天者極爲該備，不知曾見之否？

鬼神之所以幽顯，上蔡云：「動而不已，其神乎？滯而有迹，其鬼乎？」燔謂鬼雖爲屈，久而必散，似無滯留於迹之理云云。

神顯而鬼幽，上蔡滯而有迹之語誠如所論，其它大概亦是如此。然夫子所以答季路之問者，又所當思也。

小學注子事父母、孫事祖父母同。燔謂諸父諸母親同服同，而不及之者，何哉？

諸父異宫，非可以遍詣而定省之。且若如此，則將不得專乎事父母矣，此愛敬之等差也。

程先生齊不容有思之説，燔嘗以爲齊其不齊，求與鬼神接，一意所祭之親，乃所以致齊也。祭義之言似未爲失，不知其意果如何？

祭義之言大概然爾，伊川先生之言乃極至之論，須就事上驗之，乃見其實。

程先生云，致知之要，當知至善之所在，如父止於慈，子止於孝之類。燔謂物之大旨各有精要，若泛求之，殆亦徒爲紛紛，無所底止。

伊川先生所論格物功夫數條須通作一義看，方見互相發明處，如此一條，須與求其所以奉養温凊之法者通看也。

校記　〔一〕底本題下原注云：「一本無余國秀」。

〔二〕終：原作「後」，據宋閩、浙本改。

〔三〕不：原作「未」，據右引改。

〔四〕至：原作「爲」，據右引改。

〔五〕云云：原作「本末」，據右引改。

編年　據書札彙編。

朱熹文集編年評注卷六十三

書 知舊門人問答

答胡伯量 泳　慶元四年

治喪不用浮屠法，而老母之意必欲用之，違之則咈親意，順之則非禮〔一〕，不知當如何處？

且以委曲開釋爲先。如不可回，則又不可咈親意也。

舊見親舊家居喪多略於内外之限，其間類多犯禮。李丈云，如不得已，殯勿於堂上，只於廳上帷次夾截，勿令相通，庶稍可杜絶此弊。某聞此言後，自先人捐棄，遂用李丈説，諸孤寢處柩旁，無故不入中門，似覺稍免混雜。後以質之周丈，云終喪不入妻室，雖漢之武夫亦能之。吾人稍知義理者，當不待防閑之嚴而自不忍爲矣。某竊疑周丈之言未密，不知果當何從〔二〕？

敬子說是。古人殯於西階之上，設倚廬於庭中，皆在中門之外也。

某舊聞風水之説斷然無之。比因謀葬先人，周旋思慮，不敢輕置，既以審諸己，又以詢諸人。既葬之後，略聞或者以爲塋窆坐向少有未安，便覺惕然不安。乃知人子之喪親，盡心擇地以求亡者之安，亦未爲害。然世俗之人但從時師之説，專以避凶趨吉爲心，既擇地之形勢，又擇年月日時之吉凶，遂致逾時不葬。某竊謂程先生所謂道路窑井之類，固不可不避；土色生物之美，固不可不擇，然欲盡人子之心，則再求衆山拱揖，水泉環繞，藏風聚氣之地。至於擇日，則於三日中選之。至事辦之辰，更以決於卜筮〔三〕，某山不吉，某水不吉。既得山水拱揖環繞於前，又考其來去之吉凶，雖已脗合，又必須年月日時之皆合其説，則恐不必如此。不知然否？

伊川先生力破俗説，然亦自言須是風順地厚之處乃可。然則亦須稍有形勢，拱揖環抱，無空闕處，乃可用也。但不用某山某水之説耳。

某昨者營葬之時，結屋數椽於先壠之西。既葬後，與諸弟常居其間，庶得朝夕展省，且免在家人事混雜。敬子以爲主喪者既葬當居家，蓋神已歸家，則家爲重。若念不能忘，却令弟輩宿墓，時一展省可也。程先生論古人直是誠實處最可觀。又以質之舜弼，云廬墓一節不合聖賢之制，切不須爲之。某既聞此二説，不欲更遂初志，日即則在家間中門外別室，更常令一二弟居宿墳庵，某時一展省，未知可否？

墳土未乾，時一展省，何害於事？但不須立廬墓之名耳。

士虞禮記曰：「卒哭明日，以其班祔。」禮記曰：「卒哭明日，祔於祖父。」又曰：「殷練而祔，周卒哭而祔，孔子善殷。」開元禮、政和禮皆曰禫而祔，伊川先生、横渠先生喪紀又皆曰喪須三年而祔，向來不暇深考，只謂禮疑從重，始有循俗。繼考温公書儀雖是卒哭而祔〔四〕，然祔祭畢，只反祖考神主於影堂，仍置亡者神主於靈座，此是儀禮注中説。揆之人情，却似可行。然以爲不忍一日未有所歸，則既祔自當遷主於廟。若復主於靈坐，庶幾人子得盡其朝夕哀奉之意，則又似不須先設祭，以爲祔之之名。不知書儀之意如何？續觀麻沙所印先生文集中有復陸教授書，大概云：「吉凶之禮，其變有漸。先王制禮，蓋本人情，卒哭而祔者，漸以神事之。復主於寢者，猶未忍盡以事死之禮事之也。」竊意文集所説固是深察乎仁人孝子之情，然禮記言祔，亦別有指。又且儀禮始虞之下〔五〕，猶朝夕哭，不奠，書儀亦謂葬後饋食爲俗禮，如此則几筵雖在，朝夕哭之外，全然無事。文集以先王制禮爲言者，但以朝夕哭爲猶有事生之意，別有所據〔六〕。儀禮朔月奠下鄭注，大祥之後，則四時祭焉。如此則朔奠於祭後亦似不廢，未知是否？某向來卒哭後，既失祔祭之禮，不知可以練時權宜行之否？并乞賜教。

祔與遷是兩事，卒哭而祔，禮有明文。遷廟則大戴記以爲在練祭之後。然又云主祭者皆玄服，又似可疑。若曰禫而後遷，則大祥便合徹去几筵，亦有未便。記得横渠有一説，今未暇檢，俟後便寄去。

某自執喪之後，營墳外，凡幹皆不敢出，直至葬後，方出謝人。雖知士喪服有「成服拜賓」之文，然終疑惑，不敢循用。不知緩出可否？又既出之後，親舊有喪事，在鄉俗常禮，必須往吊，且往送喪。按禮，居喪不吊。其送葬雖無明文，然執紼即是執事，在禮亦有所妨。據鄉俗，不特往吊送喪，凡親舊有吉凶之事，皆有所遺。凶事送遺，固已悖禮，吉事尤覺不安。不知處此二事當如何〔七〕？

吉禮固不可預，然吊送之禮，却似不可廢。所謂禮從宜者，此也。

某居父喪時，遇月朔，先行殷奠，次入影堂薦新。雖於常事頗能不廢，第先後之序，似乎紊亂。又既奠之餘，哀情未盡，便薦獻，疑未爲安。李丈云，莫若先薦新而後朔奠，然亦覺不安。遇冬至歲節，雖知禮有「喪不祭」之文，然未敢輕廢影堂之祀，但行禮之際，稍從簡略。周丈云，既居重喪，何暇如此？不知居重喪者，歲時常祀合與不合舉行？殷奠、薦新可與不可并舉？伏乞裁誨〔八〕。

薦新、告朔，吉凶相襲，似不可行。未葬可廢，既葬，則使輕服或已除者入廟行禮可也。四時大祭，既葬亦不可行。如韓魏公所謂節祠者〔九〕，則亦如薦新，行之可也。

居父母之喪，既葬之後〔十〕，哀思不能接續常存，遇時節時，終覺勉强，不知如何？

思親之感發於自然，但不以事奪之可也。此又豈可別作道理計較而必其哀之至耶。

某自居喪以來，於哭泣之餘，家事之隙，與諸弟日讀喪禮。今妄意擬隨所看見，逐項編次，如書儀、送終禮之篇目，而更加詳焉，取儀禮、禮記、朝制條法及政和儀略之類，及先儒議論，以次編入。固知僭越妄易，不應爲此，然區區哀誠，止欲與弟輩盡心考禮，庶幾得以維持哀思。不知如何〔十一〕？

有餘力則爲之，不必問人。若力未及，即且先其功夫之急切者，乃爲佳耳。

某始成服時，以荒迷中無所考，據鄉俗之制，用粗布作襴衫及三梁冠，麻爲腰繩。續覺不安，遂用三禮圖及温公書儀、高氏送終禮、麻沙所印心聲啓所畫格式質之周丈，參酌爲冠絰衰裳、腰絰絞帶，粗已了辦。第其間尚多有未安，敢以就正。按禮，衰麻合皆用生麻布。今之麻布類經灰治，雖縷數不甚密，然似與「有事其縷，無事其布」之緦異。不知要得當禮時，合當別造生布爲之，或只隨俗用常時麻布爲之〔十二〕？先生於此處批云：「若能別造生布，則別造可也。」

此等處但熟考注疏，即自見之，其曲折難以書尺論也。然喪與其易也，寧戚，此等處未曉，亦未害也。廖庚字西仲，大冶縣人，有喪服制度。

又按程先生定主式中尺法注云：「當今省尺五分弱〔十三〕。」初欲用此，及以裁度，覺全然短狹。舜弼云，沙隨程氏尺法與今尺相近，曾聞先生以爲極當。其尺法已失之矣，不若且只以人身爲度。某乃遵用。及因讀禮，見鄭氏注「苴絰大絰」之下云：「中人之扼圍九寸。」以今人之手約之，覺得程先生之法深合古制。未審先生當時特取沙隨尺法者何意。續得沙隨尺法，比古尺只長六寸許。

尺樣温公有圖，後人刻之於石，其說甚詳。沙隨所據，即此本也。

又按三禮圖所畫苴絰之制，作繩一圈而圈之，又似以麻橫纏，與畫繩之文不同。疑與先儒所言環絰相似，不諭其制。又質之周丈，云當只用一大繩，自喪冠額前繞向後結之。或以一繩，兩頭爲環，別以小繩束其兩環。某遂遵用，然竟未能明「左本在下」之制。近得廖丈西仲名庚所畫圖，乃似不亂。麻之本末，紐而爲繩，屈爲一圈，相交處以細繩繫定，本垂於左，末屈於內，似覺與「左本在下」之制相合。然竟未知適從，不知當如何？

未盡曉所說，然恐廖說近之。廖君說每得之，若相去不遠，可面扣也。

又按三禮圖絰之四旁綴短繩四條，以繫於武。周丈云，就武上綴帶子四條。某竊疑用繩者似爲宜。但未知既用繩，則齊衰以下武既用布，繫絰亦當用布否？

此項不記，今未暇檢，可自詳看注疏。

又周丈以苴絰著冠武稍近上處，廖丈以爲繫冠於絰上，絰在冠之武下，二說不同，未知孰是。

絰當在武之外。

又按喪服大傳，苴絰大搹，五分去一以爲帶。書儀因論五分去一，以爲腰絰。然考喪服經文，只言苴絰，鄭注謂在首、腰皆曰絰。如此則以絞帶獨小五分之一，而首絰、腰絰皆大搹。惟士喪有「腰絰小焉」之文，鄭注乃謂五分去一，不知當以此爲據否？然喪服所以總二絰而兼言之，覺無分別，伏乞指誨。

此如道服之横襴，但綴處稍高耳。儀禮衰服用布有尺寸，衣只到帶處。此半幅乃綴於其下以接之，廖説是也。

某向借到周丈舊所録喪禮，内批云，先生説衰服之領，不比尋常衫領用邪帛盤旋爲之，只用直布一條，夾縫作領，如州府承局衫領然。比見黄丈寺丞，乃云常以此稟問先生，報云如承局衫領者，乃近制杜撰，非古制，只當如深衣直領。未知是否？

周説誤也。古制直領只如今婦人之服，近年禮官不曉，乃改云直襴衫，又於其下注云：「謂上領不盤。」遂作上領襴衫，而其領則如承局之所服耳。黄寺丞説近是，但未詳細耳。

又按喪服記云：「衽二尺有五寸。」注謂「凡用布三尺五寸」。周丈云，三尺五寸布裁爲兩處，左右相沓，此一邊之衽也。更用布三尺五寸如前爲之，即兩邊全矣。及觀廖丈圖説，則惟衰服後式有之。似只用三尺五寸之布裁爲兩衽，分爲左右，亦相沓在後，與心聲啓圖合。但恐不足以掩裳之兩際，如何？先生批云：「既分於兩旁，便足以掩裳之兩旁矣。」

以丈尺計之，恐合如廖説，可更詳之。廖圖煩畫一本，并其注釋全文録示。

又按書儀，要經交結處，兩旁相綴白絹帶繫之，使不脱。周丈云，以小帶綴衰服上以繫經。繼考廖丈之説，謂以二小繩牢綴於要經相交處，以紐繫腰經，象大帶之紐約用組也。三説言繫要經不同，不知孰是。

廖説與温公之説同，似亦是注疏本文，可更考之。

又按儀禮，經五分去一以爲帶。始疑帶即絞帶，續又觀齊衰以下帶用布，不用麻，則布帶必難以圍量。喪服所指，須別有義。但未知絞帶大小以何爲定？先生批云：「此等小節，且以意定，而徐考之可也。」書儀謂以細繩帶繫於其上，恐指絞帶。先生批「非是。」然絞帶以爲束，要經以爲禮，則經在上矣。未委然否？

吉禮先繫革帶，如今之皮束帶。其外又有大帶以申束衣，故謂之紳。凶服先繫絞帶，一頭作環，以一頭穿之而反扱於腰間，以象革帶。經帶則兩頭皆散垂之，以象大帶。此等處注疏言之甚詳，何不熟考，而遠遠來問耶？女之服古禮不可考，今且依書儀之説可也。

校記

〔一〕「而老母」以下原作「或親意欲用之」，據宋浙本改補。考異所引別本同。

〔二〕「舊見親舊」以下一段文字底本差略，今從右引。

〔三〕於：原作「其」，據宋閩、浙本改。

〔四〕「横渠先生喪紀」以下底本差略，今從宋浙本、考異。

〔五〕「此是儀禮注」以下底本差略，今從宋浙本、考異。

〔六〕「朝夕哭之外」以下原作「但以朝夕哭爲猶有事生之意爾」，據宋浙本、考異改補。

〔七〕「某自執喪」以下底本差略，今從宋浙本、考異。

〔八〕「某居父喪時」以下底本差略，今從宋浙本、考異。

〔九〕祠：原作「詞」，據宋閩、浙本改。

〔十〕「居父母之喪」二句，原作「居喪貧窶多事」，據宋浙本、考異改補。

〔十一〕「某自居喪」以下底本差略，今從宋浙本、考異。

〔十二〕「某始成服時」以下底本差略，今從宋浙本、考異。

〔十三〕正訛於「尺」下補「五寸」二字。

編年 據書信編年。

答胡伯量 慶元四年

喪大記有「吉祭而復寢」之文，疏謂禫祭之後，同月之内值吉祭之節，行吉祭訖而復寢。若不當四時吉祭，則逾月吉祭乃復寢。不審所謂吉祭，即月享或禘祫之禮否？月享無明文，只祭法、國語有之，恐未足據。吉祭者，疑謂禘祫之屬。然亦無明據，今以義起可也。不然，即且從大記疏説。

比者祥祭止用再忌日，雖衣服不得不易，惟食肉一節，欲以逾月爲節，不知如何？

逾月爲是。

忌日之變，呂氏謂自曾祖以下，變服各有等級。聞先生於諱日亦變服，不知今合如何？

唐人忌日服黲，今不曾製得，只用白生絹衫帶黲巾。

主式用尺，程先生所謂省尺者，先生以爲即温公三司布帛尺，不知其制長短如何？

温公有一小圖刻石，偶尋不見。然此等但得一書爲據足矣，不必屑屑較計，不比聲律有高下之差也。

先兄乃先人長子，既娶而死，念欲爲之立後。但既立後，則必當使之主祭，則某之高祖亦當祧去否？

既更立主祭者，即祠版亦當改題無疑。高祖祧去，雖覺人情不安，然別未有以處也。家間將來小孫奉祀，其勢亦當如此，可更考之。

中月而禫。

中月而禫，猶曰中一以上而祔。漢書亦云間不一歲，即鄭注虞禮爲是。故杜佑亦從此説。但檀弓云是月禫及逾月異旬之説爲不同耳。今既定以二十七月爲期，即此等不須瑣細。如此尋討，枉費心力，但於其間自致其哀足矣。

編年　據書信編年。

答李繼善 孝述　慶元四年以前

前此雖未識面，然辱惠書，知託事契。而來書所喻辭氣激昂，意象懇確，三復竦然，竊喜公家後來之秀世不乏人也。所喻數條，已得用力之端。此事無它巧，但就已用力處更著功夫，反復純熟，自當別有見處，無假它求也。

編年　據書信編年。

答李繼善慶元四年以前

所示疑義，各以所見附于左方矣。來喻甚精到，但思之過苦，恐心勞而生疾；析之太繁，恐氣薄而少味，皆有害乎涵養踐行之功耳。其餘曲折，敬子、元思必能言。今日疾作，執筆甚艱，不容盡布。

編年 據書信編年。

答李繼善慶元四年以前

中間期慘，諒不易堪。所示條目，已悉奉報矣，幸更參考之。敬子每稱賢者志業之美，甚恨無由相見。然天所賦予，不外此心，而聖賢遺訓具在方册。苟能厲志而悉力以從事焉，亦不異乎合堂同席而居矣。千萬勉旃！

編年 據書信編年。

答李繼善慶元四年

嫡子已娶，無子而没，或者以爲母在宜用尊厭之例，不須備禮。宗子成人而無子，當爲之立後，尊厭之説非是。

嫡子死而無後，當誰主其喪？

若已立後，則無此疑矣。

昨者遭喪之初，服制只從俗，苟簡不經，深切病之。今欲依古禮而改爲之，如何？

服已成而中改，似亦未安，不若且仍舊。

政和儀六品以下至庶人無朔奠，九品以下至庶人無誌石，而温公書儀皆有之，今當以何者爲據？

既有朝奠，則朔奠且遵當代之制，不設亦無害。但誌石或欲以爲久遠之驗，則略其文而淺瘞之，亦未遽有僭偪之嫌也。嘗見前輩説，大凡誌石須在壙上二三尺許，即它日或爲畚鍤誤及，猶可及止。若在壙中，則已暴露矣。雖或見之，無及於事也。此説有理。

檀弓云：「殷練而祔，周卒哭而祔，孔子善殷。」程、張二先生以爲須三年而祔，若卒哭而祔，則三年却都無事。禮卒哭猶存朝夕哭，若無主在寢，哭於何處？若如左傳杜氏注、士虞禮鄭氏注所説，於經又未有所見，不知如何？

周禮卒哭而祔，其説甚詳。殷禮只有一句，餘不可考。孔子之時猶必有證驗，故善殷。今則難遽復矣。况祔與遷自是兩事，謂既祔則無主在寢者，似考之未詳。若謂只是注文，於經無見，即亦未見注疏之所以不可從者，不當直以注爲不足信也。

檀弓既祔之後，唯朝夕哭拜、朔奠，而張先生以爲三年之中不徹几筵，故有日祭。温公亦謂朝夕當饋食，則是朝夕之饋當終喪行之不變，與禮經不合。不知如何？

此等處今世見行之禮不害其爲厚，而又無嫌於僭，且當從之。

納主之儀，禮經未見。書儀但言遷祠版於影堂，别無祭告之禮。周舜弼以爲昧然歸匣，恐未爲得。先生前書又云諸侯三年喪畢皆有祭，但其禮亡，而大夫以下又不可考，然則今當何所據耶？

橫渠説三年後祫祭於太廟，因其祭畢還主之時，遂奉祧主歸於夾室，遷主、新主皆歸於其廟，此似爲得禮〔一〕。鄭氏周禮注大宗伯享先王處，似亦有此意。而舜弼所疑，與熹所謂三年喪畢有祭者，似亦暗與之合。但既祥而撤几筵，其主且當祔于祖父之廟，俟祫畢然後遷耳。比已與敬子、伯量詳言之，更細考之可見。

校記 〔一〕禮：原作「體」，據宋浙本及本卷答郭子從改。

編年 據書信編年。

答甘道士 紹熙、慶元中

所云築室藏書，此亦恐枉費心力。不如且學静坐，閑讀舊書，滌去世俗塵垢之心，始爲真有所歸宿耳。

編年 甘道士，即閤皂山道士甘叔懷，或作甘夢叔，朱熹與之多有詩文往來或提及，見於文集卷九、十、

八十二、八十四，續集卷二等。考其交往年代，皆爲紹熙、慶元間。此篇作年未可詳考，然要不出此數年間也。書信編年置慶元四年，書札彙編則繫於慶元二年。

答陳道士 慶元中

示及諸賢題詠之富，得以厭觀，欣幸多矣。又聞更欲結茅山顛，巖棲谷飲，以求至約之地，此意尤不可及。但若如此，則詩篇、法籙、聲名、利養一切外慕盡當屏去，乃爲有下手處。又不知真能辦此否爾。

編年 據書信編年。

與晏亞夫 淵 慶元元年冬

奉别逾年，思念不置。然一向不聞問，不知何時到家，州舉得失復如何也。比日冬寒，爲況想佳。門中尊幼，一一佳適。熹去歲到闕，不及五旬而罷。罷前一日，送范文叔於北關。歸家未久，已聞劉德脩亦罷歸矣。游判院相見，不及款而别。近亦聞其補外，不知今在何許。信蜀士之多奇也。亞夫别後進學如何？向見意氣頗多激昂，而心志未甚凝定。此須更於日用之間益加持敬工夫，直待於此見得本來明德之體動静如一，方是有入頭處也。因夔州江教授便人附此，託趙守轉致。地遠，不能多談，唯千萬進德自愛而已。

編年　據書信編年。

與晏亞夫 慶元三年

長沙之别忽忽累年，都不聞動静，深以爲念。度周卿來，略知還家已久，不審比日爲況定何如。德門尊少計各平安，家居爲學，所進復如何也。熹連年疾病，今歲差勝。然氣體日衰，自是無復强健之理。所幸初心不敢忘廢，亦時有朋友往來講習。僞學污染，令人恐懼，然不得辭也。周卿相見，必能道此間事與所商確之曲折。因其歸謾附此紙，相望之遠，會面無期，唯以慨嘆耳。

編年　據書信編年。

與晏亞夫 慶元四年冬

一别累年，都不聞動静，不審比日爲況何如？計且家居奉養，讀書求志，不必遠游，以弊歲月也。熹衰朽疾病，更無無疾痛之日。明年便七十矣，區區僞學，亦覺隨分得力。但文字不能得了，恐爲千載之恨耳。蔡季通、吕子約、吴伯豐相繼淪謝，深可傷嘆。眼中朋友，未見有十分可望者，不知亞夫比來所進如何？今因建昌包君粥書之行，附此奉問。别後爲學功夫次第，所得所疑，可因其還，一二報及。渠説欲求其醫書，必能自言曲折，幸略爲訪問也。去年度周卿歸，嘗託致意，不知曾相見否？劉、范、李、游諸賢計各安健，前此便中亦時得通聲問也。無由會面，千萬進學自愛，以慰千里相望之懷。目昏，燈下草草。

編年 據書信編年。

評論 姚勉書考亭三帖後：同年友伯慥示某以考亭夫子與蓮蕩先生三帖，某拜手欽翫，仰見夫子格言大訓無所往而不寓。一曰：「向見意氣頗多激昂，而心志未甚凝定。此須更於日用之間益加持敬工夫，見得本來明德之體動靜如一，方是有入頭處。」夫子此言，豈惟蓮蕩先生可行之，正爲某輩後學地也。二曰：「某連年疾病，今歲差勝，然氣體日衰，自是無復强健之理。所幸初心不致忘廢，亦時有朋友往來講習。僞學污染，令人恐懼，然不得避也。」三曰：「某衰於疾病，更無無疾病之日，明年便七十矣。區區僞學，亦覺隨分得力，但少文字不能得了，恐爲千載之恨耳。」夫子年愈高而德愈茂，血氣衰而志氣盛，黨禁方嚴，經歷患難，曾不少變，方且欲了文字以詔千載，其與宣聖七十二而成春秋者何異。持敬功效，乃能如此，僞邪真邪！無黨禁不足以見先生之學，然則僞學之禁，天益以表夫子之真歟。某三復三帖而三嘆。

答郭子從 叔雲 慶元四年以後

復，男子稱名。然諸侯薨，復曰「臯，某甫復」，恐「某甫」字爲可疑。又周人命字，二十弱冠皆以「甫」字之，五十以後，乃以伯、仲、叔、季爲別。今以諸侯之薨復云「甫」者，乃生時少者之美稱，而非所宜也。

此等所記異詞，不可深考。或是諸侯尊，故稱字，大夫以下皆稱名也。但五十乃加伯仲，是孔穎達説。據儀禮賈公彦疏，乃是少時便稱伯某甫，至五十乃去某甫而專稱伯仲，此説爲是。如今人於尊者不敢字之，而曰幾丈之類。

銘旌。

古者旌既有等，故銘亦有等。今既無旌，則如温公之制，亦適時宜，不必以爲疑也。重。

古者男子殊衣裳，婦人不殊裳。今以古人連屬之衰加於婦人，殊裳之制加於男子，則世俗未之嘗見，皆以爲迂且怪，而不以爲禮也。

三禮圖有畫象可考，然且如温公之説，亦自合時之宜，不必過泥古禮也。若考得古制分明，改之固善。若以爲難，即且從俗，亦無甚害。

大帶申束衣，革帶以佩玉佩及事佩之等。喪服無所佩，既有要絰，而絞帶復何用焉？絞帶正象革帶，但無佩耳，不必疑於用也。革帶是正帶以束衣者，不專爲佩而設。大帶乃申束之耳。申重也，故謂之紳。

主式、祠版。

伊川主式雖云殺諸侯之制，然今亦未見諸侯之制本是如何。若以爲疑，則只用牌子可也。安昌公荀氏，是晋荀勗，非孫氏也。但諸書所載厚薄之度有誤字耳。士大夫家而云幾郎、幾公，或是上世無官者也。

江都集禮晋安昌公荀氏祠制云，祭版皆正側長一尺二分〔一〕，博四寸五分，厚五分，八分大書云云。今按它所引或作厚五寸八分，通典、開元禮皆然。詳此「八分」字連下「大書」爲文，故徐潤云：「又按，不必八分，楷書亦可。」必是荀氏全書本有此文。其作五寸者，明是後人誤故也。若博四寸五分而厚五寸八分，則側面闊於正面矣，決無此理，當以集禮爲正。

孤哀子。

温公所稱，蓋因今俗以別父母，不欲混并之也。且從之亦無害。

并有父母之喪，葬先輕而後重。其奠也，先重而後輕；其虞也，先重而後輕。同葬同奠，亦何害焉？其所先後者，其意爲如何也？

此雖未詳其義，然其法具在，不可以己意輒增損也。

周制有大宗之禮，乃有立適之義，立適以爲後，故父爲長子，權其重者。若然，今大宗之禮廢，無立適之法，而子各得以爲後，則長子、少子當爲不異。庶子不得爲長子三年者，不必然也。父爲長子三年者，亦不可以適庶論也。

宗子雖未能立，然服制自當從古，是亦愛禮存羊之意，不可妄有改易也。如漢時宗子法已廢，然其詔令猶云賜民當爲父後者爵一級，是此禮意猶在也。豈可謂宗法廢而諸子皆得爲父後乎？

曾子問：「親迎女在塗，而婿之父母死，如之何？」孔子曰：「女改服，布深衣、縞總以趨喪。」恐亦有礙。開元禮除喪之後，束帶相見，不行初昏之禮，趨喪後事皆不言之，何也？

趨喪之後，男居外次，女居内次，自不相見。除喪而後，束帶相見，於是而始入御。開元之制，必有所據矣。

曾子問：「取女有吉日而女死，如之何？」孔子曰：「婿齊衰而吊，既葬而除之，夫死亦如之。」服用斬衰，恐今亦難行也。

未見難行處，但人自不肯行耳。

諒闇以他經考之，皆以諒闇爲信默，惟鄭氏獨以爲凶廬。天子居凶廬，豈合禮制？

所引翦屏、柱楣是兩事，「柱」音知主反，似是從手不從木也。蓋始者户北向，用草爲屏，不翦其餘。至是改而西向，乃翦其餘草。始者無柱與楣，檐著於地，至是乃施短柱及楣以柱其楣，架起其檐，令稍高，而下可作户也。來喻乃於柱楣之下便云既虞乃翦而除之，似謂翦其屏而并及柱楣，則誤矣。諒陰、梁闇，未詳古制定如何，不敢輒爲之説。但假使不如鄭氏説，亦未見天子不可居廬之法。來喻所云，不知何據，恐欠子細也。滕文公五月居廬，是諸侯居廬之驗，恐天子亦須如此。

既除服，而父之主永遷於影堂耶，將與母之主同在寢耶？

遷主無文，以理推之，自當先遷也。

儀禮「父在爲母」。

盧履冰儀是，但今條制如此，不敢違耳。

内則云，女子十有五而笄，二十而嫁，有故二十三年而嫁。言二十三年而嫁，不止一喪而已。故鄭并云父母喪也。若前遭父服未闋，那得爲母三年？則有故二十四而嫁，不止二十三也。

内則之説亦大概言之耳，少遲不過一年，二十四而嫁，亦未爲晚也。

離之謂以一物隔二棺之間於槨中也。魯則合并兩棺置槨中，無别物隔之。魯衛之祔，皆是二棺共爲一槨，特離合之有異。

二棺共槨〔二〕，蓋古者之槨乃合衆材爲之，故大小隨人所爲。今用全木，則無許大木可以爲槨，故合葬者只同穴而各用槨也。

明器。

禮既有之，自不可去。然亦更在斟酌，今人亦或全不用也。

招魂葬。

招魂葬非禮，先儒已論之矣。

伊川葬説，其穴之次，設如尊穴南向北首，陪葬前爲兩列，亦須北首，故葬圖穴一在子，穴二在丑，穴三在亥，自四至七皆隨其東西而北首。而丙、午、丁獨空焉，是則伊川之所謂北首者，乃南向也。又云昭者當南向，則穆者又不可得而然也。

此兩節不曉所問之意，恐是錯看了。請更詳之。昭南向，穆北向，是廟中祫祭之位，於此論之尤不相關。

實葬。

壙中實築甚善。

伊川先生葬法有謂其穴安夫婦之位，坐堂上則男東而女西，卧於室中則男外而女内，在穴則北方而北首，有左右之分而無内外之别。

按昏禮良席在東，北止〔三〕，此是卧席之位，無内外之别也。

其祖已葬，係南首，其後將族葬，則不可得而北首，則祖墓不可復遷而昭穆易位。

未見後葬不可北首之意，昭穆之説亦不可曉。

祔。

當如鄭説，伊川恐考之未詳也。但三年之後遷主于廟，須更有禮，頃嘗論之，今并録去。李繼善問：「納主之儀，禮經未見，書儀但言遷祠版於影堂，別無祭告之禮。周舜弼以爲昧然歸匣，恐未爲得。先生前書有云：『諸侯三年喪畢皆有祭，但其禮亡，而大夫以下又不可考。』然則今當何所據耶？」答云：「横渠説三年後祫祭於太廟，因其祭畢還主之時，遂奉祧主歸於夾室，遷主、新主皆歸於其廟，此似爲得禮。鄭氏周禮注大宗伯享先王處，似亦有此意，而舜弼所疑與熹所謂三年喪畢有祭者似亦暗與之合。但既祥而撤几筵，其主且當祔於祖父之廟，俟祫畢然後遷耳。比已與敬子、伯量詳言之，更細考之可見。」又答王晋輔云：「示喻卒哭之禮，近世以百日爲期，蓋自開元失之。今從周制，葬後三虞而後卒哭，得之矣。若祔，則孔子雖有善殷之語，然論語、中庸皆有從周之説，則無其位而不敢作禮樂，計亦未敢遽然舍周而從殷也。况祔于祖父，方是告祖父以將遷它廟，告新死者以將入此廟之意，已祭則主復于寢，非有二主之嫌也。主復于寢，見儀禮鄭氏注。至三年之喪畢，則有祫祭而遷祖父之主以入它廟，奉新死者之主以入祖廟，此見周禮鄭注及横渠先生説。則祔與遷自是兩事，亦不必如殷之練而祔矣。禮法重事，不容草草，卒哭而祔，不若且從温公之説，庶幾寡過耳。」

卒哭。

以百日爲卒哭，是開元禮之權制，非正禮也。

孟獻子禫，縣而不樂，比御而不入，孔子以獻子加於人一等矣。今之居喪者當以獻子爲法，不可定以二十七月爲拘。

獻子之哀未忘，故過於禮，而孔子善之。所論恐未然也。

影堂序位。

古者一世自爲一廟，有門，有堂，有寢，凡屋三重，而墻四周焉。自後漢以來，乃爲同堂異室之廟，一世一室，而以西爲上。如韓文中家廟碑有「祭初室」、「祭東室」之語。今國家亦只用此制，故士大夫家亦無一世一廟之法，而一世一室之制亦不能備。故温公諸家祭禮皆用以右爲尊之説。獨文潞公嘗立家廟，今温公集中有碑，載其制度頗詳，亦是一世一室而以右爲上，自可檢看。伊川之説亦誤，昭穆之説則又甚長。中庸或問中已詳言之，更當細考。大抵今士大夫家只當且以温公之法爲定也。

　庶人吉凶皆得以同行士禮，以禮窮，則同之可也，故不別制禮焉。不審若然否？

恐當如此。

　今有人焉，其父尊信浮屠，若子若孫皆不忍改，將何時而已？恐人子之遭此，勿用浮屠可也。至於家舍所敬形像，必須三年而後改，不知如何？

如此亦善。

校記　〔一〕分：正訛改作「寸」。

〔二〕二：原作「一」，據宋閩、浙本改。

〔三〕止：原作「上」，據右引改。

編年　據書信編年。

答郭子從 慶元四年以後

古人六禮，自請期以前皆用旦，親迎用昏。若妻家相去遠，只得先一日往，假館於近，次早迎歸。如何？

只得如此。

主人揖婿入，婿北面而拜，主人不答拜，何也？

乃爲奠雁而拜，主人自不應答拜。

鄉人多先廟見舅姑然後配，不知如何？

不是古人必三日廟見〔一〕，謂必宜其家中，夫婦已定意思，然後可以廟見。成禮之明日，便當見舅姑。畢，方往見於女氏之父母。婦至男家，未敢便廟見，故婿往女氏，亦未敢見其父母及其家廟親戚也。緊要只是温公與伊川禮。男至女家，温公本爲是。女至男家，伊川底爲是。古人親迎必乘馬。

校記 〔一〕日：記疑云疑當作「月」。

編年 據書信編年。

答葉仁父 慶元三年以後

他喻已悉。但平生所聞，人有此身，便有所以爲人之理，與生俱生，乃天之所付，而非人力所能爲也。所以凡爲人者，只合講明此理而謹守之，不可昏棄。若乃身外之事，榮悴休戚，即當一切聽天所爲而無容心焉。其自至者，亦擇其可而受之。其不至者，則無求之之理也。此是終身立腳地位，不可分寸移易。孔孟所説，極是分明。區區早從師友，即幸見得此理，故嘗以此自勉，亦不敢不以此待人。所以平生未嘗求知於人，亦不欲爲朋友求知。唯其一二或以貧老困厄不得其所，則嘗言之，然亦絕無而僅有也。如吾友者，於學尚可以勉，而亦未爲甚貧且老而困厄之久者，故前此累承喻及，皆非區區所欲聞。而以方有詭僞之禁，故不欲盡其言，亦意賢者當默曉也。而今所喻雖若小異於前，似終未悉鄙意，故不得已而索言之。幸試思之，中夜以興，痛自省察，或能奮然一躍，盡脱從前三四十年見聞染習之陋，不亦快哉！不亦快哉！

編年 據書信編年。

答葉仁父 慶元三年以後

示喻祭禮曲折，府中自有古今家祭禮印版，諸家之説皆備。如伊川主式，亦在其間，可令人置一本，試詳考之，即可見矣。但古尺當時所傳恐或未真，今別畫一樣去，可更參考。如不同，即當以此爲定也。廟中自高祖以下每世爲一室，而考妣各自爲主。同匣。兩娶三娶者，伊川則謂廟中只當以元妃配，而繼室者祭之他所，恐於人情不安。唐人自有此議，云當并配，其説見於會要，可考也。亦在印本古今祭禮中。出妻入廟，决然不可，無可疑者。爲子孫者，只合歲時就其家之廟拜之。若相去遠，則設位望拜可也。此無經見，但以意定如此，可更與知禮者議之。族祖及諸旁親皆不當祭，有不可忘者，亦放此例足矣。諸家之禮，唯韓魏公、司馬溫公之法適中易行，今皆見印本中。但品味之屬，隨家豐約，或不必如彼之盛。而韓氏齋享一條不可用耳。始祖、先祖之祭，伊川方有此説，固足以盡孝子慈孫之心。然嘗疑其禮近於禘祫，非臣民所得用，遂不敢行。德厚者流光，德薄者流卑，故古者大夫以下極於三廟，而於祫可以及其高祖。今用先儒之説，通祭高祖，已爲過矣。其上世久遠，自合遷毁，不當更祭也。

編年　據書信編年。

與王元石 慶元六年春

昨日所喻抄禮書，欲俟向後整頓有序，即發去莆中。但不知彼中分付何人點檢指授？幸留數字於此，詳道所以然者，容并寄去爲幸。或有餘力，得爲别抄一本見寄，尤幸也。

編年　據書信編年。

答孫敬甫 自修〔一〕 紹熙五年夏秋間

未及識面，猥辱惠書，知雅志之不凡，甚以爲慰。所喻何君近亦得書，尚恨未際。然不知其與賢者向來所講爲何事也。寧川師友盛言篤實者，復謂誰何？既曰篤實而自知其有談玄説妙之過，則又何故而反疑學之有捷徑，因以墮於輕易放曠之失耶？凡此曲折，皆所未曉。更俟詳以見告，然後可議也。子約之言，蓋爲近之。而主一無適者，亦必有所謂格物窮理者以先後之也。故程夫子之言曰：「涵養必以敬，而進學則在致知。」此兩言者，如車兩輪，如鳥兩翼，未有廢其一而可行可飛者也。世衰道微，異説蜂起，其間蓋有全出於異端而猶不失於爲己者，其他則皆飾私反理而不足謂之學矣。凡此皆因來喻而及之，而程子之兩言雖所未論，猶將力爲賢者陳之者也。敬之與否，只在當人一念操舍之間，而格物致知，莫先於讀書講學之爲事。至於讀書，又必循序致一，積累漸進而後可以有功也。反復來書，覺有俊氣，顧恐於此有不屑耳。誠能折節而屈首於斯焉，其必有以得之矣。近思録中横渠夫子所論讀書次第最爲精密，試一考之，當得其趣。使還布此，薄冗，不暇他及。

校記 〔一〕題注原缺，據宋浙本補。

編年 據書信編年。

答孫敬甫〔一〕 紹熙五年

便中再辱手示，欣審比日侍履佳慶。所諭爲學本末甚詳，乃悉。前書所謂世道衰微，異言蜂出，其甚乖剌者固已陷人於犯刑受辱之地，其近似而小差者，亦足使人支離繳繞而不得以聖賢爲歸。岐多路惑，甚可懼也。顧且虚心徐觀古訓，句解章析，使節節通透，段段爛熟，自然見得爲學次第，不須别立門庭，固守死法也。來人云往昭武，不復俟報章。今遇此便，途中草草奉報，未能究所欲言。正遠，惟以時自愛。

校記 〔一〕此書又見文集卷三十七答程可久六。

編年 據書信編年。

答孫敬甫慶元元年秋

熹歸來粗遣。但今夏一病，狼狽殊甚，辭職、請老皆未得如所欲，加以盲廢，不可觀書，頗以爲撓耳。示喻爲學之意，甚善甚善。但「敬」之一字乃學之綱領，須更於此加功〔一〕，使有所據依，以爲致知力行之地乃佳耳。大學向來改處無甚緊要，今謾往一本。近看覺得亦多未親切處，乃知義理亡窮，未易以淺見窺測也。天台朋友有趙師邦主簿者尤佳，宣城亦有可與共學者否耶？

校記 〔一〕功：原作「遇」，據宋浙本、明天順本改。

編年 據書信編年。

答孫敬甫慶元二年春

熹衰病，年例春夏須一發，今年發遲者，此衰年老態，欲死之漸，亦不足怪也。祠官雖幸得請，然時論洶洶，未有寧息之期，賤迹蓋未可保。然姑使無愧於吾心則可已，它非智慮所能避就也。

所喻因胸次隱微之病而知心之不可不存，此意甚善。要之持敬、致知實交相發而敬常爲主，所居既廣，則所向坦然，無非大路。聖賢事業雖未易以一言盡，然其大概似恐不出此也。年來多病杜門，閑中見得此意頗端的，故樂以告朋友也。

所論至善之意甚善，其終烈文一章尤有力。如陸氏之學，則在近年一種浮淺頗僻議論中固自卓然，非其儔匹，其徒傳習，亦有能修其身、能治其家以施之政事之間者。但其宗旨本自禪學中來，不可掩諱。當時若只如晁文元、陳忠肅諸人，分明招認著實受用，亦自有得力處。不必如此隱諱遮藏，改名換姓，欲以欺人而人不可欺，徒以自欺而自陷於不誠之域也。然在吾輩，須但知其如此而勿爲所惑。若於吾學果有所見，則彼之言釘釘膠粘，一切假合處，自然解拆破散，收拾不來矣。切勿與辨，以起其紛拏不遜之端，而反爲卞莊子所乘也。少時喜讀禪學文字，見杲老與張侍郎書云：「左右既得此欛柄入手，便可改頭換面，却用儒家言語説向士大夫，接引後來學者。」其大意如此，今不盡記其語矣。後見張公經解文字一用此策，但其遮藏不密索，漏露處多，故讀之者一見便知其所自來，難以純自託於儒者。若近年，則其爲術益精，爲説浸巧，抛閃出没，頃刻萬變，而幾不可辨矣。然自明者觀之，亦見其徒爾自勞而卒不足以欺人也。但杲老之書，近見藏中印本却無此語，疑是其徒已知此陋而陰削去之。然人家必有舊本可考，偶未暇尋訪也。近得江西一後生書，有兩語云：「瞋目扼腕而指本心，奮髯切齒而談端緒。」此亦甚中其鄉學之病。然亦已戒之，姑務自明，毋輕議彼矣。信筆不覺縷縷，切勿輕以示人，又如馬伏波之譏杜季良也。

所論太極之説亦爲得之，然此意直是要得日用之間厚自完養，方有實受用處。不然，則只是空言，而反爲彼瞋目切齒者所笑矣。切宜深戒，不可忽也。南康語、孟是後來所定本，然比讀之，尚有合改定處，未及下手。義理無窮，玩之愈久，愈覺有説不到處。然又只是目前事，人自當面蹉過也。大學亦有删定數處，未暇録去。今只校得詩傳一本，并新刻中庸一本，與印到程書祭禮并往。所寄楮券適足無餘，詩及中庸乃買見成者，故紙不佳，然亦不閡翻閲也。毁板事近復差緩，未知何謂。然進卷之毁，不可謂無功。但已入人心深，所毁者抑其外耳。

所詢蔭補事實難處，然官年、實年之説，朝廷亦明知之，故近年有引實年乞休致者，而朝廷以官年未滿却之，不知亦可前期審之於省曹否耶。

編年　據書信編年。

答孫敬甫慶元二年

所示大學數條，皆極精切。由是充之，使存養講學之功各盡其極，更在勉之而已。然大學所言格物致知，只是説得個題目。若欲從事於其實，須更博考經史，參稽事變，使吾胸中廓然，無毫髮之疑，方到知止有定地位。不然，只是想象個無所不通底意象，其實未必通也。近日因修禮書，見得此意頗分明。又見得前賢讀書窮理非不精詣，而於平常文義却有强費力處。此猶是心有未虚，氣有未平，而欲速之意勝也，可不戒哉！可不戒哉！如來喻作新民一條，亦頗覺有傷巧處，恐作傳者初無此意。大抵此傳皆是信手拈來，自然貫穿，親切諦當，無許多安排也。所擬格物一條，亦似傷冗。頃時蓋嘗欲效此體以補其闕而不能就，故只用己意爲之。蓋無驅市人以戰之才，只得用趙人也。所論聽訟之説則甚善，向亦嘗有此意而未及言，蓋每不能無愧於此。如所云南康田訟之類是已。然此事今亦不記，不知當時曲折如何，恐或別有説也。易傳初以未成書，故不敢出。近覺衰耄，不能復有所進，頗欲傳之於人。而私居無人寫得，只有一本，不敢遠寄。俟旦夕抄得，却附便奉寄。但近緣僞學禁嚴，不敢從人借書吏，故頗費力耳。

編年　據書信編年。

答孫敬甫 慶元四年以後

所論才説存養，即是動了，此恐未然。人之一心本自光明，不是死物，所謂存養，非有安排造作，只是不動著他，即此知覺炯然不昧。但無喜怒哀樂之偏，思慮云爲之擾耳。當此之時，何嘗不静？不可必待冥然都無知覺，然後謂之静也。去年嘗與子約論之，渠信未及。方此辨論，而忽已爲古人，深可嘆恨。今録其語，謾往一觀，深體味之，便自可見也。

又論誠意一節，極爲精密。但如所論，則是不自欺後方能自慊，恐非文意。蓋自欺、自慊兩事正相抵背，纔不自欺，即其好惡真如好好色、惡惡臭，只爲求以自快自足，如寒而思衣以自温，飢而思食以自飽，非有牽强苟且，姑以爲人之意。纔不如此，即其好惡皆是爲人而然，非有自求快足之意也。故其文曰：「所謂誠其意者，毋自欺也。」而繼之曰：「如惡惡臭，如好好色。」即是正言不自欺之實。而其下句乃云：「此之謂自慊。」即是言如惡惡臭、好好色，便是自慊，非謂必如此而後能自慊也。所論謹獨一節，亦似太説開了。須知即此念慮之間，便當審其自欺自慊之向背，以存誠而去僞，不必待其作奸行詐、干名蹈利然後謂之自欺也。「小人閑居」以下，則是極言其弊必至於此，以爲痛切之戒，非謂到此方是差了路頭處也。其餘文義，則如所説，推究發明皆已詳密。但以上兩節，當更深考之，則首尾該貫，無遺恨矣。然此工夫亦須是物格知至，然後於此有實下手處，不可只以思索議論爲功而已也。此段章句、或問近皆略有修改，見此刊正舊版，俟可印即寄去。但難得便，或只寄輔漢卿，令其轉達也。

正命之説，乃是平日修身謹行經常之法。若到殺身成仁、捨生取義處，豈可以其不得正命而避之乎？至於近世前輩有大名節者，其處心行事之得失，雖非後進所敢輕議，然其與聖賢做處有不同者，亦須識得，不可依違苟且，回互而曲從也。又如所論銷破供帳之類，果是好士大夫，决不如此，亦不待問而明。但恐亦有疏略，不以爲事而失照管者，則不可知。今亦不當便以此責人，但自家所處不當如此耳。

父妾之有子者，禮經謂之庶母，死則爲之服緦麻三月。此其名分固有所係，初不當論其年齒之長少。然其爲禮之隆殺，則又當聽從尊長之命，非子弟所得而專也。陰陽家説，前輩所言固爲正論。然恐幽明之故有所未盡，故不敢從。然今亦不須深考其書，但道路所經，耳目所接，有數里無人煙處，有欲住者亦住不得。其成聚落、有宅舍處，便須山水環合，略成氣象。然則欲掩藏其父祖，安處其子孫者，亦豈可都不揀擇，以爲久遠安寧之慮，而率意爲之乎。但不當極意過求，必爲富貴利達之計耳。此等事自有酌中恰好處，便是正理。世俗固爲不及，而必爲高論者似亦過之也。朋友之喪，古經但云朋友麻，則如吊服而加麻絰耳。然不言日數。至於祭奠，則温公説聞親戚之喪者，當但爲位哭之，不當設祭，以其神靈不在此也。此其大概如此，亦當以其厚薄長少而爲之節，難以一定論也。小詞前輩亦有爲之者，顧其詞義如何。若出於正，似無甚害，然能不作更好也。

編年 據書信編年。

答孫仁甫 自任 慶元元年

未見顔色，辱書甚寵。豈以賢兄嘗有講論之舊而有取於其言耶？甚愧且感，不勝言也。所論今世講學之士愈衆而聖人之道愈隳，此切至之論也。然又有謂不必王道之行而天下之治可立而待者，則恐賢者所講之學非聖人之學，亦無怪其講者愈衆而道愈隳也。大抵天之生物，便有常性，方寸之間，萬善皆足。聖人於此，不過教人保養發揮，先成諸己而後及於物耳。故聖人已遠，而萬世之下祖述其言，能出於此者，乃爲得其正統。其過之者，則爲墮於老佛之空虛；其不及乎此者，則爲管晏，爲申商；又其每下者，則不自知其淪於盜賊之行，而猶欲自託於講學，其亦誤矣。道之隳也，不亦宜乎！賢兄近書所論，似有端緒。想暇日相與評之，固宜漸有定論，毋爲久此倀倀也。便還，病倦草草。

編年 據書信編年。

答孫仁甫 慶元元年

奉告，反復其詞，又知賢者英邁之氣有以過人，而慮其不屑於下學，且將無以爲入德之階也。夫人無英氣，固安於卑陋而不足以語上；其或有之而無以制之，則又反爲所使而不肯遜志於學，此學者之通患也。所以古人設教，自洒掃應對進退之節，禮、樂、射、御、書、數之文，必皆使之抑心下首以從事於其間而不敢忽，然後可以消磨其飛揚倔强之氣而爲入德之階。今既皆無此矣，則唯有讀書一事尚可以爲攝伏身心之助。然不循序而致謹焉，則亦未有益也。故今爲賢者計，且當就日用間致其下學之功，讀書窮理，則細立課程，奈煩著實而勿求速解；操存持守，則隨時隨處省覺收斂，而毋計近功。如此積累，做得三五年工夫，庶幾心意漸馴，根本粗立而有可據之地。不然，終恐徒爲此氣所使而不得有所就也。只如所問舜及東漢二事，想亦出於一時信筆之所及，非思之不得，積其憤悱而後發也。所與子約書，曾得其報否？不知其説云何，後便略報及也。

編年 據書信編年。

答余正甫 紹熙五年以前

辱書，相與之義甚厚，而陳義又甚高，三復感嘆，不知所言。然嘗竊謂天下之理萬殊，然其歸則一而已矣，不容有二三也。知所謂一，則言行之間雖有不同，不害其爲一；不知其一而强同之，猶不免於二三。況遂以二三者爲理之固然而不必同，則其爲千里之謬，將不俟舉足而已迷錯於庭户間矣。故明道先生有言，經解有不同處不妨，但緊要處不可不同耳，此言有味也。所示中庸、大學諸論，固足以見用力之勤者。然足下不以僕爲愚，方且千里移書以開講學之端，而先有以脅之曰：「是不可同，同即且爲荆舒以禍天下。」則僕尚何言哉。姑誦其所聞如前者，足下儻有意而往復焉，則猶將繼此以進也。

編年 據書信編年。

答余正甫 慶元元年

受吊。

去歲北使吊祭，君臣皆衰服受之殯宮。但辭日適當南内問安之日，遂即其處吉服受之，不知何故如此。又聞頃時高宗之喪，王丞相必欲歸南内見使人，會有力争之者，遂不果。未聞正衙受吊之説，不知何從得之也。

短喪。

漢文葬後三易服，三十六日而除，固差賢於後世之自始遭喪便計二十七日而除者。然大者不正，其爲得失，不過百步、五十步之間耳。此亦不足論也。如楊敬仲之説，未嘗見其文字，但見章疏，以此詆之，私竊以爲敬仲之説固未得爲合禮，然其賢於今世之以朱紫臨君喪者遠矣。向見孝宗爲高宗服，既葬，猶以白布衣冠視朝，此爲甚盛之德，破去千載之謬。前世但爲人君，自不爲服，故不能復行古禮。當時既是有此機會，而儒臣禮官不能有所建明，以爲一代之制，遂使君服於上而臣除於下，因陋踵訛，至於去歲，則大行在殯而孝宗所服之服亦不復講，深可痛恨。故熹嘗有文字論之，已蒙降付禮官討論。然熹既去國，遂不聞有所施行，不知後來竟如何也。今詳來喻，欲以襴幞居喪而易皂衫爲禫，固足以爲復古之漸。然襴幞本非喪服，而羔裘玄冠又夫子所不以吊者，是皆非臣子所以致哀於君父之服也。竊謂當如孝宗所制之禮，君臣同服而略爲區别，以辨上下。十三月而服練以祥，二十五月而服襴幞以禫，二十七月而服朝服以除。朝廷州縣皆用此制，燕居許服白絹巾、白涼衫、白帶，選人、小使臣既祔除衰而皂巾、白涼衫、青帶以終喪，庶人、吏卒不服紅紫三年。如此綿蕝，似亦允當。不知如何？初喪便當制古喪服以臨，别制布幞頭、布公服、布革帶以朝，乃爲合禮。

姨舅。

姨、舅親同而服異，殊不可曉。禮傳但言從母「以名加也」，然則舅亦有父之名，胡爲而獨輕也？來喻以爲從母乃母之姑姊妹而爲媵者，恐亦未然。蓋媵而有子，自得庶母之服。況媵之數亦有等差，不應一女適人而一家之姑姊妹皆從之。且禮又有「從母之夫」之文，是則從母固有嫁於他人而不從母來媵者矣。若但從者當服小功，則不知不從者又當服何服也。凡此皆不可曉，難以强通。若曰姑守先王之制而不敢改易，固爲審重。然後王有作，因時制宜，變而通之，恐亦未爲過也。

嫂叔。

若如來喻，則嫂叔之服有二，吊服加麻一也，兄弟妻降一等二也。不知二者將孰從乎？又所謂兄弟同居者乃爲小功以下，即不知此降一等者之夫又是何兄弟也。凡此於禮文皆有未明，不知何者爲是。幸更熟考，詳以見喻也。

魏玄成加服。

觀當時所加曾祖之服，仍爲齊衰而加至五月，非降爲小功也。今五服格仍遵用之，雖於古爲有加，然恐亦未爲不可也。徵奏云，衆子婦舊服小功，今請與兄弟之子婦同服大功。其加衆子婦之小功與兄弟之子婦同爲大功，按儀禮自無兄弟子婦之文，不知何據，乃爲大功而重於庶婦。竊謂徵意必以衆子與兄弟之子皆期，而其婦之親疏倒置如此，使同爲一等之服耳，亦未見其倒置人倫之罪也。嫂叔之服，先儒固謂雖制服亦可，然則徵議未爲大失。但以理論，外祖父母止服小功，則姨與舅自合同爲緦麻。徵反加舅之服以同於姨，則爲失耳。抑此增損服制，若果非是，亦自只合坐以輕變禮經之罪，恐與失節事讎自不相須也。蓋人之資禀見識不同，或明於此而暗於彼，或得於彼而失於此，當取節焉，不可株連蔓引而累罪并贓也。

大夫之妾。

此段自鄭注時，已疑傳文之誤。今考女子子適人者爲父及兄弟之爲父後者，已見於齊衰期章，爲衆兄弟又見於此大功章。唯伯叔父母、姑姊妹之服無文，而獨見於此，則當從鄭注之説無疑矣。

爲夫之姊妹長殤。

兄弟姊妹不可偏舉，恐是如此。

神坐上右。

漢儀后主在帝之右，不知見於何處。若只是後漢志注中所引漢舊儀，則與史之正文不同，恐不足爲據。史記禘祫處皆云太祖東向，昭南向，穆北向，而舊儀獨云高皇帝南向，高后右坐，昭西向，穆東向，恐是妄説。若別有據，則又未可知也。但禮云席南鄉、北向以西方爲上，東向、西向以南方爲上，則是東向、南鄉之席皆上右，西向、北向之席皆上左也。今祭禮考妣同席南向，則考西妣東，自合禮意。開元釋奠禮先聖東向，先師南向，亦以右爲尊，與其所定府君、夫人配位又不相似，不知何也。大率古者以右爲尊，如周禮云「享右祭祀」，詩云「既右烈考，亦右文母」，漢人亦言無能出其右者，是皆以右爲尊也。又若今祭禮，一堂之上祖西考東，而一席之上考東妣西，則舅婦常聯坐矣，此似未便也。

南首。

按士喪禮飯章鄭注云：「尸南首。」至遷柩於祖，乃注云：「此時柩北首。」及祖又注云：「還柩鄉外。」則是古人尸柩皆南首，唯朝祖之時爲北首耳〔一〕，非温公創爲此説也。若君臨之，則升自阼階，西鄉，撫尸當心。是尸之南首，亦不爲君南面吊而設也。又史記背殯棺之説，按索隱謂主人不在殯東，將背其殯棺，立西階上，北面哭，是背也。天子乃於階上南面而吊也。正義又云：「殯宫在西階也。天子吊，主人背殯棺於西階南立，北面哭；天子於阼階北立，南面吊也。」按此二説，則是謂北面者〔二〕，子北面耳，非尸北面也。

孟子。

此間所有大官本孟子皆作「比」字，注中亦作「比方」，殊不可曉，然孟子古注亦有與正文相背者，如「士憎兹多口」，正文「增」字從「心」，而注訓「增」爲「益」，則是謂當從土矣。至其下文引詩，皆有「愠」字，又似解「增」字爲憎惡之意，是注亦不足爲憑也。但此「比」字，正文與注皆同而無文理，恐是一處先誤而後人并改以從之耳。今不可考，但尋其義理，當作「此」字無疑也。

迸四惡。

「迸」、「屏」通用，來喻得之。舊亦嘗見此碑，但不知如此推説耳。

記。

今所定例，傳記之附經者低一字〔三〕，它書低二字，禮記則以篇名別之。記之可附經者，則附於經，不可附者，則自仍舊，以補經文之缺。亦有已附於經而又不欲移動舊文者，則兩見之。不知此例如何？

校記 〔一〕之時：宋浙本作「於口」。

〔二〕謂：原作「設」，據正訛改。

〔三〕經：原作「注」，據宋閩、浙本改。

編年 據書信編年。

答余正甫 慶元元年

某昨謂禮經闕略，不無待於後人，不可謂古經定制，一字不可增損。來喻以爲若遽增損，恐啓輕廢禮經之弊。

熹昨來之意但謂今所編禮書内有古經闕略處，須以注疏補之，不可專任古經而直廢傳注耳。如「子爲父」下，便合附以嫡孫爲祖後，及諸侯父有廢疾之類。其有未安，則亦且當論其所疑，別爲一書，以俟制作之君子，非謂今日便欲筆削其書也。如姨舅、嫡婦庶婦、兄弟子之婦之服之類，古經固未安，魏公之論亦有得失。然遂以爲慮啓廢經之弊而不敢措一詞於其間，則亦非通論矣。

居喪朝服。

麻冕乃是祭服，顧命用之者，以其立後繼統，事干宗廟故也。受册用之者，以其在廟而凶服不可入故也。舊説以廟門爲殯宮之門，不知是否。若朝服，則古者人君亮陰三年，自無變服視朝之禮。第不知百官總己以聽冢宰，冢宰、百官各以何服治事耳，想不至便用玄冠黑帶也。後世既無亮陰總己之事，人主不免視朝聽政〔一〕，則豈可不酌其輕重而爲之權制乎。又況古者天子皮弁素積，以日視朝，衣冠皆白，不以爲嫌，則今在喪而白布衣冠以臨朝，恐未爲不可。但入太廟，則須吉服而小變耳。

喪服，外親母黨、妻黨之親者，只有一重，不見有旁推者。

熹昨以前者所喻以從母爲姨母之爲侄娣而隨母來嫁者，故引禮有「從母之夫」之文，是則從母固有嫁於他人而不從母來媵者矣。若但從者當服小功，則不知不從者又當服何服也。蓋以疑前喻之不然，非謂從母之夫當有服也。今來喻乃如此，益非所疑之意矣。幸更詳之。

昨來所喻云，魏玄成以兄弟子之婦同於衆子婦未爲倒置人倫者〔二〕。今又見喻云，禮經大抵嚴嫡，故重；衆子婦不得伉嫡，故殺之。世父母、叔父母與兄弟之子服均於期，則爲旁尊而報服，是不當混於衆子子婦也。

禮經嚴嫡，故儀禮嫡婦大功，庶婦小功，此固無可疑者。但兄弟子之婦則正經無文，而舊制爲之大功，乃更重於衆子之婦。雖以報服使然，然於親疏輕重之間，亦可謂不倫矣。故魏公因太宗之問而正之。然不敢易其報服大功之重，而但升嫡婦爲期，乃正得嚴嫡之義。升庶婦爲大功，亦未害於降殺之差也。前此來喻乃深譏其以兄弟子婦而同於衆子婦爲倒置人倫，而不察其實乃以衆子婦而同於兄弟子之婦也。熹前所考固有未詳，所疑固有未盡，而今承來喻又如此，亦非熹所以致疑之意也。幸更詳之。

作傳者曰子夏，雖未知其真，然以今日視之，相去二千載，孰愈傳者之去周只六七百年耳？

熹之初意，但恐鄭説爲是耳，非欲直廢傳文也。然便謂去古近者必是而遠者必非，則恐亦不得爲通論矣。

神座尚右。

古人設席，夫婦同几，恐不當引後漢各爲帳坐之禮爲證。況其所注自與正史本文不同耶。又如下條席南向、北向以西方爲上，東向、西向以南方爲上，鄭氏既以上爲席端，則考坐在席端，妣坐在席末，於禮爲順。今室中東向之位配位在正位之北，亦自有明文也。

南首。

必謂尸當北首，亦無正經可考。只喪大記大斂陳衣，君北領，大夫士西領，儀禮士南領。以此推之，恐國君以上當北首耳。然不敢必以爲然，若無他證，論而闕之可也。

校記 〔一〕聽：原作「聰」，據宋閩、浙本改。

〔二〕未：原缺，據正訛補。

編年　據書信編年。

答余正甫 慶元三年春

亡狀黜削，乃分之宜。唯是重貽朋友羞辱，殊不自安耳。禮書後來區別章句，附以傳記，頗有條理。王朝數篇，亦頗該備。只喪祭兩門，已令黄婿携去，依例編纂。次第非久寄來，首尾便略具矣。但其間微細尚有漏落，傳寫訛舛，未能盡正，更須費少功夫。而附入疏義一事，用力尤多。亦一面料理，分付浙中朋友分手爲之。度須年歲間方得斷手也。不知老兄所續修者又作如何規模？異時得寄示，參合考校，早成定本爲佳。若彼此用功已多，不可偏廢，即各爲一書，相輔而行，亦不相妨也。

編年　據書信編年。

答余正甫 慶元三年

示喻編禮并示其目，三復嘆仰不能已。前此思慮安排百端，終覺未穩。今如所定，更無可疑。雖有少倒置處，（如弟子職、曲禮、少儀不居書首之類。）然亦其勢如此，無可奈何也。喪祭二禮，別作兩門，居邦國、王朝之後，亦甚穩當。前此疑於家邦更無安頓處也。其間只有一二小小疑處。（恐所取太雜，其間雜有僞書，如孔叢子之類。又如國語、家語，雖非僞書，然其詞繁冗，恐反爲正書之累。又如不附周禮，如授田、地政等目，若不取周禮而雜取何休等説，恐無綱領。是乃名尊周禮而實貶之。設使便做朝事篇，亦恐在後而非其序。此爲大矛盾處，更告詳之。又如不附注疏異義，如嫡孫爲祖之類，云欲以俟學者以三隅反，如此則何用更編此書？任其縱觀而自得可也。此亦一大節目，當試思之。其他些小，俟草沓成，徐議未晚。此二大節，却須先定，將來剪貼費力，又是一番功夫也。

所喻買書以備剪貼，恐亦不濟事。蓋嘗試爲之，大小高下既不齊等，不免又寫一番。不如只就正本籤記起止，直授筆吏寫成之爲快也。又修書之式，只可作草卷，疏行大字，欲可添注。每段空紙一行，以備剪貼。只似公案摺疊成沓，逐卷各以紙索穿其腰背，史院修書例如此，取其便於改易也。此其大略也。始者唯患未有人可分付，如來書所喻二人者，其一初不相熟，其一恐亦未免顧慮道學之累。近忽得劉貴溪書，欣然肯爲承當，此是大奇特事。豈非天相此書之窮而欲大振發之乎！今以此書託渠奉寄，然渠亦只歲杪當代，從人不可不早過彼也。

此間有詹元善大卿，舊爲周禮學，今亦甚留意。見禮目之書，甚嘆伏，極欲一見。而私居無力，不能致，甚以爲恨也。但渠亦好國語等書，熹竊以爲唯周禮爲周道盛時聖賢制作之書，若此類者，皆衰周末流文字，正子貢所謂不賢者識其小者。其間又自雜有一時僭竊之禮，益以秉筆者脂粉塗澤之謬詞，是所以使周道日以下衰，不能振起之所由也。至如小戴祭法首尾皆出魯語，以爲禘郊祖宗皆以其有功於民而祀之，展轉支蔓，殊無義理。凡此之類，棄之若可惜，而存之又不足爲訓，故小戴殊别其文，不使相近。讀者猶不甚覺，豈亦有所病於其言歟？又如祭法所記廟制，與王制亦小不同，不知以何爲正。此類非一，更望精擇而審處之。蓋此雖止是纂述，未敢决然去取，然其間輕重予奪之微意，亦不可全鹵莽也。竊意一種繁冗破碎，如國語等及賈子篇之類。假託不真，如孔叢之類。今都且寫入類，將來却別作一外書以收之，庶幾稍有甄别，不至混亂。或今寫净本時，此等可疑者便與別編，却依正篇次序排次，使足相照，亦自省力，更在雅意裁决也。

大學、中庸等篇不必寫注疏，其他有度數者不可無也。此間今夏整頓得數篇，今雖多不入類，然曲禮、玉藻、保傅等學禮一條最有功，所釐析亦頗詳細。又小正、月令校得頗詳，小正恐須如此寫，方見經傳分明，不可以其非古而合之也。教法及他篇，恐亦或有可取者，今并附往。凡未粘背者皆是。此法最不善，故前有摺疊作沓之説。又吕芸閣書及潘恭叔、趙致道所編，今亦并往，恐亦可備采擇。吕書甚精，潘、趙互有得失。又儀禮之記零卷恐可暫時粘綴，今亦附去。别各有目。零卷已無用，餘者用畢可附來也。其他所須文字，建翁必能爲轉借。如有闕者，却告示喻，當悉力爲辦去。若前書所要剪貼諸書，必欲得之，亦可致也。

編年 據書信編年。書札彙編繫於二年秋初。

答吴元士 慶元四年

來教云，凡樂，黄鍾爲宫，太蔟爲商，姑洗爲角，林鍾爲祉，南吕爲羽。此五者，聲律之元也。今之五聲，獨角聲不得其正。以六十律齊之，乃姑洗部依行之聲耳。姑洗部有五律，四律合姑洗，下生蕤賓部律，獨依行一律合中吕，上生黄鍾部律。然則今之角聲雖曰依行，實爲中吕。中吕而下，正合還宫之次，是以名爲中吕宫。而古名清角者，以依行本屬姑洗而清於姑洗，故謂之清角。内「蕤賓」二字當作「應鍾」，恐是筆誤。然兩本皆同，更望詳之。又曰，姑洗一聲十徽，律在徽前，應在律後者，中吕聲高，不能生黄鍾部第一律。生黄鍾部第一律者，姑洗部之依行也。依行爲宫，生黄鍾部包育，爲祉。包育生林鍾部謙待，爲商。謙待生太蔟部未知，爲羽。未知生南吕部南吕，爲角。然則當十徽者，正依行宫也。十徽以依行爲應，故姑洗律在徽前，序或然也。

今詳此論，角聲不得其正，發明精到，前此所疑，皆釋然矣。但依行之説，則凡十二律皆自黄鍾三分損益，上下相生，以極乎中吕。而以琴考之，自龍齦以下至七徽之東，凡十二律之位，其遠近疏密，往來相生，亦與律寸符合。京房雖增爲六十律，然亦十二正律相生已遍，然後乃生執始，係第十三律。以至依行，係第五十三律。遂生包育，以極乎南事而終焉，其序正與禮運正義六十調同。但自黄鍾右旋，歷應、無、南、夷、林、蕤、中、姑、夾、太、大，以爲諸宫之次。方其未遍十二律以及中宫之時，正律不生子律，而琴自南吕上生姑洗，亦未見其有不合而須變以爲子律也。今曰琴之角聲乃姑洗部之依行，則未知其何自而來，忽破此例。且將來下生之時，不知其將復爲應鍾耶，抑遂爲包育也？復爲應鍾，則數不合；便爲包育，則從此抹過，姑洗以下八正律，依行以前四十子律，皆成無用矣。若曰用正律時自未應遽用子律，自無射爲宫之後，方用執始以下子律，則中吕爲宫，又自用内負子律而生黄之分動以下四律，初不用依行也。至於太蔟之形晉爲宮，乃夷汗爲祉，依行爲商，包育爲羽，謙待爲角，則是依行未嘗爲中吕之宮。且其短長雖若鄰於中吕，而其分部實居姑洗，亦不得而應於十徽也。凡此反復求之，竟未之得，偶別思得一說，具於後段中宮調說中，更望垂教。

來教云，古黄鍾，今慢角調，三正角。姑洗中聲。古清角，今正宮，亦名中吕宮，三清角。中吕中聲。又曰，若下其角聲於大弦十一徽而取其應，則可以復古之正調矣。

今詳此說，慢角三爲姑洗者，從大弦十一徽調之而應，其弦緩也。清角三爲中吕者，從大弦十徽調之而應，其弦急也。以此推之，則王侍郎所說直以第一弦爲中吕者，清角法也。不知其說是如此否？其間尚有未曉者，別見後段。

古黄鍾宮調。亦曰慢角。

今詳來教，既曰古黄鍾宮調，則此一均正是黄鍾爲宮正聲之調，而琴中聲氣之元也。又曰今謂之慢角調，則是今世猶有此調也。然不知今之琴曲，何者爲此調？何以世俗都不行用，而唯以中吕爲宮也？且既知其誤，則改而正之，似無難者。今長者雖知其然，而猶未免有傳習之久，莫之能改之嘆，則又似有未易改者，此又何也？又此但以見行中吕宮調緩其一弦以爲正角，則其餘弦之相應者，恐亦須有差舛，不知合與不合并行改易？若不改易，而但抑按以求其合，既謂之黄鍾正宮，又似不當如此。此皆未曉，更望指喻。

中吕宮調。亦曰正宮，亦曰清角。

今詳來教，此但以古黄鍾正調緊第三弦之散聲而因以爲宫耳。雖不得姑洗正角之位，然角聲所占地位甚廣，自十一徽之西以盡乎九徽之東，皆角聲之位也。今既不循常而欲緊其聲，則於其中雖移一律，初亦不出本聲之位，不必更以京房子律推之，强改姑洗之依行，使屬中吕，然後爲得也。但既以第三弦爲宫，則其下即便可就按第六弦黄清以爲祉，四弦林鍾爲商，七弦太清爲羽，五弦南吕爲角。皆應於十徽，其散聲則自爲祉、羽、宫、商如故。其上兩弦則聲濁而勝於本宫，故不入調而以爲應。宫應祉，商應羽，散聲自爲宫商。來教謂以旋宫命之，故曰中吕之宫者，正謂此也。然詳此調以中吕爲角，則已不得角聲之正；以角聲爲宫，則又不得宫聲之正。又就少宫、少商以爲祉、羽，而反以正宫、正商爲祉、羽之應，則其遷就雖巧，而顛倒失正亦甚矣。以此竊意或非古樂旋宫正法，但不知其自何時而變耳。然當時若且私行此調而不廢本曲，則人猶得以識其是非。今乃反以所變爲正宫，而本曲遂不可見，則今之所謂琴者，非復古樂之全明矣。故東坡以爲古之鄭衛，豈亦有見於此耶。

旋宫諸調之法。

以上黄鍾、中吕首尾二宫，其法略可見矣。但其中吕一宫，未有以見其爲古樂旋宫之正法耳。若是正法，則其餘十律亦當各自爲宫。若非正法，則其本調亦當并考，然後其法乃備。故古說有隨月用律之法，而來教亦謂不必轉軫促弦，但依旋宫之法而抑按之，正謂此也。然亦難只如此泛論，須逐宫指定各以何聲取何弦爲唱，各以何弦取何律爲均，乃見詳實。又以禮運正義之説推之，則每律既已各爲一宮，每宮亦合各有五調，而其逐調用律取聲亦各有法，此爲琴之綱領。而前此説者皆未嘗有明文，誠闕典也。欲望暇日定爲一圖，以宮統調，以調統聲，令其賓主次第各有條理，則覽者曉然，可爲萬世之法矣。若作此圖，先須作二圖，各具琴之形體、徽弦尺寸、散聲之位，然後以一圖附按聲聲律之位，以一圖附泛聲聲律之位，列於宮調圖前〔一〕，所附三聲皆以朱字別之，刻版則爲白字。

十徽、十一徽。

舊疑七弦隔一調之，六弦皆應於第十徽，而第三弦獨於十一徽調之乃應，故角聲兼應兩律，而其餘四聲皆止應一律。前此故嘗請問，而角聲兼應兩律之辨，則固已蒙指示矣。然依行之説，愚意終有所未曉也，已於前章再論之矣。至於七弦隔一之應不同在於一徽，則又嘗思之，七弦散聲爲五聲之正，而大弦十二律之位，又衆弦散聲之所取正也，故逐弦之五聲皆自東而西，相爲次第。其六弦會於十徽，則一與三者角，與散角應也。二與四者祉，與散祉應也。四與六者宮，與散少宮應也。五與七者商，與散少商應也。其第三第五弦會於十一徽，則羽，與散羽應也。義各有當，初不相須，故不得同會於一徽，無他説也。

校記 〔一〕列：原作「則」，據宋浙本改。

編年 據書信編年。

答周深父 慶元六年

所示疑義已悉。第一條語意尤駁雜，未易遽言。第二説「克己」字頃嘗見人説此〔二〕，略似來喻而更精密。初看似好，然細考本文，恐不若只作「勝己之私」之安穩也。第三條孟子説得已自詳悉，正切中今日向外走作之病。且只平看，自有警發人處，意味深長。似此推説，却覺支蔓，不親切也。大抵人要讀書，須是先收拾身心，令稍安静，然後開卷，方有所益。若只如此馳鶩紛擾，則方寸之間自與道理全不相近，如何看得文字？今亦不必多言，但且閉門端坐半月十日，却來觀書，自當信此言之不妄也。

校記　〔一〕二説：宋浙本作「二條」。

編年　據書信編年。

朱熹文集編年評注卷六十四

書 知舊門人問答

答鞏仲至 慶元四年冬

聞名願見，爲日久矣。兹辱枉顧，乃遂夙心，慰幸可量！别後又承惠問，并示武夷佳句，獲聞于役之暇，不廢山水之娛，賦詠從容，曲盡佳致，尤以爲喜。比想已還官次久矣。霜寒之後，繼以暄暖，諒惟幕府有相，起處多福。熹衰病益甚，最苦拘攣，不能信詘，起居動作皆有所妨。樞帥經由，以此不得敂謁〔一〕。然聞其寬和盡下，想於賢佐必知所敬禮也。昌父入城未歸，計必還此度歲矣。偶便寓此，病軀憚於憑几，口占不謹，幸深原照。

校記 〔一〕敂：原作「敬」，據宋閩、浙本改。

編年 據書信編年。

答鞏仲至 慶元五年春

掌丞轉致近問，獲聞比日春序浸暄，幕府優游，起處佳福，足以爲慰。熹衰病拘攣，日甚一日。死生長短本所不計，但未死之前，轉動不得，亦令人無況耳。告老之章州郡未肯騰奏，雖荷其見憐，不欲使觸禍機，然鄙意已決，無所復顧，爲此宿留，令人腹煩耳。樞帥經由，不及一見，荷其答書之意甚勤，繼此未敢爲問。往來多能道其政事之美，而來書之所發明尤足起人意也。子約子弟近得書云，歲前明招大火，其柩幾不免，幸而獲全，却不知其厚葬之説。但得汪時發書，似頗有所不快意，不知曲折如何也。叔昌老不長進，亦是前日向外意多，腳根不牢實耳。輕棄簞瓢之句，令人深省。顧未知真樂所在，則雖欲不棄而不可得。此須别有個著力處，乃足恃耳。武夷續詩讀之，無非向來經行所歷，景物宛然，益嘆摹寫之妙。詩序縱横放肆，多出前人未發之秘。但詆江西而進宛陵，不能不駭俗聽耳。少時嘗讀梅詩，亦知愛之，而於一時諸公所稱道，如河豚等篇，有所未喻，用此頗疑張、徐之論亦未爲過。至於寂寥短章，閑暇蕭散，猶有魏晋以前高風餘韻，而不極力於當世之軌轍者，則恐論者有未盡察也。不審賢者雅意謂何？所録警策二卷者，亦可使得一見耶？此人還日，幸望録寄，千萬之望。

貴眷郎娘一一佳裕，兒輩蒙問，感感。昌父昨日得書，已到家矣。寄詩甚富，孤瘦亦益甚矣。憲臺王幹前日過此，嘗託致區區。今有一書與之，煩爲轉達。書中囑渠一二事，幸爲扣其可否，以語直卿也。

編年　據書信編年。

答鞏仲至慶元五年二月

稍不聞問，已劇馳情。昨日遞中奉告之辱，獲審比日春和，幕府多餘，體履佳適，良以爲慰。録寄舊詩，得以快讀，雄麗精切，嘆服深矣。簞瓢之句得其全篇，又深感慨也。但梅詩之評，未能盡解，當俟得所集録，始敢扣也。張巨山乃學魏晋六朝之作，非宗江西者，其詩閑澹高遠，恐亦未可謂不深於詩者也。坡公病李杜而推韋柳，蓋亦自悔其平時之作而未能自拔者〔一〕，其言似亦有味。不審明者視之，以爲如何也。無由面論，臨風快想。因來更望切磋究之。老病久已無復此夢，亦聊以暇日銷憂耳。告老之章已上，但已差晚爲可恨，故舊諸賢不得不任其責也。留、徐方脱囚拘，彭、曾幾墮補處，世途艱險，吁可畏哉！然亦何可避也。

校記　〔一〕時：宋浙本作「生」。

編年　據書信編年。

答鞏仲至慶元五年春

遞中兩辱惠書，并有詩筒之况，荷意勤矣。又知小侄劉親皆以垂念之故，得以竊食，益深感愧。信後清和，恭惟幕府有相，起處佳福。

所需惡語，尤荷不鄙。此於吾人豈有所愛？但近年此等一切廢置，向已許爲放翁作老學齋銘，後亦不復敢著語。高明應已默解，不待縷縷自辨數也。抑又聞之，古之聖賢所以教人，不過使之講明天下之義理，以開發其心之知識，然後力行固守，以終其身。而凡其見之言論、措之事業者，莫不由是以出，初非此外别有岐路可施功力，以致文字之華靡、事業之恢宏也。故易之文言於乾九三實明學之始終，而其所謂忠信所以進德者，欲吾之心實明是理而真好惡之，若其好好色而惡惡臭也。所謂修辭立誠以居業者，欲吾之謹夫所發，以致其實，而尤先於言語之易放而難收也。其曰修辭，豈作文之謂哉。今或者以修辭名左右之齋，吾固未知其所謂。然設若盡如文言之本指，則猶恐此事當在忠信進德之後，而未可以遽及。若如或者賦詩之所詠嘆，則恐其於乾乾夕惕之意又益遠而不相似也。鄙意於此深有所不能無疑者，今雖不敢承命以爲記，然念此事於人所關不細，有不可以不之講者，故敢私以爲請。幸試思之而還以一言，判其是非焉。

至於佳篇之貺，則意益厚矣。顧惟頓拙，於此豈敢有所與？三復以還，但知贊嘆而已。然因此偶記頃年學道未能專一之時，亦嘗間考詩之原委，因知古今之詩凡有三變。蓋自書傳所記，虞夏以來，下及魏晋〔一〕，自爲一等；自晋宋間顔、謝以後，下及唐初，自爲一等；自沈、宋以後，定著律詩，下及今日，又爲一等。然自唐初以前，其爲詩者固有高下而法猶未變。至律詩出，而後詩之與法始皆大變。以至今日，益巧益密，而無復古人之風矣。故嘗妄欲抄取經史諸書所載韻語，下及文選、漢魏古詞，以盡乎郭景純、陶淵明之所作，自爲一編，而附於三百篇、楚辭之後，以爲詩之根本準則。又於其下二等之中擇其近於古者，各爲一編，以爲之羽翼輿衛。且以李杜言之，則如李之古風五十首，杜之秦蜀紀行、遣興、出塞、潼關、石濠、夏日、夏夜諸篇。律詩則如王維、韋應物輩，亦自有蕭散之趣，未至如今日之細碎卑冗，無餘味也。其不合者則悉去之，不使其接於吾之耳目而入於吾之胸次。要使方寸之中無一字世俗言語意思，則其爲詩不期於高遠而自高遠矣。然顧爲學之務有急於此者，亦復自知材力短弱，決不能追古人而與之并，遂悉棄去，不能復爲。況今老病，百念休歇，寧尚復語此乎。然感左右見顧之重，若以爲可語此者，故聊復言之，恐或可以少助百尺竿頭更進一步之勢也。

來喻所云漱六藝之芳潤以求真澹，此誠極至之論。然恐亦須先識得古今體製，雅俗鄉背，仍更洗滌得盡腸胃間夙生葷血脂膏，然後此語方有所措。如其未然，竊恐穢濁爲主，芳潤入不得也。近世詩人正緣不曾透得此關，而規規於近局，故其所就皆不滿人意，無足深論。然既就其中而論之，則又互有短長，不可一概抑此伸彼。況權度未審，其所去取又或未能盡合天下之公也。此説甚長，非書可究。他時或得面論，庶幾可盡。但恐彼時且要結絕修辭公案，無暇可及此耳。

記文甚健，説盡事理。但恐亦當更考歐、曾遺法，料簡刮摩，使其清明峻潔之中自有雍容俯仰之態，則其傳當愈遠而使人愈無遺憾矣。僭易并及，愧悚之深。不審明者於意云何，亦幸有以反覆之也。長溪王君之詩竟如何？此有一黄子厚者，其詩自楚漢諸作中來，絕不類世人語，人亦少能知之。近以社倉出内譏察不謹，狼狽憂鬱，以至於死，甚可傷也。放翁詩書録寄，幸甚。此亦得其近書，筆力愈精健。頃嘗憂其迹太近，能太高，或爲有力者所挽，不得全此晚節，計今決可免矣。此亦非細事也。仙游之政，無人肯爲推出，此理勢之常，無足怪者。況在渠家法，又自不當計此耶。偶得浙漕去秋策問，謾録去，不知曾見之否？清議固知不可泯滅，然能出此，亦不易也。

熹病益甚，跬步不能自致，而神昏氣痞，支體酸痛，殆非久作人間客者矣。休致之請，前月初間附便以行，至今寂然，未聞可報，恐所附人遲滯不達。設更淹留，當自有臺劾施行，不待催督矣。

校記 〔一〕魏晉：宋浙本作「□魏」，空處或當是「漢」字。

編年 據書信編年。

答鞏仲至 慶元五年四月五月間

久不聞問，良以鄉往。前日便中特承惠書，具聞近況，足以爲慰。訊後劇暑，恭惟幕府有相，尊履佳福。熹衰病沈痼，日甚一日。告老之章且幸得請，將謂世已相忘，然猶未脱誰何之域，尸居餘氣，何足加念？彼亦正自過慮也。

遠承垂問，深感愛念。牋敬固非所敢當者，然亦恨異時不得託名文集中耳。「修辭」齋名本意乃如此，然易之本旨自有先後，前書固已言之矣。「栗」字再見虞書，皆莊敬謹嚴之意。以是名齋，非徒有取於木也。扁榜便欲爲書，偶數日臂痛〔一〕，不能運筆，且當少須也。

説詩之繆，甚愧率爾。然後來細讀前後所示諸篇，始能深味雋永之趣。蓋已自成一家之言矣，豈當復有所措説於其間哉。但來書所論「平淡」二字誤盡天下詩人，恐非至當之言。而明者亦復不以爲非，是則熹所深不識也。夫古人之詩，本豈有意於平淡哉，但對今之狂怪雕鎪，神頭鬼面，則見其平；對今之肥膩腥臊，酸鹹苦澀，則見其淡耳。自有詩之初以及魏晋，作者非一，而其高處無不出此。左右固自以爲亦嘗從頭看得一過，而諳其升降沿革矣，則豈不察於此者？但恐如李漢所謂，謂易以下爲古文，因以爲無所用於今世，不若近體之可以悦人之觀聽，以是不免有是今非古之意，遂不復有意於古人之高風遠韻耳。又謂有意於平淡者，即非純古。然則有意於今之不平淡者，得爲純古乎？又謂水落石出，自歸此路，則吾未見終身習於鄭衛之哇淫，而能卒自歸於英、莖、韶、護之雅正者也。鄙見如此，幸試思之，以爲如何也。荆公唐選本非其用意處，乃就宋次道家所有而因爲點定耳。觀其序引有「費日力於此，良可惜也」之嘆，則可以見此老之用心矣。夫豈以區區掇拾唐人一言半句爲述作，而必欲其無所遺哉。且自今觀之，其所集録亦只前數卷爲可觀。若使老僕任此筆削，恐當更去其半，乃厭人意耳。不知此説明者又以爲如何也。

放翁近報亦已掛冠，蓋自不得不爾。近有人自日邊來，云今春議者欲起洪景盧與此老，付以史筆，置局湖山，以就閑曠。已而當路有忌之者，其事遂寢。今日此等好事亦做不得，然在此翁，却且免得一番拖出來，亦非細事。前書蓋已慮此，乃知人之所見有略同者。或云張伯子實唱其説，此亦甚不易也。得江西書云，孫從之亦已物故。人物眇然，令人短氣，此亦非人力所能爲也。留衛公一書，恐有的便，煩爲遺去。似聞樞帥已有奉祠之命，不知然否？果爾必送來，因得過留，爲數日之款，幸甚！

校記　〔一〕偶：原作「隅」，據宋浙本改。

編年　據書信編年。

答鞏仲至 慶元五年夏

遞中辱書，獲聞比日盛暑，幕府優游，起居超勝，良以爲慰。新詩見寄，尤荷不鄙，讀之便覺烏石、靈源去人不遠，當此炎燠，洒然如羾寒門而濯清風也。記文更定，莊重詳實，足以傳遠，悟老真不朽矣。放翁筆力愈健，但恨無故被天津橋上胡孫擾亂，却爲大耳三藏覰見。柳州南澗等詩，最是放不下者。但其氣格高遠，旨趣幽深，故讀之者苦不甚覺。此亦古今文字言語得失利病之所由，可不審哉！景迂誌文謾令録示，亦幸，渠文要自不可曉也。氣候不佳，故舊中時復塌了一兩人，令人鬱鬱。仲止不謂乃能自立如此，深可愛敬。尤喜南澗之有後，足强人意也。黄巖老中間過此，亦嘗相訪，惠詩一篇甚佳。亦見其刊行小集，冠以誠齋之詩，稱其似蕭東夫，且謂東夫似陳後山，而平生未見東夫詩也。此事至爲淺末，然看却魏晉以前諸作，便覺無開口處，甚可笑耳。焦山瘞鶴銘下有冬日泛舟詩一篇，句法既高，字體亦勝，與銘文意象大略相似，必是一手。作者自題王姓而名逸，近世好事者亦少稱之。獨趙德夫金石録題識頗詳，而以作者爲王瓚，必是當時所傳本其名尚完也。今選詩中有此名字，而此詩體製只似唐人，恐又或非一人，不知亦曾見之否？中間託陳安行子弟問之，云從來無問及者，獨張機仲臨鎮時嘗遣人摹之，因得數本。今往一通，幸試考之，以爲如何也。熹病日益侵，無足言者。承欲冬間謁告還浙，千萬迂轡爲數日之留，當得款晤，以盡所欲言者。

編年　據書信編年。

答鞏仲至 慶元五年夏秋間

熹以氣痞益甚，不能親布。前幅來書在遞角中，而詩卷乃似有拆動處，不知何故。以此知遠書亦難多談也。向説簡齋詩有合改定處，如能爲之料理，幸爲印一本來。只用粗紙，庶得就册塗改，附回改正，易爲力。吕書奏議近方得見印本，因得詳考當日規模機會，深可嘆息。但其間亦不免有漏落，此間人有寫本，與此互有詳略。其間擊人者，恐其子弟避讎删去。如密奏條畫誅范瓊計策，後卒施行其語，亦是一大公案，不知何故亦不載也。前書方報黄子厚之死，今有方伯謨者亦死矣。其詩比子厚更温潤可觀，方進未已，乃年甫五十而逝，尤足傷惜也。

此間有劉叔通者，亦能詩。今日得其兩篇，謾以寄呈，不識高明以爲如何也。熹又上。

編年 據書信編年。

答鞏仲至 慶元五年秋

比日秋冷，恭惟幕府燕閑，起處佳福。此間數日前一水非常，今幸無他。聞下流頗有所損，不知果如何。但雨意未已，早稻十分成熟，而不得以時收割，此爲可慮耳。近日得昌父、斯遠書，附到書一角，今附往。中有大卷，意必是詩。累年不見斯遠一字，欲發封觀之，又不欲破戒。或看畢，幸轉以見示也。但斯遠省闈不偶，家無内助，嗣續之計亦復茫然。急欲爲謀婚之計，而未有其處。不知親舊間亦有可爲物色處否？想二公書中亦須説及此事。渠來見囑，此間無處可致力，只得并奉浼也。

編年 據書信編年。

答鞏仲至 慶元五年秋

前蔡君歸辱書，及此專人又奉手告，欣審比日秋暑，尊候萬福。一水遠近多罹其害，此間亦然，所不及門者，三五尺耳。簡齋詩已領，但得閩本就校，即刊修覆校尤易爲力。旦夕稍暇，或取此間所有者塗改寄呈也。吕公奏議恨未見鄭武子所校本，鄭乃其客，必無舛繆也。王瓚詩誠如所喻，劉詩得經題品，甚幸，旦夕當令録數篇奉寄也。所論自刊詩文，此風極可笑，又可嘆也。樓記姊銘筆力甚勁，嘆仰亡已。尹少稷文近世誠不易得，晚節狼狽，殊可惜也。晁銘不可曉，亦不但此篇，不知當時何以得重名於世也。日鑄之惠，感領厚意。來使立俟，未有以爲報也。

編年 據書信編年。

答鞏仲至 慶元五年秋

前日人還，草草附報，殊不盡意。比秋益涼，恭惟起處多勝。陳詩誤字今別用紙録去，須逐字分付，修了看過，就此勾消了，方再付一字，乃可無誤。此雖細事，然亦須經歷，方見自然成法也。樓記不知已入石未？細看尚有兩三處可疑，具之別紙，幸更詳之也。匆匆附遞，不暇他及。未由承晤，千萬自愛。

編年 據書信編年。

答鞏仲至 慶元五年秋

武夷非建山之全體，不待辨而知。且於此上下文無所屬，似成剩語。若欲破蘇公茶圃之説，則語又太略，兼亦本不相關也。漕司所領茶事，止爲土貢玉食之一端耳，非如他路，與鹽法并行而領於一司也。今云鹽爲大而茶次之，似非事實。又車運之策，此殊不聞，不知其説果如何也。

「夫爲政者材可以勝乎事，事不可以勝乎材」，此兩句頗類舉子文。然亦謂欲其材之勝乎事，不欲事之勝乎材則可。今此語勢似未妥帖，試深味之可見。「可以」二字，正富公碑中「趙濟能摇」之類也。熹上呈。

編年　據書信編年。

答鞏仲至慶元五年秋

置中奉告，欣審比日秋清，尊履佳福。兩詩三記并領嘉惠，尤增慰懌。但鄭君之爲人不復記憶，有如來示，誠不易得也。宗司刻石簡嚴得體，書亦清婉可愛。安濟則似太詳，雖云合有許多説話，然亦當有所取舍，觀前輩所作可見也。率易及此，如何如何。帥官稱蓋欲以見廟堂之舊，然不知於古亦有初否。似不若只書職名之爲正也。昌父得書，欲來相訪，而病復大作，但能口占一紙，及寄未病時手寫詩一編，清苦寒瘦，如其爲人。其間亦有斯遠、仲止數詩，皆有思致，足以慰離索。但未知訊後病已差未耳。直卿久不得書，聞有徙家之興，此固所欲。但於渠聚徒之計，則恐失之便無以爲生，亦須細商量耳。論作官，則誠不若聚徒之爲安也。偶與應辰過門，云欲請見，亟附此紙，不能究懷抱。衰病中間嘗小愈，今復大作，拘攣痞滿，有甚於前矣。

放翁得近書，甚健，謾知之。著卦考誤無別本，當於番易求之。但恐題跋者恐其累己，已遭投削耳。

編年　據書信編年。

答鞏仲至 慶元五年冬

稍不聞問，積有馳情。比日冬温，恭惟幕府多暇，動履有休，眷集郎娘一一佳慶。熹老病衰朽，有加無瘳，置之不足道也。但書課未畢，而不能俯躬伏几以究其業，此爲悵恨耳。

適聞帥司行下，發諸舉子倉租米變糴買銀，赴司送納，不省何謂。前政辛勤規畫，爲此活人之計，其心甚仁，其惠甚遠，何忍一旦遽破壞之耶？今之從政者固不可以此望之，特賢者適從事於其間，則似不宜有此耳。不審文書所下，亦嘗關由參署而後行，抑吏輩徑下之而初不以白也。州縣得之，直便行下，無復商量。所幸今非糴變之時，且得宿留，故爲奉扣，幸更審之。若無急切之用，不知亦可且與行下，仍舊收支否？況此一縣所有不多，不過八百餘斛，糴之得千緡耳。帥司不待此而後富，而徒使自是以往，生子之家失救接之助，且將復起故時殺棄之風，則作俑之過將於誰責而可耶。設若必有急切，須至移用，則向時後山千緡之米，似却可以抽回。蓋彼處已有社倉，市户村民一例請貸，初無間隔，不必爲此偏惠，以厚游手。而又初無收貯之地，又無專掌之人，以今夏私糴之事驗之，亦可見其無用而有害矣。若不收回，將來不過又只如此，或更别生大害，負累後人。不若及今行下，令其收拾樁管，俟來春以後得價之時發糴，解赴使司之爲便也。兼此事今年行得非常乖繆，追呼驚擾，數月不定。及至胥吏乞覓飽足之後，有罪者不坐而無辜者枉費，從旁觀之，令人扼腕。但以未決之時嫌於請囑，不欲言之。今事已過，乃敢説耳。若欲收回，便可行下，徑自指定，專委一二人爲首，及早收拾。蔡姓者極富且畏事，似可託也。即鄉時去相見名六瑞者之族。

衰退之人，不當與此。若非幕府有吾人在，則亦不復能啓口矣。然其可否，當自以盛意財之，勿使外間人知拙者嘗有言，以重其咎也。亟作此，托任尉附便，或發遞以行。匆匆，不暇他及。直卿一書，幸指揮送達。向見説冬間欲謁告，暫歸浙中，計必取道於此。儻得左顧，庶幾少款。

編年　據書信編年。

答鞏仲至 慶元五年冬

前日方以尺書附遞，不審已達未也。便中獲書，得聞比日冬温，幕府從容，起處佳福，足以爲慰。水西之游，甚恨不得陪杖屨。然細讀詩文，已如身歷而目見之矣。舊聞此處頗佳，亦未嘗得到也。昌父後來不得書，只得彼中知識報來，云病未能出户，不知後來復如何，良可念也。世本舊聞先人説家間亦嘗有之，以兵火失去。然則世間亦須尚有本，但今見於諸經注疏者，恐亦或出附會假託，未必可憑據，正亦不必苦求耳。謝鳳之文，不知果何如。近日廬陵人來，説紹興間有大府丞長樂陳剛中彦柔者，坐以啓賀胡澹庵，謫安遠宰而死，周益公尚識其人〔一〕。因爲檢長樂志，則但云終於江陰簽判，都不及所歷官及謫死事。方此爲扣其鄉人，使尋訪之。此其不幸，又有甚於謝鳳者，尤可嘆也。前書所論廩粟事，不知已爲料理否？切勿令外間知僕嘗有言也。福州舊有楚詞白本，不知印板今尚在否？字書板樣頗佳，歲久計或漫滅。然讎校亦不至精，不知能爲區處，因其舊本再校重刻，以貽好事否？如能作此，即幸報及，待爲略看過結緣也。近讀伯恭所集文鑑，極有可商量處。前輩要亦多浪得名者，不知後世公論竟如何爾。

編年 據書信編年。

校記 〔一〕識：原作「議」，據宋浙本改。

答鞏仲至 慶元五年冬

熹近以兩書附遞，知皆達否？李教授過門甚遽，欲作書而不暇。著卦說今日方得之，因以附納，幸視至。江西諸郡，如元城語録之類雖免雜燒，然皆束之高閣。此獨幸免，豈非種樹醫藥之儔皆所不禁也耶。可發一笑。

編年 據書信編年。

答鞏仲至 慶元五年冬

昨日吴應辰來，辱書，今日又得遞中答字，獲審比日冬寒，尊履佳福，深用慰感。火後佳句曲盡事情，引而伸之，有足爲長太息者，豈止此而已哉。示喻米事已悉，其人前日亦録得縣中所被倅廳公文來看〔一〕，云奉帥司之命，本欲封呈，猝尋不見也。度今自不能已，須别得一文字説破前日之誤，乃可止耳。須早行下爲佳，不可更待報矣。後山之人不待别儲而飽，收還乃爲上策，幸更審之。此却須俟見報，萬一必以前人已行，不欲廢罷，即俟丞歸，當如所諭也。但富家深懲往事，亦自畏其累己，未必敢承當耳。

校記　〔一〕來：原缺，據宋浙本補。

編年　據書信編年。

答鞏仲至 慶元五年冬

昨日遞中辱書，具審比日幕府優游〔一〕，所履佳福，良以爲慰。痔疾想已平復，此疾人多有之，僕亦嘗爲所苦。然見人用刀仗毒藥攻之者，或至反爲大害，因只服黄連枳殼等藥，及用馬藍菜煎湯薰，似覺有效。不審曾用之否？熹足弱氣痞，遇寒益甚。此兩日來，雖用兩人扶掖，亦行不得。長至前後，因感冒伏枕，幾不能起。衰老自應如此，亦不足深怪也。

楚詞板既漫滅，雖修得亦不濟事。然欲重刊，又不可整理〔二〕，使其可以就加讎校。若修得了，可就彼中先校一番，却以一净本見示，當爲參訂，改定商量。若别刊得一本，亦佳事也。近得古田一士人所著補音一卷，亦甚有功，異時當并以奉寄也。陳寺丞事，巖老之兄尚未報來。年歲未遠，亦須尚可詢問。但當時作地志之人亦太草草耳。文鑑誠如所論，李文叔前此亦但見其論文數篇，頗有可觀，今亦不能記憶。但如戰國策序，則恐文健意弱，太作爲、傷正氣耳。要之文章正統在唐及本朝各不過兩三人，其餘大率多不滿人意，止可爲知者道耳。直卿尚未到此，初意其來，可以久遠相聚，不謂又爲諸生所留，亦其食貧，不得不爲此耳。三詩皆佳作，但首篇用韻多所未曉。前此所示諸篇，亦多有類此者，屢欲奉扣而輒忘之。古韻雖有此例，如大明詩「林」與「興」叶之類。然在今日，却恐不無訛謬之嫌耳。然「林」與「興」叶，亦是秦語，以「興」爲韻，乃其方言，終非音韻之正。今蜀人語猶如此，蓋多用鼻音也。

名畫想多有之，性甚愛此，而無由多見。他時經由，得盡携以見顧，使獲與寓目焉，千萬幸也。彼中亦有畫手，能以意作古人事迹否？此間門前衆人作一小亭，舊名「聚星」。今欲於照壁上畫陳太丘見荀朗陵事，而無可屬筆者，甚以爲撓。今録其事之本文去，幸試爲尋訪能畫者，令作一草卷寄及爲幸。但以兩幅紙爲之，此間却自可添展也。又有一事，鄉見聖泉寺有李邕碑，龜趺螭首，鐫刻甚精，六螭糾結，既異今製，而龜狀逼真，雖稍破析，然猶有生意也。幸爲尋一木工巧於雕鏤者，以木寫之，用寸折尺，不過高尺餘，便中寄示爲望。

放翁老筆尤健，在今當推爲第一流。近聞復有載筆之招，不知果否。方欲往求一文字，或恐以此疑賤迹之爲累，未必肯作耳。悟老化去，甚可傷。血疾渠舊有之，未必服藥之誤也。意公恨未之識，見劉叔通説向在三山見一老僧，自云客石林家甚久，頗能道其餘論，不知便是此人否。

如其不然，亦可因令尋訪，計其年事，亦當是七十以上矣。「雖無老成人，尚有典刑」，此語深可念也。

前懷安尉楊岳從事，乃龜山先生之孫，鄉來在官，不幸盲廢。稼軒憐之，爲之呼醫治療，竟不能視。後來鄭樞特爲請祠，今在彼城中寓居。因其便還，匆匆附此。渠必不能出謁，以其賢者之後，時遣人存問之，少有乏無，力可周恤，計亦所不憚也。病中迫不得已，不免作一文字，精力不逮，殊覺辛苦。此間窮陋，無人商量。甚恨相去之遠，不得就求訂正也。

校記　〔一〕具：原作「且」，據宋閩、浙本改。

〔二〕「可」下疑脱「不」字。

編年　據書信編年。

答鞏仲至 慶元六年正月

春寒多病，未能奉一字〔一〕，以爲新歲之慶。遞中忽辱惠問，獲聞比日幕中多暇，起處寧適，足慰馳情。熹病益衰，無足云者。示喻所苦亦已向安，甚善。此疾最忌飲酒，若能痛節，當不藥而愈也。

楚詞修未？旋了旋寄數板，節次發來爲幸。古田補音此間無人寫得，今寄一書與蘇君，幸轉託縣官，差人賫去鄉下尋之，就其傳録尤便。亦聞渠寫本頗經删節，已囑令爲全録去矣。然此嘗編得音考一卷，音謂集古今正音協韻通而爲一，考謂考諸本同異并附其間。只欲别爲一卷，附之書後，不必攙入正文之下，礙人眼目，妨人吟諷。但亦未甚詳密。正文有異同，但擇一穩者爲定可也。又可附此古田全書，俟旦夕稍暇，一面修寫寄呈。彼中不知已曾下手未？亦望隨得已了者節次寄來也。若已詳善，即此中本更不須寄去矣。

劉侍讀書氣平文緩，乃自經術中來，比之蘇公誠有高古之趣。但亦覺詞多理寡，苦無甚發明耳。大抵古人文字要當隨其所長取之，難以一時所見遽定品目也。李文叔論文諸説，向見林擇之有之。不曾寫得，已書報令録去，或可并移書古田就取也。畫笥許觀，甚幸。儻得附名，尤所願也。聚星閣此亦已令草草爲之，市工俗筆，殊不能起人意。亦嘗輒爲之贊，今謾録去，幸勿示人也。余君之作竟能否？便中并望早寄及也。石林胡僧頃亦見之，蓋葉公自有鑒賞。其所使臨摹者，必當時之善工也。要之年來事事漸低，此等人物亦自日少一日，爲可嘆耳。龜趺恐須作全者，向見所隕之元故亦在側也。吴生玄武信爲奇筆，但龜背之文，正脊之甲五，應五行；次甲八，應八卦；又次甲廿四，應節氣，亦自然之理。此却不足，亦欠子細。然九方皐之相馬，又不當以此論耳。社記頃未之見，世間此等遺落不遇知者，可勝數哉！放翁久不得書，欲往從覓一文字，所繫頗重，又恐賤迹累其升騰，未敢啓口也。楊君荷枉顧，此其不易得，又有甚於前二公矣。滎陽始亦甚趦趄，令汪季路百計脅之，乃肯聽耳。此君殊可念，有可垂手處，幸曲爲拯拔也。長樂劉君一書，煩爲轉達。直卿云渠有知識在城中，已令批在書背，幸令人問之。恐未有便，即告專介爲送至縣中〔二〕，託縣官遣人達之。蓋所編禮書在渠處，欲亟取來，趁此疾病少間之際，并力了之，故不可緩，切幸垂念也。欲言甚衆，書不能盡。唯冀以時自愛，千萬之禱！悟老聞欲爲志其墖，果爾，亦甚幸也。

校記　〔一〕未：原作「不」，據宋閩、浙本改。

〔二〕即：原作「却」，據宋浙本改。

編年　據書信編年。

答鞏仲至 慶元六年春

陳太丘詣荀朗陵，貧儉無僕役，陳寔傳曰：「寔字仲弓，潁川許昌人〔一〕。爲聞喜令、太丘長，風化宣流。」先賢行狀曰：「荀淑字季和，潁川潁陰人也。所拔韋褐芻牧之中，執案刀筆之吏，皆爲英彥。舉方正，補朗陵侯相，所在流化。」乃使元方將車〔二〕，先賢行狀曰：「陳紀，字元方，寔長子也。至德絕俗，與寔高名并著，而弟諶又配之。每宰府辟召，羔雁成群，世號三君，百城皆圖畫。」季方持杖從後。長文尚小，載著車中。既至，荀使叔慈應門，慈明行酒，餘六龍下食。張璠漢紀曰：「淑有八子，儉、緄、靖、燾、汪、爽、肅、敷。淑居西豪里。縣令苑康曰：昔高陽氏有才子八人，遂署其里曰高陽里。時人號曰八龍。」文若亦小，坐著膝前。於時，太史奏真人東行。檀道鸞續晉陽秋曰：「陳仲弓從諸子侄造荀父子，於時德星聚，太史奏五百里賢人聚。」

所畫陳、荀聚星事，若作兩段，即前段當畫太丘乘牛車在塗，而元方等侍行，後段當畫叔慈應門，朗陵對客，七龍侍食。又當重畫太丘與朗陵相對，而二子一孫侍立。又叔慈本在門外迎客，客既入燕，則又不當久立門外，亦須畫其侍立於朗陵之側。此皆似涉重複。兩段之間，又須更作山石林麓，分隔前後，皆費注解。若只畫作一段，則但爲太丘乘車到門之象，而叔慈在門外迎客，七龍扶侍朗陵出至庭中，而文若在其後，即免重複，亦有遺意。但却不見對飲行食及坐文若於膝前事，有不備耳。凡此未能自決，不知盛意如何？更望相度，及與畫者商量，取令穩當乃佳耳。

更考後漢處士冠服教之。

校記　〔一〕許：原作「陳」，據文集卷八十五聚星亭畫屏贊改。

〔二〕車：原作「軍」，據右引改。

編年　據書信編年。

答鞏仲至 慶元六年春

兩承惠書，良慰馳想。比日春深，寒暖尚未定，恭惟幕府有相，所履佳福。葉帥昨日已過此，聞張書當來，不久計賢者必護印至境上。若得早來，使可宿留，爲一兩日款，深所望也。楚詞當俟面議，元本字亦不小，可便以小竹紙草印一本，携以見示。此間匠者工於剪貼，若只就此訂正，將來便可上板，不須再寫，又生一重脱誤，亦省事也。蘇君處所寫補音如已到，幸亦携來。此間所有本子不全，恐將來闕略，却不滿人意也。聚星圖此間已先令人畫，今詳所寄，大概不甚相遠。但此間者車中、堂上有兩太丘，心頗疑之。今得所示，却差穩當，此必嘗經明者較量也。但閩中人不好事，畫筆幾絕，爲可嘆耳。禮書半稿略可寫净，旦夕寄直卿處，仍就使廳借筆吏數人抄過一本。王元石亦要抄一本，仍更爲寫一本，當俟彼中寫了，却寄莆中也。時論少寬，但置籍事予奪不同而同出一手，要路諸人有忽從外補者，亦非意料所及，不知彼中所聞果如何也。放翁且喜結局，不是小事，尚未得以書賀之。熹衰病益甚，苦楚之態亦非言語所能形容者，不能復縷縷也。會面有期，預以爲喜。

編年　據書信編年。

答□易簡〔一〕　紹熙中

盡得孝弟便是仁云云。

立説太冗而意不精切，大抵後多類此。

言語輕躁，動輒有忤，知和緩可療，而臨事復然。小學之書先在於一切世味淡薄，自然見富貴不歆羨，見貧賤不厭惡，臨患難無求免，一向優人抑己，損躬裕物之事，皆可優爲之。先生編集是書，此意尤多。如顔氏家訓六事，豈貪名徇俗羨慕者能之？推此則貽教之始以至五品之遜，各盡其道，皆由此充。按伏罪過，全在不能去一矜心，所以諸病皆由於此。

看文字且逐條看，各是一事，不須如此牽合。

小學之書，自明倫五段，明父子章全在一「親」字上，明君臣章全在一「義」字上，明夫婦章全在一「別」字上，明長幼章全在一「序」字上，明朋友章全在一「交」字上。始讀昏禮，萬世之始，至男女有別，然後父子親。漢武帝溺於聲色，游燕後宮，父子不親，遂致戾太子之變。此亦夫婦無別而父子不親之一證。語在戾太子傳，可檢看。然亦非獨此也。

問敬。

敬不是萬慮休置之謂，只要隨事專一謹畏，不放逸耳，不須許多閑説話也。

小學賓客之禮見於朋友之章，莫以一時之交亦有切偲之意、相觀而善之理否？

不須如此理會。賓主自是朋友之類，如鄉鄰還往及師弟子之屬，於五達道亦朋友之類也。不入此門，則無管攝處矣。

讀書求意義，雖知爛熟之爲美，而氣習已慣，惟恐不多之念未能頓忘。

既知其非，便當改之，不須更如此支蔓。

小學載内則三十有室、遜友視志。

男女之教，温公已有説，其餘亦大概立一節限耳，不必如此細碎。

馬援以譏議戒諸子，而不免於譏議。

馬援之言，自可爲法，不須如此支蔓。如此則須削去此段，後生又如何得聞此一段説話而以爲戒乎？

理之根原，推演孝義。

不記此話頭因何而起。若與安卿所問同是一時所聞，則渠説已得之矣。

敬勝怠者吉，怠勝敬者滅，義勝欲者從，欲勝義者凶。

敬義自有輕重，然所説太冗。

孟子養氣説。

此條差勝，然却只是依放集注，别無新説。看文字且要如此理會，教本文説精熟，久之自隨淺深有見處。正不必支蔓生説，穿鑿援引也。

校記 〔一〕缺處疑爲「林」字。

編年 書及「安卿」，安卿乃陳淳字，紹熙初朱熹知漳州時從學，故此書不得早於此。又篇名缺一字，疑爲「林」字。林易簡字一之，亦漳州從學，與陳淳熟識。文集卷五十七有答其書三則，答陳淳書亦及其人。要之此篇以作於紹熙中爲近。

答何倅 紹熙以前

前蒙誨及經書中所説「欲」字，以鄙意所見，人之生不能不感物而動。曰感物而動，性之欲也，言亦性所有也，而其要係乎心君宰與不宰耳。心宰則情得正，率乎性之常而不可以欲言矣；

心不宰則情流而陷溺其性，專爲人欲矣。若夫所謂可欲之謂善，蓋指言體「元者善之長」之意，心之所爲宰者也。要當默識之，而不可以言語論也〔一〕。不知是否，更望見教，尺書莫盡此悰。

校記 〔一〕論：原作「誨」，據宋浙本改。

編年 未詳。然據上下篇編序，或當作於紹熙稍前。

答江彦謀 淳熙十六年以前

所論正蒙大旨，則恐失之太容易爾。夫道之極致，物我固爲一矣，然豈獨物我之間驗之，蓋天地鬼神、幽明隱顯、本末精粗無不通貫而爲一也。正蒙之旨誠不外是，然聖賢言之則已多矣，正蒙之作，復何爲乎？恐須反復研究其説，求其所以一者而合之於其所謂一者，必銖銖而較之，至於鈞而必合；寸寸而度之，至於丈而不差，然後爲得也。孟子曰：「博學而詳説之，將以反説約也。」正爲是爾。今學之未博，説之未詳，而遽欲一言探其極致，則是銖兩未分而臆料鈞石，分寸不辨而目計丈引〔一〕，不惟精粗二致，大小殊觀，非所謂一以貫之者，愚恐小差積而大繆生，所謂鈞石丈引者亦不得其真矣。此躐等妄意之蔽，世之有志於爲己之學而未知其方者，其病每如此也。明道先生行狀云：「先生教人，自致知至於知止，誠意至於平天下〔二〕，洒掃應對至於窮理盡性，循循有序，病世之學者舍近而趨遠，處下而窺高，所以輕自大而卒無得也。」此言至矣！彦謀以爲如何？

校記 〔一〕目：原作「自」，據宋閩、浙本改。

〔二〕誠意：原倒，據淳熙本及右引乙。

編年 此書收入紹熙年間所刊晦庵先生文集後集，該集所收之文以淳熙十六年爲下限，故知本篇應作於此前。

答趙宰〔一〕 淳熙十年

伏承誨諭，良荷不鄙。但屏居杜門，不敢干與外事。向來雖聞貴縣令保正副出錢雇募耆長，人甚苦之，亦不敢遽有禀白。但嘗因下問之辱，欲乞博詢民情之所利病而罷行之，正爲此耳。初不知其爲倉司指揮，亦不聞他縣之有此也。今聞已行罷去，自此境内應役之家得保生業，則其受賜已厚，而上司當亦能察其無他矣，恐不必更假拙者之言以爲重輕也〔二〕。自餘曲折，更託劉監廟禀知，并幾情照。

校記 〔一〕淳熙本「答」下有「崇安」二字。

〔二〕重輕：原倒，據右引及宋浙本乙。

編年 據書札彙編。

答吴尉 淳熙十六年以前

熹云云〔一〕。聞以職事見知憲臺，甚尉。然聲聞過情，君子耻之。初官僻縣，遽爲上官奬拔如此，可以爲懼而未可遽以爲喜。且當痛自檢飭，黽勉王事，謹終如始，不可便爲恣肆，及萌躁進之心也。王宰書來，盛相稱道。同官相與如此，殊不易得。聞其留意，尤邑人之幸也〔二〕。

校記 〔一〕「熹云云」三字原缺，據淳熙本補。

〔二〕「王宰」以下原缺，據右引補。

編年 此與下二篇均收入紹熙年間所刊晦庵先生文集後集，該集所收之文無晚於淳熙十六年者，故知應作於此前。書札彙編定此三篇皆作於淳熙十三年。

答吴尉 淳熙十六年以前

熹頓首再拜〔一〕：岳倉書曲折前書已報矣，只此便是學問底道理。平日所與講論者，不過此耳，幸思之。仕宦只是廉勤自守〔二〕，進退遲速自有時節，切不可起妄念也。官期不遠，不審何日定行？到官凡百以廉勤愛民爲心乃佳。

校記 〔一〕此句原缺，據淳熙本補。

〔二〕宦：原作「官」，據右引及宋閩、浙本改。

編年 見上篇所考。

答吴尉 淳熙十六年以前

熹頓首再拜〔一〕：大抵守官只要律己公廉，執事勤謹，晝夜孜孜，如臨淵谷，便自無他患害。纔是有所依倚，便使人怠惰放縱，不知不覺錯做了事也。官所不比鄉居，凡百動有利害，諸事切宜畏謹也。云云〔二〕。

校記 〔一〕此句原缺，據淳熙本補。

〔二〕「云云」二字原缺，據右引補。

編年 見第一書所考。

答趙郎中 紹熙四年五年間

熹伏蒙垂喻先正忠簡公行狀，不勝恐悚。此事初以令兄提舉郎中見屬之勤，不合容易承當。既而精力日衰，失前忘後，記事作文，比之昔日倍覺費力。况此事體之大，不唯先丞相一身之德業難遽形容，而事關國論，將來史官所據以垂萬世者，將在於此。自度恐終不足以辨此。今陳丈君舉郎中精敏該洽，詞筆高妙，皆熹所不能望其萬一者。若舉而屬之，公論無不以爲宜者。而熹託契門下既久且厚，固無形迹之嫌也。專此布懇，伏幸深察。

編年 據書信編年。

答趙尉 塈 紹熙三年九月八日

九月八日，熹扣首復書剡尉趙君奉議：熹未得識面，而遠辱貽書，副以手劄，已荷厚意；

而示以先正中丞行實，使之論述以附其後，則意又甚厚，而非熹區區所得當也。顧於先德慕用之深，又不敢辭，輒具數語如别紙。若當代諸賢已有跋語，幸以附其後。而奏議之書，尚欲寅緣請得一觀。儻辱開許，只託石滁州附上虞潘幹處，或寄臨安趙節推，彼應時有便來也。適此俗冗，留來使數日，乃得布此。病倦草草，仍不復作劄，并幾情亮。向寒，千萬以時爲門户自愛。講學之意，尚俟他日得以面論，不宣。熹再拜。

編年 據書信編年。

答卓周佐 淳熙八年以後

示喻已悉。鄙意嘗謂朝廷設官求賢，故在上者不當以請託而薦人；士人當有禮義廉耻，故在下者不當自衒鬻而求薦。平生守此愚見，故爲小官時不敢求薦，後來叨冒刺舉，亦不敢以舉削應副人情，官吏亦不敢挾書求薦。其在閑居，非無親舊在官，亦未嘗敢爲人作書求薦。唯老成淹滯，實有才德之人，衆謂當與致力者，乃以公論告之。此事首末，衆所共知，向者亦屢嘗奉告矣。今乃復見喻如此，何貪躁不思之甚耶！前日已稟尊丈，教子如此，似非所謂義方。熹若在官，有人合薦者，見其如此，亦不復薦之矣，况使作書宛轉求薦耶。試思此言，反己爲學，異時才德有聞，自不患於不達。今不須如此汲汲，反取人鄙薄也。

編年 據書信編年。

答任行甫 慶元二年以後

治甲銷鈔，足見州郡相知之意。職事固不可不盡心，然凡百亦宜韜晦，勿太向前爲佳。

編年 據書信編年。書札彙編繫於紹熙四年冬。

答任行甫 慶元二年以後

塵中汩没墜墮了人，須是忙裏早晚提撕，時以書册灌溉，勿令斷絶，爲庶幾爾。潘書亦非所急，不知林本竟如何。當時是韓、范二公所編，須稍詳備有條理。若有筆吏，抄取一本亦佳也〔一〕。

校記 〔一〕抄：原作「妙」，據宋閩、浙本改。

編年 據書信編年。書札彙編繫於紹熙五年。

答任行甫 慶元二年以後

前書所喻賣鹽事，既是州府相委，無如之何，只得竭力。但不可因此多有更張，以形迹前人，廣陳利害，以取衆怨，如私會之類。乃爲佳爾。況賣鹽一事是州府財計本根，尋常是幕官職事，今以監當處之，已不穩當。萬一須犯此二戒，尤爲不便。即不若託以病或别作緣故，以力辭之之爲愈也。況今已書一考，在任之日不多，自可漸爲去計。豈可更當此委任，取人忌嫉？正使無前所説二事，衆人亦必側目。若不早自引退，必有後悔無疑，更審思之。久欲奉報此事，因循至今，深以爲慮。偶有此便，謾附此紙，不暇他及也。

編年 據書信編年。書札彙編繫於紹熙四年秋冬間。

答任行甫 慶元二年以後

承有來期，尤以爲喜。但不知新官到後，便得脱否。所謂不敢不自警者，更宜深念。居今之世，惟有一味退後，勿求人知爲上策耳。官卑禄薄，雖不快意，然比之一介寒士，區區教學，仰食於人者，則已爲泰矣。若以爲不足，妄有覬覦，恐所得無幾，而後日之悔將有不可追者，千萬深思。餘俟面見，乃可決爾。

編年 據書信編年。書札彙編繫於慶元元年。

答許進之 淳熙中

人生諸事，大抵且得隨緣順處，勉力讀書，省節浮費，令稍有贏餘，以俟不時之須乃佳耳。前書所論孟子，偶以病中不暇細看，今尋不見。讀書且熟讀細看，自當漸見意味，不可支離穿鑿，以求見解也。

編年 文集卷一有爲許進之作招隱操，卷八有與其所作詩，皆作於淳熙中，故此篇以在淳熙中爲近。文集卷八十三又有題嗣子詩卷，提及慶元元年尚見進之，乃涉進之最晚之作。故書信編年以此篇當作於慶元以前。

答程傳之 淳熙二年或以前

熹與足下爲同郡人，然彼此未相識面，而足下以書先之，此意厚矣。夫佛老之言不得以道名，足下之説是也。至於吾之所謂道與其所以求之之方，則足下之言有略而未究其藴者。無從面講，臨風悵然。異時因來有以見語，千萬甚望。過此則有非衰拙之所敢知者，不知所以報也。

編年 據書札彙編。

答吕紹先 淳熙十六年以後

示喻所以持守門户，不妄取予之意，甚慰所望。更冀勉旃，以承先訓。地遠，無以致區區，此意不敢不盡也。

編年 據書信編年。

答吕紹先 淳熙十六年以後

承喻亦苦食貧，此吾輩之常。唯當益堅所守，庶不墜先訓爲佳耳。

編年　據書信編年。

答江端伯 淳熙十六年以後

示喻爲學之方，足見留意。事物未見，不可逆料，誠如所論。唯有因聖賢之所已言者而求之，爲庶幾耳。故爲學不可以不讀書，而讀書之法又當熟讀沈思，反覆涵泳，銖積寸累，久自見功，不惟理明，心亦自定。若欲徒爲涉獵而求此理之明，又欲別求方便以望此心之定，其亦難矣。

編年　據書信編年。

答潘立之 紹熙四年以後

所論西銘，大概亦只是如此看。不知近日更讀何書？有商量處，便中可示及也。所問祭禮，古人雖有始祖，亦只是祭於大宗之家。若小宗，則祭止高祖而下〔一〕。然又有三廟、二廟、一廟、祭寢之差，其尊卑之殺，極爲詳悉，非謂家家皆可祭始祖也。今法制不立，家自爲俗，此等事若未能遽變，則且從俗可也。支子之祭，亦是如此。竊謂只於宗子之家立主而祭，其支子則只用牌子，其形如木主，而不判前後，不爲陷中及兩竅，不爲櫝，以從降殺之義。不知如何？可更商量也。

校記 〔一〕止：原作「上」，據宋閩、浙本改。

編年 據書信編年。

答趙民表 紹熙四年以後

古人之學以致知爲先，而致知之方在乎格物。所謂格物云者，河南夫子所謂或讀書講明義理，或尚論古人，别其是非，或應接事物而處其當否，皆格物之事也。格物知至〔一〕，則行無不力而遇事不患其無立矣。然欲從事於此，要須屏遠外好，使力專而不分，則庶乎其進之易耳。

校記 〔一〕格物：疑當作「物格」。

編年 據書信編年。

答謝與權 紹熙四年以後

伏蒙致政知縣學士寵賜手書，喻以先契，伏讀悲感，不可具言。且審即日春和，燕居清暇，壽體康寧，又竊忻慰。熹學晚無似〔一〕，徒以少日習聞父兄師友之訓，稍知用力於句讀文義之間，區區自守，欲寡其過而未能。固不敢坐談玄奥，驚世駭俗，以負所聞也。老丈過聽，以爲可教，辱先以書，語以淵源所自來者。顧熹何人，可以與此？屬此跧伏，未有趨侍之期，引領向風，但切傾仰。程書固不能無誤，亦恨未得面承，質其是非，姑因便風，寓此致謝。伏惟以時節宣，益綏壽祉，是所深望。

校記 〔一〕學晚：宋浙本作「晚學」。

編年 據書信編年。

答陳簹 紹熙四年以後

辱書甚厚，但所謂先知先覺，則今世自有慨然任其責者，而熹非其人也。所論爲學之意亦甚善，顧此乃終身事業，非可索於咄嗟指顧之間者。但當循序講明，著實持守，不令日用之間少有間斷。如是久久，當自得之。不當較計功程，如世之出舉錢商子本者之營營也。

編年 據書信編年。

答劉朝弼 紹熙四年以後

承示以文編，感相與之意甚厚。讀之三日，未得其所以然，故敢布之左右。熹聞之，君子之於學，非特與今之學者并而争一旦之功也，固將求至乎古人之所至者而後已，然後可與語學矣。夫將求至乎古人之所至者而後已，則非規橅綴緝之所能就，其必有以度越世俗庸常之見，而直以古人之事自期，然後可得而至也。夫古人之學何爲哉？致知以明之，立志以守之，造之以精深，充之以光大，雖至乎聖人可也。不出乎此而營營馳騁於末流〔一〕，竭精憊思，惟懼夫蓄藏之不富，誦説之不工，雖曰能之，非吾之所謂學也。蓋循乎古人之事，上之可以至聖賢之域，下之可以安性命而固貧窮，得時而行，亦何所不利哉。由今之所爲，極其效足以與今之爲士者并而争一旦之功，其得與失，又未可知也。心存得失〔二〕，非棄學與？故足下之患，患知之不明，志之不果，造之未至乎剛大而已。蓄藏之不富，誦説之不工，則君子不患矣。僕之所聞如此，故於足下之文，詞義之間不知所以裁，惟足下有以亮之。

校記 〔一〕騁：原作「聘」，據宋浙本改。

〔二〕此句原缺，據正誼堂全書本朱子文集卷六補。

編年 據書信編年。

答陳頤剛 紹熙四年以後

衰懶杜門，罕接人事，未嘗得見顔色，而足下不鄙，以書先之，長牋短幅，爲禮以厚。而先集高文并以見貺，則此意又益勤矣。然區區頑鈍，自少爲學，知守章句、謹行止，冀以獨善其身，無爲先人羞辱而已。有如足下志尚之高，規模之廣，則非平生夢寐之所敢及也。無以爲報，愧恨亡已。先公胸中之奇，凛有生氣，適有遠役，未及細觀。然竊窺一二，亦足以見藴蓄之不凡矣。序引見屬，豈所敢當？况又不暇，固當蒙見察也。盛製兩編，言多適用，不爲苟作，三復嘆仰。所論治郡條目，尤切事情。宦學得此，不必以吏爲師矣。

編年　據書信編年。

答姚楙一云答盧粹中〔一〕　紹熙元年至二年

承問及爲學之意，足見志尚之遠，甚慰甚慰。蓋嘗聞之，人之一身，應事接物，無非義理之所在。人雖不能盡知，然其大端宜亦無不聞者。要在力行其所已知而勉求其所未至，則自近及遠，由粗至精，循循有序而日有可見之功矣。幸試思而勉之，幸甚幸甚！

校記　〔一〕此篇又見續集卷六答盧提翰。

編年　據書札彙編。

答林質　紹熙元年以後

疑問兩條，至誠之説固難躐等遽論，熹已於四子後序中已略言之矣。不謂性命，集注甚明，恐未詳考之過。宜且平心寬意，反復玩味，必當自見。或與朋友講之，亦必得其説也。

編年　據書信編年。

答李好古　淳熙十年至十三年間

向來見陸删定，所聞如何？若以爲然，當用其言，專心致志，庶幾可以有得，不當復引他説，以分其志。若有所疑，亦當且就此處商量，不當遽舍所受而遠求也。東問西聽，以致惶惑，徒資口耳，空長枝葉，而無益於學問之實，不願賢者爲之，是以有問而未敢對也。

編年　據書信編年。

評論　宋元學案卷七十七：先生又嘗以書通問朱子，朱子答云：「向來見陸删定所聞如何？若以爲然，當用其言，專心致志，庶幾可以有得，不當復引他説以分其志。若有所疑，亦當且就此處商量，不當遽舍所受而遠求也。東問西聽，以致皇惑，徒資口耳，空長枝葉，是以有問而未敢對也。」先生得書，遂終身爲象山之學，不復名他師。

答范叔應 淳熙十六年以後

絜矩章專言財用，繼言用人。蓋人主不能絜矩者，皆由利心之起，故徇己欲而不知有人。此所以專言財用也。人才用舍，最係人心向背。若能以公滅私，好惡從衆，則用舍當於人心矣。此所以繼言用人也。

編年　據書信編年。

答徐景光 淳熙中

寵示復性一篇，伏讀再三，開警甚至。如所謂聖人不待覺而復，賢者能求復其性者，深合乎孟子「堯舜性之，湯武反之」之説。又所論顔子克己復禮一節，意亦甚正，嘆服亡已。但所云聖人之性虚寂而静者，非所以語性；所云心齋坐忘者，亦非所以論顔氏克己復禮之實也。至於卒章所論心性之别，以爲心能感性，則又可疑之大者。熹嘗謂有是形則有是心，而心之所得乎天之理，則謂之性。仁、義、禮、智是也。性之所感於物而動，則謂之情。惻隱、羞惡、是非、辭遜是也。是三者，人皆有之，不以聖凡爲有無也。但聖人則氣清而心正，故性全而情不亂耳。學者則當存心以養性而節其情也。今以聖人爲無心，而遂以爲心不可以須臾有事，然則天之所以與我者〔一〕，何爲而獨有此贅物乎。

校記 〔一〕我：宋浙本作「民」。

編年 據書信編年。

答吴深父 淳熙末

示喻日用之間或有所疑而未必不善者，此固見善不明之過，當汲汲於窮理。然所可懼者，則恐實有可疑而不知以爲疑耳。此則尤當講究體察也。

編年 據書信編年。

答朱岑 淳熙末

昨辱枉書，爲報不謹，方以自愧，茲被再告，良荷不忘之意。前書下問之目，皆所當疑。但當自其近者以次詢究，通其一而後及其二，則疑之釋也有漸矣。若衆難群疑輻輳於胸中，僕懼其徒爲此擾擾而卒無開悟之日也。不識足下以爲如何也。如有取焉，願舉其疑之近者一二條以告，熹請得以所聞爲足下言之，而明者擇焉。

編年 據書信編年。

答孫吉甫 淳熙十四年

德粹之來，遠辱惠書，雖未識面，然足以知賢者之志矣。所喻氣質過剛，未能自克，而欲求其所以轉移變化之道，夫知其所偏而欲勝之，在吾日用之間屢省而痛懲之耳。故周子有「自易其惡，自至其中」之説，是豈他人所得而與於其間哉。然此亦或有説焉，不明於理而徒欲救其偏，亦恐矯枉之過而反失夫中也。故古人之學雖莫急於自修，而讀書講學之功有所不廢。蓋不如是，無以見夫道體之全而審其是非邪正之端也。未由相見，幸且勉力。

編年 據書信編年。

答汪會之 淳熙十六年春

所寄大學，愧煩刊刻，跋語尤見留意。千聖相傳，門户路徑不過如此。前世儒者未嘗熟讀而深求其意，故所以爲學者不知出此，而墮於記誦文詞之末；其好高者又轉而入於老子、釋氏之門，此道之所以不明不行而人才少、風俗衰也。但今雖幸略窺大旨，然循其序而實用力焉，亦恨未能到得古人地位。所以每欲推之，以語同志，而求其輔仁之助。於今乃得吾會之於中表間，豈不幸甚！更願益深考之而實從事焉，使其次第功程日有可見之驗，則其進步自不能已矣。

編年 據書信編年。

與湖南諸公論中和第一書〔一〕 乾道五年春

中庸未發已發之義，前此認得此心流行之體，又因程子「凡言心者，皆指已發而言」，遂目心爲已發，性爲未發。然觀程子之書，多所不合，因復思之，乃知前日之説非惟心性之名命之不當，而日用功夫全無本領，蓋所失者不但文義之間而已。按文集、遺書諸説，似皆以思慮未萌、事物未至之時爲喜怒哀樂之未發。當此之時，即是此心寂然不動之體，而天命之性當體具焉。以其無過不及，不偏不倚，故謂之中。及其感而遂通天下之故，則喜怒哀樂之性發焉，而心之用可見。以其無不中節，無所乖戾，故謂之和。此則人心之正而情性之德然也。然未發之前，不可尋覓，已覺之後，不容安排。但平日莊敬涵養之功至而無人欲之私以亂之，則其未發也鏡明水止，而其發也無不中節矣。此是日用本領工夫，至於隨事省察，即物推明，亦必以是爲本而於已發之際觀之，則其具於未發之前者，固可嘿識。故程子之答蘇季明，反復論辨，極於詳密，而卒之不過以敬爲言。又曰：「敬而無失即所以中。」又曰：「人道莫如敬，未有致知而不在敬者。」又曰：「涵養須是敬，進學則在致知。」蓋爲此也。向來講論思索直以心爲已發，而日用工夫亦止以察識端倪爲最初下手處，以故闕却平日涵養一段工夫，使人胸中擾擾，無深潛純一之味。而其發之言語事爲之間，亦常急迫浮露，無復雍容深厚之風。蓋所見一差，其害乃至於此，不可以不審也。程子所謂「凡言心者，皆指已發而言」，此乃指赤子之心而言。而謂凡言心者，則其爲説之誤。故又自以爲未當而復正之，固不可以執其已改之言而盡疑諸説之誤，又不可遂以爲未當而不究其所指之殊也。不審諸君子以爲如何？

校記 〔一〕此篇與文集卷六十七已發未發説文字多同。

編年 據書信編年。

答或人 乾道中

爲學兩途，誠如所喻。然循其序而進之，亦一而已矣。心有不存，物何可格？然所謂存心者，非拘執係縛而加桎梏焉也。蓋嘗於紛擾外馳之際〔一〕，一念之間，一有覺焉，則即此而在矣。勿忘勿助長，不加一毫智力於其間，則是心也其庶幾乎。

校記 〔一〕嘗：疑當作「當」。

編年 此與下篇無考。然觀其所答甚爲淺顯簡略，參以排序，似當作於乾道中。

答或人 乾道中

仁者人也，合而言之道也。

此章解釋「仁」字「道」字之所以名。

君子引而不發，躍如也。

引而不發，謂漸啓其端而不竟其說。躍如謂義理昭著，如有物躍然於心目之間。

編年　見上篇所考。

答或人 一云與余正甫〔一〕　淳熙元年

二先生所論「敬」字，須該貫動静看。方其無事而存主不懈者，固敬也。及其酬酢不亂者，亦敬也。故曰「毋不敬，儼若思」，又曰「事思敬，執事敬」，豈必以攝心坐禪而謂之敬哉？禮樂固必相須，然所謂樂者，亦不過謂胸中無事而自和樂耳，非是著意放開一路而欲其和樂也。然欲胸中無事，非敬不能。故程子曰「敬則自然和樂」，而周子亦以爲「禮先而樂後」，此可見也。「則自得後須放開，不然却只是守」，此言既自得之，則自然心與理會，不爲禮法所拘而自中節。若未能如此，則是未有所得，纔方是守法之人爾。亦非謂既自得之，又却須放開也。克己復禮固非易事，然顔子用力，乃在於視聽言動禮與非禮之間，未敢便道得其本心而了無一事也。此其所以先難而後獲歟。今言之甚易而苦其行之之難，亦不考諸此而已矣。

校記　〔一〕此篇又見文集卷四十五答廖子晦一。

編年　此篇又見於文集卷四十五答廖子晦一，彼書作於淳熙元年，故此書亦當作在其時。

答或人 自此已下共十書，元題答或人，一云其間是答劉公度。淳熙七年以前

昨來所示疑義，久無便可奉報，今并納還。鄙說或恐未安，不惜痛加辨析也。大學等書近復刊訂，體製比舊亦已不同，恨未有人可録寄耳。尚書頃嘗讀之，苦其難而不能竟也。注疏程、張之外，蘇氏說亦有可觀，但終是不純粹。林少穎說召誥已前亦詳備。聞新安有吴材老裨傳，頗有發明，却未曾見，試并考之。諸家雖或淺近，要亦不無小補，但在詳擇之耳。不可以篇帙浩汗而遽憚其煩也。大抵讀書先且虚心考其文詞指意所歸，然後可以要其義理之所在。近見學者多是先立己見，不問經文向背之勢，而横以義理加之。其說雖不悖理，然非經文本意也。如此則但據己見自爲一書亦可，何必讀古聖賢之書哉。所以讀書，政恐吾之所見未必是而求正於彼耳。惟其闕文斷簡，名器物色有不可考者，則無可奈何。其他在義理中可推而得者〔一〕，切須字字句句反復消詳，不可草草說過也。

校記 〔一〕義：原作「藏」，據宋閩、浙本改。

編年 書云「聞新安有吴材老裨傳，頗有發明，却未曾見」。文集卷三十四答吕伯恭三十云：「近看吴才老說胤征、康誥、梓材等篇，辨證極好。但已看破小序之失而不敢勇決，復爲序文所牽，亦殊覺費力耳。」該書作於淳熙七年正月，則此篇作於其前可知。

答或人 淳熙中

前書妄論，想荷不鄙。然亦未知果中理否。但所聞於師友者如此，驗之聖賢之言又如此，竊

獨安之，不敢自棄，以徇流俗耳。執事議論文章多出於忠厚之意，反身自求，宜有以自樂者。乃獨以無名爲患，不得試爲憂，而欲思其次者，何耶？題跋用意尤懇惻〔一〕，推此足以善一世之俗矣。嘆服之深，不容復措詞也。

校記 〔一〕懇惻：原作「懇側」，據宋閩、浙本改。

編年 此與下篇無可詳考。據其編序，疑在淳熙中。

答或人 淳熙中

大學、中庸無異道，而所自立者有淺深。但循序以進，其義自見，今未須懸料也。孟子盡心之説，熹於大學或問中嘗略言之，其序可見。大抵讀書且求句中大意，令逐處各自分明，即彼此深淺自然可見。今未及各求本處文義，便於彼此參考，所以費力多而未易合也。見得分明，反復涵泳，此是要切功夫，淺深之辨，本非學之急務也。

編年 見上篇所考。

答或人 乾道末至淳熙初

謝、游、楊、尹、侯、郭、張，皆門人也。

程門高第不止此數人，如劉質夫、李端伯、呂與叔諸公，所造尤深，所得尤粹。

四端五典者，窮理之本。

恐當云明四端、察五典者，窮理之要。大凡盡此而可以推及其餘者，本也，一事而有首尾之名也。了此而可以次及其餘者，要也，衆事而有緩急之名也。以此推之，則三十條者之得失略可見矣。

或以仁訓覺訓、公者。

此二訓程子已嘗明其不然，恐不必更著於此。

藍田吕侍講。

吕終於正字，未嘗作講官。

張無垢。

此書深闢佛氏，而所引之言以此爲號，終不穩當，請更詳之。又諸公稱號合立一條例差等，如泰山、海陵、徂徠、濂溪、明道、伊川、横渠、康節稱先生，如云泰山孫先生。公卿稱謚，如云王文正公。無謚稱爵，如云王荆公。無爵稱官。如云范太史。程、張門人及近世前輩亦如之。其無官者稱字，如云張思叔。或兼以號舉，如上蔡、龜山、衡麓、横浦之類。今人稱郡姓名，如東萊吕某。凡奸邪則直書姓名。如云章惇。

當惻隱時體其仁。

孟子論四端，只欲人擴而充之，則仁、義、禮、智不可勝用，不言當此之時别起一念，以體其爲何物也。無垢此言猶是禪學意思，只要想象認得此個精靈，而不求之踐履之實。若曰一面充擴，一面體認，則是一心而兩用之，亦不勝其煩且擾矣。疑此不足引以爲證。又云一處通透，四處廓然，此亦禪學意思，正前章所譏初學躐等之病，尤不當引以爲證也。

復何言哉。

當云「然世本豈得而出哉」。

格物以窮之，多識前言往行以擇之，就有道以正之，歸諸心以居之。

多識而擇之，乃所以格物，不當分格物、多識爲二事，而反以格物爲先，多識爲後也。格物就正，固皆心之所爲，不待更歸諸心而後可居也。且歸諸心者，亦想象之而已矣，未見其踐履之實，亦若之何而能居乎。竊恐此語不能無病。若論爲學之序，則中庸所謂博學、審問、慎思、明辨、篤行者盡之。故程子以爲五者廢其一則非學，而藍田呂氏解釋甚詳，其語皆慤實而有味也。

「察於天行」止「樂循理也」。

窮理者，欲知事物之所以然與其所當然者而已。知其所以然，故志不惑；知其所當然，故行不謬。非謂取彼之理而歸諸此也。程子所謂物我一理，纔明彼即曉此，不必言觀物而反諸身者，蓋已說破此病。況又加所謂宛轉者焉，則其支離間隔之病益已甚矣。

呂氏謂誠者理之實然。

誠之爲言實也，然經傳用之，各有所指，不可一概論也。如呂氏此說，即周子所謂「誠者聖人之本」，蓋指實理而言之者也。如周子所謂「聖，誠而已矣」，即中庸所謂天下至誠者，指人之實有此理者而言也。温公所謂誠，即大學所謂誠其意者，指人之實其心而不自欺者言也。此條「誠」字援引不一，使學者不能曉，當稍分別之。

吕侍講論寡欲。

此乃吕原明侍講。

安人、安百姓，則又擴而大之也。

修己而安人〔一〕，以安百姓，蓋其積愈盛而其效益廣爾。廣非有擴而大之之意也。

致用者窮經之本。

程子曰：「窮經，將以致用也。」則其本末先後固有在矣。今以致用爲窮經之本，恐未安也。若曰「求實用者窮經之本」，其庶幾乎。

推己及人者治道之本，恕者待人之本。

推己及人，即所謂恕。此兩條不惟重復，而别出「恕」字，恐有流於姑息之病。

程明道立門庭以「慎獨」兩字。

前賢據實理以教人，初無立門庭之意。慎獨固操存之要，然明道教人本末具備，亦非獨此二字而已。

審勢者平天下之本。

此語未安，下文亦多此類。唯澄源、節用、立志、守正四語爲最穩耳。

順人情。

人情不能皆正，故古人治世以大德不以小惠，然則固有不必皆順之人情者。若曰順人心，則氣象差正當耳。井田、肉刑二事儘有曲折，恐亦未可遽以爲非。

知良心者去惡之本。

此段意思未安。封建之説與井田、肉刑相類，皆未易輕論也。

賞罰者行師之本。又曰師之道，又貴乎以正耳。

此二語似倒置。

弘毅者任重之本。

據曾子説，弘主任重，毅主致遠。

伊川論守令云云，康節論新法。

此二事恐不類上下文意。

原思爲宰。

衡麓之説，其文義恐未安。

知止。

詳下文所引云云至「物我俱敗矣」是量力之事，伊川、元城及易三節是防微慮遠之事，陳希夷以下乃爲知止之事。今概以知止目之，恐未盡也。

和靖論語録云云。

此語恐非通論。孔門之教，未嘗專恃春秋而直廢論語也。

道之大本。

程子論未發之中與無過不及之中不同，恐更當詳考。

吕氏、楊氏「中」字之説。

此二説恐有未安處。

東學温公語常不及變。

此語甚佳，然終恐難持，不若不論之爲愈。

學者於已發處用工，此却不枉費心力。

程子言存養於未發之前則可，求中於未發之前則不可，然則未發之前，固有平日存養之功矣，不必須待已發然後用工也。

校記　〔一〕而：原作「以」，據宋閩、浙本改。

編年　此書論及和靖重程頤手著易傳輕程氏語録之言論，考文集卷三十七答韓無咎及卷七十二尹和靖手筆辨皆言及同樣内容，答韓書作於乾道末淳熙初，則此篇或與之相先後也。

答或人 紹熙間

前賢之説雖或煩冗，反晦經旨，然其源深流遠，氣象從容，實與聖賢微意泯然默契。今雖務爲簡潔，然細觀之，覺得却有淺迫氣象。而玩索未精，涵養不熟，言句之間，粗率而礙理處却多有之。尹和靖嘗言經雖以誦説而傳，亦以講解而陋，此言深有味也。近方見此意思，若更得數年閑放未死，當更於閑静中陶汰之，庶幾内外俱進，不負平日師友之訓。但恐無復此日耳。龜山立言，却似有意於含蓄而不盡，遂多假借寄託之語，殊不快人意。聖賢之言，則本是欲人易曉，而其中自然有含蓄耳。

編年 書云「若更得數年閑放未死」，見其時已入老境，官餘居閑，而尚未遭黨禁，疑紹熙中罷漳州任後爲近。

答或人 乾道中

前書所論仁義禮智，不記別有何語。然其大概，今且是要識此四字之名件訓詁而已。如所示説，似太高遠，反不的當也。更檢遺書論孝弟爲仁之本及「仁，性也；孝弟，用也」處及「博愛之謂仁」，又答心如穀種之説，但看此三段，更以前聖賢之言參之，則自見無所疑。惻隱不能貫三者，向見何兄亦深以爲疑，竟不能決。此不難曉，更熟看孟子不忍人之心一章，及外書中明道說謝子玩物喪志之説，則亦自分明矣。夜氣一章，所示尤未安。去年曾答順之，此可就取看，有疑處却喻及。大抵所論多未著實，不周匝，又時爲險句奇語軒輊於其間，尤覺不穩當。似是看文字少，又忽略了平易處，而專揀艱難高遠底看，故其用力愈勞而爲説愈雜。可試更思之，復以見示，幸幸。

所示多所未安，别紙具報。幸更平心詳緩紬繹，令意味浹洽，自然安頓穩帖，不如此踸踔奇險也。

編年 文云「夜氣一章，所示尤未安。去年曾答順之，此可就取看」。順之即許順之，其答問孟子夜氣説見於文集卷三十九答許順之十九。其書作於乾道間，此言「去年」，則在稍後。

答或人 淳熙三年以後

知得如此是病，即便不如此是藥。若更問何由得如此，則是騎驢覓驢，只成一場閑説話矣。誠敬固非窮理不能，然一向如此牽連，説過前頭，却恐蹉過脚下工夫也。

博文約禮，學者之初，須作兩般理會而各盡其力，則久之見得功效，却能交相爲助而打成一片。若合下便要兩相倚靠，互相推託，則彼此擔閣，都不成次第矣。然所謂博，非泛然廣覽雜記，掇拾異聞，以讀多取勝之謂，此又不可不知。

「惟后非賢不乂」，言人君必任賢而後可以致治也；「惟賢非后不食」，言人君當任養賢之責也。高宗本意如此，問者疑其成病，固察之不詳，而答者亦無一人説破此意，何耶？

近思録本爲學者不能遍觀諸先生之書，故掇其要切者，使有入道之漸。若已看得浹洽通曉，自當推類旁通，以致其博。若看得未熟，只此數卷之書尚不能曉會，何暇盡求頭邊所載之書而悉觀之乎。又云少輟功夫，取而詳味，不知是輟何功夫？此語尤不可曉。

義利之大分，武侯知之，有非他人所及者，亦其天資有過人處。若其細微之間，則不能無未察處。豈其學有未足故耶？觀其讀書之時，他人務爲精熟，而已則獨觀大旨，此其大者固非人所及，而不務精熟，亦豈得無欠闕耶。若極言之，則以孟子、顔子亦未免有如此處。故横渠先生云，孟子之於聖人，猶是粗者。

以聖爲志而忌立標準者，必有事焉而勿正也。循循不已而自有所至者，心勿忘勿助長也。先難後獲，意亦類此。

學者講論思索，以求事物義理、聖賢指意，則當極其博。若論操存舍亡之間，則只此毫釐之間，便是天理人欲、死生存亡之分，至簡至約，無許多比并較量、思前算後也。今問頭自有病痛，答者又不能一剪剪斷，直下剖判，言愈多而道愈遠矣。

問者所謂思慮邊、義理上者，亦曰思所以處事之宜耳。但其語不莊，故正叔疑其誤，而直卿亦似未得其語意也。

程子曰，動静者陰陽之本，况五氣交運，則益參差不齊矣。賦形之類，宜其雜揉者衆，而精一者間或值焉。以此觀之，則陽一陰二之云，恐亦未可以爲非也。蓋理則純粹至善，而氣則雜揉不齊。内君子，外小人，凡所以抑陰而扶陽者，乃順乎理以裁成輔相而濟夫氣數之不及者也，又何病乎。

鄉原是一種小廉曲謹、阿世徇俗之人，今曰云云，非其義也。又云胸懷明爽，一日千里者，此爲實曾用力之人〔一〕，與他説雖善而未必實有功夫者不同。然其迫切之病，驕吝之私，亦非他人所及也。又有謂墮於習俗之見、釋氏之善者，杜門獨善則可，此亦非是，更思之。

見善明是平日功夫，用心剛是臨事決斷，二者皆不可闕，而當以平日功夫爲先。不然，則其所謂剛者，未必不爲狂妄激發過中之行矣。

校記 〔一〕力：原作「人」，據宋閩、浙本改。

編年 書言及近思録，成於淳熙二年，刊刻稍後，又言及直卿黄榦，榦從學在淳熙三年，故本篇應作於該年以後。

答劉公度 淳熙中

來書深以不得卒業於湖湘爲恨，此見志道之篤。然往者以衒鬻之嫌而緩於請益，亦太不勇矣。彼自干名，我自講學，彼亦安能浼我耶。三千之徒，豈皆確然爲道而來？若以自附爲嫌，則顔曾之流亦且不屑於孔氏之門矣，豈不誤哉。所論主敬之説，固學者之切務。然此亦要得講學窮理之功，見得世間道理歷歷分明，方肯如此著力。若於聖賢之言有所忽略，不曾逐句逐字子細理會，見得道理都未分明，却如何捺生硬做得成？如所謂齊心致敬於平旦之頃，以求理之所在者，亦恐徒勞而無補也。古人之學，欲其造次顛沛之不離。今乃獨求之平旦之頃，則其他時節是勾當甚事耶？所論濂溪見處，亦恐未然。濂溪所見，正爲與異端不同，故立言垂教句句著實如此。若如所論〔一〕，即是所見一般，但此公而彼私，此大而彼小耳。且既有公私大小之不同，則其所同者又何事耶？凡此皆恐未易遽論，要當降心遜志，且就讀書講學上子細用功，久之自有見處也。義理細密，直是使粗心看不得。乍看極似繁碎，久之純熟貫通，則綱舉目張，有自然省力處。向見論事文字綱領不甚分明，今乃知其病之在此也。僭易及之，千萬照亮。

胡文定春秋曾熟看否？未論義理，且看其文字，亦便見此老胸中間架規模不草草也。直卿志堅思苦，與之處甚有益。此道不是小事，須吃些辛苦，方可望也。

校記 〔一〕所：原作「此」，據宋閩、浙本改。

編年 據文集卷九十朝奉劉公墓表，劉公度於淳熙五年始見朱熹於南康，故本篇不得早於是年。又文集卷五十三答劉公度一言及公度治學好高欲速之弊，批評其忽略講學窮理，廢書不讀，與此篇之意正同。彼書作於淳熙十二年，本篇當亦相去不遠。

答或人 淳熙中

示喻爲學次第，甚慰所望。果能充此，聖賢門户真可策而進矣。近世學者多是向外走作，不知此心之妙是爲萬事根本。其知之者，又只是撑眉努眼，喝罵將去，便謂只此便是良心本性，無有不善。却不知道若不操存踐履，講究體驗，則只此撑眉努眼便是私意人欲，自信愈篤，則其狂妄愈甚，此不可不深察而遠避之也。

編年 此書批評江西陸學狂妄粗率、向外走作之弊。文集卷三十五答劉子澄十二云：「近日建昌説得動地，撑眉努眼，百怪俱出，甚可憂懼。」與此句意皆同。彼書作於淳熙十二年，則此篇亦應與相先後。

答或人淳熙中

仁者與天爲一，智者聽天所命。與天爲一者，嘉人之善，矜人之惡，無所擇於利害，故能以大事小。聽天所命者，循理而行，順時而動，不敢用其私心，故能以小事大。然此亦各因一事而言，惟仁者能如此，智者能如此耳，非事以事大事小爲仁智之分、樂天畏天之别也。仁者固能事小，然豈不能事大？智者固能事大，然豈不能事小？但其事之情，則有樂天畏天之異耳。保天下、保一國，以其德之厚薄、量之大小而言，亦無一定之拘。畏天之威，於時保之，此智者畏天而保天下之事也。所云忘私克己，乃畏天之事，樂天則無私之可忘，無己之可克矣。度勢量力，乃計利害之私。智者知天理之當然而敬以循之，所以爲畏天也。

編年 此書未詳。據其編序，似亦作於淳熙中。

朱熹文集編年評注卷六十五

雜著

尚書 慶元四年至五年

漢孔安國曰：「古者伏羲氏之王天下也，始畫八卦、造書契以代結繩之政，由是文籍生焉。陸德明曰，伏羲風姓，以木德王，即太皞也。書契，刻木而書其側，以約事也。易繫辭云：「上古結繩而治，後世聖人易之以書契。」文，文字；籍，書籍。伏羲、神農、黄帝之書謂之三墳，言大道也。少昊、顓頊、高辛、唐、虞之書謂之五典，言常道也。至於夏、商、周之書，雖設教不倫，雅誥奥義，其歸一揆。是故歷代寶之，以爲大訓。陸氏曰，神農，炎帝也，姜姓，以火德王。黄帝，軒轅也，姬姓，以土德王，一號有熊氏。墳，大也。少昊，金天氏，己姓，黄帝之子，以金德王。顓頊，高陽氏，姬姓，黄帝之孫，以水德王。高辛，帝嚳也，黄帝之曾孫，姬姓，以木德王。唐，帝堯也，姓伊耆氏，帝嚳之子。初爲唐侯，後爲天子，都陶，故號陶唐氏。以火德王。虞，帝舜也，姓姚氏，國號有虞，顓頊六世孫，以土德王。夏，禹有天下之號也，以金德王。商，湯有天下之號也，亦號殷，以水德王。周，文王、武王有天下之號也，以木德王。揆，度也。八卦之説謂之八索，求其義也。九州之志謂之九丘，丘，聚也。言九州所有，土地所生，風氣所宜，皆聚此書也。春秋左氏傳曰：楚左史倚相「能讀三墳、五典、八索、九丘」，即謂上世帝王遺書也。陸氏曰，索，求也。倚相，楚靈王時史官也。先君孔子生於周末，睹史籍之煩文，懼覽之者不一，遂乃定禮樂，明舊章，删詩爲三百篇，約史記而修春秋，讚易道以黜八索，述職方以除九丘。討論墳、典，斷自唐虞以下，訖於周，芟夷煩亂，剪截浮辭，舉其宏綱，撮其機要，足以垂世立教，典、謨、訓、誥、誓、命之文凡百篇，所以恢弘至道，示人主以軌範也。帝王之制坦然明白，可舉而行。三千之徒，并受其義。程氏曰，所謂大道，若性與天道之説，聖人豈得而去之哉。若言陰陽四時、七政五行之道，亦必至要之理，非如後世之繁衍末術也。固亦常道，聖人所以不去也。或者所謂羲農之書，乃後人稱述當時之事，失其義理，如許行爲神農之言，及陰陽、權變、醫方稱黄帝之説耳。此聖人所以去之也。五典既皆常道，又去其三。蓋上古雖已有文字，而制立法度，爲治有迹，得以紀載，有史官以識其事，自堯始耳。〇今按，周禮外史掌三皇五帝之書，周公所録，必非僞妄。知春秋時三墳、五典、八索、九丘之書猶有存者。若果全備，孔子亦不應悉删去之。或其簡編脱落，不可通曉，或是孔子所見止自唐虞以下，不可知耳。今亦不必深究其説也。及秦始皇滅先代典籍，焚書坑儒，天下學士逃難解散，我先人用藏其家書于屋壁。秦，國名。始皇，名政，并六國爲天子，自號始皇帝。焚詩書在三十四年，坑儒在三十五年。顔師古曰，家語云，孔騰，字子襄，畏秦法峻急，藏尚書、孝經、論語於夫子舊堂壁中。而漢記尹敏傳云孔鮒所藏。二説不同，未知孰是。漢室龍興，開設學校，旁求儒雅，以闡大猷。濟南伏生年過九十，失其本經，口以傳授，裁二十餘篇。以其上古之書，謂之尚書，百篇之義世莫得聞。漢藝文志云，尚書經二十九篇，注云伏生所授者。儒林傳云，伏生名勝，故爲秦博士。以秦時焚書，伏生壁藏之。其後大兵起，流亡。漢定，伏生求其書，亡數十篇，獨得二十九篇，即以教于齊魯之間。孝文時求能治尚書者，天下無有。聞伏生治之，欲召。時伏生年九十餘，老不能行。於是詔太常使掌故晁錯往受之。顔師古曰，衛宏定古文尚書，序云，伏生老，不能正言，言不可曉，使其女傳言教錯。齊人語多與潁川異，錯所不知凡十二三，略以其意屬讀而已。陸氏曰，二十餘篇，即馬、鄭所注二十九篇是也〔一〕。孔穎達曰，泰誓本非伏生所傳〔二〕，武帝之世始出而得行。史因以入於伏生所傳之内，故云二十九篇也。○今按，此序言伏生失其本經，口以傳授，漢書乃言初亦壁藏，而後亡數十篇，其説不同，蓋傳聞異辭爾。至於篇數亦復不同者，伏生本但有堯典、皐陶謨、禹貢、甘誓、湯誓、盤庚、高宗肜日、西伯戡黎、微子、牧誓、洪範、金縢、大誥、康誥、酒誥、梓材、召誥、洛誥、多方、多士、立政、無逸、君奭、顧命、吕刑、文侯之命、費誓、秦誓〔三〕，凡二十八篇。今加泰誓一篇，故爲二十九篇耳。其泰誓真僞之説詳見本篇，此未暇論也。

至魯共王好治宫室，壞孔子舊宅以廣其居，於壁中得先人所藏古文虞、夏、殷、周之書及傳、論語、孝經，皆科斗文字。王又升孔子堂，聞金石絲竹之音，乃不壞宅，悉以書還孔氏。科斗書廢已久，時人無能知者。以所聞伏生之書考論文義，定其可知者爲隸古定，更以竹簡寫之，增多伏生二十五篇。伏生又以舜典合於堯典，益稷合於皐陶謨，盤庚三篇合爲一，康王之誥合於顧命，復出此篇并序，凡五十九篇，爲四十六卷。其餘錯亂磨滅，弗可復知，悉上送官，藏之書府，以待能者。

陸氏曰，共王，漢景帝之子，名餘。傳謂春秋也。一云周易十翼。非經謂之傳。科斗，蟲名，蝦蟆子，書形似之。爲隸古定，謂用隸書以易古文。二十五篇者，謂大禹謨、五子之歌、胤征、仲虺之誥、湯誥、伊訓、太甲三篇、咸有一德、説命三篇、武成、旅獒、微子之命、蔡仲之命、周官、君陳、畢命、君牙、冏命也〔四〕。復出者，舜典、益稷、盤庚二篇、康王之誥，凡五篇。其百篇之序文合爲一篇，共爲五十九篇，即今所行五十八篇而以序冠篇首者也。爲四十六卷者，孔疏以爲同序者同卷，異序者異卷也。同序者，太甲、盤庚、説命、泰誓皆三篇共序，減八卷。又大禹、皐陶謨、益稷、康誥、酒誥、梓材亦各三篇共序，又減四卷，通前減十二卷。以五十八卷減十二卷，故但爲四十六卷也。其餘錯亂摩滅者，汩作、九共九篇、槀飫、帝告、釐沃、湯征、汝鳩、汝方、夏社〔五〕、疑至、臣扈、典寶、明居、肆命、徂后、沃丁、咸乂四篇、伊陟、原命、仲丁、河亶甲、祖乙、高宗之訓、分器、旅巢命、歸禾、嘉禾、成王政、將蒲姑、賄肅慎之命、亳姑〔六〕，凡四十二篇也。今亡。承詔爲五十九篇作傳，於是遂研精覃思，博考經籍，采摭群言，以立訓傳。約文申義，敷暢厥旨，庶幾有補於將來。書序序所以爲作者之意，昭然義見，宜相附近，故引之各冠其篇首，定五十八篇。今按，此百篇之序出孔氏壁中，漢書藝文志以爲孔子纂書而爲之序，言其作意。然以今考之，其於見存之篇雖頗依文立義，而亦無所發明。其間如康誥、酒誥、梓材之屬，則與經文又有自相戾者。其於已亡之篇，則伊阿簡略，尤無所補，其非孔子所作明甚。然相承已久，今亦未敢輕議。且據安國此序復合爲一，以附經後，而其相戾之説見本篇云。既畢，會國有巫蠱事，經籍道息，用不復以聞。傳之子孫，以貽後代。若好古博雅君子與我同志，亦所不隱也。陸氏曰，漢武帝末征和中，江充造蠱敗戾太子。○今按，此序不類西漢文字，疑或後人所託。然無所據，未敢必也。以其所序本末頗詳，故備載之，讀者宜細考焉。

漢書藝文志云：書者，古之號令。號令於衆，其言不立具，則聽受施行者弗曉。古文讀應爾雅，故解古今語而可知也。括蒼葉夢得曰，尚書文皆奇澀，非作文者故欲如此，蓋當時語自爾也。○今按，此説是也。大抵書文訓、誥多奇澀〔七〕，而誓、命多平易。蓋訓、誥皆是記録當時號令於衆之本語，故其間多有方言及古語。在當時則人所共曉，而於今世反爲難知。誓、命則是當時史官所撰〔八〕，櫽括潤色〔九〕，粗有體製，故在今日亦不難曉耳。孔穎達曰，孔君作傳，值巫蠱，不行以終。前漢諸儒知孔本五十八篇，不見孔傳，遂有張霸之徒僞作舜典、汩作、九共九篇、大禹謨、益稷、五子之歌、胤征、湯誥、咸有一德、典寶、伊訓、肆命、原命、武成、旅獒、冏命二十四篇，除九共九篇，共爲十六卷〔十〕，蓋亦略見百篇之序。故以伏生二十八篇者，舜典、益稷、盤庚三篇、康王之誥及泰誓三篇，共爲三十四篇，并僞作二十四篇十六卷，附以求合於孔氏之五十八篇四十六卷之數也。劉向、班固、劉歆、賈逵、馬融、鄭玄之徒皆不見真古文而誤以此爲古文之書，服虔、杜預亦不之見。至晋王肅，始似竊見。而晋書又云鄭沖以古文授蘇愉，愉授梁柳，柳之内兄皇甫謐又從柳得之，而柳又以授臧曹。曹始授梅賾，賾乃於前晋奏上其書而施行焉。今按漢書所引泰誓云誣神者殃及三世，又云立功立事惟以永年，疑即武帝之世所得者。律歷志所引伊訓、畢命字畫有與古文略同者，疑即伏生口傳而晁錯所屬讀者。其引武成，則伏生無此篇，必是張霸所僞作者矣〔十一〕。

今按，漢儒以伏生之書爲今文而謂安國之書爲古文，以今考之，則今文多艱澀而古文反平易。或者以爲今文自伏生女子口授晁錯時失之，則先秦古書所引之文皆已如此，恐其未必然也。或者以爲記録之實語難工而潤色之雅詞易好，故訓、誥、誓、命有難易之不同，此爲近之。然伏生倍文暗誦乃偏得其所難，而安國考定於科斗古書錯亂磨滅之餘，反專得其所易，則又有不可曉者。至於諸序之文或頗與經不合，而安國之序又絕不類西京文字，亦皆可疑。獨諸序之本不先經，則賴安國之序而可見。故今別定此本，壹以諸篇本文爲經，而復合序篇於後，使覽者得見聖經之舊而不亂乎諸儒之説；又論其所以不可知者如此，使學者姑務沈潛反復乎其所易而不必穿鑿傅會於其難者云。

校記

〔一〕鄭：原作「邠」，據宋閩、浙本改。

〔二〕泰：原作「秦」，據右引改。

〔三〕秦誓：原缺，據正訛補。

〔四〕「二十五篇」以下：正訛云「脱泰誓三篇」。

〔五〕社：原作「材」，據宋閩、浙本改。

〔六〕亳：原作「毫」，據宋閩本、明天順本改。

〔七〕文訓誥：原作「之詞語」，據宋閩、浙本改。

〔八〕撰：原作「慔」，據右引改。

〔九〕潤：原作「閏」，據右引改。

〔十〕六：宋浙本作「五」。

〔十一〕必：原作「書」，據宋閩、浙本改。

虞　書虞，舜氏，因以爲有天下之號也。書凡五篇，堯典雖紀唐堯之事，然本虞史所作，故曰虞書。其舜典以下夏史所作，當曰夏書。春秋傳亦多引爲夏書。此云虞書，或以爲孔子所定也。

堯　典堯，唐帝名。説文曰：「典從册在丌上，尊閣之也。」此篇以簡册載堯之事，故名曰堯典。後世以其所載之事可爲常法，故又訓爲常也。此篇古文、今文皆有。

曰若稽古帝堯，曰放勛，欽明文思安安。允恭克讓，光被四表，格于上下。曰、粤、越通。曰若者，發語辭。古人文字中多用之。周書所謂「越若來三月」，亦此例也。稽，考也。史臣將叙堯事，故先言考古之帝堯者，其德如下文所云。曰者，猶言其説如此也。放，至也。孟子言「放乎四海」是也。勛，功也。言堯之功大而無所不至也。欽，恭敬也。

明，聰明也。敬爲體而明爲用也。文，文章也。思，意思也。文著見而思深遠也。安安，無所勉强之貌。言其德性之美皆出於自然而非强勉，所謂性之者也。允，信；克，能也。常人德非性有，物欲害之，故有强爲恭而不實，欲爲讓而不能者。惟堯性之，是以信恭而能讓也。光，顯；被，及；表，外；格，至；上，天；下，地也。言其德之盛如此，故其所及之遠如此也。蓋放勛者，總言堯之德業也。欽明文思安安，本其德性而言也。允恭克讓，以其行寔而言也。至於被四表、格上下，則放其勛之所極也。孔子曰，惟天爲大，惟堯則之。故書帝王之德莫盛於堯，而其贊堯之德莫備於此。且又首以「欽」之一字爲言，此書中開卷第一義也。讀者深味而有得焉，則一經之全體不外是矣，其可忽哉！

克明俊德，以親九族。九族既睦，平章百姓。百姓昭明，協和萬邦。黎民於變時雍。

明，明之也。俊，大也。堯之大德，上文所稱是也。九族，高祖至玄孫之親。舉近以該遠，五服之外，異姓之親亦在其中也。睦，親而和也。平，均；章，明。百姓，畿內庶民也。昭明，皆能自明其德也。萬邦，天下諸侯之國也。黎，黑也。民首皆黑，故曰黎民。於，嘆美辭。變，變惡爲善也。時，是；雍，和也。於是無不和也。此言堯推其德，自身及物，由近及遠，所謂放勛者也。

乃命羲、和，欽若昊天，曆象日月星辰，敬授人時。

此兼命二氏四子作爲曆象以授民，欲其及時以趨事也。若，順也。昊，廣大之意也。曆，所以紀數之書也。象，所以觀天之器，如後篇璣衡之屬是也。日，陽精，一日而繞地一周。月，陰精，一月而與日一會。星，二十八宿衆星爲經，金木水火土五星爲緯，皆是也。辰，以日月所會分周天之度爲十二次也。人時，謂耕穫蠶績之候，凡民事早晚之所關也。其説詳見下文。

分命羲仲，宅嵎夷，曰暘谷。寅賓出日，平秩東作。日中，星鳥，以殷仲春。厥民析，鳥獸孳尾。

此以下四節言曆既成而分職以頒布，且考驗之，恐其推步之或差也。或曰上文所命蓋羲伯、和伯，此乃分命其仲叔，未詳是否。宅，居也。嵎夷，東表之地。蓋官在國都而統治之方其極至此，非往居於彼也。曰暘谷者，以日之所出而名之也。寅，敬也。賓，禮接之如賓客也。出日，方出之日。蓋以春分之旦朝方出之日而識其初出之景也〔一〕。平，均；秩，序；作，起也。東作，春月歲功方興，所當作起之事也。蓋以曆之節氣早晚均次其先後之宜，以授有司也。日中者，晝得其中也。蓋晝夜皆五十刻，春主陽，故以晝言也。星鳥，南方朱鳥七宿。殷，中也。仲春者，春分之氣，蓋以日晷中星驗春之中也。析，分散也。先時冬寒，民聚於隩，至是則以民之散處而驗其氣之温也。乳化曰孳，交接曰尾。以物之生育而驗其氣之和也。申命羲叔，宅南交，平秩南訛。敬致。日永，星火〔二〕，以正仲夏。厥民因，鳥獸希革。申，重也。南交，南方交趾之地。劉氏曰，當云「宅南，曰交趾」。陳氏曰，「交」下當有「曰明都」三字。訛，化也。謂夏月時物長盛，所當變化之事也。史記索隱作「南爲」，謂所當爲之事也。敬致，周禮所謂春夏致日，蓋以夏至之日中祠日而識其景，如周禮所謂日至之景尺有五寸，謂之地中者也。永，長也。日永，晝六十刻也。星火〔三〕，東方蒼龍七宿，火謂大火，夏至之中星也。因，析而又析也。以氣愈熱而民愈散也。希革，毛希而革見也。分命和仲，宅西，曰昧谷。寅餞納日，平秩西成。宵中，星虚，以殷仲秋。厥民夷，鳥獸毛毨。西，謂西極之地。曰昧谷，以日所入而名之也。餞，禮送行者之名。納日，方納之日也。蓋以秋分之暮夕方納之日而識其景也。西成，秋月物成之時所當成就之事也。宵，夜也。此時亦晝夜各五十刻〔四〕，秋至陰〔五〕，且避春之日中，故舉宵以見日也。星虚，北方玄武七宿，虚星，秋分之中星也。夷，平也。暑退而又氣平也。毛毨，毛落更生，潤澤鮮好也。申命和叔，宅朔方，曰幽都。平在朔易，日短，星昴，以正仲冬。厥民隩，鳥獸氄毛。朔方，北荒之地。謂之朔者，朔之爲言蘇也。萬物至此，死而復蘇，猶月之晦而有朔也。日行至是則淪於地中，萬象幽暗，故曰幽都。在，察也。朔易，冬月歲事已畢，除舊更新，所當改易之事也。日短，晝四十刻也。冬亦主陰，然無所避，故直言日也。星昴，西方白虎七宿，昴星，冬至之中星也。隩，室之内也。氣寒而民聚於内也。氄毛，亦以寒而生細毛以自温也。蓋既命羲、和造曆制器，而又分方與時，使各驗其實，以審夫推步之差。聖人之敬天勤民，其謹如是，是以術不違天而政不失時也。今按，中星或以象言，或以次言，或以星言者，蓋星適當昏中，則以星言，如星虚、星昴是也。星不當中而適當其次者，則以次言，如星火是也。次不當中而適界於兩次之間者，則以象言，如星鳥是也。聖人作曆，推考參驗，以識四時中星，其立言之法詳密如此。又按堯冬至日在虚，昏中昴，今日在斗，昏中壁，而中星古今不同者，蓋天有三百六十五度四分度之一，歲有三百六十五日四分日之一。天度四分之一而有餘，歲日四分之一而不足。故天度常平運而舒，日運常內轉而縮。天漸差而西，歲漸差而東，此即歲差之由。唐一行所謂歲差者，日與黃道俱差者是也。古曆簡易，未立差法，但隨時占候修改，以與天合。至東晉虞喜，始以天爲天，以歲爲歲，乃立差法，以追其變，約以五十年而退一度。何承天以爲太過，乃倍其年，而又反不及。至隋劉焯，取二家中數爲七十五年，蓋爲近之，而亦未爲精密也。帝曰：「咨！汝羲暨和，期三百有六旬有六日，以閏月定四時成歲。允釐百工，庶績咸熙。」咨，嗟也，嗟嘆而告之也〔六〕。暨，及也。期，猶周也。歲周三百六十五日四分日之一，而曰三百六旬有六日者，舉成數也。釐，治；工，官；庶，衆；績，功；熙，廣也。按天體至圓，周圍三百六十五度四分度之一，繞地左旋，常一日一周而過一度。日麗天而少遲，一日繞地一周無餘而常不及天一度，積三百六十五日九百四十分日之二百三十五而與初躔會，是一歲日行之數也。月麗天而尤遲，一日常不及天十三度十九分度之七，積二十九日九百四十分日之四百九十九而與日會。十二會得全日三百四十八，餘分之積五千九百八十八。如日法九百四十，而一得六不盡三百四十八，通計得日三百五十四九百四十分日之三百四十八，是一歲月行之數也。歲有十二月，月有三十日。三百六十者，歲之常數也。故日行而多五日九百四十分日之二百三十五者爲氣盈，月行而少五日九百四十分日之五百九十二者爲朔虛。合氣盈、朔虛而閏生焉。故一歲閏率則十日九百四十分日之八百二十七，三歲一閏則三十二日九百四十分日之六百單一，五歲再閏則五十四日九百四十分日之三百七十五，十有九歲七閏則氣朔分齊，是爲一章也。故積之三年而不置閏，則春之一月入于夏而時漸不定矣，子之一月入于丑而歲漸不成矣。積之之久，至於三失閏，則春皆入夏而時全不定矣。十二失閏，則子皆入丑而歲全不成矣。蓋其名實乖戾，寒暑反易，既爲可笑，而農桑庶務皆失其時，爲害尤甚。故必以餘置閏而後四時不差而歲功得成，以此信治百官而衆功皆廣也。帝曰：「疇咨若時登庸？」放齊曰：「胤子朱啓明。」帝曰：「吁！嚚訟，可乎？」此以下至「鯀績弗成」，皆爲禪舜張本也。疇，誰；咨，嗟；若，順；時，是；庸，用也。言堯誰何咨嗟而問有能順此理者，將登而用之也。放齊，臣名。胤，嗣也。胤子朱，堯之嗣子丹朱。啓，開也。言其性開明可登用也。吁者，嘆其不然之辭。嚚謂不道忠信之言，訟，爭辨也。朱蓋以其開明之才用之於不善，故爲嚚訟。禹所謂傲虐是也。此見堯之至公至明，深知其子之惡而不以一人病天下也。或曰胤國子爵，堯時諸侯也。蓋書有胤侯，周書有胤之舞衣。今亦未見其必不然，姑存於此云。帝曰：「疇咨若予采？」驩兜曰：「都！共工方鳩僝功。」帝曰：「吁！靜言庸違，象恭滔天。」采，事也。驩兜，臣名。共工，官名。蓋古之世官族也。方，且；鳩，聚；僝，見也。言方且鳩聚而見其功也。靜言庸違，靜則能言而用之則違，背其言也。象恭，貌恭而心不然也。「滔天」二字未詳，不可曉，與下文不相似，疑有舛誤。帝曰：「咨！四岳，湯湯洪水方割，蕩蕩懷山襄陵，浩浩滔天。下民其咨，有能俾乂？」僉曰：「於！鯀哉。」帝曰：「吁，咈哉！方命圮族。」岳曰：「异哉！試可乃已。」帝曰：「往，欽哉！」九載，績用厥弗成。四岳，官名。一人而總四岳，諸侯之事也。湯湯，水盛貌。洪，大也。孟子曰，水逆行謂之洚水。洚水者，洪水也。蓋水涌出而未洩，故泛濫而逆流也。割，害也。蕩蕩，廣貌。懷，包其四面也。襄，駕出其上也。大阜曰陵。浩浩，大貌。滔，漫也。極言下民其咨〔七〕，其大勢若漫天也。俾，使；乂，治也。僉，衆共之辭。鯀，崇伯名，民嘆其美而薦之也〔八〕。咈者，甚不然之之辭。方，逆也。命，上之令也。言專任己意，不從上令也。圮，敗；族，類也。言與衆不和，傷人害物。鯀之不可用者，以此也。楚辭言鯀悻直〔九〕，是其方命敗類之證也。岳曰，則四岳之獨言也。「异」義未詳，疑是已廢而復强舉之意。試可乃已者，蓋廷臣未有賢於鯀者，不若姑試用之，取其可以治水而已矣。言無預他事，不必求其備也。堯於是遣之往治水，而戒以「欽哉」。蓋任大事不可以不敬，聖人之戒，辭約而意盡也。帝曰：「咨！四岳，朕在位七十載，汝能庸命，巽朕位？」岳曰：「否德忝帝位。」曰：「明明揚側陋。」師錫帝曰：「有鰥在下，曰虞舜。」帝曰：「俞，予聞。如何？」岳曰：「瞽子，父頑，母嚚，象傲，克諧以孝，烝烝，乂不格姦。」帝曰：「我其試哉！女于時，觀厥刑于二女。」釐降二女于嬀汭，嬪于虞。帝曰：「欽哉！」朕，古人自稱之通號。巽，順而入之也。言汝四岳能用我之命而入居我之位乎？蓋丹朱既不肖，群臣又多不稱，故欲舉以授人而先之四岳也。否，不通；忝，辱也。明明，上明謂明顯之，下明謂已在顯位者。揚，舉也。側陋，微賤之人也。言惟德是舉，不拘貴賤也。師，衆；錫，與也。蓋四岳與群臣諸侯同辭以對也。鰥，無妻之名。虞，氏；舜，名也。俞，應許之辭。予聞者，我嘗亦聞是人也。如何者，復問其德之詳也。岳曰，又四岳獨對也。瞽，無目之名。言舜乃瞽者之子也。舜父號瞽叟，心不則德義之經爲頑。母，舜後母也。象，舜異母弟名。傲，驕慢也。諧，和也。烝，進也。言舜不幸遭此而能和以孝，使之進進，以善自治而不至於大爲奸惡也。女，以女與人也。時，是；刑，法也。此堯言其將試舜之意也。莊子所謂「二女事之，以觀其內」是也。蓋夫婦之間，隱微之際，正始之道，所繫尤重，故觀人者於此爲尤切也。釐，理；降，下。二女，堯二女娥皇、女英也。嬀，水名，在今河中府河東縣，出歷山，入河。汭，水北，一説亦水名，一説小水入大水也。蓋山水皆自北來，人可居處多在所交之北，故舜所居在嬀之汭也。嬪，婦也。虞，舜氏也，謂其家也。言治裝而下嫁二女于嬀水之北，使爲舜婦于虞氏之家也。帝曰欽哉，戒二女之辭，即禮所謂「往之女家，必敬必戒」者。況以天子之女嫁於匹夫，尤不可以不深戒也。

校記

〔一〕景：原作「晨」，據宋閩、浙本改。

〔二〕火：原作「大」，據右引改。

〔三〕火：原作「大」，據右引改。

〔四〕此：原作「北」，據右引改。

〔五〕至：據下段，當作「主」。

〔六〕告：原作「言」，據宋閩、浙本改。

〔七〕正訛削去「下民其咨」四字。

〔八〕民：原缺，據宋浙本補。

〔九〕悻：原作「倖」，據宋閩、浙本改。

舜典古文有，今文合於堯典。

曰若稽古帝舜，曰重華，協于帝。濬哲文明，温恭允塞，玄德升聞，乃命以位。華，光華也。協，合也。帝謂堯也。濬，深也。哲，智也。温，和粹也。塞，實也。玄，幽潛也。升，上也。言堯既有光華，而舜又有光華可合於堯，因言其目，則深沉而有智，文理而光明，和粹而恭敬，信實而充塞。有此四者幽潛之德，上聞於堯，堯乃命之以官職之位也。○今按孔疏，梅賾奏上古文尚書孔傳之時，已失舜典一篇。又自此以上二十八字世所不傳，故多用王、范之注補之，而以下文「慎徽五典」以下爲舜典之初。至齊蕭鸞建武四年，姚方興於大航頭而獻之，議者以爲孔安國之所注也。直方興有罪，事亦隨寢。至隋開皇二年購募遺典，乃得其篇焉。蓋伏生以舜典合於堯典，故其所傳無此二十八字。梅賾既失孔傳，故亦不知有此二十八字。而「慎徽五典」以下，則固具於伏生之書，故傳者用王、范之注以補之。至姚方興，乃得古文本經而并及孔傳，於是始知有此二十八字。但未知其餘文字同異又如何耳。或者由此乃謂古文舜典一篇皆盡亡失，至是方全得之，遂疑其僞，蓋過論也。

慎徽五典，五典克從。納于百揆，百揆時叙。賓于四門，四門穆穆。納于大麓，烈風雷雨弗迷。徽，美也。五典，五常也。父子有親，君臣有義，夫婦有別，長幼有序，朋友有信是也。從，順也。左氏所謂無違教也。此蓋使爲司徒之官也。揆，度也。百揆者，揆度庶政之官，唯唐虞有之，猶周之冢宰也。時叙，以時而叙。左氏所謂無廢事也。四門，四方之門。古者以賓禮親邦國，諸侯各以方至，而使主焉，故曰賓。穆穆，和之至也。左氏所謂無凶人也。此蓋又兼四岳之官也。麓，山足也。烈，迅；迷，錯也。史記曰，堯使舜入山林川澤，暴風雷雨，舜行不迷。蘇氏曰，洪水爲患，堯使舜入山林，相視原隰，雷雨大至，衆懼失常，而舜不迷。其度量有絶人者，而天地鬼神亦或有以相之歟。

帝曰：「格！汝舜，詢事考言，乃言底可績，三載。汝陟帝位。」舜讓於德，弗嗣。格，來；詢，謀；乃，汝；底，致；陟，升也。堯言詢舜所行之事而考其言，則見汝之言致可有功，於今三年矣。汝宜升帝位也。讓於德，讓於有德之人也。或曰謙遜，自以其德不足爲嗣也。**正月上日，受終於文祖。**上日，朔日也。葉氏曰，上旬之日。曾氏曰，如上戊上丁之類〔一〕。未詳孰是。受終者，堯於是終帝位之事而舜受之也。文祖者，堯始祖之廟，未詳所指爲何人也〔二〕。**在璇璣玉衡，以齊七政。**在，察也。美珠謂之璇。璣，機也。以璇飾璣，所以象天體之運轉也。衡，横也，謂衡簫也。以玉爲管，横而設之，所以窺璣而察七政之運行，猶今之渾天儀也。齊猶審也。七政，日月五星也。七者運行於天，有遲有速，有順有逆，猶人君之有政事也。言舜初攝位，乃察璣衡以審七政之所在，以起渾天儀。晉天文志云，言天體者有三家，一曰周髀，二曰宣夜，三曰渾天。宣夜絶無師説，不知其狀如何。周髀之術，以爲天似覆盆。蓋以斗極爲中，中高而四邊下，日月旁行繞之。日近而見之爲晝，日遠而不見爲夜。蔡邕以爲考驗天象，多所違失。渾天説曰，天之形狀似鳥卵，地居其中，天包地外，猶卵之裹黄，圓如彈丸，故曰渾天。言其形體渾渾然也。其術以爲天半覆地上，半在地下。其天居地上，見有一百八十二度半强〔三〕，地下亦然。北極去地上三十六度，南極入地亦三十六度，而嵩高正當天之中。極南五十五度，當嵩高之上。又其南十二度，爲夏至之日道。又其南二十四度，爲春秋分之日道。又其南二十四度，爲冬至之日道。南下去地三十一度而已，是夏至日北去極六十七度，春秋分去極九十一度，冬至去極一百一十五度，此其大率也。其南北極特其兩端〔四〕，其天與日月星宿斜而迴轉〔五〕。此必古有其法，遭秦而滅。至漢武帝時，洛下閎始經營之，鮮于安人又量度之〔六〕。至宣帝時，耿壽昌始鑄銅而爲之象〔七〕。衡長八尺，孔徑一寸。璣徑八尺，圓周二丈五尺强。轉而望之，以知日月星辰之所在，即此璇璣玉衡之遺法。蔡邕以爲近得天體之實者也。○沈括曰〔八〕，舊法，規環一面刻周天度，一面加銀丁。蓋以夜候之，天晦不可目察，則以手切之也。古人以璇飾璣，疑亦爲此。○今按，此以漢法逆推古制。然歷代以來，其法漸密。本朝因之，爲儀三重，其在外者曰六合儀。平置單環〔九〕，上刻十二辰八十四偶在地之位以準地〔十〕，而面定四方。側立黑雙環，具刻去極度數〔十一〕，以中分天脊，直跨地平，使其半出地上，半入地下，而結於其子午，以爲天經。斜倚赤單環，具刻赤道度數〔十二〕，以平分天腹，横繞天經〔十三〕，亦使半出地上，半入地下，而結於其卯酉，以爲天緯。二環表裹相結不動。其天經之環，則南北二極皆爲圓軸，虚中而内向，以挈三辰四游之環。以其上下四方於是可考，故曰六合。次其内曰三辰儀，側立黑雙環，亦刻去極度數，外貫天經之軸，内挈黄、赤二道。其赤道則爲赤單環，外依天緯，亦刻宿度，而結於黑雙環之卯酉。其黃道則爲黃雙環〔十四〕，亦刻宿度，而又斜倚於赤道之腹，以交結於卯酉。而半入其内，以爲春分後之日軌，半出其外，以爲秋分後之日軌。又爲白單環以承其交，使不傾。墊下設機輪，以水激之，使其日夜隨天東西運轉，以爲象天行。以其日月星辰於是可考，故曰三辰。其最在内者曰四游儀，亦爲黑雙環，如三辰儀之制，以貫天經之軸。其環之内則兩面當中各施直距，外趾指兩軸〔十五〕，而當其要中之内，又爲小竅，以受玉衡要中之小軸，使衡既得隨環東西運轉〔十六〕，又可隨處南北低昂，以待占候者之仰窺焉。以其東西南北無不周遍，故曰四游。此其法之大略也。曆家之説又以北斗魁四星爲機，杓三星爲衡。今詳經文簡質，不應北斗二字乃用寓名，恐未必然。姑存其説，以廣異聞。肆類于上帝，禋于六宗，望于山川，遍于群神。肆，遂也。類、禋、望，皆祭名。周禮肆師「類造上帝」注云，郊祀者，祭昊天之常祭。非常祀而祭告于天，其禮依郊祀爲之，故曰類。如泰誓武王伐商，王制言天子將出，皆云「類于上帝」是也。上帝，天也。禋，精意以享之謂。六宗，宗，尊也。所尊祭者其祀有六。祭法曰，埋少牢於泰昭〔十七〕，祭時也。相近於坎壇，祭寒暑也。王宮，祭日也。夜明，祭月也。幽宗，祭星也。雩宗，祭水旱也。山川，名山大川、五岳四瀆之屬，望而祭之，故曰望。遍，周遍也。群神，謂丘陵墳衍、古昔聖賢之類。言受終觀象之後，即祭祀上下神祇，以攝位告也。輯五瑞。既月，乃日覲四岳群牧，班瑞于群后。輯，斂；瑞，信也。公執桓圭，侯執信圭，伯執躬圭，子執穀璧，男執蒲璧。五等諸侯執之，以合符於天子而驗其信否也。周禮「天子執冒以朝諸侯」，鄭氏注云，名玉以冒，以德覆冒天下也。諸侯始受命，天子錫以圭，圭頭斜鋭，其冒下斜刻，小大長短廣狹如之。諸侯來朝，天子以刻處冒其圭頭，有不同者，即辨其僞也。既，盡；覲，見；四岳，四岳之諸侯；群牧，九州之牧伯也。程氏曰，輯五瑞，徵五等諸侯也。此以上皆正月事。至盡此月，則四方諸侯有至者矣。遠近不同，來有先後，故日日見之，不如他朝會之同期於一日也。蓋欲以少接之，則得盡其詢察禮意也。班，頒同。群后，即侯牧也。既見之後，審知非僞，則又頒還其瑞，以與天下正始也。歲二月，東巡守，至于岱宗，柴望。絕句。秩于山川，肆覲東后。協時月正日，同律度量衡。修五禮、五玉、三帛、二生、一死贄，如五器，卒乃復。五月南巡守，至于南岳，如岱禮。八月西巡守，至于西岳，如初。十有一月朔巡守，至于北岳，如西禮。歸，格于藝祖，用特。

孟子曰，天子適諸侯曰巡守。巡守，巡所守也。歲二月，當巡守之年二月也。岱宗，泰山也。柴望，燔柴以祀天而遂望祭東方之山川，又各以其秩次而就祭之也。秩者，其牲幣祝號之次第，如五岳視三公，四瀆視諸侯，其餘視伯、子、男者也。東后，東方之諸侯也。時謂四時，月謂月之大小，日謂日之甲乙，其法略見上篇。諸侯之國其有不同者，則協而合之也。同，審而一之也。律謂十二律也。六律爲陽，黄鍾、太簇、姑洗、蕤賓、夷則、無射。六吕爲陰，大吕、夾鍾、仲吕、林鍾、南吕、應鍾。凡十二管皆徑三分有奇，空圍九分，而黄鍾之長九寸。大吕以下律吕相間，以次而短，至應鍾而極焉。以之制樂而節音聲，則長者聲下，短者聲高。下者則重濁而舒遲，上者則輕清而剽疾。以之審度長短，則九十分黄鍾之長，一爲一分，而十分爲寸，十寸爲尺，十尺爲丈，十丈爲引。以之審量而量多少，則黄鍾之管其容子穀秬黍中者一千二百以爲龠，而十龠爲合〔十八〕，十合爲升，十升爲斗，十斗爲斛。以之平衡而權輕重，則黄鍾之龠所容千二百黍，其重十二銖。兩龠則二十四銖而爲兩，十六兩爲斤，三十斤爲鈞，四鈞爲石。此黄鍾所以爲萬事根本，諸侯之國所用有不同者，則審而一之也。時月之差由積日而成，其法則先粗而後精。度、量、衡受法於律，其法則先本而後末。故言正日在協時月之後，同律在度量衡之先，立言之叙蓋如此也。五禮，吉、凶、軍、賓、嘉也。修之所以同天下之風俗也。五玉，五等諸侯所執者，即五瑞也。三帛，諸侯世子執纁，公之孤執玄，附庸之君執黄。二生，卿執羔，大夫執雁。一死，士執雉。五玉、三帛、二生、一死，所以爲贄而見者。此九字當在「肆覲東后」之下，「協時月正日」之上，誤脱在此。言東后之覲，皆執此贄也。如五器，劉侍讀曰〔十九〕，如，同也。五器即五禮之器也。周禮曰，王之所以撫邦國諸侯者，七歲屬象胥，諭言語，協辭命；九歲屬瞽史，喻書名，聽聲音；十有一歲達瑞節，同度量，成牢禮，同數器，修法則；十有二歲王巡守殷國。大略亦類此，蓋因虞夏之禮而損益之，故其先後詳略有不同耳。卒乃復者，舉祀禮，覲諸侯，一正朔，同制度，修五禮，如五器，數事皆畢，則不復東行而遂西向，且轉而南行也。南岳，衡山；西岳，華山；北岳，恒山。二月東，五月南，八月西，十一月北，各以其時也。格，至也，至於其廟而祭告也。藝祖疑即文祖，或曰文祖，藝祖之所自出，不知何據，今未有考也。特，特牲也，謂一牛也。古者君將出，必告於祖禰，歸又至其廟而告之。孝子不忍死其親，出告反面之義也。王制曰「歸格于祖禰」，鄭注曰，祖下及禰皆一牛。程氏以爲但言藝祖者，舉尊耳，實皆告也。但止就祖廟共用一牛，不如時祭各設主於其廟也。二説未知孰是，今兩存之。五載一巡守，群后四朝。敷奏以言，明試以功，車服以庸。五載之内，天子巡守者一，諸侯來朝者四。蓋巡守之明年，則東方諸侯來朝於天子之國。又明年，則南方之諸侯來朝。又明年，則西方之諸侯來朝。又明年，則北方之諸侯來朝。又明年，則天子復巡守。是則天子諸侯雖有尊卑，而一往一來，禮無不答，是以上下交通而遠近洽和也。敷，陳；奏，進也。周禮曰，民功曰庸。程氏曰，敷奏以言者，使各陳其爲治之説，言之善則明考其功，有功則賜車服以旌其功也。其言不善，則亦有以告飭之也。林氏曰，天子巡守則有協時月以下等事，諸侯來朝則有敷奏以言以下等事。肇十有二州，封十有二山，濬川。肇，始也。十二州，冀、兖、青、徐、揚、荆、豫、梁、雍、幽、并、營也。古者中國之地但爲九州，曰冀、兖、青、徐、揚、荆、豫、梁、雍。禹治水作貢，亦因其舊。大河以北爲冀州〔二十〕，而帝都在焉。及舜即位，以冀、青地太廣，始分冀東恒山之地爲并州，又分東北醫無閭之地爲幽州，又分青之東北遼東等處爲營州，而冀州止有河内之地。今河東一路是也。封，表也。封十二山者，每州封表一山，以爲一州之鎮。如職方氏言「揚州其山鎮曰會稽」之類。濬川，濬導十二州之川也。然舜既分十有二州，而至商時又但言九圍九有，周禮職方氏亦止辨九州之域有揚〔二十一〕、荆、豫、青、兖、雍、幽、冀、并而無徐、梁、營，則是爲十二州蓋不甚久。不知其自何時復合爲九也。象以典刑，流宥五刑，鞭作官刑，扑作教刑，金作贖刑。眚災肆赦，怙終賊刑。欽哉欽哉！惟刑之恤哉！象，如天之垂象示人也。典，常也。示人以常刑，所謂墨、劓、剕、宫、大辟，五刑之正也。所以待夫元惡大憝，殺人傷人，穿逾淫邪，凡罪之不可宥者也。流，流遣之使遠去，如下文流放竄殛之類也。宥，寬也。所以待夫罪之稍輕，雖入於五刑而情可矜、法可疑，與夫親貴勛勞而不可加以刑者，則以此而寬之也。鞭，木末垂革。官刑，官府之刑也。扑，夏楚也。教刑，學校之刑也。皆以待夫罪之輕者也。金，罰其金也。贖，贖其罪也。所以待夫罪之極輕，雖入於鞭扑之刑，而情法猶有可議者，則罰其金以贖罪也。此五句者〔二十二〕，寬猛輕重各有條理，法之正也。眚謂過誤，災謂不幸。若人有如此而入於刑，則又不待流宥金贖而直赦之也。怙謂再犯〔二十三〕，若人有如此而入於刑，則雖當宥當贖，亦不許其宥，不聽其贖而必刑之也。此二句者，或由重而即輕，或由輕而即重，猶今之律有名例，又用法之權衡，所謂法外意也。聖人立法制刑之本末，此七言者大略盡之矣。刑有輕重取舍、陽舒陰慘之不同，然「欽哉欽哉，惟刑之恤」之意，則未始不行乎其間也。蓋其輕重毫釐之間各有攸當者，乃天罰不易之定理，而欽恤之意行乎其間，則可以見聖人好生之本心也。據此經文，五刑有流宥而無金贖。周禮秋官亦無其文。至吕刑，乃有五等之罰。疑穆王始制之，非法之正也。蓋當刑而贖，則失之輕；疑赦而贖，則失之重。且使富者幸免而貧者受刑，既非所以爲平，而又有利之之心焉。聖人之法必不然矣。**流共工于幽洲，放驩兜于崇山，竄三苗于三危，殛鯀于羽山。四罪而天下咸服。**流，遣之遠去，如水之流也。放，置之於此不得他適也。竄則驅逐禁錮之，殛則拘囚困苦之。隨其罪之輕重而異其法也。共工、驩兜、鯀事見上篇。三苗，國名，在大江之南，彭蠡之西，洞庭之東，恃險作亂者也。幽洲〔二十四〕，北裔。水中可居曰洲。崇山，南裔之山，或云在今澧州。三危，西裔之地，即雍州之所謂「三危既宅」者。羽山，東裔之山，即徐之「蒙羽其藝」者。服者，天下皆服其用刑之當罪也。春秋傳所記四凶之名與此不同，説者以窮奇爲共工，渾敦爲驩兜，饕餮爲三苗，檮杌爲鯀，不知其果然否也。**二十有八載，帝乃殂落。百姓如喪考妣，三載，四海遏密八音。**殂落，死也。死者魂氣歸于天，故曰殂。體魄歸于地，故曰落。喪，爲之服也。遏，絶；密，静也。八音，金、石、絲、竹、匏、土、革、木也。皆樂器也。古者謂畿内之民與列國諸侯爲天子服斬衰三年，海内之民則不爲服。唯堯聖德廣大，恩澤隆厚，又能讓舜，爲天下得人，故海内之民思慕之深至於如此也。按堯十六即位，在位七十載，又試舜三載，老不聽政二十八載，乃崩。在位通計一百單一年。儀禮：圻内之民爲天子齊衰三月，圻外之民無服。今應服三月者如喪考妣，應無服者遏密八音。**月正元日，舜格于文祖。**月正，即正月也。元日，朔日也。月正，猶月朔謂之朔月，月吉謂之吉月也。孔氏曰，舜服喪三年畢，將即政，故復至文祖廟，告受終，告攝此，告即位也。按春秋，國君皆以遭喪之明年正月即位於廟而改元，此云喪畢之明年，不知何所據也。**詢于四岳，闢四門，明四目，達四聰。**詢，謀；闢，開也。舜既告廟即位，乃謀政治於四岳之官，開四方之門以受天下之朝貢，廣四方之視聽以決天下之壅蔽也〔二十五〕。咨十有二牧，曰：「食哉惟時，柔遠能邇。惇德允元而難任人，蠻夷率服。」牧，養民之官。十二牧，十二州之牧也。王政以食爲首，農事以時爲先。舜言足食之道惟在於不違農時也。柔者寬而撫之，能者擾而習之。遠近之勢如此，先務其略而後致其詳也。惇，厚；允，信也。德，有德之人也。元，仁厚之人也。難，拒絶也。任，古文作「壬」，包藏凶惡之人也。言當厚信有德仁人而拒絶奸惡也。凡此五者，處之各得其宜，則不特中國順治，雖蠻夷之國亦當相率而服從矣。舜曰：「咨！四岳，有能奮庸熙帝之載，使宅百揆，亮采惠疇？」僉曰：「伯禹作司空。」帝曰：「俞。咨！禹，汝平水土，惟時懋哉！」禹拜稽首，讓于稷、契暨皋陶。帝曰：「俞〔二十六〕，汝往哉！」奮，起；熙，廣；載，事；亮，明；惠，順；疇，類也。一説亮，相也。舜言有能奮起事功以廣帝堯之事者，使居百揆之位，以時亮庶事而順成庶類者乎。僉，衆也。四岳，所領四方諸侯時有在朝者也。禹，崇伯鯀之子。四岳及諸侯言，伯禹見作司空，可宅百揆也。時，是；懋，勉也。平水土者，司空之職，是則指此百揆之事而言也。帝然其舉而咨禹，使仍作司空而兼行百揆之事，録其舊績而勉其新功也。以司空兼百揆，如周以六卿兼三公，後世以他官平章事、知政事之比。稽首，首至地。暨，及也。稷、契，二臣，皆帝嚳之子。稷名棄，姓姬氏，封於邰。契姓子氏，封於商。皋陶亦臣名也。俞者，然其舉。汝往哉者，不聽其讓也。此特稱舜曰〔二十七〕，以見自此以上稱帝者皆堯也，自此以下稱帝者乃舜也。則堯老之時，舜未嘗稱帝亦可見矣。帝曰：「棄，黎民阻飢，汝后稷播時百穀。」阻，厄也。后，君也。謂有邰之君也。如所謂三后、后夔，皆有爵土之稱也。稷，田正官。播，布也。穀非一種，故曰百穀。此因禹之讓而申命之，使仍舊職以終其事也。帝曰：「契，百姓不親，五品不遜，汝作司徒，敬敷五教，在寬。」親，相親睦也。五品，父子、君臣、夫婦、長幼、朋友五者之名位等級也。遜，順也。司徒，掌教之官。敷，布也。五教，父子有親，君臣有義，夫婦有别，長幼有序，朋友有信，以五者當然之理而爲教令也。敬，敬其事也。聖賢之於事無所不敬，而此又事之大者，故特以敬言之。寬者，寬裕以待之也。蓋五者之理出於人心之本然，非有强而後能者。自其拘於氣質之偏，溺於物欲之蔽，始有味於其理而不相親愛，不相遜順者。於是因禹之讓，又申命契，乃爲司徒〔二十八〕，使之敬以敷教而又寬裕以待之。欲其優柔浸漬，以漸而入，則其天性之真自然呈露，不能自已，而無迫切虛僞、免而無耻之患矣。孟子所引堯言之勞、來〔二十九〕、匡、直、輔、翼，使自得之，又從而振德之，亦此意也。帝曰：「皐陶，蠻夷猾夏，寇賊姦宄。汝作士，五刑有服，五服三就。五流有宅，五宅三居，惟明克允。」猾，亂；夏，明而大也。曾氏曰，中國文明之地，故曰華夏。四時之夏疑亦取此義也。劫人曰寇，殺人曰賊，在外曰姦，在內曰宄。士，理官也。服，服其罪也。呂刑所謂「上服」、「下服」是也。三就，孔氏以爲大罪於原野，大夫於朝，士於市，不知何據。竊恐惟大辟棄之於市，宮辟則下蠶室，餘刑亦就屏處。蓋非死刑，不欲使風中其瘡，誤而至死，聖人之仁也。五流，五等象刑之當宥者也。五宅三居者，流雖有五，而宅之但爲三等之居，如列爵惟五而分土惟三也。孔氏以爲大罪居於四裔，次則九州之外，次則千里之外。雖亦未見其所據，然大概當略近之。此亦因禹之讓而申命之，又戒以必當致其明察，乃能使刑當其罪而人無不服也。帝曰：「疇若予工？」僉曰：「垂哉。」帝曰：「咨！垂，汝共工。」垂拜稽首，讓于殳斨暨伯與。帝曰：「俞，往哉！汝諧。」若，言順其理而治之也。曲禮六工有土工、金工、石工、木工、獸工、草工，周禮有攻木之工、攻金之工、攻皮之工、設色之工、刮摩之工、搏埴之工，皆是也。帝問誰能順治予百工之事者。垂，臣名，有巧思。莊子曰「攦工垂之指」，即此也。共工，官名。共，供也，言供其事也。殳斨、伯與，二臣名也。往哉汝諧，言汝能和其職，不聽其讓也。帝曰：「疇若予上下草木鳥獸？」僉曰：「益哉。」帝曰：「俞。咨！益，汝作朕虞。」益拜稽首，讓于朱虎、熊羆。帝曰：「俞，往哉！汝諧。」上下，山林澤藪也。虞，掌山澤之官也。周禮分爲虞、衡，屬於夏官。益，臣名也。高辛氏之子有曰仲虎、仲熊，太史公曰，朱虎、熊羆爲伯益之佐，前殳斨、伯與當亦爲垂之佐也。殳，以積竹爲兵，建於兵車者。斨，方銎斧也。古者多以其所能爲名，二人豈能爲二器者與。帝曰：「咨！四岳，有能典朕三禮？」僉曰：「伯夷。」帝曰：「咨！伯，汝作秩宗。夙夜惟寅，直哉惟清。」伯拜稽首，讓于夔、龍。帝曰：「俞，往，欽哉！」典，主也。三禮，祀天神、享人鬼、祭地祇之禮也。伯夷，臣名，姜姓。秩，序也。宗，祖廟也。秩宗，蓋序次百神之官，而專以秩宗名之者，蓋以宗廟爲主也。周禮亦謂之宗伯，而都家皆有宗人之官，以掌祭祀之事，亦此意也。夙，早；寅，敬畏也。直者，心無私曲之謂。人能敬以直内，不使少有私曲，則其心絜清而無物欲之污，可以交於神明矣。夔、龍，二臣名。帝曰：「夔，命汝典樂，教胄子。直而温，寬而栗，剛而無虐，簡而無傲。詩言志，歌永言，聲依永，律和聲。八音克諧，無相奪倫，神人以和。」夔曰：「於！予擊石拊石，百獸率舞。」胄，長也。自天子至卿大夫之適子也。栗，莊敬也。凡人直者必不足於温，故欲其温。寬者必不足於栗，故欲其栗。皆所以因其德性之善而輔翼之也。剛者必至於虐，故欲其無虐。簡者必至於傲，故欲其無傲。皆所以防其氣稟之過而矯揉之也。所以教胄子者欲其如此，而所以教之之具則又專在於樂。如周禮，大司樂掌成均之法，以教國子弟。而孔子亦曰，興於詩，成於樂。蓋所以蕩滌邪穢，斟酌飽滿，動盪血脉，流通精神，養其中和之德而救其氣質之偏者也。心之所之謂之志，心有所之必形於言，故曰詩言志。既形於言，則必有長短之節，故曰歌永言。既有長短，則必有高下清濁之殊，故曰聲依永。聲者，宫、商、角、徵、羽也。大抵歌聲長而濁者爲宫，以漸而清且短，則爲商，爲角，爲徵，爲羽。所謂聲依永也。既有長短清濁，則又必以十二律者和之，乃能成文而不亂。假令黄鍾爲宫，則太簇爲商，姑洗爲角，林鍾爲徵，南吕爲羽。蓋以三分損益，隔八相生而得之。餘律皆然。即禮運所謂五聲六律十二管還相爲宫，所謂律和聲也。人聲既和，乃以其聲被之八音而爲樂，則無不諧協而不相侵亂失其倫次，可以奏之朝廷，薦之郊廟而神人以和矣。聖人作樂以養情性，育人材，事神祇，和上下，其體用功效廣大深切如此。今皆不復見矣，可勝嘆哉！夔曰以下，則蘇氏曰，舜方命九官，濟濟相讓，無緣夔於此獨言其功。此益稷之文也。簡編脱誤，復見於此。帝曰：「龍，朕堲讒説殄行〔三十〕，震驚朕師，命汝作納言，夙夜出納朕命，惟允。」堲，疾；殄，絶也。殄行者，謂傷絶善人之事也。師，衆也。謂其言之不正而能變亂黑白，以駭衆聽也。納言，官名。命令政教必使審之，既允而後出，則讒説不得行而矯僞無所託矣〔三十一〕。敷奏復逆，必使審之，既允而後入，則邪辟無自進而功緒有所稽矣。周之内史，漢之尚書，魏晉以來所謂中書、門下者，皆此職也。帝曰：「咨！汝二十有二人，欽哉！惟時亮天功。」二十二人，四岳、九官、十二牧也。周官言内有百揆、四岳，外有州牧、侯伯，蓋百揆者所以統庶官，而四岳者所以統十二牧也。既分命之，又總告之，使之各敬其職，以相天事也。曾氏曰，舜命九官，新命者六人。命伯禹，命伯夷，咨四岳而命之者也。命垂，命益，泛咨而命者也。命夔，命龍，因人之讓，不咨而命者也。夫知道而後可宅百揆，知禮而後可典三禮。知道知禮，非人人之所能也，故必咨於四岳。若予工，若上下草木鳥獸，則非此之比，故泛咨而已。禮樂命令，其體雖不若百揆之大，然其事理精微，亦非百工庶物之可比。伯夷既以四岳之舉而當秩宗之任，則其所讓之人必其中於典樂、納言之選可知，故不咨而命之也。若稷、契、皐陶之不咨者，申命其舊職而已。○又按，此平水土、若百工各爲一官，而周制同領於司空；此以士官兼兵刑之事，而周禮分爲夏、秋兩官。蓋帝王之法隨時制宜，所謂損益可知者如此。三載考績，三考黜陟幽明，庶績咸熙，分北三苗。考，核實也。三考，九載也。九載則人之賢否、事之得失可見，於是陟其明而黜其幽。賞罰明信，人人力於事功，此所以庶績咸熙也。北，猶背也。其善者留，其不善者竄徙之，使分背而去也。此言舜命二十二人之後，立此考績黜陟之法，以時舉行，而卒言其效如此也。按，三苗見於經者，如典、謨、益稷、禹貢、吕刑詳矣。蓋其負固不服，乍臣乍叛，故治水之際，三危已宅，而猶有不即工者。及禹攝位之後，帝命徂征而猶逆命。及禹班師而後來格。於是乃得考其善惡而分北之也。吕刑之言遏絶，則通其本末而言，不可以先後論也。舜生三十徵庸，三十在位，五十載陟方乃死。徵，召也。陟方，猶言升遐也。韓子曰，竹書紀年帝王之没皆曰陟，陟，昇也。謂昇天也。書曰「殷禮陟配天」，言以道終，其德協天也。故書紀舜之没云陟。其下言「方乃死」者，所以釋陟爲死也。地之勢東南下，如言舜巡守南方而死，宜言下方，不得言陟方也。按此得之，但不當以「陟」字爲句絶耳。方猶「雲徂乎方」之「方」〔三十二〕。陟方乃死，猶言殂落而死也。此言舜生而側微，至三十年，堯乃召而用之。歷試三年，居攝二十八年，通三十一年，乃即帝位。又五十年而崩。蓋於篇末總叙其始終也。

校記　〔一〕正訛據書傳補「上辛」二字於「丁」下。

〔二〕詳：原作「嘗」，據宋閩、浙本改。

〔三〕有：正訛改作「者」。

〔四〕特：原作「持」，據宋閩、浙本改。

〔五〕斜：原作「科」，據右引改。

〔六〕鮮、安：原作「解」、「妄」，據宋浙本改。

〔七〕正訛於此句下補「宋錢樂又鑄銅作渾天儀」十字。

〔八〕沈：原作「洗」，據宋閩、浙本改。

〔九〕正訛於「置」下補「黑」字。

〔十〕偶：正訛改作「隅」。

〔十一〕具：正訛改作「背」。

〔十二〕具：正訛改作「背」。

〔十三〕繞：原作「鐃」，據宋閩、浙本改。

〔十四〕雙：正訛改作「單」。

〔十五〕趾指：原作「跓損」，據宋閩、浙本改。

〔十六〕西：原作「而」，據明抄本改。

〔十七〕埋：原作「理」，據宋浙本改。

〔十八〕十：正訛據漢志改爲「合」。

〔十九〕讀：原作「講」，據宋閩、浙本改。

〔二十〕北：原作「内」，據宋浙本改。

〔二十一〕止：原作「正」，據右引及四庫全書本改。

〔二十二〕正訛於此句下據書集傳補「從重入輕」四字。

〔二十三〕正訛據書集傳於「怙」下補「謂有恃終謂」五字。

〔二十四〕洲：原作「州」，據宋閩、浙本改。

〔二十五〕視：原作「見」，據宋浙本及四庫全書本改。

〔二十六〕俞：原作「愈」，據宋閩、浙本改。

〔二十七〕特：原作「時」，據宋浙本、明天順本改。

〔二十八〕乃：原作「仍」，據宋閩、浙本改。

〔二十九〕之：原缺，據右引補。

〔三十〕讒：原作「纔」，據右引改。

〔三十一〕讒：原作「纔」，據右引改。

〔三十二〕雲：原作「云」，據宋浙本改。

大禹謨

林氏曰，虞史既述二典，而其所載有未備者〔一〕，於是又叙其君臣之間嘉言善政，以爲大禹、皋陶謨、益稷三篇，所以備二典之未備者。古文有，今文無。

曰若稽古大禹，曰文命敷于四海，祗承于帝。謨，謀也。命，教；祗，敬也。帝謂舜也。文命敷四海者，即禹貢所謂「東漸」、「西被」、「朔南暨聲教，訖于四海」者是也。史臣言禹既已布其文教於四海矣，於是陳其謨以敬承于舜，如下文所云也。文命，王氏以爲禹號，蘇氏曰，非也，以文命爲禹號，則敷于四海者爲何事耶？吳氏曰，此書不專爲大禹而作，此十七字當是後世模放二典爲之。皐陶謨篇首九字亦類此。○今按，此篇「稽古」之下猶贊禹德，而後篇便記皐陶之言〔二〕，其體亦不相類，吳氏之説恐或然也。曰：「后克艱厥后，臣克艱厥臣，政乃乂，黎民敏德。」「曰」以下即禹祗承于帝之言也。艱，難也。孔子曰，爲君難，爲臣不易，即此意也。乃者，難辭也。敏，速也。曰德者，言其德化之深也。禹言，君而不敢易其爲君之道，臣而不敢易其爲臣之職〔三〕，夙夜祗懼，各務盡其所當爲者〔四〕，則其政事乃能修治而無邪慝，下民自然觀感，速化於善而有不容已者矣。帝曰：「俞。允若茲，嘉言罔攸伏，野無遺賢，萬邦咸寧。稽于衆，舍己從人，不虐無告，不廢困窮，惟帝時克。」嘉，善；攸，所也。無告，困窮也。帝謂堯也。舜然禹之言，以爲信能如此，則必有以廣延衆論，悉致群賢，而天下之民咸被其澤〔五〕，無不得其所矣。然非忘私順理、愛民好士之至，無以及此。而惟堯能之，非常人所及也。蓋爲謙辭以對而不敢自謂其必能，舜之克艱，於此亦可見矣。程氏曰，舍己從人，最爲難事。己者我之所有，雖痛舍之，猶懼守己者固而從人者輕也。益曰：「都！帝德廣運，乃聖乃神，乃武乃文。皇天眷命，奄有四海，爲天下君。」都，嘆美之辭也。都者，君子之居；鄙者，野人之居。故古者謂野爲鄙，謂都爲美也。廣者，大而無外；運者，行之不息。大而能運，則變化不測。故自其大而化之而言則謂之聖，自其聖而不可知而言則謂之神。自其威之可畏而言則謂之武，自其英華發外而言則謂之文。眷，顧；奄，盡也。堯之初起，不見於經，傳稱其自唐侯特起爲帝。觀益之言，理或然也。或曰，舜之所謂帝者，堯也。群臣之言帝者，舜也。如「帝德罔愆」、「帝其念哉」之類，皆謂舜也。蓋益因舜尊堯而遂美舜之德以勸之，言不特堯能如此，帝亦當然也。○今按，此説所引此類固爲有理，但益之語接連上句「惟帝時克」之下，未應遽舍堯而譽舜。又徒極口以譽其美而不見其勸勉規戒之辭，恐唐虞之際未遽有此諛佞之風也。只依舊説贊堯爲是。禹曰：「惠迪吉，從逆凶，惟影響。」迪，道也。字本訓由，故又以爲所當由之道也。言天道無常，隨人所行之順逆而應之以禍福，猶影響形聲，以終上文之意，見所以不可不艱者以此。益曰：「吁，戒哉！儆戒無虞，罔失法度，罔游于逸，罔淫于樂。任賢勿貳，去邪勿疑。疑謀勿成，百志惟熙。罔違道以干百姓之譽，罔咈百姓以從己之欲。無怠無荒，四夷來王。」先吁後戒，欲使聽者精審。「儆」與「警」同〔六〕，古文作「敬」，開元改今文。虞，度也。言當儆戒於無虞度之時，謂戒於無形也。罔，勿也。法度，法則制度；淫，過也。當四方無可虞度之時，法度易至廢弛，故戒其失墜。逸樂易至縱恣，故戒其游淫。言此三者所當謹畏也〔七〕。任賢以小人間之謂之貳，去邪而不能果斷謂之疑。謀，圖爲也。成，成就也。言有所圖爲，揆之於理而未安者，則不復成就之也。百志，猶易所謂百慮也。咈，逆也。九州之外世一見曰王。帝於是八者朝夕戒懼，無怠於心，無荒於事，則治道益隆，四夷之遠莫不歸往，中土之民服從可知。〇今按，益之言如此，亦有次第。蓋人君能守法度，不縱逸樂，則心正身修，義理昭著，而於人之賢否，孰爲可任〔八〕，孰爲可去，事之是非，孰爲可疑，孰爲不可疑，皆有以審其幾微，絕其蔽惑。故方寸之間光輝明白，而於天下之事孰爲道義之正而不可違，孰爲民心之公而不可咈，皆有以處之，不失其理，而毫髮私意不入於其間。此其懲戒之深旨，所以推廣大禹克艱惠迪之謨也。苟無其本而是非取舍决於一己之私〔九〕，乃欲斷而行之，無所疑惑，則其爲害反有不可勝言者矣。可不戒哉！禹曰：「於！帝念哉！德惟善政，政在養民。水、火、金、木、土、穀惟修，正德、利用、厚生惟和。九功惟叙，九叙惟歌。戒之用休，董之用威，勸之以九歌，俾勿壞〔十〕。」於，嘆美之辭也。益言儆戒之道，禹嘆而美之，因謂所以如是而修其德者，將欲以善其政也。而爲政之道不在乎他，特在乎養民而已。水、火、金、木、土、穀惟修者，以水克火，以火克金，以金克木，以木克土，而生五穀。或相制以洩其過，或相助以補其不足，而六者無不修矣。正德者，父慈、子孝、兄友、弟恭、夫義、婦聽，所以正民之德也。利用者，工作什器〔十一〕、商通貨財之類，所以利民之用也。厚生者，衣帛食肉、不飢不寒之類，所以厚民之生也。六者既修，則民生略遂，而不可以逸居而無教，故爲之惇典敷教，以正其德；通工易事，以利其用；制節謹度，以厚其生，使皆當其理而無所乖，則無不和矣。葛氏曰，洪範五行，水、火、木、金、土。百穀本在木行之數〔十二〕，以其爲民食之急，故別而附之。九功，合六與三也。惟叙者，言九者各順其理而不汩陳以亂其常也。九叙惟歌者，則以九功之叙而詠之歌也。言九者既已修和，各由其理，民享其利，莫不歌詠而樂其生也。然始勤終怠者，人情之常，恐安養既久，怠心必生，則已成之功不能保其久而不廢，故當有以激勵之，如下文所云也。董，督也。威，古文作「畏」。其勤於是者，則戒喻而休美之。其怠於是者，則督責而懲戒之。然又以事之出於勉强者不能久，故復即其前日歌詠之言，協之律吕，播之聲音，用之鄉人，用之邦國，以勸相之。使其歡欣鼓舞，趨事赴功，不能自已，而前日之成功得以久存而不壞。此周禮所謂九德之歌、九韶之舞，而太史公所謂逸能思初，安能惟始，沐浴膏澤而歌詠勤苦者也。帝曰：「俞。地平天成，六府三事允治，萬世永賴，時乃功。」水土治曰平，言水土既平而萬物得以成遂也。六府，即水、火、金、木、土、穀也。六者財用之所自出，故曰府。三事，正德、利用、厚生也。三者人事之所當爲，故曰事。舜因禹言養民之政而推其功以美之也。帝曰：「格，汝禹，朕宅帝位，三十有三載，耄期倦于勤。汝惟不怠，總朕師。」九十曰耄，百年曰期。舜至是年已九十三矣。總，率也。舜自言既老，血氣已衰，故倦於勤勞之事。而汝乃能不怠於其職，故命之以攝帝位而率衆臣也。堯命舜曰陟帝位，舜命禹曰總朕師者，蓋堯欲使舜真宅帝位，舜讓弗嗣，後惟居攝，總堯之衆爾，未能遽宅帝位也。故其命禹亦若是而已。禹曰：「朕德罔克，民不依。皋陶邁種德，德乃降，黎民懷之。帝念哉。念茲在茲，釋茲在茲。名言茲在茲，允出茲在茲。惟帝念功。」邁，勇往力行之意。種，布；降，下也。禹自言其德不能勝任，民不依歸。惟皋陶勇往力行，以布其德，其德下及於民，而民懷服之。宜使攝位，帝當思念之而不忘也。茲指皋陶也。禹遂言，我念其可以率帝之衆者，惟在於皋陶，舍皋陶而求之，亦無能及之者。則是亦惟在於皋陶耳。又言名言於口者，以爲惟在於皋陶，而允出於心者，亦以爲惟在於皋陶。蓋反覆思之而卒無有以易於皋陶者，惟帝深念其功而使之攝位也。舜命禹宅百揆而禹讓稷、契、皋陶，此不及稷、契者，史記載稷、契皆帝嚳之子，與堯爲兄弟，意其至是必已不復存矣。帝曰：「皋陶，惟茲臣庶，罔或干予正。汝作士，明于五刑，以弼五教，期于予治。刑期于無刑，民協于中，時乃功。懋哉！」

干，犯；正，政；弼，輔也。聖人之治以德爲化民之本，而刑特以輔其所不及者而已。期者，先事而取必之謂。舜言皋陶能明五刑以輔五品之教，而期我以至於治，故其始雖不免於用刑，而實所以期至於無刑之地。今乃臣庶罔干予正而民情又皆合於中道，無有過不及之差焉，則刑果無所施矣。凡此皆汝之功，蓋不聽禹之讓而稱皋陶之美以勸勉之也。皋陶曰：「帝德罔愆，臨下以簡，御衆以寬。罰弗及嗣，賞延于世。宥過無大，刑故無小。罪疑惟輕，功疑惟重。與其殺不辜，寧失不經。好生之德洽于民心，兹用不犯于有司。」愆，過也。簡者，不煩之謂。上煩密則下無所容，御急促則衆擾亂。嗣、世，皆謂子孫。然嗣親而世疏也。延，遠及也。父子罪不相及，而賞則遠延于後，其善善長而惡惡短如此。過者，不識而誤犯也。故者，知之而故犯也。過誤所犯，雖大必宥。不忌故犯，雖小必刑。即上篇所謂「眚災肆赦，怙終賊刑」者也。罪已定矣，而於法之中有疑其或輕或重者，則從輕以治之。功已成矣，而於法之中有疑其或輕或重者，則從重以賞之。辜，罪；經，常也。謂罪之輕重未明，而可以殺可以無殺者，欲殺之，則恐其實無可殺之罪而陷於無辜；不殺之，則恐其實有不常之罪而失於不殺。二者皆非聖人至公至平之意，而殺不辜者，尤聖人之心所不忍也。故與其殺之而害彼之生，寧姑全之，自受失刑之責。此其仁愛忠厚之至，皆所謂好生之德也。蓋聖人之法有盡而心則無窮，故其用刑行賞而有所疑，則常屈法以申恩，而不使執法之意有以勝其好生之德。此其本心所以無所壅遏而得以行於常法之外。及其流衍洋溢，漸涵浸漬，有以入於民心，則天下之人無不愛慕感悦，興起於善，而自不犯於有司也。皋陶以舜美其功，故言此以歸功於其上，蓋不敢當其褒美之意而自謂己功也。帝曰：「俾予從欲以治，四方風動，惟乃之休。」民不犯法而上不用刑者，舜之所欲也。汝能使我如其所願以至於治，教化之行如風鼓動，莫不靡然，是乃汝之美也。舜又申言以重嘆美之。帝曰：「來，禹，降水儆予，成允成功，惟汝賢。克勤于邦，克儉于家，不自滿假，惟汝賢。汝惟不矜，天下莫與汝爭能。汝惟不伐，天下莫與汝爭功。予懋乃德，嘉乃丕績。天之歷數在汝躬，汝終陟元后。降水，洪水也。古文作「洚」。孟子曰，水逆行謂之洚水。蓋山崩水渾，下流淤塞，故其逝者輒復反流，而泛濫決溢，洚洞無涯也。其災所起雖在堯時，然既舜攝位，害猶未息，故舜以爲天警懼於己，不敢以爲非己之責而自寬也。允，信也。言禹自許能任治水之責而果能治之，是能成其信也。成功，謂水患既平而九功皆叙也。禹能如此，則既賢於人矣。而又能勤於王事，儉於私養，此又禹之賢也。有此二美，而又能不矜其能，不伐其功，然其功能之實則自有不可掩者。故舜於此復申命之，必使攝位也。懋，宜作「楙」，盛大之意。此作「懋」者，乃訓勉爾。蓋古字亦通用也。德，指其克勤儉、不矜伐而言。丕，大；績，功也。指其成允功而言。懋乃德者，彼有是德而我以爲盛大。嘉乃績者，彼有是功而我以爲嘉美也。歷數者，帝王相繼之次第，猶歲時氣節之先後也。言汝有此盛德大功，故知曆數當歸於汝，汝終當升此大君之位，言其不可辭也。是時舜方命禹以居攝〔十三〕，未即天位，故以終陟言也。**人心惟危，道心惟微。惟精惟一，允執厥中。**心者，人之知覺，主於身而應事物者也。指其生於形氣之私者而言，則謂之人心。指其發於義理之公者而言，則謂之道心。人心易動而難反，故危而不安。義理難明而易昧，故微而不顯。惟能省察於二者公私之間以致其精，而不使其有毫釐之雜，持守於道心微妙之本以致其一，而不使其有頃刻之離，則其日用之間，思慮動作自無過不及之差，而信能執其中矣。堯之告舜但曰允執厥中，而舜之命禹又推其本末而詳言之。蓋古之聖人將以天下與人，未嘗不以其治之之法并而傳之。其可見於經者不過如此，後之人君其可不深畏而敬守之哉！**無稽之言勿聽，弗詢之謀勿庸。**無稽者，不考於古。弗詢者，不咨於衆。言之無據，謀之自專，是皆一人之私心，必非天下之正論，皆妨政害治之大者也。言謂泛言，勿聽可矣。謀謂謀事，故又戒其勿用也。上文既言存心出治之本，此又告之以聽言處事之方，内外相資，兩得其要，而治道備矣。**可愛非君？可畏非民？衆非元后何戴？后非衆罔與守邦。欽哉！慎乃有位，敬修其可願。四海困窮，天禄永終。惟口出好興戎，朕言不再。」**此言可愛者君而可畏者民也。君之所以可愛者，以衆非君則無以奉戴而至於亂也。民之所以可畏者，以君非民則無與守邦而爲獨夫也。故爲人君者當自警戒以謹守其所居之位，修其所願欲之事，欲其有以常保其位，永爲下民之所愛戴而不至於危亡也。若不恤其民，使其至於困窮，則天命去之，一絕而不復續矣，豈人君之所願欲也哉。此又極言安危存亡之戒以深警之。雖知其功德之盛必不至此，然猶欲其戰戰兢兢，無敢逸豫而謹之於毫釐之間。此其所以爲聖人之心也。好，和好也。戎，兵戎也。蓋言發於口則有二者之分，故我之命汝〔十四〕，其慮已審矣，豈容復有他説乎。禹曰：「枚卜功臣，惟吉之從。」帝曰：「禹，官占惟先蔽志，昆命于元龜。朕志先定，詢謀僉同，鬼神其依，龜筮協從。卜不習吉。」禹拜稽首，固辭。帝曰：「毋，惟汝諧。」正月朔旦，受命于神宗，率百官若帝之初。枚卜，謂歷卜之。舜之所言，人事已盡，禹不容復辭，故請歷卜有功之臣而從其吉，冀自有當之者而已得遂其辭也。官，掌卜筮之官也。蔽，斷；昆，後也。習吉，重得吉卜也。蓋言卜筮之官占事之法，先斷其志之所向，然後合之於龜。若我之志已定，而衆謀又協，則鬼神其必依據，龜筮無不協從矣。況卜筮之法不待習吉，今又何用更待枚卜，再得吉兆，乃爲可乎？再辭曰固。毋，禁止之辭。正月，次年正月也。神宗，説者以爲舜祖顓頊而宗堯，因以神宗爲堯廟，未知是否。如帝之初，即上篇所記齊七政、修群祀、朝諸侯等事也。

校記

〔一〕備：原作「盡」，據宋閩、浙本改。

〔二〕篇：原缺，據右引補。

〔三〕而：原缺，據右引補。

〔四〕當：原作「常」，據右引改。

〔五〕咸：原作「皆」，據右引改。

〔六〕儆：原作「敬」，據右引改。

〔七〕謹：原作「敬」，據右引改。

〔八〕孰：原作「就」，據右引改。

〔九〕決：原作「失」，據右引改。

〔十〕俾：原作「卑」，據右引改。

〔十一〕什：原作「作」，據右引改。

〔十二〕數：原作「類」，據右引改。

〔十三〕時：原作「皆」，據右引改。

〔十四〕我：原作「戒」，據右引改。

金縢説

金縢此篇之作，在周公東征而歸之後。以其記武王時事，且備東征本末，故叙之於此。

「既克商二年」止「王翼日乃瘳」，此叙周公請命之事。

「武王既喪」，此以下記周公成王時事。

「管叔及其群弟」止「不利於孺子」，此即大誥所謂三監及淮夷叛也。意其稱兵舉事，必以誅周公爲辭。若王敦之於劉隗、刁協爾。詩序所謂周公遭變，陳后稷、先公風化之所由而作七月之詩，以陳王業，風喻成王者，蓋此時也。

「周公乃告二公曰」止「告我先王」。作大誥，遂東征。周公居東二年，則罪人斯得，殺武庚，致辟管叔于商，囚蔡叔于郭鄰，降霍叔于庶人，命微子啓代殷後〔一〕，作微子之命，皆此時事。

「于後公乃爲詩」止「誚公」。公既滅武庚、管、蔡，而成王之疑未釋，故公不欲遽歸，留居東方。而周大夫爲作破斧、伐柯、九罭、狼跋之詩。

「秋大熟」止「弗敢言」。金縢所藏代武王之說，史之祝辭「惟爾元孫某，遘厲虐疾」至「能念予一人」是也〔二〕。「既克商二年」至「乃告太王、王季、文王」及「公歸，王翼日乃瘳」，皆史與百執事之言，叙後事以始終祝册之辭也。

「王執書」止「歲則大熟」，歸禾、嘉禾之書皆此後作，周公自是歸，大夫美之，而作東山之詩也。

校記

〔一〕代：原作「伐」，據宋閩、浙本改。

〔二〕予：原作「于」，據今本尚書改。

召誥序

成王在豐，欲宅洛邑，使召公先相宅，作召誥。傳曰，武王克商，遷九鼎於洛邑，欲以爲都，故成王居焉。林曰，周自后稷始封於邰。夏后政衰，稷之子不窋出奔於戎狄之間，至孫公劉始立國於豳。十世至太王，避狄人之難於岐山之下。文王遷於豐，武王遷於鎬。邰在漢右扶風斄縣；豳在栒邑縣豳鄉，岐在美陽縣岐山，豐在鄠縣東豐水，鎬在長安西南昆明池，所謂鎬波也。岐在邰西北無百里，豳又在岐西北四百餘里，豐在岐山東南二百餘里，鎬在豐東二十五里。王氏曰，成王欲宅洛者，以天事言之，則日東景朝多陽〔一〕，日西景夕多陰〔二〕，日南景短多暑，日北景長多寒。洛天地之中，風雨之所會，陰陽之所和也。以人事言，則四方朝聘貢賦，道里均焉。非特如此而已，懲三監之難，毖殷頑民，遷以自近。洛距妹邦爲近，則易使之遷；作王都焉，則易以鎮服也。雖然，鎬京宗廟社稷、官府宮室具在，不可遷也，故於洛時會諸侯而已。何以知其如此？以詩考之，宣王時會諸侯於東都，而車攻謂之復古。

校記

〔一〕朝、陽：正訛改作「夕」、「風」。

〔二〕夕：右引改作「朝」。

召誥

惟二月既望，林曰，漢志曰，周公攝政七年，二月乙亥朔，庚寅望。越六日乙未，王朝步自周，則至于豐。傳曰，於已後六日乙未〔一〕，成王自鎬京至豐，以遷都事告文王廟。惟太保先周公相宅。傳曰，太保，三公官名，召公也。越若來三月，惟丙午朏。傳曰，朏，明也，月三日明生之名。林曰，漢志曰〔二〕，是年三月甲辰朔，三日丙午，與上既望同意。劉諫議曰，越與粵同〔三〕。粵若〔四〕，發語聲也。來三月，猶言明月也。越三日戊申，太保朝至于洛，卜宅。厥既得卜，則經營。傳曰，三月五日也。葉曰，周官太卜，國大遷，大師則貞龜。傳曰，經營，規度其城郭、郊廟、朝市之位處。王氏曰，經其南北而四營之也。越三日庚戌，太保乃以庶殷攻位于洛汭。越五日甲寅，位成。洛汭，洛北之水〔五〕。疏曰，庚戌，三月七日；甲寅，三月十一日也。庶殷，言本是殷民也〔六〕。葉曰，攻位者，闢荊棘，平高下，以定所經營之位也。若翼日乙卯，周公朝至于洛，則達觀于新邑營。傳曰，翼，明也。疏曰，十二日也〔七〕。蘇氏曰，遍觀所營也。按後篇，是日再卜。越三日丁巳，用牲于郊，牛二。傳曰，告立郊社位於天，以后稷配，故牛二耳。疏又曰，十四日也。越翼日戊午，乃社于新邑，牛一，羊一，豕一。傳曰，告立社稷之位，用太牢也。社稷共牢。疏曰，十五日也。禮，成廟則釁之。此其釁之禮歟〔八〕。廟有土木之工，故郊社先成而釁之。此間當有告卜事。越七日甲子，周公乃朝用書命庶殷侯、甸、男邦伯。疏曰，二十一日也。書，賦功屬役之書也。侯服、甸服、男服之邦伯，不遍舉五服者，文略耳。邦伯，州牧也。葉曰〔九〕，不及采、衛者，不以遠役衆也。王氏曰，周公以書命邦伯，而邦伯以公命命諸侯也。厥既命殷庶，庶殷丕作。傳曰，大作，言勸事。太保乃以庶邦冢君出取幣，乃復入，錫周公，曰：「拜手稽首，旅王若公。傳以爲王與公俱至，文不見王，無事，故諸侯公卿至覲於王。以下篇告卜事觀之，恐不然也。又云公至洛，皆書其日以謹之，不應詳臣略君如此。惟陳氏以爲旅，陳也。成王在鎬而諸侯在洛，以幣陳於王。以及周公者，周公攝王事故也。此説最善。葉曰，禮，諸侯朝于廟，既畢，出，復束帛加璧入享，謂之幣。既致于王，復奉束帛以請覿，大夫之私相見也，亦謂之幣，君臣不同時。今旅王及公，非常禮也。誥告庶殷，越自乃御事。」告庶殷諸侯及其御事而陳戒于王者，所謂公事公言之，王者無私也。王時在鎬，豈亦如告卜，既告而後遣使奉幣，具此辭以告之與？「嗚呼！皇天上帝，改厥元子，兹大國殷之命。惟王受命，無疆惟休〔十〕，亦無疆惟恤。嗚呼！曷其奈何弗敬？·元子者，天之元子。〇陳曰，元子不可改而天改之，大國未易亡而天亡之。天命之無常如此，今王受天命，誠無疆之福，然亦無疆之憂也。其可不敬乎？此數句者，一篇之大指也。天既遐終大邦殷之命，兹殷多先哲王在天，越厥後王後民，兹服厥命。厥終知藏瘝在，夫知保抱携持厥婦子，以哀籲天，徂厥亡，出執。嗚呼！天亦哀于四方民，其眷命用懋，王其疾敬德。遐，遠也。遐終者，去而不返之辭。瘝，病也。籲，呼也。天既絶殷命矣，此殷之初多先哲王，謂湯至武丁，賢聖之君六七作也。雖死而其精神在天，故能保佑及其後王後民，使之服其命而不替。其後至紂之時，賢智之人退藏，病民之人在位，其民困於虐政，痛而呼天，往而逃亡，出見拘執。天哀下民，故眷命於能勉敬者以代殷位，而周家受之。故王不可不疾敬德，恐無以承天眷命，又復如紂也。〇朱子發云，人之死各返其根，體魄陰也，故降而在下；魂氣陽也，故升而在上，則無不之矣。衆人物欲蔽之，故魄散而氣不能升。惟聖人清明在躬，志氣如神，故其死也精神在天，與天爲一。葉曰，智藏瘝在，言至紂而愚，其智則藏，而獨病民之心存也。籲，和也。言祈和於天也。此與舊説不同。相古先民有夏，天迪從子保，面稽天若，今時既墜厥命。今相有殷，天迪格保，面稽天若，今時既墜厥命。此一節間有不可曉處。舊説有夏敬德，故天道亦降格以保之，面，向也。稽，考也。若，順也。嚮天所順而考其意也。皆未知是否。然亦不害大意。言既監于殷，又當遠觀有夏。歷代廢興存亡之迹，不過敬德順天則天保佑之，後王不敬，故墜其命也。今冲子嗣，則無遺壽耇，曰其稽我古人之德，矧曰其有能稽謀自天？已陳夏商敬德墜命之所由，又戒王也。王氏曰，勿棄老成，又考古人之德，則善矣。况曰能考謀自天，則又善也。○陳曰，老成人多識前言往行，故考古人善德必資老成。○稽謀自天，言觀天之命所去就，則知敬德之不可緩矣。嗚呼！有王雖小，元子哉。其丕能諴于小民，今休。王不敢後，用顧畏于民碞。蘇氏曰，王雖幼，國之元子也，其大能以誠感民矣，當及今休其德。不敢後者，疾敬其德不敢遲也〔十一〕。用顧畏于民碞者，碞，險也。民猶水也，水能載舟，亦能覆舟，物無險於民者矣。○或曰，元子，謂天之元子也。王來紹上帝，自服于土中。言王今又居洛邑〔十二〕，繼天爲治。服，事也。土中，洛邑爲天下中也。林氏以此句「王來」爲王亦至洛邑之驗，恐未必然。但王命來此定邑耳。旦曰：『其作大邑，其自時配皇天，毖祀于上下，其自時中乂，王厥有成命治民。』今休，稱周公言當作大邑〔十三〕，而自此以祀上帝，以及慎祀上下神祇，又自此居中以爲治，則是王受天成命，以治民矣。蓋召公述周公宅洛之意。王先服殷御事，比介于我有周御事，節性惟日其邁。王敬作所不可不敬德。林曰，周王遷殷頑民于洛，蓋與洛之舊民雜居。其善惡之習不同，事非有以和一之，不能相安以處。故必有以服殷御事，使之親比介助於周之御事，然後可。蓋周御事習於教令，無事於服之，故以服殷御事爲先也。然服殷御事，在節其性而已〔十四〕。蓋人性無不善，殷人特化紂之惡，是以不義之習遂與性成而忘反耳。上之人有以節之，使之日進于善，則與周人亦何異哉。然欲節民之性，又在王之所化。故王又當敬爲其所不可不敬之德以率之，非政刑所及也。王氏以爲明政刑以節之，不知道之言也。或曰，服亦事也，猶任也。任殷人爲御事，使之佐我周之御事也。蓋欲其共事相習以成善，且使上下相通情，易以行化，然後有以節其性而日進於善。王則惟作所不可不敬德以率之而已。我不可不監于有夏，亦不可不監于有殷。我不敢知曰，有夏服天命，惟有歷年。我不敢知曰，不其延，惟不敬厥德，乃早墜厥命。我不敢知曰，有殷受天命，惟有歷年。我不敢知曰，不其延，惟不敬厥德，乃早墜厥命。今王嗣受厥命，我亦惟茲二國命，嗣若功。王氏曰，言夏、殷所受天命歷年長短，我皆不敢知也。我所敢知者，惟不敬厥德，乃早墜厥命也。○陳曰，召公言，我王嗣二代而受命，我亦惟以此二國長短之命告於王而繼其功，蓋欲王之敬德也。王乃初服。嗚呼！若生子，罔不在厥初生，自貽哲命。今天其命哲，命吉凶，命歷年。王之初服，不可不慎其習。猶子之初生，不可不慎其所教。蓋習于上則智，習于下則愚矣。故今天命正在初服之時，敬德則哲則吉則永年，不敬則愚則凶則短祚也。知今我初服，宅新邑。肆惟王其疾敬德。王其德之用，祈天永命。天無一物之不體，已知我初服宅洛矣，王其可不疾敬德哉！所以求天永命者，只在德而已矣。其惟王勿以小民淫用非彝，亦敢殄戮用乂民，若有功。其惟王位在德元，小民乃惟刑用于天下，越王顯。蘇氏曰，商俗靡靡，其過用非常也久矣。召公戒王勿以小民過用非常之故，亦敢於法外殄戮以治之。蓋民之有過，罪實在我。及其有功，則王亦有德。何也？王之位民，德之先倡也，如此則法行天下而王亦顯矣。○或曰，下文有欲王以小民受天永命，「以」字如「以其師」之「以」。此戒王勿用此小民淫用非彝而復以殄戮治之也。言當正身率下〔十五〕，不務刑罰，其下乃與蘇說同。葉曰，刑，儀刑也。上下勤恤，其曰我受天命〔十六〕。」蘇氏曰，君臣一心，以勤恤民，庶幾王受命歷年如夏、殷，且以人心爲天命也〔十七〕。○陳曰，小民之心歸則受天永命矣。○林曰，王能敬德于上而小民儀刑於下，則天永命之矣。所謂用小民以受天命也。拜手稽首曰：「予小臣敢以王之讎民百君子越友民，保受王威命明德。王末有成命，王亦顯。蘇氏曰，庶殷雖已丕作，然召公憂其間尚有反側自疑者，故因其大和會而協同之〔十八〕。讎民，殷之頑民與三監叛者。友民，周民也。百君子者，殷周之賢士大夫也。自今以往，殷人周人與百君子皆同保受王之威德，王當終受天之成命，顯于後世。林曰，讎民百君子，猶頑民而謂之多士也。我非敢勤，惟恭奉幣，用供王能祈天永命。」蘇氏曰，我非敢以此爲勤勞也〔十九〕，奉幣以贊王祈天永命而已。○王氏曰，奉幣以供王，毖祀上下而祈永命。

校記

〔一〕正訛於「已」下補「望」字。
〔二〕曰：原作「目」，據宋閩、浙本改。
〔三〕粤：原作「奥」，據右引改。
〔四〕粤：原作「奥」，據右引改。
〔五〕正訛「北」、「水」二字互乙。
〔六〕言本是：原與上句「殷」字并缺，據宋浙本補。
〔七〕二：原作「一」，據宋閩、浙本改。
〔八〕此：原作「故」，據右引改。
〔九〕「不遍舉」以下原缺，據右引補。
〔十〕無疆：原作「無彊」，據右引改。本篇下文同。
〔十一〕敬：原作「教」，據右引改。
〔十二〕又：宋浙本作「來」。
〔十三〕當：原作「常」，據宋閩、浙本改。
〔十四〕性：原作「往」，據右引改。
〔十五〕率：原作「事」，據右引改。
〔十六〕今本書此句下尚有「丕若有夏歷年，式勿替有殷歷年，欲王以小民受天永命」二十二字。

〔十七〕人：宋浙本、明天順本作「民」。

〔十八〕同：原作「雖周」，據蘇軾書傳改。

〔十九〕勤：原作「動」，據宋閩、浙本改。

洛誥

王氏曰，此誥有不可知者，當闕之，而擇其有可知者。

召公既相宅，周公往營成周。蘇氏曰，周人謂洛爲成周，謂鎬爲宗周。使來告卜，王在宗周遣使告之。作洛誥。葉曰，此篇當與召誥參見。周公既定遷都之議，使召公先相宅，度其所宜爲王城者。召公既卜洛而吉〔一〕，則以商庶民略定其位於洛汭，故周公復至而再卜也。此篇非一時播告之辭，史取周公得卜至遣使告卜、相與往來告戒本末序次之，以示後世也。洛誥。蘇曰，此處有簡脱在康誥，曰「惟三月，哉生魄」至「洪大誥治」，下屬「周公拜手」之文。周公拜手稽首曰：「朕復子明辟。王氏曰，「復」如「復逆」之「復」。成王命周公往營成周，周公得卜，復命于王。曰子者，親之也。曰明辟者，尊之也。○程氏曰，猶言告嗣子王矣。葉曰，「復」如孟子「有復於王」之「復」。王如弗敢及天基命定命，予乃胤保，大相東土，其基作民明辟。周公不欲斥言王幼不能〔二〕，故言王若不敢及天之初命，則我不得不嗣攝政事，保佑王躬而相此洛邑，以爲王當於此初作民主也。予惟乙卯，朝至于洛師。我卜河朔黎水，我乃卜澗水東、瀍水西，惟洛食。我乃卜瀍水東，亦惟洛食。乙卯，即前至洛之日。蘇氏曰，黎水，今黎陽也。周公營洛，本以處殷餘民，民懷土重遷，故以都河朔爲近便。卜不吉，然後卜洛也。○葉曰，卜者，先墨龜爲兆而令之灼，而兆順其墨謂之食墨。求吉不過乎三，既卜黎水，又卜澗水東，又卜瀍水西，則三矣。皆曰惟洛食者，以召公之卜而復以三地求吉，皆不食而食洛，是以卒從召公之卜爲定也。傳以澗東瀍西爲王城宮室宗廟所在，瀍東爲成周遷殷頑民之所，諸儒多用其説。而陳氏、姚氏之説尤詳，今見別論。「伻來以圖及獻卜。」伻，使也。遣使以所卜地圖及卜兆來告成王。王拜手稽首曰：「公不敢不敬天之休，來相宅，其作周匹休。傳曰，作周以配天之美命。王氏曰，武成曰「天休震動」〔三〕，使周有天下者，天之休也。故周公敬之，而相宅以配天休也。○或曰，作新邑，與我周室同休。○又或謂作洛與宗周同休。王不在洛，言來者，順公所在而言。○或曰，王本與公同來。又曰，王得卜而來見公，遂留祭。未知孰是。公既定宅，伻來，來示予卜，休恒吉。我二人共貞。貞，猶當也。○葉曰，凡卜，有貞其吉凶者。大卜言，國大遷，大師則貞龜。二人皆知其吉，斷而以示天下也。公其以予萬億年敬天之休。王氏曰，言宅洛之事定矣，公當以予永遠敬天之休以成此休常吉之卜也。拜手稽首誨言。」拜受公言，猶禹之拜昌言也。周公曰：自此以下漸不可曉，蓋不知是何時所言。○傳、疏以爲王與公俱在洛對問之言。○葉氏以爲王得卜而至洛，既祭，復歸鎬。因留周公居守，而周公有此言。皆不可考。然葉氏説後數章貫穿，今從之。「王肇稱殷禮，祀于新邑，咸秩無文。傳曰，始舉殷家之禮。○疏曰，雖有損益，以其從殷而來，猶前篇之庶殷也。○王氏曰，殷，盛也。如「五年再殷祭」之「殷」。周公既制禮作樂，而成王於新邑舉盛禮以祀。凡典籍所無而於義當祀者，咸次秩而祀之也。○疑即篇末十二月戊辰之祭。史述其語於前而記其事於後也。予齊百工，伻從王于周，予惟曰：『庶有事。』此本其攝政時言也。齊百工，謂百官揔己以聽也。周謂宗周也。言我所揔百官今使之從王于周，而我則未敢歸周，恐新邑之有事也。今王即命曰：『記工，宗以功作元祀。』今王乃命曰，我嘗記人之功而尊之，又以此功因新邑殷祀而告之神明矣。王氏曰，記功，蓋若紀于太常，藏在盟府之類。惟命曰：『汝受命篤弼，丕視功載，乃汝其悉自教工。孺子其朋。』言成王又命我曰，汝周公受先王之命而厚輔我，大視功載則可見矣。凡汝所自教之工，乃我之朋。猶言太史友、内史友、友邦冢君也。功載，記功之書也。王似欲留百工於洛，以聽周公之命。成王與周公言，未嘗汝之。此周公述王言，故變「公」稱「汝」也。孺子其朋，其往。無若火始焰焰，厥攸灼叙，弗其絕。周公言，既如此，則孺子往矣。但汝所朋不可不慎〔四〕。焰，火始然尚微而方進之貌。灼，焚也。叙，次第也。**厥若彝及撫事如予，惟以在周工，**戒成王歸宗周，其所順之常道及撫臨衆事，當皆如我所行也。在周百工，皆我所總齊者，習於事，當惟用此人。慎終之道當如此也。**往新邑，伻嚮即有僚。明作有功，惇大成裕，汝永有辭。」**言我今往新邑，所使嚮就其有僚矣。明作有功之事，務爲惇大之，以成寬裕之政，則汝亦長有嘆裕之辭於後世矣。言往者，如云「來相宅」，順王所在而言。趨事赴功常失之急薄，故又言惇大成裕以救其失。**公曰：「已！汝惟冲子，惟終。汝其敬識百辟享，亦識其有不享。享多儀，儀不及物，惟曰不享。惟不役志于享，凡民惟曰不享，惟事其爽侮。乃惟孺子，頒朕不暇。**周公言，已矣乎，汝成王惟冲子，當惟其終。猶伊尹言慎厥終也。百辟，諸侯也。享，朝而以幣享王，誠以奉上之辭。物，幣也。幣有餘而禮不及者，往往有輕上之心，以爲可以幣交也。曰吾幣足矣，何以禮爲？如是者，猶不享也。諸侯不役志于享上，則天下之民皆無復有享上之心矣。天下之事安得不爽亂而輕侮乎？如是則是成王實啓此亂而遺周公以憂勤不暇也。○蘇氏曰，小人賄以說人，必簡於禮。周公戒周王責諸侯以禮不以幣，恐其役志乎物而不役志于禮，則諸侯慢而王室輕矣。此治亂之本，故周公特言之。春秋傳曰，晋趙文子爲政，薄諸侯之幣而重其禮。晋穆叔曰，自今以往，兵其少弭矣。夫以列國之卿輕幣重禮猶足以弭兵，王而賄，則招寇也必矣。唐之衰，君相皆可以賄取。方鎮争貢羨餘，行苞苴，而天子始失其政，以至於亡。周公之戒至矣！陳曰，予嘗以此思之，則知文帝却千里馬而漢鼎重於泰山矣。**聽朕教汝于棐民彝，汝乃是不蘉，乃時惟不永哉！**棐，輔也。蘉，勉也。周公戒成王，使聽我教汝以輔民常性之道。若汝不勉，則不能永保天命也。然則所以輔民常性者，惟在乎勉而已。一説「乃惟孺子，頒朕不暇」連此段，言成王不聽我言，是分我以不暇也。**篤叙乃正父，罔不若予，不敢廢乃命。汝往，敬哉！兹予其明農哉。彼裕我民，無遠用戾。」**正父，武王也。厚叙汝武王之所行，無不如予之所以厚叙者。我不敢廢汝自教工之命，汝往歸宗周，汝其敬叙武王之事，而我留於此，修后稷、先公之業，明農事以教民，亦王業艱難之意也。我民裕矣，則彼殷民以教民爲裕，亦無有遠而不至者。戾，至也。**王若曰：「公明保予冲子。公稱丕顯德，以予**

小子揚文武烈，奉答天命，和恒四方民，居師；惇宗將禮，稱秩元祀，咸秩無文。居師，營洛邑、定民居也。蘇曰，惇宗，厚族也。將禮，秉禮也。稱秩元祀，舉大祀也。言此數事皆賴公之功而成也。惟公德明光于上下，勤施于四方，旁作穆穆，迓衡，不迷文武勤教，穆穆，和敬之貌，天子之容。旁作，謂周公輔成己德，以迎迓太平之治而不迷於先王之教。予冲子夙夜毖祀。」蘇曰，祭則我冲子，政則周公。成王言，我歸宗周，毖祀而已。王曰：「公功棐迪篤，罔不若時。」公之功，輔導我厚矣，無不若是以上所稱也。王曰：「公！予小子其退，即辟于周，命公後。上文「王曰」兩段，周公無答辭，疑有闕文。成王言，我當歸，即政于宗周，而命公留于洛。猶唐節度留後之意。四方迪亂，未定于宗禮，亦未克敉公功。迪，順也。亂，治也。四方雖已順治，而猶未定于尊公之禮，未有以撫治公之功。○葉曰，宗者，掌禮之官。蓋周公居洛七年，乃制禮作樂。故周官在滅淮夷之後〔五〕，此時未制禮也。此與先儒不同。迪將其後，監我士師工，誕保文武受民，亂爲四輔。」且使周公在後，監我百官，士也，師也，工也。四輔，猶四鄰也。王曰：「公定，予往已。公功肅將祗歡，公無困哉！我惟無斁其康事，公勿替刑，四方其世享。」此正與公訣而歸之言也。公定居洛，予往歸周已，公功敬。公無困哉，言公無以事自困。猶漢所謂閔勞公以官職之事也。我則當無厭倦於安國安民之事，而公但勿廢其所以儀刑四方者，則四方其世享矣。周公拜手稽首曰〔六〕：此王歸後，使人來勞周公，公拜受之辭也。

召誥蘇淫用非彝論洛誥王復子明辟論疏陳二家王城、成周論。○惟七年葉説在「復子明辟」解下。○

康誥日月一段林説與蘇説不同。若曰史文其言而撮其要略也。陳。○「非汝封刑人殺人」，則無或刑人殺人矣。「非汝封又曰劓刵人」，則無或劓刵人矣。言其責之在己也。先儒作四句讀曰，故不得其説。而蘇氏破句讀之，陳、林宗之，誤矣。「惟吊兹」，惟痛閔此得罪之人也。「不于我政人得罪」，閔痛之深，恨不自我得罪也。葉説好。雖若此，然不罪之，則民彝泯亂矣。

「元惡大憝」，詳文意當從王氏。「乃非德用乂」，言汝若寬縱，則小臣外正皆得爲威虐。汝之爲此，欲以德乂民，而實非德也，姑息而已。蘇、陳等説懲王氏之弊，一概以寬爲説，恐非聖人刑人正法之意也。○「文王之敬忌」，忌，惡也。「惟助成王德顯〔七〕，句。越尹人祗辟。」越，反也。顯民，明明德於民也。

恫瘝〔八〕。常如疾痛之在身，則無不覺矣。

「惠不惠，懋不懋」。順其所不當順，勉其所不當勉，亦通。當順者不順，當勉者不勉，此説長。「不典式爾」。古注「式」訓勉。○蘇云，「爾」是人自言法當如此，皆迂。王氏云云。○予謂此不可曉，大概是宥過刑故之意。「若有疾」。刑人如痛在己，又恫瘝之意。○「蔽時忱」。陳説陋。○至誠爲小人所賣。○殄享。○世享。皆謂享于天子。

校記

〔一〕吉：原作「告」，據宋閩、浙本改。

〔二〕斥：原缺，據宋閩本、明天順本、萬曆本補。

〔三〕武：原作「姚」，據宋閩本、明天順本改。

〔四〕朋：原作「明」，據宋閩、浙本改。

〔五〕官：原作「公」，據正訛改。

〔六〕以下經文原本未録。

〔七〕此句及以下爲酒誥文。

〔八〕此句及以下爲康誥文。

武成月日譜

一月。以孔注推當是辛卯朔。

壬辰旁死魄。孔注云二日。○越翼日癸巳，王朝步自周。三日。○戊午，師度孟津。二十八日。

二月。若前月小盡，即是庚申朔。大盡即是辛酉朔。

癸亥，陳于商郊。庚申朔即是四日，辛酉朔即是三日。○甲子，勝商殺紂。或五日，或四日。漢志云，既死霸，越五日甲子，即是六日或七日，日辰不相應。

閏月。李校書説是歲閏二月。蓋以一月壬辰旁死魄推之，若不置閏，即下文四月無丁未、庚戌矣。其説是也。○若前兩月俱小，則此月己丑朔。一大一小，則庚寅朔。俱大則辛卯朔。

三月。若前三月俱小，則戊午朔。一大二小，則己未朔。二大一小，則庚申朔。俱大則辛酉朔。然閏月少大〔一〕，計必無辛酉也。

四月。若前四月俱小，則丁亥朔。一大三小則戊子朔，二大二小則己丑朔，一小三大則庚寅朔。

哉生明〔二〕，王來自商。二日〔三〕。○既生魄，諸侯受命于周。十六日，或壬寅，或癸卯，或甲辰，或乙巳。經文在庚戌後，漢志在丁未前，恐經誤。○丁未，祀周廟。或十九日，或二十日，或二十一日，或二十二日。○庚戌，柴望，大告武成。或二十二日，或二十三日，或二十四日，或二十五日。

右以孔注、漢志參考，大抵多同。但漢志「二月既死魄，越五日甲子」爲差速，而四月「既生魄」與丁未、庚戌先後小不同耳。蓋以上文一月壬辰旁死魄推之，則二月之死魄後五日且當爲辛酉或壬戌，而未得爲甲子。此漢志之誤也。又以一月壬辰、二月甲子并閏推之，則漢志言「四月既生魄，越六日庚戌」當爲二十二日，而經以生魄居丁未、庚戌之後，則恐經文倒也。曆法雖無四月俱小之理，然亦不過先後一二日耳，不應所差如此之多也。宗廟内事，日用丁巳，漢志乃無丁未，而以庚戌燎于周廟，則爲剛日，非所當用。而燎又非宗廟之禮。且以翌日辛亥祀于天位，而越五日乙卯又祀馘于周廟，則六日之間三舉大祭，禮數而煩，近於不敬。抑亦經文所無有，不知劉歆何所據也。顔注以爲今文尚書，則伏生今文二十八篇中本無此篇。顔氏之云〔四〕，又未知其何所據也。按張霸僞書有武成篇，劉歆誤以爲古文，說見書序疏中。

校記

〔一〕少：原作「小」，據宋閩、浙本改。

〔二〕此句原缺，據右引補。

〔三〕二：原作「一」，據右引改。

〔四〕顔：原作「程」，據宋浙本、明天順本、尚書注疏改。

考定武成次序

惟一月壬辰旁死魄。越翼日癸巳，王朝步自周，于征伐商。厎商之罪，告于皇天后土、所過名山大川，曰：「惟有道曾孫周王發，將有大正于商。今商王受無道，暴殄天物，害虐蒸民，爲天下逋逃主，萃淵藪。予小子既獲仁人，敢祇承上帝〔一〕，以遏亂略。華夏蠻貊，罔不率俾。惟爾有神，尚克相予，以濟兆民，無作神羞！」既戊午，師逾孟津。癸亥，陳于商郊，俟天休命。甲子昧爽，受率其旅若林，會于牧野。罔有敵于我師，前徒倒戈，攻于後以北，血流漂杵。一戎衣，天下大定。乃反商政，政由舊〔二〕，釋箕子囚，封比干墓，式商容閭。散鹿臺之財，發鉅橋之粟，大賚于四海，而萬姓悦服。厥四月哉生明，王來自商，至于豐。乃偃武修文，歸馬于華山之陽，放牛于桃林之野，示天下弗服。既生魄，庶邦冢君暨百工受命于周。丁未，祀于周廟，邦甸、侯、衛駿奔走，執豆籩。越三日庚戌，柴望，大告武成。王若曰：「嗚呼！群后，惟先王建邦啓土，公劉克篤前烈，至于太王肇基王迹，王季其勤王家。我文考文王克成厥勛，誕膺天命，以撫方夏。大邦畏其力，小邦懷其德。惟九年，大統未集。予小子其承厥志，恭天成命，肆予東征，綏厥士女。惟其士女篚厥玄黄，昭我周王。天休震動，用附我大邑周。」此下當有闕文。列爵惟五，分土惟三。建官惟賢，位事惟能。重民五教，惟食、喪、祭。惇信明義，崇德報功。垂拱而天下治。

右此篇簡編錯亂，劉侍讀、王荆公、程先生皆有改正次序。今以參考定讀如此，大略皆集諸家之所長。獨四月生魄，丁未、庚戌一節，今以上文及漢志日辰推之，其序當如此耳〔三〕。疑先儒以「王若曰」宜繫「受命于周」之下，故定生魄在丁未、庚戌後。蓋不知生魄之日諸侯百工雖來請命，而武王以未告天地，未祭祖宗，未敢發命，故且命以助祭。乃以丁未、庚戌祀于郊廟，大告武功之成，而後始誥諸侯〔四〕。上下之交、人神之序固如此也。劉侍讀謂「余小子其承厥志」之下當有闕文，以今考之，固所宜有。而程先生徙「恭天成命」以下三十四字屬于其下，則已得其一節。而「用附我大邑周」之下，劉氏所謂闕文，猶當有十數語也。蓋此武王革命之初〔五〕，撫有區夏，宜有退託之詞，以示不敢遽當天命而求助於諸侯，且以致其交相警敕之意，略如湯誥之文，不應但止自序其功而已也。「列爵惟五」以下〔六〕，又史官之詞，非武王之語，讀者詳之。

校記

〔一〕「上」上原衍「承」字，據宋閩、浙本删。

〔二〕政：原缺，據右引補。

〔三〕序：原作「事」，據右引改。

〔四〕誥：原作「告」，據右引改。

〔五〕蓋此：原倒，據右引乙。

〔六〕以：原作「之」，據右引改。

編年 本卷尚書各篇皆一時先後之作，其作年據年譜長編。

朱熹文集編年評注卷六十六

雜著

孝經刊誤古今文有不同者别見考異。淳熙十三年八月十二日

仲尼閑居，曾子侍坐。子曰：「參，先王有至德要道，以順天下，民用和睦，上下無怨，汝知之乎？」曾子避席曰：「參不敏，何足以知之？」子曰：「夫孝，德之本也，教之所由生。復坐，吾語汝。身體髮膚，受之父母，不敢毁傷，孝之始也。立身行道，揚名於後世，以顯父母，孝之終也。夫孝始於事親，中於事君，終於立身。大雅云：『毋念爾祖，聿修厥德。』」子曰：「愛親者不敢惡於人，敬親者不敢慢於人。愛敬盡於事親，而德教加於百姓，刑於四海。蓋天子之孝。甫刑云：『一人有慶，兆民賴之。』在上不驕，高而不危；制節謹度，滿而不溢。高而不危，所以長守貴；滿而不溢，所以長守富。富貴不離其身，然後能保其社稷而和其民人。蓋諸侯之孝。詩云：『戰戰兢兢，如臨深淵，如履薄冰。』非先王之法服不敢服〔一〕，非先王之法言不

敢道，非先王之德行不敢行。是故非法不言，非道不行。口無擇言，身無擇行。言滿天下無口過，行滿天下無怨惡。三者備矣，然後能守其宗廟。蓋卿大夫之孝也。詩云：『夙夜匪懈，以事一人。』資於事父以事母而愛同，資於事父以事君而敬同。故母取其愛而君取其敬，兼之者父也。故以孝事君則忠，以敬事長則順。忠順不失，以事其上，然後能保其爵祿而守其祭祀。蓋士之孝也。詩云：『夙興夜寐，毋忝爾所生。』」子曰：「用天之道，因地之利，謹身節用，以養父母，此庶人之孝也。故自天子已下至于庶人，孝無終始而患不及者，未之有也。」

此一節夫子、曾子問答之言，而曾氏門人之所記也。疑所謂孝經者，其本文止如此。其下則或者雜引傳記以釋經文，乃孝經之傳也。竊嘗考之，傳文固多傅會，而經文亦不免有離析增加之失。顧自漢以來，諸儒傳誦，莫覺其非，至或以爲孔子之所自著，則又可笑之尤者。蓋經之首統論孝之終始，中乃敷陳天子、諸侯、卿大夫、士、庶人之孝，而其末結之曰：「故自天子以下至於庶人，孝無終始而患不及者，未之有也。」其首尾相應，次第相承，文勢連屬，脉絡通貫，同是一時之言，無可疑者。而後人妄分以爲六、七章，今文作六章，古文作七章。又增「子曰」及引詩書之文以雜乎其間，使其文意分斷間隔而讀者不復得見聖言全體大義，爲害不細。故今定此六、七章者合爲一章，而删去「子曰」者二，引書者一，引詩者四，凡六十一字，以復經文之舊。其傳文之失，又別論之如左方〔二〕。

曾子曰：「甚哉，孝之大也！」子曰：「夫孝，天之經，地之義，民之行。天地之經而民是則之。則天之明，因地之義，以順天下，是以其教不肅而成，其政不嚴而治。先王見教之可以化民也，是故先之以博愛而民莫遺其親，陳之以德義而民興行，先之以敬讓而民不爭，導之以禮樂而民和睦，示之以好惡而民知禁。詩云：『赫赫師尹，民具爾瞻。』」

此以下皆傳文，而此一節蓋釋「以順天下」之意，當爲傳之三章，而今失其次矣。但自其章首以至「因地之義」，皆是春秋左氏傳所載子太叔爲趙簡子道子産之言，唯易「禮」字爲「孝」字，而文勢反不若彼之通貫，條目反不若彼之完備，明此襲彼，非彼取此無疑也。子産曰：「夫禮，天之經，地之義，民之行也。天地之經而民實則之，則天之明，因地之性。」其下便陳天明地性之目與其所以則之因之之實，然後簡子贊之曰：「甚哉，禮之大也！」首尾通貫，節目詳備，與此不同。其曰「先王見教之可以化民」，又與上文不相屬。故温公改「教」爲「孝」，乃得粗通。而下文所謂德義、敬讓、禮樂、好惡者却不相應，疑亦裂取他書之成文而强加裝綴，以爲孔子、曾子之問答，但未見其所出耳。然其前段文雖非是，而理猶可通，存之無害。至於後段，則文既可疑，而謂聖人見孝可以化民而後以身先之，於理又已悖矣。况先之以博愛亦非立愛惟親之序，若之何而能使民不遺其親耶？其所引詩亦不親切。今定「先王見教」以下凡六十九字并刪去。

子曰：「昔者明王之以孝治天下也，不敢遺小國之臣，而况於公、侯、伯、子、男乎？故得萬國之歡心以事其先王。治國者不敢侮於鰥寡，而况於士民乎？故得百姓之歡心以事其先君。治家者不敢失於臣妾，而况於妻子乎？故得人之歡心以事其親。夫然，故生則親安之，祭則鬼享之。是以天下和平，災害不生，禍亂不作。故明王之以孝治天下如此。詩云：『有覺德行，四國順之。』」

此一節釋「民用和睦，上下無怨」之意，爲傳之四章，其言雖善而亦非經文之正意。蓋經以孝而和，此以和而孝也。引詩亦無甚失，且其下文語已更端，無所隔礙，故今且得仍舊耳。後不言合删改者放此。

曾子曰：「敢問聖人之德其無以加於孝乎？」子曰：「天地之性人爲貴，人之行莫大於孝，孝莫大於嚴父，嚴父莫大於配天，則周公其人也。昔者周公郊祀后稷以配天，宗祀文王於明堂，以配上帝。是以四海之内各以其職來助祭。夫聖人之德又何以加於孝乎。故親生之膝下，以養父母日嚴。聖人因嚴以教敬，因親以教愛。聖人之教不肅而成，其政不嚴而治，其所因者本也。」

此一節釋「孝，德之本」之意，傳之五章也。但嚴父配天本因論武王、周公之事而贊美其孝之詞，非謂凡爲孝者皆欲如此也。又况孝之所以爲大者，本自有親切處，而非此之謂乎。若必如此而後爲孝，則是使爲人臣子者皆有矜將之心，而反陷於大不孝矣。作傳者但見其論孝之大，即以附此，而不知其非所以爲天下之通訓。讀者詳之，不以文害意焉可也。其曰「故親生之膝下」以下意却親切，但與上文不屬，而與下章相近，故今文連下二章爲一章。但下章之首語已更端，意亦重復，不當通爲一章。此語當依古文，且附上章，或自別爲一章可也。

子曰：「父子之道天性，君臣之義。父母生之，續莫大焉。君親臨之，厚莫重焉。」子曰：

「不愛其親而愛他人者謂之悖德，不敬其親而敬他人者謂之悖禮。以順則逆，民無則焉。不在於善，皆在於凶德。雖得之，君子所不貴。君子則不然，言斯可道，行斯可樂，德義可尊，作事可法，容止可觀，進退可度，以臨其民，是以其民畏而愛之，則而象之，故能成其德教而行政令。詩云：『淑人君子，其儀不忒。』」

此一節釋「教之所由生」之意，傳之六章也。古文析「不愛其親」以下別爲一章，而各冠以「子曰」。今文則合之，而又通上章爲一章，無此二「子曰」字，而於「不愛其親」之上加「故」字。今詳此章之首語實更端，當以古文爲正。「不愛其親」語意正與上文相續，當以今文爲正。至「君臣之義」之下則又當有脱簡焉，今不能知其爲何字也。「悖禮」以上皆格言，但「以順則逆」以下則又雜取左傳所載季文子、北宮文子之言，與此上文既不相應，而彼此得失又如前章所論子産之語。今删去凡九十字。季文子曰：「以訓則昏，民無則焉。不度於善而皆在於凶德，是以去之。」北宮文子曰：「君子在位可畏，施舍可愛，進退有度，周旋可則，容止可觀，作事可法，德行可象，聲氣可樂，動作有文，言語有章，以臨其下。」

子曰：「孝子之事親，居則致其敬，養則致其樂，病則致其憂，喪則致其哀，祭則致其嚴。五者備矣，然後能事親。事親者，居上不驕，爲下不亂，在醜不争。居上而驕則亡，爲下而亂則刑，在醜而争則兵。此三者不除，雖日用三牲之養，猶爲不孝也。」

此一節釋始於事親及不敢毁傷之意，乃傳之七章，亦格言也。

子曰：「五刑之屬三千，而罪莫大於不孝。要君者無上，非聖人者無法，非孝者無親。此大亂之道也。」

此一節因上文不孝之云而繫於此，乃傳之八章，亦格言也。

子曰：「教民親愛莫善於孝，教民禮順莫善於弟，移風易俗莫善於樂，安上治民莫善於禮。禮者，敬而已矣。故敬其父則子悦，敬其兄則弟悦，敬其君則臣悦，敬一人而千萬人悦。所敬者寡而悦者衆，此之謂要道。」

此一節釋要道之意，當爲傳之二章。但經所謂要道當自己而推之，與此亦不同也。

子曰：「君子之教以孝也，非家至而日見之也。教以孝，所以敬天下之爲人父者。教以悌，所以敬天下之爲人兄者。教以臣，所以敬天下之爲人君者。詩云：『愷悌君子，民之父母。』非至德，其孰能順民如此其大者乎。」

此一節釋至德以順天下之意，當爲傳之首章。然所論至德語意亦疏，如上章之失云。

子曰：「昔者明王事父孝，故事天明；事母孝，故事地察。長幼順，故上下治。天地明察，神明彰矣。故雖天子，必有尊也，言有父也。必有先也，言有兄也。宗廟至敬，不忘親也。修身慎行，恐辱先也。宗廟致敬，鬼神著矣。孝悌之至，通於神明，光于四海，無所不通。詩云：『自西自東，自南自北，無思不服。』」

此一節釋天子之孝，有格言焉，當爲傳之十章。或云宜爲十二章。

子曰：「君子之事親孝，故忠可移於君。事兄悌，故順可移於長。居家理，故治可移於官。

是故行成於内而名立於後世矣。」

此一節釋立身揚名及士之孝，傳之十一章也。或云宜爲九章。

子曰：「閨門之内，具禮矣乎。嚴父嚴兄，妻子臣妾，猶百姓徒役也。」

此一節因上章三可移而言，傳之十二章也。嚴父孝也，嚴兄弟也，妻子臣妾官也。或云宜爲十章。

曾子曰：「若夫慈愛恭敬，安親揚名，參聞命矣。敢問從父之令，可謂孝乎？」子曰：「是何言與！是何言與！昔者天子有争臣七人，雖無道，不失其天下。諸侯有争臣五人，雖無道，不失其國。大夫有争臣三人，雖無道，不失其家。士有争友，則身不離於令名；父有争子，則身不陷於不義。故當不義，則子不可以弗争於父，臣不可以弗争於君。故當不義則争之，從父之令，又焉得爲孝乎。」

此不解經而别發一義，宜爲傳之十三章。

子曰：「君子事上，進思盡忠，退思補過，將順其美，匡救其惡，故上下能相親。詩曰：『心乎愛矣，遐不謂矣。中心藏之，何日忘之？』」

此一節釋中於事君之意〔三〕，當爲傳之九章。或云宜爲十一章。因上章争臣而誤屬於此耳。進思盡忠，退思補過，亦左傳所載士貞子語。然於文理無害，引詩亦足以發明移孝事君之意，今并存之。

子曰：「孝子之喪親，哭不偯，禮無容，言不文，服美不安，聞樂不樂，食旨不甘，此哀戚之情。三日而食，教民無以死傷生，毀不滅性，此聖人之政。喪不過三年，示民有終。爲之棺槨衣衾而舉之，陳其簠簋而哀戚之。擗踊哭泣，哀以送之。卜其宅兆，而安措之。爲之宗廟，以鬼享之。春秋祭祀，以時思之。生事愛敬，死事哀戚，生民之本盡矣，死生之義備矣，孝子之事親終矣。」

傳之十四章，亦不解經而別發一義，其語尤精約也。

熹舊見衡山胡侍郎論語説疑孝經引詩非經本文，初甚駭焉。徐而察之，始悟胡公之言爲信，而孝經之可疑者不但此也。因以書質之沙隨程可久丈，程答書曰，頃見玉山汪端明亦以爲此書多出後人傅會，於是乃知前輩讀書精審，其論固已及此，又竊自幸有所因述而得免於鑿空妄言之罪也。因欲掇取他書之言可發此經之旨者別爲外傳，如冬温夏凊、昏定晨省之類，即附始終事親之傳。顧未敢耳。淳熙丙午八月十二日記。

孔叢子亦僞書，而多用左氏語者。但孝經相傳已久，蓋出於漢初左氏未盛行之時，不知何世何人爲之也。孔叢子叙事至東漢，然其詞氣甚卑近，亦非東漢人作。所載孔臧兄弟往還書疏正類西京雜記中僞造漢人文章，西京雜記之繆，匡衡傳注中顔氏已辨之，可考。皆甚可笑。所言不肯爲三公等事，以前書考之，亦無其實，而通監皆誤信之。其他此類不一，欲作一書論之而未暇也，姑記於此云。

校記　〔一〕王：原作「生」，據宋、閩、浙本改。

〔二〕方：原作「右」，據右引改。

〔三〕中：原作「忠」，據孝經原文改。

編年　據文後跋語。

讀管氏弟子職 淳熙元年三月

先生施教，弟子是則。温恭自虚，所受是極。必虚其心，然後能有所容。「極」謂盡其本原也。見善從之，聞義則服。温柔孝弟，毋驕恃力。服，叶蒲北反〔一〕。○驕而恃力，則羝羊觸藩。志毋虚邪，行必正直。游居有常，必就有德。行，下孟反。○虚謂虚僞。顔色整齊，中心必式。夙興夜寐，衣帶必飭。式，法也。朝益暮習，小心翼翼。一此不懈，是謂學則。

右學則。

少者之事，夜寐蚤作。既拚盥漱，執事有恪。拚，弗運反。盥音管。漱，素茂反。○掃席前曰拚。盥，潔手〔二〕；漱，滌口。攝衣共盥，先生乃作。沃盥徹盥，泛拚正席，共音恭。席，叶祥龠反。○共盥，謂共先生之盥器也。徹盥，謂既盥而徹盥器也。泛拚謂廣拚内外，不止席前也。先生乃坐。出入恭敬，如見賓客。危坐鄉師，顔色毋怍。客，叶音恪，鄉音向。○怍謂變其容貌。

右蚤作。

受業之紀，必由長始。一周則然，其餘則否。長，丁丈反。否，叶音鄙。○謂先從長者教之，一周之外不必然。始誦必作，其次則已。始誦而作，以敬事端也。至於次誦，則不必然。凡言與行，思中以爲紀。古之將興者，必由此始。行，下孟反。○中者，無過不及之名。以此爲紀綱，然後可興也。後至就席，狹坐則起。狹坐之人見後至者則當起。若有賓客，弟子駿作。對客無讓，應且遂行。趨進受命，所求雖不得，必以反命。客見上。讓叶平聲，行叶音抗。○駿作，迅起也。對客無讓者，供給使令不敢亢禮也。受命爲先生命，求雖不得，必以反白。反坐復業。若有所疑，捧手問之。師出皆起，至於食時。

右受業對客。

先生將食，弟子饌饋。攝衽盥漱，跪坐而饋。置醬錯食，陳膳毋悖。錯，七故反。悖，布內反。○饋謂選具其食。凡置彼食，鳥獸魚鼈，必先菜羹。羹叶音郎。○先菜後肉，食之次也。羹胾中別。胾在醬前，其設要方。胾，側吏反〔三〕。別，彼列反。要，一遥反。○胾謂肉而細者。遠胾近醬，食之便也。其陳設食器，要令成方也。飯是爲卒，左酒右醬。醬當作漿。○是謂胾也。禮，三飯乃食胾而辨殽，皆畢，又用酒以酳，用漿以漱。故言飯胾而食終，乃言酒漿〔四〕，明在胾外也。鄭注二禮，兩引上文，皆作「漿」字。又此上文已云胾在醬前，則此醬不應復在胾外矣，今本誤也。告具而退，捧手而立。二句用韻不叶，未詳。三飯二斗，左執虛豆，右執挾匕。周還而貳，唯嗛之視。同嗛以齒，周則有始。柄尺不跪，是謂貳紀。挾，古協反。還，音旋。嗛，苦簟反。○三飯食必二毁斗也。挾猶箸也。匕所以載鼎實者。貳謂再益也。食盡曰嗛，視有盡者則益之。齒，次序也。如菜肉同盡，則先益菜，後益肉也。豆有柄，長尺，則立進之。此是再益之綱紀也。先生已食，弟子乃徹。趨走進漱，拚前斂祭。漱、祭未詳。○既食畢，掃席前，并搜斂所祭也。

右饌饋。

先生有命，弟子乃食。以齒相要，坐必盡席。要，平聲。○所謂食坐盡前，恐污席也。飯必捧擥，羹不以手。亦有據膝，毋有隱肘。既食乃飽，循咡覆手。擥，音覽。隱，於靳反。飽，叶補苟反。咡，音二。○不以手，當以挾也。隱肘則太伏也。咡，口也。覆手而循之，所以拭其不潔也〔五〕。振衽掃席，已食者作。摳衣而降，旋而鄉席。各徹其饋，如於賓客。既徹并器，乃還而立。摳，苦侯反。鄉，音向。席、客、還并見上。立未詳。○振衽掃席，謂振其底衽，以拂席之污。賓客食畢，亦自徹其饋。并謂藏去也。

右乃食。

凡拚之道，實水于盤，攘袂及肘。堂上則播灑，室中握手。執箕膺揲，厥中有帚。揲，記於注作「擖」，又作「葉」，并以涉反。○攘袂者，恐濕其袂，且不便於事也。堂上寬，故播而灑。室中隘，故握手爲掬以灑〔六〕。揲，舌也。既灑水〔七〕，將拚之，故執箕以舌自當而置帚於箕中也。入户而立，其儀不貸。執帚下箕，倚于左側。貸，他得反。○謂倚箕於户側。凡拚之道，必由奥始。西南隅也。俯仰罄折，拚毋有徹。折，之舌反。○徹，動也。不得觸動他物也。拚前而退，聚於户内。從前掃而却退，聚其所掃糞壤於户内也。坐板排之，以葉適己，實帚于箕。板穢時，以手排之。適己，向己也。先生若作，乃興而辭。以拚未畢，故辭之令止也。坐執而立，遂出棄之。既拚反立，是協是稽。協，合也。稽，考也。謂合考書義也。

右灑掃。

暮食復禮，謂復朝食之禮。昏將舉火，執燭隅坐〔八〕。錯總之法，横于坐所。櫛之遠近，乃承厥火。坐，上聲。錯見上。所，叶疏果反。櫛，莊乙反。○總，束也。古者束薪蒸以爲燭，故謂之總。其未然者，則横于坐之所也。櫛謂燭盡，察其將盡之遠近，乃更以燭承取火也。居句如矩，蒸間容蒸，然者處下，捧椀以爲緒。句，古侯反。下，叶音户。○句，曲也。舊燭既盡，則更使人以新燭繼之。一横一直，其兩端相接之處勢曲如矩，則方正不邪也。蒸，細薪也。言稍寬其束，使其蒸間可以各容一蒸，以通火氣。又使已然者居下，未然者居上，則火易然也。緒，燭燼也。椀，所以貯緒也。右手執燭，左手正櫛。有墮代燭交坐，無倍尊者。乃取厥櫛，遂出是去。者，叶音渚〔九〕。去，上聲。○先執燭者既捧椀以貯櫛之餘緒，遂以左手正櫛而投其緒於椀中。至其櫛漸短，有墮而不可執者〔十〕，則後執燭者代之而交坐於其處，前執燭者乃取櫛而出棄之也。

右執燭。

先生將息，弟子皆起。敬奉枕席，問所何趾。俶衽則請，有常則否。奉，芳勇反。俶，昌六反。否，見上。○俶，始也。謂變其衽席則當問其所趾，若有常處，則不請也。

右請衽。

先生既息，各就其友。相切相磋，各長其儀。周則復始，是謂弟子之紀。友，叶音以，叶上章〔十一〕。長，丁丈反。儀，叶五何反〔十二〕。

右退習。

校記

〔一〕叶：原作「吐」，據宋閩、浙本改。

〔二〕潔：原作「絜」，據右引改。

〔三〕吏：原作「反」，據右引改。

〔四〕漿：原作「醬」，據右引改。

〔五〕潔：原作「絜」，據右引改。
〔六〕灑：原作「邐」，據右引改。
〔七〕灑：原作「有」，據右引改。
〔八〕隅：原作「偶」，據右引改。
〔九〕渚：原作「緒」，據右引改。
〔十〕墮：原作「墜」，據右引改。
〔十一〕章：原作「聲」，據正譌所引儀禮經傳通解、禮綱目改。
〔十二〕反：原缺，據宋浙本、四庫全書本補。

編年 據年譜長編。

記嵩山晁氏卦爻彖象説 淳熙九年夏

漢藝文志：易經十二篇，施、孟、梁丘三家。顔師古曰，上、下經及十翼，故十二篇。是則彖、象、文言、繫辭始附卦爻而傳於漢歟。先儒謂費直專以彖、象、文言參解易爻，以彖、象、文言雜入卦中者，自費氏始。其初費氏不列學官，惟行民間。至漢末，陳元、鄭康成之徒學費氏，古十二篇之易遂亡。孔穎達又謂輔嗣之意，象本釋經〔一〕，宜相附近，分爻之象辭各附當爻，則費氏初變亂古制時，猶若今乾卦彖、象繫卦之末歟。古經始變於費氏而卒大亂於王弼，惜哉！熹按正義曰，夫子所作象辭元在六爻經辭之後，以自卑退，不敢干亂先聖正經之辭。及王輔嗣之意〔二〕，以爲象者本釋經文，宜相附近，其義易了，故分爻之象辭各附其當爻下言之。此晁氏所引以證王弼分合經傳者。然其言夫子作象辭，元在六爻經辭之後，則孔氏亦初不見十二篇之易矣。又不於彖及大象發之〔三〕，似亦有所未盡。奈何後之儒生尤而效之，杜預分左氏傳於經，宋衷、范望輩散太玄贊與測於八十一首之下，是其明比也。揆觀其初，乃如古文尚書、司馬遷、班固序傳，揚雄法言序篇云爾。今民間法言列序篇於其篇首，與學官書不同，概可見也。唐李鼎祚又取序卦冠之卦首，則又效小王之過也。劉牧云，小象獨乾不係于爻辭，尊君也。石守道亦曰，孔子作彖、象於六爻之前，小象係逐爻之下，惟乾悉屬之於後者，讓也。嗚呼，他人尚何責哉！熹按詩疏云，漢初爲傳訓者皆與經別行，三傳之文不與經連，故石經書公羊傳皆無經文，而藝文志所載毛詩故訓傳亦與經別。及馬融爲周禮注，乃云欲省學者兩讀，故具載本文而就經爲注。據此，則古之經、傳本皆自爲一書。故高貴鄉公所謂彖、象不連經文者，十二卷之古經傳也。所謂注連之者，鄭氏之注具載本經而附以彖、象，如馬融之周禮也。晁氏於此固不如吕氏之有據，然吕氏於乾卦經傳之次第所以與他卦不同者，則無説焉。愚恐晁氏所謂初亂古制時猶若今之乾卦而卒大亂於一王弼者，似亦未可盡廢也。因竊記於此云云。

校記 〔一〕本：原作「木」，據宋閩、浙本改。

〔二〕輔：原作「轉」，據右引改。

〔三〕不：原作「在」，據右引改。

編年 據年譜長編。

蓍卦考誤 淳熙十三年

揲蓍之法見於大傳〔一〕，雖不甚詳，然熟讀而徐究之，使其前後反覆，互相發明，則亦無難曉者。但疏家小失其指，而辯之者又大失焉，是以説愈多而法愈亂也。因讀郭氏辯疑，爲考其誤云。

「大衍之數五十，其用四十有九。分而爲二以象兩，掛一以象三。揲之以四，以象四時。歸奇於扐，以象閏。五歲再閏，故再扐而後掛。」正義曰，推演天地之數，唯用五十策。就五十策中去其一，餘所用者四十有九。合同未分，是象太一也。分而爲二以象兩者，以四十九分而爲二，以象兩儀也。此以上係節文。掛一以象三者，就兩儀之間，於天數之中分掛其一而配兩儀，以象三才也。揲之以四以象四時者，分揲其蓍，皆以四四爲數以象四時也。歸奇於扐以象閏者，奇謂四揲之餘，歸此殘奇於所扐之策而成數，以法象天道歸殘聚餘分而成閏也。五歲再閏者，凡前閏後閏，相去略三十二月，在五歲之中，故五歲再閏。再扐而後掛者，既分天地，天於左手，地於右手，乃四四揲天之數，最末之餘歸之，合於扐掛之一處，是一揲也。又以四四揲地之數，最末之餘又合於前所歸之扐而總掛之，是再扐而後掛也。

今考正義之説，大概不差，但其文有闊略不備及顛倒失倫處，致人難曉。又解「掛」、「扐」二字分別不明，有以大起諍論。而「是一揲也」之「揲」，以傳文及下文考之，當作「扐」字，則恐傳寫之誤耳。今頗正之，其説如左：云「大衍之數五十，其用四十有九」者，五十之内去其一，但用四十有九策。合同未分，是象太一也。「分而爲二」者，以四十九策分置左右兩手。「象兩」者，左手象天，右手象地，是象兩儀也。「掛一」者，掛猶懸也，於右手之中取其一策懸於左手小指之間〔二〕。「象三」者，所掛之策所以象人而配天地，是象三才也。「揲之以四」者，揲，數之也。謂先置右手之策於一處，而以右手四四而數左手之策，又置左手之策，而以左手四四而數右手之策也。「象四時」者，皆以四數，是象四時也。「歸奇於扐」者，奇，零也；扐，勒也。謂既四數兩手之策，則其四四之後必有零數，或一或二，或三或四。左手者歸之於第四、第三指之間，右手者歸之於第三、第二指之間而勒之也。「象閏」者，積餘分而成閏月也。「五歲再閏，故再扐而後掛」者，凡前後閏相去大略三十二月，在五歲之中。此掛一、揲四、歸奇之法，亦一變之間，凡一掛、兩揲、兩扐，爲五歲之象。其間凡兩扐以象閏，是五歲之中凡有再閏。然後置前掛扐之策，復以見存之象分二掛一而爲第二變也〔三〕。

「四營而成易，十有八變而成卦。」正義曰，四營而成易者，營謂經營，謂四度經營蓍策乃成易之一變也。十有八變而成卦者，每一爻有三變：謂初一揲不五則九，是一變也；第二揲不四則八，是二變也；第三揲亦不四則八，是三變也。若三者俱多爲老陰，謂初得九，第二、第三俱得八也。若三者俱少爲老陽，謂初得五，第二、第三俱得四也。若兩少一多爲少陰，謂初與二、三之間或有四，或有五而有八也，或有二個四而有一個九，此爲兩少一多也。其兩多一少爲少陽者，謂三揲之間或有一個九，有一個八而有一個四，或有二個八而有一個五，此爲兩多一少也。如此三變既畢，乃定一爻。六爻則十有八變，乃定一卦。則十有八變〔四〕，乃其始成卦也。正義又曰，老陽數九，老陰數六。老陽、老陰皆變。周易以變者爲占，故陽爻稱九，陰爻稱六。所以老陽數九，老陰數六者，以揲蓍之數九過揲則得老陽，六過揲則得老陰。其少陽稱七，少陰稱八義準此。見乾卦初九下。劉禹錫曰，一變遇少，與歸奇而爲五，再變遇少，與歸奇而爲四，三變如之。是老陽之數分措手指間者，十有三策焉。其餘三十有六，四四而運，得九是已。餘三象同。又曰，第一指：餘一益三，餘二益二，餘三益一，餘四益四。第二指：餘一益二，餘二益一，餘三益四，餘四益三。第三指：與第二指同。李泰伯曰，聖人揲蓍，虛一分二，掛一揲四，歸奇再扐，確然有法象，非苟作也。故五十而用四十有九，分於兩手，掛其一，則存者四十八，以四揲之，十二揲之數也。左手滿四，右手亦滿四矣，乃扐其八而謂之多。左手餘二，右手亦餘二矣，乃扐其四而謂之少。三少〔五〕，則扐十二，并掛而十三，其存者三十六，爲老陽。以四計之，則九揲也，故稱九。三多，則扐二十四，并掛而二十五，其存者二十四，爲老陰。以四計之，則六揲也，故稱六。一少兩多，則扐二十，并掛而二十一，其存者二十八，爲少陽。以四計之，則七揲也，故稱七。一多兩少，則扐十六，并掛而十七，其存者三十二，爲少陰。以四計之，則八揲也，故稱八。所謂七、八、九、六者，蓋取四象之數也。

今考三家之説，正義大概得之。但不推多少所以爲陰、陽、老、少之數，又以過揲之數已見乾卦而遂不復言，此爲太略。而「易」字之解、三揲之分亦爲小疵〔六〕。劉氏蓋合正義二説而言，其法始備。然其曰遇多、遇少、與歸奇爲若干，則是誤以兩扐爲所遇而謂掛一爲歸奇矣。其曰「餘三十有六策，四四而運，得九」，則是反以過揲爲餘數而又必再運之矣。此皆不如正義之名正而法簡。其論第一指與第二指、第三指之餘數不同，則雖爲三變，皆掛之法。然曰餘若干而益若干，則爲揲左不揲右，而不免有以意增益之嫌。其以三變掛扐之策分措於三指間，則初變之扐誤并於掛，再變之掛誤并於扐，亦爲失之。且一手所操多至二十五策，亦繁重而不便於事矣。李氏之説最爲簡易〔七〕，而分别掛、扐爲明白。但其法爲多者一，爲少者三，而不知後二變多少之各二〔八〕。且曰「扐十二，并掛一爲十三」，而不知扐十并掛三爲十三〔九〕，餘三象同。則是後二變不掛而不若劉説之爲得也〔十〕。今皆正之如左方云。

「四營而成易」者，營謂經營，易即變也。謂分二掛一、揲四歸奇，凡四度經營蓍策，乃成一變也。「十有八變而成卦」者，謂既三變而成一爻，復合四十九策，如前經營，以爲一變，積十八變則成六爻而爲一卦也。其法初一變兩揲之餘爲掛扐者不五則九，第二變兩揲之餘爲掛扐者不四則八，第三變兩揲之餘爲掛扐者亦不四則八。五四爲少，九八爲多。若三變之間一五兩四，則謂之三少。一九兩八，則謂之三多。或一九一八而一四，或一五而二八，則謂之兩多一少。或一九而二四，或一五一四而一八，則謂之兩少一多。蓋四十九策去其初掛之一而存者四十八，以四揲之，爲十二揲之數。四五爲少者，一揲之數也。八九爲多者，兩揲之數也。一揲爲奇，兩揲爲偶。奇者屬陽而象圓，偶者屬陰而象方。圓者一圍三而用全，故一奇而含三。方者一圍四而用半，故一偶而含二也。若四象之次，則一曰太陽，二曰少陰，三曰少陽，四曰太陰。以十分之〔十一〕，則居一者含九，居二者含八，居三者含七，居四者含六。其相爲對待而具於洛書者，亦可見也。故三少爲老陽者，三變各得一揲之數而三三爲九也。其存者三十六，而以四數之，復得九揲之數也。左數右策，則左右皆九。左右皆策，則一而圍三也。三多爲老陰者，三變各得兩揲之數而三二爲六也。其存者二十四，而以四數之，復得六揲之數也。左數右策，則左右皆六。左右皆策，則圍四用半也。兩多一少爲少陽者，三變之中再得兩揲之數，一得一揲之數，而二二、一三爲七也。其存者二十八，而以四數之，復得七揲之數也。左數右策，則左右皆七。左右皆策，則方二圓一也。方二謂兩八，圓一謂一十二〔十二〕。兩少一多爲少陰者，三變之中再得一揲之數，一得兩揲之數，而二三、一二爲八也。其存者三十二，而以四數之，復得八揲之數也。左數右策，則左右皆八。左右皆策，則圓二方一也。圓二謂兩十二，方一謂一八。

「乾之策二百一十有六，坤之策一百四十有四，凡三百有六十，當期之日。二篇之策萬有一千五百二十，當萬物之數也。」正義曰，乾之策二百一十有六者，以乾老陽一爻有三十六策，六爻凡有二百一十六策也。乾之少陽一爻有二十八策，六爻則有一百六十八策。此經據乾之老陽之策也。坤之策百四十有四者，坤之老陰一爻有二十四策，六爻故一百四十有四策也。若坤少陰一爻有三十二策，六爻則有一百九十二。此經據坤之老陰，故百四十有四也。凡三百有六十，當期之日者，舉合乾坤兩策有三百有六十，當期之數。三百六十日舉其大略，不數五日四分日之一也。二篇之策萬有一千五百二十，當萬物之數者，二篇之爻總有三百八十四爻，陰陽各半。陽爻一百九十二爻，爻別三十六，總有六千九百一十二也。陰爻亦一百九十二爻，爻別二十四，總有四千六百八十也。陰陽總合萬有一千五百二十，當萬物之數也。

今考凡言策者，即謂蓍也。禮曰：「龜爲卜，策爲筮。」又曰：「倒策側龜。」皆以策對龜而言，則可知矣。儀禮亦言「筮人執筴」，尤爲明驗。故此凡言策數，雖指掛扐之外過揲見存之蓍數而言，然不以掛扐之内所餘之蓍不爲策也。疏義及其解説皆已得之。且其并以乾、坤二少之爻爲言，則固不專以乾、坤爲老，六子爲少矣。但乾、坤皆少，而其合亦爲三百六十，兩篇皆少，而其合亦爲萬一千五百二十，則疏有未及而學者不可不知爾。

右揲蓍之法，見於大傳者不過如此。爲之説者雖或互有得失，然亦不過如此，愚已論之詳矣。學者反復其言，使各盡其曲折，則後之爲説者其是非當否不能出乎此矣。

康節先生曰，歸奇合扐之數得五與四、四，則策數四九也。餘放此。〇郭氏曰，歸奇合扐之數，謂不用之餘數也。策數，所得之正策數也。去此不用之餘數，止語歸奇合扐之餘數，故有三多三少之言。至康節然後策數復見於書，餘數不復相亂矣。

今按康節「歸奇合扐」四字本於正義所謂「最末之餘歸之，合於掛扐之一處」，蓋因其失而不暇正也。然四九、四六、四七、四八之數，則正義於乾篇初九文下已明言之，安得謂唐初以來不論策數耶？且康節又言「得五與四」，則四亦未得爲去此不用之餘數矣。大抵爲此辨者未知掛扐之中奇偶方圓參兩進退之妙，是以必去掛扐之數而專用過揲之策，其説愈多而其法愈偏也。

橫渠先生曰，奇，所掛之一也。扐，左右手之餘也。郭氏曰，自唐初以來，以奇爲扐，故揲法多誤。至橫渠而始分云。再扐而後掛者，每成一爻而後掛也。謂第二、第三揲不掛也。郭氏曰，凡一掛再扐爲三變，而成一爻。横渠之言，正所以明正義之失也。閏常不及三歲而至，故曰五歲再閏。此歸奇必俟再扐者，象閏之中間再歲也。

今按此説大誤，恐非横渠之言。掛也，奇也，扐也，大傳之文固各有所主矣。奇者殘零之謂，方蓍象兩之時，特掛其一，不得便謂之奇。此則自畢、董、劉氏而失之矣。扐固左右兩揲之餘，然扐之爲義，乃指間勒物之處。故曰歸奇於扐，言歸此餘數於指間也。今直謂扐爲餘，則其曰歸奇於扐者，乃爲歸餘於餘，而不成文理矣。不察此誤，而更以歸奇爲掛一以避之，則又生一誤而失愈遠矣。郭氏承此爲説，而詆唐人不當以奇爲扐。夫以奇爲扐，亦猶以其扐爲餘爾。名雖失之，而實猶未爽也。若如其説，以歸爲掛，以奇爲一，則爲名實俱亂。而大傳之文揲四之後不見餘蓍之所在，歸奇之前不見有扐之所由，亦不復成文理。再扐者，一變之中左右再揲而再扐也。一變之中，一掛、再揲、再扐而當五歲。蓋一掛再揲當其不閏之年，而再扐當其再歲之閏也。而後掛者，一變既成，又合見存之蓍分二而掛一，以起後變之端也。今曰第一變掛而第二、第三變不掛，遂以當掛之變爲掛而象閏，以不掛之變爲扐而象不閏之歲，則與大傳之云「掛一象三」、「再扐象閏」者全不相應矣。且不數第一變之再扐，而謂第二、第三變爲再扐，又使第二、第三變中止有三營而不足乎成易之數，且於陰陽、奇偶、老少之數亦多有不合者。今未暇悉論，後當隨事發之爾。

伊川先生揲蓍法云，先以右手指於左手之中取蓍一莖，掛於左手小指之間，此名奇也。次以右手四揲左手之蓍，四揲之餘數置案之東西隅〔十三〕，此名右手之扐。復以左手四揲右手之蓍，四揲之餘亦置於案之東南隅，此名左手之扐。其兩手所握之蓍爲所得之正策數。又云，再以左右手分而爲二，更不重掛奇。又云，三變訖，乃歸先所掛之奇於第一扐之中，次合正策數，又四揲，布之案上，得四九，爲老陽。郭氏曰，此法先人親受於伊川先生，雍復受於先人。本無文字，歲月滋久，慮或遺忘，謹詳書之。

今按，此説尤多可疑。然郭氏既云本無文字，則其傳受之際不無差舛宜矣。其以掛一爲奇而第二、三變不掛，愚已辨於前矣。其曰兩手餘數置之案隅而不置之指間，則非歸奇於扐之義。其以一變過揲之蓍便爲正策，則未合四九、四六、四七、四八之數。其曰三變訖，乃歸先所掛之奇於第一扐之中，則其掛之之久也無用，其歸之之晚也無説，而尤不合於大傳所言之次第。又以四揲正策布之案上，然後見所得之爻，則其重復又甚焉。凡此恐皆非伊川先生之本意也，覽者詳之。

兼山郭氏曰，蓍必用四十九者，惟四十九即得三十六、三十二、二十八、二十四之策也。蓋四十九去其十三則得三十六，去其十七則得三十二，去其二十一則得二十八，去其二十五則得二十四。凡得者，策數也。去者，所餘之扐也。雍曰，世俗皆以三多三少定卦象〔十四〕，如此則不必四十九數，凡三十三、三十七、四十一、四十五、五十三、五十七、六十一、六十五、六十九、七十三、七十七、八十一、八十五、八十九、九十三、九十七皆可以得初揲非五即九，再揲、三揲不四即八之數。獨不可以得三十六、三十二、二十八、二十四之策爾。

今按，此書之中，此説最爲要切，而其疏率亦無甚於此者。蓋四十九者，蓍之全數也。以其全而揲之，則其前爲掛扐，其後爲過揲。以四乘掛扐之數，必得過揲之策。以四除過揲之策，必得掛扐之數。其自然之妙如牝牡之相銜，如符契之相合，可以相勝而不可以相無。且其前後相因固有次第，而掛扐之數所以爲七、八、九、六，又有非偶然者，皆不可以不察也。今於掛扐之數既不知其所自來而以爲無所務，於揲法徒守過揲之數以爲正策，而亦不知正策之所自來也，其欲增損全數以明掛扐之可廢，是又不知其不可相無之説，其失益以甚矣。聖人之道中正公平，無向背取舍之私，其見於象數之自然者蓋如此。今乃欲以一偏之見議之，其亦誤矣。

又曰，四象之數必曰九、八、七、六者，三十六、三十二、二十八、二十四之策再以四揲而得之也。九、六，天地之數也，乾、坤之策也。七、八，出於九、六者也，六子之策也。乾、坤相索而成者也。

今按，四象之數乃天地之間自然之理，其在河圖、洛書各有定位。故聖人畫卦，自兩儀而生，有畫以見其象，有位以定其次，有數以積其實，其爲四象也久矣〔十五〕。至於揲蓍，然後掛扐之奇耦方圓有以兆之於前，過揲之三十六、三十二、二十八、二十四有以乘之於後，而九、六、七、八之數隱然於其中。九、七，天數也。三十六、二十八，凡老陽、少陽之策數也。六、八，地數也。三十二、二十四，凡老陰、少陰之策數也。今專以九、六爲天地之數，乾、坤之策，謂七、八非天地之數而爲六子之策，則已誤矣。

又曰，天之生數一、三、五，合之爲九。地之生數二、四，合之爲六。故曰九、六者，天地之數也。乾之策二百一十有六，以六分之，則爲三十六。又以四分之，則爲九。坤之策百四十有四，以六分之，則爲二十四。又以四分之，則爲六。故曰九、六者，乾、坤之策數也。陰陽止於九、六而已，何七、八之有？故少陽震、坎、艮三卦皆乾畫一，坤畫二，其策四十八，合之爲八十四。復三分之，而爲二十八。復四分之，而爲七。少陰巽、離、兑三卦皆乾畫二，其策七十二；坤畫一，其策二十四，合之爲九十六。復三分之，而爲三十二。復四分之，而爲八。是七、八出於九、六而爲六子之策也。然九、六有象而七、八無象，蓋以卦則六子之卦七、八隱於其中而無象，以爻則六子皆乾、坤之畫而無六子之畫也。故惟乾、坤有用九用六之道，諸卦之奇畫，用乾之九也。得偶畫者，用坤之六也。無用七、八之道也。

今按，一、二、三、四、五，天地之生數也。五中數，故不用。六、七、八、九、十，天地之成數也。十全數，故不用。而河圖、洛書之四象亦無所當於五與十焉，故四象之畫成而以一、二、三、四紀其次，九、八、七、六積其實。揲蓍之法具，而掛扐之五與四以一其四而爲奇，九與八以兩其四而爲偶。奇以象圓而徑一者其圍三，故凡奇者其數三。偶以象方而徑一者其圍四，而用半，故凡偶者其數二。所謂參天兩地者也。及其揲之三變，則凡三奇者三其三而爲九，三偶者叁其兩而爲六。此九、六之所以得數之實也。至於兩奇一偶，則亦參其兩奇以爲六，兩其一偶以爲二，而合之爲八。兩偶一奇，則亦兩其兩偶以爲四，叁其一奇以爲三，而合之爲七。此七、八所以得數之實也。是其老少雖有不同，然其成象之所自、得數之所由，則皆有從來而不可誣矣。若專以一、三、五爲九，二、四爲六，則雖合於積數之一端，而於七、八則有不可得而通者矣。不自知其不通而反以七、八爲無象，不亦誤乎。又況自其四營三變而先得其七、八、九、六之數，而後得其一爻過揲之策，以四乘其七、八、九、六之數，而後得其一卦過揲之策，此於大傳之文蓋有序矣。今乃以乾、坤之策爲母，反再分之〔十六〕，而後得九、六焉，且又不及乎七、八而以爲無象，誤益甚矣。抑七、八、九、六之用於蓍，正以流行經緯乎陰陽之間而別其老少，以辨其爻之變與不變也。九、六豈乾、坤之所得專而七、八豈六子之所偏用哉。若如其言，則凡筮得乾、坤者無定爻，得六子者無定卦矣，尚何筮之云哉。其曰乾、坤有用九用六之道，六子無用七用八之道，此又不考乎歐陽子明用之説，其鑿甚矣。又況方爲四象之時，未有八卦之名耶。如蘇氏所引一行之言，謂有其象而合其數則可爾，今直以八卦分之，不亦太早計哉。

釋疑序云，繫詞不載九、六、七、八陰陽老少之數，聖人畫卦，初未必以陰陽老少爲異。然卜史之家取動爻之後卦，故分别老少之象，與聖人畫卦之道已不同矣。後世大失聖人之意者，多主卜史之言，而不知所謂策數也。

今按周禮太卜、占人、筮人之官概舉其法，不能甚詳，然其不見於大傳者已多矣。然皆周公法也。安知七、八、九、六之説不出於其中，而夫子贊易之時見其已著而遂不之及乎？正如禮記冠義、鄉飲酒義之屬，亦以其禮自有明文，故詳其義而略其數。亦不可但見大傳之詞有所不及而遂謂聖人畫卦初不以此爲異也。聖人作易，本爲卜筮，若但有陰陽而無老少，則又將何以觀變而玩其占乎？且策數之云，正出於七、八、九、六者。今深主策數而力排七、八、九、六爲非聖人之法，進退無所據矣。

辨證曰，凡卦爻所得之數，獨謂之策，自餘雖天地大衍，亦皆但謂之數。

今按，此説之誤已辨於大傳策數之下矣。大凡蓍之一籌謂之一策，策中乘除之數則直謂之數矣。

又曰，扐者數之餘也，如禮言「祭用數之扐」是也。或謂指間爲扐，非也。揚子雲作「艻」，亦謂蓍之餘數，豈以草間爲艻耶？

今按，歸奇於扐，謂歸此餘數於指間耳，則此「扐」字乃歸餘數之處，而非所歸餘數之名矣。「祭用數之扐」者，亦謂正數在握中而其奇零之數在指間。指屬人身，故從「人」從「力」而爲扐也。艻生於蓍，而言此草在人指間也。凡從「力」者皆「勒」之省文。

又曰，如正義之説，是六揲六扐而成一爻，三十六揲三十六扐而成八卦，與十八變而成卦之文異矣。

今按，一變之中再揲再扐，則十有八變之與三十六揲、三十六扐未有所戾也。

又曰，蘇氏所載一行之學曰，多少者，奇偶之象也。三變皆少，則乾之象也。乾所以爲老陽，而四數其餘得九，故以九名之。三變皆多，則坤之象也。坤所以爲老陰，而四數其餘得六，故以六名之。又曰，七、八、九、六者，因餘數以名陰陽。而陰陽之所以爲老少者不在是，而在乎三變之間，八卦之象也。如上所言，則是直取三變多少卦象相類以畫爻，而不復論其策數也。

今按，四十九中聖人無不用之數，已見於前矣。蘇氏之説既不知七、八、九、六之已具於掛扐，而必求之過揲之間，其與郭氏之説已略相似矣。但蘇氏以八卦之象爲斷而郭氏以四象之策爲言，少不同耳。然蘇氏亦云四數其餘得九，則固亦兼取策數矣。而郭氏峻文深詆，遽至於此，亦可畏哉。

又云，凡揲蓍，第一變必掛一者，謂不掛一則無變，所餘皆得五也。惟掛一則所餘非五則九，故能變。第二、第三變雖不掛，亦有四、八之變，蓋不必掛也。

今按，三變皆掛，蓋本大傳所謂「四營而成易」者，予已論於前矣。然其所以不可不掛者，則又有兩説。蓋三變之中，前一變屬陽，故其餘五、九皆奇數。後二變屬陰，故其餘四、八皆偶數。屬陽者爲陽三而爲陰一，圍三徑一之術也。掛一而左一右三也，卦一而左右皆二也，卦一而左三右一也，皆陽也。卦一而左右皆四者，陰也。屬陰者爲陰二而爲陽二，皆以圍四用半之術也。掛一而左一右二也〔十七〕，掛一而左二右一也，陽也。掛一而左三右四也，掛一而左四右三也，陰也。是皆以三變皆掛之法得之，後兩變不掛則不得也。後兩變不掛，則左一右三，左二右二，左三右一，皆爲陽。惟左右皆四乃爲陰。三變之後，其可爲老陽者十二，可爲老陰者四，可爲少陰者二十八，可爲少陽者二十。雖多寡之不同，而皆有法象。老陰陽數本皆八，老者動而陰性本静，故損陰之四以歸於陽。少陰陽數本皆二十四〔十八〕，少者静而陽性本動，故損陽之四以歸於陰。是亦以三變皆掛之法得之，而後兩變不掛則不得也。後兩變不掛，則老陽、少陰皆二十。十，少陽九，老陰一。郭氏僅見第二、第三變可以不掛之一端爾，而遂執以爲説，夫豈知其掛與不掛之爲得失乃如此哉。大抵郭氏他説偏滯雖多，而其爲法尚無甚戾。獨此一義所差雖小，而深有害於成卦變爻之法〔十九〕，尤不可以不辨。

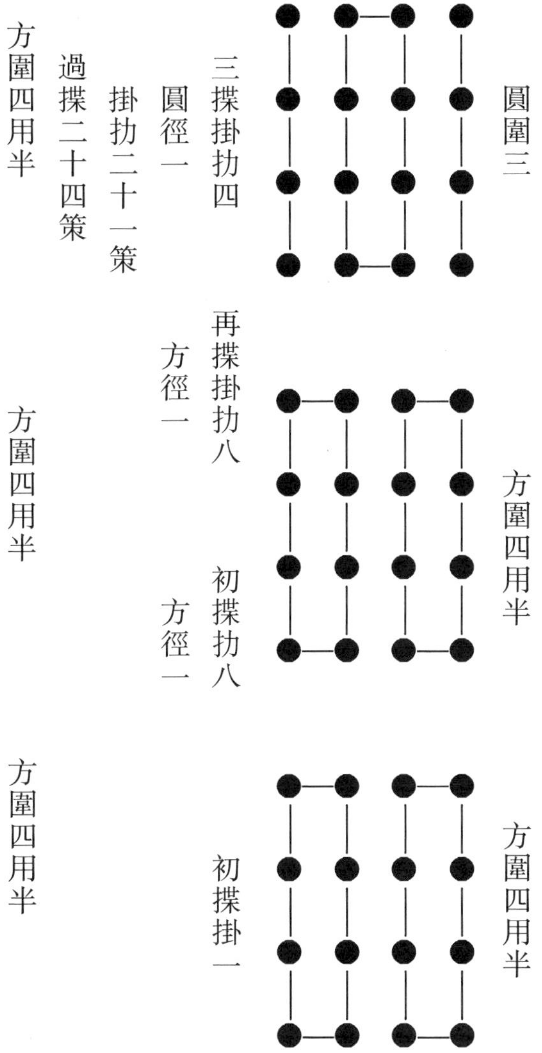

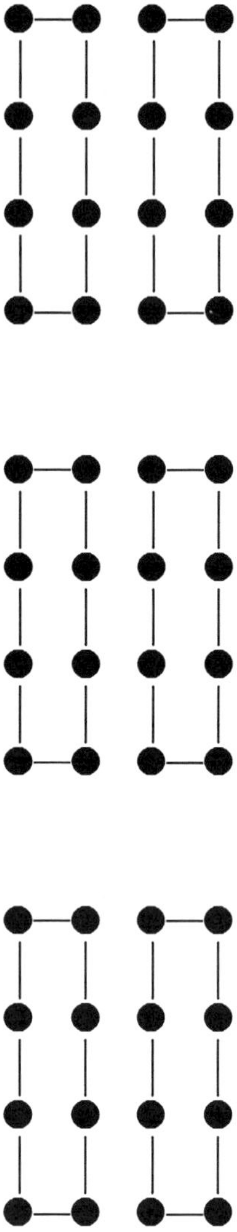

三揲掛扐八　再揲掛扐八　初揲扐八　初揲掛一

方徑一　方徑一　方徑一

掛扐三十五策〔二十〕

過揲三十六策

圓圍三　圓圍三　圓圍三

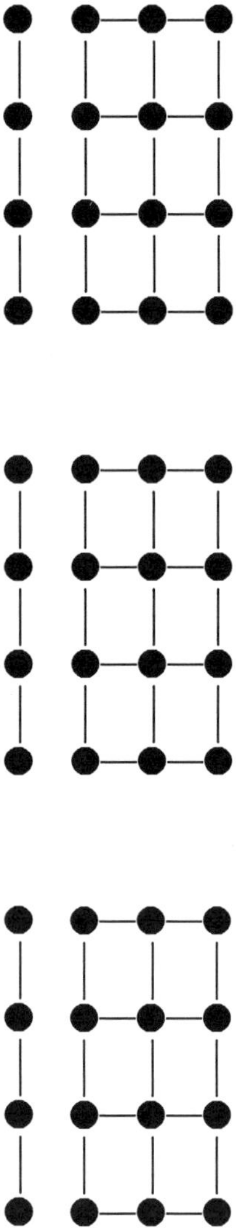

三揲掛扐四　再揲掛扐四　初揲扐四　初揲掛一

圓徑一　圓徑一　圓徑一

掛扐十三策

過揲三十二策

方圍四用半

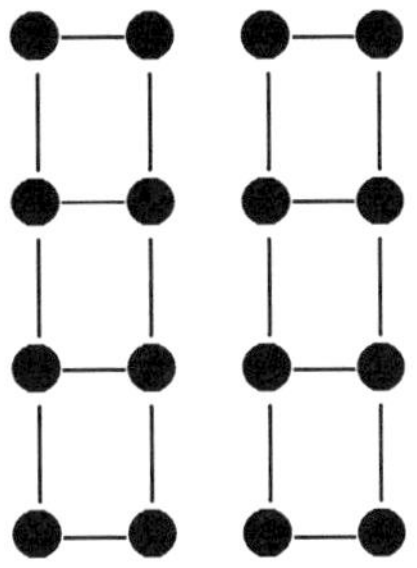

三揲掛扐八

方徑一

圓圍三

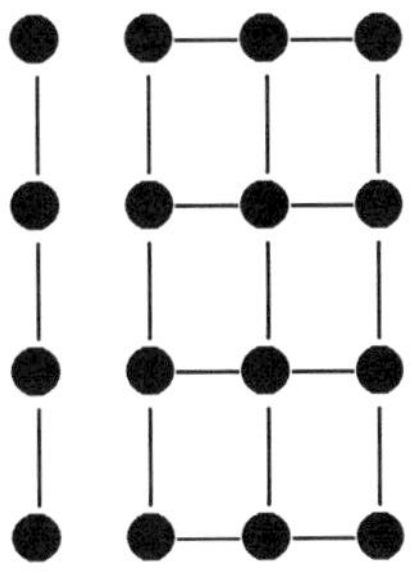

再揲掛扐四

圓徑一

圓圍三

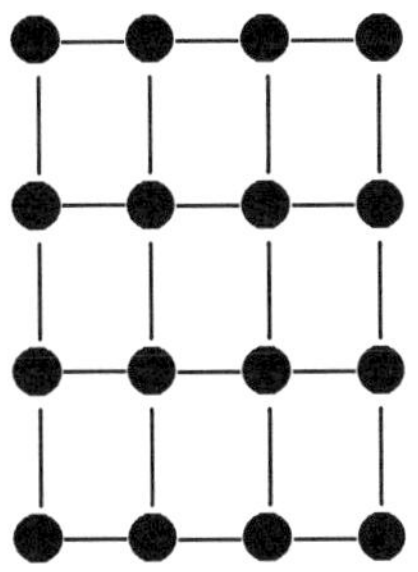

初揲扐四

圓徑一

初揲掛一

掛扐十七策

五歲再閏圖

舊説

第一變	第二變	第三變			
掛揲左	扐左揲右	扐右	掛揲左	扐左	揲右
扐右	掛	揲左	扐左揲右	扐右	甲乙丙閏
丁戊閏		己庚辛閏		壬癸閏	甲乙丙閏
丁戊閏					

舊説掛一以象三者也。扐謂歸奇於扐，以象閏者也。五歲者，一變之間一掛、再揲、再扐，各當一歲之象也。再閏者，兩扐之歲爲再閏之象也。而後掛者，又合餘著，再分而掛，以起後變之象也。其文義象類既皆有條而不紊，又通數之，必五歲而再閏，亦無不合。

郭氏説

一變	二變	三變	四變	五變	六變	七變	八變	九變
掛扐	扐	扐	掛扐	扐	扐	掛扐	扐	扐
甲閏	乙	丙	丁閏	戊	己	庚閏	辛	壬〔二十一〕

郭氏之説以掛爲奇，三變之中第一變掛扐，第二、第三變不掛而扐，故以有掛有扐之變爲掛，無掛有扐之變爲扐。其有掛之扐又棄不數，而曰歸奇必俟再扐者，象閏之中閲再歲也。然則掛象閏歲而不象三才，扐反象不閏之歲而不象閏，且必三扐而後復掛，與大傳之文殊不相應。又其閏必六歲而後再至，亦不得爲五歲而再閏矣。

易象九爲老陽，七爲少，八爲少陰，六爲老。舊説陽以進爲老，陰以退爲老。九、六者，乾、坤之畫，陽得兼陰，陰不得兼陽。此皆以意配之，不然也。九、七、八、六之數，陽順陰逆之理，皆有所從來，得之自然，非意之所配也。凡歸餘之數有多有少，多爲陰，如爻之偶；少爲陽，如爻之奇。三少，乾也，故曰老陽。九揲而得之，故其數九，其策三十六。兩多一少，則一少爲之主，震、坎、艮也，故皆謂之少陽。少在初爲震，中爲坎，末爲艮。皆七揲而得之，故其數七，其策二十有八。三多，坤也，故曰老陰。六揲而得之，故其數六，其策二十有四。兩少一多，則一多爲之主，巽、離、兑也，故皆謂之少陰。多在初爲巽，中爲離，末爲兑。皆八揲而得之，故其數八，其策三十有二。盈則變，純少陽盈，純多陰盈。盈爲老，故老動而少静。吉凶悔吝，生乎動者也。卦爻之辭皆九、六者，惟動則有占，不動則無朕，雖易亦不能占之。國語謂「貞屯悔豫皆八」、「遇泰之八」是也。今人以易筮者，雖不動亦用爻辭斷之，易中但有九、六，既不動則是七、八，安得用九、六爻辭？此流俗之過也。

諸家揲蓍説惟筆談此論簡而盡。但謂不動則易不能占與引國語之説爲誤爾。

校記

〔一〕蓍：原作「耆」，據宋閩本、明天順本改。

〔二〕右：當作「左」。

〔三〕象：正訛改作「策」。

〔四〕宋浙本「則」上有「六爻」二字。

〔五〕三少：原缺，據正訛補。

〔六〕疵：原作「庛」，據宋閩、浙本改。

〔七〕易：宋浙本作「直」。

〔八〕後：原缺，據宋閩、浙本補。

〔九〕扐十：原作「扐千」，據右引改。

〔十〕二：原作「三」，據右引改。

〔十一〕此圖原誤，據右引改。

〔十二〕圓一：原作「圓二」，據右引改。

〔十三〕記疑云此句疑誤。

〔十四〕卦：原作「掛」，據宋閩本改。

〔十五〕也：原作「者」，據宋閩、浙本改。

〔十六〕反：宋浙本作「及」。

〔十七〕二：原作「一」，據右引改。

〔十八〕數：原缺，據宋閩、浙本補。四：原缺，據四庫全書本補。

〔十九〕法：原作「私」，據宋閩、浙本改。

〔二十〕「過揲二十八策」至此「掛扐三十五策」原錯簡在「又曰蘇氏所載一行之學」之前，據宋浙本、文公易說卷二十二移正。

〔二十一〕正訛於「壬」下補「癸閏」。

編年 據年譜長編。

琴律說 慶元三年

太史公五聲數曰：九九八十一以爲宮；散聲。三分去一得五十四〔一〕，以爲祉；爲九徵。三分益一得七十二，以爲商；爲十三徽〔二〕。三分去一得四十八，以爲羽；爲八徽。三分益一得六十四，以爲角。爲十一徽。十二律數曰：黄鍾九寸，爲宫；琴長九尺而折其半，故爲四尺五寸，而下生林鍾。林鍾六寸，爲祉；爲第九徽。徽内三尺，徽外一尺五寸，上生太簇。太蔟八寸，爲商；爲第十三徽。徽内四尺，徽外五寸，下生南吕。南吕五寸一分，爲羽；爲第八徽。徽内二尺七寸，徽外一尺八寸，上生姑洗。姑洗七寸一分，爲角。爲第十一徽。徽内三尺五寸〔三〕，徽外九寸，下生應鍾。應鍾四寸六分六釐，位在八徽内二寸七分。内二尺四寸，外二尺一寸，上生蕤賓。蕤賓六寸二分八釐，位在十徽、九徽之間。内三尺一寸五分，外一尺三寸五分，上生大吕。大吕八寸三分七釐六毫，在龍齦内二寸半。内四尺二寸半，外二寸半，下生夷則。夷則五寸五分五釐一毫，在九徽、八徽之間。内二尺八寸半，外一尺六寸半，下生夾鍾。夾鍾七寸四分三釐七毫三絲，爲第十二徽。徽内三尺八寸，徽外七寸，下生無射。無射四寸八分八釐八絲，在八徽内。徽内二尺五寸，徽外二尺，上生中吕。中吕六寸五分八釐三毫四絲六忽。爲第十徽，亦爲角。徽内三尺四寸，徽外一尺一寸，復生變黄鍾，八寸七分八釐有奇。今少宫以下即其半聲，爲四寸三分八釐有奇也。以上十二律并用太史公九分寸法約定。周禮鄭注以從簡便，凡律，寸皆九分〔四〕，分皆九釐，釐皆九絲〔五〕，絲皆九忽〔六〕。琴尺皆十寸，寸皆十分，分皆十釐，釐以下不收。

按，此以上爲自龍齦之内至于七徽左方十二律之位，而七徽以後之説亦附其後。蓋琴之有徽，所以分五聲之位而配以當位之律，以待抑按而取聲。而其布徽之法，則當隨其聲數之多少、律管之長短而三分損益，上下相生，以定其位，如前之説焉。今人殊不知此，其布徽也，但以四折取中爲法，蓋亦下俚立成之小數。雖於聲律之應若簡切而易知，但於自然之法象懵不知其所自來，則恐不免有未盡耳。

或曰，若子之言聲數也，律分也，徽寸也，三者之相與皆迂回屈曲而難通，無乃出於傅會牽合之私耶〔七〕？曰，律之九分也，數之八十一也，琴之八尺一寸也，三者之相與固未嘗有異焉。今以琴之太長而不適於用也，故十其九而爲九尺，又折其半而爲四尺五寸，則四尺五寸之琴與夫九寸之律、八十一之數亦未始有異也。蓋初弦黃鍾之宫，次弦太蔟之商，三弦中吕之角，四弦林鍾之祉，五弦南吕之羽，六弦黃清之少宫，七弦太清之少商，皆起於龍齦，皆終於臨岳，其長皆四尺五寸，是皆不待抑按而爲本律自然之散聲者也。而是七弦者，一弦之中又各有五聲十二律者凡三焉。且以初弦五聲之初言之，則黃鍾之律固起於龍齦而爲宫聲之初矣，數八十一，律九寸，琴長四尺五寸。太蔟則應於十三徽之左而爲商，數七十二，律八寸，徽内四尺。姑洗則應於十一徽而爲角，數六十四，律七寸一分，徽内三尺五寸。中吕應於十而爲角，律六寸五分八釐有奇，徽内三尺五寸。但姑洗唯三弦用之，餘弦皆用中吕。林鍾則應於九而爲祉，數五十四，律六寸，徽内三尺。南宫則應於八而爲羽，數四十八，律六寸，徽内二尺七寸。〇次弦則太蔟之律固起於龍齦而爲商之初矣，用宫數，後倣此。而其姑角應於十三之左，用商數，後倣此。林祉應於十，南羽應於九，黃清少宫應於八之右。〇三弦則姑洗之律固起於龍齦而爲角之初矣，而林祉應於十三，南羽應於十一，黃清少宫應於九，太清少商應於八。〇四弦則林鍾之律固起於龍齦而爲祉之初矣，而南羽應於十三，黃清少宫應於十，太清少商應於九，少角應於八。〇五弦則南吕之律固起於龍齦而爲羽之初矣，黃清少宫則應於十二，少商應於十，少角應於八、九之間〔八〕。〇六弦之黃清則固起於龍齦而爲少宫之初矣，少商則應於十三，少角則應於十，少祉則應於九，少羽則應於八。〇七弦之太清則固起於龍齦而爲少商之初矣，少角則應於十二，少祉則應於十，少羽則應於九，少宫之少則應於七、八之間。故皆按其應處而鼓之，然後其聲可得而見，而聲數、律分與其徽内之長無不合焉。然此皆黄鍾一均之聲也。若大吕、夾鍾、蕤賓、夷則、無射、應鍾之爲律，則無所用於黄鍾，故必因旋宫而後合於五聲之位。其在於此，則雖有定位而未當其用也。大在黄、太之間，律八寸三分七釐有奇，内四尺二寸半。〇夾在太、姑之間，律七寸四分三釐有奇，内三尺八寸。〇蕤在中、林之間，律六寸二分八釐，内三尺一寸五分。〇夷在林、南之間，律五寸五分五釐有奇，内二尺八寸半。〇無在南右，律四寸八分八釐有奇，内二尺五寸。〇應在無右，律四寸六分六釐，内二尺四寸。〇蕤宫見本章圖説〔九〕。

若自七徽之後以至四徽之前，則五聲十二律之應亦各如其初之次而半之〔十〕。初弦七徽，承羽而爲宫。六、七間爲商，六右爲角，五爲祉，四、五間爲羽。〇次弦七徽，承宫而爲商。六左爲角，六右爲祉，五爲羽，四、五間爲宫。〇三弦七徽，承商而爲角。六爲羽，五爲宫，五右爲商。〇四弦承角而爲祉，六左爲羽，六右爲宫，五爲商，四、五間爲角。〇五弦七徽，承祉而爲羽。六左爲宫，六右爲商，五右爲角，四、五間爲祉。〇六弦承羽而爲宫，七右爲商，五右爲角，五爲祉，四、五間爲羽。〇七弦承宫而爲商，六左爲角，六右爲祉，五爲羽，四、五間爲宫。四徽之後以至一徽之後，則其聲律之應次第又如其初而又半之。此一節聲難取而用處希，不能盡載。然其大概次第亦與上兩節不異，但加促密耳。〇凡五弦起於龍齦，初弦五聲，次弦四聲，三弦三聲，四弦二聲，五弦一聲。凡十五聲〔十一〕，皆正聲。〇初弦七徽，次弦八徽，三弦九徽〔十二〕，四弦十徽，五弦十二徽。六弦龍齦以後爲第二宫，各五聲。七弦龍齦以後四聲。凡三十四聲，皆少聲。〇初弦四徽以下至七弦八、七間以後爲第三宫，各五聲。凡三十五聲，皆少少聲。〇初弦一徽之後下至七弦四、五之間，初弦一聲，次弦二聲，三弦三聲，四弦四聲，五弦五聲，六弦五聲，七弦四聲〔十三〕。凡十九聲〔十四〕，猶爲少少，入前三十五聲數内。唯六弦一聲，七弦二聲，凡三聲，爲第四宫，又别爲少少聲，通爲三十八聲〔十五〕。○合一琴而計之，爲百十有三聲〔十六〕。但七徽之左爲聲律之初，氣厚身長〔十七〕，聲和節緩，故琴之取聲多在於此。七徽則爲正聲正律，初氣之餘，承祉羽既盡之後，而黄鍾之宫復有應於此者。且其下六弦之爲聲律，亦皆承其已應之次以復於初而得其齊焉，氣已消而復息，聲已散而復圓，是以雖不及始初之全盛，而君子猶有取焉。過此則其氣愈散，地愈迫，聲愈高，節愈促而愈不可用矣。此六徽以後所以爲用之少，雖四徽亦承以應之，次以復於初而得其齊，而終有所不能反也。此處但泛聲多取之，自當别論。而俗曲繁聲亦或有取，則亦非君子所宜聽也。大抵琴徽之分布聲律正與候氣同是一法，而亦不能無少異。候氣之法，闕地爲坎，盈尺之下先施木案，乃植十二管於其上而實土埋之。上距地面皆取一寸而止，其管之底則各隨其律之短長以爲淺深。黄鍾最長，故最深而最先應。應鍾最短，故最淺而最後應。今移其法於琴而論之，則所謂龍齦，即木案之地也。所謂臨岳，即地面之平也。聲應之處，即其律寸之短長、距案之遠近也。故按此鼓之而其聲可見，此其所同也。但律之次第左起而右行者，以氣應先後爲之序，自地中而言之也。徽之次第右起而左行者，以律管入地淺深爲之序，據人在地上目所見者而言之也。此其似異而實同者也。其甚異者，則管虛而弦實，管有長短而無大小，圍皆九分，徑皆三分。弦有大小而無短長；管上平而下不齊，弦則下齊而同起於龍齦也。是以候氣者異管而應不同時，既應則其氣遂達於上而無復升進之漸。布徽者亦異弦而應於同時，既應則各得其量之所受，如以弦大小爲五聲之序。而循序以漸進，至于三周而後已。此其甚不同者也。然明者觀之，以其所異乘除準望而求其所同，則是乃所以益見其同而無可疑者。但自有琴以來，通儒名師未有爲此説者。余乃獨以荒淺之學、聾聵之耳，一旦臆度而誦言之，宜子之駭於聽聞而莫之信也。然吾豈以是而必信於當世之人哉，姑以記余之所疑焉耳。抑此七弦既有散弦所取五聲之位，又有按徽所取五聲之位，二者錯綜，相爲經緯，其自上而下者皆自上弦遞降一等，其自左而右者則終始循環，或先或後，每至上弦之宮而一齊焉。蓋散聲陽也，通體之全聲也，無所受命而受命于天者也。七徽陰也，全律之半聲也，受命于人而人之所貴者也。但以全聲自然，無形數之可見，故今人不察，反以中徽爲重，而不知散聲之爲尊。甚矣其惑也！至其三宮之位，則左陽而右陰，陽大而陰小，陽一而陰二。故其取類左以象君，右以象臣。而二臣之分又有左右，左者陽明，故爲君子而近君；右者陰濁，故爲小人而在遠。以一君而御二臣，能親賢臣、遠小人，則順此理而國以興隆。親小人、遠賢臣，則咈此理而世以衰亂。是乃事理之當然，而非人之所能爲也。又凡既立此律以爲宮，則凡律之當徽而有聲者，皆本宮用事之律也。其不當徽而無聲者，皆本宮不用之律也。唯第十二徽有徽無聲，亦不當用，未詳其説。律旋而宮變，則時異而事殊。其遭時而偶俗者〔十八〕，自當進據可爲之會而發其鳴聲；其背時而忤俗者，自當退伏無人之境而箝其頰舌。此亦理勢之當然，而其詳則旋宮之圖説盡之矣。

定律

沈氏筆談據唐人琵琶録，以爲調琴之法，須先以管色合字定宫弦，乃以宫弦下生祉，祉上生商，上下相生，終於少商。凡下生者隔二弦，上生者隔一弦取之。凡絲聲皆當如此。但今人苟簡，不復以管定聲，故其高下無法，出於臨時。

按，沈氏此言〔十九〕，可救流俗苟簡之弊。世之言琴者徒務布爪取聲之巧，其韻勝者乃能以蕭散閑遠爲高耳，豈復知禮樂精微之際，其爲法之嚴密乃如此而不可苟哉。然其曰以合聲定宫弦者，亦黄鍾一均之法耳。不知沈氏之意姑舉一隅以見其餘耶，抑以琴聲之變爲盡於此而遂已也？若曰姑舉一隅而當别用旋宫之法以盡其變，則又當各以其字命之，而不得定以合聲爲宫也。蓋今俗樂之譜，厶則合之爲黄也，マ則四下之爲大也，マ則四上之爲大也，二則一下之爲夷也，二則一上之爲姑也，マ則上之爲中也，厶則勾之爲蕤也，厶則尺之爲林也，フ則乙下之爲夷也，フ則乙上之爲南也，リ則凡下之爲無也，リ則凡上之爲應也，六則六之爲黄清也，丌則五下之爲大清也，丌則五上之爲太清也，□則□上之爲夾清也〔二十〕。此聲俗工皆能知之，但或未識古律之名，不能移彼以爲此，故附見其説云。按，今俗樂或謂高於古雅樂三律，則合字乃夾鍾也。沈氏後章即言，今教坊燕樂比律高二均弱，合字比太蔟微下〔二十一〕。却以凡字當宫聲，比宫之清宫微高，外方樂又高坊一均以來。惟契丹樂聲比教坊樂下二均，疑唐之遺聲也。若如沈説，則方外合字真爲夾鍾矣。若便以此爲黄鍾，恐聲已高急，更用旋宫，至辰巳位，即已爲林、夷，非唯不容彈，亦不可得而上矣。更詳之。

調弦之法，散聲隔四而得二聲，宮與少宮，商與少商。中徽亦如之而得四聲。按上散下得二聲，按下散上得二聲，其弦則同。八徽隔三而得六聲，宮與羽，商與少宮，角與少商。按上得三聲，按下得三聲。九徽按上者隔二而得四聲，宮與祉，商與羽，角與少宮，祉與少商，爲四。○内角聲在九、十間四之一（二十二），少濁。按下者隔一而得五聲。少商與羽，少宮與祉，羽與角，祉與商，角與宮，爲五。○内角聲在九、八間四之一，少清。十徽按上者隔一而得五聲，宮與角，商與祉，角與羽，祉與少宮，羽與少商，爲五。○内角聲在十一徽，少濁。按下者隔二而得四聲。少商與祉，少宮與角，羽與商，祉與宮，爲四。○内角聲在十一徽，少濁。十三徽之左比弦相應而得六聲。宮與商，商與角，角與祉，祉與羽，羽與少宮，少宮與少商，凡六。

右調弦之法，大概如此。然惟九徽爲得其相生之序，十徽則雖律呂相得而其倫序倒置，若有未諧。故沈氏説以隔二者爲下生，隔一者爲上生。蓋九徽之宮隔二者生散祉（二十三），而散祉隔一，上生十徽之商。九徽之商隔二，下生散羽，而散羽隔一，上生十一徽之角。九徽之角隔二，下生散少宮，而散少宮隔一，上生十徽之祉。九徽之祉隔二，下生散少商，而散少商隔一，上生十徽之羽也。如此則九徽之隔二者常以木聲命散聲，十徽之隔一者常以散聲命木聲，然後十徽之按上按下者亦皆得以協其相生之序，此又不可不知也。此外諸弦號爲相應者，則但以散聲、木聲同於一律而自相酬酢。至於相生之序，則無取焉。然散聲者全律之首，七徽者散聲之貳，故其應聲渾厚寬平，最爲諧韻。特以中三弦者孤孑特立，無上下之交焉，則其爲用有所不周。若八徽之三聲、十三徽之六聲，則爲律雖同而絲木有異，是以其聲雖應而不和。如人心不同而强相然諾，外雖和悦而中實乖離，求其天屬自然、真誠和協，則惟九徽、十徽與十一徽之三弦爲然。此調弦之法所以必於此而取之，亦非人力之所能爲也。

或者見其如此而不深求其故，遂以己意强爲之説，以爲九徽者林鍾之位，十徽者中吕之位。林鍾爲黄鍾之所生，而中吕又爲能反生黄鍾者，所以得爲調弦之地，而非他徽之可及。此其爲説亦巧矣，然使果有是理，則曷爲不直於黄鍾焉調之而必爲此依傍假託之計耶？若角聲二律之説，則予嘗竊怪古之爲樂者通用三分損益、隔八相生之法，若以黄鍾爲宫，則姑洗之爲角有不可以毫髮差者。而今世琴家獨以中吕爲黄鍾之角，故於衆樂常必高其一律然後和。唯第三弦本是角聲，乃得守其舊而不變。流傳既久，雖不知其所自來，然聽以心耳，亦知其非人力之所能爲也。昔人亦有爲之説者，皆無足取。其曰五聲之象，角實爲民，以民爲貴，故於此焉上之者，其穿鑿而迂疏固已甚矣。又以爲姑洗爲正角，中吕爲慢角者，則恐此等變調隨世而生，又非獨此爲然也。

近世惟長樂王氏之書所言禮樂最爲近古，然其説琴亦但以第三弦爲律中中吕而不言其所以然者。予於是益以爲疑，乃爲之深思而有得焉，然後知古人所以破去三分損益、隔八相生之明法而俛焉以就此位之僭差者，乃爲迫於聲律自然之變，有不得已而然也。蓋建樂立均之法，諸律相距間皆一律，而獨宮、羽、祉、角之間各間二律。相距既遠，則其聲勢隔闊而有不能相通之患。然猶幸其隔八之序五聲既備，即有二律介於宮與祉、角之間，於是作樂者因而取之，謂之二變，然後彼四聲者乃得連續無間而七均備焉〔二十四〕。唯琴則專用正聲，不取二變，故於二位之闕無以異乎衆樂之初。然又以其別有二少，而少宮之分寸地位近於變宮〔二十五〕，故宮、羽之間有以補之而不至於大闕。惟祉、角之間既爲闊遠，欲以少商補之，則其分寸地位相望甚遠而不可用。是以巳午二位特爲空闕，而角聲之勢必將乘其間隙進而干之，以求合於林祉。然其本位若遂空虛而無主，則姑、夾兩位又成曠闊，而商、角二聲將不能以相通。幸而三弦姑洗之本聲與十一徽姑洗之本位自有相得而不能相離者，乃獨固守其所而不肯去，於是姑前中後皆得秖間一律而無空闕之患。是亦律呂性情自然之變有如此者，而非人力所能爲也。然非古之哲人機神明鑒，有以盡其曲折之微，則亦孰能發其精蘊，著爲明法，以幸後世之人哉。深究其端，殆未易以常理論也。今好事者乃有見二律之兼用，遂通五均數爲六律，而謂凡周禮、孟子之單言六律者，皆以是言，而非六律六同之謂。果如其言，則是周禮、孟子皆爲專指琴之一器而言，且使衆樂之七均皆廢，而所謂七音七始亦皆虛語矣。嗚呼異哉！

校記

〔一〕三：原作「二」，據宋閩、浙本改。

〔二〕三：原作「二」，據右引改。

〔三〕徽：原缺，據右引補。

〔四〕寸：原作「律」，據宋閩、浙本改。

〔五〕九絲：古樂書卷下作「九毫」。

〔六〕此句上，右引有「毫皆九絲」四字。

〔七〕傳：原作「傅」，據宋閩、浙本改。

〔八〕朱子全書此句下有小字「此弦與七徽後三弦無徽，朱子文集諸本并同，疑有闕文」。樂律表微卷二有「少徵應於七」五字。

〔九〕蔟：正訛改作「旋」。

〔十〕如：原作「於」，據宋閩、浙本改。

〔十一〕五：原作「九」，據宋浙本、明萬曆本改。

〔十二〕徽：原作「聲」，據右引改。

〔十三〕四：朱子全書作「五」。

〔十四〕十九：恐誤。四庫全書本作「二十四」，朱子全書作「二十五」。

〔十五〕三：朱子全書卷四十一作「二」。

〔十六〕三：朱子全書卷四十一作「二」。

〔十七〕厚：原作「後」，據宋閩、浙本改。

〔十八〕偶：原作「遇」，據右引改。

〔十九〕此：原作「所」，據右引改。

〔二十〕記疑云此篇符號疑多有誤。

〔二十一〕徵：原作「徽」，據夢溪筆談卷六改。下文「比宮之清宮徵高」同。

〔二十二〕一：原缺，據宋浙本、四庫全書本補。

〔二十三〕者：正訛改作「下」。

〔二十四〕彼：原作「被」，據宋閩、浙本改。

〔二十五〕寸：原缺，據朱子全書卷四十一、稗編卷四十一補。

編年

據年譜長編。

朱熹文集編年評注卷六十七

雜著

元亨利貞説淳熙中

元、亨、利、貞，性也；生、長、收、藏，情也；以元生，以亨長，以利收，以貞藏者，心也。仁、義、禮、智，性也；惻隱、羞惡、辭讓、是非，情也；以仁愛，以義惡，以禮讓，以智知者，心也。性者，心之理也；情者，心之用也；心者，性情之主也。程子曰：「其體則謂之易，其理則謂之道，其用則謂之神。」正謂此也。又曰：「言天之自然者，謂之天道；言天之付與萬物者，謂之天命。」又曰：「天地以生物爲心。」亦謂此也。

編年　未可詳考。然此與以下數篇皆論易，據其編序，似當在淳熙間，姑列於此。

易象説 淳熙十五年以後

易之有象，其取之有所從，其推之有所用，非苟爲寓言也。然兩漢諸儒必欲究其所從，則既滯泥而不通。王弼以來，直欲推其所用，則又疏略而無據。二者皆失之一偏而不能闕其所疑之過也。且以一端論之。乾之爲馬，坤之爲牛，説卦有明文矣。馬之爲健，牛之爲順，在物有常理矣。至於案文責卦，若屯之有馬而無乾，離之有牛而無坤，乾之六龍則或疑於震，坤之牝馬則當反爲乾，是皆有不可曉者。是以漢儒求之説卦而不得，則遂相與創爲互體變卦、五行納甲飛伏之法，參互以求，而幸其偶合。其説雖詳，然其不可通者終不可通，其可通者又皆傅會穿鑿而非有自然之勢〔一〕，唯其一二之適然而無待於巧説者爲若可信。然上無所關於義理之本原，下無所資於人事之訓戒，則又何必苦心極力以求於此而欲必得之哉〔二〕。故王弼曰：「義苟應健，何必乾乃爲馬？爻苟合順，何必坤乃爲牛？」而程子亦曰：「理無形也，故假象以顯義。」此其所以破先儒膠固支離之失，而開後學玩辭玩占之方則至矣。然觀其意，又似直以易之取象無復有所自來，但如詩之比興、孟子之譬喻而已。如此則是説卦之作爲無所與於易，而「近取諸身、遠取諸物」者亦剩語矣。故疑其説亦若有未盡者，因竊論之，以爲易之取象，固必有所自來，而其爲説必已具於太卜之官。顧今不可復考，則姑闕之，而直據辭中之象以求象中之意，使足以爲訓戒而決吉凶。如王氏、程子與吾本義之云者，其亦可矣。固不必深求其象之所自來，然亦不可直謂假設而遽欲忘之也。

校記 〔一〕傳：原作「傅」，據宋閩本改。

〔二〕何：原作「可」，據宋閩、浙本改。

編年 未可詳考。書中提及周易本義，據年譜長編所考，是書成於淳熙十五年，故本篇作在其後可知。

易精變神說 淳熙中

變化之道，莫非神之所爲也。故知變化之道，則知神之所爲矣。易有聖人之道四焉，所謂變化之道也。觀變玩占，可以見其精之至矣。玩辭觀象，可以見其變之至矣。然非有寂然感通之神，則亦何以爲精爲變而成變化之道哉。此變化之道所以爲神之所爲也。所以極深者，以其幾也。所以研幾者，以其變也。極深研幾，所以不疾而速、不行而至者，以其神也。此又發明上文之意，復以「易有聖人之道四焉」者結之也。或曰：「至精至變，皆以書言之矣。至神之妙，亦以書言，可乎？」曰：「至神之妙固無不在，詳考之文意，則實亦以書言之也。所謂『無思無爲，寂然不動』云者，言在册，象在畫，蓍在櫝而變未形也。至於玩辭觀象而揲蓍以變，則感而遂通天下之故矣。推而極於天地之大，反而驗諸心術之微，其一動一静，循環始終之際，至神之妙亦如此而已矣。嗚呼！此其所以不疾而速、不行而至也歟。」

編年 未詳。據其編序，疑在淳熙中。

參伍以變錯綜其數說〔一〕 淳熙十五年以後

參，以三數之也；伍，以五數之也。如云什伍其民，如云或相什伯，非直爲三與五而已也。蓋紀數之法，以三數之則遇五而齊，以五數之則遇三而會。故荀子曰：「窺敵制變，欲伍以參。」注引韓子曰：「省同異之言，以知朋黨之分。偶三五之驗，以責陳言之實。」又曰：「參之以比物，五之以合三。」而漢書趙廣漢傳亦云：「參伍其賈，以類相準。」皆其義也。易所謂參伍以變者〔二〕，蓋言或以三數而變之，或以伍數而變之，前後多寡，更相反復，以不齊而要其齊。如河圖、洛書，大衍之數，伏羲、文王之卦，曆象之日月五星、章蔀紀元，是皆各爲一法，不相依附而不害其相通也。「綜」字之義，沙隨得之。然錯、綜自是兩事。錯者，雜而互之也。綜者，條而理之也。參伍、錯綜又各是一事。參伍所以通之，其治之也簡而疏。錯綜所以極之，其治之也繁而密。

校記

〔一〕此文又見文集卷五十四答王伯禮。

〔二〕參：原作「三」，據易繫辭改。

編年

此文又見於文集卷五十四答王伯禮首段，應與其爲一時先後之作。答王書云：「易中先儒舊法皆不可廢，但互體、五行納甲飛伏之類未及致思耳。」本卷易象說云：「是以漢儒求之說卦而不得，則遂相與創爲互體變卦、五行納甲飛伏之法，參互以求，而幸其偶合。」其意相近。又答王書言「卦變獨於彖傳之詞有用，然舊圖亦未備。頃嘗修定，今寫去」，當指周易本義前之卦變圖。故知此篇應作於淳熙十五年周義本義成之後也。

易寂感説 淳熙中

易曰「無思也，無爲也，寂然不動，感而遂通天下之故」者，何也？曰，無思慮也，無作爲也，其寂然者無時而不感，其感通者無時而不寂也。是乃天命之全體，人心之至正，所謂體用之一源，流行而不息者也。疑若不可以時處分矣。然於其未發也，見其感通之體；於已發也，見其寂然之用，亦各有當而實未嘗分焉。故程子曰：「中者，言寂然不動者也。和者，言感而遂通者也。」然中和以情性言者也〔一〕，寂感以心言者也，中和蓋所以爲寂感也。觀「言」字「者」字，可以見其微意矣。

校記 〔一〕情性：原倒，據宋閩、浙本乙。

編年 未詳。據其編序，疑在淳熙中。

舜典象刑説 乾道六年

聖人之心未感於物，其體廣大而虚明，絶無毫髪偏倚，所謂天下之大本者也。及其感於物也，則喜怒哀樂之用各隨所感而應之，無一不中節者，所謂天下之達道也。蓋自本體而言，如鏡之未有所照，則虚而已矣。如衡之未有所加，則平而已矣。至語其用，則以其至虚而好醜無所遁其形，以其至平而輕重不能違其則。此所以致其中和而天地位、萬物育，雖以天下之大，而舉不出乎吾心造化之中也。以此而論，則知聖人之於天下，其所以爲慶賞威刑之具者，莫不各有所由。而舜典所論「敷奏以言，明試以功，車服以庸」與夫制刑明辟之意，皆可得而言矣。雖然，喜而賞者，陽也，聖人之所欲也。怒而刑者，陰也，聖人之所惡也。是以聖人之心雖曰至虛至平，無所偏倚，而於此二者之間，其所以處之者亦不能無小不同者。故其言又曰：「罪疑惟輕，功疑惟重。」此則聖人之微意也。然其行之也，雖曰好賞，而不能賞無功之士；雖曰惡刑，而不敢縱有罪之人。而功罪之實苟已曉然而無疑，則雖欲輕之重之而不可得。是又未嘗不虛不平，而大本之立、達道之行固自若也。故其賞也，必察其言、審其功而後加以車服之賜；其刑也，必曰「象以典刑」者，畫象而示民以墨、劓、剕、宮、大辟五等肉刑之常法也。其曰「流宥五刑」者，放之於遠，所以寬夫犯此肉刑而情輕之人也。其曰「鞭作官刑，扑作教刑」者，官府、學校之刑所以馭夫罪之小而未麗于五刑者也。其曰「金作贖刑」，使之入金而免其罪，所以贖夫犯此鞭扑之刑而情之又輕者也。此五者，刑之法也。其曰「眚災肆赦」者，言不幸而觸罪者，則肆而赦之。其曰「怙終賊刑」者，言有恃而不改者，則賊而刑之。此二者，法外之意，猶今律令之名例也。其曰「欽哉欽哉，惟刑之恤哉」者，此則聖人畏刑之心，閔夫死者之不可復生，刑者之不可復續，惟恐察之有不審，施之有不當，又雖已得其情，而猶必矜其不教無知而抵冒至此也。嗚呼！詳此數言，則聖人制刑之意可見，而其於輕重淺深、出入取舍之際亦已審矣。雖其重者或至於誅斬斷割而不少貸，然本其所以至此，則其所以施於人者，亦必當有如是之酷矣。是以聖人不忍其被酷者之銜冤負痛而爲是以報之，雖若甚慘，而語其實則爲適得其宜。雖以不忍之心，畏刑之甚，而不得赦也。唯其情之輕者，聖人於此乃得以施其不忍畏刑之意而有以宥之。然亦必投之遠方，以禦魑魅。蓋以此等所犯，非殺傷人，則亦或淫或盗，其情雖輕而罪實重。若使既免於刑，而又得便還鄉里，復爲平民，則彼之被其害者，寡妻孤子，將何面目以見之？而此幸免之人髮膚支體了無所傷，又將得以遂其前日之惡而不知悔。此所以必曰「流以宥之」，而又有「五流有宅，五宅三居」之文也。若夫鞭扑之刑，則雖刑之至小，而其情之輕者亦必許其入金以贖，而不忍輒以真刑加之，是亦仁矣。然而流專以宥肉刑而不下及於鞭扑，贖專以待鞭扑而不上及於肉刑，則其輕重之間，又未嘗不致詳也。至於過誤必赦，故犯必誅之法，則又權衡乎五者之内。「欽哉欽哉，惟刑之恤」之旨，則常通貫乎七者之中。此聖人制刑明辟之意，所以雖或至於殺人，而其反覆表裏，至精至密之妙，一一皆從廣大虚明心中流出，而非私智之所爲也。而或者之論乃謂上古惟有肉刑，舜之爲流，爲贖，爲鞭，爲扑，乃不忍民之斬戮而始爲輕刑者。則是自堯以上，雖犯鞭扑之刑者，亦必使從墨劓之坐，而舜之心乃獨不忍於殺傷淫盗之凶賊，而反忍於見殺見傷爲所侵犯之良民也。聖人之心，其不如是之殘賊偏倚而失其正，亦已明矣。又謂周之穆王五刑皆贖，爲能復舜之舊者，則固不察乎舜之贖初不上及於五刑，又不察乎穆王之法亦必疑而後贖也。且以漢宣之世，張敞以討羌之役兵食不繼，建爲入穀贖罪之法，初亦未嘗及夫殺人及盗之品也。而蕭望之等猶以爲如此則富者得生，貧者獨死，恐開利路以傷治化。曾謂三代之隆，而以是爲得哉。嗚呼！世衰學絶，士不聞道，是以雖有粹美之資，而不免一偏之弊。其於聖人公平正大之心有所不識，而徒知切切焉飾其偏見之私以爲美談，若此多矣，可勝辨哉！若夫穆王之事，以予料之，殆必由其巡游無度，財匱民勞，至其末年，無以爲計，乃特爲此一切權宜之術以自豐，而又託於輕刑之説以違道而干譽耳。夫子存之，蓋以示戒。而程子策試嘗發問焉，其意亦可見矣。或者又謂四凶之罪不輕於少正卯，舜乃不誅而流之，以爲輕刑之驗。殊不知共、兜朋黨，鯀功不就，其罪本不至死；三苗拒命，雖若可誅，而蠻夷之國，聖人本以荒忽不常待之，雖有負犯，不爲畔臣，則姑竄之遠方，亦正得其宜耳，非故爲是以輕之也。若少正卯之事，則予嘗竊疑之。蓋論語所不載，子思、孟子所不言，雖以左氏春秋内、外傳之誣且駁，而猶不道也。乃獨荀況言之，是必齊魯陋儒憤聖人之失職，故爲此説，以夸其權耳。吾又安敢輕信其言而遽稽以爲決乎？聊并記之，以俟來者。

編年　據年譜長編。

評論　周大璋朱子古文讀本卷五舜典象刑説：不忍畏刑，固聖人欽恤美意。然有罪不刑，或當重而輕，一概姑息，則爲害不小。此聖世所以不赦，而刑期無刑，辟以止辟爲百王不易之道也。自佛老之徒興，而姑息養奸者多矣。嗚呼！羅鉗結網，人固病之，施生戮死，豈得爲平允哉？世且於唐仲友事疑朱子深文羅織，其亦不思之甚也。

周禮三德説 乾道中

或問：「師氏之官，以三德教國子，一曰至德，以爲道本；二曰敏德，以爲行本；三曰孝德，以知逆惡，何也？」曰：「至德云者，誠意正心，端本清源之事，道則天人性命之理，事物當然之則，修身齊家、治國平天下之術也。敏德云者，强志力行、畜德廣業之事，行則理之所當爲，日可見之迹也。孝德云者，尊祖愛親，不忘其所由生之事，知逆惡則以得於己者篤實深固，有以真知彼之逆惡而自不忍爲者也〔一〕。至德以爲道本，明道先生以之。敏德以爲行本，司馬温公以之。孝德以知逆惡，則趙無愧、徐仲車之徒是已。凡此三者，雖曰各以其材品之高下、資質之所宜而教之，然亦未有專務其一而可以爲成人者也。是以列而言之，以見其相須爲用而不可偏廢之意。蓋不知至德，則敏德者散漫無統，固不免乎篤學力行而不知道之譏。然不務敏德而一於至，則又無以廣業，而有空虚之弊。不知敏德，則孝德者僅爲匹夫之行，而不足以通于神明。然不務孝德而一於敏，則又無以立本，而有悖德之累。是以兼陳備舉而無所遺。此先王之教所以本末相資、精粗兩盡而不倚於一偏也。」其又曰：「教三行，一曰孝行，以親父母；二曰友行，以尊賢良；三曰順行，以事師長，何也？」曰：「德也者，得於心而無所勉者也。行則其所行之法而已。蓋不本之以其德，則無所自得而行不能以自修。不實之以其行，則無所持循而德不能以自進。是以既教之以三德，而必以三行繼之，則雖其至末至粗，亦無不盡，而德之修也不自覺矣。然是三者，似皆孝德之行而已。至於至德、敏德，則無與焉。蓋二者之行本無常師，必協于一，然後有以獨見而自得之，固非教者所得而預言也。唯孝德則其事爲可指，故又推其類而兼爲友、順之目以詳教之，以爲學者雖或未得於心，而事亦可得而勉。使其行之不已而得於心焉，則進乎德而無待於勉矣。況其又能即是而充之，以周於事而泝其原，則孰謂至德、敏德之不可至哉。或曰，三德之教，大學之學也。三行之教，小學之學也。鄉三物之爲教也亦然，而已詳。」

校記 〔一〕自：原作「事」，據宋閩、浙本改。

編年 未詳。據其編序，姑置於此。

樂記動靜説 乾道中

「樂記曰：『人生而静，天之性也。感於物而動，性之欲也。』何也？」曰：「此言性情之妙，人之所生而有者也。蓋人受天地之中以生，其未感也，純粹至善，萬理具焉，所謂性也。然人有是性，則即有是形，有是形，則即有是心，而不能無感於物。感於物而動，則性之欲者出焉，而善惡於是乎分矣。性之欲，即所謂情也。」

又曰：「物至而知，知而後好惡形焉，何也？」曰：「上言性情之别，此指情之動處爲言，而性在其中也。物至而知，知之者，心之感也。好之惡之者，情也。形焉者，其動也。所以好惡而有自然之節者，性也。」

「好惡無節於內，知誘於外，不能反躬，天理滅矣，何也？」曰：「此言情之所以流而性之所以失也。情之好惡，本有自然之節，惟其不自覺知，無所涵養而大本不立，是以天則不明於內，外物又從而誘之，此所以流濫放逸而不自知也。苟能於此覺其所以然者而反躬以求之，則其流也庶乎其可制矣。不能如是，而惟情是徇，則人欲熾盛而天理滅息，尚何難之有哉。此一節正天理人欲之機，間不容息處。惟其反躬自省，念念不忘，則天理益明，存養自固，而外誘不能奪矣。」

「夫物之感人無窮，而人之好惡無節，則是物至而人化物也。人化物也者，滅天理而窮人欲，何也？」曰：「上言情之所以流，此以其流之甚而不反者言之也。好惡之節，天之所以與我也，而至於無節；宰制萬物，人之所以爲貴也，而反化於物焉。天理惟恐其存之不至也，而反滅之；人欲惟恐其制之不力也，而反窮之，則人之所以爲人者，至是盡矣。然天理秉彝終非可殄滅者，雖化物窮欲至於此極，苟能反躬以求天理之本然者，則初未嘗滅也。但染習之深，難覺而易昧，難反而易流，非厲知耻之勇而致百倍之功，則不足以復其初爾。」

編年　未詳。據其編序，姑置於此。

中庸首章説　乾道六年

「中庸曰：『天命之謂性，率性之謂道，修道之謂教。』何也？」曰：「天命之謂性，渾然全體，無所不該也。率性之謂道，大化流行，各有條貫也。修道之謂教，克己復禮，日用工夫也。知全體然後條貫可尋而工夫有序。然求所以知之，又在日用工夫下學上達而已矣。」

又曰：「『道也者，不可須臾離也，可離非道也。是故君子戒慎乎其所不睹，恐懼乎其所不聞。莫見乎隱，莫顯乎微，故君子慎其獨也。』何也？」曰：「率性之謂道，則無時而非道，亦無適而非道，如之何而可須臾離也。可須臾離，則非率性之謂矣。故君子戒慎乎其所不睹，恐懼乎其所不聞，蓋知道之不可須臾離，則隱微、顯著未嘗有異，所以必謹其獨而不敢以須臾離也。然豈怠於顯而偏於獨哉，蓋獨者致用之源，而人所易忽，於此而必謹焉，則亦無所不謹矣。」

「『喜怒哀樂未發謂之中，發而皆中節謂之和。中也者，天下之大本也。和也者，天下之達道也。致中和，天地位焉，萬物育焉。』何也？」曰：「天命之性，渾然而已。以其體而言之，則曰中；以其用而言之，則曰和。中者，天地之所以立也，故曰大本。和者，化育之所以行也，故曰達道。此天命之全也。人之所受，蓋亦莫非此理之全。喜怒哀樂未發，是則所謂中也。發而莫不中節，是則所謂和也。然人爲物誘而不能自定，則大本有所不立。發而或不中節，則達道有所不行。大本不立，達道不行，則雖天理流行未嘗間斷，而其在我者或幾乎息矣。惟君子知道之不可須臾離者，其體用在是，則必有以致之，以極其至焉。蓋敬以直内，而喜怒哀樂無所偏倚，所以致夫中也。義以方外，而喜怒哀樂各得其正，所以致夫和也。敬義夾持，涵養省察，無所不用其戒謹恐懼，是以當其未發而品節已具，隨所發用而本體卓然，以至寂然感通，無少間斷，則中和在我，天人無間，而天地之所以位，萬物之所以育，其不外是矣。」

編年　據年譜長編。

已發未發説〔一〕　乾道五年

中庸未發已發之義，前此認得此心流行之體，又因程子凡言心者皆指已發之云〔二〕，遂目心爲已發而以性爲未發之中，自以爲安矣。比觀程子文集、遺書，見其所論多不符合，因再思之，乃知前日之説雖於心性之實未始有差，而未發已發，命名未當。且於日用之際，欠却本領一段工夫，蓋所失者不但文義之間而已。因條其語而附以己見，告於朋友，願相與講焉。恐或未然，當有以正之。

文集云：「中即道也。」又曰：「道無不中，故以中形道。」

又云：「中即性也，此語極未安。中也者，所以狀性之體段，如天圓地方。」

又云：「中之爲義，自過不及而立名。若只以中爲性，則中與性不合。」

又云：「性、道不可合一而言。中止可言體，而不可與性同德。」

又云：「中者性之德，此爲近之。」又云：「不若謂之性中。」

又云：「喜怒哀樂之未發謂之中。赤子之心，發而未遠乎中，若便謂之中，是不識大本也。」

又云：「赤子之心，可以謂之和，不可謂之中。」

遺書云：「只喜怒哀樂不發便是中。」

又云：「既思便是已發，喜怒哀樂一般。」

又云：「當中之時，耳無聞，目無見，然見聞之理在始得。」

又云：「未發之前謂之静則可，静中須有物始得，這裏最是難處。能敬則自知此矣。」

又云：「敬而無失，便是喜怒哀樂未發謂之中也。敬不可謂之中，但敬而無失即所以中也。」

又云：「中者，天下之大本，天地間亭亭當當、直上直下之理，出則不是。惟『敬而無失』最盡。」

又云：「存養於未發之前則可，求中於未發之前則不可。」

又云：「未發更怎生求？只平日涵養便是。涵養久則喜怒哀樂發而中節。」

又云：「善觀者却於已發之際觀之。」

右據此諸説，皆以思慮未萌，事物未至之時爲喜怒哀樂之未發。當此之時，即是心體流行，寂然不動之處，而天命之性體段具焉。以其無過不及，不偏不倚，故謂之中。然已是就心體流行處見，故直謂之性則不可。吕博士論此大概得之，特以中即是性，赤子之心即是未發，則大失之，故程子正之。解中亦有求中之意，蓋答書時未暇辨耳。蓋赤子之心動静無常，非寂然不動之謂，故不可謂之中。然無營欲知巧之思，故爲未遠乎中耳。未發之中，本體自然，不須窮索。但當此之時，敬以持之，使此氣象常存而不失，則自此而發者其必中節矣。此日用之際本領工夫。其曰却於已發之處觀之者，所以察其端倪之動而致擴充之功也。一不中則非性之本然，而心之道或幾乎息矣。故程子於此每以敬而無失爲言。又云「入道莫如敬，未有能致知而不在敬者」，又曰「涵養須是敬，進學則在致知」。以事言之，則有動有靜；以心言之，則周流貫徹，其工夫初無間斷也，但以靜爲本爾。周子所謂主靜者，亦是此意。但言靜則偏，故程子只説敬〔三〕。向來講論思索，直以心爲已發，而所論致知格物，亦以察識端倪爲初下手處，以故缺却平日涵養一段功夫，其日用意趣，常偏於動，無復深潛純一之味。而其發之言語事爲之間，亦常躁迫浮露，無古聖賢氣象，由所見之偏而然爾。程子所謂「凡言心者，皆指已發而言」，此却指心體流行而言，非謂事物思慮之交也。然與中庸本文不合，故以爲未當而復正之，固不可執其已改之言而盡疑論説之誤〔四〕，又不可遂以爲當而不究其所指之殊也。周子曰「無極而太極」，程子又曰「人生而靜以上不容説，纔説時便已不是性矣」。蓋聖賢論性，無不因心而發。若欲專言之，則是所謂無極而不容言者，亦無體段之可名矣。未審諸君子以爲如何？

校記

〔一〕此篇與文集卷六十四與湖南諸公論中和第一書文字多同。

〔二〕心：原作「之」，據宋閩、浙本改。

〔三〕只：原作「又」，據右引改。

〔四〕論：正訛改作「諸」。

編年　據年譜長編。此篇與文集卷六十四與湖南諸公論中和第一書文字多同，彼書書信編年亦繫於是年。

程子養觀説 乾道中

「程子曰：『存養於未發之前則可。』又曰：『善觀者却於已發之際觀之。』何也？」曰：「此持敬之功貫通乎動静之際者也。就程子此章論之，方其未發，必有事焉，是乃所謂静中之知覺，復之所以見天地之心也。及其已發，隨事觀省，是乃所謂動上求静，艮之所以止其所也。然則静中之動，非敬其孰能形之？動中之静，非敬其孰能察之〔一〕？故又曰：『學者莫若先理會敬，則自知此矣。』然則學者豈可舍是而他求哉。」

校記　〔一〕能：原作「動」，據宋閩、浙本改。

編年　此引程子語皆見於前篇，其主張持敬之功貫通乎動静，以糾自心爲已發，以致日用之際欠缺本領一段工夫之失，其意亦與之全同，故當爲一時先後之作。

論語或問説一 淳熙四年

或曰：「程子以孝弟爲行仁之本，而又曰論性則以仁爲孝弟之本，何也？」曰：「仁之爲性，愛之理也。其見於用，則事親從兄、仁民愛物，皆其爲之之事也。此論性而以仁爲孝弟之本者然也。但親者我之所自出，兄者同出而先我，故事親而孝，從兄而弟，乃愛之先見而尤切者。

若君子以此爲務而力行之，至於行成而德立，則自親親而仁民，仁民而愛物，其愛有差等，其施有漸次，而爲仁之道生生而不窮矣。此學孝弟所以爲仁之本也。」

編年 此與下篇皆節録於今存四書或問。此書成於淳熙四年，此後無暇修改，見年譜長編所考。故此二篇皆當爲淳熙四年作。

論語或問説二 淳熙四年

或曰：「子於有子孝弟之章，既以仁爲愛之理矣，於巧言令色鮮仁之章，又以爲心之德，何哉？」曰：「仁之道大，不可以一言而盡也。程子論四德，而曰四德之元猶五常之仁，偏言則一事，專言則包四者。推此而言，則可見矣。蓋仁也者，五常之首也，而包四者。惻隱，仁之體也，而貫四端。故仁之爲義，偏言之則曰愛之理，前章所言之類是也。專言之則曰心之德，後章所言之類是也。其實愛之理所以爲心之德，是以聖門之學必以求仁爲要，而語其所以行之者，則必以孝弟爲先；論其所以賊之者，則必以巧言令色爲甚。記語者所以列此二章於首章之次，而其序又如此，欲學者知仁之爲急，而識其所當務與其所可戒也。」

編年 見上篇所考。

巧言令色説 乾道八年

容貌詞氣之間，正學者持養用力之地。然有意於巧令以悦人之觀聽，則心馳於外而鮮仁矣。

若是就此持養，發禁躁妄，動必温恭，只要體當自家直内方外之實事，乃是爲己之切，求仁之要，復何病乎。故夫子告顔淵以克己復禮之目，不過視聽言動之間，而曾子將死之善言，亦不外乎容貌、顔色、詞氣三者而已。夫子所謂遜以出之、辭欲巧者，亦其一事也。「仲山甫之德，柔嘉維則，令儀令色」，則大賢成德之行。而進乎此者，夫子之逞顔色，恰恰如也，乃聖人動容周旋中禮之事，又非仲山甫之所及矣。至於小人訐以爲直，色厲内荏，則雖與巧言令色者不同，然考其矯情飾僞之心，實巧言令色之尤者，故聖人惡之。上蔡引此數條而不肯明言其所以然者，將使學者深求而自得之也。然令學者反求之於冥漠不可知之中，失之愈遠，言仁録中所解，亦少曲折。故詳論之，使學者無淫思力索之苦，而有以審夫用力之幾焉。

編年 據年譜長編。

觀過説 乾道中

觀過之説，詳味經意而以伊川之説推之，似非專指一人而言。乃是通論人之所以有過，皆是隨其所偏，或厚或薄，或不忍，或忍，一有所過，無非人欲之私。若能於此看得兩下偏處，便見勿忘勿助長之間，天理流行，鳶飛魚躍，元無間斷。故曰「觀過斯知仁矣」。蓋言因人之過而觀所偏，則亦可以知仁，非以爲必如此而後可以知仁也。若謂觀己過，竊嘗試之，尤覺未穩。蓋必俟有過而後觀，則過惡已形，觀之無及，久自悔咎，乃是反爲心害而非所以養心。若曰不俟有過而預觀平日所偏，則此心廓然，本無一事，却不直下栽培涵養，乃豫求偏處而注心觀之。聖人平日教人養心求仁之術，似亦不如此之支離也。

編年 據年譜長編。

忠恕説 紹興二十八年

子曰：「參乎，吾道一以貫之。」曾子曰：「唯。」子出，門人問曰：「何謂也？」曾子曰：「夫子之道，忠恕而已矣。」曾子之學主於誠身，其於聖人之日用觀省而服習之，蓋已熟矣，惟未能即此以見夫道之全體，則不免疑其有二也。然用力之久，亦將自得矣。故夫子以一貫之理告之，蓋當其可也。曾子於是默契其旨，然後知向之所從事者莫非道之全體，雖變化萬殊，而所以貫之者未嘗不一也。此其自得之深，宜不可以容聲矣。然門人有問而以忠恕告之者，蓋以夫子之道不離乎日用之間，自其盡己而言則謂之忠，自其及物而言則謂之恕，本末上下，皆所以爲一貫。惟下學而上達焉，則知其未嘗有二也。夫子所以告曾子，曾子所以告門人，豈有異旨哉。

編年 據年譜長編。

君子所貴乎道者三説 淳熙中

本末精粗，無非道也。而君子所貴，貴其本而已矣。蓋動容貌而能遠暴慢也，正顔色而能近信也，出辭氣而能遠鄙倍也。三者道之得於身者也，所謂本也。若夫儀章器數之末，道雖不外乎是，然其分則有司之守，而非君子之所有事矣。曾子之言，其亦如此而已。至論三者之所以然，則必有内外交相養之功焉。積之之久，而後能至於此也。二先生發明此意，最爲詳備。朱公掞問學、劉元承手編内各有一段。至於諸儒，往往只以臨時强勉修飾爲功，此固失之。惟上蔡專以動、正、出三字爲用力處，以能此則暴慢鄙倍不期遠而自遠，此庶幾得其本矣。然亦只是臨時著力，不見平日涵養功夫。又只以由中而出爲正，不見恭敬持守之則〔一〕。以二先生之説格之，則亦未免爲一偏之論也。

校記　〔一〕見：原作「是」，據宋閩、浙本改。

編年　此文亦節略自四書或問，該書成於淳熙四年，故本篇應相去不遠。

盡心説 淳熙中

「盡其心者，知其性也，知其性則知天矣。」言人能盡其心，則是知其性，能知其性，則知天也。蓋天者，理之自然，而人之所由以生者也。性者，理之全體，而人之所得以生者也。心則人之所以主於身而具是理者也。天大無外，而性禀其全，故人之本心，其體廓然，亦無限量。惟其梏於形器之私，滯於聞見之小，是以有所蔽而不盡。人能即事即物窮究其理，至於一日會貫通徹而無所遺焉，則有以全其本心廓然之體。而吾之所以爲性與天之所以爲天者，皆不外乎此而一以貫之矣。

編年　未詳。以編序觀之，姑置於此。

太極説 淳熙中

動静無端，陰陽無始，天道也。始於陽，成於陰，本於静，流於動者，人道也。然陽復本於陰，静復根於動，其動静亦無端，其陰陽亦無始。則人蓋未始離乎天，而天亦未始離乎人也。

元、亨，誠之通，動也；利、貞，誠之復，静也。元者，動之端也，本乎静；貞者，静之質也，著乎動。一動一静，循環無窮。而貞也者，萬物之所以成終而成始者也。故人雖不能不動，而立人極者必主乎静。惟主乎静，則其著乎動也無不中節，而不失其本然之静矣。

静者，性之所以立也。動者，命之所以行也。然其實則静亦動之息爾。故一動一静，皆命之行，而行乎動静者，乃性之真也。故曰天命之謂性。

情之未發者，性也，是乃所謂中也，天下之大本也。性之已發者，情也，其皆中節，則所謂和也，天下之達道也。皆天理之自然也。妙性情之德者，心也。所以致中和、立大本而行達道者也，天理之主宰也。

静而無不該者，性之所以爲中也，寂然不動者也。動而無不中者，情之發而得其正也，感而遂通者也。静而常覺，動而常止者，心之妙也，寂而感，感而寂者也。

編年　未詳。以編序觀之，姑置於此。

明道論性説 淳熙中

「生之謂性」止「生之謂也」。

天之付與萬物者謂之命，物之稟受於天者謂之性。然天命流行，必二氣五行交感凝聚，然後能生物也。性命，形而上者也；氣則形而下者也。形而上者一理渾然，無有不善；形而下者則紛紜雜揉，善惡有所分矣。故人物既生，則即此所稟以生之氣而天命之性存焉。此程子所以發明告子生之謂性之説，而以性即氣、氣即性者言之也。

「人生氣稟」止「不可不謂之性也」。

所稟之氣所以必有善惡之殊者，亦性之理也。蓋氣之流行，性爲之主，以其氣之或純或駁而善惡分焉。故非性中本有二物相對也。然氣之惡者，其性亦無不善，故惡亦不可不謂之性也。先生又曰：「善惡皆天理，謂之惡者本非惡，但或過或不及便如此。」蓋天下無性外之物，本皆善而流於惡耳〔一〕。

「蓋生之謂性」止「水流而就下也」。

性則性而已矣〔二〕，何言語之可形容哉。故善言性者，不過即其發見之端而言之，而性之韞因可默識矣。如孟子之論四端是也。觀水之流而必下，則水之性下可知。觀性之發而必善，則性之韞善亦可知也。

「皆水也」止「各自出來」。

此又以水之清濁譬之。水之清者，性之善也。流至海而不污者，氣禀清明，自幼而善，聖人性之而全其天者也。流未遠而已濁者，氣禀偏駁之甚，自幼而惡者也。流既遠而方濁者，長而見異物而遷焉，失其赤子之心者也。濁有多少，氣之昏明純駁有淺深也。不可以濁者不爲水，惡亦不可不謂之性也。然則人雖爲氣所昏，流於不善，而性未嘗不在其中。特謂之性，則非其本然；謂之非性，則初不離是。以其如此，故人不可以不加澄治之功。惟能學以勝氣，則知此性渾然，初未嘗壞，所謂元初水也。雖濁而清者存，故非將清來換濁。既清則本無濁，故非取濁置一隅也。如此則其本善而已矣，性中豈有兩物對立而并行也哉。

「此理天命也」止「此舜有天下而不與者也」

「此理天命也」，該始終本末而言也。修道雖以人事而言，然其所以修者，莫非天命之本然，非人私智所能爲也。然非聖人有不能盡，故以舜明之。

校記　〔一〕耳：原作「矣」，據宋閩、浙本改。

〔二〕下「性」字正訛改作「理」。

編年　未詳。以編序觀之，姑置於此。

定性説淳熙三年

定性者，存養之功至而得性之本然也。性定則動静如一而内外無間矣。天地之所以爲天地，聖人之所以爲聖人，不以其定乎。君子之學，亦以求定而已矣。故擴然而大公者，仁之所以爲體也。物來而順應者，義之所以爲用也。仁立義行，則性定而天下之動一矣，所謂貞也。夫豈急於外誘之除而反爲是憧憧哉。然常人之所以不定者，非其性之本然也，自私以賊夫仁，用知以害夫義，是以情有所蔽而憧憧耳。不知自反以去其所蔽，顧以惡外物爲心而反求照於無物之地，亦見其用力愈勞而燭理愈昧，益以憧憧而不自知也。「艮其背」則不自私矣，行無事則不用知矣。内外兩忘，非忘也，一循於理，不是内而非外也。不是内而非外，則大公而順應，尚何事物之爲累哉。聖人之喜怒，大公而順應，天理之極也。衆人之喜怒，自私而用知，人欲之盛也。忘怒則公，觀理則順，二者所以爲自反而去蔽之方也。夫張子之於道，固非後學所敢議。然意其强探力取之意多，涵泳完養之功少，故不能無疑於此。程子以是發之，其旨深哉。

編年 據年譜長編。

評論 周大璋朱子古文讀本卷五定性説：疏暢簡净，轉折變動，不可端倪，説理老靠，自不待言。

觀心説淳熙元年

或問：「佛者有觀心之説〔一〕，然乎？」曰：「心者〔二〕，人之所以主乎身者也，一而不二者也，爲主而不爲客者也，命物而不命於物者也。故以心觀物，則物之理得。今復有物以反觀乎心，則是此心之外復有一心而能管乎此心也。然則所謂心者，爲一耶？爲二耶？爲主耶？爲客耶？爲命物者耶？爲命於物者耶？此亦不待校而審其言之謬矣〔三〕」。或者曰：「若子之言，則聖賢所謂精一，所謂操存，所謂盡心知性，存心養性，所謂見其參於前而倚於衡者，皆何謂哉？」應之曰：「此言之相似而不同，正苗莠朱紫之間，而學者之所當辨者也。夫謂人心之危者，人欲之萌也。道心之微者，天理之奥也。心則一也，以正不正而異其名耳。惟精惟一，則居其正而審其差者也，絀其異而反其同者也。能如是，則信執其中而無過不及之偏矣。非以道爲一心，人爲一心，而又有一心以精一之也。夫謂操而存者，非以彼操此而存之也。舍而亡者，非以彼舍此而亡之也。心而自操，則亡者存；舍而不操，則存者亡耳。然其操之也，亦曰不使旦晝之所爲得以梏亡其仁義之良心云爾，非塊然兀坐以守其炯然不用之知覺而謂之操存也。若盡心云者，則格物窮理，廓然貫通而有以極夫心之所具之理也。存心云者，則敬以直内，義以方外，若前所謂精一操存之道也。故盡其心而可以知性知天，以其體之不蔽而有以究夫理之自然也。存心而可以養性事天，以其體之不失而有以順夫理之自然也。是豈以心盡心，以心存心，如兩物之相持而不相舍哉。若參前倚衡之云者，則爲忠信篤敬而發也。蓋曰忠信篤敬不忘乎心，則無所適而不見其在是云爾，亦非有以見夫心之謂也。且身在此而心參於前，身在輿而心倚於衡，是果何理也耶。大抵聖人之學本心以窮理，而順理以應物，如身使臂，如臂使指，其道夷而通，其居廣而安，其理實而行自然。釋氏之學以心求心，以心使心，如口齕口，如目視目，其機危而迫，其途險而塞，其理虛而其勢逆。蓋其言雖有若相似者，而其實之不同蓋如此也。然非夫審思明辨之君子，其亦孰能無惑於斯耶。」

校記 〔一〕之：原缺，據宋閩、浙本補。

〔二〕句首原有「夫」字，據右引删。

〔三〕校：原作「教」，據右引改。

編年 據年譜長編。

評論 劉洪謨叙朱子文集大全：讀觀心説、讀大紀二篇，則知釋氏之差，差在惡此天理耳。

康熙御製文集第三集卷四十三：明快透悉，總欲學者實地加功。

周大璋朱子古文讀本卷五觀心説：人只一心，存之則爲聖賢，失之則爲禽獸，非有兩物對待於此，以此求彼，相持而互用也。釋氏坐不識心，故謬舛百出。篇中歷引諸説以破之，究其大旨，起數語早已冰解的破。

古文眉詮卷七十六：心主乎身，以本然者言，一而不二，就其用處言，數語了當。心外有心，是所破之的。統舉言心之語，設難而分剖之。破解「精一」一條，緊扼一而不二。（「非以道爲一心」三句）心外有心一破。剖解「操存」一條，心外有心又一破，并示以操存不可誤趨。剖解「盡心」、「存心」，合爲一條，不蔽不失，只此一心耳。（「是豈以心盡心」三句）心外有心又一破，剖明參倚非言心，直破其誤認。末段結醒聖學、釋學眼目。一穩順，一强索，其功效究竟之不同如此。辨禪學「明心見性」之非，如并州翦翦吴淞水。「心者主乎身，一而不二」，兩言管全篇，最直捷也。

仁說〔一〕 乾道八年

天地以生物爲心者也，而人物之生，又各得夫天地之心以爲心者也。故語心之德，雖其總攝貫通，無所不備，然一言以蔽之，則曰仁而已矣。請試詳之。蓋天地之心，其德有四，曰元、亨、利、貞，而元無不統。其運行焉，則爲春、夏、秋、冬之序，而春生之氣無所不通。故人之爲心，其德亦有四，曰仁、義、禮、智，而仁無不包。其發用焉，則爲愛恭宜別之情，而惻隱之心無所不貫。故論天地之心者，則曰乾元、坤元，則四德之體用不待悉數而足。論人心之妙者，則曰仁，人心也，則四德之體用亦不待遍舉而該。蓋仁之爲道，乃天地生物之心，即物而在。情之未發，而此體已具；情之既發，而其用不窮。誠能體而存之，則衆善之源、百行之本莫不在是。此孔門之教所以必使學者汲汲於求仁也。其言有曰：「克己復禮爲仁。」言能克去己私，復乎天理，則此心之體無不在，而此心之用無不行也。又曰：「居處恭，執事敬，與人忠。」則亦所以存此心也。又曰：「事親孝，事兄弟，及物恕。」則亦所以行此心也。又曰：「求仁得仁。」則以讓國而逃，諫伐而餓爲能不失乎此心也。又曰：「殺身成仁。」則以欲甚於生、惡甚於死爲能不害乎此心也。此心何心也？在天地則坱然生物之心，在人則温然愛人利物之心，包四德而貫四端者也。

或曰：「若子之言，則程子所謂愛情仁性，不可以愛爲仁者，非歟？」曰：「不然。程子之所訶，以愛之發而名仁者也。吾之所論，以愛之理而名仁者也。蓋所謂情性者，雖其分域之不同，然其脉絡之通，各有攸屬者，則曷嘗判然離絶而不相管哉。吾方病夫學者誦程子之言而不求其意，遂至於判然離愛而言仁，故特論此以發明其遺意。而子顧以爲異乎程子之説，不亦誤哉。」

或曰：「程氏之徒言仁多矣，蓋有謂愛非仁，而以萬物與我爲一爲仁之體者矣。亦有謂愛非仁，而以心有知覺釋仁之名者矣。今子之言若是，然則彼皆非歟？」曰：「彼謂物我爲一者，可以見仁之無不愛矣，而非仁之所以爲體之真也。彼謂心有知覺者，可以見仁之包乎智矣，而非仁之所以得名之實也。觀孔子答子貢博施濟衆之問，與程子所謂覺不可以訓仁者，則可見矣。子尚安得復以此而論仁哉。抑泛言同體者，使人含胡昏緩而無警切之功，其弊或至於認物爲己者有之矣。專言知覺者，使人張皇迫躁而無沉潛之味，其弊或至於認欲爲理者有之矣。一忘一助，二者蓋胥失之。而知覺之云者，於聖門所示樂山能守之氣象尤不相似，子尚安得復以此而論仁哉。」因并記其語，作仁説。

校記　〔一〕宋浙本以此篇爲仁説序，而以張栻仁説爲朱熹仁説。宋閩本删正之。題注云：「浙本誤以南軒先生仁説爲先生仁説，而以先生仁説爲序仁説，又注『此篇疑是仁説序，姑附此』十字。今悉删正之。」

編年　據年譜長編。

評論　張栻答朱元晦秘書書：仁之説，前日之意，蓋以爲推原其本，人與天地萬物一體也，是以其愛無所不至。猶人之身，無尺寸之膚而不貫通，則無尺寸之膚不愛也，故以「惟公近之」之語形容仁體最爲親切，欲人體夫所以愛者，言仁中蓋言之矣。而以所言「愛」字，只是明得其用耳。後來詳「所謂愛之理」之語，方見其親切。……前日所謂對義禮智而言其發見，則爲不忍之心者，非謂義禮智與不忍之心均爲發見，正謂不忍之心合對義禮智之發見者，言羞惡、辭遜、是非之心是也。今再詳不忍之心雖可以包四者，然據文勢，對乾元、坤元而言，恐只須曰「統言之，則曰仁而已」可也。又：仁説岳前之論甚多，要是不肯虚懷看義理。某近爲説以明之，亦只是所論之意，却似稍分明，今録呈。

劉洪謨叙朱子文集大全：然仁亦有辨，如以同體爲仁，敝至認物爲己；如以知覺爲仁，敝至認欲爲理。則仁説不可不讀。

周大璋朱子古文讀本卷五仁説：前半詳言仁之體用，後半辨析諸説。日月經天，江河委地，萬古不能易也。

古文雅正卷十三：朱子此篇最爲傳道微言，合孔門及程、張諸儒之説，而透徹親切以示人。余主鼇峰書院時，鄭魚門年丈以書來，謂近日士子廉隅不飭，利欲紛心，必先啟發其羞惡之心。余復書謂啟人羞惡之心誠爲切中，要必大發其惻隱之心。惻隱者仁也，四端萬善皆原於此。惻隱之心一摯，則己私自消，親親、仁民、愛物一以貫之，羞惡、辭讓、是非相因而有。是亦切體朱子之言而竊有得者也。

古文經訓：（古文雅正）又云：「朱子此篇最爲傳道微言，合孔門及程、張諸儒之説，而透徹親切以示人。」善讀者玩索而自得之，庶幾知仁無不包，未可以一端竟矣。

古文眉詮卷七十六：天人遞舉，指出仁字根源。心之德，以體包用，點落仁字。（誠能體而存之）

上指其本然，此遞到用力。「不失」對「得仁」，「不害」對「成仁」，不失不害兼體用，由用力繳歸本然。（「或曰若子之言」以下）此段圓足程子言仁之說。程子妙在分得體用清，朱子妙在融得體用合。由天而人，由體而用，由稟受而工夫，由正訓而補救，説仁如是，而後萬全，而後無弊。倒一字不得，添減一字不得。

王氏續經説淳熙十二年

道之在天下未嘗亡，而其明晦通塞之不同，則如晝夜寒暑之相反。故二帝三王之治，詩書六藝之文，後世莫能及之。蓋非功效語言之不類，乃其本心事實之不侔也。雖然，維天之命，於穆不已，彼所謂道者，則固未嘗亡矣。而大學之教，所謂明德新民、止於至善者，又已具有明法，若可階而升焉。後之讀其書、考其事者，誠能深思熟講以探其本，謹守力行以踐其實，至於一旦豁然而晦者明、塞者通，則古人之不可及者固已倏然而在我矣，夫豈患其終不及哉。苟爲不然，而但爲模放假竊之計，則不惟精粗懸絕，終無可似之理，政使似之，然於其道亦何足以有所發明？此有志爲己之士所以不屑而有所不暇爲也。

王仲淹生乎百世之下，讀古聖賢之書而粗識其用，則於道之未嘗亡者蓋有意焉，而於明德新民之學亦不可謂無其志矣。然未嘗深探其本而盡力於其實，以求必得夫至善者而止之，顧乃挾其窺覘想像之仿佛，而謂聖之所以聖、賢之所以賢與其所以修身、所以治人而及夫天下國家者，舉皆不越乎此。是以一見隋文而陳十二策，則既不自量其力之不足以爲伊、周，又不知其君之不可以爲湯、武，且不待其招而往，不待其問而告，則又輕其道以求售焉。及其不遇而歸，其年蓋亦未爲晚也。若能於此反之於身，以益求其所未至，使明德之方、新民之具皆足以得其至善而止之，則異時得君行道，安知其卒不逮於古人？政使不幸終無所遇，至於甚不得已而筆之於書，亦必有以發經言之餘藴而開後學於無窮。顧乃不知出此，而不勝其好名欲速之心，汲汲乎日以著書立言爲己任，則其用心爲已外矣。及其無以自託，乃復捃拾兩漢以來文字言語之陋〔一〕，功名事業之卑，而求其天資之偶合與其竊取而近似者，依倣六經，次第采輯，因以挽其人，强而躋之二帝三王之列。今其遺編雖不可見，然考之中説而得其規模之大略，則彼之贊易，是豈足以知先天後天之相爲體用？而高、文、武、宣之制，是豈有精一執中之傳？曹、劉、顔、謝之詩，是豈有物則秉彝之訓？叔孫通、公孫述、曹褒、荀勉之禮樂，又孰與伯夷、后夔、周公之懿？至於宋魏以來，一南一北，校功度德，蓋未有以相君臣也。則其天命人心之向背，統緒繼承之偏正，亦何足論？而欲攘臂其間，奪彼予此，以自列於孔子之春秋哉！

蓋既不自知其學之不足以爲周、孔，又不知兩漢之不足以爲三王，而徒欲以是區區者比而效之於形似影響之間，傲然自謂足以承千聖而詔百王矣，而不知其初不足以供兒童之一戲，又適以是而自納於吴楚僭王之誅，使夫後世知道之君子雖或有取於其言，而終不能無恨於此，是亦可悲也已。至於假卜筮、象論語而强引唐初文武名臣以爲弟子，是乃福郊、福時之所爲，而非仲淹之雅意。然推原本始，乃其平日好高自大之心有以啓之，則亦不得爲無罪矣。

或曰：「然則仲淹之學固不得爲孟子之倫矣，其視荀、揚、韓氏，亦有可得而優劣者耶？」曰：「荀卿之學雜於申商，子雲之學本於黄老，而其著書之意，蓋亦姑託空文以自見耳，非如仲淹之學頗近於正，而粗有可用之實也。至於退之原道諸篇，則於道之大原若有非荀、揚、仲淹之所及者。然考其平生意鄉之所在，終不免於文士浮華放浪之習，時俗富貴利達之求。而其覽觀古今之變，將以措諸事業者，恐亦未若仲淹之致懇惻而有條理也。是以予於仲淹獨深惜之，而有所不暇於三子。是亦春秋責賢者備之遺意也。可勝嘆哉！」

校記 〔一〕捃：原作「据」，據宋閩、浙本改。

編年 據年譜長編。

評論 周大璋朱子古文讀本卷五王氏續經説：秦漢以後，諸儒仲淹最爲傑出，惜乎好名欲速，以著書立説爲己任，模仿假竊，得罪於聖經，文公論之，蓋惜之也。公嘗云：「文中子續經猶小兒豎瓦屋。」世儒無高明廣大之見，孰信其言之誠然哉。

古文雅正卷十三：文中子之學勝於荀、揚、韓子，朱子嘉其懇惻而有條理。懇惻者仁也，得天地生物之心以爲心者也；條理者知也，明於理而達於事也。非從明德新民原本上體究者，未能有此體用。雖與聖賢大仁大知有别，然亦賢矣。朱子惜其學可充至於聖人，而不免爲好高自大之心所限。又以其氣象言語近於聖人，恐後世依倣而慕效之者多，故詳論之。其曰「用心爲已外矣」，學者尤當深警。三代而下，儼然自以爲聖人者，隋文中子、宋陸子静、明王伯安也。三人皆絶世聰差。文中則直以孔子自任，他聖人猶在所不屑，然不免有高大徇外之心。夫聖賢心細如髮，觀朱子一生行事著作，是何等精細。是時言道學者，有不談孔、孟而好言文中子；言經濟者，不談伊、周而好言王景略，粗氣乘之也。朱子此論，直抉本原，有功後學不淺。

明，不朽人豪。然子静與朱子同時，惜乎不知歸依，以折衷於微至。伯安事功亦無可議，而學術已

養生主説 淳熙十六年

莊子曰：「爲善無近名，爲惡無近刑，緣督以爲經。」「督」舊以爲「中」，蓋人身有督脈，循脊之中，貫徹上下，見醫書。故衣背當中之縫亦謂之督，見深衣注。皆「中」意也。老莊之學，不論義理之當否，而但欲依阿於其間，以爲全身避患之計，正程子所謂閃奸打訛者。故其意以爲爲善而近名者，爲善之過也。爲惡而近刑者，亦爲惡之過也。唯能不大爲善，不大爲惡而但循中以爲常，則可以全身而盡年矣。然其爲善無近名者，語或似是而實不然。蓋聖賢之道但教人以力於爲善之實，初不教人以求名，亦不教人以逃名也。蓋爲學而求名者，自非爲己之學，蓋不足道。若畏名之累己而不敢盡其爲學之力，則其爲心亦已不公而稍入於惡矣。至謂爲惡無近刑，則尤悖理。夫君子之惡惡，如惡惡臭，非有所畏而不爲也。今乃擇其不至於犯刑者而竊爲之，至於刑禍之所在，巧其途以避之而不敢犯，此其計私而害理，又有甚焉。乃欲以其依違苟且之兩間爲中之所在而循之，其無忌憚亦益甚矣。

客嘗有語予者曰：「昔人以誠爲入道之要，恐非易行。不若以中易誠，則人皆可行而無難也。」予應之曰：「誠而中者，君子之中庸也。不誠而中，則小人之無忌憚耳。今世俗苟偷恣睢之論，蓋多類此，不可不深察也。」或曰：「然則莊子之意，得無與子莫之執中者類耶？」曰：「不然。子莫執中但無權耳，蓋猶擇於義理，而誤執此一定之中也。莊子之意，則不論義理，專計利害，又非子莫之比矣。蓋迹其本心，實無以異乎世俗鄉原之所見，而其揣摩精巧，校計深切，則又非世俗鄉原之所及。是乃賊德之尤者。所以清談盛而晉俗衰，蓋其勢有所必至。而王通猶以爲非老莊之罪，則吾不能識其何説也。」既作皇極辨，因感此意有相似者，謾筆之於其後云。

編年 據年譜長編。

評論 周大璋朱子古文讀本卷五養生主説：無過不及之謂中，非不大善、不大惡、依阿兩可以爲中也。莊子不論義理，專計利害，繆背甚矣。辭而闢之，不遺餘力，筆鋒銛鍔，埒於干將。

觀列子偶書 淳熙三年十二月

向所謂未發者，即列子所謂「生之所生者死矣，而生生者未嘗終；形之所形者實矣，而形形者未嘗有」爾，豈子思中庸之旨哉！丙申臘日，因讀列子書此。又觀其言「精神入其門，骨骸反其根，我尚何存」者，即佛書「四大各離，今者妄身，當在何處」之所由出也。他若此類甚衆，聊記其一二於此，可見剽掠之端云。

編年　據本文所署。

參同契説 慶元四年十二月二十六日

按，魏書首言乾、坤、坎、離四卦橐籥之外，其次即言屯、蒙六十卦，以見一日用功之早晚；又次即言納甲六卦，以見一月用功之進退；又次即言十二辟卦，以分納甲六卦而兩之。蓋内以詳理月節，而外以兼統歲功，其所取於易以爲説者，如是而已，初未嘗及夫三百八十四爻也。今世所傳火候之法，乃以三百八十四爻爲一周天之數，以一爻直一日。而爻多日少，則不免去其四卦二十四爻，以俟二十四氣之至而漸加焉，已非出於自然脗合之度矣。且當日所用之爻，或陰或陽，初無次第，不知功夫有何分别。又況一日之間，已周三百六十之數，而其一氣所加，僅得一爻，多少重輕，不相權準。又此二十四者進增微漸〔一〕，退減暴疾，無復往來循環之勢，恐亦後人以意爲之，未必魏君之本指也。竊意此書大要在於「坎離」二字，若於此處得其綱領，則功夫之節度，自可以意爲之。但使不失其早晚之期，進退之節，便可用功，不必一一拘舊説也。故今推得策數一法，似亦齊整。其與爻數之法雖皆魏君所不言，然此爲粗有理也。蓋月以十二卦分之，卦得二日有半，各以本卦之爻行本爻之策，自八月觀卦以後至正月泰卦，易用少，二十八策；陰用老〔二〕，二十四策。自四月大壯以後至七月否卦〔三〕，陽用老，三十六策〔四〕；陰用少，三十二策。陽即注意運行，陰即放神冥寂，一爻已足，即一開目舒氣以休息之。十二卦周，即爲一月之功。十二月周，即爲一歲之運。反復循環，無有餘欠。其數如左方：

震一至五　復一至三半　一陽二十八，五陰百二十。　陽生
　　　　　臨三半至五　二陽五十六，四陰九十六。
兌六至十　泰六至八半　三陽八十四，三陰七十二。
　　　　　壯八半至十　四陽百四十四，二陰六十八。
乾十一至十五　夬十一至十三半　五陽百八十，一陰三十二
　　　　　乾十三半至十五　六陽二百一十六陽極無陰
巽十六至二十　過十六至十八半　一陰三十二，五陽百八十。　陰生
　　　　　遁十八半至二十　二陰六十八，四陽一百四十四。
艮二十一至二十五　否二十一至二十三半　三陰九十六，三陽一百八〔五〕。
　　　　　觀二十三半至二十五〔六〕　四陰九十六，二陽五十六。
坤二十六至三十　剥二十六至二十八半　五陰百二十，一陽二十八。
　　　　　坤二十八半至三十　六陰一百四十四陰極無陽

此說欲與季通講之，未及寫寄而季通死矣。偶閱舊稿，爲之泫然。戊午臘月二十六日〔七〕。

校記　〔一〕又：原作「及」，據宋浙本改。

〔二〕此篇以下注文及表中，凡「陰」、「陽」二字，宋閩、浙本皆作「侌」、「昜」。

〔三〕四：正訛改作「二」。

〔四〕三：原作「二」，據宋閩、浙本改。

〔五〕三：原作「二」，與上三陰僅爲五，不足六爻，誤。按：否卦三陰三陽，據改。

〔六〕三：原作「二」，據文公易説卷二十二改。

〔七〕二：原作「一」，據宋閩、浙本改。

編年 據本文所署。

朱熹文集編年評注卷六十八

雜著

跪坐拜説 慶元元年正月

古人之坐者，兩膝著地，因反其蹠而坐於其上，正如今之胡跪者。其爲肅拜，則又拱兩手而下之至地也。其爲頓首，則又以頭頓于手上也。其爲稽首，則又却其手而以頭著地，亦如今之禮拜者。皆因跪而益致其恭也。故儀禮曰「坐取爵」，曰「坐奠爵」，禮記曰「坐而遷之」，曰「一坐再至」，曰「武坐致右軒左」，老子曰「坐進此道」之類，凡言坐者，皆謂跪也。若漢文帝與賈生語，不覺膝之前於席，管寧坐不箕股，榻當膝處皆穿，皆其明驗。老子云：「雖有拱璧以先駟馬，不如坐進此道。」蓋坐即跪也，進猶獻也，言以重寶厚禮與人，不如跪而告之以此道也。今説者乃以爲坐禪之意，誤矣。然記又云「授立不跪，授坐不立」，莊子亦云「跪坐而進之」，則跪與坐又似有小異處。疑跪有危義，故兩膝著地，伸腰及股而勢危者爲跪；兩膝著地，以尻著蹠而稍安者爲坐也。又詩云「不遑啓居」，而其傳以「啓」爲跪。爾雅以「妥」爲安，而疏以爲安定之坐。夫以「啓」對「居」而訓「啓」爲跪，則居之爲坐可見。以「妥」爲安定之坐，則跪之爲危坐亦可知。蓋兩事相似，但一危一安爲小不同耳。至於拜之爲禮，亦無所考。但杜子春説太祝九拜處，解奇拜云：「拜時先屈一膝，今之雅拜也。」夫特以先屈一膝爲雅拜，則他拜皆當齊屈兩膝，如今之禮拜明矣。

凡此三事，書傳皆無明文，亦不知其自何時而變，而今人有不察也。頃年屬錢子言作白鹿禮殿，欲據開元禮，不爲塑像而臨祭設位，子言不以爲然，而必以塑像爲問。予既略爲考禮如前之云，又記少時聞之先人云，嘗至鄭州，謁列子祠，見其塑像席地而坐，則亦并以告之。以爲必不得已而爲塑像，則當放此，以免於蘇子俯伏匍匐之譏。子言又不謂然，會予亦辭江東之節，遂不能强。然至今以爲恨也。東坡文集私試策問云：「古者坐於席，故籩豆之長短、簠簋之高下適與人均。今土木之像既已巍然於上，而列器皿於地，使鬼神不享，則不可知。若其享之，則是俯伏匍匐而就地。」其後乃聞成都府學有漢時禮殿，諸像皆席地而跪坐。文翁猶是當時琢石所爲，尤足據信。不知蘇公蜀人，何以不見而云爾也。及楊方子直入蜀帥幕府，因使訪焉，則果如所聞者，且爲寫放文翁石象，爲小土偶以來〔一〕。而塑手不精，或者猶意其或爲加趺也。去年又以屬蜀漕楊王休子美，今乃并得先聖先師二像，木刻精好。視其坐後，兩蹠隱然見於帷裳之下，然後審其所以坐者，果爲跪而亡疑也。惜乎白鹿塑像之時，不得此證以曉子言，使東南學者未得復見古人之像，以革千載之繆，爲之喟然太息。姑記本末，寫寄洞學諸生，使書而揭之廟門之左，以俟來者考焉。

校記　〔一〕土：原作「上」，據宋閩、浙本改。

編年　據年譜長編。

評論　賓退録卷七：此朱文公白鹿禮殿塑像説。後其季子在守南康，因更新禮殿，聞之於朝，迄成先志。然遠方學者未盡見此説，故識之。

周禮太祝九拜辯 慶元元年正月

疏云：「此九拜之中，四種是正拜，五者逐事生名〔一〕，還依四種正拜而爲之也。」又云：「稽首、頓首、空首，此三者正拜也。肅拜，婦人之正拜也。其餘五者附此四種，振動、吉拜、凶拜、褒拜附稽首，奇拜附空首。」又云：「空首一拜，其餘皆再拜，肅拜或再三〔二〕，故郤至三肅使者。」

一曰稽首。

注曰：「拜頭至地也。」疏曰，先以兩手拱至地，乃頭至手〔三〕，又引頭至地多時也。稽首，稽留之字也。稽首拜中最重，臣拜君之拜。哀十七年，公會齊侯盟於蒙，孟武伯相。齊侯稽首，公則拜。齊人怒，武伯曰：「非天子，寡君無所稽首。」襄三年，公如晋，孟獻子相。公稽首，知武子曰：「天子在，君辱稽首，寡君懼矣。」郊特牲曰：「大夫之臣不稽首，非尊家臣，以避君也。」是諸侯于天子，大夫于諸侯，皆當稽首。

二曰頓首。

注曰：「拜頭叩地也。」疏曰，先以兩手拱至地，乃頭至手，而又引頭即舉也。頭叩地，謂若以首叩物然。此平敵自相拜，家臣於大夫及凡自敵者，皆當從頓首之拜也。記疏曰「頭叩地，不停留地也。」又曰：「諸侯相拜則然。」

三曰空首。

注曰：「拜頭至手，所謂拜手也。」疏曰，先以兩手拱至地，乃頭至手也。以其頭不至地，故名空首。君答臣下拜也。其有敬事，亦稽首。洛誥曰「拜手稽首」是也。又曰，稽首、頓首、空首，此三者相因而爲之。空首而引頭頓地即舉，故名頓首。而引頭至地，稽留多時，故名稽首。此三者之正拜也。

四曰振動。

注曰：「戰栗變動之拜。書曰：『王動色變。』」記疏曰：「謂有敬懼，故爲振動。」疏曰，案中候膺云，季秋七月甲子，赤雀銜丹入酆，王再拜稽首受。案今文太誓，得火烏之瑞，使以周公書報於王，王動色變。雖不見拜文，與文王受赤雀之命同爲稽首拜也〔四〕。

五曰吉拜，六曰凶拜。

注曰：「吉拜，拜而後稽顙，謂齊衰不杖以下者。言吉者，此殷之凶拜，周以其拜與頓首相近，故謂之吉拜云。凶拜，稽顙而後拜，謂三年服者。」疏曰，拜而後稽顙，謂先作頓首，後作稽顙。稽顙還是頓首，但觸地無容，則謂之稽顙。記曰：「拜而後稽顙，頹乎其順也。稽顙而後拜，頎乎其至也。」疏曰，頎是爲親痛深貌〔五〕，惻隱之至也。記又曰：「晉獻公薨，秦穆公使人吊公子重耳，勸其反國。重耳稽顙而不拜，哭而起。穆公曰：『稽顙而不拜，則未爲後也，故不成拜。哭而起，則愛父也。』」疏曰，若爲後，則當拜謝其恩。今不受其勸，故不拜謝。所以稽顙者，自爲父喪哀號也。凡喪禮，先稽顙而後拜乃成，直稽顙而不拜，故云不成拜也。今既聞父死，勸其反國之義，哀慟而起，若欲攀轅然，故云則愛父也。

七曰奇拜，八曰褒拜。

注曰：「杜子春云：『奇讀爲奇偶之奇。』鄭大夫云：『奇拜謂一拜，答臣下拜。褒拜再拜，拜神與尸〔六〕。』杜子春書又曰：『奇拜先屈一膝，今雅拜是也〔七〕。』」疏云：「後鄭不從此說。」

九曰肅拜。

注曰：「肅拜但俯下手，今時撎是也。介者不拜，故曰爲事故，敢肅使者。」疏曰：「肅拜者，拜中最輕，唯軍中有此肅拜。婦人亦以肅拜爲正。」又曰：「儀禮賓撎入門，推手曰揖，引手曰撎。」記疏曰：「少儀，婦人吉事〔八〕，雖有君賜，肅拜。」

校記

〔一〕生：原作「主」，據宋閩、浙本改。

〔二〕三：原缺，據朱子全書補。

〔三〕乃：原作「及」，據周禮注疏改。

〔四〕同：原缺，據右引補。

〔五〕頎：原作「拜」，據禮記正義改。

〔六〕拜：原缺，據周禮注疏補。

〔七〕也：原缺，據右引補。

〔八〕婦、吉：原作「妨」、「告」，據禮記正義改。

編年 據年譜長編。

壺説 慶元中

今詳經文不言壺之圍徑，而但言其高之度，容之量，以爲相求互見之功。且經言其所容，止於斗有五升，而注乃以二斗釋之，則經之所言者，圓壺之實數，而注之所言，乃借以方體言之，而算法所謂虚加之數也。蓋壺爲圓形，斗五升爲奇數，皆繁曲而難計，故算家之術，必先借方形虚加整數以定其法，然後四分去一，以得圓形之實。此鄭氏所以舍斗五升之經文而直以二斗爲説也。然其言知借而不知還，知加而不知減，乃於下文遂并方體之所虚加以爲實數。又皆必取全寸，不計分釐，定爲圓壺腹徑九寸而圍二尺七寸，則爲失之。疏家雖知其失而不知其所以失，顧乃依違其間，訖無定説，是以讀者不能無疑。今以算法求之，凡此定二斗之量者，計其積實當爲三百二十四寸，而以其高五寸者分之，則每高一寸，爲廣六十四寸八分。此六十四寸者，自爲正方。又取其八分者，割裂而加於正方之外，則四面各得二釐五毫之數。乃復合此六十四寸八分者五，爲一方壺，則其高五寸，其廣八寸五釐，而外方三尺二寸二分，中受二斗，如注之初説矣。然此方形者，算術所借以爲虚加之數爾。若欲得圓壺之實數，則當就此方形規而圓之，去其四角虚加之數四分之一，使六十四寸八分者但爲四十八寸六分，三百二十四寸者但爲二百四十三寸，則壺腹之高雖不減於五寸，其廣雖不減於八寸五釐，而其外圍則僅爲二尺四寸一分五釐，其中所受僅爲斗有五升，如經之云，無不諧會矣。

編年　此文乃節録自儀禮經傳通解卷六投壺禮注文，乃朱熹晚年編禮書時所作，慶元中也。

深衣制度并圖　淳熙八年

裁用細白布，度用指尺。

中指中節爲寸。

衣二幅，不裁。其長過脅，下屬於裳。

用布二幅，中屈而下垂之，如今之直領衫，但不裁破掖下。每幅之下屬裳三幅。

裳交解十二幅，上屬於衣，其長及踝。

用布六幅，每幅裁爲二幅，一頭廣，一頭狹，狹頭當廣頭之半。以狹頭向上而聯其縫，以屬於衣，每三幅屬衣一幅。

圓袂。

用布二幅，各中屈之，如衣之長，屬於衣之左右，而縫合其下，以爲袂。其本之廣如衣之長，而漸圓殺之，以至袂口，則其徑一尺二寸。

方領。

兩襟相掩，衽在掖下〔一〕，則兩領之會自方。

曲裾。

用布一幅，如裳之長，交解裁之。疊兩廣頭，并令向上。布邊不動，但稍裁其內旁太半之下，令漸如魚腹，末如鳥喙。內向而緝之，相沓綴於裳上之右旁，以掩裳際。右幅在下，左幅在上，布邊在外，裁處在內。

衣裳皆緣。

緣用黑繒，具父母以青，大父母以績。領表裏各二寸，裳下及邊表裏各一寸半，皆就布緣。袂口表裏亦寸一半，布外接出。

大帶。

帶用白繒，廣四寸，夾縫之。其長圍要而結於前，再繚之爲兩耳及垂其餘爲紳，下與裳齊。以繒緣其紳之兩旁及下，表裏各半寸，如緣之色。復以五綵條廣二分約其相結處，長與紳齊。

緇冠。

糊紙爲之武，高寸許，前後三寸，左右四寸。上爲五梁，辟積左縫，廣四寸，長八寸，跨頂前後，著於武外。反屈其兩端，各半寸，内向，黑漆之。武之兩傍半寸之上竅以受笄，笄用齒骨，凡白物。

幅巾。

用黑繒六尺許，刺一邊作巾額。當中作幅，兩旁三寸許各綴一帶，廣一寸許，長二尺許。循幅中上反屈之，當幅之中，斜縫向後，去其一角而復反之，使巾頂正圓。乃以額幅當頭前向後圍裹，而繫其帶於緇後〔二〕，餘者垂之。

黑履。

白絇繶純綦。

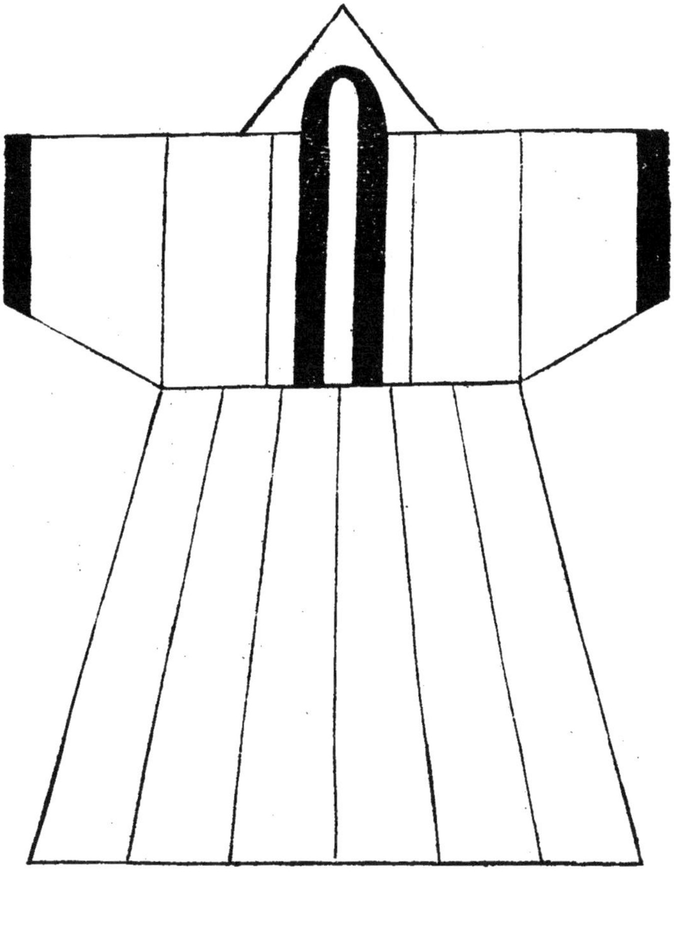

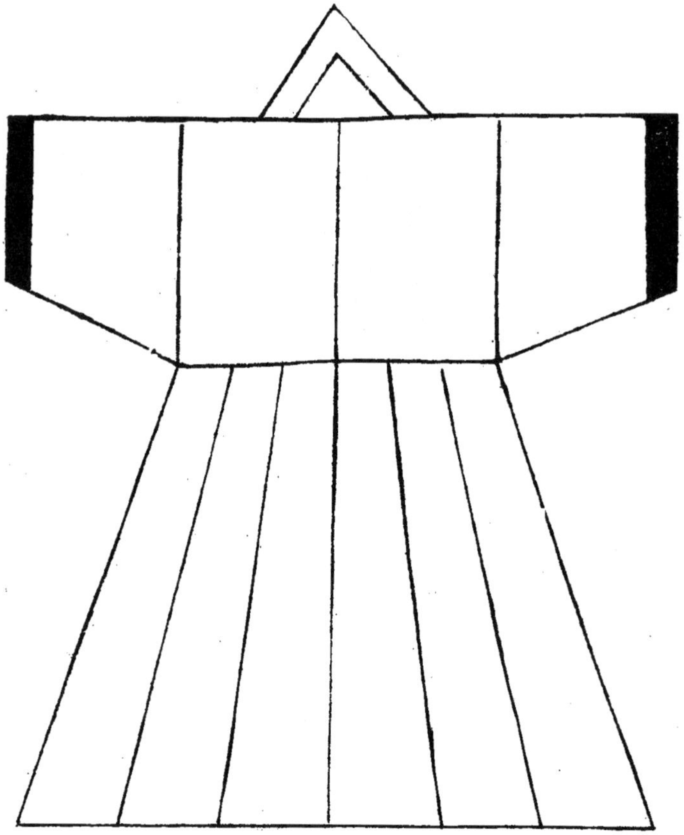

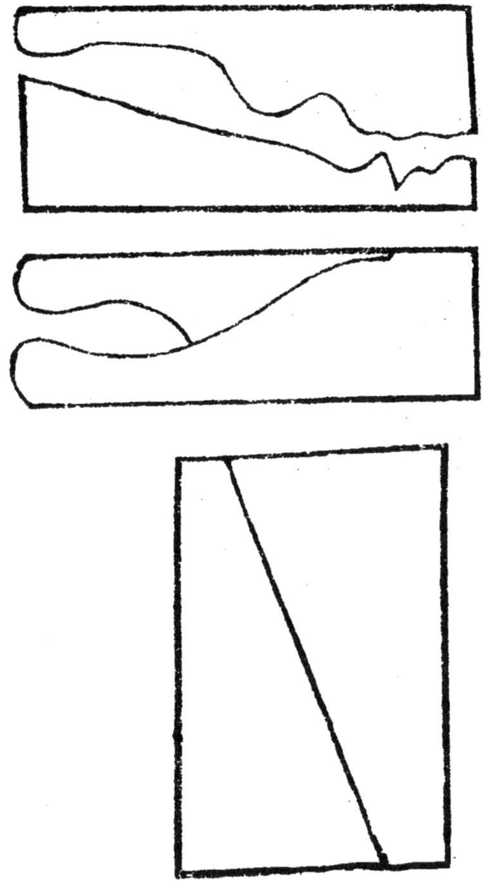

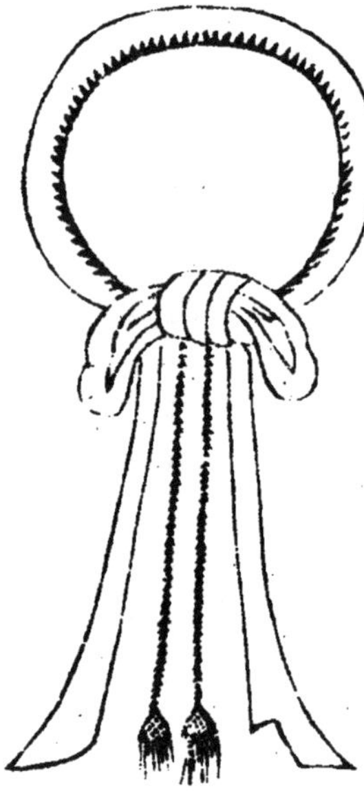

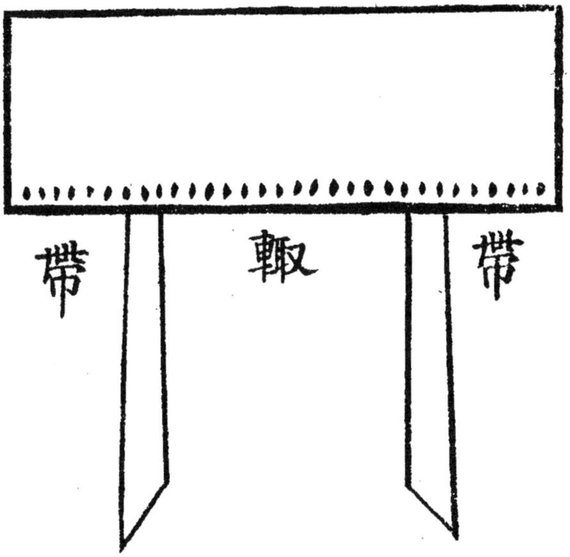
帶
軓
帶

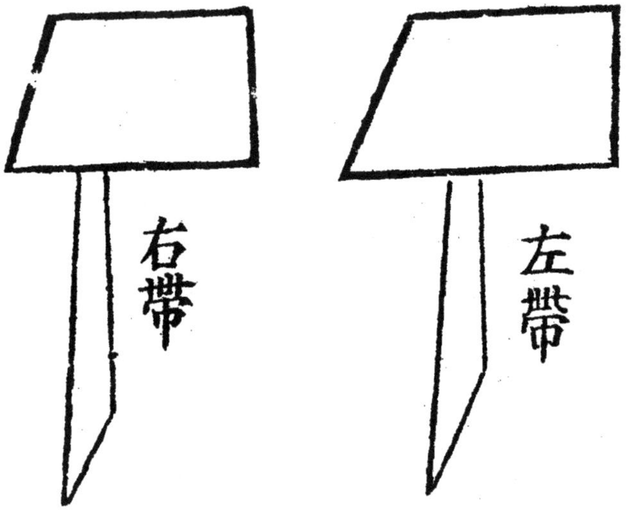
右帶
左帶

校記　〔一〕在：宋浙本作「其」。

〔二〕緇：正訛改作「腦」。

編年　據年譜長編。

殿屋廈屋説 紹熙三年

殿屋五間，前皆爲堂，後爲房室。中間之前爲兩楹間，後爲室。東間之前爲東楹之東，又少東爲阼階，上少北爲東序，後爲東房。西間之前爲西楹之西，又少西爲賓階，上少北爲西序，後爲西房。序即墻也。設位在東西序者，負墻而立也。其南爲序端，東序之東、西序之西爲夾。亦謂之廂。又説文云：「廂，廊也。」「廊，東西序也。」此亦可見。但疑「序」下脱一「外」字。其前爲東西堂，其後爲東西夾室。夾外之廣爲側階〔一〕，房後爲北階。此其地之盤也。其棟則中三間爲一棟，横指東西，至兩序之上而盡。遂自此處分爲四棟，邪指四隅，上接横棟，下與霤齊。此其上棟之制，所謂四阿也。其宇則横棟前後即爲南北兩下，横棟盡外即爲東西兩下。四棟之旁，即各連所向而下，四面榱桷覆堂廉、出階外者謂之廡，説文云：「廡，堂下周屋也。」其廡盡水下處謂之霤〔二〕。此其下宇之制也。

廈屋則前五間，後四間，無西房，堂中三間之後只分爲兩間，東房、西室〔三〕。其餘并如殿屋之制。但五間皆爲横棟，棟之前後皆爲兩下之宇。横棟盡外有版下垂，謂之搏風。搏風之下亦爲兩廡，接連南北，以覆側階。但其廡亦不出搏風之外耳。儀禮疏云：「卿大夫爲夏屋，其室兩下而四周之。」

殿屋四阿連下爲廡，四面之檐其水皆多，故其檐皆得以霤爲名。厦屋南北兩下之廡與殿屋同，故其檐亦謂之霤。東西兩廡則但爲腰檐，不連棟下，又不出搏風之外，雖或有水，亦不能多，故但謂之榮，謂之翼，而不得以霤名也。榮、翼乃腰檐之名〔四〕，疏乃直指搏風，誤矣。

校記　〔一〕廣：正訛改作「廉」。

〔二〕廡：原作「屋」，據宋浙本改。

〔三〕西室：原倒，據右引乙。宋閩本「室」作「屋」。

〔四〕腰：原作「接」，據宋閩、浙本改。

編年　據年譜長編。

明堂説 紹熙三年

論明堂之制者非一，熹竊意當有九室，如井田之制。東之中爲青陽太廟，東之南爲青陽右個，東之北爲青陽左個。南之中爲明堂太廟，南之東即東之南爲明堂左個，南之西即西之南爲明堂右個。西之中爲總章太廟，西之南即南之西爲總章左個，西之北即北之西爲總章右個。北之中爲玄堂太廟，北之東即東之北爲玄堂右個，北之西即西之北爲玄堂左個。中是爲太廟太室。凡四方之太廟異方所，其左個右個，則青陽之右個乃明堂之左個，明堂之右個乃總章之左個也。總章之右個乃玄堂之左個，玄堂之右個乃青陽之左個也。但隨其時之方位開門耳。太廟太室，則每季十八日天子居焉。古人制事多用井田遺意，此恐是也。

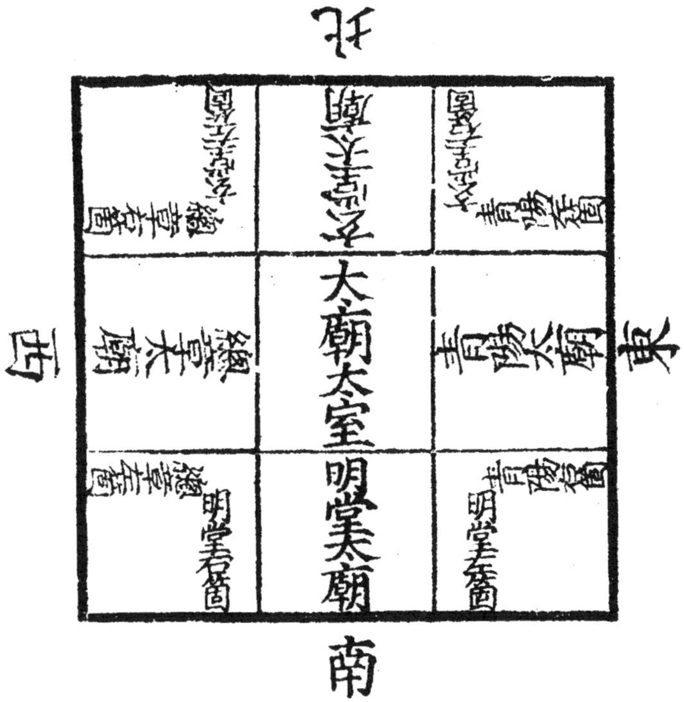
北
東
西
南
太廟太室
明堂太廟
玄堂太廟
總章太廟
青陽太廟
青陽左个
玄堂右个
青陽右个
明堂左个
總章左个
明堂右个
總章右个
玄堂左个

儀禮釋宮 慶元三年

編年 據年譜長編。

宮室之名制不盡見於經，其可考者，宮必南鄉，廟在寢東，皆有堂有門，其外有大門。

周禮：「建國之神位，右社稷，左宗廟。」宮南鄉而廟居左，則廟在寢東也。寢廟之大門，一曰外門，其北蓋直寢，故士喪禮注以寢門爲内門、中門。凡既入外門，其向廟也，皆曲而東行，又曲而北。案士冠禮，賓立于外門之外，主人迎賓入，每曲揖，至于廟門。注曰「入外門，將東曲，揖；直廟，將北曲，又揖」是也。又按聘禮，公迎賓于大門内，每門每曲揖，及廟門。賈氏曰，諸侯五廟，太祖之廟居中，二昭居東，二穆居西。每廟之前兩旁有隔墻，墻皆有閤門。諸侯受聘于太祖廟，太祖廟以西隔墻有三大門，東行至太祖廟凡經三閤門，故曰「每門」也。大夫三廟，其墻與門亦然，故賓問大夫〔一〕，大夫迎賓入，亦每門每曲揖，乃及廟門。其説當考。大夫、士之門惟外門、内門而已，諸侯則三，天子則五，庠序則惟有一門。鄉飲酒、射禮主人迎賓于門外，入門即三揖至階是也。

堂之屋南北五架，中脊之架曰棟，次棟之架曰楣。

鄉射禮記曰：「序則物當棟，堂則物當楣。」注曰：「是制五架之屋也。正中曰棟，次曰楣，前曰庪。」賈氏曰：「中脊爲棟，棟前一架爲楣，楣前接檐爲庪。」今見於經者惟棟與楣而已。棟一名阿，案士昏禮，賓升，當阿致命，注曰：「阿，棟也。」又曰：「入堂深，示親親。」賈氏曰，凡賓升皆當楣，此深入當棟，故云入堂深也。又按聘禮，賓升亦當楣。賈氏曰：凡堂皆五架。則五架之屋通乎上下，而其廣狹隆殺則異爾。

後楣以北爲室與房。

後楣之下以南爲堂，以北爲室與房。室與房東西相連爲之。案少牢饋食禮，主人室中獻祝，祝拜于席上，坐受。注曰：「室中迫狹。」賈氏曰，棟南兩架，北亦兩架。棟北楣下爲室，南壁而開户。以兩架之間爲室，故云迫狹也。昏禮賓當阿致命，鄭云「入堂深」，明不入室，是棟北乃有室也。序之制則無室。案鄉射禮記曰：「序則物當棟，堂則物當楣。」注曰：「序無室，可以深也。」又禮「席賓南面」，注曰：「不言于户牖之間者，此射于序。」賈氏曰，無室則無户牖故也。釋宮曰：「無室曰榭。」榭即序也。

人君左右房，大夫、士東房、西室而已。

聘禮記：若君不見，使大夫受聘，升受，負右房而立。大射儀「薦脯醢由左房」，是人君之房有左右也。公食大夫禮記「筵出自東房」，注曰：「天子、諸侯左右房。」賈氏曰：言左對右，言東對西。大夫、士惟東房、西室，故直云房而已。然按聘禮，賓館于大夫、士，君使卿還玉于館也，賓亦退負右房，則大夫亦有右房矣。又鄉飲酒禮記薦出自左房，少牢饋食禮主婦薦自東房，亦有「左房」、「東房」之稱，當考。

室中西南隅謂之奥。

邢昺曰：「室户不當中而近東，西南隅最爲深隱，故謂之奥，而祭祀及尊者常處焉。」

東南隅謂之窔。烏吊反。

郭氏曰：「窔亦隱闇〔二〕。」

西北隅謂之屋漏。

詩所謂「尚不愧于屋漏」是也。曾子問謂之「當室之白」，孫炎曰，當室，日光所漏入也。鄭謂當室之白，西北隅得户明者。經止曰西北隅。

室南其户，户東而牖西。

説文曰：「户，半門也。」「牖，穿壁以木爲交窗也。」月令正義曰，古者窟居，開其上取明，雨因霤之，是以後人名室爲中霤〔三〕。開牖者，象中霤之取明也。牖一名鄉，其扇在内。案士虞禮，祝闔牖户。如食間，啓户，啓牖鄉。注曰「牖先闔後啓，扇在内也。鄉、牖一名」是也。

户牖之間謂之依。

郭氏曰：「窗東户西也。」覲禮「斧扆」亦以設之于此而得「扆」名。士昏禮注曰：「户西者，尊處。」以尊者及賓客位于此，故又曰客位。

户東曰房户之間。

士冠禮注曰：「房西室户東也。」寢廟以室爲主，故室户專得户名。凡言户者，皆室户。若房户，則兼言房以别之。大夫、士房户之間於堂爲東西之中。按詩正義曰：「鄉飲酒義云，尊于房户之間，賓主共之。由無西房，故以房與室户之間爲中也。」又鄉飲酒禮席賓于户牖間，而義曰「坐賓于西北」，則大夫、士之户牖間在西，而房户間爲正中明矣〔四〕。人君之制經無明證，按釋宫曰：「兩階間謂之鄉。」郭氏曰「人君南鄉當階間」，則人君之室正中，其西爲右房，而户牖間設扆處正中矣。又按詩斯干曰：「築室百堵，西南其户。」箋曰：「天子之寢左右房，異於一房者之室户也。」正義曰：「大夫唯有一東房〔五〕，故室户偏東，與房相近。」天子諸侯既有右房，則室當在其中，其户正中，比一房之室户爲西。當考。

房户之西曰房外。

士昏禮記：「母南面于房外，女出于母左。」士冠禮：「尊于房户之間。」「若庶子，則冠于房外，南面。」注曰：「謂尊東也。」是房户之西得房外之名也。房之户於房南壁亦當近東。案士昏禮注曰，北堂在房中半以北，洗南北直室東隅〔六〕，東西直房户與隅間。隅間者，蓋房東西之中兩隅間也。房中之東其南爲夾，洗直房户而在房東西之中，則房户在房南壁之東偏可見矣。

房中半以北曰北堂，有北階。

士昏禮記：「婦洗在北堂，直室東隅。」注曰：「北堂，房中半以北。」賈氏曰：「房與室相連爲之。房無北壁，故得北堂之名。」按特牲饋食禮記：「尊兩壺於房中西墉下，南上。内賓立于其北，東面，南上。宗婦北堂，東面〔七〕，北上。」宗婦在内賓之北〔八〕，乃云北堂。又婦洗在北堂而直室東隅，是房中半以北爲北堂也。婦洗在北堂，而士虞禮「主婦洗足爵於房中」，則北堂亦通名房中矣。大射儀，工人、士與梓人升，下自北階，注曰：「位在北堂下。」則北階者北堂之階也。

堂之上東西有楹。

楹，柱也。古之築室者以垣墉爲基而屋其上，惟堂上有兩楹而已。楹之設，蓋於前楣之下。按鄉射禮曰「射自楹間」，注曰：「謂射於庠也。」又曰：「序則物當棟，堂則物當楣。」物，畫地爲物，射時所立處也。堂謂庠之堂也。又曰：「豫則鉤楹内，堂則由楹外。當物北面揖。」豫即序也，鉤楹，繞楹也。物當棟而升射者必鉤楹内，乃北面就物，則棟在楹之内矣。物當楣而升射者由楹外北面就物，又鄭氏以爲物在楹間，則楹在楣之下也。又按釋宫曰，梁上楹謂之棁。棁，侏儒柱也。梁，楣也。侏儒柱在梁之上，則楹在楣之下又可知矣。

堂東西之中曰兩楹間。

公食大夫禮，致豆實陳于楹外，簠簋陳於楹内兩楹間。言楹内、外矣，又言兩楹間，知凡言兩楹間者，不必與楹相當，謂堂東西之中爾〔九〕。

南北之中曰中堂。

聘禮：「受玉於中堂與東楹之間。」注曰：「中堂，南北之中也。入堂深，尊賓事也。」賈氏曰，後楣以南爲堂。堂凡四架，前楣與棟之間爲南北堂之中。公當楣拜訖，更前，北侵半架受玉，故曰入堂深也。案，東楹之間侵近東楹，非堂東西之中，而曰中堂，則中堂爲南北之中明矣。又按士喪禮注曰：「中以南謂之堂。」賈氏曰，堂上行事非專一所，若近户即言户東户西，近房則言房外房東，近楹即言東楹西楹，近序即言東序西序，近階即言東階西階。其堂半以南無所繼屬者，即以堂言之。「祝淅米于堂」是也。

堂之東西墻謂之序。

郭氏曰：「所以序别内外。」

序之外謂之夾室。

公食大夫禮：「大夫立于東夾南。」注曰：「東於堂。」賈氏曰，序以西爲正堂，序東有夾室。今立于堂下，當東夾，是東於堂也。又按公食禮：「宰東夾北，西面。」賈氏曰：「位在北堂之南，與夾室相當。」特牲饋食禮：「豆籩鉶在東房。」注曰：「東房，房中之東，當夾北。」則東夾之北通爲房中矣。室中之西與右房之制無明文，東夾之北爲房中，則西夾之北蓋通爲室中。其有兩房者，則西夾之北通爲右房也歟。

夾室之前曰箱，亦曰東堂、西堂。

覲禮記注曰：「東箱，東夾之前相翔待事之處。」特牲饋食禮注曰：「西堂，西夾之前近南爾。」賈氏曰即西箱也。釋宫曰：「室有東西廂曰廟。」郭氏曰：「夾室前堂。」是東廂亦曰東堂，西箱亦曰西堂也。釋宫又曰：「無東西廂有室曰寢。」按書顧命疏，寢有東夾、西夾。士喪禮，死于適寢，主人降，襲經于序東。注曰：「序東，東夾前。」則正寢亦有夾與箱矣。釋宫所謂無東西箱者，或者謂廟之寢也歟。凡無夾室者，則序以外通謂之東堂、西堂。按鄉射禮，主人之弓矢在東序東，大射儀君之弓矢適東堂，大射之東堂即鄉射之東序東也。此東西堂堂各有階，案雜記，夫人奔喪，升自側階，注曰：「側階，旁階。」奔喪曰：「婦人奔喪，升自東階。」注曰：「東階，東面階。」東面階則東堂之階，其西堂有西面階也。

東堂下、西堂下曰堂東、堂西。

大射儀，賓之弓矢止于西堂下。其將射也，賓降，取弓矢于堂西。堂西即西堂下也。特牲饋食禮「主婦視饎爨于西堂下」，記曰：「饎爨在西壁。」則自西壁以東皆謂之西堂下矣。又按大射儀「執冪者升自西階」，注曰：「羞膳者從而東，由堂東升自北階，立于房中。」則東堂下可以達北堂也。

堂角有坫。

士冠禮注曰：「坫在堂角。」賈氏釋士喪禮曰：「堂隅有坫，以土爲之。或謂堂隅爲坫也。」

堂之側邊曰堂廉〔十〕。

鄉飲酒禮「設席于堂廉」，注曰：「側邊曰廉。」喪大記正義曰：「堂廉，堂基南畔廉棱之上也。」又按鄉射禮「衆弓倚于堂西，矢在其上」，注曰：「上，堂西廉。」則堂之四周皆有廉也。

升堂兩階，其東階曰阼階。

士冠禮注曰：「阼，酢也，東階所以答酢賓客也。」每階有東西兩廉。聘禮：「饔鼎設于西階前，當内廉〔十一〕。」此則西階之東廉，以其近堂之中，故曰内廉也。士之階三等。按士冠禮「降三等受爵弁」，注曰：「下至地〔十二〕。」賈氏曰，匠人云，天子之堂九尺，賈、馬以爲階九等。諸侯堂宜七尺，階七等。大夫宜五尺，階五等。士宜三尺，故階三等也。兩階各在楹之外而近序。按鄉射禮，升階者升自西階，繞楹而東。燕禮，媵爵者二人〔十三〕，升自西階，序進東楹之西，酌散，交于楹北。注曰：「楹北，西楹之北。」則西階在西楹之西矣。士冠禮冠于東序之筵，而記曰「冠于阼」，喪禮攢置于西序，而檀弓曰「周人殯于西階之上」，故知階近序也。

堂下至門謂之庭，三分庭一，在北設碑〔十四〕。

聘禮注曰：「宮必有碑，所以識日景、知陰陽也。」賈氏釋士昏禮曰：「碑在堂下，三分庭一，在北。」按聘禮，歸饔餼，醯醢夾碑，米設于中庭」，注曰：「庭實固當中庭。言中庭者，南北之中也。列當醯醢南。」列米在醯醢南而當庭南北之中，則三分庭一在北可見矣。聘禮注又曰「設碑近如堂深」。堂深謂從堂廉北至房室之壁。三分庭一，在北設碑，而碑如堂深，則庭蓋三堂之深也。又按鄉射之侯去堂三十丈，大射之侯去堂五十四丈，則庭之深可見，而君大夫宮室隆殺之度從可推矣〔十五〕。

堂塗謂之陳。

郭氏曰：「堂下至門徑也。」其北屬階，其南接門内霤。按〔十六〕，凡入門之後，皆三揖至階。昏禮注曰：「三揖者，至内霤，將曲，揖；既曲，北面，揖；當碑，揖。」賈氏曰，至内霤將曲者，至門内霤，主人將東，賓將西，賓主相背時也。既曲北面者，賓主各至堂塗，北行向堂時也。至内霤而東西行趨堂塗，則堂塗接于霤矣。既至堂塗，北面至階而不復有曲，則堂塗直階矣。又按聘禮，饔鼎設于西階前，陪鼎當内廉，注曰「辟堂塗也」，則堂塗在階廉之内矣。鄉飲酒禮注三揖曰「將進揖，當陳揖，當碑揖」，陳即堂塗也。

中門屋爲門，門之中有闑。

士冠禮曰「席于門中，闑西閾外」，注曰：「闑，橛也。」玉藻正義曰：「闑，門之中央所竪短木也。」釋宫曰：「樴在地者謂之臬。」郭氏曰：「即門橛也。」然則闑者，門中所竪短木在地者也。其東曰闑東，其西曰闑西。

門限之謂閾。

釋宫曰：「柣謂之閾。」郭氏曰：「閾，門限。」邢昺曰：「謂門下横木爲内外之限也。」其門之兩旁木則謂之棖，棖闑之間則謂之中門，見禮記。

闔謂之扉。

邢昺曰，闔，門扉也。其東扉曰左扉。門之廣狹，案士昏禮曰「納徵儷皮」，記曰「執皮左首隨入」，注曰：「隨入，爲門中阨狹。」賈氏曰：「皮皆横執之，門中阨狹，故隨入也。」匠人云：「廟門容大扃七個。」大扃，牛鼎之扃，長三尺，七個二丈一尺。彼天子廟門，此士之廟門，降殺，甚小，故云阨狹也。推此則自士以上宫室之制雖同，而其廣狹則異矣。

夾門之堂謂之塾。

釋宫曰：「門側之堂謂之塾。」郭氏曰：「夾門堂也。」門之内外，其東西皆有塾，一門而塾四。其外塾南鄉。按士虞禮，陳鼎門外之右，匕俎在西塾之西，注曰：「塾有西者，是室南鄉。」又按士冠禮「擯者負東塾」，注曰：「東塾，門内東堂。負之，北面。」則内塾北向也〔十七〕。凡門之内，兩塾之間謂之宁。按聘禮，賓問卿，大夫迎于外門外。及廟門，大夫揖入，擯者請命。賓入，三揖并行。注曰：「大夫揖入者，省内事也。既而俟于宁也〔十八〕。」凡至門内霤，爲三揖之始。上言揖入，下言三揖并行，則俟于霤南門内兩塾間可知矣。李巡曰：「宁，正門内兩塾間。」義與鄭同。謂之宁者，以人君門外有正朝，視朝則於此宁立故耳。周人門與堂修廣之數不著於經，案匠人云：「夏后氏世室，堂修二七，廣四修一。」堂修謂堂南北之深，其廣則益以四分修之一也。「門堂三之二，室三之一。」門堂通謂門與塾，其廣與修取數於堂，得其三之二。室三之一者，兩室與門各居一分也。以夏后氏之制推之，則周人之門殺於堂之數亦可得而知矣〔十九〕。

門之内外東方曰門東，西方曰門西。

特牲饋食禮注曰：「凡鄉内以入爲左右，鄉外以出爲左右。」士冠禮注又曰：「出以東爲左，入以東爲右。」以入爲左右，則門西爲左，門東爲右。鄉飲酒禮賓入門左，燕禮卿大夫皆入門右是也。以出爲左右，則門東爲左，門西爲右。士冠禮主人迎賓出門左，西面，士虞禮側享于廟門之右是也。闑東曰臬右，亦自入者言之也。天子諸侯門外之制其見於經者，天子有屏，諸侯有朝。案覲禮，侯氏入門右，告聽事，出自屏南，適門西，注曰：「天子外屏。」釋宫曰：「屏謂之樹。」郭氏曰：「小墻當門中。」曲禮正義曰：「天子外屏，屏在路門之外。諸侯内屏，屏在路門之内。」此侯氏出門而隱於屏，則天子外屏明矣。釋宫又曰「門屏之間謂之宁」，謂宁在門之内、屏之外，此屏據諸侯内屏而言也。諸侯路寢門外則有正朝，大門外則有外朝。按聘禮，夕幣于寢門外，「宰入告具于君。君朝服出門左，南鄉」。注曰：「寢門，外朝也。入告，入路門而告。」賈氏曰，此路門外正朝之處也。是正朝在寢門外也。聘禮又曰：「賓死，介復命，柩止于門外」，「若介死，惟上介造于朝」。注曰：「門外，大門外也。必以柩造朝，達其忠心〔二十〕。」又「賓拜饔餼于朝」注曰：「拜於大門外。」賈氏曰：「大門外，諸侯之外朝也。賓拜於朝，無入門之文〔二十一〕，則諸侯外朝在大門外明矣。」是外朝在大門外也。諸侯三朝，其燕朝在寢，燕禮是也。正朝與外朝之制度不見於經，蓋不可得而考矣。

寢之後有下室。

士喪禮記：「士處適寢。」又曰：「朔月若薦新，則不饋于下室。」注曰：「下室，如今之內堂。正寢，聽朝事〔二十二〕。」賈氏曰：「下室，燕寢也。」然則士之下室於天子諸侯則爲小寢也。春秋傳曰：「子大叔之廟在道南，其寢在廟北。」其寢，廟之寢也。廟寢在廟之北，則下室在適寢之後可知矣。又按喪服傳曰：「有東宮，有西宮，有南宮，有北宮。異宮而同財。」內則曰：「由命士以上，父子皆異宮。」賈氏釋士昏禮曰：「異宮者別有寢。若不命之士，父子雖大院同居，其中亦隔別，各有門户。」則下室之外又有異宮也。

自門以北皆周以墻。

聘禮「釋幣于行」，注曰：「喪禮有毀宗躐行，出于大門，則行神之位在廟門外西方。」檀弓正義曰：「毀宗躐行，毀廟門西邊墻以出柩也。」士喪禮「爲垼于西墻下」，注曰：「西墻，中庭之西。」特牲饋食禮「主婦視禧爨于西堂下」，記曰：「饎爨在西壁。」注曰：「西壁，堂之西墻下。」案，門之西有墻，則墻屬於門矣。西墻在中庭之西，則墻周乎庭矣。西壁在西墻下，則墻周乎堂矣。墻者，墉壁之總名，室中謂之墉。昏禮「尊于室中北墉下」是也。房與夾亦謂之墉，冠禮「陳服于房中西墉下」，聘禮「西夾六豆，設于西墉下」是也。堂上謂之序，室房與夾謂之墉，堂下謂之壁，謂之墻，其實一也，隨所在而異其名爾。堂下之壁，闈門在焉。案士冠禮〔二十三〕，冠者降，適東壁，見于母。注曰：「適東壁者，出闈門也。時母在闈門之外，婦人入廟由闈門。」士虞禮：「賓出，主人送，主婦亦拜賓。」注曰：「女賓也。不言出，不言送，拜之於闈門之內。闈門如今東西掖門。」釋宮曰：「宮中之門謂之闈。」郭氏曰：「謂相通小門也。」是正門之外又有闈門而在旁壁也。

人君之堂屋爲四注，大夫、士則南北兩下而已。

士冠禮：「設洗，直于東榮。」注曰：「榮，屋翼也。周制，自卿大夫以下其室爲夏屋。」燕禮「設洗當東霤」，注曰：「人君爲殿屋也。」案考工記「殷四阿重屋〔二十四〕」注曰：「四阿，若今之四注屋。」殷人始爲四注屋，則夏后氏之屋南北兩下而已。周制，天子諸侯得爲殿屋四注，卿大夫以下但爲夏屋兩下。四注則南北東西皆有霤，兩下則唯南北有霤而東西有榮。是以燕禮言東霤，而大夫、士禮則言東榮也。霤者，説文曰：「屋水流也。」徐鍇曰：「屋檐滴處。」榮者，説文曰：「屋梠之兩頭起者爲榮。」又曰：「梠，齊謂之檐，楚謂之梠。」郭璞注上林賦曰：「南榮，屋南檐也。」義與説文同。然則檐之東西起者曰榮。謂之榮者，爲屋之榮飾。謂之屋翼者，言其軒張如翬斯飛耳。士喪禮「升自前東榮」，喪大記「降自西北榮」，是屋有四榮也。門之屋雖人君亦兩下爲之。燕禮之門内霤，則門屋之北霤也。凡屋之檐亦謂之宇。案士喪禮「爲銘，置于宇西階上」，注曰：「宇，梠也。」説文曰：「宇〔二十五〕，屋邊也。」釋宫曰：「檐謂之樀。」郭氏曰：「屋梠。」邢昺曰：「屋檐一名樀，一名宇，皆屋之四垂也。」宇西階上者，西階之上，上當宇也。階之上當宇，則堂廉與坫亦當宇矣。特牲饋食禮「主婦視饎爨于西堂下」，注曰：「南齊于坫。」其記又注曰「南北直屋梠」是也。階上當宇，故階當霤。鄉射禮記「磬階間縮霤」是也。霤以東西爲從，故曰縮霤。此霤謂堂之南霤也。

此其著於經而可考者也。

禮經雖亡闕，然於覲見天子之禮，於燕、射、聘、食見諸侯之禮，餘則見大夫、士之禮。宫室之名制不見其有異，特其廣狹降殺不可考耳。案書顧命，成王崩於路寢，其陳位也有設斧扆牖間，南鄉，則户牖間也。西序東嚮，東序西嚮，則東西序也。西夾南嚮，則夾室也。東房西房，則左右房也。賓階面、阼階面，則兩階前也。左塾之前、右塾之前，則門内之塾也。畢門之内，則路寢門也。兩階戺，則堂廉也。東堂、西堂，則東西廂也。東垂、西垂，則東西堂之宇階上也。側階，則北階也。又云「諸侯出廟門俟」，則與士喪禮殯宫曰廟合也。然則鄭氏謂天子廟及路寢如明堂制者，蓋未必然。明堂位與考工記所記明堂之制度者，非出於舊典，亦未敢必信也。又案書多士傳曰：「天子之堂廣九雉；三分其廣，以二爲内；五分内，以一爲高。東房、西房、北堂各三雉。公侯七雉；三分廣，以二爲内；五分内，以一爲高。東房、西房、北堂各一雉。伯、子、男五雉；三分廣，以二爲内；五分内，以一爲高。東房、西房、北堂各一雉。士三雉；三分廣，以二爲内；五分内，以一爲高。有室，無房堂。」注曰：「廣，榮間相去也。雉長三丈。内，堂東西序之内也。高，穹高也。」此傳説房堂及室與經亦不合。然必有所據，姑存之，以備參考。

校記

〔一〕大夫：原缺，據朱子全書、儀禮義疏補。

〔二〕正訛云此下脱「東北隅謂之宧音頤」一條。江永鄉黨圖考卷四正作「東北隅謂之宧。音夷。郭氏曰宧見禮。按禮無宧文」。

〔三〕名：原作「户」，據四庫全書本改。

〔四〕户：原作「内」，據右引改。

〔五〕夫：原作「户」，據正義原文改。

〔六〕洗：原缺，據儀禮注疏補。

〔七〕東面：原缺，據右引補。

〔八〕「宗婦」、「内賓」原互倒，據儀禮義疏乙。

〔九〕謂：原缺，據宋閩、浙本補。

〔十〕堂廉：原倒，據儀禮義疏乙。

〔十一〕陪鼎：原缺，據儀禮注疏補。

〔十二〕地：原作「也」，據右引改。

〔十三〕滕：原作「勝」，據右引改。

〔十四〕北：原作「此」，據宋浙本、朱子全書改。

〔十五〕隆：原作「降」，據宋閩、浙本改。

〔十六〕按：原作「接」，據四庫全書本改。

〔十七〕塾：原作「熟」，據宋閩、浙本改。

〔十八〕而：原作「有」，據儀禮注疏改。

〔十九〕「凡門」以下，儀禮義疏單作一條，且無「凡」字。

〔二十〕忠：原作「中」，據右引改。

〔二十一〕文：原作「交」，據宋閩、浙本改。

〔二十二〕朝：原缺，據儀禮注疏補。

〔二十三〕冠：原作「喪」，據右引改。

〔二十四〕殷：原作「殿」，據周禮注疏改。

〔二十五〕宇：原作「穿」，據宋閩、浙本改。

編年　據年譜長編。

答社壇説 淳熙十一年

所喻社壇，別紙奉報。此是見行禮制，更可計會法司，檢淳熙間所攽册子爲佳。此事在州郡爲至重，今人皆不以爲意。太守乃能及此，深可爲法。又能擇賢者而屬之，尤見其不苟也。

州縣社壇方二丈五尺，高三尺，四出陛。稷壝如社壇之制。社以石爲主，其形如鍾，長二尺五寸，方一寸。剡其上，培其下半。四門同一壝，二十五步。壝飾各隨方色，上蓋以黄土。瘞坎於壇之北壬地，南出陛，方、深取足容物。

右出政和五禮新儀第二十一卷，淳熙中曾有印本攽行州郡，法司必有之，可更檢看。又以行事儀考之，二壇東西相并，坐南向北。社壇石主在壇上之南方。北門壝外空地須令稍寬，可容獻官席位。空地之北乃作齊廳，以備風雨，設獻官位。獻官南向行事。

州縣社壇方二丈五尺。四步，令每步六分之一。

凡言方者，皆徑也。此言方二丈五尺者，從東至西二丈五尺，從南至北二丈五尺也。後段壝内二十五步，其説亦然。

高三尺。

既言壇高三尺，又言壇分三級，則是以一尺爲一級也。

四出陛。

此陛之級即壇之級也。但於四面陛之兩傍各以石砌作慢道隔斷，使其中爲陛級，外爲壇級可也。

社主。

舊法，惟社有主而稷無主，不曉其意，恐不可以己意增添。其言壇上之南方，非壇之中也。蓋神位坐南向北，而祭器設於神位之北，故此石主當壇上南陛之上。更宜詳考，畫作圖子，便可見。若在壇中央，即無設祭處矣。

四門同一壝，二十五步。

壝方二十五步者，亦是徑二十五步，謂從東至西二十五步，從南至北二十五步。以丈計之，六尺爲步，則爲十五丈也。四角築土爲壝，高三尺許，使壇上與齊廳相望得見。壝上不用瓦蓋，但以磚兩面砌之，使其走水，尤爲堅固。四門當中開門，古法不言闊狹，恐須闊一丈餘，庶幾行禮執事之人往來寬展，不相妨礙。兩旁各立一華表，高一丈許，上以橫木貫之，如門之狀。華表於禮無文，但見州縣有如此者，或恐易得損壞，不作亦得。請更依此步數丈數界作方眼，中間以紙剪作兩壇貼之，便見四面壇腳取壝丈數。但壇面二丈五尺，乃最上一級之數。下面更兩級，一級須展一尺，即壇腳須徑二丈九尺。

壇飾。

古者社稷不屋有明文，不用磚砌無所考，然亦不言磚砌者。中原土密，雖城壁亦不用磚。今南方土疏，不砌恐易壞。赤土飾之，又恐僭於郊壇，不可用也。

瘞坎於壇之北壬地，南出陛，方、深取足容物。

瘞坎在壇之北壬地，即是合在北壝門内兩壇邊，各於中央下日隔取壬地〔一〕，各用磚石砌作一小天井，深、闊三四尺許。其南作踏道上下。閑時以土實之，臨祭即令人取去土，掃令潔浄。祭畢，即使人持幣及祝版之屬，從踏道下送入坎中。然後下土築實，依條差人守視。

燎壇。

古者祭天以燔燎，祭地以瘞埋。來喻所云燎壇爲風師、雨師、雷師設者是也。古今禮制，社、稷、風、雨、雷神各有壇，又各有方位。社、稷於西方，風師於東北，雨、雷於東南。大略如此，不記子細。今州縣亦皆別有壇，但方位多不合古。不謂建寧大邦，乃無風、雨、雷神之壇，而寓於社、稷之壇也。新儀所云在神壇之左而高於神壇者，不謂此社稷壇左設燎壇而高於社稷壇也。

植木。

按周禮，社各植之以土之所宜木。今當以本府之所宜木植之。

尺。

壇壝等亦是禮制，當用古尺，不當用大尺。

校記　〔一〕下日隔：記疑云疑有誤。

編年　據年譜長編。

井田類説 淳熙中

漢文帝十三年六月，除田租。荀氏論曰：古者什一而稅，以爲天下之中正也。今漢民或百一而稅，可謂鮮矣。然豪强富人占田逾侈，此處疑有闕字。輸其賦太半，官收百一之稅，民收太半之賦，官家之惠優於三代，豪强之暴酷於亡秦。是上惠不通，威福分於豪强也。今不正其本而務除租稅，適足以資富强。夫土地者，天下之大本也。春秋之義，諸侯不得專封，大夫不得專地。今豪民占田或至數百千頃，富過王侯，是自專封也。買賣由己，是自專其地也。孝武時，董仲舒嘗言宜限民占田。至哀帝時，乃限民占田不得過三十頃。雖有其制，卒不得施，然三十頃有不平矣。且夫井田之制，宜於民衆之時，地廣民稀，勿爲可也。然欲廢之於寡，立之於衆，土地既富，列在豪强，卒而規之，并起怨心，則生紛亂，制度難行。由是觀之，若高帝初定天下及光武中興之後，民人稀少，立之易矣。就未悉備井田之法，宜以口數占田，爲立科限，民得耕種，不得買賣，以贍貧弱，以防兼并，且爲制度張本，不亦宜乎。雖古今異制，損益隨時，然綱紀大略，其致一也。

本志曰，古者建步立畝，六尺爲步，步百爲畝，畝百爲夫，夫三爲屋，屋三爲井。井方一里，是爲九夫，八家共之。一夫一婦受私田百畝、公田十畝，是爲八百八十畝。餘二十畝以爲廬舍。出入相交，伫班志作「守」望相接，疾病相救。民受田，上田夫百畝，中田夫二百畝，下田夫三百畝。歲更耕之，換易其處。何休曰：「司空謹別田之高下善惡，分爲三品，上田一歲一墾，中田二歲一墾，下田三歲一墾。肥饒不得獨樂，墝埆不得獨苦。三年一換土易居。」其家衆男爲餘夫，亦以口受田如此比。士、工、商家受田，五口乃當農夫一人。有賦有稅，賦謂計口發財，六字係班志顔注。稅謂公田什一及工商衡虞之入也。賦供車馬兵甲士徒之役，充實府庫賜予之費。税給郊宗廟百神之祀、天子奉養、百官禄食、庶事之費。「充實」以下并班志文。民年二十受田，六十歸田。種穀必雜五種，以備災害。中弗得有樹，以妨五穀。力耕數耘，收穫如寇盜之至。環廬種桑，菜茹有畦，瓜瓠果蓏，殖於疆畔。雞豚狗豕，無失其時，女修蠶織，五十則可以衣帛，七十則可以食肉。五家爲比，五比爲閭，四閭爲族，五族爲黨，五黨爲州，五州爲鄉。鄉萬二千五百户。比長位下士，自此以上，稍登一級，至鄉爲大夫矣。於是閭有序而鄉有庠，序以明教，庠以行禮，而視化焉。春令民畢出於野，其詩云：「同我婦子，饁彼南畝，田畯至喜〔一〕。」冬則畢入於邑，其詩云：「同我婦子，曰爲改歲，入此室處。」春則出民，閭胥平旦坐於左塾，比長坐於右塾，畢出而後歸。夕亦如之。入者必薪樵，輕重相分，班白不提挈。何休曰：「晏出後時者不得出，暮不持樵者不得入。」冬則民既入，婦人同巷夜績，女工一月，得四十五日功。必相從者，所以省費燭火、同工拙而合習俗也。男女有不得其所者，因而相與歌詠，以言其情。是月餘子亦在序室，未征役爲餘子。八歲入小學，學六甲、四方、五行、書計之事，始知室家長幼之節。「始知」以下班志文。十五入大學，學先王禮樂而知朝廷二字班志。君臣之禮。其有秀異者，移於鄉學。鄉學之秀移於國學，學於小學。諸侯歲貢小學之秀者於天子，學於大學。其有秀者，命曰造士。行同而能偶，别之以射，「於鄉學」以下，以何休説增損修定。然後爵命焉。孟春之月，群居將散，行人振木鐸以徇於路以采詩，獻之太師，比其音律，以聞於天子。何休曰：「男年六十、女年五十無子者，官衣食之，使之民間求詩。鄉移於邑，邑移於國，國以聞於天子〔二〕。」三年耕，則餘一年之畜，故「三年有成」，成此功也。故王者三載考績。九年耕，餘三年之食，進業曰登，故三考黜陟。再登曰平，餘六年食。三登曰泰平。二十七歲，餘九年食，然後至德流洽，禮樂成焉。故曰「如有王者，必世而後仁」，繇此道也。「九年」以下并以班志修定。

書曰：「天秩有禮」，「天罰有罪」。故聖人因天秩而制五禮，因天罰而制五刑，建司馬之官，設六軍之衆，因井田而制軍賦。地方一里爲井，井十爲通，通十爲成，成方十里。成十爲衆，衆班志并作「終」字。十爲同，同方百里。同十爲封，封十爲畿，畿方千里地。四井爲邑，四邑爲丘，丘十六井，有戎馬一匹，牛三頭。四丘爲甸，六十四井，有戎馬四匹，兵車一乘，牛十二頭，甲士三人，步卒七十二人，干戈備具。是謂司馬之法。一同百里，提封萬井，除山川坑塹、城池邑居、園囿街路三千六百井，定出賦六千四百井，戎馬四百匹，兵車百乘，此卿大夫采地之大者，是謂百乘之家。一封三百一十六里，提封十萬井，定出賦六萬四千井，戎馬四千匹，兵車千乘，此諸侯之大者，謂之千乘之國。天子畿方千里，提封百萬井，定出賦六十四萬井，戎馬四萬匹，兵車萬乘，戎馬車徒干戈素具。春振旅以蒐，夏拔舍以苗，秋治兵以獮〔三〕，冬大閱以狩，於農隙以講事焉。五國爲屬，屬有長。十國爲連，連有帥。三十國有卒〔四〕，卒有正。二百一十國爲州，州有牧。連帥比年簡車〔五〕，卒正三年簡徒，群牧五年大簡輿徒。此先王爲國立武足兵之大略也。「連帥」以下并依班志。

校記 〔一〕喜：原作「饎」，據詩原文改。

〔二〕聞：原作「閑」，據宋閩、浙本改。

〔三〕彌：原作「彌」，據右引改。

〔四〕有：林之奇尚書全解卷二十八作「爲」。

〔五〕句首原衍「牧有」二字，據宋浙本删。

編年

未詳。然遍觀文集中論及井田者，如諸書信及開阡陌辨等，皆不出淳熙年以前，參之編序，當似作於淳熙中爲近。

評論

周大璋朱子古文讀本卷五井田類説：井田爲王道根本，學校、軍賦、封建無不本此。治天下而不以此，終苟道也。但在今日，亦難猝復。經理天下者，當得其意，而不拘其法，爲之有先後詳略則善矣。援引古制，約諸經之旨以成文，原原本本，如指諸掌，而其大旨在以口數占田，爲立科限一段。坐而言可以起而行，真王佐才也。古奥詳贍，史家書志遜此多多。

朱熹文集編年評注卷六十九

雜著

禘祫議 紹熙五年

王制：「天子七廟，三昭三穆，與太祖之廟而七。」諸侯、大夫、士降殺以兩。而祭法又有「適士二廟」、「官師一廟」之文。大抵士無太祖，而皆及其祖考也。鄭氏曰，夏五廟，商六廟，周七廟。今按，商書已云七世之廟，鄭説恐非。顔師古曰，父爲昭，子爲穆，孫復爲昭。昭，明也。穆，美也。後以晋室諱昭，故學者改昭爲韶。其制皆在中門外之左〔一〕，外爲都宮，内各有寢廟，别有門垣。太祖在北，左昭右穆，以次而南。晋博士孫毓議。天子太祖百世不遷，一昭一穆爲宗，亦百世不遷。宗亦曰世室，亦曰祧。鄭注周禮守祧曰，宗亦曰祧，亦曰世室。周禮有守祧之官〔二〕，鄭氏曰：「遠廟爲祧，周爲文武之廟，遷主藏焉。」又曰：「遷主所藏曰祧。先公之遷主藏于太祖后稷之廟，先王之遷主藏于文武之廟。群穆於文，群昭於武。」明堂位有文世室、武世室，鄭氏曰：「世室者，不毁之名也。」一昭二穆爲四親廟，高祖以上親盡，則毁而遞遷。昭常爲昭，穆常爲穆。昭之二廟，親盡則毁，而遷其主于昭之宗。曾祖遷于昭之二，新入廟者祔于昭之三，而高祖及祖在穆如故。穆廟親盡放此。新死者如當爲昭，則祔於昭之近廟，而自近廟遷其祖於昭之次廟，而於主祭者爲曾祖；自次廟遷其高祖于昭之世室，蓋於主祭者爲五世而親盡故也。其穆之兩廟如故不動，其次廟於主祭者爲高祖，其近廟於主祭者爲祖也。主祭者没，則祔于穆之近廟，而遞遷其上放此。凡毁廟遷主，改塗易穆〔三〕，示有所變，非盡毁也。見穀梁傳及注。諸侯則無二宗，大夫則無二廟。其遷毁之次，則與天子同。傳：毁廟之主藏於太祖。儀禮所謂「以其班祔」，檀弓所謂「祔于祖父」者也。曲禮云：「君子抱孫不抱子。」此言孫可以爲王父尸，子不可以爲父尸。鄭氏云：「以孫與祖昭穆同也。」周制，自后稷爲太祖，不窋爲昭，鞠爲穆，以下十二世至太王復爲穆，十三世至王季復爲昭，十四世至文王又爲穆，十五世至武王復爲昭。故書稱文王爲穆考，詩稱武王爲昭考，而左氏傳曰：「太伯、虞仲，太王之昭也。虢仲、虢叔，王季之穆也。」又曰：「管、蔡、魯、衛，文之昭也。邘、晉、應、韓〔四〕，武之穆也。」蓋其次序一定，百世不易，雖文王在右，武王在左，嫌於倒置，而諸廟別有門垣，足以各全其尊，初不以左右爲尊卑也。

三代之制，其詳雖不得聞，然其大略不過如此。漢承秦敝，不能深考古制，諸帝之廟各在一處，不容合爲都宫，以序昭穆。韋玄成傳云：「宗廟異處，昭穆不序。」但考周制，先公廟在岐周，文王在豐，武王在鎬，則都宫之制亦不得爲，與漢亦無甚異，未詳其説。貢禹、韋玄成、匡衡之徒雖欲正之，而終不能盡合古制，旋亦廢罷。後漢明帝又欲遵儉自抑，遺詔無起寢廟，但藏其主於光武廟中更衣別室。其後章帝又復如之，後世遂不敢加，而公私之廟皆爲同堂異室之制。見後漢明帝紀、祭祀志。志又云：「其後積多無別，而顯宗但爲陵寢之號。」自是以來，更歷魏、晉，下及隋、唐，其間非無奉先思孝之君，據經守禮之臣，而皆不能有所裁正其弊，至使太祖之位下同孫子，而更僻處於一隅，既無以見其爲七廟之尊，群廟之神則又上厭祖考，而不得自爲一廟之主。以人情而論之，則生居九重，窮極壯麗，而没祭一室，不過尋丈之間，甚或無地以容鼎俎而陰損其數。孝子順孫之心，於此宜亦有所不安矣。

肆我神祖，始獨慨然，深詔儒臣，討論舊典，蓋將以遠迹三代之隆，一正千古之繆，甚盛舉也。不幸未及營表，世莫得聞，秉筆之士又復不能特書其事，以詔萬世，今獨其見於陸氏之文者爲可考耳。然其所論昭穆之説，亦未有定論。圖説在後。獨原廟之制，外爲都宫而各爲寢廟門垣，乃爲近古。但其禮本不經，儀亦非古，故儒者得以議之。如李清臣所謂略于七廟之室而爲祠於佛老之側，不爲木主而爲之象，不爲禘祫烝嘗之祀而行一酌奠之禮，楊時所謂舍二帝三王之正禮而從一繆妄之叔孫通者，其言皆是也。然不知其所以致此，則由於宗廟不立而人心有所不安也。不議復此，而徒欲廢彼，亦安得爲至當之論哉。

韋元成等王者五廟圖

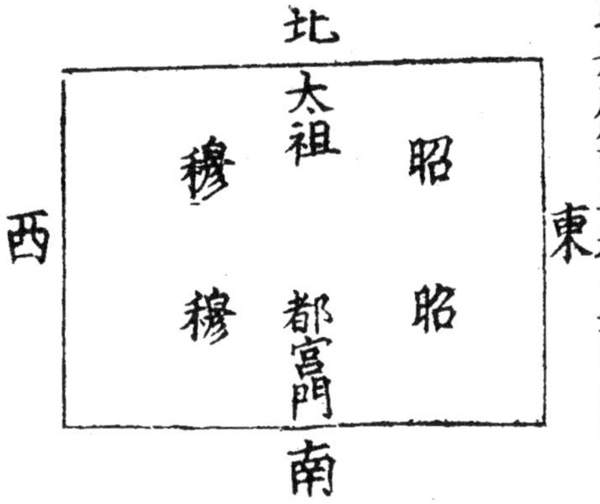

廟制圖

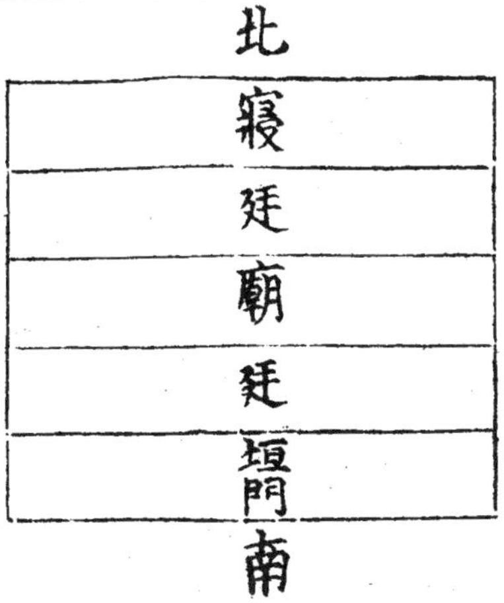

王者始受命、諸侯始封之君，皆爲太祖，以下五世而迭毁。毁廟之主藏乎太祖，五年而再殷祭〔五〕，言一禘一祫也。祫祭者，毁廟與未毁廟之主皆合食於太祖，父爲昭，子爲穆，孫復爲昭，古之正禮也。

韋元成等周廟圖

昭武王世室　　昭　昭

太祖后稷

穆文王世室　　穆　穆

周之所以七廟者以后稷始封文王武王受命而王是三廟不毁與親廟四而七

劉歆宗無數圖

武世室　　昭　昭　昭

太祖后稷

文世室　　穆　穆　穆

七者其正法數可常數者宗不在此數中宗變也苟有功德則宗之不可頇爲設數故於殷有三宗周公舉之以勸成王由是言之宗無數也

周世數圖

后稷

不窋 公劉 皇僕 毁隃 高圉 公叔 王季 武 康 穆 懿 夷 宣

鞠 慶節 差弗 公非 亞圉 太王 文王 成 昭 共 孝 厲 幽

周七廟圖

劉歆說

時	稷	藏主	廟
文王時	稷	高圉以上藏主	公叔王季 / 亞圉古公
武王時	稷	亞圉以上藏主	公叔王季 / 太王文王
成王時	稷	公叔以上藏主	王季武王 / 太王文王
康王時	稷	太王以上藏主	王季武王 / 文王成王
昭王時	稷	王季以上藏主	武康 / 文成

周九廟圖

稷

時	稷	藏主	廟
武王時	稷	公非以上藏主	高圉公叔王季 / 亞圉太王文王
成王時	稷	高圉以上藏主	公叔王季武王 / 亞圉太王文王
康王時	稷	亞圉以上藏主	公叔王季武王 / 太王文王成王
昭王時	稷	公叔以上藏主	王季武王康王 / 太王文王成王

稷	稷	稷	稷	稷	稷	稷	稷
武康	武世室康穆	武世室康穆	武康穆懿	武康穆懿	武康穆懿夷	武康穆懿夷	武康穆懿夷宣
文世室成昭	文世室成昭	文成昭共	文成昭共	文成昭共孝	文成昭共孝	文成昭共孝厲	文成昭共孝厲
穆王時	共王時	懿王時	孝王時	夷王時	厲王時	宣王時	幽王時

稷 太王以上藏主	稷 王季以上藏主	稷	稷	稷	稷	稷	稷
王季武康	武康穆	武康穆	武世室康穆懿	武康穆懿	武康穆懿夷	武康穆懿夷	武康穆懿夷宣
文王成昭	文成昭	文世室成昭共	文世室成昭共	文成昭共孝	文成昭共孝	文成昭共孝厲	文成昭共孝厲
穆王時	共王時	懿王時	孝王時	夷王時	厲王時	宣王時	幽王時

韋玄成、劉歆廟數不同，班固以歆説爲是。今亦未能決其是非，姑兩存之。至於遷毁之序，則昭常爲昭，穆常爲穆。假令新死者當祔昭廟，則毁其高祖之廟而祔其主於左祧，遷其祖之主于高祖之故廟，而祔新死者于祖之故廟。即當祔於穆者，其序亦然。蓋祔昭則群昭皆動而穆不移，祔穆則群穆皆移而昭不動。故虞之明日，祔于祖父，蓋將代居其處，故爲之祭，以告新舊之神也。今以周室世次爲圖如右。所謂高祖以上親盡當毁，虞之明日，祔于祖父者也。

元豐議禮，何洵直、張璪以此爲説，而陸佃非之曰：「昭穆者，父子之號。昭以明下爲義，穆以恭上爲義。方其爲父，則稱昭，取其昭以明下也。方其爲子，則稱穆，取其穆以恭上也，豈可膠哉。壇立於右，墠立於左，以周制言之，則太王親盡，去右壇而爲墠。王季親盡，去左祧而爲壇。左右遷徙無嫌。」又曰：「顯考、王考廟與左祧爲昭，皇考、考廟與右祧爲穆。如曰成王之世武王爲昭，文王爲穆，則武不入考廟而入王考廟矣。」此皆爲説之誤。殊不知昭穆本以廟之居東居西、主之向南向北而得名，初不爲父子之號也。必曰父子之號，則穆之子又安可復爲昭哉？壇墠之左右，亦出先儒一時之説，禮經非有明文也。政使果然，亦爲去廟之後，主藏夾室而有禱之祭。且壇、墠又皆一而已，昭不可以越壇而徑墠，穆不可以有壇而無墠，故迭進而無嫌，非若廟之有昭穆而可以各由其序而遞遷也。又况昭穆之分，自始封以下入廟之時，便有定次，後雖百世不復移易，而其尊卑，則不以是而可紊也。故成王之世，文王爲穆，而不害其尊於武；武王爲昭，而不害其卑於文。非謂之昭即爲王考，謂之穆即爲考廟也。且必如佃説，新死者必入穆廟，而自其父以上〔六〕，穆遷於昭，昭遷於穆，祔一神而六廟皆爲之動，則其祔也，又何不直祔於父，而必隔越一世以祔于其所未應入之廟乎。

佃又言曰：「假令甲於上世之次爲穆，今合堂同食，實屬父行。乙於上世之次爲昭，今合堂同食，實屬子行。則甲宜爲昭，乙宜爲穆，豈可遠引千歲以來世次，覆令甲爲右穆，乙爲左昭，以紊父子之序乎。」此亦不曉前説之過也。蓋昭穆之次既定，則其子孫亦以爲序。禮所謂「昭與昭齒，穆與穆齒」，傳所謂「太王之昭」、「王季之穆」、「文之昭」、「武之穆」者是也。如必以父爲昭而子爲穆，則太伯、虞仲乃太王之父，而文王反爲管、蔡、魯、衛之子矣，而可乎哉。且一昭穆也，既有上世之次，又有今世之次，則所以序其子孫者，無乃更易不定而徒爲紛紛乎。曰：「然則廟之遷次，如圖可以見矣。子孫之序，如佃所駁，得無真有難處者耶？」曰：「古人坐次或以西方爲上，或以南方爲上，未必以左爲尊也。且又安知不如時祫之位乎。」時祫有圖在後。

周大禘圖

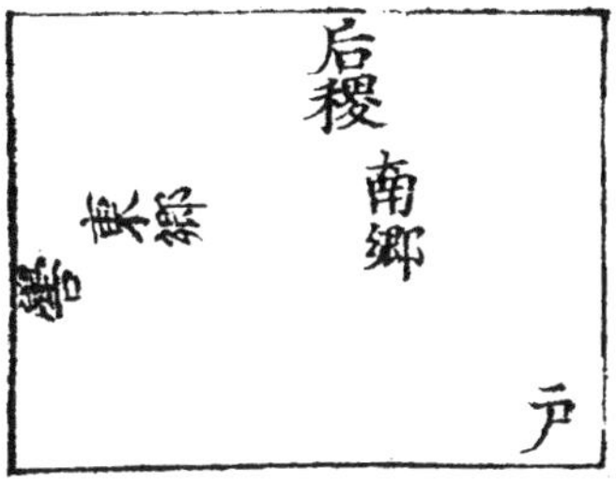

趙伯循曰禘王者之大祭也王者既立始祖之廟又推始祖之所自出祀之於始祖之廟而以始祖配之也

周大祫圖

不窋至宣王爲昭皆南鄉

太祖后稷東鄉

鞠至幽王爲穆皆北鄉

春秋傳曰祫祭者毁廟之主皆陳於太祖群廟之主皆升合食于太祖

周時祫圖

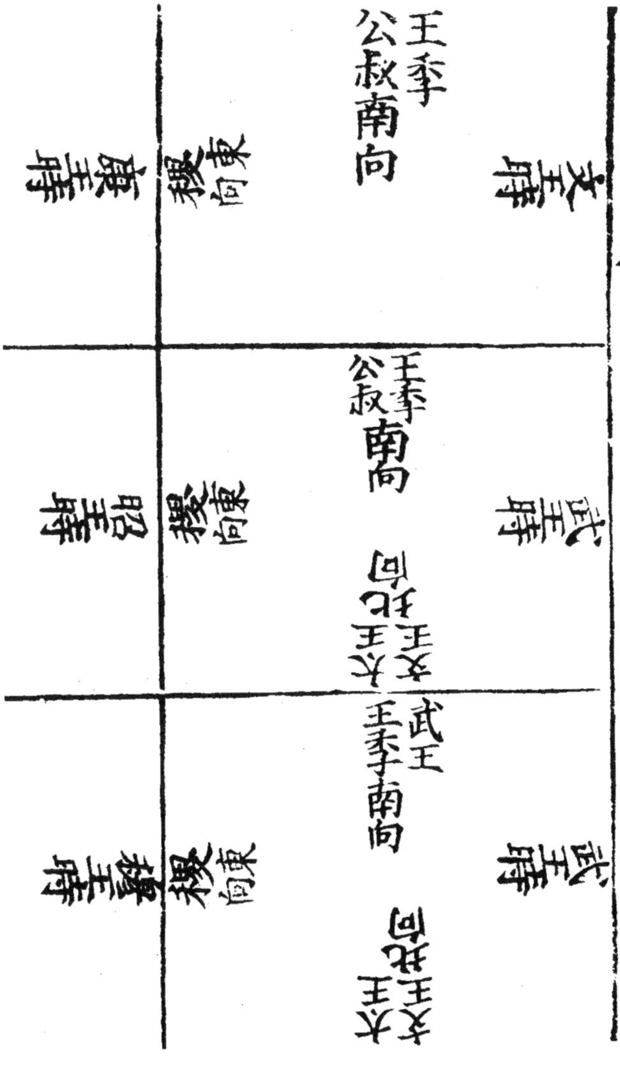
文王廟
王季 公叔 南向
東向 穆
康王廟
武王廟
王季 公叔 南向
東向 穆
昭王廟
太王 文王 北向
武王 王季 南向
武王廟
東向 穆
穆王廟
太王 文王 北向

武王
王季
南向
穆王
康王
武王
南向
東向
北向
懿王

昭穆之不爲尊卑，説已前見。其大祫，則始封以下以次相承，亦無差舛。故張璪以爲四時常祀各於其廟，不偶坐而相臨。故武王進居王季之位，而不嫌尊於文王。及合食乎祖，則王季、文王更爲昭穆，不可謂無尊卑之序者，是也。但四時之祫不兼毁廟之主，則右無昭而穆獨爲尊之時〔七〕，若兩世室之主，則文常爲穆而武常爲昭也。故陸佃以爲毁廟之主有不皆祫之時難之，而未見璪之所以對也。予竊以爲以上世之次推之，一昭一穆，固有定次，而其自相爲偶，亦不可易。但其散居本廟，各自爲主而不相厭，則武王進居王季之位而不嫌尊於文王。及其合食于祖，則王季雖遷，而武王自當與成王爲偶，未可以遽進而居王季之處也。文王之爲穆，亦虚其所向之位而已。則雖北向，而何害其爲尊哉。作此圖以見之。

校記　〔一〕在：原作「爲」，據宋閩、浙本改。

〔二〕有：原作「言」，據右引改。

〔三〕穆：文獻通考作「檜」。四庫全書本作「彩」。

〔四〕邗：原作「耶」，據宋閩、浙本改。

〔五〕毁：原作「毁」，據宋浙本改。

〔六〕其：原缺，據宋閩、浙本補。

〔七〕右：朱子全書卷三十九作「左」。

編年　據年譜長編。

評論　周大璋朱子古文讀本卷二禘祫議：三代以上典制詳明，班班可考。自漢以下，因陋就簡，宗廟不立，褻瀆宗祖甚矣。神宗欲復古制，而規模未定，不無可議，惜未考乎三代之經也。覩廟制禘祫諸圖，朱子之意可見矣。

漢同堂異室廟及原廟議 紹熙五年

五峰胡仁仲論漢文帝之短喪，其失不在文帝，而景帝當任其責。予於不起寢廟之詔，則以爲明帝固不得爲無失，然使章帝有魏顆之孝，其群臣有宋仲幾、楚子囊之忠，則於此必有處矣。況以一時之亂命而壞千古之彝制，其事體之輕重，又非如三子之所正者而已耶。然古今諸儒未有斥其非者，而徒知論惠帝、叔孫通作原廟之罪。夫原廟誠不當作，要必復古宗廟之制，然後可得而議爾。或曰：「周公祀文王、武王於洛邑，非原廟耶？」曰：「此固禮之變也。然設於別都而不設於京師，及所幸郡國，又不聞其以果獻之，褻禮施焉，則亦與漢異矣。」

編年 據年譜長編。

別定廟議圖説 圖已見前 紹熙五年

紹熙甲寅某月，詔以孝宗祔廟，當議宗廟迭毁之次。禮部侍郎許及之、太常少卿曾三復等相與上議，請遷僖祖、宣祖而奉太祖居第一室，祫享則正東鄉之位。有詔恭依，且令復議二祖祧主奉安之所。時熹始赴經筵供職，亦嘗預議。屬以病不能赴，遂以議狀申省，大指以爲僖祖實爲帝者始祖，百世不遷之廟，不當祧毀，合仍舊居太廟第一室。四時常享，則居東鄉之位。宣祖、太祖、太宗、真宗、仁宗、英宗六室，皆在三昭三穆之外，親盡宜毀。而太祖、太宗、仁宗功德茂盛，宜準周之文武，百世不遷，號爲世室。其宣祖、真宗、英宗則遷於西夾室，以從順祖、翼祖之後。祫享則序昭穆於堂上，而時享不及焉。神宗、哲宗、徽宗、欽宗、高宗、孝宗六室爲親廟，時享、祫享如儀。異時迭毀，則三昭三穆以次而遷。唯高宗受命中興，異時雖或親盡，亦當如仁宗故事，別爲世室，百世不遷。蓋雖通爲十室，而三世室自在三昭三穆外，其始祖之廟與三昭三穆正合七世之文，如劉歆説。而兄弟相繼，各爲一世，先儒亦有定議。并考古今，畫成圖樣，其説甚備。且謂他日恢復中原，還反舊京，則又當別考古制，世爲一廟，而革去東漢以來同堂異室之陋，蓋不獨爲今日議也。而廟堂持之不上，獨奏禮官及諸從臣所論，請爲別廟，以奉四祖。又詔恭依，遂即毀撤僖祖、宣祖廟室。

熹見諸公争之甚力，而右相趙汝愚雅不以熙寧復祀僖祖爲然。給舍樓鑰、陳傅良又復牽合裝綴，以附其説，其語頗達上聽。某月某日，忽有旨宣召熹赴内殿奏事，蓋將問之以此也。熹因節略狀文及爲劄子，畫圖貼説以進。上覽之，良以爲然，且喻熹曰：「僖祖乃國家始祖，高宗時不曾遷，孝宗時又不曾遷，太上皇帝時又不曾遷。今日豈敢輕議？」熹因奏曰：「此事義理甚明，而聖意又已見得如此，其不當遷，無可疑者。前日集議雖已施行，而臣申省議狀獨未得經聖覽，不曾降出。即今來劄子却乞降出，再令臣寮集議，必有定論。」退見臺諫謝深甫、張叔椿，亦皆以熹説爲然，而謝獨甚悔前日合議之失。其後不久，熹即罷歸，而所議遂不復有所施行。後却聞臺諫、後省亦嘗互入文字，乞降出熹前所議，而亦不知後來竟作如何收殺也。然當日議狀、奏劄出於匆匆，不曾分別始祖、世室、親廟三者之異，故其爲説易致混亂，而嘗反疑前日之誤，故今特備著之〔一〕，而別定兩圖，以見區區之本意云。

校記　〔一〕「特」下原有「故」字，底本原注：「特故之故疑衍。」據四庫全書本删。

編年　據年譜長編。

君臣服議 淳熙十四年冬

淳熙丁未十月八日，太上皇帝上仙。遺誥至州縣，有司莫識衣冠制度，大率盡用令式斬衰之服。哀臨既畢，及被禮部所下符，則止當用布四腳、直領布襴衫、麻絰而已。此符當與遺誥同日俱下，乃遲數日，有司不虔，惑誤四方已如此，而於布四腳之下注云：「係幞頭。」於直領布襴下注云：「上領不盤。」則雖間有舉哀稍緩之處，官吏傳觀，亦多不曉。四腳幞頭之説，予記温公書儀及後山談叢所記頗詳，乃周武帝所製之常冠，用布一方幅，前兩角綴兩大帶，後兩角綴兩小帶，覆頂四垂，因以前邊抹額，而繫大帶於腦後，復收後角而繫小帶於髻前，以代古冠，亦名幞頭，亦名折上巾。其後乃以漆紗爲之，而專謂之幞頭，其實本一物也。今禮官以幞頭解四腳，是矣，而又不肯詳言其制，則未知其若馬、陳之所謂，周武之所製者耶，抑將以紙爲胎，使之剛强植立，亦若今之漆紗所爲者耶？

至於直領布襴衫「上領不盤」之説，則衆尤莫曉。蓋既曰直領，則非上領；既曰上領，則不容不盤。兩言之中，自相抵牾至於如此，雖予亦莫識其所以然也。乃有强爲之説者曰，雖爲上領，而不聯綴斜帛，凑成盤曲之勢，以就正圓，但以長布直縫，使足以繞項而已。予謂禮官之意或是如此，亦不可知。但求之於古，既無所考，則亦何敢信而從之耶。疑此特生於古今之禮不同，禮官不能分别去取，而欲依違其間，是以生此回惑耳。蓋直領者，古禮也，其制具於儀禮，其像見於三禮圖，上有衣而下有裳者是也。上領有襴者，今禮也，今之公服上衣下襴相屬而弗殊者是也。竊意國恤舊章之本文，必有曰直領布衫者，而又有曰布襴衫者。其服直領布衫，則兼服布裙而加冠於首；其服布襴衫，則首加四腳而已。蓋其初雖合古今之禮，而猶各有所施，則亦未爲失也。今既不察其異矣，又但見公服之上領而有襴，遂解直領爲「上領不盤」，而增「襴」字於「衫」字之上，文若遷今以就古，而不自知其實之誤，反至於廢古以徇今也。

又前此州縣誤用之禮皆著菅屨〔一〕，而符乃無文〔二〕，承用之者遂屨襪以赴臨，殊乖禮意。獨無曰杖云者，於禮爲粗合，而亦有所未盡。蓋禮，君之喪，諸達官之長杖。所謂達官，謂專達之官。在今日則内之省、曹、寺、監長官，外之監司、郡守，凡一司之長，若嘗任侍從以上，得專奏事者是也。故今不杖之制施於僚佐以下則得之矣，至使其長官下而同之，而雖故相領帥若家居者無異文，豈不薄哉。

又後數日，乃得邸吏所報朝廷冠服制度，則云皇帝初喪，服白羅袍、黑銀帶、絲鞋、白羅軟腳折上巾。成服日，服布斜巾、四腳、裙袴、冠、帽、竹杖，腰絰、首絰、直領大袖布襴衫、白綾襯衫。視事日，去杖、首絰。小祥日，改服布四腳、直領布襴衫、腰絰、布袴。大祥日，服素紗軟腳折上巾、淺黄衫、黑銀帶。群臣之服分爲三等，上等布頭冠、布斜巾、布四腳、大袖襴衫、裙袴、首絰、腰絰、竹杖、襯服。中等布頭冠、幞頭、大袖襴衫、袴、腰絰。其下等則布幞頭、襴衫、腰絰而已。詳此，帝服有冠，有裙，而衫曰直領，則是古之喪服，當自爲一襲者。又有四腳，有襴衫，則皆當世常服，又當别爲一襲者。而今乃一之，則果如予之所料矣。然至於小祥之服，則衫直領而下不裙；宰臣之服，則下雖有裙而衫非直領，此又不可曉者。其餘亦多重複繆誤，如斜巾、四腳、冠、帽乃四物，不當一時并加於首。四者皆首服，獨冠爲古制，斜巾乃民間初喪未成服時所用，既成服則去之。蓋古者免之遺制也〔三〕。今成服而與冠并用，其失一也。四腳之説，已見於前。蓋宇文氏廢古冠而爲之，若兼存而互用，猶不相妨。今同時并加，其失二也。帽，古今皆爲燕服，與正服之用，亦各有所施。今與古冠、四腳并用，三失也。今天子之冠四：衮冕、通天、幞頭、帽子。雖皆御服，如之何而可并用於一時乎。直領、上領、古裙、今襴，亦四物，不當一時并加於身。説已見前。冠當服以終喪，不當小祥而釋。古禮，小祥改服練冠，但以熟布爲之，其制不易也。今小祥便只服布四腳，不服練冠，非是。其去巾帽亦不知有何據也。四腳、幞頭、折上巾，三名一物，不當錯出而異其名。説亦見前。兼禮官亦云四腳係幞頭，則知二者非異物。而於朝臣之服，上等曰四腳，中、下等曰幞頭，不知何謂。其曰銀帶、絲鞋、白綾襯衫者，則尤非喪禮之所宜服，亦不待辨而知其非矣。

大抵其失在於兼盡古今，以爲天子備物之孝，而不知考其得失而去取之，正天子議禮制度考文之事也。然此等條目之多，欲一一而正之，則有不勝正者。必循其本而有以大正焉，則曰斬衰三年，爲父爲君，如儀禮喪服之説而已。其服則布冠、直領大袖布衫，加布衰、辟領、負版、掩衽、布襯衫、布裙、麻腰絰、麻首絰、麻帶、菅屨〔四〕、竹杖，自天子至於庶人，不以貴賤而有增損也。但儀禮之冠三梁，乃士禮。今天子通天冠二十四梁，當準之而去其半，以爲十二梁。群臣則如其本品進賢冠之數以爲等。大本既立，然後益考禮經，以修殯葬饋奠之禮，參度人情，以爲居處飲食之節，行之天下。凡諸吉凶之禮，有詭聖不經，如上領胡服之類者，一切革而去之，則亦庶乎一王之制而無紛紛之惑矣。

而前此議者猶或慮其説之難行，雖以元祐之盛時，而不能行范祖禹之論。蓋不知自漢以來，所以不能復行君父三年之喪者，一則以人主自無孝愛之誠心，而不能力行以率於上；二則慮夫臣民之衆，冠婚祠享會聚之有期，而不欲以是奪之也。國家自祖宗以來，三年通喪實行於內，則其所以立極導民者，無所難矣。獨所以下爲臣民之慮者未有折衷，是以依違於此而未敢輕議。此亦慮之過矣。

夫古之所謂方喪三年者，蓋曰比方於父母之喪云爾。蓋事親者親死而致喪三年，情之至、義之盡者也。事師者師死而心喪三年，謂其哀如父母而無服，情之至而義有所不得盡者也。事君者君死而方喪三年，謂其服如父母而分有親疏，此義之至而情或有不至於其盡者也。然則所謂方喪者，豈曰必使天下之人寢苫枕塊、飲水食粥、泣血三年，真若居父母之喪哉。今臣民之服如前所陳，則已有定説矣。獨庶人軍吏之貧者，則無責乎其全，雖以白紙爲冠，而但去紅紫華盛之飾，其亦可也〔五〕。至如飲食起居之制，則前所謂參度人情者，正欲其斟酌古今之宜，分别貴賤親疏之等，以爲隆殺之節〔六〕。且以婚姻一事言之，則宜自一月之外許軍民，三月之外許士吏，復土之後許選人，祔廟之後許承議郎以下，小祥之後許朝請大夫以下，大祥之後許中大夫以下，各借吉三日。其太中大夫以上，則并須禫祭然後行吉禮焉。官卑而差遣職事高者從高，遷官者從新，貶官者從舊，如此則亦不悖於古，無害於今，庶乎其可行矣。

或者又謂今之吉凶服上領之制相承已久，而遽盡革去，恐未爲允，此不然也。古今之制，祭祀用冕服，朝會用朝服，皆用直領。垂之而不加紳束，則如今婦人之服，交掩於前而束帶焉，則如今男子之衣，皆未嘗上領也。今之上領公服，乃夷狄之戎服，自五胡之末流入中國。至隋煬帝時巡游無度，乃令百官戎服從駕，而以紫、緋、緑三色爲九品之別，本非先王之法服，亦非當時朝祭之正服也。今雜用之，亦以其便於事而不能改耳。曷若準朝服、祭服之法，參取唐公服之制以爲便服而去之哉。唐公服見通典、開元禮序例下篇。民私喪，五服制度皆如此禮，但以親疏分五等，而衣服之制不殊。温公書儀但斬衰、齊衰用此制，而大功以下從俗禮，非是。惟高氏送終禮其説甚詳。當更討論訂正，别爲公私通行喪服制度，頒行民間，令其遵守，庶幾先王之禮大小由之，上下交修，可以久而不廢。且使大義素定於臣民之家，免至臨事紛錯，疑惑衆聽。

校記　〔一〕菅：原作「管」，據宋閩、浙本改。

〔二〕文：原作「又」，據右引改。

〔三〕免：原作「冕」，據右引改。

〔四〕菅：原作「管」，據宋浙本改。

〔五〕也：宋浙本作「乎」。

〔六〕隆：原作「降」，據宋閩、浙本改。

編年 據文中所言年月。

民臣禮議 同安作 紹興二十三年至二十七年

禮不難行於上，而欲其行於下者難也。蓋朝廷之上典章明具，又自尚書省置禮部尚書、侍郎以下至郎吏數十人，太常寺置卿、少以下至博士、掌故又數十人，每一舉事，則案故事施行之。而此數十人者，又相與聚而謀之，於其器幣牢醴，共之受之，皆有常制。其降登執事之人，於其容節又皆習熟見聞，無所違失。一有不當，則又有諫官、御史援據古今而質正之。此所謂不難行於上者也。惟州縣之間，士大夫、庶民之家，禮之不可已而欲行之，則其勢可謂難矣。總之，得其所以不合者五，必欲舉而正之，則亦有五説焉。

蓋今上下所共承用者，政和五禮也。其書雖嘗班布，然與律令同藏於理官，吏之從事於法理之間者〔一〕，多一切俗吏，不足以知其説，長民者又不能以時布宣，使通於下，甚者至或并其書而亡之，此禮之所以不合者一也。書脱幸而存者，亦以上下相承，沿習苟簡，平時既莫之習，臨事則驟而學焉，是以設張多所謬盩，朝廷又無以督察繩糾之，此禮之所以不合者二也。祭器嘗經政和改制，盡取古器物之存於今者以爲法。今郊廟所用，則其制也。而州縣專取聶氏三禮制度，醜怪不經，非復古制。而政和所定未嘗頒降，此禮之所以不合者三也。州縣惟三獻官有祭服，其分獻、執事、陪位者皆常服也。古今雜糅，雅俗不辨。而縣邑直用常服，不應禮典，此禮之所以不合者四也。又五禮之書，當時修纂出於衆手，其間亦有前後自相矛盾及疏略不備處，是以其事難盡從。此禮之所以不合者五也。

禮之所以不合者五，必將舉而正之，則亦有五説焉。曰：禮之施於朝廷者，州縣士民無以與知爲也，而盡頒之，則傳者苦其多，習者患其博，而莫能窮也。故莫若取自州縣官民所應用者，參以近制，別加纂録，號曰紹興纂次政和民臣禮略，鋟板模印而頒行之。州縣各爲三通，一通於守令廳事，一通於學，一通於名山寺觀。皆櫝藏之，守視司察，體如詔書。而民庶所用，則又使州縣自鋟之板，正歲則摹而揭之市井村落，使通知之，則可以永久矣。此一説也。禮書既班，則又當使州縣擇士人之篤厚好禮者講誦其説，習其頌禮。州縣各爲若干人，廩之於學，名曰「治禮」。每將舉事，則使教焉。又詔監司如提學司者，察其奉行不如法者，舉繩治之。此二説也。祭器不一，郡縣所用至廣，諸祭唯釋奠從祀所用器物爲多，當約此數爲定，一州一縣必具之。難以悉從朝廷給也。但每事給一，以爲準式，付之州郡，櫝藏於太守廳事，使以其制爲之，以給州用，以賦諸縣。或恐州縣自造，不能齊同，即賦錢於州縣，各爲若干，詣行在所屬製造。其器物用者自爲一庫，別置主典與所櫝藏者。守令到罷，舉以相付，書之印紙，以重其事。禮書、禮服并用此法。此三說也。祭服則當準政和禮，州縣三獻、分獻、執事、贊祝、陪位之服，舉其所有者，議其所無者補之，使皆爲古禮服。釋奠分獻之屬皆用士人，餘祭用人吏，當殊其制。製造頒降如祭器法。此四說也。禮書之不備者，熹嘗考釋奠儀之失，今別出之。更加詳考，釐而正之〔二〕，仍爲圖其班序、陳設、行事、升降之所，事爲一圖，與書通班之，守視如書法。則見者曉然矣。此五說也。

夫禮之所以不合者如此，必將舉而正之，其說又如此，亦可謂明白而易知矣。而世未有議之者，則以苟簡之俗勝而莫致意焉故也。是其所以每難也〔三〕。愚故曰，禮不難行於上，而欲其行於下者難也。故述斯議，以爲有能舉而行之，則庶乎其有補焉爾。

校記　〔一〕理：原作「禮」，據宋閩、浙本改。

〔二〕釐：原缺，據宋浙本補。

〔三〕每：讀禮通考作「爲」。

編年　題下原注「同安作」，朱熹官同安主簿在紹興二十三至二十七年。

改官議 紹興二十三年至二十七年

一、諸州教官以經明行修登第人充，罷去試法。如不足，則令侍從、兩省、臺諫及諸路監司雜舉。歲無定員，有闕則降指揮令舉。

一、近制，新改官人并令作縣，其舉狀内只言犯入己贜甘與同罪，即不言若本人改官之後，任親民差遣日，如有疲懦殘酷、違法害民，即與同罪，是以舉者徇私妄舉，多不擇人。及至負敗，又無譴責。今欲乞於舉狀中添入此項，如有違戾，必罰無赦。

一、今改官人雖有引見之法，然未嘗親奉玉音，詢考治行，所以人得妄舉，而昏繆不材之人或與其間。欲乞今後引見之日，每十人中特宣兩人升殿，詢其前任職事及民間利害。如有庸繆，即行退黜，仍將舉主降官放罷，有職名者即令落職。則舉者知畏而庸妄之徒不敢徼倖求進矣。

一、改官之人，設使所舉皆當，然其才亦有大小之不同，而今之縣道亦有難易之别。今銓部之法未嘗爲官擇人，而使人自擇官，是以才高者審於擇地，多注優閑易辦之縣；才短者昧於所向，多注繁劇難辦之縣，使人與官兩失其所，所以縣多不治而人有遺才也。欲乞將天下諸縣分其難易，又以大小爲次，委自尚書將合注知縣之人精加考究，分作四等，以可任繁難大縣者爲上，繁難小縣者次之，優閑大縣又次之，小縣爲下。其已任繁難者，後任便與注權通判；其任優閑縣者，後任須管再入知縣一次，不得别注差遣。願注縣丞者聽，但亦以三年爲任。

一、累任教官，不曾實歷治民之人，不許薦舉改官。

編年　未詳。其編列於上篇之後，一事一議，内容淺略，疑亦同安任上所作。

學校貢舉私議 慶元元年

古者學校選舉之法，始於鄉黨而達於國都，教之以德行道藝而興其賢者能者。蓋其所以居之者無異處，所以官之者無異術，所以取之者無異路，是以士有定志而無外慕，蚤夜孜孜，唯懼德業之不修，而不憂爵禄之未至。夫子所謂「言寡尤，行寡悔，禄在其中」，孟子所謂「修其天爵而人爵從之」，蓋謂此也。若夫三代之教，藝爲最下，然皆猶有實用而不可闕。其爲法制之密，又足以爲治心養氣之助而進於道德之歸。此古之爲法所以能成人材而厚風俗，濟世務而興太平也。

今之爲法不然，雖有鄉舉，而其取人之額不均，又設太學利誘之一塗，監試、漕試、附試詐冒之捷徑，以啓其奔趨流浪之意。其所以教者既不本於德行之實，而所謂藝者又皆無用之空言。至於甚弊，則其所謂空言者，又皆怪妄無稽而適足以敗壞學者之心志。是以人材日衰，風俗日薄，朝廷州縣每有一事之可疑，則公卿大夫、官人百吏愕眙相顧而不知所出。是亦可驗其爲教之得失矣。

而議者不知其病源之所在，反以程試文字之不工爲患，而唱爲混補之説，以益其弊。或者知其不可，又欲斟酌舉行崇寧州縣三舍之法，而使歲貢選士於太學。其説雖若賢於混補之云，然果行此，則士之求入乎州學者必衆。而今州郡之學錢糧有限，將廣其額則食不足，將仍其舊則其勢之偏、選之艱而塗之狹又將有甚於前日之解額少而無所容也。正使有以處之，然使游其間者校計得失於旦暮錙銖之間，不得寧息，是又不唯無益而損莫大焉，亦非計之得也。

蓋嘗思之，必欲乘時改制，以漸復先王之舊而善今日之俗，則必如明道先生熙寧之議，然後可以大正其本而盡革其末流之弊。如曰未暇，則莫若且均諸州之解額以定其志，立德行之科以厚其本，罷去詞賦，而分諸經、子、史、時務之年以齊其業，又使治經者必守家法，命題者必依章句，答義者必通貫經文，條舉衆説而斷以己意。學校則遴選實有道德之人，使專教導，以來實學之士。裁減解額舍選謬濫之恩，以塞利誘之塗。至於制科、詞科、武舉之屬，亦皆究其利病而頗更其制。則有定志而無奔競之風，有實行而無空言之弊，有實學而無不可用之材矣。此其大略也。其詳則繼此而遂陳之。

夫所以必均諸州之解額者，今之士子不安於鄉舉而爭趨太學試者，以其本州解額窄而試者多，太學則解額闊而試者少；本州只有解試一路，太學則兼有舍選之捷徑，又可以智巧而經營也。所以今日倡爲混補之説者，多是温、福、處、婺之人，而他州不與焉。非此數州之人獨多躁競而他州之人無不廉退也，乃其勢驅之，有不得不然者耳。然則今日欲救其弊而不以大均解額爲先務，雖有良法，豈能有所補哉。故莫若先令禮部取見逐州三舉終場人數，太學終場人數解試亦合分還諸州，理爲人數。通比舊額都數，定以若干分爲率而取其若干，以爲新額。如以十分爲率而取其一，則萬人終場者以百人爲額，更斟酌之。又損太學解額舍選取人分數，使與諸州不至大段殊絶，其見住學人分數權許仍舊。則士安其土而無奔趨流浪之意矣。

所以必立德行之科者，德行之於人大矣。然其實則皆人性所固有，人道所當爲。以其得之於心，故謂之德；以其行之於身，故謂之行。非固有所作爲增益而欲爲觀聽之美也。士誠知用力於此，則不唯可以修身，而推之可以治人，又可以及夫天下國家。故古之教者莫不以是爲先。若舜之命司徒以敷五教，命典樂以教冑子，皆此意也。至於成周而法始大備，故其人材之盛、風俗之美，後世莫能及之。漢室之初，尚有遺法。其選擧之目，必以敬長上、順鄉里、肅政教、出入不悖所聞爲稱首。魏晋以來，雖不及古，然其九品中正之法，猶爲近之。及至隋唐，遂專以文詞取士，而尚德之擧不復見矣。積至于今，流弊已極，其勢不可以不變。而欲變之，又不可不以其漸。故今莫若且以逐州新定解額之半而又折其半，以爲德行之科。如解額百人，則以二十五人爲德行科。蓋法行之初，恐考察未精，故且取其半而又減其半。其餘五十人自依常法。明立所擧德行之目，如八行之類。專委逐縣令佐從實搜訪，於省試後保明，津遣赴州。守倅審實，保明申部。於當年六月以前，以禮津遣，限本年内到部，撥入太學，於近上齋舍安排，而優其廩給，仍免課試。長貳以時延請詢考，至次年終，以次差充大小職事。又次年終，擇其尤異者特薦補官，餘令特赴明年省試。比之餘人，倍其取人分數，如餘人二十取一，則此科十而取一。蓋解額中已減其半矣。殿試各升一甲，其不中人，且令住學，以俟後擧。其行義有虧、學術無取，擧者亦當議罰。則士知實行之可貴，而不專事於空言矣。

所以必罷詩賦者，空言本非所以教人，不足以得士，而詩賦又空言之尤者，其無益於設教取士，章章明矣。然熙寧罷之，而議者不以爲是者，非罷詩賦之不善，乃專主王氏經義之不善也。故元祐初議有改革，而司馬温公、吕申公皆不欲復，其欲復之者，唯劉摯爲最力。然不過以考校之難而爲言耳。是其識之卑而説之陋，豈足與議先王教學官人之本意哉。今當直罷，無可疑者。

如以習之者衆，未欲遽罷，則限以三舉而遞損其取人之數，俟其爲之者少而後罷之，則亦不駭於俗而其弊可革矣。

所以必分諸經、子、史、時務之年者，古者大學之教，以格物致知爲先，而其考校之法，又以九年知類通達、强立不反爲大成。蓋天下之事皆學者所當知，而其理之載於經者，則各有所主而不能相通也。況今樂經亡而禮經缺，二戴之記，已非正經，而又廢其一焉。蓋經之所以爲教者已不能備，而治之者類皆舍其所難而就其所易，僅窺其一而不及其餘，則於天下之事宜有不能盡通其理者矣。若諸子之學，同出於聖人，各有所長而不能無所短。其長者固不可以不學，而其所短亦不可以不辨也。至於諸史，則該古今興亡治亂得失之變。時務之大者，如禮樂制度、天文地理、兵謀刑法之屬，亦皆當世所須而不可闕，皆不可以不之習也。然欲其一旦而盡通，則其勢將有所不能而卒至於不行。若合所當讀之書而分之以年，使天下之士各以三年而共通其三四之一，則亦若無甚難者。故今欲以易、書、詩爲一科，而子年、午年試之；周禮、儀禮及二戴之禮爲一科，而卯年試之；春秋及三傳爲一科，而酉年試之。年分皆以省試爲界，義各二道。諸經皆兼大學、論語、中庸、孟子。義各一道。論則分諸子爲四科，而分年以附焉。諸子則如荀、揚、王、韓、老、莊之屬，及本朝諸家文字，當別討論，分定年數。兼許於當年史傳中出論二道。策則諸史，時務亦然。諸史則左傳、國語、史記、兩漢爲一科，三國、晉書、南、北史爲一科，新舊唐書、五代史爲一科，通鑑爲一科。時務則律曆、地理爲一科，通禮、新儀爲一科，兵法、刑統、勑令爲一科，通典爲一科。以次分年，如經子之法，策各二道。則士無不通之經，無不習之史，而皆可爲當世之用矣〔一〕。

其治經必專家法者，天下之理，固不外於人之一心。然聖賢之言，則有淵奥爾雅而不可以臆斷者。其制度名物、行事本末，又非今日之見聞所能及也。故治經者必因先儒已成之説而推之。借曰未必盡是，亦當究其所以得失之故，而後可以反求諸心而正其繆。此漢之諸儒所以專門名家、各守師説而不敢輕有變焉者也。但其守之太拘而不能精思明辨以求真是，則爲病耳。然以此之故，當時風俗終是淳厚。近年以來，習俗苟偷，學無宗主，治經者不復讀其經之本文與夫先儒之傳注，但取近時科舉中選之文，諷誦摹倣，擇取經中可爲題目之句，以意扭捏，妄作主張，明知不是經意，但取便於行文，不暇恤也。蓋諸經皆然，而春秋爲尤甚。主司不惟不知其繆，乃反以爲工而置之高等。習以成風，轉相祖述，慢侮聖言，日以益甚。名爲治經，而實爲經學之賊；號爲作文，而實爲文字之妖。不可坐視而不之正也。今欲正之，莫若討論諸經之説，各立家法，而皆以注疏爲主。如易則兼取胡瑗、石介、歐陽脩、王安石、邵雍、程頤、張載、呂大臨、楊時，書則兼取劉敞、王安石、蘇軾、程頤、楊時、晁説之、葉夢得、吴棫、薛季宣、呂祖謙，詩則兼取歐陽修、蘇軾、程頤、張載、王安石、呂大臨、楊時、呂祖謙，周禮則劉敞、王安石、楊時，儀禮則劉敞，二戴禮記則劉敞、程頤、張載、呂大臨，春秋則啖助、趙匡、陸淳、孫明復、劉敞、程頤、胡安國，大學、論語、中庸、孟子則又皆有集解等書，而蘇軾、王雱、吴棫、胡寅等説亦可采。以上諸家，更加考訂增損。如劉彝等説，恐亦可取。令應舉人各占兩家以上，於家狀内及經義卷子第一行内一般聲説，將來答義，則以本説爲主而旁通他説，以辨其是非，則治經者不敢妄牽己意而必有據依矣。

其命題所以必依章句者，今日治經者既無家法，其穿鑿之弊已不可勝言矣。而主司命題又多爲新奇，以求出於舉子之所不意，於所當斷而反連之，於所當連而反斷之。大抵務欲無理可解、無説可通，以觀其倉卒之間趨附離合之巧。其始蓋出於省試「上天之載，無聲無臭，儀刑文王」之一題，然而當時傳聞猶以爲怪。及今數年，則無題不然，而人亦不之怪矣。主司既以此倡之，舉子亦以此和之，平居講習，專務裁剪經文，巧爲鬪飣，以求合乎主司之意。其爲經學賊中之賊，文字妖中之妖，又不止於家法之不立而已也。今既各立家法，則此弊勢當自革。然恐主司習熟見聞，尚仍故態，却使舉子愈有拘礙，不容下筆，願下諸路漕司戒敕所差考試官，今後出題須依章句，不得妄有附益裁剪。如有故違，許應舉人依經直答，以駁其繆。仍經本州及漕司陳訴，將命題人重作行遣。其諸州申到題目，亦令禮部、國子監長貳看詳，糾舉譴罰，則主司不敢妄出怪題，而諸生得守家法，無復敢肆妖言矣。又按，前賢文集策問皆指事設疑，據實而問，多不過百十字。嘉祐、治平以前，尚存舊體。而吕申公家傳記熙寧事，乃云有司發策問，必先稱頌時政，對者因大爲諛詞以應之。然則此風蓋未遠也。今亦宜爲之禁，使但條陳所問之疑，略如韓、歐諸集之爲者，則亦可以觀士子之實學而息其諛佞之奸心矣。

其必使答義者通貫經文、條陳衆説而斷以己意者，其説已略具于家法之條矣。蓋今日經學之難不在於治經，而難於作義。大抵不問題之小大長短，而必欲分爲兩段，仍作兩句對偶破題，又須借用他語以暗貼題中之字，必極於工巧而後已。其後多者三二千言，別無他意，不過止是反復敷衍破題兩句之説而已。如此不唯不成經學，亦復不成文字。而使學者卒歲窮年，枉費日力以從事於其間，甚可惜也。欲更其弊，當更寫卷之式，明著問目之文而疏其上下文，通約三十字以上，次列所治之説而論其意，又次旁列他説而以己意反復辯析，以求至當之歸。但令直論聖賢本意與其施用之實，不必如今日經義分段破題、對偶敷衍之體。每道止限五六百字以上，則雖多增所治之經，而答義不至枉費辭説，日力亦有餘矣。至於舊例經義禁引史傳，乃王氏末流之弊。而論子史者不復訂以經指，又俗學卑近之失。皆當有以正之，使治經術者通古今，議論者識原本，則庶乎其學之至矣。

其學校必選實有道德之人使爲學官，以來實學之士；裁減解額舍選謬濫之恩，以塞利誘之塗者，古之太學主於教人而因以取士，故士之來者爲義而不爲利。且以本朝之事言之。如李廌所記元祐侍講吕希哲之言曰，仁宗之時，太學之法寬簡，國子先生必求天下賢士真可爲人師者，就其中又擇其尤賢者，如胡翼之之徒，使專教導規矩之事。故當是時，天下之士不遠萬里來就師之。其游太學者端爲道藝，稱弟子者中心説而誠服之，蓋猶有古法之遺意也。熙寧以來，此法浸壞，所謂太學者但爲聲利之場，而掌其教事者不過取其善爲科舉之文而嘗得雋於場屋者耳。士之有志於義理者既無所求於學，其奔趨輻湊而來者不過爲解額之濫、舍選之私而已。師生相視漠然，如行路之人。間相與言，亦未嘗開之以德行道藝之實。而月書季考者，又祇以促其嗜利苟得、冒昧無恥之心，殊非國家之所以立學教人之本意也。欲革其弊，莫若一遵仁皇之制，擇士之有道德、可爲人師者以爲學官而久其任，使之講明道義，以教訓其學者。而又痛減解額之濫以還諸州，罷去舍選之法，而使爲之師者考察諸州所解德行之士與諸生之賢者而特命以官，則太學之教不爲虚設，而彼懷利干進之流自無所爲而至矣。如此則待補之法固可罷去，而混補者又必使與諸州科舉同日引試，則彼有鄉舉之可望者自不復來，而不患其紛冗矣。

至於取人之數，則又嚴爲之額，而許其補中之人從上幾分，特赴省試，則其舍鄉舉而來赴補者亦不爲甚失職矣。其計會監試、漕試、附試之類，亦當痛減分數，嚴立告賞，以絶其冒濫。其諸州教官，亦以德行人充，而責以教導之實，則州縣之學亦稍知義理之教，而不但爲科舉之學矣。

至於制舉，名爲賢良方正，而其實但得記誦文詞之士。其所投進詞業，亦皆無用之空言，而程試論策則又僅同覆射兒戲，初無益於治道，但爲仕宦之捷徑而已。詞科則又習於諂諛夸大之詞，而競於騈儷刻雕之巧，尤非所以爲教。至於武舉，則其弊又不異於儒學之陋也。欲革其弊，則制科當詔舉者不取其記誦文詞而取其行義器識，罷去詞業六論，而直使待對於廷，訪以時務之要，而不窮以隱僻難知之事。詞科則當稍更其文字之體，使以深厚簡嚴爲主，而以能辨析利害、敷陳法度爲工。武舉則亦使學官放經義論策之制，參酌定議。頒下武經總要等書，而更加討論，補其遺逸，使之誦習而立其科焉，則庶乎小大之材各得有所成就，而不爲俗學之所病矣。夫如是，是以教明於上，俗美於下，先王之道得以復明於世，而其遺風餘韻又將有以及於方來。與夫規規然固守末流之弊法，而但欲小變一二於其間者，利害相絕，固有間矣。草茅之慮，偶及於此，故敢私記其說，以爲當路之君子其或將有取焉。

校記 〔一〕而：原缺，據宋閩、浙本補。

編年 據年譜長編。

評論 康熙御製文集第三集卷四十三：此議本程子之意，而益發其所未備，洵可以得真才而收實效矣。

周大璋朱子古文讀本卷二學校貢舉私議：議論極詳盡。然朱子亦是因時救弊之意，根源處却在必如明道熙寧之議數語。讀者須知之。

古文眉詮卷七十六：原古教法。（「蓋其所以」三句）古者治出於一，三言道盡。（「藝爲最下」三句）挑出藝下，對後空文無用；指出法密，對後利誘冒進。（今之爲法不然）入時局。詳摘時弊，「不均」、「誘」、「詐」等，是上所啟之弊；不本德而空言怪妄等，是士所習之弊。（而唱爲混補之說）申一層混補舍選之法，是後所謂守末弊而規規小變者。（「蓋嘗思之」以下）轉入建議。取明道先生議，高一層作曲，正議提款。均解額對前誘詐，立德行對前不本德行，罷詞賦諸款，總對前空言怪妄，遴學職對太學利誘，減解選對混補舍選。（治經必專家法）結過分年法。下三款皆重言經學，最切要。（「故治經者」至「終是淳厚」）觀此段議論，朱子推崇漢儒，原本注疏，何等小心，何等服善，真治經者玉律金科也。彼滅裂之徒，不知古訓爲何物，乃曰秦焚經而經存，漢解經而經亡，猖狂蔑古，豈非經學罪人哉。（「各立家法」以下）排列諸家，即後款所謂條陳衆説而斷以己意者。（「大抵務欲」四句）命題割切爲此。（「通貫經文」以下）家法本治經總意，此與前段，皆牽此説下。（「則雖多增所治之經」三句）結過經題答義。下於經議既畢之餘，推論到經史互證，乃爲實用，則經可致用，而史非粗迹矣。（而不爲俗學之所病矣）款議畢，總收。（與夫規規然）挽應時弊。　貢舉之爲空文，學校之爲具文，其積也久矣。分條列議，抉傳染滋蔓之證，而處補瀉兼施之方，其證其方，驗諸今日，一一應病。

天子之禮

如此者數段，先生初欲以入禮書，後又謂若如此，却是自己著書也，遂除去不用。今惟見此一段，豈禘祫議之類皆是歟？　慶元三年

天子之禮，至尊無上。其居處則内有六寢六宮，外有三朝五門。其嬪御、侍衛、飲食、衣服、貨賄之官，皆領於冢宰。其冕弁、車旗、宗祝、巫史、卜筮、瞽侑之官，皆領於宗伯。有師以道之教訓，有傅以傅其德義〔一〕，有保以保其身體。有師氏以微詔之〔二〕，有保氏以諫其惡。前有疑〔三〕，後有丞，左有輔，右有弼。其侍御僕從，罔匪正人，以旦夕承弼厥辟。出入起居，罔有不欽，發號施令，罔有不臧。在輿有旅賁之規，旅賁，勇士，掌執戈楯，夾車而趨。位宁有官師之典，門屏之間謂之宁。倚几有訓誦之諫，工師所誦之諫，書之於几也。居寢有暬御之箴，暬，近也。臨事有瞽史之道，宴居有工師之誦。史爲書，太史君舉則書。瞽爲詩，工又誦箴諫，大夫規誨，士傳言，庶人謗，商旅于市，旅，陳也，陳貨物以示時所貴尚。百工獻藝。獻其技藝以喻政事。動則左史書之，言則右史書之，

其書春秋尚書有存者。御瞽幾聲之上下。幾，猶察也，察其存樂。不幸而至於有過，則又有爭臣七人，面列廷爭，以正救之。蓋所以養之之備，至於如此。是以恭己南面，中心無爲，以守至正。而貌之恭足以作肅，言之從足以作乂，視之明足以作哲，聽之聰足以作謀，思之睿足以作聖，然後能以八柄馭群臣，八統馭萬民，而賞無不慶，刑無不威，遠無不至，邇無不服。傅說所謂「奉若天道，建邦設都，樹后王君公，承以大夫師長。不惟逸豫，惟以亂民」，武王所謂「亶聰明，作元后，元后作民父母」，所謂「天降下民，作之君，作之師。惟其克相上帝，寵綏四方」，箕子所謂「皇建其有極，斂時五福，用敷錫厥庶民。惟時厥庶民于汝極，錫汝保極」，董子所謂「正心以正朝廷，正朝廷以正百官，正百官以正萬民，正萬民以正四方」者，正謂此也。

何謂六寢六宮？曰，王大寢一，小寢五。大寢聽政，故嚮明而治，故在前。小寢釋服燕息也，故在後。其小寢一寢在中，四寢在於四角。春居東北，夏居東南，秋居西南，冬居西北，土王之月居中。后之六宮，正宮在前，五宮在後，其制如王之五寢。何謂三朝五門？曰，王宮之外門，一曰臯門，二曰雉門，三曰庫門，四曰應門，五曰路門。又曰虎門，又曰畢門〔四〕，此鄭司農說也。康成以雉門在庫門外而設兩觀。其朝在雉門之外者曰外朝，在路門之外者曰治朝，路寢之廷曰内朝。臯門之内，外朝也。朝士掌其法，小司寇掌其政〔五〕。列三槐與九棘，設嘉石與肺石，而朝諸侯、聽詔、詢大事在焉。應門之内，治朝也。司士正其位，宰夫掌其法，太儀正王之位，而王日視朝在焉〔六〕。路門之内，燕朝也。太儀正其位，掌擯相，族人朝焉。玉藻曰：「朝服以視朝，退適路寢聽政。」然則王日視朝於治朝，而退聽政於燕朝矣。雉門之外懸治象〔七〕，所以待民。應門之外設宗廟社稷，所以嚴神位。路門之外則九室，九卿朝焉。路寢之内亦九室，九嬪居焉〔八〕。外朝之法，朝士掌之。左九棘，孤、卿、大夫位焉，群士在其後。右九棘，公、侯、伯、子、男位焉，群吏在其後。面三槐，三公位焉，州長、衆庶在其後。左嘉石，平罷民焉。右肺石，達窮民焉。小宗伯職曰：「建國之神位，右社稷，左宗廟。」然則外朝在庫門之外，臯門之内與。今司徒府有天子以下大會殿，亦古之外朝哉。周天子諸侯皆有三朝，外朝一〔九〕，内朝二。内朝之在路門之内者〔十〕，或謂之燕朝。何謂貨賄？曰，有太府以受其貨賄之入。關市之賦以待王之膳服〔十一〕，邦中之賦以待賓客，四郊之賦以待稍秣，家稍之賦以待匪頒，邦甸之賦以待工事，邦縣之賦以待幣帛，邦都之賦以待宗祀，山澤之賦以待喪紀，幣餘之賦以待賜予。凡邦國之貢，以待吊用〔十二〕。凡萬民之貢，以充府庫。凡式貢之餘財，以供玩好之用。而金玉玩好，玉府掌之。良兵良器，内府掌之。王后、世子衣服之用，則外府掌之。

校記

〔一〕二「傳」字：原作「傳」，據宋閩、浙本改。

〔二〕宋浙本「微」下有「訓」字，底本原注別本同。微：朱子全書作「媺」。

〔三〕疑：原作「凝」，據宋閩、浙本改。

〔四〕畢：原作「卑」，據右引改。

〔五〕寇：原作「農」，據右引改。

〔六〕日視：原倒，據右引乙。

〔七〕治象：原倒，據右引乙。

〔八〕嬪：原作「殯」，據右引改。

〔九〕外朝：原缺，據右引補。

〔十〕内朝：原作「外朝」，據右引改。
〔十一〕賦：宋浙本作「征」。
〔十二〕吊：原作「予」，據宋浙本、明天順本、周禮注疏改。

編年 據年譜長編。

滄洲精舍釋菜儀 紹熙五年十二月

前期，獻官以下皆盛服。今用深衣、凉衫。掌儀設神座，用席，先聖南向。配位西向，從祀位東西向。設祝版於先聖位之右，設香爐、香案、香合於堂中，設祭器於神坐前。每位各左一籩，今用漆盤實以脯果。右一豆。今用漆盤實以笋菜。設犧尊一於堂上東南隅，今以瓦尊代。加勺、冪。設燭四於堂中，二於東西從祀位之前。設洗二於東階之東，盥洗在東，爵洗在西。卓一於洗東，卓上箱二。巾東，爵西。設獻官位於堂下，北面。分奠者二人次之，諸生又次之，皆北向西上。

及期，獻官以下序立於東廊下，掌儀帥執事者升堂，實酒饌。贊者一人引獻官升堂點閱，降，就堂下位。分奠官及諸生各就位。贊者一人離位，少前，再拜訖，進立於主人之右，西向，曰：「再拜！」在位者皆再拜。掌儀、祝、司尊者皆升，掌儀立於東序，西向；祝立於阼階上，西向；司尊者立於尊南，北向。贊引獻官詣盥洗之南，北向立，盥手，帨手，升，焚香，再拜，降，再詣盥帨如初。詣爵洗南，北向立，洗爵以授贊。升，詣尊所，西向立。贊以爵授獻官，司尊舉冪酌酒，獻官以爵授贊，俱詣先聖前。獻官北向跪，贊跪授爵。獻官執爵三祭，奠爵於籩之間〔一〕。俯伏，興，少立。祝詣獻官之左，東向跪，讀祝訖，興，復位。獻官再拜次，詣盥洗爵如初。洗諸配位爵訖，贊者以盤兼捧，升，酌，詣配位如初儀，但不讀祝。獻官復位。當獻官詣配位酌獻時，贊者二人各引分奠官分行東西從祀禮，盥洗以下并如配位之儀。東先西後。分奠訖，復位。在位者皆再拜，退。

獻者 贊者　　分奠二人 贊者二人

祝　　掌儀者

司尊

校記　〔一〕之：正訛改作「豆」。

編年　據年譜長編。

趙婿親迎禮大略 淳熙十四年

前期，女氏使人張陳其婿之室。及期〔一〕，具饌，設椅卓，置於堂中，東西相對。各置柸、匕、著、蔬果於卓上，酒壺在案席之後。別置卓子於席南，注子置其上。

婿盛服，主人醮子之禮。乘馬至女氏之門，下馬，俟于次。女尊長父母醮子之禮。出迎婿於門外，揖遜而入，至于廳事。主人升自阼階，立，西向，婿升自西階，北面再拜。向內拜宅裏去。主人不答拜。姆奉女出中門，至于廳事。婿揖之，至婦轎前，舉簾以俟。姆奉婦登車，下簾。婿揖主人，主人不降送。婿乘馬在前，婦車在後，皆以二燭前導以行。婿先至廳事，俟婦下車，揖，遂導以入，婦從之。贊者導，婿揖婦而先，婦從之，適其室。婦從者布席於閫内東方，婿從者布席於西方。婿立于東席，婦立于西席。婦拜，婿答拜。婿爲婦舉蒙頭訖，揖婦坐，婿東婦西。從者斟酒，婿揖婦同祭酒，舉飲。從者置殽，婿揖婦同祭殽，食畢。又斟，舉飲，饌，不祭。三斟亦如之。此參酌古人合牢之禮。乃徹饌。

校記〔一〕期：原缺，據宋閩、浙本補。

編年 據黄榦所作朱熹行狀，朱熹凡五女，唯第四女朱巳許嫁趙氏師淵，而於淳熙十四年七月十二日病逝，年十五。朱熹爲作女巳埋銘，載文集卷九十三。文云「十有五，適笄珥，趙聘入，奄然逝」。此稱「趙婿」，爲趙師淵無疑。蓋擬親迎而預擬其儀也。

朱熹文集編年評注卷七十

雜著

讀吕氏詩記桑中篇〔一〕

甲辰春　淳熙十一年春

詩體不同，固有鋪陳其事，不加一詞而意自見者。然必其事之猶可言者，若清人之詩是也。至於桑中、溱洧之篇，則雅人莊士有難言之者矣。孔子之稱「思無邪」也，以爲詩三百篇勸善懲惡，雖其要歸無不出於正，然未有若此言之約而盡者耳，非以作詩之人所思皆無邪也。今必曰彼以無邪之思鋪陳淫亂之事，而閔惜懲創之意自見於言外，則曷若曰彼雖以有邪之思作之，而我以無邪之思讀之，則彼之自狀其醜者，乃所以爲吾警懼懲創之資耶。而况曲爲訓說而求其無邪於彼，不若反而得之於我之易也。巧爲辨數而歸其無邪於彼，不若反而責之於我之切也。

若夫雅也，鄭也，衛也，求之諸篇，固各有其目矣。雅則大雅、小雅若干篇是也，鄭則鄭風若干篇是也，衛則邶、鄘、衛風若干篇是也。是則自衛反魯以來，未之有改。而風、雅之篇，說者又有正、變之別焉。至於桑中小序「政散民流而不可止」之文與樂記合，則是詩之爲桑間又不爲無所據者。今必曰三百篇皆雅，而大、小雅不獨爲雅，鄭風不爲鄭，邶、鄘、衛之風不爲衛，桑中不爲桑間亡國之音，則其篇帙混亂，邪正錯糅，非復孔子之舊矣。夫二南正風，房中之樂也，鄉樂也；二雅之正，朝廷之樂也；商周之頌，宗廟之樂也。是或見於序義，或出於傳記，皆有可考。至於變雅，則固已無施於事，而變風又特里巷之歌謡，其領在樂官者，以爲可以識時變、觀土風，而賢於四夷之樂耳。今必曰三百篇者皆祭祀朝聘之所用，則未知桑中、溱洧之屬當以薦何等之鬼神，接何等之賓客耶。

蓋古者天子巡守，命太師陳詩以觀民風，固不問其美惡而悉陳以觀也。既已陳之，固不問其美惡而悉存以訓也。然其與先王雅、頌之正篇帙不同〔二〕，施用亦異，如前所陳，則固不嫌於龐雜矣。今於雅、鄭之實察之既不詳，於龐雜之名畏之又太甚，顧乃引夫浮放之鄙詞〔三〕，而文以風刺之美説，必欲强而置諸先王雅、頌之列，是乃反爲龐雜之甚而不自知也。夫以胡部與鄭、衛合奏猶曰不可，而况强以桑中、溱洧爲雅樂，又欲合於鹿鳴、文王、清廟之什而奏之宗廟之中、朝廷之上乎。其以二詩爲猶止於中聲者，太史公所謂孔子皆弦歌之以求合於韶、武之音，其誤蓋亦如此。然古樂既亡，無所考正，則吾不敢必爲之説，獨以其理與其詞推之，有以知其必不然耳。又以爲近於勸百諷一而止乎禮義，則又信大序之過者。夫子虚、上林侈矣，然自「天子芒然而思」以下，猶實有所謂諷也。漢廣知不可而不求，大車有所畏而不敢，則猶有所謂禮義之止也。若桑中、溱洧，則吾不知其何詞之諷而何禮義之止乎。若曰孔子嘗欲放鄭聲矣，不當於此又收之以備六籍也，此則曾南豐於戰國策、劉元城於三不足之論皆嘗言之，又豈俟吾言而後白也哉。

大抵吾說之病，不過得罪於桑間、洧外之人，而其力猶足以完先王之樂〔四〕。彼說而善，則二詩之幸甚矣。抑其於溱洧而取范氏之說，則又似以放鄭聲者，豈理之自然固有不可奪耶。因讀桑中之說而惜前論之不及竟，又痛伯恭之不可作也，因書其後，以爲使伯恭生而聞此〔五〕，雖未必遽以爲然，亦當爲我逌然而一笑也。嗚呼悲夫！

校記 〔一〕篇：原作「高」，據宋閩、浙本改。

〔二〕王：原作「生」，據右引改。

〔三〕浮：宋浙本作「淫」。

〔四〕王：原作「生」，據宋閩、浙本改。

〔五〕生：宋浙本作「父」。

編年 題下原署「甲辰春」。

評論 周大璋朱子古文讀本卷五讀呂氏詩記桑中篇：逐條辨析，一字不肯糊塗，翼經衛道之嚴如此。行文或順或逆，錯綜盡變，不可端倪。首尾連貫，若不知有數段者，古文局段往往有此，讀者細詳之可也。

讀唐志 慶元二年

歐陽子曰：「三代而上，治出於一而禮樂達於天下。三代而下，治出於二而禮樂爲虚名。」此古今不易之至論也。然彼知政事禮樂之不可不出於一，而未知道德文章之尤不可使出於二也。夫古之聖賢，其文可謂盛矣，然初豈有意學爲如是之文哉，有是實於中，則必有是文於外。如天有是氣，則必有日月星辰之光耀；地有是形，則必有山川草木之行列。聖賢之心，既有是精明純粹之實以旁薄充塞乎其内，則其著見於外者，亦必自然條理分明，光輝發越而不可掩，蓋不必託於言語、著於簡册而後謂之文。但自一身接於萬事，凡其語默動靜，人所可得而見者，無所適而非文也。姑舉其最而言，則易之卦畫，詩之詠歌，書之記言，春秋之述事，與夫禮之威儀，樂之節奏，皆已列爲六經而垂萬世，其文之盛，後世固莫能及。然其所以盛而不可及者，豈無所自來？而世亦莫之識也。故夫子之言曰：「文王既没，文不在茲乎？」蓋雖已決知不得辭其責矣，然猶若逡巡顧望而不能無所疑也。至於推其所以興衰，則又以爲是皆出於天命之所爲，而非人力之所及。此其體之甚重，夫豈世俗所謂文者所能當哉。

孟軻氏没，聖學失傳，天下之士背本趨末，不求知道養德以充其内，而汲汲乎徒以文章爲事業。然在戰國之時，若申、商、孫、吴之術，蘇、張、范、蔡之辯，列禦寇、莊周、荀況之言，屈平之賦，以至秦漢之間，韓非、李斯、陸生、賈傅、董相、史遷、劉向、班固，下至嚴安、徐樂之流，猶皆先有其實而後託之於言。唯其無本而不能一出於道，是以君子猶或羞之。及至宋玉、相如、王褒、揚雄之徒，則一以浮華爲尚，而無實之可言矣。雄之太玄、法言，蓋亦長楊、校獵之流而粗變其音節，初非實爲明道講學而作也。東京以降，訖於隋唐，數百年間，愈下愈衰，則其去道益遠，而無實之文亦無足論。

韓愈氏出，始覺其陋，慨然號於一世，欲去陳言以追詩、書、六藝之作。而其弊精神、縻歲月，又有甚於前世諸人之所爲者。然猶幸其略知不根無實之不足恃，因是頗泝其源而適有會焉，於是原道諸篇始作，而其言曰：「根之茂者其實遂，膏之沃者其光曄，仁義之人，其言藹如也。」其徒和之，亦曰未有不深於道而能文者，則亦庶幾其賢矣。然今讀其書，則其出於諂諛戲豫，放浪而無實者自不爲少。若夫所原之道，則亦徒能言其大體，而未見其有探討服行之效，使其言之爲文者皆必由是以出也。故其論古人，則又直以屈原、孟軻、馬遷、相如、揚雄爲一等，而猶不及於董、賈；其論當世之弊，則但以詞不已出而遂有神徂聖伏之嘆。至於其徒之論，亦但以剽掠潛竊爲文之病〔一〕，大振頹風，教人自爲爲韓之功，則其師生之間，傳受之際，蓋未免裂道與文以爲兩物，而於其輕重緩急、本末賓主之分，又未免於倒懸而逆置之也。

自是以來，又復衰歇。數十百年而後，歐陽子出，其文之妙，蓋已不愧於韓氏，而其曰「治出於一」云者，則自荀、揚以下皆不能及，而韓亦未有聞焉。是則疑若幾於道矣。然考其終身之言與其行事之實，則恐其亦未免於韓氏之病也。抑又嘗以其徒之說考之，則誦其言者既曰「吾老將休，付子斯文」矣，而又必曰「我所謂文，必與道俱」；其推尊之也，既曰今之韓愈矣，而又必引夫「文不在茲」者以張其說。由前之說，則道之與文，吾不知其果爲一耶，爲二耶？由後之說，則文王、孔子之文，吾又不知其與韓、歐之文果若是其班乎否也。嗚呼，學之不講久矣，習俗之謬，其可勝言也哉！吾讀唐書而有感，因書其説以訂之。

校記 〔一〕潛：原作「僭」，據宋浙本改。

編年 據年譜長編。

評論 周大璋朱子古文讀本卷五讀唐志：文以載道，道與文原不可分爲二。孔子以斯文爲己任，寔以道爲己任也。韓歐之徒裂道與文而兩之，其於文也何有？讀此，廓人心胸多少！

古文雅正卷十三：秦、漢、唐、宋之文，不觀此論，不能具隻眼。朱子作綱目，書揚雄爲莽大夫，此篇并其文而亦加貶焉。訂韓文考異，一字不肯放過，蓋愛玩之深也。此篇一筆不肯假借，蓋見其文而知其心，由百世以等百世，莫之能違也。欲立言君子，尚其以體道躬行爲重哉。

古文眉詮卷七十六：讀唐書藝文志，感而論文也。以歐陽語「治出於一」引起，即以借伏歐陽子。（「然彼知政事禮樂」二句）引落道德文章不出於二，籠罩全篇。（「有是實於中」二句）此段原文所由始，必實至而文生，即申由道而出之旨也。（「至於推其所以興衰」至「所能當哉」）曲折其辭，以見斯文之鄭重，則固非可以易而命之矣。（「不知求道」二句）落到道衰文敝，（「猶皆先有其實」四句）猶有實而不純於道，一勒。就中揚子，人皆推爲言道之書，特抽勒以貶之。韓因文而會及於道，判語確。（所原之道）折轉作抑辭，見其所謂道者，文非盡由之出。董、賈前文渾舉，特此摘出。推到唐後，獨取一歐陽子。（「則道之與文」三句）勒醒「道」、「文」、「一」、「二」等字。（「則文王、孔子之文」三句）借便并聖人、韓、歐，比量總束。「道德文章，不出於二」八個字，壓倒六經以後作者。知言立言，自宜奉此爲本論。然道無往而不存，漢、唐、宋大家文，固所謂有其實而託於言者，各隨所得而出之。概而斥之曰有離無合，可乎？故賈、董、韓、歐之文，紫陽之論，千古兩行，道必常伸，文不偏屈，相發而相持，知其一亦知其二，乃稱智焉，非調停曲説也。

讀大紀 淳熙中

宇宙之間，一理而已。天得之而爲天，地得之而爲地。而凡生於天地之間者，又各得之以爲性。其張之爲三綱，其紀之爲五常，蓋皆此理之流行，無所適而不在。若其消息盈虚，循環不已，則自未始有物之前，以至人消物盡之後，終則復始，始復有終，又未嘗有頃刻之或停也。儒者於此既有以得於心之本然矣，則其内外精粗自不容有纖毫之間，而其所以修己治人、垂世立教者，亦不容其有纖毫造作輕重之私焉。是以因其自然之理而成自然之功，則有以參天地、贊化育，而幽明巨細，無一物之遺也。

若夫釋氏，則自其因地之初，而與此理已背馳矣。乃欲其所見之不差、所行之不繆，則豈可得哉。蓋其所以爲學之本心，正爲惡此理之充塞無間，而使己不得一席無理之地以自安；厭此理之流行不息，而使己不得一息無理之時以自肆也。是以叛君親、棄妻子、入山林、捐軀命，以求其所謂空無寂滅之地而逃焉。其量亦已隘而其勢亦已逆矣。然以其立心之堅苦、用力之精專，亦有以大過人者，故能卒如所欲而實有見焉。但以其言行求之，則其所見雖自以爲至玄極妙，有不可以思慮言語到者，而於吾之所謂窮天地、亘古今、本然不可易之實理，則反瞢然其一無所睹也。雖自以爲直指人心而實不識心，雖自以爲見性成佛而實不識性，是以殄滅彝倫，墮於禽獸之域，而猶不自知其有罪。蓋其實見之差有以陷之，非其心之不然，而故欲爲是以惑世而罔人也。至其爲説之窮，然後乃有不舍一法之論，則似始有爲是遁詞以蓋前失之意。然亦其秉彝之善，有終不可得而殄滅者。是以剪伐之餘，而猶有此之僅存。又以牽於實見之差，是以有其意而無其理，能言之而卒不能有以踐其言也。

凡釋氏之所以爲釋氏者，始終本末不過如此，蓋亦無足言矣。然以其有空寂之説而不累於物欲也，則世之所謂賢者好之矣；以其有玄妙之説而不滯於形器也，則世之所謂智者悦之矣；以其有生死輪回之説而自謂可以不淪於罪苦也，則天下之傭奴爨婢、黥髡盜賊亦匍匐而歸之矣。此其爲説所以張皇輝赫、震耀千古，而爲吾徒者方且蠢蠢焉鞠躬屏氣〔一〕，爲之奔走服役之不暇也。幸而一有間世之傑，乃能不爲之屈，而有聲罪致討之心焉，然又不能究其實見之差，而詆以爲幻見空説；不能正之以天理全體之大，而偏引交通生育之一説以爲主，則既不得其要領矣，而徒欲以戎狄之醜號加之。其於吾徒又未嘗教之以内修自治之實，而徒驕之以中華列聖之可以爲重，則吾恐其不唯無以坐收摧陷廓清之功，或乃往遺之禽而反爲吾黨之詬也。嗚呼惜哉！

校記　〔一〕底本原脱一「蠢」字，據宋浙本補。

編年 朱熹文集中提及胡宏皇王大紀之處不多，如卷五十答潘恭叔七云：「胡氏大紀所論井田之屬亦多出臆斷，不及注疏之精密。」該書作於淳熙十三年。觀本篇思想表述之成熟老到，當亦與答潘書相去不遠，不出淳熙中也。

評論 劉洪謨叙朱子文集大全：「讀觀心説、讀大紀二篇，則知釋氏之差，差在惡此天理耳。」周大璋朱子古文讀本卷五讀大紀：「釋氏病源在不知有天理，此處一差，説玄説妙揔無是處。勘破本根，辭而闢之，自有摧隱廓清之功。文公答范伯崇書云：「異端害正，固君子所當闢。然須是吾學既明，洞見大本達道之全體，然後據天理以開有我之私，因彼非以察吾道之正。議論之間，彼此交盡，而内外之道一以貫之。不然，譊譊相訾，以客氣爭勝負，是未免於前輩自敝之譏也。」大紀云云，知闢釋氏，而未知所以闢之道，故深惜之。

讀兩陳諫議遺墨 慶元五年八月

天下有自然不易之公論，而言之者或不免於有所避就，故多失之，若諸公熙寧日録之辯是也。嘗記頃年獲侍坐於故端殿上饒汪公，縱言及於日録，熹因妄謂日録固爲邪説，然諸賢攻之亦未得其要領，是以言者瀆而聽者疑，用力多而見功寡也。蓋嘗即其書而考之，則凡安石之所以惑亂神祖之聰明而變移其心術，使不得遂其大有爲之志，而反爲一世禍敗之原者，其隱微深切，皆聚此書。而其詞鋒筆勢縱横捭闔，煒燁譎誑，又非安石之口不能言，非安石之手不能書也。以爲蔡卞撰造之言，固無是理。況其見諸行事，深切著明者，又已相爲表裏，亦不待晚年懟筆有所增加而後爲可罪也。然使當時用其垂絶之智舉而焚之，則後來載筆之士於其帷幄之間深謀密計，雖欲畢力搜訪，極意形容，勢必不能得之如此之悉。而傳聞異詞，虚實相半，亦不能使人無溢惡之疑。且如「勿令上知」之語，世所共傳，終以手筆不存，故使陸佃得爲隱諱，雖以元祐衆賢之力、争辯之苦而不能有以正也。此見陸佃供答史院取問狀。何幸其徒自爲失計，出此真迹以暴其惡於天下，便當摭其肆情反理之實，正其迷國誤朝之罪，而直以安石爲誅首。是乃所謂自然不易之公論，不唯可以訂已往之謬，而又足以開後來之惑。奈何乃以畏避嫌疑之故，反爲迂曲回互之言，指爲撰造增加、誣僞謗詆之書，而欲加刊削，以滅其迹乎。汪公嘆息，深以愚言爲然。今觀閑樂陳公遺帖、了齋陳公表稿，追憶前語，自愧學之不進，所知不能有以甚異於往時，又嘆汪公之不可復見也，爲之掩卷太息而書其後。

抑又嘗怪了翁晚歲之論多出此帖之餘，然其自訟改過之書，曾無一言以及此，而獨謂龜山楊氏寔發其機，語見責沈。其所贈兄孫漸者，即幾叟少卿，後改名淵者也。幾叟，楊公之婿，嘗以楊公之語告翁曰：「更留那老子做甚底？」翁初亦駭其言，幾叟復爲反復申言之，翁乃悔悟，故其語曰：「余之自訟改過，賴其一言。而漸於是時亦以所聞警余之謬云。」是則論者亦頗疑之。而以今考之，此書之作寔在建中、崇寧之間，書云：「吾友遷謫，猶居善地」，疑居袁州時也。且其言猶以日録爲蔡卞之所託。而其後了翁合浦尊堯之書，亦未直攻安石也。至於大觀初年而後，四明之論始作。進表雖在政和元年，然公居明州實大觀初年也。則其推言所自，獨歸功於楊氏，而不及閑樂，有不可誣者矣。顧其後書雖謂天使安石自寫誣悖之心，然猶有「懟筆增加，歸過神考」之云，則終未免於所謂有所回互避就而失之者也。

又觀閑樂此書之指，所以罪狀安石者至深切矣，然考其事，不過數條。若曰改祖宗之法而行三代之政也，廢春秋而謂人主有北面之禮也，學本出於刑名度數而不足於性命道德也，釋經奧義多出先儒而旁引釋氏也。是數條者，安石信無所逃其罪矣。然其所以受病之源、遺禍之本，則閑樂之言有所未及，而其所指以爲説者，亦自不能使人無可恨也。

今亦無論其他，而姑以安石之素行與日録之首章言之，則安石行己立朝之大節在當世爲如何？而其始見神宗也，直以漢文帝、唐太宗之不足法者爲言，復以諸葛亮、魏玄成之不足爲者自任，此其志識之卓然，又皆秦漢以來諸儒所未聞者，而豈一時諸賢之所及哉！然其爲人，質雖清介而器本偏狹，志雖高遠而學實凡近。其所論説，蓋特見聞億度之近似耳。顧乃挾以爲高，足己自聖，不復知以格物致知、克己復禮爲事，而勉求其所未至，以增益其所不能，是以其於天下之事，每以躁率任意而失之於前，又以狠愎徇私而敗之於後。此其所以爲受病之原而閑樂未之言也。

若其所以遺禍之本，則自其得君之初而已有以中之，使之悦其高、駭其奇而意斯人之不可無矣。及其任之以事而日聽其言，則又有以信夫斯人之果不可無也。於是爲之力拒群言而一聽其所爲，唯恐其一旦去我而無與成吾事也。及其訏謨既久，漸涵透徹，則遂心融神會而與之爲一，以至於能掣其柄而自操之，則其運動弛張，又已在我，而彼之用舍去留，不足爲吾重輕矣。於是安石卒去，而天下之政始盡出於宸衷。了翁所謂「萬幾獨運於元豐」，閑樂所謂「屏棄金陵，十年不召」者，蓋皆指此。然了翁知其獨運，而不知其所運者乃安石之機；閑樂見安石之身若不用，而不知其心之未嘗不用也。是以凡安石之所爲，卒之得以附於陵廟之尊，託於謨訓之重，而天下之人愈不敢議，以至於魚爛河決而後已焉。此則安石所以遺禍之本，而閑樂亦未之言也。

若閑樂之論祖宗法度但當謹守而不可變，尤爲痛切，是固然矣。然祖宗之所以爲法，蓋亦因事制宜，以趨一時之便，而其仰循前代、俯徇流俗者，尚多有之，未必皆其竭心思、法聖智以遺子孫，而欲其萬世守之者也。是以行之既久而不能無弊，則變而通之，是乃後人之責。故慶曆之初，杜、范、韓、富諸公變之不遂，而論者至今以爲恨。況其後此又數十年，其弊固當益甚於前，而當時議者亦多以爲當變。如吕正獻公父子家傳及河南程氏、眉山蘇氏之書，蓋皆可考。雖閑樂此論若有不同，而不免亦有「仁皇之末，適當因革之時」之説，則是安石之變法，固不可謂非其時，而其設心亦未爲失其正也。但以其躁率任意，而不能熟講精思以爲百全無弊可久之計，是以天下之民不以爲便。而一時元臣故老、賢士大夫群起而力争之者，乃或未能究其利病之實，至其所以爲説，又多出於安石規模之下，由是安石之心愈益自信，以爲天下之人真莫己若，而陰幸其言之不足爲己病，因遂肆其狠愎，倒行逆施，固不復可望其能勝己私以求利病之實，而充其平日所以自任之本心矣。此新法之禍所以卒至於横流而不可救。閑樂雖能深斥其非，而未察其所以爲非者乃由於此，此其爲説所以不能使人無所恨者一也。

至謂安石遠取三代渺茫不可稽考之事而力行之，此又不知三代之政布在方册，雖時有先後而道無古今，舉而行之，正不能無望於後之君子。苟能於此察焉而無所悖，則其遺法雖若渺茫不可稽考，然神而明之在我而已，何不可行之有？彼安石之所謂周禮，乃姑取其附於己意者，而借其名高以服衆口耳，豈真有意於古者哉。若真有意於古，則格君之本、親賢之務、養民之政、善俗之方，凡古之所謂當先而宜急者，曷爲不少留意，而獨於財利兵刑爲汲汲耶？大本不正，名是實非，先後之宜又皆倒置，以是稽古，徒益亂耳，豈專渺茫不可稽考之罪哉。閑樂不察乎此而斷然自晝，直以三代之法爲不可行，又獨指其渺茫不可稽考者而譏之，此又使人不能無恨者二也。

若安石之廢春秋、語北面，則亦其志識過高而不能窮理勝私之弊。是以厭三傳凡例條目之煩、惡諸儒臆度附致之巧有太過者，而不思其大倫大法固有炳如日星而不可誣者也。因前聖尊師重道之意，以推武王、太公之事有太過者，而所以考其禮之文者有未詳也。是其闕於審重而輕爲論説，直廢大典，固爲可罪。然謂其因此而亂君臣之名分，又并與孟子迭爲賓主之説而非之，則亦峻文深詆而矯枉過直矣。此又其使人不能無恨者三也。

若夫道德性命之與刑名度數，則其精粗本末雖若有間，然其相爲表裏，如影隨形，則又不可得而分别也。今謂安石之學獨有得於刑名度數，而道德性命則爲有所不足，是不知其於此既有不足，則於彼也亦將何自而得其正耶。夫以佛老之言爲妙道，而謂禮法事變爲粗迹，此正王氏之深蔽。今欲譏之而不免反墮其説之中，則已誤矣。又况其於粗迹之謬，可指而言者蓋亦不可勝數，政恐未可輕以有得許之也。今姑舉其一二而言之。若其實有得於刑名度數也，則其所以修於身者，豈至於與僧卧地而顧客褫衣，如錢景諶之所叙乎。所以著於篇者，豈至於分文析字以爲學，而又不能辨乎六書之法，如字説之書乎。了翁以爲安石之進字説，蓋欲布之海内。神考雖好其書，玩味不忘，而不以布於海内者，以教化之本不在是也。此亦非是。夫周禮六藝之教所謂書者，不過使人以六書之法分别天下之書文，而知此字之聲形爲如何，欲其遠近齊同而不亂耳，非有真空無相無作之説也。安石既廢其五法，而專以會意爲言，有所不通，則遂旁取後來書傳一時偶然之語以爲證。至其甚也，則又遠引老佛之言，前世中國所未嘗有者而説合之，其穿鑿舛繆顯然之迹如此，豈但不知性命道德之本，而亦豈可謂其有得於刑名度數之末哉。不唯以此自誤，又以其説上惑人主，使其玩味於此而不忘，其罪爲大。了翁之言，蓋亦疏矣。所以施於家者，豈至於使其妻窮奢極侈，斥逐娣姒而詬叱官吏，如林希、魏泰之所書？豈至於使其子囚首跣足，箕踞於前而干預國政，如邵伯温之所記乎？所以施於政者，豈至於乖事理、咈民情，而於當世禮樂文章教化之本或有失其道理者，乃不能一有所正，至其小者，如鵪鶉公事，按問條法，亦皆繆戾煩碎而不即於人心乎？以此等而推之，則如閑樂之所云，亦恐其未免於過予，而其所以不能使人無可恨者四也。

若其釋經之病，則亦以自處太高而不能明理勝私之故，故於聖賢之言既不能虚心静慮以求其立言之本意，於諸儒之同異又不能反復詳密以辨其爲説之是非，但以己意穿鑿附麗，極其力之所通而肆爲支蔓浮虚之説。至於天命人心、日用事物之所以然，既已不能反求諸身以驗其實，則一切舉而歸之於佛老。及論先王之政，則又騁私意、飾奸言，以爲違衆自用、剥民興利、斥逐忠賢、杜塞公論之地。唯其意有所忽而不以爲事者，則或苟因舊説而不暇擇其是非也。閑樂於此乃不責其違本旨、棄舊説、惑異教、文奸言之罪，而徒譏其奥義多出鄭、孔，意若反病其不能盡黜先儒之説以自爲一家之言者，則又不能使人無恨者五也。

夫安石以其學術之誤，敗國殄民至於如此，而起自熙、豐，訖於宣、靖，六十年間，誦説推明，按爲國是。鄙儒俗生隨風而靡者既無足道，有識之士則孰有不寒心者？顧以奸賊蔽蒙，禁網嚴密，是以飲氣吞聲，莫敢指議。獨兩陳公乃能出死力以排之，其於平居書疏還往，講論切磨，唯恐其言之不盡，斯亦可謂賢矣。然其所以爲説者不過如此，豈其所以爲學者亦自未得聖賢之門户，所以觀理制事者猶未免於有蔽而然耶？故嘗歷考一時諸賢之論以求至當，則唯龜山楊氏指其離内外、判心迹，使道常無用於天下，而經世之務皆私智之鑿者，最爲近之。其論紹述而以爲當師其意，不當泥其迹者，亦能曲盡其理之當，而無回互之失。見龜山語録因鄒道鄉之論而發者。雖元城劉公所謂只宗神考者有所不逮，劉公語見韓瓘談録。不但兩陳公而已也。然及其請罷廟學配食之章，則又不能如其平日之言以正其罪。顧乃屑屑焉偏指皐鷩一義以爲實啓奢汰之原〔一〕，此爲獲殺人於貨之盗而議其竊鈎之罪，對放飯流歠之客而議其齒决之非，視兩陳公之言，乃反有不能及者。是以至今又幾百年，而其是非之原終未明白。往者雖不足論，而來者之監亦學者之所不可不知也。故竊并著其説，以俟同志講而擇焉。

己未八月，因爲精舍諸生説，偶記莊生語云：「其所謂道非道，則所言之韙不免於非」，此正王氏之謂也。後兩日，有語予曰：「荊公正坐爲一道德所誤耳。」予謂之曰：「一道德者，先王之政，非王氏之私説也，子何病焉？若道此語於荊公之前，彼不過相視一笑而言曰：『正爲公不識道德耳。』吾恐子之將無詞以對也。」兩轉語偶與前説相似，故筆其後云。

校記 〔一〕啓：原缺，據永樂大典卷三千一百四十四補。

編年 據文中所言年月。

評論 周大璋朱子古文讀本卷五讀兩陳諫議遺墨：荊舒學術偏頗，流毒天下，學者靡然從之，深可痛恨。兩陳公極力排斥，砥柱狂瀾，功不小矣。而所論未得要領，不足以究極根株，故一一辨駁，非於兩陳公相抵牾，正以發荊舒之罪，曉告萬世，不使爲其所惑也。衛道之嚴如此，夫豈好辨哉？此種文真與天壤相敝。

讀蘇氏紀年 慶元二年

程弟允夫雅好蘇學，蓋嘗以講於余，而終不能無異同之論。故其爲此書也，用心甚苦，而獨不以見視。比其既没，乃得見之，則有甚陋而可愧者，恨不及與之反復其説也。姑掇其尤者一二論之，以爲死者有知，尚當有以識余之意爾。

蘇黄門言：「吾暮年於義理無所不通，蓋悟孔子一以貫之之旨。」又曰：「夫子之道，一以貫之，惟一爲能萬變而不窮。故諸弟子之問，或仁或孝，或從政，或事君，所問不同而夫子答之亦無窮者，一以貫之故也。然夫子不以一貫者告人，何哉？夫子中道而立，彼由此而悟如顔子者，其所得亦不過於問仁、問爲邦爾，而終與聖人交臂。其它雖未大有所得，苟日從事於仁孝、從政、事君之間，亦不失爲士君子。故曰下學而上達，蓋其所學者此，而其所達者亦此，非有二也。衆人未達，疑夫學之外別有形而上者，故曰：『夫子之不可及也，猶天之不可階而升也。』夫子之道，豈果若登天之難哉。」又曰：「君子之教人，不可以同科也。譬諸草木，大者使之遂其大，小者使之成其小，區別使各極其分量斯足矣。故中人以下，姑使之從事於洒掃應對進退可也。苟比其大小而同乎一科，使學者躐等以爲進，相誣以爲高，豈善教者哉。若乃聖人，則其開端便自遠大。及其至也，亦不過是而已。故曰：『有始有卒者，其唯聖人乎。』有始有卒，非自始以至終，言唯聖人然後能始終一致也。」

古史曰：「善乎，子夏之教人也！始於洒掃應對進退而不急於道，使其來者自盡於學，日引月長而道自至。故曰：『百工居肆以成其事，君子學以致其道。』譬如農夫之殖草木，既爲之區，溉種而時耨之，風雨既至，大小甘苦莫不咸得其性，而農夫無所用巧也。孔子曰：『君子上達，小人下達。』達之有上下，出乎其人，而非教者之力也。異哉！今世之教者，聞道不明而急於夸世，非性命道德不出於口，雖禮樂政刑有所不言矣，而況於洒掃應對進退也哉。教者未必知而學者未必信，務爲大言以相欺，天下之僞，自是而起。此子夏所謂誣也。」又曰：「公言每夜熟寐至五鼓初，即攬衣起坐，此即所謂天下何思何慮之時也。蓋天下本自無思慮，但人不具此眼目，不能識之爾。」太史曰：「道有不可以名言者，古之聖人命之曰一，寄之曰中。舜之禪禹曰：『人心惟危，道心惟微。惟精惟一，允執厥中。』聖人之欲以道相詔者，至於一與中盡矣。昔者孔子與諸弟子言，無所不至，然而未嘗及此也。蓋嘗與子貢言之矣，曰：『賜也，汝以予爲多學而識之者歟？』曰：『然，非歟？』曰：『非也。予一以貫之。』雖與子貢言之，而孔子之言之也難，而子貢之受之也未信。至於曾子不然。孔子曰：『參乎，吾道一以貫之。』曾子曰：『唯。』曾子出，門人問，曾子曰：『夫子之道，忠恕而已矣。』蓋孔子之告之也不疑，而曾子之受之也不惑，則與子貢異矣。然曾子以一爲忠恕，則知門人之不足告也夫。及孔子既没，曾子傳之子思，子思因其説而廣之曰：『喜怒哀樂之未發謂之中，發而皆中節謂之和。中者，天下之大本也。

和者，天下之達道也。致中和，天地位焉，萬物育焉。』子思之説既出，而天下始知一之與中在是矣。然子思以授孟子，孟子又推之以爲性善之論。性善之論出，而一與中始枝矣。烏乎！孔子之所以不告諸弟子者，蓋爲是歟。」前兩段紀年所載，皆其門人所記，語意闕略，恐於蘇公之言有不能無失者，不足以極余之辨，故考諸古史以足之如此云。

聖人之所謂道者，天而已矣。天大無外，造化發育皆在其間，運轉流行，無少間息。雖其形象變化有萬不同，然其爲理一而已矣。聖人生知安行，與天同德，其於天下之理，幽明巨細，固無一物之不知，而日用之間應事接物，動容周旋，又無一理之不當。然非物物而思之，事事而勉之也，故曰「吾道一以貫之」。固非塊然以守一物於象罔之間，如所謂五鼓振衣，何思何慮者，遂指以爲妙道之極而陰秘藏之，不以告人，而時出其餘，以愚學者之未達，使姑爲善人君子而已也。然夫子之告子貢，蓋以知而言；其告曾子，則以行而論。至於夫子言之之難易，二子聞之之得失，則古史之言雖若近之，然謂曾子以門人不足告而姑以忠恕爲言，則是不知忠恕之相爲體用，正所以明夫一貫之實矣。至於游夏之論洒掃應對之云云者，乃謂小子之學所當由此而漸進，非謂一告以此，而遂一聽其所爲，終身無復有所告語也。觀夫子之與顏淵言至於終日，而淵嘆之以爲善誘循循、博文約禮，則聖人之所以教人，有始有卒，蓋亦可見，但不躐等而已。今曰教不可以同科，姑使之從事於此，而教者遂不復有所與，則固昧於教學之序。又謂顏子平生所問止於論語所記爲仁、爲邦之二條，則其考之又可謂不詳矣。夫子之言「下學而上達」，正謂下學於人事之卑近而上達於天理之精微爾。今曰所學者此，而其所達者亦此，則是終身下學而未嘗上達也。又以子貢爲未達，而疑夫學之外別有形而上者，以病其猶天不可階之言，則夫形而上下者雖不可以二物言，然謂學之外別無形而上者，則是但有事而無理，但有下學而無可上達也。雖曰人皆可以爲堯舜，然謂其必可至而無難，則是顏子「末由也已」之嘆，孟子「大而化之」之語皆爲未達也。其言不急於道而待其自至，如農夫區種而無所用巧，皆非是。獨其譏當世言道之失，蓋指王氏而言，則爲近之。然所謂道者，己亦莫之識而未免於誣也。蓋王氏之誣人，以其言者誣之也；蘇氏之誣人，以其不言者誣之也。二者雖殊，其失則均矣。凡此皆其學之所不及而妄言之，故其失如此。至於天下何思何慮，正謂雖萬變之紛紜，而所以應之各有定理，不假思慮而知也。

今以中夜起坐斯須之頃當之，則是日出事生之後，此何思何慮者遂爲閑廢之物而無所用矣。彼所謂得一貫之旨者，殆不過此，豈不陋哉。古史所引舜禹授受之言，亦非本義。蓋「惟精惟一，允執厥中」，亦言精一別於人心道心之間，而守其道心，始終不貳，則其所行自無過不及而合中道耳，非以一名道而寄之於中也。又謂孟子爲性善之論而一與中始枝，尤爲謬妄。今未暇辨，後章詳之。

編年 據年譜長編。

記易誤 淳熙十五年以前

「否之匪人」，近見一説，謂不當有「之匪人」三字，蓋由「比之匪人」而誤。若以音言，則「比」自去聲，「否」自上聲，字義已不同。若以義言，則「比之匪人」爲所附非其人，「否之匪人」爲否塞非人道，語脉又不同，決是衍字。其彖傳之文，遂亦因之而誤。如坎象之「樽酒簋」，「簋」下復因誤讀而加「貳」字也。不記是何人説，姑記於此云。

編年 此篇或人之説采入周易本義否卦注解，本義據年譜長編所考成於淳熙十五年，故知此篇之作當在其前。又朱子語類卷七十答黃銖否卦之問亦言及此，銖所録在慶元二年以後，則更晚，非可證本篇作年。

記永嘉儀禮誤字 淳熙中

儀禮人所罕讀，難得善本。而鄭注、賈疏之外，先儒舊説多不復見，陸氏釋文亦甚疏略。近世永嘉張淳忠甫校定印本，又爲一書以識其誤，號爲精密，然亦不能無舛謬。若其經首冠以鄭氏目録，而其開卷第一板士冠禮篇中第三行即云：「主人玄冠、朝服，則是於天子諸侯之士朝服、皮弁、素積。」此「諸侯」二字，按賈疏所載，本在「天子」字上而爲句絶。自釋文所引誤倒其文，而此本因之，遂無文理，不復可讀。蓋日視朝之服，天子皮弁而諸侯朝服，君臣同之，故鄭氏之意以爲此主人玄冠朝服，則是諸侯之士。若天子之士，則當服皮弁素積，與此不同耳。今釋文既誤倒之，張本又襲其誤而不能正，則未知其讀之如何而爲句，又如何而爲説也。又少牢饋食禮「日用丁己」乃戊己之「己」，故注云：「取其令名，自丁寧，自變改」，蓋本説文「改」字從「己」從「支」，爲己有過，支之則改之義。而下條之注又云：「不得丁亥，則己亥亦可用」，其理甚明。而諸本或寫「己」爲辰巳之「巳」，釋文遂以「祀」音，張氏亦不能覺其誤也。其尤甚者，則如鄉射篇「横而奉」之「奉」或誤寫作「拳」，而釋文遂以「權」音，每讀令人不覺失笑。張亦不能正而曲從之。推此而言，則其它舛謬計必尚多。病倦，不暇細考，姑記此三條，以告觀者耳。蜀中石本尤多誤，於此「己」字三四乃鑱滅其上體，豈亦疑之而未知所决耶。

編年　文云「近世永嘉張淳忠甫校定印本」者，永嘉人張淳乾道八年爲兩浙運判，助曾逮校定刊刻儀禮。「又爲一書以識其誤」者，指淳所作儀禮識誤三卷。云「其它舛謬計必尚多，病倦，不暇細考」，則初閲此書時言也。其作年未詳，然於淳熙中近之。

記鄉射疑誤淳熙中

鄉射篇「若無大夫，則唯賓」，而注云：「長一人舉觶，如燕禮媵爵之爲者」。余始讀此，嘗疑「長一人舉觶」五字本是經文，而印本誤入注中。既而考之，凡舉觶皆卑且少者爲之，非賓長之事。故此乃主人之贊者二人，舉觶於賓及大夫。若無大夫，則於二人長幼之中但選一人，使之舉觶於賓，而非反使賓長自舉觶也。至考燕禮「小臣請媵爵者而公命長」，注云：「長，謂選卿大夫中長幼可使者」，於是又見「長」字之義。至「小臣作下大夫，二人媵爵」，又「請致者，而公命皆致，則序進」，又知其或命長，則但以一人媵爵。如此篇之「長一人以舉觶於賓」，乃注文所引之明證，但其詞太略，有以致讀者之疑耳。昔邢子才不喜校書，而曰「日思其誤，更是一適」，劉斯立猶深病之。況此書不誤而人自誤，反謂書誤而欲妄下雌黄於其間，其得罪於信古闕疑之君子當如何耶。因感其事，又恐後之讀者亦或如余之誤，遂書以識云。

編年 未詳。姑據其編序列於淳熙中。

記程門諸子論學同異乾道五年

熹讀程門諸子之書，見其所論爲學之方有不同者，因以程子之言質之，而竊記之如左。

胡氏曰：「物物致察，宛轉歸己。」楊氏曰：「物不可勝窮也，反身而誠，則舉天下之物在我矣。」

程子曰：「所謂窮理者，非必盡窮天下之物，又非只窮一物而衆理皆通，但要積累多後，脱然有貫通處。」又曰：「物我一理，才明彼即曉此，不必言因見物而反求諸身也。然語其大，至天地之所以高厚；語其小，至一物之所以然，學者皆當理會。」

胡氏曰：「只於已發處用功，却不枉費心力。」楊氏曰：「未發之際以心體之，則中之體自見。執而勿失，無人欲之私焉，發必中節矣。」

程子曰：「思於未發之前求中，即是已發。但言存養於未發之時則可，惟涵養久則喜怒哀樂之發自中節矣。」又曰：「學者莫若先理會敬，能敬則自知此矣。」

謝氏曰：「明道先生先使學者有所知識，却從敬入。」又曰：「既有知識，窮得物理，却從敬上涵養出來，自然是别。正容謹節，外面威儀，非禮之本。」

尹氏曰：「先生教人，只是專令用敬以直内，習之既久，自然有所得也。」

程子曰：「入道莫如敬，未有能致知而不在敬者。」又曰：「動容貌、整思慮，則自然生敬。存此久之，則自然天理明。」又曰：「涵養須用敬，進學則在致知。」又曰：「敬只是涵養一事，必有事焉，須當集義。只知用敬，不知集義，却是都無事也。」

右諸説之不同者，以程子之言質之，唯尹氏之言爲近，所少者，致知集義之功耳。不知其言之序有未及耶，抑其意果盡於此也。然大本既立，則亦不患無地以崇其德矣。故愚於此竊願盡心焉，因書其後以自詔云。

編年　據年譜長編。

記謝上蔡論語疑義 乾道七年

學而時習之。

學是前一段事，既學矣，又能時習，所以悅也。上蔡説得「習」字好，然少發明「學」字之意，似無來歷耳。悅乃習之之熟，義理油然而生處，上蔡但云「如此則德聚」，語亦未瑩。「有朋自遠方來」，觀聖人立言正意，止爲朋友講習。上蔡所推，似亦太遠。「人不知而不愠」，學固非欲人知，亦非有意欲人不知，是以人知之不加喜，人不知不加愠，此聖門所發義理之正也。老氏「知我者希，則我貴矣」，此異端自私之見，與聖門氣象迥然不同。上蔡引之，似未察也。又云「自待者厚」，亦是語病。按，此章惟伊川先生之説語約而味長，最得聖人本意。其次似皆不若尹和靖。如上蔡之説，非不奇偉，然多過中，少餘味矣。

其爲人也孝弟。

仁至難言，故聖賢之言或指其方，或語其用，未嘗直指其體而名言之也。上蔡云：「古人語仁多矣，然終非仁也」，又云：「孝弟可以論仁，而孝弟非仁也」，正欲發明此意。然不覺乘快，一向説開了，至於其間界分脉絡，自有相管攝聯屬處，却不曾分明爲人指出。故讀之者只見曠蕩，無可撈摸，便更向别處走，此其立言之病也。又云：「人心之不僞者，莫如事親從兄。以是心而充之，則無適而非仁矣。」此語亦皆未安。蓋性之所有而根於心者，莫非真實，不但孝弟爲不僞也。但孝弟乃人心之不可已者，所發最親切，所繫最重大，故行仁之道，必自此始，非謂充擴孝弟可以求仁也。此章之義，恐只當從伊川説。

巧言令色。

「言自巧，色自令，不害其爲仁。好其言，令其色，便是不仁矣。」云「豈以此爲不仁」，立語恐未安。

道千乘之國。

學者專爲記誦之學而不知所用固不可，然遂以爲不待讀書而遽以政學，則尤不可。大抵修身、齊家、治國、平天下皆學者分内事，而其先後固有序矣。讀書求義理，乃格物致知之事，所以發明正心誠意之端也。學者不本於此，乃欲責成於人民社稷之間，求其必當於理而無悖，吾見其難矣。且天下國家雖有大小之殊，然聖人於此亦各止其所焉，非有所爲而爲之也。上蔡云：「古人得百里之地而君之，皆能以朝諸侯、有天下，則千乘之國亦可見其用心矣。」此似以爲朝諸侯、有天下之故而用心於千乘之國之意，恐亦有病。

弟子入則孝。

此章指人以所向之方，使學者知所先後而已，未遽及盡孝弟、察人倫也。大抵上蔡氣象宏闊，所見高明，微有不屑卑近之意，故其說必至此然後已，亦一病也。

賢賢易色。

「雖曰未學」，乃假設之辭，非指一人而言。今直以大舜生知人倫之至言之，却似執文害義也。且聖賢之語隨其淺深各有至理，亦不必須一概說到聖人地位也。

主忠信。

此一節皆學者之事。「主忠信」，蓋見此實理而不敢違之謂，遽以「默而成之，不言而信」釋之，似亦太高矣。

禮之用，和爲貴。

「殆不若夷俟踞肆之愈」，此語欲有所矯，而不知其過於正。

患不知人。

「知人者爲大乎，人知者爲大乎」，此又涉乎知我希、自待厚之私矣。近世學者蓋有未少有得而俯視等夷者，豈非此語之流生禍哉。上蔡於公冶長序篇論知人處甚佳，此章却有病。

上蔡語中諸如此類甚多，此據鄙見，論其尤甚者耳。後篇隨看抄出，幾於段段有可疑處，不欲盡寫呈。大概亦只是一種病，即此亦可以見其餘也。近看諸說，惟伊川所解語意涵滀，旨味無窮。其次尹氏守得定，不走作，所少者精神耳。夫以上蔡高明之見，在程門蓋鮮儷焉，而其立言不滿人意處尚如此，況其餘哉。然則吾屬於此亦可以深自警矣。

編年　據年譜長編。

記疑 淳熙三年三月

偶得雜書一編，不知何人所記，意其或出於吾黨，而於鄙意不能無所疑也。懼其流傳久遠，上累師門，因竊識之，以俟君子考焉。淳熙丙申三月乙卯。

先生言於上曰：「先聖後聖，若合符節。非傳聖人之道，傳聖人之心也；非傳聖人之心也，傳己之心也。己之心無異聖人之心，廣大無垠，萬善皆備。欲傳聖人之道，擴充此心焉耳。」

愚謂此言務爲高遠而實無用力之地。聖賢所以告其君者，似不如是也。夫學聖人之道乃能知聖人之心，知聖人之心以治其心，而至於與聖人之心無以異焉，是乃所謂傳心者也。豈曰不傳其道而傳其心，不傳其心而傳己之心哉。且既曰己之心矣，則又何傳之有？況不本於講明存養之漸，而直以擴充爲言，則亦將以何者爲心之正而擴充之耶？夫進言於君而其虛夸不實如此，是不惟不能有所裨補，而適所以啓其談空自聖之弊。後之學者尤不可以不戒也。

某初見先生，即誨之曰：「人之所以靈於萬物者，何也？謂之心。如何是心？謂之性。如何是性？宜思之。」

愚謂此固窮理之事，然非所以語初學者。

某問：「楊文靖公云：聞之伊川，不偏之謂中，不易之謂庸。如何？」先生曰：「是非先生之言，不然，則初年之説也。昔伊川親批吕與叔中庸説曰：『不倚之謂中，其言未瑩。』吾親問伊川，伊川曰：『中無倚著。』」某未達，先生曰：「若説不倚，須是有四旁，方言不倚得。不倚者，中立不倚也。」

愚謂不偏者，明道體之自然，即無所倚著之意也。不倚則以人而言，乃見其不倚於物耳。故程子以不偏名中，而謂不倚者爲未瑩。今以不倚者之未瑩，乃欲舉不偏者而廢之，其亦誤矣。

問：「要看喜怒哀樂未發，才看便是已發，如何見得中？」曰：「且只静觀。」

愚謂此問甚切，惜乎答之不善也。蓋曰静觀，則固爲已發，而且與之爲二矣。程子使人涵養於未發之前，而不使人求中於其間，其旨深矣。

問：「伊川先生答鮮于侁之問曰：『若顔子而樂道，則不足爲顔子。』如何？」曰：「心上一毫不留。若有心樂道，即有著矣。」

愚按：程子之言但謂聖賢之心與道爲一，故無適而不樂。若以道爲一物而樂之，則心與道二，而非所以爲顔子耳。某子之云，乃老佛緒餘，非程子之本意也。

自得處豈得分毫論〔二〕？若見則便見。明道云：「才説明日，便是悠悠。」學者拈起一處思量，須是要便見，若悠悠即玩矣。若未有見，又且放過。

愚謂學固欲其自得，而自得誠不可以分毫論。然欲其自得，則必其積累漸漬，然後有以浹洽而貫通焉爾。孟子所謂深造之以道者，此也。今欲自得而責其便見，則無乃狂躁急迫之甚，且未知其所見者又果何事也耶。程子之言，乃因學如不及而言，初不爲見處發也。又曰「若未有見，又且放過」，則其進退遲速，無所據矣。其誤後學亦甚矣哉。

到恍然神悟處，不是智力求底道理，學者安能免得不用力？

恍然神悟，乃異學之語。儒者則惟有窮理之功，積習之人，觸類貫通而默有以自信耳。

問：「未見天下歸仁，且非禮勿視聽言動，當自有見否？」曰：「固是。然要便見天下歸仁，進學在致知，涵養在敬，不可偏廢。」

愚按：天下歸仁，程子述孔、顔之意，亦曰天下皆稱其仁而已。乃謂躬行實履之效，非語其見處也。必若以見處言〔二〕，則如問者之言猶爲未遠。而所謂須要便見者，則其狂躁而迫切也甚矣。進學涵養，乃程子語。然程子所謂致知，正欲其即事窮理而積累貫通，非欲其恍然神悟而便見天下歸仁也。

問：「思慮紛擾，如何？」曰：「人心本無思慮，多是憶既往與未來事。」

愚謂心之有思，乃體之有用，所以知來藏往，周流貫徹，而無一物之不該也。但能敬以操之，則常得其正而無紛擾之患。今患其紛擾而告以本無，則固不盡乎心之體用。且夫本無之說，又惡能止其紛擾之已然哉。

問：「浩然之氣塞乎天地之間。」曰：「孟子且如此說耳，論其洞達無間，又豈止塞乎天地而已哉。」

愚嘗深患近世學者躐等之弊，發言立論，不問其理之當否，而惟恐其説之不高。今讀此書，乃知前輩之言既有以啓之者矣。養氣之説，學者且當熟講其方而實用力焉。至於事皆合義而無不歉於心〔三〕，則是氣浩然，充塞天地，蓋不待言而自喻矣。今不論此而遽爲浩蕩無涯之説，以求出乎孟子之上，其欺已而誣人亦甚矣哉！

知性即明死生之説，性猶水也。

愚謂性即理也，其目則仁、義、禮、智是已。今不察此，而曰知性即明死生之説，是以性爲一物而往來出没乎生死之間也，非釋氏之意而何哉。

某問：「如何是萬物皆備於我？」先生正容曰：「萬物皆備於我。」某言下有省。

愚觀古今聖賢問答之詞，未有如此之例，其學者亦未有如此遽有得者。此皆習聞近世禪學之風而慕效之，不自知其相率而陷於自欺也。

學者須是下學而上達。云云。

愚謂此理固然，然未嘗告以下學之方，而遽爲此説，便有使人躐等欲速而不安於下學之意。

某人自言初疑「逝者如斯夫」，每見先達必問，人皆有説以相告。及問先生，則曰：「若説與公，只説得我底，公却自無所得。」某遂心服。一二年間，才見即問，先生但曰：「理是如此。」其後某人有詩云云，至此方有所得。

愚謂川上之嘆，聖人有感於道體之無窮而語之以勉人，使汲汲於進學耳。然先儒不明其所感之意，故程子特發明之，而不暇及乎其他。傳者不深考，遂以聖人此言專爲指示道體而發，則已誤矣。今若以其正而言之，則問者本無可疑，而告者但當告以汲汲進學之意。若循其誤而言之，則學者每見必問，才見即問，其躐等甚矣。告者乃不之抑，而反引之於恍惚不可測知之境，其凌節亦甚矣。且某人者自謂有得，而所爲詩語，乃老佛陳腐之常談而已，惡在其有得耶。

或問儒佛同異，先生曰：「公本來處還有儒佛否？」

愚謂天命之性，固未嘗有儒佛也〔四〕。然儒佛是非之理，則已具矣。必以未嘗有者爲言，則奚獨儒佛也，固亦未嘗有堯桀也。然堯之所以爲堯，桀之所以爲桀，則豈可以莫之辨哉。今某子之言乃如此，是欲以夫本來無有者混儒佛而一之也。此禪學末流淫遁之常談，俗學之士從風而靡，有不足怪。獨某子自謂親承有道而立言如此，則爲不可解耳。

或問「立則見其參於前，在輿則見其倚於衡」。先生曰：「參前倚衡，非有物也，謂之無則不可。」某人亦有詩云：「參倚前衡豈易陳？只今便了乃相親。昔人求劍尋舟迹，大似子張書在紳。」

愚謂孔子答子張以忠信、篤敬，而有參前倚衡之説，蓋欲其力行二語，造次不忘。若曰坐見於墻，食見於羹云耳。而近世説者展轉怪妄至於如此，亦可嘆已。且其所謂「只今便了乃相親」者，竊取異學鄙俚之常談，可羞甚矣。乃敢下視前賢，肆其譏侮，不亦無忌憚之甚哉！

或云：「天下歸仁，只是物物皆歸吾仁。」先生指窗問曰：「此還歸仁否？」或人默然。某人有詩云：「大海因風起萬漚，形軀雖異暗周流。風漚未狀端何若？此處應須要徹頭。」

愚按：「天下歸仁」説已見前。今且以所謂「物物皆歸吾仁」者論之，則指窗之問，亦應之曰：「此若不歸吾仁，則必無故而戕敗之矣。」大凡義理莫不如此，皆有體驗之實。若但如此詩之説，則近世禪學之下者類能言之，豈孔、顔所以相傳之實學哉。

顔子聞天下歸仁，又問克己之目，請事斯語，所以游泳此理也。

愚謂天下歸仁者，克己之效，問目請事，乃其用功之實也。某子之言失其序矣。

問：「盡心、知性、知天是知之，存心、養性、事天是養之。」先生曰：「不然。昔嘗問伊川造得到後還要涵養否，伊川曰：『造得到後，更説甚涵養？』盡心知性，知之至也。知之至，則心即性，性即天，天即性，性即心，所以生天生地，此言天之形體。化育萬物。其次則欲存心養性以事天。」

愚按：問者之言，於孟子之文義得之矣。某子所引程子之言，乃聖人之事，非爲衆人設也。程子所謂造得到者，正謂足目俱到，無所不盡耳。而某子乃獨以知之爲説，而又通之衆人，豈其本發問之時，所謂造得到者已如今之所謂，而程子不之察耶？若使程子於此如孔子於子張之問達也，則所以告之者必不然矣。又云「心即性，性即天，天即性，性即心」，此語亦無倫理。且天地乃本有之物，非心所能生也。若曰心能生天之形體，是乃釋氏想澄成國土之餘論，張子嘗力排之矣。

先生之門人甲有詩云：「誰道堅高不易知？生來頃刻未嘗離。」乙答之云：「若道堅高不易知，須知此語已成非。饒君向此知端的，未免猶爲我與伊。」先生以乙之言爲是。

愚按：堅高云者，顔子形容夫子之道不易窺測之辭爾，非有一物頑然而堅、嶢然而高也。今甲已失之，而乙又甚焉，且皆儇淺無稽，絕不類儒者氣象。某子乃不以甲爲非而又以乙爲是，亦不可曉也已。

校記　〔一〕論：原作「進」，據宋浙本改。

〔二〕必若：疑倒。

〔三〕不歉：疑「不」字衍，或「歉」當作「慊」。

〔四〕佛：原缺，據宋閩、浙本補。

編年　據文中所署年月。

國家社科基金西部項目

（宋）朱熹 著
郭齊 尹波 編注

朱熹文集編年評注

第九册

福建省政協文化文史和學習委員會 編

海峽出版發行集團
THE STRAITS PUBLISHING & DISTRIBUTING GROUP
福建人民出版社

朱熹文集編年評注卷七十一

雜著

記和静先生五事紹興二十一年五月

「學者，所以學爲人也」，蓋尹和静語。徐丈見尹和静，問曰：「某有意於學，而未知所以爲問。」先生曰：「此語自好。若果有此意，歸而求之，有餘師。」又嘗語人曰：「放教虛閑，自然見道。」先生在從班時，朝士迎天竺觀音於郊外，先生與往。有問何以迎觀音也，先生曰：「衆人皆迎，某安敢違衆？」又問：「然則拜乎？」曰：「固將拜也。」問者曰：「不得已而拜之與，抑誠拜也？」曰：「彼亦賢者也。見賢斯誠敬而拜之矣。」先生日誦金剛經一卷，曰是其母所訓，不敢違也。徐丈語及蘇氏「使民戰栗」義，問曰：「如何？」先生艴然曰：「訓經而欲新奇，無所不至矣。」

右五事，熹紹興二十一年五月謁徐丈於湖州，徐丈以語熹，因退而書。徐丈名度，字惇立，和静門人。

編年 據文中所署年月。

記孫覿事 淳熙十二年八月二十三日

靖康之難，欽宗幸虜營。虜人欲得某文，欽宗不得已，爲詔從臣孫覿爲之。陰冀覿不奉詔，得以爲解。而覿不復辭，一揮立就，過爲貶損，以媚虜人，而詞甚精麗，如宿成者。虜人大喜，至以大宗城鹵獲婦餉之，覿亦不辭。其後每語人曰：「人不勝天久矣。古今禍亂，莫非天之所爲，而一時之士欲以人力勝之，是以多敗事而少成功，而身以不免焉。孟子所謂『順天者存，逆天者亡』者，蓋謂此也。」或戲之曰：「然則子之在虜營也，順天爲已甚矣。其壽而康也宜哉！」覿慚，無以應，聞者快之。乙巳八月二十三日，與劉晦伯語，録記此事，因書以識云。

編年 據文中所署年月。

記林黄中辨易西銘 淳熙十五年

六月一日，林黄中來相訪，問曰：「向時附去易解，其間恐有未是處，幸見諭。」予應之曰：「大凡解經，但令綱領是當，即一句一義之間雖有小失，亦無甚害。侍郎所著，却是大綱領處有可疑者。」林問：「如何是大綱領處可疑？」予曰：「繫辭所謂『易有太極，是生兩儀，兩儀生四象，四象生八卦』，此是聖人作易綱領次第，惟邵康節見得分明。今侍郎乃以六畫之卦爲太極，中含二體爲兩儀，又取二互體通爲四象，又顛倒看二體及互體通爲八卦。若論太極，則一畫亦未有，何處便有六畫底卦來？如此恐倒説了。兼若如此，即是太極包兩儀，兩儀包四象，四象包八卦，與聖人所謂生者意思不同矣。」林曰：「惟其包之，是以能生之。包之與生，實一義爾。」予曰：「包如人之懷子，子在母中。生如人之生子，子在母外。恐不同也。」林曰：「公言太極一畫亦無，即是無極矣。聖人明言易有太極，而公言易無太極，何耶？」予曰：「太極乃兩儀、四象、八卦之理，不可謂無，但未有形象之可言爾。故自此而生一陰一陽，乃爲兩儀，而四象、八卦又是從此生，皆有自然次第，不由人力安排。然自孔子以來，亦無一人見得。至邵康節然後明其説，極有條理意趣可玩，恐未可忽。更詳之。」林云：「著此書，正欲攻康節爾。」予笑語之曰：「康節未易攻，侍郎且更子細。若此論不改，恐終爲有識者所笑也。」林艴然曰：「正要人笑。」

又論西銘，予曰：「無可疑處。却是侍郎未曉其文義，所以不免致疑。其餘未暇悉辨，只『大君者，吾父母宗子』一句，全錯讀了，尤爲明白。本文之意，蓋曰人皆天地之子，而大君乃其適長子，所謂宗子，有君道者也。故曰大君者，乃吾父母之宗子爾。非如侍郎所説，既爲父母，又降而爲子也。」林曰：「宗子如何是適長子？」予曰：「此正以繼禰之宗爲喻爾。繼禰之宗，兄弟宗之，非父母之適長子而何？此事它人容或不曉，侍郎以禮學名家，豈不曉乎？」林乃俯首無説而去，然意象殊不平。黄中西銘説曰：「近世士人尊橫渠西銘過於六經，予讀而疑之，試發難以質焉。易曰：

『乾，健也；坤，順也。』乾爲天，爲父；坤爲地，爲母。是以順健之至性，而有天地父母之大功。其稱名也小，其取類也大，此之謂也。今西銘云乾爲父，坤爲母，是以乾坤爲天地之號名，則非易之本義矣。既曰乾爲父，坤爲母，則所謂『予茲藐然，乃混然中處』者，於伏羲八卦、文王六十四卦爲何等名稱象類乎？方大樸之未散也，老聃謂之混然成列，莊子謂之混沌，是混然無間，不可得而名言者也。既已判爲兩儀，則輕清者上爲天，重濁者下爲地，人居其中，與禽獸草木同然而生，猶有別也，安得與天父地母混然中處乎？又曰：『天地之塞吾其體，天地之帥吾其性』，此其語脉出於孟子。孟子言：『浩然之氣，養而勿害，則塞乎天地之間。』又言：『志，氣之帥也。故志至焉，氣次焉。』今舍氣而言體，則又非孟子之本義矣。其意蓋竊取於浮屠所謂佛身充滿法界之説。然彼言佛身，謂道體也。道之爲體，擴而充之，雖滿於法界可也。今言吾體，則七尺之軀爾，謂充塞乎天地，不亦妄乎。至言天地之帥吾其性，尤無所依據。孟子以志爲帥者，謂氣猶三軍，聽命於志，惟志所之爾。今舍志而言性，則人生而静，未嘗感物而動者，焉得以議其所之乎。其所統帥何如也？况於父天母地而以吾爲之帥，則惟子言而莫之違矣，不亦妄乎。又曰：『民吾同胞，物吾與也。大君者，吾父母宗子也。其大臣，宗子之家相也。』若以其并生乎天地之間，則民物皆吾同胞也。今謂物吾與者，其於同胞何所辨乎？『與』之爲名，從何立也？若言大君者，吾父母宗子也，其以大君爲父母乎？爲宗子乎？書曰：『惟天地萬物父母，惟人萬物之靈。亶聰明，作元后，元后作民父母。』茲固西銘所本以立其説者也。然一以爲父母，一以爲宗子，何其親疏厚薄尊卑之不倫也！其亦不思甚矣。父母可降而爲宗子乎？宗子可升而爲父母乎？是其易位亂倫，名教之大賊也。學者將何取焉？又言其大臣，宗子之家相也，則宗子有相而父母無之。非特無相，亦無父母矣。可不悲哉！孟子曰：『楊氏爲我，是無君也。墨氏兼愛，是無父也。無父無君，是禽獸也。若邪説誣民，充塞仁義，將有率獸食人之事。』予於西銘亦云。尊西銘者，其不可以無辨。」

予還自臨安，客有問此曲折者。事之既往，本無足言，而恐學者疑於邵、張之學也，因命兒輩録此以示之。客因有問者曰：「太極之論則聞之矣，宗子之云，殆即莊生所謂『知天子與我皆天之所子』者，子不引之以爲夫子之助，何耶？」予應之曰：「莊生知天子與我皆天之所子，而不知其適庶少長之别。知擎跽曲拳爲人臣之禮，而不知天理之所自來。故常以其不可行於世者爲内直，而與天爲徒；常以其不得已而强爲者爲外曲，而與人爲徒。若如其言，則是臣之視其君，陰固以爲無異於吾之等夷，而陽爲是不情者以虚尊之也。孟子所謂『楊氏爲我，是無君也』，正謂此爾。其與張子之言理一而分殊者，豈可同年而語哉！」昔予書宋君事後，嘗發此意〔一〕，因復并記其説，以俟同志考焉。

校記　〔一〕嘗：原作「當」，據宋閩、浙本改。

編年　朱熹與林栗因論易、西銘不合而遭其彈劾事在淳熙十五年夏，據以繫之。

記濂溪傳 淳熙十五年六月

戊申六月，在玉山邂逅洪景盧内翰，借得所修國史，中有濂溪、程、張等傳，盡載太極圖説。蓋濂溪於是始得立傳，作史者於此爲有功矣。然此説本語首句但云「無極而太極」，今傳所載，乃云「自無極而爲太極」，不知其何所據而增此「自」、「爲」二字也。夫以本文之意，親切渾全，明白如此，而淺見之士猶或妄有譏議，若增此字，其爲前賢之累，啓後學之疑，益以甚矣。謂當請而改之，而或者以爲不可。昔蘇子容特以爲父辨謗之故，請删國史所記草頭木脚之語，而神祖猶俯從之，况此乃百世道術淵源之所繫耶？正當援此爲例，則無不可改之理矣。

編年 據文中所言年月。

記旌儒廟碑陰語 淳熙以後

歐陽叔弼作集古録目云：「旌儒廟者，秦所坑諸儒之廟也。杜佑以爲儒者不居其位而是非當世以自取禍，及引後漢錮黨之事，以横議激訐爲戒，刻於廟碑之陰。」予以爲佑之識趣如此，此其所以役於伾、文之黨而取隨人執下之譏也。叔弼之爲此書，但記姓名、事目、年月、州里，而獨於此詳著其語，豈亦有所病於其言歟？抑以爲是而存之也？

編年 未詳。據其編序，疑當作於淳熙以後。

偶讀謾記 慶元元年至二年

吴執中傳在徽録八十八卷、國史九十三卷，與其家傳皆相應。但家傳云：「公緣微病，逾月不對，已有間之者。一日面奏，論列邊防利害，及於一二大臣。上不説，翌日，落職知滁州。」大觀三年十月二十五日告下。又載：「十月二十二日奉聖旨，吴執中初除中憲，議論剛正，凡所陳述，殊無顧忌，頗有古直之操，遂降詔褒之。厥後僅兩月餘日，并無建明。一日進對，奏陳論列，殊無根柢，惑於邪説，頓失所守。可落職知和州，替蔡嶷。仍放謝辭，限日下出國門。其蔡嶷別與差遣。」此必是省劄〔一〕。而傳云：「先是，蔡京忌張康國，引執中居言路。執中論劉炳兄弟不葬親，數宋喬年父子過惡〔二〕，相繼罷黜。炳與喬年，皆京黨也。及上語執政，嘉其不阿，康國奏：『意在逐臣』，已而言康國之章果上。上怒執中懷讒，出知滁州。」此事不知何據，但語意向背不倫。執中本是京引居言路，使攻康國，則不應先攻京黨而後及康國也。又家傳云：「政和改元，星文示變。公以爲推尋厥咎之由，實自蔡京始，因列其命令不信，刑罰失中，公帑空虛，民力困匱，農桑失業，貨財不通，而窮荒無用之地追討興建無已之罪，請降京五官，以太子少保退居於杭。」又載御筆云：「比以舊弼蔡京擅作威福，傲睨弗悛，屢致人言，褫官斥外，申嚴邦憲，足示誡懲。尚慮怨仇乘時騁忿，捃摭舊事〔三〕，論列未休，下石相擠，彈擊不已，務快復讎之私忿，不思體貌之前規，致矯枉過中，疾惡已甚，宜俾寬宥，曲示始終。咨爾臺僚，明聽朕命。」大觀四年。而傳云：「彗星見，上察京奸狀，欲逐之。言者交論京不已，執中上章，謂進退大臣當存體貌，於是爲京降詔，而京得不重貶。」此與家傳亦不同。然執中後以不論張商英貶黜，則非蔡氏之黨矣。未知本傳何據書此。「執中嘗舉游酢自代，又嘗差同開封尹李孝壽鞠陳正彙告變事〔四〕，執中平心以處，得罪者自以爲不冤。嘗論花石綱，詔即罷之。後每有所須索，必戒左右曰：『毋令吴某知。』翰林學士張閣等出守杭州，陛辭日，乞領花石綱事。自是應奉愈熾，不可救矣。嘗論郭天信過惡，而言者以爲與商英皆天信所薦。與吕惠卿爲友婿，惠卿遭時得君，所薦無不拔用。執中在選調，未嘗附麗以圖進取。」并家傳。御筆云：「卿前日上殿，奏陳曾任學事，見今放罷姓名，可親書實封進入。」「臣伏奉御封云云。右臣昨面奏，係是提舉荆湖南學事胡安國，謹具奏聞。」

執中子巖夫，政和七年十一月除考功郎官，出太師魯公京門。余深嘗於彭世英家見其議蔡卞謚文正議。

魏徵以小戴禮綜彙不倫，更作類禮二十篇，數年而成。太宗美其書，録置内府。今此書不復見，甚可惜也。

王彦霖行蔡確詞，乃邵武大乾高宇所爲，其家尚有遺稿。方伯謨嘗見之。

乙卯十一月四日，詹元善説：去年見李兼濟，説壽皇曾遣一小璫，以中原事問平江何蓑衣。蓑衣授以紙筆，口誦數語，令書以進，曰：「賀新郎，賀新郎，胡孫拖白不終場。不終場，未便休，雄豪分裂争王侯。争王侯，鬧啾啾，也須還我一百州。」壽皇以示兼濟之父秀叔參政。後數年，虜儲允恭死，虜酋雍亦斃，而孫璟襲位，即所謂胡孫者也。豈璟將不終，而中原分裂，河南、北將復我也耶？元善又見異書云：「火龍變化丹蛇騰，青羊躑躅烏犍耕，玄豨衝突蒼鼠平」，亦莫詳其爲何等語也。姑并記此，三年而後出之。

釋氏有清草堂者，有名叢林間。其始學時，若無所入。有告之者曰：「子不見貓之捕鼠乎？四足據地，首尾一直，目睛不瞬，心無它念。唯其不動，動則鼠無所逃矣。」清用其言，乃有所入。彼之所學雖與吾異，然其所以得之者，則無彼此之殊。學者宜以是而自警也。

閩中人李復，字履中，及識横渠先生，紹聖間爲西邊使者，博記能文。今信州有潏水集者，即其文也。其間有論孟子養氣者：「動必由理，故仰不愧於天，俯不怍於地，無憂無懼，其氣豈不充乎？故曰是集義所生者。舍是則明有人非，幽有鬼責，自歉於中，氣爲之喪矣，故曰無是餒也。」此語雖疏，然却得其大旨。近世諸儒之論多以過高而失之，甚者流於老莊而不知，不若此説之爲得也。惜其亂於詩文博雜之中，學者或不之讀，故表而出之。

蜀人馮當可之文號縉雲集，集中有封事，末云：「臣前所言，望陛下移蹕建康，選將練卒，用張浚、劉錡總統諸軍，節用損己，以充軍費，皆事也，非事之本也。惟陛下遠便佞、疏近習，清心寡欲，以臨事變，此興事造業之根本，洪範所謂『皇建其有極』者也。」此紹興庚辰、辛巳之間所上，其謀畫議論，皆奇偉的當。而所論皇建有極，又深明治本而略識經意，古今論洪範者少能及也。余嘗作皇極辨，與之暗合，因筆其語以證余説。舊見汪端明嘗稱其人，甚敬重之。今果不謬云。

説文：「𦙶，振𦙶也，從肉，入聲，許訖反。」東坡疑從「入」無緣爲𦙶聲，而謂舞必八人爲列，乃謂「佾」即「𦙶」字，從「八」從「肉」。今按，此乃説文之誤，東坡疑之是也，而其所以爲説則非。若以「八」字爲「兮」而從「肉」〔五〕、「兮」省聲，則正得許訖切矣。「𦙶」又從「人」，乃爲「佾」字〔六〕，蓋舞則人之振𦙶也〔七〕。然今説文不見「佾」字，坡云有之，未詳其説。每詳「𦙶」字即「肹」字，故説文但有「𦙶」字而別無「肹」字。坡疑「佾」即「𦙶」字，亦非也。班史武紀謂云「屑然如有聞」〔八〕，亦肹蠁之義也。

東坡又云宋書樂志論房中樂非后妃事，蓋周禮注誤，極有理。（當考。）武庚即是禄父，東坡以爲兩人，恐別有據。已上并見泉州舶司所刻雪堂帖。

東坡手書煮猪肉法，引孟子曰：「心勿忘，勿助長」，知前輩讀此，皆依古注「勿正」爲句絶，非獨程先生也。作「正心」者，其始於王氏乎。然文勢亦或有之，未可直以爲非，故予於集注兩存之。

會稽官書版本有子華子者，云是程本字子華者所作，即孔子所與傾蓋而語者。好奇之士多喜稱之。以予觀之，其詞故爲艱澀而理實淺近，其體務爲高古而氣實輕浮，其理多取佛老醫卜之言，其語多用左傳、班史中字，其粉飾塗澤、俯仰態度，但如近年後生巧於模擬變撰者所爲。不惟決非先秦古書，亦非百十年前文字也。原其所以，祇因家語等書有孔子與程子傾蓋而語一事，而不見其所語者爲何説，故好事者妄意此人既爲先聖所予，必是當時賢者，可以假託聲勢，眩惑世人，遂僞造此書以傳合之。正如麻衣道者本無言語，祇因小説有陳希夷問錢若水骨法一事，遂爲南康軍戴師愈者僞造正易心法之書以託之也。麻衣易予亦嘗辯之矣，然戴生樸陋，予嘗識之，其書鄙俚，不足惑人。此子華子者，計必一能文之士所作，其言精麗，過麻衣易遠甚。如論河圖之二與四抱九而上躋，六與八蹈一而下沈，五居其中，據三持七，巧亦甚矣。唯其甚巧，所以知其非古書也。又以洛書爲河圖，亦仍劉牧之謬，尤足以見其爲近世之作。或云王銍性之、姚寬令威多作贋書，二人皆居越中，恐出其手，然又恐非其所能及。如子華子者，今亦未暇詳論其言之得失，但觀其書數篇與前後三序皆一手文字，其前一篇託爲劉向而殊不類向它書，後二篇乃無名氏、歲月而皆託爲之號，類若世之匿名書者。至其首篇風輪、水樞之云，正是并緣釋氏之說。其卒章宗君、三祥、蒲璧等事，皆剽剥它書，傅會爲說。其自叙出處，又與孔叢子載子順事略相似。孔叢亦僞書也。又言有大造於趙宗者，即指程嬰而言。以左傳考之，趙朔既死，其家内亂，朔之諸弟或放或死，而朔之妻乃晋君之女，故武從其母畜於公宫，安得所謂大夫屠岸賈者興兵以滅趙氏，而嬰與杵臼以死衛之云哉。且其曰有大造者，又用吕相絶秦語，其不足信明甚。而近歲以來，老成該洽之士亦或信之，固已可怪。至引其說以自證其姓氏之所從出，則又誣其祖矣。大抵學不知本而眩於多愛，又每務欲出於衆人之所不知者以爲博，是以其弊必至於此。可不戒哉！

或云程邑在雍州之東二十里，王季所居。又引蘇黄門詩說，周之程邑，漢扶風安陵縣也。予按，雍州之境東自西河，西距黑水，延袤數千里，不知所謂州東二十里者，自何處計。此里數若指豐、鎬而言，則經傳初不明言其爲雍州治所。又按漢志，安陵在長安北四十里，不應言東。又按皇矣之詩，此詩乃是文王克密之後所作，亦不得爲王季所居也。然意此語必有自來，但「州」字當是衍文耳。所謂雍者，乃扶風之雍縣，其地亦在長安之北，計與安陵相去不遠，故得引以相明。唯王季之云，恐别有所據，然亦未知其與詩說孰爲得失也。當考。

上虞、餘姚二邑，皆以舜名。而上虞村落又有號百官，俗傳百官牛羊之處也。或謂四旁多舜事迹，疑其子孫所封，理或有之，然不可考矣。大抵地名古迹亦多沿襲訛謬，如子華子後序，乃言鬼谷子所居在今信州貴溪縣，蓋其圖經之說如此，豈有此理哉。以它書考之，地名鬼谷者凡數處，疑特俚俗相傳物魅之區爾，未必儀、秦之師所居也。上虞旁邑嵊縣有戈、過二姓，即少康所滅羿、浞之黨。其子孫乃聚於一邑，又近禹葬之地，不知其何故也。

俚俗相傳，疫疾能傳染人，有病此者，鄰里斷絶，不通訊問，甚者雖骨肉至親，亦或委之而去。傷俗害理，莫此爲甚。或者惡其如此，遂著書以曉之，謂疫無傳染，不須畏避。其意善矣，然其實不然，是以聞者莫之信也。予嘗以爲誣之以無染而不必避，不若告之以雖有染而不當避也。蓋曰無染而不須避者，以利害言也；曰雖染而不當避者，以恩義言也。告之以利害，則彼之不避者信吾不染之無害而已，不知恩義之爲重也。一有染焉，則吾説將不見信，而彼之避也唯恐其不速矣。告之以恩義，則彼之不避者知恩義之爲重而不忍避也。知恩義之爲重而不忍避，則雖有染者，亦知吾言之無所欺而信此理之不可違矣。抑染與不染，似亦係乎人心之邪正，氣體之虚實，不可一概論也。吾外大父祝公少時，鄰里有全家病疫者，人莫敢親。公爲煮粥藥，日走其家，遍飲病者而後歸。劉賓之官永嘉時，郡中大疫。賓之日遍走視，親爲診脉，候其寒温，人與藥餌，訖事而去，不復盥手，人以爲難。後皆無恙云。

沙隨有活人書辨，當求之。

嚴州王君儀能以易言禍福，其術略如徐復、林瑀之説，以一卦直一年。嘗言紹興壬戌太母當還，其後果然。人問其故，則曰：「是年晋卦直事，有『受兹介福，於其王母』之文也。」予謂此亦小數之偶中耳。若遂以君儀爲知易，則吾不知其説也。

沙隨春秋例説滕子來朝，爲自貶而用小國之禮，如鄭人争承之比，最爲精當。但朝桓公者，郕、牟、葛稱人，穀、鄧書名，又有不可通者。而諸儒之説，亦莫之能明也。

孟子「决汝漢，排淮泗，而注之江」，此但作文取其字數以足對偶而云耳。若以水路之實論之，便有不通，而亦初無所害於理也。説者見其不通，便欲强爲之説，然亦徒爲穿鑿而卒不能使之通也。如沈存中引李習之來南録云：「自淮沿流至於高郵，乃泝於江」，因謂淮泗入江，乃禹之舊迹，故道宛然。但今江、淮已深，不能至高郵耳。此説甚似，其實非也。按禹貢，淮水出桐柏，會泗、沂以入於海。故以小江而列於四瀆，正以其能專達於海耳。若如此説，則禹貢當云南入於江，不應言東入於海，而淮亦不得爲瀆矣。且習之「沿、泝」二字似亦未當。蓋古今往來淮南，只行邗溝、運河〔九〕，皆築埭置閘，儲閉潮汐，以通漕運，非流水也。若使當時自有禹迹故道可通舟楫，則不須更開運河矣。故自淮至高郵，不得爲沿；自高郵以入江，不得爲泝。而習之又有「自淮順潮入新浦」之言，則是入運河時偶隨淮潮而入，有似於沿，意其過高郵後，又迎江潮而出，故復有似於泝，而察之不審，致此謬誤。今人以是而説孟子，是以誤而益誤也。今按，來南録中無此語，未詳其故。近世又有立説，以爲淮泗本不入江，當洪水横流之時，排退淮泗，然後能决汝漢以入江。此説尤巧而尤不通。蓋汝水入淮，泗水亦入淮，三水合而爲一。若排退淮泗，則汝水亦見排退而愈不得入江矣。漢水自嶓冢過襄陽，南流至漢陽軍，乃入於江。淮自桐柏東流，會汝水、泗水以入於海。淮、漢之間，自有大山，自唐、鄧、光、黄以下至於潛、霍，地勢隔蕘。雖使淮泗横流，亦與江漢不相干涉，不待排退二水而後漢得入江也。大抵孟子之言只是行文之失，無害於義理，不必曲爲之説，閑費心力也。

春秋：上辛雩，季辛又雩，公羊爲昭公聚衆以攻季氏，此説非是。昭公失民已久，安能聚衆？不過得游手聚觀之人耳，又安能逐季氏？宋昭公、季氏事見左氏傳，極有首尾。公羊子特傳聞想料之言爾，何足爲據？或者乃信其説，以解春秋，既爲謬誤，又欲引之以解論語樊遲從游舞雩之下一段問答，以爲爲昭公逐季氏而發者，則又誤之甚矣。此弊蓋原於蘇氏問社之説，而近世又增廣之也。嘗見徐端立文説曾以蘇説問尹和静，和静正色久之，乃言曰：「解經而欲新奇，何所不至？」聞之令人悚然汗下。

或説魚麗詩云：「罶，笱也。笱者，寡婦之器也。寡婦得魚而不爲富强所奪，則是太平之象，而可告功於神明也。」此因小序而失之，固爲無理。然專以笱爲寡婦之器，似亦未然。蓋聚石爲梁，必有笱以承其闕空，乃可得魚。凡取魚者皆然，非但寡婦也。但笱易成而易用，雖寡婦亦能置之，故以爲寡婦之笱。它人則取魚之器尚多，不專用笱耳。非謂它人不得用笱，而唯寡婦得用，亦非謂寡婦只得用笱，而不得更以它物取魚也。谷風、小弁之詩皆曰：「無逝我梁，無發我笱」，豈寡婦之作也哉。

「打」字，今浙西呼如謫耿切之聲，亦有用去聲處。大抵方言多有自來，亦有暗合古語者。如浙人謂「不」爲「弗」，又或轉而爲「否」。呼若甫云。閩人有謂「口」爲「苦」〔十〕，「走」爲

「祖」者，皆合古韻。此類尚多，不能盡舉也。

附子，今人未嘗不服，但熟即已疾，生則殺人耳。漢淳于衍毒殺許后，蓋生用也。果爾，則雖平人亦不免，况乳婦乎。或者乃以今人有新産而以附子愈疾者，遂疑漢史之誤，過矣。予嘗中烏喙毒，始時頭岑岑然，久之加煩懣，正如許后之證。當時在深山中，不能得藥，須臾通身皆黑，勢甚危惡，意必死矣。偶記漢質帝語，得水尚可活，亟令多汲新水連飲之，遂大嘔洩而解。此亦不可不知也。

或謂李華著論廢卜，故終失節。王涯首議搉茶，後亦得禍。至如近歲茶商作賊，殺人甚衆，皆涯之罪也。予謂廢卜固其所見之謬，然與失節事不相類。搉茶固爲有罪，然甘露之變，死者十餘族，豈皆搉茶所致？且今村民争田争水，刼取穀粟，以致殺傷者多矣，又可追咎神農、后稷耶？大抵論事只當言其理之是非，不當計其事之利害。此等議論，雖欲因事設爲警戒，然其勢將有所窮，反使世人并與正理而疑之，非小失也。

韋蘇州集載秦系詩自署「東海釣客、試秘書省校書郎」，而詩有「久卧雲間已息機，青袍忽著狎鷗飛」之句。蓋系嘗隱泉州九日山，故有東海之號。「青袍忽著」自謂其新授校書郎爾。故韋和詩云「知掩山扉二十秋，魚須翠碧弄床頭」，正答其意也。或者乃謂青袍、翠碧皆爲韋發，既失詩意，又謂唐刺史不借服色，則又誤矣。牛叢對宣宗云：「臣今服緋，是刺史所借。」而白樂天忠州被召時詩言之極詳，何考之不審耶？韋蘇州事迹，王厚叔序中考之已詳。近年姚令威又作後序，於厚叔外又增補二事，然皆失之。其一以韋贈人詩有「少年游太學」之句，遂謂韋嘗游太學。不知韋詩所云，乃是謂所贈之人也。其一以韋有「分竹守南譙」之句，遂謂韋嘗守亳，不知南譙乃滁州也。其説之誤，正與「青袍」者相似。夸多之弊，至於如此。事雖不急，亦可戒也。

或説「説大人則藐之」，以藐爲自小之意，云説大人時當如子弟之對父兄，恬然泰然，説盡道理，不作大事看，非謂小視大人也。此説甚怪，下文更説不行。如「吾何畏彼哉」一句，不知却如何説。人皆知其不可，而或者信之。蓋正理不明而先入爲主，故其惑如此，亦非止此一條也。

或云：「舊見水懺，言有行者盗常住食物而變爲餓鬼者，初不之信。近見夷堅志亦有此事，乃信。理可推者，人理耳。若鬼神仙佛事，非理可究。」予謂二事一律，妄則皆妄，真則皆真。今乃疑其一於前而信其一於後，何耶？天下之事，巨細幽明莫不有理，未有無理之事、無事之理，不可以内外言也。若有不可推者，則豈理之謂哉。或又云莊、列、釋氏皆有大過人者，但爲從别路去，故不可與校是非。予謂既云别路，則須自有正路，只此正路、别路之間，便有是非可校，何言不可耶。

或讀關雎，問其訓詁名物，皆不能言，便説「樂而不淫，哀而不傷」云云者。余告之曰：「若如此讀詩，則只消此八字，更添『思無邪』三字成十一字後，便無話可説。三百五篇，皆成查滓矣。」因記得頃年汪端明説沈元用問尹和靜伊川先生易傳何處是切要處，尹云：「體用一源，顯微無間，此是最切要處。」後舉似李先生，先生曰：「尹説固好，然須是看得六十四卦、三百八十四爻都有下落處，方始説得此話。若學者未曾子細理會，便與他如此説，豈不誤它？」余聞之悚然，始知前日空言無實，全不濟事，自此讀書益加詳細云。

艮下坎上，其卦爲蹇。蹇，難也。西南陰方，平易之地；東北陽方，險阻之處。當蹇之時，利趨平易而不利走險阻，又利見大人以濟蹇而守正則吉。故筮得此卦，其占如此。以象傳言之，云易本義合如此。

禮書，此書異時必有兩本，其據周禮，分經傳，不多取國語、雜書迂僻蔓衍之説，吾書也。其黜周禮，使事無統紀，合經傳，使書無間別，多取國語、雜記之言，使傳者疑而習者蔽，非吾書也。劉原父嘗病何休以不修春秋百二十國寶書、三禮春秋，而予反病二書之不傳，不得深探聖人筆削之意也。異時此書別本必將出於信饒之間、石橋之野、故箱敗篋之間，其亦足以爲予筆削之助乎。十月十八夜，因讀余正父修禮而書。

校記

〔一〕是：原作「見」，據宋閩、浙本改。

〔二〕數：原作「服」，據宋浙本改。

〔三〕捃：原作「据」，據宋閩、浙本改。

〔四〕李：原作「一」，據宋史卷三百一十李孝稱附傳改。

〔五〕兮：原作「今」，據宋閩、浙本改。

〔六〕佾：原作「佾」，據右引改。
〔七〕舞：原作「振」，據右引改。
〔八〕紀：原作「記」，據右引改。
〔九〕邗：原作「刊」，據右引改。
〔十〕苦：原作「若」，據右引改。

編年 據年譜長編。

讀雜書偶記三事 慶元中

周公玉堂雜記記中朝舊典，待詔宣召，學士有茶酒接坐之禮。今待詔廷參，贊喝禮與院吏雖小不同，而平時視之，全與吏等，無由待以茶酒。予謂唐用待詔，如王伾、王叔文輩，雖奸邪小人，然皆略知文義，可兼太子侍讀，能預公卿議論，則其選與今固不同矣。計祖宗時所用之人，亦必稍加甄擇，未至如今日之猥賤，此其待遇之禮所以異也。又自記其當制時，有縣伯進封郡侯者，院吏寫云：「某郡進封開國侯」，當爲正之。予謂此正緣待詔不知文義，故煩學士點檢爾。予嘗受詔獎諭，其首云「省奏詞免某官，已依所乞，事具悉」者，其失正類此，而當時學士不之省也。又記親祠之禮，至尊升輅，則以學士爲執綏官一節甚詳。予按曲禮、少儀等書及先儒說，綏，安也，升車者執之以爲安也。故執綏乃乘車者之事，非僕御之職也。蓋君車已駕，則僕者負良綏、取貳綏以先升。良綏，君所執以升者。貳綏，亦曰散綏，御者所執以升者也。既升，然後以良綏授君。君正立執之以升，立於左方，僕執轡立於車中以御，勇力之士升，立於御之右，以備非常。周禮大馭諸右等官，即其職也。故開元、開寶、政和禮書，親祠乘輅皆以太僕卿爲御，千牛將軍爲右，蓋放周禮。而國史所記國初時事，猶云「奚嶼攝太僕卿，備顧問」。當時中御立乘之禮，不知其如何，然猶未有執綏之名也。今乃條敕差執綏官，而以綵繩維於箱柱，不知自何時失之，甚可笑也。又至尊不立乘而設倚以坐，不以千牛陪乘，而同時降敕差帶甲內侍二人立於御坐之旁，凡此既皆失禮，而刑餘共載，乃袁絲所爲變色者〔一〕，尤爲乖戾。不知歷幾何時，禮官皆不能正，儒臣爲執綏者亦莫覺其繆，而方且夸以爲榮，何哉？

校記 〔一〕絲：原作「盎」，據宋閩、浙本改。

編年 周必大玉堂雜記自序作於淳熙九年八月，是此篇不得早於此年。又觀其編序，前後各篇皆作於慶元年間，故以序而言，此篇亦當作於此期間。

記尚書三義 慶元四年

堯典卒章「我其試哉，女於時，觀厥刑於二女」，皆堯言也。「釐降二女於嬀汭，嬪於虞」，乃史氏記堯下嫁二女於嬀水之旁，而爲婦於虞氏耳。「帝曰欽哉」者，戒敕二女之言，猶所謂「往之女家，必敬必戒」者也。今自孔傳及諸家皆失之，殊不成文理也。

舜典「肆覲東后」，「五玉、三帛、二生、一死，贄」便當屬此文下，言其見東方諸侯，而使各以其物爲贊也。其下乃云「協時月正日，同律度量衡，修五禮，如五器」，乃得事之序，而文勢亦順。「如」亦齊同之義。「卒乃復」者，言既訖事而旋反。二句皆張子説也。

棐，本木名，而借爲「匪」字。顔師古注漢書云：「棐，古『匪』字，通用。」是也。「天畏匪忱」，猶曰天難諶爾。孔傳訓作「輔」字，殊無義理。嘗疑今孔傳并序皆不類西京文字氣象，未必真安國所作，只與孔叢子同是一手僞書。蓋其言多相表裏，而訓詁亦多出小爾雅也。此事先儒所未言，而予獨疑之，未敢必其然也，姑識其説，以俟知者。

編年 據年譜長編。

記潏水集二事 慶元元年至二年

同州韓城縣北有安國嶺，東西四十餘里。東臨大河，瀕河有禹廟，在山斷河出處。禹鑿龍門，起於唐張仁願所築東受降城之東，自北而南，至此山盡。兩岸石壁峭立，大河盤束於山硤間，千數百里，至此山開岸闊，豁然奔放，怒氣噴風，聲如萬雷。廟像豕首而冕服，舊傳鯀入羽淵化爲黄熊，又云鯀爲玄熊，熊首類豕，肖像以此，而廟乃稱禹，甚非也。然鄉人不敢以豕肉薦，必致神怒，大風發屋拔木，百里被害。

舊説禹鑿龍門而不詳言其所以鑿，誦説相傳，但謂因舊修闢，去其齟齬，以决水勢而已。今詳此説，則謂受降以東至於龍門，皆是禹所新鑿。若果如此，則禹未鑿時，河之故道不知却在何處，而李氏此説又何所考也。李氏之學極博，所論禹像豕首，當是鯀廟，爲黄熊之像，而不考漢書説啓母石處，注中言禹亦嘗變熊，則俚俗相傳，塑禹像爲豕首，自不足怪也。

邢恕奏乞下熙河路打造船五百隻，於黄河順流放下，至會州西小河内藏放〔一〕。熙河路漕使李復奏：「竊知邢恕欲用此船載兵，順流而下取興州。契勘會州之西小河醎水，其闊不及一丈，深止於一二尺，豈能藏船？黄河過會州，入韋精山，石硤險窄，自上乘流直下，高數十尺，船豈可過？至西安州之東，大河分爲六七道散流，謂之南山逆流，數十里方再合。逆流水淺灘磧〔二〕，不勝舟載。此聲若出，必爲夏國侮笑。」事遂寢。

邢恕之策，果如李復之言，可謂妄矣。然禹貢所言雍州貢賦之路，亦曰「浮於積石，至於龍門西河，會於渭汭」，則古來此處河道固通舟楫，如恕策矣。復之言乃如此，何也？復集中記事甚多，特此二條與禹貢相關，故録之以備參考云。

校記 〔一〕放：原作「於」，據宋浙本改。

〔二〕流：原作「溜」；磧：原缺，據潏水集改補。

編年 本卷偶讀謾記中亦言及李復潏水集内容評議，此篇應與之作在一時，慶元元年至二年間也。

記山海經 慶元二年

浙江出三天子都，在其東。按地理志：浙江出新安黟縣南蠻中，東入縣，今錢塘浙江是也。黟即歙也，浙音折。在閩西北，入海，餘暨南。餘暨縣，屬會稽，爲永興縣。廬江出三天子都，入江，彭澤西。彭澤，今彭蠡也，在潯陽彭澤縣。一曰天子鄣。

右出山海經第十三卷。按山海經唯此數卷所記頗得古今山川形勢之實，而無荒誕譎怪之詞。然諸經皆莫之考〔一〕，而其它卷謬悠之説則往往誦而傳之，雖陶公不免也。此數語者，又爲得今江浙形勢之實，但經中「浙」字，漢志注中作「淛」，蓋字之誤，石林已嘗辨之。更檢。注中「黽中」字，羅端良所著歙浦志乃作「率山」，未知孰是。廬江得名，不知何義，其入江處西有大山，亦以廬名，説者便謂即是三天子都，此固非是。然其名之相因，則似不無説也。「都」一作「鄣」，亦未詳其孰是。但廬江出丹陽郡陵陽縣，而其旁縣有以鄣名者，則疑作「鄣」爲是也。予嘗讀山海諸篇記諸異物飛走之類，多云東向，或云東首，皆爲一定而不易之形。疑本依圖畫而爲之，非實紀載此處有此物也。古人有圖畫之學，如九歌、天問皆其類。

校記 〔一〕經：正訛改作「家」。

編年 據年譜長編。

記三苗 慶元二年

頃在湖南，見説溪洞蠻傜略有四種，曰獠，曰犵，曰狑，而其最輕捷者曰猫。近年數出剽掠爲邊患者，多此種也。豈三苗氏之遺民乎？古字少而多通用，然則所謂三苗者，亦當正作猫字耳。詹元善說苗民之國三徙其都，初在今之筠州，次在今之興國軍，皆在深山中，人不可入而已亦難出。最後在今之武昌縣，則據江山之險，可以四出爲寇，而人不得而近之矣。未及問其所據，聊并記於此云。

編年 據年譜長編。

考韓文公與大顛書 慶元三年

今按，杭本不知何人所注，疑袁自書也。更以跋尾參之，其記歐公之語不謬矣。而東坡雜說乃云：「韓退之喜大顛，如喜澄觀、文暢意，非信佛法也。而或者妄撰退之與大顛書，其詞凡鄙，雖退之家奴僕亦無此語。今一士人又於其末妄題云『歐陽永叔謂此文非退之不能作』，又誣永叔矣。」蘇公此語，蓋但見集注之出於或人，而未見跋尾之爲歐公親筆也。二公皆號一代文宗，而其去取不同如此，覽者不能無惑。然方氏盡載歐語而略不及蘇說，其意可見。至呂伯恭乃於文鑑特著蘇說，以備乙覽，則其同異之間，又益後人之惑矣。以余考之，所傳三書，最後一篇實有不成文理處。但深味其間語意一二，文勢抑揚，則恐歐、袁、方意誠不爲過。但意或是舊本亡逸，僧徒所記不真，致有脫誤。歐公特觀其大概，故但取其所可取，而未暇及其所可疑。蘇公乃覺其所可疑，然亦不能察其爲誤，而直斥以爲凡鄙。所以其論雖各有以，而皆未能無所未盡也。若乃後之君子，則又往往不能究其本根，其附歐說者既未必深知其所以爲可信，其主蘇氏者亦未必果以其説爲然也。徒幸其言可爲韓公解紛，若有補於世教，故特表而出之耳。皆非可與言實事而求是者也〔一〕。至如方氏，雖附歐説，然亦未免曲爲韓諱。殊不知其言既曰「久聞道德，側承道高」，又曰「所示廣大深迴，非造次可諭」，又曰「論甚宏博」，安得謂初無崇信其説之意耶？韓公之事，余於答孟簡書已論其詳矣，故不復論。特從方本載此三書於別集，并録歐公二語而附蘇説、方説於其後，且爲全載書文於此，而考其同異，訂其謬誤如左方，以爲讀者以此觀之，則其決爲韓公之文而非它人之所能作無疑矣。

愈啓：孟夏漸熱，惟道體和安。愈弊劣無謂，坐事貶官到此。久聞道德，竊思見顔。緣昨來未獲參謁，儻能暫垂見過，實爲至幸。已帖縣令具人船奉迎，日久竚瞻，不宣。某白。

愈啓：海上窮處，無與話言。側承道高，思獲披接，專輒有此咨屈。儻惠能降諭，「惠」字疑衍，或下有「然」字，而并在「能」字之下。非所敢望也。至此一二日，却歸高居，亦無不可。旦夕渴望，不宣。某白。

愈啓：惠勻至，辱答問，珍悚無已。所示廣大深迴，非造次可諭。易大傳曰：「書不盡言，言不盡意」，然則聖人之意，其終不可得而見耶？如此而論，讀來一百遍，「一」字疑衍。蘇氏所謂凡鄙，蓋指此等處耳。不如親顔色隨問而對之易了。此旬來晴明，旦夕不甚熱，儻能乘閑一訪，幸甚。旦夕馳望。

愈聞道無凝滯，行止繫縛，苟非所戀著，則山林閑寂與城郭無易。大顛師論甚宏博，而必守山林，義不至城郭，自激修行，獨立空曠無累之地者，非通道也。勞於一水，安於所識，道固如是。「識」疑當作「適」，猶言便也。「雖適之安」之語〔二〕，用字略同。言一水雖勞，而既來則當隨其所便，無處不安也。「道固如是」，即所以結上文「道無凝滯」之意也。不宣。某頓首。韓公之於大顛，既聞其語，而爲禮益恭如此。

校記 〔一〕實：原缺，據韓文考異補。

〔二〕唯：原作「雖」，底本原注疑當作「唯」；右引作「唯」，據改。

編年 據年譜長編。

考歐陽文忠公事迹 慶元二年

余讀廬陵歐文新本，觀其附録所載行狀、謚議、二刻、四傳，皆以先後爲次，而此事迹者獨居其後，豈以公諸子之所爲，而不敢以先於韓、吴諸公及一二史臣之作耶？此其用意已精而爲法亦嚴矣。然綜其實，則事迹云者，正行狀之底本，而碑志、四傳所繇出也。向使直指先後之次而以冠於附録之篇，則彼數書者皆可見其因革損益之次第矣，是亦豈不可耶？間又從鄉人李氏得書一編，凡十六條，皆記公事大略，與此篇相出入，疑即其初定之草稿。顧其標題，乃謂公所自記，而凡「公」字皆以丹筆圍之，此則雖未必然，然於此本亦有可相發明者。因略考其異同有無之互見者，具列於左方。

經術。

李本云：公嘗謂：「世之學者，好以新意傳注諸經，而常力詆先儒。先儒於經不能無失，而其所得者固多矣。正其失可也，力詆之不可也。」其語在詩譜後序。又謂：「前儒注諸經，唯其所得之多，故能獨出諸家而行於後世。而後之學者各持好勝之心，務欲掩人而揚己，故不止正其所失，雖其是者，一切易以己說，欲盡廢前人而自成一家。於是至於以是爲非，牽强爲說，多所乖繆，則并其書不爲人所取。此學者之大患也。」故公作詩本義，止百餘篇而已，其餘二百篇，無所改易，曰毛、鄭之說是也，復何云乎。又其作易童子問，正王弼之失者，纔數十事耳。其極論繫辭非聖人之書，然亦多使學者擇取其是而捨其非，可也；便以爲聖人之作，不敢取捨而盡信之，則不可也。其公心通論常如此。此與定本大旨不異，但書先後詳略有不同者。繫辭之說，則疑其諸子不敢力主而復自删之也。

醉翁亭記。

李本「未有此體」下有「醉翁亭在瑯琊山寺側，記成刻石，遠近争傳，疲於模打。山僧云寺庫有氈，打碑用盡，至取僧堂卧氈給用。凡商賈來供施者，亦多求其本。僧問作何用，皆云所過關征，以贈監官，可以免税」。乃屬於「公作集古録目序」之上。此條疑以其不急而删去。

修五代史。

李本「亂世之書也」下有「吾用春秋之法，師其意不襲其文」十三字，又「其事備」下有「議者以謂公不下司馬遷，又謂筆力馳騁相上下，而無駁雜之說。至於本紀，立法精密，則又遷所不及也。亦嘗自謂：『我作伶官傳，豈下滑稽也？』」「議者」以下疑以不欲淩跨古人而删之。

平心無怨惡。

李本云：公自言學道三十年，所得者平心無怨惡爾。初以范希文事得罪於吕公，坐黨人遠貶三峽，流落累年。比吕公罷相，公始被進擢。及後爲范公作神道碑，言西事時吕公擢用希文，盛稱二公之賢，能釋私憾而共力於國家。希文子純仁大以爲不然，刻石時輒削去此一節，云：「我父至死未嘗解仇。」公嘆曰：「我亦得罪於吕丞相者，惟其言公，所以信於後世也。吾嘗聞范公平生自言無怨惡於一人，兼其與吕公解仇書見在贅集中，豈有父自言無怨惡於一人，而其子不使解仇於地下乎。父子之性相遠如此，信乎堯、朱善惡異也！」公爲潁州時，吕公之子公著爲通判，爲人有賢行而深自晦默，時人未甚知。公後還朝，力薦之，奏疏具集中。由是漸見擢用。陳恭公執中素不善公，其知陳州時，公自潁移南京，過陳，陳拒而不見。公後還朝作學士，陳爲首相，公遂不造其門。已而陳出知亳州，尋還使相，換觀文。公當草制，陳自謂必不得好詞。及制出，詞甚美，至云「杜門却掃，善避權勢以遠嫌；處事執心，不爲毁譽而更守」。陳大驚喜曰：「使與我相知深者，不能道此，此得我之實也。」手録一本，寄其門下客李中師，曰：「吾恨不早識此人。」此段疑避吕、范二家子弟，因并陳恭公事而去之。竊謂於此尤可以見歐、范之存心與吕、陳之悔過，恐皆不可遺也。

惟稱蘇梅。

李本「自以爲不及」下有「二人因此名重天下。公惟嘗因醉戲親客曰：『廬山高，它人作不得，唯韓退之作得。琵琶前引，退之作不得，唯杜子美作得。後引，子美作不得，唯太白作得。』公詩播人口者甚多，唯此三篇，其尤自喜者也。」此段恐嫌於誇而去之。

修唐書。

李本此段不同者三：一則首云公於修唐書最後至局，專修紀、志而已，列傳則宋尚書祁所修也。朝廷以一書出於兩手，體不能一，遂詔公看詳列傳，令删修爲一體。二則「列官最高者一人」下有「姓名云某等奉敕撰而」九字。三則「書宋名」下有「此例皆前所未有，自公爲始也」十一字，乃屬於「宋相聞之」之上。此但差詳，疑定本欲删以從簡耳。

不從范公之辟。

李本大同小異，今不復著。

議不廢麟州及許耕棄地。

李本大同而文差略，今亦不著。

不誅保州脅從之兵。

李本首著爲政仁恕之語，大抵與定本别段旨意略同。其末乃云：其爲河北轉運使時，所活二千餘人。先是，保州屯兵閉城叛命，田況、李昭亮等討之不克，卒招降之。既開城，況等推究反者，殺二千餘人，投於八井。又其次二千餘人不殺者，分隸河北州軍。諸事已定，而富相出爲宣撫使，懼其復爲患，謀欲密委諸州守將同日悉誅之。計議已定，方作文書，會公奉朝旨權知鎮府，與富公相遇於内黄，夜半屏人，以其事告公。公大以爲不可，曰：「禍莫大於殺已降。昨保州叛卒，朝廷已降敕榜，許以不死而招之。八井之戮，已不勝其怨。況此二千人者，本以脅從，故得不死，奈何一旦無辜就戮？」争之不能止，因曰：「今無朝旨，而公以便宜處置。若諸郡有不達事機者，以公擅殺，不肯從命，事既參差，則必生事。是欲除患於未萌而反趣其爲亂也。且某至鎮州，必不從命。」富公不得已，遂止。是時小人譖言已入，富、范勢已難安。既而富公大閱河北之兵，將卒多所升黜。譖者獻言：「富某擅命專權，自作威福，已收却河北軍情，北兵不復知有朝廷矣。」於是京師禁軍亟亦大閱，多所升擢。而富公歸，至國門不得入，遂罷樞密，知鄆州。向若遂擅殺二千人，其禍何可測也。然則公之一言不獨活二千人之命，亦免富公於大禍也。此比定本爲詳，足以盡見事之曲折。又「譖言已入」之下，所係更重，尤不可闕。疑後以不欲形迹當時聽讒之失而删去之也。

春帖子。

李本云：內臣梁寔嘗言，在內中祇候，見仁宗云云，末云云，是歐陽某，必索文書自覽；是它人當直，則否也。

知開封府。

李本末後有：韓子華謂公曰：「外議云餘材可以更知一個開封府。」似亦嫌太誇而删之。

連典大郡。

李本曰：公嘗語人曰：「治民如治病。彼富醫之至人家也，僕馬鮮明，進退有禮。爲人診脉，按醫書、述病證，口辯如傾，聽之可愛。然病兒服藥云無效，則不如貧醫矣。貧醫無僕馬，舉止生疏，爲人診脉，口訥不能應對。病兒服藥云疾已愈矣，則便是良醫。凡治人者，不問吏材能否，施設何如，但民稱便，即是良吏。」故公爲數郡，不見治迹，不求聲譽，以寬簡不擾爲意。故所至民便，既去民思。如揚州、南京、青州，皆大郡，公至三五日間，事已十減五六；一兩月後，官府閴然如僧舍。或問公爲政寬簡而事不廢弛者何也，曰：「以縱爲寬，以略爲簡，則弛廢而民受其弊矣。吾之所謂寬者，不爲苛急爾；所謂簡者，不爲繁碎爾。」識者以爲知言。此比定本語意尤詳備。

濮議初不出於公，及臺諫有言，公獨力辨於朝，故議者指公爲主議之人。公未嘗自辨，唯曰：「今人以濮議爲非，使我獨當其罪，則韓、曾二公宜有愧於我。後世以濮議爲是，而獨稱我善，則我宜愧於二公。」公又撰濮議四卷，悉記當時論議本末甚詳。又於五代史記書晉出帝父敬儒、周世宗父柴守禮事，及李彦詢傳發明人倫父子之道，尤爲詳悉。李本有之而此本無，疑公諸子後已不敢力主其父之論而刪之也。

蔡州妖尼于惠普託佛言人禍福，朝中士大夫多往問之，所言時有驗，於是翕然共稱爲神尼。公既自少力排釋氏，故獨以爲妖。嘗有一名公於廣座中稱尼靈異，云嘗有牽二牛過尼前者〔一〕，指示人曰：「二牛前世皆人也，前者是一官人，後者是一醫人。官人嘗失入人死罪，醫人藥誤殺人，故皆罰爲牛。」因各呼其前世姓名，二牛皆應。一座聞之，皆嘆其異。公獨折之曰：「謂尼有靈，能此有闕文。萬物之最靈。其尤者爲聰明聖智，皆不能自知其前世，而有罪被罰之牛乃能自知乎？」於是座人皆屈服。李本有之，所謂名公者，疑指富公。此本無者，蓋爲賢者諱也〔二〕。

公嘗爲杜祁公墓誌云：「簿書出納，爲之條目甚密，必使吏不得爲奸。及其施於民者，則簡而易行」。公曰：「我之爲政亦如此也。」李本在「連典大郡」之後，此本無。

梅龍圖摯知杭州，作有美堂，最得登臨佳處。公爲之作記，人謂公未嘗至杭，而所記如目覽。坐堂上者使之爲記，未必能如是之詳也。李本在醉翁亭記之前，此本無。

右凡十六條，其十二條定本有之，而詳略先後或不同；其四條則定本所無，而李本有之。其平心、保州、妖尼三事尤非小補，蓋公平生學問根源、出處大致、言行本末皆已略見於此而無遺矣。平心、保州、唐書三事亦見於張邦基墨莊漫録，云得之公孫建世、望之者，則其出於公子叔弼之徒所記。而「學道」以下，「堯朱」以上，必是著手書本語無疑矣。但張誤於陳恭公以下別爲一事耳。獨晚年守青州時論執青苗一事，尤足以見其剛毅大節始終一致，不以既老而少衰。而公之諸子乃有所避而不敢書，吴丞相作行狀，因亦不載。至韓魏公作墓誌，乃始見其嘗有乞不收息及罷提舉官之奏，與其辭太原，有「守拙循常」之語。元祐之爲裕録者，又不載志語於附傳。至葉致遠朱本之書出，乃反著其不俟報可，擅止散錢，而有特與放罪之詔。又至近歲洪景盧作四朝史傳，乃盡見其以是深爲王安石所詆，而遂決歸老之計。蓋此一事凡更六人之手，而三書闕焉。幸其有肯書者，然猶歷三手，越百餘年而後，首末得以粗備。然則士之制行不苟合於當時而有待於後世者，豈不難哉！抑公之言曰：「後世苟不公，至今無聖賢。」蓋俗情之愛惡雖有短長，而公論之光明終不泯没。此古之君子所以未能以此而易彼也歟。因并記其語，以補此篇之闕，以爲有志之士必將有感於斯焉。

校記 〔一〕二：原缺，據宋閩、浙本補。

〔二〕爲：原作「謂」，據右引改。

編年 據年譜長編。

雜著

北辰辨 淳熙以後

帝坐惟在紫微者，據北極七十二度常見不隱之中，故有北辰之號而常居其所。蓋天形運轉，晝夜不息，而此爲之樞，如輪之轂，如磑之齊，雖欲動而不可得，非有意於不動也。若太微之在翼、天市之在尾、攝提之在亢，其南距赤道也皆近，其北距天極也皆遠，則固不容於不動，而不免與二十八宿同其運行矣。故其或東或西，或隱或見，各有度數。仰而觀之，蓋無晷刻之或停也。今曰是與在紫微者皆居其所而爲不動者四，則是一天而四樞、一輪而四轂、一磑而四齊也。分寸一移，則其輻裂而瓦碎也無日矣，若之何而能爲運轉之無窮哉？此星家淺事，不足深辨。然或傳寫之誤，則不可以不正也。

編年 未詳。朱熹著述中辨天樞唯一而非四者甚少，疑其作不在早，姑置淳熙以後。

聲律辨 慶元三年

五聲之序，宮最大而沈濁，羽最細而輕清。商之大次宮，徵之細次羽，而角居四者之中焉。然世之論中聲者，不以角而以宮，何也？曰：凡聲陽也，自下而上，未及其半，則屬於陰而未暢，故不可用。上而及半，然後屬於陽而始和。故即其始而用之以爲宮，因其每變而益上，則爲商，爲角，爲變徵，爲徵，爲羽，爲變宮，而皆以爲宮之用焉。是以宮之一聲，在五行爲土，在五常爲信，在五事爲思。蓋以其正當衆聲和與未和、用與未用陰陽際會之中，所以爲盛。若角，則雖當五聲之中，而非衆聲之會。且以七均論之，又有變徵以居焉，亦非五聲之所取正也。

然自其聲之始和者推而上之，亦至於變宮而止耳。自是以上，則又過乎輕清而不可以爲宮。於是就其兩間而細分之，則其別又十有二。以其最大而沈濁者爲黄鍾，以其極細而輕清者爲應鍾。及其旋相爲宮，而上下相生，以盡五聲二變之用，則宮聲常不越乎十二之中，而四聲者或時出於其外，以取諸律半聲之管，然後七均備而一調成也。黄鍾之與餘律，其所以爲貴賤者亦然。若諸半聲以上，則又過乎輕清之甚而不可以爲樂矣。蓋黄鍾之宮，始之始、中之中也。十律之宮，始之次而中少過也。應鍾之宮，始之終而中已盡也。諸律半聲，過乎輕清，始之外而中之上也。半聲之外，過乎輕清之甚，則又外之外、上之上而不可爲樂者也。正如子時初四刻屬前日，正四刻屬後日。其兩日之間，即所謂始之始、中之中也。然則聲自屬陰以下，亦當默有十二正變半律之地，以爲中聲之前段，如子初四刻之爲者，但無聲氣之可紀耳。

由是論之，則審音之難，不在於聲而在於律，不在於宮而在於黃鍾。蓋不以十二律節之，則無以著夫五聲之實；不得黃鍾之正，則十一律者又無所受以爲本律之宮也。今有極論宮聲之妙而無曰黃鍾云者，則恐其於聲音法制之間猶有所未盡也。夫以聲音法制之粗而猶有未盡，則雖有黃帝、大舜之君，伶倫、后夔之佐，亦如之何徒手而可以議大樂之和哉。又有爲宮當配仁之説者，恐亦非是。迹其所以，蓋以仁當四德之元而有包四者之義耳。夫仁，木行而角聲者也。以之配宮，則仁既不安，而信亦失據。然以爲可包四者，則不害其有是理也。夫五行之序，木爲之始，水爲之終，而土爲之中。以河圖、洛書之數言之，則水一、木三而土五，皆陽之生數而不可易者也，故得以更迭爲主而爲五行之綱。以德言之，則木爲發生之性，水爲貞静之體，而土又包育之母也。故木之包五行也，以其流通貫徹而無不在也；水之包五行也，以其歸根反本而藏於此也。若夫土，則水火之所寄，金木之所資，居中而應四方，一體而載萬類者也。故孔子贊乾之四德，而以貞元舉其終始，孟子論人之四端，而不敢以信者列序於其間，蓋以爲無適而非此也。是則宮之統五聲、仁之包五常，蓋有并行而不悖者矣，何必奪彼以予此，然後快於其心哉！

編年　據年譜長編。

評論　周大璋朱子古文讀本卷四聲律辨：從聲説到律，從宮説到黃鍾，黃鍾定則十一律亦定，而五聲無不正矣。末辨宮統五聲與仁統五常，各不相礙，不得以此概彼，更見明晰。

開阡陌辨 淳熙七年

漢志言秦廢井田、開阡陌，説者之意，皆以「開」爲「開置」之「開」，言秦廢井田而始置阡陌也。故白居易云：「人稀土曠者，宜修阡陌；户繁鄉狹者，則復井田」，蓋亦以阡陌爲秦制，井田爲古法。此恐皆未得其事之實也。按：阡陌者，舊説以爲田間之道，蓋因田之疆畔制其廣狹、辨其横從以通人物之往來，即周禮所謂「遂上之徑」、「溝上之畛」、「洫上之涂」、「澮上之道」也。然風俗通云：「南北曰阡，東西曰陌」，又云：「河南以東西爲阡，南北爲陌」，二説不同。今以遂人田畝夫家之數考之，則當以後説爲正。蓋陌之爲言百也，遂洫從而徑涂亦從，則遂間百畝，洫間百夫，而徑涂爲陌矣。阡之爲言千也，溝澮横而畛道亦横，則溝間千畝，澮間千夫，而畛道爲阡矣。阡陌之名，由此而得。至於萬夫有川，而川上之路周於其外，與夫匠人井田之制，遂、溝、洫、澮亦皆四周，則阡陌之名疑亦因其横從而命之也。

然遂廣二尺，溝四尺，洫八尺，澮二尋，則丈有六尺矣。徑容牛馬，畛容大車，涂容乘車一軌，道二軌，路三軌，則幾二丈矣。此其水陸占地，不得爲田者頗多，先王之意，非不惜而虚棄之也，所以正經界〔一〕、止侵争、時畜洩、備水旱，爲永久之計，有不得不然者，其意深矣。商君以其急刻之心，行苟且之政，但見田爲阡陌所束，而耕者限於百畝，則病其人力之不盡；但見阡陌之占地太廣，而不得爲田者多，則病其地利之有遺。又當世衰法壞之時，則其歸授之際，必不免有煩擾欺隱之奸，而阡陌之地切近民田，又必有陰據以自私而税不入於公上者。是以一旦奮然不顧，盡開阡陌，悉除禁限，而聽民兼并買賣，以盡人力；墾闢棄地，悉爲田疇，而不使其有尺寸之遺，以盡地利。使民有田即爲永業而不復歸授，以絶煩擾欺隱之奸；使地皆爲田而田皆出税，以覈陰據自私之幸。此其爲計，正猶楊炎疾浮户之弊，而遂破租庸以爲兩税，蓋一時之害雖除，而千古聖賢傳授精微之意，於此盡矣。故秦紀、鞅傳皆云「爲田開阡陌封疆而賦税平」，蔡澤亦曰「決裂阡陌以静生民之業而一其俗」。詳味其言，則所謂「開」者，乃破壞剗削之意，而非創置建立之名。所謂「阡陌」，乃三代井田之舊，而非秦之所置矣。所謂「賦税平」者，以無欺隱竊據之奸也。所謂「静生民之業」者，以無歸授取予之煩也。以是數者合而證之，其理可見，而蔡澤之言尤爲明白。

且先王疆理天下，均以予民，故其田間之道有經有緯，不得無法。若秦既除井授之制矣，則隨地爲田，隨田爲路，尖斜屈曲，無所不可，又何必取其東西南北之正以爲阡陌而後可以通往來哉。此又以物情事理推之，而益見其説之無疑者。或乃以漢世猶有阡陌之名，而疑其出於秦之所置，殊不知秦之所開，亦其曠僻而非通路者耳。若其適當衝要而便於往來，則亦豈得而盡廢之哉。但必稍侵削之，不使復如先王之舊耳。或者又以董仲舒言「富者連阡陌」而請限民名田，疑田制之壞由於阡陌，此亦非也。蓋曰富者一家而兼有千夫百夫之田耳。至於所謂商賈無農夫之苦，有阡陌之得，亦以千夫百夫之收而言。蓋當是時，去古未遠，此名尚在而遺迹猶有可考者。

顧一時君臣乃不能推尋講究而修復之耳，豈不可惜也哉！

校記 〔一〕正：原作「王」，據宋閩、浙本改。

編年 據年譜長編。

評論 周大璋朱子古文讀本卷四開阡陌辨：逐層辨析，援引鑿鑿，而古今制度，利害得失原委無不詳盡。

九江彭蠡辨 慶元二年

「嶓冢導漾，東流爲漢，又東爲滄浪之水，過三澨，至於大别，南入於江，東匯澤爲彭蠡。東爲北江，入於海。」又曰：「岷山導江，東别爲沱，又東至於澧，過九江，至於東陵，東迆，北會於匯。東爲中江，入於海。」又曰：「岷山之陽，至於衡山，過九江，至於敷淺原。」此皆禹貢之文也。古今讀者皆以爲是既出於聖人之手，則固不容復有訛謬，萬世之下，但當尊信誦習，傳之無窮，亦無以覈其事實是否爲也。是以爲之説者不過隨文解義，以就章句。如説九江，則曰江過潯陽，派别爲九。或曰有小江九，北來注之。説彭蠡，則曰漢水所匯，而江水亦往會焉。説北江、中江，則曰漢既匯而出爲北江〔一〕，江既會而出爲中江也。説九江，則但指今日江州治所以當之。説敷淺原，則但以爲漢歷陵縣之傅易山，在今日爲江州之德安縣而已。如是而言，姑爲誦説則可矣，若以山川形勢之實考之，吾恐其説有所不通而不能使人無所疑也。

若曰派别爲九，則江流上下，洲渚不一。今所計以爲九者，若必首尾短長均布若一，則横斷一節，縱別爲九，一水之間，當有一洲，九江之間，沙水相間，乃爲十有七道，於地將無所容。若曰參差取之，不必齊一，則又不知斷自何許而數其九也。況洲渚出没，其勢不常。江陵先有九十九洲，後乃復生一洲，是豈可以爲地理之定名乎。此不可通之妄説也。若曰旁計横入小江之數，則自岷山以東至入海處，不知其當爲幾十百江矣，此又不可通之妄説也。且經又言「九江孔殷」，正以見其吐吞壯盛、浩無津涯之勢，决非尋常分派小江之可當。又繼此而後，及夫沱、潛、雲夢，則又見其决非今日江州甚遠之下流。此又可以證前二説者爲不可通之妄説也。若曰漢水匯爲彭蠡，而江水亦往會焉，則彭蠡之爲澤也，實在大江之南，自今江州湖口縣南跨南康軍、饒州之境以接於隆興府之北，瀰漫數十百里。其源則東自饒、徽、信州、建昌軍，南自贛州、南安軍，西自袁、筠以至隆興、分寧諸邑，方數千里之水，皆會而歸焉。北過南康、揚瀾、左里，則兩岸漸迫山麓，而湖面稍狹，遂東北流以趨湖口而入於江矣。然以地勢北高而南下，故其入於江也，反爲江水所遏而不得遂，因却而自豬，以爲是瀰漫數十百里之大澤。是則彭蠡之所以爲彭蠡者，初非有所仰於江、漢之匯而後成也。不唯無所仰於江、漢，而衆流之積，日遏日高，勢亦不復容江、漢之來入矣。又況漢水自漢陽軍大別山下南流入江，則其水與江混而爲一，至此已七百餘里矣。今謂其至此而後，一先一後以入於彭蠡，既匯之後，又復循次而出，以爲二江，則其入也，何以識其爲昔日之漢水而先行，何以識其爲昔日之江水而後會？其出也，何以識其爲昔日之漢水而今分以之北，何以識其爲昔日之江水而今分以居中耶？且以方言之，則宜曰南會而不應曰北會。以實計之，則湖口之東，今但見其爲一江，而不見其分流。然則所謂漢水匯爲彭澤而江水亦往會焉者，亦不可通之妄説也。

此數説者，既無一之不窮，於是味別、洲別之論出焉，而終亦不免於窮也。蓋曰味別，則不知凡禹之所爲過門不入、胼手胝足而不以爲病者，爲欲大濟天下昏墊之民，使得平土而居，以衣且食而遂其生耶，抑如陸羽、張又新輩，但欲較計毫分於齒頰間，以爲茗飲一時之快也？嗚呼！彼以是而爲説者，亦可謂童騃不思之甚矣。且河之所會，漆、沮、涇、渭、伊、洛、瀍、澗，支川尤多，而初無味別之説。濟之所經，或潛或見，或止或流，其變不一，而初無味別之説，何獨至此而辨之若是悉耶？此又可見其爲不通之妄説也。若曰洲別，則又九江之鑿，吾既辨於前矣。若果如此，則漢水入江之後，便須常有一洲介於其間，以爲江、漢之別；而湖口入匯之處，又當各分爲二，以爲出入之辨，而後可也。今皆無之。而湖口横度之處，予常過之，但見舟北爲大江之濁流，舟南爲彭蠡之清漲而已。蓋彭蠡之水雖限於江而不得洩，然及其既平，則亦因其可行之隙而又未嘗不相持以東也，惡睹所謂中江、北江之別乎。此又可見其爲不通之妄説也。

若曰古之九江即今之江州，古之敷淺原即今之德安縣，則漢九江郡本在江北，而今所謂江州者，寔武昌郡之柴桑縣，後以江北之尋陽并柴桑而立郡，又自江北徙治江南，故江南得有尋陽之名。後又因尋陽而改爲江州，實非古九江地也。又況經言「過九江，至於東陵」，而後會於彭蠡，則自今江州城下至湖口縣才四十里，不知東陵的在何處，何所表異，而其志之繁密促數乃如此。

又曰「過九江，至於敷淺原」，則已自江州順流東下湖口，又復泝流南上彭蠡，百有餘里而後至焉，亦何説哉。此又不可通之妄説也。至於今之所謂敷淺原者，爲山甚小而庳，不足以有所表見。而其全體正脉，遂起而爲廬阜，則甚高且大，以盡乎大江、彭蠡之交，而所以識夫衡山東過一支之所極者，唯是乃爲宜耳。今皆反之，則吾恐其山川之名，古今或異，而傳者未必得其真也。

凡此差舛，其類不一。讀而不思、思而不考者既昏憒鹵莽而無足言矣，其間亦有心知其誤而口不敢言，乃反爲之遷就穿鑿以蓋其失者，則其巧愈甚而其謬愈彰，使有識之士讀之愈疑而愈不敢信。唯國初胡秘監旦、近世晁詹事説之皆以九江爲洞庭，則其援證皆極精博。而莆田鄭樵漁仲獨謂「東匯澤爲彭蠡，東爲北江，入於海」十三字爲衍文，亦爲得之。予既目睹彭蠡有原兩江不分之實，又參之以此三説者，而深以事理情勢求之，然後果得其所以誤也。蓋洪水之患，唯河爲甚，而兖州乃其中流〔一〕，水曲而流緩，地平而土疏，故河之患於此爲尤甚。是以作治之功十有三載，然後同於諸州。竊計當時唯此等處事急民困，勢重役煩，禹乃親涖而身督之，不可一日而舍去。若梁、雍、荆、揚，地偏水急，不待疏鑿，固已通行，則分遣官屬往而視之，其亦可也。况洞庭、彭蠡之間，乃三苗氏之所居。當是之時，水澤山林深昧不測，彼方負其險阻，頑不即工，則官屬之往者，固未必遽敢深入其境。是以但見彭蠡之爲澤，而不知其源之甚遠而且多；但見洞庭下流之已爲江，而不知其中流之常爲澤而甚廣也。以此致誤，宜無足怪。

若其用字之同異，則經之凡例，亦自可考，顧讀者未深思耳。今但删去東匯北江之衍字，而正以洞庭爲九江，更以經之凡例通之，則「過九江，至於東陵」者，言導岷山之水，而是水之流横截乎洞庭之口，以至東陵也。是漢水過三澨之例也。「過九江，至於敷淺原」者，言導岷陽之山，而導山之人至於衡山之麓，遂越洞庭之尾，東取山路以至乎敷淺原也。是導岍、岐、荆山而逾於河，以盡常、碣之例也。以是觀之，則經之文意不亦既明矣乎。

若更以它書考之，則山海經云：「廬江出三天子都，本注云：「一作鄣。」今按丹陽故爲鄣郡，其得名蓋以此，則作「鄣」爲是。入江，彭澤西。」本注云：「彭澤，今彭蠡也，在鄱陽彭澤縣。」漢志亦云：「廬江出陵陽東南，北入江。」蓋陵陽者，丹陽之屬縣，今寧國府旌德縣有陵陽山，而三天子都乃在徽、饒之境，疑與陵陽腹背相直，故廬江者得出其東南，而西流北折以爲鄱、餘二水，遂以會於彭蠡而入於江也。及其入江，則廬山屹立乎其西南，而江之北岸即爲郡之南境，疑江與山蓋相因以得名，而郡境雖在江北，亦以其南直此江此山而名之也。然則彭蠡安得爲無原，而必待漢匯江會而成哉。漢志：豫章爲郡，領縣十八。其彭澤縣下注云〔三〕：「禹貢彭蠡澤在西」，其餘則言水入湖漢者八，鄱陽鄱水、餘汗餘水〔四〕、艾脩水、淦淦水〔五〕、南城盱水、建成蜀水、宜春南水、南壄彭水。入大江者一。贛豫章水。而湖漢一水，則又自雩都東至彭澤入江，行千九百八十里也。按今地勢，彭蠡既與江通，而豫章諸水，不由彭蠡別無入江之路，則湖漢者即是彭蠡，而其所受衆水之原又不止於廬江而已也。以此而觀，則山海經之言猶有未盡。且其曰「入江，彭澤西」者，本謂逕彭蠡縣之西而入江耳，而語意不明，遂若析江與澤各爲一水，而一東一西以入江者，此亦其立言之疵也。漢志又自不知湖漢之即爲彭蠡而兩言之，又不知入大江者亦必潴於彭蠡，而别爲一例，又不知湖漢之爲湖，正以其澤名之，而復兼以漢稱，則又承禹貢之誤而弗深考也。至於雩都之水，則但見其爲一郡衆流之最遠者，而遂推爲湖漢之源以主其名，則又不知湖漢之名初非一水，必自隆興以北，衆水皆會，潴爲大澤，然後可以名之，非雩都一水所可得而專也。至如鄭漁仲漢水衍文之説，固善矣。而其下文江水「東迤，北會於匯。東爲中江，入於海」之數言，似亦可疑，而彼猶未能盡正也。嗚呼！禹貢所載者，九州之山川，吾之足迹未能遍乎荆揚，而見其所可疑者已如此，不知耳目見聞之所不及，所可疑者又當幾何？是固不可得而知矣。

至於經之凡例，本自明白，而諸儒乃有過爲新奇之説以亂之者。若論導山而逾於河，而以爲導岍、岐、荆山之脉，使之度河，以爲壺口諸山之類，則亦不待聞見之及而知其謬矣。夫禹之治水，隨山刊木，其所表識諸山之名，必其高大可以辨疆域，廣博可以奠民居，故謹而書之，以見其施功之次第，初非有意推其脉絡之所自來，若今論葬法者之所言也。若必寔以山脉言之，則亦自有可言，而尤足以見其説之謬者。蓋河北諸山，本根脊脉，皆自代北寰、武、嵐、憲諸州乘高而來，其脊以西之水，則西流以入龍門西河之上流；其脊以東之水，則東流而爲桑乾，道幽、冀以入於海。其西一支爲壺口、太岳；次一支包汾、晋之源而南出，以爲析城、王屋，而又西折，以爲雷首；又次一支，乃爲太行；又次一支，乃爲常山。其間各隔沁、潞諸川，不相連屬，豈自岍、岐跨河東度而反爲是諸山哉。

若「過九江，至於敷淺原」，亦有襲其謬者，以爲衡山之脉東度而來，則以見聞所及而知其必不然也。蓋岷山之脉，其一支爲衡山者，已盡於九江之西；其一支又南而東度桂嶺者，則包湘原而北徑潭、袁之境以盡於廬阜；其一支又南而東度大庾者，則包彭蠡之原以北至乎建康；其一支則又東包浙江之原，而北其首以盡於會稽，南其尾以盡乎閩、越也。豈衡山之脉能度九江，而其度也又直爲敷淺原而已哉。

又有欲以揚州之三江即爲荆州之中江、北江，而猶病其闕一，乃顧彭蠡之餘波適未有號，則姑使之潛冒南江之名以足之。且又自謂聖經書法之妙，非它人之所及，是亦極巧而且新矣。然自湖口而下，江本無二，安得有三？且於下文之震澤，又懸隔遼敻而不相屬也，則又安能曲説而强附之哉。問諸吴人，震澤下流實有三江以入於海，彼既以目驗之，恐其説之必可信，而於今尚可考也。因并論之，以俟來者有以質焉。

校記

〔一〕匯：原作「淮」，據宋閩、浙本改。

〔二〕中：正訛改作「下」。

〔三〕澤：原作「蠡」，據漢書改。

〔四〕汗：原作「干」，據宋浙本改。

〔五〕淦：原作「塗」，據漢書改。

編年　據年譜長編。

皇極辨〔一〕

淳熙十六年六月

洛書九數而五居中，洪範九疇而皇極居五，故自孔氏傳訓皇極爲大中，而諸儒皆祖其説。余獨嘗以經之文義語脉求之，而有以知其必不然也。蓋皇者，君之稱也；極者，至極之義，標準之名，常在物之中央而四外望之以取正焉者也。故以極爲在中之準的則可，而便訓極爲中則不可。若北辰之爲天極，脊棟之爲屋極，其義皆然。而禮所謂民極、詩所謂四方之極者，於皇極之義爲尤近。顧今之説者既誤於此，而并失於彼，是以其説展轉迷繆而終不能以自明也。即如舊説，姑亦無問其它，但即經文而讀皇爲大，讀極爲中，則夫所謂「惟大作中」、「大則受之」爲何等語乎？今以余説推之，則人君以眇然之身履至尊之位，四方輻凑，面内而環觀之。自東而望者，不過此而西也；自南而望者，不過此而北也。此天下之至中也。既居天下之至中，則必有天下之純德，而後可以立至極之標準。故必順五行、敬五事以修其身，厚八政、協五紀以齊其政，然後至極之標準卓然有以立乎天下之至中，使夫面内而環觀者莫不於是而取則焉。語其仁，則極天下之仁，而天下之爲仁者莫能加也。語其孝〔二〕，則極天下之孝，而天下之爲孝者莫能尚也。是則所謂皇極者也。由是而權之以三德，審之以卜筮，驗其休咎於天，考其禍福於人，如挈裘領，豈有一毛之不順哉。此洛書之數所以雖始於一、終於九而必以五居其中，洪範之疇所以雖本於五行、究於福極而必以皇極爲之主也。

若箕子之言，有曰「皇建其有極」云者，則以言夫人君以其一身而立至極之標準於天下也。其曰「斂時五福，用敷錫厥庶民」云者，則以言夫人君能建其極，則爲五福之所聚，而又有以使民觀感而化焉，則是又能布此福而與其民也。其曰「惟時厥庶民於汝極，錫汝保極」云者，則以言夫民視君以爲至極之標準而從其化，則是復以此福還錫其君，而使之長爲至極之標準也。其曰「凡厥庶民無有淫朋，人無有比德，惟皇作極」云者，則以言夫民之所以能有是德者，皆君之德有以爲至極之標準也。其曰「凡厥庶民，有猷、有爲、有守，汝則念之；不協於極，不罹於咎，皇則受之」云者，則以言夫君既立極於上，而下之從化或有淺深遲速之不同。其有謀者、有才者、有德者，人君固當念之而不忘；其或未能盡合而未抵乎大戾者，亦當受之而不拒也。其曰「而康而色，曰予攸好德，汝則錫之福，時人斯其惟皇之極」云者，則以言夫人之有能革面從君而以好德自名，則雖未必出於中心之實，人君亦當因其自名而與之以善，則是人者亦得以君爲極而勉其實也。其曰「無虐煢獨而畏高明，人之有能有爲，使羞其行，而邦其昌」云者，則以言夫君之於民，一視同仁，凡有才能皆使進善，則人材衆多而國賴以興也。其曰「凡厥正人，既富方穀。汝弗能使有好於而家，時人斯其辜。於其無好德，汝雖錫之福，其作汝用咎」云者，則以言夫凡欲正人者，必先有以富之，然後可以納之於善。若不能使之有所賴於其家，則此人必將陷於不義。至其無復更有好德之心，而後始欲教之以修身，勸之以求福，則已無及於事，而其起以報汝，唯有惡而無善矣。蓋人之氣禀，或清或濁，或純或駁，有不可以一律齊者。是以聖人所以立極乎上者至嚴至密，而所以接引乎下者至寬至廣，雖彼之所以化於此者，淺深遲速，其效或有不同，而吾之所以應於彼者，長養涵育，其心未嘗不一也。其曰「無偏無陂，遵王之義。無有作好，遵王之道。無有作惡，遵王之路。無偏無黨，王道蕩蕩。無黨無偏，王道平平。無反無側，王道正直。會其有極，歸其有極」云者，則以言夫天下之人皆不敢徇其己之私，以從乎上之化，而會歸乎至極之標凖也。蓋偏陂好惡者，己私之生於心者也。偏黨反側者，己私之見於事者也。王之義、王之道、王之路，上之化也，所謂皇極者也。遵義、遵道、遵路，方會其極也。蕩蕩、平平、正直，則已歸於極矣。其曰「皇極之敷言，是彝是訓，於帝其訓」云者，則以言夫人君以身立極而布命於下，則其所以爲常爲教者，皆天之理，而不異乎上帝之降衷也。其曰「凡厥庶民，極之敷言，是訓是行，以近天子之光」云者，則以言夫天下之人，於君所命，皆能受其教而謹行之，則是能不自絕遠而有以親被其道德之光華也。其曰「曰天子作民父母，以爲天下王」云者，則以言夫人君能立至極之標凖，所以能作億兆之父母而爲天下之王也。不然，則有其位，無其德，不足以首出庶物、統御人群而履天下之極尊矣。

是書也，原於天之所以錫禹，雖其茫昧幽眇，有不可得而知者，然箕子之所以言之而告武王者，則已備矣。顧其詞之宏深奥雅，若有未易言者。然嘗試虚心平氣而再三反復焉，則亦坦然明白而無一字之可疑。但先儒未嘗深求其意，而不察乎人君所以修身立道之本，是以誤訓皇極爲大中。又見其詞多爲含洪寬大之言，因復誤認中爲含胡苟且、不分善惡之意。殊不知極雖居中，而非有取乎中之義。且中之爲義，又以其無過不及，至精至當，而無有毫釐之差，亦非如其所指之云也。乃以誤認之中爲誤訓之極，不謹乎至嚴至密之體，而務爲至寬至廣之量，其弊將使人君不知修身以立政，而墮於漢元帝之優游、唐代宗之姑息，卒至於是非顛倒、賢否貿亂，而禍敗隨之，尚何歛福錫民之可望哉。

嗚呼，孔氏則誠誤矣。然迹其本心，亦曰姑以隨文解義爲口耳佔畢之計而已，不知其禍之至此也。而自漢以來，迄今千有餘年，學士大夫不爲不衆，更歷世變不爲不多，幸而遺經尚存，本文可考，其出於人心者又不可得而昧也，乃無一人覺其非是而一言以正之者，使其患害流於萬世，是則豈獨孔氏之罪哉！予於是竊有感焉，作皇極辨。

馮當可，字時行，蜀人，博學能文。其集中有封事云：「願陛下遠便佞、疏近習，清心寡欲，以臨事變，此興事造業之根本，洪範所謂『皇建其有極』者也。」其論皇極，深合鄙意。然則予前所謂千有餘年無一人覺其謬而正之者，亦近誣矣。但專經之士無及之者，而文士反能識之，豈汩没傳注者不免於因陋踵訛，而平心誦味者有時而得之文字之外耶？慶元丙辰臘月甲寅，東齋南窗記。

校記 〔一〕此篇淳熙本文字出入頗大，而與性理群書句解、十先生奧論集注所載全同。今附録於後，以備參考。缺文二處用方括號補出。文末「莊子曰」以下即文集卷六十七養生主説。

〔二〕語：原缺，據宋閩、浙本補。

編年 據年譜長編。

評論 周大璋朱子古文讀本卷四皇極辨：洪範九疇以皇極爲主腦，錯解皇極，不知修身立教之貴，一切顛倒，無所不至。字義小失而關係絕大。數千年架漏，正以此二字不明故也。此辨何等詳悉，何等正大！

附：皇極辯

洛書九數而五居中，洪範九疇而皇極居五，故自孔安國訓皇極爲大中，而後之諸儒莫有以爲非者。予嘗考之，皇者，君之稱也；極者，至極之義，標準之名，嘗在物之中央而四外望之以取正焉者也。故以極爲在中之至則可，而直謂極爲中則不可。若北辰之爲天極，屋棟之爲屋極，其義皆然。而周禮所謂民極者，於皇極之義爲尤近。顧今之説者既誤於此，而并失之於彼，是以其説展轉迷謬而終不能以自明也。即如舊説，姑亦無問其它，但於洪範之文易「皇」以「大」、易「極」以「中」而讀之，則所謂「惟大作中」、「大則受之」之屬，爲何等語乎？故予竊獨以爲皇者，君也；極者，至極之標準也。人君以一身立乎天下之中，而能修其身以爲天下至極之標準，則天下之事固莫不協於此而得其本然之正，天下之人亦莫不觀於此而得其固有之善焉，所謂皇極者也。是其見於經者，位置法象蓋皆本於洛書之文。其得名則與夫天極、屋極、民極者，皆取居中而取極之意，初非指中爲極也，則又安得以是而訓之哉。

曰「皇建其有極」者，言人君以其一身而立至極之標準於天下也。曰「斂時五福，用敷錫厥庶民」者，言人君能建其極，而於五行焉得其性，於五事焉得其理，則固五福之所聚；而又推以化民，則是布此福而與民也。曰「惟時厥庶民於汝極，錫汝保極」者，言民視君以爲至極之標準而從其化，則是以此還錫其君，而使之長爲天下之標準也。曰「凡厥庶民無有淫朋，人無有比德，惟皇作極」者，言民之所以能若此者，皆君之德有以爲至極之標準也。曰「凡厥庶民，有猷、有爲、有守，汝則念之；不協於極，不罹於咎，皇則受之」者，言君既立極於上，而民之從化或有遲速深淺之不同，則其有謀爲操守者，固當念之而不忘；其不能盡從而未抵於大戾者，亦當受之而不拒也。曰「而康而色，曰予攸好德，汝則錫之福，時人斯其惟皇之極」者，言人有能革面而以好德自名，雖未必出中心之實，亦當教以修身求福之道，則是人者亦得以君爲極而勉其實也。曰「無虐煢獨而畏高明，人之有能有爲，使羞其行，而邦其昌」者，言君之於民，不當問其貴賤强弱，而皆欲其有以進德，故其有才能者必皆使之勉進其行，而後國可賴以興也。曰「凡厥正人，既富方穀。汝不能使有好於而家，時人斯其辜。於其無好德，汝雖錫之福，其作汝用咎」者，言欲正人者，必先有以富之，而後納之於善。若不能使之有所顧於其家，則此人必將陷於不義而不復更有好德之心矣。至此而後始欲告之以修身求福之説，則已緩不及事，而其起而報汝，惟有惡而無善矣。蓋人之氣禀不同，有不可以一律齊者。是以聖人所以立極於上者至嚴至正，而所以接引於下者至寬至廣。雖彼之所以趍於此者，遲速真僞、才德高下有萬不同，而吾之所以應於彼者，矜憐撫奄，懇惻周盡，未嘗不一也。曰「無偏無陂，遵王之義。無有作好，遵王之道。無有作惡，遵王之路。無偏無黨，王道蕩蕩。無黨無偏，王道平平。無反無側，王道正直。會其有極，歸其有極」者，言民皆不溺於己之私，以從夫上之化，而歸會於至極之標準也。析而言之，則偏陂好惡，以其生於心者言也。偏黨反側，以其見於事者言也。遵義、遵道、遵路，方會其極也。蕩蕩、平平、正直，則已歸於極矣。曰「皇極之敷言，是彝是訓，於帝其訓」者，言人君以身爲表而布命於下，則其所以爲常爲教者，一皆循天之理，而不異乎上帝之降衷也。曰「凡厥庶民，極之敷言，是訓是行，以近天子之光」者，言民於君之所命，能視以爲教而謹行之，則是能不自絶遠而有以親被其道德之光華也。曰「天子作民父母，以爲天下王」者，言能建其有極，所以有作民父母而爲天下之王也。不然，則有其位，無其德，不足以建立標準，子育元元，而履天下之極尊矣。

天之所以錫禹，箕子之所以告武王者，其大指蓋如此。雖其奧雅深微，或非淺聞所能究測，然嘗試以是讀之，則亦坦然明白而無一字之可疑者。但先儒昧於訓義之實，且未嘗講於人君修身立道之本，既誤以皇極爲大中，又見其辭多爲含洪寬大之意，因復誤認，以爲所謂中者不過如此。殊不知居中之中既與無過不及之〔中〕不同，而無過不及之中乃義理精微之極，有不可以毫釐差者，又非含糊苟且、不分善惡之名也。今以誤認之中爲誤認之極，不謹乎至嚴至密之體，而務爲至寬至廣之量，則漢元帝之優游、唐代宗之姑息皆是物也。彼其是非雜揉，賢不肖混殽，方且昏亂陵夷之不暇，尚何斂福錫民之可望哉！

吾意如此，而或者疑之，以爲經言「無偏無陂」、「無作好惡」，則所謂極者，豈不實有取乎得中之義，而所謂中者，豈不真爲無所去就憎愛之意乎？吾應之曰：「無偏無陂者，不以私意而有所去就爾。然曰遵王之義，則其去惡而從善未嘗不力也。無作好惡者，不以私而自爲憎愛爾。然曰遵王之道、遵王之路，則其好善而惡惡固未嘗不明也。是豈但有包容，漫無分別之謂？又況經文所謂王義、王道、王路者，乃爲皇建有極之體，而所謂無所偏陂反側者，自爲民歸有極之事，其文義亦自不同也邪。必若子言，吾恐天之所以錫禹，箕子之所以告武王者，上則流於老莊依阿無心之説，下則溺於鄉原同流合污之見，雖欲深體而力行之，是乃所以幸小人而病君子，亦將何以立大本而序彝倫哉。」作皇極辯。

或曰：「皇極之爲至極，何也？」予應之曰：「人君中天下而立，四方面内而觀仰之者，至此輻湊於此而皆極焉。自東而望者不能過此而西也，自西而望者不能逾此而東也。以孝言之，則天下之孝至此無以加；以弟言之，則天下之弟至此而無小過也。此人君之位之德所以爲天下之至極，而皇極所以得名之本意也。故惟曰聰明睿智，首出庶物，如所謂天下一人而已者，然後有以履之而不疚，豈曰含容寬□□德之偏而足以當之哉！」客曰唯唯，因復記於此，以發前之未盡。

莊子曰：「爲善無近名，爲惡無近刑，緣督以爲經」。「督」，舊以爲中。蓋人身有督脉，循脊之中，貫徹上下，見醫書。故衣背當中之縫亦謂之督，見深衣注。皆中意也。老莊之學不論義理之當否，而但欲依阿於其間，以爲全身避患之計，正程子所謂閃奸打訛者也。故其意以爲爲善而近名者，爲善之過也；爲惡而近刑者，亦爲惡之過也。唯能不大爲善，不大爲惡，而但循中以爲常，則可以全身而盡年矣。然其爲善無近名者，語或似是而實不然。蓋聖賢之道，但教人以力於爲善之實，初不教人以求名者。自非爲己之學，蓋不足道。若畏名之累己而〔不〕敢盡其爲學之力，則其爲心亦已不公而稍入於惡矣。至謂爲惡無近刑，則尤悖理。夫君子之惡惡如惡惡臭，非有所畏而不爲也。今乃擇其不至於犯刑者而竊爲之，至於刑禍之所在，巧其途以避之而不敢犯，此其計私而害理，又有甚焉。乃欲以其依違苟且之兩間爲中之所在而循之，其無忌憚亦益甚矣。

客嘗有語予者曰：「昔人以誠爲入道之要，恐非易行。不若以中易誠，則人皆可行而無難也。」予應之曰：「誠而中者，君子之中庸；不誠而中，則小人之無忌憚耳。今世俗苟偷恣睢之論蓋多類此，不可不深察也。」或曰：「然則莊子之意得無與子莫之執中者類耶？」曰：「不然。子莫執中，但無權耳，蓋猶擇於義意而誤執此一定之中也。老莊之意，則不論義理，專計利害，又非子莫之比矣。蓋迹其本心，實無以異乎世俗鄉原之所見，而其揣摩精巧，校計深切，則又非世俗鄉原之所及，乃賊德之尤者。所以清談盛而晉俗衰，蓋其勢有所必至。而王通猶以爲非老莊之罪，則吾不能識其何說也。」既作皇極辯，因感此意有相似者，謾筆之於其後云。

尹和靜手筆辨 乾道六年

伊川先生曰：「某在，何必看此書？若不得某之心，只是記得它意，豈不有差？」

既云某在不必看，則先生不在之時，語録固不可廢矣。不得先生之心而徒記己意，此亦學者所當博學、審問、精思而明辨之，不可以一詞之失而盡廢其餘也。但先生在，則可以式瞻儀刑，親受音旨，自是不必看耳。然讀焉而質其疑於先生，豈不益有助於發明哉。如楊遵道録中記李端伯録至大至剛以直之論，若使遵道於此廢而不觀，存而不論，則亦無以決此語之得失矣。伊川所以告和靖者，蓋就其力量所至而語之，惜乎其不復致疑於此，而遽誦以終身也。

所見有淺深，故所記有工拙。失其意者，不假一二言也。淺拙而失其意者，固不足觀矣。其見深、其記工而得其意者，豈可以彼之失而遽廢之哉。

如世傳史評之類，皆非先生所著。

史評固非先生所著，但當論辨以曉學者，不可因此并廢語録也。

紹興初，士大夫頗以伊川語録資誦説，言事者直以狂怪淫鄙詆之，蓋難力辨也。

以語録資誦説者，當時士大夫之罪；以狂怪淫鄙詆之，當時言事者之失，非語録使然也。今惡當時士大夫、畏當時言事者，而諱語録，以爲不足觀，是既助言者以自攻，而又無以服當時學者之心也，豈不誤哉。

掇同門所記僅數十端示之。

愚嘗讀此書矣，類多解釋經義之言。若程氏之學止於如此，則亦無以繼孔孟不傳之緒矣。前輩言學，欲博不欲雜，欲約不欲陋，誠有味哉。

伊川之學在易傳，不必它求也。

孔子刪詩、定書、繫周易、作春秋，而其徒又述其言以爲論語，其言反復證明，相爲表裏，未聞其以此而廢彼也。

易傳所自作也，語録它人作也。人之意，它人能道者幾何哉。

如是，則孔氏之門亦可以專治春秋而遂廢論語矣，而可乎？

伊川先生爲中庸解，疾革，命焚於前。門人問焉，伊川先生曰：「某有易傳在足矣，何以多爲？」

嘗見別本記：或問和靖：「據語録，先生自言中庸已成書，今其書安在？」和靖曰：「先生自以爲不滿意而焚之矣。」此言恐得其真。若無所不滿於其意而專恃易傳，逆廢中庸，吾恐先生之心不如是之隘也。

編年　據年譜長編。

雜學辨 何叔京跋語附　乾道二年冬

蘇氏易解

乾之彖辭發明性命之理，與詩、烝民、維天之命。書、湯誥、大誓。中庸、孟子相表裏，而大傳之言亦若符契。蘇氏不知其説，而欲以其所臆度者言之，又畏人之指其失也，故每爲不可言、不可見之説以先後之，務爲閃倏滉漾不可捕捉之形，使讀者茫然，雖欲攻之，而無所措其辨。殊不知性命之理甚明，而其爲説至簡，今將言之而先曰不可言，既指之而又曰不可見，足以眩夫未嘗學問之庸人矣。由學者觀之，豈不適所以爲未嘗見、未嘗知之驗哉。然道衰學絶，世頗惑之，故爲之辨，以待後之君子，而其它言死生鬼神之不合者亦并附焉。

大哉乾元，萬物資始，乃統天。

蘇曰：此論元也。元之爲德，不可見也。所可見者，萬物資始而已。天之德不可勝言也，惟是爲能統之。

愚謂四德之元猶四時之春、五常之仁，乃天地造化發育之端，萬物之所從出，故曰萬物資始，言取其始於是也。存而察之心目之間，體段昭然，未嘗不可見也。然惟知道者乃能識之，是以蘇氏未之見耳。不知病此，顧以己之不見爲當然，而謂真無可見之理，不亦惑之甚與！

雲行雨施，品物流形。

蘇曰：此所以爲亨也。

大明終始，六位時成，時乘六龍以御天。

蘇曰：此所以爲利也。

愚謂此言聖人體元亨之用，非言利也。

乾道變化，各正性命，保合大和。

蘇曰：此所以爲貞也。

愚謂此兼言利貞，而下句結之也。

乃利貞。

蘇曰：并言之也。

愚謂此結上「乾道變化，各正性命，保合大和」之文，與「大明終始，六位時成，時乘六龍以御天」不相蒙。蘇氏之説亦誤矣。

蘇曰：正，直也。方其變化，各之於情，無所不至。反而循之，各直其性，以至於命。此所以爲貞也。

愚謂品物流形，莫非乾道之變化，而於其中，物各正其性命，以保合其大和焉。此乾之所以爲利且貞也。此乃天地化育之源，不知更欲反之於何地，而又何性之可直、何命之可至乎？若如其説，則「保合大和」一句無所用矣。

蘇曰：古之君子，患性之難見也，故以可見者言性。以可見者言性，皆性之似也。

愚謂古之君子，盡其心則知其性矣，未嘗患其難見也。其言性也，亦未嘗不指而言之，非但言其似而已也。且夫性者，又豈有一物似之，而可取此以况彼耶。然則蘇氏所見，殆徒見其似者，而未知夫性之未嘗有所似也。

蘇曰：君子日修其善以消其不善，不善者日消，有不可得而消者焉。小人日修其不善以消其善，善者日消，有不可得而消者焉。夫不可得而消者，堯舜不能加焉，桀紂不能逃焉。是則性之所在也。又曰：性之所在，庶幾知之，而性卒不可得而言也。

愚謂蘇氏此言最近於理，前章所謂性之所似，殆謂是耶？夫謂不善日消而有不可得而消者，則疑若謂夫本然之至善矣。謂善日消而有不可得而消者，則疑若謂夫良心之萌蘖矣。以是爲性之所在，則似矣。而蘇氏初不知性之所自來、善之所從立，則其意似不謂是也。特假於浮屠「非幻不滅，得無所還」者而爲是説，以幸其萬一之或中耳。是將不察乎繼善成性之所由、梏亡反覆之所害，而謂人與犬牛之性無以異也，而可乎？夫其所以重嘆性之不可言，蓋未嘗見所謂性者，是以不得而言之也。

蘇曰：聖人以爲猶有性者存乎吾心，則是猶有是心也。有是心也，僞之始也。於是又推其至者而假之曰命。命，令也。君之命曰令，天之令曰命。性之至者非命也，無以名之，而寄之命耳。

愚謂蘇氏以性存於吾心則爲僞之始，是不知性之真也。以性之至者非命而假名之，是不知命之實也。如此則是人生而無故有此大僞之本，聖人又爲之計度隱諱，僞立名字以彌縫之，此何理哉。此蓋未嘗深考夫大傳、詩、書、中庸、孟子之説以明此章之義，而溺於釋氏「未有天地已有此性」之言，欲語性於天地生物之前，而患夫命者之無所寄，於是爲此説以處之，使兩不相病焉耳。使其誠知性命之説矣，而欲語之於天地生物之前，蓋亦有道，必不爲是支離淫遁之辭也。

蘇曰：死生壽夭，無非命者，未嘗去我也，而我未嘗覺知焉。聖人之於性也至焉，則亦不自覺知而已矣。此以爲命也。又曰：命之與性，非有天人之辨也，於其不自覺知，則謂之命。

愚謂如蘇氏之説，則命無所容。命無所容，則聖人所謂至命者，益無地以處之。故爲是説以自迷罔，又以罔夫世之不知者而已。豈有命在我而不自覺知而可謂之聖人哉。蘇氏又引文言利貞性情之文傳會其説，皆非經之本旨，今不復辨。

首出庶物，萬國咸寧。

蘇氏云云。

愚謂此言聖人體利貞之德也。蘇氏説無病，然其於章句有未盡其説者。

一陰一陽之謂道，繼之者善也，成之者性也。

蘇曰：陰陽果何物哉？雖有婁、曠之聰明，未有能得其仿佛者也。陰陽交然後生物，物生然後有象，象立而陰陽隱。凡可見者皆物也，非陰陽也。然謂陰陽爲無有，可乎？雖至愚知其不然也。物何自生哉？是故指生物而謂之陰陽，與不見陰陽之仿佛而謂之無有，皆惑也。

愚謂陰陽盈天地之間，其消息闔闢，終始萬物，觸目之間，有形無形無非是也。而蘇氏以爲象立而陰陽隱，凡可見者皆物也，非陰陽也，失其理矣。達陰陽之本者，固不指生物而謂之陰陽，亦不別求陰陽於物象見聞之外也。

蘇曰：聖人知道之難言也，故借陰陽以言之，曰「一陰一陽之謂道」。一陰一陽者，陰陽未交而物未生之謂也。喻道之似，莫密於此者矣。陰陽一交而生物，其始爲水。水者，無有之際也，始離於無而入於有矣。老子識之，故其言曰「上善若水」，又曰「水幾於道」。聖人之德，雖可以名而不囿於一物，若水之無常形，此善之上者，幾於道矣，而非道也。若夫水之未生，陰陽之未交，廓然無一物而不可謂之無有，此真道之似也。

愚謂一陰一陽，往來不息，舉道之全體而言，莫著於此者矣。而以爲借陰陽以喻道之似，則是道與陰陽各爲一物，借此而况彼也。陰陽之端，動静之機而已。動極而静，静極而動，故陰中有陽，陽中有陰，未有獨立而孤居者。此一陰一陽所以爲道也。今曰一陰一陽者，陰陽未交而物未生；廓然無一物，不可謂之無有者，道之似也，然則道果何物乎？此皆不知道之所以爲道，而欲以虚無寂滅之學揣摸而言之，故其説如此。

蘇曰：陰陽交而生物，道與物接而生善。物生而陰陽隱，善立而道不見矣。故曰繼之者善也，成之者性也。仁者見道而謂之仁，智者見道而謂之智。夫仁智，聖人之所謂善也。善者道之繼，而指以爲道則不可。今不識其人而識其子，因之以見其人則可，以謂其人則不可，故曰繼之者善也。學道而自其繼者始，則道不全。

愚謂繼之者善，言道之所出無非善也。所謂元也，物得是而成之，則各正其性命矣，而所謂道者固自若也。故率性而行，則無往而非道。此所以天人無二道、幽明無二理而一以貫之也。而曰陰陽交而生物，道與物接而生善，物生而陰陽隱，善立而道不見，善者道之繼而已，學道而自其繼者始，則道不全，何其言之繆耶。且道外無物，物外無道。今曰道與物接，則是道與物爲二，截然各據一方，至是而始相接也，不亦繆乎。

蘇曰：昔者孟子以爲性善，以爲至矣，讀易而後知其未至也。孟子之於性，蓋見其繼者而已矣。夫善，性之效也。孟子未及見性而見其性之效，因以所見者爲性。猶火之能熟物也，吾未見火，而指天下之熟物以爲火。夫熟物，則火之效也。

愚謂孟子道性善，蓋探其本而言之，與易之旨未始有毫髮之異，非但言性之效而已也。蘇氏急於立說，非特不察於易，又不及詳於孟子，故其言之悖如此。

蘇曰：敢問性與道之辨。曰：難言也，可言其似。道之似則聲也，性之似則聞也。有聲而後聞耶？有聞而後聲耶？是二者果一乎？果二乎？孔子曰：「人能弘道，非道弘人。」又曰：「神而明之，存乎其人。」性者，所以爲人者也，非是無以成道矣。

愚謂子思子曰：「率性之謂道。」邵子曰：「性者，道之形體也。」與大傳此章之旨相爲終始。言性與道，未有若此言之著者也。蘇氏之言曲譬巧喻，欲言其似而不可得，豈若聖賢之言直示而無隱耶。昔孔子順謂公孫龍之辨〔一〕，幾能令臧三耳矣，然謂兩耳者甚易而實是也，謂三耳者甚難而實非也。將從其易而是者乎？將從其難而非者乎？此言似之矣。

仁者見之謂之仁，知者見之謂之智。百姓日用而不知，故君子之道鮮矣。

蘇曰：屬目於無形者，或見其意之所存，故仁者以道爲仁，意存乎仁也；知者以道爲智，意存乎智也。賢者存意而妄見，愚者日用而不知。是以君子之道成之以性者鮮矣。

愚謂蘇氏不知仁智之根於性，顧以仁智爲妄見，乃釋老之說。聖人之言豈嘗有是哉。謂之不見其全，則或可矣。又曰君子之道成之以性者鮮矣，文義亦非。

原始反終，故知死生之説。

蘇曰：人所以不知死生之説者，駭之耳。原始反終，使之了然而不駭也。

愚謂人不窮理，故不知死生之説。不知死生之説，故不能不駭於死生之變。蘇氏反謂由駭之而不知其説，失其指矣。窮理者原其始之所自出，則知其所以生；反其終之所於歸，則知其所以死。夫如是，凡所以順生而安死者，蓋有道矣，豈徒以了然不駭爲奇哉。蘇氏於原始反終言之甚略，無以知其所謂。然以不駭云者驗之，知其溺於坐亡立化、去來自在之説以爲奇，而於聖人之意則昧矣。

精氣爲物，游魂爲變，是故知鬼神之情狀。

蘇曰：物，鬼也；變，神也。鬼常與體魄俱，故謂之物。神無適而不可，故謂之變。精氣爲魄，魄爲鬼。志氣爲魂，魂爲神。故禮曰：「體魄則降，志氣在上。」鄭子産曰：「其用物也弘矣，其取精也多矣。」古之達者已知此矣。一人而有二知，無是道也。然而有魄者，有魂者，何也？衆人之志，不出於飲食男女之間與凡養生之資，其資厚者其氣强，其資約者其氣微。故氣勝志而爲魄。聖賢則不然，以志一氣，清明在躬，志氣如神，雖禄之天下，窮至匹夫，無所損益也。故志勝氣而爲魂。衆人之死爲鬼，而聖人爲神，非有二致也，志之所在者異也。

愚謂精聚則魄聚，氣聚則魂聚，是以爲人物之體。至於精竭魄降，則氣散魂游而無不之矣。降者屈而無形，故謂之鬼；游者伸而不測，故謂之神。人物皆然，非有聖愚之異也。孔子答宰我之問，言之詳矣。蘇氏蓋不考諸此而失之。子産之言是或一道，而非此之謂也。

校記〔一〕順：疑當作「高」。子高，孔穿字。

蘇黄門老子解

蘇侍郎晚爲是書，合吾儒於老子，以爲未足，又并釋氏而彌縫之，可謂舛矣。然其自許甚高，至謂當世無一人可與語此者。而其兄東坡公亦以爲不意晚年見此奇特。以予觀之，其可謂無忌憚者與，因爲之辨。而或者謂蘇氏兄弟以文義贊佛乘，蓋未得其所謂。如傳燈録解之屬，其失又有甚焉，不但此書爲可辨也。應之曰：予之所病，病其學儒之失而流於異端，不病其學佛未至而溺於文義也。其不得已而論此，豈好辯哉。誠懼其亂吾學之傳而失人心之正耳。若求諸彼而不得其説，則予又何暇知焉。

蘇曰：孔子以仁義禮樂治天下，老子絕而棄之，或者以爲不同。易曰：「形而上者謂之道，形而下者謂之器。」

愚謂道器之名雖異，然其實一物也。故曰「吾道一以貫之」，此聖人之道所以爲大中至正之極，亘萬世而無弊者也。蘇氏誦其言不得其意，故其爲説無一辭之合。學者於此先以予説求之，使聖人之意曉然無疑，然後以次讀蘇氏之言，其得失判然矣。

孔子之慮後世也深，故示人以器而晦其道。

愚謂道器一也，示人以器，則道在其中，聖人安得而晦之？孔子曰：「吾無隱乎爾」，然則晦其道者，又豈聖人之心哉。大抵蘇氏所謂道者皆離器而言，不知其指何物而名之也。

使中人以下守其器，不爲道之所眩，以不失爲君子。

愚謂如蘇氏此言，是以道爲能眩人，而使之不爲君子也。則道之在天下，適所以爲斯人之禍矣。

而中人以上自是以上達也。

愚謂聖人所謂達，兼本末精粗而一以貫之也。蘇氏之所謂達，則舍器而入道矣。

老子則不然，志於明道而急於開人心。

愚謂老子之學以無爲爲宗，果如此言，乃是急急有爲，惟恐其緩而失之也。然則老子之意，蘇氏亦有所不能窺者矣。

故示人以道而薄於器，以爲學者惟器之知，則道隱矣。故絕仁義、棄禮樂以明道。

愚謂道者，仁義禮樂之總名，而仁義禮樂皆道之體用也。聖人之修仁義、制禮樂，凡以明道故也。今曰絕仁義、棄禮樂以明道，則是舍二五而求十也，豈不悖哉。

夫道不可言，可言者皆其似者也。達者因似以識真，而昧者執似以陷於僞。

愚謂聖人之言道，曰君臣也，父子也，夫婦也，昆弟也，朋友之交也。不知此言道邪？抑言其似者而已耶？執此而行，亦有所陷者耶？然則道豈真不可言，但人自不識道與器之未嘗相離也，而反求之於昏默無形之中，所以爲是言耳。

故後世執老子之說以亂天下者有之，而學孔子者無大過。

愚謂善學老子者，如漢文、景，曹參，則亦不至亂天下。如蘇氏之說，則其亂天下也必矣。學孔子者，所得亦有淺深，有過無過，未可概論。且如蘇氏，非不讀孔子之書，而其著書立言以惑誤天下後世如此，謂之無過，其可得乎。

因老子之言以達道者不少，而求之於孔子者常苦其無所從〔一〕。

愚謂因老子之言以達道者不少，不知指謂何人，如何其達，而所達者何道也。且曰不少，則非一二人而已。達道者果如是之衆耶？孔子循循善誘，誨人不倦，入德之途坦然明白。而曰常苦其無所從入，則其未嘗一日從事於此，不得其門而入可知矣。宜其析道與器而以仁義禮樂爲無與於道也。然則無所從入之言，非能病孔子之道而絕學者之志，乃所以自狀其不知道而妄言之實耳。

二聖人者，皆不得已也。

愚謂以孔子、老聃并稱聖人，可乎？世人譏太史公先黃老後六經，然太史公列孔子於世家，而以老子與韓非同傳，豈不有微意焉。其賢於蘇氏遠矣。

全於此，必略於彼矣。

愚謂有彼有此，則天下常有二道也。

蘇氏後序云：六祖所云不思善，不思惡，即喜怒哀樂之未發也。

愚謂聖賢雖言未發，然其善者固存，但無惡耳。佛者之言似同而實異，不可不察。

又云：蓋中者，佛性之異名；而和者，六度萬行之總目也。

愚謂喜怒哀樂而皆中節謂之和，而和者，天下之達道也。六度萬行，吾不知其所謂。然毀君臣，絕父子，以人道之端爲大禁，所謂達道，固如是耶？

又云，天下固無二道，而所以治人則異。君臣父子之間，非禮法則亂；知禮法而不知道，則世之俗儒，不足貴也。居山林，木食澗飲而心存至道，雖爲人天師可也，而以之治世則亂。古之聖人，中心行道而不毀世法，然後可耳。

愚謂天下無二道，而又有至道、世法之殊，則是有二道矣。然則道何所用於世，而世何所資於道耶？王氏有「高明處己，中庸處人」之論，而龜山楊公以爲如此則是道常無用於天下，而經世之務皆私智之鑿。愚於蘇氏亦云。

校記 〔一〕據後文，「從」下當有「入」字。

張無垢中庸解

「無垢」本佛語，而張公子韶侍郎之别號也。張公以佛語釋儒書，其迹尤著，故正其名如此。

張公始學於龜山之門，而逃儒以歸於釋，既自以爲有得矣，而其釋之師語之曰：「左右既得欛柄入手，開導之際，當改頭换面，隨宜説法，使殊塗同歸，則世出、世間兩無遺恨矣。然此語亦不可使俗輩知，將謂實有恁麽事也。」見大慧禪師與張侍郎書。今不見於語録中，蓋其徒諱之也。用此之故，凡張氏所論著，皆陽儒而陰釋。其離合出入之際，務在愚一世之耳目，而使之恬不覺悟，以入乎釋氏之門，雖欲復出而不可得。本末指意，略如其所受於師者。其二本殊歸，蓋不特莊周出於子夏、李斯原於荀卿而已也。竊不自揆，嘗欲爲之論辨，以曉當世之惑。而大本既殊，無所不異，因覽其中庸説，姑掇其尤甚者什一二著於篇。其他如論語、孝經、大學、孟子之説，不暇遍爲之辨。大抵忽遽急迫，其所以爲説，皆此書之類也。

天命之謂性，率性之謂道，修道之謂教。

張云：天命之謂性，第贊性之可貴耳，未見人收之爲己物也。率性之謂道，則人體之爲己物而入於仁義禮智中矣，然而未見其施設運用也。修道之謂教，則仁行於父子，義行於君臣，禮行於賓主，知行於賢者，而道之等降隆殺於是而見焉。

愚謂天命之謂性，言性之所以名乃天之所賦，人之所受義理之本原，非但贊其可貴而已。性亦何待於人贊其貴耶。董子曰：「命者，天之令也；性者，生之質也」，此可謂庶幾子思之意而異乎張氏之言矣。且既謂之性，則固已自人所受而言之。今曰未爲己物，則是天之生是人也，未以此與之而置之他所，必是人者自起而收之，而後得以爲己物也。不知未得此性之前，其爲人也，孰使之呼吸食息於天地之間以收此性？且夫性者又豈塊然一物，寓於一處，可搏而置之軀殼之中耶。仁義禮智，性之所有，與性爲體者也。今曰體爲己物然後入於仁義禮智之中，則是四者逆設於此，而後性來於彼也。不知方性之未入也，是四者又何自而來哉。凡此皆不知大本、妄意穿鑿之言，智者觀之，亦不待盡讀其書，而是非邪正已判於此章矣。仁行於父子，義行於君臣，是乃率性之道，而遽以爲修道之教，亦失其次序矣。

「是故君子戒慎乎其所不睹」止「慎其獨也」。

張云：不睹不聞，少致其忽，宜若無害矣。然而怠忽之心已顯於心目之間，云云。不足以感人動物而招非意之辱、莫爲之禍焉。此君子所以慎其獨也。

愚謂君子所以慎其獨者，非爲恐招禍辱而已也。今曰不睹不聞之間少致其忽，初無所害，特恐招禍辱而後慎其獨焉，非知道者之言也。

喜怒哀樂之未發謂之中。

張云：未發以前，戒慎恐懼，無一毫私欲。

愚謂未發以前，天理渾然，戒慎恐懼則既發矣。

君子中庸。

張云：方率性時，戒慎恐懼，此學者之事也。及其深入性之本原，直造所謂天命在我，然後爲君臣、父子、兄弟、夫婦之教以幸於天下，至於此時，聖人之功用興矣。

愚謂率性之謂道，言道之所以得名者如此。蓋曰各循其性之本然，即所謂道爾。非以此爲學者之事，亦未有戒慎恐懼之意也。修道之謂教，通上下而言之，聖人所以立極、賢人所以修身，皆在於此，非如張氏之説也。又曰：「深入性之本原，直造所謂天命在我」，理亦有礙。且必至此地然後爲人倫之教以幸天下，則是聖人未至此地之時，未有人倫之教，而所以至此地者，亦不由人倫而入也。凡此皆爛漫無根之言，乃釋氏之緒餘，非吾儒之本指也。

張云：率性之謂道，未離本位，修道之謂教，不可以離不離名之也。

愚謂言性有本位，則性有方所矣，聖賢言性似不如此。假如其説，則前章云率性所以求中，言求，則是自此求彼，非離本位而何？至於以修道爲聖人之功用，則又曰不可以離不離名之，蓋其説有所不通，而駸駸乎遁矣。

人皆曰予知。

張曰：人皆用知於詮品是非，而不知用知於戒慎恐懼。使移詮品是非之心於戒慎恐懼，知執大焉。

愚謂有是有非，天下之正理，而是非之心人皆有之，所以爲知之端也，無焉則非人矣。故詮品是非乃窮理之事，亦學者之急務也。張氏絕之，吾見其任私鑿知，不得循天理之正矣。然斯言也，豈釋氏所稱「直取無上菩提，一切是非莫管」之遺意耶。嗚呼！斯言也，其儒釋所以分之始與。

回之爲人。

張云：顏子戒慎恐懼，超然悟未發已發之幾於喜怒哀樂處，一得天命之性所謂善者，則深入其中，人欲都忘，我心皆喪。

愚謂超然悟未發已發之幾，中庸無此意也。喜怒哀樂莫非性也，中節則無不善矣。不知更欲如何得之，而又如何深入其中也。若此，則是前乎此者，未得此性而常在性之外也耶？且曰我心皆喪，尤害於理。

張云：人第見其拳拳服膺，而不知顏子與天理爲一，無一毫私欲横乎其間。不識不知，我己且無有矣。

愚謂此言蓋欲極意以諛顏子，而無所準則，不自知其言之過也。

惟聖者能之。

張云：予嘗求聖人而不可得，今乃知止在喜怒哀樂未發處爾。

愚謂有道者見理平常，其言雍容閑暇而理致自遠，似不如此之駭遽而張皇也。

君子之道費而隱。

張云：由戒慎恐懼以養喜怒哀樂，使爲中爲和，以位天地、育萬物。

愚謂喜怒哀樂之未發乃本然之中，發而中節乃本然之和，非人之所能使也。天地位焉，萬物育焉，亦理之自然。今加「以」字而倒其文，非子思之本意矣。此乃一篇之指要，而張氏語之輒有差繆，尚安得爲知言哉。

張云：中庸無止法，故聖人有所不知不能，自謂知能止矣。又曰：君子之道所以大莫能載、小莫能破，以其戒慎恐懼，察於微茫之功也。

愚謂大學之道在知所止，蓋無止則高者過、卑者陷，非所以爲中庸矣。聖人固未嘗自謂知能，然非此章之指也。蓋所謂不知不能、莫能載、莫能破，皆極言道體之無窮爾，非謂聖人而言，亦無察於微茫之意也。

張云：戒慎恐懼，則未萌之始已致其察，至於鳶飛魚躍，而察乃在焉。又曰：上際下蟠，察無不在，所以如鳶飛魚躍，察乃隨飛躍而見焉。

愚謂中庸引此詩以發明道體之無所不在，所謂費而隱也。明道、上蔡言之已詳，子思復生，不能易也。張氏之云，不亦異乎。且曰未萌之始已致其察，則是有事焉而正之也。

張云：顧惟此察始於戒慎恐懼以養中和，而喜怒哀樂未發已發之間，乃起而爲中和。

愚謂起而爲中和，如之何其起也？此豈知中和者之語哉！

君子以人治人，改而止。

張云：人即性也，以我之性覺彼之性。

愚謂詳經文初無此意，皆釋氏之説也。且性豈有彼我乎，又如之何其能以也。

張云：使其由此見性，則自然由乎中庸，而向來無物之言、不常之行，皆掃不見迹矣。

愚謂見性本釋氏語，蓋一見則已矣。儒者則曰知性，既知之矣，又必有以養而充之，以至於盡。其用力有漸，固非一日二日之功，日用之際一有懈焉，則幾微之間所害多矣。此克己復禮之所以爲難，而曾子所以戰戰兢兢，至死而後知其免也。張氏之言與此亦不類矣。然釋氏之徒，有既自謂見性不疑而其習氣嗜欲無以異於衆人者，豈非恃夫掃不見迹之虛談，而不察乎無物不常之實弊以至此乎。然則張氏之言，其淵源所自蓋可知矣。

忠恕違道不遠。

張云：恕由忠而生，忠所以責己也。知己之難克，然後知天下之未見性者不可深罪也。

又曰：知一己之難克，而知天下皆可恕之人。

愚謂恕由忠生，明道、謝子、侯子蓋嘗言之，然其爲説與此不相似也。若曰知一己之難克，而知天下皆可恕之人，則是以己之私待人也，恕之爲義本不如此。正蒙曰：「以責人之心責己則盡道，以愛己之心愛人則盡仁，以衆人望人則易從」，此則物我一致，各務循理而無違矣。聖賢之言自有準則，所謂以人治人者，雖曰以衆人望人，然而必曰道不遠人，則所以爲衆人者亦有道矣。以己不能克其私而并容他人，使之成其惡，則是相率而禽獸也。其爲不忠不恕，孰大於是。

所求乎子句，以事父未能也。

張云：子事父，臣事君，弟事兄，朋友先施之，皆曰求者，蓋所以致其察也。察子之事父，吾未能，安敢責父之愛子乎。

愚謂此四句當爲八句，子、臣、弟、友四字是句絶處。求猶責也，所責乎子者如此，然我以之事父，則自有所未能。正蒙所謂以責人之心責己則盡道，蓋將由是而加勉，正身以及物，非如上章所云以己難克而并容他人也。且又曰「察子之事父，吾未能，則安敢責父之愛子乎」，則是君臣父子漠然爲路人矣。旻天之泣，小弁之怨，又何謂也。蓋其馳心高妙，而於章句未及致詳，故因以誤爲此説。以求爲察，亦非文義。

言顧行。

張云：顧者，察也。

愚按上章以求爲察，固已無謂，此又以顧爲察，尤爲牽合。大抵張氏之爲是説，得一字可推而前者，則極意推之，不問其至於何處與其可行不可行也。篇内所謂戒慎恐懼，下章所謂忠恕，所謂知仁勇，所謂發育峻極，皆此類也。

在上位，不陵下。

張云：君子自戒慎恐懼醞釀成中庸之道。

愚謂中庸之道，天理自然，非如酒醴，必醞釀而成也。

君子之道，譬如行遠，必自邇。

張云：欲知戒慎恐懼之效，當於忠恕卜之。欲知忠恕之效，當於父母卜之。

愚謂此言皆牽合無理。且父母至尊，豈人子所以卜忠恕之物乎。詳味此言，可見其二本矣。

鬼神之爲德。

張云：天地萬物森然，鬼神列於中，不可違也。

愚按張氏他章之説甚詳，而此獨略，將有所疑而不敢盡耶，抑其所謂鬼神者，特如世俗之論而不之究耶？然詳味「列」字之意，則以鬼神别爲一物明矣，豈知鬼神者之言哉。

大德必受命。

張云：言此所以勉天下之爲德也，當始於戒慎恐懼，而以位禄名壽卜德之進否。

愚謂德盛則名位禄壽從之，乃理之必然，非姑爲此言以勉天下之爲德，亦非使學者以是四者卜其德之進否也。舜之飯糗茹草，若將終身焉，其受命也，乃不期而自至耳，豈曰卜之云乎。張氏之説，乃謀利計功之尤者。學者一有此念存乎胸中，則不可以進德矣。

無憂者，其惟文王乎。

張云：戒慎恐懼，則無適而不在中和中，其無憂也必矣。中和之中，自當有賢父聖子。

又曰：武王之舉，危道也。

愚謂凡此類皆牽合，而此數句尤疏闊無理。又以武王之舉爲危道，則是聖人行險以徼幸也。是豈知順天應人之爲安哉。

郊社之禮，禘嘗之義。

張云：不知先王居於何地，乃知天神自郊求，地祇自社求，人鬼自禘嘗求哉？

愚謂先王所以知此，以其理而已矣，不煩更爲奇怪之説。

地道敏樹。

張云：布種下實，未及頃刻。云云。

愚謂雖天下至易生之物，亦未有下種未及頃刻而發生者。此可見其矜奇欲速之心矣。

「故君子不可不修身」止「不可以不知天」。

張云：戒慎恐懼，深致其察，所以知天也。

愚謂戒懼致察，既知天而事天之事也。未能知天，則何所戒懼乎。

張云：推知天之心以知人，推知人之心以事親。

愚按推知天以知人，猶之可也；推知人以事親，不亦悖乎。伊川先生曰：「不知人，則所與或非其人，所由或非其道，而辱身危親者有之。故思事親，不可以不知人。」此論不可易也。

所以行之者一也，及其知之一也，及其成功一也。

張曰：知而未能行，是未能運用此誠也。

愚謂知而未能行，乃未能得之於己，豈特未能用而已乎。然此所謂知者，亦非真知也。真知則未有不能行者。且曰運用此誠，亦非知誠者之語。蓋誠則無爲而成，初不煩運用矣。

張云：行知仁勇者，誠也。而所以知此誠者，非他物也，亦即誠也。所以行此誠者，非他物也，亦即誠也。此聖人極誠之所在而指之也。又云：誠字雖同，而行知仁勇之誠，不若知誠之誠爲甚明；知誠之誠，不若行誠之誠爲甚大也。

愚按經文「所以行之者一也」與「及其知之一也」、「及其成功一也」兩句立語命意不同，張氏似誤作一例讀之，故其爲説如此。文義猶不暇通，而遽欲語其精微，此其所以失之也。且所謂誠者，一而已矣，今乃裂而三之，又於其中相與自爲優劣。蓋不窮天理，無所準則，而逞其私智，逆探幽深，横騖捷出，必極其所如往而後已，則安得不至於是乎。然推其本原，則生生化化、見見聞聞之緒餘也。

好學近乎知，力行近乎仁，知耻近乎勇。

張云：近之爲言以不遠也。不遠即在此而已，第知所以好學者誰，所以力行者誰，所以知耻者誰，則爲知仁勇矣。見於言語文字者，皆近之而已。惟人體之，識所以體者爲當幾而明，即事而解，則知仁勇豈他物哉。

愚謂上章既言達德之名，恐學者無所從入，故又言其不遠者以示之，使由是而求之，則可以入德也。聖人之言，淺深遠近之序不可差次如此。張氏以爲不遠者是矣，而又曰即在此而已，何其言之相戾也。蓋其所以爲説者，牽之以入於荒唐繆悠之中，其勢不得而自已爾。夫好學、力行、知耻在我而已，又必求其所以如此者爲誰而後爲至，則是身外復有一身，心外復有一心，紛紛乎果何時而已耶。設使果如其言，則所謂誰者，一而已矣。聖人復何用虚張三者之目，使學者徒爲是多方以求之耶。詳求聖人之意，決不如是，特釋氏之説耳。此章之指，惟吕博士之言淵慤有味，庶幾得之。張氏之徒蓋以爲淺近而忽之矣，然豈知其言近指遠，真得聖賢之意也與。

凡爲天下國家有九經。

張云：如其知仁勇，則亦不期於修身、尊賢、親親、敬大臣、體群臣、子庶民、來百工、懷諸侯、柔遠人矣。又曰：九經以次而行，皆中其會矣。

愚謂如張氏之云，則九經皆剩語矣。聖人之道所以異於異端者，以其本末内外一以貫之，而無精粗之辨也。故子思於九經，反復三致意焉。而張氏忽之如此，蓋每事欲高於聖賢一等，而不知憑虚失實，秖其所以爲卑也。

凡事豫則立。

張云：欲學者養誠於平日也。

愚謂先立乎誠，則無不豫矣，非謂豫養誠也。既誠矣，則何豫養之云乎。不誠乎身矣。

張云：世之論誠者多錯認專爲誠。夫至誠無息，專非誠也。以專爲誠，則是語言寢處、應對酬酢皆離本位矣。

愚謂專固不足以盡誠，然遂以無息爲誠，則亦誤矣。蓋惟至誠爲無息，非因其無息而命之以誠也。離本位之言，聖人無有，已辨於前矣。然專亦豈遽離本位哉。

張云：世之行誠者，類皆不知變通，至於誦孝經以禦賊，讀仁王以消災。

愚謂聖賢惟言存誠、思誠，未嘗言行誠。蓋思之既得，存之既著，則其誠在己，而見於行事者無一不出於誠。謂之行誠，則是己與誠爲二，而自我以行彼。誠之爲道，不如是也。如此者，其失不但不知變通而已。若曰所行既出於誠，則又不可謂之行誠，而亦無不知變通之理。張氏之言，進退無所據矣。至於誦孝經以禦賊，蓋不知明理而有迂愚之蔽。以是爲行誠而不知變通，然則張氏之所謂誠，亦無以異於專矣。讀仁王經者，其溺於邪僻又甚，不得與誦孝經者同科矣。

張云：格物知至之學，内而一念，外而萬事，無不窮其終始。窮而又窮，以至於極盡之地，人欲都盡，一旦廓然，則性善昭昭，無可疑矣。

愚按格物之學，二先生以來，諸君子論之備矣。張氏之云，乃釋氏看話之法，非聖賢之遺旨也。吕舍人大學解所論格物，正與此同，愚亦已爲之辨矣。

張云：注之於身則身誠，注之於親則親悅，注之於友則友信，注之於君、於民則獲上而民治。

愚謂明乎善則身自誠，乃理之自然。身誠則親自悦，由是以至於友、於君、於民皆然。乃積盛充實而自致耳。今曰注之而然，則是設之於此，射之於彼而冀其必然也〔一〕。其爲不誠，莫大於是。

張云：誠之所在，擊觸轉移。

愚謂至誠積於中而事物應於外，理之常也。然豈若是其驚遽暴疾哉。

張云：安得不想孔子、孟子，再拜以謝其格言乎。

愚謂觀此氣象，甚矣其粗鄙而輕浮也！

博學之，審問之，慎思之，明辨之，篤行之。

張曰：博學者，戒慎恐懼非一事也。問、思、辨放此。

愚謂戒慎恐懼乃篤行之事，非博學之謂也。

誠明明誠。

張云：由上智之自得而合乎聖人之教者，性也。由遵聖人之教而造乎上智之地者，教也。上智自得而不合於聖人之教，則爲異端矣。

愚謂張氏於誠明之説蓋未嘗深考，而爲此説以合其素論，觀其自處，傲然已在誠明之域矣。然謂上智自得而有不合於聖人之教者，則未知其所得果何事也，且所謂異端者復誰謂乎？夫豈不自知其已失身於此，而故爲是言者？是乃所謂改頭换面，陰予而陽擠之，將以自蓋其迹而幸人之不疑己。其爲不誠，莫大於是。以是心而語中庸，不亦戾乎。「大哉聖人之道」章云「荒唐夢幻之學」，其意亦猶是也。後不復重出矣。

「惟天下至誠爲能盡其性」止「天地參矣」。

張云：此誠既見，己性亦見，人性亦見，物性亦見，天地之性亦見。

愚謂經言惟至誠故能盡性，非曰誠見而性見也。「見」字與「盡」字意義迥别。大率釋氏以見性成佛爲極，而不知聖人盡性之大，故張氏之言每如此。

其次致曲。

張云：禮、樂、射、御、書、數中，直造乎誠之地也。

愚謂直造乎誠，則非致曲也。

張云：變者，此誠忽然而有，倏然而無。

愚謂誠若如此，何以爲物之終始乎？

至誠之道可以前知。

張云：既前知之，則以誠造化，轉移變易，使禍爲福、妖爲祥、亡爲興，蓋無難也。

愚謂至誠之道非可「以」者，以之則非誠矣。夫轉禍爲福，易災爲祥，以太戊、高宗之事觀之，則理固有是，然不如是之易也。是以古之聖賢遇災而懼，嚴恭祗畏，以正厥事，猶不敢庶幾其萬一。故曰：「瞻仰昊天，曷惠其寧？」豈曰轉移變易而無難哉。然此章之指，初亦不爲是發也。

不誠無物。

張云：吾誠一往，則耳目口鼻皆壞矣。

愚謂誠無人我之别，不必言吾；無彼此之殊，不必言往。耳目鼻口，亦豈有一旦遽壞之理哉。此章之説，諸先生言之悉矣。以彼觀此，得失可見。

君子誠之爲貴。

張云：誠未足貴，誠而又誠之，斯足貴也。

愚謂聖人言天下之理無出於誠，而曰誠未足貴，何其言之悖也。且既誠矣，以爲未足貴，而又誠之乃足貴，則前之所謂誠者，無乃爲棄物與。蓋緣本不知誠，而惟恐其言之小，故其言每如此。且誠者天之道，豈亦未足貴，必待誠之者人之道，乃足貴耶？雖至愚有以知其不然矣。

至誠無息。

張云：不見形象而天地自章，不動聲色而天地自變，垂拱無爲而天地自成。天地亦大矣，而使之章，使之變，使之成，皆在於我。又曰：至誠不息，則有不見而章，不動而變，無爲而成，天地又自此而造化之妙矣。

愚詳經意蓋謂至誠之理未嘗形見而自彰著，未嘗動作而自變化，無所營爲而自成就。天地之道，一言而盡，亦不過如此而已。張氏乃以爲聖人至誠於此，能使天地章明變化於彼，不惟文義不通，而亦本無此理。其曰天地自此而造化，語尤險怪。蓋聖人之於天地，不過因其自然之理以裁成輔相之而已。若聖人反能造化天地，則是子孫反能孕育父祖，無是理也。凡此好大不根之言，皆其心術之蔽，又原於釋氏「心法起滅天地」之意，正蒙斥之詳矣。

「尊德性而道問學」止「敦厚以崇禮」。

張云：自戒慎恐懼而入，入而造於發育峻極之地而不敢已，則行乎三千三百之中而道問學矣。尊德性而不敢已，則又變而爲致廣大。此下不敢已者三，又變而爲者三。知新崇禮，又致廣大、極高明之變名也。

愚按此皆言體道成德之目，無不敢已而又變之意。變名之説亦無義理。

張云：豈有一毫之變怪以驚眩天下之耳目哉。

愚按張氏之書，變怪驚眩蓋不少矣，猶以爲無有，不知更欲如何乃爲變怪驚眩哉。

吾從周。

張云：周法已弊，其過多矣。孔子身非輔相，不在尊位，所以不敢輕議妄論，而曲意以從周之法度也。

愚按孔子言「周監於二代，鬱鬱乎文哉，吾從周」，則其從周也亦有道矣，非不得已而妄從之也。若末世之弊有如拜上之泰，則不盡從矣。其不得不從者，是亦義理之所在。斯誠然而從之，以爲曲意而從，非聖人之心也。張氏歸心乎釋氏而曲意於儒者，故其所以窺聖人者如此，非一辭之失也，其所從來遠矣。

君子未有不如此而蚤有譽於天下也。

張云：夫如此，指何事而言哉？即予所謂戒慎不睹、恐懼不聞也。

愚按張氏戒慎恐懼二句，横貫中庸一篇之中，其牽合附會，連章累句，已不容一一辨正矣。至於此章經文所謂如此，乃上文「君子之道本諸身」以下耳。張氏欲成其前説，乃近舍本章上文之義，遠指戒慎恐懼於數千字之前。未論義理之當否，而豈言語文字體勢之常哉。故特論此一章尤疏漏處，以見其餘之皆此類也。

此天地之所以爲大也。

張云：論至於此，則夫子蓋未嘗死也。觀乎天地，此亦夫子之乾坤也。

愚按孔子言：「文王既没，文不在兹乎？」未嘗言文王之不死也。然言近旨遠，其味無窮，所以爲聖人之言也。「不死」之云，變怪駭人而實無餘味。故程子有言：「立言當涵畜意思，不使知德者厭，無德者惑」，正爲此耳。

校記 〔一〕彼：原作「後」，據正訛引遺書、明萬曆本改。

吕氏大學解

吕氏之先與二程夫子游，故其家學最爲近正。然未能不惑於浮屠、老子之説，故其末流不能無出入之弊。按正獻公神道碑載：公進讀，上語及釋老虛寂之旨。公曰：「堯舜雖知此，乃以知人安民爲急」，此其所差之端也。堯舜之道，精粗本末一以貫之，其所知者似與釋老不相似也。以爲所知在此而所急在彼，是二本也。本原如此，則其末流之弊，豈可勝道哉。今論其一二，以補其闕。蓋其他説之近正者，則君子猶有取焉。

知所先後，則近道矣。

吕氏曰：異端之學皆不知所先後，考索勤苦，雖切而終不近，故有終始爲二道〔一〕、本末爲兩端者。

愚謂此言似爲釋氏發，然吕氏終身學焉，不知以誰爲異端，而爲是説以詆之耶。蓋其心未必不以爲有先後者，世間之粗學；而無先後者，出世間之妙道。兩者初不相爲謀，雖并行而不相悖也。方其言此，故不得不是此而非彼；及其爲彼，則又安知其不是彼而非此哉。彼其陽離陰合，自以爲左右采獲而集儒佛之大成矣，曾不悟夫言行不類、出入支離之爲心害，而莠亂苗、紫奪朱之患又將無所不至也。此蓋原於所知在此、所急在彼之意，而其失又甚焉。近世之言道者蓋多如此，其誤後學深矣。

致知在格物，物格而後知至。

吕氏曰：致知格物，修身之本也。知者，良知也，與堯舜同者也。理既窮則知自至，與堯舜同者忽然自見，默而識之。

愚謂致知格物，大學之端，始學之事也。一物格則一知至，其功有漸，積久貫通，然後胸中判然，不疑所行，而意誠心正矣。然則所致之知固有淺深，豈遽以爲與堯舜同者一旦忽然而見之也哉。此殆釋氏「一聞千悟」〔二〕、「一超直入」之虛談，非聖門明善誠身之實務也。其與前章所斥異端之學不知所先後者，又何以異哉。

吕氏曰：草木之微，器用之別，皆物之理也。求其所以爲草木器用之理，則爲格物。草木器用之理吾心存焉，忽然識之，此爲物格。

愚按伊川先生嘗言：「凡一物上有一理，物之微者亦有理。」又曰：「大而天地之所以高厚，小而一物之所以然，學者皆當理會。」吕氏蓋推此以爲説而失之者。程子之爲是言也，特以明夫理之所在無間於大小精粗而已。若夫學者之所以用功，則必有先後緩急之序、區別體驗之方，然後積習貫通，馴致其極。豈以爲直存心於一草木器用之間，而與堯舜同者無故忽然自識之哉。此又釋氏聞聲悟道、見色明心之説，殊非孔氏遺經、程氏發明之本意也。嚮以吕氏之博聞强識而不爲是説所迷，則其用力於此，事半而功必倍矣。今乃以其習熟見聞者爲餘事，而不復精察其理之所自來，顧欲置心草木器用之間，以俟其忽然而一悟〔三〕，此其所以始終本末判爲兩途而不自知其非也。舊見吕氏晚年尺牘數語，有足以證成此義者，因系之於後，并爲之説云。

吕氏曰：聞見未徹，正當以悟爲則，所謂致知格物，正此事也。比來權去文字，專務體究，尚患雜事紛擾，無專一工夫。若如伊川之説，物各付物，便能役物，却恐失涉顢頇爾。吕自注云：「其意以爲物不可去，事不可無，正當各任之耳。」

愚謂以悟爲則乃釋氏之法，而吾儒所無有。呂氏顧以爲致知格物之事，此其所以誤爲前説而不知其非也。若然，則又安得獨以不知所先後者爲異端之病哉。若由吾儒之説，則讀書而原其得失，應事而察其是非，乃所以爲致知格物之事，蓋無適而非此理者。今乃去文字而專體究，猶患雜事紛擾，不能專一，則是理與事爲二，必事盡屏而後理可窮也。終始二道，本末兩端，孰甚於此。則未知呂氏所體所究果何理哉。伊川之説，正謂物各有理，事至物來，隨其理而應之，則事事物物無不各得其理之所當然者，如舜之舉十六相、去四凶也。此其所以不爲物之所役而能役物，豈曰各任之而已哉。如曰任之而已，則是漫然不察其是非可否而一切聽其所爲也。如此，則能不爲物之所役者鮮矣。顧舍其顓頊而謂人顓頊，豈不惑哉！

先王之世，一道德，同風俗，故天下之大，人無異言，家無異學，豈復知有異端之害哉。及周之衰，正道陵遲，禮壞樂崩，夫子憂之，乃緒正六經，以明先王之教。當是時，異端雖不能無，猶未有以名家者也。及夫子没，世道益衰，狂僭之士見聖人之有作也，遂各逞其聰明，競立異説，以自名於世，顧與正道并馳而争勝。於是天下之人耳目眩瞶而莫知適從矣。然諸子百家雖各主其説，而其爲害則有淺深。如老莊之虚浮，人固知其無著；申韓之刑名，人固知其少恩，皆不足以惑人也。惟楊墨之學，假仁義以爲名，而實爲仁義之害，惑人之尤深者也〔四〕。故孟子起而閑先聖之道，舍諸子而獨闢楊墨，以正人心、息邪説、距詖行、放淫辭，使天下若醉而醒、夢而覺，然後正道廓如也。噫！孟子以來，千有餘載，儒者溺於詞采，實不見道，徒辨楊墨之非，至身爲楊墨則不自覺；徒惡楊墨之害，至躬蹈楊墨則不自知，況敢冀其有孟氏之功乎。夫浮屠出於夷狄，流入中華，其始也言語不通，人固未之惑也。晉、宋而下，士大夫好奇嗜怪，取其侏離之言而文飾之，而人始大惑矣。非浮屠之能惑人也，導之者之罪也。今有人於此，詭衣冠而談空無，衆必止而詬之。一旦有貴顯名譽之士亦從而效尤，則人皆眙愕改觀，未論其事之是非，且以其人而信之矣，幾何其不胥而爲夷狄哉。此有識之所共憂而永嘆也〔五〕。二蘇、張、呂，豈非近世所謂貴顯名譽之士乎？而其學乃不知道德性命之根原，反引老、莊、浮屠不經之説而紊亂先王之典，著爲成書，以行於世。後生既未有所聞，必以其人而尊信之，漸染既深，將如錮疾，可不哀乎。新安朱元晦以孟子之心爲心，大懼吾道之不明也，弗顧流俗之譏議，嘗即其書破其疵繆〔六〕，針其膏肓，使讀者曉然知異端爲非而聖言之爲正也〔七〕。學者苟能因其説而求至當之歸，則諸家之失不逃乎心目之間，非特足以悟疑辨惑，亦由是而可以造道焉。故余三復而樂爲之書云。乾道丙戌孟冬晦日，臺溪何鎬謹跋。

校記

〔一〕二：原作「一」，據宋閩本、明天順本、四庫全書本改。

〔二〕悟：原作「誤」，據宋閩、浙本改。

〔三〕俟：原作「伺」，據右引改。

〔四〕深：原作「甚」，據右引改。

〔五〕共：原作「甚」，據右引改。

〔六〕破其：宋浙本作「指摘」。

〔七〕端爲：右引作「說之」。

編年　據文末附何鎬跋語所署年月。

古史餘論慶元中

近世之言史者，唯此書爲近理，而學者忽之。予獨愛其序言：古之帝王，皆聖人也，其於爲善，如水之必寒、火之必熱；其於不爲不善，如騶虞之不殺、竊脂之不穀。非近世論者所能及。而所論史遷之失，以爲淺近而不學，疏略而輕信，亦中其病。顧其本末，乃有大不相應者，竊以爲於此有以識之，則其達於聖賢不遠矣。作古史餘論。

本紀

蘇子曰：「古之帝王皆聖人也，其道以無爲宗，萬物莫能嬰之。」予竊以爲此特以老子、浮屠之說論聖人〔一〕，非能知聖人之所以聖者也。故其爲說空虛無實，而中外首尾不相爲用。若削其「其道」以下而更之曰「其心渾然，天德完具，萬事之理無一不備，而無有一毫人欲之私焉」，則庶乎其本正而體用可全矣〔二〕。印本皆作「以無爲爲宗」，而蘇子嘗云：「佛書言以無爲法者，謂以無而爲法耳，非謂有無爲之法也。僧徒拙於文義，乃以佛法爲無爲之法，誤矣。」其言如此，而其爲黃帝紀亦但言以無爲宗，而「爲」字不再出，不應此序「無」字之下獨得有兩「爲」字也。蘇子之言雖非至論，而於佛書文義猶爲得之。今復并失其指，故略爲之辨云。至其所謂其積之中者有餘〔三〕，故推以治天下，有不可得而知者，則雖非大失，而積與推者終非所以言聖人。不若易之曰「默而該之者既溥博而淵泉，故其揮而散之者自以時出而無不當」，則庶乎輕重淺深之間亦無可得而議也。其曰管仲〔四〕、子產、叔向之流皆不足以知者，是則然矣。至謂孔子知之至而未嘗言，孟子知其一二而人不信，則是以夫子之言爲有隱、孟子之知爲未盡也。且其謂數子之所未知、孟子之所未盡與孔子之所知者，皆果爲何事耶？若但曰以無爲宗，萬物莫能嬰之而已，則數子之未知也不足恨，而孔、孟之所知，吾恐其非此之謂也。其必易之曰「至於孔子，蓋全體焉。而孟子之知，亦足以至乎其極」，則庶乎數子之所未知者可得而言耳。「時以告人」，「時」字亦未當，當改作「然每」字。嗚呼！秦漢以來，史册之言近理而可觀者莫若此書，而其所未合猶若此，又皆義理之本原而不可失者，豈其學之所從入者既已未得其正，而其所以講磨體蹈之者又有所未精，是以雖既其文而未既其實，雖聞其號而未燭厥理也歟？嗚呼，聖學不傳，其害可勝言哉！

黄帝紀云：其師岐伯明於方，世之言醫者宗焉。然黄帝之書，戰國之間猶存，其言與老子相出入，以無爲宗。其設於世者與時俯仰，皆其見於外者也。予謂此言尤害於理。竊意黄帝聰明神聖，得之於天，其於天下之理無所不知，天下之事無所不能。上而天地陰陽、造化發育之原，下而保神練氣、愈疾引年之術，以至其間庶物萬事之理，巨細精粗，莫不洞然於胸次，是以其言有及之者。而世之言此者因自託焉，以信其說於後世。至於戰國之時，方術之士遂筆之書以相傳授。如列子之所引與夫素問、握奇之屬，蓋必有粗得其遺言之仿佛者，如許行所道神農之言耳。周官外史所掌三皇五帝之書，恐不但若此而已也。今蘇子乃獨指其與老子相出入者爲黄帝之本真，而其前所叙載制作征誅、開物成務之大法，下至醫方灸刺之屬，皆以爲設於世、見於外而與時俯仰者，則是聖人之内外心迹判然兩途，而其文章事業之見於世者，皆不出於其中心之實然矣，而可乎哉。

舜紀所論三事，其一許由者是已。然當全載史遷本語，以該卞隨、務光之流，不當但斥一許由而已也。然太史公又言箕山之上有許由冢，則又明其實有是人，亦當世之高士，但無堯讓之事耳。此其曲折之意，蘇子亦有所未及也。其一瞽、象殺舜，蓋不可知其有無。今但當知舜之負罪引慝，號泣怨慕，象憂亦憂，象喜亦喜，與夫小杖則受，大杖則走，父母欲使之，未嘗不在側，欲求殺之，則不可得而已爾。不必深辨瞽、象殺舜之有無也。其一舜、禹避朱、均而天下歸之，則蘇子慮其避之足以致天下之逆。至益避啓而天下歸啓，則蘇子又譏其避之爲不度而無耻。於是凡孟子、史遷之所傳者，皆以爲誕妄而不之信。今固未暇質其有無，然蘇子之所以爲説者，類皆以世俗不誠之心度聖賢，則不可以不之辨也。聖賢之心，淡然無欲，豈有取天下之意哉。顧辭讓之發，則有根於所性而不能已者。苟非所據，則雖巵酒豆肉，猶知避之，况乎秉權據重而天下有歸己之勢，則亦安能無所惕然於中而不遠引以避之哉。避之而彼不吾釋，則不獲已而受之，何病於逆？避之而幸其見舍，則固得吾本心之所欲，而又何耻焉？唯不避而强取之乃爲逆，偃然當之而彼不吾歸乃可耻耳。如蘇子之言，則是凡世之爲辭讓者，皆陰欲取之而陽爲遜避，是以其言反於事實至於如此而不自知其非也。舜、禹之事，世固不以爲疑，今不復論。至益之事，則亦有不能無惑於其説者。殊不知若太甲賢而伊尹告歸，成王冠而周公還政，宣王有志而共和罷，此類多矣。當行而行，當止而止，而又何耻焉。蘇子蓋賢共伯，而尚何疑於益哉。若曰受人之寄，則當遂有之而不可歸，歸之則爲不度而無耻，則是王莽、曹操、司馬懿父子之心而楊堅夫婦所謂騎虎之勢也。乃欲以是而語聖賢之事，其亦誤矣。

夏紀與賢與子之論，孟子言之盡矣。彼以好異期聖人者固妄，而謂聖人畏天下後世喜名失實之弊，而後不敢與賢以爲異，至累數十百言以辨之者，亦淺乎其知聖人矣。序文所謂水寒火熱、騶虞竊脂者，又安在哉。且於篇首即以「苟」字爲言，則其簡慢徇情之意勝。又以不求爲異爲主，則其同流合污之願深。大抵不知天命人心爲義理本原之正，而横斜曲直，唯其意之所欲。此則蘇氏膏肓沉痼之疾，凡其父子兄弟少日之言若此類者，不可勝舉。而少公資禀稍爲静厚，故其晚歲粗知省悟，而意聖賢之心不徒若是其卑也。是以特序此書，以救前失。然舊習已安，未易猝拔，而本原綱領終未明了，故其平日之邪論乘間竊發，而一時正見之暫明者不足以勝之也。若長公之志林，則終身不能有以少變於其舊，又不逮其弟遠矣。

周論之云似矣，然細考之，有不能無失者，請試言之。夫民生之初，固未始有禮義之文也。然自其相生養而有父子，則知有相愛之恩矣。自其相保聚而有君臣，則知有相敬之義矣。是則禮義之實，豈可謂之無哉。今曰民生之初，父子無義，君臣無禮，此其不知道體之言一也。父子言義，君臣言禮，亦非是。今以此等處多，皆不暇辨也。夫人唯其本有禮義之心也，是以凡所作爲，有所準則而知其安與不安，所謂「民之秉彝，好是懿德」者也。今曰無禮義矣，則觸情而行，從欲而動，乃其當然，無所不可，而又謂其戚然有所不寧而後反求諸心，以得所安，則未知其何所準則而知之也。此其不知道體之言二也。

且人心固有禮義之實矣，然非有聖人全體此心，以當君師之寄，因其有是實者而品節之，則禮義之文亦何自而能立？其品節之也，雖非强之以其所不欲，然亦非苟徇其私意之所便也。今味蘇子之言，乃若以爲天下之人自能爲禮而無待於聖人，又以爲人之爲禮，但求以即其所安而不論其所安之準則，則其末流之弊，必將反有至於裸袒踞肆而後已者。此又其不察事理之言也。若夫古今之變，極而必反，如晝夜之相生，寒暑之相代，乃理之當然，非人力之可爲者也。是以三代相承，有相因襲而不得變者，有相損益而不可常者。然亦唯聖人爲能察其理之所在而因革之，是以人綱人紀得以傳之百世而無弊。不然，則亦將因其既極而横潰四出，要以趨其勢之所便，而其所變之善惡，則有不可知者矣。若周之衰，文極而弊，此當變之時也。而聖王不作，莫有能變周用夏，救僿以忠，如孔子、董生、太史之言者。是以文日益勝，禮日益繁，使常人之情有所不能堪者。於是始違則作僞以赴之，至於久而不堪之甚，則遂厭倦簡忽而有横潰四出之患，若秦之掃除二帝三王之迹，而專爲自恣苟簡之治。以至於今，遂有如蘇子所謂冠婚喪祭不爲之禮，墓祭而不廟，室祭而無所者，正坐此也。而蘇子固謂生民以來，天下未嘗一日不趨於文；即是又謂禮俗之變，皆唯衆人之所自爲，而聖人之通其變者爲無所與於其間也。且曰日趨於文矣，則又安有秦之苟簡與今之無禮，如蘇子之所病？而秦之苟簡與今之無禮，又豈爲治者真有革薄從忠之意而故爲不文，以從唐、虞、夏、商之質，如彼之所譏者耶？其言反覆，自相矛盾，此又不察時變，不審物情之甚者也。

然則有聖賢出，而欲爲今日之禮者，宜奈何？曰：行夏時，乘殷輅，服周冕，樂韶舞，此吾夫子之言，萬世不易之通法也。今以繼周而言，則固當救之以忠，更以適時而慮，亦恐其未能遽及夫文也。亦曰躬行以率之，講學以開之，厚其實而粗品節之，使其文雖未備而不至於鄙野，大綱略舉而不至於難行，則亦庶乎其有移風易俗之漸矣。

蘇子論戰國之勢，以爲當是之時，雖有桓、文之君假仁義、挾天子以令之，其勢將有所不行。必得至誠之君子，自修而不争，如商周之先王，庶幾可以服之。其爲秦計，則曰因秦之地，用秦之民，按兵自守，修德以來天下之民。彼將襁負其子而至，誰與共守？此其言皆善矣。其視史遷六國年表之云，不啻美玉之視碔砆也。然其爲六國計，但以齊、魏之不受兵爲驗，則是不知文侯之時，秦方以戎翟見擯於中國，固未能窺兵於山東。君王后之時，秦方用遠交近攻之術，日以三晋、荆楚爲事，故爲二國者得以少安而無患。若孝公、商鞅之後，始皇、李斯之時，則如楚用子蘭，齊用后勝，召之會則會，劫之朝則朝，今日割五城，明日獻十邑，其事秦豈不甚謹而不争哉。而卒以危亡之不暇，蘇子之策亦不足以支矣。然則宜奈何？曰：其亦强於自治，厚於養民，博求聖賢之佐以自輔，使德之修於己者，秦一己百，秦十己千，固守四封〔五〕，交鄰以道，使其勢出可以征而入可以守，汲汲乎以一世生民塗炭陷溺爲己任，而不專以求利於吾國爲心焉，則亦庶乎其可也。若姑以自修者藉口，而實專主於不争以事秦，則所謂自修者，吾恐區區之杯水不足以救焦邑滅都之火；而所謂不争者，乃所以稔子蘭、后勝之禍也。彼孟子所以告齊、梁之君者，其本末次第之詳爲如何？而其終也，又未嘗不以無敵於天下爲效。豈若蘇子苟簡備數之言而已哉。

始皇紀論封建之不可復，其説雖詳，而大要直謂無故國之可因而已。嘗試考之，商周之初，大賚所富，已皆善人；而其土地廣狹，隨時合度，無尾大外强之患；王者世世修德以臨之，又皆長久安寧而無倉卒傾摇之變。是以諸侯之封皆得傳世長久而不可動，非以有故國之助而然也。秦至無道，決無久存之理。正使采公卿之議，用淳于越之説，并建子弟以自藩屏，不過爲陳、吴、劉、項魚肉之資。雖有故國之助，亦豈能以自安也哉。至若漢、晉之事，則或以地廣兵强而逆節萌起，或以主昏政亂而骨肉相殘，又非以無故國之助而亡也。蘇子之考之也，其已不詳矣。

至於又謂後世之封建者，舉無根之人寄之吏民之上，君民不親，一有變故，則將漂卷而去，亦與秦之郡縣何異？若使秦能寬刑薄賦，與民休息，而以郡縣治之，雖與三代比隆可也。夫以君民不親而有漂卷之患爲不異於郡縣，是固以封建爲賢於郡縣。但後世之封建不能如古之封建，故其利害無以異於郡縣耳。而又必曰以郡縣善而治之，猶可以比隆於三代，至於封建，則固以爲不可，豈封建則不可以善治，而必爲郡縣乃可以善治耶？若以無根爲慮，則吾又有以折之：夫天生蒸民，有物有則，君臣之義，根於情性之自然，非人之所能爲也。故謂之君，則必知撫其民；謂之民，則必知戴其君。如夫婦之相合，朋友之相求，既已聯而比之，則其位置名號自足以相感而相持，不慮其不親也。如太公之於齊、伯禽之於魯，豈其有根？而康叔之於衛，又合其再世之深仇而君之，然皆傳世數十，衛乃後周數十年而始亡，豈必有根而後能久耶。至於項羽初起，即戰河北，其爲魯公，未必嘗得一日臨涖其民也。而其亡也，魯人猶且爲之城守不下〔六〕，至聞其死，然後乃降。以至彭越之於梁、張敖之於趙，其爲君也亦暫耳，而欒布、貫高之徒爭爲之死。以至漢、魏之後，則已爲郡縣久矣，而牧守有難，爲之掾屬者猶以其死捍之。是豈有根而然哉，君臣之義固如此也。

若秦之時，六國强大，誠不可以爲治。既幸有以一之矣，則宜繼續其宗祀，而分裂其土壤以封子弟功臣，使之維持參錯於其間。以義言之，既得存亡繼絕之美；以勢言之，就使有如蘇子之所病，則夫故國之助、根本之固者，又可於此一舉而兩得之，亦何爲而不可哉。但秦至無道，封建固不能待其久而相安，而爲郡縣亦不旋踵而敗亡。蓋其利害得失之算，初不繫乎此耳。蘇子乃以其淺狹之心、狃習之見，率然而立論，固未嘗察乎天理民彝本有之常性，而於古今之變、利害之實，人所共知而易見者，亦復乖戾如此，是則不惟其窮理之學未造本原，抑其暮年精力亦有所不逮而然也。

或曰：然則爲今之計，必封建而後可以爲治耶？而度其勢，亦可必行而無弊耶？曰：不必封建而後可爲治也。但論治體，則必如是，然後能公天下以爲心，而達君臣之義於天下，使其恩禮足以相及，情意足以相通，且使有國家者各自愛惜其土地人民，謹守其祖先之業以爲遺其子孫之計；而凡爲宗廟社稷之奉、什伍閭井之規、法制數度之守，亦皆得以久遠相承，而不至如今日之朝成而暮毀也。若猶病其或自恣而廢法，或强大而難制，則雜建於郡縣之間，又使方伯連帥分而統之，察其敬上而恤下與其違禮而越法者，以行慶讓之典，則曷爲而有弊耶。

校記

〔一〕說：宋浙本作「意」。

〔二〕其：右引作「大」。

〔三〕所：右引作「又」。

〔四〕仲：右引作「晏」。

〔五〕封：原作「方」，據宋閩、浙本改。

〔六〕猶且：原倒，據右引乙。

編年

朱熹對古史一書由推崇轉向批判甚早，大約在紹興末。其文集卷四十一答程允夫一云：「僕數年前亦嘗惑焉，近歲始覺其繆。」其後斷續有所論及，如文集卷五十四答趙幾道一（淳熙末作），卷四十八答吕子約十四（慶元四年作），卷七十讀蘇氏紀年（慶元中作）等，其基本態度爲有褒有貶。本篇所言内容皆爲以上各篇所未及，而辨析更爲深入，又題名「餘論」，顯爲以上各篇之後所作，即慶元中也。

評論

周大璋朱子古文讀本卷四古史餘論：禮義是制度原頭，不知禮義，而妄謂之無，則人心無準則，而聖人之制作皆爲强世徇私，其因革損益，亦止趨其勢之所便而已。原頭既差，下捎都没分曉。所謂不知性焉知道，不知道焉知教是也。此等文真是暗室一炬。不知修德自强，而徒以不争事秦爲妙策，所謂是謀非吾所能及者也。筆力雄遒，氣象渾浩，亦足令蘇氏短氣。秦至無道，郡縣固亡，封建亦不能久，治天下以德不以法也。然必封建，乃見先王公天下之心，而上下相維，可以長治久安，固不以其無故國之因與無根者之不可以治民而謂其不可復也。逐段折辨，言言中肯。

朱熹文集編年評注卷七十三

雜著

讀余隱之尊孟辨隱之名允文，建安人。紹熙三年

温公疑孟上

疑曰：孟子稱所願學者孔子，然則君子之行，孰先於孔子？孔子歷聘七十餘國，皆以道不合而去，豈非非其君不事歟？孺悲欲見孔子，孔子辭以疾，豈非非其友不友乎？陽貨爲政於魯，孔子不肯仕，豈非不立於惡人之朝乎？爲定、哀之臣，豈非不羞汙君乎？爲委吏，爲乘田，豈非不卑小官乎？舉世莫知之，不怨天，不尤人，豈非遺佚而不怨乎？飲水曲肱，樂在其中，豈非阨窮而不憫乎？居鄉黨，恂恂似不能言，豈非由由然與之偕而不自失乎？是故君子邦有道則見，邦無道則隱，事其大夫之賢者，友其士之仁者，非隘也。和而不同，遁世無悶，非

不恭也。苟毋失其中，雖孔子由之，何得云君子不由乎？

辨曰：孟子曰：「伯夷隘，柳下惠不恭。隘與不恭，君子不由。」原孟子之言，非是瑕疵夷、惠也，而清和之弊，必至於此。蓋以一於清，其流必至於隘；一於和，其流必至於不恭。其弊如是，君子豈由之乎？苟得其中，雖聖人亦由之矣。觀吾孔子之行，時乎清而清，時乎和而和，仕止久速，當其可而已，是乃所謂時中也。是聖人之時者也，詎可與夷、惠同日而語哉。或謂伯夷制行以清，下惠制行以和，救時之弊，不得不然，亦非知夷、惠者。苟有心於制行，則清也和也，豈得至於聖哉！夷之清、惠之和蓋出於天性之自然，特立獨行而不變，遂臻其極致。此其所以爲聖之清、聖之和也。孟子固嘗以百世之師許之矣，慮後之學者慕其清和而失之偏，於是立言深救清和之弊，大有功於名教。疑之者誤矣。

「觀吾夫子之行，時乎清而清，時乎和而和，仕止久速，當其可而已，是乃所謂時中也。是聖人之時者也，詎可與夷、惠同日而語哉。」五十八字，愚欲删去，而補之曰：然此不待别求左驗而是非乃明也，姑即温公之所援以爲説者論之，固已曉然矣。如温公之説，豈非吾夫子一人之身而兼二子之長歟？然則時乎清而非一於清矣，是以清而不隘；時乎和而非一於和矣，是以和而未嘗不恭。其曰聖之時者，如四時之運，温凉和燠，各以其序，非若伯夷之清，則一於寒凉，柳下惠之和，則一於温燠，而不能相通也。以是言之，則是温公之所援以爲説者，乃所以助孟子而非攻也。又曰「苟有心於制行」至章末，愚欲删去，而易之曰：使夷、惠有心於制行，則方且勉强修爲之不暇，尚何以爲聖人之清和也歟。彼其清且和也，蓋得於不思不勉之自然，是以特立獨行，終其身而不變。此孟子所以直以爲聖人而有同於孔子也。又恐後之學者慕其清和而失之一偏，於是立言以救其末流之弊，而又曰乃所願則學孔子也。其抑揚開示至深切矣，亦何疑之有？

疑曰：仲子以兄之禄爲不義之禄，蓋謂不以其道事君而得之也。以兄之室爲不義之室，蓋謂不以其道取於人而成之也。仲子蓋嘗諫其兄矣，而兄不用也。仲子之志，以爲吾既知其不義矣，然且食而居之，是口非之而身享之也。故避之，居於於陵。於陵之室與粟，身織屨、妻辟纑而得之也，非不義也，豈當更問其築與種者誰歟？以所食之鶃，兄所受之饋也，故哇之，豈以母則不食，以妻則食之耶？君子之責人，當探其情。仲子之避兄離母，豈所願耶？若仲子者，誠非中行，亦狷者有所不爲也。孟子過之，何其甚耶！

辨曰：陳仲子弗居不義之室，弗食不義之禄，夫孰得而非之？居於於陵以彰兄之過，與妻同處而離其母，人則不爲也。而謂仲子避兄離母，豈所願耶。殊不曉其説。仲子之兄非不友，孰使之避？仲子之母非不慈，孰使之離？烏得謂之「豈所願耶」？仲子，齊之世家，萬鍾之禄，世之有矣，不知何爲諫其兄，以其禄與室爲不義而弗食弗居也。謂仲子爲狷者有所不爲，避兄離母，可謂狷乎？孟子深闢之者，以離母則不孝，避兄則不恭也。使仲子之道行，則天下之人不知義之所在，謂兄可避，母可離，其害教也大矣。孟子之言，履霜之戒也歟。

温公云：仲子嘗諫其兄而兄不用，然且食而居之，是口非之而身享之也，故避之。又曰：仲子狷者，有所不爲者也。愚謂口非之而身享之，一時之小嫌；狷者之不爲，一身之小節。至於父子兄弟，乃人之大倫，天地之大義，一日去之，則禽獸夷狄矣。雖復謹小嫌、守小節，亦將安所施哉。此孟子絕仲子之本意。隱之云：仲子之兄非不友，孰使之避？仲子之母非不慈，孰使之離？愚謂政使不慈不友，亦無逃去之理。觀舜之爲法於天下者，則知之矣。

疑曰：孔子，聖人也；定、哀，庸君也。然定、哀召孔子，孔子不俟駕而行，過位，色勃如也，足躩如也。過虛位且不敢不恭，況召之有不往而他適乎。孟子，學孔子者也，其道豈異乎。夫君臣之義，人之大倫也。孟子之德，孰與周公？其齒之長，孰與周公之於成王？成王幼，周公負之以朝諸侯。及長而歸政，北面稽首畏事之，與事文、武無異也。豈得云彼有爵，我有德齒，可慢彼哉。孟子謂蚳鼃居其位，不可以不言；言而不用，不可以不去。己無官守，無言責，進退可以有餘裕。孟子居齊，齊王師之。夫師者，導人以善而救其惡者也，豈謂之無官守、無言責乎。若謂之爲貧而仕耶，則後車數十乘，從者數百人，仰食於齊，非抱關擊柝比也。詩云：「彼君子兮，不素餐兮。」夫賢者所爲，百世之法也，余懼後之人挾其有以驕其君，無所事而貪禄位者，皆援孟子以自況，故不得不疑。

辨曰：孟子將朝王，王使人來曰：「寡人如就見者也，有寒疾，不可以風。朝將視朝，不識可使寡人得見乎？」探王之意，未嘗知以尊德樂道爲事，方且恃萬乘之尊，不肯先賢者之屈，故辭以疾，欲使孟子屈身先之也。孟子知其意，亦辭以疾者，非驕之也，身可屈，道其可屈乎。其與君命召，不俟駕而行異矣。又孟子曰：「天下有達尊三，朝廷莫如爵，鄉黨莫如齒，輔世長民莫如德。」夫尊有德，敬耆老，乃自古人君通行之道也。人君所貴者爵爾，豈可慢夫齒與德哉。若夫伊尹之於太甲，周公之於成王，此乃大臣輔導幼主，非可與達尊概而論也。又孟子謂蚳鼃爲士師，職所當諫，諫之不行則當去，爲臣之道當如是也，爲王之師則異矣。記曰：君之所不臣於其臣者二，而師處其一。尊師之禮，詔於天子無北面，非所謂有官守、有言責者也，其進退豈不綽綽然有餘裕哉。孟子以道自任，一言一行未嘗少戾於道，意謂人君尊德樂道不如是，則不足與有爲。而謂挾其有以驕其君，無所事而貪祿位者，過矣。

温公云：「孔子，聖人也；定、哀，庸君也。然定、哀召孔子，孔子不俟駕而行，過位，色勃如也，足躩如也。過虛位且不敢不恭，况召之有不往而它適乎。孟子，學孔子者也，其道豈異乎。夫君臣之義，人之大倫也。孟子之德，孰與周公？其齒之長，孰與周公之於成王？成王幼，周公負之以朝諸侯。及長而歸政，北面稽首畏事之，與事文、武無異也。豈得云彼有爵，我有齒德，可慢彼哉。」愚謂孟子固將朝王矣，而王以疾要之，則孟子辭而不往，其意若曰：自我而朝王，則貴貴也。貴貴，義也，而何不可之有？以王召我，則非尊賢之禮矣。如是而往，於義何所當哉。若其所以與孔子異者，則孟子自言之詳矣，恐温公亦未深考耳。孟子達尊之義，愚謂達者，通也。三者不相值，則各伸其尊而無所屈；一或相值，則通視其重之所在而致隆焉。故朝廷之上，以伊尹、周公之忠聖耆老，而祗奉嗣王，左右孺子，不敢以其齒德加焉。至論輔世長民之任，則太甲、成王固拜手稽首於伊尹、周公之前矣。其迭爲屈伸，以致崇極之義，不異於孟子之言也。故曰通視其重之所在而致隆焉，唯可與權者知之矣。官守言責，一職之守耳，其進退去就，決於一事之得失、一言之從違者也。若爲師，則異於是矣。然亦豈不問其道之行否而食其禄耶。觀孟子卒致爲臣而歸，齊王以萬鍾留之而不可得，則可見其出處大概矣。

疑曰：孟子知燕之可伐，而必待能行仁政者乃可伐之。齊無仁政，伐燕非其任也。使齊之君臣不謀於孟子，孟子勿預知可也。沈同既以孟子之言勸王伐燕，孟子之言尚有懷而未盡者，安得不告王而止之乎。夫軍旅大事〔一〕，民之死生、國之存亡皆繫焉，苟動而不得其宜，則民殘而國危。仁者何忍坐視其終委乎。

辨曰：沈同問燕可伐，孟子答之曰可伐者，言燕之君臣擅以國而私與受，其罪可伐。沈同亦未嘗謂齊將伐之也，豈可臆度其意，預告之以齊無善政，不可伐燕歟？且言之不可不慎也久矣，彼欲伐人之國，未嘗與己謀，苟逆探其意而沮其謀，政恐不免貽禍矣。或謂其勸齊伐燕，孟子已嘗自明其説，意在激勸宣王，使之感悟而行仁政爾。孟子答問之際，抑揚高下，莫不有法。讀其書者，當求其立言垂訓之意而究其本末可也。

聖賢之心如明鑑止水，來者照之，然亦照其面我者而已矣，固不能探其背而逆照之也。沈同之問以私而不及公，問燕而不及齊。惟以私而問燕，故燕之可伐，孟子之所宜知也。惟不以公而問齊，故齊之不可伐，孟子之所不宜對也。温公疑孟子坐視齊伐燕而不諫，隱之以爲孟子恐不免貽禍故不諫，温公之疑固未當，而隱之又大失之。觀孟子言，取之而燕民悦則取之，取之而燕民不悦則勿取，然燕之可取不可取，決於民之悦否而已。使齊能誅君吊民，拯之於水火之中，則烏乎而不可取哉。

疑曰：經云：「當不義，則子不可不争於父。」傳云：「愛子，教之以義方。」孟子云：「父子之間不責善。」不責善，是不諫不教也，可乎？

辨曰：孟子曰：「古者易子而教之」，非謂其不教也。又曰：「父子之間不責善」，父爲不義則争之，非責善之謂也。傳云：「愛子，教之以義方」，豈自教也哉？胡不以吾夫子觀之？鯉趨而過庭，孔子告之不學詩，無以言；不學禮，無以立。鯉退而學詩與禮，非孔子自以詩禮訓之也。陳亢喜曰：「問一得三，聞詩，聞禮，又聞君子之遠其子。」孟子之言，正與孔子不約而同，其亦有所受而言之乎。

子雖不可以不争於父，觀内則、論語之言，則其諫也以微。隱之説已盡，更發此意尤佳。

疑曰：告子云：性之無分於善不善，猶水之無分於東西。此告子之言失也。水之無分於東西，謂平地也。使其地東高而西下，西高而東下，豈決導所能致乎。性之無分於善不善，謂中人也。瞽瞍生舜，舜生商均，豈陶染所能變乎。孟子云：「人無有不善」，此孟子之言失也。丹朱、商均自幼及長，所日見者堯、舜也，不能移其惡。豈人之性無不善乎。

辨曰：孟子曰：「人性之善也，猶水之下也。人無有不善，水無有不下」，蓋言人之性皆善也。繫辭曰：「一陰一陽之謂道，繼之者善也，成之者性也」，是則孔子嘗有性善之言矣。中庸曰：「天命之謂性」，樂記曰：「人生而静，天之性也」，人之性禀於天，曷嘗有不善哉。荀子曰性惡，揚子曰善惡混，韓子曰性有三品，皆非知性者也。犧生犂胎，龍寄蛇腹，豈常也哉。性一也，人與鳥獸草木，所受之初皆均，而人爲最靈爾。由氣習之異，故有善惡之分。上古聖人固有禀天地剛健純粹之性，生而神靈者。後世之人或善或惡，或聖或狂，各隨氣習而成，其所由來也遠矣。堯舜之聖，性也；朱、均之惡，豈性也哉。夫子不云乎：「唯上智與下愚不移。」非謂不可移也，氣習漸染之久，而欲移下愚而爲上智，未見其遽能也。詎可以此便謂人之性有不善乎。

温公疑孟下

疑曰：孟子云：白羽之白，猶白雪之白；白雪之白，猶白玉之白。告子當應之云：「色則同矣，性則殊矣。羽性輕，雪性弱，玉性堅。」而告子亦皆然之，此所以來犬、牛、人之難也。孟子亦可謂以辨勝人矣。

辨曰：孟子白羽之白與白雪、白玉之同異者，蓋以難告子生之謂性之説也。告子徒知生之謂性，言人之爲人有生而善、生而惡者，殊不知惟民生厚，因物有遷，所習不慎，流浪生死，而其所禀受亦從以異。故有犬、牛、人性之不同，而其本性未始不善也。猶之水也，其本未嘗不清，所以濁者，土汩之耳，澄其土則水復清矣。謂水之性自有清濁，可乎？孟子非以辨勝人也，懼人不知性而賊仁害義，滅其天理，不得已而爲之辯。孝經曰：「天地之性人爲貴」，以言萬物之性均，惟人爲貴耳。性之學不明，人豈知自貴哉。此孟子所以不憚諄諄也。

此二章熹未甚曉，恐隱之之辨亦有未明處。

疑曰：禮，君不與同姓同車，與異姓同車，嫌其偪也。爲卿者，無貴戚異姓，皆人臣也。人臣之義，諫於君而不聽，去之可也，死之可也，若之何以其貴戚之故，敢易位而處也。孟子之言過矣。君有大過，無若紂；紂之卿士，莫若王子比干、箕子、微子之親且貴也。微子去之，箕子爲之奴，比干諫而死。孔子曰：商有三仁焉。夫以紂之過大，而三子之賢猶且不敢易位也，況過不及紂而賢不及三子者乎。必也使後世有貴戚之臣諫其君而不聽，遂廢而代之，曰：「吾用孟子之言也，非篡也，義也。」其可乎？或曰：孟子之志，欲以懼齊王也，是又不然。齊王若聞孟子之言而懼，則將愈忌惡其貴戚，聞諫而誅之。貴戚聞孟子之言，又將起而蹈之，則孟子之言不足以格驕君之非，而適足以爲篡亂之資也。其可乎？

辨曰：道之在天下，有正有變。堯、舜之讓，湯、武之伐，皆變也。或謂堯、舜不慈，湯、武不義，是皆聖人之不幸而處其變也。禪遜之事，堯、舜行之則盡善，之、噲行之則不善矣；征伐之事，湯、武行之則盡美，魏、晉行之則不美矣。伊尹之放太甲，霍光之易昌邑，豈得已哉。爲人臣者非不知正之爲美。或曰從正則天下危，從變則天下安，然則孰可？苟以安天下爲大，則必曰從變可。唯此最難處，非通儒莫能知也。尹、光異姓之卿，擅自廢立，後世猶不得而非之，况貴戚之卿乎。紂爲無道，貴戚如微子、箕子、比干不忍坐視商之亡而覆宗絕祀，反覆諫之，不聽，易其君之位，孰有非之者？或去，或奴，或諫而死，孔子稱之曰商有三仁焉，以仁許之者，疑於大義猶有所闕也。三仁固仁矣，其如商祚之絕何？季札辭國而生亂，孔子因其來聘，貶而書名，所以示法。春秋明大義，書法甚嚴，可以監矣。君有大過，貴戚之卿反覆諫而不聽，則易其位，此乃爲宗廟社稷計，有所不得已也。若進退廢立出於群小閹寺，而當國大臣不與，焉用彼卿哉。是故公子光使專諸弒其君僚，春秋書「吴以弒」，不稱其人而稱其國者，歸罪於大臣也，其經世之慮深矣。此孟子之言亦得夫春秋之遺意歟。

隱之云三仁於大義有闕，此恐未然。蓋三仁之事不期於同，自靖以獻於先王而已。以三仁之心行孟子之言，孰曰不可？然以其不期同也，故不可以一方論之。况聖人之言仁義，未嘗備舉，言仁則義在其中矣。今徒見其目之以仁而不及義，遂以爲三子猶有偏焉，恐失之蔽也。此篇大意已正，只此數句未安。

疑曰：君子之仕，行其道也，非爲禮貌與飲食也。昔伊尹去湯就桀，豈能迎之以禮哉。孔子棲棲皇皇，周游天下，佛肸召，欲往；公山弗擾召，欲往。彼豈爲禮貌與飲食哉，急於行道也。今孟子之言曰：「雖未行其言也，迎之有禮則就之，禮貌衰則去之」，是爲禮貌而仕也。又曰：「朝不食，夕不食，君曰：『吾大者不能行其道，又不能從其言也，使飢餓於我土地，吾耻之。』周之，亦可受也」，是爲飲食而仕也。必如是，是不免於鬻先王之道以售其身也。古之君子之仕也殆不如此。

辨曰：孔子之於魯、衛，始接之以禮則仕，及不見悦於其君則去，豈可謂不爲禮貌而仕歟？爲魯司寇，不用；從而祭，燔肉不至，不税冕而行，豈可謂不爲飲食而仕歟？進以禮，退以義，得之不得曰有命，孰謂孔子棲棲皇皇，不爲禮貌與飲食哉。孟子曰迎之有禮則就，禮貌衰則去，又曰朝不食，夕不食，周之，亦可受者，則是言也，未嘗或戾於吾孔子之所行。如曰不爲飲食，則當慕夷、齊可也，又何仕爲？聖賢固不專爲飲食，其所以爲飲食云者，爲禮貌耳。而謂古之君子能辟穀者耶？不顧廉耻而苟容者耶？誦孟子之言而不量其輕重之可否，何説而不可疑？

孟子言所就三，所去三，其上以言之行不行爲去就，此仕之正也。其次以禮貌衰未衰爲去就，又其次至於不得已而受其賜，則豈君子之本心哉。蓋當是時，舉天下莫能行吾言矣，則有能接我以禮貌而周我之困窮者，豈不善於彼哉。是以君子以爲猶可就也。然孟子蓋通上下言之，若君子之自處，則在所擇矣。孟子於其受賜之節，又嘗究言之曰：「飢餓不能出門户，則周之亦可受也，明未至於如是之貧，則不可受。免死而已矣。」言受之有限，不求贏餘，明不多受。以是而觀，則温公可以無疑於孟子矣。而隱之所辨，引孔子事爲證，恐未然也。

疑曰：所謂性之者，天與之也；身之者，親行之也；假之者，外有之而内實亡也。堯、舜、湯、武之於仁義也，皆性得而身行之也。五霸則强焉而已。夫仁所以治國家而服諸侯也，皇帝王霸皆用之。顧其所以殊者，大小高下、遠近多寡之間耳。假者，文具而實不從之謂也。文具而實不從，其國家且不可保，況於霸乎？雖久假而不歸，猶非其有也。

辨曰：仁之爲道，有生者皆具，有性者同得，顧所行如何耳。堯、舜之於仁，生而知之，率性而行也。湯、武之於仁，學而知之，體仁而行也。五伯之於仁，困而知之，意謂非仁則不足以治國家、服諸侯，於是假而行之，其實非仁也。而謂皇帝王霸皆用之，顧其所以殊者，大小高卑、遠近多寡之間耳，何所見之異也。孟子之言曰：「堯、舜性之，湯、武身之，五伯假之。假之而不歸，烏知其非有」，正合中庸所謂「或安而行，或利而行，或勉强而行，及其成功一也」。孟子之意，以勉其君爲仁耳。惜乎五伯假之而不能久也。

隱之以五伯爲困知勉行者，愚謂此七十子之事，非五伯所及也。假之之情與勉行固異，而彼於仁義亦習聞其號云爾，豈真知之者哉。温公云：假者，文具而實不從之謂也。文具而實不從，其國家且不可保，況於霸乎。雖久假而不歸，猶非其有也。愚謂當時諸侯之於仁義，文實俱喪，惟五伯能具其文耳，亦彼善於此之謂也。又有大國，資强輔，因竊仁義之號以令諸侯，則孰敢不從之也哉。使其有王者作，而以仁義之實施焉，則爝火之光，其息久矣。孟子謂久假不歸，烏知其非有，止謂當時之人不能察其假之之情，而遂以爲真有之耳。此正温公所惑，而反以病孟子，不亦誤哉。

疑曰：虞書稱舜之德曰：「父頑，母嚚，象傲，克諧以孝，烝烝乂，不格姦。」所貴乎舜者，爲其能以孝和諧其親，使之進進以善自治，而不至於惡也。如是則舜爲子，瞽瞍必不殺人矣。若不能止其未然，使至於殺人，執於有司，乃棄天下，竊之以逃，狂夫且猶不爲，而謂舜爲之乎。是特委巷之言也，殆非孟子之言也。且瞽瞍既執於皋陶矣，舜烏得而竊之？雖負而逃於海濱，皋陶外雖執之以正其法，而內實縱之以予舜，是君臣相予爲僞以欺天下也，惡得爲舜與皋陶哉。又舜既爲天子矣，天下之民戴之如父母，雖欲遵海濱而處，民豈聽之哉。是皋陶之執瞽瞍，得法而亡舜也，所亡益多矣。故曰是特委巷之言，殆非孟子之言也。

辨曰：桃應之問，乃設事耳，非謂已有是事也。桃應之意，蓋謂法者，天下之大公。舜，制法者也；皋陶，守法者也。脱或舜之父殺人，則如之何？孟子答之曰「執之」者，士之職所當然也。舜不敢禁者，不以私恩廢天下之公法也。夫有所受云者，正如爲將，閫外之權則專之，君命有所不受。士之守法亦然，蓋以法者先王之制，與天下公共爲之；士者受法於先王，非可爲一人而私之。舜既不得私其父，將置之於法，則失爲人子之道；將置而不問，則廢天下之法。寧并棄天下，願得竊負而逃，處於海濱，樂以終其身焉，更忘其爲天子之貴也。當時固無是事，彼既設爲問目，使孟子不答，則其理不明。孟子之意，謂天下之富、天子之貴不能易事父之孝，遂答之以天下可忘，而父不可暫捨，所以明父子之道也。其於名教，豈曰小補之哉。

龜山先生嘗言固無是事，此只是論舜心耳。愚謂執之而已矣，非洞見皋陶之心者不能言也。此一章之義，見聖賢所處，無所不用其極，所謂止於至善者也。隱之之辨，專以父子之道爲言，却似實有此事，於義未瑩。

史剡曰：堯以二女妻舜，百官牛羊事舜於畎畝之中，瞽瞍與象猶欲殺之，使舜塗廩而縱火，舜以兩笠自扞而下。又使舜穿井而實以土，舜爲匿空出他人井。剡曰：頑嚚之人不入德義則有之矣。其好利而畏害，則與衆不殊也。或者舜未爲堯知，而瞽瞍欲殺之，則可矣。堯已知之，四岳舉之，妻以二女，養以百官，方且試以百揆而禪天下焉，則瞽瞍豈不欲利其子而爲天子，而尚欲殺之乎？雖欲殺之，亦不可得已。藉使得殺之，瞽瞍與象將隨踵而誅。雖甚愚人，必不爲也。此特閭父里嫗之言，而孟子信之，過矣。後世又承以爲實，豈不過甚矣哉。史剡又一篇疑舜與益無避之之事，辨在後常語中。

辨曰：萬章問曰：「父母使舜完廩，捐階，瞽瞍焚廩。使浚井，出，從而掩之。象曰：『謨蓋都君，咸我績。牛羊父母，倉廩父母，干戈朕，琴朕，弤朕，二嫂使治朕棲。』象往入舜宮，舜在床琴，象曰：『鬱陶思君爾。』忸怩。舜曰：『惟茲臣庶，汝其予於治。』」繼曰：「不識舜不知象之將殺己歟？」孟子答曰：「奚而不知也？象憂亦憂，象喜亦喜。」又問曰：「然則舜僞喜者歟？」答曰：「彼以愛兄之道來，故誠信而喜之，奚僞焉？」且夫舜未爲堯知，瞽瞍與象殺之可也。堯既知之，象焉得而殺之？温公云閭父里嫗之言，固然矣。萬章既以爲誠有是事，如謂其必無而不答，則兄弟之道孰與明之乎？孟子答之云云者，以見聖人之心不藏怒，不宿怨，唯知有兄弟之愛而已。使天下後世明兄弟之道者，孟子之功大矣。讀孟子者，不求其明教之意，而謂其信之過，是亦不思之甚也。

「則兄弟之道孰與明之乎」以下至終篇，愚欲易之曰：然因其所問而告之，亦可以見仁人之於兄弟之心矣。蓋仁人之於兄弟，不藏怒，不宿怨，惟知有兄弟之愛而已。今不求孟子之意而以信之太過疑之，是以筋骨形容之不善而棄天下馬也。

校記 〔一〕大：原作「之」，據宋浙本、尊孟辨改。

李公常語上 太伯

常語曰：堯傳之舜，舜傳之禹，禹傳之湯，湯傳之文、武、周公，文、武、周公傳之孔子，孔子傳之孟軻。軻之死，不得其傳焉。如何？曰：孔子死，不得其傳矣。彼孟子者，名學孔子而實倍之者也，焉得傳？敢問何謂也？曰：孔子之道，君君臣臣也。孟子之道，人皆可以爲君也。天下無王霸，言僞而辨者不殺，諸子得以行其意。孫吴之智，蘇張之詐，孟子之仁義，其原不同，其所以亂天下一也。

辨曰：大道之傳，至吾夫子然後大成。夫子没百餘歲，楊朱、墨翟各持所見，以惑後學。

朱之爲我，則偏於爲義；翟之兼愛，則偏於爲仁。聖人之道自是而晦。孟軻氏出，以仁義之言解其蔽，斯道復明。不幸六藝之文厄於秦火，由漢以來，佛老顯行，聖道不絕如綫。韓愈氏斷然號於世曰：軻之死，不得傳。夫道不可須斯離，而其在於人心者固常自若，豈真不傳哉。蓋以道之大要不外乎仁義〔一〕，自孟子没，未有唱爲仁義之説者，此道所以爲不傳也。謂孟子名學孔子而實偝之，妄矣。又謂孫吴之智、蘇張之詐，與孟子之仁義一於亂天下，且仁義之與智詐，不啻冰炭之異，非可概而論。遂并以仁義爲亂天下，所見之謬如是，烏知帝王所傳之道哉。

孔子傳之孟軻，軻之死，不得其傳，此非深知所傳者何事，則未易言也。夫孟子之所傳者何哉？曰仁義而已矣。孟子之所謂仁義者何哉？曰「仁，人心也；義，人路也」，曰「惻隱之心，仁之端也；羞惡之心，義之端也」，如斯而已矣。然則所謂仁義者，又豈外乎此心哉。堯、舜之所以爲堯、舜，以其盡此心之體而已。禹、湯、文、武、周公、孔子傳之，以至於孟子，其間相望有或數百年者，非得口傳耳授，密相付屬也。特此心之體，隱乎百姓日用之間，賢者識其大，不賢者識其小，而體其全且盡，則爲得其傳耳。雖窮天地、亘萬世，而其心之所同然，若合符節。由是而出，宰制萬物，酬酢萬變，莫非此心之妙用，而其時措之宜，又不必同也。故堯、舜與賢，而禹與子，湯放桀，文王事殷，武王殺受，孔子作春秋以翼衰周，孟子説諸侯以行其道〔二〕，皆未嘗同也，又何害其相傳之一道？而孟子之所謂仁義者，亦不過使天下之人各得其本心之所同然者耳。李氏以蘇、張、孫、吴班焉，蓋不足以窺孟子之藩籬而妄議之也。推此觀之，則其所蔽亦不難辨矣。

常語曰：孟子曰：五霸者，三王之罪人也。吾以爲孟子者，五霸之罪人也。五霸率諸侯事天子，孟子勸諸侯爲天子。苟有人性者，必知其逆順耳矣。孟子當周顯王時，其後尚且百年而秦并之。嗚呼！孟子，忍人也，其視周室如無有也。

辨曰：孟子説列國之君，使之行王政者，欲其去暴虐、行仁義而救民於水火耳。行仁義而得天下，雖伊尹、太公、孔子説其君亦不過此。彼五霸者，假仁義而行，陽尊周室而陰欲以兵强天下，孟子不忍斯民死於鬥戰，遂以王者仁義之道詔之。使當時之君不行仁義而得天下，孟子亦惡之矣，豈復勸諸侯爲天子哉。大抵入人之罪，必文致其事，巧爲鍛鍊，無所不至。謂孟子爲忍人，入罪也多矣，其知有天誅鬼責之事乎！

李氏罪孟子勸諸侯爲天子，正爲不知時措之宜。隱之之辯已得之，但少發明時措之意。又所云行仁義而得天下，雖伊尹、太公、孔子説其君亦不過如此，語亦未盡善。若云行仁義而天下歸之，乃理勢之必然，雖欲辭之而不可得也。又辯云「大抵入人之罪」以下，疑可删去。

常語曰：孔子曰：桓公九合諸侯，不以兵車，管仲之力也。如其仁！如其仁！又曰：管仲相桓公，霸諸侯，一匡天下，民到於今受其賜。微管仲，吾其被髮左衽矣。而孟子謂以齊王猶反手也，功烈如彼其卑，故曰「管仲，曾西之所不爲」。嗚呼！是猶見人之鬥者而笑曰：

「胡不因而殺之？貨可得也。」雖然，他人之鬥者耳。桓公、管仲之於周，救父祖也。而孟子非之，奈何？

辨曰：孔子謂管仲如其仁，言仲之似仁而非仁也。又謂微管仲，吾其被髮左衽，言仲有攘却夷狄之功也。至謂其小器、奢僭、不知禮，言仲之不能圖大致遠也。夫奢僭不知禮之人，豈得爲仁乎？其所以九合諸侯者，假仁而行，以濟其不仁耳，宜曾西之所不爲也。昔成湯以七十里爲小國之諸侯，伊尹相之，以王於天下。齊以千里之國而相管仲，管仲得君之專，行國政之久，功烈如彼其卑，童子且羞稱之，況大賢乎？有好功利者必喜管仲，仁者不爲也。管仲急於圖霸，藉周室以爲之資耳。謂桓公、管仲之於周，如救父祖，吾弗信之矣。

夫子之於管仲，大其功而小其器，邵康節亦謂五霸者功之首、罪之魁也。知此者可與論桓公、管仲之事矣。夫子言如其仁者，以當時王者不作，中國衰，夷狄横，諸侯之功未有如管仲者，故許其有仁者之功，亦彼善於此而已。至於語學者立心致道之際，則其規模宏遠，自有定論，豈曰若管仲而休耶。曾西之耻而不爲，蓋亦有説矣。李氏又有救鬥之説，愚以爲桓公、管仲救父祖之鬥，而私其財以爲子舍之藏者也，故周雖小振，而齊亦寖强矣，夫豈誠心惻怛而救之哉。孟子不與管仲，或以是耳。隱之以爲小其不能相桓公以王於天下，恐不然。齊桓之時，周德雖衰，天命未改，革命之事未可爲也。孟子言以齊王猶反手，自謂當年事勢，且言己志，非爲管仲發也。

常語曰：或曰：然則湯、武不爲歟？曰：湯、武不得已也。契、相土之時，詎知其有桀哉？后稷、公劉、古公之時，詎知其有紂哉？夫所以世世種德，以善其身，以及其國家而已。湯、武之生，不幸而遭桀、紂，放之殺之而莅天下，豈湯、武之願哉，仰畏天，俯畏人，欲遂其爲臣而不可得也。由孟子之言，則是湯、武修仁行義以取桀、紂爾。嗚呼！吾乃不知仁義之爲簒器也。又仲虺之誥：成湯放桀於南巢，惟有慚德，曰「予恐來世以台爲口實」。孔子謂武爲美矣，未盡善也。彼順天應人，猶𩨗卼如此，而孟子固求之，其心安乎哉？

辨曰：仁義者，人心之所同好；不仁不義者，人心之所同惡。豈惟人心好惡爲然？天心亦如之。湯、武爲順天應人之舉，放桀伐紂，豈得已哉？孟子閔戰國之際人之道不立，矢口成言，無非仁義。而謂孟子以仁義爲簒器，斯言一發，天下以談仁義爲諱，則人將遺其親，後其君，爲禽獸夷狄之歸矣。言其可不慎乎！湯有慚德，仲虺之誥言之詳。孔子雖以武爲未盡善，而終憲章之。故彖易之革曰：「湯、武革命，順乎天而應乎人。」其論仁政德教，必以三代爲稱首，曷嘗謂湯、武不可爲歟？惜乎戰國之君以孟子爲迂闊，不能求爲湯、武，三代之治不可復見，此僻儒得以妄生譏議也。

隱之此辨甚精，但所云「矢口而言，無非仁義」兩句，説事意不盡，不若云「教諸侯行仁義，以救百姓倒懸之急」，因言其效，以爲苟能行此，則天下必將歸之。至於仁乎義達，而天下之人各得其本心之所同然者，則雖三代之治，何以加此？

常語曰：三分天下有其二，以服事殷，周之德，其可謂至德也已矣。又曰：有君民之大德，有事君之小心。書序伊尹「既醜有夏，復歸於亳」。孟子亦曰：五就湯，五就桀，伊尹也。夫周顯王未聞有惡行，特微弱爾。非紂也，而齊、梁不事之；非桀也，而孟子不就之。嗚呼！孟子之欲爲佐命，何其躁也！

辨曰：三分天下有其二，以服事商者，文王亦俟上天之休命爾。使其曆數在躬，天命之，人歸之，文王雖欲盡臣節，予知其不能焉。此武王所以謂文王誕膺天命，九年而大勛未集也。伊尹樂堯、舜之道而耕莘，湯三聘之，乃幡然而改意。其五就云者，是必湯得伊尹而貢之，使之事桀，聘問往來，至於五就也。且王者之迹熄而詩亡，詩亡然後春秋作，則知王者之賞罰不行乎天下，而自列於侯邦也。周之衰微久矣，仲尼生靈王之時，猶不去魯而事周。至於顯王，則又微弱矣，孟子安得去齊而事周乎？今有人焉，父不能主其家，諸子各營別業，不事其父。有以孝悌之道訓之，使其子知有孝悌，雖未能事其父〔三〕，則亦不敢悖逆矣。苟不知出此，乃相其父曰：「汝爲父之尊，曷不治其子使事己歟？」吾恐諸子悖逆之心自是而生矣。是無異劉文公與萇弘欲合諸侯以城成周，與夫張儀欲挾天子以令天下也。孟子肯爲是舉乎？借使當時有湯、武爲之君，孟子爲之佐命，興仁義之化，則天下復見商、周之盛治，而三王可四矣，何其幸耶！夫何孟子不遇其時，不見諸行事，徒託之空言，猶足扶衛聖道。七篇之著，與詩、書相爲表裏，曷謂其躁哉！

李氏謂周顯王未聞有惡行，特微弱爾，而孟子不使齊、梁事之，以是咎孟子。愚謂周以失道，寖微寖滅。孔子作春秋，雖云尊周，然貶天子以達王事，二百四十二年之間，亦屢書矣。至於顯王之時，天下不知有周室，蓋人心離而天命改久矣。是時有王者作，亦不待滅周而後天下定於一也。聖人心與天同而無所適莫，豈其拳拳於已廢之衰周，而使斯人坐蒙其禍無已哉。皋陶曰：「天聰明，自我民聰明；天明畏，自我民明威。達於上下，敬哉有土」，知此則知天矣。聖人之心豈異是耶？隱之只以「衰微」二字斷周之不可事，正在李氏詆罵中，而所謂以孝悌訓之，則子必能事其父，乃謂使諸侯事周也。孟子本無此意。

常語曰：大哉！孔子之作春秋也。援周室於千仞之壑，使天下昭然知無二王；削吴、楚之葬，辟其僭號也；諱貿戎之戰，言莫敢敵也。微孔子，則春秋不作；微春秋，則京師不尊。爲人臣子，不當如是哉？嗚呼，孟子其亦聞之也哉！首止之會，殊會王世子，尊之也。其盟復舉諸侯，尊王世子而不敢與盟也。洮之盟，王人微者也，序乎諸侯之上，貴王命也。美哉齊桓，其深知君臣之禮如此夫！使孟子謀之，則桓公偃然在天子之位矣，世子、王人爲亡虜之不暇，孰與諸侯相先後哉。

辨曰：春秋之時，周室衰微，天王不能自立，以至下堂而見諸侯。當是時，徒擁其虛位爾。孔子歷聘七十二君，未嘗説之使尊周室。及夫公山氏之召，乃曰：「如有用我者，吾其爲東周乎。」此聖人之知幾也。嗚呼，知幾其神矣乎！苟惟説諸侯使之尊周，諸侯不得自肆，而强者必生變，則是速其滅周也。先見之幾，豈陋儒所能知哉。或曰齊、晋尊周，非歟？曰：齊、晋志在霸業，不得不尊周也。孟子距孔子之時又百有餘歲，則周之微弱可知矣。若管仲之功可爲，孔子爲之矣。孔子不爲，孟子安得爲之乎。孔子作春秋，寓一王之法，正天下之名分，使亂臣賊子知所懼。孟子以王者仁義之道説諸侯，使之知有君臣父子，而杜僭竊篡弑之禍，正得夫春秋之旨，但學者有所未究爾。又孟子曰：以力假仁者霸，以德行仁者王。孟子未嘗不欲當時之君尚德而不尚力，豈復使諸侯偃然在天子之位哉。齊桓之於管仲，學焉而後臣之，任賢之專，固無愧於湯、武。惜乎桓公無王者量，管仲無王佐才，徒相與謀託周室以號天下，而成霸者之業爾。爲君而内亂醜惡，爲臣而亡禮僭奢，何足道哉！首止之會，尊王世子，復舉諸侯，而不敢與盟；洮之盟，序王人於諸侯之上，以尊王命，君臣之禮固盡矣。其志在於圖霸，不得不爾。盜亦有道，其是之謂乎。

孔子尊周，孟子不尊周，如冬裘夏葛，饑食渴飲，時措之宜異爾。此齊桓不得不尊周，亦迫於大義，不得不然。夫子筆之於經，以明君臣之義於萬世，非專爲美桓公也。孔、孟易地則皆然，李氏未之思也。隱之以孟子之故，必謂孔子不尊周，又似諸公以孔子之故，必謂孟子不合不尊周也。得時措之宜，則并行而不相悖矣。

常語曰：或曰：仲尼之徒無道桓、文之事者，吾子何爲？曰：衣裳之會十有一，春秋也，非仲尼修乎？木瓜，衛風也，非仲尼删乎？正而不譎，魯語也，非仲尼言乎？仲尼亟言之，其徒雖不道，無歉也。嗚呼，霸者豈易與哉！使齊桓能有終，管仲能不侈，則文王、太公何惡焉。詩曰：「采葑采菲，無以下體」，蓋聖人之意也。

辨曰：周衰，王者之賞罰不行乎天下，諸侯擅相侵伐，强凌弱，衆暴寡，是非善惡由是不明，人欲肆而天理滅矣。吾夫子憂之，乃因魯史而修春秋，以代王者之賞罰，是是而非非，善善而惡惡，誅奸諛於既死，發潛德之幽光。是故春秋成而亂臣賊子懼。觀夫二百四十二年之間，書「會」者無國無之，惟齊之會以尊王室爲辭，夫子屢書之。攘戎狄而封，衛人思之，作木瓜之詩，夫子取之。伐楚責包茅之貢不入，問昭王南征不復，夫子有正而不譎之言。夫子亟言之者，以是時無能尊王室，故進之爾。然以權詐有餘而仁義不足，功止於霸，此夫子之徒所以無道之也。擬人必於其倫，謂「使齊桓能有終，管仲能不侈，則文王、太公何惡」，過矣。春秋序桓績，蓋所謂彼善於此。論語論桓、文之事，猶曰「師也過，商也不及」。使當時無公西華之問，則今之説者必有優劣之分矣。詩録木瓜，即春秋序績之意，亦以善衛人之情也，豈以齊桓之事爲盡可法哉。李氏詆孟子而甚畏齊桓，尊管仲，至以文王、太公比之。反易顛倒如此，良由不識聖賢所傳本心之體，故不知王道之大，而易怵於功利之淺爾。

李公常語下

常語曰：孟子曰：「盡信書則不如無書。」「仁人無敵於天下，以至仁伐不仁，而何其血之流杵也？」曰：紂一人惡耶？衆人惡耶？衆皆善而紂獨惡，則去紂久矣，不待周也。夫爲天下逋逃主萃淵藪，同之者可遽數耶？紂存則逋逃者曷歸乎？其欲拒周者又可數耶〔四〕？血流漂杵，未足多也。或曰：前徒倒戈，攻於後以北，故荀卿曰殺者皆商人，非周人也。然則商人之不拒周審矣。曰：如皆北也，焉用攻？又曰：甚哉，世人之好異也！孔子非吾師乎？衆言讙讙，千徑百道，幸存孔子，吾得以求其是。虞、夏、商、周之書出於孔子，其誰不知？孟子一言，人皆畔之。畔之不已，故今人之取孟子以斷六經矣。嗚呼！信孟子而不信經，是猶信他人而疑父母也。

辨曰：魯語曰：「俎豆之事則嘗聞之矣，軍旅之事未之學也」，孔子之意可見矣。客有問陶弘景注易與本草孰先，陶曰：「注易誤，不至殺人，注本草誤，則有不得其死者」，世以爲知言。唐子西嘗曰：弘景知本草而未知經。注本草誤，其禍疾而小；注六經誤，其禍遲而大。前世儒臣引經誤國，其禍至於伏屍百萬，流血千里。武成曰血流漂杵，武王以此自多之辭。當時倒戈攻後，殺傷固多，非止一處，豈至血流漂杵乎。孟子深慮戰國之君以此藉口，故曰盡信書則不如無書。而謂血流漂杵，未足爲多，豈示訓之意哉。經注之禍，正此類也。反以孟子爲畔經，是亦惑矣。謂虞、夏、商、周之書出於孔子，人宜取信，詩非孔子之删乎？雲漢之詩曰：「周餘黎民，靡有孑遺」，信斯言也，則是周無遺民也。請以此説爲證。

常語曰：或曰：然則舜避堯之子於河南之南，禹避舜之子於陽城，何如？曰：堯不聽舜讓，舜受終於文祖。舜不聽禹讓，禹受命於神宗。或二十有八載，或十有七年，曆數在躬，既決定矣，天下之心既固結矣，又何避乎？禹、舜未相避也。由孟子之言，則古之聖人作僞者也，好名者也。王莽執孺子手流涕歔欷，何足哂哉！

辨曰：舜受堯之遜，禹受舜之遜，雖經歷年久，然舜格於文祖，乃在卒堯喪之後。書曰「月正元日」者，言是月始即正云爾，則禹之即正從可知也。舜、禹服喪畢，退而避之，歸其位於子，理所宜然。孟子之言蓋非臆説，亦必有所據。舜、禹，大聖人也，豈固欲爲天子哉。天與之，人與之，有不可得而辭避者。如以此爲僞，則「舜讓於德，弗嗣」，「禹拜稽首固辭」，皆以其作僞，可乎？

此二段辨已得之，無可議者矣。

常語曰：或曰：以德行仁者王，王不待大。湯以七十里，文王以百里，何如？曰：皆孟子之過也。大雅曰：「瑟彼玉瓚，黄流在中。」九命然後錫以玉瓚秬鬯。帝乙之時，王季爲西伯，以功德受此賜。周自王季，中分天下而治之矣，奚百里而已哉。商頌曰：「玄王桓撥，受小國是達，受大國是達。率履不越，遂視既發。相土烈烈，海外有截。帝命不違，至於湯齊。」契之時，已受大國，相土承之，入爲王官伯，出長諸侯，威武烈烈，四海之外率服，截爾整齊。商自相土，威行乎海外矣，奚七十里而已哉。嗚呼，孟子之教人，已不知量也哉！

辨曰：孟子曰：湯以七十里，文王以百里，蓋言亳、豐皆小國也。雖王季、相土常爲伯以長諸侯，而其受封之初，乃七十里、百里爾，固未嘗闢土地，并吞諸侯之國也。而謂大雅曰：「瑟彼玉瓚，黄流在中」，九命然後受此賜，王季爲西伯，中分天下而治矣，奚止於百里；商頌曰：「相土烈烈，海外有截」，契之時，已受大國，相土承之，入爲王官伯，以長諸侯，威行乎海外矣，奚止七十里，遂以是爲孟子之過，教人以不知量，余所未喻。

「瑟彼玉瓚，黄流在中」，詩説恐未然。就使如其言，則隱之之辨已得之矣。

常語曰：或曰：「父母使舜完廩，捐階，瞽瞍焚廩。使浚井，出，從而掩之。象曰：『謨蓋都君咸我績。牛羊父母，倉廩父母，干戈朕，琴朕，弤朕，二嫂使治朕棲。』象往入舜宫，舜在床琴，象曰：『鬱陶思君爾。』忸怩。舜曰：『惟兹臣庶，汝其予於治。』有諸？」曰：書云：「瞽子，父頑，母嚚，象傲，克諧以孝，烝烝乂，不格奸。」又曰：「負罪引慝，祇載見瞽瞍，夔夔齊栗，瞽瞍亦允若」，瞽、象未嘗欲殺舜也。瞽、象欲殺舜，刃之可也，何其完廩浚井之迂？其亦有所虐矣。象猶能慮，則謂二嫂者，帝女也，奪而妻之，可乎？堯有百官、牛羊、倉廩，以備事舜於畎畝之中，而不能衛其女乎？雖其見奪，又無吏士，無刑以治之乎？舜以父母之不愛，號泣於旻天。父母欲殺之，幸而得脱，而遽鼓琴，何其樂也。是皆委巷之説，而孟子之聽不聰也。此一段辨在温公史剡。

常語曰：「舜誕敷文德，舞干羽於兩階，七旬，有苗格」，則孟子之譏武成宜矣哉。曰：以天下征一國，以天子征諸侯，如孟賁搏童子，遲速在我，修文德以待其來可也。大雅曰：

「以爾鈎援，與爾臨衝，以伐崇墉。臨衝閑閑，崇墉言言。執訊連連，收馘安安。」文王以諸侯伐諸侯，固有訊有馘。武王以諸侯伐天子，奚不用戰哉。牧野詩云「檀車煌煌，駟騵彭彭。維師尚父，時維鷹揚，涼彼武王」是也。此一段無辨。太伯著書立言，非詆前賢，有識見未到處，宜與之辨明。如前段云：「瞽、象欲殺舜，刃之可也，何其完廩浚井之迂」，此可爲訓耶？又謂「武王以諸侯伐天子，奚不用戰」，其言之不祥如是，何足辨之哉。

常語曰：或曰：孟子之言，諸侯奚不聽也？謂迂闊者乎？曰：迂闊有之矣，亦足憚也。孟子謂諸侯能以取天下矣，位卿大夫，豈不能取一國哉，爲其君不亦難乎。然滕文公嘗行孟子之道矣，故許行、陳相目之曰仁政，曰聖人。其後寂寂，不聞滕侯之得天下也，孟子之言，固無驗也。

辨曰：滕文公常行孟子之道矣，既而許子爲神農之言告文公，文公與之處，孟子蓋嘗闢之以「從許子之道，是相率而爲僞，惡能治國家」。則知文公行孟子之道不克終矣。當是時，許行稱之曰仁政，曰聖人，亦不可謂行孟子之言無驗。其後不聞滕侯之得天下，夫天下，大物也，豈可必得哉。然滕侯亦未嘗禮孟子，使爲輔相而授以國政。此不足爲孟子疵。

辨已得之。

常語曰：孔子與賓牟賈言大武，曰：「聲淫及商，何也？」對曰：「非武音也」，「有司失其傳也。若非有司失其傳，則武王之志荒矣。」武王之志猶不貪商，而孟子曰：文王望道而未之見，謂商之禄未盡也，病其有賢臣也。文王貪商如此其甚，則事君之小心安在哉？豈孔子之妄言哉？孔子不妄，孟子之誣文王也。

辨曰：孟子曰：「文王視民如傷，望道而未之見」，蓋言文王之仁，望治道而未之見爾。趙岐釋之曰：「殷禄未盡，尚有賢臣，道未得至，故望而不致誅於紂」，此岐之失也。讀孟子而識其意，正岐之失可也。而乃用岐之説攻孟子，謂孟子誣文王之貪商，豈理也哉！欲加人以罪，援引他事以實之，其不仁甚矣。

「望道而未之見」，「而」與「如」古人多通用，此句與上文「視民如傷」爲對。孟子之意曰：文王保民之至，而視之猶如傷；體道之極，而望之猶如未之見，其純亦不已如是。愚意謂然，不審隱之以爲如何。

常語曰：或曰：孟子之心以天下積亂矣，諸侯皆欲自雄，苟説之以臣事周，孰能喜也。故揭仁義之竿而湯、武爲之餌，幸其速售，以拯斯民而已矣。曰：孟子不肯枉尺直尋，謂以順爲正者，妾婦之道，其肯屑就之如此乎。夫仁義又豈速售之物也？子噲不得與人燕，子之不得受燕於子噲，固知有周室矣。天之所廢，必若桀、紂。周室其爲桀、紂乎？盛之有衰，若循環然，聖王之後，不能無昏亂，尚賴臣子扶救之爾。天下之地方百里者有幾？家家可以行仁義，人人可以爲湯、武，則六尺之孤，可託者誰乎？孟子自以爲好仁，吾知其不仁甚矣。

辨曰：湯居亳，小國也，伊尹相湯，使之伐夏救民。桀雖無道，天子也，君也。湯有道，諸侯也，臣也。伊尹胡不説湯率諸侯而朝夏乎？行李往來，至於五就，觀時察變，蓋已熟矣。

不得已爲伐夏之舉，致湯於王道，固非盛德之事，後世莫有非之者，以能躬行仁義，順天應人故也。自非伊尹之聖，安能任其責哉。文王在豐，亦小國也。文王之於紂，與湯之於桀，事體均也。其所以異者，時焉而已。觀其得太公而師事之，伐崇、遏莒、戡黎，雖曰三分天下有其二，以服事殷，亦以曆數未歸，得以盡其臣節。至武王，則赫然有剪商之志。又況商紂罪惡貫盈，又過於桀，而此十亂之賢爲之輔相，雖欲率諸侯遵文考之道而事紂，莫可得矣。此所以興牧野之師而建王業也。孟子之於列國，説之以行仁政者，不過言治岐之事而已；説之使爲湯、武者，不過以德行仁而已；説之以行王道者，不過乎使民養生喪死無憾而已。未嘗説之使伐某國、誅某人，開疆拓土，大統天下而爲王也。若孟子者，真聖人之徒歟。識通變之道，達時措之宜，不肯枉尺直尋。奈何時君咸謂之迂闊於事，終莫能聽納其説，仁義之道不獲見於施設，以濟斯民，所以不免後世紛紛之議。嗚呼！説其君使爲湯、武，以爲不仁，乃以桓公、管仲爲仁，乖謬如是，安得有道之士與之正曲直哉！

辨已得之。但李氏所云「家家可以行王道，人人可以爲湯、武，則六尺之孤，可託者誰乎」，此三句當略與之辨。愚謂王道即堯、舜、禹、湯、文、武、周公、孔、孟相傳之道，由周公而上，上而爲君；由孔子而下，下而爲臣，固家家可以得而行矣。湯、武適遭桀、紂，故不幸而有征誅之事。若生堯、舜之時，則豈將左洞庭、右彭蠡而悍然有不服之心耶。其在九官群后之列，濟濟而和可知矣。如此則人人爲湯、武，又何不可之有。

常語曰：孟子曰：「紂之去武丁未久也，其故家遺俗、流風善政，猶有存者，又有微子、微仲、王子比干、箕子、膠鬲，皆賢人也，相與輔相之，故久而後失之也。尺地莫非其有也，一民莫非其臣也。然而文王猶方百里起，是以難也。齊人有言曰：『雖有智慧，不如乘勢。雖有鎡基，不如待時。』今時則易然也。今之學者曰，自天子至於庶人，皆得以行王道。孟子説諸侯行王道，非取王位也。應之曰，行其道而已乎？則何必紂之失之也，何憂乎善政之存？何畏乎賢人之輔？尺地一民，皆紂之有，何害諸侯之行王道哉。齊宣王問曰：「人皆謂我毀明堂，毀諸？已乎？」孟子對曰：「夫明堂者，王者之堂也。王欲行王政，則勿毀之矣。」行王政而居明堂，非取王位而何也？君親無將，不容纖芥於其間，而學者紛紛强爲之辭。

辨曰：不談王道，樵夫猶能笑之，孰謂學而爲士，反不知道乎。謂之王道者，即仁義也。君行王道者，以仁義而安天下也。君行霸道者，以詐力而服天下也。孟子説其君以仁義，不猶愈於説其君尚詐力歟。且天下不可以詐力得也尚矣，得民心，斯得天下。假仁義而行，民心且不可得，况能王天下乎。仁義之道，萬世之所常行，天下之所共由，民生之所日用也。今乃謂自天子至於庶人皆得以行王道爲非，果何理耶？觀其應學者之言，皆增損其詞而非議孟子，君子無取焉。子貢欲去告朔之餼羊，孔子曰：「爾愛其羊，我愛其禮。」魯自文公廢朝享之禮祭，而孔子不去其羊者，欲使後世見其羊猶能識其禮，羊亡，禮亦亡矣。孟子欲勿毀明堂，其意亦猶是也。明堂在泰山之下，周天子巡狩朝諸侯之所，適在齊地，非齊之建立也。存之不爲僭，亦可以見王政之大端。如以爲諸侯不用而毁之，則後世之君不惟不知王政，將謂後世不可復行矣。此孟子所以勸齊勿毁之也。而謂孟子勸齊宣居明堂，取王位，抑何燭理不明而厚誣孟子歟！

李氏此段之意，不謂天子庶人不可并行王道，但謂孟子所論文王與紂之事爲不然爾。當辨之曰：孟子之時，有信行王道者，必有天下，其勢與文王不同，非謂文王計欲取紂而不能也。人人可行王道，已辨於前。但孟子時，行王道者必有天下，其時措之不同，又不可執一而論。隱之之辨，似未中李氏之失也。

常語曰：學者又謂孟子權以誘諸侯，使進於仁義。仁義達則尊君親親，周室自復矣。應之曰：言仁義而不言王道，彼説之而行仁義，固知尊周矣。言仁義可以王，彼説之則假仁義以圖王，唯恐行之之晚也，尚何周室之顧哉。嗚呼，今之學者雷同甚矣！是孟子而非六經，樂王道而忘天子。吾以爲天下無孟子可也，不可無六經；無王道可也，不可無天子。故作常語，以正君臣之義，以明孔子之道，以防亂患於後世爾。人知之非我利，人不知非我害，悼學者之迷惑，聊復有言。

辨曰：泰伯曰：天下無孟子可也，不可無六經；無王道可也，不可無天子。噫！是果泰伯之説耶？使其説行，害理傷教也大矣。余請易之曰：無六經則不可，而孟子尤不可無；無天子則不可，而王道尤不可無。嘗試言之。易、詩、書、禮、樂、春秋之六經，所以載帝王之道，爲致治之成法，固不可無也。孟子則闢楊、墨，距詖行，放淫辭，使邪説者不得作，然後異端以息，正道以明，堯、舜、禹、湯、文、武、周、孔之業不墜。此孟子所以爲尤不可無也。經曰：「天子作民父母，以爲天下王。」史曰：「天子建中和之極」，其可無之乎？夫所謂王道者，天子之所行，六經之所載，孟子之所説者是也，孰謂其可無哉。無王道則三綱淪，九法斁，人倫廢而天理滅矣。世之學者稍有識見，不爲此言。豈好事者假設淫辭，託賢者之名以行於世乎〔五〕？學者宜謹思之。

李氏難學者，謂孟子以權誘諸侯之説，孟子本無此意，是李氏設問之過，當略明辨之。天下可無孟子，不可無六經；可無王道，不可無天子，隱之之辨已得之。愚又謂有孟子而六經經之用明，有王道而後天子之位定。有六經而無孟子，則楊、墨之仁義所以流也；有天子而無王道，則桀、紂之殘賊所以禍也。故嘗譬之，六經如千斛之舟，而孟子如運舟之人；天子猶長民之吏，而王道猶吏師之法。今曰六經可以無孟子，天子可以無王道，則是舟無人，吏無法，將焉用之矣。李氏自以爲悼學者之迷惑而爲是言，曾不知己之迷惑也亦甚哉！

校記

〔一〕外：原作「在」，據四庫全書本改。尊孟辨「不外乎」作「在乎」。

〔二〕其：原作「王」，據宋閩、浙本改。

〔三〕未：原作「不」，據右引及尊孟辨改。

〔四〕又：原作「人」，據宋浙本及尊孟辨改。

〔五〕託：原作「記」，據右引改。

折衷曰：孟軻非賢人。仲尼之徒，無道桓、文之事者；「聞誅一夫紂矣，未聞弑君」；「三宿出晝，於予心猶以爲速」；「沈同問：『燕可伐歟？』吾應之曰：『可』」，此孟子之罪也。

辨曰：周衰之末，戰國縱横，用兵争强，以相侵奪。當時處士務先權謀，以爲上賢。先王大道陵遲隳廢，異端并起，若楊朱、墨翟放蕩之言，以干時惑衆者非一，此趙岐之説也，天下豈復有王道哉。豈復知有仁義哉。幸而有唱爲仁義之説者，猶足以使亂臣賊子逡巡退縮，不敢自肆。而况孟子治儒術，承三聖，以仁義之道説於諸侯，思濟斯民，不幸而其説不行，而商周之盛治不可復見，其與假仁而行、急於霸功者有間矣，可謂非賢人乎。又舉數條，以爲孟子之罪，余於温公疑孟、李公常語辨之矣。誅一夫紂，即泰誓所謂「獨夫紂」也。三宿出晝，即孔子去魯之意也。如之何以爲孟子之罪乎？

仲尼之徒無道桓、文之事者，聞誅一夫紂矣，沈同問燕可伐，此三事已辨於疑孟、常語中矣。唯出晝一事，當於第九段辨之。此段辨孟軻非賢人之句，亦須引孟子所傳之説。今只以趙氏題辭爲據，恐未足以折談者之鋒也。

折衷曰：春秋書王，存周也。孔子曰：「如有用我者，吾其爲東周乎」，此仲尼之本心也。孟軻非周民乎？履周之地，食周之粟，常有無周之心，學仲尼而叛之者也。周德之不競，亦已甚矣。然其虛位，猶拱而存也。使當時有能唱桓、文之舉，則文、武、成、康之業庸可庶幾乎。爲軻者徒以口舌求合，自媒利禄，盍亦使務是而已乎。奈何今日説梁惠，明日説齊宣，説梁襄，説滕文，皆啗之使爲湯、文、武之爲，此軻之賊心也。譬之父病亟，雖使商臣爲子，未有不望其生者。如之何其直置諸不救之地哉。軻，忍人也，辯士也，儀、秦之雄也。其資薄，其性慧，其行輕，其説如流，其應如響，豈君子長者之言哉！其自免於蘇〔一〕、張、范、蔡、申、韓、李斯之黨者，挾仲尼以欺天下也。使數子者皆咈其素，矯其習，竊仁義兩字以藉口，是亦孟軻而已矣。要之，戰國縱横捭闔之士皆發冢之人〔二〕，而軻能以詩、禮也。是故孟軻誦仁義，猶老録公之誦法也。老録公誦法，賣法者也；軻誦仁義，賣仁義者也，安得爲仲尼之徒歟。嗟夫！孔子生而周尊，孟軻生而周絶，何世人一視孔、孟之心？記曰：「擬人必於其倫」，寧從漢儒曰孔、墨。

辨曰：父子主乎親，君臣主乎義，不可以一概論。先儒謂宗子有君道，試摭其説。古者諸侯之子弟、異姓之卿大夫，立嫡子爲大宗，族人宗之有人焉。宗其繼别子之所自出，則立爲大宗，百世不遷也。不幸大宗者恣爲驕侈，荒耽酒色，横逆殘暴，子弟不能堪，諫諍之不聽，益又甚焉。夫欲説其族者，將使之率子弟事之，助其爲惡歟？將使之躬行孝弟，收合其親屬歟？至於衆族歸己而易其大宗，於義苟可爲，亦不得辭。此伊尹之相湯，吕望之相武，而其用心正有類此。自平王以東，周德不競。爲天子者雖無驕侈殘暴之事，然不能振皇綱，但擁虛位而已。孔子歷聘七十二君，未嘗一言説其君率諸侯而尊周。以力假仁，爲霸者事，孔子不肯爲也。而所以作春秋者，爲天下之無主也。不然，何以降黍離於國風乎？其所以降雅爲風者，亦其自取也，孔子豈有心哉。孔子曰：「如有用我者，吾其爲東周乎。」「乎」，疑詞，其不爲東周也明矣。公山弗擾召孔子，孔子欲往，遂言「如有用我，不爲東周」，則説之以西周之王道也必矣。又嘗有「其或繼周者」之語，孔子豈能必其周之祚不移乎？逮戰國時，周室衰微，抑又甚矣。孟子則學孔子者也，詎肯效管仲假仁而圖霸哉。又况當時之君，争地争城，侵奪簒弒，不復知有君父矣，其視仁義爲何等事耶？天下之民，死於戰鬥，死於賦斂，死於徭役，不知其幾。孟子説梁惠、齊宣、梁襄、滕文，使之爲湯、武，行仁義，其心在於救民爾，未嘗説之以富國强兵，用征伐而取天下也。乃謂孟子叛仲尼之道，有無周之心，妄矣。又謂孟子爲賣仁義而有賊心，不猶愈於不知仁義而非之乎。墨氏兼愛，不知有父，乃欲從漢儒曰孔、墨，誤後之學者，必此之言夫。

此與李氏常語所以謗孟子者大指略同，前之辨詳矣。辨云父子主親，君臣主義，不可一概論，甚當。但喻宗子事云「恣爲驕侈」以下數句，不類周衰事體，當微改之，乃爲盡善。鄭引孔子言「吾其爲東周乎」，「爲」字當作去聲讀。先儒有作平聲讀者，隱之之説是也。但謂欲説弗擾以王道，則非孔子之心也。降黍離、作春秋，不知果有繼周之意否？此一節更望見教也。鄭以孔、孟并稱爲不倫，而欲以墨配孔，則益非其倫也。大抵未知孟子所傳者何事，故其論詭僻顛倒如此也。

折衷曰：吉人惟知爲善而已，未嘗望其報也。爲善而望其報，是今世委巷溺浮圖者之處心也。孟子勸滕文公曰：「苟爲善，後世子孫必有王者矣。」是心何心哉？武王伐紂而利之，非太王、王季、文王之本心也。孔子謂泰伯三以天下讓，亦曰周之有天下，泰伯不襲封也。其遜國也，秖其所以爲天下也歟。夫泰伯雖知季歷之賢可以繼緒保邦，而吾不若也。如使泰伯包藏禍商之心也，夫何至德之足云？

辨曰：善者福之，淫者禍之，天之道也。吉人爲善固不望報，而天必報之以福，可以天道難信而不足信歟？孟子勸滕文公爲善，謂後世子孫必有王者，非但告之以周家之事，是亦以天道告之也。使周不積德行仁，則子孫未必蕃衍，雖欲伐紂而利之，不可得矣，況能卜世三十，卜年八百。于公治獄多陰德，猶能逆知其子孫必有興者。當戰國之際，人倫棄而天理滅，不知爲善之利。今以孟子之言爲非，則將何以勸其君耶？乃謂周之天下由泰伯之不襲封也，使人人遜國如泰伯，無季歷之賢以繼之，則覆宗絕祀矣。季札之事，可不監諸！

孟子言：「若夫成功，則天也，君如彼何哉，强爲善而已矣」，初無望報之心也。「苟爲善，後世子孫必有王者矣」，乃爲太王避狄而言。易大傳曰：「積善之家，必有餘慶」，書曰：「作善降之百祥」，亦豈望報乎。

折衷曰：孟子謂沈同曰：「子噲不得與人燕，子之不得受燕於子噲。有士於此而子悦之，不告於王而私與之吾子之禄爵，夫士也，亦無王命而私受之於子，則可乎？」大夫爵禄制於諸侯，是誠古之道也。孟軻既教齊、梁、滕之君，使自爲湯、武，則是諸侯未嘗受命於天子也。沈同不敢以爵禄私人，齊制之也。子噲不敢以燕私人，將復誰制之哉。何孟軻獨能約燕以王制，而不能約齊、梁、滕於古道也。

辨曰：孟子告沈同曰：「子噲不得與人燕，子之不得受燕於子噲。有士於此而子悦之，不告於王而私與之吾子之禄爵，夫士也，亦無王命而私受之於子，則可乎」者，是約燕於王制也，其意曷嘗不存周哉。勸齊、梁、滕之爲湯、武者，正欲其行仁義而知有王制云爾，豈可謂夏、商在上而湯、武不得行仁義歟？湯、武行仁義，無一言及之，唯罪湯、武之征伐，掩善揚惡，豈得爲公論？亦可謂處變事而不知其權者也。勸其君行仁義以爲不道者，余知之矣。彼非以仁義爲不美也，但急於近功，謂仁義爲迂闊，不切時務，不若進富國强兵之術也。若其誠然，商鞅之徒爲之，孟子不爲也。

諸侯受國於天子，故子噲之讓爲無王。天子受命於天，故文王受命作周，不受於紂而無罪。辨謂鄭氏以仁義爲迂闊則未然，第恐若商鞅之談帝道爾。

折衷曰：今之諸侯取於民，雖不義，不可謂禦人於國門之外。取非其有，賊義也；取充其類，盡義也。是輕重之等也，是孟軻原情以處罪也。至未能什一、去關市之征，復與攘鷄同科，何任情出入而前後自戾也如此。

辨曰：孟子謂今之諸侯賦斂於民，不由其道，而與禦人而奪之貨何異？取非其有爲盜，取充其類爲義之盡，猶未爲盜，是輕重之等，是誠孟子能原情以處罪也。至於戴盈之問未能什一、去關市之征，請輕之，以待來年，孟子設攘鷄之喻以答之，而曰「如知其不義，斯速已矣，何待來年」者，意謂戴盈之徒知其非而不能速改，故以此譏之。豈得謂任情出入，前後自戾歟？鄭氏專以偏見曲説而非詆孟子，學無師承，其蔽也如此，卒爲名教之罪人也。惜哉！

辨得之矣。

折衷曰：析直薪者不費斧，訟直理者不費詞。魯論二十篇，如聖君咨俞，如嚴父教戒，莊而親，簡而當焉。孟軻以游辭曲説簧鼓天下，其答陳代、告子、萬章、公孫丑之問，皆困而遁，遁而支離。想當時酬酢之際，必沮氣赧顔，無所不至，所謂浩然者安在哉？近世歐陽永叔、王介甫、蘇子瞻者徒僻好其書，嗚呼，斯文衰矣！

辨曰：析直薪者不費斧，訟直理者不費詞，爲是説者，正俗所謂「不哭之孩，孰不能抱」，是知常而不知變者也。戰國之時，處士横議，異端并起，聞孟子談仁義，其不駭且疑者幾希。陳代、告子、萬章、公孫丑之徒，見識不及孔子門弟子遠甚，酬答之際，安得不諄複告之？理苟明矣，何患乎辭之費？乃謂歐陽永叔、王介甫、蘇子瞻僻好孟子之書爲斯文之衰，識見之優劣可知矣。

疑歐陽氏、王氏、蘇氏未得爲真知孟子者，亦隨其所見之淺深志焉而樂道之爾。餘隱之之辨已得之矣。

折衷曰：悟云迷失也，安云病人也，治云亂世也，喜之之辭也。無憂無懼，喜孰云來哉。

孟子曰：霸者之民歡虞如也，王者之民皥皥如也。愚曰王者之民歡虞如也，帝者之民皥皥如也。齊、晋驅民於鋒鏑，湯、武拯民於塗炭，唐、虞措俗於恬愉，是故商、周之書若有矜喜色，虞書二典如平居對語，慶賀之容不形焉。

辨曰：孟子勸齊、梁、滕之君爲湯、武，乃痛詆之，謂孟子賣仁義，納君於不道。而欲易孟子之言曰：「王者之民歡虞如也，帝者之民皥皥如也」，又云「齊、晋驅民於鋒鏑，湯、武拯民於塗炭」，抑何前後之言自相戾歟！己不能事父兄，而責人以孝弟之道有未至，亦其蔽也。寐而狂言，秖足以駭童稚。及長者聞之，付一笑爾。

此辨甚善，但「己不能事父兄」以下，文意隱晦，似未條暢。愚謂學者當先識聖人相傳大體同處，然後究其所至之深淺，則不出乎大方而義理精矣。帝王無二道，而民之蒙化不能無淺深。使孟子言之，固當有辨。但鄭謂「王者之民歡虞如也」，則是未識王者氣象。彼語堯、舜，亦徒好高爾，非真知堯、舜者也。

折衷曰：孫子十三篇，不惟武人之根本，文士亦當盡心焉。其詞約而縟，易而深，暢而可用，論語、易大傳之流，孟、荀、楊著書皆不及也。以正合，以奇勝，非善也。正變爲奇，奇變爲正，非善之善也。即奇爲正，即正爲奇，善之善也。

辨曰：　昔吾夫子對衛靈公以軍旅之事未之學，答孔文子以甲兵之事未之聞。及觀夾谷之會，則以兵加萊人而齊侯懼；費人之亂，則命將士以伐之而費人北。嘗曰「我戰則克」，而冉有亦曰「聖人文武并用」。孔子豈有真未學未聞哉！特以軍旅、甲兵之事非所以爲訓也。乃謂孫子十三篇，不惟武人根本，文士所當盡心，其詞可用，論語、易大傳之流，孟、荀、楊著書皆不及，是啓人君窮兵黷武之心，庸非過歟。叛吾夫子已甚矣，何立言之不審也！

此段本不必辨，但斯人薄三王、罪孟子，而尊堯、舜似矣，乃取孫武之書厠之易、論語之列，何其駁之甚歟！愚前所謂鄭氏未能真知堯、舜，而好爲太高之論以駭世，若商鞅之談帝道，於是信矣。

折衷曰：　京師坐鬻者愚遠方之人，直百必索千。酬之當其直則售，意其知價也。知價不可復愚。酬之過其直則不售，意其不知價也。不知價則唯吾之愚，必極其所索而後售。孟軻抱縱横之具，飾以仁義，行鬻於齊。齊王酬之以客卿，且曰「我欲中國而授孟子室，養弟子以萬鍾」。軻意齊王不知價者，遂愚齊王，求極所索而後售。齊王徐而思軻之言曰「王如用予」，則齊王猶反掌，開闢以來無是理，是必索高價者，悔而不酬。軻亦覺齊王之稍覺也，卷而不售，抱之以他。徐而自思曰：「齊王之酬我其直矣，矯然不售，行將安鬻？」遲遲吾行，三宿出晝，冀齊王呼己而還直，是又市井販婦行鬻漁鹽果菜之態。京師坐鬻猶有體，小兒方啼而怒，進以飯，推而不就，徐其怒歇而饑也，睨然望人，進之矣。軻之去齊留齊，兒態也夫。

辨曰：子貢曰：「有美玉於斯，韞匵而藏諸，求善價而沽諸？」子曰：「沽之哉！沽之哉！我待價者也。」吾夫子大聖人也，猶待價而沽，况孟子乎。孟子抱仁義之道，較其美非止荆玉之比也。急於求售而獻非其人，未免刖足爾，孰若珍其貨而後市乎。孟子三宿去齊，乃孔子去魯之意。萬一齊王省悟，聽納其說，舉安天下之民，而其價豈止十五城之重哉！乃謂孟子索直於齊，如市販婦兒之態，不若京師坐鬻者猶有體，其言過矣。

詆孟子未有若此言之醜者，雖欲自絕，而於日月何傷乎。有不必辨已。然欲與之辨，則亦有説矣。孟子之稱孔子曰「可以仕則仕，可以止則止，可以久則久，可以速則速」，而孔子之自言曰「無可無不可」，又曰「我待價者也」。今以夫子之事觀之，則斯言皆非虛語矣。孟子學孔子而得其傳焉，其去齊之果而出晝之遲，皆天理之自然，而未嘗有毫髮私心也。非知其所傳者何事，則何足以語是哉！

折衷曰：秦始皇、漢武帝、唐太宗欲無夷狄，韓愈欲無釋老，孟子欲無楊、墨，甚哉，未之思也！天不唯慶雲瑞雪〔三〕、景風時雨，而霜雹降焉；地不唯五穀桑麻，而萋稗鈎吻生焉；山林河海不唯龜龍鱗鳳，而鴟梟豺狼蛟鼉出焉。古今豈有無小人之國哉，作易者其知道乎。

辨曰：秦始皇、漢武帝、唐太宗欲無夷狄，是皆好大喜功，窮兵黷武之過。孟子欲無楊、墨，韓子欲無釋老，豈愛摩頂放踵，利天下爲之？一則爲義之偏，其過至於無君；一則爲仁之偏，其過至於無父。先王大道由是榛塞，孟子辭而闢之，然後廓如也。釋氏生西竺，漢明帝始求事之；老氏生周末，西漢竇后始好尚之。自晉、梁以及於唐，其教顯行。韓公力排斥之，然後大道得不泯絕。有識之士謂洪水之害，害於人身；邪説之害，害於人心。身之害爲易見，尚可避者；心之害爲難知，溺其説者形存而生亡矣。自非智識高明，孰知其害而務去之乎。韓公謂孟子距楊、墨而其功不在禹下，唐之史臣謂韓公排釋老而其功與孟子齊而力倍之，詎不信夫！且夫唐、虞、三代之盛時，未嘗有所謂釋、老、楊、墨者。苟欲其無，亦不爲過。而謂地不唯五穀桑麻，而萇稗鈎吻生焉，世豈有種五穀桑麻而不去萇稗鈎吻者歟？若孟子者，正務去萇稗鈎吻之害，而欲五穀桑麻之有成也。今乃立異論以攻之，是誠何心哉。予懼聖道之不明，故不得不與之辨。或曰：二三君子近世最爲知名者，後學多宗其議論，孟子之書講之熟矣。非之詆之，不徒爲是紛紛也。理有窒礙，可得而隱乎？子辨則辨矣，其如招咎何？答之曰：余貧且賤，固知其不免也。然吾夫子之道得孟氏而益尊，使其可非可詆，則吾夫子之道何能而益尊歟？世之學者貴耳賤目，厭常好怪，往往喜其立論之異，誠以孟子爲不足學，羞稱王道，耻言仁義，叛道亂倫，淪胥爲夷狄禽獸之歸矣。予爲此憂，不得已而與之辨，務明仁義而已矣。是我咎我，遑恤乎哉！遑恤乎哉！

知堯、舜、孔、孟所傳之正，然後知異端之爲害也深，而息邪距詖之功大矣。彼曰景風時雨與戾氣旱蝗均出於天，五穀桑麻與萇稗鈎吻均出於地，此固然矣。人生其間，混然中處，盡其燮理之功，則有景風時雨而無戾氣旱蝗，有五穀桑麻而無蕢稗鈎吻。此人所以參天地、贊化育，而天地所以待人而爲三才也。孟子之闢異端，如宣王之攘夷狄，其志亦若此而已。豈秦始皇、漢武帝之比哉。聖人作易以立人極，其義以君子爲主，故爲君子謀而不爲小人謀。觀泰、否、剥、復名卦之意，則可見矣。而曰古今豈有無小人之國哉，嗚呼！作易者其知道乎，其不知易者甚哉！

校記 〔一〕免：原作「勉」，據宋閩、浙本及尊孟辨改。

〔二〕冢：原作「蒙」，據右引改。

〔三〕雪：原作「雲」，據尊孟辨改。

編年 據年譜長編。

胡子知言疑義 乾道七年

知言曰：天命之謂性，性，天下之大本也。堯、舜、禹、湯、文王、仲尼六君子先後相詔，必曰心而不曰性，何也？曰：心也者，知天地、宰萬物，以成性者也。六君子盡心者也，故能立天下之大本，人至於今賴焉。不然，異端并作，物從其類而瓜分，孰能一之。

熹謂「以成性者也」，此句可疑。欲作「而統性情也」，如何？○栻曰：「統」字亦恐未安，欲作「而主性情」，如何？

熹謂所改「主」字極有功，然凡言删改者，亦且是私竊講貫議論，以爲當如此耳，未可遽塗其本編也。如何？

熹按：孟子盡心之意，正謂私意脱落，衆理貫通，盡得此心無盡之體，而自是擴充，則可以即事即物，而無不盡其全體之用焉爾。但人雖能盡得此體，然存養不熟，而於事物之間一有所蔽，則或有不得盡其用者。故孟子既言盡心知性，又言存心養性，蓋欲此體常存，而即事即物各用其極，無有不盡云爾。大學之序言之，則盡心知性者，致知格物之事；存心養性者，誠意正心之事；而夭壽不貳，修身以俟之者，修身以下之事也。此其次序甚明，皆學者之事也。然程子「盡心知性不假存養，其唯聖人乎」者，蓋惟聖人則合下盡得此體，而用處自然無所不盡，中間更不須下存養充擴節次功夫。然程子之意，亦指夫始條理者而爲言，非便以盡心二字就功用上説也。今觀此書之言盡心，大抵皆就功用上説，又便以爲聖人之事，竊疑未安。舊説未明，今别改定如此。○祖謙曰：「成性」固可疑，然今所改定，乃兼性情而言，則與本文設問不相應。來諭以盡心爲集大成者之始條理，則非不可以爲聖人事。但胡子下「者也」兩字，却似斷定爾。若言六君子由盡其心而能立天下之大本如此。○熹謂論心必兼性情，然後語意完備。若疑與所設問不相應，而「者也」二字亦有未安，則熹欲别下語云：「性固天下之大本，而情亦天下之達道也，二者不能相無。而心也者，知天地、宰萬物，而主性情者也。六君子惟盡其心，故能立天下之大本，行天下之達道，人至於今賴焉」云云。不知更有病否？若所謂由盡其心者，則詞恐太狹，不見程子所謂不假存養之意。

知言曰：天理人欲，同體而異用，同行而異情。進修君子宜深別焉。

熹按：此章亦性無善惡之意，與「好惡性也」一章相類，似恐未安。蓋天理莫知其所始，其在人則生而有之矣。人欲者，梏於形，雜於氣，狃於習，亂於情而後有者也。然既有而人莫之辨也，於是乎有同事而異行者焉，有同行而異情者焉，君子不可以不察也。然非有以立乎其本，則二者之幾微曖萬變，夫孰能別之？今以天理人欲混爲一區，恐未允當。○祖謙曰：天理人欲同體而異用者，却似未失。蓋降衷秉彝固純乎天理，及爲物所誘，人欲滋熾，天理泯滅，而實未嘗相離也。同體異用，同行異情，在人識之爾。○熹再詳此論，胡子之言，蓋欲人於天理中揀別得人欲，又於人欲中便見得天理，其意甚切。然不免有病者，蓋既謂之同體，則上面便著「人欲」兩字不得。此是義理本原極精微處，不可少差。試更子細玩索，當見本體實然只一天理，更無人欲。故聖人只説克己復禮，教人實下功夫，去却人欲，便是天理，未嘗教人求識天理於人欲汩没之中也〔一〕。若不能實下功夫，去却人欲，則雖就此識得未嘗離之天理，亦安所用乎。

知言曰：好惡，性也。小人好惡以己，君子好惡以道。察乎此，則天理人欲可知。

熹按：此章即性無善惡之意，若果如此，則性但有好惡，而無善惡之則矣。君子好惡以道，是性外有道也。察乎此則天理人欲可知，是天理人欲同時并有，無先後賓主之別也。然則所謂「天生烝民，有物有則。民之秉彝，好是懿德」者，果何謂乎？龜山楊子曰：「天命之謂性，人欲非性也」，却是此語直截。而胡子非之，誤矣。○栻曰：「好惡，性也」，此一語無害。但著下數語，則爲病矣。今欲作「好惡，性也，天理之公也。君子者，循其性者也。小人則以人欲亂之，而失其則矣」。○熹謂好惡固性之所有，然直謂之性則不可。蓋好惡，物也，好善而惡惡，物之則也。有物必有則，是所謂形色，天性也。今欲語性，乃舉物而遺則，恐未得爲無害也。

知言曰：心無不在，本天道變化，爲世俗酬酢，參天地，備萬物，人之爲道至大也，至善也。放而不知求，耳聞目見爲己蔽，父子夫婦爲己累，衣裘飲食爲己欲。既失其本矣，猶皆曰我有知，論事之是非，方人之短長，終不知其陷溺者，悲夫！故孟子曰：學問之道無他，求其放心而已矣。

熹按：人之爲道至善也，至大也，此説甚善。若性果無善惡，則何以能若是耶。○栻曰：論性而曰善不足以名之，誠爲未當，如元晦之論也。夫其精微純粹，正當以至善名之。龜山謂人欲非性也，亦是見得分明，故立言直截耳。遺書中所謂善固性也，惡亦不可不謂之性也，則如之何？譬之水，澄清者其本然者也，而或渾焉，則以夫泥滓之雜也。方其渾也，亦不可不謂之水也。夫專善而無惡者，性也。而其動則爲情，情之發，有正有不正焉。其正者性之常也，而其不正者物欲亂之也。於是而有惡焉，是豈性之本哉。其曰惡亦不可不謂之性者，蓋言其流如此，而性之本然者亦未嘗不在也。故善學者，化其滓以澄其初而已。○熹詳此論性甚善，但明道所謂惡亦不可不謂之性，是説氣稟之性，觀上下文可見。○熹又看此章云「本天道變化，爲世俗酬酢」，疑「世俗」字有病，猶釋子之謂父母家爲俗家也。改作「日用」字，如何？○熹又細看，雖改此字，亦爲未安。蓋此兩句大意自有病。聖人下學而上達，盡日用酬酢之理，而天道變化行乎其中耳。若有心要本天道以應人事，則胸次先横了一物，臨事之際，著意將來把持作弄，而天人之際終不合矣。大抵自謝子以來，雖説以灑掃應對爲學，然實有不屑卑近之意。故纔説灑掃應對，便須急作精義入神意思想像主張，惟恐其滯於小也。如爲朱子發説論語，乃云聖門學者敢以天自處，皆是此個意思，恐不免有病也。又云以其大者移於小物，作日用工夫，正是打成兩截也。

知言曰：或問性。曰：「性也者，天地之所以立也。」「然則孟軻氏、荀卿氏、揚雄氏之以善惡言性也，非歟？」曰：「性也者，天地鬼神之奥也。善不足以言之，况惡乎哉。」或又曰：「何謂也？」曰：「宏聞之先君子曰：『孟子所以獨出諸儒之表者，以其知性也。』宏請曰：『何謂也？』先君子曰：『孟子道性善云者，嘆美之詞，不與惡對。』」或問：「心有死生乎？」曰：「無生死。」曰：「然則人死，其心安在？」曰：「子既知其死矣，而問安在耶？」或曰：「何謂也？」曰：「夫惟不死，是以知之，又何問焉。」或者未達，胡子笑曰：「甚哉，子之蔽也！子無以形觀心，而以心觀心，則其知之矣。」

熹按：性無善惡、心無死生兩章似皆有病。性無善惡，前此論之已詳。心無死生，則幾於釋氏輪迴之説矣。天地生物，人得其秀而最靈。所謂心者，乃夫虚靈知覺之性，猶耳目之有見聞耳。在天地則通古今而無成壞，在人物則隨形氣而有始終。知其理一而分殊，則亦何必爲是心無死生之説以駭學者之聽乎。○栻曰：「心無死生」章亦當删去。

知言曰：凡天命所有而衆人有之者，聖人皆有之。人以情爲有累也，聖人不去情；人以才爲有害也，聖人不病才；人以欲爲不善也，聖人不絶欲；人以術爲傷德也，聖人不棄術；人以憂爲非達也，聖人不忘憂；人以怨爲非弘也，聖人不釋怨。然則何以别於衆人乎？聖人發而中節，而衆人不中節也。中節者爲是，不中節者爲非。挾是而行則爲正，挾非而行則爲邪。正者爲善，邪者爲惡。而世儒乃以善惡言性，邈乎遼哉。

熹按：「聖人發而中節，故爲善；衆人發不中節，故爲惡。世儒乃以善惡言性，邈乎遼哉」，此亦性無善惡之意。然不知所中之節，聖人所自爲耶？將性有之耶？謂聖人所自爲，則必無是理；謂性所固有，則性之本善也明矣。○栻曰：所謂世儒，殆指荀、揚。荀、揚蓋未知孟子所謂善也。此一段大抵意偏而詞雜，當悉删去。○熹詳此段不可盡删，但自「聖人發而中節」以下删去，而以一言斷之，云「亦曰天理人欲之不同爾」。○栻曰：所謂輕詆世儒之過而不自知其非，恐氣未和而語傷易。析理當極精微，毫釐不可放過。至於尊讓前輩之意，亦不可不存也。○熹觀此論切中淺陋之病，謹已删去訖。

知言曰：彪居正問：「心無窮者也，孟子何以言盡其心？」曰：「惟仁者能盡其心。」居正問爲仁，曰：「欲爲仁，必先識仁之體。」曰：「其體如何？」曰：「仁之道，弘大而親切，知者可以一言盡，不知者雖設千萬言，亦不知也。能者可以一事舉，不能者雖指千萬事，亦不能也。」曰：「萬物與我爲一，可以爲仁之體乎？」曰：「子以六尺之軀，若何而能與萬物爲一？」曰：「身不能與萬物爲一，心則能矣。」曰：「人心有百病一死，天下之物有一變萬生。子若何而能與之爲一？」居正竦然而去。他日，某問曰：「人之所以不仁者，以放其良心也。以放心求心，可乎？」曰：「齊王見牛而不忍殺，此良心之苗裔，因利欲之間而見者也。一有見焉，操而存之，存而養之，養而充之，以至於大。大而不已，與天同矣。此心在人，其發見之端不同，要在識之而已〔二〕。」

熹按：「欲爲仁，必先識仁之體」，此語大可疑。觀孔子答門人問爲仁者多矣，不過以求仁之方告之，使之從事於此而自得焉爾，初不必使先識仁體也。又「以放心求心」之問甚切，而所答者反若支離。夫心操存舍亡，間不容息，知其放而求之，則心在是矣。今於已放之心不可操而復存者置不復問，乃俟異時見其發於他處而後從而操之，則夫未見之間，此心遂成間斷，無復有用功處。及其見而操之，則所操者亦發用之一端耳。於其本源全體，未嘗有一日涵養之功，便欲擴而充之，與天同大，愚竊恐其無是理也。○栻曰：必待識仁之體，而後可以爲仁，不知如何而可以識也。學者致爲仁之功，則仁之體可得而見。識其體矣，則其爲益有所施而亡窮矣。然則答爲仁之問，宜莫若敬而已矣。○祖謙曰：仁體誠不可遽語，至於答放心求心之問，却自是一説。蓋所謂「心操存舍亡，間不容息，知其放而求之，則心在是矣」者，平時持養之功也。所謂「良心之苗裔，因利欲而見，一有見焉，操而存之」者，隨事體察之功也。二者要不可偏廢。苟以此章欠説涵養一段，「未見之間，此心遂成間斷，無復用功處矣」，是。若曰於已放之心置不復問，乃俟其發見於他處而後從而操之，語却似太過。蓋見牛而不忍殺，乃此心之發見，非發見於他處也。又謂所操者亦發用之一端，胡子固曰此良心之苗裔，固欲人因苗裔而識本根，非徒認此發用之一端而已。○熹謂二者誠不可偏廢，然聖門之教，詳於持養而略於體察，與此章之意正相反。學者審之，則其得失可見矣。孟子指齊王愛牛之心，乃是因其所明而導之，非以爲必如此然後可以求仁也。夫必欲因苗裔而識本根，孰若培其本根而聽其枝葉之自茂耶。

知言曰：天地，聖人之父母；聖人，天地之子也。有父母則有子矣，有子則有父母矣。此萬物之所以著見，道之所以名也。非聖人能名道也，有是道則有是名也。聖人指明其體曰性，指明其用曰心。性不能不動，動則心矣。聖人傳心，教天下以仁也。

熹按：心性體用之云，恐自上蔡謝子失之。此云性不能不動，動則心矣，語尤未安。凡此「心」字，皆欲作「情」字，如何？○栻曰：心性分體用，誠爲有病。此若改作「性不能不動，動則情矣」一語，亦未安。不若伊川云「自性之有形者謂之心，自性之有動者謂之情」語意精密也。此一段似亦不必存。○熹詳此段誠不必存，然「性不能不動」，此語却安。但下句却有未當爾。今欲存此以下而頗改其語，云：「性不能不動，動則情矣。心主性情，故聖人教人以仁，所以傳是心而妙性情之德。」又按伊川有數語説心字，皆分明，此一段却難曉，不知「有形」二字合如何説？

校記 〔一〕汩：原作「泊」，據宋閩、浙本改。

〔二〕在：原缺，據宋浙本、知言補。

編年 據年譜長編。

朱熹文集編年評注卷七十四

雜著

更同安縣學四齋名紹興二十四年夏

學舊有四齋，許同年去其半，以省長諭具員之冗，故今唯兩齋。而四門如故，又皆錯亂，不得其所。至於命名之義，亦有未安。蓋如「彙征」之名，乃學優而仕之事，非學者所宜先也。揭而名之，是以利禄誘人，豈敎學者之意哉。今欲復四齋之舊，以「志道」、「據德」、「依仁」、「游藝」目之，東西相次，自北而南，誦習之區各仍舊貫。易日新長諭爲志道長諭，彙征長諭爲游藝長諭。其據德、依仁兩齋，請學諭、直學選本位學生不係教養人權充齋長或齋諭，許隨衆升堂聽講，本學更不差人，以塞希覬之路。諸職事以爲如何？幸與諸生議以見告，條其便不便者，熹且罷行之。

編年　據年譜長編。

同安縣諭學者〔一〕 紹興二十三年十一月十六日

學如不及，猶恐失之，此君子所以孜孜焉愛日不倦而競尺寸之陰也。今或聞諸生晨起入學，未及日中而各已散去，此豈愛日之意也哉。夫學者所以爲己，而士者或患貧賤，勢不得學，與無所於學而已。勢得學，又不爲無所於學，而猶不勉，是亦未嘗有志於學而已矣。然此非士之罪也，教不素明而學不素講也。今之世，父所以詔其子，兄所以勉其弟，師所以教其弟子，弟子之所以學，舍科舉之業，則無爲也。使古人之學止於如此，則凡可以得志於科舉，斯已爾。所以孜孜焉愛日不倦，以至乎死而後已者，果何爲而然哉？今之士唯不知此，以爲苟足以應有司之求矣，則無事乎汲汲爲也，是以至於惰游而不知反，終身不能有志於學。而君子以爲非士之罪也，使教素明於上，而學素講於下，則士者固將有以用其力，而豈有不勉之患哉。熹是以於諸君之事，不欲舉以有司之法，而姑以文告焉。諸君苟能致思於科舉之外，而知古人之所以爲學，則將有欲罷而不能者，熹所企而望也。紹興二十三年十一月十六日，某白〔二〕。

校記　〔一〕此題大同集卷九作「勸學文」。

〔二〕「紹興二十三年」以下原缺，據右引補。

編年　據文中所署。

諭諸生〔一〕 紹興二十三年七月二十二日

古之學者，八歲而入小學，學六甲五方書計之事。十五而入大學，學先聖之禮樂焉。非獨教之，固將有以養之也。蓋理義以養其心，聲音以養其耳，采色以養其目，舞蹈降登、疾徐俯仰以養其血脉。以至於左右起居，盤盂几杖，有銘有戒，其所以養之之具，可謂備至爾矣。夫如是，故學者有成材，而庠序有實用，此先王之教所以爲盛也。自學絕而道喪，至今千有餘年，學校之官，有教養之名而無教之養之之實，學者挾筴而相與嬉其間，其傑然者乃知以干禄蹈利爲事。至於語聖賢之餘旨，究學問之本原，則罔乎莫知所以用其心者。其規爲動息，舉無以異於凡民而有甚者焉。嗚呼！此教者過也，而豈學者之罪哉。然君子以爲是亦有罪焉爾，何則？今所以異於古者，特聲音采色之盛，舞蹈降登、疾徐俯仰之容，左右起居、盤盂几杖之戒有所不及爲，至推其本，則理義之所以養其心者固在也。諸君日相與誦而傳之，顧不察耳。然則此之不爲而彼之久爲，又豈非學者之罪哉。僕以吏事得與諸君游，今期年矣。諸君之業不加進，而行誼無以自著於州里之間，僕心愧焉。今既增修講問之法，蓋古者理義養心之術。諸君不欲爲君子耶，則誰能以是强諸君者？苟有志焉，是未可以舍此而他求也。幸願留意毋忽！七月二十二日〔二〕。

校記 〔一〕此題宋浙本作「同安縣喻學者」，大同集卷九作「與齋長諭學生文」。

〔二〕末句原缺，據大同集卷九補。

編年 據文中所署。原文未標年代，然大同集中排在紹興二十三年十一月十六日所作勸學文前，故知作於二十三年。

評論 周大璋朱子古文讀本卷五諭諸生：古昔教養人才之道，今已盡亡，所可自爲者，理義以養其心耳。從上之失教歸到學者失學上，詞旨温厚，告誡嚴正，聞之自當猛省。

諭諸職事 紹興二十三年七月二十五日

嘗謂學校之政不患法制之不立，而患理義之不足以悦其心。夫理義不足以悦其心，而區區於法制之末以防之，是猶决湍水注之千仞之壑，而徐翳蕭葦以捍其衝流也，亦必不勝矣。諸生蒙被教養之日久矣，而行誼不能有以信於人，豈專法制之不善哉，亦諸君子未嘗以禮義教告之也〔一〕。夫教告之而不從，則學者之罪；苟爲未嘗有以開導教率之，則彼亦何所趨而興於行哉。故今增修講問之法，諸君子其專心致思，務有以漸摩之。無牽於章句，無滯於舊聞，要使之知所以正心誠意於飲食起居之間，而由之以入於聖賢之域，不但爲舉子而已，豈不美哉！然法制之不可後者，亦既議而起之矣。惟諸君子相與堅守而力持之，使義理有以博其心，規矩有以約其外。如是而學者猶有不率，風俗猶有不厚，則非有司之罪。惟諸君留意。七月二十五日，某上稟〔二〕。

校記 〔一〕禮：正訛改作「理」。

〔二〕「七月二十五日」以下原缺，據大同集卷九補。

編年 據文中所署。原文未標年代，然大同集中此文排在紹興二十三年十一月十六日所作勸學文前，故知作於二十三年。

評論 周大璋朱子古文讀本卷五諭諸職事：諭職事與諭諸生不同，言各有所指，并閱之，而下之所以學與上之所以教胥得之矣。「理」、「義」二字是兩篇綱領。

補試榜諭 紹興二十四年夏

蓋聞君子之學以誠其身，非直爲觀聽之美而已。古之君子以是行之其身，而推之以教其子弟，莫不由此。此其風俗所以淳厚而德業所以崇高也。近世之俗不然，自父母所以教其子弟，固已使之假手程文，以欺罔有司矣。新學小生自爲兒童時，習見其父兄之誨如此，因恬不以爲愧，而安受其空虛無實之名，内以傲其父兄，外以驕其閭里，終身不知自力，以至卒就小人之歸者，未必不由此也。故今勸諭縣之父兄有愛其子弟之心者，其爲求明師良友，使之究義理之指歸，而習爲孝弟馴謹之行，以誠其身而已。禄爵之不至，名譽之不聞，非所憂也，何必汲汲使之俯心下首，務欲因人成事，以幸一朝之得，而貽終已之羞哉。今兹試補縣學弟子員，屬熹典領，故兹勸諭，各宜知悉。

編年 據年譜長編。

評論 周大璋朱子古文讀本卷五補試牓諭：後世未嘗無好子弟，總由父兄急於功利，不使學以誠其身，而但汲汲於名譽富貴，故人才敗壞，風俗日偷，制舉業害人心術不小。非有心聖學者，曷足語此哉。

策試榜喻 紹興二十四年夏

孟子稱君子之所以教者五，而答問居一焉。今發策以觀二三子之所藴而折中之，是乃古之所謂答問者，非徒相與以爲諛也。自今諸生條對所問，宜湛思正論，於答問之際，審加意焉。若夫朝廷之事，則非草茅所宜言，而師生相與之誠意，亦不當數見於文字之間也。二三子慎之。

編年　據年譜長編。

策　問〔一〕 紹興二十四年至二十六年

問：古之學者始乎爲士，終乎爲聖人，此言知所以爲士，則知所以爲聖人矣。今之爲士者衆，而求其至於聖人者或未聞焉，豈亦未知所以爲士而然耶？將聖人者固不出於斯人之類，而古語有不足信者耶？顔子曰：「舜何人哉？予何人哉？」孟子所願，則學孔子。二子者，豈不自量其力之所至而過爲斯言耶？不然，則士之所以爲士而至於聖人者，其必有道矣。二三子固今之士，是以敢請問焉。

問：建首善自京師始，而達於四方郡邑，海隅障徼之遠，莫不有學，此三代之制，與今皆然也。然考其風俗之流，有薄有厚，有失有得，則其不相逮至遠。豈古今之所以學者異耶？將所以學者不必異，特業之有至有不至耶？二三子釋菜之初，願陳二者之説，分別而審言之，以觀二三子所以來之意也。

問：孟子曰：「頌其詩，讀其書，不知其人，可乎？」近世以學名家如海陵胡先生、歐陽文忠公、王文公、司馬文正公、蘇編禮父子、程御史兄弟，其立言具在，二三子固嘗讀而誦之矣。其於先賢聖人之遺旨，孰爲得其宗者耶〔二〕？願與聞之。

問：孔子曰：「友其士之仁者」，又曰：「就有道而正焉」，又曰：「以友輔仁」，蓋學者之於師友，其不可以後如此。而孟子曰：「子歸而求之有餘師」，又曰：「君子欲其自得之」，必如是，是豈師友之所能與哉？孟子學孔子者，而其立言如此，豈有異旨哉？幸詳言之，以觀二三子所以從事於斯者如何也。

問：世言聖人生知安行，不待學而知且能也。若孔子者，可謂大聖人矣。而曰：「我學不厭」，又曰：「吾十有五而志於學」，又曰：「不如丘之好學」，非有待於學耶？抑所以學者異乎人之所謂學者耶？然則夫子之所以學者，果何以也？至如稱顔子以好學，則曰：「不遷怒，不貳過」，語學者以好學，則曰：「食無求飽，居無求安，敏於事而慎於言，就有道而正焉。」至其他縱言至於學者，難遍以疏舉。不識其與夫子之所以自謂者有辨耶？其無辨也？幸詳陳之。

問：唐開元釋奠儀：設先聖神位於堂西，東向；先師位其東北，南向，初不云有像設及從祀諸子也。今以當時人文章所記著考之，則皆爲夫子南面像，門人亦像十子〔三〕，而圖其餘於壁。是則開元之制施用於當時者亦無幾耳。二三子試究其所以然〔四〕，而斷其得失以對。

問：　聖人遠矣，六經或在或亡，諸子各自爲家，與夫諸儒之説經者又皆雜亂而無所統一。士之有意於聖人者，舍是三者亡以見之矣。是將因是以求之耶？則其絶亡者不可以屬，其雜亂者又易以惑人，求以自通，不亦難哉。或者又以爲道非言説所載〔五〕，顧力行如何耳。二者之論，僕未能得其中，亦諸君所宜講而思也。

問：　古以孝廉舉士，今廢其科，入官者一於進士與夫公卿大夫之世而已〔六〕。而所以馭其行者，則於參選問其葬父母與否，於薦舉使舉者任其不犯入己贓。此孝廉之遺意，而責之則已恕矣。然猶有不能者，何也？將所以厲之者非其本與？抑法廢不修而然也？今欲獻言於上，請以古制舉士，而嚴今之法，以禦其末流。二三子以爲便，則具其施行之語，爲有司陳之。

問：　大學之序，將欲明明德於天下，必先於正心誠意，而求其所以正心誠意者，則曰致知格物而已。然自秦漢以來，此學絶講，雖躬行君子時或有之，而無曰致知格物云者。不識其心果已正，意果已誠未耶？若以爲未也，則行之而篤，化之而從矣。以爲已正且誠耶，則不由致知格物以致之，而何以致其然也〔七〕？願二三子言其所以，而并以致知格物之所宜用力者，爲僕一二陳之。

問：　先王之世，選舉之法，書其德行道藝者起於鄉閭，容或不公。而唐虞以來至於成周，數百年之間，書傳所記，無以選舉不實累其上者，何耶？逮至後世，變而任以一切之法，若糊名竄書而校其一日之長者，亦可謂至公矣。而屬者廷議，猶謂禁防少弛，權倖因以躐取世資者，何耶？

問：書稱堯「平章百姓，百姓昭明」，説者以爲百姓者，百官族姓云爾。夫以百官族姓無不昭明，則堯之所與共天職者富矣。及其疇咨廷臣，欲任以事，則放齊稱子朱，驩兜舉共工，四岳薦鯀，惡在其昭明也耶。夫子叙書，斷自堯典，將以遺萬世大法，而其言若此，此又何耶〔八〕？夫子嘗稱「觀人至於察其所安，則人焉廋哉」〔九〕。帝堯之聖，豈獨昧此耶？以帝堯之舉而三人者若此，然則三代選舉之法，書其德行道藝始於鄉閭者，其可盡信也耶？二三子其辨明之。

問：臺諫，天子耳目之官，於天下事無所不得言。十餘年來，用人出宰相私意，盡取當世頑鈍嗜利無耻之徒以充入之，合黨締交，共爲奸慝〔十〕。乃者天子灼知其弊，既斥去之，乃咨人望，使任斯職，又下明詔以申警之。士懷負所學以仕於世，至此可謂得所施矣。而崇論弘議未能有所聞於四方，何耶？今天下之事衆矣，二三子試以身代諸公而任其責，以爲所當言者，何事爲大？

問：官材取士之法，三代尚矣。漢魏以來，至於晋唐，郡國選舉，公府辟召，其法不同。然上之所取乎下者，其路博，故下之所學以待問者，亦各有所以，而不專於文藝之一長也。至國朝，始專以進士入官。雖間設科目，如所謂賢良方正、博學宏詞者，然亦不過文藝而已。夫文者，士之末，其在君子小人無常分。士或懷負道德而不能此，與雖能而耻不屑就者，國家安得而用之耶？今誠欲復取古制施行之，則二三子之意，以何者爲便？

問：漢世專門之學，如歐陽、大小夏侯、孔氏書，齊、魯、韓、毛詩，后氏、戴氏禮，董氏春秋，梁丘、費氏易，今皆亡矣。其僅有存者，又已列於學官，其亦可以無惡於專門矣。而近世議者深斥之，將謂漢世之專門者耶？抑別有謂也？今百工曲藝莫不有師，至於學者尊其所聞，則斥以爲專門而深惡之，不識其何説也。二三子陳之。

問：泉之爲州舊矣，其粟米、布縷、力役之征，歲入於公者，蓋有定計，禄士廪軍，自昔以來，量是以爲出，不聞其不足也。有不足，則不爲州久矣。而比年以來，困竭殊甚，帑藏蕭然，無旬月之積。二千石每至，往往未及下車而惟此之問。然文符益繁，縣益急，民益貧，財賦益屈。此其故何耶？諸君熟計可行之策，無爲文詞而已。

問：夫子稱郊祀后稷以配天，宗祀文王於明堂以配上帝。夫天之與上帝，其果有異耶？抑不異也？後世鄭康成、王肅之徒各以其所聞爲説，甚者至流於讖緯，譎怪不可質究，皆聖賢所不道。其果有可取耶？抑無取也？恭惟國家承百王之流弊，稽古禮文之事，既久而後大備。二三子考先儒之論而折中之以聖制，宜有定矣。陳之毋隱。

問：經廢不講久矣，士之賢者亦或留意焉，而其所以用力者，則異而不同也。蓋或不求甚解而篤意於近思，或恃爲考證而昧於至理，務深眇者放宕而不根，干利禄者涉獵而無本。是四者之於經，其得失孰甚？二三子言之。

問：漢藝文志春秋家列左氏傳、國語皆出魯太史左丘明。蓋自司馬子長、劉子駿已定爲丘明所著，班生從而實之耳。至唐柳宗元始斥外傳爲淫誣，不概於聖，非出於左氏。近世劉侍讀敞又以論語考之，謂丘明自夫子前人，作春秋内、外傳者乃左氏，非丘明也。諸家之説既異，而柳子之爲是論，又自以爲有得於中庸，二三子論其是非焉。

問：荀子著書，號其篇曰性惡，以詆孟子之云性善者，而曰塗人可以爲禹。夫禹，大聖人也，語其可知之質、可能之具，乃在夫塗之人耳。人之性也，豈果爲惡哉，然且云爾者何也？二三子推其説以告。

問：李師錫者，以書抵韓子，稱其所爲不違孔子，不以雕琢爲工，而韓子報之曰：「愈將有深於是者，與吾子樂之。」今韓子之書具在，所謂深於是者，果何所指而言耶？

問：夫子講教洙泗之間，三千之徒、七十之賢，所學者何業？所習者何事？其言曰：「二三子以我爲隱乎？吾無隱乎爾。」所隱者復何説？「飲水曲肱而枕之，樂亦在其中矣。」所樂者抑又何謂耶？

問：忠信所以進德，而夫子之所以教與夫曾子所以省其身，亦無不曰忠信云者。而夫子又斥言必信、行必果者爲小人，孟子亦謂言不必信，行不必果，二端異焉。然則學者將何所蹈而可？將不必信且果者耶，則子路有欺天之失，微生有乞醯之譏。將必信且果耶，則硜硜之號，非所以飾其身也。二三子其揚搉之。

問：頃與二三子從事於論語之書，凡二十篇之説者，二三子盡觀之矣。雖未能究其義、如其文，然不可謂未嘗用意於此也。惟其遠者大者，二三子固已得諸心而施諸身矣，亦可以幸教有司者耶？不然，則二三子之相從於此，非志於道，利焉而已耳，非所望於二三子也。

問：仁之體誠深矣，自孔門弟子之所以問，夫子之所以答與夫後之諸子之所以筆之於書者，皆未嘗同也。二三子總其所論而折中之，必有得矣。其有以幸教。

問：人幼而學之，壯而欲行之。諸君子今日之所學，他日之所以行，其可得聞歟？

問：漢大司農丞壽昌議常平之法，而御史大夫望之奏以爲非。是二者孰爲合於先王之意？而施於當今，亦孰爲宜耶？二三子欲通當世之務，不可以不熟察而别言之。

問：國朝官材取士之法，進士而已。雖間設科目，如所謂賢良方正、博學宏詞者，特以疑文隱義困於所不知，如此則賢且良矣。至以博學宏詞自命而試於禮部者，則又可笑。蓋遲明裹飯揭篋而坐於省門以俟漏，啓鑰而入，視所命題，退發篋搜之，則其中古今事目次輯鱗比而亦有成章矣。其平居講學專乎此，甚者至於不復讀書也。進士之得人，已疏闊矣，而所設二科者又如此，然則士有懷負道藝以陸沉乎下者，其勢必耻乎此，而亦庸有不能者，國家安得而用之耶？二三子策以爲如何而可。

問：三代學校之制，自家塾、黨庠、遂序以至於國，則有學焉。其選士興賢之法，父師、少師之教，見於周官王制，禮家之説者尚可考也。今家塾、黨庠、遂序之制未立，是以州縣雖有學，而士之耕養於田里者遠不能至，獨城闕之子得以家居廪食而出入以嬉焉。至其補弟子員，則去留之節，又一決於文藝，使士之靜厚原慤者以木訥見罷，而偶能之者，雖纖浮佻巧，無不與在選中。如此，是學之爲教已不能盡得可教之才，而教之者又非有父師、少師之齒德也。噫！法之未能如古，則學校之爲益亦少哉。願二三子考其所聞於古而今可行者，悉著於篇，將攄其施行之語，以觀二三子於當世之務如何也。

問：禮云禮云，玉帛云乎哉。樂云樂云，鍾鼓云乎哉。而夫子之於告朔，愛其一羊而不忍去；於齊聞韶〔十一〕，至於三月而不知肉味，何也？抑其所以如此者，其意乃有所屬，而非玉帛鍾鼓之謂耶？然則果何所屬也？幸二三子詳陳之。

問：間者天子數下寬大詔書，弛民市征口算與夫逃賦役者之布，又詔稅民毋會其踦贏以就成數〔十二〕，又詔郡國毋得以羨餘來獻求幸媚。恭惟聖天子所以加惠此民者，可謂無不至矣。外是數者，亦可以議蠲復，以助廣聖治之萬分者乎？願與二三子預講明之，以待召問而發焉。

問：先王之世，士出於田里者，有黨庠、遂序之教，而公卿大夫之子弟，則又有成均之法以養之，蓋無不學之人，則無不治之官矣。後世士不皆業於學校，而學校所以教之者亦非復古法。至於卿大夫之子弟，則又有塊然未嘗讀書識字而直爲王官者。如是而欲吏稱民安，化行俗美，於誰責而可哉？今欲使之學者必出於庠序，世其禄者必出於成均，而所以教之者必自灑掃應對進退以至於義精仁熟，格物致知以至於治國平天下，又當皆合乎先王之意，不但爲文詞而已。二三子考於經，以爲如之何而可也。詳以著於篇，無所隱。

問：瑞應之説，所從來久。如鳳凰、嘉禾、騶虞、麟趾，皆載於書，詠於詩，其爲瑞也章章矣。而或者謂休符不於祥，於其仁而已。至引白雉、黄犀之屬，以爲不祥莫大焉。此其説與詩、書異矣，其亦有所本耶？前世祥瑞，或以改元紀號，或以被之弦歌，又或自以德薄，抑而不當。凡此數者，又孰爲得失耶？願二三子陳之。

問：世謂莊周之學出於老氏，故其書規模本趣大略相似也。至韓子退之，始謂子夏之學其後有田子方，子方之後流而爲莊周，然則周者未嘗學老聃也。至以其書之稱子方者考之，則子方之學子夏，周之學子方者，皆不可見。韓子之言何據耶？又禮經記孔子之言有得於老聃者，亦與今道德上下篇絶不相似，而莊生之言則實近之，皆不可曉。敢請問於諸君焉。

校記

〔一〕大同集卷四此題作「堂補課試策問」，凡三十三道，分爲三卷，而次序不同。

〔二〕「其於先賢」以下，右引作「其所以是非得失」。

〔三〕此句右引作「以門人列侍，蓋」。

〔四〕究：原作「實」，據右引改。

〔五〕此句右引作「或者又以爲聖人之道不在是」。

〔六〕「與夫」以下，右引作「任子」。

〔七〕其：原缺，據宋浙本補。

〔八〕大同集此句下有「或以知人爲難」一句。

〔九〕廋：原作「瘦」，據右引及宋浙本改。

〔十〕「盡取當世」以下，大同集作「又鉗以利害，使不得有所建明」。

〔十一〕聞：原作「忘」，據右引及論語改。

〔十二〕贏：原作「羸」，據宋閩、浙本改。

編年 據年譜長編。

白鹿書堂策問 淳熙七年

孔子歿，七十子喪。楊、墨之徒出，孟子明孔子之道以正之，而後其說不得肆。千有餘年，諸生皆誦說孔子，而獨荀卿、揚雄、王通、韓愈號爲以道鳴者，然於孟子或非之，或自比焉，或無稱焉，或尊其功以爲不在禹下。其歸趣之不同既如此，而是數子者後議其前，或以爲同門而異户，或無稱焉，或以爲大醇而小疵，而不得與於斯道之傳者。其於楊、墨，或微議其失，或無稱焉，或取焉以配孔子，其取予之不同又如此，是亦必有說矣。本朝儒學最盛，自歐陽氏、王氏、蘇氏皆以其學行於朝廷，而胡氏、程氏亦以其學傳之學者。然王、蘇本出於歐陽，而其末有大不同者，胡氏、孫氏亦不相容於當時，而程氏尤不合於王與蘇也。是其於孔子之道，孰得孰失，豈亦無有可論者耶？楊、墨之說則熄矣，然其說之流，豈亦無有未盡泯滅者耶？後世又有佛老之說，其於楊、墨之說同耶？異耶？自揚雄以來，於是二家是非之論，蓋亦多不同者，又孰爲得其正耶？二三子其詳言之。

編年 據文集卷八十六白鹿洞成告先聖文、卷三十四答吕伯恭八十五，白鹿洞書院落成開講在淳熙七年三月十八日，而朱熹於次年閏三月離任，故此策問應作於七年之内。

問吕伯恭三禮篇次淳熙三年至八年間

儀禮附記上篇

士冠禮冠義附。　士婚禮婚義附。

士相見禮　鄉飲酒禮鄉飲酒義附。

鄉射禮射義附。　燕禮燕義附。

大射禮　聘禮聘義附。

公食大夫禮　覲禮

儀禮附記下篇

喪服喪服小記、大傳、服問〔一〕、間傳附。　士喪禮

既夕禮　士虞禮喪大記、奔喪、問喪、曾子問、檀弓附。

特牲饋食禮　少牢饋食禮

有司祭義、祭統附。

禮記篇次

曲禮、内則、玉藻、少儀、投壺、深衣。六篇爲一類。

王制、月令、祭法。三篇爲一類。

文王世子、禮運、禮器、郊特牲、明堂位、大傳、與喪小記誤處多，當釐正。樂記。七篇爲一類。

經解、哀公問、仲尼燕居、坊記、儒行。六篇爲一類。

學記、中庸、表記、緇衣、大學。五篇爲一類。

以上恐有未安，幸更詳之。

校記 〔一〕服問：原作「月服問」，據禮記服問改。

編年 朱熹嘗於淳熙十三四年間指導門人潘友恭以禮記與儀禮參照，編爲一書，見於文集卷五十答潘恭叔四、五、八諸書。第八書言之尤詳，其言儀禮附記篇目分類與此篇略同。第六書云：「禮記須與儀禮相參，通修作一書，乃可觀。中間伯恭欲令門人爲之，近見路德章編得兩篇，頗有次第。」是呂祖謙在世時亦嘗令門人編類二禮。然卷三十三答呂伯恭四十二云：「近看周、儀二禮，頗有意思。但心力短，過眼即復惘然，又似枉費功夫耳。」卷三十一答敬夫孟子説疑義云：「却看得周禮、儀禮一過，注疏見成，却覺不甚費力也。」二書皆作於淳熙三年，初未提及編類儀禮事，故此篇似不得早於淳熙三年。又呂祖謙卒於淳熙八年，故此篇又不得晚於是年也。

記解經 淳熙初

凡解釋文字，不可令注腳成文，成文則注與經各爲一事，人唯看注而忘經。不然，即須各作一番理會，添却一項功夫。竊謂須只似漢儒毛、孔之流，略釋訓詁名物及文義理致尤難明者，而其易明處，更不須貼句相續，乃爲得體。蓋如此，則讀者看注即知其非經外之文，却須將注再就經上體會，自然思慮歸一，功力不分，而其玩索之味，亦益深長矣。

編年 文集卷三十一答敬夫孟子説疑義云：「大抵解經但可略釋文義名物，而使學者自求之，乃爲有益耳。」朱子語類卷一百三黄榦録云：「南軒語孟子，嘗説他這文字不好看。蓋解經不必做文字，止合解釋得文字通，則理自明，意自足。今多去上做文字，少間説來説去，只説得他自一片道理，經意却蹉過了。」與此篇意同。答敬夫書作於淳熙三年，黄榦從學在淳熙二年，故此篇之作大約在淳熙初爲近。

修韓文舉正例 慶元二年春

大書本文定本，上下文無同者，即只出一字。有同字者，即并出上一字。疑似多者，即出全句。

字有差互，即注云：「某本作某，某本作某。二字及全句下即注首加本字〔一〕，後放此。今按云云，當從某本。」本同者，即前云「某某本」，後云「某等本」，後放此。字有多少，即注云：「某本有，某本無。」字有顛倒，即注云：「某某字，某本作某某」，「今按」以下并同。

校記 〔一〕首加：正訛改作「皆如」。

編年 據年譜長編。

史館修史例 紹熙五年閏十月

先以曆内年月日下刷出合立傳人姓名，排定總目。

次將就題名内刷出逐人拜罷年月，注於本目之下。

次將取到逐人碑志、行狀、奏議、文集之屬，附於本目之下。各注起某年，終某年。

次將總目内刷出收索到文字人姓名，略具鄉貫履歷，鏤版行下諸州，曉示搜訪取索。仍委轉運司專一催督，每月上旬差人申送本院，不得附遞，恐有損失。如本月内無收到文字，亦仰依限差人申報。

置諸路申送文字格眼簿，一路一扇，一月一眼。如有申到，記當日内收附勾銷，注於總目本姓名下，依前例。

編年　據王懋竑朱子年譜，朱熹入史院在紹熙五年閏十月戊辰，據以繫之。

讀書之要 淳熙初

或問：「程子通論聖賢氣象之別者數條，子既著之精義之首，而不列於集注之端，何也？」曰：「聖賢氣象高且遠矣，非造道之深、知德之至，鄰於其域者，不能識而辨之，固非始學之士所得驟而語也。鄉吾著之書首，所以尊聖賢；今不列於篇端，所以嚴科級，亦各有當焉爾。且吾於程子之論讀是二書之法，則既掇其要而表之於前矣。學者誠能深考而用力焉，盡此二書，然後乃可與議於彼耳。」曰：「然則其用力也奈何？」曰：「循序而漸進，熟讀而精思可也。」曰：「然則請問循序漸進之説。」曰：「以二書言之，則先論而後孟，通一書而後及一書。以一書言之〔一〕，則其篇章文句、首尾次第，亦各有序而不可亂也。量力所至，約其程課而謹守之。字求其訓，句索其旨，未得乎前，則不敢求其後；未通乎此，則不敢志乎彼。如是循序而漸進焉，則意定理明，而無疏易凌躐之患矣。是不惟讀書之法，是乃操心之要，尤始學者之不可不知也。」曰：「其熟讀精思者何耶？」曰：「論語一章不過數句，易以成誦。成誦之後，反復玩味於燕間静一之中，以須其浹洽可也。孟子每章或千百言，反復論辨，雖若不可涯者，然其條理疏通，語意明潔，徐讀而以意隨之，出入往來以十百數，則其不可涯者，將可有以得之於指掌之間矣。大抵觀書先須熟讀，使其言皆若出於吾之口；繼以精思，使其意皆若出於吾之心，然後可以有得爾。至於文義有疑，衆説紛錯，則亦虚心静慮，勿遽取舍於其間。先使一説自爲一説，而隨其意之所之以驗其通塞，則其尤無義理者，不待觀於他説，而先自屈矣。復以衆説互相詰難，而求其理之所安，以考其是非，則似是而非者，亦將奪於公論而無以立矣。大抵徐行却立，處静觀動，如攻堅木，先其易者而後其節目；如解亂繩，有所不通，則姑置而徐理之。此讀書之法也。」

校記　〔一〕一：原作「二」，據宋閩、浙本改。

編年　篇首提及論孟精義、論孟集注，前者成於乾道八年，後者成於淳熙四年，故此篇當作於淳熙初爲近。

孟子綱領淳熙初

或問綱領諸説孰爲要，曰：「程子之言之要，皆已見於序説矣。其以藐大人、聖夷惠爲非孟子語，則恐其未必然也。張子之言，亦多可觀，但未成性之語，自其論易大傳而失之矣，後不能悉辨也。」曰：「謝氏心性之説如何？」曰：「性，本體也，其用情也；心則統性情、該動静而爲之主宰也。故程子曰心一也，有指體而言者，有指用而言者，蓋謂此也。今直以性爲本體，而心爲之用，則情爲無所用者，而心亦偏於動矣。且性之爲體，正以仁義禮智之未發者而言，不但爲視聽作用之本而已也。明乎此，則吾之所謂性者，彼佛氏固未嘗得窺其仿佛，而何足以亂吾之真哉。」

編年 此文所言綱領，即論孟精義書首之論孟精義綱領；序説，即孟子集注書首之孟子序説。前書成於乾道八年，後書成於淳熙四年。此篇以作於淳熙初爲近。

論語課會説紹興二十四年

古之學者潛心乎六藝之文，退而考諸日用，有疑焉則問，問之弗得，弗措也。古之所謂傳道授業解惑者，如此而已。後世設師弟子員，立學校以群之。師之所講，有不待弟子之問；而弟子之聽於師，又非其心之所疑也。泛然相與，以具一時之文耳。學問之道，豈止於此哉？自秦漢以迄今，蓋千有餘年，所謂師弟子者，皆不過如此。此聖人之緒言餘旨所以不白於後世，而後世之風流習尚所以不及於古人也。然則學者欲求古人之所至，其可以不務古人之所爲乎？今將以論語之書與諸君相從學，而惟今之所謂講者不足事也，是以不敢以區區薄陋所聞告諸君。諸君第因先儒之説，以逆聖人之所志，孜孜焉蚤夜以精思，退而考諸日用，必將有以自得之而以幸教熹也。其有不合，熹請得爲諸君言之。諸君其無勢利之急而盡心於此，一有得焉，守之以善其身，不爲有餘；推之以及一鄉一國而至於天下，不爲不足。熹不肖，不敢以是欺諸君也。

編年　據年譜長編。

講禮記序説〔一〕　紹興二十四年

熹聞之，學者博學乎先王六藝之文，誦焉以識其辭，講焉以通其意，而無以約之，則非學也。故曰博學而詳説之，將以反説約也。何謂約？禮是已〔二〕。禮者，履也，謂昔之誦而説者，至是可踐而履也。故夫子曰：「君子博學於文，約之以禮」，顔子之稱夫子亦曰：「博我以文，約我以禮。」禮之爲義，不其大哉！然古禮非必有經，蓋先王之世，上自朝廷，下達閭巷，其儀品有章，動作有節，所謂禮之實者，皆踐而履之矣。故曰「禮儀三百，威儀三千，待其人而後行」，則豈必簡策而後傳哉。其後禮廢，儒者惜之，乃始論著爲書，以傳於世。今禮記四十九篇，則其遺説，已學而求所以約之者〔三〕，不可以莫之習也。今柯君直學將爲諸君誦其説而講明之，諸君其聽之毋忽。易曰：「知崇禮卑。」禮以極卑爲事，故自飲食居處、灑掃欬唾之間，皆有儀節。聞之若可厭，行之若瑣碎而不綱，然唯愈卑故愈約，與所謂極崇之智，殆未可以差殊觀也。夫如是，故成性存存而道義出矣。此造約之極功也，諸君其聽之毋忽。新安朱熹云。

校記 〔一〕大同集卷七此題作「柯國材講禮記」。

〔二〕已：原作「也」，據宋閩、浙本改。

〔三〕右引此句作「已博而求其所以約之者」。

編年 據年譜長編。

白鹿洞書院揭示〔一〕 淳熙七年春

父子有親，君臣有義，夫婦有別，長幼有序，朋友有信。

右五教之目。堯舜使契爲司徒，敬敷五教，即此是也。學者學此而已，而其所以學之之序，亦有五焉，其別如左：

博學之，審問之，慎思之，明辨之，篤行之。

右爲學之序。學、問、思、辨四者，所以窮理也。若夫篤行之事，則自修身以至於處事接物，亦各有要，其別如左：

言忠信，行篤敬，懲忿窒欲，遷善改過。

右修身之要。

正其義不謀其利，明其道不計其功。

右處事之要。

己所不欲，勿施於人。行有不得，反求諸己。

右接物之要。

熹竊觀古昔聖賢所以教人爲學之意，莫非使之講明義理，以修其身，然後推以及人，非徒欲其務記覽、爲詞章，以釣聲名、取利禄而已也。今人之爲學者，則既反是矣。然聖賢所以教人之法具存於經，有志之士固當熟讀深思而問辨之。苟知其理之當然，而責其身以必然，則夫規矩禁防之具，豈待他人設之而後有所持循哉。近世於學有規，其待學者爲已淺矣，而其爲法，又未必古人之意也。故今不復以施於此堂，而特取凡聖賢所以教人爲學之大端，條列如右而揭之楣間。諸君其相與講明遵守而責之於身焉，則夫思慮云爲之際，其所以戒謹而恐懼者，必有嚴於彼者矣。其有不然，而或出於此言之所棄，則彼所謂規者必將取之，固不得而略也。諸君其亦念之哉！

校記　〔一〕揭示：淳熙本、宋浙本作「學規」。

編年　據文集卷三十四答吕伯恭八十五、卷八十六白鹿洞成告先聖文，白鹿洞書院落成開講在淳熙七年三月十八日，此篇當作於其時。

評論　（日）山崎嘉山崎闇齋全集垂加文集中之二白鹿洞學規集註序：晦庵朱夫子挺命世之才，承伊洛之統，繼往聖小學之教，明大學之道，又設此規，以開來學。而乃奸言所阨，不得大敷於當時。時則陸氏頓悟之學、陳氏事功之説競起，儒佛王霸，混雜爲一，夫子力闢之，俾不至惑天下後世。於戲！夫子之德之盛、功之大固不待後生小子之贊。竊獨惟念小大之教，皆所以明人倫也。小學立教，教明倫也，敬身，明倫之要也。大學格致，則因小學已知者而窮極之也。誠、正、修則因已行者而惇篤之也，齊、治、平則舉此而錯之耳。此規五倫爲教，而學之之序，實與大學相發。其學、問、思、辨四者，格物致知之事也。篤行之事，先列修身，則所謂自天子以至於庶人，壹是皆以脩身爲本者，誠意正心在其中。處事接物之要，齊家治國平天下之事也。夫規之明備如此，宜與小大之書竝行，然隱於夫子文集之中，知者鮮矣。嘉嘗表出，揭諸齋，潛心玩索焉。近看李退溪自省録，論之詳矣。得是論反復之，有以知此規之所以爲規者，然後集先儒之説，註逐條之下，與同志講習之。且嘆我國小大之書家傳人誦，而能明之者蓋未聞其人，是世遠地去之由乎？雖然，若退溪生於朝鮮，數百載之後，而無異於洞遊面命，則我亦可感發而興起云。慶安三年庚寅冬十二月九日戊午，洛陽闇齋山崎嘉序。

玉山講義 紹熙五年十一月

先生曰：熹此來，得觀學校鼎新，又有靈芝之瑞，足見賢宰承流宣化、興學誨人之美意，不勝慰喜。又承特設講座，俾爲諸君誦說。雖不敢當，然區區所聞，亦不得不爲諸君言之。蓋聞古之學者爲己，今之學者爲人，故聖賢教人爲學，非是使人綴緝言語、造作文辭，但爲科名爵禄之計，須是格物、致知、誠意、正心、修身而推之，以至於齊家治國，可以平治天下，方是正當學問。諸君肄業於此，朝夕講明於此，必已深有所得。不然，亦須有疑。今日幸得相會，正好商量，彼此之間，皆當有益。

時有程珙起而請曰：「論語多是説仁，孟子却兼説仁義，意者夫子説元氣，孟子説陰陽，仁恐是體，義恐是用。」先生曰：「孔孟之言，有同有異，固所當講。然今且當理會何者爲仁，何者爲義，曉此兩字義理分明，方於自己分上有用力處。然後孔孟之言有同異處，可得而論。如其不曉，自己分上元無工夫，説得雖工，何益於事？且道如何説個仁義二字底道理？大凡天之生物，各付一性。性非有物，只是一個道理之在我者耳。故性之所以爲體，只是仁、義、禮、智、信五字。天下道理，不出於此。韓文公云，人之所以爲性者五，其説最爲得之。却爲後世之言性者多雜佛老而言，所以將性字作知覺心意看了，非聖賢所説性字本指也。

五者之中，所謂信者，是個真實無妄底道理。如仁、義、禮、智，皆真實而無妄者也，故信字更不須説。只仁、義、禮、智四字，於中各有分別，不可不辨。蓋仁則是個温和慈愛底道理，義則是個斷制裁割底道理，禮則是個恭敬撙節底道理，智則是個分别是非底道理。凡此四者，具於人心，乃是性之本體。方其未發，漠然無形象之可見。及其發而爲用，則仁者爲惻隱，義者爲羞惡，禮者爲恭敬，智者爲是非。隨事發見，各有苗脉，不相殽亂，所謂情也。故孟子曰：「惻隱之心，仁之端也；羞惡之心，義之端也；恭敬之心，禮之端也；是非之心，智之端也。」謂之端者，猶有物在中而不可見，必因其端緒發見於外，然後可得而尋也。蓋一心之中，仁、義、禮、智各有界限，而其性情體用又自各有分別，須是見得分明，然後就此四者之中，又自見得仁義兩字是個大界限，如天地造化、四序流行，而其實不過於一陰一陽而已。

於此見得分明，然後就此又自見得仁字是個生底意思，通貫周流於四者之中。仁固仁之本體也，義則仁之斷制也，禮則仁之節文也，智則仁之分別也。正如春之生氣貫徹四時，春則生之生也，夏則生之長也，秋則生之收也，冬則生之藏也。故程子謂四德之元猶五常之仁，偏言則一事，專言則包四者，正謂此也。孔子只言仁，以其專言者言之也。故但言仁，而仁、義、禮、智皆在其中。孟子兼言義，以其偏言者言之也。然亦不是於孔子所言之外添入一個義字，但於一理之中分別出來耳。其又兼言禮、智，亦是如此。蓋禮又是仁之著，智又是義之藏，而仁之一字，未嘗不流行乎四者之中也。

若論體用，亦有兩說。蓋以仁存於心而義形於外言之，則曰仁，人心也；義，人路也，而以仁義相爲體用。若以仁對惻隱、義對羞惡而言，則就其一理之中，又以未發已發相爲體用。若認得熟，看得透，則玲瓏穿穴，縱橫顛倒，無處不通，而日用之間，行著習察，無不是著功夫處矣。」

珙又請曰：「三代以前，只是說中說極。至孔門答問，說著便是仁，何也？」先生曰：「說中說極，今人多錯會了他文義，今亦未暇一一詳說。但至孔門方說仁字，則是列聖相傳到此，方漸次說到親切處爾〔一〕。夫子所以賢於堯舜，於此亦可見其一端也。然仁之一字，須更於自己分上實下功夫始得。若只如此草草説過，無益於事也。」

先生因舉孟子「道性善，言必稱堯舜」一章，而遂言曰：「所謂性者，適固已言之矣，今復以一事譬之。天之生此人，如朝廷之命此官，人之有此性，如官之有此職。朝廷所命之職，無非使之行法治民，豈有不善？天之生此人，無不與之以仁義禮智之理，亦何嘗有不善？但欲生此物，必須有氣，然後此物有以聚而成質。而氣之爲物，有清濁昏明之不同。稟其清明之氣而無物欲之累，則爲聖；稟其清明而未純全，則未免微有物欲之累，而能克以去之，則爲賢；稟其昏濁之氣，又爲物欲之所蔽，而不能去，則爲愚，爲不肖。是皆氣稟物欲之所爲，而性之善未嘗不同也。堯舜之生，所受之性亦如是耳。但以其氣稟清明，自無物欲之蔽，故爲堯舜，初非有所增益於性分之外也。故學者知性善，則知堯舜之聖非是强爲；識得堯舜做處，則便識得性善底規模樣子。而凡吾日用之間，所以去人欲、復天理者，皆吾分内當然之事，其勢至順而無難。此孟子所以首爲文公言之，而又稱堯舜以實之也。

但當戰國之時，聖學不明，天下之人但知功利之可求，而不知己性之本善、聖賢之可學，聞是説者，非惟不信，往往亦不復致疑於其間。若文公則雖未能盡信，而已能有所疑矣。是其可與進善之萌芽也。故孟子於其去而復來，迎而謂之曰：『世子疑吾言乎？』而又告之曰：『夫道一而已矣。』蓋古今聖愚同此一性，則天下固不容有二道。但在篤信力行，則天下之理雖有至難，猶必可至，况善乃人之所本有，而爲之不難乎。然或氣稟昏愚而物欲深固，則其勢雖順且易，亦須勇猛著力，痛切加功，然後可以復於其初。故孟子又引商書之言曰：『若藥弗瞑眩，厥疾弗瘳。』若但悠悠，似做不做，則雖本甚易，而反爲至難矣。此章之言雖甚簡約，然其反復曲折，開曉學者，最爲深切。諸君更宜熟讀深思，反復玩味，就日用間便著實下功夫始得。中庸所謂尊德性者，正謂此也。

然聖賢教人，始終本末，循循有序，精粗巨細，無有或遺。故才尊德性，便有個道問學一段事，雖當各自加功，然亦不是判然兩事也。中庸曰：『大哉，聖人之道！洋洋乎發育萬物，峻極於天。優優大哉！禮儀三百，威儀三千，待其人然後行。故曰苟不至德，至道不凝焉。是故君子尊德性而道問學，致廣大而盡精微，極高明而道中庸，温故而知新，敦厚以崇禮。』蓋道之爲體，其大無外，其小無内，無一物之不在焉。故君子之學，既能尊德性以全其大，便須道問學以盡其小。其曰致廣大、極高明、温故而敦厚，則皆尊德性之功也。其曰盡精微、道中庸、知新而崇禮，則皆道問學之事也。學者於此，固當以尊德性爲主，然於道問學，亦不可不盡其力。要當使之有以交相滋益，互相發明，則自然該貫通達，而於道體之全無欠闕處矣。

今時學者心量窄狹，不耐持久，故其爲學，略有些少影響見聞〔二〕，便自主張，以爲至足，不能遍觀博考，反復參驗。其務爲簡約者，既蕩而爲異學之空虛，其急於功利者，又溺而爲流俗之卑近，此爲今日之大弊，學者尤不可以不戒。

熹又記得昔日曾參見端明汪公，見其自少即以文章冠多士，致通顯，而未嘗少有自滿之色，日以師友前輩多識前言往行爲事。及其晚年，德成行尊，則自近世名卿，鮮有能及之者。乃是此邦之人，諸君視之丈人行耳，其遺風餘烈尚未遠也。又如縣大夫，當代名家，自其先正温國文正公，以盛德大業爲百世師，所著資治通鑑等書，尤有補於學者。至忠潔公扈從北狩，固守臣節，不污僞命，又以忠義聞於當世。諸君蓋亦讀其書而聞其風矣。自今以往，儻能深察愚言，於聖賢大學有用力處，則凡所見聞，寸長片善，皆可師法，而况於其鄉之先達與當世賢人君子之道義風節乎？詩曰：『高山仰止，景行行止。』願諸君留意，以副賢大夫教誨作成之意，毋使今日之講徒爲空言，則區區之望也。」

校記　〔一〕到：原無，據宋刻本晦庵先生語録大綱領附録下補。

〔二〕少：右引作「小」。

編年　據年譜長編。

評論　(日)山崎嘉山崎闇齋全集垂加文集中之三跋玉講附録代會津中將書：朱子之言性與天道布在文集、語類之中。乙巳之歲，表章玉山講義，且抄出其可與講義參驗者，名曰玉講附録，凡上中下三卷，上下兩卷各分一二三。乃以繕寫，重陽日成焉。

(日)林恕玉山講義附録跋：不佞應會津源君之求，而既作二程治教録伊洛三子傳心録序，今又弁鄙言於玉山講義附録之首，三書共是君之所編纂也。以其道學之傳言之，則二程爲宗，楊羅李受之，至朱子而全備矣。以其爲學之次言之，則先讀玉山之講，可推極知識而窮至物理，漸熟格致之工夫。則讀傳心録，可實心之所發而守身之所主，漸熟誠正之工夫者，所以修身也。於是讀治教録，可以思所以齊家治國，推施之於天下，亦豈他求哉。若反復言之，則傳心録者明明德之要乎，治教録者新民之教乎，玉山之講者止至善之務乎。大學之綱條，其相合如此，則中庸之九經，亦可併按乎。然則見此三書，而可知君之研覃道學之篤實而發揮也。就想三書孰重孰輕，果不可偏廢焉。然傳心者可以藏於密也，治教者可以彌六合也，如講義者，散爲萬事，復合爲一理之謂乎。嗚呼！玉山遠乎哉，未之思也，思之則講義在焉，夫何遠之有？所以纂附録者，所謂念兹在兹也。寬文壬子仲春，弘文院學士林恕謹跋。

滄洲精舍諭學者紹熙五年十二月

老蘇自言其初學爲文時，取論語、孟子、韓子及其他聖賢之文，而兀然端坐，終日以讀之者七八年。方其始也，入其中而惶然以博，觀於其外而駭然以驚。及其久也，讀之益精，而其胸中豁然以明，若人之言固當然者，然猶未敢自出其言也。歷時既久，胸中之言日益多，不能自制，試出而書之。已而再三讀之，渾渾乎覺其來之易矣。予謂老蘇但爲欲學古人説話聲響，極爲細事，乃肯用功如此，故其所就亦非常人所及。如韓退之、柳子厚輩，亦是如此。其答李翊、韋中立之書，可見其用力處矣。然皆只是要作好文章，令人稱賞而已，究竟何預己事？却用了許多歲月，費了許多精神，甚可惜也。今人説要學道，乃是天下第一至大至難之事，却全然不曾著力，蓋未有能用旬月功夫熟讀一卷書者〔一〕。及至見人泛然發問，臨時凑合，不曾舉得一兩行經傳成文，不曾照得一兩處首尾相貫，其能言者，不過以己私意敷演立説，與聖賢本意、義理實處了無干涉，何況望其更能反求諸己，真實見得，真實行得耶。如此求師，徒費腳力，不如歸家杜門，依老蘇法，以二三年爲期，正襟危坐，將大學、論語、中庸、孟子及詩、書、禮記、程、張諸書分明易曉處，反復讀之，更就自己身心上存養玩索，著實行履，有個入處，方好求師，證其所得而訂其謬誤。是乃所謂就有道而正焉者，而學之成也可冀矣。如其不然，未見其可。故書其說，以示來者云。

校記　〔一〕卷：原作「人」，據宋閩、浙本改。

編年　據文集卷八十六滄洲精舍告先聖文，精舍落成釋菜在紹熙五年十二月十三日，此篇當作在其時。

又諭學者 紹熙五年十二月

書不記，熟讀可記。義不精，細思可精。唯有志不立，直是無著力處。只如而今貪利祿而不貪道義，要作貴人而不要作好人，皆是志不立之病。直須反復思量，究見病痛起處，勇猛奮躍，不伏作此等人〔一〕，一躍躍出，見得聖賢所說千言萬語，都無一字不是實語〔二〕，方始立得此志。就此積累功夫，迤邐向上去，大有事在。諸君勉旃，不是小事。

校記　〔一〕伏：原作「復」，據宋閩、浙本改。

〔二〕字：原作「事」，據右引改。

編年　題稱「又」，題承上篇而作，一時先後可知。

增損呂氏鄉約淳熙二年

凡鄉之約四，一曰德業相勸，二曰過失相規，三曰禮俗相交，四曰患難相恤。衆推有齒德者一人爲都約正，有學行者二人副之。約中月輪一人爲直月，都副正不與。置三籍，凡願入約者書於一籍，德業可勸者書於一籍，過失可規者書於一籍，直月掌之。月終則以告於約正，而授於其次。

德業相勸

德謂見善必行，聞過必改，能治其身，能治其家，能事父兄，能教子弟，能御童僕，能肅政教，能事長上，能睦親故，能擇交游，能守廉介，能廣施惠，能受寄託，能救患難，能導人爲善，能規人過失，能爲人謀事，能爲衆集事，能解鬥争，能决是非，能興利除害，能居官舉職。業謂居家則事父兄，教子弟，待妻妾；在外則事長上，接朋友，教後生，御童僕。至於讀書治田，營家濟物，畏法令，謹租賦，好禮、樂、射、御、書、數之類，皆可爲之。非此之類，皆爲無益。

右件德業，同約之人各自進修，互相勸勉。會集之日，相與推舉其能者書於籍，以警勵其不能者。

過失相規

過失謂犯義之過六，犯約之過四，不修之過五。

犯義之過，一曰酗博鬥訟，酗謂縱酒喧競，博謂賭博財物，鬥謂鬥毆罵詈，訟謂告人罪惡，意在害人，誣賴争訴，得已不已者。若事干負累及爲人侵損而訴之者非。二曰行止逾違，逾禮違法，衆惡皆是。三曰行不恭遜，侮慢齒德者，持人短長者，恃强凌人者，知過不改、聞諫愈甚者。四曰言不忠信，或爲人謀事，陷人於惡；或與人要約，退即背之；或妄説事端，熒惑衆聽者。五曰造言誣毁，誣人過惡，以無爲有，以小爲大，面是背非，或作嘲咏匿名文書，及發揚人之私隱，無狀可求，及喜談人之舊過者。六曰營私太甚。與人交易，傷於掊克者；專務進取，不恤餘事者；無故而好干求假貸者；受人寄託而有所欺者。

犯約之過，一曰德業不相勸，二曰過失不相規，三曰禮俗不相成，四曰患難不相恤。

不修之過，一曰交非其人，所交不限士庶，但凶惡及游惰無行、衆所不齒者而已。朝夕與之游處，則爲交非其人。若不得已而暫往還者非。二曰游戲怠惰，游謂無故出入及謁見人止務閑適者；戲謂戲笑無度及意在侵侮，或馳馬擊鞠而不賭財物者；怠惰謂不修事業及家事不治，門庭不潔者。三曰動作無儀，謂進退太疏野及不恭者，不當言而言及當言而不言者，衣冠太華飾及全不完整者，不衣冠而入街市者。四曰臨事不恪，主事廢忘，期會後時，臨事怠慢者。五曰用度不節。謂不計有無，過爲侈費者〔一〕；不能安貧，非道營求者。

右件過失，同約之人各自省察，互相規戒。小則密規之，大則衆戒之。不聽則會集之日直月以告於約正，約正以義理誨諭之。謝過請改，則書於籍以俟。其爭辯不服與終不能改者，皆聽其出約。

禮俗相交

禮俗之交，一曰尊幼輩行，二曰造請拜揖，三曰請召送迎，四曰慶吊贈遺。

尊幼輩行凡五等，〇曰尊者，謂長於己三十歲以上〔二〕，在父行者。曰長者，謂長於己十歲以上，在兄行者。曰敵者，謂年上下不滿十歲者，長者爲稍長，少者爲稍少。曰少者，謂少於己十歲以下者。曰幼者。謂少於己二十歲以下者。

造請拜揖凡三條，〇曰：凡少者、幼者於尊者、長者，歲首、冬至、四孟月朔辭見賀謝，皆爲禮見。皆具門狀，用幞頭、公服、腰帶、靴笏。無官具名紙，用幞頭〔三〕、襴衫、腰帶、繫鞋。唯四孟通用帽子、皂衫、腰帶。〇凡當行禮而有恙故，皆先使人白之。或遇雨雪，則尊長先使人諭止來者。此外候問起居、質疑白事及赴請召，皆爲燕見。深衣、凉衫皆可，尊長令免即去之。尊者受謁不報，歲首、冬至具己名榜子，令子弟報之，如其服。長者歲首、冬至具榜子報之，如其服。餘令子弟以己名榜子代行。凡敵者，歲首、冬至辭見賀謝相往還。門狀名紙同上，唯止服帽子。凡尊者、長者無事而至少者、幼者之家，唯所服。深衣、凉衫、道服、背子可也。敵者燕見亦然。〇曰：凡見尊者、長者，門外下馬，俟於外次，乃通名。凡往見人，入門必問主人食否，有他客否，有他幹否。度無所妨，乃命展刺；有妨，則少俟，或且退。後皆放此。主人使將命者先出迎客，客趨入。至廡間，主人出，降階。客趨進，主人揖之，升堂。禮見，四拜而後坐，燕見不拜。旅見則旅拜，少者、幼者自爲一列。幼者拜，則跪而扶之；少者拜，則跪扶而答其半。若尊者、長者齒德殊絶，則少者、幼者堅請納拜。尊者許，則立而受之；長者許，則跪而扶之。拜訖，則揖而退。主人命之坐，則致謝訖，揖而坐。退，凡相見，主人語終不更端，則告退。或主人有倦色，或方幹事而有所俟者，皆告退可也。後皆放此。則主人送於廡下。若命之上馬，則三辭，許則揖而退，出大門乃上馬。不許則從其命。凡見敵者，門外下馬，使人通名，俟於廡下或廳側。禮見則再拜，稍少者先拜，旅見則特拜。退則主人請就階上馬。徒行則主人送於門外。凡見少者以下〔四〕，則先遣人通名，主人具衣冠以俟。客入門下馬，則趨出，迎揖升堂。來報禮則再拜謝，客止之則止。退則就階上馬。客徒行，則迎於大門之外，送亦如之。仍隨其行數步，揖之則止，望其行遠乃入。○曰：凡遇尊長於道，皆徒行，則趨進，揖。尊長與之言則對，否則立於道側以俟。尊長已過，乃揖而行。或皆乘馬，於尊者則回避之，於長者則立馬道側揖之，俟過，乃揖而行。若己徒行而尊長乘馬，則回避之。凡徒行遇所識乘馬，皆放此。若己乘馬而尊長徒行，望見則下馬前揖，己避亦然。過既遠，乃上馬。若尊長令上馬，則固辭。遇敵者，皆乘馬，則分道相揖而過。彼徒行而不及避，則下馬揖之，過則上馬。遇少者以下，皆乘馬，彼不及避，則揖之而過。彼徒行，不及避，則下馬揖之。於幼者，則不必下可也。

請召迎送凡四條，○曰〔五〕：凡請尊長飲食，親往投書。禮薄則不必書，專召他客，則不可兼召尊長。既來赴，明日親往謝之。召敵者以書簡，明日交使相謝。召少者用客目，明日客親往謝。○曰：

凡聚會，皆鄉人，則坐以齒。非士類則不。若有親，則別敘。若有他客，有爵者則坐以爵。不相妨者，猶以齒〔六〕。若有異爵者，雖鄉人亦不以齒。異爵謂命士大夫以上，今陞朝官是。若特請召，或迎勞出餞，皆以專召者爲上客。如婚禮，則姻家爲上客，皆不以齒爵爲序。○曰：凡燕集，初坐，別設桌子於兩楹間，置大杯於其上。主人降席，立於桌東，西向。上客亦降席，立於桌西，東向。主人取杯親洗，上客辭。主人置杯桌子上，親執酒斟之，以器授執事者，遂執杯以獻上客。上客受之，復置桌子上。主人西向再拜，上客東向再拜。興，取酒東向跪祭，遂飲。以杯授贊者，遂拜，主人答拜。若少者以下爲客，飲畢而拜，則主人跪受如常。上客酢主人如前儀，主人乃獻衆賓如前儀，唯獻酒不拜。若衆賓中有齒爵者，則特獻如上客之儀，不酢。若婚會，姻家爲上客，則雖少亦答其拜。○曰：凡有遠出遠歸者，則迎送之。少者、幼者不過五里，敵者不過三里，各期會於一處，拜揖如禮。有飲食則就飲食之。少者以下，俟其既歸，又至其家省之。

慶吊贈遺凡四條，○曰：凡同約有吉事則慶之，冠子、生子、預薦、登第、進官之屬，皆可賀。婚禮雖曰不賀，然禮亦曰賀娶妻者。蓋但以物助其賓客之費而已。有凶事則吊之，喪、葬、水、火之類。每家只家長一人與同約者俱往，其書問亦如之。若家長有故，或與所慶吊者不相接，則其次者當之。○曰：凡慶禮如常儀，有贈物。用幣帛、酒食、果實之屬，衆議量力定數，多不過三五千，少至一二百。如情分厚薄不同，則從其厚薄。或其家力有不足，則同約爲之借助器用及爲營幹。凡吊禮，聞其初喪，聞喪同。未易服，則率同約者深衣而往哭吊之，凡吊尊者，則爲首者致辭而旅拜。敵以下則不拜。主人拜則答之，少者以下則扶之。不識生者則不吊，不識死者則不哭。且助其凡百經營之事。主人既成服，則相率素幞頭、素襴衫、素帶，皆以白生紗絹爲之。具酒果食物而往奠之。死者是敵以上，則拜而奠，以下則奠而不拜。主人不易服，則亦不易服。主人不哭，則亦不哭。情重，則雖主人不變不哭，亦變而哭之。賻禮用錢帛，衆議其數如慶禮。及葬，又相率致賵。俟發引，則素服而送之。賵如賻禮，或以酒食犒其役夫及爲之幹事。及卒哭，及小祥及大祥，皆常服弔之。○曰：凡喪家，不可具酒食衣服以待弔客，弔客亦不可受。○曰：凡聞所知之喪，或遠不能往，則遣使致奠，就外次衣弔服，再拜，哭而送之。唯至親篤友爲然。過期年則不哭，情重則哭其墓。

右禮俗相交之事，直月主之。有期日者爲之期日，當糾集者督其違慢。凡不如約者，以告於約正而詰之，且書於籍。

患難相恤

患難之事七，一曰水火，小則遣人救之，甚則親往，多率人救且弔之。二曰盜賊，近者同力追捕，有力者爲告之官司，其家貧則爲之助出募賞。三曰疾病，小則遣人問之，甚則爲訪醫藥，貧則助其養疾之費。四曰死喪，闕人則助其幹辦，乏財則賻贈借貸。五曰孤弱，孤遺無依者，若能自贍，則爲之區處，稽其出內。或聞於官司，或擇近親與鄰里可託者主之，無令人欺罔。可教者或擇人教之〔七〕，及爲求婚姻。貧者協力濟之，無令失所。若有侵欺之者，衆人力爲之辨理。若稍長而放逸不檢，亦防察約束之，無令陷於不義。六曰誣枉，有爲人誣枉過惡，不能自伸者，勢可以聞於官府，則爲言之。有方略可以救解，則爲解之。或其家因而失所者，衆共以財濟之。七曰貧乏。有安貧守分而生計大不足者，衆以財濟之，或爲之假貸置産，以歳月償之。

右患難相恤之事。凡有當救恤者，其家告於約正，急則同約之近者爲之告約正，命直月遍告之，且爲之糾集而程督之。凡同約者，財物、器用、車馬、人僕皆有無相假，若不急之用及有所妨者，則不必借。可借而不借及逾期不還及損壞借物者，論如犯約之過，書於籍。鄰里或有緩急，雖非同約，而先聞知者亦當救助。或不能救助，則爲之告於同約而謀之。有能如此者，則亦書其善於籍以告鄉人。

以上鄉約四條，本出藍田吕氏，今取其他書及附己意，稍增損之，以通於今，而又爲月旦集會讀約之禮如左方，曰：凡預約者，月朔皆會。朔日有故，則前期三日別定一日，直月報會者。所居遠者，唯赴孟朔，又遠者，歲一再至可也。直月率錢具食，每人不過一二百，孟朔具果酒三行，麵飯一會。餘月則去酒果，或直設餞可也。會日夙興，約正、副正、直月本家行禮若會族，罷，皆深衣，俟於鄉校。設先聖先師之象於北壁下，無鄉校則別擇一寬閑處。先以長少叙拜於東序。凡拜，尊者跪而扶之，長者跪而答其半，稍長者俟其俯伏而答之。同約者如其服而至，有故則先一日使人告於直月。同約之家，子弟雖未能入籍，亦許隨衆序拜。未能序拜，亦許侍立觀禮，但不與飲食之會。或別率錢，略設點心於他處。俟於外次。既集，以齒爲序，立於門外，東向北上。約正以下出門，西向南上。約正與齒是尊者正相向〔八〕。揖，迎入門。至庭中，北面，皆再拜。約正升堂上香，降，與在位者皆再拜。約正升降皆自阼階。揖，分東西向立。如門外之位。約正三揖，客三讓。約正先升，客從之。約正以下升自阼階，餘人升自西階。皆北面立。約正以下西上，餘人東上。約正少進，西向立。副正、直月次其右少退。直月引尊者東向南上，長者西向南上。皆以約正之年推之，後放此。西向者，其位在約正之右少進，餘人如故。約正再拜，凡在位者皆再拜。此拜尊者。尊者受禮如儀。唯以約正之年爲受禮之節。退北壁下，南向東上立。直月引長者東面，如初禮。退則立於尊者之西東上。此拜長者，拜時惟尊者不拜。直月又引稍長者東向南上，約正與在位者皆再拜。稍長者答拜，退立於西序，東向北上。此拜稍長者，拜時尊者、長者不拜。直月又引稍少者東面北上，拜約正。約正答之，稍少者退立於稍長者之南。直月以次引少者東北向西北上，拜約正。約正受禮如儀，拜者復位。又引幼者亦如之。既畢，揖，各就次。同列未講禮者，拜於西序如初。頃之，約正揖就坐。約正坐堂東，南向。約中年最尊者坐堂西，南向。副正、直月次約正之東，南向西上。餘人以齒爲序，東西相向，以北爲上。若有異爵者，則坐於尊者之西，南向東上。直月抗聲讀約一過，副正推説其意，未達者許其質問。於是約中有善者，衆推之；有過者，直月糾之。約正詢其實狀於衆，無異辭，乃命直月書之。直月遂讀記善籍一過，命執事以記過籍遍呈在坐，各默觀一過。既畢，乃食。食畢，少休，復會於堂上，或説書，或習射，講論從容。講論須有益之事，不得輒道神怪邪僻悖亂之言，及私議朝廷州縣政事得失，及揚人過惡。違者直月糾而書之。至晡乃退。

校記

〔一〕侈：原作「多」，據宋浙本改。

〔二〕三：右引作「二」。

〔三〕幞：原作「僕」，據宋閩、浙本改。

〔四〕見：原缺，據宋浙本補。

〔五〕曰：原缺，據四庫全書本及正譌補。

〔六〕猶：原作「坐」，據宋閩、浙本改。
〔七〕「或擇近親」至「可教者」原缺，據宋浙本補。
〔八〕是：朱子全書及正訛作「最」。

編年 據年譜長編。

休致後客位咨目 慶元五年

滎陽吕公嘗言〔一〕，京洛致仕官與人相接，皆以閑居野服爲禮，而嘆外郡或不能然，其指深矣。熹衰朽無狀，雖幸已叨誤恩，許致其事，而前此或蒙賓客不鄙下訪，初亦未敢遽援此例，便以老大野逸自居。近緣久病，艱於動作，屈伸俯仰，皆不自由，遂不免遵用舊京故俗，輒以野服從事。然而上衣下裳，大帶方履，比之凉衫，自不爲簡。其所便者，但取束帶足以爲禮，解帶可以燕居，免有拘絆纏繞之患，脱著疼痛之苦而已。切望深察，恕此病人，且使窮鄉下邑得以復見祖宗盛時京都舊俗其美如此，亦補助風教之一端也。至於筋骸攣縮，轉動艱難，迎候不時，攀送不及，區區之意，亦非敢慢，并冀有以容之，又大幸也。熹悚恐拜聞。

熹衰病之餘，不堪拜跪，歲時享祀，已廢其禮。親舊相訪，亦望察此，非應受者，并告權免，庶幾還答之間，不至欠闕禮數，而又可以免於趨避覆跌之虞。千萬幸甚！熹又上聞。

校記 〔一〕滎：原作「榮」，據宋閩本、明天順本改。

編年 朱熹致仕得請在慶元五年四月二十三日，文云「初亦未敢遽援此例，便以老大野逸自居」，則非拜命之初所作，然亦不當出年内也。

評論

鶴林玉露乙編卷二野服：朱文公晚年以野服見客，榜客位云：「滎陽呂公嘗言京洛致仕官與人相接，皆以閑居野服爲禮，而嘆外都之不能然，其旨深矣。某已叨誤恩，許致其事，本未敢遽以老夫自居，而比緣久病，艱於動作，遂不免遵用舊京故俗，輒以野服從事。然上衣下裳，大帶方履，比之凉衫，自不爲簡。其所便者，但取束帶足以爲禮，解帶足以燕居，且使窮鄉下邑，得以復見祖宗盛時京都舊俗如此之美也。」余嘗於趙季仁處見其服，上衣下裳，衣用黄白青皆可，直領，兩帶結之，緣以皂，如道服，長與膝齊。裳必用黄，中及兩旁皆四幅，不相屬。頭帶皆用一色，取黄裳之義也。別以白絹爲大帶，兩旁以青或皂緣之。見儕輩則繫帶，見卑者則否。謂之野服，又謂之便服。

朱熹文集編年評注卷七十五

序

泉州同安縣學故書目序紹興二十五年五月一日

同安學故有官書一匱，無籍記文書。官吏傳以相承，不復訾省。至熹始發視，則皆故敝殘脱，無復次第。獨視其終篇，皆有識焉者，曰：「宣德郎、守秘書丞、知縣事林姓」，而名亡矣。按縣治壁記及故廟學記，林君名瀆，字道源，以治平四年爲是縣。明年，熙寧初元，始新廟學，聚圖書。是歲戊申，距今紹興二十五年乙亥纔八十有八年，不幸遭官師之解弛，更水火盜竊之餘，其磨滅而僅存者止是耳。而使之與埃塵蟲鼠共敝於故箱敗簏之間，以至於泯泯無餘而後已，其亦不仁也哉。因爲之料簡其可讀者，得凡六種，一百九十一卷。又下書募民間，得故所藏去者復二種，三十六卷。更爲裝褫爲若干卷〔一〕，著之籍記而善藏之，如故加嚴焉。復具刻著卷目次第，闕其所失亡者揭之，使此縣之人於林君之德尚有考也。而熹所聚書，因亦附見其後云。夏五月丁未朔，具位朱熹序〔二〕。

校記 〔一〕若干卷：大同集卷三作「裹（疑當作「衺」）五十有三」。

〔二〕「夏五月」以下原無，據右引補。

編年 據文中所言年月。

評論 周大璋朱子古文讀本卷四泉州同安縣學故書目序：林君聚書，竟爲不仁者棄擲，官師懈弛之弊如此，言之可爲酸鼻。

裨正書序〔一〕 紹興二十六年

裨正書三卷〔二〕，唐陳昌晦撰，凡四十九篇。熹所校定，可繕寫。初，熹被府檄，訪境內先賢碑碣事傳，悉上之府。是後得此書及墓表於其家，表文猥近，不足觀，然述其世次爲詳。書雜晚唐偶儷之體，而時出奇澀，殆難以句讀也。相傳寖久，又多譌謬，無善本可相參校，特以意私定其一二，而其不可知者蓋闕焉。觀其潔身江海之上，不污世俗之垢紛，次輯舊聞，以爲此書，雖非有險奇放絕之行、瓌怪偉麗之文，然其微詞感厲，時有發明理義之致而切於名教者，亦可謂守正循理不惑之士矣。操行之難，而姓名曾不少概見於世，亦足悲夫！詩之序曰：「亂世則思君子，不改其度。」若昌晦者，可謂近之。故熹因校其書而爲序其意如此，後有君子，得以覽焉。

校記 〔一〕大同集卷三題下注：「昌晦同安。」

〔二〕三：宋閩本作「二」。

編年 據年譜長編。

評論 周大璋朱子古文讀本卷四裨正書序：一善可取，不忍使没。此公留心人才，處亂世，思君子，意正如此。心事無窮，出語自不平凡。讀者宜放開眼孔。

家藏石刻序 紹興二十六年八月二十三日

予少好古金石文字，家貧，不能有其書，獨時時取歐陽子所集録，觀其序跋辨證之辭以爲樂。遇適意時，恍然若手摩挲其金石而目了其文字也。既又悵然自恨身貧賤，居處屏遠，弗能盡致所欲得，如公之爲者，或寢食不怡竟日。來泉南，又得東武趙氏金石録觀之，大略如歐陽子書，然詮序益條理，考證益精博，予心亦益好之。於是始胠其橐，得故先君子時所藏與熹後所增益者凡數十種。雖不多，要皆奇古可玩。悉加標飾，因其刻石大小，施横軸懸之壁間，坐對循行卧起，恒不去目前，不待披筐篋，卷舒把玩而後爲適也。蓋漢魏以前，刻石制度簡樸，或出奇詭，皆有可觀，存之足以佐嗜古之癖，良非小助。其近世刻石，本製小者或爲横卷若書秩，亦以意所便也。蓋歐陽子書一千卷，趙氏書多倍之，而予欲以此數十種者追而與之并，則誠若不可冀。然安知積之久，則不若是其富也耶？姑首是書以俟。紹興二十六年歲次丙子八月二十三日壬辰〔一〕，吴郡朱熹序。

校記 〔一〕二十三：原作「二十二」。按紹興二十六年八月庚午朔，壬辰正是二十三日。大同集卷三亦作「二十三」。據改。

編年　據文中所署。

評論　周大璋朱子古文讀本卷四家藏石刻序：留情古迹，意興超越，奇峭之致，較集古録序實爲勝之。

許升字序〔一〕 紹興二十八年十月十二日

易象有之曰：「地中生木，升。君子以順德，積小以高大。」蓋因其固然之理而無容私焉者，順之謂也。由是而之，則其進德也孰禦？許生名升，與予學。予察其得於内者蓋如是，故因其名之義而敬字曰「順之」云。紹興戊寅十月十二日〔二〕，新安朱熹仲晦父書。

校記　〔一〕此題大同集卷七作「許順之字説」。

〔二〕十月：原作「十一月」，據宋閩、浙本改。

編年　據文中所署。

謝上蔡語録後序 紹興二十九年三月

右上蔡先生語録三篇。先生姓謝氏，名良佐，字顯道，學於程夫子昆弟之門。篤志力行，於從游諸公間所見最爲超越。有論語説行於世，而此書傳者蓋鮮焉。熹初得友人括蒼吴任寫本一篇，題曰上蔡先生語録。後得吴中板本一篇，題曰逍遥先生語録。陳留江續之作序，云得之先生兄孫少卿伋及天隱之子希元者。二家之書，皆温陵曾恬天隱所記。最後得胡文定公家寫本二篇於公從子籍溪先生。題曰謝子雅言。凡書四篇，以相參校。胡氏上篇五十五章，記文定公問答，皆他書所無有。而提綱挈領，指示學者用力處，亦卓然非他書所及。下篇四十七章，與板本、吴氏本略同。然時有小異，蓋損益曾氏所記，而精約過之。輒因其舊，定著爲二篇，且著曾氏本語及吴氏之異同者於其下，以備參考。獨板本所增多猶百餘章，然或失本指，雜他書，其尤者五十餘章。至詆程氏以助佛學，直以「或者」目程氏，而以「予曰」自起，其辭皆荒浪無根，非先生所宜言，亦不類答問記述之體。意近世學佛者私竊爲之，以亢其術，偶出於曾氏雜記異聞之書，而傳者弗深考，遂附之於先生，傳之久遠，疑誤後學。使先生爲得罪於程夫子，而曾氏爲得罪於先生者，則必是書之爲也。故竊不自知其固陋，輒放而絕之，雖或被之以僭妄之罪而不敢辭也。其餘所謂失本指、雜他書甚者，亦頗刊去，而得先生遺語三十餘章，別爲一篇。然記録不精，僅存仿佛，非復前篇比矣。凡所定著書三篇，已校定，可繕寫。因論其所以然之意，附見其後，以俟知言有道君子考而擇焉。紹興二十九年三月庚午，新安朱熹謹書。

編年　據文中所署。

贈徐端叔命序 紹興三十二年十月九日

世以人生年月日時所值支干納音，推知其人吉凶壽夭窮達者，其術雖若淺近，然學之者亦往往不能造其精微。蓋天地所以生物之機，不越乎陰陽五行而已。其屈伸消息、錯綜變化，固已不可勝窮，而物之所賦賢愚貴賤之不同，特昏明厚薄毫釐之差耳，而可易知其説哉。徐君嘗爲儒，則嘗知是説矣〔一〕，其用志之密微而言之多中也固宜。世之君子，儻一過而問焉，豈惟足以信徐君之術而振業之，亦足以知夫得於有生之初者，其賦與分量固已如是，富貴榮顯，固非貪慕所得致，而貧賤禍患，固非巧力所可辭也〔二〕。直道而行，致命遂志，一變末俗，以復古人忠厚廉耻之餘風，則或徐君之助也。雖然，與人子言依於孝，與人臣言依於忠，夭壽固不貳矣，必修身以俟之，乃可以立命。徐君其亦謹其所以言者哉。紹興壬午十月九日〔三〕，新安朱熹仲晦書。

校記　〔一〕嘗：淳熙本作「當」。

〔二〕固：右引作「又」。

〔三〕右引「月」下有「十」字。

編年　據文中所署。

評論　周大璋朱子古文讀本卷四贈徐端叔命序：命不易知，尤當謹其所以言。忽予忽奪，似譽似規，聞者神悚。説到修身以俟，具見大儒本領。

論語纂訓序 紹興三十二年十月十八日

論語纂訓書無卷第，合一篇，凡古今論語訓義見録者十四家，而大抵宗程氏。蓋熹外兄丘子野所述，子野亦以意附見其是非取舍之説。熹讀之，其不合於聖人者寡矣，因爲之序論曰：士生乎聖人既没數千百歲之下，而欲明聖人之心於數千百歲之上，推其立言垂訓之旨，約其辭義於衆説殽亂之中，以爲一家之書，而又欲其是非取舍不繆於聖人，亦難矣！蓋聖人之書，其爲意微，其爲辭約，苟不明乎其宗而識乎其本，多見其以私見臆説亂之也。昔之大儒，其猶有不免乎此者，况後世之紛紛乎。此其所以難也。抑又有甚難者焉，孔子曰：「文莫吾猶人也，躬行君子，則吾未之有得。」此其所以爲甚難者也。夫其所以難者如此，所以爲甚難者又如此，則是書之作，亦將以明乎其所難者，求至乎其所甚難而已，其可已乎？故其求之能博，取之能審，推是言之，其寡過矣。孟子曰：「博學而詳説之，將以反説約也」，此之謂已。如是則後聖人數千百歲而生，而欲明其心於數千百歲之上，無難矣。夫學之所以盡其心如此，又安有放其邪心以窮乎外物之患哉。其行之也不遠矣，則其所以爲甚難者，又得而庶幾焉。熹是以樂道之而爲之序，所以明子野之爲是書其難如此，而亦以著其從事於聖人者不易焉。紹興三十二年十月十八日序。

編年 據文中所署。

評論 周大璋朱子古文讀本卷四論語纂訓序：聖人之道，不難於言，而難於行。因子野論語纂訓不悖於聖人，而期之以躬行，蓋以甚難者望之也。朴直中自露婉轉之意。文公於友，時時切劘如此。

送黄子衡序 紹興三十二年十二月

熹生十五年，當紹興之癸亥，始得與子衡游於潭溪之上。是時子衡生亦十五年，與余同師相好也。予生後子衡者五月，以故兄事之。自是幾二十年矣，其游日以久，故其好日以篤。所居又爲東西鄰，弦歌誦説之聲相聞，其間闊不以朝夕見者，非行役在外，則或事之縈係而不得肆爾。其餘則是聚而語六經百氏之奥，立身行事之方，與當世之得失，無不講以求其至。而及乎文章之趣，字畫伎藝之工否者，皆其餘也。子衡若以余爲可與語者，予亦賴子衡以自進，故雖間而爲一日之别，未嘗不勤勤然相嚮慕，以别爲可惜也。今子衡一旦自以爲學未足以充其資，去而之三山，從師學焉。曩余與子衡游，觀其穎利明達，沈酣乎載籍之文，而從事乎道德之實，固已知其中有以大過人者矣，然猶懼其以是而自足也。蓋至乎今日，然後知其中之果有以大過人也。蓋學之患莫甚於自足，莫害於無師。幸得師而承之，於是又患其未知所以學也。今子衡之行，不以千里爲遠，不以穎利明達之資爲賢於人，其志豈止優於今之爲士者哉，顧知所以求師而亦素得之矣，則予之所道者，亦豈復有他求哉。亦願子衡自今息其所以能，而求其所以未學者於師而已。誠能如是言者，則雖暌離之嘆有甚於一日之别，而予與子衡不可以介然於懷也，則予之所以與子衡者，其亦可知矣夫。子衡之所以責於我者，其亦可以無負矣夫。紹興三十二年十有二月，從表弟新安朱熹序。

編年　據文中所署。

評論　周大璋朱子古文讀本卷四送黄子衡序：不自足而求師，是子衡進步。然未知所以學，則與無師何異？用此作箴，最是良友切磋之益，懇懇款款，詞致藹然。

論語要義目録序隆興元年

魯論語二十篇，古論語二十一篇，分堯曰下章「子張問」別一篇，魯共王毀孔子舊宅得之。齊論語二十二篇，有問王、知道二篇。魏何晏等集漢魏諸儒之説，就魯論篇章考之齊、古，爲之注。本朝至道、咸平間，又命翰林學士邢昺等取皇甫侃疏約而修之，以爲正義。其於章句訓詁、名器事物之際詳矣。熙寧中，神祖垂意經術，始置學官以幸學者。而時相父子逞其私智，盡廢先儒之説，妄意穿鑿，以利誘天下之人而塗其耳目。一時文章豪傑之士，蓋有知其非是而傲然不爲之下者。顧其所以爲説，又未能卓然不叛於道，學者趨之，是猶舍夷貉而適戎蠻也。當此之時，河南二程先生獨得孟子以來不傳之學於遺經，其所以教人者，亦必以是爲務。然其所以言之者，則異乎人之言之矣。熹年十三四時，受其説於先君，未通大義而先君棄諸孤。中間歷訪師友，以爲未足，於是遍求古今諸儒之説，合而編之。誦習既久，益以迷眩。晚親有道，竊有所聞，然後知其穿鑿支離者固無足取，至於其餘，或引據精密，或解析通明，非無一辭一句之可觀。顧其於聖人之微意，則非程氏之儔矣。隆興改元，屏居無事，與同志一二人從事於此，慨然發憤，盡删餘説及其門人朋友數家之説，補緝訂正，以爲一書，目之曰論語要義。蓋以爲學者之讀是書，其文義名物之詳，當求之注疏，有不可略者，若其要義，則於此其庶幾焉。學者第熟讀而深思之，優游涵泳，久而不捨，必將有以自得於此。本既立矣，諸家之説有不可廢者，徐取而觀之，則其支離詭譎、亂經害性之説，與夫近世出入離遁、似是而非之辨，皆不能爲吾病。嗚呼！聖人之意，其可以言傳者具於是矣，不可以言傳者，亦豈外乎是哉。深造而自得之，特在夫學者加之意而已矣。因取凡要義名氏大概具列如左，而序其意云。

編年 據文中所述。

評論 周大璋朱子古文讀本卷四論語要義目録序：朱青巖云：「判斷王蘇兩家，特標伊洛之學。一生得力在此，言之自親切，有餘味。」此言當矣。篇末數語，指示學力尤爲吃緊。

論語訓蒙口義序 隆興元年

予既序次論語要義以備覽觀〔一〕，暇日又爲兒輩讀之〔二〕。大抵諸老先生之爲説，本非爲童子設也，故其訓詁略而義理詳。初學者讀之，經之文句未能自通，又當遍誦諸説〔三〕，問其指意，茫然迷眩，殆非啓蒙之要。因爲删録，以成此編。本之注疏，以通其訓詁；參之釋文，以正其音讀，然後會之於諸老先生之説，以發其精微。一句之義，繫之本句之下；一章之指，列之本章之左。又以平生所聞於師友而得於心思者，間附見一二條焉。本末精粗、大小詳略，無或敢偏廢也。然本其所以作，取便於童子之習而已，故名之曰訓蒙口義〔四〕。蓋將藏之家塾，俾兒輩學焉，非敢爲他人發也。嗚呼！小子來前：予幼獲承父師之訓，從事於此二十餘年〔五〕，材資不敏，未能有得。今乃妄意采掇先儒，有所取捨，度德量力，夫豈所宜？然施之汝曹，取其易曉，本非述作，以是庶幾其可幸無罪焉爾。夫其訓釋之詳且明也，日講焉，則無不通矣。義理之精而約也，日誦焉，則無不識去聲，下同。矣。通者已知而時習，識者未解而勿忘，予之始學，亦若斯而已矣。嗚呼！小子其懋敬之哉！汲汲焉而毋欲速也，循循焉而毋敢惰也。毋牽於俗學而絕之，以爲迂且淡也。毋惑於異端而躐之，以爲近且卑也。聖人之言，大中至正之極，而萬世之標準也。古之學者，其始即此以爲學，其卒非離此而爲道。窮理盡性，修身齊家，推而及人，内外一致，蓋取諸此而無所不備，亦終吾身而已矣。舍是而他求，夫豈無可觀者？然致遠恐泥，昔者吾幾陷焉。今裁自脱，故不願汝曹之爲之也。嗚呼，小子其懋戒之哉！

校記

〔一〕要：淳熙本作「精」。

〔二〕讀：右引作「論」。

〔三〕誦諸：右引作「求誦」。

〔四〕訓蒙口義：右引作「集注詳説」。

〔五〕二：右引作「三」。

編年 文云「既序次論語要義」，「因爲删録以成此編」，則是與上篇一時先後所作。據以繫之。

評論 周大璋朱子古文讀本卷四論語訓蒙口義序：口義爲訓蒙而設，似極淺近。修己治人之道，一以貫之，則言近而旨遠也。告誡叮嚀，筆端更覺鸞飛鶴舞。

送陳宗之序 隆興二年六月

建陽陳君宗之一日過熹而言曰：「萬年之曾大父起諸生，事仁宗皇帝，得執法殿中。當是時，天子春秋高，儲兩未建，二三大臣以爲憂，而議之未能得堅决也。殿中君一旦沐浴，抗疏極言，未報而以暴卒聞。於是古靈陳公爲誌其墓，其後丞相温國文正公又以言之於朝。今以二公之言及其疏考之，知其以死諫無疑也。而朝廷每修嘉祐定策之功，大者銘鼎彝，小者登竹帛，顧殿中君獨不與焉。萬年不肖，誠不勝其憤懣，嘗具其事以聞於朝。章幸已下，而任事者莫或哀之。今將復進而有言，且病其不能遂也，子以是爲如何哉？」熹謹對曰：「先祖有善而子孫弗能知，是不明也。知而弗能暴白以傳於後〔二〕，是不仁也。然則子之爲是汲汲，亦其宜也。雖然，予竊聞之，古之君子思所以顯其親者，惟立身揚名之爲足恃，是以不求諸人而求諸己，不務其外而務其内。若殿中君之節，誠高矣，然其所以傳世而垂後者，豈獨以一朝忼慨死職爲諒哉。予嘗得其平生之遺文，伏而讀之，其言之粹，皆可講而思也；其行之純，皆可則而象也。以吾子之才之志，而用其力於此，不以貴乎己，而聞於人者亂焉，久之而弗渝也，是亦殿中君而已矣。於以立身揚名而顯其親，豈不有餘地乎？不此之圖，顧乃捐書廢業，觸犯寒暑，僕僕焉奔走塵埃之中，而曰『吾將以暴白吾祖之德善而求聞於後世』，爲計無乃下乎。雖然，宗之行矣，以殿中君之忠、吾子之孝，而任事者曾不以動其心，則世之所可願者，無復有以動其心矣。方今朝廷清明，耆俊在服，子之所病，殆其不然。吾知子之行也，其必有以藉手而歸，以拜殿中君之墓矣。抑吾前所道古之君子所以顯其親云者，亦豈遽爲無所用之空言哉。或者宗之終有意焉，則亦庶乎其猶可及也。」既以是對，於其行又書以贈之。詩曰：「維其有之，是以似之。」予於宗之蓋不能無望焉爾。隆興二年夏六月壬午，新安朱熹序。

校記 〔一〕知：原作「然」，據淳熙本改。

編年 據文中所署。

評論 周大璋朱子古文讀本卷四送陳宗之序：先人有善，固當闡揚，若不從立身做根本工夫，終歸無濟，故於宗之有厚望焉。抑揚頓挫，步步引人入勝。

困學恐聞編序 隆興二年

孔子曰：「生而知之者，上也；學而知之者，次也；困而學之，又其次也；困而不學，民斯爲下矣。」夫生知者，堯、舜、孔子也。學知者，禹、稷、顔回也。困也者，行有不得之謂也。知其困而學焉，以增益其所不能，此困而學之之事也，亦以卑矣。然能從事於斯，則其成猶不在善人君子之後；不能從事於斯，則靡然流於下民而不知反。均之困耳，而二者相去之間如是之遠，學與不學之異耳，可不懋哉！可不懋哉！予嘗以「困學」名予燕居之室，而來吾室者亦未嘗不以此告之。目其雜記之編曰困學恐聞，蓋又取夫子路「有聞未之能行，惟恐有聞」之意，以爲困而學者，其用力宜如是也。讀是書者，以下民爲憂，而以未能行其所聞爲恐，則予將取以輔吾仁焉。

編年 據年譜長編。

戊午讜議序 乾道元年六月

君臣父子之大倫，天之經，地之義，而所謂民彝也。故臣之於君，子之於父，生則敬養之，没則哀送之，所以致其忠孝之誠者，無所不用其極，而非虛加之也。以爲不如是，則無以盡乎吾心云爾。然則其有君父不幸而罹於横逆之故，則夫爲臣子者所以痛憤怨疾而求爲之必報其讎者，其志豈有窮哉！故記禮者曰：「君父之讎，不與共戴天。寢苫枕干，不與共天下也。」而爲之説者曰：復讎者可盡五世，則又以明夫雖不當其臣子之身，而苟未及五世之外，則猶在乎必報之域也。雖然，此特庶民之事耳。若夫有天下者，承萬世無疆之統，則亦有萬世必報之讎，非若庶民五世，則自高祖以至玄孫，親盡服窮而遂已也。

國家靖康之禍，二帝北狩而不還，臣子之所痛憤怨疾，雖萬世而必報其讎者，蓋有在矣。太上皇帝受命中興，誓雪父兄之辱，雖其間亦或爲奸謀之所前却，而聖志益堅。至於紹興之初，賢才并用，綱紀復張，諸將之兵屢以捷告，恢復之勢蓋已什八九成矣。虜人於是始露和親之議以沮吾計，而宰相秦檜歸自虜庭，力主其事。當此之時，人倫尚明，人心尚正，天下之人無賢愚，無貴賤，交口合辭，以爲不可。獨士大夫之頑鈍嗜利無耻者數輩起而和之。清議不容，詬詈唾斥，欲食其肉而寢處其皮，則其於檜可知矣。而檜乃獨以梓宮長樂藉口，攘却衆謀，熒惑主聽，然後所謂和議者翕然以定而不可破。自是以來，二十餘年，國家忘仇敵之虜而懷宴安之樂，檜亦因是藉外權以專寵利，竊主柄以遂奸謀。而向者冒犯清議、希意迎合之人，無不夤緣驟至通顯，或乃踵檜用事。而君臣父子之大倫，天之經，地之義，所謂民彝者，不復聞於縉紳之間矣。士大夫狃於積衰之俗，徒見當時國家無事，而檜與其徒皆享成功，無後患，顧以亡讎忍辱爲事理之當然，主議者慕爲檜，游談者慕其徒，一雄唱之，百雌和之。癸未之議，發言盈庭。其曰虜世讎不可和者，尚書張公闡、左史胡公銓而止耳。自餘蓋亦有謂不可和者，而其所以爲説，不出乎利害之間。又其餘，則雖平時號賢士大夫，慨然有六千里爲讎人役之嘆者，一旦進而立乎廟堂之上，顧乃惘然，如醉如幻，而忘其疇昔之言。厥或告之，則曰：「此處士之大言耳。」嗚呼！秦檜之罪，所以上通於天，萬死而不足以贖者，正以其始則唱邪謀以誤國，中則挾虜勢以要君，使人倫不明，人心不正，而末流之弊，遺君後親至於如此之極也。

夫惟三綱不立，是以衆志無所統繫，而上之人亦無所憑藉以爲安，斯乃有識之士所爲長慮却顧而凜然以寒心者。而説者猶曰姑以衆論之從違而卜事理之可否，則今日士大夫是和者之多，蓋不下前日非和者之衆也，獨安得以前日之不可而害今日之可哉。嗚呼！是未知前日人倫之明而今日之不明，前日人心之正而今日之不正也。且若必以人之衆寡爲勝負，則夫所謂士大夫是和之多者，又孰若六軍萬姓之爲多耶？今六軍萬姓之言，則是二公之言而已。蓋君臣父子之大倫，天之經，地之義，而所謂民彝者，其於世也有明晦，其在人也無存亡。是以雖當頹壞廢弛之餘，邪議四起，無復忌憚，而亦不能斬伐銷鑠，使之無也。奈何不聽於此，顧反决得失於前日所謂頑鈍嗜利無耻者之餘謀？此已墜之三綱所以未能復振，已隳之萬事所以未能復理，而上之人終亦未能有所憑藉，以成安强之勢也。

今南北再歡，中外無事，迂愚左見，所謂萬世必報之讎者，固已無所復發其口矣。竊伏田間，不勝憤嘆。因讀魏元履所叙次戊午讜議，爲之慨然流涕，蓋傷其禍殃自此始也。懷不能已，姑論其始終梗概如此，以發明元履所爲叙次之意，并以致草野孤臣畢義願忠之誠。謀國者儻有取焉，則猶足以裨廟謀之萬一，而非區區所敢望也。乾道改元六月戊戌，新安朱熹序。

編年 據文中所署。

評論 周大璋朱子古文讀本卷四戊午讜議序：君父之仇，不共戴天，匹夫且然，而況萬乘之主？南渡諸君忘仇忍詬，屈膝稱臣，一檜唱謀，百邪附和，終宋之世，牢不可破，天經地義澌滅盡矣。此公所以痛心疾首，嗚咽而不能自已也。因戊午讜論以抒其積憤，拳拳餘忠，尚望廟堂采而納之。讀之令人流涕。

贈李堯舉序 乾道元年十一月一日

日者李君以五行七政推知人生壽夭窮達，循其已然而逆斷其將然，雖數十年之遠，無一辭之差。顧於予稱説云云，則若有可疑者。豈其言之空多，所以不能無失耶？不然，是殆見吾厄窮之久，意其所不堪，而姑爲是言以悦之耳。嗟乎！士之辱於草野泥塗之中，不幸而類予者，何可勝數？生雖愛之，而不忍其窮，然必欲人人揣其所欣厭以爲避就，則可以信吾術於當世矣。志士不忘在溝壑，勇士不忘喪其元。彼爲此者，其殆必有以樂乎此，生又安知其果以吾言動其心哉。余爲生計，莫若直其辭而已矣。生一直其辭，在我者既無枉道詘身之辱，而天下無不服吾術之精，且又使吾之所愛敬慕悦而不欲其久窮者，益有以自信而忘其窮之爲累，豈不真有助哉。生將有所適，因書以授之。生行四方且久，其更事寖多，必將深有感予言者矣。乾道元年十一月朔旦，丹陽朱仲晦父書。

編年　據文中所署。

評論　周大璋朱子古文讀本卷四贈李堯舉序：教之以直，此人意中語也。説到在己，無枉道詘身之辱。人亦有自信，而忘其窮之爲累，便是絕頂道理。魯仲連、李太白夢寐中必不作寒乞聲，於此益信。

魏甥恪字序 乾道二年正月二十一日

商頌曰：「自古在昔，先民有作。温恭朝夕，執事有恪。」作之言爲也，恪之言敬也。夫人飽食逸居而無所作爲於世，則蠢然天地之一蠹也，故人不可以無作。然作而不敬，其所作也終無成矣。魏氏甥茂孫善讀書，能講説，然余患其無所作爲之志，恪敬之心，因其來請名字也，名之曰「恪」，而以「元作」字之。恪也其敬聽余言，毋怠毋忽！乾道二年正月二十有一日，朱熹仲晦父書。

編年　據文中所署。

林用中字序乾道二年三月

古田林子用中過予於屏山之下，以道學爲問甚勤。予不能有以告也，然與之言累日，知其志之高，力之久，所聞之深，而所至之不可量也。一日語予，求所以易其名與字者。予曰：「名者，子生三月而父命之，非朋友所得變。字雖可改，然前輩有言，名字者，己所假借以自稱道，亦人所假借以稱道己之辭爾，奚以求勝爲哉。」林子曰：「不然。用中之名，在中庸實舜之事，非後學所宜假借以自名者，故常病其大而不自安，非敢小之而復求勝也。且亦素請於家君矣，願得一言，若可用以自警者而稱焉，則所望也。」予嘉其禮與辭之善也，則告之曰：「舜誠大聖人，不可及也。而古之人有顏子者，其言曰：『舜何人也？予何人也？有爲者亦若是。』夫豈不知舜之不可以幾及，而必云爾者？蓋曰學所以求爲聖人，不以是爲標的，則無所望走而之焉耳。子誠能志顏子之志而學其學，則亦何歉於名之大，而必曰易之邪。且子不觀於子思之中庸耶？中庸之書，上言舜，下言顏子。用其中者，舜也；擇乎中庸，得一善則拳拳服膺而弗失者，顏子也。夫顏子之學所以求爲舜者，亦在乎精擇而敬守之耳。蓋擇之不精，則中不可得；守不以敬，則雖欲其一日而有諸己且將不能，尚何用之可致哉。今子必將道顏而之舜，則亦自夫擇者始而敬以終之，無他事矣。故予謂子之名則無庸改，而請奉字曰『擇之』，又曰『敬仲』，二字惟所稱。子以是爲足以有警乎？無也？」林子曰：「子之教，敢不奉以周旋。」予因稍次序其語，書以贈之。

乾道二年三月癸亥。

編年　據文中所署。

送張仲隆序　乾道四年二月

士大夫狃於宴安無事而不爲經世有用之學者，幾年於兹矣。屬者天子慨然發憤，以恢復土疆、報雪讎耻爲己任，思得天下卓然可用之實材而器使之，夙寤晨興，當食屢嘆。於是天下之士祇承德意，始復相與刮摩淬厲，務精其能，以待選擇。蓋自廟堂侍從之英，下至韋布蒭蕘之賤，奮然并起，求以治軍旅、商財利之術自獻者，一時争出頭角。蓋人材之衆多且適於實用，未有若今日之盛，而國勢之重輕强弱，視前日亦既有分矣。然予竊聞之，古聖賢之言治，必以仁義爲先，而不以功利爲急，夫豈固爲是迂闊無用之談以欺世眩俗，而甘受實禍哉。蓋天下萬事本於一心，而仁者，此心之存之謂也。此心既存，乃克有制。而義者，此心之制之謂也。誠使是説著明於天下，則自天子以至於庶人，人人得其本心以制萬事，無一不合宜者，夫何難而不濟？不知出此，而曰事求可，功求成，吾以苟爲一切之計而已。是申、商、吴、李之徒所以亡人之國而自滅其身，國雖富，其民必貧；兵雖强，其國必病；利雖近，其爲害也必遠，顧弗察而已矣。吾黨張侯仲隆材氣絶人，志節甚偉。方舉世晏然，溺於無事之時，其爲有用之學固已久矣。及其閧然競於有事之際，則反深自閉匿，若無能者。然其試於百里，則善良懷其惠而奸盗懾其威；退而閑處，則杜門讀書以斟酌世故，而親仁尚友以培本根，廓廓乎其未嘗有嘆老嗟卑之念也。然則其於古聖賢仁義之説，殆亦概乎其有聞矣。今天子聞其爲人，且欲召而見之，豈徒然者哉。行矣，張侯！强飯自愛。平生之學，從容爲上一二言之，明主且恨見公之晚。惟無忘所謂仁義云者，則庶乎有以慰友朋之望矣。乾道四年春二月丙申，新安朱熹序。

編年 據文中所署。

評論 周大璋朱子古文讀本卷四送張仲隆序：學貴有用，然必本之於仁義，毋以功利動其心，乃爲醇而不疵。張侯知有仁義，欲其信而守之，以告當宁，故復示惓惓之意。此公愛友之深，而亦公格君之厚也。

程氏遺書後序 乾道四年四月

右程氏遺書二十五篇，二先生門人記其所見聞答問之書也。始，諸公各自爲書，先生没，而其傳寖廣。然散出并行，無所統一，傳者頗以己意私竊竄易，歷時既久，殆無全編。熹家有先人舊藏數篇，皆著當時記録主名，語意相承，首尾通貫，蓋未更後人之手，故其書最爲精善。後益以類訪求，得凡二十五篇，因稍以所聞歲月先後，第爲此書。篇目皆因其舊，而又别爲之録如此，以見分别次序之所以然者。然嘗竊聞之，伊川先生無恙時，門人尹焞得朱光庭所抄先生語，奉而質諸先生。先生曰：「某在，何必讀此書？若不得某之心，所記者徒彼意耳。」尹公自是不敢復讀。夫以二先生唱明道學於孔孟既没、千載不傳之後，可謂盛矣。而當時從游之士，蓋亦莫非天下之英材。其於先生之嘉言善行，又皆耳聞目見而手記之，宜其親切不差，可以行遠，而先生之戒猶且丁寧若是，豈不以學者未知心傳之要，而滯於言語之間，或者失之毫釐，則其謬將有不可勝言者乎？又况後此且數十年，區區掇拾於殘編墜簡之餘，傳誦道説，玉石不分，而謂真足以盡得其精微嚴密之旨，其亦誤矣。雖然，先生之學，其大要則可知已。讀是書者，誠能主敬以立其本，窮理以進其知，使本立而知益明，知精而本益固，則日用之間，且將有以得乎先生之心，而於疑信之傳可坐判矣。此外諸家所抄尚衆，率皆割裂補綴，非復本篇。異時得其所自來，當復出之，以附今録。無則亦將去其重複，别爲外書，以待後之君子云爾。

編年　此與下篇先後相承，據下篇所署年月繫之。

評論　周大璋朱子古文讀本卷四程氏遺書後序：得心是讀書本領，居敬窮理又得心要訣。提出示人，明白諦質，作聖希賢，門徑坦然。

古文眉詮卷七十七：言門人，則非自記之書矣，是議論之所主也。流傳竄以己意，其失更甚矣，尤議論之所主也。此段自述所録。（然嘗竊聞之）轉局，引議論。述先生戒門人語，憑之起議。以下發議論，作數層振跌，見衛道苦心。（「而先生之戒」至「其亦誤也」）此正洗刷不得某心，徒起彼意。一層應門人所記，一層應流傳竄易。此段歸結。程子之言曰：「涵養須用敬，進學則在致知。」心傳旨要，和盤託出。朱子言：「程氏門人所記，倍其師説而淫於老佛者有之。」兹篇之云，正爲此懼。大義微言所繫，千載備聞此言。「主敬」、「致知」兩言，是尊德性道問學的乳也。

程、朱此「知」字，該行字言。

程氏遺書附録後序 乾道四年四月

右附録一卷，明道先生行狀之屬凡八篇，伊川先生祭文一篇，奏狀一篇，皆其本文，無可議者。獨伊川行事本末，當時無所論著。熹嘗竊取實録所書，文集、内外書所載，與凡他書之可證者，次其後先，以爲年譜。既不敢以意形容，又不能保無謬誤，故於每事之下，各系其所從得者，今亦輒取以著於篇，合爲一卷，以附於二十五篇之後。嗚呼！學者察言以求其心，考迹以觀其用，而有以自得之，則斯道之傳也其庶幾乎。乾道四年，歲在著雍困敦，夏四月壬子，新安朱熹謹記。

編年 據文中所署。

贈徐師表序〔一〕 乾道五年四月十六日

南浦徐君師表論五行精極，建安今年新進士數人，大抵皆其所嘗稱許。序引具存，可覆視也。一日，見予屏山之下，因以所知十餘人者驗之，壽夭窮達之間，中者八九。以是知諸君之譽徐君也不爲妄，而徐君之得諸人也不爲幸，其挾諸人者不爲誇矣。將行，求予言以贈。予惟人之所賦，薄厚淹速，有不可易者如此，而學士大夫猶欲以智力求之。至於義理之所當爲，君子所不謂命，則又未聞其有必爲者，何哉？徐君之所從游，多吾黨之士，坐語從容，試以是説諗之，庶乎其有益也。乾道己丑孟夏既望，新安朱熹仲晦父書。

校記　〔一〕贈：淳熙本作「與術士」。

編年　據文中所署。

評論　周大璋朱子古文讀本卷四贈徐師表序：「口之於味」章，道理從此可悟。又是一樣箴規法。

家禮序淳熙二年

凡禮有本有文。自其施於家者言之，則名分之守、愛敬之實，其本也；冠、昏、喪、祭儀章度數者，其文也。其本者有家日用之常體，固不可以一日而不修；其文又皆所以紀綱人道之終始，雖其行之有時，施之有所，然非講之素明、習之素熟，則其臨事之際，亦無以合宜而應節，是不可以一日而不講且習焉也。三代之際，禮經備矣。然其存於今者，宫廬器服之制、出入起居之節，皆已不宜於世。世之君子雖或酌以古今之變，更爲一時之法，然亦或詳或略，無所折衷。至或遺其本而務其末，緩於實而急於文，自有志好禮之士，猶或不能舉其要，而困於貧窶者，尤患其終不能有以及於禮也。熹之愚蓋兩病焉，是以嘗獨觀古今之籍，因其大體之不可變者而少加損益於其間，以爲一家之書。大抵謹名分、崇愛敬以爲之本，至其施行之際，則又略浮文、敦本實，以竊自附於孔子從先進之遺意。誠願得與同志之士熟講而勉行之，庶幾古人所以修身齊家之道、謹終追遠之心猶可以復見，而於國家所以敦化導民之意亦或有小補云。

編年 據年譜長編。

評論 周大璋朱子古文讀本卷四家禮序：無本不立，無文不行，禮貴得中，不可偏廢。然與其文勝，毋寧質勝。制作之間，斟酌損益，不失孔子從先遺意，則本末胥得矣。義理之密，文章之純，超然獨步。

東歸亂稿序 乾道三年十月二十一日

始，予與擇之陪敬夫爲南山之游，窮幽選勝，相與詠而賦之。四五日間，得凡百四十餘首。既而自咎曰：「此亦足以爲荒矣」，則又推數引義，更相箴戒者久之。其事見於倡酬前後序篇，亦已詳矣。自與敬夫別，遂偕伯崇、擇之東來。道塗次舍、輿馬杖屨之間，專以講論問辨爲事，蓋已不暇於爲詩。而間隙之時，感事觸物，又有不能無言者，則亦未免以詩發之。蓋自櫧州歷宜春，泛清江，泊豫章，涉饒、信之境，繚繞數千百里，首尾二十八日，然後至於崇安。始盡胠其橐，掇拾亂稿，纔得二百餘篇。取而讀之，雖不能當義理、中音節，然視其間，則交規自警之詞愈爲多焉。斯亦吾人所欲朝夕見而不忘者，以故不復毀棄，姑序而存之，以見吾黨直諒多聞之益，不以游談燕樂而廢。至其時或發於一偏，不能一出於正者，亦皆存而不削，庶乎後日觀之，有以惕然自省而思所以改焉。是則此稿之存，亦未可以爲無益而略之也。若夫江山景物之奇，陰晴朝暮之變，幽深傑異，千狀萬態，則雖所謂二百篇，猶有所不能形容其仿佛，此固不得而記云。乾道丁亥冬十月二十有一日，新安朱熹序。

編年 據文中所署。

評論 周大璋朱子古文讀本卷四東歸亂稿序：一俯一仰，一掩一映，都見切實學問。小小文字，俱不苟下筆。

周子太極通書後序 乾道五年六月

右周子之書一編，今春陵、零陵、九江皆有本，而互有同異。長沙本最後出，乃熹所編定，視他本最詳密矣，然猶有所未盡也。蓋先生之學，其妙具於太極一圖，通書之言，皆發此圖之蘊，而程先生兄弟語及性命之際，亦未嘗不因其說。觀通書之誠、動靜、理性命等章，及程氏書之李仲通銘、程邵公誌、顏子好學論等篇，則可見矣。故潘清逸誌先生之墓，叙所著書，特以作太極圖爲稱首。然則此圖當爲書首不疑也。然先生既手以授二程，本因附書後，祁寬居之云。傳者見其如此，遂誤以圖爲書之卒章，不復釐正，使先生立象盡意之微旨暗而不明，而驟讀通書者，亦復不知有所總攝。此則諸本皆失之。而長沙通書因胡氏所傳，篇章非復本次，又削去分章之目，而別以「周子曰」者加之，於書之大義雖若無所害，然要非先生之舊，亦有去其目而遂不可曉者。如理性命章之類。又諸本附載銘、碣、詩、文，事多重複，亦或不能有所發明於先生之道，以幸學者。故今特據潘誌置圖篇端，以爲先生之精意，則可以通乎書之説矣。至於書之分章定次，亦皆復其舊貫。而取公及蒲左丞、孔司封、黄太史所記先生行事之實，删去重複，合爲一篇，以便觀者。蓋世所傳先生之書、言行具此矣。潘公所謂「易通」，疑即通書，而易説獨不可見。向見友人多蓄異書，自謂有傳本，亟取而觀焉，則淺陋可笑，皆舍法時舉子綴葺緒餘〔一〕，與圖説、通書絶不相似，不問可知其僞。獨不知世復有能得其真者與否。以圖書推之，知其所發當極精要，微言湮没，甚可惜也。

熹又嘗讀朱内翰震進易説表，謂此圖之傳，自陳摶、种放、穆修而來。而五峰胡公仁仲作通書序，又謂先生非止爲种、穆之學者，此特其學之一師耳，非其至者也。夫以先生之學之妙，不出此圖，以爲得之於人，則决非种、穆所及。以爲非其至者，則先生之學又何以加於此圖哉。是以嘗竊疑之。及得誌文考之，然後知其果先生之所自作，而非有所受於人者。公蓋皆未見此誌而云云耳。然胡公所論通書之指曰：「人見其書之約而不知其道之大也，見其文之質而不知其義之精也，見其言之淡而不知其味之長也。人有真能立伊尹之志，修顔子之學，則知此書之言包括至大，而聖門之事業無窮矣。」此則不可易之至論，讀是書者所宜知也。因復掇取以系於後云。乾道己丑六月戊申，新安朱熹謹書。

校記　〔一〕綴：原缺，據宋刻本元公周先生濂溪集卷四補。

編年　據文中所署。

語孟集義序〔一〕初曰精義，後改名集義。　乾道八年正月一日

論孟之書，學者所以求道之至要，古今爲之説者，蓋已百有餘家。然自秦漢以來，儒者類皆不足以與聞斯道之傳。其溺於卑近者，既得其言而不得其意；其騖於高遠者，則又支離踳駁，或乃并其言而失之，學者益以病焉。宋興百年，河洛之間，有二程先生者出，然後斯道之傳有繼。其於孔子、孟氏之心，蓋異世而同符也。故其所以發明二書之説，言雖近而索之無窮，指雖遠而操之有要，使夫讀者非徒可以得其言，而又可以得其意；非徒可以得其意，而又可以并其所以進於此者而得之。其所以興起斯文，開悟後學，可謂至矣。間嘗蒐輯條疏以附本章之次〔二〕，既又取夫學之有同於先生者與其有得於先生者〔三〕，若横渠張公、若范氏〔四〕、二吕氏、謝氏、游氏、楊氏、侯氏、尹氏，凡九家之説，以附益之，名曰論孟精義，以備觀省。而同志之士有欲從事於此者，亦不隱焉。

抑嘗論之，論語之言無所不包，而其所以示人者，莫非操存涵養之要。七篇之指無所不究，而其所以示人者，類多體驗充擴之端。夫聖賢之分，其不同固如此，然而體用一源也，顯微無間也，是則非夫先生之學之至，其孰能知之？嗚呼！兹其所以奮乎百世絶學之後，而獨得夫千載不傳之傳也歟！若張公之於先生，論其所至，竊意其猶伯夷、伊尹之於孔子；而一時及門之士，考其言行，則又未知其孰可以爲孔氏之顔、曾也。今録其言，非敢以爲無少異於先生而悉合乎聖

賢之意，亦曰大者既同，則其淺深疏密，毫釐之間，正學者所宜盡心耳。至於近歲以來學於先生之門人者，又或出其書焉，則意其源遠末分，醇醨異味而不敢載矣。

或曰：「然則凡説之行於世而不列於此者，皆無取已乎？」曰：「不然也。漢魏諸儒正音讀、通訓詁、考制度、辨名物，其功博矣。學者苟不先涉其流，則亦何以用力於此？而近世二三名家與夫所謂學於先生之門人者，其考證推説，亦或時有補於文義之間。學者有得於此而後觀焉，則亦何適而無得哉。特所以求夫聖賢之意者，則在此而不在彼爾。若夫外自託於程氏，而竊其近似之言以文異端之説者，則誠不可以入於學者之心。然以其荒幻浮夸足以欺世也，而流俗頗已鄉之矣，其爲害豈淺淺哉。顧其語言氣象之間，則實有不難辨者。學者誠用力於此書而有得焉，則於其言雖欲讀之，亦且有所不暇矣。」然則是書之作，其率爾之誚雖不敢辭，至於明聖傳之統，成衆説之長，折俗流之謬，則竊亦妄意其庶幾焉。乾道壬辰月正元日，新安朱熹謹書。

校記　〔一〕此題淳熙本作「論孟精義序」。

〔二〕疏：原作「流」，據論孟精義改。

〔三〕「與其有得」以下原缺，據淳熙本、論孟精義補。

〔四〕若：原缺，據右引補。

編年　據文中所署。

評論　周大璋朱子古文讀本卷四論孟集義序：精義一書，以兩程爲主，而輔以九家，折衷盡善，孔孟之道乃復大明。篇末自評之語，實足當之。行文曲折委蛇，不令一覽而盡。　是書初名精義，後改名集義。

林允中字序 乾道八年九月

始予得古田林生用中，愛其通晤修謹，嗜學不倦，因其請字，字之曰「擇之」。一日，擇之又請曰：「用中之弟允中，亦知有志於學，而其才小不足。願推所以見命之意，字之曰『擴之』，何如？」予時未識允中，而以擇之之言，知其爲人也，則應曰諾。明年，擴之亦來，視其志與其才，信乎其如擇之之言也。自是從予游，今四五年矣。徐深察之，則其爲人蓋晦外而明於内，樸外而敏其中，是以予有取焉。今年還自吴中，過予潭溪之上，留語三日，則聞見益廣而將有以充其才矣。間請予文以序其字，顧予言何足取？然嘗聞之，動静相循，如環無端，而聖賢之學必主乎静。蓋火之宿者用之壯，水之滀也決之長，其理然也。擴之誠自病其才之未充，而欲卒大之耶，則亦反其本、務其實而已矣。擴之唯唯，遂書以授之。乾道壬辰九月丙午，新安朱熹序。

編年 據文中所署。

評論 周大璋朱子古文讀本卷四林允中字序：字以擴之，似以充其才爲主，而不知其道只在反本務實。允中爲人，蓋得主静之道者，故深許之，而勉其固守。因人施教，語不泛設，寥寥數語，而藴藉無窮。

資治通鑑綱目序 乾道八年四月

先正温國司馬文正公受詔編集資治通鑑，既成，又撮其精要之語，别爲目録三十卷并上之。

晚病本書太詳，目録太簡，更著舉要歷八十卷以適厥中，而未成也。至紹興初，故侍讀南陽胡文定公始復因公遺稿修成舉要補遺若干卷，則其文愈約而事愈備矣。然往者得於其家而伏讀之，則猶竊自病記識之弗强〔一〕，不能有以領其要而及其詳也。故嘗過不自料，輒與同志因兩公四書別爲義例，增損檃括，以就此編。蓋表歲以首年，逐年之上行外書某甲子，遇「甲」字「子」字，則朱書以別之。雖無事，依舉要以備歲年。而因年以著統，凡正統之年歲下大書，非正統者兩行分注。大書以提要，凡大書有正例，有變例。正例如始終興廢、災祥沿革及號令征伐、殺生除拜之大者，變例如不在此例，而善可爲法、惡可爲戒者，皆特書之也。而分注以備言，凡分注，有追原其始者，有遂言其終者，有詳陳其事者，有備載其言者，有因始終而見者，有因拜罷而見者，有因事類而見者，有因家世而見者，有温公所立之言、所取之論，有胡氏所收之説、所著之評。而兩公所遺與夫近世大儒先生折衷之語，今亦頗采以附於其間云。使夫歲年之久近，國統之離合，辭事之詳略，議論之同異，通貫曉析，如指諸掌。名曰資治通鑑綱目，凡若干卷，藏之巾笥，姑以私便檢閲，自備遺忘而已。若兩公述作之本意，則有非區區所敢及者。雖然，歲周於上而天道明矣，統正於下而人道定矣，大綱概舉而監戒昭矣，衆目畢張而幾微著矣。是則凡爲致知格物之學者，亦將慨然有感於斯，而兩公之志或庶乎其可以默識矣。因述其指意條例如此，列於篇端，以俟後之君子云。乾道壬辰夏四月甲子，新安朱熹謹書。

校記　〔一〕則：原缺，據宋浙本補。

編年　據文中所署。

評論　周大璋朱子古文讀本卷四資治通鑑綱目序：綱目一書直接麟經，天道明，人道定，鑑戒昭，幾微著，是何等關係。推本文正、文定，尤見讓美先賢意。古文眉詮卷七十七：舉温公書起，因帶及胡公補著。（不能有以領其要而及其詳也）一語括過兩公書，遞落自纂。（「表歲以首年」四句）四語表書例，一書要領具此。（兩公述作）著語謙遜，恰似回照兩公。（「歲周於上」八句）上是表例，此是疏義，妙在詞不別出。（兩公之志）仍挽應兩公。繁重如綱目一書，緊要處數言已了，是以君子貴之。

八朝名臣言行録序乾道八年

予讀近代文集及記事之書，觀其所載國朝名臣言行之迹，多有補於世教，然以其散出而無統也，既莫究見始終表裏之全，而又汨於虛浮詭誕之説，予常病之。於是掇取其要，聚爲此録，以便記覽。尚恨書籍不備，多所遺闕，嗣有所得，當續書之。

編年　據年譜長編。

中和舊説序乾道八年八月一日

余蚤從延平李先生學，受中庸之書，求喜怒哀樂未發之旨未達，而先生没。余竊自悼其不敏，若窮人之無歸。聞張欽夫得衡山胡氏學，則往從而問焉。欽夫告余以所聞，余亦未之省也。退而沉思，殆忘寢食。一日，喟然嘆曰：「人自嬰兒以至老死，雖語默動静之不同，然其大體莫非已發，特其未發者爲未嘗發爾。」自此不復有疑，以爲中庸之旨果不外乎此矣。後得胡氏書，有與曾吉父論未發之旨者，其論又適與余意合，用是益自信。雖程子之言，有不合者，亦直以爲少作失傳而不之信也。然間以語人，則未見有能深領會者。乾道己丑之春，爲友人蔡季通言之，問辨之際，予忽自疑，斯理也，雖吾之所默識，然亦未有不可以告人者。今析之如此其紛糾而難明也，聽之如此其冥迷而難喻也，意者乾坤易簡之理，人心所同然者，殆不如是。而程子之言出其門人高弟之手，亦不應一切謬誤，以至於此。然則予之所自信者，其無乃反自誤乎。則復取程氏書，虛心平氣而徐讀之。未及數行，凍解冰釋，然後知情性之本然、聖賢之微旨，其平正明白乃如此。而前日讀之不詳，妄生穿穴，凡所辛苦而僅得之者，適足以自誤而已。至於推類究極，反求諸身，則又見其爲害之大，蓋不但名言之失而已也。於是又竊自懼，亟以書報欽夫及嘗同爲此論者。惟欽夫復書深以爲然，其餘則或信或疑，或至於今累年而未定也。夫忽近求遠、厭常棄新〔一〕，其弊乃至於此，可不戒哉！暇日料檢故書，得當時往還書稿一編，輒序其所以而題之曰中和舊説，蓋所以深懲前日之病，亦使有志於學者讀之，因予之可戒而知所戒也。獨恨不得奉而質諸李氏之門，然以先生之所已言者推之，知其所未言者，其或不遠矣。壬辰八月丁酉朔，新安朱熹仲晦云。

校記　〔一〕棄：正訛改作「喜」。

編年　據文中所署。

評論　周大璋朱子古文讀本卷四中和舊説序：聖賢道理平實正大，虛心平氣，反覆紬繹，纔能有得。若妄矜一毫私見，積塊不化，則終身門外漢矣。忽近求遠，厭常喜新，古今通弊。世有一知半解，自鳴得意，不復更見其非者，讀此能毋汗下？

記論性答稿後 此篇雜出問答書中，今以附此。 乾道八年八月

此篇出於論定之初，徒以□一時之見，驟正累年之失，其向背出入之際，猶有未服習者。又持孤論以當衆賢，心亦不自安，故自今讀之，尚多遺恨。如廣仲之言，既以静爲天地之妙，又論性不可以真妄動静言，是知言所謂嘆美之善而不與惡對者云爾。應之宜曰：「善惡也，真妄也，動静也，一先一後，一彼一此，皆以對待而得名者也。不與惡對，則不名爲善；不與動對，則不名爲静矣。既非妄，又非真，則亦無物之可指矣。今不知性之善而未始有惡也，真而未始有妄也，主乎静而涵乎動也，顧曰善惡、真妄、動静，凡有對待，皆不可以言性，而對待之外，别有無對之善與静焉，然後可以形容天性之妙，不亦異乎？」當時酬對既不出此，而他所自言，亦多曠闕。如論性無不該，不可專以静言，此固是也。然其説當云：「性之分雖屬乎静，而其藴則該動静而不偏。故樂記以静言性則可，如廣仲遂以静字形容天性之妙則不可。」如此則語意圓矣。如論程子真静之説，以真爲本體，静爲未感，此亦是也。然當云：「下文所謂未發，即静之謂也。所謂五性，即真之謂也。然則仁、義、禮、智、信云者，乃所謂未發之藴，而性之真也歟。」如此則文義備矣。答敬父書所謂復、艮二卦，亦本程子之意，而擇之疑思慮未萌者是坤卦事〔一〕，

不應以復當之。予謂此乃易傳所謂無間可容髮一作息。處。夫思慮未萌者，固坤也。而曰知覺不昧，則復矣。此雖未爲有失，而詞意有未具。擇之之疑雖過，然其察之亦密矣。又所謂周子主静之説，則中正仁義之動静有未當其位者。當云以中對正，則正爲本；以仁配義，則義爲質，乃無病爾。此稿中間亦屢有改定處，今不能復易，因題其後以正其失云。壬辰仲秋日書。

校記 〔一〕擇：原作「釋」，據本文改。

編年 據文中所署。

尹和静言行録序〔一〕

乾道九年四月一日

程夫子有言：「涵養必以敬，進學則在致知。」二言者，夫子所以教人造道入德之大端，而不可以偏廢焉者也。若和静尹公先生者，其學於夫子而有得於敬之云乎，何其説之約而居之安也。其門人馮氏、祁氏、吕氏記其緒言，各爲一書，熹嘗得而伏讀之。所以收放心而伐邪氣者，幾微之際，所助深矣。顧其記録之間尚多抵牾〔二〕，至於人名事迹，亦或不同。然則其於精微之意〔三〕，豈得無可疑者？惜乎其不得親見先生而面質之也。書之篇首，以告同志，其亦熟玩而審取之哉〔四〕。乾道癸巳孟夏初吉，新安朱熹序。

校記 〔一〕此題淳熙本作「跋尹和静語録」。

〔二〕録：右引作「問」。

〔三〕意：右引作「際」。

〔四〕玩：右引作「味」。

編年 據文中所署。

送李伯諫序 乾道八年七月

國家建立學校之官，遍於郡國，蓋所以幸教天下之士，使之知所以修身、齊家、治國、平天下之道，而待朝廷之用也。此其德意，可謂厚矣。然學不素明，法不素備，選用乎上者，以科目詞藝爲足以得人；受任乎下者，以規繩課試爲足以盡職。蓋在上者不知所以爲人師之德，而在下者不知所以爲人師之道，是以學校之官雖遍天下，而游其間者不過以追時好、取世資爲事。至於所謂修身、齊家、治國、平天下之道，則寂乎其未有聞也。是豈國家所爲立學教人之本意哉。吾友李君伯諫敦潔好修，篤志問學，其於古之大學所以修己治人之道，講之熟矣。今也受命於朝而將掌教於蘄之學，吾知其所以爲盡職者，其必有異於世俗之爲矣。然伯諫方且欿然自以不足乎人師之德爲憂，而辱顧於予以爲問。惟予言之淺陋，固已無足陳者。抑自其與伯諫游而講於斯也亦三年矣〔一〕，凡持守之要、玩索之端〔二〕，巨細精粗，蓋已無所不論。今使之言，其又何以加此？然有一焉，主敬致知，摧驕破吝，謹之於細微雜亂之域，而養之於虛閑静一之中，是則雖屢言之，而豈患乎其瀆哉。感伯諫下問之勤，不能默默，因叙前説而并書之，祖行之朝，奉以爲別。伯諫行乎哉！今而後聞蘄之士其有慨然興起於學，而明乎所以修身、齊家、治國、平天下之道者，是則伯諫之德之修之驗也夫！

校記　〔一〕三：淳熙本作「有」。

〔二〕索：右引作「味」。

編年　據年譜長編。

評論　周大璋朱子古文讀本卷四送李伯諫序：開口便提大學來説，可知生平所學再無他事。觀篇中所云，伯諫身分固自不凡。

程氏外書後序 乾道九年六月

右程氏外書十二篇，熹所序次，可繕寫。始，熹序次程氏遺書二十五篇，皆諸門人當時記録之全書，足以正俗本紛更之繆，而於二先生之語則不能無所遺也。於是取諸集録，參伍相除，得此十有二篇，以爲外書。夫先生之言，非有精粗之異，而兩書皆非一手所記，其淺深工拙，又未可以一概論。其曰外書云者，特以取之之雜，或不能審其所自來，其視前書，學者尤當精擇而審取之耳。乾道癸巳六月乙亥，新安朱熹謹書。

編年　據文中所署。

中庸集解序 乾道九年九月

中庸之書，子思子之所作也。昔者曾子學於孔子，而得其傳矣。孔子之孫子思又學於曾子，而得其所傳於孔子者焉。既而懼夫傳之久遠而或失其真也，於是推本所傳之意，質以所聞之言，更相反覆，作爲此書。孟子之徒實受其説，孟子没，而不得其傳焉。漢之諸儒雖或擎誦，然既雜乎傳記之間而莫之貴，又莫有能明其所傳之意者。至唐李翺，始知尊信其書，爲之論説。然其所謂滅情以復性者，又雜乎佛老而言之，則亦異於曾子、子思、孟子之所傳矣。至於本朝，濂溪周夫子始得其所傳之要，以著於篇。河南二程夫子又得其遺旨而發揮之，然後其學布於天下。然明道不及爲書，今世所傳陳忠肅公之所序者，乃藍田吕氏所著之别本也。伊川雖嘗自言「中庸今已成書」，然亦不傳於學者。或以問於和靖尹公，則曰「先生自以不滿其意而火之矣」。二夫子於此既皆無書，故今所傳〔一〕，特出於門人記平居問答之辭。而門人之説行於世者，唯吕氏、游氏、楊氏、侯氏爲有成書。若横渠先生，若謝氏、尹氏，則亦或記其語之及此者耳。又皆别自爲編，或頗雜出他記，蓋學者欲觀其聚而不可得，固不能有以考其異而會其同也。

熹之友會稽石君𡼏子重乃始集而次之，合爲一書，以便觀覽，名曰中庸集解。復第其録如右，而屬熹序之。熹惟聖門傳授之微旨見於此篇者，諸先生言之詳矣。熹之淺陋，蓋有行思坐誦、没世窮年而不得其所以言者，尚何敢措一辭於其間？然嘗竊謂秦漢以來，聖學不傳，儒者惟知章句訓詁之爲事，而不知復求聖人之意，以明夫性命道德之歸。至於近世，先知先覺之士始發明之，則學者既有以知夫前日之爲陋矣。然或乃徒誦其言以爲高，而又初不知深求其意。甚者遂至於脱略章句，陵籍訓詁，坐談空妙，展轉相迷，而其爲患反有甚於前日之爲陋者。嗚呼，是豈古昔聖賢相傳之本意，與夫近世先生君子之所以望於後人者哉！熹誠不敏，私竊懼焉，故因子重之書，特以此言題其篇首，以告夫同志之讀此書者，使之毋跂於高，毋駭於奇，必沉潛乎句讀文義之間，以會其歸；必戒懼乎不睹不聞之中，以踐其實，庶乎優柔厭飫，真積力久，而於博厚高明悠久之域忽不自知其至焉，則爲有以真得其傳而無徒誦坐談之弊矣。抑子重之爲此書，采掇無遺，條理不紊，分章雖因衆説，然去取之間不失其當，其謹密詳審，蓋有得乎行遠自邇、升高自卑之意。唯哀公問政以下六章，據家語，本一時問答之言，今從諸家，不能復合。然不害於其脉理之貫通也。又以簡帙重大，分爲兩卷，亦無他義例云。乾道癸巳九月辛亥，新安朱熹謹書。

校記 〔一〕傳：宋浙本作「記」。

編年 據文中所署。

評論 周大璋朱子古文讀本卷四中庸集解序：歷敘古今儒者之失，集解之善自見。篇末辨駁陸學意尤多。

王梅溪文集序 代劉共父作。〔一〕 淳熙三年十月

知人之難，堯舜以爲病，而孔子亦有聽言觀行之戒。然以予觀之，此特爲小人設耳。若皆君子，則何難知之有哉。蓋天地之間有自然之理，凡陽必剛，剛必明，明則易知。凡陰必柔，柔必暗，暗則難測。故聖人作易，遂以陽爲君子，陰爲小人。其所以通幽明之故，類萬物之情者，雖百世不能易也。予嘗竊推易説以觀天下之人，凡其光明正大、疏暢洞達，如青天白日，如高山大

川，如雷霆之爲威而雨露之爲澤，如龍虎之爲猛而麟鳳之爲祥，磊磊落落，無纖芥可疑者，必君子也。而其依阿淟涊，回互隱伏，糾結如蛇蚓，瑣細如蟣虱，如鬼蜮狐蠱，如盗賊詛祝，閃倏狡獪，不可方物者，必小人也。君子小人之極既定於內，則其形於外者，雖言談舉止之微，無不發見。而况於事業文章之際，尤所謂粲然者，彼小人者雖曰難知，而亦豈得而逃哉。於是又嘗求之古人，以驗其説，則於漢得丞相諸葛忠武侯，於唐得工部杜先生、尚書顔文忠公、侍郎韓文公，於本朝得故參知政事范文正公。此五君子者〔二〕，其所遭不同，所立亦異，然求其心，則皆所謂光明正大、疏暢洞達、磊磊落落而不可掩者也。其見於功業文章，下至字畫之微，蓋亦可以望之而得其爲人〔三〕。求之今人，則如太子詹事王公龜齡，其亦庶幾乎此者矣。

公始以諸生對策庭中，一日數萬言，被遇太上皇帝，親擢以冠多士，遂取其言施行之。及佐諸侯、入册府，事今上皇帝於初潛，又皆以忠言直節有所裨補。上亦雅敬信之，登極之初，即召以爲侍御史，納用其説。公知上意以必復土疆、必雪讎耻爲己任，其所言者，莫非修德行政、任賢討軍之實，而於分别邪正之際，尤致意焉。尋以邊兵失律，廷議不咸，上疏自劾。除吏部侍郎，不拜，去爲數郡，布上恩，恤民隱，蚤夜孜孜，如飢渴嗜欲之切於己。去之日，民思之如父母。其處閨門、居鄉黨，則又親親敬故〔四〕，隆信義〔五〕、務敦樸，雖家人孺子，亦皆藹然有忠厚廉遜之風。平居無所嗜好，顧喜爲詩，渾厚質直，懇惻條暢，如其爲人。不爲浮靡之文，論事取極己意。然其規模宏闊，骨骼開張，出入變化，俊偉神速，世之盡力於文字者往往反不能及。其他片言半簡，雖或出於脱口肆筆之餘，亦無不以仁義忠孝爲歸，而皆出於肺腑之誠。然非有所勉强慕效而爲之也，蓋其所禀於天者，純乎陽德剛明之氣，是以其心光明正大、疏暢洞達、無有隱蔽，而見於事業文章者一皆如此。海内有志之士聞其名，誦其言，觀其行而得其心，無不歛衽心服。至於小人，雖以一時趨向之殊，或敢巧爲謗詆〔六〕，然其極口，不過以爲迂闊近名，不切時務。至其大節之偉然者，則不能有以毫髮點污也。然則公於五君子者，迹雖未必皆同，而心實似之。故自其布衣時，嘗和韓詩數十百篇。守番及夔〔七〕，則又適在葛、杜、顔、范之遺墟，皆嘗新其祠宇，以致歆慕之意〔八〕，蓋亦每自比焉。嗚呼！公之必爲君子，蓋不待孔、孟、堯、舜而知之矣。

予昔官中秘，直西省，皆得與公爲寮，辱公知顧甚厚。及來守建康，則公殁幾十年。而其子聞詩適官府下，相與道舊，感慨歔欷。一日，出公遺文三十二卷，屬余序之。予蓋三復焉，而拊卷太息也。公之行事，今秘閣修撰莫侯子齊既狀之〔九〕，而故端明殿學士汪公聖錫取以誌其墓矣。故余因不復著，獨論其心如此，列於篇端，以告天下之士，使有以識其所謂光明正大、疏暢洞達者，言言凛凛，初未嘗隨死而亡也。以是勝私起懦而相與師慕其萬一，在朝廷則以犯顔極諫爲忠〔十〕，仕州縣則以勤事愛民爲職，内外交修，不遺餘力，使君德日躋於上、民生日遂於下，國步安强，隱然真有恢復之勢，則公雖云亡，而其精爽之可畏者，爲無所憾於九原矣〔十一〕。嗚呼，其亦可悲也夫！聞詩亦好學有立，能守其家法云〔十二〕。年月日，建安劉珙序〔十三〕。

校記

〔一〕王、共父：淳熙本作「詹事王公」、「樞」。

〔二〕者：原缺，據右引補。

〔三〕亦：原缺，據右引補。

〔四〕故：右引作「長」。

〔五〕隆：右引作「謹」。

〔六〕敢：右引作「欲」。

〔七〕番：右引作「饒」。

〔八〕歆：右引作「欽」。

〔九〕秘閣修撰：原作「某官」，據右引改。

〔十〕極：原作「納」，據右引改。

〔十一〕所：原缺，據右引補。

〔十二〕法：原缺，據右引補。

〔十三〕「年月日」以下原缺，據右引補。

編年 據年譜長編。

評論 周大璋朱子古文讀本卷四王梅溪文集序代劉共父作：龜齡先生在當時是第一流人物，公以五君子方之，欽慕至矣。文瀾壯闊，如長風扇海，勃不可遏。

朱熹文集編年評注卷七十六

序

傅伯拱字序 淳熙元年四月

盈天地之間，所以爲造化者，陰陽二氣之終始盛衰而已。陽生於北，長於東，而盛於南；陰始於南，中於西，而終於北。故陽常居左，而以生育長養爲功，其類則爲剛，爲明，爲公，爲義，而凡君子之道屬焉。陰常居右，而以夷傷慘殺爲事，其類則爲柔，爲暗，爲私，爲利，而凡小人之道屬焉。聖人作易，畫卦繫辭，於其進退消長之際，所以示人者深矣。而又於其制禮之時，所以依象取類而立教者，亦莫不審諸此。故凡吉禮則尚左，其變則尚右。自夫手之拱以拜也，以及夫祝號詔相之所由也，咸率是而分焉。蓋不惟其理象之然有不可易者，抑所以使夫天下之人平居暇日，宗廟朝廷之上，族黨庠序之中，君臣、父子、師友、賓主之間，一拜一揖，一進一退，視其所尚而有以不忘乎君子之道焉。此其所以立教之微指，夫又豈不深切而著明哉。今建寧傅公之季子伯拱以其名來請字，予惟拱之爲禮略矣，然奉手當膺，端行正立，則其心固已肅然而主於一矣。從而論其平居吉禮之所尚，則夫所以尊陽抑陰而使之不忘乎君子之道者，其精微之意又如此。故請得奉字曰「景陽」，而遂書其説以授之。景陽風骨秀爽，異於常兒，而亦既從事乎日數、方名、遜讓之學矣，盍亦識夫尊君所以命己者，而不忘乎恭敬之守？異時少進，則又因夫朋友所以字謂己者，而益求所以擇善固執之方焉，必使陽明勝而德性用，陰濁去而物欲消，剛不屈而明不傷，公足以滅私而義足以勝利，則庶乎其不迷於入德之途，而有以進夫君子之域也無疑矣。淳熙改元孟夏甲子，新安朱熹仲晦父序。

編年　據文中所署。

送郭拱辰序淳熙元年九月

世之傳神寫照者，能稍得其形似，已得稱爲良工。今郭君拱辰叔瞻乃能并與其精神意趣而盡得之，斯亦奇矣。予頃見友人林擇之、游誠之稱其爲人而招之不至。今歲惠然來自昭武，里中士夫數人欲觀其能，或一寫而肖，或稍稍損益，卒無不似，而風神氣韻，妙得其天致。有可笑者，爲予作大小二象，宛然麋鹿之姿，林野之性。持以示人，計雖相聞而不相識者，亦有以知其爲予也。然予方將東游雁蕩，窺龍湫，登玉霄以望蓬萊，西歷麻源，經玉笥，據祝融之絕頂，以臨洞庭風濤之壯，北出九江，上廬阜，入虎溪，訪陶翁之遺迹，然後歸而思自休焉。彼當有隱君子者，世人所不得見，而予幸將見之。欲圖其形以歸，而郭君以歲晚思親，不能久從予游矣。予於是有遺恨焉，因其告行，書以爲贈。淳熙元年九月庚子，晦翁書。

編年 據文中所署。

評論 陳亮跋朱晦庵送寫照郭秀才序後：晚得從新安朱元晦游，見其論古聖賢之用心平易簡直，欲盡擺後世講師相授、流俗相傳、既已入於人心而未易解之説，以徑趨聖賢心地而發揮其妙，以與一世人共之。其不得見於世，則聖賢之命脉猶在，而人心終有時而開明也。其於經文，稍不平易簡直則置而不論，以爲是非聖賢之本旨，若欲刊而去之者。余爲之感慨於天地之大義，而抱大不滿於秦、漢以來諸君子，思欲解其沈痼以從新安之志，而未能也。然而於陰陽卜筮書畫伎術，凡世所有而未易去者，皆存而信之，乃與張、吕異。其於郭叔瞻之能，尤愛而喜之不厭。豈悦物而不留於物者固若此乎？抑世所謂畫師之能，皆未能窺叔瞻之心地而不可棄乎？故余於叔瞻無舊故，而爲諸公道其所長不容已，亦因以見秦、漢以來諸君子猶煩新安之刮剔，而後聖賢之心事可得而盡白也。

周大璋朱子古文讀本卷四送郭拱辰序：郭君雖善寫生，所接者皆奔走形勢之人耳。篇末想到隱君子，欲圖其形，而郭君不往。言外含刺，不露圭角，佳絶。

送夏醫序 淳熙元年九月

予嘗病世之爲論者，皆以爲天下之事，宜於今者不必根於古，諧於俗者不必本於經。及觀夏君之醫，而又有以知其決不然也。蓋夏君之醫，處方用藥，奇怪絶出，有若不近人情者，而其卒多驗。及問其所以然者，則皆據經考古，而未嘗無所自也。予於是竊有感焉，因書遺之，以信其術於當世，又以風吾黨之不師古而自用者云。淳熙元年秋九月庚子，晦翁書。

編年 據文中所署。

評論 周大璋朱子古文讀本卷四送夏醫序：學必師古，就醫發之，此謂高處立闊處行。

詩集傳序 淳熙四年十月

或有問於余曰：「詩何爲而作也〔一〕？」余應之曰：「人生而靜，天之性也。感於物而動，性之欲也。夫既有欲矣，則不能無思；既有思矣，則不能無言；既有言矣，則言之所不能盡而發於咨嗟詠嘆之餘者，必有自然之音響節奏而不能已焉。此詩之所以作也。」

曰：「然則其所以教者何也？」曰：「詩者，人心之感物，而形於言之餘也。心之所感有邪正，故言之所形有是非。惟聖人在上，則其所感者無不正，而其言皆足以爲教。其或感之之雜，而所發不能無可擇者，則上之人必思所以自反，而因有以勸懲之，是亦所以爲教也。昔周盛時，上自郊廟朝廷而下達於鄉黨閭巷，其言粹然，無不出於正者，聖人固已協之聲律，而用之鄉人，用之邦國，以化天下。至於列國之詩，則天子巡守亦必陳而觀之，以行黜陟之典。降自昭、穆而後，寖以陵夷。至于東遷，而遂廢不講矣。孔子生於其時，既不得位，無以行帝王勸懲黜陟之政，於是特舉其籍而討論之，去其重複，正其紛亂，而其善之不足以爲法、惡之不足以爲戒者，則亦刊而去之，以從簡約，示久遠，使夫學者即是而有以考其得失，善者師之而惡者改焉。是以其政雖不足行於一時，而其教實被於萬世，是則詩之所以爲教者然也。」

曰：「然則國風、雅、頌之體，其不同若是，何也？」曰：「吾聞之，凡詩之所謂風者，多出於里巷歌謠之作，所謂男女相與詠歌，各言其情者也。惟周南、召南，親被文王之化以成德，而人皆有以得其性情之正，故其發於言者，樂而不過於淫，哀而不及於傷。是以二篇獨爲風詩之正經。自邶而下，則其國之治亂不同，人之賢否亦異，其所感而發者，有邪正是非之不齊，而所謂先王之風者，於此焉變矣。若夫雅、頌之篇，則皆成周之世，朝廷郊廟樂歌之詞，其語和而莊，其義寬而密，其作者往往聖人之徒，固所以爲萬世法程而不可易者也。至於雅之變者，亦皆一時賢人君子閔時病俗之所爲，而聖人取之，其忠厚惻怛之心，陳善閉邪之意，猶非後世能言之士所能及之〔一〕。此詩之爲經，所以人事浹於下，天道備於上，而無一理之不具也。」

曰：「然則其學之也當奈何？」曰：「本之二南以求其端，參之列國以盡其變，正之於雅以大其規，和之於頌以要其止，此學詩之大旨也。於是乎章句以綱之，訓詁以紀之，諷詠以昌之，涵濡以體之，察之情性隱微之間，審之言行樞機之始，則修身及家、平均天下之道，其亦不待他求而得之於此矣。」問者唯唯而退。余時方輯詩傳，因悉次是語以冠其篇云。淳熙四年丁酉冬十月戊子，新安朱熹書。

校記 〔一〕爲：原作「謂」，據宋閩、浙本改。

〔二〕猶：詩集傳卷首序作「尤」。

編年 據文中所署。

評論 康熙御製文集第三集卷四十三：蘊藉深遠，玩味此序，可得讀詩之法，亦可收學詩之益。

周大璋朱子古文讀本卷四詩集傳序：以問答行文，章法自昌黎諍臣論、老泉春秋論來，其發明全詩大義與學詩之法曲折詳盡。先王采風、聖人删詩心事和盤托出，有功葩經，豈淺鮮哉。

說詩晬語卷上：詩以聲爲用者也，其微妙在抑揚抗墜之間。讀者静氣按節，密詠恬吟，覺前人聲中難寫、響外別傳之妙，一齊俱出。朱子云：「諷咏以昌之，涵濡以體之。」真得讀詩趣味。

再定太極通書後序 淳熙六年五月一日

右周子太極圖并說一篇，通書四十章〔一〕，世傳舊本遺文九篇，遺事十五條，事狀一篇，熹所集次，皆已校定，可繕寫。熹按，先生之書，近歲以來，其傳既益廣矣，然皆不能無謬誤，唯長沙、建安板本爲庶幾焉，而猶頗有所未盡也。蓋先生之學之奥，其可以象告者莫備於太極之一圖。若通書之言，蓋皆所以發明其蘊，而誠、動静、理性命等章爲尤著。程氏之書亦皆祖述其意，而李仲通銘、程邵公誌、顔子好學論等篇乃或并其語而道之。故清逸潘公誌先生之墓而叙其所著之書，特以作太極圖爲首稱，而後乃以易說、易通繫之，其知此矣。按，漢上朱震子發言陳摶以太極圖傳种放，放傳穆脩，脩傳先生。衡山胡宏仁仲則以爲种、穆之傳特先生所學之一師，而非其至者。武當祁寬居之又謂圖象乃先生指畫以語二程，而未嘗有所爲書。此蓋皆未見潘誌而言。若胡氏之說，則又未考乎先生之學之奥，始卒不外乎此圖也。先生易說久已不傳於世，向見兩本，皆非是。其一卦說，乃陳忠肅公所著。其一繫詞說，又皆佛老陳腐之談。其甚陋而可笑者，若曰「易之冒天下之道也，猶狙公之罔衆狙也」，觀此則其決非先生所爲可知矣。易通疑即通書，蓋易說既依經以解義，此則通論其大旨，而不繫於經者也。特不知其去「易」而爲今名始於何時爾。然諸本皆附於通書之後，而讀者遂誤以爲書之卒章，使先生立象之微旨暗而不明。驟而語夫通書者〔二〕，亦不知其綱領之在是也。長沙本既未及有所是正，而通書乃因胡氏所定，章次先後輒頗有所移易，又刊去章目而別以「周子曰」者加之，皆非先生之舊。若理性命章之類，則一去其目而遂不可曉。其所附見銘、碣、詩、文，視他本則詳矣，然亦或不能有以發明於先生之道，而徒爲重複。故建安本特據潘誌置圖篇端，而書之序次名章，亦復其舊。又即潘誌及蒲左丞、孔司封、黄太史所記先生行事之實，删去重複，參互考訂，合爲事狀一端。其大者如蒲碣云「屠奸剪弊，如快刀健斧」，而潘誌云「精密嚴恕，務盡道理」。蒲碣但云「母未葬」，而潘公所爲鄭夫人誌乃爲「水齧其墓而改葬」。若此之類，皆從潘誌。而蒲碣又云「慨然欲有所施，以見於世」，又云「益思以奇自名」，又云「朝廷躐等見用，奮發感厲」，皆非知先生者之言。又載先生稱頌新政，反覆數十言，恐亦非實。若此之類，今皆削去〔三〕。至於道學之微，有諸君子所不及知者，則又一以程氏及其門人之言爲正。以爲先生之書之言之行，於此亦略可見矣。

然後得臨汀楊方本以校，而知其舛陋猶有未盡正者。如「柔如之」當作「柔亦如之」，師友一章當爲二章之類。又得何君營道詩序及諸嘗游舂陵者之言，而知事狀所叙濂溪命名之説，有失其本意者。何君序見遺事篇内〔四〕。又按，濂溪，廣漢張栻所跋先生手帖，據先生家譜云，濂溪隱居在營道縣榮樂鄉鍾貴里石塘橋西，濂蓋溪之舊名。先生寓之廬阜，以示不忘其本之意。而邵武鄒旉爲熹言，嘗至其處，溪之源自爲上下保，先生故居在下保，其地又別自號爲樓田。而「濂」之爲字，則疑其出於唐刺史元結七泉之遺俗也。今按，江州濂溪之上亦有石塘橋〔五〕，見於陳令舉廬山記，疑亦先生所寓之名云。覆校舊編，而知筆削之際亦有當録而誤遺之者。如蒲碣自言初見先生于合州，相語三日夜，退而嘆曰：「世乃有斯人耶！」而孔文仲亦有祭文序先生洪州時事，曰「公時甚少，玉色金聲，從容和毅，一府盡傾」之語。蒲碣又稱其孤風遠操，寓懷於塵埃之外，常有高棲遐遁之意，亦足以證其前所謂「以奇自見」等語之謬。又讀張忠定公語，而知所論希夷、种、穆之傳亦有未盡其曲折者。按，張忠定公嘗從希夷學，而其論公事之有陰陽頗與圖說意合。竊疑是說之傳固有端緒，至於先生，然後得之於心，而天地萬物之理，鉅細幽明，高下精粗，無所不貫，於是始爲此圖，以發其秘爾。嘗欲別加是正，以補其闕，而病未能也。茲乃被命假守南康，遂獲嗣守先生之遺教於百有餘年之後〔六〕。顧德弗類，慚懼已深，瞻仰高山，深切寤嘆。因取舊袠，復加更定，而附著其說如此，鋟板學宮，以與同志之士共覽觀焉〔七〕。淳熙己亥夏五月戊午朔，新安朱熹謹書。

校記

〔一〕四十：原作「四十一」，據宋刻本元公周先生濂溪集卷四改。

〔二〕語：疑當從上卷周子太極通書後序作「讀」。

〔三〕今：原缺，據宋刻本元公周先生濂溪集卷四補。

〔四〕序：原作「既」，據右引改。

〔五〕上：原作「西」，據右引改。

〔六〕遺：原作「餘」，據右引改。

〔七〕覽觀：原缺，據右引補。

編年 據文中所署。

吕氏家塾讀詩記後序 淳熙九年九月

詩自齊、魯、韓氏之説不得傳，而天下之學者盡宗毛氏。毛氏之學，傳者亦衆，而王述之類，今皆不存，則推衍毛説者又獨鄭氏之箋而已〔一〕。唐初，諸儒爲作疏義，因訛踵陋，百千萬言而不能有以出乎二氏之區域。至於本朝，劉侍讀、歐陽公、王丞相、蘇黄門、河南程氏、横渠張氏始用己意，有所發明，雖其淺深得失有不能同，然自是之後，三百五篇之微詞奥義乃可得而尋繹，蓋不待講於齊、魯、韓氏之傳，而學者已知詩之不專於毛、鄭矣。及其既久，求者益衆，説者愈多，同異紛紜，争立門户，無復推讓祖述之意，則學者無所適從，而或反以爲病。今觀吕氏家塾之書，兼總衆説，巨細不遺，挈領提綱，首尾該貫，既足以息夫同異之争，而其述作之體則雖融會通徹，渾然若出於一家之言，而一字之訓、一事之義亦未嘗不謹其説之所自。及其斷以己意，雖或超然出於前人意慮之表，而謙讓退託，未嘗敢有輕議前人之心也。嗚呼！如伯恭父者，真可謂有意乎温柔敦厚之教矣。學者以是讀之，則於可群可怨之旨其庶幾乎。雖然，此書所謂朱氏者，實熹少時淺陋之説，而伯恭父誤有取焉。其後歷時既久，自知其説有所未安，如雅、鄭邪正之云者，或不免有所更定，則伯恭父反不能不置疑於其間〔二〕，熹竊惑之。方將相與反復其説，以求真是之歸，而伯恭父已下世矣。嗚呼，伯恭父已矣！若熹之衰頽汩没，其勢又安能復有所進，以獨决此論之是非乎。伯恭父之弟子約既以是書授其兄之友丘侯宗卿，而宗卿將爲板本以傳永久，且以書來，屬熹序之。熹不得辭也，乃略爲之説，因并附其所疑者，以與四方同志之士共之，而又以識予之悲恨云爾。淳熙壬寅九月己卯，新安朱熹序。

校記 〔一〕毛：原缺，據淳熙本補。

〔二〕置：右引作「致」。

編年 據文中所署。

評論 康熙御製文集第三集卷四十三：誦後一段文，須識得古人讀書用心矜慎不苟如此。

周大璋朱子古文讀本卷四吕氏家塾讀詩記後序：一路借賓形主，推美伯恭，語無溢辭。後幅自悔前説之非，而惜伯恭之已逝，不得反復其説，以求真是之歸。蓋以見詩學之難，四方同志者當更精心講析，無爲舊説所蔀也。既不貶抑吕説，亦不過於稱許，方知文公心如太虚。

劉甥瑾字序 淳熙六年前後

古之君子，學以爲己，非求人之知也。故從師親友，以求先王之道，心思口講而躬行之。既自得於己矣，而謙虚晦默，若無有焉。今之人則反是，是以譬之，古之君子，如抱美玉而深藏不市，後之人則以石爲玉，而又衒之也。劉氏甥瑾自其先大父大夫公而予之名矣，將冠，以其父命來求字。予字之曰「懷甫」，告之以古人之意。瑾也勉旃，毋以石爲玉而又衒之也。朱熹仲晦父書。

編年 文云「將冠，以其父命來求字」。是劉瑾將滿二十矣。據文集卷九十一劉氏妹墓誌銘，劉瑾乃朱熹妹之長子。朱熹之妹紹興二十九年二十一歲歸劉氏，若次年生子，則劉瑾年二十當淳熙六年，是時朱熹方在南康任上。據以繫之，即不中不遠也。

評論 周大璋朱子古文讀本卷四劉甥瑾字序：古人務寔，多韜抑自歛，後人浮薄，則矜尚夸耀。即一稱名間，無不如是。毋以石爲玉，而又衒之。志學君子，請三復斯言。

丞相李公奏議後序〔一〕

淳熙十年十月十六日

嗚呼，天之愛人，可謂甚矣！惟其感於人事之變，而迫於氣數屈信消息之不齊，是以天下不能常治常安而或至於亂。然於其亂也，亦未嘗不爲之預出能弭是亂之人以擬其後，蓋將以使夫生民之類不至於糜爛泯滅，靡有孑遺，而爲之君者猶有所恃賴憑依，以保其國。是則古今事變之所同然，而天之所以爲天者，其心固如此也。

嗚呼！若宣和、靖康之變，吾有以知其非天心之所欲，而一時人物，若故丞相隴西公者，其所謂能弭是亂之人非耶？蓋聞政、宣之際，國家之隆盛極矣，而都城一日大水猝至，舉朝相顧，莫有敢以變異爲言。公獨知其必有夷狄兵戎之禍，上疏極言，冀有以消弭於未然者。不幸謫官以去〔二〕，而間不七年，虜騎遂薄都城。公於此時，又方以眇然一介放逐之餘，出負天下山岳萬鈞之重，首陳至策，而徽宗決内禪之計；繼發大論，而欽廟堅城守之心，任公不疑，遂却强虜。然自重圍既解，衆人之心無復遠慮，而争爲割地講和之説，以苟目前之安。公獨以爲不然，而數慨然深陳出師邀擊之可以必勝〔三〕，與其得氣再入之不可以不憂，則讒間蜂起，遠謫遐荒。而不數月間，都城亦失守矣。建炎再造，首登廟堂，慨然以修政事、攘夷狄爲己任，誅僭逆、定經制、寬民力、變士風、通下情、改弊法，招兵買馬，經理財賦，分布要害，繕治城壁，建遣張所撫河北，傅亮收河東，宗澤守京城，西顧關陝，南葺樊鄧，且將益據形便，以爲必守中原、必還二聖之計。然在位纔七十餘日，而又遭讒以去。其在紹興，因事獻言，亦皆畏天恤民、自强自治之意，而深以議和退避爲非策，懇扣反復，以終其身。蓋既薨而諸子集其平生奏草〔四〕，得凡八十卷，其言正大明白，而纖微曲折，究極事情，絶去彫飾，而變化開闔，卓犖奇偉。前後二十餘年，事變不同，而所守一説，如出於立談指顧之間。

今少傅丞相福國陳公序其篇端〔五〕，所以發揮引重，固已盡其美矣。公之孫晉復使熹書其後，以推明之。熹謝不敢〔六〕，而其請愈力，不得辭也。顧嘗論之，以爲使公之言用於宣和之初，則都城必無圍迫之憂；用於靖康，則宗國必無顛覆之禍；用於建炎，則中原必不至於淪陷；用於紹興，則旋軫舊京、汛掃陵廟以復祖宗之宇，而卒報不共戴天之讎，其已久矣。夫豈使王業偏安於江海之澨，而尚貽吾君今日之憂哉！顧乃使之數困於庸夫孺子之口，而不得卒就其志，豈天之愛人有時，而不勝夫氣數之力，抑亦人事之感或深或淺，而其相推相盪，固有以迭爲勝負之勢而至於然歟？嗚呼痛哉！昔蒯通每讀樂毅書，未嘗不廢書而泣。安知異時不有掩卷太息而垂涕於斯者耶！雖然，今天子方總群策以圖恢復之功，使是書也得備清間之燕，而幸有以當上心者焉，則有志之士將不恨其不用於前日，而知天之所以生公者，真非偶然矣。因次其説以附於八十卷之末，使覽者無疑於福公之言云〔七〕。淳熙十年十月丙午既望，宣教郎、直徽猷閣、主管台州崇道觀朱熹謹書。

校記

〔一〕李：淳熙本作「隴西」。

〔二〕「是以天下不能常治」以下右引文字迥異，玆録於後：「然後不得已而降殃咎焉。然是氣之屈於此也，則必有所信於彼；其消於今也，必有所息於後。是以天將降非常之禍於此世，則必爲之預出非常之人以擬之，使夫國家猶有所依以立，而生民之類不至於糜爛泯滅而無餘。是則理勢之必然，而天之所以爲天者，其心固如此也。嗚呼！若故丞相隴西公者，其天之所出以擬宣和、靖康之禍，而開建炎、紹興之業者歟！公以史臣入侍於宣和之初，睹都城暴水之災，而知其必有夷狄兵革之禍，極諫不用。」

〔三〕慨然深：原缺，據右引補。

〔四〕草：宋浙本作「章」。

〔五〕傅、福：淳熙本作「保」、「申」。據文集卷九十六陳俊卿行狀，俊卿加少保在淳熙七年，封申國公在八年。淳熙本尚稱初封，豈作此序時俊卿尚未進封少傅、福國耶？

〔六〕敢：淳熙本作「敏」。

〔七〕福：淳熙本作「申」。

編年　據文中所署。

評論　周大璋朱子古文讀本卷四李丞相奏議後序：隴西公不世偉人，經濟之略，足以旋轉乾坤，忠讜之言，足以感泣風雷。姦佞交訌，主昏不知，抵死不用，讀史者有餘恨焉。文公此序，嗚咽悲號，真若聲與淚並也。

古文雅正卷十三：三代而下，才能大者，諸葛君、李忠定也。宋朝人物，當推吾閩最盛。而忠定者，數百年罕見。朱子作序，激昂感慨，運以大力，是文集中第一健舉文字。朱子好讀南豐文，此篇多長句，醇暢似南豐，而氣魄過之，若合韓、蘇爲一乎。

古文眉詮卷七十七：用冒法起。以人事領氣數，渾舉而含規。（其心固如此也）以上一冒，大含細入。中段分層述事，與篇冒印證。將亂一層，層層與不遂所志煞住。方亂分兩層，是大關節，練句領起。第一次敵至一層，持之於將破一層。南渡又一大關節，亦分兩層。建炎新造一層，紹興獻言一層。叙畢，點奏草。就奏草總束前數層，見結構。後用議論括中幅，以配篇冒，都從言不盡用對面設想，語實意空。從不就所志，環轉天心，運意入化。前以人事領氣數，此以氣數歸人事，皆寓禍由自致之諷。末乃致望今天子追用公言，是時事轉境即文章轉境也，直兜篇首。精神鬱盤，全在首函尾負，包孕中腹叙述。大氣運轉，弟畜子固，兄事退之。

黄氏日抄卷三十五：先生此序，感慨世變，令人於邑，蓋不特爲李公發也。後學所當成誦。

資治通鑑舉要曆後序 淳熙十一年十一月十日

清源郡舊刻温國文正公之書，有文集及資治通鑑舉要曆，皆八十卷。曆篇之首，有紹興參知政事上蔡謝公克家所記，於其删述本指、傳授次第以及宣取投進所以然者甚悉。然其傳布未甚廣，而朝命以其版付學省，則下吏不謹，乃航海而没焉。獨文集僅存，而歷數十年未有能補其亡者。淳熙壬寅，公之曾孫龍圖閣待制伋來領郡事，始至而視諸故府，則文集者亦已漫滅而不可讀矣。乃用家本讎正，移之別板，且將次及舉要之書，而未遑也。一日，過客有以爲言者。龍圖公矍然曰：「吾固已志之矣。」亟命出藏本刻焉。逾年告成，則又以書來語熹曰：「是書之成，不惟區區得以嗣承先志而修此邦故事之闕，抑亦吾子之所樂聞也。其爲我記其後。」

熹竊聞之，資治通鑑之始奏篇也，神宗皇帝實親序之，則既有「博而得要，簡而周事」之褒矣。然公之意，猶懼夫本書之所以提其要者有未切也，於是乎有目録之作，以備檢尋。既又懼夫目之所以周於事者有未盡也，於是乎有是書之作，以見本末。蓋公之所以愛君忠國、稽古陳謨之意，丁寧反復，至于再三而不能已者，尤於此書見之。顧以成之之晚，既未及以聞于上，而黨論繼作，科禁日繁，則又不得以布于下。是以三十餘年之間，學士大夫進而議於朝，退而語於家，皆不克以公書從事。而背道反理之言盈天下，其效至於讒諛得志，上下相蒙，馴致禍亂，有不可忍言者。然後公凡所陳符驗章灼，而其出於煨燼之餘者，乃得進登王府，啓迪天衷，既以助成皇家再造之業，而其摹印誦習，又得以垂法戒於無窮。蓋公之志，於此亦庶幾少伸焉。不幸中間又更放失，以迄于今，乃有聞孫適守兹土，然後復得大傳於世，以永休烈。熹誠樂聞其事，而又竊有感焉，因悉著其説以附書後。後之君子盍亦視其書之顯晦，而考其所以關於時運者爲如何，則公之所爲反復再三而不能自已之心，當有可爲太息而流涕者矣。十有一年冬十有一月乙未日南至〔一〕，新安朱熹敬書。

校記 〔一〕一：原作「二」。按淳熙十一年「南至」在十一月，爲丙戌朔，乙未是十一月十日。十二月丙辰朔，無乙未日。宋浙本亦作「一」。據改。

編年 據文中所署。

評論 周大璋朱子古文讀本卷四資治通鑑舉要曆後序：就舉要一書説出文正一生愛國忠君心事，又就是書不行説出上下相蒙、乾坤易位禍亂，又就此書復傳説出皇家再造，垂休無窮功效。一書晦顯，關於治亂興亡者若此，則公之爲此，豈不憂深而思遠哉！此與隴西奏議後序皆公盱衡國變，噴抒熱血文字。

張南軒文集序 淳熙十一年十二月

孟子没，而義利之説不明於天下。中間董相仲舒、諸葛武侯、兩程先生屢發明之，而世之學者莫之能信，是以其所以自爲者，鮮不溺於人欲之私，而其所以謀人之國家，則亦曰功利焉而已爾。爰自國家南渡以來，乃有丞相魏國張忠獻公唱明大義以斷國論，侍讀南陽胡文定公誦説遺經以開聖學，其託於空言、見於行事，雖若不同，而於孟子之言，董、葛、程氏之意，則皆有所謂千載而一轍者。若近故荆州牧張侯敬夫者，則又忠獻公之嗣子，而胡公季子五峰先生之門人也。自其幼壯，不出家庭而固已得夫忠孝之傳。既又講於五峰之門，以會其歸，則其所以默契於心者，人有所不得而知也。獨其見於論説，則義利之間，毫釐之辨，蓋有出於前哲之所欲言而未及究者。措諸事業，則凡宏綱大用、巨細顯微，莫不洞然於胸次，而無一毫功利之雜。是以論道於家，而四方學者爭鄉往之；入侍經帷，出臨藩屏，則天子亦味其言，嘉其績，且將倚以大用，而敬夫不幸死矣。

敬夫既没，其弟定叟裒其故稿，得四巨編，以授予曰：「先兄不幸蚤世，而其同志之友亦少存者。今欲次其文以行於世，非子之屬而誰可？」予受書愀然，開卷亟讀，不能盡數篇，爲之廢書，太息流涕而言曰：「世復有斯人也耶！無是人而有是書，猶或可以少見其志。然吾友平生之言，蓋不止此也。」因復益爲求訪，得諸四方學者所傳凡數十篇。又發吾篋，出其往還書疏讀之，亦多有可傳者。方將爲之定著繕寫，歸之張氏，則或者已用别本摹印而流傳廣矣。遽取觀之，蓋多嚮所講焉而未定之論。而凡近歲以來談經論事、發明道要之精語，反不與焉。予因慨念敬夫天資甚高，聞道甚蚤，其學之所就既足以名於一世，然察其心，蓋未嘗一日以是而自足也。比年以來，方且窮經會友，日反諸心而驗諸行事之實，蓋有所謂不知年數之不足者，是以其學日新而無窮。其見於言語文字之間，始皆極於高遠，而卒反就於平實。此其淺深疏密之際，後之君子其必有以處之矣。顧以序次之不時，使其説之出於前而棄於後者，猶得以雜乎篇帙之間，而讀者或不能無疑信異同之惑，是則予之罪也已夫。於是乃復亟取前所蒐輯，參伍相校，斷以敬夫晚歲之意，定其書爲四十四卷。嗚呼！使敬夫而不死，則其學之所至、言之所及，又豈予之所得而知哉！敬夫所爲諸經訓義，唯論語説晚嘗更定，今已别行。其他往往未脱稿時，學者私所傳録，敬夫蓋不善也，以故皆不著。其立朝論事及在州郡條奏民間利病，則上意多鄉納之，亦有頗施行者，以故亦不著。獨取其經筵口義一章，附于表奏之後，使敬夫所以堯舜吾君而不愧其父師之傳者，讀者有以識其端云。淳熙甲辰十有二月辛酉，新安朱熹序。

編年 據文中所署。

評論 周大璋朱子古文讀本卷四張南軒文集序：辨析義利，南軒有功聖門不淺。推本父師之傳，以見根原有自，校正文集，必宗晚歲之意。敬夫好學不倦，於此可見。公之愛友，不苟附和，又可知也。著書太早，君子惜之。觀文公中和舊説序、呂氏家塾讀詩記後序及此篇自見。

向薌林文集後序 淳熙十二年二月

張子房五世相韓，韓亡，不愛萬金之産，弟死不葬，爲韓報讎。雖博浪之謀不遂，橫陽之命不延，然卒藉漢滅秦誅項，以攄其憤。然後棄人間事，導引辟穀，託意寓言，將與古之形解銷化者相期於八紘九垓之外，使千載之下聞其風者想象嘆息，不知其心胸面目爲如何人，其志可謂壯哉！陶元亮自以晉世宰輔子孫，耻復屈身後代，自劉裕篡奪勢成，遂不肯仕。雖其功名事業不少概見，而其高情逸想播於聲詩者，後世能言之士皆自以爲莫能及也。蓋古之君子，其於天命民彝、君臣父子、大倫大法之所在惓惓如此，是以大者既立，而後節概之高、語言之妙乃有可得而言者。如其不然，則紀逡、唐林之節非不苦，王維、儲光羲之詩非不修然清遠也，然一失身於新莽、禄山之朝，則其平生之所辛勤而僅得以傳世者，適足爲後人嗤笑之資耳。

愚嘗以是觀於古而驗於今，而於薌林居士向公之書竊有感也。公之世家，自丞相文簡公始以曠度絕識左右真宗，而欽聖憲肅皇后遂以任、姒之德母儀天下。自是以來，慶流宗支，蟬聯赫奕，不可稱數。然逮公之仕，則已當靖康、建炎之際，而國家之變故艱危於是極矣。觀其絕僭叛之音郵而縻其家族，宣霸府之號令而暢其威靈，以至擁羸卒、守孤城以抗强虜百勝之鋒，遏群盜橫流之勢，身皆危於九死，而志不可奪。及紹興初，大臣始決忘讎辱國之計，則又慨然上疏，再三指言其失，無所回避。至於疾病且死，而猶勸上以深念創業之艱難，不可遽以小康而遂忘大計也。此其平生始終大節，豈不凜乎其有子房、元亮之心哉！然二子當時皆不得位，而爲之於不可爲之後，是以大義雖明，而不及有益於人之國。若公乃幸猶得竭股肱之力，以依日月之光，宗社再安，與有勞烈。較其所就，則於二子又有光焉。是以中年乞身，以自放於江湖之上，而學士大夫靡然咸服其高。一觴一詠，悠然若無意於工拙，而其清夷閑曠之姿，魁奇跌宕之氣，雖世之刻意於詩者，不能有以過也。嗚呼！是豈徒以其絕俗離世之難、發興吐詞之工而然哉！蓋必有其本矣。

始公之薨，而五峰先生胡公實狀其行。後十餘年，而端明學士汪公始銘諸幽。其於公之志行本末，則既詳矣。又後二十餘年，而公之季子大夫公乃以公之文集三十卷者屬熹，使爲之序。自惟晚出，輒序公文而又列名二公之次，皆有非其分之所安者。蓋嘗以是辭焉，而弗獲也。因竊叙其心之所感者如此，以附書之左方，後有君子得以考焉。大夫名某，少以公命受學南陽胡文定公之門。今年七十有六，謝事而老於家，亦已十八年矣〔一〕。淳熙十二年春二月甲子，新安朱熹序。

校記　〔一〕十：宋浙本作「七」。

編年　據文中所署。

評論　周大璋朱子古文讀本卷四向薌林文集後序：敘其文，輒推本其大節，蓋文以人重，人不以文重也。古之文人多矣，而貽笑萬世者前後相望，亦大節之不立耳。有向公之大節，而後其文可傳，即無其文，亦未嘗不可傳也。篇中歷敘向公忠義，至於詩文，只以數語帶過，輕重自見。此等議論，韓、蘇集中未多覯也。

謝監廟文集序 淳熙十二年四月十六日

故監西岳廟謝君綽中者，建之政和人也。熹先君子太史公尉政和時，以公事行鄉落間，聞田舍中有誦書聲屬耳。頗異，亟下車，入其舍，則一少年書生方對案危坐，吟諷自若。先君子前揖，問讀何書，生起，對曰：「儀禮也。」是時士方專治王氏學，非三經、字説、日録、老、莊之書不讀，而生之業乃如此，先君子固已奇之。引坐與語，酬應敏給。使出其文，詞氣亦不凡近。問其姓名，則曰謝姓，譽名，綽中字也。先君子大喜，即與俱歸，日授以經史百家之言，而勉其業之所未至。未幾，記誦益廣，文字益工，先君子益嘆重之。遂中紹興二年進士第，調主邵武之泰寧簿。歸領祠官，年四十六以卒，先君子蓋深惜之。君性耿介，與世俗多不合，而居家極孝友。既得官，即盡以先疇奉其兄。娶妻，得田自隨，一旦亦舉而歸之。還自泰寧，自以不能隨俗俯仰，慨然願就閑秩，以便親養。然君之所以自許，與先君子所以期君者，蓋未嘗不以經綸之業爲言也，則其志豈自以爲止於此而已哉。

君没之年，先君子亦棄諸孤。後四十三年，而君之子東卿乃以君之遺文一編過熹於武夷精舍。熹讀其書，得其志，既嘆君之不幸，又念先君子之門人賓客如君者蓋無幾人，今亦無復存者，而熹與東卿又皆伉拙不偶，不能有以成其先人之志，相與太息流涕久之。既而東卿請序其文，遂書其本末如此。君平生爲文甚多，東卿未能讀父書而孤，故其所得止於此。其間又多舛繆脱落，不敢輒改，懼失其真。覽者詳焉可也。淳熙乙巳四月既望，新安朱熹序。

編年　據文中所署。

評論　周大璋朱子古文讀本卷四謝監廟文集序：謝君爲韋齋先生所器重。極寫先世師弟之情，嗚咽於邑，愴然於懷。屢提先君子，情自可見。

贈周道士序　淳熙十二年十月

清江道士周君抱琴來訪，屬余有功衰之戚，不得聽其抑按。然視其貌，接其言，知其所志有深於是者。豈歐陽子所謂理身如理琴，正聲不可干以邪者耶？於其行，書此贈之。君還江西，有問余者，以此示之。淳熙乙巳十月甲寅，晦翁書。

編年　據文中所署。

金華潘公文集序

淳熙十三年三月一日

天地之化，包括無外，運行無窮，然其所以爲實，不越乎一陰一陽兩端而已。其動靜屈伸、往來闔闢、升降浮沉之性，雖未嘗一日不相反，然亦不可以一日而相無也。聖人作易以通神明之德，類萬物之情，其所以爲説者，亦若是焉耳矣。然及其推之人事而擬諸形容，則常以陽爲君子，而引翼扶將〔一〕，惟恐其不盛；陰爲小人，而排擯抑黜，惟恐其不衰。何哉？蓋陽之德剛，陰之德柔。剛者常公而柔者常私，剛者常明而柔者常闇，剛者未嘗不正而柔者未嘗不邪，剛者未嘗不大而柔者未嘗不小。公明正大之人用於世，則天下蒙其福；私暗邪僻之人得其志，則天下受其禍。此理之必然也。且非獨於易之説爲然，蓋凡自古聖賢之言，雜出於傳記者，亦未有不好剛而惡柔者。若夫子所謂剛毅近仁，而又嘗深以未見剛者爲嘆。及乎或人之對，則又直以有欲病棖也之不得爲剛，蓋專以是爲君子之德也。

嗚呼！若故中書舍人金華潘公者，其真孔子所謂未見者哉！熹雖不幸而不及掃洒其門，然讀其書，而猶喜於有以得其所存之仿佛也。蓋公自宣和初爲博士，則已不肯託昏富貴之家，而獨嘗論斥大臣蒙蔽之奸矣。及爲館職，又不肯游蔡京父子間；使淮南，又不肯與中官同燕席。靖康召對，因論時宰何㮚、唐恪不可用，恐誤國事，以是謫去，曾不旋踵而言果驗。建炎初，召爲右司諫，首論亂臣逆黨當用重典，以正邦法，壯國威。且及當時用事者奸邪之狀，大爲汪、黃所忌，書奏三日而左遷以去。其言雖不大傳，然劉觀所草責詞，直以揣摩詆訾爲罪，則其事固可知已。紹興入爲都司，又忤時相以歸。復爲左史，一日直前奏曰：「先王之所以致治者，以其合於大公至正之道。比年之所以致亂者，以其反此而已。陛下今日誠宜仰思祖宗創業之難，二帝蒙塵之久，俯念生靈塗炭之苦，土地侵削之多，夙寤晨興，不敢少置。每行一事，必先念此，然後發之。務以合於所謂大公至正之道，而勿以一毫私意曲徇人情，則天下庶有休息之期矣。」服喪還朝，又以廷叱奏事官而忤旨以去。自是之後，秦檜擅朝，則公遂廢於家而不復起矣。

然公平生廉介自將，自少至老，出入三朝，而前後在官不過八百六十餘日，所居僅庇風雨，郭外無尺寸之田。經界法行，獨以丘墓之寄，輸帛數尺而已。其清苦貧約，蓋有人所不堪者，而處之超然，未嘗少屈於檜。其子熺暴起鼎貴，勢傾内外，亦未嘗與通問也。常誦君子三戒之言，而深以在得之規痛自儆飭。至於造次之間〔二〕，一言一行，凡所以接朋友、教子弟，亦未嘗不以孝弟忠敬、節儉正直、防微謹獨之意爲本。其讀書磨鏡之喻，切中學者之病，當世蓋多傳之。而所論汲長孺、蓋寬饒之爲人，尤足以見其志之所存也。嗚呼！若公之清明直諒，確然亡欲，其真可謂剛毅而近仁矣！夫以三代之時，聖人之世，而夫子已嘆剛者之不可見。況於百世之下，幸有如公者焉，而不得少伸其志以没。其條奏草稿有補於時，可爲後法者，又以公自焚削而不復存。其平生之言頗可見者，獨有賦、詠、筆札之餘，數十百篇而已。後之君子蓋將由此以論公之世，其可使之没没無傳而遂已乎。公之兄子、今廣州使君時謂熹盍序其書而傳之，熹不敢當，而亦不得辭也，於是三復其書而剟其梗概，附于書首，以告觀者。且將時出而伏讀之，以自厲焉。公諱某，字義榮，一字子賤，自號默成居士，集凡十有五卷。廣州字德鄘，少學於公，植志行身，甚有家法。數爲郡守、部使者，愛民戢奸，不憚大吏，所至皆有風績云。淳熙丙午春三月己卯朔旦，具位新安朱熹謹序。

編年　據文中所署。

校記　〔一〕將：原作「奬」，據宋閩、浙本改。

〔二〕至：原作「生」，據宋浙本改。

易學啓蒙序淳熙十三年三月十六日

聖人觀象以畫卦，揲蓍以命爻，使天下後世之人皆有以决嫌疑、定猶豫而不迷於吉凶悔吝之塗，其功可謂盛矣。然其爲卦也，自本而幹，自幹而支，其勢若有所迫而自不能已。其爲蓍也，分合進退，縱横順逆，亦無往而不相值焉。是豈聖人心思智慮之所得爲也哉？特氣數之自然形於法象、見於圖書者，有以啓於其心而假手焉耳。近世學者類喜談易而不察乎此，其專於文義者，既支離散漫而無所根著；其涉於象數者，又皆牽合傅會，而或以爲出於聖人心思智慮之所爲也。若是者，予竊病焉，因與同志頗輯舊聞，爲書四篇，以示初學，使毋疑於其説云。淳熙丙午暮春既望，雲臺真逸手記。

編年 據文中所署。

評論 周大璋朱子古文讀本卷四易學啓蒙序：啓蒙一書，發明天地自然之理，以正支離傅會兩家之失，簡易質實，了然心目之間。讀易者當知此意。

律呂新書序淳熙十四年正月一日

古樂之亡久矣，然秦漢之間，去周未遠，其器與聲猶有存者。故其道雖不行於當世，而其爲法猶未容有異論也。逮于東漢之末，以接西晉之初，則已寖多説矣。歷魏、周、齊、隋、唐、五季，論者愈多而法愈不定。爰及我朝，功成治定，理宜有作。建隆、皇祐、元豐之間，蓋亦三致意焉，而和、胡、阮、李、范、馬、劉、楊諸賢之議，終不能以相一也。而况於崇、宣之季，奸諛之會，黥涅之餘，而能有以語夫天地之和哉！丁未南狩，今六十年，神人之憤，猶有未攄。是固不遑於稽古禮文之事。然學士大夫因仍簡陋，遂無復以鍾律爲意者，則已甚矣。

吾友建陽蔡君元定季通，當此之時，乃獨心好其説而力求之，旁搜遠取，巨細不捐，積之累年，乃若冥契。著書兩卷，凡若干言。予嘗得而讀之，愛其明白而淵深，縝密而通暢，不爲牽合傅會之談，而横斜曲直，如珠之不出於盤。其言雖多出於近世之所未講，而實無一字不本於古人已試之成法。蓋若黄鍾圍徑之數，則漢斛之積分可考。寸以九分爲法，則淮南、太史、小司馬之説可推。五聲二變之數，變律半聲之例，則杜氏之通典具焉。變宫、變徵之不得爲調，則孔氏之禮疏因亦可見。至於先求聲氣之元，而因律以生尺，則尤所謂卓然者，而亦班班雜見於兩漢之志、蔡邕之説，與夫國朝會要以及程子、張子之言。顧讀者不深考其間，雖或有得於此者，而又不能無失於彼，是以晦蝕紛拏，無復定論。大抵不拘攣於習熟見聞之近，即肆其胸臆，妄爲穿穴而無所據依。季通乃能奮其獨見，超然遠覽，爬梳剔抉，參互考尋，用其平生之力，以至於一旦豁然而融會貫通焉，斯亦可謂勤矣。及其著論，則又能推原本根，比次條理，管括機要，闡究精微，不爲浮詞濫説以汩亂於其間，亦庶幾乎得書之體者。

予謂國家行且平定中原，以開中天之運，必將審音協律，以諧神人。當此之時，受詔典領之臣能得此書而奏之，則東京郊廟之樂將不待公孫述之瞽師而後備，而參摹四分之書，亦無待乎後世之子雲而後知好之矣。抑季通之爲此書，詞約理明，初非難讀。而讀之者往往未及終篇，輒已欠伸思睡，固無由了其歸趣。獨以予之頑鈍不敏，乃能熟復數過，而僅得指意之仿佛。季通以是亦許予爲能知己志者，故屬予以序引，而予不得辭焉。季通更欲均調節奏，被之筦弦，別爲樂書，以究其業，而又以其餘力發揮武侯六十四陣之圖，緒正邵氏皇極經世之歷，以大備乎一家之言，其用意亦健矣。予雖老病，儻及見之，則亦豈非千古之一快也哉！淳熙丁未正月朔旦，新安朱熹序。

編年　據文中所署。

評論　周大璋朱子古文讀本卷四律呂新書序：漢唐以來，言樂律者多矣。不拘攣於習熟見聞之迹，即肆其胸臆，妄爲穿穴而無所依據。元定精思冥契，奮其獨見，無一不與古法相表裏，此新書所以可傳也。篇中致爲嘆賞，其傾倒此書也至矣。

小學題辭 淳熙十三年

元、亨、利、貞，天道之常；仁、義、禮、智，人性之綱。凡此厥初，無有不善。藹然四端，隨感而見。愛親敬兄，忠君弟長，是曰秉彝，有順無强。惟聖性者，浩浩其天，不加毫末，萬善足焉。衆人蚩蚩，物欲交蔽，乃頽其綱，安此暴棄。惟聖斯則，建學立師，以培其根，以達其枝。小學之方，洒掃應對，入孝出弟，動罔或悖。行有餘力，誦詩讀書，詠歌舞蹈，思罔或逾。窮理修身，斯學之大。明命赫然，罔有内外。德崇業廣，乃復其初。昔非不足，今豈有餘？世遠人亡，經殘教弛。蒙養弗端，長益浮靡。鄉無善俗，世乏良材。利欲紛拏，異言喧豗。幸兹秉彝，極天罔墜。爰輯舊聞，庶覺來裔。嗟嗟小子，敬受此書。匪我言耄，惟聖之謨。

編年 據年譜長編。

題小學 淳熙十三年

古者小學教人以灑掃應對進退之節，愛親敬長、隆師親友之道，皆所以爲修身、齊家、治國、平天下之本。而必使其講而習之於幼稚之時，欲其習與知長，化與心成，而無扞格不勝之患也。今其全書雖不可見，而雜出於傳記者亦多。讀者往往直以古今異宜而莫之行，殊不知其無古今之異者，固未始不可行也。今頗蒐輯，以爲此書，受之童蒙，資其講習，庶幾有補於風化之萬一云爾。

編年 據年譜長編。

大學章句序 淳熙十六年二月

大學之書，古之大學所以教人之法也。蓋自天降生民，則既莫不與之以仁、義、禮、智之性矣。然其氣質之禀或不能齊，是以不能皆有以知其性之所有而全之也。一有聰明睿智、能盡其性者出於其間，則天必命之，以爲億兆之君師，使之治而教之，以復其性。此伏羲、神農、黄帝、堯、舜所以繼天立極，而司徒之職、典樂之官所由設也。三代之隆，其法浸備，然後王宫、國都以及閭巷，莫不有學。人生八歲，則自王公以下至於庶人之子弟〔一〕，皆入小學，而教之以灑掃應對進退之節，禮、樂、射、御、書、數之文。及其十有五年，則自天子之元子、衆子，以至公卿大夫元士之適子〔二〕，與凡民之俊秀，皆入大學，而教之以窮理正心、修己治人之道。此又學校之教、大小之節所以分也。夫以學校之設，其廣如此，教之之術，其次第節目之詳又如此，而其所以爲教，則又皆本之人君躬行心得之餘，不待求之民生日用彝倫之外，是以當世之人無不學；其學焉者，無不有以知其性分之所固有、職分之所當爲，而各俛焉以盡其力。此古昔盛時所以治隆於上、俗美於下，而非後世之所能及也。

及周之衰，賢聖之君不作，學校之政不修，教化陵夷，風俗頹敗。時則有若孔子之聖，而不得君師之位以行其政教，於是獨取先王之法，誦而傳之，以詔後世。若曲禮、少儀、内則、弟子職諸篇，固小學之支流餘裔。而此篇者，則因小學之成功，以著大學之明法，外有以極其規模之大，而内有以盡其節目之詳者也。三千之徒，蓋莫不聞其説，而曾氏之傳獨得其宗，於是作爲傳義，以發其意。及孟子没，而其傳泯焉，則其書雖存，而知者鮮矣。自是以來，俗儒記誦詞章之習，其功倍於小學而無用；異端虚無寂滅之教，其高過於大學而無實。其他權謀術數，一切以就功名之説，與夫百家衆技之流，所以惑世誣民、充塞仁義者，又紛然雜出乎其間，使其君子不幸而不得聞大道之要，其小人不幸而不得蒙至治之澤，晦盲否塞，反覆沈痼，以及五季之衰，而壞亂極矣。天運循環，無往不復。宋德隆盛，治教休明，於是河南程氏兩夫子出，而有以接乎孟氏之傳，實始尊信此篇而表章之。既又爲之次其簡編，發其歸趣，然後古者大學教人之法、聖經賢傳之指，粲然復明於世。雖以熹之不敏，亦幸私淑而與有聞焉。顧其爲書，猶頗放失，是以忘其固陋，采而輯之。間亦竊附己意，補其闕略，以俟後之君子。極知僭逾，無所逃罪。然於國家化民成俗之意，學者修己治人之方，則未必無小補云。淳熙己酉二月甲子，新安朱熹序。

校記　〔一〕王公：淳熙本作「天之元子」。

〔二〕「自天子之元子」以下右引作「命貴者之胄子」。

編年　據文中所署。

評論　潘潢晦庵先生朱文公文集跋：潢故習朱氏易、詩、四書，想見其爲人。比涉是編，始得公所爲融會折衷、深造大成者，審在沉潛反覆、積累有年之後，而師友淵源、經綸本末、始終條理燦然詳明，尤足以發揮本義、集注、語録曲折，上探聖賢之緼。雖公於文所好不存，潢以世傳大學序、白鹿洞賦草暨答吕伯恭論洞記等徵之，當時思繹之熟，改定之精，凡未可以言語文字求之也。獨慨公老慶元間，學禁方厲，片詞隻字所在毁棄。每讀請詹帥罷鋟梓書，未嘗不掩卷太息，惡小人之罔極。

康熙御製文集第三集卷四十三：立言必綜其要，能令千載之下，曠若發矇。

周大璋朱子古文讀本卷四大學章句序：歷序學術正變源流，讀之可知爲學之方。大學是諸經書第一義，此序又是大學第一義。

義門讀書記卷四十二：（曾鞏筠州學記）元元本本之論。子朱子大學章句序亦采其意用之。

古文雅正卷十三：上下數千百年，治術學術，擇焉精，語焉詳，句句從心得上體勘流露而出，曾、王學記未免外鑠也。叙孟子没後一段，鬱爲熱血，發爲婆心，每讀至此，未嘗不聲入九霄，思通八表。

中庸章句序 淳熙十六年三月

中庸何爲而作也？子思子憂道學之失其傳而作也。蓋自上古聖神繼天立極，而道統之傳有自來矣。其見於經，則「允執厥中」者，堯之所以授舜也。「人心惟危，道心惟微，惟精惟一，允執厥中」者，舜之所以授禹也。堯之一言，至矣盡矣，而舜復益之以三言者，則所以明夫堯之一言，必如是而後可庶幾也。蓋嘗論之，心之虛靈知覺，一而已矣。而以爲有人心、道心之異者，則以其或生於形氣之私，或原於性命之正，而所以爲知覺者不同，是以或危殆而不安，或微妙而難見耳。然人莫不有是形，故雖上智不能無人心；亦莫不有是性，故雖下愚不能無道心。二者雜於方寸之間，而不知所以治之，則危者愈危，微者愈微，而天理之公，卒無以勝夫人欲之私矣。精則察夫二者之間而不雜也，一則守其本心之正而不離也。從事於斯，無少間斷，必使道心常爲一身之主，而人心每聽命焉，則危者安、微者著，而動静云爲自無過不及之差矣。夫堯、舜、禹，天下之大聖也；以天下相傳，天下之大事也。以天下之大聖，行天下之大事，而其授受之際，丁寧告戒，不過如此，則天下之理豈有以加於此哉。自是以來，聖聖相承，若成湯、文、武之爲君，皋陶、伊、傅、周、召之爲臣，既皆以此而接夫道統之傳。若吾夫子，則雖不得其位，而所以繼往聖、開來學，其功反有賢於堯、舜者。然當是時，見而知之者，惟顔氏、曾氏之傳得其宗。及曾氏之再傳，而復得夫子之孫子思，則去聖遠而異端起矣。子思懼夫愈久而愈失其真也，於是推本堯、舜以來相傳之意，質以平日所聞父師之言，更互演繹，作爲此書，以詔後之學者。蓋其憂之也深，故其言之也切；其慮之也遠，故其説之也詳。其曰天命率性，則道心之謂也；其曰擇善固執，則精一之謂也；其曰君子時中，則執中之謂也。世之相後，千有餘年，而其言之不異，如合符節。歷選前聖之書，所以提挈綱維、開示藴奥，未有若是其明且盡者也。自是而又再傳，以得孟氏，爲能推明是書，以承先聖之統。及其没，而遂失其傳焉。則吾道之所寄，不越乎言語文字之間，而異端之説日新月盛，以至於老佛之徒出，則彌近理而大亂真矣。然而尚幸此書之不泯，故程夫子兄弟者出，得有所考，以續夫千載不傳之緒；得有所據，以斥夫二家似是之非。蓋子思之功，於是爲大，而微程夫子，則亦莫能因其説而得其心也。惜乎其所以爲説者不傳，而凡石氏之所輯録，僅出於其門人之所記，是以大義雖明而微言未析。至其門人所自爲説，則雖頗詳盡而多所發明，然倍其師説而淫於老佛者，亦有之矣。

熹自蚤歲，即嘗受讀而竊疑之，沉潛反復，蓋亦有年。一旦恍然似有以得其要領者，然後乃敢會衆説而折其中。既爲定著章句一篇，以俟後之君子，而一二同志復取石氏書，删其繁亂，名以輯略，且記所嘗論辨取舍之意，别爲或問，以附其後。然後此書之旨，支分節解，脉絡貫通，詳略相因，巨細畢舉。而凡諸説之同異得失，亦得以曲暢旁通而各極其趣。雖於道統之傳不敢妄議，然初學之士或有取焉，則亦庶乎行遠升高之一助云爾。淳熙己酉春三月戊申，新安朱熹序。

編年　據文中所署。

評論　劉洪謨叙朱子文集大全：論其所幼讀而熟記者，無如中庸章句一序。前半篇所云道心爲主，人心聽命，所以嚴天理人欲之防者，意極剴切，詞極簡明，蓋經筵講義也。朱子一生精力畢萃之此，古今學問要領不能逾此。

康熙御製文集第三集卷四十三：此書最朱子所盡心，一序溯原竟委，大指已自囊括。

周大璋朱子古文讀本卷四中庸章句序：歷敘道統相傳，末寓自任之意。執中是聖賢命脉，虞廷傳心要典只此數語。中庸一書，其註腳也。引虞書説入，正見精一擇執，先聖後聖心源契合處。從事中庸者，舍此別無下手。

古文雅正卷十三：朱子明道之書，此篇最爲明盡。取虞廷之授受，證以孔門之微言，下及學統之絕續。有志之士，心繹而身體之，源頭既徹，入手有階，俗學雜學，邪念妄念，一齊剗盡矣。

李存誠更名序 紹熙元年二月十八日

李君棐忱相見於政和，余問其名上字之義，則曰先儒之訓以爲輔也。余謂不然，古字多假借，「棐」蓋與「匪」通用。顔監之釋班史，有是言矣。余嘗以是考之，凡書之言「棐」者，皆當爲「匪」，其義乃通。李君曰：「然則以匪忱爲名，愚之所不安也，請有以易之。」余曰：「去匪而存忱可已。」李君曰：「諾。」乃書以遺之，而字之曰「存誠」云。紹熙元年二月十八日，朱熹仲晦父書。

編年　據文中所署。

雲龕李公文集序 紹熙元年十一月

士君子所以立於斯世者，不難於文，而難於實；不難於小，而難於大，此愚所以每竊有感於參知政事隴西文敏李公之文，而病世之所以知公者殊淺也。蓋自我宋之興，百有餘年，累聖相承，專以文治，而其盛極於崇、觀、政、宣之間。一時學士大夫執簡秉筆，争以文字相高。其所以歌詠泰平、藻飾治具者，雜然并出，如金石互奏，宫徵相宣，未有能優劣之者。而李公以傑出之材雍容其間，發大詔令，草大牋奏，富贍雄特，精能華妙，愈出而愈無窮，直將闘衆俊之口而奪之氣，斯已奇矣。然使公之所立，獨恃此而無其實，或徒規規然務爲小廉曲謹以投世俗之耳目，而其大者無稱焉，則亦何足以名於一世而垂無窮哉。而公扈蹕臨安，適遭己酉三月五日之變，當是之時，一旦猝然事出非意，群公愕眙，不知所以爲策。公獨挺身赴難，神采毅然，逆折凶渠，喻以大義。退而陰贊宰府，爲所以離貳逆黨、尊復明辟之計者甚悉。是以平賊之功雖由外濟，而高宗皇帝察公之忠，首擢以爲尚書左丞，而又賜之手札，至有「萬衆動色，具臣靦顔」之語。嗚呼！天地之間，理義之實，孰有大於君臣之際者？而公於是乃能竭其股肱之力以有成功，是其所立，豈獨以其文而已哉。然公功成不居，退而老於江海之上，杜門終日，絶口不道前事。雖所以告其子弟者，亦常欿然退託，如有不足之意。是以世之君子鮮或知之，其所可考而必信者，獨賴聖謨神翰，炳若日星，是以天下之公論，至於久而後定耳。以是觀之，則世之獨以文字知公者，豈非淺哉！

頃年，公孫故建康通守誼嘗以公之遺文屬熹爲序，熹以不文，謹謝不敢。今年，通守之弟齊安史君訦又以爲請，且曰：「訦之請非有他，獨願得一言，以發明公之大節，使後世之知公者，不獨以其文而已爾。」熹於是乃敢拜受其書而三復焉，因竊論其所感者如此，以附篇後。蓋公嘗受學於其世父右史樂静先生，而樂静之學又得之高郵孫中丞、眉山蘇承旨，其丁寧付授之意，今略見公所撰樂静文集後語中，有本者固如是也。紹熙元年冬十有一月某日，具位朱熹序。

編年 據文中所署。

評論 周大璋朱子古文讀本卷四雲龕李公文集序：高宗復辟，是南宋安危大關頭。文敏幹濟時艱，實行大節，卓然不朽，而深自斂抑，世莫之知，尤見古大臣風義。序其文而特著此，此亦微顯闡幽意也。

豐清敏遺事後序 紹熙二年四月一日

仲尼亟稱於水曰「水哉，水哉」，其詞約而旨微矣。而孟子論其所取之意，乃直以「原泉混混，不舍晝夜，盈科而後進，放乎四海」者言之，非其深造默識，有以得乎聖人之心，孰能知其所説之如此？而有志之士欲有爲於此世者，又豈可以不察乎此而先立其本哉？然自聖賢既遠，道學不明，士大夫不知用心於内以立其本，而徒恃其意氣才力之盛以能有爲於世者，蓋亦多矣。彼其見聞之博，詞令之美，論議之韙，節概之高，一時之間，從其外而觀之，豈不誠有以過人者？然探其中而責其實，要其久而待其歸，求其充然有以慰滿於人心，而無一瑕之可指者，則什百之中，未見其可以一二數也。

嗚呼！若禮部尚書縉雲清敏公者，其真所謂有本者歟！觀其平居暇日所以治心養氣而修諸身者，蓋天下之物無足以累其志。是以爲子則孝，爲吏則廉。進而立乎本朝，則上自宗廟以及人主之身，内自禁掖近幸之私，而外及乎朝廷卿相之重，知無不言，言無不盡。蓋有當時法家拂士所爲低回遷就，而詭詞以幸濟者，公獨正色誦言，無少顧避。退未嘗以語乎家，而其計慮之明、諫説之切，所以不諧於時而卒驗於後者，乃反因深文巧詆之筆而後顯。及其出而賦政乎外，退處乎鄉，以至流放轉徙於荒寒寂寞之濱，而遂奄然以没其世，則其所以處乎巨細顯微之間者，又皆清明純潔，而無一毫之歉。是非所謂原泉混混而放乎四海者耶？孔子之嘆，孟氏之言，於是而益見其不我欺矣。

熹愚不肖，生長窮鄉，聞公之名而鄉往之久矣，獨恨未能盡得其行事之本末。前年，公之曾孫中散大夫某持節南來，亟往請焉。大夫公乃出是書〔一〕，而遂以其序見屬。熹不得辭也，因次是説，以附于章貢李公跋語之後。雖於公之懿德馴行、剛毅大節無能有所發明，然使讀公之書而仰高山、行景行者，知循其本而用力焉，則亦世道人材之一助，而非獨爲豐氏之私也。大夫公清苦廉直，勤事愛民，屢爲刺史二千石，入居郎省，皆有顯聞。然多不得久於其官，蓋有公之風烈云。紹熙二年夏四月戊寅朔，朝散郎、直寶文閣、權發遣漳州軍州事朱熹序。

校記 〔一〕乃：原缺，據宋浙本補。

編年 據文中所署。

評論 周大璋朱子古文讀本卷四豐清敏遺事後序：豐公學有原本，出處大節與俗輩不同。敘其書，想見其人，景仰前賢，正以指示來學也。文公日以有本之學教人，故流連不置如此。

孫稽仲文集序 紹熙四年七月十六日

蘇臺孫侯稽仲示予以其所爲文，曰谷橋愚稿者十巨編。曰：「予之用力於此深矣，子其爲我評之。」熹不能文，不知所以贊也。然嘗讀稽仲兵要之書矣，觀其述作之體，不爲文字之空言，而必要於實用，此其志豈獨求以文鳴於世而已哉。今得此編而讀之，則其律令之嚴、關鍵之密，又若未能無意於文者。然其不爲空言，而必求有以發於物色事情之實，則猶兵要也。意翻空而易奇，文徵實而難工，昔之用力於文者，蓋已病之。是以谷橋之篇驟而讀之，初若艱深嚴苦而不諧於俚耳，至其合處，則又從容閑暇、流暢發越，若律吕之相和，雌雄之相應。此其用力之淺深，世當有能識之者，不待予言而後信也。至於談經之趣，足以見其文之所以爲本；論事之章，足以見其學之所以爲用，又皆明白磊落，間見層出於其間。嗚呼，是亦富矣！異時有志之士蓋必將有考焉，又不當專以文章利病而言也。紹熙癸丑七月既望，新安朱熹書。

編年 據文中所署。

武夷圖序 慶元元年乙卯中秋

武夷君之名，著自漢世，祀以乾魚，不知果何神也。今建寧府崇安縣南二十餘里有山名武夷，相傳即神所宅。峰巒巖壑，秀拔奇偉，清溪九曲，流出其間。兩崖絕壁人迹所不到處，往往有枯查插石罅間，以皮舟船棺柩之屬。柩中遺骸，外列陶器，尚皆未壞。頗疑前世道阻未通，川壅未決時，夷落所居，而漢祀者即其君長。蓋亦避世之士，生爲衆所臣服，没而傳以爲仙也。今山之群峰最高且正者，猶以「大王」爲號。半頂有小丘焉，豈即君之居耶？然舊記相傳，詭妄不經，不足考信。故有版圖，迫迮湮漫，亦難辨識。今冲佑羽人高君文舉始復更定此本，於其鄉俏隱顯之間，爲能有以盡發其秘。且屬隱屏精舍仁智堂主爲題其首，以祛舊傳之惑云。

編年 題下原署「乙卯中秋」。

評論 周大璋朱子古文讀本卷四武夷圖序：祛惑二字，一篇大旨。前路筆筆傳疑，不使一實語，都爲後伏脉。古峭遒勁，絕類西京。

韓文考異序 慶元三年

南安韓文出莆田方氏，近世號爲佳本。予讀之信然，然猶恨其不盡載諸本同異，而多折衷於三本也。原三本之見信，杭、蜀以舊，閣以官，其信之也則宜。然如歐陽公之言，韓文印本初未必誤，多爲校讎者妄改。亦謂如羅池碑改「步」爲「涉」、田氏廟改「天明」爲「王明」之類耳。觀其自言爲兒童時得蜀本韓文於隨州李氏，計其歲月，當在天禧中年，且其書已故弊脱略，則其摹印之日，與祥符杭本蓋未知其孰先孰後，而嘉祐蜀本又其子孫明矣。然而猶曰「三十年間，聞人有善本者，必求而改正之」，則固未嘗必以舊本爲是而悉從之也。至於秘閣官書，則亦民間所獻，掌故令史所抄，而一時館職所校耳。其所傳者，豈真作者之手稿，而是正之者，豈盡劉向、揚雄之倫哉？讀者正當擇其文理意義之善者而從之，不當但以地望形勢爲重輕也。抑韓子之爲文，雖以力去陳言爲務，而又必以文從字順、各識其職爲貴。讀者或未得此權度，則其文理意義正自有未易言者。是以予於此書，姑考諸本之同異而兼存之，以待覽者之自擇。區區妄意雖或竊有所疑，而不敢偏有所廢也。

編年　據年譜長編。

書韓文考異前　慶元三年

此集今世本多不同，惟近歲南安軍所刊方氏校定本號爲精善。别有舉正十卷，論其所以去取之意，又他本之所無也。然其去取以祥符杭本、嘉祐蜀本及李、謝所據館閣本爲定，而尤尊館閣本，雖有謬誤，往往曲從，他本雖善，亦棄不録。至於舉正，則又例多而辭寡，覽者或頗不能曉知。故今輒因其書更爲校定，悉考衆本之同異，而一以文勢義理及他書之可驗者决之。苟是矣，則雖民間近出小本不敢違；有所未安，則雖官本、古本、石本不敢信。又各詳著其所以然者，以爲考異十卷，庶幾去取之未善者，覽者得以參伍而筆削焉。

編年　據年譜長編。

林貫之字序慶元五年夏

莆田林井伯之子小字轉翁，問以謂余，請有以易之。余曰：「日月山川隱疾之外，何適而非名？唯毋曰翁者，以去自尊之嫌，斯可已。」乃請井伯姑仍上字，而字以「貫之」，且告之曰：「車之所以轉者，輪也。輪之所以轉者，牙之圜也。牙之所以轉者，輻之直而菑於轂也。轂之所以轉者，内空以貫乎軸，而外能使輻以指牙也。然自轂之外，雖能轉物，而未免自轉於物。唯軸則承軫載物以貫夫轂，而未嘗有所動焉。是以不轉於物，而物之可轉者，皆唯我之所轉而莫能違也。嗚呼！人之爲學，至於有以自立其心而不爲物之所轉，則其日用之間所以貫夫事物之中者，豈富貴所能淫，貧賤所能移，威武所能屈哉。」井伯家傳奥學，所以教其子者固宜熟於此矣，貫之其必以余言爲不謬云。

編年 據年譜長編。

評論 周大璋朱子古文讀本卷四林貫之字序：有以自立，則能轉物而不爲物轉，中有以貫之也。精言妙理，開人無窮，神智長人，無限學力。河東贈楊誨之、老泉名二子説與此參看。

黄子厚詩序慶元五年七月

余年十五六時，與子厚相遇於屏山劉氏之齋館，俱事病翁先生。子厚少余一歲，讀書爲文，略相上下，猶或有時從余切磋，以進其所不及。後三四年，余猶故也，而子厚一旦忽踴躍驟進，若不可以尋尺計。出語落筆，輒驚坐人。余固嘆其超然不可追逐，而流輩中亦鮮有能及之者。自爾二十餘年，子厚之詩文日益工，琴書日益妙，而余日益昏惰，乃不能及常人。亦且自念其所曠闕，又有急於此者，因遂絶意，一以頑鄙自安，固不暇復與子厚度長絜大於文字間矣。既而子厚一再徙家崇安、浦城，會聚稍希闊。然每得其詩文筆札，必爲之把玩賞嘆，移日不能去手。蓋子厚之文學太史公，其詩學屈、宋、曹、劉而下及於韋應物，視柳子厚，猶以爲雜用今體不好也。其隸古尤得魏晋以前筆意，大抵氣韻豪爽而趣味幽潔，蕭然無一點世俗氣。中年不得志於場屋，遂發憤謝去，杜門讀書，清坐竟日。間輒曳杖行吟田野間，望山臨水以自適。其於騷詞，能以楚聲古韻爲之節奏，抑揚高下，俛仰疾徐之間，凌厲頓挫，幽眇回鬱，聞者爲之感激慨嘆，或至泣下。由是其詩日以高古，遂與世亢，至不復可以示人。或者得之，亦不省其爲何等語也。獨余猶以舊習未忘之故，頗能識其用意深處，蓋未嘗不三復而深悲之，以爲子厚豈真坐此以窮，然亦不意其遂窮以死也。

衰莫疾痛，餘日幾何？而交舊零落，無復可與語此者。方將訪其遺稿，櫝而藏之，以爲後世必有能好之者，而一日三山許閎生來訪，袖出子厚手書所爲詩若干篇，别抄又若干篇以示余。其間蓋又有余所未見者，然後益知子厚晚歲之詩，其變化開闔、恍惚微妙，又不止余昔日之所知也。爲之執卷流涕，而識其後如此。子厚名銖，姓黄氏，世家建之甌寧。中徙潁昌且再世，母孫讀書能文，昆弟皆有異材，而子厚所立卓然，尤足以自表見。顧乃不遇而阨窮以死，是可悲也。許生嘗學詩於子厚，得其户牖，收拾遺文，其多乃至於此，拳拳綴緝，師死而不忍倍之，是又可嘉也已。慶元己未七月壬子，雲谷老人書。

編年 據文中所署。

評論 周大璋朱子古文讀本卷四黄子厚詩序：子厚長於爲詩，而阨窮以死，此文公最痛心處。從兩人共學説起，處處以己陪襯，極力推尊，有無限悲楚在言下。讀此等文，可見交情之厚。表章其詩，就他根柢處説，尤爲立言有體。

黄氏日抄卷三十五：子厚名銖，少先生一歲，同事屏山劉病翁。所工詩文琴書，以窮死。其徒三山許閎哀其所作。先生極言其變化開闔，恍惚微妙，其形容委折變態處，三嘆有遺音矣。宜玩味之。

楚辭後語目録序 慶元五年

右楚辭後語目録，以鼂氏所集録續、變二書刊補定著，凡五十二篇。鼂氏之爲此書，固主於辭，而亦不得不兼於義。今因其舊，則其考於辭也宜益精，而擇於義也當益嚴矣。此余之所以兢兢而不得不致其謹也。蓋屈子者，窮而呼天、疾痛而呼父母之詞也，故今所欲取而使繼之者，必其出於幽憂窮蹙、怨慕凄凉之意，乃爲得其餘韻。而宏衍鉅麗之觀，歡愉快適之語，宜不得而與焉。至論其等，則又必以無心而冥會者爲貴。其或有是，則雖遠且賤，猶將汲而進之。一有意於求似，則雖迫真如楊柳，亦不得已而取之耳。若其義，則首篇所著荀卿子之言，指意深切，詞調鏗鏘。君人者誠能使人朝夕諷誦，不離於其側，如衛武公之抑戒，則所以入耳而著心者，豈但廣厦細旃、明師勸誦之益而已哉。此固余之所爲眷眷而不能忘者。若高唐、神女、李姬、洛神之屬，其詞若不可廢，而皆棄不録，則以義裁之，而斷其爲禮法之罪人也。高唐卒章雖有「恩萬方，憂國害，開聖賢，輔不逮」之云，亦屠兒之禮佛，倡家之讀禮耳，幾何其不爲獻笑之資，而何諷一之有哉。其息夫躬、柳宗元之不棄，則鼂氏已言之矣。至於揚雄，則未有議其罪者。而余獨以爲是其失節，亦蔡琰之儔耳。然琰猶知愧而自訟，若雄則反訕前哲以自文，宜又不得與琰比矣。今皆取之，豈不以夫琰之母子無絶道，而於雄則欲因反騷而著蘇氏、洪氏之貶詞，以明天下之大戒也。陶翁之詞，鼂氏以爲中和之發，於此不類，特以其爲古賦之流而取之，是也。抑以其自謂晋臣，耻事二姓而言，則其意亦不爲不悲矣。序列於此，又何疑焉。至於終篇特著張夫子、吕與叔之言，蓋又以告夫游藝之及此者，使知學之有本而反求之，則文章有不足爲者矣。其餘微文碎義，又各附見於本篇，此不暇悉著云。

編年　據年譜長編。

評論　何喬新楚辭序：……楚辭八卷，紫陽朱夫子之所校定；後語六卷，則朱子以鼂氏所集録而刊定補著者也。……漢王逸嘗爲之章句，宋洪興祖又爲之補注，而鼂無咎又取古今詞賦之近騷者以續之，然王、洪之注隨文生義，未有能白作者之心。而鼂氏之書辨説紛拏，亦無所發於義理。朱子以豪傑之才、聖賢之學，當宋中葉，阸於權奸，迄不得施，不啻屈子之在楚也。而當時士大夫希世媒進者從而沮之排之，目爲僞學，視子蘭、上官之徒殆有甚焉。然朱子方且與二三門弟子講道武夷，容與乎溪雲山月之間，所以自處者蓋非屈子所能及。問嘗讀屈子之辭，至於所謂「往者余弗及，來者吾不聞」而深悲之，乃取王氏、晁氏之書删定，以爲此書。又爲之注釋，辨其賦比興之體，而發其悲憂感悼之情。由是作者之心事昭然於天下後世矣。予少時得此書而讀之，愛其詞調鏗鏘，氣格高古，徐察其憂愁鬱邑、繾綣惻怛之意，則又悵然興悲，三復其辭，不能自已。

楚詞集註序 慶元四年冬

右楚詞集註八卷，今所校定，其第録如上。蓋自屈原賦離騷而南國宗之，名章繼作，通號楚辭，大抵皆祖原意，而離騷深遠矣。竊嘗論之，原之爲人，其志行雖或過於中庸而不可以爲法，然皆出於忠君愛國之誠心。原之爲書，其辭旨雖或流於跌宕怪神、怨懟激發而不可以爲訓，然皆生於繾綣惻怛、不能自已之至意。雖其不知學於北方，以求周公、仲尼之道，而獨馳騁於變風、變雅之末流，以故醇儒莊士或羞稱之，然使世之放臣屏子、怨妻去婦抆淚謳吟於下，而所天者幸而聽之，則於彼此之間天性民彝之善，豈不足以交有所發而增夫三綱五典之重？此予之所以每有味於其言，而不敢直以詞人之賦視之也。然自原著此詞，至漢未久而説者已失其趣。如太史公蓋未能免，而劉安、班固、賈逵之書，世復不傳。及隋唐間，爲訓解者尚五六家，又有僧道騫者，能爲楚聲之讀。今亦漫不復存，無以驗其説之得失。而獨東京王逸章句與近世洪興祖補注并行於世，其於訓詁名物之間，則已詳矣。顧王書之所取舍與其題號離合之間，多可議者，而洪皆不能有所是正。至其大義，則又皆未嘗沉潛反復，嗟嘆詠歌，以尋其文詞指意之所出，而遽欲取喻立説，旁引曲證，以强附於其事之已然，是以或以迂滯而遠於性情，或以迫切而害於義理，使原之所爲抑鬱而不得伸於當年者，又晦昧而不見白於後世。予於是益有感焉。疾病呻吟之暇，聊據舊編，粗加檃括，定爲集註八卷，庶幾讀者得以見古人於千載之上；而死者可作，又足以知千載之下有知我者，而不恨於來者之不聞也。嗚呼悕矣，是豈易與俗人言哉！

編年 據年譜長編。

評論 何喬新楚辭序，見上篇。

管天筆記外編卷上：朱子當宋之季，有屈原之思焉，故注離騷等於四書、詩、易，蓋借此以寓意，非矜長而炫博也。丙戌秋日，余小酌微醉，取九章首篇歌之，不覺灑淚滿几。

周大璋朱子古文讀本卷四楚詞集註序：訓詁名物而失其大義，古人之意反以註釋而晦，自古嘆之矣。起手七八行，直將離騷好處盡情披露。後見古註之謬，方知集註之作，文公蓋不能已。

贈畫者張黄二生 慶元六年正月二十四日

鄉人新作聚星亭，欲畫荀、陳遺事於屏間，而窮鄉僻陋，無從得本。友人周元興、吳和中共稱張、黄二生之能，因俾爲之。果能考究車服制度，想像人物風采，觀者皆嘆其工。二生因請爲記其事，予以爲二生更能遠游以廣其見聞，精思以開其胸臆，則其所就當不止此。予老矣，尚能爲生印之。慶元庚申正月二十四日，晦庵病叟書贈張彥悦、黄某。

編年　據文中所署。

周深父更名序慶元六年閏二月一日

水之深者，淵回澄澹，人莫能測其源底之所極。其或未然，則必濬之而後深，此理之必然也。深父更名以避前聖，其意則已善矣。而其所欲名者，又即其字而得夫所以深之之道焉，豈不又甚可嘉也哉。自今以往，因稱有警而日有以深乎其内，使相與游者，但見其淵回澄澹，有異於前而莫際其極，是則深父之果能爲深而不負乎此名也夫。慶元庚申閏月初吉，晦庵病叟書。

編年　據文中所署。

贈筆工蔡藻淳熙元年八月五日

予性不善書，尤不能用兔毫弱筆。建安蔡藻以筆名家，其用羊毫者尤勁健，予是以悦之。藻若去此而游於都市，蓋將與曹忠輩争先云。淳熙元年八月五日，朱仲晦父書。

編年　據文中所署。

三先生論事録序〔一〕

昔顧子敦嘗爲人言，欲就山間與程正叔讀通典十年，世之以是病先生之學者，蓋不獨今日也。夫法度不正，則人極不立；人極不立，則仁義無所措；仁義無所措，則聖人之用息矣。先生之學，固非求子敦之知者，而爲先生之徒者，吾懼子敦之言遂得行於其間，因取先生兄弟與横渠相與講明法度者，録之篇首，而集其平居議論附之，目曰三先生論事録。夫豈以爲有補於先生之學，顧其所自警者不得不然耳。

校記　〔一〕此序爲陳亮所作，今載龍川文集卷十四。王應麟困學紀聞卷十七云：「三先生論事録序，陳同甫作也。編於朱文公集，皆誤。」今附於此，以備參考。

朱熹文集編年評注卷七十七

記

高士軒記 紹興二十三年秋

同安主簿廨皆老屋支拄，殆不可居。獨西北隅一軒爲亢爽可喜，意前人爲之，以待夫治簿書之暇日而燕休焉〔一〕。然視其所以名，則若有不屑居之之意。予以爲君子當無入而不自得，名此非是，因更以爲「高士軒」。而客或難予曰：「漢世高士不爲主簿者，實御史屬。漢官御史府典制度文章，大夫位上卿、亞丞相，主其簿書者名秩亦不卑矣。彼猶以爲浼己而不顧焉，故足以爲高也。今子僕僕焉在塵埃之中，左右朱墨，蒙犯箠楚，以主縣簿於此，而以『高士』名其居，不亦戾乎？」予曰：「固也，是其言也，豈不亦曰：士安得獨自高，其不遭，則可亡不爲已乎？予於其言蓋嘗竊有感焉，然亦未嘗不病其言之未盡也。蓋謂士之不遭可無不爲，若古之乘田委吏、抱關擊柝者焉可也；謂士不能獨自高，則若彼者乃以未睹夫高也〔二〕。夫士誠非有意於自高，然其所以超然獨立乎萬物之表者，亦豈有待於外而後高耶〔三〕？知此則知主縣簿者雖甚卑，果不足以害其高，而此軒雖陋，高士者亦或有時而來也。顧予不足以當之，其有待於後之君子云爾。」客唯唯而退，因書之壁以爲記。

校記 〔一〕「同安主簿廨」以下，大同集卷二作：「同安主簿舍西北隅有屋數楹，墻宇儼立，窗户亦亢爽，大抵疏潔可喜。而佳花美木又列植於其外，意前人爲之以待治簿書之暇日而宴休焉。予至，處之而宜。」

〔二〕以：宋浙本作「亦」。

〔三〕「夫士誠非」以下，大同集卷二作：「予聞古之君子，其學道行義足以自信而已，得喪豐悴無所入於其中，惟其在我者浩然而亡所離於彼，則亦豈有所待而高耶？」

編年 據年譜長編。

評論 周大璋朱子古文讀本卷三高士軒記：無入不自得，原不待於外而高。命名之意，甚有深識。淡淡引墨，一種瀟灑之致，爽人懷抱。此集中變調。

泉州同安縣學官書後記〔一〕

紹興二十五年四月

紹興二十有五年春正月，熹以檄書白事大都督府廷中，已事而言於連帥方公曰：「熹爲吏同安，得兼治其學事。學有師生誦説，而經籍弗具，學者四來，無所業於其間。願得撫府所有書以歸〔二〕，使學者得肆習焉。」公幸哀其愚，不以爲不可，即日減省少府用度金錢〔三〕，屬工官撫以予縣〔四〕，凡九百八十五卷。熹與諸生既受賜，則相與群議所以斂藏守視、出内凉暴之禁戒以復於公，報皆施行如章。熹竊惟公之舉是賜也，蓋將以幸教此縣之人，而非私於熹之請。熹乃幸得以菲薄奉承，懼不能稱，且無以垂示久遠，故敢具刻公所出教，而并叙其指意如此，揭之以視縣之父兄子弟與學官弟子之有秩於典領者，使承公志，永永不怠。此熹之職守也。夏四月丁丑，具位謹記。

校記〔一〕此題大同集卷二作「方安撫乞書籍後記」。

〔二〕右引「得」下有「盡」字。

〔三〕日：右引作「自」。

〔四〕工：右引作「二」。

編年 據文中所署。

射圃記 紹興二十五年五月一日

同安縣西北門射圃者，監鹽稅曹侯沆所爲也。紹興二十五年夏，縣有警，令丞以下部吏士分城以守，而曹侯與予備西北。異時寇至，常陷西北，然則曹侯與予所守者，盜衝也。侯一日與予登城四望，慷慨相語曰：「是不能守，吾屬死無處所，不可不勉！」則分背去行所部，循勉慰飭，喻意吏士。士皆感奮爲用。侯又曰：「兵家有之，曲道險阨則劍楯利，仰高臨下則弓矢便。是則射者固嬰城之具，而其爲技必習之於無事之時，然後緩急可賴而用也。今蜂蟻之屯雖未能傳吾城而陳，而吾之士固將徇我以死亡，我其可以不素教而用之哉。」於是相與相城之隅，得隙地，斥以爲射圃〔一〕，袤六十步，三分其袤而廣得一焉，屬其徒日射其間。其後盜雖已潰去，圃因不廢，間往射如初。侯謂予：「是圃之作，吾二人力也。衆人不能見將然，其以吾二人者爲無事而勤民矣。盍記其意以視後？」予曰：「諾哉。」曹侯字德廣，武惠王諸孫。世將習兵，喜文詞，通吏事，蓋慨然有志於功名者。而予新安朱熹仲晦也，時爲主簿於此，是爲記云。五月朔記〔二〕。

校記　〔一〕斥：原作「斤」，據宋浙本、四庫全書本改。

〔二〕此句原缺，據大同集卷二補。

編年　據文中所叙及末句。

評論　周大璋朱子古文讀本卷三射圃記：射圃爲備盜而設，非無事而勤民者。小小處都見經濟，結構精嚴，凜然刁斗之不可犯。

蘇丞相祠記

紹興二十五年六月一日

熹少從先生長者游，聞其道故相蘇公之爲人，以爲博洽古今，通知典故，偉然君子長者也。熙寧中掌外制，時王丞相用事，嘗欲有所引拔。公以其人不可用，且非故事，封上之，用此罷歸。不自悔，守益堅。當世高其節，與李才元、宋次道并稱三舍人云。後得毗陵鄒公所撰公行狀，又知公始終大節，蓋章章如是，以是心每慕其爲人。屬來爲吏同安，同安，公邑里也。以公所爲問縣人，雖其族家子不能言。而泉人往往反喜道曾宣靖、蔡新州、呂太尉事以爲盛，予不能識其何説也。然嘗伏思之，士患不學耳，而世之學者或有所怵於外，則眩而失其守。如公學至矣，又能守之，終其身一不變，此士君子之所難而學者所宜師也。因爲之立祠於學，歲時與學官弟子拜祠焉，而記其意如此，以視邑人云。紹興二十五年六月朔日，新安朱某記〔一〕。

校記　〔一〕「紹興二十五年」以下原缺，據大同集卷二補。

編年　據文中所署。

評論　周大璋朱子古文讀本卷三蘇丞相祠記：有學有守，真堪俎豆百世。文公祠之學宫，義也。大忠湮没，崇奬諸奸，玉石不明，王氏學術流毒無窮，不獨建人矣。爲之三嘆。　遒潔勝半山。

漳州教授廳壁記　紹興二十六年七月

教授之爲職，其可謂難矣，惟自任重而不苟者知之。其以爲易而無難者，則苟道也。何也？曰：教授者，以天子之命教其邦人。凡邦之士，廩食縣官而充弟子員者，多至五六百餘，少不下百十數，皆惟教授者是師。其必有以率厲化服之，使躬問學，蹈繩墨，出入不悖所聞，然後爲稱。此非反之身而何以哉，是可不謂難矣乎。不特此爾，又當嚴先聖先師之典祀，領護廟學而守其圖書服器之藏，其體至重。下至金穀出内之纖悉，亦皆獨任之。嗚呼，是亦難矣！然凡仕於今者，無大小莫不有所臨制總攝，其任無劇易，必皆具文書，使可覆視。是以雖甚弛者，亦有所難而不敢肆。獨教授官雖有統，若其任之本諸身者，則非簿書期會之所能察。至其具於有司而可考者，上之人又以其儒官優容之，雖有不合不問，以是爲便。故今之仕者反利焉而喜爲之，而孰知所以充其任者如彼其難哉。故曰惟自任重而不苟者知之，其以爲易而無難者則苟道也。予嘗以事至漳，其教授陳君與予有故，館予於其寓直之舍，因得盡觀陳君所施於學者。予謂若陳君，則可謂知其難矣。時陳君方將刻前人名氏於壁，屬予記。予辭謝不能者再三，既不得命，乃退而書其所聞見如此以爲記，且以厲後之君子云爾。紹興二十六年七月甲子，新安朱熹記。

編年 據文中所署。

評論 康熙御製文集第三集卷四十三：敦重教職，足以警勵師儒。

周大璋朱子古文讀本卷三漳州教授廳堂記：教授一官，「師」表人倫，其責綦重。近乃以目不識丁者居之，彼知率厲化服爲何事乎？作養人才，請清是選。 難字一篇眼目。

一經堂記 紹興二十六年閏十月三日

紹興二十三年秋七月，予來同安。明年，乃得柯君而與之游相樂也。時君以避地邑居，教授常百餘人。屬予治學事，因得引君以自助。君行峻，不爲苟合，由是衆始有所嚴憚〔一〕。至他事，亦多賴以濟焉。又明年，君將反其先人之廬，因舊葺壞以居〔二〕，而取揚子所謂「古之學者耕且養，三年通一經」者，號其寢居曰「一經之堂」，間謁予記之。予謝涉學未久，文且下，將不能有所發明於吾子之意，願更屬可者，如是非復一再至。今年冬，予將辭吏以去，而君又以爲請。

既不得辭，乃爲之言曰：予聞古之所謂學者非他，耕且養而已矣。其所以不已乎經者，何也？曰：將以格物而致其知也。學始乎知，惟格物足以致之。知之至，則意誠心正，而大學之序推而達之無難矣。若此者，世亦徒知其從事於章句誦説之間，而不知其所以然者，固將以爲耕且養者資也，夫豈用力於外哉。柯君名翰，字國材，爲人孝謹誠愨，介然有以自守，於經無不學。今將隱矣，而其志不自足如此，是蓋終身焉，則其造詣之極，非予所敢量也。姑次比是説，爲之記云。紹興二十六年閏月辛丑，新安朱熹記。

校記 〔一〕大同集卷二此下尚有「不敢爲非，既久遂化服」九字。

〔二〕因：原作「固」，據宋浙本、四庫全書本改。

編年 據文中所署。

芸齋記 紹興二十六年閏十月五日

友人徐元聘有田舍一區，旁治軒窗，明潔可喜。暇日與子弟講學其間，而問名於熹。熹故爲農知田，意嘗謂孟子言人病舍其田而芸人之田，所求於人者重，而所以自任者輕，最爲善喻。今徐君課其子弟而學於田間，姑以「芸」名齋，使學者即事而思之，則内外之分定，而力之所肆不於人之田矣。霜露既繁，實而食之，所以不願人之膏粱之味也。徐君以熹言爲然，故書以遺之云。紹興二十六年閏月五日癸卯，新安朱熹書。

編年　據文中所署。

畏壘庵記 紹興二十七年六月十一日

紹興二十六年之秋，予吏同安適三年矣。吏部所使代予者不至，而廨署日以隳敝，不可居。方以因葺之宜爲請於縣，會予奉檄走旁郡，因得并載其老幼，身送之東歸。涉春而反，則門廡列舍已摧壓而不可入矣，於是假縣人陳氏之館居焉。自縣西北折行數百步，入委巷中，垣屋庳下，無鉅麗之觀。然其中粗完潔，有堂可以接賓友，有室可以備棲息，誦書史，而佳花異卉、蔓藥盆荷之屬又皆列莳於庭下，亦足以娱玩耳目而自適其意焉。予獨處其間，稍捐外事，命友生之嗜學者與居其下，拚除井竈之役，願留者亦無幾人。若常時車馬之客與胥吏之有事於官府者，則無所爲而來矣。客或謂予所以處此，庶乎庚桑子之居畏壘也，因名予居曰「畏壘之庵」。自是閉門終日，翛然如在深谷之中〔一〕，不自知身之繫官於此，既歲滿而不能去也。如是又累月，代予者卒不至，法當自免歸。而陳氏謁予記其事，曰：「使後之人知夫子之嘗居於是也。」予惟庚桑子蓋莊周、列禦寇所謂有道者，予之學既不足以知之，而太史公記又謂凡周所稱畏累虚、亢桑子之屬，皆空言無事實，然則亡是公、非有先生之倫也。此皆不可考，獨周之書辭指經奇，有可觀者。予是以竊取其號而不辭，遂書以畀陳氏。陳氏世爲醫，請予記者名良傑，爲人謹篤周慎，能通其家學云。紹興二十七年夏六月十一日，新安朱熹記。

校記 〔一〕深谷：大同集卷二作「深山窮谷」。

編年 據文中所署。

評論 周大璋朱子古文讀本卷三畏壘庵記：畏壘名齋，本屬寓言，用筆隱約，有悠然不盡之趣。描寫景況，亦極幽賞。

存齋記 紹興二十八年九月

予吏同安而游於其學，嘗私以所聞語其士之與予游者，於是得許生升之爲人而敬愛之。比予之辭吏也，請與俱歸，以共卒其講業焉。一日，生請於予曰：「升之來也〔一〕，吾親與一二昆弟相爲築環堵之室於敝廬之左，將歸，翳蓬藋而居焉。惟夫子爲知升之志，敢請所以名之者而幸教之，則升之願也。」予辭謝不獲，因念與生相從，於今六七年，視其學專用心於内，而世之所屑一毫不以介於其間，嘗竊以爲生之學蓋有意乎孟氏所謂存其心者。於是以「存」名其齋而告之曰：「予不敏，何足以知吾子？然今也以是名子之齋，則於吾子之志，竊自以爲庶幾焉耳矣。而曰必告子以其名之之説，則是説也，吾子既自知之，予又奚以語吾子？抑嘗聞之，人之所以位天地之中而爲萬物之靈者，心而已矣。然心之爲體，不可以聞見得，不可以思慮求。謂之有物，則不得於言；謂之無物，則日用之間，無適而非是也。君子於此，亦將何所用其力哉？必有事焉而勿正，心勿忘，勿助長，則存之之道也。如是而存，存而久，久而熟，心之爲體，必將瞭然有見乎參倚之間，而無一息之不存矣。此予所以名齋之説，吾子以爲如何？」生作而對曰：「此固升之所願學而病未能者，請書而記諸屋壁，庶乎其有以自勵也。」予不獲讓，因書以授之，俾歸刻焉。紹興二十八年九月甲申，新安朱熹記。

校記 〔一〕「之」下原衍一「之」字，據淳熙本删。

編年 據文中所署。

評論 劉洪謨叙朱子文集大全：蓋朱子四十以前，如存齋記、答何叔京二書，專説求心見心，是猶馳心玄妙，未悟天理時語也。

周大璋朱子古文讀本卷三存齋記：心不可不存，而存之之道，不外有事勿正、勿忘勿助兩語。拈出示人，千聖命脉若揭中天。

牧齋記 紹興二十三年春

余爲是齋而居之三年矣，饑寒危迫之慮，未嘗一日弛於其心。非有道路行李之勞，疾病之憂，則無一日不取六經百氏之書，以誦之於兹也。以其志之篤、事之勤如此，宜其智益加明，業益加進，而不知智益昏而業益墮也。以是自咎，故嘗閒而思之。夫挾其饑寒危迫之慮，以從事於聖人之門，而又雜之以道路行李之勞、疾病之憂，有事物之累，無優游之樂。其於理之精微，索之有不得盡，其事之是非，古今之成敗興廢之故，考之有不得其詳矣。况古人之學，所以漸涵而持養之者，固未嘗得施諸其心而錯諸其躬也。如此則凡所爲早夜孜孜以冀事業之成，而詔道德之進者，亦可謂妄矣。然古之君子，一簞食瓢飲而處之泰然，未嘗有戚戚乎其心而汲汲乎其言者。彼其窮於當世，有甚於余矣。而有以自得於己者如此，必其所以用心者或異於予矣。孔子曰「貧而樂」，又曰「古之學者爲己」，其然也。豈以饑寒者動其志，豈以挾策讀書者而謂之學哉。予方務此以自達於聖人也，因述其所以，而書其辭於壁以爲記。

編年　據年譜長編。

評論　周大璋朱子古文讀本卷三牧齋記：饑寒累心，挾策讀書，豈可謂學？現身説法，拈出俗學之弊以示人，字字藥石。

歸樂堂記 紹興三十年十二月

予嘗爲吏於泉之同安，而與仙游朱侯彦實同寮相好也。其後予罷歸且五六年，病卧田間，浸與當世不相聞知，獨朱侯時時書來，訪問繾綣，道語舊故，如平生歡。一日，書抵予曰：「吾方築室先廬之側，命之曰『歸樂之堂』。蓋四方之志倦矣，將託於是而自休焉。子爲我記之。」予惟幼而學，强而仕，老而歸，歸而樂，此常物之大情，而士君子之所同也。而或者怵迫勢利，睠睠軒冕印韍之間，老而不能歸，或歸矣，而酣豢之餘，厭苦淡泊，顧慕疇昔，不能忘情。方且咨嗟戚促，自以爲不得其所，而豈知歸之爲樂哉。或知之矣，而顧其前日從官之所爲，有不能無愧悔於心者，則於其所樂，雖欲暫而安之，其心固不能也。然則仕而能歸，歸而能樂，斯亦豈不難哉。朱侯名卿子，少有美材，學問慷慨。入官三十年，以强直自遂，獨行所志，不爲勢屈。以故浮湛選調，行年五十，乃登王官。然予視其簿書期會之餘日，蓋無一日不命賓友、從子侄，登山臨水，弦歌賦詩，放浪於塵埃之外，而無幾微留落不偶之意見於言面，則其於勢利如何哉？其仕而能歸，歸而能樂，不待斯堂之作而可信無疑矣。顧予未獲一登斯堂而覽其勝概，然其林壑之美、泉石之饒，足以供徙倚；館宇之邃、啓處之適，足以寧燕休；圖史之富，足以娱心目；而幽人逸士往來於東阡北陌者，足以析名理而商古今，又不待接於耳目而知侯之樂有在乎是也。是以承命不辭而記其意如此。如天之福，異時獲從游於堂上，尚能爲侯賦之。紹興三十年十二月乙卯。

編年 據文中所署。

評論 周大璋朱子古文讀本卷三歸樂堂記：歸到平日所爲無悔愧上，纔見樂字真際。但能甘淡泊，忘富貴，猶是下梢一着。孔、顔樂處當於此處尋，意興淋灕，行墨間雲烟萬狀。

建寧府學游御史祠記 隆興元年八月

故監察御史游公先生諱酢，字定夫，此邦之建陽人，而河南程氏之高第弟子也。徽廟初爲御史，未幾去，爲郡江淮間，又退而閑居以卒。隆興初元，歲在癸未，先生之殁於是四十有一年矣。今敷文閣待制延平陳公實爲此邦，謂德學之盛有如先生者，而無祠於其鄉之學，非獨鄉人子弟之過，長民者亦有罪焉，乃爲堂於府學之東偏〔一〕，立像致祠，而以書屬熹，使記其意。熹辭謝弗堪，屢返而公不聽，於是退考舊聞，按龜山楊文靖公所爲先生墓誌之辭曰：

「予元豐中受學明道先生兄弟之門，有友二人焉，曰上蔡謝顯道，公其一也。初，伊川先生以事至京師，一見公，謂其賢〔二〕，可與適道。是時明道知扶溝縣事，先生兄弟方以唱明道學爲己任，設庠序，聚邑人子弟教之，召公來職學事。公欣然往從之，得其微言，於是盡棄其學而學焉。其後得邑河清，予往見之。伊川謂予曰：『游君德器粹然，問學日進，政事亦絕人遠甚。』於師門見稱如此，其所造可知矣。公自幼不群，讀書一過目輒成誦。比壯，益自力，心傳目到，不爲世儒之習。誠于中，形于外，儀容辭令，粲然有文，望之知其爲成德君子也。其事親無違，交朋友有信，莅官遇僚吏有恩意，雖人樂於自盡，而無敢慢其令者。惠政在民，戴之如父母〔三〕，故去則見思，愈久而不忘。若其道學足以覺斯人，餘潤足以澤天下，遭時清明，不及用而死，此士論共惜之，非予之私言也。所著書有中庸義、易說、詩二南義、論孟雜解各一卷，文集十卷，藏於家。」蓋楊公所記如此。

熹惟知先生之深而言足以命其德，且信於後，宜莫逾於楊公者。然則先生之道學德行，於此可以觀其詳矣。又念每獲侍坐於陳公，而聞其語先正忠肅公之與先生游也，笑談論議，書疏辭章，昔所親見而聞之者，至今尚能誦之。其雍容仰俯之間，又能并得其深微之意，使聞者怳然若將復見其人焉，此其於先生之道如何哉。然則公之所以命祀先生，蓋將推其所得於己者以幸教此邦之人，非徒致欽慕之意以修故事而已也。熹既不獲終辭，乃悉論著楊公本語，而不敢輒贊一辭於其間，且復揆公指意所出者如是而并書之，以承公命，庶乎其可幸無罪云耳。嗚呼，先生遠矣！學者登是堂而拜其像，於是記也考其師友之淵源，退訪其書而讀之，於以求先生之所以學者果惡乎在，幸而有以自得之，則亦無以異乎親而炙之矣。詩曰：「人之好我，示我周行〔四〕。」又曰：「高山仰止，景行行止。」熹雖不敏，願與承學之士勉焉，以無忘陳公之德也。八月甲子，具位朱熹記。

校記　〔一〕淳熙本「乃」下有「命」字。
〔二〕賢：原作「資」，據右引改。
〔三〕句首疑脱「民」字。
〔四〕示：原作「視」，據淳熙本改。

編年　據文中所叙。

評論　周大璋朱子古文讀本卷三建寧府學游御史祠記：通篇只是寫游公生平與陳公建祠立像意，作兩大段看。敘游公引龜山墓誌，敘陳公述其所聞見定夫之德，信而有徵，而祠之者實有效法至意，不苟然也。勉厲後學，意尤真摯。

通鑑室記 乾道三年七月

士之所以能立天下之事者，以其有志而已。然非才則無以濟其志，非術則無以輔其才。是以古之君子，未有不兼是三者而能有爲於世者也。然而所謂術者，又豈陰險詭仄、朝三暮四之謂哉，亦語夫所以處事之方而已矣。營丘張侯仲隆慷慨有氣節，常以古人功名事業自期許，不肯碌碌隨世俗上下。至其才器閎博，則又用無不宜。蓋臨大事變而愈益精神，指麾處畫，無一不中幾會者。是其志與其材雖未盡見施設，而人知其有餘矣。然未嘗以是自足也，方且博觀載籍，記覽不倦，蓋將酌古揆今，益求所以盡夫處事之方者而施之。非特如世之學士大夫兀兀陳編，掇拾華靡，以爲談聽之資；至其施諸事實〔一〕，則泛然無據而已也。嘗客崇安之光化精舍，暇日新一室於門右，不置餘物，獨取資治通鑑數十帙列其中，焚香對之，日盡數卷。蓋上下若干年之間，安危治亂之機，情僞吉凶之變，大者綱提領挈，細者縷析毫分，心目瞭然，無適而非吾處事之方者。如是蓋三年矣，而其起居飲食、宴娱談笑，亦無一日而不在是也。室之前軒，俯視衆山，下臨清流，邑屋臺觀、園林陂澤之勝，月星雨露、風煙雲物之奇，又若有以開滌靈襟〔二〕、助發神觀者，尤於讀是書也爲宜。於是直以「通鑑」榜之，而屬予記。

予聞之，古今者，時也；得失者，事也；傳之者，書也；讀之者，人也。以人讀書而能有以貫古今、定得失者，仁也。蓋人誠能即吾一念之覺者，默識而固存之，則目見耳聞，無非至理。而况是書先正温公之志，其爲典刑總會、簡牘淵林，有如神祖聖詔所褒者，是亦豈不足以盡其心乎。今侯有當世之志、當世之才，又能因是書以求盡其術，此豈苟然而已哉。然予猶欲進於行著習察之塗，使異時見於用者無毫釐之差也，則願以仁之説爲侯誦之。是以承命不辭而記其本末，因附以所聞如此。乾道三年秋七月，新安朱熹記。

校記 〔一〕其：宋浙本作「於」。

〔二〕又：原作「反」，據淳熙本、宋閩、浙本改。

編年 據文中所署。

評論 周大璋朱子古文讀本卷三通鑑室記：術不本仁，則所謂處事之方依然陰險詭仄、朝三暮四之智，故特拈出仁字，以爲張侯告。蓋能有仁則術善，而志與才亦無不善矣。讀書學古者，當日誦此文數過。

南岳游山後記 乾道三年十一月二十三日

南岳唱酬訖于庚辰，敬夫既序其所以然者而藏之矣。癸未，發勝業，伯崇亦別其群從昆弟而來。始聞水簾之勝，將往一觀，以雨不果。而趙醇叟、胡廣仲、伯逢、季立、甘可大來，餞雲峰寺，酒五行，劇論所疑而別。丙戌，至櫧州，熹與伯崇、擇之取道東歸，而敬夫自此西還長沙矣。自癸未至丙戌凡四日，自岳宮至櫧州凡百有八十里，其間山川林野、風煙景物，視向來所見，無非詩者，而前日既有約矣。然亦念夫別日之迫，而前日所講蓋有既開其端而未竟者，方且相與思繹討論，以畢其說，則其於詩固有所不暇者焉。丙戌之莫，熹諗於衆曰：「詩之作，本非有不善也。而吾人之所以深懲而痛絕之者〔一〕，懼其流而生患耳，初亦豈有咎於詩哉。然而今遠別之期近在朝夕，非言則無以寫難喻之懷。然則前日一時矯枉過甚之約，今亦可以罷矣。」皆應曰諾。既而敬夫以詩贈，吾三人亦各答賦以見意。熹則又進而言曰：「前日之約已過矣，然其戒懼警省之意，則不可忘也。何則？詩本言志，則宜其宣暢湮鬱、優柔平中，而其流乃幾至於喪志；群居有輔仁之益，則宜其義精理得，動中倫慮，而猶或不免於流。况乎離群索居之後，事物之變無窮，幾微之間，毫忽之際，其可以營惑耳目、感移心意者，又將何以禦之哉。故前日戒懼警省之意雖曰小過，然亦所當過也。由是而擴充之，庶幾乎其寡過矣。」敬夫曰：「子之言善，其遂書之，以詔毋忘〔二〕。」於是盡録贈處諸詩于篇，而記其説如此。自今暇日時出而觀焉，其亦足以當盤盂几杖之戒也夫。丁亥，新安朱熹記。

校記 〔一〕吾：原作「善」，據宋浙本、明天順本、四庫全書本、南岳唱酬集卷首序改。

〔二〕忘：宋浙本、南岳唱酬集卷首序作「怠」，底本原注别本同。

編年 據文中所署。

評論 周大璋朱子古文讀本卷三南岳游山後記：大約申明前約不當爲詩意，却説相别言情，不可無詩。賓主紛沓，煙雨離迷，莫測其筆墨之所至。其正寫本旨處藥石之言，砭人肺腑。

轉運司蠲免鹽錢記 代 乾道四年三月

皇帝陛下臨御之五年，朝廷清明，衆職修理，乃眷南顧，閔兹遠黎。某月，詔以太常少卿臣某爲福建轉運副使，而付以鹽筴，使訪其利病以聞。臣某既承詔奔走即事，則與判官臣某爰暨屬僚博詢審訂，具以條奏。越明年春，遂有旨免本道屬州縣逋負鹽課之緡錢九十七萬，又詔歲入鈔鹽緡錢二十二萬者其罷之，而使漕司歲以緡錢七萬補經費之闕。臣某承命歡喜，北向頓首言：「福建鹽法之弊久矣。臣等問諸故府，竊見祖宗盛時，本道鹽息歲入緡錢十萬，而三分之，以其一予漕司，佐州縣用度，且市貢金。其二爲鈔法，則商人歲輸京師者爲錢六萬六千有奇而已。其後鈔法中弛，浮議交煽，因盡以委漕司而增其額。於是綱運猥并，鹽洩不時，而民始受弊。中間蓋嘗減損，然什不能去其三，又他用之取具於鹽者，亦且數倍舊制。顧以歲出有常，因不敢議。至州縣或不能供，又不得以時蠲除，新故相仍，轉相督趣，重爲民病，歷年滋多。今乃幸遇陛下仁聖儉慈，不遺遐遠，既幸聽愚臣言，而又推之以及其所未言者，蓋德音再下，而鈔額復祖宗之舊，逋負捐累歲之積，使州縣之吏無所旁緣以漁獵其民，民得休息，恩澤隆厚，不可勝量。臣等駑鈍不材，奉使無狀，乃幸得奉承聖詔，以布于下，誠歡誠喜，敢不悉力究宣，謹察所部，無或不虔，以廢明命。猶懼不稱，無以昭示永久，則取尚書所下詔旨刻石臺門，以諗來者，而竊敬識其下方如此。又惟陛下躬德神聖，天運日新，其約己厚民之心終日乾乾，有進無已。竊計經制大定，上下與足，蓋可以日月期矣。然則臣等前日所不敢議者，且將復有望焉。敢昧萬死，并記其說，而俯伏以俟。」乾道四年三月。

編年 據文中所署。

評論 康熙御製文集第三集卷四十三：勤宣上德，辭令温純。

周大璋朱子古文讀本卷三轉運司蠲免鹽錢記代：蠲免鹽錢，出自上恩，鋪揚贊頌，有典有則。醇懿古茂，昌黎集中有數文字。

謝上蔡語録後記 乾道四年四月

熹頃年校定上蔡先生語録三篇，未及脱稿而或者傳去，遂鋟木於贛上，愚意每遺恨焉。比因閑暇，復爲定著此本，然亦未敢自以爲可傳也。因念往時削去版本五十餘章，特以理推知其决非先生語，初未嘗有所左驗，亦不知其果出於何人也。後籍溪胡先生入都，於其學者吕祖謙得江民表辨道録一篇讀之，則盡向所削去五十餘章者，首尾次序無一字之差，然後知其爲江公所著而非謝氏之語，益以明白。夫江公行誼風節固當世所推高，而陳忠肅公又嘗稱其論明道先生有足目相應之語，蓋亦略知吾道之可尊矣。而其爲言若此，豈差之毫釐，則夫千里之繆有所必至而不能已者耶。因書以自警，且示讀者使毋疑。舊傳謝先生與胡文定公手柬，今并掇其精要之語，附三篇之後云。乾道戊子四月壬寅，熹謹記。

編年 據文中所署。

建寧府崇安縣學二公祠記 乾道四年五月

崇安，建之巖邑，故宫師趙清獻公嘗爲之宰，故侍讀胡文定公又其邑里人也。兩公之德，後學仰之舊矣。然數十年之間，爲是邑者不知其幾何人，無能表而出之，以化於邑者。乾道三年，今知縣事温陵諸葛侯始至，則將葺新學校，以教其人，而深以兩公之祠未立爲己病，於是訪求遺像，因新學而立祠焉。明年五月甲子訖功，命諸生皆入于學，躬率丞掾，與之釋菜于先聖先師，而奠于兩公之室。三獻成禮，揖諸生而進之曰：「學則孔孟尚矣，然居是邦，語其風聲氣俗之近，則鄉大夫、鄉先生之賢者，豈可以不知其人哉。惟趙公孝弟慈祥，履繩蹈矩，爲政有循良之迹，立朝著蹇諤之風，清節至行，爲世標表，固諸公之所逮聞也。至於胡公，聞道伊洛，志在春秋，著書立言，格君垂後，所以明天理、正人心、扶三綱、叙九法者，深切著明，體用該貫。而其正色危言，據經論事，剛大正直之氣，亦無所愧於古人，則諸君豈盡知之乎？吾承乏於此，過不自料，常欲與諸君相勵以聖賢之事。今幸因吾民之餘力，校室以修，方將日與諸君者從容俯仰乎其間。顧念古昔聖賢遠矣，則欲諸君自其近者而達之，是以象兩公於此堂也。諸君自今以來，盍亦望其容貌而起肅敬之心〔一〕，考其言行以激貪懦之志，然後精思熟講，反之於心，以求至理之所在而折衷焉，庶幾學明行尊，德久業大，果能達於聖賢之事。是則兩公私淑後來之本意，而亦區區平日所望於諸君也。諸君豈有意乎？」諸生皆拜曰：「諸生不敏，敢不敬蚤夜以思，無辱先生之誨。」於是既退。而諸葛侯使人以是説走山間，屬熹爲之記。

熹惟今之爲政者固已不遑於學校之事，其或及之，而不知所以教，則徒以祿利誘人而納之卑汚淺陋之域。是乃賊之，而於教何有？今諸葛侯於兹邑，既新其學而語之以聖賢之事，又能尊事兩公，俾學者由是而達焉，則可謂知所以教矣。此其志豈特賢於今之爲政者而已哉。既不得辭，乃具書其本末以視同志，顧相與勉焉，以無負諸葛侯之教也。是月癸未，新安朱熹記。

校記　〔一〕盍：原作「蓋」，據淳熙本改。

編年　據文中所署。

評論　周大璋朱子古文讀本卷三建寧府崇安縣學二公祠記：二公學行德業，人倫模楷，宜爲後人宗仰。由是而達，以進於聖賢，諸葛之教最善。顧今世之名宦鄉賢濫觴極矣，所謂鄉大夫、鄉先生者，是何人歟？噫！學以孔孟爲歸，尊崇二公，所以導其先路也。篇中屢提聖賢之學，正當着眼。

克齋記〔一〕　乾道八年

性情之德無所不備，而一言足以盡其妙，曰「仁」而已。所以求仁者蓋亦多術，而一言足以舉其要，曰「克己復禮」而已。蓋仁也者，天地所以生物之心，而人物之所得以爲心者也。惟其得夫天地生物之心以爲心，是以未發之前，四德具焉，曰仁、義、禮、智，而仁無不統。已發之際，四端著焉，曰惻隱、羞惡、辭讓、是非，而惻隱之心無所不通。此仁之體用所以涵育渾全、周流貫徹，專一心之妙，而爲衆善之長也。然人有是身，則有耳、目、鼻、口、四肢之欲，而或不能無害夫仁。人既不仁，則其所以滅天理而窮人欲者，將益無所不至。此君子之學所以汲汲於求仁，而求仁之要，亦曰去其所以害仁者而已。蓋非禮而視，人欲之害仁也；非禮而聽，人欲之害仁也；非禮而言且動焉，人欲之害仁也。知人欲之所以害仁者在是，於是乎有以拔其本、塞其源，克之克之而又克之，以至於一旦豁然欲盡而理純，則其胸中之所存者，豈不粹然天地生物之心，而藹然其若春陽之温哉。默而成之，固無一理之不具，而無一物之不該也。感而通焉，則無事之不得於理，而無物之不被其愛矣。嗚呼！此仁之爲德，所以一言而可以盡性情之妙，而其所以求之之要，則夫子之所以告顔淵者，亦可謂一言而舉也與。

然自聖賢既遠，此學不傳。及程氏兩先生出，而後學者始得復聞其説，顧有志焉者或寡矣。若吾友會稽石君子重，則聞其説而有志焉者也。故嘗以「克」名齋，而屬予記之。予惟「克」、「復」之云，雖若各爲一事，其實天理人欲，相爲消長，故克己者乃所以復禮，而非克己之外別有復禮之功也。今子重擇於斯言而獨以「克」名其室，則其於所以求仁之要，又可謂知其要矣。是尚奚以予言爲哉。自今以往，必將因夫所知之要而盡其力，至於造次顛沛之頃而無或怠焉，則夫所謂仁者，其必盎然有所不能自已於心者矣，是又奚以予言爲哉。顧其所以見屬之勤，有不可以終無言者，因備論其本末而書以遺之。幸其朝夕見諸屋壁之間，而不忘其所有事焉者，則亦庶乎求仁之一助云爾。乾道壬辰月日，新安朱熹謹記。

校記　〔一〕此篇淳熙本文字出入頗大，今附於後，以備參考。

編年　據文中所署。

評論　黄氏日抄卷三十六：此記爲會稽石子重作，最明白，當讀。

周大璋朱子古文讀本卷三克齋記：求仁之要，不外克復。究之即克是復，非有兩端。故朱子解顔子好學，則曰克己之功至於如此。專言克，則復可知也。因子重以克名齋，而望其能克。義理之原，用力之要，無不透徹言下。熟讀精思，其於求仁思過半矣。

性情之德無所不備，而一言足以盡其妙，曰仁而已。所以求仁者蓋亦多術，而一言足以舉其要，曰克己復禮而已。蓋仁也者，天地所以生物之心，而人物之所得以爲心者也。惟其得夫天地生物之心以爲心，是以未發之前，四德具焉，曰仁、義、禮、智，而仁無不統。已發之際，四端著焉，曰惻隱、羞惡、辭遜、是非，而惻隱之心無所不通。此仁之體用所以涵育渾全、周流貫徹，專一心之妙，而爲衆善之長也。然則人之求之，亦豈在夫外哉，特去其害此者而已矣。蓋所謂仁者，天理之公也；所以害仁者，人欲之私也。二者分而相爲消長，彼既盛則此不得不衰矣。故求仁者克去己私，以還天理，至於一旦廓然欲盡而理純，則其視天下蓋無一物不在吾生物氣象之中焉。默而存之，固藹然其若春陽之温也，泛然其若醴酒之醇也；有感而遂通，則無一事之不順於理，而無一物之不被其愛矣。嗚呼！此仁之爲德所以盡情性之妙也歟。

昔者顔子問仁於孔子，而孔子以「一日克己復禮，天下歸仁」告之。其於用力於仁之要，可謂一言而舉矣。至於近世，程氏之學祖述孔、顔，尤以求仁爲先務，而其所論求之之術，亦未有以易此者。吾友會稽石君子重，蓋聞程氏之風而悦之者也。間嘗以「克」名齋，而訊其説於予。予惟克、復之云，雖若各爲一事，其實克己者乃所以復禮，而非克己之外别有所謂復禮之工也。今子重擇於斯言而有取於克之云者，則其於所以用力於仁之要，又可謂知其要矣，尚奚以予言爲哉。繼今以往，如將因夫所知之要而盡其力，至於造次顛沛之頃而無或怠焉，則夫所謂仁者，其必盎然有所不能自已於心者矣。是又奚以予言爲哉。

雖然，自程門之士有以知覺言仁而深疾夫愛之説者，於是學者乃始相與求之於危迫之中，而行之於波動之域，甚者揚眉瞬目，自以爲仁，而實蓋未嘗知夫仁之爲味也。予懼子重之未能無疑於其説也，則書予之所聞者如此以復焉。使吾子重無駭於彼而有以安於此，則斯言也於輔仁之義其庶幾乎。年月日記。

味道堂記 乾道九年二月

武陽何君鎬叔京一日以書來，謂熹曰：「吾先君子辰陽府君少事東平馬公先生受中庸之説，服習踐行，終身不懈。間嘗榜其燕居之堂曰『味道』，蓋亦取夫中庸所謂『莫不飲食，鮮能知味』之云也。今不肖孤既無以嗣聞斯道，惟是朝夕糞除，虔居愓處〔一〕，不敢忘先人之志。子其爲我記之，以告於後之人，而鎬也亦得出入覽觀焉，庶乎其有以自勵也。」熹惟何公實先君子太史公同年進士，熹不及拜其牀下，獨幸得從叔京游而兄事之，因得聞其學行之懿。顧雖不德不文，不足以稱述傳信，然慕仰之深，願得託名於其屋壁之間以爲幸，因不敢以不能對。

謹按公諱某，字太和，始爲少吏南方，會馬公以御史宣慰諸道，一見賢之，奏取爲屬，因授以所聞於程夫子之門者，且悉以平生出處大節告之詳焉。既馬公以言事謫死，公歸守其學，終身不少變。其端己接物，發言造事，蓋無食息之頃而不惟中庸是依也。鄉人愛敬，至以「中庸何公」目之。於他經亦無所不學，而尤盡心於易，作集傳若干卷。其忠純篤厚之姿，廉静直方之操，得于天而成于學，充于内而不暴于外，世之君子莫能知也。晚以馬公移書僞楚，斥使避位之節，列上史官。宰相惡其分己功，逮繫詔獄，削籍投荒，而終不自悔，以殁其身。此其於道，真可謂飲食而知其味矣。惟其知之深，是以守之固而行之樂；行之樂，是以益味其腴而弗能去也。然公之所謂道者，又豈若世之俗儒習見老佛虛無寂滅之説，而遂指以爲道也哉。考諸公之中庸，亦曰五品之民彝而已。熹愚不肖，誠不足以窺大人君子所存之萬一。然竊意其名堂之意有在於是也，是以敢備書之，以承叔京之命，後之君子得以考焉。抑叔京之清夷恬曠，不累世紛，既聞道于家庭，又取友於四方，以益求其所未至，其銜訓嗣事而居此堂也，可無愧矣。今又欲由是益自勵焉，是其進之鋭而至之遠其可量哉！其可量哉！此於法當得附書，因并識於此云。乾道癸巳二月甲申，新安朱熹記。

校記 〔一〕處：淳熙本作「守」。

編年 據文中所署。

劉氏墨莊記 乾道九年二月

乾道四年秋，熹之友劉清之子澄罷官吴越，相過于潭溪之上，留語數日相樂也。一旦，子澄拱而起立，且言曰：「清之之五世祖磨勘工部府君仕太宗朝，佐邦計者十餘年。既歿，而家無餘貲，獨有圖書數千卷。夫人陳氏指以語諸子曰：『此乃父所謂墨莊也。』海陵胡公先生聞而賢之，爲記其事。其後諸子及孫比三世，果皆以文章器業爲時聞人。中更變亂，書散不守。清之之先君子獨深念焉，節食縮衣，悉力營聚。至紹興壬申歲，而所謂數千卷者始復其舊。故尚書郎徐公兢、吳公説皆爲大書『墨莊』二字，以題其藏室之扁。不幸先人棄諸孤，清之兄弟保藏增益〔一〕，僅不失墜，以至於今。然清之竊惟府君、夫人與先君子之本意，豈不曰耕道而得道，仁在夫熟之而已乎？而不知者意其所謂或出於青紫車馬之間，清之不肖，誠竊病焉。願得一言以發明先世之本意，於以垂示子孫，丕揚道義之訓，甚大惠也。」

熹聞其説，則竊自計曰：子澄之意誠美矣，然劉氏自國初爲名家，所與通書記事者盡儒先長者。矧今子澄所稱，又其開業傳家之所自，於體爲尤重。顧熹何人，乃敢以其無能之辭度越衆賢，上紀兹事？於是辭謝不敢當。而子澄請之不置，既去五六年，書疏往來以十數，亦未嘗不以此爲言也。熹惟朋友之義有不可得而終辭者，乃紬繹子澄本語與熹所以不敢當之意，而叙次之如此。嗚呼！非祖考之賢，孰能以詩、書、禮、樂之積厚其子孫？非子孫之賢，孰能以仁義道德之實光其祖考？自今以來，有過劉氏之門而問「墨莊」之所以名者，於此乎考之，則知其土之所出、廬之所入者，在此而不在彼矣。蓋磨勘公五子皆有賢名，中子主客郎中實，生集賢舍人兄弟，皆以文學大顯於時而名後世。第四子秘書監資，簡嚴識大體，有傳於英宗實録。子澄之先君子即其曾孫也，諱某，字某，官至某。仕既不遭，無所見於施設。今獨其承家燾後之意，於此尚可識也。生二子，長曰靖之子和，其季則子澄，皆孝友廉静，博學有文。而子澄與熹游，尤篤志於義理之學。所謂耕道而熟仁者，將於是乎在。九年二月丙戌，新安朱熹記。

校記 〔一〕保：淳熙本作「寶」。

編年　據文中所署。

盡心堂記乾道九年二月

予友范伯崇，始仕爲盧陵屬邑主簿，不小其官，遇事亡所苟，遂以幹敏聞。州藉其才，奏取以代録事之病不能事者。盧陵民素嚚訟，治獄者常患不能得其情。伯崇既盡心焉，而又廉勤以楗于下，懇惻以伸於上，於是小冤必白，而奸民無所幸免，一郡稱之。官以無事，則以暇日葺其問事之堂，而取「君子盡心」之云者榜之。又大書噬嗑之卦於屏上，且闢其後爲方丈之室，以會友講學焉。一日，書來曰：「願有以記此堂而名其室，以幸教我，且使來者與有聞焉。」予惟王制之篇雖傳以爲漢博士官所出，然其所謂「刑一成而不可變，故君子盡心焉」者，語約而意周，教明而戒密，意其或者古之遺言也與〔一〕。今伯崇既躬行之，而又以名其堂，欲其出入起居，仰而見之，常有以自警也。以爲未足，又取大易電雷之象、明斷之義，與夫剛柔上下、淺深難易之説，金矢黄金、艱貞貞厲之戒，揭於坐右，而以蚤夜覽觀焉，此其志豈以一得其情而遽喜者哉。然猶懼夫學之未至，而於父子之親、君臣之義，纖微之間有所未察，則雖欲悉其聰明、致其忠愛，而不知所以權之，故又爲退食燕居之所於其後，以便講學，此則尤非今之爲吏者所能及也。昔子路曰：「有民人焉，有社稷焉，何必讀書然後爲學？」此言近是，而夫子惡之，然則仕本於學，而學必讀書，固孔門之遺法也。因請命其室曰「讀書之室」，而悉記其本末如此以遺之。伯崇家傳正學，於道有聞，而其小試之效又已孚於上下如此，此其所以讀書者必有以異乎人之讀之矣。伯崇平居退然，若不能言，遇事泛然，若無所主，予雖知之深，亦未嘗不喜其温厚之有餘，而憂其强毅之不足也。今一行作吏，其所以自樹立者乃如此，而世之聰明才智之士，計其當官之效宜可以遠過于伯崇者，或乃反不能及，予於此又竊獨有感焉。因并書之，以風曉當世，且以厲來者於無窮。伯崇名念德，建安人，與予有世舊，且有連又相好也。乾道癸巳二月丁亥，新安朱熹記。

校記 〔一〕意：原缺，據宋浙本補。

編年 據文中所署。

蘄州教授廳記〔一〕

乾道九年七月

乾道八年秋，予友建安李君宗思爲蘄州學官。始至，入學釋菜，召諸生坐堂上而告之曰：「朝廷立學建官，所以教養人才而待其用，德意甚美〔二〕。宗思不佞，得備選焉，深惟淺陋，懼不能稱。今將有以告二三子者，而相與朝夕乎古人爲己之學，庶以無負朝廷教養之意。二三子其亦有意於斯乎？」諸生起而對曰：「諸生不敏，惟先生有以教之，則幸甚。」於是李君退即其居，則距學且十里所。李君顧而嘆曰：「學官宜朝夕于學，與諸生相切磋者。其相距之遠，可若是耶？」翌日，相學之東偏有廢壞焉，請於州，願得爲屋以居，而日往來於學，以供厥事。於是通守北海王侯某實領州符，嘉李君之意，而悉其力以相之。役不逾時，遂以備告。然後李君得以日至於學，進諸生而教誨之。蓋使之潛思乎論語、孟氏之書以求理義之要，又考諸編年、資治之史以議夫事變之得失焉，日力有程，不躐不惰，探策而問，勸督以時，凡以使之知所以明善修身之方、齊家及國之本，而於詞藝之習，則後焉而不之急也。既又禮其士之賢有德者李君之翰而與之居，凡學之教治〔三〕，悉使聽焉。由是蘄之爲士者，始知所以爲士之事而用其力。李君亦喜其教之行而將有成也，礱石於堂，考前爲是官者，得自某人以下若干人之名氏歲月刻之，而以書屬予，使因記其所以然者。予惟李君之教可能也，而其所以教者則非世儒之所及〔四〕。王侯之垂意於學可及也，而其不以李君之説爲迂闊於事者，則非俗吏之所能〔五〕。是皆宜書，以詔於後。蓋非獨使繼李君而居此者有所考法，抑亦承流千里而師帥其民者之所宜知也。於是悉書其本末如此，俾刻置題名之首云。九年秋七月壬子，新安朱熹記。

校記

〔一〕淳熙本「州」下有「州學」二字。

〔二〕甚美：右引作「深矣」。

〔三〕治：右引作「詔」。

〔四〕及：右引作「能」。

〔五〕能：右引作「及」。

編年　據文中所署。

建寧府建陽縣主簿廳記 乾道九年八月一日

縣之屬有主簿，秩從九品，縣一人，掌縣之簿書。凡户租之版，出内之會，符檄之委，獄訟之成，皆總而治之，勾檢其事之稽違與其財用之亡失，以贊令治，蓋主簿之爲職如此。而予嘗竊論之，以爲縣之治雖狹，而於民實甚親；主其簿書者秩雖卑，而用人之得失，其休戚於民實甚重。顧今銓曹所領員以百數，既不容有所推擇，而爲令者又往往私其政，不以及其屬，是以官多不得其人，而人亦不得其職。舉天下之縣，偶能其官者，計百不一二，然亦不過能取夫户租之版而朱墨之耳。若其他，則固不得而與焉，而亦莫或知其職之曠也。建陽縣主簿之廨，故在縣治西墉下，自建炎中火于盗，而寓於浮屠之舍，距縣且三里所。蓋主簿之不得司其局者，四十有餘年矣。今右通直郎池陽王君渥來知縣事〔一〕，則計復焉而未克舉。及主簿括蒼葉君之基至〔二〕，而尤以不得蚤夜其職爲憂，乃請於縣而卒成之。自經始以至迄事，凡百餘日，爲屋餘百楹〔三〕，其費得縣之羡錢五十萬，粟斛百。凡故地之入于民居者，則皆正於舊籍而不之奪也。明年，葉君以書具其本末〔四〕，屬予記。予佳王君之不私其政與葉君之能憂其職也，則爲推本其所以設官之意，并叙其事而書之，以告來者，俾無曠於其職。既又因葉君之請，取孔子爲委吏時語，名其東偏之室曰「當齋」，其意蓋與此相表裏云。乾道九年秋八月辛酉朔，新安朱熹記。

校記　〔一〕渥：原作「某」，據淳熙本改。

〔二〕之基：原作「某」，據右引改。

〔三〕餘百：原作「若干」，據右引改。

〔四〕其：原缺，據右引補。

編年 據文中所署。

評論 周大璋朱子古文讀本卷三建寧府建陽縣主簿廳記：立意與昌黎藍田尉廳壁記相似。彼奇峭，此疏暢，小小題目，説得絶有關係如此。先儒云：「一命皆可濟物，微秩豈容曠官？」當官者幸爲書紳。

南劍州尤溪縣學記〔一〕

乾道九年十月一日

乾道九年九月，尤溪縣修廟學成，知縣事會稽石君嶅以書來，語其友新安朱熹曰：「縣之學故在縣東南隅，其地隆然以高，面山臨流，背囂塵而挹清曠，於處士隸業爲宜〔二〕。中徙縣北源上，後又毀而復初。然其復也，士子用陰陽家説，爲門斜指寅卯之間以出，而自門之内，因短就狹，遂無一物不失其正者。嶅始至而病焉，顧以敎學之初，未遑外事，歲之正月，乃始撤而新之。既使夫門堂齋序、庫庾庖湢無一不得其正，而又度作重屋于堂之東，以奉先賢，以尊古訓。唯殿爲因其舊，然亦繚以重櫩，嚴其陛楯。而凡像設之不稽于古者，則使視諸太學而取正焉。靡金錢蓋四十萬，用人力三萬工，不資諸士，不取諸民，而事以時就。意者吾子亦樂聞之，儻辱記焉，以幸教其學者於無窮，是則嶅之幸也。」

熹惟石君之爲是役也，則固已可書矣。抑熹嘗得游於石君，而知其所以學者，蓋皆古人爲己之學；又嘗以事至於其邑，而知其所以教者，又皆深造自得之餘。是則其爲可書，蓋有大於此役者。熹雖不敏，誠竊樂得推本而備論之，是以承命而不辭焉。蓋熹聞之，天生斯人，而予之以仁、義、禮、智之性，而使之有君臣、父子、兄弟、夫婦、朋友之倫，所謂民彝者也。惟其氣質之稟不能一於純秀之會，是以欲動情勝，則或以陷溺而不自知焉。古先聖王爲是之故，立學校以教其民。而其爲教，必始於洒掃應對進退之間，禮、樂、射、御、書、數之際，使之敬恭朝夕，修其孝弟忠信而無違也，然後從而教之格物致知以盡其道，使知所以自身及家、自家及國而達之天下者，蓋無二理。其正直輔翼、優柔漸漬〔三〕，必使天下之人皆有以不失其性，不亂其倫而後已焉。此二帝三王之盛，所以化行俗美、黎民醇厚而非後世之所能及也。自漢以來，千有餘歲，學校之政，與時盛衰，而其所以爲教者，類皆不知出此。至於所以勸勉懲督之者，又多不得其方，甚者至或使之重失其性、益亂其倫而不悟，是不亦可悲也哉。至于我宋，文治應期，學校之官遍于郡縣。其制度詳密，規摹宏遠，蓋已超軼漢唐而娓娓乎唐虞三代之隆矣。而有司無仲山甫將明之材，不能祇承德意，若稽治古，使學校之所以爲教者卓然有以遠過於近代，儒先君子或遺恨焉。今石君乃獨能學乎古之學，而推之以行於今，使其學者惟知修身窮理，以成其性、厚其倫之爲事，而視世俗之學所以干時取寵者有不屑焉，是則石君所以敷教作人，可書之大者，其視葺新廟學一時之功爲如何哉。然是役也，石君之意亦將以尊嚴國家教化之宮，而變其學者之耳目，使之有以養於外而齊其内，非徒以誇壯觀、飾游聲而已也。蓋其敷教作人之功於是爲備，惜乎所試者小而所及之不遐也，故特序其本末而悉書之。蓋非特明石君之志以厲其學者，且將以風天下之凡爲郡縣者，使其皆以石君之心爲心焉，則聖人之道、聖人之化將不憂其不明於天下矣。是歲冬十月庚申朔記。

校記 〔一〕此篇淳熙本文字出入頗大，兹附於後，以備參考。

〔二〕隸：原作「肄」，據右引及宋閩、浙本改。

〔三〕柔：原作「游」，據宋閩、浙本改。

編年 據文中所署。

評論 周大璋朱子古文讀本卷三南劍州尤溪縣學記：說理與諸篇同。文氣汪洋灝瀚，如春水怒生，江河溪沚，無不溢溢。韓潮蘇海，未足爲多。

附：南劍州尤溪縣新修學記

乾道九年月日，尤溪縣修廟學成。知縣事會稽石君嵤以書來，語其友某曰：「縣之學故在縣之東南隅，其地隆然以高，面山臨流，背囂塵而挹清曠，於處士隸業爲宜。中徙縣北原上，後又毁而復初。然其復也，士子用陰陽家説，爲門斜指寅卯之間以出，而門之内遂無一物不失其正者。嵤始至而病焉，顧以講學之初，未遑外事。今年正月，度材鳩工，乃克告備。於是始撤而更新之，改作門堂齋序而大其藏書之閣，下至庫庾庖湢，亦使無一不得於正。蓋縻金錢若干萬，人力若干工，不求諸士，不取諸民，而事以時就。吾子既樂聞之，儻辱記焉，而因有以勵其學者，則嶅之幸也。」某惟往歲嘗以事至尤溪，見石君所以化於邑者，莫非古人爲己之學，固已深悦而屢嘆之。矧其振弊圖新，以克有立，又有如今所聞者，則其於屬筆之意，雖欲以固陋辭，其可得乎？乃不復辭而序其本末如此，且誦所聞以告夫二三子者曰：

天生斯人而予以仁、義、禮、智之性，使之有君臣、父子、兄弟、夫婦、朋友之倫，所謂民彝者也。惟其氣質之稟不能一於純秀之會，是以物感情動，則日以陷溺而不自知焉。古先聖王爲是之故，立學校以教之。而其爲教，必始於洒掃應對進退之間，禮、樂、射、御、書、數之習，使之敬恭朝夕，修其孝悌忠信而無遺焉，然後格物以致其知，修身齊家以達於治國平天下，期以不失其性、不亂其倫而後已。然自秦漢以來，千有餘歲，上之所以教，下之所以學，莫有知出此者。以故學校遍天下，而人材風俗□□□學所破壞，或使之重失其性、益亂其倫而不□□□□可悲也哉！石君生於此俗，乃能挺然自立，以學□□□□又能推之以教其人而不倦焉，其可尚已！今□□□□以惡夫宫墻宇室之不得其正而悉其力以□□□□所以根乎内而警乎外者，又何如哉。二三子□□□□警教之意，以求其學之所在而用力焉，則去□□□□而厚倫者，亦不可勝用矣。顧今之爲吏者，不得久於其官以須教化之效，誠懼邑人之於石君之教或有時而忘之也，因并記是説，請刻石置廡下，以詔其學者於無窮云。

建寧府崇安縣五夫社倉記 淳熙元年五月

乾道戊子春夏之交，建人大饑。予居崇安之開耀鄉，知縣事諸葛侯廷瑞以書來，屬予及其鄉之耆艾左朝奉郎劉侯如愚曰：「民饑矣，盍爲勸豪民發藏粟，下其直以振之？」劉侯與予奉書從事，里人方幸以不饑。俄而盗發浦城，距境不二十里，人情大震，藏粟亦且竭。劉侯與予憂之，不知所出，則以書請于縣于府。時敷文閣待制信安徐公嘉知府事，即日命有司以船粟六百斛泝溪以來。劉侯與予率鄉人行四十里，受之黄亭步下。歸，籍民口大小仰食者若干人，以率受粟。民得遂無饑亂以死，無不悦喜歡呼，聲動旁邑。於是浦城之盗無復隨和而束手就擒矣。及秋，徐公奉祠以去，而直敷文閣東陽王公淮繼之。是冬有年，民願以粟償官貯，里中民家倉廩皆滿，議將輦載以歸有司〔一〕，而王公曰：「歲有凶穰，不可前料。後或艱食，得無復有前日之勞？其留里中而上其籍於府〔二〕。」劉侯與予既奉教，及明年夏，又請于府曰：「山谷細民無蓋藏之積，新陳未接，雖樂歲，不免出倍稱之息貸食豪右，而官粟積於無用之地，後將紅腐，不復可食。願自今以來，歲一斂散，既以紓民之急，又得易新以藏，俾願貸者出息什二，又可以抑僥倖、廣儲蓄，即不欲者，勿强。歲或不幸，小饑則弛半息，大侵則盡蠲之，於以惠活鰥寡，塞禍亂原〔三〕，甚大惠也。請著爲例。」王公報皆施行如章。既而王公又去，直龍圖閣儀真沈公度繼之。劉侯與予又請曰：「粟分貯民家，於守視出納不便，請度地里中〔四〕，放古法，爲社倉以儲之。不過出捐一歲之息，宜可辦。」沈公從之，且命以錢六萬助其役。於是得籍坂黄氏廢地而鳩工度材焉〔五〕。經始於七年五月而成於八月，爲倉三，亭一，門墻守舍，無一不具。司會計、董工役者，貢士劉復、劉得輿〔六〕、里人劉瑞也〔七〕。既成，當受輸，劉侯與予又請得縣官一人參掌出納，於是尉潘子韶以檄來。明年夏〔八〕，而劉侯之官江西莫府，予又請曰：「復與得輿皆有力於是倉〔九〕，而劉侯之子將仕郎琦嘗佐其父於此，其族子右修職郎玶亦廉平有謀，請得與并力。」府以予言悉具書禮請焉，四人者遂皆就事。方且相與講求倉之利病，具爲條約，會丞相清源公出鎮兹土〔十〕，入境問俗，予與諸君因得具以所爲條約者迎白於公。公以爲便，則爲出教，俾歸揭之楣間，以視來者〔十一〕。於是倉之庶事細大有程，可久而不壞矣。

予惟成周之制，縣都皆有委積，以待凶荒。而隋唐所謂社倉者，亦近古之良法也。今皆廢矣，獨常平義倉尚有古法之遺意。然皆藏於州縣，所恩不過市井惰游輩。至於深山長谷，力穡遠輸之民，則雖飢餓瀕死而不能及也。又其爲法太密，使吏之避事畏法者，視民之殍而不肯發，往往全其封鐍，遞相付授，至或累數十年，不一訾省。一旦甚不獲已，然後發之，則已化爲浮埃聚壤而不可食矣〔十二〕。夫以國家愛民之深，其慮豈不及此？然而未之有改者，豈不以里社不能皆有可任之人，欲一聽其所爲，則懼其計私以害公；欲謹其出入，同於官府，則鉤校靡密，上下相遁，其害又必有甚於前所云者，是以難之而有弗暇耳。今幸數公相繼，其愛民慮遠之心皆出乎法令之外，又皆不鄙吾人以爲不足任，故吾人得以及是。數年之間，左提右挈，上説下教，遂能爲鄉閭立此無窮之計。是豈吾力之獨能哉，惟後之君子視其所遭之不易者如此，無計私害公，以取疑於上，而上之人亦毋以小文拘之，如數公之心焉，則是倉之利，夫豈止於一時？其視而效之者，亦將不止於一鄉而已也。因書其本末如此，刻之石，以告後之君子云。淳熙甲午夏五月丙戌，新安朱熹記。

校記

〔一〕「里中」二句：「倉廥皆滿議」五字原缺，據淳熙本補。

〔二〕其：右引作「止」。

〔三〕禍：右引作「絕」。

〔四〕度地里中：原缺，據右引補。

〔五〕籍坂：右引作「交溪」。

〔六〕得：右引作「德」。

〔七〕瑞：右引作「端」。

〔八〕「當受翰」以下原缺，據右引補。

〔九〕得：右引作「德」。

〔十〕右引「會」下有「右」字。

〔十一〕來者：右引作「久遠」。

〔十二〕浮：右引作「積」。

編年

據文中所署。

評論

楊慎鄖山正論：黄鄖山答蜀人黄制參有大書曰：「考亭於介甫愛而不知其惡，於東坡憎而不知其善，迹則誠有之，然特激於汪玉山一時往復之書然爾。玉山極口稱譽東坡，考亭方辨之，玉山再護東坡，則考亭遂深求東坡之短，遂有寧可取介甫之説，介甫因此得考亭救得數語。考亭有性氣，此一時有激不平之言，非平日議論之正也，介甫亦可謂僥倖甚矣。然其苗脉，亦從爲伊川護法中來。甚至介甫作詩罵昌黎，而考亭亦以其詩爲是。平生克治其身如考亭，因爲門庭，有此等偏處，亦不自覺，則後學可不深自警也哉。」鄭山，朱子門人之門人也，其言如此，可謂朱子之忠臣矣。然朱子此論，非特有激於汪應辰，其陰拱介甫之意，往往發見。余觀張南軒與朱元晦書曰：「聞兄在鄉里，因歲歉請於官，得米儲之，而春秋償其所取之息。或者妄有散青苗之譏，兄聞之，作而言曰：介甫獨有散青苗之一事是耳。奮然作社倉記，以述此意，某以爲過矣。是乃意之所加，不自知其偏者也，不可作小病看，異日流弊，恐不可言。」南軒此論，可謂朱子之諍友矣。朱子他日又録安石爲名臣，而躋之韓、范、富、歐之間，此豈亦有激於何人乎。嗚呼！於東坡乎何損，於半山乎何益，獨可爲大儒惜耳。朱子學孔孟者也，孔孟平日之論，曷嘗譽驩兜而貶元凱乎？朱子嘗謂陳同甫躋漢唐於三代，是精金頑鐵作一鍋銷。朱子以安石與韓、范齊名，何不分別金鐵之甚邪。

周大璋朱子古文讀本卷三建寧府崇安縣五夫社倉記：敘社倉所由起，更歷諸公，漸次經畫，其制始定。已與劉侯總理其事，始終一致。又得諸劉佐之，上下相須，始有成績，可知其所遭之不易也。層次寫來，如指上羅紋，歷歷可數。後幅以古制拘牽，形出今法盡善，而歸結於上下任事之人。一篇大旨盡此數語中，只看前路敘事提掇處自見。　文不難於議論，而難於敘事，坡公所以未及韓、歐此也。看此文敘法，何等歷落。

朱熹文集編年評注卷七十八

記

百丈山記淳熙元年夏

登百丈山三里許，右俯絶壑，左控垂崖，叠石爲磴，十餘級乃得度。山之勝，蓋自此始。循磴而東，即得小澗，石梁跨於其上。皆蒼藤古木，雖盛夏亭午無暑氣。水皆清澈，自高淙下，其聲濺濺然。度石梁，循兩崖曲折而上，得山門。小屋三間，不能容十許人。然前瞰澗水，後臨石池，風來兩峽間，終日不絶。門内跨池，又爲石梁，度而北，躡石梯數級入庵。庵纔老屋數間，卑庳迫隘，無足觀。獨其西閣爲勝，水自西谷中循石罅奔射出閣下，南與東谷水并注池中。自池而出，乃爲前所謂小澗者。閣據其上流，當水石峻激相搏處，最爲可玩。乃壁其後無所睹，獨夜卧其上，則枕席之下終夕潺潺，久而益悲，爲可愛耳。出山門而東十許步，得石臺，下臨峭岸，深昧險絶。於林薄間東南望，見瀑布自前巖穴瀵涌而出，投空下數十尺，其沫乃如散珠噴霧，日光燭之，璀璨奪目，不可正視。臺當山西南缺，前揖廬山，一峰獨秀出，而數百里間，峰巒高下，亦皆歷歷在眼。日薄西山，餘光橫照，紫翠重疊，不可殫數。旦起下視，白雲滿川，如海波起伏。而遠近諸山出其中者，皆若飛浮來往，或涌或没，頃刻萬變。臺東徑斷，鄉人鑿石容磴以度，而作神祠於其東，水旱禱焉。畏險者或不敢度，然山之可觀者，至是則亦窮矣。余與劉充父、平父、吕叔敬、表弟徐周賓游之，既皆賦詩以紀其勝，余又叙次其詳如此，而最其可觀者，石磴、小澗、山門、石臺、西閣、瀑布也，因各别爲小詩，以識其處，呈同游諸君，又以告夫欲往而未能者。年月日記。

編年 據年譜長編。

評論 周大璋朱子古文讀本卷三百丈山記：如行山陰道上，應接不暇；如披輞川畫圖，把玩不盡。文中仙境。

雲谷記 淳熙二年七月

雲谷在建陽縣西北七十里廬山之顛〔一〕，處地最高，而群峰上蟠，中阜下踞，内寬外密，自爲一區。雖當晴晝，白雲坌入，則咫尺不可辨，眩忽變化，則又廓然莫知其所如往。乾道庚寅，予始得之，因作草堂其間，榜曰「晦庵」。

谷中水西南流七里所，至安將院東，茂樹交陰，澗中巨石相倚，水行其間，奔迫澎湃，聲震山谷。自外來者至此，則已神觀蕭爽，覺與人境隔異，故榜之曰「南澗」，以識游者之所始。循澗北上，山益深，樹益老。澗多石底，高下斗絕，曲折回互。水皆自高瀉下，長者一二丈，短亦不下數尺。或詭匿側出，層累相承，數級而下。時有支澗自兩旁山谷横注其中，亦皆噴薄濺灑可觀〔二〕。行里餘，俛入薈翳百餘步，巨石臨水，可跂而息。澗西危石側立，蘚封蔓絡，佳木異草上偃旁綴，水出其下，淙散激射於澗中，特爲幽麗。下流曲折十數，騰蹙沸涌，西抵横石如齟齬者，乃曳而長，演迤徐去。欲爲小亭臨之，取陸士衡招隱詩語，命以「鳴玉」而未暇也〔三〕。自此北去，歷懸水三四處，高者至五六丈，聚散廣狹，各有姿態，皆可爲亭，以賞其趣。又北，捨澗循山，折而東行，腳底草樹膠葛，不可知其淺深。其下水聲如雷，計應猶有佳處，而亦未暇尋也。行數百步，得石壁，高廣皆百餘尺。瀑布當中而下，遠望如垂練，視澗中諸懸水爲最長。徑當其委，跳揭而度，回視所歷，群山皆撫其頂。獨西北望，半山立石叢木，名豺子巖者，槎牙突兀，如在天表。然石瀑窮源，北入雲谷，則又已俯而視之矣。地勢高下，大略於此可見。

谷口距狹爲關，以限内外。兩翼爲軒窗，可坐可卧，以息游者。外植叢篁，内疏蓮沼，梁木跨之〔四〕，植杉繞徑。西循小山而上，以達於中阜。沼上田數畝，其東欲作田舍數間，名以「雲莊」。徑緣中阜之足北入泉峽〔五〕，歷石池、山楹、藥圃、井泉、東寮之西，折旋南入竹中，得草堂三間，所謂晦庵也。山楹前直兩峰，峭聳傑立，下瞰石池，東起層嶂，其脅可耕者數十畝。寮有道流居之，自中阜以東，可食之地無不闢也。草堂前隙地數丈，右臂繞前，起爲小山，植以椿桂蘭蕙，悄蒨岑蔚。南峰出其背，孤圓貞秀，莫與爲擬。其左亦皆茂樹修竹〔六〕，翠密環擁，不見間隙。俯仰其間，不自知其身之高、地之迴，直可以旁日月而臨風雨也。堂後結草爲廬，稍上山頂北望，俯見武夷諸峰。欲作亭以望，度風高不可久，乃作石臺，名以「懷仙」。小山之東徑，繞山腹、穿竹樹，南出而西，下視山前村墟井落，隱隱猶可指數。然亦不容置屋，復作臺〔七〕，名以「揮手」。南循岡脊下，得横徑。徑南即谷口小山，其上小平，田甿即以祈年，因命之曰「雲社」。徑東屬杉徑，西入西崦。西崦有地數十畝，亦有道流結茅以耕其間，曰「西寮」。其西山之脊，蟠繞東下，與南峰西垂相齧，而谷口小山介居其間，如巨人垂手，拱玩珠璧〔八〕。兩原之水合於其前，出爲南澗。東寮北有桃蹊、竹塢、漆園，度北嶺，有茶坡。

自茶陂東北行〔九〕，攀危石、履側徑，其下蓬蓬然者數十步〔十〕，行東峰之顛，下而復上，乃至絕頂。平處劣丈餘，四隤皆巉削，下數百丈，使人眩視，悸不自保。然俯而四瞰，面各數百里，連峰有無，遠近環合，彩翠雲濤，昏旦萬狀，亦非世人耳目所嘗見也。予嘗名湘西岳麓之頂曰「赫曦臺」，張伯和父爲大書，甚壯偉。至是而知彼爲不足以當之，將移刻以侈其勝。絕頂北下有魏林，横帶半巖，木氣辛烈，可已痁疾〔十一〕，疑即方家所用阿魏者。林下巖中滴水成坎，大如栖椀，不竭不溢，里人謂之「顯濟」，水旱禱焉。又下爲北澗，有巨石二，對立澗旁，嶙峋嶒崒，古木彌覆，藤卉蒙絡，最爲山北奇處。里人名其左曰「仁」，右曰「義」，歲時奉祠如法。聞自是東北去，有瀑布出油幢峰下石崖隙下，水瀉空中數十丈，勢尤奇壯。東南別谷有石室三〔十二〕，皆可居。其一尤勝，比兩房，中通側户，旁近水泉，可引以漱濯，然皆未暇往觀。自東嶂南出小嶺下數十步，有巨石贔屭，下瞰絕壑，古木叢生，樛枝横出，是爲中溪。别徑下入村落，其中路及始入南澗西崖小瀑之源，各有石田數畝，村民以遠且瘠，棄不耕。皆以貲獲之，歲給守者，以其餘奉增葺費，勢若可以無求於外而足者。

蓋此山自西北横出，以其脊爲崇安、建陽南北之境，環數百里之山，未有高焉者也。此谷自下而上，得五之四，其曠然者可望，其奥然者可居。昔有王君子思者，棄官棲遁，學練形辟穀之法，數年而去。今東寮即其居之遺址也。然地高氣寒，又多烈風，飛雲所霑，器用衣巾皆濕如沐。非志完神王、氣盛而骨强者，不敢久居。其四面而登，皆緣崖壁、援蘿葛，崎嶇數里，非雅意林泉、不憚勞苦者，則亦不能至也。自予家西南來，猶八十餘里，以故它人絕不能來，而予亦歲不過一再至。獨友人蔡季通家山北二十餘里，得數往來其間。自始營葺，迄今有成，皆其力也。然予常自念，自今以往十年之外〔十三〕，嫁娶亦當粗畢，即斷家事，滅景此山。是時山之林薄當益深茂，水石當益幽勝，館宇當益完美，耕山釣水，養性讀書，彈琴鼓缶，以詠先王之風，亦足以樂而忘死矣。顧今誠有所未暇，姑記其山水之勝如此，并爲之詩，將使畫者圖之，時覽觀焉，以自慰也。

山楹所面雙峰之下，昔有方士吕翁居之，死而不腐，其地亦孤絕殊勝。本屬山北民家，今亦得之，名曰「休庵」。蓋凡耕且食於吾山者，皆翁之徒也。往往淳質清浄，能勞筋骨以自給，人或犯之，不校也。有少年棄妻子從之，問其所授受，笑不肯言。然久益堅苦，無怨悔之色。嗚呼！是其絕滅倫類，雖不免得罪於先王之教，然其視世之貪利冒色、湛溺而不厭者，則既賢矣。因附記之，且以自警云。淳熙乙未秋七月既望，晦翁書。

校記

〔一〕七：淳熙本作「六」。

〔二〕右引「灑」下有「有」字，句末有「者」字。

〔三〕「取陸」二句：右引作「取謝康樂『揭石挹飛泉』語名之，而未暇也。」

〔四〕梁木：右引作「爲梁」。

〔五〕泉：右引作「梅」。

〔六〕其、亦：右引作「堂」、「右」。

〔七〕「然亦」二句：右引作「欲作亭」。

〔八〕拱：右引作「掬」。

〔九〕自荼陂：原缺，據右引補。

〔十〕此句原缺，據右引補。

〔十一〕痁：原作「痞」，據右引改。

〔十二〕東南別谷：右引作「自絕頂東南去」。

〔十三〕十、外：右引作「數」、「間」。

編年 據文中所署。

評論 周大璋朱子古文讀本卷三雲谷記：逐層描寫，來踪去迹，歷歷分明，離合橫鈎，詳略滅没，真有煙雲杳靄、倏忽萬狀之妙。朱評以爲足令道元失色、子厚減價，良然。

名堂室記 乾道八年

紫陽山在徽州城南五里〔一〕，嘗有隱君子居焉，今其上有老子祠。先君子故家婺源，少而學於郡學，因往游而樂之。既來閩中，思之獨不置，故嘗以「紫陽書堂」者刻其印章，蓋其意未嘗一日而忘歸也。既而卒不能歸，將没，始命其孤熹來居潭溪之上，今三十年矣。貧病苟活，既不能反其故鄉，又不能大其閭閻，以奉先祀，然不敢忘先君子之志，敬以印章所刻，榜其所居之聽事，庶幾所謂「樂，樂其所自生；禮，不忘其本」者，後世猶有考焉。

先君子又每自病其卞急害道，尉尤溪時，嘗取古人佩韋之義，榜其聽事東偏之室曰「韋齋」，以燕處而讀書焉。延平羅公先生仲素實記之，而沙陽曹君令德又爲之銘。官署中更盜火，無復遺迹。近歲熹之友石君子重知縣事，始復榜焉，且刻記銘於石，以示後來。熹惟先君子之志不可以不傳於家，而熹之躁迫滋甚，尤不可以忘先人之戒，則又取而揭之於寢，以自鞭策，且示子孫。蓋聽事、寢堂，家之正處，今皆以先君子之命命之。嗚呼！熹其敢不夙興夜寢，陟降在兹，無或不虔，以忝先訓？

晦堂者，燕居之所也。熹生十有四年，而先君子棄諸孤，遺命來學於籍溪胡公先生、草堂、屏山二劉先生之門。先生飲食教誨之，皆無不至，而屏山獨嘗字而祝之曰：「木晦於根，春容曄敷。人晦於身，神明内腴。」後事延平李公先生，先生所以教熹者，蓋不異乎三先生之説，而其所謂「晦」者，則猶屏山之志也。熹惟不能踐修服行，是以顛沛。今乃以是名堂，以示不敢忘諸先生之教，且志吾晦，而自今以始，請得復從事於斯焉。

堂旁兩夾室，暇日默坐，讀書其間。名其左曰「敬齋」，右曰「義齋」。蓋熹嘗讀易而得其兩言，曰「敬以直内，義以方外」，以爲爲學之要，無以易此，而未知其所以用力之方也。及讀中庸，見其所論修道之教，而必以戒慎恐懼爲始，然後得夫所以持敬之本。又讀大學，見其所論明德之序，而必以格物致知爲先，然後得夫所以明義之端。既而觀夫二者之功，一動一静，交相爲用，又有合乎周子太極之論，然後又知天下之理，幽明鉅細、遠近淺深，無不貫乎一者。樂而玩之，固足以終吾身而不厭，又何暇夫外慕哉。因以「敬」、「義」云者名吾二齋，且歷叙所以名夫堂室之意，以見熹之所以受命於父師，與其區區講學之所逮聞者如此，書之屋壁，出入觀省，以自詔云。

校記　〔一〕城南五：原缺，據弘治徽州府志、新安文獻志、正訛引徐樹銘朱子集補。

編年　據年譜長編。

評論　康熙御製文集第三集卷四十三：記堂室耳，而必溯父師之教，叙爲學之本，乃純乎義理之文。

周大璋朱子古文讀本卷三名堂室記：紫陽一生學力，盡於此文揭出，或得於父，或得於師，或得於己，分合變化，極離奇參錯之妙。歷觀名堂本意，可知古人篤志力學處。

古文眉詮卷七十七：文用分叙法。第一節叙聽事之名，以先人之志爲眼，不忘先志，節主。第二節敘寢堂之名，以先人之戒爲眼，不忘先戒，節主。（蓋聽事寢堂）特將二名一總，嚴先訓也。第三節敘燕居之名，以師教爲眼。祝語似銘，點「晦」字。不忘師教，節主。第四節敘兩夾室之名，以爲學之要爲眼，即是節主。吾師江陰楊文定公常言一生得力只「敬義夾持」四字，此其的傳也。（「樂而玩之」三句）以上直頭四節，作四篇記看。（「以見某」二句）簡語總束四節。五室劈分四節，創法老成。原本父師之緒言，昭揭聖學之指要，淵源途轍，深遠邃密。朱子生平居止服習之概，略具於此。

建康府學明道先生祠記 淳熙三年四月

資政殿大學士建安劉公珙居守建康之明年春二月〔一〕，始立明道先生之祠於學，而以書走新安之婺源抵熹，曰：「吾少讀程氏書，則已知先生之道學德行實繼孔孟不傳之統。顧學之雖不能至，而心鄉往之。及來此邦，屬邑有上元者，先生少日宦游處也。考之書記，均田塞堤，及民之政爲多；脯龍折竿，教民之意亦備。然問諸故老以稽其實，則兵革變故之餘，風聲氣俗蓋已無復有傳者矣。始至慨然，即欲奉祠，以致吾意，使此邦之爲士者有以興於其學，爲吏者有以法於其治，爲民者有以不忘於其德。不幸歲適大侵，救饑之事方急，於今乃克成其志。以吾子之嘗誦其詩而讀其書也，故願請文以記之。」既而府學教授孫君某、沈君某亦以書來，申致公意，且具道公始之所以焦勞而未及，與今之所以暇豫而得爲者，其語詳焉。

熹發書，喟然仰而嘆曰：「尊賢尚德，公之志則美矣。既富而教，公之政則得矣。屬筆於我，公之意則勤矣。雖然，先生之學自其大者而言之，則其所謂考諸前聖而不謬，百世以俟後聖而不惑者，蓋不待言而喻。自其小者而言之，則上元之政，於先生之遠者大者，又懼其未足以稱揚也，吾何言哉。」於是伏而思之，先生之學固高且遠矣，然其教人之法，必自致知、正心、誠意至於治國平天下，灑掃應對至於窮理盡性〔二〕，循循有序，而嘗病世之學者捨近求遠，處下窺高，所以輕自大而卒無得焉，則世之徒悦其大者，有所不察也。上元之政誠若狹而近矣，然其言有曰：「一命之士，苟存心於愛物，於人必有所濟」，則其中之所存者，又烏得以大小而議之哉？區區不敏，竊願以是承公之命，庶幾於公之志、先生之學兩有補焉。又惟公之忠言大慮既已效於朝廷，今雖在外，而其所以救菑弭患者又如此其汲汲也，則於先生之所存，必有深感而默契於中者矣。其祠之也，豈獨以致其尊賢尚德之意，使民不忘而已哉。若夫推公之志，而以先生之所以教者教其人，使之從事於爲己愛人之實，而無虚言躐等之弊，是則孫、沈二君之任也歟。二君勉旃，熹於是其有望焉耳矣〔三〕。淳熙三年夏四月丙申，新安朱熹記。

校記　〔一〕珙、二：原均作「某」，據淳熙本改。

〔二〕「必自致知」以下原缺，據右引補。

〔三〕其：右引作「亦」。

編年　據文中所署。

評論　周大璋朱子古文讀本卷三建康府學明道先生祠記：一命之士，存心愛物，於人必有所濟。蓋任有大小，道無大小。委吏乘田，即平地成天手段，故公之道德學行不得以上元之政而小之也。胸有原本，隨口説來，無不高人數百層。其委曲詳盡處，更自點水不漏。

徽州婺源縣學藏書閣記 淳熙三年六月一日

道之在天下，其實原於天命之性，而行於君臣、父子、兄弟、夫婦、朋友之間；其文則出於聖人之手，而存於易、書、詩、禮、樂、春秋、孔、孟氏之籍，本末相須，人言相發，皆不可以一日而廢焉者也。蓋天理民彝，自然之物，則其大倫大法之所在，固有不依文字而立者。然古之聖人欲明是道於天下而垂之萬世，則其精微曲折之際，非託於文字，亦不能以自傳也。故自伏羲以降，列聖繼作，至于孔子，然後所以垂世立教之具粲然大備。天下後世之人自非生知之聖，則必由是以窮其理，然後知有所至而力行以終之，固未有飽食安坐、無所猷爲而忽然知之、兀然得之者也。故傅説之告高宗曰「學于古訓乃有獲」，而孔子之教人亦曰「好古敏以求之」，是則君子所以爲學致道之方，其亦可知也已。然自秦漢以來，士之所求乎書者，類以記誦剽掠爲功，而不及乎窮理修身之要，其過之者則遂絕學捐書，而相與馳騖乎荒虛浮誕之域，蓋二者之蔽不同，而於古人之意則胥失之矣。嗚呼，道之所以不明不行，其不以此與！

婺源學官講堂之上有重屋焉，榜曰「藏書」，而未有以藏。莆田林侯慮來知縣事〔一〕，始出其所寶大帝神筆石經若干卷以填之，而又益廣市書，凡千四百餘卷，列庋其上〔二〕，俾隸業者得以講教而誦習焉〔三〕。熹故邑人也，而客於閩。兹以事歸而拜於其學，則林侯已去而仕於朝矣。學者猶指其書以相語感嘆久之。一旦，遂相率而踵門，謂熹盍記其事，且曰：「比年以來，鄉人子弟願學者衆，而病未知所以學也。子誠未忘先人之國，獨不能因是而一言以曉之哉？」熹起對曰：「必欲記賢大夫之績以詔後學、垂方來，則有邑之先生君子在，熹無所辱命。顧父兄子弟之言，又熹之所不忍違者，其敢不敬而諾諸。」於是竊記所聞如此，以告鄉人之願學者，使知讀書求道之不可已而盡心焉，以善其身、齊其家而及於鄉，達之天下，傳之後世，且以信林侯之德於無窮也。是爲記云。淳熙三年丙申夏六月甲戌朔旦，邑人朱熹記。

校記　〔一〕來：原缺，據淳熙本補。

〔二〕庋：原作「度」，據右引改。

〔三〕隸：原作「肄」，據右引改。

編年　據文中所署。

評論　周大璋朱子古文讀本卷三徽州婺源縣學藏書閣記：書以載道，讀書所以求道，歸本於實是，告以知所以學正旨。抑揚盡態，健筆凌雲。揭正旨於前而暢言之，入題後只作應筆淡淡收，宋集中章法多此種。

衢州江山縣學記〔一〕　淳熙三年七月

建安熊君可量爲衢之江山尉，始至，以故事見於先聖先師之廟。視其屋皆壞漏弗支，而禮殿爲尤甚，因問其學校之政，則廢墜不修又已數十年矣。於是俯仰嘆息，退而以告於其長湯君悅，請得任其事而一新焉。湯君以爲然，予錢五萬曰：「以是經其始。」熊君則遍以語于邑人之宦學者〔二〕，久之，乃得錢五十萬〔三〕，遂以今年正月癸丑始事，首作大成之殿，逾月訖功。棟宇崇麗，貌象顯嚴，位序丹青，應圖合禮。熊君既以復于其長，合群吏、率諸生而釋菜焉，則又振其餘財，以究厥事。列置門棘，扁以「奎文」，生師之舍，亦葺其舊。於是熊君乃復揖諸生而進之，使程其業，以相次第，官居廩食，弦誦以時。邑人有識者皆嗟嘆之，以爲尉本以逐捕盜賊爲官，苟食焉而不曠其事，則亦足矣。廟學興廢，豈其課之所急哉。而熊君乃能及是，是其志與材爲如何耶。

熹時適以事過邑，聞其言，則以語熊君曰：「吾子之爲是役，則善矣。而子之所以爲教，則吾所不得而聞也。抑先聖之言有之〔四〕：『古之學者爲己，今之學者爲人。』二者之分，實人材風俗盛衰厚薄之所繫，而爲教者不可以不審焉者也。顧予不足以議此，子之邑故有儒先曰徐公誠叟者，受業程氏之門人，學奧行高，講道於家，弟子自遠而至者，常以百數，其去今未遠也。吾意大山長谷之中，隘巷窮閻之下，必有獨得其傳而深藏不市者。爲我訪而問焉，則必有以審乎此而知所以爲教之方矣。」熊君謝曰：「走則敬聞命矣〔五〕，然此意也不可使是邑之人無傳焉，願卒請文，以識兹役而并列之。」熹不得而辭也，因悉記其事，且書其説如此，俾刻焉。既以勵熊君，且以視其徒，又以告凡後之爲師弟子而食于此者，使知所以自擇云爾。淳熙三年秋七月丙辰，新安朱熹記。

校記　〔一〕淳熙本「縣」下有「新」字。
〔二〕宦：原作「官」，據宋閩、浙本改。
〔三〕五：淳熙本作「六」。
〔四〕之：淳熙本作「云」。
〔五〕走：淳熙本作「是」。

編年　據文中所署。

評論　康熙御製文集第三集卷四十三：前幅褒美，後義更進一層。

拙齋記 淳熙三年十月一日

臨川太守趙侯景明視事之明年，政通人和，郡以無事。暇日，相便坐之北，循廡而西，入叢竹間，得前人所爲秋聲齋者，老屋數椽，人迹罕至，而其傾欹痺狹又特甚。意欣然樂之，因稍易其腐敗撓折之尤者而日居焉。間獨仰而嘆曰：「是室之陋，非予之拙，則孰宜居之哉。」乃更題其榜曰「拙齋」，而以書走武夷，謁予記曰：「吾之拙，甚懼不足以爲理。吾子因是而予之一言，庶乎其有以自警也。」

方是之時，予蓋未始得游於趙侯也，然其直諒之操、多聞之美，則聞有日矣。及其爲政於此邦也，奉法遵職，不作聰明而吏畏民安，境内稱治，則又聞之而加鄉往焉。今也乃於其言而得其志如此，則鄉之所聞者，於侯抑餘事也。誠竊樂聞其説，且復自念，若予之鄙樸頑鈍，蓋有甚於侯者，則亦仰而嘆曰：「趙侯所以名其齋者，爲足以見其志矣。然而非予之拙，則亦孰宜記之哉。抑嘗聞之，天下之事不可勝窮，其理則一而已矣。君子之學，所以窮是理而守之也，其窮之也，欲其通於一；其守之也，欲其安以固。以其一而固也，是以近於拙。蓋無所用其巧智之私而唯理之從，極其言，則正其誼不謀其利，明其道不計其功，是亦拙而已矣。趙侯之學，蓋將進此。然其所以託名者，則已卑矣。且猶不輕自信而必求所以警其心焉，則其志爲如何哉。若予之拙，乃其材之不足，而何足以語此？顧輒自予爲足以記侯之齋者，視侯之爲愧亦甚矣。雖欲善其辭說，其又何以爲觀省之助乎？然侯之所以見屬，有不可虛者，姑亦書此，以致予之意焉。」淳熙丙申冬十月壬申朔，新安朱熹記。

編年 據文中所署。

評論 周大璋朱子古文讀本卷三拙齋記：以己之拙與趙侯之拙彼此掩抑，自爲章法結構之妙，真風雨羅浮也。寫拙字名理盎然，與濂溪拙賦并壽穹壤。

復齋記 淳熙三年十月

昔者聖人作易，以擬陰陽之變，於陽之消於上而息於下也，爲卦曰復。復，反也，言陽之既往而來反也。夫大德敦化而川流不窮，豈假夫既消之氣以爲方息之資也哉，亦見其絕於彼而生於此，而因以著其往來之象爾。唯人亦然，太和保合，善端無窮，所謂復者，非曰追夫已放之心而還之、録夫已棄之善而屬之也，亦曰不肆焉以騁於外，則本心全體即此而存，固然之善自有所不能已耳。嗚呼！聖人於復之卦，所以贊其可見天地之心而又以爲德之本者，其不以此歟？

吾友黃君仲本以「復」名齋，而謁於予曰：「願得吾子之言以書于壁，庶乎其有以目在之而不忘也。」予不敢辭，而請其所名之意。仲本則語予曰：「吾之幼而學也，家公授以程氏之書，讀之而有不得於其説者，則以告而願請益焉。公曰：『思之。』又問，則曰：『反諸爾之身以求焉可也。』自吾之得是言也，居處必恭，執事必敬，其與人也必忠，如是以求之，三年而後有得也。然其存之也未熟，是以充之不周。往者不循其本，顧欲雜乎事物之間以求之，或乃反牽於外而益眩於其内〔一〕。今也既掃一室於家庭之側〔二〕，揭以是名而日居之，蓋將悉其温清定省之餘力以從事於舊學，庶乎真積力久，而於動静語默之間，有以貫乎一而不爲内外之分焉。然猶懼其怠而不能以自力〔三〕，是以願吾子之相之也。」

予惟仲本所以名齋之意，蓋與予之所聞者合，然其守之固而行之力，則吾黨之士皆有愧焉，則起謝曰：「僕之言未有以進於吾子，而子之賜於僕則已厚矣。且將銘諸心，移諸同志，以警夫空言外徇之敝，而豈敢有所愛於子之求哉。抑予聞之，古人之學，博文以約禮，明善以誠身，必物格而知至，而後有以誠意而正心焉。此夫子、顔、曾、子思、孟子所相授受，而萬世學者之準程也。仲本誠察於此，有以兩進而交養焉，則夫道學之體用、聖賢之德業，不在仲本而安歸乎。願書此言以記於壁，且將因其過庭之際而就正焉，予亦庶乎其又有以自新也。」淳熙丙申冬十月戊寅，新安朱熹記。

校記〔一〕乃、其：原缺，據淳熙本、宋閩、浙本補。

〔二〕掃：淳熙本作「創」。

〔三〕淳熙本「其」下有「或」字。

編年 據文中所署。

評論 周大璋朱子古文讀本卷三復齋記：善心來復，只在當下，操存知行并進，是其入手切要。指示親切，不涉虛渺，嘉惠後學，其有窮乎。

江州重建濂溪先生書堂記 淳熙四年二月

道之在天下者未嘗亡，惟其託於人者或絶或續，故其行於世者有明有晦。是皆天命之所爲，非人智力之所能及也。夫天高地下，而二氣五行紛綸錯糅，升降往來於其間，其造化發育、品物散殊，莫不各有固然之理。而最其大者，則仁、義、禮、智之性〔一〕，君臣、父子、昆弟、夫婦、朋友之倫是已〔二〕。是其周流充塞，無所虧間，夫豈以古今治亂爲存亡者哉。然氣之運也，則有醇漓判合之不齊；人之禀也，則有清濁昏明之或異。是以道之所以託於人而行於世者，惟天所畀〔三〕，乃得與焉，决非巧智果敢之私所能億度而强探也。河圖出而八卦畫，洛書呈而九疇叙，而孔子於斯文之興喪，亦未嘗不推之於天。聖人於此，其不我欺也審矣。若濂溪先生者，其天之所畀而得乎斯道之傳者與，不然，何其絕之久而續之易，晦之甚而明之亟也。蓋自周衰，孟軻氏没，而此道之傳不屬。更秦及漢，歷晉、隋、唐以至於我有宋，聖祖受命〔四〕，五星集奎，實開文明之運。然後氣之漓者醇，判者合，清明之禀得以全付乎人，而先生出焉，不繇師傳，默契道體，建圖屬書，根極領要。當時見而知之有程氏者，遂擴大而推明之，使夫天理之微、人倫之著、事物之衆、鬼神之幽，莫不洞然畢貫於一，而周公、孔子、孟氏之傳焕然復明於當世。有志之士得以探討服行而不失其正，如出於三代之前者。嗚呼盛哉！非天所畀，其孰能與於此？

先生姓周氏，諱敦頤，字茂叔，世家舂陵，而老於廬山之下，因取故里之號以名其川曰「濂溪」，而築書堂於其上。今其遺墟在九江郡治之南十里，而其荒茀不治，則有年矣。淳熙丙申，今太守潘侯慈明與其通守吕侯勝己始復作堂其處，揭以舊名，以奉先生之祀。而吕侯又以書來，屬熹記之。熹愚不肖，不足以及此。獨幸嘗竊有聞於程氏之學者，因得伏讀先生之書而想見其爲人。比年以來，屏居無事，常欲一泛九江，入廬阜，濯纓此水之上，以致其高山景行之思，而病不得往。誠不自意，乃今幸甚，獲因文字以託姓名於其間也。於是竊原先生之道所以得於天而傳諸人者，以傳其事如此，使後之君子有以觀考而作興焉，是則庶幾乎兩侯之志也云爾〔五〕。四年丁酉春二月丙子記。

校記

〔一〕之性：淳熙本作「信之端」。

〔二〕是：右引作「而」。

〔三〕畀：原作「界」，據右引及宋閩、浙本改。

〔四〕聖：淳熙本作「藝」。

〔五〕志：淳熙本作「意」。

編年 據文中所署。

評論 周大璋朱子古文讀本卷三江州重建濂溪先生書堂記：道學之傳擴大推明，賴有二程子。二程實得統於濂溪先生。先生繼往開來之功，真不可没也。歸本於天，見先生之學不偶然，居然孔子斯文在兹之意。宗仰景行，此心何極。

静江府學記〔一〕

淳熙四年十一月

古者聖王設爲學校，以教其民，由家及國，大小有序，使其民無不入乎其中而受學焉。而其所以教之之具，則皆因其天賦之秉彝而爲之品節，以開導而勸勉之，使其明諸心、修諸身，行於父子、兄弟、夫婦、朋友之間，而推之以達乎君臣上下、人民事物之際，必無不盡其分焉者。及其學之既成，則又興其賢且能者置之列位。是以當是之時，理義休明，風俗醇厚，而公卿、大夫、列士之選無不得其人焉。此先王學校之官所以爲政事之本、道德之歸，而不可以一日廢焉者也。至於後世學校之設，雖或不異乎先王之時，然其師之所以教，弟子之所以學，則皆忘本逐末、懷利去義而無復先王之意〔二〕。以故學校之名雖在，而其實不舉，其效至於風俗日敝，人材日衰，雖以漢唐之盛隆，而無以仿佛乎三代之叔季。然猶莫有察其所以然者，顧遂以學校爲虚文，而無所與於道德政理之實，於是爲士者求道於老子、釋氏之門〔三〕，爲吏者責治乎簿書期會之最〔四〕，蓋學校之僅存而不至於遂廢者，亦無幾耳。

乃者聖上慨然憫其如此，親屈鑾路，臨幸學宮，發詔諸生，勵之以爲君子之儒，而無慕乎人爵者，德意既甚美矣。而静江守臣廣漢張侯栻適以斯時一新其府之學，亦既畢事，則命其屬具圖與書，使人於武夷山間謁熹文以記之。顧非其人，欲謝不敢〔五〕，而惟侯之意不可以虚辱，乃按圖考書，以訂其事。則皆曰，静江之學自唐觀察使隴西李侯昌巙始立於牙城之西北〔六〕，其後又徙于東南，歷時既久，士以卑痺堙鬱爲病〔七〕。有宋乾道三年，知府事延平張侯維乃撤而遷于始安故郡之墟。蓋其地自郡廢而爲浮屠之室者三〔八〕，始議易置，而部使者有惑異教、持不可者。既乃僅得其一，遂因故材而亟徙焉，以故規模褊陋，復易摧圮。至於今侯，然後乃得并斥左右佛舍置它所，度材鳩匠〔九〕，合其地而一新焉。殿閣崇邃，堂序廣深，生師之舍，環列廡外，耽耽翼翼，不侈不陋。於其爲諸侯之學，所以布宣天子之命教者，甚實宜稱〔十〕。熹於是喟然起而嘆曰：「夫遠非鬼、崇本教以侈前人之功〔十一〕，侯之爲是，則既可書已。抑熹聞之，侯之所以教於是者，莫非明義反本，以遵先王敎學之遺意，而欲使其學者皆知所以不慕人爵，爲君子儒，如明詔之所謂者，則其可書，又豈徒以一時興作之盛爲功哉。」故特具論其指意所出者爲詳，而并書其本末如此，以告來者。侯字敬夫，丞相魏忠獻公之嗣子。其學近推程氏，以達於孔孟，治己教人，一以居敬爲主，明理爲先。嘗以左司副郎侍講禁中，既而出臨此邦，以幸遠民。其論説政教，皆有明法。然則士之學於是者，亦可謂得師矣。其亦無疑於侯之所以教者，而相與盡其心哉！淳熙四年冬十有一月己未日南至，新安朱熹記。

校記

〔一〕淳熙本「府」下有「重建」二字。
〔二〕懷：右引作「争」。
〔三〕門：右引作「間」。
〔四〕吏：右引作「政」。
〔五〕敢：右引作「敏」。
〔六〕巎：右引作「山」。
〔七〕士：右引作「并」。
〔八〕蓋：右引作「度」。
〔九〕匠：右引作「工」。
〔十〕宜：粤西文載卷二十五作「且」。
〔十一〕淳熙本「侈」下有「大」字。

編年 據文中所署。

評論 康熙御製文集第三集卷四十三：切要不浮，有資教化。
周大璋朱子古文讀本卷三静江府學記：人才出於學校。漢唐而後，未嘗無學，而人才敗壞，治不古若者，以詩書禮樂爲干禄之資，功利薰炙，心性喪失而不自知耳。張侯學本聖人，義利之辨，尤極明析。其所以立教者，自能追迹古昔，而不至於忘本逐末，懷利去義也。徙斥佛舍，固餘事耳。

袁州州學三先生祠記〔一〕 淳熙五年十月

宜春太守廣漢張侯既新其郡之學，因立濂溪、河南三先生之祠於講堂之東序，而以書來，屬熹記之。蓋自鄒孟氏没而聖人之道不傳，世俗所謂儒者之學，内則局於章句文詞之習〔二〕，外則雜於老子、釋氏之言，而其所以修己治人者，遂一出於私智人爲之鑿，淺陋乖離，莫適主統〔三〕，使其君之德不得比於三代之隆，民之俗不得躋於三代之盛。若是者，蓋已千有餘年於今矣。濂溪周公先生奮乎百世之下，乃始深探聖賢之奥，疏觀造化之原，而獨心得之，立象著書，闡發幽秘，詞義雖約，而天人性命之微、修己治人之要莫不畢舉。河南兩程先生既親見之而得其傳，於是其學遂行於世。士之講於其説者〔四〕，始得以脱於俗學之陋、異端之惑，而其所以修己治人之意〔五〕，亦往往有能卓然不惑於世俗利害之私，而慨然有志於堯舜其君民者。蓋三先生者，其有功於當世，於是爲不小矣。然論者既未嘗考於其學〔六〕，又拘於今昔顯晦之不同，是以莫知其本末源流之若此而或輕議之。其有略聞之者，則又舍近求遠，處下窺高，而不知即事窮理，以求其切於修己治人之實也。嗚呼！張侯所以作爲此祠而屬其筆於熹者，其意豈不有在於斯與。

抑嘗聞之，紹興之初，故侍讀南陽胡文定公嘗欲有請於朝〔七〕，加程氏以爵列，使得從食於先聖先師之廟。其後熹之亡友建安魏君掞之爲太學官，又以其事白宰相，且請廢王荆公安石父子勿祠。當時皆不果行，識者恨之。至於近歲，天子乃特下詔，罷臨川伯雱者，略如掞之之言。然則公卿議臣有能條奏前二議者，悉施行之。且復推而上之，以及於濂溪，其亦無患於不從矣。張侯名杓，丞相魏忠獻公之子，文學吏治皆有家法〔八〕。觀於此祠，又可見其志之所存者。異時從容獻納，白發其端〔九〕，使三先生之祠遍天下，而聖朝尊儒重道之意垂於無窮，則其美績之可書，又不止於此祠而已也。故熹既爲之論著其事，而又附此説焉以俟。淳熙五年冬十月辛卯記。

校記 〔一〕三先生祠：淳熙本作「三賢堂」。

〔二〕局：右引作「畫」。

〔三〕適：右引作「識」。

〔四〕士：右引作「世」。

〔五〕意：右引作「道」。

〔六〕論：右引作「儒」。

〔七〕讀：右引及宋浙本作「講」。

〔八〕學、治、家：淳熙本作「章」、「事」、「成」。

〔九〕白：淳熙本作「特」。

編年 據文中所署。

評論 周大璋朱子古文讀本卷三袁州州學三先生祠記：濂溪之統，直接鄒魯，從祀先師，廟食天下，固其宜也。因宜春建祠，推論及此，表章絕學，大而非夸。

建寧府建陽縣學藏書記 淳熙六年二月

古之聖人作爲六經，以教後世，易以通幽明之故，書以紀政事之實，詩以導情性之正，春秋以示法戒之嚴，禮以正行，樂以和心。其於義理之精微，古今之得失，所以該貫發揮、究竟窮極〔一〕，可謂盛矣。而總其書，不過數十卷，蓋其簡易精約又如此。自漢以來，儒者相與尊守而誦習之，傳相受授〔二〕，各有家法，然後訓傳之書始出。至於有國家者，歷年行事之迹，又皆各有史官之記，於是文字之傳益廣。若乃世之賢人君子學經以探聖人之心，考史以驗時事之變，以至見聞感觸，有接於外而動乎中，則又或頗論著其説〔三〕，以成一家之言。而簡册所載，篋櫝所藏，始不勝其多矣。然學者不欲求道則已，誠欲求之，是豈可以舍此而不觀也哉。而近世以來，乃有所謂科舉之業者以奪其志。士子相從於學校庠塾之間，無一日不讀書，然問其所讀，則舉非向之所謂者。嗚呼！讀聖賢之言而不通於心，不有於身，猶不免爲書肆，況其所讀又非聖賢之書哉。以此道人，乃欲望其教化行而風俗美，其亦難矣。

建陽版本書籍行四方者無遠不至，而學於縣之學者，乃以無書可讀爲恨。今知縣事會稽姚侯耆寅始斥掌事者之餘金鬻書於市，上自六經，下及訓傳、史記、子集，凡若干卷，以充入之。而世儒所誦科舉之業者，一無得與於其間。諸生既得聖賢之書而讀之，又相與講於侯之意而知所興起也〔四〕，來謁予文以記之。予惟姚侯之所以教其人固可書矣，而諸生之所以承侯之意者，亦當得書也。抑予猶願有告焉，諸君讀侯之書，其必有以通諸心、有諸身而無徒爲是書肆者，則庶幾無負於侯之教。而是邦風俗之美，亦將有以異於往時矣。於是敬書其説，使刻石而立諸其廡以俟。淳熙己亥二月己酉，新安朱熹記。

校記　〔一〕竟：淳熙本、宋浙本作「備」。

〔二〕傳：淳熙本作「轉」。
〔三〕頗：淳熙本作「自」。
〔四〕於：淳熙本作「明」。

編年 據文中所署。

評論 周大璋朱子古文讀本卷三建寧府建陽縣學藏書記：斥科舉之學，而以窮經讀史爲務，姚侯之教善矣。引歸身心，更爲切實，道理爛熟，開口自見本領。溺志科舉者，得毋河漢其言否。

建寧府建陽縣學四賢堂記 淳熙六年二月

故國子祭酒九江蕭公之敏，字敏中，隆興間以選來知建陽縣事，廉静易直，不務爲赫赫名，人便安之。嘗問邑之先賢，而得三御史焉，曰陳公洙師道，曰陳公師錫伯脩，曰游公酢定夫，皆以學行風節有聞於時。心獨慨然慕之，乃爲之肖象，立祠於學，榜曰「三賢」，而率邑之學士大夫以及諸生子弟相與拜而奉奠焉。邑人熊君克實記其事，今刻在石，可考也。既公去而仕於朝，不數年，亦爲御史，實踐三君子之迹。而其忠言至計，所以開上心、救時弊、别白是非邪正，使爲善者有所怙，爲惡者有所懼，其功又不在三君子之下也。出使江東，未幾，上思其言，復召以爲國子祭酒。因事獻言，鯁切不少變。又使湖南以卒。卒時貧甚，乃至無以爲家。於是士大夫相與益高其節，而建陽之人亦皆咨嗟惻愴，以爲吾蕭令尹之賢，真可以追配三君子者無慚也。今知縣事會稽姚侯聞之，嘆曰：「吾於蕭公雖不及識其面，然聞其名而鄉往之久矣。今辱爲邑長於斯而繼其躅，又聞邑人之所以稱誦之者如此，其何以致吾之意而慰邑人之思哉。」於是復肖公象，以合食於三君子，而更其榜曰「四賢」。既成，奠之如公祠三賢故事。諸生與執事者退，皆喟然太息，相勉以節義曰：「異時出身事主，無或爲媕阿容悦以愧乎四賢者〔一〕，而負今侯之教也。」謂予於蕭公有一日之故，來請文記之。予不得辭，乃具書其本末如此，因以警諸君，使毋忘今日之志。又以告來者，使相與嘆慕興起於無窮也。姚侯名耆寅，其興學聚書以教學者之意，已見於予文矣。今爲此祠，其意尤非苟然者。後之君子亦可以觀政於斯焉。淳熙己亥二月己酉，新安朱熹記。

校記　〔一〕容悦：淳熙本作「苟容」。

編年　據文中所署。

評論　周大璋朱子古文讀本卷三建寧府建陽縣學四賢堂記：四賢皆以學行風節有聞於時，故祠而祀之，相勉以節義，一篇大旨在此。三賢作一層敘，蕭公又作一層敘，間架布置，以整以暇，前後映帶，有神有彩。識此竅會，便不平衍拖沓。

隆興府學濂溪先生祠記 淳熙六年十月

隆興府學教授南康黄君灝既立濂溪先生之祠於其學，而書來語熹曰：「先生之學，自程氏得其傳以行於世，至于今而學者益尊信之〔一〕。以故自其鄉國及其平生游宦之所歷，皆有祠於學，以致其瞻仰之意。若此邦者，蓋亦先生之仕國也，而視於其學獨未有所祠奉。灝也既言於府而敬立之，且奉程氏二先生以配焉，又將竊取其書，日與學者誦習之，而患未知其所以説也。吾子蓋嘗爲是，以幸教吾邦之人，是殆有以識其意者。願得一言以記兹事，庶乎其有以發也。」熹謝不敏，而黄君要之不置〔二〕。熹惟先生之學之奥固非末學所敢知，抑不敢謂無其志者，矧黄君之請之勤若是，亦安得而不爲之言乎。

蓋嘗竊謂先生之言，其高極乎無極太極之妙，而其實不離乎日用之間；其幽探乎陰陽五行造化之賾，而其實不離乎仁義禮智、剛柔善惡之際；其體用之一源，顯微之無間，秦漢以下，誠未有臻斯理者，而其實則不外乎六經、論語、中庸、大學、七篇之所傳也。蓋其所謂太極云者，合天地萬物之理而一名之耳。以其無器與形，而天地萬物之理無不在是，故曰無極而太極。以其具天地萬物之理而無器與形，故曰太極本無極也。是豈離乎生民日用之常而自爲一物哉，其爲陰陽五行造化之賾者，固此理也。其爲仁義禮智、剛柔善惡者，亦此理也。性此理而安焉者，聖也。復此理而執焉者，賢也。自堯舜以來至於孔孟，其所以相傳之説，豈有一言以易此哉。顧孟氏既没，而諸儒之智不足以及此，是以世之學者茫然莫知所適，高則放於虚無寂滅之外，卑則溺於雜博華靡之中，自以爲道固如是，而莫或知其非也。及先生出，始發明之，以傳於程氏，而其流遂及於天下。天下之學者，於是始知聖賢之所以相傳之實乃出於此，而有以用其力焉，此先生之教所以繼往聖、開來學而大有功於斯世也。今黄君既立其祠以及於程氏，而又欲推其説以傳學者，是必有以默契於心而亡疑矣。而猶若有待乎熹之言者，豈將以是輔其説而久其傳邪？既不得辭，乃叙其事而并書是語以復焉。黄君幸以爲不悖於先生之言，則願刻之石，厝之祠門，以告來者，庶幾其或小補云爾。淳熙六年冬十月辛亥，新安朱熹記。

校記〔一〕益：淳熙本作「始」。

〔二〕要：右引作「請」。

編年 據文中所署。

江陵府曲江樓記

淳熙六年十一月

廣漢張侯敬夫守荆州之明年，歲豐人和，幕府無事。顧常病其學門之外即阻高墉，無以宣暢鬱湮，導迎清曠，乃直其南鑿門通道，以臨白河，而取旁近廢門舊額以榜之，且爲樓觀以表其上。敬夫一日與客往而登焉，則大江重湖縈紆渺瀰，一目千里，而西陵諸山空濛晻靄，又皆隱見出没於雲空煙水之外。敬夫於是顧而嘆曰：「此亦曲江公所謂江陵郡城南樓者邪。昔公去相而守於此，其平居暇日，登臨賦詠，蓋皆翛然有出塵之想。至其傷時感事，寤嘆隱憂，則其心未嘗一日不在於朝廷，而汲汲然惟恐其道之終不行也。於戲悲夫！」乃書其扁曰「曲江之樓」，而以書來屬予記之。時予方守南康，疾病侵陵，求去不獲。讀敬夫之書，而知兹樓之勝，思得一與敬夫相從游於其上，瞻眺江山，覽觀形制，按楚漢以來成敗興亡之效，而考其所以然者，然後舉酒相屬，以詠張公之詩，而想見其人於千載之上，庶有以慰夙心者。顧乃千里相望，邈不可得，則又未嘗不矯首西悲而喟然發嘆也。抑嘗思之，張公遠矣，其一時之事，雖唐之治亂所以分者，顧亦何預於後之人？而讀其書者未嘗不爲之掩卷太息也，是則是非邪正之實，乃天理之固然而人心之不可已者，是以雖曠百世而相感，使人憂悲愉佚勃然於胸中，恍若親見其人而真聞其語者。是豈有古今彼此之間，而亦孰使之然哉。詩曰：「天生烝民，有物有則。民之秉彝，好是懿德。」登此樓者，於此亦可以反諸身而自得之矣。予於此樓既未得往寓目焉，無以寫其山川風景、朝暮四時之變，如范公之書岳陽也，獨次第敬夫本語，而附以予之所感者如此。後有君子，得以覽觀焉。淳熙己亥十有一月己巳日南至。

編年 據文中所署。

評論 李曾伯跋晦庵記南軒曲江樓：予三年於此矣，登斯樓，誦斯文，今始見真迹焉。嗚呼，兩先生之作述，非曲江公孰稱？曲江公之名，得兩先生愈遠；兩先生之心，豈止爲曲江公而發？我思古人，悠悠我心！

康熙御製文集第三集卷四十三：俯仰流連，極一唱三嘆之致。

周大璋朱子古文讀本卷三江陵曲江樓記：樓以曲江名，慕其人也。曲江心在朝廷，未嘗一日釋諸懷。敬夫追想遺蹤，獨流連於此，公所謂曠百世而相感，無古今彼此之間者，知南軒之心亦猶是也。命意高遠，韓、蘇無此識見。

古文眉詮卷七十七：此篇蓋遙記也。景情都在敬夫心目中，都是代寫，中後感觸，悉於此段伏下。（而以書來）倒點來書。上所云云，皆書中語也，已後文情，皆從此出。「眺江山」，從「縈紆」等句生出。「按楚漢」，從江陵郡城生出。「想其人」，從張公心在朝廷生出。（「顧亦何預」至「不可已者」）此段又從敬夫書感慕曲江生出也。指驗秉彝懿好，正從懷古情深點化而出，入道學語，無道學氣。（「獨次第」二句）二句束盡。從前幅次第敬夫語中溢出情致，雖遙記，不患岑寂，寄意芊綿，煙波滿眼，理境中之永叔也。

南康軍風師壇記 淳熙六年十一月

南康軍故無風師壇，而寓其祠於社。淳熙六年，歲在屠維大淵獻〔一〕，權發遣軍事朱熹始按唐開元禮，求其地於城之東北，得郡人盛宗廢圃，廣若干，袤若干，蠲其租若干，檄司户參軍姓名、星子縣尉姓名奉政和新書，築壇三成，陛四出，東爲燎壇，南爲大門，而周垣之。書祀儀於門之東壁，而圖其陳列登降之位於西壁。經始十一月某日，而成於某日云。

校記　〔一〕屠：原作「著」，據爾雅釋天改。

編年　據文中所敘。

信州鉛山縣學記 淳熙七年九月

鉛山學故在縣東南百許步，因地形爲屋，東鄉。既諸生以夫子不南面，於禮爲不稱，乃徙置縣東山下。然其費皆出民間，有司者無所與，以故度地褊狹，不能具廟學制度。至若師生具員而弦誦輟響，則亦既二十有餘年矣。淳熙己亥之春，義興蔣侯來領縣事。始至，進謁堂下，俯仰太息而有志焉。後數月，政成事簡，民裕而財足，乃買地鑿山，度材致用，而屬役於其屬雷君霆，以歲十有二月丙申始事，越明年四月戊申而舍菜焉。門觀顯嚴，宫廬宏敞，神位清密，祭用畢修。圖史之藏，几席之設，與凡所以棲宿、炊爨、抍除之須，無一不備。既又爲之名墾田、立僦舍，日給弟子員二十餘人，而官無乏用，民不病役。邑之父兄相與聚觀顧嘆，言曰：「令之所以幸教吾子弟者，其厚如此，是豈可使後之人無傳焉。」於是雷君聞之，則以其意來請，且曰：「學雖具而諸生未知所志，願吾子之因是而有以發之也。」

予嘗謂道無古今之殊而學有今古之異，蓋周人以鄉三物教萬民而賓興之。其德六，曰智、仁、聖、義、中、和。其行六，曰孝、友、睦、婣、任、恤。其藝六，曰禮、樂、射、御、書、數。是於學者日用起居食飲之間，既無事而非學；於其群居藏修游息之地，亦無學而非事。至於所以開發其聰明，成就其德業者，又皆交相爲用而無所偏廢。此先王之世所以人材衆多、風俗美盛，而非後世之所能及也。國家建立學官，周遍海内，其所以望於天下之士者，豈不亦若先王之志？而學者無以識其指意之所在，於其日用之間，既誕謾恣睢而不知所以學；其群居講習之際，又不過於割裂裝綴以爲能，而莫或知其終之無所用也。是以其趨日以卑陋，而惟利禄之知。幸而一二傑然有意於自立者，則又或窮高極遠而不務力行之實，或循常守舊而不知其義理之所以然也。是以其説常倚於一偏，而不得以入於聖賢之域。於是時也，異端雜學之士，阿世徇俗之流，又或鼓其乖妄之説而乘之。嗚呼！吾道之不亡，特民之秉彝有不可得而絶滅者耳。予之力固不足以救之，而竊有憂焉。是以既書蔣侯之事，又因雷君之請而附見其説，以告夫學於此者，以爲有能因是而反求之，則庶乎其知所志矣。蔣侯名億，字仲永，材高志遠，平居抵掌論當世事，滚滚不窮，蓋嘗有意笞兵萬里，爲國家立非常之功者。其辦一邑，固當有餘力。惟其不以壹切治理爲功，而汲汲乎化民成俗之先務如此，是則後之君子亦將有考於斯焉。秋九月丙寅，具位朱熹記。

編年　據文中所署。

評論　周大璋朱子古文讀本卷三信州鉛山縣學記：静江學記見古今教法不同，此篇專就學者言，以來書諸生未知所志，故如此云云也。根據雖一，而議論變化正自不同，起伏回環，如潮如海，古今大觀。

朱熹文集編年評注卷七十九

記

卧龍庵記淳熙七年十一月

卧龍庵在廬山之陽，五乳峰下，予自少讀龜山先生楊公詩，見其記卧龍劉君隱居辟穀，木食澗飲，蓋已度百歲，而神清眼碧，客至輒先知之，則固已知有是庵矣。去歲蒙恩來此，又得陳舜俞令舉廬山記者讀之，其言曰：「凡廬山之所以著於天下，蓋有開先之瀑布見於徐凝、李白之詩，康王之水簾見於陸羽之茶經。至於幽深險絶，皆有水石之美也。此庵之西，蒼崖四立，怒瀑中瀉，大壑淵深，凛然可畏。有黄石數丈，隱映連屬，在激浪中，視者眩轉，若欲蜿蜒飛舞，故名卧龍。此山水之特勝處也。」於是又知其泉石之勝乃如此。間以行田，始得至焉，則庵既無有，而劉君亦不可復見。獨其泉石之勝，不可得改。然其壯偉奇特之勢，則有非陳記所能仿佛者。余既惜其出於荒堙廢壞之餘，而又幸其深阻夐絶，非車塵馬迹之所能到，儻可得擅而有也。時已上章乞解郡紱，乃捐俸錢十萬，屬西原隱者崔君嘉彦因其舊址，縛屋數椽，以俟命下而徙居焉。既又緣名潭之義，畫漢丞相諸葛公之象置之堂中，而故友張敬夫嘗爲賦詩以紀其事。然庵距潭猶數百步，步亂石間，三涉澗水乃至。至又無所託足，以寓瞻眺，或乃顛沛而反。因相其東崖，鑿石爲磴而攀緣以度。稍下，乃得巨石横出澗中，仰翳喬木，俯瞰清流，前對飛瀑，最爲谷中勝處。於是歲適遂復作亭於其上，既以爲吏民禱賽之地，而凡來游者，亦得以彷徨徙倚而縱目快心焉。然予前日之請，迄今蓋已屢上，而大侵，因榜之曰「起亭」，以爲龍之淵卧者可以起而天行矣。然予前日之請，迄今蓋已屢上，而竟未有得也。歲月飄忽，念之慨然，乃叙其作興本末而書之屋壁。來者讀之，尚有以識予之意也。淳熙庚子冬十有一月丙辰，新安朱熹記。

編年　據文中所署。

評論　周大璋朱子古文讀本卷三卧龍庵記：天下多名山水，非其人，則佳勝不出，子厚永州諸記是也。公於卧龍建堂築亭，崇祀武鄉，寓意深遠，非沉躭泉林者比。敘次錯落，令人懷古之情頓深。

西原庵記　淳熙八年閏三月三十日

予少好佳山水異甚，而自中年以來，即以病衰，不克遑其志於四方。獨聞廬阜之奇秀甲天下，而畸人逸士往往徜徉於其間，意常欲一往游焉而未暇也。前年蒙恩試郡，適在此山之陽，乃間以公家職事得至其中。其巖壑幽深，水石奇怪，固平生所創見，而於巖壑水石之間，又得成紀崔君焉，乃信前所聞者之不誣也。君名嘉彦，字子虛，少慷慨有奇志。壯歲避地巴東三峽之間，修神農、老子術。東下吴越，以耕戰之策干故相趙忠簡公，趙公是之。會去相，不果行。君自是絕迹此山，按陳令舉所述圖記，得西原庵故址於卧龍瀑水之東，築室居焉。耕田種藥，僅足以自給，而四方往來之士皆取食焉。其疾病老孤、無所與歸之人，至者亦收養之。蓋年逾七十矣，而神明筋力不少衰。予往造之〔一〕，而君不予避也。一旦爲予道説平生，相與太息。會予結屋卧龍以祠諸葛丞相，世蓋少識其意者。君獨嘆曰：「此奇事也！」相爲經紀其事，以迄有成。兩年之間，相見者不知其幾，而君未嘗一言及外事，予以是益嘉君之爲人，而重嘆其既老，無所復用於世也。淳熙辛丑閏月之晦，予既罷郡，來宿卧龍。君曰：「卧龍之役，夫子既書之矣，顧西原獨未有記，復能爲我書之乎？」予曰諾哉，於是悉次其説，俾刻焉。新安朱熹記。

校記　〔一〕造：淳熙本作「見」。

編年　據文中所叙。

評論　周大璋朱子古文讀本卷三西原庵記：崔君本有志用世，絕迹西原，非得已也。極力表章，感嘆之意爲多。

徽州婺源縣學三先生祠記淳熙八年八月

淳熙八年春三月，婺源大夫周侯始作周、程三先生祠堂於其縣之學，而使人以書來謂熹曰：

「子故吾邑之人也，蓋嘗有聞於先生之學，而既祠之南康矣。且濂溪故宅、豫章、宜春之祠，又吾子之所記也，其亦爲我言之。」熹惟三先生之道則高矣，美矣，然此婺源者，非其鄉也，非其寓也，非其所嘗游宦之邦也。且國之祀典，未有秩焉而祀之，於禮何依而於義何所當乎。則具以告，且謝不敢。後數月，周侯又與邑之處士李君繒及其學官弟子數十人皆以書來，曰：「惟濂溪夫子之學性諸天、誠諸己而合乎前聖授受之統，又得河南二程先生以傳之，而其流遂及於天下。非有爵賞之勸，刑辟之威，而天下學士靡然鄉之。十數年來，雖非其鄉、非其寓、非其游宦之國，又非有秩祀之文，而所在學官争爲祠室，以致其尊奉之意，蓋非敢以是間乎命祀也，亦曰肖其道德之容，使學者日夕瞻望而興起焉耳。且吾邑之人所以得聞三先生之言者，子之先君子與有力焉。今祠亦既成矣，子安得而不爲之言乎。抑先生之學，其始終本末之趣，願吾子之悉陳之，庶乎其有發也。」

熹發書愀然曰：「明府之教，諸君之言，其命熹以記者，熹不敢復辭矣。乃先生之學，則熹之愚懼不足以言之也。雖然，諸君獨不觀諸濂溪之圖與其書乎？雖其簡古淵深，未易究測，然其大指，則不過語諸學者講學致思，以窮天地萬物之理，而勝其私以復焉。其施則善始於家而達之天下，其具則復古禮、變今樂，政以養民而刑以肅之也。是乃所謂伊尹之志、顔子之學，而程氏傳之以覺斯人者，而亦豈有以外乎諸君日用之間哉，顧獨未之察耳。今幸以賢大夫之力，既得以日見先生之貌象而瞻仰之，則曷若遂讀其書、求其指，以反諸身而力行之乎。」已而遂書其事與其辭如此以爲記，以爲學者由是而用力焉，則庶幾乎三先生之心不墜於地，而於吾先子之志、賢大夫之意，亦可以無負矣。諸君其亦勉之哉！祠在講堂北壁下〔一〕，濂溪先生南鄉坐，明道先生、伊川先生東西鄉以侑焉。周侯名師清，玉山人，好學有文，而嘗仕於朝矣。其爲此邦，寬以撫民，禮以俟士，而所以教誨之者又如此，非今之爲吏者所能及也。秋八月癸丑，縣人朱熹記。

校記　〔一〕講堂北壁：宋浙本作「大成殿之某序」。

編年　據文中所署。

瓊州學記 淳熙九年十月

昔者聖王作民君師，設官分職，以長以治。而其教民之目，則曰父子有親，君臣有義，夫婦有別，長幼有序，朋友有信五者而已。蓋民有是身，則必有是五者，而不能以一日離。有是心，則必有是五者之理，而不可以一日離也。是以聖王之教，因其固有，還以道之，使不忘乎其初。然又慮其由而不知〔一〕，無以久而不壞也，則爲之擇其民之秀者，群之以學校而聯之以師儒，開之以詩書而成之以禮樂，凡所以使之明是理而守之不失，傳是教而施之無窮者，蓋亦莫非因其固有而發明之，而未始有所務於外也。夫如是，是以其教易明，其學易成，而其施之之博，至於無遠之不暨，而無微之不化。此先王教化之澤所以爲盛，而非後世所能及也。

淳熙九年，瓊管帥守長樂韓侯璧既新其州之學〔二〕，而使以圖來請記曰：「吾州在中國西南萬里炎天漲海之外，其民之能爲士者既少，幸而有之，其記誦文詞之習，又不能有以先於北方之學者。故其功名事業遂無以自白於當世，僕竊悲之。今其公堂序室則既修矣，然尚懼其未能知所興起也，是以願有謁焉，吾子其有以振德之。」熹竊惟國家敎學之意不爲不廣，斯人蒙化之日不爲不深，然猶有如侯之所慮者，豈前日之所以教者，未嘗導之以其身心之所固有，而徒强之以其外〔三〕，是以若彼其難與？因爲之書其所聞於古者以告之，使瓊之士知夫所以爲學者不外於身心之所固有，而用其一日之力焉，則其德成行修，而無所疑於天下之理，將無難者，而凡所謂功名事業云者〔四〕，其本已在是矣。若彼記誦文詞之末，則本非吾事之所急，而又何足爲重輕乎。嗚呼，瓊士勉旃！「天生烝民，有物有則，民之秉彝，好是懿德」，是豈有古今之間、遠近之殊哉。侯於是邦，政多可紀，已具刻於池亭之石，因不復書。而是役之面勢功程〔五〕，又非侯所以屬筆之意也，亦略不論著云。是年歲在玄黓攝提格冬十月庚申，宣教郎、直秘閣朱熹記。

校記〔一〕又：淳熙本作「猶」。

〔二〕璧：右引作「字廷玉」。

〔三〕徒强：右引作「强徒」。

〔四〕云：右引作「之末」。

〔五〕勢：原作「執」，據右引及宋浙本改。

編年 據文中所署。

評論 周大璋朱子古文讀本卷三瓊州學記：學不外身心所固有，上當以是爲教，下當以是爲學，此理在人，無古今遠近一也。瓊士雖失教，不可不以此導之。醇懿古質，粹然大儒之文。

瓊州知樂亭記 淳熙九年十月

瓊管在中州西南萬里鯨波浩渺之外，其長吏常以領護島中四郡、填撫民夷爲職，委寄甚重。然以其險且遠也，朝廷往往不暇擇人，冒而往者，意或私有所利，固不復知所謂承流宣化爲何等事。是以其地今爲王土數百年，而舊俗未盡革，論者因鄙夷之，以爲是果不足以與中國之聲教，其人蓋深耻之而未有以雪也。淳熙八年，今帥守韓侯始以經略使察廉表行州事，而天子許之。至則爲之正田畝之籍，薄鹽米之征，教之以耕耨灌溉之法，而絀其官吏之無狀者。民業既有經矣，然後日爲陳説禮義廉耻之意以開曉之。既又表其從化之民，以厲其不率教者。出入阡陌，勞來不怠，行之期年，民吏浹和，俗以一變。化外黎人聞風感慕，至有願得供田税、比省民者。於是侯亦自喜其政之成，而幸其民之不我違也，乃取莊生濠上之語，作「知樂之亭」於放生池上，北望觀闕於雲天縹緲之間，以爲歲時瞻仁祝延之地。且曰其使邦人士女嘉辰勝日有所詠歌鼓舞，以自樂其得被聖化而不愧於王民也。間而以書屬予記之。予惟韓侯之於此邦，其勤至矣，不但一亭之作爲可書也。然其爲政本末之序，則於此亦有可觀者，因爲書之，以告後人，使凡居侯之位而游於是者，必以侯之心爲心，又觀於其政而取法焉，則庶乎民生日厚，民德日新，而王化之純無遠邇矣，世豈有終不可教之民哉。侯名璧，字廷玉，長樂人，世以清德顯云。九年冬十月庚申，新安朱熹記。

編年 據文中所署。

評論 周大璋朱子古文讀本卷三瓊州知樂亭記：世無不可教之民，顧爲上者整齊化導之何如耳。韓侯一勤其職，而鯨波萬里之外，舊俗盡革，化外感慕如此，固知王化之純無遠邇矣。獨無如撫斯土者，盡私有所利，而不復知承流宣化爲何事也。嗚呼！後世吏道，尚可言哉。

漳州龍巖縣學記 淳熙十年二月

漳州龍巖縣學，皇祐初年置〔一〕，其後遷徙不常，遂以廢壞，蓋三十有餘年。而丞某君某始復營建，迫代去，不克就。温陵曾君秘來嗣其職，乃因其緒而成之。凡爲屋若干楹，殿堂門廡，師生之舍，無一不具。淳熙九年某月某日〔二〕，既率其諸生以奠菜於先聖先師，而以書來求記，且曰願有教也。予聞龍巖爲縣斗辟，介於兩越之間，俗故窮陋。其爲士者雖或負聰明樸茂之姿，而莫有開之以聖賢之學，是以自其爲縣以來，今數百年，未聞有以道義功烈顯於時者。豈其材之不足哉，殆爲吏者未有以興起之也。今二君相繼貳令於此，乃能深以興學化民爲己任，其志既美矣。而曾君又嘗從吾友石、許諸君游，是必能誦其所聞以先後之者，此邑之士其庶幾乎。乃爲之書其本末，而因以告其諸生曰：「夫所謂聖賢之學者，非有難知難能之事也。孝弟、忠信、禮義、廉耻以修其身，而求師取友、頌詩讀書，以窮事物之理而已。是二端者，豈二三子之所不知不能哉，特怵迫於俯仰衣食之資而不暇顧，誘奪於場屋雕篆之習而不及爲爾。夫徇區區目前近小之利而忘其所貴於己者，固已悖矣。况其所徇，又未必果可求也。二三子循己事而觀之，則曷若慨然反是心以求之，而一用其力於吾之所謂者乎？使吾孝弟、忠信、禮義、廉耻之行日篤而身無不修也，求師取友、頌詩讀書之趣日深而理無不得也，則自身而家，自家而國，以達於天下，將無所處而不當，固不必求道義功烈之顯於時，而根深末茂，實大聲閎，將有自然不可掩者矣。嗚呼！是説也，曾君蓋亦嘗爲二三子言之乎？二三子其益以吾言相與勉焉！而書所謂斅學半者，又曾君所宜深念也。其亦由是而勉旃哉！」十年二月甲寅，新安朱熹記。

校記〔一〕皇祐初：原缺，據永樂大典卷二萬一千九百八十四、弘治八閩通志卷八十三補。

〔二〕日：淳熙本作「望」。

編年 據文中所署。

評論 周大璋朱子古文讀本卷三漳州龍巖縣學記：教諸生并勉曾君，致意拳拳，議論正大，與諸記同。而結體疏遒，此篇獨擅勝境。

江西運司養濟院記淳熙十年三月

江南西路轉運司養濟院在隆興府城東崇和門内，轉運副使吴郡錢公某之所爲，而判官嘉禾丘公□、毗陵尤公袤之所徙也。豫章爲江西一都會，地大物衆，而四方賓旅之有事於其土者又不絶於道路，平時通功易事，足以相生養。獨不幸一旦有疾疢〔一〕，則惸然無所歸，求藥與食，或無得焉，則轉死於溝壑者歲不知幾何人，而有司者莫之知也。乾道九年，轉運副使吴興芮公煇始有聞而閔焉〔二〕，去之日，留私錢百萬以詒後人，稱貸貿易，收其贏以市藥物給病者。淳熙五年，判官開封趙公某復以私錢百四十萬買田東關羅舍〔三〕，病者又得以食。初作於是，又賦粟焉〔四〕。七年，錢公寔來，而芮公已爲吏部侍郎。是年春，趙公亦以吏部侍郎召。趙公知公雅意亦有樂乎此也，因亟以書來諗，公則移書芮公，請所留錢，益以己資百三十萬，買田長定，而又創爲此院延慶、崇和兩門之外，使病者有以居焉。自經始至落成，若干日而就。凡爲門五間，堂三間，挾以便房，中爲丈室〔五〕，東庖西圊，左右廡各五間，廡深三尋，修七尋有半。中設巨榻十有八，冬加障蔽以禦風寒，暑則撤之以渫煩鬱。胗治有工，藥石有劑，其不可療者，亦予槽櫝以葬。職掌之人皆賦以禄，俾供厥事。又專屬僚吏，以時行視而課督之。蓋三公所捐，皆四方之聘幣不以入於家者〔六〕，合之爲錢三百七十萬。所買三墅，爲田千有一百十一畝，歲入租爲穀九百八十三斛有奇。其詳則書之牘，藏之有司，而院之戒令糾禁，亦書而揭之堂上。既錢公又列其事以聞，詔下施行如章，而錢公去矣。二公踵至，周視錢公之所爲者而屢嘆之。然猶以院在門關之外，懼夫病者之有所不便於醫藥也，乃相門内，得故歸德佛舍之廢址而遷焉。凡增屋十有八間，并得故僧田六頃〔七〕，又市鍾陵、灌城兩墅之田七十畝，歲收穀三百餘斛，錢五萬有奇，以充入之。蓋自是以來，病而無歸者多賴以全活，不幸死者，亦瞑目而無所憾焉。於是臺之群屬與郡吏之奔走焉者私相與謀，因文學掾黄君某述其事，來請文以記。

予時方罷浙東常平事，三復其書，而竊有愧焉。蓋崇寧之制，凡安濟坊、漏澤園之政，皆領屬常平使者，其有曠闕，非將漕主計者之憂也。今職其事者或不能及，而五君子者乃能汲汲乎其職之所不必爲，至出義錢以輯成之。雖其先後來去之不齊，而其閔惻之深、計慮之遠，泯然若出於一人之心而手自爲之，其制愈修而愈密，其惠益增而益厚〔八〕。於以推廣聖朝昭天漏泉之澤於湖山數千百里之外，其意既甚美矣，而其學道愛人之效，又足以警夫職其事而不能然者以興起之，其利豈不又甚博哉。因不復辭，而爲書其本末如此，既以著夫五君子之成績而自訟以曉當世，又以告後之人，使知五君子者相爲始終十年之間所以成此者之不易而不敢壞也。錢公又嘗奏免贛、吉麻租二千四百五十九斛，爲錢千有一百九十七萬九十有奇〔九〕，兩州之人尤歌舞之。今以秘閣修撰知婺州事，其救饑之政，亦爲諸郡最云。淳熙十年三月甲戌，宣教郎、直徽猷閣、主管台州崇道觀朱熹記。

校記

〔一〕疢：淳熙本作「疚」。
〔二〕煇：原作「燁」。燁字國器，其行實與記文不符。爲江西運副者實燁弟煇，今改正。
〔三〕開封：淳熙本作「某國」。
〔四〕小注原缺，據右引補。
〔五〕丈：右引作「大」。
〔六〕幣：原作「弊」，據右引改。
〔七〕六：宋浙本作「十」。

〔八〕「其制」二句：淳熙本作「使一方之病者得不浪死，而死者得無失於葬埋」。

〔九〕九十有奇：右引作「九千有奇」，正訛改同。

編年 據文中所署。

評論 周大璋朱子古文讀本卷三江西運司養濟院記：極繁瑣處敘來，十分古雅。五君德政或分或合，或詳或略，一一有法。頓跌宕往，古致洋溢，精神百倍。此與五夫社倉記參看。

慈教庵記 淳熙十年四月

金華清江時鎬及其弟某嘗以書來曰：「吾先人之葬，東萊先生既幸哀而銘之以告于幽矣，惟是祠堂之奉既作而未名，將無以著先德于外者。敢請於子，何如？」予不及識時君，獨觀伯恭父之銘稱其治家嚴整，而所以教子孫者甚篤，且嘗以書爲予言之，伯恭又非輕與人者，予是以知時君之爲人。乃取晏平仲之言，名其所作曰「慈教之庵」。而君之鄉大夫潘公德鄜聞之以爲然，則爲之大書以揭焉。鎬等既刻之石，而又以請曰：「名庵而有以發乎先人之志，子則有賜於我矣。然無詞以著其實，其於久遠，懼泯没而不章也。願吾子之遂志之，將與潘公之書并刻焉，以配吾師之言而信吾父於後世，子之賜不愈大乎。」予不得辭，則又書本末如此以遺之。嗚呼！君之子孫既多且材，歲時相與來拜墓下，其有以惕然不忘乎父師之訓，而益勉乎其遠者大者，則斯名之稱其實，又豈待予言之而後傳於遠哉！淳熙癸卯四月。

編年 據文中所署。

韶州州學濂溪先生祠記 淳熙十年五月

秦漢以來，道不明於天下，而士不知所以爲學，言天者遺人而無用〔一〕，語人者不及天而無本〔二〕；專下學者不知上達而滯於形器，必上達者不務下學而溺於空虚；優於治己者或不足以及人，而隨世以就功名者又未必自其本而推之也。夫如是，是以天理不明而人欲熾，道學不傳而異端起，人挾其私智以馳騖於一世者，不至於老死則不止，而終亦莫悟其非也。宋興，九疑之下，春陵之墟，有濂溪先生者作，然後天理明而道學之傳復續。蓋有以闡夫太極、陰陽、五行之奥，而天下之爲中正仁義者，得以知其所自來。言聖學之有要，而下學者知勝私復禮之可以馴致於上達；明天下之有本，而言治者知誠心端身之可以舉而措之於天下。其所以上接洙泗千歲之統，下啓河洛百世之傳者，脉絡分明而規摹宏遠矣。是以人欲自是有所制而不得肆，異端自是有所避而不得騁。蓋自孟氏既没，而歷選諸儒受授之次，以論其興復開創、汛掃平一之功，信未有高焉者也。

先生熙寧中嘗爲廣南東路提點刑獄公事而治於韶，洗冤澤物，其兆足以行矣〔三〕，而以病去。乾道庚寅，知州事周侯舜元仰止遺烈，慨然永懷，始作祠堂於州學講堂之東序，而以河南二程先生配焉。後十有三年，教授廖君德明至，視故祠頽已摧剥，而香火之奉亦惰弗供，乃謀增廣而作新之。明年，即其故處爲屋三楹，像設儼然，列坐有序。月旦望，率諸生拜謁，歲春秋釋奠之明日，則以三獻之禮禮焉。而猶以爲未也，則又日取三先生之書以授諸生曰：「熟讀精思而力行之，則其進而登此堂也，不異乎親炙之矣。」又明年，以書來告曰：「韶故名郡，士多愿慤，少浮華，可與進於善者，蓋有張文獻、余襄公之遺風焉。然前賢既遠，而未有先生君子之教以啓迪於其後，雖有名世大賢來官其地，亦未聞有能摳衣請業而得其學之傳者。此周侯之所爲惓惓焉者，而德明所以奉承於後而不敢怠也。今既訖事，而德明亦將終更以去矣，夫子幸而予之一言，庶幾乎有以卒成周侯之志，是亦德明之願而諸生之幸也。」廖君嘗以其學講于熹者，因不復辭〔四〕，而輒爲論著先生唱明道學之功以視韶人，使因是而知所以用力之方。又記其作興本末如此，使來者有考焉。淳熙十年癸卯歲五月丁卯，新安朱熹記。

校記　〔一〕淳熙本「而」下有「天」字。

〔二〕右引「而」下有「人」字。

〔三〕兆：右引作「志」。

〔四〕復：原作「獲」，據右引及宋閩、浙本改。

編年　據文中所署。

評論　周大璋朱子古文讀本卷三韶州州學濂溪先生祠記：祠三先生，而以濂溪名者，道學唱明實始先生，故以二程配之也。況先生嘗治於韶，韶之祠專主先生無疑矣。篇中推美先生，二程只以數語帶過，以其爲濂溪先生祠也。因題立文，非有軒輊。

鄂州社稷壇記〔一〕

淳熙十一年正月

淳熙十年春，朝奉郎〔二〕、知鄂州事新安羅侯願以書來曰：「吾州群祀之壇始在中軍寨，去年秋，通守清江劉君清之至而往謁焉，視其地褊迫洿下，燎瘞無所，不稱藩國欽崇命祀之意。且念比年郡多水旱札瘥之變，意其咎或在是，則言於州，請得度地，更置如律令。已而劉君行州事，遂以屬録事參軍周明仲，行視得城東黄鶴山下廢營地一區，東西十丈，南北倍差。按政和五禮，畫爲四壇，而屬其役事於兵馬監押趙伯烜。作治未半，而願適承乏，又屬都監王椿董之，以速其成焉。二月朔壇成〔三〕，東社西稷居前，東風伯、西雨雷師居後少却〔四〕。壇皆三成，有壝，壝四門。前二壇趾皆方二丈五尺，崇尺二寸。後二壇趾皆方一丈六尺五寸，崇八寸。其再成方面皆殺尺，崇四分而去一。三成方殺如之，而崇不復殺。前二壝皆方四丈二尺，門六尺，間丈五尺。後二壝皆方二丈八尺〔五〕，門五尺，間四丈九尺。其崇皆四尺。社有主，崇二尺五寸，方尺。剡其上，培其下半〔六〕，石也。南五丈，爲門三間，北二丈有奇，爲齋廬五間。繚以重垣，甃以堅甓，而植以三代之所宜木。亦既練時日、屬寮吏、修祝號以告于神而妥之矣，則又與劉君謀，以吾子之嘗學於禮也，是以願請文以記之，俾後人之勿壞也。」

熹按，社實山林川澤、丘陵墳衍、原隰五土之祇，而后土勾龍氏其配也。稷則專爲原隰之祇，能生五穀者，而后稷周棄氏其配也。風師，箕也；雨師，畢也，是皆著於周禮，領於大宗伯之官。唯社稷自天子之都至於國里通得祭，而風雨之神〔七〕，則自唐以來諸郡始得祀焉。至於雷神，則又唐制所與雨師同壇共牲而祀者也〔八〕。國朝禮文大抵多襲唐故，故今郡國祀典自先聖先師之外，唯是五者。蓋以爲二氣之良能，天地之功用，流行於覆載之間，以育萬物而民生賴焉者，其德惟此爲尤盛。是以於其壇壝時日之制，牲幣器服之品，降登饋奠之節，莫不參訂討論，著之禮象，頒下郡國，藏於禮官。有司歲舉行之，而部刺史又當以時循行，察其不如法者。蓋有國家者所以昭事明神，祈以降祥錫福于下，其勤如此。顧今之爲吏者，所知不過簿書期會之間，否則觴豆舞歌，相與放焉而不知反，其所敬畏崇飾而神事之者，非老子、釋氏之祠，則妖妄淫昏之鬼而已。其於先王之制、國家之典所以治人事神者，曷嘗有概於其心哉。嗚呼！人心之不正，風俗之不厚，年穀之不登〔九〕，民生之不遂，其不亦以此歟。今羅侯之與劉君乃能相與汲汲乎此，非其學古愛民之志卓然有見乎流俗見聞之表，其孰能之？顧雖不文，不足以記事實，垂久遠，然二君子過以爲嘗從俎豆之事〔十〕，不遠千里而屬筆焉，其得辭之乎。因爲書之，使以刻于麗牲之石，後有君子得以覽焉〔十一〕。羅侯方與劉君相率勸學劭農甚力，劉君又嘗請於前守李侯棫〔十二〕，禁境内無得奉大洪山淫祠者〔十三〕，其於教民善俗之事，力所可爲〔十四〕，無有不盡其心也。十一年春正月甲辰，宣教郎、直徽猷閣、主管台州崇道觀新安朱熹記〔十五〕。

校記

〔一〕淳熙本「稷」下有「風雨」二字。

〔二〕奉：右引作「散」。

〔三〕二：原作「某」；朔：原缺，據右引改、補。

〔四〕西：原缺；「雨」下原衍「師」字，據右引及宋閩、浙本補、删。
〔五〕二壝：原作「三壝」，據宋閩、浙本改。
〔六〕培：原作「倍」，據淳熙本、宋閩、浙本改。
〔七〕神：淳熙本作「師」。
〔八〕共：右引作「若」。
〔九〕年：右引作「牟」。
〔十〕右引「從」下有「事」字。
〔十一〕有：右引作「之」。
〔十二〕棫：右引作「裓」。
〔十三〕祠：右引作「祀」。
〔十四〕所：右引作「有」。
〔十五〕「宣教郎」至「崇道觀」原作「具位」，據右引改補。

編年 據文中所署。

評論 周大璋朱子古文讀本卷三鄂州社稷壇記：考據古經，敘次王制，詳明精確，有裨道統之文，馬、鄭、杜、賈何敢望其項背。朱青巖云：爾愚謂崇正祀，黜淫祠，維係人心風俗不小。中幅感慨吏習，末段推廣餘意，俱有深心，勿作閑言語看過。至敘事之妙，則畫記后先競美也。

建寧府崇安縣學田記 淳熙十一年正月

崇安縣故有學而無田，遭大夫之賢而有意於教事者，乃能縮取他費之贏以供養士之費。其或有故而不能繼，則諸生無所仰食而往往散去。以是殿堂傾圮，齋館蕪廢，率常更十數年乃一聞弦誦之聲，然又不一二歲輒復罷去。淳熙七年，今知縣事趙侯始至而有志焉，既葺其宮廬之廢壞而一新之，則又圖所以爲飲食久遠之計者，而未知所出也。一日，視境内浮屠之籍，其絶不繼者凡五，曰中山，曰白雲，曰鳳林，曰聖曆，曰暨曆，而其田不耕者，以畝計凡若干。乃喟然而嘆曰：「吾知所以處之矣。」於是悉取而歸之於學，蓋歲入租米二百二十斛，而士之肄業焉者，得以優游卒歲而無乏絶之慮。既而學之群士十餘人相與走予所居之山間，請文以記其事曰：「不則懼夫後之君子莫知其所始，而或至於廢壞也。」

予惟三代盛時，自家以達於天子諸侯之國，莫不有學，而自天子之元子以至於士、庶人之子，莫不入焉，則其士之廩於學官者，宜數十倍於今日。而考之禮典，未有言其費出之所自者。豈當時爲士者之家各已受田〔一〕，而其入學也有時，故得以自食其食而不仰給於縣官也歟？至漢元、成間，乃謂孔子布衣養徒三千，而增學官弟子，至不復限以員數。其後遂以用度不足，無以給之而至於罷。夫謂三千人者聚而食於孔子之家，則已妄矣。然養士之需，至以天下之力奉之而不足，則亦豈可不謂難哉。蓋自周衰，田不井授，人無常産，而爲士者尤厄於貧，反不得與爲農、工、商者齒。上之人乃欲聚而教之，則彼又安能終歲裹飯而學於我？是以其費雖多，而或取之經常之外，勢固有所不得已也。況今浮屠氏之説亂君臣之禮，絶父子之親，淫誣鄙詐，以驅誘一世之人而納之於禽獸之域，固先王之法之所必誅而不以聽者也。顧乃肆然蔓衍於中國，豐屋連薨，良疇接畛，以安且飽，而莫之或禁。是雖盡逐其人，奪其所據而悉歸之學，使吾徒之學爲忠孝者得以無營於外而益進其業，猶恐未足以勝其邪説〔二〕，况其荒墜蕪絶，偶自至此，又欲封植而永久之乎。趙侯取之，可謂務一而兩得矣。故特爲之記其本末與其指意所出者如此，以示後之君子，且以警夫學之諸生，使益用力乎予之所謂忠且孝者。職其事者，又當謹其出内於簿書之外而無龠合之私焉，則庶其無負乎趙侯之教矣。趙侯名彦繩〔三〕，材甚高，聽訟理財，皆辦其課〔四〕，又有餘力以及此，諸使者方上其治行於朝云〔五〕。十一年春正月庚戌，具位朱熹記。

校記

〔一〕之：原作「其」，據淳熙本、宋浙本改。

〔二〕勝：淳熙本作「絶」。

〔三〕彦繩：原作「某」，據右引改。

〔四〕皆：右引作「能」。

〔五〕諸：右引作「部」。

編年 據文中所署。

評論 康熙御製文集第三集卷四十三：兼教養立言，用意特爲淵厚。

周大璋朱子古文讀本卷三建寧府崇安縣學田記：以浮屠之絶産歸之學校，使諸生有所仰食，此即昌黎廬其居之意。趙侯此舉，真盛德事也。當路君子能仿而行之，學校其復興乎。然此乃權時之宜耳，若能修舉三代之制，又何藉乎此。

衢州江山縣學景行堂記 淳熙十二年八月

江山縣學故有三賢堂，以祀正介先生周君穎、贈宣教郎徐君揆、逸平先生徐君存。而今知縣事金華邵侯浩又益以故諫議大夫毛公注、贈朝請郎毛公稟，且更其扁曰「景行之堂」而狀其事，且爲書來，告曰願有記也。熹考其狀，既知五君子之學行氣節真足以風厲當世而興起後來，讀其書，又嘆邵侯所以教其人者之備，而待其人者之遠也。蓋正介之行信於鄉而聞於朝，其立言垂訓，褒善貶惡，又皆足以爲後世法。雖其事業不得見於當年，然其所立已不但爲一鄉之善士而已也。諫議遭時遇主，奮不顧身，排擊巨奸，奪其政柄。當是時，天下庶幾望至治焉。不幸不究其用而廢絕以死〔一〕，有志之士至今恨之。然不特爲公恨也。至於叔縝罵賊不屈，以明官守之義；宅卿捐軀虜營，以紓君父之急，其事尤難，其節尤偉。而逸平受業程氏之門人，得諸心，成諸行，又能推其説以教人，儀刑音旨之傳，於今尤未遠也。夫以區區百里之間，而其先賢之學行氣節可以風厲當世而興起後來者如此，可謂盛矣。昔人之祠之也，其意豈不美哉。然得其三而遺其二，又限其目，而不使後人復有勉慕企及之思也，是則識者猶或病之。邵侯於此乃能增益而葺新之，且易其名，以致其俛焉孳孳之意，而撤其限以視，若有待於來者，是不亦教其人之備，而待其人之遠乎。嗚呼，是亦可書也已！

抑熹又嘗竊有説焉。蓋士有學有德，而後其言行有可觀；有行有言，而後其節義有可貴。

此士君子立身行道次第始卒之常，而不可易者也。然人之所稟不同，而其所遭亦異，故得於身者或無以驗其事，成於終者或無以考其初。此論世尚友者所以每恨全德之難，而欲擇其所從者，又不免有多岐之惑也。然則登是堂而有志夫五君子之事者，又可不知其所務之先後而循序以求之哉。邵侯讀大學之書而有感於絜矩之一言，其平居論天下事而有所不平，未嘗不慨然發憤而抵掌太息也。然則其於五君子者，固已非苟知之，而亦庶幾得其所以求之之序矣。其爲此舉，夫豈偶然而已哉。因爲之識其本末而并記此意，以視其學者云。淳熙十有二年秋八月乙丑，新安朱熹記。

校記　〔一〕絕：宋浙本作「絀」。

編年　據文中所署。

評論　周大璋朱子古文讀本卷三衢州江山縣學景行堂記：五君子學行氣節均足不朽，邵侯能增益崇祀，勉厲來者，使之俛焉孳孳，意固善矣。然學不知務，雖景仰先賢，究歸無益，故推本言之，以補邵侯之所不逮。識議之高，超絕今古；疏越之致，綽有餘音。

婺州金華縣社倉記淳熙十二年十月一日

淳熙二年，東萊吕伯恭父自婺州來訪余於屏山之下，觀於社倉發斂之政，喟然歎曰：「此周官委積之法，隋唐義廩之制也。然子之穀取之有司，而諸公之賢不易遭也。吾將歸而屬諸鄉人士友，相與糾合而經營之，使閭里有賑恤之儲，而公家無龠合之費，不又愈乎。」然伯恭父既歸，即登朝廷，輿病還家，又不三年而卒，遂不果爲。其卒之年，浙東果大饑，予因得備數推擇，奉行荒政。按行至婺，則婺之人狼狽轉死者已籍籍矣。予因竊嘆，以爲向使伯恭父之志得行，必無今日之患。既而尚書下予所奏社倉事於諸道，募民有欲爲者聽之。民蓋多慕從者，而未幾予亦罷歸，又不果有所爲也。是時伯恭父之門人潘君叔度感其事而深有意焉，且念其家自先大夫時已務賑恤，樂施予，歲捐金帛不勝計矣，而獨不及聞於此也，於是慨然白其大人，出家穀五百斛者，爲之於金華縣婺女鄉安期里之四十有一都，斂散以時，規畫詳備，一都之人賴之。而其積之厚而施之廣，蓋未已也。一日，以書來曰：「此吾父師之志，母兄之惠，而吾子之所建。雖予幸克成之，然世俗不能不以爲疑也。子其可不爲我一言以解之乎。」

予惟有生之類，莫非同體，惟君子爲無有我之私以害之，故其愛人利物之心爲無窮。特窮而在下，則禹、稷之事有非其分之所得爲者。然苟其家之有餘而推之以予鄰里鄉黨，則固吾聖人之所許，而未有害於不出其位之戒也。況叔度之爲此，特因其墳廬之所在，而近及乎十保之間，以承先志，以悦親心，以順師指。且前乎此者，又已嘗有天子之命於四方矣，而何不可之有哉。抑凡世俗之所以病乎此者，不過以王氏之青苗爲説耳。以予觀於前賢之論而以今日之事驗之，則青苗者，其立法之本意固未爲不善也。但其給之也以金而不以穀，其處之也以縣而不以鄉，其職之也以官吏而不以鄉人士君子，其行之也以聚斂亟疾之意而不以慘怛忠利之心，是以王氏能以行於一邑而不能以行於天下。子程子嘗極論之，而卒不免於悔其已甚而有激也。予既不得辭於叔度之請，是以詳著其本末，而又附以此意。婺人蓋多叔度同門之士，必有能觀於叔度所爲之善，而無疑於青苗之説者焉，則庶幾乎其有以廣夫君師之澤，而使環地千里永無捐瘠之民矣，豈不又甚美哉。叔度名景憲，與伯恭父同年進士，年又長，而屈首受學無難色。師殁，守其説不懈益虔。於書無不讀，蓋深有志於當世。然以資峭直，自度不能隨世俯仰，故自中年不復求仕，而獨於此爲拳拳也。十二年歲乙巳冬十月庚戌朔。

編年 據文中所署。

評論 康熙御製文集第三集卷四十三：義倉本良法，篇中將青苗相較處，尤覺利病劃然。

周大璋朱子古文讀本卷三婺州金華縣社倉記：社倉之法，從萬物一體來，意在濟人利物，不爲掊克聚斂起見，故出斂與青苗略近，而實相懸絶。原原委委，縱横反覆，無不詳盡。

建寧府建陽縣長灘社倉記 淳熙十三年七月

建陽之南，里曰招賢者三，地接順昌、甌寧之境，其狹多阻，而俗尤勁悍。往歲兵亂之餘，莨莠不盡去，小遇饑饉，輒復相挻，群起肆暴，率不數歲一發。雖尋即夷滅無噍類，然愿民良族，晷刻之間已不勝其驚擾矣。紹興某年，歲適大侵，奸民處處群聚，飲博嘯呼，若將以踵前事者，里中大怖。里之名士魏君元履爲言於常平使者袁侯復一，得米若干斛以貸。於是物情大安，奸計自折。及秋將斂，元履又爲請，得築倉長灘廡置之旁，以便輸者，且爲後日凶荒之備，毋數以煩有司。自是歲小不登，即以告而發之。如是數年，三里之人始得飽食安居，以免於震擾夷滅之禍，而公私遠近，無不陰受其賜。蓋元履少好學，有大志，自爲布衣，而其所以及人者已如此。蒙其惠者雖知其然，而未必知其所以然也。

其後元履既没，官吏之職其事者不能勤勞恭恪如元履之爲，於是粟腐於倉而民饑於室。或將發之，則上下請賕，爲費已不貲矣，官吏來往，又不以時，而出内之際，陰欺顯奪，無弊不有。大抵人之所得，粃糠居半，而償以精鑿，計其候伺亡失諸費，往往有過倍者。是以貸者病焉，而良民凛凛於凶歲，猶前日也。淳熙十一年，使者宋侯若水聞其事，且知邑人宣教郎周君明仲之賢，即以元履之事移書屬之，且下本臺所被某年某月某日制書，使得奉以從事。蓋歲以夏貸，而冬斂之，且收其息什之二焉。行之三年，而三里之間人情復安，如元履亡恙時。什二之收，歲以益廣。周君既以增葺其棟宇，又將稍振其餘，以漸及於傍近，蓋其惠之所及，且將日增月衍而未知其所極也。

周君以予嘗有力於此者，來請文以爲記。予與元履早同師門，游好甚篤。既追感其陳迹，又嘉周君之能繼其事而終有成也，乃不辭而爲之説如此。則又念昔元履既爲是役，而予亦爲之於崇安，其規模大略放元履，獨歲貸收息爲小異。元履常病予不當祖荆舒聚斂之餘謀，而予亦每憂元履之粟久儲速腐，惠既狹而將不久也。講論餘日，杯酒從容，時以相訾謷而訖不能以相詘。聽者從旁抵掌觀笑，而亦不能决其孰爲是非也。及是，宋侯、周君乃卒用予所請事以成元履之志，而其效果如此，於是論者遂以予言爲得。然不知元履之言雖疏，而其忠厚懇惻之意藹然有三代王政之餘風，豈予一時苟以便事之説所能及哉。當時之争，蓋予之所以爲戲，而後日之請，所以必曰息有年數以免者，則猶以不忘吾友之遺教也。因并書之，以視後人，使於元履當日之心有以得之，則於宋侯、周君今日之法有以守而不壞矣。元履名掞之，嘗以布衣召見。天子悦其對，即日除太學録。尋以數論事，不得久居中。既而天子思復召用之，則元履既卒矣。上爲悵然久之，詔有司特贈直秘閣云。十三年七月辛卯，新安朱熹記。

編年 據文中所署。

評論 周大璋朱子古文讀本卷三建寧府建陽縣長灘社倉記：長灘社倉，肇自元履，宋侯周君踵而行之，繼其事也。故極口魏君不置。周君出納之法，實倣文公。而公獨推美魏君，懼奉行者失魏君之意而流於青苗也。於此見公深識深慮，而虚心采納，不執己見，又可知矣。 曾文定公救災議指陳利弊曲爲詳悉，皆民瘼藥石之言也。與此正可參觀。

建寧府建陽縣大闡社倉記 淳熙十三年七月

招賢里大闡羅漢院之社倉，新侯官大夫周君某之所爲，而長灘之別貯也。始，秘閣魏君之築倉於長灘，非擇其地而處之也，因其船粟之委於是而藏焉耳。故倉之所在，極里之東北，而距西南之境遠或若干里，貸者多不便之。而是時率常數歲乃一往來，則猶未甚以爲苦也。淳熙甲辰，周君始以常平使者宋公之檄，司其發斂之政，而以歲貸收息之令從事。既爲之更定要束、搜剔蠹弊，而以時頒焉，民已悦於受賜矣，周君因益問以因革之宜，而有以道里不均之説告者。且曰：「自今以往，一歲而往來者再，則其勞佚之相絕，又非前日比矣。」周君於是白之宋公而更爲此倉，以適遠近之中，且令西南境之受粟者即而輸焉。來歲遂以遠近分土，使各集于其所以待命。民既歲得飽食，而又無獨遠甚勞之患，於是咸德周君，而相率來請文，以記其成。昔予讀周禮旅師、遺人之官，觀其頒斂之疏數，委積之遠邇，所以爲之制數者甚詳且密，未嘗不嘆古之聖人既竭心思，而繼之以不忍人之政，其不可及乃如此。及今而以是倉之役觀之，則彼其詳且密者，亦安知其不有待於歷時之久、得人之多而後乃至於此耶。因爲之記其本末，以爲後之君子或將有考於斯焉。周君字居晦，好讀書，有志當世之務，吏事亦精敏絕人，不但此爲可書也。倉凡二間，高若干尺，廣若干尺，深若干尺。始作以某年某月某日，越某月某日成，用工若干，錢若干。佐之者，里之人某也。十三年丙午歲七月甲午，新安朱熹記。

編年 據文中所署。

評論 周大璋朱子古文讀本卷三建寧府建陽縣大闡社倉記：法必久而後精。周君更爲此倉，以適遠近之中，使民既得飽食，又無獨遠甚勞之患，亦本魏君之制而更酌其因革之宜耳。然苟不得其人，則雖有善政，且委之草莽矣，能如是之斟酌盡善哉？不行社倉則已，行則遠邇斷不可以不均。此文宜玩。

邵武軍學丞相隴西李公祠記 淳熙十三年十二月

建炎丞相隴西李公，邵武人也。少有大志，自爲小官，即切切然以天下事爲己憂。宣和初，一日大水猝至，幾冒都城。人莫能究其所自來，相與震懼而無有敢以爲言者。公時適爲左史，以爲此夷狄兵戎之象也，不可以不戒，亟上疏言之，遂以謫去。數歲，乃得召還，則虜騎已入塞而長驅向闕矣。公復慨然圖上内禪之策，誠意感通，言未及發而大計已决。虜圍既迫，群小方謀挾至尊、犯不測爲幸免計，公又獨扣殿陛，力陳大義，得復城守以退虜兵。然自是以來，割地講和之議遂起，公又再謫，而大事去矣。光堯太上皇帝受命中興，疇咨人望，首召公爲宰相。公亦痛念國家非常之變，日夜圖回，所以修政事、攘夷狄者，本末甚備。蓋方誅僭逆以正人心，而建遣張所撫河北，傅亮收河東，宗澤守京城，遂將益據形便，大明紀律，以示必守中原〔一〕，必還兩宫之勢。而小人有害公者，遂三謫以去而不復還矣。淳熙丙午，距公去相適六十年，而永嘉徐君元德命教此邦，謂公之忠義籌略，海内有志之士莫不誦而傳之。顧其鄉人子弟，乃無有能道其萬一而興起焉者，於是闢講堂之東〔二〕，肖公之象而立祠焉。四月吉日，合郡吏、率諸生進拜跪奠，妥侑如法。已事而以書來，屬熹記之。

熹惟天下之義，莫大於君臣，其所以纏綿固結而不可解者，是皆生於人心之本然，而非有所待於外也。然而世衰俗薄，學廢不講，則雖其中心之所固有〔三〕，亦且淪胥陷溺，而爲全軀保妻子之計，以後其君者，往往接迹於當世。有能奮然拔起於其間，如李公之爲人，知有君父而不知有其身，知天下之有安危而不知其身之有禍福，雖以讒間竄斥，屢瀕九死，而其愛君憂國之志終有不可得而奪者〔四〕，是亦可謂一世之偉人矣。徐君之祠之也，非其志之所好〔五〕、學之所講有在於是，則亦孰能及之哉。故熹喜聞其事而樂推其説，以告郡之學者，雖病且衰而不自知，其感慨發憤，猶復誤有平日之壯心也。十二月癸巳，宣教郎、直徽猷閣、主管華州雲臺觀朱熹記。

校記〔一〕守：淳熙本作「争」。

〔二〕講堂之東：右引作「學官之廡」。

〔三〕「所」下原衍「以」字，據右引及宋浙本删。

〔四〕句首「而」字原作「以」，據淳熙本及宋閩、浙本改。

〔五〕好：淳熙本作「存」。

編年　據文中所署。

衡州石鼓書院記

淳熙十四年四月一日

衡州石鼓山據烝湘之會，江流環帶，最爲一郡佳處。故有書院，起唐元和間，州人李寬之所爲。至國初時，嘗賜敕額。其後乃復稍徙而東，以爲州學，則書院之迹於此遂廢而不復修矣。淳熙十二年，部使者東陽潘侯畤德鄜始因舊址列屋數間，榜以故額，將以俟四方之士有志於學而不屑於課試之業者居之，未竟而去。今使者成都宋侯若水子淵又因其故而益廣之，别建重屋以奉先聖先師之象，且摹國子監及本道諸州印書若干種、若干卷，而俾郡縣擇遺修士以充入之。蓋連帥林侯栗、諸使者蘇侯詡、管侯鑑，衡守薛侯伯宣，皆奉金齎割公田以佐其役，逾年而後落其成焉。於是宋侯以書來曰：「願記其實，以詔後人，且有以幸教其學者，則所望也。」

予惟前代庠序之教不修，士病無所於學，往往相與擇勝地，立精舍，以爲群居講習之所，而爲政者乃或就而褒表之。若此山，若岳麓，若白鹿洞之類是也。逮至本朝慶曆、熙寧之盛，學校之官遂遍天下，而前日處士之廬無所用，則其舊迹之蕪廢，亦其勢然也。不有好古圖舊之賢，孰能謹而存之哉。抑今郡縣之學官置博士弟子員，皆未嘗考其德行道藝之素，其所受授，又皆世俗之書，進取之業，使人見利而不見義。士之有志於爲己者，蓋羞言之，是以常欲別求燕閑清曠之地以共講其所聞而不可得。此二公所以慨然發憤於斯役而不敢憚其煩，蓋非獨不忍其舊迹之蕪廢而已也。故特爲之記其本末，以告來者，使知二公之志所以然者，而毋以今日學校科舉之意亂焉。又以風曉在位，使知今日學校科舉之教，其害將有不可勝言者，不可以是爲適然而莫之救也。若諸生之所以學而非若今人之所謂，則昔者吾友張子敬夫所以記夫岳麓者，語之詳矣。顧於下學之功有所未究，是以誦其言者不知所以從事之方，而無以蹈其實。然今亦何以他求爲哉，亦曰養其全於未發之前，察其幾於將發之際，善則擴而充之，惡則克而去之，其如此而已矣，又何俟於予言哉。十四年丁未歲夏四月朔，新安朱熹記。

編年　據文中所署。

評論　康熙御製文集第三集卷四十三：砥俗式浮，言重鼎吕。

周大璋朱子古文讀本卷三衡州石鼓書院記：學校布滿天下，復修精舍以爲學者講習之所，正爲教法不善，有志爲己者，不欲以科舉之學亂之耳。二公惓惓於此，嘉惠後學，其曷有極？表而白之，并以風曉有位，維世立教，一切婆心昭然若揭，指示學者下手處明白簡要，萬勿視爲老生常談。

漳州州學東溪先生高公祠記 淳熙十四年九月

孟子曰：「聖人，百世之師也，伯夷、柳下惠是也。故聞伯夷之風者，頑夫廉，懦夫有立志。聞柳下惠之風者，鄙夫寬，薄夫敦。奮乎百世之上，百世之下，聞者莫不興起也。」夫孟子之於二子，其論之詳矣。雖或以爲聖之清，或以爲聖之和，然又嘗病其隘與不恭，且以其道不同於孔子而不願學也。及其一旦慨然發爲此論，乃以百世之師歸之，而孔子反不與焉，何哉？孔子道大德中而無迹，故學之者没身鑽仰而不足。二子志潔行高而迹著，故慕之者一日感慨而有餘也。然則二子之功誠不爲小，而孟子之意其亦可知也已。

臨漳有東溪先生高公者，名登，字彦先，靖康間游太學，與陳公少陽伏闕拜疏，以誅六賊、留种李爲請。用事者欲兵之，不爲動也。紹興初，召至政事堂，又與宰相秦檜論不合，去爲静江府古縣令，有異政。帥守希檜意，捃其過以屬吏。會帥亦以譴死獄中，乃得釋。被檄試進士潮州，使諸生論直言不聞之可畏，策閩、浙水沴之所繇，而遂投檄以歸。檜聞大怒，奪官徙容州。公學博行高，議論慷慨，口講指畫，終日滚滚，無非忠臣孝子之言、捨生取義之意。聞者凛然，魄動神竦。其在古縣，學者已争歸之。至是，其徒又益盛。屬疾，自作埋銘，召所與游及諸生訣别，正坐拱手，奮鬍張目而逝。嗚呼，是亦可謂一世之人豪矣！雖其所學所行未盡合於孔子，然其志行之卓然，亦足以爲賢者之清，而使百世之下聞其風者有廉頑立懦之操，則其有功於世教，豈可與夫隱忍回互以濟其私，而自託於孔子之中行者同日而語哉。公没之後二十餘年〔一〕，延平田君澹爲郡博士，乃始求其遺文，刻之方版。又肖公像而奉祠之，以風厲其學者。間因郡人王君遇來求文以爲記，屬予病，未及爲而田君去。今太守永嘉林侯元仲至，則又與王君更以書來督趣不置。予惟高公孤高之節既如彼，而諸賢崇立之志又如此，則予文之陋，誠不宜久以疾病爲解。强起書之，辭不逮意。林侯試爲刻之，陷置祠壁，漳之學子與凡四方之士往來而有事於此者讀之，果能有所感慨而興起乎哉。淳熙丁未秋九月甲寅，新安朱熹記。

校記　〔一〕二：宋浙本作「三」。

編年　據文中所署。

朱熹文集編年評注卷八十

記

徽州休寧縣廳新安道院記 淳熙十五年八月

休寧大夫信安祝侯汝玉以書來曰：「休寧之爲邑，雖有難治之名，而吾之爲之已再歲矣。始也不能不以人言爲慮，中乃意其不然，而今則遂有以信其果不然也。蓋其封域實鄣山之左麓，而浙江出焉，山峭厲而水清激，故禀其氣、食其土以有生者，其情性習尚，不能不過剛而喜門。然而君子則務以其剛爲高行奇節，而尤以不義爲羞。故其俗難以力服而易以理勝。苟吾之所爲者出於公論之所是，則雖或拂於其私，而卒不敢以爲非也。以是吾之始至，蓋不能無不悅者，而今則歡然無與爲異。吾嘗困於事之不勝其繁，而今則廓然無事之可爲也。吾將更葺廳事之東，參采賓佐屬詠之什，而榜之以『新安道院』。子能爲我記之，則後之君子益知所以爲治，而無吾始者之慮矣。」

予惟汝玉之爲此，可以見其政之成、民之服而官曹之無事矣。然道之得名，正以人所共由之路，而非無事之謂也。夫以汝玉之始至，坐于堂皇之上，則左簿書，右法律，日夜苦心勞力而不得休。其或少暇，則又不免衝寒風、冒烈日，以出入乎阡陌之中而不敢怠。凡所以勸民之善而懲其惡，興民之利而除其害者，非有道以行之，則何以致今日之無事哉。顧其名此，乃若專取乎今日之無事，而反序前日之釐事爲非道，其無乃出於老子、浮屠之謂，而汝玉未之思耶。抑嘗計之，天下之事雖有動静勞逸之殊，而所謂道者，則無彼此精粗之間。汝玉之學固有以知此矣，彼其所以喜於政成之無事，而不避異學之淫名，豈非朝夕之間猶欲從容於此，以深思前日之已行，而益求其所未至，而卒以究夫無彼此精粗之間者，而大發於功名事業之間乎。予故邦人，且汝玉予舊也，樂其意，爲書本末以示來者，使於此邦之俗、賢宰之志尚有考云。淳熙戊申八月甲申，朱熹記。

編年 據文中所署。

評論 周大璋朱子古文讀本卷三徽州休寧縣廳新安道院記：祝侯以道名院，似有清净無爲意，與聖賢學道不同。認定破綻，爲下針砭，忽予忽奪，筆端時有煙雲繚繞。

玉山劉氏義學記 淳熙十五年九月

始予守南康，鄰境德安有宰焉，爲政一本儒術，甚以惠愛得其民。歲饑，爲請蠲租，而州家不可，顧民狼顧相驚，有逃去者，則亟使人追止之曰：「所不爲若等力請於州，必蠲十七者，令寧委印綬去，終不忍使若等爲異鄉鬼也。」民聞是令下，爲之感泣，復相與携持而歸。衆乃具以情白州若部刺史，竟得如約乃已。予聞而竊心善之，而問其邑里姓名，則曰玉山劉侯也。南康屬邑有越德安而縣屬者，每遣掾史循行，則必戒使謁劉侯，觀其荒政所施以爲法。於是劉侯之惠不止行其封内，而又波及南康之境，竟食新，民得無流亡殍死者。及予將終更，乃得納謁劉侯之館而拜賜焉，則望其貌、聽其言而有以信其爲君子人也。後數歲，予以事過玉山，則劉侯以待次家居，復得相見，如平生歡。一日，慨然語予曰：「吾家本單貧，而入仕又甚晚，顧無以仁其三族者。間嘗割田立屋，聘知名之士以教族子弟，而鄉人之願學者亦許造焉。兄弟之間有樂以其貲來助者，而吾猶懼其或不繼也，則又出新安餘俸，爲之發舉居積，以佐其費。而凡所以完葺丘壟、周恤族姻者，亦取具焉。既已言於吾州，而邦君吴侯樂聞之，爲之出教刻符以詔吾之子孫，使毋違吾志。吾子雅知我，其爲我記之，以告其敎且學於此者，使知有以勉焉。」

予聞而嘆曰：「今士大夫或徒步至三公，然一日得志，則高臺深池，撞鍾舞女，所以自樂其身者，唯恐日之不足。雖廩有餘粟，府有餘錢，能毋爲州里災害則足矣，固未暇以及人也。如劉侯者，身雖寵而官未登六品，家雖温而産未能千金，顧其所以用心者乃如此，是則可謂賢遠於人，而亦可以見其前日德安之政不爲無本，而豈徒以聲音笑貌爲之矣。」乃追本其事而記之如此。雖然，古人之所謂學者，豈讀書爲文以干禄利而求温飽之云哉，亦曰明理以修身，使其推之可以及夫天下國家而已矣。群居於此者，試以此意求諸六經、孔孟之言而深思力行之，庶其有以不負劉侯之教也。劉侯名允迪，字德華，今以朝奉郎參議沿海制置使軍事云。淳熙十有五年秋九月己未，新安朱熹記。

編年 據文中所署。

評論 周大璋朱子古文讀本卷三玉山劉氏義學記：敘義學從荒政説入，見玉山澤及於人，表裏如一，終始有常。兩事賓主相形，歸於一綫，縱筆所如，無不工絕。「予聞而嘆」一段，鄉老先生解組歸田者當熟玩之。

漳州守臣題名記 紹熙元年

漳以下州領軍事，唐垂拱二年，用左玉鈐衛翊府左郎將陳元光奏置，領漳浦、懷恩二縣，而治漳浦。開元四年，徙治李澳川，在舊治南八十里。二十九年，廢懷恩入漳浦，而割泉州龍溪縣來屬。天寶元年，改漳浦郡。乾元二年，復爲州。大曆十二年，又割汀州龍巖來屬。貞元元年，乃更徙治龍溪。唐末五季之亂，常爲泉州支郡，而僞刺史董思安者，至以私諱輒改號爲南州。我宋乾德四年，泉州陳洪進以二州版圖歸王府，始詔復故號。太平興國三年五月一日，洪進入朝請吏，遂以衛尉寺丞劉援來知州事。而五年，又割泉之長泰縣以屬焉。蓋凡漳之所以爲州，其本末之可考者如此。其守將則陳公，没而爲神，今以王封廟食。後乃或見或否，以至于劉侯而後始有紀焉。蓋其聽壁之記，本嘉祐中鄭侯偕之所立。逮淳熙中火而復刻，則又趙侯公絅之爲也。紹熙元年，假守朱熹至而觀焉，則其木理往往龜裂，且其所書又太煩悉，而將無地之可書也，乃爲買石延平，礱置聽事，更爲嬖窠省文之法，以寫舊記，而虚其左方，以俟來者云。

編年 據文中所叙。

評論 周大璋朱子古文讀本卷三漳州守臣題名記：敘漳州建置特詳，敘守臣題名用筆隱約，錯綜貫穿，古奥絶倫。此種文最當尋玩。

德安府應城縣上蔡謝先生祠記 紹熙二年十月一日

應城縣學上蔡謝公先生之祠，今縣令建安劉炳之所爲也。先生名良佐，字顯道，學於河南程夫子兄弟之門。初頗以該洽自多，講貫之間，旁引傳記，至或終篇成誦。夫子笑曰：「子可謂玩物喪志矣。」先生聞之，爽然自失，面熱汗下，若無所容，乃盡棄其所學而學焉。然其爲人英果明決，强力不倦，克己復禮，日有程課。夫子蓋嘗許其有切問近思之功。所著論語説及門人所記遺語，皆行於世。如以生意論仁，以實理論誠，以常惺論敬，以求是論窮理，其命理皆精當，而直指窮理居敬爲入德之門，則於夫子教人之法又最爲得其綱領。建中靖國中，詔對不合，得官書局。後復轉徙州縣，沈論卑冗，以没其身。而處之浩然，未嘗少挫。中間嘗宰是邑，南陽胡文定公以典學使者行部，過之，不敢問以職事，顧因紹介，請以弟子禮見。入門，見吏卒植立庭中，如土木偶人，肅然起敬，遂稟學焉。其同時及門之士亦皆稱其言論閎肆，善啓發人。今讀其書，尚可想見也。然先生之没，游公定夫先生實識其墓，而喪亂之餘，兩家文字皆不可見。應城寇暴尤劇，莽爲丘墟，其條教設施固無復有傳者。劉君之來，訪其遺迹，僅得題詠留刻數十字而已，爲之慨然永嘆，以爲先生之遺烈不建於此邦，後之君子不得不任其責。於是既新其學，乃即講堂之東偏設位而祠焉，千里致書，求文以記。熹自少時妄意爲學，即賴先生之言以發其趣。而平生所聞先生行事，又皆高邁卓絕，使人興起。衰病零落，懔然常懼其一旦泯滅而無傳也。劉君之請，乃適有會於予心者，於是不辭而記之如此，以示其學者云。紹熙辛亥冬十月丙子朔旦，新安朱熹記。

編年　據文中所署。

評論　周大璋朱子古文讀本卷三德安府應城縣上蔡謝先生祠記：上蔡，程門高弟，論著出處，俱足模楷後學。其在應城，治績卓卓可傳。喪亂之餘，幾於泯滅，建祠表章，劉侯之憂方大也。層次寫來，如雲出岫，散聚隨風，備極自然之趣。

壯節亭記 紹熙三年五月

淳熙己亥歲，予假守南康。始至，訪求先賢遺迹，得故尚書屯田外郎劉公凝之之墓於城西門外草棘中。予惟劉公清名高節，著於當時而聞於後世，暫而挹其餘風者，猶足以激懦而律貪，顧今不幸，饋奠無主，而其丘墓之寄於此邦者又如此，是亦長民者之責也。乃爲作小亭於其前，立門墻、謹扃鑰，以限樵牧。歲以中春，率群吏諸生而祠焉。郡之詩人史驌請用歐陽公語，名其亭以「壯節」，適有會於予意，因屬友人黄銖大書以揭焉。自是以來，東西行而過者莫不顧瞻起敬，而予亦自以爲兹丘之固且安，可以久而不壞矣。紹熙二年，歲在辛亥，予去郡甫十年，而今太守章貢曾侯寔來，按圖以索其故，則門墻亭榜皆已無復存者，爲之喟然太息。即日更作門墻，築亭其間，益爲高厚宏闊，以支永久。又礲巨石以培其封，植名木以廣其籟，求得舊榜，復置亭上，歲時奉祀，一如舊章。且割公田十畝以畀旁近能仁僧舍，使專奉守，爲增葺費。而又以予爲嘗經始於此也，以書來曰：「願得一言以記之，使後之人知吾二人者所爲拳拳之意，而不懈其尊賢尚德之心也。斯不亦有補於世教之萬分乎。」予曰諾哉。曾侯名集，字致虛，學有家法，故其爲政知所先後如此云。三年夏五月癸未，新安朱熹記。

編年　據文中所署。

評論　周大璋朱子古文讀本卷三壯節亭記：俯仰歷落，結撰嚴峭有體。

冰玉堂記 紹熙三年九月一日

南康使君曾侯致虛既修葺屯田劉公之墓〔一〕，明年，乃訪得其故居遺址於郡治之東。暇日，屏騶馭、披荆棘而往觀焉，問其北，隱然以高者，則劉公所賦之東臺也。顧其南，窊然以下者，則詩序所指之蓮池也。蓋自兵亂以來，蕪廢日久，唯是僅存，而其他則皆漫滅不可復識矣。曾侯爲之躊躕四顧，喟然而嘆曰：「凝之之爲父，道原之爲子，其高懷勁節，有如歐、馬、蘇、黄諸公之所道，是亦可謂一世之人豪矣。想其平日之居此，林塘館宇之邃，詩書圖史之盛，既有以自適其適，而一時游且官於此邦者，亦得以扣門避席而考德問業焉，何其盛也。顧今百年之外，臺傾沼平，鞠爲灌莽，而使樵兒牧子皆得以嘯歌躑躅於其上，又何其可悲也。雖然，此吾事也，不可以不勉。」乃出少府羨錢，贖之民間，垣而溝之，以合於郡圃，纍石以崇其臺，引流以深其池，遂作「冰玉之堂」於臺之西北，而繪劉公父子之象於其上。且聞陳忠肅公之嘗館於是也，則又繪其象以侑焉。既而所謂「是是堂」、「漫浪閣」者，亦以次舉而皆復其舊。既成，使人以圖及書來，屬予記。予惟異時承乏此邦，亦嘗有意於斯而不克就。今披圖考驗，尚能憶其仿佛，固喜曾侯之敏於事而能有成矣，抑予又有感焉。近歲以來，人心不正，行身者以同流合污爲至行，任事者以便私適己爲長策。其聞劉氏父子之風，不唾而駡之者幾希矣。欲其能如曾侯，一以表賢善俗爲心而不奪於世習，豈可得哉。於是既書其事，而適有以陳令舉騎牛詩畫爲寄者，因并以遺曾侯，請刻堂上，以補一時故事之缺云。紹熙三年秋九月庚午朔旦，新安朱熹記。

校記　〔一〕修：原缺，據四庫全書本、周大璋朱子古文讀本補。

編年　據文中所署。

評論　周大璋朱子古文讀本卷三冰玉堂記：表賢善俗，是一篇眼目，大意已於曾侯口中説出，後以贊嘆結之。此文此堂，關係世道，俱堪不朽。

黄州州學二程先生祠記紹熙三年九月

齊安在江淮間，最爲窮僻，而國朝以來，名卿賢大夫多辱居之，如王翰林、韓忠獻公、蘇文忠公，邦人至今樂稱，而於蘇氏尤致詳焉。至於河南兩程夫子，則亦生於此邦，而未有能道之者，何哉？蓋王公之文章，韓公之勛業，皆以震耀於一時，而其議論氣節，卓犖奇偉，尤足以驚動世俗之耳目，則又皆莫若蘇公之爲盛也。若程夫子，則其事業湮鬱，既不得以表於當年；文詞平淡，又不足以夸於後世。獨其道學之妙，有不可誣者，而又非知德者莫能知之。此其遺迹所以不能無顯晦之殊，亦其理勢之宜然也。蓋天聖中，洛人太中大夫程公珦初任爲黄陂尉，秩滿，不能去，而遂家焉。實以明道元年壬申生子曰顥，字伯淳。又以明年癸酉生子曰頤，字正叔。其後十有餘年，當慶曆丙戌丁亥之間，攝貳南安，乃得獄掾舂陵周公敦頤而與之游。於是二子因受學焉，而慨然始有求道之志。既乃得夫孔孟以來不傳之緒於遺經，遂以其學爲諸儒倡，則今所謂明道先生、伊川先生是也。先生之學，以大學、論語、中庸、孟子爲標指，而達於六經，使人讀書窮理，以誠其意、正其心、修其身，而自家而國，以及於天下。其道坦而明，其説簡而通，其行端而實。是蓋將有以振百代之沉迷而納之聖賢之域，其視一時之事業詞章、論議氣節，所繫孰爲輕重？所施孰爲短長？當有能辨之者。而世非徒不之好也，甚者乃或目以道學之邪氣而必讉蔑之。於斯時也，苟無遭其伐木而削迹焉，斯已幸矣，尚何望於其餘哉。今太守李府君侯乃能原念本始，追誦遺烈，立二夫子之祀於學宫，於以風厲其人而作興之，非其自信之篤而不以世俗之趨舍動其心，其孰能與於此？李侯名訦，字誠之。其爲此邦，勤事愛民，固多可紀。特於此舉尤足以見其趣操之不凡，而非衆人所能及，是以因其請記而具論之，以告來者，使有考焉。紹熙三年秋九月戊子，後學新安朱熹記。

編年 據文中所署。

評論 周大璋朱子古文讀本卷三黄州州學二程先生祠記：齊安不知二程，而李侯祠之。卓識遠見，超越流輩萬千。篇中感慨與蘇丞相祠記略似，而波瀾自各别也。

邵武軍光澤縣社倉記 紹熙四年二月

光澤縣社倉者，縣大夫毗陵張侯訢之所爲也。光澤於邵武諸邑最小而僻，自張侯之始至，則已病夫市里之間民無蓋藏，每及春夏之交，則常糴貴而食艱也。又病夫中下之家當産子者力不能舉，而至或棄殺之也。又病夫行旅之涉吾境者，一有疾病，則無所於歸，而或死於道路也。方以其事就邑之隱君子李君吕而謀焉，適會連帥趙公亦下崇安建陽社倉之法於屬縣，於是張侯乃與李君議，略放其意，作爲此倉。而節縮經營，得他用之餘，則市米千二百斛，以充入之。夏則損價而糴，以平市估；冬則增價而糴，以備來歲。又買民田若干畝，籍僧田、民田當没入者若干畝，歲收米合三百斛，并入于倉，以助民之舉子者，如帥司法。既又附倉列屋四楹，以待道塗之疾病者使皆有以棲託食飲而無暴露迫逐之苦。蓋其創立規模，提挈綱領，皆張侯之功；而其條畫精明，綜理纖密者，則李君之力也。邑人既蒙其利而歌舞之，部使者亦聞其事而加勸奬焉，於是張侯樂其志之有成，而思有以告來者使勿壞，則以書來請記。

予讀古人之書，觀古人之政，其所以施於鰥寡孤獨、困窮無告之人者，至詳悉矣。去古既遠，法令徒設而莫與行之，則爲吏者賦斂誅求之外，亦飽食而嬉耳，何暇此之問哉。若張侯者，自其先君子而學於安定先生之門，則已悼古道之不行，而抱遺經以痛哭矣。及其聞孫，遂傳素業以施有政，宜其志慮之及此，而能委心求助，以底于有成也。李君於予蓋有講學之舊，予每竊嘆其負經事綜物之才以老而無所遇也，今乃特因張侯之舉而得以粗見其毫末，是不亦有感夫。故予既書張侯之事，而又附以予之所感於李君者，來者尚有考云。紹熙四年春二月丁巳，新安朱熹記。

編年　據文中所署。

評論　周大璋朱子古文讀本卷三邵武軍光澤縣社倉記：社倉一設而三善備舉，張、李相助，功莫大焉。前後照對，變動錯落，法嚴而筆宕。

鄂州州學稽古閣記　紹熙四年九月一日

人之有是身也則必有是心，有是心也則必有是理。若仁、義、禮、智之爲體，惻隱、羞惡、恭敬、是非之爲用，是則人皆有之，而非由外鑠我也。然聖人之所以教，不使學者收視反聽，一以反求諸心爲事，而必曰興於詩，立於禮，成於樂，又曰博學、審問、謹思、明辯而力行之，何哉？蓋理雖在我，而或蔽於氣稟物欲之私，則不能以自見；學雖在外，然皆所以講乎此理之實，及其浹洽貫通而自得之，則又初無内外精粗之間也。世變俗衰，士不知學，挾册讀書者，既不過於誇多鬥靡以爲利禄之計，其有意於己者，又直以爲可以取足於心而無事於外求也，是以墮於佛老空虚之邪見，而於義理之正、法度之詳有不察焉。其幸而或知理之在我與夫學之不可以不講者，則又不知循序致詳，虚心一意，從容以會乎在我之本然，是以急遽淺迫，終已不能浹洽而貫通也。嗚呼！是豈學之果不可爲，書之果不可讀，而古先聖賢所以垂世立教者果無益於後來也哉，道之不明，其可嘆已！

鄂州州學教授許君中應既新其學之大門，而因建閣於其上，櫝藏紹興石經、兩朝宸翰以爲寶鎮，又取板本九經、諸史百氏之書列置其旁，不足，則使人以幣請於京師之學官，使其學者討論誦説，得以饜飫而開發焉。其役始於紹熙辛亥之冬，而訖於明年之夏。其費亡慮三百萬，而取諸廩士之贏者，蓋三之一。其餘則太守焕章閣待制陳公居仁、轉運判官薛侯叔似實資之，而總卿詹侯體仁、戎帥張侯詔亦揮金以相焉。既成，因予之友蔡君元定以來請，曰願有記也。予雅聞許君之學，蓋有志於爲己，而意其所以學者，亦曰取足於心而已矣。今以是舉觀之，則見其所以誨人者甚平且實，然後知其所以自爲者，不以汩心思、滅聞見爲極摯之歸也〔一〕。因爲之記其本末，而并推近世所以爲學讀書之病，請具刻焉，以告登此閣而讀此書者，使姑無溺於俗學之下流，無迷於異端之捷徑，則於理之在我者，庶乎有以深求而自得之矣。道之不明，豈足患哉。四年癸丑九月甲子朔旦，新安朱熹記。

校記 〔一〕摯：原作「致」，據宋閩、浙本改。

編年 據文中所署。

評論 康熙御製文集第三集卷四十三：詳引古制，稱述地德，從來無此典核。

劉洪謨叙朱子文集大全：讀鄂州稽古閣記，則知晚世道學俗學之差，差在不講此天理耳。

周大璋朱子古文讀本卷三鄂州州學稽古閣記：全篇大意在結末數語，開示後學，懇懇切切，一片婆心，千古如見。讀晦翁文，有目之爲腐者，真無忌憚之尤者也。

信州貴溪縣上清橋記 紹熙四年九月十六日

貴溪之水，其原東出鉛山之分水，北出玉山之鎮頭者，合爲大溪，自弋陽西流，逕縣治南，少西，乃折而北。大溪之南，有小港焉，出縣東南境上，西北流，至縣治西南，乃入於溪。居民行客之往來者，故以舟楫，爲三渡。自縣治西南絕大溪者，曰中溪；當其西流北折之處者，曰鑿石。小港水落時，廣不過百餘尺，褰裳可涉。霖潦暴至，則其深廣往往自倍，而亦爲一渡。中溪之舟每以是時過港，常爲横波所蕩擊，人力不得施。鑿石則水觸西崖，鬥怒騰蹙，其險爲尤甚。故二渡者歲率一再覆溺，邑人病之，欲爲浮梁以濟久矣。而役大費廣，無敢唱者。今縣大夫建安李君正通至，則陰計而嘿圖之。久之，乃得縣之餘財八十萬，將以屬工。而邑之大姓聞之，有以銕爲連環巨組千五百尺以獻者，有捐其林竹十餘里以獻者。州家又以米百斛者佐之，於是李君乃相大溪二渡之間水平不湍者，以爲唯是爲可久，遂以紹熙三年六月始事。民歡趨之，不百日而告成。兩崖礲石爲磴道，高者五百尺，卑者亦居其五之四。橋之修九百尺，比舟七十艘，且視水之上下而時損益焉。又維十舟以梁小港，作雙艦以航巨浸，於是東西行者春夏免漂没之虞，秋冬無病涉之嘆。其功甚大，而費則省，蓋其規模籌畫，一出李君，主吏、工師拱手受成，不能有所預也。既又留錢五十萬於明覺浮屠氏，使自爲質貸，而歲輸其贏五一以奉增葺之費。明年，李君將去，乃以書來，道邑人之意，請予文以記之。予惟李君此橋之功，百里之人與四方之往來者固已頌而歌之，宜不待記而顯。且其才之果藝明達，用無不宜，又非獨此爲可書也，姑爲記其本末，以告後之君子，使知其成之不易者如此，相與謹視而時修之。是則李君與其邑人之志也云爾。四年九月戊寅既望，新安朱熹記。

編年　據文中所署。

評論　周大璋朱子古文讀本卷三信州貴溪縣上清橋記：橋梁道路之間，皆王政所必經理者，士君子留心利弊，在在興除，況貴溪之水，病民不小乎。李侯作橋以通往來，功莫偉焉，而未必來者之能繼其志也。歷敘水患，因紀李侯經理之周詳，見成之不易，而修葺之功萬不可緩，屬望後人，惓惓無已。與歐陽偃虹堤記參看。

邵州州學濂溪先生祠記 紹熙四年十月

邵陽太守東陽潘侯燾以書來曰：「郡學故有濂溪先生周公之祠，蓋治平四年，先生以零陵通守來攝郡事，而遷其學，且屬其友孔公延之記而刻焉。其後遷易不常，乾道八年，乃還故處，而始奉先生之祀於其間。既又以故府張公九成之學爲出於先生也，則亦祠以侑焉，於今蓋有年矣。燾之始至，首稽祀典，竊獨惟念先生之學實得孔孟不傳之緒，以授河南二程先生，而道以大明。然自再傳之後，則或僅得其仿佛，或遂失其本真，而不可以若是其班矣。乃更闢堂東一室，特祀先生，以致區區尊嚴道統之意。今歲中春，釋奠於先聖先師，遂命分獻而祝以告焉。以吾子之嘗講於其學也，敢謁一詞以記之，使來者有考而無疑也。」

熹發函三復，爲之喟然而嘆曰：「甚矣，道之難明而易晦也！自堯舜以至於孔孟，上下二千餘年之間，蓋亦屢明而屢晦。自孟氏以至於周、程，則其晦者千五百年，而其明者不能以百歲也。程氏既没，誦説滿門，而傳之不能無失，其不流而爲老子、釋氏者幾希矣。然世亦莫之悟也。今潘侯於此乃獨深察而致謹焉，道之明也，儻庶幾乎。雖然，先生之精，立圖以示；先生之藴，因圖以發，而其所謂無極而太極云者，又一圖之綱領，所以明夫道之未始有物，而實爲萬物之根柢也，夫豈以爲太極之上復有所謂無極者哉。近世讀者不足以識此，而或妄議之，既以爲先生病；史氏之傳先生者，乃增其語曰「自無極而爲太極」，則又無所依據而重以病夫先生。故熹嘗欲援故相蘇公請刊國史草頭木腳之比，以正其失，而恨其力有所不逮也。乃今於潘侯之舉而重有感焉，是以既叙其事而并附此説，以俟後之君子。抑潘侯學識之長既足以及此矣，則又安知其不遂有以成吾之志也耶。紹熙癸丑冬十月庚申，後學朱熹記。

編年 據文中所署。

浦城縣永利倉記 紹熙五年四月

浦城縣遷陽鎮永利倉者，故提舉常平公事黄侯某之所爲也。聞之故老，某年中，黄侯以鄉人奉使本道，奏立是倉其里中，歲時斂散，以賑貧乏。且使鎮官兼董其事，行之累年，近村之民頗賴其利。後以兵亂，廢熄無餘。歲或不收，民輒告病。於今若干餘年，而吏部之調鎮官，猶襲故號也。中間知縣丞王君鉛視邑之仁風諸里社倉頗有成效，欲取其法以復此倉之舊，而議不克合。今知縣事括蒼鮑君恭叔之來，乃復有請，而使者吴興李侯沐深然之，於是鮑君得致其役。營度故壤，築倉若干楹，不日告成，略如舊制。遂移縣庾之粟若干斛以貯焉，夏發以貸，冬斂以藏，一以淳熙某年社倉制敕從事。蓋凡貸之所及者，某里某都之人，固皆有以望於其後，而無復凶年之慮矣。其所未及，則亦欣然相告曰：「是倉息滋而藏羨，其肯卒遺我哉。」鮑君聞之，以書來告曰：「邑人之情如此，不忍以無記也。」予觀黄侯當日之權足以制一道，而其後爲此乃僅足以恤其鄉鄰，蓋未嘗不嘆其心之仁而病其不廣。以今推之，則未必其勢之有不能也，是安得以今日社倉之法告之哉。若李侯、鮑君之是役，則既足以使黄侯之心愈久而不泯，而又能承天子之詔，以廣其惠於無窮，是皆可書也已。獨後之人能推所餘以遍乎其所未及，則有未可必者。故特爲之書其本末而并以告焉，庶乎有所考而不亡也〔一〕。紹熙五年夏四月己酉，朝散郎、秘閣修撰、新權發遣潭州、主管荆湖南路安撫司公事朱熹記。

校記　〔一〕亡：原作「忘」，據宋閩、浙本改。

編年　據文中所署。

信州州學大成殿記紹熙五年十二月

紹熙五年秋九月，熹自長沙蒙恩召還。道過上饒，其州學教授嘉興林君某來見，請問所以爲學之意甚勤。與之語，知其平日所用力者，皆古人爲己之學，而進則未已也。既乃起而言曰：「此邦學政其弊久矣。士子習熟見聞，因仍淺陋，知有科舉而不知有學問。且其屋不時修，亦多頽圮，而禮殿之壞爲尤甚。至於象設，衣冠、位次又皆不如法式。某不自料，既爲之講以所聞，幸頗有知鄉方者，又將撤其故殿而一新之。儻遂有成，願得一言以記之，且有以進其學者於將來，則幸甚。」

熹謝不敏，退而問諸邦人，則皆曰林君所以教其諸生者有常業，而皆本於所謂古人爲己之意。其於學之庶務，則又巨細必親，無所漏失，故能當此儉歲，既廣其弟子之員且什五六，而猶有餘力以及此。蓋屬役之初，首出餐錢以給諸費，而漕臺州家亦有助焉。諸生之有職秩者，又相與捐俸入以相其事。瓦木工徒之直，一毫無所取於民也。熹心善之。比歸而往觀焉，則其軒楹宏敞，堂室靚深，先聖鄉明，先師西面，左右衆賢，以次列坐，一如今歲奉常所下新制。而其冠冕服戟，應圖合禮，取諸監學，靡有僭差。蓋雖近輔名藩，鮮有能及之者。熹於是焉喟然太息，益信林君之學有以充其志，而力又有以行其學也。

歲晚還家，甫爾休息，而林君復以書來曰：「殿既訖功，將以來歲正月丁亥朔旦謁守貳、合群吏、率諸生而釋菜以落之。前日之請，願卒有以賜之也。」熹惟國家稽古命祀，而禮先聖先師於學宮，蓋將以明夫道之有統，使天下之學者皆知有所鄉往而幾及之，非徒修其墻屋，設其貌象，盛其器服、升降俯仰之容，以爲觀美而已也。而今之爲吏者，於是數者猶有不及，求其能如林君之所爲者，則既難矣。而况欲其仰體國家之意，以身爲率，使其學者皆知古人之所以爲學者而心庶幾焉，豈不又難矣哉。於是爲記其事，使刻諸石，以厲其徒，且使後之君子有以考焉，而毋忘林君之志也。十二月辛巳，朝請郎新安朱熹記。

編年　據文中所署。

評論　周大璋朱子古文讀本卷三信州州學大成殿記：學校所以教人，修葺禮殿，整飭位次，猶屬第二義。林侯學有本原，教人有法，復能於是數者加意，本末兼修，巨細并舉，真盛事也。極力描寫，宕往渾灝，精彩煥發，縹緲無際。

常州宜興縣學記 慶元元年三月

紹熙五年十二月，宜興縣新修學成。明年，知縣事、承議郎括蒼高君商老以書來請記，而其學之師生迪功郎孫庭詢、貢士邵機等數十人，又疏其事以來告曰：「吾邑之學久廢不治，自今明府之來，即有意焉。而縣貧，不能遽給其費，乃稍葺其所甚敝，亟補其所甚缺，且籍閑田五千畝以豐其廩，斥長橋僦金歲入七十餘萬以附益之，爲置師弟子員，課試如法，而又日往游焉，躬爲講論，開之以道德性命之指，博之以詩書禮樂之文，使其知士之所以學，蓋有卓然科舉文字之外者。於是縣人學子知所鄉慕，至於里居士大夫之賢者，亦携子弟來聽席下，無不更相告語，更相勉勵，而自恨其聞之之晚也。退而相與出捐金齎，以佐其役。合公私之力，得錢幾七百萬，而學之内外焕然一新。堂涂門廡，靡不嚴備，象設禮器，皆應圖法。蓋高君之於是學，非獨其經理興築之緒爲可書，而其所以教者，則非今世之爲吏者所能及，而邑之人材風俗實有賴焉。幸夫子之悉書之，以告來者於無窮，則諸生之望也。」

予頃得高君於會稽而知其賢，今乃聞其政教之施於人者又有成效如此，故已樂爲之書矣。而况其邑之父兄子弟能率高君之教而有所興起，皆知從事於古人爲己之學，而不汲汲乎誇多鬥靡之習，以追時好而取世資，則又予之所深嘆，而尤樂取以告人者也。乃爲悉記其語，使後之君子有考焉。抑高君之於此邑，嘗新其社稷之位，而并作風〔一〕、雨、雷師於其側，以嚴祀事；穿故瀆、疏積水，以防旱潦；作社倉、儲羨粟，以備凶荒，其所以事神治民者，類能行其所學，而皆出於至誠懇惻之意，是以言出，其人信從之，蓋不待至於誦説之間然後以言教也。嗚呼賢哉！慶元元年春三月庚申，朝請郎、提舉南京鴻慶宮新安朱熹記。

校記　〔一〕作：宋浙本、明天順本作「兆」。

編年　據文中所署。

常州宜興縣社倉記 慶元元年三月十六日

始予居建之崇安，嘗以民饑，請於郡守徐公嚞，得米六百斛以貸，而因以爲社倉。今幾三十年矣，其積至五千斛，而歲歛散之，里中遂無凶年。中間蒙恩召對，輒以上聞，詔施行之，而諸道莫有應者。獨閩帥趙公汝愚、使者宋公若水爲能廣其法於數縣，然亦不能遠也。紹熙五年春，常州宜興大夫高君商老實始爲之於其縣善拳、開寶諸鄉，凡爲倉者十一，合之爲米二千五百有餘斛，擇邑人之賢者承議郎趙君善石、周君林、承直郎周君世德以下二十有餘人以典司之，而以書來屬予記。予心許之，而未及爲也。會是歲浙西水旱，常州民饑尤劇，流殍滿道。顧宜興獨得下熟，而貸之所及者尤有賴焉。然予猶慮夫貸者之不能償，而高君之惠將有所窮也。明年春，高君將受代以去，乃復與趙、周諸君皆以書來趣予文。且言去歲之冬，民負米以輸者繦屬争先，視貸籍無龠合之不入，予於是益喜高君之惠將得以久於其民，又喜其民之信愛其上而不忍欺也，則爲之記其所以然者。抑又慮其久而不能無敝於其間也，則又因而告之曰：

有治人，無治法，此雖老生之常談，然其實不可易之至論也。夫先王之世，使民三年耕者必有一年之蓄，故積之三十年，則有十年之畜，而民不病於凶饑。此可謂萬世之良法矣。其次則漢之所謂常平者，今固行之，其法亦未嘗不善也。然考之於古，則三登泰平之世，蓋不常有，而驗之於今，則常平者，獨其法令簿書筦籥之僅存耳。是何也？蓋無人以守之，則法徒爲法而不能以自行也〔一〕。而况於所謂社倉者，聚可食之物於鄉井荒閑之處，而主之不以任職之吏，馭之不以流徒之刑，苟非常得聰明仁愛之令如高君，又得忠信明察之士如今日之數公者，相與并心一力，以謹其出納而杜其奸欺，則其法之難守，不待已日而見之矣。此又予之所身試者，故并書之，以告後之君子云。慶元元年三月庚午既望，具位朱熹記。

校記 〔一〕徒爲：原倒，據宋浙本乙。

編年 據文中所署。

評論 周大璋朱子古文讀本卷三常州宜興縣社倉記：有治人無治法，一切皆然，不獨社倉。先王良法，後世行之反以病民，總因奉行者之不善耳。公於社倉發之，蓋爲高君受代以去，而深有意於來者。嗚呼！誰非民牧，於此獨無意乎。

寧庵記 慶元元年六月

侍講王公病革，顧謂其子瀚等曰：「生之有死，如旦之有暮，蓋理之必然也。吾幸晚得歸息故廬，今又以正終牖下，是張子所謂『存吾順事，没吾寧』者，復何憾哉！汝曹亦無過哀，但兄弟友恭，敬奉而母，力學自立，扶植門庭，毋爲吾羞足矣。」語絶而逝。諸子泣奉其教，不敢違。未幾而公夫人亦不起疾。諸子既奉兩柩合葬白沙石筍之原〔一〕，乃築祠堂寮舍以奉烝嘗居守者，而取公遺語，命之曰「寧庵」，買田百餘畝，以給庵費、輸王租，而斂其遺餘，以爲歲時增葺之備。間以告予而請記其所以名之意，予感王公之言足以見其所守之正，死而後已，又嘉伯海昆弟之能遵先志而不忍忘也，因爲書其本末如此云。慶元乙卯六月己未，新安朱熹記。

校記　〔一〕筍：原作「荀」，據宋閩、浙本改。

編年　據文中所署。

建昌軍進士題名記 慶元元年八月

建昌之爲郡，據江西一道東南上游，其地山高而水清，其民氣剛而材武，其士多以經術論議文章致大名。如直講李公，中書、翰林曾公兄弟，尤所謂傑然者也。其他能以詞藝致身，取高科而登顯仕者，亦不絶於當世。前此乃未有以著其名氏而傳於後世者，比年以來，鄉之先達始病其闕，乃率其徒，考自國初以至今日，得若干人，且將礱石刻之，置諸郡學講堂之上，以俟來者之嗣書焉。而利君元吉、鄧君約禮以書來曰：「今日教人取士之法，誠有異於古者，然其所以取之之意，則亦固有在也。顧士之由此而幸得之者，乃或不能刮磨奮勵以自見於斯世，則亦不必論其教法之是非，而吾之所以負其見取之意者，已不勝言矣。故今吾徒相率爲此，非敢以爲夸，乃欲以爲鑒。邦人士子咸願得子之一言，冠其顛以發之，庶乎嗣而書者相與讀之而知所警也。」

予三復其書，而爲之喟然曰：「二君子之言誠美矣，然不論夫教法之是非，則無以識其取士之本意；不反身以自求，而得其有貴於己者，則又未足以議其教法之是非也。夫古之人教民以德行道藝，而興其賢者能者，其法備而意深矣。今之爲法不然，其教之之詳，取之之審，反復澄汰，至於再三，而其具不越乎無用之空言而已。深求其意，雖或亦將有賴於其用，然彼知但爲無用之空言，而便足以要吾之爵禄，則又何暇復思吾之所以取彼者，其意爲如何哉。二君子蓋嘗有所受學，而得其所貴於己者矣，盍亦推明其説以告夫鄉之後進，使之因是感發，以求古人之所以教者而盡心乎。誠盡其心而有得乎此，然後知今日教人之法雖不由此，而吾之於此，自當有不能已者；今日取士之意雖或不皆出此，而吾之所以副其意者，自當無日而不在乎此也。是則不惟無愧於今人，而亦且無愧乎古；不唯無愧於一官，而視彼文字聲名之盛者，猶將有所不屑，况乎不義而富且貴者，其又何足道哉。」顧予不足以當其屬筆之意，姑記是説以復於二君子，幸與父兄子弟評之，以爲如何也。慶元元年秋八月丙寅，新安朱熹記。

編年　據文中所署。

評論　周大璋朱子古文讀本卷三建昌軍進士題名記：記進士題名，不過從科舉起，見其意甚陋。就二君來書而告以反身自求，以盡心於古人之所以教。議論醇粹，裨益人心多多矣。沉溺科舉者，盍三復之。

魏國録贈告後記 慶元元年九月九日

臣熹伏讀故參知政事龔茂良等所記孝宗皇帝褒贈故太學録魏掞之事，三復以還，至於感涕。竊惟掞之本以白衣召見，天子悦之，擢爲學官。在職未幾，數上書論政事，以至力遏近倖之不當進者，遂不自安而告歸以卒。上則初未始厭其言也，至是越五年矣，而眷念不忘，咨嗟閔悼，錫命追榮，至於如此。嗚呼偉哉！甚盛德也。其所以感人心而厲臣節，爲如何耶！後二十年，掞之從弟誠之始議摹刻制書，立石冢上，而臣頃嘗待罪史氏，偶得茂良等所記，因書畀之，請并刻焉，以丕揚先帝之光訓，俾彌億萬年，不墜于地。是則不惟聖子神孫永有觀法，而任事之臣、有志之士亦得以稱誦道説，更相勉勵而益勸於忠讜云。慶元元年九月九日庚寅，朝奉大夫、提舉南京鴻慶宫、婺源縣開國男、食邑三百户、賜紫金魚袋臣朱熹謹記。

編年 據文中所署。

福州州學經史閣記 慶元元年九月

福州之學，在東南爲最盛，弟子員常數百人。比年以來，教養無法，師生相視，漠然如路人。以故風俗日衰，士氣不作，長老憂之而不能有以救也。紹熙四年，今教授臨邛常君濬孫始至，既日進諸生而告之以古昔聖賢教學之意，又爲之飭厨饌、葺齋館以寧其居，然後謹其出入之防，嚴其課試之法，朝夕其間，訓誘不倦。於是學者競勸，始知常君之爲吾師，而常君之視諸生亦閔閔焉，唯恐其不能自勉以進於學也。故嘗慮其無書可讀，而業將病於不廣，則又爲之益置書史，合舊爲若干卷，度故御書閣之後，更爲重屋以藏之，而以書來，請記其事，且致其諸生之意曰：「願有以教之也。」

予惟古之學者無他，明德新民，求各止於至善而已。夫其所明之德、所止之善，豈有待於外求哉，識其在我而敬以存之，其亦可矣。其所以必曰讀書云者，則以天地陰陽、事物之理，修身事親、齊家及國，以至於平治天下之道，與凡聖賢之言行，古今之得失，禮樂之名數，下而至於食貨之源流，兵刑之法制，是亦莫非吾之度内，有不可得而精粗者。若非考諸載籍之文，沉潛參伍，以求其故，則亦無以明夫明德體用之全，而止其至善精微之極也。然自聖學不傳，世之爲士者不知學之有本，而唯書之讀，則其所以求於書，不越乎記誦訓詁文詞之間，以釣聲名、干禄利而已。是以天下之書愈多而理愈昧，學者之事愈勤而心愈放，詞章愈麗，論議愈高，而其德業事功之實愈無以逮乎古人。然非書之罪也，讀者不知學之有本而無以爲之地也。

今觀常君之爲教，既開之以古人斆學之意，而後爲之儲書，以博其問辨之趣，建閣以致其奉守之嚴，則亦庶乎本末之有序矣。予雖有言，又何以加於此哉。然無已，而有一焉，則亦曰姑使二三子者，知夫爲學之本有無待於外求者，而因以致其操存持守之力，使吾方寸之間清明純一，真有以爲讀書之地。而後宏其規、密其度，循其先後本末之序，以大玩乎閣中之藏，則夫天下之理，其必有以盡其纖悉，而一以貫之，異時所以措諸事業者，亦將有本而無窮矣。因序其事而并書以遺之，二三子其勉之哉！凡閣之役，始於慶元初元五月辛丑，而成於七月之戊戌。材甓傭食之費，爲錢四百萬有奇，則常君既率其屬輸俸入以首事，而帥守詹侯體仁、使者趙侯像之、許侯知新咸有以資之。至於旁郡之守趙侯伯瓚、十二邑之長陳君珏等，亦以其力來助。而董其役者，學之選士楊誠中、張安仁、蕭孔昭也。是歲九月丁亥，朝奉大夫、提舉南京鴻慶宮新安朱熹記。

編年 據文中所署。

評論 康熙御製文集第三集卷四十三：不取新奇，而文氣自疏達動人。

周大璋朱子古文讀本卷三福州州學經史閣記：經史當讀，而不可以徒讀，識其在我而敬以存之，是讀書第一主腦。此學問之道所以必先求放心也。滔滔漭漭，沛若江河。

建昌軍南城縣吴氏社倉記 慶元二年正月

乾道四年，建人大饑。熹請於官，始作社倉於崇安縣之開耀鄉，使貧民歲以中夏受粟於倉，冬則加息什二以償。歲小不收，則弛其息之半；大侵，則盡弛之。期以數年，子什其母，則惠足以廣，而息可遂捐以予民矣。行之累年，人以爲便。淳熙辛丑，熹以使事入奏，因得條上其說，而孝宗皇帝幸不以爲不可，即頒其法於四方，且詔民有慕從者聽，而官府毋或與焉。德意甚厚，而吏惰不恭，不能奉承以布於下。是以至今幾二十年，而江浙近郡田野之民猶有不與知者。

其能慕而從者，僅可以一二數也。

是時南城貢士包揚方客里中，適得尚書所下報可之符以歸，而其學徒同縣吴伸與其弟倫見之，獨有感焉，經度久之，乃克有就。遂以紹熙甲寅之歲，發其私穀四千斛者以應詔旨，而大爲屋以儲之。涖事有堂，燕息有齋，前引兩廊，對列六庾，外爲重門，以嚴出内。其爲條約，蓋因崇安之舊而加詳密焉，即以其年散斂如法。鄉之隱民有所仰食，無復死徙變亂之虞，咸以德於吴氏，而伸與倫不敢當也，則謹謝曰：「是倉之立，君師之教，祖考之澤，而鄉鄰之助也，吾何力之有哉。且今雖幸及於有成，而吾子孫之賢否不可知。異時脱有不能如今日之志，以失信於鄉人者，則願一二父兄爲我教之。教之一再而不能從，則已非復吾子孫矣。盍亦相與言之有司，請正其罪，庶其懼而有改，其亦可也。」於是衆益咨嗟嘆息其賢，以爲不可及。而包君以書來道其語，且遺倫及伸之子振來請記。

熹病，力不能文，然嘉其意，不忍拒也，乃爲之書其本末。既以警夫吴氏之子孫，使其數世之後，猶有以知其前人之意如此而不忍壞，抑使世之力能爲而不肯爲者，有所羞愧勉慕而興起焉，則亦所以廣先帝之盛德於無窮，而又以少致孤臣泣血號穹之慕也。慶元丙辰正月己酉，朱熹記。

編年　據文中所署。

評論　周大璋朱子古文讀本卷三建昌軍南城縣吴氏社倉記：記吴氏社倉，而推本先帝德意，爲力能爲而不肯爲者警也。詳述吴氏申飭子孫意正如此，讀者當尋其議論頭腦。

平江府常熟縣學吳公祠記 慶元五年六月

平江府常熟縣學吳公祠者，孔門高第弟子言偃子游之祀也。按太史公記，孔門諸子多東州之士，獨公爲吳人。而此縣有巷名子游，有橋名文學，相傳至今。圖經又言，公之故宅在縣西北，而舊井存焉。則今雖不復可見，而公爲此縣之人蓋不誣矣。然自孔子之没以至于今，千有六百餘年，郡縣之學通祀先聖，公雖以列，得從餟食，而其鄉邑乃未有能表其事而出之者。慶元三年七月，知縣事、通直郎會稽孫應時乃始即其學官講堂之東偏作爲此堂，以奉祠事。是歲中冬長日之至，躬率邑之學士大夫及其子弟奠爵釋菜，以妥其靈，而以書來，曰願有記也。

熹惟三代之前，帝王之興，率在中土，以故德行道藝之教，其行於近者著，而人之觀感服習以入焉者深。若夫句吳之墟，則在虞、夏五服，是爲要荒之外。爰自太伯采藥荆蠻，始得其民而端委以臨之，然亦僅没其身。而虞仲之後，相傳累世，乃能有以自通於上國。其俗蓋亦樸鄙而不文矣。公生其間，乃獨能悦周公、仲尼之道而北學於中國，身通受業，遂因文學以得聖人之一體，豈不可謂豪傑之士哉。今以論語考其話言，類皆簡易疏通，高暢宏達。其曰本之則無者，雖若見詘於子夏，然要爲知有本也。則其所謂文學，固皆有以異乎今世之文學矣〔一〕。既又考其行事，則武城之政不小其邑，而必以詩書禮樂爲先務，其視有勇足民之效，蓋有不足爲者。至使聖師爲之莞爾而笑，則其與之之意豈淺淺哉。及其取人，則又以二事之細而得滅明之賢，亦其意氣之感，默有以相契者。以故近世論者意其爲人，必當敏於聞道而不滯於形器，豈所謂南方之學得其精華者，乃自古而已然也耶？

矧今全吳通爲畿輔，文物之盛，絶異曩時。孫君於此，又能舉千載之闕遺，稽古崇德，以勵其學者，則武城弦歌之意，於是乎在。故熹喜聞其事而樂爲之書。至於孔門設科之法，與公之言所謂本、所謂道，及其所以取人者，則願諸生相與勉焉，以進其實，使此邑之人，百世之下復有如公者出，而又有以一洒夫媮懦憚事、無廉耻而耆飲食之譏焉，是則孫君之志，而亦熹之願也。公之追爵，自唐開元始封吳侯，我朝政和禮書已號丹陽公，而紹興御贊猶有唐封。至淳熙間，所盼位次又改稱吳公云。五年六月甲申，具官封賜朱熹記。

校記　〔一〕皆：宋浙本作「宜」。

編年　據文中所署。

評論　周大璋朱子古文讀本卷三平江府常熟縣學吳公祠記：勾吳道學倡自吳公，鄉邑祠之，於理爲宜。先將前此朴陋極力形容，次將言行取人盡情鋪寫，見其於道有關，歸美孫君，復爲學者痛下針砭，義理完密，真是盛得水住。

朱熹文集編年評注卷八十一

跋

跋朱給事奏劄紹熙二年

伏讀給事中朱公奏劄，共惟前輩學問醇明，故所以告其君者，知所先後如此。而忠誠懇至溢於文辭筆札之間者，又可以見其充養之厚云。隆興元年正月既望，新安朱熹謹書。後二十八年，再得披玩，因觀舊題，嘆前修之益遠，悼吾年之不留，復記其後云。

編年 據文中所叙。

跋陳了翁與兄書隆興二年十月九日

「章氏議却不成，農師極惓惓，亦不敢就。自到官，尤覺中饋不可無人，而瑞奴等零丁，益可憐，不免議同年周户曹之妹鍔。其家清貧，其人年長。貧則不驕，長則諳事。爲瑞奴等之慮，只欲如此。」書尾又云：「周氏雖貧，然舉家好善，故就之，男女可無慮。」

予嘗讀陳忠肅公之文，觀其述己之志、稱人之善，未嘗不推而決諸義利取舍之間，於是知公之所以常胸中浩然，前定不疚者，其所自得蓋有在也。孟子曰：「欲知舜與跖之分，無他，利與善之間耳。」又曰：「生亦我所欲，義亦我所欲，二者不可得兼，舍生而取義也。」陳公之學蓋得諸此。惟其察而精之也入毫芒，是以擴而充之也塞宇宙。善觀此帖者，亦足以識其幾矣。帖藏邯鄲賈元放家，元放文學議論有餘，又通當世之務，而砥礪廉隅，不爲苟合，其亦深有得於斯歟。隆興甲申十月九日，新安朱熹謹書。

編年 據文中所署。

跋胡文定公詩 乾道元年十一月

手握乾坤殺活機，縱横施設在臨時。滿堂兔馬非龍象，大用堂堂總不知。

踏遍江南春寺苔，野雲蹤迹去還來。如今宴坐孤峰頂，無法可傳心自灰。

祝融峰似在城天〔一〕，萬古江山在目前。須信死心元不死，夜來明月又重圓。

明公從小便超群，佳句流傳繼碧雲。聞道别來諸念息，定將何法退魔軍？

十年音信斷鴻鱗，夢想雲居頂上人。香飯可能長自飽？也應分濟百千身。

右胡文定公答僧五詩，公子侍郎所書以授壙僧妙觀，而妙觀之所摹刻也。儒釋之間，蓋有所謂毫釐之差者。讀之者能辨之，則庶乎知言矣。乾道乙酉十一月庚午，新安朱熹書。

校記 〔一〕在城天：記疑云疑有誤。

編年 據文中所署。

跋張敬夫所書城南書院詩 乾道初

久聞敬夫城南景物之勝，常恨未得往游其間。今讀此詩，便覺風篁水月，去人不遠。然敬夫道學之懿，爲世醇儒，今乃欲以筆札之工追蹤前作，豈其戲耶？不然，則敬夫之豪放奔逸與西臺之温厚靚深，其得失之算，必有能辨之者。朱仲晦父云。

編年 朱熹首見張栻在隆興元年，則此篇當作於其後。乾道三年，朱熹訪張栻於長沙。文云「久聞敬夫城南景物之勝，常恨未得往游其間。今讀此詩，便覺風篁水月，去人不遠」，不似親至其地後語，故當作在乾道三年以前。頗疑張栻所書之詩即南軒集卷三之三月七日城南書院偶成，其末云：「寄言山中友，和我和平詩。」「山中友」當指朱熹。其後淳熙元年張栻以城南組詩及圖寄朱熹，詳述其景，熹乃作奉同張敬夫城南二十詠。

評論 周大璋朱子古文讀本卷五跋張敬夫所書城南書院詩：風趣絶佳，然不乏規箴之意。

跋胡五峰詩 乾道元年

幽人偏愛青山好，爲是青山青不老。山中出雲雨太虚〔一〕，一洗塵埃山更好。

右衡山胡子詩也。初，紹興庚辰，熹卧病山間，親友仕於朝者以書見招，熹戲以兩詩代書報之，曰：「先生去上芸香閣，時籍溪先生除正字，赴館供職。閣老新峨豸角冠。劉共父自秘書丞除察官。留取幽人卧空谷，一川風月要人看。」一章「甕牖前頭列畫屏，晚來相對静儀刑。浮雲一任閑舒卷，萬古青山只麽青。」二章或傳以語胡子，子謂其學者張欽夫曰：「吾未識此人，然觀此詩，知其庶幾能有進矣。特其言有體而無用，故吾爲是詩以箴警之，庶其聞之而有發也。」明年，胡子卒。又四年，熹始見欽夫，而後獲聞之，恨不及見胡子而卒請其目也。因叙其本末而書之於策，以無忘胡子之意云。

校記　〔一〕兩：原作「兩」，據宋閩、浙本改。

編年　據文中所叙。

評論　黄氏日抄卷三十六：初，先生不出仕，有「浮雲一任閑舒卷，萬古青山只麽青」之句。五峰譏其有體無用，爲詩箴之，有「山中出雲雨太虚，一洗塵埃山更好」之句。五年而先生聞之，則五峰已死矣，因爲之跋。愚按，體立則用存，體用未嘗相離。士君子修身，求爲可用於世，此體之立也。先生隱居讀書，則用已在其中。世之汲汲於利禄者，體之不立，用於何有？五峰有體無用之説，似合斟酌。此先生跋語有「恨不及卒請其目」之説歟。

跋張魏公爲了賢書佛號 乾道三年十二月九日

世之學士大夫措身利害之塗，馳騖而不反，是以生死窮達之際，每有愧於山林之士。觀丞相魏公所以慨然於賢老者，則可見矣。嗚呼！服儒衣服，學聖人之道，誠能一以義理存心而無惑於利害之際，則其所立當如何哉。乾道丁亥冬十有二月九日，新安朱熹書。

編年 據文中所署。

跋方伯謨家藏胡文定公帖 乾道八年十二月二十四日

兒曹外甥輩比過治宇，在寅爲同年，宜盡切磋之義；在宏宜提耳誨導之；在范甥宜勉進其所未聞者。而一一以重言題品褒借之，豈所望也。昔事定夫先生，未嘗以言色相假。後與民瞻、叔夏游，苟有過在安國，則二公必面折之，不令貳其過。在二公，即安國亦正色規之，不但已也。數十年來，俗習頹靡，此風日以替矣。安老器識過人，當今之望，津途軌則，當以往哲自期，庶幾此風之復見也。邸報十五卷并五月分者并以歸納。乾菌承貺示，珍感珍感！安國再拜。

去夏所借報中，有言吕舜徒章者，或見之，望更借示。自五月以來新報，能一一借及，幸幸。吕公諸子聞自衡陽過江西，不知今何在？或知，信喻及。鄉里得近信否？所奏前章及第二義，不以示他人，恐知。安國又上。

朋友之交，責善所以盡吾誠，取善所以益吾德，非以相爲賜也，然各盡其道而無所苟焉，則麗澤之益，自有不能已者。方生士繇出示所藏胡文定公與其外大父尚書吕公手帖，讀之使人凜然起敬，若嚴師畏友之在其左右前後也。嗚呼！是數君子者，其可謂盡朋友之道而無所苟矣。其卓然有以自立於當年，而遺風餘烈可傳於世者，豈徒然哉！三復嘆息，因敬書其後，以致區區尊仰之意云。乾道壬辰十二月二十四日，新安朱熹書。

編年　據文中所署。

跋劉平甫家藏胡文定公帖 乾道九年二月二十二日

彥修必已奉太夫人赴温陵，此郡樂國也，便於養親，同增歡慰。臨川密邇鄉邦，音問易達。彥冲退然自守，深可嘉尚。德門積善久矣，如昆仲出則奮其才力，建立事功；居者進修術業，養成德器，乃邦國之光。凡在鄉鄰，亦預榮焉。衰老睹此盛事，不勝欽嘆！安國又啓。

安國再啓：湖湘旱饑之後，民間窘迫，而供饋頻繁，江西諒亦爾。然教令既孚，吏民信服，不晚必有除擢矣。寅在桐江，幸亦粗遣。然歸養之意甚濃，謾恐知之。憲侄比蒙恩命，皆昆仲平日獎提之所及也。感佩之意，言不能喻。安國再啓。

伯達孫今已長成，莫須早晚令隨貢元伯伯習知禮義？若一向不讀書，恐不便也。與族兄書，其略如此。

屏山劉玶平甫藏胡文定公帖一卷，前兩紙胡公與平甫伯父秘閣君，蓋公之辭，而其子祠部君筆也。時秘閣守臨川，兄侍郎公守温陵，弟屏山先生稱疾不仕。胡公之子侍郎守桐江，兄子籍溪先生以布衣特起，典教鄉郡，書辭蓋遍及之。後一紙胡公與其族兄書，實公手筆，平甫購得之。所稱范十甥者，即平甫外舅太史公也。胡公正大方嚴，動有法教。讀此者，視其所褒可以知勸，視其所戒可以知懼。平甫能葆藏之，其志亦可知矣。乾道癸巳二月乙酉〔一〕，新安朱熹觀於劉氏山館之復齋，因敬書其後云。

校記 〔一〕二：原作「三」。按乾道九年三月癸巳朔，無乙酉日。二月甲子朔，乙酉乃二十二日也。宋閩本正作「二」。據改。

編年 據文中所署。

書屏山先生文集後 乾道九年七月

屏山先生文集二十卷，先生嗣子玶所編次，已定，可繕寫。先生啓手足時，玶年甚幼，以故平生遺文多所散逸。後十餘年，始復訪求，以補家書之缺，則皆傳寫失真，同異參錯而不可讀矣。於是反復讎訂，又十餘年，然後此二十卷者始克成書，無大譌謬。熹以門墻灑掃之舊，幸獲與討論焉。竊以爲先生文辭之偉，固足以驚一世之耳目，然其精微之學，靜退之風，形於文墨，有足以發蒙蔽而銷鄙吝之萌者，尤覽者所宜盡心也。因書其後〔一〕，以告後之君子云。乾道癸巳七月庚戌，門人朱熹謹書。

校記 〔一〕後：原作「故」，據宋閩、浙本改。

編年 據文中所署。

跋張敬夫爲石子重作傳心閣銘 乾道九年冬

熹既爲尤溪大夫石子重記其修學之事，又爲作此五銘焉。時子重方爲藏書之閣於講堂之東，中置周、程三君子像，旁列書史之櫃，而使問名於熹。請以「傳心」榜之，而子重遂并以其銘見屬。熹愚不敏，不敢專也。且惟子重之爲是閣，蓋非學校經常之則，非得知道而健於文者，不能有所發明也，則轉以屬諸廣漢張君敬夫，而私記其説如此云。

編年 據年譜長編。

跋古今家祭禮〔一〕 淳熙元年五月

右古今家祭禮，熹所纂次，凡十有六篇。蓋人之生無不本乎祖者，故報本反始之心，凡有血氣者之所不能無也。古之聖王因其所不能無者制爲典禮，所以致其精誠〔二〕，篤其恩愛，有義有數，本末詳焉。遭秦滅學，禮最先壞。由漢以來，諸儒繼出，稍稍綴緝，僅存一二。以古今異便，風俗不同，雖有崇儒重道之君，知經好學之士，亦不得盡由古禮，以復於三代之盛。其因時述作，隨事討論，以爲一國一家之制者，固未必皆得先王義起之意。然其存於今者，亦無幾矣。惜其散脱殘落，將遂泯没於無聞，因竊蒐輯叙次，合爲一編〔三〕，以便觀覽，庶其可傳於後。然皆無雜本可參校，往往闕誤，不可曉知。雖通典、唐書，博士官舊藏版本，亦不足據，則他固可知已。諸家之書，如荀氏、徐暢、孟馮翊、周元陽、孟詵、徐潤、孫日周等儀，有録而未見者，尚多有之。有能采集附益，并得善本通校而廣傳之，庶幾見聞有所興起，相與損益折衷，共成禮俗，於以上助聖朝敦化導民之意，顧不美哉。淳熙元年五月戊戌，新安朱熹謹識。

校記 〔一〕禮：淳熙本作「儀」。

〔二〕誠：原作「神」，據右引及宋閩、浙本改。

〔三〕編：原作「篇」，據淳熙本改。

編年 據文中所署。

評論 周大璋朱子古文讀本卷五跋古今家祭禮：禮制興廢，源流井井，現存者懷缺誤之恨，未見者寓屬望之情，是何等心事。

書近思録後 淳熙二年五月五日

淳熙乙未之夏，東萊吕伯恭來自東陽，過予寒泉精舍，留止旬日。相與讀周子、程子、張子之書，嘆其廣大閎博，若無津涯，而懼夫初學者不知所入也，因共掇取其關於大體而切於日用者，以爲此編。總六百一十二條，分十四卷。蓋凡學者所以求端用力、處己治人之要，與夫辨異端、觀聖賢之大略，皆粗見其梗概。以爲窮鄉晚進有志於學而無明師良友以先後之者，誠得此而玩心焉，亦足以得其門而入矣。如此然後求諸四君子之全書，沉潛反復，優柔厭飫，以致其博而反諸約焉，則其宗廟之美、百官之富，庶乎其有以盡得之。若憚煩勞、安簡便，以爲取足於此而可，則非今日所以纂集此書之意也。五月五日，朱熹謹識。

編年 據文中所署。

評論 周大璋朱子古文讀本卷五書近思録後：從全書説到近思録，又結到全書上去。接引後學，惓惓之意如揭。

跋通鑑紀事本末淳熙二年七月

古史之體可見者，書、春秋而已。春秋編年通紀，以見事之先後，書則每事別記，以具事之首尾。意者當時史官既以編年紀事，至於事之大者，則又采合而別記之。若二典所記，上下百有餘年，而武成、金縢諸篇，其所紀載或更數月，或歷數年，其間豈無異事？蓋必已具於編年之史，而今不復見矣。故左氏於春秋既依經以作傳，復爲國語二十餘篇，國別事殊，或越數十年而遂其事，蓋亦近書體以相錯綜云爾。然自漢以來，爲史者一用太史公紀傳之法，此意固不復講。至司馬温公受詔纂述資治通鑒，然後千三百六十二年之事，編年繫日，如指諸掌。雖託始於三晋之侯，而追本其原，起於智伯，上系左氏之卒章，實相受授。偉哉書乎！自漢以來，未始有也。然一事之首尾或散出於數十百年之間，不相綴屬，讀者病之。今建安袁君機仲乃以暇日，作爲此書，以便學者。其部居門目、始終離合之間，又皆曲有微意，於以錯綜温公之書，其亦國語之流矣。或乃病其於古無初，而區別之外無發明者，顧第弗深考耳。機仲以摹本見寄，熹始得而讀之，爲之撫卷太息，因記其後如此，以曉觀者。淳熙二年秋七月甲寅，新安朱熹書於雲谷之晦庵云。

編年 據文中所署。

評論 周大璋朱子古文讀本卷五跋通鑑紀事本末：有通鑑不可無紀事本末，如春秋與書左傳國語彼此相須。議論精鑿，比例亦極確當。

書和静先生遺墨後淳熙三年三月

和静尹公先生遺墨一卷，皆先生晚歲片紙手書聖賢所示治氣養心之要，粘之屋壁，以自警戒者。其家緝而藏之，今陽夏趙侯刻置臨川郡齋，摹本見寄。熹竊惟念前賢進修不倦，死而後已，其心炯炯，猶若可識。而趙侯所以摹刻之意，又非取其字畫之工，以供好事者之傳玩而已。捧讀終篇，怳然自失，因敢識其後以自詔云。淳熙丙申三月丁巳，新安朱熹敬書。

編年 據文中所署。

跋張公予竹溪詩淳熙三年五月十六日

婺源雖巖邑，而故多文士，竹溪丈人張公予其一也。好爲歌詩，精麗宏偉。至其得意，往往亦造於閑澹。其大篇短韻，又皆各得其體。晚歲屏居山田水竹之間，專用詩酒自娱，以忘其老。

所與游多一時名勝，類皆退讓推伏，樂稱道之。觀吕侍郎諸公所題文編可見矣。淳熙丙申，予自建安歸故里，公予之子珍卿持以見示，因得三反咏嘆。究觀製作之意，信乎其如諸公所稱不誣也。然予聞公予天資孝友絶人，其篤於兄弟之愛，至犯患難、取禍辱而不悔，有古篤行君子所難能者。諸公乃徒盛稱其詩而曾不及此，予不能識其説也。因竊記編之後以示鄉人，使知公予之所以自見於世者，不但其詩而已，蓋於名教庶亦深有補云。五月既望，邑子朱熹書。

編年　據文中所署。

評論　周大璋朱子古文讀本卷五跋張公予竹溪詩：淳古澹宕，得六一公風味，歸到孝友，是跋詩本意。

跋劉元城言行録 淳熙初

元祐諫議大夫元城劉公安世〔一〕，字器之，受學於司馬文正公，得「不妄語」之一言，拳拳服膺，終身不失。故其進而議於朝者無隱情，退而語於家者無愧詞。今其存而見於文字若此數書者，凛然其與秋霜夏日相高也。熹之外舅劉聘君少嘗見公睢陽間，爲熹言其所見聞，與是數書略同而時有少異，惜當時不能盡記其説。且其俯仰抑揚之際，公之聲容猶恍若相接焉，而今亦不可復得矣。嗚呼！歲月如流，前輩既不可見，而其流風餘韻，日遠日忘又已如此，可勝嘆哉！

校記　〔一〕淳熙本「公」下有「名」字。

編年　此篇收入淳熙本，則不晚於淳熙十六年。據其編序，當作於淳熙初，或即在婺源所作，與上篇相先後也。

評論　周大璋朱子古文讀本卷五跋劉元城言行録：低徊不盡，令人懷古之情愈深。

記大學後 淳熙元年

右大學一篇，經二百有五字，傳十章。今見於戴氏禮書，而簡編散脱，傳文頗失其次，子程子蓋嘗正之。熹不自揆，竊因其説，復定此本。蓋傳之一章釋明明德，二章釋新民，三章釋止於至善，以上并從程本，而增詩云「瞻彼淇澳」以下。四章釋本末，五章釋致知，并今定。六章釋誠意，從程本。七章釋正心修身，八章釋修身齊家，九章釋齊家治國平天下〔一〕，并從舊本。序次有倫，義理通貫，似得其真，謹第録如上。其先賢所正衍文誤字，皆存其本文而圍其上，旁注所改，又與今所疑者并見於釋音云。新安朱熹謹記。

校記　〔一〕記疑云「國」下當有「十章釋治國」五字。今本四書章句集注大學章句末有此五字。

編年　據年譜長編。

書中庸後 淳熙元年

右中庸一篇，三十三章。其首章子思推本先聖所傳之意以立言，蓋一篇之體要。而其下十章，則引先聖之所嘗言者以明之也。游氏曰：「以性情言之則曰中和，以德行言之則曰中庸，其實一也。」至十二章，又子思之言，而其下八章，復以先聖之言明之也。十二章明道之體用，下章庸言庸行，夫婦所知所能也。君子之道，鬼神之德，大舜、文、武、周公之事，孔子之言，則有聖人所不知不能者矣。道之爲用，其費如此。然其體之微妙，則非知道者孰能窺之？此所以明費而隱之義也。第二十章，據家語本一時之言，今諸家分爲五六者，非是。然家語之文語勢未終，疑亦脱「博學之」以下。今通補爲一章。二十一章以下至於卒章，則又皆子思之言，反復推説，互相發明，以盡所傳之意者也。二十一章承上章，總言天道人道之別，二十二章言天道，二十三章言人道，二十四章又言天道，二十五章又言人道〔一〕。二十八、二十九章承上章「爲下居上」而言，亦人道。三十章復言天道，三十一、三十二章承上章「小德大德」而言，亦天道。卒章反言下學之始以示入德之方，而遂極言其所至，具性命、道教、費隱、誠明之妙，以終一篇之意，自人而入於天也。熹嘗伏讀其書，而妄以己意分其章句如此。竊惟是書，子程子以爲孔門傳授心法，且謂善讀者得之，終身用之有不能盡，是豈可以章句求哉。然又聞之，學者之於經，未有不得於辭而能通其意者。是以敢私識之，以待誦習而玩心焉。新安朱熹謹書。

校記 〔一〕此句下正訛補「二十六章言天道，二十七章復言人道」二句。今本四書章句集注中庸章句有「二十六章言天道，二十七章言人道」。

編年 據年譜長編。

書張氏所刻潛虛圖後 淳熙三年十一月

紹興己巳，洛人范仲彪炳文避章傑之禍，自信安來客崇安，予得從之游。炳文親唐鑑公諸孫，嘗娶温國司馬氏，及諫議大夫無恙時，爲子婿，逮聞文正公事爲多。時爲賓客道語，亹亹不厭。且多藏文正公遺墨，嘗示予以潛虛別本，則其所闕之文尚多。問之，云温公晩著此書，未竟而薨，故所傳止此。蓋嘗以其手稿屬景迂晁公補之，而晁謝不敢也。因從炳文借得寫本藏之。其後三十餘年，所見之本皆然，欲訪完書，不復可得，每以爲恨。

近得泉州季思侍郎所刻，則首尾完具，遂無一字之闕。始復驚異，以爲世果自有完書，而疑炳文語或不可信。讀至剛行，遂釋然曰：「此贋本也。」人問何以知之，予曰：「本書所有句皆協韻，如『易象、文、象，玄首、贊、測』，其今有而昔無者，行、變尚協，而解獨不韻，此蓋不知『也』字處末則上字爲韻之例爾〔一〕。此人好作僞書，而尚不識其體制，固爲可笑；然亦幸其如此，不然則幾何而不遂至於亂真也耶。」

間又考炳文之書，命圖之後，跋語之前，別有凡例二十六字，尤爲命圖之關紐。而記占四十二字，注六字，又足以見占法之變焉。今本顧亦無之，故其所附論説徒知以凶吉臧否平爲所遇之占，而不知其所占者之又有所待而然也。因亟以書扣季思，此本果家世之舊傳否耶。則報曰得之某人耳。於是益知炳文爲不妄。嘗欲私記本末以訂其謬而未暇。

今復得鄉人張氏印本，乃泉本之所自出，於是始出舊書授學者，使以相參。凡非温公之舊者，悉朱識以別之。凡行之全者七，補者二十有六，變百八十有八，解二百一十有二。又補命圖九，凡例、記占之闕大小七十有四字，而記其所聞於炳文者如此，使覽者有以考焉。

是時又得温公易説於炳文，盡隨卦六二之半，而其後亦闕焉。炳文自言其家使人就謄温公手摹，適至「而興」亡之，故所存止此。後數年，予乃復得其全書，云好事者於北方互市得版本焉。始亦喜其書之獲全，今則不能無疑，然無以考其果爲真與僞也。

時又嘗問炳文：「或謂涑水記聞非温公書者，信乎？」炳文曰：「是何言也！温公日録月别爲卷，面記行事，皆述見聞〔二〕，手筆細書，今可覆視，豈他人之所得爲哉。特其間善惡雜書，無所隱避，使所書之家或諱之而不欲傳耳。」

炳文又云：金虜入洛時，從温公家避地至某州。遇群盗，執以見其渠帥。帥問何人，應曰司馬太師家也。群盗相顧失色，且訊虚實。因出畫像及敕誥之屬示之，則皆以手加額，既而俯仰嘆息，謂炳文曰：「向使朝廷能用汝家太師之言，不使吾屬披猖至此矣。凡吾所欲殺掠者，蔡京、王黼輩親舊黨與耳。汝無憂懼爲也。」亟傳令軍中無得驚司馬太師家，又揭榜以曉其後曹，以故骨肉皆幸無他，而圖書亦多得全。凡此人亦聞之者，因并書之。淳熙丙申十一月丁卯，朱熹謹書。

校記　〔一〕上：原作「止」，據正訛改。

〔二〕皆：右引改作「背」。

編年　據文中所署。

書麻衣心易後（淳熙四年十一月五日）

麻衣心易，頃歲嘗略見之，固已疑其詞意凡近，不類一二百年前文字。今得黄君所傳，細讀之，益信所疑之不謬也。如所謂雷自天下而發，山自天上而墜之類，皆無理之妄談。所謂一陽生於子月，而應在卯月之類，乃術家之小數。所謂由破體煉之，乃成全體，則爐火之末技。所謂人間萬事，悉是假合，又佛者之幻語耳。其他此比非一，不容悉舉。要必近年術數末流道聽塗説，掇拾老佛醫卜諸説之陋者以成其書。而其所以託名於此人者，則以近世言象數者必宗邵氏，而邵氏之學出於希夷，於是又求希夷之所敬，得所謂麻衣者而託之。以爲若是，則凡出於邵氏之流者莫敢議己，而不自知其説之陋不足以自附於陳、邵之間也。

夫麻衣，方外之士，其學固不純於聖賢之意。然其爲希夷所敬如此，則其爲説亦必有奇絶過人者，豈其若是之庸瑣哉。且五代、國初時人，文字言語質厚沈實，與今不同。此書所謂「落處」、「活法」、「心地」等語，皆出近年，且復不成文理。計其僞作，不過四五十年間事耳。然予前所見本有張敬夫題字，猶摘其所謂「當於羲皇心地上馳騁，莫於周孔腳迹下盤旋」者而與之辨，是亦徒費於辭矣。此直無理，不足深議，但當摘其謬妄之實而掊擊之耳。淳熙丁酉冬十一月五日書。

編年　據文中所署。

再跋麻衣易説後 淳熙十四年四月四日

予既爲此説，後二年，假守南康。始至，有前湘陰主簿戴師愈者來謁，老且躄，使其婿自掖來者。予省前語，雖益疑之，然亦不記前已見其姓名也。

誰氏，則曰彼不欲世人知其姓名，不敢言也。既復問之邦人，則皆曰書獨出戴氏，莫有知其所自

而前。坐語未久，即及麻衣易説。其言暗澀，殊無倫次。問其師傳所自，則曰得之隱者。問隱者

後至其家，因復扣之，則曰學易而不知此，則不明卦畫之妙，而其用差矣。予問所差謂何，則曰坎兑皆水，而卦畫不同，若煮藥者不察而誤用之，則失其性矣。予了其妄，因不復問。而見其几間有所著雜書一編，取而讀之，則其詞語氣象宛然麻衣易也。其間雜論細事，亦多有不得其説，而公爲附託以欺人者。予以是始疑前時所料三五十年以來人者，即是此老。既歸，亟取觀之，則最後跋語固其所爲，而一書四人之文，體制規模乃出一手，然後始益深信所疑之不妄。

然是時戴病已昏，不久即死，遂不復可窮詰。獨得其易圖數卷閲之，又皆鄙陋瑣碎，穿穴無稽，如小兒嬉戲之爲者。欲以其事馳報敬夫，則敬夫亦已下世。因以書語吕伯恭曰：「吾病廢有年，乃復爲吏，然不爲他郡而獨來此，豈天固疾此書之妄，而欲使我親究其實耶？」時當塗守李壽翁侍郎雅好此書，伯恭因以予言告之。李亟以書來曰：「即如君言，斯人而能爲此書，亦吾所願見也。幸爲津致，使其一來。」予適以所見聞報之，而李已得謝西歸，遂不復出，不知竟以予言爲如何也。淳熙丁未初夏四日，病中間閲舊書，念壽翁、敬夫、伯恭皆不可復見，因并記此曲折，以附其後，使覽者知予之論所以不同於二君子者，非苟然也。

編年 據文中所署。

跋李少膺脞説淳熙初

人有士君子之行，乃先王教化德澤薫陶所就，非一比長之官所能致也。關市譏而不征，乃文王治岐時事。周禮乃成周大備之法，隨時制宜，自有不能同者。前輩蓋嘗論之，不當以此而難彼也。以言動行爲之重，乃藍田吕氏説。然以經文推之，有所不通，不若只從舊注之爲安。「求全之毁」對「不虞之譽」而言，則亦當從舊注。三代正朔，胡氏春秋傳已有此論，然鄭康成、杜元凱説亦不可廢。蓋三代雖不改時與月，而春秋紀春無冰爲異，則固以周正紀事也。石林葉氏又考左傳所記祭足取麥、穀、鄧來朝三事，以爲經傳所記，有例差兩月者。是經用周正，而傳取國史，有自用夏正者〔一〕，失於更改也。詩中月數多用夏正者，書金縢「秋大熟」，亦是夏時，此爲不改時月之驗甚明。但孟子所謂七八月乃五六月，所謂十一月、十二月乃九月、十月，爲不可曉，此亦宜當闕之耳。天産地産之説，熹所未曉，而李君所論亦未通。地上有水，恐不若從程傳之説。大抵今人讀書不廣，索理未精，乃不能致疑而先務立説，此所以徒勞苦而少進益也。因讀李君脞説，書此。

校記　〔一〕有：原作「直」，據淳熙本、宋浙本改。

編年　此文未署作年，然收入淳熙本，則不晚於淳熙十六年。參以文集編序，當作於淳熙初。

跋黄仲本朋友説 淳熙初

人之大倫，其別有五，自昔聖賢皆以爲天之所叙，而非人之所能爲也。然以今考之，則惟父子、兄弟爲天屬，而以人合者居其三焉。是則若有可疑者。然夫婦者，天屬之所由以續者也。君臣者，天屬之所賴以全者也。朋友者，天屬之所賴以正者也。是則所以紀綱人道，建立人極，不可一日而偏廢。雖或以人而合，其實皆天理之自然，有不得不合者。此其所以爲天之所叙，而非人之所能爲者也。然是三者之於人〔一〕，或能具其形矣，而不能保其生；或能保其生矣，而不能存其理，必欲君臣、父子、兄弟、夫婦之間交盡其道而無悖焉，非有朋友以責其善，輔其仁，其孰能使之然哉。故朋友之於人倫，其勢若輕而所繫爲甚重，其分若疏而所關爲至親，其名若小而所職爲甚大。此古之聖人修道立教，所以必重乎此而不敢忽也。

然自世教不明，君臣、父子、兄弟、夫婦之間既皆莫有盡其道者，而朋友之倫廢闕爲尤甚。世之君子雖或深病其然，未必深知其所以然也。予嘗思之，父子也，兄弟也，天屬之親也，非其乖離之極，固不能輕以相棄。而夫婦、君臣之際，又有雜出於情物事勢而不能自已者，以故雖或不盡其道，猶得以相牽聯比合而不至於盡壞。至於朋友，則其親不足以相維，其情不足以相固，其勢不足以相攝，而爲之者初未嘗知其理之所從、職之所任，其重有如此也。且其於君臣、父子、兄弟、夫婦之間，猶或未嘗求盡其道，則固無所藉於責善輔仁之益。此其所以恩疏而義薄，輕合而易離，亦無怪其相視漠然，如行路之人也。

夫人倫有五，而其理則一，朋友者又其所藉以維持是理，而不使至於悖焉者也。由夫四者之不求盡道，而朋友以無用廢。然則朋友之道盡廢，而責善輔仁之職不舉，彼夫四者又安得獨立而久存哉〔二〕。嗚呼，其亦可爲寒心也已！非夫强學力行之君子，則孰能深察而亟反之哉。

始予讀王深甫告友之篇，感其言若有補於世教者。徐而考之，則病其推之不及於天理之自然。顧以夫婦、君臣一出於情勢之偶合，至於朋友，則亦不求其端，直以爲聖人强而附於四者之間也。誠如是也，則其殘壞廢絶是乃理分之當然，無足深嘆，而其至是亦晚矣。近得黃君仲本朋友説讀之，其言天理人倫之意，乃若有會於予心者。然於朋友之道廢所以獨至於此，則亦恐未究其所以然也。因書其後如此，庶乎其有發云。

校記 〔一〕三：正訛改作「五」。

〔二〕立：原作「力」，據聖宋名賢五百家播芳大全文粹卷一百一十改。

編年 此文未署作年，然云「近得黃君仲本朋友説讀之」，似當爲初交時語。文集卷三十四答吕伯恭四云：「黃仲本來，伏承惠書慰問」，此作在淳熙四年初。卷四十四與方伯謨十二云：「茂實、仲本前日到此」，「仲本託爲齋記」，此作於淳熙三年。卷七十八爲黃仲本所作復齋記，作於淳熙三年十月。觀此，朱熹初識其人在淳熙初可知。文集編序亦當在此時。

評論 周大璋朱子古文讀本卷五跋黃仲本朋友説：朋友一倫，實爲四倫之紀綱，關係最重。提出天理，方見確不可廢。殘壞廢絶，所以重得罪於天也。洋洋灑灑，無不透之理，無不達之詞。

跋范文正公家書淳熙五年閏六月

三郎官人：昨得書，知在官平善。此中亦如常，只是純佑未全安。汝守官處小心，不得欺事。與同官和睦多禮，有事只與同官議，莫與公人商量。莫縱鄉親來部下興販，自家且一向清心做官，莫營私利。汝看老叔自來如何？還曾營私否？自家好家門，各爲好事，以光祖宗。頻寄書來，言彼動静，將息將息。不具。叔押報，十五日。新婦孩兒各安好。十叔房下如何？弟兄還漸識好惡否？

右范文正公與其兄子之書也。其言近而易知，凡今之仕者，得其説而謹守之，亦足以檢身而及物矣。然所謂自未嘗營私者，必若公之「先天下之憂而憂，後天下之樂而樂」，事上遇人，一以自信，不擇利害爲趨舍，然後足以充其名。而其所論親僚友以絶壅蔽之萌、明禁防以杜奸私之漸者，引而伸之，亦非獨效一官者所當知也。友人陳君明仲爲侯官宰，得公此帖，刻置坐隅，以自觀省，而以其墨本見寄。熹蓋三復焉，而深贊其言之近、指之遠，敢書其説於左方，庶幾覽者有以發焉。淳熙戊戌季夏閏月，新安朱熹謹書。

編年 據文中所署。

書徽州婺源縣中庸集解板本後淳熙六年正月一日

此書始刻於南劍之尤溪，熹實爲之序其篇目。今建陽、長沙、廣東、西皆有刻本，而婺源宰三山張侯又將刻之縣學，以惠學者。熹故縣人，嘗病鄉里晚學見聞單淺，不過溺心於科舉程試之習，其秀異者又頗馳騖乎文字纂組之工，而不克專其業於聖門也，是以儒風雖盛而美俗未純，父子兄弟之間，其不能無愧於古者多矣。今得賢大夫流傳此書以幸教之，固熹之所欲聞而樂贊其成者也。是書所記雖本於天道性命之微，而其實不外乎達道達德之粲然者。學者誠能相與深究而力行之，則先聖之所以傳與今侯之所以教者，且將有以自得之，而舊俗之未純者，亦可以一變而至道矣。

編年 此與下篇同時所作，見下篇所考。

書徽州婺源縣周子通書板本後 淳熙六年正月一日

熹舊記先生行實，采用黄太史詩序中語，若以「濂」之爲字，爲出於先生所自製以名廬阜之溪者。其後累年，乃得何君所記，然後知濂溪云者，實先生故里之本號，而非一時媲合之强名也。欲加是正，則其傳已久，懼反以異詞致惑，故特附何君語於遺事中，以著其實。後又得張敬夫所刻先生墨帖，後記先生家譜載濂溪隱居在營道縣榮樂鄉石塘橋西。而春陵胡良輔爲敬夫言，「濂」實溪之舊名，父老相傳，先生晚居廬阜，因名其溪，以示不忘其本之意。近邵武鄒旉官春陵歸，爲熹言，嘗親訪先生之舊廬，所見聞與何、張之記皆合。但云其地在州西南十五里許，蓋溪之源委自爲上下保，而先生居下保，其地又别自號爲樓田。至字之爲「濂」，則疑其出於唐刺史元結七泉之遺俗也。甹嘗有文，辨説甚詳，其論制字之所從，則熹蓋嘗爲九江林使君黄中言之，與甹説合。方將并附其説於書後以證黄序之失，而婺源宰三山張侯適將鋟板焉，因書以遺之，庶幾有補於諸本之闕。若此書所以發明聖學之傳而學者不可以不讀之意，則熹前論之已詳矣，因不復重出云。淳熙己亥正月朔旦，縣人朱熹謹書。

編年 據文中所署。

跋歐陽國瑞母氏錫誥 淳熙六年二月

淳熙己亥春二月，熹以卧病鉛山崇壽精舍，邑士歐陽國瑞來見，且出其母太孺人錫號訓辭及諸名勝跋語，俾熹亦題其後。熹觀國瑞器識開爽，陳義甚高，其必有進乎古人爲己之學，而使國人願稱焉，曰「幸哉，有子如此矣」！夫豈獨以其得乎外者爲親榮哉。因竊不辭而敬書其後如此。國瑞勉旃，無忽其言之陋也。

編年 據文中所叙。

跋趙宰母夫人錫誥 淳熙二年四月

熹伏讀壽昌夫人始封訓辭，因得遍觀諸賢跋，知趙侯之所以厚於其親者，非今世常人之所及矣。問於士友之間，皆言趙侯與其昆弟平居奉養所以悦其親者，無所不用其至，又知其非出於一時勉慕而爲之也。嗚呼，其亦可謂孝矣！夫事親孝，故忠可移於君。吾知趙侯異時進而立於朝廷，其必有以異乎今世士大夫之所爲者無疑也，因亦輒書其後云。淳熙己亥四月辛丑，新安朱熹書。

編年　據文中所署。

跋趙侯彦遠行實名善應，字彦遠，子直之父也〔一〕。淳熙六年五月

孟子喜稱柳下惠之爲人，以爲百世之下聞其風者，鄙夫寬，薄夫敦，而世或疑之。今得崇道趙侯行實之書而讀之，足以信孟氏之不我欺矣。著作君所以觀法其親而顯揚之者，深密詳盡至於如此，豈亦侯之身教有以發之也歟？抑以是爲質而致知以精之，則天性人心固有不可泯之義理。以是爲始而力行以終之，則由家及國，又有不可窮之事業。是則熹愚不肖，於著作君蓋猶不能無惓惓之望也。敢竊識編末，而歸其書趙氏云。淳熙己亥中夏丁卯，新安朱熹。

校記　〔一〕題注「彦遠子」三字原缺，據淳熙本補。

編年　據文中所署。

書伊川先生易傳板本後〔一〕淳熙六年八月一日

易之爲書，更歷三聖，而制作不同。若庖羲氏之象，文王之辭，皆依卜筮以爲教，而其法則異。至於孔子之贊，則又一以義理爲教，而不專於卜筮也。是豈其故相反哉，俗之淳漓既異，故

其所以爲教爲法者不得不異，而道則未嘗不同也。然自秦、漢以來，考象辭者泥於術數而不得其弘通簡易之法，談義理者淪於空寂而不適乎仁義中正之歸。求其因時立教以承三聖，不同於法而同於道者，則惟伊川先生程氏之書而已。後之君子誠能日取其一卦若一爻者，熟復而深玩之，如己有疑，將決於筮而得之者，虚心端意，推之於事而反之於身，以求其所以處此之實，則於吉凶消長之理、進退存亡之道，將無所求而不得；邇之事父，遠之事君，亦無處而不當矣。華山皇甫斌嘗讀其書而深好之，蓋嘗大書深刻，摹以予人，惟恐傳者之不廣而讀者之不多也。顧猶來請其所以讀之之説，熹不得讓，輒書此以遺之。淳熙六年秋八月丙戌朔，新安朱熹謹書。

校記　〔一〕淳熙本「傳」下有「大」字。

編年　據文中所署。

評論　周大璋朱子古文讀本卷五書伊川先生易傳板本後：讀聖賢書，但作紙上陳言看，毋論必不能解，即解亦何益。句句當身體認，則雖難會如易，亦無不可以得之矣。「虚心端意」云云，是讀書要訣，勿視爲老生常談。

跋蘇文定公直節堂記　淳熙六年八月

右南康軍治直節堂記，欒城蘇文定公爲郡守徐君師回望聖作，又手書而刻石焉。自元豐乙丑距今淳熙己亥，凡九十有五年，而新安朱熹來領郡事。問堂所在，則既無有，而杉亦不存。求其記文，則又非復故刻而委之他所矣。於是歷訪郡之老人，竟無有能言其處者。蓋自元豐以至今，其間世故亦多變矣。然建炎群盜於今纔五十年，舊迹蕪滅，未應至此。意者斯堂之毁，其在紹聖黨論之時乎。撫事興懷，慨然永嘆。顧郡方貧而民已病，正使堂之故基尚在，勢亦不能有以復於其舊。獨聽事之西有堂無額，而庭中有老柏焉，焚斮之餘，生意殆盡，而屹立不僵，如志士仁人更歷變故，而剛毅獨立，凛然不衰者。因取「直節」之號寓之此堂，而輩記石陷壁間。且欲盡去庭之凡木而雜植杉柏，以仿佛前賢之遺意，則既非時，而熹亦以病告歸矣。嗚呼，後之君子其尚有以成予之志也夫！是歲八月丁亥識。

編年　據文中所署。

書濂溪先生愛蓮説後淳熙六年八月

右愛蓮説一篇，濂溪先生之所作也。先生嘗以「愛蓮」名其居之堂，而爲是説以刻焉，熹得竊聞而伏讀之有年矣。屬來守南康，郡實先生故治，然寇亂之餘，訪其遺迹，雖壁記文書一無在者。熹竊懼焉，既與博士弟子立祠於學，又刻先生象、太極圖於石，通書遺文於版。會先生曾孫直卿來自九江，以此説之墨本爲贈。乃復寓其名於後圃臨池之館，而刻其説置壁間，庶幾先生之心之德，來者有以考焉。淳熙己亥秋八月甲午，朱熹謹記。

編年　據文中所署。

跋叙古千文淳熙六年八月

右叙古千文，故禮部侍郎胡公明仲所作。其叙事立言，昭示法戒，實有春秋經世之志。至於發明大統，開示正塗，則又於卒章深致意焉。新學小童朝夕諷之而問其義，亦足以養正於蒙矣。清江劉孟容出其先朝奉君所書八分小卷，莊謹齊一，所以傳家之意甚備，豈亦有取於斯乎。因摹刻置南康郡齋，傳諸小學，庶幾其有補云。淳熙己亥八月戊戌，新安朱熹書。

編年　據文中所署。

書濂溪先生拙賦後淳熙六年八月

右濂溪先生所爲賦篇。聞之其曾孫直卿云，近歲耕者得之溪上之田間，已斷裂，然尚可讀也。熹惟此邦雖陋，然往歲先生嘗辱臨之，乃闢江東道院之東室〔一〕，榜以「拙齋」而刻置焉。既以自警，且以告後之君子，俾無蹈先生之所耻者以病其民云。淳熙己亥秋八月辛丑，朱熹謹記。

校記　〔一〕東室：宋刻本元公周先生濂溪集卷六附晦庵書賦後云作「西室」。

編年　據文中所署。

跋曾吕二公寄許吏部詩淳熙六年十一月

奉懷子禮吏部賢友　本中再拜

寒松厭庭院，老馬倦維縶。翛然出塵去，粗糲朝夕急〔一〕。我友隔江湖，尚作一日葺。平生學道心，擇善有固執。豈不在行路，自遠霜露濕。百川灌河來，砥柱乃中立。何時一尊酒，更與交舊集？

長句奉寄子禮提宫吏部　幾

草堂竹塢閉門中，吏部持身有古風。老去一麾還作病，歸來四壁又成空。今朝札翰知亡急，舊日詩書却未窮。拭目看君進明德，乃兄事業聽天公。

先君子之執友吏部許公，熹不及見也。然而竊聞其學，蓋以修己治人爲一致，要之事實而不爲空言者。今頌二公之詩，可見當日衆賢注心高仰之意矣。至於前輩交游之際，所以觀考德業，相期於無窮者，與夫中興一時人物之盛，覽者亦當慨然有感於斯焉。淳熙己亥十一月辛巳，新安朱熹謹書。

校記 〔一〕糲：原缺，據四庫全書本補。

編年 據文中所署。

跋王樞密贈祁居之詩淳熙六年十二月

王公素剛毅，有大節。方廷争和議時，視秦檜無如也。而能屈體下賢，出於誠意如此，是可尚已。祁公以布衣諸生抗强相、折悍吏，卒全窮交。非其所養之厚，所守之堅，何以及此？三復此卷，爲之太息，而書其後云。淳熙己亥臘月壬辰，新安朱熹謹書。

編年 據文中所署。

書康節誡子孫文淳熙七年正月四日

康節先生邵公手書誡子孫語及天道、物理二詩，得之薌林向氏，刻置白鹿洞之書堂，以示學者。淳熙庚子開基節日，新安朱熹謹書。

編年 據文中所署。

跋陳居士傳淳熙七年三月

熹少讀龜山先生文集，固已想見居士之爲人。今得鄧生絢所携墨本觀之，又見了翁、道鄉、游察院、李丞相、張侍郎諸前輩稱述之盛如此，不勝慨嘆。夫居士之爲人，蓋子夏所謂「雖曰未學，吾必謂之學」者。先生猶嘆其莫有開導而輔成之者，吾儕小人姿本薄惡，其可不汲汲於學問以矯厲而切磋之邪〔一〕。因敬書其後，既以自警，且以視諸同志云。淳熙庚子季春壬申，新安朱熹書於南康郡舍之拙齋。

校記　〔一〕矯：淳熙本作「激」。

編年　據文中所署。

跋徐誠叟贈楊伯起詩淳熙七年四月

熹年十八九時，得拜徐公先生於清湖之上，便蒙告以克己歸仁、知言養氣之説。時蓋未達其言，久而後知其爲不易之論也。來南康，得楊君伯起於衆人中，意其淵源之有自也。一日，出此卷示熹，三復恍然，思復見先生而不可得，掩卷太息久之。淳熙庚子四月辛亥，新安朱熹書。

編年　據文中所署。

跋伊川與方道輔帖淳熙七年

右伊川先生與莆田方君元寀道輔帖。後一帖乃嘉祐二年語，時先生之年纔二十有五爾。真迹今藏道輔曾孫友陵家〔一〕。後百二十四年，後學朱熹得曹建模本，刻石於白鹿洞書院。

校記 〔一〕友：原作「次」，據宋閩、浙本改。

編年 據文中所叙。

題洛神賦圖 淳熙七年五月

此卷筆意淳古，略似漢石刻，中所見草樹人物，亦可考見當時器用車服制度，不但爲好事者無益之玩而已。朱熹識。

編年 據年譜長編。

跋歐陽文忠公帖 淳熙七年五月

歐陽公作字如其爲文，外若優游，中實剛勁，惟觀其深者得之。淳熙庚子中夏丁巳，新安朱熹觀於南康郡圃之愛蓮堂，因識其後。

編年 據文中所署。

跋冰解圖 淳熙七年五月

熹觀此圖，讀洪、陸二公跋語，爲之隕涕。淳熙庚子五月戊午。

編年 據文中所署。

跋太室中峰詩畫淳熙七年五月

觀此卷二室諸峰，誦陶翁送羊長史詩，爲之慨然，掩卷太息。至於畫筆精深，山勢雄偉，不暇論也。淳熙庚子中夏七月〔一〕，朱熹仲晦父書。

校記　〔一〕月：當作「日」。

編年　據文中所署。

書語孟要義序後淳熙七年十一月一日

熹頃年編次此書，鋟版建陽，學者傳之久矣。後細考之，程、張諸先生説尚或時有所遺脱。既加補塞，又得毗陵周氏説四篇有半於建陽陳焞明仲，復以附於本章。豫章郡文學南康黄某商伯見而悦之，既以刻於其學，又慮夫讀者疑於詳略之不同也，屬熹書於前序之左，且更定其故號「精義」者曰「要義」云。淳熙庚子冬十有一月己丑朔旦，江東道院拙齋記。

編年　據文中所署。

跋免解張克明啓淳熙七年十一月

行藏勛業，銷倚樓看鏡之懷；窈窕崎嶇，增尋壑經丘之趣，此老子心事也。此公方欲求試南宫，而輒以自與，何哉？然予亦濡滯於此，而未得遂其所懷也。三復其言，爲之太息。庚子至前一夕，六老軒書。

編年　據文中所署。

跋獨孤及答楊賁處士書　淳熙七年

獨孤及爲舒州刺史，作口賦法。處士楊賁以書譏之曰：「富者出萬，今易以千；貧者出百，今乃數倍。富倍優，貧倍苦。」及答之曰：「據保簿數，百姓并浮寄户三萬三千，而應差科者唯三千五百，其餘二萬九千五百户蠶而衣，耕而食，不持一錢以助王賦。每歲三十萬貫之税，悉鍾於三千五百人之家，高户歲出千貫，其次九百、八百貫，其次七百、六百貫。九等最下，兼本丁租庸，猶輸四五十貫，以此人日困蹙。故今爲口賦法，以三萬三千人之力分三千五百家之税，乃損有餘、補不足之道。富人貧人，悉令均減，倍優倍苦，何從而生？」

右見獨孤常州文集。及大曆中卒於常州，此又在其前，可見當時田制隳壞之實。然不能精加考覈，以復武德、貞觀之舊，而遽爲一切之法以亂經制，何耶？所謂三十萬貫者，蓋并租庸與雜傜言之。而所謂口賦法者，則已有兩税之漸矣。

編年　此篇未署作年，以文集編序觀之，應作於淳熙七年。

跋洪芻所作靖節祠記淳熙七年

讀洪芻所撰靖節祠記，其於君臣大義不可謂懵然無所知者。而靖康之禍，芻乃縱欲忘君，所謂悖逆穢惡有不可言者。送學榜示講堂一日，使諸生知學之道非知之艱，而行之艱也。

編年 此篇未署作年，以文集編序觀之，應作於淳熙七年。

跋白鹿洞所藏漢書淳熙七年

熹既爲劉子和作傳，其子仁季致書，以其先人所藏漢書四十四通爲謝。時白鹿洞書院新成，因送使藏之，以備學者看讀。子和五世祖磨勘府君式，南唐時讀書此洞，後仕本朝，有名太祖時。其孫敞、攽皆爲聞人。今子和弟子澂之家尚藏其手抄孟子、管子書，云是洞中日課也。年月日，朱熹仲晦父記。

編年 文云白鹿洞書院新成，書院成於淳熙七年三月，據以繫年。

跋張巨山帖淳熙七年

近世之爲詞章字畫者，争出新奇，以投世俗之耳目，求其蕭散澹然絕塵如張公者，殆絕無而僅有也。劉兄親承指畫，妙得其趣。然公晚以事業著，故其細者人無得而稱焉。敬夫雅以道學自任，而游戲翰墨，乃能爲之題識如此，豈亦有賞於斯乎？

編年 此篇與下篇所言人事皆同，顯爲同時所作。參見下篇所考。

跋陳簡齋帖〔一〕 淳熙七年

簡齋陳公手寫所爲詩一卷，以遺寶文劉公。劉公嗣子觀文公愛之，屬廣漢張敬夫爲題其籤。予嘗借得之，欲摹而刻之江東道院，竟以不能得善工而罷。間獨展玩，不能去手〔二〕。蓋嘆其詞翰之絶倫，又嘆劉公父子與敬夫之不可復見也。俯仰太息，因書其末以歸之劉氏云。

校記 〔一〕淳熙本「跋」下有「劉共父所藏」五字。

〔二〕能：原作「得」，據右引改。

編年 文云「敬夫之不可復見」，張栻卒於淳熙七年二月二日，參以文集編序，知此跋作於是年。

跋蘇聘君庠帖 淳熙八年正月二十八日

予來南康，聞蘇聘君嘗居郡西門外〔一〕，暇日訪其遺迹，無復存者。永懷高風，不勝慨嘆。南上人出示此軸，三復之餘，益深遐想。淳熙辛丑正月二十八日，新安朱熹仲晦父題。

校記 〔一〕聞：原作「間」，據宋閩、浙本改。

編年 據文中所署。

跋南上人詩淳熙八年三月

南上人以此卷求余舊詩，夜坐，爲寫此及遠游、秋夜等篇。顧念山林，俯仰疇昔，爲之慨然。南詩清麗有餘，格力閑暇，絕無蔬筍氣。如云「沾衣欲濕杏花雨，吹面不寒楊柳風」，余深愛之，不知世人以爲如何也。淳熙辛丑清明後一日，晦翁書。

編年 據文中所署。

跋金谿陸主簿白鹿洞書堂講義後淳熙八年二月

淳熙辛丑春二月，陸兄子静來自金陵，其徒朱克家、陸麟之、周清叟、熊鑑、路謙亨、胥訓實從。十日丁亥，熹率寮友諸生與俱至於白鹿書堂，請得一言以警學者。子静既不鄙而惠許之，至其所以發明敷暢，則又懇到明白，而皆有以切中學者隱微深錮之病，蓋聽者莫不竦然動心焉。熹猶懼其久而或忘之也，復請子静筆之於簡而受藏之。凡我同志，於此反身而深察之，則庶乎其可以不迷於入德之方矣。新安朱熹識。

編年 據文中所署。

跋顔魯公栗里詩淳熙八年七月

右唐魯郡顔文忠公栗里詩，見陳令舉廬山記，而不得其全篇。雖然，讀之者亦足以識二公之心而著於君臣之義矣。栗里在今南康軍治西北五十里，谷中有巨石，相傳是陶公醉眠處。予嘗往游而悲之，爲作歸去來館於其側，歲時勸相，間一至焉。俯仰林泉，舉酒屬客，蓋未嘗不賦是詩也。地之主人零陵從事陳君正臣聞之，若有慨然於中者，請大書刻石上。予既去郡，請益堅，乃書遺之。淳熙辛丑秋七月壬午，新安朱熹仲晦父。

編年　據文中所署。

跋張魏公與劉氏帖淳熙八年八月

張忠獻公平生心事無一念不在君親，而其學又以虚静誠一、求之於天爲本，故其與人言亦未嘗不依於此。今觀其所與寶學劉公屏山先生、共父樞密書帖詩文，亦可見矣。劉公從公川、陝，并心國事，故公於其兄弟父子之間眷眷如此，亦豈苟然者哉。先生之子玶有味其言，欲廣傳之，以悟當世，因屬熹書其後。淳熙辛丑八月甲子，新安朱熹敬書。

編年　據文中所署。

跋鄭景元簡 淳熙八年八月一日

六經記載聖賢之行事備矣，而於死生之際無述焉，蓋以是爲常事也。獨論語、檀弓記曾子寢疾時事爲詳，而其言不過保身謹禮與語學者以持守之方而已。於是足以見聖賢之學，其所貴重乃在於此，非若浮屠氏之不察於理，而徒以坐亡立脱爲奇也。然自學者言之，則死生亦大矣。非其平日見善明、信道篤，深潛厚養，力行而無間，夫亦孰能至此而不亂哉。今觀鄭君景元所報其兄龍圖公事，亦足以驗其所學之正而守之固矣。所謂「朝聞道，夕死可矣」者，於公見之。因竊書其後以自警，又將傳之同志，相與勉焉。淳熙辛丑秋八月乙巳朔，丹陽朱熹書。

編年 據文中所署。

評論 周大璋朱子古文讀本卷五跋鄭景元簡：寥寥數言，開闔俯仰之勢已具，道理淵邃，直是點水滴凍。

跋鄭景望書吕正獻公四事〔一〕 淳熙八年八月一日

右中國吕正獻公四事，見其家傳，而故建寧太守鄭侯書之齋壁以自警者也。侯書此時已屬疾，間不兩月而終。啓手足時，清明安定，執禮不懈如常日，是足以驗其平生學力果能踐斯言者，非一時偶書屋壁而已也。夫吕公之行高矣，其可師者不止此，鄭侯亦無不學，顧豈舍其大而規規於其細如此哉，誠以理無巨細精粗之間，大者既立，則雖毫髮之間，亦不欲其少有遺恨，以病夫道體之全也。侯之莫府趙君彦能將模刻置府學，以視學者，而屬熹書其本末，熹不得辭也。侯名伯熊，字景望，永嘉人。其爲此邦，號令條教必本於孝弟忠信，學者傳之。淳熙辛丑秋八月乙巳朔旦，州民宣教郎、新提舉江南西路常平茶鹽公事朱熹謹書。

校記 〔一〕景望：淳熙本作「守」。

編年 據文中所署。

書劉子澄所編曾子後 淳熙八年九月

右曾子書七篇，其内篇一，外篇、雜篇各三，吾友清江劉清之子澄所集録也。昔孔子殁，門人唯曾氏爲得其傳。其後孔子之孫子思、樂正子春、公明儀之徒皆從之學，而子思又得其傳，以授孟軻。故其言行雜見於論語、孟氏書及他傳記者爲多，然皆散出，不成一家之言。而世傳曾子書者，乃獨取大戴禮之十篇以充之，其言語氣象，視論、孟、檀弓等篇所載相去遠甚。子澄蓋病其然，因輯此書以傳學者，而於其精粗純駁之際尤致意焉。於戲！若子澄者，其可謂嗜學也已。

然熹嘗考之，竊以謂曾子之爲人，敦厚質實，而其學專以躬行爲主，故其真積力久而得以聞乎一以貫之之妙。然其所以自守而終身者，則固未嘗離乎孝敬信讓之規；而其制行立身，又專以輕富貴、守貧賤、不求人知爲大，是以從之游者，所聞雖或甚淺，亦不失爲謹厚修潔之人；所記雖或甚疏，亦必有以切於日用躬行之實。蓋雖或附而益之，要亦必爲如是之言，然後得以自託於其間也。然則是七篇者，等而别之，雖有内、外、雜篇之殊，而其大致皆爲有益於學者，非他書所及也。讀者誠能志其大而必謹其小，歷其淺而徐望其深，則庶乎其無躐等之病而有日新之功矣。淳熙八年九月丁丑，新安朱熹謹記。

編年 據文中所署。

跋陳徽猷墓誌銘後 淳熙八年十一月

秦丞相用陳公爲淮西帥，蓋將付以邊事。公以其意叵測，力辭不就。頃年，公再罷番陽，熹見公考亭私第。公爲熹言此甚詳，今不能盡記其曲折也。淳熙辛丑中冬乙亥，因觀汪公所撰誌銘，書此以補其闕。時汪公薨已七年，而敬夫、明仲亦已下世，令人悲慨之深。新安朱熹書，公孫坦藏。

編年 據文中所署。

周子通書後記 淳熙十四年九月

通書者，濂溪夫子之所作也。夫子姓周氏，名敦頤，字茂叔。自少即以學行有聞於世，而莫或知其師傳之所自。獨以河南兩程夫子嘗受學焉，而得孔孟不傳之正統，則其淵源因可概見。然所以指夫仲尼、顔子之樂而發其吟風弄月之趣者，亦不可得而悉聞矣。所著之書又多放失，獨此一篇本號易通，與太極圖説并出，程氏以傳於世，而其爲説實相表裏。大抵推一理、二氣、五行之分合，以紀綱道體之精微，決道義文辭禄利之取舍，以振起俗學之卑陋。至論所以入德之方、經世之具，又皆親切簡要，不爲空言。顧其宏綱大用，既非秦漢以來諸儒所及，而其條理之密，意味之深，又非今世學者所能驟而窺也。是以程氏既没而傳者鮮焉，其知之者不過以爲用意高遠而已。

熹自蚤歲即幸得其遺編而伏讀之，初蓋茫然不知其所謂，而甚或不能以句。壯歲獲游延平先生之門，然後始得聞其説之一二。比年以來，潛玩既久，乃若粗有得焉。雖其宏綱大用所不敢知，然於其章句文字之間，則有以實見其條理之愈密，意味之愈深，而不我欺也。顧自始讀以至於今，歲月幾何？倏焉三紀〔一〕。慨前哲之益遠，懼妙旨之無傳，竊不自量，輒爲注釋。雖知凡近，不足以發夫子之精藴，然創通大義，以俟後之君子，則萬一其庶幾焉。淳熙丁未九月甲辰，後學朱熹謹記。

校記　〔一〕三：宋浙本作「二」，正訛所改同。

編年　據文中所署。

評論　周大璋朱子古文讀本卷五周子通書後記：通書與圖説相表裡，濂溪底藴大略具此編中。總前往，開來學，厥功偉矣。注而釋之，懼妙旨之無傳耳。是書彪炳天壤，津梁萬世者，先生之力爲多。

國家社科基金西部項目

（宋）朱熹 著
郭齊 尹波 編注

朱熹文集編年評注

第十册

福建省政協文化文史和學習委員會 編

海峽出版發行集團
THE STRAITS PUBLISHING & DISTRIBUTING GROUP
福建人民出版社

朱熹文集編年評注卷八十二

跋

跋東坡與林子中帖淳熙八年十一月

淳熙辛丑中冬乙酉，觀此於衢州浮石舟中。時浙東饑甚，予以使事被旨入奏，三復其言，尤深感嘆。當摹刻諸石，以視當世之君子。新安朱熹書。

編年 據文中所署。

再　跋淳熙九年

淳熙辛丑，浙東水旱民饑，予以使事被召入奏，道過三衢，得觀此帖於玉山汪氏。以爲仁人之言不可以不廣也，明年，乃刻石常平司之西齋。新安朱熹書。

第三書節略云：「別後淫雨不止，所過災傷殊甚。京口米斗百二十文，人心已是皇皇。又四月天氣全似正月，今歲流殍疾病必煩措置。淮南蠶麥已無望，必搜動本路米價。欲到廣陵，更與正仲議之，更一削。願老兄與微之、中玉商議，早聞朝廷，厚設儲備。熙寧中，本路截撥及别路般來錢米，并因大荒放税及虧却課利蓋累百鉅萬，然於救饑初無絲毫之益者，救之遲故也。願兄早留意。又乞與漕司商量，今歲上供斛米皆未宜起發。兄自二月間奏乞且遲留數月起發，徐觀歲熟，至六月起未遲，免煩他路般運賑濟。如此開述，朝廷必不訝。荷知眷之深，輒爾僭言，想加恕察，不一。某皇恐。」

編年 據文中所叙。

跋李後主詩後 淳熙八年十一月十八日

「平叔任散誕，夷甫坐論空。豈悟昭陽殿，遂作單于宫！」此陶隱居託魏晋以諷蕭梁之詩也。當時不悟，竟蹈覆轍，其爲商監，益以明矣。而違命李侯，乃復以無生混茫者亡其國，何哉？道學不明，人心不正，詖淫邪遁之説肆行而莫之禁也。嗚呼痛哉！熹觀汪伯時所藏李後主手寫詩，嘆息書此。潘叔昌訪熹釣臺，因書贈之。淳熙辛丑十一月十八日。

編年 據文中所署。

跋吕伯恭日記 淳熙九年正月

觀吕伯恭病中日記，其繙閲論著固不以一日懈。至於氣候之暄涼、草木之榮悴，亦必謹焉，則其察物内省，蓋有非血氣所能移者矣。此來不得復見伯恭父，固爲深恨。然於此得窺其學力之所至以自警省，則吾伯恭之不亡者，其誨我亦諄諄矣。三復流涕，敬書其後。淳熙壬寅，新安朱熹書。

編年 據文中所署。

題伯恭所抹荆公日録 淳熙九年正月十七日

伯恭病中讀書，漏刻不去手。既定詩説，記古今大事，而其餘力又及此。然皆未及終篇而卒，讀者恨之。此書經楊、陳二公掊擊，不遺餘力，而其肺腑之際，猶有未盡白者。今觀伯恭於書首四卷乃不加一詞，而其幾微毛髮之間皆不得有所遁。學者於此，不唯可以究觀前事而極夫治亂之源，抑亦可以反求諸心而審其得失之端矣。淳熙壬寅正月十七日，來哭伯恭之墓，而叔度出此編視予，感嘆之餘，爲書其左。朱熹仲晦父。

編年 據文中所署。

跋〔一〕 淳熙九年三月

淳熙壬寅上巳，朱熹仲晦父觀。疑此卷勝名畫詩也。

校記 〔一〕此題四庫全書本作「跋畫卷後」。

編年　據文中所署。

跋〔一〕淳熙九年三月

尤延之論古人筆法來處，如周太史奠世係，真使人無間言。朱熹仲晦父識。

校記　〔一〕此題四庫全書本作「跋尤延之論字法後」。

編年　據上下篇編序，此跋應同時所作。

題歐公金石録序真迹淳熙九年三月

集録金石，於古初無，蓋自歐陽文忠公始。今順伯嗜古無厭，又有甚於公之所爲。而復得公此序真迹藏之，其不偶然矣。淳熙壬寅，禊飲會稽西園，暮歸書此。朱熹仲晦父。

編年　據文中所署。

題西臺書淳熙九年三月

西臺書在當時爲有法要，不可與唐中葉以前筆迹同日而語也。細觀此帖，亦未見如延之所云也。新安朱熹仲晦父。

編年　觀上下數篇編序，皆同時所作甚明。

題荆公帖淳熙九年三月

先君子自少好學荆公書，家藏遺墨數紙，其僞作者率能辨之。先友鄧公志宏嘗論之，以其學道於河雒，學文於元祐，而學書於荆舒爲不可曉者。今觀此帖，筆勢翩翩，大抵與家藏者不異，恨不使先君見之。因感咽而書於後。朱熹書。

編年 觀上下數篇編序，皆同時所作甚明。

題荆公帖淳熙九年三月

熹家有先君子手書荆公此數詩，今觀此卷，乃知其爲臨寫本也。恐後數十年未必有能辨之者，略識於此。新安朱熹云。

編年 觀上下數篇編序，皆同時所作甚明。

題力命帖淳熙九年三月

力命表舊惟見近世刻本，今乃得見貞觀所刻，深以自幸。然字小目昏，殆不能窺其妙處，又愧其見之晚也。他日見右方諸公，當請問焉，又未知其所見與予果如何耳。朱熹仲晦父。

編年 觀上下數篇編序，皆同時所作甚明。

題樂毅論 淳熙九年三月

新安朱熹觀王順伯所藏樂毅論、黄庭經、東方贊，皆昔所未見，撫嘆久之。

編年 觀上下數篇編序，皆同時所作甚明。

題蘭亭叙 淳熙九年三月

淳熙壬寅上巳，飲禊會稽郡治之西園。歸，玩順伯所藏蘭亭叙兩軸，知所謂「世殊事異，亦將有感於斯文」者猶信。及覽諸人跋語，又知不獨會禮爲聚訟也。附書其左，以發後來者之一笑。或者猶以賤奏功名語右軍，是「殆見杜德機」耳。晦翁。

編年 據文中所署。

題鍾繇帖 淳熙九年三月

此表歲月予未嘗深考，然固疑征南將軍爲曹仁也。今觀順伯所論，適與意合。是時字畫猶有漢隸體，知此墓田帖及官本「白騎」等字爲非鍾筆亡疑也。朱熹記。

編年 觀上下數篇編序，皆同時所作甚明。

題法書 淳熙九年三月

予舊嘗好法書，然引筆行墨，輒不能有毫髮象似，因遂懶廢。今觀此帖，益令人不復有餘念。今人不及古人，豈獨此一事？推是以往，庶乎其能自强矣。朱熹書。

編年 觀上下數篇編序，皆同時所作甚明。

題曹操帖 淳熙九年三月

余少時曾學此表，時劉共父方學顔書鹿脯帖，余以字畫古今誚之。共父謂予：「我所學者唐之忠臣，公所學者漢之篡賊耳。」時予默然亡以應。今觀此謂「天道禍淫，不終厥命」者，益有感於共父之言云。晦翁。

編年 觀上下數篇編序，皆同時所作甚明。

書璽 淳熙九年三月

臣熹恭惟我太祖皇帝受天明命，以有九有之師，時蓋未得此璽也。紹聖、元符之後，事變有不可勝言者矣。臣熹敬書。

編年 觀上下數篇編序，皆同時所作甚明。

題右軍帖淳熙九年三月

隨事行藏，固謝萬之藥石，然右軍未必能踐斯言也。豈其自知已審，遂超然遠逝而不顧邪？三復此紙，欲罷不能。後之君子當有識此意者。朱熹仲晦父。

編年　觀上下數篇編序，皆同時所作甚明。

跋諸人贈路君詩後淳熙九年九月

路君斷橋擊賊，手斬凶渠，其功甚偉而賞不酬，識者恨之。然君材氣過人，臨事不苟，决非終不遇者。觀此詩卷固多奇語，而余於簽書沈公之言爲有感也。路君勉旃而已。淳熙壬寅九月丙申，朱熹題。沈公蓋叔晦之尊人，時爲越州簽判。路君名巖卿，嘗爲蘄水尉。

編年　據文中所署。

跋喻湍石所書相鶴經淳熙九年十二月

舊藏碧虚子相鶴經石本，意頗愛之。今觀湍石喻公所書，法度謹嚴而意象蕭散，知彼爲法縛矣。淳熙壬寅臘月庚申，朱熹。

編年　據文中所署。

跋朱希真所書樂毅報燕王書淳熙九年十二月

余嘗恨右軍不寫此書而寫夏侯之論，今觀玉山汪季路所藏伊水老人手筆，老人得無亦有余之恨乎？季路將刻之石，以貽永久，余知有志之士當復有廢書而泣者矣。淳熙壬寅十二月庚申，新安朱熹書。

編年 據文中所署。

跋朱喻二公法帖淳熙九年十二月

書學莫盛於唐，然人各以其所長自見，而漢、魏之楷法遂廢。入本朝來，名勝相傳，亦不過以唐人爲法。至於黃、米，而欹傾側媚、狂怪怒張之勢極矣。近歲朱鴻臚、喻工部者出，乃能超然遠覽，追迹元常於千載之上，斯已奇矣。故嘗集其墨刻，以爲此卷，而尤以樂毅書、相鶴經爲絕倫，不知鑒賞之士以爲如何也。

編年 文及樂毅書、相鶴經，顯承上二篇同時所作。

跋應仁仲所刊鄭司業詩淳熙十二年正月

鄭司業金華被召八詩，慈祥温厚之氣藹然發於筆墨畦徑之外。其門人應君仁仲刻石，摹本見寄。三復詠嘆，如見其人，爲之隕涕。淳熙乙巳正月庚戌，朱熹仲晦父書。

編年 據文中所署。

跋蔣邕州墓誌銘 淳熙十二年二月

始予讀張敬夫遺文，見所記蔣邕州事，常恨不得蔣君爲人之詳。一日，有新攸縣蔣令者過門枉顧，出張安國所述其先墓文，則邕州公也。予驚喜，疾讀數過，不能去手。又觀劉文潛跋語，則又知君之遺愛在人，久而不衰也。嗚呼！世固未嘗無材也。惟其生於窮荒下邑，既無以自振，而又知自貴重，不肯希世取寵，遂以陸沉下僚，不及究其所有者爲不少矣。如君之材，晚雖小試，然其志業豈遽盡於其所已試者而已耶。是可哀已。文潛所論聲病綴緝遺賢之弊，尤與人意合。章卿稱攸縣嘗論嶺西鹽法，因得扣焉，又喜邕州家法之未泯也。嗟嘆不已，輒記其後云。淳熙乙巳二月庚辰，新安朱熹。

編年 據文中所署。

評論 周大璋朱子古文讀本卷五跋蔣邕州墓誌銘：盤鬱之氣，悲憤之音。

跋鄭威愍遺事 淳熙十二年三月

鄭威愍公擁羸卒、守孤城，以抗暴起方張之虜，鄰援既絕，遂以身殉。予讀褒贈詔書及其家問墓銘〔一〕，未嘗不三復流涕也。夫忠義之性出於人心之秉彛，策名委質以事人者，其講之宜熟矣。而吾觀於前日中原之禍，一時士大夫出身徇國、死其官守如鄭公者何少也，豈非義利之分不素明，取舍之極不素定，一旦倉卒，則貪生畏死而惟利之從哉。嗚呼！如鄭公者，可謂得其本心而無愧於臣人之義矣。是固有國家者所宜殷勤褒録，以爲臣子之勸，使其有所鄉慕感激而興起其忠義之良心，非獨以私於鄭氏之子孫而已也。因竊敬識其後，以告觀者云。淳熙乙巳三月甲申朔，新安朱熹書。

校記　〔一〕問：原作「刻」，據宋閩、浙本改。

編年　據文中所署。

評論　周大璋朱子古文讀本卷五跋鄭威愍遺事：借威愍以罵世人，實借世人以襯威愍。低徊嘆息，筆有餘情。

跋米元章帖 淳熙十二年三月三十日

米老書如天馬脱銜，追風逐電，雖不可範以馳驅之節，要自不妨痛快。朱君所藏此卷尤爲犇軼，而所寫劉無言詩亦多奇語，信可寶也。淳熙乙巳三月晦日，朱熹仲晦父觀於建陽西山景福僧舍。

編年　據文中所署。

書歐陽文忠公集古録跋尾後 淳熙十二年四月十六日

歐陽文忠公集古所録，蓋千卷也。頃嘗見其曾孫當世家尚二百本，但跋尾及一二名公題字，其石刻謂離亂之後逸之爾。今觀此四紙自趙德父來，則在崇寧間已散落也。不然，豈其稿耶？以校文集所載，多訛舛脱略，是當爲正，而楊君集碑，文集則無。惟「中宗」作「仲宗」，「建武之元」作「孝武」，恐却乃筆誤也。然德父平生自編金石録亦二千卷，又倍於文忠公，今復安在？公所謂「君子之垂不朽，不託於事物而傳」者，真知言哉。三復嘆息。淳熙九年重五日，潁川韓元吉書。

集古跋尾以真迹校印本，有不同者，韓公論之詳矣。然平泉草木記跋後，印本尚有六七十字，深誚文饒處富貴、招權利，而好奇貪得，以取禍敗，語尤緊切，足爲世戒。且其文勢至此乃有歸宿。又「鬼谷之術所不能爲者」之下，印本亦無「也」字。凡此疑皆當以印本爲正云。十二年四月既望〔一〕，朱熹記。

華山碑「仲宗」字，洪丞相隸釋辨之，乃石刻本文假借用字〔二〕，非歐公筆誤也。

校記　〔一〕二：原作「一」，據宋閩、浙本改。

〔二〕文：原作「之」，據右引改。

編年　據文中所署。

跋周元翁帖淳熙十二年四月十六日

法楊者，讀書至老不輟，持論甚正。常云農家有百錢斗粟之羸，必謹藏之，與僧乃已，民安得不貧？故其住山不營土木，不遣其徒出勾，曰「吾不忍助民蠹也」。權貴人有所求，一毫不予，而凶年作糜粥，以活人餓者。豈易得哉！豈易得哉！願公并書之，可乎？此乃陸倉與先生書。明州大梅老法楊者，故龍圖閣學士鄭公向之曾孫也。藏周元翁帖與其先世手書一軸，嘗屬山陰陸務觀求予跋尾，未及遣而下世。務觀乃以書致之，且言楊既死，此軸無所付，寫畢願爲送濂溪書堂藏之。元翁詞翰之美，前輩已多稱之，無所俟於予言者。獨味其言，知老先生之學之傳乃專在於程氏，此可嘆也。楊公雖不及識，然如務觀所稱，則其故家遺俗猶可想見，豈亦自悔其失身於此而不能有以自還也耶？此又重可嘆也。務觀别紙筆札精妙，意寄高遠，楊公所賴以不朽，蓋有在於是者。因剟以附卷中，而識其後云。淳熙乙巳孟夏既望，雲臺隱吏朱熹仲晦父書。

編年 據文中所署。

跋胡澹庵所作李承之論語説序淳熙十二年六月

通經之士固當終身踐言，乃爲不負所學，斯言之要，所以警乎學者可謂至深切矣。然士之必於通經，正爲講明聖賢之訓，以爲終身踐履之資耳，非直以分章析句爲通經，然後乃求踐言以實之也。李君承之來自廬陵，出示澹庵先生胡公所爲作論語解序，歛衽三復，如奉音旨。敢竊推其餘意，以附卷尾。李君幸以愚言思之，則庶乎知先生所以推揚期待之意矣。淳熙乙巳六月乙丑，新安朱熹敬書。

編年　據文中所署。

跋胡澹庵和李承之詩 淳熙十二年六月

蜀人李君承之見過山間，示詩一編，詞源奔放而句律謹嚴，讀之令人亹亹不厭。間出澹庵先生胡公和章一卷，皆其手筆，又知君詩之勝，已爲名流知重如此也。因復自念頃歲嘗得一見先生於臨安，其後遂叨薦寵，而不知所以得之，或者以爲先生嘗見其詩而喜之也。顧今衰落，惠許不酬，而李君辯博縱横，究知西南利病，蓋不但深於詩者，亦復流落艱難，疲於道路，豈先生所許以爲可與言詩者例如此耶？慨念先生不可復見，因太息爲書其後云。淳熙乙巳六月乙丑，新安朱熹書。

編年　據文中所署。

跋宋君忠嘉集 淳熙十二年七月

莊周有言：「子之愛親，命也，不可解於心；臣之事君，義也，無適而非君也，無所逃於天地之間」，古今以爲名言。然以予論之，父子之仁，君臣之義，莫非天賦之本然，民彝之固有，彼乃獨以父子爲自然，而謂君臣之相屬特出於事勢之不得已，夫豈然哉。今讀東海宋君之事，觀其出身以報國家之讎，履鋒鏑、蹈危難，濱九死而不悔，及其一旦棄妻子去，以逃左衽之禍，則窮困極矣。而變易姓名，猶不能忘於國家興復之念，夫豈有所不得已而强爲之哉。於此觀之，則君臣之義如吾所論，無可疑者。而莊生爲我無君，禽獸食人之邪説，亦可以不辨而自明矣。抑觀諸人所記宋君本末，猶可以想見其魁奇磊落之氣。至於挂劍之章，語尤悲壯，則每讀之，未嘗不流涕太息也。先是，天子録君之遺忠，官其子南强，而南强今爲南劍之沙縣，治甚有聲，其亦思有以不墜其先人忠義之教乎哉！淳熙乙巳七月庚戌，新安朱熹書。

編年　據文中所署。

評論　周大璋朱子古文讀本卷五跋宋君忠嘉集：寫得淋灕悲壯，可歌可泣。無適非君，與人盡夫也何以異？世衰道喪，販易君臣，如長樂老者何限？皆此種議論爲之也。嗚呼！率獸食人，人將相食，詎不信哉。

跋范文正公送竇君詩淳熙十二年八月

片帆飛去若輕鴻，一霎春潮過浙東。王謝江山久蕭索，子真今爲起清風。

右范文正公詩也。鄞尉廳無壁記，竇君不知何許人及居官歲月。然爲范公所與如此，必非常流矣。而卒泯滅，不少概見於世，何哉？新安滕璘德粹嗣守其官，以是詩爲不可無傳也，礲石治舍，請書而刻之。淳熙乙巳八月壬戌，同郡朱熹書而記其後云。

編年　據文中所署。

跋溪上翁集 淳熙十二年九月二十三日

須江嚴伯奮來訪，出其先君子溪上翁遺文三巨編，後有當世諸賢題識甚詳。熹於翁爲同年生，前此未獲相識。今讀其文，汪洋放肆，究極事情，而無艱難辛苦之態。至於四六、五七言，則尤兄延之題品發明又已曲盡其妙。其夢中一詩，置之張司業、楊少尹集中，殆無以辨，信亦近世之佳作也〔一〕。伯奮求序，適予大病眩瞀，不能致思，爲題其後如此而歸之。淳熙十二年九月二十三日，新安朱熹書。

校記　〔一〕世：原作「肆」，據宋閩、浙本改。

編年　據文中所署。

跋潘顯甫字序 淳熙十二年十月

余年十六七時，屏山劉先生字余以元晦而祝之，其詞曰：「木晦於根，春容曄敷。人晦於身，神明内腴。」余受其言而行之不力，涉世犯患，顛沛而歸，然後知其言之有味也。讀穎川公所爲潘氏子顯甫字說，竊獨重有感焉，爲之太息而識其後。顯甫視之而能以予爲戒，則於父師之訓其庶幾矣。是歲冬十月壬子，新安朱熹書。

編年　據前後各篇編序，當作於淳熙十二年。

跋謝艮齋所作静齋銘淳熙十二年十月

艮齋受學長陽冲晦先生之門，得其宗旨，訓誘後學，孜孜不倦。其論求仁功夫如此，所以期於子山者遠矣。子山盍亦有以用其一日之力，使斯銘者不爲虚語乎哉？卷中又有同年趙彦德題字，覽之如見其人，益深存没之感。淳熙乙巳十月甲寅。

編年　據文中所署。

題顧侯射記後淳熙十三年七月七日

顧侯以殊科自奮，射藝精絕，予久聞之。未得一寓目，而侯以秩滿去矣。一日來山間，出此記，讀之，想見一時星飛的破，起坐諠譁之樂，尤恨不得爲坐上客也。讎虜雖衰，故疆未復，侯其勉旃，有以副聖主教訓作成之意云。淳熙丙午七月七日，雲臺外史朱熹書。

編年　據文中所署。

跋李壽翁遺墨淳熙十三年九月一日

韓退之著書立言，觝排佛老不遺餘力。然讀其謝潮州表、答孟簡書及張籍侑奠之詞，則其所以處於禍福死生之際，有愧於異學之流者多矣，其不能有以深服其心也宜哉。侍郎李公玩心於易以没其身，平居未嘗深斥異教，而間獨深爲上言，天地變化、萬物終始，君臣、父子、夫婦之道，性命之理，幽明之故，死生之説，盡備於易，不當求之無父無君之言，以傷俗化。其言雖約，而功實倍於韓子。至其平生大節，則不惟進退險夷一無可憾，而超然於生死之際又如此，此足以明吾道之有人，而信其言之不妄矣。易所謂「默而成之，不言而信」者，其公之謂歟。熹不及從公游，而蒙公見與甚厚。其子正夫視以絶筆，因得捧讀而竊識其説於後云。淳熙丙午九月甲辰朔。

編年 據文中所署。

評論 周大璋朱子古文讀本卷五跋李壽翁遺墨：得力於易，死生禍福不能爲之移，借昌黎陪起，辨析奇快，能令古人心折。

跋任伯起家藏二蘇遺迹淳熙十四年七月

元豐間，西南夷與疆吏不相得，怒且生事。時眉山任公伋字師中守瀘州，曰：「我曲彼直，不可與校。」務一以恩信撫柔之。已聽命矣，而部使者或壞其約以邀功。公争之不得，其後師出，果屢敗。天子震怒，將吏皆伏誅。使者懼并及，則反誣公以幸免。事下有司，雜治未竟而公没。其子三訴於朝，卒不得伸。然任氏自此世有聞人，而龍閣公遂以剛直不撓進爲於世。今其家藏兩蘇公文記詩篇甚衆，蓋詩猶真迹，而於瀘事尤反復致意焉。龍閣之曾孫希夷將刻石以視子孫，而屬予序之。予惟任公當日之意，知其事理之當然而不得不然耳，非以今名之可慕，後福之可邀而爲之也。而以今觀之，其效乃如此，豈易所謂「不耕穫、不菑畬，而利有攸往」者耶？因記其事如此，後之君子有以考焉。淳熙丁未七月己酉，新安朱熹書。

編年　據文中所署。

評論　周大璋朱子古文讀本卷五跋任伯起家藏二蘇遺迹：不求名，不邀福，隨筆寫來，無非正誼明道本領。任公心事，亦青天白日矣。

跋滕南夫溪堂集淳熙十四年九月

婺源爲縣窮僻，斗入重山複嶺間，而百十年來，異材間出，如翰林汪公及我先君子太史公，皆以學問文章顯重於世。至户掾滕公，雖稍後出，然其才志傑然，遠過流輩。譬如汗血之駒，墮地千里，方將服轥軥、鳴和鸞，範其馳驅以追二公之逸駕，則不幸而短命死矣。平生遺文在者，不能什一，故侍郎吕公仁父嘗爲之序云。然多一時應用之作，未足以見其志之所存也。嗚呼！以滕公之才之傑，使得永年，益求師友於四方以充其志，則其所就豈止此而已哉。淳熙丁未，其兄孫璘訪予崇安，出其集與此傳示予，因太息而書其後。傳言公嘗爲書萬言，論和、戰、守利害，其言甚偉。今亦不見集中，甚可惜也。李丈此傳，筆力奔放而法度謹嚴，讀者可以想見當時朋友切磋之盛云。九月丙辰，里人朱熹書。

編年 據文中所署。

評論 周大璋朱子古文讀本卷五跋滕南夫溪堂集：多少惋惜！天生才人，每不欲使之竟其學，成其志，而夭折以死，可嘆也。

跋馮君家藏唐誥 淳熙十四年十一月

黃巢之亂，唐僖宗出居成都，以王鐸、鄭畋爲宰相，協力討賊。鐸以都統檄召諸道之兵入西畿、屯盩厔，而賊勢遂衰，卒逐巢，復長安。今觀馮君告身以中和二年十一月下，則正此時事也。其曰「右都」者，即西畿。其曰「吏部行在之印」者，即成都行省。其曰「太尉兼中書令而使」者，以舊史考之，即王鐸，而新史鐸傳乃作「檢校司徒」，誤矣。其曰「司空兼門下侍郎、同平章事」者，則爲鄭公不疑，而其官稱二史、通鑑亦不異也。但通鑑載諸道師屯所處甚悉，而不及福建，豈以道遠後至而不得列序耶？抑且以將卑師少而略之也〔一〕？夫以閩之窮僻阻遠，而當此之時乃能命將遣兵，奔赴國難，馮君又能爲之領率人徒，崎嶇萬里，以投命於君親，其功雖不大顯，然其於忠則有餘矣。其十一世孫允中出以示予，且言君之後散居劍、邵之間，爲三大族，子孫甚衆，衣冠不絕。予以爲此豈忠勞之報耶。允中將刻石以示三族之人，俾之無忘其初，因爲記其本末云。淳熙丁未十一月甲子，新安朱熹書。

校記 〔一〕卑：原作「早」，據宋閩、浙本改。

編年 據文中所署。

評論 周大璋朱子古文讀本卷五跋馮君家藏誥：萬里赴難，忠義可旌表而出之，以勵天下後世之投命君親者。

跋程董二生學則〔一〕 淳熙十四年十一月

道不遠人，理不外事，故古之教者，自其能食能言而所以訓導整齊之者，莫不有法，而況於家塾、黨庠、遂序之間乎。彼其學者所以入孝出弟，行謹言信，群居終日，德進業修，而暴慢放肆之氣不設於身體者，繇此故也。番易程端蒙與其友生董銖共爲此書，將以教其鄉人子弟而作新之，蓋有古人小學之遺意。余以爲凡爲庠塾之師者能以是而率其徒，則所謂成人有德，小子有造者，將復見於今日矣。於以助成后王降德之意，豈不美哉！淳熙丁未十一月甲子，新安朱熹書。

校記 〔一〕「二」下原衍「先」字，據宋閩、浙本刪。

編年 據文中所署。

書伊川先生帖後 淳熙十五年二月

故端殿上饒汪公鎮蜀時，嘗得此帖，又見邵溥所論而疑之，因録見寄，而使審其真僞。熹時爲公言，楊遵道記先生嘗語：學者讀易，如素未讀，不曉文義，必先熟讀三家，然後却有用心處。其説正與此合。然味其言，固有抑揚，非以易之説爲盡於三家所言也。此帖實出先生，溥言不足爲病。且尋繹通貫之云，又真讀書之法。近世學者閲理不精，正坐讀書太草草耳。况春秋大義數十，炳若日星，固已見於傳序，而此所謂不容遺忘者，又非先生決不能道也。夫三綱五常，大倫大法，有識以上即能言之。而臨小利害，輒已失其所守，正以學不足以全其本心之正，是以無所根著而忘之耳。既有以自信其不容遺忘，又不覺因事而形於筆札之間，非先生之德盛仁熟，左右逢原，能及是耶？謝君名見張思叔所記師説，而崇、觀間久官太學，未知果能尊所聞否。其家尚藏此帖。今制幕趙崇憲摹刻以示蜀人，遠寄墨本，因記前説，輒爲附識其後，使覽者有以知夫學之有統，道之有歸，而不但爲文字之空言以嘩世取寵而已也。〔一〕淳熙戊申春二月乙卯。

校記 〔一〕嘩：宋浙本作「希」。

編年 據文中所署。

題太極西銘解後 淳熙十五年二月

始予作太極、西銘二解，未嘗敢出以示人也。近見儒者多議兩書之失，或乃未嘗通其文義而妄肆詆訶，予竊悼焉，因出此解以示學徒，使廣其傳，庶幾讀者由辭以得意，而知其未可以輕議也。淳熙戊申二月己巳，晦翁題。

編年 據文中所署。

跋東坡與趙德麟字説帖 淳熙十五年五月十六日

神宗皇帝稽古立法，以教宗子，此萬世之大慮也。蘇公發明其意，以字德麟，所以望之豈淺淺哉！今趙君善希能得此帖而珍藏之，則亦有意於此矣。尚其勉旃，無爲徒玩其華藻而已。淳熙戊申夏五月既望，新安朱熹敬書。

編年 據文中所署。

書楊龜山帖後 淳熙十五年六月十六日

楊、陳二公論易有不同者，而楊公之詞平緩如此。夫二公之間，豈有所嫌疑畏避而然哉，亦其德盛仁熟而自無鄙倍耳。楊公於先天之學有所未講，則闕而不論，其不自欺又如此，尤後學之所宜取法也。淳熙戊申六月十六日，新安朱熹書。

編年 據文中所署。

跋楊遵道遺文淳熙十五年八月

先君子嘗識楊公遵道之墓，記其論説梗概，皆極精詣。且言其平生爲文數百篇，存者什一二耳。熹每伏讀家集至此，未嘗不掩卷太息，恨其遺文之散逸，而其幸存者亦不得而見之也。近乃得此編於將樂鄧絅，而絅得之公孫璿者，急披疾讀，驚喜幸甚。然其文不過五六篇，而墓識所書論莊周語不復見，則視作識時所失亡又已多矣。遂讀至上伊川先生論易第二書，則喟然曰：「是所謂發微詣極，冰解的破者耶！」至於陳、李異同之辨，則恨未有以見其取舍之決，惜乎不得其全書而考之也。獨懺經疏祔母而始遷遠祖，享先而雜用異教，雖云代作，恐亦非公所宜爲者。豈其歲月久遠，次輯之際，容或有亂真者歟？敬書其後如此，以告觀者，使不唯於楊公之學有以考焉，又於吾先君子之作有以信其非世俗諛墓之文也。識言後若干年，始克葬公某處。璿爲鄧言，公先已葬將樂縣垂惠鄉珠林山，作識時蓋將改葬，故其言如此，然竟不果。且欲屬熹更定其字，熹謝不敢，因并記之，以見其實云。淳熙戊申八月壬辰，新安朱熹謹書。

編年 據文中所署。

跋陳了翁責沈〔一〕淳熙十五年十一月

陳忠肅公剛方正直之操得之天姿，而其燭理之益精、陳義之益切，則學問之功有不可誣者。

觀於此帖，其克己尊賢、虚心服善之意尚可識也。墨迹今藏所贈兄孫宗正之子筠家，而建業、桂林、延平皆有石本，顧字畫不能無小失真，獨沙縣乃爲版刻，尤不足以傳遠。今縣丞黄東始復就摹墨迹，礱石刻之縣學祠堂，以爲此邑之人百世之下猶當復有聞風而興起者，其志遠矣。至於心畫之妙，刊勒尤精，其凛然不可犯之色，尚足以爲激貪立懦之助。而桂林本有張敬夫題字，以爲於公之意有發明者，因并刻之。淳熙戊申十一月辛丑，新安朱熹敬爲書其左方。

校記　〔一〕沈：原作「説」，據宋閩、浙本改。

編年　據文中所署。

記參政龔公陛辭奏稿後淳熙十六年正月十六日

大參龔公平生不喜言用兵，晚年去國，論事者乃言其陛辭之日請大舉恢復之師以迎合上意，聞者莫不怪之。予曩從公游甚久，蓋嘗與公反復論此，雖兩有所持，然竟不能以相屈也。至是，竊獨意公不宜有此。公薨後數年，過其故里，從公二子得其副本讀之，乃極論不可輕舉之意，蓋猶其平生之素論也。痛公見誣之甚，爲之太息流涕久之。然尚恨匆匆，不暇借其手稿以觀，而亦未敢以示人也。近者乃聞聖上知公無罪，特詔有司還其職秩。聖度如天，固非賤臣淺識所能窺測。然向使其真有纖芥如言者之所謂，則亦豈復有是也哉。此可以驗公家書之不誣。因稍出之而記其本末如此。淳熙己酉正月既望，新安朱熹記。

編年 據文中所署。

跋通鑑韻語 淳熙十六年三月

沙隨先生程公以書見抵，盛稱臨川黄君齊賢爲學之不苟也。既而齊賢亦橐其所著書六十卷以示余。余病衰目盲，不能遍讀，齊賢又親爲指畫，乃得窺其大略，然猶恨未能有以究其藴也。嗚呼，是亦勤矣！因語齊賢韻語雖工，而諸圖用力之深尤不可及。雖無通鑑，亦可孤行。今乃託於韻語而謂節本真出温公之手，何耶？齊賢又出艮齋先生諸公跋語，俾嗣書之。余惟諸公皆當代儒先，其言自足取信。區區鄙語，何足爲助？顧嘗竊爲齊賢深言古人爲己之意，而齊賢未能無聽瑩也〔一〕。其以是復於諸老先生而益廣求之，則庶乎有得於身，而是書之中，一字一義亦無不光焰矣。淳熙己酉三月癸卯清明，嵩高隱吏朱熹書。

校記 〔一〕瑩：四庫全書本作「熒」。

編年 據文中所署。

跋程宰登瀛閣記 淳熙十六年十月四日

建陽大夫程侯示予以馬公子才所記其家登瀛閣之文，以今觀之，其言亦略驗矣。程侯爲政寬易愛人，意者前人爲善之報未止於此也。然予聞之，古之君子施而不望其報，祀而不祈其福，蓋以爲善爲當然，而天人之間，應若影響者，自不容已也。程侯屬予書其後，因輒附見此意云。淳熙己酉十月四日，新安朱熹書。

編年 據文中所署。

題方氏家藏紹興諸賢帖後 淳熙十六年

莆陽方德順早以文行知名，一時諸公長者皆折輩行與交。紹興初，嘗召對，極論講和不便。雖不合以去，而名問益高，張忠獻、折大參、曾侍郎、張給事、吕舍人皆深知之，仕竟不遭以卒。其子士龍藏諸公所與往還書帖甚富，嘗出以見示。熹謂此不唯足以見德順之爲人，而中興人物之盛，謀猷之偉，於此亦可概見。因爲撫卷三嘆而敬書其後。

編年 此篇不著作年，參以前後文編序，當作於淳熙十六年。

跋先吏部留題延福院詩 紹熙元年二月二十日

先君吏部三詩，以宣和辛丑留題政和延福院壁，至今紹熙庚戌，適七十年矣。孤熹來自崇安，裴回其下，流涕仰觀，慮其益久而或圮也。里人謝君東卿、陳君克請爲模刻，以傳永久，熹因竊記其後云。二月二十日敬書。

編年 據文中所署。

跋施良翰軍政策 紹熙元年三月二十一日

施君良翰示予以軍政策一編，其言當世利病之實，本末備見，皆可施行。屬予方有行役之勞，未遑盡讀。然當會意處，未嘗不三復而屢嘆也。至所謂「恩不歸於有功而歸於倖門，則才否雖當，已自不厭公論」者，又獨深有感焉。因竊識其語於艮齋、智甫書卷之後。紹熙改元三月二十一日，新安朱熹書。

編年 據文中所署。

再跋參政龔公陛辭奏稿 紹熙元年四月十三日

始予得龔公陛辭奏草而記其本末，以解聽者之惑，然猶以未及見其真筆爲恨者。非予有所疑於公之言，蓋慮世之不能無疑於予言也。今年復過莆中，公之二子及其孫堪復以此軸見示，塗乙點定，手筆粲然，而其指意審重詳密，又與江西奏劄實相表裏。於此足以見公平生之言未嘗少變，而彼譖人者，真可以畀豺虎而猶懼其不之食也。歐陽子曰：「後世苟不公，至今無聖賢。」蓋天下之事必至於久而後是非之實可見，此君子之立言制行所以不屑流俗一時之毁譽，而唯欲其無所愧悔於吾心也。既感其事，因復書前説之後，以著吾言之不妄，庶幾秉南董之筆者猶有考云。紹熙庚戌四月十三日，書於仙游長嶺厩置。

編年　據文中所署。

評論　周大璋朱子古文讀本卷五再跋參政龔公陛辭奏稿：無一語不維持人心，文氣亦如良金美玉。

跋閭丘生陰符經説 紹熙元年五月二十九日

括蒼閭丘君之官臨賀，迂道千里，過予於漳水之上，示予以所釋陰符之篇。觀其意寄高遠而文義精密，出入乎異端之説而能折衷以義理之正。至論當世之爲道術者，則其所是非取舍又皆不失其當，蓋今之學子能若是者少矣。然予憂其知之過高，氣之太鋭，而無以道乎中庸之實，或將反以喪失其所以爲心者而不自知也，於其告别，書以遺之。紹熙庚戌五月二十九日，新安朱熹書。

編年　據文中所署。

跋黄山谷詩 紹熙元年

杜子美詩小序有言「虎搪突夔人藩籬」者，「夔人」正謂夔州人耳。而山谷詩乃有「虎夔藩」之語，今此頌又用「躨觸」字。按「躨跜」見靈光殿賦，自爲蚪龍動貌，元無觸義，不知山谷何所據也。此卷詞筆精麗，而指意所屬未免如李太白所以見譏於王荊公者，覽者亦可以發深省矣。

編年　此跋未署年月，以上下篇編序考之，當作於紹熙元年。

書伊川先生與方道輔帖後 紹熙元年七月七日

伊川先生德性嚴重，不輕與人接。今觀其於方公父子兄弟之間眷眷如此，則方公之賢可知已。熹舊嘗得前數帖，刻之廬山白鹿洞。公之曾孫長泰主簿壬又并其所藏數帖模刻於家，間以視熹，求書其後。雖先生之所以書者有非熹之所敢知，然觀於應舉耕田之語，可以決内外取舍之輕重；察於買櫝還珠之諭，可以知讀書求道之要，在此而不在彼也。既以自厲，又書卷尾以屬方君，使與其族之父兄子弟相與勉焉。〔一〕紹熙改元孟秋七日，新安朱熹。

校記 〔一〕子：原作「兄」，據宋閩、浙本改。

編年 據文中所署。

評論 宋元學案卷十六：〔方元寀〕先生少與伊川游，書問往來，積數十帖，有曰：「經，所以載道也。誦其言，解其訓詁而不及道，乃無用之糟粕耳。覬足下由經以求道，勉之又勉。異日見卓爾有立於前，然後不知手之舞之，足之蹈之。」又曰：「足下非混俗之流，其志道之士。」朱子刻於白鹿書院，書其後曰：「伊川先生德盛言重，不輕與人。今其眷眷如此，則〔公今〕〔方公〕之賢可知也。」

書臨漳所刊四經後紹熙元年十月

書（一）

世傳孔安國尚書序，言伏生口傳書二十八篇：堯典、皋陶謨、禹貢、甘誓、湯誓、盤庚、高宗肜日、西伯戡黎、微子、牧誓、洪範、金縢、大誥、康誥、酒誥、梓材、召誥、洛誥、多士、無逸、君奭、多方、立政、顧命、吕刑、文侯之命、費誓、秦誓，孔氏壁中書增多二十五篇：大禹謨、五子之歌、胤征、仲虺之誥、湯誥、伊訓、太甲上、太甲中、太甲下、咸有一德、説命上、説命中、説命下、泰誓上、泰誓中、泰誓下、武成、旅獒、微子之命、蔡仲之命、周官、君陳、畢命、君牙、冏命。分伏生書中四篇爲九篇，又增多五篇：舜典、益稷、盤庚中、盤庚下、康王之誥，并序一篇，合之凡五十九篇。及安國作傳，遂引序以冠其篇首，而定爲五十八篇。今世所行公私版本是也。然漢儒以伏生之書爲今文，而謂安國之書爲古文，以今考之，則今文多艱澀，而古文反平易。或者以爲今文自伏生女子口授晁錯時失之，則先秦古書所引之文皆已如此。或者以爲記録之實語難工而潤色之雅詞易好，則暗誦者不應偏得所難，而考文者反專得其所易。是皆有不可知者。至諸序之文，或頗與經不合，如康誥、酒誥、梓材之類，而安國之序又絕不類西京文字，亦皆可疑。獨諸序之本不先經，則賴安國之序而可見。故今别定此本，一以諸篇本文爲經，而復合序篇於後，使覽者得見聖經之舊而不亂乎諸儒之説。又論其所以不可知者如此，使讀者姑務沉潛反復乎其所易，而不必穿鑿傅會於其所難者云。紹熙庚戌十月壬辰，新安朱熹識。

校記　〔一〕此篇文字與文集卷六十五跋尚書孔安國序大同小異。

詩

鄭康成説南陔等篇遭秦而亡，其義則與衆篇之義合編，故存。至毛公爲詁訓傳，乃分衆篇之義，各置於其篇端。愚按鄭氏謂三篇之義本與衆篇之義合編者，是也。然遂以爲詩與義皆出於先秦，詩亡而義獨存〔一〕，至毛公乃分衆義各置篇端，則失之矣。後漢衛宏傳明言「宏作毛詩序」，則序豈得爲與經并出而分於毛公之手哉。然序之本不冠於篇端，則因鄭氏此説而可見。熹嘗病今之讀詩者知有序而不知有詩也，故因其説而更定此本，以復於其初。猶懼覽者之惑也，又備論於其後云。紹熙庚戌冬十月壬辰，新安朱熹識。

校記　〔一〕獨：宋浙本作「猶」。

易

右古文周易經傳十二篇，亡友東萊吕祖謙伯恭父之所定，而音訓一篇，則其門人金華王莘叟之所筆受也。熹嘗以謂易經本爲卜筮而作，皆因吉凶以示訓戒，故其言雖約而所包甚廣。夫子作傳，亦略舉其一端以見凡例而已。然自諸儒分經合傳之後，學者便文取義，往往未及玩心全經，而遽執傳之一端以爲定説，於是一卦一爻僅爲一事，而易之爲用，反有所局而無以通乎天下之故。若是者，熹蓋病之，是以三復伯恭父之書而有發焉，非特爲其章句之近古而已也。音訓則妄意其猶或有所遺脱，苹叟蓋言書甫畢而伯恭父没，是則固宜。然亦不敢輒補也，爲之别見於篇後云。淳熙九年夏六月庚子朔旦〔一〕，新安朱熹謹書。

校記 〔一〕淳熙九年夏：正訛改作「紹熙庚戌」，無據，此蓋用淳熙九年舊文也。

春秋

熹之先君子好左氏書，每夕讀之，必盡一卷乃就寢，故熹自幼未受學時已耳熟焉。及長，稍從諸先生長者問春秋義例，時亦窺其一二大者，而終不能有以自信於其心。以故未嘗敢輒措一詞於其間，而獨於其君臣父子大倫大法之際爲有感也。近刻易、詩、書於郡帑，易用吕氏本古經傳十二篇，而絀詩、書之序，置之經後，以曉當世，使得復見古書之舊，而不錮於後世諸儒之説。顧三禮體大，未能緒正。獨念春秋大訓，聖筆所刊，不敢廢塞。而河南邵氏皇極經世學又以易、詩、書、春秋爲皇帝王霸之書，尤不可以不備，乃復出左氏經文，别爲一書，以踵三經之後。其公、穀二經，所以異者，類多人名地名，而非大義之所繫，故不能悉具。異時有能放吕氏之法而爲三經之音訓者，尚有以成吾之志也哉。紹熙庚戌冬十月壬辰，新安朱熹謹書。

編年　據文中所署。其易蓋用淳熙九年六月舊序也。

書楚辭協韻後 紹熙元年十月

始予得黄叔垕父所定楚辭協韻而愛之，以寄漳守傅景仁，景仁爲刻板置公帑。未幾，予來代景仁，景仁爲予言，大招「昭」、「遽」同韻，此謂「遽」當爲「遭」，似矣。然嘗讀王岐公集，銘詩中用「遽」字正入「昭」韻，則大招之「遽」自不當改。然又疑其或反是承襲此篇之誤，因考漢書叙傳，則有「徦」與「昭」韻者，高惠功臣侯表。「區」與「驕」韻者，西南夷兩粤傳。乃知大招本文誠不爲誤，而岐公用韻，其考之亦詳也。予按諸書信如景仁之言，蓋字之從「豦」聲者，「噱」、「臄」、「醵」，平讀音皆爲「强」，然則大招之「遽」當自「强」而爲「喬」，乃得其讀。於是即其板本復刊正之，使覽者無疑焉。景仁説尚有欲商訂者，會其去亟，不果。他日當并扣之，附刻書後也。紹熙庚戌十月壬午，新安朱熹書。

編年　據文中所署。

再跋楚辭叶韻 紹熙元年冬

楚辭叶韻九章所謂「將寓未詳」者，當時黄君蓋用古杭本及晁氏本讀之，故於此不得其説而闕焉。近見閤皂道士甘夢叔説「寓」乃「當」字之誤，因亟考之，則黄長睿、洪慶善本果皆作「當」。黄注云：「宋本作寓」。洪注云：「當，值也。」以文義音韻言之，二家之本爲是。杭本未校，舛誤最多，宜不足怪。獨晁氏自謂深於騷者，顧亦因襲其謬而不能有所是正，若此類者，尚多有之。然則其所用力，不過更易序引，增廣篇帙，以飾其外，而於是書之實，初未嘗有所發明也。近世之言删述者例如此，不但晁氏而已。予於此編實嘗助其吟諷，今乃自愧其眩於名實而考之不詳也，因復書其後以曉觀者云。

編年　此乃承上篇而作。

題屈原天問後紹熙元年冬

此書多不可曉處，不可强通。亦有顯然謬誤而讀者不覺，又從而妄爲之説者。如「啓棘賓商，九辨、九歌」，王逸則訓「棘」爲「陳」，訓「賓」爲「列」，謂「商」爲五音之商，固已穿鑿，而洪興祖又以爲急相符契，以賓客之禮而作是樂，尤爲迂遠。今詳此乃字以篆文相似而誤，「棘」當作「夢」，「商」當作「天」，言啓夢上賓於天，而得此二樂以歸耳。如列子、史記所載周穆王、秦穆公、趙簡子等事爾。若山海經云夏后上三嬪於天，得九辨、九歌以下，則是當時此書别本，「賓」字亦誤作「嬪」，故或者因以爲説。雖實怪妄，不足爲據，然「商」字猶作「天」字，則可驗矣。柳子厚「貿嬪」之云，乃爲山海經所誤，而或者又誤解之，三寫之謬〔一〕，可勝嘆哉！

嘗疑山海經與此書相出入處，皆是并緣此書而作。今説者反謂此書爲出於彼，而引彼爲説，誤矣。若淮南子，則明是此書之訓傳亡疑。然亦未必有所傳聞，只是傅會説合耳。

校記　〔一〕謬：原缺，據湖廣通志卷九十八補。

編年　此篇未署年月，參以上下篇編序，亦當作於紹熙元年冬。

跋劉子澄與朱魯叔帖 紹熙元年十一月十一日

觀亡友劉君子澄手墨，爲之隕涕。其言當看切己文字，分别義利之間，所以期吾魯叔者爲不淺矣。魯叔尚勉旃哉！丹陽朱熹仲晦父書於臨漳郡齋，紹熙庚戌中冬十一日。

編年　據文中所署。

跋黄山谷帖 紹熙元年十一月十一日

此朱希真書也。韓子蒼之誤可耳，何斯舉親見前輩，亦誤，何耶？然希真書自不凡，老筆尤放逸。此雖其少作，蓋亦可藏也。晦翁書。

編年　此與下篇未署作年，然參以前後各篇，知與上篇皆同日所作。下篇「南來」之語亦爲作在漳州之明證。

跋蔡端明帖 紹熙元年十一月十一日

蔡公節概論議、政事文學皆有以過人者，不獨其書之可傳也。南來多見真迹，每深敬嘆。朱熹題。

編年　見上篇所考。

跋曾文昭公與朱給事帖紹熙元年十一月十一日

舊讀徽録，見曾公兄弟往還書〔一〕，每深慨嘆。今觀文昭此帖，乃知朱公從臾之力，益以喟然。然觀後來事變，蓋有所謂天實爲之者。諸公區區其間，乃欲以一葦障江河，卒以至於流離竄斥而不悔，可悲也哉！紹熙庚戌中冬十一日，丹陽朱熹書。

校記　〔一〕書：宋浙本作「事」，底本原注别本同。

編年　據文中所署。

書曾帖程弟跋後紹熙元年

建中紀號，調亭兩黨，實曾丞相之策。其後元祐諸人頗攻其短，故國論遂中變，非子宣本謀也。但薰蕕同器，決無久遠芬馥之理。觀程弟所論有未究者，故復書此云。

編年　此文未署作年，參以上下篇編序，當作於紹熙元年。

跋東坡牛賦紹熙元年

蘇公此紙似是臨本。紹熙庚戌，晦翁審定。

編年　據文中所署。

跋王端明奏稿 紹熙元年十一月十一日

王公四疏，首末一意，丁寧懇惻，無不以忠邪之判爲言。其所以輔成元祐之治而壽國家元氣之脉者，人到於今賴之，厥功茂矣。仙游朱魯叔游宦衡陽，得此遺墨於其家而寶藏之。出以示熹，爲之三復太息而不能已。時紹熙改元十一月十一日也。

編年　據文中所署。

書臨漳所刊四子後 紹熙元年十二月

聖人作經，以詔後世，將使讀者誦其文，思其義，有以知事理之當然，見道義之全體而身力行之，以入聖賢之域也。其言雖約，而天下之故，幽明巨細靡不該焉。欲求道以入德者，舍此爲無所用其心矣。然去聖既遠，講誦失傳，自其象數名物、訓詁凡例之間，老師宿儒尚有不能知者，况於新學小生，驟而讀之，是亦安能遽有以得其大指要歸也哉。故河南程夫子之教人，必先使之用力乎大學、論語、中庸、孟子之書，然後及乎六經。蓋其難易遠近、大小之序固如此而不可亂也。故今刻四古經，而遂及乎此四書者，以先後之。且考舊聞，爲之音訓，以便觀者。又悉著凡程子之言及於此者，附於其後，以見讀之之法，學者得以覽焉。抑嘗妄謂中庸雖七篇之所自出，然讀者不先於孟子而遽及之，則亦非所以爲入道之漸也。因竊并記於此云。紹熙改元臘月庚寅，新安朱熹書於臨漳郡齋。

編年 據文中所署。

跋蔡端明獻壽儀 紹熙元年十二月十六日

蔡忠惠公書迹遍天下，而此帖獨未布。今歲南來，始得見於其來孫誼之家，乃知昔之君子所以事其親者，如此其愛且敬也。孤露餘生，無所爲孝，捧玩摧咽，不能仰視。遂請其真，摹而刻之，以視世之爲人子者，庶以廣蔡公永錫爾類之志，非獨以其字畫之精而已〔一〕。然又偶得善工，且屬諸生黄榦臨視唯謹，知書者亦以爲不失其用筆之微意云。紹熙庚戌臘月既望，丹陽朱熹書於漳浦郡齋。

校記 〔一〕畫：原作「書」，據六藝之一録、正訛改。

編年 據文中所署。

跋李忠州家諸帖 紹熙二年四月

郡人李君機伯仲視予以其家藏群公碑志書帖，知忠州使君之節概才略絶人如此。而年未及老，乃能一旦飄然謝事而歸，其識遠而慮深矣。劉忠定公題其碑陰，至以儕於歐、范二公之列，豈徒取夫一節之高而已哉。其子晉江大夫又以文字追逐一時名勝之間，盛見稱許。雖不幸未究其實以死，然視世之苟賤貪鄙而泯没於無聞者，則有間矣。讀之三嘆，欲刻之石，以視邦人，而迫去不果，乃書其後而歸之。恕齊之説，唯鄒忠公爲詳實，然其卒章亦不能無可疑者。習俗之溺人如此，吁可畏哉！黄太史所論讀書貴精者，切中學者之病，惜其手帖之不存也。新安朱熹書。

編年　此爲漳州任上所作。文云「欲刻之石，以視邦人，而迫去不果」，朱熹去郡在紹熙二年四月二十九日，據以繫之。

跋高彦先家諸帖 紹熙二年四月二十七日

熹猶及見紹興中年奸凶擅朝，忠賢奔播時事，而知漳浦高公之爲烈也。老矣南來，乃獲拜其祠象於學宫，窺其逸稿於家集，而識其嗣子之爲人，又益得其本末之詳，甚可嘆也。季士又以此軸見視，如李、曾、二胡諸公，皆先人所從游，當日相隨去國者。三復其言，益以慨嘆。乃敬書其後而歸之。紹熙辛亥四月二十七日，新安朱熹書。

編年　據文中所署。

跋葉氏慕堂詩 紹熙二年五月五日

雲巖處士葉君仲微以清德馴行聞於鄉，余不及見矣。晚與其子德符爲寮於漳，一日，出示諸君所賦慕堂詩，然後益知仲微爲父之慈，而又知德符爲子之孝也。同官多賢者，莫不高仰其事而樂爲之詩。余獨以私故，重有感焉，而悲不能言也，乃書其後，以寄余意。時德符亦老且倦游矣，而於公家事無所苟，其貌雖瘠而詩甚腴，余心竊敬愛之，而不能薦，察德符無不足之色，余以是益愧其人云。紹熙二年重五日，丹陽朱熹仲晦父書於晋江洛陽下生院。

編年 據文中所署。

跋滕户曹守台州事實紹熙二年九月

始予以事至台州，州人士君子爲予道滕公城守時事甚悉，予心竊獨壯之，而不及訪其文字。數年之間，時往日來，於中不忘也。今從公孫仲宜、仲宣得此編而讀之，乃知公平生大節類皆卓犖奇偉如此，非獨守台一事爲可稱也。但守台事有陳師恭之記，守南都事有程千秋之記，故其謀畫之奇、節制之密皆焯焯在人耳目。至其守蔡、陳、鄂，功亦不細，而莫有能言其事者。千秋又記其説大元帥部西北之兵以迎二聖，檄東南之衆以討邦昌，皆切事機、適形便。而建炎初元所論五事，與賀公所狀因論事而送吏部，争建都而遭讒毁，則意必亦有卓絶切至之論，而世莫得而語其詳焉。然行狀又言公有奏議十餘卷，與政府書三十篇，則是數説者必已具於其間矣。夫已不用於當時，若又不傳於後世，則是遂將泯没於無聞，豈不可惜也哉！今太史氏方將網羅天下放失舊聞，以著中興君臣一時之盛，是必既有任其責者。二君其求諸家書，以附此録，而往獻焉，則九原有知，其亦足以少慰也夫！紹熙二年秋九月壬子，鴻慶外史朱熹書。

編年　據文中所署。

跋呂舍人帖 紹熙二年九月

呂公之言，所以發明講道修身之法詳矣。學者審其先後緩急之序而用力焉，其入聖賢之域也孰禦？紹熙辛亥九月癸酉，新安朱熹敬書。

編年　據文中所署。

跋景呂堂詩 紹熙二年十月

滕德章寄此册來，求景呂堂詩，余謂後學宗慕前輩而表其遺迹，固爲美事，然默而識之，求其所以至於彼者而勉焉可也，何以詩爲哉。至於傳之遠久，使人不忘，則德粹之記、諸公之詩已足以垂後矣，亦無待於余言也。乃書其後而歸之。紹熙辛亥十月戊寅，朱熹仲晦父題。

編年　據文中所署。

跋

跋朱奉使奏狀紹熙二年十月

右叔祖奉使直閣公還自虜中，乞表朱昭等死節事狀也。叔祖字少章，少從景迂晁公先生學。建炎初，以諸生應募，奉使虜廷，守節不屈，被留雲中，積十六年。紹興癸亥和約定，乃得歸。召對便殿，公言虜情詭詐，和不可恃，宜有以待之。又言虜勢雖强而無道義以固，其國衰亂有萌，幾不可失。願益修德振兵，以俟其變。秦丞相已不樂，及上此奏，檜益怒，遂寢其事不報，而公亦旋卒，昭等忠義之節遂不復有言者。熹每讀其書，未嘗不爲之歔欷流涕也。今觀歷陽龔君所纂中興忠義録至纖悉矣，然亦無昭等名，乃録此狀以寄和州史君敷文張公，請刻而附於其後，庶幾此數人者得託以不朽。又記頃見會稽有衛士唐某祠，問其故，曰虜陷會稽，車駕倉猝東幸，而某以病不及從。帥守李鄴亟以城降。一日，虜酋與鄴并轡行城中，某憤怒甚，則懷磚石從道旁狙擊之，不中，因被執。將殺之，罵不絶口而終。越人義而祠之，事聞，詔賜廟額曰□□，故給事中吴公芾嘗刻石以記其事。今此録亦不見，恐可并求其記而附刻之也。紹熙辛亥十月辛巳，新安朱熹書。

編年 據文中所署。

跋趙直閣忠節録紹熙三年二月

直閣趙公忠義之節爲詔所褒，著在信史，不可泯没。而考其平生所立，始終巨細，未嘗一念不在國家，又足以見見危致命之誠非出於一時事勢之偶然也。其孫彦橚力學有志，又將有以大其門者。間以書來，視予此録。病中讀之，蹶然起坐，爲之三嘆，不能自已。因書其後，以見區區慕仰之私云。紹熙三年春二月壬辰，新安朱熹書。

編年 據文中所署。

跋趙朝奉行實紹熙三年二月

詩曰：「秉心塞淵，騋牝三千。」此見人之所以成其富强之業者，非必權譎計數之爲務，而在於誠實深厚之中也。今觀此編，則趙侯之行、詩人之言，豈不兩相發哉。侯之子孫既能修文學以致爵位，又能得當代名勝之文字以顯其親而垂無窮，是亦可謂賢矣。予是以識之。紹熙壬子春二月壬寅，朱熹書。

編年　據文中所署。

跋王荆公進鄴侯遺事奏稿 紹熙三年二月十九日

臣前日伏奉聖旨，令進鄴侯遺事，今繕寫已具。竊以宇文黑獺之中材，遇傾側擾攘之時，而輔之以區區之蘇綽，乃能制法如此，陛下天縱上智，卓然之材，有百年無事之中國，欲追堯舜三代，其勢不難。豈宜每事尚或依違，牽制流俗，不能一有所立，以爲天下長計，而令任策之臣更以蘇綽爲愧也。蓋創業垂統，其施有漸。伏惟成算，已在聖心。臣雖甚愚，誠願自竭，庶憑末光，不以投老餘年爲竊位之臣而已。所有鄴侯遺事謹隨此上進，取進止。

集本「宇文黑獺之中材」下云：「遇傾側窮困之時，而輔以區區之蘇綽，然其爲法，尚有可取。伏惟陛下天縱上智，卓然之材，全有百年無事萬里之中國，欲創業垂統，追堯舜三代，在明道制衆，運之而已。如李泌所稱，豈足道哉！顧求多聞以考古今得失之數，則此書亦或可備省覽。」

熙寧奏對日録云：熙寧二年閏十一月十九日，上曰：「侯叔獻有言義勇上番文字，必是見制置司商量來。」余曰：「此事似可爲，恐須待年歲間議之。」暘叔曰：「今募兵未消，又養上番義勇，則調度尤不易。」余因爲上言募兵之害，終不可經久，僉以爲如此。余曰：「今養兵雖多，及用則患少，以民與兵爲兩故也。又五代禍亂之虞終未能去，以此等皆本無賴奸猾之人故也。」上因問府兵之制，曰：「何處言府兵最備？」余曰：「李鄴侯傳言之詳備。」上曰：「府兵與租庸調法相須否？」余曰：「今上番供役則以衣糧給之，則無貧富皆可以入衛出戍，雖未有租庸調法，亦可爲也。但義勇不須刺手背，刺手背何補於制御之實？今既以良民爲之，當以禮義獎養，刺手背但使其不樂，而實無補也。又擇其鄉閭豪傑爲之將校，量加獎拔，則人自悦服。今募兵爲宿衛，乃有積官至刺史防團者。移此與彼，固無不可。况不至如此費官禄，已足使人樂爲之。陛下審擇近臣，使皆有政事之材，則他時可令分將此等軍。今募兵出於無賴之人，尚可爲軍廂主，則近臣以上豈不可及此輩？此乃先王成法，社稷之大計也。」上良以爲然。

先君子少喜學荆公書，每訪其迹。晚得此稿以校集本，小有不同，意此爲未定也。熹常恨不曉寫進李鄴侯傳於宇文泰、蘇綽事何所預，而獨愛其紙尾三行語氣凌厲，筆勢低昂，尚有以見其跨越古今、斡旋宇宙之意，疑此非小故也。後讀熙寧奏對日録，乃得其説如此。甚矣，神宗之有志，而公之得君也！然其後募兵之費竟不能損，而保甲之擾遍天下，則所謂定計數於前，必事功於後者，果何如哉！因抄日録、家傳本語以附於後，覽者有考焉。紹熙壬子春二月十九日，新安朱熹。

編年　據文中所署。

跋方季申所校韓文 紹熙三年四月

余自少喜讀韓文，常病世無善本，每欲精校一通，以廣流布，而未暇也。今觀方季申此本，讎正精密，辨訂詳博，其用力勤矣。但舉正之篇所立四例，頗有自相矛盾者，又不盡著諸本同異，爲未盡善。蓋此等書，前人爲之已有成例，若大書本文於上，而用顔監漢書法悉注衆本之同異於其下，因考其是非，以見定從今本之意，則讀者有以曉然知衆本之得失，而益信吾書之取舍不誣矣。萬一考訂或有未盡，取舍不無小差，亦得尚存他本別字，不遂泯没，以待後之君子，尤久遠之慮也。又季申所謂謝本，則紹興甲戌、乙亥之間，予官温陵，謝公弟如晦之子景英爲舶司屬官，嘗於其几間見之。蓋用天台印本剪裂粘綴，依陳後山本别爲次序，而卷首款以「建炎奉使」之印。因讀其送陳秀才序一篇「則何不信之有」句内，輒用丹筆圍去「不」字，初甚駭之，再加尋繹，乃知必去此字，然後一篇首尾始復貫通。蓋傳襲之誤久矣，讀者雖亦微覺其硋，而未暇深究也。常竊識之，以驗他本，皆不其然。此本雖精，亦復不見，豈季申讀時便文縱口，尚不免小有遺脱，將所見者非其真本，先傳校者已失此字也耶？紹熙壬子孟夏，病中偶記其後。

編年 據文中所署。

跋趙中丞行實 紹熙三年九月八日

元祐中丞趙公之元孫舉示予此書一篇〔一〕。趙公之孝謹醇篤，雖古人猶難之。三復其書，令人起敬，不勝霜露風木之悲也。嘗竊妄謂趙氏家法甚似漢萬石君，而其講學制事、移孝爲忠之美，則石氏不及遠矣。因輒私記其語於其後。尚恨所謂奏議二十九篇未得盡見，而行實之記無始終履歷、歲月次第，故於其他有不得而論也。紹熙壬子秋九月八日，新安朱熹題。

校記 〔一〕舉：宋浙本作「擧」。

編年 據文中所署。

跋徐來叔歸師堂詩〔一〕

紹熙三年十月二十二日

同安徐君來叔取孟子語曹交之言，名其堂曰「歸師」。某官戴君尹成既記之矣〔二〕，來叔復以示予曰：「願得一言以發明之。」予謂孟子之言，正爲不知反求諸身而專務求師於外者設耳。夫道雖若大路，然非上智生知之質，亦豈能不藉師友而獨得之哉？要當有以發其端倪，然後有餘師者可得而求耳。來叔其以予言思之，庶乎其不虛爲此名也。紹熙壬子十月會慶節日，新安朱熹書。

校記 〔一〕此題大同集作「歸師堂記後跋」。

〔二〕某官：右引作「其友」。

編年 據文中所署。

跋尹和静帖紹熙三年十月二十五日

河南尹君來自臨川，出示其大父和静先生遺像及手書歐陽文忠公所作三志，仰瞻伏讀，不勝敬嘆。既模其像以藏於家，尹君又俾記於誌文之後。熹惟尹氏世德之盛，既得歐陽公之文以發揮之，而和静手書唯謹，是亦足以傳世矣。孤愚晚學，何敢僭易輒贊一辭？顧其請不已，乃別書幅紙，以附卷尾云。紹熙壬子十月二十五日，新安朱熹記。

編年 據文中所署。

跋唐人暮雨牧牛圖紹熙三年十一月

予老於農圃，日親犂耙，故雖不識畫，而知此畫之爲真牛也。彼其前者却顧而徐行，後者驤首而騰赴，目光炯然，真若相語以雨而相速以歸者，覽者未必知也。良工獨苦，渠不信然！延平余無競出示此卷，卷中有劉忠定、鄒忠公題字，覽之并足使人起敬。而龍山老人又先君所選士而余所嘗趨走焉者也，俯仰存没，爲之慨然，因識其後而歸之。紹熙壬子中冬壬辰，新安朱熹。

編年 據文中所署。

跋楊深父家藏東坡帖紹熙三年十一月

楊深父頃嘗示予以東坡公與其先世往來手書二紙，予已識其後矣。今又得盡覽其餘，益知二公相與之歡，始終不替，而又足以見人心公論所在之不可以刑禍屈也。因復識之，以申前説，使世之簡賢附勢者知所愧云。紹熙壬子中冬壬辰，新安朱熹書。

編年 據文中所署。

跋蔡神與絶筆 紹熙三年十二月

友生蔡君季通一日奉書一卷以示熹，而泣拜且言曰：「此先人絶筆之書也。先人自幼警悟，七歲即能爲詩。既長，博學强記，高簡廓落，不能與世俗相俯仰，因去游四方，聞見益廣。遂於易象、天文、地理三式之説無所不通，而皆能訂其得失。中年乃歸，買田築室於武夷之陽。其間屢遭盗賊水火之變，而浩然不以屑意，杜門掃軌，專以讀書教子爲事。元定生十年，即教使讀西銘。稍長，則又示以程氏語録、邵氏經世、張氏正蒙等書，而語之曰：『此孔孟之正脉也，爾其勉旃！』晚歲屬疾，手書此紙以付元定。其他丁寧之語，亦無不出於忠厚誠實，而尤以没溺於利欲爲殺身之戒。元定涕泣拜受，於今四十年，既不能拳拳服膺以無失墜，而又不能有以表著而顯揚之，誠竊懼其泯没而無傳焉。惟吾子幸哀而予之一言，則不朽之惠豈惟子孫賴之！」語訖，又泣以拜。熹亦拜受其書而伏讀之，爲之喟然太息曰：死生之際，人之所不容僞，而誠之積者未有不顯於後者也。蔡公平生所以教其子者，不干利禄而開之以聖賢之學，則其志識之高遠固已非世人所及矣。及其委衾屬纊之餘，而其所託猶不異於平日。且其字畫壯偉，意氣閒暇，又能無怛於始終之變如此，是豈可以勉强而僞爲哉。夫如是，是以生雖不遇，而季通乃能承厥志於今日，學行之餘，尤邃律曆，討論定著，遂成一家之言，使千古之誤曠然一新。而遡其源流，皆有明法，是亦足以顯其親於無窮，尚奚以予言爲哉。顧其請之勤，有不可虚者，是以備論而竊識於其後。蔡氏之先仕唐末，爲建陽令，始家於麻沙。世十傳而至公，諱發，字神與。娶同縣詹氏而生季通，以紹興壬申歲六月卒，卒時年六十有四云。紹熙壬子歲冬十有二月戊申大寒日，新安朱熹謹書。

編年　據文中所署。

評論　周大璋朱子古文讀本卷五跋蔡神與絶筆：從絶筆見其教子之正，又見其志識之誠，非此父不能有季通也。先型可作，吾其北面乎。

跋劉叔通詩卷 紹熙三年壬子冬

叔通之詩不爲雕刻纂組之工，而其平易從容，不費力處，乃有餘味。頃予所見佳句多矣，而或不見於此卷，豈予所謂大好者，乃叔通所謂大不得意者耶？寒夜擁鑪，風雪大摯，吟諷之餘，戲書其後。雲谷晦庵老人。

編年　題下原署「壬子冬」。

跋呂伯恭書説 紹熙三年十二月三十一日

予往年送伯恭父於鵝湖，知其有此書而未及見也。因問其間得無亦有闕文疑義者乎，而伯恭父曰無有，予心固竊怪之。後數年，再會於衢州，伯恭父始謂予曰：「書之文誠有不可解者，甚悔前日之不能闕所疑也。」予乃嘆伯恭父之學已精，而其進猶未已，然其後竟未及有所刊訂而遽不起疾，則其微詞奥義無所更索，而此書不可廢矣。今伯恭父之内弟曾侯致虚鋟木南康，而屬予記其後。予惟伯恭父所以告予者，雖其徒或未必知，因具論其本末如此，使讀者知求伯恭父晚所欲闕者而闕之，則庶幾乎得其所以書矣。紹熙壬子歲除日，新安朱熹書。

編年　據文中所署。

跋魏侍郎集 紹熙四年七月一日

建炎、紹興之間，强虜憑陵，兩宫隔絶，天子不勝晨夕温凊之念，思得忠智敏辯之士往來兵間，以通和好。而見大夫媮惰畏縮，無肯行者。獨故侍郎建安魏公與熹之族祖秘閣公以諸生自薦，慷慨請行。擁蓋張旜，略相先後，卒冒白刃，致命虜廷。侍郎公尋以不受僞官，握節以死，而族祖亦以必死自誓，偶得全璧而歸。雖其所值有生死之不同，然其捐軀徇國之本志素定於胸中者，則未始不同也。魏公之孫瑛見示此編，俾書其後。熹惟二公忠義大節固已載在史册，傳之萬世，特兩家絕域風霜之舊，不可使後之人無聞焉，謹齋祓而竊識之。紹熙癸丑七月初吉，具位朱熹謹書。

編年 據文中所署。

評論 周大璋朱子古文讀本卷五跋魏侍郎集：英風壯節，凜凜如生。

書橫渠康節帖後 紹熙四年八月

右橫渠先生帖，康節先生詩，楊文靖、陳忠肅二公跋語，故皆藏楊氏，而屏山劉氏得之。熹因借本摹刻，以傳學者。其曰餘杭東齋者，楊氏記也。紹熙癸丑八月丙午，朱熹。

編年 據文中所署。

書先吏部手澤後〔一〕 紹熙四年十二月七日

內弟祝康國出示先君子與外大父書，熹之不肖於是始生，故書中及之。今六十有四年矣，捧玩手澤，涕血交零，敬書其後而歸之。紹熙癸丑十二月七日，孤朝散郎、秘閣修撰、主管南京鴻慶宮熹謹書。

校記 〔一〕此篇又見續集卷八韋齋與祝公書跋。

編年 據文中所署。

跋余巖起集 紹熙四年十二月

熹少時猶頗及見前輩而聞其餘論，睹其立心處己，則以剛介質直爲賢；當官立事，則以强毅果斷爲得。至其爲文，則又務爲明白磊落，指切事情，而無含胡纇卷、睢盱側媚之態，使讀之者不過一再，即曉然知其爲論某事、出某策，而彼此無疑也。近年以來，風俗一變，上自朝廷搢紳，下及閭巷韋布，相與傳習，一種議論，制行立言，專以醖藉襲藏、圓熟軟美爲尚，使與之居者窮年而莫測其中之所懷，聽其言者終日而不知其意之所鄉。回視四五十年之前，風聲氣俗，蓋不啻寒暑晝夜之相反。是孰使之然哉？觀於龍山余公之文者，亦可以慨然而有感矣。余公諱良弼，字巖起，自爲諸生，即以文鳴於場屋，以鄉舉類試外臺。熹之先君子與故直秘閣吳公公路得其文而異之，以爲真有可用之實，取而置之前列。旋入幕府，即以畫策平賊有功，出入中外，遂分帥閫，皆有聲烈。平生爲文甚多，亡逸之餘，所存止此。然皆摭實應用之作〔一〕，不爲空言。没後二十八年，其季子大用尉建陽，出以相視。熹以先世之契，又嘗獲以少吏事公於温陵，辱獎進而收教焉，衰莫零落，乃復得斯文而讀之，其所感於今昔之變，又當如何也哉！孔子曰：「吾猶及史之闕文也。有馬者，借人乘之，今亡已夫！」熹於余公之文亦云，因太息而書其後。大用廉介不苟，遇事敢前，蓋有公之風烈云。紹熙癸丑十二月庚申，朝散郎、秘閣修撰、主管南京鴻慶宫朱熹書。

校記　〔一〕摭：原作「無」，據宋閩、浙本改。

編年　據文中所署。

書僞詔後 紹熙五年正月一日

熹聞之長老，建炎南渡之初，車駕已幸錢塘，而留張忠獻公於平江，以爲後鎮。時故兵部侍郎湯公實爲守將，一日，聞有赦令當至，心獨疑之，亟走以白張公。公曰：「姑遣吏屬知書解事者馳往發視，有故，則緩驛騎之行，而先取以歸，則事可議矣。」湯公然之，則遣州學教授某官往視而歸，乃明受僞詔也。則又以告曰：「是則其可宣乎？」張公曰：「不然，事已至此，胡可匿？且卒徒觖於望賜，吾屬先受禍矣，又何忠之能輸哉。」湯公曰：「然則宜奈何？」張公曰：「今便發庫錢以示行賞之意，乃屏僞赦而陰取故府所藏登極赦書置輿中，迎登譙門，讀而張之，即揭其階，禁無敢輒登者，而散給金帛如常時郊賚故事，則可矣。」湯公行之，於是人情略定，乃決大計。熹常恨世徒知張公復辟之功爲大，而於湯公相與謀議曲折所助之深，則少有能言之者。今讀其家傳，又得其焚僞詔事，而以前所聞者參之，亦足以見公之處此素定，不可誣矣。茲事尤偉，而行狀、墓誌及其他記録皆略不書，何哉？柳宗元言司馬遷記荆軻征夏無且，記留侯征畫工。今太史氏方將纂輯高宗中興盛烈以垂萬世，得無亦有取於斯乎？紹熙甲寅正月癸亥朔旦，朝散郎、秘閣修撰、主管南京鴻慶宮朱熹謹書。

評論 周大璋朱子古文讀本卷五書僞詔後：爲湯公表微。前半描寫詳悉，恍如目見其形，耳聞其聲。後幅一唱三嘆，餘音往復不盡。

編年 據文中所署。

題趙清獻事實後 紹熙五年正月一日

國家自熙、豐、元祐以來，人才政事分爲兩塗，是此者非彼，鄉左者背右，既不可得而同矣，而於其同之中又有異焉，則若元祐之朔黨、洛黨、川黨，而熙、豐之曾文肅、趙清獻、張丞相，又與章、蔡自不同也。熹少時從趙公之孫惠州使君游，得觀趙公手記所與蔡京異論本末，蓋嘗三復而嘆公之不幸。今復從惠州之子某得此書而讀之，則又深惟其故而重嘆國家之大不幸也。夫以趙公之自言，下不欲結怨於百姓，則必不肯肆行煩苛爭奪之横政；中不欲得罪於士大夫，則必不肯唱爲禁錮忠賢之邪説；外不欲失信於夷狄，則必不肯妄起開拓燕、薊之狂謀。而考其平生，質厚清約有過人者，則又知其必不肯爲蔡京之淫侈導諛，以蠱上心而納之於有過之地也。是則雖曰同出於熙、豐，而其邪正得失之間，豈可同年而語哉。且春秋明王法而不廢五伯之功，元城劉忠定公傷政、宣之亂，而曰莫若且宗神考，然則後之君子之於此書，豈不猶有取焉。嗚呼，其亦可悲也哉！其亦可悲也哉！紹熙甲寅元日癸亥，鴻慶外史朱熹書。

編年 據文中所署。

跋吕舍人與薛元亮帖 紹熙五年四月十六日

薛公安貧守賤之節，吕公好賢尚德之心，覽此卷者可以得師矣。紹熙甲寅孟夏既望，新安朱熹書。

編年 據文中所署。

跋薛畏翁詩 紹熙五年四月十六日

諸生或問敬當何訓，余告之曰：「是不得而訓也，惟畏庶幾近之。」今觀薛公之自名與所以訓其孫者，知鄙之言不繆也。紹熙甲寅孟夏既望，新安朱熹仲晦父觀於臨川城南之客舍，因書其後云。

編年 據文中所署。

跋曾裘父劉子澄帖 紹熙五年四月十六日

紹熙甲寅初夏，予以赴官長沙，道過臨川，汪君見過，出此卷見示，乃曾裘父、劉子澄筆迹也。既仰青溪先生之高行，又感二君所立，皆凛凛乎其有前輩之遺風，而今皆不可見矣，爲之掩卷太息。汪君得名家之傳，有良友之助，所學必有以過人者。恨以王事馳驅，不及細扣之也。朱熹仲晦父書。

編年　據文中所署。

跋吕舍人青溪類稿　紹熙五年四月十六日

紹興紫微吕公名德之重，一言一動皆有法戒，固非後學可得而贊也。其論汪、謝諸賢高志清節，皆足以傳信後世，孰敢改評？獨饒節者，一旦毀削膚髮，殄絶天倫，而諸公環視，無一人能止而救之者，或乃從臾嗟嘆〔一〕，以是爲不可及，亦獨何哉。因觀此卷，竊有感焉，輒太息而志其後。紹熙甲寅夏四月既望，朱熹仲晦父書。

校記　〔一〕臾：原作「更」，據宋閩、浙本改。

編年　據文中所署。

跋曾裘父贈屈待舉詩　紹熙五年四月

昔李起居成季見其侄大參漢老之文曰：「汝於文，吾不能有所與，但勿求人知耳。」余嘗愛其言，每爲士友誦之。今來江西，見其士友多妙於語言，而往往不能無求人知之意，豈於李公之誨未之講耶？將既曰爲文，則勢必不能無待於外也？屈君以詩見知於艇齋矣，而猶不能不借重於衆口，辱以謂予，因爲書此云。新安朱熹仲晦父。

編年　按文集編序，此與下二篇皆當爲與前後各篇一時先後之作，即作於紹熙五年四月朱熹赴官長沙途中。文云「今來江西」，又所稱「艇齋」即上已見之曾季貍裘父，皆爲其證。

跋曾仲恭文 紹熙五年四月

前輩文字規模宏闊，論議雄偉，不爲脂韋嫵媚之態，其風氣習俗蓋如此。故宣和之後，建、紹繼起，危亂雖極，而士氣不衰，觀曾公之文亦可以見其仿佛矣。近歲以來，能言之士例以容冶調笑爲工，無復丈夫之氣，識者蓋深憂之，而不能有以正也。因讀此編，輒私記於其後云。

編年　見上篇所考。

跋鄭宣撫帖 紹熙五年四月

賢士大夫不容於邪枉，以放於竄逐流離之禍，雖其平生至親篤友，亦或背而去之，甚者安視其狼狽困辱而莫之恤也。當此之時，乃有常日未嘗一通聲問之人，獨能奮然不顧一時權臣之威虐，崎嶇反側，以致其擁護扶持之力而不少懈，彼豈故爲詭激之行以驚世取名哉，特以秉彝好德之良心、憤世疾邪之壯志，獨有得於天分之多，而又能不爲私情邪念之所回奪，是以於此自有不能已耳。嘗記頃年侍坐於端殿尚書汪公，見其於當世之士有能此者，每極稱嘆，以爲難能，初蓋未能不以爲疑。逮此晚歲，更事既多，然後知其言之有味，而識其有補於世教之深也。偶觀南豐魯衡父所藏宣撫鄭公與其先君教授公手帖，竊獨重有感焉，因書其後而歸之，以爲世之君子宜有讀之而泚其顙者云。

編年 見上二篇所考。

評論 周大璋朱子古文讀本卷五跋鄭宣撫帖：有慨乎其言之，此等文俱有關世教。

跋曾南豐帖 紹熙五年四月二十二日

熹未冠而讀南豐先生之文，愛其詞嚴而理正，居常誦習，以爲人之爲言必當如此，乃爲非苟作者。而於王子發舍人所謂自比劉向，不知視韓愈如何者，竊有感焉。今乃得於先生之族孫瀧，見其親筆，不勝嘆息。文昭公字頃嘗於長樂僧舍見之，至於湘潭文肅之書，則亦今始得觀也。紹熙甲寅夏四月二十二日，新安朱熹書於宜春昌山渡之客舍。

編年 據文中所署。

題呂舍人帖 紹熙五年四月二十四日

人之大倫有五，而朋友居其一。然世人鮮克知之，獨呂公於此爲拳拳焉。觀於此帖，可以見矣。至於其間多以詩文爲教，則公晚歲蓋深悔之，覽者又不可以不知也。紹熙甲寅四月二十四日，新安朱熹書。

編年　據文中所署。

書壽皇批答魏丞相奉使劄子紹熙五年七月

臣熹以隆興初元召對垂拱，妄論講和非策，適契上指。其後乃聞諸公卒定盟約〔一〕，竊意一時君臣之計必有甚不得已者。今得仰窺壽皇聖帝詔報丞相壽春公出疆請事，於是信其不誣。而壽春公志節之偉，謀慮之精，於此亦可見矣。公子熊夢視臣此軸，適當奉諱之後，奉玩摧裂，涕血交頤。敢拜手稽首，而書其下方。

校記　〔一〕卒：原作「率」，據宋閩、浙本改。

編年　文云「適當奉諱之後」，宋孝宗卒於紹熙五年六月二十八日，知此篇作在七月。

跋辨志録紹熙五年七月

伯恭父作此書，余所見凡數本，此又章貢李和卿所序次者〔一〕。其前後次第雖或不同，然其所以使人警懼懲毖，而謹於細微，以就全德之意，則未嘗不同也。安成彭君又受而傳布之，唯恐不廣，此意亦可嘉已。紹熙甲寅七月中伏日，新安朱熹書於長沙郡齋。

校記　〔一〕序次：原倒，據宋閩、浙本乙。

編年　據文中所署。

跋趙清獻公家問及文富帖跋語後 紹熙五年七月二十七日

趙清獻公晚知濂溪先生甚深，而先生所以告公者亦甚悉，見於章貢送行之篇者可考也。而公於佛學蓋没身焉，何邪？因覽此卷，爲之嘆息云。紹熙甲寅七月二十七日，新安朱熹謹記。

「元師在魏，一方信嚮」，蓋所謂「魏府老華嚴」，乃一僧耳。讀「師」爲「帥」而遂以爲魏公，誤矣。此題李石跋語後。

富公帖中語乃遠方懸料未定之詞，碑文所記，其必有考矣。東坡豈右介父而誣公者耶？此題何萬跋語後。

編年 據文中所署。

跋三家禮範 紹熙五年八月一日

嗚呼，禮廢久矣！士大夫幼而未嘗習於身，是以長而無以行於家。長而無以行於家，是以進而無以議於朝廷，施於郡縣；退而無以教於閭里，傳之子孫，而莫或知其職之不修也。長沙郡博士邵君囦得吾亡友敬夫所次三家禮範之書，而刻之學宫，蓋欲吾黨之士相與深考而力行之，以厚彝倫而新陋俗，其意美矣。然程、張之言猶頗未具，獨司馬氏爲成書。而讀者見其節文度數之詳有若未易究者，往往未及習行而已有望風退怯之意〔一〕。又或見其堂室之廣、給使之多、儀物之盛，而竊自病其力之不足，是以其書雖布，而傳者徒爲篋笥之藏，未有能舉而行之者也。殊不知禮書之文雖多，而身親試之，或不過於頃刻；其物雖博，而亦有所謂不若禮不足而敬有餘者。今乃以安於驕佚而逆憚其難，以小不備之故而反就於大不備，豈不誤哉。故熹嘗欲因司馬氏之書，參考諸家之説，裁訂增損，舉綱張目，以附其後，使覽之者得提其要，以及其詳，而不憚其難行之者。雖貧且賤，亦得以具其大節、略其繁文而不失其本意也。顧以病衰，不能及已。今感邵君之意，輒復書以識焉。嗚呼，後之君子，其尚有以成吾之志也夫！紹熙甲寅八月己丑朔，新安朱熹書。

校記 〔一〕及：原作「見」，據宋閩、浙本改。

編年 據文中所署。

書邵康節誡子孫真迹後 紹熙五年八月

右薌林向氏所藏康節先生誡子孫之文也。熹嘗從故友劉子澄得其摹本，刻石廬山白鹿精舍。今乃獲睹其真，格言心畫，模範一世。伯虎得而葆之，所以佑啓厥後者爲亡窮矣。借觀累月，玩不釋手，已復竊識其後而歸之。紹熙甲寅八月□□日，新安朱熹書於豐城傳舍。

編年 據文中所署。

跋謝艮齋與黄生詩紹熙五年八月

黄生事人有始終之義，不以生死二其心，蓋有士大夫所難者。其節固可嘉，而詹公之取人至能使之如此，謝公與一時諸名勝又從而表章之，皆盛德事也。紹熙甲寅秋社戊申，晦翁覽而嘆之，爲題其後云。

編年　據文中所署。

跋啇侯行實紹熙五年八月十七日

濠倅啇侯之事，尚書謝公傳之已詳，而其孫鈞又欲予記其後。予以爲天下之事，有其實足矣，以爲徒實而不文，或不得以傳於後也，故文以述之。至文以述之，而又出於一代醇儒碩德之手，則其傳亦既遠而足恃矣。而又使他人飾虚詞以贊之，雖累千百言，亦何所加於其實哉。既謝不爲，而鈞之請不置，且以謝公之命命之。予不獲避也，乃記其語於臨江道旁之客舍云。紹熙甲寅八月十七日，新安朱熹書。

編年　據文中所署。

跋曾裘父艇齋師友尺牘紹熙五年八月二十七日

此編皆諸前輩所與艇齋曾公往來書疏也。其子濰録以成書，乃亦置予言於其間，非其倫矣。

紹熙甲寅，經由臨川，得而觀之，深以愧嘆。嗚呼，艇齋既不幸即世，而卷中人亦往往逝去，獨陸務觀與予在耳，此又重可悲也！八月二十七日，熹記。

編年　據文中所署。

書程子禘説後 紹熙五年閏十月七日

王者禘其祖之所自出，以其祖配之，而立四廟，庶子王亦如之〔一〕。

禘其祖之所自出，始受姓者也。其祖配之，以始祖配也。文、武必以稷配，後世必以文王配。所出之祖無廟，於太祖之廟禘之而已。萬物本乎天，人本乎祖，故以所出之祖配天也。周之后稷生於姜嫄，姜嫄已上更推不去也。文、武之功起於后稷，故配天者須以后稷。嚴父莫大於配天，宗祀文王於明堂，以配上帝，帝即天也。聚天之神而言之，則謂之上帝。此武王祀文王，推父以配上帝，須以父也。曰「昔者周公郊祀后稷以配天，宗祀文王於明堂以配上帝」，不曰武王者，以周之禮樂出於周公制作，故以其作禮樂者言之。猶言「魯之郊禘非禮，周公其衰」，是周公之法壞也。若是成王祭上帝，則須配以武王。配天之祖則不易，雖百世惟以后稷。配上帝則必以父，若宣王祭上帝，則亦以厲王。雖聖如堯、舜，不可以爲父；雖惡如幽、厲，不害其爲所生也。故祭法言有虞氏宗堯，非也，如此則須舜是堯之子。苟非其子，雖授舜以天下之重〔二〕，不可謂之父也。如此則是堯養舜以爲養男也，禪讓之事蔑然矣。以始祖配天，須在冬至，一陽始生，萬物之始。祭用圜丘，器用陶匏藁秸，服用大裘。而祭宗祀九月，萬物之成。父者，我之所自生；帝者，生物之祖，故推以爲配，而祭於明堂也。本朝以太祖配於圜丘，以禰配於明堂，自介甫此議方正。先此祭五帝，又祭昊天上帝，并配者六位。自介甫議，惟祭昊天上帝，以禰配之。太祖而上，有僖、順、翼、宣，先嘗以僖祧之矣，介甫議以爲不當祧，順以下祧可也。何者？本朝推僖祖爲始，已上不可得而推也。或難以僖祖無功業，亦當祧。以是言之，則英雄以得天下自己力爲之，并不得與祖德。或謂靈芝無根，醴泉無源，物豈有無本而生者？今日天下基本蓋出於此人，安得爲無功業？故朝廷復立僖祖廟爲得禮。介甫所見，終是高於世俗之儒。

熹未見此論時，諸生亦有發難，以爲僖祖無功德者。熹答之曰：「誰教他會生得好孫子。」人皆以爲戲談，而或笑之。今得楊子直所録伊川先生説，所謂「今天下基本皆出於此人，安得爲無功業」，乃與熹言默契。至哉言乎！天下百年不决之是非，於此乎定矣。紹熙甲寅閏十月七日，臨安寓舍謹書。

校記　〔一〕王：原作「生」，據禮記喪服小記改。

〔二〕授：宋浙本作「禪」。

編年　據文中所署。

跋魯直書踐祚篇 紹熙五年閏十月十日

紹熙甲寅閏十月十日，餞范文叔於張功父南湖之上。功父出此爲贈，云舊得其真迹藏之，近以主上踐祚，已訓釋并上御府矣。因省數日前入侍講筵，上語嘗及此也。熹謹記。

編年 據文中所署。

跋趙清獻公遺帖 紹熙五年十一月八日

趙清獻公清忠之節、孝友之行冠映古今，非贊嘆之所可及。今年自長沙趨朝，屢得見其遺墨，皆家問也。此卷藏其族孫遵家，尤見慈祥雍睦之意。獨恨三亭蕪没，不得追尋晚步遺迹，不勝高山仰止之嘆。遵温謹好學，能業其家，其必有以復之。紹熙甲寅中冬八日，新安朱熹題於祥符方丈云。

編年 據文中所署。

跋司馬忠潔公帖 紹熙五年十一月十二日

熹舊見張敬夫議司馬忠潔公謚狀，每恨不得其事之本末。今過玉山，而公之孫爲縣尹，始獲此帖而觀之。敬夫之議，可謂信而有徵矣。紹熙甲寅中冬十有二日，新安朱熹識。

編年　據文中所署。

跋司馬文正公通鑑綱要真迹 紹熙五年十一月

右司馬文正公手書楚漢間事一卷，疑是通鑑目録草稿。然又加以總目，則今本所無。且別有「綱要」之名，不知又是何書也。嗚呼，公之願忠君父、陳古納誨之心，可謂切矣。竊觀遺迹，三復敬嘆，敢識其後云。

編年　據文集編序，此與下篇皆當作於紹熙五年十一月。

跋王樞密答司馬忠潔公帖〔一〕 紹熙五年十一月

司馬忠潔公仗節虜廷，誓死不屈，此其報王樞密手書，而王公繳進之章也。熹竊聞之，族祖秘閣公在建炎初實介王公首使不測之虜，其後虜人先遣王公歸，後往來議講和事，而族祖獨留雲中十餘年。高宗皇帝嘉其守節，嘗因間使賜以器物甚厚。此帖所謝，豈亦上賜而使不以君命將之歟？不然，王公不應持以進也。族祖後與洪、張二公五人者皆得生還，而王、馬二公相繼死北方，皆全其節，吁，亦盛矣！然觀此帖，又足以見一時國步艱難、主憂臣辱之意，荒凉慘澹，如在目中，使人太息流涕不能已已。因詳記其本末云。

校記　〔一〕記疑云「王樞密」與「司馬忠潔公」疑倒。

編年　見上篇所考。

跋司馬文正公薦賢帖 紹熙五年十一月

熹伏讀此書，竊惟文正公薦賢之公，心畫之正，皆其盛德之支流餘裔，固不待贊説，而人知其可師矣。若乃一時諸賢所以受知於公而獲名薦書者，則恐覽者未能深觀而内省，發憤而思齊也。如龐元英之居喪以禮，蓋一事而屢書焉，則公之意可見。而此書之存，其於世教豈小補哉。惜其元豐以後，不及登載，而彼爲黨籍者，亦足以補此書之闕而集其大成矣。熹於是又有感焉，因竊記於其後，以爲後之君子必有同此嘆者。紹熙甲寅中冬庚子，朱熹謹記。

編年　據文中所署。

再跋王荆公進鄴侯遺事奏稿 紹熙五年十二月

熹家所藏荆公進鄴侯家傳奏草臨川石刻摹本，丞相益公論之詳矣。然所議上番義勇，當時竟不聞有所施行，而保甲、保馬之法，人多不以爲便。蓋鄴侯所謂得時用勢，舍勢用力，利害相遠固如此也。抑公此紙詞氣激烈，筆勢低昂，高視一時，下陋千古，而版本文集所載乃更爲卑順容悦之意，是必自疑其亢厲已甚而抑損之，其慮深矣。然論其實，似不若此紙之云，發於邂逅感觸之初，尤足以見其胸懷本趣之爲快也。夫以荆公之得神祖，可謂千載之一時矣，顧乃低徊若此，而猶未免有鬱鬱未盡之懷，君臣之際，功名之會，嗚呼難哉！紹熙甲寅臘月辛巳，夜讀有感，因書以識其後。

編年　據文中所署。

書釋奠申明指揮後 慶元元年正月五日

歐陽公言：「古禮今皆廢失，州縣幸有社稷、釋奠、風、雨、雷師之祭，民猶得以識先王之禮。而吏多不習，至其臨事，舉多不中，而色不莊，使民無所瞻仰，見者怠焉。」熹始讀之，每疑其言之過。及仕州縣，身親見之，而後知公之不妄也。淳熙己亥初守南康，嘗一言之朝廷，爲取政和新儀鏤版頒下。而其本書自多抵牾，復以告焉，則莫之省矣。紹熙庚戌，復自臨漳列上釋奠數事，且移書禮官督趣，乃得頗爲討究，則淳熙所鏤之版已不復存。百計索之，然後得諸老吏之家。又以議論不一，越再歲，乃能定議條奏，得請施行。而主其事者適徙他官，因格不下。及又再歲，而熹守長沙，則前博士詹體仁還爲少卿，始復取往年所被敕命，下之本郡。然吏文重複繁冗，幾不可讀。且曰屬有大典禮，未遑遍下諸州也。既而熹亦召還奏事，行有日矣，又適病目，不能省文書。顧念玆事得請之難，而今所下書乃如此，又度其必不能繼下諸州，若不亟疏理而明布宣之，是爲已得請於上，而復重見格於下也。且自我請之，自我尼之，不可。於是力疾躬爲鈎校，删剔猥釀，定爲數條，以附州案，俾移學官，符屬縣，且關帥司，并下巡内諸州。僅畢而行，則聞詹卿補外，而奉常果不復下其書他州矣。熹到闕，亦不能兩月而歸。明年，長沙郡文學邵囦乃以書來曰：「以公之拳拳於此也，謹已鋟木而廣其傳矣。」熹嘉其志，因爲叙其本末，以視後之君子，使知夫禮之易廢、事之難成類如此，不止釋奠一端而已也。慶元元年歲在乙卯正月五日，朝請郎朱熹謹書。

編年 據文中所署。

評論 周大璋朱子古文讀本卷五書釋奠申明指揮後：古禮易廢而難復，只一釋奠而上下沮格，時勢齟齬如此，他可知矣。感喟情深，筆底無限纏綿。

跋李侍郎武夷詩 慶元元年正月

觀妙東楹李公侍郎遺墨，語意清婉，字畫端勁，每至其下，輒諷玩不能去。然歲久剥裂，又適當施供張處，後十數年，當不復可讀矣。別爲摹刻授道士，使陷置壁間，庶幾來者得以想見前輩風度。李公諱彌遜，時以力詆和議，出守臨漳云。慶元乙卯正月甲寅，朱熹書。

編年 據文中所署。

跋東坡剛説 慶元元年二月

蘇文忠公爲孫君介夫作剛説，其所以發明孫君之爲人者至矣。然剛之所以近仁，爲其不詘於欲而能有以全其本心之德，不待見於活人然後可知也。寧都主簿鄭載德得遺迹於君家，將摹刻而置之學宮，間以視予，因爲識其左方以告觀者，使勉夫剛而益求所以爲仁之方云。慶元乙卯二月癸未，新安朱熹書。

編年　據文中所署。

跋李勉仲詩卷 慶元元年三月三十日

建陽李君從禮，一字勉仲，予兒時嘗與同學舍。然是時從禮既冠，已有俊聲矣。後十餘年，乃與予俱試禮部，從禮不偶而歸，遂放意詩酒間，得疾不起。始，從禮未死時，予居屏山，歲不過一再至建陽，與從禮游不能款。但見其襟懷坦然，意象軒豁，論説縱横，雜以詼笑〔一〕，傲倪一世，若都無意於事者。及間見得其詩句，乃極清新穩密，時出巧思，偉麗可喜，然亦不多見也。晚歲來居考亭，往茶坂，得江文卿而與之游。文卿，從禮子婿也，能誦從禮佳句尤多，皆前所未聞者。且言嘗次其遺稿，得若干篇，後爲親友傳玩而失之。獨留此卷，乃與其先君子唱酬往來者，屬予書其事。因爲略識梗概如此。卷中字孝伯者，即文卿先君子，老而嗜學，喜爲詩，寓詞託諷，多憂國閔時語。愛從禮之才，與爲忘年友云。慶元乙卯三月晦日，新安朱熹書。

校記　〔一〕詼：宋浙本作「談」。

編年　據文中所署。

跋郭長陽醫書 慶元元年五月

紹熙甲寅夏，予赴長沙，道過新喻，謁見故煥章學士謝公昌國於其家。公爲留飲，語及長陽冲晦郭公先生言行甚悉。因出醫書、曆書數帙曰：「此先生所著也。」予於二家之學皆所未習，不能有以測其説之淺深，則請以歸，將以暇日熟讀而精求之。而公私倥偬，水陸奔馳，終歲不得休，復未暇也。明年夏，大病幾死，適會故人子王漢伯紀自金華來訪，而親友方士繇伯謨亦自籍溪來，同視予疾，數日間，乃若粗有生意。間及謝公所授長陽醫書，二君亟請觀焉，乃出以視之，則皆驚喜曰：「此奇書也。蓋其説雖若一出古經而無所益損，然古經之深遠浩博難尋，而此書之分別部居易見也。安得廣其流布，使世之學爲方者家藏而人誦之，以知古昔聖賢醫道之源委，而不病其難耶。」予念蔡忠惠公之守長樂，疾巫覡主病、蠱毒殺人之奸，既禁絶之，而又擇民之聰明者教以醫藥，使治疾病，此仁人之心也。今閩帥詹卿元善實補蔡公之處，而政以慈惠爲先，試以語之，儻有意耶，亟以扣之，而元善報曰敬諾，乃屬二君讎正刊補，而書其本末如此以寄之。抑予嘗謂古人之於脉，其察之固非一道，然今世通行，唯寸關尺之法爲最要。且其説具於難經之首篇，則亦非下俚俗説也。故郭公此書備載其語，而并取丁德用密排三指之法以釋之。夫難經則至矣，至於德用之法，則予竊意診者之指有肥瘠，病者之臂有長短，以是相求，或未得爲定論也。蓋嘗細考經之所以分寸尺者，皆自關而前却，以距乎魚際尺澤，是則所謂關者，必有一定之處，亦若魚際尺澤之可以外見而先識也。然今諸書皆無的然之論，唯千金以爲寸口之處，其骨自高，而關尺皆由是而却取焉，則其言之先後、位之進退若與經文不合。獨俗間所傳脉訣五七言韻語者，詞最鄙淺，非叔和本書明甚，乃能直指高骨爲關，而分其前後以爲寸尺陰陽之位，似得難經本指。然世之高醫以其贗也，遂委棄而羞言之。予非精於道者，不能有以正也，姑附見其說於此，以俟明者而折中焉。慶元元年乙卯歲五月丙午，鴻慶外史新安朱熹書。

編年　據文中所署。

題嗣子詩卷 慶元元年六月十六日

大兒自幼開爽，不類常兒，予常恐其墮於浮靡之習，不敢教以詩文。既没後，許進之乃出其所與唱和詩卷示予。予初不知其能道此語也，爲之揮涕不能已，不忍復觀也。爲書其後而歸之，以識予哀云。慶元乙卯六月既望，晦翁書。

編年　據文中所署。

跋邵康節檢束二大字 慶元元年七月十六日

康節先生自言大筆快意，而其書迹謹嚴如此，豈所謂從心所欲而自不逾矩者耶？慶元乙卯七月既望，後學朱熹觀趙履常所藏「檢束」大字敬書。

編年　據文中所署。

跋蒼玉詩卷 慶元元年七月二十六日

余頃歲數往來江西，飽聞閤皁之勝，每以不能一往游焉爲恨。今觀蒼玉詩卷，則亦不待身到腳歷，而小院迴廊、風篁雪竹已了了在眼中矣。軒中主人讀書彈琴，終日游居寢卧其間，而不知歲月之逝，其樂詎可量耶。况今桂山先生已往，遺墨益可貴重，陳君其葆藏之！慶元乙卯七月二十八日，鴻慶外史朱熹書。

編年 據文中所署。

跋武侯像贊 慶元元年八月

乾道丁亥歲，予游長沙，見張敬夫書室有武侯畫像甚古，云是劉丈子駒家藏唐閻立本筆，因謂敬夫盍爲之贊。敬夫欣然口占立就，語簡意到，聞者嘆服，以爲非深知武侯心事者不能道也。王兄齊賢因摹本而屬敬夫手題其上。後二十九年，齊賢諸子出以視予，俯仰疇昔，如昨日事，而三君子皆不可見矣。爲之太息，記其下方。慶元乙卯秋八月丁丑，新安朱熹仲晦父。

編年 據文中所署。

跋魏元履墓表 慶元元年九月

元履之葬，熹實銘之，而刻石納壙中矣。其曰事有繫安危治亂之機者，則曾覼召還之命也。

時覿勢方盛，熹竊過憂，恐貽異時丘隴之禍，故不欲察察言之。而敬夫復表其墓，亦放此意。故常私念，使吾亡友盡言之忠不白於後世，其咎乃繇於我，每竊愧焉。其後淳熙改元之三年，孝宗皇帝因納鄭鑑之言，而思元履前所進説，顧語執政龔公茂良等，嘆其直諒，將復召而用之，則聞其死矣。嗟悼久之，即下詔曰：「朝廷不可無直諒之士，掞之雖死，其以宣教郎、直秘閣告其第。」蓋是時上雖以舊恩遇覿厚，然實未嘗及以政事。元履、自明，皆深詆覿者，上皆不怒而亟寵褒之，無所間於存没。遠近傳聞，感嘆興起。顧以敬夫尋亦下世，遂不及損益舊文以傳兹事，而亦至今未及刻也。元履從弟誠之比得敬夫手書定本，以視其兄之友延平使君黄仲本。仲本慨然，即爲買石而刻焉，且屬熹復記贈官事，以明孝宗納諫思賢、抑制近習之微意，深可爲後聖法。熹亦幸因得追補志銘之闕，庶有以慰元履於地下，而自贖其顧望回隱之咎云。慶元元年九月庚寅，新安朱熹識。

編年　據文中所署。

跋道士陳景元詩 慶元元年九月

碧虚子，道士陳景元也。頗讀書，能詩文，一時名勝多與之游。予嘗見其所注莊子及所書相鶴經，書頗醇古可觀。計於其輩流中，亦當小異。然元祐間，王仲至嘗薦使校中秘道書，范醇夫在瑣闈，極論其不可，且引王韶、章惇開邊時以僧自隨，因有「經略察訪大師」之誚，今日豈可復使館閣有編校大師耶。今觀此卷，見其詩句字畫皆清婉可喜，而荆公筆語尤高勝，偶憶范公語，聊書卷尾，以發觀者之一笑云。慶元乙卯九月癸巳，朱熹仲晦父書。

編年　據文中所署。

跋李參仲行狀

慶元元年十一月

鍾山先生李公參仲之子季札奉其先君子行狀一通，不遠數百里，謁予於建溪之上，拜起垂泣〔二〕，而以銘墓爲請。予之先世家婺源，與公爲同縣人，而客於建也久矣。紹興庚午歲，予年二十餘，始得一歸故鄉，拜其墳墓宗族姻黨，於是乃獲識公，而聽其餘論，心固已知其賢。然是時年少新學，未能有以扣也。中年復歸而再見公，然後從游益親。而公已營鍾山所住，爲將老焉之計矣。兩林之間，渠清沼深，竹樹蒙密，時命予與程弟允夫徜徉其間，講論道義，談説古今，觴詠流行，屢移晷刻。間乃出其平生所爲文詞，使予誦之，則皆高古奇崛而深厚嚴密，如其爲人。予以是心益敬公，而自恨其不能久留，以日相與追逐於東阡北陌之間也。既别而歸，書疏不絶。其後數年，聞公物故，予以憂患疾病之不寧，不能一往哭公。而公之諸子不以爲罪，更以不朽爲託。至受其狀而讀之，則又允夫之文也。三復之餘，公之聲容恍若相接。永念故國，人物眇然，如公之賢，寧可復得？顧雖不敏，其何敢有愛於言乎。乃以病衰，心力凋耗，把筆欲下，而神已不俱來矣，遂無以塞季子之意，而姑記其篇末如此，以見允夫之狀果無愧辭，予雖有作，亦不能有以加也。滕珙所記，足補狀闕。大抵數十年來，鄉人子弟多自好而善於文詞，亦其師友淵源之有自也。慶元元年十一月癸巳冬至，吴郡朱熹書於考亭所居清邃閣。

校記 〔一〕宋浙本「泣」上有「涕」字。

編年 據文中所署。

評論 周大璋朱子古文讀本卷五跋李參仲行狀：不銘其墓而跋其狀，豈李公一無可銘者乎？然追寫故舊之情、觴詠之樂、林泉之勝、文章之高，李公生平已活躍紙上矣。蓋有允夫之狀，又得滕珙補記，銘詞不作可也。

跋吕仁甫諸公帖 慶元元年十一月

靖康之亂，中原塗炭，衣冠人物萃於東南。吕公廣問仁父來主婺源簿，而奉其兄和問節夫以俱。又有維揚羅公靖仲共、竦叔共亦來客焉，於是李氏父子得從之游，而滕户曹愷南夫亦受其學。觀於此卷，可見一時問學源流之盛矣。然惟仁父晚歲宦達〔一〕，其他諸公多没不顯，滕尤以雋才蚤逝，鄉人至今嗟惜之。而李丈參仲獨以老壽終，爲後進所高仰，雖亦不得施其所有於當世，而諸公者乃反賴之以傳。其所著滕君傳簿廳記可考也。末有建人魏元履與參仲之弟元質書，魏時名挺之，後改掞之，以特起爲官，數直諫，不得久居中，既没，而天子思之，詔褒恤焉。元質亦有美才，好學，不幸亦不壽，又可見李氏之多賢也。慶元乙卯仲冬甲辰，朱熹題。

校記 〔一〕宦：原作「官」，據宋閩本改。

編年　據文中所署。

書李參仲家藏二程先生語録後慶元元年十一月

程氏書初出時，人以其難得而珍貴之，然未必皆能講究而踐行之也。近年以來，傳者浸廣，而後人知其如絲麻穀粟之不可一日無。然真能好之而不舍者，則亦鮮矣。因觀吕、滕、李三君子傳授舊編及李丈跋語，竊有感焉，謹識於後。慶元乙卯中冬甲辰，朱熹記。

編年　據文中所署。

題嚴居厚與馬莊甫唱和詩軸慶元元年十二月十五日

嚴居厚攝事閩清，不滿兩月，而與其令尹馬莊甫更唱迭酬，遂至盈軸。争新鬥巧，時出古談，篇篇皆有思致，讀之不覺宦情羈思怳然在目。諷詠不已，爲書其後。慶元乙卯臘月望日，遁翁。

編年　據文中所署。

跋吴中丞家傳慶元二年正月二十四日

故御史中丞吴公，剛直之操，著於大觀、政和之間，事具國史，略與此傳相表裏。其有不合，則傳聞之異詞爾。至其論薦游御史、毛諫議、胡文定公，皆一世名士，足以見公之知人。其薦胡公，而徽宗亟以手札審其名氏，又足以見聖主急賢之美意，則皆不見於史，而獨此書爲可考焉，是不可以無傳也。光禄公與胡公游，有朋友之誼，見於胡公所與吕兵書手簡。而熹先君子亦雅相敬重，嘗贈以詩，有「問訊袖中醫國手，不應長與一笻閑」之句。今讀曾尚書所爲銘識又如此，嗚呼，其亦可謂賢父子矣！其族孫芾出此書以見示，因書其後，以示公之族黨，尚思有以繼其遺烈云。慶元丙辰正月二十四日。

家傳又記被旨鞫陳正彙事，即陳忠肅公所謂「獄詞平允，閲實於片言之中」者。史亦不書，蓋闕文也。張閣守杭，乞兼領花石事，亦不見他書，當表而出之，以著其惡云。

編年 據文中所署。

跋趙忠簡公帖慶元二年二月十三日

趙公初謫潮州時，哭其季子而行。既行，又喪長子。熹家有吕紫微與先君手書，言之猶云：「不知此老力量能堪之否。」此帖云「今年在貶所，而渭亡適半歲」，則是猶在潮，未過海也。衢守章傑實紹聖故相諸孫，雅怨趙公，故藉此以發其私忿。秦檜知其不專爲己，而借力以逞憾也，故不直之。不惟翁尉事解，傑亦遂廢不用，蓋不爲疑其已甚也。翁又胡侍郎妻兄，胡亦草制罪狀章惇者，其家持此事訴冤，乃得移蘭溪。予與翁亦親舊，知之尤詳，因記於此，以補跋語之未盡云。慶元丙辰二月十三日，晦翁題。

編年　據文中所署。

再跋趙忠簡公帖 慶元二年二月

趙公爲相時，高宗因覽元符諫官任伯雨章疏論章惇、蔡卞嘗乞追廢宣仁聖烈皇后事，赫然震怒，召直學士院胡寅草詔，手書以付三省，削奪惇、卞官爵，禁錮親戚子孫。其詞有「誰無母慈，何忍至此」之語，天下快之。趙公猶以行遣太重，奏爲申理，乞免錮其親戚。高廟手詔褒其仁恕，頗爲末減。今宸翰猶藏趙氏，或爲刻石以傳於世矣。然章氏子孫不知也，但見趙公力主元祐，因謂此事皆出其意而深怨之，世亦鮮知其曲折者。因復并記於此云。

編年　此承上篇，當作在稍後。

跋張魏公詩 慶元二年二月

群凶用事人心去，大義重新天意回。解使中原無左衽，斯文千古未塵埃。

舉大義以清中原，此張公平生心事也。觀於此詩，可見其寢食之不忘。然竟不得遂其志，可勝嘆哉！

編年　此與下篇同時所作甚明。

書張魏公與謝參政帖慶元二年二月

浚再拜：曩以急於禄養，未及盡心於學。兹緣罷退，初欲託庇三衢，庶有承教之便。比又恭領處分，俾居福唐，失此依賴，殊用慊然。差人種種，悉荷留意，尤所感激。浚再拜。

熹伏讀丞相張忠獻公所與參政上蔡謝公手書，是時張公已建大功、登右府矣，而其執禮之恭如此，且又欿然自以爲未始學者，而有受教之願焉，甚盛德也。謝公外孫甄述祖出以見示，三復之餘，嘆仰不足，謹録一通，藏之巾篋，而敬書其後以歸之。慶元丙辰二月甲寅，具位朱熹謹記。

編年　據文中所署。

又跋慶元二年二月

此張魏公所與謝參政書也，凡三幅，前幅稱「判府參政丈丈鈞座」，後又一書，内一幅云：「某以未被受告命，不果具細階拜書，伏幸照察」，其恭如此。

編年　此承上篇，當一時先後所作。

跋向伯元遺戒慶元二年二月

自佛教入中國，上自朝廷，下達閭巷，治喪禮者一用其法。老子之徒厭苦岑寂，輒亦效其所爲，鄙陋不經，可怪可笑。而習俗靡然，恬不覺悟〔一〕。在唐唯姚文獻公，在本朝則司馬文正公、關洛程張諸君子，以及近世張忠獻公，始斥不用，然亦未能盡障其横流也。近故朝議大夫向公伯元少受學於胡文定公，晚年退處於家，尊聞行知，不以老而少懈。及啓手足，親書幅紙，戒其子孫勿爲世俗所謂道場者，筆札端好，詞意謹嚴，與平日不少異。諸孤士伯等奉承遺指，不敢失墜。既又謀刻諸石，以詒久遠，間以視熹。熹竊以爲此書之行，可爲世法。觀者誠能因而推之，盡祛末俗之陋，以求先王之禮而審行之，則斯言也，不但爲向氏一門之訓而已。因識其後以發之。慶元二年二月辛未，新安朱熹謹書。

校記 〔一〕悟：原作「誤」，據宋閩、浙本改。

編年 據文中所署。

評論 周大璋朱子古文讀本卷五跋向伯元遺戒：治喪不用浮屠，非卓然不惑者難之。千古聾聵，有心人當共喚醒。表章伯元，正爲舉世設教耳。

書廖德明仁壽廬條約後慶元二年三月

匹夫單行而遇疾病，無有妻孥之養、親舊之託，與夫室廬枕席之具、醫藥食飲之須，則其輿曳驅馳、暴露饑渴而轉於溝壑也必矣。先王之政，道路廬舍委積之法，至詳至密，而不聞其及此，豈有司者因失其傳邪？國朝受命，覆冒區宇，涵育黎元，百有餘年，至於崇寧、大觀之間，功成治定，惠澤洋溢，隆盛極矣。而上聖之心猶軫一夫之不獲，始詔州縣立安濟坊、居養院，以收恤疾病癃老之人，德至渥矣。中以多虞，不無廢缺。近歲以來，頗復修舉。而莆之爲郡縣者，猶未暇也。今其大夫廖君德明獨有感焉，乃即縣南爲舍一區，榜曰「仁壽之廬」，使凡道路往來疾病之民咸得以託宿而就哺。又請於郡，得廢寺之産，歲入粟若干斛者，以供藥餌、給奉守。猶恨其力之不足，而恐其惠之不廣也，乃叙其本末而爲之條約。間以示余，請記其事以告後人，冀有以卒成其志而不壞於久遠也。余惟廖君於此實舉先朝已墜之典，以活中路無告之人，固學道愛人之君子所樂聞而願爲者，又何待於余言哉。姑爲書其條約之後，俾并刻焉，庶幾來者尚有考也。慶元丙辰三月丁未，新安朱熹記。

編年　據文中所署。

評論　周大璋朱子古文讀本卷五書廖德明仁壽廬條約後：仁壽廬之設，是王政節目，與悦人小惠不同。入手極寫中路無告之狀，令人潸焉出涕。廖君德惠卓然可傳，自不待言。

朱熹文集編年評注卷八十四

跋

跋趙鈐轄墓誌慶元三年七月

先王封建子弟，蕃屏王室，所以厚人倫而寧天下，非獨私其爲力於己而已。下及漢晋，莫不由之，雖其治亂得失有不齊者，然要爲宗社久長之計也。唐自明皇疑忌諸王，不令出閤，後遂相踵，以爲家法。是以享有天下餘三百年〔一〕，而其子孫絶無聞於今者。然則神祖之出宗支以仕州縣，其所以法前聖而鑒後王者，聖謨遠矣。以故靖康之禍，近屬雖頗北遷，而疏遠在外者往往能建勛績。其抗群盜，拒仇虜而死其官守者，亦不乏人。若江東鈐轄趙公是已。其孫崇遵出此軸以見示，因得反復諸公所記，并感前事，爲太息而書其後。獨恨東萊吕舍人所撰碑銘今不復存，當爲求之其家，以附益之。又記頃年守潭，考其祀典，有紹興初年死難之士四人，其一兵官趙侯聿之，亦宗室子，城陷巷戰，罵賊而死。寇退事聞，詔贈右監門衛將軍。然皆未有廟貌，而寓祭他所，因竊仰嘆而深悲之。即教綱紀，并晉故刺史譙閔王等立象奉祠，而爲請於朝。不旬日間，即蒙報可，賜其號曰「忠節之廟」。德意所加，神人歆動，非獨諸君之靈爲有歸也。今聞鈐轄諸孫且將自列，求所以易其名者，以熹所爲請額之事推之，竊計厚骨肉之恩、崇節義之勸，聖朝於此正有所不宜吝也。譙王亦晉宗室，事具本傳云。慶元丙辰七月庚子，具位朱熹謹書。

校記 〔一〕三：原作「二」，據宋閩、浙本改。

編年 據文中所署。

跋劉雜端奏議及司馬文正公帖 慶元三年八月一日

士大夫出身事主，上則欲致其君爲堯舜之君，下則欲使其民爲堯舜之民，至於諫不行、言不聽，而潔身以去，豈其心之所樂哉。是以雖聖賢之處此，不免遲遲其行而不忍爲苟去。甚或眷戀徘徊，三宿而後出境。其於君臣大倫恩義之際篤矣，固不以苟得一時之虚譽爲喜而輕去之也。今觀熙寧雜端劉公之奏議，知其致君澤民之願勤懇切至，不啻其身之疾痛。觀司馬文正公之遺帖，見其忠君愛國而相勉以正之意，又不勝其拳拳也。嗚呼盛哉！然而道勝名立之言，或者猶竊病之。以熹而慮，彼蓋有激而云爾。不然，夫豈不知既有其實，則名自隨之，在我固有不得辭者。而當時風俗之厚，習尚誠慤，亦不以是爲嫌也。又況忠賢去國，一時之心固不能無慨然者。同志之士憂之過甚，恐其以是而不能鬱鬱以久也，則姑爲是説以寬譬之，是乃忠君愛國之尤者，而猶深有望於他時也。豈以近名爲累，而故爲回隱以避之哉。劉公之事，紹興大參晉陵張公記之已詳，一時衆賢又從而推明之，亦皆足以見其鄉慕之意矣。公之二世孫君房又出以示熹〔一〕，使得託姓名焉。自惟晚出，何敢復贊一詞於其間？特因或者所疑而妄論之，以附於後云。慶元丙辰八月戊申朔，新安朱熹謹書〔二〕。

校記　〔一〕二：原缺，據周大璋朱子古文讀本卷三補。

〔二〕此句原僅「朱熹」二字，據宋浙本補。

編年　據文中所署。

評論　周大璋朱子古文讀本卷五跋劉雜端奏議及司馬文正公帖：不以近名爲累，正忠愛之心，實見得當日情事如此，非曲爲迴護也。

跋張忠確公家問

慶元三年十月

熹嘗銘張忠文公之廟，因得讀其遺書而嘆慕其風烈。今又得觀公子忠確公汾州家問，尤深敬仰。竊惟國家承平百年，德隆澤茂，世臣喬木，不爲無人，而一旦危難之際，忠義之節乃獨萃於張氏之一門，其亦盛矣。公之大節如青天白日，固不待贊述而後明。而熹獨於其筆札之精謹，見其神氣之安閑，於其家人父子之間，見其誓死之外，唯以收恤遺孤爲寄，而無一毫内顧下流之私也。嗚呼！非其胸中有以大過人者，何以及此？先覺有言，慷慨殺身者易，從容就義者難。若公之死，其真所謂從容就義者邪。公孫行儉因友人余克忠以此軸見視，三復以還，爲之感涕，因敬識其後云。慶元丙辰十月己巳。

編年　據文中所署。

跋東陽郭德輔行狀 慶元二年九月一日

東陽郭君德輔將葬，其子淇不遠數百里，過予於建溪之上，狀其行事一通以請銘。而今四明帥守林公和叔、前太府丞呂君子約又皆以書來，言君之爲人如狀不誣，可銘無愧也。予雖不及識德輔，然以二君子之言而讀其狀，見其好學樂善之誠，忠厚廉退之實，心固樂爲之書。顧念比以多病，心目俱衰，凡銘之請，所諾而未及償者，前後以十數，所辭而不敢諾者又不止此。今復安敢越次開端，以來怨詈？因謝不能，而淇請益堅。予悲其意，乃爲書其行狀之後如此而歸之。抑林、呂二君子皆非輕許人者，其言固足以信後世矣，又何俟於予銘哉。慶元二年九月丁丑朔旦，新安朱熹書。

編年　據文中所署。

跋許侍郎詩卷 慶元二年十月一日

侍郎許公經事綜物之才見於已試，其爲文章，蓋直吐出胸中之藴，未嘗屑屑焉爲如是之言也。其孫建陽丞公視熹以公手書詩卷，觀其長篇大句，固自雄健豪逸，磊落驚人，而新宅書懷近體諸作，又皆律切精穩，不留縫罅，亦足以驗其才力之有餘，無所施而不可矣。熹與公俱江東人，所居徽、饒之間，相望不百里。獨恨生長閩嶠，不及識公。顧今於此乃獲窺其筆迹，而因以得其爲人，豈非幸耶！慶元丙辰十月丙午朔旦，婺源朱熹書。

編年 據文中所署。

書河圖洛書後 慶元三年正月十五日

世傳一至九數者爲河圖，一至十數者爲洛書，考之於古，正是反而置之。予於啓蒙辨之詳矣。讀大戴禮書，又得一證。其明堂篇有「二九四七五三六一八」之語，而鄭氏注云：「法龜文也。」然則漢人固以此九數者爲洛書矣。閤皂甘君叔懷欲刻二圖山中，覽者未必深考，又當大啓争端，聊書以諗之。慶元丁巳上元節日，遁翁書。

編年 據文中所署。

書萬君行事後 慶元三年

自鄉舉里選之法廢，取士者先文藝，後材實，於是野多遺賢，朝多曠位，而治具民俗每不能無愧於前世。讀正父所論著其舅氏萬君之行事，而以視於當世之人材，其亦足以觀矣。正父好古多學，深有志於治道，而其筆力縱横，詞氣雅健又如此，亦所謂似其家姓者耶。

編年　據上下篇編序，此文當作於慶元三年。

跋吕范二公帖慶元三年七月十三日

後山談叢記蘇端明當國恤時，與人書疏，疑於當慰與否而罷，乃載前輩往還慰狀以正之。今觀吕正獻公帖，乃知當時此禮固已通行，亦臣子之心不能已者，不審蘇公何所疑也。仁宗皇帝慈儉之德冠冕百王，而因山之奉煩費若此，豈其心哉？宜乎老蘇先生有華元樂舉之譏，而忠獻韓公不敢辭其責也。然此帖所云置司裁損，仍是韓公當國時事，亦足以驗其悔悟之實矣。此其所以爲韓公者耶。吕公幅紙之間，愛君及民，拳拳不舍，其於劉公心期所會，必有不約而同者，覽之令人感嘆不能已。范忠宣公平淡忠恕，雅不欲以智名勇功自見，故熙、豐間授鉞臨邊，數被譙讓，觀第二帖可概見矣。然迹其平生，排濮議、争新法，干忤君相，無少顧避。最後論救元祐諸賢，卒與同貶。蓋終身無所屈，則又豈非所謂仁者之勇哉。其於劉氏姻好綢繆，蓋亦聲氣之同，非苟然者。子夷得其家學之傳，不卑小官，直道自信，東萊吕舍人亟稱之。覽者其亦考焉。慶元丁巳中元節前二日，朱熹敬書。

編年　據文中所署。

跋度正家藏伊川先生帖後慶元三年七月二十二日

頤謹詣行館，拜謝長官秘書。十月日，河南程頤狀。

正爲遂寧户掾，友人王君世垕數數爲正言，城西傅君光家藏先正韓、范諸公手迹甚富。乃祖大夫公嘉祐初實見濂溪周先生於合陽，求教，先生手書家人、艮、遇等説贈之。其後程太中公知漢州，大夫公時爲邑西川，又得交伊川兄弟間，手筆相問，往往皆在。正每見王君，必悉意咨懇，屬以訪求周、程諸先生手迹。慶元二年正月四日，王君忽自山中來謁，講禮已，袖出伊川先生手狀一幅。徐加考訂，殆先生入蜀時筆也。大夫公集以爲日記册，此版起六月，終七月十六日，内載王氏父子、吕氏兄弟遷擢，蓋熙寧間日報，作細字，背面皆滿。先生字處闕之，獨得不謾。又問濂溪書，曰亡矣。正且悲且喜，謂王君曰：「正不敏，讀諸先生遺書，學其學，求其道，今十年餘矣。每見當時一事一物，如南國之棠、曲阜之履，旁皇不忍去之也。今此紙幸脱於敗爛之中，然諸先生所以開示後世者，世方以爲奇貨，安知叔孫武叔輩見之不遂投之水火耶。爲我謝傅君，正奉藏之，俾勿壞。」其年秋，傅君來，言曰：「先生之書謹如命。」大夫公諱者，字伯壽，名在元符黨籍。光字用之，世垕字叔載。後學樂活度正謹書。

傅君周旋周、程師弟子間，知所主友，而伊川先生手刺謁謝，爲禮亦恭，則其人之賢，不問可知。度君求訪之勤，意欲甚美。濂溪先生往還遺迹，計其族姻閭里之間，猶有存者，度君其廣詢之，當可得也。嘗讀明道先生顔樂亭詩，其卒章曰：「井不忍廢，囿不忍荒。」嗚呼，正學其何可忘？然則熹之所望於度君者，又不專在於此也。度君其益勉之哉！慶元丁巳七月二十二日，朱熹書。

編年　據文中所署。

跋張敬夫與馮公帖 慶元三年七月二十五日

此張敬夫與縉雲馮當可書也。味其詞意，知其一時家庭之間，定省從容，未嘗食息不在中原之復，令人感慨不已。馮公獨不及識，然嘗見故端殿汪公甚推重之。近得其文集讀之，論議偉然。而所論人主正心親賢爲所謂建極者，明禹、箕之傳，破諸儒之陋，乃適與鄙意合，尤恨不得一見其面目而聽其話言也。慶元丁巳七月二十五日，新安朱熹書於建安坤峽之野店。

編年　據文中所署。

跋孔君家藏唐誥 慶元三年八月十五日

闕里裔孫孔仲良以鄉貢明經仕唐貞元、大和間，至莆田令，卒官，因家焉。子孫散居民伍，無復顯人。紹興中，熹之友括蒼吴任授室其門，間以其家所藏告身、家牒、世譜相視，皆唐世舊物。牒又其應舉時所通，具列三世官諱，獨曾祖文整名見譜中，乃襲文宣王齊卿之別子，而齊卿實先聖第三十有七世孫也。考之元豐版本，襲封家譜皆合。推而下之，得莆田令君，則爲第四十有一世矣。牒頗殘缺，無州里，而以洪州之印款其縫。視其告，則以爲泗州連水縣臨淮鄉進賢里人，豈其寓於洪耶？告身凡七通，其二爲令君之父丞公所歷南頓、溧水二縣尉，其五爲令君明經、冬集、全椒尉、青陽丞及莆田考課，皆尚全好。獨莆田令爲謄本，而其家自令君至此，又已傳九世矣。熹得其書，審訂不謬，乃以告於莆守傅侯自得、令丘君鐸，請得更其版籍爲至聖文宣王第四十九世孫孔宜户，二公欣然許諾，即施行之。時紹興二十五年乙亥歲也。後二十有六年，宜之子幼夏乃以鄉舉試禮部。又數年，知縣事廖德明爲摹刻其告於縣齋。然其跋語以令君爲三十八世，則爲小差。幼夏以其墨本來，因記舊事，輒爲書之，且使摹其家譜、世譜及南頓、溧水二告，并刻於家，而附以令君以來世次之屬，使後有考云。慶元丁巳中秋日，朝奉大夫朱熹書。

編年 據文中所署。

跋孔毅夫談苑 慶元三年八月

孔毅夫談苑，清江張元德藏其手稿，然多是抄取江鄰幾嘉祐雜志中語。此本方是一傳，以失校，已多脱誤。又世傳孔書有珩璜新論者，多是類集古今事實之近似者。而一本附記近世見聞數十事，自趙獻公以下，無不遭其詆毀。嘗細考之，筆勢不甚相似，或好事者附益之，惑亂後生，甚可惡也。因閲此帙，筆其後以曉之。慶元丁巳八月，晦翁。

編年 據文中所署。

跋十七帖 慶元三年

官本法帖號爲佳玩，然其真僞已混殽矣。如劉次莊有能書名，其所刻本亦有中分一字，半居前行之底，半處後行之顛者，極爲可笑。唯此十七帖相傳真的，當時雖已入官帖卷中，而元本故在人間，得不殽亂。此本馬莊甫所摹刻也，玩其筆意，從容衍裕而氣象超然，不與法縛，不求法脱，真所謂一一從自己胸襟流出者。竊意書家者流雖知其美，而未必知其所以美也。書詞問訊蜀道山川人物、屋宇圖畫，至纖至悉，蓋深有意於游覽，而竟不遂。豈所謂不朽之盛事信難偶耶？因念頃年廬阜終更，諸公議遣使蜀，而孝廟記憐，不欲使之遠去，議乃中寢。然東留訖無補報，而徒失西游之便，每以爲恨。今觀此帖，重以慨然。又念仙游之日遠，無復有意於人世也。熹記。

編年 據上下各篇編序。

跋杜工部同谷七歌 慶元三年

杜陵此歌豪宕奇崛，詩流少及之者。顧其卒章嘆老嗟卑，則志亦陋矣，人可以不聞道哉！

編年 據上下各篇編序。

跋李伯時馬 慶元三年十月八日

觀龍眠飛騎圖，及讀延之、廷秀、大防三君子佳句，因思法雲秀公語，尤物移人，甚可畏也。慶元三年孟冬八日，朱熹仲晦父。

編年　據文中所署。

跋東坡書李杜諸公詩 慶元三年十月八日

東坡此卷，考其印章，乃紹興御府所藏，不知何故流落人間。捧玩再三，不勝敬嘆。但其所寫李白行路難，闕其中間八句道子胥、屈原、陸機、李斯事者，此老不應有所遺忘，意其删去，必當有説。老翁井詩在老蘇送蜀僧去塵之前，必非他人之作。然不見於嘉祐集，亦不省其何説也。彼欲井中老翁改顔易服，不使人知，而後篇遽有嫌瘦廢彈之嘆，何耶？然其言怨而不怒，獨百世以俟後賢而不惑，則其用意亦遠矣哉。慶元丁巳十月丁丑，新安朱熹觀玉山汪季路所藏，而識其後如此云。

編年　據文中所署。

跋杜祁公與歐陽文忠公帖 慶元三年十月八日

杜公以草書名家，而其楷法清勁，亦自可愛。諦玩心畫，如見其人。慶元丁巳十月丁丑，新安朱熹觀。

編年　據文中所署。

跋東方朔畫贊慶元三年十月

平生所見東方生畫贊，未有如此本之精神者。筆意大概與賀捷表、曹娥碑相似，不知何人所刻，石在何處，是可寶也。朱熹仲晦父。

編年 據前後篇編序。

跋蔡端明寫老杜前出塞詩慶元三年十月九日

蔡公大字蓋多見之，其行筆結體往往不同。豈以年歲有蚤晚，功力有淺深故耶？巖壑老人多見法書，筆法高妙，獨稱此爲勁健奇作，當非虛語。慶元三年十月戊寅，朱熹。

巖壑再題，勢若飛動，可見字隨年長也。

編年 據文中所署。

跋吴道子畫慶元三年十月十日

頃年見張敬夫家藏吴畫昊天觀壁草卷，與此絕相類，但人物差大耳。此卷用紙而不設色，又有補畫頭面手足處，應亦是草本也。張氏所藏本出長安安氏，後有張芸叟題記，云其兄弟析産，分而爲二，此特其半耳。頃經臨安之火，今不知其在亡。而此卷斷裂之餘，所謂天龍八部者，亦不免爲焦頭爛額之客。豈三災厄會，仙聖所不能逃耶？是可笑也。吳筆之妙，冠絶古今，蓋所謂不思不勉而從容中道者，兹其所以爲畫聖與。季路所藏法書名畫甚富，計無出其右者。既以得觀爲幸，因記歲月於其後。時慶元丁巳十月十日己卯也，朱熹仲晦父。

襄陽張舍人筆法出其家存誠子，先君子甚愛之，而世莫之貴也。因覽遺墨，不勝悲嘆。熹謹書。

編年 據文中所署。

跋歐陽文忠公與劉侍讀帖 慶元三年十月十日

歐陽公與劉侍讀尺牘一卷，汪季路持以見示，因得竊觀，前輩之笑談風味，於此猶可想見其彷彿。然當是時，朝廷清明，風俗醇厚，國家致治之美，莫此爲盛。而公猶有薄惡之嘆，蓋其所不可及者，獨有嫉善之言，不勝公論，此爲治亂之分耳。三復之餘，掩卷太息，而記其後。季路其謹藏之。慶元三年十月己卯書。

編年 據文中所署。

跋舊石本樂毅論 慶元三年十月十日

沈存中筆談云，皇祐中，嘗於高紳之子錢塘主簿安世家見此石。後十餘年，安世在蘇州，石已破爲數片，以鐵束之。後安世死，石不知所在。或云蘇州一富家得之，亦不復見。存中所記，與歐陽公不同如此。延之所謂錫山徐氏者，豈又得之蘇州富家耶？延之又謂損泐模糊，則石雖幸存，亦無復如此本之清勁矣。續閣帖中所刻全文，又不知所自來。頃年曾於折子明家見其所藏舊本，筆意絕類徐季海，要皆非此本之比也。慶元丁巳十月己卯，朱熹。

編年　據文中所署。

跋東坡祭范蜀公文 慶元三年十月十日

汪季路所藏蘇文忠公祭范忠文公文稿，慶元丁巳十月己卯，朱熹觀於考亭溪居。

編年　據文中所署。

跋富文忠公與洛尹帖 慶元三年十月十一日

富文忠公與洛尹帖，以史考之，尹者，李中師也。熙寧元年，公自河陽被召入京，以病請汝而歸。過洛，少留連，遭三喪，赴汝後，又一遭喪。劄子云：「喪骨肉大小四口。」是時李以天章閣待制知河南府，營奉應天、會聖兩神御殿，故此一帖自言附庸悲惱，而贊李二役畢工者爲第一。公既至汝，神廟遣中貴人馮宗道挾大醫陳易簡來治足疾，故此一帖言中璫大醫者爲第二。移囚不知何事，「馮來」，恐亦即宗道也，故此帖爲第三。明年，被召入相，故此一帖云「詔使到郡，即交州事，辨行而東」者，爲第四。三年，李自權三司使進龍直，再尹洛，故此帖致賀，始稱龍圖給事者，爲第五。四年，公在亳州，坐不散青苗罷歸洛。未至，改判汝州，故此一帖言「近赴小邑，勝於窮坐里閭。且感君相厚恩，而恨不得時奉談笑」者，爲第六。公至汝不久，即請歸洛，故此一帖言「擇日就第」者，爲第七。既而告老，遂以司空使相致仕，故此一帖答其封示單報者，爲第八。凡十三帖，其歲月先後可考者如此，其餘似亦皆是在洛時往還者。蓋李之事公不爲不謹，而公之遇李亦不爲不厚矣。而其後李因奉行免役之令，乃籍公户，使出泉同於編氓，以媚用事者。小人覩時徇勢，反覆異態，何世無之？覽此卷者，可爲發一大笑也。慶元丁巳十月庚辰，朱熹。

編年　據文中所署。

跋韓魏公與歐陽文忠公帖 慶元三年十月十一日

張敬夫嘗言，平生所見王荆公書，皆如大忙中寫，不知公安得有如許忙事。此雖戲言，然實切中其病。今觀此卷，因省平日得見韓公書迹，雖與親戚卑幼，亦皆端嚴謹重，略與此同，未嘗一筆作行草勢。蓋其胸中安静詳密，雍容和豫，故無頃刻忙時，亦無纖芥忙意，與荆公之躁擾急迫正相反也。書札細事，而於人之德性，其相關有如此者，熹於是竊有警焉。因識其語於左方。

慶元丁巳十月庚辰，朱熹。

編年　據文中所署。

跋朱希真所書道德經 慶元三年十月十一日

巖壑老人小楷道德經二篇，精妙醇古。近世楷法，如陳碧虛之相鶴，黄長睿之黄庭，皆所不及，唯湍石喻公之典引諸書爲可方駕耳。季路得之，遠以相視，恨目已昏盲，不得盡見其妙處。把玩不足，因記其後而歸之。季路能攻石傳刻，以與好事者共之，即大幸。蓋此書難得善本，讀此數章，似少譌謬，又爲可傳也。慶元丁巳十月庚辰，雲臺子私記。

如「儼若客」，語意最精。今本多誤作「容」，殊失本指。此本爲不誤也。

編年　據文中所署。

跋趙清獻公家書 慶元三年十月十一日

趙清獻公之爲人，公忠孝慈，表裏洞徹，固所謂無間然者。然其晚歲學浮屠法，自謂有得，故於兄弟族姻之間，無不以是勉之。前後見其家間手帖多矣，如此卷稱其弟心已明瑩，見性復元，教其侄以不失正念，要使純一不雜，又教以公私謹畏，踐履不失，便是初心佛事，且引古人「三業清净〔一〕，即佛出世」之語，以爲此亦直截爲人處，則與今之學佛者大言滔天，而身心顛倒、不堪著眼者，蓋有間矣。嗚呼！聖學不傳，其失而求諸野者若此，尚爲有可觀也。予是以表而出之。慶元丁巳十月十一日庚辰，朱熹記。

校記 〔一〕三：原作「二」，據宋閩、浙本改。

編年 據文中所署。

跋湯叔雅墨梅 慶元四年三月

墨梅詩自陳簡齋以來，類以白黑相形。逮其末流，幾若禪家五位正偏圖頌矣。故湯君始出新意，爲倒暈素質以反之。而伯謨因有「冰雪生面」之句也。然「白黑未分時」一句，畢竟未曾道著。詩社高人，試各爲下一轉語看。湯君自云得其舅氏楊補之遺法，其小異處則又有所受也。觀其醞藉敷腴，誠有青於藍者，特未知其豪爽超拔之韻，視牢之爲何如爾。病眼眵昏，不能覼論，故願與諸君評之。戊午三月，病起戲書。

編年 據文中所署。

跋王信臣行實 慶元四年十一月一日

慶元紀號之初，余友吕子約謫居廬陵，間遺訶其動息。子約報書具言罪大責輕，念咎之餘，復何所道。獨所寓居得王氏別館，有臺榭花木之勝，而江山雲物，晨夕萬變，足以游目騁懷，尤過望不落寞耳。因極道王君之爲人，以爲好賢樂善，所交盡其鄉之名公卿、才大夫，又能同其憂樂，不隨世俗爲俛仰。既又以書來，稱王君之子峴爲方有意於學，謂余當有以告語之者，峴亦以書來贄甚勤。余讀之，信子約之言不誣也。無幾時，子約内徙高安以卒，而峴亦以王君之没來赴，且述其事狀一通，而以銘墓爲請。余病疾，久廢筆研，既吊，且謝不能，而峴請益堅，乃記其後而歸之，以見余意，又以見峴之狀君詞有不盡而無所溢也。四年戊午中冬丙申朔旦，雲谷老人朱熹仲晦父書。

編年　據文中所署。

跋程沙隨帖 慶元四年十一月二十六日

離騷九章云：「乘鄂渚而反顧兮，欸秋冬之緒風。」説文：「欸，譍也，亞改切，又焉開切〔一〕。」史記范增撞破玉斗，曰「唉！」説文：「唉，膺也〔二〕，烏開切。」二字音義并同，如「嘆」與「嘆」、「欬」與「咳」，實一字耳。其聲則皆楚語也。故元次山有欸乃曲，而柳詩亦用此二字，皆湘楚間作。柳文舊本作「靄襖」音，上字正協「亞改」之聲。集韻亦於「皆」韻收「唉」字，「海」韻收「欸」、「唉」二字爲一，其説蓋與説文不異。但「乃」字之讀如「襖」者，未有考耳。近世乃有倒讀之者，又或寫「欸」爲「款」，則其誤益甚矣。欸乃歌。〇唐肅宗中興之業，上比漢東京固有愧，而下方晉元帝則有餘矣。故許右丞之言如此，蓋亦有激而云者。然元次山之詞歌功而不頌德，則豈可謂無意也哉。至山谷之詩，推見至隱以明君臣父子之訓，是乃萬世不可易之大防，與一時謀利計功之言，益不可同年而語矣。近歲復有諂子妄爲刻畫以謗傷之，其説之陋，又許公所不道，直可付一笑云。浯溪詩〔三〕。○顔公剛毅忠烈，得之天資，與其學之不純，而諂道佞佛自不相掩。有志於道者，師其所當師而戒其所可戒可也。淺聞卑論，易以溺人，不足爲法，覽者詳之。麻姑山詩。○余少嘗學書，而病於腕弱，不能立筆，遂絶去不復爲。今觀沙隨程丈此卷饒娥一紙，蓋有意於黄絹之碑者，亦可愛也。饒娥故居小廟在樂平縣東二十餘里，余嘗特往沃茗酹之。霻闕已不復存矣，因語州縣宜增葺之，且爲請敕額、列祀典，而莫有應者，甚可嘆也。辨饒娥。○余嘗爲沙隨言，孝經獨篇首六七章爲本經，其後乃傳文，然皆齊魯間陋儒纂取左氏諸書之語爲之，至有全然不成文理處。傳者又頗失其次第，殊非大學、中庸二傳之儔也。孝經論。程丈報書云：「吾嘗聞之玉山汪公，亦若吾子之言是也。」今覽其手書遺論，因記其語於後云。

慶元戊午十一月二十六日，劉用之爲劉伯醇携此卷來求跋，爲書以歸之。

校記　〔一〕焉：正訛改作「烏」。

〔二〕膺：四庫全書本作「譍」。

〔三〕浯：原作「語」，據正訛改。

編年　據文中所署。

書釣臺壁間何人所題後 此詞實亦先生所作。　慶元五年正月七日

不見嚴夫子，寂寞富春山。空留千丈危石，高出暮雲端。想象羊裘披了，一笑兩忘身世，

來插釣魚竿。肯似林間翮，飛倦始知還。　中興主，功業就，鬢毛斑。驅馳一世人物，相與濟時艱。獨委狂奴心事，未羨癡兒鼎足，放去任疏頑。爽氣動星斗，終古照林巒。

頃年屢過七里灘，見壁間有胡明仲丈題字刻石，拈出嚴公懷仁輔義之語，以厲往來士大夫，未嘗不爲之摩娑太息也，然亦不能盡記其語。後數十年再過，因覓其石，則已不復存，意或者惡聞而毁滅之也。獨一老僧，年八十餘，能誦其詞甚習，爲予道之，俾書之册。比予未久而還，則亦爲好事者裂去矣。因覽兩峰趙傻醉筆釣臺樂府，偶記向所嘗見一詞，正與同調，并感胡公舊語，聊爲書此。慶元己未人日，雲谷老人云。

釣臺故有范公記文，詞義甚偉，後人不容復措手矣。中間有江子我一記，獨書作新歲月，最爲得體，而粗述其以「羊裘」題軒、「客星」命閣之意，名義亦爲高雅。今屢經火，不知此石尚存否也。近年乃有作記，力辨嚴公非詭激素隱者。昔邵康節作「安樂窩中好打乖」詩，明道程先生和之曰：「時止時行皆有命，先生不是打乖人。」而康節又復之，乃有「安知不是打乖人」之句。此言有味也。使嚴公而可作，當爲此發一大笑云。

編年　據文中所署。

跋吕氏歲時雜記 慶元五年二月

右吕公歲時雜記，熹得而伏讀之，既於周退傅、陸放翁之所嘆竊亦深有感焉，又意公之爲此，亦前賢集録方書之遺意也。然則後之君子又將有感於余言也夫。慶元己未二月辛巳，新安朱熹書。

編年 據文中所署。

跋張安國帖 慶元五年三月八日

安國天資敏妙，文章政事皆過人遠甚。其作字多得古人用筆意，使其老壽，更加學力，當益奇偉。建陽張大夫珍藏此紙，間以視予。展玩恍然如接談笑，書其後而歸之。慶元己未三月八日。

編年 據文中所署。

跋山谷宜州帖 慶元五年三月八日

山谷宜州書最爲老筆，自不當以工拙論。但追想一時忠賢流落，爲可嘆耳。雲谷老人因覽竊識，慶元己未三月八日。

編年 據文中所署。

跋米元章下蜀江山圖 慶元五年三月八日

米老下蜀江山嘗見數本，大略相似。當是此老胸中丘壑最殊勝處，時一吐出，以寄真賞耳。

蘇丈粹中鑒賞既精，筆語尤勝。頃歲嘗獲從游，今觀遺墨，爲之永嘆。慶元己未三月八日，新安朱熹仲晦父。

編年　據文中所署。

跋蔡端明帖 慶元五年三月八日

蔡公書備衆體，此卷評書一紙，獨有歐、虞筆意，甚可愛也。慶元己未三月八日，雲谷老人觀縣大夫張侯所藏，爲識其後。

編年　據文中所署。

跋歐陽文忠公帖 慶元五年三月八日

歐陽文忠公與蔡忠惠公手帖，前輩交情篤厚，語意真實，於此可見。慶元己未三月八日，新安朱熹仲晦父書。

編年　據文中所署。

跋東坡帖 慶元五年三月八日

東坡筆力雄健，不能居人後，故其臨帖物色牝牡，不復可以形似校量。而其英風逸韻高視古人，未知其孰爲後先也。成都講堂畫象一帖，蓋屢見之，故是右軍得意之筆，豈公亦適有會於心歟？慶元己未三月八日，朱熹仲晦父觀永福張氏所藏墨迹，嘆賞不足，因記其左方。

編年　據文中所署。

跋曾南豐帖 慶元五年三月八日

余年二十許時，便喜讀南豐先生之文，而竊慕效之，竟以才力淺短，不能遂其所願。今五十年，乃得見其遺墨，簡嚴静重，蓋亦如其爲文也。慶元己未三月八日。

編年　據文中所署。

跋彭監丞集 慶元五年三月十六日

余頃使浙東時，諸郡民以保伍之役不便，相與自言者衆。獨台之臨海爲無有，問其故，則曰前此縣令彭君視其聚落之貧富，而稍正定其疆理，使貧里得免頻役之苦，以故皆樂趨事，無所爲訴。余念聚落貧富之不均，最爲役法大害。間者雖設歇役年歲倍半之差，而猶有所不通。今彭君所行，雖律令所無有，然亦非有禁也，真可謂得法外意矣。間頗推其法於他郡縣，人果皆以爲便。後以按事至台，留甚久，聞臨海士民稱彭君之政不容口，曰：「吾邑數年之前，唯顔侍郎度爲有去思，而近歲乃得彭君，其惠愛惻怛酷相似，而綜理詳密殆過之。」既又得其所爲户口財賦之書讀之，益知彭君之志不但爲百里規模而已也。然余自是罷歸，不復出者累年，亦聞彭君登朝出守，持使者節，而竟不及試以卒，每深以爲恨也。慶元己未，君之中表林生補持此集及葉卿所撰墓銘過余，三復感嘆，因書疇昔所聞以附焉，以爲有志於民者尚有取也。三月丁丑既望，新安朱熹書。

編年　據文中所署。

跋劉司理行實 慶元五年四月

長樂劉砥及其弟礪相與來學，累年於茲，更歷變故，志尚愈堅。察其居家孝友，交朋友信實，臨事謹畏，不敢畔繩墨，知其教習之有素也。一日，出友人趙君昌父所狀其先府君行事一通，因以銘墓爲請。余讀其文，考其事，有以信余所知之不繆矣。然余久以疾病憂畏不能文，比年以來，所辭且十數家，以故雖知劉君之賢，而不能有以少答二生之意，獨識其後而歸之。後有君子，尚有以識此心也。雖然，二生勉旃，尊聞行知而有以卒就其德業，則所以顯揚其親者，於是爲大，銘之有無，初不足爲重輕也。慶元己未四月乙酉，新安朱熹書。

編年　據文中所署。

跋家藏劉病翁遺帖 慶元五年五月

病翁先生壯歲棄官，端居味道，一室蕭然，無異禪衲。視世之聲色權利，人所競逐者，漠然若亡見也。熹蚤以童子獲侍左右，先生始亦但以舉子見期。而熹竊窺觀，見其自爲與所以教人者若不相似，暇日僭有請焉。先生欣然嘉其有志，始爲開示爲學門户，朝夕誨誘，亹亹不倦。其後先生屬疾，熹適行役在外，亟歸省問。先生喜甚，顧而語曰：「病中無可與語，幸吾子之來歸也。」自是日奉湯藥，先生所以教詔益詳，期許益重，至爲具道平生問學次第，傾倒亡餘。一日從容，因出詩一篇見授。先生性不喜書，常時詩文率多口占，使諸生執筆，獨此與贈劉致明丈長句皆手書之，其意可見也。贈劉詩有「小几清香慰臨别，極知了了萬緣輕」之句，子姪或惡其語之不祥者，先生笑曰：「此何足諱？然亦爲汝更之。」因别定爲「愁絕」字。既又發故篋，得碎紙數十，皆平日省躬自厲之言，稍以先後次爲一篇，命熹與同舍生黄銖筆之。復取閱視，手自更定數十字。間不一日，遂啓手足。諸子姪乃共發其先所緘封遺書數幅，皆熹未歸時所留。處畫庶事，遍及遺孤。復有片紙屬熹爲作張公書，末有「勉力大業」之語。熹始得泣受而寶藏之，以至於今，不敢失墜。然而躬行不力，老大無成，不能有以仰副當日付授之意。抱此愧恨，每念將無以見先生於地下。今病已力，何所復云？姑取遺墨，聯爲一編，而序其本末，以示子孫，且以示諸同志，使於前修景行之懿知所跂慕，而又視熹之慵惰亡聞以爲前車之戒也。熹字元晦，亦先生所命。其祝詞具在，以非臨終手筆，别附他卷。先生没以紹興十七年丁卯，後五十三年，慶元己未五月丙申，門人朱熹謹書。

編年 據文中所署。

跋病翁先生詩 慶元五年五月二十二日

月高夜鳴箏，聲從綺窗來。隨風更迢遞，縈雲暫徘徊。餘音若可玩，繁弦互相催。不見理箏人，遥知心所懷。寧悲舊寵棄，豈念新期乖。含情鬱不發，寄曲宣餘哀。一彈飛霜零，再撫流光頽。每恨聽者稀，銀甲生浮埃。幽幽孤鳳吟，衆鳥聲難諧。盛年嗟不偶，况乃容華衰。道同符片諾，志異勞事媒。栖栖墻東客，亦抱凌雲才。

此病翁先生少時所作聞箏詩也，規模意態，全是學文選樂府諸篇，不雜近世俗體，故其氣韻高古，而音節華暢，一時輩流少能及之。逮其晚歲，筆力老健，出入衆作，自成一家，則已稍變此體矣。然余嘗以爲天下萬事皆有一定之法，學之者須循序而漸進。如學詩則且當以此等爲法，庶幾不失古人本分體製。向後若能成就變化，固未易量，然變亦大是難事，果然變而不失其正，則縱横妙用，何所不可。不幸一失其正，却似反不若守古本舊法，以終其身之爲穩也。李、杜、韓、柳初亦皆學選詩者，然杜、韓變多而柳、李變少。變不可學，而不變可學，故自其變者而學之，不若自其不變者而學之，乃魯男子學柳下惠之意也。嗚呼，學者其毋惑於不煩繩削之説，而輕爲放肆以自欺也哉。己未五月二十二日。

編年　據文中所署。

書先吏部韋齋記銘并劉范二公帖後慶元五年五月

右劍浦羅先生仲素爲先君子作韋齋記，而沙陽曹丈令德又爲之銘，家藏遺迹，數十年矣。恭惟先君子名齋之意，不唯自警，乃其所以垂裕後人者，蓋亦至深至厚而無以加。而熹踐修不謹，陷身危辱。今病且死，大懼無以奉慈顏於地下，故敢收輯遺文，藏之家廟，以示子孫，使永永奉承，不至失墜，庶幾得以少伸省愆念咎之萬一。其横渠西銘寔外舅草堂劉先生所授，首尾有先生手筆二十字。造字祝辭〔一〕，病翁劉先生所作，及秘閣范公手帖，今皆以附於後。三公皆先君子執友，其所以教熹者，今皆不能有以副也。慶元己未五月丙申，孤熹敬書。

校記　〔一〕祝：原作「視」，據宋閩本改。

編年　據文中所署。

書先吏部與净悟書後慶元五年六月十六日

某啓：比獲從容，良慰。北巖重勤遠出，伏暑中時得雨，法體多福。安下處未欲遽以干人，須决成入城，即自有書信去。城中數日，人事紛紜，歸來静坐累日，意緒始復舊。雲監寺不别書。空石斗一枚，付去人謝諫去。若借得兩人，即分付兩籠，令共舁來。不然，即且取古田丙字紙五軸付謝諫來。及珙首座并煩致意，未相見，加愛。閏月三日，某啓上尊勝長老净悟。見世美兄弟致意，城中滚滚不款，未及爲書。

先君子少日喜與物外高人往還，而於净悟師爲尤厚。後嘗爲記尊勝佛殿，今刻石具在，可考也。净悟，建陽後山人，晚自尊勝退居南山雲際院，一室翛然。禪定之餘，禮佛以百萬計。年過八十，目光炯然，非常僧也。常爲余道富文忠、趙清獻學佛事，其言收斂確實，無近世衲僧大言欺世之病。以是知先君子之厚之非苟然也。古田林生蒙正持此卷來，捧玩手澤，不勝悲感，因爲略記其本末云。慶元己未六月既望，雲谷朱熹謹書。

編年　據文中所署。

跋德本所藏南軒主一箴 慶元五年五月

敬之一字，學者若能實用其力，則雖程子兩言之訓，猶爲剩語。如其不然，則言愈多，心愈雜，而所以病乎敬者益深矣。誦敬夫之箴者，要當以識此意云。慶元己未初伏，雲谷老人書。

編年　據文中所署。

題吴和中感秋賦後 慶元五年八月十六日

和中感秋作賦，既發深省，乃欲逃之麴糵之間，叔通以碩果不食者厲之，可謂得朋友之職矣。顧予奸僞排擯之餘，何足知此？二君子其相與切磋之時，有以見警焉，則區區之望也。慶元己未八月既望，雲谷老人書。

編年 據文中所署。

跋張以道家藏東坡枯木怪石 慶元五年七月十六日

蘇公此紙出於一時滑稽詼笑之餘，初不經意，而其傲風霆、閲古今之氣，猶足以想見其人也。以道東西南北，未嘗寧居，而能挾此以俱，寶玩無斁，此其意已不凡矣。且不以視王公貴人，而獨以誇於畸人逐客，則又有不可曉者。雲谷老人因覽爲識，時慶元己未仲秋既望。

愚叟之墓已有宿草矣，撫玩遺墨，相視感慨，泫然久之。若歸羌廬以視西坡，當同此嘆也〔一〕。

校記 〔一〕底本文末原注：「愚叟謂呂子約，晚謫高安，寓大愚寺，自號大愚老叟。西坡謂黃商伯。」

編年 據文中所署。

跋劉子勉行狀 慶元五年

余自爲童子時，得見大夫公於病翁先生之側，聞其自誦所爲程試之文，意氣偉然，音節華暢，已知敬愛其人。後因葬親於公之鄉，始得從公游好款密，見公居家居鄉言行之詳。及聞其所以施於官政者，表裏殫盡，莫非忠厚信實、慈惠恭儉之意，於是始益心服其爲人。及公之没，其諸子示以此書，蓋將使志其墓。會余方有幽憂之疾，不遑序次。然三復其文，而參以平生所聞見，蓋無一詞之非實也。顧念歲月逾邁，後生之及見前輩者日加少，而俗愈媮也，爲之太息而識其後云。新安朱熹書。

編年　據前後篇編序。

跋吉水周君家藏訴牒　慶元五年三月

吉水鄉貢周君訴牒七通，其家寶藏閲八世，餘二百年矣，覽者不暇尋其端原。一旦，丞相益國公表而出之，爲之稽考歲年，推校事實，上及正朔名諱，至纖至悉，於是周君之事得以備見其本末，其後之人可以益嚴奉守，而無所事於他求矣。而其孫洽乃遍以屬其鄉黨知名之士，悉使贊述而揄揚之，是則已病於贅；而意猶未已，又復不遠千里，夤緣紹介以諉於余，此其爲贅，豈不又甚矣。余欲謝而却之，又念無以答其累舍重跰之勤，乃書此以諗焉。生其持歸，杜門讀書，求其所未學者，以繼乃祖之業，毋庸復爾奔走請謁，而求無所用之跋語，以老歲月爲也。噫，若余之言，固亦無所用者，然使生因是而有發焉，則猶足爲有用也夫！慶元己未三月甲子，新安朱熹。

編年　據文中所署。

跋山谷草書千文　慶元五年十一月十六日

李端叔崇寧三年八月一日題云：「紹聖中，詔元祐史官甚急，皆拘之畿縣，以報所問，例悚息失據。獨魯直隨問爲報，弗隱弗懼，一時栗然，知其非儒生文士而已也。」

紹聖史禍，諸公置對之辭，今皆不見於文集，獨嘗於蘇魏公家得陸左丞畫一數條，皆詆元祐語也。其間記黃太史欲書王荆公「勿令上知」之帖，而已力沮止之。黃公争辨甚苦，至曰：「審如公意，則此爲佞史矣。」是時陸爲官長，以是其事竟不得書，而黃公猶不免於後咎。然而後此又數十年，乃復賴彼之言，而事之本末因得盡傳於世，是亦有天意矣。惜乎秉史筆者不能表而出之，以信來世，而顧獨稱其詞筆以爲盛美。因觀此卷李端叔跋語，爲之感慨太息，輒記其後。若其書法，則世之有鑒賞者自能言之，故不復及云。慶元己未十一月既望，雲谷老人朱熹記。

編年 據文中所署。

跋陳光澤家藏東坡竹石〔一〕 慶元五年十一月十六日

東坡老人英秀後凋之操，堅確不移之姿，竹君石友，庶幾似之。百世之下，觀此畫者尚可想見也。

校記 〔一〕此跋贊頌蘇軾節操，與朱熹一貫議論不符，疑非熹作。

編年 據前後篇編序，此跋若確爲朱熹所作，則當上下篇同日，姑繫於此。

跋陳大夫詩 慶元五年十一月十六日

常人之情，小有一善，則自視哆然若有餘，而其責報也，欿然常若有所不足。所以善日消而惡日長，卒以陷溺於利欲之橫流而不自知也。大夫陳公廉靖自守，不肯屈意權門，寧俯首於下寮，終身而不悔。比其晚歲，僅以年勞得官其世，而所以省身知足之意，見於短章者乃如此，其志念之所存，與庸者遠矣。嗚呼，子孫之賢，其亦深念而敬守之也哉！慶元己未十一月既望，新安朱熹識。

編年　據文中所署。

跋進賢傅君行實 慶元五年十一月

從政進賢傅君既没，將葬，其子脩抱其行實一通，不遠千里，辱以顧予，流涕言曰：「先人蚤歲有志功名之會，中間不幸遭罹國難，蓋嘗解儒服以事戎行，實從宣撫岳公轉戰許、洛之間，屢以捷告。上功未報，而南北通和，岳公遂罹讒口，失兵柄，得奇禍。先人爲之感慨憤激，棄其官勛以歸故里，復治家人生産作業，教子讀書，酌酒賦詩，以自排適，翛然不知其身之老也。晚值慶恩，三蒙錫命之寵，遂易文階，老壽康寧，閭里嗟嘆。今者不幸至於大故，不肖之孤銜哀忍死，以奉窀穸之事，既有期矣，顧恨未得當世之大人君子發其潛德之幽光，傳之久遠，以覆露其後嗣，是以匍匐而來，再拜以請於執事。惟公幸哀而與之銘，則死者有知，亦無恨於泉下矣。」予視其冠屨應禮，而戚容與之稱，言詞懇愨，情旨酸辛，爲惻然動心焉，知其平日習於賢父兄之教訓也。以是雖不及識傅君，而於此得其爲人。顧念罪戾之餘，言語不足以取重當世，而疾病摧頽，意緒荒忽，亦無復心力可以治筆研、作文詞矣。特以其遠來泣請之哀，不可以不答也，因爲書此於行狀之後，使并以視來者云。慶元己未十一月辛丑，新安朱熹書。

編年 據文中所署。

跋大父承事府君行狀慶元五年十二月

右先大父贈承事郎府君行狀，先君太史、吏部、贈通議大夫君所撰也。當時既以請銘於政和主簿盧君點，未及礱石而群盜蜂起，文書散逸，於今僅存半稿，不可復刻矣。熹竊惟念吾家自歙入閩，而府君始葬於此，不可使後之子孫不知其時世歲月與其所以積德垂慶、開祐後人之深意，敬立石表，刻狀下方，立於墓左。先世墳廬在婺源者，及祖妣孺人以下别葬所在，亦具刻於碑陰，使來者有考焉。盧君字師予，老儒博學，清謹有馴行。定宅者弋陽金生，字確然，亦廉節士，頗通方外之學，姓字皆見先集云。慶元五年十有二月甲子，孝孫具位熹謹記。

編年 據文中所署。

跋楊子直所賦王才臣絶句慶元六年正月二十八日

王摩詰輞川漆園詩云：「古人非傲吏，自闕經世務。偶寄一微官，婆娑數株樹。」余深愛之，而以語人，輒無解余意者。今讀子直此詩，而於南谷之篇竊有感焉，因識其後。復以寄才臣，果以爲何如也。慶元庚申正月二十八日，晦翁書。

楊詩曰：「南山高且明，其下有深谷。文豹識顯藏，終朝霧如沐。」

編年 據文中所署。

跋黄壺隱所藏師説 慶元六年二月八日

盱江黄棆達材以其先君子壺隱居士手抄此册見示，乃熹昔年所受師説。手書居前，記録在後，伏讀愀然，如復得侍坐左右而聞其緒言也。顧恨慵惰，不能拳拳服膺，以報萬一，而荒淺昧陋，趣録之際，又不能無失其深微之意。三復以還，不勝悚愧。然觀壺隱好學自强，樂善不倦，乃至於此，熹雖不及識面，而於此亦足以窺其所存矣。因竊記其後而歸之。達材昆弟其亦寶藏敬守，精究而勉學焉，以無忘前人之訓。慶元庚申二月八日，新安朱熹謹書。

編年 據文中所署。

跋袁州萍鄉縣社倉記 慶元六年二月

萍鄉胡君安之來學於余，一日，致其鄉人士君子之意，欲余爲之記其社倉之役。及扣其詳，則出是書一卷曰：「此邑士鍾君詠之所爲也。是倉之成，鍾君及彭君公脩實有力焉，故所登載詳悉如此。」余固嘉其敏於事，而又能述以文也。因念紹熙甲寅之歲赴鎮長沙，道出兹邑，邑之士子導余以觀於其學而請記之。及行堂序間，則既有亡友劉君清之之刻在焉。余拱而讀，顧而嘆曰：「美哉乎子澄之言也！諸君日誦而時省之，則亦無以余言爲矣。」即謝去不敢爲，而諸生至今猶有望於余也。矧曰是倉之成，既出鍾君之手，而此文又出其筆，則亦何以異於學之有記，而復何待於余言哉。又況天下之事，是非得失固有定在，而其盛衰興廢，亦有繫於時勢而不可常者。顧余之衰謝淪落，徒足以爲是倉之累，而不足以增其重，諸君亦何所賴而求之若是其勤耶。爲諸君計，莫若具刻鍾君之記以示後人，使讀之者有以知其成之之不易如此而不忍壞焉，斯亦足矣。胡君告歸，因跋其尾以授之，且以寄謝庠序諸君，使毋忘子澄之教也。慶元庚申二月辛巳春分，晦庵病叟朱熹書。

編年　據文中所署。

跋周司令所藏東坡帖 慶元六年五月一日

蘇公翰墨爲世寶藏，故流俗多僞作者。余家有其與德叟先輩書兩紙，詞意超然，筆勢飛動，觀者尚或疑之，余亦不能辨也。今觀作肅所藏，源流有自，而二公賞識又如此，其亦可以無疑矣。五月朔日，朱熹云。

編年　據文中所署。

跋章國華所集注杜詩淳熙中

章國華過予山間，出所集注杜詩示予。其用力勤矣，然其所引東坡事實者，非蘇公作，聞之長老，乃閩中鄭昂尚明僞爲之。所引事皆無根據，反用杜詩見句增減爲文，而傳其前人名字，託爲其語，至有時世先後顛倒失次者。舊嘗考之，知其決非蘇公書也。況杜詩佳處，有在用事造語之外者，唯其虛心諷詠，乃能見之。國華更以予言求之，雖以讀三百篇可也。朱熹仲晦書。

編年 文集卷六有和章國華祈雨呈平父諸兄三首，作於淳熙十二年劉玶卒之前。文集及國華者僅此兩見，故此跋或當與彼篇相先後，姑繫於此。

題林汝器論語集説後乾道中

友人范百崇嘗爲予言，語、孟聖賢之言，本自平易，又有諸先生相爲發明，義理昭著如日星。然學者體味於心，念念不已，自然血脉通貫，無所底滯，然後可言有益於吾身。不然，涉獵强記，無沉浸醲鬱之功，則其所資亦淺淺焉耳。予愛其言，因書於林汝器所編論語説後。汝器以此説驗之，則其所編之是非得失當自見矣。

編年 文集卷三十九答許順之十五云：「徐、柯二丈及汝器、近思諸友相聚説何等話？」答王近思一云：「汝器諸友相聚，日所講者何事？」二書皆作於乾道四年，此篇或與相先後。

題李太白詩慶元五年十一月十六日

世道日交喪，澆風變淳原。不求桂樹枝，反棲惡木根。所以桃李樹，吐華竟不言。大運有興没，群動若飛奔。歸來廣成子，去入無窮門。

林光之携陳光澤所藏廣成子畫像來看，偶記太白此詩，因寫以示之。今人捨命作詩，開口便説李、杜，以此觀之，何曾夢見他脚板耶。

編年 本卷前有跋陳光澤家藏東坡竹石，作於慶元五年十一月十六日。此篇所跋同爲陳光澤所藏，應爲同時所作。

書周易參同契考異後慶元五年春

右周易參同契，魏伯陽所作。魏君，後漢人，篇題蓋放緯書之目，詞韻皆古奥，雅難通。讀者淺聞，妄輒更改，故比他書尤多舛誤。今合諸本更相讎正，其間尚多疑晦，未能盡祛。姑據所知寫成定本，其諸同異因悉存之，以備參訂云。空同道士鄒訢。

編年 據年譜長編。

題不養出母議後紹熙末至慶元間

禮不著嫁母之服，而律令有之。或者疑其不同，以予考之，禮於嫁母雖不言親，而獨言繼，又著出母之服焉，皆舉輕以明重〔一〕，而見親母之嫁者尤不可以無服，與律令之意初不殊也。又於爲父後者，但言出母之無服，而不及嫁母，是亦舉輕以別重，而見嫁母之猶應有服也。余觀余正父之所辨，貢士之妾母雖非父卒子幼而更嫁，然無七出之罪，而其去也有故，則其實乃嫁母而非出也。樂平令尹所論之失，正坐以嫁母爲出母，謂有服爲無服，而正父之辨之也，亦唯此二者之爲急耳。今乃獨有「是嫁母也」之一言，而不論其所以不爲出而猶有服者，顧反題其篇端曰「不養出母」，又但論其與古之出母者不同，而不可從於不喪之文，則亦自相矛盾，而反以證成令尹之誤説矣。予懼夫覽者之不能無疑，故書此以質焉。正父雖不能深明其不爲出母，然亦不敢正以出母目之。但篇末一處有「不養出母」字，而自改「出」字爲「生」字，亦可見其大指之所在矣。但少著力，分明説破耳。抑正父之欲使夫人養是母也，將使如何而養之耶？予聞之，母嫁而子從者，繼父爲之築廟於家門之外，使其子祀之，而妻不敢與焉。説者以爲恩雖至親，族已絶矣，夫不可二故也。此則是嫁母者生不可以入於廟，死不可以祔於廟，而亦不可以養於家矣。爲之子者，率其婦子就母之家，或舍其側而養之，則於禮也其節矣乎。或曰：「此爲母之有家者言之，則可矣，不幸而無以爲家，則如之何？」築室於外可也。

校記 〔一〕舉：宋浙本作「序」。

編年 文集中多有及余正父者，綜考之，朱熹與交約在紹熙末至慶元間，見文集卷五十二答吴伯豐十二、十五、十九，卷五十九答趙恭父三，卷六十答朱朋孫，卷六十三答余正甫諸書，卷七十一偶讀漫記，續集卷一答黄直卿、卷八答馮奇之等。據以繫之。

評論 周大璋朱子古文讀本卷六題不養出母議後：援引經律，斟酌情理，毫髮無憾，方爲述作大手。

書張伯和詩詞後淳熙七年

右紫微舍人張伯和父所書其父子詩詞以見屬者，讀之使人奮然有擒滅雠虜、掃清中原之意。淳熙庚子，刻置南康軍之武觀，以示文武吏士。

編年 據文中所署。

跋徐騎省所篆項王亭賦後淳熙八年十一月

騎省自言晚乃得謞匾法〔一〕，今觀此卷縱橫放逸，無毫髮姿媚意態，其爲老筆亡疑。淳熙辛丑仲冬乙酉，新安朱熹觀汪伯時所藏於西安浮石舟中。

校記 〔一〕謞：原作「請」，據宋閩、浙本改。

編年 據文中所署。

跋蘭亭叙淳熙九年

觀王順伯、袁起巖論蘭亭序，如尤延之著語，猶未免有疑論，余乃安敢復措説於其間？但味務觀之言，亦復慨然有楚囚之嘆耳。朱熹。

編年　據年譜長編。

跋汪季路所藏其外祖湍石喻公所書文中子言行卷後 淳熙九年十二月

玉泉喻公手書王文中子言行以授其外孫，其可謂不言之教矣。後學朱熹敬觀。淳熙壬寅十二月庚申。

編年　據文中所署。

跋泰山秦篆譜 慶元元年五月

乾道丁亥，予訪張敬夫於長沙。一日，相與謁劉子駒丈，閲其先世所藏法書古刻，及近世諸公往來書帖，竟日不能遍。因出泰山秦篆譜，曰：「此雖墨本，然舊藏僅存此紙。頃歲有欲取以入石者，顧手澤所在，不忍壞，遂已。」獨學易、養性二篇乃重刻本，因取以見遺，予受藏之。後累年乃得篆譜新本於汪季路，不知其何從得本以刻也。因合二書，通爲一卷，追省前事，如宿昔也。劉丈多聞强記，清貧苦節，少仕州縣，遇熙、豐故家子孫輒引避，饘粥不繼，或僵卧終日，而處之泰然。相見時已老，尚能談説往事，滚滚不休，氣貌醇古自然，有前輩風度。今不復有斯人矣。去歲守潭，俯仰昔游，幾閲一世，劉丈與敬夫逝去皆已久，而劉氏子姪無欲無咎，獨能閉門忍窮，謹守家法，又足令人感慨太息云。明年慶元改號，歲在乙卯，五月丁未，病中讀養性語，因記其後。

編年 據文中所署。

跋蔡藻筆 慶元二年十二月

蔡藻造筆，能書者識之，此故沅州吕使君語也。因試其所製棗心樣，喜其老而益精，并深山陽鄰笛之感。慶元丙辰冬至前五日，晦翁書。

編年 據文中所署。

題袁機仲所校參同契後 慶元三年八月七日

予頃年經行順昌，憩篔簹鋪，見有題「煌煌靈芝，一年三秀。予獨何爲？有志不就」之語於壁間者，三復其詞而悲之，不知題者何人，適與予意會也。慶元丁巳八月七日，再過其處，舊題固不復見，而屈指歲月，忽忽餘四十年，此志真不就矣。道間偶讀此書，并感前事，戲題絶句：「鼎鼎百年能幾時，靈芝三秀欲何爲？金丹歲晚無消息，重嘆篔簹壁上詩」。晦翁。

編年 據文中所署。

跋周益公楊誠齋送甘叔懷詩文卷後 慶元五年四月

退傅精勤小物，無有入於無間。老監縱横妙用，諸相即是非相。且道二公用處，是同是別？

叔懷於此卷中直下薦得，不妨奇特。如或未然，待汝一口吸盡西江水，即向汝道。慶元己未四月甲申，朱熹。

編年　據文中所署。

跋陳剛中帖 慶元五年十月

陳剛中詩，諸公跋語已具見其顛末。周君季宏持以示余，使題於後。顧熹復何能有所發明？但計紹興庚申距今己未，六甲五子，適一周矣。胡、陳雖死，尚有生氣，而彼紛紛者，果安在哉。嗟嘆不足，姑竊識其左方。十月甲子，雲谷老人朱熹書。

編年　據文中所署。

記游南康廬山〔一〕 淳熙六年五月五日

晦翁與程正思、丁復之、黃直卿俱來覽觀江山之勝，樂之忘歸。時淳熙己亥重午日，翁子在、甥魏恪侍行。

校記　〔一〕宋浙本此篇在文集卷七十八「記」類。此文又見別集卷七題叠石庵。

編年　據文中所署。

書濂溪光風霽月亭〔一〕 淳熙八年四月六日

淳熙八年，歲在辛丑，夏四月六日辛亥〔二〕，後學朱熹、劉清之〔三〕、張揚卿、王沆、周頤、林用中、趙希漢〔四〕、陳祖永、許子春、王翰、余隅、陳士直、張彥先、黄榦，敬再拜於濂溪先生書堂下〔五〕：惟先生承天畀、系道統，所以建端垂緒，啓佑於我後之人者，厥初罔不在斯堂，用咸嘆慕低回，弗忍去。熹乃復出所誦説先生太極圖，贊其義以曉衆，咸曰休哉。退，先生之曾孫正卿、彥卿，玄孫濤設饌光風霽月亭，祁真卿、吴兼善、僧志南與熹敬書以誌。

校記

〔一〕宋浙本此篇在卷七十九「記」類。

〔二〕辛亥：原缺，據宋刻本元公周先生濂溪集卷八補。

〔三〕劉清之：原缺，據右引補。

〔四〕趙希漢：原缺，據右引補。

〔五〕書堂：右引作「祠」。

編年 據文中所署。

游密庵記〔一〕 淳熙八年七月

淳熙辛丑秋七月癸未，朱仲晦父、劉彥集、敬父、平父、黄德遠、方伯休、陳彥忠來游密庵。仲晦父之子塾、在，彦集之子瑾，平父子侄學雅、學文、學古、學博、學裘侍。向夕，冒大雨，涉重澗，登晝寒亭，觀瀑布壯甚。明日，仲晦父復與彦集、平父步自野鶴亭，下尋澗底，得水石佳處三四，規築亭以臨之。而陳力就深父繼至，見之，欣然許相其役，遂復登晝寒。會雨小霽，日光璀璨，尤覺雄麗。歸飲清湍，以「崇山峻嶺，茂林修竹，清流激湍，映帶左右」分韻賦詩。明日，復循澗疏理泉石，飲罷而還。道人宗慧、宗歸有約不至。

校記　〔一〕宋浙本此篇在卷七十九「記」類。

編年　據文中所署。

朱熹文集編年評注卷八十五

銘箴贊表疏啓婚書上梁文

講座銘〔一〕 紹興二十四年五月

紹興二十三年，新安朱熹仲晦來爲吏於同安，而兼領其學事。越明年五月，新作講座，以臨諸生。顧其所以作之意，不可以不銘。銘曰：

師道絶塞，以圮其居。今其言言，亦莫我敢都。前聖後師，文不在茲。如或見之，有儼其思。立之堂壇，惟以有嚴。厥臨孔昭，式訛爾瞻。

校記 大同集卷三題下注：「書寫銘模在縣學講座。」

編年 據文中所署。

四齋銘〔一〕 紹興二十四年

志道

曰趨而揭者，孰履而持？曰饑而寒者，誰食而衣？故道也者，不可須臾離。子不志於道，獨罔罔其何之！

據德

語道術，則無往而不通；談性命，則疑獨而難窮。惟其厚於外而薄於内，故無地以崇之。

依仁

舉之莫能勝，行之莫能至。雖欲依之，安得而依之？「爲仁由己，而由人乎哉。」雖欲違之，安得而違之？

游藝

禮云樂云，御射數書。俯仰自得，心安體舒。是之謂游，以游以居。嗚呼游乎，非有得於內，孰能如此其從容而有餘乎。

校記 〔一〕大同集題首有「縣學」二字。

編年 據年譜長編。

評論 黄榦勉齋先生黄文肅公文集卷二十代書晦庵先生四齋箴：晦庵先生以紹興癸酉主簿茲邑，時年二十有二也。其拳拳於學校之教悉矣，而又爲此銘以誨學者，欲其目之所睹、耳之所聞無適而非義理之歸。今誦其言以考其所用心，蓋有老儒之所不能道而大吏之所不暇及者。雖其天資絶人，難以企望，而志學之早、愛人之切，學者其可不思所以自奮哉？某疏繆不學，試邑於茲，惕然無以奉承先生之所爲銘如此，而又懼其無傳也，因取先生所爲白鹿洞學規并刻之，以諗同志，而亦以自警云。紹熙甲寅三月朔，門人余元一謹書。

鼓銘 紹興二十四年

擊之鏜兮，朝既暘兮，巧趨蹌兮〔一〕。

校記 〔一〕此句大同集卷三作：「進斯堂兮，德音將兮，思與子偕臧兮。」

編年 據年譜長編。

評論 黄氏日抄卷三十六：皆先生弱冠主同安簿時之爲也，後學可以自勵矣。

至樂齋銘 紹興二十六年

葉學古讀書蕭寺，取歐陽子詩語名其室曰「至樂」，紫陽朱熹仲晦父實爲之銘：

呻吟北窗，氣鬱不降〔一〕。我讀我書，如病得甦。客問此書，中作何味？君乃嗜之，如此其至。趣爲子語，無味乃然。是有味者，乃痼乃羶。天下之樂，我不敢知。至歐陽子，乃陳斯詩。我思古人，實感我心。惟曰愔愔，式鈎且深。

校記　〔一〕降：原作「舒」，據宋閩、浙本改。

編年　據年譜長編。

南劍州尤溪縣學明倫堂銘 乾道九年十月

天叙有典，匪學弗明。我作此堂，大猷是經。匪忠曷勸？匪孝曷程？咨爾學子，永觀厥成。

編年　據年譜長編。

又四齋銘 乾道九年十月

崇德

尊我德性，希聖學兮。玩心神明，蛻污濁兮。

廣業

樂節禮樂，道中庸兮。克勤小物，奏膚公兮。

居仁

勝己之私，復天理兮。宅此廣居，純不已兮。

由義

羞惡爾汝，勉擴充兮。遵彼大路，行無窮兮。

編年 據年譜長編。

學古齋銘 淳熙三年三月

浦城周侯嗣恭葺其先大父徽猷公所作學古齋，以教齊宗族子弟，新安朱熹爲題其榜。周侯又來請銘，則推其意，乃作銘曰：

相古先民，學以爲己。今也不然，爲人而已。爲己之學，先誠其身。君臣之義，父子之仁。聚辨居行，無怠無忽。至足之餘，澤及萬物。爲人之學，燁然春華。誦數是力，纂組是誇。結駟懷金，煌煌煒煒。世俗之榮，君子之鄙。維是二者，其端則微。眇綿弗察，胡越其歸。卓哉周侯，克承先志。日新此齋，以迪來裔。此齋何有？有圖有書。厥裔斯何〔一〕？衣冠進趨。夜思晝行，咨詢謀度。絕今不爲，惟古是學。先難後獲，匪亟匪徐。我其銘之，以警厥初。

校記　〔一〕斯：性理群書句解卷三作「伊」。

編年　據年譜長編。

評論　黄氏日抄卷三十六：學古齋銘，爲周嗣恭作；敬恕齋銘，爲陳師中作；求放心齋銘，爲程正思作。皆切己工夫之語，亦隨其人之資而告之。敬齋箴則先生自警者，作聖工夫於斯爲至。

尊德性齋銘淳熙三年六月

内弟程允夫以「道問學」名齋，予謂當以「尊德性」易之。允夫請銘，因爲作此：

維皇上帝，降此下民。何以予之？曰義與仁。維義與仁〔一〕，維帝之則。欽斯承斯，猶懼弗克。孰昏且狂，苟賤污卑。淫視傾聽，惰其四肢。褻天之明，慢人之紀。甘此下流，衆惡之委。我其監此，祗栗厥心。有幽其室，有赫其臨。執玉奉盈，須臾顛沛。任重道遠，其敢或怠。

校記　〔一〕維：四庫全書本及正訛作「維」。

編年　據年譜長編。

評論　尊德性齋小集附惲敬曉湖尊德性齋記：宋程允夫先生居婺源之韓溪，其讀書之齋名曰「道問學」，朱子易之曰「尊德性」而銘之。……朱子此銘，平正而切近，然平日言存養，而曰提撕，曰管帶，不以大力全功言之，於義有未備焉，不可不察也。

敬恕齋銘 乾道中

莆陽陳師中讀書之室，新安朱熹題以「敬恕」，且爲之銘：

出門如賓，承事如祭。以是存之，敢有失墜？己所不欲，勿施於人。以是行之，與物皆春。胡世之人，恣己窮物，惟我所便，謂彼奚恤。孰能反是，斂焉厥躬。於墻於羹，仲尼子弓。内順於家，外同於邦。無小無大，罔時怨恫。爲仁之功，曰此其極。敬哉恕哉，永永無斁。

編年 陳師中名守，陳俊卿第二子，淳熙中嘗爲宗正寺簿、知州郡。此銘其讀書之室，當在其未出官之時。朱熹與陳俊卿交厚，相識甚早，其祭陳福公文有「我從公游，出入三紀」之語，則紹興末當已熟識。然考文集中與陳書其早者在乾道初，故此篇或當作於其時。

評論 黄氏日抄卷三十六：學古齋銘，爲周嗣恭作；敬恕齋銘，爲陳師中作；求放心齋銘，爲程正思作。皆切己工夫之語，亦隨其人之資而告之。敬齋箴則先生自警者，作聖工夫於斯爲至。

求放心齋銘 淳熙中

番陽程正思作求放心齋，汪子卿、祝汝玉既爲之銘，新安朱熹掇其遺意，復爲作此：

天地變化，其心孔仁。成之在我，則主於身。其主伊何？神明不測。發揮萬變，立此人極。晷刻放之，千里其奔。非誠曷有？非敬曷存？孰放孰求？孰亡孰有？詘伸在臂，反覆惟手。防微謹獨，兹守之常。切問近思，曰惟以相之。

編年 據文集卷九十程君正思墓表，正思始見朱熹於婺源，時爲淳熙三年。卷五十四答汪子卿云「一別累年」，此書作於淳熙七年，則識子卿當亦在淳熙三年歸婺源展墓時。後朱熹知南康，正思嘗往見之。此篇必此數年中所作。

評論 黄氏日抄卷三十六：學古齋銘，爲周嗣恭作；敬恕齋銘，爲陳師中作；求放心齋銘，爲程正思作。皆切己工夫之語，亦隨其人之資而告之。敬齋箴則先生自警者，作聖工夫於斯爲至。

書字銘 淳熙以前

明道先生曰：「某書字時甚敬，非是要字好，只此是學。」

握管濡毫，伸紙行墨。一在其中，點點畫畫。放意則荒，取妍則惑。必有事焉，神明厥德。

編年 文集卷五十八答鄧衛老一作於淳熙二年以後，乃答問近思録。鄧問云：「明道先生曰：『某寫字時甚敬，非是要字好，只此是學。』絅謂此正在勿忘勿助之間也。今作字匆匆，則不復成字，是忘也。或作意令好，則愈不能好，是助也。以此知持敬者正勿忘勿助之間也。」朱熹答云：「若如此説，則只是要字好矣，非明道先生之意也。」細味此銘，似與所批之鄧説實無大異，故當作於答鄧書之前，爲其早年理解也。姑置淳熙以前。

劉屏山復齋蒙齋二琴銘 紹興二十九年

屏山先生之琴二，其嗣子玶葆藏之〔一〕。門人朱熹敬爲作銘：

匪金匪石，含玉真兮〔二〕。雷伏於腹，閟其神兮。砰然一作〔三〕，萬物皆春兮。我覿器寶，懷若人兮。主静觀復，修厥身兮。與時偕詘，而不及其伸兮。復齋

抑之幽然者，若直其遇險而止〔四〕；寫之泠然者，若導其出山之泉。蓋先生之言，不可得而聞矣。若其亨貞之意，則託兹器而猶傳。蒙齋

校記 〔一〕葆：淳熙本作「寶」。

〔二〕玉：右引作「至」。

〔三〕砰：右引作「硜」。

〔四〕直：右引作「覿」。

編年 據年譜長編。

黄子厚琴銘 紹興末

黄子琴號純古，晦翁銘之：

無名之樸，子所琴兮。扣之而鳴，獲我心兮。杳而弗默，麗弗淫兮。維我知子，山高而水深兮。

編年 文集卷七十六黄子厚詩序云：「余年十五六時，與子厚相遇於屏山劉氏之齋館，俱事病翁先生。」子厚卒於慶元五年，蓋與朱熹爲終身之友。其人善琴，朱熹詩中屢屢言及，最早者爲紹興二十三年所作之懷子厚。是朱熹爲其銘琴當甚早。參以上篇，或在紹興末也。

紫陽琴銘〔一〕 紹興二十三至二十七年

養吾中和之正性〔二〕，禁爾忿欲之邪心。乾坤無言物有則，我獨與子鈎其深。

校記 〔一〕大同集此題爲「聽道人彈琴」。

〔二〕吾：原作「君」，據大同集卷一改。

編年 本篇收入大同集，故知其爲同安所作。以下三篇疑亦一時之作也。年譜長編疑其作於乾道八年，未見其據。

尺　銘 紹興末

有矗其經，有棘斯緯。字體變化，忽與神會。倨句如矩，其繩則直。我端我躬，允相兹尺。

編年 見上篇所考。

又 紹興末

魯曾氏，作斯器。正文字，畀來系。

編年　見上篇所考。

窗銘紹興末

言思毖，動思躓，過思棄。端爾躬，正爾容，一爾衷。

編年　見上篇所考。

寫照銘乾道九年

乾道九年，歲在癸巳，予年四十有四，而容髮凋悴遽已如此。然亦將修身以畢此生而已，無他念也。福唐□□元爲予寫照，因銘其上，以自戒云：

端爾躬，肅爾容。檢於外，一其中。力於始，遂其終。操有要，保無窮。

編年　據文中所署。

題魏府藏趙公飲器慶元二年至慶元六年

趙公飲器魏府藏，我思兩公愛甘棠。惟魏子孫寶無斁，敬奉其盈如弗克。平陵朱熹拜手書。

編年　此與下篇同時所作。趙公指趙汝愚，魏國公指陳俊卿。二公皆嘗帥福建，故文云「我思兩公愛甘棠」。言思則其人已逝。趙汝愚卒於慶元二年，則二銘作於是年至朱熹去世之前可知。

魏國公府犀爵銘 丞相趙公所餽公者　慶元二年至六年

天水公，屹堂堂。舉兕爵，孰敢當。惟魏公，一心膂。受藏之，永終古。後之人，奉其盈。如不克，視熹銘。

編年　見上篇所考。

懷玉硯銘 慶元三年三月

我輯墜簡，大法以存。孰摯其寶，使與斯文？點染之餘，往壽逋客。墨爾毫端，毋俾玄白。慶元丁巳三月庚子。

懷玉南谿近出此石，徐斯遠以予方討禮篇，持以爲贈。會分半稿以屬吕子約於高安，因掇寄之。慶元强圉大荒落日南至，晦翁記。

編年　據文中所署。

藏書閣書厨字號銘 慶元中

於穆元聖，繼天測靈。出此謨訓，惠我光明。永言寶之，匪金厥籝。含英咀實，百世其承。

編年　作年未詳。然以排序觀之，其爲銘類之末篇，或當作在慶元中也，姑置於此。

敬齋箴 乾道八年十月

讀張敬夫主一箴，掇其遺意，作敬齋箴，書齋壁以自警云：

正其衣冠，尊其瞻視。潛心以居，對越上帝。足容必重，手容必恭〔一〕。擇地而蹈，折旋蟻封。出門如賓，承事如祭。戰戰兢兢，罔敢或易。守口如瓶，防意如城。洞洞屬屬，罔敢或輕。不東以西，不南以北。當事而存，靡他其適。弗貳以二，弗參以三〔二〕。惟精惟一，萬變是監。從事於斯，是曰持敬。動静無違，表裏交正。須臾有間，私欲萬端。不火而熱，不冰而寒。毫釐有差，天壤易處。三綱既淪，九法亦斁。於乎小子，念哉敬哉。墨卿司戒，敢告靈臺。

校記 〔一〕手：淳熙本作「直」。

〔二〕弗：右引作「勿」。

編年 據年譜長編。

評論 黄氏日抄卷三十六：敬齋箴則先生自警者，作聖工夫於斯爲至。

吴澄題朱文公敬齋箴後：敬齋箴，朱子作，凡十章，章四句。其一言静無違，其二言動無違，其三言表之正，其四言裏之正，其五言心之無適而達於事，其六言事之主一而本於心，其七總前六章，其八言心不能無適之病，其九言事不能主一之病，其十總結一篇。其言持敬工夫，周且悉矣。

劉洪謨叙朱子文集大全：敬亦有辨，敬有死敬，如守兀坐爲敬，遇事不濟之以義，容貌辭氣不加檢省，雖敬不活，須臾有間，私欲萬端，則敬齋箴不可不讀。

（日）山崎嘉山崎闇齋全集垂加文集中之二敬齋箴序：人之一身，五倫備焉，而主乎身者心也，是故心敬則一身修而五倫明矣。程子曰：「主一之謂敬，無適之謂一。」此合動静表裏言之。朱子此箴凡十章，自首章至第六章言持敬之目，次一章結前六章，其曰「從事」者，「必有事焉」之意。能如是，則動静無違，表裡交正，何身之不修、倫之不明之有？次二章言不敬之害。夫須臾之間，毫釐之差，豈可忽哉！苟忽，則一身無主，而爲君不足爲臣綱，爲父不足爲子綱，爲夫不足爲妻綱。且臣弑其君，子弑其父，佛氏一切殄滅五倫，非一朝一夕之故，其所由來者漸矣。末章總結一篇。嗚呼！丁寧訓戒，至爲親切，願治之君、志學之士所當拳拳服膺而弗失也。明暦改元夏四月十三日，山崎嘉敬義序。

（日）山崎嘉山崎闇齋全集垂加文集中之二同跋：予教二三子讀敬齋箴，而搜輯朱先生以下數儒之言及於此者，分註附録，以與之矣。夫持敬之方，誠如先生跋主一箴，然尚妄爲之者，亦欲反復往來於其中，有心熟之功也。小子思之。若夫草廬之爲陸學也，前輩定論既是云云，小子勿以其言輙信其人。辛卯冬至日，敬義跋。

調息箴 慶元三年

鼻端有白，我其觀之。隨時隨處，容與猗移。静極而噓，如春沼魚。動極而翕，如百蟲蟄。氤氲開闢，其妙無窮。孰其尸之，不宰之功。雲卧天行，非予敢議。守一處和〔一〕，千二百歲。

校記　〔一〕宋浙本此句下小注：「一作『希廣成子』。」

編年　據年譜長編。

易五贊 淳熙十三年

原象

太乙肇判，陰降陽升。陽一以施，陰兩而承。惟皇昊羲，仰觀俯察。奇耦既陳，兩儀斯設。既榦乃支，一各生兩。陰陽交錯，以立四象。奇加以奇，曰陽之陽。奇而加耦，陽陰以章。耦而加奇，陰内陽外。耦復加耦，陰與陰會。兩一既分，一復生兩。三才在目，八卦指掌。奇奇而奇，初一曰乾。奇奇而耦，兑次二焉。奇耦而奇，次三曰離。奇耦而耦，四震以隨。耦奇而奇，巽居次五。耦奇而耦，坎六斯睹。耦耦而奇，艮居次七。耦耦而耦，八坤以畢。初畫爲儀，中畫爲象。上畫卦成，人文斯朗。因而重之，一貞八悔。六十四卦，由内達外。交易爲體，往此來彼。變易爲用，時静而動。降帝而王，傳夏歷商。有占無文，民用弗彰。文王繫彖，周公繫爻。視此八卦，二純六交。乃乾斯父，乃坤斯母。震、坎、艮男，巽、離、兑女。離南坎北，震東兑西。乾、坤、艮、巽，位以四維。建官立師，命曰周易。孔聖傳之，是爲十翼。遭秦弗燼，及宋而明。邵傳羲畫，程演周經。象陳數列，言盡理得。彌億萬年，永著常式。

述旨

昔在上古，世質民淳。是非莫別，利害不分。風氣既開，乃生聖人。聰明睿智，出類超群。仰觀俯察，始畫奇耦。教之卜筮，以斷可否。作爲君師，開鑿户牖。民用不迷，以有常守。降及中古，世變風移。淳澆質喪，民僞日滋。穆穆文王，身蒙大難。安土樂天，惟世之患。乃本卦義，繫此彖辭。爰及周公，六爻是資。因事設教，丁寧詳密。必中必正，乃亨乃吉。語子惟孝，語臣則忠。鈎深闡微，如日之中。暨乎末流，淫於術數。僂句成敗，黄裳亦誤。大哉孔子，晚好是書。韋編既絶〔一〕，八索以祛。乃作彖、象，十翼之篇。專用義理，發揮經言。居省象辭，動察變占。存亡進退，陟降飛潛。曰毫曰釐，匪差匪謬。假我數年〔二〕，庶無大咎。恭惟三古，四聖一心。垂象炳明，千載是臨。惟是學者，不本其初。文辭象數，或肆或拘。嗟予小子，既微且陋。鑚仰没身，奚測奚究？匪警滋荒，匪識滋漏。維用存疑，敢曰垂後。

校記 〔一〕編：原作「綸」，據淳熙本、宋閩、浙本改。

〔二〕假：原作「加」，據淳熙本改。

明筮

倚數之元，參天兩地。衍而極之，五十乃備。是曰大衍，虚一無爲。其爲用者，四十九蓍。

信手平分，置右於几。取右一蓍，掛左小指。乃以右手，揲左之策。四四之餘，歸之於扐。初扐左手，無名指間。右策左揲，將指是安。再扐之奇，通掛之筭。不五則九，是謂一變。置此掛扐，再用存策。分掛揲歸，復準前式。三亦如之，奇皆四八。三變既備，數斯可察。數之可察〔一〕，其辨伊何？四五爲少，八九爲多。三少爲九，是曰老陽。三多爲六，老陰是當。一少兩多，少陽之七。孰八少陰，少兩多一。既得初爻，復合前蓍。四十有九，如前之爲。三變一爻，通十八變。六爻發揮，卦體可見〔二〕。老極而變，少守其常。六爻皆守〔三〕，彖辭是當。變視其爻〔四〕，兩兼首尾〔五〕。變及三爻，占兩卦體。或四或五，視彼所存。四二五一，二分一專。皆變而他，新成舊毁。消息盈虛，捨此視彼。乾占用九，坤占用六。泰愕匪人，姤喜來復。

校記 〔一〕此以上淳熙本文字迥異，兹録於後：「揲蓍之法，四十九莖。合而爲一，以意取平。分置兩手，左取一蓍，掛小指間，四數所持。最末之餘，或四或奇，歸於掛間，右亦如之。兩手所餘，通掛之算，不五則九，是謂一變。掛餘之外，復合爲一。中分不掛，四數如式。餘扐左手，無名指間，不四則八，再變成焉。三亦如之，扐左中指。三變既備，數斯可紀。」底本「取右一蓍」之「右」疑當依淳熙本作「左」。

〔二〕體：右引作「斯」。

〔三〕皆：右引作「既」。

〔四〕視：右引作「觀」。

〔五〕兼：右引作「至」。

稽類

八卦之象，説卦詳焉。考之於經〔一〕，其用弗專。象以情言，象以象告。惟是之求，斯得其要。乾健天行，坤順地從。震動爲雷，巽入木風〔二〕。坎險水泉，亦雲亦雨。離麗文明，電日而火。艮止爲山，兑説爲澤。以是舉之，其要斯得。凡卦六虚，奇耦殊位。奇陽耦陰，各以其類。得位爲正，二五爲中。二臣五君，初始上終。貞悔體分，爻以位應。陰陽相求，乃得其正。凡陽斯淑，君子居之。凡陰斯慝，小人是爲。常可類求，變非例測。非常曷變？謹此爲則。

校記　〔一〕於：淳熙本作「六」。

〔二〕入：右引作「順」。

警學

讀易之法，先正其心。肅容端席，有翼其臨。於卦於爻，如筮斯得。假彼象辭，爲我儀則。字從其訓，句逆其情。事因其理，意適其平。曰否曰臧，如目斯見。曰止曰行，如足斯踐。毋寬以略，毋密以窮。毋固而可，毋必而通。平易從容，自表而裏。及其貫之，萬事一理。理定既實，事來尚虚。用應始有，體該本無。稽實待虚，存體應用。執古御今，由静制動。潔静精微，是之謂易。體之在我，動有常吉。在昔程氏，繼周紹孔。奥旨宏綱，星陳極拱。惟斯未啓，以俟後人。小子狂簡，敢述而申之。

編年 文集卷四十六答吕子約六云「向於啓蒙後載所述四言數章説得似已分明，卒章尤切」，所謂「四言數章」即指此易五贊，是其初附於易學啓蒙之後，故王懋竑朱子年譜將其録於易學啓蒙序下。啓蒙成於淳熙十三年，據以繫之。

復卦贊〔一〕 淳熙中

萬物職職，其生不窮。孰其尸之？造化爲工。陰闔陽開，一静一動。於穆無疆，全體妙用。奚獨於斯，潛陽壯陰。而曰昭哉，此天地心？蓋翕無餘，斯闢之始。生意蓊然〔二〕，具此全美。其在於人，曰性之仁。斂藏方寸，包括無垠。有茁其萌，有惻其隱。於以充之，四海其準。曰惟兹今，眇綿之間。是用齋戒，掩身閉關。仰止羲圖，稽經協傳。敢贊一辭，以詔無倦〔三〕。

校記 〔一〕此題淳熙本作「復齋銘」。

〔二〕蓊：右引作「闔」。

〔三〕詔：原作「紹」，據右引及宋閩本改。

編年 文集卷五十七答陳安卿六有與安卿論復卦贊之問答，安卿於紹熙元年朱熹知漳州時從學，則此贊當作於是年之前。此篇收入淳熙本，又知其不得晚於淳熙十六年。要以作於淳熙中爲近也。

六先生畫像贊乾道九年十一月

濂溪先生

道喪千載，聖遠言湮。不有先覺，孰開我人？書不盡言，圖不盡意。風月無邊，庭草交翠。

明道先生

揚休山立，玉色金聲〔一〕。元氣之會，渾然天成。瑞日祥雲〔二〕，和風甘雨。龍德正中，厥施斯普。

校記〔一〕色：淳熙本作「質」。

〔二〕瑞：右引作「麗」。

伊川先生

規員矩方，繩直準平。允矣君子，展也大成。布帛之文，菽粟之味。知德者希，孰識其貴？

康節先生

天挺人豪，英邁蓋世。駕風鞭霆，歷覽無際。手探月窟，足躡天根。閑中今古，醉裏乾坤〔一〕。

校記　〔一〕醉：淳熙本作「静」。

横渠先生

早悦孫吴，晚逃佛老。勇撤皋比，一變至道。精思力踐，妙契疾書。訂頑之訓，示我廣居。

涑水先生

篤學力行，清修苦節。有德有言，有功有烈。深衣大帶，張拱徐趨。遺象凛然，可肅薄夫。

編年　據年譜長編。

評論　丹鉛續録卷七：朱子作横渠贊曰：「勇撤皋比。」案左傳：「蒙皋比而先犯之。」鄭玄曰：「樂記：倒載干戈，包之以虎皮，名之曰建櫜。櫜，韜也，其字或作建皋。」服虔引此以解左傳。今人雖知「皋比」之爲虎皮，而不能説其源，聊記於此。

文章精義：文字貴相題廣狹。晦庵先生諸文字，如長江大河，滔滔汩汩，動數千萬言而不足。及作六君子贊，人各三十二字，盡得描畫其生平，無欠無餘，所謂相題者也。

張敬夫畫象贊淳熙十一年

亡友荆州牧張侯敬夫畫象，新安朱熹爲之贊曰：

擴仁義之端，至於可以彌六合。謹善利之判，至於可以析秋豪。拳拳乎其致主之切〔一〕，汲汲乎其幹父之勞。仡仡乎其任道之勇〔二〕，卓卓乎其立心之高。知之者識其春風沂水之樂，不知者以爲湖海一世之豪。彼其揚休山立之姿，既與其不可傳者死矣，觀於此者，尚有以卜其見伊呂而失蕭曹也耶〔三〕。

校記　〔一〕切：淳熙本作「功」。

〔二〕任、勇：右引作「信」、「篤」。

〔三〕呂：右引作「尹」。

編年　據年譜長編。

呂伯恭畫象贊淳熙十一年

括蒼潘君叔度畫其先師東萊呂氏伯恭父之象於可庵退老堂之上，曰：「使西河之民毋疑我於夫子也〔一〕。」屬其友朱熹贊之。爲作詞曰：

以一身而備四氣之和，以一心而涵千古之秘。推其有，足以尊主而芘民；出其餘，足以範俗而垂世〔二〕。然而狀貌不逾於中人，衣冠不詭於流俗。迎之而不見其來，隨之而莫睹其躅。矧是丹青，孰形心曲？惟嘗見之者於此而復見之焉〔三〕，則不但遺編之可續而已也〔四〕。

校記 〔一〕淳熙本「毋」在「使」字上。

〔二〕範俗而：右引作「立教以」。

〔三〕此句右引作「惟觀之者有以得其天」。

〔四〕不但：右引作「庶或」。

編年 據年譜長編。

評論 吴師道跋東萊手書張孟遠序：朱子贊呂成公云「一身備四氣之和」，狀公之德最盡，百世下宛然如親見焉。

陳明仲畫象贊 淳熙中

故侯官大夫陳君明仲之像，友人朱熹仲晦父贊之曰：

介然而不使人忌者，其自持之謹；温然而不使人狎者，其泛愛之和。其仕也，自詭以循良之最；其學也，自期以德行之科。嗚呼！孰謂其賫此志而中道以没，使吾老於其里而不得爲東阡北陌之經過也耶。

編年 文集卷八十一跋范文正公家書云「友人陳君明仲爲侯官宰」，跋作於淳熙五年。跋陳徽猷墓誌銘後云「時汪公薨已七年，而敬夫、明仲亦已下世」，跋作於淳熙八年，是其時陳明仲已卒，故此贊當作於其後。明仲與張栻交好，或此篇之作與張栻畫像贊相先後也。

程正思畫象贊 紹熙三年五月

程君正思畫象，朱仲晦父作贊：

嗚呼正思！退然如不勝衣，而自勝有以舉烏獲之任；言若不出諸口，而衛道有以摧髡衍之鋒。俛焉日有孳孳者，吾方未見其止，乃一朝而至此，則天曷爲而不假之壽，以成其終？嗚呼！此猶未足以見其七分之貌，來者亦姑以是而想象其遺風。紹熙壬子重陽前一月書〔一〕。

校記 〔一〕月：底本原注：「月字疑日字之誤。」一月：新安文獻志卷四十七作「二日」。

編年 據文中所署。

書畫象自警 紹熙元年正月

從容乎禮法之場，沉潛乎仁義之府，是予蓋將有意焉，而力莫能與也。佩先師之格言，奉前列之餘矩。惟闇然而日修，或庶幾乎斯語。

編年 據年譜長編。

聚星亭畫屏贊 并序

慶元六年正月

按世説：陳太丘詣荀朗陵，貧儉無僕役，乃使元方將車，季方持杖從後。長文尚小，載著車中。後漢書曰：陳寔，字仲弓，潁川許人。嘗爲聞喜令，遷太丘長。修德清静，百姓以安。後以黨人連及逮捕，人多逃避求免，寔曰：「我不就獄，衆無所恃。」乃請囚焉。遇赦得出。宦者張讓權傾天下，父死，歸葬潁川，名士無往吊者，而寔獨吊焉。後復誅黨人，讓以寔故，多所全宥。寔在鄉閭，平心率物，或有争訟，輒求判正，曉譬曲直，退無怨者。黨禁解，累征不起。年八十四卒，謚曰文範先生。又曰：荀淑，字季和，潁川潁陰人也。少有高行，博學而不好章句，州里稱其知人。李固、李膺皆師宗之。舉賢良方正，對策譏刺貴倖，粱冀忌之，出補朗陵侯相。莅事明理，稱爲神君。棄官而歸，閑居養志。又曰：陳紀，字元方，寔長子也。至德絶俗，與寔高名并著。而弟諶，字季方，又配之。每宰府辟召，羔雁成群，世號三君，百城皆圖畫。紀子群，字長文，爲魏司空。既至，荀使叔慈應門，慈明行酒，餘六龍下食。文若亦小，坐著膝前。荀淑有八子：儉、緄、靖、燾、汪、爽、肅、敷，居西豪里。縣令苑康曰：昔高陽氏有才子八人。遂署其里爲高陽里，時人號曰八龍。靖字叔慈，有至行，不仕，早卒，號曰玄行先生。爽字慈明，年十二，通春秋、論語，潁川爲之語曰：「荀氏八龍，慈明無雙。」舉至孝，拜郎中。對策，陳便宜數千言，即棄官去。後坐黨錮，隱遁十餘年。董卓用事，徵拜司空。爽以卓忍暴，終危社稷，多舉才略之士，與王允等密謀討之，未及而以病終，後允乃竟誅卓。緄子彧，字文若，少時，父以畏禍，爲娶宦者唐衡女。後從曹操，操以爲謀主，比之子房。及操將受九錫，彧諫止之，遂爲所害。「彧」亦作「鬱」。於時，太史奏真人東行。續晋陽秋曰：「陳仲弓從諸子侄造荀父子，於時德星聚。太史奏：『五百里賢人聚。』」考亭陳氏故有離榭，名以「聚星」，蓋取續陽秋語。中更廢壞，近始作新。適邇敝廬，因得相其役事。既又爲之本原事迹，畫著屏上，并爲之贊，以視來者云：

猗歟陳子，神岳鍾英。文淵範懿，道廣心平。危孫污隆，卷舒自我。是曰庶幾，無可不可。獻身安衆，吊竪全邦。烱然方寸，秋月寒江。願言懷人，曰我同志。故朗陵君，荀季和氏。連峰對起，麗澤潛滋。僾而不見，有黯其思。薄言造之，顧無僕役。獨呼二兒，駕予以出。青芻黄犢，布幰柴車。策紀前衛，杖諶後趨。所造伊何？高陽之里。維時荀君，聞至而喜。顧謂汝靖，往應於門。七龍矯矯，布席開尊。靖肅而前，翁拜其辱。何悟斯晨，得見清穆。命爽行觴，旅饋次陳。獻酬交錯，禮度情親。載笑載言，罔非德義。益邁乃猷，以輔斯世。髫髦兩稚，亦置膝前。原深本固，莫出匪賢。維此慈明，特謝儔匹。晚際國屯，敢憚濡迹。贊旒之命，恃以少延。邦朋之最，孰與爲先？鬱乃附曹，群亦忘漢。嗣守之難，古今共嘆。崇臺回極，於以占天。猶曰兹野，德星萃焉。我寓有亭，舊蒙斯號。今刺前聞，象儀以告。高山景行，好德所同。課忠責孝，獨概余衷。百爾窺臨，竟考毋怠。死國承家，永奉明戒。

編年 據年譜長編。

評論 黄氏日抄卷三十六：先生晚年道不行，姑取陳太丘寔訪荀朗陵淑，浮沉閭里，粹然盛德之事，圖之贊之以自適。然寔之孫曰陳群，淑之孫曰荀彧，時皆隨侍，擁置膝前，後皆背漢從操。先生所以寓户門之戒、世道之憂亦微矣。

南康軍到任謝表 淳熙六年四月

臣熹言：伏奉勅命，差臣權發遣南康軍。尋具辭免，奉聖旨：「不允辭免，令疾速前去之任，候任滿前來奏事。」臣已於淳熙六年三月三十日到任交割職事訖者。迂愚無用，久陪香火之班；臨照不遺，驟假兵民之寄。懇辭弗獲，宣布云初。感極涕零，愧深汗洽。中謝。伏念臣受材凡近，賦性顓蒙。徒能讀古人之書，夫豈識當世之務？頃蒙登進，獲奉清閑。繼遠迹於丘樊，遂閱歲華之久；顧馳心於魏闕，敢忘葵藿之誠？中兩奉於除書，亦屢祗於召節。銜哀抱病，既莫效於驅馳；假寵疏榮，反繆膺於眷獎。方誓堅於素守，庶少咎於殊知，豈意因仍，復階任使。論資校考，既已極於超逾〔一〕；揣分量能，懼愈難於稱塞。矧自乖於夙志，又仰負於前恩。雖嘗控瀝而莫回，終坐懦庸之無守。遂扶衰朽，暫別故山。已見吏民，具宣德意。豈曰昨非而今是，實繇義重而身輕。此蓋伏遇皇帝陛下性得堯仁，道高舜哲。念安民之不易，故慮尤軫於遠方；謂知人爲甚難，故用或收於棄物。致茲孱瑣，亦備使令。臣敢不仰奉詔條，俯詢民瘼。儻粗間於疾疢，詎辭撫字之勞。冀少假於旬時，卒上退藏之請。尚全末路，克對寵光。

校記 〔一〕既：淳熙本作「愧」。

編年 據文中所述，三月晦交割職事，而「已見吏民，具宣德意」，則上表在四月可知。

浙東提舉到任謝表 淳熙八年十二月

宣教郎、直秘閣、提舉兩浙東路常平茶鹽公事臣朱熹上表。臣言：準告，授臣前件差遣，填見闕。臣已於今月六日就本路蕭山縣交割職事訖者〔一〕。擢於偏壘，付以外臺，便道造朝，單車詣部。延見父老，問其疾苦之因；宣布詔書，諭以丁寧之意。榮逾望表，懼溢情涯。中謝。伏念臣生長田間〔二〕，棲遲林壑〔三〕，居然樸拙，見謂迂疏。潛心竊慕於師承，行己敢干於義命？會逢聖旦，參預時流，驟自草萊〔四〕，起分符竹。乾坤大德，施且不貲；螻蟻私情，報於何所？屬歉歲民無艱食，謂愚臣職有微勞，寵之册府之華，畀以近畿之節。雖駑馬之十駕，後者鞭之；然鼯鼠之五窮，技止此耳。毋乃累公朝之選，重以爲多士之羞。兹蓋恭遇皇帝陛下闢舜四門，馭周八柄。欲尺寸之長并用，致孱微之品亦收。比奉對揚，親叨臨遣。大明委照，不棄負薪之言；零露疏恩，更下賜緡之令。顧憂所在，稱塞爲難。臣惟當恪意講求，因時施舍。不能則止，戒小己之便文；當官而行，慕古人之報國。庶殫毫末，上答丘山。臣無任。

校記

〔一〕淳熙本「縣」下有「界」字。

〔二〕間：右引作「閭」。

〔三〕林：右引作「巖」。

〔四〕萊：右引作「茅」。

編年 朱熹至浙東任在淳熙八年十二月六日，文云已延見父老，宣布詔書，則上表在其後數日可知。

謝依所乞仍舊直寶文閣及賜詔書獎諭表 淳熙十六年五月

臣熹言：臣昨具狀辭免新除秘閣修撰恩命，近準尚書省劄子，奉聖旨依所乞，仍舊直寶文閣，仍賜臣詔書一道，特加獎諭者。自記上聞，幸曲全於愚守；璽封下逮，庸特示於異恩。祗服以還，戰兢無已。中謝。伏念臣學雖違俗，意敢近名？徒以迂疏，蚤絕榮途之望；乃遭神聖，晚深國士之知。中少效於驅馳，竟靡聞於報稱。及奉金華之召，寧忘丹扆之忠？顧惟塵腐之淺聞，莫副緝熙之隆指。逮復退閑之秩，仍升論譔之華。寵雖荷於殊常，義終慚於非據。故上聖方臨於宸極，而微臣屢觸於天威。自度孤危，豈勝糜滅？敢意出綸之渥，有嘉陳義之明。幸引分之少安，愧叨榮之愈甚。茲蓋伏遇皇帝陛下重明必照，大度并容。謂臣粗業詩書，諒亦有聞於古義；憐臣稍知廉恥，欲其無負於初心。特屈憲章，過形褒勸。臣敢不服膺至教，邁迹前修。不忮不求，何止終身之誦；是彝是訓，庶幾有極之歸。臣無任。

編年 據年譜長編。

漳州到任謝表 紹熙元年四月

朝散郎、直寶文閣、權發遣漳州軍州事朱熹上表。臣熹言：準敕，差前件差遣，已於四月二十四日到任訖。抱病支離，莫副光華之遣；封章懇切，更叨選用之良。引避弗回，兢惶失次。即强扶於枯朽，已親見於耄倪。仰戴恩威，俯深感懼。中謝。伏念臣蚤由場屋，獲厠縉紳。惟自信其迂愚，故絕希於榮進。中荷壽皇之深眷，屢嘗收用，而終許退藏；晚逢嗣聖之誤知，亦既閔勞，而復加任使。凡此兩朝之殊遇，豈伊一介之能堪？矧漳浦之名邦，實甌閩之絕徼〔一〕。青衫捧檄，昔嘗粗習其土風；白首分符，今庶少安於氓俗。靜揣不才之分，極知爲幸之多。此蓋伏遇皇帝陛下近法舜功，遠循堯道，九德咸事，尚憂片善之或遺；四方無虞，猶軫一夫之不獲。肆曲收於棄物，俾加惠於遠黎。臣敢不深體皇仁，廣詢民瘼。筋骸可勉，豈忘盡瘁之勤；疾疢或加，未免告歸之瀆。尚緊覆燾，卒遂生成。臣無任。

校記 〔一〕徼：原作「嶠」，據宋閩、浙本改。

編年 據文中所署。

除秘閣修撰謝表 紹熙二年四月

朝散郎、新授秘閣修撰、主管南京鴻慶宮臣朱熹上表言：準告，授前件職事。臣再具辭免，奉聖旨：「論撰之職，以寵名儒，依已降指揮，不許辭免。」臣已於八月二十三日望闕謝恩祗受訖者。愚誠屢黷，初必冀於矜從；成命莫回，反重勤於褒借。叨逾已甚，俯僂何容。中謝。伏念臣賦質甚迂，遭時獨異。頃罷外臺之使，薦陞內閣之華。至於論撰之除，尤荷聖神之眷。顧無名而有愧，遂瀝悃以祈哀。本謂壽皇知遇之深，當卒全其素守；敢意睿主清明之始，即洞鑒其丹衷。逮茲因事以求閑，重以牧民之無狀，乃逭黜幽之典，復加申命之恩。危悃再殫，俞音終閟。更諭崇儒之意，俾知假寵之由。仰隆指之若斯，豈固辭之敢必？措躬無所，引分弗遑。此蓋伏遇皇帝陛下盛德日新，至仁天覆。欲風勵於四方之士，誤用獎於一介之臣〔一〕。臣敢不祗服訓詞，恪思職業。對揚休命，惟慚薄技之無堪；敷暢遺經，尚冀方來之有補。以茲塵瀆，少答生成。

瞻望闕庭，臣無任。

校記 〔一〕用：宋浙本、明天順本作「恩」。

編年 據年譜長編。

潭州到任謝表 紹熙五年五月

朝散郎、秘閣修撰、權發遣潭州軍州事、主管湖南安撫司公事臣朱熹上表言：臣昨準告命，差臣前件差遣，已於五月初五日交割職事訖者。衰病卧家，不堪驅使，誤恩分閫，重玷選掄。雖屢控於懇辭，顧曲勤於褒諭。寵榮實異，感懼難勝。亟扶曳以就塗，已支持而視事。中謝。伏念臣迂疏末學，災患餘生。得陪香火之班，豈復冠紳之念？海瀕牧養，尚愧强顔；嶺表蕃宣，幸蒙反汗。豈期巨屏，洊拜明綸。昔獨避禮樂之華，今專辱詩書之試。况學兼岳麓，修明遠自於前賢；而壤帶洞庭，鎮拊近煩於元老。俾承二任，孰稱萬分！豈惟冒辭遠就近之嫌，抑恐爲知人安民之累。雖欲量能而易地，自知無力以回天。勉見吏民，具宣威德。兹蓋伏遇皇帝陛下文明出治，仁孝保邦。謂臣有討古之勤，以臣懷澤物之志，假之師帥之職，責以治教之功。臣敢不仰佩訓詞，俯殫學力。雖馳驅靡及，唯知趨事之誠；或黽勉不前，願遂歸田之請。預陳悃愊，終望矜憐。

編年 據文中所署。

謝除待制侍講修撰實録表紹熙五年十月十四日

臣熹言：伏奉告命，授臣焕章閣待制、侍講。又準敕，差兼實録院同修撰者。分閫南州，愧蔑一毫之補；論經内閣，恍驚二命之頒。畀史職以仍兼，戴上恩而愈重。藏逃莫避，跼蹐靡容。中謝。竊以王求多聞，是惟建事；帝入西學，於以上賢。當始初清明之朝，資朝夕論思之助。作於心而關政事，必救其原；修其身以及國家，要知所本。非精誠之有格，何論説之足云。視孟軻之敬王，始不負聖人之學；爲張禹之持禄，殆將貽天下之憂。况薦紳之所難，又載筆之爲重。顧頭白汗青之可誚，豈槁項黄馘之能爲。念昔先臣，嘗掌兹事。正熙寧、元豐之殽舛，嚴於朱墨之分；辨元祐、紹聖之譏誣，炳若丹青之著。苟無家業，曷踐世官。懵而居之，吁亦危矣。伏念臣見聞甚狹，才識非長。開七袠之殘年，荷三朝之異眷。頃叨崇政之選，嘗獲遂於終辭；兹玷邇英之聯，靦莫從於素守。此蓋伏遇皇帝陛下言稽往訓，動法成謨。以緝熙光明之美而佛時仔肩，以剛健篤實之資而日新其德。念遺大投艱之託，推好善忘勢之勤，借是孤蹤，聿來多士。講魯論一簞之義，敢竊企於師傳；誦楚史八索之文，庶無忘於規益。臣無任感天荷聖、激切屏營之至。

編年　據年譜長編。

辭免待制仍舊充秘閣修撰提舉南京鴻慶宮謝表 慶元元年十二月

臣熹言：伏蒙聖恩，以臣累奏辭免煥章閣待制，特降睿旨，依臣所乞，仍舊充秘閣修撰、提舉南京鴻慶宮者。假寵過優，居速冒榮之愧；封章屢却，退深留令之虞。敢謂天慈，訖從人欲。恩隆莫報，感極何言。中謝。伏念臣早以迂儒，濫塵官簿；晚逢興運，誤簡淵衷。首煩召節之光華，促侍經帷之清燕。趨箱侍對，復過借於龍光；挾策陳詞，竟何裨於帝學。旋奉閔勞之詔，適諧退處之私。雖竊便安，甫深依戀。第顧山林之遠迹，難通禁闥之近班。亟冒威顏，薦輸卑悃。幸所陳之大義，已孚於未拜之前；故引避之微誠，得遂於終辭之後。然匪聖神之洞照，敢期耇陋之曲全？而况内閣簡編，未替兩朝之深眷；舊邦香火，有嚴四聖之真游。足安垂盡之期，允謂非常之遇。此蓋伏遇皇帝陛下仁涵萬有，德奉三無。謂臣於勸講之功雖無所就，察臣所懇辭之意悉出於誠，特畀俞音，使償本願。臣敢不益堅素守，仰稱鴻施。景雖迫於桑榆，力難報國；身未填於溝壑，詎敢忘君。臣無任。

編年 據年譜長編。

落職罷宫祠謝表 慶元三年正月二十七日

臣熹言：臣前任秘閣修撰、提舉南京鴻慶宮，今年五月十三日已該滿罷。至二十七日，伏準尚書省慶元二年十二月劄子節文，臣寮論臣罪惡，乞賜睿斷，褫職罷祠，奉聖旨依。臣已於當日謝恩祇受訖者。罪多擢髮，分甘兩觀之誅；量極包荒，姑示片言之貶。逮復尋於白簡，始知麗於丹書。鐫延閣論譔之名，輟真祠香火之奉，兹爲輕典，允賴洪私。捧戴奚勝，感藏曷喻。中謝。伏念臣草茅賤品，江海孤生。蚤值明時，已誤三朝之眷奬；晚逢興運，復叨上聖之深知。召自藩維，擢參帷幄，略無可紀，足稱所蒙。暨遠去於朝行，即永歸於農畝。然猶賦之佚禄，使庇身於卜祝之間；置在清流，容厠迹於圖書之府。所宜恭恪，或逭悔尤。乃弗謹於彝章，致自投於寬網。果煩臺劾，盡發陰私。上瀆宸嚴，交駭聞聽。凡厥大譴大訶之目，已皆不忠不孝之科。至於衆惡之交歸，亦乃群情之共棄。而臣憒眊，初罔聞知。及此省循，甫深疑懼。豈謂乾坤之造，獨回日月之光。略首從之常規，既俾但書於薄罰；稽眚終之明訓，儻許卒遂其餘生。是宜衰涕之易零，已覺大恩之難報。此蓋伏遇皇帝陛下堯仁廣覆，舜哲周知。謂表正於萬邦，已極忠邪之判；則曲全於一物，未傷黜陟之公。遂使冥頑，獲逃竄殛。臣敢不涵濡聖澤，刻厲愚衷。雖補過以修身，無及桑榆之暮景；然在家而憂國，未忘葵藿之初心。瞻望闕庭，臣無任。

編年　據文中所署，參見下篇所言月日。

落秘閣修撰依前官謝表 慶元四年春

臣熹言：臣昨於慶元三年正月二十七日準尚書省劄子節文，臣寮奏臣罪惡，乞與褫職罷祠。

奉聖旨依，劄臣照會。臣即於當日望闕謝恩，解罷職名，仍奉表稱謝去訖。今於□月□□日復準都進奏院遞到□月□□日告命一道付臣，落秘閣修撰，依前官者。彈文上徹，已幸免於嚴誅；詔墨下頒，復寵加於明訓。閱時既久，祇命惟新。感極涕零，懼深首隕。中謝。伏念臣草茅賤士，章句腐儒。惟知僞學之傳，豈適明時之用。頃叨任使，已屢奏於罔功；旋即便安，復未能於寡過。致煩重劾，盡掎宿愆。謂其習魔外之妖言，履市廛之污行，有母而嘗小人之食，可驗恩衰；爲臣而高不事之心，足明禮闕。以至私故人之財而納其尼女，規學官之地而改爲僧坊。諒皆考覈以非誣，政使竄投而奚憾。不虞恩貸，乃誤保全。第令少避於清班，尚許仍居於散秩。慭璽書之來下，怳歲律之還周。視要囚詎止於旬時，蓋存遷就；逮數惡難從於末減，猶聽省循。口誦以還，心銘敢墜？此蓋伏遇皇帝陛下仁兼覆載，明極照臨。作福作威，總大權而在己；曰賢曰佞，付公論於得人。謂罰刑固足以懲奸，而播告豈容於匿指，式敷顯號，遍警具寮。臣敢不深省昨非，細尋今是？年齡晼晚，雖悲後效之無期；肝膽輪囷，尚喜孤忠之有在。誓堅死守，覬答生成。

編年 據年譜長編。

致仕謝表 慶元五年四月二十三日

臣熹言：四月二十三日，準尚書省遞到敕牒一道，伏奉聖旨，宜守本官致仕，臣已於當日望闕謝恩訖者。投閑置散，方疑宿負之未償；引户校年，忽慶湛恩之純被。適符忱請，遂沐殊私。揖杖知榮，戀軒增慨。中謝。伏念臣聖朝賤士，幽谷鄙生。自審凡材，每抱遺經而永嘆；人嗤僻學，雖逢盛旦以何施。乃誤選掄，過叨任使。然計出藩而入侍，善無毫髮之稱；獨聞倡僞以黨奸，罪有丘山之積。果煩清議，卒抵大何。幸夙簡於皇明，得下從於輕典。迹已安於氓里，禄猶寄於朝班。出入三年，未能寡過；周旋再赦，亦既蒙恩。汔臻告老之期，亟决歸田之計。尚意拘縻於謫籍，豈容遂休佚之懷；曁聞播告於臺評，方喜有允俞之望。本原所自，會幸何多。此蓋伏遇皇帝陛下神聖自天，文明周物。當彼忠佞交拏之際，既皆判别而不疑；逮其精華欲竭之時，壹與休息而無間。智仁兼盡，威德并流。豈但一夫，獨爲私幸？臣敢不仰陶至化，俯遂餘年！廣厦細旃，雖已絕雲天之望；東阡北陌〔一〕，尚難忘畎畝之忠。生復何爲，死而後已。

一云：仰潛至教，益厲初心。懔歲月之無多，雖已不堪於把玩；悵淵冰之未免，獨何敢怠於戰兢。誓畢餘生，仰酬大化。

校記 〔一〕北：宋浙本作「西」。

編年 據文中所署。

天申聖節賀表〔一〕 淳熙六年至七年

黄屋非心，茂對重明之運；玉巵爲壽，聿臨戴育之辰。慶洽中天，歡騰廣域。中賀〔二〕。恭惟尊號至仁被世，盛德在躬。立聖政九百五條，行堯之道；履帝位三十六載，薦舜於天。得聖人時，心至愉而形至佚；爲天子父，貴無敵而富無倫。既申命之用休，宜降年之有永。臣欽逢盛旦，假守偏城。即雲氣而望蓬萊，阻陪拜手；觀泰元之授神筴，徒切傾心。

校記 〔一〕聖：原缺，據淳熙本補。

〔二〕賀：原作「謝」，據右引及宋浙本改。

編年 文云「假守偏城」，朱熹平生凡兩守郡，知南康軍、漳州。此文收入淳熙本，則不得晚於淳熙十六年，可知作於南康無疑。朱熹知南康，淳熙六年三月到任，八年閏三月離任。天申節爲五月二十一日，故此表當作於淳熙六年或七年五月。

會慶節賀表 淳熙六年至七年

盛德當陽，光啓重熙之運；群心就日，樂推歸美之誠。有開繞電之祥，敢罄祈天之禱。中賀。恭惟陛下慶流有衍，德合無疆。膺曆數以在躬，垂衣裳而致治。接黃帝推筴迎日之統，以莫不增；過周家定鼎卜年之期，自今其始。臣承流支郡，幸際昌辰。鼇抃千官，班阻趨於文石；嵩呼萬歲，祝敢後於華封。

編年 文云「承流支郡」，亦當爲南康所作。會慶節爲十月二十二日，故此表當作於淳熙六年或七年十月。參見上篇所考。

天申節功德疏淳熙六年至七年

式逢舜旦，慶龍樓虹渚之祥；仰祝堯年，假玉籍金輪之教。大啓天人之會，少伸臣子之心。尊號伏願注南斗之長生，等西方之無量。上千萬歲壽，阻趨文石之班；同億兆人心，願效華封之祝。

編年 此與上天申聖節賀表同時所作。

會慶節功德疏淳熙六年至七年

聰明作元后，式開長發之祥；黎獻惟帝臣，願上無疆之頌。欽崇殊利，庸假勝緣。恭願陛下日月照臨，乾坤廣大。仰瞻魏闕，莫陪虎拜之班；願比華封，請祝虹流之祉。

編年 此與上會慶節賀表同時所作。

祈雨疏淳熙七年

丁壯在田，厲農功之既作；陰雲布野，閔時雨之尚愆。由拙政之不修，顧疲民而何罪？肆陳丹悃，仰籲蒼穹。伏願鼓以雷霆，亟霈爲霖之施；澤及牛馬，并銷連死之憂。瞻仰歸誠，吁嗟請命。

編年　文云「由拙政之不修」，是時在任。朱熹任地方官而遭旱唯知南康時有此，淳熙七年也。文集卷十六奏南康軍旱傷狀、再奏南康軍旱傷狀等言之甚明。

卧龍潭送水文 淳熙七年

往分靈液，來即祠壇。誠未格於幽潛，澤尚愆於田畝。惟時淹久，懼弗吉蠲。敢奉冰壺，言歸貝闕。別禱餘潤，用弭炎氛。尚神聽之淵冲，鑒惟衷而饗答〔一〕。

校記　〔一〕惟：四庫全書本作「微」。

編年　見上篇所考。

與江東張憲啓 淳熙六年三月

頃奉誤恩，特令試郡。屢陳危悃，未許投閑。懼留命以干誅，已諏辰而就道。伏念熹器非適用，才不逮人。粵自壯年，薦罹災患。暨茲晚景，益就衰頹。逝將屏迹於荒寒，敢復萌心於仕進？屬九重之過聽，耻一士之遐遺。曲賜甄收，載加湔拂。遂從祠館，畀以郡章。倦鳥依林，久絕高飛之意；潛魚在沼，但知深入之安。而况恩既厚則其責爲甚深，力不能則雖勞而無補。遂竊祈於罷免，卒無幸於矜從。輿病以來，强顔特甚。近瞻斧綉，益愧冠紳。恭惟德厚望隆，材宏用博。適布宣於使指，已明謹於邦刑。激濁揚清，吏咸思於稱職；持平履正，人自以爲不冤。

矧是衰遲，獲依庇冒。載尋曩昔，幸際光儀。歛板趨庭，茲不特少伸下吏之敬；奉命承教，殆有以深慰積年之思。春令向深，嘉生咸遂。冀茂經於福履，以前對於龍光。頌願唯深，敷宣莫既。

編年　此與江東提刑，文云「特令試郡」、「已諏辰而就道」、「春令向深」，作於淳熙六年三月可知。朱熹知南康於是月晦日至任。

與葉提刑啓 淳熙六年三月

術略精明，材猷敏贍。頃屢將於使指，茲復謹於邦刑。深窮法令之原，吏無以肆；茂著平反之績，人用不冤。顧此妄庸，將依庇冒。修容以進，即伸巡屬之恭；奉教於前，預切簡書之畏。春和在序，淑氣方升。惟加厚於保綏，用對揚於休渥。傾瞻之悃，頌述奚殫。

編年　文云「將依庇冒」，是將爲地方官而上監司者。又云「春和在序」，可知作於淳熙六年三月，與上篇同時。朱熹赴上漳州之任在四月二十四日，與此不合。

與姚提點啓 淳熙六年三月

學貫古今，材周鉅細。茲暫勞於節傳，起盡護於東南。子母相權，已懋無窮之計；君民兩足，更宏可大之規。顧此妄庸，將依庇冒。修容以進，同上。

編年 此與上二篇爲同時之作，參見彼文所考。

回寄居趙將仕啓 淳熙六年四月

熟聞英譽，有日於兹，忽奉珍函，爲禮特厚。啓緘疾讀，荷意難忘。伏惟玉葉傳芳，璇源孕秀。謙恭克守，綽有老成之風；問學自將，盡脱豪華之習。宗盟推重，公聽益孚。會看發軔之初，即快亨塗之騁。熹屬叨誤寵，縣畀左符。方斯引分以投閑，未敢修書而見意。豈圖先辱，良用厚顔。眷然息偃之安，庶幾得請；邈矣披承之願，徒切馳情。

編年 文云「縣畀左符」、「方斯引分以投閑」，是知南康軍至任之初事，淳熙六年四月也。下數篇皆同時所作，對讀可知。

回楊通判啓 淳熙六年四月

稔聞高誼，雖識面之未諧；遽辱珍函，仰撝謙之特厚。拜嘉寵甚，荷意難忘。恭惟識量淵深，器資宏博。盤根錯節，知剸割之無難；茂實英聲，蓋蜚騰而甚久。頃任監州之寄，已聞奏課之優。豈容堅卧於鄉閭，會見横翔於禁闥。熹屬叨誤寵，縣畀左符。方斯引分以投閑，未敢修書而見意。豈圖先辱，良用厚顔。眷然田里之安，庶幾得請；邈矣門墻之隔，徒切馳情。

編年 見上篇所考。楊通判即楊王休。

回曹職官啓淳熙六年四月

分符假守，深懷躐次之慚；抗疏投閑，久露由衷之請。誤英僚之雅眷，辱華問以爲榮。伏惟材識通時，器資宏博。裁煩剸劇，曾無盤錯之難；約己奉公，克有廉勤之譽。會聞交薦，即見横翔。熹久與世疏，難堪吏役。儻資忠益，或免悔尤。悵疾病之有加，不任牽勉；念合并之無日，祇益傾馳。

編年 見前回寄居趙將仕啓所考。

回教授啓淳熙六年四月

學術深淳，行能端直。辟雍受業，久聞多士之推先；泮水横經，復見諸生之承式。英聲日茂，異數鼎來。熹久與世疏，同上。

編年 見前回寄居趙將仕啓所考。教授即楊大法。

回都昌知縣啓淳熙六年四月

分符假守，深懷躐次之慚；抗疏投閑，久露由衷之請。誤英僚之雅眷，辱華問以爲榮。伏惟某官器宇宏深，才猷敏邵。銅章墨綬，煩暫試於鳴弦；錯節盤根，顧何勞於游刃。會聞課最，別奉詔除。熹久與世疏，難堪吏役。儻階聯事，庶獲蒙成。悵病疾之有加，不任牽勉；念并合之無日，祇益傾馳。

編年 見前回寄居趙將仕啓所考。

與正言啓 紹熙元年夏

懇辭使節，敢擇地以求安？申畀郡符，忽自天而疏寵。凜難回於上命，耿莫遂於初心。以數年疾病之餘〔一〕，任千里撫摩之寄。雖加强勉，尤切淩兢。伏念熹林壑閑蹤，布韋故習。少而慕古，師出處於前修；介不通今，恥浮沉於流俗。曩荷聖神之眷，屢加選用之榮。當官而行，蓋圖報上；知難則止，匪欲爲高。既疾疢之交攻，且形神之俱耗，久便田廬之偃伏，詎堪原隰之驅馳。辭尊居卑，豈爲貧而猶仕；投閑置散，或揣分之誠宜。敢期宸渥之過優，復使侯藩之假守。意昔時之游宦，固嘗習熟於鄰封；謂晚歲之衰殘，尚可從容於道院。然比年之非舊，由積弊之相仍。財賦既促，而費用寢浮；田產不均，而奸欺滋出。要必更張而乃善，恐非卧治之能勝。深虞五技之窮，仰負九重之託。伏惟正言大明國論，力振朝綱。心正意誠，蓋得本原之學；諫行言聽，汔臻膏澤之流。每於獻納之雍容，尤務推揚於疏逖。肆如枯朽，誤玷承宣。二千石之第循良，已預慚於共理；八十日而賦歸去，初何俟於終更。悃愊之私，剡摩罔既。

校記 〔一〕疾病：原缺，據清康熙本補。徐樹銘朱子集作「衰朽」，皆不知是否。

編年　文云「申界郡符」，「任千里撫摩之寄」，「意昔時之游宦，固嘗習熟於鄰封」，指紹興末嘗任泉州同安簿，是此篇作於紹熙元年夏初至漳州任時甚明。

謝政府啓 漳州解罷得祠　紹熙二年夏

迫憂患以求閑，方陳危懇；即便安而誤寵，并沐殊私。弗遂懇辭，迄成忝冒。伏念熹學惟信己，材不逮人。生際休明，豈自甘於淪棄；病侵遲暮，久莫奉於驅馳。比叨民社之臨，猶冀桑榆之效。屬私門之變故，致公務之弛隳。黽俛旬時，已積簡書之畏；顧瞻疇昔，未忘香火之修。仰洪造之不違，服明恩而已厚。敢意便蕃之錫，更陞論譔之華。顧壽皇特達之深知，昔幸容其遜避；而聖上丁寧之申命，今復軫於眷懷。惟拜賜之無名，屢騰章而自列。重煩睿旨，曲借寵光。仰戴皇慈，欲終辭而不敢；自憐末路，知仰報之難圖。祇命以還，措躬無所。兹蓋伏遇丞相國公妙熙天縡，獨運化鈞，樞使相公力扶皇極，獨運鴻樞；參政同知相公夙推衆望，久贊化鈞。欲儲材於朽鈍之餘，肯垂意於事功之外，遂令衰晚，有此叨逾。熹敢不思稱榮名，勉終素業。考諸前聖，儻不謬於正傳；覺彼後知，或少裨於大化。過此以往，未知所裁。

編年　題下原注「漳州解罷得祠」。朱熹罷漳州任，除秘閣修撰主管南京鴻慶宮在紹熙二年三月，四月二十九日離任，五月歸建陽，故此篇當作於四五月内。

答辛幼安啓 紹熙三年二月

光奉宸綸，起持憲節。昔愚民犯法，既申震讋之威；今聖上選賢，更作全安之計。先聲攸暨，慶譽交興。伏惟某官卓犖奇材，疏通遠識。經綸事業，有股肱王室之心；游戲文章，亦膾炙士林之口。軺車每出，必著能名；制閫一臨，便收顯績。玆久真庭之逸，爰深正宁之思。當季康患盜之時，豈張敞處閒之日？果致眷渥，特畀重權。歌皇華之詩，既諭示君臣之好；稱直指之使，想潛消郡國之奸。第恐賜環，不容暖席。熹苟安祠祿，獲託部封。屬聞斧繡之來，嘗致鼎裀之問。尚煩縟禮，過委駢緘。雖雙南金，恐未酬於鄭重；況一本薤，亦奚助於高明。但晤對之有期，爲感欣而無已。

編年 據年譜長編。

還鄉謝人惠書啓 淳熙三年四月

遠勤車蓋，已欣獲奉於清標；寵被函書，復喜與聞於雅趣。第慚衰陋，莫稱揄揚。雖請誦其所聞，蓋嘗自竭；尚敬修其可願，式副深期。過是以還，未知所報。

編年 題稱「還鄉」，當指歸婺源故里。若卸任還家，乃出處之常，無所爲專門惠書。朱熹平生凡兩歸婺源，一在紹興二十年，一在淳熙三年。文云「第慚衰陋」，當指後者。是年至婺源在四月十二日，此篇當爲初至時作。

謝人投生日詩啓 乾道中

年及無聞，已負蓬弧之志；日臨初度，復增莪蔚之悲。誤辱謙光，俯加賁飾。顧兹衰朽，雖黼黻以何施？仰嘆瑰奇，用襲藏而爲好。

編年 文云「年及無聞」。論語子罕：「四十五十而無聞焉，斯亦不足畏也已。」陶淵明榮木詩：「先師遺訓，余豈云墜。四十無聞，斯不足畏。」故朱熹所謂「年及無聞」，當指將滿或已滿四十歲。乾道五年朱熹年四十，知此篇當作在此前後。

回謝解啓 淳熙七年秋

待問澤宮，登名天府，方幸究宣於明詔，敢期誤枉於華牋。披味以還，感藏難喻。解元先輩學高庠序，行著州閭。疇昔旦評，已推高於前列；厥今歲舉，反見屈於後來。顧輿議之弗平，宜壯圖之未快。然察四端之固有，第聞辭遜之心；旋觀三揖之彌文，蓋敦廉退之節。矧是專經之舊，豈忘立教之端。諒考聖言，益恢賢業。救洙泗斷斷之弊，尚及此時；致唐虞濟濟之和，更期異日。

編年 別集卷八有回衆解元啓，出南康集，其前半文詞與本篇全同，故本文應作於南康。考淳熙八年有省試，故此回謝解啓當作於前年秋。

回黄氏定書 淳熙八年

摳衣問政，夙仰吏師之賢；受幣結婚，兹喜德門之舊。遠承嘉命，良慰鄙懷。令兄察院位第四令侄直卿宣教厲志爲儒，久知爲己；熹第二女子服勤女事，殊不逮人。雖貪同氣之求，實重量材之愧。惟異日執笄以見，儻免非儀；則他年覆瓿之傳，庶無墜失。此爲忻幸，曷可喻云。

編年 據年譜長編。

回范氏定書 紹熙中

兩翁抗議，已偕許國之忠；再世聯姻，遂忝通家之好。及兹幸會，夫豈偶然。伏承某人詩禮有聞，方謹好逑之擇；而熹女德容未習，亦期吉士之歸。誤煩匪斧之求，遽委儷皮之聘。欽承嘉命，實重永懷。雖唐虞世禄之榮，莫容攀附；然鴻耀素風之懿，或可庶幾。欣荷之私，敷陳罔既。

編年 據黄榦所撰朱熹行狀，朱熹第五女嫁進士范元裕，此即回其定書。朱熹第四女朱巳生於乾道九年，第五女朱小妹生於淳熙二年。至紹熙元年，方十六歲，次年又有其兄朱埜之喪，似其定婚不得早於紹熙三年。若至慶元中，則已二十餘歲，又似太晚。故此篇當作於紹熙中爲近。

回周氏定書 紹熙五年至慶元中

里閭追逐，久欽臭味之同；媒妁往來，遂講婚姻之好。靖言衰落，敢意扳聯？兹承令弟府判以第二令侄先輩詩禮早聞，不輕授室；謂熹長男房下長孫女組紃粗習，亦欲有家，飭禮幣以見臨，枉函書而甚寵。老懷易感，適增舐犢之悲；之子於歸，儻遂乘龍之喜。其爲慰幸，豈易名言。

編年 文云「適增舐犢之悲」，朱熹長子朱塾卒於紹熙二年正月，喪期不宜訂婚，喪滿當在四年，則回周氏定當在喪滿後至朱熹逝世前作。朱熹卒於慶元六年。

同安縣學經史閣上梁文 紹興二十五年春

兒郎偉：大同古地，駱粤名邦〔一〕。間出巨人，鼎在公卿之位；亦多賢士〔二〕，鬱爲閭里之師。雖山川之炳靈，乃教化之純被。比罹屯難，益復澆灕。學校荒涼，久風猷之不競；圖書散脱，閲弦誦以無聲。詔令壅而弗宣，父兄以爲大戚。顧惟竊食，敢不究心？是以申諭諸生，俾沈潛於訓義；力裒衆記，務廣博其見聞。幸大府之哀憐，總群書而推予。惟上賢篤意於教誘，使邑子蒙幸於作成。爰即學宮，創爲傑閣。庶緘縢之慎固，絶蟲鼠之覬覦。既畫諾於縣庭，旋受金於省户。西曹籍力，群彦并心。而吏惰不供，幾若道旁之室；顧人疲久役，將起澤門之謳。迨程事之既嚴，始掄材而甫就。僝功見效，獻室有期。不惟士得讀未見之書，人知自勵；且使書得爲無窮之利，計以永存。聊出詞章，用升梁欐。想均童耄，共此歡呼。

兒郎偉，拋梁東，曉日曈曨出海紅。照見黌堂通複閣，層甍如畫插晴空。

兒郎偉，拋梁西，春草秋雲極望低。文圃山高君莫羡，聖門巇嶫與天齊。

兒郎偉，拋梁南，滄溟無際水天涵。蕩潏魚龍君莫畏，淵源學海更潭潭。

兒郎偉，拋梁北，錯落衆星高拱極。昭回運轉君莫疑，燦爛光明在方册。

兒郎偉，拋梁上，聖朝碩輔蘇丞相。魯無君子定虛言，猶是諸生丈人行。

兒郎偉，拋梁下，人老遺書追董賈。諸生勉繼舊王貢〔三〕，時泰不憂身在野。

伏願上梁之後，士無廢業，家有傳書。究述作之原，遂見古人之大體；際功名之會，起爲當世之儒宗。惟不悖其所聞，乃式符於深望。

校記 〔一〕粵：原作「奥」，據宋浙本、四庫全書本改。

〔二〕賢：原缺，據清康熙本補。

〔三〕王貢：原缺，據右引補。

編年 據年譜長編。

朱熹文集編年評注卷八十六

祝文

行鄉飲酒禮告先聖文紹興二十五年秋

敢昭告於至聖文宣王〔一〕：一昨朝廷舉行鄉飲酒之禮，而縣之有司奉行不謹，容節謬亂，儀矩闕疏，甚不足以稱明天子舉遺興禮之意。今者賓興有日，熹謹與諸生考協禮文，推闡聖制，周旋揖遜，一如舊章。即事之初，敢以舍菜之禮謹修虔告。

校記　〔一〕此句原缺，據大同集卷十補。

編年　據年譜長編。

經史閣上梁告先聖文〔一〕紹興二十五年春

書樓之役，工告僝功。虔舉修梁，卜日惟謹。敢以釋菜之禮，告於先聖先師至聖文宣王。惟先聖先師啓迪衆志，畀以有成。謹告。

校記 〔一〕大同集卷十此題作「舉經史閣梁舍菜先聖先師」。

編年 據年譜長編。

告護學祠文 紹興二十五年春

書樓之役，工告僝功。虔舉修梁，卜日惟謹。是用告於爾神，惟爾有神，尚祐衆心，以相茲事。謹告〔一〕。

校記 〔一〕此句原缺，據大同集卷十補。

編年 據年譜長編。

奉安蘇丞相祠告先聖文〔一〕 紹興二十五年冬

故相蘇公頌，同安人也。其道學淵深，履行純固，天下學士大夫之所宗仰。而邑子後生聞見單淺，弗克究知，父兄閔焉。用告有司，請即學宮歲時奉祠，以建遺烈，使學者有所興起。今既畢事，將妥厥靈，敢以舍菜之禮，告於先聖先師之神。謹告。

校記 〔一〕大同集卷十此題作「奉安蘇丞相舍菜先聖先師」。

編年 據年譜長編。

屏弟子員告先聖文 紹興二十四年至二十五年

敢拜手稽首，言於先聖至聖文宣王、先師兖國公、先師鄒國公曰〔一〕：熹不肖，昨以布衣諸生推擇爲此縣吏，而得參聽其學事。而行能寡薄，治教不孚。所領弟子員有卓雄者，林軒者，乃爲淫慝之行〔二〕，以溷有司。熹竊自惟身不行道，無以率礪其人，使至於此，又不能蚤正刑辟以彈治之，則是德刑兩弛，而士之不率者終無禁也。是敢告於先聖先師〔三〕，請正學則，耻以明刑。夫扑作教刑而二物以收其威，固先聖先師學校之政所以遺後世法也。唯先聖先師臨之在上，熹敢不拜手稽首。

校記 〔一〕以上原缺，據大同集卷十補。

〔二〕「卓雄者林軒」五字：原缺，據右引補。

〔三〕敢：原作「故」，據右引改。

編年 據文中所述，朱熹時爲吏同安。考其同安諸作，其主學事集中在紹興二十四五年之間，據以繫之。

奉安蘇丞相祠文 紹興二十五年冬

丞相蘇公〔一〕：泉人衣冠之盛，自國初以至於今，其間顯人或至公卿者多矣。然而終始大節可考而知，則未有若公之盛者也。惟公著節於熙寧，登庸於元祐，而幅巾謝事，偃仰婆娑於紹聖、元符之間，然則公之所自任於進退出處之間者，可謂無所苟矣。是蓋將比古之所謂大臣者，豈獨泉人數公而已哉。今以邑人之意，祠公於學。即事之始，敢布其衷。尚饗。

校記 〔一〕此句原缺，據大同集卷十補。

編年 據年譜長編。

奉安蘇丞相畫像文紹興二十五年冬

謹以清酌庶羞敢昭告於故丞相蘇公〔一〕：惟公始終一節，出入五朝，高風聳乎士林，盛烈銘於勛府。矧兹故邑，實仰餘光。悵親炙之無從，冀瞻依之有地。是用肖德儀於廟院，建遺烈於學宫。營表方將，儀圖聿至，式瞻精宇，爰寓神棲。既協吉於靈辰，敢式陳於菲薦。尚饗。

校記 〔一〕以上原缺，據大同集卷十補。

編年 據年譜長編。

準赦謁諸廟文紹興二十五年秋

天子郊見上帝，釐事告成，還御路門，班祭澤於海内。以爾神有功於民，載在祀典，申詔有司，以禮報祭。臣某不佞，奉承明詔，敢不奉制幣、潔犧牲，駿奔走以告祠下。惟爾有神，尚克膺天子丕顯休命。尚饗。

編年 題云「準赦謁諸廟」，文云「天子郊見上帝，釐事告成」，據群書考索卷二十六載：「紹興二十五年九月癸亥，合祭天地於圜丘，大赦天下」，據以繫之。時朱熹爲吏於同安。

請雨謁北山神文 紹興二十三年秋

乃者邑民以歲事有謁於君侯，君侯過恩，賜之吉卜而許以來，是故將有以填撫綏寧之也。民其敢不歡欣舞歌，以樂神賜；吏其敢不潔齊芬苾，以拜神休。惟風雨、水旱、癘疫之不時，以君侯之不顯威神。是震是祓，俾無災害，則豈惟斯人專美其賜，吏亦與免於曠弛之憂。惟君侯之留意焉。

編年 文稱「邑民」，自稱「吏」，是作在同安。文集卷一有與諸同寮謁奠北山過白巖小憩詩，作於紹興二十三年秋。詩云「明靈自安宅，牲酒告恭虔。肸蠁理潛通，神虯亦蜿蜒。既欣歲事舉，重喜景物妍」，所述之事正與此篇同。據以繫之。

春祈謁廟文〔一〕 紹興二十四年春

間者歲比不登，民填溝壑，今幸改歲，人得以修其畎畝農桑之務。惟是雨暘以時，俾無水旱螟螣之災，則非人力之所能及。惟君侯加惠之，則幸矣。某祗承祀典，敢不齋肅明薦，以獻以祈。

校記 〔一〕大同集卷十此題作「甲戌春祈」。

編年 據題繫年。

秋賽謁廟文〔一〕 紹興二十三年冬

今茲薦罹水旱之數，宜不得下熟，然頗有所收，足以慰夫三農之心而供有司之賦者，實神有以佑之也。不然，民饑而死，吏之憂豈有所極哉。仲冬之月，祗循故事，以告謝神，不敢愛其潔牲醴酒。惟不足以答神之賜，而豈敢有所祈。

校記 〔一〕大同集卷十題爲「癸酉冬賽」。

編年 據題繫年。

辭先聖文〔一〕 紹興二十七年冬

熹祗服厥事，於茲五年，業荒行隳，過咎日積。雖逭厥罰，曷慊於心。辭吏告歸，愧仰崇仞。謹告。

校記 〔一〕大同集卷十此題爲「滿任辭宣聖」。

編年 文云「祗服厥事，於茲五年」，朱熹紹興二十三年至二十七年任同安主簿，罷歸在十月，據以繫之。

南康謁先聖文 淳熙六年四月

熹蚤以諸生，推擇爲吏，中遭疾病，即退丘園。乃得其耕耨之餘日，伏讀先聖先師之遺書，夜思晝行，不敢以昧陋自棄者，二十餘年於此矣。誤蒙聖恩〔一〕，假守兹郡，懇辭不獲，輿曳而來。疇昔所聞，庶幾小試。而蒲柳之質，衰不待年。憒眊支離，已深不夢之嘆。大懼弗稱，以辱君師。祇事之初，敢以誠告。惟先聖先師之靈實誘其衷，使幸不獲罪於其民，而蚤遂歸田，以終故業，則熹不勝幸甚。謹告。

校記 〔一〕誤：淳熙本作「比」。

編年 文云「祇事之初」，朱熹至南康任在淳熙六年三月晦日，則是篇當作於四月。

白鹿洞成告先聖文 淳熙七年三月十八日

維淳熙七年歲次庚子三月癸丑朔十八日庚午，具位敢昭告於先聖至聖文宣王：熹昨按國朝故事及郡圖經，得白鹿洞之遺址於城東北十五里。蓋唐李渤之隱居，江南李氏因以爲國學。及我太宗皇帝又嘗賜之書史，以幸教其學者。而淪壞日久，莽爲丘墟。因竊惟念幸以諸生得奉詔條，顓以布宣教化爲職。顧弗此圖，懼速譴戾，乃議復立，今幸訖功。將率同志講學其間，意庶幾乎先聖先師之傳，用以答揚太宗皇帝之光訓。鼓篋之始，敢率賓佐，合師生，恭修釋菜之禮，以見於先聖，以先師兖國公、先師鄒國公配。尚饗。

編年　據文中所署。

白鹿洞成告先師文 淳熙七年三月十八日

熹仰稽國典，建此學宫。鼓篋之初，恭修釋菜之禮。惟公發揚聖藴，垂教無窮。敢率故常，式陳明薦，從祀配神。尚饗。

鄒國公云：惟公命世修業，克紹聖傳。

編年　此與上篇同日所作。

奉安濂溪先生祠文 淳熙六年四月

敢昭告於故知軍事濂溪先生周公〔一〕：惟先生道學淵懿，得傳於天，上繼孔、顏，下啓程氏，使當世學者得見聖賢千載之上，如聞其聲，如睹其容，授受服行，措諸事業，傳諸永久而不失其正，其功烈之盛，蓋自孟氏以來未始有也。熹欽誦遺編，獲啓蒙吝，兹焉試郡，又得嗣守條教於百有二十餘年之後，是用式嚴貌象，作廟學宫。并以明道先生程公、伊川先生程公配神從享。惟先生之靈實臨鑒之。謹告。

校記　〔一〕以上原缺，據淳熙本補。

編年 據年譜長編。

謁故侍中太尉長沙陶桓公祠文 淳熙六年四月

某猥承人乏，假守茲邦，祇事之初，以禮見於先聖先師。而視其學，則有公之遺祠在焉〔一〕。惟公忠順勤勞，機神明鑒，没而不朽，食此江濆。其亦有以相之，使民安於下，官給於上，而熹也早得收其疾病之軀，以幸免於娑婆之嘆，則公之賜大矣。款謁之初，敢以誠告。

校記 〔一〕以上原缺，據淳熙本補。

編年 文云「祇事之初，以禮見於先聖先師」，遂謁陶祠，知與上南康謁先聖文爲一時之所作。

謁李尚書劉屯田祠文 淳熙六年四月

熹猥承人乏，假守茲邦。祇事之初，以禮見於先聖先師。而視其學，則有公之遺祠在焉。仰惟壯節高風，夙所欽慕，敢不再拜伏謁，以致其高山景行之思。惟公之靈，尚克臨鑒。謹告。

編年 此與上篇前半全同，爲同時所作甚明。

告熊孝子墓文 淳熙六年五月一日

維淳熙六年歲次己亥五月戊午朔，具位熹謹遣某致祭於唐故孝子、宜春縣丞熊府君之墓：

熹叨被誤恩，假守兹土，視事之始，考諸圖經，以求此邦前賢潛德隱行之實，於建昌得陳太中大夫、從事中郎二司馬君以及府君之事，蓋皆以孝德聞。而府君精誠之感，獨致涌水成川之應，私心竊敬仰焉。然按圖以求其故迹，則二司馬君之墓不可知，而府君之墓宅學基猶有遺處。謹命有司依準赦令〔一〕，禁禦樵牧。其唐朝旌表舊門，亦已復請於朝，俟報修立。而先遣僚吏，敬以酒肴之奠，昭告此誠。尚其英靈，來鑒來享。

校記　〔一〕赦：正訛改作「敕」。

編年　據文中所署。

祭屯田劉居士墓文淳熙六年五月

熹舊讀歐陽子廬山高之詩，而仰公之名，恨生遐僻，不得一來仰其山之高而拜公之墓也。兹誤上恩，畀以郡紱。至止之日，望於四郊，則山屹立千仞者故在，而公之華屋山丘零落殆盡，幾無迹之可尋矣。乃訪邦之耆老俊彦，得公之墓於城西荒苑廢圃之間。其不爲耕耨之所及者，蓋已無幾。因復作爲門垣，而亭以表焉。又得嘉名於寓士之賢者，書而揭之，以見公志。庶幾嗣而官於是者有以謹其樵牧之禁，東西行而過於是者有以興起其剛毅廉退之心。蓋不惟有以少慰夙昔鄉往之私，亦可以仰稱聖天子所以使之承流宣化之意也。工告訖役，一奠致誠。公而有靈，庶其鑒饗。謹告。

編年 據年譜長編。

奉安五賢祠文 淳熙六年六月

熹誤膺朝命，來守是邦。至止之初，得拜劉、李二公之像於學。欽聳高風，考觀正論，既有以慰夙心者。既又咨訪得陶公栗里故居於郡境，且知秘丞劉公蓋嘗禄於筦庫，而忠肅陳公又嘗辱爲遷民也。永惟數公大節清名，危言直道，遺烈所在，千載如生。爰始爰謀，合享斯室。季月之吉，神位告成。敢合僚吏、率諸生，以禮告於祠下。蘋藻在列，誠意感通。群公有靈，尚克歆顧。

編年 文云「季月之吉」，朱熹至南康任在淳熙六年三月晦日，經尋訪修葺，其神位告成必在六月也。

謁廟文〔一〕 淳熙六年四月

熹抱病田間，不堪爲吏久矣。聖天子哀憐，不忍終棄，强畀符竹，使爲此邦。輿曳而來，亦既視事。以衰眊罷軟之資，當民貧財匱之際，大懼曠闕，無以克當明恩。惟神受職明廷，以食兹土，其與命吏，憂責惟均。其亦有以相之，使民安於下，官給於上，而熹也蚤得收其疾病之軀以歸老故丘，則神之賜大矣。款謁之初，敢以誠告，它不敢以有所祈。謹告。

校記 〔一〕淳熙本「謁」下有「諸」字。

編年　文云「亦既視事」，是至任之初，淳熙六年四月也。

謁社稷文 淳熙六年四月

熹叨被恩除，假守兹土。載惟社稷，民命所依。祇率故常，按行封壝，用嚴國典，式對神休。謹告。

編年　此與上篇當同時所作。

廣佑廟祈雨文 淳熙六年秋

大王有功德於此土之人，苟有雨暘之憂，無不禱於大王。其禱之也，則無不昭答，如影響之隨至。斯民之心歸之如父母、信之如蓍蔡者，有年於此矣。間者上天降災，陽愆陰伏，嘉生百物，不蒙滋潤。熹等乃大速亂於厥禱祠之事，罔克專於大王，懈墮弗虔，咎由熹等。而使千里之民田疇涸枯，禾稼槁悴。今其甚者，有若燔灼矣。雖并走群望，懇祈備至，而雲氣將交，旋即解駁，焦然不能有膚寸之合，秋陽益驕，燥烈殊甚，物之蒙害，日以益深。若自今以往，三日不雨，則千里之民所恃以爲生者蕩析無餘，而無以爲食，其老弱將轉乎溝壑而死，少壯者將散而爲盗賊，以争其旦夕之命。其禍亂之至，豈有所極哉。失今不救，三日之後，大王雖顧而哀之，不可拯已。故熹等私竊計議，以爲莫若奔走歸誠，請命於大王之祠下。大王若哀其迫切，赦其前愆，有以惠綏之〔一〕，則三日之内，熹等齋宿以俟休命。三日而不應，則是大王終棄絶之。熹等退而恐懼，以待誅殛，不敢復進而禱矣。恭惟大王闔闢造化，一雨之恩，蓋其餘事，誠有意哀此千里之民，則願無愛而亟爲之，熹等之願也。拜伏於庭，不勝哀扣懇切之至。謹告。

校記 〔一〕綏：原作「緩」，據宋閩、浙本改。

編年 此與下篇皆南康之作，觀其行文可見，皆收入雍正江西通志卷一百四十四。下篇云「禱之明日，甘澤沛然，晝雨宵零，越五六日而未艾，崗陵漸潤，草木蕃滋，孰是嘉生，而不豐好」，是祈雨已獲霑足，絶非淳熙七年大旱之象，顯係六年事。

廣佑廟謝雨文 淳熙六年秋

天久不雨，苗之秀而將實者，秋陽暴之，日以憔悴，田將無以爲收，人將無以爲食。大命近止，罔或不憂。我父子兄弟是用夙夜不遑啓居，更相告語，奔走羅拜於祠之庭而請命焉。君王顧哀，昭答如響。禱之明日，甘澤沛然，晝雨宵零，越五六日而未艾。崗陵漸潤，草木蕃滋，孰是嘉生，而不豐好。德宏施普，恩大澤深，夫豈可以言報？顧無以自致其拳拳，率修故常，祗薦蘋藻。惟君王降佑歆享，則斯人之願也。

編年 見上篇所考。

豐利侯祈雨文淳熙六年秋

熹多病不才，濫尸郡寄，修政不德，以干陰陽之和。自秋以來，天久不雨。早稻雖已收成，而晚田不免告病。吁嗟之禱，遍於群望，而嘉澤未應，風日益高，氣日益寒，雲既合而復離，禾既秀而不能有以實也。朝兢夕惕，不遑啓居。惟侯聰明，久食茲土，雨暘之柄，惟厥攸司。日者雖已致祠，懼或不能蠲潔以達誠意。欲躬走謁，又恨符印之守，不克以前。謹遣某官奔告祠下，而熹祗率僚吏拜送於門，西望叩頭，再拜以請。惟侯哀矜，賜之一雨，以卒終歲之惠，則豈惟吏之不良，獲免於戾，而邦人父子，實蒙其休。於所以報事侯者〔一〕，其敢有懈也。

校記　〔一〕於：原缺，據宋浙本補。

編年　此亦南康之作。雍正江西通志卷一百九：「豐利侯祠在星子西南三十五里。」朱熹在南康凡兩涉秋，而淳熙六年、七年皆遇旱，以七年爲重。此云「早稻雖已收成」，下文云「稻之早熟者什失八九」，顯然本篇爲六年所作，下篇爲七年所作。參以文集卷十六奏南康軍旱傷狀、再奏南康軍旱傷狀，亦見七年早稻無收也。

祈雨文淳熙七年秋

間以旱災，奉詔致禱。閱月逾時，雨不可得。稻之早熟者什失八九，而吏之所以爲禮樂與辭者，亦既竭矣。欲取水湫淵，詣祠祀而專力乎人事之備〔一〕，則又念夫稻有晚出而未就者，不能無冀幸於萬一。於是感嘆憤激，不能自已，躬詣靈湫，而冀於有神，請復與神爲三日之期，以聽休命。惟神受職帝庭，降食兹土，以福其人爲事。今人之急如此，神若弗聞，亦何神哉。若三日不雨，雨而不周，且浹於四封，惟天聰明，吾恐神之不得安其室。神尚聽之，毋忽。

校記　〔一〕詣：四庫全書本作「罷」。

編年　見上篇所考。

秋報祝文 淳熙六年秋

春禱秋報，各有令典〔一〕。歲雖不登，而有司不敢廢，亦不敢以怠。比者遍禱於神，神非不加貺於民也，直後時而蒙休者淺爾。爰陳嘉薦，敬修常事。神其顧歆，益惠我民。

校記　〔一〕各：宋浙本、四庫全書本作「國」，底本原注別本同。

編年　文云「歲雖不登」，「比者遍禱於神，神非不加貺於民也，直後時而蒙休者淺爾」。考朱熹任外官行實唯淳熙六年近之。蓋是年雖遭旱，而祈雨有應，非全無秋。七年則大旱，遍禱無應；八年秋朱熹已不在官；九年秋水旱頻仍，至九月則已離任矣。

祈晴文 淳熙九年夏

東土之民，薦罹水旱。其幸免於溝壑者，指二麥以救朝夕之急，而又相與戮力事農，以冀有秋。其得失之算，死生係之，非常歲比也。乃今天雨不休〔一〕，湖水泛濫，小麥之未收者，亦既折腐，不得以食，而新苗未立，水没其顛，又將無復西成之望。吏民憂懼，術無所施。惟神威靈，作鎮兹土，其必以顧而哀之，汛掃浮陰，錫以晴霽，則神之惠也，民之幸也。熹等濫將使指，實分顧憂，敢不齊祓再拜以請，惟神鑒之。謹告。禹廟云：「王威神在天，降食兹土。」

校記 〔一〕乃：原作「又」，據宋閩、浙本改。

編年 文云「濫將使指」，朱熹平生爲監司僅浙東提舉一次，淳熙八年至九年任。又云「指二麥以救朝夕之急」，「小麥之未收者，亦既折腐」，時在夏季。朱熹至任在八年十二月，則此文作於次年可知。

謝晴文 淳熙九年夏

乃者以水潦之災，有禱於神。蒙神之休，開廓氛翳，使麥收稻植，人得逭其溝壑之憂，既有日矣。熹等敢不躬拜祠下，跪薦牲酒，以荅靈貺。惟神歆顧，終此大恩，賚以豐年，驅其厲鬼，俾我民復得以遂其有生之樂，則神之賜於兹土爲無窮，其食於兹土爲無愧。

編年 此承上篇而作，見上篇所考。

祈雨文 淳熙九年秋

吏既不德，無以媚於上下，以召和氣而福斯人。其所以布主恩、救民命者，罔不惟神之依。

故熹往者嘗輒有請於神，而亦既受其賜矣。然方是時，霖潦之災獨環越百里之間爲然；若今之旱，則自浙河以東，爲州者七，無不告病。捐瘠之民，凜然日有狼顧之憂。乃不齊祓奔走以告於神，其將安所歸命？敢叩祠庭，頓顙屏息，以俟嘉應。惟神幸哀憐之。謹告。

編年　文云「往者嘗輒有請於神，而亦既受其賜矣」，指上二篇祈晴事，故此篇當作於是年秋天，至九月十二日則已離任矣。

漳州謁先聖文 紹熙元年四月二十七日

維紹熙元年歲次庚戌四月甲申朔二十七日庚戌〔一〕，具位朱熹謹以清酌之奠，敢昭告於先聖至聖文宣王：熹總髮聞道，白首無成，玆荷誤恩，復叨郡寄。莅事之始，載見祠廷。永念平生，怛焉内疚。尚蕲啓佑，俾度其心。毋悖所聞，以速大戾。謹告。

校記　〔一〕熙：原作「興」，據宋浙本改。

編年　據文中所署。

刊四經成告先聖文 紹熙元年十月

敢昭告於先聖至聖文宣王、先師兗國公、先師鄒國公：熹恭惟六經大訓，炳若日星，垂世作程，靡有終極。不幸前遭秦火煨燼之厄，後罹漢儒穿鑿之繆，不惟微詞奥旨莫得其傳，至於篇帙之次，亦復殽亂。遥遥千載，莫覺莫悟。惟易一經，或嘗正定。而熹不敏，又嘗考之書、詩，而得其小序之失。參稽本末，皆有明驗。私竊以爲不當引之以冠本經聖言之上，是以不量鄙淺，輒加緒正，刊刻布流，以曉當世。工以具告〔一〕，熹適病卧〔二〕，不能拜起，謹遣從事敬奉其書，以告於先聖先師之廷。神靈如在，尚鑒此心。式相其行，萬世幸甚。謹告。

校記 〔一〕工：原作「上」，據宋閩、浙本改。

〔二〕適：原缺，據宋浙本補。

編年 據文集卷八十二書臨漳所刊四經後，朱熹在漳州任上刊成四經在紹熙元年十月。

謁高東溪祠文 紹熙元年四月

惟先生剛方之操，鯁切之言，一視險夷，之死不變〔一〕。蓋所謂一世之偉人〔二〕，非獨一鄉之善士也。熹敬仰高風，爲日既久，又幸嘗得執筆，編列祠事。而今日之來，獲拜堂下，則於隱忍回互之譏，若有愧焉。炷香酌酒，歛衽陳詞。伏惟先生之靈有以鑒之。謹告。

校記 〔一〕之：原作「至」，據宋閩、浙本改。

〔二〕蓋：原缺，據宋浙本補。

編年 此爲漳州至任之初遍謁群廟所作，四月末也。

又謁高東溪祠文 紹熙元年四月

謹以釋奠之明日，致祭於東溪先生高公。惟公志節堅高，議論英發，不容何病，之死弗渝〔一〕。顧我顓蒙，舊勞嚮往，肇茲明薦，庶激懦貪。謹告。

校記 〔一〕之：原作「至」，據宋閩、浙本改。

編年 此承上篇，在其稍後。

謁李龍學祠文 紹熙元年四月

紹興之初，公在邇列。力闢和議，見忌權臣。出守此邦，治行亦著。竟以讒口〔一〕，去郡卧家。人懷其忠，建此遺烈。熹愚不肖，獲奉餘規。永惟先人，實同聲氣。載瞻劍履，感慨增深。敢薦馨香，尚祈昭鑒。謹告。

校記 〔一〕讒：原作「纔」，據宋閩、浙本改。

編年 此爲漳州至任之初遍謁群廟所作，四月末也。

謁三賢祠文 紹熙元年四月

謹以釋奠之明日，致祭於唐相國常公，四門助教歐陽公、高州刺史周公：閩自唐世，始有華風。惟爾三賢，實爲首倡。稱思未泯，延及於茲。報事之虔，吏不敢廢。謹告。

編年 此爲朱熹至漳州任之初遍謁群祠所作。

謁端明侍郎蔡忠惠公祠文紹熙元年四月

惟公忠言惠政，著自中朝。筮仕之初，嘗屈兹郡。歲時雖久，稱思未忘。厥有遺祠，英靈如在。熹雖不敏，實仰高風。莅事之初，敬修禮謁。謹告。

編年 此爲朱熹至漳州任之初遍謁群祠所作。

謁崔統領祠文紹熙元年四月

惟侯忠存報國，勇不謀身。厥有遺祠，英靈如在。我來伊始，稽率故常，敢薦肴觴，用伸悼嘆。謹告。

編年 此爲朱熹至漳州任之初遍謁群祠所作。

謁諸廟文紹熙元年四月

國家受天明命，奄有萬方，分職任功，幽顯無間。熹奉制敕，來撫漳民。永惟明靈，實同憂寄。莅事之始，祗款恤祠。敢竭愚衷，與神爲誓。修身奉法，節用愛人。熹雖至愚，不敢不勉。歐除疫癘，時節雨暘，非人所能，是乃神職。吏有不吏，神得而誅；神或不神，則又奚咎？肴羞在列，馨香發聞。惟神聰明，鑒此心曲。

編年　此爲朱熹初至漳州任遍謁群祠時所作。

謁社稷文紹熙元年四月

社稷之神，實司民命。故先王之法，以民爲貴，社稷次之，而牧民者其重不得班焉。肆我國家，稽古立制，使凡爲守令者，始至則親謁於其祠所，其所以愛民敬神之意厚矣。熹恭承聖詔，來守此邦，式舉舊章，尚祈昭鑒。謹告。

編年　此爲朱熹初至漳州任遍謁群祠時所作。

準即位赦祭神文紹熙五年九月

新天子端命帝庭，光臨大寶，敷錫海内，咸與惟新。虔命有司，式稽舊典。岳祇川后，若古帝王，義士忠臣，悉嚴祀事。庶臣分土，職在布宣。奉醪羞，致祠下，惟神鑒格，歆此德馨，永佑我民，以對休命。

編年　寧宗即位在紹熙五年七月五日，時朱熹在潭州任，準赦祭神當在月内。

謁修道州三先生祠文紹熙五年八月二十八日

維紹熙五年歲次甲寅八月己丑朔二十八日丙辰，朝散郎、秘閣修撰、權發遣潭州軍州兼管内勸農營田事、主管荆湖南路安撫司公事、馬步軍都總管、借紫朱熹〔一〕，謹遣學生迪功郎、道州寧遠縣尉馮允中致祭於濂溪先生周公、明道先生程公、伊川先生程公：於皇道體，沕穆無窮。羲農既遠，孔孟爲宗。秦漢以還，名崇實否。文字所傳，糟粕而已。大賢起之，千載一逢。兩程之緒，自我周翁。清瀟之原，有嚴貌象。欲覩無因，徒有悵望。吏以毁告，閔然於衷。出金少府，往佐其功。爰俾諸生，敬陳一酹。先生臨之，有赫無昧。尚饗。

編年 據文中所署。

校記 〔一〕「己丑」以下自句末，原作「日」，據元公周先生濂溪集卷八補改，其中「十」字，據八月己丑朔，二十八日正是丙辰補。

修三閭忠潔侯廟奉安祝文 紹熙五年七月

惟神爲國上謀〔一〕，遭讒放逐〔二〕。行吟憔悴，厥有離騷。懷沙自沉，勇赴兹水〔三〕。遺祠錫號，帝有愍書。吏惰不供，神用弗宇。乃今修奉，亦既訖功。敢擇靈辰〔四〕，敬陳椒醑〔五〕。惟神降鑒，永奠厥居。

校記 〔一〕上：永樂大典卷五千七百六十九作「忠」。

〔二〕放：右引作「見」。

〔三〕勇赴兹水：右引作「粤在湘水」。

〔四〕擇、辰：原作「饌」、「神」，據右引改。

〔五〕敬：原作「敢」，據右引改。

編年　據年譜長編。

滄洲精舍告先聖文紹熙五年十二月十三日

維紹熙五年歲次甲寅十有二月丁巳朔十有三日己巳，後學朱熹敢昭告於先聖至聖文宣王：恭惟道統，遠自羲軒。集厥大成，允屬元聖。述古垂訓，萬世作程。三千其徒，化若時雨。維顔曾氏，傳得其宗。逮思及輿，益以光大。自時厥後，口耳失真。千有餘年，乃曰有繼。周程授受，萬理一原。曰邵曰張，爰及司馬，學雖殊轍，道則同歸。俾我後人，如夜復旦。熹以凡陋，少蒙義方。中靡常師，晚逢有道。載鑽載仰，雖未有聞，賴天之靈，幸無失墜。逮兹退老，同好鼎來。落此一丘，群居伊始。探原推本，敢昧厥初。奠以告虔，尚其昭格。陟降庭止，惠我光明。傳之方來，永永無斁。今以吉日，謹率諸生，恭修釋菜之禮，以先師兖國公顔氏、郕侯曾氏、沂水侯孔氏、鄒國公孟氏配。濂溪周先生、明道程先生、伊川程先生、康節邵先生、横渠張先生、温國司馬文正公、延平李先生從祀。尚饗。

編年　據文中所署。

評論　程敏政書朱子答張敬夫書：至於滄州精舍祝文則云：「周程授受，萬理一原。曰邵曰張，爰及司馬。學雖殊轍，道則同歸。」遂以温公上班周、程、張、邵，以侑宣聖，豈别有見邪，抑大賢之造詣淺深，必歷其域者然後知之，非後學小子所得驟而窺邪？

歸新安祭墓文淳熙三年四月

一去鄉井，二十七年。喬木興懷，實勞夢想。兹焉展掃，悲悼增深。所願宗盟，共加嚴護。神靈安止，餘慶下流。凡在雲仍，畢霑兹蔭。酒肴之奠，惟告其衷。精爽如存，尚祈鑒享。

編年 文云「一去鄉井，二十七年」，朱熹生平凡兩歸婺源，第一次在紹興二十年，第二次在淳熙三年，其間恰二十七年。此次歸在四月十二日。

又祭告遠祖墓文淳熙三年四月

維年月日，遠孫熹謹率侄某、侄孫某等，以酒果告於遠祖二十一公制置府君、祖妣杜氏夫人之墓：惟昔顯祖，作鎮兹邦。開我後人，載祀久遠。封塋所寄，奉守弗虔。它人有之，莫克伸理。兹用震怛，籲於有司。鄉評亦公，遂復其舊。伐石崇土，俾後弗迷。即事之初，敢謝其譴？謹告。

編年 此與上篇一時所作而稍後。

焚黄文紹熙二年冬

日者天子始見上帝於泰壇，頒慶宇内，凡有列於朝者，皆得追榮其先，以廣孝治。故我皇考班通九列，而皇妣號比郡封，聖澤所加，幽顯咸賴。熹愚不肖，久深不洎之悲，祗奉制書，徒切哀隕。謹以清酌時羞，涓日以告。伏惟恩靈，對此休命。謹告。

編年 文云「日者天子始見上帝於泰壇」，指光宗紹熙二年郊祀事。宋史光宗紀：「（紹熙二年十一月）壬申，合祭天地於圜丘，以太祖、太宗配。」年譜長編將之與下篇均列於紹熙五年，誤。

又焚黄文紹熙二年冬

日者天子始郊，頒慶寓内〔一〕。熹以職秩，得從大夫之後，故我亡室錫號有加。恭奉制書，俯仰悼嘆。惟爾有靈，尚克嘉之。謹告。

校記 〔一〕頒、寓：原作「頌」、「宇」，據宋閩、浙本改。

編年 此與上篇同時所作。文云「熹以職秩，得從大夫之後，故我亡室錫號有加」。下紹熙五年夫人劉氏焚黄文云「君以辛亥郊恩，始受大夫妻之號」，正指此次封贈。年譜長編列於紹熙五年，誤。

又焚黄文紹熙五年冬

新天子端命帝廷，欽承天序，敷錫有位，咸得追榮其先。有司承詔，遂以皇考贈中大夫之命來告於第。慈顔永隔，餘五十年。祇對寵光，感涕何極。謹因祭歲，恭奉制書，拜手以告。而熹不肖，繼忝從班。大饗之恩，復膺錫命，肆我皇妣，爰及故嬪，亦得扳聯，并受祭澤。絲綸異數，行即薦陳。尚期恩靈，歆荷亡斁。謹告。

編年 文云「新天子端命帝廷」，「熹不肖，繼忝從班」，知作於紹熙五年冬。寧宗即位在七月，朱熹爲侍從官在十月。

又焚黄文 紹熙五年冬

恭惟先君天賦異質，孝友之行，足繼前修；雅健之文，追古作者。爵壽弗稱，隕於半塗。施及後人，叨被寵禄。追榮七命，始列從班。而先夫人，亦膺顯號。厚德之報，不其在兹〔一〕？并命帝廷，璽封霙檢。贊辭褒異，視昔有加。唯是音容，日荒日遠。生我劬瘁，追養靡從。祇奉命書，舍爵以告。涕泗摧咽，不知所云。尚饗。

校記 〔一〕其在：原倒，據宋浙本、四庫全書本乙。

編年 文云「追榮七命，始列從班」，亦紹熙五年冬事。

又焚黄文 紹熙五年冬

君以辛亥郊恩，始受大夫妻之號。及今饗賫，予忝近列，而君之號，又躐進焉。念昔相從，惟艱惟悴。君能勤力，相我實多。豈意莫年，寵榮狎至。君之季子，亦被賞延。而君不少須，是可悲已。奉奠致詔，君其聽之。尚饗。

編年　文云「予忝近列」，與上篇同時所作。

又焚黄文慶元四年冬

熹賴遺訓，竊位於朝。獲被慶恩，追榮禰廟，亦有年矣。比以鈎黨廢錮，憂畏過深，以故及今，始克祗奉命書以告於寢廟。惟我皇考，洞視今古，靡有遺情。陟降如存，尚克歆此，丕顯休命。顧熹衰頽，年迫告休。使我皇考，未躋極品，而先夫人亦未克正小君之號。流根之報，無復後期。永念及兹，痛恨何極。仰惟慈蔭，俯鑒愚衷。尚啓後人，不日昌大。熹瞻望恩靈，不勝感慕摧咽之至。謹告。

編年　文云「比以鈎黨廢錮」，又云「年迫告休」，朱熹慶元二年落職罷祠，五年年滿七十，四月致仕。此焚黄當爲歲末例祭時作，故以四年冬近之。年譜長編列於紹熙五年，顯誤。

贈官告皇考文慶元元年冬

往歲天子，用事泰壇。上帝降歆，福祚昭答，慶賜之澤，覃及萬方。中外幽明，罔不咸賴。謂熹名秩，有列内朝。降以命書，賁其禰廟。顧念孤藐，禄不逮親。祗奉明恩，益深哀慕。兹用齋祓，致誥寢庭。欽惟神靈，服此休顯。熹雖不肖，敢不敬恭。惟孝惟忠，無或荒墜。嗣有褒賜，尚克嘉之。覆其後人，延於永世。

編年　文云「往歲天子，用事泰壇」，「謂熹名秩，有列内朝。降以命書，賁其禰廟」，所指爲紹熙五年閏十月八日封贈事，其焕章閣待制侍講朱熹明堂恩贈父、贈母誥見止齋集卷十六。既云往歲，明此文不作於當年。文又云「嗣有褒賜，尚克嘉之」，又不似慶元二年落職罷祠後語，故當作於慶元元年冬例祭之時。

第三男授官告家廟文 慶元元年冬

熹前任焕章閣待制，該遇明堂大禮赦恩，奏補第三男在，已蒙聖恩授承務郎。祇承先訓，蒙被賞延。餘慶所覃，益深永慕。

編年　文云「熹前任焕章閣待制」，是時已罷此職名，亦當在慶元元年冬。參上篇所考。

遷居告家廟文 慶元元年

熹罪戾不天，幼失所怙。祇奉遺訓，往依諸劉。卜葬卜居，亦既累歲。時移事改，存没未安。乃眷此鄉，實亦皇考所嘗愛賞而欲卜居之地。今既定宅，敢伸虔告，以安祖考之靈。伏惟降鑒，永奠厥居。垂之子孫，世萬無極。

編年　文集卷二十八紹熙五年七月十日與留丞相書云：「五月二十四日遂抵建陽，因遂寄寓，以畢喪葬。」卷五十二答吴伯豐八云：「此間寓居近市，人事應接倍於山間。今不復成歸五夫，見就此謀卜居，已買得人舊屋，明年可移。」即指漳州罷任未歸崇安，擬遷居建陽事。此既云遷居，又云「今既定宅，敢伸虔告，以安祖考之靈」，是已遷居，慶元元年也。

致仕告家廟文慶元五年六月一日

維慶元五年歲次己未六月辛酉朔，孝孫具位熹敢因時享，昭告於祖考之靈：熹至愚不肖，蒙被先世遺德，獲祗祀事五十餘年，歲時戰兢，罔敢怠忽。至於今兹，行年七十，衰病侵凌，筋骸弛廢。已蒙聖恩，許令致事。所有家政，當傳子孫。而嗣子既亡，藐孤孫鑑，次當承緒。又以年幼〔一〕，未堪跪奠。今已定議，屬之奉祀，而使二子埜、在相與佐之。俟其成童，加冠於首，乃躬厥事。異時朝廷察熹遺忠，或有恩意，亦令首及。伏惟祖考擁佑顧歆，永永亡斁，熹不勝大願。其諸家務，亦當計度區處，分屬埜等及諸孫息，使有分職，以守門户。尋别具告而施行之。熹之衰病，勢難支久。如以恩靈，尚延喘息之間，猶當黽勉提總大綱，不使荒頽，以辱先訓。伏惟祖考實鑒臨之。謹告。

校記　〔一〕又以：原作「於又」，據宋閩、浙本改。

編年　據文中所署。

告考妣文慶元五年冬

孝子具位熹敢昭告於皇考太史吏部、贈通議大夫府君，皇妣孺人、贈碩人祝氏：熹不孝〔一〕，孤露垂六十年，不能以時考次先君行實，以表於墓，迹其所由，雖實有待，然而怠緩不虔，罪已無所逃矣。逮今晚暮，衰病侵加，改卜之謀，始有定論。乃克紬繹遺文，傳之時事，撰成行狀一通，粗以發明先君立朝議論本末，而皇妣德範梗概，亦以附書。將以請銘於故相退傅益國周公，庶幾有以闡揚潛懿，昭示後來，使子子孫孫勸忠勉孝，以無忘考妣啓佑丁寧、垂裕永久之意。繕寫既成，先事以告。惟是荒塞之餘，不無闕漏。熹不勝悲切皇懼之至。伏惟恩靈如在，鑒此哀誠，則熹不勝千萬幸甚。謹告。

校記 〔一〕孝：原作「考」，據宋閩、浙本改。

編年 據年譜長編。

時祭祝文 乾道五年以前

粵此季秋，成物之始。藐兹弱質，維望以降。胡江反。永念劬勞，莫伸報效。昊天罔極，悲慕何窮。謹以云云。

編年 此爲朱熹生朝祝文，年代無考。以下祭土地文第二篇觀之，按其編序或當作在乾道五年之前，姑繫之。

歲祭祝文 乾道五年以前

氣序流易，歲律將更。追遠感時，不勝永慕。謹以潔牲剛鬣、粢盛醴齊，祗薦歲事，以某人祔食。尚饗。

編年 見上篇所考。

祭土地文 乾道五年以前

敢昭告於土地之神：仲秋之月，萬寶將成。蒙神之休，幸兹遺免。式陳菲薦，用以揭虔。尚其顧歆，永垂庇祐。

編年 見下篇所考。

又祭土地文 乾道五年以前

熹窮年奔走，兹復奠居。老幼無虞，以及改歲。緊神之賴，報事敢愆？尚其顧歆，永垂覆祐。謹告。

編年 文云「老幼無虞」，知時其母祝氏尚在。祝氏卒於乾道五年九月，此文當作在其前。按文集編序，此篇之前者應作於乾道五年之前，之後者當作於是年之後，餘無考。

又祭土地文 乾道五年以後

維此仲春，歲功云始。若時昭事，敢有弗欽？蘋藻雖微，庶將誠意。惟神監享，永奠厥居。

夏云：仲夏應期，時物暢茂。

秋云：維此仲秋，歲功將就，若時報事。

冬云：維此仲冬，歲功告畢，若時報事。

歲云：歲律將更，幸兹安吉，若時報事。改末句爲「介以春祺」。

編年 見上篇所考。

又祭土地文〔一〕乾道五年以後

氣序流易，歲律將更。蒙神之休，幸兹寧止。載惟報享，敢有弗虔？尚祈顧歆，永錫純嘏。

校記 〔一〕此篇原缺，據宋浙本補。

編年 見前文所考。

又祭土地文乾道五年以後

春日載陽，兹維仲月。式陳明薦，用格神休。尚其顧歆，俾我無斁。氣序徂遷，時維仲夏。氣序徂遷，仲秋戒秋。冬序告中，一陽來復。

編年 見前文所考。

墓祭文淳熙四年以後

歲序流易，雨露既濡。瞻省唐石改爲「悽愴」〔一〕。封塋，不勝哀慕。謹用清酌時羞，祗薦歲事。唐石改爲「薦其常事」。尚饗。

編年 文中注云：「唐石改爲『悽愴』。」考朱熹親屬唯夫人劉氏葬建陽唐石之大林谷，故此文當作於其卒葬之後。劉氏卒於淳熙三年十一月，葬於次年四月。

校記 〔一〕悽愴：原作「載念」，據宋閩、浙本改。

又墓祭文淳熙四年以後

歲序流易，雨露既濡。念爾音容，永隔泉壤。一觴之酹，病不能親。諒爾有知，尚識予意。

編年 文云「念爾音容，永隔泉壤」，「諒爾有知，尚識予意」，亦爲祭劉氏墓作，參見上篇所考。

后土祝文淳熙四年以後

玆以暮春，修祀先壠。餘處改作「按行丘壠」。惟神保祐，樵牧不驚。敢薦馨香，式昭報事。尚祈鑒享，永賴無窮。謹告。

編年 注改「先壠」爲「丘壠」，顯然含夫人劉氏之墓，故亦當作在淳熙四年之後。

又后土祝文 淳熙四年以後

兹以春餘，有事先壠。唐石等處改爲「丘壠」。載惟保祐，實賴神休。式薦醪羞，尚祈據饗。延於永久，無有後艱。謹告。

編年 注云「唐石等處」，時夫人劉氏已葬，故當作於淳熙四年之後。

又謁李龍學祠文〔一〕 紹熙元年四月

謹以釋奠之明日，致祭於龍學侍郎李公：惟此廟學，實公所遷。人到於今，追頌勞烈。矧惟忠慮，抑有前聞。薦此芳馨，豈專報享。謹告。

校記 〔一〕此篇宋浙本置於本卷謁李龍學祠文之後。

編年 此承本卷謁李龍學祠文而作，參見該篇所考。

朱熹文集編年評注卷八十七

祭文

祭籍溪胡先生文紹興三十二年四月

嗚呼哀哉！惟公之生，氣温質良。弱冠而學，有志四方。發軔蓬蒿，至於臨漳。學承於家，行著於鄉。乃獻王府，乃游膠庠。中退而休，客彼洛陽。有隱其居，維蜀之莊。公乃束脩，踵門升堂。一語妙契，發乎天光。浩然東歸，衡泌洋洋。我簞我瓢，我糟我糠。或漁於溪，或圃於崗。水鯉鮮腴，藥穎豐長。以是爲養，胡考寧康。以是爲樂，消揺相羊。我心悠悠，歲月於荒。華髮斑衣，名聞帝旁。弓旌鼎來，聘幣是將。義不去親，欲隱彌彰。乃降命書，乃賜冠裳。乃命典教，於梓於桑。學徒莘莘，儼立成行。謦欬未聞，眉睫不揚。式訛厥心，炳其文章。作人之功，於今靡忘。中秘之官，典册是藏。公晚而居，群儒所望。陳謨帝前，震聲廟廊。人曰先生，允仁且剛。旋反舊廬，既壽且臧。云胡不淑，奄忽而亡。嗚呼哀哉！惟我先君，志行文潔。有不吾儕，一顧不屑。而於我公，所愛無斁。豈面而朋，所趣同轍。纊息之言，屬以其孤。公亦見哀，不鄙其愚。卜兆使藏，卜鄰使居。擇術使由，求田使鋪。我壯而頑，學無所至。悔尤已多，視公則愧。公不謂然，欲終誨之。其言諄諄，夫豈予欺。南風之薰，草堂晝寂。方侍公言，遽問公疾。公啓手足，我不及知。遣使饋藥，公猶見之。謂我當來，命延以入。我趨適至，則已無及。袒跣而入，哭於寢門。淵冰之戒，竟莫得聞。嗚呼哀哉！惟昔治命，三公是託。屏山傾頽，草堂冥漠。幸公獨存，爛若晨星〔一〕。今亦往矣，誰復儀刑？嗚呼哀哉！人生百年，誰則不死？公有令名，亦既壽祉。全而生之，全而歸之。公實奚憾，後人之思。嗚呼哀哉！尚饗。

校記 〔一〕晨星：原作「星辰」，據宋閩、浙本改。

編年 胡憲卒於紹興三十二年四月十二日，據以繫之。

祭延平李先生文 隆興二年正月

道喪千載，兩程勃興。有的其緒，龜山是承。龜山之南，道則與俱。有覺其徒，望門以趨。惟時豫章，傳得其宗。一簞一瓢，凛然高風。猗歟先生，早自得師。身世兩忘，唯道是資。精義造約，窮深極微。凍解冰釋，發於天機。乾端坤倪，鬼秘神彰。風霆之變，日月之光。爰暨山川，草木昆蟲。人倫之正，王道之中。一以貫之，其外無餘。縷析毫差〔一〕，其分則殊。體用混員，隱顯昭融。萬變并酬，浮雲太空。仁孝友弟，灑落誠明。清通和樂，展也大成。婆娑丘林，世莫我知。優哉游哉，卒歲以嬉。迨其季年，德盛道尊。有來摳衣，發其蔽昏〔二〕。侯伯聞風，擁篲以迎。大本大經，是度是程。税駕云初，講議有端。疾病乘之，醫窮技殫。嗚呼先生，而止於斯。命之不融，誰實尸之？合散屈伸，消息滿虛。廓然大公，與化爲徒。古今一息，曷計短長。物我一身，孰爲窮通。嗟惟聖學，不絕如綫。先生得之，既厚以全。進未獲施，退未及傳。殉身以歿，孰云非天。熹也小生，丱角趨拜。恭惟先君，實共源派。誾誾侃侃，斂衽推先。冰壺秋月，謂公則然。施及後人，敢渝斯志？從游十年，誘掖諄至。春山朝榮，秋堂夜空。即事即理，無幽不窮。相期日深，見勵彌切。蹇步方休，鞭繩已掣。安車暑行，過我衡門。返旆相遭，凉秋已分。熹於此時，適有命召。問所宜言，反覆教詔。最後有言：「吾子勉之。凡兹衆理，子所自知。奉以周旋，幸不失墜。」歸裝朝嚴，訃音夕至。失聲長號，泪落懸泉。何意斯言，而訣終天。病不舉扶，歿不飯含。奔赴後人，死有餘憾。儀刑永隔，卒業無期。墜緒茫茫，孰知我悲！伏哭柩前，奉奠以贄。不亡者存，鑒此誠意！

校記　〔一〕差：淳熙本作「分」。

〔二〕蔽昏：原倒，據右引及宋閩、浙本乙。

編年　李侗卒於隆興元年十月十五日，時朱熹赴召在都，年末方歸。文云「伏哭柩前」，是次年正月至延平哭祭時作也。相關資料已備於年譜長編。

又祭延平李先生文 隆興二年四月

山頹梁壞，歲月不留。即遠有期，親賓畢會。柳車既飭，薤露懷悲。生榮死哀，孰不摧慕！

熹等久依教育，義重恩深。學未傳心，言徒在耳。載瞻繐綍，彌切痛傷。築室三年，莫酬夙志。舉觴一慟，永訣終天。嗚呼哀哉！

編年 文云「即遠有期，親賓畢會」，是將葬時也，其在隆興二年四月。參年譜長編。

祭魏元履國録文〔一〕 乾道九年七月

人生而材，乃克自貴。材者亦多，鮮或有志。猗歟元履，才英氣豪。凌空趠遠，志節堅高。爰自弱齡，聲華秀發。事賢友仁，其聞四達。迨其中歲，考古驗今。訂以經術〔二〕，益宏益深。聞人之賢〔三〕，若獲於己。推之揚之，情曷能已。視人之阨，若己擠之。是振是拔〔四〕，力無有遺。婆娑丘林，歲月遲莫。聘幣鼎來，片言感悟。謂當用世，遂究厥施。誰謂落落，乃遄其歸。歸來考槃，於澗於陸。慺慺之忠，永矢弗告。謂當暫愒，尋復詔追。誰謂一疾，而訖於斯！嗚呼哀哉！念昔交情，兄膠我漆。更攻互磨，兄玉我石。世途艱險，孟門太行。兄行我憂，兄歸我藏。與兄同心，誰則如我。奚必梁丘，君可亦可。兄實高明，卒監此心。顧託警勵，琅琅其音。訶佛詆巫，考禮正俗。奉承靡他，葬又得卜。長坂之阿，兄所樂游。孰云茲今，有墳其丘。謂我宜銘，亦兄所寄。行高文卑，秪以爲累。日月有時，漬綿束芻。長慟寢門，愧恨何如。恭惟神靈，尚記疇昔。感此哀誠，來歆來食。蔞翣在門，往寧厥宮。没而不朽，君子之終。嗚呼哀哉！尚饗。

校記 〔一〕此題淳熙本作「祭艮齋文魏元履」。
〔二〕術：右引作「傳」。
〔三〕賢：右引作「善」。
〔四〕拔：右引作「救」。

編年 魏掞之卒於乾道九年閏正月，葬於是年七月，見文集卷九十一國録魏公墓誌銘。文云「蔞翣在門，往寧厥宮」，「長慟寢門」，是會葬時作也。

祭何叔京知縣文 淳熙三年正月十日

維淳熙三年歲次丙申正月戊申朔，越十日丁巳，從表侄具位朱某敢用酒果奠於亡友新善化令何兄叔京之靈曰〔一〕：程氏唱道，英材景從。逮罹部黨，門館一空。惟時東平，志道誠篤。請操笈簪，甘委秩禄。勁節孤忠，遭難而發。身没言存，孰嗣其烈？侃侃辰州，受業於門。舉幡報德，亦取斥奔。抱負弗施，退講於家。兄克承之，以振厥華。惟兄天資，高明峻潔。幹父承師，允蹈遐轍。稽經訂史，取友以端〔二〕。博聞約守，惟義之安。孝友静廉，不絿不競。一試其能，亦克有政。令於湘土，兹適問塗。云胡不淑，而隕其軀。兄未病時，過我精舍。講道論心，窮日繼夜。既歸而病，亟以書來。千萬永訣〔三〕，嗚呼痛哉！惟兄之明，原始反終。罔怛於化，以病其公。上念母慈，下歉德學〔四〕。遠忠極慮，語簡情慤。兄子謂予，盍銘諸幽。外期永世，知德是求。若兄之賢，實我所畏。惟其不能，辭則靡愧。嗚呼痛哉！昔我來斯，兄出迎門。羅列豆觴〔五〕，語笑温温。今我來斯，奠此空尊。長號大慟，兄卧不聞。嗚呼痛哉！尚享〔六〕。

校記　〔一〕以上原缺，據淳熙本補。
〔二〕以：右引作「必」。
〔三〕千萬：右引作「於焉」。
〔四〕歉：右引作「慊」。
〔五〕豆：右引作「杯」。
〔六〕此句原缺，據右引補。

編年　據文中所署。

祭劉參議文 淳熙三年春

惟公文足以取高科，才足以躋顯仕，踐揚中外，三十餘年。吳蜀之鄉，自尉而令。康新之郡，由貳而專。白首斑衣，内既歡於榮養；朱轓皂蓋，外益謹於承宣。旋登王畿，出參幕府。人謂低徊而不偶，公獨逶迤而泰然。方將告休天朝，言歸故里，棲神乎香火之社，玩意乎詩史之編，何一病之弗瘳〔一〕，遽百年之難料。悵輀車之既駕，倏丹旐以孤翩。行路酸辛，知名悼恨。而況邦人與邑子，孰不齎咨而涕漣。嗚呼哀哉！熹以孤童，早依仁里。無所肖似，獨荷知憐。登高寫懷，每繳紛而近後；探囊搜秘，或拏攫以争先。以至發廩勸分，築倉移粟，既同憂而共喜，如合病以齊痊。惟此好之難忘，感餘生而自悼。舉空觴而一慟，聊永訣乎終天！嗚呼哀哉〔二〕！

校記　〔一〕病：原作「疾」，據淳熙本、宋閩、浙本改。

〔二〕嗚呼哀哉：原缺，據新編事文類聚翰墨全書戊集卷四補。

編年　劉參議即劉如愚。據前後文編序，此當作於淳熙三年正月至三月間。年譜長編以爲作於上年十二月，誤。

祭汪尚書文淳熙三年三月二十七日

維淳熙三年歲次丙申三月朔二十七日壬申，從表侄宣教郎、主管台州崇道觀朱熹，謹以香茶清酌致祭於近故端明殿學士、尚書汪公之靈曰：嗚呼！惟公學貫九流而不自以爲足，材高一世而不自以爲名，道尊德備而不自以爲得，位高聲重而不自以爲榮。蓋玩心乎文武之未墜，抗志乎先民之所程。巍乎其若嵩岱之雄峙，浩乎其若滄海之涵渟。自秀發於妙齡，冠倫類而獨立。中委棄於諸侯，實天脱其羈馽。迨壯歲之來歸，曰良時之儻吾及。曾墨突之未黔，復吾行之汲汲。汩東閩而西蜀，亘萬里而周流。騰茂實而愈偉，膺聖神之訪求。既銓綜於天官，又潤色乎皇猷。謂朝夕之疇咨，即進陪於廟謀。何儇媚之狡夫，獻功利之浮説。公抗疏而指陳，請昭奸而塱絶。事乃謬而不然，吾何爲乎兹列。寧隱屏而就閒，弭長騖之遐轍。粤退司於閒館，遂端反乎丘林。託僧廬以静處，或獨往而孤尋。眷塵編而寄懷，若與世乎無心。衆徒嘆公何其樂之獨，而孰知公爲有憂之深。伊有識之望公，釋東山而再起。以卒究其所施，俾斯民之咸喜。胡彼蒼之不可信，曾不一老之憖遺。忽堂堂而逝去，興殄瘁之悲詩。熹也孤生，叨塵末契。辱教誨之殊常，殆相期於國士。雖不見者十年，亦音書之相繼。不鄙謂其庸虛，每咨詢而弗置。兹逖聞於訃告，悵失聲而永號。巾素車以即路，越閩嶺之崇高。行踽踽而凉凉，孰有如予心之鬱陶〔一〕？跽陳詞而侑奠，痛人師之難遭！

校記　〔一〕如：宋浙本作「知」。

編年　據文中所署。

祭柯國材文淳熙四年二月一日

維淳熙四年二月辛未朔旦，新安朱熹謹以香茶酒果奠於近故柯君國材老丈之靈：俗弊道衰，士鮮知學。束書不觀，游談燕樂。有不其然，剽掠爲工。乘時射利，莫反其躬。孰能如君〔一〕，苦心刻意，探討之勤，白首不置。弗榮於禄，弗媚於時。自信之篤，死生莫移。余少之時，試吏君里。實始識君，敬慕興起。致君序室，以表後生。弦誦洋洋，德義振聲。闊焉□□，反復講評。匪同而和，肺腑以傾〔二〕。自兹一别，遂隔死生。何遽至此，□□□□。惟君之德，剛毅近仁。望之可畏，即之可親。居今行古，勇莫能奪。行行之名，不肖所怛。哀哉已矣，無復斯人。緘辭千里，寄此酸辛。嗚呼哀哉！伏惟尚饗！

校記　〔一〕如：原作「知」，據宋浙本改。

〔二〕腑：右引作「肝」。

編年 據文中所署。

祭姚式文 淳熙四年二月至八月

嗚呼！簪纓之鏘然，唯子之纍然。聲利之囂然，唯子之澹然。貌甚癯兮病已纏，不復興兮歸其全。我之來兮閔子賢，一臂交兮失九泉。念官曹兮若蟬聯，涕子零兮具此筵。

編年 本卷祭文多署年月，排列次序井然。以前後篇時序觀之，知此篇當作於淳熙四年二月至八月間。

祭吴晦叔文 淳熙四年八月

維君學造深微，行履繩約。交朋友盡切偲之義，處兄弟竭怡怡之歡。脱屣勢榮，玩心道要，方日新而未已，遽川逝而不留。熹久辱游從，多蒙規益。睽離雖久，書疏鼎來。忽聞不淑之音，實隕無從之涕。屬纏期慘，遠寓奠觴。莫獲長言，以詠潛德。臨風一慟，永訣終天！

編年 據文集卷九十七南岳處士吴君行狀，吴翌卒於淳熙四年八月三日。文云「忽聞不淑之音」，是聞訃之初也。「屬纏期慘」，則指方居夫人劉氏之喪。

祭劉共父樞密文 淳熙五年九月二十日

維淳熙五年歲次戊戌九月辛酉朔二十日庚辰，從表弟、宣教郎、主管建寧府武夷山冲佑觀朱熹，敢以清酌庶羞之奠，告於近故建康留守、觀文殿學士彭城劉公之靈：嗚呼哀哉！天胡付公以瓌奇俊偉之材，而不并假以耆耋期耄之壽？胡位公以樞機藩屏之重，而不遂畀以彌綸輔贊之權，使公名若極富貴而無欲，實則抱憂嘆以終天？此中外志義之士所以聞公之薨，皆失聲而相弔，或雖未識公面，而亦不自知其涕泗之流漣者也。嗚呼哀哉！惟公生有異質，早擢巍科。退而自保，弗競弗譁。屈首受書，典學於家。內充其美，外振厥華。暨登王朝，遂掌綸綍。獻納綢繆，訏謨密勿。忤權觸要，無所回屈。帝眷弗渝，試以郡紱。受鉞於南，勦頑踣凶。婉孌赤子，撫摩哀恫。禮賢勸學，導和致豐。報政三年，鄒魯其風。帝曰來歸，本我兵柄。曾不幾時，咨以大政。公奮其庸，帝虛以聽。張磔宏綱，塞絕僭令。道直身危，突不暇黔。出臨兩鎮，威燀恩漸。適嬉於堂，遽哭於苫。恩詔起之，有竦其瞻。公卧弗承，帝悉其孝。曰究汝哀，來覲來教。公言益切，公守不撓。再撫於潭，亦顯其效。乃還建業，民病以饑。公不寢食，起坐嗟咨。方略既張，惠術四施。曾是流莩，化爲充肥。帝嘉乃勛，加勞進律。倚毗方深，遽告以疾。忠無隱情，諫有遺箴。帝驚罷朝，悼此良弼。嗚呼哀哉！我以孤童，來託公家。公不鄙我，勸導有加。公姿鸞鵠，我性麞麋。豈無異同，卒莫疵瑕。自公進爲，論議慷慨。實始期公〔一〕，高明光大。公之知我，亦晚而最。迨其永歸，手札告戒。褒德撫孤，古昔所難。并以諉我，我其敢安？把書長號，涕隕闌干。還坐以思，慨其永嘆。念昔帝師，爲國死義。亞傅承之，夷險一致。屏山雖隱，亦豈忘世？公襲其傳，克廣無替。衆咸謂公，當訖外庸。入贊皇極，下釐庶工。登賢屏奸，復境攘戎。內繼祖考，畢其餘忠。天胡難諶，而止於此！群邪交慶，衆正心死。矧予之衰，竊究終始。願言思公，曷其有已？嗚呼哀哉！昔誦離騷，舉公觴兮。今拜以哭，酹公堂兮。私情公義，兩怛傷兮。神靈不昧，尚克鑒予之衷腸兮。嗚呼哀哉！尚饗。

校記 〔一〕期：原作「斯」，據淳熙本、宋閩、浙本改。

編年 據文中所署。

又祭劉共父樞密文 淳熙六年正月

嗚呼哀哉！惟公之薨，迨茲半載。殄瘁之嘆，雖久彌新。日月有期，佳城將啓。惟時親故，罔不悼傷。矧予孤生，蚤託恩契。道義期許，晚而益敦。臨絕之音，寄屬良厚。其爲感惻，豈獨常情。迫此詔除，懇辭未獲。義當引道，以俟報聞。凡公誨言，略已遵奉。倘未即死，尚圖厥終。輀車之行，不遑祖送。敢持薄奠，以訣終天。倥傯悲涼，言無次叙。惟公精爽，克鑒此心！

編年 文云「迫此詔除，懇辭未獲，義當引道，以俟報聞」，指朱熹赴任南康事。其啓程實在淳熙六年正月二十五日。云當引道，則在將發之時。劉珙卒於五年七月，此云「惟公之薨，迨茲半載」，正爲次年正月也。

又祭劉共父樞密文 淳熙六年三月

年月日，具位朱熹謹遣男埜、門人林允中略具酒肴之奠，敬奉熹所撰次先正少傅公神道碑銘草稿，告於近故留守觀文樞密彭城劉公靈几之前曰：在昔歲秋，公病欲絕。自力爲書，來告永訣。上言國家，讎耻未雪。冢骨易枯，此恨難滅。次念遺阡，豐碑未揭。謂我銘之，以永前烈。下及諸孤，屬貫在列。謂我教之，它靡顧謁。字畫方嚴，詞氣凛冽。是豈死人，而有斯說。三復悲號，心膂貫徹。聞公是日，三簡并折。拜疏千言，忠憤是洩。我雖不武，實仰奇節。生既人英，死當鬼傑。又惟公家，忠孝閥閲。紀德銘功，盍付時哲。公命不亂，曷取凡劣。諒以孤生，幼罹禍孽。蒙被前恩，欲報罔竭。故略其愚，以累斯碣。方將涉筆，叙次鋪列。屬其來西，曠日引月。迄今乃成，事偉詞拙。遠薦陳之，如聽予決。想像兩公，感涕摧咽。顧念滯留，塵土羈紲。莫相嗣人，講貫劘切。以此負公，一飦再噎。頃爲迎師，寄此筆舌。比聞授受，稍契磁鐵。尚其不厭，習久而悅。盡掃童心，罔蹈非轍。彼齊彼孺，悉藉提挈。卒大公門，緩此憂惙。山瓢往酹，野蔌并設。老淚如傾，遠寄清血。嗚呼哀哉！尚饗。

編年 據年譜長編。

祭張敬夫殿撰文 淳熙七年二月

嗚呼敬夫！遽棄予而死也耶！我昔求道，未獲其友。蔽莫予開，吝莫予剖。蓋自從公，而觀於大業之規模，察彼群言之紛糾，於是相與切磋以究之，而又相厲以死守也。丙戌之冬〔一〕，風雪南山。解袂櫧州，今十五年〔二〕。公試畿輔，公翔禁省。公牧於南，我遁巖嶺。顯晦殊迹，心莫與同。書疏懇惻，鬼神可通。公尹江陵，我官廬岳。驛騎相望，音問逾數。去臘之窮，有來自西。告我公疾，手書在携。我觀於時，神理或僭。是疾雖微，已足深念。亟遣問訊〔三〕，閱月而歸。叩函發書，嘆吒歔欷。時友曾子，實同我憂。揮涕請行，誼不忍留。曾行未幾，公訃果至。張侯適來，相向反袂。嗚呼敬夫！竟棄予而死也耶！惟公家傳忠孝，學造精微。外爲軍民之所屬望，内爲學者之所依歸。治民以寬，事君以敬。正大光明，表裏輝映。自我觀之，非惟十駕之弗及，蓋未必終日言而可盡也。矧聞公喪，痛徹心膂。緘詞寄哀，不遑他語。顧聞公之臨絶，手遺疏以納忠。召賓佐而與訣，委符節而告終。蓋所謂得正而斃者，又凜乎其有史魚之風。此猶足以爲吾道而增氣，抑又可以上悟於宸聰。又聞公於此時，屬其弟以語予。用斯文以爲寄，意懇懇而無餘。顧何德以堪之，然敢不竭其庸虚，并矢詞以爲報，尚精爽其鑒兹〔四〕。嗚呼哀哉！

校記
〔一〕丙戌：正訛改作「丁亥」。
〔二〕五：右引改作「四」。
〔三〕遣：原作「遺」，據宋閩、浙本改。
〔四〕兹：淳熙本作「諸」。

編年　續集卷一答黃直卿一云：「南軒去冬得病，亟遣人候之。春中人回，得正月半後書，猶未有他。不數日聞訃，則以二月二日逝去矣。」此篇即聞訃之初罷宴哭之時作，在二月内也。

又祭張敬夫殿撰文 淳熙七年六月六日

維淳熙七年歲次庚子六月癸未朔六日丁亥〔一〕，具位朱熹竊聞故友敬夫張兄右文修撰大葬有期，謹遣清酌時羞奠於柩前。南望拜哭，起而言曰：嗚呼！自孔孟之云遠，聖學絕而莫繼。得周翁與程子，道乃抗而不墜。然微言之輟響，今未及乎百歲。士各私其所聞，已不勝其乖異。嗟惟我之與兄，脗志同而心契。或面講而未窮，又書傳而不置。蓋有我之所是，而兄以爲非；亦有兄之所然，而我之所議。又有始所共鄉，而終悟其偏；亦有蚤所同擠，而晚得其味。蓋繳紛往反者幾十餘年，末乃同歸而一致。由是上而天道之微，遠而聖言之秘，近則進修之方，大則行藏之義，以兄之明，固已洞照而無遺；若我之愚，亦幸竊窺其一二。然兄喬木之故家，而我衡茅之賤士。兄高明而宏博，我狷狹而迂滯。故我嘗謂兄宜以是而行之當時，兄亦謂我盍以是而傳之來裔。蓋雖隱顯之或殊，實則交須而共濟。不惟相知之甚審，抑亦自靖而無愧。嗚呼！孰謂乃使兄終在外，以違其心，予亦見縻於斯，而所願將不遂也。政使得間以就其書，是亦任左肱而失右臂也。傷哉！吾道之窮，予復何心於此世也！惟修身補過，以畢餘年，庶有以見兄於下地也。聞兄之葬而不得臨，獨南望長號，以寄此酹也。惟兄憐而鑒之，尚陰有以輔予之志也。嗚呼哀哉！尚享〔二〕！

校記　〔一〕癸未：據下云「六日丁亥」，則六月朔當是「壬午」。陳垣二十史朔閏表亦作「壬午」。

〔二〕此句原缺，據淳熙本補。

編年　據文中所署。

評論　朱熹答呂伯恭書：再祭敬夫之文語意輕脫，尋亦覺之，則已不及改矣。誨諭之意微婉深切，銘佩何敢忘也！「弘大平粹」四字，謹書坐隅以爲終身之念。稟賦之偏，前日實是不曾用力消磨，豈敢便論分數？然自今不敢不勉，更望時有以提撕警策之也。

黄氏日抄卷三十六：祭南軒云：「兄宜以是，行之當時。我盍以是，傳之來裔。」其彼此相期如此。

周大璋朱子古文讀本卷六又祭張敬夫殿撰文：情真語至，相知之深，相待之厚，於此俱可想見。

古文雅正卷十三：朱子第一知交，推敬夫與伯恭二人。餘如江西陸氏子壽、子静、子美兄弟及同甫陳氏，往復辨論雖多，知契不及此兩人也。兩人之中，敬夫爲最，朱子敬畏亦似過於伯恭。讀此篇，想見聖賢至友，道誼知交，千載下猶爲傷心灑涕。

祭鄭自明文 淳熙七年七月

故友台州史君大著鄭兄自明之靈曰：比年以來，士氣衰弱。覩時俯仰，徇勢前却。其心有一身而無天下，其口有唯唯而無諤諤。偉哉，自明之爲人。信所謂喧啾百鳥之群，忽見秋天之一鶚者也。蓋自其布衣，而已有憂天下之心。其揖讓人主之前，則直欲排佞倖之朋而折其角。其言明白切至，磊磊落落，憤激峻厲，嶢嶢岳岳。明主所爲虚心而嘉嘆，群公所爲變容而駭愕。善類所爲喜幸而心開，邪黨所爲戚嗟而氣索。偉哉，自明之爲人。凛乎其有古争臣之風，求之近世，則措之鄒、陳之間而無怍者也。夫何天命之不延，奇禍一朝而遽作，使前日之悲者喜而喜者悲，紛慶吊之交錯。嗚呼哀哉！君昔過我，寒泉之濱。一語定交，情義日親。逮上饒之草次，語宵分而更僕。謂當擇善以潛心，毋以一長而自足。粤今兹之秋孟，又札書以申之。眷予心之悃款，實千載以爲期。書適往而訃來，嗷然號其焉及。哦殄瘁之悲詩，坌百憂之來集。惟平生之忠赤，諒雖死而不忘。跽陳情於一酹，詞與淚而俱揚。嗚呼哀哉！尚饗。

編年 鄭鑑卒於淳熙七年七月。文云「粤今兹之秋孟」、「書適往而訃來」，是聞訃之初所作。

評論 周大璋朱子古文讀本卷六祭鄭自明文：悲切激越，筆有餘哀。

祭陸子壽教授文 淳熙七年九月

學匪私説，惟道是求。苟誠心而擇善，雖異序以同流。如我與兄，少不并游。蓋一生而再見，遂傾倒以綢繆。念昔鵝湖之下，實云識面之初。兄命駕而鼎來，載季氏而與俱。出新篇以示我，意懇懇而無餘。厭世學之支離，新易簡之規模。顧予聞之淺陋，中獨疑而未安。始聽瑩於胸次，卒紛繳於談端〔一〕。徐度兄之不可遽以辨屈，又知兄必將返而深觀，遂逡巡而旋返，悵猶豫而盤旋。别來幾時〔二〕，兄以書來。審前説之未定，曰子言之可懷〔三〕。逮予辭官而未獲，停驂道左之僧齋，兄乃枉車而來教，相與極論而無猜。自是以還，道合志同。何風流而雲散，乃一西而一東。蓋曠歲以索居，僅尺書之兩通。期杖屨之肯顧，或慰滿乎予衷。屬者乃聞兄病在床，亟函書而問訊，并裹藥而携將。曾往使之未返，何來音之不祥。驚失聲而隕涕，沾予袂以淋浪。嗚呼哀哉！今兹之歲，非龍非蛇，何獨賢人之不淑，屢興吾黨之深嗟。惟兄德之尤粹，儼中正而無邪。至其降心以從善，又豈有一毫驕吝之私耶。嗚呼哀哉！兄則已矣，此心實存。炯然參倚，可覺惰昏。孰泄予衷，一慟寢門。緘辭千里，侑此一尊。

校記〔一〕繳於：宋刻本晦庵先生語録大綱領附録中作「激乎」。
〔二〕來：正訛改作「未」。
〔三〕子：宋刻本晦庵先生語録大綱領附録中作「予」。

編年 陸九齡卒於淳熙七年九月二十九日，此聞訃之初所作。

評論 程敏政書朱子祭陸子壽陸子祭吕伯恭文：按淳熙八年二月，二先生復會於南康，議論之際，必有合者，故朱子特請象山於白鹿洞升講席以重之。而又爲文以奠復齋，有「道合志同，降心從善」之語。後五月而東萊訃至，象山奠之，有「追惟曩昔，粗心浮氣，徒致參辰」之語。蓋二先生之道，至是而有殊途同歸之漸云。
周大璋朱子古文讀本卷六祭陸子壽教授文：陸氏兄弟惟子静最倔强，遂成偏頗，子壽、子美皆能降心從善者也。此文大旨在無驕吝之私一語。

祭黄尚書文 淳熙七年八月

大道既隱，淳風日弊。氣鍾於人，鮮克全粹。習而益遠，輕肆苟偷。言如可重，考行則羞。猗歟我公，受材特異。不假修爲，嘿與道契。端莊静一，終日欽欽。不動而敬，神保是臨。賓於王庭，昌言大對。庸弗順隨，久斥於外。晚歸獻納，正笏垂紳。時而後發，一言萬鈞。閶闔省曹，侃侃禁闥。權倖顧之，心摧氣奪。孝慈栩幬，未返北征。引經抗疏，罷宴請行。帝嘉其忠，衆服其勇。咸惜公行〔一〕，係國輕重。公嘗老矣，兹復告歸。祖帳東門，觀者歔欷。公在故鄉，恂恂翼翼。士夫高仰，遠邇承式。帝曰懷哉，舊學之賢。乃詢乃訪，加璧以先。公拜曰都，此帝之德。盡言不隱，是乃臣職。公年雖高，不杖不扶。謂當復起，驅馬安車。一病逾年，竟以喪告。疏有遺忠，當宁震悼。嗚呼哀哉！熹以晚學，獲游公門。望公容貌，鄙寬薄敦。惟其躁輕，弗克持久。公不鄙焉，撫接加厚。去歲之春，入拜公堂。公時已病，志氣則强。正冠肅容，不異平日。端拱立談，教告諄悉。豈謂此別，遂隔死生。聞訃欲往，竹符是縈。寫哀陳辭，漬綿走酹。想像德容，恍若瞻對。顧惟媮惰，不克其躬。永言疇昔，以此負公。

校記 〔一〕惜：淳熙本作「謂」。

編年 黄中卒於淳熙七年八月，此爲聞訃之初作。

又祭黄尚書文 淳熙八年九月

己亥之春，拜公床下。嘗辱面命，先德是銘。自惟晚生，弗克堪此。懇辭未獲，而公永歸。官守拘牽，莫遑吊哭。寓觴一奠，無所復辭。於是强顔，勉爲叙次。卑鄙進越，既懼且慚。今奉以來，昧冒陳薦。永惟疇昔，慨想音容。德盛禮恭，不以病懈。任重道遠，何愧昔人。今玆之亡，寧復可見？殄瘁之痛，豈以其私。惟其榛蕪，卒無以稱。公靈不昧，尚鑒厥衷。

編年 據年譜長編。

祭詹淑人文 黄尚書妻〔一〕 淳熙八年九月

熹來會公葬，問舍修容。乃聞夫人，遽亦薨逝。其爲駭愕，良不自勝。恭惟夫人，克有令德。作配君子，賓敬齊莊。化被閨門，怡愉肅穆。胡不眉壽，以永德聲？兩殯在堂，行道悽惻。一觴奉奠，少見鄙誠。敬想淑靈，諒垂歆鑒。

校記　〔一〕題注原缺，據淳熙本補。

編年　據年譜長編。

祭呂伯恭著作文 淳熙八年九月九日

維淳熙八年歲次辛丑九月甲戌朔九日壬午，友人具位朱某謹以香茶雞酒奠於亡友伯恭呂兄直閣大著郎中之靈曰〔一〕：嗚呼哀哉！天降割於斯文，何其酷耶！往歲已奪吾敬夫，今者伯恭胡爲又至於不淑耶！道學將誰使之振，君德將誰使之復？後生將誰使之誨，斯民將誰使之福耶？經說將誰使之繼，事記將誰使之續耶？若我之愚，則病將孰爲之箴，而過將誰爲之督耶？然則伯恭之亡，曷爲而不使我失聲而驚呼，號天而慟哭耶！嗚呼伯恭！有蓍龜之智而處之若愚，有河漢之辯而守之若訥。胸有雲夢之富而不以自多，詞有黼黻之華而不易其出。此固今之所難〔二〕，而未足以議兄之仿佛也。若乃孝友絶人，而勉勵如弗及；恬淡寡欲，而持守不少懈，盡言以納忠而羞爲訐，秉義以飭躬而耻爲介。是則古之君子尚或難之，而吾伯恭猶欿然而未肯以自大也。蓋其德宇寬洪，識量閎廓，既海納而川停〔三〕，豈澄清而撓濁。矧涵濡於先訓，紹文獻於厥家。又隆師而親友，極探討之幽遐。所以稟之既厚而養之深，取之既博而成之粹，宜所立之甚高，亦無求而不備。故其講道於家，則時雨之化；進位於朝，則鴻羽之儀。造辟陳謨，則宣公獨御之對；承詔奏篇，則右尹祈招之詩。上方虛心而聽納，衆亦注目其旉施。何遭時之不遂，遽縈疾而言歸。慨一卧以三年，尚左圖而右書。間逍遥以曳杖，恍沂上之風雩。衆咸喜其有瘳，冀卒攄其素藴。不惟傳道以著書，抑亦後來之程準。何此望之難必，奄一夕而長終。增有邦之殄瘁，極吾黨之哀恫。嗚呼哀哉！我實無似，兄辱與游。講摩深切，情義綢繆。粤前日之枉書，尚粲然其手筆。始言沉痼之難除，猶幸死期之未即。中語簡編之次第，卒誇草樹之深幽。謂昔騰牋而有約，盍今命駕以來游？欣此旨之可懷，懍訃車而偕至。考日月之幾何，不旦暮之三四。嗚呼伯恭，而遽死耶？吾道之衰，乃至此耶？既爲位以泄哀，復緘辭以寓奠。冀嗣歲之有間，尚前言之可踐。嗚呼哀哉！尚饗。

校記 〔一〕以上原缺，據淳熙本補。

〔二〕宋浙本「今」下有「人」字。

〔三〕川停：淳熙本、宋浙本作「淵澄」。

編年 據文中所署。

評論 周大璋朱子古文讀本卷六祭吕伯恭著作文：悲楚之音，凄人肺腑。伯恭南軒，斯道干城，而相繼以没，故痛惜若此。文中推美之詞，皆實録也。

祭劉氏妹文 淳熙八年十月

年月日，兄具位以酒饌祭於亡妹五十六娘之靈：昔妹之亡，兄縻郡紱。病弗及療，斂弗克臨。歸來撫棺，一慟永訣。今茲窀穸，已復有期。輒具酒肴，來哭爾殯。兄及老幼，共此一哀。惟爾有靈，尚其歆享。嗚呼痛哉！

編年　據文集卷九十一劉氏妹墓誌銘，此妹卒於淳熙八年二月己未，葬於十月辛酉。此乃會葬時所作。

祭陳休齋文 淳熙十一年三月二十七日

維淳熙十一年歲次甲辰三月庚寅朔二十有七日丙辰，具位朱熹謹以香茶酒果奠於近故休齋先生冲佑參議陳公之靈：熹少日游宦，獲從公游於泉漳之間。蒙公愛予，誘掖良厚。其後別去，幾三十年。而去歲之冬，復得見公，相與開懷握手，如平生歡。公雖老矣，而意氣不衰。爲我置酒，談經論義。篇什間作，亹亹不休。相與追游蓮華〔一〕、九日、凉峰、鳳凰、雲臺之間。晝則聯車，夜則對榻。視公起居食飲，叫呼談噱，皆有非後生所能及者。謂公壽考，宜未艾也。然我之還，公復載酒，餞我洛陽，則摻袂分携，潸然出涕，而有此會難又之悲矣。醉中別去，慘然不樂，久而不能平也。然亦不謂未及兩月，而公訃遽來。嗚呼痛哉！公於諸經，皆有論述。許以寄我，相與考評。而今而後，不復得遂此願矣。緘詞千里，寄此一奠。尚惟精爽，聽我此言。嗚呼哀哉！尚饗。

校記　〔一〕蓮：原作「連」，據宋閩、浙本改。

編年　據文中所署。

祭許順之文淳熙十二年四月

維淳熙十二年四月庚辰，宣教郎、直徽猷閣、主管華州雲臺觀朱熹謹以香茶及賻幣一匹，奠於故友許君順之之靈：我官同安，諸生相從游者多矣。其恬淡靖退，無物欲之累，未有如順之者也。逮予秩滿，相與俱歸，不以千里爲遠。其後別去，二十餘年。中間相見，不過一再。前歲雲臺，一别匆匆，未及究其所欲言，不意君之遽至此也。聞訃慘怛，寓此一哀。君其有靈，尚克鑒此。尚饗！

編年 據文中所署。

祭劉平父文淳熙十二年六月

憶我少日，來託君家。君時未齔，蘭茁其芽。誦書琅然，意氣英發。見者驚嗟，謂即聞達。逮其冠歲，甫就一官。兩除莫府，再值省員。世路威夷，恥復自衒。婆娑林丘，始適於願。疏泉成沼，種樹著行。館宇連延，淵壑青蒼。穠春素秋，風朝月夕。把酒哦詩，情高意適。流光荏苒，素髪星鮮。人爲君屈，君獨超然。恨山不高，惜水不廣。勝日籃輿，翩然獨往。行樂餘功，燕及里閭。枵腹夏飽，甕兒夜呱。校考書勞，豈慚肉食。胡不百年，享此休逸。一病遽革，百藥莫瘳。神理杳冥，孰訊厥由？親友駿奔，行道灑涕。矧我於君，情寔昆弟。蓋自卜居，餘四十年。豈無他人，合散風煙，惟我與君，俱不諧偶。跧伏窮山，別希會久。中念恩契，申以昏姻。逮茲晚歲，情義益親。方從君游，遽問君疾。代君發棠，君語諄悉。何意一朝，隻影蹣跚。扶疾哭君，幾不自還。一奠寢門，醪單饌薄。唯此哀誠，庶通冥漠。嗚呼哀哉！

編年　劉玶卒於淳熙十二年六月二十三日，此爲至其家哭祭所作。

祭陳福公文 淳熙十四年正月

惟公德在生民，功書信史。大節昭然，善終善始。中興輔相，比立豪英。曰文曰武，各以其名。孰如我公，道全德備。莫得而名，繄名之至〔一〕。亦弗自知。惟誠惟一，衆善畢隨。士於見聞，以多爲富，公無不窺，不以博著。士於詞章，以麗爲精，公無不能，弗以文稱。匪清匪濁，不夷不惠。和不至流，廉不至劌。論無苟異，亦無必同。温温其毅，坦坦其恭。執法於中，不專爲直。大奸既除，國論斯一。承流於外，不一於寬。苛嬈不作，閭里自安。中坐廟堂，宏綱是總。主德既修，民聽不聳。從容一言，拔佞移寵。帝納其忠，人服其勇。晚而告休，税冕遺紳。安車駟馬，歸卧里門。進不出位，退不忘君。垣屋雖卑，德義日尊。群行兼融，尚不勝記。公亦何心，有此全美。惟其不有，道則彌光。兩宫之眷，四海之望。謂當百年，再登承弼。卒惠我民，永綏王國。云胡不淑，奄忽長終！臨絕之言，不忘教忠。嗚呼哀哉！我從公游，出入三紀。晚途間關，遂託知己。千里赴義〔二〕，一觴薦誠。想公如在，洒淚同傾。嗚呼哀哉！

校記 〔一〕底本原注此句下脱一句。

〔二〕赴義：原作「訃至」，據宋、閩、浙本改。

編年 據年譜長編。

祭詹侍郎文 紹熙元年七月十一日

維紹熙元年歲次庚戌七月癸丑朔十有一日癸亥，具位朱熹謹致奠於近故經略閣學侍郎詹公之靈：嗚呼！世之學者衆矣，其所以爲學者，類不過出入乎口耳之間，求其篤志力行以期入乎聖賢之域者，則鮮矣。惟公粹美之資，得於天禀。孜孜問學，樂善不倦。其尊聞行知之效，見於日用之間者，在家在邦，隨事可紀。蓋一本於中和，而行之以慈恕。信乎所謂志於仁而無惡者矣。上晚登從班，出鎮南服，急於救弊，以綏其民，故不暇計百全之利，而其害有出於意慮之外者。雖不獲已於積毁之言，然暫謫而亟還之，則既有以知公之無罪矣。衆亦咸謂商度財利，鈎校米鹽，本非所以煩儒學老成之士，莫不冀公之復起，而有以卒究其所學之藴也。不謂歸未及門，而遽以病告；税駕未幾，而遂至於不起。此則有志於學者所以嘆息流涕而遺恨於無窮也！熹辱知惟舊，蒙念亦深。聞訃逾年，一奠莫致。其爲愧負，蓋不勝言。緘詞寓哀，尚祈鑒享。嗚呼哀哉！

編年 據文中所署。

祭潘叔度文 紹熙元年六月

嗚呼叔度！生非不偶，而終身不涉乎仕進之塗；家非不足，而比老不渝其寒苦之節。出門從師，則不計生之先後，而唯善是主；閉户積學，則不顧世之毀譽，而唯道是求。蓋其立志之高有如此者。是以其躬行之效，内則孝友著於家庭，外則仁義信於朋友。以至於州閭鄉黨，莫不高其峻潔，畏其嚴正，而不敢以非義加焉。雖世之賢士大夫知之者比肩，顧未有能引而致之要路之津，使試其學以及於人，而遂奄然以没於地也。嗚呼哀哉！熹愚不肖，辱知最深。申以婚姻，情義愈篤。因風聞訃，悲不自勝。酹此一觴，千古永訣〔一〕。嗚呼哀哉！尚饗。

校記 〔一〕古：宋閩本作「萬」。

編年 潘景憲卒於紹熙元年六月十六日，此聞訃之初作。

祭劉子澄文 紹熙元年

維年庚戌歲□月□□朔二十六日□□，具位朱熹謹致祭於亡友子澄劉兄袁州使君之靈：嗚呼子澄！以樂易之姿，躬純篤之行。立志高雅，信道深堅。處家庭則孝弟達聞，交朋友則信義昭著。居閑則其講道著書，有以樂衆人之所不樂；從官則其養民善俗，獨能憂衆人之所不憂。至於收恤宗黨而接引後來，蓋孜孜焉無不用其至。若其樂人之善而矜人之惡，又汲汲焉唯恐不盡其誠。故賢者與之游，則常幸其有思齊聞過之益；不賢者與之處，則常病其有明污招過之羞。然世之賢者少而不賢者多，是以子澄之得譽寡而蒙毁衆。道不得行於一州，而遂齎志以没地也。是豈不可爲之深悲而痛恨也耶！予以無能，蚤結交好。切磋之益，歲晚益親。然而解袂江磯，忽焉十載。婁卜再會，卒焉無期。病不得伸執手之悲，没不得展撫棺之慟。聞訃累月，乃能使人。而病衰不文，言又不足以盡其區區之意，引首西望，涕泗交流。尚幸楊兄，昔同游好。屬其一酹，足寄此心。嗚呼子澄！其尚能有以知予之悲也耶？尚饗。

編年 據文中所署。按上下篇編序，當作於該年六七月間。

祭潘左司文 紹熙元年七月二十八日

維紹熙元年歲次庚戌七月癸丑朔二十有八日庚辰，具位朱熹謹致奠於近故太平顯謨左司使君契丈潘公之靈：嘗謂論世之學士大夫，優於學行者，政事之才或未必達；精於政事者，學行之趣或未必醇。就使能兼二者之長，則於去就出處之大節，又或未必能無所愧也。惟公文學之華、行義之實，既有以成於身而信於友，及其典州郡、殿藩服，則其聰明仁愛、精審持重，所以惠柔良而讋奸暴者，又卓然非今之從政者所能及。爰及晚歲，稱疾卧家。懇避詔除，引義慷慨。是其見幾之明，守道之固，應變從容，不可回撓，又足以關讒慝之口而奪之氣。嗚呼！是亦可謂志力之備、德業之全而無歉於爲人矣。謂當復起，及此聖朝〔一〕，卒究所施，以慰士論。何其奄忽〔二〕，遽即夜臺！凡在聞知，莫不傷悼。况熹不敏，辱知最深。書疏相尋，問遺勸勉。勤懇之至，久而不忘。聞訃失聲，涕霣心折。顧以衰病，復窘王程。逮此逾年，始克布奠。鄉風引首，悲恨來并。惟公不亡，鑒此誠意。嗚呼哀哉！尚饗〔三〕。

校記〔一〕朝：宋浙本作「時」。

〔二〕其：右引作「期」。

〔三〕此句原缺，據右引補。

編年 據文中所署。

祭劉子禮文 紹熙二年至五年

從表具位朱熹，謹以清酌時羞奠於近故劉君子禮六十七兄之靈曰：自我少日，託昏高門，得從兄游，於今五十年矣。每竊見兄志氣堅强，色莊言厲，論議英發〔一〕，滚滚不窮；而臨事應變〔二〕，從容裁處，不動聲氣，目無全牛，未嘗不嘆其英邁閎達，老大多材，真有聘君先生之遺風。意其必當出應時須，以世前烈。豈謂中歲，事多不諧。一日慨然，謝去場屋，少肆餘力，誅草淮鄉。數年之間，亦有成緒。而兄好義周急，不間戚疏。肥馬輕裘，視猶涕唾。遂散其積，翩然南歸。憩止玉山，愛其山川之秀，風俗之美，游從之盛，則遂求田問舍，而定居焉。曾未幾時，遽以病卧。易簀之旦，神宇泰然。遍告親朋，千萬永訣。不鄙謂我，幅紙丁寧。筆勢低昂，亡異平日。赴車來止，我病亦衰。把書長號，不能自已。嗚呼痛哉！以兄之才，終以不遇，而止於此，豈非天乎！昏憊支離，未能亟往，拊棺大慟，以罄一哀。又聞佳城，亦既得卜。祖奠之日，近不逾旬。走使緘詞，遠寄一酹。忽焉精爽，如在目前。嗚呼哀哉！伏惟尚饗。

校記 〔一〕英：宋閩本、明天順本作「興」。

〔二〕變：宋浙本作「酬」。

編年 據前後篇編序，此篇作在紹熙元年至五年間。然續集卷四答劉晦伯云：「經界事目荷留念。打量法中間劉子禮寫來正如此」，「但今孟冬已盡而指揮未下」，是子禮紹熙元年十月尚在世。此篇云「赴車來止，我病亦衰」，「昏憊支離，未能亟往，拊棺大慟，以罄一哀」，顯已離漳州任歸家，故至早當作於紹熙二年五月以後。

祭張敬夫城南祠文 紹熙五年五月

年月日，具位朱熹敬以一觴，酹於亡友敬夫侍講左司張公尊兄城南之祠：昔從公游，登高望遠。指顧兹土，水竹之間。謂予肯來，相與卒歲。予以懷土，顧謝不能。其後聞公，開鑿亭沼。帶經倚杖，日游其間。寫景哦詩，辱以寄我。寂寥短韻，幾篇在吟。於今幾何，歲月奔逝。我復來此，白髮蒼顔。追懷舊游，顧步涕落。未奠宿草，姑即遺祠。玉色金聲，恍如對接。草木魚鳥，莫知我哀。

編年 文云「我復來此」，張栻卒後朱熹僅一至長沙，即紹熙五年五月至八月知潭州時。此當爲初至時作。

祭張魏公墓文 紹熙五年五月

惟公功存社稷，澤在生民。上比列星，多歷年所。英靈陟降，千古如存。曰有遺丘，乃寄茲土。熹夙深宗慕，亦誤知憐。茲幸分符。獲參奉守〔一〕。瞻言螭首，饋奠莫親。寓此一觴，諒蒙昭鑒。

校記 〔一〕奉守：原倒，據宋閩、浙本乙。

編年 此與上篇先後之作，見上篇所考。

祭南軒墓文 紹熙五年五月

惟公閎達之資，聞道最早。發揮事業，達於家邦。中歲閑居，益求其志。鶴鳴子和，朋簪四來。我時自閩，亦云戾止。更互磨切，群疑乃亡。厥今幾何，俯仰一世。公逝既久，我老益衰。何意重來，獨撫陳迹。塵筵仿佛，拱木荒凉。録牒散亡，音徽莫紹。世道之感，平生之懷，交切於中，有涕横落。欲推公志，據舊圖新。衆允未孚，唯以自愧。一觴往酹，并寄此情。公乎不忘，起聽我語。

編年 上祭張敬夫城南祠文云：「未奠宿草，姑即遺祠」，即先祭祠，後祭墓。此文當作於祭祠後數日之内，參見彼文所考。

祭叔祖奉使直閣文紹熙五年十月二十日

維紹熙五年歲次甲寅十月戊子朔二十日丁未，從孫具位熹敢昭告於故五十六叔祖父奉使直閣府君、故五十六叔祖母恭人王氏之墓：惟昔鼻祖，德潛弗升。施及後人，克濟其美。公仗漢節，立哭虜庭。白首來歸，無所污涅。而熹先子，亦翔天朝。適以此時，遭讒去國。死生契闊，遂以終天。今四十年，熹復來此。無所肖似，寵秩横加。能薄幸多，仰愧前烈。恭惟明詔，全節是褒。照弟煢然，亦霑禄仕。瞻望封闕，來拜公祠。惟公不亡，歆此誠意。尚饗！

編年　據文中所署。

祭叔父崇仁府君文紹熙五年十月二十日

故三叔父崇仁府君、故三叔母安人丁氏之墓：昔拜叔父，於雩之川。粤既南歸，遂不復見。及拜叔母，於帝之鄉。告違未幾，即以訃告。今復來此，雙冢莪然。微弟之賢，孰襄此事？既被先澤，行矣官榮。尚與後人，無怠嗣慶。一觴所酹，林長草豐。尊靈不亡，歆此誠意。尚饗！

編年　此與上篇當同日所作。

祭趙丞相文慶元二年正月

嗚呼！惟公天賦中和，家傳忠孝。愛君憂國，懇懇不忘。進秉樞機，適逢變故。禀承慈訓，援立聖明。計定一時，功垂萬世。夫何不幸，乃困煩言。適此退閑，忽聞遠役。衝風冒雪，千里于征。行未及休，病遽不起。赴車所暨，痛憤惟均。白叟黄童，興言出涕。矧予衰鄙，素辱知憐。推挽彌縫，期於國定。何悟反覆，接踵言歸。我罪未論，公行先邁。臨風一慟，雞絮是將。精爽如存，尚識兹意。嗚呼哀哉！尚饗。

編年　趙汝愚卒於慶元二年正月二十日，此聞訃之初作。

祭程允夫文 慶元二年十一月三十日

維慶元二年十一月乙巳晦，外兄具位謹以香茶酒果，奠於内弟吉州録事程允夫之靈：此月之初，得吾弟九月六日書於便中，首言濫得美名，恐爲師門之辱；次言老不解事，愧貽老兄之憂。予蓋深有味乎其言，如接笑談之適也。既又視其字畫謹好，詞氣安閑，且言受代有日，骨肉俱安，則又深以爲喜，蓋初不聞其有所疾痛也。及二十有九日，曾君無疑使以書來，乃言吾弟比以此月八日不幸死矣。嗚呼痛哉〔一〕！以吾允夫之才之志，而止於此，且以何疾而遽然耶？余生多艱，今復老病。中外兄弟，蓋亡幾人。有如允夫，尤號同志。而學與時背，仕皆不逢。猶冀莫年，卒其舊業。更相勉厲，以畢餘生。何意允夫，而遽止此！緘詞往酹，悲不能文。君其有知，尚識此意。嗚呼哀哉！

校記　〔一〕痛：原作「哀」，據宋閩、浙本改。

編年 據文中所署。

祭黄子厚文 慶元五年四月二十八日

維慶元五年四月二十八日己丑，雲谷老人朱熹謹遣男某奉酒茗之奠，告於亡友穀城隱君子厚黄廿八兄之靈曰：嗚呼哀哉！與君相逢，俱十五六。夜諷同聲，朝嬉競逐。尋各壯長，居又卜鄰。講藝論文，笑語日親。兄才甚高，俯睨一世。顧獨謂余，許以并轡。迨其中間，合散不常。倏然兩翁，顔衰鬢蒼。我行既艱，歸以病廢。兄老一丘，亦困群吠。念昔兄言，凡兹并游，唯我與君，庶其後凋。亦既有徵，謂可長保。此外悠悠，置勿復道。孰謂兹今，兄去而先，遺是一老，顧影孑然。欲往哭兄，炙雞絮酒。足曳弗前，目斷門柳。兄雖已矣，其存則長。流傳滿世，偉畫名章。兄學有徒，頗勤收拾。庶幾成編，追配騷什。唯其清苦，絕去羶葷。誰其知之，後世子雲。我論有疑，亦俟兄決。今則已夫，琴破弦絕。嗚呼哀哉！尚饗。

編年 據文中所署。

祭蔡季通文 慶元四年十月二十九日

維慶元四年歲次戊午十月二十有九日癸巳，新安朱熹竊聞亡友西山先生蔡君季通羈旅之櫬，遠自舂陵，言歸故里，謹以家饌隻雞斗酒酹於柩前。嗚呼哀哉！尚饗。

編年　據文中所署。

又祭蔡季通文 慶元四年十二月六日

慶元四年十有二月六日，新安朱熹竊聞亡友西山先生蔡兄季通輀車祖載，將就窀穸，已飭素車，往助執紼，而連日大病，遂不能前。謹遣男埜奉香燭茶酒，往奠柩前。於其行也，哭而送之曰：嗚呼季通，而至此耶！精詣之識，卓絶之才，不可屈之志，不可窮之辯，不復可得而見矣。天之生是人也，果何爲耶？西山之顛，君擇而居。西山之足，又卜而藏。而我於君之生，既未得造其廬，以遂半山之約；至於今日，又不能扶曳病軀〔一〕，以視君之反此真宅而永訣以終天也。并游之好，同志之樂，已矣已矣，哀哉哀哉！

校記　〔一〕軀：原作「驅」，據宋浙本改。

編年　據文中所署。

祭方伯謨文 慶元五年六月

嗚呼痛哉！久此卧病，聞君之訃，不能往哭，東望涕零。又以悲悼之深，未暇爲文，以侑此奠。惟君之行，未能甚遠。英靈炳然，當識此意。嗚呼痛哉！

編年　方士繇卒於慶元五年五月三十日，此聞訃之初所作。

朱熹文集編年評注卷八十八

碑

静江府虞帝廟碑 廟故有鼻亭神及唐武曌象，皆斥去之。淳熙二年十二月

静江府故有虞帝祠，在城東北五里，而近虞山之下，皇澤之灣，蓋莫詳其始所自立，而有唐世刻詞在焉。有宋淳熙二年春二月，今直秘閣張侯栻始行府事，奉奠進謁。仰視棟宇，傾塾弗支，圖象錯陳，篚以淫厲，則竦然曰：「帝德在人，其神在天，威靈所加，無有遠邇。降祠兹土，粤有故常。而因陋踵訛，以至於此，弗圖弗革，某實懼焉。」已事，則命撤而新之。時又方按國典，毁諸旁祀不如法者，因悉致其美材文石以奉兹役。作治逾時，訖事以告。門觀嚴顯，龐雜遠屏。外朝内寢，惟帝及二妃之神，恭己面南，儼然臨之。秋七月癸未，侯率其僚，奉承牢醴，俯伏灌薦，以妥皇靈。肸蠁既通，拜手言曰：「天降生民，厥有常性。仁義禮智，父子君臣。爰及昆弟，夫婦朋友。是曰天叙，民所秉彝。失之毫分，穹壤易位。惟帝躬聖，誠明自然。

慈孝於家，仁敬於邦。友弟刑妻，取人與善。從容鉅細，各極其極。如規之圓，如矩之方。使凡天下後世之爲人倫者，莫不取則。高明博厚，化育并流。孰是遐陬，敢私其施？惟蒼梧野，謂帝所藏。寅緣此邦，獲恭明祀。茲率群吏，釁於新宮。穆穆威神，不仁者遠。敢不再拜稽首，惟帝之神，實臨照之。」於是三獻成禮，神人浹和，吏民駿奔，咏嘆興起。合辭懇請，願著石章。伻來謁辭，以詔無極。熹竊惟帝之所以配天立極、法施無窮者，既非文字形容所及，而傳記所稱南巡不反，遂葬蒼梧者，又非經言，無所考信，則皆罔敢知。惟是天理人倫之際，帝之所以幸教後世者，蓋嘗與侯講而志之。於侯之意，庶幾識其所以然者。乃敬篆而顯詩之，俾歸刻焉。其詩曰：

虞山之土，灕水之滸。誰修虞祀，九歌招舞。有翼張侯，牧此南州。懷帝之仁，答其祐休。載瞻祠宇，頹剥支柱。明靈弗躅，淫傲駢伍。乃教綱紀，乃夷乃攻。乃堂乃基，峻宇崇墉。帝降不遲，四門穆穆。侯樂其成，來饋來祝。惟帝之德，規圓矩方。即物而則，大倫以光。爰自側微，動植潛被。恭己當天，雲行雨施。惠於來世，億萬斯年。穹天博地，峙岳流川。矧是卉裳〔一〕，舊惟聲教。愀然見之，興起則效。子隆於孝，臣力其忠。侯拜稽首，惟帝之功。

校記 〔一〕卉裳：淳熙本作「南方」。

編年 據年譜長編。

評論 周大璋朱子古文讀本卷六静江府虞帝廟碑：點竄堯典舜典字，塗改清廟明堂詩，古質肅穆，光怪陸離，真三代以上法物。淮西碑何多讓焉。

少傅劉公神道碑〔一〕 淳熙六年三月

淳熙五年秋七月某日，觀文殿學士彭城劉侯珙薨於建康之府舍。疾革時，手爲書，授其弟玶，使以屬其友朱熹，若曰：「珙不孝，先公少傅之墓木大拱，而碑未克立，蓋猶有待也。今家國之讎未報，而珙銜恨死矣，以是累子，何如？」熹發書慟哭曰：「嗚呼！共父遽至此耶！且吾蚤失吾父，少傅公實收教之。共父之責，乃吾責也。」即訪其家，得公弟屏山先生所次行狀，又得今江陵張侯栻所爲銘，以次其事曰：

公姓劉氏，諱子羽，字彦修。其先自長安徙建州，今爲崇安縣五夫里人。曾大父贈朝議大夫太素，大父贈太子太保民先，皆以儒學教授鄉里。而皇考資政殿學士、贈太師忠顯公遂以忠孝大節殺身成仁，事載國史。

公其嗣子也，少以父任補將仕郎。積勞，轉宣教郎，權浙東安撫司書寫機宜文字。入主太僕、太府簿，遷光禄丞。辟河北、河東宣撫司書寫機宜文字，以功轉朝請大夫，授直秘閣。建炎三年，擢充秘閣修撰、知池州，改集英殿修撰、知秦州。未行，除御營使司參贊軍事，辟川陝宣撫處置使司參議軍事。四年，除徽猷閣待制。紹興二年，領利州路經略使，兼知興元府。除寶文閣直學士，封彭城縣開國男，食邑三百户。三年，責授單州團練副使，白州安置。四年，還故官，提舉江州太平觀。復爲集英殿修撰、知鄂州，權都督府參議軍事，宣諭川陝。逾年還報，復待制、知泉州。八年，落職奉祠，尋責散官，漳州安置。十年，以赦得還。十一年，復故官，起爲沿江安撫使、知鎮江府。十二年，復待制，進爵子，益封二百户。是歲罷，復爲太平祠官。五年而薨，年五十矣。

公天姿英毅，自少卓犖不群。年二十四五時，佐忠顯公守越，以羸卒數百破睦寇方臘數十萬衆，卒全其城。復佐忠顯公守真定，會女真入寇，以大兵圍其城。公設方略，登陴拒守數月，虜不能下而去。忠顯公既以節死，公扶喪歸葬〔二〕，號天泣血，以必報讎耻自誓。朝廷亦素知其材，使參御營使軍事。

時叛將范瓊擁强兵、據上流，召之不來，來又不肯釋兵，中外汹汹。知樞密院事張忠獻公與公密謀誅之。一日，爲遣張俊以千人度江捕他盜者，使皆甲而來。因召瓊、俊及劉光世詣都堂計事，爲設飲食。食已，諸公相顧未發，公坐廡下，恐瓊覺事變，遽取黄紙，執之趨前，舉以麾瓊曰：「下有敕，將軍可詣大理置對。」瓊愕不知所爲，公顧左右，擁置輿中，衛以俊兵送獄。使光世出撫其衆，數瓊在圍城中附賊虜、迫脅二聖出狩狀，且曰：「所誅止瓊耳，汝等固天子自將之兵也。」衆皆投刃曰：「諾。」因悉麾隸他軍。頃刻而定，瓊竟伏誅。

張公由此益奇公，及使川陜，遂辟以行。至秦州，立幕府，節度五路諸將，規以五年而後出師。明年，虜窺江淮急，張公念禁衛寡弱，計所以分撓其兵勢者，遂合五路之兵以進。公以非本計争之，張公曰：「吾寧不知此？顧今東南之事方急，不得不爲是耳。」遂北，至富平，與虜遇，戰不利，虜乘勝而前。宣撫司退保興州，人情大震。官屬有建策徙治夔州者，公叱之曰：「孺子可斬也！四川全盛，虜欲入寇久矣。直以川口有鐵山棧道之險，未敢遽窺耳。今不堅守，縱使深入，而吾乃僻處夔峽，遂與關中聲援不復相聞，進退失計，悔將何及？今幸虜方肆掠，未逼近郡，宣司但當留駐興州，外繫關中之望，内安全蜀之心，急遣官屬出關，呼召諸將，收集散亡，分布險隘，堅壁固壘，觀釁而動，庶幾猶或可以補前愆，贖後咎〔三〕，奈何乃爲此言乎？」張公然公言，而諸參佐無敢行者。

公即自請奉命北出，復以單騎至秦州，分遣腹心，召諸亡將。諸亡將聞命大喜，悉以其衆來會。公命驍將吴玠栅和尚原、守大散關，而分兵悉守諸險塞。虜諜知我有備，引去。明年，虜復聚兵來攻，再爲玠所敗，俘獲萬計，蜀土以安。宣撫司移軍閬州，公請獨留關外，調護諸將，以通内外聲援，軍民之心，翕然向之。

又明年，漢中大饑，諸帥閉境自守，因有建言〔四〕，皆願得公與連兵。張公承制，可其請。公至鎮，開關通商輸粟，輯睦鄰援，飭兵練卒，栅險待敵。會虜復入寇，將道金商以鄉四川。公以書諭金州經略使王彦，使伏强弩於險以俟之。彦習用短兵，屢平小盜，不以公言爲意。虜猝至，不知所爲，逆戰，果敗走，保石泉。時吴玠爲秦鳳經略使，公聞彦失守，亟移兵守饒風嶺，且以語玠。玠大驚，即越境而東，一日夜馳三百里。中道少止，請公會西縣計事。公報曰：「虜旦夕至饒風下，不亟守此，是無蜀也。公不前，吾當往。今又西走，不知者謂吾懼而逸爾，諸將得無解體乎。」玠得書，即復馳至饒風，列營拒守。虜人悉力仰攻，死傷如積。更募死士由間道犯祖溪關以入，繞出玠後。玠遽走還漢中，且來邀公，欲與俱去。公不可，留玠共柵定軍山以守〔五〕。玠不可，公不得已，退守三泉，從兵不及三百人。與士卒同粗糲，至取草牙木甲噉之。遺玠書與訣，玠持之泣下，欲馳赴公，未果，其愛將楊政者大呼軍門曰：「公今不行，是負劉公，政輩亦且舍公去矣。」玠乃來會三泉。時虜游騎甚迫，玠夜不寐，起視公，方甘寢自若，旁無警何者。遽起公，請曰：「此何等時？而簡易若是。」公慨然曰：「吾死，命也，亦何言。」玠慚嘆泣下，竟不果留。

公以潭毒山形斗拔，其上寬平有泉水，乃築壘守之。儲粟十餘萬石，盡徙將士家屬柵中，積石數十百萬，下臨走蜀道。數日，虜果至，營數十里間。一夕，候騎報虜大軍且至，諸將皆失色，入問計，公曰：「始與公等云何？今寇至，欲避邪？」下令蓐食，遲明上馬，先至戰地，前當山角，據胡牀坐。諸將追及，泣請曰：「某輩乃當致死於此，非公所宜處也。」公不爲動，虜知不可攻，亦引退。

自虜入梁洋，蜀中復大震。宣撫司官屬争咎公，更爲浮言相恐動，力請張公徙治潼川。令下，軍士憤怒，或取其榜毁之。公亦以書力爲張公言：「此已爲死守，虜必不敢越我而南。藉令不能守，我死行未晚也。今一旦輕動若此，兵將忿怒，恐將有齮齕公墳墓者，奈何？」張公發書大悟，立止不行。虜遣十餘人，持書與旗，來招公及玠。公斬之，餘一人使還，曰：「爲我語群盜，欲來即來，吾有死耳，何可招也。」因復與玠謀，出鋭師腹背擊之。未及期，而虜已遁矣。蓋方虜未至，公已悉徙梁洋官私之積置他所。虜既深入，無所得，而糧日匱，前後苦攻，死傷十五六，又聞公之將襲己也，懼，故遁。公亟遣兵追擊之，墮谿谷死者不可計。其餘衆不能自拔者猶數十柵，皆降之。是時，虜大酋撒離喝、兀朮輩主兵用事，計必取蜀，以窺東南。其選募戰攻，蓋已不遺餘力，而我之謀臣戰將，亦無敢爲必守計者。獨公與張公協心戮力，毅然以身當兵衝，將士視公，感激争奮，卒全蜀境，以蔽上流。寇退，又方相與定計，改紀軍政，以圖再舉。而張公已困於讒，公亦相次得罪，徙白州矣。

始，吴玠爲裨將，未知名。公獨奇之，言於張公。張公與語，大悦，使盡護諸將。至是，上疏請還所假節傳棨戟贖公罪。士大夫以是多玠之義，而服公之知人。

既張公入相，大議合兵爲北討計，召公赴闕，使諭指西師，且察邊備虚實。公還，奏虜未可圖。宜益治兵，廣營田以俟幾會。時又方議易置淮西大將，且以其兵屬公。公復以爲不可，遂以親老丐郡以歸。

泉僧可度以賂結中貴人，屬戚里陳氏誣奏，奪陳洪進守冢寺，符州奉行。公曰：「此細事爾，然小人罔上如此，是乃履霜之漸，不可長也。」即疏其事以聞。僚屬相顧，莫敢連署，公乃獨奏極言之，可度等皆抵罪。既又大興學校，以教其人，堂序規模，略放大學，至今爲閩中諸郡之冠。已而淮西軍果亂，議者反謂公實使然，不責，無以係叛將南歸之望。於是有臨漳之行，聞者嗤之，而公不自辨也。

在鎮江，會金虜復渝盟，公建議清野，盡徙淮東之人於京口，撫以威信，兵民雜居，無敢相侵擾者。嘗得盗，劾之，乃楚州守某者所爲。前後攻劫不可計，悉具獄，棄之市，某者亦坐遠竄。於是境内帖然，道不拾遺。既而虜騎久不至，樞密使張俊視師江上，以問公。公曰：「此虜異時入寇，飄忽如風雨，今更遲回，是必有他意。」已而果復以和爲請。使至，植大旗舟上，書曰「江南撫諭」。公見之，怒，夜以他旗易之。翌日，接伴使者見旗有異，大懼，索之急。公曰：「吾爲守臣，朝論無所與。然欲揭此於吾州之境，則吾有死而已。」索猶不已，乃遣人境外授之。

會張俊歸奏事，上聞公治狀及料敵語，於是復有待制之命。公以和戎本非久遠計，宜及間暇時修城壘、除器械、備舟楫，以俟時變。宰相秦檜不悦，諷言者論之。罷歸，遂不復起，薨。後十有六年，和議果敗，虜騎直抵采石、瓜洲，江津幾不守。於是人始服公前慮之深，而恨其不及用也。

熹之先人晚從公游，疾病，寓書以家事爲寄。公惻然憐之，收教熹如子侄。故熹自幼得拜公左右，然已不及見公履戎開府時事。獨見其居家接人，孝友樂易，開心見誠，豁然無纖芥滯吝意。好賢樂善，輕財喜施，於姻親舊故貧病困阸之際，尤孜孜焉。因嘗從公門下士及一二故將問公平生大節，又知其忘身徇國之忠，决機料敵之明，得將士心，人人樂爲盡死，事皆偉然，雖古名將不能過。至其爲政，則又愛民禮士，敦尚教化，決奸擿伏，不畏强禦，乃有古良吏風。及公既没，然後得其議奏諸書讀之，知其痛憤無日不在於讎虜，而其識慮之深又如此，未嘗不慨然撫卷廢書而嘆也。

公元妃福國夫人熊氏，葬拱辰山忠顯公墓次，而屏山先生實表之。繼室慶國夫人卓氏，公没，持家二十餘年，細大有法，内外斬斬。彭城侯雖熊出，然其撫之厚而教之嚴，所以成就其德業爲多。遇族黨親疏，曲有恩意。薨荆南府舍，葬甌寧縣演平之原。公子三人：彭城侯爲長；次瑺，承務郎，出後公弟秘閣公，早卒；次玶，從事郎，亦以公命爲屏山先生後。孫男二人：學雅，承務郎；學裘，尚幼。女二人，長適將仕郎吕欽，次未行。

熹惟公家三世一心，以忠孝相傳，事業皆可記，而公所處尤艱且勤，績效最著，人至於今賴之。於是既悉論載其實，又泣而爲之銘，以卒承彭城侯之遺命。其銘曰：

天警皇德，曰陂其平。復畀人傑，俾扶厥傾。薄言試之，於越於鎮。卒事於西，亦危乃定。始却於秦，偪仄飄摇。一士之得，厥猷以昭。再蹶於梁，莫相予死。亦障其衝，校績愈偉。岷嶓既奠，江漢滔滔。爾職於佚，我司其勞。曾是弗圖，讒口嗷嗷。載北載南，倐貶其褒。曰和匪同，識微慮遠。豈不諄諄，卒莫予展。我林我泉，我寄不淺。莫年壯心，有逝無反。惟忠惟孝，自我先公。勉哉嗣賢，克咸厥功。豈不咸之，又毁於成。詩勸來者，永其休聲！

校記 〔一〕淳熙本此篇文字差别較大，而與宋劉學裘劉氏傳忠録卷二所載無異。今附於本篇之後，以供參考。宋刻本名臣碑傳琬琰之集下卷二十三所載此碑題下原署：「從表侄、宣教郎、權發遣南康軍事兼管内勸農事朱熹撰並書。承事郎、充秘閣修撰、權發遣江陵軍府、主管荆湖北路安撫司公事張栻篆蓋。」

〔二〕扶：原作「挾」，據右引改。

〔三〕瀆：原作「續」，據宋閩、浙本改。

〔四〕建：原作「違」，據劉氏傳忠録改。

〔五〕共：原作「先」，據宋閩、浙本改。

編年 據年譜長編。

評論 周大璋朱子古文讀本卷六少傅劉公神道碑：魏公建閫西川，得公參贊大計，乃有成績。然富平之潰，實以不用公言所致，君子惜之。公家世忠孝，智深勇沉，不竟其用，賫志早歿，文公深痛久矣。曲曲摹寫，千載下如見其人，如聞其聲。

附：右朝議大夫充徽猷閣待制致仕彭城縣開國子食邑五百户贈少傅劉公神道碑銘

徽猷閣待制贈少傅彭城劉公既薨三十有三年，其子觀文殿學士彭城侯亦以疾薨於建康府舍。疾革時，手爲書，授其弟玶，使以屬其友朱熹，若曰：「珙不孝，先公之墓木大拱，而碑未克立，蓋猶有待也。今家國之讎未報，而珙銜恨死矣。以是累子，何如？」熹發書慟哭曰：「嗚呼！共父遽至此耶！且吾蚤失吾父，少傅公實收教之。共父之責，乃吾責也。」即訪其家，得公弟屏山先生所次行狀，又得今江陵張侯栻所爲志銘，以次其事曰：

公諱子羽，字彥脩，其先自長安徙建州，今爲崇安縣五夫里人。曾大父贈朝議大夫太素，大父太子太保民先皆以儒學教授鄉里，而皇考資政殿大學士贈太師忠顯公遂以忠孝大節殺身成仁，事載國史。

公其嗣子也，少以父任補將仕郎，積勞轉宣教郎，權浙東安撫司書寫機宜文字。入主太僕、太府簿，遷衛尉丞，辟河北河東宣撫司書寫機宜文字，以功轉朝請大夫，授直秘閣。建炎三年，擢秘閣修撰，知池州，改集英殿修撰，知秦州。未行，除御營使司參贊軍事，辟川陝宣撫處置使司參議軍事。四年，除徽猷閣待制。紹興二年，領利州路經略使，兼知興元府。除寶文閣直學士，封彭城縣開國男，食邑三百户。四年，責授單州團練副使，白州安置。五年復官，提舉江州太平觀，復爲集英殿修撰，知鄂州。權都督府參議軍事，宣諭川陝。逾年還報，復待制，知泉州。八年落職，提舉太平觀，尋責授單州團練副使，漳州安置。十一年復官，起爲沿江安撫使、知鎮江府。十二年，復待制，進爵子，益封二百户。是歲罷，復提舉太平觀，五年而薨。

公天姿英毅，自少卓犖不群。年二十四五時，佐忠顯公守越，以羸卒數百破睦寇方臘數十萬衆，卒全其城。復佐忠顯公守真定，會女真入寇，以大兵圍其城。公設方略，登陴拒守數月，虜不能下而去。忠顯公既以節死，公扶喪歸葬，號天泣血，以必報讎耻自誓。免喪造朝，以書抵宰相，論天下兵勢當以秦隴爲根本，於是有秦州之命，遂參御營使司軍事。

時叛將范瓊擁强兵，據上流，召之不來，來又不肯釋兵，中外汹汹。知樞密院事張忠獻公與公密謀誅之。一日，爲遣張俊以千人渡江捕它盜者，使皆甲而來，因召瓊、俊及劉光世詣都堂計事，爲設飲食。食已，諸公相顧未發，公坐廡下，恐瓊覺事變，遽取寫敕黄紙，趍前以麾瓊曰：「下有敕，將軍可詣大理置對。」瓊愕不知所爲，公顧左右，擁置輿中，衛以俊兵送獄。使光世出撫其衆，數瓊在圍城中附賊虜、迫脅二聖出狩狀，且曰：「所誅止瓊耳，若等固天子自將之兵也。」衆皆投刃曰：「諾。」因悉麾隸它軍，頃刻而定，瓊竟伏誅。

張公由此益奇公，及使川陝，遂辟以行。至秦州，立幕府，節度五路諸將，規以五年而後出師。明年，虜窺江淮急，張公念禁衛寡弱，計所以分撓其兵勢者，遂合五路之兵以進。公以非本計争之，張公曰：「吾寧不知此？顧今東南之事方急，不得不爲是耳。」遂北，至富平，與虜遇，戰果不利。虜乘勝而前。宣撫司退保興州，人情大震。官屬有建策徙治夔州者，公叱之曰：「孺子可斬也！四川全盛，虜欲入寇久矣。直以川口有鐵山棧道之險，未敢遽窺耳。今不堅守，縱使深入，吾乃東走，僻處夔峽，遂與關中血脉不復相通，進退失計，悔將何及？爲今日計，且當留駐興州，外繫關中之望，内安全蜀之心，急遣官屬出關，呼召諸將，收集散亡，分布險隘，堅壁固壘，觀釁而動，庶幾猶或可以補前愆、贖後咎，奈何乃爲此言乎？」張公然公言，而諸參佐無敢行者。

公即自請奉命北出，復以單騎至秦州，分遣腹心，召諸亡將。諸將聞命大喜，悉以其衆來會。公命騎將吴玠栅和尚原，守大散關，而分兵悉守諸險塞。虜諜知我有備，引去。明年，復聚兵來攻，再爲玠所敗，俘獲萬計，蜀土以安。宣撫司移軍閬州，公請獨留關外，調護諸將，以通内外聲援，軍民之心，翕然向之。

又明年，漢中大饑，諸帥閉境自守，因有違言，皆願得公帥興元，與連兵。張公承制，可其請。公至鎮，開關通商輸粟，輯睦鄰援，飭兵練卒，栅險待敵。會虜復入寇，將道金商以鄉四川。公以書諭金州經略使王彦，使以强弩據險邀之。彦習用短兵，婁平小盗，不以公言爲意。虜猝至，逆戰，果敗走，保石泉。時吴玠爲秦鳳經略使，公聞彦失守，亟移兵守饒風嶺，馳以語玠。玠大驚，即越境而東，一日夜馳三百里。中道少止，請公會西縣計事。公報曰：「虜旦夕至饒風下，不亟守此，是無蜀也。公不前，吾當往。今顧西走，不知者謂吾懼而逸，諸將得無解體乎？」玠得書，即復馳至饒風，列營拒守。虜人悉力仰攻，死傷如積。更募死士，由間道犯祖溪關以入，繞出玠後。遽走還漢中，且來邀公，欲與俱去。公不可，復留玠共柵定軍山以守。玠亦不從，公不得已，退守三泉，從兵不及三百人。與同粗糲，至取草牙木甲噉之。遺玠書與訣，玠持之泣下，欲馳赴公。未果，其愛將楊政者大呼軍門曰：「公今不行，是負劉公，政輩亦且舍公去矣。」玠乃來會三泉。時虜游騎甚迫，玠夜不能寐，起視公，方甘寢自若，旁無警何者。遽起公，請曰：「此何等時？而簡易若是。」公慨然曰：「吾死，命也，亦何言？」玠嘆息泣下，竟不果留。

公以潭毒山形斗拔，其上寬平有泉水，乃築壘守之。儲粟十餘萬石，盡徙將士家屬柵中，積石數十百萬，下臨走蜀道。數日，虜果至，營數十里間。一夕，候騎報虜且至，諸將皆失色，入問計，曰：「始與公等云何？今寇至，欲避邪？」下令蓐食，遲明上馬。明日，公先至戰地，前當山角，據胡床坐。諸將追及，泣請曰：「某輩乃當致死於此，非公所宜處也。」公不爲動，虜亦引退。

自虜入梁洋，蜀中復大震。宣撫司官屬争咎公，更爲浮言相恐動，力請張公徙治潼川。令下，軍士憤怒，或取其榜毁之。公連以書力爲張公言：「此已爲死守，虜必不敢越我而南。籍弟令不能守，我死行未晚也。今一旦輕動若此，兵將忿怒，恐將有齮齕公墳墓者，公奈何？」張公發書大悟，立止不行。虜遣十餘人，持書與旗，來招公及玠。公斬之，餘一人使還，曰：「爲我語賊，欲來即來，吾有死耳，何可招也。」因復與玠謀，出鋭師腹背擊之。先是，公已預徙梁洋官私之積置他所。虜深入無所得，而糧日匱，前後苦攻，死傷十五六，又聞公之將襲己也，懼，遂遁。公亟遣兵追擊之，墮谿谷死者不可計。其餘衆不能自拔者猶數十柵，皆降之。是時虜大酋撒離喝、兀朮輩主兵用事，計必取蜀，以窺東南。其選募戰攻，蓋已不遺餘力，而我之謀臣戰將，亦無敢爲必守計者。獨公與張公協心戮力，毅然以身當兵衝，將士視公，感激争奮，卒全蜀境，以蔽上流。寇退，又方與定計，改紀軍政，以圖再舉。而張公已困於讒，公亦相次得罪徙白州矣。

始，吴玠爲裨將，未知名。公獨奇之，言於張公。張公與語，大悦，使盡護諸將。至是，玠上疏請還所假節傳棨戟贖公罪。士大夫以是多玠之義，而服公之知人。

既張公入相，大議合兵爲北討計，召公赴闕，使諭指西師，且察邊備虚實。公還，奏虜未可圖，宜益治兵，廣營田以俟幾會。時又方議易置淮西大將，且以其兵屬公。公復以爲不可，遂以親老丐便郡，得泉州以歸。

在郡逾年，治有異等之效。學校久廢，撤而新之，堂序規橅略放太學，至今爲閩中諸郡之冠。僧可度者以賂結中貴人，屬戚里陳氏誣奏，奪陳洪進守冢寺。公曰：「此細事爾，然小人罔上如此，是乃履霜之漸，不可長。」即疏其事以聞，戚豎輩皆抵罪。無幾何，淮西軍果亂，張公去相，議者反謂公實使然，不責，無以係叛將南歸之望。於是再責，聞者嗤之，而公不自辨也。

在鎮江，會金虜復渝盟，公建議清野，盡徙淮東之人於京口，撫以威信，兵民雜居，無敢相侵擾者。嘗得盗，劾之，乃楚州守某者所爲。前後攻劫不可計，悉具獄，棄之市。以其事聞，某者亦坐遠竄。於是境内帖然，道不拾遺。既而虜騎久不至，樞密使張浚視師江上，以問公。公曰：「此虜異時入寇，飄忽如風雨，今更遲回，是必有他意。」居頃之，虜果復以和爲請。而使者乃植大旗舟上，書曰「江南撫諭」。公見之，怒，夜以它旗易之。翌日，接伴使者見旗有異，大懼，請之不得，至以語脅公。公曰：「吾爲守臣，朝論無所與。然欲揭此於吾州之境，則吾有死而已。」請不已，竟出境乃還之。

張浚還朝，上聞公治狀及所料虜情，亟詔復舊職。公以和好本非久遠計，宜及間暇時修城壘、除器械、備舟楫，以俟時變。宰相秦檜始以復職非己出，已不悦，至是益怒，諷言者論之。罷歸，遂不復起，士大夫之有志當世者莫不相與喟然，深爲朝廷惜之。

公生紹聖丁丑，薨紹興丙寅，年五十，葬故里蟠坑祖塋之北。元妃福國夫人熊氏，葬拱辰山忠顯公墓次，屏山先生實表之。繼室慶國夫人卓氏，公没，持家二十餘年，細大有法，内外斬斬。彭城侯雖熊出，然撫之厚而教之嚴，所以成就其德業爲多。遇族黨親疏，曲有恩意。薨荆南府舍，葬甌寧縣演平之原。公子三人：彭城侯爲長，嘗以中書舍人事太上皇帝，以同知樞密院事參知政事。事今上皇帝，風望勞烈對於前人，當世鮮能及之。次瑺，承務郎，出後公弟秘閣公，早卒。次玶，從事郎，亦以公命爲屏山先生後。孫男二人：學雅，承務郎；學裘，尚幼。女二人，長適將仕郎吕欽，幼未行也。

熹之先人晚從公游，僅一再見，不幸屬疾，寓書以家事爲寄。公惻然憐之，收教熹如子侄。故熹自幼得拜公左右，然已不及見公履戎開府時事。公又未嘗以其功伐語人，獨見其居家接人，孝友樂易，開心見誠，豁然無纖芥滯吝意。好賢樂善，輕財喜施，於姻親舊故貧病困阨之際，尤孜孜焉。因竊從公門下士及一二故將問公平生大節，又知其忘身徇國之忠、决機料敵之明，得將士心，人人樂爲盡死，事皆偉然，雖古名將不能過。至其爲政，愛民禮士，敦尚教化，擿奸發伏，不畏强禦，乃有古良吏風。及公既没，然後得其議奏諸書、張公手記秦州出師時事讀之，又未嘗不慨然撫卷廢書而嘆也。

惟公家自忠顯以來，三世一心，以忠孝相傳，事業皆可紀，而公奔走兵間，尤艱且危。雖不幸困於讒誣，不卒其志，而中世以没，然再安全蜀，以屏東南，人至於今賴之。顧表隧之碑獨不時立，漫無文字以詔後世，則豈惟彭城侯九原之恨，凡我後死，與有責焉。於是既悉論載其實，又泣而爲之銘，以卒承彭城侯之遺命。其銘曰：

天警皇德，曰陂其平。復畀材傑，俾維厥傾。薄言試之，於越於鎮。卒事於西，亦危乃定。始却於秦，偪仄飄揺。一士之得，厥猷以昭。再蹶於梁，莫相予死。亦障其衝，校績逾偉。岷嶓既奠，江漢滔滔。爾職於佚，我司其勞。曾是弗圖，讒口嗷嗷。載北載南，倏貶其褒。曰和匪同，識微慮遠。豈不諄諄，卒莫予展。我林我泉，我寄不淺。莫年壯心，有逝無反。惟忠惟孝，自我先公。勉哉嗣賢，克咸厥功。豈不咸之，又圮於成。詩勸來者，永其休聲。

龍圖閣直學士吴公神道碑淳熙十年冬

淳熙十年夏六月□□日，龍圖閣直學士、通奉大夫、臨海郡開國公、食邑二千四百户致仕吴公薨於台州仙居縣湖山私第之正寢。訃聞，天子閔焉，詔有司以光禄大夫告其第如故事。冬十月癸酉，嗣子津等葬公石井中奥之原。既畢事，將考令式，勒文螭首，顯誦公德，傳之無窮，乃相與謀，使仲子洪以公門生臨川太守陳侯庸之狀來，即建安山中，請其文於熹。熹竊聞之，當紹興之季年，天子憤戎虜之憑陵，痛神人之羞辱，慨然有意，收用耆俊，以遂中興之烈。其所引拔以爲諫諍論議之官者，多得直諒敢言之士。而吴公者，又其偉然有聞於時者也。迨其晚歲，竟以剛鯁，不得盡行其志，退而老於湖山之下，極登臨游泛之樂者十餘年，天下莫不高之。而其所立之詳，世猶有未悉聞者。幸今有碑，以詔後世。是筆所屬，可非其人？欲謝不能，則又顧念往以使事過公里門，公聞其來，野服以便輿出見，邀於湖上，延坐與飲，論説平生，俯仰感慨，遂以身後之傳爲託。於時謂公特戲語耳，不敢承，亦不敢辭。今雖極自知其不稱，然昔既不及辭於公，今又安得辭於公之子耶。乃考臨川之狀，以次其事如左：

公諱芾，字明可，世爲仙居人。上世隱德不仕，至公大父贈武略郎諱允昭，始教子孫爲學，而公與從兄詠、謙遂連取科第。及公至大官，而贈其父諱師錫至光禄大夫，母鄭氏臨海郡夫人。

公幼莊重，嶷然如成人。讀書刻苦，至忘寢食。登紹興二年進士第，始爲温州樂清尉。瀕海細民以負販魚鹽爲生業，屬更定法，有私以鹽越境者，尉皆劾免。旁縣迹捕紛然，公獨若不聞，曰：「此貧民之失業者，吾其忍以一身之病而愈蹙之耶。」大治學宫，聚其秀民子弟教之。其後人材輩出，有以直言冠多士、爲名臣者。

更調平江府録事參軍，除詳定一司敕令所删定官，遷秘書省正字。始，公與秦丞相檜有舊，至是秦已顓政事，士夫趨附者衆。公處其間，獨退然如未嘗相識者，公坐旅進寒温而已。秦固已疑之。會四川宣撫使鄭公剛中薦公自代，其狀謂公雖適效一官，而高遠之度常若超邁。秦見之，愈不樂，一日，語公曰：「高自標置，是豈長者之爲乎。」諷言者論罷之。

差通判處州事，歷佐婺州、紹興府。檜死，乃得知處州。未行，丁外艱。服除，知常州，又改處州。始至，諸邑以例獻錢實公帑。公曰：「縣經賦猶不足，而欲以此自媚，得無病吾民乎。」盡斥還之。民舊苦丁絹重，公命損之，而以新丁補其額，人以爲便。逾歲，以憂去。

未終喪，而諫官何溥薦公材中御史，薦有召命。免喪入對，即除監察御史。時金亮將渝盟，公勸上專務修德以服之，「彼以其力，我以吾德，則雖强弱之勢不侔，而勝負之形已見。顧今誠能毋以敵之進退爲憂喜，毋以事之緩急爲作輟，每下詔令，必務痛自悔咎；延見群臣，必使力陳闕失；隱之心而悉有合於天地，發之政而盡無愧於祖宗，則人心悦服，天亦助順矣」。上韙其言，顧而嘆曰：「何溥知人哉！」

未幾，除殿中侍御史。會兩淮戰不利，人情惴恐。廷臣爭陳退避之計，公獨奮然請對曰：「今日之事，有進無退。進爲上策，退爲無策。若誤聽此屬之言，臣恐士氣衰竭，人心沮喪，大事去矣。有如六飛未遽行，且以建王爲元帥，先往撫師，其亦可也。」上然之，未及發，而亮已被屠，中原遺民日望王師之至〔一〕。公數奏請乘此機會決策親征，速圖進取。既上至建康，公又言：「金陵自古英雄以爲帝王之宅，矧今北土之人謳吟未改，既聞大駕臨江，此必延頸舉踵，以望振拔。宜遂駐蹕，以繫其心。」上已開納，會有密啓還東者，事下侍從臺諫集議以聞。公曰：「今欲控帶襄漢，引輸湖廣，則臨安不如建康之便；經理淮甸，應接梁宋，則臨安不如建康之近。議者徒以一時扈從之人内顧思歸，故爲是説以悦其意，豈爲國計者哉。過聽其言，臣恐回鑾之後，西師之聲援不接，北土之謳吟絕望，非細事也。」然時上下欲歸者衆，公言雖苦，竟不能奪，天下至今惜之。高麗舶主詣明州，自言其國願得遣使入賀，詔將許之。公言：「高麗與金人接壤，爲之役屬，無故有此，安知其不爲間？」乃詔却之。

是時天子臨御既久，專以文德厚下，故其末流下吏奉承不無因循之弊。公於是抗疏，力陳更化之説，欲以救時病，强國勢。又言：「欲求死節之士於倉卒之時，不若進剛直之士於閑暇之日。去歲兩淮望風奔潰，曾無一城能拒守者。此秦檜壅塞言路、摧折士氣之餘毒也。能反其道，則士氣日振，而見危致命者亦有人矣。」至於廟堂不守詔條，以啓僥倖；扈從官吏無功受賞；大將失軍，長吏失守，未正刑典；戍役方還，復行揀點，以動衆心，凡事有不合於理、不便於時者，無不悉意盡言，補助爲多。薦周操、陳良翰、陳良祐爲御史，後皆以諫諍顯。

在職才半歲，用事者惡之。以公有會計名，亟白使權户部侍郎，實以解其言職。會有詔問足食足兵之策，公言：「今大農歲入，視景德盛時，什加其四，而内藏激賞不與焉，則賦不可以有加。中外兵籍，略比太宗定天下時，而糧賜什九於他費，則兵不可以更募。獨有節浮侈、精簡閱，使官不蠹財，而人皆可用，則庶乎其可耳。」

俄以集英殿修撰知婺州。時今上初即位，公陛辭，首陳裴垍對唐憲宗「爲治先正其心」之説，以爲臨御之初，出治大原，無越於此，上嘉納焉。未入境，先詢邑宰能否，去其尤罷懦不任職者。人問其故，公曰：「令於民最親，苟非其人，太守雖有愛民之心，亦何自而達乎。」郡帑空乏，軍餉不時，負上供課亦以大萬計〔二〕。公曰：「是所謂無政事者也。」即禁掊克、減征賦、窒滲漏，官吏之侵漁假貸者，悉置之法。不一兩月，而公私已告足矣。常患差役不均，多致争訟，欲勸民爲義役。有言金華長仙鄉民十有一家，自以甲乙第其産，以次就役者，幾二十年矣。公聞之喜，帥郡佐及縣長吏輿致所謂十一人者，與合宴於平政堂，而更其鄉曰「循理」，里曰「信義」，以褒異之。又以鄉之前輩梅公執禮、宗公澤、潘公良貴、鄭公剛中皆以名節才行聞當世，乃自爲文，以醊其墓。

居無何，詔以公治郡有異等之效，改知紹興府，充兩浙東路安撫使。始至，宗室子有横於市者，公致之獄。宗正司遣吏索之，相持訩訩。公即自劾以聞。詔公無罪，而以宗室子屬宗正司施教刑焉，一郡竦服。會稽民貧賦重，而折色爲尤甚。公以永祐菆宮在焉爲奏，得視永安縣故事，免支移折變，邑人便之。高麗竟遣使來，公聞其至明州，亟草奏申前議，得卒謝遣。城南鏡湖自東漢時潴以溉田，爲利甚廣，中廢不治。南豐曾舍人佐郡時，嘗爲之圖而序之，論其利病甚悉。公前嗣其官，讀其文而有志焉。及來鎮守，逢歲大饑，上親札命公賑救，乃得奏請發常平米，募飢民以就其役。既成，取凡奏請施行之語，刻石湖上，所以禁防者無不備。然公去不一年，守臣不能安集流徙，反歸咎復湖。奸民大姓利於爲田，亦結權貴，騰謗議，而湖復廢矣，論者惜之。前虜騎度浙江，郡守以城降，而衛士唐□抱石狙擊其酋帥，不中，死，罵不絶口，越人祠之。歲久廢壞，公爲改築宮而記其實，以勸忠義。

除權刑部侍郎，召對，言：「臣自越來，竊感勾踐卧薪嘗膽之意，願陛下毋恃虜之必和，而益求所以自治，如勾踐之爲者，以俟時至而後圖之，蔑不濟矣。」又言江浙大水，乃陽不勝陰之咎，因舉康澄六事爲獻。遷給事中，謝日，面賜金帶象簡。宗室居廣祈恩過制，公引前詔却之。不逾月，改吏部侍郎。

會臨安守坐不能詰盜免，詔以公爲敷文閣直學士、知府事，充兩浙西路安撫使。命下之日，都人相賀，而吏屬屏氣。入謝廷中，内侍省爲人求薦，及以他鄙事爲屬者。公曰：「吾薦章不可以求而得，若某事，則詣府自言，吾得以法決之耳。」自是人莫敢干以私。大閹高思聰家僮毆傷酒保，公命捕論如法，以徇於市。宗戚貴人私營佛屋，錯雜民廛，藏匿奸盜，吏不敢捕。公奏請盡撤之，由是權豪仄目〔三〕，而執政亦不悦。託以使虜，復除吏部侍郎，且議以龍大淵爲副。公曰：「是可與言行事者耶。」語聞，得罷不行，而下遷禮部侍郎。公力求去，乃以舊職提舉江州太平興國宫。始，公與今退傅陳福公俱以剛直見忌於時宰，至是陳公以書賀公，有「鴻鵠高翔」之語。未幾，亦引去。而中書舍人閻安中乘間爲上言「二臣之去，非國之福」云。

居再歲，起知太平州。當塗民淳事簡，舊爲樂土，而連年調發，凋瘵特甚。公一意拊摩，常賦外一毫不以取民。城樓圮壞，歲調諸縣葺之，民病無窮而形制衰削，公命撤而新之。又維舟以梁姑溪，令可度。朝命賦甓諸郡，以城兩淮。公以羨財募陶旊，又先事以集，而民皆莫之知也。歷陽築者久役潰歸，聲言欲趨郡境，吏民振恐。公呼至城下，厚犒遣之，而密捕倡亂者，繫獄以聞，有詔褒諭。

二年，進徽猷閣直學士、知隆興府，充江南西路安撫使。江西地廣多盜，而大姓武斷鄉曲，爲良民害。公繩以法，不少貸，曰：「稂莠去，然後嘉穀蕃，吾非得已也。」會歲大札，巫覡乘間惑人，禁斷醫藥，夭横者衆。公命縣賞禁絕，集群醫分井治療，貧者食之，全活不可計。城舊有豫章溝，比久湮塞，民病塗潦。公曰：「溝洫不通，氣鬱不泄，疫厲所由生也。」亟命疏濬，民得爽塏以居。公凡六爲郡，政各因其俗爲寬猛，實惠之可以及人者爲多。事有關於教化者，未嘗不以爲先。嘗言：「爲邦之惠，欲其有以遍於里閭，唯受兩税之輸爲不可以不謹。」故所至必擇廉吏以司之，省其沿納諸費，而揭其所不可已者於場門，輸粟者使得自概量，吏無所容其巧，人甚便之。自當塗及是凡六上章丐閑，不允，三和陶公歸來之章以見意。至是，遂以納禄爲請，乃復得太平祠官以歸，實乾道之六年也。

公自少即以氣節自負，爲人夷曠無城府。早歲游太學，人已自目爲「豪昊」矣。建炎初，宗澤留守東都，天下倚以爲重。一日，士女傾都南下，皆行哭失聲，言宗公死矣。公時未仕，客臨安，聞之嗚咽流涕，終夕不寐。爲詩哭之，語甚悲壯。即日傳播，郵亭傳舍處處題寫，讀者至爲感泣，識者因是益以奇之。自爲小官，一時卿相名人，見者無不推重。歸自册府，徊翔十有八年，僚友有先進用居廟堂者，公未嘗以一言求薦引。居常慷慨，謂直道可必行，而勛業可立就。中間立朝，多骯髒不偶，又不肯少貶以求合，始浩然有歸志矣。故嘗卜居其鄉石井之西，負山臨湖，雜蒔華竹，築亭館其間，延袤數里，榜曰「湖山」，清曠窈窕，甲於東中。至是來歸，遂决終焉之計。乃作「休休」之堂而賦詩焉，自謂有七宜休者。連上章告老，不得謝。及年七十有一，請愈力，乃得以龍圖閣直學士致仕。於是又作「景疏」「希白」之堂，而自號曰湖山居士，日與賓客浮舟倚杖，徜徉其間，酌酒賦詩，竟日夕不倦。如是者十有四年，蓋已翛然若無意於世者，而獨其愛君憂國之心，未嘗一日忘也。中以太上皇帝慶壽推恩，故侍臣加以耋老，自中大夫特遷通奉大夫。薨時年適八十矣。

娶縉雲郭氏，贛州興國縣丞澠之女，累封碩人。孝謹和懿，治家有法度，先公兩月卒。子男五人，津，承議郎、通判紹興府事；洪，宣教郎、浙東提舉常平司幹辦公事；沃，承事郎、簽書鎮江軍節度判官廳公事；泊，承奉郎、永康縣丞；深，將仕郎。女三人，嫁承議郎王鏞、將作監主簿陳揚善者，皆先卒；幼未行也。孫男女二十人，機，從事郎；樸，承務郎；餘皆幼。曾孫男一人。

始，公葬先大夫於石井，而度其旁百許步，預爲壽藏。至是津等奉公以窆，而碩人附焉。公性至孝，遭喪必廬墓側，終制不交人事，無墨衰絰。先人貲產，悉推與二兄，育其孤女，厚齎以遣之。官其兄弟之子孫二人。方爲義莊、義學、義冢，以俟宗族之貧者，而未克就。尤拳拳於鄉邑，遇歉歲，捐己資，合公私之力以賑之，無所愛。好善如己出，嫉惡如私仇，延接後進，多所成就。平居嚴毅，若不可犯。然謙虛好問，而樂聞其過，不間微賤。教子弟尤力，嘗語之曰：「若等從宦，視官物當如己物，視公事當如私事。必不得已，與其得罪於百姓，寧得罪於上官。吾平生無他長，惟不敢以一毫自欺耳。」蓋其大節之見於朝廷、達於四方者已卓然不可掩，而其私行纖悉又如此。自少至老，手未嘗釋卷，屬文不事雕刻，而豪健峻整，指意明白。爲詩平淡，慕樂天，而渾厚莊栗，又自類其爲人。有表奏五卷，詩文三十卷，和陶詩三卷，當塗小集、湖山遺老傳一卷藏於家。嗚呼！是可銘已。銘曰：

士孰不材，病氣與節。方春争華，未凍先折。有偉豪吴，一世之傑。睨彼權相，弗媚而謁。

始雖偃蹇，竟偶明哲。彼虢我仁，大論横發。乃贊征謀，乃軔還轍。言雖弗用，時仰壯烈。中去朝行，偃息名都。賦平役義，惠達信孚。越城之南，日活萬夫。思樂鏡水，有龜有魚。天邑嚴嚴，貴强屏氣。張旝以行，孰俾吾貳。公顧曰嘻，是足與治。於廟於藩，姑適吾意。姑溪油油，惠澤春流。鍾陵有莠，則廪其秋。我湖空明，我竹修修。我倦而歸，其樂休休。大耋之年，從容委蛻。循始訖終，俯仰奚愧。中奥之原，有窅其隧。我銘不刊，以篤來裔。

校記　〔一〕日：原作「自」，據宋閩、浙本改。
〔二〕大：原缺，據宋浙本補。
〔三〕仄：原作「反」，據宋閩、浙本改。

編年　據文中所署。

觀文殿學士劉公神道碑〔一〕　淳熙九年

淳熙五年夏，觀文殿學士、太中大夫、知建康府事、江南東路安撫使、行宫留守彭城劉公寢疾府舍，即拜疏言：「臣病，力不任府事，願上符鑰，歸死故山，惟陛下哀之〔二〕。」時天子方倚公以重别都，且莫且召用之，未即聽許。而公疾已革矣，再疏請老。於是上乃深以爲憂，亟遣中貴人挾侍醫馳驛診視。未至，秋七月甲子，公召門下生〔三〕，口授千餘言，使具爲奏，極言時弊根本，且薦群臣之可用者，畢，封上之，有頃而薨。上覽奏驚嘆，即日出公前請老章，使以通議大夫致仕。及訃聞，益嗟悼，詔贈光禄大夫，罷朝一日，且命有司護致其喪，仍給葬事。明年二月〔四〕，公之嗣子學雅等遂奉公柩葬於建寧府甌寧縣豐樂里新歷之原，而請於朝，冀有以易其名者。事下奉常，以公廉公方正，威德克就，宜謚「忠肅」。過考功無異詞，詔報曰可，於是公之終始哀榮，無所不備。獨墓隧之碑，久未克立，學雅等懼，數相與涕泣來請文。熹蚤託公諸父間，遂與公相長大，知公爲詳。而公晚歲相予亦益篤，顧雖不文，義有所不得辭也。

公家唐末自長安南徙，遂爲建人，世居崇安縣五夫里。有諱民先者，敦樸有行，從安定先生受春秋學。晚以累舉得官，歸家教授，學者至數百人。累贈太子太保，於公爲曾祖。太保生忠顯公，諱韐，靖康之難，秉義不屈而死，累贈太師。忠顯公生徽猷閣待制，諱子羽，建炎、紹興之間佐川陜軍有功，累贈少傅。

公其長子也。諱珙，字共父，少以恩補承務郎，長從季父屏山先生學。舉進士乙科〔五〕，調監紹興府都税務、潭州南岳廟主管西外敦宗院。遭少傅及祖母韓國夫人吕氏憂，除喪，爲諸王宫大小學教授，權秘書省校勘書籍官、禮部郎官、中書舍人。時秦氏用權久，士大夫已竊竊言符讖事。檜欲因以追謚其父，召會禮官，議問其法，以公不時至，怒而逐之。逾年，檜死，乃得主管台州崇道觀。召爲大宗正丞，改秘書丞，遷尚書吏部員外郎，除監察御史。避薦者，還故官。銓曹法密吏奸，官不能制。公置令式庭中，使選集者得指其違以詰吏，人甚便之。

兼權秘書少監，遷起居舍人，兼權中書舍人。金亮渝盟，天子震怒，悉師北伐。一時詔檄，多出公手，詞氣激烈，聞者或至泣下。御史杜莘老劾大閹張去爲忤旨左降，公封還詔書，莘老得不去。從上幸建康，兼權直學士院。時張忠獻公留守行宮，衆謂車駕東還，必以征討軍事爲寄。俄而詔下，乃以楊存中爲江淮宣撫使，中外大失望。公奏論其不可，上曰：「此特爲張浚地耳。」命再下，宰相召公諭旨，且曰：「再論，則累張公矣。」公曰：「某爲國家計，豈暇爲張公謀哉！」再論愈力，事乃寢。

真除中書舍人、直學士院。會詔立建王爲皇太子，宣入視草。今上即位，借禮部尚書使金國。是時南北甫罷兵，始爲鈞敵之禮，使者往輒困辱而歸，人皆爲公危之。公受命慷慨，戒家人悉裘葛兼副以行，曰：「藉令不死，歸未可期也。」上聞副使以賄除吏，而公獨無所私，手札褒諭甚寵。然竟以議禮不决，不果行也。詔以星變旱蝗，大詢闕政。公言：「比年以來，綱維解縱，有賞無罰。外則諸將刻剥軍士，以事交結；内則朝廷不恤諸路，路不恤郡，郡不恤縣，縣不恤民，甚或重爲貪虐，以快己私，軍民之怨，日積於下，其禍將有不可勝言者。願陛下擴恭儉日新之德，屏馳騁無益之戲，登崇俊良，斥遠邪佞，然後信賞必罰，戢近懲遠，以修軍政之闕；節浮冗、寬賦斂，精擇郡守，誅鋤贓吏，以厚吾民之生，則災異庶乎其可消矣〔六〕。」間又嘗爲上言：「應敵無一定之謀，而强國有不易之策。夫曰和，曰戰，曰守，皆所謂應敵之計，不可預圖者。惟修政事以强國勢，使三者之權在我，而用無不利，乃爲不易之策耳。」

故將田師中死，其家請得賜第京師。又有李珂者，以關通貴幸得官，而自奏求爲督府掾。詔從中下，公皆奏以爲不可。不聽，再奏極論，竟皆罷之。然由此遂多忤近習意，而宰相又有陰忌公者，出公爲集英殿修撰、知泉州。未行，改知衢州。始至，委事僚屬，一無所問。人或以公未更治民，意頗輕之。既而欺者得，枉者伸，群下歛手，不能有所爲，始大畏服。凡吏員外置者，悉罷之。受租米，使民得自操概。其發鈔消籍，皆有程式，田里大安。

乾道元年，湖南旱饑。郴州宜章民李金以縣抑買乳香急，乘衆怒猝起爲亂，衆逾萬人，分道南出，犯廣東、西九郡之境。還，入道州桂陽軍界，殺掠萬計。連破郴、桂兩城，數道大震。朝廷憂之，以公爲敷文閣待制、知潭州、荆湖南路安撫使。公受命兼行，以五月入境，則賊衆已數萬人矣。亟以實奏，請下荆襄，發卒奔命。且移書制置使沈介曰：「道遠賊熾，比詔下，且不及事。請以便宜出師，即朝廷以擅興爲罪，吾自當之，不敢以累公也。」制置使即爲遣兵，而詔報亦如公請。然皆未有至者，而賊勢愈張。湘陰橋口群盜又數百人乘亂竊發，密邇府下，人心益搖。公簡役兵擊之，募民有得盜斬首者，皆厚其賞。盜所隱贜，無多少，官一不問。不數日，悉捕斬，無脱者。於是賞信刑威，士氣大振，人知破賊之有期矣。

六月，制置使所遣將田寳、楊欽乃以其兵數千人至，公所以迎勞慰撫之者甚厚。諸軍感奮，願盡死力。公與欽語，知其能，檄諸軍皆受節度，使率其衆，鼓行而前。下令募賊徒相捕斬詣吏者，除罪受賞。於是欽等連戰破賊，諸將後至者亦遣四出，以分賊勢、通糧道，大軍遂入宜章。

八月，鏖龍岡下。賊兵數萬，自辰至申，官軍稍却。欽被髮大呼，策馬横衝之。賊分爲兩，其前列精兵殲焉，餘皆遁走。追至莽山，賊黨曹彦、黄拱遂執李金與其腹心黄谷以降。欽因窮追深入，盡誅其酋豪，而支黨脅從竄匿山谷者尚衆。公諭欽等却兵而聽其自詣，則皆相率聽命。歲盡，師還，金等數十人皆伏誅，餘皆稱詔釋之，復故田宅者以千數。奏官曹彦、黄拱，而列上諸將功狀，又不以一毫有所私。上嘉嘆再三，進職敷文閣直學士，且賜璽書曰：「近世書生但務清談，經綸實才，蓋未之見，朕以是每有東晋之憂。今卿既誅群盗，而功狀詳實，諸將優劣、破賊先後，歷歷可觀。宜益勉旃，以副朕意。」

賊地既定，境内正清。於是公乃宣布上恩，力行寬政，且爲請於朝曰：「今以陛下神靈，雖幸破賊，然不亟擇守宰、寬賦歛以安居民，即一李金死，一李金生，臣恐湖南自是無寧歲也。」又奏留鄂兵以戍郴、桂，而益廣蒐募，以補州兵之缺，厚撫犒，嚴紀律，而時勒習之。於是湖南隱然爲重鎮，奸盗屏迹，商旅復野宿焉。

三年召還，見上首論獨斷雖英主之能事，然必合衆智而質之以至公，然後有以合乎天理人心之正，而事無不成。若棄僉謀、徇私見，而有獨御區宇之心焉，則適所以蔽其四達之明，而左右私昵之臣將有乘之以干天下之公議者矣。次論税絹退剥、羡餘和糴之弊，又以州郡禁軍紀律不明，驕惰自恣，請亟選武臣之奮行伍、習戎事者，使爲將副，責以訓練，而貴游子弟、閤門國信、五房出職之輩不得與焉。上皆然之，以爲翰林學士、知制誥兼侍讀。

間復從容言於上曰：「世儒多病漢高帝不悦學，輕儒生。臣竊獨以爲高帝之明，其所不悦，特腐儒之俗學耳。誠使當時有以二帝三王之學告之，臣知其必將竦然敬信，而功烈所就不止此矣。」因爲上言聖王之學所以明理正心而爲萬事之綱者甚悉，上亟稱善。是歲小不登，公請亟詔監司郡守先事條畫荒政所宜，不者亦使任其無他。又奏州兵營伍教戰之法甚備，事皆施行。

十一月，遂拜中大夫、同知樞密院事。公辭不獲，乃進言曰：「汪應辰、陳良翰、張栻學行材能皆臣所不逮，而栻窮探聖微，曉暢軍務，曩幸破賊，栻謀爲多。願陛下亟召用之。」上可其奏，以次登用焉。公入西府，日召諸軍將佐，從容訪問，盡得其材用所宜，以待選用。一日，上顧輔臣，圖議恢復。公曰：「復讎雪耻，誠今日之大計，然所以求之，必有其道。臣願陛下以周宣王爲法，側身修行，任賢使能，以圖内修之實，則外攘之效將有不能自已者。計不出此，而欲淺謀輕舉，以幸其成，臣未見其可也。」上悦。

明年七月，詔兼參知政事。公方與一二同列夙夜悉心竭力，益圖所以叙進人材，寬養民力，討理軍政，卒成上意之所欲爲者。蓋除福建鈔鹽歲額二萬萬，罷江西和糴及廣西折米鹽錢，又蠲諸路累年逋負金銀穀帛巨億計。而公尤以輔成上德，振肅朝綱，抑僥倖，奬廉退爲己任，以是近倖側目，而流俗亦多不悦。蓋上嘗以久旱，齋居請雨，一夕而應。諸公皆賀，公復進言曰：「陛下誠心感格，其應如響，此足以見天人相與之際，真有不容髮者矣。然則隱微之間，纖介之失，其應豈不亦猶是乎。臣願陛下察此而益謹其獨焉，則天下幸甚。」上爲竦然，改容稱善。

龍大淵、曾覿既逐去，未幾而大淵死，上憐覿，欲還之。公言：「二人之去，天下方仰威斷而慶盛德之日新，奈何遽復爲此？且此曹奴隸耳，憐之則厚賜之可也。若引以自近，而賓友接之，至使得以與聞幾事，進退人材，則臣懼非所以隆德業而振綱紀也。」上感其言，爲止不召。

殿前指揮使王琪嘗密薦士，得召用。公請其所自，上以琪告。公退，坐堂上，呼院吏作頭引，召琪至而詰之。琪恐懼，不能置對，請後不敢，乃叱遣去。無何，楊守來言，琪嘗檄郡，稱受密旨，增築新城若干尺。公與諸公請之，則上未嘗有是命也。公未出殿門，遣吏馳取其牘。琪不得隱，遂以罪罷。諸公因奏：「自今聖旨不經三省密院者，所下之官，皆請俟奏審乃得行。」上欣然從之。公即從密院移中外諸官府，而内侍省與焉。明日，忽復有旨，前奏審事勿行。因諭諸公，即如此，則禁中或時須一飲食，亦必待奏審然後可得耶？公即以藝祖熏籠事對。退，又與諸公合奏言曰：「朝廷者，陛下之朝廷；命令者，陛下之命令。臣等典司出納，不敢廢職而已。今方舉行舊典，以正紀綱，而已出復收，中外惶惑，臣等竊爲陛下惜之。」

時諸公雖更進合辭，而公尤激切，殿中皆驚。以故獨罷爲端明殿學士，使奉外祠。上意尋寤，亟詔改知隆興府、江南西路安撫使。公入辭，猶以開廣言路、講明聖學、敦本節用、虚己任賢、斥遠邪佞、選將撫軍數事爲獻。上蹴然曰：「卿雖去國，不忘忠言，而材又非他人所及，行召卿矣。」至鎮，首蠲税務新額，及罷苗倉大斛。屬邑奉新有複出租税〔七〕，攤配諸鄉，歲久民窮，相率逃去，反失正税不勝計，亦奏除之。又除二税合零、租米暗耗、免役足錢之弊。人或爲公憂不足，而公量入爲出，未嘗有所乏也。

明年，除資政殿學士、知荊南府、荊湖北路安撫使。始至，條上荊襄兵少財匱之狀，詔即諉公經畫。公因行視襄鄂兵屯，并邊形勢，盡得其實以聞。凡回圖役使、詭名虛籍之弊，與夫部伍教習之法有不善者，皆奏罷之。先是，荊南兵戍襄陽者累年不得歸。公奏爲半歲番休之法，春夏三軍，秋冬四軍，更迭往來，軍士感悦。荊襄故有民兵，皆農家子，敦樸豪勇，土著自愛，且居近邊，知虜情，輕戰鬥。比稍墮廢，公更爲簡閱，寬其取丁之數，貧者弛其賦役，隨鄉團結而歲閱習焉。其資糧械器，亦爲處畫，各有條理。撫循犒賞，歲費錢一萬萬，而不以一介有取於民也。

明年，遭繼母慶國夫人卓氏憂。又明年，起復同知樞密院事、荊襄宣撫使。遣中使奉璽書，即喪次宣押奏事。公引經援禮，涕泣懇辭，凡五六上，不得請。時宰相方以恢復大言中上意，而政事不修，舉動煩擾，識者憂之。公乃手疏別奏，具言：「天下之事，有其實而不露其形者，無所爲而不成；無其實而先示其形者，無所爲而不敗。今吾所以自治而爲恢復之實者爲如何？而乃外招降附，内徙營屯，規算未立，手足先露，其勢適足以速禍而致寇，臣不知爲此議者將何以待之也。且荊襄，四支也；朝廷，腹心元氣也。今不憂元氣之憊，而慮四支之不强，非臣之所敢知也。」上納其言，爲寢前詔。

八年，免喪，乃復除知潭州，安撫湖南。過闕，見上言曰：「人君能循天下之理，然後有以得天下之心，而立天下之事。然非至誠虛己，兼聽并觀，使在我者空洞清明，而無一毫物欲之蔽，亦未有能循天下之理者也。」因以極論時事，言甚切至。上加勞再三，進職大學士以行。公再臨舊鎮，不懈益虔，蓋所以自律者愈嚴，而所以撫民者愈寬，以是人愈畏服而敬愛之。歲旱民饑，公亟遣吏行田蠲租如法，而檄轉運、常平司移粟諸郡。且慮奸民乘時竊發，則又遣將益兵戍守，遂以無事。一旦，湖北茶盜數千人入境，公盛軍聲以威之，而開其自新之路，盜多散去，其存者蓋無幾人。公乃遣兵，然猶深以迎戰邀擊爲戒。盜意益緩，於是一戰敗之，而盡擒以歸，獨誅其首惡數人，餘悉以隸軍籍。明年，盜之餘黨賴文政等復入境，後帥欲盡誅之，盜因悉力死戰。既勦湖南軍，遂入江西，犯廣東，官軍數敗，將尉死者數十人，爲費以大萬計。於是人乃服公爲有謀也。

淳熙二年，除知建康府，安撫江南東路，留守行宫。會水且旱，公奏閣夏税錢六千萬緡，蠲秋苗米十有六萬六千餘斛，沿納他物稱是。仍請下漕司，遣吏覆視諸州所蠲租，其頗未盡者，悉以予民。禁上流税米遏糴，即他路有敢違者，請亦得以名聞，抵其罪。詔皆從之，以是得商人米三百萬斛，散之民間。又貸諸司錢合三萬萬，遣官糴米上江，得十四萬九千斛。籍農民當賑貸、客户當賑濟者，户以口數給米有差。村落又皆運米置場，平價賑糶，而貸者卒亦不取償焉。以府佐趙善珏、王以寧及寓士李宗思、劉煒領其事，分遣群屬，循行境中，無遠不到。公又蚤夜咨訪，幽隱畢聞。縣給印曆，手書告諭，誠意既孚，而賞信罰必，是以人争效用，如辦己事。起是年九月，盡明年四月，闔境數十萬人，無一人捐瘠流徙者。上嘉其績，賜書褒諭焉。

公治財寬於民而急於吏，所以禁其漁取、察其蠹弊者甚悉。自累鎮所施行，每益加詳，至是人被其澤尤深。凡屬縣所負課，度不能償者，悉以丐之，而獨重禁其非法病民者。被旨甓城，面以丈計者數十萬，用緡錢數萬，米千餘斛，而役蓋不及民也〔八〕。上積公勞效，手札勞獎，賚以鞍馬器物甚厚。明年，進觀文殿學士，蓋將復登用之，而公病不起矣。臨没時所上疏極言近習用事之禍，至引恭、顯、伾、文以爲戒。所薦則故相魏國陳公、桂帥張栻敬夫也。別以手書訣敬夫，而熹亦與焉。其言皆以未能爲國家報雪讎耻爲深恨。蓋其忠孝誠篤，雖蹈死生之變，而未始須臾忘也。

公爲人機鑒精明，議論英發，遇事立斷，其威不可犯。而居家極孝慈，母福國夫人熊氏早薨，公哀慕無以自致，則以任子恩官其内弟。事繼母禮敬飭備，遭喪時年逾五十，盡哀致毁，得疾幾殆。友愛諸弟，晚歲彌篤。歲時祭祀，酌古今禮而敬以行之。内外功緦之戚，必素服以終月數。在官爲罷燕樂，同寮有喪亦如之。將薨，遺命治喪毋得用浮屠法，後諸賢公往往效之。

其在州郡，治平聽察，令行禁止，而於愛民厚俗之意尤孜孜焉。事或小失，雖下吏言之，無不立改。大修潭州岳麓書院，養士數十人，而屬張子敬夫往游其間，告以古人爲己之學。謂明道程公先生嘗官建康屬邑，爲之立祠學宫，而刻陳忠肅公責沈之文於壁，以示學者。民有骨肉之訟，躬以恩義反復辨告，甚或深自引咎，聞者皆失所争而去。

其在朝廷，危言正色，直前無所避，忠義奮發，未嘗以死生動其心。而愛君憂國，審密持重，不肯爲僥倖嘗試之舉。蓋其飭躬應事，規模科指，晚歲皆益精密。故上則人主知之愈深，下則學士大夫望之愈重，以至兒童走卒，莫不知公之忠烈。而在荆州時，北虜亦每使諜者詗公家世，蓋知其忠義之有傳也。及薨，所臨之邦，軍民往往罷市巷哭，相與祠之，而建康爲尤盛。且自數歲以來，國家每有四方之故，而有識之士相與私憂，語未嘗不及公也。

公薨時年五十有七，封彭城郡開國侯、食邑一千六百户、食實封二百户。其配曰新定郡夫人吕氏，故兵部尚書祉之女。新興郡夫人韓氏，淑人韓氏，皆魏國忠獻公四世孫也。二男子：學雅，承務郎；學裘，承奉郎。二女，長適迪功郎、南劍州劍浦縣尉吕欽，次適某官趙崇憲。文集八卷，奏議十卷，内外制二十卷，藏於家。公自少即以文學知名，及登朝廷，論思潤色，當世尤稱其得體。然未嘗爲無用之文，其駁議又多削稿，故所傳止此云。

學雅以公從弟從事郎玶所狀公行事視熹，熹受而讀之，皆昔所見聞者也。因刻其大者，著之石而系以銘。銘曰：

昔在陽九，失我泰平。東游三紀，汴洛羶腥。帝始靈承，俯仰顧嘆。曰汝在廷，孰抗斯難？爰有俊哲，三世一心。忠精義烈，思遠憂深。沬血奮辭，曰此讎耻，乃盟乃歡，顙得無泚？不有豪聖，孰慮孰圖？孰秉武節，以行天誅？抑臣有聞，在周中圮，既修乃攘，厥仆斯起。惟聖時監，利伸否蟠。毋棘其欲，毋溺其安。帝曰俞哉，予欽汝誨。既啓於中，盍布於外。澤流威燀，汝則來歸。卒輔吾志，以究汝爲。四鎮十年，帝適西顧。彼皇顥蒼，胡奪之遽？我最其迹，有孝有忠。有政有事，有言有功。嗟爾嗣人，尚承厥慶。公思不忘，天子聖神。

校記

〔一〕此碑與文集卷九十七劉珙行狀大段文字無異，可以互校。

〔二〕陛：原作「陞」，據宋浙本改。

〔三〕生：原作「主」，據宋閩、浙本改。

〔四〕二：原缺，據劉珙行狀補。

〔五〕乙：原作「一」，據宋閩、浙本改。

〔六〕災：原作「大」，據劉珙行狀改。

〔七〕複：原作「復」，據宋閩、浙本改。

〔八〕及：原作「反」，據右引改。

編年

文云：「學雅以公從弟從事郎玶所狀公行事視熹」，此行狀實朱熹代劉玶作，載文集卷九十七，作於淳熙九年四月，則本篇當作於其後不久。

朱熹文集編年評注卷八十九

碑

右文殿修撰張公神道碑淳熙十三年

淳熙七年春二月甲申，秘閣修撰、荆湖北路安撫廣漢張公卒於江陵之府舍。其弟衡州史君杓護其柩以歸葬於潭州衡陽縣楓林鄉龍塘之原，按令式立碑墓道，而以書來謂熹曰：「知吾兄者多矣，然最其深者莫如子，今不可以不銘。」熹嘗竊病聖門之學不傳，而道術遂爲天下裂。士之醇慤者拘於記誦，其敏秀者衒於詞章，既皆不足以發明天理而見諸人事，於是言理者歸於老佛，而論事者騖於管商，則於理事之正反皆有以病焉，而去道益遠矣。中間河洛之間，先生君子得其不傳之緒而推明之。然今不能百年，而學者又失其指。近歲乃幸得吾友敬夫焉，而天下之士乃有以知理之未始不該於事，而事之未始不根於理也。然又不得盡其所爲，而中道以没，不有考焉以垂於世，吾懼後之君子將有憾於吾徒也〔一〕。熹之愚固不足以及此，然於共學輩流偶獨後死，刋定叟之所以見屬者又如此，其何以辭？顧以疾病之不間，後五六年乃得考其事而叙之曰：

公諱某，字敬夫，故丞相魏國忠獻公之嗣子也。生有異質，穎悟夙成，忠獻公愛之。自其幼學而所以教者，莫非忠孝仁義之實。既長，又命往從南岳胡公仁仲先生問河南程氏學。先生一見，知其大器，即以所聞孔門論仁親切之指告之。公退而思，若有得也，以書質焉。而先生報之曰：「聖門有人，吾道幸矣。」公以是益自奮厲，直以古之聖賢自期，作希顔録一篇，蚤夜觀省，以自警策。所造既深遠矣，而猶未敢自以爲足，則又取友四方，益務求其學之所未至。蓋玩索講評，踐行體驗，反覆不置者十有餘年，然後昔之所造，深者益深，遠者益遠，而反以得乎簡易平實之地。其於天下之理，蓋皆瞭然心目之間，而實有以見其不能已者。是以决之勇、行之力而守之固，其所以篤於君親、一於道義而没世不忘者，初非有所勉慕而强爲也。

少以蔭補右承務郎，辟宣撫司都督府書寫機宜文字，除直秘閣。是時天子新即位，慨然以奮伐仇虜、克復神州爲己任。忠獻公亦起謫籍，受重寄，開府治戎，參佐皆極一時之選。而公以藐然少年周旋其間，内贊密謀，外參庶務，其所綜畫，幕府諸人皆自以爲不及也。間以軍事入奏，始得見上，即進言曰：「陛下上念宗社之讎耻，下閔中原之塗炭，惕然於中，而思有以振之，臣謂此心之發，即天理之所存也。誠願益加省察，而稽古親賢以自輔焉，無使其或少息也，則不惟今日之功可以必成，而千古因循之弊亦庶乎其可革矣。」上異其言，蓋於是始定君臣之契。

已而忠獻公辭位去，用事者遂罷兵與虜和。虜乘其隙，反縱兵入淮甸，中外大震。然廟堂猶主和議，至敕諸將毋得以兵向虜。時忠獻公已即世，公不勝君親之念，甫畢藏事，即拜疏言：「吾與虜人乃不共戴天之讎，向來朝廷雖亦嘗興縞素之師，然玉帛之使未嘗不行乎其間，是以講和之念未忘於胸中，而至誠惻怛之心，無以感格乎天人之際。此所以事屢敗而功不成也。今雖重爲群邪所誤，以蹙國而召寇，然亦安知非天欲以是開聖心哉。謂宜深察此理，使吾胸中了然無纖芥之惑，然後明詔中外，公行賞罰，以快軍民之憤，則人心悅，士氣充，而虜不難却矣。繼今以往，益堅此志，誓不言和，專務自强，雖折不撓，使此心純一，貫徹上下，則遲以歲月，亦何功之不成哉。」疏入，不報。

後六年，始以補郡，臨遣，得復見上。時宰相雖以恢復之説自任，然所以求者，類非其道。且妄意公素論當與己合，數遣人致慇懃。公不答。見上，首言：「先王之治，所以建事立功，無不如志，以其胸中之誠，足以感格天人之心，而與之無間也。今規畫雖勞，而事功不立，陛下試深察之〔二〕，日用之間，念慮云爲之際，亦有私意之發以害吾之誠者乎？有則克而去之，使吾中扃洞然，無所間雜，則見義必精，守義必固，而天人之應，將不待求而得矣。夫欲復中原之地，當先有以得其百姓之心；欲得中原之心，當先有以得吾百姓之心。而求所以得吾民之心者，豈有它哉，不盡其力，不傷其財而已矣。今日之事，固當以明大義、正人心爲本，然其所施有先後，則其緩急不可以不詳；所務有名實，則其取舍不可以不審。此又明主所宜深察也。」

明年，召還，宰相又方謂虜勢衰弱可圖，建遣泛使往責陵寢之故，士大夫有憂其無備而召兵者，皆斥去之。於是公見上，上曰：「卿知虜中事乎？」公對曰：「不知也。」上曰：「虜中饑饉連年，盜賊四起。」公又對曰：「虜中之事臣雖不知，然境中之事則知之詳矣。」上曰：「何事？」公遂言曰：「臣竊見比年諸道亦多水旱，民貧日甚，而國家兵弱財匱，官吏誕謾，不足倚仗。正使彼實可圖，臣懼我之未足以圖彼也。」上爲默然久之。公因出所奏書讀之，曰：「臣竊謂陵寢隔絶，誠臣子不忍言之至痛。然今未能奉詞以討之，又不能正名以絶之，乃欲卑詞厚禮以求於彼，其於大義已爲未盡。而異論者猶以爲憂，則其昧陋畏怯，又益甚矣。然臣竊揆其心，意其或者亦有以見我未有必勝之形，而不能不憂也歟。蓋必勝之形，當在於蚤正素定之時，而不在兩陳决機之日。」上爲竦聽，改容稱善，至於再三。公復讀曰：「今日但當下哀痛之詔，明復讎之義，顯絶虜人，不與通使，然後修德立政，用賢養民，選將帥、練甲兵，通内修外攘、進戰退守以爲一事，且必治其實而不爲虚文，則必勝之形，隱然可見。雖有淺陋畏怯之人，亦且奮躍而争先矣。」上爲嘆息褒諭，以爲前未始聞此論也。

其後又因賜對，反復前説，上益嘉嘆，面諭：「當以卿爲講官，冀時得晤語也。」時還朝未期歲，而召對至六七。公感上非常之遇，知無不言。大抵皆修身務學、畏天恤民，抑權倖、屏讒諛之意。至論復讎之義，則反復推明所以爲名實之辨者益詳。於是宰相益憚公，而近倖尤不悦，遂合中外之力以排之，而公去國矣。蓋公自是退居三年，更歷兩鎮，雖不復得聞國論，而蚤夜孜孜，反身修德，愛民討軍，以俟國家扶義正名之舉，尤極懇至。於是天子益知公可用，嘗賜手書，褒其忠實，蓋將復大用之，而公已病矣。病亟且死，猶手疏勸上以親君子、遠小人，信任防一己之偏，好惡公天下之理，以清四海，克固丕圖，若眷眷不能忘者。寫畢，緘付府僚，使驛上之，有頃而絕。

嗚呼！靖康之變，國家之禍亂極矣。小大之臣，奮不顧身以任其責者，蓋無幾人。而其承家之孝，許國之忠，判决之明，計慮之審，又未有如公者。雖降命不長，不克卒就其業，然其志義偉然，死而後已，則質諸鬼神而不可誣也。

始，公出幕府，即罹外艱。屏居舊廬，不交人事。會盜起郴、桂間，聲摇數路。湖南帥守劉公珙雅善公，時從訪問籌策，卒用以破賊。還朝，爲上極言公學行志業非常人比，上亦記公議論本末，除知撫州。未上，改嚴州。到任，問民疾苦，首以丁鹽錢絹太重爲請，得蠲是歲半輸。

召爲尚書吏部員外郎、兼權左右司侍立官。時廟堂方用史正志爲發運使，名爲均輸，而實但盡奪州郡財賦以惑上聽，遠近騷然，人不自安。賢士大夫争言其不可，而少得其要領者。公亦爲上言之，上曰：「正志以爲今但取之諸郡，非取之於民也，何傷？」公對曰：「今日州郡財賦大抵劫劫無餘，若取之不已，而經用有闕，則不過巧爲名色而取之於民耳。」上聞之矍然，顧謂公曰：「論此事者多矣，未有能及此者。如卿之言，是朕假手於發運使以病吾民也。」旋閲其實，果如公言，即詔罷之。

兼侍講，除左司員外郎。經筵開，以詩入侍，因葛覃之篇以進説曰：「治常生於敬畏，亂常起於驕淫。使爲國者每念稼穡之勞，而其后妃不忘織紝之事，則心之不存者寡矣。周之先后勤儉如此，而其後世猶有以休蠶織而爲厲階者，興亡之效，於此見矣。」既又推廣其言，上陳祖宗自家刑國之懿，下斥當時興利擾民之害詳焉。上亦嘆曰：「此王安石所謂『人言不足恤』者所以誤國事也。」

俄而詔以知閤門事張説簽書樞密院事，公夜草手疏，極言其不可，且詣宰相質責之，語甚切。宰相慚憤不堪，而上獨不以爲忤，親札疏尾付宰相，使諭指。公復奏曰：「文武之勢誠不可以太偏，然今欲左文右武以均二柄，而所用乃得如此之人，非惟不足以服文吏之心，正恐反激武臣之怒也。」於是上意感悟，命得中寢。然宰相實陰附説，明年，乃出公知袁州，而申説前命，於是中外讙譁，而説後竟謫死云。

淳熙改元，公家居累年矣，上復念公，詔除舊職，知静江府，經略安撫廣南西路。廣西去朝廷絕遠，諸州土曠民貧，常賦入不支出。故往時立法，諸州以漕司錢運鹽鬻之，而以其息什四爲州用，以是州得粗給，而民無加賦。其後或乃奪取其息之半，則州不能盡運〔三〕，而漕司又以歲額責其虛息，則高價抑賣之弊生，而公私兩病矣。公始至，未及有爲，專務以訪求一道之利病爲事。既得其所以然者，則爲奏以鹽息什三予諸郡。又因兼攝漕臺，出其所積緡錢四十萬而中分之，一以爲諸倉買鹽之本，一以爲諸州運鹽之費。奏請立法，自今漕司復有多取諸州，輒行抑賣，悉以違制議罪。其敢以資燕飲、供饋餉者，仍坐贜論。詔皆從之。

所統州二十有五，遼敻荒殘，故多盜賊。徼外蠻夷俗尚讎殺，喜侵掠，間亦入塞爲暴。而州兵皆脆弱慵惰，又乏糧賜，死亡輒不復補，鄉落保伍亦名存而實廢。邕管斗入群蠻中，最爲重地，而戍兵不能千人，獨恃左、右江洞丁十餘萬爲藩蔽，而部選提舉巡檢官初不擇人。公知其弊，則又爲之簡閱州兵，汰冗補闕，籍諸州黥卒伉健者以爲效用，合親兵摧鋒等軍，日習而月按之。悉禁它役，視諸州猶有不足於糧賜若凡戈甲之費者，更斥漕司鹽本羨錢以佐之，申嚴保伍之令而信其賞罰。知流人沙世堅才勇，喻以討賊自效，所捕斬前後以十百數。又奏乞選辟邕州提舉巡檢官以撫洞丁，傳令溪洞酋豪，喻以弭怨睦鄰，愛惜人命，爲子孫長久安寧之計，毋得輒相虜掠，讎殺生事。而它所以立恩信、謹關防、示形制者，亦無不備。於是境内正清，方外柔服，幕府無南鄉之慮矣。

朝廷買馬横山，歲久弊積，邊氓告病，而馬不時至，至者多道死。公究其利病，得凡六十餘條。如邕守上邊，則瀕江有買船之擾；綱馬在道，則緣道有執牽之勞。其或道死，則抑賣其肉，重爲鄰伍之患。是皆無益於馬而有害於人，首奏革之。其他如給納等量支券之奸，以至官校參司名次之弊，皆有以究其根穴而事爲之防，由是諸蠻感悦，争以其善馬來，歲額率常先期以辦，而馬無滯留，人知愛惜，遂無復死道路者。

上聞公治行，且未嘗叙年勞，乃詔特轉承事郎、進直寶文閣再任。五年，除秘閣修撰、荆湖北路轉運副使，改知江陵府，安撫本路。湖北尤多盜，州縣不以爲意，更共縱釋，以病良民。公入境，首劾大吏之縱賊者罷之，捕奸民之舍賊者斬之，群盜破膽，相率遁去。公又益爲條教，喻以利害，俾知革心，開其黨與，得相捕告以除罪。其餘禁令方略，大率如廣西時。於是一路肅清，善良始有安居之樂。郡去北邊不遠，雖頗有分屯大軍，而主兵官率常與帥守不相中。帥守所將獨神勁親兵及義勇民兵若干人，比年亦廢簡閲，不足恃。公既以禮遇諸將，得其歡心，而所以恤其士伍之私者，亦無不至，於是將士感悦，相戒無輒犯公令。每按親兵，必使與大軍雜試，以相激厲。均犒賞，修義勇法，使從縣道階級。喻以農隙閲習武事，以俟不時按驗而加賞罰焉。其後團教，則又面加慰諭，勉以忠義而教以敦睦。首領有捕盗者，爲奏補官。由是戎政日修，而士心亦益感奮。會有獻言於朝，請盡籍客户爲義勇者。公慮惑民聽，且致流亡，亟取丁籍閲之，命一户而三丁者，乃籍其一以爲義勇副軍，别置總首，人給一弩，俾家習之。三歲一遣官就按，它悉無有所與。且爲奏言所以不可盡取之故，闔境賴焉。

辰、沅諸州，自政和間奪民田募游惰，號刀弩手，蓋欲以控制諸蠻，而實不可用。中廢復修，議者多不以爲便，詔與諸司平處列上。公爲奏去其病民罔上者數條，詔皆施行，人亦便之。并淮奸民出塞爲盗，法皆處死。異時官吏多蔽匿弗治，至是捕得數人，仍有胡奴在黨中。公曰：「朝廷未能正名討賊，則疆埸之事〔四〕，不宜使數負吾曲。」命斬之以徇於境，而縛其亡奴歸之。北人嘆其理直，且曰南朝於是爲有人矣。

信陽守劉大辯者，婺州人也，怙勢希賞，誘致流民，而奪見户熟田以與之，一郡汹汹。公爲遣吏平章，乃定。及是聞北人逐盜有近淮者，則又虚驚，夜棄城郭，盡室南走數十里，軍民復大擾。公方劾奏之，而朝廷用大辯請，以見户荒田授流民。事下本道，施行如章。公復奏曰：「陛下幸哀邊民，前詔占田已墾者，不復通檢；其未墾者，二年不墾，乃收爲營田，德至渥也。今未及期，而大辯不務奉承宣布，反設詐諼，虧國大信，以濟凶虐。且所招流民不滿百數，而虚奏且十倍。請并下前奏，論罪如法。」章累上，大辯猶得易它郡以去。

蓋方是時，上所以知公者愈深，而惡公者忌之亦愈力。公自以不得其職，數求去不得，尋以病請，乃得之。然比詔下，以公爲右文殿修撰、提舉武夷山冲佑觀，則已不及拜矣。卒時年四十有八。柩出江陵，老稚挽車號慟，數十里不絶。訃聞，上亦深爲嗟悼。四方賢士大夫往往出涕相吊，而静江之人哭之尤哀。蓋公爲人坦蕩明白，表裏洞然，詣理既精，信道又篤，其樂於聞過而勇於徙義，則又奮厲明决，無豪髮滯吝意。以至疾病垂死，而口不絶吟於天理人欲之間，則平日可知也。故其德日新，業日廣，而所以見於論説行事之間者，上下信之至於如此。雖小人以其好惡之私，或能壅害於一時，然至於公論之久長，蓋亦莫得而掩之也。

公之教人，必使之先有以察乎義利之間，而後明理居敬，以造其極。其剖析開明，傾倒切至，必竭兩端而後已。所爲郡必葺其學，於静江又特盛。暇日召諸生，告語不倦，民以事至廷中者，亦必隨事教戒，而於孝弟忠信、睦姻任恤之意尤孜孜焉。猶慮其未遍也，則又刻文以開曉之。至於喪葬嫁娶之法，風土習俗之弊，亦列其事以爲戒。命閭井各推耆宿，使爲鄉老，授之夏楚，使以所下條教訓厲其子弟，不變，然後言之有司而加法刑焉。在廣西，刑獄使者陸濟之子棄家爲浮屠，聞父死，不奔喪。爲移諸路，俾執拘以付其家。官吏有犯名教者，皆斥遣之，甚或奏劾抵罪。尤惡世俗鬼神老佛之説，所至必屏絕之。蓋所毀淫祠前後以百數，而獨於社稷山川、古先聖賢之奉爲兢兢，雖法令所無，亦以義起。其水旱禱祠，無不應也。

平生所著書，唯論語説最後出，而洙泗言仁、諸葛忠武侯傳爲成書。其它如書、詩、孟子、太極圖説、經世編年之屬，則猶欲稍更定焉而未及也。然其提綱挈領，所以開悟後學，使不迷於所鄉，其功則已多矣。蓋其常言有曰：「學莫先於義利之辨，而義也者，本心之所當爲而不能自已，非有所爲而爲之者也。一有所爲而後爲之，則皆人欲之私，而非天理之所存矣。」嗚呼，至哉言也！其亦可謂擴前聖之所未發，而同於性善養氣之功者歟！

公之州里世系已見於忠獻公之碑，此不著。其配曰宇文氏，朝散大夫師中之女，事舅姑以孝聞，佐君子無違德，封安人，前卒。子焯，承奉郎〔五〕，亦蚤世。二女，長適五峰先生之子胡大時，次未行而卒。孫某某，尚幼。後數年，胡氏女與某亦皆夭。嗚呼！敬夫已矣，吾尚忍銘吾友也哉！銘曰：

鬪尹之忠，文子之清。匪欲之徇，而仁弗稱。孰的孰張，以詔後學？公乘厥機，如寐斯覺。自時厥後，動罔弗欽。孝承考志，忠格天心。唯孝唯忠，惟一其義。惟命有嚴，豈曰爲利。群邪肆誕，公避而歸。兩鎮餘功，以德爲威。帝曰懷哉，汝忠而實。姑訖外庸，來輔來拂。上天甚神，曷監而遺？彼頑弗夭，此哲而萎。往昔茫茫，來今不盡。求仁得仁，公則奚恨。

校記
〔一〕懼：原作「恐」，據宋閩、浙本改。
〔二〕試：原作「誠」，據楊萬里誠齋集卷一百一十六張左司傳改。
〔三〕州：原作「非」，據宋閩、浙本改。
〔四〕埸：原作「場」，據宋浙本改。
〔五〕奉：正訛改作「事」。

編年 文云「後五六年乃得考其事而叙之」。張栻卒葬於淳熙七年，後六年即淳熙十三年。

評論 周大璋朱子古文讀本卷六右文殿修撰張公神道碑：忠孝道義，一生命脉，學問經濟，不替門風。前詳其奏疏，後敘其治績，一如列眉。此真持世不朽文字。

直秘閣贈朝議大夫范公神道碑 淳熙中

紹興之初，天子痛念宗社阽危之辱久而未報，寤寐俊傑，以圖事功。既得趙忠簡公、張忠獻公而相之，又俾兩公博求天下之英材以備官使。於是忠賢畢集，讜言日進，國以大競，仇虜讋焉。其後兩公相繼去位，秦檜遂以講和誤國，脅主擅權，一時諸賢率以異議擯逐。二十年間，堙阨淪謝。其幸及檜死，復見收用者什不二三，然亦往往遲暮奄忽，而不及究其所爲矣。嗚呼，此豈獨士之不幸也哉。若故直秘閣范公，則其一人已。

公諱如圭，字伯達，建州建陽縣人。曾大父履謙、大父補之，皆隱德不仕。父舜舉，始登進士第，官從事郎以卒。其學行志業，延平楊文靖公實銘之。以公故，贈左朝議大夫。母胡氏、葉氏，皆封恭人。

公生數歲，遭母喪，哀毀如成人。未冠而孤，奉繼母尤謹。撫弟妹曲盡恩意，有人所難能者。從舅氏胡文定公受春秋學，鄉舉類試皆第一。對策廷中，極論人主正心立志之方，力詆和議宴安之失，言甚壯切。張公時爲考官，讀而異之，第以爲選首，而同列有病其言者，抑置乙科。授左從事郎、武安節度推官。始至，帥將斬人，公白其誤，帥爲已署，不易也。公正色曰：「節下奈何重易一字而輕數人之命？」帥矍然從之，自是府中事無大小，悉以咨焉。居數月，以憂去。時虜騎已陷長沙，湘中大亂。公崎嶇避地，艱苦百罹，而志業益修。開口論議，皆切當世之務。諸公多訪以事，而文定亦亟稱之。辟江東安撫司書寫機宜文字，近臣交薦，召試，除秘書省正字，改宣義郎，遷校書郎，兼史館校勘。

會秦檜力建和議，虜使鼎來，而朝廷草創，無所於館，將虛秘書省以處之。公亟見趙公曰：「秘府謨訓所藏，平時以館好使猶不可，況今日之讎虜，而可使腥羶之乎。」趙公竦聽，即爲改館。既而使至悖傲，所議多不可從者，中外憤鬱。公與同省十餘人合議，拜疏争之，既具草，而駭懅引却者衆。公乃獨手書抵檜，責以曲學倍師、忘讎辱國之罪，且曰：「公不喪心，不病狂，奈何一旦爲此？若不改圖，必且遺臭萬世矣。」檜以是怒，而公所議奏草卒與史官六人者上之。未幾，虜歸河南以嘗我，檜方自以爲功，公曰：「是亦安能久有？顧今日之義，則有不可不爲者。」乃因輪對言曰：「兩京之版圖既入，則九廟八陵瞻望咫尺。今朝修之使未遣，何以仰慰神靈、下萃民志？」上泫然曰：「非卿不聞此言。」立命遣使。於是檜以公不先白己也，益怒。公亦以先墓久寄荆門，中更變亂，乃謁告，奉柩歸葬故鄉。飯蔬帶絰，往返數千里。既窆，即以病告。差主管台州崇道觀。前後三請，杜門讀書，不與人事者十餘年。

尋起通判邵州，又通判荆南府事。荆南户口舊數十萬，寇亂荒餘，無復人迹。朝廷爲蠲口賦以安集之，百未還一二也。而議者希檜意，遽謂流庸浸復，可使稍輸什二而歲增之。吏不能供，顧無敢言者。至是，積逋二十餘萬緡，他負亦數十萬。户部日下書，責償甚急，曰不且有譴。時檜晚節悖亂，喜怒不可測，爲户部者又其姻黨，凶焰赫然。帥孫汝翼懼，欲賦於民以塞責。公持不可，曰：「吾寧被譴，此不忍爲也。」無何，孫去，公言於後帥王公師心，悉奏蠲之。

時檜已死，公所與同時去國者多召用，公亦被命入對。上猶記公前議，勞問久之。公因進言爲治以知人爲先，知人以清心寡欲爲本，語甚切至。又論東南不舉子之俗，傷絶人理，請舉漢胎養令以全活之，抑亦勾踐生聚報吴之意也。上善其言。時陳文恭公知政事，亦欲留公朝著，而同列有以檜黨暴起秉事者，忌公前輩，不肯媚事己，乃以直秘閣、提舉江西常平茶鹽公事出之。公辭行，復奏言：「今日屯田之法，歲之所穫，官盡征之，而田卒賜衣廪食如故，使力穡者絶贏餘之望，惰農者無飢餓之憂，貪小利，失大計，謀近效，妨遠圖。是以歷年久、用力多而無成功。謂宜舉籍荆淮曠土，畫爲丘井，放古助法，酌今之宜，别爲科條以令政役，則農利修、武備飭，而復古亦有漸矣。」章下，任事者或笑以爲迂闊，寢不奏。

公平時所至詢究利病，搜訪人材，汲汲如嗜欲。至江西，論奏數事，皆一方久遠之利。薦臨川宰陳鼎有古循吏之風，聞者亦以爲當。改利州路提點刑獄公事，以病，復請爲祠官以歸。時宗藩并建，而儲位未定，道路竊竊有異言。公雖在遠外，獨深憂之。嘗剟至和、嘉祐間名臣章奏凡三十六篇，合爲一書，至是囊封以獻，且言曰：「願陛下深考群言，仰師成憲，斷以公道，無貳無疑，則天下幸甚。」人或以越職爲公危之，公不顧也。上感其言，以語輔臣而嘆之曰：「如圭可謂愛君矣。」遂留陳公決定大計，即日下詔，以普安郡王爲皇子，進封建王。

因復起公知泉州，公辭不得請而行。既至，舉大體，盡下情，擇丞史任之，郡以大治。蠲屬縣負課久不能償者什三四，度其力而寬與之期。縣感公誠意，輸將惟謹，財用以紓。泉地瀕海通商，民物繁夥，風俗錯雜，而經用常不足，人始以公不更治民理財爲憂。至是，乃大服。南外宗官寄治郡中，挾勢爲暴，前守不敢詰，至奪賈胡浮海巨艦，其人訴於州、於舶司者，三年不得直。占役禁兵以百數，復盜煮海之利，亂産鹽法，爲民病苦。公皆以法義正之，則大沮恨，密爲浸潤以去公，遂以中旨罷公，領祠如故。邦人涕慕，欲相與號訴於朝，公禁之不得行，遂邵武僦舍以居，門巷蕭然，士大夫益高仰之。遠近學者多從質問經子疑義，公亦孜孜引接，朝夕不倦。

屬疾，移書政府舊交告訣，語不及私，惟以中原未復，民力未蘇，遺賢未用爲寄。戒諸子强學，且毋得用浮屠法治吾喪。以紹興庚辰六月十八卒，享年五十有九。後兩年，今天子遂由青宮受内禪即皇帝位，父堯子舜，海内大安，而公已不及見，世亦莫知公之嘗有言也。近歲士大夫頗有見紹興日曆及陳公手記者，然後乃知公之忠精爲不可及。

公爲人篤厚易直，不飾邊幅。忠孝誠實，得之於天。其學根於經術，不爲無用之文。有集十卷，皆書疏議論之語，藏於家。所議屯田，嘗别草具其施行之目數千言，未及上。其後張公總師江淮，奏下公家取其書，而張公尋罷，亦不果行，識者恨之。

公累官左朝散郎，贈朝議大夫。娶葉氏，封安人，後贈恭人，公繼母之弟、右文殿修撰宗諤女也。静淑儉素，配公無遺德。後五年卒，與公合葬建陽之渭曲村，公始嘗欲卜居處也。子男三人：念祖，通直郎、知撫州宜黄縣致仕；念德，今爲朝奉郎、江南東路安撫司主管機宜文字；念兹，早卒。女二人，通直郎、利州路提點刑獄折知常、從事郎劉玶，其婿也。

始，公之葬不及銘。既葬，諸孤始屬其故賓客魏君掞之狀公行，將請文於上饒汪公，而刻石以表其隧。又未及，而汪公薨，則公之同時輩流已無復在者矣。乃奉其書泣以屬熹。熹愚晚出，何以及此？然惟先人爲史官時，實常與公連名奏事。及罷而歸，又與公同日艤舟國門外，其相與期於固窮守死之意，晚而愈篤。先人既没，公所以憐熹者亦益厚。至於親爲講畫，反復辨告，蓋惟恐其迷昧没溺，喪失所守，以辱其先人也。此意豈可忘哉。乃受其書考之，而論著其大者如此，且系以銘。銘曰：

嗚呼惟公，廣博易良。不耀其章，不劌其方。斤斤其容，坦坦其行。懇懇其言，循循其政。

剛毅勁切，以時發之。賁育雖强，孰能奪之。晚殫厥猷，遂啓明聖。萬世之傳，一語而定。凡今有慶，孰匪公功。我銘斯闕，以詔無窮。

編年 文云「又未及，而汪公薨」，汪應辰卒於淳熙二年，則此篇當作在其後。下旌忠愍節廟碑已作於紹熙四年，參以本卷編序，疑本篇作在淳熙末，要不出淳熙中也。

評論 周大璋朱子古文讀本卷六直秘閣贈朝議大夫范公神道碑：范公大節甚夥，修陵寢、建儲貳兩事尤爲不磨。敘次如畫，讀之肅然起敬。

朝議大夫致仕贈光禄大夫黄公神道碑 淳熙中

宣和之末，國家承平百有餘年，中外無事，乃有二三弄臣竊國大柄，建取燕雲，以召非常之變。有識之士已私憂之，而衆莫之覺也。捷書日聞，官吏相慶，獨信德府司録事邵武黄公有憂色。人問其故，公蹙然曰：「太平日久，軍旅遽興，廩無兼歲之儲，不取於民，將何以濟？顧今歲薦饑，民死無數，況河北天下根本，又可重困之邪？」聞者莫不笑之。俄而河北盗賊果蜂起，信德城守屢危。金虜乘之，遂不能支。官吏相與匍匐拜降，唯恐居後，而公獨奮然誓死不屈。虜既入城，放兵四出，有挺刃脅公以降者。公顧左右，踣之而逸，變姓名匿里巷中，虜退乃出。則先降者皆已抵罪，而宣撫使獨奇公節，俾行府事。公亦撫摩瘡痍，期復按堵。未幾，以内禪，轉朝議大夫，則以資高，不當復屈佐郡而省罷以歸矣。

靖康元年，還次京師，遭圍城之變。而明年，欽宗出幸虜營，虜遂以兵威脅城中擁張邦昌而立之。一時公卿縣千百數，相顧俛首，唯唯聽命。公獨感憤，義不辱身，即日移檄致其事而去。蓋當是時，不約而去此者亦四十人，然不數日而公竟以病卒矣，二年二月丙子也。

嗚呼！祖宗百年禮義廉恥之化，其所以涵養斯人者，可謂至深遠矣。夫以熙寧以來，群小相師，滅理窮欲，以逮於兹，適已六十年矣。士大夫酣豢之餘，心志潰爛，不可收拾，宜其禍變危迫而皆不知以爲憂，敗衄迎降而皆不知以爲耻，棄君叛父、奉賊稱臣而皆不知以爲辱也。而猶復有如公等者出於其間，是雖人之秉彜不容泯滅，然而祖宗所以涵養斯人至深且遠者，亦豈不於此而少見遺餘哉。

公卒時年始六十有三，夫人林氏携挈諸孤，奉公之柩，崎嶇兵火亂離之中，川陸五年，乃能達於故里。紹興乙丑之歲，然後始克葬焉。而公之子永存寖以材能有聞於世，上聞其名，召以爲尚書郎、軍器監，出爲淮南轉運副使，俾修農戰之業，以爲北向之漸。前後贈公至光禄大夫，而夫人自公時已封宜人，又以子貴，屢逢慶恩，得賜冠帔，累封至始興郡太夫人。淳熙乙未八月五日，年九十七而薨。又以郊恩，贈蘄春郡夫人。而副使歸自淮南，則使人以同郡徐君復之狀來謂新安朱熹曰：「吾先君之德如是，而葬久未銘。且先夫人率履持家，克享上壽，世鮮及之，亦當得附先君遺事，以垂後世。子其圖之。」熹受書考之，具得光禄大夫、蘄春夫人行事本末，嘆息久之。因論其大者如此，并記其州里世次閥閱。

公諱中美，字文昭，其先自潮入閩，居建之浦城，徙邵武，始别於建〔一〕，遂爲郡人焉。曾大父夢臣、大父扃皆有隱行。至公父蒙始舉進士，後贈中奉大夫。中奉娶施氏，生公七年而卒，後贈令人。中奉没時，公年甫冠，勵志爲學，而貧不能得書，常假於人以讀。率一再過而歸之，則已成誦而不忘矣。中元祐九年進士第，調真定府左司理参軍，知邢州平鄉縣，皆善其職。以守正不阿忤上官，罷退久之，貧甚，不以爲意。親友强起之，乃更調鎮西軍節度推官。鄰極邊〔二〕，守武將〔三〕，視法令僚屬蔑如也。公不爲撓，事有不可，必庭辯之，守愧屈焉。改宣德郎，知濬州衛縣令。縣民有被誣殺人者，公察其冤，縱之。同列有害公者，謂公故出死罪，守疑之，公不恤也。會河决〔四〕，敗數郡，詔諸令長各護丁夫疏鑿堤障，縣獨不擾而集。以功轉奉議郎，除河北都轉運司屬官，北京留守辟以爲真定府録事。是時河北連歲不登，民多相聚爲盗，而郡守歡燕敖逸如平時。公獨憂之，每當集輒辭不與。守問其故，公對以實，守默然不説。於是乃移信德，而遂去以卒焉。

其爲人坦易，不事邊幅，而與人交必以誠。當官不爲赫赫之名，而於事細微無不謹。旁郡有疑獄，部刺史多奏以屬公，往往得其情。樂施予，不問識否，人雖負之不悔，有求輒復周之。在鎮時，府丞陳紹夫死，公以俸錢遣其喪。女兄寡居，迎養三十年，始終如一日。故人有通貴者招致之，謝不往。都轉運使吕公頤浩及他使者多知其材，欲薦之，未果而竟没，論者惜之。

公初娶宛句劉氏，贈和義郡夫人。蘄春，其繼室也，延平人，贈少師積之女。夫人渾厚静專，歸黃公甚貧，處之自若。晚雖豐泰，亦未嘗改其度也。事公之女兄如姑，公之没而歸其喪，教其子務以忠言直節立其志，使卒爲聞人，以大其家。歲幾滿百，而神明不耗，起居不衰，又似有道者。家人百口，撫之一以慈愛，而教告勉飭隨之，未嘗見其有嚴厲之色，而中外整整，莫敢越軌度，鄉黨傳以爲法。公葬邵武縣仁澤鄉寶隆山之原，夫人葬永城鄉黃溪保銅青山下，相距蓋十里。子男五人：曰端願，端平，皆有俊才，丱角已與薦送，而皆早卒；次端方，亦卒；次永存，今爲朝請大夫、主管武夷山冲佑觀；次永年〔五〕，右儒林郎、知静江府理定縣，亦先卒。女五人，其婿宣德郎朱康年、保義郎朱郁、修職郎趙舜臣、通直郎杜鐸、進士李先之也。孫男十人：龜朋，儒林郎；格、鉞、南卿、範、槱、勛、夏、欽、鈞，皆未仕，而格、鉞、欽亡矣。孫女六人，其婿周敦書、李庬、李徽、將仕郎吴時萬、上官珪、上官揚。曾孫十七人，大正、大時、大椿、大全、大猷、大學、大昌、大淵、大□、大聲、大韶、大受、大嚴、大任、大用，餘未名。女十四人，其婿任斗南、林杞、李价，餘尚幼。玄孫男六人，公震、公升、公顯、公回、公焕、公章。嗚呼，是亦盛矣。黃氏之昌阜於世也，其可量哉。銘曰：

暨暨黃公，逢時之危。迹隨衆兆，思屬眇微。之死弗污，以全其歸。温温夫人，克相其夫。又詔其子〔六〕，以成厥家。壽考尊榮，百歲而徂。寶隆之阿，黃溪之里，東西相望，兩闕對起。子孫盈前，曾玄滿後。尚有寵靈〔七〕，不遠來又。

校記　〔一〕「始别於建」原缺，據宋浙本補。

〔二〕明天順本、萬曆本「鄰」上有「毗」字。

〔三〕宋浙本、明天順、萬曆本「守」下有「城」字。

〔四〕會：宋浙本作「後」。

〔五〕年：右引作「平」。

〔六〕又：原作「人」，據右引改。

〔七〕寵：原作「竉」，據右引改。

編年 文云夫人林氏「淳熙乙未八月五日，年九十七而薨」，則此篇當作在其後。參以編序，疑當作在淳熙末。

旌忠愍節廟碑 紹熙四年五月

紹熙三年十月己酉〔一〕，信州守臣王自中言：「臣幸得蒙恩剖符，假守支郡，視事之日，考按圖牒，竊見故簽書樞密院事張忠文公叔夜、故知同州事鄭威愍公驤衣冠之藏，皆在郡境。蓋聞在昔靖康之難，虜騎長驅，都城危迫，四面勤王之兵逡巡前却，莫有至者。而忠文獨以南道之師千里赴難，軍鋒鋭甚，每戰必克，乃以廟算猶豫，卒不能有成功。而崎嶇顛沛之餘，竭力致死，猶以必存宗社爲己任。事復不就，則遂閉口絕食而以身殉焉。其後虜人分兵西闚關陝，所向降下，無不如意，則又有如威愍者，獨以孤城憊卒嬰其乘勝焱鋭之鋒，蔽遮三秦，以備巡幸。虜兵大至，鄰援四絕，知不能守，而勇氣彌厲，誓必與郡俱爲存亡。城陷之日，遂隕其生而不悔。是其見危致命，殺身成仁，皆足以無愧於人臣之義。是以聖朝痛悼，褒恤屢加，立廟賜名，著在祀典。蓋非獨以慰忠魂於地下，實以昭示萬世臣子忠義之大訓。而吏惰失職，修奉弗虔。忠文雖得即墓爲祠，以嚴貌象，然而僻在永豐靈鷲深山之中，既無以侈上恩、厲衆志；至於威愍葬祭在馮翊者，道既阻絕，而其故鄉玉山東郭有墳無廟，則行路之人所爲愴惻。而臣不佞，尤竊懼焉，謹已相地兩縣之境，通涂之側，出留州錢，屬吏鳩工，度爲雙廟，擬則巡、遠，庶幾有以揭虔妥靈，表勸忠義，仰稱建炎、紹興明詔之遺旨。謂宜假以光靈，定其名號，策書申命，以詔無極。臣不勝大願，敢昧死請。」事下禮部、太常合議條奏，咸謂二臣之廟，前已賜額，宜因其故，合而名之。制詔禮官議，是其以「旌忠愍節之廟」爲額。於是尚書符郡主者施行如章，而王侯已召還矣。

始，侯既屬役於玉山令芮立言、永豐令潘友文，又以書來請銘於熹，於是兩令課功，作治如法，復使人來申致侯命。熹既樂道二公之事，又重侯請，乃序而詩之，俾侯廟成，礱而刻焉。王侯字道夫，永嘉人，自少魁壘有奇節，嘗爲壽皇聖帝極陳當世之務。壽皇悦其言，欲大用之而未及也。是其爲政知所先務，固宜如此。其詩曰：

皇皇后帝，降衷下民。君臣之義，父子之仁。臣之事君，策名委質。報生以死，身豈遑恤。若魚熊掌，取舍之間，是孰使之，其性則然。林林之生，孰無此性，利害劫之，或失其正。文武張公，投命重圍。擁孤弗遂，視死如歸。侃侃鄭公，遥遥孤壘。城亡與亡，其節亦偉。方時大變，衆潰如川。二公相望，砥柱屹然。慷慨臨危，一心如水。實全其天，萬世不死。招魂作主，帝有閔書。吏惰不稱，神用弗居。孰見孰聞，孰嗟孰嘆？孰烝孰嘗，孰克用勸？守侯請命，奠此新宫。煌煌巨扁，合舊增崇。麗牲有碑，螭蟠龜負。我其銘之，過者必下。

紹熙四年五月戊寅，具位新安朱熹撰。

熹既銘此碑，明年，祗召造朝，道出祠下，將往拜焉，則貌象未設，而它役亦未訖功。問其故，則曰王侯既去，而歲惡民饑，兩令尋亦終更。而今玉山宰温國司馬君迈始將終之也。君文正公諸孫，其大父忠潔公亦以扈從北狩，守節不污没其身，宜其有感於二公之事，不待州家之命而卒有以成王侯之志也。十月壬子，以訖事來告，熹以爲是亦宜得附書，因紀其事，使寫刻於碑之左方。

校記　〔一〕熙：原作「興」，據宋浙本改。

編年　據文中所署。

評論　周大璋朱子古文讀本卷六旌忠愍節廟碑：二公忠貫日月，節凛風霜，方之巡遠，後先有光。合而祠之，宜哉。王公魁壘不凡，首務爲此，知所先務，得政體矣。文筆雄勁蒼堅，與子瞻表忠觀碑相埒，而其人其事則相去莛楹矣。

中奉大夫直焕章閣王公神道碑銘 紹熙五年

孝宗皇帝嗣服之初，慨念陵廟之讎耻未報，中原之版圖未復，寤寐俊傑，以圖事功。而群臣駑下，曾莫有以當上意者。蓋十餘年，乃得金部郎官王公於奏對間，意聳然異其言。既退，又出手札以訪焉，俾悉其詞以對。公自以孤遠，一朝得見人主論天下事，便蒙開納，而詔墨下詢，其勤又如此，誠爲不世之遇，遂極言無所隱。上益嘉嘆，詔兼崇政講官，夜直必召，反覆咨訪，屢移晷刻。大臣忌之，啓以爲淮東帥。上不許，曰王某諫官御史材也。由是忌者愈側目，則使人通慇懃，更以美官啖公。公不爲屈，彼計無所施，而猜懼益深。會公與本曹尚書争職事，乃潛相表裏，爲巧語以中公，使出補郡。蓋公自是轉徙於外幾二十年，而孝宗念公終始不替，數對近臣及公，猶有臺諫語。比復召還，則已迫移御，不及對矣。以是公訖不得復與朝廷議以没。有識爲公嘆恨，而公處之怡然，無幾微見言面。其所以言於上者，亦未嘗以一字語人，雖親子弟莫得聞焉。蓋公之爲人，於此可見其梗概，而君臣之際，從古所難，可勝嘆哉！可勝嘆哉！

公世爲婺州人，八世祖始自義烏之鳳林徙居金華郡城下。曾祖□、祖□、父□皆不仕，而父以公貴，贈中散大夫，母賈氏亦贈令人。

公諱師愈，字與正，一字齊賢。生七年，逢兵亂，從父嬰城，誓死不暫去其側。少長，讀書郊外精舍，鄉先生潘舍人義榮出游，見而異之，指庵前竹命賦詩。公遜謝一再，操筆立成，其卒章有「願堅松柏操，同保歲寒心」之句。潘公大嗟賞之，命刻其語竹上。後復以書論爲文養氣之法於潘公，時年甫十三，而義正詞達，意象和雅，蔚然有成人之度。潘公益奇之，召致門下，教視均子侄。與見龜山先生楊公，受易、論語之説，公又自從東萊吕舍人居仁問知中朝諸老言行之懿，二公皆器許之。於是益自刻厲，大肆其力於六經子史百氏之書，手抄口誦，晝夜不息。

俄遭父喪，貧不得窆，族姻欲使從俗爲火葬。公號泣不食者累日，見者感動，合力助之，乃克襄事。終喪，家益窮空，教學以養母，而自奉甚薄，人所難堪。其教飭子弟極懇款，與其父兄言，亦未嘗不依於孝弟忠信。而閭巷田野之間，情僞休戚，皆習知之，其所以動心忍性、拂亂增益而進於日新者，又非他人所及知也。

年二十有七，乃登進士第，調建州崇安尉。未行，遭母喪，哀毁骨立，得疾幾殆。服除，調臨江軍軍學教授。江西之俗，右文詞而左學行。及公之來，諸生見其色温氣和，言動有法，固已深敬服之。及開講席，則又告以學爲君子之説，聞者亦動心焉。其不率者，教詔懇惻，亦多自悔改。行僧杲有時名，竄嶺外得歸，所過士大夫争先禮敬。至臨江，郡守延致，俾升高坐説佛法，而率其屬往聽焉。召公與俱，公謝曰：「彼之説某所不能知，然以儒官委講而北面於彼，某縱自輕，奈辱吾道何？」守不能强，識者韙之。

再調和州教授，軍興官省，更授提點坑冶司幹辦公事。未赴，改潭州南岳廟，蓋居閑又七八年，生事益落，而德學益進。朋舊間有去登要路者，視之漠如也。尋改京官，知潭州長沙縣事。其爲政一以仁恕安静爲本，而綱目嚴整，守之有常，人亦莫得而犯也。民以事至廷中，降意循撫，辨告諄悉。事有難處，爲之反復計慮深遠，不以一旦決遣快健爲己能，而要以民不受弊於數十年之後爲己安。人始而或笑其迂，久而後服其存心之厚、愛人之周也。里正之役，困於科擾，故多隱避。吏又操先後予奪之柄以導其争，而又久不爲决，使必破産而後已。公至，罷諸無名之斂，人已欣然就役。至有當代，則又第其丁産之高下、停年之近遠，先期下之，俾自推擇定當役者以告。於是民無以役訟至常平使者之臺者。臺吏病之，反白使者下書，詰公爲骫法徇情者。公不爲變。楚俗尚巫鬼，窮山中有叢祠，號影株神，愚民千百輩操兵會祭，且欲爲亂。郡議發兵討之，公曰：「此非所以靖亂也。」退，密召語一二土豪，貼以射士，出其不意，往悉禽其魁桀以送州，而散其黨與。因撤其廟，禁勿復祠。民間疾病婚嫁，舊皆决於巫史，俗以甚弊。而官利其多鬻乳香，不之禁也。公復下令毋以香市於巫，其爲奇衺以惑衆者，必罰無赦，俗爲少變。時汶上劉子駒、廣漢張敬夫皆居郡中，公以暇日與之游，從容講貫，所造益深遠。一旦，莫府所下文書有不便於民者，公以利害争之不得，退將引去。敬夫疑之曰：「行而無資，奈何？」公曰：「吾之來也，固已慮此，而先辦歸裝矣，豈待今日而後計耶。」敬夫面嘆加敬，而事亦竟得寢。

帥守張安國舍人知公深，既剡薦之，及移荆州，又奏取以爲屬，而公已有召命矣。入對，首論人主不可自用其聰明以失委任之體，又論災異之來，當恐懼修省，以盡應天之實，言甚剴切，上皆嘉納。公復進言：「辛巳之變，天實授我以中原，而我無以待之，坐失機會。今當亟爲修德惠民、搜羅俊傑、屯據要害之計，庶幾異日幾會復來，有以待之。」因及邊事甚悉，上意良悦，問：「卿何以知此？」公對曰：「臣在長沙，戍將往來，臣必詢之，故得其實。」上益喜曰：「卿爲縣，乃能留意於此耶。」除知嚴州。

先是，張敬夫守此邦，民安樂之。既召還，而諸公難其代，故特以授公。公至，一躡其故迹，無所更改，民又益喜。敬夫嘗奏請蠲丁鹽紬絹之税，得免一年。至是，公又奏曰：「州土窮瘠，唯産蠶桑，乃不取其紬絹，而使折錢，已非任土之意。而所折又太重，是以民尤苦之。今未能盡罷，而僅免其一年，不若但令歲輸本色，猶足以少紓民力也。」會歲旱，爲請於朝，得移婺州米五千斛以糶，且俾糴於秋成以償。公又奏曰：「郡無良田，多水旱，有如異日復致饑饉而後奏請俟報，則恐有不及事之悔。況郡素少米，使糴以償，亦非計也。願詔有司異時嚴州饑，則移婺州之粟如今歲，而即以其直歸之，則於事爲兩得矣。」詔皆從之。公爲政大略如長沙時，然於權豪，則用法無所貸。大姓倚勢合黨，貪賴民田，公數其罪杖之，而奪田歸其主。凡奸民大駔，詐冒侵誣，皆下吏案驗，悉置之法。賞信罰必，威令肅然，奸凶帖息不敢犯，而善良獲安其業。邦人畏而愛之，至今猶曰：「安得復如王奉議時也。」然嚴距行都密邇，士大夫往來無虚日。公莊正自持，接遇以禮，不以形勢有所低昂，以故多不悦者。因謂公政過嚴，相與騰口以撼公。會上饒驕兵讙譟，臺臣因露章請移公守信以彈壓之，蓋名以材選，而實非善意也。然公威望素孚，驕兵聞風畏讋，不敢復爲故態。公至，更爲申明紀律，而壹以寬惠撫之，遂以無事。歲復大旱，它郡流民就食者衆。公先事定計，時方仲秋，即議發廩以糶。或咎其太蚤，恐後無以繼。公曰：「此非若所知也。救之早，則民心安而流移少，且各愛其屋廬生業，而無與爲亂。矧吾已致米二十萬斛矣，不患其無以繼也。」即命揭榜賑糶，始自今日，以盡來年八月而後已。時民間米價已騰踴，公命官糴之直財少損之，使不至大相絕。視私價自平，則又益下之，故無冒濫之奸，而私價亦不得起。於是人心帖然，而富室自知無所牟大利，莫復有閉糴者，願有以佐縣官者聽之，而亦弗之强也。公又益以金錢致船粟，來者舳艫相銜，日糴千斛而猶不乏。常平司下書，俾移五萬斛於番陽，官吏皆言勿予，父老亦遮道泣訴。公曉之曰：「彼與若曹皆國家赤子，吾食既有餘矣，亦何忍視彼之莩死而不之救乎〔一〕?」亟具舟輸之，番陽賴以濟。明年，流民欲歸其郡者，復予行資以遣之。蜀人黄鈞仲秉，知名士也，聞其事，貽書贊美，以爲富公青社之功不是過，以是政譽日聞。

有旨召對，除金部郎官，尋兼崇政殿説書，乾道七年也。公時年已五十餘矣，數召對言事，上所賜書若曰：「比聞奏對，頗及治道之具而未詳也。尚有可裨政體而宜於今者，亟復條奏。」其眷待之渥，一時在廷之士莫得望焉。執政曾懷以財利進，而前在版曹，貸内府緡錢數百萬，未有以償。一日，上以問户部尚書楊倓，倓不知所對。退，取諸郡積逋緡錢七百萬付金部，使督之。公曰：「此錢徒有名耳，督之未必有得，而文移一下，所擾者不知幾何人。且中外一體，若邦計未裕，不若歸誠君父，以幸寬免，豈宜舉此虚籍以罔上而病民耶。」持其事不下。倓大不樂，乃密言於上曰：「王某以學術自負，不肯屑意金穀事。」而曾懷亦畏公在上左右斥其短，又譖公漏洩省中語，上始怒，詔罷公，而臺諫有爲公辨明者。上復問懷所洩何語，懷不能對。上悟，遂改知饒州。

待次兩年，以例入奏，所論縣令宜以三年爲任，事亦施行。當軸或欲留公以自助，公遜辭謝去。上命更以公爲京西路轉運判官，公以楊倓方帥湖北，兩路事多相關，不欲行，乃卒赴番陽。番陽久廢不理，公私凋弊。公到郡，爲振綱維、決滯訟，政始有經；塞弊源、革浮蠹，財用有紀。郡歲輸米十二萬斛於建康，僦載之資取之民者有常數。後多爲總所移它處，而道里或過倍，則其費無所取，郡常輟它錢以續之，以故郡日益貧，而綱運亦有愆期折閱之患。至是，公力請於朝，凡綱運皆無得改撥，有不獲已，即先期告下，俾得預辦其費以行。朝廷從之，綱運遂得無耗失，而郡歲省緡錢六七萬云。郡故多盗，妖賊酋帥韓政黨衆日盛，且爲亂。公設方略禽捕獲之。及將受代，淮甸劇賊劉五從惡少五十餘人轉掠入境，殺人縱火。與官軍遇，輒以九人分三隊以迎敵，其鋒不可當。或被圍，則合其衆爲圓陳，外向潰出，所殺傷官軍民兵甚衆。公不以當去自弛，調兵定計，命毋得與賊戰，但嚴守津要而日驅逐之，晝夜毋得休息。一旦，乘其憊，盡獲之，於是群盗震懾，其後累年猶相告戒，以番陽爲不可犯也。

就除本路轉運判官。時諸郡多賢守，而政事之才不能無短長。有訟不決而訴於臺者，公爲更互委屬，而陰喻以意，要使訟者得伸，而聽者無所貶，一路稱治。會歲大旱，奏請出樁積米百萬斛分予諸郡，使爲賑糶，以安民心，人以爲便。而用事者靳之，僅得其什一。又奏閣畸零夏税，免甲札牛皮馬穀諸賦，詔皆從之，飢民賴焉。

改除荆湖北路轉運判官。而湖北之旱甚於江東，公究心賑恤，奏請規畫，曲盡其至，遂得寒疾，得請主管武夷山冲佑觀，除兩浙東路提點刑獄公事。未行，改福建路轉運判官。始至，承空乏之後，入不支出。公念一路之寄獨仰漕司，而經費猶不給，奈緩急何？即爲校索源流，整飭程度，節冗費、檢吏奸，要使歲用之餘常有倍積而後已。行之有常，不徐不疾，未幾，帑藏日充〔二〕，而民不告病，後之繼者皆莫能及也。閩上四州官鬻鹽以給歲費，始皆爲民病。後屢改法，三郡得少蘇，而汀之爲郡，獨以兵寇之餘，田税隱陷，故公私百計皆倚鹽以辦。而鹽所自來，則官運遠而私販近，故官價高而私直平。又以距諸使治所皆絶遠，故抑配劫假之公行，而民無所訴，困極無聊，數起爲亂，輒見夷滅。議者欲變官鬻爲鈔引以救之，公獨言：「鬻鹽固不能無弊，然異時鈔或不售，則科買之害必有甚於鬻鹽者。今但盡蠲汀州宿負漕司緡錢若干，而下其鹽直斤十有五錢，其當送漕司以轉餉者若干，分隸諸司者若干，皆丐之以足留州之用，則一歲之間，公私所損合爲緡錢五萬有奇矣。若更精擇守令，一意奉行，自爲悠久之利，而法亦不必改也。」然鈔議既寢，而公説亦竟不行，汀民之病迄今不得瘳，議者蓋兩惜之。

孝宗猶念公不忘，屢欲召用，而輔臣以宗屬爲嫌，竟不果。垂滿，乃詔公以直秘閣居故官。餘年，上更用宰相，乃除公兩浙西路提點刑獄公事。促召入對，會孝宗已厭萬機，乃見今壽康皇帝，即奏宜體付託之重，勿忘未報之讎，并及中外輕重大勢，上亦褒嘆再三。始至，即發平江通守奸贜累鉅萬，畿甸肅然。然公於是時已决退休之志，未數月，即上章丐閑。詔進職一等，提舉武夷山冲佑觀。公從容還家，燕閑自適，讀書玩理，教誘後進，德望隱然爲東州之重。明年，紹熙改元，七月七日，以疾終於居第之正寢，時年六十有九矣。階至中奉大夫，職直焕章閣，爵金華縣男，邑户三百。

蓋公爲人沉静篤實，簡淡和粹，得之天資。平居莊默，不妄言笑。雖在暗室，如對大賓。其於接物温恭誠信，充積有餘，而出之謹嚴，如有劑量，使人可親而不可狎。嘗念親在時貧無以養，食飲服用，終身不忍有所加。歲時祀享，輒哀慕如弗勝。書史外，泊然無所嗜，几案間無一長物。居官取予，問法如何。推達賢才，不爲勢屈。其見於施設者，大要以聖賢之言爲必可行，師友之論爲必可信。雖其中所以自守者，凛然有不可奪之操，至於稱人之善，則又色愉神暢，如己有之。雖剸繁治劇，剔蠹鉏奸，隨事制變，各有條理，然仁厚之意、惻怛之誠，藹然行於其中，則又有非一時長於吏治者所能及。晚年更練益精，涵養益厚，渾然不見圭角。病革，猶爲諸子誦説前賢事業，勉勵訓飭，語訖而逝。其間於死生之際又如此〔三〕。公於文不苟作，議奏又多削藁，今次其存者若干卷藏於家。

娶同郡俞氏，封令人。其父持國倜儻有遠志，蚤以文試有司，不合，遂放意山水間，自號溪西老人。令人歸公時，公甚貧，佐公養親盡其力，斥奩中裝以遺諸妹無少吝。後公居閑累年，相與攻苦食淡，處之甚安。使公得以厲志德業而無内顧之憂者，令人之力爲多也。及公宦達，而令人儉素勤力，不改平日之舊。治家甚整，教子甚嚴，遇族姻甚厚，奉祀享賓甚敬而潔。至是哭公過哀，後三月，亦不起疾。子男四人：長瀚，從事郎、新武當軍節度推官；次漢，迪功郎、新臨安府仁和縣尉；次洽，未仕；次潭，迪功郎、新紹興府會稽縣主簿。女五人，長適進士陳思，次適太學上舍生時涇，次適進士俞衮，次適進士葉紹彭，次適將仕郎潘晋孫。孫男六人，桐、集、操，餘未名。

明年十月，諸孤奉公及令人之柩葬於金華縣白沙鄉石笋原之臺山。後三年，乃以太府寺丞吕君祖儉之狀來請銘。熹與公雖同年進士，視公爲前輩。自公在長沙時，始獲從游，固已敬愛其爲人。及公入閩，而聞其議論，觀其行事又益熟，義不得辭。且讀吕君之狀，事皆詳實不誣，乃删其要而系以銘。銘曰：

天賦之奇，又粹以温。篤行敏學，有本有文。誠意所通，士服民信。入告於廷，帝有清問。孰媒而合？孰隙以離？斂其餘功，梟凶哺饑。白首來歸，謂諧囊契。時與事違，卒不大試。白沙之里，石笋之原，一丘之閟，萬世之安。石笋之原，白沙之里，孰詔無窮，視此哀誄。

校記　〔一〕彼：原作「被」，據宋浙本改。
〔二〕帑：原作「孥」，據右引及明萬曆本改。
〔三〕間：四庫全書本作「見」。

編年　據文中所署。

義靈廟碑 慶元元年八月一日

慶元元年春二月，敕以台州士民所請，故直秘閣滕侯之祠爲義靈廟。州人老稚聞是命下，驚喜歡呼，奔走迎拜，導致祠下，酌奠以告。大書扁榜，金朱煒煌，揭於門楣，庸侈上賜。而其耆艾學士大夫葉君聖耦等四十餘人亦會祠廷，相與言曰：「往歲盜起幫原，連陷六州，戎毒所加，民無噍類。而吾台人獨得全其室家，仰父俯子，傳世不絕，以至於今者，滕侯力也。没而弗祀，固無以慰吾民之心；祀而弗命，又無以彰吾侯之德。今則廟事既修，而亦幸蒙上恩，列祀典矣，顧無金石以著本初，其何以昭報事於長久？且當日棄城冒賞之人，其子孫猶有存者，蓋嘗肆爲妄説，强祔其祖，以遂侵誣之計。吾州之人亦斥其僞，以控於朝而報絀之矣，然或久而不傳，則未敢必其無後患也。」乃以書來，請篆其事。熹以衰朽，欲謝不能，而復自念往使浙東，留台最久，固已熟聞兹事而有感於中矣。矧以諸君之請之力，其何可辭？則應曰諾，而病未能也。

乃今太守周府君侯又因鄞縣主簿趙生師邦踵門以請，則爲考按台人前進士陳君思恭所爲日記，及故禮部侍郎陳公公輔諸人之銘〔一〕、序、贊、頌，皆言聞亂之初，闔郡震恐，太守趙資道、郡丞李景淵咸愕眙不知所爲，謀欲遁去。它吏相顧，亦無敢出一語者。侯方司户曹事，乃獨慨然請任其責，有異議者輒面叱之。即日移書訣其父母昆弟，而閉其妻子於官舍，悉召州人，諭以利害，人人感泣，踴躍聽命。乃亟下令，發夫守險，增陴濬隍，除器募兵，積糧致用，分屯列柵，爲死守計。日夜循撫，甘苦同之。城中之人始有固志，而守丞以下則皆已遁去久矣。既而山民吕師囊起兵應賊，號十餘萬，導以攻城，前後數四。侯皆應機設械，立摧破之。手弓臨城，殪厥渠帥，賊遂退走，卒全其郛。凡所存活，以大萬計。

參伍其説，一無異詞。是則侯之爲烈，章章明矣。獨稽史籍，則見當時實以守城破賊爲丞之功，進領郡符，就加職秩，乃與所聞不類，而於妄説反有助焉。於是更即諸書以求其故，然後乃見當時守丞雖遁，而侯於所下文書猶必存其位號，寇退圍解，亟迎以歸，俾上功狀而己不預焉。丞蓋熙豐故家，諸子又皆貴仕，故得獨冒顯賞，塵策書，而侯反下從捕盗七人之比，僅改京秩初階，移官旁郡以去。是則閹尹擅兵、賊臣柄國之所爲，而後來侵誣妄論所由起也。一時之謬，流惑萬世，向非台之文獻有足證者，民吏稱思久而不怠，則亦何所質正而決其是非哉。嗚呼，是又可嘆也已！

滕侯名膺，字子勤，後保南都、守陳、蔡，以抗狂虜乘勝炎鋭之鋒，勛績尤盛。勸進大元帥於濟州，所陳又皆當時天下大計，切中機會。其於建炎、紹興之史，法當立傳。而熹於是書，蓋嘗受詔參筆削矣。是以因書此碑而并覈其真僞如此，不唯少塞台之人意，亦使後之執筆者有以考焉。

廟數遷徙，今在城西北隅永慶寺東，實侯所再築而力戰破賊處。台人迎侯繼室趙夫人及諸孫仲宜等使居其旁。通判州事吕君祖儉謀爲買田，以資奉守，未就而去，談者惜之。然以台人之德侯如此，吾知其繼而成之者無難也。是歲八月癸丑朔，具官朱熹撰。

校記　〔一〕禮：原缺，據赤城集補。

編年　據文中所述。

評論　周大璋朱子古文讀本卷六義靈廟碑：滕侯捍禦寇盗，台城以全，守丞遁去，反篡其功。史册之舛如此，非台之吏民思念之深，台之文獻記載之詳，亦孰從而正其是非者？公於是碑之立表而出之，志慎亦志公也。嗚呼！有其功而不居，侯無愧也。彼以守城破賊爲丞之功者，伊何人哉。

朱熹文集編年評注卷九十

墓表

屏山先生劉公墓表乾道三年十二月

屏山先生劉公既没二十有一年，一日，其嗣子玶涕泣爲其故學者朱熹言曰：「玶不幸蚤孤，先人葬既不及銘，而墓道亦至今未克表。大懼不孝，獲戾幽明，亟欲建石瑑辭以覺于後。而惟先人不及用於世，其事業無得而稱。唯道德之懿不可以不白，而知者又益鮮，未有所屬筆。獨吾子嘗學於先人，盍以所見聞者爲我書之？」熹竊伏原念所以得游先生之門者，具有顛末，其於今日之誼，固不敢辭，而又有不敢不辭者。蓋先人疾病時，嘗顧語熹曰：「籍溪胡原仲、白水劉致中、屏山劉彦冲，此三人者，吾友也。其學皆有淵源，吾所敬畏。吾即死，汝往父事之，而惟其言之聽，則吾死不恨矣。」熹飲泣受言，不敢忘。既孤，則奉以告于三君子而禀學焉。時先生之兄侍郎公尤以收恤孤窮爲己任，以故熹獨得朝夕于先生之側。而先生亦不鄙其愚稚，所以教示期許，皆非常人之事。今乃幸得屬辭比事以相玆役，顧恨弗獲，其何敢辭？惟是駑劣，老矣無聞，蓋未有以副先生疇昔之意，而慰吾父泉壤之思，其何能有以究闡幽微，信示久遠？此又熹之所以不敢不辭者〔一〕，則起拜辭謝不敢當。而玶重以大誼要責，於是不得終辭，而輒論次其事如左方：

謹按建之劉氏至忠顯公始大，公以節死于靖康之難，而歸葬其鄉崇安縣拱辰山之南。今其墓西二十有五步少南有丘焉，則先生之所藏也。先生忠顯公之季子，諱子翬，而彥沖其字也。世系本末，具刻于忠顯之賜碑，此不復著。

先生少負奇才，未冠游太學，聲譽出等夷。以父任補承務郎，辟真定幕府。旋屬禍亂，忠顯公薨京師。先生痛憤家國非常之變，執喪過禮，哭墓三年。服除，通判興化軍事。秩滿，以最聞，詔還莅故官。先生始以哀毀致羸疾，至是自以不復堪吏責，遂丐閒局，主管武夷山冲佑觀以歸。

世家屏山下潭溪之上，有園林水石之勝，於是俯仰其間，盡棄人間事。自號病翁，獨居一室，危坐或竟日夜，嗒然無一言。意有所得，則筆之於書，或詠歌焉以自適。間數日，輒一走拱辰墓下，瞻望裴回，涕泗嗚咽，或累日而後返。事繼母呂夫人盡誠敬，兄弟之間怡怡如也。侍郎公之子珙幼開爽嗜學，先生愛且奇之，教以文行經業不少懈，而必使務其遠者大者。與胡、劉二先生爲道義交，相見講學外無一雜言。他所與游，亦皆海内知名士，靡不嘆服深遠，自以爲不及。而先生之心未嘗少自足，雖聞常人有片言之善，無不從容咨叩，必竭兩端而後已。至族黨後生來問學者，則亦隨其器質，告語成就，終日無倦色。如是者蓋十有七年，四爲崇道祠官，累階右承議郎，享年四十有七，以紹興十七年十有二月丙申卒。

始得疾甚微，即入詣家廟，泣别母夫人前，遍以書告訣素所與往來者。召珙付以家事，指示葬處。中外孤遺，人人爲計久遠昏官舍業之既已〔二〕，則日與學者論説修身求道之要，作訓戒數百言，彈琴賦詩，澹然如平日。熹時以童子侍疾，一日，請問先生平昔入道次第。先生欣然告之曰：「吾少未聞道，官莆田時，以疾病始接佛、老子之徒，聞其所謂清净寂滅者而心悦之，以爲道在是矣。比歸，讀吾書而有契焉，然後知吾道之大，其體用之全乃如此。抑吾於易得入德之門焉，所謂不遠復者，則吾之三字符也。佩服周旋，罔敢失墜。於是嘗作復齋銘、聖傳論，以見吾志。然吾忘吾言久矣，今乃相爲言之，汝勉哉。」熹頓首受教，居兩日而先生没。

所著書、詩合爲文集二十卷。娶陸氏，封孺人，先先生十七年卒。無子，葬忠顯公墓東三十有五步，有先生所紀其家世德善刻焉。蓋先生不再聘，則以侍郎公之幼子玶爲後。今爲右修職郎，實立此表。熹方爲次其文，而西府建安公亦以書來曰：「叔父之墓弗識，珙則與有責焉。」熹讀之，瞿然曰：「是乃吾之罪也。」乃亟起書石而系以銘。銘曰：

神心惚恍，經緯萬方。孰握其機，而挈其綱？嗟惟先生，立德之本。既覺而存，復則不遠。

亦曰于仕，我止我行。亦生而死，我安且寧。拱辰西南，有銘斯碣。嘉我後人〔三〕，仰止遺烈！

校記　〔一〕敢：宋浙本作「能」。

〔二〕宦：右引作「宦」。

〔三〕我：宋浙本、明天順本、萬曆本作「與」。

編年　據年譜長編。

朝奉劉公墓表 淳熙八年

淳熙五年正月丙辰，朝奉郎、主管台州崇道觀劉公卒于豫章之私第。四月癸酉，嗣子孟容等奉其柩葬于臨江軍清江縣思賢鄉安陽里全塘之原。明年，孟容衰絰來見予廬山下，奉公族弟鄂州通守清之子澄之狀，泣而以告曰：「孟容之先人不幸不及從先生游，而孟容顧得問學承教於左右。惟是先人之墓當有碣，而未有文以刻焉，敢介叔父以其狀爲請，惟先生幸哀憐之。」予與子澄故友善，今孟容來，又謹潔自好，學問有方，固知其故家遺業之傳爲有自來。讀其狀，又知公德性履行之詳如此。問之嘗識公者，皆如狀言不誣，則亦自恨其不幸而不及識公也。既乃爲序其事而銘之。

公諱龜年，字且老，其先從李氏朝京師，始自袁州臨江徙其籍開封府祥符縣魏陵鄉吴兒村，遂爲聞家。公之曾祖公非先生諱攽，以文學致大名，元祐中爲中書舍人卒。祖方，雄州防禦推官，贈右通奉大夫。父襄，右朝請大夫，贈朝議大夫。

公以從祖奏爲將仕郎，又以大夫公奏爲從事郎，調峽州司户參軍。遭喪不赴，改臨安府錢塘縣主簿。歷道州軍事判官，改宣教郎，知常德府武陵縣事，通判沅州事，主管台州崇道觀。累階朝奉郎，賜服五品而卒。其爲人静重純篤，十三歲遭母吴夫人喪，哀慕如成人。從大夫公居番陽餘二十年，日以讀書作文爲事，無故未嘗出齋扉，鄰里或不識其面。大夫公性嚴，與人多忤。公左右承順唯謹。退而接其鄉黨族姻，又皆曲盡其情，以故其不能無憾於大夫公者，亦往往銷釋，無復芥蒂，皆曰公之能子也。少時鋭意决科，稍不遇，即舍去。居常晦默，不自矜伐，謹嚴拘畏，無一毫自放繩墨之外。所居一日必葺，服器一物必整，盛夏衣冠襪履不暫釋。居閑亦必雞鳴而起，處暗室如對大賓，待童僕小人亦盡誠慤。所居之室，必書「謹獨」、「正心」字揭之座右。

錢塘今爲赤縣，公爲主簿時，秦檜方用事，鄉黨姻舊或以文字見知登顯仕者，謂公曰：「盍亦求之？」公不應，退治簿書益謹。至他職事，亦多與貴要人接。公益自閉匿，以故得竟秦氏敗無所污，人以爲難。在道州，太守季公南壽深知公，既以政事文詞薦諸朝，比去，懷其餘章以授後守曰：「判官賢而不求人知，恐君或失之也。故留此以俟，惟君留意。」後守許諾，及其去，又如之。公以是改官。在武陵，遇民以寬，吏有罪則立治之不少貸，然亦不求其過也。縣境田多荒，冒耕者衆，其健者與吏爲一，侵漁訴訟，展轉不止。公爲推窮本始，必見端緒而予奪之，訟爲少息。楚俗右鬼，其淫祀有曰潘仙翁者，歲時集會，摐金鼓、執戈矛，迎而祭之。公命尉杜師顔撤屋毁像，收其兵刃，罪其倡之者，衆然後定。縣十年不升降户等，賦役不均，咸以爲病。公始爲改造帳籍，民無異詞。部使者相與以其治行聞于朝，有旨記姓名中書。然公秩滿，則詣尚書銓注官以歸，卒不一見丞相也。沅并邊，蠻人侵掠無寧歲。公佐郡時，群獠大動，守懼求去。公攝其事，按邊防舊法，訪問財處，立爲條約，以授邊吏，明諭威禁而以無事鎮之，蠻果帖服。公佐州，常言長貳失和，多由下有勝心以駕其上，故雖善意，亦或不得伸。惟盡吾所以事長官之禮，而行吾所以佐長官之義，則庶其見信矣。

晚見孟容從子澄學，聽其誦説而悦之，謂子澄曰：「君言之善，吾亦且將從事於此，顧恨晚矣。」一日，召諸子告之曰：「觀星曆書，吾殆止此。汝曹勉旃，毋爲門户羞也。」因誡以誠實詳審、謹禮擇交、嚴分守察細微數事，藹然皆長者之言。居二年而病。既病，猶扶掖以奉家祭。病革，孟容泣而誦其平日正心之訓，則微視而頷之，蓋其爲人始終之概如此。嗚呼，是亦可謂善信人矣！而其官不遂、壽不長又如此，其可悲夫！

公娶昌黎韓氏，生兩男子，孟容爲長，免喪舉進士，中其科，授迪功郎、新袁州分宜縣主簿。孟將，以公遺澤補將仕郎。一女孟蓁，未行。予觀孟容固賢，而聞孟將亦好學，然則公世之興蓋未艾也，其又足以少慰也夫。其銘曰：

吁嗟劉公篤世休，道雖晚聞德蚤修。長途方騁歲不留，志業有嗣無餘憂。清江之曲全塘幽，方趺圭首千千秋，過者視此式其丘！

按會要，臨江軍以筠州清江縣置，新喻自袁州，新淦自吉州來隸。而歐陽公作主客、集賢墓碑皆云「吉州臨江人」，今狀又云「袁州臨江人」，恐有差誤，請更詳之。

編年 據文中所叙，墓主卒於淳熙五年正月，而其長子孟容「免喪舉進士，中其科，授迪功郎、新袁州分宜縣主簿」。考淳熙八年正有進士試，故此篇作於其年可知。

韓溪翁程君墓表〔一〕

淳熙八年八月

韓溪翁，先君子韋齋先生之内弟程君也。諱鼎〔二〕，字復亨，徽之婺源人。少孤，從先君子學於閩中，因得講聞一時儒先長者之餘論，而心悦之，抄綴誦習，晨夕不少懈。先君子愛其勤敏，於其歸書六言以贈之，皆事親、修身、爲學之要。君拜受其言以歸，益自樹立，務記覽、爲詞章，思所以大其門者〔三〕。然君爲人坦夷跌宕，不事修飾，好讀左氏書，爲文輒效其體，不能屈意用舉子尺度，以故久不利於場屋。

家故貧，至君益困。中歲奉親徙居窮山中，自號韓溪翁。山田百畝〔四〕，環堵蕭然，無以卒歲，而君處之泊如也。晚益不得志，因自放於杯酒間。酒酣，諷左氏書，雜以國風、雅、頌之篇。坐者聳然傾聽，其俯仰疾徐之間，頓挫抑揚，如有節族。至於放臣孤子、怨夫寡婦之辭，又未嘗不三復感慨而出涕流漣也。庸夫孺子從旁竊觀，時或笑而侮之。君瞀然不以爲意，蓋其中所抱負有不得騁者，故托此以自遣。至它行事，則其不合於理者固鮮矣。乾道元年，年五十九，以疾卒。後十年，君夫人胡氏亦没，遂合葬於懷金鄉福林冷水之原〔五〕。

蓋新安、番陽、信安諸程皆出梁鎮西將軍忠壯公靈洗，其家婺源者又自歙之黄墩徙而來，譜牒具在。聞之先君子，忠壯公葬黄墩，其墓以石爲封，今尚在也。君家自其大父翔始與鄉薦〔六〕，父著亦以郡學上舍當貢京師〔七〕，皆不幸蚤卒。至君學益勤，而其師友淵源所漸者益遠，顧亦不逢以没其世。而有子曰洵，好學而敏於文，君奇愛之，曰：「是足以成吾志矣。」既又屢薦不第，今乃以特恩授信州文學，識者恨之。然洵故嘗從熹論爲學大要，意其所以成君之志者，在此而不在彼也。

熹祖母，君之姑，因謂君叔父。幼從先君子在臨安時，時見君來，先君子或留與飲，君必盡醉而論説亹亹，不能自休。既長歸鄉里，又得拜君。而君辱教誨之，則君益以老矣。然得酒輒歌呼談噱，意氣猶不衰也。今又三十餘年，洵乃以書奉君學徒李君縉之狀，請表君墓。惟念始終〔八〕，顧二父於今皆不可見，而熹與洵孤露之餘，亦俱老大，乃流涕而書之。蓋以重嘆君家之不遇，又惟潦倒〔九〕，無以副君疇昔之意而自悲也。嗚呼，洵尚勉之哉！淳熙八年八月乙卯，表侄具位朱熹述〔十〕。

校記

〔一〕韓：新安文獻志卷八十七作「環」。正文同。

〔二〕鼎：原缺，據右引補。

〔三〕「門」下右引有「户」字。

〔四〕百：右引作「數十」。

〔五〕福林泠水：右引作「福臨里兑泉」。

〔六〕翔：原作「某」，據右引改。

〔七〕著：原作「某」，據右引改。

〔八〕惟：右引作「慨」。

〔九〕惟：右引作「予」。

〔十〕具位：右引署作「宣教郎、提舉江南西路常平茶鹽公事」。

編年 據文中所署。

評論 周大璋朱子古文讀本卷五韓溪翁程君墓表：波瀾意度，無一不是廬陵，而識見超遠，過之百倍。摹寫溪翁鬚眉如見，逼真虎頭神手。

曹立之墓表 淳熙十年五月

淳熙乙未歲，予送呂伯恭至信之鵝湖，而江西陸子壽及弟子静與劉子澄諸人皆來，相與講其所聞，甚樂。子壽昆弟於學者少所稱許，間獨爲予道餘干曹立之之爲人，且曰：「立之多得君所爲書，甚欲一見君與張敬夫也。」後五年，予守南康，立之果來。目其貌，耳其言，知其嘗從事於爲己之學，而信子壽昆弟之不予欺也。欲留與居，而立之有宿諾，不果。及予受代以去，而所請白鹿洞書院賜額有旨施行如章，郡守吳郡錢侯子言以予之惓惓於是也，亟以書來問孰可爲師者。予因以立之告，子言聞之，欣然具書禮授使者，走餘干，踵立之之門以請，而立之病不能行矣。十年二月辛亥，竟不起，年方三十有七。子静以書來相吊，具道立之將死，其言炯然在道，不少異於平日，相與深嘆惜之。嗚呼！吾道之衰久矣。比年以來，敬夫、子壽、伯恭皆以盛年相繼淪謝，而後進之可冀以嗣事於方來者，亦多夭没。今又失吾立之，然則子静與予之相吊也，豈徒以游好之私情也哉！

立之名建，其先自金陵來，徙家至立之八世矣。立之父諱天明，始爲儒。立之幼穎悟，日誦數千言。少長，知自刻厲，學古今文皆可觀。一日，得河南程氏書讀之，始知聖賢之學爲有在也，則慨然盡棄其所爲者，而大覃思於諸經。歷訪當世儒先有能明其道者，將就學焉。聞張敬夫講道湖湘，欲往見之，不能致。有告以沙隨程氏學古行高者，即往從之，得其指歸。既又聞陸氏兄弟獨以心之所得者爲學，其説有非文字言語之所及者，則又往受其學，久而若有得焉。子壽蓋深許之，而立之未敢以自足也，則又寓書以講於張氏。敬夫發書亦喜曰：「是真可與共學矣。」然敬夫尋没，立之竟不得見。後至南康，乃盡得其遺文，以考其爲學始終之致。於是喟然嘆曰：「吾平生於學無所聞而不究其歸者，而今而後，乃有定論而不疑矣。」自是窮理益精，反躬益切，而於朋友講習之際，亦必以其所得者告之。蓋其書有曰：「學必貴於知道，而道非一聞可悟，一超可入也。循下學之則，加窮理之工，由淺而深，由近而遠，則庶乎其可矣。今必先期於一悟，而遂至於棄百事以超之，則吾恐未悟之間，狼狽已甚，又況忽下趨高，未有幸而得之者耶。」此其晚歲用力之標的程度也。

今歲元日，知病之不可爲矣，猶書其牖曰：「未死之前，不可自棄。」遷善改過，自是愈篤。死之日，起正衣冠，危坐如平日，語其弟廷曰：「吾雖甚病，而學益進，此心瑩潔，無復纖翳。如是而死，庶其可以言命矣。」語訖，就枕未安而没。嗚呼！立之雖不幸蚤死，不卒其志，然所以自樹立者至此，亦豈他人所及哉！

立之事親孝，菽水之養，歡如也。愛其弟甚至，與相切磋，如嚴師友。姊嫁而卒，撫其孤以有成。與人交敬而忠，苟心所未安，雖師説不曲從，必反復以歸於是而後已。其於予規正尤切也。視人有急難，周之必盡其力，雖貧病不計。榜其齋曰「無妄」，杜門終日，里巷有不識其面者。日用間自省，小有過差，即書之册。其討論經學有得，亦悉記之，及爲他文甚衆。病中欲舉而焚之，廷弗忍。既没而視諸篋，則已亡其半矣。乃裒自論定以來所作，得十餘卷，其他猶多可傳者，顧以立之遺意，弗敢出也。

立之嘗娶婦，不悦於姑，教之不從而去，故卒無子。至是廷以母命立宗人之子願爲後，而葬立之萬春鄉粟田原先塋之右。且以立之遺文數篇及其友成忠郎趙君伯域之狀，不遠數百里來請銘。予於立之相得雖晚，而知之深，望之厚，哀其死而屢出涕焉，其可以無從乎。然立之已葬，不及識於壙中，乃書其事，使以表于墓上。又系之曰：胡子有言，學欲博不欲雜，欲約不欲陋。信哉！如立之者，博而不雜，約而不陋，使天假之年，以盡其力，則斯道之傳其庶幾乎。嗚呼！今短命而死矣，豈不可哀也哉！是歲五月乙酉，新安朱熹述。

編年　據文中所叙。

評論　程敏政書朱子表曹立之墓略：按此表謂以心之所得者爲學，有非文字言語可及，又謂先期於一悟，而遂至於棄百事以趨之，皆譏陸氏之失。然陸子之學主於孟子，先立乎其大者，亦未始盡廢窮理之功。其教學者惓惓以本末先後爲説，其書具存，可以考見。若朱子之言，則實足以拯後學躐等陵節之弊，可相有而不可相無也。

周大璋朱子古文讀本卷五曹立之墓表：立之蓋學於陸氏而悟其非者，故特賞之。中幅是文公著意闡發處，正須注眼。前後痛惜其死，情文備至，讀之有餘悲也。

西山先生李公墓表 淳熙十二年八月

西山先生李公者，龜山先生楊文靖公之門人也。龜山既受學於河南程氏，歸以其説教授東南，一時學者翕然趨之。而龜山每告之曰：「唐虞以前，載籍未具，而當是之時，聖賢若彼其多也。晚周以來，下歷秦漢，以迄于今，文字之多，至不可以數計。然曠千百年，欲求一人如顔、曾者而不可得，則是道之所以傳固不在於文字，而古之聖賢所以爲聖賢者，其用心必有在矣。」及李公請見於餘杭，則其告之亦曰：「學者當知古人之學何所用心，學之將以何用。若曰孔門之學仁而已，則何爲而謂之仁？若曰仁人心也，則何者而謂之人心耶？」李公受言，退求其説以進，愈投而愈不合，於是獨取論語、孟子之書而伏讀之，蚤夜不懈，十有八年，然後涣然若有得也。龜山蓋深許之，而公之語學者亦曰：「學者於經讀之又讀，而於其無味之處益致思焉，至於群疑并興，寢食不置，然後始當驟進耳。」龜山既没，後進多從之游。後舉遺逸召對，卒官福建路安撫司主管機宜文字，而葬其鄉邵武軍光澤縣東黄嶺之原。學者共追號爲西山先生云。

公諱郁，字光祖，元祐黨人朝散郎深之子。母安仁縣君陳氏，贈諫議大夫陳忠肅公之女兄也。公幼不好弄，坐立必莊。少長，學於舅氏，陳公器之。逾冠，乃見龜山而請業焉。龜山一見奇之，即妻以女。既而以朝散公遺命，出爲叔父將仕郎庭之後。中間游大學，被鄉薦，皆不第。紹興初，天子慨然有志中興大業，思得山林遺逸魁傑非常之材而用之。會遣御史朱異行郡國，詔俾搜訪以聞。異聞公名，使還以對。召對便殿，所陳皆當世大務，上爲改容傾聽，請退而留者再。詔以爲右迪功郎，尋除詳定一司敕令所删定官。未久，以憂去。用進書恩，特改承務郎。及免喪，會秦丞相檜已用事，公自度不能俯仰禄仕，遂築室邑之西山，往來讀書其間。家益窮空，人有不堪其憂者，公獨曠然不以爲意。然當世賢士大夫益高仰之，遷官者多引以自代。久之，起家佐閩帥幕府。人謂非公所宜處，而公不辭。既至，人謂公且不屑爲，而公治文書惟謹，日訪民情戚休利病以告其長而罷行之。一日，帥用小人言，欲毁民居數十爲列肆，酤酒以牟利。公白其非便，帥不樂，頗見色詞。公即移病告老。帥悟慚謝，公爲强起。二十年七月壬辰，竟以疾卒，年六十有五矣。

公天資粹美而涵養有方，其事上恭而有禮，其御下嚴而有恩。平居未嘗有惰容，誨人終日無倦色。自奉甚約而事親極其厚，於所後尤兢兢致孝，服喪毁瘠如禮，治喪必誠信，至竭其貲不吝。兄階官杭州，罵賊死，公事寡嫂如母，教孤侄、遣遺女，皆如己子。其於世務人情、官政文法，下至行陣農圃之事，靡不究知。然竟不及用於世以没，識者恨之。

所著書有易傳、參同契、論孟遺秉及平生遺文，合數十卷，藏于家。夫人楊氏，龜山先生第三女，有賢行，通經史大意，平居誨飭子孫，整齊内外，皆中禮法，後公十六年卒。子揆，承務郎〔一〕，陳公誌於將仕之墓，所謂延孫者也。晚以德壽慶恩補官而卒。女適同郡上官墨卿。孫男閑、闉、閲、闐，女適某人。

閑於是以迪功郎爲全州州學教授，始將伐石以銘其墓〔二〕，而來請文以識焉。嗚呼，聖賢遠矣！然其所以立言垂訓，開示後學，其亦可謂至哉。顧自秦漢以來，道學不傳，儒者不知反己潛心，而一以記覽誦説爲事，是以有道君子深以爲憂。然亦未嘗遂以束書不讀、坐談空妙爲可以徼幸於有聞也。若龜山之所以教與西山之所以學，其亦足以觀矣。予是以著之而并記其行事，後之君子尚有考也。淳熙十有二年秋八月己卯，具位朱熹述。

校記 〔一〕承：原作「成」，據宋浙本改。

〔二〕銘：右引作「表」。

編年 據文中所署。

評論 周大璋朱子古文讀本卷五西山先生李公墓表：西山之學，未嘗束書不讀，而必以反己潛心爲務，得力龜山處在此，引誘後進處亦以此。開首推本淵源，末段本此意而暢發之，警醒學者，當空霹靂，令人三日耳聾。

太孺人邵氏墓表 淳熙十二年十月

金華時鎬既奉母夫人邵氏之柩祔于循理鄉九里原先府君之墓，使其子源以永嘉葉適所爲行述及別記事實各一通來告曰：「先人之喪，先師東萊夫子幸與之銘，而吾子書之矣。今又以不孝罹大禍，間雖幸畢藏事，惟是幽堂之刻所以垂永久者未有所屬。敢介前惠，重拜以請。」予時病卧田間，起受其書讀之曰：

「夫人婺州金華縣人，曾祖瓊，祖悦，父之才。嫁其縣清江時君汝翼。時君世昌樂，而魁尨沉厚。方臘之亂，寇燔略空，君一一自建置，盡絕其前人。夫人能左右以敏，無荒事焉。家既成，時君遂用法度嚴内外、文學訓子孫，立信務與，稱重鄉閭〔一〕。夫人又能奉承以恪，無逸志。時氏族良家巨，子孫競於文科，舉上其名，人皆尊愛時君以及夫人。時君没，夫人亦將老矣。具呼家人與爲條約，親寫刻之屏，使合居有禮，綴食無專，以不忘時君之法。清江東南畦户數百，臨水而茇舍，時潦出其上，民往往棲木自救，有浮去者。夫人始命舟糗飯拯之，歲以爲常。豫蓄棺，告疫死者以斂，人懷其惠。晚遭太上皇帝、皇后慶壽恩，得封太孺人，加賜冠帔。淳熙十年七月庚寅卒，年七十有一。三子，鎬、錡、錝。一女，適劉晏、陳褒。孫溍、源、淇、演、溱、瀍、潚、潭、澡、灣。孫女其二適陳之望、汪叔貽，餘尚幼。曾孫椝、㮚、杲。女莊、萺。」

蓋葉君所叙云爾。其於夫人始終之際詳矣，而別記手書條約之詞，一曰子孫謹守家法，毋得違悖。二曰晨興鳴板，長幼詣影堂早參，次會中堂敘揖。三曰男女出入，財貨出納，僕妾增減，必稟家長。四曰凡爲子婦，毋得蓄私財。五曰女僕無故不許出中門，蒼頭毋得輒升堂室、入庖厨。則予於是有以知夫人之所以教者得齊家之要。至其又謂夫人天性儉質，不徇華靡，服御有常，未嘗追逐時好，有所變易；歲時奉祭甚謹，嘗以冬享割肉，手寒刀墜，諸婦請代而弗許也；母何晚得末疾，歸省輒惓惓不忍去，比卒，年幾六十矣，猶蔬食以終喪；女兄孀居貧病，護視周悉，遇其子弟恩意有加；時君篤於教子，一時髦俊多客其門，夫人日飭饌具，必躬臨之，雖勤劇無倦意，則予於是又有以見夫人之所以教者蓋以其身而不專在於言語之間也。嗚呼，是可尚已！既以病不果銘，姑記其實如此以授源，使歸刻石表墓上。淳熙十有二年冬十月戊辰，新安朱熹撰。

校記　〔一〕鄉：原作「郡」，據宋浙本改。

編年　據文中所署。

董君景房墓表淳熙十三年三月

番陽董君景房者，諱爲良，世家德興之海口。大父濬始仕，至宗正少卿。父元一，秀州司法參軍。君少有大志，嘗學於江山徐公誠叟先生之門，受其説而歸。益務求友，講而修焉。不數年，遂以文行聞於州鄉。再試禮部不第，退處於家，讀書講學，不復以聲利榮達爲事。鄉人相與益高仰之，而君之學蓋日進月益而未可量也。淳熙十一年九月〔二〕，一旦得疾卒，年甫五十有四。士友聞者莫不哀之。

蓋君爲人儻蕩無城府，家故饒給，兄弟始求分異，君力止之，不可，則盡聽其所擇，而獨取其所遺及故書數篋藏焉。既而兄弟或破其産，君極力資奉，不計有亡，死者葬之而撫其孤焉。族姻鄉黨之貧無歸者衣食之，罷不能者教誨之，不幸而有急難者救護之，皆極勤懇。鬥訟之不決者，爲曉譬以義理，往往心服，失其所争而去。歲飢，奸民肆掠，物情大恐。君爲官畫策，以便宜發廪振貸，而密以兵掩其渠帥置于法，人賴以安。雅有當世之志，於官政民俗弛張之際尤孜孜焉。嘗記其見聞思慮所及者，作活國書一編，其言質慤詳盡，不爲華靡，而所規畫常以厚下固本爲先，識者韙之，恨其不得見於用也。

君娶周氏，子男二人，從起、從治。女六人，其三已適人，進士齊節、程矩、齊牧其婿也。君卒之明月，葬其里之黄柏原。沙隨先生程公可久雅知君，實銘其壙。而從起又以君友人太學生程端蒙之狀來請文，以表墓上。予故家君旁縣，頃歲還里中，君以所論經子諸説來見。别後又數以書來，有所問辨。時君猶有四方之志，予因以所聞古人爲己之説告之，而君不以其言爲非也。然則其可無詞？乃取程生狀，摭其可紀之大者，書以授從起，俾歸刻之。嗚呼，君則已矣！而予言不没，則百世之下於此尚有考也。淳熙丙午三月庚辰，宣教郎、直徽猷閣、主管華州雲臺觀新安朱熹述。

校記 〔一〕年：原作「月」，據宋浙本改。

編年 據文中所署。

令人羅氏墓表 紹熙二年二月

故左司郎中張公之配曰令人羅氏，南劍州沙縣人。世爲縣望姓，家法嚴整。令人生二十有二年而歸張公，事姑羅恭人以孝謹聞，恭人愛之如己女。張公故貧，初仕，將遣其女弟而無資。令人悉出橐中裝以奉之，無吝色。事公二兄，旦暮率諸幼稚以次問起居，無一日闕禮。子侄就學歸沐，輒具湯餅，會諸娣姒男女，語次從容問所學業，勞勉諸侄，以勵其子，油油如也。羅恭人嘗苦末疾，令人静夜必露香致禱，願損己壽以延姑年。如是者數月，恭人疾頓平。而後三年，令人一旦暴卒。恭人哭之慟，至老念之不能忘。與人言必稱其孝，至於泣下。且嘆曰：「不意吾兒失此内助之賢也。」令人性儉約謙下，好禮法，有識度。嫁時篋中有黲色絺衣，忌日輒被以奉祭，稱慰如儀。常所服禮衣横帔，如民間法。或告以張公且通朝籍，盍改用命服，令人曰：「此非拜恩，何敢服也。」卒以禮終。生以政和戊戌，卒以紹興癸酉，葬劍浦縣吴張氏大墓之左若干步。

後三十八年，嗣子士佺來訪予於臨漳，請銘左司公之墓。一日，復奉令人之事，涕泣以請曰：「吾母之賢孝如此，而不幸蚤終。士佺兄弟生不及養，已負終天之痛矣。今又不能述其德善以垂久遠，其何以見於地下？惟吾子哀之。」予不忍辭也，既受其書而讀之，因竊惟念孝愛和謹，婦道之常，世猶有難之者，而令人至委身以代姑死，守禮以終其身，是其賢於人也遠矣，其可以無傳也哉。因爲叙此，以表其墓。令人生二男，士佺，今爲朝奉郎、通判融州事。其弟士僩，嘗爲修職郎、監藩葑酒庫以卒。四女，進士宗大同、謝舒，宣義郎陳善慶，文林郎黄東其婿也。紹熙二年二月日，朱熹述。

編年 據文中所署。

程君正思墓表 紹熙三年九月

士患不知學，知學矣，而知所擇之爲難；能擇矣，而勇足以行之，内不顧於己私，外不牽於俗習，此又難也。嗚呼！若番陽程君端蒙正思者，其所謂知所擇而能行之者歟。乃不及一試，而又無年以死，使人不得見其德業之所成就，是可哀已。正思天資端慤，自幼已知自好。稍長，即能博求師友以自開益，遂以詞藝名薦書。既乃見予於婺源，聞諸老先生所以教人之大指，退即慨然發憤，以求道修身爲己任。討論探索，功力兼人。雖其精微或未究極，而其固守力行之功，則已過人遠矣。始時名下之字同於周、程，至是亟請其父而更焉。其居家事親能開義理於幾微之際，多所感悟而不失其歡心。喪母，葬祭推本古經，以正流俗之謬，鄉人多以爲法。

其在太學，儕輩類趨時好，不復知有聖賢之學。正思擇其可告語者，因事推誠，誨誘不倦，從而化者亦頗衆。然其爲人剛介，不苟合。聞人講學議政有所未安，輒造門辨質，或移書譬曉，必極其是非可否之分而後已。會大臣有樂豪縱而賤名檢者，見修士即以邪氣目之，而又言於上曰：「是屬且能亡人之國。」於是學官承其風旨，因課試發策，直以王、程、蘇氏之學爲問，蓋將以其向背爲取舍，對者靡然，無敢正言其失。正思獨奮筆抗論，無所依違，而所以分別邪正之間，輕重淺深又皆中理。雖竟以是無所合而歸，然其抑邪與正之助亦多矣。

既歸，即以病不起，紹熙二年十一月一日也，享年四十有九。聞者莫不哀之。方疾革時，手書來曰：「端蒙死不恨，恨不克終養而卒業於門耳。然已無可言，願先生自愛，蚤就群書以俟來哲。世不我知，天豈亦不我知也哉！」予雅意正思任道勇而用志專，必能卒究精微之蘊，以廣斯道之傳者。遽讀其書，不覺失聲流涕。既而視其筆迹謹好如常日，又知其間於死生之際如此，爲之痛惜，久而不能平也。

明年，正思之父將葬正思於其鄉之某處，使其二弟端臨、端本狀其事以來，請所以表其墓者。予按其言，正思曾祖宏，祖汝能，皆有鄉行。父易，今以修職郎致仕。母俞氏，妻王氏。生一男，師聖；一女，適同縣董濬，而它則與予所聞者皆不異。又觀其言，正思自少謹信異常兒，大父將没，知其可托，以一老婢誘焉。正思時年十四五，涕泣受命，護視勤懇，十有六年，始終無少懈。至是屬疾，雖病，尊親臨之，必冠巾乃敢見。將卒，悉屏婦女户外，戒治喪無用浮屠法。所以告二弟朋友，皆人倫大法所繫，不雜它語。是皆宜書，因并前所論者書之，使碣墓上，後之君子庶有考焉。紹熙三年秋九月乙亥〔一〕，新安朱熹述。

校記　〔一〕紹：原作「淳」，據宋閩、浙本改。

編年　據文中所署。

程君公才墓表（紹熙三年九月）

紹熙二年冬，番陽程君正思病且革，以書抵予告訣，且書其先大父府君之行事，而求識其墓。予既哀正思之力學任道而不幸蚤死，又知其大父之賢如此而無所聞於後世，矧其將死，深悲之屬不在它人，是固不可以無言也。

按正思言，府君諱汝能，字公才，天資純篤，不由學問而孝弟忠信自有以絕人者。父性嚴，府君事之順焉。於其行事有未安者，必以正諫；諫而不入，則退而謹伺之；意解，復諫，卒聽從乃已。母得末疾，三年衣不解帶，居不入室，時其起居飲食之節而躬致養焉。雖矢溲之役，不以累它人也。事兄謹甚，兄好飲佚游，府君懼顯兄過以貽親憂，委曲其間，彌縫甚至，卒以無間言。親没析其産，兄欲善田宅，恣所取，無難色。平生口無惡言妄語，足迹不涉官府之門。居鄉接物恂恂謹敕，不怒而人敬畏之。周人之急必盡其力，雖或負之不計也。鄉人有死而亡子者，治其喪甚飭。或欲没入其貲産，爲告官立後，至今不絕。處家慈愛而能嚴，子弟不敢爲纖芥非理事。今没三十年，鄉人行旅言之，猶有思慕出涕者。嗚呼！兹非夫子所謂十室之邑，忠信如己者乎。是乃三代之遺民，而非今世之士所能及也。使其得聞聖賢之教而講學以明之，其所至可量哉！

正思病亟，作書其詳如此，而字畫謹細如常時。且謂它行之懿，猶有不及書者。今問其家，得其世系，則番陽之程皆祖梁忠壯公靈洗。唐乾符間，有名維者，以金紫光禄大夫、海州鹽鐵使將兵討巢賊不利，始居饒州樂平之銀城。後徙新建，而地析爲德興縣，故今爲德興人。自鹽鐵十二世而生府君之父，諱宏，亦有鄉行。娶齊氏，生府君。府君娶□氏，生二子，曰晟、曰易。晟先卒，易今以修職郎致其事，而又有正思爲之子，意者程氏其將興乎。今正思雖不幸，而二弟亦知爲學，是固未可知也。乃書此碑，刻石墓左以俟。墓在□□鄉□里某處。晟之子曰端友，曰伯雲。易之子曰端誠，曰端蒙，曰端臨，曰端本。正思即端蒙也，予亦已别識其墓云。三年壬子秋九月丙子，新安朱熹書。

編年　據文中所署。

安人王氏墓表 紹熙三年九月

國子博士成都范君文叔以書致其母夫人之事於熹曰：「仲黼不天，蚤失先人之教。先夫人撫育成就甚艱且勤，以及於兹，而葬不及銘，無以發其潛懿。吾心惄然不敢寧也，敢拜以請。」熹讀其書，既蹙然不敢當，又讀其狀，益惟文字之蕪淺，而無以信夫人之德於後世。顧文叔之賢，未及識面而心已敬之。且其所以屬我者又如此其重也，乃不敢辭。而按其狀，則簽書東川節度判官廳事盧君蹈之所述也。其言曰：

夫人成都華陽人，姓王氏。祖曰贈金紫光禄大夫，諱延，妣文安郡夫人勾龍氏。父曰左朝議大夫，諱輔，妣宜人何氏。夫人自幼以專静才明稱於其家，年甫笄，歸同郡范君諱灌。蓋范氏自蜀郡忠文公、中書榮國公徙居許、洛，至是始還故鄉。文獻未遠，子弟皆有典刑，非清門淑質，不易作對。夫人一踐其庭，禮容肅穆，纖悉中度。雖在房闥，禮敬自將。燕私之言，無一不可道於外者。范君始爲仙井監録事參軍，後以宣教郎知雅州盧山縣事。夫人居家儉約，不以出内細故累其君子。范君閲具獄，晨夜寒暑不少懈。夫人猶從旁從臾之曰：「毋憚淹晷之勞，而使彼負没世之冤也。」故范君爲吏以清白著，其治獄以平允稱，夫人蓋有助焉。

范君既從官，不復問生理，身後家事益落落。夫人慨然自力，以濟其艱。使二子得以盡力於學，繼踐世科，人以爲榮而夫人不色喜。顧語之曰：「吾悲汝父之不及見也。雖然，汝家世以清德直道爲門閥，汝曹問學宜知所本。仕不患不達，患無以稱耳。藜糗吾能甘之，毋遽以三釜爲也。」二子以是益自厲於學，而仲黼杜門幾十年，不汲汲於進取，蜀人高其行。東游吳、楚，張敬夫、吕伯恭一見皆嘆賞，具以其學告之。今在朝列，尊守所聞，不徇世習，而忠君愛國，悃款無已，識者皆倚重焉。此又夫人之教有以成之也。

初，范君仲兄洪雅君蚤卒無子，范君將以少子仲芸後之，未及而終。後六年，仲芸奏名南省，夫人大合族黨，申范君之命以告於祖禰，而卒使奉其祀焉，聞者皆以爲難。洪雅之妻前已更嫁，至是乃卒，人以其服爲疑。夫人曰：「禮不爲嫁母服，而律有心喪三年之文，且是嘗爲洪雅配，得不爲芸母乎？」即日命仲芸服喪如律，聞者益以爲難。歲時典祀，身親蠲潔，待賓客、接宗姻曲盡禮節，而御下一以慈恕。至其平居教詔子孫，援前言、質往行，又皆有本有末，蓋可書而誦也。

卒於淳熙八年六月甲辰，葬於十三年八月丙申，墓在雙流縣宜城鄉曹池山，實從盧山君之兆。始以夫封孺人，後以子贈安人。仲黼今以通直郎爲國子博士，兼皇侄許國公府教授。仲芸嘗以從政郎爲彭山令而先卒。女五人，一適王晞孟，一適程師夔，一未行，餘皆夭。

嗚呼！夫人之所以相其夫而成其子者，盧君狀之詳矣，然猶事之常也。至其出少子以後仲父，既又使之服其所後嫁母之喪，則處變事而不失其權，有當世士大夫之所甚難而深愧焉者。嗚呼賢哉！兹其所以爲吾文叔之母也歟。嗚呼賢哉！紹熙三年玄黓困敦秋九月戊子，具位朱熹述。

編年 據文中所署。

評論 周大璋朱子古文讀本卷五安人王氏墓表：夫人之賢自狀文敘出，而於其潛懿卓越處極爲嘆羨。法本歐、曾而變其面貌。文中敘次亦纍纍如珠之貫。

聘士劉公先生墓表 慶元四年正月一日

先生姓劉氏，建州崇安縣五夫里之白水人。其曾大父諱滋，起身農畝，以進士高第仕至尚書職方郎中，累贈開府儀同三司、吏部尚書。大父諱照，朝請郎。再世皆有清德，中歲即休官退處，以大耄終。父諱元振，始不仕，然亦以馴行稱。

先生諱勉之，字致中，自幼强學，日誦數千言。耳目所接，一過不復忘。其爲文肆筆而成，滂沛閎闊，凌厲頓挫，儕輩少能及之。逾冠，以鄉舉詣太學。時蔡京用事，方禁士毋得挾元祐書，制師生收司連坐法，犯者罪至流徙。名爲一道德者，而實以鉗天下之口。先生心獨知其非是，陰訪伊洛程氏之傳，得其書藏去。深夜，同舍生皆熟寐，乃始探篋解袠，下帷然膏，潛抄而默誦之。聞涪陵譙公天授嘗從程夫子游，兼邃易學，適以事至京師，即往扣焉，盡得其學之本末。既而遂厭科舉之業，一日，棄録牒，揖諸生而歸。道南都，見元城劉忠定公；過毗陵，見龜山楊文靖公，皆請業焉。而劉公尤奇其材，留語數十日，告以平生行己立朝大節，以至方外之學，它人所不及聞者，無不傾盡。先生拜受其言，精思力行，朝夕不怠。久而若有得焉，則疇昔所聞一言之善融會貫通，皆爲己用，而其踐履日以莊篤。

與籍溪胡公原仲、屏山劉公彦冲兩先生友善，日以講論切磋爲事。其於當世之務若不屑焉，而論説區處，鉅細顯微皆有條理。亂後故山室廬荒頓，乃即建陽近郊蕭屯别墅結草爲堂，讀書其中，力耕稼以自給，澹若無求於世。而一時賢士大夫莫不注心高仰之。中書舍人吕公居仁知之尤深，嘗以小詩問訊，有「老大多材，十年堅坐」之句，世傳以爲實録。

是時國家南渡幾十年，謀復中原以攄宿憤，而未有一定之計。方且寤寐俊傑，與圖事功，吕公乃與同列曾公天游、李公似之、張公子猷三數人者共列其行誼志業以聞於朝，特詔詣闕。將行，屏山先生爲作招劍之文以祝之。其卒之亂曰：「寶劍徠，奉君王。撫四夷，定八荒。時乎時，毋深藏。」其所望於先生者蓋如此。既至，會秦丞相檜已顓國枋，爲其事非己出，不能平。時又方决屈己和戎之策，惡聞天下正論，意山林之士不顧利害，敢盡言觸忌諱，尤不欲使見天子，談當世事，第令策試後省，給札俾上其對。先生知道不易行，即日謝病歸。

杜門高卧十餘年，造養益熟，名聞益尊。故相趙忠簡公出鎮南州，道出里門，紆轡入謁〔一〕，坐語移日，彌加嘆重。然其去未幾，即遭讒竄海外以没，同時知先生者亦皆廢錮不復用，於是先生竟不及一試於用而卒於家。享年五十有九，有志之士莫不哀之，紹興十九年二月十日也。

先生學本爲己而才周世用，臨事財處，不動聲氣。平居嚴敬自持，若不可犯，而接物之際恂恂和悦，色笑可親。其臨財廉，一介不妄取。少時婦家富而無子，謀盡以貲産歸女氏。既謝不納，又擇其宗屬之賢者舉而畀之，使奉其先祀。其與人交誠信懇惻，同里胡公明仲侍郎蚤出爲季父後，不自知其本親，鄉人多竊議之而莫以告。先生獨爲移書，具陳本末所以然者，胡公感其言，爲數歸省，恩禮略備，議以少息。熹之先君子蚤與先生游相好，將没，深以後事爲寄，且戒熹往學焉。及棄諸孤，先生慨然爲經理其家事，而教誨熹如子侄。既又以其息女歸之。親舊羈貧，收恤扶助亦皆曲盡恩意。學子造門，隨其材品爲説聖賢教學門户以及前言往行之懿，終日娓娓無倦色。自壯至老，如一日也。娶連氏，無子，以從兄之子思温爲後。二女子，其長歸於我，次適朝奉郎范念德。思温亦無子，又以從弟之子澧後之。建州於今爲建寧府，先生墓在草堂涉溪西北七里所群玉鄉三桂里之學士原。其葬時不及銘，逮今且五十年。後生之及見先生者日加少，熹懼其益久而遂將無所考也，乃追記其世家學行之最而伐石以表焉。慶元戊午正月己亥朔旦，門人朝奉大夫致仕朱熹述。

校記　〔一〕紆：宋浙本作「紓」。

編年　據文中所署。

朱熹文集編年評注卷九十一

墓誌銘

劉十九府君墓誌銘 乾道九年

熹年十四五時，以先君遺命學於故聘士劉君先生。時幼且愚，未足以識其大者遠者，特觀於容貌詞氣之間，知其偉然非今世之士也。既又獲見於先生之兄十九丈府君者，詞色俯仰，蓋與先生不異，而温厚謹良則又過之。因亦甚敬愛其爲人。及少長，而先生以女妻之，又得數往拜於府君之側。時府君老矣，然其持己接人動有法度，危坐終日無怠惰偃側之容。與人言，必依於孝弟忠信。至於治生處事之方，耕稼蠶績之務，亦皆纚纚有條理。間而及於先世遺事與夫鄉里故家舊俗之傳，則必顧而嘆曰：「吾之不復見此也久矣夫！」熹於是退而每爲朋友道之，以爲前輩氣質淳厚，悃愊無華，而其謹於禮法，粲然有文又如此。蓋不惟其天資之美，抑亦昇平教化之餘澤，衣冠文物之遺風。其視今人誦書業文，沾沾自喜，而輕儇浮惰，反無以異於市井之人者，相去遠矣。如是三十餘年，而府君卒。既葬，其子某狀其行以授熹，使爲之書以表於墓道。

熹按府君諱某，字致端，建寧府崇安人。其曾大父職方郎中、贈開府儀同三司諱某，始以文學起家，歷典數州，皆有惠愛。大父朝請郎諱某，爲縣有所不得行其志，年未七十即致其事以歸。父某，明經勵行，不仕以卒，而鄉人敬之。娶同郡余氏，讀書史，有智識，實生府君兄弟，國子祭酒翁公所爲志其墓者也。

府君於兄弟爲最長，自少則任家事，以故不及於學。而其孝愛恭敬、誠信敦篤自有以過人者。家世清貧，至先府君時食口益衆。府君經營纖密而不失大體。蓋凡春秋晨夕之奉，婚喪燕勞之須，以至族姻黨友賀吉而吊凶，其厚薄往來之數無不稱情而合禮者。先府君於是得以放情事外而遂其高，諸弟亦皆得以游學四方，親師取友，各成就其器業。而聘君先生卓然傑立，遂爲一世之聞人，名立於不朽，實府君有以相之也。

府君自少無外慕，晚歲足迹不出里門者數十年。其精神氣力老而不衰，登山臨水常翛然獨往。其所以自樂者，人不得而言也。年八十有五，以乾道癸巳正月□□□病卒於家，而葬於宅之西南數百步曰彭原者。

府君娶信安祝氏，有賢行，前卒。子男某也。女適進士江之瑞。孫男潤，女三人。凡狀之所載如此，與熹前所竊論者實相發明。謹叙而并書之，且爲之銘。銘曰：

士學口耳，弗誠以身。既侁以儇，污我冠紳。孰如丈人，庸信庸謹。詞無支葉，動有繩準。彭原之木，有翳其陰。我銘斯刻，以詔來今。

編年 劉致端卒於乾道九年正月，此銘乃既葬而作，當在年内。

評論 周大璋朱子古文讀本卷六劉十九府君墓誌銘：府君不言躬行，真有石奮遺風。視俗學儇佻，奚啻霄壤？感慨學人，傾慕府君至矣。

國録魏公墓誌銘 乾道九年夏秋間

元履姓魏氏，舊名挺之，後更名掞之，則字子實。然其以元履聞也久，故稱者莫能易也。家建寧府建陽縣之招賢里，以儒學顯。其胄出遷徙之所繇，則故侍郎胡公寅已識於元履先君子之墓矣。

元履幼有大志，少長游郡庠，事籍溪先生胡公憲，先生奇之。已而遍從鄉之儒先長者游，間適四方，又盡交其先達名士，於是聞見日廣而聲稱日益大。嘗客衢守章傑家，會故相趙忠簡公薨海上，歸葬常山。傑雅怨趙公，又希秦檜意，逮繫其家人，劾治甚急。人畏其凶虐，無敢議者。元履獨慨然以書譙讓傑，長揖徑歸，傑亦不能害也。

兩以鄉舉試禮部，皆不第。閩帥汪公應辰、建守陳公正同知其賢，相與論薦于朝。時相尼之，又不得召。後數歲，詔舉遺逸。部刺史芮公燁遂帥其寮與帥守六人者共以元履行誼爲言，於是詔特徵之。元履辭謝不獲，則以布衣入見，極陳當世之務。大要勸上以修德業、正人心、養士氣爲恢復之本，上獎嘆開納，勞問移時。明日，遂有詔賜同進士出身，授左迪功郎，守太學録。乾道四年十有二月也。

異時學官不與諸生接，亦漫不省學事，徒養望自高而已。元履既就職，則日進諸生而教誨之。且視其居有壞者，或幾壓焉，則請於朝，得緡錢四十萬以葺之。釋奠孔子祠，職當分獻先賢之從祀者，則先事白宰相：「王安石父子以邪説惑主聽、溺人心，馴致禍亂，不應祀典。而河南程氏兄弟唱明絶學，以幸來今，其功爲大。請言於上，廢安石父子勿祀，而追爵程氏兄弟，使從食。」不聽。它日又言：「太學之教宜以德行經術爲先。其次尤當使之通習世務，以備官使。今壹以空言浮説取人，非是。」又不聽。至它政事，有係安危治亂之機，而宰相不能正、臺諫侍從不敢言者，亦無不抗疏盡言。以諫疏至三四上不納〔一〕，則移病杜門，以書質責宰相，語尤切。宰相雅知元履，招徠之，至是始不能平。而元履前已數求去矣，遂以迎親予告使歸。行數日，罷爲台州州學教授。

元履自少則有志於當世，晚而遇主，謂可以行其學。然其仕不能半歲而不合以歸，間獨喟然嘆曰：「上恩深厚如此，而吾學不至，無以感悟報塞，吾罪大矣。」先是，嘗榜其書之室曰「艮齋」，至是日處其間，方將條理舊學以益求其所未至，從游之士稍有自遠來者。而不幸病不起矣。病革時，顧念君親，處理家事，無一言之繆。其母視之，不巾不見也。戒其子毋以僧巫俗禮浼我，且以書召其友新安朱熹，至則盡以終事爲寄而訣。卒之日，實九年閏月壬戌，其年五十有八矣。

娶同郡劉氏，徵士勉之之兄女，先十九年卒。繼室虞氏。子男二人，孝伯，國學進士；孝朋，尚幼。所爲文章若論議訓説合數十卷，藏於家。

元履於學無不講，而尤長於前代治亂廢興存亡之説，以至本朝故事之實，皆領略通貫，識其大者。平居論説，聽者悚然。居家謹喪祭，重禮法，恤親舊，雖貧不懈。從父有落南者，千里迎養，死葬如禮，而字其孤尤有恩。歲饑，爲粥以食餓者，而力請移粟於官，邑里賴焉。又嘗請督鄉人之不葬其親者，富予期，貧予費，而掩其無主後者以千數。爲文以戒生子而不舉者，所全活者亦甚衆。與人交尤盡情，嘉其善而救其失，如恐不及。後進以禮來者，苟有一長，必汲汲推挽成就之。其處心制行類如此。故嘗有病其爲人太過者，元履笑曰：「不猶愈於横目自營者耶。」至或訾其近名，則蹙然曰：「使夫人而皆避此嫌，則爲善之路絶矣。」此其學道愛人之本意也。嗚呼！使其老壽通達，舉而施之，則其所以及人者爲如何哉！

孝伯將以七月己未奉其柩，葬所居之南不十里所謂長坂者，元履平生時所樂處也。予往莅其卜，孝伯泣拜，奉嚴君士敦之狀以銘文爲請。予惟元履垂絶之言若有及此者，顧雖不能，不忍負也，則應曰諾。退視其狀不誣，因掇其大者序而銘之。銘曰：

謂天嗇之，則曷其材且志也。曰其德之，則又不年以位也，竟使抱其餘以没於地也。我銘以哀之，又以掩其隧也。

校記 〔一〕疏：原缺，據淳熙本補。

編年 據本文所言，元履葬於乾道九年七月己未，而此篇爲「往莅其卜」時受托所作，則夏秋間也。

評論 周大璋朱子古文讀本卷六國録魏公墓誌銘：痛學録不竟其用，纏綿感喟，一往情深。詳寫本末，段段警拔，無一語拖沓散涣，是集中簡點之作。

陳師德墓誌銘 淳熙二年

自周衰，官失而民無常産，士不知學。或者務爲剽掠纂組之工以希名射利，蓋本出於俯仰寒餓之迫，有不獲已者。而其後或更以爲能焉，俗弊風訛，迭相夸尚，於是公卿子弟之才者往往亦慕而爲之，無所於迫而徒取衒鬻之羞。顧反薄君恩、輕世禄，捐本學以從事於場屋無用之文，舉世競馳，恬不覺悟。而聖賢修己治人之方，國家禮義廉耻之教益泯泯矣。嗚呼，斯其爲弊也久矣！不有卓然高志遠識之士，其孰能有以反之哉。如吾師德者，蓋庶幾焉。而又不及就其志而疾病以死，其亦可哀也已。

師德，莆田人，姓陳氏，名定。丞相信安公之第三子也。母曰福國夫人聶氏。師德生秀異，自孩幼已有成人之度。年十二三，則已知古人爲己之學而不屑爲舉子之文矣。一日，以公命，因予友括蒼吴君耕老以書來道其志而請業焉。予三復其辭而嘉之，然亦意其必已淫思力索於空幻恍惚之場也，則報之曰：「聖賢之學雖不可以淺意量，然學之者必自其近而易者始。」師德於是始欲因予言而反求之，既疲於宿昔思慮之苦而感疾殆矣。其後屢欲求見，且將遍求世之有道君子而師友之，竟以病不果行。且死，猶語其友方耒耕道，使言於予，以不及相見爲深恨。明年，其仲兄守師中見予於建陽，遂以耕道所狀行實一通屬予銘其竁。予不忍辭也。

狀言，師德性至孝，事信安公及母夫人曲盡愛敬，劑和烹飪必躬必親，左右周旋不違義理而未嘗失顔色，於兄弟尤友愛。以公奏授右承奉郎。娶同郡林氏，朝請郎一鳴之女。年二十有五，以淳熙甲午七月己亥卒。於其疾之革也，公、夫人往視之，謂曰：「死生有命，汝所知也。」師德拱手對曰：「戰戰兢兢，如臨深淵，如履薄冰。」又顧其兄，屬以問學修身之意，越夕而逝。公、夫人哭之哀，以其伯兄之子福孫後之，而葬之石泉祖塋之側。

嗚呼！有如師德之志，而其行事可得而書者止於如此，是不亦可哀也哉！然其所立，視世俗之學味利辱身，得已而不已者，則既絕矣，夫豈不足以頗慰公、夫人之念與其兄弟朋友之思哉。予是以銘曰：

士孰不學，其方則殊。毫忽之差，有跖其徒。卓哉若人，惟義之學。刻意劬躬，蹈履前覺。天不耆之，以駿其奔。淵冰免矣，志氣則存。石泉之瀕，于袝于宅。孰全其歸，視此幽刻。

編年　據文中所言，陳師德卒於淳熙元年七月，而是銘作於次年，則爲二年。

評論　周大璋朱子古文讀本卷六陳師德墓誌銘：師德篤志爲己，不屑爲舉子業，高識絕人，而其年不永，未就其志，深可惜也。讀此文，當知其感慨所屬。

何叔京墓碣銘〔一〕 淳熙二年冬

邵武之東百里而近，七臺之麓，小溪之濱，有君子者，曰何君，名鎬，字叔京，予獲從之游相好也。今年冬，過予於寒泉精舍。留止浹旬，歸而屬疾。既病，則手書來告訣，語不及私，獨以不獲終養卒學爲深念〔二〕，而於當世之慮亦眷眷不忘也。時予别君甫逾月，發書驚嘆失聲，亟走省焉。至則君已逝矣。既入哭盡哀，明日，君之親友門人以予至，皆復來會哭相吊，議語葬故。君嗣子琰亦衰絰杖出拜伏哭，固以銘墓爲請。予惟君實以其死累我，今其子又哀以請如是，其何説之辭？則與諸來會者共訂君事，皆曰：

君家臺溪且數世〔三〕，世有隱德。至君皇考諱兑始仕，爲左朝奉郎、通判辰州事。娶陳氏、劉氏、林氏、鄧氏，皆封安人，而君劉出也〔四〕。生孝謹有器識，既出就傅，暮歸則不復去親側。誦書日數千言，爲文敏而有思，趣尚高遠，識者奇之。辰州嘗受程氏中庸之學於故殿中侍御史東平馬公伸，服行不怠。又以其忠節事狀移書太史，忤秦檜，下吏竄南方。危死不恨，間復悉以其所聞者語君。君既受其説，則益務貫穿經史，取友四方，博考旁資以相參伍，蓋久而後有以自信之。於是一意操存，杜門終日，澹然若無所營者。至其論説古今，指陳得失，則又明白慷慨，可舉而行。平居崇德義、厲廉節，絶口未嘗及功利。至於收族恤孤〔五〕，興事濟衆，則又懇惻憂勞，如己嗜欲〔六〕。言行相循，没身不懈。由此南州之爲程學者，始又知有馬氏之傳焉。

始用辰州致仕恩補官，授泉州安溪主簿。未赴，鄧舅祚帥江西，辟掌書寫機宜文字。再調汀州上杭丞。數行縣事〔七〕，專用寬簡爲治。白罷税外無名之賦〔八〕，人便安之。部使者鄭君伯熊名好士，行部得君，喜甚。顧郡事爲不理，囚繫或累歲月不得釋，檄君佐其守。君入幕，悉取文書閲視，具得其所以然者，持白守決遣之，旬日皆盡〔九〕。又以田税不均，貧弱受病，夙夜疚思〔十〕，爲所以均之之説甚備。他所以彌縫補助者，亦盡其力。而守顧不悦，君即謝去。

君事鄧安人素謹，其赴上杭也，安人以瘴毒爲憚。君不敢請，遂單行。至官，歲以公事一再歸省，每行輒不受俸。秩滿，計其月十有四，悉歸其券於有司。一時學士僚友高君學行，多師尊之。而當路鮮識之者，君固不求，亦不自悔，獨以年格循資調潭州善化令。將行而卒，年四十有八，淳熙乙未十有一月丁丑晦也。

君爲人清夷恬曠，廉直惠和，談經論事簡易條暢。所著書有易、論語説、史論、詩文數十卷，其言多可傳者〔十一〕。晚築書堂所居南坂上，名以「高遠」，用見己志。疾病，召子弟教戒，一以義理，終不及家人生産事。獨曰治喪以禮，勿用浮屠鬼教亂吾法而已。娶同郡李氏，其叔父郁學於龜山楊公，所謂西山先生者也，奉君命無所違。將以明年某月日葬於臺溪東楊之原。子男三人，琰爲長，次瓚、瑀。女三人，長適吴大同，次適馮棟，次未行也〔十二〕。

諸君所論君行事如此，皆予所聞知。琰等葬君東碭之原，予既書其最納窾中，然間嘗竊目君學行可以司教育，論議可以陪獻納，而其心誠才實又可以宣德澤而惠鰥寡，今乃僅得一縣令，而又不及試以死，此爲重可哀者。乃復叙次其詳，刻石表墓，且系以銘。銘曰：

清直而温，夷易而方〔十三〕。惟學不懈，厥猷以光。孰啓于家，而尼于邦？孰豐其粹，而嗇其長？帝罔弗衷，氣或交沴。既欽厥承，君則奚愧！莫尊匪德，莫久匪言。銘以相之，刻石墓門〔十四〕。

校記

〔一〕碣：淳熙本作「誌」。

〔二〕獨、獲：右引作「惟」、「及」。

〔三〕此句右引作「君家邵武七臺之麓小溪之濱也」。

〔四〕劉：右引作「林」。

〔五〕至：右引作「唯」。

〔六〕「則又」二句：右引作「爲無所愛其力而」。

〔七〕數：右引作「攝」。

〔八〕白：右引作「且」。

〔九〕日：右引作「月」。

〔十〕疢：右引作「究」。

〔十一〕言多：右引作「間皆」。

〔十二〕「奉君命無所違」以下底本差略，今從右引增補。

〔十三〕易而：右引作「直以」。

〔十四〕「氣或交沴」以下，右引作「氣則靡定。惟欽厥承，斯得其正。君乎知此，既順且寧。何以昭之，幽竁其銘」。

編年　文云何鎬「今年冬，過予於寒泉精舍」，是作在其卒之年。鎬卒於淳熙二年十一月。

評論　周大璋朱子古文讀本卷六何叔京墓碣銘：前後以己意起結，中用諸人語敘其生平，間架一遵古法，風神遒宕，情致纏綿，遂擅勝場。

夫人呂氏墓誌銘 淳熙五年

夫人姓呂氏，建寧府建陽縣長平里人。其先世於唐爲河東著姓，乾符中，有侍御史行立者避地，始家建陽。入宋餘百年，乃有顯人，而夫人之父希説亦進士中第，剛介不苟合，晚乃爲劍浦令以卒。

夫人生愿慤，不妄戲笑。未笄，失其母，劍浦俾治家事、撫弟妹如成人。尋以歸邵武饒君偉，事舅姑甚得其歡心。餘年生子幹，甫晬而寡。夫人誓志秉節，毅然不可奪。無何，劍浦及皇舅漳州府君亦皆卒，而姑氏固前没。饒氏固清貧，諸叔妹皆幼稚，夫人以孀婦抱弱子，持守門户，奉承賓祭，和輯上下，内外斬斬無間言。其出内用度不以一錢自私，文簿整整，雖龠合分寸無所漏。少或遺亡，則爲之躊躇不懌者累日。指馭僕妾、接鄰婦里嫗，咸有恩意。

幹幼時，愛之異甚，捧視漱沐，一不以委他人。及少長，遣就學，則程其術業，謹其出入交游之際，未嘗輒借以顏色。幹亦孝謹敦實，能自力學問，見稱朋友間。中淳熙二年進士第，人謂夫人盛年苦節，以有斯子，今且享其報矣。始，夫人女弟爲劉氏婦，早卒。至是，其子崇之與幹偕選。夫人爲其母之不見，每及之，未嘗不悲嘆出涕。人又以是知夫人之薄於榮利而厚於孝慈也。

幹調吉州吉水縣尉，將行，夫人屬微疾，一夕遂不起，聞者莫不哀之。歲丁酉秋七月十四日也，時年五十有六。明年，幹卜葬夫人於其鄉之思順里，而奉其友江州録事參軍游九思之狀來請銘。拜起，涕泗嗚咽不能言。予哀其志，亦雅聞夫人行實如游掾言，因删取其大者，敘而銘之曰：

皇皇后帝垂三綱，制婦繫夫陰統陽。盛衰修夭初莫量，有繫弗改兹厥常。吁嗟夫人仁且莊，祇若帝訓篤不忘。疢煢艱棘稟欲僵，卒濟厥子後以昌。玉靈食墨此澗岡，納詞誄行告幽荒〔一〕，山夷淵實無壞傷！

校記 〔一〕誄：原作「誅」，據宋浙本、明天順本、萬曆本改。

編年 吕氏卒於淳熙四年，而此文乃次年葬後所作也。

特奏名李公墓誌銘 淳熙六年

邵武軍光澤縣東里所有地曰烏洲，李氏世居之，爲郡著姓。其先有贈大理評事者諱鐸，始以文行知名鄉黨。生太常博士誥，始登進士第，卒贈朝請大夫。陳忠肅公賢之，稱其真率樂易，有古人之風。其仲子深，紹聖間以論斥時相之奸，與任公伯雨等俱入元祐籍。季曰處士濬，隱居不仕。而其葬也，右文殿修撰李公夔實銘之。蓋自其先世，所與交游姻好盡一時知名士，故其子弟見聞開廓，趣尚高遠，不與世俗同。若特奏府君諱某，字得之者，則處士之長子也。

少治周禮學，兼通左氏春秋，爲文簡古，不逐時好。弱冠游太學，薦而不第。舍法行，當充貢，又不果行，竟以累試禮部恩奏名天府〔一〕。將入奉廷對，前一日卒於臨安之客舍，實紹興五年八月十八日，年才五十有二。歸殯，宅之東岡。三十二年，其子呂乃更卜兆於烏君山下獅子嶺之原，奉其柩而遷焉。淳熙六年，呂始見予廬阜之陽，如舊相識。一日，泣而言曰：「呂不孝，先人之没二十七年，而後克以禮葬。葬又十有九年矣，而未克識，將無以爲幽遠無窮之計。惟吾子幸而予之銘。」因出其親友、崇陽大夫游君訔之狀以請。予辭謝不獲，乃次其事如右。

按狀又言，府君爲人事親孝謹，友愛其弟甚篤，之死不少衰。遇族黨有恩意，少有忿争，則爲居間極力平處，不令入官府。不幸死喪，則爲經理其家事而任其婚嫁之責。嘗有死上庠者，遣仲弟護其柩以歸。里人有以惡聲至者，未嘗與之較。至周其急，則輟衣食不顧也。諸弟嘗問善人之道，府君語之曰：「臨事而無陰據便利之心，斯可矣。」又嘗語人：「事有當爲，力雖未及，亦勉爲之。若必有餘而後爲，則終無時矣。」此其行身及物之本意也。平居方嚴，不妄戲笑，而遇事輒應，無所凝滯。從弟西山先生嘗面嘆曰：「兄於答問若不經意，而受其言者反覆十思，終無以易。此非諸弟所能及也。」性尤敦厚質實，發言處事不以幽顯物我爲間。樂聞人善而務掩其惡，所與交皆巨人長者，無不愛而敬之。縣嘗以民兵爲屬，府君爲制戰陳擊刺之法而以時閱習之，甚可觀也。令欲以聞，冀爲府君得勛賞，府君笑謝去，不復有所預。時海内多虞，舉人有不能試禮部者，往往以恩直補官。人有謂府君盍自言者，府君不答。老之將至，婆娑丘林，吟諷書史，逌然自適，未嘗有不遇之嘆也。嗚呼！予生晚，不及識府君，而游君不予欺也，則府君者可謂好德有常之士矣。乃不得少見於用以没其身，其亦可悲也夫！

夫人上官氏，朝議大夫合之女。繼室黄氏，曲江令銓之女。子男三人，吕爲長，次某，次某。女四人，游君與將仕郎高志旻、從政郎何鎬、保義郎上官賁其婿也。孫男女於今二十有六人。而吕之强學既有聞，又教諸子皆有法，天之所以報府君者，其將在於此乎。乃爲之銘，使刻宰上以俟。其詞曰：

利不自予，惟義之取。義則强爲，惟仁之歸。孰長其源，不豐其委？斯丘斯藏，有起無墜！

校記 〔一〕恩：原作「思」，據宋浙本、明天順本、萬曆本改。

編年 據文中所述。

金紫光禄大夫黄公墓誌銘 淳熙七年秋冬間

淳熙六年春正月，端明殿學士黄公寢疾於邵武故縣之私第。熹往問其起居，謁入，公正衣冠，舉扶起坐，顧中子瀚召熹入。至則又扶以立，辱與揖讓爲禮，共坐食飲，恭謹不懈如常時。卒食，又扶而起，涕泣爲熹言曰：「中也先考妣之藏久未克識，蓋不敢輕以屬人。今以累子，子其爲我成之。」熹頓首辭謝，不敢當，而公命之不置。熹懼以久勞公，則不敢辭而受命以出。歸，又以書辭，未報而公薨。諸子遣使來訃，且致遺命，以同郡李君吕之狀來。熹既哭公盡哀，且念今則無所於辭，乃考其狀而附以所聞，爲列其事曰：

謹按右宣義郎致仕、贈金紫光禄大夫黄公諱崇，字彦高，其先光州固始人。十一世祖膺避地閩中，今爲邵武軍邵武縣人。曾祖㞑有隱德，爲鄉里所尊。晚以子仕登朝，授太常丞以卒。故知制誥吕公夏卿實銘其墓。後以孫履爲尚書右丞，累贈司徒。祖汝臣，不仕。父豫，用右丞奏爲右承務郎，皆以孝謹聞於鄉黨。

公自幼力學，日誦千言，人謂是且大其門矣。既長，承務公任以家事，於是無復進取意。既孤而貧，悉力治喪，不以累其昆弟，而所以爲禮者無不備，觀者嘆息。母孫夫人春秋高，性嚴而多病。公致養勤劇，得其歡心。鄰家有李永者，尚氣節，雅敬慕公。察公養親之意有餘而力不足，請助公以經紀。公亦信之不疑，竭貲付之，一不問其出入，如是者十有五年。李衕公德，將死，感慨執公手曰：「子吾父也。」公之兄客游以疫死，人無敢往視之者。公獨毅然告行，千里還柩，視其橐，得餘貲尚百餘萬，悉奉以歸其丘嫂，不以一毫自私。平居恭儉自守，不妄取予。至其教子擇師，雖輟衣食無所愛。由是二子皆舉進士，及公時取高科，以德業風概各有聞於當世。既又并登朝列，遇郊慶，奏公爲右宣義郎而致其事。公乘安車東西就養，二子皆孝謹篤至。諸孫滿前，晨夕所以奉養娱樂公者甚備，鄉黨榮之。紹興癸酉正月十九日，以疾卒於南劍州沙縣之寺舍，享年八十有一。其年十月，葬於九墩先塋之次。娶建安游氏，先卒，亦以二子故追封孺人。一女，適貢士劉紀。

公卒時，端明公方以某官通判建州事，而季子章亦以某官知沙縣事。其後端明公被遇太上皇帝，擢館職、郎曹、史官，攝贊書命，兼司業、祭酒、侍講，歷工、吏、兵、禮部侍郎，又以府教授、給事中、兵部尚書事今上皇帝，侍讀禁中，正色立朝，聲烈甚茂。以顯謨、龍圖閣學士退老于家，天子又乞言焉，即拜端明殿學士。恩禮殊渥，而海内有識之士亦莫不歸心焉。沙縣屢宰劇邑，有能稱。然不肯媚事權豪，後以御史中丞湯鵬舉薦入臺爲主簿，又以持論不阿而去〔一〕。提舉福建路常平茶事，知台州，所至聲績皆可紀。以是累贈公至金紫光禄大夫，夫人亦啓封本郡。而孫曾仕者又十餘人，然後鄉人知公所以遺其子孫者爲無窮也。

李君又言：「吕以婿公孫女，嘗得拜公堂上。間竊窺觀公之爲人，望之儼然，即之温然，危坐竟日無惰容。雖遇臧獲，不妄言笑。自少至老如一日。」熹以是又知端明公之德之盛，所以没身於禮而不倦者爲有自來也。嗚呼，公其亦賢矣哉！敬爲作銘，銘曰：

司徒之德，浹於州鄉。矧其孫曾，弗俊以良。光禄之賢，克篤其慶。隱耀弗章，及子而盛。其盛伊何，學士尚書。介也英英，亦假節符。國慶所覃，逮其考廟。結紫垂黄，天子有詔。匪爵之貴，惟德之褒。保而弗墜，有積彌高。我思古人，恍其對接。承命作銘，用亶來葉。

校記　〔一〕又以：原作「以又」，據四庫全書本乙。

編年　黄中卒於淳熙七年八月，而此文作在卒後不久，據以繫之。

建安郡夫人游氏墓誌銘 淳熙七年秋冬間

有宋建安郡夫人游氏，右宣義郎致仕、贈金紫光禄大夫邵武黄公諱崇之妻，而子端明殿學士諱中、台州史君諱章之所追爵也。世爲建州建陽縣長平里人，曾祖正卿、祖希古、父儀皆不仕而有隱德，鄉里推長者。

夫人資静淑，族母阮氏以婦德爲女師，夫人幼嘗學焉，受班昭女訓，通其大義。至它組紃筆札之藝，皆不待刻意而能輒過人。早孤，其母鍾愛之，以歸大夫公。事舅姑、承祭祀勤肅不懈。舅喜賓客，佳辰令節，親舊滿門。夫人供饋唯謹，未嘗頃刻自逸而委勞於娣姒也。姑性嚴，諸婦侍旁，有二十年不命坐者。夫人獨能順適其意，盥櫛温清，禮無違者。姑有疾，非夫人進藥不嘗。每因事指言以爲諸婦模楷。遭舅喪，大夫公素貧，昆弟相顧，謀鬻田以葬。夫人曰：「毋隳爾先業爲也。」退斥橐中裝以奉其役，以故大夫公得以不煩於衆而襄大事。大夫公爲人誠慤莊重，夫人以柔順堅正佐之，相敬如賓，謀無不協。其待遇族姻謙謹有禮，樂道其美而不喜聞其過。至其貧困，則賙之必盡其力。日誦女訓及它經言，以自箴警。亦頗信尚浮屠法，娠子則必端居静室，焚香讀儒佛書。不疾呼，不怒視，曰此古人胎教之法也。故其子生皆賢材。而夫人所以教之者又甚至，稍能言，則置膝上授以詩書。少長，即爲迎師擇友，教詔諄悉。從兄御史先生學於河南程氏，行業淳懿，爲學者所宗。夫人每語諸子曰：「視乃舅而師法之，足以爲良士矣。」紹興壬子四月二十三日，以疾卒。病革，大夫公泣視之。夫人曰：「生死聚散，如夜旦然，何以戚戚爲哉。」於是年五十有六矣。

二子皆舉進士，中其科，而端明公實以第二人賜第。其後侍從兩朝，出入二十餘年，忠言直節，老而益壯。退居於鄉，天子閔勞以事，嘗遣信使奉璽書就而問之。其忠孝大節固已偉然，而其言行之細又皆可紀，人以爲夫人之遺教也。台州嘗爲御史臺主簿，亦以治行精敏、議論慷慨有聞於時。二公前後凡□逢慶恩〔一〕，得追榮其母至今封，里人榮之。一女，則貢士劉紀其婿也。

卒之明年，葬於邵武縣石岐之原。大夫公嘗命台州狀其行，而未有所託銘。後四十有六年，端明公乃以命熹。其語具於大夫公之誌，此不著。獨按狀文，剟其大者書而銘之。銘曰：

長平之游，世有德人。弗耀於世，乃里其仁。女士攸宜，壺彝是式。配德娠賢，慶餘善積。尚書刺史，之德之才。湯沐之封，本邦是開。煌煌命書，賁此玄宅。伐石篆辭，永世貽則。

校記 〔一〕此句缺字明萬曆本作「遭」，四庫全書本作「累」，恐屬臆補。所缺當爲逢恩之數。

編年 此與上篇同時所作，參上篇所考。

端明殿學士黃公墓誌銘〔一〕 淳熙八年冬

公姓黃氏，諱中，字通老。其先有諱膺者，自光州固始縣入閩，始家邵武。至公間十有二世矣。公之曾大父汝臣，不仕。大父豫，假承務郎。父崇，贈金紫光禄大夫。母游氏，追封建安郡夫人。

公生而穎悟端慤，少長受書，不過一再讀，退輒默然危坐竟日，問之則皆已成誦矣。未冠，從舅御史先生定夫愛其厚重，手書爲夫人賀。逾冠入太學，會京城失守，僞楚僭位號，公即日出居於外。既而邦昌果遣學官致僞詔藥物勞問諸生，公以前出，故獨無所污。建炎再造，丞相潛善公族祖父也，雅器重公，薦諸朝。詔補修職郎、御營使司幹辦公事。紹興五年舉進士，對策廷中，極論孝弟之意，冀以感動聖心。天子果異其言，擢置上第，名次舉首，授左文林郎、保寧軍節度推官。改宣義郎、主管南外敦宗院。代還，秦丞相檜方用事，察公意不附己，差通判建州事。罷外艱，服除，復差通判紹興府事。時公登第二十有餘年矣，轉徙外服，士友嘆其滯淹，而公處之泊如也。

檜已死，公道稍開。上記公姓名，乃召以爲秘書省校書郎，兼實録院檢討官。遷著作佐郎，兼普安恩平郡王府教授，遷司封員外郎，兼權國子司業。滿歲，爲真。紹興二十八年，充賀金國生辰使，與賀正使、秘書少監沈介相先後。明年公還，獨言虜作治汴宫，役夫萬計，此必欲徙居以見迫，不可不早自爲計。時約和既久，中外解弛，無復戰守之備。上聞公言，矍然曰：「非但爲離宫耶？」公曰：「臣見其營表之目，宫寢悉備，此豈止爲離宫者？以臣度之，虜勢必南。虜南居汴，則壯士健馬不數日可至淮上。事勢已迫，惟陛下亟深圖之。」上是公言，而宰相皆不悦，顧詰公曰：「沈監之歸，屬耳不聞此言，公安得獨爲此？」殊不以爲意。逾月，公復往扣之，且曰：「即不以鄙言爲可信，請治其罪。」又皆憮然莫應，而右相湯思退怒甚，至以語侵公。公不爲動，已乃除沈吏部侍郎，而徙公秘書少監以抑之。公猶以邊備爲言，不聽，則請補外。上不許，曰：「黄某可謂恬退有守矣。」除起居郎，賜以鞍馬，非故事也。

逾月，兼權中書舍人。顯仁太后崩，百官朝臨，將避辰日。公以非經，且引唐太宗哭張公謹事争之。已而卜殯日，適在權制釋服之外。有司議百官以吉服陪位，公又論之曰：「唐制，殯在易月之内，則曰百僚各服其服。啓殯在易月之外，則曰各服其初服。今殯雖過期，獨不得以啓殯例之而服其初服乎？且喪與其易，寧戚，惟稽古定制，有以伸臣子之至情者，則幸甚。」

尋差同知三十年貢舉，權工部侍郎，奏：「御前軍器所領屬中人，其調度程品，工部軍器監有不得而聞者，非祖宗正名建官之意。請得隸屬稽考。」不報。金人來賀天申節，充接伴使。故事，錫宴使者謝於庭中。至是辭以方暑，請拜宇下。公持不可，乃如故事。遂爲送伴使。還，又言聞虜日繕兵不休，且其重兵皆屯中州，宜有以待之。

明年，兼侍講，又兼吏、兵部侍郎。會將有事於明堂，公請毋新幄帟，毋設四輅，以節浮費。詔從之。既而虜使復以天申來賀，方引見，遽以欽宗皇帝訃聞，且多出不遜語。諸公恇駭〔二〕，不知所爲，至謂上不可以凶服見使者，欲俟其去乃發喪。公聞之，馳白宰相：「此國家大事，臣子至痛之節，一有失禮，謂天下後世何？且使人或問故，將何以對？」於是始議行禮。公又率諸同列請對，論決策用兵事。衆莫有同者，公乃獨陳備禦方略，且曰：「朝廷與仇虜通好二十餘年之間，我未嘗一日言戰，虜未嘗一日忘戰。以我歲幣，啖彼士卒，我日益削，虜日益强。今幸天褫其魄，使先墜言以警陛下，惟陛下亟加聖心焉。」蓋公自使還三年，每進對未嘗不以兹事爲言。至是上始入其説，然不數月而虜亮已擁衆渡淮矣。

遷權禮部侍郎，入謝，因論淮西將士不用命，請擇大臣督諸軍。既而殿帥楊存中以御營使行，公又率同列論存中不可遣狀甚力。虜騎至江堧，朝臣震怖，争遣家逃匿，公獨晏然如平日。家人亦朝暮請行，公曰：「天子六宫在是，吾爲從臣，獨安適耶？」比虜退，唯公與左相陳魯公家在城中，衆皆慚服。於是車駕將撫師建康，而欽宗未祔廟，留守湯思退請省虞以速祔。公持不可，上納用焉，而議者猶謂凶服不可以即戎。上曰：「吾固以縞素詔中外矣。」卒從公言而行。月朔，留司百官當入臨，思退復議寢其禮，公又力争，得不罷。比作主，當瘞重，公又以初服請。右相朱倬不可，曰：「徽考大行有故事矣。」公曰：「此前日之誤，今正當改之耳。」倬因妄謂上意實然，臣子務爲恭順可也。公曰：「責難於君，乃爲恭耳。」

虜既易主，明年，復遣使來通好，議者皆曰「土地，實也；君臣，名也。先實後名，我之利也」。公又奏曰：「君臣之名既定，則實將從之，百世不易。若土地〔三〕，則其得失取予非有定也，安得反謂之實而先之乎。」上然之，詔公去權號。會有詔問足食足兵之計，公以量入爲出爲對，且曰：「今天下財賦半入内帑，有司莫能計其盈虛，請悉以歸左藏。」且引唐楊炎告德宗語曰：「陛下仁聖，豈不能爲德宗之爲哉。」上亦善之，然未及行也。

未幾，今天子受禪登極。公始蓋嘗與聞其議，至是自以舊學老臣，且察左右有以術數惑上聽者，首以堯、舜、禹、湯、文、武、周、孔所傳正心誠意、致知格物之説爲上敷陳甚悉。會詔給筆札侍臣，論天下事。公既條上，且申前奏，極論内帑之弊。於是有詔，更以内藏激賞爲左藏南庫。

明年，兼國子祭酒。詔以旱蝗星變，命近臣言闕政。公曰：「前給筆札，群臣悉已條對，今什未一二施行。夫言非難，行之爲難。願陛下力行而已，無以多言爲也。」已而有旨，自今太上皇后令皆以聖旨爲號。公以故典争之，不得。宰相建遣王之望使虜約和，公又論之，亦不從。

俄兼給事中。明年，天申上壽，議者以欽宗服除，將復用樂。事下禮曹，公奏曰：「臣事君猶子事父。禮，親喪未葬不除服。春秋君弑賊不討，則雖葬不書，以明臣子之罪。況今欽宗實未葬也，而遽作樂，不亦失禮違經之甚乎！」退復以白宰相，且引永祐龍輴未返時事爲比。左相湯思退曰：「時已遣使奉迎，今則未也。」公曰：「此又誰之責耶？」右相張魏公亦曰：「今乃爲親之故，不得以前日比。」公曰：「太上皇帝於欽宗親弟昆，且常北面事之，有君臣之義，尤恐非所安也。」退具草，將復論之，詞益壯厲。尋有旨集議，而廟堂間遣禮官來偵公意。公出奏草示之，知公議正不可屈，乃寢。

公在東臺不半歲，詔敕下者，問理如何，未嘗顧己徇人，小有所屈。内侍李綽、徐紳、賈竑、梁珂遷官不應法，諫官劉度坐論近習龍大淵忤旨補郡，已復罷之，公壹不書讀，繳奏以聞，左右已深忌之。會復有旨賜安穆皇后家墳寺田，而僧遂奪取殿前選鋒軍所買丁禩田以自入，軍士以爲言。事下户部，尚書韓仲通以爲不可，而侍郎錢端禮觀望，獨奏予之。公復封上曰：「今若奉行前詔，則當以官田給賜，不當取諸軍家所買。若謂丁禩得之非道，軍家不應得買，則亦當還直取田，不當遽乾没也。」疏奏，群小相與益肆媒孽公，遂以特旨罷中書舍人。馬騏上疏留公，未報，而言事官尹穡希意投隙，詆公爲張公黨。騏後亦不能自堅，而公竟去國矣。

明年，乾道改元，公年適七十，即移文所居邵武軍，引年告老。除集英殿修撰致仕，進敷文閣待制。久之，上亦寖悟，思公言，將復用之。五年，因御講筵，顧侍臣曰〔四〕：「黄某老儒，今居何許？年幾何矣？筋力强否？」於是召公赴闕。公辭謝不獲，明年乃起。

公以老成宿望、直道正言去國七年，至是復來，觀者如堵。入對内殿，問勞甚寵。時用事者方以權譎功利日肆欺罔，公因復以前奏正心誠意、致知格物者爲上精言之。又言：「比年以來，言和者忘不共戴天之讎，固非久安之計；而言戰者徒爲無顧忌大言，又無必勝之策。必也暫與之和而亟爲之備，内修政理而外觀時變，則庶乎其可耳。」上皆聽納。以爲兵部尚書，兼侍讀。每當入直，上常先遣人候視，至則亟召入，坐語極從容。如是數月，月必一再見。

公知無不言，其大者則迎請欽廟梓宫，罷天申錫宴也。初，公在禮部論止作樂事，公去逾年，卒用之，然猶未設宴也。至是，將錫宴，公奏申前説，且曰：「三綱五常，聖人所以維持天下之要道，須臾不可無也。欽宗梓宮遠在沙漠，爲臣子者未嘗以一言及之，獨不錫宴一事僅存，如魯告朔之餼羊爾。今又廢之，則三綱五常掃地盡矣，陛下將何以責天下臣子之不盡忠孝於君親哉。」已而詔遣中書舍人范成大使虜，以山陵爲請。公又奏曰：「陛下聖孝及此，天下幸甚。然置欽廟梓宮而不問，則有所未盡於人心。且雖夷狄之無君，其或以是而窺我矣。」上善其言而不及用，虜於是果肆嫚言，人乃服公論之正而識之早也。公又嘗奏請命有司作乾道會計録以制國用，罷去發運使及它民間利病、邊防得失數事。

公前以不得其言而被讒以去，其復來也，將有以卒行其志，而上意鄉公亦益厚。至是不能卒歲，又以言不盡用，浩然有歸志。然猶未忍决求去也，乃陳十要道之説以獻曰：「用人而不自用者，治天下之要道也。以公議進退人材者，用人之要道也。察其正直納忠、阿諛順旨者，辨君子小人之要道也。廣開言路者，防壅蔽之要道也。考核事實者，聽言之要道也。量入爲出者，理財之要道也。精選監司者，理郡邑之要道也。痛懲贓吏者，恤民之要道也。求文武之臣面陳方略者，選將帥之要道也。稽考兵籍，省財之要道也。」言皆切中時病，每奏一篇，上未嘗不稱善。公遂從容乞身以歸，詞旨堅確。上不能奪，乃除顯謨閣學士、提舉江州太平興國宮。入謝且辭，上意殊眷眷，内出犀帶香茗爲賜。既歸，再疏告老，遂以龍圖閣學士致仕。

淳熙元年，上意猶欲用公，以公篤老不敢召，則上手爲書，遣使詣公，訪以天下利害、朝政闕失。進職端明殿學士，且以銀絹將之。公受詔感激，拜疏以謝，略曰：「朝政之闕失多矣，其尤失者，君子在野，小人在位，政出多門，言路壅塞，廉耻道喪，貨賂公行也。天下之利害多矣，其尤害民者，官吏貪墨，賦歛煩重，財用匱竭，盜賊多有，獄訟不理，政以賄成也。臣願進君子，退小人，精選諸道部使者以察州縣，則朝政有經，民不告病矣。」

公之復歸又十年，雖身安田里，老壽康寧，無復它念，然其心未嘗一日忘朝廷。間語及時事，或慷慨悲辛不能已，聞者蓋動心焉。然尚冀公之復起，而卒有以寤上心也。七年八月庚寅〔五〕，竟以疾薨於家之正寢。先是，屬疾逾年，手草遺表，猶以山陵境土、欽廟梓宫爲言，而戒上以人主之職不可假之左右，言尤剴切，至是上之。上聞悲悼，朝野相吊。詔以正議大夫告其第，享年八十有五，累封江夏郡開國侯，食邑千五百户，實封百户。

娶熊氏、詹氏，又娶詹氏，封淑人。三男：源，通直郎；瀚，承務郎；浩，從政郎。六女，承議郎倪治、通直郎吴應時、宣教郎謝源明、承事郎張鑄、承事郎陳景山其婿也。第三子及第二女皆夭〔六〕。孫男七人，女五人。

公天性莊重，終日儼然，坐立有常處，未嘗傾側跛倚；語默有常節，未嘗戲言苟笑。它人視之若有所拘繫而不能頃刻安者，公獨泰然以終其身。雖在燕私，亦未嘗須臾變也。居家孝友篤至，夫婦相敬如賓。與人交恭而信，淡而久，苟非其義，一介不取諸人，亦不以予人。少時貧窶，炊黍或不繼，而處之甚安。至其力所可致，則亦不使親與其憂也。晚歲宦達，而自奉簡薄，不改於舊。惟祭祀則致豐潔，細大必身親之。

仕州縣奉法循理，敦尚風教，在朝廷守經據正，思深慮遠，不爲激訐之言、表襮之行以矜己取名。然誠意所格，愈久而上下愈信服之。上雅敬重公，屢有大用意，而公卒不少貶以求合。上問進取，必謹對曰：「先自治。」問理財，必謹對曰：「量入爲出。」始終一説，未嘗少及功利。至於忠孝大節、敬終追遠之際，則深有所不能忘者。蓋自始對詔策，已發其端，而痛夫欽廟梓宫之未返，則論之終身，至於垂絶之言不釋也。嗚呼悲夫！推公此心，可謂無歉於幽明，而其法戒之所存，雖與天壤相弊可也。

尤恬於勢利，興廢之間，人莫見其喜慍之色。爲郡從事時，驗茶券有僞者，吏白公當受賞，公謝却之。罷惇宗而造朝也，臨安學官與試貢士，公以朝命攝其事。時見官外猶有缺員，用事者故以嘗公。已而試事畢，公即解印去。其人曰：「所攝黨缺員，盍亦自言以審之乎？」公竟不顧，用事者以是惡之。在王府時，龍大淵爲内知，已親幸。它教授或與過從觴詠，公獨未嘗與之坐，朝夕見則揖而退。其後它教授多蒙其力，公獨不徙官。

爲司業時，芝草生武成廟，武學官吏請以聞，公不答，則陰圖以獻。宰相召長貳而詰之曰：「治世之瑞，抑而不奏，何耶？」祭酒周公綰未對，公指所畫對曰：「治世何用此爲？」周退語人曰：「黄公之言精切簡當，惜不使爲諫諍官也。」六和塔成，宰相命諸達官人寫釋氏四十二章之一刻之壁間。公謝不能，請至再，終不與。其不惑異端又如此。

所居官人莫敢干以私，然公初未嘗有意固拒之也。蜀士有仕於朝者，同列多靳侮之，獨感公遇己厚，然公亦未嘗有意獨厚之也。尤喜薦士，王詹事十朋、張舍人震皆公所引。張忠獻公、劉太尉錡之復用，公力爲多。然未嘗以告人，諸公或不之知也。致事里居前後十五年，收死恤孤，振貧繼絶，蒙賴者衆，而公未嘗有自德之色。平居門無雜賓，邑里後生有來見者，躬與爲禮，如對大賓。諄諄教語，必依於孝弟忠信，未嘗以爵齒自高而有懈意惰容也。

蓋公之爲人生質粹美，天下之物既無足以動於其心，其學於天下之義理又皆不待問辨而已識其大者。若其誠意躬行，則又渾然不見其勉强之意。而謙厚慤實，尤以空言爲耻，以故當世鮮克知之。然親炙而有得焉，則未有不厭然心服者。嗚呼！所謂訥言敏行、實浮於名者，公其是與。

明年將葬，嗣子源使其弟瀚狀公行事〔七〕，屬熹以銘。熹辱公知顧甚厚，且嘗受命以識先大夫、先夫人之墓矣，不復敢辭，乃敬叙其事而銘之。公墓在邵武縣仁澤鄉慶親里居第之北曰石歧原〔八〕，葬以十二月初五日。其銘曰：

天下國家，孰匪當務。曷爲斯本，身則其處。事物之理，指數其窮。曷其大者，維孝與忠。我觀黄公，天畀淳則。植本自躬，有大其識。儼其若思，履衡蹈從。盛德之表，見於聲容。烝烝於家，懇懇於國。敬終厚遠，靡有遺貸。根深末茂，綱舉目隨。行滿當世，言爲寶龜。出入兩朝，初終一意。酬酢佑神，表裏一致。因而不究，君子惜之。勒銘幽宫，維以質之！

校記

〔一〕此篇淳熙本文字差異頗大，今附録於後，以便參考。其中誤字仍舊，未加是正。

〔二〕恇：原作「惟」，據宋浙本、明天順本改。

〔三〕若：原作「者」，據宋閩本、明天順本改。

〔四〕曰：原作「力」，據宋浙本、明天順本、萬曆本改。

〔五〕庚寅：原缺，據淳熙本補。

〔六〕三：原作「二」，據淳熙本、宋浙本改。

〔七〕瀚：原作「翰」，據淳熙本、宋浙本改。

〔八〕慶親、石歧：原缺，據淳熙本補。

編年 據文中所述。

評論 周大璋朱子古文讀本卷六端明殿學士黃公墓誌銘：黃公大節凛然，深識時務，正論昌言，字字龜鑑，真一代奇男子。公極力賛嘆，而以用而不究爲之惜，意可知矣。前後敘次纍纍如貫珠。此等筆法，韓、歐能之，蘇氏父子不能也。

附：有宋端明殿學士中大夫致仕江夏郡開國侯食邑一千五百户食實封一百户贈正議大夫黃公墓志銘

公姓黃氏，諱中，字通老。其先有諱膺者，自光州固始縣入閩，始家邵武。至公間十有二世矣。公之曾大父汝臣，不仕。大父豫，假承務郎。父崇，贈金紫光禄大夫。母游氏，追封建安郡夫人。

公生穎悟端慤，少長受書，不過一再讀，已輒默然危坐竟日，而書悉已成誦。建安從父兄定夫先生愛其厚重，亟稱之。逾冠入太學，遭僞楚之亂，即日自屏居外。既而邦昌果遣學官致僞詔藥物勞諸生，公以前出，故無所污。建炎再造，族祖父輔政，薦補修職郎、御營使司幹辦公事。紹興五年舉進士，對策廷中，極論孝弟之意，有以動聖心者。遂以第二人賜第，授左文林郎、保寧軍節度推官。改宣義郎、主管南外敦宗院。代還，秦丞相檜方用事，察公意不附己，差通判建州事。遭喪，服除，復差通判紹興府。時公擢第餘二十年，士友莫不以遷徙滯留爲公嘆息，而公處之泊如也。檜死，公道開，天子記公姓名，乃召以爲秘書省校書郎，兼實録院檢討官。遷著作佐郎，兼普安恩平郡王府教授，遷司封員外郎，兼權國子司業。滿歲，爲真。充二十八年賀金國生辰使，還爲秘書少監。尋除起居郎，兼權中書舍人。權工部侍郎，兼侍講。兼權吏、兵部侍郎，權禮部侍郎。逾年，去權即真。

公使虜時，虜已作治汴宫，秘書少監沈介以賀正使先歸，不敢言。公還，獨言汴中役夫萬計，宫寢畢備，此必欲徙居以見迫，不可不早自爲計。時約和久，中外解弛，無戰守備。上聞矍然，而宰相顧曰：「沈監之歸，屬耳殊不聞此，何耶？」因不復以公言爲意。居數日，公復往白，請以妄言即罪。右相湯思退怒，至以語侵公。公不爲動，已乃除沈吏部侍郎，而徙公以補其處。公猶以邊備爲言，又不聽，則請補外。上不許，曰：「黄中可謂恬退有守矣。」於是有左史之拜，錫以鞍馬，非故事也。

顯仁太后上仙，有司以辰日罷朝夕哭。公争之曰：「此非經。且唐太宗猶以是日哭其臣，况臣子於君母乎。」及殯，有司又以權制已訖，請百官以吉服行事。公又曰：「唐制，殯在易月之内，則其禮曰百寮各服其服。至啓殯，則雖在易月之外，而猶曰各服其初服。今以易月故而遂吉服以殯，非禮也。」

在工部，以御前軍器所領屬中人，其調度程品工部軍器監不得與，非祖宗法，奏請改之，不報。嘗迓虜使，使者當謝錫宴，故以天暑爲辭，請拜宇下。公持不可，乃拜廷中，遂送之還。又言：「聞虜日繕兵不休，且其重兵皆已南下，宜有以待之。」親饗明堂，請毋新幄帟，毋設四輅，以節浮費，詔從之。

三十一年，金使來賀天申節，遽以欽宗皇帝訃聞，且多出不遜語。諸公不知所爲，欲俟其去乃發喪。公聞之，馳白宰相：「此國家大事，臣子至痛之節，一有失禮，謂天下後世何？且使人或問其故，將何以對？」公於是竟得如禮。始，公自使還，至是三四年間，每進見，未嘗不以邊事爲言。至是，又率諸同列請對，論決策用兵事，莫有同者。公乃獨陳備禦方略。上始善其言，然不數月，而金亮已擁衆渡淮矣。公適以還禮曹入謝，因論淮西將士不用命，請擇大臣督諸軍。既而以殿帥楊存中爲御營使，公又率同列論存中不可遣狀甚力。虜騎臨江，朝臣震怖，爭遣家逃匿，公獨晏然如平日。家人亦朝暮請行，公初不答。已而曰：「天子六宫在是，吾爲從臣，若等欲安適耶？」比虜退，唯公與左相陳魯公家在城中，衆皆慚服。於是車駕將撫師建康，而欽宗未祔廟，留守湯思退請省虞速祔而釋服以行。公持不可，上納用焉，而議者猶謂凶服不可以即戎。上曰：「吾因以縞素詔中外矣。」卒從公言。既行，留司百官吉月當入臨，思退復議罷之。公又力爭，得不罷。比作主，當瘞重，公又以初服請。右相朱倬不可，曰：「徽孝大行有故事矣。」公曰：「此前日之誤，今所當改，奈何復因之乎。」倬因妄謂上意實然，臣子務爲恭順可也。公曰：「責難於君，乃爲恭耳。」

虜以易主，復來修好，且責臣禮及新復四郡，迓者以聞。因曰土疆實利，不可予，禮際虛名，不足惜也。公聞之，亟奏曰：「名定實隨，百世不易，不可謂虛；土疆得失，一彼一此，不可謂實。議者言非是。」上然之。已而有詔問侍臣足食足兵之計，公言：「今天下財賦半入內帑，有司莫能計其盈虛。請用唐德宗楊炎之策，歸之左藏。」上亦善之，然未及行也。

未幾，今天子受禪。公自以舊學老臣，當盡規戒，且察左右有以術數惑上聽者，則具以堯、舜、禹、湯、文、武、周、孔所傳正心誠意、致知格物之説爲上陳之。會給筆札侍臣，論天下事。公既條上，且申前奏，極論內帑之弊。於是有詔，更以內藏激賞爲左藏南庫。明年，復以災異，命近臣言闕政。公曰：「前給筆札，群臣對甚悉，意者陛下當力行之。今什未一二施行，又何以多言爲哉。」已而有詔，太上皇后之命得以聖旨爲稱。公引故典争之，不得。宰相建遣王之望使虜約和，公又論之，亦不從。

天申上壽，議者以欽宗服除，當舉樂。公曰：「臣事君猶子事父。禮，親喪未葬不除服。春秋君弒賊不討，則雖葬不書，以明臣子之罪。況今欽宗實未葬也，而可遽作樂乎。」既奏言之，又引永祐龍輴未返時事白宰相。左相湯思退曰：「時已遣使迎奉，故輟樂以待。今則未也。」公曰：「此又誰之責耶？」右相張公亦曰：「今爲親故，不得以前日比。」公曰：「太上皇帝於欽宗親弟昆，且嘗北面事之，有君臣之義，尤恐非所安也。」退具草，將復論之，詞益壯。廟堂憚公議正守堅不可屈，事乃得寢。

嘗兼國子祭酒，又兼給事中，詔敕下者，問理如何，未嘗顧己徇人，小有回屈。内侍李綽、徐紳、賈竑、梁珂遷官不應法，諫官劉度坐論近習龍大淵忤旨補郡，已復罷之，公皆不書讀，左右已深忌之。居數月，會安穆皇后家墳寺當得賜田，而僧遂奪取殿前軍所買田以自入，軍士以爲言。事下户部，尚書韓仲通不可，而侍郎錢端禮獨奉予之。公復封上，群小因是相與媒孽，遂以特旨罷公。中書舍人馬騏方上疏請留，而言事官尹穡希意投隙，詆公爲張公黨，騏後亦不能自堅也。

明年，乾道改元，公年適已七十矣，即移文所居邵武軍告老。除集英殿修撰致仕，進敷文閣待制。居六年，一日，上思公，將復用之。因御講筵，顧侍臣曰：「黄中老儒，今居何許？年幾許？」意其筋力或未衰也，於是召公赴闕。公不得辭，强起。比入都門，觀者如堵。引對内殿，問勞甚寵。時用事者方以權譎功利日肆奸惡，公因復以前奏正心誠意、致知格物者爲上精言之。又言：「比年以來，言和者忘不共戴天之讎，固非久安之計；而言戰者徒爲無顧忌大言，又無必勝之策。必也暫與之和而亟爲之備，内修政理而外觀時變，則庶乎其可耳。」上皆聽納。以爲兵部尚書，兼侍讀，每當入直，上常先遣人候視，至則亟召入，坐語從容。如是數月，月必一再見。公知無不言，其大者則迎請欽宗梓宫，罷天申錫宴也。

公前在禮部，論止作樂事，公去卒用之。至是又將錫宴，公奏申前説，且曰：「三綱五常，聖人所以維持天下之要道，不可一日無。欽宗梓宮遠在沙漠，臣子未嘗一言及之，獨不錫宴一事僅存，如魯告朔之餼羊爾。今又廢之，則三綱五常掃地而盡，陛下將何以責天下臣子之不盡忠孝於君親哉。」已而詔遣中書舍人范成大使虜，以山陵爲請。公又奏曰：「陛下聖孝及此，天下幸甚。然置欽廟梓宮而不問，則有所未盡於人心。且雖夷狄之無君，其或以是而窺我矣。」上善其言而不及用，虜於是果肆嫚言，人乃服公之論正而識早也。它所論建，如作會計録，罷發運使，及民間利病、邊防得失甚衆。

蓋公之復來，庶幾得以卒行其志，而上意鄉公亦益厚。至是不能卒歲，又以言不盡用，浩然有歸志。然猶未忍决求去也，乃陳十要道之説以獻曰：「用人而不自用者，治天下之要道也。以公議進退人材者，用人之要道也。察其正直納忠、阿諛順旨者，辨君子小人之要道也。廣開言路者，防壅蔽之要道也。考析事實者，聽言之要道也。量入爲出者，理財之要道也。精選監司者，理郡邑之要道也。痛懲贓吏者，恤民之要道也。求文武之臣面陳方略者，選將帥之要道也。稽考兵籍者，省財之要道也。」上亟稱善，公遂以乞身爲請，祈懇甚力。上不能奪，以爲顯謨閣學士、提舉江州太平興國宫，內出犀帶香茗以賜。既歸，再疏告老，遂以龍圖閣學士致仕。其後上意猶欲用公，以公篤老不敢召，則手爲書，遣使訪公以天下利害、朝政闕失，進職端明殿學士，且以銀絹將之。公受詔感激，拜疏以謝，略曰：「朝政之闕失多矣，其尤失者，君子在野，小人在位，政出多門，言路壅塞，廉恥道喪，貨賂公行也。天下之利害多矣，其尤害民者，官吏貪墨，賦斂煩重，財用匱竭，盜賊多有，獄訟不理，政以賄求也。臣願進君子，退小人，精選諸道使者以察州縣，則朝政有經，民不告病矣。」

公之復歸又十年，婆娑里門，無復外事，然其心未嘗一日忘朝廷。間語及時事，或慷慨悲辛不能已，聞者蓋動心焉，尚冀公之復起而卒有以痦上心也。既而屬疾，手草遺表，猶以山陵境土、欽廟梓宮爲言，而深以人主之職不可假之左右爲戒。淳熙七年八月庚寅薨，諸子上其書，上爲悲悼，詔以正議大夫告其弟，蓋公之年八十有五矣。

公先娶熊氏、詹氏，又娶詹氏，封淑人，後公一年亦薨。四子，源，通直郎；瀚，承務郎；浩，從政郎。六女，承議郎倪治、通直郎吴應時、宣教郎謝源明、承事郎張鑄、宣義郎陳景山其婿也。第三子及第二女皆夭。孫男七人，女五人。

公天性莊重，終日儼然，坐立有常處，未嘗傾側跛倚；語默有常節，未嘗戲言苟笑。它人視之若有所拘縶而不能頃刻安者，公獨泰然以終其身。雖在燕私，亦未嘗須臾變也。居家孝友篤至，夫婦相敬如賓。與人交恭而信，淡而久，苟非其義，一介不取諸人，亦不以予人。少時貧窶，炊黍或不繼，而處之甚安。至其力所可致，則亦不使親與其憂也。晚歲宦達，而自奉簡薄，不改於舊。惟祭祀則致豐潔，細大必身親之。

仕州縣奉法循理，敦尚風教。在朝廷守經居正，思深慮遠，不爲激訐之言、表襮之行以矜己取名。然誠意所格，愈久而上下愈信服之。上雅敬重公，嘗有大用意，而公卒不少貶以求合。上問進取，必謹對曰：「先自治。」問理財，必謹對曰：「量入爲出。」始終一説，未嘗少及功利。至於忠孝大節、敬終追遠之際，則自始對詔策已發其端，而終身誦之，至於垂絶猶不置也。嗚呼悲夫！推公此心，可謂無歉於幽明，而其法式之所存，雖與天壤相弊可也。

尤恬於勢利，興廢之間，人莫見其喜愠之色。爲郡從事時，驗茶券有僞者，吏白公當受賞，公謝却之。罷惇宗而造朝也，臨安學官有缺員而見官入試貢士，宰相俾公攝焉。試者出，公即解印去。其人曰：「公所攝黨缺員，盍亦自言以審之乎？」公不顧，用事者以是惡之。在王府時，龍大淵已親幸，它教授或與過從觴詠，公獨未嘗與之坐，朝夕見則揖而退。其後它教授多蒙其力，而公獨不徙官。爲司業時，芝草生武成廟，官吏請以聞，公不答，則陰畫以獻。宰相召長貳詰之曰：「治世之瑞，抑而不奏，何耶？」祭酒周公綰未對，公指其畫曰：「治世何用此爲？」周退，謂人曰：「黄公之言精切簡當，惜不使爲諫諍官也。」宰相率諸達官分寫佛書，刻石六和塔下。公謝不能，請至再，終不與。其不惑異端又如此。

其莅官人莫敢干以私，然公初未嘗有意固拒之也。蜀士有仕於朝者，同列多靳侮之，獨感公遇己厚，然公亦未嘗有意獨厚之也。尤喜薦士，如王詹事十朋、張舍人震，皆公所引。張忠獻公、劉太尉錡之復用，公力爲多。然未嘗以告人，諸公或不之知也。

致事里居前後十五年，收死恤孤，振貧繼絶，蒙賴者衆，而公未嘗有自得之色。平居門無雜賓，邑里後生有來見者，躬與爲禮，如對大賓。諄諄教語，必依於孝弟忠信，未嘗以爵齒自高而有懈意惰容。蓋公生質粹美，天下之物既無足以動其心，其於天下之義理又皆不待問辯而已識其大者。若其誠意躬行，則又渾然不見其有勉强之意。而謙厚慤實，尤以空言爲耻，以故當世鮮克知之。然親炙而有得焉，則未有不厭然心服者。嗚呼！所謂訥言敏行、實浮於名者，公其是與！

嗣子源將以八年十月辛酉葬公於邵武縣仁澤鄉慶親里居第之北石歧原，而使其弟瀚狀公行事，屬某識焉。某素仰公德，而公所以教誨之者亦甚厚，且嘗受命以識於先大夫、先夫人之墓矣，其又何辭？乃敬序其事而銘之。銘曰：

天下國家，孰匪當務。曷爲斯本，身則其處。事物之理，指數莫窮。曷其大者，維孝與忠。我觀黄公，天畀淳則。植本自躬，有大其識。儼其若思，履衡蹈從。盛德之表，見於聲容。烝烝於家，懇懇於國。敬終厚遠，靡有遺貸。根深末茂，綱舉目隨。行滿當世，言爲寶龜。出入兩朝，初終一意。酬酢佑神，隱顯一致。用而不究，君子惜之。刻辭幽宫，維以質之！

武經大夫趙公墓誌銘淳熙七年

公諱某，字夢周，有宋太宗皇帝之六世孫也。其曾大父某，大父某，皆爲開府儀同三司、贈太師，追王韓、成二國，事皆見國史。父某，舉進士中第，未及仕而卒，贈中奉大夫。

公生睦親宅，以郊祀恩補成忠郎。少孤，能自植立，刻意爲學，欲以文字成名於世。遭亂轉徙，不克遂其志。年甫冠，調監常州宜興縣税。是時寇難未夷，道路艱棘，公治征算不以苛嗷爲事，往來便之。在官獨居一室，日以讀書鼓琴爲事，一無他嗜。同寮莫測其所爲，至使人陰伺之，已乃信服。參知政事張公守亦知其賢，更以爲饒州永平監。舊法，課卒淘土取棄銅以益鑄用，數登萬斤，輒書勞受賞。前後相承，程董峻切，役者病之。公至，獨嘆曰：「瘠人肥己，吾弗忍也。」亟罷去，而節他費以足用。守董耘賢之，且愛其詞章，薦於朝，請爲易文資，不果去。居信之弋陽，一時名勝争迎致館穀，且遣子弟從之游。久之，自請爲祠官，得主管華州雲臺觀，始來居邵武。時中書舍人王洋知軍事，尤深禮敬，與酬唱往來，稱嘆不置。秩滿，爲建昌軍兵馬都監。郡守知其廉，帑藏出納悉以諉之。復監泉州軍郡使司羅事〔一〕。公知前積蠹弊，嘆曰：「踵是則吾固不能，正之則蒙其辜者必衆，吾豈爲禍始乎。」因力辭之。既而有求代其任者，果不免，聞者嘆服。晚再爲福建路兵馬鈐轄，累官至武經大夫，行年七十有三，淳熙六年七月某日以疾卒。

公配恭人滿氏，某官中行之曾孫女。子男五人：善俊，朝議大夫、直龍圖閣、知廬州、主管淮西安撫司公事；善佐，朝散郎、知常德府事；善儀，秉義郎；善任，承節郎；善傑，忠翊郎，而善任蚤卒。女七人，其二亦夭〔二〕。其五人，則從政郎鄧祖攸、迪功郎楊珵、李絪、黄造、司馬逵其婿也。孫男女各二人，皆幼。

明年，諸孤特奉公柩葬於邵武縣新屯西宅之原，而書其事狀如此，使人來請銘。熹雅聞公爲人恬淡寬博，自少以廉謹自將。平居未嘗有愠色，尤不喜言人過。以急難告者必周之，未嘗計有無也。生長太平公族間，不爲華靡之習。從宦所至，壹以仁恕惻怛爲心。雖勢卑不得盡行其志，然其隨事及物，亦足以見其胸中所存者。滿恭人有賢行，諸子皆以文學稱。而淮西、常德連中進士第，皆及公無恙時，被遇通顯，知名當世。公晚更得閑適，因不復問家事，頽用棋酒自娱而老壽以没。嗚呼，是亦可以無憾也夫！乃考其狀叙而銘之。銘曰：

唯紓人之勞，寧却己之進。豈曰己之廉，而速人以病。仁夫趙公，有睪其宫。我銘斯石，以詔其終。

校記 〔一〕軍：原缺，據宋浙本、明天順本、萬曆本補。

〔二〕其二：原缺，據宋浙本、明天順本補。

編年 據文中所述。

夫人徐氏墓誌銘 淳熙八年

夫人徐氏，温州瑞安縣人，世隱德不仕。夫人生柔順静正，父母愛之，擇所宜歸，以配郡人張君某。既歸，事舅姑盡禮。晨夕敬問衣服食飲寒燠之宜而節適之，舅姑未食不敢食，未寢不敢寢。姑性嚴重，事有不可其意，終日不懌，左右莫能近。夫人獨從容娱侍，所以開釋其意者萬方。俟其語笑復常，乃敢退。如是者十有八年，鄰里親族覸之，不見其一日懈也。舅姑没，哀毁不勝衰。

張君家故饒財，喜賓客。中歲少窶約，然不以屑意。朋舊過門，輒飭庖具饌，相與樂飲如故時。館客於家，至或旬月不厭。夫人節衣食以奉其費，無難色，不使張君知其有異於前也。佐張君教諸子，皆有文行。既而其長揚卿遂登進士第，仕州縣以敦樸詳練爲諸公長者所知。張君由此亦以太上慶壽恩補承務郎而致其事，老壽家居，子孫滿前，鄉鄰以爲榮，而夫人已不及見久矣。

蓋夫人以紹興二十六年十二月□□卒，享年五十有五。凡生三男三女，揚卿之弟曰振卿，曰□卿；女伯季蚤卒，仲適成忠郎、監左藏西庫林鏞。孫男八人，女六人。卒後四年，乃克祔於先姑周氏之塋。

又二十有五年，而揚卿以從政郎爲南康軍學教授，與予聯事相好也。一日，狀夫人之行以告曰：「揚卿之禄已不得逮其母，日夜痛於厥心。如又不能有以表其行實之懿於方來，則不孝之罪死有餘責。敢敬泣拜以請，夫子幸哀而予之銘，是使揚卿得以不死其親而免於戾也。」予辭謝不獲，而未及爲。明年去郡，揚卿又以書來請不置，乃序其事而銘之。其詞曰：

既孝既敬，又儉以勤。天曷報之，子秀而文。生短慶長，儲豐饗嗇。銘以訂之，百世其澤！

編年 文云去郡而作，朱熹罷南康任在淳熙八年閏三月，據以繫之。

劉氏妹墓誌銘 淳熙八年夏

新瀏陽丞建安劉君子翔彥集之妻吳郡朱氏者，先太史吏部府君之女，而熹之女弟也。爲人質實易良，自幼不見其有妄言愠色。生五年而失先君〔二〕，先孺人愛之。年二十有一以歸劉氏，事皇舅大夫公禮敬飭備，下及旁側侍御，委曲逢將，尤有人所難者。大夫公没，佐彥集理家事，勤約不懈。撫教諸子，愛而有節。其逮下有恩意，門内之治雍如也。淳熙八年，年四十有三，二月乙未，以疾卒。子男二人，瑾、瑱，皆將仕郎。女二人，未嫁。彥集將以是歲十月辛酉藏其柩於崇安縣西三里大夫公塋左若干步，謂予曰：「子盍銘諸！」予寡兄弟，先君之遺女唯此妹。予既杜門山間，而妹亦幸不遠嫁，一歲中率再三見。其遠别惟從其家之官時爲然，然不一二歲輒歸，復相見。今其病死，而予適從吏役歸，則不復相見矣。獨與彥集相持大慟，而彥集又爲予道其將死時與家人訣别，付托兒女狀，尤使人不忍聞。嗚呼！孰謂吾妹而遽至此耶！老病且哀不能文，强書此以識其壙，且爲銘曰：

哀哀吾弟，歸藏其丘。懿此遺德，後人之休！

校記　〔一〕而：原作「面」，據宋浙本、明萬曆本改。

編年　據文中所述。

邵武縣丞謝君墓碣銘 淳熙八年秋冬間

臨川有隱君子，曰溪堂先生謝君，名逸，字無逸，與其弟竹友先生名邁，字幼槃，俱學詩於黄太史氏，而以清介廉節有聞於時。然皆不遇以死，是以獨以其詩行於四方，而其行業之懿，則非其邑子有不得而詳焉，是可嘆已。竹友之子曰敏行，字長訥，自號中隱居士，娶季氏，生子曰源，字資深，始以進士得官，爲文林郎、邵武軍邵武縣丞。且以慶恩，得封其母爲太安人，蓋將有以大其門者。而不幸以卒，識者莫不傷之。

資深自幼日誦數千言，少長受經屬文，有聲庠塾間。士大夫之賢者來臨川，聞其名莫不延致而賓禮之。再試禮部中第，宰相以兩先生故，不使從吏部選，言於上，以爲建昌軍學教授。居官静重有守，然事有當爲，亦不憚改革也。嘗祠其鄉之賢者五人於學，以勸諸生，而故劉侍郎季高爲之記。秩滿，諸生相率狀其行治，扣漕臺請留之。使者知其賢，顧法不可，因相與薦之，得稍遷秩，復教授江州州學。未行，遭父喪。終制，調隆興府南昌縣丞。會李侍郎仁甫將漕江西，披輯舊聞，以修一路圖經，於官屬中獨以資深爲可與於此者，又與諸使者共薦之。嘗行邑事歲餘，屬帥守以聚斂爲急，諸邑奉承唯謹，而資深獨無所屈，常嘆曰：「迫貧民以奉上官，吾弗忍爲也。」帥守以是於資深獨不悦，而邑人深德之。既去，父兄子弟相與送之，數里不絶。帥守愧嘆，亟以薦書追而與之。詣曹校考，當改京秩。會舉將有故不果，遂來邵武。當路者多知其賢，而常平使者宋君若水尤敬重之，又率同列交薦。章下而資深已病不起矣，時年五十有八，淳熙辛丑九月己丑也。

資深天資渾厚，人少見其喜怒。未第時，教學以奉甘旨。教撫弟妹而婚嫁之，鄉黨稱其孝友。家世清貧，獨有園廛數畝，中隱君既以其號榜之。至資深，雖從官，然於生産亦不能有所增益，獨葺此園，築室其間，雜蒔花木蔬果桑竹，暇日挾册吟哦其間。雖飯蔬飲水，不自知其有不足也。其詩秀潤和雅，有二祖風致。存者百餘篇，號空齋詩稿云。資深娶同郡黄氏，生三男五女。男曰樞，曰機，曰椿。女所適曰嚴亨甫，曰饒祁，餘未有行也。

資深在邵武時，嘗以檄書便道過我。予雅聞資深名，一見即知其長者。既去，游武夷山水間，得予所結廬處，復留詩見屬。予以是又知其句律之妙可追前輩無慚也。顧未及酬而聞其訃，又以病不能往吊。今樞等既葬資深中隱君墓之側，而以書奉資深親友吴君炳若之狀來請銘。時予方病，欲謝不能，又念資深前日賦詩相屬之意，不可以終莫之償也，乃爲之銘。銘曰：

惟君家，世隱淪。載其德，之後人。君承之，勢欲振。塗未半，隕厥身。藏於斯，從隱君。陵爲谷，訂此文。

編年 墓主卒於淳熙八年九月，朱熹是年十二月莅任浙東，文云「時予方病」，未言至官，則當在秋冬間也。

司農寺丞翁君墓碣銘 淳熙八九年間

紹興中，宰相秦檜專柄用事，諸有故怨及不附己者，皆誣以罪，竄嶺海。故相趙忠簡公用此死朱崖，天子哀之，還其柩，將葬衢州常山縣，郡將章傑，紹聖丞相惇諸孫，雅怨趙公當國時奉詔治惇罪，又希檜旨，陽以善意檄常山尉翁君蒙之護其喪。一日，下書翁君曰：「趙氏私爲酒以飲役夫，亟捕置之法。」而陰使人喻意，使并搜取趙公平日知舊往來書疏，欲以敗趙氏，快私憾，且媚檜取美官。翁君不可，則啖以利，又不可，則脅以威，往反再三。翁君度傑意壯不但已，或更屬它吏，則事有不可爲者，即密告趙氏，夜取諸文書悉燒之，無片紙在。翌旦，乃往爲搜捕者，而以無所得告。傑怒，又廉知翁君女弟適故禮部侍郎胡公寅，實當時草詔罪狀惇者，益怒，乃誣翁君它罪劾之。會胡公弟寧爲尚書郎，具以其事白檜。檜亦悟爲傑所賣，下其事安撫使問狀，徙翁君官旁郡，趙氏亦竟得無它，而傑遂廢，不復用。當是時，天下莫不高翁君之誼，慕翁君之名，而想見其爲人者。今天子即位，近臣乃以其事聞。上亟召見，嘉嘆其節，改秩，再除中都官，皆以省員補外。晚乃歸爲司農寺丞，未幾而卒，聞者莫不哀之。

君字子功，世家建寧府崇安縣之白水村。大父彥深，宣和中爲秘書少監。梁師成欲一見之不可得，遂久不徙官。其後歷國子祭酒、太常少卿，以集英殿修撰歸老於家。父揆，文林郎、密州司士曹事，亦以文行知名，蚤卒。

君以集英任補登仕郎，調右迪功郎，尉常山，移婺之蘭溪。更調明州司理參軍，以母喪不赴。主管吏部架閣文字，又以少母喪去官。改□□郎，監登聞鼓院。出爲江南東路安撫司主管機宜文字。當塗澇疫，君以檄按行，拯療極力，全活甚衆。除軍器監丞，又主江西安撫機宜文字。復值歲凶，君佐其府咨訪處畫，用力尤多。使龔公茂良與諸使者合言於朝，乃召丞大農。卒時年五十有二，淳熙元年二月十三日也。

君自幼卓犖不群，曹偶敬憚。而孝謹順悌，事集英及母兄無間言。兄没，撫其孤甚厚，嫁其女先己女。集英引年恩當及君子，君推以予從祖弟履之。家居不問有無，仕官不計升黜。至於周人之急，則亦不復知有難易多寡之擇，即有不逮，雖奔走乞貸勞辱不憚也。

歷陽張晋彦以子孝祥被親擢冠多士故忤相檜意，逮繫廷尉。親舊畏禍及己，莫與通，求所以爲橐饘費者無所得。君聞之，獨慨然謁其兄，罄家貲，得白金百兩遺之。會檜死，事壹解。後張氏父子俱官達，以此德君，終其身不能忘。君與之游，亦每規正其失無所避，人兩賢之。

在江西時，同寮劉氏子琦奔父喪，病疫甚殆，人莫敢視。君獨輿致其家，蚤暮躬治粥藥，琦得不死。它所爲類此人所難者甚衆，不勝紀。平居食客滿堂，莫非有求於君者，而君不之厭也。

娶李氏，紹興史官彌正之女，先卒。無子，以從祖兄誠之之子槈年爲後。一女，適修職郎王仲。

君家自集英時有別業金陵，君即居之。既卒，遂葬江寧縣西北村，祔以李氏。後數年，君之甥豫章通守胡君大原狀君行事以來曰：「舅氏志未克申而不幸至此，其高節馴行有不可以弗識者。子盍識諸，吾且刻其墓上。」予婦家與君有連姻，得蚤從君游，相期甚厚。讀其書爲出涕，不忍辭也。乃書其事而銘之。銘曰：

仁全故家，知折奸謀。勇蹈大難，賁育其儔。偉哉若人，躬此達德。俛焉終身〔一〕，靡有回遹。無曰斯丘，四尺之崇，忘私起懦，千載高風！

校記 〔一〕焉：原作「哉」，據宋閩、浙本改。

編年 墓主卒於淳熙元年，而此文作於葬後數年，參以上下篇編序，當作於八九年間。

評論 周大璋朱子古文讀本卷六司農寺丞翁君墓碣銘：歷敘翁君之行，而以仁智勇贊之，真不愧也。吁！其諸古之人乎。每讀一過，輒俯仰久之。

朱熹文集編年評注卷九十二

墓誌銘

岳州史君郭公墓碣銘 淳熙十二年十三年間

公姓郭氏，諱份，字仲質。其先自吉水徙新淦，曾祖亶、祖麾皆不仕。父彌約始仕，有能稱，至朝散郎以卒。誄其行者，皆當世達官名士。

公幼沈敏，能自力學問。甫冠，中進士第，爲辰州、道州、南雄州州學教授，荆湖南路轉運司幹辦公事。湖南自軍興治戰艦，積材於場，久而腐敗，相承募丁卒守視不已。公白之臺，毀材爲薪，歲省衣糧萬計。官有羨緡數十萬，議欲獻諸朝。公曰：「此非可繼也。」使者爲止。醴陵有豪族，取民田以治居室。上流有古陂，輒徙之，田以蕪廢，訟數十年不息。公曰：「是不難辨。」以地比與圖視之〔一〕，一訊而決，還陂於上流，溉田如初。用轉運使黄鈞等薦，得通判常德軍府事，賜緋衣銀魚。常德在湖北爲望郡，更二太守無善狀。公至，委曲扶持之。靖獠干紀，王師討之。公主督運，山行既艱，而水道經若水寨，溯流百餘里，尤險惡，漕幾不通。公命輕裝淺舟，水陸俱進，軍用不乏。師還，第功遷秩，擢守興國軍。至郡，承前守罪去之餘，帑庾空乏。北軍以稟假不時至，或群譟府下。公奏留上供萬斛以寬郡計，而申著令以戒有司，凡給俸賜，以下爲先，衆乃悦服。未久，以憂去。免喪，奏事闕下，即日除知岳州。又積年勞，轉朝散郎。還至豐城，暴得疾，卒於館舍，年五十有七。

公娶李氏，再娶喬氏。男曰蒙，今爲迪功郎、新贛州瑞金縣東尉。女二人，長適彭浩，前卒，次未嫁。

公性純儉，被服如寒儒。家人習慣，不知爲驕奢。居官斂晦，不爲赫赫之名，然所至爲上官所推舉。平時温温，不妄喜怒，及其遇事，破奸發伏，人亦不能回也。公最樂義，亦勇於有爲。有疏屬之女，受鬻於人。公聞之，遽投牒遺幣，贖而嫁之。鄉人有旅死者，公爲棺斂，歸其柩於家。有舊同僚之官，地遠，貧不能行。公爲裝遣之，雖靴袍巾幞之類畢具。周人之急，皆此類。嘗因講治道，以義役節目授其門人李伯賢，令推行之，自其鄉始。今江西諸郡義役，公實發之。

嘗謂門人曰：「九重有規恢之志，而文武士不任其責。寬恤令屢下，而百姓無固結之心。北軍就食東南，布滿州縣，無以善其後。是三患也。」嘗因賜對，建言：「常德當夷獠出没之衝，比年復有茶寇之警，而屯兵財二百人，不足用以彈壓。湖北一道，北被邊，南控溪洞，多寇賊，而城壁皆不治，尤非所以備不虞者。請以荆鄂千人戍常德，而諸郡城惡者亟治之。」便又言：

「獄者，人命所繫，故推吏賦禄厚，而受賕輒以重法論。至獄卒陰操木索笞箠輕重之權，慘虐尤甚，而今以無禄，故爲奸利者得從輕坐，甚亡謂。請詔有司議廩獄卒而重其法。義倉歲賑矜寡孤獨甚厚，然其惠偏於市井而不逮山谷。請即鄉落寺觀分置居養院，以活遠民之無告者。」蓋公雅有當世之志，而於吏事尤不苟。其所欲爲固不止數事，然即此而觀，亦足以見其所存矣。使究其用，當如何哉！

天資樂善，見當世德人莊士，必慕與游。在長沙，善故張侍講敬夫，敬夫稱其靖端有守，數爲延譽諸公間。居鄉厚今劉常州子澄，子弟皆從之學，有立志。公没，而蒙愈自力於爲善，嘗以田二頃爲義莊周貧族，人以爲猶用公平日之意也。

公卒以淳熙某年某月某日，葬以九年正月乙酉，墓在吉水縣同水鄉赤石潭之原。蒙以子澄之狀來曰：「吾先君子甚高下風之義，顧不幸，不得卒其定交之願以死。蒙又不孝，無以慰其泉壤之思。唯是表墓之碣未有以書，敢介常州以請。吾子惠而許之，則爲有賜於吾先矣。」予聞其言而悲之，讀其事狀，又知公之爲人如此，亦恨前此之未始得從公游也。既次其事，又作銘以系之。銘曰：

端而靖，足以有守。敬而敏，足以有爲。胡嗇於年，不卒其施。惟後有人，克堂厥基。我銘斯石，以詔無期！

校記〔一〕與：疑當作「輿」。

編年　文云「居鄉厚今劉常州子澄」，是此時劉清之已得知常州命。宋史清之本傳云：「差權發遣常州，改衡州」，是清之并未至常州任。據衡州府志，清之知衡州於淳熙十三年四月到任，則其被常州之命當在十二年至十三年間。

宜人王氏墓誌銘 淳熙十年

右朝請大夫任公諱賢臣之妻宜人王氏，明州慈谿縣人，故朝奉大夫、中書門下檢正諸房公事諱庭秀之女。年十七歸任氏。任氏世爲眉山人，後徙蔡州。靖康之亂，大夫公昆弟始奉其母魏國太夫人奔走南渡，生理蕭然。宜人嫁時裝甚厚，盡捐以佐朝夕之用。事太夫人盡愛敬，甘旨無闕供。無故未嘗輒去左右，遇有疾，衣不解帶，粥藥嘗而後進。

與大夫公相敬如賓，所以輔佐之者甚至。大夫公嘗通守武昌，久攝郡事。前例，攝事者受俸給與諸司問遺往來，皆如真太守。大夫公疑之，以語宜人。宜人曰：「異時貧甚，宜不聊生，亦且至今日矣。今幸粗足，何以是自污爲哉。」大夫公以爲然，皆謝不取。大夫公歷守數郡，晚歲奉祠以歸。或以其精力未衰，猶可以復仕，而宜人深以止足爲戒，大夫公乃不行。

宜人治家嚴而有法，歲時祭祀，先旬月戒具，至期齋肅，每事必親，雖疾亦强起，中饋酒食之事，蓋終身不以諉人。教飭子孫甚嚴，未嘗假以言色，而視其飲食、時其寒燠皆有條理。遇下有恩意，然敝衣袴亦不妄與。既病，猶治家事不廢，中外肅然者十年。以淳熙九年十一月三日卒。享年□□□□。

子男三人，璜，宣教郎、知江州德化縣事。玠，承務郎、知臨江軍清江縣事。皆先卒。璋，迪功郎、袁州萬載縣丞。女一人，適通直郎、通判容州程説之。孫男七人〔一〕，希夷，舉進士，調迪功郎、建寧府浦城縣主簿。圖南，迪功郎、嚴州建德縣尉。斗南、應南、鵬南、搏南。女三人。

璋、希夷將以十年七月□日奉宜人之柩葬於邵武軍邵武縣長樂之原〔二〕，使其友方士繇述宜人閥閲事狀來請銘。予先君子嘗與大夫公昆弟游，義不可辭，而希夷、士繇又皆嘗來學，其言宜不妄。乃删取其大者而系以銘。銘曰：

奉饋高堂恭敬止，佐夫子治成厥美。肅如嚴君秉周禮，考終卜吉藏於此。土平川紆山崛起，長樂之樂詒孫子！

校記 〔一〕記疑云「七」疑當作「六」。

〔二〕日：原缺，據四庫全書本補。

編年 文云「將以十年七月」葬，則文作於其前可知。

知南康軍石君墓誌銘 淳熙十年

吾友石君子重諱某，其先世爲會稽新昌右族。曾大父諱某，不仕。大父諱某，避庚子之亂，始居台州臨海縣，後以遺逸召，授右迪功郎以没。父諱某，贈朝奉郎。母安人朱氏，太宜人陳氏。

君幼端慤，警悟不群。年十二，即自知刻意爲學，晝夜不怠。年十八，擢進士第。丁外艱，服除，授左迪功郎、郴州桂陽縣主簿。會故參知政事李安簡公謫居郡下，性嚴重，不輕許可。一見君，深器重之，授館其家，日與論説前言往行，勵以致遠之業。常語人曰：「吾閱人多矣，未有石君比者。」

秩滿，循從事郎，調泉州同安縣丞。天旱民饑，縣白府，請得蠲歲租如故事。太守怒，檄君杖主吏。君移書太守曰：「杖一吏細事耳，然其所繫則大。民今皇皇無以爲命，縱不能救，忍復箝其口乎。」守怒未已，遣幕府官按驗，至則希守意，以爲不當蠲。君争益力，部使者聞之，因以其事諉君。君既行視歸，即揭榜喻民，蠲之什九，然後言府。且亟召鄉吏閉廨中，使鄉爲一榜，户列所蠲與其當輸之數。既成，立授里胥，使走揭於其所。於是上官不得變其説，鄉吏無所逞其奸，邑人便之。

改宣教郎，知常州武進縣事。民訟有數年不决者，君一訊立辨，雖奸民健猾者亦皆驚服愧謝而去。它邑滯訟，多請屬君以决。郡守欲爲寓客治第而屬役於縣，其費且數十萬。君不可，曰：「吾爲天子牧民，豈爲若人治第者耶。且浚吾民之膏血以媚人，吾不忍也。」守怒，欲中以法，掇拾亡所得。會君有親嫌，法當兩易。君不顧，求罷徑歸。民數千人詣郡請留君，不可，則相與伺守出，遮道號訴，至有褫其襜帷者，守不能禁。

君因更調南劍州尤溪縣待次，家食三年，雖貧不戚也。至官，吏以財匱請借民租，君不答，但日治税籍，凡民逃絕而田入見户者，與鬻産而不能更其籍者，皆正之。又謹視其出内之際，要爲簡易以便民，而吏不得以容其奸。關市之征亦損其數，於是官無苛擾，農商得職，租入以時，力役有序，至有争先爲里正者。

縣故窮僻，學校久廢，士寡見聞，不知所以爲學。君至，即命其友古田林用中來掌教事，而選邑子願學者充弟子員。始教之日，親率佐史宿賓客往臨之，因爲陳説聖賢教學，凡以爲修己治人之資，而非如今之所謂者，聞者皆動心焉。自是五日一往，伐鼓升堂，問諸生進業次第，相與反復，以求義理至當之歸。員外諸生數十，或異邦之人，皆裹糧來就學。君視故學宫爲不稱，乃廣其規模，新其棟宇，市書萬卷，買田數百畝以充入之。既成，爲考古制，舉鄉飲酒禮以落之。於是士始知學而民俗亦變。

君又摭其舊俗之不美者數事，爲文以訓飭之，民皆傳寫誦習焉。遠鄉有據險自豪，不輸租賦數十年，日與比鄉爲仇敵者，君爲榜以喻之，即斂手聽命，輸賦解仇，復與齊民齒。民王某者有刑罪，具獄上，府吏以邀求不厭，欲致之死。君争之不聽，則請自對獄，與吏辯，代民死，民乃得免。歲大疫，多治藥劑，分遣醫者散之村落，自爲詩以勸之，賴以活者甚衆。及代去，民或畫象祠之。

監察御史陳公舉善聞其賢，薦之朝，而君自從吏部選授福建路安撫司幹辦公事以去。會丞相史公再入，薦一時名士數人，君復與焉。有旨召對，君辭不獲，乃入見。首陳人君之道與天同方，天心至公，故人君之心不可以有一毫之私。因歷引時事以質之，言甚剴切。上皆然之，差監登聞檢院。未幾，除將作監主簿，尋改太常。居頃之，有所不樂，因謁告歸省，請得奉祠終養。除知南康軍事，將行而遭內艱。未終制，有詔舉材堪刺舉者。吏部尚書鄭公丙以君對，然君已不及聞矣。其卒以淳熙九年六月乙丑，享年五十有五，積官至朝散郎。

君爲人外和內剛，平居恂恂，如不能言者。而遇事立斷，毅然有不可犯之色。事繼母承順不違，兄弟之間怡怡如也。族黨有貧不能自活者，買田捐金以振業之。教其子與己子等，嫁孤女多得所歸。道遇棄子，募人母之，月有給焉。

其爲政一主於愛民，而憂國之心又甚切，於賢材之用舍、政令之得失，一有所聞，憂喜之誠形於言色，至或累日不解。然自處甚約，自律甚嚴，在州縣未嘗屈意上官，在朝廷未嘗造請當路。繇疏賤一旦見天子，盡言竭忠，未嘗少爲迂回避就之計。

其爲學自聘君朝奉時已傳其業，後更從舅氏太子詹事陳公良翰受書焉。聞人之善，必手記而心慕之。其人可見，雖少賤僻遠不憚。其與予游，相好尤篤也。晚名其燕居之室曰「克齋」，讀書其間，没身不懈。後生執業就正者，皆賴君知所鄉，而君未嘗少自足也。此其志豈可量哉！

予前年守南康，朝廷以君與予善，除以爲代。予亦日夜望君至，冀得用疲氓學子爲寄，而君不果來。當年奉使浙東，聞新刻飢民轉入台境甚衆，亟以屬君。君即慨然以爲己任，其得免於饑涷捐瘠而歸者蓋數百人。然其後予以事至台，則已不及見君而哭其殯矣。嗚呼悲夫！

君之配朱氏、劉氏、李氏，皆贈安人。姜氏，封安人。子男四人，繼微、繼喻、繼善、繼周。女五人，長適范籍，次許嫁商月卿，餘尚幼。

君爲文明白徑切，似其爲人。然非有故，未嘗作。今有文集十卷藏於家。所集周易、大學、中庸解又數十卷傳學者。

繼微等將以十二月庚申葬君龍谷山雲溪先塋之側，使來請銘。時予已病，歸卧故山，念不得往而祖君之行也，乃叙其事而銘之。其詞曰：

予悲斯人之病，而莫與瘳也。悼斯學之孤，而莫與儔也。又哀君之有志，而久不酬也。時若可俟，而君不留也。龍谷之城，雲溪之宅，詔彼茫茫，不在斯刻。

編年 文云「予前年守南康」，「當年奉使浙東」，言淳熙八年事，則此文作在十年可知。

榮國夫人管氏墓誌銘 淳熙十年

故參知政事、會稽李安簡公之配曰榮國夫人，姓管氏。其先齊大夫敬仲相桓公霸諸侯有功，世祀於齊。中徙秣陵，後避五季之亂，復徙處州龍泉縣，久未有顯者。及夫人之曾大父諱大忠，以子師仁同知樞密院事，贈太子少師，始爲郡著姓。樞密之弟師醇贈承事郎，生子時可，以明經飭行爲鄉里所宗，遠近受業之士甚衆。嘗有欲薦之朝者，謝而不許，竟不仕以卒。鄉人皆以「先生」稱之，後亦贈承事郎。

夫人其季女也。生有淑德，族姻稱其婉嫕，李公聞而聘之。時公方以侍御史言事謫官，貧甚。夫人入門泰然，無纖芥不樂意。後公復爲時用，入參侍從，出殿藩維，遂登廟堂，位亞丞相，禄賜豐矣。而夫人處之以約，食飲居處，所以自奉者不少異於前日也。從公守郡，輒戒家人無得買官下一物。在宣城時，巨盜猝至，攻圍甚急。公方悉力拒守，而夫人以免乳得疾，危甚。公以爲憂。夫人曰：「死生命也，公宜一意捍賊，無念我。」公壯其言，厲氣循城，賊爲解去。及公以忤秦檜謫嶺外，遂浮海南，居儋耳，久不得還。家留故里，日復窮空。夫人至斥賣簪珥以給用度，身不肉食者十餘年，而亦無甚戚戚也。檜憾公不釋，捕公子孟堅繫廷尉，誣以私史，遣吏索其家。或以告曰：「夫人亦且逮矣。」闔門恟懼。夫人獨夷然不爲動，曰：「禍福之來，非可避就，自是無愧斯已矣。」已而卒無它。

始，夫人嫁不及舅姑，以爲恨。歲時祠祀齋潔嚴敬，凡滌濯烹飪之事，必身親之，比老愈篤。諸子女多出元妃黄氏，夫人獨生二男二女，而撫愛均一，人無間言。公南遷時，二男者皆方數歲，夫人教之學。既冠，皆以文行稱。公及見之，喜曰：「吾自教之亦不過如是耳。」待諸婦如己女，遇左右寬而有節，有所不及，務掩覆之。平居端莊静一，舉動有常度，内外親黨皆法象其賢。嘗從容語諸子曰：「凡人處心宜公，待物宜恕。吾雖不學，然於此若有得焉，行之終身，不敢一日忘也。」蓋李公平生以剛直聞，晚歲遭讒去國，投荒蹈海，九死不悔，而夫人之德所以配之者如此，亦可以無愧矣。

累封縉雲郡夫人，以淳熙二年二月某日薨，享年七十有二。十月丙申，葬會稽縣太平鄉官漾之村。後以子孟珍請貤所遷官以益封，於是乎有榮國之贈。

子男五人，孟博，左宣教郎、主管台州崇道觀。孟堅，右宣義郎、提舉淮東常平茶鹽公事。孟醇，不仕。皆先卒。孟珍，通直郎、權發遣江陰軍事。孟傳，從事郎、浙東提舉常平司幹辦公事。女五人，長適左朝散郎曹粹，次適登仕郎陳汝楫，次適進士陸權之，次適承直郎沈程，再適奉議郎章騶，次適朝奉大夫潘時〔一〕。孫男八人〔二〕，知常，從事郎，早卒。知微，從事郎。知言、知易，皆承務郎。知退、知孝、知和，皆未仕。女十一人，其四已適人。曾孫男女各一人，皆幼。

初，大理卿章貢曾公逢以女妻浙東從事，深知夫人行事之實。既爲之狀，將以請銘而未有所屬也。曾公卒，江陰使君乃以狀授熹。熹既晚出，又滯窮鄉，不及升堂盡敬以觀夫人門内之治，而曾公又先達也，初不敢當。顧先君子實嘗爲安簡公所知，則義又有不得辭者。敬爲之銘。銘曰：

婦德之美，維順以柔。有以幹之，其德乃修。人曰夫人，匪慈則孝。我相其中，不可屈撓。貧安富節，執禮勝私。逢世之紛，蹈險若夷。維其堅剛，以一其度。俾易其艱，以燕以譽。惟公夫人，合德殊施。此内而安，彼外以危。要其所終，兩絕慚悔。匪篆匪辭，曷詔冥昧。

校記　〔一〕時：原作「時」，據宋閩、浙本改。

〔二〕八：記疑云疑當作「七」。

編年　文云「江陰使君乃以狀授熹」。會稽續志卷五李光傳云：「孟珍字文潛，嘗擢守江陰及沿海制置司參議官，皆不赴。淳熙十一年卒。」參以上下篇編序，此文作於十年爲近。

朝請大夫李公墓碣銘淳熙十年十月至十二月

右朝請大夫李公諱縝，字伯玉，濟州巨野人。故駕部郎中、贈太子少傅諱景山之曾孫，朝請大夫、贈少師諱瑑之孫，而參知政事、贈太師諱邴之嗣子也。公之家自少傅之第四子樂静先生諱昭玘者學於高郵孫公覺、眉山蘇公軾之門，文甚高而廉静樂道，不求人知。仕元祐及建中靖國中，爲起居舍人。至太師公，遂以文字行中朝，有重名於政、宣之間。及參建炎大政，又以忠節爲詔所褒。退而老於江海之上，餘二十年，當世益高仰之。

公生有奇質，警悟絕人。年十二三時，賦盆池詩，有「疑與月相吞」之句。故相何㮚一見嗟賞。既長，益自植立，務記覽，爲詞章，其言奥雅靚深，有非一時文士所及者。而深自閉匿，惟恐人之或知也。性至孝，事太師公及母和國夫人油油翼翼，無故未嘗輒去左右。雖近出數里，必取期以還。

少以父任補承務郎，監南岳廟，差充福建路轉運司幹辦公事，再除轉運司主管文字。公以去親遠，不欲行，太師公强遣之。至官，竟不一歲，兩易主管敦宗院以歸。未幾，丁内外艱。服除，連丐宗官舊秩及爲崇道祠官，退處于家，不復有仕進意。蓋方是時，秦丞相檜當國，猜暴叵測，故家大族一罹飛語，無不糜碎。公雖棲遲冗散，猶懼不得脱，於是益務潛晦，息絶交游，雖親戚少見其面。如是累年，人亦莫測其意也。

買園居第之東，結廬種樹，翛然其間，自號萬如居士而爲之傳。其詞曰：「居士少知讀書，通訓詁，不能洽浹如當世儒者，然亦無所不讀。其於授受必以義，接物必以誠。逕情直行，不屑毁譽。雖仕宦連蹇不遂，視一時儕輩官尊禄厚而不肯一動其心。爲敦宗凡三十年，官不易而家益貧。常誦其先訓曰：『與其有求於人，曷若無欲於己；與其使人可賤，不若以賤自安。』以是當官及家居未嘗求人知，而人之知之者常出於意外。少慕阮思曠、尚子平之爲人，既孤，買宅東隙地僅五畝，爲屋數楹，植花數十本，竹百個，而置常所閲書數十卷，朝夕徜徉於其間。雖金石絲竹之音，姬嬙環珥之飾，車馬旌旗之列，五鼎方丈之食不以易其樂。性懶甚，不喜爲文，酒酣興發，時爲詩以舒懷。至其得意，擊節慷慨，自以爲未後於古人。性謹密而胸次蕭然，無所適莫。顧不喜與俗子語，稠人廣坐，或終日不交一談。而藜杖幅巾，率然乘興訪高人勝士於閑暇時，談世外法，至或忘歸。間問祖師西來意旨，僅識其趣，不能悟解也。」其胸懷本趣蓋如此，然知公者猶以爲文不足而實有餘也。

秦丞相死，衆賢稍稍登用。丞相陳魯公雅知公，推挽甚力而不能致，乃白以爲通判福州事，而公已病矣。連帥汪公應辰亦知公賢，禮敬之，且不欲煩以事。公曰：「食焉而怠其事，豈吾心哉。」力請得復奉祠以歸。居二年而卒，時年五十有六，隆興二年十二月某日也。

公娶趙氏，寶文閣待制思誠之女。再娶馬氏，中大夫安仁之女。皆封宜人。子男二人，諫，承務郎，爽慧秀發，年甫十三而讀書作文有兼人之功，公奇愛之，不幸蚤卒。公哭之哀，久而不能平也。訥，今爲從事郎、福州長樂縣主簿。女四人，其婿右通直郎徐樗、文林郎劉琉、進士周庭實、承信郎陳時可。孫男一人，啓宗，將仕郎。

始，公葬太師公泉州南安縣石鼓山，而指其北百餘步曰：「此吾之所歸也。」卒之明年三月某日，訥奉公柩藏焉。又集公所爲文十卷、梅百詠一編藏于家。

熹之先君子太史公嘗獲從太師公游而辱知焉，及熹試吏泉之屬邑，又得拜公函丈。每白事府下，退輒詣公，公必爲置酒，留連竟日，論説古今，商略文字，皆極其趣。下至吏道物情，利病纖悉，亦無不盡。至於有所難言，則其悼嘆閔惻之情未嘗不鬱然見於眉睫之間。熹以是知公非真無意於世者，意公猶且進而有爲也。後三十年，再至温陵而拜公墓，則其木拱矣。俯仰今昔，爲之流涕。蓋不唯荒烟野草之悲，亦以重嘆公之終不遇也。於是訥狀公行來請銘，熹不得辭，乃爲銘曰：

右史之德，沖靖淵默。太師之文，泆爲忠勛。公承厥家，克篤其慶。惟德與文，既積而盛。

胡不逢遇，達于事功，浩其永歸，閟此幽宮。萬如之篇，公實自贊。銘以昭之，不遐有嘆。

編年　文云「後三十年，再至温陵而拜公墓」，朱熹淳熙十年十月至十二月有泉南之行，是篇即此行所作。

評論　周大璋朱子古文讀本卷六朝請大夫李公墓碣銘：不求人知，是李公一生本領；嘆其不遇，是此文一篇大意。俯仰悲壯，宿草之慟，千載下猶有餘悲。中幅就傳詞詳其梗概，機局又別。

夫人虞氏墓誌銘 淳熙十一年

建陽縣崇政鄉百樂里有君子居焉，曰左宣教郎江公諱琦〔一〕，字全叔，以學行有聞，所與游多當世鉅人長者。没而徽猷閣直學士胡公寅實銘之。其夫人虞氏亦有賢德，後公四十有一年卒。其嗣子明將以淳熙甲辰二月庚申朔旦葬于其居里普光之原，而使介子嗣奉書及承議郎同里賈君應之狀來請銘。予家建陽、崇安間，距夫人之居不百里。蚤得與夫人二子游，因得講聞夫人之行事而竊高仰之，獨恨未及進拜堂下而夫人没。今乃幸得托名立石以詔後世，其何敢辭？

夫人諱道永，字無盡，本劉氏女，其父處士棐同産有適虞君侗者〔二〕，自夫人之幼而愛之，携以歸鞠虞氏，因冒其姓。少長聰明，識義理，不樂爲世俗華靡事。往來兩家，愛敬曲盡，恩義兩得，兩家父母皆憐之，擇其配以歸江公。

入門時，舅姑年皆甚高，禮法峻整，諸婦少得當其意者。獨夫人左右奉承，禮無違者。凡調腼烹飪之事，既躬服其勞，而薪火之節，亦必謹候視，務爲敏給，以稱微指。既進饋，則又退屏側立，踧踖以聽，唯恐小不中度。至或陰儲它饌，以備更索。雖在亂離顛沛乏絕之中，亦必多方營致，不使有纖芥不滿之意。皇舅朝奉公年九十餘，每語人曰：「是善事我。」其居家、事夫、教子皆有法度，閨門之内肅然以莊，雍然以和。江公性剛直，居官遇事有可否，必極力論辨。人有過失，至面質責之。夫人視其或過甚者，輒從容諷解，江公敬焉。江公没時，諸子皆幼。夫人年甫四十，以禮法自將，持守門户，教督諸子，親授經訓。歲時薦享，細大必親。

江公從官時，先疇之入，悉兄弟衣食無所問。既没，夫人命諸子悉推與之，且別其籍曰：「此前人之志也。」虞君老且失子，夫人歸養益謹，送其終哀戚甚，蓋不沐浴、不鹽酪者三年，且爲之選於宗人以奉祀而歸其貲産。江公女兄適人，既老且貧，夫人迎以歸，厚其養給，禮敬飭備，十五六年不少懈。既又爲之室其子焉。聞人之善，如出諸己，見人疾病困窮，閔惻調護唯恐不及。性喜觀書，讀易、論語得其大意。下至練養醫藥，卜筮數術，無不通曉。平居處事詳練縝密，與人言必依於孝弟忠信，詞甚簡而理無不足。族姻内外咸高其行，服其言，有疑必就咨焉。事有難平者，衆口方讙呶不解，有告曰「夫人之言如是」，則往往翕然以定。

晚學浮圖法，一旦脱然若有會於心者，即屏簪珥，却酒肉，布衣蔬食以終其身。遭淳熙慶壽恩，當得封。諸子言於有司，將上其事。夫人聞之曰：「吾已棄人間事，何以此爲？且命而不謝，是爲欺君，吾敢安乎。」竟留其狀不復上。九年，歲在壬寅，夫人年八十矣。一日，語諸子曰：「我將行矣。」諸子驚，遽呼醫進藥，皆揮去曰：「毋勞我。」蓋甘寢六日而没，三月十五日也。

子男四人，曰渙，曰明，曰紹，曰嗣。渙、紹早卒，明、嗣皆以文行知名，嘗以選士貢京師。孫男五人，女四人。

賈君所狀夫人之行如此，大抵予所逮聞也。蓋嘗竊謂夫人資稟高明，器宇恢廓，凜然有烈丈夫之操。使其生於治古禮義隆洽之時，習聞姆師之誦以盡夫人倫物理之精微〔三〕，則其所以自立於世者詎止於此？然今以其所就而論之，則爲子孝，爲婦順，爲妻正，爲母慈，嗇於奉而豐於施，厚於義而薄於財，於人之所以爲人者，亦幾可以無憾，是則可不謂賢乎哉。而世或以佛學稱之，亦淺乎其爲言矣。爲之銘曰：

士誦聖賢，以没其世。孰不有聞，鮮克身詣。豈如夫人，弗學而知。知之所至，其行亦隨。俾究而窮，曷内而外。藉令不然，亦寡其悔。彼幽者禪，此明者天。有如不信，訂此豐鐫。

校記 〔一〕公：原作「君」，據宋閩、浙本改。

〔二〕棐：原作「某」，據右引改。

〔三〕誦：宋浙本作「訓」。

編年 據文中所述。

篤行趙君彦遠墓碣銘 淳熙十一年

淳熙四年冬十有二月戊寅，崇道趙公善應卒于餘干私第之正寢。明年，葬縣東北華林岡。後六年，今少傅福國陳公乃大書其碣之首曰：「皇宋篤行趙君彥遠之墓。」於是趙公嗣子汝愚方以敷文閣待制知福州，充福建路安撫使，涕泣手疏，使人奉其書及故荆州牧張侯栻、鄂州守羅君願所序行實若狀兩通，致之新安朱熹曰：「請得銘而刻于下方〔一〕。」

熹竊惟念平日所聞太宗皇帝之元子漢恭憲王實以至德高行爲宋太伯，後世雖屬籍疏遠，爵秩寖微，然猶多法象其賢者。蓋歷七世而得公，則又以孝友仁厚、被服儒雅、克篤於家而聞於邦，卓然爲宗室儀表。雖士大夫之賢而有禮者，皆自以爲不及。益教其子移孝爲忠，對策庭中，無所諱避。天子異之，擢以爲天下第一。後歷館閣侍從，奉使典州，皆以風節惠愛有聞於時。然天下不以賢其子，而曰子直之能爲此，嗟乃其父之教也。嗚呼，其真可謂篤行君子者矣！陳公之目之也，豈虛也哉。是法宜銘。顧陳公書法之嚴已足傳世，而熹愚賤，又所不當得爲。既禮辭不獲命，則敬考其書而悉次第之。

蓋公之曾大父曰開府儀同三司、建寧軍節度使、建國公仲企者，恭憲王之曾孫也。實生東頭供奉官士虡，供奉生成忠郎不求，成忠娶濟陽晁氏，生公。公生於政和戊戌，卒時年六十。自建炎初補承信郎，八遷至修武郎。歷監秀州崇德、饒州餘干、安仁縣、景德鎮之酒税，潭州南岳廟，江南西路兵馬都監，主管台州崇道觀卒。後五年，汝愚逢宗祀恩，始更贈爲通直郎。

公資純篤孝謹，少時父病，訪醫行禱，暑不解帶。遭喪，不内勺飲。既殯，居廬歠粥；既葬，乃食菜果；終喪，比御猶弗入也。事母益兢兢致養，嘗以寒夜遠歸，從者將扣門，公遽止之曰：「無恐吾母爲也。」露坐達旦，門啓而入。以母畏雷，夜或聞雷，必披衣走其所，視門隙有光，則扣而入，否則屏立以待。

官薄食貧，諸弟未製衣不敢製，已製矣，未服不敢服。雖一瓜果，必相待共嘗之。諸妹遠嫁者，極力致之，相與娱侍親側。内外諸孫合貴賤且百口，菜羹疏食，恩意均洽，人無間言。從姊妹之遠而貧者，亦以令分俸給之。

遭母喪時，年五十有五矣。始侍疾時，嘗刺血和藥以進。至是哭泣嘔血，毁瘠柴立，終日俯首柩旁。聞雷猶起，側立垂涕。凡食之可於口者，不必酒肉；衣之適於體者，不必華采；聲之悦於耳者，不必音樂，皆弗忍以身接。雖其哭泣有時，而哀痛之心無時忘也。三年之外，生朝必哭於廟。有欲爲禮者，號泣向之。其後累年，言每及親，猶未嘗不揮涕。晉陵尤袤延之見而嘆曰：「古君子也。」父以肺疾終，終身不忍以諸肺爲羞。母生歲直卯，謂兔卯神，亦終身不食也。墓户有不能事其母者，觀公之爲，惕然悔悟，遂以孝稱。

識度超曠，不計有無，平居自奉甚約，而汲汲然惟以愛人及物爲事。故人許珪死，家貧，女無所歸。公即聘以爲次子婦。嘗與台人蔣彝者同僚，後至其鄉，首問之，則死久矣。貧不克葬，而子亦謀食於外，即往哭之，還其子，予貲使葬。它若是者不勝紀。道見病者必收養，躬爲煮藥。比愈，或解衣遺之。歲饑，設器於庭，每食先舍其半，家人繼之，則取以濟饑者。其用心之微密，至於夏不去草，冬不破壤，懼百蟲之游且蟄者失其所也。

爲人謙和坦易，與人語惟恐失詞色。至誼有不可，則奮然無所顧。雖以公族疏遠留落江湖，而憂國之深，如在廊廟。聞當世進一善人，行一善政，則喜不自勝；聞遠近或水旱，則憂見顔色。辛巳江淮之警，爲流涕不食者數日。同僚有會飲者，公獨悵然北望曰：「此豈諸君樂飲時耶！」衆爲失色罷去。好讀書，所藏至三萬卷。所著有唐書録遺三十卷、幸庵見聞録三卷，台州勸諭婚葬文一卷。居家不設條約，於子弟無所程督，而躬行之實所漸漬而興起者甚衆。居常稱曰：「欲學聖賢，當消客氣，洒掃應對，是其入處也。」

汝愚從屬籍、冠多士，國朝故事所未有。人爲公喜，而公處之如平時。及聞其入館，適與莆田林光朝謙之同舍，然後喜可知也。於其守上饒而來迎也，故不往。一日，呼二田夫肩輿潛入其境，訪問民情，閲信宿，意無所忤，因稍進至近郊，人始知之。其爲人大略如此。

顧宗室之在右列者，例不得爲要官，故其事業無以見於世。至其潛德隱行與其志念之精微，則人又有不得而言者。嗚呼，其真可謂篤行君子矣。陳公之目之也，豈虚也哉。

其配令人李氏，丞相文正公七世孫，家號西李，司馬公所謂能守先法，久而不衰者也。方承平時，宫宅婚姻皆勛侯貴戚，公父子獨再世娶儒家。令人明達剛果，居家以孝聞。既嫁，事姑如母，嘗刲股以愈其疾。公罷崇德歸時，晁夫人尚無恙。篋有餘金，將出以獻而探之不獲，蓋令人已奉而致之姑矣。服飾之具，擇其新美以奉公諸妹而躬取其故敝者。公既勤其家，不吝一錢〔二〕，而令人安貧自力，所以成公之志爲多。先公十二年卒，葬縣西雕峰，距公墓三十里所。子男四人，汝愚，既爲時名卿。次汝拙，承信郎。汝魯，保義郎。汝愿，未仕。亦皆斤斤謹質，能守其家法。女三人，長適宣教郎逢維石，次適將仕郎路希傅，季未行也。孫男十二人，女七人。而其長曰崇憲，亦舉進士，中其科云。

熹聞公之名蓋久，而不及識，居常以爲恨。今乃獲叙德美以贊誄事，而附於陳公所書之石，則既幸甚。然每讀行實之書，而於吕伯恭氏之言又未嘗不廢卷太息也。因頗采其意，銘以系焉。銘曰：

漢邸之別，去本而支。心融迹泯，世莫予知。建土分封，再世弗振。逮公而顯，匪爵其仁。孝不老衰，惠不約弛。忠不遠忘，以畀厥子。篤行之表，華林之臯。惟其不愧，日遠彌高。嗟爾後人，益謹毋怠。出者難工，德友所戒！

校記

〔一〕于：宋浙本作「諸」。

〔二〕吝：右引作「名」。

編年 據文中所述。年譜長編以此文作於淳熙九年，誤。

迪功郎致仕王君墓碣銘 淳熙十一年冬

淳熙十有一年秋八月，迪功郎致仕番陽王君彥暉卒。冬十月，葬其家山先塋之右。既卒哭，其子安墨衰經走謁予於建安潭溪之上，拜泣且言曰：「安不天，往歲失吾母，東萊先生既不鄙辱而銘之。今重不幸而失吾父，則東萊亦既没矣。兄弟聚謀，大懼不朽之托無所於歸，敢使安也介東萊之文以爲重，而謀於下執事。惟吾子之有以哀之也。」予以病衰，久廢筆硯，四方知舊文字之屬所拒者無慮數十家。既以例謝不能，而視安之來，布衣蔬食，重跰十舍，逾越險阻，蒙犯霜雪，所以不死其親之意，有非人所及者，不忍使之徒手而歸也。且吾伯恭父之病矣，而亦既銘其母焉，我其得辭之耶？則應曰諾。於是安乃出其友安遠節度掌書記章洙之狀以視予，曰：

王氏唐末避地，始爲饒州德興人。中有名申甫者，以能雅歌，補郡博士弟子員。晚歲教授縣東三十里所曰柘溪者，樂其山水之勝，却諸生歲時脯脩而易其地以居焉。生四子，其仲曰鐖，隱居自放，里人高之。其後子孫益蕃昌，遂盡有柘溪地，人因以里名其家。

鐖生之純，之純生居立，君居立之子也，字子充。少孤，自植立，以勤儉持家。娶程氏，生四男子，曰賓，曰安，曰憲，曰宗，皆教之學，斥家貲爲市書史、聘師儒。日釀黍爲具，博延四方名士，使與之接，雖殫貨詘力不計。既而安業獨先就，鄉里父兄賢之，多遣子弟從之游。郡有司亦以其程試應書再送禮部，未第。會天子奉觴德壽宫，勞賜耆老，而君夫婦皆以安故相先後得官封。君卒時年七十有二，四子皆儼然服儒冠。獨兩女前卒，而孫男女已十有四人矣。

君性修潔，嚴重不苟。所至必拂拭正席乃坐，及將去，猶徘徊周視乃行。生平謹禮，比老益虔。鄉鄰慶吊必先，雖幼賤必躬造。族姻有喪，戒門内毋食肉，以屬親疏，爲日久近有差。輕財好施，樂成人之美。人有未善，苟知之必告，雖以賈憎不自悔，更爲竊嘆如己憂。其嫁姜氏二女事，則伯恭父已書之程氏之墓矣。蓋君之志而其室有以相之也。

予雖不及識王君，然既嘉其子之能修身以幸於先生君子也，又哀其能始終勤劇以覬顯其親於無窮也，而既諾之矣。今又觀於王君之行事如此，蓋亦庶乎孔子所謂十室之忠信者。是以三復其書而嘆息焉，因輯其事而詩之，俾歸刻墓上，既以表王君之德，而又申伯恭父之遺意，以厲其後之人。其詩曰：

鹿鳴先生詩禮傳，荒此柘溪祀遜綿。逮君教子子能賢，千里丐我銘君阡。至哉我友授子言，皇皇業業無窮年。眇思所屬非華軒，有能力此榮其先！

編年 據文中所述。

通判恭州江君墓誌銘 淳熙十二年

君諱介，字邦直，姓江氏。曾大父時，大父夢符，父衍，世居徽之婺源，未有仕者。至君始居饒之德興，以鄉舉中第，至通朝籍而贈其父宣教郎，遂爲德興人。

君少穎悟，年十五六治舉子業，鄉先生亟稱之，君不自多。一日，讀程子書至水清性善之說，喟然太息。視平日所學，不過爲利祿，有不足爲者。亟走謁衢州徐先生誠叟，以書道其所志而請業焉。徐讀書，喜謂其徒曰：「此可與共學矣。」居數年而歸，更以其說授學者，多所興起。

初仕迪功郎、興國軍司户參軍。先是，受俸米者率倍其券，君獨不取，其予人也亦然。郡將試以難事，又皆從容以決，遂以廉吏薦之。陞從事郎，調隆興府進賢令。將行，會天旱民飢，度比至官，且不及事，亟移文喻民廣殖牟麥。民知君之愛己也，聞其且至，爭相扶携，拜迎馬首。既至，不暇燕饗，倍道趨府，極陳所以拯救之策甚備。富民舒氏當出穀餘萬斛以糶，而自請以緡錢輸府，冀得免糶規賞。君爭之力，帥守龔公茂良不悦，而君執議愈堅。龔公始悟，從君計。而君不俟報，已先喻舒氏出其穀矣。視飢民尤困憊者收養療治，賴以全活者甚衆。既而旁邑官吏多以救飢受賞，或喻君盍自言。君曰：「民飢而令食之，猶子飢而母乳之也，敢幸賞乎。」

會詔蠲民田半租，君白部使者程公大昌曰：「常時輸租，雖合勺之畸，亦必使就盈數。今若但減其半，則全户輸一升者名減五合，而實猶輸一升也〔一〕。若自全户三升以下悉蠲之，則貧民被實惠矣。」程公以君語聞，詔從之。程公喜，舉酒屬君曰：「君宰百里而惠加一路，可謂仁人之言矣。」

君始至官，有旨新沿道廐置。時民方飢瘁，聞是令下，欲相率逃去。君喻以不得已之故，且爲率溫户金，伐道旁木，徹廢佛屋，以助其役。民喜趨事，而執牽者亦便安之。未幾，密院又頒新圖，漕臺趣使改爲甚亟。君言：「前役未既，後役復興，民且不堪。況廣西之馬歲不過三十綱，綱不過五十匹，新圖乃度爲容二百四十匹者，亦何爲乎？且馬之息耗，在芻秣之盈虚。今不察兵吏之盗其廩，而必病民以豐其屋，尤非分之所安也。」使者是其言，縣得罷役，而旁邑亦有賴以免者。

天子以連歲旱飢，詔吏敕民修築陂塘以爲之備。吏惰不供而畏罪以希賞，至有未嘗一施畚鍤而以訖事告者。君獨出入阡陌，推上德意，喻民以利害之實而身勸督之。民感君誠意，作治如法。後雖惡歲，猶得半稔。君又深以獄事爲己憂，籍逃田，收其租爲繫囚食飲醫藥之費。言於憲臺，而刻其事於石。暇日延見學子，教以孝弟忠信，亹亹不倦。且祠唐故隱者崔君於學，以風勵之。

改宣教郎、知興國軍永興縣事。君舊爲郡掾，習知其俗。到官，移書諸臺，爲陳五事：一曰稅重之弊，二曰准衣之弊，三曰續起上供之弊，四曰累年不放水旱之弊，五曰魚池榷稅之弊。其言明白懇切，覽者動心，然卒無有能行之者。盜劫民尹惠政家，殺其奴而逸。尉恐負課，脅惠政使自誣爲殺奴者。知君不可欺，賂吏移鞫軍獄。君條其可疑者九事，毅然以去留争之，惠政乃得免。永興田多水少，君以水種豐凶不可期，則兼課陸種，立賞勸募，父老傳誦，至於感泣。天申錫宴，舊例百物皆取之民，吏緣爲奸，費且數倍。君白太守和市予直，民甚便之。郡當通衢，使客接踵而力役不均，有一歲而數役者，有終身不一行者。君至，始爲籍以均之。他所以便民者多此類也。

轉奉議郎、四川總領司主管文字。總領主餉大軍，平時未嘗與民事。至是，東川大饑，君言於其長太府卿李公昌圖，請得庫之羡錢往賑之。李公以爲然，得緡錢五十四萬以行。漕米勸分，極力拯救。既又盡蠲被災郡縣田租，而以所賫官錢代輸。水浮陸走，衝冒暑暍，至感疾以歸。而果、合、昌、普、廣安數郡之民争繪像立祠以報其德。金州民千餘家以負茶租逮繫笞箠十餘年不得釋，君一旦白除之，無不鼓舞感泣而去。遂寧守李公燾聞之，以書遺君曰：「公兩邑之政，可比古之循吏。而見於文字者，又皆如絲麻穀粟之有用於世。今來佐饋軍而幕府施設有忠厚之稱，蓋賢者之助多矣。」秩滿將歸，而諸使者留之，使從外銓調補通判恭州事。非其志也，因以檄書至武昌，已事而歸。舟次江陵，則不幸而以疾卒矣。卒時年五十八，淳熙十年十二月二十一日也。

君爲人誠慤敦重，不妄言笑。意所與合，開心見誠；即與異趣，雖對之終日，如未嘗有人。少時貧窶，裋褐不完，而處之怡然，不妄以一毫取諸人也。喪親，毁瘠甚。事兄敬愛有過人者，自奉省約而周贍族姻甚厚。徐先生之喪，爲位以哭。遇諱日，爲却酒肉以報。居官廉直，不可屈撓，孜孜焉以愛民爲事。興利除害，如己嗜欲。至於身之利害，則未嘗有毫髮顧藉意也。於上官有所不合，争辨反復，詞旨慷慨。始雖小忤，然以其發於誠心，卒多聽納，或遂爲知己。如龔公，尤相愛重，還朝欲薦之，迫銓法當試邑，不果。君於聽訟折獄察見底藴，而風喻開誘，卒多歸於仁恕。所治兩邑，獄空皆歲餘。它日道出其竟，民老稚相携持，羅拜道周，有屑涕扶輿而不去者，送之或越竟而後反。君爲文不務雕刻，而辨説縱横，詞氣卓犖，曲盡事理。有玉汝堂集藏於家。

君之配孺人胡氏。子男四人，元恭〔二〕、仲恭、叔恭、懿恭。女二人，其婿舒竦、汪升之也。

君卒之明年，元恭等乃克以君柩還里中。又明年二月壬戌，遂反葬於婺源瀛山大田之原。元恭以予之與君善也，使君門人程端蒙狀其行事，來拜泣請銘。其事皆予素所聞者，且哀君之命止於此而不得盡其用以厚其澤於吾民也，爲之銘曰：

學以爲己，仕以爲人。廉直不撓，有志必伸。惠滿一同，溢于四鄰。士飽餘功，野殍懷仁。才雄氣剛，一言萬鈞。退省其私，嗛嗛恂恂。宜登天朝，正色垂紳。嬰鱗折角，卒惠我民。云胡不吊，隕于中身。欲考其德，訂此墓文。

校記　〔一〕實：原作「亦」，據宋閩、浙本改。

〔二〕元：宋浙本作「允」，下文同。

編年　據文中所述。

從事郎監潭州南岳廟劉君墓誌銘 淳熙十二年

淳熙十二年夏六月二十三日，從事郎、監潭州南岳廟建安劉君平甫卒于家。予往哭之再三，其兄子學雅與諸孤學古等遂以墓銘爲請。予初嘗受學於平甫先君子之門，因得與平甫相長大。其後平甫諸兄游宦四方，平甫多家居不從，以故予於平甫又獨得久相與，於今四十有餘年矣。然予長平甫八九歲，又以勞悴早衰，而平甫優游强健，雖少年有不及。豈意今乃反哭平甫而遂銘其藏哉！顧與平甫游最久而知之深莫如予者，不忍辭也。

平甫名玶，建之崇安縣人。屏山先生諱子翬之子，而贈太師文安忠顯公之孫也。忠顯公以忠義死國，著名靖康、建炎之間，國史有傳。生三子，長曰寶文閣直學士、贈少傅諱子羽，而屏山先生其季也。少嘗一仕，爲莆陽郡丞。秩滿，即稱疾奉祠以歸。樂道著書十有七年而卒，其書皆傳世。

平甫以少傅公幼子爲之後，補官餘三十年，亦未嘗一日仕州縣。雖其邂逅不遭，事有適相似者，抑其家法之傳亦有自也。蓋平甫自始仕即爲南岳祠官，嘗調諸路提點坑冶鑄錢司幹辦公事、福建路安撫司準備差遣，皆未及赴而以省員罷。最後從兄忠肅公强使出爲注官，得邵武軍司户參軍，則平甫山林之趣已成，不能俛首從吏役矣。亦會忠肅公薨，平甫遂決長往之計，力請諸公，復得爲祠官，超然自放以歿其身。

蓋其年少時氣甚豪，自再直廢省，即自知其不偶。而先廬屏山之下，前帶潭溪，館宇靚深，竹樹蒙密，顧而樂之，不忍去也。因以暇日廣其觀游，種木疏泉，上下澗谷，竟日不厭。自以爲退隱于家，兼農圃漁樵之役，而隨緣閱世，復善修身，又庶幾古人日損日益之意，則自名其室曰「七者之寮」，而刻文壁間以志其目。中葬其妻武夷東南十里許，即預卜壽藏其旁。因山田闢臺館以達于溪上，良辰勝日，往來兩山之間，弦琴觴酒，屬客賦詩，其樂雖與人同，而其習聞先君子之遺風餘韻，與夫當世之儒先長者之雅致，泯然有以會於其心而適於其身，至於不知爵禄之可懷、勢利之可悦，則人有所不能及也。

天資孝友，事世母慶國夫人及忠肅公甚謹，服其喪皆過禮。嗣主家政，聚族衆多而法度修整，恩意均洽。少有逸才，而不肯事舉子業，賦詩甚敏而工，然亦未嘗深留意也。爲人簡易跌宕，衣冠食飲取具無所擇，而蒐輯先世遺文軼事纖悉無遺。聚書教子，校讎課督皆有程品。爲州縣董社倉歛散，爲帥司賑貧民舉子者，詢究利病，鈎校簿書，其夙夜之勤，居官者有不及，鄉人德之。而論者於是乃知平甫非漠然無意於世者，於其死也，莫不哀之，以爲使得試用，所立當何如也。

平甫娶同郡范氏，直秘閣如圭之女。無子，而撫愛諸子如己出。事慶國夫人孝愛尤篤，苟可以已其疾，雖體膚無所愛也。先平甫十六年卒。平甫有六男七女，學古，迪功郎、泉州同安縣主簿。學博，將仕郎。學圃，尚幼。而學正、學箕、學稼皆出爲諸兄後。其次女亦嫁而夭云。平甫卒時年四十八，葬以是歲十二月十二日，墓在范夫人塋東十有八步。其銘曰：

嗚呼平甫！寧其材之不信，而不忍其志之詘也。寧其躬之不燕，而不忘其鄉之恤也。幔亭之南，其川瀰瀹，岡嶆崒也。生樂其游，死銘其丘，彌百世而不殁也！

編年 據文中所述。

評論 周大璋朱子古文讀本卷六從事郎監潭州南岳廟劉君墓誌銘：平甫補官三十餘年，未嘗一仕州縣，蓋其所遭有不偶者。娱意林泉，賦詩飲酒，非本志也，觀結語及銘詞可見。情致纏綿，百讀不厭。

贛州趙使君墓碣銘 淳熙十三年

淳熙十二年十一月某日，知贛州軍州事、朝請郎趙公某卒於官。明年二月某日，歸葬所居邵武軍城西南樵嵐山。其友沅州呂使君勝己實銘其行内壙中，而其弟善傑以書來曰：「仲兄之志蓋常欲有以自見於當世，今不幸蚤死，未有以償其平日之願。士友之相知者，莫不痛之。其所以告諸幽者，既雖幸有沅州之文矣，而所以表其墓上，使百世之下過者讀之而想見其爲人，則未有托也。仲氏蚤從張荆州游而晚交於子，子其哀之。」

予發書慨然曰：「吾交於佐卿固久，而自其守贛，知之始深。今其弟以是爲屬，其何可辭？」蓋始佐卿赴鎮時，嘗以書來問政所宜先，予以所聞告之。佐卿至官未幾，往來者稱其政不容口。久之，乃來告曰：「曏所聞者，至是訪之皆如言，既一二罷行之矣。顧所以病吾民者，猶不止於是也，如某事，如某事。吾代而歸，將以告於上而革之，則一方永久之利也。」予聞之喜甚，蓋不獨爲佐卿喜，又爲贛人喜也。然未久而聞佐卿之訃，則又爲之悲嘆出涕而不能已。佐卿素强健，至是暴得疾，頃刻遂不可救。州人聞之，驚悕啼號〔一〕，老稚相扶攜，走哭府下，皆失聲。退，相與畫其象而祠之。嗚呼，是豈人力之可爲者耶！因考呂使君所記，則曰：

公六世祖商恭靖王元份〔二〕，我宋太宗皇帝之第四子也〔三〕。曾祖仲□，開府儀同三司、贈太師，追封成王。祖士峕，舉進士中第，未仕而卒。父不衰，武經郎、福建兵馬鈐轄，贈朝散郎。

母滿氏，太碩人。鈐轄公恬淡寡欲，太碩人名家子，有賢行，閨門肅穆，爲士大夫所稱。

公天資闓爽好學，游庠序有聲名，同業者皆自以爲不及。以宗室子試有司，連中其科。初補承節郎，改授左承務郎、知南劍州將樂縣丞，簽書武安軍判官廳公事。差通判鎮江府，未赴，改知泰州，徙知常德府，以家難不行。及是爲贛州逾年，年甫五十有二而遂以卒。嗚呼，是可哀已！

其佐湖南軍時，帥張公孝祥深知之，沈公介亦奇其材，遂與轉運副使黄公鈞合章薦之。爲郡奉法愛民，以勤儉自約飭，不妄費公家一錢。干請無所應，雖有挾而至者不爲動也。在贛遇旱，禱祠賑貸必盡其力。節游宴，罷土木，勸民藝麥瀦水，寬諸縣逋負，損市人酒課，人甚便之。常時州郡别以使臣掌牙兵，公罷之而歸其職於兵官，責以嚴紀律、謹訓練。未幾營部肅然，吏士皆可用，鮮犯禁者。舉吏必先寒畯，權貴請屬皆置不問，吏服其公。於是州人相率以其治行數十言於使者之臺。公聞，亟喻止之曰：「太守德薄政荒，不能布宣聖天子寛大之詔，使旱至此。父老不以爲有罪，則已幸矣，何善之可稱？父老其亟歸教子弟，孝於親，弟於長，忍小忿，敦大信，使太守之政爲能善其俗者，則父老之賜厚矣。天暑道遠，毋苦父老爲也。」聞者感嘆，益相告戒毋違公令。

在長沙，從張敬夫游，受其學以歸。其後待次遭憂，閑居累年，尋繹舊聞，講習不倦，而尤究心於易。築室所居之南，朝夕讀書其間，疏泉種樹，有以自樂。其於進退得失之際，有未數數然者，人亦不意其壽之不永而遂葬於此也。初娶王氏，福建安撫參議康功之女。再娶黄氏，湖南轉運判官洧之女。皆先卒。子男一人，汝掖，尚幼。公没三年，太碩人故康寧，而伯氏龍閣公數典巨藩，亦以寬惠見紀。蓋其家法傳有自云。

予惟公之志雖未克大施於時，而二邦之政所以及人者已廣。以其地遠，且無門人故吏之記，故不得書。其與子書諭贛事者，又逸不存，而不得附見，以俟後之君子，則予於此不獨爲公恨之，又爲贛人恨也。爲書其事，使以刻於其碣，且爲之銘。銘曰：

於皇上聖，哀此下民。吏壅其流，澤唫以屯。惟時若人，有聞于古。肆其所臨，霂若膏雨。章貢之間，禾黍油油。公胡遽歸，樵嵐之丘。我銘其阡，用勸來者。毋以惠文，易此章甫。

校記　〔一〕愔：原作「佈」，據宋閩本改。宋浙本作「愔」。

〔二〕元份：原作「某」，據宋史卷二百四十五宗室二補。

〔三〕四：原缺，據右引補。

編年　據文中所述。

郭德誼墓銘 紹熙二年

東陽郭君德誼之墓，新安朱熹銘之。其詞曰：

才百夫之特，而身不階於一命。志四方之遠，而行不出乎一鄉。然而子弟服師儒之訓，州閭識孫弟之方。霍然其變豪俠之窟，焕乎其闢禮義之場。是則其思，百世而長。勿替繩之，有永彌昌。

編年 據年譜長編。

夫人許氏墓碣銘紹熙初

夫人許氏，其先太岳之後。在三代爲姜姓，國於陳、鄭之間，其後子孫居高陽者爲望族。中徙丹陽，又徙永嘉。至唐末〔一〕，有令瓌者仕江左，爲集賢院學士，貶山陽令，謫居建州關隸鎮，因家所謂梧桐村者。關隸今爲政和縣，而梧桐之許特盛。其散漫四出者無慮數百家，猶以天祐、保大譜牒相傳，世次尚可考也。

夫人父名㦤，娶同郡丘氏。丘亦儒門令族，故夫人生而静淑，治絲枲針縷皆過人。生十九年，嫁邑士黄君朝佐。嫁八年而卒。嘗生一女，失之。又生一男，曰石，纔二歲而夫人屬疾，自度且不起，指以屬其姑曰：「新婦即死，願以是兒爲托。然教之必嚴，勿以其無母而厚於慈也。使其幸而有立，則新婦爲不亡矣。」既而石長，游太學有聲稱，遂擢進士甲科以歸。中外長老始相與傳誦夫人臨絶之言，而嘆其識之遠也。夫人始葬屋山之東，遭亂不保，再遷得某鄉某里延福僧舍之左。

石嘗教授某州學，又教授敦宗院，丞紹興之上虞。年甫若干，以末疾致其事，自從政郎特遷通直郎，賜緋衣銀魚以還故里。予一日過之，見其病雖廢而神氣不衰，出故鄂州教授吴君特所狀夫人世系行實一通，泣語予曰：「石生不幸，不及識吾母，無以解終身之憂。猶冀行身不辱，有以卒顯吾親於無窮也。今病若此，恐又不克其志。且墓道之銘未立，吾子其有以哀之。」語未既，復感慨嗚咽，泣數行下。予亦悲不能仰視，亟許諾，受書而出，不忍無以慰其心也，乃序而銘之。銘曰：

夫人系家出高陽，世祀有牒存餘唐。睨化罔恒音琅琅，教而弗愛後以昌。賢乎孝哉遠弗忘，我最其實崇斯岡。

校記　〔一〕末：原作「宋」，據宋閩、浙本改。

編年　許氏爲政和人，葬延福院左。考朱熹紹熙元年赴任漳州途中嘗一至政和延福院，見文集卷八十二跋先吏部留題延福院詩。此文云「予一日過之」，則在政和。參以上篇編序，此必是行在政和受托，稍後作此碣銘也。

潘氏婦墓誌銘 淳熙十三年

新海門尉金華潘友恭以書來曰：「友恭少受室于穀熟之王氏，於今十有五年矣。與之俱從家君以適南海，而不幸疾病以没。二親哭之，過時而哀，友恭亦不自勝其悲也。惟王氏婦自居家時事親孝，親愛之。年十有九而嫁，移所以事親者事舅姑，舅姑亦愛之。處娣姒長幼之間，肅穆無間言。御下寬而有節，爲人簡静莊重，恭儉信實。於婦功不少懈，然不務爲纂組華靡之習。所以謹嫌微、安貧約，又有人所難者。喜讀論語、大學、中庸、孟子諸書，略通大義。每語人曰：『吾常自省終日之間承上接下幸無一失〔一〕，然後得以退休而少安。』此意日新而未已也。淳熙丙午某月某日卒，年甫三十有三。今將以其柩歸葬會稽上虞之徐山，惟先生幸哀而與之銘，則猶足以少慰也。王氏曾祖甡，光禄大夫。祖令洙，朝議大夫。父琮，奉議郎。母孺人潘氏。王氏歸友恭，生子曰履孫，用家君奏補將仕郎，年十有三矣。」

予昔從友恭尊君湖南公游，見其施於官者治；友恭兄弟皆來學，見其飭於身者嚴；履孫七歲，侍立王父之旁，見其視聽專一而進趨有度。今讀友恭之書而以是質之，知其婦之賢不疑也。爲之最其語而銘之曰：

越江之潯，徐山之阜。孰藏斯丘，恭叔之婦。匪婦則然，是實良友。我銘畀之，百世其久。

校記 〔一〕常：原作「嘗」，據宋閩、浙本改。

編年 據文中所述。

宣教郎方君墓誌銘 淳熙十四年

予始仕，爲泉州同安主簿，得莆田方君德明而代之。一見傾倒，如舊相識。既去，聲問往來無虚月。間以其詩遺予，語亦清麗奥博，非常人所及也。予後數以檄書往來莆中，君必爲予置酒，留連款曲。其後數年，予以病不能事，奉祠里中，而君來爲建獄掾，又得相見，握手道舊，如平生歡。又二十年，而予復以事至莆，則君宰上之木已拱矣〔一〕。其子注來見，且爲予泣出君州里世系官閥之狀一通，請銘君墓。予固悲君之不遇，而又嘆交舊之零落，蓋凡三十餘年之間，而同安寮友所繼所同無一人在，則不忍辭而受其書以歸。顧以病未及作，而注數使來請，其詞益悲，乃出其書而叙之。

蓋方氏之先有諱某者始家莆田，六子宦皆通顯〔二〕，遂爲郡著姓。君其第五子、禮部郎中仁達之八世孫也。父諱□，母林氏。

君諱士端，少苦學，年十八以鄉薦試南省不利，益務記覽，不翫爲舉子業。以授室宗邸補登仕郎，試吏部，復高選，授右迪功郎，調主同安簿。攝尉得盗，當受賞，棄不顧，遂爲建寧府左司理參軍。改宣教郎，知福州福清縣事。福清故號難治，令多以罪去。君始至，慨然以公勤自勵曰：「是豈不可爲哉。」然不一歲，竟亦以公事免。君不戚戚，歸家日治具，召賓友飲酒賦詩以相娱樂。後雖以恩得還舊秩，而君已無復仕宦意矣〔三〕。乾道六年閏月八日，遂以疾卒，年四十五。

夫人濮國趙氏，武略大夫士鑚之女，後君三年亦卒。淳熙乙未，乃得合葬於楓嶺三山之原。子男三人，注、清、汪，皆業進士，而清嘗以承節郎試禮部，與汪皆蚤卒。女四人，其婿林瓘、林叔子、鄭鐸，季未行也。孫男女各四人，皆幼。

嗚呼！君之才不後人而仕竟不偶，既退而休矣，又不得永終壽考，以遂其優游閑適之願，是可悲夫。爲之銘曰：

猗君之才，足以自奮。仕而不遭，樂亦無悶。乘除有數，奚又不年。尚覆來者，百世之延。

校記 〔一〕宰：原作「塚」，據宋閩、浙本改。

〔二〕宦：原作「官」，據右引改。

〔三〕宦：原作「官」，據右引改。

編年 據文中所述，朱熹歸自同安，「其後數年」奉祠里居，「又二十年」，再因事至莆田，遂受墓主之子注作銘之托。而因病未及，久之乃作。至此距同安之歸「三十餘年」矣。考朱熹行實，其仕同安在紹興二十三年至二十七年，下推二十餘年，再至莆田不得早於淳熙年間。其淳熙以後凡三至莆田，一在淳熙十年，爲吊傅自得之喪；一在淳熙十四年，爲吊陳俊卿之喪；一在紹熙元年，赴任漳州途中。以同安歸後三十餘年計之，參以上下各篇編序，當作於淳熙十四年。

評論 周大璋朱子古文讀本卷六宣教郎方君墓誌銘：敘生平交游，感慨爲志，與歐公黃夢升墓銘同一悲婉。

朱熹文集編年評注卷九十三

墓誌銘

女巳埋銘淳熙十四年七月十二日

朱氏女，生癸巳，因以名，叔其字。父晦翁，母劉氏。生四年，呱失恃。十有五，適笄珥，趙聘入，奄然逝。哀汝生，婉而慧。雖未學，得翁意。臨絕言，孝友悌。從母藏，亦其志。父汝銘，母汝視。汝有知，尚無畏！宋淳熙歲丁未月終辜壬寅識。

編年 據文中所署。

江君清卿墓誌銘淳熙十四年冬

淳熙十有四年春二月庚午，鶴山江君清卿卒。冬十有一月庚申，葬於其里少東夏嶺之原。前期，其弟嗣以書致今臨江通守賈侯應之狀來請銘。予幸蚤得從清卿游，然家居相距百餘里，不得旦暮相與切磋琢磨以究其學也。然每一相見，則心愈益敬愛之。及聞其死，以病未克赴吊。至是乃輿疾而往哭之。入其門，望其几筵像設，見其子甚幼，纍然服喪，撫其柩於西廂，不自知其慟也。歸乃發賈侯之狀，又附以予所知者而具論之。

君諱明，清卿其字也。世家建陽縣北樂里。曾大父諱測，以學行教鄉黨，仕止將作監主簿，而贈官至太中大夫。大父諱立，左朝奉郎，以吏治循良受知於司馬文正公。父諱琦，左宣教郎、永州州學教授。覃思春秋之學，龜山先生楊公見其書而稱之，尤以文學行義知名當世。娶同縣虞氏而生清卿焉。

清卿生有異禀，書過目輒成誦。作文操筆立成，皆有思致。見者驚嘆，以爲江氏有子矣。以童子見張魏公，即開口論天下事，儼然如成人，公亦奇之。年十七遭外憂，執喪如禮。既冠，益從諸長老游。讀書問學，探討不倦，而不肯輕爲論説。持守踐行，造次必以規矩，而不務過爲崖異斬絶之行。其接物薰然以和，然亦未嘗苟然有所阿徇，鄉人無不悦而親之，然其恬曠虛遠之懷，安靖篤實之操，誠於中而形於外者，人亦望而敬之，不敢有以加也。

始，教授公無恙時，嘗欲盡以先世遺業奉其兄，未及而卒。清卿卒成其志，自處雖約，不以爲慮。母夫人有賢行，自寡居即布衣疏食以終身。及春秋高，遂抱羸疾。清卿左右奉養無違。既没，葬祭如法。父同産有適人而老且貧者，迎養周給，以立其家，始終不懈。鄉人有死於遠宦者〔一〕，爲之糾合親故，還其喪而窆之。有以昆弟訟其先人之遺澤而累歲不決者，喻以恩義之重，一言而解。蓋其志行之所以信於人者非一日也。

嘗以進士試禮部，不合而歸，遂無復有進取之念。而獨於修身進德益孳孳焉，不以歲年之晚、疾病之侵而少有自安之意也。始亦嘗有意爲浮圖學，至是乃喟然曰：「徒亂人耳。」卒時年六十有二，篋無完衣以斂，而一子宗老才七歲。鄉人無問親疏賢否，哭之皆出涕。退而相與咨嗟悼嘆者無異詞也。妻吳氏，先卒。二女，適翁益、李懷祖。其遺文十餘卷藏於家。

嗚呼！君家比三世以儒學起家從宦〔二〕，而皆不大顯，至君而學益明，行益修，人曰是必且爲世用而有以大其門矣，而又不位不年以没於地，於是人莫不以是疑於造物之理而爲君惜之。予獨有以知君之志，其所以爲欣戚者，有不在是也。然則文卿之托銘於予也，豈不有以也哉。銘曰：

不同乎今人者君之樂，不及乎古人者君之憂。蓋其所樂者人以爲戚，而其所憂者我以爲休。銘焉不慚，子孫是收。

校記 〔一〕宦：原作「官」，據宋閩、浙本改。

〔二〕宦：原作「官」，據右引改。

編年 據文中所述。

評論 周大璋朱子古文讀本卷六江君清卿墓誌銘：清卿以天下之憂爲憂，而不汲汲於富貴，修身進德，老而益勤，真得聖賢之樂者。「人以爲戚，我以爲休」等語，非公深知其心，孰能爲此言。

轉運判官黄公墓碣銘〔一〕　淳熙末

公諱洧，字清臣，姓黄氏，建寧府人。其先世相傳自光州固始入閩，居建陽之水東，後徙甌寧之演平。曾祖執矩。祖伯堅，贈承議郎。父鋭，朝請郎、提點江、淮、荆、浙、福建、廣南坑治公事。

公以遺蔭補官，調筠州高安尉。時江西群盗充斥，王師討捕相繼。公以射士爲大軍前行，數與賊遇。已事，例受薄賞，不復以功自言，論者多之。郡獄治盗，詞有白金百兩藏某處〔二〕，檄公取之。得金數倍，從者請私其餘。公不可，悉以送官，人服其廉。

秩滿，授興化軍司理參軍。問事既得其情，即復告以法所當得之罪，且問「若此寧有冤乎」，必反復無異詞，已乃具獄上府。以是凡公所鞫，雖重辟皆合爪扣顙〔三〕，自以不冤。軍院官謂公曰：「兩獄一也，即有移鞫，幸勿爲異，吾亦不敢自異於公也。」公愀然曰：「事惟其是而已，况司獄人命所繫，吾固不敢以徇公，公亦安得以徇我乎。自今理院所移有不當者，幸公改之，勿以爲嫌也。」部使者私欲出一重囚，公持不可，乃因行部慮問釋之。公白太守，復致之獄，而竟按其罪。太守汪公待舉以是賢公，待遇有加，一郡之事必咨而後行。公亦益爲盡力，境内稱治。

監紹興府錢清鹽場，改宣教郎，知福州侯官縣，治以寬簡，先教後刑。訟者反復曉譬之，或失所争而去。民争先爲里正曰：「官無賦歛，里無盗賊，吏不敢詾號村落間，此時不可失也。」

母太碩人江氏故家福州〔四〕，族黨衆盛，歲時往來，親親之意甚厚，而無一人敢以私事爲請者。

簽書平海軍節度判官廳公事，郡守辛公次膺、鄧公柞、范公如圭皆當世賢大夫，咸委重焉。秩滿造朝，給事中黄公祖舜薦公材堪治劇，清可律貪，欲留官中都。公辭母老，求通判福州以歸。未上，而太碩人物故〔五〕，執喪哀毁，治葬勤劇。家益窮空，當路有欲周之者，顧非其義不取。

陳正獻公時在從班，應詔舉公可奉使典州。喪畢，除知南雄州。遵近制入奏，論今日郡縣長吏不惇教化，不理獄訟，而上下一以財賦爲急，民不堪命。若不降詔戒厲，非重本愛民之道。時朝廷議役法，公又論不必議改法，當申明法意，止以烟火盜賊責里正。至於催私代納、追呼應辦悉行禁止，則可免民産破蕩。玉音嘉奬，有「卿熟於民事，更留意勿忽」之語。既之任〔六〕，郡小，用度不饒，舊常法外重贖以取資，且榷酒酤、增税柵，民告病矣，而官用猶不足。公至，一切罷之，人以便安，而郡亦未嘗乏事也。州故與建、饒、贛州代輸坑冶司歲貢白金各若干兩，故事皆取於民以辦。公請以郡大小爲差，詔悉蠲之，郡人賴焉。

改廣南東路提舉市舶，帥守市賈胡香不償直，公舉法移州，帥愧且懼，亟召歸之。更爲轉運判官，廣學租、禮名士，益勸諸生以學。番禺令近在帥守諸司治所，肆意爲奸，無按舉者。公素聞之，至是誨厲之，不能改，乃捕其吏屬劾之。一夕而獄具，奏上閲實，抵罪以去。其餘不循法度以病民者，隨罪大小，以次繩治。於是一路肅然，官吏始知有法守矣。

市人困於官估丐奪之擾，公爲移書一路，罷官估、除市籍，百賈得職，物價爲平。復上奏請均其法於諸路，詔施行之。丁籍久失開收，口賦之逋均及鄰伍，流亡日衆。公選吏分行，覈其實而除之，一路所蠲凡十有五萬口，流冗浸復。瀕海蜑户數萬生理至微，亦有役於州縣，公悉免之。按行所部，雖煙瘴荒遠無所憚。訪問疾苦、伸理冤抑不可勝計。革外銓匿闕徇私之弊，人無怨言。

江浙歲饑，有旨發二廣義倉米航海詣永嘉。往時嘗有此役，吏并緣以擾民而米不時達。公處之有方，且并西道所發轉致之，不越月而至永嘉者八萬斛。永嘉之人焚香迎拜步下曰：「此廣東運使活我也。」史正志爲發運使，專以括取諸道羡錢爲己功，諸道承風聽命不暇。公曰：「嶺外貧薄，安得視它路？」財予緡錢千數。正志怒，欲陷公以罪，有以公爲人告者，乃已。

改使荆湖南路，首論：「諸州以租米餽荆、鄂、襄陽諸軍，地里之遠近不同，則運載之費出於民者宜有多寡。今諸州不能前知所當詣，因悉以遠地爲準而取其費。如潭州歲輸三十萬斛，則税外當歲輸錢十萬緡，民力安得不重困？謂宜詔總領所前期下諸州，使知所當詣，而隨其遠近以收運費，庶以少蘇民力。」異時郡縣預借民田租税及它非法取民，如茶租，如甲札，如户帖，如乳香，如茶引之屬者，壹禁絕之，官吏或奏抵罪。檄州縣勸民益廣陂塘，貸以金穀，不越月而所修復以萬計，詔頒諸道以爲法。

會有訴耒陽令程資忠營道薄咼〔七〕，貪殘不法，事敗而逸者，又有訴胥吏挾私枉法，黥配士人者。公以屬吏，則其事乃連提舉常平官胡仰貨賂關通。證驗明白，公不得已，具以上聞。仰黨援衆，反得美遷而去。公力不勝，獄囚久不決，尋以被旨按行諸郡。入春陵界，聞郴、桂飢民相聚剽劫，即日還車，披山通道，不一二日而至郴州。問賊所巢，乘夜深入。群盗不意公來之速，相顧駭愕，一夕潰去。公又召其酋豪，譬以禍福而慰安其餘衆，檄州運米，躬視賑給，遂以無事。兩郡之民德公之爲，悉畫其象生祠之。還臺未幾，一日得疾遂卒。積官朝散郎，享年六十有二，淳熙元年五月十七日也〔八〕。久之，臺臣乃有論胡仰奸狀者。於是仰抵罪，而公言始信。

公早孤，事母孝，持身廉介謹密，輕財重義。貧苦乏絕，有人所不能堪者，而處之泰然。益以暇日誦書史，從當世賢人君子游，孜孜焉問所以修己治人之術，一時先達無不推重器許之。爲人内剛外和〔九〕，接物謙卑，雖童隸無所忽。人有片善，稱之不容口。至論天下事，有不可其意者，則未嘗有所假借也。居官聽斷，分别枉直，詳審愜當。雖累歲不決之訟，案牘如山，一閲盡得其情。平居未嘗少自暇逸，雖疾病不謁告。與家人言，亦必依於孝弟忠信。久官不遂〔十〕，益以廉直自將。晚雖小試，然亦未究其用而忽焉以没。死之日，家無餘財，還其鄉，妻孥無所托宿，士大夫之賢者莫不傷之。

葬所居慈善鄉豐樂里下原之陽。娶李氏，文定公孫，朝散大夫、知建寧府佩之女，封安人〔十一〕。子男四人，概，今爲文林郎、監文思院門。格，鄉貢進士。次棫，次梲。女七人，長適福州鄭農卿〔十二〕，次同郡張伯愈〔十三〕，次適朝請郎、知贛州軍州事趙善佐〔十四〕，次尚幼〔十五〕。

而某與張、趙氏女皆早卒。孫男九人，孫女一人。

概等以公之與予善也，狀其事來請銘。予自少從公游，察公始終表裏，殆所謂俯仰無愧怍者。又按公官第七品〔十六〕，當立碣。乃叙其事而系以詩，使刻置公墓上，以示公之子孫與凡鄉人之從宦者，使知有所畏慕而興起云。其詩曰：

嗟若黄公，懷瑾握瑜。半生下僚，坦其舒舒。晚使于南，志則少攄。乃其清剛，之死弗渝。威讋權豪，澤流鰥孤。而其永歸，柩靡所廬。故山北東，有坎其墟。我最其迹，圭首方趺。咨爾後人，毋迷厥初。過者考德，亦式其車。

校記

〔一〕淳熙本題首有「荆湖南路」四字。

〔二〕百兩：原作「若干」，據右引改。

〔三〕爪：原作「瓜」，據右引改。

〔四〕太碩：原作「夫」，據右引改。

〔五〕碩：原作「夫」，據右引改。

〔六〕「遵近制入奏」以下原缺，據右引補。私：疑當作「租」。

〔七〕營道薄咼：原缺，據右引補。

〔八〕淳熙：原作「乾道」，據右引改。十七日：右引作「壬寅」。

〔九〕和：右引作「柔」。

〔十〕官：右引作「宦」。

〔十一〕安：右引作「太恭」。

〔十二〕福州鄭農卿：原缺，據右引補。

〔十三〕次：原缺，據右引補。

〔十四〕軍州：原缺，據右引補。

〔十五〕尚幼：右引作「四人在室」。

〔十六〕第：右引作「正」。

編年 此文收入淳熙本，故不晚於淳熙十六年。參以上二篇編序，以作於淳熙末爲近。文中云其長子「概，今爲文林郎、監文思院門」。而樓鑰攻媿集卷三十九有文思院造皇太后尊號册寶監官從政郎陳庶監門儒林郎黃概各循一資制詞，可知黃概紹熙元年正月尚監文思院門。

朝散黃公墓誌銘 淳熙末

始予試吏泉之同安，聞旁邑永春有賢令尹曰黃公，公廉强介，察見微隱，吏不能欺而民不忍欺。它縣民有冤訟，率請諉公以決。其條教科指、操驗稽決，人皆傳誦以爲法。間嘗以檄書案事涉其境，道傍小民稱説令尹不容口。其禁令要束，大抵皆敦禮義、厚風俗、戢吏奸、恤民隱之意。其言明白簡切，其達之也，遠近幽隱無不暨焉。過門入謁，則公方危坐堂上，閲學官弟子程課，廷中闃然無人聲。問公所以爲此者，公不鄙，告語甚悉。恨所案事有程，不得久留聽公語也。泉之士大夫爲予言，永春自故司諫江公民表爲令〔一〕，有善政，民稱思之，以爲無能繼者。

今黃君節守始無愧江公，而吏事精密有過之者。予既罷歸，聞近臣有薦公者，天子擢以爲監察御史，謂公得以行其志矣。未幾，聞其以病去，竟不復起，識者恨之。後十餘年，屏居里中，有書生來請受學，思苦業精，久而益篤。問其出，則公之季子也。一日，出其兄東之書與其母之外弟、今提舉廣東市舶江君文叔之狀，泣而請曰：「先君子幸相與有一日之舊，敢請銘以賁其幽。」予不得辭也。

公諱瑀，字德藻，其先世居福州長樂縣青山下，後乃徙家郡城之東，爲閩縣人六世矣。曾祖徽、祖時皆不仕。父南仲，七試禮部不偶，以公故贈朝奉郎，而妣陳氏亦封太安人。

公中紹興八年進士第，初任爲饒州司户參軍。提點鑄錢官欲市冶工餘糧以規贏利，强公高其估。公不可，則怒，欲中以法，而求其罪無所得，乃更欲薦之。公謝不受。歲旱，郡檄視屬縣民田當免租者。公請免之什九，而行它縣者以什一告。太守洪忠宣公以爲疑，却公所上文書，俾更之。公曰：「官可罷，此不可易。且吾已聞之諸使者矣。」既而洪公使視諸縣，則公所行縣民獨無流徙，乃復善公所爲而薦之。罷官貧甚，與一力徒步以歸。

更調湖北轉運司主管帳司，使者向公伯奮一日謂公曰：「人皆求薦，君獨未嘗一言，何也？」即袖中出奏牘，上公可親民者，且以「心源淵静、夷險一操」目之。公於是改官，而人亦以賢向公焉。

及來永春，承寇亂蠹弊之餘，田萊多荒，民力凋瘵。公至，首蠲其宿負。民有鬻業而税籍不除者，悉釐正之。其文書或不具，則履畝而均其税。於是豪民無得幸免，而貧弱以蘇。民輸賦或後期，不使吏與其間，獨揭其姓名於市，爲之期日，而聞者相先以至。間不一歲，流庸盡復，賦入再倍其初。公又痛以廉儉自約飭，凡例所當得公廨錢悉輸之官。到罷挈家，法當計傭受直，亦不取。至於燕游饋送之費，又皆一切屏絶。而鈎考出内，則必以身親之，吏無所容其奸。於是廪有餘粟，庫有餘錢。乃視民所病，凡前日無名之賦可罷者，如浮鹽錢之屬，皆罷之。不可者，如上供銀，亦爲損其虚估之直。宗子米則以它錢代輸，一歲至數百萬。

左翼軍自漳徙屯郡下，當治營屋。郡分以屬縣，它縣征調輸載，民不勝擾，公獨出庫錢，僦工徒，取竹木，具陶瓦，而分寓便舟以往，爲屋餘千間而邑人不之知也。里正舊以誅求破産〔二〕，前後相屬，當役者畏避百方，惟恐不得脱。至是乃有投牒争先爲之者。嘗有寡婦負租而逃，公寛其期以召之，來則使之傭織於人以漸償所負。又嘗有請鬻牛以輸負租者，公閔然曰：「奈何使汝失一歲之計？今春姑以丐汝，秋成而輸未晚也。」其人欣然聽命，及期果如約〔三〕。蓋其及民之大者既已周浹，而於其細者又皆曲盡如此。獨豪宗大姓侵刻細民，則捕劾窮治之無少貸。他所聽斷，發擿隱伏，人以爲神，而卒亦歸於仁恕也。

大治學館，闢其衢路，斥去喧雜，作亭其前，而刻詞以厲學者，語意甚偉。延擇修士，課試以時，士子上謁者接之於學。講學之外，一豪之私不敢及也。有儒冠而以博訟者，爲設席聽事之旁，課以論、孟。通者罷歸，否者呼其父兄懲以二物，由是俗爲一變。

始至，款謁群祀，以文告曰：「令有昏墨，神其殛之。」視社稷祠壇隳敝甚，即命改爲，而又植以名木，至今人猶指以思公，名之曰「御史林」。遭旱，出俸錢、具牲酒，躬走群望，窮極幽險，不以勞爲憚，雨爲立應。

愚民奉佛，往往私立塔廟，僧以是得雜處市里間，亂倫敗俗，爲良民患。公按律令盡撤之，且禁僧無得復居外，宿弊頓革。丞有女病，若有物憑之者。巫曰：「故邏卒某也，死而役於城隍之神，實爲祟。」公怒曰：「是安敢然！」杖其土偶而投之溪流，女病即愈。始時縣人頗神事之，巫史因托以爲妖，至是乃息云。

以郡守諸司薦，去爲兩浙轉運司幹辦公事。有獻鬻公田之策者，檄公視之。歷諸郡，盡得其多寡輕重不均之弊。還，極言其非便，且曰：「公田歲入若干，而畜牧芻藁取具焉。今一旦鬻之，計其獲不過數歲之入，自是以往，能無橫歛於民乎。」貴將楊存中請地以廣其營，實規爲觀游，以奉權幸。公又以檄往視，還曰：「營卒若干人，度地若干畝而足。今所請地且數倍，若從其請，是壞民田廬冢墓不知其幾，而獨爲存中結歡於一幸臣也，不可予。」卒皆罷之。

權秀州華亭縣事〔四〕，歲惡民饑，公白常平使者，請發廩以賑焉。使者以當俟奏報難之，公曰：「民命在朝夕，苟可以生之，雖重得罪不悔。」退即發常平廩粟之在縣者，全活萬計，而使者亦不能有以罪也。吏部侍郎汪公應辰、侍御史汪公澈交章薦公材中御史，除御史臺檢法官。未幾，擢監察御史，而公已病矣。告滿請外，除江南東路提點刑獄公事。未行，徙轉運副使。視事旬日，改知漳州。旋丁内艱，免喪，請就閑養疾，得主管台州崇道觀。乾道四年八月二日卒，年六十。官自左迪功郎七遷至朝散郎。即其年十一月庚申葬懷安縣靈山鄉長箕山。

公娶葉氏，中奉大夫大任之女，封安人。五男子，杲，亦以進士選官至宣教郎、江南西路提點刑獄司檢法官，後公十二年卒。東，從政郎、南劍州沙縣丞。查、榦，皆業進士，栒亦蚤卒。二女子，長適承議郎、江淮湖廣路總領司幹辦公事任文茂，次適奉議郎、知泉州同安縣余元一。而榦即來學請銘者也。

公資剛介，自少即刻苦自厲。家貧，鬻麯於市而挾書隨之。苟非其義，雖寒且饑，不可得而衣食也。閩俗多火葬，公遭父喪，親黨憐其貧，喻使從俗。公哀號不答，盡鬻家人衣具，卒葬以禮。事母兢兢，唯恐少傷其意，即有譴責，未嘗敢自辯數也。自奉簡薄而於奉親極其厚，至於兄弟族姻之間，周貧振乏，亦無所愛其力。官番陽時，有邑子爲糾掾，以職事不相中，尋以憂去。公極力調護之，其人初不敢以此望公，涕泣慚謝。爲舉子時，書皆手寫成誦。爲文不追時好，爲吏一心營職。其清苦之操非人所堪，而聰明仁愛，所以惠於民者亦非人之所能及也。平生一以直道自任，未嘗小降色辭以希薦寵。爲御史時，嘗病甚。臨安守趙公子潚亦以廉節著，被旨視公家事。見其篋櫝蕭然，衣無兼副，俯仰嘆息者久之。卒之日，家亡餘財。凡此皆人之所甚難而公之所甚易，人固多能言之。顧其中猶有大於此者，不幸未試，而人亦莫之知也。

蓋公在臺時，與殿中侍御史杜公莘老雅相好，每以節義相勸勉。一日，杜以公疾來問訊，連呼不應，乃大呼曰：「吾今日擊去王繼先矣。」公矍然起坐曰：「君能任職，吾不病矣。」探枕中片紙示之，乃疏繼先罪狀甚悉。繼先者，以醫得幸，罪惡盈溢，公意蓋有待也。居無何，杜以論宦者張去爲不效求去〔五〕。公就與別，喟然太息曰：「君厚自愛，吾亦從此逝矣。」即日上疏請去。以此視公之志，豈但欲爲其所已爲者而止哉。是宜伐石刻辭以告後世之君子。乃爲之序其事而銘之。銘曰：

我觀黃公，古人之風。其剛方而潔廉者，義之操；其慈愛而惠利者，仁之功。其仁雖僅得施於十室之聚，其義則未及折乎百壬之鋒〔六〕。遽抱其餘，以息乎此，尚有以啓厥後於無窮！

校記 〔一〕諫：原作「課」，據宋閩、浙本改。

〔二〕産：原作「屋」，據右引改。

〔三〕果：原作「畢」，據右引改。

〔四〕事：原與下句「歲」字互倒，據右引乙。

〔五〕宦：原作「官」，據宋浙本改。

〔六〕壬：原作「王」，據宋閩、浙本改。

編年 本文中叙墓主長子卒於淳熙七年，則是篇之作在其後。又云其子「東，從政郎、南劍州沙縣丞」，而朱熹文集卷八十二跋陳了翁責沈曰「沙縣……縣丞黃東」，篇末署淳熙十五年戊申十一月，正説明本文作於淳熙末。年譜長編列於淳熙八年，未見確證。

承事郎致仕潘公墓誌銘 紹熙元年

維潘氏世居括蒼之竹溪，已號著姓，後徙金華，益爲聞家。君之曾大父諱某，贈右朝議大夫。大父諱某，始以儒學起家，仕至左朝奉大夫。父某，以右朝散郎致仕，累贈太中大夫。君諱景憲，字叔度。幼穎悟，日誦數萬言。年九歲，以童子貢京師，通念十三書，説六經大義，作三體字，詔許特試禮部，且賜束帛。後入太學，益自刻厲，一時學官如汪公應辰、芮公燁、王公十朋皆推重焉。擢隆興元年進士第，調荆門軍學教授。不行，請爲南岳祠官。秩滿，宰相知君之賢，欲留以爲中都官。君獨力請太平州學教授遠次以歸。宰相問其故，君曰：「本無宦情，以汲汲於一官，政欲以慰親望耳。今二親俱老，得遠次尚可日從容於其側，它非所望。」宰相嘆息，以爲不可及。

君與東萊呂祖謙伯恭父同年而齒長，聞其論説行身探道之意，慨然感悟，遂棄所學而學焉。既而遭太中公之喪，廬於墓者三年，毀瘠骨立，未嘗見齒，寢興食飲皆以古禮爲節。服除，遂不復仕。日游呂氏之門，躬執弟子之禮，誦詩讀書，旁貫史氏，下至于兹，靡不該覽，而尤於程氏之易爲盡心焉。至它書史，考訂蒐輯，日有程課。鉛黄朱墨，未嘗去手。

爲人峭直耿介，與世俗少所合。而事親從兄，友愛諸弟，怡愉肅穆，人無間言。家本富樂，躬率儉素，布衣蔬食，一室翛然。其枯槁淡薄，有人所不可堪者，而君處之甚安。以是中外化服，不敢爲纖芥浮靡事。族黨皆慕尚之，而君自視欿然，常若不足也。

始嘗學浮屠説，既而學於呂氏。晚再悼亡，因葬金華之葉山，而虚其中以自處，築室其旁，取「朝聞夕死」之意，命之曰「可庵」。暇日往而游焉，復取舊書讀之，悠然自得，不知儒釋之有間也。

買田儲書，以待四方之學者。又嘗取建寧社倉法，出私穀數百斛，歲時斂散。自葉山以至太中公故居大墓之下，各爲一社，期歲賡之，及九而止。予嘗爲記其事，然亦未及盡如其志也。

君既無當世之願，士友知其心者，如韓尚書元吉、張左司杕、曾卿逢、鄭卿伯熊，皆愛敬之，而不敢有推挽意。獨曾侍郎逮嘗引以自代。頃年，諸大夫薦天下士之賢者三十餘人於周丞相，君姓名亦在數中。而丞相不能用，蓋諸公或未始識君，而君亦漠然無所問。人或扣之，乃獨喟然以曾、鄭兩卿爲知己，人莫測其意也。紹熙庚戌，君之子自覺以進士試禮部中選。君聞之曰：「此足以代我矣。」即自列於有司，請致其事。遂請，得改京秩。命甫下，而君已卒矣，是歲六月己亥也。

君先娶邢氏，故龍泉主簿邦直之女。繼室朱氏，其父翌新仲，紹興間爲中書舍人。子男二人，長即自覺，其次自晦。女三人，長適朱塾，次適蘇彪，次適邢文郁。孫男二，曰問學、問禮。蓋自覺嘗調蕭山主簿，而彪今爲臨海主簿。

君卒時年五十七，病不伏枕，比終，猶斂襟端坐而没，語未嘗及其私也。自覺將以十月丁酉葬君葉山之藏，而以書來屬予銘。予始因伯恭父以識君，志同氣合，遂結婚姻之好。往年以江西使事入奏，舟過蘭溪。蘭溪距金華不百里，金華親故往往來相勞問。獨君以書來曰：「甚願一見，以慰離索。然子今日之行名爲召客，吾是以不果來也。」比以口語罷歸，君又以詩來，若曰：「子今幾過七里瀨矣，可以已乎？其未耶？」予不能答，而嘗以是愧其爲人。乃爲之銘，銘曰：

介剛之節，爲世玉雪。退省其私，敬順怡悦。却掃耽書，貶身訪道。忘食與憂，以遂於老。昔本不出，今復何歸。異世同心，子平孝威。葉山之陽，上盈下坎。我銘不亡，君則奚憾！

編年　據文中所述。

左司張公墓誌銘 紹熙二年春

公姓張氏，諱維，字振綱，一字仲欽，南劍州劍浦人。世以長者好施予聞於鄉。曾祖某、祖某、父某皆不仕，而父以公故贈朝議大夫，母羅氏亦贈恭人。

公弱不喜弄，自力於學。朝議公知其有立，常撫而誨之曰：「貴仕不足言，要當以清白大吾家耳。」未冠而孤，羅恭人躬服儉素而悉力以奉公學。中紹興八年進士第，調賀州司理參軍。不行，徙汀州軍事推官。事有不可，未嘗不力争，郡以故鮮敗事。盗起屬邑，附從萬衆，抄掠三郡之境。公護巡尉兵會大軍討平之，身履巢窟，撫其餘衆而歸。第功當爲第一，而賞不及，公不以爲意也。

秩滿，更爲漳州龍溪丞。改左宣教郎，知福州閩縣。首定差役條約，貲倍者半其停年，民以爲便。然以公政不苛，多欲及公時爲之，無争承者〔一〕。已而制下，更定役法，適與公所議合，今遂定著令云。官募丁匠舟楫於民無度而不均，公與民約，一歲丁匠之役不過三日，舟别若干爲甲，甲直旬日，滿則縱之唯所適。縣賦故多取具於僧坊，公爲區畫，使其徒自相督，僧得無吏卒之擾而輸益辦，今亦爲例。僧歲以荔子餉州縣，公一謝却曰：「豈可以口腹易吾操耶。」積餐錢數十萬，義不自取。會淫潦敗官舍，匠役或過前約，悉取以僦之曰：「毋使吾失信於民也。」民服其公而愛其廉，號之曰「張太清」。見御史家以訟奪僧田，公當受代矣，趣吏具案閲之，以田予僧而去。御史怒，思有以中傷之，求其過，纖芥無所得，乃已。

以便親自請，得主管崇道觀以歸。會陳正獻公知建康府，辟公通判府事，事無大小悉委。又遣攝守當塗，吏戢而民安之。朝廷亦知其治行，擢以爲廣南西路提點刑獄公事。

自虜再通好，公每謂符離之役失於輕舉，而人心終不以爲非。四郡之棄急於休息，而人心終不以爲是。先嘗告執事者，宜將順正救，使上意於起居食息不替坐薪嘗膽之誠，修明政事，使人心曉然知朝廷未忘中原。及對，遂以立志開上心，且引益之所以戒舜者爲言，以謂今日正當汲汲以自治，不可狃於小康，便謂太平，語甚切。上曰：「朕何敢望舜。」公對曰：「有爲者亦若是，顧陛下加之意而已。」上嘉納之，且俾察部内守令臧否以聞。

駭，公又不爲動。所至邊氓歡噭〔二〕，以爲百年未始見使者旌節，官吏有望風解印綬去者。還臺，條上件臧否若干人，即日施行，且著爲令〔三〕。未滿歲，就除直秘閣、知静江府，主管經略安撫司公事。

公爲政平易近民，拊循周洽。間召長老從容與語，授以教條，使轉相告戒。禁吏妄賦，奏減經總之額。滯訟或數歲不決者，取故牘、置便坐，暇日躬閲視，予奪咸得其情，民以便安。而治軍甚嚴，有暴横若亡匿者，立命誅斬亡所貸。使者得盜百數，檻致之府，欲盡殺之。公爲區别，誅其渠率數人，餘悉遣去。郡學庳下，諸生議徙它處，咸以故始安郡治爲宜。而久爲浮屠氏之室矣，至是遺火，燔燒略盡。公取其地以爲學，使者惑異教，陰沮止之。不得，至箝以禍福。公又不聽，乃卒就功。而益之田以繼廩食，學者用勸。禱祠不於釋、老房祀，始至，按故典新社稷、風雨、雷師壇壝，月遣官屬潔除，爲圖以著其兆域、陳修、登降之位甚飭。水旱輒齊宿致禱，無不立應。

南丹猺莫氏以賂結永樂王氏，藉兵以逐其兄而自立。既立而背其約，王氏以兵攻之。莫氏困急，請輸并塞田及銀冶税場以乞師，寮屬皆以爲受之便。公曰：「莫、王連兵，正坐貪此爾，又將以啖我耶？矧國家爲夷夏宗主，屬國不奉條約，正當以義詰之，顧反以利而動，彼且有以窺我矣。」於是遣一小校持檄喻之，二酋頓顙受命，即日釋兵去。莫氏前此數爲邊患，至是帖服，自請導羅殿馬以報國恩。又遣子弟效名馬爲公壽，公受而歸之郡廐，且厚遣之。

或告昭州故盗甘文誠者謀叛去郡，紿而縛之，欲致之死。公察其非辜，撫而遣之。未幾，象郡猺反，使者欲調兵逐捕，公曰：「以官兵入箐歷險，與猿猱角勝負，非計也。」遣裨校戍山口，且文告之。猺曰：「前年殺凌鐵，往年殺王宣，今年又殺甘文誠，是非從若招者耶？誰敢聽命！」公遣文誠示之，則皆大喜，亟遣子入謝罪。

江湖游民并海趨漁鹽，所過或掠爲盗，急之則黨益合，朝廷以爲憂，至遣荆州軍屯守之。公奏創效用軍五百人，悉募儔輩爲之，陰銷盗本，且賴其用，悉上還荆州兵。帥司舊以回易備邊，法久浸弊。公至，始爲經理均節。初年錢不過四千萬，季年乃以累萬萬計。其後數年，再平劇賊，皆以效用取勝而軍無乏興，皆公力也。

朝廷知公可用，屢擬除代而難其人，乃進直徽猷閣，留鎮五年。上方謀北略，移軍建康，使者護作屯營不如指〔四〕，士卒暴露。乃召公爲江南東路計度轉運副使，趣入對〔五〕，面奬公治績，且屬以營屯事。公更營高燥以違淫潦，屋凡二萬三千間，先爲一間於治舍，用是計徒庸，慮材用，令役賦功，僂指而定。前使者苟於就事，榦植脆撓，衣以織葦，費二萬萬。公易以瓦，深廣堅緻於前而費半之。府司分作它營，以情屬軍中，先以辦聞，屬吏欲效之。公曰：「一椽未集，是亦欺君，吾不能也。」會軍帥亦與公議不相中，密白公稽緩，遣近璫持詔詰責。公以狀對，上大喜曰：「朕固料張某必辦此。」遣再奬諭，就加秘閣修撰，以寵其勞。

江東歲和糴以備儲積，先是嘗糴三十萬，或以予直太高而損其半。公力爭不能止，至是復以命公，而詔問所以經畫狀，且曰：「監前失，毋傷民。」公即條奏曰：「前事之失，民以陛下爲不知，故獨歸其怨於有司。今既知之，乃曰姑以爲鑒而不能償，則天下將有以空言疑明詔者矣。且江上糴貴於吴中，而其直反下，陛下一視同仁，何愛十數萬緡而獨使江上之民觖望乎。」諸司餉遺一不受，有不可却者別儲之，積至三百餘萬。會和糴有未償之直而失於上聞者，即以丐之。

尋召入奏事，因訪軍務得失。時頻年調諸郡兵團教帥府，公言：「南方兵宜安静，不當數調發以摇人心。江東團教五閲月，費緡錢且二千萬，諸道計不減此。宜擇將分兵戍諸州，俾就閲習，以息大費，折奸萌，使廟堂之議得專意以圖北方。」又言：「兵無奇不足以取勝。今兵雖多，未必人人皆勇。宜詔諸將精擇驍鋭，别籍而厚養之，以備緩急之用。」上深然之，留爲尚書左司郎中。遇事有未便，輒詣都坐白。或惎曰：「瑣瑣辨切非朝官體。」公曰：「都司助調鼎，實幾微所關。若視吏籤擬，即涉筆書，不置可否，安用我輩邪。」

居月餘，丁内艱。初對，因及西南徼外夷落，道里廣袤，上令爲圖以進。至是圖成，未上而去。服除召見，乃奏之。序言周公戒成王立政勿以憸人，惟吉士然後可以詰戎兵，陟禹迹，服海表。言蓋有指，意切而辭不迫，識者知其忠藎。

明年，除司農少卿。奏：「諸道糧綱歲凡百數，用官舟者多負，而雇商船者不虧。蓋商人自愛其舟，故不爲奸。櫂卒率募游手，衣食於官，無所顧藉，歲率虧三萬斛。細民勺聚撮累以輸公上，而一歲之間輒捐三萬斛以惠奸，豈不甚可惜哉。且運腳與租同輸，官不僦運，運腳之利州郡私之，侵漏之失大農任之，孰若惜運腳以僦商船之爲便乎。」

復爲左司郎中。熙、豐行義倉法，獨不及南方。公守桂，嘗以爲請，不報。至是歲適荐饑，朝廷方講荒政，公又以爲言，乃得請。兼領贍軍酒筦，不盡其利而課入大增，歲羡緡百餘萬。會課當遷官，公辭不獲命，方請貤之其屬，會執政有罷去者，讒者意公其與也，又知公屢與權幸忤，因捃他事論去之。

先時公已結廬延平溪南山水之間，疏泉發石，號曰盤澗。至是徜徉其間，縱觀古書以自娱。尤玩意於春秋，謂經有貶而無褒，傳者未盡得聖人意，方且緒正其説而未竟也。既而有知公去國之所以然者爲請祠官之禄，得主管武夷山冲佑觀。公不欲受，逡巡數月，乃拜命。秩滿逾年，不復請，期以明年七十致仕，未及而卒，淳熙八年六月癸亥也。

始時桂人爲公生立祠，至是聞喪，相與哭於其下。後有賢牧守如李公浩、張公栻，多視公時行事以爲法。而刑獄使者鄭公丙閲其决事故牘，嘆曰：「此判不可移，端如南山矣。」其爲名流所推伏蓋如此云。累階朝請大夫，娶羅氏，再娶宗氏，皆封恭人。子士佺，今爲朝奉郎、通判融州事。次士倜，嘗以修職郎監潘葑酒庫而卒。又次士佡，修職郎、常德府司户參軍。士儼，承信郎。女適進士宗大同、謝舒、宣義郎陳善慶、文林郎黄東。所爲文有盤澗集若干卷，奏議若干卷。

士佺等葬公太平鄉天竺里大篔簹蟠龍山之原，而以故右司郎中何侯萬之狀來請銘。予嘗一見公於閩縣，後不復相值，然公之行事則皆接於耳目，知狀爲不誣矣。何侯又謂公姿禀端裕，不見喜愠。家無姬媵，禄稍以班族里。平居接物甚夷，剞劂之節，遇事乃見。意謂當然，怨怒不避也。中不自快，顯寵不願也。敭歷中外，聲績藹然，爲朝廷所嘉重奬寵者固以此；然天子知之，士論與之，卒不能與世合，不大見於設施者，抑亦以此歟。在江東時，銜命奬諭者皆寵昵信臣，力足以進退人者，公無所私媚。再還朝也，嬖近知上意向公，遣所親道上所稱賞語，且致願見之意。或勸一見即近用，公義不往。計臣斡利，以羨餘獻者往往見謂材，被進用。執政數語公以酒羨課獻内帑，公笑而不答。退曰：「一錢盡公家物，朝廷欲用當自取之，吾寧以獻自媒邪。」天官虚席，上閱班簿，謂執政曰：「張某資歷高，宣勞久。」且將用公。公於内外既兩無所諂附，竟莫有爲助者。溯公所守，與世相違如是，則夫難合而不盡用者，公已逆處懸斷於胸中久矣，不足爲公憾。此又爲知公之深者。予以是益恨前日之不獲蚤自附於交游也。而士佺從予亡友張敬夫宦學有聞〔六〕，驗其操執器能，信其有似公者。乃悉序次其語而銘之。銘曰：

張公廉正蚤發聞，聰明仁愛又敏文。中歲仗鉞西南奔，百蠻震讋民懷恩。入掾宰府贊經綸，因事納諷忠且勤。一朝翩然謝垢氛，演仙仙去孰與群。篔簹之皋水清淪，佳城鬱鬱芘仍晜，我銘不滅公長存！

校記　〔一〕記疑云「無」字疑誤。

〔二〕歡：原作「嘆」，據宋浙本改。
〔三〕著：原作「者」，據宋閩、浙本改。
〔四〕護：原作「謀」，據右引改。
〔五〕對：原與下句「面」字互倒，據右引乙。
〔六〕宦：原作「官」，據宋浙本改。

編年　此篇與卷九十令人羅氏墓表同時所作，據其所署年月繫之。參見該篇。

運判宋公墓誌銘 紹熙二年夏

公諱若水，字子淵，成都府雙流縣人。其先唐相文貞公裔孫旦，以給事中從僖宗入蜀，遂家眉之彭山。生五子，散居成都、邛、蜀之間，號五房宋氏，雙流其一也。公之曾大父右言、大父傑、父維皆不仕。其父以公故累贈奉議郎，母蹇氏亦贈安人。

公自幼即知刻苦爲學，邑之賢令如任公淵、李公燾皆愛其文行，屈輩行與交。及將就舉，有欲移公試漕臺者。公曰：「欺君誣祖，吾不忍也。」卒從州舉試外省，得奏名，對策廷中，切直無所避。考官不説，猶以冠乙科，授左迪功郎、嘉州龍游縣主簿。未上，丁外艱。更調龍州仁壽縣主簿，監永康軍青城縣味江鎮税，兼合同場。先時茶禁甚急而私販益多，商算甚重而歲額反耗。公至，弛禁薄征而舊弊頓革，課入大增。或勸獻其贏以規賞，公曰：「獨不爲後人計耶。」歲旱，民争水泉之利，群聚相毆擊，且欲爲亂。公單馬喻之，皆釋仗聽命。公又爲禱於靈湫，一夕不雨而水溢，溝澮皆滿，焦槁以蘇，物情乃安。明年荐饑，民又相聚剽掠以求食，有期以某日掠鎮民某氏者。公召諸豪語曰：「飢民求食，此易與耳。私販之徒負勇玩法，一與之合，非小變也。今能出力以致其黨，使爲一境之衛，不唯足以銷其奸心，飢民知吾有備，亦憚不敢進。此一舉而兩得也。」諸豪皆應曰諾，悉出金幣，椎牛釃酒，召致其徒，雜於居民保伍之間，日以兵徇于市。公亦帶劍躍馬其間，衆皆畏服，而飢民遂不敢犯。且曰：「是嘗爲我禱湫出泉者，吾當謹避之耳。」

鎮故無學，公爲作孔子廟，考古制器，率諸生行釋奠禮，延師儒，躬講説，士子競勸。制帥汪公暨諸使者聞其賢，争薦之，移知神泉縣。始至，承廢弛之餘，首罷追胥之擾，但以幅紙書負租，與民爲期，無敢後者。不數日，盡償前令宿逋。爲言州家，使得善去。邑産黄雀，歲供諸司至以百萬計。公請罷之，民用不擾而物生亦遂，至今爲法。

諸司知其治行，徙知嘉州犍爲縣。神泉民相率留之，不能奪也。公於二邑皆治其學校，如味江所爲。民有訟者，躬以義理恩意辨告諄悉，皆大感悦，無復犯者。其尤無良、不聽令，敢以武斷病齊民者，乃捕劾之，上獄於州，罪至流徙。於是閭里正清，善良皆得其所。

改宣教郎，幹辦諸司糧料院。擢太常寺主簿，齊宿必虔，濯溉必潔，同列愧嘆，以爲非所及。新繁故有藝祖神御，蜀帥請改築宫于成都。事下太常，公聞其且將大興土木，窮極侈麗，使民不得安，爲處駁議，事乃得寢。遷國子監丞，再入太常爲博士，轉而爲丞。兼吏部考功郎官，改兵部，除秘書丞，復兼吏部。三館將以故事爲暴書會，而上方閔雨，避殿降食。公爲官長言：「君父焦勞如此，而臣子相與燕樂，誠有不自安者。」官長是其言，白罷之。以旱故，詔館職條上闕政。公爲書數萬言，歷數當時刑賞之繆，以爲是所以干陰陽之和者。宰相聞之怒，出公提舉江東常平等事。上稱公誠實，俾移福建。

閩俗故多不舉子，公與帥司合議，按律令，嚴保伍，爲所以禁防誨誘之具甚悉，全活者衆。汀州遠且多盜，又名瘴鄉，常時使者按行多避不往。至是群盜甫平，死傷横道，疫癘大作，又非常歲之比。公獨慨然引車深入，煮藥自隨，親問病者飲之。民爲盜所攻劫與能捍禦奮擊以助官軍有勞效者，皆弛其租。汀民大喜，人人知戴公德。建陽招賢里故常别貯常平米數千斛，凶歲發以賑民。本隱士魏君掞之所爲，而歲久陳腐，出納不時，反以病民。有以版曹所下社倉法告者，公喜，立爲移書，更屬鄉人士君子歲斂散之，一方尤賴其利。

除湖南提點刑獄公事，建人老稚邀遮戀慕，至竟日不得發。湖南尤多盜，皆晝伏豪民家，抵夜輒出，以故發不時得。公至，申明保伍之令，使相收司。盜無所容，至有扣頭車下，請得召保，復歸農業者。公皆撫而遣之。又檄諸郡精閱禁旅，按行所過，察視激犒如法。月調諸縣弓兵，校其藝而誅賞之。由是皆樂爲用，盜發輒得。奏獄官毋得兼攝它職，又條七事以申儆之。於議法尤兢兢焉，每論死刑，必齊戒露香，要質于天，然後敢决。决日輒罷燕設，所以致其欽恤之意者無不盡也。屬郡大札，遣吏挾醫載藥馳以救之。

衡山浮户有與土人不相中者，詣闕言：「衡山國之壽岳，祠城東故有溪，并城南出。後或鑿城北址，導水使西，不能無斷地脉。請築山決水，使復故道。」下公平奏，公言：「水西出歲久，故道皆爲民居。今欲東之，則是數百家者不無蕩析離居之苦。且壽岳之云，無所經見。就如其言，則國家中興、慈皇壽考皆在西流之後，尤不宜妄有改作。」事乃得已。

衡州故有石鼓書院，墟廢亦久。前使者潘侯時始復營之，公成其終，爲增置弟子員，以永嘉戴溪爲之師。割田置書，教養如法。又知處士劉某之賢，與郡守劉清之交章論薦，詔特補官。於是學者乃知公好賢尚德之意，不獨爲科舉計也。

被旨攝帥事，飛虎軍素驕悍，白晝掠人，吏不敢問。公一以軍律繩之，賞信罰必，士民以是得安其居，而軍吏亦皆悦服。會久不雨，請禱過勤，遂得疾。

改除江南西路轉運判官，而江西是歲亦大旱，下車首問荒政所宜，發廪勸分，蠲租乞米，以次施行。其奏請者亦多報可。又行帥事，事益叢委，公自力不少休。家人有諫止者，皆麾而却之，遂以大病。然夙興，猶視事如常時。夜過中，遂不起，淳熙十五年二月甲子也，年五十有八。

方病革時，民相率爲公禳禬無不至，晨夕走府門，偵起居狀。及卒，皆縞素吊哭。行日，號泣挽車，哀送數十里不絶。湖南吏民聞之，有千里來赴義者。蓋公資禀醇厚，隆於孝友，處内外族姻、長少存没之間，不見其少有遺憾〔一〕。爲學勤恪不懈，既脱場屋，益玩意於聖賢義理之學。

近自周、程、張、馬之言以達于經，吟諷辨説，未嘗虚口。推以及人，一以仁愛惠利爲心。聞善即行，如恐不及。故所臨莅，士民愛戴，見於風謡，非一時諛説空言也。

其在朝廷，據經守正，不爲苟合，雅爲虞雍公所知。其爲之言，不過用人材、嚴守備，以俟敵人之釁而已。嘗因輪對，請戒群下懷私立異、迎合紛更之弊，損宗戚歲時賜予、貴臣給使宣借、百司吏禄之費，及減畿甸房緡，以惠貧弱，上皆稱善。公因極論恢復大計，反覆數百言。上益喜，顧曰：「即當相與赴功名之會耳。」事下有司，不得盡施行，而房緡之惠遂及於天下。他議貢舉銓注之屬，又皆廣恩優老、革薄從厚之意。而其應詔言事，則直指宰相挾私罔上之失無所避，雖以是不得久於朝廷，不悔也。壽皇知公深，嘗語近臣：「斯人乃朕於奏對間得之。」其在湖南，蓋嘗有召用意。宰相猶以前忿尼之〔二〕，識者恨焉。

而爲文汪洋融液，務極事情。晚歲乃更造約，尤好讀易，嘗夢有問易之一經孰爲門户者，應曰：「陰陽兩畫〔三〕，非易門户也耶？」其精詣純熟蓋如此。所著書有經解五卷，書小傳十卷，史論十卷，古今詩百卷，雜著三十卷，奏議五卷。

前安人張氏，蜀之故家漢御史綱之後，歷千餘年而譜牒可考不紊。安人性賢孝，讀書史，善筆札，通古今，識義理，而不肯爲詞章。父岐嘗宰永康，頗以嚴治。安人每陳古誼以諫。既歸公，事舅謹敬，奉祀莊肅，和叔妹有禮，遇族黨有恩。舅喪，悉力佐公辦治如法，人以爲難。公居間久，上官有欲使攝局者，安人不懌，曰：「吾之貲尚足以支伏臘，徇禄從人，得無隳素志乎。」公善其言，爲謝不往。其方直之操，士夫或有愧焉，不但爲婦人之賢而已。先公十九年卒。後安人宇文氏，宣教郎隲之女。子男三人，之源、之潤、之汪，皆嗜學而有文。女一人，適熊應，早卒。皆張出也。

之源等以十六年十二月某甲子葬公及張安人於成都縣楊侯鄉癸山先墓之次，遣人來建安請銘，逾年乃達。而予適有臨漳之役，使者以書還。明年復來，則値予哭子悲甚，言不能文。顧與公相得晚而相知深，其爲社倉、書院，皆嘗爲記述，又重之源兄弟之請，越數千里，連歲再至而不倦也，勉爲之銘，以致吾意。銘曰：

資之厚兮學之博，退循循兮進諤諤。三方一節思無斁，九原歸卧不可作。我銘其居詔冥漠，欲知斯人視斯石。

校記　〔一〕憾：原作「恨」，據宋閩、浙本改。

〔二〕猶：原缺，據右引補。

〔三〕畫：原作「書」，據右引改。

編年　文云「値予哭子悲甚」，朱熹長子朱塾卒於紹熙二年正月，而此時朱熹已離漳州任還家，是年夏也。

太孺人陳氏墓誌銘 紹熙二年夏

太孺人陳氏，建陽縣三桂里人。父安世强學博聞，嘗立義齋縣南，從而學者甚衆。娶何氏，生太孺人。年十有七，歸同里周君。周君爲人寬和樂易，不以家人生産爲事。太孺人佐以勤敏，持家儉而有法。訓督諸子甚嚴，至待姻黨、遇鄰曲，則又咸有恩意。少時喪其親，哀慕不懈。及嫁，亦不逮舅姑，而歲時烝享，執事必親。訖事，常嗚咽流涕。晚好浮屠法，得其大指，遂不復問家事。惡衣菲食，逾二十年。而憂人之憂，賑其厄窮病苦，雖極力不倦。中子舉進士，登王官，再逢慶恩，周君得以承奉郎致仕，太孺人後以宗祀霈澤，亦錫今號。鄉人榮之，而太孺人所以自處者不少異於平日也。紹熙元年三月某日，以疾卒於家。卒時精爽不亂，享年六十有八。

周君名誼，字少賈，前五年卒，加贈至通直郎。三男子，明佐、明仲、明作。明仲嘗以承議郎差知邵武軍光澤縣事，讀書處事精敏絶人，所至未可量也。女五人，其婿陳鐏、蕭思濟、程必顯、陳瀏，而季未行。孫男二人，巽亨、震亨。女三人，尚幼。

明年某月某日，諸子葬太孺人縣西新嶺天湖之陽，東望周君廣平山之墓才數百步。明仲以銘來請，予雅知之，不得辭也。銘曰：

母之賢，足以成其子；子之賢，足以顯其親。西嶺之阡，百世而新。我其銘之，以相後人。

編年　據文中所述。

宜人丁氏墓誌銘 紹熙二年夏

濠州使君劉侯仲光以書來曰：「惟吾考妣皆有賢行，而禄壽不配其德。仲光既不幸蚤孤，又不能勉進德業，以求無負於明訓，徒賴遺澤，得階末第，從宦積勞，至叨郡寄。禄賜豐厚，足以飽妻孥、飫童僕，而慈顔永隔，不及少伸區區烏烏之養，每一痛念，不如無生。獨幸累年以來數逢國家大慶，累贈皇考至朝散大夫，皇妣至宜人，尚有以少慰人子罔極之思者。而先宜人之銘久未克立，自念老矣，或遂泯没而無聞，則後生小子將不復知前人立家本末，重此不孝，且無以見先人於地下。惟吾子幸哀而與之銘，則仲光知免矣。敢泣血再拜以請。」余讀其書不能終篇，爲涕下不自禁。時方卧病田間，氣息奄奄，筆研廢棄久矣。然感其意，不忍辭也，乃考其事狀而次第之。

宜人姓丁氏，世爲永嘉大姓，以積善好施聞於鄉。父諱瑜，尤長者。兄弟皆以進士官州縣，練達有能名。

宜人早歸同郡劉君諱某，字元默，而劉君之爲人亦誠實無表襮，樂善愛士。起居有常，雖甚暑不袒裼，家無蒲博之具。喜賙人急，遇下有恩。然其居家嚴，未明而起，内外井井。教子弟尤有法，而宜人配之無遺德焉。

始入門時，舅姑皆亡恙，晨昏無違禮。内睦娣姒，謀嫁諸姑；外接親戚，輯鄰里，恩義俱稱，重輕有則，於是翕然稱爲賢婦。久之，舅病痱，宜人侍養尤勤，羹非手調不進，舅亦非宜人所進不嘗也。姑爲比丘尼，與宜人年相近。病，迎歸，與共卧起，扶掖飲食，終歲忘勞。姑每感涕，謂曰：「病愈當終身事汝如母。」臨没又謂曰：「即死，當報汝地下。幸復爲人，願爲汝子孫以事汝。」

姻舊間有過失，輒爲曉譬諄復，甚或垂涕泣而道之，聞者感悟遷革乃已。劉氏與同里胡氏有舊好，宜人遇之，恩意尤篤，胡氏長老至今以爲言。里人有子，好讀書，欲爲儒而父難之。其母以告，宜人既好喻之，又資以金錢，使與其子俱試太學，以遂其志。其人後常以語人，且嘆息曰：「今人不復有此風矣。」

大夫公既嚴於教子，宜人又能彌縫其間。教諸女以身爲法，自未笄時，已令夙興，備盥櫛、奉藥餌。夜常躬視扃鐍〔一〕、灑煬竈，輒令持燭行前。既笄，則教之酒漿烹飪蓋藏之事，祭祀賓客之奉，且戒之曰：「爾曹毋厭吾言，異日當蒙其力耳。」以故諸子皆以文行稱，而女適人者亦能持其家。某年某月日以疾卒，年四十有九。葬於某縣某鄉某里。

子男三人，長曰昭，入太學，被薦，未第而卒。次曰某，亦早世。其季即仲光，今以朝散大夫權發遣濠州軍州事。女五人，嫁周氏、葉氏、潘氏，餘未行而卒。孫三人，曰邇，曰適，曰遲。曾孫七人，曰仁實、仁近、仁守、仁及、仁任、仁願、仁履也。濠州行篤厚，早以文學吏治著美稱。仕於朝且通顯，一旦求遠郡去，有挽而留之者弗顧也。士大夫莫不高其廉靜而服其明識，不知其母之賢，所以資之者如此其遠也。然則宜人之行其可以不銘？銘曰：

順尊卑，睦姻黨。力豈多，惠能廣。勤夙宵，謹微細。男敏學，女恭饋。賁幽壤，疊閔書。季之賢，慕有餘。銜深悲，考潛德。授我銘，詔無斁！

校記 〔一〕常：原作「嘗」，據宋閩、浙本改。

編年 據年譜長編。

宜人黃氏墓誌銘 紹熙二年秋

宜人黃氏，今宣義郎致仕陳君衡之配也。世爲福州侯官人。曾祖紹、祖遷、父仲文皆不仕。宜人性淳質，不解世俗機事，數見欺不自悔。既嫁，事舅姑夙夜唯謹，相其夫理家事甚飭，躬勤儉以衣食，撫教諸子甚恩。故諸子皆得以自力於學，而仲氏遂以進士中第，補婺州户掾。宜人見其閲具獄，必戒曰：「人命至重，毋使有冤。」聞當笞人，必戒曰：「輕之，毋使重傷。」見其被檄考貢士，必戒曰：「詳之，毋忘汝爲舉子時也。」初好佛書，讀誦拜跪，終日忘倦。一旦忽屏不事曰：「不在是也，無愧心足矣。」以慶壽恩三錫至今號。紹熙二年七月乙卯卒，年□□。

子男六人，孔夙，嘗貢於鄉。孔碩，文林郎、處州州學教授。孔昜，亦嘗預貢籍。孔時，先八年没。女五人，長婿潘子修，蚤世。次適修職郎、泉州司户參軍趙彦夔。季尚幼。而二男二女皆夭。孫男四人，女一人，而女亦夭。

諸子以宣義君之命，將以明年某月某日葬宜人某縣某鄉某里某處，而孔夙、孔碩皆嘗從予游，狀其行事如此，來請銘，不得辭也。其銘曰：

有婦之德，爲母之則。無愧其心，反此真宅。

編年 據文中所述。

迪功郎致仕董公墓誌銘 紹熙三年

君諱琦，字順之，饒州德興人。董爲德興著姓，世有登儒科者。君之曾大父□，左朝奉郎、太醫令。大父林〔一〕，右從政郎、處州縉雲縣令。比兩世皆以才稱。父陸始不仕，而亦以氣節聞。君生有英氣，務爲倜儻可喜事，不肯踐繩約。縉雲君憂其過，名之曰執柔，而字以順之，曰：「以是爲爾韋弦之戒。」君佩服唯謹，及更今名，而猶以舊字行，示不敢忘也。年二十五，始從鄉先生韓溪程公受春秋學。程公命設几案，日與對誦春秋左氏及近世胡氏傳，時時爲説大義，稍以禮法開之。君自是寖若有省，痛自刻厲，雖益以風義自許，而不復事少年豪習矣。

義役法行，首出田粟倡之，事以時定，里人賴之。嘗卜壽藏，既得吉，而所知有貧不克葬者，舉以畀之無吝色。少嘗從程君倜及其弟舟學，二君没久，遇其子若孫，恩意不少衰。其好義多此類。晚得諸公家祭禮，讀之曰：「是固可勉。」自是歲時祀饗，齋潔灌薦，跪起如法，比老不倦。既絶意進取，漸屏家務，即所居旁雜藝花木蔬果以自娱。客至，開尊命酌，劇談終日。間及世事，而處其是非成敗，則雖老於朝市者不逮也。淳熙十三年〔二〕，天子奉觴德壽宫，推恩耆老。以子銖故，授迪功郎致仕。紹熙二年八月庚寅〔三〕，以疾終，年七十有六。

蓋君爲人精悍，議論貴決白，不爲模棱含胡態。有所喜怒，若茹物不下，必吐出乃已。然已過則夷然，未嘗宿怨。人或待以横逆，往往更結以恩意，使自愧悔。以是士之賢者愛之，其不肖者傾事之。及其卒也，皆傷之。少嘗讀馬援傳，慨然慕之。既涉世不偶，又頗聞先生長者餘論，乃更折節爲儒生，自力於善，識之者謂其視疇昔猶兩人也。嗟夫！天下平治，士無功名，才否一區，之死無聲，昔人嘗恨之。如君者，使少有所遇合，以其才頡頏一世，可量哉！

娶周氏、李氏，皆前卒。子男四人，鎬、銖、錫、鎡。女三人，嫁余梓、程徹、王中，皆周出也。而鎬、鎡及程氏女亦前卒。孫男三人，女二人。

明年，銖將葬君湖山之原，以周氏祔，且屬新吉州録事參軍程洵允夫狀君行如此，來請銘。予不及識君，而韓溪先生者，先君子之内弟，允夫即其子也。銖又來學，故聞君之行事爲詳，其可辭？始君自恨知學晚，教子甚力，故諸子多材，而鎬、銖皆舉進士。銖尤好學自立，庶能成君志者。銘曰：

才之良，氣之剛，有求必予義之方。能不試，老其鄉，嗚呼歸哉此其藏！

校記

〔一〕林：宋浙本作「材」。

〔二〕三：原作「二」，據宋閩、浙本改。

〔三〕二：原作「三」，據尊德性齋集卷三董琦行狀改。

編年　據文中所述。

評論　周大璋朱子古文讀本卷六迪功郎致仕董公墓誌銘：凡作傳記碑銘，必曲肖其人，猶傳神寫照，長短醜好，一毫增減不得。銘董公只還他本等，不獵取近似之言以相夸耀，而董公已自可傳矣。銘詞數語，其人如在，呼之欲出。

國家社科基金西部項目

（宋）朱熹 著
郭齊 尹波 編注

朱熹文集編年評注

第十一册

福建省政協文化文史和學習委員會 編

海峽出版發行集團
THE STRAITS PUBLISHING & DISTRIBUTING GROUP
福建人民出版社

朱熹文集編年評注卷九十四

墓誌銘

直顯謨閣潘公墓誌銘紹熙中

公諱畤，字德鄜，姓潘氏，婺州金華縣人。曾大父諱宗簡，大父贈中奉大夫諱祖仁。父贈通奉大夫諱良佐，始以儒學教授，諸弟皆從受學，而中書公良貴遂以清直致大名。

公生穎悟，少長，莊重如成人。既孤，中書公愛而收教之，欲使後己。公以親没無所受命辭，乃任以爲登仕郎，爲娶李莊簡公女。李公亦器許焉。初調袁州分宜主簿，躬校簿書，蚤夜寒暑不少懈，田里賴以安。監臨安府造船場，部使者以爲能，多屬以事，皆迎刃立解。且不以上官喜怒爲向背，御史杜莘老聞而賢之，欲引以爲屬，會去不果。公亦未嘗求薦，而當路爭知之，改通直郎。宰相欲留官中都，公固求奉祠以去。已而差提轄雜買務雜賣場，嚴禁防、謹次第，大官要人無敢干以私。皇城邏卒挾恃干紀，公按致其罪不少貸。人爲公危之，然公以廉白自將，其黨雖怨之，卒無以報也。終更，宰相又欲留之，不可，遂出知興化軍。

莆俗險健多訟，公至，究其利病施置之方，爲科條以屬吏，簡易嚴密，無所偏倚，郡以大治。時即學官召諸生而教飭之，遂無敢以事至廷中者。女官道士托妖妄求敕賜以表其居，挾簽樞張説書屬公上其事。公不可，説復喻意部使者以撼公。公卒不爲動。歲旱，禱雨不應。公慮獄有冤，亟往訊焉，果得二人，破械遣之而歸其獄於吏。車未及旋，大雨立至。郡故有洋城、陳霸二斗門及木蘭陂，溉田數萬頃，歲久廢壞。公爲興築，壯固牢實，民至今詠歌之。適歲荐饑，募客舟予錢博糴而寬其期〔一〕。人始莫喻其意，既而糴者得以其間往返一再然後及期，則糴價久已自平而民不饑矣，人始服公爲有謀也。請蠲歲輸丁米錢千萬，久之未報，輒移屬縣緩其輸。漕司不悦，督愈峻。公訴於朝，竟得罷乃已。

召還賜對，公言：「郡縣者，朝廷之根本，而百姓又郡縣之根本也。今不計州縣之事力而一切取辦，又不擇人材之能否而輕以畀之，欲本固而邦寧，其可得乎。」上善其言，欲留以爲郎，而公有所不樂，力請外，乃除提舉兩浙西路常平茶鹽公事。至則罷中都饋餉之不如法者，豪貴已多不悦。而平江庫錢失漏，守因是誣富室以取償，一郡大擾，有死者。公檄罷之，守以是怨，陰以禁兵給白直而訹它司上其事。公坐削一官移江西，未行，又移江東。

入境發贓吏一人，故相有爲請者，不聽，竟按逐之，列城震聳。行部所過，延見父老，使縣別爲輩，以次召問所疾苦及吏治得失。戒州縣毋得除舍館，飾供張，鈐鍵吏卒，所過肅然。父老嘆息，以爲未始有也。池守趙粹中恣横不法，遞卒廪給不時，有盗發邊奏，竄匿名書以訴者，詔以屬郡。粹中恐怒，捕繫卒汪清，訊治强服，亟奏誅之。刑獄使者丁時發過郡，聞其冤，取具獄閲之，將發其事。粹中遣其屬突入傳舍，即几間奪去，嫚駡陵折，一郡大駭。公時出按旁縣，馳歸，與時發共劾之。會時發改使湖北，事久不報，而公繩之愈急。章三上，遂與俱罷。後得真竄書者，朝廷始罪粹中而恤清家。

尋復起公提舉荆湖北路常平茶鹽事，入奏，爲上言：「比年户部調度不繼，督賦苛急，監司州縣希意避罪，不暇復以百姓爲心。下失人和，上干天變，其原在此。願詔有司悉蠲州縣民間舊逋，而内出禁錢，以補上供之缺。其招衛卒、除戎器，皆許留經總制錢以充費，不則且止，以俟他年。更詔大臣選官置局，考校紹興以來出内之會，參互省嗇，繼續補助，爲經久計。常使户部支計有餘，則州縣寛而民力紓，和氣應矣。」上聞公言，嘆息稱善，且曰：「朕於户部應副多矣，民間逋租、内藏積久亦已蠲放。卿言州縣擾民之事，朕亦聞之，蓋所謂黄紙放，白紙催者。若已蠲之而又責於户部，此誠何益？正當一一與補還耳。」因諭所以寄任之意甚悉。宰相猶欲留公典選，公力辭之部。

承水旱之餘，教喻懲戢，安集賑救，曲盡其力。民又病疫，則遺醫視療，家至而日課之，以其死生多寡爲殿最，由是全活者衆。俗喜焚尸，公敕諸縣各治叢冢，焚者有禁，民莫敢犯。湖北故多陂澤〔二〕，官不障，故使貧民得漁其間，賴以食者甚衆。既而或以輸租自占而顓其利，則民固已病之。至是議者請復增租，而吏緣爲奸，盡斥貧民所漁以給富家，失業狼狽者不可計。公爲申明其法，悉以還之。未幾，改南路提點刑獄公事。將行，猶爲條奏本道荒政數十事，詔悉施行。行之日，士民自言諸司，乞留公者以千數。出境猶遮道攀戀，涕泣不肯去。

有盜殺人，而誣指賈人梁晚四爲罪首，論當殊死。前後七推具伏，録問輒不承。最後至公親鞫，則方盜殺人之時，晚四實在他所。參驗行由印曆，晷刻不差，乃得其冤狀，即理出之，而劾官吏失入者。上大喜，可公奏，下諸路以爲法。又奏：「新法獄經再鞫，詞或少異，必取初鞫官吏承伏而并按之，追逮往返，或淹旬歲。再鞫官憚於留滯，雖或有冤，亦弗敢白。以此獄少平反，枉濫者衆。請得復用舊法。」上亦可之。除直秘閣、知廣州，兼主管廣南東路經略安撫司公事。將行，猶奏郴州用度不足，多横賦以供軍，馴致巨寇，前後非一。請下漕司通融補助，以息後患。

廣東地接郴、桂、汀、贛之境，四州之民歲一逾嶺貿易，折閲即相聚爲盜，大群至數千人。公入境，適捕得渠帥八人，即斬以徇曰：「三日而去者，吏不得格，期外不去，復捕如初。」於是皆散。有梁氏兄弟者，招納亡命，前後殺人無數，而掠其貲以致富。交通州縣，吏不敢詰，民患苦之，號爲「四彪」。公擒捕誅殺，污瀦其居，它盜望風破膽〔三〕。大奚山斗入海中，寇攘所聚，雖良民亦以漁鹽爲命，急之則散入賊中不可禁，所從來久。至是，新置都鹽使者，鋭欲禁之，檄水軍逐捕。公曰：「水軍專受帥府節度，非它司可得而調也。且爭小利、起大盜，將誰使任其責耶。」卒拒法不爲發。良民既得少安，乃陰募其酋豪，使以捕賊自效。由是盜發輒得，有功者爲奏補官，鬥死即官其子而重責其坐視不赴救者。官屬不幸死者，厚賻遺歸，存没老稚，無一人流落。如是者三十餘家。士族女失身非類，贖而歸之。

上聞公究心獄事，詔特轉朝議大夫、進直徽猷閣、知潭州，安撫湖南。復值凶歲，精禁禱、廣咨詢、蠲税租、弛逋負，民得小康，饑不爲害。飛虎軍驕横不可制，有恃醉挾刃傷人者，案軍法誅之，於是帖服無敢犯。明年召還，以疾辭，進直顯謨閣、知太平州。未上，又明年，除尚書左司郎中，竟辭不就。乃申太平之命，未行而以疾卒，享年六十有三。累官中大夫，爵金華縣開國男，食邑三百户。

其配李氏，諱孟琰，字文靚，孝友聰明，識趣高遠。莊簡公南遷時，年未及笄，已能刻苦自厲，甘忍貧薄，周恤親黨，雖凶事無所憚。既歸公，諸妹多未行，奩具所須，推予不少靳。奉祭祀必誠敬，事公以義，衣必親製，食必親嘗，藥必親煮。從公居官，未嘗問外事、買市物，而門内之治雖細必親，條理精密，如嚴官府。每罷官治裝，皆一日辦。警敏絶人而不爲苛察，治家嚴整而御下有恩。縫紉必精，漱浣必潔，而不爲組繡華靡。與公言，未嘗以爵秩進退爲欣戚，其教諸子亦然，有識高之。累封令人，後公三年卒。子男友端、友恭，皆力學有志操。友端嘗以進士高選，今俱爲從事郎。女友松，嫁太常寺主簿史彌遠。孫男履孫，將仕郎。女二人，皆幼。友端等葬公紹興府上虞縣永豐鄉張澳之原，以令人祔。

公少從中書公學，長婿李氏，又得莊簡公爲依歸。中年游張敬夫、吕伯恭間，切劘不倦。晚歲讀書，厲志彌篤。自爲小官，即以治行有聞。治郡先教化而訟獄期會無不謹，務施舍而出納纖細無所遺。興利除害，皆有成績。爲部使者，廢置不避權門，糾劾不憚大吏。咨詢撫摩，無隱不達。至典方面，養威持重，務大體，不細苛。精擇丞史，隨才授任。治民訓兵，禁奸除暴，無一不可法者。蓋嘗自謂：「吾之爲治，主於寬而不使有寬名，輔以嚴而不使有嚴迹。」唯其綱維總攝而脉絡通流，是以坐走百吏而我常無爲也。有所弛張，必先究見利病本末，然後出令。耻爲姑息小惠以掠虚譽，每言欲寬民力，先恤州縣，州縣足則科歛自息而田里安矣。謂榷酤茶鹽非古法，不忍盡以律令從事。於犴獄尤兢兢，然亦未嘗縱釋有罪也。所至必問人材、興學校。潭州岳麓、衡之石鼓，皆一新之，學者用勸。薦士唯公論是與，不私親故，不受請囑。有所薦輒閉閤草奏敕，吏莫敢言，雖被薦者亦事下然後知。伯恭聞而嘆曰：「潘公薦士，可謂盡善盡美矣。」所部水旱盗賊無巨細必以聞，以祥瑞告，則抑而不省。其愛民如子，馭吏如童僕，接寮屬如朋友，惜官帑如私財，治公事如家事。事有不便於文法，輒身任之，不以累其下。是以人争爲盡力，所至稱治。近世士大夫間，號精吏道、有科指，而寬猛適宜、大小中度者，無出其右。

其持身尤謹飭，言笑有常度。其仕進不即人而人即之，然有小嫌，輒避不處。曾覿貧賤時，嘗以詩文見。及貴，絶不與通。使人來致慇懃，輒不報，以書請事，亦不從。歸自江東，環堵蕭然，彈琴讀書，有以自適，未嘗一與諸公貴人通聲問。晚歲召還，蓋將有以處之，而公病矣。亦會有謀傾宰相者陰尼之，遂竟不獲究其用。論者莫不嘆息，而公處之超然。

少喜學書，得歐、顔楷法，勁挺嚴密，如其爲人。雅不信浮屠詭異之説，嘗著石橋録以斥其妄。喪祭不徇流俗，平居無所嗜好。既病，神明不衰，起居莊敬如常時。顧諸子，誦曾子易簀時語而絶。是則世之所以知公者，猶未足以議其方也。

熹從公游雖不久，然相知爲最深。友端等又來學，故於其葬來請銘，不得辭也。銘曰：士患不學，學患不行。口榮心悴〔四〕，物重身輕。偉歟潘公，夙有奇尚。蹈履密微，老益堅壯。湖清海謐〔五〕，百辟儀之。歸歟僡矣，道固委蛇。唯其德學，知者蓋鮮。我銘其幽，以告悠遠。

校記

〔一〕博：原作「傅」，據宋閩、浙本改。

〔二〕故：原缺，據宋浙本補。

〔三〕它：原作「宅」，據宋閩、浙本改。

〔四〕心：原作「身」，據右引改。

〔五〕謐：原作「謚」，據右引改。

編年 據文集卷八十七祭潘左司文，潘時卒於淳熙十六年。此云「於其葬來請銘，不得辭也」，是作在葬後。參以上下篇編序，必在紹熙間也。

評論 王柏跋文公與潘月林帖：文公之學，照耀今古，文公之字，遍滿東南，然門人故家三世得公之尺牘，固絶無而僅有，而以文稱者尤不多見。以月林先生風烈之盛，而文公尊禮之嚴如此，文集中乃不登載一字，僅有墓道一碣而已。顧二子一孫姓字猶有存者，當時類粹，其有所遺逸，蓋不勝其衆也。今裔孫宛丘通守不秘其傳，壽諸梓以惠學者，而於吾道所關，豈曰小哉。

敷文閣直學士李公墓誌銘 紹熙四年

公諱椿，字壽翁，洺州永年縣人〔一〕。曾祖安、祖泰皆不仕。父升進士起家，爲吏以廉正稱，累官朝奉郎，贈太中大夫。母楊氏、趙氏、張氏，皆贈碩人。

靖康之難，汴都不守，太中公以衛父見傷，父子偕卒。公年尚少，藁殯佛屋，深竄而詳識之。奉母南走湖嶺間，備嘗艱窘而竭力以養，母子相慈孝，人不知其趙出也。用遺澤補官，調潭州衡山尉。擿奸發伏，人不能欺。决事問理如何，不爲勢奪。再調桂陽監司理參軍，盜發臨武，將尉縛六十餘人以獻。公辨理之，才六人抵死，它所活亦甚衆。以數争獄事失守意，求去不獲。守悟，乃更相知。建復臨武縣，盜以不作者二十年。徙衡州軍事判官，守與部使者交惡，公諫止之，不聽。後闔郡坐劾去，公獨免。邵民有告兩人爲盜者，郡得其一，將置之法，而因家訴冤。公被檄鞫之，使召告者，則無其人。問其同徒，則已斃於路矣。閲故牘，則斃者是夕乃在他州，有左驗，囚乃得釋。徙寧國軍節度推官，豪民執僞券取陳氏田，陳父子斃于獄，妻又將斃矣。公辨其僞，奪田歸陳氏。虜亮將渝平，亟白守將修城壁、葺軍械、料民兵甚整，人恃以安。張忠獻公節制兩淮軍馬，辟準備差遣。及拜宣撫都督，皆以自隨。蓋公始見胡文定公，退與其諸子游，從容言曰：「椿願天下之人無不唯是之求耳。」胡公聞而異之。其子仁仲後見公所論富川六事，亦謂有經濟才。張公知之，故取以爲屬。諉以經畫淮甸事，公爲奔走兩路，綏集流民，布置屯兵，察廬、壽軍情，相視山水寨險要，凡四五反，詳審精密，所助爲多。它如謂督府當鎮無爲，請制戰車以易拒馬之屬，未及行者尚衆。至於事有不可，則固未嘗爲苟同也。宣司訖事，議請第賞官屬。公曰：「今未有功而遽求賞，已非所宜。且先將佐則無以勸士卒，溥及之則無以待有功，皆不便。」張公然之，爲止不上。後諸將有以北討之議聞者，事下督府，將從之。公在外，亟奏記張公曰：「復讎討賊，天下之大義也。然必正名定分、養威觀釁而後可圖。今議不出於督府而出於諸將，則已爲輿尸之凶矣。况藩蘺不固，儲備不豐，將多而非才，兵弱而未練，節制未允，議論不定，雖得其地，不能守也。」書未入而師已行，則又言曰：「大將勇而無謀，願授成算，俾進退可觀，毋損威重。」既而果無功，張公悔之。一日，喟然嘆實材之難得，公徐對曰：「十室之邑，必有忠信，天下之大，豈可厚誣？誠欲致之，唯不惡逆耳而甘遜志，則庶乎其肯來矣。」張公復拜右相，公知事不可爲，勸之去。明年春又出視師，公曰：「小人之黨已勝而公無故去廟堂，此必危。」復申前議甚苦。張公心是之，而自以宗臣任天下之重，不忍決去計也。未幾果罷。

公出幕府，得監登聞鼓院。在職數月，有所不樂，請通判廉州以歸。未上，召對，首請復廣西州縣運鹽而罷折税、和糴、招糴之擾，二請無汰去軍中百戰之士以壯軍勢、寬郡縣，三請以璽田爲課最，而更賦法、改禄令，多以穀帛，少以錢，皆當上意。

除知鄂州，再對，請令墾荒田者三分其租，三年乃增其一，三增而畢輸。請罷經總制錢，悉爲上供，一其帳目以省吏奸。上可其墾田説。至鄂行之，復户數千，曠土大辟。鄂地重而守權輕，賦薄而用廣。公交際以誠，調度從約，未幾，遽振而贏。嚴火備、禁奸盜，皆有方略。軍民之争，一決以法，主將悦服。

移廣南西路提點刑獄公事。廣西舊游，習其民情之欲惡，有所更革，不戒而孚。官吏有罪，免之而已，無所窮治。未竟之獄，一以輕平，所縱釋數十百人。盛夏按行，慮問諄悉。退閲文書，一夕千紙。奏罷發運司所復昭州金坑，請禁仕海南者無得市土物，事皆施行。

移荆湖南路轉運判官，俾入奏事。行及近甸，時宰忌之，促便道之部。適歲大侵，官配民備賑糴〔二〕，民争糴，米踴貴，復抑米價，商船不來。公至，損配數、除米估，人用不飢。奏請蠲歲糴代發二分米，出緡錢權楮幣，和糴米宜用市直，毋使太賤傷民，人以爲便。自爲少吏時，已病監司行部從吏卒擾州縣。至是，當出，輒前戒吏具州縣所當問事目以行，而罷諸常從者。所至州取吏卒使令，凡以例致饋一不受。自是人多效其所爲，言事者亦請下諸道以爲法。

召爲吏部員外郎，復論廣西鹽法。上是其説，俾條施行之目以上，遂改法焉。其後二十年間，法雖屢變，而折苗、和糴、招糴之擾竟罷，民賴以安。除樞密院檢詳諸房文字〔三〕，小吏持南丹莫氏表來，請於宜州市馬，因簽書張説以聞。公語説：「邕遠宜近，人孰不知？其前日故遷其塗，豈無意哉。况今莫氏方横，乃欲爲之除道而擅以互市之饒，誤矣。小吏妄作，將啓邊釁，請論如法。」説又議諸郡招軍，宜立法以課殿最。公語之曰：「贑、吉、建、劍等州民衆俗悍，雖多募不難致。淮、漢、荆、湖凋弊未復，若限以額，恐有抑捽之擾。」積二事忤説，説怒，語人曰：「吾乃無一可耶。」公聞之求去，上問知之，亟令慰喻安職。未幾説免，乃遷公左司員外郎，密裨國論，深抑吏奸，號爲稱職。嘗言：「三衙御前之兵有用，當益；諸州厢禁兵無用，當銷。銷之之術，死亡勿補，二十年之後，無復無用之兵矣。它時寧壹，以御前兵分屯諸州可也。」始，公在督府，嘗建軍民雜耕之策。既而詳其利病，乃欲盡捐以予諸軍，使歲分半卒以耕而益其食。至是亦爲上言甚悉。

尋復請外，除直龍圖、知隆興、江南西路安撫。避祖諱，改荆湖南路轉運副使。至未一月，移都大提舉四川茶馬，俄復歸故官。建請十三事，同日報可。大者減桂陽軍月樁錢歲萬二千緡，而損民税折銀之直，民刻石紀之。免户部配鬻乳香，諸路并得免，訖今不復配。衡岳廟火，公言：「廟洊火，天實厭其非制，請毋復屋而築壇以望，用遵禮典，省財力。」不報。茶寇作，帥以失律免，公攝其事。時江西兵已集，寇勢窘，謀復南走。公亟收散亡分守要害，寇不能越，故江西得蹙而擒之。奸民有規聚徒應賊者，公募士豪捕其魁桀誅之，餘悉散走。事平，請於朝，歲分卒戍産茶處，盗以益衰。又言：「茶商買券於官而復市茶於園户，與鹽商買券而即受鹽於官者殊科。今一其賈，是以茶商獨困而私販多，歲額不敷而民被擾，甚則鬭敓攻劫爲群盗，前日之事亦可驗矣。請損其直以便事。」而有司吝出納，乃析小券，以一爲六，實無所損而重以煩費，人益病焉。

召還，見上首論軍政之弊曰：「屬者鄂渚大軍三千，捕茶寇數百，亡失過半。小寇尚爾，如大敵何？臣嘗求其故矣，大抵將不得人，馭衆無術，廩食既薄，又苦侵漁；老成習戰之士一以疲老被汰，則挈其強壯子弟以去，軍中唯有抑勒寄招之人，又皆不習戰陳而不可用。至於待遇，復不均壹，使吾老舊之卒自傷其不及歸正之人，而歸正者又自以爲待之不如俘虜之厚也。誠亟圖之，反此數者，則軍聲振而國勢張矣。」因復力陳茶法之弊，乃得頗增鹽數，而公意未已也。政府白擬司農少卿，上自用公爲正卿。京師月須米十四萬五千石，而省倉之儲多不能過兩月。公請給南庫錢以足歲糴之數，又糴洪、吉、潭、衡軍食之餘及鄂商船，并取江西、湖南諸寄積米，自三總領所送輸以達中都，常使及二百萬石，爲一歲備。久之不行，公以不得其職求去，不獲，又以白宰相曰：「今豐儲倉、南上庫皆移東就西以眩主聽，而使朝廷、户部自分彼此，告借索還，有同市道。願革而正之。凡百政事，各付攸司，委任而責其成，則名正而實舉矣。」

臨安擇守，公在議中。執政或謂公於人無委曲，上曰：「正欲得如此人。」遂兼權臨安府事。守比非其人，日走權門、奉約束耳，民事悉付吏手，吏得徇勢爲奸。公既視事，親閲文書，躬自予決，要人請囑，一無所聽。府故以宦者爲承受公事〔四〕，守至例謁之。公不往，怒，因喻旨故遷延以相沮傷。公白政府無所用承受，請罷之。市有火，近巨璫所居舍，怒不專挾護，遣兩卒喧厲公所。公奏其狀，下兩卒大理獄。大理觀望，覆逮府吏卒。公即家居自劾，詔杖兩卒，釋府吏卒勿問。僧倚豪貴立私宇至百數，會有以奸穢事覺抵罪者，因悉以令没入之，而逐僧還所隸事。在府三月，竟以權倖不便亟解去，而民至今稱之。

公在朝遇事輒言，執政故不悦。及是轉對，又言：「易以九居五、六居二爲當位而詞多艱，以六居五、九居二爲不當位而詞多吉，蓋君以剛健爲體而虚中爲用，臣以柔順爲體而剛中爲用。君誠以虚中行其剛健，臣誠以剛中守其柔順，則上下交而其志同矣。陛下得虚中之道以行剛健之德矣，而在廷之臣未見其能以剛中守柔順而事陛下者也。願觀象玩詞，求剛中之臣，遠柔佞之士，以應經義、起治功。」由是執政滋不悦，沮公荼議，使不得行。公益論事自若，久之求去，復除江南西路轉運副使。

陛辭，上曰：「卿未可遠去。」改知婺州，進秘閣修撰。上意猶欲留公，而公亟言軍政敝、武備弱，必誤事，不合旨，乃之郡。居數月，郡以大治。會詔市牛筋五千斤，公奏一牛之筋才四兩，今必求此，是欲屠二萬牛也。上悟，爲收前詔，且思公前言，召以爲吏部侍郎。公又爲上言：「民貧多盜，非國之福。願詔中外有司各條所部冗費可省者以聞。」上善之，而亦不果行也。

在吏部，與吏史約，予奪命士所陳身計，當悉疏著令，堅定其可否乃行。既行而有遺若未允者重坐。吏以此不能肆其奸。秀邸館客特注州掾，公言其人未試，且衝待次人，請更受員外，置不簽書公事。執政建議欲有所私而托以吏部所啓，公言是事雖小，所關則大，請究治。上嘉納焉。上親慮囚，命公與知閤門事張掄次比其事以聞。掄自以官承宣使，欲列名公右。公不可，白之丞相，亦右掄。公奏言：「臣固知承宣使序權侍郎上，但使事以閤門副侍郎耳，故所被旨臣實先掄，唯陛下財幸。」上不直掄，罷之。

公以上常獨攬機務而群臣偷安苟免，乃按易象爲上言：「乾首坤腹而六子之卦各象其事，故聖賢之訓皆以君爲元首，臣爲腹心、股肱、耳目、喉舌，各有攸主。今君勞臣逸，非治之體。且使出令用人或有未善，則過歸於上而政亂於下。願觀易卦之象，體乾剛健而使腹心、股肱、耳目、喉舌之臣各任其職，且察臣下有游近習之門者，嚴禁絶之，而益以公道用人，名節取士，則士風振而人材出矣。」一時弊事，如衛兵壞僧廬、掠都市而朝廷不深治，言事官彈劾不勝去職而取從風聞者坐黥隸，軍中結邏卒開鋪以摇主將，皆極言之。又建白凡選監司若大郡守，宜使侍從集都堂，公舉所知，而宰相拔其尤者以聞，皆切治體。又請凡應輸義米者皆置倉鄉社以藏，而凶歲還以予之，亦便於事。然皆不得行，獨衡州監牧諸軍回易竟罷如公言。

又嘗抗言：「往者閹寺之盛，卒階靖康、明受之變。今復盛矣，請抑制之，不使寖長。官置蠶室，限其進子之數。官高者使補外，而門禁宫戒之外，它毋得有所預。嚴士大夫兵將官與之交通之禁，則上下俱安而禍變潛弭矣。」上聞靖康、明受語，嚬蹙久之，曰：「幼亦聞此。」因納疏袖中以入。最後極言邊備不可以不豫，如欲保淮，則楚州、盱眙〔五〕、昭信、濠梁、渦口、花黶、正陽、光州皆不可以不守。如欲保江，則高郵、六合、瓦梁、濡須、巢湖、北峽亦要地也。其形勢之緩急，兵力之多寡，計策之利鈍，皆歷陳之，如指諸掌。又論應城四達之衝，宜屯一軍以爲襄陽近援。荆南兵戍襄陽，宜徙其家屬營江南，毋使爲虜所襲。

以病請祠，不許，面請益力，乃除集英殿修撰、知寧國府。數日，改太平州，賜尚方珍劑以遣焉。當塗重地，蓋以一面爲寄。公因自請以時行視圩埠，有機事得以密疏直達，上皆從之。既至，力圖上流之備，請選募横江水軍千人，以爲濡須、東關、采石聲援。采石水軍舟多卒少，宜以步卒之半爲水戰之用，使可舟可陸，往來巢湖，爲必保濡須之計。而凡沿江津渡，宜使皆隸南岸。比來和州利商算，輒穿支港以内舟，首尾皆屬之江，此爲自隳天險。邊民盜虜馬或爲它盜來歸者，有司不問，甚或賞以勸之，皆不便。上納其言，亟命塞港，它亦頗施行。

居年餘，年六十九，即上章請老。上初惜其去，三請，乃許以敷文閣待制致仕。越再歲，上以湖南兵役之餘，公私困敝，上下恫疑，思有以鎮安之，謂公重厚可倚，復起公以顯謨閣待制知潭州、荆湖南路安撫使，私禮免繫帥銜，以避家諱。公雅無復出意，再辭不獲，乃勉起。至無幾何，悴者蘇，疑者釋，氣象一切如盛時。復税酒法，人以爲便。前此官市民物不予直者，悉爲償之。斗酒千錢，不妄用，故人賓客薄少周助，率以私錢。州宅火，徐葺之，不調一夫而復其舊。諸縣有羡賦，州竭取之，縣以不可爲。公歸其半，曰：「歲饑用不足，少須之，當悉歸矣。」歲旱，賑廪勸分，蠲租十一萬，給常平米二萬，糴又數萬，民以不流死。飛虎軍新立，或以爲非便。公曰：「長沙一都會，控阨湖嶺，鎮撫蠻徼，而二十年間大盗三起，何可無一軍？且已費縣官緡錢四十二萬，民財力不可計，何可廢耶。亦在馭之而已。」異論乃息。郴民輸租，吏所加賦幾再倍，力請裁之，三去其一，民以小寬。前在兩州，再言配法之弊，請使凡應配者衹坐加役流法，髡鉗居作，三年而免；毋或黥涅，使得自新；免竄逸、免遞送，廣至恩，召和氣。至是，計長沙一歲所遞配卒千二百五十餘人，復申其說。朝廷爲下其事，而議者狃常，或笑以爲迂，不能革也。

未滿歲，復告歸，進敷文閣直學士致仕。朝拜命，夕登舟，歸老衡陽故居野塘之上。淳熙十年十一月旦日薨，享年七十有三。

公生十有五年，避地南來，貧無以爲養，不得專力於學。年三十，始學易。兩鞫郡獄，須慮問者累旬不至，因得晝夜研考，乃若有得，遂樂玩而没身焉。其言於朝廷，措諸行事，無適而不於是也。尤惡佛老邪説，在臨安被詔擇靈隱寺主，因復于上曰：「天地變化，萬物終始，君臣、父子、夫婦之道，性命之理，死生之故，鬼神之情狀，易盡之矣，曷爲求之他。」他時僧或宣對後苑，復疏其失，請崇先王之道，正人倫之本，漸汰游惰，歸復農桑。其在當塗，申法禁、戢誑誘，出教喻民，語極諄悉。至是病革，題詩一章，以示諸子，沐浴正衣巾而逝。人以是益知公之於易非徒誦説而已也。

公莊重簡淡，嶷然有守，泊然無欲，喜怒不形見於色，故人不可得而親疏。而中夷易平直，廉不近名，介不絕物，應事存心，悉主於厚。平生未嘗失節於權倖，然非有意以矯厲爲高也。在六院時，淵、覿寵方盛，同舍日走其門，公耻之，自引去。晚登從列，覿已位使相，竟不往謁。它一二輩職事所及輒與忤，又嘗爲上指言其奸。其徒相與聚而訕公，有言太尉獨不奈李某何者。其人復之曰：「誠無奈其不顧官職何耳。」賴上知公深，屢嘆其樸直，故小人無以行其計。公於中外鉅細知無不言，其尤致意焉者，邊備、軍制、賦法、禄令、茶鹽、屯田、經總制錢、揀汰、歸正、配法也。蓋自少日親罹兵難，復歷邊事，盡悴州縣，乃登使守，乃踐省寺，於大小之務皆身履而心喻焉，非如它人剽聞掠説而藉口嘗試者也。其從違忤合雖不可常，然持其見終身不易，言之懇懇，至於四三。其才通，其識遠，不阿主好，不詭時譽，無書生之輕、俗吏之陋。其所緼畜使得宣究，斯世其庶乎。

公娶龐氏，早没。繼室以韓氏，有賢行，夫婦相敬如賓，皆贈令人。男二人，毅夫，承務郎，後公三年卒。正夫，宣義郎、廣南西路提舉常平司幹辦公事。女二人，長適朝散郎、提舉荆湖南路常平茶鹽公事臨川吴鎰，次適邯鄲劉仝。孫男八人，大有、大來，皆修職郎；大謙，迪功郎；大用、大臨、大鼎、大觀、大鼐未仕。女二人尚幼。

公居家有常度，不惰替，亦不嚴厲，約不戚，豐不泰，終身一致。在官儉而法，官燭不入中門，家人不用公家供張。初臨有新帟幕，必撤而藏之，存以迎新。去之日，不私一物焉，家至今無有敝帷。蓋凡例所饋餉私不應法之入，率積之公帑，以供公不應法之用，餘則委置而去，門内化之，落然清素。素篤風誼，嘗僚章貢李燮，死于安陸，有女棄民間。公贖而育之，韓令人愛之如己子，以歸士族。初仕，亦嘗從衆投上官爵里狀，心怵然不寧，自是不干請。嘗獲盜委曲，可以被賞，置之弗問。既循資，則曰：「吾老於職官耳。」年五十有二，乃改京秩，自是出爲時用。然未嘗忘歸志，未始携家入中都，亦不至畿郡。仕五十年，上爲人主敬信，下爲士大夫尊慕，無纖謗微累。出入中外數四，其入也皆以特召，其出也皆以力請。年至亟歸，不得已而勉起，起又竟歸，以終素志而没。出處之義，特爲全盡。

以是年閏十一月十一日葬於衡州花光寺之山後二里，與韓令人同穴。以葬日迫不及識，而吴鎰狀公行大略如此。後十年，正夫乃以其銘見屬。熹不足以銘公，然熟公聞望蓋久，中間一再通書，荷公見予良厚。今又得吴狀及公平生議奏讀之，觀其行身如履繩蹈矩，無一事之不合於理，論事如絲麻穀粟，無一言之不適於用，而其忠厚純篤之氣又有藹然溢於行事言語之外者，未嘗不廢書三嘆而悚然心服也。乃最其事而系以銘。銘曰：

大易之緼，微妙不窮。孰窺其表，而測其衷。懿彼李公，心潛躬詣。逮其涣然，隱顯一致。進矢于廷，退諗于私。迎知失得，不假蓍龜。閔天越民，忠君及國。在古有評，曰庶常吉。胡不百年，以究其施。長言鼓缶，奄戻其離。衡山之陽，非其故土。窀而弗銘，曷詔終古。

校記

〔一〕洺：原作「洛」，據宋浙本改。

〔二〕糴：原作「糶」，據右引改。

〔三〕檢：原作「驗」，據宋閩、浙本改。

〔四〕宦：原作「官」，據宋浙本改。

〔五〕眙：原作「貽」，據右引改。

編年　據文中所述。

滕君希尹墓誌銘紹熙四年秋冬間

君姓滕氏，諱洙，字希尹，世家徽之婺源，蓋莫詳其始所自來。中間有見故翰林學士達道者，扣之，乃知與東陽之族同原，而亦不能言其遷徙合散之所由也。君曾祖谷、祖爲、父恂皆不仕，而叔父愷蚤以文學論議有聞於時，起進士，官信之户掾以卒，士友惜之。

君幼聞家學緒餘，長從鄉先生俞君宋祐及一二知名士游，益務記覽，其蓄甚富，爲舉子文亦精緻有程度。而數以不偶，即棄去不復爲，獨教諸子爲學，而不專爲場屋計。平居厲以篤志力行之訓甚悉，及二子登科從仕，則又時時爲道平日閭里間所聞，見情僞失得之變，以開曉風切之，以故二子皆以能自樹立有聲州縣間。晚得末疾，猶手抄孔孟言仁梗概一編，日夕玩誦，而又大書「躬自厚而薄責於人」之語於壁以自警。其好學檢身，雖老不倦如此。病革，却醫藥，手書「死生有命，富貴在天」兩言以示諸子而卒，紹熙四年七月二十七日也，年六十有五。

夫人胡氏，有賢行，前君一年卒。五男子，璘，從政郎、鄂州州學教授。珙，迪功郎、寧國府旌德縣主簿。瓘、琨皆業進士。琇，前卒。二女子，嫁進士程萬頃、程櫄之。孫男七女四。

君爲人恭儉質實，遇人無少長，俯首接語，如見大賓。凡世所謂少年豪習、饒樂放縱事，未嘗一接於身。自奉甚薄，終身如一日，不以豐約易其度。居家事親誠心孝愛，委巷之禮、薄俗之態，雖於强之，不忍爲也。兩逢慶壽恩，或勸增年以應格，君不可。或問之，則曰：「欺君而受爵，亦何榮之有哉！」有士族女未齔落倡家，君謀贖之。倡儈知君貧，立僞券高其直以難之，君未有以爲策也。會璘預薦書，郡致金錢若干爲勸駕禮，盡以予倡，得女嫁之，不復詰其僞。縣宰張安中賢之，爲書其牒以表焉。君之爲人大抵如此。嗚呼，是亦可謂善人君子矣！然其志與材既不得少自見於當世，其壽命又不得究於高年，獨諸子既能順承其志，而又將有以顯揚之，則人或以是爲天之報施果不繆也。

璘等將以明年五月二十四日合葬君、夫人於萬安鄉龍陂四牡之原，使珙奉吉州録事參軍程君洵之狀以來請銘。余以疾病久衰謝不能，而珙請益堅，余竊哀之，乃爲次其事而銘之。銘曰：

行之躬，學之力。積之豐，施之嗇。謂天夢夢，請視斯刻。

編年　據文中所述。

承務郎李公墓誌銘 紹熙中

乾道六年，成都府路轉運判官、權安撫司事趙公説、知漢州事余時言共以州人李君之行義聞於朝，未報，而四川宣撫使王炎、安撫使薛良朋、轉運副使王璠、判官趙不憂相繼表上，孝宗皇帝聞而嘉之，乃九年閏正月丁酉制曰：「務穡勸分〔一〕，有司之爲政；發廩賑乏，仁者之用心。

爾以布衣，居于下土，因年饑之不足，動義概以有聞。屢出私藏，多所全活。與計偕而已老，從官牒則徒勞。勉服官榮，歸教鄉里。可特授迪功郎致仕。」里之人高君之行而飽其惠，既相與嗟嘆而詠歌之。君没之後十有七年，其孫寅仲入秘書省佐著作，會進史得增秩，因請貤以及君。於是又詔特贈承務郎，人以是益知君積善之報爲未艾也。又後數年，著作君乃自其家使人以書致君行述一通於予，請以是銘君之墓。予故未得交君父子間，又以病廢書久，欲謝不能。而惟閩、蜀相望數千里，著作君乃近舍其鄉之先生君子而遠以屬我，是其可以虚辱哉。乃最其書之言曰：

君諱發，字浩然，其先隴西人。唐明皇帝逃難入蜀，過漢小留，其近屬之從行者因或家焉，君其後也。世居什邡縣邕順鄉，後徙長原。曾祖保榮、祖有質、父世通皆隱不仕。

君資稟高邁，自少俶儻不群。讀書有大志，傲睨場屋，謂功名可立致。以鄉貢入辟廱，補内舍。久之未第，宦者梁師成方貴幸，士之不得志者類資以得官。或以是怵君，君正色拒之。京師被圍，疏陳大計，不報，即棄録牒，歸養於家。其先府君晚厭人事，常獨居一室，家務一以諉君。君節衣縮食，瘠己以崇養。買書闢館，迎修士以教子孫。而於忠孝立身之大義尤致意焉，不專爲覓舉干禄計也。親疾，療治不遺力，雖毁傷無所憚。免喪既久，語及親猶泣下，廬墓側再逾歲。弟没亡子，遺腹生一女，婦服未竟，輒謀私其橐以行。君以義正之〔二〕，其家愧恨，欲以危法中君。君不爲屈，吏又偏主其詞，而卒不能有以污也。已而撫其遺女如己生，且厚資之以歸名族，無纖芥餘憾。自其少日生理未裕之時以至於老而豐殖，推財讓産，恤孤懷幼，賙人之急，自兄弟族黨以及於疏遠之無告者，無不必盡其力，而退無自多之色。平生折券棄責不勝計。里人有門訟者，就以求直，聞其言皆失所争而去。其微至於病者予藥石，産者給薪米，亦久不懈。歲旱，犯烈日徒步數十里爲鄉人致禱，雨爲立應，人尤德之。歲或不登，輒爲食以食餓者，自春徂冬，日以千數。

乾道戊子，民饑甚，官爲振廩勸分，而就食君家者日至三四萬人。明年，流庸未復而荒政已罷，民愈困弊，數百里間，扶老携幼、挈釜束薪而以君爲歸者，其衆又倍於前。蓋君之爲此，自紹興之丙辰至此三十餘年，歲以爲常，所出捐不知其若干斛，所全活不知其幾何人矣。及是而惠益廣，績愈茂，以故州郡及諸使者始上其事而蒙顯賞焉。

君初不欲，而不能止也。既起拜命，因摘詔語，榜其所居爲「義概之堂」，曰：「姑以示吾之子孫，使之無忘聖朝所以褒勸之意而益勉於及人也。」蓋於是時，君之年七十有七矣。明年屬疾，且革，猶顧左右，問今日所飯凡幾人。既没，所活餓人過其門者無不流涕也。

嗣子巘既葬君其鄉古魁之原，又次君行事如此，而論其概曰：君才雖高而動以繩墨自守，凡有所爲，必問禮律如何。其中退然如不勝衣者，唯於義之所在，則奮然以身先之，雖壓以公卿之勢弗奪也。臨大患難，瀕死而氣不少沮。季子以言事得罪，至徙嶺表，君不爲動。與人交開心見誠，不逆其詐。尤謹然諾，不爲利回。人有小善，稱之不容口，不則必面折之，而亦不復留胸中也。故從之游者莫不愛敬而嚴憚之，或者至以俠名歸之，蓋不知世之以武犯禁者，正君所深耻也。雖無官守之責，而聞四方水旱疾疫輒憂見言色。論天下事激昂慷慨，利害曉然，聽者忘倦。故相魏國張忠獻公雅知君，書疏往來，未嘗不稱嘆其賢。張公都督征討，君移書爲陳量力慮勝之戒甚切。嗚呼！君之爲人如此，使及强盛之年得用其力於當世，則其所立宜必有大過人者。今既不獲施用，而其餘功猶足以活千萬人之死命。雖其存没，幸嘗再被寵褒，然天之所報君者，豈若是而休耶。

君卒之歲淳熙甲午二月丙寅，葬以辛丑五月之壬寅。君夫人同郡楊氏，先卒。二子，議以累舉得官著作，陞朝籍，累封宣教郎致仕，賜緋魚袋。竑中進士第，至宣教郎，後公數年皆卒。一女適朝散大夫、知嘉州王种〔三〕。孫男五人，寅仲爲長，次賓仲，次康，早世。次憲仲，次置仲。寅仲賢而有文辭，今爲奉議郎、知普州。所以篤君之慶於無窮者，將於是乎在。

予雖不及識君，而於君之事無所疑者，獨以行述爲可信。又讀義概諸詩，而全蜀名士無不在焉，益知行述之果不誣也。乃悉論次而系以銘。銘曰：

德而不才，德匪其德。才而不德，乃才之賊。賢哉若人，抱道隱居。振廪之功，日活萬夫。茂實既騰，帝偉其績。命服命書，于以往錫。既寵于堂，又賁于幽。惟是聞孫，益鴻厥休。我銘其藏，千古不泐。義概之名，永世無斁！

校記

〔一〕穡：原作「穑」，據宋閩、浙本改。

〔二〕正：正訛改作「止」。

〔三〕种：原作「种」，據宋閩、浙本改。

編年 據文所述，墓主卒於淳熙元年，「後十有七年」，即紹熙元年得封贈，「又後數年」，其家人乃來請銘。據南宋館閣録續録卷八，墓主長孫寅仲紹熙元年五月任著作佐郎，二年正月知眉州。文中云今知普州，則在知眉州後。且觀下篇作於慶元初，而此篇尚未言及自京獲罪罷歸事，作於紹熙二年至五年之間甚明。

宣教郎致仕陳公墓誌銘 慶元初

君姓陳氏，諱衡，字公權。曾祖確、祖□、父□皆不仕〔一〕，世爲福州侯官縣人。及君之生，質直嚴重，謹然諾，寡言笑，飲食起居有常度，寒暑不易。危坐終日，對妻子未嘗見齒。雖嚴於家，而與鄉人處則歛退樂易，唯恐失色於人。虚懷待物，不疑人欺，遭詐取直無愠。責逋於人，愧若己負，以故不能治生而安於貧。嘗曰：「吾不怨人，亦莫余怨；不侮人，亦莫余侮也。」中歲益貧，乃闔門以教子爲事。奉養靳靳，而資其子使從師友講學，至解衣無吝色。起居晨夜，必以身率之，其勤約人所不堪，而君處之裕如也。已而諸子舉進士有名，仲子孔碩登科，從宦所莅多可紀〔二〕。人意其繩約少寛，而君訓飭彌厲，未嘗假以言色。其平居所以告語之者隨事不同，而要其歸，必出於守道循理、愛人及物之意。孔碩爲邵武宰，方以聰明慈愛甚得其民，而君遽以疾終于寺舍〔三〕。市里聞之，無不失聲嘆吒，如悲親戚，紹熙五年十二月丙寅也。

平生不喜僧道巫覡誑誘之説，及病，遺戒悉擯不用。蓋其天資有過人者，故雖未嘗問學，而卒能有以自拔於流俗乃如此。初以慶壽恩授某官致仕，既再遇登極及明堂恩，累階宣教郎，賜五品服。

娶同郡黄氏，封宜人，先卒而葬於閩清縣賀恩里大將之原。至是孔夙等將奉公柩以合焉，亟以書來曰：「諸孤不孝，薦遭閔凶。前日先生既嘗幸哀而賜之銘矣，今而闕焉，是使孔夙兄弟無以見先人於地下也。敢泣以請，惟先生憐之。」時予方以負罪杜門俟譴，不敢復近筆硯、爲辭章。然讀其狀，於中若有愧焉，因竊叙而銘之。其子孫男女已具前志，此不復出。銘曰：

言之出，不逾閾。行之長，不滿鄉。人莫我尤，我豈人憂。載此餘歡，以適其丘。吾淺之爲丈夫者，又安能窺其際而涉其流乎！

校記〔一〕缺處閩書卷一百二十六作「僖」。

〔二〕宦：原作「官」，據宋浙本改。

〔三〕君：原作「居」，據宋閩、浙本改。

編年 據文中所述，墓主卒於紹熙五年十二月，將葬，其子請銘，而「時予方以負罪杜門俟譴」，顯爲慶元初也。

范直閣墓記 紹興三十年夏秋間

宋故左朝散郎、直秘閣、主管台州崇道觀范公諱如圭，字伯達。曾大父履謙，妣阮氏。大父補之，妣李氏、童氏。父舜舉，從事郎、累贈左朝議大夫。妣胡氏，繼葉氏，俱贈恭人。大父以上世家建州建陽縣之由原，先大夫始居漳濱，遂爲荆門軍當陽縣人。

以崇寧元年玄黓敦牂九月己丑巳時生於舅氏胡文定公荆南學官廨中，既孤自奮，從文定公受春秋學。舉進士，建炎二年對策廷中，語切直。張和公時爲考官，第爲首選，同列不可，於是以乙科賜及第，授從事郎、武安軍節度推官。以母喪解職，服除，從外舅葉公辟，爲江南東路安撫司書寫機宜文字。召試館職，除秘書省正字，兼史館校勘如故。紹興十年春，謁告如荆門，遷奉先大夫、恭人之柩歸葬建陽。始，公在館數陳論時政，與宰相意不合，至是遂請奉祠，差主管台州崇道觀。秩滿，輒復請，由是歷十載，三爲祠官。十九年，添差通判邵州。秩滿，差通判荆南府，賜緋。二十七年，召赴行在。上殿，直秘閣、提舉江南西路常平茶鹽公事。歲餘，除利州路提點刑獄公事。在道上書論宗社大計，有人所難言者。會有目疾，辭得不行，差主管崇道觀。二十九年秋，起知泉州。十月到郡，革弊抑强，人方受其賜而貴勢不以爲便，俄有旨與宫觀，理作自陳。越明年正月，始被命，即日罷歸。四月受敕，復爲主管崇道觀，而公已病矣。六月乙丑，卒於邵武軍寓居之正寢，享年五十有九，而是歲紹興三十年上章執徐也。

公娶葉氏，右文殿修撰宗諤之女，封安人。子男三人，長念祖，右迪功郎。次念德。次念兹。念兹後公十八日而亡，年十有七矣。女二人，長適右承務郎折知常，次適登仕郎劉玶。孫男四人，女一人，皆尚幼。其年九月甲申，諸孤奉公喪歸葬建陽縣渭曲山。謹次公姓系、爵里、始終梗概納諸壙中以識。若經術、行誼出處之詳，則將請於先生君子深知公者，刻辭墓左，以明示後世云。從表侄、左迪功郎、監潭州南岳廟朱熹謹記。

編年 據文中所述。

皇考左承議郎守尚書吏部員外郎兼史館校勘朱府君遷墓記 乾道六年七月五日

先府君諱松，字喬年，姓朱氏，徽州婺源人。曾祖諱振，祖諱絢，妣皆汪氏。考諱森，妣程氏。三世皆不仕，考妣以府君故贈承事郎、孺人。

府君生於紹聖四年閏二月戊申，性至孝，有高志大節，落筆語輒驚人。政和八年，以同上舍出身授迪功郎、建州政和縣尉。承事公卒，貧不能歸，因葬其邑，而游官往來閩中。始從龜山楊氏門人爲大學、中庸之學，調南劍州尤溪縣尉，監泉州石井鎮税，循左從政郎。紹興四年召試，除秘書省正字。丁内艱，服除召對，改宣教郎，除秘書省校書郎。遷著作佐郎、尚書度支員外郎，兼史館校勘。歷司勛、吏部兩曹，皆領史職如故。以史勞轉奉議郎，以年勞轉承議郎。丞相趙忠簡公、張忠獻公皆深知府君，未及用而去，秦檜以是忌之。而府君又方率同列極論和戎不便，檜益怒，出府君知饒州。未赴請間〔一〕，差主管台州崇道觀。以十三年三月辛亥卒于建州城南之寓舍，年四十有七。所爲文有韋齋集十二卷。

娶同郡祝氏，處士確之女，封孺人，後二十七年卒。男熹，嘗爲左迪功郎、差充樞密院編修官。女嫁右迪功郎、長汀縣主簿劉子翔。孫男塾、埜、在，女巽、兑皆幼。

初，府君將没，欲葬崇安之五夫。卒之明年，遂窆其里靈梵院側。時熹幼未更事，卜地不詳。既懼體魄之不獲其安，乃以乾道六年七月五日遷于里之白水鵝子峰下。熹攀慕號殞，痛貫心骨。重惟先君既不得信其志以没，而熹又無所肖似，不能有以顯揚萬分，敢次叙姓系、官閥、志業梗概，刻而掩諸幽，且將請文作者，以表其隧。昊天罔極，嗚呼痛哉！

校記　〔一〕未：原作「去」，據宋閩、浙本改。

編年　據文中所述。

尚書吏部員外郎朱君孺人祝氏壙誌 乾道六年正月

先妣孺人祝氏，徽州歙縣人。其先爲州大姓，父諱確，始業儒，有高行。娶同郡喻氏，以元符三年七月庚午生孺人。性仁厚端淑，年十有八，歸於我先君諱松，字喬年，姓朱氏。逮事舅姑，孝謹篤至，有人所難能者。以先君校中秘書賜今號。及先君卒，熹年才十有四。孺人辛勤撫教，俾知所向。不幸既長而愚，不適世用，貧病困蹙，人所不堪，而孺人處之怡然。乾道五年九月戊午卒，年七十。生三男，伯仲皆夭，熹其季也。嘗爲左迪功郎，差充樞密院編修官。一女，適右迪功郎、長汀縣主簿劉子翔。孫男塾、埜、在，女巽、兑皆幼。越明年正月癸酉，葬于建寧府建陽縣後山天湖之陽，東北距先君白水之兆百里而遠。不孝子熹號慕隕絶，敢竊記壙中如此。昊天罔極，嗚呼痛哉！

編年　據文中所述。

知縣何公壙誌 淳熙二年十二月

君姓何氏，諱鎬，字叔京，邵武軍邵武縣人。父諱兑，左朝奉郎。母陳氏、劉氏、林氏、鄧氏，皆封安人，而君劉出也。以朝奉公致事恩補將仕郎，更授右迪功郎、泉州安溪縣主簿。辟江南西路安撫司書寫機宜文字，調汀州上杭縣丞，陞從政郎、潭州善化縣令。未上，以淳熙二年十一月丁丑晦卒于家，年四十有八。娶同郡李氏。子男三人：琰、瓊〔一〕、瑀〔二〕。女三人，長婿吳大同，次馮棟，季未行也。

君天資夷曠，廉静寡欲，有過人者。始，朝奉公學於故殿院東平馬公伸，受河南程氏中庸之説，篤信力行，没身不怠。而君又得其傳，培殖從容，克篤前烈。佐邑有惠愛，著書數萬言。琰等將以四年三月某日葬君臺溪東碭之原，其友新安朱熹爲識壙中如此，且將叙次其詳，以表于墓上云。

校記 〔一〕瓊：原作「某」，據淳熙本補。
〔二〕瑀：原作「某」，據右引補。

編年 據文中所述及年譜長編。

劉樞密墓記 代劉平父 淳熙五年冬

公諱珙，字恭父，姓劉氏，世爲建寧府崇安縣人。曾祖諱民先，故任承事郎，累贈太子太保。妣黄氏，彭城郡夫人。祖諱軨，故任資政殿學士，銀青光禄大夫，謚忠顯，累贈太師。妣李氏，秦國夫人。繼吕氏，韓國夫人。父諱子羽，故任右朝議大夫，充徽猷閣待制，累贈少傅。妣熊氏，福國夫人。繼卓氏，慶國夫人。

公生於宣和四年二月十日卯時。建炎三年，以忠顯公致仕恩補承務郎。紹興十二年，中進士第，調紹興府在城都税務。未赴，改監潭州南岳廟。十五年，差主管西外敦宗院。十六年，磨勘轉承事郎。十月，丁少傅公憂，服未除，而韓國夫人薨，公以嫡孫承重。二十一年，服除，差諸王宫大小學教授〔一〕。二十四年四月，權秘書省校勘書籍官，又權禮部郎官。六月，權中書舍人。十二月，磨勘轉宣教郎。二十五年五月罷。二十六年，差主管台州崇道觀。二十八年，召赴行在，除大宗正丞，未赴。二十九年，磨勘轉奉議郎，改秘書丞。三十年，兼權吏部郎官。四月，除吏部員外郎，改監察御史。十月，復爲吏部員外郎。三十一年正月，兼權秘書少監。六月，除起居舍人。九月，兼權中書舍人。十月，兼權直學士院，從車駕幸建康。三十二年三月，除中書舍人，賜紫金魚袋。五月，正兼直學士院。八月，以扈從恩轉承議郎。今上登極，覃恩轉朝奉郎。借朝議大夫、禮部尚書奉使大金。上以公辟置官屬公當，特賜御札獎諭。時始議與金人爲敵國之禮未决，以故未出疆而復。隆興元年二月，磨勘轉朝散郎。十一月，除集英殿修撰、知泉州，未赴。二年二月改衢州。乾道元年三月，除敷文閣待制、知潭州、荆湖南路安撫使。以平郴賊李金功，賜御札獎諭，又除敷文閣直學士。三年正月，召赴行在。八月到闕，除翰林學士、知制誥，兼侍讀。以郊祀恩，封建安縣開國男，食邑三百户。十一月，除中大夫、同知樞密院事。四年七月，兼參知政事。八月，除端明殿學士，在外宫觀。改知隆興府、江南西路安撫使。五年四月，除資政殿學士、知荆南府、荆湖北路安撫使。六月，被旨措置荆襄邊面。六年九月，丁慶國夫人憂。七年三月，起復同知樞密院事，進封開國伯，加食邑四百户、實封一百户。公再辭不允，又除荆襄宣撫使，依舊同知樞密院事。差内侍省内侍殿頭徐僙賜以御札，宣押奏事。公又四辭，乃得終喪。八年十二月，服除，除知潭州、荆湖南路安撫使。進爵、加食邑、實封如前。九年三月，赴闕奏事，進大學士以行。淳熙二年正月，除知建康府、江南東路安撫使，兼行宫留守。未幾，復以恩徙封彭城郡開國侯，加食邑三百户。七月，以修城功轉一官，公辭不受。十月，又以津發禁軍教閲轉一官，許回受。三年三月，以慶壽恩，加食邑三百户、實封一百户。六月，又轉太中大夫。七月，以賑濟事畢賜詔奬諭。十一月，又賜御札、鞍馬、器物。四年三月，以居守績效顯著，除觀文殿學士。四月，以三年郊祀恩，加食邑三百户。五年閏六月，以疾再請奉祠〔二〕，不允，遂乞致仕。詔遣内侍省西頭供奉官陸彦禮宣押翰林醫痊診御脉周昭視治公疾。未至，七月三日薨，享年五十有七。轉通議大夫致仕，贈光禄大夫，輟視朝一日，詔建康府應副人夫津發，又詔建寧府應辦葬事，身後恩數，令有司具條取旨。

公娶吕氏，兵部尚書祉之女，追封新定郡夫人。繼室韓氏，魏國忠獻公之元孫，追封新興夫人。又娶其女弟，追封淑人。子男二人，曰學雅，承務郎。曰學裘，尚幼。女二人，長適將仕郎呂欽，公所任也。次在室。

卜以六年二月乙巳葬於甌寧縣慈善鄉豐樂里顯揚妙湛禪寺之南，從公志也。玶惟公平生大節顯於朝廷，傳於海内，固已不待夫記述而傳矣。然其謀猷行治曲折精微之際，則又有不可不詳載以俟後世者。方將討論撰次而請銘於作者，顧又未及就篇而葬日已迫，謹略叙公始終閥閲如右，刻而納諸壙中。它所欲論著者，尚見於隧道之碑云。從弟從事郎玶涕泣叙次。

校記 〔一〕王：原作「三」，據宋浙本改。

〔二〕祠：原作「伺」，據宋閩、浙本改。

編年 據文中所述及年譜長編。

丁復之墓記 淳熙十二年十二月

復之名堯，姓丁氏，建寧府崇安縣上梅里人。父名愛，母某氏。復之爲人篤厚慈良，深有志於爲己之學。從予游數年，不幸早死，朋友莫不哀之。有子二人，曰某、某。淳熙十有二年冬十有一月□日卒，□月□日，其父葬之某處。友人蔡君季通實相其事。新安朱熹記。

編年 據文中所述。

亡嗣子壙記 紹熙三年十一月

宋朱塾，字受之，其先徽州婺源人。大父諱松，紹興史官也。父熹，今爲鴻慶祠官。母劉氏，聘士勉之女。塾於紹興癸酉七月丁酉生，紹熙辛亥正月癸酉卒。娶潘氏，生二男，長曰鎮，次恩老。四女，歸、昭、接滿、鎮滿，皆夭。明年十有一月甲申，葬大同北麓，上實天湖。其父爲之志。嗚呼痛哉！

編年　據文中所述。

陳君廉夫壙誌 慶元四年十月三十日

陳廉夫，名址，莆田人，故少師、觀文殿大學士、贈太保、魏國正獻公之孫，今朝請大夫、新提舉福建路市舶寔師是之子。厚重明敏，自幼即有志於學，正獻公奇愛之。用致仕恩，奏授承奉郎，轉承事郎，差監鎮江府户部大軍倉。未赴，丁母憂，再調監泉州南安縣鹽税。慶元三年七月二十有二日卒，享年二十有八。娶兵部侍郎岳公霖之女，女子一人。師是將以慶元四年十一月三日祔廉夫龍汲山正獻公大墳之右，以其嘗學於余也，使來謁銘。余以老病，久廢筆札，亦悲廉夫之賢而不克就其志也，不能文，姑記其實，請刻石納壙中。十月己卯既望，新安朱熹記。

編年　據文中所述。

朱熹文集編年評注卷九十五上

行狀

少師保信軍節度使魏國公致仕贈太保張公行狀上乾道三年十月

本貫漢州綿竹縣仁賢鄉武都里。

曾祖文矩，故不仕，贈太師、沂國公。妣沂國夫人楊氏。

祖紘〔一〕，故任殿中丞致仕，贈太師、冀國公。妣冀國夫人趙氏、王氏。

父咸，故任宣德郎，贈太師、雍國公。妣秦國夫人計氏。

公諱浚，字德遠，本唐宰相張九齡弟節度使九皐之後。自九皐從家長安，生子抗，抗生仲方，仲方生孟常，孟常生克勤，克勤生縡，縡生紀，紀生璘，即公五世祖。仕僖宗時爲國子祭酒，從幸蜀，因居成都，壽百有二十歲。長子庭堅，以蔭爲符寶郎，後不仕。符寶之子即沂公也。沂公蚤世，夫人楊氏携三子徙綿竹依外家，遂爲綿竹人。長子即冀公也。

冀公幼慷慨有大志，不肯屑屑爲舉子業，於書無所不通。慶曆元年，詔舉茂才異等，近臣魚公周詢以公文五十篇應詔，召試秘閣報聞。時西鄙方用兵，魚公謂公曰：「天子以西事未寧，宵旰求賢，惟恐不及，子其可在草野乎。僕當復率賢公卿共薦論，不敢隱也。」遂與程公戡以公慶曆禦戎策三十篇上。公之策大抵謂「唐之所患，節鎮兵盛，今之所患，中原兵弱。邊鄙有警，無以禦敵，良由四方藩境無調習之甲兵，無親信之士卒，兵以衆合，將以位充，行陳部伍都無倫理，何異驅市人而戰？古者兵出不逾時，今五年矣，民困財匱，點科不息，生盜賊心，後患未可量也。可不速有改更，圖所以爲靖民威敵久遠之計乎。今當以陝西四路、河北三路、河東一路割兵屬將，公選其人，不拘官品，爲置文臣通曉者二人爲軍謀，而使各得自辟其屬，丁壯之目、財賦之用悉付之，勿使中官擾其事，勿使小人分其權。而通置采訪使二員，分部八路，提其綱領，糾其奸非。如轉運、提刑、運判、監軍可悉罷去，庶幾事權歸一，戎虜可遏而人民可蘇也。」有旨下國子監詳定以聞。召試西掖。張公方平奏公論議優長，天子嘉之，授將作監主簿，實二年之冬，事載國史。程公尤器重公，及帥涇原，辟公掌機宜事。移高陽，復辟焉，改秩知雷州。時黎人擾朱崖，朝命委公自四明遣兵數百，浮海道往鎮海隅。公至，不鄙其民，撫綏安静，寇亦旋息。除管幹都進奏院。公年逾六十，即浩然思歸，致其事。自號希白先生，築希白堂，一時賢公卿皆爲賦詩。

公親教授雍公，雍公字君悦，中元豐二年進士第，歷官州縣。職事之外，覃思載籍，諸子百氏之説無不貫穿，而折衷於六經，其爲文辭奇偉條暢。元祐三年，自華州學官以近臣舉應賢良方正能直言極諫科，奏篇爲天下第一。比閣試，乃報罷。時太皇太后垂簾，哲宗未親庶政，自宰相、百執事皆選用名彦，更張前日王安石政事之弊，排斥異議，沮抑邊功。公念明時難遇而内有所懷，思以補報，既不得對，無路上達。宰相呂汲公大防方貴重用事，公作時議上之，大略謂今民和時雍，守成求助，而戒飭警懼不可以忽。況大憂未艾，深患未弭，博禍未去：所謂大憂，戢兵之説也；所謂深患，差役之説也；所謂博禍，行法之説也。戢兵之説其憂有三：有損勢耗財之憂，有沮軍擾民之憂，有滋敵玩兵之憂。差役之説其患有三：有貧富不均之患，有州縣勞擾之患，有簿書侵撓之患。而二者之本則在朝廷，惟朝廷之上去私意、公是非、明可否，一本於大中至正，法之可行，無問於新之與舊；議之可用，無問於今之與昔，除目前之害，消冥冥之變，則所謂大憂者可轉而爲樂，所謂深患者可轉而爲安，所謂博禍者可轉而爲福。今日之治，斯可維持於永世矣。汲公不納，而識者嘆公先見之明且遠云。公歸又六年，復召試，考官以公文辭傑出，置高等。宰相章惇覽其策不以元祐爲非，且及廟堂用私意等事，無所回互，甚不悦。數日，公往謝之，惇嘻笑曰：「賢良一日之間萬餘言，筆鋒真可畏。」因授宣德郎、簽書劍南西川節度判官廳公事。人爲公不滿意，而公處之恬然。惇於是奏罷賢良方正科而更置宏詞科。初，祖宗立制舉，招延天下英俊，俾陳時政闕失。天子虚己而聽，得士爲多。自熙寧六年用事大臣惡人議己，始令進士御試用策而罷制科。司馬丞相輔元祐初政，以求言爲先務，遂復置焉。至是惇惡辭易直諫，蠹壞士心，馴致禍亂，而人不知其廢置之源蓋在此也。

雍公辭直，又廢之而立詞科。詞科之文，如表、章、贊、頌、記、序之屬，皆習爲佞諛者，以佞

公晚得異夢，若有告者曰：「天命爾子名德，作宰相。」未幾而公生，故字之曰德遠云。公生四年而雍公没，太夫人年二十有五，父母欲嫁之，誓而弗許。勤苦鞠育公，能言即教誦雍公文，能記事即告以雍公言行，無頃刻令去左右。故公雖幼，而視必端，行必直，坐不欹，言不誑，親族鄉黨見者皆稱爲大器。年十六入郡學，講誦不間蚤夜。同輩笑語喧譁，若弗聞者，未嘗一窺市門。教授蘇元老嘆曰：「張氏盛德，乃有是子。吾觀其文無虚浮語，致遠未可量也。」甫冠，與計偕入上庠。太夫人送之，拊其背而泣曰：「門户寒苦，賴爾立。當朝夕以爾祖爾父之業爲念。」凡數十條，書之策以授公。公去親側，常若在旁，無一言一動不遵太夫人之教。京師紛華，每時節游觀，同舍皆出，公獨在。蓬州老儒有嚴賡者，時亦游太學，見公之爲，咨嗟愛重。賡嘗學易有得，遂以乾坤之説授公。

公中政和八年進士第，知樞密院鄧洵仁，蜀人也，與雍公有雅舊，謂公來見，當處以編修官。公竟不答，調山南府士曹參軍以歸，奉版輿之官。山南大府事夥，帥重公才識，悉以委焉。公爲區處，細大各有條理。治獄明審，務盡其情。至狴犴木索、沐浴食飲亦必躬涖之，寒暑不廢。以故軍民歸心，訟于庭者，皆願得下士曹治。其受輸盡去舊弊，使民得自執權概，人又便之。公事罷歸，即對太夫人讀書，至夜分乃寐。故同寮之賢者莫不親之，其不肖者亦往往革面憚

公，不敢爲非。蒲中孫偉奇父，名士也，時過府與帥飲，至夜分，帥命繼酒於公所，公謂其使曰：「此爲何時？而欲發鑰取酒酣飲乎。郡人其謂何？某不敢也。」復命，帥未應，奇父整冠拱手曰：「公有賢屬如此，某罪人也。」問公姓名志之，即登車而去。

又兼權成固縣事，秩滿，郡人遮道送者以千計，畫公像持以送公者至百餘。轉運使嘆曰：「爲小官得人之情如此，使得志於時，又當如何耶。」

調褒城令，辟熙河路察訪司幹辦公事。到官遍行邊壘，覽觀山川形勢。時猶有舊戍守將，公悉召，與握手飲酒，問以祖宗以來守邊舊法及軍陣方略之宜，盡得其實。故公起自疏遠，一旦當樞筦之任，悉通知邊事本末，蓋自此也。有旨以夏人争地界事委察訪司命其屬往視分畫。公以十數騎直抵界上所謂陽關者，夏人始張旗幟騎乘於谷中，意不可測。及見公開誠，遂數語而定。

改秩至京師，調恭州司録以歸。會靖康改元，尚書右丞何㮚薦公，同胡寅召審察。先是，㮚以中丞論事罷去，寓居鄭州。公調官歸過鄭，念㮚亦蜀人，粗有時望，因見之，告以國事阽危，宜益自重，思經濟之圖，無爲淺露，㮚心重公。及執政，首薦焉。公到闕，聞㮚益輕儇，浸失人望，初見即以劄子規之，辭切厲。㮚不悦，不復使對，止除太常寺主簿。

未幾而虜至城下，公在京師，獨與開封府判官趙鼎、虞部郎中宋齊愈、校書郎胡寅爲至交，寢食行止未嘗相舍，所講論皆前輩問學之方與所以濟時之策。時淵聖皇帝召涪陵處士譙定至京師，將處以諫職。定以言不用力辭，杜門不出。公往候見至再三，定開關延入。公問所得於前輩者，定告公但當熟讀論語。公自是益潛心於聖人之微言。

二聖出城，公以職事在南薰門，有燕人姓韓者仕虜爲要官，往來南薰，稔識公面。一日，謂公曰：「大人輩虜人呼貴酋爲大人。以京城之人不肯盡出金帛，翌日當洗城。」指城一角曰：「至時吾立大皂旗於此，爾來立旗下，庶可免。」公笑謂之曰：「公宜爲大人輩言，京師之人若盡死，金帛誰從而得乎。」姓韓人喜，若有得色。他日復值之，謂公曰：「比日以爾言説諸大人，已罷洗城之議矣。」此事世莫知也。

逆臣張邦昌乘時竊僭，公逃太學中，聞光堯壽聖太上皇帝即位南京，星夜馳赴。至即除樞密院編修官，改虞部員外郎。會上以初履寶位，登壇告天，公攝太常少卿導引。上見公進止雍容静重，心重之，即欲大用。詰朝以語宰執，時中書侍郎黄潛善嘗在興元，知公治績，因稱述焉。上簡記，他日除公殿中侍御史。先是，宰相李綱以私意論諫議大夫宋齊愈，腰斬。公與齊愈素善，知齊愈死非其罪，謂上初立，綱以私意殺侍從，典刑不當，有傷新政，恐失人心。既入臺，首論綱罷之〔二〕。駕幸東南，道途倉卒，後軍統制韓世忠所部軍人劫掠作過，逼逐左正言盧臣中墜水死。公以雖在艱難擾攘中，豈可廢法如此，即奏劾世忠擅離軍伍，致使師行無紀，士卒散逸爲變，乞正其罰。有旨從贖，公重論奏，及乞追捕散逸爲變者。上爲奪世忠觀察使，上下始肅然，知有國法。至維揚，即勸上無忘二帝北狩，常念中原，汲汲然修德去弊以振紀綱。每奏事，上未嘗不從容再三問勞，泛及爲治之方，輒至日昃。公所論事自人主之身以及近習、内侍、戚里，以爲正天下之本在此。乃奏崇、觀以來，濫授官資，乞盡釐正；戚里邢煥、孟忠厚不當居侍從，宜换右職；駙馬潘正夫不待扈從，先來維揚，請治其罪；内侍李致道誤國爲深，不當引赦叙復；尚書董耘獨以藩邸恩意緣通顯，宜即退閑，皆蒙采納。時以藩邸舊宫錫號升暘，至維揚，内侍占官寺爲之。公奏：「方時艱難，行幸所至，豈宜爲此以重失人心？此必從行官吏欲假威福，妄興事端，借御前之號，爲奉己之私耳。乞行罷止。」上從之。

遷侍御史，賜五品服。公感上知眷，益思效忠。時車駕久駐維揚，人物繁聚而朝廷無一定規摹，上下頗觖望。公奏：「近日軍民論議紛然，彼得藉口爲説者，蓋二帝遠在沙漠，而陛下乃與六宫端居于此〔三〕，何怪人之竊議。願明降睿旨，以車駕不爲久住維揚之計曉諭軍民，仍乞朝廷早措置六宫定居之地，然後陛下以一身巡幸四方，規恢遠圖，上以慰九廟之心，下以副軍民之望。」他日奏事，上謂公曰：「朕於直言容受不諱，近有河北武臣上書，不知朝廷事體，詆毁朕躬，亦不加罪。」公請以所得聖語布告中外，激勸言者，庶幾有補於國，上嘉納焉。又奏：「中原，天下之根本也；朝廷，中原之根本也。本之不摇，事乃可定。願降詔旨，敕東京留守司略葺大内及關〔四〕、陝、襄、鄧等處，常切準備車駕巡幸，及以今來行在所止不爲久居之計，庶幾内外和悦，各思奮勵以圖報國。」宰相浸不悦。又論御營使司屬猥衆，倖給獨厚，資格超越而未嘗舉其職，乞行沙汰，使僥倖者無以得志，法行自近，軍氣必振。又論無謂虜不能來，當汲汲修備治軍，常若寇至，遂大咈黄潛善等意。

公以孀母在遠乞外補，除集英殿修撰，知興元府。公已登舟，候朝辭，有旨除禮部侍郎，日下供職。召對便殿，上慰勞宣諭曰：「卿在臺中知無不言，言無不盡，朕將有爲，政如欲一飛沖天而無羽翼者。卿爲朕留，當專任用張慤及卿。」公頓首泣謝，不敢言去。慤時爲中書侍郎，未幾而卒。上一日復謂公曰：「郭三益可與卿共事。」未幾而三益亦卒。公念虜騎必至，而廟堂晏然，殊不爲備，率同列力爲宰相言之。潛善及汪伯彦笑且不信。公常以疾在告，獨上眷遇益深，除公御營參贊軍事，撥魯珏、楊周等所部兵，令同呂頤浩教習所謂長兵者。公親往點閱，籍其鄉貫、年齒與所習藝能。復被旨同頤浩於江淮措置。

未幾，虜騎自天長逼近郊，公從駕渡江。至平江，朝議東幸，詔朱勝非留吴門禦賊。問誰當佐勝非，左右莫應。公獨慷慨願留，遂以本職同節制平江府、常、秀州、江陰軍軍馬，車駕遂東。時建炎三年二月八日也。

公行平江四境，規度可控扼虜所來道，決水溉田爲限，立烽堠，召土豪與議。時禁衛班直及諸軍潰歸無慮數萬衆，乏食，所至焚劫。一夕，知府事湯東野蒼黄見公曰：「城四外焚廬舍，火光并起，奈何？」公笑曰：「此必潰軍之歸，正當招集。」問府藏銀絹有幾，即白勝非便宜出黄榜及旗于門〔五〕，以聖旨招集，支賜銀絹各若干，令結甲而入，且令市人廣造食物以俟。頃之，潰兵皆以次入，既得賜，又市食，無敢譁者。明日，令依所結甲出盤門，赴行在所，違者斬。如是數日不絶，而公舊所教習長兵至者亦近三千人。

二十日，朱勝非召赴行在，公獨節制。三月八日，東野忽復遽告公，聞有赦至。公慮時方艱難，事變莫測，命東野先遣親信官馳至前路，發封以告。少頃，東野馳來曰：「事變矣，乃明受赦也。」袖以示公。時府中軍民已知有赦，公謂東野令登譙門，宣有旨犒設諸軍一次，内外乃定。

九日，有自杭持苗傅、劉正彦檄文來者。公慟哭，念王室禍變如此，戴天履地，大義所存。雖平江兵少力單而逆順勢殊，豈復强弱利害之足較？便當唱率忠義，舉師復辟，誅討叛賊，以濟艱難。雖孀母在遠，身無嗣繼，而義有所不可已也。亟召東野及提點刑獄趙哲至，喻之，且激以忠義。二人感激願助，因秘其事，夜召哲以防江爲名，盡調浙西弓兵，令東野密治財計。

十日，得省劄，召公赴行在。時承宣使張俊領萬人自中塗還，公遣問之，乃云傅等勅俊交割所總人馬，赴秦鳳路總管任。公念上遇俊厚，而俊純實，可謀大事，急使東野啓城撫諭諸軍。俊立詣公所，公獨留俊，握手語曰：「太尉知皇帝遜位之由否？此蓋傅、正彦欲危社稷。」語未終，泣下交頤，俊亦大哭曰：「有辛永宗者來自杭，備爲俊言。適遍喻將校輩，且當詣張侍郎求決。侍郎忠孝，必有處置。」公慮俊意未確，復再三感動之。俊曰：「只在侍郎。若官家别有它虞，何所容身？」公應曰：「某處置已定，當即日起兵問罪。」俊大喜，且拜曰：「更須侍郎濟以機權，莫令驚動官家。」公給俊軍衣糧并及其家，皆大悦。公召辛永宗問傅、正彦所與謀爲誰，曰：「歸朝官王鈞甫、馬柔吉。舊聞侍郎嘗識鈞甫等，請以書先離間之。」是夜，公發書約吕頤浩、劉光世兵來會。時頤浩節制建業，光世領兵鎮江，公慮書不達，復遣人賫蠟丸從間道往。公已再被赴行在之命，知爲傅等奸謀，而兵未集，未欲誦言，戒東野、哲各密奏虜未退，靳賽數萬衆窺平江，若張某朝就道，恐夕敗事。公亦奏：「張俊驟回，平江人情震讋，臣不少留，恐生事。」因命俊遣精兵二千扼吴江而奏曰：「俊兵在平江者多，臣故分屯，以殺其勢。」蓋懼傅、正彦覺勤王之謀，先出不意，遣兵直擣平江故也。

十一日，附遞發奏：「臣伏睹三月五日睿聖皇帝親筆：『朕即位以來，强敵侵凌，遠至淮甸，其意專以朕躬爲言。朕恐其興兵不已，枉害生靈，畏天順人，退避大位。』臣伏讀再四，不覺涕泣。臣竊以國家禍難至此，皆臣等不能悉心圖事，補報朝廷，致使土地侵削，人民困苦，上負睿聖之恩，下失天下之望。今睿聖皇帝以不忍生靈之故避位求和，臣獨有一説，不敢不具陳其詳。臣竊以當今外難未寧，内寇竊起，正人主憂勞自任，馬上求治之時。恐太母以柔静之身，皇帝以冲幼之質端居深處，責任臣寮，萬一强敵侵凌，不肯悔禍，則二百年宗廟社稷之基拱手而遂亡矣。臣愚不避萬死，伏願太母陛下、皇帝陛下特軫宸慮，祈請睿聖念祖宗付託之重，思二帝屬望之勤，不憚勤勞，親總要務，據形勢之地，求自治之計，抑去徽名，用柔敵國，然後太母陛下、皇帝陛下監國於中，撫靖江左，如此則國家大計自爲得之。如以臣言爲然，乞行下有司，令率文武百寮祈請施行。」貼黄：「臣契勘，伏睹睿聖皇帝方春秋鼎盛，而遽爾退避大位，恐天下四方聞之不無疑惑，萬一别生它虞。更乞睿斷，詳酌施行。」并具因依申尚書省，「伏望朝廷率文武百官力賜祈請」，及具咨目報苗傅、劉正彦：「某久病無聊，日思趨赴行在，緣靳賽人馬過平江，平江之人各不安居，守貳日夕相守，不容出城。朝夕事畢，即便登途。邇者睿聖皇帝以不忍生靈塗炭之故避位求和，足見聖心仁愛之誠。然當此多難，人主馬上圖治之時，若睿聖謙沖退避，上無以副宗廟之寄，次無以慰父兄之望，下無以厭四海之心。某曩備員言官日，竊見睿聖皇帝聰明英斷，意欲有爲，止緣小大臣寮誤國至此。某叨竊侍從，蓋亦誤國之人，乃至過江，事出倉卒。向使將相有人，睿聖豈肯輕發？今太母垂簾，皇帝嗣位，而睿聖乃退避別宫，若不力請，俾聖意必回，與太母分憂同患，共濟艱難，中興之業未易可圖〔六〕。二公苟不身任此事，人其謂何？當念祖宗二百年涵養之舊，今所恃以存亡，惟睿聖皇帝。况皇帝天資仁厚，從諫如流，願勉爲之，再三懇請，睿聖宜無不允也。」又與柔吉、鈞甫書曰：「此事當責在二公。」是日，公再被促赴行在之命。有進士馮轓者，後更名康國。與公爲太學之舊，來平江相從。公察轓慷慨氣義人也，夜四鼓，呼轓具道所以，且云：「已具奏及移書，今若得一人往面悉此意，大善。」轓激厲請行，詰朝即就道。是日，再以書促頤浩、光世報所處分次序。

十三日，以所奏檢報諸路，復督頤浩、光世速選精鋭來會平江，而張俊再被赴秦州指揮，且命陳思恭總其兵。思恭知逆順，信用公言，奏不敢交俊兵。

十四日，公被命除禮部尚書，將帶人馬疾速赴行在。公復奏不可離平江狀。

十五日，傅、正彦遣俱重賫詔書撫諭，且來吴江代張俊。公召重至平江，重初桀驁，以秘計恐之，重逃避。既而公得請兼領俊兵。有報韓世忠海船到常熟岸者，俊喜曰：「世忠來，事辦矣。」即白公。公以書招之，世忠得書號慟。

十八日，見公于平江，相對慟哭。世忠曰：「某願與張俊身任之。」偶甄援自杭來，詭稱睿聖面令促諸軍。公使遍諭俊、世忠，及至鎮江喻光世及部曲等衆，皆號慟。

十九日，馮轓至自杭，傳、正彥答公書皆不情語，柔吉、鈞甫亦以書來。是日，頤浩、光世報軍行。

二十日，公大犒俊、世忠將士，令世忠奏以兵歸行在，而密戒世忠急至秀據糧道，候大軍至。酒五行，公親呼諸將校至前，厲聲問曰：「今日之舉，孰順孰逆？」衆皆曰：「我順賊逆。」公復厲聲曰：「若某此事違天悖人，可取某頭歸苗傳等。聞傳等以觀察使及金鉅萬求某，得某者可即日富貴。不然，一有退縮，按以軍法。」衆感憤應諾。世忠軍自平江舟行不絶者三十里，軍勢甚振。是時逆黨傳聞，已自震慴，有改圖之意矣。公又恐賊急邀車駕入海道，先遣官屬措置召募海船，亦甚集。

二十一日，復遣馮轓以書行，且令轓居中幾事相應。會得傳等書云：「朝廷以右丞待侍郎，伊尹、周公之任，非侍郎其誰當之。」公不勝忠憤，度傳等已覺公義兵動，而我兵勢既已立，遂因遞報之，其略云：「自古言涉不順謂之指斥乘輿，事涉不遜謂之震驚宮闕。是以見君輅馬，必加禮而致恭，蓋不如是，無以肅名分、杜僭亂也。廢立之事，非常之變，謂之大逆不道。大逆不道者，族矣。凡爲人臣者，握兵在手，遂可以責君之細故而議廢立，自古豈有是理者哉。今建炎皇帝春秋鼎盛，不聞失德於天下，一旦遜位，豈所宜聞？自處已定，雖死無悔。嗚呼！天佑我宋，所以保衛皇帝者歷歷可數。出質則虜人欽畏而不敢拘，奉使則百姓謳歌而有所屬。天之所與，誰能廢之！況祖宗在天之靈豈不昭昭，借使事正而或有不測，猶愈於終爲不義不忠之人而得罪於天下後世也。」傅等得書，怒，遣赤心軍及王淵舊部精鋭盡駐臨平，而韓世忠之軍已扼秀州矣。公作蠟丸帛書云：「不得驚動聖駕。」募人賫付主兵官左言以下八人及知臨安府康允之，皆達。又作手榜遣人間道曉諭臨安居民曰：「訪聞前日睿聖皇帝遜位，軍民掩泣，各不聊生，足見軍民忠義之情。」世忠既抵秀州，稱病，日令將士造雲梯，修弓矢器械。傅、正彦震駭，亟除世忠、俊節度使，指揮略云：「世忠、俊深曉内禪大義，不受張某詿誤。」二人皆不受命。傅、正彦又令朝廷降指揮謫公，其詞曰：「張某陰有邪謀，欲危社稷，責授黄州團練副使，郴州安置。仍令平江差兵級防送，經由行在赴貶所。」

二十四日，頤浩以兵至，公迓且勉之，握手嚱嘘。頤浩亦曰：「事不諧，不過赤族。」翌日，光世亦至。

二十七日，傳檄内外，辭曰：「宋有天下垂二百年，太祖、太宗開基創業，真宗、仁宗德澤在民，列聖相傳，人心未厭。昨因内侍童貫首開邊禍，遂致虜騎歷歲侵凌。逆臣苗傅躬犬彘不食之資，取鯨鯢必戮之罪，乃因艱難之際，敢爲廢立之謀；劉正彦以孺子狂生，同惡共濟，自除節鉞，專擅殺生。仰惟建炎皇帝憂勤恭儉，志在愛民，聞亂登門，再三慰喻，而傅等陳兵列刃，凶焰彌天，逼脅至尊，蒼黃遜位，語言狂悖，所不忍聞。大臣和解而不從，兵衛皆至於掩泣。詔書所至，遠近痛心。駭戾人情，孰不憤怒！況傅等揭榜闤市，自稱曰『余祖宗諱名』，曾不回避，迹其本意，實有包藏。今者呂頤浩因金陵之師，劉光世引部曲之衆，張某治兵於平江，韓世忠、張俊、馬彦溥各領精鋭，辛道宗、陳思恭總率舟師，湯東野、周杞扼據衝要，趙哲調集民兵，劉誨、李迨餽餉芻糧，楊可輔等參議軍事，并一行將佐官屬等，同時進兵，以討元惡。師次秀州，四方響應。用祈請建炎皇帝亟復大位，以順人心。今檄諸路州軍官吏軍民等，當念祖宗涵養之恩，思君父幽廢之辱，各奮忠義，共濟多艱。所有朝廷見行文字，并是傅等僞命，及專擅改元，即不得施行。敢有違戾，天下共誅之！」

二十八日，張俊、光世相繼行，聞行在已有復辟之議矣。初，公遣馮轓授以計策，傅、正彦聞平江之師將至，甚憂恐。轓知可動，即以大義白宰相朱勝非曰：「張侍郎之意，蓋以國步艱難，政當馬上治之。主上盛年，乃傳位襁褓之子，聽斷不出簾帷，天下恐有不測之變。縱主上謙虚，固執内禪之論，此猶有一説焉。主上受淵聖詔，爲天下兵馬大元帥，今日當以淵聖爲主，睿聖稱皇太弟，依舊天下兵馬大元帥，嗣聖當易稱皇太侄。太母垂簾聽政，大元帥治兵征伐於外，此最爲得策。」勝非令轓與二人議，轓反覆告之，傅、正彦有許意，遂與同議都堂。轓同傅、正彦、鈞甫四人并引見，太后勞問曰：「卿等皆忠義之臣。」轓遂奏曲折。議定，乞賜傅、正彦鐵券，詔宣百官，少頃畢集。宣詔云：「二十五日，苗傅、劉正彦等四人上殿奏事，奉聖旨，睿聖皇帝宜稱皇太弟，依舊康王、天下兵馬大元帥。皇帝宜稱皇太侄。」百官退，詣睿聖宮，上御殿引見傅、正彦，詞色粹然，問勞有加。傅等出宮，以手加額曰：「不意聖天子度量如此。」既而傅、正彦歸軍，逆黨張逵曰：「趙氏安，苗氏危矣。」王世修尤大悖，三鼓詣勝非府變其事，復欲改正嗣皇依舊，而睿聖之名止稱處分天下兵馬重事，勝非不能奪。轓次日力争，勝非云：「勿與較，其實一也。」轓遂歸，而勤王之師已悉至秀州。

三十日，公被命同知樞密院，亦不受。

四月二日，公次秀州，奉復辟手詔，而傅等大兵屯臨平，公進發。三日，次臨平，世忠當前，俊次之，光世又次之。逆黨立旗招喻世忠等，世忠與戰，軍小却。世忠親揮刃突前曰：「今日不爲官家面上帶幾箭者斬之！」衆争奮，賊黨苗翊等大敗，傅、正彦相繼逃遁。是夕，皇帝聖旨除公知樞密院事。

翌日，公與頤浩等入内朝見，伏地待罪泣下。再三慰勞，宣喻云：「曩在睿聖，兩宮幾不相通。一日，朕方啜羹，小黄門直趨前傳太母之命曰：『張浚早來不得已安置郴州。』朕不覺覆羹于手，今其迹尚存。自念卿既被責，此事誰任？」公嗚咽奏：「臣蒙陛下眷遇之厚，久歷臺省，不能補助，致虜騎憑凌，禍變竊發。臣之罪大，敢復論功？」上再三稱嘆，獨留公，引入後殿，過宫庭。上宣喻：「隆祐皇太后知卿忠義，欲一識卿面目，適垂簾見卿自庭下過矣。」公惶恐，頓首謝。上屬意欲倚公爲相，公辭晚進，不敢當。蓋公意以關陝爲中興根本，欲請行矣。上曰：

「顧無以見朕意。」解所服玉帶，命內侍覆去龍飾賜公曰：「此祖宗御府所寶也。」公重辭元樞之命，詔書曰：「卿以小宗伯之職贊天營之事，乃能總合諸師，來赴行在之急，俾奸宄不敢輒肆〔七〕。威聲既振，妖孽宵奔，致朝廷於安平無事之地，卿之功大矣。宜勿復辭。」

傅、正彥既敗走，與死黨直趨閩中。公命世忠以精兵追之，并縛於建州，檻至行在所。及其黨左言、張逵、王世修等，伏法建康市。

初，公起義兵行次嘉禾，一夕坐至夜分，外間警備亦甚嚴，忽有刺客至前，腰間出文書，乃傅、正彥遣來賊公，賞格甚盛。公顧左右皆鼾睡，見其辭色不遽，問：「爾欲何如？」對曰：「某河北人，粗知逆順，豈以身爲賊用者？况侍郎精忠大節感通神明，某又安忍害侍郎耶。特見備禦未至，恐後有來者，故來相報耳。」公下執其手問姓名，曰：「某粗讀書，若言姓名，是徼後利。顧有母在河北，今徑歸矣。」遂拂衣而去，其超捷若神。公翌日取嘉禾死罪囚斬以徇曰：「此苗傅等刺客也。」後亦無它。公私識其人狀貌物色之，終不遇云。

盜薛慶嘯聚淮甸，兵至數萬，附者日衆。公以密邇行闕，一有滋蔓，爲患不細，且聞慶等無所係屬，欲歸公麾下，請往示大信以招撫之。渡江而斬賽等率兵降，遂徑至高郵，入慶壘，從行者不及百人。出黃榜示以朝廷恩意，慶感服再拜。

始，公入賊壘，外間不聞公信，浮言胥動，頤浩等遽罷公樞筦。及聞公訖事還，上嘆息，即日趣公歸，且詔就職。公辭，上撫勞再四，復親書御製中和堂詩賜公，有曰：「願同越勾踐，焦思先吾身。」其卒章曰：「高風動君子，屬意種蠡臣。」仍題其後曰：「卿看畢可密藏，恐好議者以朕屬意篇什也。」其眷待如此。公素念國家艱危以來，措置首尾失當，若欲致中興，必自關陝始，又恐虜或先入陝陷蜀，則東南不復能自保，遂慷慨請行。詔以公充川陝宣撫處置使，便宜黜陟。賜親筆詔書曰：「朕嗣承大統，遭時多艱，夙夜以思，未知攸濟。正賴中外有位悉力自效，共拯艱危〔八〕。今遣知樞密院事張某往喻密旨，黜陟之典，得以便宜施行。卿等其念祖宗積累之勤，勉人臣忠義之節，以身徇國，無貽名教之羞；同德一心，共建隆興之業，當有茂賞，以答殊勛。」

公行有日矣，會御營平寇將軍范瓊來赴行在。瓊自靖康圍城與女真通，及京城破，逼脅后妃及淵聖太子宗室入虜中，又乘勢剽略爲亂，左右張邦昌，爲之從衛，罪狀非一。至是聞二凶伏誅，始自豫章擁衆入朝。既陛對，恃其衆盛，悖傲無禮，多所邀求，且乞貸傅、正彥逆黨左言等死。公奏大略云：「瓊大逆不道，罪冠三千之辟。呼吸群凶，布在列郡，以待竊發。若不乘時顯戮，則國法不正，且它日必有王敦、蘇峻之患。臣任樞筦之寄，今者被命奉使川陝，啓行有日，乃心踟躕。若不盡言，乞伸典憲，死且不瞑。」上深然之，公獨與權樞密院檢詳文字劉子羽密謀，夜召子羽及選密院謹飭吏數輩，作文書劄榜皆備，鎖吏于府中。翌早，公赴都堂，召瓊議事。瓊從兵溢塗巷，意象自若。坐定，公數瓊罪，瓊愕眙，命縛送大理寺。子羽已張榜於省門外，親以聖旨撫勞瓊衆曰：「聖旨罪止瓊，餘皆御前軍也，無所預。」衆頓刃應喏。瓊論死，兵分隸神武軍。

自靖康後，紀綱不振，王室陵夷。公首倡大義，率諸將誅傅、正彦，乘輿返正，復論正瓊罪，而後國法立，人心服。自武夫悍卒、小兒竈婦、深山窮谷、裔夷絕域皆聞公名，翕然歸仰忠義之感，實自此也。

公辟子羽參議軍事，遂西行。獨念上孤立東南，朝廷根本之計未定，蚤夜深思，苟有所見，不敢不納忠，以身在外而不言也。嘗奏曰：「前日餘杭二凶鼓亂，彼豈真惡内侍哉，當此艱危，人情易摇，欲爲不順，借此以鼓惑衆聽耳。然在我者有隙可指，其事乃作。願陛下謹之察之，於細微未萌之事每切致意，使奸逆無以窺吾間。」又曰：「臣累具奏，謂前此大臣不肯身任國事，意謂事苟差失，衆言交攻，取禍必大。惟因循度日，萬一得罪而去，亦不過謂庸繆，落職領祠而已。此風誤國有素，願陛下臨朝之際，不匿厥指，與大臣决議，繼自今必使身任其責。脱或敗事，誅罰無赦。」

又奏曰：「聽言之難，自古記之。書稱先王之盛有曰：『侍御僕從，罔匪正人。』夫僕從之微也，而亦必嚴擇，蓋其朝夕在君側，浸潤膚受，言爲易入。苟使小人得售，將何所不至？夫小人進讒説以快其私，經營窺測，投隙伺間，固不正名其事、顯斥其人也。或因獻談諧之説，或假託市井之論，夤緣附會，其端甚微。人君一或忽之，則忠賢去國，億兆離心，其禍有不可勝言矣。臣謂欲盡聽言之道，莫若親君子而遠小人。不然，雖有過人之聰明，而朝夕所狎近者既皆非類，漸漬以入，其能無過聽之失乎。」

又奏曰：「自古大有爲之君，未有不體乾剛健而能成其志者也。易曰：『天行健，君子以自强不息。』人君法天，莫大於此。少康氏有田一成，有衆一旅，而夏后之業復振，蓋其經營越四十年，向使其間一萌退縮之意，則王業無自而興矣。漢高帝困於鴻門，屏於巴蜀，敗於滎陽、京、索間，屢挫而愈不屈，終滅項氏以啓漢基。此二君者，豈非剛健不息而卒能配天乎。今日禍變可謂極矣，意者天將開中興之基，在陛下體乾之剛，身任天下而已。願陛下以至公至誠存心，惻怛哀矜，思天下之所以困窮，生民之所以塗炭，自反自咎，身任其責，便佞之惑耳者去之，美麗之悦目者遠之，以至於衣服飲食，亦惟菲薄之務，淡然漠然，視天下無足以動吾心者，而專以宗社生靈爲念。苟言之非有益於宗社生靈者弗言也，苟思之非有益於宗社生靈者弗思也，持之以堅，行之以久，乾乾不息，則上可以動天，下可以格人。由近及遠，由内及外，民雖至愚，豈不感化，少康、漢祖之事業又何難哉。臣於陛下分則君臣，情則父子，故雖遠去天威，而區區愛君之心不敢不思所以自效。」上手書賜公曰：「卿自離闕，曾未幾時，奇畫深規、忠言讜論著之簡牘，已三上矣。虚懷領覽，嘉嘆不忘。」

時渡江大赦，獨李綱以言者論列貶海外不放還。公論奏逆黨如吴幵、莫儔顧反得生歸，綱雖輕疏，亦嘗爲國任事，乃不得叙，天下謂何？上用公奏，綱得内徙。始，公嘗論綱罪，至是獨爲伸理，其用心公明，無私好惡類如此云。

公自七月離行在，經歷長江，上及襄漢，與帥守監司議儲蓄之宜以待臨幸。先是，上問公大計。公請身任陝蜀之事，置司秦川，而乞別委大臣韓世忠鎮淮東，令吕頤浩扈駕來武昌，張俊、劉光世等從行，與秦川首尾相應。朝廷議既定，公行。未及武昌，而江浙士夫摇動頤浩，遂變初議。公以十月二十三日抵興元，奏曰：「竊見漢中實天下形勢之地，臣頃侍帷幄，親聞玉音，謂號令中原，必基於此。臣所以不憚萬里，捐軀自效，庶幾奉承聖意之萬一。謹於興元理財積粟，以待巡幸。願陛下鑾輿早爲西行之謀，前控六路之師，後據兩川之粟，左通荆襄之財，右出秦隴之馬，天下大勢，斯可定矣。」

始，公未至，虜已陷鄜延，鄜延帥郭浩寄治德順軍。虜驍將婁宿孛堇於九月二十九日引大軍渡渭河，犯永興，知軍郭琰遁去。虜兵四掠，而諸帥方互結仇怨，不肯相援，人心皇皇。公到才旬日，即出行關陝，復奏請早決西來之期，以係天下心。至陝，訪問風俗，罷斥奸贓，而尤以搜攬豪傑爲先務，一時氣義拳勇之士爭集麾下。吴玠及其弟璘素負才略，求見公，願自試。公與語，奇之。時玠方修武郎，璘尚副尉，公奬予，不次擢用，命玠爲統制，璘領帳前親兵，皆感激，誓以死報。諸帥亦惕息聽命。

會諜報虜將寇東南，公即命諸將整軍向虜，使婁宿不得下。已而虜果大入，寇江淮，車駕浮海東征。四年二月，公以虜勢未退，治兵入衛。未至襄漢，遇德音，知虜既北歸矣，乃復還關陝。奏曰：「陛下果有意於中興之功，非幸關陝不可。願先幸鄂渚，臣當糾率將士奉迎鑾輿，永爲定都大計。」又奏曰：「臣竊惟國家不競，患難荐臻，夷虜憑凌，海宇騰沸。二聖久征於遠塞，皇輿未復於中原。而敵國交兵，方興未艾。郡邑半陷於賊手，黎元悉困於塗泥。自古禍亂所鍾，罕有若此之比。必欲昊穹悔禍，氓庶獲安，自非君臣之間更相勉勵，痛心嘗膽，修德著誠，大誅奸邪，頓革風俗，親君子、遠小人，去讒佞、屏聲色，簡嗜欲、崇節儉，則曷以上應天變，下懷民心？四海黔黎，殊未有休息之日也。若昔黄帝遭蚩尤之亂，大禹罹洪水之災，卒能平夷，終歸安治者，正以君臣上下苦心勞形，杜邪枉之門，開公正之道，天人響應，遐邇協謀，故能平難平之寇，成不世之績。」上手書報公以虜退衄狀，且曰：「卿受命而西，大恢遠略，布朝廷之惠意，得將士之歡心。積粟練兵，興利除害，去取皆當，黜陟惟公。而又雅志本朝，嘉猷屢告。眷惟忠懇，實副倚毗。」

是月，虜大酋粘罕復益二萬騎，聲言必取環慶路。公率諸將極力捍禦，虜勢屢挫，生擒女真及招降契丹燕人甚衆。時聞兀朮猶在淮西，公懼其復擾東南，使車駕不得安息，事幾有不可測者，即謀爲牽制之舉。始公陛辭，上命公三年而後用師進取。至是上亦以虜欲萃兵寇東南，御筆命公宜以時進兵，分道由同州、鄜延以擣虜虚。公遂決策治兵，移檄河東問罪。八月十三日，收復永興軍。虜大恐，急調大酋兀朮等由京西路星夜來陝右，以九月二十間與粘罕等會，而五路之師亦以二十四日至耀州富平大戰。涇原帥劉錡身率將士先薄虜陣，自辰至未，殺獲頗衆。會環慶帥趙哲擅離所部，哲軍將校望見塵起驚遁，而諸軍亦退舍。公斬哲以徇，退保興州。時陝右兵散，各歸本路宣撫司，獨親兵實從。官屬有獻議退保夔州者，公堅駐不動，以扼虜衝。獨參議劉子羽毅然與公意合，乃劾異議者。遣子羽出關召諸將，收散亡。將士知宣司在興州，皆相率會子羽於秦亭，凡十餘萬。公哀死問傷，録善咎己，人心悦焉。乃命吴玠聚涇原兵，據高扼險於鳳翔之和尚原，守大散關，斷賊來路。命關師古等聚熙河兵於岷州大潭一帶，命孫渥、賈世方等聚涇原、鳳翔兵於階、成、鳳三州以固蜀口。虜見備禦已定，輕兵至輒敗，不敢近。公上疏待罪，上手書報公曰：「卿便宜收合夷散，養鋭待時，但能據險堅壁，謹守要害，既以保固四州之地，又能制南下之師，則惟卿之賴。」公奉詔，益厲諸將嚴備待虜。

紹興改元五月，虜酋烏魯却統大兵來攻和尚原，吴玠乘險擊之，虜敗走。三日間，連戰輒勝，虜逗留山谷，人馬死亡十之四。八月，粘罕在陝西病篤，召諸大酋謂曰：「吾自入中國，未嘗有敢嬰吾鋒者。獨張樞密與我抗，我在猶不能取蜀，爾曹宜息此意，但務自保而已。」兀朮出而怒曰：「是謂我不能耶！」粘罕死，即合兵來寇。九月，親攻和尚原。吴玠及其弟璘與合戰，出奇邀擊，大破之，俘馘酋領及甲兵以萬計。兀朮僅以身免，亟自髡鬚髯，狼狽遁歸，得其麾蓋等。自虜入中國，其敗衂未嘗如此也。先是，上以公奉使陝右，捍禦大敵，制加公通奉大夫。公念自靖康中召赴京師，更歷變故，出身爲國，違去太夫人色養於兹七年，乃奏迎太夫人自廣漢來閬中版輿就養。又思所以悦母意，遂乞以通奉恩命特封外祖父母，優詔許焉。二年，上謂公未至西方時，虜已陸梁，蹂踐關陝。及引師而歸，勢誠不敵。而保護衝要，連挫大敵，蜀賴以全。

聚兵至十五萬，勤勞備至，制加公檢校少保，定國軍節度使，賜手書曰：「朕非敢決取秦穆之效，而卿自修孟明之政，是用夙夜嘆嘉。今遣内侍任源往宣旨。」源歸，公附奏謝，且密奏曰：「天下之事每當謹微，一失於初，末不可救。夫莫顯者，微也。常情謂爲微而忽之，明智以其著而謹之。唐玄宗惑女色而致禄山之禍，憲宗任内侍而啓晚唐之禍，其初二君之心皆以爲微而不加察也，孰知其貽害之烈至此哉。願陛下於事之微每深察焉，則天下幸甚。」是歲，公亦遣兄滉及官屬奏事行在所，上喜，恩意有加。

公在關陝凡三年，以新集之軍當方張之虜，蚤夜勤勞，親加訓輯，其規模經畫，皆爲遠大恢復之計。以劉子羽爲上賓，子羽忠義慷慨，有才略，諸將歸心。任趙開爲都轉運使，開善理財，治茶鹽酒法，方用兵，調度百出而民不加賦。擢吴玠爲大將，守鳳翔。玠每戰輒勝，虜不敢近。而西北遺民聞公威德，歸附日衆，於是全蜀按堵，且以形勢牽制東南，江淮亦賴以安。

然公承制黜陟，悉本至公，雖鄉黨親舊，無一毫假借，於是士大夫有求於宣司而不得者，始紛然起謗議於東南矣。有將軍曲端者，建炎中任副總管，逼逐帥臣王庶，奪其印，又方命不受節制。富平之役，張忠彦等降虜，皆端腹心，實知其情。公送獄論端死，而謗者謂公殺端及趙哲爲無辜，且任劉子羽、趙開、吴玠爲非是，朝廷疑之。三年春，遂遣王似來副公。公聞即求去，且論吴玠、劉子羽有功於蜀，不應一旦以似加其上。公雖累乞去，而以負荷國事至重，未嘗少忘警備。會虜大酋撒離喝及劉豫叛黨聚大兵自金商入寇，公命嚴爲清野之計，分兵據險，前後撓之。

虜至三泉，掠無所得，乏食，狼狽引遁。大軍躡之，人馬死曳滿道，所喪亡不減鳳翔時。是時公累論奏王似不可任，而似與宰相呂頤浩有鄉里親戚之舊，頤浩不悦。又或告朱勝非以公唱義平江時嘗有斬勝非語，勝非陰肆謗毁，詔公赴行在。公力求外祠，章至十數上，上弗許。

四年二月至行在，御史中丞辛丙嘗知潭州，公在陝時調丙發潭兵赴湖北，丙怯懦不能遣，反鼓唱軍士，幾致生變。公奏劾丙，且令提刑司取勘。丙憾，至是遂率同列劾公，誣以危語。始，公在陝嘗以秦州舊驛秦川館爲學舍，以待河東、陝西失職來歸之士，給以衣食，令一人年長者主之。又新復州郡乞鑄印，請於朝廷，往返動經歲，恐失事機，即用便宜指揮鑄以給之，然後以聞。而丙謂公設秘閣以崇儒，擬尚方而鑄印。公初被命還闕〔九〕，奏歸上冢，取道東蜀夔峽，庶幾安遠近之心。而呂頤浩又以書來言，若一離川陝，事有意外，誰任其責？宜以事實告上，萬一欲尚留宣司，當爲開陳如請。公不顧也，而丙反謂公不肯出蜀，意有他圖。公恐懼，亟以頤浩書進呈。上始愕然，即詔宣押奏事。公竟移疾待罪，而論者亦不已。六月，遂以本官提舉臨安府洞霄宮，福州居住。

公知虜既釋川陝之患，必將復萃師東南，不敢以得罪遠去而不言。且是時朝廷已盛講和好之議，乃具奏曰：「臣竊觀此虜情狀專以和議誤我，亦云久矣。彼勢蹙即言和，勢盛即復肆，前後一轍，請姑以近事明之。紹興三年秋，粘罕有親寇蜀之意，先遣王倫還朝，且致勤懇。蓋懼朝廷大兵乘彼虚隙，又其爲劉豫之計，至委曲周悉也。自後九月，余睹作難，前謀遂寢。至十二月，余睹之難稍息，則復大集番漢之衆，徑造梁、洋。是時朝廷已遣潘致堯出使矣。次年二月，虜困饒風，進退未皇。先是，朝廷開都督府，議遣韓世忠直抵泗上，虜實畏之。於四月遣致堯還，其辭婉順，欲邀大臣共議，此非無所忌憚而然也。梁、洋之寇未能出境，至五月而後得歸，既狼狽矣，而世忠大兵尋復輟行。虜之氣力固已復蘇，而叛豫之心亦云舒緩，所以前日使人之來，求請不一，故爲難從之事也。竊惟此虜傾我社稷，壞我陵寢，迫我二帝，驅我宗室百官，自謂怨隙至深，其朝夕謀我者不遺餘力矣。況劉豫介然處於其中，勢不兩立，必求援於虜。借使暫和，心實未已。數年之內，指摘他故，豈無用兵之辭？而我將士率多中原之人，謂和議既定，不復進取，將解體思歸矣。若謂今日不得已而與之通使爲陛下之權，敵亦固能用權也。願陛下蚤夜深思，益爲備具，處將士家屬於積粟至安之地，使出爲戰守者無返顧奔散之憂；精擇奇才以撫川陝之師，使積年戍邊者無懈惰懷望之意；江淮、川陝互爲牽制，斥遠和議，用定大業。臣奉使川陝，竊見主兵官除吴玠、王彦、關師古累經拔擢，備見可任外，其餘人才尚衆，謹開具如左：吴璘、楊政可統大兵，田晟可總一路，王宗尹、王喜、王彦可爲統制。」後皆有聲，時服公知人。

公即日赴福州，從者皆去，肩輿才兩人。既至，闔門以書史自娱。是歲九月，劉豫之子麟果引虜大兵緜數路入寇，騰言侮慢，上下恟懼。上思公前言之驗，罷宰相朱勝非，而參知政事趙鼎亦建請車駕幸平江，召公任事，遂以資政殿學士提舉萬壽觀、兼侍讀召，不許辭免，日下起發。手書賜公曰：「卿去國累月，未嘗弭忘，考言詢事，簡在朕心。想卿志在王室，益紓籌策，毋庸固辭，便可就道，夙夜造朝。嘉謀嘉猷，伫公入告。」金書疾置，絡繹於道。公即日行，中途條具戰守之宜甚悉。且乞先遣岳飛渡江入淮西張聲勢，以牽制虜大兵在淮東者。

以十一月十四日入見，玉音撫勞，加於疇昔。即日復除公知樞密院事。公奏曰：「人道所先，惟忠與孝。一虧於己，覆載不容。自昔懷奸欺君，妒賢賣國，當時閭巷細民莫不深怨嫉憤，恨不食其肉者。至若一心事上，守正盡忠，雖天下後世皆知企慕稱嘆，思見其人焉。蓋理義人心之所同，故好惡不期而自定。臣以區區淺薄之質，幼被家訓，粗知義方。平居立身，以此自負。偶緣遭遇，寖獲使令。陛下任之太專，待之過厚，而有怨於臣者攻毀之備至，有求於臣者責望之或深。上賴聖智，保全微蹤。臣奉使無狀，豈不自知？至於加臣於大惡之名，陷臣於不義之地，隳臣子百世之節，貽孀親萬里之憂，言之嗚咽，痛憤無已。今陛下察其情僞，保庇孤忠，許以入侍，旋擢樞筦，在臣毀首碎身，無以論報。然而公議之所劾，訓詞之所戒，傳之天下，副在史官，臣復何顏，敢玷近列？」上親書詔曰：「張浚愛君憂國，出於誠心。頃屬多艱，首唱大義，固有功於王室，仍雅志於中原，謂關中據天下之上游，未有舍此而能興起者，乘虜百勝之後，慨然請行。究所施爲，無愧人臣之義；論其成敗，是亦兵家之常。矧權重一方，愛憎易致，遠在千里，疑似難明。然則道路怨謗之言，與夫臺諫風聞之誤，蓋無足怪。比復召浚，置之宥密，而觀浚恐懼怵惕，如不自安，尚慮中外或有所未察歟。夫使盡忠竭節之臣，懷明哲保身之戒，朕甚愧焉。可令學士院降詔，出榜朝堂。」

時太史局占明年當日食正旦，公奏曰：「臣聞太史推測天象，以來年正月之旦日有食之。臣竊惟天之愛人君，必示以災變，使之恐懼修省，勉求爲治。人主修德畏天，則天心眷佑，享國無窮。如其怠忽不省，歸之時數，禍有不可勝言者矣。然而應天之道在實不在文，當求之於心，考之於行，心有未至者勉之，行有不善者改之，如天之無不公，如天之無不容，如天之至誠無私而不失其信，則何憂乎治道之不興，何患乎賢才之不至哉。」

公既受命，即日赴江上視師。時大酋兀朮擁兵十萬于維揚，朝廷先遣魏良臣、王繪奉使軍前。還，夜與公逮于中塗，公問以虜事及大酋問答。良臣、繪謂虜有長平之衆，且喻良臣等當以建州以南王爾家爲小國，索銀絹犒軍，其數千萬。又約韓世忠尅日過江決戰。公密奏使人爲虜恐怵，朝廷切不可以其言而動，及不須令更往軍前，恐我之虛實反爲虜得。上然之，公遂疾驅臨江，召大帥韓世忠、張俊、劉光世與議，且勞其軍。將士見公來，勇氣十倍。既部分諸將，遂留鎮江節度之。令韓世忠移書兀朮，爲言張樞密已在鎮江。初，虜諜報公得罪遠貶，故悉力來寇。至是，兀朮問世忠所遣麾下王愈：「吾聞張樞密貶嶺外，何得已在此？」愈出公所下文書，兀朮見公書押，色動，即强言約日當戰。公再遣愈以世忠書往問戰期，愈回一日，而虜宵遁，士馬乏食，狼狽死者相屬。遣諸將追擊，所俘獲甚衆。上遣内侍趣公赴行在所。五年二月十二日宣制，除公宣奉大夫、尚書右僕射、同中書門下平章事，兼知樞密院事，都督諸路軍馬，而趙鼎除左僕射。

先是，公在川陝，念上繼嗣未立，以紹興元年八月十五日上奏曰：「臣荷陛下恩德之厚，事有干於宗廟社稷大計，臣知而不言，誰敢爲陛下言者？惟陛下察其用心，貸以萬死。臣恭惟陛下自即位以來，念兩宮倚託之重，夙夜憂勤，不近聲色，不事玩好，是宜天地感格，祖宗垂祐，受福無窮，決致中興。臣之區區亦冀依日月之末光，獲保終年，少效補報。臣竊見西漢之制，人君即位，首建儲嗣，所以固基本、屬人心。臣願陛下特詔大臣講明故事〔十〕，仍先擇宗室之賢優禮厚養，以爲藩屏。」至是入謝，復陳：「宗社大計，莫先儲嗣。雖陛下聖德昭格，春秋方盛，必生聖子，惟所以系天下之心，不可不早定議。」上首肯久之，乃云：「宮中見養二人，長者藝祖之後，年九歲，不久當令就學。」公出見趙鼎都堂，相與仰嘆聖德久之。

自是與鼎益相勉厲，同志協謀，以爲爲治之要，必以正本澄源爲先務。誠能陳善閉邪，使人君無過舉，則國勢尊安，醜虜自服。是以進見之際，於塞倖門、抑近習尤諄切致意焉。嘗奏曰：「王者以百姓爲心，修德立政，惟務治其在我，則大邦畏其力，小邦懷其德，天下捨我將安歸哉，固不僥倖於近績也。仰惟陛下躬不世之資，當行王者之事，以大有爲。正心以正朝廷，正朝廷以正百官，正百官以正萬民，國勢既隆，强虜自服，天下自歸。」因書王朴平邊策以獻，上嘉納焉。又奏：「臣昨奉清光，竊見陛下於君子小人之際反覆詳究，退自慶幸，以爲治道之本莫大夫辨君子小人之分。聖意孜孜於此，宗社生靈之福也。昔唐李德裕言於武宗曰：『邪正二者，勢不相容。正人指邪人爲邪，邪人亦指正人爲邪，人主辨之甚難。臣以爲正人如松柏，特立不倚，邪人如藤蘿，非附他物不能自起。』臣嘗推類而言之，君子小人見矣。大抵不私其身，慨然以天下百姓爲心，此君子也。謀身之計甚密，而天下百姓之利害我不顧焉，此小人也。志在於爲道，不求名而名自歸之，此君子也。志在於爲利，掠虛美、邀浮譽，此小人也。其言之剛正不撓，無所阿徇，此君子也。辭氣柔佞，切切然伺候人主之意於眉目顔色之間，此小人也。樂道人之善，惡稱人之惡，此君子也。人之有善，必攻其所未至而掩之；人之有過，則欣喜自得，如獲至寶，旁引曲借，必欲開陳於人主之前，此小人也。難進易退，此君子也。叨冒爵禄，蔑無廉耻，此小人也。臣嘗以此而求之，君子小人之分庶幾其可以概見矣。小人在位，則同於己者譽之以爲君子，異於己者排之以爲小人，不顧公議，不恤治亂，不畏天地鬼神。是以自崇、觀以來以至今日，有異於己者而稱其爲君子乎？臣以爲必無之也。彼其專爲進身自營之計，故好惡不公，以至於亡身亡家〔十一〕，亂天下而莫之悔。惟陛下親學問、節嗜欲，清明其躬，以臨照百官，則君子小人之情狀又何隱焉。」

上還臨安，公留相府。未閲月，復出江上勞軍。至鎮江，召韓世忠親喻上旨，使舉軍前屯楚州以撼山東。世忠欣然受命，即日舉軍渡江。公至建康撫張俊軍，至太平州撫劉光世軍，軍士無不踴躍思奮。

時巨寇楊么據洞庭重湖，朝廷屢命將討之不克。公念建康東南都會，而洞庭實據上流，今寇日滋，壅遏漕運，格塞形勢，爲腹心害。不先去之，無以立國。然寇阻重湖，春夏則耕耘，秋冬水落則收糧於湖寨，載老小於泊中，而盡驅其衆四出爲暴。前日朝廷反謂夏多水潦，屢以冬用師，故寇得并力而我不得志。今乘其怠，盛夏討之，彼衆既散，一旦合之，固已疲於奔命；又不得守其田畝，禾稼蹂踐，則有秋冬絕食之憂，黨與必携，可招來也。雖已命岳飛往，而兵將未必諭此意，或逞兵殺戮〔十二〕，則失勝算、傷國體。遂具奏請行，上許焉。

公在道，念國家任事不顧身者常遇禍，而畏避崇虛譽者常獲福，以爲國之大患，奏曰：「今夫有疾於此〔十三〕，正在膏肓，庸醫畏縮，方且戒以勿吐勿下，姑進參苓而安養之，雖終至於必死，主人猶以爲愛己也。乃若良醫進剖胸洗腸之術，旁觀駭愕，指以爲狂。至其疾良已，尚不免於輕試之謗。自古掠美附衆者得譽常多，而骨鯁當權者負謗常重。澶淵之役，寇準決策親征，功存社稷。事定之後，奸臣乃謂其輕棄萬乘。今合天下之力以誅天下之不義，雖湯、武復生，亦必出此。而顧乃爲恐懼顧慮之計，何由而事功可集哉。」蓋公所以自任者始終如此，故每因事爲上言之。

行至醴陵，獄犴數百人，盡楊么遣爲間探者，帥席益傳至遠縣囚之。公召問，盡釋其縛，給以文書，俾分示諸寨曰：「爾今既不得保田畝，秋冬必乏食，且餒死矣。不若早降，即赦爾死。」數百人歡呼而往。五月十一日至潭州，於是賊寨首領黃誠、周倫先請受約束。然誠等屢嘗殺招安使命，猶自疑不安。公遣岳飛分兵屯鼎、澧、益陽，壓以兵勢，其黨大恐，相繼約日來降，丁壯至五六萬〔十四〕，老弱不下二十萬。公一切以誠信撫之。六月，湖寇盡平，乃更易郡縣奸贓吏，宣布寬恩。上手書賜公曰：「覽奏，知湖寇已平。非卿孜孜憂國，不憚勤勞，誰能寬朕憂？顧奏到之日，中外歡賀，萬口一詞，以謂上流既定，則川、陝、荆、襄形勢接連，事力增倍。天其以中興之功付之卿乎！」於是公奏遣岳飛之軍屯荆、襄，圖中原，遂率官屬吏兵泛洞庭而下。時重湖連年舟楫不通，公舟始行，風日清夷，父老嘆息，以爲變殘賊呻吟之區爲和氣也。

始，公定議令韓世忠屯承楚，於高郵作家計。及公出征而廷議中變，公復請去。上悟，優詔從公初計。公既兩發儲嗣之議，至是聞建資善堂，皇子出就傅，喜不自勝，以爲當以擇師傅爲先。遂具奏，薦起居郎朱震、秘閣修撰范冲可任訓導之選。

公雖在外，常以内治爲憂，每有見輒入奏。其一謂：「自昔人君命相，與之講論天下大計，次第而施行之，故日積月累，成效可必。譬之營室，先度基阯，次定規模，付諸匠者，以責其實。一有不合，安可輕委？自建炎以來，陛下選用大臣未知責以何事，而大臣進説於陛下未知何以奉詔。臣但見一相之入，引進親舊，報讎復怨，以行其私意而已。欲望國家之治安，其可得乎。」其二謂：「祖宗置臺諫，本慮夫軍民之利害、人才之善惡、官吏之能否，廟堂不能盡見而周知，臺諫得以風聞而論列。不幸大臣不得其人，則臺諫力争明辨以去之耳。今乃不然，陰肆揣摩，公爲反覆，或伺候人主之意，或密結大臣之私，捃摭細故，以示其公。人主不可以不察也。」其三謂：「祖宗時，郎曹之選非累歷親民不以授，自臺閣而爲守貳者十嘗七八，蓋使之更歷世故，諳曉民情，養成其材，以備任使。今則不然，事口記者可至言官，弄文采者皆升館職，日進月還，驟竊要位。一居京局，視州縣爲冗官。故有爲大臣而不知民情之休戚、財用之盈虛、軍政之始末者，有爲侍從而不知州縣所宜施行者，況責以任天下大計哉。」上嘉納焉。

公自岳、鄂轉淮西、東，諸將大議防秋之宜，直至承楚，僞境震動。上念公久勞於外，遣中使賜手書促歸，制除公金紫光祿大夫。公力辭至四五乃許。特封公母計氏秦國夫人，賜公兄涀紫章服及五品服二人，官公親屬兩人。公以十月十一日至行在，上勞問曰：「卿暑行甚勞，然湖湘群盜既就招撫，以成朕不殺之仁，卿之功也。」公頓首謝曰：「陛下誤知，使當重任，故臣得效愚計。」上親書周易否、泰卦以賜焉。公奏：「自古小人傾陷君子，莫不以朋黨爲言。夫君子引其類而進，志在於天下國家而已。其道同，故其所趨向亦同，曾何朋黨之有？惟小人則不然，更相推引，本圖利祿，詭詐之蹤，莫可迹究。或故爲小異以彌縫其事，或内外符合以信實其言。人主於此何所決擇而可哉，則亦在夫原其用心而已矣。臣嘗考泰之初九『拔茅茹，以其彙，征』，而象以爲志在外，蓋言其志在天下國家，非爲身故也。否之初九『拔茅茹，以其彙，貞』，而象以爲志在君，則君子連類而退，蓋將以行善道而未始忘憂國愛君之心焉。觀二爻之義而考其用心，則朋黨之論可以不攻而自破矣。臣又觀否泰之理起於人君一心之微，而利害及於天下百姓。方其一念之正，其畫爲陽，泰自是而起矣。一念之不正，其畫爲陰，否自是而起矣。然而泰之上六，三陰已盡，復變爲陽，則君子在外而否之所由生焉。否之上九，陽已盡，復變爲陰〔十五〕，則小人在外而泰之所由以生焉。當今時適艱難，民墜塗炭，陛下若能日新其德，正厥心於上，臣知其將可以致泰矣。異時天道悔禍，幸而康寧，則願陛下常思其否焉。」

上嘗召公獨對便殿，問所宜爲。公退奏曰：「臣竊惟二帝皇族遠處沙漠，憂憤無聊與夫輕侮受辱，可想而見也，尚忍言之哉！臣嘗屈指計之，如此者蓋三千晝夜矣。虎狼用意，實欲摧折而消磨之也。雖然，此尚以陛下總師于南耳。異時或一有差跌，其禍可勝言乎。今事雖有可爲之幾，理未有先勝之道。蓋兵家之事不在交鋒援戰然後勝負可分，要在得天下之心，則士氣百倍，虜叛歸服。雖然，是豈可以聲音笑貌爲哉，心念之間一毫有差，四海共知。今使天下之人皆曰吾君孝弟之心須臾不忘，寢食之間父兄在念，當思共爲陛下雪讎矣。皆曰吾君之朝君子在位，小人屏去，侍御僕從罔匪正人，譖説不行，邪言不入，市井之談不聞，道義之益日至，則内外安心，各服其職，而有才智者悉思盡其力矣。皆曰吾君棄珠玉、絕弄好、輕犬馬、賤刀劍，金帛之賞不以予幸，惟以予功，則上下知勸矣。以至吾君言動舉措俱合禮法，至誠不倦，上格於天，則望教化之可行矣。如是則將帥之心日以壯，士卒之心日以奮，天下百姓之心日以歸。夷狄雖號荒服，然非至若禽獸也。聞陛下之盛德，知中國之理直，則氣折志喪，小大雖異，戰必不力，衆必不同，則陛下何爲而不可成乎。或有不然，疑似之説毫髮著見，天下之人口不敢言而心敢怒。異日事乖勢去，禍亂立作，如覆水之不可救也。蓋隙見於此則心生於彼，不易之道。自古爲君之難，非特今日也。一言之失，一行之非，或失色於人，或失禮於人，或一小人在側，便足以致禍致難，起戎起兵。前日明受之變，大逆之徒陳兵闕下，旁引他辭，其監不遠也。爲人上者，其可不兢畏戒懼耶。」其警戒深切如此。上皆嘉納，且命公以所見聞置策來上。公承命條列以進，號中興備覽，凡四十一篇。立國之本，用兵行師之道，君子小人之情狀，駕馭將帥之方，均節財用之宜，聽言之要，待近習之道，以至既往之得失，郡縣之利病，莫不備具。上深嘉嘆，置之坐隅。

六年正月，上謂公曰：「朕每以事幾難明，專意精思，或達旦不寐。」公奏曰：「陛下以多難之際，兩宮幽處，一有差失，存亡所系，慮之誠是也。然臣嘗聞之，聽雜則易惑，多畏則易移。以易惑之心行易移之事，終歸於無成而已。是以自昔君人者修己正心，惟使仰不愧於天，俯不怍於人，持剛健之志，洪果毅之實，爲所當爲，曾不它恤。陛下聰明睿知，灼知古今，苟大義所在，斷以力行，夫何往而不濟乎。臣願萬機之暇保養天和，澄靜心氣，庶幾利害紛來不至疑惑，以福天下，以建中興。」

公以虜勢未衰，而叛臣劉豫復據中原，爲謀叵測，不敢皇寧處于朝，奏請親行邊塞，部分諸將，以觀機會。上許焉，即張榜聲豫僭逆之罪，以是月中旬啓行。公謂：「楚、漢交兵之際，漢駐兵殽函間〔十六〕，則楚不敢越境而西。蓋大軍在前，雖有它岐捷徑，敵人畏我之議其後，不敢逾越而深入也。故太原未陷，則粘罕之兵不復濟河，亦以此耳。論者多以前後空闕，虜出它道爲憂，曾不議其糧食所自來，師徒所自歸。不然，必環數千里之地盡以兵守之，然後爲可安乎。」既以此告於上，又以此言於同列，惟上深以公言爲然。至江上，會諸帥議事，命韓世忠據承楚以圖淮陽，命劉光世屯合淝以招北軍，命張俊練兵建康，進屯盱眙，命楊沂中領精兵爲後翼佐俊，命岳飛進屯襄陽以窺中原。形勢既立，國威大振。上遣使賜公御書裴度傳以示至意。公於諸將中尤稱韓世忠之忠勇，岳飛之沉鷙，可倚以大事。世忠在楚州時入僞地，叛賊頗聚兵。世忠渡淮擊敗之，直引兵至淮陽而還，士氣百倍。上手賜書公曰：「世忠既捷，整軍還屯，進退合宜，中外忻悦。每患世忠發憤直前，奮身不顧，今乃審擇利便，不失事機，亦卿指授之方。卿宜明審虚實，徐爲後圖，或遣岳飛一窺陳蔡，使賊支吾不暇，以逸待勞。」

時飛母死，扶護葬廬山。公乞御筆敦趣其行，飛奉詔歸屯。公身任輔相，雖督軍在外，朝廷有大差除，不容不預議。而孟庾除知樞密院，及高世則除節度使，皆不知始末。具奏，以爲如此則臣不當在相位。上親筆喻指焉。公以東南形勢莫重建康，實爲中興根本。且人主居此，則北望中原，常懷憤惕，不敢自暇自逸。臨安僻居一隅，内則易生安肆，外則不足以號召遠近，係中原之心。奏請車駕以秋冬臨建康撫三軍，以圖恢復。公又渡江遍撫淮上諸屯，屬方盛暑，公不憚勞，人人感悦。時防秋不遠，公以方略諭諸帥，大抵先圖自守以致其師，而乘幾擊之。

六月，制加公食邑、食實封。時公所遣人自燕山回，知徽宗皇帝不豫，又聞欽宗皇帝所貽虜酋書，奏曰：「臣近得此信，不勝臣子痛切憤激之情。仰惟陛下處天子之尊，遭父兄之變，聖懷惻怛，勤切於中，固不止坐薪嘗膽也。臣願陛下至誠剛健，勉强有爲，成敗利害，在所不恤。彼藉姑息之論，納小忠之説者，爲一己妻孥計耳。使天有志於中興，陛下奮然决爲，躬冒矢石，事無不濟。使天無意乎中興，陛下雖過爲計慮，以圖一身之安，曾何補於事乎。但當盡其在我，一聽天命而已。況夫孝弟可以格天，仁厚可以得民，推此心行之，臣見其福，不見其禍也。」

七月，有詔促公入覲。八月至行在，時張俊軍已進屯盱眙，三師鼎立，而岳飛遣兵入僞地，直至蔡州，焚其積聚，時有俘獲。公力陳建康之行爲不可緩，朝論同者極鮮，惟上斷然不疑。車駕以九月一日進發，逮至平江，公又請先往江上。諜報叛賊劉豫及其侄猊挾虜來寇，公奏虜疲於奔命，決不能悉大衆復來，此必皆豫兵。公既行，而邊遽不一，大將張俊、劉光世皆張大賊勢，爭請益兵，自趙鼎而下，莫不恟懼。至欲移盱眙之屯，退合淝之師，召岳飛盡以兵東下。公獨以爲不然，以書戒俊、光世曰：「賊豫之兵以逆犯順，若不盡勦，何以立國？平日亦安用養兵爲？今日之事，有進擊無退保。」時楊沂中爲張俊軍統制，公令沂中往屯濠梁，且使謂之曰：「上待統制厚，宜及時立大功，取節鉞。或有差跌，某不敢私。」諸將悚懼聽命。

公至江上，知來爲寇者實劉麟兄弟，豫封麟淮西王，兵凡六萬人。寇已渡淮南，涉壽春，逼合淝。公調度既已定矣，而張俊請益兵之書日上，劉光世亦欲引兵退保。劉豫又令鄉兵僞胡服，於河南諸州十百爲群，由此間者皆言處處有虜騎。趙鼎及簽書樞密院事折彥質惑之，移書抵公至七八，堅欲飛兵速下。又擬條畫項目，乞上親書付公。大略欲俊、光世、沂中等退師善還，爲保江之計，不必守前議。公奏：「俊等渡江則無淮南，而長江之險與虜共矣。淮南之屯正所以屏蔽大江，向若叛賊得據淮西，因糧就運，以爲家計，江南其可保乎？陛下其能復遣諸將渡江擊賊乎？淮西之寇，正當合兵掩擊，令士氣益振，可保必勝。若一有退意，則大事去矣。又岳飛一動，則襄漢有警，復何所制？願陛下勿專制於中，使諸將不敢觀望。」上手書報公曰：「朕近以邊防所疑事咨問於卿，今覽卿奏，措置方略、審料敵情條理明甚，俾朕釋然，無復憂顧。非卿識慮高遠，出人意表，何以臻此。」

是時内則廟堂，外則諸將，人人畏怯，務爲退避自全之計。雖公遠策之忠始終不貳，然握兵在外，間隙易生，向非主上見幾之明，不惑群議，則諸將必引而南，大勢傾矣。及奉此詔，異議乃息，而諸將亦始爲固守計。既而賊大張聲勢於淮東，阻韓世忠承楚之兵不敢進，楊沂中亦以十月四日抵濠州。公聞光世已舍廬州而南，淮西人情恟動，星夜疾馳至采石，遣諭光世之衆曰：「有一人渡江，即斬以徇。」光世聞公來采石，大恐，即復駐軍，與沂中接連相應。劉猊分麟兵之半來攻沂中，是月十日，沂中大破猊於藕塘，降殺無遺。猊僅以身免，麟拔寨遁走，虜獲甚衆，得糧舟四百餘艘。

於是公奏車駕宜乘時早幸江上，上賜手書曰：「賊豫阻兵，梟雛犯順，夾淮而陣，侵壽及濠。卿獎率師徒，分布要害，臨敵益壯，仗義直前，箕張翼舒，風馳電掃，遂使凶渠宵遁，同惡自焚，觀草木以成兵，委溝壑而不顧。昔周瑜赤壁之舉，談笑而成；謝安淝上之師，指揮而定。得賢之效，與古何殊。寤寐忠勤，不忘嘉嘆。」公奏曰：「逆雛遠遁，尚稽授首之期；金寇方强，未見息戈之日。臣之罪大，何所逃刑。願陛下念十年留滯之非，嘆雙馭還歸之晚，儻爲民而勞己，當有神以相身。無使自謀擇利之言，得惑至高無私之聽。」又上奏以「賊臣邇者輒入邊塞，今雖勝捷，而渠魁遁去，殺戮雖衆，亦吾赤子。致彼操戈而輕犯，由臣武備之弗嚴。願賜顯黜，以允公議」。上深嘉嘆焉。有旨，都督府隨行官吏、軍兵諸色人等備見勤勞，可令張某等第保奏。公奏：「馳驅盡瘁，職所當然，賞或濫加，士將解體。乞上保奏戰功，庶可旌勸軍士。」又遣内侍賜公古端石硯、筆、墨、刀劍、犀甲，且召公還。及至平江，隨班朝見，上曰：「却賊之功，盡出右相之力。」於是趙鼎惶懼乞去。

方公未至平江時，鼎等已議回蹕臨安。公入見之次日，具奏曰：「昨日獲聞聖訓，惟是車駕進止一事利害至大。蓋天下之事不唱則不起，不爲則不成。今四海之心孰不思戀王室？虜叛相結，脅之以威，雖有智勇，無由展竭。三歲之間，賴陛下一再進撫，士氣從之而稍振，民心因之而稍回。正當示之以形勢，庶幾乎激忠起懦，而三四大帥者，亦不敢懷偷安苟且之心。夫天下者，陛下之天下也。陛下不自致力以爲之先，臣懼被堅執鋭、履危犯險者皆有解體之意。今日之事，存亡安危所自以分。六飛儻還，則有識解體，内外離心，日復一日，終以削弱。異時復欲下巡幸詔書，誰能深信而不疑者？何哉？彼知朝廷姑以此爲避地之計，實無意於圖回天下故也。論者不過曰萬一秋冬有警，車駕難於遠避。夫軍旅同心，將士用命，扼淮而戰，破敵有餘。況陛下親臨大江，氣當百倍。苟士不效力，人有離心，陛下雖過自爲計，將容足於何地乎。又不過曰當秋而進，士有戰心。及春而還，絶彼窺伺。爲此論者，特可紓一時之急，應倉卒之警。使年年爲之，人皆習熟，謂我不競，當有怨望，難乎其立國矣。又不過曰賊占上流，順舟而下，變故不測。夫襄漢我所有也，賊舟何自而來？使虜叛事力有餘，果然淩犯，水陸偕進，自上而濟，陛下雖深處臨安，亦能以安乎？矧惟陛下負四海之重責，有爲而未成，天下猶矜憐而歸心於陛下；不爲而坐待其盡，其爲禍可勝言耶。要須剛大志氣，恢廓度量，以拯救天下爲心，仰不愧於天，俯不怍於人，度事而爲，審時而動，先謀自治，利而誘之，致而破之，何難而不可濟？今臣侍陛下以還歸，在臣之謀，無所任責，臣亦得計矣。而爲陛下國家計，則爲不忠。是以披心腹、露肝膽，反復一二言之。惟陛下詳教而曲諭焉，庶幾君臣之間得盡其道，不貽萬世之悔。」上翻然從公計。

十二月，趙鼎出知紹興府，專委任公。公謂親民之官治道所急，而比年以來內重外輕，祖宗之法盡廢。流落於外者終身不獲用，經營於內者積歲得美官。又官於朝者不歷民事，利害不明，詔令之行，職事之舉，豈能中理？民多被其害。遂條具以聞：郡守、監司有治狀，任滿除郎。郎曹資淺，未經民事之人，秩滿除監司、郡守。令中書省、御史臺籍記姓名，回日較其治效，優加擢用。治民無聞者，與閑慢差遣。館職未歷民事者除通判、郡守，殿最如前。仍乞降詔。又以災異奏復賢良方正科〔十七〕，上皆從之。七年正月，上以公去冬却敵之功，制除特進。公懇辭再四。先是，十二月以祿令成書加金紫光祿大夫。公辭不得，即求回授兄滉。至是，上謂公曰：「卿每有遷除，辭之甚力，恐於君臣之義有未安也。」公乃奉命。

校記　〔一〕紘：宋浙本、誠齋集卷一百一十六張魏公傳作「紭」。

〔二〕「公與齊愈素善」至此，宋史資料萃編第二輯新刊名臣碑傳琬琰之集中卷五十五張忠獻公浚行狀作：「公知齊愈死非其罪，既入臺，首論綱罷之。大略謂綱雖負才氣，有時望，然以私意殺侍從，典刑不當，有傷新政，不可居相位。」

〔三〕陛：原作「陞」，據宋浙本改。

〔四〕闕：原作「開」，據右引改。

〔五〕白：原作「曰」，據右引改。

〔六〕業：原作「宗」，據右引改。

〔七〕宄：原作「究」，據右引改。

〔八〕艱：右引作「傾」。

〔九〕被：原作「彼」，據右引改。

〔十〕特：原作「時」，據右引改。

〔十一〕二「亡」字，原作「忘」，據四庫全書本、建炎以來繫年要録卷八十五改。

〔十二〕逞：原作「退」，據宋浙本改。

〔十三〕夫：原作「未」，據正訛改。

〔十四〕六：原作「九」，據宋浙本改。

〔十五〕「則君子在外而否之所由生」至此原缺，據建炎以來繫年要録卷九十四、宋名臣言行録別集下卷三、新刊名臣碑傳琬琰之集中卷五十五補。

〔十六〕函：原作「澠」，宋浙本作「涵」，當作「函」，徑改。

〔十七〕奏：原作「奉」，據宋閩、浙本改。

朱熹文集編年評注卷九十五下

行狀

少師保信軍節度使魏國公致仕贈太保張公行狀下

公與趙鼎當國時，議徽宗在沙漠，當遣信通問，遂遣問安使何蘚等行。是年正月二十五日，蘚歸，報徽宗皇帝、寧德皇后相繼上仙。上號慟擗踊，哀不自勝。公奏：「天子之孝，與士庶不同。必也仰思所以承宗廟、奉社稷者。今梓宫未返，天下塗炭，至讎深耻，亘古所無。陛下揮涕而起，斂髪而趨，一怒以安天下之民，臣猶以爲晚也。」數日後求奏事，深陳國家禍難，涕泣不能興。因乞降詔諭中外。上命公具草以進，親書付外。其詞曰：「朕以不敏不明，託於士民之上，勉求治道，思濟多艱。而上帝降罰，禍延於我有家，天地崩裂，諱問遠至。嗚呼！朕負終身之戚，懷無窮之恨。凡我臣庶，尚忍聞之乎！今朕所賴以宏濟大業，在兵與民。惟爾小大文武之臣早夜孜孜，思所以治兵恤民，輔朕不逮。皇天后土，實照臨之。無或自暇，不恤朕憂。」又以公請，命諸大將率三軍發哀成服，中外感動。

公退，又具奏待罪曰：「仰惟陛下時遇艱難，身當險阻，圖回事業，寢食不遑。所以思慕兩宮，憂勞百姓，未嘗一日忘也。臣之至愚，獲遭任用，在諸臣先，每因從容語及北狩事，聖情惻怛，淚必數行。臣感慨自期，願殲虜讎。十年之間，親養闕然，爰及妻孥，莫之私顧，其意亦欲遂陛下孝養之至，拯生民塗炭之難，則臣之事親保家，庶幾得矣。昊天不吊，禍變忽生，使陛下抱無窮之痛，積罔極之思，哀復何言，罪將誰執？載念昔者陝蜀之行，陛下丁寧告戒，且曰：『我有大隙於虜，刷此至耻，惟臣是屬。』而臣終隳成功，使賊無憚。況以沙漠之墟，食飲憂慮，兩宮處此，違豫固宜。今日之禍，端自臣致。尚叨近輔，實愧心顏。伏願明賜罷黜，亟正典刑，仰以慰上皇在天之靈，俯以息四海怨怒之氣。」上降詔起公視事，公再上疏待罪，不獲請。

車駕以二十七日發平江，三月十一日至建康。時公總領中外之政，會車駕巡幸，又值國恤，幾事叢委。公以一身任之，至誠惻怛，上下感動，人情賴公以安。每對必深言讎耻之大，反復再三，上未嘗不改容流涕。上方厲精克己，務自損節，戒飭宮庭内侍等無敢少有越度者。事無巨細，必以咨公。賜諸將詔旨，往往命公擬進，未嘗易一字。四方有災異，公必以聞，祥瑞則皆抑不奏。知果州宇文彬、通判龐信孺進嘉禾九穗，并鐫秩放罷，而四方皆知朝廷好惡所在矣。

四月，公行淮西，撫喻諸屯，築廬州城，治東西關，且申防秋備。自公來東南，太夫人留蜀。及再入政府，遣人迎侍。太夫人安于蜀，未即出。上爲降旨，召公兄滉俾迎侍而來，又遣内侍胡宗回往喻意。五月始達建康，而公亦自淮西歸。上疊遣中使勞問太夫人，賜予稠疊。公戴星而出，經處國事，至暮入侍色養，委曲奉承，中外觀感歆慕，傳相告語，以爲美談。自公與趙鼎在相位，以招來賢才爲急務，從列要津，多一時之望，百執事奔走效職，不敢自營，人號爲小元祐，而公尤未嘗以恩澤私親戚。仲兄滉上知其賢，累欲加以異恩，公輒辭。及賜進士第，後省官繳駁，公非惟不加忤，且奏不當以臣故沮後省公議。外舅宇文時中政和中爲郎，出守大藩，舊已寓直，萬里召赴，僅進職知湖州。舅氏計有功久在幕府，得直徽猷閣。公止，乞就秘閣，人服其公。公以人主當務講學以爲修身致治之本，薦河南門人尹焞宜在講筵，有旨趣赴闕。會旱災，且自太夫人以次闔門悉卧病，公力求去，至再四不得。

方車駕在平江時，公歸自江上，奏劉光世握兵數萬，無復紀律，沈酣酒色，不恤國事，語以恢復，意氣怫然，宜賜罷斥，用警將帥。上然之，罷光世而以其兵盡屬督府。公命參謀、兵部尚書呂祉往廬州節制，公又自往勞之，人情協附，上下帖然。而樞密使秦檜、知樞密院事沈與求意以握兵爲督府之嫌，奏乞置武帥。臺諫觀望，繼有請，乃以王德爲都統制，即軍中取酈瓊副之。公歸，以爲不然，奏論之，而瓊等亦與德有舊怨，與其下八人列狀訴御史臺。乃命張俊爲宣撫使，楊沂中、劉錡爲制置判官以撫之。此軍自聞王德爲帥，往往懷疑，而酈瓊遂陰有異志，唱摇其間。八月八日，瓊等舉軍叛，執呂祉以行，欲渡淮歸劉豫。祉不肯渡，詈瓊等，碎齒折首以死。公遂引咎，力求去位。上不得留，因問可代者。公辭不對。上曰：「秦檜何如？」公曰：

「近與共事，始知其暗。」上曰：「然則用趙鼎。」遂令公擬批召鼎。既出，檜謂公必薦己，就閤子與公語。良久，上遣人促進所擬文字，檜始錯愕而出。後反謂鼎：「上召公，而張丞相遲留，至上使人促，始進入。」檜之交諜類此。公本以檜靖康中建議立趙氏，不畏死，有力量，可與天下事，而一時仁賢薦檜尤力，公遂推引。既同朝，始覺其顧望包藏，故臨行因上問及之。

先是，公遣人賫手榜入僞地云：「劉豫本以書生被遇太上皇帝，曾居言路。主上嗣極，擢守鄉郡。當山東之要衝，任濟南之委寄，眷禮殊厚，責望至深。俄聞率衆以請降，旋乃失身而據位。諒亦迫於畏死，姑務偷生。如能誘致金人，使之疲弊，精兵健馬，漸次消磨，茲誠報國之良圖，亦爾爲臣之後效。更須愛惜民力，勿使傷殘。儻或永懷異心，自致顯戮，豈惟皇天后土有所不容，抑恐義士忠臣終懷憤疾。」金虜用事者見此榜，已疑豫。八月，豫聞王師欲北向，遣韓元英告于虜，謂南寇張某總領烏合之兵，或逼宿亳，或窺陳蔡，或出襄陽，增修器甲，趣辦軍裝，其志不小。先起制人，後起制於人，欲乞兵同舉。虜得此報，謂豫真欲困己，益疑之。會瓊等叛去，公復多遣間散持蠟書，故遣之。大抵謂豫已相結約，故遣瓊等降，而豫又乞兵于虜。十月，虜副元帥兀术徑領兵來廢豫，惜其機會之來，公已去位矣。

蓋公以九月五日得請，授觀文殿大學士、提舉江州太平興國宮。左司諫王縉奏乞留公，即日補外。都官郎中趙令衿繼上疏，亦罷去。而御史中丞周秘、殿中侍御史石公揆、右正言李誼交章詆公未已，旋落職，以朝奉大夫、秘書少監分司西京，永州居住。於是趙鼎復當國，而車駕自江上還臨安矣。

公出任國事，每以不得從容盡子職爲念。及既去國，太夫人以公退處，欣然從之。八年二月，抵永，左右侍旁，凡所以順承親意者無不曲盡。太夫人安之，不知其爲遷謫也。然公自以爲上遇我厚，雖流離遠屏，亦未嘗一念不在朝廷。作草堂旁近，以奉版輿游歷，命以「三省」，爲文紀之曰：「予作堂於寓止客館之東隅，僅庇風雨，取曾子三省之目以名之。其省謂何？思吾之忠於君、孝於親、修於己者恐或未至也。士大夫學聖人之道，當求所以通天人之際。予之三省，將有進於斯而愧其未能也。」則公之所深省而自得者遠矣。

是歲秦檜已得政，始决屈己和戎之議。九年正月，詔書至永。公伏讀恐懼，寢食不安，移書參知政事孫近，大略曰：「魯仲連不尊秦爲帝，且云連寧有蹈東海而死，蓋知帝秦之禍遲發而大。况我至讎深隙，乃欲修好而幸目前少安乎。異時歲幣求增而不已，使命絡繹以來臨，以至更立妃后，變置大臣，起罷兵之議，建入覲之謀，皆或有之矣。某是以伏讀詔書，不覺戰汗。幸公深思，密以啓沃。」又聞故人李光自洪州召入政府，復以此意移書抵之，懷不自已。又具劄子以奏曰：「恭睹詔書之頒，再三伏讀，通夕不寐。今日事之虚實姑未論，借令虜中有故，上下分離，天屬盡歸，河南遂復，我必德其厚賜，謹守信誓。將來人情益解，士氣漸消，彼或内變既平，指瑕造隙，肆無厭之欲，發難從之請，其將何詞以對？顧事理可憂，有甚於此者。陛下焦心勞慮，積意兵政，精誠感格，將士漸孚。一旦北面事虜，聽其號令，游談之士取功於一時，忠勛之臣置身於無用，小大將帥，孰不解體？陛下且欲經理河南而有之，臣知其無與赴功而共守者矣。今從約之遽，肆赦之速，用世儒之常説，答猾虜之詭秘，措置失緒，不勝寒心。願陛下思宗社之計，圖恢復之實，逼之以大勢，庶乎國家可得而立。臣罪戾之餘，一意養親，深不欲論天下事。顧惟利害至大至重，不忍緘默，以負陛下之知。惟陛下留意。」

二月，以大霈復宣奉大夫，提舉臨安府洞霄宫，任便居住。公復具劄子曰：「竊惟今日事勢處古今之至難，一言以斷之，在陛下强勉圖事而已。陛下進而有爲，則其權在我，且順天下之心。間雖齟齬，終有莫大之福。陛下退而不爲，則其權在敵，且咈天下之心。今雖幸安，後將有莫大之憂。夫在彼者情不可保，在我者心不可失。外徇敵國，内罹實害，智者所不爲也。仰惟聖慈深計審慮，茂圖大業，永福元元。」又自作謝表云：「敢不專精道學，黽勉身修。求以事親，方謹晨昏之養；庶幾報國，敢忘藥石之規！」視此，則公許國之忠爲如何哉！

居旬日，又具劄子曰：「自陛下回駐臨安，甫閲歲時，聖心之所經營，朝論之所商榷，專意和議，庶幾休息，莫不幸其將成矣。臣嘗不寐以思，屈指而計，虜人與我讎釁之深，設心措意，果欲存吾之國乎，抑願其委靡而遂亡也。臣意其力弱未暇，姑借和以怠我之心。勢盛有餘，將求故以乘吾之隙。理既甚明，事又易見，然則紛紛異議可端拱而决矣。料虜上策，還梓宫、復母后，輿地來歸，不失前約，結歡篤好，以怠我師。遲之數年，兵無戰意，然後遣一介之使，持意外之詔，假如變置大臣，更立妃后，將何以塞請？虜出中策，則必重邀求、責微禮〔一〕，失約爽信，近在期年，中原之地，將有所付。如梁武之立北魏王顥者，尚庶幾於前。虜出下策，怒而興師，直臨江表，勢似可愕，而天下之亂或從此而定矣。」

是月，復資政殿大學士、知福州，兼福建路安撫大使。公以太夫人念鄉，不欲東去，力辭至再三。四月，公念前論講和事未蒙開納〔二〕，又具劄子曰：「竊惟陛下建炎初載嘗歷大艱，天意至深，益彰聖德。前事不忘，後事之鑑。伏願亟收人心，務振士氣，權勢專制，操縱自我，外之醜虜，曷發敢侮之謀；内之群帥，益堅盡節之志。天下國家，我所自定；宋之社稷，永永無窮。夫理有近利，亦有深憂。有天下者，當審機會、度人情、斷大義，持柄握權，不以與敵。腐儒寡能遠見，事至而悔，將何及焉。况夫今日事機尚可，因權適變，速於救藥。惟望聖慈斷以無疑，則天下幸甚！」

八月，聞虜遣使來，以詔諭爲名，則又具奏曰：「臣近者累輸瞽説，仰瀆聖明，誠以憂君過慮，不能自息。竊惟天下之事，有置必有廢，有與必有奪。虜以詔諭爲名，持廢置與奪之大柄。且其蓄謀起慮，欲以沮人心、奪士氣而坐傾吾國。臣之所憂，不但目前也。劉先主曰濟大事以人心爲本，此存亡之大計。願陛下考臣前後所奏，留神毋忽焉。」

福州之命既累辭不獲，公念時事多虞，惟在近或可以補報萬一，遂受命而東。九月至閩中，閩素號健訟難治，公謂人心一也，正由臨民者先有逆詐億不信之心，是以不能感格。入境，一切諭以義理，飭守令誠意民事，令鄉里長老知書者率勸後生，及强悍者無爲鄉黨羞，民皆感仰。每出，觀者至升屋登木如堵墻。

十年正月，上遣中使撫問，公附奏謝，且曰：「願陛下全養精神，剛大志氣，惟果惟斷，見幾見微，察强弱於言辭之際，轉禍福於談笑之間，無使噬臍，爲天下笑。」

時虜中變盟約，復取河南。公奏曰：「臣竊念自群下决回鑾之議，國勢不振，事機之會失者再三。向使虜出上策，還梓宫，歸兩殿，供須一無所請，宗族隨而盡南，則我德虜必深，和議不拔，人心懈怠，國勢寖微。異時釁端卒發，何以支持？臣知天下非陛下之有矣。今幸上天警悟，虜懷反復，士氣尚可作，人心尚可回。願因權制變，轉禍爲福，用天下之英才，據天下之要勢，奪敵之心，振我之氣。措置一定，大勛可集。臣又有臆見，當燕山新復，朝廷恃郭藥師爲固。一旦醜虜敗盟，藥師先叛。何則？賣國無耻之人，本無它長，難與共事。願陛下每以爲鑑，制御於早無忽。」繼聞淮上有警，連以邊計奏知，又條畫海道舟船利害。上嘉公之忠，遣中使奬諭。公時大治海舟至千艘，爲直指山東之計，以俟朝命。在郡細大之務必躬必親，人人感悦，和氣薰然，訟事清簡。山海之寇招捕無餘，間引秀士與之講論，閩人化之。

十一年三月，劉錡大破兀朮於順昌。錡本晚出，公一見關陝，奇之，即付以事任，錡亦感慨自立。公歸，薦之上，謂錡才識諸將莫及。而一時輩流嫉其材能出己右，百計沮遏。公既平湖寇，即薦知岳州。已而召赴行在，左右扶持，付以王彦軍，且擢爲騎帥。至是，錡竟以所部成大功。方欲進兵乘虜虚，而檜召錡還矣。錡還朝，上見之，首曰：「張某可謂知人。」檜遣郎官蓋諒來諷公，使附其議，當即引公爲樞密使。公答檜書歷言和不可成，虜不可縱，且面爲諒言。諒歸，檜怒。時幕將等歸自虜，朝廷復遣劉光遠等奉使，而公亦力請祠奉親矣。

十一月，除檢校少傅、崇信節度使，充萬壽觀使，免奉朝請。去福之日，軍民送者咨嗟號泣，相屬於道。公以蜀遠朝廷，不欲徑歸，遂奉太夫人寓長沙。十二年，太母鑾輅來歸，制封公和國公，具劄子以賀，且曰：「與或爲取，安必慮危。夫惟務農而强兵，乃可立國而禦侮。願勤聖慮，終究遠圖。」公恐太夫人念歸，乃即長沙城之南爲屋六十楹以奉色養，太夫人安焉。築堂榜曰「盡心」，親爲之記，大意欲益求所以盡心於君親者。居間玩意六經，考諸史治亂得失，益思前事之機微，憂時之志，一飯未嘗忘也。檜既外交仇讎，罔上自肆，惡嫉正論，諱言兵事，自以爲時已太平，日爲浮文侈靡，愚弄天下，獨忌公甚。中丞万俟卨希檜旨〔三〕，論公卜宅僭擬，至倣五鳳建樓，上不以爲然。檜遣朝士吴秉信以使事至湖南〔四〕，有所案驗，且以官爵誘之。秉信造公，見其居不過中人常産可辦，不覺嘆息，反密以檜意告公而歸，且奏其實。檜黜秉信。

十六年，公念檜欺君誤國，使災異數見，彗出西方，欲力論時事，以悟上意。又念太夫人年高，言之必致禍，恐不能堪。太夫人覺公形瘠，問故。公具言所以，太夫人誦先雍公紹聖初對方正策之詞曰：「臣寧言而死于斧鉞，不忍不言而負陛下。」至再至三，公意遂決。乃言曰：「臣聞受非常之恩者圖非常之報，拯焚溺之急者乏徐緩之音。竊惟當今事勢，譬如養成大疽於頭目心腹之間，不決不止。決遲則禍大而難測，決速則禍輕而易治。惟陛下謀之於心，斷之以獨，謹察情僞，豫備倉卒。猶之奕棋，分據要害，審思詳處，使在我有不可犯之勢，庶幾社稷有安全之理。不然，日復一日，後將噬臍，異時以國與敵者反歸罪正議。此臣所以食不下咽，不能一夕安也。儻非陛下聖德在人，獲天地之祐，承祖宗之慶，有以照察其心，臣亦何所逃罪。」事下三省，檜大怒。

時公又以天申節手寫尚書無逸篇具劄子爲賀曰：「臣嘗潛心聖人之經，有可以取必於天，膺大福，獲大壽，決然無疑者，輒輸丹誠，爲陛下獻。臣伏考周公無逸篇，商王中宗『嚴恭寅，畏天命，自度，治民祗懼，不敢荒寧』，高宗『嘉靖商邦，至於小大，無時或怨』，周文王『自朝至於日中昃，不遑暇食，用咸和萬民』，『不敢盤于游田，以庶邦惟正之供』。三君者，非獨身享安榮，而有國長久，後世莫加焉。商自祖甲之後，立王生則逸，不知稼穡之艱難，不聞小人之勞，惟耽樂之從。是以罔或克壽，或十年，或五六年，或四三年。天道昭然，其應如響。古之聖人以一身莅天下，惠澤四海，無不如意，未嘗少有憂懼退怯之懷。凡以天道可必，吾無愧歉于心而已。臣不勝臣子祝頌之誠，願陛下兢兢業業，勉之又勉，永堅此心，以奉天道。天之所以報吾君者，宜如何哉！」

七月，檜命臺諫論公，章四上。上以特進、提舉江州太平興國宮，連州居住。樊川周勣者，氣義人也。自公貶永，即來相從。公帥福唐，辟爲屬。公來長沙，勣亦從居焉。檜累書招勣不得，恨之，乃謂公與勣誹謗時事，亦削勣官，竄封州。公被命即行，自夫人以下皆留侍，獨挈子侄往。太夫人送之曰：「汝無愧矣，勉讀聖人書，無以家爲念。」公至貶所，月一再遣人至太夫人所。日夕讀易，精思大旨，述之於編，親教授其子栻。連爲州，景物甚勝，暇即策杖游歷。連人愛重公，争持肴果以迎，所至必爲曲留終日。時檜益肆凶焰，遷謫者不絶于道，四方觀望。公處之恬然，形氣益充實，太夫人亦安居長沙。公在連作四德銘以示其人曰：「忠則順天，孝則生福，勤則業進，儉則心逸。」連人相與鑱之於石，家傳人誦焉。己巳歲，嶺南瘴疫大作，日色晝昏。官于連者，自太守而下死凡數人，郡人無不被疾，哭聲連巷，鄉落至有絶爨者。公和藥拯之，病者來請，日至千餘人。惟公家下至僕厮無一人告病，過者咨嘆，莫不以爲天相忠誠也。

居連凡四年，二十年九月，移永州。湖湘之人見公歸，喜甚，争出迎。望見公所養勝前，退皆嘆息相賀。公遣人迎太夫人，以次年四月至永，母子相見，强健如初。永舊所嘗居，人情尤相安，而公兄徽猷公遽以疾終。方公官於朝及在貶，徽猷公常留太夫人左右，悦適其意，太夫人鍾愛之。至是悲惻殆不能爲懷，雖公解釋備至，太夫人亦年高多疾矣。蓋公去國至是幾二十年，退然自修，若無能者。而天下士無賢不肖莫不傾心，武夫健將言公者咨嗟太息，至小兒婦女，亦知天下有張都督也。虜人憚公尤甚，歲時使至虜中，其主必問公安在。方約和時，誓書有「不得輒更易大臣」之語，蓋懼公復用云。

至是秦檜寵位既極，老病日侵，鄙夫患失之心無所不至，無君之迹顯然著見。意欲先剪除海内賢士大夫，然後肆其所爲。尤憚公爲正論宗主，使己不得安，欲亟加害，命臺臣王珉、徐嘉輩有所彈劾，語必及公。至彈知洪州張宗元文，始謂公國賊，必欲殺之。有張柄者，嘗奏請令檜乘金根車，其死黨也，即擢知潭州。汪召錫者，娶檜兄女，嘗告訐趙令衿，遣爲湖南提舉官，俾共圖公。又使張常先治張宗元獄，株連及公。以爲未足，又捕趙鼎子汾下大理獄，備極慘酷，考掠無全膚，令自誣與公及李光、胡寅等謀大逆。凡一時賢士五十三人，檜所惡者，皆與獄上。會檜病篤，不能書判以死。時紹興二十有五年也。

上始復親庶務，先勒檜子熺致仕，盡斥群凶，公迹稍安，而太夫人遽薨。有旨復公職觀文殿大學士，除判洪州，公已在苫塊矣。哀苦扶護，以治命當歸葬雍公之兆，奏請俟命長沙。獨念天下事二十年爲檜所敗壞，人心士氣委靡銷鑠，政事無綱，邊備蕩弛，幸其一旦隕斃，當汲汲惟新令圖，而未見所以慰人望者。且聞完顔亮篡立，勢已驕豪，必將妄舉，可爲寒心。自惟大臣義同休戚，不敢以居喪爲嫌，五月，具劄子曰：

「臣夙負大罪，自謂必死瘴癘之地。仰惟陛下優容之，矜憐之，保全之，死骨復生，盡出聖神之造。自今以往，皆已死之日，而陛下實生之。臣今雖居苫塊中，安敢恝然遂忘陛下恩德，且顧惜一己而默不出一言，庶幾有補萬一哉。惟陛下察其用心，恕之而已。

臣聞自昔忠臣事君莫不欲其主之聖，莫不欲其主之名顯日月，功蓋宇宙。彼知夫國家安榮，則其身亦與有安榮，故犯顔逆指而不敢辭也。奸臣不然，惟利是圖，不復它恤。導君於非，使重失天下之心，而陰肆其邪志。始則曲意媚順，而欺蔽人主之聰明，終則專事擅權，而潛移生殺之大柄。迹其包藏，有不可勝言者矣。然而身滅家亡〔五〕，族覆世絕，見於史册，歷歷可考。天下後世視之，曾犬豕之不若。彼誠果何所利耶？惜乎至愚而莫之思也。

日者陛下法乾之剛而用以沉潛，施設中幾，天下四夷孰不畏服？是臣可言之秋也。臣疏遠，不復預聞朝廷幾事，而伏自思念今日事勢極矣，陛下將拱手而聽其自然乎，抑將外存其名而博謀密計，求所以爲長久歟？臣誠過慮，以爲自此數年之後，民力益竭，財用益乏，士卒益老，人心益離，忠臣烈將淪亡殆盡，内憂外患相仍而起，陛下將何以爲策？方祖宗盛時，嘗與虜通和，惟力敵勢均，而國家取兵於西北，取財於天下，文武之才世不乏人，是故得以持久。而百四十年之後，靖康大變，事出不意，禍亂之大，亘古所無。論者猶恨夫恃和爲安而不自治之失。今天下幾何？譬之中人之家，盜據其堂，安居飽食其間，而朝夕陰伺吾隙，一日之間，其舍我乎。然則陛下不可不深思力圖於此時也。

或謂虜嘗有弑立之舉，夫弑立之人，天地所不容，人情所甚惡。誠能任賢選能，修德立政，斷然爲吾之所當爲，口不絕和而實以勢臨之，彼必有瓦解之憂。借使虜不量度，輕爲舉動，第堅壁清野以持之，明示逆順，其衆自離，虜之危亡可立而待。何則？人心必不肯附逆而忘順。假之五七年，而虜之君臣之分定，彼國有人得柄用事，雖有賢智，莫知爲陛下計矣。願陛下精思審謀，無忘朝夕，無使真有噬臍之嘆。夫約和衰弱之時，謂不能久，而强虜之變荐生於内，是天贊陛下。違天不祥，陛下其承之！

臣聞人主之俯仰天地間，所以自立其身者，不過『忠孝』二字。此天下之大義，不可須臾少忽也。而臣行負神明，孤苦餘生，親養已無所施矣。事有大義所當爲者，不過盡忠於陛下。顧雖頭目手足有可捐棄而爲陛下用者，所不當顧惜。而況親逢聖明，極力保全，恩德至大，使臣有懷私顧己、匿情慮禍之心，則是陛下不負臣，臣實負陛下，天地鬼神，其肯容之哉！是以不顧嫌疑，不避鼎鑊，不恤讒毁，爲陛下陳之。陛下勿謂軍民之心爲可忽，忠良之言爲可棄。夫治天下譬如槃水，一决而潰，有不可收拾者矣。陛下其念之哉。

臣行年六十，死亡無日，非若紛紛互持和戰之説，惟恐其説之不勝而身之不獲用，貪目前之得，忽久遠之圖。臣知爲陛下國家計耳。陛下安榮，臣亦預有安榮，臣之自謀，亦豈有不審耶。幸未即隕，得終禮制。陛下不以臣爲愚而卒棄之，願陛下許臣居嚴、婺間，優游養痾，爲陛下謀畫心腹之臣，以畢愚盡忠，庶幾有補萬一，臣之志願足矣。惟陛下廓乾坤之度，以精求天下之賢，無忘祖宗國家之耻，父兄宗族之讎，盛德大業，昭著後世，臣猶幸及見之。」

繼被朝命，以太夫人之喪歸蜀。八月，行至荆南，會以星變詔求直言。公念虜數年間勢决求釁用兵，吾方溺於宴安，謂虜可信，蕩然無備，沈該、万俟卨據相位，尤不厭天下望，朝廷益輕。顧伏在苫塊，經歷險阻，死亡無日，不得爲上終言之，懷不自安，乃復奏曰：

「臣受陛下更生大恩，今至憂迫身，涉險萬里，常恐一旦死填溝壑，終無以仰報萬一。思以展盡所懷，瞑目無憾。臣嘗病世儒牽於戰和異同之説，而不知實爲一事。或者竊儒爲奸，不知經史之心，切切焉利禄是圖，而有以欺惑陛下之聽也。又其甚，則大奸大惡挾虜懷貳，以自封殖其家，簧鼓曲説，愚弄天下，敢畢陳之。

臣聞天地之大德曰生，而天地生物之功，本於秋冬。蓋非嚴凝之於秋冬，則無以敷榮之於春夏。然則秋冬之嚴凝，乃生物之基也。在萃之象曰：『除戎器，戒不虞。』泰之九二爻辭曰：『包荒用馮河。』泰、萃之世，聖人謹於武備如此，謂不如是不足以生物而行其心也。況時方艱難，而可忽略不省，啓大禍于後，反謂是爲得哉。

若夫一時之和，則亦聖賢生利天下之權矣。商湯事葛矣而終滅葛，書曰『湯一征，自葛始』；周太王避狄矣，築室于岐，未幾謀以却敵，詩曰『乃立冢土，戎醜攸行』；文王事昆夷矣，卒伐之，詩曰『昆夷駾矣，維其喙矣』；越勾踐事吴矣，坐薪嘗膽，竟以破吴，越語曰『越十年生聚而十年教訓』。彼皆翕之乎始而張之乎終，汲汲乎德政修立而以生利爲心，未嘗恃和爲安，自樂其身而已也。漢高祖與項羽和，羽歸太公，吕后割鴻溝以西爲漢，東爲楚。良、平進言：『今楚兵罷食，盡釋而弗擊，是養虎自遺患也。』漢王從之，卒成大業。漢文帝與匈奴和，曾無間歲之寧。漢文全有天下，謂可和以息民〔六〕。方是時，百姓猶不免侵凌之苦，至武帝始一大征伐之。其後單于來朝，漢三百年間用以無事。唐太宗初定天下，有渭上之盟。未幾，李靖之徒深入沙漠之地，犁其庭，係其酋，海内始安焉。兹豈非以和爲權而亦得之哉。

若夫石晉之有天下則不然，取之非其道，謀之非其人。桑維翰始終於和，其言曰：『願訓農習戰，養兵息民，俟國無内憂，民有餘力，觀釁而動，動無不成。』若有深謀者。然考其君臣所爲，名實不孚于上下。朝廷之上，專務姑息，賞罰失章，施設繆戾，權移於下，政私於上，無名之獻，莫知紀極。一時用事方鎮之臣，往往昏於酒色，厚於賦歛，果於誅戮以害於百姓，朝廷莫知所以御之。所謂訓農習戰，養兵息民，略無實事。維翰所陳，殆爲空言，姑欲信其當時必和之説以偷安竊位而已。契丹窺見其心，謂晋無人，須求凌侮，日甚一日。後嗣不勝其忿，始用景延廣之議，僥倖以戰，而不知其荒淫怠傲，失德非一日，天下之心已離，天下之勢已去，天下之財已匱。延廣不學，不知行聖賢之權，亟思所以復其心、立其勢、强其國，急於兵戰之争，事窮勢極，數萬之師無一夫爲之發矢北向者，至今爲天下嗤笑。言君臣委靡不振，服役夷狄者，必曰石晋云。

仰惟陛下聰明聖智，孝心純一，即位以來，簡用實才，虜人聞風而畏之，於是有議和之事。陛下以太母爲重，且幸徽宗皇帝梓宫之亟還，和之權也。不幸用事之臣貪天之功，肆意利欲，乃欲剪除忠良，以聽命於虜，而陰蓄其邪心。方國家閒暇之時，怠傲是圖，德政俱廢，而專於異己之去，意果安在哉。夫虜日夕所願望者，欲我之忠良淪没耳，欲我之盡失天下之心耳，欲我之將士解體，其氣不復振作耳，欲我之懷於宴安以甘于酖毒耳。前日用事者一切徇其所甚欲而畢爲之，不幾乎與虜爲地歟。身死之日，天下酌酒相慶，不約而同。下至田夫野老，莫不以手加額。其背天逆人，不忠于君，而天下之心重惡之如此。

且彼曾不思虜之於我，其愛之而和乎，其有餘力而肯和乎？其國中亦有掣肘之虞而和乎，其欲圖之於後而和乎？臣謂虜有大讎大怨，不可復合，譬夫一葉之分。今日之和，必其酋帥携離，人心睽異，姑爲此舉，以息目前。而圖回江淮以去除後患之心，其中未嘗一日忘也。惜夫昏庸奸賊之人豢於富貴，闇於政事，曾無尺寸之效以上報於國家，毫髮之惠以下及於百姓，分列黨與，布在要郡，聚斂珍貨，獨厚私室，爲身謀，爲子孫謀，而不知爲陛下謀，不知爲國家天下謀，坐失事機者二十餘年，誤陛下社稷大事。有識之士，誰不痛心！

且夫賢才不用，政事不修，形勢不立，而專欲責成受命於虜，適足以啓輕侮之心而正墮其計中。魯仲連所謂『彼將有所予奪，梁王安得晏然乎』，而甚可痛恨者也。敵國之人何自而畏，敵國之心何自而服，敵國之難何自而成？遲以歲月，百姓離心，將士喪氣，亦危亡而已矣。

臣願陛下鑒石晋之敗而法商湯、周太王、文王之心，用越勾踐之謀，考唐、漢四君之事，以保圖社稷。深思大計，復人心，張國勢，立政事，以觀機會。未絕其和，而遣一介之使與之分別曲直逆順之理，事必有成。臣不孝之身，親養已絕，含毒忍死，其亡無日，徒能爲陛下言之而已。又伏思祖宗之德在天下，至大至厚，太平之治，多歷年所，三代盛時，有不能及。恭惟皇帝陛下稟乾剛之資，輔以緝熙之學，何爲而不成，何治而不致？願陛下充其志氣，擴其聰明，必使清明在躬，如太虚然，惟是之從，以選賢才，以修德政，以大基業，天下幸甚！」

又以所著否泰卦解義進之，奏曰：「臣往待罪相位，陛下賜臣親書周易否、泰二卦辭。其後臣謫居連山，益遠天日，葵傾之心，不能自已。遇朔望，必取再拜伏讀。竊不自揆，爲二卦訓釋。久欲獻之，以備乙鑒，而負罪積畏，無路上達。今謹繕寫，昧死以進。顧坐井之見，豈足以仰補萬一。惟臣子愛君之誠，則不能自已焉。竊惟易謹君子小人之辨，而二卦則其效之尤深切著明者也。其事則本諸一心，惟陛下留神。」

上付前奏三省，宰執沈該、万俟卨〔七〕、湯思退等見之大怒，以爲虜初未有釁，歲時通問，不翅如膠漆，而公所奏，乃若禍在年歲者，或笑以爲狂。臺諫湯鵬舉、凌哲聞之，章疏交上，謂公方歸蜀，恐摇動遠方。有旨復令永州居住，候服闋日取旨。公自扶護西歸，抵綿竹，即卜日治太夫人葬，附雍公之兆。賓客紛至，自朝及夕，哭泣應接不少倦。子侄交諫尊年不宜致毁，而公孝誠自天，不能已也。太夫人既葬十日而謫命至，且有朝旨促迫甚急。公即日就道。服闋得旨，落職，以本官奉祠，居永。公自爲表謝曰：「念君臣雖分於異勢，而利害寔係於同舟。」其憂國之誠拳拳不捨蓋如此云。公自是不復接賓客，日紬繹易、春秋、論、孟，各爲之説，夜則閲司馬氏通鑑。如是者又四年，而宇文夫人亦終焉。

自庚辰秋冬，朝廷頗聞虜有異志，公卿大夫下至軍民無不内懷岌岌，日願公還相位，表疏不絕。三十一年春，有旨令公湖南路任便居住。時臨安積陰，命下之日，廓然清明，上下欣悦。公歸至潭。五月，奉欽宗諱，號慟至不能食。又聞虜有嫚書，不勝痛憤，上奏曰：「孝慈皇帝訃自北來，又聞逆虜兵動，凡爲臣子，孰不痛憤！臣往叨任使，孤負眷知。主憂臣辱，主辱臣死，無所逃罪。臣又度今日虜勢決無但已，九月十月之間，必有所向。願陛下與大臣計議，早定必守必戰之策，上安社稷。」未幾而亮兵大入，中外震動。十月，復公觀文殿大學士、判潭州。時虜騎跳梁兩淮，王權兵潰，劉錡引歸鎮江，兩淮之人奔迸南來，沿江百姓荷擔而立。遂改命公判建康府、兼行宫留守，金書疾置，敦促甚遽。長沙在遠，傳聞不一，人人危懼。公被命明日，即首途曰：「吾君方憂危，臣子之職，戴星而趨，猶恐其緩。」至岳陽，遇大雪，亟買小舟，冒風濤、泛長江而下，且欲經歷諸屯，慰接將士。未至鄂，有士大夫自江東來者云：「虜焚北采石，烟炎漲天，南岸人不復可立，公毋庸進也。」公愀然曰：「某被命即携二子來，正欲赴君父之急。今無所問，惟直前求乘輿所在耳。」長江是時無一舟行，獨公以小舟徑下，遭大風幾殆。北岸又近虜兵，從者憂惴甚，公不少顧。過池陽，聞亮被殺，然餘衆猶二萬屯和州。李顯忠兵在沙上，公渡江往勞，以建康激賞犒之。一軍見公，以爲從天而下，歡呼增氣。虜諜報惴恐，一二日遁去。顯忠乘士氣鋭追之，多所俘獲。

公至建康，奏乞車駕早來臨幸。聞已進發，乃督官屬治具，不半月而辦，風采隱然，軍民恃以安。上至建康，公迎見道左。衛士見公，至以手加額，無不喜公復用，而悲公久處瘴癘，形容之瘠也。車駕入行宫，首引公見，問勞再四。公頓首謝上更生骨肉之賜，且曰：「方秦檜盛時，非陛下力賜保全，無此身矣。」上亦爲之慘然曰：「檜之爲人，既忌且妒。」後六日，再引對，公奏：「國家譬如人之一身，必元氣充實，然後邪不能干。朝廷，元氣也。今邪氣得以干犯，必是元氣之弱，或汗或下。邪氣固暫退，然元氣不壯，邪再干之，恐難勝任。用人才、修政事、治甲兵、惜財用，此皆壯元氣之道。」上改容開納。

時車駕將還臨安，欲付公以江淮之事。已而中止，更留御營宿衛使楊存中，俾專措置。臨發，復引公對。公奏：「陛下當京城阽危之際，毅然請使不測之虜，後復受任開元帥府，以孤軍當虜鋒。當是時，不知陛下之心還知有禍福生死否？」上曰：「朕爾時一心家國，豈知有禍福？豈知有死生？」對曰：「是心乃天心也。願陛下試反此心而擴充之，何畏乎虜賊！」上首肯焉，且勞公曰：「朕待卿如骨肉，卿在此，朕無北顧之憂矣。卿久在謫籍，聞甚清貧，郊祀合得奏薦及封邑當盡以還卿。」繼遣内侍賜公黄金及象筦筆，公皇恐不敢辭。秦檜二十年間所以譖公者無所不至，有臣子所不忍聞者。獨賴上主張，不至死地。至是上見公辭和氣平，無淹滯之嘆，而温乎忠愛之誠，爲之感動，對輔臣嘉美再三。

車駕既還，或有勸公求去者。公念舊臣它無在者，而國家多虞之際，人心尤以己之去就爲安危，不忍舍而遠去。日治府事，細大必親。時虜騎雖去，人情未安，朝廷賴公屹然增重。兩淮之兵渡江歸息，而奔走瘡痍之餘，重以疫癘，自三衙諸軍皆留建康，死者日數十人。公親爲分課醫工，置曆診候，自帥司給藥餌及它費，遣官屬監示。至日暮，公親視曆，考其勤惰得失而賞罰之，全活甚衆。

四月，楊存中罷。公被旨兼措置兩淮，繼兼節制建康、鎮江府、江、池州、江陰軍駐屯軍馬。時虜以十萬衆圍海州甚急，鎮江都統制張子蓋提兵在淮上，欲前救。聞當受公節制，士氣十倍。而公受命之日，亦即爲書抵子蓋，勉以功名，令出奇乘虜弊。子蓋率兵力戰，大破虜衆，得脱歸者無幾。公謂去歲淮上諸軍奏功例不以實，有功者擯不録，而庖人厮役悉沾濫賞，輕名器、耗財用、亂紀綱，使軍士不復知所勸激。奏：「今海州上功當有以深革其弊，使可爲後法。」於是令諸大將戰勝則命統制官以下至旗頭押擁隊公共保明，限三日申。稍有謬僞，重置典憲。

公德威表著，將士望風畏愛。至是復總兵權，當軍政二十年廢弛之後，問疾痛、恤勞苦、撫孤遺、禁刻剥，勉將士俾知忠順，於是人人勉勵，慨然有趨事赴功之志。公念軍籍日益凋寡，中原之人久困腥羶，思慕我宋，欲因兹時，乘虜事力未强，頓兵淮甸要處，以招集忠義來歸之人，内以壯軍勢、實曠土，外以讋虜情、系人心。奏曰：「虜人退兵之後，士馬物故幾半，飲馬長江之志固未敢萌也。而用事群酋人各有心，日夜備具，似有欲窺淮甸之謀。先事預圖，理不可緩。我之甲兵方之西北之士，所存無幾，而又去歲捍禦大敵，傷折逃亡，繼以病死十亦四五，馬固同之。以今歲事力比量酌度，夫人而知其爲弱也。議者或欲弭兵息民，以治在我，此説近是也。誠恐虜之圖事未肯但已，一旦倉卒，何以待之？又况補集將士，必資西北之人，能戰忍苦，方爲可仗。然則乘機及時，内堅守備，外疑敵心，左牽右制，使之首尾奔趨，人情摇動，斯爲成算，不可忽也。淮甸要處，我不先圖，異日强虜起侮渡淮，先據形勢，則事有難處者矣。」

又奏曰：「臣體訪得東北今歲蝗蟲大作，米價踴貴，中原之人極艱於食。欲乞朝廷或撥米糧〔八〕，或錢物，付臣措置，招來吾人。人心既歸，虜勢自屈。」

公又以淮楚之人自古可用，乘其困擾之後，當收以爲兵，又奏曰：「兩淮之人素稱强力，而淮北義兵尤爲忠勁，困於虜毒亦已甚矣。讎虜欲報之心，蓋未嘗一日忘也。特部分未嚴，器甲不備，雖有赤心，不能成事。自强虜恣爲殘虐，十室九空，皇皇夾淮，各無所歸。臣恐一旦奸夫鼓率，千百爲群，别致生事。謂可因其憤嫉無聊之心而招集之，欲置御前萬弩營，募民强壯、年十八以上、四十五以下堪充弩手之人，并不刺臂面，以御前强弩效用爲名，各給文帖，書寫鄉貫、居住之處及顏貌、年甲、姓名，令五人結一保，兩保爲一甲，十甲爲一隊，遞相委保，有功同賞，有罪同罰。於建康府置營寨安泊。」詔皆從公請。公即下令曰：「兩淮比年累被荼毒，父子兄弟夫婦殺傷虜掠，不能相保。今議爲必守之計，復恥雪怨，人心所同。有願充者，宜相率應募。至於淮北久被塗炭，素懷忠義，欲報國恩，亦當來歸，共建勳業。」於是兩淮之人欣然願就，率皆强勇可用。公親訓撫之，又奏差陳敏爲統制。敏起微賤，聲迹未振。公擢於困廢中，感激盡力圖報，未幾成軍。方召募之初，浮言鼓動，欲敗成績。數月間，來應者不絶，衆論始定。

公謂虜長於騎，我長於步，制騎莫如弩〔九〕，衛弩莫如車，乃令敏專制弩治車。又謂三國以後，自北窺南，未有不由清河、渦口兩道以舟運糧。蓋淮北廣衍，糧舟不出於淮，則懼清野無所得，有坐困之勢。於是東屯盱眙、楚、泗以振清河，西屯濠、壽以扼渦、潁，大兵進臨，聲勢連接，人心畢歸，精兵可集。即具奏言之。又乞多募福建海船，由東海以窺登、萊，由清河窺淮陽。有旨下福建選募。張子蓋自鎮江來謁，公與之語，見其智識過人，謀慮精審，與圖規取山東之計。奏子蓋才勇而性剛氣直，願優容之。且乞益以精甲，資以財用，俾屯江淮〔十〕，措置招來。會今上即位，公首奏建康行宫當罷工役華采之事，據今所營，足備臨幸。有詔從之。

上自藩邸熟聞公德望，臨朝之初，顧問大臣，咨嗟嘆息。首召公赴行在，賜公手書曰：「朕初膺付託，以眇然一身，當萬幾之繁，夙夜祗懼，未知攸濟。公爲元老，被遇太上皇帝禮遇之久，群臣莫及。宜有嘉謀至計，輔朕初政。方今邊疆未靖，備禦之道實難遥度。思一見公，面議其當，使了然如在目中。繄公是望，公其疾驅，副朕至意。」公奏曰：「臣敢不以前日恪事太上皇帝之心事陛下。惟一其志，有隕無二。」遂就道。未至國門，敦促再四，至即引見。上見公，改容體貌曰〔十一〕：「久聞公名，今朝廷所恃惟公。」命内侍賜公坐，降問再四。公奏：「人主以務學爲先。人主之學本於一心，一心合天，何事不濟？所謂天者，天下之公理而已。人主惟嗜欲私溺有以亂之，失其公理。故必須兢兢業業，朝夕自持，使清明在躬，惟是之從，則賞罰舉措無有不當，人心自歸，醜虜自服。」上竦然曰：「當不忘相公之言。」公又奏：「今日便當如創業之初，宜每事以藝祖爲法，自一身一家始，以率天下。」公見上天錫英武，每言及兩朝北狩、八陵廢隔、兆民塗炭，讎耻之大，感痛形於詞色，因力陳和議之非，勸上堅志以圖事。制除公少傅，江淮東、西路宣撫使，節制建康、鎮江府、江、池州、江陰軍屯駐軍馬，進封魏國公。太上皇退處德壽宫，群臣希得進見，獨再引公，見輒移時。以秋防復往江上，留臨安旬日，中使問賜飲食等不絕，禮遇冠一時。

公舟行出國門，見蝗自北來，飛長數里，即具奏曰：「災異之起，必有所因。陛下即位之初，憂勞庶政，豈容有此？伏願益修欽畏，以答天心。抑天之愛陛下，殆將有以警勉於初，助成聖德也。更乞延見近臣，咨問時政，必使惠澤實及軍民。」先是，公謂新政以人才爲急，人才以剛正爲先，因疏當今小大之臣有經挫折而不撓，論事切直者凡十數人薦於上，且乞以閒暇時數引賢者自近，賜以從容，庶幾啓沃之間有所廣益。復薦陳俊卿、汪應辰可爲宣撫判官，有旨差俊卿。又奏前國子司業王大寶可備勸講論思，上遂命召大寶。公至江上，復奏曰：「直言不聞，非國之福。自秦檜用事，二十年間，誣以它罪，賊殺忠良，不知幾何人。願下明詔，以太上之意條具往以直言獲罪之人，各加恩施。其誣之以事而身已淪没，許本家開析事因，經朝廷雪訴，庶幾冤憤之氣得申今日。」又奏乞盡天下之公議以用天下之才。時洪邁、張掄使虜回，見公於鎮江，具言初到虜中，鎖之寓館，不與飲食，令於表中换「陪臣」字。公奏：「虜主恃强，彈壓諸國。今日之事，惟修德立政，寢食之間無忘此讎，上慰天心，下從人欲，不當復遣使以重前失。」

翰林學士史浩建議，欲築瓜洲采石城，上下公議。公謂：「今臨淮要地俱未措置，高郵巢縣家計亦復未立，而乃欲驅兵卒但於江干建築城堡，豈不示虜削弱，失兩淮之心，墮將士之氣？或有緩急，誰肯守兩淮者？不若先城泗州便。」上以公言爲然。浩已爲參知政事，力主初議，其餘公所措置，浩輒不以爲是。公以張子蓋可任，使鎮淮上，圖山東，而子蓋所陳，浩輒沮抑百端，至下堂劄詰責，又深遏海州之賞。公方招來山東之人，至者雲集，而浩不肯應副錢糧，且謂不當接納以自困。公奏乞上幸建康，而浩專欲爲懷安計。公治舟楫於東海，所圖甚遠，而浩輒令散遣。凡公所爲，動皆乖異，黨與唱和，實繁有徒。子蓋西人，負氣竟以成疾。公遣官屬勞問不絕，且乞上親喻之。上賜手書撫存備至，而子蓋卒不起，山東前所結約者皆失望。

浩遣其腹心司農寺丞史正志來建康，專欲沮招納事。公論奏曰：「竊惟國家自南渡以來，兵勢單弱，賴陝西及東北之人不忘本朝，率衆歸附，以數萬計。臣自爲御營參贊，目所親見，後之良將精兵，往往皆當時歸正人也。三十餘年，捍禦力戰，國勢以安。今一旦遽欲絕之，事有大不可者。此令一下，中原之人以吾有棄絕之意，必盡失其心，一也。人心既失，變爲寇讎，內則爲虜用，外則爲我寇，二也。今日處分既出聖意，將見淮北之人無復渡淮歸我者。人迹既絕，彼之動息無自而知，間探之類，孰爲而遣？三也。中原之人本吾赤子，今陷於虜者三十餘年，日夜望歸，如赤子之仰父母。今有脱身而來者，父母拒户棄絕之，不得衣食，於天理人情皆所未順，四也。自往歲用兵，大軍以奔疲疾疫死亡十之四五。陛下慨念及此，命諸將再行招募。若淮北之人不復再渡，所募之卒何自而充？五也。尋常諸軍招江浙一卒之費不下百緡，而其人柔脆，多不堪用。若非取軍淮北，則軍旅之勢日以削弱，六也。若果絕之，人心一失，大事去矣。國家所系，人心爲本。惟陛下恢廓聖度，同符天地，信順獲佑，其理必然。」上見之感悟，事得不罷。

正志又受浩旨，聚兩路監司守臣往瓜洲相度築壘事。及見公，恃其口辯，欲爲浩游説。公折以大義〔十二〕，正志乃愧恐不敢言。將行，公復謂之曰：「歸致意史參政，秦檜主和，終致誤國。參政得君，無蹈覆轍。」浩聞之悚然。時浩已遣使使虜，報登寶位。公奏：「陛下初立，方欲圖回恢復，而遽聞遣使，懼天下解體。前日洪邁虜中供伏事狀，尋聞虜酋備坐告喻嶺北諸國。虜借我和議之名以迫脅諸國類如此，願毋遣。」浩竟遣之，然虜計已行，亦竟責舊禮不納也。

十一月，有旨召宣撫判官陳俊卿及公子栻赴行在。公附俊卿等奏曰：「今日之事，非大駕親臨建康，則決不能盡革宿弊，一新令圖，鼓軍民之氣，動中原之心。臣自太上時，已爲此謀。蓋江南形勢實在於此，舍而不爲，未見其策。」又奏曰：「漢文帝初立，有司請早建太子，以尊宗廟，其爲天下國家計甚遠。願陛下留意焉。」公於九月中嘗具奏，以謂：「近聞吴璘之兵在德順曾未幾月，與虜大戰，不可不爲之深思也。使此虜得志於西，則氣焰必熾，脅制蕃漢，聚兵邊陲，迫我臣屬，事固難處。今持久不決，有大利害存焉。儻坐視不問，貽憂異時，非計之得也。當令兩淮之師虎視淮堧，用觀其變，而遣舟師自海道摇山東，及多遣忠義結約中原，疑惑此虜，使有左顧右眄之慮。而德順之師知我有牽制之勢〔十三〕，將士當亦賈勇自奮。」至是復令俊卿等力言之。時浩已發詔，命璘棄德順。蓋浩志專欲亟和，以自爲功，謂德順既棄，則非徒璘無能爲，亦固撓公之謀矣。上見俊卿等，問公動静飲食顔貌曰：「朕倚公如長城，不容浮言摇奪。」

時上已有欲幸建康之意矣，而浩殊不以爲然。上遣内侍黄保躬賜公鞍馬手書曰：「卿以元勛，特爲重望，慨風塵之未静，仗忠義以親行。首固邊防，徐謀開拓，俾朕居尊，無復軫慮。緬思忠赤，益用嘆嘉。」俊卿等歸，公知車駕來建康之期尚緩，深慮有失機會，復具奏曰：「人心向背，興亡以分。建康之行，一日有一日之功。願仰稽天道，俯徇衆情，亟定行期，以慰中外之望。」

時契丹酋窩斡亦起兵攻虜，爲虜所滅，其黨奔潰。驍將蕭鷓巴、耶律适里自海道來降。公以爲女真一國之兵，其數有限，向來獨以强力迫脅中國之民及諸國之人爲用，是以兵盛莫敵。今當招納吾民，厚撫諸國，則女真之心自生疑惑，中原諸國莫爲其用，虜可亡也。奏乞厚撫鷓巴等。上從之，詔公擬官賞施行，仍賜手書勞公曰：「卿以文武全才，副朕倚毗，宣威塞垣，厥功益茂。夷虜來歸，中外帖然。今賜卿貂帽等。」

時虜以十萬衆屯河南，多張聲勢，欲窺兩淮。公以大兵屯盱、泗、濠、廬，虜不敢動，但移牒三省、密院及移書宣撫司，虚爲大言，欲索海、泗、唐、鄧、商州及歲幣等。公奏此皆詭詐，不當爲之動，卒以無事。

隆興元年正月九日，制除公樞密使、都督建康、鎮江府、江、池州、江陰軍屯駐軍馬，且命即日開府視事。始，公命諸將築泗州兩城，至是而畢，隱然爲邊塞重鎮。時虜將萬户蒲察徒穆及僞知泗州大周仁以兵五千屯虹縣，都統蕭琦以萬餘人屯靈壁，積糧修城，遣間不絶。公謂至秋必爲邊患，當及時掃蕩。若破兩城，則淮泗可奠枕也。且蕭琦素有歸我之意，累遣親信至宣撫司。會主管殿前司李顯忠、建康都統制邵宏淵亦獻擣二邑之策，公具以奏上。上手書報可。

三月，召公赴行在。公中道具奏曰：「今之議者，孰不持戰守之説？其下則欲復遵舊轍，重講前好。以臣觀之，戰守之説是也。然而戰守之道，本於廟勝。君天下者，誠能正身以正朝廷，正朝廷以正百官，正百官以正萬民，用之戰則克，用之守則固，理有決然者矣。今德政未洽於人心，宿弊未革於天下，揆之廟算，深有可疑。臣願陛下發乾剛，奮獨斷，於旬月之間，大布德章，一新内外，盡循太祖、太宗之法，使南北之人知有大治於後。人心既孚，士氣必振，于以戰守，何往不濟？」既至，復伸前説。上再三嘆美，謂公當先圖兩城，邊患既紓，弊以次革。乃命李顯忠出濠州趨靈壁，邵宏淵出泗州趨虹縣，而令參議馮方隨往犒勞。公亦自往臨之。將行，念軍事利鈍難必，恐或小跌，傷上有爲之心，謂諸葛亮建興六年所上奏其言明切，曲盡事機，乞上置之坐右，常觀覽焉。又出旗榜軍前曰：「面奉聖旨，大軍所至，務要秋毫不擾，專以慰安百姓爲事。敢有行一不義，殺一不辜，達於聽聞，朕所不赦。」

公渡江，聞李顯忠至靈壁，而蕭琦中悔，以衆來拒。顯忠大破之，琦所將萬五千人降殺殆盡。邵宏淵亦進圍虹縣，顯忠會之，徒穆、周仁窮蹙，率其衆降，亦以萬數。公又遣戚方將舟師趨淮陽，慮顯忠輕敵深進，則親帥官屬前駐盱眙，幾便近得以指呼。顯忠追蕭琦至宿州近城〔十四〕，琦與家屬及千户頭領等百餘人降，遂直抵城下。虜僞元帥者遣二萬餘人來戰，大破之。數進攻城，將士蟻附而上，遂克之，中原震動，歸附日至。上手書曰：「近日邊報，中外鼓舞。數十年來，無此克捷。」公以盛夏人疲，急召顯忠等還師，而上亦戒諸將以持重。皆未達，僞副元帥紇石烈志寧率大兵至，顯忠等恃勝不復入城，但於城外列陣以待，士卒頗疲矣。僞帥令於陣前打話，謂「爾若破我，當盡歸河南之地」。既戰，虜兵引却〔十五〕。明日復來戰，我師小不利，統制官有遁歸者，軍心頗摇。顯忠等率兵入城，虜衆進攻城，復殺傷而退。居數日，得諜者報，虜大兵將至，顯忠等信之，夜引歸，虜亦不能追也。時虜名酋勇將降執系道，精甲破亡不翅三倍，是後不復能爲靈壁、虹縣之屯矣。方初退師，公在盱眙，去宿不四百里，浮言洶動，傳虜且至。官屬中有懷檄以歸者，亦有請公亟南轅者。公不答，遂北渡淮，入泗州城。軍士歸者勞而撫之，視瘡痍，拯疾病，存録死事，旌有功，人情胥悦。凡數日，上下始知虜初無一騎過宿者，人心始定。時公獨與子栻留盱眙幾月，俾將士悉歸憩而後還維揚，具奏待罪。上手書撫勞，公復奏曰：「今日之事，明罰爲本。而罰之所行，當自臣始。」上手書報曰：「卿屢待罪，欲罰自卿始。卿此言至公，豈不感格？朕委任卿，未嘗少變，卿不可以此介意。正賴卿經畫，他人豈能副卿？」有旨降授特進，更爲江淮宣撫使。宿師之還，士大夫素主和議者乘時抵巇，非議百出。上又賜手書曰：「今日邊事尤倚卿爲重，卿不可以畏人言而懷猶豫。前日舉事之初，朕與卿獨任此事。今日亦須朕與卿終任此事，切不可先啓欲和之言。」又薦遺内侍勞公，於是公又第都統制〔十六〕、統制官以下，乞以次行罰。時朝廷建遣楊存中以御營使行江上守備，首途有日。公謂命令不一，將士觀望，或敗國事，身死無益，遂論奏之。上即日詔存中毋行。

公留真揚，大飭兩淮守備，命魏勝守海州，陳敏守泗州，戚方守濠州，郭振守六合，治高郪、巢縣兩城爲大兵家計，修滁州關山以扼虜衝，聚水軍淮陰，馬軍壽春、廬州。大抵虜人來攻泗州，則糧道回遠，城中兵二萬餘足以守，乘其弊足以勝。如其出奇自淮西來，則清野堅壁，使無所掠。既不得進，合兵攻之，可大破也。然是時師退未幾，人不自保，公命栻往建康挈家屬來維揚，衆情大安。兩淮郡縣悉增葺屋宇，人物熙熙，以至鄉落亦皆成聚。

上復召栻奏事，公附奏曰：「自古大有爲之君，必有心腹之臣相與協謀同志，以成治功，不容秋毫之間，然後上下響應影從，事克有濟。如伊尹之於湯，太公之於周，其次管夷吾之於齊，諸葛亮之於蜀，書傳所載，始終可考。不然，作舍道邊，何自而成？而況安危禍福之幾，其應不遠，可不畏哉。今邊隅粗定，軍旅粗整，虜以傷敗之故，其勢未能爲竭國之舉。而臣以孤蹤，跋前疐後，動輒掣肘，陛下將安所用之？願深惟國計，精選天下巖穴之賢，付以中外大柄，任之專，信之篤，如前數君所爲，謀出於一，不使小臣得以陰間，不使異議得以輕摇，先内後外，以圖恢復，庶幾日積月著，太平可期。載惟陛下當至艱至難之時，遇自古未嘗有之强敵，若非君臣相與爲一，朝夕圖回，不較利鈍，終期有成，誠恐歲月易流，後悔難追，甚可痛惜也。臣老且病，望陛下矜憐，賜以骸骨，使之待罪山林，無令出處狼狽，取笑天下後世。」上覽奏，謂栻曰：「雖乞去之章日至，朕决不許。朕待魏公有加，終不爲浮議所惑。」公聞之，不敢復有請。時上對近臣未嘗名「公」，獨曰魏公，每遣使來，必令視公飲食多寡，肥瘠何如，其眷禮如此。

八月，有旨復公都督之號。虜都元帥僕散忠義與志寧并貽書三省、密院，索四郡及歲幣等。

且云：「今茲治兵，決在農隙。」以恐脅我。公奏：「虜力強則來，力弱則止，初不在夫和與不和之間。使其有隙可乘，有機可投，雖使人接踵於道，卑辭厚禮無所不至，亦莫足以遏其鋒也。今僞帥書蓋知江南之士欲和者衆，離間吾心腹，撓亂吾成謀，坐收全功，以肆其忿毒于後。惟陛下深察之。臣誠過慮，竊恐腐儒之論不知大計，遂爲真和。曾不知三數年之後，虜馬日蕃，人心益定，我之將士解體怠惰，方是時，何以枝梧？然今日内治未立，人多懷私，只貴謀身，不思爲國，軍民之弊，漠不加意。不求之此而區區於末，恐無益也。」

時朝廷欲謝却歸正人，已至者悉加禁切，且不欲公多遣間諜，恐生邊釁。公奏曰：「自昔創業中興之君圖回天下，初非有夙任之將、素養之兵、舊撫之民爲之用也。考其施設，事非一端。或取之群盜，或得之降虜，或以夷狄攻夷狄，莫不虛懷大度，仰憑天道，俯順人心，以成大功。後世仁德之不孚，措置之失宜，馴致降人多有背叛。此非徒人事之謬，蓋亦天命之不歸也。今陛下紹隆祖宗，方務恢復，乃於降者而首疑之，則左右前後與夫今日軍旅之衆，孰不可疑？而況它日進撫中原，必先招徠，事乃可濟。若處之失當，反激其怒，它日人自爲敵。計之出此，豈不誤哉。陛下將有經營四海之心，推誠待人，如天如日，豈比固陋之士，姑爲保身之謀，獨無天命之可信哉。」又奏：「虜之於我，有不戴天之讎，挾詐肆欺，不遺餘力。自宣和、靖康以來，專以和議撓亂國家，反覆詭秘，略無一實。今敗盟如此，而朝廷尚蹈覆轍，號爲信義，恐生兵隙，臣所未喻也。昔宋襄公謂君子不重傷，不禽二毛，而卒敗於楚，得無類是乎。」

時湯思退爲右相，思退本檜死黨，尤急於求和，遂遣盧仲賢、李栻持書報虜，并借職事官以往。公又奏：「仲賢小人多妄，不可委信。」上因其辭，戒勿許四郡，而宰執則令仲賢等許之無傷。栻至境，託故不行，獨仲賢往。僕散忠義懼之以威，仲賢遂鼠伏拱手，狀稱歸當禀命許四郡，願持書復來。仲賢見公，謬稱虜有數十萬之衆近邊，若不速許四郡，今冬必入寇，我無以當其鋒。且公重臣，不宜在江外，當亟渡江。公知仲賢爲虜所脅，即謂之曰：「某在此邊備已飭，借使虜來，當力破之。況探報日至，虜之屯河南者不過十萬，計議得無爲虜游説耶。」栻復被旨，令入奏。公命栻奏仲賢辱國無狀，但所謀事，未知有無出朝廷之意，臣實不預此議。栻至，上即召見，首問仲賢事。栻具奏其狀，且曰：「仲賢不可不明正其罰，朝廷與爲表裏，不可不察。」上怒，下仲賢大理寺。思退等惶懼，反謂仲賢能説虜削去君臣之禮，止以叔侄相往來爲有功，百端救之，至與左相陳康伯等叩頭殿上乞去。上不悅，猶鐫仲賢官。

思退及其黨懼，益大唱和議，建遣王之望、龍大淵爲通問使副。公在遠，爭不能得。見諸軍惶惑，歸正人尤不自安，即出榜諸軍，謂虜人妄有邀索，如輒敢渡淮，當約日決戰。朝廷聞公出此榜，皆大恐，獨上以爲然。公又奏曰：「伏聞朝廷遣使甚亟，思慮反復，實不遑寧。伏念臣頃居謫籍幾二十年，流離困苦，加以憂患，狼狽萬狀。所以養愛此身，不敢即死，亦以臣子大義，負不戴天之深讎，終幸一朝得伸素志，瞑目無憾。幸遇陛下龍飛之始，英武奮發，慨然有澄清天下之志，臣是敢受任而不辭。今將士人情日以振作，而虜寇作於內，師老於外，少稽時月，形勢畢見。載惟此虜若勢力有餘，內無掣肘，則秋冬之交必引兵長驅，要我以和，何求不成？而乃遣書約期，勢實畏怯，其狀甚露。縱令敢以偏師深入，自淮西來，爲我則利，爲彼非福。蓋三百里之內，野無芻粟，扼以不戰，又何能爲而直爲此急急也。重念臣衰老多病，所見所爲迂闊寡合。自度賦分單薄，無以勝任國事，方欲俟歲晚力求休退。惟臣所愛者，陛下之聖德聞於天下，有有爲之時。惟臣所憂者，夷狄之奸計得以肆行，而後悔何及。不然，臣年餘幾何，豈不欲姑就安逸以畢此身，而固爲異同於今日也。」又奏：「今歲守備甚嚴〔十七〕，自秋涉冬，初無一事。向若虜不貽我以書，固自若也。不幸因虜以一介持書慢我，而朝廷匆遽遣人，自招紛紛。緣此內外之情各不懷安，於國體所係甚大。今茲使行，事體尤重，豈宜更復草草？惟此虜若必欲侵淩我，雖懇請百拜，有不可遏。如其不能，亦何由而動？況專幸寇讎之不我侵，急急然徒爲懇免苟安之計，臣之所未諭也。」上賜手書諭意，將以首相待公。公奏力辭。未幾，遂召公赴行在奏事。

公初議答虜書事，以爲但當輕遣一介往觀其情僞而爲之所。至是，乃聞朝廷遣之望等。十一月二十五日，行至鎮江，上奏曰：「近者竊承朝廷已定遣使之議，臣身在外，初不預聞。竊惟徽宗、欽宗不幸不反，亘古非常之巨變，凡在臣庶，不如無生。而八陵久隔，赤子塗炭，國家於虜，大義若何？況逆亮憑陵，移書侮嫚，邀求大臣，坐索壤地，其事近在前歲。今議者不務力爲自强之計，而因虜帥一貽書，遽遣朝士奔走麾下；再貽書，欲遣侍從近臣趨風聽命，復將裒吾民之膏血以奉讎人，用猶子之禮以事讎人，欺陛下以款之之名，而爲和之之實。其說固曰吾將款之而修吾兵，政不知使命一遣，歲幣一出，國書一正，將士褫氣，忠義解體，人心憤怨，何兵政之可修？又不過曰吾將款之而理吾財用，不知今雖遣使而兵不可省，備不可撤，重以歲幣之費，虜使之來，復有它須，何財用之可理？此可見欺陛下以款之之名，實欲行其宿志也。彼方惟黨與之是立，惟家室之是顧，惟富貴之是貪，豈復以國事爲心哉。況兩朝鑾輿之望已絶，宗室近親流落虜廷，戕賊殆盡，猶欲與之結和，不知於天理安否？臣實痛之。臣年老多病，所論與朝廷略不相合，豈可蒙耻更造班列，以重敗其素節？且陛下廟堂之上，豈容狂妄不合之臣濫厠其間？臣雖至愚，亦誠不忍與今日力主和議之臣并立於朝。伏乞早降指揮，罷臣機政。臣見力疾至前路秀州，聽候指揮。」上賜手書曰：「覽卿奏，欲在秀州候指揮，甚非朕所望也。卿忠誠爲國，天下共知，和議事專俟卿到，面盡曲折。卿宜速來。」繼遣内侍甘澤賜公手書曰：「卿赴召入覲，何爲中道遽欲引嫌自陳？軍國大事，正要卿同心叶濟。已差甘澤宣卿，宜體朕意，疾速前來。」

公以上意厚甚，不敢固辭，復上奏曰：「臣竊聞道路之言，謂今兹議和非陛下本心，事有不得已者。詢之士大夫，多以爲然。惟臣昔嘗力陳和之不可，爲秦檜所擠，瀕死者屢。賴太上皇帝保全覆護，獲有餘生。今日之議，臣以國事至大，不敢愛身，力爲陛下敷陳，不知陛下終能主張之否。又有事之大者，人才混殽，風俗陵夷，綱紀久弛，上下偷安，巨細積弊，内治自强未見端緒。若力圖所以革之，一繩以公，不恤浮議，則怨謗之言投隙伺間，巧爲傷中，事必無成。若因循不革，日復一日，何以爲國？國政不立，何以禦寇？不知陛下能力斷於中，果行於外，君臣一心，無間可乘，以濟此艱難之業否〔十八〕？臣是以食不遑味，寢不遑處，拳拳憂心，有如皦日。思所以爲陛下計、爲社稷計，須臾不敢忽也。不然，臣年老數奇，粗知學道，豈敢叨逾榮寵，竊位於朝，以負陛下社稷哉。臣到闕日，願賜清閒之燕，俾盡區區。度其是否，使之進退有據，不違其道。不勝幸甚！」

既至入見，上首諭公以欲專委任之意，公復力陳和議之失。上爲止誓書、留使人，而令通書官胡昉、楊由義先往諭虜帥以四郡不可割之意。於是之望、大淵待命境上，而上與公密謀，若虜帥必欲得四郡，當遂追還使人，罷和議事。十二月二十二日，制拜公尚書右僕射、同中書門下平章事、兼樞密使、都督如故。而思退亦轉左僕射。上諭當直學士錢周才以注意在公，故思退雖爲左相，而公恩遇獨隆。每奏事，上輒留公與語，又時召栻入對，賜公御書聖主得賢臣頌。思退等素忌公，至是益甚。

公既入輔，首奏當旁招仁賢，共濟國事。上令條具，公奏虞允文、陳俊卿、汪應辰、王十朋、張闡可備執政，劉珙、王大寶、杜莘老宜即召還，胡銓可備風憲，張孝祥可付事任，馮時行〔十九〕、任盡言、馮方皆可備近臣，朝士中林栗、王秬、莫沖、張宋卿議論據正，可任臺諫，皆一時選也。

公自太上時，即建議當駐蹕建康，以圖恢復。上初即位，公入對，又首言之。及總師江淮，每申前說。至是復力言於上曰：「今不幸建康，則宿弊不可革，人心不可回，王業不可成。且秦檜二十年在臨安，爲燕安酖毒之計，豈可不舍去之而新是圖？大抵今日凡事皆當如藝祖創業時，務從省約，而專以治軍恤民爲務，庶國有瘳。不然，日復一日，未見其可。」上深感悟。

通書官胡昉等至宿州，僕散忠義以不許四郡之故，械繫迫脅。昉等不屈，忠義計窮，更禮而歸之。上聞之，亟召栻語之故，令諭公曰：「和議之不成，天也，事當歸一也。」始議以四月進幸建康。

公又奏當詔之望等還，上批出曰：「王之望、龍大淵并一行禮物并回。」思退等大駭，更約翌日面奏。及至漏舍，思退等競執前説。公折以正論，輒屈。是日三月朔旦，上當詣德壽宮。未登輦，召宰執議事。思退及參知政事周葵、同知樞密院洪遵叩頭力争，上怒，聲色頗厲。及自德壽宮回，復批出曰：「追回之望等劄子宜速進入。」適詣德壽宮，太上皇帝亦深怒：「此虜無禮，卿等不可專主和議，恐取議於天下。」思退等懼，遂以劄子進入，發金字遞行。公奏胡昉等能不爲虜屈，當加賞。而向者盧仲賢擅以國家境土許寇與讎，宜有重罰。有旨仲賢除名勒停，編管郴州。又奏：「宜榜示諸軍，諭以僕散忠義械繫使人，加以無禮，使各奮忠義，勉勵待敵，趨赴功名，庶幾諸軍知曲在虜，且知和議不成，激昂增氣。」上令都督以此旨降榜兩淮〔二十〕、荆、襄、川、陝，數日之間，號令一新，中外軍民皆仰上英斷。

思退計窮，復奏力主和議，且請上以宗社大計奏稟太上皇帝而後從事。上親批其後，降付三省曰：「虜無禮如此，卿猶欲言和，今日虜勢非秦檜時比，卿之議論，秦檜之不若。」故事，宰相日一人啓御封。是日適公當啓，啓畢，即轉示思退。思退大駭，藏去。先是，上既决幸建康之議，思退等初不與聞。後奏事上前，語屢屈，因請曰：「和議不成，虜至何以待之？」上曰：「朕已决幸建康。」思退等失色。及又見批語，乃陽爲皇恐乞祠狀，而陰與其黨謀爲傾陷之計，蹤迹詭秘，人不得盡知也。居數日，俄有旨命公按視江淮。公知一日出外，奸人必得肆意，然趣行之旨屢下，而事之成敗則又有非人力所能爲者，乃行。既出國門，思退遂與右正言尹穡通謀，日夜汲汲益求所以間公者。公未抵鎮江，道遇王之望等還，見之望力主和議，因密奏之。而思退等亦相與陰謀，謂不毁守備則公不可去，和不可成，乃令之望等盛毁守備一無以恃者。又陰以官爵諷諸將，令入文字，稱虜盛强，爲畏怯語。而穡專主其議，百計毁公。

蓋公受任江淮，兩年有半，念國家多虞，醜虜未靖，憂恐計度，寢不遑安，食不遑味。祁寒盛暑，勞撫將士，接納降人，講論軍務，未嘗少倦，少年精力有不能及。而公忠義奮激，曾不以爲勞。諸軍感悦，有不待號令而從者。計所招來山東、淮北忠義之士，實建康、鎮江兩軍凡萬二千餘人，萬弩營所招淮南强壯及江西群盗又萬餘人，陳敏統之，以守泗州。淮南軍士知泗爲兩淮要塞，皆願以死守，至挈父母妻子往焉。要地如海、泗、高郵、巢、和、六合等皆已成築，其可因水爲險處，皆積水爲櫃，增置江淮戰艦，諸軍弓矢器械悉備。兩年冬，虜屯重兵十萬於河南，爲虚聲，脅和至再至三，皆有約日决戰之語。泗州將士日望虜至成大功，而虜亦知吾備禦甚設，卒不敢動，反爲防我計。及是，公又以宰相來撫諸軍，將士無不踴躍思奮，軍聲大振。虜聞公來，亦檄宿州之兵歸南京，沿邊清野以俟。

淮北歸正者日來不絶，山東豪傑悉遣人來受節度。公曉之曰：「淮北、山東之人慕戀國恩，厭苦虐政，保據山險，抗拒賊兵，于今累年。首領冒難遠來，備述爾等忠勤，爲之惻痛。已具奏皇帝，記録汝等姓名，將來大兵進討，則掎角爲援，晝驚夜劫，抄絶糧道。如是賊兵深入，便當連跨城邑，痛勦賊徒。勛績儻成，節鉞分茅，皆所不吝。但當觀時量力，無或輕動，反墮賊計。今本朝厲兵秣馬，以俟天時，汝等亦宜訓習，以待王師之至。」公又以蕭琦乃契丹四軍大王之孫，沉勇有謀，欲令琦盡統契丹降衆，且以檄喻契丹，大意謂本朝與契丹有兄弟之好，不幸奸臣誤兩國，皆被女真之禍。今契丹不祀，皇帝無日不念此。爾能結約相應，本朝當敦存亡繼絶之義。虜人益懼，遂爲間書，鏤板摹印，散之境上，類後周所以間斛律明月之意。

督府參議官馮方立朝有直聲，臨事不避難，遍行兩淮，築治城壘，最爲勞勩。思退等以其效力尤多，尤惡之，使穡論方不當築城費財，凡再章而方罷。又論公所費國用不貲，公奏，計督府遣間探、給官吏等，二年半之費，實不及三十萬緡。其餘爲修城造舟、除器招軍等用。上出公奏，思退、穡議屈，於是始謀更造它事撼公。殿前後軍統制張深守泗有勞，軍士安之。俄有旨放罷，而以趙密之子廓代之。公至淮東，詢問知狀，奏留深，而穡指公此事爲拒命跋扈。思退等又相與謀，上眷公厚，必未肯遽罷公，但先罷都督，則公自當引去。穡奏論如思退計，而公自聞馮方罷，已上奏乞罷督府。詔從公請，而公亦封章力求還政矣。穡連疏詆公愈力。左司諫陳良翰奏，如公忠勤，人望所屬，不當使去國。上謂良翰：「本無此事，且當今人材孰有逾魏公者？卿宜遍喻侍從臺諫，使知朕此意。」侍御史周操素同良翰議，至是争論甚力。然是時公留平江虎丘，致仕之章已八上矣。上察公懇誠，欲全其去。四月二十有二日，制除公少師、保信軍節度使、判福州，而思退等遂决棄地求和之議。且命宣諭司及統領司磨治督府文書錢物，吹毛求疵，卒不可得，乃已。公力辭恩命，上不許，至五六，除醴泉觀使。

公雖去國，不敢以嫌故有隱，奏尹穡奸邪，必誤國事，又奏勸上務學親賢。故舊門生或勸公當勿復問時事，後雖有召命，亦無庸起。公慨然語之曰：「君臣之義，無所逃於天地之間。况吾荷兩朝厚恩，久尸重任，今雖去國，猶日望上心感悟。苟有所見，安忍不言？上復欲用某，某當即日就道，敢以老病爲辭？如公等言，復何心哉！」聞者聳然。公以連年疲勞，比得退休，已覺衰薾。且畏暑，未能遂還長沙。行次餘干，假宗室趙公頙之居而寓止焉。所居之南有書室，公名之曰「養正」，而爲之銘曰：「天下之動，以正而一。正本我有，養之斯吉。道通天地，萬化流出。精思力行，無忘朝夕。」日讀易，更定前説，且曰：「庶幾未死，於學有進也。」又取易象題坐右曰：「謹言語，節飲食，致命遂志，反身修德。」親舊來訪者，輒與講論古道，終日不倦。蓋其心純一，無出處動静之間如此。

孟秋既望，公薦享祖考，既奠而跌。公起嘆曰：「吾大命不遠矣。」手書家事付兩子，且定祭祀昏喪之禮，俾遵守，曰：「喪禮不必用浮屠氏。」且曰：「吾嘗相國家，不能恢復中原，盡雪祖宗之耻，不欲歸葬先人墓左。即死，葬我衡山足矣。」及仲秋二十日，猶爲饒守王十朋作不欺室銘，有曰：「泛觀萬物，心則惟一。如何須臾，有欺暗室。君子敬義，不忘栗栗。」至二十有二日，始寢疾。二十八日，疾病。日晡時，命子栻等坐于前，問國家得無棄四郡乎，且命作奏乞致仕。日暮，命婦女悉去，夜分而薨。先是，六月末有大星隕于趙氏居養正堂之北，光芒若晝，趙氏一家盡驚。翌日，得公書欲來寓居云。訃聞，上震悼，輟視朝兩日。有旨贈公太保。栻等不敢違公志，扶護還潭州。以是歲十一月辛亥葬於衡山縣南岳之陰豐林鄉龍塘之原〔二十一〕。

公自幼即有濟時之志，未嘗觀無益之書，未嘗爲無益之文，孜孜然求士尚友，講論當世之故。聞四方利病休戚，輒書之册，至一介之賤，亦曲加詢訪。在京城中，親見二帝北狩，皇族係虜，生民塗炭，誓不與虜俱存。委質艱難之際，事有危疑，它人方畏避退縮，則挺然以身任之，不以死生動其心。南渡以來，士大夫往往唱爲和説，其賢者則不過爲保守江南之計，夷狄制命，率獸逼人，莫知其爲大變。公獨毅然以虜未滅爲己責，必欲正人心、雪讎耻、復守宇、振遺黎，顛沛百罹，志逾金石。晚復際遇，主義益堅。雖天嗇其功，使公困於讒慝之口，不得卒就其志，然而表著天心，扶持人紀，使天下之人曉然復知中國之所以異於夷狄，人類之所以異於禽獸者，而得其秉彝之正，則其功烈之盛，亦豈可勝言哉！

公論事上前，務盡道理，期於聽從，不爲苟激。其在官守，事無細大，必以身親，視國事如家事，視民疾苦如在己身，至誠懇惻，貫徹上下。平生四被謫命，處炎方幾二紀，拳拳念君之心遠而彌篤。見朝廷一舉措之善，則喜溢詞色；一事不厭，則憂思終夕不寐。嘗曰事君者必此心純一而後能有感格，蓋其忠義自壯至老，或用或舍，未嘗有斯須之間也。

事太夫人先意承志，婉愉順適，曲盡其心，奉養恭恪，寒暑不渝。家人婦子見公身率，莫敢不敬。或時遠去侍側，每覺意緒不佳，則曰：「太夫人得無有疾乎？」遣人候問，則其日果太夫人服藥也。太夫人方嚴，或顔色不和，則公拱立左右，踧踖若無所容。俟太夫人意舒，乃敢安。蓋自膝下至白首如一日。太夫人既没，見素所服用之物，未嘗不泣下，起敬起孝，孝誠篤至，上自宫禁，下至閭閻，無不咨嗟嘆息。縉紳軍民聞風而興起慕用，與夫愧悔改行者，不可勝計也。於兄徽猷公友弟篤至，教養其子與己子不少異。置義莊以贍宗族之貧者，以至母族喪葬婚嫁，亦皆取給焉。歲時祭祀，必預戒小大，使各嚴恪。滌牲治具，必親涖焉。及祭，肅乎如祖考臨之。時節嘗新，必先薦於廟而後敢食。器皿擇精潔者備薦享，不以它用。素能飲酒，至斗餘。及貶連山，太夫人曰：「南方地熱，宜省酒。」即不敢飲。及再見太夫人，命之飲乃飲，遂終身不逾三酌。於器用取具，不問美惡，平生無玩好，視天下之物泊然，無足以動其心者。燕處飲食，皆有常度，雖在閨門，無戲語，無惰容。未嘗偏倚而坐，未嘗疾呼遽行，言必有教，動必有法。盛德日新，至老無息。及在餘干，未寢疾間，温恭朝夕，無絲毫倦怠意。絕筆二銘，於今讀之猶能使人悚然起敬。則公之心雖未易以言語形容，然於此亦可以少見其幾矣。蓋其天資粹美，涵養深厚，以至於德成而行尊，非强勉所能及也。

公之學一本天理，尤深於易、春秋、論、孟。嘗論易數曰：「易有太極，是生兩儀。太極一也，兩儀三之也。分爲二，而七、八、九、六之數成，五行之象於是大著。」又曰：「天數二十有五，地數三十，凡天地之數五十有五〔二十二〕，此天地之中數也。何以知其然？蓋一、三、五、七、九合爲天數，而天數不過五；二、四、六、八、十合爲地數，而地數不過五。天地奇耦，合之爲十，總之爲五十有五。自然之數，皆不離乎中，中故變，變故其道不窮。聖人神而明之，用數之中，故消息盈虛之妙、闔闢變化之幾皆在於我而動靜莫違焉，中其至矣。」又嘗論剛柔之義示子侄曰：「君道主剛，而其動也用柔，故乾動則爲坤矣。臣道主柔，而其動也用剛，故坤動則爲乾矣。故夫必欲遠聲色，必欲去小人，必欲配帝王，必欲定社稷，必欲安民人，必欲服四夷，乾之剛也，君則之於內而主斷也。至於禮臣下、下賢才、撫四鄰、愛百姓、恤孤寡，虛心取善，舍己從人，其動莫非柔矣。不敢唱始，不敢先事，謹禮法，循分守，安進退，守職業，坤之柔也，臣得之於內而有承者也。至於犯顔敢争，捐軀盡節，可以託六尺之孤，可以寄千里之命，可殺不可辱，可困而不可使爲不義，守忠義之大訓，弭患難於當年，斷大計、定大疑，正色立朝，華夷讋服，其動莫非剛矣。故夫善觀易者，必觀夫剛柔之中而究其所以用，則六十四卦、三百八十四爻之或得或失，或悔或吝〔二十三〕，或吉或凶可以類推矣。不知剛柔之用，不可言易也。」

胡銓求公序其所著春秋傳者，公告之曰：「春秋所書，莫非人事章章者。作之於心，見之於事，應之於天，毫釐不差。夫子叙四時，稱天王，以謂順天則治，生物之功於是興；逆天則亂，生物之功於是息，爲千萬世訓至明也。故一言以斷春秋之義，曰天理而已矣。嗚呼！使王知有天，則諸侯知有王，大夫知有諸侯，陪臣知有大夫，馴致之理，得之自然，禍難孰爲而作哉。蓋王者知有天而畏之，言行必信，政教必立，喜怒必公，用舍必當，黜陟必明，賞罰必行。彼列國諸侯雖曰强大，敢違天不恭，以重拂天下之心而自取誅滅耶。周道既衰，王之不王，不能正身行禮，奉承天心，以大明賞罰於天下。春秋爲是作，以我褒貶，代天賞罰，庶幾善者勸、惡者懼，亂臣賊子易慮變志，不復接踵于後，天地之大德，始獲均被萬物。聖人先天心法之要，蔑有著於此書者矣。」

公於本朝大臣最重李文靖公，謂近三代氣象。又以寇忠愍、富文忠、范文正之事爲可法，嘗曰：「萊公自澶淵還，耻於城下之盟，益勸上修德立政。既不獲用，乃有東封西祀之説。鄭公使虜還，以和議爲耻，以自治爲急務，而不受樞庭之賞。文正自西鄙入參大政，勸仁祖開天章閣，俾大臣條時務，大修政事。文正所具二十條，無非要切，然亦不克施。使三公獲盡其猷爲，則王業必不至二百年而中微也。異時歸老山林，當作三賢堂於弊廬之側，庶幾朝夕想像，如見其人。」豈三公所爲適有契於公心也與。

每訓諸子及門人曰：「學以禮爲本，禮以敬爲先。」又曰：「學者當清明其心，默存聖賢氣象，久久自有見處。」見人有一善，爲之喜見辭色。子侄輩言動小不中理，則對之愀然不樂，人自感動。

公初娶楊國夫人樂氏，旬日被命召，即造朝。及爲侍從，或以公盛年，勸買妾。公曰：「國事如此，太夫人在遠，吾何心及此。」遂終身不置妾。再娶蜀國夫人宇文氏，賢明淑順，與公同志。事太夫人盡禮，鷄初鳴，已冠帔立寢前，俟太夫人寐覺。夜則俟太夫人寢，至息匀寐安乃去。食飲湯藥，一一親之。太夫人常曰：「吾兒孝，天賜賢婦，以成其心。」内外宗族敬仰無間言，起居飲食亦皆如公有常度不渝，相對如賓。公方貴，未嘗言及宇文氏私門，每訓諸子曰：「吾朝夕兢兢履地如履冰，惟恐一言之失，一事之差。」蓋其德誠足以配公焉。先公五年薨，葬衡山，與公同兆異穴。生子男二人，長栻，右承務郎、直秘閣；次杓，右承奉郎。

公奏議務坦明，不爲虚辭，率口誦，令子侄書之，皆根於心，不易一字。有紹興奏議、隆興奏議各十卷，論語解四卷，易解并雜記共十卷，春秋解六卷，中庸解一卷，詩書禮解三卷，文集十卷。

惟公忠貫日月，孝通神明，盛德鄰於生禀，奥學妙於心通。勛存王室，澤在生民，威震四夷，名垂永世。平生言行，非編録可紀。謹掇其大略，以備獻於君父，下之史官，傳之無窮，且將以求當世立言之君子述焉。謹狀。乾道三年十月日，左迪功郎、特差監潭州南岳廟朱熹狀〔二十六〕。

校記

〔一〕微：原作「徽」，據宋浙本改。

〔二〕念：原作「奏」，據右引改。

〔三〕万：原作「萬」，據右引改。

〔四〕遺：原作「遺」，據右引改。
〔五〕家：原作「國」，據宋浙本改。
〔六〕謂可：原倒，據右引乙。
〔七〕万：原作「萬」，據右引改。
〔八〕或：右引作「多」。
〔九〕騎：原作「步」，據建炎以來繫年要録卷一百九十九改。
〔十〕江淮：宋浙本作「淮上」。
〔十一〕體：原作「禮」，據右引改。
〔十二〕以：原缺，據新刊名臣碑傳琬琰之集中卷五十五補。
〔十三〕牽：原作「奉」，據右引改。
〔十四〕追：原作「虜」，據宋浙本改。
〔十五〕虜：原缺，據右引補。
〔十六〕統制：原缺，據右引及新刊名臣碑傳琬琰之集中卷五十五補。
〔十七〕甚：宋浙本作「粗」。
〔十八〕艱：原作「疑」，據右引改。
〔十九〕馮：原作「馬」，據新刊名臣碑傳琬琰之集中卷五十五改。
〔二十〕都督：宋浙本作「督府」。

〔二十一〕此句下新刊名臣碑傳琬琰之集中卷五十五尚有「公没五年，上追思公忠烈，慨然感動，詔有司加贈太師，賜謚。太常采公議，以『忠獻』來上，詔可之」一段文字。

〔二十二〕「而七、八、九、六之數」至「五十有五」，原誤爲「而七、八、九、六之數五十有五」，據紫岩易傳卷十、宋名臣言行録別集下卷三、新刊名臣碑傳琬琰之集中卷五十五改補。

〔二十三〕上「或」字原作「成」，據宋浙本改。

〔二十四〕「乾道三年十月日」以下署銜，新刊名臣碑傳琬琰之集中卷五十五作「乾道五年秋八月庚子，左迪功郎、新充樞密院編修官朱熹謹狀」。文末尚有注云：「右張忠獻公行狀，其全文僅四萬言，工程急迫，未能全刊，故稍删節，然凡公之大勛勞、大論議、大忠大節，不敢少遺焉，觀者幸察。」

編年 據文中所署。

評論 建炎以來繫年要録卷十：己卯，上次寶應縣。御營後軍作亂，孫琦者爲之首。左正言盧臣中從駕不及，立船舷叱賊，爲所逼，墜水死。上命求臣中所在，得之水中，拱立如故。殿中侍御史張浚以爲雖在艱難中，豈可廢法，乃劾統制官定國軍承宣使韓世忠師行無紀，士卒爲變，詔世忠罰金。中書舍人劉珏言無以懲後，浚再上章論，且乞擒捕爲變者，乃降世忠觀察使。注：朱熹張浚行狀云：「浚劾世忠，上爲奪世忠觀察使。」案：世忠在南京已除承宣使，行狀恐誤。今改作「降」字，庶不抵牾。又卷七十四：乙丑，檢校少保、定國軍節度使、知樞密院事張浚罷爲資政殿大學士、左通奉大夫、提舉臨安府洞霄宮。時辛炳、常同論浚不已，上未聽，二人因録所上四章申浚，炳疏論浚聞罷之始，遷延不行。浚懼，即移疾待罪，且以吕頤浩在相位時書進呈，上乃釋然。注：頤浩書見三年六月庚寅。朱熹撰浚行狀云：「炳言公既得召命，不即出蜀，意有他圖。」案：炳元疏中語不如此，熹誤也。又注：朱熹撰浚行狀云：「辛炳論公設秘館以崇儒，擬尚方而鑄印。」此亦非疏中本語，實當時摘詞，熹小誤也。

朱熹文集編年評注卷九十六

行狀

少師觀文殿大學士致仕魏國公贈太師謚正獻陳公行狀淳熙十五年十二月

本貫興化軍莆田縣感德鄉胡公里。

曾祖　贈太師、沂國公，妣黄氏，贈徐國夫人。

祖　贈太師、蜀國公，妣李氏，贈蜀國夫人。

父　贈太師、冀國公，妣黄氏，贈越國夫人；卓氏，贈冀國夫人。

公諱俊卿，字應求，其先世蓋出潁川。晋永嘉之亂，太尉廣陵郡公準之孫、西中郎將逵南遷泉江，始爲閩人。其居莆田者歷唐、五季，而太尉十九世孫真、二十二世孫嶠、沆始斑斑見於碑碣。然世遠，不可得而詳矣。公之家自沂公以來，皆以好施周急聞於鄉里。

公生而莊重，不妄言笑，七八歲自知爲學。冀公薨，執喪如成人。少長益自刻厲，紹興八年，以鄉舉試禮部。知舉朱公震、張公致遠得其文讀之，嘆曰：「公輔器也。」將置首選，而同列有異議者，乃屈居其次。授左文林郎、泉州觀察推官。服勤職業，不以科第自高。同寮宴集，常謝不往。一日，郡中失火，太守汪公藻走視之，則諸掾屬方相從飲某所，而公之輿卒亦或假之以行。於是例以後至被詰責，公亦唯唯摧謝。已而汪公廉知其實，始召公慰諭，且問其故。公曰：「某也不能止同寮之行，而又資其僕御，亦安得爲無過？且是時，公方盛怒，某也其忍幸於自解而重人之罪乎。」汪公嘆服，以爲不可及。秩滿，改宣義郎。

故事，第二人再調即爲館學清官。是時秦丞相檜用事，察公意不附己，乃以爲南外睦宗院教授。終更造朝，中塗心悸，夜不得眠。公曰：「吾它日未嘗如此，意者吾親其不康乎。」翌日馳歸，則冀國夫人果以是日屬疾矣。遭喪，服除，添差通判南劍州。未行而檜死，乃以秘書省校書郎召。在館歲餘，非時未嘗一詣東西府。時今天子方爲普安郡王，高宗命宰相擇可輔導者，宰相爭欲置其所善。高宗不可，命擇館職端厚静重者爲之，乃以公對。除著作佐郎，兼普安郡王府教授，尋遷著作郎。在邸二年，講説常傅經義以規戒，言簡理精。以王好鞠戲，誦韓愈之言以諫，王敬納之。王左右親吏故多與諸府寮狎，公獨正色出入，未嘗私交一談。

歷司勛、禮部員外郎，樞密院檢詳諸房文字，除監察御史。始，公嘗與國子監丞朱倬鄰居，朝夕往來。及倬爲言事官，公一賀之，遂不復往，倬以是敬公。既還中司，欲薦以爲御史而先以告，公力辭之。後數月，汪徹爲殿中侍御史，乃密以公名進。命下，然後謝公曰：「恐公復辭，不敢告也。」

俄還殿中侍御史，首爲上言人主以兼聽爲美，而存心必本於至公。人臣以不欺爲忠，而論事必達於大體。反復推明，引今附古，詞指温厚而正直之氣凛然不可犯，上固異之。又論：「御下之道惟恩與威，不可偏廢。今主兵之官率無遠慮，惟事驕侈，其志不過聚歛以肥家，其術不過交結以固寵。其所以侵漁百姓、刻剥軍士、陵駕州縣、輕侮朝廷者無所不至，而任事者未嘗一誰何之，則將不知有威矣。養兵之費月計百萬，而虚籍太半，不可稽考。軍士疲於私使，困於回易，大率以奉主將之私，而所得衣糧隨手尅盡，羸瘦單薄，有可憐之色，而主將恬不之恤，則士不知有恩矣。陛下誠有以抑將之驕而警其惰，作士之氣而收其心，則紀綱正而號令行，三軍之士孰不感戴上恩而效死以報國者哉。」上亦稱善再三。公遂劾奏韓仲通本以獄事附秦檜，冤陷無辜。今檜黨盡逐而仲通獨全，何以懲惡？劉寶總戎京口，紀律不嚴，裒歛特甚。朝命分兵屯戍，輒拒不遣，亦不可不治。於是二人皆抵罪，公論快之。宰相湯思退秉政無狀，公論沸騰。會冬無雲而雷，公與同列共奏論之。同列爭掎摭苛細，公曰：「宰相上不當天心，下不厭人望，是固當罷，何以它爲？」乃獨奏言思退文藝有餘而器識淺暗，不足以任天下之重。詔罷思退，以大學士奉外祠。同列復議，請褫其職。公曰：「事貴適中而已。思退非有大罪，特以不堪宰相而罷之，則祖宗時免相恩禮未可殺也。且思退雖不才，然視沈該不有間乎。今該猶以大學士家居而思退顧不得，則執法之地所以議賞罰者偏矣。」遂不復論。

金虜自燕徙汴，謀遂入寇，中外震恐。而楊存中久握兵柄，尤以裒斂交結得幸，士卒嗟怨。三十一年春正月既望大雷雹，已而雨雪凝沍，旬日不解。公引春秋所書雷雪之變，且言：「當時兩異相距八日，其變有漸，聖人猶謹而書之。矧今一日并見，其異甚矣。蓋雷雹，陽也；雨雪，陰也。雷而復雪，是陽不能制陰，陰桀得作，出而爲物害也。以類推之，是爲夷狄將陵中國，臣下將竊威權之象。所以應之，恐非虛文常禮所能及也。今虜勢駸駸，蓋已可見，備禦之計未知所出，而大將官保傅、總兵戎、殖貨財、事交結、奪民利、壞軍政，其力足以奔走死士，其威足以杜塞衆口，道塗仄目，中外切齒久矣。養之不已，將有指大於股之患，此最不可不深慮。至於開言路、用人望、別能否、正紀綱、信號令、廣惠澤，亦所以應天消變之術而不可緩者。惟陛下并留聖意。」因遂劾奏存中罪狀，語益切。天子爲罷存中，奪其兵。

公又言：「去冬無雲而雷，今春已雷而雪，間者日闇無光而淫雨不止，前日又有地震之異。變不虛生，實應人事。豈賢才有未用而賞罰有未當歟？備禦有未修而賦斂有未節歟？近習有撓權而大臣無任責者歟？左右阿諛者衆而忠讜之論不聞歟？何嘉氣之不應也。傳曰：『聽之不聰，厥罰常寒。』願下求言之詔，以審政事之闕，而深詔大臣，念咎引慝，以答天戒。」又言：「部使者多不舉職，請令自今臺諫論列一道歲中四人以上，臺司檢舉，議罪以聞。」又言：「近世例以小廉曲謹、文采醞藉取人，而於識量深沈、智略慷慨之士未有以爲意者。所以多士盈庭而臨事常有乏才之嘆〔一〕。謂宜廣收博采，舍短録長，用之繩墨之外，責以事業之成，勿拘小節，勿課近效，庶其有得，以濟時用。」

會詔以災異數見〔二〕，令臺諫侍從條上計策。公言：「虜人窺伺，其意不測，而兩淮之藩籬未固，荆襄之聲援不接。宜擇近臣有威望者盡護荆襄諸將之兵而假以它用，陰遣間使往來江上，密問諸將計策，或令各遣腹心赴堂禀議，使諸大臣從容延問，詰難往復，以盡其情；參酌去取，以定其論，庶幾緩急内外相應，不失事機。其它則選練犒賜以作士氣，擇吏蠲賦以輯鄉兵，修城築壘以嚴保障，亦事之不可緩者。而總其大要，則在朝廷處置得宜，有以服人心者。而推其大本，則又在陛下益堅睿斷，先定規模，無以憂疑自爲退沮而已。」又言命令之出，不可不審，内外之任，不可不均。

又言：「今日之急，在節財用，而冗官妄費，實爲今日財用之大蠹。且如添差、總管、鈐轄，一郡或不下十數人，月俸大者百萬，小者不下五六十萬，公使人從費又倍之。其間又有連爲數任而不替者，有更歷數州而不已者。宗戚生朝賜物，尚依承平舊例；外命婦亦請内命婦俸給；有旨罷敕局，而或兩年不罷；有旨減吏員，而三省、密院、御史臺不減；大禮浮費，以巨億計；樂工五百人，教習百日，食錢至二萬緡；修輿服器仗，不過增飾，而户、工兩房兩部，將作、軍器兩監，文思、車輅兩院，以至儀仗等庫官吏添給食錢日五六百者，不知幾人，自四月朔以至禮成，爲錢不知幾許。大率一有興爲，無問大小，稍有關涉行遣文書一字以上，無不支食錢者。而一歲之中，無慮以十數。凡若此類，乞令後省取索，立限裁損。而陛下以身先之，始自宮掖，如寶元、慶曆、熙寧故事，則邦用足、民力寬而人心不患於不服矣。」又言：「諸州將兵例供私役，教閱不時，緩急不堪倚仗。故今諸州往往有大軍留屯，皆截上供以給其費。宜詔有大軍處即令將兵通共教閱，無大軍處即令旁近大軍分遣將吏就州教之，勸以厚賞，禁其私役。異時習熟，則所屯大軍漸可抽回，以省截留之費。」

是時虜人侵軼之勢已形，而江淮備禦之方未講，大小惴惴，莫敢發言。公又力言宜亟置統帥，使擇間探、遠斥堠、謹烽火、修城池，以待其變。而當是時，莫有堪其選者。中興舊臣，唯張忠獻公獨無恙，而方困於讒口，謫居湖湘，中外物情翕然屬之，上心益以爲疑，不肯用也。公乃上疏曰：「竊惟今日事勢，可謂危且迫矣。而竊聞之軍民士夫之論，則皆曰張浚素懷忠義，兼資文武，且諳軍旅之事，可當閫外之寄。臣素不識浚，且亦聞其爲人意廣才疏，其初雖有勤王之節，安蜀之功，然陷陝服、散淮師，其敗事亦不少。特其許國之忠，白首不渝。今居謫籍，杜門念咎，未嘗不追悔前非，老而練事，殆非復前日浚矣。今事勢危迫如此，而在廷之臣又未有能過之者，雖有射鉤斬袪之仇，猶當置而不問，况浚嘗爲陛下腹心之臣，初未嘗有此隙乎。竊聞譖者言其陰有異志，又以放棄之久，疑沮益深，若付以權，恐漸難制。臣請有以明其不然。夫浚之所以得人心、伏士論者，爲其有忠義之素心也。若其有此，則人將去之，誰復與爲變乎。臣願陛下察其讒誣，略加辨白，且與除一近郡，以係人心，庶幾緩急之際可以相及。」疏入未報，因請對力言之。上意乃悟，首肯久之。內侍張去爲陰沮用兵之策，且陳避狄之計。公遂抗言：「去爲竊弄威權，虧損聖德，今復沮撓成算，請按軍法斬之，以作士氣。」上愕然曰：「卿可謂仁者之勇矣。」明日，除權兵部侍郎。後數月，竟用張公守建康如公策。

既而邊報益急，王師始北渡江，屯據要害，而用兵之意猶未决也。公言：「今守禦略備，士氣亦振，以此待敵，何慮不勝。若得虜人便離巢穴，送死而來，則中原塗炭之民與其種類怨叛之衆，争欲起而圖之者何可勝數。但以吾之重兵與之相持，而别遣鋭師分出間道以擣其虚，則虜之成禽必矣。臣之所慮，猶恐其知吾有備，僞爲甘言，復以和議誤我耳。然彼或出此，而吾能益嚴備禦之計，修築營壘，大開屯田，以爲久駐之基，俟其退歸巢穴，然後姑與之和，此則猶爲中策。但恐淺謀之士苟於目前，更勸陛下受其甘言，反以今日之計爲非是，而遂歛兵增幣〔三〕，墮其計中，則爲無策而大事去矣。」虜兵尋果渡淮，公受詔措置浙西水軍，李寶因之，遂有膠西之捷。公因勸上進幸建康，號令諸將，指授方略。上然其計，戒嚴未發而虜軍自亂，殺其主亮而歸。詔公措置淮東堡寨屯田，公行所過，勞來安集，流逋稍復舊業。

虜中更立新酋，遣使來申舊好。朝廷方議酬答之宜，而議者或謂得故疆者，實利也；正名分者，虚名也，朝著多附其説。公聞之，亟上奏曰：「陛下前日和戎之計蓋非得已，今此使來，正審事機、正名分之日也。若以得故疆爲實利，則得之而未必能守，是亦虚名而已。豈若因此先正名分，名分一正，則雖未能即復中原，遽謁陵廟，然亦足以作頽墮之氣，慰神靈之心。矧今虜人挫衄之餘，急於自定，汲汲求和，情亦可見。是豈能復以强大之勢取必於我，如前日之爲哉。

當此機會，臣以爲非獨名分可正，而歲幣亦當可減。惟在朝廷先定規模，有以俟之，則復中原、謁陵廟亦不足以爲難也。」公又以爲和好果成，尤不可以無備，因陳選將練兵之策，并圖上兩淮戍守屯田事宜，所以爲保江之計者甚悉。又請戒諸將申嚴逃叛之法，毋得互相招誘。又請擇文臣有膽略者以爲諸將參佐，使察軍政、除宿弊，因習戎務，以儲將材。又言：「淮北流民自相剽略，吏不能禁。宜加區别，撫其柔良而收其暴桀者，畜之軍中，束以紀律。至於虜中形勢，彼雖或能言之，然皆務爲可喜之言以冀投合，不可輕信。而吾之虛實險易彼皆得之，則又不可以不爲之防。大抵但當益增屯兵，多遣間諜，以俟得其情狀之實，然後乘其機會，量力以應之耳。」

今天子受禪，公入對，陳戒懇切，且言：「今日之事，固當以嚴守備、練將卒、戒貪暴、省浮費、信賞罰、抑僥倖爲急。然此事也，非事之本也。清心寡欲，屏遠便佞，使奸聲亂色不留聰明，淫詞詖行不接心術，則庶乎用志專而見理明，功業可就而邪正可分矣。」又言：「爲國之要有三，曰用人，曰賞功，曰罰罪。而所以行之者一，曰至公而已。故古人善爲國者，賢不以讎而棄，愚不以親而用，賞不以遠而遺，罰不以近而免。蓋不敢以一己之私廢天下之公也。若以生殺予奪人莫予違，而惟好惡喜怒之私是徇，則不惟示天下以不廣，而其偏黨反側之害於政事亦且無不至矣。昔太祖皇帝坐太寧宮，使闢重門而直視之曰：『此如我心，少有邪曲，人必見之。』此陛下家學也，願留聖意，以幸天下。」

七月，遷中書舍人，尋以本職充江淮東、西路宣撫判官，兼權建康府事。時上初即位，慨然有復境土、雪讎恥之志，方屬張忠獻公以閫外之事，顧在廷無可使佐之者，以公忠義奮發而沈靜有謀，故有是命。公力辭建康，不允，乃辟材吏通判府事，分理民政，而獨與張公協規并力，大飭邊備。是時蜀漢之兵北征秦隴，雖頗略定城邑，而勝負久不決。公爲張公言，請襲虜以分其勢，張公然之。公因上奏曰：「吳璘孤軍深入而虜人悉衆拒戰，兩軍殺傷雖略相當，然久而不決，則危道也。兩淮戰士今雖且當固守，然事勢已急，豈可不爲牽制之舉？臣竊以爲莫若分遣舟師，出其不意，直擣山東，中原豪傑宜有應者，則彼必還西師以自救，而璘得乘勝以定關中〔四〕。我又及其未至，長驅深入，潰其腹心，不世之功可一旦而立也。若其有備，回帆轉柂，信宿可還，彼亦將如我何哉。此不唯救急之計，實因敵制勝之一奇，不可失也。」奏入，會朝廷有力主和議者，已詔璘班師，而公計遂不行，識者恨之。公又極論軍中虛籍冗占、擺鋪營田差借之弊，且請戒諸將毋得以回易資饋餉、結權要。

十一月，召入奏事。既對，遣中使面賜金帶。會給從臣筆札，條上時弊，公陳十事，一曰定規模，二曰振紀綱，三曰勵風俗，四曰明賞罰，五曰重名器，六曰遵祖宗之法，七曰杜邪枉之門，八曰裁任子之恩，九曰限改官之數，十曰蠲無名之賦。其杜邪枉之説曰：「比年以來，左右近習稍有以名聞於外者，士夫奔走趨附，將帥納賂買官，遠近相傳，道路以目。願深察而痛懲之，無使或爲聖德之累也。」

隆興改元，都督府建，改參贊軍事。力辭建康得免，别除禮部侍郎領職。張公初謀大舉北征，公以爲不若養威觀釁，俟萬全而後動，張公從之。會諜報虜多聚糧邊邑，諸將以爲如此則其勢秋高必來，不可當。不若先其未動，舉兵擊之，以破散其業。張公又以爲然，乃請於朝而出師焉。幕府次盱眙，大將李顯忠、邵宏淵連下虹縣、靈壁，遂將乘勝長驅。公曰：「盛暑興師，深入敵國，皆兵家所忌，宜亟還。不然，師老力疲，遇敵恐不可用也。」張公然之，亟以檄召顯忠班師，則顯忠等已進破宿州，而虜大發河南之兵以來矣。顯忠身出鏖戰城下，殺傷過當。會夜，兩軍不相聞知，各驚潰去。而道路流言，以爲官軍失亡數萬，賊且乘勝南來，素主和議者又侈其說以搖衆心。公從張公駐兵不動，潰兵聞之，稍稍來歸，計其實所亡失數千人。張公檄公亟入奏，且勸上勿爲浮議所搖。公見上，具道其事，且曰勝負兵家常事，願勿以小衄而沮大計。上曰：「朕任魏公不改也。」張公抗章待罪，公亦奏請從坐，上不得已，詔皆貶秩兩等。

湯思退復相，公以嘗論思退請罷，不許。諫官尹穡陰附思退，建議罷張公都督使，復以宣撫使治揚州。公上疏曰：「朝廷果以浚爲不可用，則罷之而更屬賢將可也。若猶欲責其後效，則貶官示罰亦古法也。今乃使之去都督甚重之權，居揚州必死之地，凡所奏請，臺諫又從而沮之，如此則人情觀望，無不解體。浚方爲賊餌之不暇，尚何後效之圖哉。且浚近畫兩淮備禦之計，惟保險清野，可挫賊鋒，陛下既許之矣。今議者之言乃如此，雖浚即以家行，有死無避，然浚負天下重望，一有蹉跌，人情震駭，臣恐江上之事將有不可測者。議者但知惡浚而欲殺之，乃不復爲宗社計，此陛下所宜自憂也。願下詔書戒敕中外，相與協濟，使浚得以畢力自效，贖其往愆。如度其終不可用，則請先治臣阿黨之罪而後改圖，無使浚它日復誤使令，而臣亦得不言之罪也。」疏上未報，公又奏言：「陛下必以浚爲不可用，則請速詔中外，別求智勇可代浚者而拔用之。不然，則幸且勿加沮撓，使得支吾，畢此殘歲。」詞益懇切。上覽奏感悟，即詔張公復開督府，卒召相之。然不數月，竟爲思退、檜等所擠，遣出視師，遂不復返。而公亦累章請罪，明年五月，乃除寶文閣待制、知泉州。復以自請，提舉江州太平興國宫。

及思退貶死，上乃思公言，而太學生數百人伏闕下拜疏請起公。詔復命知泉州，未至，召赴闕。以乾道元年正月入對，上撫勞再三。公引歐陽修、司馬光之言，極論朋黨之弊，以爲：「紹聖、崇、觀以來，此説肆行，實基靖康之亂。近歲宰相罷黜，則其所用之人不問賢否，一切屏棄。此鈎黨之漸，非國家之福也。願詔大臣一以大公至正爲心，并用恩仇，兼忘物我，唯才是任，毋恤其它，則植壞群散而人人得以自效矣。」又奏：「虜騎既退，兩淮屯田似不可緩。前此行之而不見效，其失在於任人不久而責效太速耳。爲今之計，莫若擇二大將，使以建康、鎮江之軍分屯兩淮，而就兼一路之帥。使擇軍中裨將，各以所領分屯沿邊諸州，而就兼一州之守。境内財賦得自用，以爲屋廬耕牧之費，或募新軍，或取舊人之不入隊者，授田使耕，不盡其利，則人争趨之，遲以數年而成效可睹矣。」又勸上「察群情之所甚欲者行之，所甚惡者去之，捐其所甚愛，謹其所可戒，審真僞，辨忠邪，從諫任賢，以格天心，以作士氣，庶幾戎狄畏威，不敢侵侮」。

除吏部侍郎，尋兼侍讀，同修國史。嘗言：「本朝之治，惟仁宗爲最盛。願陛下治心修身之道專以仁宗爲法，而立政任人之際，必稽成憲而行，則慶曆、嘉祐之治不難致也。」又言：「今日積弊千條萬端，朝廷非不知之，而不能革者，蓋大臣受任不專，用事不久，不能以一身當衆怨，而風俗頽弊，人各有心，上所建立有不便於己者，則興訛造訕，百計傾摇，必罷之而後已。願詔大臣力任此責，合群議而討論之，力行堅守，必冀有成，則風俗變而紀綱立矣。」又言：「人才者，國家之命脉也。而論人才者，又當以氣節爲主。祖宗盛時，作成涵養，名公巨人傑立角出，争以氣節相高。頃自蔡京、秦檜用事以來，摧喪既略盡矣。太上更化之初，力救其弊，而士狃見聞，未能盡革。臣願陛下深以爲念。氣節之士雖有小過，猶當容之；佞邪之人雖甚有才，猶當察之，庶幾有以作新人才，興起頽弊。」

於是上顧公甚厚，蓋有意於大用矣。會錢端禮起戚里秉政，駸駸入相，館閣之士相與上疏斥之，皆爲端禮所逐。工部侍郎王弗陰附端禮，建爲國是之説，以助其勢。公抗疏力詆其非，且爲上言：「本朝無以戚屬爲宰相者，今若此，懼不可爲子孫法。」上以爲然。端禮聞之，密遣門下士語公曰：「聞兩宫皆許相已，即相，當引公共政。」公不答，退而終日不樂，謂所親曰：「此言奚爲至於我哉！」翌日，進讀寶訓，適及外戚事。公又極言：「本朝家法，外戚不預政，最有深意。陛下所宜謹守，無使天下後世有以此議聖德者。」上首肯久之。端禮之客亟馳報之，端禮由是深忌公，諷使求去。除寶文閣直學士、知漳州，改建寧府。中書舍人閻安中封還詞頭，力請留公。命復下，安中不能力争，然亦竟得罪以去，而端禮卒不相。時右正言龔茂良方以排擊近習黜守建而未上，公言：「茂良前以言事補郡，且臣故交，今往奪之，於義有不安者。」不得請，乃之官。在郡期年，治以寬簡，省節厨傳，官無浮費。然人服其清，亦莫之毁也。

三年，執政請徙公帥江東，上稱公鯁亮，俾召赴闕。既至入對，上諭公曰：「卿前去國，蓋有譖卿者。卿今日無一語自辨，朕益服卿厚德也。」乃授吏部尚書。入謝之日，奏曰：「銓綜事有成法，臣固當謹守。第愚淺之見或有不及，願陛下時警敕之。蓋君臣之分雖嚴，而情不可以不通。」上曰：「卿言是也。朕或有過，卿亦當盡言。」公曰：「唐太宗唯能導人使諫，所以致貞觀之治。今陛下導臣使諫，臣敢不奉詔。」上曰：「朕每讀太宗事，未嘗不慕之。觀德宗之忌刻，不樂受言，亦未嘗不鄙之也。」公對曰：「聖言及此，天下幸甚！」遂從容爲上言：「今日人材衰少，士氣不振，若必求全責備而後用之，則遺賢多矣。要當君臣一意，公聽并觀，略人細過而取其大節，去己私意而徇夫至公，則人材彬彬，出爲時用矣。」又言：「爲政而不行甚者，必改而更化，此先儒之格言也。然臣竊以爲一時之敝政可更，而祖宗之成法不可改也。就所當更，亦必計之審，議之熟，然後可更。既已更之，則當守之不變，而不可以屢更也。」又言：「州縣之間，號爲能吏者往往務爲急刻，專以趣辦財賦爲功，而視撫字聽斷爲不急。其間又有聚斂以爲羡餘之獻者，增市征則害商賈，督逋賦則病農民，甚或侵移常賦，貽患後人。朝廷不察，反謂有才。願有以深戒戢之，則天下之幸也。」

時上猶未能屏鞠戲，又將游獵白石。公上疏力諫，至引漢威靈、唐敬穆及司馬相如之言以爲戒。後數日入對，上迎謂公曰：「前日之奏，備見忠讜。朕決意用卿矣。」公再拜謝。上曰：「朕在藩邸，已知卿爲忠臣矣。」十二月，受詔館北使，遂拜同知樞密院事，兼參知政事。首薦陳良翰、林栗、劉朔等五人恬退有守，可爲侍從臺諫之儲。時龍大淵、曾覿以舊恩竊寵，士大夫頗出其門，言事者語或及之，往往獲罪。及公館客，大淵爲副。公見外，未嘗與交一言，大淵造門納謁，亦謝不見。至是中書舍人洪邁來見，語公曰：「人言鄭聞當除右史，某當除某官，信乎？」公曰：「不知也，公獨何自得之？」邁以淵、覿告。公明日至漏舍，語諸公曰：「外議久指此兩人漏洩省中語，而未嘗得其實狀，故前此言者雖多而不能入。今幸得此，不可以不聞。」諸公皆以爲然。入奏事畢，公乃獨進，具以邁語質於上前曰：「臣不知平日此等除目兩人實與聞乎，抑其密伺聖意而播之於外，以竊弄陛下威福之權也。」上曰：「朕何嘗謀及此輩？必竊聽而得之。卿言甚忠，當爲卿逐之。」公再拜謝，退未及門，已有旨出二人於外矣。中外快之，至或舉酒相賀云。

一日出省還第，有歛馬道周而不避者。公問爲誰，曰戚里某官也。公遣直省吏白二相，此輕侮朝廷，不可不治，即使詰之，且具以聞。上怒曰：「朕在藩邸時，出逢相車，未嘗不避。此輩乃敢爾耶！」明日，以白高宗，下臨安府捕繫其從者重坐之。知樞密院事虞允文入謝德壽宮，高宗語之曰：「卿與陳俊卿同在樞府，俊卿極方正，非如它人，面從而退有後言也。」

公以兩淮藩籬未固，言於上曰：「備邊經久之計，不過屯田積粟，增陴濬隍，訓卒練兵，以爲不可犯之基而已。然今日任人之弊大抵太拘，而邊郡爲尤病。謂宜廣求人才，勿問文武，使陳所見，與定規模，悉如太祖皇帝所以遇李漢超、馬仁瑀輩者。分之以兵，使自爲守；饒之以財，使自爲用。乃詔臺諫略其細過，使倜儻之人得以行其志而自效。諸使唯鹽司爲不可廢，自餘皆可且罷。而間遣使循行諸郡，按閱稽考，以行賞罰。數年之後，守備必固，敵人知之，自不敢犯。萬一有之，亦可責諸將以必守，而無異時望風奔潰之虞矣。荆襄諸郡亦宜放此，大率不過得十數材力任事之人，便可集事。唯陛下留意圖之。」

虜使來庭，公以故事押宴，使者致私覿，其狀花書而不名。公使却之，掌儀懼，白公恐生事。公使語之曰：「今日豈當用辛巳前故事耶。」使者詞屈，乃問公爵里甚悉，而易狀書名以遺曰：「特爲陳公屈耳。」自是遂爲例云。

虜又移書邊吏，取前所俘虜人。上顧輔臣，議所以應之者。公曰：「此不可以力争而可以理勝。虜方淫侈，安有遠謀？設欲用兵，亦不必假此爲詞。今當且如常時，泛然報云已下諸處根刷，俟至三四，然後報以諸處所申皆無其人，或是軍前一時殺戮，或是後來節次死亡。且誓書之文，俘虜、叛亡自是兩事。俘虜發過已多，叛亡自不應遣。且如本朝兩淮之民，昨來上國兩次俘略亡慮數萬，本朝未嘗以爲言者，誠恐破壞和議，使兩國邊境之民皆不得安也。如其不聽，或至交兵，則曲直之勢，勝負有所在矣。」從臣有怯懦，争言不可不予者，議久未決。公復上奏曰：

「虜知此輩皆在軍中，故遣官臨境，揭榜招諭，欲以摇我人心，冀或有變，而以兵乘其隙，此計深矣。今留不遣，彼必藉此以起兵端。然臣竊料彼無信義，專恃暴强，盡發亦來，不發亦來，初不以吾之從違爲作輟也。但發之則吾國中先自紛紛，而彼乘其弊，其禍甚速。不發則其侵軼尚在一二年後，吾但堅壁勿戰，絶其糧道，彼亦安能持久？況兵之勝負，亦有天理。今我直彼曲，安能逆知其必不能勝而遽爲此匆匆乎。」

沈介守上饒，以上供負課罷郡鐫秩，公争以爲不可。鎮江軍帥戚方刻剥役使，軍士嗟怨，言者及之。公奏外議内臣中有主方者，上曰：「朕亦聞之。方罪固不可貸，亦當并治左右素主方者，以警其餘。」即詔罷方，而以内侍陳瑶、李宗回付大理，究其賄狀。又諭輔臣以建康劉源亦嘗有賂於近習，方思有以易之。今欲且遣王抃至彼，檢察奸弊，留數月而後歸，庶幾新帥之來，不至循習。公奏曰：「今但遴選主將，則宿弊當自革矣。」上曰：「政患未得其人耳。」公曰：「苟未得人，更宜精擇。既已委之，則當信任。今未得其人而已先疑之，似非朝廷所以待將帥之體。況軍中積弊不在乎它，特患交結之風未革，所以有裒剋自營之事。今陛下既赫然罷其尤者，而又并及譽阿之人，中外之情莫不震慴，何事於此而後可以除宿弊乎。且軍中財賦所以激勸將士，但主帥不以自私，則其它當一切聽之。今檢柅苛細，動有拘礙，則誰復敢出意繩墨之外，爲國家立大事乎。況朝廷所以待將帥者如此，使有氣節者爲之心先不服〔五〕，其勢必將復得奸猾之徒，則其巧思百出，敝隨日滋，又安得而盡防耶。今不慮此，而欲獨任一介單車之使以察之，政使得人，猶失體而無益。況不得人，則其弊又將不在將帥而在此人矣。」上納公言，罷抃不遣。

虜使來賀會慶節，上壽在郊禮散齋之内，不當用樂。公請令館伴以禮諭之，而議者慮其生事，多請權用樂者。公又奏請：「必不得已，則上壽之日設樂而宣旨罷之。及宴使客，然後復用，庶幾事天之誠得以自盡，而所以禮使人者亦不爲薄，彼自當悦服矣。」上可公奏，且曰：「宴殿雖進御酒，亦毋用樂。惟於使人乃用之耳。」諸公顧以爲紫宸上壽，乃使客之禮，固執前議。公又不可，獨奏言曰：「適奉詔旨，有以見聖學高明，過古帝王遠甚，臣敢不奉詔。然獨竊謂更當先令館伴以初議喻使人，再三不從，乃用今詔，則於禮爲盡，而彼亦無詞。不可遽鄙夷之，而遂自爲失禮以徇之也。」蔣芾猶守前説，公争愈力。上顧公曰：「可即諭閤門行之。」公退，復爲奏曰：「彼初未嘗必欲用樂，我乃望風希意而自欲用之，彼必笑我以敵國之臣而虧事天之禮，它時輕侮，何所不至？此尤不可不留聖慮。」上嘉納焉。

既而上以當郊有雷震之異，内出手詔戒飭大臣，宰相葉顒、魏杞坐免。公亦俟罪，不獲命，越數日遂除參知政事。公辭謝不得已，就職，言於上曰：「執政之臣惟當爲陛下進賢退不肖，使百官各任其職。至於細務，宜歸有司者。自此當日有以省之，庶幾中書之務稍清而臣等得以悉力於其當務之急。」上甚然之。一日，審察吏部所注知縣有老不任事者，公判令吏部改注。吏白例當奏知，公曰：「此豈足以勞聖聽。」明日取旨，自今此等請勿以聞，上可其奏。時有以四明銀礦獻者，上命守臣詢究，且將召冶工即禁中鍛之。公奏曰：「陛下留神庶務，克勤小物至於如此，天下幸甚。然不務帝王之大而屑屑乎有司之細，臣恐有識者有以窺陛下也。況彼懼其言之不副，則其鑿山愈深，役民愈衆，而百姓將有受其害者，又不可以不慮乎〔六〕。夫天地之産，其出無窮。若愛惜撙節，常如今日，則數年之後，自當沛然。但願民安歲稔，國家所少者，豈財之謂哉。請直以其事付之明州，使收其贏餘，以佐國用，則亦不至於甚擾民矣。」從臣梁克家、莫濟俱求外補，公奏二人皆賢，其去可惜。蓋近列中有以騰口交鬥，致二人之不安者。於是遂與同列劾奏洪邁奸險讒佞，不宜在人主左右，罷斥之。

七月，宰相蔣芾以憂去，公遂獨持政柄。尋兼知樞密院事，即言於上曰：「臣自叨執政之列，每見三省、密院被内降指揮，苟有愚見，必皆密奏，多蒙開納，爲之中止。然比及如此，已爲後時。今以參預首員奉行政令，欲乞自今内降恩澤有未允公議者，容臣卷藏，不示同列，即時繳奏，或次日面納。」上曰：「卿能如是，朕復何憂。」每勸上親忠直、納諫諍、抑僥倖、肅紀綱，講明軍政，寬恤民力。用人之際，隨才任使，未嘗求備。異時統兵官不見執政，無以别其能否。公日召三數人從容與語，察其材智所堪而密記之，以備選用。減福建鈔鹽歲額，罷江西和糴、廣西折米鹽錢，且蠲諸道累歲逋負金穀錢帛以巨億計。當是時，上於公言多所聽用，大抵政事頗歸中書矣。既而龍大淵死，上憐曾覿，欲召之。公曰：「自陛下出此兩人，中外無不稱誦聖德。今若復召，必大失天下望，臣請得先罷去。」上納公言，遂止不召。

殿前指揮使王琪被旨按視兩淮城壁還，薦和州教授劉甄夫，上命召之。公與同列請其所自，上曰：「王琪稱其有才。」公曰：「琪薦兵將官乃其職。教官有才，何預琪事。」上曰：「卿等可召問之。」公退，召琪責之，琪惶恐不知所對。會揚州奏昨琪傳旨增築州城〔七〕，今已訖事。公請於上，則初未嘗有是命也。公曰：「若爾即琪爲詐傳聖旨，此非小利害也。容臣等熟議以聞。」退至殿廬，遣吏召琪詰之。琪叩頭汗下。公亟草奏言曰：「王琪妄傳聖訓，移檄邊臣增修城壁，此事係國家大利害，朝廷大紀綱，而陛下之大號令也。人主機務至繁，天下情僞百出，豈智力所能一一防閑？所恃紀綱、號令、賞罰耳。今琪所犯如此，考其案牘及所置對，前後抵牾，奸僞明審。此而可許，則亦何所不可爲也哉。臣等不勝大懼。謹按律文，詐爲制書者絞。惟陛下奮發英斷，早賜處分。」於是有旨削琪官而罷之。先是，禁中密旨直下諸軍者，朝廷多不與聞。有禁官張方者以某事發覺，公方與同列奏請，自今有司承受御筆處分事宜，并須申朝廷奏審，方得施行，未報。至是，因琪事復以爲言，上乃悦而從之。

事下兩日，則又有旨收還前命。公語同列曰：「反汗如此，必關牒至内，諸司有不樂者，相與爲之耳。」即具奏曰：「三省密院，所以行陛下詔命也。百司庶府，所以行朝廷號令也。詔命必出於陛下，號令必由於朝廷，所以謹出納而杜奸欺也。祖宗成憲，著在令甲。比年以來，漸至隳紊。臣等昨以張方之事輒有奏陳，及此逾月，又因王琪奸妄之故，陛下赫然震怒，然後降出，聖慮亦已審矣，聖斷亦已明矣。中外傳聞，莫不嘆服。而昨日陛下諭臣等曰：『禁中欲取一飲一食，必待申審，豈不留滯。』而今又有此指揮。夫臣等所慮者，命令之大，如令三衙發兵，則密院不可不知；令户部取財，則三省不可不知耳。豈有此宫禁細微之事哉。况朝廷乃陛下之朝廷，臣等偶得備數其間，出内陛下命令耳。凡事奏審，乃欲取决於陛下，臣等非敢欲專之也。况此特申嚴舊制，亦非創立新條。而已行復收，中外惶惑，且將因循觀望，并舊法而廢之，爲後日無窮之害，則臣等之罪大矣。或恐小人因此疑似，陰以微言，上激雷霆之怒。更望聖明深賜體察。」翌日面奏，上色甚温，顧謂公曰：「朕豈以小人之言而疑卿等耶。」

同知樞密院事劉珙進對語切，遂忤上意。既退，御筆除珙端明殿學士、在外宫觀。公即藏去，密具奏言：「前日奏劄，臣實草定，珙與王炎略更一兩字，即以投進。以爲有罪，則臣當先罷。若幸寬之，則珙之除命臣未敢奉詔也。」明日，復申前説，且曰：「陛下即位以來，容納諫諍，體貌大臣，皆盛德事。今珙乃以小事忤旨而獲罪如此，臣恐自此大臣皆以阿諛順旨爲持禄固位之計，非國之福也。」上色悔久之。公又言：「珙正直有才略，肯任怨，臣所不及。願且留之。」上曰：「業已行之，不欲改也。」公曰：「珙無罪而去，當與大藩，以全進退之禮。」上然之，乃以珙爲江西帥。

公退，又自劾草奏抵突、被命稽留之罪，上手札留之，公請不已。上曰：「卿必欲去，朕當勉從。然亦且在四明或平江，一兩月復來可也。」公以平江繁劇辭，上使自擇兩浙近地，公因以四明爲請，上乃許之。公退，即家居俟命，而翌日上更遣中使召公入奏事，迎謂之曰：「朕昨思之，卿不可去。且諫官陳良祐亦奏留卿，是非獨朕所不可，公議亦不以爲可也。卿其勉爲朕留。」

公請益堅，上曰：「卿雖百請，朕必不從也。」公退，復上疏。上親書其後曰：「卿之忠實，朕素簡知，而辭位無名，婁留愈懇，公論所協，宜勿再陳。」公遂不敢復請。越數日，上喻且相公。公懇避再三，上竟不許。遂以乾道四年十月制授尚書右僕射、同中書門下平章事、兼樞密使。

公爲相以用人爲己任，所除吏皆一時選。尤抑奔競、獎廉退，或才可用而資歷尚淺，即密薦於上，退未嘗以語人。有忽被召對，改秩除用而不知所自者。每接朝士及牧守來自遠方者，必問以時政得失，人才賢否。見給舍必勉之曰：「朝廷政令，安得每事盡善？主上從諫如流，公等意有未安，勿憚舉職，朝廷唯是之從，初不以爲忤也。」

又以兩淮備禦未設，民無固志，萬一寇至，倉卒渡兵，恐不及事，奏於揚州、和州各屯三萬人，預爲家計。仍籍民家三丁者取其一，以爲義兵，授之弓弩，教之戰陳。農隙之日，給以兩月之食，聚而教之。沿江諸郡亦用其法。諸將渡江，則使之城守，以備禦緩急，且以陰制州兵頡頏之患。其兩淮諸郡守臣，但當擇才，不當復論文武，計資歷。捐以財賦，許辟官吏，略其小過，責其成功。要使大兵屯要害必争之地，待敵至而决戰，使民兵各守其城，相爲掎角，以壯聲勢。而又言於上曰：「國家養兵甚費，募兵甚難，惟有此策可保邊面，可壯軍勢。而樂因循、憚改作之人皆以擾民爲詞，天下之事欲成其大，安能無小擾？但守臣得人，公心體國，不憚勞苦，善加拊循，則教習有方，自不至大擾矣。」上意亦以爲然，詔即行之。然竟爲衆論所持，公尋亦去位，不能及其成也。

邊民侍旺擁衆來歸，北虜移文取索。公以爲但可説諭令其北歸，不可捕遣以快彼意。上意猶欲粗遣百十以塞其意，公曰：「粗遣一二，以失其心，使懷憤怨。而虜知其然，求索必不遽已，竊料兵端必起於此。是始欲兩全而終不免於兩失之也。此事本末曲雖在我，然彼亦豈得爲直？若且悠悠勿遣，彼必虞我有備，未敢遽動。萬一不免用兵，却可全山東歸正之心，士氣自倍矣。」於是卒從公計。

一日，御札依祖宗舊制復置武臣提刑，公言：「此職自景德以來置復不常，今用文臣一員，亦無闕事。員外添置，徒爲煩費無益也。」乃止。

時虞允文宣撫四川，公薦其才堪宰相，上即召允文爲樞密使。至拜公左相，遂以允文爲右相，乾道五年八月也。允文既相，建議遣使金國，以陵寢爲請。公既面陳以爲未可，復手疏曰：「陵寢幽隔，誠臣子之痛憤。然在今日，彼方以本朝意在用兵，多方爲備，若更爲此以速之，彼或先動，則吾之事力未辦，不知何以待之。况使者既行，中外疑惑，果得所請，猶爲有名；苟或未從，殊失國體。且天下之人亦以爲陛下舍其大而圖其細也。若欲必遣，則俟侍旺事定，或因遣使賀正，令王抃偕行，先與彼之館伴者議之。或令因見虜主，面陳此意。彼若許遣，則有必從之理。若其不許，則願陛下深謀遠慮，舍其小而圖其大。它時恢復故疆，陵寢固在度内。今日爲之，則是慕虚名而受實害，臣竊爲陛下危之。」上感公言，事得少緩。

既而上御弧矢，有弦激之虞。公以不能先事陳戒，深自克責，密疏言曰：

陛下經月不御外朝，口語籍籍。由臣輔相無狀，不能先事開陳，以致驚動聖躬，虧損盛德，非細事也。前日已嘗面奏俟罪，聖體未寧，未敢復請。然區區之愚，不敢不先言之。冀或有以感寤宸衷，則臣歸死司敗，無復憾矣。臣聞自昔人主處富貴崇高之極，志得意滿，道不足以制欲，則游畋聲色、車服宫室不能無所偏溺，而不得爲全德之君。陛下憂勤恭儉，清净寡欲，凡前世英主所不能免者，一切屏絶。顧於騎射之末，猶有未能忘者。臣知陛下非有所樂乎此也，蓋神武之略，志圖恢復，故俯而從事於此，以閲武備，以激士氣耳。然誠如此，臣亦竊以爲過矣。夫弧矢之利，雖聖人所以威天下，然本非帝王所當親御也。一劍之任，吴起且羞爲之，而况萬乘之主乎。趙王好劍，而莊周説以天子之劍；楚王好弋，而莊辛説以王霸之弋。陛下既有志於武功，誠能任智謀之士以爲腹心，仗武猛之材以爲爪牙，明賞罰以鼓士卒，恢信義以懷歸附，則英聲義烈不出尊俎之間，而敵人固已逡巡震叠於千萬里之遠矣，尚何待區區馳射於百步之間哉。太祖皇帝深却手撾之獻，蓋有見於此矣。又况陛下承祖宗積累之休，膺太上皇付託之重，一身之動静，宗社生靈之休戚繫焉。可不自重，以爲天下無窮之計乎。今者之事，尚賴天地祖宗密垂覆佑，即獲痊愈。使其萬一有甚於此，則貽太上之憂念，駭四方之觀聽，雖誅左右執射之人，亦何益乎。故臣願陛下常以今日之事永爲後來之戒，不惟志之聖心，而又書之盤杅，銘之几杖，不使須臾忘之，則天下幸甚。

且古之命大臣者，使之朝夕納誨以輔德，繩愆糾繆以格非，欲其有以正君之過於未形，而不使著見於外也。唐太宗臂鷹將獵，見魏徵而遽止。憲宗蓬萊之游，憚李絳而不行。此其效也。臣人微望輕，無二子骨鯁强諫之節，致陛下過舉，彰聞於外。今誅將及身而後乃言，亦何補於既往之咎哉。雖然，懲羹者必吹於虀，傷桃者或戒於李。弓矢之技，人所常習而易精，然猶不免今日之患，况毬鞠之戲，本無益於用武，而激射之虞、銜橛之變又有甚於弓矢者乎。間者陛下頗亦好之，臣屢獻言，未蒙省録。今兹之失，乃天之仁愛陛下，示以警懼，使因其小而戒其大，誠宗社無疆之福也。陛下誠以弦斷之變思之，則向之盛氣馳騁於奔踶擊逐之間，無所蹉跌，蓋亦幸矣，豈不爲之寒心哉。太祖皇帝嘗以墜馬之故而罷獵，又以乘醉之誤而戒飲。遷善改過，不俟旋踵，此子孫帝王萬世之大訓也。臣願陛下克己厲行，一以太祖爲法，罷毬鞠之會，屏騎射之習，謹威儀之節，玩經典之訓，則盛德輝光，將日新於天下，而前日之過，何傷日月之明哉！

既而曾覿官滿當代，公度其必將復入，預請以浙東總管處之。上曰：「覿意似不欲爲此官。」公曰：「前此陛下去此兩人，中外無不嘆仰盛德。今外間往往竊議，以謂覿必復來。願陛下且捐私恩，以伸公議。」上稱善久之。已而又以墨詔進覿官，公復持不可曰：「必爾，亦當有名。」會當賀金國正旦，乃請以覿爲副。還奏，因以例遷其官，而竟申浙東之命。覿猶遲徊不去，公戒閤門趣覿即日朝辭，覿怏怏而去。

樞密承旨張説欲爲親戚求官，憚公不敢言。會公在告，請於右相，得之。公聞敕已出，詰吏留之。説皇恐詣公謝，右相亦愧甚，然猶爲之請。公卒不與，説以是亦深怨公。永陽郡王居廣欲爲其客求岳祠，先使人伺公意。公曰：「它官則不可，岳祠無傷也。」然居廣憚公嚴正，卒不敢啓口。吏部尚書汪應辰舉李垕應制科，有旨召試。權中書舍人林機言垕詞業未經後省平奏，且獨試非故事。公奏元祐中謝悰亦獨試，機蓋爲人所使耳。上喻公詰之，乃機與諫官施元之密謀，以是沮應辰，而對上又不以實。公因極論其奸，遂詔暴二人朋比交通之狀而罷之，中外稱快。然應辰竟以與右相議事不合求去，公奏應辰剛毅正直，士望所屬，當有以留其行者，因遂數薦應辰可以執政。上初然之，而後竟出應辰守平江。自是上意益向允文，而公亦數求去矣。

明年，允文復申前議。一日，上以手札諭公曰：「朕痛念祖宗陵寢淪於腥羶者四十餘年，今欲遣使往請，卿意以爲如何？」公奏曰：「陛下焦勞萬機，日不暇給，痛念陵寢，思復故疆，臣雖疲駑，豈不知激昂憤切，仰贊聖謨，庶雪國耻？然性質頑滯，於國家大事每欲計其萬全，不敢輕爲嘗試之舉。是以前者留班面奏，欲俟一二年間，彼之疑心稍息，吾之事力稍充，乃可遣使。往返之間，又一二年，彼必怒而以兵臨我，然後徐起而應之，以逸待勞。此古人所謂應兵，其勝十可六七。兹又仰承聖問，臣之所見不過如此，不敢改詞以迎合意指，不敢依違以規免罪戾，不敢僥倖以上誤國事，惟陛下察之。」繼即杜門上疏，以必去爲請。三上乃許，遂以觀文殿大學士知福州，兼福建路安撫使。陛辭，猶勸上遠佞親賢，修政事以攘夷狄，泛使未宜輕遣。然公既去，允文遂遣使，竟不獲其要領。而曾覿亦召還，遂建節旄，歷使相以躋保傅，而士大夫莫有敢言者矣。

公至福州，政尚寬厚而嚴於治盜。明年，定海水賊倪郎侵軼閩廣，海道騷然。公召統領官鄭慶授以方略，慶頗逗留，以風爲解。公植旗於庭，視其所鄉。慶知公不可欺，晝夜窮追，悉遂禽捕，海道以清。上嘉其功，特遷銀青光禄大夫，力辭不許。始公任政，建言選人岳廟無事得禄，又理考任陞改，此太僥倖，且非祖宗舊法，奏請革之，人以爲當。而權貴多不悦，扇爲浮論，游説萬方。公持之不變，衆亦自定，略計一歲可省冒濫改官者三十員。至是不悦者幸公去，卒奏改之。公猶抗疏辨理，然事已行，不及止也。簽書節度判官事尚大伸以事忤提點刑獄鄭興裔，興裔廉得其罪，以語公。公即以屬吏，驗問未竟，憲屬張位擅呼獄吏喻以意旨。公劾奏位，并大伸罷黜之。興裔勢大沮，皇恐託它事出按旁郡以避公。

轉運判官陳峴建議改行鈔鹽法，公移書宰執曰：「福建鹽法與淮浙不同，蓋淮浙之鹽行八九路，八十餘州，地廣數千里，食之者衆，販之者多，百貨可通，故其利甚博。福建八州，下四州瀕海，已爲出鹽之鄉，惟汀、邵、劍、建四州可售，而地狹人貧，土無重貨，非可以它路比也。且四州每歲舊額當運鹽千三百萬斤，而實運僅及九百餘萬，蓋食鹽之民有限，其勢不可以復增也。然漕司以此歲得三十餘萬緡，而四州二十餘縣供給上下百費皆取於此，二三十年以來，州縣稍無科擾，百姓亦各安便，此則官自鬻鹽，亦不爲不利矣。今欲改行鈔法，比於它路，且於額外更責以增鬻取贏，而又陰奪州縣歲計以充其數，此不可之大者也。而或謂官鹽不行，由私販之不禁。今若稍嚴，必倍其利。此知其一，不知其二者。福建民貧，上四州尤甚，性復强悍，輕生喜亂。農桑之外，多利私販，百十爲群，操持兵仗，官不能禁。託名魚鱐，量收税錢而已。貧民既有此路可以自給，則不至輕於爲非，官司又得此錢，亦足少助經費。今欲改行鈔法，已奪州縣歲計，又欲嚴禁私販，必虧税務常額。而貧民無業，又將起而爲盜。夫州縣闕用，則必横斂農民；税務既虧，則必重征商旅；盜賊既起，則未知所增三十萬緡之入，其足以償調兵之費否也。將來官鈔或滯不行，則必科下州縣，州縣無策，必至抑配民户。本以利民而反擾之，此恐皆非變法之本意也。欲望朝廷更下有司熟議，或令建議之人一以身任其責，必有以見其决然可行者然後行之，則庶乎其不誤也。」當時諸公不能用，然鈔法果不行。

又明年，力請閑，遂以提舉臨安府洞霄宫歸第。敝屋數楹，湫隘特甚，怡然不以屑意。淳熙二年，再命知福州，辭不得請，乃行。民習其政，不勞而治。始至，帑藏空竭，公節省浮費，用亦不乏。會有旨盡發本路海船及揀中禁軍、土軍，公奏曰：「陛下厲精爲治，約己利民，至於軍須之用，亦無取之民者，獨於海舟尚藉民力，蓋不獲已。然自頃邊事既息，率三分調一以備守禦，非有緩急不盡發也，此意亦已厚矣。今乃但以教閲之故而使三番并發，彼不當番者既已遠出，豈能遽歸？則必徒使其家有追逮係累之擾。至於梅師水手，其技素習，初不待教。但其平日類皆轉移執事，今固不容拘以名籍，則又安知今日所教必爲異時所用之人哉，何補於事而煩擾如此。且去歲朝廷疑州郡有所隱漏，遣黄飛英點集，拘留年半，始得放散，商賈固已失業。今而并發，寧不重困？略計本路所發五百七十艘，用柁師、水手萬四千人，留屯五月，犒設借請，朝廷費經總制錢六十餘萬緡，米六七萬餘碩，衣裝器甲與夫州縣之費又不在是。推此一路以觀兩浙，則其費又當倍之矣。又況民力不可不惜，大衆不可輕動，無事而發，玩習爲常，一旦有急，或反誤事。曷若盡以教閲付之州縣，或令且發一番，當亦未至闕事。而船户既蒙優恤，異時或有緩急，雖赴湯蹈火亦不避矣。其揀中禁軍已行起發，但本路帶山瀕海，民俗獷悍，私販寇盜所在有之，全賴土軍控制之力。向來戚世明銜命揀選，但欲數多，未嘗精擇。福州十三寨，合千九百人，而揀中者已千七百餘人，所餘逐寨不過十人。今若將揀中人盡行起發，則州縣表裏空虛，奸民得計，其害有不可勝言者。欲乞許留其半，以備緩急。」詔皆施行如章。

公又嘗奏：「本路上四州軍及江西、湖北諸郡豪猾之民多由衣食不充，相結爲盜，盤據險阻，官軍多不能制。近者茶寇雖平，其類尚多有之。與其縱使爲盜，不若籠以爲兵。謂宜專委逐路帥憲選閑居官員有方略者及土豪有信義者，毋拘以文，使風喻此曹，令各以其技自獻，官爲格試，收而籍之。或刺其手，置寨教閲，厚其衣糧，拔其尤異補轉資級。因事立功，更加優賞。或有小寇，責之收捕，决可討平。異時或欲起發，亦必感奮爲用。此銷盗賊、嚴武備、固根本之一策也。」

既而州境大旱，失火延境，且有星隕地震之異。公悉以其事上聞，且曰：「一夕之間，變異兩見，臣愚不學，莫原休咎之端，惟劇震恐。竊計陛下必欲聞之，不敢不奏。」上感其言。適州校有部綱至在所者，上忽召入，問公治行甚悉。即降親札撫勞，賜以帶、笏、香藥甚厚。

三年，太上皇帝聖壽七十，頒慶宇内。公以紹興從官特轉金紫光禄大夫。四年，復累章告歸。上欲許之，而難其代，爲遲回累日，乃除特進、提舉洞霄宫。五年五月，起判隆興府。未視事，改判建康府、江南東路安撫使，兼行宫留守，且詔赴闕奏事。既至，都人聚觀，無不咨嗟，喜公之將復用也。入對垂拱殿，上爲改容加敬，命坐賜茶，宣問款至。公因從容言曰：「擇將當由公選。臣聞諸將多以賄賂交結而得之，如此大壞軍政。」上曰：「大將交結，恐或因仍。如統領官以下，皆朕親選。前日鄭鑑亦有是説，朕再三諭以無是事矣。」鑑，公婿也，故上語及之。公即奏曰：「臣在遠，亦聞鑑以小臣輒論朝廷事。陛下和顔聽納，中外莫不仰服聖明從諫之美。然諸將交結之弊，則陛下不可以不察。蓋主兵者得之不以材能而以貨賂，則其下不服，必致誤事。」上曰：「誠然。」公又奏曰：「陛下選用人材，當辨邪正，然又必由朝廷，乃合公論。如聞曾覿、王抃招權納賂，薦進人才，而皆以中批行之。外間口語籍籍，恩盡歸於此輩，謗獨萃於陛下，此非宗社之福也。」上曰：「小小差遣，或勉徇之。至於近上差除，此輩豈敢干預。」公曰：「此輩未必敢於陛下之前明有論薦，或恐探知聖意而傳報於外耳。大抵禁中事外間無不聞，皆此曹所爲，大非美事，願嚴加戒約。」上亦然之。公又奏曰：「比來出令多不審，隨即變更。祖宗故事固不能守，而陛下初政，力去弊事，可以爲後世法者，今亦不能守矣。」上問何事，公曰：「如未銓試不得注官，未歷任不許堂除之類，今皆以内降放行矣。」上曰：「此誠一時不思之過。」公又奏曰：「贓吏最可惡，比亦有已經勘結而直降内批改正者。如此天下何所懲勸？」上曰：

「恐無此事。」公曰：「臣知其人，但事已往，不欲斥其姓名耳。此皆左右害政之大者，陛下不可不每事加察，防其微漸。」上曰：「卿言甚當。朕若知之，決不容也。」既退，上遣中使賜金器、犀帶、香茶。

明日朝辭，上曰：「卿遠來得相見，氣貌不減往時。今年幾何矣？」公對曰：「犬馬之齒六十有六矣。」上曰：「極清健可喜也。」公因奏曰：「臣去國九年，重入修門，見都下穀賤物平，人情安帖，惟是士大夫風俗大變。」上曰：「何也？」公曰：「向來士夫奔覿、抃之門，十才一二，尚畏人知。今則公然趨附，十已七八，不復有顧忌矣。人才進退由於私門，大非朝廷美事。」上曰：「抃則不敢，覿雖時或有請，朕亦多抑之。自今不復從矣。」公曰：「陛下之言雖如此，其如外間喧傳某人由某人之薦，某人出某人之門，此曹聲勢既長，臺諫侍從往往多出其門，頤指如意，朝廷亦唯命是聽，無敢爲陛下言者。天下靡靡，風俗日趨敗壞，奈何？臣昨所奏將帥賄賂交結，又爲特甚，不惟士大夫言之，雖軍伍使臣，朝廷胥史，下至走卒，亦能言之，獨陛下以爲無有。臣恐小人奸計百端，巧爲彌縫，使陛下獨不悟，此不可不深察而嚴禁也。陛下信任此曹，壞朝廷之紀綱，廢有司之法令，敗天下之風俗，累陛下之聖德，臣實痛之。願陛下勿忘臣此四言者，常留聖慮，則天下幸甚！」上曰：「卿到建康，見兵將有如此者，一一奏來。」公又奏：「諸路監司亦望精擇，須稍諳練，有風采之人乃可用。若膏粱子弟，未更民政，權要子侄親故，率皆負勢妄作，爲一路之害。」上因語及人材，問公識某人否。公對曰：「臣素知之，今日正當得此等人布之朝列，則所謂猛虎在山，藜藿不采，汲黯在朝，淮南寢謀者也。願陛下留意。」上爲沈思久之。上初欲爲公設宴，會小疾不果，乃命二府飲餞于浙江亭。

公去建康，至是蓋十五年。父老喜公之來，所至相聚以百數，焚香迎拜，如見親戚。公爲政平易寬簡，悉罷無名之賦。府有軍屯，異時多爲民害。公爲出令，犯者當取旨以軍法從事，諸軍肅然。行宮扃鑰別以宦者主之，留守待之如部使者禮。時節按行殿中，則宦者置酒自坐東偏，而留守顧爲客，甚或邀去就飲其家。公悉罷之，宦者浸不樂，而不能害也。

建康距淮南一水間，每聞邊面利害，無不言。嘗奏：「北界群盜百餘，焚掠淮陰，殺人篡囚，執縛官吏。此由跳河盜馬之徒有以啓之，請加嚴禁，而於沿淮諸縣量增戍兵以防之。其自北方來歸者，則慰諭而勿受也。」又奏：「密院昨下諸郡造甲，自有程限，而諸郡争先希賞，不無追集之擾。乞行戒喻，以安農業。且自頃罷兵，至今十五六年，諸軍造甲當已足用，而御前軍器所甲匠又凡三千五百人，若以百工爲一具，則以歲計之，今不啻十四五萬具矣。行宮之甲見管四萬，今諸郡所造計亦不下三萬。欲望試加檢括，苟可足用，即逐州常年合納甲葉鐵炭之類，或可間年量與裁減，亦寬民力之一事也。」又奏：「日者陛下深念諸軍有口衆而廪假不足以自贍者，特降緡錢，三總領司各付以二十萬，俾之回易，歲取息錢五分以爲優給，甚大惠也。然商賈之利不過什一，今以總所之權，奉朝命、用禁令而責五分之息，其勢必至於盡籠商賈之利，陰奪場務之課，使道塗嗟怨，公私困竭。而淮西總司歲以十萬緡者散之兩軍，多者不過兩千，少或僅得千錢。以朝廷黃榜措置，使此曹終歲仰望，而所得不過如此。得者既未足爲惠，而不得者又有怨言，甚無謂也。請亟罷之，而歲捐交子三十萬於一司，以其半給諸軍之口衆者，以其半大閲而激犒之。不惟名正惠周，亦可少振士氣，而數路細民商旅受賜又不貲矣。」

是時御前多行白劄子，率用左右私人賫送，而迎送饋遺體同王人。至是，樞密承旨王抃遣所親以劄來，吏白故事，公悉罷之。因上奏曰：「號令出於人主，行於朝廷，布於中外，古今之所同也。間有軍國機密文字或御前批降，則用寶行下，此所以示信而防僞也。今乃直以白劄傳旨，處分事宜於數百里之外，則臣不知其可矣。其間亦有初非甚密之事，自可付之省部。今用白劄雖無甚害，然白劄既信於天下，則它時緩急或有支降錢物、調發軍馬、處置邊防，干國家大利害事，其間豈能保其無僞？若嚴重知體之人必須奏審，則往來之間或失事機；若庸懦無識之人即便施行，則真僞不分，豈不誤事？況衹稟文字只付差來人，或令回申元承受處，到之與否，不可得知，此於事體尤爲非便。惟陛下察而改之。」上爲手札奬諭，愧謝其意。

公尋上章請致其事〔八〕，答詔不允。上又出手札付三省，除公少保，加恩判建康府如故。宣制之日，亦上所自定，蓋異禮也。公力辭，以爲曾公亮嘗言司空非賞勞之官，卒不受拜。今之少保，即昔之司空也。況又無勞〔九〕，其敢受乎。上手札敦諭，至於再三，公乃受命。時江東諸郡皆旱，而南康〔十〕、廣德爲尤甚。上詔公預講荒政，公奏曰：「薄征緩刑、已責勸分之屬，不敢不勉。亦已揭榜招誘米商，嚴戒場務毋得征税。但恐未到之間，民已流散，不可復收。欲乞於本路諸州朝廷樁積數内借米三十萬碩，穀二十萬碩，分給州縣賑糶。而又繼以常平之粟，仍先揭榜諭之，使細民不至流移，富家不敢閉糴，商旅不敢邀價。」又奏乞除放淳熙四年夏秋逋賦，權罷淮東和糴，倚閣畸零夏税，申明納粟賞格，上多從之。惟所借樁積米穀，前後三奏，詞甚懇激，而廟堂有不樂公者，才得三萬斛。人皆爲公憂，而公處畫有方，船粟四集，境内帖然，民無流徙，咸仰公德焉。

八年正月，復上告老之章，累詔不允，而公請益堅。二月，除醴泉觀使，進封申國公。將歸，薦本道守令耿秉等五人，皆以次擢用。九年正月，公之年已七十矣。元日，即謝醴泉之俸，復上疏申前請，凡表五上。上又手批其奏却之。是歲親祠，召公陪位。公力辭，又三表懇請告休。不獲，即爲手札以請。上不得已，詔以少傅致仕，進封福國公。有司以法當給全俸，公按富文忠公故事，獨受少傅之禄，餘悉歸之。十一年十月七日，上以公生朝，遣使賜手詔、金器、香藥。十二年，又詔公陪祀南郊，且以增太上尊號，來歲當行慶壽之禮，上喻宰臣曰：「陳丞相久不相見，宜趣其來。若赴陪祠不及，亦可赴慶壽。且是禮之行，尤以元老在廷爲重也。」公拜疏辭行，上復手札催促，書其末曰「付陳少傅」而不名也。公竟懇辭。慶典告成，册拜少師，進封魏國公。公辭避再四乃受。

十三年十一月屬疾，二十一日疾革。夜半，手書一紙示諸子曰：「予病，恐不能自還。生死大數，無足悲者。白屋起家，致身三少。報國無功，叨榮有靦。獲死牖下，尚復何云！遺表只謝聖恩，無得祈求恩澤。死之後百日入葬，不用僧道追薦等事。吾欲以身率薄俗，汝等不可違也。無功無德，無得立碑請謚。汝等力學善爲人，惟忠惟孝，可報國家。此外無可祝。」命婦女出寢門，顧謂中子守曰：「遺表惟以選用忠良、恢復竟土爲請可也。」翌旦，整冠斂衽，神氣静定，安卧而薨。先是，郡之鎮山壺峰大石崩墜，聲聞數里。是日，地復大震，鄉人異之。

公生二十有六年而仕，仕三十年而相，相二年而去，去十三年而老，老三年而薨。薨之年，蓋七十有四矣。上聞其喪，對輔臣嗟悼久之，再輟視朝，贈太保，令本路轉運司給葬事。後數月，有旨賜謚，遂以靖共其位、文賢有成二法謚公曰「正獻」，而以制可告於第。

公孝友忠敬，得於天資。爲人清嚴好禮，終日無惰容。雖疾病，見子孫必衣冠。胸懷坦然，遇人無少長一以誠實。一言之出，終身可復。平居恂恂，言若不出諸口，而在朝廷危言正色，分别邪正，排斥權要，無所顧避。論事上前，指切時病，如請起張忠獻公，乞斬張去爲，按逐龍、曾，議復奏審，及極論近習弄權納賂、鬻賣將帥之弊，皆卓犖奇偉，爲天下安危治亂之所繫。一時上意雖未即開納，公必懇請再三。然心平理順，色温氣和，無激訐近名之意，上多悦而從之。處國家顧大體，務持重，不爲幸勝苟得之計。在中書尤以愛惜名器、裁抑僥倖爲事，故小人多不樂。而聖主獨深知之，是以居外積年，眷禮彌厚，歲時錫賚存問不絶。年六十七，即告老於朝，上所以留之甚至，且屢稱其忠誠不欺，爲當今賢相。公子守嘗以宗正寺簿奏事殿中，上顧問公甚厚。陪祠之召，蓋將有所咨訪，而公病不能行，天下有志之士至今恨之，然非爲公私恨也。

公性寬洪簡淡，無私喜怒。於天下士泛然若無所親疏，而好賢之心實篤於内。於一時人材薦達甚衆，然皆不以語人。有如熹之不肖，公前後蓋嘗三薦之。而赴建康時，對語尤切。然熹皆莫之知也。雅善故端明殿學士汪公應辰、敷文學士李公燾，嘗曰：「吾待罪宰相，所以幸無過舉者，二公之力也。」於人無所怨惡，錢端禮嘗沮公，洪邁亦與公不合，至入相，皆以名藩大郡處之。治郡崇尚風教，民有骨肉之訟，親以義理反覆譬之，争者亦悔悟感泣而去。所至民必相率爲生祠，且立碑以頌公德。公聞之，亟命禁止而碎其碑。平居自奉甚約，言談舉止不改鄉閭之舊，食不過一肉，而衣或二十餘年不易。晚歲築第，不爲華侈，僮使不過數人，皆謹愿忠朴，門庭闃然，過者或不知其爲公相家也。俸賜入門，多以施與，撫愛宗族，恩意甚備。内外緦功之喪，必素服以終月數。在官不受饋遺，建康諸司例有月餉，公不欲異衆，别儲之以周貧士之往來者。將去，所餘幾萬緡，悉歸之公帑。於外物澹然無所好，獨喜觀書史，疾病猶不釋卷。其學一以聖賢爲法，於浮屠、老子之説未嘗過而問也。嘗有詩曰：「吾方蹈丘軻，未暇師粲可。」此足以見其志矣。有遺文二十卷、奏議二十卷。

娶聶氏，封唐國夫人。子男五人：寔，朝奉郎、通判泉州事；守，承議郎、權發遣漳州事；定，承奉郎，有志於學而蚤卒，熹嘗銘其墓以哀之；宓、宿，皆承事郎。女四人，長適進士黄淯，次適故著作佐郎鄭鑑，再適太常少卿羅點，次適奉議郎、通判漳州事梁億，幼未行。孫男四人，垕，承務郎，址、坦，皆承奉郎，埶未官。孫女六人，長許嫁修職郎、泉州司户趙善綽，餘幼。

初，公歸自金陵，即預爲棺衾。嘗游鄉縣之保豐里龍汲山妙寂僧舍，愛其山水，相羊久之，命作壽藏。既薨，諸孤悉遵遺戒，惟百日而窆，懼於不懷，則以十五年七月二日奉公之柩葬焉。謂熹蚤蒙公知，晚歲尤篤，授以家傳，使最其迹以告于太史氏。熹不得辭，直書其事如右，以俟采擇。謹狀。淳熙十五年十二月日，朝奉郎、直寶文閣、主管西京嵩山崇福宮朱熹狀。

校記

〔一〕多：原作「名」，據宋浙本改。

〔二〕詔：原作「語」，據右引改。

〔三〕幣：原作「弊」，據宋閩、浙本改。

〔四〕勝：正訛改作「勢」。

〔五〕先：宋浙本作「必」。

〔六〕又：原作「久」，據宋閩、浙本改。

〔七〕傳：原缺，據右引補。「增」上原有「可」字，據右引删。

〔八〕尋：原作「等」，據右引改。

〔九〕又：原作「受」，據右引改。

〔十〕康：原缺，據右引補。

編年　據文中所署。

朱熹文集編年評注卷九十七

行狀

觀文殿學士太中大夫知建康軍府事兼管内勸農使充江南東路安撫使馬步軍都總管營田使兼行宫留守彭城郡開國侯食邑一千六百户食實封二百户賜紫金魚袋贈光禄大夫劉公行狀代平父作〔一〕淳熙九年四月

本貫建寧府崇安縣開耀鄉五夫里。

曾祖民先，故任承事郎，累贈太子太保。妣黄氏，彭城郡夫人。

祖䩕，故任資政殿學士，銀青光禄大夫，謚忠顯，累贈太師。妣李氏，秦國夫人。繼吕氏，韓國夫人。

父子羽，故任右朝議大夫、充徽猷閣待制，累贈少傅。妣熊氏，福國夫人。繼卓氏，慶國夫人。

公諱珙，字共父，其先蓋長安人。唐末避地入閩，遂爲建人。六世至忠顯公，仕始通貴。靖康中守真定有功，京城失守，虜人得之，欲以爲將相，義不辱而死。少傅公紹興初佐川陝宣撫使軍事，保障梁益，爲中興名臣。

公其長子也，生有奇質，英晤絕人。少長，從季父屏山先生受書，知刻苦自厲。屬文敏有思致，一時鄉先生皆嘆以爲不可及。始以忠顯公死節恩補承務郎，舉進士一上，中紹興十二年乙科，調監紹興府都税務。請監潭州南岳廟以歸，杜門讀經史書，討論纂述，益務其遠且大者。秩滿，差主管西外敦宗院。未赴，遭外艱，既禫而韓國夫人薨，持重終喪。除諸王宮大小學教授，權秘書省校勘書籍官，禮部郎官，中書舍人。時秦丞相當國用事，一日，微示風旨，欲爲其父作謚。以公不亟奉行也，怒，風言者論去之。逾年，秦丞相死，乃得主管台州崇道觀。

召爲大宗正丞，未就職，改秘書丞，兼權吏部郎官，即真。尋除監察御史，避薦者，復還故官。公前在銓曹時，苦吏爲奸，思有以制之。一日，命張幕設案於庭，置令式其中，使選集者得出入繙閲，與吏辯，吏無得藏其巧，人甚便之。間攝侍郎，引選人改官班，占對詳敏，天子悦焉。且聞其能檢柅吏奸，故因其引嫌，復委以選事，兼權秘書少監。遷起居舍人，兼權中書舍人。會金虜渝盟，天子震怒，將悉鋭師北向，以雪讎耻、復土疆。一時詔檄多出公手，詞氣激烈，聞者感奮，或至泣下。御史杜莘老既擊侍醫王繼先逐之，又論宦者張去爲，遂以忤旨左降。公不草制，奏留之，莘老得不去。從車駕視師建康，兼權直學士院。既而車駕將還臨安，江淮軍務未有所付。張忠獻公方典留鑰，衆望屬之，而詔乃以楊存中爲宣撫使，中外大失望。公不書録黄，奏論其不可。上怒顧宰相曰：「劉珙之父爲張浚所知，其爲此奏，意專爲浚地耳。」宰相召公喻旨，且曰：「再繳累且及張公。」公曰：「珙爲國家計，故不暇爲張公謀。若爲張公謀，則不爲是以累之矣。」命再下，執奏如初，存中命乃寢。

未幾，真除中書舍人，直學士院。召入草制，立建王爲皇太子。今上皇帝既即位，詔公借禮部尚書使金國。是時南北甫罷兵，始爲鈞敵之禮，虜意不可測。公受命慷慨，不復問家事。入辭母夫人，戒家人悉裘葛兼副以行，曰：「藉令不死，歸未可期也。」副使某者以選置官屬不公抵罪，上以公辟召無所私，手札褒諭之。尋以議禮不決，未出疆而還。然公於是時固以其死許國矣。

在掖垣凡三年，事有不便者，知無不言。嘗有詔問足食足兵之策，公以擇將帥、核軍實爲對甚悉。會有太白經天、旱暵飛蝗之變，詔復問近臣闕政。公又奏曰：「太白，兵象也；旱蝗，盭氣也。今仇虜窺覦，哆然未厭，而國家因仍縱弛，有賞無罰，諸將專事刻剥，以媚權倖、取官爵，士卒怨之，有甚於仇敵者。且輿土未復，地狹民貧，而費用日滋，征求日廣，爲監司者不恤郡，爲郡者不恤縣，爲縣者不恤民，至或重爲貪虐，以肆其心，則百姓之苦於官吏，亦不異於士卒之仇將帥也。然則天人相與之際，夫豈偶然而已哉。欲救其失，唯當信賞必罰，以肅將帥之心；痛懲刻剥，以固士卒之志；節浮冗、練軍實，精擇郡守，誅鉏贓吏，以厚吾民之生。而是數者之得失，則又係乎人主之心誠與不誠耳。陛下審能擴恭儉日新之德，屏馳騁無益之戲，登崇俊良，斥遠邪佞，常使日用之間有以養吾之誠而無害焉，則夫數者固將有所依以立，而災異之變庶乎其可銷矣。」間又嘗爲上言：「應敵無一定之謀，而强國有不易之策。今曰和、曰戰、曰守者，皆應敵之計，因事制宜，不可膠於一説者也。若夫不易之策，則必講明自治之術，博詢救弊之原，毋事虛文，專責實效，使政事修舉，國勢日强，然後三者之權在我，唯所用之，無不如志。今議者自紛紛於末流〔二〕，而於其本末有言者，臣竊爲陛下憂之。」上皆納焉。

故將田師中死，其家請以没入王繼先園第爲賜，詔許之。公以師中久竊兵柄，無尺寸功，貪饕刻剥，爲國家斂士卒之怨，不當予。方爲繳奏以聞，而其家復以請。公以録黄稽程被詰，亟奏俟罪而持之愈力，於是乃不果賜。有迪功郎李珂者，以關通近習得補官，而自奏求爲督府掾。詔除已下，公奏曰：「珂名品至卑，不繇召見，敢以劄子非分祈恩，非所以嚴堂陛之勢、杜邪枉之門也。且今邊陲大計方倚督府爲重，官屬尤當審擇。如珂小人，非惟不堪此選，政恐或能妄作，以沮撓其事機也。」奏上，改除珂樞密院編修官。公論執益堅，乃罷之。然亦竟以數直諫，不得久居中，而宰相亦有陰忌公者，隆興元年冬，除集英殿修撰、知泉州。明年，改衢州。

始至，委事僚屬，一無所問。人以公未更治民，意其懵於事，或不屑爲者。既乃一旦悉取而自爲之，辨察精明，區處的當，群下斂手，不能有所爲，人始大服。先是，吏員猥衆，公視員外置者悉罷之。受租米輒使民自操量概，其發鈔銷簿，亦皆有法，人甚便之。會湖南旱飢，官吏不之恤，而郴州宜章縣方抑民市乳香，期會峻迫。有李金者乘衆怒奮起爲亂，衆餘萬人，南逾嶺徼，分道犯英、韶、連、廣、德慶、肇慶、封、梧、賀州之境，旁入道州、桂陽軍，殺掠萬計。州縣不知所爲，至歛民間金帛賂之以免，由是賊勢日盛。而帥守監司更共蔽匿，不以實聞。賊遂犯宜章，陷桂陽，聲震遠近，朝廷憂之。以公爲敷文閣待制、知潭州、荆湖南路安撫使。是歲乾道元年也。

公以五月入境，則賊衆已數萬人矣。公聲言發郡縣兵討擊，且檄鄰道謹斥堠、守隘塞、聽期會，而亟以實奏，請下荆襄發卒奔命。又度比章下〔三〕，或已歷旬時，失幾會，則移書制置使沈介曰：「請毋須報而亟遣以來，擅興之罪，吾自當之，不敢以累公也。」介爲遣兵，詔亦報如公請，然皆未有至者，賊勢愈盛。而湘陰縣橋口鎮群盜劉花三、李無對者又竊發，距城郭僅六十里，人情益震。公亟簡州之役兵，得三百人，使部將趙彦帥之，合巡尉兵以行。下令戕舟發梁，募有生得盜者錢若干，得其首者錢若干，凡盜所挾臟，無多少悉給捕者。不數日，彦等擒捕三十餘人，公悉以便宜誅之，梟首於市。餘盜走〔四〕，多溺死，其散入墟落者又爲村民縛以送府，又悉誅之。奏將尉有功者，皆被賞，於是威聲大振，吏士用命，人心少安。

六月，制置使所遣游奕軍統制田寳乃以千人至。居數日，鄂州水軍統制楊欽又以千五百人至。公知其暑行疲怠，悉爲發夫迎之數程之外，代其任負以行。軍士固已歡呼感激，及至撫勞犒賜，又皆豐飫過望，諸軍益喜，盡死力。欽，故群盜楊么部曲，公知其可用，檄諸軍皆受節度，使率其衆，鼓行而前。下令境中凡軍民討捕有功者皆以率受賞，其賊所誘脅，能相捕斬以詣吏者，亦除罪受賞有差。是月晦，田寶大敗李金於郴州城下，追奔二十餘里，殺獲甚衆。七月，楊欽敗賊黨田政、尹寬等於桂陽。鄂將谷青、王翌又各以二千人至。公遣扼宜章大路，以分賊勢、通糧道。而欽連戰破賊，遂入宜章。八月，鏖龍岡下，賊兵數萬，自辰至申，官軍稍却。欽被髮大呼，策馬横衝之。賊分爲兩，其前列精兵殲焉，餘皆遁走。進至莽山，賊徒曹彦、黄拱遂執李金與其腹心黄谷以降。欽因窮追深入，盡誅其酋豪，而其支黨脅從者尚衆，皆竄入山谷間。公喻欽等却兵，而使人賫榜，聽其自詣，則皆相率聽命。歲盡師還，李金、黄谷等數十人皆伏誅。其降者，公皆稱詔給據納兵，復故田宅蓋以千數。曹彦、黄拱皆奏補官而厚撫之。既乃第録諸將功狀列上，又盡得其實，不以一毫有所私。上嘉嘆再三，詔以爲敷文閣直學士，且賜璽書曰：「近世書生但務清談，經綸實才蓋未之見，朕以是每有東晋之憂。今卿既誅群盗，而功狀詳實，諸將優劣、破賊先後歷歷可觀，甚副朕意。卿其益勉之哉！」

賊地既定，境内正清，公乃喟然嘆曰：「吾豈樂殺人哉！向者軍興，令不可以不肅。而今而後，庶有以亮吾心矣。吾豈樂殺人哉！」自是一意於撫摩之政，且爲請於朝曰：「今欲懲既往之失，銷未形之患，莫若擇守宰、寬賦斂，以安吾民而已。不此之圖，一李金死，一李金生，臣恐湖南自是無寧歲也。」奏留鄂兵戍郴、桂，而益廣蒐募，以補忠義親兵之缺，厚其恩意，嚴其紀律而時訓習焉。於是湖南隱然爲重鎮，方地數千里，外户不閉，商旅野宿焉。潭州故有岳麓書院，真廟特賜以敕額，給田與書，經亂蕪廢。公一新之，養士數十人，延禮修士彪君居正使爲之長，而屬其友廣漢張侯栻敬夫時往游焉。與論大學次第，以開其學者於公私義利之間，聞者風動。

三年召還，見上首論獨斷雖英主之能事，然必合衆智而質之以至公，然後有以合乎天理人心之正而事無不成。若棄僉謀，徇私見而有獨御區宇之心焉，則適所以蔽其四達之明，而左右私昵之臣將有乘之以干天下之公議者矣。又論税絹退剥、羨餘和糴之弊，又論州郡禁軍紀律不明，驕惰自恣，宜遴選武臣之奮行伍、習戎事者使爲將副，而貴游子弟、閤門國信、五房出職之輩不得與焉，則州郡之軍政庶乎其可修矣。上然其言，以爲翰林學士、知制誥，兼侍讀。

間復從容言於上曰：「世儒多病漢高帝不悦學，輕儒生，臣竊獨以爲高帝之聰明英偉，其所不悦，特腐儒之俗學耳。誠使當世之士有以聖王之學告之，臣知其必將竦然敬信，而其功烈之所就不止於是而已矣。蓋天下之事無窮而應事之綱在我，唯其移於耳目、動於意氣而私欲萌焉，則其綱必弛而無以應夫事物之變。是以古之聖王無不學，而其學也必求多聞，必師古訓，蓋將以明理正心而立萬事之綱也。此綱既立，則雖事物之來千變萬化，而在我常整整而不紊矣。惜乎當是之時，學絶道喪，未有以是告高帝者。」上亟稱善。是歲小不登，公請亟詔監司郡守先事條畫來年荒政所宜，不者亦使任其無他。又奏州兵營伍教戰之法甚備。上由是益知公學問精深，忠義慷慨，可任大事。

十一月，擢拜中大夫，同知樞密院事。公辭謝不獲，乃就職。因進言曰：「汪應辰、陳良翰、張栻學行材能皆臣所不逮，而栻窮探聖微，曉暢軍務，曩幸破賊，栻謀爲多。願陛下亟召用之。」上可其奏，以次登用焉。公以西府本兵柄，於諸將之能否不可以不周知，乃自諸管軍統制官下至裨佐，日召三數人，從容與語，得其材用所宜，輒筆識之，以待選用。一日，上顧輔臣圖議恢復。公奏曰：「復讎雪耻，誠今日之先務。然非内修政事，有十年之功，臣恐未易可動也。」同列有進而言者曰：「機會之來，間不容髮，奈何拘此曠日彌久之計？且漢之高、光皆起匹夫，不數年而取天下，又安得所謂十年修政之功哉。」公曰：「高、光唯起匹夫也，故以其身蹈不測之危而無所顧。陛下躬受太上皇帝祖宗二百年宗社之寄，其輕重之勢，豈兩君比哉。臣竊以爲自古中興之君，陛下所當法者，惟周宣王而已。宣王之事見於詩者，始則側身修行以格天心，中則任賢使能以修政事而已。其終至於外攘戎狄，以復文武之境土，則其積累之功至此，自有不能已者，非一旦率然僥倖之所爲也。」上以公言爲然。

四年七月，詔兼參知政事。公方與一二同列夙夜悉心竭力，益圖所以叙進人材、寬養民力、討理軍政，務以成上意之所欲爲者，蓋除福建鈔鹽歲額二萬萬，罷江西和糴及廣西折米鹽錢，又蠲累年逋負金錢穀帛巨億計。而公尤以輔成上德、振肅朝綱、抑僥倖、獎廉退爲己任，進則盡言無隱，退亦未嘗輕以詞色假人。苟清議之所不與，不以親故而有所私也。以是近倖仄目，而流俗亦多不悦公者。

先是，潛邸使臣有龍大淵〔五〕、曾覿者憑恃舊恩，暴起富貴，公論不平者累年。上一日發瘖，逐去之。未幾而大淵死，上顧憐覿，欲還之。公力陳其不可，且曰：「此曹奴隸耳，憐之則厚賜之可也。今引以自近而賓友接之，至使得以與聞機事，進退人才，則臣懼非所以增盛德之光華，飭治朝之綱紀也。」上納公言，爲止不召。

殿前指揮使王琪謁告至淮上還，密薦和州教授劉甄夫。上諭執政召之，諸公相問，莫有知其所自來者。公曰：「薦士吾徒之責，可不知耶。」明日，請曰：「此人名微位下，陛下何自知之？」上以琪告。公又請其所以薦，上曰：「卿自問之。」公退，坐堂上，呼吏作頭引追之。琪至，公詰其故，授牘使對。琪恐懼，不能置辭。久之，公乃叱使責戒厲狀而去。無何，揚守來言，前琪過郡，稱受密旨，增所築新城若干尺。諸公請之，初未嘗有是命也。公既與諸公合奏，請其罪罷之，因奏：「自今聖旨不經三省密院者，所下之官，皆請俟奏審乃得行。」上欣然從之。公即從密院移中外諸官府，而內侍省與焉。明日，忽復有旨，前奏審事勿行。因諭諸公：「即如此，則或須一飲食，亦必奏審乃得邪？」公即以藝祖熏籠事對。退，又與諸公合奏言曰：「朝廷者，陛下之朝廷；命令者，陛下之命令。臣等偶得備數其間，典司出納而已，非敢有所專也。今方舉行舊典，以正紀綱，而已出復收，中外惶惑，竊恐小人有因疑似，微以奸言上激雷霆之怒者。願陛下察之。」上不悅，曰：「朕豈以小人之言而疑卿等者耶。」時諸公雖更進懇請，而公言尤激切，故獨罷公爲端明殿學士、在外宮觀，改知隆興府、江南西路安撫使。公入辭，猶以開廣言路、講明聖學、敦本節用、虚己任賢、斥遠佞邪、選將撫軍數事爲獻。上蹴然曰：「卿雖去國，不忘忠言，而材又非他人所及，行召卿矣。」

隆興承前帥刻剥之後，場務皆增新額，而輸租更用方斛，視省量率多斗餘。公首罷之。屬邑奉新有復出税錢三十五萬有奇、租六百二十八石攤配諸鄉，多有視正税且什四，歲久困不能輸，相率逃去，田畝榛蕪。所攤固不可得，而失正税又數倍，公奏蠲之。又除二税合零租米暗耗免役足錢之弊。人或爲公憂不足，公量入爲出，用度未嘗乏也。暇日咨訪賓僚，講求利病，率常一二延見，使得從容各盡所懷，以故下情宣通，舉無過事，而其人之器識短長亦無所隱。訟訴有久不決者，取其案牘藏之。旬日，輒召會官屬之賢可委者合坐堂上，人付一二事，使平决之，有司供具飲食如法。至暮，白所予奪而退。其大事則公先閲視，默有所處，然後參衆説以决焉，以故多得其情，無不厭服。

明年，除資政殿學士、知荆南、湖北路安撫使。始至，條上荆襄兵少財匱之狀，詔即諉公措置。公因行視襄鄂兵屯，并邊形勢，盡得其實以聞。凡圖回役使、詭名虚籍之弊與夫部伍教習之法，有不善者皆奏罷之。先是，荆南兵戍襄陽者累年不得歸〔六〕，父子至不相識。公奏爲半年番休之法，春夏三軍，秋冬四軍，更迭往來，軍士感悦。荆襄故有民兵，皆農家子，敦樸豪勇〔七〕，又有土著常産，自愛惜。且居近邊，知虜情，輕戰鬥。比稍墮廢，公更爲簡閲，寬其取丁之數，貧者弛其賦役，隨鄉團結，以七十五人爲隊，隊有長，四隊爲部〔八〕，部有將。縣置總首都副各一人，當教則郡爲選官訓練，已事而罷之。至於資糧械器，皆爲處畫，各有條理。撫循犒賞，歲費錢一萬萬，而不以一介有取於民也。

明年，遭内艱。又明年，起復同知樞密院事、荆襄宣撫使。遣中使奉璽書即喪次宣押奏事。其書曰：「朕以荆襄上流，宿師尤重，欲以軍民之寄付卿，其任重矣。奪情臨民，國有常典。況吾大臣，義當體國，毋以家事辭王事也。」公六上奏，辭不肯起，引經據禮，詞甚切至。最後言曰：「三年通喪，先王因人情而節文之。三代以來，未之有改。至於漢儒，乃有金革無避之説，此固已爲先王之罪人矣。然尚有可諉者，則曰魯公伯禽有爲爲之也。今以陛下威靈，邊陲幸無犬吠之警，臣乃欲冒金革之名，以私利禄之實，不亦又爲漢儒之罪人乎。且孝之與忠，豈有二致，事君事親，初無兩心。使親喪而可奪，則他日所以事君者可知矣〔九〕。況陛下方以天下奉兩宫之歡，而以衰絰不祥之人篭迹二三大臣之間，殆非所以全孝治之美。且使仇虜聞之，亦必以爲中國乏材乃至於此，而敢肆其輕侮。此臣所以受恩感激，反覆慮思而卒不敢起也。抑陛下之詔臣，則有曰義當體國者矣，臣其敢噤無一言以塞明詔哉。」

乃手疏别奏以聞，其略曰：「天下之事，有其實而不露其形者，無所爲而不成；無其實而先示其形者，無所爲而不敗。今德未加修，賢不得用，賦斂日重，民不聊生，將帥方割士卒以事苞苴，士卒方飢寒窮苦而生怨謗，凡吾所以自治而爲恢復之實者，大抵闊略如此，而乃外招歸正之人，内移禁衛之卒，規算未立，手足先露，其勢適足以速禍而致寇，臣不知爲此議者將何以待之也。且荆襄，四支也；朝廷，腹心元氣也。誠使朝廷設施得宜，元氣充實，則犂庭掃穴，在反掌間耳，何荆襄之足慮？如其不然，則荆襄雖得臣輩百人悉心經理，顧亦何足恃哉。以今而慮，臣恐恢復之功未易可圖，而意外立至之憂將有不可勝言者。惟陛下圖之。」上納其言，爲寢前詔。

八年免喪，乃復除知潭州、安撫湖南。過闕見上，言曰：「人君能得天下之心，然後可以立天下之事；能循天下之理，然後可以得天下之心。然非至誠虚己、兼聽并觀，使在我者空洞清明而無一豪物欲之蔽，亦未有能循天下之理者也。」因引其意以傅時事，言甚切至。上加勞再三，進職資政殿大學士以行。湖南公舊鎮，威惠之在人者，久而愈深。及是再至，蓋有不待教令而孚者。而公所以自律者愈嚴，所以撫民者愈寬，以是人愈畏服而敬愛之。會安南貢馴象，所過發夫一縣至二千人，除道路、毁屋廬，數路騷動。公奏曰：「象之用於郊祀，不見於經。驅而遠之，則有若周公之典。且使吾中國之疲民困於遠夷之野獸，豈仁聖之所忍爲也哉。」歲旱，公亟遣官吏行視，蠲放田租。聞郴、道、桂陽民飢，則檄轉運、常平司移粟賑之。且慮山谷奸民乘時竊發，則又遣將益兵戍守，遂以無事。一旦茶盗數千人入境〔十〕，疆吏以告，公曰：「此非必死之寇，緩之則散而求生，急之則聚而致死。」乃處處揭榜，喻以自新，聲言大兵且至，令屬州縣具數千人之食，盗果散去，獨餘五百許人。公乃遣兵，戒曰：「來毋亟戰，去毋窮追，毋遏其塗，不去者乃擊之耳。」於是盗之存者無幾，進兵擊之，盡擒以歸。公獨奏誅首惡數人，餘悉以隸諸軍。明年，盜之餘黨賴文政等復入境，後帥曰：「此前日養寇罪也，吾必盡誅之。」盜聞其言，悉力死戰。既勦湖南軍，遂入江西，侵擾數州，官軍數敗，將吏死者數十人，爲費以數萬計。於是人乃服公爲有謀也。

淳熙二年，除知建康府、江南東路安撫使、行宮留守。始至，孔目吏有爲奸利稔惡數十年者，杖而黥之，一郡稱快。會歲水旱，高下田皆不收。公首奏倚閣下三等户夏税，爲錢六千萬，紬絹二千匹，綿三千兩。分遣官吏行田，蠲正租米十三萬七千八百斛，雜折米又二萬八千七百斛，豆草蕟茭布租稱是。又奏下漕司遣吏行屬州，視其所蠲租頗未盡者，悉以與民。又奏禁上流税米遏糴，違者劾治如法。即在他路，亦願得以名聞，請其罪。詔從之。得商人米三百萬斛，貸樁管及總司錢合三萬萬，遣官糴米上江，又得十四萬九千斛。又奏禁州縣毋得督舊逋，以重困飢民。借常平米付圩户堤塞缺漏，籍農民當賑貸者若干户，十口以上一斛，六口以上八斗，五口以下六斗；客户當賑濟者若干户，五口以上五斗，四口以下三斗。又運米村落，從本價賑糶，合十餘萬斛，而貸者卒亦不取償焉。置局府中，以通判府事趙善珏、觀察推官王以寧、前蘄州教授李宗思、新楚州教授劉煒領之，而分遣群屬循行境中，窮山僻壤，無所不到。公又憊心疲精，廣詢博訪，夙夜不少懈。凡官吏奉行之不謹，民間寃苦之無告，幽隱纖悉，無不畢聞。縣給印曆，親書所聞，告諭奬詰，絡繹於道，無不切中事宜者。蓋本之以誠意，輔之以賞罰，是以人人争效其力，如辨己事。起是年九月，盡明年四月，闔境數十萬人無一人捐瘠流徙者。上嘉其績，賜書褒喻焉。

公治財寬於民而急於吏，二税之入，所以禁其漁取、察其蠹弊者甚悉。自累鎮所施行，每益加詳。至是，人被其澤尤深。凡屬縣所負課不能償者，悉以丐之，而禁其非法病民者。至於蠲租振廩，其費又數十巨萬，而軍吏糧賜皆隨月遺給，無不暨者。被旨甓城，面丈以萬計者數千，用錢八千萬，米千五百斛，而役不及民。又償前帥所負内庫錢三萬。上積公勞效，賜手札勞獎，賚以鞍馬器物甚厚。府學四十年不葺，弊甚。公一新之，以明道程公先生嘗主上元簿，即學祠之。且刻陳忠肅公責沈之文於壁，以示學者。建康大軍所屯，盜賊常竄迹尺籍中，吏不能禁。公耳目迹捕，每發輒得，繩以重典，盜皆相戒遁去，市里晏然，道無拾遺者。

明年，進觀文殿學士。五年閏月屬疾，再請奉祠，未報，則請致仕。上意公疾病，亟遣中使挾侍醫以來。公亦知疾不可爲，不復得見上矣，即草遺奏千餘言，首引恭、顯、伾、文以爲近習用事之戒，且言：「今以腹心耳目寄之此曹，故士大夫倚之以媒其身，將帥倚之以飢其軍，牧守倚之以賊其民，朝綱以紊，士氣以索，民心以離，咎皆在是。願亟加屏遠，以幸天下。若群臣之賢，臣所知者則唯陳俊卿忠良確實，可以任重致遠。張栻學問醇正，可以拾遺補闕。願陛下亟召用之，則衆賢彙進而群小黜伏矣。」既又手書屬敬夫及其故友新安朱熹仲晦父及從弟玶，皆以國恩未報，國耻未雪爲言，然後以家事爲寄。七月甲子疾革，命取前所草奏封上之，遂以是日薨于府寺之正寢，享年五十有五。訃聞，上爲震悼，始從公請，轉通議大夫致仕，贈光禄大夫，輟視朝一日。詔建康府致其喪，建寧府給葬事。

公娶吕氏，兵部尚書祉之女，贈新定郡夫人。繼韓氏，贈新興郡夫人。又娶其季，贈淑人，皆魏國忠獻公四世孫也。二男子，學雅，承務郎。學裘，承奉郎。二女，長適將仕郎吕欽，幼未行。六年二月乙巳，葬于甌寧縣慈善鄉豐樂里新歷之原，公所命也。

公爲人機鑒精明，議論英發，遇事立斷，其威不可犯。而居家極孝慈，事繼母慶國夫人禮敬飭備。遭喪時年逾五十，執禮盡哀，以致毁得疾，幾殆。友愛諸弟，晚歲彌篤。歲時祭祀，酌古今禮而敬以行之。内外功緦之戚，必素服以終月數。在官爲罷燕樂，聞同寮有喪者亦如之。福國夫人蚤薨，公哀慕無以自致。出疆侍祠，再當得任子恩，欲奏官其内弟，輒不遂，竟三奏然後得之。所治有骨肉之訟，皆召至前，喻以恩意，責以義理，反復詳盡，至或深自引咎，詞意懇切，聞者悔悟感泣，往往失其所争而去。遺命治喪毋用浮屠法。

平居樂取人善，不啻如己出。與張敬夫、朱仲晦父游，久而益敬信之。居官樂受盡言，事小失中，雖下吏言之，無不立改，以是得南豐曾撙於湖南幕府，厚遇之。公去，撙爲後帥所惡，誣奏奪其官。公在建康，力爲辨理得伸，而要路有忌公者奏却之，蓋其意不在撙也。公不悔，遇撙益厚。

在朝廷危言正色，直前無所避，其忠義奮發，不以死生動其心，蓋得乎家世之傳。而論事之際，務在審密持重，不肯爲僥倖嘗試之舉。其侍上語，每及恢復大計，必以修政事、固根本爲先。辭起復手疏盡發當時用事者大言不顧、罔上誤國之奸。大臣蓋不悦，而上獨深察其忠。其在方鎮愛民戢吏，平訟獄、理財用、治軍旅、除盜賊，皆有科指，而尤以敦教化、厲風俗爲急務。蓋其生質雖高，聞譽雖蚤，而德成望尊，尤在晚節。故天子知之久而益深，增秩賜金，勞問狎至，蓋將有意復用之也。士大夫之賢者，平日固多豫附，其不能無私意異説者，晚亦相與歸重。及聞其喪，無賢不肖，莫不慘然相吊，恨國家失此洪毅忠壯、忘身憂國之臣也。所臨數鎮，民愛之如父母。聞訃，有罷市巷哭者。至於諸軍將吏，外暨夷狄，則於公家威名義烈服習蓋久，莫不想聞其風采。軍士固敬愛之，而虜諜者至荆襄，亦每詗今劉公於延康爲何屬也。延康蓋忠顯公舊官云。

公自少即以文學知名於時，及登朝廷、入禁掖，論思潤色，當世尤稱其得體。而平居未嘗輒爲無用之文，間有應酬之作，隨輒棄去。後省駁議，又多削稿，故今存於家者文集八卷，奏議十卷，内外制二十卷而已。然公之所以自立於不朽者，有不在於空言也。

玶謹按令甲，考公品秩，實應諡行易名之典，其姓名事迹又當得書信史以示來世，故敢狀其鄉里世系、歷官行事之實如右，以告于太常考功，并移太史氏。而其事關國體軍機之重者，猶弗敢盡著，尋第録别上。謹狀。淳熙九年四月日，從弟從事郎玶狀。

校記

〔一〕此篇與文集卷八十八劉珙神道碑文字大段相同。

〔二〕自：淳熙本作「日」。

〔三〕比：原作「此」，據文集卷八十八劉珙神道碑及淳熙本改。

〔四〕盜：原作「益」，據淳熙本改。

〔五〕有：原缺，據右引補。

〔六〕累：原作「系」，據淳熙本、宋閩、浙本改。

〔七〕敦：原作「教」，據宋閩、浙本改。

〔八〕部：原作「步」，據淳熙本、宋閩、浙本改。

〔九〕者：原缺，據淳熙本補。

〔十〕盜：原作「鹽」，據文集卷八十八劉珙神道碑改。

編年 據文中所署。

籍溪先生胡公行狀 淳熙五年七月

先生諱憲，字原仲，姓胡氏，建州崇安人。故侍讀南陽文定公從父兄之子也。祖聳、父淳，皆不仕。

先生生而沈静端慤，不妄言笑。稍長，從文定公學，始聞河南程氏之説，尋以鄉貢入太學。會元祐學有禁，乃獨與鄉人白水劉君致中陰誦而竊講焉。既又學易於涪陵處士譙公天授，久未有得。天授曰：「是固當然。蓋心爲物漬，故不能有見。唯學乃可明耳。」先生於是喟然嘆曰：「所謂學者，非克己功夫也耶。」自是一意下學，不求人知。一旦揖諸生，歸隱於故山，非其道義，一毫不取於人，力田賣藥，以奉其親。文定公稱其有隱君子之操，而鄉人士子慕從之游日以益衆，一時賢士大夫聞其名者，亦皆注心高仰之。

於是從臣折公彦質、范公冲、朱公震、劉公子羽、吕公祉、本中共以先生行義聞於朝，詔特徵之。先生以母老辭。既而折公入西府，又言於上，促召愈急。先生辭益固，乃授左迪功郎，添差建州州學教授。先生猶不欲起，郡守魏公矼爲遺行義諸生入里致詔，且爲手書陳大義，開譬甚力。先生不得已，乃出拜命。既就職，日進諸生而告之以古人爲己之學，聞者始而笑，中而疑，久而觀於先生所以修身，所以事親，所以接人，無一不如所言，於是翕然尊信悦服，而先生猶以爲未足也。郡人程君元以馴行稱，龔君何以廉節著，皆迎致之，俾參學政。於是教日益孚，士日益化。秩滿，復留者再，蓋七年不徙官。而太夫人年益高，不樂居官舍，求得監南岳廟以歸。

居累年，間嘗一爲福建路安撫司準備差遣。帥守大鬻鹽，私販者雖銖兩必重坐。先生爲陳法義，請寬之。而帥守顧不悦，先生於是有去意。久之，復請奉祠以歸。是時秦檜用事，天地閉塞，幾二十年。先生亦已泊然無復當世之念。

及檜死，群賢稍復進用，白以先生爲大理司直。未行，改秘書省正字。人謂先生必不復起，而先生一辭即受，雖門人弟子莫不疑之。到館下累月，又默默無一言，人益以爲怪。會次當奏事殿中而病不能朝，即草疏言：「虜人大治汴京宫室，勢必敗盟。今元臣宿將惟張浚、劉錡在，而中外有識皆謂虜果南牧，非此兩人莫能當。惟陛下亟起而用之，臣死不恨矣。」時二公皆爲積毁所傷，上意有未釋然者。論者雖或頗以爲説，然未敢斥然正言之也。至先生始獨極意顯言，無所顧避。疏入，即求去，諸公留之不得。上亦感其言，以爲左宣教郎、主管崇道觀，使歸而食其禄。於是向之疑者乃始愧嘆心服，而繼其説者亦益衆，以故二公卒召用，而先生則以病不起矣。紹興三十二年四月十二日也，享年七十有七。明年，葬於建陽縣東田里。

先生兩娶劉氏，皆白水先生之女弟。又娶嚴氏。子男一人，愉，蚤世。女一人，適進士詹炳。孫男親仁，治進士業。

先生質本恬澹而培養深固，平居危坐植立，時然後言。望之枵然如槁木之枝，而即之温然，雖當倉卒，不見其有疾言遽色。人或犯之，未嘗較也。其讀書不務多爲訓説，獨嘗纂論語説數十家，復抄取其要，附以己説，與它文草稿藏于家。先生所與同志唯白水先生，既與俱隱，又得屏山劉公彦冲先生而與之游，更相切磨，以就其學。而熹之先君子亦晚而定交焉。既病且没，遂因以屬其子。故熹於三君子之門皆嘗得供洒掃之役，而其事先生爲最久。先生葬時，親仁尚幼，不克銘。乃今屬熹，使狀其行，將以請於當世之君子。熹不敢辭，謹件如右，以俟采擇。謹狀。淳熙五年七月日，門人宣教郎、主管台州崇道觀朱熹狀。

編年　據文中所署。

評論　周大璋朱子古文讀本卷六籍溪先生胡公行狀：胡公學問本原、出處大節敘次無不真切。先生親受業於胡公之門，知之深，故言之悉也。古人文字語不浮泛往往如此。

皇考左承議郎守尚書吏部員外郎兼史館校勘累贈通議大夫朱公行狀〔一〕

慶元五年十二月

本貫徽州婺源縣萬年鄉松巖里。

曾祖振，故不仕。妣汪氏〔二〕。

祖絢，故不仕。妣汪氏。

父森，故贈承事郎。妣程氏，贈孺人。

公諱松，字喬年，以紹聖四年閏二月戊申生於邑里之居第。未冠，繇郡學貢京師。以政和八年同上舍出身，授迪功郎、建州政和縣尉。丁外艱，服除，更調南劍州尤溪縣尉，監泉州石井鎮。紹興四年召試館職，除秘書省正字，循左從政郎。丁内艱，服除，召對，改左宣教郎，除秘書省校書郎。遷著作佐郎、尚書度支員外郎，兼史館校勘。歷司勛、吏部兩曹，兼領史職如故。與修哲宗實録，書成，轉奉議郎。以年勞轉承議郎，出知饒州。未上，請閒，得主管台州崇道觀。滿秩再請，命下而卒，紹興十三年三月二十四日辛亥也。

公生有俊才，自爲兒童時出語已驚人。少長，游學校，爲舉子文，即清新灑落，無當時陳腐卑弱之氣。及去場屋，始放意爲詩文。其詩初亦不事雕飾，而天然秀發，格力閑暇，超然有出塵之趣。遠近傳誦，至聞京師，一時前輩以詩鳴者，往往未識其面而已交口譽之。其文汪洋放肆，不見涯涘，如川之方至而奔騰蹙沓，渾浩流轉，頃刻萬變，不可名狀，人亦少能及之。

然公未嘗以是而自喜，一日喟然顧而嘆曰：「是則昌矣，如去道愈遠何。」則又發憤折節，益取六經諸史百氏之書伏而讀之，以求天下國家興亡理亂之變，與夫一時君子所以應時合變先後本末之序，期於有以發爲論議，措之事業，如賈長沙、陸宣公之爲者。既又得浦城蕭公顗子莊、劍浦羅公從彦仲素而與之游，則聞龜山楊氏所傳河洛之學獨得古先聖賢不傳之遺意，於是益自刻厲，痛刮浮華，以趨本實。日誦大學、中庸之書，以用力於致知誠意之地。自謂卞急害道，因取古人佩韋之義以名其齋，蚤夜其間，以自警飭。繇是向之所得於觀考者益有以自信而守之愈堅，故嘗稱曰：「士之所志，其分在於義利之間兩端而已。然其發甚微而其流甚遠，譬之射焉，失豪釐於機括之間，則差尋丈於百步之外矣。」又嘗以謂「父子主恩，君臣主義，是爲天下之大戒，無所逃於天地之間。如人食息呼吸於元氣之中，一息之不屬，理必至於斃。是以自昔聖賢立法垂訓，所以維持防範於其間者，未嘗一日而少忘，其意豈特爲目前之慮而已哉。」

是時宣和之季，士之干世至是已無可言者矣。旋屬靖康之變，中朝蕩覆。公在尤溪，方與同寮燕集，忽有以北狩之問來諗者〔三〕。公聞震駭，投袂而起，大慟幾絕。既而建炎再造，王室漂搖，未有所定。寇賊縱橫，道路梗塞，固不暇於博求幽遠，以盡一世人材之用。而公抱負經奇，尤耻自售以求聞達，以是困於塵埃卑辱、鋒鏑擾攘之中，逃寄假攝，以養其親十有餘年。以至下從算商之役於嶺海魚鰕無人之境，則已無復有當世意矣。

會詔出御史胡公世將撫喻東南，公乃因謁見而説之曰：「古之爲天下國家者，必有一定之計，以爲子孫萬世之業。未有俯仰依違，苟度朝夕，曾不爲終歲之備而可以爲國者也。今日廟堂之議固必有所謂一定之計矣，然未知其但欲襟憑江漢，控引荆吴以保東南而已乎，抑當克復神州，汛掃陵闕，據中原而撫三河也。蓋嘗聞之，不取關中，中原不可復；不取荆淮，東南不可保。唐唯不失關中，故更三亡，不失舊物。而吴孫氏東攻新城，西攻襄漢，乃所以保建業。其後桓温、劉裕雖能以江漢舟艫西入河渭，然既得之而不能守，則亦僅足以保東南而已。然則天下之大勢可知已。今進既不能以六師之重通道荆襄，循漢沔以赴興元，結連拓跋，控引五路，東嚮以圖中原；退又不能移蹕建康，治兵訓武，北争荆淮，以爲固守之計，而但蹙處一方，費日月於道塗，前不能有尺寸之利，後又無所保以爲安，未知漂漂者竟何如耶。」胡公奇其言，壯其策，歸即以聞於朝。而泉守、資政殿學士謝公克家隨亦露章薦公學行之懿，不宜滯筦庫，於是乃得召試。

而發策者以中興事業之難易後先爲問，公即對言：「自古謀國有得失，而成功無難易。蓋天下國家有至計，而國勢之强弱、兵力之盛衰、土地之開蹙不與焉。唯能順人心、任賢才、正綱紀，則天下之事將無難之不易。惟上之人惜時愛日而亟圖之。」反復馳騁，辯説縱横，出入古今，證驗精博，日未昳，奏篇已上，累數千言而文不加點，高宗覽而異焉。趙忠簡公方以元樞受詔，西督川陝荆襄軍事，欲奏取公爲屬。會太夫人屬疾不果。既遂遭喪以歸，而趙公卒亦不果行也。

再召入對，時上已用張忠獻公之策，進次建康，指授諸將，計日大舉以復中原，國勢亦小振矣。公始進見，欲堅上意，以遂中興之業，即奏言曰：「陛下以聖哲之資，撫艱難之運，側身焦思，累年於兹。而民困兵弱，虜僞侵凌，戡定之勛久而未集。意者陛下殆當抗聖志於高明，而輔之以睿智日躋之學，垂精延訪，蚤夜汲汲，以求宗廟社稷經遠持久之計；申明紀律，崇奬節義，而又以民心爲基本，忠良爲腹心，則臣有以知虜僞之不足憂而恢復大功指日可冀矣。」因論自古中興之君唯漢之光武勤勞不怠，身濟大業，可以爲法。晋之元帝、唐之肅宗志趣卑近，功烈不終，可以爲戒。反覆切至，而猶慮夫計畫之間或未精審，無以服衆心而成大功也，則又言曰：「人主操大權以御一世，必其所以處此者有以切中於理〔四〕，然後足以深服天下之心，是以無爲而不成。今萬機之務决於早朝侍立逡巡之頃，未有以博盡謀謨之益，使其必當事理，以服人心。謂宜略放唐朝延英坐論之制，仰稽仁祖天章給札之規，延訪群臣，博求至計，然後總攬參訂，以次施行。則政令之出，上下厭服，天下之事無所爲而不成矣。」顧又嘗病士溺於俗學而不明君臣之大義，是以處於成敗之間者，常有苟生自恕之心，而缺於舍生取義之節，將使三綱淪墜，而有國家者無所恃以爲安，則又奏言：「宜鑒既往之失，深以明人倫、勵名節爲先務，而又博求魁磊骨骾、沈正不回之士，置之朝廷，使之平居無事，正色立朝，則奸萌逆節銷伏於冥冥之中。一朝有緩急，則奮不顧身以抗大難，亦足以禦危辱凌暴之侮，則庶幾乎神器尊嚴而基祚强固矣。」上悦其言，而於光武、晋、唐之論尤所嘉嘆。明日，以喻輔臣，且論元帝、肅宗之失，而尤以元帝區區僅保江左，略無規取中原之志爲誚。乃詔改公京秩，仍典校中秘書。則當是之時，聖志所存亦可見矣。

不幸適有淮西殺將叛兵之變，中外恫疑，異議蜂起，張公至爲解相印去，而國論遂變，至欲盡撤兩淮之戍，還建康以自衛。公深以爲不可，因率同列拜疏言曰：「淮淝東南之屏蔽，昔人之所百戰而必争者。今皆幸爲我有，而無故捐之以資敵，非計之得也。若彼乘吾之郤長驅以來，不信宿而至江津，人心一摇，則建康雖有甲卒十萬，亦將無所施矣。且其新民累歲安集，亦既有緒。今乃一朝而棄之，使其老稚狼狽而南來，丁壯忿憾而北去，其失人心以貽後患，抑又甚焉。即以宿衛單寡，必行今策，則願毋庸盡撤，而使合肥、盱眙兩戍所留各不下三萬人，則亦足以固吾圉而折虜衝矣。」疏奏不省，而劉豫果數求援於虜以乘吾隙，議者方以爲憂，而虜反忌豫强將不可制，一旦執而廢之，遂不暇以我爲事。不然，則亦殆矣。自是之後，廟算低回，上下解弛，北伐之謀日以益衰，顧望中原，坐失機會。而明年，車駕遂還臨安矣。

御史中丞常公同薦公恬尚有守，可任大事，因復召對。公即抗言：「當今國論不過兩端，喜進取之謀者既以行險妄動而及於敗，爲待時之説者又以玩日愒歲而至於媮。二者不能相通，而常憻於一偏，是以成功不可見而均受其弊。故臣嘗謂能自治以觀釁，則是二者通爲一説而無所偏廢。蓋能夙夜憂勞，率厲衆志，則未嘗不待時而不至於媮；審知彼己，必順天道，則未嘗不進取而不及於敗。謀人之國者誠能如是以求逞於讎敵而有不得志者，臣不信也。然臣竊迹近事，則夫往年江上之捷，日者僞劉之廢，中原之釁可謂大矣。而吾終未肯求所逞，豈非以行險妄動爲不可以不戒，而於吾所以自治其國家者將益求其至歟。今日之勢雖未至於危機交急，亦可謂迫矣。謂宜斷自聖志，深思昔人愛日之義，憂勞庶政，無少怠忽。凡事之故常，非天下所以安危存亡者，悉歸之有司，而日與輔相大臣一心戮力，明禮義、正綱紀、除弊政、振媮俗，撫循凋瘵之民，淬勵士大夫而責之職業，凡以求吾所以自治者，然後謹察四方之釁，投隙而起，安受其燼以致天地之殛，則雖有智者亦不知爲敵謀矣。」

初，劉光世守淮西，御軍無法，而寇至輒謀引避。既正其罪而奪之兵矣，尋有叛兵之變，廟議反謂由罷光世使然，更慰藉而寵秩之。張俊守盱眙，方撤戍時，猶命分兵留屯，而俊不受命，悉衆以歸，朝廷亦不能詰。公於是又言：「陛下有爲之志未嘗少衰，而天下之事每每病於不立，使中興之烈未有卓然可見之效，臣竊不勝憂憤。而深惟其故，以爲陛下誠能并進忠賢，修明紀律，懲陵夷委靡之禍，革姑息苟且之政，深詔大臣，號令所出，必務合於天下之正義，而毋恤匹夫徇私之怨，則威令必振，國勢安强。雖桀驁之虜，亦將歛衽而退聽，尚何病於事之不立哉。」上亦不以爲忤，特命除郎，兼畀史筆。而常公猶以爲此非所爲薦論之本意，再論上前，言甚懇至。然事已行，不及改也。

公至史院，會方刊修蔡卞所撰哲宗實録，而宣仁附傳實公所分，所以辨明誣謗、分別邪正者，於體爲尤重。而公考訂精密，直筆無隱，論者美之。其後顧亦不免頗爲他官所竄易，是以讀者猶有憾焉。

既而虜人亟遣使來請和，趙公以議小不合亦罷去，而秦丞相檜始顓政事，遂決屈己和戎之議矣。虜使名稱既不遜，而所責奉承之禮又有大可駭者，於是衆心共怒，軍士至洶洶欲爲變，夜或揭通衢，指檜爲虜諜。都人洶懼，一時忠智之士競起而争之，公亦亟與史院同舍胡公珵、凌公景夏、常公明、范公如圭五六人者合辭抗疏言曰：「虜人方據中原，吞噬未厭，何憂何懼而一旦幡然與我和哉？蓋其紐於荐食之威，動輒得志，而我甚易恐，故常喜爲和之説以侮我。又慮我訓兵積粟，畜鋭俟時而事有不可知者，故不得不爲和之説以撓我耳。蓋虜人和使即秦之衡人，兵家用之百勝之術也。六國不悟衡人割地之無饜以亡其國，今國家不悟虜使請和之得策，其禍亦豈可勝言哉！而執事者顧方以爲吾爲梓宫母后淵聖天屬之故，遂不復顧祖宗社稷二百年付託之重而輕從之。使彼得濟其不遜無稽之謀而藉躪以逞，將焉避之哉。昔楚、漢相持之際，項羽常置太公俎上，而約高祖以降矣。使爲高祖者信其詐謀而遽爲之屈，則自其一身且無處所，尚何太公之可還哉。唯其不信不屈而日夜思所以圖楚者，以故卒能蹙羽鴻溝之上，使其兵疲食盡，勢窮力屈而太公自歸。此其計之得失，亦足以觀矣。」其言之切如此，蓋出公與諸公之意，而成於胡公之手。檜雖持其議不少變，然虜人狂謀因是亦有不得盡逞者，論者莫不壯之。然自是之後，邊備遂弛，士氣益衰，而興復之謀上下皆以爲諱，正墮公等所憂撓我之計。

檜顧自以爲得上心，始謀以次盡逐諸異議者，公因是亦數自求引去。而參知政事李莊簡公又嘗欲引以置近班，以是檜尤忌之，固留不許。及虜使再至，獨許歸我河南地。公因輪對，又言：「陛下踐艱難之運，十年于兹，雖有大有爲之志，而於天下國家所以經遠持久之計多有所未暇者。今者天啓戎心，畫地數千里以歸於我，此雖異時之變未可以豫知，意者天其以禮悔禍，使陛下間於憂虞而大有爲之志將有所伸〔五〕，此萬世一時也。然天下之事每病於難立者，正以嚮一夫獨見之言而略衆口異同之論，是以謀始太鋭而用計有未詳也。願考漢廷雜議之法，自今發政造事，陛下既與大臣謀謨於上，又令卿士大夫有忠慮者亦得以自竭於下，然後總攬群策而裁處其中，將舉天下之事惟陛下之所欲爲而無不成矣。」此於前日講和之議猶欲三致意焉。又念國步日艱，人心未服，而天子無自將之兵，諸道無典戎幹方之實，二三大將人擁重兵，强不可令，事蓋有不可知者，則又數數建言，宜復武舉，責實用，必其洞曉韜鈐、長於綏御者，以儲將帥之才。下州郡選驍勇悉送行在，以補周衛之缺。精擇帥守，使蒐卒乘，以壯藩維之勢。亦皆當世之急務，久長之至計，反復惓惓，不能自已。其於請建太學、明大倫，以倡節義之風而厲苟媮之習，則又平日之所深慮而每言之，所謂如人食息呼吸於元氣之中，一息之不屬，理必至於斃焉者，非若後來諸人承望風旨，但以課試文墨爲粉飾太平之具而已也。

然而國是已定，言無所入，由是公之求去愈力，而檜之怒公愈甚。十年春，遂使言者論公獨以懷異自賢，陽爲辭遜爲罪，而出之外郡。然公去未幾，而虜果敗盟，復奪我河南地，悉其鋭師，數道大入，如公所謂未可豫知者。於是中外大震，檜亦不知所爲，周章回惑，至於視師之奏，援引乖錯而不自知，聞者莫不竊笑而深憂之。幸而一時將卒猶有前日柬拔蒐練之餘，以故關陝、順昌、槖皐之師連戰大捷，虜乃引退，復議講解，而梓宫母后始得南歸，又如公等所論楚漢强弱之勢。然檜遂掩己失而冒以爲功，公奪主權，肆然無復有所忌憚矣。

公固不能復爲之屈，遂自請爲祠官，屏居建溪之上，日以討尋舊學爲事，手抄口誦，不懈益虔。蓋玩心於義理之微而放意於塵垢之外，有以自樂澹如也。舊喜賦詩屬文，至是非有故不徒作，乃其文氣則更爲平緩，而詩律亦益閑肆，視諸少作，如出兩手矣。然公自是不復起，年未五十而奄至大故，善人之類，莫不傷之。其後十餘年間，檜遂顓國秉，大作威福，諸與公同時被逐之人，大者削籍投荒，小亦棄置閑散。迄檜死敗，其幸存者乃起復用，或至大官，而公皆已不及見矣。嗚呼！熹尚忍言之哉！

公性至孝，事太夫人左右無違。友愛諸弟，委曲將就，有人所難能者。與人交重然諾，不以生死窮達二其心。撫孤甥，教之學，而經理其家事曲有條理，人無間言。接引後進，教誘不怠，聞人之善，推借如不及。至於邪佞嵬瑣、簡賢附勢之流，與己異趣，則鄙而遠之，或不忍正視其面。至其所以施於吏治者，亦皆果决明辨，抑邪與正，無所顧避。顧熹生晚，不及於聞見之詳，故不得而記也。晚既屬疾，自知必不起，而處之泰然，略無憂懼之色。手書告訣所善胡公憲原仲、劉公勉之致中、劉公子翬彦冲，屬以其子，而顧謂熹往受學焉。其志道服膺，死而後已，垂裕後人，不使迷於所鄉者又如此云。

所爲文有韋齋集十二卷行於世，外集十卷藏於家。始時吏部侍郎徐公度欲爲之序，略言少日多見前輩，而自得從公及正平張定夫游，始得爲文之法。會病革，不及脱稿，而今序則直秘閣傅公自得之文也。其論以爲公詩高潔而幽遠，其文温婉而典裁。至於表疏書奏，又皆中於理而切事情，亦爲得其趣者。

公娶同郡祝氏，封孺人，贈碩人。其父處士確有高行。碩人性慈順孝謹，佐公事太夫人於窮約中，未嘗一日不得其歡心。承接内外姻親，下逮妾媵僮使，曲有恩意，後公二十七年卒。一男子，熹，今以朝奉大夫致仕。一女子，嫁故瀏陽縣丞劉子翔，蚤卒。孫男三：長塾，亦蚤卒；次埜，將仕郎；次在，承務郎。女三，其婿修職郎劉學古、迪功郎黄榦、進士范元裕。曾孫男五，鉅、鈞、鑑、鐸、銍〔六〕。女九，長適文林郎趙師夏，餘或許嫁而未行也。

公卒之明年，熹奉其柩葬於建寧府崇安縣五夫里之西塔山，而碩人别葬建陽縣崇泰里後山鋪東寒泉塢。然公所藏地勢卑濕，懼非久計，乃卜以慶元某年某月□□日奉而遷于武夷鄉上梅里寂歷山中峰僧舍之北。蓋公之詩嘗有「鄉關落日蒼茫外，尊酒寒花寂歷中」之句。嗚呼，此豈其讖耶？不肖子熹追慕攀號，無所逮及。竊惟納銘幽堂，具著聲烈，以告萬世，蓋自近古以來未之有改。而公贈官通議大夫，正第四品，準格又當立碑，螭首龜趺，其崇九尺，刻辭頌美，以表於神道，用敢追述其平生論議行實之大者如右，以請於當世立言之君子。伏惟幸垂聽而擇焉。謹狀。

慶元五年十二月日，孤朝奉大夫致仕、婺源縣開國男、食邑三百户、賜紫金魚袋熹狀。

校記

〔一〕此篇宋浙本置文集卷九十八外大父祝公遺事後。

〔二〕正訛云此下一本有「繼汪氏」三字。

〔三〕右引云朱玉祠堂本、徐樹銘新本「公在尤溪」以下均作「公時在制，一日，方與客語，忽有以北狩音問來諗者」。

〔四〕其：原作「有」，四庫全書本同。據韋齋集卷首、新安文獻志卷六十八所載本狀改。

〔五〕伸：原作「使」，據四庫全書本及韋齋集卷七論時事劄子改。

〔六〕銍：正訛據朱玉祠堂本改作「銓」。

編年

據文中所署。

評論

周大璋朱子古文讀本卷六皇考左承議郎累贈通議大夫朱公行狀：始叙其官職，次詳其學問，次詳其出處建白，次叙其生平行誼與其文集，並附子孫葬處於後。立言詳略有體，曲折盡致，韋齋爲不死矣。　韋齋先生以愛君憂國爲心，與賊檜終身冰炭。寫一人出處，而數十年朝政得失、人才盛衰、敵勢强弱、奸權升沉俱見其中，可知公爲有宋柱石之才。惜爲賊檜擯斥，未竟其用也。　先天下之憂而憂，後天下之樂而樂，讀此狀，可以兩言蔽公生平矣。　有忠獻而後有南軒，有韋翁而後有晦庵。道學之傳，蓋有自也。陪祀啓聖，宜哉。

延平先生李公行狀隆興二年正月

先生諱侗，字願中，姓李氏，南劍州劍浦人。曾祖諱幹，屯田郎中致仕，贈金紫光禄大夫。

妣清源郡太夫人朱氏。祖諱纁，朝散大夫，贈中奉大夫。妣永嘉郡太君胡氏、咸寧郡太君朱氏。父諱渙，朝奉郎，贈右朝議大夫。妣太恭人饒氏。

先生朝議公之季子也，生有異禀，幼而穎悟。少長，孝友謹篤，朝議公、太恭人特所鍾愛。既冠，游鄉校有聲稱。已而聞郡人羅仲素先生得河洛之學於龜山楊文靖公之門，遂往學焉。羅公清介絶俗，雖里人鮮克知之，見先生從游受業，或頗非笑。先生若不聞，從之累年，受春秋、中庸、語、孟之説，從容潛玩，有會於心，盡得其所傳之奥。羅公少然可，亟稱許焉。於是退而屏居山田，結茅水竹之間，謝絶世故，餘四十年，簞瓢屢空，怡然自適。中間郡將學官聞其名而招致之，或遣子弟從游受學，州郡士子有以矜式焉。晚以二子舉進士，試吏旁郡，更請迎養。先生不得已爲一行，自建安如鉛山，訪外家兄弟於昭武，過其門弟子故人於武夷潭溪之上，徜徉而歸。會閩帥玉山汪公以書禮車乘來迎，蓋將相與講所疑焉，先生因往見之。至之日疾作，遂卒於府治之館舍，是年七十有一矣，隆興元年十月十有五日也。汪公爲遣參議官王君伯序、觀察推官謝公倣護喪事〔一〕，躬視棺斂，禮意喪具無不周悉。居數日，諸子畢至，遂以喪歸。

先生娶同郡吴氏，子男三人：友直，左修職郎、信州鉛山縣尉；信甫，左修職郎、建寧府建安縣主簿；友聞，未仕。女一人，早亡。孫男四人，女八人，皆幼。

初，龜山先生唱道東南，士之游其門者甚衆。然語其潛思力行、任重詣極如羅公，蓋一人而已。先生既從之學，講誦之餘，危坐終日〔二〕，以驗夫喜怒哀樂未發之前氣象爲如何，而求所謂中者〔三〕。若是者蓋久之〔四〕，而知天下之大本真有在乎是也〔五〕。蓋天下之理無不由是而出，既得其本，則凡出於此者，雖品節萬殊，曲折萬變，莫不該攝洞貫，以次融釋而各有條理，如川流脉絡之不可亂。大而天地之所以高厚，細而品彙之所以化育，以至於經訓之微言，日用之小物，折之於此，無一不得其衷焉。由是操存益固，涵養益熟，精明純一，觸處洞然，泛應曲酬，發必中節。故其事親誠孝，左右無違。仲兄性剛多忤，先生事之致誠盡敬，更得其歡心焉。閨門内外夷愉肅穆，若無人聲，而衆事自理。與族姻舊故恩意篤厚，久而不忘。生事素薄，然處之有道，量入爲出，賓祭謹飭，租賦必爲鄰里先。親戚或貧不能婚嫁，爲之經理，節衣食以振助之。與鄉人處，食飲言笑，終日油油如也。年長者事之盡禮，少者賤者接之各盡其道，以故鄉黨愛敬〔六〕，暴悍化服。

其接後學，答問窮晝夜不倦，隨人淺深，誘之各不同，而要以反身自得而可以入於聖賢之域。故其言曰：「學問之道不在多言，但嘿坐澄心體認，天理若見，雖一毫私欲之發，亦退聽矣。久久用力於此，庶幾漸明，講學始有力耳。」又嘗曰：「學者之病在於未有洒然冰解凍釋處，縱有力持守，不過苟免顯然悔尤而已。若此者，恐未足道也。」又嘗曰：「今人之學與古人異，如孔門諸子，群居終日，交相切磨，又得夫子爲之依歸，日用之間，觀感而化者多矣。恐於融釋而洒落處〔七〕，非言説所及也。不然，子貢何以言『夫子之言性與天道，不可得而聞也』耶。」嘗以黄太史之稱濂溪周夫子胸中灑落，如光風霽月云者，爲善形容有道者氣象，嘗諷誦之而顧謂學者曰：「存此於胸中，庶幾遇事廓然而義理少進矣。」其語中庸曰：「聖門之傳是書，其所以開悟後學，無遺策矣。然所謂喜怒哀樂未發謂之中者，又一篇之指要也。若徒記誦而已，則亦奚以爲哉。必也體之於身，實見是理，若顏子之嘆，卓然見其爲一物而不違乎心目之間也，然後擴充而往，無所不通，則庶乎其可以言中庸矣。」其語春秋曰：「春秋一事各是發明一例，如觀山水，徙步而形勢不同，不可拘以一法。然所以難言者，蓋以常人之心推測聖人，未到聖人灑然處，豈能無失耶。」其於語、孟他經無不貫達，苟有疑問〔八〕，答之必極其趣，然語之而不惰者或寡矣。蓋嘗曰：「讀書者知其所言莫非吾事而即吾身以求之，則凡聖賢所至而吾所未至者，皆可勉而進矣。若直以文字求之，悦其詞義以資誦説，其不爲玩物喪志者幾希。」以故未嘗爲講解文書，然其辨析精微，毫釐畢察。嘗語問者曰：「講學切在深潛縝密，然後氣味深長，蹊徑不差。若概以理一而不察乎其分之殊，此學者所以流於疑似亂真之説而不自知也。」其開端示人，大要類此。

先生資禀勁特，氣節豪邁而充養完粹，無復圭角，精純之氣達於面目。色温言厲，神定氣和，語默動静端詳閑泰，自然之中若有成法。平居恂恂〔九〕，於事若無甚可否。及其酬酢事變，斷以義理，則有截然不可犯者。早歲聞道，即棄場屋，超然遠引，若無意於當世。然憂時論事，感激動人。其語治道，必以明天理、正人心、崇節義、厲廉耻爲先，本末備具，可舉而行，非特空言而已。異端之學無所入於其心，然一聞其説，則知其詖淫邪遁之所以然者。蓋辨之於錙銖眇忽之間，而儒釋之邪正分矣。

熹先君子吏部府君亦從羅公問學，與先生爲同門友，雅敬重焉。嘗與沙縣鄧迪天啓語及先生，鄧曰：「願中如冰壺秋月，瑩徹無瑕，非吾曹所及。」先君子深以爲知言，亟稱道之。其後熹獲從先生游，每一去而復來，則所聞必益超絕。蓋其上達不已，日新如此。嗚呼！若先生之道德純備，學術通明，求之當世，殆絕倫比。然不求知於世，而亦未嘗輕以語人，故上之人既莫之知，而學者亦莫之識，是以進不獲施之於時，退未及傳之於後，而先生方且玩其所安樂者於畎畝之中，悠然不知老之將至。蓋所謂依乎中庸，遁世不見知而不悔者，先生庶幾焉。比年以來，學者始益親敬〔十〕，而方伯連帥之賢者又樂聞其道而邀致之，其意豈徒然哉。不幸天喪斯文而先生殁矣，龜山之所聞於程夫子而授之羅公者，至是而不得其傳矣。嗚呼痛哉！

諸孤方謀窀穸之事，謂熹承學之久，宜知先生之藴，使具其事以請銘於作者，將勒諸幽堂，以告後世知德者，有以考焉。熹愚不肖，蒙被教育不爲不久，聽其言、觀其行而服膺焉不爲不詳，然未能有以得其遠者大者，故悉取凡聞見所及一二書之。詞若繁而不敢殺者，蓋有待於筆削云耳。謹狀。年月日，門人具位狀〔十一〕。

校記　〔一〕公倣：淳熙本作「君防」。

〔二〕危：右引作「兀」。

〔三〕右引「求」下有「其」字。

〔四〕蓋：右引作「既」。

〔五〕真：右引作「者其」。

〔六〕黨：原作「人」，據淳熙本、宋浙本改。

〔七〕洒：原作「脱」，據淳熙本改。
〔八〕苟：右引作「學者」。
〔九〕恂恂：右引作「簡淡」。
〔十〕敬：原缺，據右引補。
〔十一〕「年月日」以下原缺，據右引補。

編年 據年譜長編。

評論 周大璋朱子古文讀本卷六延平先生李公行狀：紫陽之於延平，不啻河洛之於濂溪也。師承宗仰，此心無窮。其開示學者處，皆公所得力，故謹記而悉書之。冰壺秋月，瑩徹無瑕，讀此狀殆將見之。

朝散郎致仕陳公行狀〔一〕

紹興二十五年正月七日

本貫泉州同安縣永豐鄉感化里。

曾祖珠，故不仕。

祖彥嗣，故不仕。

考禧，贈右朝請郎。妣吴氏，封安人。

公諱汝楫，字濟夫，政和八年上舍出身，補官迪功郎、建州工曹掾。屬官省不行，調南劍州順昌主簿。秩滿，正權漳州司户參軍，行長泰事，代爲漳巖主簿。丁内外憂，終制，陞從政郎，爲汀州司法參軍。未行，改宣教郎，轉奉議郎、知汀州寧化縣丞。追榮其考妣，以承事郎、孺人告第，四加至今官封。而公自寧化罷歸，歷承議、朝奉、朝散郎，凡十年不調，晏如也。年六十一，以紹興二十三年三月二十六日終於家。公自始屬疾，即使其弟爲奏上，請得致仕〔二〕。未報疾革，召親戚常所往來者告語，屬其子而逝。既尚書下公請事如章，而公不起矣。

公在事以廉勤自約敕，所至有能聲。爲大府部刺史所知，事有他吏所不能辨者，皆以諉公，公爲辦治，日以謹力。在長泰，直歲不收，公力爲言，得蠲田租什之三。在漳巖，尉老病不任事，以公代易。會民余勝、蘇居群黨攘敚爲奸，公悉禽取置之法，民乃乂安〔三〕。朝廷嘉録其功，改中都官。而龍圖林公遹守南劍，翰林綦公崈禮守漳州，皆嘗論薦之。在寧化興學校、治複屋，聚經子史氏群書以教其人。始，寧化以武爲俗，民不見義，至是學者彬彬焉。公自是歸，杜門里閈，非歲時慶問，未嘗出入閭巷、詣公府，鄉人欽愛而仕者安之。公亦自適，恬不以進趣干其意，可謂善人君子矣。而壽不遐，於公猶爲有憾也。

公兩娶黄氏，皆封安人。後安人左宣義郎致仕靖之女〔四〕，亦先公卒。子男一人，忱，以公恩補將仕郎。女一人，未笄。

熹先君子吏部府君與公同年進士也，熹之來此，不及拜公矣。公嗣子忱將葬公於某山之原，以公行事授熹序次，將以求志於作者。熹謝不能，而其請不已。既不得辭，乃取忱所論纂，具著其大者如右。時紹興歲次乙亥人日，左迪功郎、泉州同安縣主簿、主管學事朱熹狀。

校記

〔一〕大同集卷九題首有「左」字。

〔二〕「仕」下原衍「郎」字，據右引删。

〔三〕乂：原缺，據四庫全書本補。

〔四〕靖：原缺，據大同集卷九補。

編年　據文中所署。

承議郎主管台州崇道觀賜緋魚袋羅公行狀 乾道五年五月

公諱博文，字宗約，一字宗禮，南劍州沙縣人。

曾祖安中，贈中奉大夫。妣太恭人鄧氏。

祖畸，朝請郎、右文殿修撰。妣宜人張氏，宜人陳氏。

父彦温，右從事郎、知建州甌寧縣事，贈右承議郎。妣太孺人鄧氏，太孺人黄氏。

羅氏世爲豫章人，唐長慶中，有爲沙縣尉以卒者，子孫因家焉。至五世孫覺始舉進士，中其科。再世而得右文公，以懿文清德顯重於世。又再世而得公，復以道學行誼克世其家，有聞於時。然位卑數促，曾不及究其用而死，識者恨之。

蓋公幼有異質，生歲始周，家人示以晬盤，公一無所顧，獨扶服前取書之論性理者展玩久之。右文公嘆異，爲文以記其事，且曰：「是兒當復以文學大吾門，且復聞道而不爲章句之習也。」十餘歲，遭甌寧府君之喪，哀毁如成人。治喪葬又皆必誠信有法度。

用右文公奏補將仕郎，授右迪功郎、福州司户參軍。治倉庾謹出納，盡去宿弊，後皆可法。再調靜江府觀察支使。桂管爲嶺徼以西一都會，民物繁夥，常時幕府已不勝事。至公爲當路所知，事待公決者尤多。公財處從容，人未嘗見其疾言遽色，而事無不各得其理者。時秦氏用事，士大夫以牾意竄斥，係踵南來，道出府下者，公悉善遇之。至竭廪奉，則鬻衣以濟其乏。

用薦者，改右宣義郎、知贛州瑞金縣事，轉宣教郎。始至歲歉，公度民且饑，則先事爲備，多所儲積。及饑，發廪賑贍，事無鉅細，必躬臨之，不以勤勞爲憚。其至誠惻怛，雖壹主於惠愛，無所計惜，而厝置纖密，辨察精明，人亦不能有以欺也。邑人既賴以全，而公又請推其餘以及旁縣。縣故多盜，公飭巡徼、設方略，得渠帥數人置諸法，而境内帖然。在官餘九月，會故丞相魏國張忠獻公都督江淮，雅器重公，請以爲幹辦公事。用上嗣位覃恩轉通直郎，賜五品服。使募兵江西，得數千人以歸。和糴建康以實軍，又以公與其事，未幾得穀亦巨萬計。

張公再入相，賓客例出幕府，公得知和州。未上，而吏部侍郎玉山汪公制置全蜀，奏辟公參議官以行，軍府之政必以咨焉。汪公既虚心好問，公亦推誠啓告，反復殫盡，必歸於至當而後已。成都之政遂最天下，公之助爲多也。嘗銜命漢中，勞撫將士，宣撫使以禮致遺，爲錢三百萬。公不欲受，而難於辭却。還次漢州，州方治貢院不能就，以五十萬予之，餘悉輸成都公帑。取河南程夫子之遺文與他名臣論奏纂述之可以垂世者，募工鋟板，用之略盡。而横渠張夫子之家避地流落，貧不自振，公訪得之，爲言汪公，延置府學，蜀士知所勸焉。東方士大夫游宦蜀土，貧不能歸，或不幸死不克葬者，公皆出捐俸金以振業之，賴以濟者甚衆。累遷承議郎，秩滿，自請奉祠，得主管台州崇道觀。命下而汪公亦召還，公復從東。至嘉州宿留，與同舍會集笑語如常時。一日，忽語人曰：「吾將逝矣，然幸大事已竟，可無憾也。」遂就寢，酬酢從容，了不異平日，獨無一語及其私，俄而遂化。乾道四年四月十有三日也，蓋其年五十有三矣。同舍聚而哭之，解其裝以理喪事，則槖中獨有書數十帙，餘金足以歸其喪而已。相與咨嘆，以爲不可及，遂以柩歸。其年冬十有一月，葬于沙縣巖地祖塋之旁。公娶陳氏，了齋先生之兄孫女，先公卒。子男二人，曰問，曰闢。孫男八人，女七人，皆幼。

公資稟和粹，沉静寡欲。其處己待人一主於誠敬，平居怡愉，人莫見其喜慍之色。聞人之善，稱慕如不可及。至其有過，則常若有所隱避而不忍言也。視人患難困乏如切其身，經營周救，必盡其力。年未三十，即屏遠聲色，一榻蕭然。惟樂善不倦如嗜欲，聞天下之士有一言一行之幾乎道，至或千里求之。以是凡四方之名山勝概，多所登歷，而於佛、老子之學亦往往能道其所以然者。或者遂意公誠篤好之，而不知公之所志與其所學有不在是也。蓋嘗從張忠獻公問行己之大方，張公爲手書所爲敬説一通以授焉。公受而行之，終身不懈。又從同郡李愿中先生游，聞河洛所傳之要，多所發明，於是喟然而嘆曰：「儒佛之異亡他，公與私之間耳。」由此沛然自信，其守益堅。在桂州時，汪公蓋方通判州事，知公所爲，日就公語，且亟稱道其爲人，故卒引以自助。而今刑部員外郎劉公芮亦方隱居州之西山，躬耕勵志，人罕識之。公獨以坐曹決事之餘日往從之游。劉公名家子，及見前輩，多識前言往行，顧獨恨得公晚。及聞公卒，哭之慟，爲寢疾不食者數日。此豈勢利之使然哉。抑公才志行業之美，固當有爲於世，而充養有素，神觀清明，人亦不謂其止於此也。嗚呼，其可謂不幸也已！

熹嘗受學李先生之門，先生爲熹道公之爲人甚詳。於其從辟江淮也，喜而言曰：「張公高明閎大有餘，而宗禮以精密詳練佐之，幕府無過事矣。」時熹未識公也。及先生没，乃獲從公游，而得其志行之美，然後益信先生爲知人。然公自是入蜀，相望數千里，書問歲亦一再至，所以勸勵從臾者殊厚。日夜望公之還，幾得復相與講其舊學，而公乃以喪歸。熹既痛公之不幸，不及大爲時用，又傷吾道之不幸而失此人也，亟往哭焉。諸孤既號哭受吊，則以公從弟頤所叙官閥梗概一通授熹，使狀次之，將以請銘於作者。熹誼不獲辭，既趣以就事矣，惟是從游之晚，於公之行治有不盡知，大懼闕漏放失，將無以備采擇爲罪。伏惟立言之君子有以財之。謹狀。乾道五年五月日，迪功郎、新差充樞密院編修官朱熹狀。

編年　據文中所署。

評論　周大璋朱子古文讀本卷六承議郎主管台州崇道觀賜緋魚袋羅公行狀：位卑數促是一篇眼目，爲羅公惜，正爲當世惜，並爲斯道惜也。羅公樹立卓然不朽，於此可見。

敷文閣直學士陳公行狀（乾道八年八月）

公諱良翰，字邦彦。早孤，事母孝。游鄉校以謹厚莊重爲人所稱，讀書務通大指，爲文恢博有氣。紹興初舉進士中第，授左迪功郎，調紹興府會稽縣主簿。秩滿，循從事郎、知明州慈溪縣事。歲凶民飢，公喻富室發廩以糶，籍貧民授券以糴。上安下濟，邑人賴之。導德門三鄉之渠，溉田甚廣。改宣教郎，知温州瑞安縣事，轉奉議郎。瑞安俗强梗，號難治。或謂公宜厲威嚴以彈治之，不然不濟。公嘆曰：「縣令字民之官，愛之如子，猶懼不蔇，况奮其武怒以懾威之，彼亦何所恃耶。」催租不下文符，第揭逋户姓名通衢，爲之期日。民樂於不擾，如期皆集。聽訟多得其情，或問其術，公曰：「吾何術？第公吾心，使如虚堂懸鏡，而物之至者妍醜自別耳。」罹内憂去官，邑人送者皆泣涕而返。免喪，授衢州州學教授。日進諸生，教以修身厲行之意，不專器人於文字語言之間。

轉承議郎，用殿中侍御史吴公芾薦，爲御史臺檢法官，擢監察御史。上即位覃恩，轉朝奉郎。時金亮敗盟，既斃而歸。其嗣主新立，復遣使來，約以舊禮修好。而中州遺民又皆相率來歸，詔問所以處之者。公上疏曰：「繈負之民皆吾赤子，去墳墓、離親戚、捐生業而來歸我，其義不可以不納。然若許以舊禮而又納其降人，則異日彼必來索。索而歸之，傷向化心，納之不便。其必定計在我，以自治爲先，而和與不和付之泛應，然後乃可納耳。二者在陛下聖志如何，願熟計之。」尋復有詔，問時務所宜。公復上疏，請明階級以修軍政，核兵籍以豐財用，禁折變以蘇民力，省堂選以抑奔競。内外之官皆久其任，賞罰輕重務合衆心。上嘉納焉。隆興元年秋，詔以災異求言。時上用故相張忠獻公軍淮泗以規進取，而議者不一，争獻防江之説。公於是上疏極論，以爲：「備邊之要在固藩籬、專委任而已。今欲捨淮防江，却地奪便，非計也。而朝廷過聽，使督府不得專任閫外之寄，臣竊以爲誤矣。」上然之。

除右正言，入謝，首陳納諫修德之説以開上意。會有飛蝗之異，公又勸上以畏天恤民爲心，語益切。於是虜人再移書求復故疆，且邀歲幣，朝議將許之。公入見上，極陳「前日講和之失，使山陵隔絶，疆埸無備，北方忠臣義士來歸我者反爲虜用而致怨於我，皆秦檜之罪。今不可以復蹈其失。且中原之地皆吾祖宗二百年故土，虜盗據屬爾。況唐、鄧、海、泗又逆亮渝盟之後，吾以兵取而得之者，安得以故疆爲言？我亦何説而歸之乎？」既而宰相湯思退力主和議，建遣盧仲賢、李栻持書幣賜虜中大臣主兵者。公爲上言：「仲賢輕儇無耻，栻自北來，其蹤迹不可知。宜罷勿遣，姑報以書，徐觀其變而爲之所。」上鄉公説，而宰相力争，竟遣二人行。公又論：「今廟堂督府議論不同，凡邊奏上聞廟堂，皆陽爲唯諾，無所可否，而陰實百方沮敗其計。萬一爽於事機，督府安得獨任其責？」上矍然稱善，以公語語宰相。時楊存中爲御營使，悉總殿前諸軍。公言：「存中自太上皇帝時提禁旅二十餘年，權勢極盛，中外憂疑。賴太上聖明威斷，罷使就第。今又無故假以使名，授以兵柄，陰凝冰堅，不可以不戒。願陛下爲宗社計，亟罷存中，使以兵屬三衙如故事，則天下幸甚！」疏三上，論者再，竟罷存中。

會仲賢等出疆，虜迎勞如禮，朝廷上下皆喜，以謂和議決可指日而定。公獨抗言曰：「和議於虜人有大利四，而在我有未可必者五。蓋罷兵講和則彼得以坐守中原，休養民力，威制小種，銷伏群盜，此皆虜之大利。而我欲與爲敵國，請復山陵，又必其不求四郡，不索降人，不疑邊備，此則殊未可必。願陛下毋惑群議，先定久遠之規，以應其變。」上欣然開納。既而李栻竟不敢涉淮，公奏論奪其官。獨仲賢至汴，輒許以疆土歲幣輸虜而還。上大怒，下仲賢吏，欲誅之。宰相叩頭懇請得免，因極言邊備不足恃，和好不可不修。上不得已，復遣户部侍郎王之望、知閤門事龍大淵使虜。公遂與侍御史周公操請見，力言：「前遣仲賢已辱國命，而大臣不悔前議之失，又欲肆臆決，却衆謀，不謂秦檜復見於今。且虜書要我罷四郡屯兵而以其地歸之，如此是彼不折一兵而坐收數千里要害之地也，臣愚以爲決不可許。若歲幣則俟得陵寢而後予之，庶幾猶爲有名。今計議未決而之望遽行，恐其辱不止仲賢而已。願先馳一介往議堅決，行未晚也。」上以公奏示宰相，宰相請召侍從臺諫議之，詔可。公上議如前，一時侍從之賢者亦多附其說，上遂以胡昉、楊由義爲審議官，令專議四郡事，而手詔之望、大淵，使議陵寢、梓宮、降人、邊備四事利害以聞。二人奏上，上燭其奸，凡語之依違轉脱者皆墨識之，以示臺諫。公因復伸前論，上乃從之。時歲十二月也。

　　除左司諫，會長秋宮建官，其内外之屬若干人。公上疏論之，且請節它冗費，始自宮掖，以奉邊軍。詔諸以長秋爲官者損其七人，它亦頗有所減省如公請。既而昉及由義與虜議四郡不合，大爲虜所困辱而歸。思退尚執前議，正言尹穡素以諂事龍大淵得進用，又本仲賢姻黨，陰附思退以撼督府。公因疏論思退奸邪誤國，宜早罷黜，以靖中外。張浚精忠老謀，不宜以小人之言摇之。上曰：「思退前議誠失，然朕愛其警敏，冀可責後效，卿其置之。至魏公，則今日人材物望孰有出其右者？朕豈容有此意？正使有之，亦豈不謀卿等？此殆言路有異意者，卿爲朕諭之。」公頓首謝曰：「陛下言及此，天下幸甚。然宰相之任，古難其人。正使不得全才，寧取椎頓朴實之人，緩急猶可倚賴。思退庸狡，小黠大癡，恐誤陛下國計。且警敏二字，非明主所以卜相之法也。」退，以上語諭同列。穡勃然變色，明日亦請對。於是以王之望爲諫議大夫，罷公言職，以直敷文閣知建寧府。越兩日，而有詔張公罷兵還朝。又兩月，張公竟罷相印去，而和議遂定，如思退等之策矣。時隆興二年六月也。

初，公惡穡奸邪，面舉韓魏公「富貴易求，名節難保」之語以警切之。穡大愧恨，至是既得陰結近幸以售其奸，遂連中外之力，先排公去之，然後罷督府，退張公，召還四郡戍兵，毀撤兩淮守備，務以强虜勢、孤上心，而冀其説之必用，不復能爲宗社計也。虜於是乘勢大入，幾不可支。上亦悔悟，而太學諸生數百人前後伏闕，再上疏請召用公及胡銓、王十朋等，而斬思退、之望、尹穡、洪适以謝天下，謂之四奸。思退等由是始敗，然邊備遂弛，不能復張〔一〕，天下至今恨之。

公至建寧，一以惠愛撫其民，如爲縣令時。掾史以死囚獄具，至録問，輒不承，請循故例即訊而已。公不可，曰：「録囚于庭，法也，吾何容心哉。」既亦卒無稱冤者。未幾，就除福建路計度轉運副使。聽覽不倦，幽隱畢達。欲行部，輒先移文，所至毋得治道路、飾供張，諸州以例致餽一不受。作觀風九詠以示敦本厚俗之意〔二〕。轉朝散郎，除江東路提點刑獄公事。移浙西，轉朝請郎，以宗正少卿召還。

五年，權太常少卿、侍立官、給事中，除兵部侍郎。時朝廷欲調沿江數郡民兵列屯江津以備虜，公力爲宰相言：「虜未嘗窺邊，民兵未嘗練習，無故點集，恐徒擾而無益。」語聞事寢，以足疾求去，不許。會浙東有風水之災，秋稼盡壞，州縣不以聞。公以白上，上即遣漕臣按視，蠲租賦、賑流冗，官吏蔽匿者皆抵其罪。

尋詔公同修國史，轉朝奉大夫，除右諫議大夫。命下之日，中外翕然。時杭帥周淙多創攝局以私親故，秀守徐蒧遣吏持錢買燈都下，聞之恐懼，皆亟罷之。公入謝，陳四事，曰畏天，曰愛民，曰修政，曰官人。因言：「治效未易遽言，而治象可以立見。陛下誠能盡取天下賢才置之列位，自然壯觀朝廷而治象可見。治象見則治效因可卜矣。」上曰善。六年正月戊辰，大雨震電。庚午，大雨雪。公求對，極陳祇畏天戒、飭正庶事之説。時東宫久未建，復奏手疏言之。上皆嘉納。時上已深悟前日和議之失，思欲亟致富强，以爲恢復之漸。而小人乘間爭售其説，有王天覺者，以貨結左右，陳聚歛擊刺之術，皆狂妄乖剌。上未之察，以爲樞密院編修官，臺諫攻之不能動。公極論之，上始開寤逐去。史正志者，素以傾巧進。至是當帥成都，憚遠役，則使其黨請復置發運使，而以己爲之。上然其説，公入奏曰：「祖宗本建此官，蓋沿唐制，轉東南以餉京師。今已居東南而衣食其租税矣，又頗分給武昌、建康、京口諸軍，應上供者數亦無幾，而虚立此官，甚無謂。况正志反覆小人，誕妄有素，不過欲假此重權割剥州縣，侵牟商賈，以自爲功耳。

自今以往，法之既密者不復寬，法之未密者日加密，臣恐數年之間，民愁盜起，有以勞聖慮也。」疏三上，且面論之益切。上亦知正志之妄，謂公曰：「吾姑試之耳。」公於是退而求去。上封還所奏，手札喻公若曰：「都俞吁咈，前聖所不免，卿豈可輕去爲高耶。」公復求對，面請益力，上留公亦益至。已而發運司爲公私之病，果皆如公言，正志遂以罪竄，而發運官屬皆罷矣。

公嘗爲上言曰：「蜀漢之兵可以窺關陜，荆襄之衆可以趨韓魏，江淮之師可以擣青徐，三者之勢，相爲掎角，不容有偏。今蜀道既委大臣開府節制，而荆淮之郊，東西數千里未有任其責者。願擇重臣分以委之，則久遠萬全之計也。」上曰：「武臣爲之，可乎？」公曰：「文武固無異道，但必得真才宿望，足以服軍民之心者，然後可以濟國事耳。」上曰善。公言曰：「中興之初，諸將領兵者皆別選精鋭數百人自爲一卒，優其廪犒，以故驍勇競勸，所向有功。韓世忠所謂『背嵬』，張俊所謂『親隨』，劉光世所謂『部落』是也。今養兵雖衆，而諸將未聞有能爲陛下拔尤取穎，以生其氣勢者。願陛下之有以詔之也。」上欣然曰：「此朕意也。」即下其書諸將。

尋以與修玉牒成書，轉朝散大夫。再上章求去，不許。七月，除給事中。會節將成閔冒請真俸，事覺，詔罪官吏之出納者而置閔不問。閤門王抃招納妄人謝顯，矯稱密旨，出境生事，詔抵顯等罪，而亦不以及抃。公皆處駁議，乞正典刑。章上，翼日除禮部侍郎。公力辭不拜，遂除敷文閣待制、提舉江州太平興國宮以去。

七年，詔起公知婺州。辭不獲命，再逾月，始就道。未至，除太子詹事，兩詔趣行，仍令州郡敦遣。公遂入見，上慰藉甚厚，屬以調護之意。公亦竭誠輔翼，凡所以告太子者，無非規戒之言。一日，召對東華門，賜坐，從容訪以治道。公論士大夫苟且欺誕之弊及江湖荒政甚悉，上皆納之。因出手書唐太宗與魏鄭公論德仁功利之語而書其後，俾公極陳今日所未至。公拜謝，退，上疏曰：「臣聞仁德者，治之本也；功利者，治之效也。大有爲之君務其本而效自至，未有無其本而有其效者也。陛下鑒觀古事，親御神筆，深詔愚臣以求今日所未至，此堯舜之心也。臣敢無辭以對？臣竊觀陛下欲承天意，而比年以來水旱間作，數千里間，流殍萬計，是所以承天意者未至也。陛下欲結民心，而營造寨屋，民不聊生，死凍餒者不知其幾，是所以結民心者未至也。陛下欲任賢能，而張栻一言，遽從外補，正直之氣鬱而不伸，是所以任賢能者未至也。陛下欲退小人，而正志方逐，張某繼之；張某適罷，韓玉又進，是所以退小人者未至也。至於欲擇將帥，而內外諸軍朘削士卒，專事交結，不修軍政；欲恤軍情，而移戍江津，措置失當，使其老幼狼狽失所；欲擇監司，而以祥刑之寄付之武臣；欲吏久任，而或到官旬日即行改易。凡此八者一有未去，則於陛下深仁厚德不爲無累，臣恐功利之效未易可致也。願陛下無以仁德爲難而忘爲治之本，無以功利爲易而速爲治之效，欽崇奉若以承天意，哀矜惻怛以結民心，任君子必盡其才，去小人必絕其本，廣搜智略以司閫外之權，作成武勇以振三軍之氣，罷監司之非人，申久任之良法，自然仁德昭著，功利烜赫，將與唐虞比隆，而視太宗之事有不足爲者矣。」疏奏，上嘉嘆再三，出以示輔臣。

詔以公兼侍講，公以足疾有加，求去甚苦。上固留之，詔聽五日一參。公力辭，不許。十二月，以病劇請致其事，上始知公果病，除敷文閣直學士、提舉太平宫，遣使賜以告身衣帶。公還家，病間，已而復作，再奏告老，遂以八年四月癸丑卒於正寢。自疾革，即屏醫却藥，湛然無怛化之意，七日而終，享年六十有五。詔轉一官致仕。訃聞，贈太中大夫。

公質實無僞，莊毅有守，而色和氣温，不露節角。人有片善，稱嘆不已。小有不善，必面規之。自起寒素以至通顯，奉養益薄，無所嗜好。不治生産財利，禄賜隨用輒盡，不爲毫髮計留。自罹内艱，不復入私室。誨督子弟，接引後進，孜孜不倦。在州縣勤事愛民，號爲良吏。及登朝廷，直言正色，遭值聖明，開奬納用，抑邪與正，中外倚以爲重。隆興中，協贊廟謀，經營北向之策，尤盡其力。當是時，國勢幾振，不幸爲小人所間以去。比其復來，則事已異於前日而公亦益老矣。然其氣不少衰，因事獻言，必極其意而後已。蓋公嘗爲人言：「先儒有論爲貧之仕者曰：『俟吾之飢餓不能出門户也而後計之。』此孫言也，而聽者不喻，則其弊將無所不至。夫飢餓而不能出門户，則死而已矣，尚何計之爲哉。」公敬遜誠慤，非欲以大言夸世者，而其語如此，足以見其所存之素定而所立之非偶然也。少時聞潘左史良貴廷叱奏事官，竊獨嘆曰：「潘公戇矣，曷若退而疏之之爲得體乎。」族父某部侍郎公輔聞而賞之曰：「子少年而議論及此，異日立朝，當必有可觀者。願子自愛。」至是卒如其言。

所爲奏議及它文若干卷藏於家。娶朱氏，封碩人。子男四人：元壽，右迪功郎；耆壽，右承務郎；彭壽，太學生；廣壽，敕賜進士出身。女二人，適右迪功郎郭戡、進士吴洎。孫男七人，女三人，皆幼。

元壽等將以是年九月壬申葬公於義城鄉叠石山之原，以熹辱公知待薦寵之厚，俾次其行事，將以求誌於作者，請謚於太常，且備異時史氏采録。熹不得辭，謹第録如右。謹狀。乾道八年八月日，前左迪功郎朱熹狀。

校記 〔一〕復：原作「遂」，據宋浙本改。

〔二〕九：原作「七」，據宋閩、浙本改。

編年 據文中所署。

評論 宋濂題天台陳獻肅公行狀後：朱子之文，古今共尊，何敢贊一辭？若公事行或有闕遺，亦學者之不可不知也。按孝宗實録云：「乾道五年十二月，樞密都承旨張説奏請置酒延諸侍從，上許之。説退約客，獨兵部侍郎陳良翰不至，説殊不平。上遣中使賜以上尊珍膳，説因附奏：『臣奉旨集客，而良翰不至，是違聖意也。』已而上命再賜，説復附奏：『良翰迄不肯來。』夜漏將上，忽報中批陳良翰除諫議大夫，坐客皆愕然。」此與唐玄宗時宋璟却王毛仲事正類，非有剛直之操者，孰能與於斯哉。……孝宗恢復之志雖上通於天，終莫之遂，不主和者惟張浚、胡銓、張闡、張震及公等數人而已。公平生大節，此最彰著，故朱子特詳列之，而舍拒説細行，亦紀事之體當然耳。然而朱子修通鑑綱目，璟之事何嘗不載。况孝宗之知人，賢於玄宗遠甚，亦法所合書。豈當時弗知耶，抑偶忘耶？

周大璋朱子古文讀本卷六敷文閣直學士陳公行狀：陳公亦不主和議者，忠言讜論，開陳君心，裨益時政。惜爲思退尹穡輩所沮，不竟其用。此公所以惓惓致惜也。四千餘言，一線穿成，略無斷續痕迹。其中或詳或略，或提或帶，用一二字作關鍵，章法之妙，無懈可尋。敘次精彩，龍門得意之筆。

南岳處士吳君行狀 淳熙四年秋冬間

君諱翌，字晦叔，世爲建寧府建陽縣忠孝里人。曾祖惻、祖深、父從周皆不仕。君早孤，逾冠，游學衡山，師事五峰胡先生。聞其所論學問之方一以明理修身爲要，遂捐科舉之學，曰：「此不足爲吾事也。」先生既没，又與先生之從弟廣仲、從子伯逢、門人張敬夫游。既誦其所聞於先生者，而又上稽前古聖賢之言，中覽前世儒先之論，下引四方朋友之説，參伍辨訂，去短集長。其左右出入，雖不專主於一家，然其大要以胡氏所傳爲宗也。

其爲人忠信明决，通微曉事。教撫諸弟曲有恩意，與人交表裏殫竭，心所不安，告語切至而不失其和。以是朋友多賴其益而樂親之，雖或不能從，而亦不厭其言之盡也。衡山人葉公賢君爲人，妻以其女。君因教其子定，使知所趨，又見之敬夫而俾受學焉。定以是爲修士，鄉黨稱之。張氏門人在衡湘者甚衆，亦無不往來，從君參决其所疑者。長沙故有岳麓書院，國初時，郡人周式爲山長，教授數百人。後更變亂，院廢而山長罷。五峰方辭秦氏禮命時嘗請爲之，不報。乾道初，帥守建安劉公珙始復立焉，猶虛山長不置。至是，轉運副使九江蕭侯之敏始以禮聘君請爲之。君曰：「侯之意則美矣，然此吾先師之所不得爲者，豈可以否德忝之哉。」卒辭不能，蕭侯亦高其義，不强致也。

時君方買田築室於衡山之下，有竹林水沼之勝，因取程夫子「澄濁求清」之語榜之曰「澄齋」，日與賓客從容其間，講道讀書。間出詩篇以咏歌其所志，蓋翛然有以自樂。然不數月而病不起矣，淳熙四年八月三日也，享年四十有九。

君娶葉氏，生一男，曰傅，纔六歲。一女，亦尚幼。君既没，葉夫人以君遺命請於其父，使弟定與君之外弟游霖、游彰等以九月三日葬君衡山之東梅橋之原。於是君之外弟游彬居故里，逾月而後聞君之喪，泣而言於熹曰：「吴兄之終，彬獨以遠，不得奔走其葬。今將狀兄之行，而請文於桂州張先生，以表於墓，願吾子之文之也。」熹於晦叔有朋友之誼，不可以辭，乃論其行事始終大者如此，以備采擇。然敬夫與晦叔學同師，居同郡，其游久於熹，所以知之必將有深於此者，請并列而具刻焉。謹狀。

編年 據文中所述，墓主葬於淳熙四年九月三日，而其外弟求狀於朱熹，將「請文於桂州張先生」，知其作於是年九月三日以後，而其時張栻正知静江府，逾年則改知江陵府矣。

評論 周大璋朱子古文讀本卷六南岳處士吴君行狀：師事五峰，源流不苟，晦叔一生根柢盡在於此。撮其大者，語不繁而意已至。筆力堅峭老勁，直逼韓、歐。

朱熹文集編年評注卷九十八

行狀

朝奉大夫直秘閣主管建寧府武夷山冲佑觀傅公行狀 淳熙十年十二月

本貫孟州濟源縣。

曾祖君俞，故任通直郎，知京兆府奉天縣事，贈正奉大夫。曾祖妣張氏，贈碩人。

祖裕之，故任朝議大夫，主管南京鴻慶宮，濟源縣開國男、食邑三百户。祖妣錢氏，封恭人。

父察，故任朝散郎、尚書吏部員外郎，贈徽猷閣待制，累贈少師，謚忠肅。妣趙氏，封清源郡太夫人，贈秦國夫人。

公諱自得，字安道，其先鄆州人。自曾伯祖獻簡公以清直仁勇事仁宗、英宗、神宗，歷三朝，皆以諫諍有聲。在哲宗時，遂聞國政。蓋始築草堂於濟源之上而家焉。至忠肅公，遭靖康之難，實以忠義死國事，其事皆具國史。

公幼穎悟，讀書不數過輒成誦。有至性，生十年而忠肅公薨，哀號思慕若成人。事太夫人愛敬飭備，一舉動唯恐失其意。遭亂離，轉側兵間，遇父友故參知政事陳公與義於嶺右，陳公奇愛之，坐之膝，撫其頂曰：「長必以文名天下。」因自誦其詩之傑句以詔之。公時雖幼，已悉領解。年十四，賦玉界尺詩，語意警拔。故參知政事李公邴大驚異之，因許歸以女。既乃定居于泉州，家貧甚，夜燃薪自照，與兄弟讀書或至達旦。遂博通六經諸史百家之言，下筆爲文輒數千言。

初，朝廷以忠肅公死事録其孤，公得補承務郎，三監潭州南岳廟，乃爲福建路提點刑獄司幹辦公事。使者李公公懋性剛介，好面折僚吏，獨屈意待公。欲試以事，因悉以訟牒委焉。間相見，則摘其事以問。公具條委折，及其姓名爵里，一無所遺。李公喜甚，自是一司之事無不取決於公。書奏出公手輒報可，他人爲之則多寢不下。李公行部至漳州，會州兵擒漳浦賊華齊及其黨與以獻，而安撫司以便宜指揮檄憲司悉斬之。李公將從之，公争不可，且曰：「便宜指揮安撫司受之朝廷，本司無所預。今乃承之於安撫司，可乎？」李公悟，命悉械繫諸縣分鞫之。獄成，以法誅其首數人，餘悉以畀軍中，蓋全活幾百人。

已而丐閑，得主管台州崇道觀。秩滿，通判漳州事。太守劉公才邵始以公年少，未甚相知。及見其處事精明，馭吏嚴整，而文詞敏妙又非流輩所及，乃大嘆服，郡事非公不決。間則相與徜徉，以文字相娱樂。每語人曰：「自傅君至，吾始知有爲郡之樂。」時山獠跳踉未已，而太守與統兵官陳敏不相能，餉或不繼，軍幾變。公調護其間甚力，且爲移書轉運判官，得錢二萬緡以贍其軍〔一〕。敏及軍士皆感泣思奮，群盜竟平。及公代去，敏語其下曰：「傅公成就吾軍如此，而未嘗以一事干吾軍，政可謂真清矣。」故聞公喪偶，欲遣其愛妾挾重貲來奉公，公亦竟不受也。

漳浦尉士有申和者，以事爲郡所逮。縣忽告有盜入竟，請兵爲援。公笑曰：「是必非實，特爲申和地耳。」已而果然。陳敏亦爲和請，公弗從，竟捕置於法，而後以畀軍中。後十餘歲，公自融徙潮，行荒山大雨中，忽有以巵酒獻者。問其姓名，則申和也。公愕然，詰其所以來之意，則曰：「和日者罪當誅，公用法固無所私，然和獨抵罪而家獲全，是以感恩而來耳。」公爲笑而飲之。

臨漳公帑歲時例外致饋守貳甚厚，公獨不以一錢入門，悉儲於外，以給賓客之費。比去，計所不取蓋餘千緡。

通判泉州事。公居泉久，及貳郡事，洗手奉公，無毫髮私。且熟知民俗利病，部使者多委以事。轉運司嘗欲榷郡酒酤，公格弗下。吏白恐獲罪〔二〕，公曰：「泉人中產之家仰是以給者十室而五，是決不可行。若輩徒欲行文書，因取賂於酒家耳。」乃私以書條利害於使者，事竟寢。有賈胡建層樓於郡庠之前，士子以爲病，言之郡。賈貲鉅萬，上下俱受賂，莫肯誰何。乃群訴於部使者，請以屬公。使者爲下其書，公曰：「是化外人，法不當城居。」立戒兵官即日撤之，而後以當撤報。使者亦不說，然以公理直，不敢問也。受代造朝，民爭遮道以送。有金户齊氏，探其懷出金十兩以獻公曰：「某爲金户，郡官買金無藝，且多不償直。獨公未嘗市分星，爲賜厚矣。此乃丹藥所化，爲杯器食飲當益人，故敢以壽公，而非敢以爲獻也。」公笑却之。

差知興化軍事。興化素號難治，前守聽訟或繼以燭，事猶有不决者。公剖决如流，廷無滯訟，發奸擿伏，猾吏束手，日未午，棠陰無一迹矣。於是乃以暇日延禮邦人士大夫之賢者，相與從容賦詩飲酒爲樂，而郡以大治。

初，秦丞相檜以公忠臣子，年少能自力學問，有文詞，通吏事，遇之甚厚。然亦疑其剛果負氣，終不爲己用，故雖使之連佐兩郡，然皆銓格所當得。召試博學宏辭科，又已奏名而故黜之。及泉代歸，乃問語公曰：「故事，三丞得通用蔭補人，而丞宗正者例以玉牒奏篇得爲郎。况公之文今從臣中名能文者所不及，顧公太剛耳。盍亦思少自貶乎。」公默喻其意，然以太夫人春秋高，且樂居閩中，不肯遠適，乃力請便郡歸養。秦丞相以是始怒，而其黨又或陰中公，以爲有顧望持兩端意。以故是時公資序已應典州，而僅得莆陽軍壘以歸。

然公亦既朝辭而行有日矣。會通判衢州汪召錫者告前知泉州趙令衿誹謗，且有及丞相語，臺諫徐嘉等交章論奏，事下廷尉，秦丞相因以上旨命公體究令衿在泉時納賄事。公以嘗同官辭，丞相不可。是時丞相權震天下，一忤其意，家立碎。公念前已有小隙，今又力辭，必重得禍，貽太夫人憂，意不能不少回惑，乃不得已奉命以行。至泉按事，十得一二，即不復窮竟。然猶慮不免爲異時之累，則見故樞密黄公祖舜而問焉。黄公曰：「事端幸不自我，加之以恕可也。」公然其計〔三〕，既上其事，又爲請得毋更置獄。會廷尉獄成，令衿已坐讁，奏上，不過追納所受金而已。

方事作時，户部曹泳、刑部韓仲通實主之，兩曹符檄日四五至，督趣甚峻。已而秦丞相死，泳被逐，仲通恐禍及己，乃以體究事劾公。朝廷亦知非公首事，姑下公置對。而仲通章再上，遂罷公郡事。公在郡不半歲，罷去之日，父老邀遮涕泣，其賢士大夫有追路越境，持公慟哭而别者。後兩年，諫官挾舊怨，復以前事爲言，遂奪公官，徙融州爲民。

公念前日本以愛親故，不敢力辭體究事，今乃反爲親憂，痛自咎責，聞命即却酒肉、屏縢御，獨與一浮圖人偕行。至融，杜門讀書，益大覃思於文章，融人皆敬愛之。而中州人士官其土者亦皆樂從公游，以文字求指教。蓋居融四年如一日，泊然無復有一豪軒冕意。特一念親闈在遠，不獲日夕左右，則涕泣竟日。會黄公給事東省，知公前事首末，力言於故丞相魯國陳文恭公，魯公亦素知公，遂以上聞，得内徙潮州。未幾，聽自便。

主上登極，復故官右通直郎。時魯公猶當國，欲寖用公，乃先除主管崇道觀，以言者罷。乾道初元，始復得申前命。未幾，故樞密林公安宅又力薦於上，且具白公前被枉狀，除知漳州，又爲言者所持，事竟中寢。未數月，今少傅福國陳公入爲吏部尚書，雅知公之爲人，則與侍從官數人露章薦公事親孝、居官廉，博學能文，興化之政庭無留訟，而所坐初非其罪〔四〕，遂再除知興化軍。而陳公章中語，人以爲無一字不實也。陛辭，論尉利捕盗之賞，妄執平民，有至論死而不能自明者。語未竟，上遽曰：「今之儒者例以不殺爲仁，然殺人者死。」公徐對曰：「皐陶稱大舜之德曰與其殺不辜，寧失不經。殺人者固應死，而不辜者豈可殺？」上意亦悟，即連稱曰：「不辜則不可，不辜則不可。」公退以語宰相，時朝廷方議重强盗之法，以公言而止。

公前治興化有惠愛，去之十有四年而再至，且復奉安輿以來，闔郡之民垂髫戴白，争迎車下，歡呼之聲滿道。公治郡如前，時郡有猾民，素以挾持郡縣爲事者數輩，前公未至，盡挈其家以遁。公條教素信於民，不動聲色而郡復大治。民李氏嘗寓白金於其族兄，已而誣以盗，獄更數政不決。公明其誣，且判曰：「銀當羽化，既慚長者之風；金或誤持，又愧同舍之誼。」聞者感嘆悚服，且傳誦其語，以爲無愧於唐人甲乙之判，李氏感泣。

會太夫人有疾，供佛燃燈以禱。既而太夫人竟不起，郡縣賻金餘千緡。公辭曰：「家雖貧，幸足以葬，豈可以此污吾親。」皆却弗受。而父老奔走闕下，以公治狀白于朝者數十百人，中書爲書於籍。公性至孝，以奉太夫人故，仕宦未嘗出閩中。太夫人小有疾，則憂形於色。在漳時，官舍有池亭，日奉太夫人飲焉。忽有珍禽彩羽數十容與水上，太夫人甚愛之。一旦忽飛去，太夫人不樂，爲不飲者數日。公懼，與其室共禱于神，明日乃復奉太夫人飲池上，則禽亦皆復來集矣。比公去乃已，竟不知其所自來，亦莫有能名之者，時以爲孝誠所感云。至是服喪，毁瘠甚。免喪，言及輒涕下。初造朝，知識見之無不驚愕。

再除知漳州，奏事稱旨，留爲吏部郎中。天官素號劇繁，侍右尤甚。吏舞文爲奸，爲郎者例不可否事。公既入，即召令史而下語之曰：「吾久諳州郡利病，於省曹事體初不熟。今幸蒙恩得備郎選，亦將以治州郡者治之耳。」吏慴伏不敢欺。然公素以吏事自喜，而銓曹守格法，無所施爲，遂請於朝，願竭力外官。上喜其意，除直秘閣、福建路轉運副使。陛辭，玉音褒諭，且云：「素知卿有風力，閩中多贜吏，故命卿往，行召用卿矣。」公即奏：「治道去泰甚，閩中去朝廷遠，吏不知奉法，然取其甚者一二人治之，亦足以厲其餘。」上首肯之。

時閩部上四郡行鈔鹽法，歲入悉輸大農，漕計爲空，而州縣窘匱尤甚，吏兵之給弗供，凜凜然有朝夕憂。公奉命疾馳至部，夙夜詢究利病所在，而參伍其説，大抵皆以爲官不鬻鹽則無以爲歲計，然縱州縣一切科之於民，則民必大病。獨一二近鹽之鄉，若非籍户定數，使民必鬻於官，則私販公行，官鬻不售，豪强得以倚法幸免，而貧弱顧獨受弊。於是乃使縣各以地遠近、利病所宜爲法而奏行之，且寬其宿負，貸以本錢，蠲增鹽錢數十萬緡，州縣之力以寬。而公又爲之撙節用度，一毫不妄取予，漕計亦遂饒足。泉州兩税外，復科宗子米，歲歲增廣，民不堪命。郡太守若周公葵、王公十朋皆嘗請罷之，弗果行。公力以爲言，得旨户部給度牒轉運司，移他郡錢俾之和糴而禁其科擾。泉民感公恩，生祠之。蓋公爲治大率以愛民爲主而保全下吏，非有民訟不獲已，亦未嘗輕有所按治。其罷軟不勝任者多奏處以祠禄，略如公前奏語。然其候視極精明，風采可畏愛，吏亦不敢犯也。

建寧闕守，公以郡屢易將，帑廩空乏，且歲頗不登，亟聞於上，乞選能臣以治之。上素知公，即除知府事。建寧當孔道，部使者多寄治，民健訟，爲郡者日不暇給。公談笑以治之，事或累歲不決，壹經公手，無不立辨，且後無能易者。今户部尚書王公佐爲轉運判官，嘗語人曰：「吾與傅公厚，乃因政事間相知耳。」歲小不登，公發廩賑濟。有嘯聚欲爲寇者，僚屬請出兵以捕。公特以文檄俾鄉官諭之，皆帖伏，不戮一人而定。屬縣有殺人者，方捕治，而他縣獲逃卒，卒於獄中自首嘗殺某人。縣以言府，公疑有奸，命鞠其實，果吏教殺人者重賂逃卒使僞首，則殺人者可不死而卒罪亦止於流。因并論吏如法。

移知寧國府事。寧國民淳，事素簡，公亦以清静治，或累日庭無公事。酒官有爲專知所悖自言者，公召詰之。吏具言監官贓罪，公曰：「是則然，然上下之分不可亂也。」命杖之。吏不伏，公立命械治。獲其流罪，將論决，袒其背則有涅文，爲「皇帝萬歲」四大字。公笑曰：「是固有法。」命呼執箴者雜刺涅，使不成文，乃論如法。明日，闔郡士大夫悉來賀曰：「此素横於鄉者，前太守屢欲治而不能，不謂公談笑間去此一害。」公曰：「法當然，吾非有心者也。」春雨水溢，將决圩田，公力捍之而止。上嘗以手札訪問，公具以實奏。秋大旱，時公將去郡，猶請於朝，蠲租十餘萬斛。既去累年，後守偶閲公帑之籍，見某年齋閤迎新供帳獨無一不存者，怪而問之，則公所留也。因大嘆服，每以語人。蓋公平生涖官所至，率常如此，此特因事而顯耳。

復爲福建路轉運副使。公所臨郡縣，小有水旱必以聞。至是，泉州大旱，而守利督租諱之。公奏請募海舟廣糴以助民食，由是米不翔貴。臨安闕帥，上命執政選有風力不阿權貴者爲之。執政擬二人以進，上獨指公以爲可，亟命召之。

先是，公嘗以事過三山，副總管曾覿先來謁公曰：「聞公之名久矣。」因自誦其詩數十篇，且請公誦近作。公辭以憂患廢忘，時其亡而往報之。及爲郎，復嘗遇於客次。覿詫數從官曰：「某人某人嘗辱來訪，公獨見鄙，何也？」公遜謝而已，竟不往。及將使閩部，閤門官子弟有使本道而召還者，以職事來謁，公往報之。延公便室，則覿及從官數人皆在。時方置酒，公飲一卮，辭腹疾而退。於是翰林承旨亦以入直辭，諸人皆有赧色，覿大不樂。公退謂諸子曰：「仕宦當自結明天子，其次當由宰相，安能俯首此曹以求進邪。」以故權貴多嫉公，而召命竟不行，改除兩浙西路提點刑獄公事。

時公年已六十餘矣。性本剛介疾惡，不能容人之過，以故歷官任事多與物忤。至是，自度不能俯仰俗間，上章丐閑。不允，得移浙東。兩浙今號封畿，多有力者，部使者例不案事。公入竟，受訴牒日數千紙，一一親爲剖決。所至決遣囚徒，臺無留事。至於糾剔愆違，繩治奸墨，或望風解印綬去。常山令爲民所訟，公素不輕案吏，先面戒之。而執法殿中者親黨多在其邑，令事之素謹，亟馳書求援。其人即論公前使閩時推行鹽筴非是，今又欲逐令而使其親黨代之，以此公至治所未十日而賜罷。過建寧，父老捧薰鑪以迎者夾道數里，而浙東人亦至今稱思之。

然公益自知果不爲世俗所容，乃復求爲祠官，得主管武夷山冲佑觀。秩滿，復除知寧國府事。朝命督行甚峻，公不獲已，單車引道。行未數程，復以言者追論前體究事，且嘗面折泉守爲罪，則又以冲佑祠官罷歸。公性高簡，不妄與人交，居泉五十年，杜門自守，讀書奉親外無他爲。中間乘貳車、持使者節亦且十餘年，訖未嘗以一事擾州縣。太守之賢者，如宋公之才、王公十朋、周公葵皆高仰之，待以異禮，而公月不過一詣郡，每留語，談説道誼而已。至是居閒，益無事，唯讀書不輟。客至，觴酒論文，道説古今，唱酬詩什，以相娱樂。蒼顔白髮，意氣偉然，未嘗以留落不偶幾微見言面也。前居喪，哀毁得脾疾，至是益侵，然猶日誦書數卷。既病，則屏却藥餌，獨飲水以待終。一日，忽召所善前昭武守黄君維之、新新安守石君起宗，置酒卧内與訣。既而劇談詼笑，歌呼如常時。翌日遂不起，時淳熙十年秋八月也，年六十有八，積官朝奉大夫。

其配李氏有賢德，先公三十餘年卒，今贈安人。子男五人，伯壽，朝請郎、權知道州軍州事。伯成，宣教郎、新知福州閩清縣事。伯詳，將仕郎，卒。伯瑞，迪功郎、新漳州龍溪縣尉。伯拱，業進士，當以公致仕恩補官。女四人，長適承奉郎、知潮陽縣丞李讜，次適進士李申之，繼室以其季，俱早卒。次適進士黄知白。孫男五人，充，業進士，育、良尚幼，餘未名。孫女六人，長及嫁，餘尚幼。

公於書無不讀，少治春秋，有聲場屋間。中年讀詩，至鴛鴦之二章，因悟比興之體，間爲子弟論説，多得詩人本意。故太常丞吴公棫來官泉州，公聞其博通古學，著書甚富，日從之游，相與博約，往復不倦。吴公悦之，請公序其論語十説，今行於世。謫居讀易，數日一周。手書程氏傳一通，玩繹久之，紙爲之弊。其於子史百氏之書嘗過目者，蓋皆略成誦也。

識慮高遠，機警絕人。少時聞朝廷奪劉光世軍，更遣儒臣代將，嘆曰：「是必且敗事矣。」亟移書所知刑部侍郎曾公開，請如唐罷馬燧、郭子儀等故事，擇其偏裨，授以兵柄。曾公然之，將以白宰相，未及而酈瓊等叛書已聞矣。參知政事李安簡公亦忠肅公執友也，罷政居會稽，公往見之。李公初以通家子弟待公，問曰：「子以老夫今日之罷爲何如？」公曰：「得失相半。」公問其故，公曰：「公初附和議而終以弗合去，豈非得失相半乎。」李公起握公手曰：「公晦爲不亡矣。」虜寇淮甸，公以書抵樞密黄公，論備禦方略。因策虜有十敗，且言其變必自中起。書至不數日，虜酋完顏亮果爲帳下所殺。黄公以示諸公，且報公曰：「何其策之明也！」曾覿自福州召還，公移書丞相陳福公，爲言覿入必留，留必爲善人正論之害，其後亦皆驗。

公少從外舅李公學爲文，得其指授之微意。既長，益從當世先達游，又日求其所未至，刮磨灌溉，以迄有成，則其氣骨雄健而關鍵謹嚴，波瀾浩渼而語意精切，有非當世文士所及者。李公每讀而嘆曰：「吾文有傳矣。」故丞相魏國張忠獻公及尚書左丞葉公夢得、翰林汪公藻、中書舍人張公嵲、尚書郎新安朱公得其文，皆愛重之。汪公尤嘆賞，每謂公曰：「今世綴文之士雖多，而往往昧於體製。獨吾子爲得之，不懈則古人可及也。」然再試禮部輒不利，三應博學宏詞科，一既入等而黜于中書，遂不復應科舉。而誨諸子甚力，伯壽、伯成皆及太夫人無恙時登進士第。伯壽復中詞科，遂登臺閣〔五〕。而公晚歲始自次輯其文，定爲三十有二卷，藏於家。

今伯壽等將以明年七月丁酉葬公於泉州南安縣唐興鄉田豐里之雲臺山，以熹嘗以先人之舊辱公知顧甚厚，見使狀公行事，以請志銘，圖永久。熹竊惟公孝友之行、潔廉之操、精敏之識、雅健之文皆足以高一世，而其吏事方略亦復過人遠甚，蓋不厲威猛而人自畏服，不爲一時小惠以干虛譽，而其去思遺愛愈久愈深。獨以蚤年未能深自晦匿，不幸見知權臣，辟咎得凶，遂以中廢。然當時識者固有以知其非公所欲，其後誦言於朝，白公無罪者又多一時正人莊士，且明天子亦既起公而任使之矣。而自比年來，殊無他端，乃復重以前事横遭口語，乍起乍仆，以没其身。既不得盡志竭才以布宣仁聖之德澤於遠邇，而其壽命又不得究於高年，是則豈不有命也夫！故既歷叙其世家行事之詳，而復具論其本末大致如此。伏惟當世立言之君子幸賜采擇，以垂永世〔六〕。謹狀。淳熙十年十二月日，具位朱熹狀。

校記

〔一〕二：宋浙本作「三」。

〔二〕罪：原作「辜」，據宋閩、浙本改。

〔三〕公：原作「尉」，據右引改。

〔四〕罪：原作「辜」，據右引改。

〔五〕此句原缺，據宋浙本補。

〔六〕垂：原作「乘」，據右引改。

編年 據文中所署。

奉使直秘閣朱公行狀 淳熙十四年

公諱弁，字少章。其先吴郡人，中徙歙之黄墩。唐末有諱古僚者爲陶雅偏將，以兵戍婺原，因家焉。其後世有隱德，至奉直公始爲儒，尤以沈默自將，足迹未嘗至城市。生五子，公其次也。

幼穎悟，讀書日數千言。十歲能文，既冠，遂通六經百氏之書。游京師，入太學，補内舍生，客食諸王家。會景迂晁公説之爲宫學教授，一見其詩奇之，與歸新鄭，妻以兄女。鄭介汴、洛兩都之中，一時故家遺俗蓋彬彬焉。公游其間，聞見日廣，文章日進，益厭薄舉子事，遂不復有仕進意。

靖康之難，家碎賊手。南歸及淮甸，光堯太上皇帝已承大統，駐蹕揚州，議遣使問兩宫安否，而見大夫無敢行者。公聞之慨然，攘袂而起，撫髀太息，即日奮身自獻闕下。宰相以聞，詔補修武郎，借右武大夫、吉州團練使，充河東大金軍前通問副使。且命之曰：「朕方俯同晋國，用魏絳以和戎，爾其遠效侯生，御太公而歸漢。」公受命，即日與使者王公倫張旟誓衆，直犯兵鋒以行，實建炎戊申正月也。

行遇虜相黏罕于白水濼，邀説甚切。黏罕不聽，使就館雲中，餽餉如禮而實以兵守之。公復屢與書，具言用兵講和利害甚悉。紹興壬子之歲，虜忽遣宇文虚中來言和議可成，當擇使副一人詣元帥府受書歸報。虚中欲二人探籌以决去留，公正色曰：「此市道之所爲耳。吾之來，固自與以必死，豈今日乃覬幸於先歸者哉！願使長亟詣軍前受書，歸報天子，遂成兩國之好，使吾君得以蚤申四海之養於兩宫，如前日臨遺詔書本指。則吾雖暴骨方外，猶生之年也。」於是王公行有日，公請焉，曰：「古之使者有節以爲信，今無節而有印，則印亦信也。公即還朝，無所事此，願留見授，使某不幸一有意外之辱，得抱以死，死不腐矣。」王公揮涕，解以授公。公受而懷之，卧起未嘗不與俱也。

是時劉豫盜據京邑，虜迫公仕豫，且訹之曰：「此南歸之漸也。」公曰：「吾受命而北，不受命而南。且豫國賊，吾常恨不食其肉，又忍北面而臣之哉。吾有死耳，不願歸之。」虜人怒，絶其餼遺以困之。公反從中固拒驛門，忍饑待盡，誓不爲屈。於是虜人亦知感動，復慰安之，致禮如故。久之，復迫公换虜官。公曰：「自古兵交，使在其間，言可從從之，不可從則囚之殺之，何必换其官哉。吾官受之本朝，今日有死而已，誓不易以辱吾君也。」且移書虜用事人邪律紹文等曰：「上國之威命朝以至，則使人夕以死；夕以至，則朝以死。」又以書告訣於後使者洪忠宣公曰：「殺行人亦非細事，吾曹不幸遭之，亦命也。命出於天，其可逃哉。要當舍生以全義耳。」一日，具酒食，召雲中被虜士夫常所與往來者飲。半酣，語之曰：「吾已得近郊某寺之地，一旦畢命報國，諸公幸瘞我其處，且識其上曰『有宋通問副使朱公之墓』，於我幸矣。」衆皆淚緣睫，不能仰視，公獨談笑自若曰：「此臣子之常分，諸君何悲也。」

虜知公終不可屈，遂不復强。然公以使事未報，憂憤得目疾，其㦤鬱愁嘆、無憀不平之氣一於詩發之。歲久成集，號曰聘游。虜中名王貴人亦多遣其子弟就學，公以此又得時因文字往來説以和好之利，而碑版篇詠流行北方者亦甚衆，得之者相誇以爲榮焉。

王公還朝，太上聞公守節不屈，因其再使使賫金銀綾絹爲賜。歲在丁巳，虜諸酋相繼死滅，公陰使從者李發求得河陽人董考祥等，密疏其事及虜中虛實，使間行歸報曰：「此不可失之時也。」其後王公復歸，又以公奉送徽考大行之文爲獻，其詞有曰：「臣等猥以凡庸，誤蒙選擇。茂林豐草，被雨露於當年；絕黨殊鄰，犯風霜於將老。節上之旄盡落，口中之舌徒存。嘆馬角之未生，魂消雪窖；攀龍髯而莫逮，淚灑冰天。」太上讀之感涕，詔官公親屬五人如故事，別賜吳興田五頃。顧丞相張忠獻公，喻以密指曰：「歸日當以禁林相處也。」明年虜使烏陵思謀、石慶充至，詔公子楙及司馬倬入館見之，仍許附以家書，且賜黃金三十兩以寄。思謀等見楙稱公忠節，嗟嘆久之，至以手加額云。

紹興癸亥，約和已定，公乃與洪忠宣公及歷陽張公邵皆得歸。其事見洪公家書輶軒集，今行於世。入境，傳旨促行者數輩。至國門，太上命中使梁璋引入便殿，延見勞苦，嘉嘆再三。公頓首謝，且言曰：「臣聞人之所難得者，時也，而時之運無已。事之不可失者，幾也，而幾之藏無形。惟無已也，故來遲而難偶；惟無形也，故動微而難見。陛下與金人講和，上則返梓宮，次則迎太母，又其次則憐赤子之無辜，肉白骨於已朽，此皆知時知幾之明驗也。然時運而往，或難固執；幾動有變，宜鑒未兆。盟可守矣，而詭詐之心宜默以待之；兵可息矣，而銷戢之術宜詳以講之。且夷狄君臣上不奉若天道，下不求合民心，人怨神怒，不知修省，以黷武爲至德，以苟安爲太平，虐民而不恤民，廣地而不廣德，此皆天助陛下中興之勢也。若時與幾，陛下既知之於其始，圖惟厥終，願陛下益留神焉。」太上納其言，賜金帛甚厚。公又以虜中所得六朝御容及宣和御集書畫爲獻，并上所著聘游集，且述北方所見聞忠臣義士朱昭、史抗、張忠輔、高景平、孫益、孫谷、五臺僧真寶、丁氏、晏氏女、閻進、朱勣等死節事狀，及故官屬姓名以進，請加褒録，以勸來者。太上高其節，壯其志，異其文，俾易文資，且有進用意。詔曰：「朱某奉使歲久，忠義守節，理合優異，特賜券金千緡。」而宰相秦檜方以講和爲功，惡公言虜情，悟上意，奏以初補官換右宣教郎、直秘閣、主管佑神觀。有司校公考十有七年，應遷數官，檜又尼之，僅轉奉議郎。明年四月六日，遂以疾卒於臨安府白龜池之寓舍。遺命歸葬故山，不果，則權厝西湖上智果院，忠義之士莫不哀之。

公配晁氏，與其子鄭老皆死于兵，再娶王公倫之女弟，與晁氏皆封孺人。子棶，仕至宣教郎、知撫州崇仁縣以卒。女適里人王仔，以公恩補承信郎。孫勛早卒，照未仕。

公之文慕陸宣公之爲者，其氣質雄渾，援據精博，明白疏暢，曲盡事理，識者以爲深得其體。於詩酷嗜李義山，而詞氣雍容，格力閑暇，不蹈其險怪奇澀之弊。聘游集凡四十二卷，別有奏議一卷，尚書直解十卷，曲洧舊聞三卷，續骫骳説一卷，雜書一卷，風月堂詩話三卷，新鄭舊詩一卷，南歸詩文一卷，皆藏於家。

熹先大父於公爲三從兄弟，先子初登第時，嘗往拜公溱洧之上，公送以詩，意寄甚遠。其後先子仕於朝，時公已在北方。比南歸，則先子不幸是歲已棄諸孤矣。後六年，熹始得拜公之殯而讀其遺文。又三十有四年，乃復得官浙中，則公之殯猶在智果院也。方將爲謀葬故，而遽以罪逐。今密院檢詳尤公袤、臨安帥守張公杓聞而悲之，相與悉力經紀其事。而太學録張君體仁又爲得吉卜於□□縣積善峰之下，書來曰：「將以某月某日葬公之柩，而以王氏孺人祔焉。」

熹竊惟國家承平百年，所以遇士大夫者不爲不厚。政、宣以來，公卿大臣荷國寵榮殊異優渥，又有非前日比者。一旦狂徒誤國招禍〔一〕，使君父蒙塵，越在沙漠苦寒無人之地，而一時遺臣賣國降虜之餘接迹於朝，靦然相視，乃無一人肯奔問官守者。公以草野諸生，平日未嘗沾一命之禄，顧獨奮然出捐軀命，請冒鋒鏑斧質之威以嘗不測之虜，而守死不屈，至于十有六年之久，卒不污虜僞官爵，竟得復持漢節，歸見天子，其忠義大節，終始凛然。雖竹帛所書，丹青所畫，無以過之。和議之成，雖若不在其身，而風喻從臾，蓋亦與有力焉。而公不肯自以爲功，還朝所建，皆遠謀至計，不欲朝廷遂以目前所就爲安，而必期有以致中興於異日者，此其忠慮之深，又與一時貪天之功以爲己力，而遂宴安江沱，以至於忘讎而辱國者蓋萬萬不侔矣。上賴太上皇帝深照其衷，前後褒嘉賜賚甚寵。而不幸厄於權臣，使不獲申其志以死，豈非天哉。今葬有日，宜有銘刻以告于幽。因訪其家，得公外孫王炳所記行實一編，參以舊聞，第録如右，而敬以請於尤公。伏惟幸哀而終惠之，以覆賴其後人，且詔太史氏筆削，以爲萬世臣子忠義之勸。謹狀。

校記　〔一〕徒：原作「圖」，據康熙本改。

編年　據年譜長編。

評論　朱鶴齡書朱子大全集後：王倫字正道，文正公旦弟勗之裔，南渡後家於吴，遂爲吴人。建炎元年，以和議奉使至金，及得命而返，金使有詔諭江南之名。胡澹庵劾之，醜詆爲奸邪，謂可與秦檜同斬，後世三尺童子皆戟手而詬厲之。及觀朱子所撰朱奉使弁行狀中并及倫事，則倫固忠義人也。考其始末，倫之使金，本爲奉迎梓宮及太后。金人既如所請，而又歸河南、陝西地，倫亦可告無罪矣。……朱子於倫，方與朱弁并稱，而世顧與秦檜同詆，此不可不白也。

周大璋朱子古文讀本卷六奉使直秘閣朱公行狀：秘閣出使絕域，義不辱命，英風峻節，使人銷骨寒心。此狀敘次點綴，凜凜有生氣。茅歸安謂蘇武之仗節爲漢絕盛事，而班掾亦漢絕世奇文，愚於此亦云。

濂溪先生事實記（一） 淳熙六年六月

先生世家道州營道縣濂溪之上，姓周氏，名惇實，字茂叔。後避英宗舊名，改惇頤。用舅氏龍圖閣學士鄭公向奏，授洪州分寧縣主簿。縣有獄久不決，先生至，一訊立辨，衆口交稱之。部使者薦以爲南安軍司理參軍，移郴及桂陽令。用薦者改大理寺丞。知洪州南昌縣事，簽書合州判官事、通判虔州事，改永州，權發遣邵州事。熙寧初，用趙清獻公、吕正獻公薦，爲廣南東路轉運判官，改提點刑獄公事。未幾而病，亦會水齧其先墓，遂求南康軍以歸。既葬，上其印綬，分司南京。時趙公再尹成都，復奏起先生，朝命及門而先生卒矣。熙寧六年六月七日也，年五十有七。葬江州德化縣德化鄉清泉社（二）。

先生博學力行，聞道甚蚤，遇事剛果，有古人風。爲政精密嚴恕，務盡道理。嘗作太極圖、易說〔三〕、易通數十篇。在南安時，年少，不爲守所知。洛人程公珦攝通守事，視其氣貌非常人，與語，知其爲學知道也，因與爲友，且使二子往受學焉。及爲郎，故事當舉代，每一遷授，輒以先生名聞。在郴時，郡守李公初平知其賢，與之語而嘆曰：「吾欲讀書，何如？」先生曰：「公老無及矣，某也請得爲公言之。」於是初平日聽先生語，二年果有得，而程公二子即所謂河南二先生也。南安獄有囚，法不當死，轉運使王逵欲深治之。逵苛刻，吏無敢相可否。先生獨力爭之，不聽，則置手板，歸取告身委之而去，曰：「如此尚可仕乎？殺人以媚人，吾不爲也。」逵亦感悟，囚得不死。在郴、桂陽，皆有治績。來南昌，縣人迎喜曰：「是能辨分寧獄者，吾屬得所訴矣。」於是更相告語莫違教命。蓋不唯以抵罪爲憂〔四〕，實以污善政爲恥也。在合州，事不經先生手，吏不敢決。苟下之，民不肯從。蜀之賢人君子皆喜稱之。趙公時爲使者，人或讒先生，趙公臨之甚威，而先生處之超然。然趙公疑終不釋。及守虔，先生適佐州事，趙公熟視其所爲，乃悟〔五〕，執其手曰：「幾失君矣。今日乃知周茂叔也。」於邵州新學校以教其人，及使嶺表，不憚出入之勤、瘴毒之侵，雖荒崖絕島，人迹所不至者〔六〕，必緩視徐按，務以洗冤澤物爲己任。施設措置未及盡其所爲而病以歸矣。

自少信古好義，以名節自砥礪。奉己甚約，俸禄盡以周宗族、奉賓友，家或無百錢之儲。李初平卒，子幼，護其喪歸葬之。又往來經紀其家，終始不懈。及分司而歸，妻子饘粥或不給，而亦曠然不以爲意也。襟懷飄灑，雅有高趣，尤樂佳山水，遇適意處，或徜徉終日。廬山之麓有溪焉，發源於蓮華峰下，潔清紺寒，下合於湓江。先生濯纓而樂之，因寓以「濂溪」之號，而築書堂於其上。豫章黄太史庭堅詩而序之曰：「茂叔人品甚高，胸中灑落，如光風霽月〔七〕」，知德者亦深有取其言云。淳熙六年六月乙巳，後學朱熹謹記。

校記

〔一〕此篇宋浙本在卷七十八。又，性理群書句解卷二十所收文字有異，兹附録於後。

〔二〕德化鄉：原缺，據宋刻本元公周先生濂溪集卷八補。

〔三〕易說：右引作「通書」。

〔四〕罪：原作「皐」，據右引改。

〔五〕悟：原作「寤」，據右引改。

〔六〕者：淳熙本作「亦」。

〔七〕如：原缺，據淳熙本、宋浙本補。

編年 據文中所署。

評論 周大璋朱子古文讀本卷五濂溪先生事實記：逐事散敘，不用繩索，而自有條理。古潔高秀，晋魏而下史家傳記多不能及。

附：

濂溪先生行録 乾道五年

先生姓周氏，名敦實，字茂叔，避厚陵藩邸名，改敦頤。世居道州營道。父輔成，嘗爲賀州桂嶺令，贈諫議大夫。母鄭氏，封仙居縣太君。先生少孤，養外家。景祐中，用舅氏龍圖閣學士鄭公向奏，試將作監主簿，授洪州分寧縣主簿。先生博學力行，遇事剛果，有古人風。其爲政精密嚴恕，務盡道理。縣有獄久不決，先生至，一訊立辨，衆口交稱之。部使者薦其才，爲南安軍司理。獄有囚，法不當死，轉運使王逵欲深治之。逵苛刻，吏無敢與相可否者。先生獨與之辨，不聽，則置手板歸，取告身委之而去，曰：「如此尚可仕乎？殺人以媚人，吾不爲也。」逵感悟，囚得不死，且賢先生，薦之。移郴州桂陽令，皆有治績。用薦者改大理寺丞，知洪州南昌縣。南昌人見先生來，喜曰：「是能辨分寧獄者。」於是更相告語，勿違教命，而以污善政爲耻也。改太子中舍人，簽書合州判官事，轉殿中丞。一郡之事，不經先生手，吏不敢決，民不肯從。趙清獻公爲使者，小人或讒先生，趙公臨之甚威，而先生處之超然也。轉國子博士，通判虔州。趙公來爲守，熟視先生所爲，執其手曰：「今日乃知周茂叔也！」遷尚書虞部員外郎，通判永州，權發遣邵州事，新學校以教其人。熙寧元年，用趙公及吕公正獻公薦，爲廣南東路轉運判官。三年，轉虞部郎中，提點刑獄。先生不憚出入之勞，瘴毒之侵，雖荒崖絶島，人迹所不至處，亦必緩視徐按，務以洗冤澤物爲己任。設施措置未及盡其所爲，而先生病矣，因請南康軍以歸。趙公再尹成都，復奏起先生，朝命及門，而先生卒矣，熙寧六年六月七日也。年五十有七，葬江州德化縣清泉社。娶陸氏，封縉雲縣君。再娶蒲氏，封德清縣君。子壽、燾，皆太廟齋郎。先生所著書，有太極圖、易説、易通數十篇，詩十卷，藏於家。先生在南安時，年甚少，不爲守所知，洛人程公珦攝通守事，視其氣貌非常人，與語，知其爲學知道也，因與爲友，且使其子顥、頤受學焉。及爲郎，故事當舉代，每一遷授，輒一薦之。程公二子，皆唱鳴正道，以繼孔孟不傳之統，世所謂二程先生者，其原蓋自先生發之也。在郴時，其守李公初平知先生賢，不以屬吏遇之，既薦諸朝，又周其乏困。嘗聞先生論學，嘆曰：「吾欲讀書，如何？」先生曰：「公老矣，無及也。敦實請得爲公言之。」初平逐日聽先生語，蓋二年而有得。王荆公提點江東刑獄，時已號爲通儒，先生遇之，與語連日夜。荆公退而精思，至忘寢食。先生自少信古好義，以名節自砥礪。其奉己甚約，俸禄盡以周宗族、奉賓友。在南昌時，得疾暴卒，更一日夜始甦。或視其家，止一蔽篋，錢不滿百。李初平卒，子幼不克葬，先生護其喪，歸葬之。分司而歸，妻子饘粥不給，曠然不以爲意也。廬山之麓有溪焉，築書堂其上，名之曰「濂溪」，因語其友清逸居士潘延之曰：「可仕可止，古人無所必。束髮爲學，將有以設施可澤於斯人者，必不得已，止未晚也。此濂溪者，異時與子相從於其上，歌詠先王之道，足矣。」此其出處之本意也。豫章黄庭堅稱之曰：「茂叔人品甚高，胸中灑落，如光風霽月。」好讀書，雅意林壑，不卑小官，職思其憂。論法常欲與民决訟，得情而不喜。其爲使者，進退官吏，得罪者自以不冤。濂溪之名，雖不足以對其美，然茂叔短於取名，而樂於求志；薄於徼福，而厚於得民；菲於奉身，而燕及惸嫠；陋於希世，而尚友千古。聞茂叔之風，猶足以律貪，則此溪之水配茂叔以永久，所以多矣，識者亦或有取於其言云。

伊川先生年譜〔一〕

乾道四年以前

先生名頤，字正叔，明道先生之弟也。明道生於明道元年壬申，伊川生於明道二年癸酉。幼有高識，非禮不動。見語録。年十四五，與明道同受學於舂陵周茂叔先生。見哲宗、徽宗實録。

皇祐二年，年十八，上書闕下，勸仁宗以王道爲心、生靈爲念，黜世俗之論，期非常之功。且乞召對，面陳所學，不報。閒游太學，時海陵胡翼之先生方主教導，嘗以顔子所好何學論試諸生，得先生所試，大驚，即延見，處以學職。見文集。吕希哲原明與先生鄰齋，首以師禮事焉，既而四方之士從游者日益衆。見吕氏童蒙訓。

舉進士，嘉祐四年，廷試報罷，遂不復試。太中公屢當得任子恩，輒推與族人。見涪陵記善録〔二〕。

治平、熙寧間，近臣屢薦，自以爲學不足，不願仕也。見文集。又按吕申公家傳云：「公判太學，命衆博士即先生之居敦請爲太學正，先生固辭，公即命駕過之。」又雜記：「治平三年九月，公知蔡州，將行，言曰：『伏見南省進士程頤年三十有四，特立之操，出群之姿。嘉祐四年已與殿試，自後絶意進取，往來太學，諸生願得以爲師。臣方領國子監，親往敦請，卒不能屈。臣嘗與之語，洞明經術，通古今治亂之要，實有經世濟物之才，非同迂士曲儒，徒有偏長。使在朝廷，必爲國器。伏望特以不次旌用。』」明道行狀云：「神宗嘗使推擇人材，先生擇人材薦數十人，以父表弟張載暨弟頤爲稱首。」

元豐八年，哲宗嗣位，門下侍郎司馬公光、尚書左丞吕公公著及西京留守韓公絳上其行義於朝。見哲宗、徽宗實録。案，温公集與吕申公同薦劄子曰：「臣等竊見河南處士程頤力學好古，家貧守節，言必忠信，動遵禮義。年逾五十，不求仕進。真儒者之高蹈，聖世之逸民。伏望特加召命，擢以不次，足以矜式士類，裨益風化。」又按胡文定公文集云：「是時諫官朱光庭又言：『頤道德純備，學問淵博。材資勁正，有中立不倚之風；識慮明徹，至知幾其神之妙。言行相顧而無擇，仁義在躬而不矜。若用斯人，俾當勸講，必能輔養聖德，啓迪天聰〔三〕，一正君心，爲天下福。』又謂：『頤究先王之藴，達當世之務，乃天民之先覺，聖代之真儒。俾之日侍經筵，足以發揚聖訓；兼掌學教，足以丕變斯文。又祖宗時起陳摶、种放，高風素節，聞於天下。揆頤之賢，摶、放未必能過之。頤之道則有摶、放所不及知者。觀其所學，真得聖人之傳，致思力行，非一日之積。有經天緯地之才，有制禮作樂之具。乞訪問其至言正論〔四〕，所以平治天下之道。』又謂：『頤以言乎道，則貫徹三才，而無一毫之爲間；以言乎德，則并包衆美，而無一善之或遺；以言乎學，則博通古今，而無一物之不知；以言乎才，則開物成務，而無一理之不總〔五〕。是以聖人之道至此而傳。况當天子進學之初，若俾真儒得專經席，豈不盛哉！』」十一月丁巳，授汝州團練推官、西京國子監教授。見實録。先生再辭，尋召赴闕。

元祐元年三月，至京師。王巖叟奏云：「伏見程頤學極聖人之精微，行全君子之純粹，早與其兄顥俱以德名顯於時。陛下復起頤而用之，頤趨召以來，待詔闕下。四方俊乂莫不翹首鄉風，以觀朝廷所以待之者如何，處之者當否而將議焉，則陛下此舉繫天下之心。臣願陛下加所以待之之禮，擇所以處之之方，而使高賢得爲陛下盡其用，則所得不獨頤一人而已，四海潛光隱德之士，皆將相招而爲朝廷出矣。」除宣德郎、秘書省校書郎。先生辭曰：「祖宗時，布衣被召自有故事，今臣未得入見，未敢祗命。」王巖叟奏云：「臣伏聞聖恩特除程頤京官，仍與校書郎，足以見陛下優禮高賢而使天下之人歸心於盛德也。然臣區區之誠尚有以爲陛下言者，願陛下一召見之，試以一言問爲國之要，陛下至明，遂可自觀其人。臣以頤抱道養德之日久，而潛神積慮之功深，静而閲天下之義理者多，必有嘉言以新聖聽，此臣所以區區而進頤。然非爲頤也，欲成陛下之美耳。陛下一見而後命之以官，則頤當之而無愧，陛下與之而不悔。授受之間，兩得之矣。」於是召對，太皇太后面喻，將以爲崇政殿説書。先生辭不獲，始受西監之命。且上奏論經筵三事，其一以上富於春秋，輔養爲急，宜選賢德以備講官，因使陪侍宿直，陳説道義，所以涵養氣質，薰陶德性。其二請上左右内侍之人皆選老成厚重之人，不使侈靡之物、淺俗之言接於耳目。仍置經筵祗應内臣十人，使伺上在宮中動息以語講官。其或小有違失，得以隨事規諫。其三請令講官坐講，以養人主尊儒重道之心，寅畏祗懼之德。而曰「若言可行，敢不就職；如不可用，願聽其辭。」劄子三道見文集。又按劉忠肅公文集有章疏，論先生辭卑居尊，未被命而先論事爲非，是蓋不知先生出處語默之際，其義固已精矣。既而命下，以通直郎充崇政殿説書。見實録。先生再辭而後受命。

四月，例以暑熱罷講。先生奏言：「輔導少主不宜疏略如此，乞令講官以六參日上殿問起居，因得從容納誨，以輔上德。」見文集。五月，差同孫覺、顧臨及國子監長貳看詳國子監條制。見實録。先生所定大概以爲學校禮義相先之地，而月使之争，殊非教養之道，請改試爲課。有所未至，則學官召而教之，更不考定高下。制尊賢堂以延天下道德之士，鐫解額以去利誘，省繁文以專委任，勵行檢以厚風教，及置待賓、吏師齋，立觀光法，如是者亦數十條。見文集。舊實録云：禮部尚書胡宗愈謂先帝聚士以學，教人以經，三舍科條固已精密，宜一切仍舊。因是深詆先生，謂不宜使在朝廷。

六月，上疏太皇太后，言今日至大至急，爲宗社生靈長久之計，惟是輔養上德。而輔養之道非徒涉書史、覽古今而已，要使跬步不離正人，乃可以涵養薰陶，成就聖德。今間日一講，解釋數行，爲益既少，又自四月罷講，直至中秋，不接儒臣，殆非古人旦夕承弼之意。請俟初秋即令講官輪日入侍，陳説義理。仍選臣僚家十一二歲子弟三人侍上習業。且以邇英迫隘暑熱，恐於上體非宜，而講日宰臣、史官皆入，使上不得舒泰悦懌，請自今一月再講於崇政殿，然後宰臣、史官入侍。餘日講於延和殿，則後楹垂簾，而太皇太后時一臨之。不惟省察主上進業，其於后德未必無補。且使講官欲有所言易以上達，所繫尤大。又講讀官例兼他職，請亦罷之，使得積誠意以感上心。皆不報。

八月，差兼判登聞鼓院。先生引前説，且言入談道德，出領訴訟，非用人之體，再辭不受。見文集。楊時曰：「仕道與禄仕不同。常夷甫以布衣入朝，神宗欲優其禄，令兼數局，如鼓院、染院之類〔六〕，夷甫一切受之。及伊川先生爲講官，朝廷亦欲使兼他職，則固辭。蓋前日所以不仕者，爲道也；則今日之仕，須其官足以行道乃可受。不然，是苟禄也。然後世道學不明，君子辭受取舍，人鮮知之。故常公之受人不以爲非，而先生之辭人亦不以爲是也。」

二年，又上疏論延和講讀垂簾事，且乞時召講官至簾前問上進學次第。又奏邇英暑熱，乞就崇政、延和殿或他寬凉處講讀。給事中顧臨以殿上講讀爲不可，有旨修展邇英閣。先生復上疏，以爲「修展邇英，則臣所請遂矣。然祖宗以來并是殿上坐講，自仁宗始就邇英而講官立侍，蓋從一時之便耳，非若臨之意也。今臨之意不過以尊君爲説，而不知尊君之道。若以其言爲是，則誤主上知見。臣職當輔導，不得不辨。」

先生在經筵，每當進講，必宿齋豫戒，潛思存誠，冀以感動上意。見文集。而其爲説常於文義之外反復推明，歸之人主。一日當講「顏子不改其樂」章，門人或疑此章非有人君事也，將何以爲説。及講，既畢文義，乃復言曰：「陋巷之士仁義在躬，忘其貧賤。人主崇高，奉養備極。苟不知學，安能不爲富貴所移？且顏子，王佐之才也，而簞食瓢飲；季氏，魯國之蠹也，而富於周公。魯君用舍如此，非後世之監乎。」聞者嘆服。見胡氏論語詳説。而哲宗亦嘗首肯之。見文集。不知者或誚其委曲已甚，先生曰：「不於此盡心竭力，而於何所乎？」上或服藥，即日就醫官問起居。見語録。然入侍之際，容貌極莊。時文潞公以太師平章重事，或侍立終日不懈，上雖喻以少休，不去也。人或以問先生曰：「君之嚴視潞公之恭，孰爲得失？」先生曰：「潞公四朝大臣，事幼主不得不恭。吾以布衣職輔導，亦不敢不自重也。」見邵氏見聞録。嘗聞上在宮中起行漱水必避螻蟻，因請之曰：「有是乎？」上曰：「然，誠恐傷之爾。」先生曰：「願陛下推此心以及四海，則天下幸甚。」見語録。一日講罷未退，上忽起憑檻，戲折柳枝。先生進曰：「方春發生，不可無故摧折。」上不悦。見馬永卿所編劉諫議語録，且云：「温公聞之亦不悦。」或云恐無此事。

所講書有「容」字，中人以黃覆之，曰上藩邸嫌名也。先生講罷進言曰：「人主之勢不患不尊，患臣下尊之過甚而驕心生爾。此皆近習輩養成之，不可以不戒。請自今舊名嫌名皆勿復避〔七〕。」見語録。時神宗之喪未除，而百官以冬至表賀。先生言：「節序變遷，時思方切，請改賀爲慰。」及除喪，有司又將以開樂置宴。先生又奏，請罷宴，曰：「除喪而用吉禮，則因事用樂可矣。今特設宴，是喜之也。」見文集。嘗聞後苑以金製水桶，問之，曰「崇慶宮物也」。先生曰：「若上所御，則吾不敢不諫。」在職累月不言禄，吏亦弗致。既而諸公知之，俾户部特給焉。又不爲妻求邑封，或問之，先生曰：「某起於草萊，三辭不獲而後受命，今日乃爲妻求封乎。」見語録。經筵承受張茂則嘗招諸講官啜茶觀畫，先生曰：「吾平生不啜茶，亦不識畫。」竟不往。見龜山語録。或云恐無此事。文潞公嘗與吕、范諸公入侍經筵，聞先生講説，退，相與嘆曰：「真侍講也。」一時人士歸其門者甚盛，而先生亦以天下自任，論議褒貶，無所顧避。由是同朝之士有以文章名世者疾之如讎，與其黨類巧爲謗詆。見龜山語録、王公繫年録、吕申公家傳及先生之子端中所撰集序。又按蘇軾奏狀亦自云：「臣素疾程某之奸，未嘗假以辭色。」又按侍御史吕陶言，明堂降赦，臣僚稱賀訖，而兩省官欲往奠司馬光。是時程頤言曰：「子於是日哭，則不歌。豈可賀赦才了却往吊喪？」坐客有難之曰：「子於是日哭則不歌，即不言歌則不哭。今已賀赦了却往吊喪，於禮無害。」蘇軾遂以鄙語戲程頤，衆皆大笑。結怨之端，蓋自此始。又語録云，國忌行香，伊川令供素饌，子瞻詰之曰：「正叔不好佛，胡爲食素？」先生曰：「禮居喪不飲酒、不食肉。忌日，喪之餘也。」子瞻令具肉食，曰：「爲劉氏者左袒。」於是范醇夫輩食素，秦、黃輩食肉。又鮮于綽傳信録云：「舊例，行香齋筵兩制以上及臺諫官設蔬饌〔八〕，然以粗糲，遂輪爲食會，皆用肉食矣。元祐初，崇政殿説書程正叔以食肉爲非是，議爲素食，衆多不從。一日，門人范醇夫當排食，遂具蔬饌。内翰蘇子瞻因以鄙語戲正叔。正叔門人朱公掞輩銜之，遂立敵矣。是後蔬饌亦不行。」又語録云，時呂申公爲相，凡事有疑，必質於伊川。進退人才，二蘇疑伊川有力，故極詆之。又曰，朝廷欲以游酢爲某官，蘇右丞沮止，毀及伊川。宰相蘇子容曰：「公未可如此。頌觀過其門者無不肅也。」又按劉諫議盡言集亦有異論。劉非蘇黨，蓋不相知耳。

一日赴講會，上瘡疹，不坐已累日。先生退詣宰臣，問：「上不御殿，知否？」曰：「不知。」先生曰：「二聖臨朝，上不御殿，太皇不當獨坐。且人主有疾而大臣不知，可乎？」翌日宰臣以先生言奏請問疾，由是大臣亦多不悦，而諫議大夫孔文仲因奏先生「污下憸巧，素無鄉行。經筵陳説僭横忘分，遍謁貴臣，歷造臺諫，騰口間亂，以償恩讎，致市井目爲五鬼之魁。請放還田里，以示典刑」。

八月，差管勾西京國子監。見舊實録。又文仲傳載呂申公之言曰，文仲爲蘇軾所誘脅，論事皆用軾意。又呂申公家傳亦載其與呂大防、劉摯、王存同駁文仲所論朱光庭事，語甚激切，且云文仲本以伉直稱，然蠢不曉事，爲浮薄輩所使，以害忠良。晚乃自知爲小人所紿，憤鬱嘔血而死。按舊録固多妄，然此類不爲無據。新録皆删之，失其實矣。又范太史家傳云，元祐九年奏曰：「臣伏見元祐之初陛下召程頤對便殿，自布衣除崇政殿説書，天下之士皆謂得人，實爲稀闊之美事。而纔及歲餘，即以人言罷之。頤之經術行誼天下共知，司馬光、呂公著皆與頤相知二十餘年，然後舉之。此二人者，非爲欺罔以誤聖聽也。頤在經筵，切於皇帝陛下進學，故其講説語常繁多。草茅之人一旦入朝，與人相接不爲關防，未習朝廷事體。而言者謂頤大佞大邪，貪黷請求，奔走交結。又謂頤欲以故舊傾大臣，以意氣役臺諫，其言皆誣罔非實也。蓋當時臺諫官王巖叟、朱光庭、賈易皆素推伏頤之經行，故不知者指以爲頤黨。陛下慎擇經筵之官，如頤之賢，乃足以輔導聖學〔九〕。至如臣輩叨備講職，實非敢望頤也。臣久欲爲頤一言，懷之累年，猶豫不果，使頤受誣罔之謗於公正之朝，臣每思之，不無愧也。今臣已乞去職，若復召頤勸講，必有補聖明。臣雖終老在外，無所憾矣。」先生既就職，再上奏乞歸田里曰：「臣本布衣，因説書得朝官。今以罪罷，則所授官不當得。」

三年，又請，皆不報。乃乞致仕，至再，又不報。

五年正月，丁太中公憂去官。

七年服除，除直秘閣、判西京國子監。王公繫年録云：「元祐七年三月四日，延和奏事，三省進呈程頤服除，欲與館職、判檢院。簾中以其不靖，令只與西監，遂除直秘閣、判西京國子監。初，頤在經筵，歸其門者甚盛，而蘇軾在翰林，亦多附之者，遂有洛黨、蜀黨之論。二黨道不同，互相非毀，頤竟爲蜀黨所擠。今又適軾弟轍執政，財進稟便云「但恐不肯靖」，簾中入其説，故頤不復得召。先生再辭，極論儒者進退之道。見文集。而監察御史董敦逸奏以爲有怨望輕躁語〔十〕。五月，改授管勾崇福宫，見舊録。未拜，以疾尋醫。

元祐九年，哲宗初親政，申秘閣西監之命，先生再辭不就。見文集。

紹聖間，以黨論放歸田里。

四年十一月，送涪州編管。見實録。門人謝良佐曰：「是行也，良佐知之，乃族子公孫與邢恕之爲爾。」先生曰：「族子至愚不足責，故人情厚不敢疑。孟子既知天，焉用尤臧氏？」見語録。

元符二年正月，易傳成而序之。

三年正月，徽宗即位，移峽州。四月，以赦復宣德郎，任便居住。制見曲阜集。還洛，記善録云，先生歸自涪州，氣貌容色髭髮皆勝平昔。十月，復通直郎、權西京國子監。先生既受命，即謁告，欲遷延爲尋醫計。既而供職，門人尹焞深疑之。先生曰：「上初即位，首被大恩，不如是則何以仰承德意？然吾之不能仕，蓋已決矣。受一月之俸焉，然後唯吾所欲爾。」見文集、語録。又劉忠肅公家私記云，此除乃李邦直、范彝叟之意。未詳。

建中靖國二年五月，追所復官，依舊致仕。前此未嘗致仕而云依舊致仕，疑西監供職不久，即嘗致仕也。

崇寧二年四月，言者論其本因奸黨論薦得官，雖嘗明正罪罰，而叙復過優，已追所復官，又云叙復過優，亦未詳。今復著書非毀朝政，於是有旨追毀出身以來文字，其所著書令監司覺察。語録云：范致虚言，程某以邪説詖行惑亂衆聽，而尹焞〔十一〕、張繹爲之羽翼。事下河南府體究，盡逐學徒，復隸黨籍。先生於是遷居龍門之南，止四方學者曰：「尊所聞，行所知可矣，不必及吾門也。」見語録。

五年，復宣義郎致仕。見實録。時易傳成書已久，學者莫得傳授，或以爲請，先生曰：「自量精力未衰，尚覬有少進耳。」其後寢疾，始以授尹焞、張繹。尹焞曰〔十二〕：「先生踐履盡易，其作傳只是因而寫成，熟讀玩味即可見矣。」又云：「先生平生用意惟在易傳，求先生之學者，觀此足矣。語録之類出於學者所記，所見有淺深，故所記有工拙，蓋未能無失也。」見語録。

大觀元年九月庚午卒于家，年七十有五。見實録。於疾革，門人進曰：「先生平日所學，正今日要用。」先生力疾微視曰：「道著用便不是。」其人未出寢門，而先生没。見語録。一作門人郭忠孝。尹子云，非也。忠孝自黨事起，不與先生往來，及卒亦不致奠。

初，明道先生嘗謂先生曰：「異日能使尊嚴師道者，吾弟也。若接引後學，隨人材而成就之，則予不得讓焉。」見語録。侯仲良曰，朱公掞見明道于汝州，逾月而歸。語人曰：「光庭在春風中坐了一月。」游定夫、楊中立來見伊川，一日，先生坐而瞑目，二子立侍不敢去。久之，先生乃顧曰：「二子猶在此乎？日暮矣，姑就舍。」二子者退，則門外雪深尺餘矣。其嚴厲如此。晚年接學者乃更平易，蓋其學已到至處，但於聖人氣象差少從容爾。明道則已從容，惜其蚤死，不及用也。使及用於元祐間，則不至有今日事矣。先生既没，昔之門人高第多已先亡，無有能形容其德美者。然先生嘗謂張繹曰：「我昔狀明道先生之行，我之道蓋與明道同，異時欲知我者求之於此文可也。」見集序。尹焞曰，先生之學本於至誠，其於言動事爲之間處中有常，疏通簡易，不爲矯異，不爲狷介，寬猛合宜，莊重有體。或説匍匐以吊喪，誦孝經以追薦，皆無此事。衣雖紬素，冠襟必整，食雖簡儉，蔬飯必潔。太中年老，左右致養無違。以家事自任，悉力營辦，細事必親。贍給内外親族八十餘口。又曰，先生於書無所不讀，於事無所不能。謝良佐曰，伊川才大，以之處大事，必不動聲色指顧而集矣。或曰：「人謂伊川守正則盡，通變不足。子之言若是，何也？」謝子曰，陝右錢以鐵舊矣，有議更以銅者。已而會所鑄子不逾母，謂無利也，遂止。伊川先生聞之曰：「此乃國家之大利也。利多費省，私鑄者衆；費多利少，盜鑄者息。民不敢盜鑄，則權歸公上，非國家之大利乎。」又有議增解鹽之直者，伊川曰：「價平則鹽易洩，人人得食，無積而不售者，歲入必倍矣。增價則反是。」已而果然。司馬温公既相，薦伊川而起之。伊川曰：「將累人矣。使韓、富當國時，吾猶可以有行也。」及温公大變熙、豐，復祖宗之舊，伊川曰：「役法當討論，未可輕改也。」公不然之。既改，數年紛紛不能定。由是觀之，亦可以見其梗概矣。

校記

〔一〕此篇宋浙本在卷七十一。

〔二〕善：原作「義」，據宋閩、浙本改。

〔三〕迪：原作「道」，據伊洛淵源録改。

〔四〕言：原缺，據右引補。

〔五〕總：原作「聽」，據右引改。

〔六〕類：原作「數」，據右引改。

〔七〕嫌名：原缺，據宋浙本改。

〔八〕設：原作「破」，據伊洛淵源録改。

〔九〕足：原作「是」，據右引改。

〔十〕敦：原作「燉」，據宋浙本改。

〔十一〕焞：原作「燉」，據宋閩、浙本改。

〔十二〕焞：原作「燉」，據右引改。

編年 卷七十五程氏遺書附録後序云：「獨伊川行事本末，當時無所論著。熹嘗竊取實録所書，文集、内外書所載，與凡他書之可證者，次其後先，以爲年譜。」序作於乾道四年四月，是年譜此前已成，或乾道初也。

評論 周大璋朱子古文讀本卷五伊川先生年譜：「規員矩方，繩直準平。允矣君子，展也大成。布帛之文，菽粟之味，知德者希，孰識其貴？」文公贊先生云爾。讀此譜，可以想見其爲人矣。

外大父祝公遺事 慶元四年十二月

外家新安祝氏世以貲力順善聞於州鄉，其邸肆生業幾有郡城之半，因號半州。祝家有諱景先者，號二翁，尤長者。元祐黄太史嘗贊其畫像，廣幅全身，大書百許字，詞甚瓌瑋，經亂而逸。熹少時見外大父猶能頌誦其語，至諸舅，則皆已不復記憶矣。

二翁諸子皆讀書，外大父其第二子也，諱確，字永叔，特淳厚孝謹。少時聞父母將爲謀婚，逃避累日。家人驚，索得之，猶涕泣不能已。問其故，則曰：「審爾，則將不得與父母昆弟蚤夜相親矣。」親喪，廬墓下，手植名木以千數。率誦佛書若干過，乃植一本，日有常課，比終制而歸，則所植已鬱然成陰矣。一兄一弟，先後死熙河，皆親往致其喪。往反徒步，不啻萬里。所舍輒悲號上食如禮。夜寢柩旁，不忍跬步離去，路人皆爲嘆息。諸弟求析其産，公爲涕泣曉譬，不能奪。時四妹猶未行，而諸弟得財，皆散去，不復顧。公獨罄己貲以遣之。其一歸同郡汪公勃，汪公後登二府，終身德公不能忘，人兩賢之。歲大疫，親舊有盡室病卧者，人莫敢闖其門。公每清旦輒携粥藥造之，遍飲食之而後反，日以爲常。其他濟人利物之事不勝計，雖傾貲竭力無吝色，鄉人高其行。學試又多占上列，郡博士請録其學事。時三舍法行，士子無不繇庠序以進。公從容其間，若無所爲，而後生得所矜式，咸敬服焉。熹先君子於時亦爲諸生，年甚少，未爲人所知。公獨器重，以女歸之，後卒以文學致大名，世乃以公爲知人。

方臘之亂，郡城爲墟。鄉人有媚事權貴者，挾墨敕徙州治北門外，以便其私。而所徙窊下，潦漲輒平地數尺，衆皆不以爲便。將列其事以訴諸朝者餘二千人，而莫敢爲之首。公奮然以身任之，其人忿疾，復取特旨，坐公以違御筆之罪。公爲變姓名，崎嶇逃遁，猶下諸路迹捕不置，如是累年。時事變更，群小破散，然後得免，而州治亦還故處，鄉人至今賴之。而公之家貲事力不能復如往時矣，然終不以爲悔也。比其晚歲，生理益落，而好施不少衰。年八十三以終。

娶同郡喻氏，亦有賢行。生二男一女，伯舅莘娶張氏，其先以治獄有陰功，王宣徽拱辰所傳張佛子者也。次即先夫人，德性特似公，其行事自見家傳。叔舅嶠少敏悟有文，長從先君子游，聞伊洛之風而悦之，然求舉輒不利。喻夫人及伯舅既先卒，叔舅後公十餘年亦即世。今唯伯舅之子康國居建之崇安，叔舅之孫回居劍之尤溪，而康國二子已總髮，能誦書矣。

熹惟外大父之淳德高行，先人後已，其誠心所格，固宜有後，而康國母家所積之遠又如是，天之報施，其將在於此乎。竊感陶公作孟府君傳及近世眉山蘇公亦記程公遺事〔一〕，不勝凱風寒泉之思，因書此以遺康國，使藏于家，時出而訓習之，以厲其子孫。

又記，嘗聞先夫人説第四外叔祖豪俠不羈，蚤從黄太史游，黄公謫黔中，因以客從。黄公賢之，爲更名林宗，而字之曰有道，與之諷詠書札甚多。今皆不存，獨所爲書柳如京皇考志，世或傳其墨本，姓字尚可見耳。先夫人及叔舅少時猶及見其道説黄公言行甚詳。酒酣悲歌，感慨凄切，絶不類世俗音調。問其所以，則曰黄公之遺聲也。此事外家兄弟亦少聞者，因附記於此云。熹既叙此事，將書以遺濟之弟，未果，而濟之復以疾不起。其二子丙、癸相從於建陽，因書畀之。俯仰今昔，爲之流涕不能已。慶元戊午臘月既望書。

校記 〔一〕感：原作「敢」，據宋浙本、古今事文類聚後集卷十改。

編年 據文中所署。

評論

吕午跋祝公遺事後：祝氏世居江陵，自承俊遷於歙，曰仁質，號半州，其子也。孫象器改名用之，登儒科，爲太學博士。六世有名筠，預鄉薦，學富而文贍。弟真爲郡學賓。至和甫，七世矣，名穆。即丙也。其諸父皆依朱文公，遂爲建人。和甫幼孤，文公教育於家塾。年甫志學，命黄公榦爲行冠禮。蓋及親炙當時講論之益，故其氣象粹温，刻意問學。於書無所不讀，下筆頃刻數千百言，將以儒學昌其家，所謂光遠而自他有耀者也。祝氏復興，其在建乎。始太博有弟景先，即黄太史所贊其畫像者。生男若女十有四人。其第四女，實爲黟邑樞密汪公勃之夫人。又其第三子砼之女，復歸樞密子提刑公作礪。而侍御公義和、寺丞公義榮、給事公義端，皆其所生也。第二子确之女適韋齋吏部朱公松，是爲文公之母，故鄉人相傳，祝氏女位最高。有名堯臣爲郡學諭者，景先第八子磐之子也。男、女四人，嘗奇第三女，家雖貧，不肯以與凡子。未及嫁而學諭公卒，親族咸以屬同郡吕午。兩窮相值，遂成姻對。越七年，而午偶忝末科，由是祝氏女位高之語復喧傳於鄉閭。貳卿汪公綱之兄弟與今貳卿朱公在尤爲祝氏喜，所以篤叙甚至。嘗聞外舅往來朱、汪之門，文公與侍御諸公皆重渭陽之念，深加愛敬。此意流傳，歷世不泯。豈惟祝氏得所憑依，而且施及於午焉。乃知前輩高情，曲崇親誼，遺風凜凜可尚已。一日，和甫示午以文公所記外家遺事，三復感嘆，謹再拜書其後。時紹定六年五月旦日也。

周大璋朱子古文讀本卷五外大父祝公遺事：不立局段，層次描寫，原委歷然，所謂文成而法立也。表章祝公，總因先夫人起，見至性綿渺，溢於毫素，不苟作者。

劉子和傳 淳熙七年二月

劉子和者，江南人，名某。五世祖式，仕太宗朝爲某官，國史有傳。夫人陳氏，有賢行遠識，子孫多爲聞人。海陵胡瑗先生所爲紀墨莊者也。至子和之父某官稍不遂，然亦好學修飭，能守其家。娶長垣趙氏，實吴興孫侔先生外孫女，讀書能文，生子和。

子和爲人廉静寡欲，敦重少言，而和易端粹，不爲崖異之行。其家居，孝友尤篤也。自少即以經學文行知名，中進士第，調吉州户掾、邵武尉，皆能其官。更調贛州教授，還家待次，益以諸經自課，日求其所未至者。蓋自音讀訓詁、先儒之説以及近世先生長者之論，無不該貫。及至官，視其學故有趙清獻公祠，後廢，而生祠郡守、部刺史至五六人。子和曰：「趙公與濂溪先生法皆當得祠者，今或廢於已舉，或初未嘗立也，彼紛紛者，果何爲哉。」命悉撤去，而更爲二公之祠。諸生請曰：「趙公則聞耳矣，敢問濂溪何人也？」子和具告之故，且出其書，使之讀之。諸生固已風動，於是子和又益推本其説，以發明六經、論、孟之遺意。晨入寓直之舍，諸生迭進問事。子和諄諄辨告，如教子弟，至暮乃罷，日以爲常。其教大抵以讀書窮理爲先，持敬修身爲主，曰此古人爲己之學也。至於學官程課有不可廢者，其命題發端，必依於是而出焉。於是學者益知所向，其言行小不中理，服飾小不中度，必規正之。課試之文，以老佛論道，以管商議政，忘讎耻、徇時俗者皆棄不録。於是學者又知所懲。其於有司之事，所以謹出内、窒罅漏者，亦皆精審嚴密。間斥其贏以市圖史，至若干卷。視諸生老者優禮之，貧者周給之，疾病者與之藥，死喪者加之賻，所以恩勤之者甚備。至於進退取舍之間，則必考行能、視次第，稽諸公論而未嘗有所私也。以故諸生之事子和如事父兄，服習其教而守行之，俗爲一變。其浮惰不事學者，往往引去，或亦悔前所爲而革心自新焉。郡縣吏皆怪，以謂學官弟子比無入官府辯訟請謁者。父老皆喜，以謂吾家子弟比無荒嬉惰游，還家覓錢叫呼犯上者。以至士大夫家亦争遣子弟來入學，贛之人至咨嗟相與言曰：「吾邦自李先之教官迨今七八十年，乃復得劉君耳。」今翰林承旨周必大聞之，爲記其説於聽事之壁。子和既去，改宣教郎，遭繼母喪以卒。故諸生哭之皆失聲，益相與尊其言，信其道，守其法不變，去而從其弟清之以卒業者亦數人。

子和平日閉户讀書，不甚與人接，雖名士亦不强附，而搢紳先生多慕與交。國子祭酒蕭之敏嘗以經行氣節薦於朝，成都劉焞稱之曰：「國朝鉅人門户一再世凋落者何可悉數？惟劉氏自太宗時歷嘉祐、元祐盛際，莫不有人。逮子和兄弟，世數益遠而家法益峻，忠厚雍睦之風不墜。求之故家，能如是者少矣。」及卒，丹棱李燾書其墓曰「孝敬劉君」，而廣漢張栻爲刻銘納壙中。是數君子者，蓋或未嘗識子和也。新安朱熹曰：自周之衰，司徒樂正之官廢，爲士者未嘗知有學也。士未嘗學而强使教焉，則其所以教者可知已。予亦不及識子和，而識其弟，且得贛諸生所記讀之，觀其所以修於身、行於家者，而知其所以教於學者有餘矣。使得其年、究其施，則其所立豈可勝道哉。爲之掩卷太息，因刻其大者著于篇。

編年 據年譜長編。

評論 周大璋朱子古文讀本卷五劉子和傳：修己治人之理，莫備於經。子和以諸經自課，修於身，行於家者，以此教於學者，亦以此詳敍贛學規條，井然有則，胡湖州不得專美於前矣。此皆文公特筆也。後世師儒，其亦知所宗仰乎？

朱熹文集編年評注卷九十九

公移

知南康榜文淳熙六年四月

當職久以疾病退伏里閭，比蒙誤恩，假守兹土，懇辭不獲，扶曳而來。到任之初，伏自惟念聖天子所以搜揚幽隱、付畀民社之意，固將使之宣明教化，寬恤民力，非徒責以簿書期會之最而已。顧雖不能，其敢不勉？今有合行詢訪勸喻事件下項：

一、本軍土瘠民稀，役煩税重。前後長吏非不欲多方措置，寬恤民力，實緣上供官物既已浩瀚，軍用所資亦復不少，只得逐急了辦目前，更無餘力可以議此。是致民力日困，無復安土樂生之心。深可哀憐，安忍坐視？今恐管下士人父老僧道軍民諸色等人有能知得利病根原，次第合作如何措置，可以寬恤，并請子細開具著實事狀，不拘早晚，赴軍披陳。切待面加詢問，審實相度，多方措置，庶幾户口歲增，家給人足，有以仰副聖天子愛養元元之意。

一、本軍民俗號稱淳厚，廷少諍訟，獄少係囚。及按圖經，前代有太中大夫司馬暠、司徒從事中郎司馬延義、宜春縣令熊仁瞻，皆以孝行顯名。及至國初，又有義門洪氏，亦以累世義居，嫠婦陳氏守節不嫁，遂蒙太宗皇帝賜以宸翰，寵以官資，旌表門閭，蠲除徭役。此足見其風俗之美，非他郡之所及。又况天性人心不易之理，在昔既有，今豈無之。患在師帥不良，不加敦勸，是致頽靡，日陷偷薄。今請管下士民鄉鄰父老歲時集會，并加教戒。間或因事反復丁寧，使後生子弟咸知修其孝弟忠信之行，入以事其父兄，出以事其長上，敦厚親族，和睦鄉鄰，有無相通，患難相恤，庶幾風俗之美不愧古人，有以仰副聖天子敦厚風俗之意。

一、本軍背負羌廬，前據彭蠡，地勢雄秀，甲於東南。禹迹所經，太史所游，有聖賢之遺風。下逮東晉，陶氏則長沙、靖節祖孫相望。爰及聖朝，劉氏則屯田、秘丞父子相繼。皆有德業，著在丹青，宜其風聲氣俗猶有存者。後來之秀，接踵比肩。而比年以來，士風衰弊，而學校養士不過三十人，大比應書，人數亦少。雖講道修身之士或未必肯游學校、入場屋，然詢於物論，以求物外之英豪，則亦未聞卓然有可稱。良由長民之吏未嘗加意，使里閭後生無所從學，以至於此。今請鄉黨父兄各推擇其子弟之有志於學者，遣來入學，陪厨待補，聽講供課。本軍亦一面多方措置，增置學糧。當職公務之餘，亦當時時詣學，與學官同共講説經旨，多方誘掖，庶幾長材秀民爲時而出，有以仰副聖天子長育人材之意。

右出榜星子、都昌、建昌縣，并市曹曉諭管下士民父老等，請詳前項事理，逐一遵稟，仰副聖朝愛民敦化之美意。并牒三縣照會及别給印榜，每縣各一百道，委巡尉分下鄉村張掛，不得隱匿。并牒軍學教授，請從長相度，合如何增添贍學錢糧，修立課試規矩，開具回報，切待措置施行。

編年　文云「到任之初」，朱熹至南康任在淳熙六年三月三十日，據以繫之。

又　牒 淳熙六年四月

頭同南康榜文，但改「寬恤民力」爲「敦厲風俗」，「合行詢訪勸諭」爲「合行詢究」。

一、晋侍中太尉長沙陶桓公興建義旗，康復帝室，勤勞忠順，以没其身。今按圖經，公始家鄱陽，後徙尋陽，見有遺迹在本軍都昌縣界，及有廟貌在本軍城内，及都昌縣水旱禱禳，皆有感應。未委上件事迹是與不是詣實。

一、晋太傅廬陵謝文靖公始自隱淪，已推時望，及登宰輔，優有武功。今按圖經，公始封建昌，即本軍之建昌縣。未審本縣曾與不曾建立祠宇。

一、晋靖節徵士陶公先生隱遁高風，可激貪懦，忠義大節，足厚彝倫。今按圖經，先生始自柴桑徙居栗里，其地在本軍近治三十里内。未委本處曾與不曾建立祠宇。

一、按圖經，建昌縣有陳太中大夫司馬暠、司徒從事中郎司馬延義，皆以孝行見於陳書，有墓在本縣界。又有唐宜春縣令熊仁贍，亦以孝行旌表門閭。未委其墓及唐朝所表門閭有無損壞。

一、按圖經，白鹿洞學館雖起南唐，至國初時猶存舊額，後乃廢壞。未委本處目今有無屋宇。

一、按圖經，建昌縣義門洪氏本以累世義居，嫠婦守節，嘗蒙太宗皇帝賜以宸翰，寵以官資，旌表門閭，蠲除徭役。未委其家目今有無子孫依舊義居，所藏御書見作如何崇奉，所表門閭曾與不曾修葺。

一、濂溪先生虞部周公心傳道統，爲世先覺。熙寧中，曾知本軍。未委軍學曾與不曾建立祠貌。

一、西澗先生屯田劉公避世清朝，高蹈物表。其子秘丞公亦以博聞勁節見知於故司馬文正公，與修資治通鑑，而所著十國紀年、通鑑外紀又自別行於世。故黄門蘇文定公嘗以「冰清玉剛」比其父子，而鄉人因以「冰玉」名其所居之堂。今按圖經，西澗舊有劉居士庵，及訪聞城西能仁寺側有劉公墓，及太史范公所撰秘丞墓碣，獨冰玉堂無所登載，未審其墓是與不是的實，庵堂墓碣曾與不曾損壞。

一、訪聞故贈諫議大夫陳忠肅公曾居本軍，未委日前有何遺迹。

一、竊恐本軍更有前代忠臣孝子、義夫節婦，圖經文字有失該載，及目今見有似此之人，或山林之間、科舉之外，別有懷材抱藝、守道晦迹之士，亦合廣行詢訪有無遺逸。

右牒教授楊迪功、司户毛迪功，請詳逐項事理，廣行詢究，取見詣實，逐一子細條具回申，以憑稽考，别行措置。仍榜客位，遍呈寄居過往賢士大夫，恐有知得本軍上件事迹詳細，切幸特賜開諭。及榜示市曹，仰居民知委。如有知得上件事迹詳細之人，仰子細具狀，不拘早晚，赴軍衙申説。切待并行審實，措置施行。淳熙六年四月日榜。

編年 據文中所署。

白鹿洞牒 淳熙六年十月

契勘本軍廬山白鹿洞書院於國朝會要、本軍圖經、記文、石刻，元係唐朝李賓客渤隱居，舊有臺榭，環以流水，雜植花木，爲一時之勝。南唐昇元中，因建學館，買田以給諸生，學者大集。乃以國子監九經李善道爲洞主，掌其教授。至本朝太平興國二年，知江州周述言，廬山白鹿洞學徒嘗數十百人，望賜九經書，使之肄習。詔從其請，俾國子監給以印本，仍傳送之。六年〔一〕，又以洞主明起爲蔡州褒信縣主簿。七年，始置南康軍，遂屬郡境。至祥符初，直史館孫冕請以爲歸老之地。及卒，還葬其所。其子比部郎中琛復置學館十間，書「白鹿洞之書堂」六字揭於楹間，以教子弟。四方之士願就學者，亦給其食。當塗郭祥正實爲之記。後經兵亂，屋宇不存，其記文、石刻遂徙置軍城天慶觀。昨來當職到任之初，即嘗詢訪，未見的實。近因按視陂塘〔二〕，親到其處，觀其四面山水清邃環合，無市井之喧，有泉石之勝，真群居講學、遁迹著書之所。因復慨念廬山一帶，老佛之居以百十計，其廢壞無不興葺。至於儒生舊館，只此一處。既是前朝名賢古迹，又蒙太宗皇帝給賜經書，所以教養一方之士德意甚美。而一廢累年，不復振起。吾道之衰，既可悼懼，而太宗皇帝敦化育材之意，亦不著於此邦，以傳於後世，尤長民之吏所不得不任其責者。其廬山白鹿書院合行修立云云。

校記 〔一〕六：原作「七」，據文集卷一白鹿洞賦改。

〔二〕按：原作「接」，據宋浙本改。

編年 據年譜長編。

示俗 淳熙六年夏

孝經云：「用天之道，因地之利，謂依時及節耕種田土。謹身節用，謹身謂不作非違，不犯刑憲；節用謂省使儉用，不妄耗費。以養父母，人能行此三句之事，則身安力足，有以奉養其父母，使其父母安穩快樂。此庶人之孝也。」庶人，謂百姓也。能行此上四句之事，方是孝順。雖是父母不存，亦須如此，方能保守父母產業，不至破壞，乃爲孝順。若父母生存不能奉養，父母亡歿不能保守，便是不孝〔一〕。不孝之人，天所不容，地所不載，幽爲鬼神所責，明爲官法所誅，不可不深戒也。

以上孝經庶人章正文五句，係先聖至聖文宣王所說。奉勸民間逐日持誦，依此經解說〔二〕，早晚思惟，常切遵守，不須更念佛號佛經，無益於身，枉費力也。

校記 〔一〕不孝：原缺，據淳熙本、宋浙本補。

〔二〕淳熙本「經」下有「腳」字。

編年　據上下各篇編序，此文作於淳熙六年甚明。下篇作在八月，則此篇作於夏間爲近，也即到任之初所作。

曉諭兄弟争財産事 淳熙六年八月

照對禮經，凡爲人子，不蓄私財，而律文亦有别籍異財之禁。蓋父母在上，人子一身尚非自己所能專有，豈敢私蓄財貨，擅據田園，以爲己物？此乃天性人心自然之理，先王制禮，後王立法，所以順之而不敢違也。當職昨來到任之初，詢訪民俗，考按圖經，曾以司馬大夫、司馬中郎、熊縣令、洪義門孝行義居事迹勸諭士民，務修孝弟忠信之行，入事父兄，出事長上，敦厚親族，和睦鄉鄰，有無相通，患難相恤，庶幾有以仰副聖天子敦厚風俗之意。今已累月，而誠意不孚，未有顯效。比閲詞訴，有建昌縣劉琉兄弟、都昌縣陳由仁兄弟，并係母親在堂，擅將家産私下指撥分并，互相推託，不納賦税，争論到官，殊駭聞聽。除已行下建昌縣及索到陳由仁等指撥關約，盡行毁抹，當廳説諭，令劉琉、陳由仁與其兄弟依舊同居共財，上奉母親，下率弟侄，協力家務，公共出納，輸送官物外，竊慮管屬更有似此棄違禮法、傷害風教之人，而長吏不能以時教訓糾禁，上負承流宣化之責，内自循省，不勝恐懼。今檢坐條法指揮下項，須至曉諭者。

準律云云。

右除已出榜市曹并星子縣門、都昌、建昌縣市張掛，曉示人户知委。如有祖父母、父母在堂，子孫擅行違法分割田産析居、别籍異財之人，仰遵依前項條法指揮，日下具狀，將所立關約赴官陳首，毁抹改正，侍奉父母，協和兄弟，同管家務，公共出納，輸送官物，不得拖欠。如不遵今來約束，却致違犯到官之人，必定送獄，依法斷罪云云。淳熙六年八月日榜。

編年 據文中所署。

評論 張栻答朱元晦書：近作每得之，輒有開益。别籍異財榜文甚佳。此間却不至有如此太甚者，大抵近北州民間似易道説，非湖嶺間比也。

勸農文淳熙六年十二月

當職久處田間，習知穡事，兹忝郡寄，職在勸農。竊見本軍已是地瘠税重，民間又不勤力耕種，耘耨鹵莽滅裂，較之他處大段不同。所以土脉疏淺，草盛苗稀，雨澤稍愆，便見荒歉，皆緣長吏勸課不勤，使之至此。深懼無以下固邦本，仰寬顧憂，今有合行勸諭下項：

一、大凡秋間收成之後，須趁冬月以前，便將户下所有田段一例犁翻，凍令酥脆。至正月以後，更多著遍數，節次犁杷，然後布種。自然田泥深熟，土肉肥厚，種禾易長，盛水難乾。

一、耕田之後，春間須是揀選肥好田段，多用糞壤拌和種子，種出秧苗。其造糞壤，亦須秋冬無事之時，預先劃取土面草根，曒曝燒灰，旋用大糞拌和，入種子在内，然後撒種。

一、秧苗既長，便須及時趁早栽插，莫令遲緩，過却時節。

一、禾苗既長，稈草亦生。須是放乾田水，子細辨認，逐一拔出，踏在泥裹，以培禾根。其塍畔斜生茅草之屬，亦須節次芟削，取令净盡，免得分耗土力，侵害田苗。將來穀實，必須繁盛堅好。

一、山原陸地，可種粟麥麻豆去處，亦須趁時竭力耕種，務盡地力。庶幾青黄未交之際，有以接續飯食〔一〕，不至飢餓。

一、陂塘之利，農事之本，尤當協力興修。如有怠惰，不趁時工作之人，仰衆列狀申縣，乞行懲戒。如有工力浩瀚去處，私下難以糾集，即仰經縣自陳，官爲修築。如縣司不爲措置，即仰經軍投陳，切待別作行遣。

一、桑麻之利，衣服所資。切須多種桑柘麻苧，婦女勤力養蠶織紡，造成布帛。其桑木每遇秋冬，即將旁生拳曲小枝盡行斬削，務令大枝氣脉全盛，自然生葉厚大，餧蠶有力。

一、大凡農桑之務，不過前項數條。然鄉土風俗亦自有不同去處，尚恐體訪有所未盡，更宜廣詢博訪，謹守力行。只可過於勤勞，不可失之怠惰。傳曰：「民生在勤，勤則不匱。」經曰：「惰農自安，不昏作勞，不服田畝，越其罔有黍稷。」此皆聖賢垂訓明白。凡厥庶民，切宜遵守。

右今印榜勸諭民間，各請體悉前件事理，父兄教誨子弟，子弟遵承教誨，務敦本業，耕耘收斂，以養父母。毋或惰游，賭博吃酒，妨廢農桑。庶幾衣食給足，禮義興行，感召和平，共躋仁壽。淳熙六年十二月日。

校記 〔一〕飯：原作「飲」，據宋閩、浙本改。

編年 據文中所署。

勸農文 知南康軍日〔一〕 淳熙七年二月

竊惟民生之本在食，足食之本在農，此自然之理也。若夫農之爲務，用力勤、趨事速者所得多，不用力、不及時者所得少，此亦自然之理也。本軍田地磽埆，土肉厚處不及三五寸，設使人户及時用力，以治農事，猶恐所收不及他處。而土風習俗大率懶惰，耕犁種蒔既不及時，耘耨培糞又不盡力，陂塘灌溉之利廢而不修，桑柘麻苧之功忽而不務，此所以營生足食之計大抵疏略，是以田疇愈見瘦瘠，收拾轉見稀少。加以官物重大，别無資助之術，一有水旱，必至流移，下失祖考傳付之業，上虧國家經常之賦。使民至此，則長民之吏、勸農之官亦安得不任其責哉。當職久在田園，習知農事，到官日久，目睹斯弊〔二〕。恨以符印有守，不得朝夕出入阡陌，與諸父兄率其子弟，從事於耘鋤耒耜之間，使其婦子含哺鼓腹，無復飢凍流移之患，庶幾有以上副聖天子愛養元元、夙夜焦勞惻怛之意。昨去冬嘗印榜勸諭管内人户，其於農畝桑蠶之業，孝弟忠信之方，詳備悉至，諒已聞知。然近以春初出按外郊，道傍之田猶有未破土者。是父兄子弟猶未體當職之意而不能勤力以趨時也。念以教訓未明，未忍遽行笞責。今以中春舉行舊典，奉宣聖天子德意，仍以舊榜并星子知縣王文林種桑等法再行印給。凡我父兄及汝子弟其敬聽之哉。試以其説隨事推行，於朝夕之間，必有功效。當職自今以往，更當時出郊野，巡行察視。有不如教，罰亦必行。先此勸諭，各宜知悉。

校記　〔一〕題注原缺，據淳熙本補。

〔二〕目：原作「自」，據淳熙本、宋浙本改。

編年　文云「去冬嘗印榜勸諭」，又云「今以中春舉行舊典」，其作於至任次年二月甚明。

勸諭築埂岸 淳熙七年二月

今曉示農民，火急趁此未耕種之際，遞相勸率，各將今秋田畝開濬陂塘，修築埂岸，毋至後時，追悔毋及。二月日榜。

編年　此與上篇同時所作，文中明署「二月」。

勸諭救荒 淳熙七年七月

契勘本軍管内久闕雨澤，祈禱未應，田禾已有乾損去處。皆由長吏不明，政刑乖錯，致此災殃。永念厥愆，實深悼懼。除已具申朝省及諸監司，乞行寬恤賑濟，及檢計軍倉兩縣常平米見管萬數不少，又已多方招邀米船，日近出糶，仍兑借諸色錢往外州循環收糴，準備賑濟。况朝廷愛民如子，聞此災傷，非晚必有存恤指揮，將來决然不至大段狼狽。今有預行勸諭將來事件下項：

一、本軍日前災傷，人户多致流移，一離鄉土，道路艱辛，往往失所。甚者横有死亡，抛下墳墓、田園、屋宇，便無人爲主，一向狼藉，至今遺迹尚有存者。詢問來歷，令人痛心。况今淮南、湖北等路亦不甚熟，捨此往彼，等是飢餓，有何所益？今勸人户各體州縣多方救恤之意，仰俟朝廷非常寬大之恩，各且安心著業。更切祈禱神明，車戽水漿，救取見存些少禾穀，依限陳訴所傷田段頃畝，聽候官司减放税租，賑濟米斛。不可容易流移，别致後悔。

一、今勸上户有力之家，切須存恤接濟本家地客，務令足食，免致流移。將來田土抛荒，公私受弊。

一、今勸上户接濟佃火之外，所有餘米，即須各發公平廣大仁愛之心，莫增價例，莫減升㪷，日逐細民告糴，即與應副。則不惟貧民下户獲免流移飢餓之患，而上户之所保全，亦自不爲不多。其糶米數多之人，官司必當别行保明〔一〕，申奏推賞。其餘措借出放，亦許自依鄉例。將來填還不足，官司當爲根究。如有故違不肯糶米之人，即仰下户經縣陳訴，從官司究實。

一、今勸貧民下户，既是平日仰給於上户，今當此凶荒，又須賴其救接，亦仰各依本分，凡事循理。遇闕食時，只得上門告糴，或乞賒借生穀舉米。如妄行需索，鼓衆作鬧，至奪錢米，如有似此之人，定當追捉根勘，重行决配遠惡州軍。其尤重者，又當别作行遣。

一、早禾已多損旱，無可奈何。只得更將早田多種蕎麥及大小麥，接濟食用。

校記　〔一〕别：原作「施」，據宋浙本改。

編年　此篇淳熙七年七月南康秋旱之初所作，參見文集卷十六奏南康軍旱傷狀、再奏南康軍旱傷狀。

曉諭逃移民户 淳熙七年七月

檢會趙知軍任内訪聞本軍三縣民貧，年穀稍不登熟，往往捨墳墓、離鄉井，轉移之他者，非其本心，逃移未出境而豪右請佃之狀已至縣司，其弊多端。或止押狀而無户帖者〔一〕，或挑請因而冒耕者〔二〕，或計會鄉司作逃移多年而免科例者，或有户帖而官無簿籍者〔三〕，或免科例限滿而詭名冒請者，或有强占而人不可誰何者。所有都分之内，遞相容蔽，遂至租税皆無稽考。及其陳狀歸業，鄉司邀阻及上户强占，百般沮難，淹留歲月，無以自明，又復棄之而去，深可矜恤。已散榜管下縣分，元給曉諭切慮文榜沉匿，合行再給文榜曉諭。

右今印榜曉示逃移民户具狀赴使軍陳訴，切待追人根究施行，各令知委。

校記　〔一〕者：原缺，據宋浙本補。

〔二〕挑：四庫全書本作「逃」。

〔三〕籍：原缺，據宋浙本補。

編年　此亦大旱之初所作，與上篇蓋相先後也。

減木炭錢曉諭 淳熙七年四月

近據人户陳訴，木炭折錢太重，遂行申請，乞行均減。今準提點鑄錢衙委官考究科敷輕重及水程近遠，特行裁減，自淳熙七年爲始。數内建昌縣每料元科錢貳伯陸拾文省，今裁減錢四十文省，實納錢二百二十文省。除已出榜縣市，曉示人户知委外，竊恐鄉村人户未能通知，須至散榜曉示者。

右印榜建昌縣管下鄉村〔一〕，曉示人户知委。據户下合納木炭斤秤，依今來減定實錢送納。如本縣鄉司人吏輒敢過數催科，即仰人户徑赴本軍陳訴，切待追人根勘斷勒，各令知委。

校記 〔一〕印：原作「出」，據宋閩、浙本改。

編年 據年譜長編。

夏税牌由 淳熙六年夏

契勘人户遞年送納夏税和買本色折帛錢，多是無憑照應合納數目，是致送納或多或少，及有人户在約束前已納之數，當來亦無照憑。兼下户不成端疋之數，依已降指揮，每尺納錢一百文足。已行下星子、都昌、建昌縣，每户置立牌由，分明開説某鄉某都人户〔一〕，合納夏税折帛和買紬絹各若干，給付人户收執。須管於省限内盡數具鈔同牌由赴場，照數送納。如不賫牌由同鈔前來，定不交受。其有人户在今來約束以前赴所屬送納者，亦仰給付牌由。數内若有少欠，仰人户照牌由數目依數納足，須至曉諭。

校記 〔一〕鄉：原作「圖」，據宋閩、浙本改。

編年　下曉示人户送納秋苗云「今照淳熙六年苗米起催在即」，作於六年秋，此篇排在其前，則應作於是年夏。

受納秋苗曉諭 淳熙六年秋

檢會趙知軍任内契勘星子、都昌、建昌縣每年受納人户秋苗所收水脚、雇舡、起綱、頭子、市例等錢數多是人户輸納，重有所費，深屬不便。使軍今將三縣人户應合納秋苗每正米一石收雇舡、水脚、起綱、頭子并專㪷、市例總減作六百七十文足，其勘合促零錢係照鈔收納，除外并不得多交民户一文〔一〕。竊慮合干人依前例外，非理巧作名目，别行乞覔錢米，已散榜管下縣分曉諭。切慮元給文榜沉匿，合行再給文榜曉諭者。

右除已再牒受納官常切鈐束外，今立賞錢三十貫文，出榜縣管下要鬧處張掛，曉示人户知委。自今後應輸納户下米斛，每正米一碩，除前項立定雇舡、起綱、市例錢六百七十文足，并隨鈔收勘合促零錢外，不許例外乞覔民户一文。如有合干人依前例外非理巧作名目，别作乞錢米之人，不拘多寡，許人户經官陳告，將犯人根究，依條斷勘罪，追賞施行。的不虛示，各令知委。

校記　〔一〕交：正訛改作「支」。

編年　此與下二篇一時所作，參見下考。

減秋苗淳熙六年秋

照對本軍去年交納人户秋苗，每一石正米連省耗、加耗共計一石七㪷六勝。今年冬米許人户從便赴軍倉交納，今於去年所納數上每一石更與減米一㪷，合行曉示者。

編年 此與下篇一時所作，參見下篇所考。

曉示人户送納秋苗淳熙六年秋

契勘管屬都昌、建昌縣遞年所納人户秋苗并係起發上供之數，緣是上户攬子等人把持縣道，兜收在己，與公吏通同作弊，拖延不納。窺伺縣道窘束，全無措置，即將下等秈米以應副預借爲名，動欲減饒合數。唯是循良細民，各縣却復倍收加耗，高量斛面，多端邀阻，及勒令折錢，將收到水腳錢等侵移使用。緣此起發綱運大段遲滯，且又欠折不足，事繫利害。今照淳熙六年苗米起催在即，若不預行措置，定致上供轉見拖壓，細民愈受重困。今相度，欲互差都昌、建昌縣官前去各縣受納，與減加耗縻費之類，令人户自行打盪斛面，不得阻節。如有諸鄉人户情願赴軍倉輸納苗米，并聽從便，重與優加裁減，務使樂輸。及行下約束都昌、建昌縣，不許預借官物。如有不遵約束，輒將米斛預借縣道，本軍將來并不理爲納過之數。本軍除已具申諸監司照會外，須至曉示。

編年　文云「今照淳熙六年苗米起催在即」，作於該年秋甚明。

曉示科賣民户麴引及抑勒打酒 淳熙六年

勘會民間吉凶會聚或修造之類，若用酒，依條聽隨力沽買。如不用，亦從其便，并不得抑勒。今訪聞諸縣并佐官廳每遇人户吉凶〔一〕，輒以承買麴引爲名，科納人户錢物，以至坊場違法抑勒人户打酒。切恐良民被害，婚葬造作失時，須至約束。

右今印榜曉示民户知委，今後如遇吉凶聚會或修造之類，官司輒敢科買麴引，或酒務坊場抑勒買酒，并仰指定見證，具狀徑赴使軍陳告，切待拘收犯人根勘，依條施行。

校記　〔一〕吉凶：原缺，據正訛引徐樹銘新本補。

編年　此下三篇皆南康所作，觀其未言及旱傷事，參以上下編序，以作在淳熙六年爲近。蓋朱熹是年三月至任後，節次訪問整頓便民事宜，不應遲至七年方下手也。

約束科差夫役 淳熙六年

訪聞管下諸縣以和雇爲名，科差夫力，應副過往官員修造船扛諸般役使。以至縣官出入公幹，亦令保正長關喚夫力，荷轎擔擎，有妨農業。甚者至令陪貼錢物，爲害尤甚。除已行下約束外，如更有似此去處，仰被擾人户徑赴本軍投訴，切待依法重作施行。

編年　見上篇所考。

約束差公人及朱鈔事 淳熙六年

應今後本縣違法輒差公人下鄉追擾，許人户赴軍陳訴，定追犯人重斷。

應軍縣倉庫送納過人户錢米，經日不得朱鈔，仰人户赴軍陳訴，定追犯人勘斷，當官給還。

應人户二税如已送納獲鈔，而本縣重疊追擾，許人户執鈔赴軍陳訴，定追承行鄉司等人，重斷勒罷。

編年　見上二篇所考。

社倉事目 敕命并跋語附　淳熙九年四月

宣教郎、直秘閣、新提舉兩浙東路常平茶鹽公事朱熹，今具社倉事目如後：

一、逐年十二月，分委諸部社首〔一〕、保正副將舊保簿重行編排。其間有停藏逃軍及作過無行止之人隱匿在内，仰社首隊長覺察，申報尉司追捉，解縣根究。其引致之家，亦乞一例斷罪。次年三月内，將所排保簿赴鄉官交納。鄉官點檢，如有漏落及妄有增添一户一口不實，即許人告，審實申縣，乞行根治。如無欺弊，即將其簿紐算人口，指定米數，大人若干，小兒減半，候支貸日，將人户請米狀拖對批填，監官依狀支散。

一、逐年五月下旬，新陳未接之際，預於四月上旬申府，乞依例給貸。仍乞選差本縣清强官一員、人吏一名、㪷子一名前來，與鄉官同共支貸。

一、申府差官訖，一面出榜排定日分，分都支散。先遠後近，一日一都。曉示人户，産錢六百文以上及自有營運，衣食不闕，不得請貸。各依日限，具狀狀内開説大人小兒口數。結保，每十人結爲一保，遞相保委。如保内逃亡之人，同保均備取保。十人以下不成保不支。正身赴倉請米。仍仰社首、保正副、隊長、大保長并各赴倉識認面目，照對保簿，如無僞冒重疊，即與簽押保明。其社首、保正等人不保而掌主保明者聽。其日監官同鄉官入倉，據狀依次支散。其保明不實、别有情弊者，許人告首，隨事施行。其餘即不得妄有邀阻。如人户不願請貸，亦不得妄有抑勒。

一、收支米用淳熙七年十二月本府給到新漆黑官桶及官㪷，每桶受米五省半〔二〕。仰㪷子依公平量。其監官、鄉官人從，逐廳只許兩人入中門，其餘并在門外，不得近前挨拶，攙奪人户所請米斛。如違，許被擾人當廳告覆，重作施行。

一、豐年如遇人户請貸官米，即開兩倉，存留一倉。若遇飢歉，則開第三倉，專賑貸深山窮谷耕田之民，庶幾豐荒賑貸有節。

一、人户所貸官米，至冬納還。不得過十一月下旬。先於十月上旬定日申府，乞依例差官將帶吏㪷前來公共受納，兩平交量。舊例每石收耗米二㪷，今更不收上件耗米。又慮倉敖折閲，無所從出，每石量收三升，準備折閲及支吏㪷等人飯米。其米正行附曆收支。

一、申府差官訖，即一面出榜，排定日分，分都交納。先近後遠，一日一都。仰社首、隊長告報保頭，保頭告報人户，遞相糾率，造一色乾硬糙米，具狀同保共爲一狀，未足不得交納。如保内有人逃亡，即同保均備納足。赴倉交納。監官、鄉官、吏㪷等人至日赴倉受納，不得妄有阻節，及過數多取。其餘并依給米約束施行。其收米人吏斗子要知首尾，次年夏支貸日不可差換。

一、收支米訖，逐日轉上本縣所給印曆。事畢日，具總數申府縣照會。

一、每遇支散交納日，本縣差到人吏一名，㪷子一名，社倉算交司一名，倉子兩名。每名日支飯米一㪷，約半月。發遣裹足米二石，共計米一十七石五斗。又貼書一名，貼斗一名，各日支飯米一斗，約半月。發遣裹足米六斗，共計四石二斗。縣官人從七名，鄉官人從共一十名，每名日支飯米五升，十日。共計米八石五斗。已上共計米三十石二斗，一年收支兩次，共用米六十石四斗。逐年蓋墻并買藁薦、修補倉廒約米九石，通計米六十九石四斗。

一、排保式：某里第某都社首某人，今同本都大保長、隊長編排到都内人口數下項：

甲户大人若干口，小兒若干口，居住地名某處。或産户，開説産錢若干，或白煙，耕田、開店買賣；土著、外來，係某年移來，逐户開。

餘開

右某等今編排到都内人户口數在前，即無漏落及增添一户一口不實。如招人户陳首，甘伏解縣斷罪。謹狀。

年月日大保長姓名　　押狀

隊長姓名

保正副姓名

社首姓名

一、請米狀式：某都第某保隊長某人、大保長某人下某處地名保頭某人等幾人，今遞相保委，就社倉借米，每大人若干，小兒減半，候冬收日，備乾硬糙米，每石量收耗米三升，前來送納。保内一名走失事故，保内人情願均備取足，不敢有違。謹狀。

年月日保頭姓名

甲户開名

大保長姓名

隊長姓名

保長姓名

社首姓名

一、社倉支貸交收米斛，合係社首、保正副告報隊長、保長，隊長、保長告報人户。如闕隊長，許人户就社倉陳説，告報社首，依公差補。如闕社首，即申尉司定差。

一、簿書鎖鑰，鄉官公共分掌。其大項收支，須監管官簽押〔三〕。其餘零碎出納，即委鄉官公共掌管，務要均平，不得徇私容情，别生奸弊。

一、如遇豐年，人户不願請貸，至七八月而産户願請者聽。

一、倉内屋宇什物仰守倉人常切照管，不得毁損及借出他用。如有損失，鄉官點檢，勒守倉人備償。如些小損壞，逐時修整。大段改造，臨時具因依申府，乞撥米斛。

〔具位朱熹奏節文〕一、臣所居建寧府崇安縣開耀鄉有社倉一所，其法可以推廣，行之他處。欲望聖慈行下諸路州軍，曉諭人户，有願置立者，州縣量支常平米斛，責付本鄉出等人户主執斂散，隨宜立約，實爲久遠之利。其建寧府社倉見行事目謹録一道進呈，伏望聖慈詳察，特賜施行。十一月二十八日，三省同奉聖旨，令户部看詳聞奏。

〔勅命〕行在尚書户部準淳熙八年十二月二十八日敕，中書、門下省：尚書省送到户部狀，準淳熙八年十一月二十八日尚書省送到宣教郎、直秘閣、新提舉兩浙東路常平茶鹽公事朱熹劄子奏：「臣所居建寧府崇安縣開耀鄉有社倉一所，係昨乾道四年鄉民艱食，本府給到常平米六百石，委臣與本鄉土居朝奉郎劉如愚同共賑貸。至冬收到元米，次年夏間，本府復令依舊貸與人户，冬間納還。臣等申府措置，每石量收息米二斗，自後逐年依此斂散。或遇小歉，即蠲其息之半；大饑，即盡蠲之。至今十有四年，量支息米，造成倉廒三間收貯，已將元米六百石納還本府。其見管三千一百石，并是累年人户納到息米。已申本府照會，將來依前斂散，更不收息，每石只收耗米三升。係臣與本鄉土居官及士人數人同共掌管，遇歛散時，即申府差縣官一員監視出納。以此之故，一鄉四五十里之間，雖遇凶年，人不闕食。竊謂其法可以推廣，行之他處。而法令無文，人情難强。妄意欲乞聖慈特依義役體例，行下諸路州軍，曉諭人户，有願依此置立社倉者，州縣量支常平米斛，責與本鄉出等人户主執斂散。每石收息二斗，仍差本鄉土居官員士人有行義者與本縣官同共出納。收到息米十倍本米之數，即送元米還官，却將息米斂散，每石只收耗米三升。其有富家情願出米作本者，亦從其便，息米及數亦與撥還。如有鄉土風俗不同者，更許隨宜立約，申官遵守，實爲久遠之利。其不願置立去處，官司不得抑勒，則亦不至搔擾。此皆今日之言，雖無所濟於目前之急，然實公私儲蓄預備久遠之計。及今歉歲施行，人必願從者衆。伏望聖慈詳察，特賜施行，取進止。」三省同奉聖旨，令户部看詳聞奏。本部今檢準紹興重修常平免役令下項：　諸州常平錢穀及場務錢不足，申提舉司，通一路之數移用，仍聽互相兑便支撥。諸義倉附常平倉監專兼管，敖屋以轉運司倉充，其積藏而應兑換者準常平法。無轉運司倉處，撥充常平物。諸義倉計夏秋正税，無正税穀處，物帛之類折爲穀者準此。每一㪷別納五合，應豐熟計一縣九分以上即納一升。同正税爲一鈔，不收頭子、脚乘錢及耗，限一日先次交入本倉。出剩通正税，候盤量畢，亦限一日據數紐撥。即正税不及一㪷，并本户放税二分以上，及孤貧不濟者，免納。諸義倉穀唯充賑給，不得他用。縣遇災傷，當職官體量，自第四等以下闕食户給散。若放税七分以上，通第三等給。并預申提舉司審度，行訖奏。諸災傷計一縣放税七分以上，第四等以下户乏種食者，雖舊有欠閣，不以月分，聽結保貸借。即穀不堪充種子者，紐直以錢，各成貫石，給限一年，隨税納，仍免息。州預以應支數保明申提舉司，行訖申尚書户部。雖計一縣放税不及七分，而本户放税及七分者準此。本部看詳，欲行下諸路提舉司，遍下本路諸州縣曉示，任從民便。如願依上件施行，仰本鄉土居或寄居官員有行義者具狀赴本州縣自陳，量於義倉米内支撥。其歛散之事，與本鄉耆老公共措置，州縣并不須干預抑勒。仍仰提舉司類聚具申，聽候朝廷指揮奏聞事。十二月二十二日，三省同奉聖旨，依户部看詳到事理施行。奉勅如右，牒到奉行。前批十二月二十四日辰時付户部施行，仍關合屬去處，須至指揮兩浙東路提舉常平司主者，仰一依今來勅命指揮，疾速施行。仍關合屬去處，符到奉行。

淳熙八年十二月　日下。

□書令史郭鱸　令史頓圯　主事全安仁

將作少監兼權户部郎中兼權　押

新除郎官未上

郎中

〔跋語〕淳熙八年冬十有一月己亥，臣熹以備使浙東，奉行荒政，蒙恩召入延和殿，戒諭臨遣，因得具以所居建寧府崇安縣開耀鄉社倉本末推説條奏。誤蒙開納，即詔頒其法於四方。而臣熹又以使事適獲奉承，仰戴皇仁，頓首幸甚。因竊惟念里社有倉，實隋唐遺法。往歲里中妄意此舉，所以收恤隱民者，蓋偶合其微指。顧以國家未定著令，是以不能遠及，且懼其弗克久。今乃得蒙上恩遍下郡國，將遂得與闔宇之間含生之類均被仁聖之澤於無窮，固已不勝大幸。而荒陬下里，斗升之積，又得上爲明詔之所稱揚，下爲四方之所取則，抑又有榮耀焉。故敢具刻尚書户部所被勑命下浙東提舉常平司者，厝于故里本倉聽事而記其説如此，俾千萬年含哺鼓腹之儔〔四〕，有以無忘帝力之所自云。淳熙九年四月丙辰，宣教郎、直秘閣、提舉兩浙東路常平茶鹽公事、借緋臣朱熹拜手稽首謹言。

校記　〔一〕部：疑當作「都」。

〔二〕省：記疑云疑當作「升」。四庫全書本作「筲」。

〔三〕管：原作「監」，據四庫全書本改。

〔四〕儔：原作「禱」，據右引及正訛改。

編年　據文中所署。

勸立社倉榜 淳熙九年六月八日

當司恭奉聖旨，建立社倉，已行印榜，遍下管内州縣勸諭。尋據紹興府會稽縣鄉官、新嘉興主簿諸葛修職名千能狀，乞請官米置倉給貸。而致政張承務名宗文、新台州司户王迪功名若水、衢州龍游縣袁承節名起予等又乞各出本家米穀置倉給貸。當司契勘前件官員心存惻怛，惠及鄉閭，出力輸財，有足嘉尚。除已遵依所降指揮具申朝廷外〔一〕，須至再行勸勉，量出米穀，恭禀聖旨，建立社倉，庶幾益廣朝廷發政施仁之意，有以養成閭里睦姻任恤之風。再此勸諭，各請知委。九年六月八日。

校記 〔一〕申：原作「由」，據宋浙本改。

編年 據文中所署。

約束侵占田業榜 淳熙九年

本司簽廳申，照對本司見行下諸縣根刷没官田産，有下項事件申乞指揮，須至曉示：

一、今來根刷諸司没官户絶等田産并新漲海塗溪漲淤成田地等，多是豪勢等第并官户公吏等人不曾經官請佃，擅收侵占，暗收花利，不納官租。其間雖有經官請佃，止量立些少租課，計囑主行人吏，又且不曾催納入常平倉，上下蒙庇，官司無緣得知。今出榜遍於縣鎮鄉村張掛曉示，限一月經官陳首，與免罪，從公紐立租課，就行給佃，更與免追日前冒占花利。如犯人尚敢恃其豪勢，仍前坐占，限滿不首，如官司覺察得知，或因諸色人告首，定當送所司根究，從條斷罪，追日前花利入官，仍盡給告人租佃。

一、諸司没官田産多是本縣公吏與有蔭人詭名請佃，或與出名人分受花利，上下蒙庇，不曾納租。如此積弊何緣覺察？今來出榜曉示諸色人，如有似此之人，仰經官陳首，當與將所首出田産不拘多寡，盡給告人租契。如詭名人并出名人能在一月内赴官首説，當與免罪，從公紐立租課，就令租賃，仍免追日前花利。如限滿不首，被人陳告，或官司覺察得知，當送所司根勘，依條施行。

編年 此浙東任上所作，必淳熙九年無疑。朱熹八年十二月至任，九年九月離任。

約束不得搔擾保正等榜 淳熙九年八月

當職照對在法保正副管幹鄉村盜賊、鬥毆、煙火、橋道公事，大保長催納税租及隨税所納錢數〔一〕，一税一替。今來訪聞管下諸縣縣官不能仰體成法，妄有科擾，致見一經役次，家産遂空，深屬利害。今有約束事件下項：

一、保正管幹鄉村盜賊、煙火、橋道公事，委是繁重。今一縣之内有令有丞，有簿有尉，號爲四衙，雜出文引，别置木牌，各立程限，盡令趁赴。申展繳押，需索百出，多創名色，立爲定例，分文不可違少。如押到則有到頭錢，繳引則有繳跋錢，展限錢、定限、常限所用之錢，復有多寡。又有批朱縫印日鋌之類。一引狀之出，乞取動是數項，稍有稽違，則枷錮箠楚，無所不至。且以保正一身，豈能遍受諸衙督責。

一、追催二税，非保正副之責。今來縣道盡以文引勒令拘催，其間有頑慢不肯輸納之人，又有無著落税賦，往往迫以期限，不堪杖責，勒令填納，無所赴愬。豈有既充重役，復兼催科？可謂重困。

一、保正副最爲重役，豈堪復有科擾。今來縣道略不加恤，應干數買物件，必巧作名目，公然出引，令保正副買辦。如修造廨舍，迎送官員，整葺祠宇，置造軍器，似此之類，其名不一。竹木瓦磚、油漆麻苧等物〔二〕，例以和買爲名，不曾支給分文。又如役使工匠，科差人夫，勒出錢米，陪備供輸，椎剥肌髓，至此爲甚。

一、縣官或遇檢驗定奪、打量體究等事下鄉，多是過數將帶當直。雖公吏輩，亦用轎乘，排備酒饌，需索錢物，動是取辦保正。亦有本官吃食，令保正供買，及所經過都分雖無公事干涉，例有過鄉錢、過水錢。其爲搔擾，非止一端。

一、訪聞縣道差募保正拘催二税，自承認之日，便先期借絹借米，硬令空作人户姓名，投納在官。曾未旬月，分限完較。或三五日一次，或五六日一次，人吏鄉司，皆有常例。需索稍不如數，雖所催分數已及，却計較毫釐，將多爲少，未免箠楚。一月之内，盡是趁赴比較之日，即不曾得在鄉催税。及至催納次第，則又别出一簿，謂之剗簿，增添改易，不可稽考。有坍溪落江、逃亡死絶、有名無實之税，縣道不與勘會著實，臨期動是勒令填納，以至典賣屋業，無可填備。一次充應，催税至有三四年者。雖所欠尺寸升合些少官物，亦行縮繫，無能得脱。百姓受此抑勒破蕩之苦，而縣道恬不加恤，委是無辜。

右鏤榜示所管鄉分鄉村市鎮張掛〔三〕，其縣道於前件約束事件如有違戾，許保正副、催科保長徑赴本司陳訴，切待追究著實，即行按奏公吏，依法重行斷治施行。淳熙九年八月□日榜。

校記 〔一〕隨税：原作「隨租」，據宋閩、浙本改。

〔二〕漆：原作「添」，據宋浙本改。

〔三〕「榜」下疑脱「曉」字。

編年　據文中所署。

減半賞格榜淳熙九年九月七日

浙東提舉常平司：二月二十五日，準尚書省劄子備提舉司奏，今歲災傷，條畫賑恤事件，數内一項，去歲上户別納糴濟之人，近已蒙聖旨補受官資，無不感戴。然去歲蒙降減半指揮，止於紹興一府施行。今歲一路皆荒，事體不同。今檢會當來耿延年所乞事理〔一〕，許於浙東一路通行。奉聖旨，令吏部檢坐乾道七年八月一日賞格，節次指揮，行下浙東州縣，勸諭富室上户賑濟賑糶應格之人，保明推賞。如後來檢踏得災傷最重處，許提舉司開具保明，申尚書省取旨，與依減半指揮施行。劄付本司，須至曉諭。

右當司除已恭依聖旨指揮，行下諸州縣勸諭外，今印榜曉示富室上户，仰體朝廷恤民之意，廣出米穀，以拊鄉閭。有欲依募之家，先赴本司自陳。切待摽撥，就比近災傷最重州縣入納，即爲保明申奏朝廷，乞補官資，應得上件減半指揮，不致有胥吏阻抑，故榜。九月七日。

校記　〔一〕來：原作「年」，據宋閩、浙本改。

編年　據文中所署。

約束糶米及劫掠榜淳熙九年秋

照對管下州縣中夏以來久不得雨，高低旱禾多有旱損，切慮人民不安，理合存恤曉諭。

一、州縣目今米價高貴，止緣早禾旱傷。其中晚之田，自有得雨，足可灌溉成熟去處。兼當司已蒙朝廷給降本錢，及取撥別色官錢，見今廣招廣南、福建、浙西等處客販般運米斛到來投糶，準備闕米州縣般運前去出糶。切恐有米積蓄上户與停塌之家未知前項事因，以謂旱損少米，意圖邀求厚利，閉糶不糶。此項除已牒諸州府請速行遍下屬縣，勸諭有米積蓄上户停塌之家，趁此米穀未登之際，各依時價，自行出糶，應副細民食用。如敢輒有違戾，切待根究，重行斷遣。如是向去民間大段艱食，切待別行申奏朝廷，乞更多撥錢米，前來濟糶。

一、州縣火客佃户耕作主家田土，用力爲多，全仰主家借貸應副。今來旱損，其田主自當優恤，賙給存養，無令失所。訪聞多有坐視火客佃户狼狽失業，恬不介意，切恐因而失所，却致無人布種，荒廢田畝。此項除已牒諸州府，請遍行下諸縣，勸諭應有田之家，請以田客平日耕布勤勞爲念，常加優恤，應副存養，勿令失業云云。

一、州縣旱傷去處，慮有無知村民，不務農業，專事扇惑聚衆，輒以借貸爲名，於村疃之間廣張聲勢，亂行逼脅，以至劫掠居民財物米穀。此項當司檢準律：强盗不得財，徒二年。一疋徒三年，二疋加一等，十疋及傷人者絞，殺人者斬。其持杖者雖不得財，流三千里。五匹絞，傷人者斬。今來切慮愚民不曉條法，誤犯刑名，深可憐憫。除已牒諸州府，請遍下諸縣，曉諭民户知委，各自安業，勿致扇惑，輕犯典憲，後悔無及。

右今鏤榜曉諭民户知悉，故榜。

編年　此亦浙東任上所作。文云「中夏以來久不得雨」，當作在秋間。

再放苗米分數榜 淳熙八年十二月

契勘本路今年旱傷，檢放苗米多有不實去處，曾具奏請。今來當職詢訪，不實最多，未欲按劾施行。今來到任，已是深冬，難以檢勘。須至别行措置，將諸州縣人户災傷苗米等第更行蠲放。除已奏聞及申尚書省外，須至曉諭。

右今將本路州縣人户苗米元檢放五分已上鄉分，全户五斗已下全放。元檢放四分以上鄉分，全户四斗以下全放。元檢放三分以上鄉分，全户三斗以下全放。元檢放二分以上鄉分，全户二斗以下全放。元檢放一分以上鄉分，全户一斗以下全放。其紹興府人户，須有丁之家，方得蠲放。其湖田米，亦依例蠲放施行。今印榜曉示人户知委，如州縣再行催理，仰經本司陳訴，切待追究，按劾施行。

編年　文云「今來到任，已是深冬」，知作於淳熙八年十二月。

約束檢旱 淳熙九年

照對今歲適當旱歉，州縣合差官遍往鄉村檢視。每見差出官員多是過數將帶人從，反行須索，搔動村落。以納圖册爲名，不論人户高低，每畝科配頃畝頭性之類〔一〕。又不親行田畝，從實檢校，反將訴荒人户非理監繫，勒令服熟，殊失救荒恤民之意。今來當職斟酌，每官一員止得帶廳子一名，吏貼一人，當直八名。仰從本州縣陳乞，計日給錢米，各自賫行，并不許分毫搔擾保正副及大小保長。須親行田畝，從實檢放。如有違戾，許人户徑到本司陳訴，切待追治施行。

校記 〔一〕性：四庫全書本作「牲」。

編年 據上篇，朱熹至浙東任淳熙八年檢旱已畢。此篇約束檢旱，顯繫九年之事。

浙東客次榜 淳熙八年十二月

熹叨被臨遣，專以刺舉爲職。自惟昧陋，雖不足以盡知官吏之賢否，然既尸其任，不敢不悉心詢究。故自到任以來，凡所論薦，皆必稽諸公論，考其事實，然後剡奏，不敢徇私容情，以自陷於罔上之誅。凡我同寮，亦望究心職事，律己愛民，以待考察，不必投書獻啓，自陳腳色，挾持勢援，宛轉請求，徒失所以自重之道，而反貽絀辱之羞也。或恐實有賢哲之士，潛晦不耀，而熹之愚不足以知之，則却望相與推揚，具以見教。熹敢不承命加察焉。

編年 文云「叨被臨遣，專以刺舉爲職」，應爲淳熙八年十二月初至任時所作。

除秦檜祠移文 淳熙九年

竊見故相秦檜歸自虜庭，久專國柄，内忍事讎之耻，外張震主之威，以恣睢戮善良，銷沮人心忠義剛直之氣；以喜怒爲進退，崇獎天下佞諛偷惰之風。究其設心，何止誤國。岳侯既死於棘寺，魏公復竄於嶺隅。連逮趙汾之獄，蓋將掩衆正而盡誅；徘徊漢鼎之旁，已聞圖九錫而來獻。天不誅檜，誰其弱秦！今中外之有識，猶皆憤惋而不平；而朝廷於其家，亦且擯絕而不用。況永嘉號禮義之地，學校實風化之源，尚使有祠，無乃未講。雖捐田以示濡沫，恐出市恩；然設像以厠英賢，何以爲訓？

編年 此亦浙東任上所作。

朱熹文集編年評注卷一百

公移

州縣官牒 紹熙元年四月

恭惟朝廷設官分職，等級分明，大小相維，各有承屬。蓋以一人之智不能遍周衆事，所以建立司存，使相總攝。然事有統紀，雖繁而不亂。今睹本州官屬雖具，而從來分職未明，文書散漫，殊無條理。財賦獄訟盡出吏手，而參佐以下官受其成。詳考舊案，亦有不經通判書押處。大綱一紊，衆目立隳。若不更張，積成深弊。今來須至別行措置，如前所陳。又仰諸案呈覆，已得判押，并須以次經由通判職官簽押，方得行遣文字。并須先經職官，次詣通判，方得呈知州，取押用印行下。又準淳熙令，諸縣丞簿尉并日赴長官廳或都廳簽書當日文書。謂應行出者。竊詳立法之意，蓋欲一縣之官同管一縣之事，庶得商量詳審，與決公事，不至留滯，民無冤枉。而比年以來，此法不舉，所謂過廳者，不過茶湯相揖而退。其於縣之財賦獄訟，知縣既不謀之佐官，佐官亦不請於知縣，大率一出於知縣一人、十數胥吏之手而已。設使知縣才術過人，力能獨任，亦非爲治之體，而况爲知縣者有不得人，或見事有不明處，事有不公，則賕賂囑託，變亂是非，淹延囚係，違法害民，其弊又有不可勝言者。今請諸縣知佐詳照條法，逐日聚廳議事。應受接詞訴，理斷公事，催督財賦，并要公共商量，簽押圓備，然後施行。庶幾上合法意，下慰民情，稍革舊弊。都吏具檢，牒通判廳遍下簽廳及諸曹官，自五月一日爲始，依此施行。更有未盡事理，委自逐官比類推究，申請施行。最後一項，仍貼諸縣。請各關牒佐司，同共遵守，先具各知稟狀申。

編年　文云「今睹本州官屬」，是朱熹在知州任上。考其生平兩任知州，一知漳州，一知潭州。後者於五月五日始至任，八月即離任，故此當爲漳州所作。朱熹至漳在紹熙元年四月二十四日，次年四月二十九日離任。文云「自五月一日爲始」，顯係元年所作。

漳州曉諭詞訟榜 紹熙元年五月

權發遣軍州事：契勘本州近準提刑行司判下詞狀，計二百四十三道。其間官吏違法擾民，事理彰著者，即已遵依送獄根治。其有關繫一方百姓公共利害，而非一旦所能遽革者，亦已廣行咨詢，別行措置訖。其餘詞狀，亦有只是一時争競些少錢米田宅，以致互相誣賴，結成仇讎，遂失鄰里之歡，且虧廉耻之節。甚則忘骨肉之恩，又甚則犯尊卑之分。細民如此，已足傷嗟。間有自稱進士學生、宦族子弟，而其所訴亦不免此。此邦之俗舊稱醇厚，一旦下衰至於如此，長民者安得不任其責，又何忍一切徒以枉後惠文爲事，而不深求所以感發其善心者哉。又況所論或人數衆多，或地里遥遠，或事非干己而出於把持告訐之私〔一〕，或詞涉虚妄而肆爲詭名匿迹之計。前此未知情由，便行追對。及至得實，善良被擾，已不勝言。慮之不深，徒自悔咎。今已刷出所承判狀，委官置籍，先索案祖，逐旋看詳。然後逐人引問供對，庶幾深審，得見實情，予奪之間，不至差誤。若有奸僞，先將詞人重行斷遣。務以上奉公法，下全私恩，不擾良民，不長奸惡。此病守區區深憂吾民、追懷舊俗之本志也。將來斷訖，各給斷由，回申照會，然後逐件勾銷元籍。如未允當，即仰人户自從次第官司翻論。今恐詞人等候日久，未有施行，妄有疑惑，復生詞訴，除已具申提刑司外，須至曉諭者。

右今榜州門張掛曉諭，各令知悉。更請深自思惟，所訴事理或涉虚僞，或無大段利害，可以平和，即仰早生悔悟，降心相從，兩下商量，出官對定。庶幾有以復此邦忠厚醇樸之俗，革比年頑嚚偷薄之風，少安病守閔惻慚懼之心，仰副明使者循行荒遠、宣布詔條之意。如未聽信，别聽指揮，儻觸憲章，決無輕恕。故榜。紹熙元年五月日。

校記　〔一〕訐：原作「計」，據宋閩、浙本改。

編年　據文中所署。

曉諭居喪持服遵禮律事紹熙元年六月

使州：今月初九日，有進士吕渭夫狀陳理差役公事，狀有稱見居母喪，而身著襴幞皂紗巾持〔一〕。即已開陳禮法，當廳告戒。尚慮遠近未能遍知，須至曉諭。

右當職竊聞先聖有言：「孝子之喪親，服美不安，聞樂不樂，食旨不甘，此哀戚之情也。」又曰：「子生三年，然後免於父母之懷，故三年之喪，天下之通喪也。予也有三年之愛於其父母乎？」是以昔者先王制爲喪禮，因人之情而節文之，其居處、衣服、飲食之間皆有定制。降及中世，乃有墨衰之文，則已不能無失於先王之意矣。然準律文，諸喪制未終，釋服從吉若忘哀作樂，自作、遣人等。徒三年，雜戲徒一年。即遇樂而聽及參預吉席者，各杖一百。則是世無古今，俗無厚薄，而有國家者所以防範品節之意尚未泯也。又況頃年至尊壽皇聖帝躬服高宗皇帝之喪，素衣素冠，皆用粗布。當職嘗因奏事，親得瞻仰。恭惟天子之孝所以感神明而刑四海者如此其盛，而此邦僻遠，聲教未洽，乃有居父母之喪而全釋衰裳，盡用吉服者。見之駭然，良用悲嘆。自惟涼薄，無以愈人。然幸身際盛時，目睹聖孝，今又得蒙誤恩，使以承流宣化爲職，敢不明布，以喻士民。自今以來，有居父母之喪者，雖或未能盡遵古制，全不出入，亦須服粗布黯衫、粗布黲巾，繫麻絰，著布鞋，不飲酒，不食肉，不入房室。如是三年，庶幾少報劬勞，勉遵禮律，仰承聖化。如其不然，國有常憲。今榜曉諭，各令知悉。故榜。紹熙元年六月日。

校記 〔一〕持：正訛據徐樹銘新本改作「背」。四庫全書本作「特」。

編年 據文中所署。

勸女道還俗榜紹熙元年八月

使州：契勘本州日前官司失於覺察，民間多有違法私創庵舍，又多是女道住持。昨來當職到任之初，爲見事有非便，即已坐條出榜禁止，今後不得私創庵舍居住，丁寧告戒，非不嚴切。近日因引詞狀，見得尚有女道住庵，又有被人論訴與人奸通者，顯是不遵當職約束，故違國家條制，誣上行私，敗亂風俗，須至再行勸諭者。

右今榜勸諭本州軍民男女等。蓋聞人之大倫，夫婦居一，三綱之首，理不可廢。是以先王之世，男各有分，女各有歸，有媒有娉，以相配偶，是以男正乎外，女正乎内，身修家齊，風俗嚴整，嗣續分明，人心和平，百物順治。降及後世，禮教不明，佛法魔宗乘間竊發，唱爲邪説，惑亂人心，使人男大不婚，女長不嫁，謂之出家修道，妄希來生福報。若使舉世之人盡從其説，則不過百年，便無人種，天地之間，莽爲禽獸之區。而父子之親，君臣之義，有國家者所以維持綱紀之具皆無所施矣。幸而從之者少，彝倫得不殄滅。其從之者又皆庸下之流，雖惑其言而不能通其意，雖悦其名而不能踐其實，血氣既盛，情竇日開，中雖悔於出家，外又慚於還俗，於是不昏之男無不盗人之妻，不嫁之女無不肆爲淫行。官司縱而不問，則風俗日敗；悉繩以法，則犯者已多。是雖其人不能自謀，輕信邪説，以至於此，亦其父母不能爲其兒女計慮久遠之罪。究觀本末，情實可哀。此當職前日之榜所以不憚於丁寧也。然昨來告戒未行，只緣區處未廣。今復詳思，與其使之存女道之名以歸父母兄弟之家，亦是未爲了當，終久未免悔吝。豈若使其年齒尚少、容貌未衰者各歸本家，聽從尊長之命，公行媒娉，從便昏嫁，以復先王禮義之教，以遵人道性情之常，息魔佛之妖言，革淫亂之污俗，豈不美哉！如云昏嫁必有聘定賫送之費，則修道亦有庵舍衣鉢之資。爲父母者隨家豐儉，移此爲彼，亦何不可？豈可私憂過計，苟徇目前，而使其男女孤單愁苦，無所依託，以陷邪僻之行、鞭撻之刑哉。凡我長幼，悉聽此言，反復深思，無貽後悔。故榜。紹熙元年八月日。

編年　據文中所署。

揭示古靈先生勸諭文 紹熙元年

古靈先生陳公勸諭：爲吾民者，父義，能正其家。兄友，能養其弟。弟敬，能敬其兄。子孝。能事父母。夫婦有恩，貧窮相守爲恩。若棄妻不養，夫喪改嫁，皆是無恩也。男女有別，男有婦，女有夫，分别不亂。子弟有學，能知禮義廉耻。鄉閭有禮。歲時寒暄，皆以恩意，往來燕飲，序老少坐立拜起。貧窮患難，親戚相救。借貸財穀。昏姻死喪，鄰保相助。無墮農桑，無作盜賊，無學賭博，無好爭訟，無以惡凌善，無以富吞貧。行者遜路，少避長，賤避貴，輕避重，去避來。耕者遜畔，地有畔，不相爭奪。班白者不負戴於道路。子弟負重執役，不令老者擔擎。則爲禮義之俗矣。

以上同保之人今仰互相勸戒，孝順父母，恭敬長上，和睦宗姻，周恤鄰里，各依本分，各修本業〔一〕，莫作奸盗，莫縱飲博，莫相鬥打，莫相論訴，莫相侵奪，莫相瞞昧，愛身忍事，畏懼王法。保内如有孝子順孫、義夫節婦，事迹顯著，即仰具申，當依條旌賞。其不率教者，亦仰申舉，依法究治。自餘禁約事件，仍已別作施行。各宜遵守，毋至違犯。

校記 〔一〕各：原缺，據下篇補。

編年 此與上下各篇内容相涉，亦漳州所作。

勸諭榜 紹熙元年

今具節次施行勸諭事目如後：

一、勸諭保伍互相勸戒事件：仰同保人互相勸戒，孝順父母，恭敬長上，和睦宗姻，周恤鄰里，各依本分，各修本業，莫作奸盗，莫縱飲博，莫相鬥打，莫相論訴，孝子順孫、義夫節婦事迹顯著，即仰具申，當依條旌賞。其不率教者，亦仰申舉，依法究治。

一、禁約保伍互相糾察事件：常切停水防火，常切覺察盗賊，常切禁止鬥爭。不得販賣私鹽，不得宰殺耕牛，不得賭博財物，不得傳習魔教。保内之人互相覺察，知而不糾，并行坐罪。

一、勸諭士民，當知此身本出於父母，而兄弟同出於父母，是以父母兄弟天性之恩至深至重。而人之所以愛親敬長者，皆生於本心之自然，不是强爲，無有窮盡。今乃有人不孝不弟，於父母則輒違教命，敢闕供承；於兄弟則輕肆忿争，忍相拒絕，逆天悖理，良可嘆傷。宜亟自新，毋速大戾。

一、勸諭士民，當知夫婦婚姻，人倫之首，媒妁聘問，禮律甚嚴。而此邦之俗有所謂管顧者，則本非妻妾，而公然同室。有所謂逃叛者，則不待媒娉，而潛相奔誘。犯禮違法，莫甚於斯。宜亟自新，毋陷刑辟。

一、勸諭士民，鄉黨族姻，所宜親睦。或有小忿，宜各深思，更且委曲調和，未可容易論訴。蓋得理亦須傷財廢業，况無理不免坐罪遭刑，終必有凶，切當痛戒。

一、勸諭官户，既稱仕宦之家，即與凡民有異。尤當安分循理，務在克己利人。又況鄉鄰無非親舊，豈可恃强凌弱，以富吞貧？盛衰循環，所宜深念。

一、勸諭遭喪之家，及時安葬，不得停喪在家及殯寄寺院。其有日前停寄棺柩灰函，并限一月安葬。切不須齋僧供佛，廣設威儀，但只隨家豐儉，早令亡人入土。如違，依條科杖一百，官員不得注官，士人不得應舉。鄉里親知來相吊送，但可協力資助，不當責其供備飲食。

一、勸諭男女，不得以修道爲名，私創庵宇。若有如此之人，各仰及時婚嫁。

一、約束寺院，民間不得以禮佛傳經爲名，聚集男女，晝夜混雜。

一、約束城市鄉村，不得以禳災祈福爲名，歛掠錢物，裝弄傀儡。

前件勸諭，只願民間各識道理，自做好人。自知不犯，有司刑憲無緣相及。切須遵守，用保平和。如不聽從，尚敢干犯，國有明法，吏不敢私。宜各深思，無貽後悔。

曉示經界差甲頭榜 紹熙元年八月

漳州：　契勘本州日前經界未及均税〔一〕，遽行住罷，後來一向不復舉行。是以豪家大姓有力之家包并民田而不受産，則其産虛樁在無業之家；冒占官地而紐租，則其租倈寄於不佃之户。奸胥猾吏寅夜作弊〔二〕，走弄出入，不可稽考。貧民下户枉被追呼，監繫箠楚，無所告訴。至於官司財計因此失陷，則又巧爲名色，以取於民。雖有慈惠之長、明察之官，欲革舊弊而一新之，亦復無所措手。如是者蓋已有年矣。乃者聖明灼知其弊，深加憐憫，特詔守臣相度經界利害。蓋欲仰遵紹興已行之故典，加惠此邦重困之瘵民，務使田税均平，貧富得實，免致貧民下户困於兼并豪猾之手。雖知應役之人不無少擾，然欲革百年深錮之弊，爲斯民久遠之計，勢有不得已者。本州謹已仰體聖意，條具奏聞去訖。竊恐旦夕或蒙行下，便當舉行。而遠近士民傳聞不審，過有疑慮，合行曉諭。及有預行撥置事件，亦須先次遍行告報，曉示下項：

一、今來經界乃是紹興年中已行之法，當時諸路州縣并皆舉行。始初傳聞，人亦驚恐，扇摇眩惑，怨謗紛然。及至打量田土，攢造圖帳，一都不過二十餘人，遠者不過數月之久，即便結局。應役之户雖不免有勞費，然結局之後，田土狹闊、産錢重輕條理粲然，各有歸著，在民無業去産存之弊，在官無逃亡倚閣之欠，豪家大姓不容僥倖隱瞞，貧民下户不至偏受苦楚，至今四五十年，人無智愚，皆知經界之爲利而不以爲害。只是本州推行未畢，遽行住罷，所以民間但知其害而未及知其利之如此。奸民猾吏又皆知其利於貧民而不利於己，往往互相驚恐，妄説事端，欲使聖朝仁政實惠不得下流，而千里之内，貧弱之民依前受弊，無有窮極，實可憐悼。今仰人户詳此事理，仰體聖朝寬恤之意，莫聽浮言，妄有驚擾。

一、經界之法，當依紹興年例，別差大小正副甲頭專一打量，每都大約不過二三十户。本州諸縣從來本都不曾分十大保，無以得見都分闊狹，合差小甲頭之數。今且行下諸縣，仰各告報見役保正副等，先納逐都四至之内圍徑幾里，東至西幾里，南至北幾里。約計田園大概頃畝，大概約度，未要的實細數。具狀申縣，以憑分畫方界，定差大小甲頭。將來定差之後，打量攢造，并委甲頭管幹。其見役保正，若非合充甲頭之人，即依舊只管煙火，不預經界事務。

一、打量紐算，置立土封，樁摽界至〔三〕，分方造帳，畫魚鱗圖、砧基簿及供報官司文字應干式樣，見已講究見得次第，旦夕當行鏤版，散下諸縣。庶幾將來經界大小甲頭等人各通曉，免至臨時雇募他人，重有所費。

右今榜先次曉諭本州人户，各仰知悉。如將來所奏事理得蒙聖恩即賜開允，即當別行措置，子細曉諭，務要不擾而辦，以副朝廷綏靖遠方、蠲除民瘼之意。如所措置有未穩便，亦仰及早前來陳説，切待別行講究，改正施行。紹熙元年八月日。

校記　〔一〕州：原作「縣」，據正訛改。

〔二〕夜：四庫全書本作「緣」。

〔三〕椿：原作「椿」，據宋閩本改。

編年 據文中所署。

勸農文 紹熙二年二月

契勘生民之本，足食爲先。是以國家務農重穀，使凡州縣守倅皆以勸農爲職，每歲二月，載酒出郊，延見父老，喻以課督子弟、竭力耕田之意。蓋欲吾民衣食足而知榮辱，倉廩實而知禮節，以共趨於富庶仁壽之域，德至渥也。當職幸此承攝，敢墜彝章？今有勸諭事件，開具如後：

一、今來春氣已中，土膏脉起，正是耕農時節，不可遲緩。仰諸父老教訓子弟，遞相勸率，浸種下秧，深耕淺種。趨時早者所得亦早，用力多者所收亦多，無致因循，自取飢餓。

一、陂塘水利，農事之本。今仰同用水人叶力興修，取令多蓄水泉，準備將來灌溉。如事干衆，即時聞官，糾率人功，借貸錢本，日下修築，不管誤事。

一、耘犁之功，全藉牛力，切須照管，及時餧飼，不得輒行宰殺，致妨農務。如有違戾，準勑科決脊杖二十，每頭追賞五十貫文〔一〕。錮身監納，的無輕恕。今仰人户遞相告戒，毋致違犯。

一、種田固是本業，然粟豆麻麥、菜蔬茄芋之屬，亦是可食之物。若能種植，青黄未交得以接濟，不爲無補。今仰人户更以餘力廣行栽種。

一、蠶桑之務，亦是本業。而本州從來不宜桑柘，蓋緣民間種不得法。今仰人户常於冬月多往外路買置桑栽，相地之宜，逐根相去一二丈間，深開窠窟，多用糞壤，試行栽種。待其稍長，即與削去細碎拳曲枝條。數年之後，必見其利。如未能然，更加多種吉貝麻苧〔二〕，亦可供備衣著，免被寒凍。

一、鄉村小民，其間多是無田之家，須就田主討田耕作〔三〕。每至耕種耘田時節，又就田主生借穀米。及至秋冬成熟〔四〕，方始一并填還。佃户既賴田主給佃生借以養活家口，田主亦藉佃客耕田納租以供贍家計，二者相須，方能存立。今仰人户遞相告戒，佃户不可侵犯田主，田主不可撓虐佃户。如當耕牛車水之時，仰田主依常年例應副穀米；秋冬收成之後，仰佃户各備所借本息填還。其間若有負頑不還之人，仰田主經官陳論，當爲監納，以警頑慢。

一、本州管内荒田頗多，蓋緣官司有倈寄之擾，象獸有踏食之患，是致人户不敢開墾。今來朝廷推行經界，向去産錢官米各有歸著，自無倈寄之擾。本州又已出榜勸諭人户，陷殺象獸，約束官司，不得追取牙齒蹄角。今更别立賞錢三十貫，如有人户殺得象者，前來請賞，即時支給，庶幾去除災害，民樂耕耘。有欲陳請荒田之人，即仰前來陳狀，切待勘會給付，永爲己業。仍依條制，與免三年租税。

一、今來朝廷推行經界，本爲富家多置田業，不受租産，貧民業去産存，枉被追擾，所以打量步畝，從實均攤，即無增添分文升合。雖是應役人户日下不免小勞，然實爲子孫永遠無窮之利。其打量紐算之法亦甚簡易，昨來已印行曉示。今日又躬親按試，要使民户人人習熟。秋成之後，依此打量，不過一兩月間，即便了畢。想見貧民無不歡喜，只恐豪富作弊之家見其不利於己，必須撰造語言，妄有扇摇。今仰深思彼此一等，皆是王民，豈可自家買田收穀，却令他人空頭納税？非惟官法不容，亦恐别招陰譴，不須如此計較生事，沮撓良法。

一、本州節次行下諸縣，不得差人下鄉乞覓搔擾，科敷抑配，强買物色，及以補發經總制錢、發納上供銀、罷科茶等爲名，科罰人户錢物。所以上體朝廷寬恤之意，欲使民得安居，不廢農業。今恐諸縣奉行違戾，仰被擾人指定實迹，前來陳訴。切待追究，重作行遣。

一、本州節次印給榜文，勸諭人户，莫非孝弟忠信、禮義廉耻之意。今恐人户未能遍知，别具節略，連粘在前。請諸父老常爲解説，使後生子弟知所遵守，去惡從善，取是舍非，愛惜體膚，保守家業。子孫或有美質，即遣上學讀書，學道修身，興起門户。

右今出榜散行曉諭外，更請父老各以此意勸率鄉閭，教戒子弟，務令通曉，毋致違犯。紹熙二年二月日榜〔五〕。

校記

〔一〕賞：正訛改作「償」。

〔二〕貝：原作「具」，據宋閩、浙本改。

〔三〕計：原作「討」，據右引改。

〔四〕秋：原作「終」，據右引改。

〔五〕二年：原作「三年」。朱熹紹熙元年四月至漳州，二年四月離任，據改。

編年　據文中所署。

龍巖縣勸諭榜 紹熙元年

具官：當職恭奉敕命，來守此邦。見本州四縣龍谿諸邑風俗醇厚，少有公事干撓州府，獨有龍巖一縣地僻山深，無海鄉魚鹽之利，其民生理貧薄，作業辛苦。州府既遠，情意不通，縣道公吏又不究心拊摩，躬行教化，往往多差公人下鄉搔擾，及縱吏人因事乞覓，不遵朝制，不恤刑獄，不能分別是非曲直，致使其民不見禮義，惟務凶狠，强者欺弱，壯者凌衰。内則不知有親戚骨肉之恩，外則不知有閭里往來之好，習俗薄惡，已足嘆傷。至其甚者，則又輕侮官司，公肆咆哮，把持告訐，無所不至。始則詭名下狀，終則將身藏閃。及至州縣察其欺詐，追捕緊急，則便閉門聚衆，持杖鬥敵。殊不思量既爲王民，便當遵守王法。州縣之官皆是奉行朝廷政令，今既不然，抗拒州縣，便是不遵王法，不畏朝廷。如此所爲，何異盗賊？縱使一時抵敵得過，不知終久作何收殺。雖説本因官吏養成此惡，然却終須自己出頭受罪，小者徒配決罰，大者殺身破家。赤子無知，抵冒至此，良可悲閔。當職既忝父母之官，豈忍坐視，不思有以救其未然？除已行下龍巖縣約束官吏務宣教化，恪守條法，不得似前容縱搔擾外，須至曉諭。

右今榜龍巖縣管下，遍行曉諭上户豪民，各仰知悉。其有細民不識文字，未能通曉，即請鄉曲長上詳此曲折，常切訓誨。要使闔縣之人常切思念，既爲王民，當守王法，自今以後，各修本業，莫作奸盜，莫恣飲博，莫相鬥打，莫相論訴，莫相侵奪，莫相瞞昧，愛身忍事，畏懼官司，不可似前咆哮告訐，抵拒追呼，倚靠凶很〔一〕，冒犯刑憲。庶幾一變獷悍之俗，復爲禮義之鄉，子子孫孫，永陶聖化。如更不改，尚習前非，州郡雖欲曲法相容，亦不可得。决當會合巡尉，圍掩搜捉，依條斷罪，的無輕恕。今榜曉諭，各請詳思，趁早革心，無貽後悔。

校記　〔一〕很：原作「狼」，據宋閩、浙本改。

編年　文云「當職恭奉敕命，來守此邦」，顯係到官之初語，故當作於紹熙元年。

潭州委教授措置岳麓書院牒紹熙五年夏

契勘本州州學之外復置岳麓書院，本爲有志之士不遠千里求師取友，至於是邦者，無所棲泊，以爲優游肄業之地，故前帥樞密忠肅劉公特因舊基復創新館，延請故左司侍講張公先生往來其間〔一〕，使四方來學之士得以傳道授業解惑焉。此意甚遠，非世俗常見所到也。而比年以來，師道陵夷，講論廢息，士氣不振，議者惜之。當職叨冒假守，蒙被訓詞，深以講學教人之務爲寄。顧恨庸鄙，弗克奉承，到官兩月，又困簿書，未能一往謁殿升堂，延見諸生，詢考所合罷行事件，庶革流弊，以還舊規。除已請到醴陵黎君貢士充講書職事，與學録鄭貢士同行措置外，今議別置額外學生十員，以處四方游學之士。依州學則例，日破米一升四合，錢六十文，更不補試，聽候當職考察搜訪，徑行撥入者。庶幾有以上廣聖朝教育人才之意，凡使爲學者知所當務不專在於區區課試之間〔二〕，實非小補。牒教授及帖書院照會施行，仍請一面指揮合干人排備齋舍、几案、床榻之屬，并帖錢糧官於本州贍學料次錢及書院學糧内通融支給，須至行遣。

校記〔一〕左：原作「本」，據宋閩、浙本改。

〔二〕凡使：正訛乙作「使凡」。

編年 朱熹紹熙五年五月至潭州任，八月離任，據以繫之。

約束榜 紹熙五年七月

一、契勘諸縣民訟人户自合從條次第經陳，其公事各有條限，民户越訴，亦有斷罪刑名。往往縣道不能結絕，遂至留滯，引惹詞訴。兼又有人不候本縣照限追會圓備予决，便即先行經州，紊煩官府。今立限約束，自截日爲始，應諸縣有人户已訴未獲，盗賊限一月，鬥毆折傷連保辜通五十日，婚田之類限兩月，須管結絕。行下諸縣遵從外，如尚有似此民訟，亦照今來日限予决。若縣道違期不行結絕，方許人户赴州陳訴。切待先追承行人勘斷，再立限驅催。其縣道又不了絕，致人户再有詞訴，定追押録科斷外，今仰民户經由書鋪依式書狀，仍於狀内分明聲説的於某年月日經縣陳訴，已經幾日，本縣不結絕，以憑行遣。如不明注經縣月日，或不候限滿，妄稱已過所立日限陳述，致追承行人到州，見得元經月日未及，其人户連書鋪并行收坐，仍毁劈書鋪名印。若經本州一月未滿，狀詞亦不許再行。

一、官人、進士、僧道、公人謂訴己事，無以次人聽自陳。聽親書狀，自餘民户并各就書鋪寫狀投陳。如書鋪不寫本情，或非理邀阻，許當廳執覆〔一〕。

一、狀詞并直述事情，不得繁詞帶論二事，仍言詞不得過二百字。一名不得聽兩狀，并大字依式真謹書寫。如有干照契據并未盡因依，聽録白連粘狀前。

一、如告論不干己事，寫狀書鋪與民户一等科罪。

一、民户詞訴不應爲狀首人，自不當出名。其應爲狀首人，并要正身。如實有事故，得用以次人，仍聲説因依，年月若干，有無疾蔭，婦人有無疾蔭娠孕於前，從實開具。或有罪應科決，臨時妄行供説，先契勘元寫狀書鋪。

一、書鋪如敢違犯本州約束，或與人户寫狀不用印子，便令經陳，紊煩官司，除科罪外，并追毁所給印子。

一、人户陳狀，本州給印子，面付茶食人開雕，并經茶食人保識，方聽下狀，以備追呼。若人户理涉虚妄，其犯人并書鋪茶食人一例科罪。

一、契勘人户多有不問事節緊慢，不候行押詞狀日分，輒行攔轎下狀，或投白紙。今立約束，攔轎狀詞并不受接。并所投白紙，止是理訴婚田債負，即非緊切利害事件，亦非貧窶、鰥寡孤獨無告之人，顯無忌憚，紊煩官府。自今後，除貧窶、老病、幼小、寡婦或被劫盗并鬥毆殺傷，事干人命，初詞許於放詞狀日投白紙外，自餘理訴婚田債負或一時互争等事，人户須管經由書鋪依式書狀，聽引狀日分陳理。如有似此違約束之人，定當重行斷罪。

一、引押狀詞日分，預批曆請台判。輪委職官一員或兩員，就大廳側畔用硃劃號數，監用朱批事因。

一、引押詞狀，除初經州狀外，其有事祖狀并各令案吏貼擇出案祖，用硃批出緊要情由，元詞月日，作如何施行，某處已未結絕事因，請判。

一、本州鼓角樓所有牌二面，内東畔一面係軍州官下馬牌，西面係人户詞訟牌。蒙安撫到任，移西畔詞訟牌於東，自新開雕屈牌一面，安在詞訟牌之上，差使臣一員監當。并置曆一道，付監管官。如有投牌之人，抄上姓名，押赴使府出頭，取候台旨施行。其牌黑漆雕字，具説有實負屈、緊急事件之人，仰於此牌下跂立，仰監牌使臣即時收領出頭，切待施行。如敢將閑慢事件，不候引狀日分，妄作緊急坐牌，定行勘斷。

一、有日逐諸雜申并省符公牒文字，并置簿子，劃隔眼拘管，遇夜銷。逐旬委官點號。

一、照得日逐所受入匣追索人案文字，置外引開牌時刻〔一〕，責鋪兵依限走傳。如違限，委官先追押録重斷。

一、類狀名色：官吏受財枉法，將吏侵尅役使，殺人行劫，殺略奸盗，聚衆鬥打或抵拒官司，豪家大姓侵擾占奪細民田業，奸污婦女，鬥打見血，官員、士人、公人、軍人、僧道執狀，已上當使廳引押。訴婚田地、訴分析、訴債負、鬥打不見血、差役陂塘，已上都廳引押。

一、引押詞狀，元係雙日，引押公事，元係隻日，蒙安撫到任，以隻日引押詞狀，雙日引押公事。

一、狀式： 某縣某鄉某里姓名； 一，年幾歲，有無疾蔭，合爲狀首，堪任杖責，係第幾狀； 一，所訴某事，合經潭州； 一，即不是代名虚妄，無理越訴，或隱匿前狀。如違，甘伏斷罪號令。右某入事。明注年月，指涉某人某事盡實，限二百字。須至具狀披陳，伏候判府安撫修撰特賜台旨。

一、照對每月長沙等一十二縣合解有無定額月樁等錢，從本司印格目書填錢物，監轄典吏樁辦。限次月各分日限申解〔三〕，赴州交納。近準安撫修撰侍講到任措置〔四〕，逐月輪委佐官坐押。内長沙、善化縣輪縣丞、主簿〔五〕、縣尉，并外十縣輪縣丞、主簿〔六〕、監當官一員，監轄典押、承行人各一名拘樁，并限次月初十日到州。其錢須要所委官同典吏躬親坐押赴州。如解足，典押免行到州。不足，斷訖，典吏就州監催。或錢違限不到，即追本縣樁錢典吏及拘押錢官下承行廳子，并行勘斷施行。

一項，照應州場日逐受納紹熙五年夏税錢將入中限，未據人户賫納，竊恐有誤裝綱支用。檢準令節文，諸税租入中限，聽追户頭或以次家人科較，品官之家追幹人。今曉示人户，及早盡數赴州送納。如違，定當從條點追，赴州科較，監納施行。

一項，照應湘潭、衡山、湘鄉、瀏陽、攸縣五縣拖欠紹熙四年秋税，遂將錢差官下縣受納。近緣天時亢旱，祈禱未應，恐人户艱於送納，已自七月初五日帖所委官回州取稟，候小熟日，却去開場受納去訖。竊慮鄉民未能遍知，仍前追擾，合行曉諭。今印小榜下縣鄉村曉諭人户，各宜安心車水，灌溉田畝，準備合納税錢。候得雨水熟日，依舊差官到彼開場，即行送納。各令知委。

一項，照對税務日逐收到牙客人合納河市税錢，并不盡數拘解。竊慮本務合干人作弊，收錢隱瞞入己，合行約束。使司今置板榜務門粘貼，本務日逐申收到牙客人錢數，曉示通知。如本務收税錢多，申到數少不同，隱瞞官錢入己，許牙客人具狀告首。若客人税物多，供申少，亦許同伴人陳首。切待追人送獄根勘，依條斷罪，追賞錢五十貫文。各令知委。

一、訪聞諸司案及倉場、庫務、諸官廳下擅自存留曾經斷罷及私名之人在逐處抄寫文字，合行約束。今立賞錢一百貫文府衙門，許人指實陳告。切待追究，將犯人重斷。每名追賞錢一百貫文。其本處存留人，一例斷罪施行。

一、照對諸縣弓手、土軍係專一教閲，以備彈壓捕盜，本州已節次督責巡尉，依時教閲，務要武藝精熟。仍月具所教人數、姓名、陞加武藝帳狀申州，以憑逐月三分點一，赴州按教。行下諸縣并各縣巡尉，各仰速便先行聲説弓手土軍姓名、年甲、所習武藝文籍供申，仍於籍内便將弓兵分作三番，自今年七月十九日爲始，先要第一番所發弓手齊集到州按教。須是向後月十九日以前解發到州，應期諸縣合教。

一、契勘諸軍武藝最是弓弩可用，近下諸縣點唤弓手、土軍赴州按教〔七〕，據各處具到帳籍，多是將不會武藝之人裝作槍牌手名色解發，委是有誤緩急使喚。行下諸縣巡尉，各日下盡將所管弓手、土軍并令專習弓弩，務要捉親，射射精絕，聽候點喚，赴州按教。仍令兼習叉槍、小牌諸般武藝，不得私役弓兵，妨廢教閱。

一、據客人趙堅等狀，竊見民間行使砂毛錢、鐵錢。朝廷累降指揮，明立法禁，非不嚴切。今牙鋪户不遵約束，依前夾雜砂錢行使，致得客人墜敗財本。乞降賞榜於管下瀏陽、湘潭、醴陵、衡山并下攝櫧州等處約束。使司已立賞錢五十貫文，印給小榜，發下長沙等一十二縣下張掛曉示外，仍出榜都市并瀏陽、湘潭、醴陵、衡山縣及下攝櫧州等處，張掛曉諭。如有前項違犯之人，許諸色人告捉赴官，將犯人送獄，從條勘斷，追給上件賞錢施行。

一、契勘諸厢收領公事多是在厢經日不行申解，却令兩辭和對，更不申官，委是有違條法。遂符行下諸厢兵官，自今後應有公事，即時具狀申解，赴府出頭，不得隔宿及妄作休和申州。如違，將當行人重斷，厢官別有施行。

一、契勘本州累次出榜，立賞錢三十貫文，禁止百姓及軍人賭博。仍拆毀櫃坊，并告報諸營寨厢官，及遍牒在城諸官廳常切覺察，鈐束非不嚴切。今來尚有不畏公法之人，依前開櫃坊，停止軍兵百姓，公然賭博，全無忌憚。厢巡容縱，兵官亦不鈐束，深屬不便。出榜都市曉示，如有前項違犯之人，諸色人告捉，押赴使府出頭，切待將犯人斷罪，軍人次第問當，各追上件賞錢與告人充賞。若諸厢、諸廳、諸營寨合干人依前容縱，定一例追斷施行。

一、照應近來委送官員看詳審覆公事文字，其間多有引用繁文。除看詳公案文狀已有狀式曉諭外，今再立委官審覆申到公事式樣，請只就元狀内用小帖子節略事意，看詳所斷，指定當否，今欲如何施行。大抵直説事理，不須繁文。其狀内緊切事理，别用小貼子標説。

小帖子式：節略狀内緊切事理，云云。某官，云云。某今竊詳，云云。某官所斷，已得允當，或云未得允當。

已開具出榜客位訖。

一、訪聞街市逐時有不逞之徒，與軍兵欺壓善良，毀打百姓，生事作鬧。出榜都市，張掛曉示，如有前項違犯之人，斷罪監納，先下拳錢五貫文，每五日一限，納錢三百文入官。内軍兵押下所屬，次第問當。

一、今後遍下諸縣諸官，用符，簽廳請判押檢，職官連銜書押行下。專下逐縣逐官，用帖，如常式。仍先行下諸縣照會。

一、詞狀當日職官分類呈押。具式呈。

一、詞狀、帖、牒下外諸縣者，索案除程一日，追人除程兩日。五人以上，去縣百里以上者，除程三日。案官鑿定日限，案吏朱批某月某日限滿。申展者，都廳先次類聚呈押。一日者不展，兩日者許一展，三日者許再展。再展而不到者，都廳指定帖某巡尉差人追呼，呈押行下。

一、在城差人監追公事，各置印歷。緊限不展，次緊限許一展。再展而不到者，訊承差人。長限日展并簽廳批鑿，不再呈押。内長限每三展一押。長限如監醫之類。

一、當限文字并午牌以前到，午後即是違限，不得收接。如違申舉。

一、符牌申狀到事，有常式事，如盜賊發露當催捕，判回申當催申，抄劄口詞、檢驗屍首當差官，及官員陳乞批書之類，并即時押訖，送所屬案分行遣，請判行下。如無施行事，類聚判照有祖及施行者未到者〔八〕，即簽廳擬呈。

一、簽廳告報諸縣諸官廳，大字書寫文狀，須如中指面大。即擬貼述大概，却於狀内抹出緊要情節，便見曲折。不然，又須書寫一過，枉費工夫。

一、三獄直日，開拆司先次呈押，餘案抽牌押文字訖退，不得再上。如有未了文字，都吏次早揀牌入筒，取覆抽押。内户刑案事繁，許次早呈押。

一、都簽廳申四項奉台判，後三項修入見行約束。

一、照對日逐諸案銷生事號簿，蒙約束，遇九日銷對，竊慮積壓。今乞次日委官點對，逐一批銷，書絕，乞候九日呈點。

一、照對人户投白紙〔九〕，止爲有緊切事干人命劫盗等。今來受狀，不問事理輕重，有白紙三四十紙。訪聞皆是書鋪邀求，致令投陳，紊煩官司。今乞告示書鋪，如是準前邀阻人户，致使府問得投白紙人曾經書鋪，不爲寫狀之人，乞賜唤上斷治施行。不應受理，即行擇退。

一、準台判索案除程一日〔十〕，追人除程兩日，五人以上，在縣百里以上者，除程三日，不到，帖巡尉追人。一日者不展，今欲乞再展一限。兩日者許一展，今欲再展一限，通三限。三日者許再展，亦通三限。

一、照應近據諸縣申到人户理訴婚田債負，皆稱目今正是青黄不接之際，告示候務開日施行。使司契勘人户互訴婚田争地，多是有力上户之家占據他人物業，或是遷延，不肯交錢退贖，或是抗拒，不伏赴官理對，只要拖延，衮入務限，使下户被苦，無能結絶。檢準律令，諸婚田入務，若先有文案，交相侵奪者，不在此例。况今本州多是禺田，只有早稻，收成之後，農家便自無事，可以出入理對。在田亦少施工未穫之利，自可退業，以還有理之家。諸縣争論田地詞訴，可以承行理對，不必須候十月。使司已於六月十八日符長沙等一十二縣遵守施行訖。

一、照應本州近於七月十七日準登寶位赦書，内一項應官司房廊白地賃錢并放至紹熙四年終。已出榜都市，曉示去訖。今訪聞得街市有賃屋居民，却有妄稱合從赦書到日之後納起〔十一〕，致有争競。州司契勘前項赦書，即無放至紹熙五年正月以後房錢之文。或有屋主自願饒潤，即從其便。若屋主不願饒潤，即其賃屋人自合遵從大赦指揮印還，不得妄有抵負，扇惑生事。使司已於七月二十六日出榜都市曉示訖。

一、契勘本州州學之外復置岳麓書院云云，并同前委教授牒。

一、照對本州所管上丁釋奠及祭社稷三獻官祭服緣製造年深，各并不如法式。今欲別行製造，初獻六旒冕，亞獻四旒冕，終獻無旒冕，及本等衣裳、大帶、中單、綬佩、蔽膝、革帶、履襪各一副。竊恐只依印本製造，未必盡合禮制，申行在太常寺關借上祭服，每事一件，付進奏官楊思恭，同本州差去客司楊暹就臨安府製造，回州行用。

一、伏睹紹熙五年七月七日赦書，内一項五岳四瀆、名山大川，歷代帝王、忠臣烈士載於祀典者，委所在長吏精潔致祭，近祀廟處并禁樵采。如祠廟損壞，令本州支係省錢修葺。謹按晋書，南中郎將、湘州刺史、譙國司馬王諱承，當王敦作亂之際，興兵唱義，爲國討賊，功雖不就，志節可嘉。今數百年，未有廟貌。又按長沙圖誌，故通判州軍事、贈直龍圖閣孟公，諱彦卿。通判州事、贈直龍圖閣趙公，諱民彦。將官、贈武節大夫劉公，諱玠。兵官、贈右監門衛將軍趙公諱聿之〔十二〕。皆以紹興初年，金虜侵犯，或提兵出戰，或率衆守城，徇國捐軀，忠節顯著。本州從來只於南岳行宮設位祭享，祠象不立，無以慰答忠魂，表勸節義。今準前項赦書，合於城隍廟別置一堂，塑像奉安，永遠崇奉。其譙王長史虞理，司馬虞望，參軍韓階，主簿周崎、鄧騫，并是當時協謀起義之人，亦各合行塑像，配神從食。牒州委官討論，計度塑造。

一、準紹熙五年七月七日赦書，内一項五岳四瀆、名山大川，歷代帝王、忠臣烈士載於祀典者，委所在長吏精潔致祭，近祠廟處并禁樵牧。如祠廟損壞，令本州支係省錢修葺。州司契勘東晋王敦之亂，湘州刺史譙閔王承起兵討賊，不克而死。及紹興初年，金賊犯順，潭州通判孟彦卿、趙民彦，將官劉玠，兵官趙聿之〔十三〕，皆以忠節没於王事，從前未有廟貌。州司今來遵奉赦書指揮，見行相度創立祠堂，塑造神像。除晋朝冠服別行討論外，所有孟、趙兩通判係贈直龍圖閣，劉將官係贈武節大夫，趙兵官係贈右監門衛將軍，未委本品朝服合作是何法制。申行在太常寺，仍已差人前去望塑小樣，照詳典禮，給降制度，以憑製造施行。

一、照應本州管内南岳衡山係國家火德興隆之地，崇奉之禮，極於嚴肅，合行封植，以壯形勢。近來官司失於守護，致得諸色等人妄行斫伐，林木摧殘，土石破碎，無以保國威靈，停滀雲氣，慰一方瞻仰歸依之望，事屬不便。契勘其地并屬寺觀所管，即與民間無相干涉，理宜措置。今帖合同李修職躬親前去體究相度，勒本縣巡尉責本寺觀主首摽識簽押，除深山人所不見之處，許令依舊開墾種植外，其山面瞻望所及，即不得似前更行斫伐開墾。向後逐年深冬，即令寺觀各隨界分，多取小木，連本栽培，以時澆灌，務令青活，庶幾數年之後，山勢崇深，永爲福地。并帖巡尉，仰詳前項事理，須管同合同李修職前去體究相度，逐一準此施行。及出榜岳山寺張掛，約束諸色等人不得依前於山内瞻望所及之處斫伐林木，穿毁土石。如有前項違犯之人，許諸色人於所屬陳告根究，從條斷罪施行。

一、契勘目今久闕雨澤，竊慮陂澤湖塘池濼濼正副長專意放養魚鱧之類，不肯泄水注蔭，致田禾乾槁，深屬未便。今曉諭陂塘湖長等人，如合承水之田闕水，即仰日下量分數放水注蔭。如占吝不放之人，仰食水人户指實陳論，追犯人重斷施行。

校記

〔一〕此下底本原注：「一本云：或非理飾説及當廳執覆不同所詞，定行根究書鋪」。

〔二〕牌：原作「排」，據宋浙本改。

〔三〕月：原作「日」，據下文改。

〔四〕修：原作「殿」，據上文及宋浙本改。

〔五〕簿：原作「薄」，據宋閩、浙本改。

〔六〕簿：原作「薄」，據右引改。

〔七〕土：原作「上」，據宋浙本、明萬曆本改。

〔八〕者：原缺，據宋閩、浙本補。

〔九〕投：原作「役」，據宋浙本改。

〔十〕日：原作「節」，據四庫全書本改。

〔十一〕却：原作「都」，據宋閩、浙本改。

〔十二〕聿：原作「津」，據文集卷十九乞潭州譙王等廟額狀、宋浙本、宋史卷四百五十二趙聿之傳改。

〔十三〕聿：原作「津」，據右引改。

編年 文中有「紹熙五年夏稅錢將入中限」，「使司已於七月二十六日出榜都市」語，朱熹八月六日已離任，故本篇應作於七月。

看定文案申狀式 紹熙五年夏

具位： 準使帖，據某人狀或判狀，即云「使判某人狀」。訴事，備録全文。委某看定，或云看詳之類，并依本文。須至供申者。

一、某年月日某人狀。

一、某人執到某年月日契字，或分開干照。遇多項，須似此開，以年月先後爲次序。

一、檢準勑。令、格并同。

右某竊詳上件事云云，合準某勑，如何定斷，謹具申某處，伏乞照會，詳酌施行。年月日，具位某狀。

編年 所擬狀式有「準使帖」語，當爲潭州所作，據以繫之。

報建陽縣審會船狀 紹熙五年以後

右熹承建陽縣公文，取會本家有無占破船户姓名。尋行契勘，日前雖有顧到船隻，日久不曾使用，今來自合祗應官司差使，私家即無執占之理。謹具申建陽縣，伏乞照會。謹狀。

編年 據本卷編序，此狀當作於紹熙五年以後。

朱熹文集編年評注續集卷一

書

答黄直卿

淳熙七年〔一〕

南軒去冬得疾，亟遣人候之。春中人回，得正月半後書，猶未有他。不數日聞訃，則以二月二日逝去矣。聞之痛悼不可爲懷。聞其臨終猶手書遺劄數千言，不數刻而終。劄中大概説親君子、遠小人，甚切當世之弊，此尤可傷痛也。此若得脱，即便道往哭之而後歸耳。庚子

南軒云亡，吾道益孤，朋友亦難得十分可指擬者，所望於賢者不輕，千萬勉旃！此中文字彦忠皆寫得，已屬令一一呈似矣。鄭台州相見否？更勸其子細講學爲佳。書來，所説殊未端的，可惜只如此，便更不求進步也。

昨收書，報及鄭台州之訃，執書驚愕失聲，何天無意於斯世而偏禍吾黨如此之酷？痛哉！痛哉！自此每一念，未嘗不酸鼻也。此間今年枯旱可畏，有彌望十數里而無一穗之可收者。政惡所招，無可言者。然不敢不究心措置，但勢亦有不得行者，未知終能不得罪於斯人否耳。

力請丐歸，計亦未必可得，但恐自以罪戾罷逐耳。世態不佳，老病益厭俯仰，但思歸卧林間，與如直卿者一二人相與講論，以終素業耳。

諸經舊説皆看得一過，其間亦有改定處。「自慊」却須用舊説，方見得自家有力。緊要是從本原上説來，比前日尤親切。

校記 〔一〕編年爲編者所加，後倣此，不出注。

編年 此組凡五封書信。書一言及張栻新逝，文末原注「庚子」，當作於淳熙七年夏。書二承書一言及張栻之亡，又言鄭鑑講學事，鑑卒於七年秋，故知此書仍作於夏秋間。書三聞鄭鑑之訃，則當作於是年秋。書四言「力請丐歸」，應指七年八月請祠事，參年譜長編所引朱熹諸書劄。書五雖無確切作年線索，然據其編序，亦當作於七年。所言整理諸經，據文集卷八十一書語孟要義序後等，是年冬即有刊刻語孟要義之舉。參書信編年所考。

慶元元年

所論羞惡未亡者，此乃真是當得「僞學」二字。朋友中只此一番拍試，揀汰僞冒，大段得力。但此道之傳不絕如綫，深使人憂懼也。來歲聚徒，勢所不免。但此間屋子空虚多時，不知如何處置也。本領分明，義利明白，閑時都如此説，及至臨小利害，便靠不得，此則尤可慮也。

編年 據書信編年。

慶元三年

禮書想已有次第，吴伯豐已寄得祭禮來。渠以職事，無暇及此，只是李寶之編集，又不能盡依此中寫去條例。其甚者如祭法、祭義等篇，已送還令其重修，特牲等篇，亦有未入例處。旦夕更取家鄉禮參校令歸一，却附去，煩看過。王朝禮已送與子約，令附音疏。但恐渠亦難得人寫，不能得耳。

近報誤舉僞學人許令首正，觀此頭勢，恐子合受得王漕文字，亦不穩當。人生仕宦聊爾隨緣，亦何必須改官而包羞忍耻，處此危疑之地乎？

伯豐書云，其所厚者以其無所私禱，寄聲欲繩治之，子約亦甚稱其所守之固。但世路如此，所可憂者，不但道學而已。任尉甚不易得，然不欲深與之交，恐復累渠入僞黨也。季通家爲鄉人陵擾百端，幾不可存立，因書囑其陰護之爲佳。

編年 據書信編年。此組凡三封書信。蔡元定謫道州在慶元三年春，吴必大卒於是年冬。觀書言元定已行，必大未卒，故知作於是年。

慶元元年

時事大概，此亦聞之。但諸人狼狽，殊非所望耳。子約終是好，不知已行遣未？此事未開口，斷置已定，多少快活。可爲致意，未及奉慶也。黃商伯事，殊不聞首末，子約書亦言其舉措有未善處。不知救荒何所關於近習，而惡之若是耶？駭機飛語殊可憂畏，疏遠遁藏，然猶不敢不跼蹐也。

編年 據書信編年。

紹熙四年

揆路曾相見否？其説果何如？邸報中見外間事賴諸賢維持，且爾無大疏失。但定省一節，都不見人説著，此甚可懼，非小故也。彼中親所見聞，有何節目？因便煩子細報來。彼中且如來喻亦善。世道如此，吾人幸得竊聞聖賢遺教，安可不推所聞以拯斯人之溺？政使不得行於當年，亦須有補於後也。常教整頓學校，亦甚不易。可與晦伯説，渠家有兩世奏議，煩晦伯爲借録得一本見寄爲幸。辛卿鬻鹽，得便且罷却爲佳。

編年 據書信編年。

紹熙二年

中庸不暇看，但所改「物之終始」處殊未安，可更思之。近却改得論語中兩三段，如葉公、子路、曾皙之志，如「知我其天」之類，頗勝舊本，旦夕録去。子約除官可喜，今固未有大段擔負，且看歲寒如何耳。

編年 據書札彙編。

紹熙二年

此間數日來整頓綱目，事却甚簡，乃知日前覺得繁，只是局生。要之天下事一一身親歷過，更就其中屢省而深察之，方是真實窮理，自然不費心力也。趙帥所云前官事不須理會，亦是一説，未可便以爲非。然只此便見合得顯榮通達處。如今世路未論邪正，只剛强底便是八九分不得便宜了也。

大學向所寫者自謂已是定本，近因與諸人講論，覺得「絜矩」一章尚有未細密處。文字元來直是難看。彼才得一説，終身不移者，若非上智，即是下愚也。此番出來，更歷鍛煉，儘覺有長進處。向來未免有疑處，今皆不疑矣。

中庸三紙已細看，但元本不在此，記得不子細。然大概看得，恐是或問簡徑而章句反成繁冗。如「鳶魚」下添解説之類。又集解逐段下駁諸先生説，亦恐大迫，不穩便，試更思之。或只如舊而添集解、或問以載注中之説，如何？

爲學直是先要立本，文義却可且與説出正意，令其寬心玩味，未可便令考校同異，研究纖密，恐其意思促迫，難得長進。將來見得大意，略舉一二節目漸次理會，蓋未晚也。此是向來定本之誤，今幸見得，却煩勇革，不可苟避譏笑，却誤人也〔一〕。

陳君舉門人曹器遠來此，不免極力爲言其學之非，又生一秦矣。所謂艱窘之狀，令人惻然。不知何故前此都不説着，今乃一旦驟至此也。自困涸轍，無力相賙，深負愧嘆也。然於此患難之際，正當有以自處，不至大段爲彼所動，乃見學力。不然，即與世俗戚戚於貧賤者何以異耶？

校記　〔一〕「爲學直是」以下一條又見文集卷四十六答黄直卿二。定本之：又見作「差」。

編年　據書信編年、年譜長編。第四段書札彙編列於淳熙五年秋。

淳熙十五年

辭免文字至今未得遣去，蓋封事字數頗多，昨日方寫得了，更須裝三兩日方得發也。所欲言者，不論大小淺深，皆已説盡，明主可爲忠言，想不至有行遣。但能寢罷召命，即爲幸耳。萬一不遂，不免一行，更不能做得文字，只是面奏乞歸也。或更要略説道學。大學、中庸集注中及大學或問改字處附去，可子細看過，依此改定令寫。但中庸或問改未得了爲撓耳。今年早晚禾皆損，州縣官員不足恃賴，未知明年復如何。此外可深慮者不止一端，亦非獨爲一身一家慮也。時論未平，不謂閑廢無能之人，每煩君大夫旰食之憂如此。比讀邸報，不勝恐懼。今章中所及，如泉相者已行遣，湖守疏中亦及彭子壽，田子真以蠱毒事又下漕司究治，其勢駸駸，恐未容飽食而安坐也。

編年　據書信編年。

慶元三年

禮書緣遷徙擾擾，又城中人事終日汩没，不得功夫點對。所編甚詳，想多費心力。但以王侯之禮雜於士禮之中，不相干涉，此爲大病。又所分篇目頗多，亦是一病。今已拆去大夫以上，別爲喪大記一篇。其間有未及填寫處，可一面令人補足，更照別紙條目整頓諸篇，務令簡潔而無漏落，乃爲佳耳。修定之後，可旋寄來看過，仍一面附入音疏，速於歲前了却，亦是一事。蓋衰老疾病，旦暮不可保，而罪戾之蹤又未知所税駕，兼亦弄了多時，人人知有此書，若被此曹切害，胡寫兩句取去燒了，則前功俱廢，終爲千載之恨矣。明州書來，亦説前數卷已一面附疏。王朝禮初欲自整頓，今無心力看得，已送子約，託其□定〔一〕，仍令一面附疏。彼中更有祭禮，工夫想亦不多。若伯豐、寶之能便下手，亦只須數月可也。但儀禮只有士大夫祭法，不可更以王侯之禮雜於其中。須如前來所定門目，別作廟制、九獻及郊社諸篇，乃爲盡善。已再條具寄之矣。幸亦時爲促之，并得歲前了當爲佳。榮霤之説，别紙奉報。可更詳考，便中報及也。近日眼病，全看文字不得。但因講論，見得此理愈見分明，門路愈見徑直。前日答吉州王峴書中有數句，頗甚簡當，今謾録去，可以示甘吉父也。峴乃鄉來子約所館之家，因子約來通問也。子約又入王南强章疏，只此數人，東涌西没，到處出見，甚可笑也。周樸甚可念，一書并信煩因便寄與，勿令浮湛爲佳。趙恭父竟坐其事，部中行下取索，不知意欲坐以何罪。州郡知其無辜，欲爲回申，而恭父不願也，已發去矣。此却差强人意也。孫之、李和卿甚不易，因書或相見，煩各爲致區區。當暑目昏，不及拜書也。楊子直甚入時宜，不知亦只避得可避底，枉了做許模樣也。

校記　〔一〕缺處明萬曆本作「更」，清康熙本作「校」。

編年　據書信編年。書札彙編列於慶元二年秋。

慶元元年冬

僞學之章首辨張非僞學，蓋前此劉元秀力薦王炎作察官，而韓以受知張門爲疑，故此章着意如此分别。非獨欺天，亦欺韓也。故其後復申炎所陳薦舉之説，乃是首尾專爲王地，冷眼旁觀，手足俱露，甚可笑也。且看此人終必得志。蓋此事中間已似稍緩，却緣近日一繳，其徒得以藉口，復肆沸騰，已行遣人勢必從頭再有行遣。張乃孟遠之弟，本依韓、劉，今此以官滿欲差遣之故上書，外爲直言而中實删去，又以未删之本示劉，而劉以示沈，故及於禍。此乃以邪攻邪，自貽伊戚。然遂死於道路，亦可傷也，又可懼也。今冬上饒、括蒼、興國學者近十餘人到此，新書院已可居矣。逐日幸有講論，足以自警。其間亦頗有可説話者，所恨直卿不在此，不得與之琢磨也。

編年　據書信編年。

淳熙十五年十一月

初七日方遣得辭免近四十紙，奏劄所欲言者，略已盡之。但猶有記不起者，不奈何耳。今必已到彼多日，不知聖意如何。若得遂退藏，千萬之幸。如其不然，到彼亦别無話可説，只是乞歸耳。直卿來歲之計果何所定？此人回幸見報。若在後山，此間諸生亦有能往者，老拙亦時可一到也〔一〕。近日朋友來者頗多，萬正淳與黄子耕、吴伯豐皆在此。諸人皆見陸子静來，甚有議論。此間近亦有與之答問論太極書，未及寫去，大率其論與林明州不相遠也。

校記　〔一〕「直卿來歲」以下數句，據元刻本勉齋先生黄文肅公文集附勉齋年譜，應爲與黄仁卿書語。

編年　據書信編年。

慶元三年

儀禮疏義已附得冠義一篇，今附去看。家、鄉、邦國四類已付明州諸人，依此編入。其喪、祭禮可便依此抄節寫入。只覲禮一篇在此，須自理會。祭禮亦草編得數紙，不知所編如何，今并附去，可更斟酌。如已别有規摹，則亦不須用此也。可早爲之，趁今年秋冬前了却，從頭點對，并寫得十數本分朋友，藏在名山，即此身便是無事人。不妨閉門静坐，作粥飯僧，過此殘年也。

今日吾輩只有此事是着緊處，若打不過，即上蔡所謂能言空如鸚鵡者爲不虚矣〔一〕。伯豐劉五哥説已得諸司文字，以彼之才，固有以取之。但正用此時得之，亦不能使人無疑耳。目前朋友思索明快未有其比，心甚惜之。然於事有難言者。因與之語，要當有以警之，救得此人，亦非細事。若此處打不過了，更説甚操存涵養耶。輔漢卿、萬正淳皆留此兩月而後去，其他朋友數人亦將去矣。諸人皆爲外間浮論攻擊，不敢自安而去。其實欲見害者，亦何必實有事迹與之相違，但引筆行墨數十行，便可使過嶺矣，此亦何地可避耶？世人見處淺狹例如此，令人慨嘆。又來學者亦未見卓然可恃以屬此道之傳者。今更有此間隔，益難收拾，不謂吾道之否一至此也。思慮及此，又使人深惜伯豐之不能自立，曷嘗見有顔子而爲桓司馬家臣耶？子約却是着實，但又有一種不通透處激惱人。時魚多骨，金橘太酸，天下事極難得如人意也。

禮書如何？此已了得王朝禮，通前幾三十卷矣。但欲將冠禮一篇附疏，以爲諸篇之式，分與四明、永嘉并子約與劉用之諸人，依式附之，庶幾易了。適已報與子約，或就令編此一篇，或直卿自爲編定此一篇，并以見寄，當擇其精者用之。此本已定，即伯豐、寶之輩皆可分委也。病軀脚氣未動，但目益昏，恐更數月，遂不復見物。以此急欲了此書，及未盲間讀得一過，粗償平生心願也。

得曾致虚書云，江東漕司行下南康毁語、孟板，劉四哥却云被學官回申不可，遂已。此其勢決難久存，只此禮書，傳者未廣，若被索去燒了，便成枉費許多工夫，亦不可多向人前説着也。謝表謾録去看，勿以示人。初時更有數語，後爲元善所删。然亦無甚緊要，若謂取禍，則只此亦足以發其機也。

校記〔一〕空：正訛據徐樹銘新本改作「真」。

編年 據書信編年。

紹熙元年

子約頗愛泰兒，亦已囑令隨諸生程課督察之矣。但婺州近日一種議論愈可惡，大抵名宗吕氏而實主同父。潘家所招館客往往皆此類，深可憂嘆。亦是伯恭有以啓之，令人不無可恨耳。近日郡事浸簡，歲事亦可望。但經界指揮不下，恐復爲浮議所摇。前此留、葛報書皆謂可行，獨王不報書。疑此間受漳浦之廛者或與當路厚善，必實爲此謀耳。若果如此，乃漳人之不幸而老守之幸，歲裏即可丐歸矣。寄來算法已收，只此一事，其説數端，信知義理之難窮也。

知與劉、潘諸人相聚甚樂，恨不在近，資講論之益。但春秋難看，尤非病後所宜。且讀他經論、孟之屬，如不食馬肝，亦未爲不知味也。所以答子約者甚佳，但恐亦不必如此。今所慮者，獨恐物不格、知不至耳。知至則自見得，義利公私之下毫髮不放過也。

編年 據書信編年。

慶元三年

伯豐絕交之事，渠必不能辨，只韜藏避謗，逡巡引却，似亦不爲甚難。如游誠之，但以誤受舉削之故，至今不爲改秩，計已近十年。彼其人固多可議，而爲學又非伯豐比。且其親年已高，而身亦五十餘歲矣，乃能斷置如此，則其長處亦不可誣也。若與之交淺言深，但微與説及此意，勸之以晦迹避謗，當無不可也。好朋友難得，近日數爲人所誤，令人意緒不佳。深恐又失此人，故不能不關念耳。

編年 據書信編年。

慶元四年

大學或問「齊家治國」章「今善好惡」改作「今反其好」，中庸章句「素隱」下添「隱謂卑陋也」，在「本來也」之下。「本無可稱」改作「本來卑陋」。得江西書，吴伯豐果以去冬得疾不起。見其思索通曉，氣象開闊，朋友中少能及之；又子約、元德書來，皆言其自樹立之意，尤不可及。法門衰敗之秋，又適喪如此等人，尤可痛悼也。子約累書來，辨中庸首章戒謹恐懼與謹其獨不是兩事，又須説心有指未發而言者，方説得「心」字，未説得「性」字，又須説是耳無聞、目無見、心無知覺時，方是未發之中，其説愈多，愈見紛拏。又争「配義與道」是將道義來配此氣。如何有人讀許多書，胸中乃如此黑暗？彭子壽初亦疑中庸首章，近得書，却云已釋然矣，方知章句之説爲有功也。張元德説得頗勝子約，而其兄元瞻看得尤好。若得伯豐且在，與之切磨，可使江西一帶路徑不差。今既不如所望，而子約輩湛滯膠固，不可救拔，每得其書，輒爲之數日作惡也。

編年　據書信編年。

慶元三年

病中看得孟子要略章章分明，覺得從前多是衍説。已略修正，異日寫去。此書似有益於學者，但不合顛倒却聖賢成書，此爲未安耳。大學諸生看者多無入處，不知病在甚處。似是規摹太廣，令人心量包羅不得也。不如看語、孟者，漸見次第。季通比已得其到道州書，地主頗寬假之。計渠亦能自處，不知赦後還可得量移否。周純夫甚可念，欲寄一書問勞之，亦復不暇。亦恐彼中難得便耳。謝表爲衆人改壞了，彼猶有語，是直令人不得出氣也。此輩略不自思自家是何等物類，乃敢如此，殊可憫笑也。書院中只古田林子武及婺州傅君定在此，讀書頗有緒。傅尤刻苦，前此亦多讀書，但未有端的用心處。近方令其專一，漸次讀書，覺得却有立作，將來或可望也。孫丈書已收，書中盛稱仁卿政事之美，恨不得聞其詳也。親舊皆勸謝絶賓客，散遣學徒，然其既來，即無可絶之理，姑復任之。若合過嶺，亦是前定，非關門閉户所能避也。

編年 據書信編年。

紹熙三年

晦伯人來，得近問，知山中讀書之樂，甚慰。但不應舉之説終所未曉，朋友之賢者，亦莫不深以爲疑，可更思之。固知試未必得，然以未必得之心隨例一試，亦未爲害也。痰嗽已向安否？亦不可不早治也。牒試中間辛憲、湯倅過此，皆欲爲問，既而皆自有客，不復可開口。其僞冒者固不容復動念，知却劉倅之請，甚善。宗官衡陽之嫌，固亦所當避也。吾人所處，着個「道理」二字，便自是隨衆不得。此是不可易之理，但看處之安與否。

前書所論鬼神之説，後來看得如何？程書中説此話處數條，（東見録中尤多。）可類聚看，須自見諦當處也。遷居擾擾中，亦有一二學者在此，雖不得子細討論，然大抵未有擔荷得者，此甚可慮。陳正己來自建昌，實亦明爽，但全別是一般説話。所謂伯恭之學一傳到此，甚可懼耳。

編年 據書信編年。

紹熙五年

近有臨江軍張洽秀才來，資質甚好，可喜可喜。書院方蓋屋，未得成就，度須更兩月方可居耳。

編年 據書信編年。年譜長編據答向伯元書提及張洽至，定此書作於淳熙十四年。考朱子語類，張洽淳熙十四年、紹熙四年皆嘗至朱熹處，此書言書院始建，則作於紹熙爲妥，蓋淳熙十四年未有作書院之事也。因精舍成於紹熙五年十二月，故繫於此。

淳熙十五年

此女得歸德門，事賢者，固爲甚幸。但早年失母，闕於禮教，而貧家資遣不能豐備，深用愧恨。想太夫人慈念，必能闊略。然婦禮不可缺者，亦更賴直卿早晚詳細與説，使不至曠敗乃善。輅孫骨相精神，長當有立。輔亦漸覺長進，可好看之。

編年 據元刻本勉齋先生黄文肅公文集附年譜。

淳熙八年

所喻先天之説，後來看得如何？若如所論，即天人各是一般義理，不相統攝矣，恐更當子細玩索也。近見朋友殊少長進，深可憂慮。任伯起到此，昨夕方與痛説，覺得上面更無去處了，未知渠能領略否耳。廣西寄得語、孟説來，細看亦多合改。以醫藥之擾，未得專心，方略改得數段。甚恨相去之遠，不得子細商量也。

伯起説去年見陸子静説游、夏之徒自是一家學問，不能盡棄其説，以從夫子之教，唯有琴張、曾皙、牧皮，乃是真有得於夫子者。其言怪僻乃至於此，更如何與商量討是處也。可嘆可嘆！浙中旱甚，當宁憂勞，聞之令人恐懼，奈何奈何！

江西除命緣上封事云云，上感其言，故有是命。諸公初只欲與郡，上命與此。更有少曲折，甚可疑怪。大抵此者盡出聖命，或者以爲不當力辭，其説亦是。但衰悴如此，孤危如此，勢豈可出？初欲且受而臨期請祠，明年四月缺。又思不可不先做張本，已申省辭免矣。得請甚幸，不然，却用前説，以必得爲期耳。

編年　此三段或爲一書，或爲一時先後之作，以第一、二段皆及任伯起，第二、三段言浙中旱事與江西除命爲一時事可知也。第三段言：「江西除命緣上封事。」朱熹平生江西除授與上封事相關者不過兩次，是不難考。淳熙七年，朱熹於南康任上應詔上封事，次年三月，除江西提舉待次。淳熙十五年，亦嘗除江西提刑，亦曾上封事，然其上封事乃在除江西提刑之後，且已改奉祠。故此書作於淳熙八年無疑。第二段云「浙中旱甚，當寧憂勞」，顯指淳熙八年事。正因爲此，朱熹方於八月改除浙東提舉，火速之任。閩中金石志卷九載有朱熹題水簾洞，作於淳熙八年七月，題名中有任伯起，此即第一段中所言「任伯起到此」。題名中無黄榦，知其時歸福州。書信編年定第一段作於淳熙四年，失考。

淳熙十四年

子澄得書，問直卿動静。南紀在長沙，與同官不協求去，未知如何。愛直堂記一本謾往，子澄此文勝它篇也。近看外書有一段伊川答王信伯之問曰：「勿信某言，但信取理。」不知曾見此話否。前書所論伊川先生語甚善。聖賢之教固不一端，然專執僻見，不信人言，又豈信理之謂乎。此處似更有商量，要非面見不能盡也。

子澄乃令副端章疏言其以道學自負，不曉民事，與監司不和，而不言所争之曲直，又言其修造勞民而已。聞之趙倉，已嘗按之，而復中輟，必是畏此惡名，而陰往臺諫處納之耳。韜仲事甚可笑，今之君子無以大相過者，大率如此，直是使人煩惱也。彼中新宰已交印否？觀其舉措，又似了不得。然今日若無變通，便是管葛之才亦了不得，况於常人？近嘗因書説與兩漕，而林漕才到延平，便以威勢迫脅小官，使之爲縣，是全然不曉會人説話矣，可怪可怪！楊元禮亦爲漕司不取願狀，迫换長汀。渠乞來稟議，又不許，却欲以倉檄來辨其事，不知又如何。今時做官，不論大小，直是全然睹是不得。子澄冬至書云已遣家歸廬陵，只與一侄子在彼俟命，則是此消息來得已多時矣。若道一例如是，他人又却無是，只是吾黨便有許多築磕，亦可笑。豈亦大家行着一個不好底運氣耶？抑亦老子命薄，帶累諸朋友也？

被旨一行，不免一出。但上恩如此，不得不竭其愚。聖德寬洪，必不深罪言者。然亦不能不以爲慮，若便得罷逐還家，乃爲厚幸。

編年　第一段云「南紀在長沙」，「愛直堂記一本謾往」，別集卷三與劉子澄三云「趙南紀云長沙中冬已見報」，「愛直記文甚佳，昨日拜鴻度敕」，彼書作於淳熙十四年，故此段亦作於同年。第二段亦同時所作，見書信編年所考。第三段所云「被旨一行，不免一出」，當指淳熙十四年七月江西提刑之除，朱熹屢辭不許，遂於次年三月啓程赴京。故此段亦應作於淳熙十四年秋冬爲近。

淳熙十五年

所喻學業大概甚善。此間之約，諸人不見説着，次第不成頭緒。但季通、韜仲説欲相約來後山，若得在彼，亦易相見，衰老之幸也。

輅孫不知記得外翁否？渠愛壁間獅子，今畫一本與之，可背起與看，勿令揉壞却也。此是陸探微畫，東坡集中有贊。顧他似此獅子，奮迅哮吼，令百獸腦裂也。

編年　元刻本勉齋先生黃文肅公文集所附黃榦年譜淳熙十五年冬載朱熹與黃東書云：「直卿來歲之計果何所定？此人回幸見報。若在後山，此間諸生亦有能往者，老拙亦可時一到也。」即此首段所言「此間之約」未成，擬議後山授徒之事，故知作於是年冬。第二段亦應同時所作，蓋其時黃榦攜二孫居其兄黃東沙縣任所也。

居廬讀禮，學者自來，甚善甚善。但亦不易彼中後生乃能如此。前此嘗患來學之徒真僞難辨，今却得朝廷如此開大爐鞴煅煉一番，一等渾殽夾雜之流，不須大段比磨勘辨，而自無所遁其情矣。

日暮塗遠，心力疲耗，不復更堪討論矣。日者多言今年運氣不好，不知得見此書之成否。萬一不遂，千萬與諸同志更相勉勵，究此大業也。

此間朋友間有一個半個，然不甚濟事。但不易其敢來，亦可憐耳。彼中朋友真肯用力者名姓謂何〔一〕？因書報及，仍略品目之，慰此窮寂之望也。學古、魯叔相繼逝者，可傷。吳伯豐尤可惜，朋友間似渠曉得人説話者極少。始者猶疑其守之未固，後來得子約、張元德、劉季章書，又知其所立如此。不幸蚤死，亦是吾道之衰，念之未嘗不慘然也。季章書語録去，切勿示人，足令同時輩流負愧入地也。

吴元士曾相識否？昨看王伯照雜説，中間有一段理會不得。或云渠嘗學於王公，恐能知其説。試爲宛轉託人扣之，却見報也。

齋中諸友，甚不易相信得及。年來此道爲世排斥，其勢愈甚，而後生鄉之者曾不少衰，自非天意，何以及此？老拙以此衰病之極而不敢少懈，但精力不逮，日月無多，無以副其遠來之意，深愧懼耳。前日鄭齊卿去彼如此，聞後來亦有一二如此者，初甚慮之。近亦漸漸開明，甚悔當昨不且留之也。

所説論致仕文字，其大概止爲一二人。如減年，乃指沈正卿而言。初亦疑此語迂回無下落，以「宗師」之語推之，意其爲沈。而近得元善書，乃云果爾，則此自無可疑。而城中諸人苦相沮抑，不令劄奏，爲可罪也。然此文字三月半間已得之，後來節次有便，而游宰以爲渠有專人，又便有回信，不若令帶去爲便，遂以付之。渠乃遷延至此，不知今文字在何處留滯。若今尚未到，則便遭論列，亦是本分，怪他不得矣。然此如破甑，若不打破做兩片，亦須打做兩截，不復能顧慮也。詔旨正爲戒敕僞黨不得自比元祐，想已見之。器數命題却已寢罷，然此等事亦有士人合理會者。前日之弊乃爲泛濫細碎，徒擾擾而無益。今遽罷之，又不究其弊之所自來。大抵此輩用心豈復更有是處？自不須論也。

林正卿歸自湖外，少留兩夕，亦頗長進。但恐將來流成釋、老耳。其弟學履安卿中間到此，近寄得疑問來，亦看得好，甚不易。一書報之，可分付入試朋友，俟其到城日付之也。題壁揭榜者，正不足怪。但不易諸生能自安於是，賢於子合矣。初見渠時，聞其説曾子寢大夫之簀，以爲不欲咈季孫之意，便疑其意趣之不高。後來講磨，尚庶幾其有改，不謂止是舊來見識也。

想聞子約之亡，重爲吾道傷嘆也。近事似稍寧息，而求進者納忠不已，復有蘇轍、任伯雨之奏，想已見之，大率是徐、葉耳。然似此紛紛，何時是了？兩日無事，閑讀長編，崇觀以來率是如此，甚可懼也。

子約之亡傷痛未定，而季通八月九日又已物故。朋友間豈復有此人？尤足爲痛哭也。但其家至今未得的信，只魏才仲自桂林寫來。前日李彦中歸道長沙，見子蒙及趙漕説得分明矣。今年不知是何厄會，死了許多好人。老拙尤覺衰憊，非昔時比。藏府不秘即滑，腳弱殊甚，杖而後能行，恐亦非復久於此世也。

季通之柩已歸，陳坂上對面一寺中。蓋先買得一小地在其前，只今冬便葬也。萬事盡矣，尚何言哉！一慟之餘，行自病也。

向留丞相來討詩傳，今年印得寄之。近得書來云，日讀數板，秋來方畢，甚稱其間好處，枚舉甚詳。不易渠信得及，肯如此子細讀。如趙子直，却未必肯如此。渠前此見中庸説，極稱序中危微精一之論，以爲至到。亦是曾入思量，以此見其資質之美。惜乎前此無以此理謦欬於其側者，而今日聞之之晚也。所論曾晳事甚佳，但云道體虛静而無累，恐鈍滯了道體耳。吳元士説六十律爲京房之謬，亦是。但前此所扣，乃是只以十二律旋相爲宫而生六十調，非爲六十律也。

二孫隨衆讀書供課，早晚教誨之爲幸。鄭齊卿亦要去相從，渠此幾日却稍得。然以病倦，不能聽其講解。念其志趣堅苦，亦不易得。可因其資而善道之，度却不枉費人心力也。致仕文字爲衆楚所咻，費了無限口頰，今方得州府判押。但求保官，更無人肯作，只有伯崇一員。或者以爲俞山甫必肯，近以書扣之，乃漠然不應。今不免專人去問田子真，想不至有他詞也。

禮書便可下手抄寫，此中却得用之相助，亦頗有益。南康李敬子與一胡君同來，見在書院。敬子甚卓立，然未細密。胡君堅苦，讀喪禮甚子細，亦不易得。永嘉林補字退思者，亦暫來，其人甚敏，然都不曾讀聖賢書，只一味胡走作，甚可惜也。彼中學者今年有幾人？可更精切自做功夫，勤於接引爲佳。

收近問，知齋館既開，慕從者衆，尤以爲喜。規繩既定，更且耐煩勉力，使後生輩稍知以讀書修己爲務，少變前日淺陋儇浮之習，非細事也。

益公每得一書，必問昆仲動静，且云嘗附書，不知已達否。此便回，能以數字報之亦佳。仁卿不殊此也。

校記　〔一〕彼：原作「被」，據宋閩本、宋單刊本改。

編年　此組凡十五段，據書信編年繫之。唯首段書信編年繫於慶元三年，今據元刻本勉齋先生黄文肅公文集所附年譜改之。

慶元五年

致仕文字州府只爲申省，不肯保奏。此亦但得粗伸己志，不暇求十全矣。旦夕當附人去，成敗得失一切任之，不能以爲念也。通老來未？志仁能與俱否？病倦，不暇作書，煩爲致意，春暖一過此爲幸。公度必已至，亦未及書。謙之數字，可付之。此間朋友不多，亦未見大有進者。然早晚略得舉揚一番，亦不爲無補也。試後江浙間必更有故舊來，恨直卿不在此，不得與之商量耳。此理要處無多説話，不知如何人自不曉。以此追念伯豐，愈深傷惜。如子約輩，亦不謂其所造只到此處〔一〕，便死却也。李公晦禹貢集解編得稍詳，今附去試看，如可用，可令人抄下一本，別發此册回來爲佳。

二孫切煩嚴教督之。聞外邊搜羅鼎沸，如今便得解，亦不敢赴省，况於其他。只可着力學做好人，是自家本分事。平時所望於兒孫者不過如此，初不曾説要入太學、取科第也。致仕文字近方發得去，度今尚未到，聞已有臺章指目矣。此却是城中諸賢牽挽之力，他人不足責。曹晋叔老大隱約，號爲有思慮者，前日聞有此章，尚以不及見止爲恨。不知此是何等見識，處事不問義理，只顧利害，已爲卑鄙，况今利害又已曉然，猶作是論，真是不可曉也。彭子壽行遺想已聞之，此事是放了徐子宜，又要個人填窠子，圖得舊話加色〔二〕，一番光鮮，不知如此有何了期也。渠前日有一書，今附去。似亦是去年秋間附來，近方到，不知有何語也。書社甚盛，以善及人而信從者衆，亦非細事。可且勉力講論，令其反己着實用功爲佳。然此外亦須防俗眼讒口横生浮議也。禮書附疏須節略爲佳，但勿太略。

彭子壽劉德脩二事想已聞之，楊惲之説何言歟？吁可畏也！

借得黄先之數册陸農師説，初意全是穿鑿，細看亦有以訂鄭注之失者〔三〕。信開卷之有益，俟用之行附去看也。

所喻惺惺之説甚善。但見説講授亦稍勞，似當節省并合，令其簡約，庶可久也。

二孫在彼如何？書社諸事既有條理，想自不容其違犯。更望痛加鞭策，少寬暮年却顧之憂，千萬千萬！小四郎與劉五哥莫須常來咨問否？雖不在齋中宿食，亦望有以遥制之也。

致仕文字雖已得之，但諸賢切齒怒目之意殊不能平，不知更欲如何搏噬，姑亦任之耳。

用之去時所附書想已達，所帶去文字想皆見之，今則此等功夫全做不得矣。精舍相聚不甚成條理，蓋緣來有先後，人有少長，鄉有南北，才有利鈍，看文字者不看大意正脉，而却泥着零碎，錯亂纏繞，病中每與之酬酢，輒添了三四分病。以此每念吴伯豐，未嘗不愴然也。履之兄弟却差勝，若更加功，或恐可望耳。伯崇已赴官番陽，留其季子在李敬子處，姿質亦淳謹。但未有奮迅拔出之意耳。

人家禍患重復如此，可畏。此又豈章子厚之所能爲耶。

古之禪宿有慮其學之無傳而至於感泣流涕者，不謂今日乃親見此境界也。前書所説常惺惺，此是最切要處。諸朋友行持亦頗見功效否？向來學者得此一番試過，虚實遂可辨，殊非小補。王子合前日過此，觀其俯仰，亦可憐也。

普之却能如此，甚不易得。禮書病起亦怕看，却只看得少閑文字。元來世間文字被人錯注解者，只前人做下，才隔一手，便看得别，而况此道之廣大精微也耶。諸生相從者，亦頗能有志否？近報時學小變，舉子輩往往相賀。然此豈足爲重輕耶。

致仕且是已分一事粗了，然外面攻擊之意殊未已，不知更待如何，可付一笑。但前日得劉季章書云，孫從之得郡，非其自請，乃復被繳。適病牙癰，已逝去矣。看此亦是吾黨同一氣運，不得不然，非但虎食其外也。季章又云，彭子壽相見亦甚衰悴，題目不小，想見憂懼，然亦正自不必如此也。所說大規摹、細功夫者甚善，諸朋友中必有向進者，恨未得從容其間耳。

精舍諸友講論頗有緒，通老果如所論，甚慰人意。得渠如此，所助非細，非他人比也。但渠到此，適以病倦，又以諸幼疾患爲撓，不得甚與之款曲。以此知人之學所以不進，只緣從初無入處，不見其有可嗜之味。而所以無入處，又只是不肯虛心遜志，耐煩理會，更無他病也。所論鞏仲至兩句，切中其病。前日與語，正怪其如此。渠苦心欲作詩，而所謂詩者又只如此。大抵人若不透得上頭一關，則萬事皆低，此話卒乍說不得也。二孫久煩教誨，固不敢以向上望之。但得其漸次貼律，做得依本分舉業秀才，不至大段狼狽猖獗足矣。

伯謨自去秋病不能食，中間一再到此，甚悴。前月晦日，竟不能起。以其胸懷趨操，不謂乃止於此，深可傷悼。而母老家貧，未有可以爲後日之計，又深可慮。想聞之亦爲一愴然也。

伯崇之子見留精舍，隨敬子作舉業，亦淳謹樸實可喜也。仙游不成舉措，然與今之受不係僞學舉狀者，分數亦不多争。前日得致道書云，鄭明州臨行欲薦潘恭叔，恭叔對以必於章中刊去此說，然後敢受，鄭亦從之。此亦差强人意，而在鄭尤不易。聞楊敬仲乃大不以爲然，不知今竟作如何出場也。

外間汹汹未已，樓大防亦不免。聞林采訴冤於朝，已下本路究實。先所委官見其案牘駭異，不敢下筆，已改送他官，如其所請。此諸人撏剥已盡，或須作語頭來相料理〔四〕。老朽寧復計此？一聽諸天而已〔五〕。伯謨不幸，前書報去。未去時，亦安静明了。但可惜後來一向廢學，身後但有詩數篇耳。然亦足遠過今日詩流也。

通老到彼，住得幾日？講論莫須更有進否？已勸渠莫便以所得者爲是，且更鄉前更進一步，不知後來意思如何也。渠説冬間更欲來訪，但恐迫於赴官，不能款曲耳。

諸生仍舊相聚否？此間朋友只南康節次有人來，甚不易得肯向此來。如廬陵處，即全未有轉動意思也。知彼中誨誘稍有次第，甚慰所望。諸人誰是最精進者？因來喻及爲佳。

齋中朋友終年相聚，當有極精進者。此間諸人來去不常，然氣習偏蔽，各任己私，亦難盡責一人不是。大率江鄉人太的確而失之固執，此間人大平易而流於苟簡，此古人所以有矯性齊美之戒也。今敬子已歸，臨行又與安卿不足，只恐向後精舍規繩又曠闊耳。安卿將來却須移出舊齋，自不與精舍諸人相干也。禮書須直卿與二劉到此并手料理，方有汗青之日。老拙衰病日甚於前，目前外事悉已棄置，只此事未了爲念。向使只如余正父所爲，則已絶筆久矣。不知至後果便能踐言否，予日望之也。

病日益衰，甚望賢者之來，了却禮書。前書所説且從閩宰借人，先送定本及諸書來，如何〔六〕？用之歲前能上否？渠送得冠禮來，因得再看一過。其間有合修處尚多，已略改定，如前書入名器篇者，却移不得。及重編得冠義一篇頗穩當。然病衰精力少，又日短，窮日之力，只看得三五段如此。若非儹促功夫，未來了絕也〔七〕。以此急欲直卿與用之上來，庶可并力〔八〕，此外無他説也。

鉅、鈞到彼，煩直卿鈐束之，勿令私自出入及請謁知舊。有合去處，亦須令隨行，不可令自去。早晚在齋隨衆讀書供課之外，更煩時與提撕，痛加鐫戒，勿令怠惰放逸，乃幸之甚。

校記

〔一〕造：原缺，據清康熙本補。

〔二〕話：底本原注疑當作「畫」。

〔三〕訂：原作「計」，據宋閩本、宋單刊本改。

〔四〕語：別集卷二所收此答直卿同書作「話」，義長。

〔五〕「外間洶洶」以下一段又見別集卷二。

〔六〕何：原作「可」，據正訛改。

〔七〕來：疑誤。右引改作「便」。

〔八〕力：原作「以」，據清康熙本改。

編年 據書信編年。

淳熙五年

子澄遂以憂歸，聞之驚駭。渠素體羸，能堪此苦否？今有一縑，煩爲貨之，置少酒果食物，往致奠禮。鄙文一通，并煩令人讀之也。直卿向留東陽之久，做得何功夫？詩及論語看到甚處？

因便喻及。

所示論語疑義，足見别後進學之勤，甚慰所懷。已各奉報矣。

喻及讀書次第，意思甚善甚善。且更勉力，以俟後會。但未知幾時能復來，此間少人講論，殊憒憒也。

編年 首段云「直卿向留東陽之久」，又言及劉清之以憂歸，清之父卒於淳熙五年正月，此前黄榦久留東陽唯淳熙三四年間。元刻本勉齋先生黄文肅公文集附年譜淳熙三年下云：「是歲，自建安如金華，從學於東萊呂先生，逾年始歸。」第三段言期待黄榦來講學，朱熹淳熙五年八月已得知南康之命，故此書當在其前。一、二段皆言及讀論語，前後相承甚明。

紹熙四年

見謀於屋後園中作精舍，規摹甚廣，他時歸來，便可請直卿挂牌秉拂也。作此之後，并爲直卿作小屋，亦不難矣。

道間看得格物意思稍覺通透，日前元未曾説着緊要處也。講學不可不熟如此，可懼可懼！目疾不觀書，緣此看得道理亦漸省約。不成不讀書後，便都無道理也。所論氣禀之病固然，然亦大段着力，乃能去之。近日爲朋友説滕文公首章，有些意思，他日相見面論之也。

膚仲寄此來云，陳是陸學，王是呂學。以今觀之，王是矮子。渠乃疑爲直卿之文，不知前日所試果如何。

歲晚矣，何時定可來？前日因書，亦以直卿昆仲告鄭帥。此公厚德，能一見之否？來時恐亦須人，便中報及，當爲作諸公書去也。書會此中無有，已囑子約，但殊未可必。旦夕更囑祝汝玉，若得在衢，尤便也。此中已爲圖得一小屋基，但未有錢物造得耳。

編年　首段云「見謀於屋後園中作精舍」，當指竹林精舍，成於紹熙五年冬。考元刻本勉齋先生黃文肅公文集附年譜載黃榦行實，榦於紹熙四年春自建安歸三山。冬，其兄黃東奉母之官衢州，榦一至建安，十二月復歸三山。次年春擬至衢州省母，道建安，遂從朱熹之官湖南。故此段以作於紹熙四年末爲近。二、三、四段未詳，據其編序，亦當作於是年。第五段據書信編年繫之，所云「若得在衢，尤便也」，即指黃榦母、兄已在衢州官所，若榦於此作書會授徒尤便也。

淳熙三年至十一年

示喻讀書次第甚善。但所論先天太極之義，覺得大段局促。日用之間只教此心常明，而隨事觀理以培養之，自當有進。才覺如此狹隘拘迫，却恐不能得展拓也〔一〕。

校記　〔一〕「示喻讀書」以下一段又見文集卷四十六答黃直卿四。

編年　據書信編年。黃榦淳熙三年始從學。

淳熙十五年

聞有奏事之命，前月廿五日，方被省劄。見已寫書，只一兩日，須可遣人。得請固幸，萬一不得，即不免再入文字，而往前路衢、信以來聽命，又看如何。似聞上意頗相念，而士大夫亦多有以爲言者。此亦似一幾會，但覺得事有難得盡如人意者，腳甚澀，懶向前。道之興廢，只此一念間亦可卜得八九分，不必勞蓍龜也。

所遣去辭免人病久未還，昨日便中方被告劄，但又忽有召命，云是謝坡所薦。旦夕申省辭免，萬一未允，即欲再辭，而以封事并進。前日者太草草，已別草定甚詳。到彼亦不過是許多説話，況口説未必得如此之詳，又免再出頭面一番。若其可取，徐出未晚。不然，則魏主奚少於一夫耶？省狀稿録去〔一〕，只呈二公，勿示他人。試爲思之，并與仁卿、景思商量，度亦無以易此也。

校記　〔一〕去：原作「云」，據四庫全書本改。

編年　據書信編年。

慶元五年

聞欲遷居此來，甚慰，不知定在何日也。但授徒之計復何如？此中甚欲直卿來相聚，然恐此一事未便，不知曾入計度否耶？

編年　據書信編年。

慶元三年

覺得歲月晚，病痛深，恐不了此一事，夢寐爲之不寧也。近又得正父書目，亦有好處。其長處是詞語嚴簡近古，其短處是粗率不精緻，無分別也。

編年 據書信編年。

慶元元年

辭免人度今已到，不知所請如何。頭勢如此，又非前日之比，只得力辭。鄙意更欲乘此一有所言，亦爲餵鷹飼虎之計，又度得無益於事，亦未必中於語默之宜，且更籌之。若其不可，但只力辭，亦無害於義也。若已得請，便不須説，只恐未允，故有此念。蓋猶是從官，不應默默也。泰兒挈其婦歸，粗慰老懷。衰遲至此，無復他念，但更得數年整頓，了却諸書。此兒粗知向學，它時稍堪直卿諸人提挈足矣。

此間番陽近有一二朋友來，頗佳。恨直卿不在此，無人與商量文字耳。

編年 朱熹紹熙五年十一月被罷免離京，除待制、路分、帥職，皆力辭，首段即言辭待制職名事，應作於慶元元年。其言「頭勢如此，又非前日之比」，指黨禁風聲日緊。其言「更欲乘此一有所言，亦爲餵鷹飼虎之計」，指慶元元年擬上萬言封事，後卜筮不利作罷事。又稱「猶是從官」，即指其時尚帶待制職名，參紹熙五年至慶元初諸辭免可見。二、三段未詳，按其編序當亦在同時。其言「衰遲至此，無復他念，但更得數年整頓，了却諸書」，并託黃榦照看其子，亦爲暮年之語。書信編年定首段作於淳熙十五年，失考。

紹熙二年

湖南初且以私計不便，未可往。今緣經界住罷，遂不可往矣。已草自劾之章，旦夕遣人。若且得祠禄，亦已幸矣。生計逼迫非常，但義命如此，只得堅忍耳。聞欲相訪，千萬速來，所欲言者非一。知彼中學徒甚盛，學業外，亦須説令知有端的合用心處及功夫次第乃佳。徐、葉至此已久，終是脱去舊習未得。近日看得後生且是教他依本子認得訓詁文義分明爲急。自此反復不厭，日久月深，自然心與理熟，有得力處。今人多是躐等妄作，誑誤後生，輾轉相欺，其實都曉不得也。此風永嘉爲甚。

編年 據書信編年。

書來，知甚長進，可喜。近得漳州陳淳書，亦甚進也。今老病無它念，只得朋友多見得此道理，即異時必須有立得住者，萬一其庶幾耳。

編年 據書信編年。

紹熙三年

聞今歲便欲不應科舉，何其勇也。然親闈責望，此事恐未得自專。更入思慮，如何？通老過此，留三日，已過去矣。誠實可敬，但業未甚修耳，亦非細事。

編年 據書信編年。

朱熹文集編年評注續集卷二

書

答蔡季通

淳熙四年至五年

所喻已悉。但區區方持此戒，不欲輒破之，故不敢承命。亦爲賢者慮之，恐只中甚自愧，便是病根。不若從此痛自斬絕，毋以此等爲愧而深求可愧之實，不必更爲月攘之計，以俟來年，庶乎於遷善改過有日新之功，而胸中之浩然者無所不慊而日充矣。如其不然，則平日講論徒爲虛語，臨事之際，依舊只是平日氣習、世俗常情，某實懼焉。三復來書，竊意方當落筆之時，天下之義理皆小，而此事獨大也。不然，何其與平日講論之言殊不相似也。以左右之高明，區區常竊愛慕，深不欲其如此，故竭底蘊。幸熟察而深思之，則不惟某之幸，實朋友之幸，吾道之幸也。

昨日讀通鑑，至班固論郭解有温良泛愛絕異之資而不入於道德，以至於殺身亡宗處，方爲之掩卷太息，以爲天理人欲之間毫釐一差，其爲禍福之不同乃至於此。今日晨卧未起，得昨日戌刻所貽書，於此心復有戚戚焉，姑遣來人草草奉報。蓋所欲言猶有未及究者，千萬察之。公濟所舉似皆古人語，蓋是其入處耳。王通贊必是康節所爲，向以爲明道之文，誤矣。若明道，須别有判斷，不止如此也。林氏見思之説，昔所未見。它日携來，恐更有合入别録者耳。師説「才」字似作「方」字爲是，此類尚多，今亦未暇細考耳。樂説甚分明，前日因希聖書嘗附幅紙奉扣通典子聲之説，不知如何。不能布算，無以見五聲損益與此廿四律同異如何也。陳圖亦未曉，來喻須面論乃究耳。薛説固未知其如何，然觀古人布陳，箕張翼舒等説不一，似亦與今人不相遠。但其分合出入、奇正相生之變自在主將一時心術之妙，計亦非圖書所能傳耳。綱目竟無心力整頓得，恐爲棄井矣。韜仲相聚，想互有滋益。近日章句集注四書却看得一過，其間多所是正，深懼向來日用之疏略也。

别後兩日，稍得觀書，多所欲論者。幸會期不遠，此只八九間下寒泉，十一二間定望臨顧也。

易欲如此寫一本，彼有後生曉文理者，令寫過。只六十四卦亦得。覺得如此儘好看，此亦綱目中生出也。

律管分數甚荷見示，自疑不能皆全分也。前日所看圖子如可傳，煩録一通見寄。雖無心力，亦欲略知大概也。祭儀、深衣納去，録畢却示及也。

大學改處，他日面呈。權量所未學，豈敢輕議。但以冪寸計之，范説恐非是耳。更告熟考之也。

律説幸早寫寄。但以聲定律及均弦用聲之説，非面莫扣爲可恨，不知幾時可相會。寒泉精舍才到即賓客滿坐，説話不成。不如只來山間，却無此擾。公濟亦每以此爲言也。曆法恐亦只可略論大概規模，蓋欲其詳，即須仰觀俯察乃可驗。今無其器，殆亦難盡究也〔一〕。

精舍數日紛紛無意思，只得應接酒食，説閑話而已。亦緣屋舍未就，不成規矩，它時須共議條約，乃可久遠往來耳。律書緩寫不妨，曆法莫亦可草定一梗概否？若用先天分數，不知日月五星之屬，遲速進退，皆可於此取齊否？若得此二書成，亦不爲無補於世也。某今歸山間，懶未欲出，意欲後月末間一到雲谷度暑，未知果能動否。恐不能動，即奉約一來家中，相聚數日，殊勝它處惹客生事也。

校記 〔一〕「律説幸早」以下一條又見本卷。寫：原作「爲」，據宋閩本、宋單刊本及又見改。

編年 此數段難以詳考，然言修訂資治通鑑綱目、四書章句集注、至寒泉精舍，論樂律、曆法諸事前後相承，當爲先後之作。書信編年據首段言及四書章句集注，定前五段作於淳熙四年以後；據末段言約蔡元定至雲谷度暑，定後二段作於淳熙五年，今從之。書札彙編所定則大異，首段列淳熙十二年，次段列乾道六年，三段列淳熙十三年，四段列乾道八年，五段列淳熙七年，六段列乾道八年，可參考。

可恨。今漫納去，試爲勘一過。有不同處，只以紙蘸糊帖出，或恐有可取也。蓋陳明仲云亦嘗校定耳。

程集近復借得蜀本，初恐有所是正，然看一兩處，乃是長沙初刊時印本。流傳誤人如此，可恨。今漫納去，試爲勘一過。有不同處，只以紙蘸糊帖出，或恐有可取也。蓋陳明仲云亦嘗校定耳。

近看遺書目録序「時有先後」以下一節説道理不出，欲更之云：「先生之學，其大要則可知已。讀是書者誠能主敬以立其本，窮理以進其知，兩者交相爲用而不已焉，則日用之間且將有以默契乎先生之心，而於疑信之傳可坐判矣。」

伯諫相見，懸知必論此事。但向來攻之未嘗不屈，喻之未嘗不稱善，而終爲陷溺，不能自免，恐所謂亦甚然之者，亦未可保。近覺與此一等朋友説話殊敗人意思，不如緘口内修之爲愈也。

前書所喻公濟論難反復之語，不謂其所見乃如此。初欲歸塗過之，今日已迫矣，恐未能。但恐終亦難説話也。金聲玉振之説皆未盡〔一〕。

孟子解看得兩篇，改易數處頗有功。但塗抹難看，無人寫得一草本。不知彼有後生醇謹曉文理、快筆札者否？俟某復來此，倩得一兩人來，草寫出一本，大家商量爲佳。倉司程書已了，有一本在此，俟來日觀之也〔二〕。

綱目有疑，無問大小，告便筆之。但未知何日可會議耳。

律尺之喻，不謂蜀公差誤乃爾，成書幸早見示。程丈三器圖中引宋景文説，不知見於何書？説李照黄鍾乃南吕倍聲，即是倍平之法，前輩已用之，不知與今所論者有相犯處否也。五代會要納去，看畢并前所携去文字示及爲幸。

昨日已到芹溪，今日略走寒泉，晚即還此，治淵源、言行録等書。意欲老兄一來，相聚旬日，伯諫之意亦然。綱目草册并告帶來，有餘力便欲下手刊修也。

校記 〔一〕「前書所論」以下一條又見本卷。

〔二〕「孟子解看得」以下一條又見本卷。

編年 此數段亦難以詳考，然其言借長沙程集，改定程氏遺書，治伊洛淵源録、宋名臣言行録、資治通鑑綱目，與李宗思交往，皆乾道四年至九年間事，故可知其作於此期間也。參書信編年。書札彙編列第七段於淳熙七年夏。

慶元元年至二年

歐公疑周禮説荷録示。荆公必嘗親見其説，但今集中無所見，只有策問一二條，亦略見不能無疑之意耳。新史是紹聖所作，荆公既有此語，史官自是不敢不書也。華詞固無益，然專貴吏材而不及行義，乃當時之深蔽也。時論又大變，旦夕必見及，其兆已見矣。星經、參同甚願早見之，只恐竄謫，不得共講評耳。

參同契尚多誤字，可早作考異示及。納甲之說，屯、蒙皆用上下卦初爻，何耶？潁傳云「其先明視，佐禹治東方，吐養萬物」，又云「吾子孫當吐而生」，恐兔之得名以吐之故，但吐養云云，未知所出耳。昨看周禮磬氏疏中引「案樂云：『磬前長三律，二尺七寸，後長二律，尺八寸』」，不知所謂「樂」者是何書？亦告批喻。

石磬聞平江不難得，欲託人作小者數枚，但不能得合新律。幸爲思之，合用幾枚，其長短厚薄之度如何，幸悉批喻也。

丹經甚煩讎正，然亦尚有一二處可疑，當俟面請。磬說更無可疑，幸少黜先入之言，而以公共之心度之，則知鄙意之不繆。如周髀經，雖區區所未讀，然試以前書所論勾股兩弦之說考之，恐賢者未免錯解古經也。使還，奉報草草。已與諸友約開正同登西山矣。

猿鶴事更煩一哥兄弟子細爲檢。所云雜書，不知是何書。

又韓詩「挈提陬維」，其義云何？上文角根既是辰卯，則此當爲寅位，孟陬東北之維〔一〕，不知是否。又恐是總言四維也。

「兔者吐生光」，昨日閑思此語，忽記毛穎傳有「吐養萬物有功」之句，意此等語必先有出處，故二書各用之耳。或知其說，幸以見教。十二相屬起於何時，首見何書，亦望并及之也。

諸說荷垂示，但本草亦止說吐生，而不言其得名之自此也。相屬之說，若以廿八宿之象言之，則唯龍與牛爲合，而它皆不類。至於虎當在西而反居寅，鷄爲鳥屬而反居西，則又舛之甚者。今亦未敢論此，只欲見得本來出處，更望詳考見報也。

校記　〔一〕北：原缺，據黄氏日抄卷三十六補。

編年　據書信編年。

淳熙四年至五年

通典中説十二律子聲，莫便是清聲否？若如所言，即是廿四律，不用六十律矣。莆田徐君來，説曆如此，理會不得，今以納呈，渠旦夕須自去求見。但某自曉不得，却爲老兄所累，被人上門，反倒旦夕不免逐旋請教，要略理會得一大概規模，免被人如此熱謾也。

編年　本卷首段云：「前日因希聖書嘗附幅紙奉扣通典子聲之説。」即此首段，故當與彼書作在一時。次段言曆法，亦與彼組書相承，故亦當作在一時。

慶元元年至二年

平江磬材聞不難致，此見有的便，告考定格式，剪紙作樣，一兩日間示及，當往屬相識求之。但觸其弦之説，須依公指定乃佳，不可徇偏説也。

磬式謹領。但求、觸弦是兩節事，必如來喻，則既以兩矩齊等求弦，而又以矩之博益一矩之長而觸其弦，亦無害於所謂來歷者。必若勾短而股長，則其一矩爲股者，今雖未長而終必長。其曰股者，蓋即今之短，而以其終之長命之也。又如兩端相望然後爲弦，則來喻固兩端相望，而某説亦未嘗不兩端相望也。但季通欲裁股博之下以觸弦，而某則裁其上爲小異耳，然亦未嘗不合也。但如某説，則簡而通，如來喻，則煩而窒，多所遷就而後合耳。

編年　據書信編年。

淳熙十四年

樂書已就否？因便幸寄示〔一〕。近讀長編，説魏漢律、劉炳作大晟樂，云依太史公黄鍾八寸七分之管作正聲之律〔二〕，依班固黄鍾九寸之管作中聲之律。正聲於十二月初氣奏之，中聲即於中氣奏之〔三〕，故有廿四氣鍾之説。初看甚駭其説，細看乃知是讀著錯字，史記又破句讀了。試檢律書一觀，可發一笑也。一代制作乃如此，令人惋嘆。可早就此書，亦不是小事也。

校記　〔一〕幸：原作「奉」，據正訛改。

〔二〕七：記疑云疑當作「十」。

〔三〕氣：原作「聲」，據四庫全書本改。

編年　據書信編年。

紹熙元年

春秋無理會處，不須枉費心力。吾人晚年只合愛養精神，做有益身心工夫。如此等事，便可一筆勾斷，不須起念。儘教它是魯史舊文，聖人筆削，又干我何事耶？易説俟取得即納去，然亦政自非急務也。

編年 據書信編年。

淳熙十四年

極星出地之度，趙君云福州只廿四度，不知何故自福州至此已差四度，而自此至岳臺，却只差八度也。子半之説尤可疑，豈非天旋地轉，閩浙却是天地之中也耶？雅、鄭二書皆欲得之，律管并望携至，不知何時得來？郭公易書全無倫理，若兵書曆書亦只如此，即無可觀，但恐偏有所長耳。子直亦是闇中摸索，不知如何見得好處也。史記律數源遠，七分爲寸之説亦深疑之〔一〕，但自算不得，不敢堅决去取。今承來喻推析，洞然無復疑論矣。古人文字精密如此，而後人讀之鹵莽如此，甚可嘆也。然不能布算，其精細尚未盡曉，更容子細，别奉扣也。啓蒙所改是否？又天一地二一節與天數五、地數五相連，此是程子改定，當時不曾説破，今恐亦當添程説乃明也。林侍郎所論太極，不知是對何人言之？來喻似有闕文，讀者皆莫曉也。

校記 〔一〕七：記疑云疑當作「十」。

編年 據書信編年。

淳熙十三年

所喻蓍數少參多兩之説甚善，然所積之數，則少陰反多於少陽者八，不知此意又是如何。更須契勘，恐不堪駁雜也。此近得林潭州易説，甚可笑。書多重滯，不可寄去，無事可一來觀之也。

編年　據書信編年。

淳熙十四年

律書本子却幸寄示。樂書如何？若能入山，可一并帶草本及俗樂文字來，得以面究其説，幸甚。律管、樂書已領，更容細看，續奉扣也。方分竟如何？若果如此，即空徑三分之説遂不可用矣。以琴爲準，果可定否？恐絲聲緩急亦隨律高下，則不容其自相和耳。前日因書亦略扣湯簿，尚未得報。只恐渠亦未必理會到此耳。律吕書舊本莫只在否？便中亦望示及。開通錢小大自不等，不知用何者爲正耶？

廟議亦不盡記，若士大夫以下，自有定制。但今廟不成廟，即且依程夫子説，自高祖而下，亦未爲僭也。

易中七八九六之數，向來只從揲蓍處推起。雖亦吻合，然終覺曲折太多，不甚簡易，疑非所以得數之原。近因看四象次第，偶得其説，極爲徑捷。不審亦嘗如此推尋否？亦幸語及也。

編年 據書信編年。

淳熙十五年

儀象法要一册納上。但歸來方得細看，其運轉之機全在河車，而河車須入乃轉，恐未盡古法。試者之如何也〔一〕。

校記 〔一〕者：底本原注疑當作「看」。四庫全書本作「看」。

編年 據書信編年。

乾道四年

監羅之擾，誠如所喻。今日事無不如此，求學道愛人之君子，殆未之見。斯人之不幸，可勝嘆哉！

某自寺溪入長㵎，由楊村以出，所過不堪舉目。有小詩云：「阡陌縱横不可尋，死傷狼籍正悲吟。若知赤子元無罪，合有人間父母心。」區區於此深有所不能自已者，然出位犯分之愧，蓋不勝言矣。

編年 末段爲乾道四年奉府檄行視崇安水災時作，其所引詩即正集卷十杉木長㵎四首之一，行視始末見於卷四十三答林擇之一。書信編年未考，年譜長編以爲作於乾道四年，今從之。

淳熙四年

某數日整頓得四書頗就緒，皆爲集注，其餘議論，別爲或問一篇，諸家説已見精義者皆删去。但中庸更作集略一篇，以其集解太繁故耳。

編年　據書信編年。

乾道八年

初欲專人，今但付三八。節中多事，更不别奉問也。來歲之計如何？若作書社，亦宜早有定論。小僧素蒙印可，當遣前受業耳。淵源録未成文字，劉子澄又録得數事來，云汪書處似此文字甚多，俟寄去足成乃可傳，毋枉費筆札也。大學本敬付來人，看畢早寄及。論語方有六篇，亦未成次第，未可寄也。

編年　據書信編年。

乾道六年

叔京前夕方行，嘗勸渠日用加持敬之功。渠云能存其心，是之謂敬，而某以爲惟敬所以能存其心。論此兩日，竟未能合。觀其主意，又似老兄所論克己之目一般，以此見議論易差。若不實下日用功夫，動加防檢，殆無以驗其是非也。諸友相聚，作何功夫？一日之間，須着一兩時辰作科舉外功夫爲佳。

編年 據書信編年。

乾道四年

邑中水禍至此，極可傷憫。此中幸亦無它，兩日後方聞之耳。所喻截米，適有便，已爲言之，未知復如何。但恐藉此以賑被災之民，則不當奪之。府中亦有米來，可就撥也。語録已領，餘未暇尋。且此數編玩而繹之，自有餘味，貪多務得，恐却非所宜也。龜山所論諸疑，皆中其病。大概亦只是此一格，次第當時見得都不曾透徹耳。然二先生語中亦間有如此處，必是記者之失。如明道論釋氏下學上達處，則無滲漏矣。其下文説盡心知性，語亦不完也。道義固一事，然體用之殊亦不可不辨。但云義即是道，恐未可也。又性固無不善，其所以有不善，有過，有不及，却從氣禀中來。只如所論，亦未子細。造次顛沛必於是，乃知仁而用力焉之事。若知之未明，則所謂是者，恐亦未端的。此亦須更察之，日用之間卓然實見仁體可也。觀過當以「觀」字爲重，蓋觀處用力，則天理人欲賓主分明，而仁體在我者益昭著矣。若但知之而已，則恐未必端的實見也。聖賢指人求仁之方，多是於下學處指示。蓋用力於此而自得之，則安然便爲已得，非若今人縣揣暗料，窺見彷彿，便以爲得也。愚見如此，重蒙下問，不敢隱其固陋，敢率易言之，以求反復。如其未當，更得痛爲鐫磨，復以下喻，誠孤陋莫大之幸。不爾，則自此不復敢致其愚矣。聞又從平甫借語録，此殊非所宜汲汲。況温陵已下手刊刻，不數月當成，昨日已寄得十餘板樣來矣。册不甚大，便於齎挈，真學者之幸也。俟其寄來，首當奉去。然文字之外，要當有用心處，乃爲究竟耳。

觀過終無定論，如所喻亦未安。愚意却欲只用古説。和靖推説伊川之意甚分明，蓋諸説皆有病，惟是此説獨不費力，但義差緩耳。聖人之言自有如此處，更以上文「苟至於仁矣無惡也」及表記「仁者之過易辭也」者反復證之，則其理亦甚精。晦叔所説比欽夫差直截，但終是迫切，不類聖人語意耳。

編年　據年譜長編。書信編年則將二段分置於乾道三年、七年。

乾道六年

伯諫相見，所談何事？其精進固可尚，而賢者之自咎，亦不爲過。前此相聚兩日，固疑近日多事，心志不一，浮躁之習又復發見，此亦不可不速掃除也。太極説近看儘有未精密處，已略刊正。其大者如乾男坤女，當爲氣化之人物，不知曾有人如此説否？其下化生萬物，乃爲形化者耳。又主義是指正與義而言，蓋此是不易之定理，大學所謂至善是也。

編年　據書信編年。

乾道六年

子直欲且留此，爲逾月之計，俟某復來〔一〕。今欲煩藏用月初下來，就此寫却一兩卷孟子，更得一朋友同來尤佳。不煩俟某下，只開月便可來。諸事知已子細，此子直薪米之屬，亦已一一措置矣。此兩日亦只因孟子理會得一兩條義理頗分明，如盡心之説，舊來不曾下語，覺得諸説無綱領。如知言所發明，又別是人意思，試檢會一觀即見也。六君子盡心者也，所以求盡其心也。孔子從心所欲，心不盡用。試更求之，便中見喻爲幸〔二〕。「東山」一章全類詩之比興，蓋言聖人之道大而無窮〔三〕，進之當有漸耳，熟味之可見。可欲之善，誠如所喻，但「行法俟命」一章，前日草草言之，不能無失。更爲參酌見告，幸幸。文中子論聖人憂疑處，又作一論題，不知合如何立語，只云聖人憂疑如何，不知可否。若可作，即令諸生試爲之也。伯崇之僕説到官之初儘爲人理會事，至於興作水利，種種躬親。若此不倦，真副朋友之望也。

校記　〔一〕復：原作「後」，據宋閩本、宋單刊本改。

〔二〕中：原缺，據清康熙本補。

〔三〕大：原作「人」，底本原注疑當作「大」，據清康熙本改。

編年　據年譜長編、書信編年。

乾道四年

廣之到彼〔一〕，有何議論？叔京文字曾論著其得失否？此人回，可示及也。觀過説依舊未安。蓋此二字與中庸「致曲」文一同。致曲者，非致夫曲，乃因曲而加功。觀過者，非觀夫過，乃因過而觀理耳。前日之説，尋當改定，却得寄去。

校記　〔一〕廣：疑當作「擴」。

編年　據年譜長編。書信編年列於七年。

乾道七年

史記、武夷集内上。但史記舊點多誤，不可憑耳。大學想不輟看，「誠意」兩段，竟尋舊稿不見，别補去如此。可令兒輩剪去舊字，别寫此入其間。明道説「人須自知，知自慊之道」止「有外之心不足以合天地之心」，恐或舊本不載，今可檢寫入。因補此兩段，覺得舊説儘有合整頓處，又是一番功夫耳。孟説更煩爲契勘，辭意或小未安，一字不遺，乃所幸願。自覺語意蹇拙，終不快利也。

編年　據書信編年。

乾道四年

答擇之書并觀過説納去，幸爲訂之。始終條理、居敬行簡之説則得之矣。昨答書中亦有始終一段，今不復録去也。但所論小人共事之説，則鄙意未能無疑。蓋君子隨時救世，無必待學至聖人然後有爲之理。又不可强其力之所不足，挾私任智而僥倖於有成。竊意惟循常守正爲可以無悔，顧其間屈伸變化，則自有斟酌，不可至於已甚耳。易中論此等處當無所不盡，更煩考之經傳，令兒輩抄出，它日共詳之爲佳。得叔京書，所論如此。内去一觀，或能爲反復之尤幸。

編年 據年譜長編。書信編年列於乾道七年。

乾道中

通書、西銘各一本上内，又一角致兼善處。數日爲渠思講究不精之弊，恐是未能勇革世俗之學，有以陷溺其心而然。不及别書，幸爲致此意也。不得於言，如某之説，則見其强勇迫切氣象，正如釋氏所謂「直取無上菩提，一切是非莫管」之意。如季通所論，則於不動心處取義殊緩，兼文理亦自不通，須作「不」字，乃説得行耳。

所謂一劍兩段者，改過之勇固當如此。然改過貴勇而防患貴怯，二者相須，然後真可以修慝辨惑而成徙義崇德之功矣。不然，則向來竊聆悔過之言非不切至，而前日之書頓至於此，亦可驗也。自今以往，設使真能一劍兩段，亦不可以此而自恃，而平居無事常存祗畏警懼之心以防其源，則庶乎其可耳。易説三條，昨亦思之。此上下文本自通貫，前此求其説而不得，故各自爲義而不能相通耳。洗心齋戒，特觀象玩辭、觀變玩占之大者。但方其退藏，而與民同患之用已具。及其應變，則又所以齋戒而神明其德。此則非聖人不能，與精義致用、利用崇德亦頗相類。此下所言闔闢往來，乃易之道。「易有太極」，則承上文而言所以往來闔闢而無窮者，以其有定理耳。有是理，則天地設位而易行乎其中矣。兩而生四，四而生八，至於八，則三變相因而三才可見。故聖人因之，畫爲八卦，以形變易之妙而定吉凶，至此然後可以言盡耳。前所謂「易有太極」者，恐未可以書言也〔一〕。

校記　〔一〕「所謂一劍」以下一條又見文集卷四十四答蔡季通一。「頓至於此」，「此」原作「禮」，據又見改。

編年　據文集卷四十四答蔡季通一所考。

乾道七年

綱目凡例修立略定，極有條理意義矣。俟到此，更商榷之。但修書功緒尚廣，若得數月全似此兩月無事，則可以小成矣。

編年　據年譜長編、書信編年。

淳熙十三年

九章之目與周禮注不同，盈朒恐是贏不足，勾股恐是旁要，幸更考之見喻也。小學册子向時携去，今告早附來，添注此數項，便可上納付匠家也。子澄寄得鄂州本來，今往一本，并唐鑑如喻遺上。編懸文字，亦幸早示及。前日因看孟子説，覺得金聲玉振一義舊説未安，即已改定。其説於樂之節頗有發明，未暇寫去也。大抵八音金石爲衆音之綱領，絲竹匏土包括於中，而革木二音無當於五聲十二律，故居最後而但爲衆樂之節。不知古人已作如此看否耶？又前日説宫懸用十二律，一懸用七律，判懸以下無鎛鍾特磬之説，不知與古法合否，幸并考之也。

示喻創艾之意甚善，但密切常存戒懼之意，不必如此發作，却未得歇滅，舊病依然只在也。詩傳不曾修，近看論語，却儘有合改處。候修畢，試整頓詩説看如何。但精力短，甚畏開卷也。

前書所云，甚恨忠告之晚。常時鄙笑莊周爲惡無近刑之説，自今觀之，亦自不易也。月末專望枉顧，餘得面言。

編年 據書信編年。

淳熙六年

所喻自省之意甚善，然恐病不在此，只合且於存心處事上痛自省察矯革也。某求去未獲，然賤迹終不能安，度更不報，即以罪譴逐矣。此間詞訴近日却絶少，漸可讀書。但直卿既歸，復之又病，數日羸甚，無人商量，文字都不得下筆。此事未知終竟如何，萬一不就，恐爲千載之恨也。

季通可早來，或未歸，得共究此業。或已束裝，亦得道間相伴，游山玩水也。希聖要來，甚善，有朋友性静向學，能思索檢討者，攜一二人來尤佳。其不能此者無益，徒累人也。

編年 據書信編年。

淳熙四年五年間

樂説已領，尚未有深解處，須面扣乃悉耳。雅樂説後便幸示及。聞有安定鹿鳴譜，亦望録寄。偶得新都八陳石刻本納呈，看畢却告附還。其説與薛士龍者同異如何？并告喻及。需通鑑，方此修改未定，舊本太略，不成文字也。近覺讀書損耗心目，不如静坐省察自己爲有功。幸試爲之，當覺其效也。

編年 據書信編年。

淳熙十三年

古樂之説，尤荷意勤，及今見之，殊勝蜀公之方響也。但諸説中頗有未甚解處，及新書内論古錢處，前後頗有相牴牾者，又不見今是以聲定律，爲與此尺合之意耳。此皆俟相見面論，今日寒甚，寫字不成也。啓蒙之名，本以爲謙，而反近於不遜，不知别有何字可改，幸更爲思。費隱之說，若有所見，須子細寫出，逐句逐字商量，如何見得上下察是隱處，須著力說教分明，方見歸著。若只如此含糊約度說得不濟事，不惟人曉不得，自家亦曉不得也。且若果如此子細，當時便合引「上天之載，無聲無臭」以明至隱之義，不應却引「鳶飛魚躍」至顯之事而爲言，却說翻了也。請更思之。前日已嘗疑此，後來子細反復，逐一寫出比較，見得說不行，此無可疑也。只管如此疑無了時，只費頃刻功夫寫出了，到寫不行處，便釋然矣。

編年 據書信編年。

慶元元年至二年

昨日見報，有因奏對極言太極之罪者，累數百言，大率皆攻鄙說。其說甚獃可笑，不知何人所發也。竊恐流布諸書，亦不甚便，更思之如何？

二變之說，甚荷見教。比因修禮，編得鍾律一篇，頗簡約可觀。大抵盡用本原之書，旦夕當奉呈也。糴米事適間趙簿來問，不知爲請此錢分付晦伯兄弟如何。幸度其可否，速見喻，當以囑趙及元善作書也。但吾輩時運不好，不可自犯脚手，然又不可不爲鄉里計也。

平江人欲遣行，磬式幸裁定示及。黃鍾一均六律，各隨大小畫樣，以所定古尺爲準，各餘半寸以上，以備磨錯乃佳。仍告早示下也。前日所説磨崖刻河、洛、先天諸圖，適見甘君説閤皂山中新營精舍處有石如削，似可鎸刻，亦告以一本付之。先天須刻卦印印之乃佳，但篆隸碑子字畫皆不滿人意，未有可寫之人爲撓耳。令伯謨篆如何？

三圖須作篆，乃有古意，便當遣人送伯謨處也。但磬式股鼓俱大，似是誤筆。今別考禮注，畫黄鍾一枚去，幸細考之。若合如此，即别爲作六枚，并此付來也。其厚亦有等差耶，或但長短不同而博厚如一也？并告依此界一側面，使有定論。老兄平時於此極精密，不知何故今此殊草草也。龜兆之説，未曉所謂。不知當近界弦處耶，當遠之也。又不知界弦是龜中直紋耶，是四外邊界也。幸更批喻。

磬式已定，但恐石璞不必太大，四邊只各留半寸許可也。博厚之制，前書誤謂諸律一等，後來細讀，始知其繆耳。參同寫得一本稍分明，俟皆了納去，更煩一看，便可刊刻矣。藍家墻界未得消息，築者停手以待。幸早寄信去，得遣一親信人來乃佳。不然，即且依界築矣。切望留念。省劄至今不到，昨夕忽夢得餘干，想今日必到也。鈞孫在鋪下，切煩三哥誨督之，不可待以朋友之禮也。切祝切祝！南游去住，當已有決計矣。

編年　據書信編年。

淳熙元年

公濟山頭日用功夫之問，見季通未有端的應答。彼説雖偏，然吾輩之所以自治者如此之鹵莽，幾何其不爲不如稊稗之五穀耶。兩日欲奉扣，因循不暇，亦苦疲憊，無好意思，遂不能及。今請試加省察，果以何地爲進德之基也。歸來又得伯恭書，云學者須是專心致志，絕利一源，凝聚停蓄，方始收拾得上。此言甚當，不敢不以告也。

編年 據年譜長編。

紹熙元年

某衰晚强顔，力不勝事。今又有經界之役，此實一郡利病，所繫不淺，義不當辭，已上奏懇請。今更欲得晦伯一來相助，不知渠肯來否。已有書與之，更告爲勉其行，并爲游説老丈，得不挽留之，千萬之幸也。向所懇者，曾爲留意否？今偶遣人送劉婿歸，有一二十人。昨承老兄有意見訪，莫若就此同晦伯同途尤便。過此，則州郡遣人又費力矣。春秋之説，當俟面請。或未成行，千萬便録大概見示爲幸。

所喻希真事，已語劉戎矣。偶欲出縣，匆匆奉報。別有一二事，令埜專人奉扣，幸垂喻。中庸闕板，并望早示及。聞前日談天甚快，恨不參聽其旁耳。

編年 據書信編年。

慶元元年

三日來發熱昏冒，不識何證。藥物雜進，殊未見效，良以爲撓。所喻朝聞夕死之意，不勝嘆服。然老人之學要當有要約處，恐非儀禮之所及也。費隱之説，非不欲剖析言之，但終覺費力，强説不行，不免且仍舊耳。二書修改處想已了，幸早寄及。項平父、劉公度同日遭章，必是理會道學公事。項罷新任，劉補外也。

編年　據書信編年。

紹熙四年

聞到黄蘗，想遍游一帶名山，多得勝概。然遂欲盡發天地之藏，則癰痔果蓏之不能無憾於見傷。因便寓此，敬問還期。

編年　據書信編年。

紹熙五年

諸書已領，劄子又略修改，説得稍平。人亦多説恐有此嫌，鄙意獨謂此乃實情，無可疑者，事定乃知其不誤也。

編年　據書信編年。

淳熙十五年

某杜門如昨，無足言。請祠人未歸，若得如此占，幸甚，但恐消詳未盡耳。三聖必不我欺也。聞林又請對，乞與論者廷辨，且攻横渠甚急。上皆不領，慚沮而退，未知竟如何。

某所遣請祠人竟未歸，不審何說。利往之亭，竊恐未可必也。又爲部中送磨勘告來，今日又不免遣人辭之。此又是別一頭項，費分疏，然亦無甚利害也。別紙所示，詞雖迂緩而意實詆忤，却恐未便。所與元善書，則今早所遣人方行，須後便方得附去。某書中只如初議，萬一不及救止，則此亦無甚利害，與某事體自不同，不必過疑也。儀象法要昨因子莊過此再看，向來不相接處，今已得之。元來文字只要熟看。本義已略具備，覺取象之說不明，不甚快人意耳。今文之誤，先儒舊說可證驗處甚多，所欲改更，皆非今日之臆說也。俟月末携去看，恐人多看不得耳。因其人還附此，不知便得達否。

編年 據書信編年。

紹熙五年

方才仲文字正尋不見，疑智夫借去，乃在書府，幸甚，因便示及也。渠深爲壽皇所知，自今觀之，不爲不遇，猶復齟齬如此，是可嘆也。

味道歸來，說曆書就篇，伏惟歡慶。恨未得窺藩籬也。

編年 據書信編年。

淳熙十五年十六年間

律圖想甚可觀，然其聲須細考之，令有定論乃佳。切在虛心平氣，不可有毫髮偏滯之私也。

病之復作，次第亦是出謁太早所致。前日固嘗奉告，且勿出入，不惟可養疾，亦且避得招呼之煩。今須且切守此戒也。此外只得寬以處之，平日學問，正要此等處得力也。前書所扣一哥之行，來喻如此，是決不可行矣。直卿只可往來相伴，決不能終歲守諸幼童。謙之聞欲赴補，又未必可挽，而行期已迫。思之只有鉛山徐子融老成有守，常作小學，已往招之，又未知其能遠適與否耳。

編年　據書信編年。書札彙編此二段分列於乾道八年、紹熙三年。

淳熙十六年

辭免文字甚遜，然不至全然無骨，甚荷憂念也。元善書旦夕遣人即付去。律曆乃千古事，數日細思伊川上富公書，此事亦使人不能忘。但今日月已迫，元善之計亦未必行。近日得其書，云議禮正冗，未暇言，政恐雖言亦不效。蓋覆按使還，又附前議。若果如元善前書之云，令人痛心。但不容效力，無可奈何耳。直卿前日有人來，書中都不説及通書注，答書亦忘督之。若有便往，可問之。太極、西銘前日忘記附去，今付此人，幸視至。郭頤正編射法及馮侯者可并刊行，恐力不足，即因見夢傳爲言。在渠爲之不難，亦是適用文字，殊勝時文也。

徐貢父兄弟又遣人來奉邀，計須歸來，方得赴其約。然自此亦當重然諾，庶得安居，爲著書養性之計。只管如此衝寒冒熱，東西游走，似非老大所宜，尤非所以學安樂祖師之所行也。

適見小報，元善已得浙西提舉，計是見闕，就彼便赴上矣。曆事當且悠悠，然及此成書，以俟來者，亦非細事也。但疑其不可就者非特趙君，一祛此惑，亦快事耳。它日過此，略帶草本來，及新製律管及書俱來爲佳。俗樂文字亦欲就借。

「鴻羽可用爲儀」，不知如何解。先儒所謂進退可法者，不知本文有此意否耶。恐此亦只是可爲旄□之屬，無進退以禮之義也〔一〕。若如鄙意所釋，則不如曳尾於泥中也。

眩運之疾，若得靜以養之，自當安定。今乃汩汩應接如此，何由可已。如某目疾，亦是如此。今乃終日寫書，不得一舉首，勢必雙瞽而後已耳。集注事前日已失究治，今當爲料理，可便作一狀來，送邑中行遣也。來春欲一到精舍，或能俱行，即同往觀尤佳。然須有所託以爲詞，乃爲便也。

校記　〔一〕「恐此」以下原無，據四庫全書本補。其缺處當爲「旌」字，見本卷重出此條。

編年　據書信編年。書札彙編繫末段於慶元元年。

淳熙十三年

啓蒙中欲改數處，今籤出奉呈，幸更審之，可改即改爲佳，免令舊本流布太廣也。但恐不好看，亦無奈何耳。

費隱儘有説，但日間稍得閑坐，又貪温卷工夫，不暇安排文義耳。

編年　據書信編年。

慶元元年

廟記已領，極荷指誨。初欲詳記其本末，守禦計謀，後覺字數太多，稍稍□□□□□此，然已覺繁冗矣。却是台人□得説□□□□節，費却言語也。其守城録台□□□□□□流傳，今但如此提起，有眼目者自應□□□報狀，岳麓圖已附去矣。

編年　據書信編年、年譜長編，詳見整理者朱熹二帖考一文。

慶元二年

前日所扣竟當如何？幸早見教，以解煩惑，幸甚幸甚！諸事却未聞焚滅之命，中庸必已了矣，早得數本爲惠，幸甚幸甚！

得履之書如此，亟以奉呈，恐欲預有所處也。然不必匆匆，但當有以待之耳。葉正則遭論，鎸兩秩罷去，并毁其書板。章中已見及，名次甚高，與履之所云相表裏。勢只旬月間，須有處分。又聞前日寒泉會哭，已有告言路者。周元興聞之城下吴生，赴省歸者云然，當非妄傳，亦可略語韜仲也。

編年 據書信編年。

紹熙四年

昨日亦嘗上狀，不知何故未達。今早又以中庸集略附劉醫，乃昨日遣書時所遺也，今想皆已到矣。雨勢如此，豈登山之時乎。需藥遣去，然恐不若安樂師翁所云病前自防也。專門之誚，正卞公所謂執鄙吝者，非壺而誰？然今日聞公試之日，諸生簾前一語尤可絕倒，它日當自聞之也。近報十五日車駕已與中宮同詣重華，終日乃歸，軍民相慶，恐欲知也。

長沙之行，幾日可歸？益公相見，亦何言耶？閣記不敢辭，但恐病中意思昏憒，未必能及許教未替前了得耳。向見薛象先盛稱其人，今讀其書，乃知講於陸氏之學者。近年此説流行，後生好資質者皆爲所擔閣壞了，甚可嘆也。

編年 據書信編年。

淳熙七年

某病軀粗健，但自春夏來一向闕雨，五月以前祈禱猶有應，農功已粗可觀。而六月半後，遂不復雨。聞得數里間一兩刻沾洒，殊不周足。今早禾損及八九，晚田亦未可知。初欲此月丐祠，而事勢如此，如何敢求去？只得盡力救荒耳。楊簽又以憂去，新官未到，今只有星子老令相與同憂，更無分毫好況也。然諸司已有不相容者，旦夕或以劾去不可知，但自不敢求耳。

二書并碑却告因便示及。索詩當時做得數語，後來多事，今已忘之矣。白鹿春卿必能言曲折，田已撥得些小，然亦非久計。要之此等興廢有時，若無人主張讀書，即有田亦無益耳。諸刻今附去一角，雲谷、大隱兩處如何？得馬道士書，云已開堂基，招得一道人在彼。計須量與口食，告就雲谷支也。

編年　據書信編年。

淳熙十三年十四年間

細看啓蒙，已不必改，只如前日所說改定一句足矣。通書樂上章「萬物咸若」下添解三綱名件，想已有矣。又欲於「齊肅之意」下添「故希簡而寂寥耳」。刑章「十二」當作「十一」，「以象再閏」欲添「五歲之象，掛一一也，揲左二也，扐左三也，揲右四也，扐右五也」。只作注字亦得。

易圖甚精，但發例中恐不能盡述，當略提破而藉圖以傳耳。陳法大略亦可見，當如近日所說，但未能洞曉其曲折耳。樂圖煩更問子本，此只有十二樣，而調名之多，何耶？琴說亦告尋便示及，千萬〔一〕！

校記 〔一〕「易圖甚精」以下一條又見文集卷四十四答蔡季通六。

編年 據書信編年。

紹熙五年

因山之日已迫，而未有定議，有詔集議，尋復中輟。昨日不免入狀議之，未知如何也。大學後來道中又改齊家治國章兩處，不知曾爲刊否？前日所論，非欲求容，正爲當靈者不靈，恐造物者亦將無以爲造物耳。然此事如此，似已多時。戰國只孟子是理會得底，餘人如醉如夢也。

編年 據書信編年。

慶元元年

北方之傳果爾，趙已罷去，蓋新用李兼濟爲諫官，一章便行，未知誰代其任，此可深慮。某辭免未允，而趙已見諸令復如此，更當費力耳。相知者且如此，況新來者情意不通，未必以爲事也。

某昨日冒雨登龍湖，幸無它，但路滑狼狽耳。書堂高敞，遠勝雲谷、武夷，亦多容得人，他時儘可相聚也。

求放之説，其妙無窮，須實用功，乃見之耳。

編年　據書信編年。

乾道七年

養正來辱書，乃聞閤中之疾未已，未能此來，殊以悵惘。某此無它，但爲通鑑課程所迫，無復優游潛玩之功，甚思講論耳。已看到後漢章帝處，只三四日當畢，向後功夫却不多矣。不免且那功夫了却易説，未能審思，不知能中理否。

南軒已過上饒，得書，書中一紙上呈，幸爲訂之。并昨所説嘗論著者携以見示，幸甚幸甚！遺文上納。二録已領，昨伯崇借遺書三册寄還，乃不知分付何人，至今根究未得，極以爲撓。蓋此本最精，比老兄本後來又正了數字也。

編年　據書信編年。

乾道中

伯諫書中説託料理孟子集解，今納去舊本兩册，更拾遺、外書、記善録、龜山、上蔡録、游氏妙旨、庭聞稿録、五臣解取范吕二説。各自抄出，每段空一行，未要寫經文，且以細書起止寫之，俟畢集，却剪下粘聚也。每章只作一段，章内諸説只依次序列之，不必重出經文矣。兩匠在此，略刊得數行矣。字畫頗可觀，未可印，未得寄去也。但此間獨力，深恐校讎不精，爲後日之累耳。向來見它人刊書重於改補，今乃知其非所樂。大抵非身處之，則利害不及而心乃公耳。

前書所喻公濟論難反復之語，不謂其所見乃如此。初欲歸塗過之，今日已迫矣，恐未能。但恐終亦難話也。金聲玉振之説皆未盡，數日客冗，撥忙次得數語如此，今以上呈，可否俟報。某來晚定歸，亦帶過呈伯諫也。孟子解看得兩篇，改易數處頗有功。但塗抹難看，無人寫得一草本，大家商量爲佳。倉司程書已了，有本在此，俟來日觀之也。濟之同且在天然，果如何耶〔一〕？

校記 〔一〕「前書所喻」以下一條又見本卷。「且在天然」句疑有誤字。

編年 此前後兩段相承甚明，以其皆言與李宗思等人治孟子集解也。後段已見於本卷，乃重出，其作年已見前考。

淳熙四年至五年

律説幸寫寄，但以聲定律及均弦用聲之説，非面莫扣爲可恨，不知幾時可相會。寒泉精舍才到即賀客滿坐，説話不成，不如只來山間，却無此擾。公濟亦每以此爲言也。歷法恐亦只可略説大概規模，蓋欲其詳，即須仰觀俯察乃可驗。今無其器，殆亦難盡究也〔一〕。大學等已令進之料理矣，或入大源，告爲致問。公濟既平心和氣以觀義理之所在，則不患無鄰矣。草絶交之書，似於禪學亦未得力也。觀過之説竟未安，嘗思之矣。

校記　〔一〕「律説幸寫」以下一段又見本卷。

編年　此段已見本卷，乃重出。書信編年於此前已考其作於淳熙四五年間，此又定本段作於乾道七年。今從前考。

淳熙十五年

禮記納去，歸來未暇子細再看。恐可抄出，逐段空行剪開，以類相從。蓋所取之類不一故也。四十九篇昨來分成七類，曲禮、冠義、王制、禮運、大學、經解、喪大記。試用推排喻及，以參得失如何？大學亦修成一書，適詳略之中。細看舊本，乃大有不滿意處，又當修改也。

編年　據書信編年。

紹熙元年

欲買淳熙編類一本，煩爲問，不知直幾何，便批報，當遣人齎錢去取。臨老旋學做官，甚可笑也。或有可取處，得便令此人取帶歸，却納錢去還之，尤便耳。

「鴻羽爲儀」恐只是可爲旌旄之屬，無進退以禮之意也。如何？若然，則誠不如曳尾泥也矣。

編年　淳熙編類即淳熙編類祀祭儀式，乃淳熙六七年間依齊慶胄、劉焞、朱熹等人上奏，由禮部所編。書云「臨老旋學做官」，是朱熹其時在官。文集卷八十三書釋奠申明指揮後云：「淳熙己亥初守南康，嘗一言之朝廷，爲取政和新儀鏤版頒下。而其本書自多牴牾，復以告焉，則莫之省矣。紹熙庚戌，復自臨漳列上釋奠數事，且移書禮官督趣，乃得頗爲討究，則淳熙所鏤之版已不復存。百計索之，然後得諸老吏之家。」此託蔡元定買書，正「百計索之」之一方，故此書作於紹熙元年可知。其言「鴻羽爲儀」之義亦承前淳熙十六年「『鴻羽可用爲儀』，不知如何解」之書。

淳熙十四年

中庸首章更欲改數處，第二版恐須換却，第二版却只刊補亦可〔一〕。然想亦只是此處如此，後來未必皆然也。且催令補了此數版，并詩傳示及也。來日取得來教，却別上狀。中庸所改皆是切要處，前日却慢看了，所以切己功夫多不得力，甚恨其覺之晚也。大學亦儘有整頓處，亂道誤人，可懼可懼！啓蒙前日所改尚欠數字，頗覺之否？通書注頗佳，當携往觀也。

校記 〔一〕二：此與上句之「二」疑有一誤。

編年 據書信編年。

乾道末

東行有日，幸早見過，爲兩夕之留也。北風未聞，想只是虚聲，或其境内自擾擾耳。

所議可善處之，毋至過甚爲佳。遽忘其怒而觀理之是非，此前賢大公順應之要法也。數日相聚，頗覺兼善有怠緩駁雜之病，而季通責善傷於急迫，又雜以嘲玩，似非以文會友之道。臨行匆匆忘説，願各矯所偏，以副所望，幸甚幸甚！子仁留此數日，稍款。已勸令不如且讀書，理會義理，無爲苦用力於文字間也。太極説修定，削去後語，只作一統論，意似亦無不盡也。西銘説在後，煩爲細看，携過見喻。

編年 此組凡三書五段，第三段云：「數日相聚，頗覺兼善有怠緩駁雜之病。」第五段云「太極説修定」，「西銘説在後，煩爲細看」，本卷前乾道八年書云：「通書、西銘各一本上内，又一角致兼善處。數日爲渠思講究不精之弊，恐是未能勇革世俗之學，有以陷溺其心而然。」乾道六年書云：「太極説近看儘有未精密處，已略刊正。」數書當前後相承，故此後二書四段亦當作在乾道末。首段未詳，附於下二書之時。書札彙編則將三書分置紹熙元年、淳熙十年、淳熙十四年。

乾道七年

伯諫書所説功夫甚善，但所以見推者過當，使人慚怍，不知所措耳。時學波蕩至此，雖細故，亦可驚嘆，奈何奈何！克己贊所疑不知云何，因便見示。

自覺浸有寬平氣象，甚善甚善。涵泳不已，意味當益深長耳。二友講論不廢，然未值大節目也。

盡心説録呈，并呈兼善參詳，有未當處，却以見喻，且勿令齋中諸生傳寫也。前日所寄諸説，有便并望反復。

公濟、伯諫得書否？某歸塗過伯諫，見收公濟書，大段手忙腳亂也。大學誠意之説已再觀之，果如所論。想它書似此處多，須一一整頓也〔一〕。

通鑑節本只名綱目〔二〕，取舉一綱衆目張之義，條例亦已定矣。三國竟須以蜀漢爲正統，方得心安耳。

校記 〔一〕「公濟伯諫」以下一條又見文集卷四十四答蔡季通八。已：原作「以」，據又見改。

〔二〕本：原缺，據四庫全書本王懋竑朱子年譜卷一補。

編年 據書信編年。

乾道八年

適已奉狀，尋大學章句詳本不見，不知在書府否。如在告帶來，參同契并携來看也。有歸藏否？有即借來校。此間所藏者，似恐只是僞書也。

前日匆匆，忘記面扣。大予樂是後漢樂名，本史志必有之。王朴之云，亦是以一爲正，以一爲變。但當時未知變律之説，故以其半爲清耳。要之終不是也。來書且留篋中，以俟面質。

編年 據書信編年。

淳熙七年

日邊人尚未還，未知行止之決。所示卦象，恐當以復卦爲主，則「揚庭孚號」更不着矣。「有攸往夙吉」，而今不可以夙，則有復而已，恐終當用此占也。祠堂記及韜仲書付去人，更一書與劉公度，託渠寫，彼中相去不遠也。克己課程，只是語録中説常有簿子記言動之得失者是也。惺惺語亦是其持敬法耳。

編年 首段言「日邊人尚未還，未知行止之決」，又言「而今不可以夙，則有復而已」，觀其意其時在官，方遣人入都請祠。文集卷三十四答吕伯恭三十二云：「月初遣人請祠，至今未還。」續集卷六與蔡權郡云：「丐祠之請，前月半間已專人入都。」别集卷六答黄商伯十四云：「某月初已專人丐祠。」彼數書皆作於淳熙七年初，應即其事。第二段之「祠堂記」或指淳熙六年朱熹所作之隆興府學濂溪先生祠記。又及劉公度，其人淳熙六年始於南康從學，見文集卷九十朝奉劉公墓表。參以下文編序，此二書皆當作於淳熙七年。

淳熙七年

季通無事更能一來否？游誠之得書，方自武昌趨長沙矣。分韻詩當時做不成，今已忘記。若能再來，當爲補亡也。

法器都未見，都昌一二士人好資質，然亦無意於此。蓋是蕭果卿親戚念得蘇文熟了，壞了見識也。可惜可惜！都昌黄氏向來見喻減價糶米，人甚賴之。今出穀萬斛賑糶，已牒請與縣官同措置救恤矣。

編年　據書信編年。

淳熙十六年

旋運只是勞心之所致，小試參同之萬一，當如牛刀割雞也。至之兩日在此，察其意必不校此，當更委曲曉之耳。李將若得此人之力，真是笑啼俱不敢矣，可付一笑也。曆議必有所付，但今思之，不得其説，久當自出也。宿逋令埜具稟，甚愧遲緩，幸更少寬也。

編年　據書信編年。

淳熙六年

建陽事竟如何？緩急之間，切宜善處爲佳耳。某前月晦日已交郡事，以常情論之，亦不至甚費料理。但衰晚自不當出，又閑散之久，不能堪此煩碎。又不能似衆人漶漫不省事，初到甚覺勞弊。此兩日方少紓，更看旬日又如何也。大抵是不可久住，夏末須力請而歸耳。昨日至學中，爲諸生説大學，自此二七日即一到。見謀作濂溪祠堂，廬山有陶淵明、劉凝之遺迹，亦漸次表章之。比罷歸日，須皆可畢事也。但恐迂繆伉拙，時論不見容，即又未知如何耳。山水之勝，目所未睹，埜歸必能略言之。意欲老兄一來，又不能辨人去取，已屬平父，恐可借僕馬一來，甚簡便也。

編年　據書信編年。

淳熙元年

一出又半月，臨出城，值石宰與順之、擇之更一二朋友來，遂留北巖兩日，同途至建陽而別。匆匆急欲歸奉祀事，故不及遣人相報。然數日相聚，亦苦人多，不得子細講論，未覺有深益也。寒泉拜掃，須在後月五六後，事畢即上廬山〔一〕，遣人相報，幸爲一來。前嘗有書與小僧説令奉白，及此春雨，種植少竹木，亦道欲游之意，胡爲乃不達此意耶？更有一小詩謾録呈。山頭如有功役，可及吾人在彼，指撥了之爲佳。小僧稍知向前否？更望提耳痛教告之也。作文之病，時偶論及此耳。欲稍加潤縟亦不難，但亦使急性不得，恐愈草率耳。

横渠集告付下婺州，用川本刊成，欲寄此，令補所無也。僧兒云，伯恭説所選之文取其備衆體，或疏通，或典重，或寬，或緊，或反復曲折耳。

校記　〔一〕廬：當作「蘆」。

編年　據書信編年。

淳熙十三年十四年間

陳法雖精，而旗鼓如此，得無有誤三軍耳目耶？甚可笑也。或問寫本已檢得，今納上。告令寫訖便附下，恐又有差互，要此作底也。

編年 本卷前淳熙十三四年間作「易圖甚精」書云：「陳法大略亦可見，當如近日所説，但未能洞曉其曲折耳。」此書當與之上下相承。

紹熙三年

到三山見膚仲煩致意，所囑文字昨在五夫已爲具草，歸來一向擾擾，又緣卜葬未定，心緒紛亂，不暇整頓，幸且體悉。向後若得功夫，即爲改定寄去。不然，不須等候，送終是大事，此是浮文，自古未聞有無銘而不葬者，切不須等候也。見趙南紀亦煩致意。

編年 據年譜長編。書信編年定作於紹熙二年，失考。

慶元二年

所喻謹悉，恨未得登山，以觀瀲灩深碧之地，它非所及也。太極文字儲宰云已録寄，并某書及中庸或問下册小簡皆往，何爲今尚未到？一哥所寄集略，便令對讀，旦夕納去，不及別作答也。封牌所喻得之，但不見三書之意，不知改之爲「三」如何？留疏僞學，以上下文考之，正謂永嘉耳。

編年 據年譜長編。

淳熙十六年前後

中庸章句比略修定，不知可旋開否？如欲之，煩二哥帶寫白人來。

詩傳中欲改數行，乃馬莊父來説，當時看得不子細，只見一字不同，便爲此説。今詳看，乃知誤也。幸付匠者正之，便中印一紙來。中庸必已了矣。

後山米事若爲鄉里之計，實爲利便。但爲身謀，則吾人今日是何等時節運氣，而可爲此耶。若必欲爲之，亦須先踏逐得能負荷得底人，一以付之而吾無預焉，乃爲庶幾。不然，則徒使呫呫者得動其喙。區區相愛之深，不敢以此奉贄也。

編年 據書信編年。

淳熙十四年

示喻筮法如此，甚平正簡便，不知何故本法却不如此，恐别有意指也。試更推之，如何？恐在老者陽多陰少，則終爲陽者少；在少者陰多陽少，則定爲陽者亦少。乃陽貴陰賤，吉少凶多之意，不知如何？小學誤字再納去數紙，封面只作武夷精舍小學之書可也。

編年　據書信編年。

淳熙十六年

旋暈之疾，正當静養。所需儀禮，殊非急務。且其本只兩卷餘是先人點，其後乃某續點。比更欲詳考，則已憚其字小而不敢讀矣。恐亦不能無誤，不足傳後也。細民艱食焦熬，奈何？氣象不佳，令人不知措身之所〔一〕，不謂事勢急迫至此也。

校記　〔一〕令、措：原作「令」、「惜」，底本原注「『令』恐當作『令』，『惜』恐當作『措』」。據清康熙本改。

編年　據書信編年。

乾道八年

王朴不知變律之法，而自中呂再生黃鍾，則固不得不爲黃鍾之半以爲清聲矣〔一〕。但今變半等律亦生於極，其本則十三弦者皆黃鍾耳。薛宣等事，取其一切果斷爲賢於今之謬政耳，豈以其爲可法哉。

校記　〔一〕固：原作「圓」，據宋閩本、宋單刊本改。清：原作「情」，底本原注疑當作「清」，據清康熙本改。

某見治再祠之疏，未能得了，更三五日方得遣人。此請度必可遂，憂世之心、報主之願雖不敢忘，然綿力薄材，了得甚事？不如且跧伏，過此殘生也。印書之舉，不謂末流之弊一至於此。但當速去，無可疑者。必不可轉，則直捐之耳。平生無所不捨，而眷眷於此耶。要之范六丈真聖人也。

編年 第二書言及「印書之舉」，即續集卷四答李伯諫諸書所言「書肆狼狽日甚」、「書肆之敗」，亦即南軒集卷二十一答朱元晦秘書十六所言「比聞刊小書版以自助」，「想是用度大段逼迫」。蓋朱熹嘗因用度窘迫與諸人合開書坊印書販賣以取收益，張栻甚不以爲然，加以勸止。不久此舉果敗，衆人不歡而散。上引諸書皆作於乾道八九年間，故此第二書作於九年爲近。第一書未詳，參以前後編序，疑亦作於同時。其云「某見治再祠之疏」，疑指乾道九年夏再辭左宣教郎、台州崇道觀之命，即文集卷二十二之辭免改官宮觀狀二。「祠」字或爲「辭」之誤。書信編年則置於淳熙十二年。

編年 據書信編年。

乾道九年

章丈敦勸之意甚厚，得伯恭書亦云爾。但冒恩重疊，前後相妨，如擔子輕重，他人不覺，惟擔不起者自知之耳。若辭不得，勢須別作出場，不可又似前年喑默而冒受也。

編年 據書信編年。

淳熙三年

朱熹文集編年評注續集卷三

書

答蔡季通

慶元三年

昨日之别，令人黯然。然觀賢者處之裕如，又足强人意也。不審晚間便發程否？前途千萬加意調節，言語諸事，更宜謹密，飲酒戲笑，皆宜切戒。歸來便覺有相窺伺者，次第恐亦不免，久當自知之。一書至直卿，亦煩爲託周幹附去或遞去。前日亦忘此，可見昏罔也。昨日二尺，短者是周尺，長者是何尺耶？是景表尺否？皆望批喻。

自奉别後，惘惘至今，不能忘于懷。計行已過杉嶺，不審道間爲况如何？武陽曾少留否？既不登車，只得緩行，無傷吾足乃佳耳。一路皆有知舊，必不落寞，但恐却有應接之煩耳。某幸無它，諸生既來，遣之不去，亦姑任之。若有禍害，亦非此可免也。但極難得人講究文字，義理深處，便無人可告語，殊憒憒，益懷仰耳。至春陵，煩爲問學中濂溪祠堂無恙否。某向有一祝版，亦不知在與不在，因風語及也。

別後只得到豐城及宜春書，知途中諸况，足以爲慰。但至今尚未聞到春陵信，深以爲念。每至讀書講學無可咨扣，無可告語，尤覺仰德之深也。三哥子陵一一安佳。某足疾前日幾作，今又小定，未知竟如何。但精神日耗，血氣日衰，舊學荒蕪，有退無進，恐遂没没無聞而死耳。樂書非敢忘之，但方此齰舌，豈敢更妄作耶。此書决然泯没不得。近看他人所説，更無堪入耳者，不知老兄平日與元善相處曾説到子細處否。但恐子期不曾聽得，便只似不曾説也。近因諸人論琴，就一哥借得所畫圖子，適合鄙意，乃知朝瑞只説得黄鍾一均内最上一弦，而遽欲以論琴之全體，宜乎膠固偏執而無所合也。學不欲陋，豈不信哉〔一〕！

昨州兵之歸得書，知已到彼，足以爲慰。僦居寬廣，物價廉平，足以度日。此外想無他撓，高懷所處，亦無適而不安也。趙守得書甚留意，寺居雖有約束，然遠郡荒僻，舍此則無以待賓旅，往往亦不能一一遵守。頃在南康，此寺常爲客館。若自遠嫌，不欲居之，則亦無害。更託人宛轉白之，使知曲折可也。翁丞便是德功丈之孫否耶？渠向來坐事，乃尊來見囑，力不能及之，想未必不見訝也。

禮書附疏未到，已與一哥説，不若俟斷手後抄之。今只寫得一截，無疏，尤不濟事也。三哥覺憒憒。

爲況如何？想不廢讀書作文，比之家居，更省應接，當日有新功也。此間塊處，有疑無所講，殊

昨因見人説琴無歸著，謾疏所疑，得數千字。欲寫奉寄，而昨晚一哥方報，今日便有人行，遂不暇及，當俟後便也。或有鄭尚明琴史十餘卷，緊要處都不曾説著，只是閑話耳。其書亦是集古今人所説，乃止如此，是凡事不曾有人理會到底也。以法言之，亦當用旋宫法。但恐以諸短律爲宫，則弦不惟不可彈，亦不可上矣。故或説琴只用黄鍾一均，似有此理。然又只成隋文帝、何妥之樂，可笑耳。可預考之，俟寄所草去求正也。頃奉記後辱惠書〔二〕，具聞動息，足以爲慰。居夷當已成趣，但能素位而行，亦何入而不自得也。但聞三哥不快，甚以爲念。計今當已向安矣。覺得渠書中語意似放未下，更當有以開曉之也。琴説納呈，幸爲訂其繆，子細見喻。更有一圖，無人畫得。大率與候氣淺深同是一法，第一弦尤可見。其下諸弦乃遞儹向上取聲耳。精舍已空，眼前朋友亦不長進，只前日永嘉一二人來，稍可告語，今已去矣。參同契更無縫罅〔三〕，亦無心力思量得他。但望它日爲劉安之雞犬耳。

到此，見人説趙守家人歸云，自始至投館光孝，而寺僧自言於官云，此人長大，恐不能制，遂移它處。此必戲語，可發一笑也。

素患難行乎患難，吾人平日講之熟矣，今日正要得力。想爲日既久，處之愈安，不以彼此遲速貳其心也。趙守易地，後來者不相識，元善必已報去矣。賤迹復挂彈文〔四〕，繼此須更有行遣，

只得静以俟之。若得在湖嶺之間，庶得聲問易通，亦一幸也。律書序客中不暇檢尋，須俟還家，即爲整葺，後便奉寄也。

三哥所苦痁疾，想已向平復。千萬寬心將護，着頭緒讀書，涵泳義理，久之有味，自不見得世間利害榮辱之有異也。

閑中些小疾疢，所不能無。但在我者已看得破，把得定，則外物之來終不能爲吾患矣。所喻雖知已放得下，然亦不必大段安排也。趙守長厚，乃遽它適，新侯聞是黄門之後，但無人識之，不知又如何。若得其有家法，思舊事，必能善視遷客也。

所需律序，乍歸未暇檢尋舊本，旦夕得之，即寫本寄去〔五〕。鄙意但能説得有所據依而非蹈襲之意，它不能有所發明也。禮書未附疏，本未可寫，以見喻再三，恐亟欲見其梗概，已取家禮四卷并已附疏者一卷納一哥矣。其後更須年歲間方了。直卿又以憂歸，前日到順昌吊之，渠云歸安葬畢，却可與履之兄弟大家整頓也。琴説向寄去者尚有説不透處，今別改定一條録呈，比舊似差明白。

近至政和，見陳廷臣朝老。崇寧間以布衣上書論事，謫居舂陵，作詩甚多，亦有佳句。陳乃政和人，議論鯁切，不易得也。不知彼中尚有其踪迹否？昨附去琴説，有一圖説逐弦五聲者，此却失了元本，煩三哥爲檢録來。只依元本闊狹界行填注，不須更寫前後説也。

校記　〔一〕「別後只得」以下一條又見文集卷四十四答蔡季通十一。小定：原作「少定」，據宋閩本、宋單刊本及又見改。

〔二〕辱：原作「厚」，據宋閩本、宋單刊本改。

〔三〕更：原作「史」，據清康熙本改。

〔四〕文：原作「之」，底本原注恐當作「文」，據右引改。

〔五〕本：原作「未」，據宋閩本、宋單刊本改。

編年 據書信編年。

慶元四年

精舍闃然，時有一二，亦不能久。法器固不敢望，其能依人口説，着實讀書者，亦自殊少，甚可嘆也。間亦自思，此理人人有分，不應今日獨如此難啓發。恐亦是自家未有爲人手段，無以副其遠來之意，甚自愧懼耳。吴伯豐在後生中最爲警敏，肯着實用功，近年説得儘有條理，乃不幸而蚤死。死後聞其立志守節，不爲利害移奪，尤使人痛惜也。汝玉、彦中乃能相念如此，甚不易得。得楊子直書，亦奉問，但似云不敢相聞。前日答之，不曾入題，只云小時見趙忠簡、李參政諸公在海上，門人親舊歲時問訊不絶，如胡澹庵猶日與知識唱和往來，無所不道，秦檜亦不能掩捕而盡殺之，蓋自有天也。以此知人之度量相越，其不啻九牛毛。既可嘆惜，又可深爲平生眼不識人之愧也。周純臣頃有一書，託直卿寄之而不能達，却持以歸。今再作數字，并附去奉浼，能爲轉寄幸甚。然須有的便，乃可遣也。陳廷臣在營道不久，故人少識之。然見其詩亦頗跌宕，想亦以此不爲人所敬耳。别幅所示郡中諸賢，聞之不勝悚嘆。趙守篤老静退，子弟皆賢，誠不易得。其名謂何？幸批喻也。歐陽君回書幸達之，楊、安諸公恨亦未之識，幸各爲致意也。張舶似亦略曾相識，王參政早歲休官，泊然無求於世，而晚爲秦檜所用，傷害忠賢，助成凶虐，以此得罪於清議。朱衣道士諄諄之誨，豈無意耶。此語密之。陰君丹訣見濂溪有詩及之，當是此書。彼之行此而壽考，乃吃猪肉而飽者。吾人所知，蓋不止此，乃不免於衰病，豈坐談龍肉而實未得嘗之比耶。魏書一哥已刻就，前日寄來，此必寄去矣。校得頗精，字義音韻皆頗有據依，遠勝世俗傳本，只欠「教外别傳」一句耳。前書亦嘗奉扣弦望之説〔一〕，不知然否？近因再看，又覺主驗明白，新本「金本是日生」恐誤作「月」字。因來更望詳以見告也。若來喻所謂非入静不能見者，此實至要之訣。但人自爲擾擾〔二〕，不能一意向裏涵泳。三琴圖此亦失却舊所畫本，旦夕得暇，當令在子更依候氣説畫出，續寄去也。禮書前卷已有次第，但收拾未聚。後卷則儘欠功夫，未知能守等得見此定本全編否耶。楊簿竟如何？江西士人不患不慷慨，但於本領上多欠功夫耳。湯宰所編黨人遺事，若曾傳得，幸略見示。

前日丘仲高行後，尋得律書序草，今略修定〔三〕。又適有彦中處便人過門，因附以行，度必先丘子到也。年來精力衰退，文字重滯無氣焰。此又是三五年前者，今日亦做不得矣。它所欲言，略具前書，其不能盡者，亦非此所能盡也。序中恐有未是處，更告詳細點檢，一一見喻，不敢憚改也。自餘千萬自愛爲禱。

客中得一二同志早晚講論，想亦不覺度日也。近報令臺諫侍從集議赦條，前此未嘗有此，豈欲大施沛宥，盡釋纍囚也耶？但在我者，只得爲久駐之基耳。諸朋友所讀何書？其所講論亦有可示及者否？此自城歸後，學館一空，亦自省事。閑中却自看得少文字，但昏忘日甚，過眼輒不復記。覺得不是讀書時節，只好閉目静坐耳。琴説前已寄去，後又寄改定數字，不知已到未？律書序亦已附草本去，因有回便，幸喻及可否也。

周南仲竟不免，近日方見報行章疏，甚可笑也。蘇守已屬計臺矣。三哥不及别書，想閑暇儘得讀書作文也。參同契一哥已下手刻版矣，轉看轉曉不得。

霈恩曠蕩，未聞施行，而留、趙四公存没之恩皆格不下，未知賢者去住復何如，計高懷必有以處。顧舊山朋游未得遽承晤，徒爲恨耳。諸喻已悉。偶連日脚氣上攻，今方少下，而右拇緩弱，不能握筆，又亟欲上五夫，力疾撥冗，附此數字。似聞有類聚討論之旨，仍有期限。然則不過中春，亦須見得果決。若便歸得，何其快也！

似聞從游之士日衆，其間當有可與晤語者，則爲況亦當不至落寞。旬呈免與不免，本非所較。康節先生所謂打乖，正謂此也。一哥兄弟亦自識道理，曉事勢，凡百忍耐，不至有他。此間如封贈奏薦皆不敢陳乞，元善遣使請祠，已至都下。聞劉、趙、徐、吕之報〔四〕，亦復縮手。平生謾説隨時之義，只是傳聞想象。今日始是身親歷過，與口説不同，想亦深得此味也。

校記〔一〕奉扣：原作「泰和」，底本原注恐當作「奉扣」，據清康熙本改。

〔二〕自：原作「省」，底本原注恐誤。據正訛改。

〔三〕修：原作「序」，據宋閩本、宋單刊本改。

〔四〕劉：當作「留」，指留正。見上文及下答蔡伯静。

編年 據書信編年。

答蔡伯静

淳熙十三年

啓蒙已爲看畢，錯誤數處已正之。又欲添兩句，想亦不難。但注中尊丈兩句不甚分明，不免且印出，俟其歸却商量，今不能久俟也。筮儀内前日補去者更錯兩字，今亦并注，可正之。亟遣人還，草此。但看得不甚子細，可更自看一兩過爲佳也。事了能見過，爲數日款，幸甚！

或於啓蒙上卷之末添數句云：「卷内蔡氏説爲奇者三，爲偶者二。蓋凡初揲，左手餘一餘二餘三皆奇，餘四爲偶。至再揲三揲，則餘三者亦爲偶，故曰奇三偶二也。」如何？

天經之説，今日所論乃中其病，然亦未盡。彼論之失，正坐以天形爲可低昂反覆耳。不知天形一定，其間隨人所望固有少不同處，而其南北高下自有定位，政使人能入於彈圓之下以望之，南極雖高，而北極之在北方，只有更高於南極，決不至反入地下而移過南方也。但入彈圓下者自不看見耳。蓋圖雖古所創，然終不似天體，孰若一大圓象，鑽穴爲星，而虚其當隱之規，以爲甕口，乃設短軸於北極之外，以綴而運之，又設短柱於南極之北，以承甕口，遂自甕口設四柱，小梯以入其中，而於梯末架空北入，以爲地平，使可仰窺而不失渾體耶。古人未有此法，杜撰可笑。試一思之，恐或爲即著其説，以示後人，亦不爲無補也。

天經已領，其論撰詳悉，亦甚不易。但回互蓋天頗費力，只是近年一般見識〔一〕，不欲惡着古今一個人耳，其心則固深知渾蓋之是非也。然則孰若據實而論之省詞説乎。又況二極交互一説，理似不然。別紙附去，可爲詳之，不知是如此否。尊丈許録示參同火候，向見已寫得多了，今必已竟，幸即檢示。前日尊丈書中已云與一哥説，更煩留念也。步天歌聞亦有定本，今并就借，校畢即納還也。

校記　〔一〕般：原作「盤」，據宋閩本、宋單刊本改。

編年　據書信編年。

慶元元年至二年

參同定本納去，可便寫白，并元本寄來，更看一過，然後刻本乃佳。籤貼處已改補矣，一兩處無利害，又灼然是錯誤，即不須改也。玄溝害氣，恐未是説人身内事，方是設譬之詞，緩讀可見也。肝、肺、腎是三物，脾是戊己，無可疑者，定本亦已添入矣。渾象之説，古人已慮及此，但不説如何運轉。今當作一小者，粗見其形製，但難得車匠耳。

參同契考異方寫得了，亦未暇再看過。今附壽朋納去，并此中寫本一册、袁本一册、濟本二册，煩逐一對過，有合改處，并貼出，子細批注寄來，容再看修定，方可寫白刊行。丘本不甚佳，然五相類篇首却得删了四字遂可讀〔一〕，改得一字遂叶韻，亦不爲無助，可試檢看。以此知讀書不可不博考也。

參同考異今以附納，其間合改定處各已標注其上矣。鼎器歌中「七聚」，「聚」一作「竅」，恐合改「竅」爲正，而以「聚」爲一作，不知如何？可更審之。若改，即正文此句亦合改也。

校記　〔一〕五：原作「豈」，據宋閩本、宋單刊本改。

編年　據書信編年。

慶元三年

自尊丈行後，惘惘至今不能平。適得晦伯報云得近書，又不言已到何處，殊增悵想也。尊堂不審處之何如？不能不以爲念。然當有以寬譬之，此亦無它害，只是如前年遠出一番耳。輿地志納還，皇極經世及樂府集却望檢付去人。

臨川曾景憲書云〔一〕，尊丈已過彼，有以驢爲贈者，可免徒步之勞也。昨看史記曆書，大餘之數第二年即差，小餘之數第三年即差，以後皆算不合，不知是如何。尊丈必曾説來，幸批喻。尊丈得近書否？此久不聞信息，必是已過莆中矣。啓蒙上册三十六版注中「閏一」，「閏」當作

「徑」；下册第二版前十卦「占貞」、後十卦「占悔」，兩「占」字并當作「主」。可便改却此三字，更子細看過爲佳。

鄉見尊丈有琴律呂律圖，欲略借一觀，得檢尋付去人爲幸。

營道有歸信否？數日與人講論，有得無可告，有疑無可質，始覺尊丈之遠爲可恨也。

奉告，乃知所苦脾疾乃爾。赤土之約，固宜少緩，别俟一信也。公晦之説極可笑，其曲折須面論。尊丈千里遠書，戒賢者兄弟勿爲人所誤，正爲此耳。

尊丈要琴弦，今欲寄去，不知何時有便。須得有信掩或籠箱之屬，置之其中，乃免壓摺損折之患，亦俟一報也。伯謨説尊丈有素問運氣節略，欲借一觀。比略編得些小，其間不曉處多，問伯謨，渠亦茫然，未嘗措意。以此知尊丈事事不容易放過，不可及也。

書白字畫不方正，努胸垤肚，甚刺人眼。然已寫了，無如之何。不知鄉里如何似此一向不識好字。豈不見浙中書册，只如時文省榜，雖極草草，然其字體亦不至如此得人憎也。復卦處空缺不好看，移在臨卦上亦何以異？其勢須着儹帖盡此以後二十餘版。蓋雖只争一字，而篇末一行只有一字，又須儹動後篇，直到册尾也。

考異俟更子細看，且令刻正經，此更一兩日納去未晚也。浙中字樣，宅上書籍中須多有之。如古本廣韻寫得最好，相傳是唐時仙女吴彩鸞日寫十本者。雖未必然，要可法也。

仲樵相見否？聞留衛公得旨自便，而謝給事繳之，以爲恐徐誼之徒援例有請，遂止得量移南然今尚何言哉！向若用李公晦之策，又須頭撞。乃在銓曹時也。劍。儲宰復官，亦是爲謝所駁。

校記　〔一〕憲：疑當作「建」。

編年　據書信編年。

慶元四年十月

數日探問，未有近信，方以爲慮，得書，知今日可到麻沙，不勝傷痛。想感事興哀，何可堪也！

編年　據書信編年。

慶元三年

前日八哥來訪，辱書具悉。此事不俟見屬，但適此痞默，不容發口，已嘗託八哥奉報矣。本欲今日往助墓下之役，因得面言，而累日洩瀉，氣痛攻刺，畏寒愈甚，遂不敢出，其事它日言之未晚。人至承書，知所苦向平，深以爲慰。不知見服何藥？切宜更加將護也。蔬食久亦不便，若不欲食肉，醫家多以藥和肉爲丸啖之，亦助胃氣。既無滋味，自無所妨。況在禮經自有權制耶。

昨聞留、趙、徐、呂之報，已令劉二哥奉聞矣。事勢如此，不知尊丈歸期竟如何。當此歲莫，令人慨念不能平也。

編年 據書信編年。

慶元四年以後

律書證辨中論周徑處，自「十一其長之分」至「二釐八毫者是也」，此一節未曉，恐有誤字或重複處，幸更考之。

算學文字素所不曉，惟賢者之聽耳。然須得差簡約爲佳，更望留意也。三哥用藥見效，甚慰。先訓尚未得下筆，日困賓客，一事做不得，甚可厭也。

編年 據書信編年。

答蔡仲默

慶元三年

周純臣書荷留念。景建書已領，却欲附數字報之，今納去。若春陵人未行，猶可及也。冠義曾尋得否？幸因便寄及。

洪範傳已領，俟更詳看，然不敢率易改動。如餘子書一面寫，後日早來取。昨日有臨川便，已略報仲撫頗詳。此無益而有害，何苦委身以犯其鋒也。

編年　據書信編年。

慶元五年至六年

謝誠之書説六卷、陳器之書説二卷今謾附去，想未暇看，且煩爲收起，鄉後商量也。漳州陳安卿在此，其學甚進。

熹承書，知服藥有效，深以爲喜。熊生他處用藥未聞如此，或是自有緣法相契也〔一〕。星室之説，俟更詳看。但云天繞地左旋，一日一周，此句下恐欠一兩字。説地處却似亦説得有病。蓋天繞地一周了，更過一度。日之繞地比天雖退，然却一日只一周，而無餘也。岐梁恐須兼存衆説，而以晁氏爲斷，但梁山證據不甚明白耳。禹貢有程尚書説，册大難送，俟到此可見。稍暇能早下來爲佳。熹頓首仲默賢契友〔二〕。

熹比想冬寒，感時追慕，孝履支持。熹年來病勢交攻〔三〕，困悴日甚，要是根本已衰，不復能與病爲敵。看此氣象，豈是久於人世者。諸書且隨分如此整頓一番，禮書大段未了，最是書説未有分付處。因思向日喻及尚書文義通貫猶是第二義，直須見得二帝三王之心而通其所可通，毋强通其所難通，即此數語，便已參到七八分。千萬便撥置此來，議定綱領，早與下手爲佳。諸説此間亦有之，但蘇氏傷於簡，林氏傷於繁，王氏傷於鑿，吕氏傷於巧。然其間儘有好處，如制度之屬，秖以疏文爲本。若其間有未穩處，更與挑剔令分明耳。餘干人未遣，更欲付一書也。熹頓首仲默賢契友〔四〕。

熹承示喻書説數條皆是〔五〕，但康誥「外事」與「肆汝小子封」等處自不可曉，只合闕疑。某嘗謂尚書有不必解者，有須着意解者，有略須解者，有不可解者。其不可解者，正謂此等處耳。熹頓首仲默賢契友〔六〕。

熹承喻弗辟之説〔七〕，只從鄭氏爲是。向董叔重得書，亦辨此條，一時信筆答之，謂當從古注説。後來思之不然，是時三叔方流言於國，周公處兄弟骨肉之間，豈應以片言半語便遽然興師以誅之？聖人氣象，大不如此。又成王方疑周公，周公固不應不請而自誅之。若請之於王，王亦未必見從，則當時事勢亦未必然。雖曰聖人之心公平正大，區區嫌疑自不必避，但舜避堯之子於南河之南，禹避舜之子於陽城，自是合如此。若居堯之宫，逼堯之子，即爲篡矣。或又謂成王疑周公，故周公居東。不幸成王終不悟，不知周公又如何處。愚謂周公亦惟盡其忠誠而已矣。胡氏家録有一段論此，極有意味耳。熹頓首仲默賢契友〔八〕。

校記

〔一〕「熹承書」至「相契也」原缺，據元麻沙劉氏南澗書堂新刊書集傳補。又宋呂遇龍淳祐十年上饒刻本朱文公訂正門人蔡九峰書集傳卷首題作「贈太師徽國公朱熹與先臣沈手帖」。

〔二〕末句原缺，據宋呂遇龍淳祐十年上饒刻本朱文公訂正門人蔡九峰書集傳卷首補。

〔三〕「熹比想」至「熹」：原缺，據元麻沙劉氏南澗書堂新刊書集傳補。

〔四〕「餘干」以下原缺，據宋呂遇龍淳祐十年上饒刻本朱文公訂正門人蔡九峰書集傳卷首補。

〔五〕熹承：原缺，據元麻沙劉氏南澗書堂新刊書集傳補。

〔六〕末句原缺，據宋呂遇龍淳祐十年上饒刻本朱文公訂正門人蔡九峰書集傳卷首補。
〔七〕熹承喻：原缺，據元麻沙劉氏南澗書堂新刊書集傳補。
〔八〕「耳」以下原缺，據元麻沙劉氏南澗書堂新刊書集傳補。

編年 據書信編年。

朱熹文集編年評注續集卷四上

書

答劉晦伯

淳熙九年

示喻文字，非有所愛，顧恐晦伯方欲讀書，則其序不應始於此耳。如何如何？韜仲向語及，欲來春與居厚同爲此來，不知果否。更早得一報，則兒輩不復別爲招客之計。不爾，却須早有定論也。

到此半年，百術俱試，而不足以出餓殍於溝中，不敢罪歲，徒自咎耳。蠶麥既收，船米輻湊，民食幸少寬。而疫氣大作，死者紛然。見此醫救埋瘞，又慮夏末尚須闕米，亦一面措置。若幸過此一厄，則亦且告歸矣。精力凋耗，又非昔時之比。兼離家日久，百事不便，此間俯仰費人心力，易得言語，不容久居也。

浙東學者修潔可喜者多，楊敬仲、孫季和皆已薦之，諸葛誠之兄弟亦時來相處。但心地不虛，我見太重，恐亦爲學道之障也。彼中亦有朋友過從如此間否？

編年　據書信編年。

淳熙十一年

渠論度量權衡之制甚精，若相見，煩爲求其樣，製造古升古尺古秤各一枚，便中示及爲幸。

編年　據書札彙編。

淳熙十年秋

仕宦遲速，要有時命。正唯盡心職業，安以俟之，庶幾不失所守。張憲到未？向在浙東同官，甚好士，某所薦楊敬仲、孫季和、項平公〔一〕，渠皆薦之。

校記　〔一〕公：底本原注疑當作「父」。

編年　據書札彙編。

淳熙十一年

度量素不曾講究，今有書扣之。然此是千古未結絕底公案，恐終未易以一言定也。書煩遣去，并趙憲、程正思、曹挺之書爲一一致之爲幸。程在沙隨寓居處不遠，可并遣也。知趙憲已相薦，甚善。此等物合得終是得，正不須汲汲也。

編年 據書札彙編。

淳熙九年

某以按發贜吏之故，諸公相害不遺餘力。獨賴聖主保全，未至斥逐耳，其勢豈可復出？到官之後，或更有一唐仲友，又作如何處置耶？只得力辭，得罪亦無如之何。但兩腳不可過分水嶺一步耳。

編年 據書信編年。

淳熙十年夏

武夷精舍已成，近與諸生往留旬日甚適，但屋宇未備耳。

立之墓文已爲作矣，而爲陸學者以爲病己，頗不能平。鄙意則初無適莫，但據實直書耳。余君書來，詞義甚可觀。今有書報之，可就取觀也。

編年 據書信編年。書札彙編以爲作於淳熙十一年春。

紹熙元年十月

經界事目荷留念，打量法中間劉子禮寫來正如此，以其無奇煩費而忽之。近日較量，此法雖拙而易曉，亦一面雕印下諸邑矣。但今孟冬已盡而指揮未下，恐有陰沮之者。某又見病，旦夕不免上奏，爲歸田計矣。讀韜仲書，爲之慨然。此雖作郡，反不若彼，得行其志也。此間因不經界，失陷省計以大萬數，故爲不法擾民之計以補之。若不經界，真無下手處也。只漳浦一項官米錢貳萬二千餘緡，今實催五千餘緡而已。凡事如此，令人太息。昨聞交代有日，適詢劍浦人，乃云來春方歸，不知何故尚爾遲遲也。韜仲書報經界復行，不知却作如何措置，第恐復爲諸司所敗耳。

編年 據書信編年。

淳熙十四年

鹽筴欲行於一州，尚不能勝衆説之排沮，况欲通行四郡，其間豈無見行之法自不爲害之處，而何必爲此紛紛乎？若必爲此，恐其説尤易沮而難行也。應倉自江浙間乍來，固不諳此利病。然當時若一到汀州，親訪民言，更廣詢有識，以審其是然後回奏，亦未爲晚。不知何故忽忽如此。便欲入城見之，以此行蓋難開口説話也。來書所喻，固皆一方永久之至計。然度今之君子決不能用，徒自譊譊耳。趙帥在此，所爲不無未滿人意處。然自今觀之，又豈易得也。學中教養人數頗多，甚不易。既難得人可招致，只可撥忙自到彼中與之講説，就他卑陋處錐劄喚省，庶幾猶不爲無益也。

編年 據書信編年。

紹熙三年

林帥政事近年已甚艱得，聞其雖嚴而簡，此自爲得體。如鄭溥之，却似傷煩碎，然亦不易得也。

編年 據書札彙編。

淳熙十六年

某復得祠，只用省劄令還舊任，更不曾别出敕也。

此間竟未得雨，田之有水者亦有螟螣之災，歲事甚可慮。且是熱氣可畏，日甚一日，未知終如何也。小兒極荷留念，不知作文竟能入律否？看得只合小做規模，庶幾净潔緊巧〔一〕，易照管。渠却泛濫胡説，不勒字數，令人看得心煩。切望痛與鐫切塗抹，令其自改，立限再呈，勿令懶惰，推托放過，乃幸耳。謝公之去，傳者不一。昨日得元善書，乃云以不言罪之。此蓋只爲不協力攻周揆耳，誠甫之傳妄也。輪對文字亦正當，但不甚切。然亦不問那下次第，亦爲所疾。蓋首論正心，近似道學也。自除一黃掄，不知是何人也。密訪往往有之，然重華却照知諸奸朋結之狀，時有聖語云：「周有甚黨？却是王黨盛耳。」此語儘鎮壓了怪事也。聞於中外且得如此，亦是幸事。尤丈本無向背，似與婺尤厚。今亦不免，尚未見章疏，不知坐何事也。

校記　〔一〕巧：正訛改作「切」。

編年　據書信編年。

紹熙元年

某衰病之餘，支吾郡事甚覺費力。諸邑惟漳浦最狼狽，諸事如鬻鹽、子斗、折豆皆非法，子斗者，廢寺之田租也。坐視半年，未有可下手處。近方因有旨條具，輒以一二事爲請。若蒙施行，則科罰之類可以盡禁。經界若行，則子斗之弊亦可革去。折豆見與同官商量，雖或未能盡去，亦可去其太甚。但鬻鹽一事最爲非法，而未敢遽議。蓋郡計所行，萬數不少，一旦失之，便恐狼狽也。經界已得旨相度，奏檢謾録呈。此亦已一面訪問區處，以俟命下，即便施行。意欲及此農隙并力打量田産，攢造文字，夏料便行新稅，未知力能辨否。同官中亦有一二人可仗，但四縣須得六七人分頭勾當，郡中須得一兩人總統大綱，乃可集事。意欲奉煩賢者一來，只就郡中檢校，或以時循行諸縣，指教督趣。元禮亦許來，旦夕到矣。不知能爲一來否？可稟知判官丈，如許相助，此有數卒送劉婿歸，得便就之以行爲幸。更欲并邀季通、伯崇一處，可得六七人也。韜仲近得書否？養士訓兵，想已有條理。此間兩事都做不得，深以愧耳。蓋作郡之勢不如作縣之親也。

經界之議，此間同官商量，正如來喻。但漕司便欲施行，其意甚美，故或初欲先量城市及山坂無田去處。又深計之，亦有未便，不免回申，乞且先分保界、立土封，以俟秋成，而後并手行之。今鉏草子去一觀，若得前期一到此間，與一二同官預定規模尤幸，不必俟臨時也。漕使書又云，開正即欲到此，恐未有益。不若賢者先來議定，却請漕使親臨，以察其當否之爲便也。要是秋中乃來，方有益耳。

經界爲鄰邦陰沮，久已絕望，今日忽得一信，却恐且令此州先行。此是何等處置？廟堂無人，乃使一統之中國有異政，甚可笑也。然今已向春，田功方起，如何更可下手？萬一行下，亦須回申，且俟農隙也。復業之榜不妨早出，但此間田荒已是三十餘年，目下却無逃移，更俟詢訪也。諸論皆切當，紙札之費，諸司或不肯認，此亦可自備。見有一項閑錢，若不因此用却，亦須別作一有利益事，不然，徒爲後人妄費竊取之資也。萬一求去未遂，來年秋冬間當舉此役。是時恐晦伯已赴官，不知更有何人相助。幸爲籌之，便中報及。趙帥之來，留意愈切。但所下約束全無檢察奸欺、督趣逋負之意。因其來問，已力言之。仍爲之言，若更如此數年，鄉官徒守空倉，舉子之家無復得米之望矣。不知渠能信否。大率其政尚寬，未免有要人道好之意，此亦通人之一季通欲來，不知已起離未？恐其已行，更不作書。或未行，且煩致意也。應城書信已領，手痛未及作答。渠要學記、堂額，當俟後便也。

編年 據書信編年。

紹熙二年

所論經界利害極爲明白。向見何叔京每持此論，趙若海陛辭日，亦嘗以爲請。但説者多以爲不可行，私固疑之。而楊子直近日過此，亦以爲河州民力大困〔一〕，如人大病虚羸，未堪汗下，當且厚加調養，然後可以節次調治，其説亦似有理。所與諸司劄子事理甚明，但諸公何嘗以此等事經意？想亦只是虚發耳，未敢望其思量到子直所憂處也。韶仲相度鈔鹽利害何如？兩司之議不協，恐亦終無益也。世間萬事類皆如此，令人慨嘆。但吾力所可及者，不可不勉，庶幾隨事有補，救得兩三分也。

校記 〔一〕河：疑當作「汀」。

編年 據書信編年。

紹熙二年

向承寄及沙隨古鐵尺，置之几上，忽然失之，不知彼中見有此樣否？如有之，幸爲别造一枚，較令精審，勿令一頭長短乃佳。仍不必鑿荀勗名字可惡，只云「温公周漢尺」可也。

經界中間更有無限不好意思，不得不力辭。今決此計，一以明田賦之不可不均，一以使秉權者知士大夫之不可以美官好語牢籠。然此意難以語人，以來喻者默契，故輒及之耳。人來往者傳聞政聲甚美，足以慰所懷，正惟不倦以終之耳。林帥入境，具知吏治美惡，嚴毅有體，甚强人意，想必能相知也。

韜仲亦得書，説彼中事甚有條理，讀之快人也。如來書簡約，不惹閑事，又自是一種好意思也。

編年 據書信編年。

紹熙四年初

饒廷老歸，聞諸公相許，已有成説。而辛卿適至，以某嘗扣其廣右事宜，疑其可以强起，乃復宿留。然近又有書懇尤延之，計必從初議矣。萬一不允，不敢憚遠畏瘴。但恐伉拙無補於事，而徒失家居講學、接引後來之益。歲月愈無多愈可惜耳。

編年 據書信編年。

紹熙三年

薛漕之來，方議所以寬民力者，未得要領，而遽有他除。雖諸公意不苟，然失之此爲可恨耳。直卿罷舉，不復可勸，殊不可曉。書信及諸處書悉煩達之。向令渠奉煩根究笛材，乃欲以驗季通之律者，不知曾根究得否，幸更留念也。

林帥遽至此，可駭可惜！昨夕趙丞至，方得其書。人生浮脆如此，而某又與之同庚得病，尤覺可懼可懼！章掾事已爲言之，但今年緣與憲車相款，大得罪於鄉人。其實不曾開口說一字，渠問亦不深應，不謂乃得此謗。今此事雖不同，然此亦不可廣也。林帥固賢，然近聞其與憲司不協，亦大有行不得處。豈其神明將去而不思至此耶？抑爲州者固得以捍制使，而使者果不可以察縣耶？大抵范忠宣所謂恕己則昏者，甚不可不戒。使渠自作監司，能堪此耶？

編年　據書信編年。

紹熙三年以後

長坂鼠輩之擾，兩日未平。縣中得黃德威申狀，云已過羅溪、范坑，屬吉陽界。縣宰昨日親行，募以重賞，計必得之。不爾，亦不過深入山林，四散奔逸，或無所得食，縊死而已，無能爲也。但蔡一哥簡來，乃云後山傳聞賊入石溪，市中驚疑，此決是虛傳。此間亦虛傳賊到大田，即是此一路也。但市中群小却不可不防，鎮官無權，不足恃。此是晦伯當爲鄉里任責，且靜以撫之，爲一往，使別無變動爲佳。若論長坂之賊，只有七人，尉司申來，已獲兩人矣，決不能來，不須爲備也。

編年　據書信編年。

慶元元年初

昨日得報，君舉以謝章奉祠而去。未見文字，不曉其由，亦可駭也。少意欲招一同人教諸孫，而未有便近可招者，不知知識間有此人否？須得兼通經義聲律，嚴毅通曉，奈煩善誨諭人者乃佳。必不得已，只能作義亦得，其餘則不可闕也。

編年　據書信編年。

慶元三年

所喻南安韓文，久已得之，舛訛殊甚。蓋方季申尊信閣本及舊本，反將後來諸家所校定者妄行改易。世俗傳訛，競稱善本，誤人多矣。昨爲考異一書，專爲此本發也。近日潮州取去，隱其名以鏤板，異時自當見之。今不必寄來，但細讀數篇，便見紕繆矣。

編年　據書信編年。

慶元五年夏

年及告老，乃禮之常，而異議鄉評横爲沮抑，若非臺章催促，幾不得遂。今幸得之，而一二要津亦肯放過，亦是一事結抹，如來喻所謂結五十年之公案者。然閲邸報，猶未免有旁及之詞。只恐諸賢更欲子細看詳，未肯放過來哲手中也。

所喻泉司事體乃爾，亦是地理太遠，事權太輕，其勢不得不然。比見王南卿在番易本司時，以涔水不辦，親自到彼料理數月，其課遂登。渠精敏過人，其事距今未遠，想尚可訪問稽考也。孫、薛二守一章繳罷，孫又長往，尤可傷惜。大抵時論洶洶，殊未定也。

編年　據書信編年。

朱熹文集編年評注續集卷四下

答劉韜仲

淳熙八年秋

某還家粗遣，但心耗目昏，老相頓見，雖看書亦不能復如舊日矣。得子澄書，盛稱韜仲居官不苟。前日晦伯一再相聚，亦甚進益。得後來朋友向前如此，老朽無復恨矣。子澄樂於訓誘，知數相見，甚善甚善。伯恭竟不起疾，令人痛恨，非但朋舊之私情而已。

編年 據書信編年。

淳熙九年秋

示喻數條，皆切中其病。然迫當去，恐不及改耳。拂衣之舉，尤所未能。比遣人持書入都，兩月未還，計此遲緩，是必將從其請矣。若得脱此，且當恣意游山，不能聽得世間許多是非毁譽也。

編年　據書信編年。

淳熙十二年

尤川之行，初甚駭聽，亟以書報趙帥，趙帥報書云已奏，俟鈔法定，行差韜仲添充漕司屬官，專一奉行。諸人必未敢動，當已聞之矣。尤川今竟差何人？只此一事，已足見鹽法之弊，漕司何乃全不覺悟耶？所論鹽法皆善，曾與應倉説否？若未，即及早詳告之，恐其爲漕司所惑，誤申却文字也。上四州誠不必盡改，但建寧以東兩邑利害亦與尤、劍無異。此等縣道，須别立一法乃佳。若其他有利無害處一例改却，又却害事，反爲汀州及諸邑之累耳。如何如何？山記乃煩重刻，愧甚。不知所費幾何？今却勝前本矣。龜山别録刊行甚善，跋語今往，幸附之。

又得尊丈書，知莆田未行，已被尤川之檄，朋友深以爲慮。昨日得居晦書云，沙隨已爲宛轉，想必無他，不知竟如何。但鄙意終是不能無疑耳。今雖不攝邑事，而往督賦，正是索千金於乞丐之夫，亦自無下腳手處。若椎敲不恤，則得罪於民；若事不辦，則又得罪於上官。兩者之間，亦須勇决斷置，此恐無好出場也。

鹽筴已悉聞之，帥説王漕亦頗有意相招奉扣，不知定如何。此君累歷州縣，理事亦甚詳細。向來正緣兩下情意不通，所以擔閣至今。若果相問，詳爲言之，得其幡然，一方之幸也。

鹽法利害曉然，無可疑者。王漕不知曾去相招否，此是趙帥從初不與漕司通情之患。若早以規模大概語之，當不至此齟齬也。林守事某既不成入府，閑人又不欲以書懇之，但見趙帥説嘗爲言之，彼雖領略，然未知其果誠實否。與其坐待汰斥，不若先事請祠。且以此意懇二漕少緩其事，渠亦當相聽也〔一〕。某答林守書不欲盡言，因見煩爲宛轉，亦所以答其不見鄙外之惓惓也。讀書既有程課，想日有趣。季通思索甚精，但恐有太過處耳。諸書恐有所疑，疏示一二大者爲幸。

校記 〔一〕當：原作「嘗」，據四庫全書本改。

編年 據書信編年。

淳熙十二年至十三年

社倉條目適平父携以見過，已商量一一奉報矣。大體最是關防隨行人減尅乞覓之弊，此爲最急。向來某在倉中，專治此一事，其他亦無甚事也。

社倉交足甚善，此足以破浮説之紛紛矣。建陽措置官居晦無以易，收支官恐不免煩居厚，不知渠肯就否。兩倉闕米，只得且那融。然亦須申請，使知支遣不足之故。蓋此消息不可斷絶也。

示喻社倉已畢，甚善。所差官吏事且循春間例可也。五六月附籍榜，不知平父如何處置？恐可會崇安已如何施行。若未行，即且俟帥司報應，亦未晚也。闕支一節，却須早申，免至臨時費力。建陽火災異常，今時官吏例是如此，不容深責，但可嘆喟而已。

編年 據書信編年。

慶元元年二月

道之屈伸，自關時運，區區人謀豈能爲力？但其所論紹聖之事，却錯認了對頭，甚可笑耳。右揆求去復留，殊未知所以。或云只緣何疏有及赦文差互處，係同擬定，或云何别有疏攻之，或云何已補外，皆未審也。葛、顔之報亦未聞。元善求滁已諾，緣范有疏禁朝士之求去者，乃且宿留，廟堂亦留此闕俟之。月初輪對，或云已除檢詳，恐未應如此之峻，皆不得端的也。二記當作，但時論正如此，豈是作文字、刻金石之時？近王子合、陳膚仲來求記，皆却之矣，不復得偏爲韜仲作也，千萬諒之。李簿所説甚善，但此事近亦多弊。今建議者意亦闌珊，未知將作如何收殺也。

編年 據書札彙編。

朱熹文集編年評注續集卷五

書

答吕東萊 乾道九年冬

康節恐是打乖法門，非辭受之正。伊川再受西監，止是叙復元官，還莅舊職，又可逡巡解去，即與今日事體全不相似，皆未敢援以爲比。欽夫書來，亦云豈可逆料後患而先汨所守之義，此語甚直截。但渠却不曾爲思量如何避免得脱，若只如此斷崖，恐亦非臣子敢安也。千萬便爲盡以此意達之韓丈，得早爲解紛爲幸〔一〕。

昨嘗奉懇一言於韓丈，又專書禱之，幸早爲贊成，使得速如所志，幸甚。區區所以不得不力辭者，實以無功受爵，求退得進，於心有所不安。若一請不遂，勢必再三，以得請爲期而後已。然又不敢肆然直遂，漠然不以爲意者，則以君臣之義平昔講聞不爲不熟，今此除授，雖未必直由中出，而名爲君命，在臣子之心，亦何敢傲然以不受爲高哉。此所以不免委曲懇祈，宛轉調護，計誠欲兩全公私，不使交病而已。區區此心，非特世俗所疑，雖平生知友，其不哂笑者幾希。度惟忠厚惻怛如吾伯恭者，乃有以亮此心耳。前日申狀及與韓、沈書不能盡述此意，幸請爲言之〔二〕，有以發明某所不能言者。

校記　〔一〕此條又見文集卷三十三答吕伯恭二十五。辭受：原作「辭免」，據宋閩本、宋單刊本及又見改。

〔二〕請：疑當作「詳」。

編年　據書札彙編。

淳熙六年冬

與王尚書佐

始來不爲久計，不欲多挈孥累。今只一十歲小兒、一孤甥及學者一二人在此，天寒歲暮，官舍蕭然，兀然如一老頭陀，時一自笑且自嘆也。廬阜山水之勝，粗快野心。然非休務不敢出，出又不得留，愈覺拘悶。行亦力懇諸公，以必去爲期耳。

編年　據書信編年。

淳熙七年冬

某之族祖奉使直閣諱弁，早從中州士大夫游，文學甚高。建炎初，銜命虜營，見留十七年，全節而歸。又以忤時宰，不及用而死，藁殯西湖之智果院三十年矣。其孫照者貧悴亡聊，不能歸葬故里。今欲只就左近卜地以葬，竊意欲丐台旨，以重其事，庶可必得。今悉令取稟，倘蒙矜許，却令踏逐，別具申請也。

編年　據書札彙編。

淳熙七年秋

向乞通理夏税，側聞甚蒙尚書同右司丈維持之力。但廟堂既無果决，版曹又巧爲沮抑，至今未決，甚可恨也。竊聞檢放文字體式許以見示，久未及請。今願得以爲法，專此拜請，幸即付去人。此事自屬漕司，更告因二漕語次及之，及早行下州縣，令受狀檢踏爲佳。蓋早禾已刈，至八九月不復可辨豐凶。官司但欲罔民多取，而不知僥幸奸民反乘此以欺有司也。

編年　據書信編年。

淳熙九年

區區按事噬腊遇毒，極爲可笑。然公正之朝不宜有此，亦姑任之。但若竟如此，則荒政亦不復可料理，亦即引去矣。

編年　據書信編年。

答趙都運善譽　淳熙十三年至十六年

向來所呈啓蒙，不審已蒙過目否？近覺得有説未透處，頗加改定，旦夕修成，別寄上也。理財之説，尤切時病。今之所謂理財者，豈復有義？正是豪奪耳。聞蜀中亦苦賦重民貧，不審何術以惠綏之。

編年　據書信編年、書札彙編。

與田侍郎子真

慶元元年

引飲想良已，生果安能發渴？却是渴後喜食生冷。此須究其根原，深加保養，不可歸咎末節〔一〕，諱疾忌醫也。比來陰雨過多，氣候不正，元氣不固者多是立腳不住，平地吃交。此一種病尤當過意堤防，莫教隨例倒却也。

吾輩今日事事做不得，只有向裏存心窮理，與外人無交涉〔二〕，然亦不免違條礙貫。看來無着力處，只有更攢近裏面，安身立命耳。不審比日何所用心？因書及之，深所欲聞也。看前日報行章疏，便要回面污行，首身投免亦不可得，只得守吾大玄也。

所喻不平者何事？此等大抵無足深怪，所謂漸平者，今乃激而愈偏。大率天下只有一是一非，是者須還他是，非者須還他非，方是自然之平。若不分邪正、不别是非而但欲其平，决無可平之理。此元祐之調亭、元符之建中所以敗也。時事至此，拱手坐視，無著力處，病根豈有窮耶。所得水石，知在何許？恨不敢去一觀耳。閑中所讀何書？天下事既有所不得爲，顧此一事尚屬自己。若又因循放棄，日月真可惜也。

某一病兩月，將行未果。所上告老之章近聞亦已見却，勢不免復小紛紜。或恐遂抵讁訶，不可知也。陰邪表裏，欺天罔人，方此之時，不能仰首一鳴，以期開悟，而徒爲蓄縮自全之計，永負臣子之責矣。奈何奈何！今從黄守借人專致此書，幸以數字見報。凡鄉來見聞所及，告悉及之。亦懇黄守尋的便附來，必不至浮沉也。聞道學鈎黨已有名籍，而拙者辱在其間，頗居前列，不知何者爲之，及所指餘人謂誰，皆望一一條示也。

昨日季通説舊居山水甚勝，棄之可惜。新居近城，以此間事體料之，必不能免人事之擾。只如使節經由，不容不見，便成一迎送行户。應接言語之間，久遠豈無悔吝？今年尤覺不便，始悟東還之失計。賢者異時亦當信此言也。片紙所喻，非有疑於二君，但聞是時坐間亦有它客，恐致傳播不便耳。時論日新，于越、章、彭、徐、薛諸人必續有行遣，未知輕重遠近如何耳。薛竟不免，枉道果何益乎。某以議陵自劾，恐亦觸諸新貴之怒。然已判斷，不能關念也。

校記　〔一〕末：原作「求」，底本原注疑當作「末」，據清康熙本改。

〔二〕與：原缺，據明萬曆本、清康熙本補。

編年 據書信編年。第一書所云「比來陰雨過多，氣候不正，元氣不固者多是立脚不住，平地吃交。此一種病尤當過意堤防，莫教隨例倒却也」，顯爲影射慶元黨禁初起時形勢而發。

慶元四年

休致文字已申本府，尚未得保明申發。萬一有遲疑，即不免徑申省陳乞矣。比來論議似稍寧息，未知竟如何，正恐不削亦反耳。衛公計時相見，聞欲徙居盤澗，若爾，即尤相近也。開正晴暖，欲挈舟南下，又憚經由富沙，不免見諸人，一番露頭面可厭，更俟計度。若幸無疾病，即當扶曳，冒昧一行，兼欲見石佛懸泉之勝也〔一〕。

校記 〔一〕「休致文字」以下一條又見別集卷一與陳子真。恐：原作「却」，據宋單刊本及又見改。

編年 據書信編年。

紹熙元年夏秋間

士子之賢如施、林諸人已相見，皆如來喻。但陳、鄭未見，旦夕訪問之，當肯顧也。五日一延見諸生，力爲普説，今頗覺有風動之意。少假旬月，亦當有以少變前日之陋也。聞同官多得同志，甚慰鄙懷。其間亦有相識相聞者，恨無由相會聚切磋耳。近觀時論日就卑鄙，而吾黨之士相繼而出，似猶未艾。天意儻遂悔禍，則亦不爲無可用之人矣。願相與勉旃！荀卿子云：「皓天不復，憂無疆也。千秋必反，古之常也。弟子勉學，天不忘也。」此正區區今日之意也。

編年　據書信編年。

慶元五年初

某氣痞筋攣，日以益甚。休致文字州府已爲施行，但舉城知舊無一人肯爲作保，不免遠求左右，想無不可。得與僉圓付去人，仍借一得力可託人自持印紙隨之，令倈批上，却將以還，免致失墜，尤幸也。來書前後不同，東閣郎君之説，蓋出老丈。向得其書，亦自言此意甚勤懇。然事始已行，不可復收矣，只得向前，旁人指點一切不能管得。楊子直、黄商伯乞宫觀而遭繳，豈有某却望復職致仕而求恩澤之理，雖至愚者知其必不然矣。況今不作奏，不通廟堂書劄，而陳乞狀内亦不敢叙歷任年月，其意亦自可見也。昨日又得黄仲本書云，得親戚書，議者方欲申嚴謝事條制。渠是謝胡姻家，語必非妄，此亦似是有爲而發。若但驅逐，不容更在仕路，猶是善意。萬一或是以此速其必來而因以治之，亦無可避之策，只得依經據禮，冒昧向前，看他如何區處。若幸得一章痛加排詆，置之竄斥不容休致之地，即在我者亦有辭矣。不審明者以爲如何。昨日作誠父書，託其致意，不知曾相見否。或未見，可借取一觀。然其説亦大概與此相表裏也。欲作衛公書，道此曲折，數日又苦目昏，不能謹書。或因便問及，亦告及之。演山觀瀑之約，夢寐不忘。

然須病軀稍堪扶持，及此一事結斷了絕，始可出入，以此反增煩懣耳。渤海方繳陳益之宜春之命，去冬所傳上饒，亦恐是浪語耳。中間議論稍平，僕便疑不久。諸人豈坐受縛者？勢必多方游談，脅持恐赫，以必勝爲效，自此當漸見之。繳詞未報，其間必有大開闔可想也。

編年　據書信編年。

與章侍郎 茂獻

慶元元年夏

頃幸同僚，寔深慰喜。雖趣尚之同彼此默喻，然未嘗得從容傾倒，以圖事變之所終極，而遂匆匆去國，至今以爲恨也。昨聞忠言正論慍于群小，遂以口語翩然西歸，嘗附一書於上饒，少致區區高仰之意，而車騎已遠，遂不可及，但有懷想，不能爲情。近得張元德書，竊聞還家爲况甚適。吾人私計固應隨處而安，但國論大變，日甚一日，令人憂懼，便覺無頓身處。不知上天至仁，何故生此等輩，使能譸張幻惑以敗人之國家也。昨在經筵，不能上爲明主預陳此說，吾輩亦不得爲無罪矣。於今尚何言哉！尚何言哉！婺女既罷，江陵恐亦難安。得其近書否？念之不能忘也。吕子約經由，曾相見否？諸賢盡去，幾於空國矣，樓、孫獨未知。所謂國是之論，初甚駭聽，徐觀其間意實微婉，不知還是從之文字否？果爾，亦足以去也。適聞乃是南牀語，亦可見打不過處，恐亦不爲同列所容矣。艮齋謝丈奄忽云亡，後進失所尊仰。欲附一書吊其子，而未有以將之，須俟後便〔一〕。恐或相見，幸爲及之也。誠齋久不得信，不知成行否。九級浮圖八級已了，只欠此一級，固當爲天下惜之也。某自四月初大病至今，中間危急，已爲納禄之請。近報未允，前此辭職亦未果決。適間聞有疏其名字，牽連四十餘人，以白于上者，如此則非久勢須別有行遣。然數日前嘗以周易筮之，偶得「遁尾」之占。見乎蓍龜者如此，則亦非彼之所能爲矣，將安避之哉。

解袂之後，亦知世路漸艱，然不謂乃爾之遽也。久欲致一書，以病不能，引領鄉風，徒切嘆仰。近得宜春袁推書，具道存問之意，亦知雅眷之不我忘也。

校記　〔一〕俟：原作「例」，據正訛改。

編年　據書信編年。

慶元二年

向來從游不款，至今抱恨。顧此衰朽，疾病日侵，恐不復有承晤之期矣。世道反覆，已足流涕，而握其事者怒猶未怠，未知終安所至極耶。然宗社有靈，公論未泯，異日必有任是責者，非左右吾誰望耶。子壽想時相聞，近亦得書，衡陽之櫬當已過彼久矣。初意但恐不得久於零陵，不謂造物者亦復隨俗抵巇也。需及廟議，便欲寫呈，以來使不能俟，當尋的便別寄也。當時不知何故直爾匆匆，更不暇博盡同異而遽爲毁撤之計，甚可驚惋。豈於是時已有撞壞之徵耶？

廟議固可恨，然自有襯之〔一〕，乃有大於此者，令人痛心。子壽竟不免推遷至此，乃是無人肯受惡名。今遂决之，其勇亦可尚也。

校記 〔一〕此句底本原注疑有誤字。

編年 據書信編年。

慶元元年春

昨幸同朝列，雖不得日夕從容，然荷相予之意甚勤。而襟期所屬，以爲可同天下之憂者，如門下亦不過三四人耳。今不幾日而風流雲散，恍然一夢，嫠不恤緯，每深此懷〔一〕，而生死契闊未暇論也。不審次舍即今已次何許，想徑歸清江舊第矣。頃歲經由，見其登臨有江山之勝，交游中有老成可敬，有士友可親，甚可樂，想爲況亦不落莫，恨不得往從杖屨之游耳。子壽當已赴江陵，見袁機仲説彼中形勢事體亦甚可慮，不知子壽何以處之。聞北風殊惡，計恐亦不可爲久留計也。

德脩得祠，私計亦甚便。但其去日遠，尤使人不能忘懷。補之事勢恐亦難久留，若更去却，真空國而無人矣。昨晚得去相内口書，今想已到于越矣。

校記 〔一〕每：原作「毋」，據四庫全書本改。

編年　據書信編年。

答尤尚書袤

淳熙十一年以後

示喻程門諸人行事附見甚善。龜山靖康間論事頗多，今長編中全不載，蓋緣汪丈當時編集之際，楊家子弟以避禍爲説，懇請删去，故雍傳即不見其章疏。後來延平重刊龜山集，方始收入。他時或作楊傳，不可不細考也。尹和靖被召時，適有臣寮陳公輔論毁程學，尹公在道懇辭，甚可觀。又嘗論講和甚力，皆不可不載者也。南軒集誤字有是元本脱誤者，如「召閑」處，則拙者蓋有罪焉。然亦曾寫與定叟，恐其欲有回互，不妨報及。今承疏示，當以示刊者，有姓字處且令鑱滅，後人亦須自曉得也。

編年　據書信編年。

淳熙十四年

奉三月四日手教一通，三復慰喜，不可具言。又蒙封送差敕及所撰族祖銘文，尤切感荷。衰病之餘，復叨祠禄，已爲優幸，而雲臺改命又如私請，便得仰止希夷之高躅，以激衰懦，則又執事者不言之教也。幸甚！誌銘之作雄健高古，曲盡事情，雖或節用行狀之詞，而一經點化，精神迴出。正襟伏讀，使人魄動神悚，知君臣之義與生俱生，果非從外得也。竊謂此文實天下名教之指南，寒鄉冷族，何幸而獨得之！然亦非可得專有之矣，幸甚幸甚！屬以一至城府，歸憩武夷，繚繞還家，賓客書問疾病之擾無一日暇，以故久不得致謝意。然此心未嘗一日忘也。

沙隨程丈忽見過，留止旬日，得款餘論，啓發爲多。如此等人老於州縣，深爲可惜。趙帥招之，折衷奏議之編，功夫亦殊浩渺也。項平父向來紹興〔一〕，同官中極不易得，來教所謂可用之才，誠不易之論。得書知欲此來，未知能自拔否耳。蔡君律書已成，簡徑精密〔二〕，悉有據依。乃知前人大是草率，恨不令年兄見之。其曆書則未就，然大略規模亦與律書相似。所謂無零分者，非如來教所疑也。

校記　〔一〕向：原作「白」，據四庫全書本改。正訛作「自」。

〔二〕徑：原作「役」，底本原注當作「徑」，據清康熙本改。

編年　據書信編年。

淳熙五年秋冬間

金陵之喪，中外有識同切傷痛，而況於交舊之私乎。遠承吊問，凡所以爲之深謀遠慮者，一皆切中事情，無所回避，感嘆不已。某昨聞其還，即走紫溪，又聞以柩重難行，恐平父道間少人商議，遂至弋陽候之，幸却不甚費力。一慟之餘，細間密折〔一〕，盡凡令尊兄之所慮者，無不已有其端。今當密與平父協力區處，庶幾不至甚乖剌耳。所幸延哥似却長進，若得數年扶持教養，當成令器。顧恐疾病衰頽，不得終任此責也。彦叙遽止此，可傷。人生危脆如此，又可嘆也。圭父爲况如何？連得二書，頗不安迹，似亦不必如此。人生各以時行耳，豈必有挾然後可以仕哉。聞尊兄亦嘗寬曉之，甚善。平父遭此禍故，初恐其心疾發動，却因此不暇及營造無益之事，反覺安穩。若常如此，可無他慮。幸因書力勸其清心省事以持門户爲佳。

某衰病杜門，苟安祠禄，方竊自幸，上恩不棄，忽復收用。感激雖深，然資淺材疏，詎復堪此？此外曲折又復多端，已力懇辭。諸公哀憐，當爲開陳，使得請也。承問之及，感愧良深。陳公必已到闕，不知去住如何？此事自繫天意，豈人力之所及哉。江陵計今已赴，久不得書，不知爲况如何。吴邕州求免遠使，不知得出何策，直以親老丐祠，恐無不得之理。但恐别求任使，則難必耳。羅倅兄弟恐未參識，自江西來者多能道其賢也。程侍郎禹貢文字曾傳得否？若有本，便中幸借及。每讀此篇，常恨讀書不多，無以考見古今之同異。計其所述必甚精博，所願見也。吴監丞輪對文字亦願得之，不知可以并垂示否？

校記　〔一〕底本原注此句必有誤字。四庫全書本「間」作「問」。

編年　據書信編年。

淳熙六年夏

尚書程公垂問曲折，尤感其意。因見幸爲致謝悃，區區之意，蓋不殊前也。羅兄亦告致鄙懷，皆未敢拜書也。益恭得祠甚善，材業如此，何患不達。政須恬養，以厚本根耳。禹貢論得之，開豁甚多，嘆服無已。但恨未見畫圖，得爲求之，便中寄示，幸甚。傳畢，當并此論歸納也。伯駿劄子亦幸垂示，它有可見教，不吝及之，尤所望也。

編年　據書札彙編。

乾道六年

某不孝禍深，早歲孤露，提携教育，實賴母慈。不幸迂愚，不堪世用，不能少伸烏鳥之報，而奄忽至此，冤痛割裂，不能自存。幸以今春粗畢大事，音容永隔，痛苦終天。伏承惠吊，并以香茶果實遠致奠儀，仰感勤眷之誠，俯念疇昔之好，拜領號絕，不知所言。襄陽之除，必是見闕，正此哀苦，不敢奉慶。惟是益遠誨晤而殘息奄奄，不保朝夕，引領西望，徒切悵然。

編年　據書信編年、年譜長編、書札彙編。據後二書，此段實與張棟。

乾道五年春夏間

鄉邦得人之盛，魁選復出其中，甚爲可喜。但所陳取士之策，於人物取舍之際，不免祖襲蘇氏浮薄之餘論。此議肆行，非天下之福，殊使人不滿意。自此脱去場屋，想當別作規橅耳，衰陋何足取置齒頰間耶？汪樞之孫遂進而立於三人之列，想老丈慰意也。荆州之行，寄任增重，今當入境矣。

編年 據書札彙編。此段亦與張栻。

答郭察院 邦瑞

紹熙二年十二月

副封垂示，尤荷不鄙。使任事者於事之幾微每每如此，則尚何朝綱不振之足憂哉。甚善甚善！甚盛甚盛！某衰晚多難，懇辭恩除，未遂私計之便，今不敢復以前請爲説矣。惟是前仕有妄乞施行經界一事，今已住罷，自合抵罪。而反冒襃擢，實無面目可將使指，不免自劾，以俟嚴譴。

編年 據書信編年。

紹熙三年夏

忽聞抗疏觸邪，遂去言職，此於賢業爲有光，顧在治朝爲可恨耳。偶在病中，聞之增氣，與士友言，亦未嘗不俯而嘆、仰而賀也。鄉黨交游與有光寵，其何幸如之！然清名直節足爲里閭光寵，而去一凶人，亦足少折陰邪之氣，於正論不爲無助。此又皆可賀者。

編年 據書札彙編。

答郭邦逸 淳熙十五年

吾人之學，要當以明理治身爲本，世間得失正不足深計也。某衰病屏居，尚叨稍食，不復有與世俗較曲直之心矣。聞以前事頗累鄭君，爲之踧踖。尚賴寬恩，不終抵罪也。志父中秘之除，此却未之聞，泉州之命亦然，山間真如井底也。某昨遣人請祠，今已竟月，杳無還耗。方以爲慮，承喻廟堂已有領略之意。若是監丞兄書中所報，想必得其實。兼林既去，亦須兩下有施行，乃見平平蕩蕩之意也。

奏函必已關乙覽，殊未聞宣召之旨，何耶？承當俯就臺選，來歲發策大廷，始當披腹呈琅玕耳。

編年 據書信編年。書札彙編以爲第一段作於紹熙三年。

答羅參議

乾道元年秋

時得欽夫書，聞其進德之勇，益使人嘆息。郴寇掩擊官軍，反爲官軍所蹙，勢已小衄，但未知終當如何耳。閩中人情却甚安帖，時和歲豐，天所賜也。第州縣以催發上供餽虜之故，頗行刻急裒斂之政，此爲可慮耳。建陽鄉人李秉義舊嘗從寶學劉丈入蜀，今老且病，往投舊識諸將，因來求書，得以附此。渠不敢有所求，但得一顧之寵，亦足以爲重也。元履來山間相訪，適值此便，亦有一書附之。

編年 據書信編年。

隆興二年冬

九月廿日至豫章，及魏公之舟而哭之。云亡之嘆，豈特吾人共之，海內有識之所同也。自豫章送之豐城，舟中與欽夫得三日之款〔一〕。其名質甚敏〔二〕，學問甚正，若充養不置，何可量也。但云頃在富陽，與尊兄辨論甚苦。是時左右似未以外學爲不然，却與前此相聚時所聞小異，何耶？汪丈日相聚，所講論者何事？當有可見語者。某頃以書論數事，似皆未以爲然者，未敢苟已，復以此書扣之。論語序一篇欲寫呈之，書中已言之，而便速，寫札不謹，只納左右，幸因語呈似，幸甚幸甚！先生埋銘頃欲只求汪丈寫，不知見許不。想嘗恕之，不待言也。前書所欲更易數處，欽夫又欲删去一句，乃行狀中本語。不知汪丈以爲如何。乘間試爲扣之。所寄彦豐處書未到〔三〕，今此便過餘干，却令往取矣。

校記　〔一〕與欽夫：原作「真欣天」，底本原注疑是「與欽夫」，據清康熙本改。

〔二〕名：記疑云疑有誤。四庫全書本作「天」。

〔三〕豐：疑當作「禮」。彦禮，羅博文弟。

編年　據書信編年。

乾道元年

竊承幕府無事，得以優游〔一〕，坐進此道，而所以與謀贊畫者，莫非便民聲勞之事〔二〕，甚休甚休！

示及汪丈書，知已爲緣況虚志銘〔三〕，幸甚幸甚！容附書端父兄弟，借來一觀也。端父兄弟已祥祭，先生德容日遠，益使人痛心耳。記善録荷傳示，甚慰所望。亟作書遣人，未及細觀。然其大致可見，於此始得聞和靖言行之詳。蓋其見道極明白，故其言之極平易，似淺近而實深遠，卓乎義不可及也〔四〕。祁居之相見，其議論云何？有可以見示者否？龜山論語序本爲世學膠固，學者類多以分文析字、執辭泥迹爲務，故有視其所視，遺其所不視之説。但所引用之事從莊列中説作太過，遂致微失本意，却似精粗本末真有二致，所以中間竊以爲疑。非疑其意，特疑其語耳。後見張欽夫、吴晦叔，乃知文定亦嘗疑之，不審尊意以爲如何，幸有以見教。胡仁仲所著知言一册内呈，其語道極精切，有實用處。暇日試熟看，有會心處，却望垂喻。某於汪丈書中已説及，恐欲見，即爲呈似也。欽夫嘗收安問，警益甚多。大抵衡山之學只就日用處操存辨察，本末一致，尤易見功。某近乃覺知如此，非面未易究也。明仲兄不及别拜狀，想旦夕從容，有講道之樂。中間説看易傳，不知後來所得如何。某亦欲讀此書，如有可以見教者，因來及之，幸甚幸甚！元履、晋叔近皆相見，亦甚瞻仰也。前書懇求書籍碑刻等，不知曾辱留意否？

先生諸書，想熟觀之矣。平日講論甚是，如此奇論，所未及者。别後始□書請之〔五〕，故其説止此，然其大概可知矣。老兄既知外學之非，而欲留意於此，恐於論、孟、中庸、大學之書不可不熟讀而詳味。章句之間，雖若淺近，不足用心，然聖賢之言無不造極，學之不博，則約不可守。今於六經未能遍考，而止以論、孟、中庸、大學爲務，則已未爲博矣。況又從而忽略之，無乃太約乎。

校記

〔一〕優：原作「儉」，底本原注「儉字疑」。據正誼引徐樹銘新本改。

〔二〕聲勞：底本原注「聲勞恐有誤字」。

〔三〕緣况虚：底本原注「緣况虚等語恐有誤字」。

〔四〕義：記疑云疑有誤。

〔五〕缺處明萬曆本作「以」，清康熙本、四庫全書本作「作」。

編年 據書信編年。末段據書札彙編。

乾道二年冬

某塊坐窮山，絕無師友之助，惟時得欽夫書問往來，講究此道，近方覺有脱然處。潛味之久，益覺日前所聞於西林而未之契者，皆不我欺矣。幸幸甚甚！恨未得質之高明也。元來此事與禪學十分相似，所争毫末耳。然此毫末却甚占地位。今學者既不知禪，而禪者又不知學，互相排擊，都不劄著痛處，亦可笑耳。何叔京秋間相過少款，相與懷想高致者，俱不自勝也。

編年 據書信編年。

乾道元年

知言後來必已熟看，其説如何？汪丈曾説及否？可否之間，必有定論，因來及之，幸幸！記善録細看，却似馮公所見未透，記得無精彩。長者所見莫亦是如此否？

編年 據書信編年。

乾道二年冬

□□極感留意，以耳目之玩煩長者，愧愧。向附還三書已領矣，書中忘記稟知也。汪丈寄横渠三書來，此爲校補甚多，勢須刊作一本乃佳，蓋補綴不好看也。大抵集中脱誤盡在第二至第五卷中，只换却此四卷亦得也。第七卷中有一論邊事狀，却只於卷末添版便得。恐汪丈事多，告請出爲點對，付之工人，幸甚幸甚！此道既寂寥，而諸先賢之子孫亦復流落不振。自幕府之西，訪其書、恤其人不遺餘力，此亦一時節因緣耶。校書極難，共父刻程集於長沙，欽夫爲校，比送得來，乃無板不錯字。方盡寫寄之，不知今改正未也。張家事已於共父書中言之，不知其人已來未也。人家僮僕乃有如此者，可尚可尚！今士大夫食君之禄不爲不厚，而臨事面謾，辭難就利，無所不至，亦有愧此僕也哉。此書轉託欽夫尋便，亦方索然，無一物可伴書者，可笑可笑。

編年 據書信編年。

與羅師孟師舜兄弟 乾道五年

某昨承面喻，將以先公行實見委。始者徒感知遇之深，不自知其不可。既而思之，先公平日交游皆海内老成賢雋之士，其間相處之久、相知之深而文字言語足以發揚潛德者，尚多有之。某之不才，豈宜進越，輒任此責？若昆仲以先公嘗一顧之，不欲鄙棄，它時草定行事本末，因使得預討論而致之諸公，則某雖愚，不敢不勉竭駑頓以承命，萬望裁之。又向蒙示教，於輩行間自貶過甚，亦不敢當。自此枉書，幸刊正之。

先公銘文已爲題額，并託上饒程丈書之。字畫淳古可愛，想便刻石也。其間有少曲折，已爲四哥言之矣。

編年 據書札彙編。

答羅縣尉 南劍沙縣人 乾道初

讀書治病之説，誠如所喻。但古人之學以莊敬持守爲先，而讀書窮理以發其趣。至於讀書之法，則又當循序專一，反復玩味，一日之課不可過三五條。譬如良藥，雖無劫病之功，而積日累月，自當漸覺四大輕安矣。

編年 未可詳考。觀其明顯重體驗而格物窮理次之，疑乃受李侗道南指訣之影響。書札彙編暫列淳熙十六年，若此時則朱熹已主敬義夾持、内外交養矣。

與林安撫 名枅，字子方。 紹熙二年至三年

竊聞開府以來，蠲除逋負以大萬計，號令所下，至簡而嚴，是以舉措不苛而人自不犯。方地數千里，吏畏民安，近歲所未有也。區區仰德爲日固久，而究觀規摹，歛衽心服，則自今始。乃蒙垂問見聞所及，又有以見高明之度不自賢智乃如此，尤以嘆仰。苟有所懷，安敢不盡？顧實未有以塞訪逮之勤耳。又承詢及所知，别紙具禀。恨所識不多，未足以副好賢樂善之意也。

編年 據書信編年。

國家社科基金西部項目

（宋）朱熹 著
郭齊 尹波 編注

朱熹文集編年評注

第十二册

福建省政協文化文史和學習委員會 編

海峽出版發行集團
THE STRAITS PUBLISHING & DISTRIBUTING GROUP
福建人民出版社

朱熹文集編年評注續集卷六

書

與趙昌甫

慶元二年

罪戾之餘，物色未已，不知何以見惡如此之深，甚可笑也。近讀經書不得，却看些古文章，識得古人用意處。然亦覺轉喉觸諱，不敢下筆注解，但時發一笑耳。

來書所喻，似皆未切事情。已細與長孺言之，後有的便，渠必一一奉報。要之今日只可謹之又謹，畏之又畏，不可以目下少寬，便自舒肆。況所謂少寬者，又已激而更甚乎。黄乃以力贊建中而去。前已去者，將有復來之漸，其繼之者與儲以待次者又不令人入，若非上心慨然開悟發明，善類未有少安之望也。千萬與諸伯仲深察此意，敬恭朝夕，安以俟之，區區不勝真切之望也。昨日得王謙仲書，亦如履常所料，蓋遠方未見近報耳。向讀學易集，見其當紹聖、元符之際愁居懾處之狀，令人傷嘆。不意今日乃見此境界宛在目前。試取一觀，亦足以爲法也。

編年　據書信編年。首段書信編年以爲作在丙辰冬落職罷祠之後，書札彙編更繫於丁巳秋，疑皆未妥。書云「物色未已」，當在落職罷祠之前，此後則別無處分，可知落職罷祠乃最後發落。又云「看些古文章」，而「不敢下筆注解」，顯指韓文。若至丁巳，則韓文考異成矣。

慶元四年

少時見呂紫微與人書説交游中時復抽了一兩人，令人驚懼。當時不理會得，今乃親見此境界也。斯遠聞其喪偶，不知果然否。經年不得渠書，想亦畏僞學污染也。

李白詩多説此事，惜不能盡曉。粗窺端緒，亦不暇入静行持。但玩其言，猶是漢末文字，可愛。其言存神内照者，亦隨時隨處可下功夫，未必無益於養病也。

已草挂冠之牘，開歲即上。計較平生，已爲優幸。獨恨爲學不力，有愧初心，著書未成，不無遺憾耳。因便寓此，少致問訊之意。政遠，千萬戒詩止酒，以時自愛。眷集均慶。

編年　據書信編年。

答江隱君 隆興二年

每承諄切之誨，若將挈而置諸聖賢之域。顧愚昧未知所以仰稱期待教督之意，而又未得親奉指畫於前，其爲向仰，不勝此心之拳拳！

別紙所喻汪洋博大，不可涯涘，仰見所造之深，所養之備，縱横貫穿，上下馳騁，無所窮竭底滯。雖若某之蒙昧誠不足以語此，亦已昭然若發蒙矣。幸甚幸甚！然竊以平生所聞於師友者驗之，其大致規模不能有異，獨於其間語夫進修節序之緩急先後，則或未同。蓋某之所聞，以爲天下之物無一物不具天理，所謂寂然不動，感而遂通者，舉目無不在焉。是以聖門之學，下學之序始於格物以致其知，不離乎日用事物之間，别其是非，究其可否，由是精義入神，以致其用。其間曲折纖悉容有次序，而一理貫通，無分段，無時節，無方所。以爲精也而不離乎粗，以爲末也而不離乎本。必也優游潛玩，饜飫而自得之，然後爲至。固不可自畫而緩，亦不可以欲速而急。譬如草木，自萌芽生長以至於支葉生實，不至其日至之時而揠焉以助之長，豈不無益而反害之哉。凡此與來教所謂傷時痛俗，急於自反，且欲會通其旨要，以爲駐足之地者，其本末指意似若不同，故前後反復之言率多違異。而語其所詣之極，則又不敢以爲不同也。姑論其大概異同之端，以爲求教之目。其他曲折，不敢執着言語〔一〕，以取再三之瀆。要之非得面承，不能究此心之所欲言也〔二〕。

伏辱墜教，所以訓督孜孜不倦，有加於昔。顧惟庸昧，重勞提耳，既感且愧，不知所以爲謝也。

始者獻疑，亦非敢以所示大旨爲不然。但疑「精義入神」一句文義或不如此，恐如所論，則日用方外之一節似少功用耳。及蒙垂喻再三，每加精密，讀之怳然自失，於直截根源處更無纖芥可疑。只是「精義入神」一句，依前未免扭捏。愚謂大體已是正當，即不須强以此句説合，費多少心力言語，於道體無所發明，於文理反有所累，某竊終疑之。願平心以觀聖人立言之意，當信某非敢妄言，而此句工夫自有所謂，不但如來喻所指而已。拙於文詞，又迫私冗，來使不能久駐，然此非難知，以吾丈高明，尤不難見。若無義以方外一節，即儒者與異端又何異乎。此似未易以内外隔截看也。前書别紙變化機要二者之分，亦非愚妄所曉。竊意聖賢之言則一，而見之淺深在學者所證，本非有預如此分别也。昔有人見龜山先生請教，先生令讀論語。其人復問論語中要切是何語，先生云皆要切，且熟讀可也。此語甚有味，乍看似平淡，没可説，只平淡中有味，所以其味無窮。今人説得來驚天動地，非無捷徑可喜，只是味短，與此殊不倫矣。且看論語中一句一字，孰有非要切之言者？若學者體會履踐得皆是性分内緊切慤實事，便從此反本還源，心與理一，夫豈有剩法哉〔三〕。若如吾丈所謂變化者，則聖賢之門無有是也，其莊、老、竺學之緒餘乎。反復以思，未見其可。大抵聖門立言制行自有規矩，非意所造，乃義理之本然也。故日用之間，内主於敬而行於義。義不擇則不精，不精則雖其大體不離於道，而言行或流於詭妄，則亦與道離而不自知矣。故曰和順於道德而理於義，而孟子養浩然之氣，亦必曰是集義所生者。不識此爲對仁之義乎，爲精微之義，若來喻所云乎？且對仁之義，亦何以知其不精微也。但大傳中「精」字之義不如此耳。

前幅所陳，謬妄不中理之言必多，蓋未敢以爲是而求正於左右，切望指教。區區之病，正坐執滯於文字言語之間，未能脱然有貫通處。其於道體，固患夫若存若亡而未有約卓之見耳。但「精義」二字，聞諸長者，所謂義者，宜而已矣。物之有宜有不宜，事之有可有不可，所謂義也。精義者，精諸此而已矣。所謂精云者，猶曰察之云爾。精之之至而入於神，則於事物所宜，毫釐委曲之間無所不悉，有不可容言之妙矣。此所以致用而用無不利也。來教之云，似於名言之間小有可疑。雖非大指所係，然亦學者發端下手處，恐不可略，故復陳之〔四〕。

校記 〔一〕着：原作「普」，底本原注疑當作「着」，據明萬曆本、清康熙本改。

〔二〕「别紙所喻」以下一條又見文集卷三十八答江元適二。

〔三〕夫：原作「去」，底本原注疑誤，據清康熙本改。

〔四〕「精義二字」以下又見文集卷三十八答江元適二。

編年 據書信編年。

與鄭景實 栗 慶元三年

示喻曲折，亦是時態之常。頃聞仙游故相葉公之爲縣，月計所須，令民以漸輸送，故縣帑無餘積而月解無餘欠，人甚便之。竊計郡計既寬，正當法此，稍寬縣道之輸，亦公私之利也。但恐縣道難託，别生它患。此在高明必又有以制之耳。儲宰既去，爲怨家所誣，亦寓公者爲之先後。臺評所指遷學一事，乃與賤迹相連。士子有初不預謀者，亦被流竄，其事甚可笑。或傳不止流竄，果則初不及知，而其地亦不堪以葬也。它時經由，當自知之。其可浩嘆，又不止如今所諭也。

爾又可痛也〔一〕。蓋舊學基不佳，衆欲遷之久矣。儲宰一日自與邑中士子定議，而某亦預焉。其人

校記 〔一〕果：原作「於」，據四庫全書本改。

編年 據書信編年。

與饒廷老 慶元四年前後

此間虞士朋與王阮同赴東府飯會，乃其鄰郡鄉人，必不使人攻之也。姑少徐之，當見底裏歸宿也。游誠之或云參選不得，已歸臨海，不知然否。能碎千金之璧而眷眷於破釜，何耶？伯啓聞已西去〔一〕。昨日得浙中書云，子約之逝，親戚有爲旁郡守者，遂不復相聞。末俗益偷，乃至如此，亦可嘆也。

所喻極當。初亦疑之，後聞所得只是庶官恩例，故不自慊。今既不安，不如且已。止於未形，尤爲深慮。保狀已納還仲本，印紙今并附其人持歸，幸檢入。元不曾發封，但別用紙護之也。三衢已差替人，正則恐亦不成赴上矣。丁生頃年代君舉，於桂陽自刻其詩集，而屬君舉序之。是時蓋求入社而不可得，今日乃爲此言，固小人之常態也。

示及報狀，只坡疏未見。此其關捩雖未易窺，然其手勢規模亦不難見。蓋已排黄子由之説而退之，不久必别有勝負也。元善已如霅川，其子假日至此，見養子之説，愕然曰：「大人到彼，

又頭撞矣！」此語亦有味。因見仲本，可閑及之。世間所傳坡文，亦未必皆出其手，可更詳之也。某病起，方得旬日無事，比又苦傷風，證候雖淺，然服藥發散出汗多，倦乏不可言。屋下濕潤坐不得，閣上又熱，無着身處，頗以爲苦耳。誠之進退不決，何乃至此？渠年幾與老拙只爭十來歲，前塗事亦可知。若時運來時，又自非人力所及也。

換闕竟如何？人生凡百信緣，禍福之來，豈計較所能免。見説賢者慮患過深，幾至成疾，何必爾耶。伯起想已赴班引矣。中間「道學」二字標榜不親切，又不曾經官審驗，多容僞濫。近蒙易以僞號，又責保任虛實，於是真贋始判矣。

校記　〔一〕啓：疑當作「起」，見下文。

編年　據書信編年。書札彙編以爲末段作於慶元元年。

與張孟遠

慶元四年秋

老益衰，百病交作，處世能復幾時？而季通、子約凶問沓來，令人感愴，不能爲懷。天之蒼蒼，其果有所愛憎耶？抑都無之而直聽其自爾耶？曆説恨未得請餘誨，康節之學固非止於爲曆，然亦不專爲知來，如後世讖緯之言也。幸深考之，復以見教，幸甚。

編年 據書信編年。

淳熙十五年十一月

歸來之後，叨冒重疊，已深愧仄，不意又蒙收召之恩。顧念本末，不應復有仕進之計。而懇辭未獲，比不得已，輒緣面奏封事之請，妄陳瞽言。政使至前，所論不過如此。計此愚誠當蒙矜允，得遂退藏也。然語默之間，政爾難得中節。此舉却是以語爲默，差之毫釐，則是反速其禍，未知竟何似耳。子充當已改秩，亦久不得渠消息也。季路之除甚慰物論，供職當已久矣。

編年 據書札彙編。

慶元四年末五年初

衰病益侵，自去冬來，脚弱拘攣，心腹痞痛，日甚一日，服藥略無效驗。懸車年及，已言於郡，丐上告老之章。而有司疑之，交舊亦多以爲不可，未知竟如何。然此意已决，不復能顧利害得失也。友人游子蒙趨試南宫，行期偶緩，過衢欲買舟，而無知識可託，欲丐指麾幹事人相導之。此公定夫先生從孫，論議文學皆有餘，在此爲可與晤語者，計當自識之也。

記得杲老初謫衡陽，有以詩送之者曰：「逢人深閉口，無事學梳頭。」此語有味，可發一笑。然亦不得只作笑會也。

編年　據書信編年。

答劉德脩

慶元二年夏

似聞祠官秩滿，不知亦爲再請之計否耶。東方之事，想日聞之。某竟不免吏議，然已晚矣，正使苟安，亦何足爲輕重。顧未知世道終何如耳。餘干時有人往來，履常兄弟且如此。昨得其書，具道所教戒，令人感嘆。但觀時勢恐未有補，徒促禍耳。機仲、元善各已爲致盛意，皆屬道謝。子宜在宜春時得書，其母年高，不肯來就養，甚可念。子直罷廬陵後，去之章貢，外邑寓居，亦不甚安。子壽問亦得書，平父聞亦歸江陵，却不得近書也。季章必已到閬中，文叔寓居，不知爲況定何如，亦已託君亮附書問訊矣。東溪志銘高古峻潔，法度深嚴，而渾然不見刻琱之迹，三復嘆仰，以得見爲幸。老先生學行之懿，遂託此文以不朽矣。春間當已就窆，恨不得陪素車之會也。傳之計亦已襄事，其子弟幾人？當能世其學也。天雄、鐵杖、石刻之況，荷意甚厚，第顧衰懦，有不能堪，重以爲愧耳。今年脚氣幸未大作，但耳聵目昏，日以益甚。舊書不復可讀，而頃年整頓儀禮一書，私居乏人抄寫，學徒又多在遠，不能脱稿，深慮一旦無以下見古人。又恨地遠，不得就明者而正之也。

編年 據書信編年。

慶元五年夏

方念久不聞動静，忽閲邸報，有房陵之行，爲之悵然，寢食俱廢，累日不能自釋。不審彼以何日就道？自簡至房，道里幾何？取道何州？閲幾日而後至？風土氣候不至甚異否？居處飲食能便安否？官吏士民頗知相尊敬否？吾道之窮，一至於此！然亦久知會有此事，但不謂便在目前耳。偶有鄂便，託劉公度轉致。此間如有的便，亦望得一字之報，使知動静，少慰遠懷，千萬之幸。馮、李亦復不容，季章得郡而名見乃弟疏中，恐亦非久安者。李良仲鴻飛冥冥，使人深羡，第恨不得扣其玄中之趣。范文叔却幸未見物色，想亦深自晦也。某足弱氣痛，已半年矣。杖策人扶，僅能略移跬步，而腹脇脹滿，不能俯案，觀書作字一切皆廢，獨於長者未敢依例口占耳。數日又加右臂作痛，寫字不成，衰憊至此，無復久存之理。承教無期，尚冀以時深爲世道自愛耳。某隨例納禄，幸已得請。中間蓋亦少有紛紛，後雖粗定，然猶不免爲從之之累，亦可嘆也〔一〕。

校記 〔一〕「方念久不」以下一條又見文集卷三十八與劉德脩。

編年 據書信編年。

慶元四年夏

盡室游山，大是一段奇事。衰病窮蹙，不復能出門户矣。引領高風，徒切嘆仰。李良仲恨未參識，聞其養生頗有奇效，恨不得一扣玄旨。參同契絕無善本，近校得一通，令人刊行方就，尚有紕謬處。今納一册，或因書煩爲扣之，渠必於此深有得。恐其有錯誤，得筆示幸甚也。屈平以往者不及，來者未聞，而有長生度世之願，亦是不堪時人之妄作，而欲見其末稍作如何出場耳。每讀至此，未嘗不發一大笑也。

編年 據書札彙編。

與方耕道

乾道淳熙間

問禮之意甚善，顧淺陋何足以議此？舊所遵守者，温公書儀、程氏新禮耳。兩書想皆見之，擇其善者可也。嘉禮有日，本合遣人致區區，適此期慘，不得如願，想能亮之。承許改月來訪，幸甚幸甚！

編年 書云「適此期慘」，知時在期服之中。書信編年以爲指乾道五年朱熹居母喪，顯誤。書札彙編以爲指乾道七年朱熹舅氏祝嶠之喪，亦未見確據。今可知者，尚有乾道八年朱熹叔母之喪，淳熙三年夫人劉氏之喪，文集卷八十七祭吴晦叔文「屬纏期慘，遠寓奠觴」是其明證。是皆莫能明，然皆不出乾道淳熙中，姑繫之。

淳熙六年冬

所喻南軒病證，極令人憂念。旦夕專人候之，當并拜狀也。幕客正要蚤晚從容，密罄忠益，來喻乃欲公廳搢笏，納劄誦言，殊不成舉措，聞之駭嘆。如是乃是專欲引善歸己，明曲在人，非主人所以千里相招之意也。又況如此，則必大激同官之怒，亦使主人難處。區區愚慮，深爲老兄憂之。方念正論衰息，吾黨甚孤，正當凡百詳審，委曲調護，使人無可指議，乃爲盡善。若以小故先自乖離，外激衆怒，内致群議，殊非策之得也。況向來所辟兩人，游已望風引却，今老兄若更做去就，豈不大損主人聲望？至來喻所謂官吏縱弛，此亦當以漸整頓，豈容一旦遽行商君之令乎。居上以寬，恐南軒自有規模。若一向糾之以猛，恐非吾輩平日所講之意。更請裁之，勿爲過舉，幸甚幸甚！

編年 據書信編年。

回劉知縣 諱君房 慶元中

嘗念兒時侍立先君之側，見其每得杼山侍郎公書，未嘗不把玩嘆息而善藏之。是時雖幼，無所識知，然竊其詞意筆迹之妙，亦意其超然非當世之士也。其後僅三四年，先君即棄諸孤，蓋已不及見更化之日矣。是以一時去國諸賢次第收用，侍郎公亦再登近班。而某跧伏窮山，不得一拜牀下，以修子弟之恭，至今以爲恨也。不意垂老，得其賢孫而與之游，幸亦甚矣！三復來誨，俯仰今昔，甲子殆將一周，又自嘆其老而無聞也。

編年　據文中所述，其始聞君房大父之事在七歲左右，而「俯仰今昔，甲子殆將一周」，則作於慶元中可知。

與蔡權郡 南康　淳熙七年夏

丐祠之請，前月半間已專人入郡〔一〕，度諸公見憐，必已俯從所欲矣。昨慮使郡虛有勞費〔二〕，亦已預戒邸吏關白，想徹台聽也。近聞已除石寺簿爲代，與之亦有雅故。其人豈弟，達於從政，真足以惠一方矣。

校記　〔一〕郡：疑當作「都」。

〔二〕使：原作「便」，底本原注疑當作「使」。據清康熙本改。

編年　據書信編年。

答盧提翰〔一〕 紹熙元年至二年

承問及爲學之意，足見志尚之遠，甚慰甚慰。蓋嘗聞之，人之一身，應事接物無非義理之所在。人雖不能盡知，然其大端宜亦無不聞者。要在力行其所已知而勉求其所未至，則自近及遠，由粗至精，循循有序而日有可見之效矣。幸試思而勉之，幸甚幸甚〔二〕！此有樂静李公文集，謾納一本。其後序所云，深可以爲干名求進之戒。幸試觀之，區區奉寄，意不在於文字也。令兄寺簿詞翰兩絕，把玩不能去手。然豈敢輒以無能之詞，妄取僭越之譏？回書幸爲遺行，李集并往，亦足以見區區也。

校記　〔一〕翰：疑當作「幹」。

〔二〕以上一段又見文集卷六十四答姚棶。

編年　據書札彙編。

答儲行之

慶元三年

所喻縷縷，殊可駭嘆。此其意不在左右，計必又須醖釀播揚，成一大事，亦不可知。然區區之心，有可以質於神明者，以救民而獲罪，亦所不敢辭也。批書遲緩，亦且得寬心忍耐爲佳。聞建安亦未得去，崇安却已得好消息矣。縣中近日大概幸已無它，但西路之窘日迫，官司要已再輪上户至八月初。然無人監督，以明者行之，尚且不免爲虚文，况今日耶。

適得蔡倉書，尚有挽留之意。若能領其悃款，幡然一來，千萬幸甚！昨日劉居之相訪，具言麻沙事體，云一種貧民至有餓而死者，聞之惻然。今日文卿相過，亦説諸處輪糴已足，上户便謂事畢，雖有米者，亦不復糴，最是崇化一鄉可慮。梁文叔亦言長平一帶小民般運崇安早穀，日不下百人，或恐彼中土人争占攔截，亦能生事，此皆可深慮者。竊意左右聞此，亦不必待其劍戟如林、流血成川，然後爲復來計矣。且是目今便覺上下人情不通，有話便難出口。適因蔡倉見問，已告之云，不若便關諸司，再煩左右一來，權領一職，帶取印杖，從間道直趨崇化、麻沙，往來監糴，并措置救荒事目，付之簿尉，以俟事之略定而歸，似亦無不可者。不知雅意如何？文卿亦説縣中士民盛傳舊尹復來，其意似亦可憐，不應便拁然棄之也。適又與文卿説，自今以往，境内有一夫不得其死，一夫身被刀創，則左右皆不得辭其責。切幸察此苦言，少回必去之志，勿信庸人徇己忘物之説，以誤遠圖。恐異日思之，不能無追悔也。

向來此間行事得失，當亦有可自警省者。或謂却是欠些僞學，其言雖可笑，然恐有理，不審於意云何也。

閑中讀書奉親，足以自樂。外物之來，聖賢所不能必，况吾人乎。但新學一旦措手而委之庸髡，數日前已互遷象設，令人憤嘆不能已。而一縣下人，若貴若賤，若賢若愚，無有以爲意者。惟曾堅伯相見，新帥來，以爲士子當相率訴之，范仲宣深以爲然，而漠然無有應者。此亦見人之識見分量之不同也。季通之行，浩然無幾微不適意，丘子服獨爲之涕泣流漣而不能已。處事變、恤窮交，亦兩得其理也。

編年　據書信編年、書札彙編。

慶元四年

張、鄭、黄、鄧相繼物故，呂子約前月亦不起疾，殊可傷悼。亦是氣運使然，豈可專咎章子厚耶。元善到霅後，一再得書，殊恨失計。初亦有所迫而然，失之不能斷决耳。季通在湖南耳根却静，然諸遷客聞高安之報，想亦不免打草蛇驚也。人生由命非由他，此言雖淺，誠有味也。偶有自江西來者，得東坡與何人手簡墨刻，適與意會。今往一通，可銘坐右也。

〔東坡帖附見〕示及數書，皆有遠别惘然之意。雖兄之愛我厚，然僕本以鐵心石腸望公，何乃爾耶？吾儕雖老且窮，而道理貫心肝，忠義填骨髓，直須談笑於死生之際。若見僕困窮，便相爲邑邑，則與不學道者不大相遠矣。兄造道深至，中必不爾，出於相好之篤而已。然朋友之義專務規諫，故輒以狂言廣兄意耳。兄雖壞坎於時，遇事有可尊主澤民者，便忘軀爲之，禍福得喪，付與造物，非兄，僕豈發此？看訖便可火之，不知者以爲訢病也。某皇恐。

編年　據書信編年。

慶元三年

吾人不合偶得一官，遂以官爲業，一日投閑，便有食不足之嘆，彼此皆然。然在此則身自當之，無所怨悔，亦知賢者以親養之故，不能不介念也。來春之行，不知都下報者云何。若非以鈎黨之故，則不〔一〕，雖重坐，但經赦宥，便是無事人。只是一墮此城，却恐未有出期。雖然只是參選，然亦須臺參，出人而前，恐又重遭指目。須更審而後道〔二〕。告詞傳聞數聯，不曾見全篇。尋常此等只拂略説過，今乃鋪叙，如行遣禁從帥臣之體，不知果是誰筆，因便幸略批喻也。某却至今不曾受告，亦不見報行詞命。吃俸半年，未曾立案，殊不可曉也。避地蓋出於不得已，其他却無説。但後受兩司對移之命〔三〕，既行，彼乃深怨，以爲自此發之，不知二公經年不通問也。時論率兩三月須有一番引作，近報集議赦條，不知意果如何。恐亦只爲諸已行遣人，恐死灰之復然耳。

校記　〔一〕則不：底本原注疑誤。四庫全書本「不」作「疑」。

〔二〕後道：底本原注「道」字恐誤。朱玉祠堂本「道」作「遣」。

〔三〕受：原作「愛」，底本原注疑誤。據四庫全書本及朱玉祠堂本改。

編年　據書信編年。

慶元四年春

張帥到未？此公遽去朝廷，不省所謂，議者蓋深惜之。彼當已得其説矣。來使方今還自府中，適此兩日所苦大作，力疾草此，不能究所欲言。然前書計亦非晚當至矣。獨樂園圖恐司馬守便之官，未暇刻得，與之議，爲辨一互刻之亦佳〔一〕。但其詩頗有誤字，見山臺詩中，「陶通明」

乃陶隱居之別號，今作「淵明」，當改正耳。前賢遺迹正爾，何關人事？而使人想象愛慕不能忘，雖不得復至其處，而猶欲見之圖畫之間，使其流傳之廣且遠而未至於泯滅，然則爲士君子者，其可不力於爲善哉！

校記 〔一〕辨：疑當作「辦」。一五：底本原注上下必有誤。

編年 據書信編年。

慶元三年

所喻批滿今始得之，萬事遲速自有時節，固非人力所能爲也。代人上書者，不知得之何人？此人固非佳士，然恐亦未應遽至於此，當更察之。若其果然，則誠爲狗彘不食其餘矣。彼挾怨妄言者，固自不足責也。前日亦料從人不欲復過此，亟折簡呼文卿，令其往見，固欲寄聲。昨日得報，乃云冬收方冗，未能自拔。今承喻及有間道過門之意，似亦未便，幸更審之。大抵欲面言者無它，但欲每事詳審持重耳。觀人之失，亦坐自處未能深静之故。若處晦觀明，處静觀動，則無不察矣。

前日廖子晦歸，説新闕已爲人所受，想已聞之，理勢自應爾也。詞命已行，乃東山之筆，有「鹽課入己」之語。渠自對人誦之，不知已被受否。聞某亦有之，渠却云是同官作，其勢不應如此。但至今不下，亦不見人傳誦，必是醜詆以媚用事者，而深藏以蓋其迹，甚可笑也。

編年　據書札彙編。

慶元四年

帥幕無事，可以讀書。而西山、南浦號爲天下勝處，公餘徙倚，亦有足樂。然亦更須擇交，勿忘前事之師，乃所望耳。小坡一著高似一著，此甚不易。必是裏面説得轉了，方下得此手脚。然此亦至危之機，更須深自防衛，一種細故，得放過且放過，勿令人疑事事皆出於己，乃爲佳耳。鄒公亦有安静之説，次第善類須少安也。王巽伯未能去否？向語渠尋獨樂園圖摹刻流布，不知曾爲之否？不及作書，因見幸爲扣之也。景初素守，於此可驗。世路升沉，何足深計？但得此心無愧，所得多矣。衛公近得書，寄梅巖圖來。初欲令作記，俄聞溪城之報，且罷休矣。甚愧不得一游其間，并以文字結緣也。至之且得如此，亦是一事。大抵吾黨例多困窮，只得存活得過，但是十分亨泰矣〔一〕。後之晚娶，深入瘴地，似不善便。此邦之侯一再通問，亦依樣畫胡盧答之，不爲難也。

校記　〔一〕但：四庫全書本作「俱」，正訛改作「便」。

編年　據書札彙編。

朱熹文集編年評注續集卷七

書

答黄子厚 銖

慶元三年春

罪戾之蹤不容掩覆，竟蒙臺劾，褫職罷祠。昨日已被省劄，而季通遂有春陵之行，已入府聽命矣。

示喻縷縷，極感勤念。然此何足置意中耶。季通只是編置，無他刑名。正緣有司欲秘其事，却致傳聞張皇。前日就道，臨老遠謫，殊可念耳。告訐之門既啓，世間群小無非敵國，便能因樹爲屋，自同傭人，亦已晚矣，況不能耶。死生禍福，正當付之造物耳。

編年 據書信編年。

慶元三年至五年

所説賑貸事，想已蒙留念矣。今日復有數人來，云是六十二都人户，不知與昨日狀子是同都否。不免并煩契勘，令社首保正等人結保具狀來請。恐亦只有三百來石，勢亦不能廣及也。社首輩或自呼喚不得，今一書至伯起，托其喚集，幸爲付此輩自持去。又恐去建陽遠，俟見人數，即報彼縣般載來黄亭東岸，等候人來請貸也。老兄閑中無事，不合相擾，然想閔此疲民，不憚少勞也。

編年 據書信編年。黄銖卒於慶元五年，故此書不得晚於是年。書札彙編置於淳熙元年，未見確證。

答丘子服 膺

慶元四年以前

昨晚又承簡，爲慰。「謝」字初不曉，將謂有何異事，豕亥之訛乃爾，可笑也。唐人詩云：「昨夜秋風還入户，登山臨水興如何？」閑咏此句，甚覺塊處之憒憒。而力未能出，奈何奈何！詩譜已得之未耶？御書閣已裝了龕子，恐官司未暇及，意欲自出薄少，而率諸朋舊共爲之，似亦不妨。已略説與通理所，欲議定喻及，仍令匠氏畫圖來看也。

編年 據書信編年。書札彙編列於元年。

慶元四年

老子荷留念。「載營魄」之義，説者皆失本意。前日因此偶思揚子説「月未望則載魄于西」，與此字義頗相似。檢看諸家，亦無一人説得是，嘗草定數語以辯之。未暇録去，俟到此日可看也。對禹問以私意窺聖人，崎嶇反仄，不成説話。而反譏孟子爲求其説而不得者，其言之失，非獨如來喻所指也。

編年 據書札彙編。

慶元四年秋

前晚聞春陵信不佳，昨日亟走後山，渠家亦不得的信。但所傳甚子細，恐必不妄。志業精深，今豈復有此朋友？爲之悼嘆，不但爲平生交好之情而已也。

編年 據書信編年。

淳熙間

示喻有科舉之累，愚意非科舉之累人，人自累耳。所示論昨在寶幢曾聞此説，渠已嘗輒語其非，試更思之。得失有命，似不必太徇時好也。

編年 據書札彙編，暫列淳熙十年。

淳熙六年

前書問責沈，時正擾擾，不及報，不知平父曾寄去否？此中無本。沈是葉公之姓，向來敬夫在桂林刻本跋語中解此字義。舊有本，亦已盡矣。周子通書近時到處有本，此本頃自刊定，比它本爲完，可試讀之。此近世道學之源也，而其言簡質若此，與世之指天畫地、喝風罵雨者氣象不侔矣。更有二先生集本，皆爲人乞去，俟他時別寄也。

編年 據書信編年。

與劉平父

紹興三十年秋

承示及行在諸書已領，今納胡丈書及陳、賀二公祭狀、葉樞與沈倉書、共甫與黄守劄子去。平父至彼，可與伯修昆仲熟議居止處。如有意東來，即遣人持沈、黄二緘授元履，令見二公，面道曲折。蓋共甫書中之説如此。但前此某嘗妄發卜居之議，未有定論。既而聞居泰寧之意甚決，且謂勸居建陽者皆挾黨徇私，其説乖悖，不知誰主倡此説，真賊伯脩昆仲者也。夫范丈素志不欲居泰寧，見於書札者非一。況啓手足之際，又有道學失傳之嘆，不屬意可知矣。今纔息未定而異議紛然，不顧義理之所安，妄言同異，雖其意謂范丈爲不復有知，其如義理，有出於人心之所同然者，不可幽明而殊觀也。胡丈之旨不約而同，幸持以示脩、崇，老僕之言今可思未？二公賻金尚在胡丈許，某不曉求田事，諸公已屬元履矣。當於建陽近墓買田，則建陽不憂食不足，斷然可居無疑。況近三世之墳墓，而范丈之門人子弟布滿左右，伯脩兄弟動息必聞，小有過失，必有交謁而更諫之者，其於范氏門户久長之計，豈不優於入泰寧范丈所不欲居之地，去墳墓、背朋友而自肆其心乎？然則伯脩兄弟今日之計不患於食之不足，而患乎身之不修，爲前人羞辱而已。平父至彼，便宜論此。某月末至麻沙，或扶曳一至邵武不可知。然此議之責，今在平父。向者某已不復有意啓口，偶因胡丈之言，復發其狂。

琴志已領，看畢即納上。亦方是五七十年來文字，非古書也。小報却納還，言者聽者皆不易得，但欠一行字耳。草澤中却有此等人，使人益深素餐之愧也。

編年　據書札彙編。

紹興二十九年

二南説未編次（一），可及今爲之，他日相聚裁之也。論語向看四篇，似未浹熟，可兼新舊看爲佳。去歲所治，大抵未熟者，今悉温尋之爲善。向數奉語，可録出所作工夫次第作一紙，時復省察了與未了分數，此最善，可便爲之。蓋雖相聚一年，所進業殊少，所當爲而未爲者殊多。今又疾病，如此羸頓〔二〕，勢未能出與兄相聚，相聚亦思索講究未得，恐負太碩人與共甫兄相責望之意，特復奉白，惟思之。無事勿出入，蓋共甫兄不在，宅中别無子弟，門户深闊，事有不可勝虞者。不惟惰游廢業爲不可，且賓客至者談説戲笑，度無益於身事家事者，少酬酢之，則彼自不來矣。切祝且温習勿廢，使有常業而此心不放，則異日復相聚，亦易收拾。試思自去冬以來，已過之日多少？其間用心處放蕩幾何？存在幾何？則亦可以自警矣。病倦，不勝思慮。

校記　〔一〕此條又見文集卷四十答劉平甫二。

〔二〕羸：日本翻刻明嘉靖本校記云一作「罷」，明萬曆本同。

編年　據書信編年。

答王樞使

慶元二年秋

便中忽拜手札之賜，伏讀感慰，不可具言。蒙喻干越之故，悼嘆閔惻見於詞旨。前此亦聞首爲力伸歸葬之請，固已深嘆服風誼之高，足厲頽俗矣，及此重太息也。浮議洶洶，至今未息，嘯儔命侶，日以益衆，不知更欲何所爲者。清源既不免，而信安已擯去。近見所上纂述之書，卒章頗有苦口之言，亦不易也。當今舊弼宿望，中外所倚以開上心、正國論者，惟明公與益公而已。竊計所以處此，當有定論也。此間親舊有自干越會葬而歸者，亦得其長子書，聞其動息頗詳。然亦無可言者，但令人隕涕而已。如某賤迹，固不足言，而終歲力辭，僅免近職。初意自此可以少安，而後咎餘責侵陵未已，亦未知終安所税駕也。舊有足疾，歲須一發，旬月以來，正此爲苦。加以目盲日甚，重聽有加，終日憒憒，如土偶人，已無復有生意矣，彼何見疑之過耶。湘西扁榜饒宰寄示，得以仰觀，非惟健筆縱横，勢若飛動，而心畫之正、結體之全，足使觀者魄動神竦，甚大惠也。某前此妄意偶及於此，而不敢容易以請，輒因饒宰言之。不謂便蒙開可，遂得彈壓江山，垂示永久，湘中學者一何幸耶！趙機宜得趨幕下，書來極感知遇之意。醴陵亦説甚荷容察，翦以見門下愛惜人材〔一〕，隨能器使之妙，固無一物之遺也。

自邇以來，衰病沈綿，日就羸頓。此凋隕澌盡之常，無足爲門下言者。今因鄉人李正通朝散祇役部下，復此附稟。其人明敏有才，緩急之際可備緊使之末。聞亦嘗得出入門墻，竊計不待區區之言，久已有以處之矣。

校記　〔一〕翦：底本原注恐誤。

編年　據書信編年。

又蒙不鄙，俯垂訪逮，此見高明之度，不以爵位之崇、名譽之顯、才業之偉、氣節之高自謂絕人，而謙虚下問至於如此，甚盛甚盛！顧某至愚，本無知識，加以疾病之餘，思慮昏塞，其何以辱嘉命？然竊以謂知院參政平日尊主芘民之心，其素所蓄積者固有定論，蓋不特士大夫知之，而兒童走卒亦皆知之矣。今日得其位而施之，其先後緩急，固宜自有次第。但能益以天下之重自任而勉焉以固其志，則天下受賜已不貲矣。至於主張公論，扶植善人，抉去陰邪，不使得乘間隙，則願高明於此益加意焉，實天下幸甚幸甚！老生常談，迂闊無取，僭易塵瀆，伏深愧懼。

編年　據書信編年。

與方伯謨 慶元五年以前

閑中不能無爲，而所讀書又不能隨衆備禮看過，日間趕趁程限，甚覺辛苦。偶記楊敬仲答人書云：「恭惟某官讀聖人書，既飽而嬉。」甚可笑，然亦多着題也。

編年　據書信編年。書札彙編以爲或作於四年。

答俞壽翁

紹熙三年

興國盜鑄曲折，不知如何。近聞淮上以此頗汹汹，朝廷深以爲憂，遂以其事屬之葉正則，不知今果如何也。所示周禮復古之書，其間數處向亦深以爲疑。今得如此區别，極爲明白。但素讀此書不熟，未有以見其必然。聞陳君舉講究頗詳，不知曾與之商量否。欲破千古之疑，正當不憚子細討論，必使無復纖毫間隙，乃爲佳耳。某衰晚不天，長子夭折忽已逾年，念之痛割，無復生意。以卜地未定，尚未克葬。初被湖南之命，即以此辭。未報之間，忽聞臨漳所請經界議格不行，不免自劾。廟堂已許復備祠官，而不欲以此爲名，雖已降旨促行，却令别入文字。月初已遣人行，計此月中必可拜命。六十老翁，餘年無幾，自此杜門，當不復出矣。

示喻剛氣未能自克之病，此正區區所深患，方當相與同謹佩書之戒耳。大抵最要平時講學持養，使此心常存，義理常勝，始有用力之地也。此間銅儀見説只一平環，一側環，一望筒，只用手轉。想見當時草創，未盡得元祐舊制也。奉告，且知條教已孚，物情風動，士勸民安，奸凶屏息，此亦足以小試儒者之效矣。更冀勉旃，區區又將於其大者觀之也。誠齋歸袖翩然，令人慨想。所寄石刻，某偶在山間爲大兒治葬，兒輩留在家間，未及快睹也。武夷之會，乃所深願而未可得者，他時踐言，何幸如之！但恐功名迫逐，不暇赴此寂寞之期耳。因書誠齋，多爲致謝。屬此悲冗，未能占布也。建陽新居粗有溪山之樂，然心緒不佳，又多俗冗，苦未得舒放懷抱也。周官復古正以此經不熟，未得深考。異時得面扣其説，庶幾了然無疑，乃敢下語耳。永嘉諸人説此，甚有與先儒不同處，然頗秘其説，亦未得扣擊之也。

編年　據書信編年。

慶元二年

示及先丈所著周禮復古編，極荷不鄙。往時先丈固嘗以見寄矣，某於此書素所不熟，未敢容易下語。然當是時，猶意其可一見而決也。不謂後來不遂此願，至今遺恨。況今方以僞學獲罪聖朝，杜門齰舌，猶懼不免，又安敢作爲文字，以觸禍機乎。

編年　據書札彙編。

答曾景建慶元四年冬

季通、子約相逐而逝，不謂天之無意於善人乃如此，每一念之，輒爲悲愴，不能爲懷也。昨聞吉甫之歸，方竊疑之，伯豐之子乃如此，尤可嘆息耳。道夫久不得書，爲況如何？因見致意，便遽未及書也。方遣人探子約之櫬何日過上饒，欲遣季子往哭之。近得玉山書，則已過矣。前日僅能扶病一撫季通之柩也。盧陵子一書，煩爲附的便。其人乃子約嘗寓其舍者也，得不浮湛爲幸。

編年 據書信編年。

答余景思 慶元四年至五年

朱、趙相繼淪没，深爲可念。聞宜春人欲留學古卜葬於彼，遂爲留居之計，不知果然否。魯叔子弟幾人？今皆年幾何？莫亦能自卓立否？欲作書慰之，以病未能，當俟後便也。

作縣固非易事，然盡心力而爲之，必無不濟。今人多是自放懶了，所以一綱弛而衆目紊也。承喻立蘇忠勇祠於故居，甚善甚善。但某自今夏一病至重，今已累月，尚未復常，心力尤衰，日前欠人文字且辭之未得盡脱，豈敢更承當此事耶。兼近日已辭林子方家墓碑之請，亦恐不能無嫌也。

閑中益得觀書，當有深趣。日月易得，願益勉旃。若但如拙者既老而後有聞，則享用已不能久，而無復可行之望矣。直卿既歸，想時得從容。恐講論不能無異同，正當力究。有未決者，因來諭及，不敢不盡鄙懷也。

編年 據書信編年、書札彙編。

與陳同父 紹熙三年秋

某扣首再拜：訴哀叙謝，略具前幅，而痛苦之懷，終有不能以言語自見者。三復來教及所示奠文，則已略盡之矣。尚何言哉！尚何言哉！自聞意外之患既解而益急，地遠，無從詗知動息。親舊書來，亦不能言其詳，第切憂嘆而已。數日前得沈應先書，乃報云云，自是必可伸雪。今日忽見使人，得所惠書，乃知盲料亦誤中也。急拆疾讀，悲喜交懷。又念常年此時常蒙惠問，不謂今歲彼此况味乃如此，又益以悼嘆也。觀望既息，黑白自分，千萬更且寬以處之。天日在上，豈容有此冤枉事也！亡子卜葬已得地，但陰陽家説須明年夏乃可窆，今且殯在墳庵。其婦子却且同在建陽寓舍。小孫壯實粗厚，近小小不安。然觀其意氣横逸，却似可望，賴有此少寬懷抱。然每抱撫之，悲緒觸心，殆不可爲懷也。五夫所居眼界殊惡，不敢復歸，已就此卜居矣。然囊中纔有數百千，工役未十一二，已掃而空矣。將來更須做債，方可了辦，甚悔始謀之率爾也。但其處溪山却儘可觀，亡子素亦愛之，今乃不及見此營築，念之又不勝痛也。奠文説盡事情，已爲宣白。哀慟之餘，哽咽不能自已。此兒素知尊慕兄之文，此足以少慰之矣。更有少懇，將來葬處，欲得數語識之。此子自幼秀慧，生一兩月，見文書即喜笑咿嗚，如誦讀狀。小兒戲事，見必學，學必能，然已能輒棄去。後來得親師友，意甚望之。既而雖稍懶廢，然見其時道言語，亦有可喜者。但恐其騖於浮華，不欲以此獎之。去年到婺，以書歸云，異時還家，决當盡捐他習，刻意爲己之學。私竊喜之，日望其歸，不意其至此也。痛哉痛哉！尚忍言之！此語未嘗爲他人道，以老兄素有教誨獎就之意，輒以不朽爲託。伏惟憐而許之，千萬幸甚！更一兩月，當遣人就請也。奠禮有狀拜謝，但來人至江山遇盜，頗有所失亡。今賫到兩縑，云是他人所償。此不敢留，却封納，却可送官，給還本主也。無以伴書，白毛布一端，往奉冬裘之須，幸視至。未有承教之期，惟千萬自愛爲禱。某扣首再拜。

編年　據書札彙編。

答李繼善 孝述　慶元五年十月

熹頓首：便中辱書，爲慰。信後初寒，侍奉佳慶。所示疑義，各以所見附于左方矣。來喻甚精到，但思之過苦，恐心勞而生疾，析之太繁，恐氣薄而少味，皆有害乎涵養踐行之功耳。其餘曲折，敬子、元思必能言。今日疾作，執筆甚難，不容盡布，惟冀以時自重。不宣。熹再拜。

編年　據書札彙編。

朱熹文集編年評注續集卷八

書

答折憲名知常　淳熙初

示及先正樞密端明少師家傳一通，拜受伏讀，得以仰窺精忠壯烈始終大致，少慰生平尊慕鄉往之心，甚大幸也。顧又重勤台喻，必使次輯，以記埏道之碑，則區區所以不敢僭易以承嘉命者，已悉具前書矣。今雖鐫戒益勤，孝思愈切，然在某私計利害之實，則不能有加於前也。伏惟矜憐，反復前説而改圖之，使得免於不韙之罪、衆多之怨，則某不勝千萬之幸！

編年　據會稽續志卷二，折知常淳熙元年至二年爲兩浙提舉。又據文集卷八十九范公神道碑所述，折知常淳熙時任利州路提刑。題稱「折憲」，知作在此期間。

與黄知府慶元三年

輒有不獲已之懇，事涉鄉閭利病，勢甚迫切，敢忘分守，已具公劄，干冒公聽。幸賜采覽，斟酌行下，千萬幸甚！前日迎候之初，便蒙誨諭，仰見仁人之心，視斯人之不獲，真不啻若痒疴疾痛之切其身。竊意樂聞斯言，不以爲罪，是以敢布其愚。

撥米曲折，固知仁民之切，無所吝於此。況又使府自認脚費，此尤出於望外。下邑飢民荷更生之賜，感戴宜如何耶！儲宰行已數日，縣郭近封，可保無虞。但崇化、麻沙以西一帶素少早田，唐石乃全無之，只此數十里間，尚爾嗸嗸。私居杜門，亦不知其詳細爲如何。

聞有臺劾，亦既施行，而未有被受，亦未見章疏，遣書著銜，頗有所礙，幸辱情照。或章疏已報行，得賜指撝録示爲幸。昨蒙垂示報狀，極荷眷念，區區尋亦已拜恩命矣。罪戾彰徹，固不可逃，然縣宰批罷一事，至乃上玷清重，尤切愧恐而不敢自明。竊計高明固已洞照其實矣。至於友生連坐，亦蒙矜念，委曲周至，益見仁人之用心爲不可及，感嘆亡已。

但既鐫罷，名書罪籍，不知寄禄餘俸合與不合幫勘？已戒幹人計會所司，更乞台旨稽考法令，然後施行。恐不應得，免貽後日之紛紛也。

編年　據書信編年、書札彙編。

答江清卿

乾道五年六年間

蒙喻湖北書，極荷不外。但年來藏拙，不敢復與外事。又伯升書言周憲於麟之自有薦論之意，而麟之不欲爲自衒鬻者，此意皆甚美。竊謂寧少忍之，以遂麟之之高，不當共爲呴濡之態，以虧其一簣之功也。

編年 據書札彙編，然似根據不足。

淳熙十年

先夫人高識懿行，宜得當世大賢紀述，以詔後世，而尊兄過聽，誤以見屬。自顧淺陋，何以稱此？然以委重之勤，慕仰之素，勉竭其愚，以承尊命，謹繕寫納呈。幸賜裁訂而取舍之，乃所願望。即不可用，不必過存形迹，以累先德之美也。向來所苦何疾？今想已脱然矣。細觀妙畫，知目疾之向平，爲可喜也。然中年氣血非前日之比，服藥亦難見效，惟有虚心調氣，静以養之，庶或少可補助耳。

編年 據書札彙編。

答滕誠夫淳熙十六年

部綱之役，不辭而行，甚善甚善。親闈慈念固當眷戀，然亦可更以王事靡盬之義反復寬譬，乃爲兩全也。

編年 據書信編年。

與葉彦忠 淳熙十六年以前

易傳且留是正不妨。易自伏羲始畫八卦，三畫。文王重爲六十四，六畫。作繫卦彖辭，周公作繫爻辭，孔子作彖、乃釋文王之彖，通謂之彖。象、文言、繫辭、説卦、序卦、雜卦，而彖、象、繫辭各分上下，是爲十翼。舊説如此，承問及之。

示喻爲學有緒，尤以爲慰。且只如此用功，旦夕相見，却得面論也。大學近修得稍平正，前本亦不能無所偏耳。

詩傳兩本，煩爲以新本校舊本，其不同者，依新本改正。有紙卅副在内，恐要帖換也。校時須兩人對看，一聽一讀乃佳。着旬日功夫，當可畢也。

編年　據書信編年。書札彙編將三段分繫於慶元三年、四年、五年。

答李伯諫

乾道八年秋冬間

某陸陸如昨，無可言者。兩月來修得數書，亦有一二論説文字，甚思與老兄評之。而相望邈然，又無人抄得，徒此鬱鬱，想聞之亦不無嘆恨也。比來觀書進學、誘掖後進次第如何？深所欲聞，因書詳及之爲幸。通鑑綱目三國以後草稿之屬，臨行忘記説及。今想隨行有的便，旋付及幸甚。唐事已了，但欲東漢之末接三國修之，庶幾有緒，易爲力耳。然伯起者亦尚悠悠。近游誠之伯鈞之子。相過，開爽可喜。渠南北事甚熟，或取過伯起者，託渠料理也。

某碌碌之況，已具前書。通鑑文字近方得暇修得數卷，南北朝者伯起不承當，已託元善矣，度渠必能成之。但見修者已殊費功夫，蓋舊看正史不熟，倉卒無討頭處。計今秋可了見到者，餘者望早付及。此間杜門山中，尚不能免賓客書問之擾，想官下少暇也。壁記已在前書中，但齋記未成耳。惡札不堪用，不若別託善書者書之也。周翰書詞傾倒，相與甚至，恨未識面耳。子禮兄金，渠已認還七月以後息錢矣。但書肆狼狽日甚，深用負愧。要之此等自非吾曹所當爲，宜其至此。但恨收拾得又不好，愈使人意不滿耳。揚州書已別付遞去，彼此各是破戒，甚覺難措辭也。此事長沙必能爲辨，吾人徒自擾擾，未必有益，第好笑耳。因書亦當督之也。

通鑑諸書全不得下功，前此却修得晉事，粗定條例，因事參考，亦頗詳密。但晉事最末兩三卷未到，故前書奉速。今承喻已寄少輿處，必是少輿遺下，不曾送來也。此亦不難，俟卒成之耳。宋以後事分屬張元善，已修得大字數卷來，尚未得點勘。若得年歲間無出入，有人抄寫，此甚不難了。但恐不得如人意耳。六象似亦送少輿，不知何故未到，俟別摹去。近得曲江濂溪象，比舊傳南安本殊豐厚精彩，亦當改正也。讀易想有味，有可論者，便中語及爲幸。

編年　據書信編年。

乾道八年至九年

欽夫此數時常得書，論述甚多。言仁及江西所刊太極解，蓋屢勸其收起印板，似未甚以爲然，不能深論也。大抵近日議論語孟解已見一二篇，雖無鄉時過高之失，而寬縱草率，絶難點檢，不知何故如此。無由相見，殊使人憂之。長沙書來，説又分門編本朝事及作論篤一書，雖盜跖之言，有可取者，亦載其中，不知作此等文字是何意思，使人都理會不下。因書蓋略諷之，不知又以爲然否也。書肆之敗，始謀不臧，理必至此，無可言者。既敗之後，紛紛口語，互相排擊，更不可理會。幸已自脱去，不能復問。晦伯必自報去，某於此却似放得下，但馬謏未易根究耳。一笑。所示近文甚佳，但似太高，不着題。大凡立言，要須因人變化而無包含不盡處，乃爲善言耳。向見欽夫文字病痛正是如此也。近有文字數篇，及與伯恭問答數條，偶當入城，未能寄往。少懇：欲煩爲尋訪龐安常難經説，及聞別有論醫文字頗多，得并爲訪問，傳得一本示及爲幸。

編年　書云「言仁及江西所刊太極解，蓋屢勸其收起印板」，言仁即洙泗言仁録，乾道七年刊成。據文集卷四十二答吴晦叔七，朱熹得見此書在乾道八年夏。既云「屢勸」，則當在其後不遠。又云「語孟解已見一二篇」，指張栻癸巳論語解、癸巳孟子解，分别成於乾道九年五月、十月，見張栻自序。既云只見一二篇，可知其時書尚未成，九年夏之前也。又言及書肆之敗，乃承上第二段「書肆狼狽日甚」甚明。此舉張栻嘗加諫止，其書載於南軒集卷二十一。綜上，此書當作於乾道八年至九年明矣。

答趙景昭 淳熙七年六月

減税文字不知已遣行未？今再遣此人去漕司取申省狀，恐未遣，可就付也。今日風色甚佳，而情思益憒憒，臨風永嘆，不知所言。

編年 據書札彙編。

答毛朋壽

乾道八年末

向見季通説甚俊敏，更能勉力操修，以世家學爲佳耳。大學文字，季通者尚未爲定本，旦夕當取來，更爲改正，乃可傳也。場屋之文，固知賢者未能免俗。然先有以立乎其大者，然後出而應之，則得失榮枯不能爲吾累矣。不識高明以爲如何？

編年 據書札彙編。

乾道九年後

就補遠行，爲榮親計，此意甚美。然古人亦有所謂不以得於外者爲親榮者，亦不可不知也。

編年　據書札彙編。

答馮奇之 椅〔一〕 慶元五年冬

某衰晚疾病，待盡朝夕，無足言者。細讀來示，備詳别後進學不倦之意。世間萬事須臾變滅，不足置胸中。惟有致知力行、修身俟死爲究竟法耳。余正父博學强志〔二〕，亦不易得。禮書中間商量多未合處，近方見其成編，比舊無甚改易。所謂獨立無助者誠然〔三〕，然渠亦豈容它人之助也。此間所集諸家雜説，未能如彼之好，然儀禮正經段落注疏却差明白。但功力頗多而衰病耗昏，朋友星散，不能得了耳。商伯時時得書，講論精密，誠可嘉尚。李敬子堅苦有志，尤不易得。近與諸人皆已歸，只有建昌二吕在此，蚤晚講論，粗有條理，足慰岑寂也。

校記　〔一〕此篇又見别集卷六答馮儀之。馮：原作「馬」，據又見及明天順本改。

〔二〕志：四庫全書本别集卷三馮儀之作「識」。

〔三〕立：原作「至」，底本原注此字疑誤，據清康熙本改。

編年　據書札彙編。

與王撫州 阮字南卿　慶元五年

南北形象雖在遠方無由究悉，然大概亦可意料。目前固非危機交急之時，其爲長慮却顧，亦豈一無可施設者？竊計方規素定，其所區畫必有次第。幸蒙見告，乃荷不鄙也。某今年公私之年皆七十矣，疾病益衰，氣痞滿腹，足弱筋攣，不能轉動，跬步之間，亦須人扶乃能自致。閑廢之餘，固無職事可效，但尚忝階官，義當納禄，又不敢自通牋奏，懇求州郡累月，僅得一申省狀。方此發去，而聞臺評已及此事，其間詞語不無深意矣，未知所請竟復如何。然幸已少伸己志，即此外一切不復計也。老兄氣體從來清健，今尚只如舊時否？宣布之餘，何以爲樂？想見彎弓盤馬、横槊賦詩，正自不減當年湖海之氣也。此人趙雯，相隨頗久，今因其省親江淮間，附此問訊。其人恐有可驅使處，得隸戲下，幸甚。

編年　據書信編年。

與長子受之 乾道九年七八月間

早晚授業請益隨衆例，不得怠慢。日間思索有疑，用册子隨手劄記，候見質問，不得放過。所聞誨語，歸安下處思省。要切之言，逐日劄記，歸日要看。見好文字，亦録取歸來。

不得自擅出入，與人往還。初到，問先生有合見者見之，不令見則不必往。人來相見亦啓稟，然後往報之，此外不得出入一步。居處須是居敬，不得倨肆惰慢。言語須要諦當，不得戲笑喧譁。

凡事謙恭，不得尚氣凌人，自取耻辱。

不得飲酒，荒思廢業。亦恐言語差錯，失己忤人，尤當深戒。

不可言人過惡，及説人家長短是非。有來告者，亦勿酬答。於先生之前尤不可説同學之短。

交游之間，尤當審擇，雖是同學，亦不可無親疏之辨。此皆當請於先生，聽其所教。大凡敦厚忠信、能攻吾過者，益友也。其諂諛輕薄、傲慢褻狎，導人爲惡者，損友也。推此求之，亦自合見得五七分，更問以審之，宜無所失矣〔一〕。但恐志趣卑凡，不能克己從善，則益者不期疏而日遠，損者不期近而日親。此須痛加檢點而矯革之，不可荏苒漸習，自趨小人之域。如此則雖有賢師長，亦無救拔自家處矣。

見人嘉言善行，則敬慕而紀録之。見人好文字勝己者，則借來熟看，或傳録之而咨問之，思與之齊而後已。不拘長少，惟善是取。

以上數條，切宜謹守。其所未及，亦可據此推廣。大抵只是勤謹二字，循之而上，有無限好事，吾雖未敢言，而竊爲汝願之。反之而下，有無限不好事，吾雖不欲言，而未免爲汝憂之也。蓋汝若好學，在家足可讀書作文，講明義理，不待遠離膝下，千里從師。汝既不能如此，即是自不好學，已無可望之理。然今遣汝者，恐汝在家汩於俗務，不得專意，又父子之間不欲晝夜督責，及無朋友聞見，故令汝一行。汝若到彼能奮然勇爲，力改故習，一味勤謹，則吾猶有望。不然，則徒勞費〔二〕，只與在家一般。他日歸來，又只是舊時伎倆人物，不知汝將何面目歸見父母親戚、鄉黨故舊耶。念之念之！夙興夜寐，無忝爾所生，在此一行，千萬努力！

到婺州先討店權歇泊定，即盥櫛具刺，去見呂正字。初見便稟：「某以大人之命遠來，親依先生講席之下，禮合展拜。儻蒙收留，伏乞端受。」便拜兩拜。如未受，即再致懇云：「未蒙納拜，不勝皇恐。更望先生尊慈特賜容納。況某於門下，自先祖父以來，事契深厚，切望垂允。」又再拜起，問寒暄畢，又進言：「某晚學小生，久聞先生德義道學之盛，今日幸得瞻拜，不勝慰幸。」坐定，茶畢再起，叙晚學無知，大人遣來從學之意：「竊聞先生至誠樂育，願賜開允，使某得早晚親炙，不勝幸甚。」又云：「來時大人拜意，有書投納。」即出書投之。又進說：「大人再令拜稟，限以地遠，不得瞻拜郎中公几筵。今有香一炷，令某拜獻。今參拜之初，未敢遽請，容來日再詣門下。令弟宣教大人亦有書，并俟來日請見面納。」揖退，略就坐，又揖而起。如問它事，即隨事應答。如將來宿食，即云：「大人書中已具稟，更聽尊旨。」次日，將香再去，仍具刺，并以刺謁其弟。問看同居有幾子弟，皆見之，只問門下人可知也。見其兄弟皆拜。茶罷，便起稟：「某昨日稟知，乞詣靈筵瞻拜，更俟尊命。」如引入，即詣靈筵前再拜焚香〔三〕，又再拜訖，拜其兄弟兩拜，進說：「大人致問，昨聞郎中丈丈奄棄明時，限以地遠，不獲奔慰，不勝慘愴之私。令某拜稟，切望以時節哀，爲道自愛。」又再拜，趨出。如問就學宿食去處，即說：「昨蒙喻潘丈教授許借安泊，大人之意，不敢以某久累其家，恐兩不穩便。已自有書與之，只欲就其家借一空闊房舍，或近宅屋宇安下，不知尊意如何。」看説如何。如令相見，即借人出去，并問其兄弟幾人，并見之。如不問，即且去，俟午間再去見問此事〔四〕。見潘丈亦如此説。大抵禮數務要恭謹詳緩，不要張皇顛錯。

何丈托問婺州寄居前輩有姜子方者，是李中書之甥，在婺州住〔五〕，建炎間曾從馬殿院伸辟，爲撫喻司屬官，今其家有何子弟。

間見先生，説吾同宗留守家子弟自多有在婺州者〔六〕，其家記録留守公事頗詳，不知可託借傳一本否。墓誌似是曾侍郎作〔七〕，吕家必自有本也〔八〕。

校記

〔一〕宜：原作「百」，據新編事文類聚翰墨全書壬集卷二、居家必用事類全集甲集改。

〔二〕「徒」下，右引有「爾」字。

〔三〕筵：原缺，據居家必用事類全集甲集補。

〔四〕「問」下，右引有「以」字。

〔五〕「婺州」下，右引有「五通廟前」四字。

〔六〕同、自：原作「問」、「聞」，據右引改。

〔七〕似是曾侍郎：原作「亦是曾侍中」，據右引改。

〔八〕自：原缺，據右引補。

編年 據書札彙編。

評論 〔日〕山崎嘉山崎闇齋全集垂加文集中之三跋朱子訓子帖：道者天下之公共，而非聖賢之所得私也。然孔門疑伯魚之有異聞者有焉，朱門問敬之之有異聞者有焉。陋矣哉！古者易子而教之，所以全父子之恩，而亦不失其爲教也。晦翁令其子從東萊學，曾謂此也耳矣。其訓子帖一篇，乃爲受之而書焉，爲人父子者之所當讀也。斯帖朱子續集所登略矣，居家必用所乘詳矣。予謂必用之所載蓋得其全者，而非後人之附會也。因參考之，而掇晦翁答東萊書中言及其子者附於厥後，以貽諸遊學之士。山崎敬義跋。

韋齋與祝公書跋紹熙四年十二月七日

松奉孃子幸安。小五娘九月十五日午時免娠，生男子，幸皆安樂。自去年十二月初在建州權職官，聞有虜騎自江西入邵武者，遂棄所攝，携家上政和，寓壟寺。五月初間，龔儀叛兵燒處州，入龍泉，買舟倉皇携家下南劍，入尤溪，而某自以單車下福唐見程帥。在福唐，聞賊兵破松溪隘，駸駸東下，已入建州，攻南劍甚急，又匆匆自間道還尤溪。六月十四日早到縣，而賊兵已在十數里外矣。幸二舍弟已般家深遁，是日即刻與縣官同走至家間所遁處。賊在延平爲官軍所破，倉皇自山路欲遁下漳、泉，至此非其本心也，過縣更不駐，不甚害人，亦不縱火。家中上下幸皆無恙，而隨行及留寓舍中衣服文字之類皆無所損失，比他人爲尤幸也。七月間方還縣，而甌寧土寇范汝爲者出没建、劍之間，其衆數千，官軍遇之輒潰。諸司不免請官招安，已還狀受犒設，將散其衆。無何，大兵自會稽來，必欲進討。昨日方報，大兵冒昧入賊巢，喪失數千人，賊勢又震。大略自今夏以來，未嘗有一枕之安，此懷如何！得程壽隆近書云，鄉里頗擾擾，不詳言其故。度切近江浙，其可憂當不啻此。惟聚糧深遁，勿以一豪珍幣自隨，乃爲上策。此中雖城居，但日夕爲遁入深山之計，生意草草，凡事苟且，不知百年未滿之間，如此者更幾時而後定邪。來書謂某懶於從仕，非也。中世士大夫以官爲家，如農夫之於田，其敢惰邪？但未能赴行在間，閩中所有，不過權局，遠不過三五月，道里有遠近便不便，携家即厚費，獨行又非便，是以且此跧藏，意亦欲俟來春無事，一走會稽，别當奉報。晋道帥福，辟得一員屬官，須京朝官，大年又未曾參部，一切差遣皆礙，是以皆參差也。裘四久此，頗忠戇可任。既忤逢年，當擾攘中，遂不告而去，情理不復可耐。今此復來，察其意色，不復可制蓄。每日來就食，而夜宿客舍。然地遠，難得人力來往，彼此資以通耗，且羈縻不絕，猶冀尚可鞭策耳。方賊至，六月間在村中，裘四亦在彼，數使人呼之不至，却妄云某在福唐未還，又云賊破福州，皆妄言也。婺源先廬所在，興寐未嘗忘也〔一〕。來書相勸以歸，當俟國家克復中州，南北大定，歸未晚也。

内弟祝康國出示先君子與外大父書〔二〕，熹之不肖，於是始生，故書中及之。今六十有四年，捧玩手澤，涕血交零，敬書其後而歸之。紹熙癸丑十二月七日，孤朝散郎、秘閣修撰、主管南京鴻慶宮熹謹書。

校記 〔一〕興：明天順本作「夢」。

〔二〕此下跋語又見文集卷八十三書先吏部手澤後。

編年 據文中所署。

跋韋齋書昆陽賦 慶元四年四月一日

爲兒甥讀光武紀，至昆陽之戰，熹問何以能若是，爲道梗概，欣然領解，故書蘇子瞻昆陽賦畀之。子瞻作此賦時，方二十一二歲耳，筆力豪壯，不減司馬相如也。韋齋。

紹興庚申，熹年十一歲，先君罷官行朝，來寓建陽登高丘氏之居。暇日，手書此賦以授熹，爲説古今成敗興亡大致，慨然久之。於今忽忽五十有九年矣，病中因覽蘇集，追念疇昔，如昨日事。而孤露之餘，霜露永感，爲之泫然流涕，不能自已，復書此以示兒輩云。慶元戊午四月朔旦。

編年 據文中所署。

跋陸務觀詩 慶元五年七月二十日

漠漠炊煙村遠近，鼕鼕儺鼓埭西東。三叉古路殘蕪裏，一曲清江淡靄中。外物已忘如敝屣，此身無伴等羈鴻。天寒寂寞籬門晚，又見浮生一歲窮。

季札聞歌小雅，而識其思而不貳、怨而不傷者。近世東坡公讀柳子厚南澗中題，乃得其憂中有樂、樂中有憂者而深悲之。放翁之詩如此，後之君子其必有以處之矣。慶元己未七月二十日，雲谷老人觀陳希真所藏，爲記其後。

編年　據文中所署。

跋魏丞相使虜帖紹熙五年六月

内修政事，外攘夷狄，復文武之境土，會諸侯于東都，此壽皇帝當日之本心也。屈己和戎，豈其獲已？然非丞相壽春公之深謀壯節，猶幾不足以成之，豈興事造功之果爲不易耶？公之子熊夢出此宸翰以示臣熹，適當奉諱之後，捧玩摧裂，涕泗交零，謹拜手稽首而識其下方云。

編年　文云「適當奉諱之後」，宋孝宗卒於紹熙五年六月初九，此聞訃之初，當在月内。據以繫之。

朱熹文集編年評注續集卷九

書

答劉韜仲問目 淳熙十六年

「無求生以害仁，有殺身以成仁」，炳以爲理當死而求生，是悖理以偷生，失其心之德也，故曰害仁。理當死而不顧其身，是舍生而取義，全其心之德也，故足以成仁。若比干諫而死，夫子稱其仁，所謂殺身以成仁也。雖死不顧，只是成就一个是而已。使比干當諫不諫而苟免於難，則求生以害仁矣，未知是否。

此説得之。然更要見得失其心之德、全其心之德各是如何氣象，方見端的。

君子義以爲質，禮以行之，孫以出之，信以成之，何故不及仁？

更思之。

「有一言可以終身行之者，其恕乎」，「己所不欲，勿施於人」，今之人多以姑息爲恕，且自居官者言之。爲州縣則不敢擊豪强，爲監司則不敢按贓吏，爲臺諫則不敢排奸慝，爲宰相則不敢退小人，皆自以爲恕，而不知恕者，如心之謂也。所惡於上毋以使下，所惡於下毋以事上，豈姑息之謂乎。夫仁者，謂之能好人可也，而孔子兼能惡人言之。炳謂恕字亦當如此體認，未知是否。

此説固善，然被排擊、遭按退，决非己心之所欲。今乃欲施於人，又何以爲如心乎？請更推之。

「莊以涖之，動之不以禮」，莊敬者，禮之容也，兩句意疑相重。炳謂端莊不慢者，敬心之發，躬行之事也。所謂禮者，化民成俗之具，若爲之冠昏喪祭之品節，以教民孝弟者是也。未知是否。

「動」猶「動民以行不以言」之「動」，禮只是在己者。

「民之於仁也，甚於水火。水火吾見蹈而死者矣，未見蹈仁而死者也。」集注之説曲折雖多，然詞意精密，發明聖人勉人爲仁之意最爲緊切有功。或問節取范氏之説，詞雖平而意則緩，且未見「蹈仁而死」一句，與上文不相應。如范氏仁不傷人之説，則與上句不合。如程子殺身成仁之説，與上句合矣，而地位不侔。炳謂不如集注之説，未知是否。

殺身成仁、蹈仁而死同異如何，更思之。

陽貨之惡如此，聖人恐無不終絶之意。時其亡而往者，亦非欲其稱，蓋終不欲見之耳。遇諸塗者，乃不期而會，不可得而避，非得已也。未知是否。

恐未然。

伊川先生云性即是理，炳謂所謂理者，仁、義、禮、智是也。未知是否。

四者固性之綱維，然其中無所不包，更詳味之。

子曰：「性相近也。」又曰：「惟上智與下愚不移。」夫人之氣質雖有偏正昏明、純駁厚薄之不齊，然禀生之初，未甚相遠也，故謂之相近。至於上智之所以爲智，下愚之所以爲愚，亦皆其氣質使然。既謂之相近矣，何故又有上智下愚如是之懸絕也？

氣象雖相近，然亦有如是懸絕者。蓋既曰氣矣，便有此不同，不足怪也。

「吾豈匏瓜也哉，焉能繫而不食」，集注云：「匏瓜繫於一處而不食物。」古注云：「言匏瓜得繫一處者，不食故也。吾自食物，當東西南北，不得如不食之物，繫滯一處。」然匏瓜未嘗不可食，而謂之不食物，何也？

不食謂不求食，非謂不可食也。今俗猶言「無口匏」，亦此類。

公山、佛肹之召，諸家之説善矣，愚必以楊氏解佛肹章爲得其要。蓋公山之召而子路不悦，夫子雖以東周之意諭之，而子路之意似有所未安也，故於佛肹之召又舉其所聞以爲問，其自信不苟如此。學者未至聖人地位，且當以子路爲法，庶乎不失其親。不可以聖人體道之權藉口，恐有學步邯鄲之患也。未知是否。

得之。

「人而不爲周南、召南」，橫渠先生之説所以與諸家不同者何故？若曰告之教之則是爲之也，説得「爲」字太重，經意恐不然也。未知是否。

爲猶學也。

「今之愚者，詐而已矣。」智則能詐，愚者本無智巧也，何故能詐？

如狂不直、侗不愿之類。

「予欲無言」，蓋夫子以子貢專求之於言語之間，告之此以發之。子貢未能無疑，故夫子曰：「天何言哉？四時行焉，百物生焉。」蓋欲其察之於踐履事爲之實也。程子所論孔子之道如日星一段，雖引「無言」之文，然其大意却似説無隱之義。至其言，猶患門人未能盡曉，故曰：「予欲無言。」夫恐其不能盡曉，當更告之，而曰「予欲無言」，何也？或曰「予欲無言」一章實兼「無隱乎爾」之義，蓋四時行，百物生，所謂無隱也。程子之説蓋推明夫子啓發子貢之意，欲其求之於踐履事爲之實者。未知是否。

恐人不能盡曉而反欲無言，疑得甚好。更熟玩之，當自見得分明也。

「四時行，百物生」兩句自爲體用，蓋陰陽之理運行不息，故百物各遂其生。聖人之心純亦不已，故動容周旋自然中禮。未知是否。

有此意。

宰我游聖人之門而有短喪之問，不類學者氣象。諸家之説或謂至親以期斷，而宰我欲質其所知，有疑而不敢隱，所以爲宰我，蓋欲聞其過也。炳以爲宰我在聖門雖列於言語之科，然哀公問社，而有使民戰栗之對；方晝而寢，夫子有朽木糞土之譏。觀其地位如此，則宜有短喪之問也。未知是否。

短喪固是不仁，然其不隱不害爲忠信。此一事而兼有得失，得失又有重輕〔一〕。

「年四十而見惡焉，其終也已」，聖人立言之意，固是勉人及時進德，然鄉人之善者好之，其不善者惡之，苟有特立獨行之士，不徇流俗，衆必群嘲共駡，何爲而不見惡？學者亦不可不知也。未知是否。

見惡亦謂有可惡之實而得罪於能惡人者，非不善者惡之之謂也。

柳下惠三黜而不去，其言若曰：「苟以直道事人，雖適他國，終未免三黜。若肯枉道事人，自不至三黜，又何必去父母之邦？」觀其意蓋自信其直道而行，不以三黜爲辱也。此其所以爲和而介歟。若徒知其不去之爲和，而不知其所以三黜者之爲有守，未足以議柳下惠也。未知是否。

得之。

接輿歌而過孔子，蓋欲以諷切孔子。孔子欲與言之，則趨而避之。孔子使子路問津於長沮、桀溺，固將有以發之，而二人不答所問，傲然有非笑孔子之意。至於荷篠丈人知子路之賢，則止子路宿，殺鷄爲黍而食之，見其二子焉，其親之厚之如此。孔子使子路反見之，則先去而不願見矣。數子者若謂其無德而隱，則佯狂耕耘以避亂世，澹然不以富貴利達動其心，而確然自信不移，若有所得者。若謂其無故而隱，則危邦濁世，道既不行，亦未見其必可以仕也。特其道止於歸潔其身，而不知聖人所謂仕止久速者，知所謂無可者矣〔二〕，而未知所謂無不可者也。故其規模氣象不若聖人之正大。若以素隱行怪視之，愚意未知是否。

無道而隱，如蘧伯玉、柳下惠可也。被髮佯狂，則行怪矣。沮、溺、荷篠亦非中行之士也。

「柳下惠爲士師，三黜而不去。」所謂降志，如不去之類；所謂辱身，如三黜之類。然聖人列之於逸民者，不知於何處見得柳下惠遺逸處？

見上。

「君子不施其親」，謝氏曰：「對報之謂施。如親黨，特無失其爲親而已，豈有施報往來之意也。」謝氏之意不明。竊意其説若曰，君子所以厚於親黨者，特欲不失其親親之義而已，豈有施報來往之意？猶言其豈望施報來往也〔三〕，其説與經文不通〔四〕。炳所録或問解此段内有兩句云：「人之所以害其親親之恩者，其失在於望報而不在於施。」炳謂「施」字上漏却「不」字，未知是否。

謝説不通，故或問中辨之，文意分明，不脫字也。

明道先生云：「人生而静，以上不容説，才説性時便已不是性。」人生而静以上何故不容説？才説性時，何故已不是性？未明其旨。

不容説者，未有性之可言。不是性者，已不能無氣質之雜矣。

校記

〔一〕得失：原缺，據宋閩本、宋單刊本改。

〔二〕無可：原倒，據清康熙本乙。

〔三〕言：原作「吉」，底本原注疑「言」之誤，據清康熙本改。

〔四〕其：原作「具」，據宋閩本、宋單刊本改。

編年　據書信編年。

朱熹文集編年評注續集卷十

書

答李孝述繼善問目 壻之侄 慶元五年十月

孝述嘗求夫心之爲物，竊見大學或問中論心處每每言虛言靈，或言虛明，或言神明。孟子盡心注云：「心，人之神明。」竊以爲此等專指心之本體而言。又見孟子舉心之存亡出入，集注以爲心之神明不測，竊以爲此兼言心之體用，而盡其始終反覆變態之全。夫其本體之通靈如此，而其變態之神妙又如此，則所以爲是物者，必不囿於形體，而非粗淺血氣之爲。竊疑是人之一身神氣所聚，所以謂之神舍。人而無此，則身與偶人相似，必有此而後有精神知覺，做得個活物，恐心又是身上精靈底物事。不知可以如此看否？孝述又嘗求所以存是心者，竊見伊川言人心作主不定，如破屋中禦寇，又云如一個翻車，每每教學者做個主，或云立個心。又云人心須要定，使他思時方思乃是。明道亦云人有四百四病，皆不由自家，則是心須教由自家。以此似見得心雖是活物，神明不測，然是自家身上物事，所主在我，收住後放去，放去後又復收回，自家可以自作主宰。但患不自做主，若自家主張着便在，不主張着便走去，及才尋求着又在。故學者須自爲之主，使此心常有管攝方得。又嘗求所以爲主之實，竊見伊川論如何爲主，敬而已矣，又似見得要自做主宰須是敬。蓋敬便收束得來謹密，正是着力做主處，不敬便掉放疏散，不復做主了。孝述於存心功夫又粗見如此，不知是否。

先生批云：「理固如此，然須用其力，不可只做好話説過。又當有以培養之，然後積漸純熟，向上有進步處。」

孝述按，大學章句云：「明德者，人之所得乎天而虚靈不昧，以具衆理而應萬事者也。」竊疑人得正且通之氣，故心體中虚，虚則靈。如水之清，火之明，鑑之光，皆是體虚，所以透明。心亦然。濂溪云「静虚則明，明則通」，似亦可見。近驗之於心，則日用間覺得一事累心，便有滯礙，更不通快。是以竊恐虚故靈，心惟虚靈，所以方寸之内體無不包，用無不通，能具衆理而應萬事。但以氣稟物欲之私有以昏之而不得全其虚靈之本體，故理之在是者遂有所蔽，而應事接物亦皆雜以私欲，不盡出於義理之正，是無以具衆理而應萬事矣。學者之學，恐只是求去其氣稟物欲之昏，以復其虚靈之全體。蓋心既虚靈，則寂然不動，感而遂通，於所謂具衆理而應萬事者得矣。是以大學之教以明明德爲主，章句、或問之言明德，必以虚靈爲質。其言明德功夫，又不過欲全其虚靈之體。言存養，則曰聖人設教，使人嘿識此心之靈而存之於端莊靜一之中；言格物致知，則曰人心之靈莫不有知，而欲其表裏洞然，無所不盡；言誠意，則曰人之本心至虛至靈，衆理畢具，而欲其應物皆由此心以發而無所雜；言正心，則曰心之本體湛然虛明，而欲其順應事物而無所動；言修身，則曰隨事省察之，以審其當然之則，似亦主虛靈者爲説。徹頭徹尾許多功夫，皆欲全此心之虛靈，以融會衆理，酬酢萬事而已。以此觀之，恐虛靈不昧，乃心之所以爲心而聖學之基本也。不知是否。

先生批云：「同上。」

孝述覺得間嘗心存時，神氣清爽，是時視必明，聽必聰，言則有倫，動則有序，有思慮則必專一。若身無所事，則一身之内，如鼻息出入之粗細緩急，血脉流行間或凝滯者而有纖微疾癢之處無不分明，覺得當時别是一般精神，如醉醒寐覺。不知可以言心存否？

先生批云：「理固如此，然亦不可如此屑屑計功效也。」

孝述自覺心放時精神出外，更不自知，如夢然。才知得放時，即是心便不放了。如知得夢時，即是夢覺。孔子言我欲仁便是仁至，似亦此意。故日用間覺得直須謹操持、勤檢點，蓋操持容有懈時，若不測地猛省起來，則其懈時之放自不得遠去，且不得久去。如此維繫之久，恐此心只得住裏面。如欲睡底人，須自家打起精神，不可放倒。間或精神倦時，不覺坐睡，又自家擺灑起來，不容睡著。每每如此，自是睡不得。愚見如此，不知是否。

先生批云：「是是，但説太多了。」

孝述謂健有爲，順無爲，二者陰陽動静之分。仁禮之爲健，義智之爲順。竊疑仁之發，即有怵惕惻隱之意動於中；頑然不動，即爲不仁。禮之行，即有恭敬辭遜之容著於外。故仁恐爲動之始，動静恐皆以漸致。猶春之生物，萌芽甲拆方動而微。禮恐爲動之極，猶夏之長物，而長短小大莫不盡見。義則所以制仁禮之宜，蓋即其中而爲之裁制，使隆殺厚薄各適其分，似有裁節，又收斂之意，雖略有所爲，其亦嚴且約矣。智但分别是非當否，略無作爲，又所以爲動之本，而仁禮之所由發也。故義恐爲静之始，猶秋之收而去華就實；智恐爲静之極，猶冬之藏而歸根復命。妄意推測如此，不知是否。

先生批云：「此元亨利貞所以如循環之無端也。横渠先生曰『虚静者仁之本』，亦此意。」

孝述又見先生答黄寺丞健順仁義禮智之問云：「有分而言之者，有合而言之者。」孝述於分而言者，已隨愚見陳於上矣，復以合而言者求之。竊意仁義禮智若以用言，則有有爲者，有無爲者，故仁禮爲健，義智爲順。若論其所以爲是四者之實，則仁是人之不忍之心，似有柔順之意；禮之品節一定而不可易，似有陰静之意，二者恐是健中有順。義之裁制方嚴，似有剛斷之意；智之周流不滯，似有陽動之意，二者恐是順中有健。於此可見陰陽本不相離之意。不知是否。

先生批云：「當時之意，恐謂分則爲四，合則爲二耳。然如所説，又自是一意，即所謂水陰根陽、火陽根陰者。」

孝述又謂木火之爲陽動，金之爲陰静，皆可言。若水當爲陰静之極，然水流而不息，未見所以爲至静處，不知當於何處觀之。

先生批云：「水寒火熱，水下火上，其爲動静之分者明矣。」

孝述妄謂五常是五行之德。五行之氣其行於天者固未易見，若質之在地者，竊疑與德之在人者無往而不相配。今隨愚陋所見言之。五常之未發，則本體中存，恐如木之在山，火之在燧，金之在礦，水之在地，土之未動。及其既發，而有惻隱、羞惡、恭敬、是非、誠實之情，恐如火之出而炎上，水之流而潤下。及由其情充積成行，如仁之爲孝爲弟，爲睦爲姻之類，恐如木之爲棟梁榱桷，火之爲燈燭炬燎，金之爲刀斧盤盞，水之爲池沼江海，土之爲塼瓦墻壁。故五常之未發，只可謂之五常，而不可以萬行名。及其發而成行，隨在不同，則各隨其所成之行名之，而不得復以五常名矣。恐如五行之未動，只可謂之五行，而不可以它物名。及其動而爲物，有萬不同，則各隨其所成之物名之，而不得復以五行名矣。但方其爲五常之性也〔一〕，而萬行之理已無不包。及其爲萬殊之行也，而五常之體亦未嘗不存。恐如五行之方具，而萬用之質已無不全。及其爲萬殊之用，而五行之體亦未嘗不立。極而言之，則人道周乎四海，無非五常之爲，如物充乎地上，而無非五行之爲。凡此雖未知是否，似皆説得去。但木之曲直，金之從革，土之稼穡，皆待人爲，而仁之惻隱，義之羞惡，信之誠實，皆發於性之自然，相配不得。又土之稼穡與孝述所謂爲瓦塼之類，又説不上。不知五行之與五常，本不可如此牽合耶，爲復可以配説而未得其説耶？仁之行固有可言，若義、禮、智、信之行，皆未見其實然可指之目。得非四者之行無往不在，而不可一一强名耶？區區求之，而未得其説。

先生批云：「萬物雖不可以五行名，然其分各有所屬，則亦未離其類也。萬行之於五常亦然，從革、曲直、稼穡是其本性之發，非人之所能爲也。若曰人爲，則胡不能使木從革而金曲直乎。」

孝述妄謂仁義禮智之施恐皆自吾身始，次親，次民，次物。仁恐始於愛身，禮恐始於敬身，義恐始於制此身之宜，智恐始於明此身之理。蓋不愛其身則是自絕，故必不愛親而亦無以愛親。不敬其身則是自賤，故必不敬親而亦無以敬親。至於義智皆然，妄意如此，不知是否？

先生批云：「身者仁義禮智之主，不可書施由此始〔二〕。以有子、孟子之言爲仁之本、仁義之實者觀之，其當自親始可見矣。」

孝述妄謂仁義禮智合而成行，其發也，竊疑先智，次仁，次禮，次義。且就身言之，恐必知此身受形所自，而四肢百骸血氣皆相貫屬，吾所當愛，然後有自愛之心。知愛之而不忍傷，則必敬之而不敢忽。愛敬既生，方可裁制其宜，以全愛敬之道。若獨指心而言，亦恐必先知此心至靈至貴，爲一身之主，然後自愛。既愛之而不肯甘心放棄，則必嚴敬自持，而惟恐以慢易失之。既愛既敬，然後有可得而裁制者。蓋愛而失宜，則或至枯守不用而爲虛無寂滅，或只知養護而不能痛自克治，反非所以爲愛。敬而失宜，則恐持之太甚，而有把捉不定之患，反不得其所以爲敬。此愛敬各有其宜，而必有斷制之者。然未愛未敬，則恐無所施其裁制之道；自暴自棄，則又爲復莊敬自重之心〔三〕；不知身心之當愛，則恐雖可之而頑然不省〔四〕，豈復有自愛之意？區區之愚，所以疑是四者之發，必有次第而不可棄也。若未發之前，則四者之體渾然在中，不可謂先有此而後有彼。但方發之際，勢必必相示〔五〕，無雜然并發之理。然知識一開，則餘三者踵乎其後，自有不容已者。是以既發之後，則即其一行之中而四者之實無一不在，以其本一理故也。若以四時言之，則恐智爲冬藏，仁爲春生，禮爲夏長，義爲秋成。歸藏者，發生之本；發生者，長養之漸；而生長又所以爲收成之體也。夫四時者，五氣之布，五氣之生定於其初，恐非至此而序生。但氣之流布，則其序必如是而後可。然冬令既行，則三時之斷起亦有不容遏者。是以造化既成之後，則即其一物之微而五氣之功無一不在，以其本一氣故也。以此觀之，則仁義禮智合而成行，其發之先後亦有可言者。妄意如此，不知是否。

先生批云：「此即前循環之説，然説得太破碎，又不好，且静以養之可也。」

大學或問云：「以理而言之，則萬物一原，固無人物貴賤之殊。以其氣而言之云云，是則所謂明德者也。」

孝述竊疑人物之性有偏全之異者，不知是受得本同，但做處不同，爲復是受得本不同乎？按伊川云：「天所賦爲命，物所受爲性。」恐是受得已不同。蓋理之在天，本只是一個渾然全體，但人物隨形而受，故受得來別。人得形氣之正，故承當得盡；物得形氣之偏，故承當不盡。偏底物事，難爲有全底道理。孟子集注論生之謂性處云：「以理言之，則仁義禮智之禀，豈物之所得而全？」似亦此意。人之形體受盡得這道理〔六〕，所以亦做得這道理盡。物之形體受不盡這道理，所以亦只隨其所受做得。更就其做處言之，人得形氣之正，故心虛而體全，心之知覺便周流貫徹，在處通得去；形之運動便千變萬化，是般做得去。是以於其理之精微，知亦知得盡，做亦做得盡。人之所以可爲堯舜，可參天地，皆爲有此體質，儘做得。但患不爲，或爲之而有不充，却無不能之理。孟子謂王之不王，非不能，是不爲，與所謂有是四端而自謂不能，吾身不能居仁由義，恐皆是安於不爲者。物得形氣之偏，故心塞而體拘，心之知覺便拘礙而不能通，形之運動便短狹而不能周。是以於此理之本體，知亦知得淺狹，做亦做得淺狹，被形氣局定，更開不來，所以求爲人之所爲不得。如慈烏父子、螻蟻君臣之類，若論父子君臣之道，豈止如慈烏螻蟻之爲？但此二物所知只止此，所能亦止此，更去不得了。就其所得之分言之如此，恐又是人與物做得別處。然又有可疑者，蓋物雖受此理不盡，若隨其所受而發，則仁義禮智須皆做得出來。然所舉二物，又每物只做得一般道理出，不能相兼，以通其全。如此者恐是物所得之理既不能盡其全體，又爲氣昏隔在裏面，發處復不能充其所得之分劑，是則容有得爲而未爲者。此二物又是昏塞中各有一點明處，所以各發得一般道理，特特著見〔七〕，於其他道理便全微了。此至其餘物，又或不能爾。此可見物之氣禀又自有不齊處。此等性命之説，固不當妄意揣量，然須略識其梗概方得。隨所見寫呈，乞賜開示大端，使知所向而求之，庶乎其略識矣。

先生批云：「既是不曾受得，自是不能做得，更不須説。然横渠先生亦説人有近物之性，物有近人之性者，又是一理。如貓相乳之類，温公集中亦説有一貓如此而加異焉。此其賦性之近人而或過之，但爲形所拘耳，亦可悲也。」

又云：「然於其正且通之中，又或不無清濁善惡之異，故其所賦之質又有智愚賢不肖之殊。」孝述竊謂陰陽五行總其大全而言之，則恐同出一本，而人物均稟焉。所謂人物之生，必得是氣然後有以爲百骸九竅五藏之身是也。若別其體，則恐一氣之中有偏正兩等，而爲人物貴賤之分。所謂得其正且通者爲人，得其偏且塞者爲物是也。至極其變，則恐偏正之中又自萬殊，而爲人品物品之分。所謂於其正且通之中，又不無清濁美惡之異，故其所賦之質又有智愚賢不肖之殊者，是言人品之異也。蓋體之既分，則固一定而不可易矣。然恐是氣之運一息不留，所以俄頃之間，變爲萬狀。彼人物之生，各隨其所值以爲體，是固不能齊也。但用變而體不變，故人之所稟雖或至濁至惡，而所謂正且通者未嘗不在。而其爲濁惡又自是一般，與餘氣之濁惡不同。以其是正且通之濁惡，故其濁可澄之爲清〔八〕，其惡可易之爲美。既清既美，則所謂正且通者，即得其本然之正矣。鳥獸草木各以類分，而每類中又有等色不同。然其形聲臭味各不能變其本體，則亦與人相似。但人能自化，物不能自化耳。妄意推測如此，不知是否。

先生批云：「此大概然矣，亦宜并以上章之意推之。」

孝述謂美惡恐即通書所謂剛柔善惡〔九〕。竊疑清濁以氣言，剛柔美惡以氣之爲質言。清濁恐屬天，剛柔美惡恐屬地。清濁屬知，美惡屬才。清濁分智愚，美惡分賢不肖。上智則清之純而無不美，大賢則美之全而無不清。上智恐以清言，大賢恐以美言，其實未嘗有偏。若中庸稱舜知回賢是也。下此則所謂智者，是得清之多，而或不足於美；所謂賢者，是得剛柔一偏之善，而或不足於清。於是始有賢智之偏。故其智不得爲上智，其賢不得爲大賢。雖愚不肖，恐亦自有等差。蓋清濁美惡似爲氣質中陰陽之分，（陽清陰濁，陽善陰惡。）故其氣錯揉萬變〔十〕，而大要不過此四者。但分數參互不齊，遂有萬殊。不知是否。

先生批云：「陳了翁云，天氣而地質，前輩已有此説矣。」

孝述又疑氣之始有清無濁，有美無惡。濁者清之變，惡者美之變。以其本清本美，故可易之，以反其本。然則所謂變化氣質者，似亦所以復其初也。不知是否。

先生批云：「氣之始固無不善，然騰倒到今日，則其雜也久矣。但其運行交錯，則其美惡却各自有會處。此上智下愚之所以分也。」

又云：「然而本明之體得之於天，終有不可得而昧者云云，所以使之即其所養之中，因其所發而啓其明之之端也。」

孝述竊謂覺是人之本心不容泯没，故乘間發見之時，直是昭著，不與物雜。於此而自識，則本心之體即得其真矣。上蔡謂人須是識其真心，竊恐謂此。然此恐亦隨在而有，蓋此心或昭著於燕閑静一之時，（如孟子言平旦之氣。）或發見於事物感動之際，（如孟子言人乍見孺子將入井，皆有怵惕惻隱之心。或求之文字而怡然有得，如伊川先生所謂有讀論語了後〔十一〕，其中得一兩句喜者。或索之講論而恍然有悟，如夷子聞孟子極論一本之説，遂憮然爲間而受命。凡此恐皆是覺處。若素未有覺之前，但以爲已有是心而求以存之，恐昏隔在此，不知實爲何物。必至覺時，方始識其所以爲心者。既嘗識之，則恐不肯甘心以其虚明不昧之體迷溺於卑污苟賤之中。此所以汲汲求明，益不能已，而其心路已開，亦自有可進步處。與夫茫然未識指趣者〔十二〕，大不侔矣。故孝述竊疑覺爲小學、大學相承之機，不知是否。

先生批云：「所論甚精，但覺似少渾厚之意。」

「知止而後有定，定而後能静，静而後能安，安而後能慮，慮而後能得。」

孝述謹按，章句以物格知至爲知止，意誠以下爲得所止。又或問以定、静、安爲知之所以得之。故孝述竊疑定、静、安在物格知至之後，意誠以下六事未然之前，慮則在意誠以下六事將然之際。如此言之，則定、静、安、慮在知止、得止之間，似皆有可實之處。不知可否。

先生批云：「解中似已有此意矣。」

孝述又按，或問云：「不有以知其所當止之地，則不能有以得其所當止者而止之。」又云：「知是知其至善之所在，得是得其所止之地而止之。」孝述竊疑知是知之在彼，得是得之在我。得則心理俱融，理爲我有。得恐亦只是知，不可便指爲已止其處。但恐知虚而得實，才得之則身亦隨之矣。妄意如此，不知是否。

先生批云：「知與得兩事，經文可見。」

孝述竊疑既知之後，復有所謂慮而後得者，恐知是知之至，慮是審之詳。夫物格知至，則萬理貫通，固無不知其至善之所在。然恐身有未接，則其義理精微容有毫釐之未察。或所接之際事復異宜，故必於此精加審慮，然後始無纖微滲漏之處。此知後必慮，然後爲審。不知是否。

先生批云：「定、静、安是未有事時胸次洒然，慮是正與事接處對同勘合也。」

「致知在格物。」

孝述竊謂人之本心至虚至靈，無所不照，但以氣禀物欲有以蔽之，是以其明不能不昏。欲開其明，須藉事物之實以運其知思，然後其明有可通之理。蓋心既有蔽，無從下手以開之。所以窮究物理者，恐是因窮究其所未知而將此心戛刮擦磨，治其粗鄙，而反覆往來，求出其明。是以研窮之深，其明必將穿漏而出，而物之理亦無所遁矣。此其所以能格也。伊川先生曰：「思曰睿，思慮久後，睿自然生。」又曰：「致思如掘井，初有渾水，久後稍引動得清者出來，久自明快。」其説似皆以爲人心之明既有所蔽，須即事致思，然後其明自出。孝述恐所謂致知在格物者，亦有此意。蓋窮至事物之理，即所以推極吾之知識也。不知是否。

先生批云：「理有未明，則見物而不見理。理無不盡，則見理而不見物。不見理，故心爲物蔽而知有不極；不見物，故知無所蔽而心得其全。」

孝述竊疑心具衆理，心雖昏蔽，而所具之理未嘗不在。但當其蔽隔之時，心自爲心，理自爲理，不相贅屬。如一物未格〔十三〕，便覺此一物之理與心不相入〔十四〕，似爲心外之理，而吾心邈然無之〔十五〕。及既格之，便覺彼物之理爲吾心素有之物。夫理在吾心，不以未知而無，不以既知而有。然則所以若內若外者，豈其見之異耶，抑亦本無此事，而孝述所見之謬耶？

先生批云：「極是。」

或問云：「或考之事爲之著，或察之念慮之微。」孝述竊謂事爲是身之所履善行之著處，念慮是心之所發善端之萌處，於此考察，則心迹不遺〔十六〕，可以得理之真實。然當事爲念慮之時，又欲着心考察，則是一心二用，互有妨礙，似難於着力。然或問又云：「人之明德，全體大用，無時不發見於日用之間。人惟不察乎此，是以汩於人欲而不知所以自明。」孟子集注云：「衆人雖有不忍人之心，然物欲害之，存焉者寡，故不能察識。而推之政事之間，則又似必着意體察，然後有見。」孝述恐所謂考察，是此心常常反求，不教外馳。心存而不外馳，則精神知覺常只照管自家，步步不離，所以事爲之形、念慮之起自然默有所見。若此心尋常逐外，不自管顧，則雖間或真心見前，亦不知其所發。非是臨時以此心爲之，而又以此心察之也。若齊王愛牛，孟子屢發之，使反求其所以然，却在既發之後，儘可着力追求，意不相妨，恐又與當事體察不同。以此觀之，則此所謂考察既以當事言，則似不可重看。孝述愚見如此，不知是否。

先生批云：「不必如此説，只是隨處理會是與不是，以爲取舍向背之決耳。」

又云：「昔聞延平先生之教云云，雖其規模之大、條理之密，若不逮於程子。」孝述竊謂規模之大、條理之密，恐如序所論經文外有以極其規模之大，而內有以盡其節目之詳者。規模之大，恐自「積習既多，然後脱然有貫通處」以下四段即是，蓋舉其始終全體而言。條理之密，恐自「物必有理，皆所當窮」以下六段，與前所謂讀書論人應事數端即是，蓋備夫功夫項目而言之。先生謂其爲説遠近虛實、大小精粗無不兼盡，而復分先後緩急，恐亦言其條理之密。不知是否。

先生批云：「只是如此。」

誠意。

孝述妄謂人之本心得之於天，初無不善，所以有不善者，恐是人爲逆之也。試以動静驗之〔十七〕。静者天，動者人，是以静則無不善，動則常有不善。使其如伊川所謂動以天焉，則恐仍只是善。奈何其不全以天而必雜以人，遂流於不善。今求其實而言之，人心未發，無爲思，則其本然之體渾然在此，人更不曾動着，似即南軒所謂天心者。是時安得有不善來？中庸所謂喜怒哀樂未發謂之中，樂記所謂人生而静，天之性，伊川所謂其本真而静，五性具焉，又云喜怒哀樂未發，何嘗不善，又云心本善，恐皆指此心而言也。及其既發，有思有爲，即屬之人。既屬之人，即是氣質爲之。若質純粹，則惟其所發，無往不與理俱，故本然之性得以順達而無害。若有偏駁，則其偏駁之發即與理相違。至其知思嗜好感物而生者，又多求快血氣之私，而不由義理之節。故本具焉，又每每爲所拂害，不得沛然順發。曩時之善，至是遂流於惡矣。甚則窮人欲，滅天理，曩時之善盡反而純於惡。中庸所謂發而皆中節謂之和，樂記所謂感物而動性之欲，以及夫好惡無節而天理滅，孟子所謂人性之善猶水之就下，其可使爲不善，猶水可使過顙在山，濂溪所謂五性感動而善惡分，明道所謂性善猶水之清，其繼猶水之流，有流至海而終不濁，其次有遠近，有多少，清濁雖不同，然非善與惡在性中爲兩物相對，各自出來，伊川所謂其中動而七情出，情蕩而性鑿，又云發而中節則無往而不善，又云發於思慮，則有善有不善，先生所謂心體本静，然亦不能不動，其用固本無不善，然亦能流而入不善，見印行文集。恐皆指心之動處言也。夫静則善，動則有不善，是心本善而人每拂之爲不善。聖人之所以有教，衆人之所以有學，恐只爲此。濂溪云：「聖人立教，俾人自易其惡，自至其中而止。」伊川云：「學問之道無他，唯知其不善，則速改以從善而已。」横渠云：「領惡而全好必由學。」又云：「爲學大益在自求變化氣質。」則所謂教，所謂學，只是去其惡以全其善耳。若其緊切着力處，只在此心發動之初。蓋私欲之根既埋伏在内，不動則已，才動便引起來，勢之所必然者。真心之發，其間當有私欲夾雜，不能得純一。此處雜了，前面便流行不去。是以必於此處清本正源，使人欲净盡，查滓不留，則自此以往天理流行，更無梗拂，而於其本然者得矣。學必以誠意爲要，竊恐謂此。妄以或問之意如此推測，是否？

先生批云：「説得太多，然却未見誠字之意。」

孝述按，孟子言上世有見親暴露者，其顙有泚，而非爲人泚，中心達於面目。又云人乍見孺子將入井，皆有怵惕惻隱之心，非爲内交要譽，惡其聲而然。竊以爲此等是惻隱之心發得實處。楊震莫夜遺之金而不受，上蔡自負記問，聞明道玩物喪志之譏，遂汗流浹背，面發赤，竊以爲此等是羞惡之心發得實處。張湛居幽室必整，遇妻子若嚴君，竊以爲此是恭敬之心發得實處。孔子誨子路知之爲知之，不知爲不知，范氏云，是曰是，非曰非爲直，竊以爲此是是非之心發得實處。人心之發，每每如此而無所雜，方是意誠。若見賢而不能舉，舉而不能先，見不善而不能退，退而不能遠，與第五倫兄子嘗病，一夜十往，退而安寢，子有疾，雖不視而竟夕不眠，竊以爲此等是意未誠處。不知是否。

先生批云：「未親切。」

孝述妄謂顔子之樂，恐在克復之後。已過此關，克盡己私，故日用間是這道理在胸中平鋪地順流將去，無分毫私欲爲之梗拂，故不待勉强作爲，自無往而不與此理相周旋，所以觸處皆樂。雖行乎窮途逆境，亦只如此，曾不改吾樂焉。曾晳之志，恐是其胸中脱洒，略無繫累。遐想其動静語默之節，反覆其所陳之志〔十八〕，似把這道理做家常茶飯相似。日用間只如此平平地順行將去，似將使萬事萬物各止其所，而吾心蕭然，略不用意作爲於其間。亦見夫此理所在，天然自有，觸目皆然，自可坦然順適，不假作爲故也。如孝述自覺是初學，不曾窺見一分半分道理，便妄自驚喜，把來擡券〔十九〕。行時本不自在，間只是分付着意，似要於道理上加添些做，與這氣象天淵不侔。若曾皙，可謂真知其爲天理。但伊川則謂其雖知之，而未必實能爲耳。漆雕開之未能自信，恐是正在此處着力，過關未得。竊疑其雖未盡見是理自然流行之妙，而於本然實體固已識之。但恐識認未至真的，又自度此心了他未下，然亦可見其直要於打鬥處下死功夫勝過去，不但及此而遂已也。孝述妄意揣料如此，不知是否。

先生批云：「漆雕開恐不止如此。」

孝述近來自覺此心分明如有物蒙蔽在内。若以存養言，當其放時，固是紛紛擾擾，全無是處。其知把捉時，覺得此心在此，不曾從他處去。但依舊蕩漾糊塗〔二十〕，蒙蒙然要光不能得光。及至忽然清明時，方是襟懷開爽，耳目聰明，氣象迥别。若以窮格言，當其求而不得時，固是茫然無入處，昏懵之極。至反覆尋求，以揣約得大意，又依舊覺得隔了一重，更發不破。又至暫時看得發時，方識認稍明，心地方開。若以誠意言，則日用間身雖物接〔二十一〕，而此心頑然不動時，是全然昏隔了。有隨接便動時，亦有徐徐略省而後動時。動如在親前有愛心，在長上之側有敬心。但其愛敬意就間發得些，又只據見在休了。雖欲勉進，自是做得來無意味，是時心依舊昏。有時忽地感悟，動得别時，其愛直是真切，其敬直是嚴畏，非有所强而自不能已。是時心方大明。故存養而至於心地明爽，窮理而至於識認分明，誠意而至於真心發見，如此者極是少。三者之中，意誠時尤少，每日省來，覺得白日在夢。明道先生所謂醉生夢死，伊川先生所謂未知道者如醉人，恐可説此。雖知得是夢，要教省只是不能得省。如此者豈非質昏之甚而難開，污染之深而難滌耶？仰惟先覺憐而教之，無使終陷，則不勝願幸！

先生批云：「但且着實持守，不須如此想象，計較作弄，恐思慮過當，别生病痛。」

孝述又自覺質弱，心極易動，日用間才有小小得失，便過喜過懼，此心全體動了。雖欲自家做主，更做不在，以至在喧雜繁擾之地，多處置不下，甚至於亂。大概覺是氣怯，而志復無以帥之。不知治此病痛，孰爲要切？

先生批云：「只此便是病根，前説正慮其如此耳。」

孝述曩以先兄在嫡，未及有子而没，疑於所主。蒙賜教云，若已立後，則無此疑。但復有曲折，先兄嘗收一襁褓之子爲嗣，既没，孝述以其未勝喪，又别無同居長上，遂自主喪。才兩月，而此子卒。曩時之問，正此子已卒之後，孝述遂不曾言及。先兄將葬，孝述復求從兄之子爲之後，亦在襁褓。孝述仍前自主，祠板之題，只從弟稱。及領尊教，始悟其非，猶有不能勝喪之疑。聞之伯量，亦云嘗以此問先生，先生答云有攝主。又按喪大記云：「子幼則以衰抱之人爲之拜。」是當以所立之子主喪，而孝述爲之攝。自是即欲俟練祭換栗板時易題所稱，復有他慮。先兄之後，固爲宗子之子，今既收立，不知亦謂之嫡孫否？若可爲嫡孫，則廟祭當使之主。又未知襁褓之子即可主祭，爲復待其成人或稍長方可？若即可主祭，則今日祠板之變，固合異日遷廟之稱矣。如或未可，則今日易從子稱，異日復易從弟稱，有瀆慢之嫌。又按喪服小記云：「婦之喪，虞、卒哭其夫若子主之，祔則舅主之。」所主不同而各有所宜。既不嫌數更，則異日再易祠板所稱，恐亦無害。又衆議以爲必從幼子主之，理勢方順。孝述於换栗板日已更稱矣，不知是否。

先生批云：「攝主但主其事，名則宗子主之，不可易也。細考曾子問諸説可見。」

孝述又疑幼子若即可嗣主宗祀，則異時納主，恐即據主祀之子祧遠祖矣。若未可主祀，且從孝述主之，則異時所納之主即爲旁親。不知旁親當别設位而有祧，爲復只祔于祖而無祧？

先生批云：「納主旁親之説未曉所謂，可更詳之。」

孝述議親十年，展轉牽制，尚未成畢。老母欲令今冬畢親，但先兄几筵未徹，老母乃齊衰三年之服，復有妨礙。然主婚却是叔父，欲姑從鄉俗就親，不知可否。若就畢挈歸，凡百從殺，衣服皆從素淡，不知可否。

先生批云：「若叔父主婚，即可娶婦無嫌，禮律皆可考也。但母在而叔父主婚，恐亦未安，可更詳考也。」

孝述謹按，禮，婿將親迎，父醮而命之。今孝述父兄俱没，上惟母在，旁尊有叔父，不知往迎之時，當受母命耶，爲復受叔父之命耶？

先生批云：「當受命於母。然母既有服，又似難行。記得春秋隱二年公羊傳有母命其諸父兄，而諸父兄以命使者之説，恐可檢看，爲叔父稱母之命以命之否，更詳之。更以上條并考之。」

孝述又按，禮，婦盥饋舅姑。若舅已没，不知可以叔父受盥饋禮否？先生批云：「叔父無盥饋之文。蓋與姑受禮，禮相妨也。母若有服，則亦難行此禮。要是本領未正，百事俱礙耳。」

校記

〔一〕方：原作「十」，據明萬曆本改。

〔二〕書：底本原注疑當作「言」。

〔三〕爲：四庫全書本續集卷五作「無」。

〔四〕可：右引作「傷」；之：正訛改作「愛」。

〔五〕必必：明天順本删一字。記疑云此句疑誤。四庫全書本此句作「勢必有序」，恐或然也。

〔六〕盡得：疑倒。

〔七〕特特：日本翻刻明嘉靖本校記作「時時」。

〔八〕可：原作「惡」，據四庫全書本改。

〔九〕善：疑當作「美」，見下文。

〔十〕萬：原缺，據四庫全書本及朱玉祠堂本補。

〔十一〕語：原缺，據宋閩本、宋單刊本補。

〔十二〕指：原缺，據明天順本、萬曆本補。

〔十三〕一：原作「二」，據四庫全書本改。

〔十四〕心、相：原作「二」、「恨」，據右引改。

〔十五〕邈：原作「邀」，據宋閩本、宋單刊本改。

〔十六〕迹：原作「亦」，據右引改。

〔十七〕試：原作「誠」，據右引改。

〔十八〕反：原作「了」，據四庫全書本改。

〔十九〕擡夯：當作「擡夯」，這裏是炫耀之意。朱子語類卷四十七徐寓録：「只是當時六國如此强盛，各自擡夯得個身己如此大了。」守城録卷四：「及用布牌木牌遮箭，擡夯雲梯五十座向前，水陸攻縣城。」

〔二十〕糊：原作「湖」，據四庫全書本改。

〔二十一〕物接：正訛乙作「接物」。

編年　據書札彙編。

朱熹文集編年評注續集卷十一

書

與劉德華允迪〔一〕

淳熙六年夏

某聞風甚久，屏迹丘樊，無由瞻奉。兹焉假守，密邇治封，政化流聞，益勤傾跂。謹因致問，布此腹心，諒辱深照。

某衰病餘生，不堪吏事，兹蒙聖恩，强畀民社，扶曳至此，不敢爲久居計，顧念未有以仰報使人之意者。訪聞管下諸縣有與貴邑地勢交錯、税籍猥并之處，所以賦重民貧，凋殘特甚。向來貴邑得賢守令力爲申請，已蒙蠲減之恩，而此間獨仍其舊。念欲以此哀告朝廷，仰祈寸澤，輒擬就借貴邑當來申請一宗文字，以爲楷式。諒仁人之心無間彼此，得檢示去人，令就抄録以歸，實爲厚幸！

校記 〔一〕允：原作「充」，據文集卷八十玉山劉氏義學記及四庫全書本改。

編年 據書信編年。

淳熙七年秋

某久不奉問，鄉往馳情。比以郡境枯旱異常，夙夜憂勞，不知所以爲計。意者君子所臨，當不至是也。備災之具，經營似頗有緒，但檢放一事未有長策。蓋太詳則民有勞費，太略則又恐有不均之嘆。竊恐貴邑施行規模次第必有可見教者，專人咨請，切幸毋吝。法曹經由，曾請見否？已囑其歸塗面扣詳細矣。引領以俟，至懇至懇！

建昌利病恐有所聞，幸以見警，千萬至禱！

某承示及公文，已行下通放矣。聞貴邑所勸未甚多，恐不可不早爲之所。諸司未必可指準，此間多是兑那合起官錢，遣人收糴，將來糶畢還錢，蓋未晚也。奉新、臨川聞頗有米，市井販鬻之家亦可勸諭使往糴也。但陳法還自建昌，聞元檢放分數過多，今又不可失信。王星子與毛掾遍行其境還，亦言僅可得一分耳。民窮固可哀，而官司之計將如之何？積憂熏心，百病交作，求去不得，未知所以爲計也。

某數日爲江西船粟不下，憂窘不可言。今聞始得少通，然財賦有經而飢民猥衆，雖竭所有以羅，不能爲旬月之備。今再遣陳掾走建昌，更令請教。陳謹實勤懇，同官中不多得。建昌諸人既難深託，百里之命，正在此人耳。切告推誠毋隱，使鄰道之人均被惠澤，而守官者賴以不得罪於其民，固仁人所樂爲者。是以忘其再三之瀆而敬以爲請，當辱垂念也。

昨見三榜，懇惻之心形於文墨，讀之令人感嘆，不能自已。貴境放及幾分？別作如何措畫？皆望見教。中間小報言者有謂州官檢放但憂郡計之不足，不恤民力之已困者，可謂平論。聞聖心極焦勞，但無如有司出内之吝耳。

某又聞檢放得實，州家悉已施行，此見懇惻之誠孚于上下，尤深喜慰。

某示喻〔一〕，仰見憂民之切，不勝感慨。但此雖號鄰邦，然情意素不相通，豈敢輒爾干預，恐或徒爲紛紛而無益也。向來嘗爲錢漕僭道賢德，今一書禱之，幸試達之。然須更得民户自言，乃相應耳。吾人相求而不相值，彼亦果何心哉。可嘆可嘆！

校記 〔一〕某：疑有脱誤。

編年 據書信編年。

淳熙八年閏三月

某衰病多故，久不得附致問訊。然采聽道塗，竊知救荒之政究心悉力，不勝嘆仰。恨有封壤之拘，不得少佐下風也。某昨移建昌之粟於都昌，此兩日給散方畢，遂可上奏，與之丐賞，庶不失信於此人，幸甚幸甚。孫僉適到此，首談長者救荒之意，相與嘆息。錢漕前日通書，已道區區，然政不須此也。敝郡兩邑月解千緡，自去夏之供，至今不得一文。郡中獨力支吾，幸不至大段曠闕。前日猶恐將來爲縣道之累，已悉與削其籍矣。今日爲縣誠難，若郡不恤縣，則亦何以責縣之不恤其民乎。顧上供給餉種種有不可闕者，未知朝廷終何以惠綏之耳。

編年　據書札彙編。

淳熙十五年

某孤拙亡庸，不自揆度，妄意一出，竟速顛隮。尚賴聖明照知本末，假寵從欲，所以矜憐慰藉之者甚厚。顧無涓塵可以復伸報效〔一〕，感之多不若愧之甚也。

某復蒙垂喻義學記文，極荷不鄙，謹已略述數語，具道雅意。但卒章之意不欲但以勢榮祿利爲言，故不復叙植桂之名。將來入石，只用今所寫去八字書額足矣。文字荒淺，指意闊疏，不審尊意以爲如何。不知當屬何人書之，更告詳酌也。

某昨蒙不鄙，委撰義學記文，不敢固違，草具求教。玆辱垂示，乃知已便刊石。未加指摘，遽爾流播，愧懼多矣。記中第十行「周」字下元有「澹」字，今似脱去。恐寫去時脱了。問兒子，乃云寫時亦嘗疑之，曾來請問，乃知是古「贍」字，不應遺忘，恐或刻時失之耳。此於大義無妨，但細讀之，覺比上句少一字，想無害也。其文雖鄙，然所叙契丈二事皆可以爲世法。更欲多得數十本散施知舊，庶有能勉慕其萬分者。

右得之劉侯之孫觀光，今爲浦城尉。尉始來，過書院祠謁甚敬，言乃祖參議公嘗受知文公先生，出所藏帖數十，皆集所不載。幾敬讀之，其間格言至論真有補世道，遂刻以附于集。因嘆文公之筆流落世間不傳者凡幾，又嘆前輩流風遺韻日遠日亡，其存者幾？能嗣守家訓，不替祖風如尉者又寧有幾？賢矣哉！劉侯玉山人，文公嘗爲之記義學云。淳祐庚戌二月甲子，後學徐幾謹識。

義學記載前集，其間誤字觀此可證，抑重有感於聖人古史闕文之嘆云。

校記 〔一〕復：原作「伏」，據四庫全書本改。

編年 據書信編年。

朱熹文集編年評注别集卷一

書時事出處

劉共甫珙　以下建陽胡德方家藏　乾道三年夏

伏奉教帖，甚慰久不聞問瞻仰之意。然此書之後，傳聞動静千條萬端，皆非村落所得詳。此兩日忽聞有全蜀之命，意其是乎。未得其真，未敢遽奉慶也。行期定何如？若果西去，能略歸鄉曲否？此却未須遽行，但亦當求對。向來聖錫正如此也。若所傳非的，當奉行前詔，則交印後似却不必迂路來歸，只令平父來臨川上下迎侍以歸足矣。二奸雖去，氣象全未迴。蓋上心猶以向來所爲爲是，未有敢乘此痛言其非者。昨告邦彦以所當論者惟「獨斷」二字，頗以爲然，又未知果能發之否。間讀陸宣公奏議，一一切中今日之病。試取一讀，從容前席，爲上一一談之，當有助耳。若果造朝，以亟行爲上，早得一日是一日事。然今已似太遲，若更過此，則又無可説矣。惟近臣愛君體國之義，想又非畎畝縷縷之比，固不當以私計之安便爲先而後圖之也。聞欽夫亦勸行，果爾又無疑矣。程集及諸書拜領厚意，但誤字處更不吝修改爲善。略讀所改數處，似少吝矣。如何如何？李先生碑額試煩問子駒，不知可爲別寫數字示及否。比及宗禮歸到，又須數月。其家早欲成就，已先刻銘文，只俟此字耳。駭病之説，不記前書拜稟云何。誨諭之及，乃知僭率之爲咎。然所自比乃爾，豈故人之望耶。

編年 據書信編年。

劉共甫 乾道三年十二月

竊承延登廟堂，參貳樞筦，君子之仕至此，亦可謂得時得位，可以不負其所學矣。逖聞明命，贊喜亡涯。某去月六日始得離長沙，與敬夫同行，謁魏公墓下，遂登祝融絕頂，已乃東歸。至櫧州，始分手。蓋講論之樂向未曾有〔一〕，别去殊惘然也〔二〕。至醴陵，始微聞兄有此拜。至清江，始得其真。然伏讀十一月五日詔書，奴詬大臣，豕視庶位，甚矣其間而不然也。不知出兄筆否？當時何不略開諫耶？自見此詔，連三日寢食不安，其曲折未易以一言盡。大抵自此人主心益肆，勢益孤，賢人君子日益消縮，不願立於其朝，而讒諂面諛、持禄保位之士益聚而肆然其無所不爲矣。反復念此，惻然寒心，中夜以興，不覺嘆咤。此殆聖主思之未熟，而奉令承教之臣與有責也。不知比來訏謨之際，頗亦及此語否？失之於前，尚可救之於後，願益思所以矯正之術而亟諫之。某嘗譬之，人子事親之道不至，於父母之顏色不和〔三〕，爲子者當左右承順，以祈悦適耶，當訴詈妻孥，毆擊僮隸，以快己之忿耶？此閭巷之人知之，不待曾參、孝己而後委也。至於人主事天之道，何獨不然？今日之爲，其亦異乎吾所聞矣。

比至豫章，見蔣參政文字，慨然有出身任事之意，所以告吾君者粗亦可觀。但不知渠本領如何，若只是如此説得，亦不濟事。况本領若不甚正，則所謂是者非，所謂賢者否，又如何其可恃耶。聞奏請令卿監郎曹舉士，限五日奏，又不得發照牒，此是何措置？只此一事，可見風采，奈何奈何！陳公少進，有何處畫？觀今日氣象，雖非有危機交急之慮，然大根大本處被群小壞得八九分以上了，日往月來，不是小事，苦痛苦痛！兄與陳公素有物望，非它人比。今日雖未爲宰相，然實斷國論。若只似常人遷延歲月，保持禄位，以俟人主厭棄而擊逐之，則非惟大失人望，隤隕家聲〔四〕，亦豈吾平日讀書問學之意邪，亦豈吾平日致身事國之意耶。在長沙時，未睹近詔，但已不勝憂慮，日與欽夫語此，幾至隕涕。不知當其任者視以爲如何耳〔五〕。願亟與陳公謀之。

某至豫章，宿上藍寺〔六〕，偶復感此，通夕不眠。夜漏未盡，呼燭作此，不能既所懷之萬一。欲作陳公書，不暇，然作亦不過如此。只老兄語次達此懷足矣，何以書爲哉。然今日之事，政須爲其大者，論薦人材，亦有次第。今日遠則益州，近則吴興，皆第一義諦，而敬夫尤不可後。如某輩草野之臣，則雖有憂嘆之心，然以義分觀之，似未當出。兄果相念，當且徐之，不須抑迫，恐一旦大發狂疾，彼此爲不利。俟兩公有成，則彈冠群彦之後，殊未爲晚。某許多年過了，豈計此年歲間事耶。此是實情相告，某豈不欲及今一見明主，極陳胸中之憤懣？但思之言語必有太甚處，恐却誤兩公協贊彌縫之意，所以斷然自誓，決未敢出。不獨爲身，亦以爲親、爲二公、爲國計也。千萬幸察！

校記

〔一〕向：原作「尚」，據四庫全書本改。

〔二〕憫：原作「憫」，據右引改。

〔三〕底本「於」上空一字，宋閩本、宋單刊本同，清康熙本有「其」字。

〔四〕隤隕：宋單刊本作「遺損」。

〔五〕如何：原倒，據宋閩本乙。

〔六〕藍：原作「籃」，據右引改。

編年 據書信編年。

彭子壽 龜年 止堂之孫沚家藏 慶元元年正月

請違後一兩日，即被斥遣之命。出關恰一月，始能達里門。奉祠幸已得請，而詞職未盡允，勢須更力控免耳〔一〕。區區梟鴈，不足爲重輕。忽聞門下亦此論事去國〔二〕，而德脩、德夫相繼亦去，爲之駭然。此其間必有曲折，恨未得聞。不審從人今何所鄉？若遂赴鎮，亦須暫還江西，經由上饒。偶便，託其教官林君致此，丐以數字，見報比來議論本末與諸人繼逐之由。林君佳士，時有人往來，不至浮沉也。

校記 〔一〕力：原作「加」，據宋閩本改。

〔二〕此：四庫全書本作「以」。

編年 據書信編年。

程允夫 洵

洪正學刊允夫家藏帖〔一〕 慶元二年春

詞職幸已如願〔二〕，而忌之者以爲僭瀆，睥睨愈甚。近日葉總章中已有姓名，旦夕必有行遣矣。改正恩數，實無此例，前此但以衆論紛紛，故於奏狀中言之。後來得請而復不説分明致此事，故又申省陳乞。近又只得省劄檢會申明已降指揮行下。蓋諸公不敢將上，而群小因此又益紛紛，細思此舉，實有未安。今且未令泰兒赴銓，其它姑置勿問，看數月間如何，又別相度也。餘干冤痛，莫能爲申理者，區區於此尤不能無愧也。

校記 〔一〕帖：原缺，據宋閩本、宋單刊本補。

〔二〕詞：原缺，據清康熙本補。

編年 據書信編年。

魏元履 掞之

以下胡德方家藏 隆興二年閏十一月

寇日深矣，爲之奈何？諸報想自聞之。此聞事甚遲，方傳古藤之命，未知果否。誤國至此，□之肉其足食乎，小譴何益？黿齡既起，不知復作何計。今日正懼狐鼠之妖蠹蝕君心，此爲本根之禍。不去此物，國勢無自而張，邊備無自而立，賢才無由而見任，直言無由而上聞矣。老兄以爲如何？成都全不聞近報，不知到何許。胡邦衡痛哭之書見之否？説病證甚危急，而無甚治法。但顯言西帥跋扈，欲誅沈介，取其首，其機事不密乃爾，可怪。久不聞問，念念不忘。適有均亭便，晨起手凍，作字不成，幾不可讀，亦所以效顰耳。一笑。逐湯相陳，豈非賞魏無知之功乎？可笑可笑。

編年　據年譜長編。

魏元履 乾道四年夏秋間

早稻既登，救恤之勞計亦少緩矣。但州郡以使節將臨，大爲文具，所至騷然而無毫髮之補，此爲可慮耳。今歲之事偶然無大敗闕，真出天幸。若只賴有位措置，則今無鄉井久矣。此非面未易道也。近日逐去洪邁，稍快公論。得劉澂父書云，邂逅汪養源丈，聞益州已出峽，非晚到玉山矣。上以其留行討賊，始甚知之，不知到闕相見又如何也。此事繫消長，非人力所及。無咎得此邦，初聞甚以爲喜，聞邦人亦深自幸。既而聞之，乃不疾而速之人，其殆禍吾州乎，又非徐老之比也。芮澧通書否？不相怪否？此諸公只好閑處説葛藤，緩急實難仗也。此三五日來始無閑擾，稍可近書册矣。老兄比復作何功夫？可見教否？今歲不爲場屋計乎？諸公薦賢之舉，不知如何。比扣芮，語頗悠悠，不知今已發奏未也。

編年　據年譜長編。

魏元履 隆興元年夏

邊報如所示，乃可慮。此傳聞復不然，云已破虹縣、靈壁兩城，禽其魁帥，得其積穀十餘萬斛，不知孰是。前日得先生書云，鉛山見報亦如此所聞也。史去而辛、洪皆遷，國論未知所定，非草茅所得憂。但願天意悔禍，有以發悟聖心耳。諫垣南榻素有直聲，未聞有以大慰人望者，何哉？有所聞續以見示，幸甚。令子爲學，督之不敢怠，但良亦費檢束耳。因書更切教戒，令稍尊重爲佳。

編年　據書信編年、年譜長編。

魏元履 隆興元年秋

共甫書與子飛云，李顯忠聞殿帥之除，知爲奪兵罷黜之漸，有尹機者説之曰：「今魏公鋭志恢復，而諸將莫敢前者，姑以是自薦，公必喜而見留。然計其財力，未能舉事，是我以空言而獲實利也。」顯忠悦，言於公，如機指意，公果然之，而不復計其力之未能大舉也。上疏出師，廷議莫以爲可，而上意向之不可奪，詔報公即行。顯忠與邵宏淵合兵入宿州，宏淵欲散府庫以賚將士而全軍以歸，李不可，遣宏淵出城措置，而盡有其金帛，以馬載還其家。已而置酒高會，官妓人予白金一兩〔一〕，士卒人予錢三百，軍士大怒。會虜騎至城下，衆莫肯戰，揚言虜盛不可當，且欲圖之。顯忠惶遽，遂走，失亡七八千人，七萬人出塞，還者六萬餘。而軍資器械盡沒。幸是日大霧，虜人不知我師之遁，故無他，不然幾殆。然虜人冒火暑奔馳赴救，人馬踣於道者相望也。入宿州後事，寬甫書所報也。書亦云上意猶向魏公，但不知相湯公、遣楊存中、罷王龜齡又何意耳。平甫云，家書中言，初聞宿州之潰，不得其由，朝廷震駭，疑二將降北。德壽以二將皆楊舊部曲，遣往招之，故有此命。後省初欲論駁，而亦不知所以爲他計者，遂止，不知果然否。邵宏淵、劉寶分護淮東、西，不知復如何。守險之説未爲不然，但不知所以爲自治之計如何耳。但守與和二字相似，不知爲是説者於此能別異之否。愚謂今日之憂不在邊境，正惟廟堂議論弛張黜陟，乃折衝制勝根本。魏公績用不成，正坐此耳。吕許公謂范文正公言欲經略西事，不如且在朝廷，此言深有味。老兄以爲如何？

校記 〔一〕予：原作「子」，據四庫全書本改。下句同。

編年 據書信編年、年譜長編。

魏元履 隆興二年四月

徐嘉已罷，共甫復改命三衢，而朱新仲來爲泉守，殊不可曉也。二小使已還，魏公復出江上，廿八日已行矣。查元章變漕，馮方以太府少卿參議，從魏請也。任元受以秘閣參議，亦必魏薦耳。無咎除户部郎，張安國以掖垣兼直詞禁，王慶長閩憲，想次第聞之矣。但文云王瞻叔已回〔一〕，此又何耶？陳君此間過時，無尋問處。渠欲陸尉書，已作數字授之，不知有效否。觀其失業狼狽，殊可憐，恨不能有以處之耳。孟子説向嘗編集，雖已終篇，但苦無人商量。間因人或來問，檢視之，輒有不滿意處，未欲傳出，以誤後生也。或彼中有人看此書，講説有疑處，令逐條抄出疑問之意，便中寄示，容檢鄙論爲答。有不當處，却告駁難，即彼此有益。若全部寫得，未必講習，却無所用耳。

校記　〔一〕文：疑當作「又」。

編年　據年譜長編。

呂子約 祖儉　淳熙六年秋

某向來杜門，本無一事，而恭兄誤使此來，以爲到郡引疾，便可得去。今乃不然，不意德人亦時出此蘇張之計也。近復冒昧以書懇左司曾丈，意其有以察此而力言之。因通家問，幸啓恭兄同爲一言，以助其請，幸甚。累書求恭兄爲記五賢祠堂，未蒙見報。亦告侍次語及，但得數語略記事實爲幸。仍須及早得之，乘某未去刻石尤佳也。豫章欲刻精義大字版，意欲令并刻老兄所增横渠諸説。此間傳録未及數篇，專作此數字，今後遣人就借〔一〕，得以付之爲幸。彼有教授黄君者，此邦人，甚向學。令寫了，即送來此轉寄還不妨也。

校記　〔一〕後：疑當作「復」。

編年　據書信編年。

向伯元 以下伯元之孫公永家藏　淳熙七年冬

衰病之餘，勉强試吏，遭此旱歉，四顧茫然。不免控告朝廷，幸亦略蒙應副。目今雖似可以支吾，未知來春事體又如何。比及終更，亦當麥熟，遺此凋瘵之民以付後人耳。過蒙稱許，何以當之，秖益慚懼。然緣此一事，心勦形瘵，精力全衰，百病交攻，求去未得，殊無好懷也。子卿一見傾倒，留款三日而行，識趣議論今亦少得也。聞臨江沈守留意荒政甚悉，恨未得其條目而師法之。今遣此人告糴其境，或恐吏民有持閉遏之計者，願得一言以解其紛，是亦仁人之惠也。

編年　據書信編年。

向伯元 紹熙二年正月

到官逾年，初亦粗健。自秋冬來，足疾發動，不免廢事。經界初不敢請，適會議者及之，被旨相度，不敢不盡其愚。而事久不決，浮議紛然，遂力求去，又竟不得。今雖得旨，而農事已起，不可復爲。正當少候秋成，又未知賤迹能復幾時於此也。世路如此，唯得早去，乃爲幸耳。劉薦論事不阿〔一〕，近所未有，亦恨太疏，果墮語穽耳。周南之策亦粗聞之，然不能如來喻之詳。邪説肆行而士氣不衰，此乃爲可賀者。然前輩清議在下之説，又爲可慮，奈何？

校記 〔一〕薦：疑當作「諫」。

編年 據書信編年。

向伯元 紹熙元年十月

到官半歲，前月忽苦脚氣，手足俱痛，至今未平。郡計不足，循例措畫，無非殃民害物之事。初謂經界若行，欺隱自露，則可以供歲費而罷去諸色無名之賦。今乃聞有陰沮之者，至今未有成命，次第且中輟矣。在此既無所爲，衰病復爾交攻，鬱鬱度日，殊無聊賴。已上歸田之奏矣，未知進止如何。萬一未遂，須再請也。

編年 據書信編年。

向伯元 慶元元年六月

某之賤體，自四月初感風濕之氣，足疾發動，一卧兩月，屢至危殆。亟上告休之請，近聞未得可報。今雖未死，然衰頽日甚，自度不能復有補於縣官，勢須再請耳。辭職亦竟未允，當并力懇，庶必遂也。時論一變，非復意慮所及。忠賢奔播，幾於空國而無君子矣。吕子約經由，曾進謁否？江陵近收書否？章茂獻聞欲徙居城中，必時相見。子卿想歸久矣。楊丈書已領，不知其已趨召否。今日之事，凡曾在趙子直處吃一呷湯水者，都開口不得，只有此老尚可極言，以冀主之一悟。不知其有意否，已作書力勸之。萬一肯出，經由更望一言，此宗社生靈之計，非小故也。

編年 據年譜長編、書信編年。

林井伯 成季言以下井伯之外孫方之泰家藏刊帖〔一〕 慶元元年夏

餘干久不得書，日月愈遠，令人傷嘆。山谷語云：「歸來兮逍遥，西江波浪何時平。」真可以泣鬼神也。

校記 〔一〕言：疑衍。明天順本此字空缺。

編年 據書信編年。

林井伯 慶元元年夏秋間

某向來一出，略無補報，罷逐而歸，祇以自愧。還家初亦粗遣，至此夏初，痼疾復動，遂大狼狽。意必不全，亟遣告老人行，已五六十日，尚未有處分。然病軀却幸少蘇，未知竟何如也。餘干屢得書，處之甚安，亦殊不易。擇之昨日自彼歸過此，尤能道其曲折。始者風波甚可駭愕，今却少定，不知事且止於此耶，或更未已也。相看狼狽，不能仰首一鳴，深負憂愧。子約一舉却甚奇特，令人嘆服也。

編年 據書信編年。

林井伯慶元二年春

衡陽之報，令人悲痛。所幸便蒙歸骨之恩，今當次第在道矣。前日走寒泉，與韜仲父子聚哭之，極不能爲懷也。既無廷試，從者歸期想亦不遠，莫須更爲過餘干否？子欽後來相見否？幾道亦當赴部，今或已到，必相見也。某詞職得請，私義粗安。若命懸庖厨，則非人力所能避矣。鄉樞相見，有何言句耶？因遣人上謝表附此，草草。

編年 據書信編年。

方耕道未 淳熙六年十一月

某來此已八閱月，自覺得不成行止，亦不成政事，徒然坐食俸禄，使人慚愧。然累求去不獲，近又再請，未知如何。來喻云云，極感忠愛。然此意已決，雖欲自强而不能，又安能承命而改轍耶。其曲折之詳，已具南軒書中，此不能多及。想燕談之際，當必及之耳。皇甫路分意趣極不易得，想同僚必相好也。

編年 據書信編年。

陳子真莆陽方楷家藏〔一〕 慶元四年冬

休致文字已申本郡，尚未得保明申發。萬一更有遲疑，即不免徑申省陳乞矣。比來論議似稍寧息，未知竟如何，正恐不削者以耳。衛公計時相見，聞欲徙居盤澗，若不得去，相近也。開正晴暖，欲拏舟南下，又憚經由富沙，不免見諸人一番，露頭面可厭，更俟計度。若幸無疾病，即當扶曳冒昧一行，思欲見石佛懸泉之勝也。

校記 〔一〕此篇又見續集卷五。陳：當作「田」。此録文字多誤，當從續集。

編年 據書信編年。

劉德脩 光祖　以下後溪之曾孫曾元家藏　紹熙二年秋

欽聞德義，有年於此。中間入都，雖嘗蒙枉顧，然稠人中不暇交一語，至今爲恨，如未始得見顔色也。前年竊聞進登言路，有識相慶。繼讀邸狀，又得所上章疏，分别邪正，明白剴切，三復憮然，爲之汗下。蓋久矣莫有以此謦欬吾君之側者矣。然於是時，竊已深爲執事者憂之。顧前此未嘗得通聲問，無從效其區區。且又意其駭機之發近在旦暮，雖欲言之，亦已無及。然猶懷不能已，竊竊私爲同志一二君子道之。蓋不唯欲以少效慕用之誠，亦冀轉以聞於左右而求所以善其後也。曾未幾時，果聞去國。時在臨漳，無可與話此心者。燕居深念，撫几浩嘆而已。嗚呼！此豈吾人一身之休戚？而造物者之意乃不可測知如此哉！兹承不鄙，遠貽教墨，所以撫存之意甚厚。自視卑薄，何以克堪。因便布謝，適有土木之擾，言不盡意，伏紙增跂〔一〕。

校記 〔一〕跂：原作「跋」，據宋閩本改。

編年 據書信編年、書札彙編。

劉德脩 紹熙四年夏

今春既辭桂林之役，幸復續食祠廩。而自夏初一病，迄今未愈，中間幾致委頓者數矣，幸而獲免。然今餘息奄奄，未能復常。呻吟少間，謾讀舊書，姑以□思遺老耳〔一〕，不足爲左右道也。昨聞諸公於門下數有褒言，而群賢亦有彙進之勢，作鎮夔門，是爲東來之兆。而間者所聞〔二〕，乃若小異。雖賢者所居而安，無適不樂，然當典戎榦方之任，以蕃衛王室爲心，亦豈能恝然於今日之事乎。相望數千里，無由一見，傾倒此心，引領鄉風，浩嘆而已。

某所爲大學、論、孟説，近有爲刻板南康者，後頗復有所刊正。今内一通，暇日一觀，爲訂其謬，并以質於東溪翁。因風見教，千萬幸也。

校記 〔一〕缺處四庫全書本作「繫」。遺：正訛改作「遺」。

〔二〕間：原作「問」，據正訛改。

編年 據書信編年。

劉德脩 紹熙五年春

相望數千里，既無會面之期，而聲問亦不得數往來，每懷道義，馳想亡已。不審比來爲況果何如？統内軍民計自寧謐。但前此時事傳聞多端，想不能不深根本之慮。今雖小定，然諸公書來，似已便謂無事，未知果便無事否耳。所幸仁賢萃集，未至空虛，朋來彙征，猶有可望。如門下者，恐終不得辭此責也。某多難餘生，近日復有季婦之戚。長沙除目，未之敢承。其間蓋有小小曲折，非敢決然忘此世也。因風寓音，不究懷抱，伏紙悵悵。

鄉人江泰分教大府，得親誨範，甚以自幸。其人明敏，有志於善。嘗爲邑宰，以平易惻怛，甚得民和。不幸遭讒，遂至罷免。竊意高明當自有以察之，收拾教誨，亦或可以備使令也。

編年　據書信編年。

劉德脩 紹熙五年九月十月之交

某衰晚廢學，守藩亡狀，忽蒙收召，已不知所以然，旋被除書，尤非所據。力辭未獲，冒昧以來，則承門下到闕已久，且拜螭坳之命矣。正人得路，群議交慶，此不待説而委也。區區只一兩日便當入門，對罷方得修敬，諸容面叙，以罄鄙懷。

編年　據書信編年。

劉德脩 紹熙五年十一月

生平慕用，昨幸爲僚，荷相與傾倒之深，蓋同世道之憂而非爾汝之私情也。别去恰一月矣，每懷德義，鄉往不忘。某扶曳驅馳，幸已税駕。道間忽拜江陵之命，罪疾如此，豈堪復出？不免上奏力辭，計必可得。自此杜門，當日有趣。但恨虚辱招延，無所裨補，猶不能忘懷於吾君進學之淺深也。因人往記，目盲愈甚，不能多及。正遠，唯冀以時珍衛，勿忘致君行道之本懷，緝熙光明，以扶廟社，區區至懇！

老先生必且宿留，後便拜狀。子壽千里，茂獻想時相會。前幅之云，僕於二三公亦不能無後望。幸密爲言之，勿以語他人也。遠近人材，必更有可與共贊王業者，不知爲誰？亦望并見告也。文叔行後時得書否？北關之集風流雲散，甚可嘆也。

編年 據書信編年。

劉德脩慶元元年正月

忽聞去國，深爲悵然。蓋有識之士無不同此嘆息，而昨日機仲經由，相與仰德，尤不能忘懷也。今日之勢，政使群賢悉力交輔，猶懼不濟，顧乃爲是以速之耶。不審能便歸蜀耶，或且宿留江湖間耶，即今已到何許也。某前日始拜祠命，不免復辭近職，小牘前日失職之罪耳。因便寓此，托季章致之。目昏，不能多作字，要亦無可言者。但祝眠食之間千萬自愛耳。天若祚宋，彼將如我何哉！

東溪先生久欲寓書，今復未暇，附此致瞻仰意。文叔郎中前途必相見，亦告爲道鄙懷也。集賢益孤，勢難復久，然亦有以自取也。

編年 據年譜長編。

劉德脩 慶元元年夏

兩辱惠書，承且暫寓京口，諸況便安，足以爲慰。但比來時□大變〔一〕，殊駭聽聞。流竄斥逐，下及韋布，近年以來所未有也。國事至此，是豈細故？而身遠病衰，不能一言以悟主聽，愧恨悲痛，不知所言。伏惟執事愛君憂國，當同此懷也。比日不審台候何似〔二〕？神相正直，起居當益輕健也。某前月之初□約機仲會於一山寺中〔三〕，爲兩日之款，時未有近日事也。然已不勝憂嘆，懷抱抑鬱，又感風濕，歸來舊疾發動，證候輕於往時，而氣體積衰，遂不能當。藥未有效，而傳聞愈甚，病勢遂進，不可支吾。今雖未死，然必無復全理。已上告老之章，只從本州保明，别無陳乞文字。次第諸公見之，意其已死，必遂其請也。因定叟有人在此，得附此書。臂痛不能作字，口占亦覺氣乏，不得盡所欲言。自度此生決無再見之期，千萬爲天下國家厚自愛重，乃所深望。東溪先生體候何如？得季章書，聞亦不快，深以爲念。文叔已别附書，欲作傳之數字，而建康人留此已久，不能復俟。異時相見，幸爲深道此意也。

校記 〔一〕缺字明萬曆本、清康熙本皆作「事」，或當作「論」。

〔二〕何：原缺，據四庫全書本補。

〔三〕缺處清康熙本作「曾」。

編年　據書信編年、年譜長編。

劉德脩 慶元元年六月七月間

昨大病中奉狀告訣，今未成行，且復宿留，亦可笑也。然病亦氣衰，終難扶持，未知復有後會之期否耳。單守人還，奉告之辱，乃聞賢兄東溪先生遽啓手足，而令女亦不起疾，爲之怛然。此在德門固爲不淑，然前輩淪没，使一方學者失所依歸，所繫尤不細也。區區鄉慕之久，去冬尚幸一見，雖不及款承教約，然亦足以粗慰平生矣。遡峽定在何日？相望益遠，非獨吾黨無以慰離索之懷，未知世事終何所底止耳。病中痓發狂疾〔一〕，欲舒憤懣，一訴穹蒼。既復自疑，因以易筮之，得遯之家人〔二〕，爲「遯尾好遯」之占，遂亟焚稿齰舌，然胸中猶勃勃不能已也。餘干數日前得書，處之甚適，亦甚不易。只去歲忙亂中得其書，字畫言語皆晏然如平日，固已服其有定力矣。□相恩禮一新〔三〕，季章超遷甚美，論功第賞，固自有次序耶。正則請祠竟如何？相見煩爲致鄙意。此兩日來，右臂方能屈伸，未暇奉記也。向見焦山瘞鶴銘側有謫丹陽工曹掾王瓚題詩〔四〕，詩詞甚佳，字亦絶類鶴銘，疑出一手。「瓚」字已闕，但據趙德夫金石録云爾。而文選詩中亦有此人名姓，不知便是一人否。然詩□□□□□疑耳。近年乃絶不見，不知今尚存否。暇日試爲訪之，屬正則摹數本寄及爲幸。某挂冠之請，人尚未還，而小報已不允，勢須再請。但得冷撰舊秩，亦可以已矣，不敢必其悉從也。定叟人來，因得寓此。殘暑未衰，萬萬以時自重。不浸近而愈疏，臨風惘惘。

王瓚詩首句云「江外水不凍，今年寒復遲」者是也。或正則已得請，即以屬陳安行可也。

校記〔一〕痓：日本翻刻明嘉靖本校曰：「李云痓當誤。」記疑云疑當作「旋」。

〔二〕家：日本翻刻明嘉靖本校曰：「行狀作同。」

〔三〕缺處清康熙本作「時」。

〔四〕陽：原作「楊」，據正訛改。

編年 據書信編年、年譜長編。

劉德脩 慶元五年秋

昨聞當有房陵之役，蓋嘗因便拜狀，不審得達几下否。但一向不聞聲問，馳仰不自勝耳。不審比日台候何似？竊惟以道自勝，無適不安，神相忠賢，起居萬福。某衰晚疾病，去秋以來，足弱氣痞，遂爲廢人。然而罪戾至深，幾亦不能自脫。兹幸告休得請，人謂庶幾少安，自料則亦未敢保也。東方事宜計悉聞之，子壽近亦通書，自云頗安。然士友見之，多云亦覺衰瘁也。從之遂爲古人，尤足傷嘆。于越得書，寄示涪刻，亦能道示衆語。不審比來閑中何以可日〔一〕？老來始覺讀書有味，所恨來日無多，光陰真可惜也。建昌陳剛正己舊見吕伯恭稱之，實奇士也，不知曾相識否。因其便人寓以此書，所欲言者，非幅紙可既。

聞房州山水自佳，向見張巨山集説有微王峽〔二〕，乃「微盧」之「微」，不知有傳記可考否。因風幸筆示，聊爲廣異聞耳。文叔、季章想時通問，聞馮校書極佳士，遽爾殂殞，深可惜也。

校記 〔一〕可：四庫全書本作「閲」。

〔二〕微：原作「徵」，據宋閩本、明天順本、清康熙本改。

編年 據書信編年。

劉德脩 慶元五年二月十一日

二月十一日，熹頓首再拜上記德脩宮使直閣左史舍人老兄：頃因閬中人還報狀，不知已達未也。不聞動静又許久，嚮往德義，未嘗去心。此已春和，恭惟燕居超勝，台候萬福〔一〕。某自去冬得氣痛足弱之疾，涉春以來，益以筋攣，不能轉動。懸車年及，不敢自草奏，又懶作群公書，只從州府申乞騰上，乃無人肯爲作保官者。近方得黄仲本投名入社，亦不知州郡意如何。萬一未遂，即不免徑自申省矣。機穽冥茫，不容顧避，姑亦聽之而已。去歲數月之間，朋舊凋落，類足關於時運氣脉之盛衰，下至布衣之士，亦不能免，令人愴恨，無復生意。然此豈人力之所能爲也哉。偶劉主簿還蜀，附此草草。邈無會面之期，唯冀以時自愛，爲吾道倚重，千萬至懇。不宣。熹頓首再拜上記。

熹僭易拜問，台眷中外各惟佳慶，賢郎學士昆仲侍學有休。此間有委勿外。熹再拜上問〔二〕。

校記 〔一〕「二月十一日」以下原缺，據康熙刻本水東日記卷三十二補。
〔二〕「偶劉主簿」以下原缺，據右引補。

編年 據書信編年、書札彙編。

劉德脩慶元三年七月

某屏處如昨，近以鄉邑不静，挈家入城，擾擾逾月，今且歸矣。間讀邸報，幸復聯名，而賤迹區區乃先衆賢，爲不稱耳。側聽久之，未有行遣，勢不能免，姑静以俟之耳。度君周卿來訪，志趣不凡。知嘗出入門墻，固應如此。雖已不敢隱其固陋，然磨礲浸潤之功，尚不能無望於終教之也。

編年 據年譜長編、書信編年。

劉德脩慶元二年春夏之交

張子真轉致去冬十一月十一日所惠書，乃聞涂中患難曲折，爲之太息。吾人運數如此，向來乃欲妄意以扶顛持危爲己任，豈不誤哉。比日伏想税駕里門，休息神觀久矣。某辭職終年，幸蒙聽許，而諸人睥睨，其勢愈急。前日正則之疏已行，旦夕必當次及矣。餘干竟以柩還，卜以此十日葬矣。冤哉痛哉！聞有爲之賦詩，摹印揭之都市而匿其名者，不知亦傳到蜀中否。得其子婿書云，道間渴甚，誤服凉劑，遂不能食。又感風寒，遂至大故。臨行亦甚了了，然向更不死，今必已度嶺矣。前日聞訃，因就其婿家哭之。聞要路已有切齒者，亦且得行止分明也。季章得書，傳之云亡，深可傷嘆。文叔竟成之郡否？平父比亦得書，去住無策，甚可念也。每以丐外爲言，而未有聞，恐是求之不力。如王興之、雷孝友，亦何嘗有人苦留之耶？

編年 據書信編年。

朱熹文集編年評注別集卷二

書 時事出處

李端甫 以下見蔡久軒所刊慶元書帖　慶元元年冬

聞小豸既逐，零陵即將次及，亦欲置之叛逆之科，不知如何又却中輟。不免命也，臧氏其如予何！

編年　據書信編年。

劉季章〔一〕　慶元五年夏

近日樓大防又已行遣，一時流輩芟夷略盡，其勢必從頭別尋題目整頓一番。聞鄉日湖南所按吏有訴冤於朝者，已下本路體量改正，次第首見及矣。

校記 〔一〕此篇又見文集卷二十九答劉季章書。

編年 據書札彙編。

黄直卿〔一〕 慶元五年夏

外間洶洶未已，樓大防亦不免。聞林采訴寃於朝，已下本路究實。先所委官見其案牘駭異，不敢下筆，已改送他官，如其所請。比諸人搙剥已盡，或須作話頭來相料理。老朽寧復計此？一聽諸天而已。

校記 〔一〕此篇又見續集卷一。

編年 據書札彙編。

祝汝玉 慶元三年春

某罪戾所積，久知不免，不謂尚爾推遷，以至今日。孤豚之蹤，初亦何足言？顧乃重貽有識之憂，四方朋游蓋皆有謝絶生徒之誨。然鄙性於此却有所不安，姑復任之。若禍害之來，未遽止此，計亦非闔門塞竇所能避也。季通徒步上道，令人愧嘆。昨日又聞有毁鄉校以還僧坊之請，事亦施行。彼巍然當坐者，豈亦不謝客而遭此耶？可付一大笑也。

編年 據書信編年。

劉公度 慶元四年十月

承書，聞爲況之適，足以爲慰。患難如此，乃是玉汝於成。切宜强自振拔，勿令頽墮爲佳。向來長沙時，已覺意思不似南康時，後來尤覺不長進。今已議親，爲誰氏？此尤不可不謹〔一〕。季通聲問殊不佳，而其家未得的□〔二〕。其季子沉，字仲默，第三。在侍旁，不知何故不以命之〔三〕。如所傳今已兩月矣。交游四十年，於學無所不講，所賴以祛蒙蔽者爲多。不謂晚年乃以無狀之迹株連及禍，遂至於此。聞之痛怛，不知涕泗之流落也。

校記 〔一〕可不：原缺，據清康熙本補。

〔二〕的□：原作「油□」，據右引改。缺處四庫全書本作「耗」，或是「信」字。

〔三〕以：原缺，據右引補。

編年 蔡元定卒於慶元四年八月九日，此云「今已兩月矣」，則知作在十月。

蔡季通

慶元元年夏

某月日某頓首再拜，已經長至，恭惟君子履之，多納福祐。未及奉慶，乃辱貽書，良以愧感。又聞服藥見功，又深所慰〔一〕。時論如此，未見陽復之驗。自劾之章又復不效，然聞論者頗喧，勢必不免。然命已下，又不容不盡所懷。見此草奏，且夕發行，即束裝俟譴矣。黨錮傳何必讀？行且親見之矣。某只俟此文字了，更一兩日，泰兒行，即上唐石。過門當得求見，餘留面盡。尊嫂孺人萬福，一哥、八哥、三哥以次一一佳侍，兒輩悉附拜問之禮。養正丹再納十粒，服之有效，却徐納去。不宣。某頓首再拜季通老兄〔二〕。

校記　〔一〕以上原缺，據新編事文類聚翰墨全書甲集卷三補。

〔二〕「某只俟」以下原缺，據右引補。

編年　據書信編年。文云「已經長至」，則當作在仲夏。

慶元三年春夏間

某聞以臺察文字，已有褫職罷祠之命。祠祿恰滿，餘未被受，亦未見章疏云何。儲行之書來，説渠亦遭章説移學，切恐亦不能不波及賢者〔一〕，亦可笑也。

昨日歸來，意緒不佳，幾成大病。向晚擁裘附火，幸得少定。方念未聞經夕動靜，忽辱手示，忻慰。律準已領，圖志先納上，諸書及藥容來晚上去面納次。此間書册在書几者，一哥必知。次第恐或要用，即就請幸預戒之也。里中恐有留委，幸見喻。既欲歸長沙，想只取劉原路。初欲先走莒口奉別，今只宿市中，以俟發程矣。

彼中風土氣候果如何？地主既鄉曲，想必有以相處，居止亦便安否？乍到，未甚定疊，亦是常事，少須當自妥帖矣。一哥前日到此，云尊嫂曾少不安，亦只是舊疾，尋亦向安矣。居晦來日就道，某季子挈婦來歸，不免小冗。漫附數字，所欲扣者，非遠書所能致，所可言者，亦不暇究悉也。唯千萬自愛爲禱。居晦適相别，因語之云，賤迹不可知，若得在嶺右，當得託餘芘。此非戲語，已十分作此準擬矣。景建詩甚佳，顧鄙拙不足當耳。書中甚知敬服，後生亦不易得似此會得人説話者也。向曾説區淳者否？似只是全、道間人，可試物色收拾之也。知舊相勸杜門謝客者多，鄙性不耐如此，又已作如此斷置，固不復能顧慮也。居晦必有回便，幸子細作報章，欲詳知彼中動息也。

校記　〔一〕波：原作「被」，據宋閩本改。

編年　據書信編年。

章茂獻 穎　先生之孫主簿□家藏〔一〕

慶元二年夏

所需廟議，以乏人使令，兩日方寫得了。適有長沙便兵，却託虞推轉致，幸視至。但再讀之，頗覺當時匆匆，詞不足以達意，不能無遺恨耳。

校記 〔一〕簿：原作「薄」，據宋閩本、宋單刊本改。

編年 據書札彙編。

慶元三年春

某拜鐫罷之命，罪大責輕，唯知感戴，尚復何説？第恨詿誤旁人，及遭重貶耳。

編年 據書信編年。

劉智夫崇之　先生之曾孫市轄濬家藏刊帖　淳熙十六年三月

某方辭命召，遽被恩除，控免逾月，未聞賜報，益重憂恐。來書縷縷，備悉至意。區區本懷，亦豈恝然於此世？但恐陰盛陽微，未容措手而已墮機穽耳。反復諄喻，蓋已慮之。袁丈前日相見於大湖，恨其發之太輕，反爲群枉之助也。以近事一二參較，已是什八九分不可復出。但所遣人未還，未知端的耳。

編年 據年譜長編。

劉智夫淳熙十六年十月

某前月望日遣人入都，至今未還，必是值祥祭，一番禮數，未得將上，不知竟可得請否耳。

□間邸報遲緩〔一〕，近亦殊無異聞。但編類奏劄一事，恐有深意，不知出於何人。或恐偶然妄發，未必思慮到此，亦不可知耳。聞近到城中，恐有所聞，幸子細喻及也。機仲相見必款，或云集賢曾於榻前及前日事，如此恐須得一州郡，但不知所傳端的否耳。周貴卿來相訪，云當赴省，無力可辦行計。某不能如之何，因其歸謾附此。恐鄉里或前路有可周旋處，得與留念，幸甚！

校記 〔一〕缺處四庫全書本作「日」。

編年 據書札彙編。

劉智夫 紹熙五年春

新除未厭士友之望，然以足以優游，徐爲請外之計〔一〕。但有江湖佳闕，不可蹉過耳。不然，則自此一向直前，捐身爲國，亦無不可。但恐未得當此地矣，做得未甚有益，則又不若初計平平之爲善耳。某懇辭未獲，不敢固必。但欲換得一小小軍壘，或謀議官之屬，爲三徑資，不知諸公能許之否。聞長沙頗費力，得免，幸也。

校記 〔一〕徐：原作「除」，據宋閩本改。

編年 據書信編年。

劉智夫 紹熙五年三月四月間

某茲聞時事曲折，差慰人意。最是北内康復，尤爲莫大之慶，宗社幸甚！某再辭不獲，無可奈何，只得勉强一行。但心力短耗，目昏尤甚，未知果能勝此重寄否耳。

編年 據書信編年。

劉智夫 紹熙五年五月

某扶病此來，已交郡事。破壞空乏，不可支吾，皆未暇言，而嫠不恤緯之憂，有不勝言者，奈何奈何！版築之計直當罷休，但陶甓之費已六七萬，散積曠野之中，若不收拾結抹，則此皆爲棄物矣，正自未有處也。

編年 據書信編年。

劉智夫 紹熙五年六月

某涕泣再拜：恭聞至尊壽皇聖帝奄棄萬方〔一〕，痛纏普率。況以孤賤蒙被恩私，悲痛崩摧，豈勝號訴！想在朝之久，尤當同此情也。比來物情事勢復如何？人還，千萬悉以所聞見告。濫叨藩守，不能有以匡衛王室，永負臣子之責，爲萬世之罪人矣。

校記 〔一〕「至」上原衍「十」字，據宋閩本、宋單刊本删。

編年 據書信編年。

劉智夫 紹熙五年九月

某衰晚闒疏，守藩亡狀，已不堪收召之恩矣。忽於道間又被除目，超躐殊甚，豈所敢當？已上免章，却於上饒俟命。若便得請，即自彼而歸，亦不難也。

編年 據年譜長編、書信編年。

劉智夫 紹熙五年九月

再詞未允，勢須一行，已入文字，乞許且以舊官入對，面辭新命矣。若得改授次等講官，使得效其尺寸，亦萬幸也。但事體已如此，捧土以塞孟津，恐未必能有益耳。

編年 據年譜長編、書信編年。

劉智夫 紹熙五年十一月

某二十日已到家，疲憊雖劇，然溪山之樂，足以自慰。精舍功夫漸見次第，遠方朋友亦已漸有來者。江陵勢必難赴，今遣人上奏懇辭，計必得之。或別有行遣，亦且得免作帥也。機仲竟不免，不知何自而發。卒章所論江陵暴政，則將軍都郎屬耳，燕王何自知之耶。近事大者都無所聞，徙宮、祧廟、改服諸議，後竟如何？皆幸詳報。長沙廟額已得之否？趙主事如何？渠更旬月須復往，且得少須，勿令觸罷爲幸。吴、彭二文學到都，吴已年及，只可得祠禄，已託平父語南强，早發遣之，并煩道及尤幸。聞又須關儀曹，亦已爲作季路書，亦告爲督之。士老而貧，尤可念也。

編年　據年譜長編、書信編年。

劉智夫 紹熙三年末四年初

近報所見，至臘月六日矣，未聞所喻之説。但仲本書亦云然，殊不可曉。泰亨之世，庸瑣自當處外，顧乃爲此，則其爲慮亦過矣，且使人如何可受邪。小報沙世堅自請於朝，得僧牒以治邊防，今具支遣之數申省，如此則帥復安用？此等事若整頓著便成痕迹，只得力辭耳。鄭溥之遣人來，亦有近事未有異於前日之嘆。豈惟不異，正恐有不如矣。

編年　據書信編年。

劉智夫 紹熙三年初

都下久不得書，但聞未御常朝，臣子之心殊不自安耳。蜀相之召，想已聞之，不知何意也。

廷老歸塗必相見，所慮大概不相遠也。身在遠外，無從效尺寸，但知勉修在我，敬俟天命耳。

編年　據書信編年。

劉智夫 紹熙三年六月

得子約書，聞已御延和，非久當出視外朝也。又云揆亦久以小事積累忤意，近有隨龍□姓名人守楚者差除，遂致不安。中間有投匿名於省中專斥之，復有客自王信州處來，云聞已出六和，復入居僧坊，不知此數日又如何也。竟外傳聞亦不一，識者憂之，不知果如何耳。得書，却殊不及昨來除命中曲折也。此既不是爲時勢重輕〔一〕，而衰晚且得休息，亦良幸爾。

校記　〔一〕是：疑當作「足」。

編年　據書札彙編。

劉智夫 紹熙三年春

郭丈得上饒附來書，昨日答之，略言泉相舉措雖不無可議，然其向正之意亦多。或當言路，不可令以罪去，不知渠以爲如何。縱未必盡以爲然，亦須少減分數也。渠却云因從官夜對及臺諫之去國者，故特問之。然不問孫、劉而獨問此，恐亦不能無説也。

編年　據年譜長編。

劉智夫 紹熙五年九月

所喻行止之計，誠爲難處。且看所遣人還消息如何，若勇猛直前，便以頭目腦髓布施，亦無不可也。邑中之事，不知所聞如何。其人見事明快，頗分曲直，不樂者衆，恐傳聞或過當，然亦不能無少失。要之善良自安，强猾者不便耳。

編年 據書札彙編。

劉智夫 紹熙三年春

近報相君已參告，復給朝假，馬會叔竟以林和叔文字除職守潤，却召趙德老爲版曹，而趙俊臣移温陵，恐顔當改除或得祠也。林擇之書云，天官比一二宣對〔一〕，言語頗契合。而得其書與其婿書，乃皆有丐外之意，不知何也。前日以書勸其勿深論細事，如舍法之類，得報殊不謂然，方欲再論甚力。其不知務如此，亦可怪耳。

校記 〔一〕比：原作「此」，據宋閩本改。

編年 據年譜長編。

劉智夫 淳熙十一年

疏近方見之。昨日見張宰云，大坡親戚過者能□，由婺女報復而然，遂使前日之言不幸而偶中。自此紛紛〔一〕，又未知所底止也。

校記〔一〕自：原缺，據明萬曆本補。

編年 書札彙編暫繫於此。

劉智夫 紹熙四年五年間

時事後來復如何？竟已清明堅定否？諸公似欲便以無事處之，何慮之淺。乘此正當力爲久遠計耳。諸公誰爲可告語者？想已不憚力言之也。

編年 據書信編年。

劉智夫 紹熙四年五年間

外間諸傳聞虛實相半，要是大勢已定，其間小小變動，彼其斟酌分數蓋不草草，政未足爲吾道欣戚也。

編年　據書信編年。

劉智夫 慶元元年初

祠請度未必遂〔一〕，見元善説建議之人雖有睥睨之意，而集議者僉不謂然。或者又謂劉公碩年，於狀中塗去數字，其人雖甚不樂而不能止。今又徙官，計且迤邐矣。某中間亦甚杌隉，此數日却無所聞。然後生可畏，各欲奮其才力以赴事功，麋鹿雖走山林，其命固亦有所懸矣。如復從之，不能預以爲慮也。陳、彭、楊、項竟又不免，子直數日前得書，方引孔子微服事見教。今乃懸鶉百結而不能自免，亦可笑也。里中今歲艱食，一番紛擾，今猶未定。想諸人自能報去矣。所幸早稻極佳，公私亦多方救恤，或可不至狼狽。杜門待盡，且願如此，它皆有所不暇問也。

校記　〔一〕度：原作「庶」，據宋閩本、宋單刊本改。

編年　據書信編年。

劉智夫 慶元元年六月七月間

湖湘聞亦得中熟，諸事想不至甚費力。然今時勢如此，亦豈吾人展布四體之秋耶。官閑讀書，益進德業，所可勉者惟在此耳。一路官吏向在任不久，不能遍知，所知者略已舉之矣。但零陵丞彭銓者，子壽之侄，人多稱之，深以不及爲恨耳。潭幕支使王棨、善化令張維、寧鄉簿劉正學皆有才，可使令，嘗薦之。長沙丞管姓者忘其名。亦可使，善化尉吾姓浦城人者，修學斷事亦可觀，未及薦也。潘叔昌在全州老矣，方用得關陞狀，亦嘗薦之，方謀率諸司列言之而未及。近聞林和叔舉自代，舉主無氣，恐未必可賴。今將滿矣，甚可念也。李衡陽亦甚佳，近見諸司薦之，不知已滿未也。其代者即趙希漢，却有才，但當裁其過甚耳。諸郡惟武岡是姨弟，明敏有素，政必可觀。亦幸察之，勿以厥弟爲累也。廷老法應相避，何以處之？渠爲作湘西精舍已成，恐有合求助處，幸留念也。元善、益之、德夫相繼罷逐，搜羅抉剔，無遺力矣，吾徒皆不可保。道學文字鈎連隅落，如武侯營壘，非華宗浪戰之比也。辭職告老再上未報，今必已有處分。勢須鐫職罷祠，但恐向上更有行遺耳。山谷説吴畫佛入滅圖中大魔王舉措，可發一笑。

編年 據書信編年。

劉智夫 慶元三年正月二月間

邑中數日争戰報復洶洶未定，而罷書已至，絕不見邸報。所喻文字，得城中相識書云有之。雖未見全文，然意其必借此美名以行私意也。德夫之説，以此所聞參之，亦有此理。然殊非所望於蕭傅，亦可嘆息耳。南昌昨聞已移汪宣城，而沈維祖者代之。今此副樞之傳，又何謂耶？然則三山果誰得之？金陵聞尚前却未定，計未必能力辭也。叔通事竟不得所起，或云即向來起事之人，又云嘗入城游説，不效而歸，不知果然否也。

編年 據書信編年。

劉智夫 慶元元年夏

鄉里一番荒擾，今方小定。又苦雷風，慮損秋稼，嗣歲尚可慮。想治下當不至此，聞衢、信亦自寬裕，不知何獨困我里也。

編年 據書札彙編。

劉智夫 慶元四年秋

忽聞季通聲問殊惡，令人傷怛，不能爲懷。聞彦中、居晦、正之諸人皆已薄周之，恐不能給歸塗之費，不知能爲作江西、湖南兩趙漕書否？其它沿路有可囑者，并丐垂念，乃幸之甚。

編年 據書信編年。

劉智夫 慶元元年初

適報機仲諸人檢舉奉祠，宋臣得竟陵而復繳罷，張巖復入臺，想皆已見之，不知其間一二曲折果何謂也。除目未頒，然想已有定議，且晚當有聞也。仲本得書否？計自此未必遽敢越竟而東也。

編年　據書札彙編。袁樞遭劾奉祠在慶元元年初，其歸自江陵，嘗晤朱熹於建陽，見續集卷五與章侍郎五、別集卷一答劉德脩六。

劉智夫 慶元四年十月

某前日走後山，聞季通之柩已過翠嵐，遂過彼哭之，悲不能自勝。然人生會如此，亦將不暇悲彼而自悲矣。昨夕方歸，疲憊殊甚。外事未有所聞，但歲儉可憂，所至皆然。崇安山間有絕收處，細民不易，可憐也。嘗以書語機仲，令達此意於有位，大蒙痛詆，以爲所損未見分數，公私莫以爲慮，不當遽言。又謂今夏緣官司勸喻椿米，致上户發糶不得，無以自存。緩急之際，官司自有常平義倉之積，足以爲備，不當求細民之譽，斂上户之怨。此皆其來語，如上户無以自存者，尤可怪也。不謂賢者亦爲此言，他尚何望耶。

編年　據書信編年。

劉智夫 慶元四年秋

季通之傳浸密，而其家問竟不至，不知何故如此。必是遣人在道阻滯也。諸書荷留念，但歸期恐亦難料。蓋所屬官司有擔負，未必容其自便耳。

編年　據書信編年。

劉智夫 慶元二年

近報荷垂示。比得機仲書，今録呈。但邑中不逞又作詭名，訴儲宰遷學於儀曹，叔通亦爲所指。邑宰乃不敢唤上詞人供對，數日擾擾，未知作何出場。大抵所訴無一詞之實，詞人乃學長卓定等。彼固非學長，然亦未嘗出門也。然官司諸生無一人敢正其妄者，可嘆可嘆！

編年 據書信編年。

與長兒書 淳熙九年九月五日

吾昨日過遂昌，今日方深追遠之痛，忽得汝書，知與婦子俱安，稍寬吾意。吾昨日方被進職之命，今日遣人下辭免文字。江西指揮至今未到，已據部吏狀揭榜謝絶詞訴，便作閑人調度矣。但印記尚在身，未得十分蕭散。只候命下，便發遣回去。台越之事不足深怪，吾平生爲學不得力，只是先辨得此一着。如今衆人扼腕時節，吾心却是閑暇。君恩民病雖不敢忘，然亦有時節，固非伯寮、臧倉之所能爲也。陳了翁説人當自試，以觀己之力量，今日真試一過矣。叔昌得書，却似未悉此意也。吾已約子約來玉山相聚，不知渠能來否。渠書中説汪、潘、康、葉諸公相問訊，欲相見，答書時冗甚，忘記謝之。可寫報子約，煩致意，或能同來尤幸。吾又欲一見潘丈及叔昌，不敢坐邀。汝可爲禀看，能來即又大幸也。高、劉二君亦爲致意，想便來相聚矣，不及别書也。汝想未能來，且省出入。彼人凶猾，吾甚爲汝憂之，切宜深自防也。渠豈能改過？不可錯準擬，只當益加戒心耳。至祝至祝！吾後七日可過衢州城外，重九日次第可到界上，住三日。諸公若成來，固幸，若不成，亦可早遣一介相報也。

編年 據書札彙編。

林擇之 用中 文公之曾孫濬家藏録稿 乾道四年夏秋間

古田亦小荒窘，今年到處如此，可□〔一〕。平父歸，説信州恐有剽掠者。建陽江墩邵武之境。近一夕爲盜所焚，氣象如此，而浦城渠魁州府止從配隸，又聞中道而逸矣。奸民愈無忌憚，未知所以爲善後之計也。元履近日議論多如此，如論人材尤要一種穩當不任事之人，此不可曉。要是本原不正，更事之多，愈見畏縮耳。

校記 〔一〕缺處疑即「嘆」字。

編年 據年譜長編、書札彙編。

朱熹文集編年評注別集卷三

書

胡籍溪先生以下胡德方家藏 紹興三十二年以前

昨日節略禮儀，尚有二節可疑，敢以求教。書儀中云：「壻揖婦，降自西階，至婦轎所立，舉簾以俟。」前日見先生云古人用車，不可升階，乃就階下置車，故有降自西階之禮。今既用轎子，不知只就廳上否？如此則婦先入轎，然後降自西階以出矣。又婦既入壻之家，壻導婦以入，不見有舉蒙首之禮，未知今如何，乞批以見教。

編年 據書信編年。

文 叔〔一〕 紹興三十二年以前

婦既用轎子，則只就廳上，婿却須就廳前上馬。舉蒙首之禮，温公不説，少間檢伊川集，續報去也。

舉蒙首之禮，適檢伊川集有之，乃未就坐飲食時行之。今想已不及矣。

校記 〔一〕記疑云此篇或爲上篇答語。若如此，則爲籍溪文矣。

編年 據書信編年。

程沙隨可久 迥 以下沙隨之孫仲熊家藏 淳熙十三年夏

示及古韻通式，簡約通貫，警發爲多。四聲互用，無可疑者。但「切響」二字，不審義例如何，幸望詳賜指喻。又其間如「積」、「勁」、「植」、「囿」、「淺」、「昧」、「晰」七字，恐合入四聲互用例中，不知何故却入此門，亦乞見教。「麒」之爲「極」，「十」之爲「諶」，似亦是四聲例也。近因推考，見吴才老功夫儘多，但亦有未盡處。泛考古書及今方言，此類蓋不勝舉也。詩説見此抄寫未畢，畢即拜呈求教矣。聞人丈頃年見之三山，扣以詩中數事，甚蒙知獎，但恨不得款盡其説耳。豳詩之説，則恐未然。蓋破斧以後諸詩，未必是周大夫刺朝廷之詩，此自小序之誤耳。它日繆説得徹尊聽，當爲印證其可而掊擊其不然，乃所願也。所喻詩論十篇，便中幸早見教爲望。汀鹽之弊已極，子直之策未爲不然，横爲諸司所排，使不得伸，一方之民可謂重不幸矣。晦伯書來，所欲更張者尤廣。觀此事勢，如何行得？近聞諸司於舊法中減落一二小小縻費，便謂可革宿弊。以一盃水救一車薪之火，無以異於小兒之戲論，甚可笑也。

孝經妄意所疑，不謂汪丈亦有此説。近亦條具數處，并俟後便拜呈也。「四營成易」，正爲「易」字即是「變」字，故其下文便以十有八變承之。「再扐後掛」，即所謂再揲三揲者，是又一四營也。凡爲四營者三，乃成一爻，爲四營者十八，乃爲一卦。此以積數文義求之，皆無所礙，不審尊意以爲如何也。月椿條對，亦乞頤指，録以見教。此事從來只是得於耳學，竟未知其端的也。廣西鹽法近得詹丈書，極以爲便。亦録得中間解析范容州劄子畫一來，而自彼來者無不以州郡窘乏爲言，不知的是如何。地遠難遥度，傳聞亦難盡信。大抵近世作事利民者，常苦於掣肘而不得行，其爲民害者則因循苟且，上下尊守，以爲不可易。設使便有姚元崇〔一〕，真有濟世之術，亦未必得如其意，此可嘆也。又蒙别紙垂喻俞廣文立二公祠之意，使爲記文，尤荷不鄙。但此事今日老丈在彼，晚學小生豈當僭取而妄爲之？此決不敢承命。若廣文有請於門下，它日文成，區區得以題額，附名左方，亦云幸矣。幸達此意於廣文，敬泚筆以俟命也。前浦城主簿任希夷經由請見，幸與其進而教誨之。其人有志於學，守官不苟，王漕亦令去請教也。

校記　〔一〕元崇：疑當作「元之」或「元」下脱「之」字，蓋姚崇字元之也。

編年　據年譜長編、書信編年。

評論　吴澄跋朱文公與程沙隨帖：朱子手筆，人得之者固多。此書與沙隨程先生，其間質正孝經疑義及易疑義，則非泛泛往復之書比也。沙隨先生經學精深，朱子多取其説，於朱爲丈人行，故朱子以師禮事之。書中所質孝經之疑，程答書云：「近見玉山汪端明亦謂此書多出後人附會。」朱子然其言，載之於孝經刊誤。夫朱既不自足而質之於程，又不自有而推之於汪，前哲爲學，取長於師友而不自恃蓋如此。

程可久 淳熙十三年秋

附子爲近世通用常藥，它人服之，未見其熱。老丈乃獨覺其偏有所助，致生它疾，此見平時所養之厚，而所謂無妄之藥者，真不可試之驗也。二賢祠記前書已拜稟矣，豈有大師在是而晚生小子敢肆妄言於其側者乎。况陳公平生只得一見，若汪公，則老丈游從之久、投分之深，又非小生之比，恐不得而辭也。因便寓此，偶數日禱雨倦甚，又積書問頗多，未暇罄所欲言。

向蒙喻及詩論，前書拜請，幸早寄示。謬説已寫就，然尚有誤字，旦夕校畢拜呈，以求教誨也。易中七八九六之數何自而起，説者雖衆，終未甚安。不審尊意以爲如何？州縣祈水旱，政和新禮所不載，而通典、開元禮尚有可依放者。唯鄉村所禱全無可據，苟且從俗，於心有未安者，亦幸有以教之也。

編年 據書信編年。

鄭尚書惠叔 僑 見莆陽所刊稽古録後 紹熙五年十一月九日

匆匆去國，深荷眷存。既行之後，又知榻前開陳之力，固知高明非私於某者，然不能不以爲愧也。區區舟行，冒寒阻風，昨夕始到三衢。更一二日，始遂南去。病軀幸可支吾，皆餘芘之及也。鄉在長沙，嘗得温公稽古録正本，别爲刊刻，殊勝今越中本。欲俟成書奏御，未竟而來。又欲面奏行下取索，則又未及而去。每念此書温公所以願忠君父之志，更歷三朝然後成就，其論人君之德有三而材有五者，尤爲懇切，不可不使聖主聞之。不知可以一言及之，行下本州取索投進否？然不必及某姓名，恐罪累之迹延及先賢，反致忠言不得聞達也。聞中司已兼讀官，幸更與議之，同君舉、子壽諸公共白之也。

編年 據年譜長編。

程允夫 洵 以下洪正學刊允夫家藏帖 淳熙八年

先集無人寫得，亦多是應用文字，非吾弟今日問學所急，故不送。前書已詳言，何不見悉耶？墓刻不敢忘，幸且少寬之。譙傳非病翁所作，乃原仲、致中二丈見之〔一〕。其説亦有病，非學問正脉也。遺書中李端伯、劉質夫所録極精，可熟味之，便見學問正當用力處矣。

校記 〔一〕二：原作「一」，據宋閩本、宋單刊本改。

編年 據書信編年。書札彙編以爲作於五年。

程允夫 乾道五年秋冬間

某重念先世南來，八人度嶺，今無一人在者。而老人暮年窮約，以不肖子與世不諧之故，憂窘萬狀，無一日舒泰，遂以至此，尤重不孝之罪。每一念至此，心肝如抽裂也。

某家中自先人以來，不用浮屠法，今謹用。但卜地未能免俗，然亦只求一平穩處，尚未有定論。計不出今冬也。

所喻立户事無不可，但先人已立户，某又自立一户，恐於理未安。更詳度示喻。

編年 據書信編年、年譜長編。

程允夫 淳熙三年秋冬間

示喻爲學之意，此正克己功夫，所當用力。然猶是至粗淺處。若不痛加懲窒，非惟無以仰窺聖賢閫域，恐亦無以自立於州里之間矣。此甚可懼，不可視爲常事而緩於檢制也。上蔡之言警切至到，真當朝夕提撕。然論其細微，則區區所愧亦已多矣，尚何以爲賢者觀省之助乎。今當彼此各致其功，庶異時相見，無所愧於今日之言耳。觀書或有可疑〔一〕，因便疏示，閑時寫得，便可旋寄德和處，此中時有便人往還也。所論向來解紛之意，固是如此。然亦平日持己不嚴，故擇交不審，而責善之道又有所不至，故其末流之弊至於如此。此當深自悔責而速改之。詳味來辭，似未有此意。恐更當反復鄙言，毋以前説自恕也。所要文字，正冗未暇致思。齋銘亦已忘記，又無草本。要不必爾，但得識之於心而見諸行事，則爲有以發於愚言矣。祠閣二記皆不成文字，但欲略見此義理，故不得而辭。來喻之云，非所望於親友間也。近思已成，尚未寄到，到即附去。中庸無人寫得，只有一本，不敢遠寄。且亦未定，不欲廣傳也。定性書解在別紙，亦勿示人爲佳。雲谷記已寫寄李丈矣。

校記　〔一〕可：原作「所」，據宋閩本、明天順本改。

編年　據年譜長編、書信編年。

程欽國 後更字允夫　以下新安汪逢龍刊允夫家藏帖　紹興三十年十二月

往年誤欲作文，近年頗覺非力所及，遂已罷去，不復留情其間，頗覺省事。講學近見延平李先生，始略窺門户。而疾病乘之，未知終得從事於斯否耳。大概此事以涵養本原爲先，講論經旨特以輔此而已。向來泛濫出入，無所適從，名爲學問，而實何有？亦可笑耳。示喻蘇、程之學，愚意二家之説不可同日而語。黄門議論所守，僅賢其兄，以爲顔子以來一人而已，恐未然。頃因讀孟子，見其所説到緊要處便差了，養氣一章，尤無倫理。觀此，想淵源來歷不甚深也。正蒙建陽舊有本，近來久不曾見，俟病少間，當爲尋問也。然此書精深，難窺測，要其本原，則不出六經、語、孟。且熟讀語、孟，以程門諸公之説求之，涵泳其間，當自有得。然後此等文字可循次而及，方見好處。如今不須雜博，却不濟事，無收拾也。若果於此有味，則世間一種無緊要文字皆是妄言綺語，自無功夫看得矣。近集諸公孟子説爲一書，已就稿。又爲詩集傳，方了國風、小雅。二書皆頗可觀，或有益於初學，恨不令吾弟見之。又恨相去稍遠，不能得吾弟來相助成之也。

編年 據年譜長編、書信編年。

程允夫淳熙八年

表叔墓刻不敢忘，重煩督趣，愧恐。然此尚有少曲折，異時得面論而後下手，乃爲穩當。先集亦難於出之，正亦有所疑耳。吾弟近所爲詩文，有可寄示者否？某向到湘中，□語甚多〔一〕，然皆草率，不足觀。謾令大兒寫拜魏公墓一篇去。此等閑言語正使絶出，亦何所用？况又不能佳乎。然姑以寄意焉可耳。

校記〔一〕缺處四庫全書本作「所」。

編年 據書信編年。書札彙編以爲作於五年。

程允夫淳熙八年以後

觀志觀行，此章上蔡謝先生言之最詳盡。大抵聖人本意只論孝子之心耳。至於事有不得不改者，又出於不得已，非其心本然也。此義亦通上下而言，不必專指人君也。

天命之謂性，則通天下一性耳，何相近之有？言相近者，是指氣質之性而言。孟子所謂犬牛人性之殊者，亦指此而言也。

自聖人言之，忠恕即道也，曾子之言是也。自學者言之，則由忠恕可以至道也，子思之言是也。二先生及上蔡論此詳矣，宜深體味之，不可只恁麽説過。

浩然之氣大剛直，當從伊川之説，更宜深思。□必有事焉而勿正，心勿忘，勿助長，此固是下功夫處。然於此須識得個本體始得。明道舉鳶飛魚躍，活潑潑地，以爲與此意同，須要識得，方有下功夫處。不然，才着意便是正，才不着意便是忘，無有是處。

聖人之於天道，詳來問，似看此章大意未分明。摘句理會，宜其不通。

心性一段〔一〕，語皆有病。心固未嘗亡，但人舍之，則有時而不自見耳。所謂道心惟微者，此也。

校記　〔一〕性：原作「往」，據宋閩本、宋單刊本改。

編年　據書信編年。

程允夫 慶元元年七月

聞以職事忤上官，暫移他局，不知所争何事？若所當争，乃見所守，此外榮辱不足道也。昨誤聞劉智夫得江西倉臺，即以書道吾弟及一二知友姓名。得其書，乃云雖出安傳，然已爲轉語王南强矣，計必能相知。但未知新憲爲誰耳。此辭職告老皆未允，而向來皐陵異議之人，趙、詹皆已行遣，此獨漏網，有所未安，已上自劾之章矣。上意必無他，但勢必不免於何、劉之口。亦已判然於心，不復爲求全計矣。

編年 據書信編年。

程允夫 慶元元年二年間

某病脚恰一月矣，尚未能履地。而時論又攻之於外，因知語默之有時。然□語已在前矣〔一〕，今欲默之，□能有所及乎〔二〕。學徒不欲一旦盡遣，恐或反致張皇。然已不多，自此來者勿受可也。紙尾之喻已悉，然皋陶宥之而堯曰殺之，毋乃兩失其職耶？

校記 〔一〕明萬曆本缺處作「發」。

〔二〕右引缺處作「豈」。

編年 據書信編年。

彭子壽 龜年 以下止堂之孫泚家藏 慶元元年八月

中間傳有召節，固疑其非美意，已乃不然。方以爲喜，及承惠書，又知開府以來經理次第，尤以爲慰。然以時勢料之，亦决知其不能久。既而果聞已有奉祠之命矣，却不見有文字，想又從中而下也。此在高明無所輕重，但嗚吠狺狺〔一〕，日甚一日，其勢必須大有處分，其禍不止於縉紳而已也。想以此故，亦未能釋然，奈何奈何！某今夏一病幾死，亟上挂冠之請，并辭近職。蒙上厚恩，未即聽許。將欲受之，而去歲曾議菽陵者例皆獲罪，自惟狂妄不應獨免，遂以自劾章上。計今已有行遣，顧地遠未即聞耳。閑中讀書却有味，但目已偏盲，其未盲者亦日益昏，披閲頗艱耳。緣此閑坐，却有恬養功夫。始知前此文字上用力太多，亦是一病。蓋欲應事，先須窮理，而欲窮理，又須養得心地本原虛静明澈，方能察見幾微，剖析煩亂而無所差□〔二〕。若只如此終日馳騖，何緣見得事理分明。程夫子所謂學莫先於致知，又未有致知而不在敬者，正爲此也。濂溪諸書，亦多是發此意。下問之意，但以此説推之，則其受病之原與夫用藥之方皆可見矣。

雄附遠寄，良荷扶衰之意。茶五十餅漫附回使，以供粗用。背時可笑，大率如此也。薌林逝去，在渠高年固無憾，但後輩失此典刑，亦自可恨也。舟御不經于越否？亦聞□否〔三〕？度不免一南轅，得免踰嶠幸也〔四〕。茂獻必相會，賤迹既不自保，又深爲諸賢憂之。夏中之病，由此增劇。中間幸小定，今又復作。人謀不□可及矣，奈何奈何！

校記　〔一〕㾓㾓：原作「唁唁」，據四庫全書本改。

〔二〕清康熙本缺處作「錯」。

〔三〕右引缺處作「之」。

〔四〕踰：原作「喻」，據四庫全書本改。

編年　據書信編年。

彭子壽 慶元元年九月

得張元德書，竊聞大旆已次豫章，今當税駕里門矣。乍歸，想一番應接，有不能免者。然自此杜門，少休神觀，益得玩心，卒究大業〔一〕，安知天意不以是玉汝於成乎。願益勉旃，以慰期望。零陵經由，頗得從容否？復有一書，幸爲遣致，得不浮沈乃幸。

校記 〔一〕卒：原作「率」，據四庫全書本改。

編年 據書信編年。

孫季和 應時 以下季和之子祖開家藏 淳熙九年八月

某到此，緣所請未報，邦人恐虎兕復出於柙，邀留不得去，已申省且留此矣。黄巖糴濟，得伯和諸公在此商量，雖未有定論，然亦當不至疏脱。但水利一事，諸公以爲非得一見任官主持不可下手。某已撥萬緡，令使與食利人户興役矣。諸人欲得賢者復來，見欲差出縣丞，却煩吾友攝其事，主此工役，不知可來否。專令此人奉問，幸子細籌度見報。若不穩當，則當别爲申奏，專差措置水利，亦無不可。但在賢者之來與否耳。如不可來，幸爲計度見任官中有何人可委。謝户如何？欲煩詢之，不知渠肯來否。此事非小，若得黄巖無水旱，則□□□無飢饉之憂〔一〕。向後乞得錢，更增益之耳。度本路水利，未有大於此者。

餘姚之旱與上虞分數如何？幸博詢見諭。

校記 〔一〕據朱熹奏議，缺處當爲「紹興亦」、「鄰縣亦」之類語。明萬曆本作「邦民可」，清康熙本作「鄰邑俱」，均屬臆補。

編年 據年譜長編、書信編年。

孫季和 淳熙十年夏

燭溪蕭寺頃歲蓋嘗一至其間，今聞挾書過彼，亦有學子相從，不勝遐想也。精舍諸題悉煩着語，屬意皆不淺。三復嘆想，恨不即同晤言也。比來觀書日用必有程度，及所得所疑，有可見告者，因來及一二，以發講論之端爲幸。

編年 據書信編年。

孫季和 淳熙十年

來喻諄悉，備詳爲學次第，甚慰所懷。大抵學者專務持守者見理多不明，專務講學者又無地以爲之本，能如賢者兼集衆善，不倚於一偏者，或寡矣。更望虛心玩理，寬以居之，卒究遠大之業，幸甚！

武夷佳句，足見雅懷。更求小詩數篇，暇日見寄。

編年　據書信編年。

孫季和 紹熙元年春

先志不敢忘，但以家居困賓客，無緣得就。今既之官，却恐應接稍希，可以具稿，便并送崇禮處，令轉致也。但書石須更屬人，蓋目昏殊甚，不堪此役。一破例之後，求者繼至，無詞可以却之。朋友間如楊子直書儘有法，如不識之，當爲轉求也。

編年　據書札彙編。

孫季和 紹熙二年

示及易説，意甚精密。但近世言易者直棄卜筮而虚談義理，致文義牽强無歸宿，此弊久矣。要須先以卜筮占決之意求經文本意，而復以傳釋之，則其命詞之意與其所自來之故皆可漸次而見矣。舊讀此書，嘗有私記，未定而爲人傳出摹印。近雖收毁，而傳布已多，不知曾見之否。其説雖未定，然大概可見。循此求之，庶不爲鑿空强説也。（如元亨利貞只是以卜得此卦者大亨而利於正耳。乾卦彖傳、文言乃孔子推説，非文王本意也。又嘗作啓蒙一書，亦已板行，不知曾見之否。今往一通，試看如何。）書小序不可考〔一〕，但如康誥等篇，決是武王時書，却因「周公初基」以下錯出數簡，遂誤以爲成王時書。然其詞以康叔爲弟而自稱寡兄，追誦文王而不及武王，其非周公、成王時語的甚。（吳材老、胡明仲皆嘗言之。至於梓材半篇，全是臣下告君之詞，而亦誤以爲周公誥康叔而不之正也。其可疑處類此非一，太史公雖用其體，而不全取其文，如商紀中所載湯誥，全非今孔氏書也。雖其詞厖亂，不若今書之懿，然亦見遷書之體或未必全是師法書序也。漢書〔二〕，遷嘗從孔安國受書。大抵古書多此體，如易序卦亦是此類。若便斷爲孔子之筆，恐無是理也。先墓志文不敢忘，但爲歸來悲冗中，未暇落筆。今當少暇，旦夕得成，當并寄□叔度轉達也〔三〕。記序諸篇大意皆正當，而詞指清婉可喜。此雖餘事，然亦見游藝之不苟也。入蜀不過荆門否？近得劉德脩一書，今有報章，并書册一匣寄之，煩爲帶行達之。此公未識面，而書來極勤懇。前日之舉，全類東漢諸賢。計雖甚疏，而其意則甚誠切矣，亦可敬也。恐帥君以姻家之故，不能無嫌，須調護之。此非爲劉，乃爲丘計也。可嘆可嘆！

校記　〔一〕不：原作「又」，據四庫全書本改。

〔二〕清康熙本「漢」上有「按」字。

〔三〕明萬曆本缺處作「與」。

編年　據書信編年。

孫季和 慶元五年春

某衰老多病，益甚於前。今兩足拘重，不復能動，已兩三月矣。度氣血已衰，無復完健之理。只得未死，且爾引日，已爲幸矣。然世道如此，臭味凋落，日見稀少，亦何用久生爲也。久欲告老，今方及格。不敢自請，而外郡不爲保奏，只得一申省狀，亦且發去。或者恐觸禍機，然不暇顧也。向承喻及祠記碣文，以例不敢爲人作文字，遂不復曾致思。所示行實諸書，亦已卷藏，不在目前。自此或有便，別爲寫一通來，暇日試爲整齊，看如何。然必三年然後出之。時運固叵量，但恐壽非金石，不能俟耳。祠記亦然，但子游之封在唐爲吳侯，在政和爲丹陽公，而淳熙所頒祀禮乃爲吳公。蓋十子皆因唐之舊自侯而公，然不知何時所加。頃年曾爲申請禮寺行下，亦無的文。今納長沙所刻一通去，可試考之也。紙尾無可講說之云，可爲慨嘆。此固無復可以及人，但不知年來自己分上功夫又如何。似聞頗留意於詩文，此亦恐虛度光陰也。有如衰朽，至於今日，乃始追恨向來之懶惰。今欲加功，而日子鋪排已不遍矣。此當以爲戒而不可學也。

編年 據書信編年、年譜長編。

孫季和 慶元五年六月

昨需祠記本不敢作，以題目稍新，不能自已，略爲草定數語，謾録去。度未可刻，以速涪城之禍，幸且深藏之也。

編年 據書信編年。

孫季和 紹熙二年二月三月間

史公入覲，不知復何所處。禮畢亟歸，亦佳事也。某去秋以病請祠不遂，此間亦可少安。而忽有長子之喪，悲痛慘怛，無復生意。請祠諸公已相諾而未被命，計旦夕即去此矣。久欲遣人至越中而未暇，及今始能作書。而迫行匆匆，又不暇詳悉，所委文字亦未能遂就。然不敢忘，異時未死，終當如志也。新刻數書各往一本。崇禮兄弟欲各寄一本，而偶盡，遂不能及。亦不暇作書，只煩爲道意也。寧海僧竟如何？秉彝好德，豈容泯滅，於此可驗。試寄語招呼之，若其意堅，可率朋友合力助之，以成其志，亦非細事也。

編年 據書信編年。

劉子澄 清之 以下廬陵胡翼龍刊静春家藏帖 淳熙三年二月

昨承有召命，深以爲喜，然亦不知行止之計。偶到城中，黄子來相尋，具言近況，爲慰。但求教竟不之領，又以爲恨。比日伏惟于役有相，今或已至在所矣。奏對得以伸吐所學，甚慰士友之望。正學以言而不失淺深緩急之宜，在賢者必已講之熟矣。黄子又説頗欲多所論白，此恐徒取草野倨侮之譏。而匆匆晷刻之間，勢必不容詳細反復，則是無故遍觸衆事之機，紛冗錯雜而終無感寤之理。不若略舉大體切於上心者，專指而極言之。幸而開納，固爲莫大之幸；萬一未即聽從，亦足以爲之兆，異日猶可尋繹其端緒而終其説也。它則非閑人遠書可以一二指陳者，在明者熟慮而徐應之，毋爲匆匆，以致後日之悔也。黄子又説見問人材之意，此等事度非吾輩事力所及，正不須太遽也。

編年 據年譜長編、書信編年。

劉子澄 淳熙八年秋

某幸如昨，但伯恭逝去，令人悲痛不可言。昨嘗以子約訃告作書〔一〕，宛轉托子静送去相報。近聞渠已入浙，此書恐未即達。然訃報中必已見之，傷悼之懷，相與同之也〔二〕。去年方哭敬夫，今伯恭又如許，吾道之衰一至於此，不知天意如何。吾人不可不自勉，未死已前，協力支撑也。

某在家應接，隨分擾擾。偷閑修得中庸及孟子下册。孟子得公度卷子，甚濟事也。今且修此經書，通鑑看將來如何。恐心目俱昏，未必了得，終遺恨於身後耳。西山長句及還家四言意象蕭散，吟玩不能去心。欲作數語奉答，自覺意思局迫，恐不能佳。此是膏肓之病，不知如何醫治得寬平閒暇些子，庶晚年身心稍安樂也。沅倅令兄墓表草定納呈〔三〕，不知可用否。公度何爲至今未歸？報中亦未見所擬官，何耶？曾子跋語并往。歸來方得細看，雖雜篇所收不如前，意思終是好。本子見録，未得附還，更有一二處當略修耳。近思續録俟旦夕看畢奉報。第三録亦佳，但如此編録，得無勞心否？因看書所得，隨手抄録不妨。若作意收拾，搜尋布置，即費心力，亦須且省節爲佳也。蓋中年精力非少日之比，不可不愛惜耳。諸葛「學須静也」全文告因便録示，千萬。荆州論語甚改得好，比舊本大不干事。若不死，更長進，深可痛惜。伯恭詳審穩當有餘，却不及此公俊偉明快也。韜仲不苟如此，不易。其兄晦伯亦甚好，它日皆未可量也。子玉不聞問，旦夕有尤川便，當寄書與之。擇之何爲至今不見歸？直卿近遣人來納幣，甥女不成，却是某女子也。渠來春同爲金華之行，今既聞伯恭訃，决當如約。某當一與俱往哭伯恭，亦不欲爽前約也。鄭景望亦殊可傷，前書當報去矣。陳正己今在甚處？公度當已歸，來春之約，不知竟如何也。

某忽隨例沾誤恩，念有罪無功，不敢受。又昨奏與獻米人推賞，諸公不爲施行，前日不免於詞免狀中極論其事。遞中得周參書，亦於報書中懇之，未知竟如何。聞江湖間水旱螟蟲〔四〕，民已荐饑，不知州縣有無措置。然今年比之去年事體，尤不易也。廬陵當不至此，此間却差稔。但剽掠公行，甚於常歲，州縣坐視，不復介意，此亦殊可慮耳。眷集中外俱安，諸郎一一佳茂！愛女夭折，可傷。平父次女與泰兒同歲，向許議昏，近亦不育。其女幼而解事，甚可惜。今此兒未有親，不能不掛懷抱耳。向丈得書，却來説及薌林集要序，甚恨未得見也。序文豈敢僭易？然此却好題目。但恨晚輩不當作，又苦心力衰，畏作文字耳。景陽明年且在致遠家否？向見其説話意趣儘好，恨不得款曲講論。今既相遠，又無由得相聚耳。向得書，朱君岑何字？偶不記憶，更告批諭。彼中交游學生，并爲一一品題以來尤幸。史老所薦，皆浙東知名士，亦不易。但陸子静亦入此保社，不知果已行未耳。惠况紙墨筆帖，良以愧感。無物可寄，祭禮及二小書謾往，幸收之。昨得延之處祭禮三家，方屬鄭丈補入，而渠已物故，旦夕更屬新將也。弟子職、女戒本各爲册，而皆以雜儀附之。令人家小兒女各取一本讀誦爲便也。今此册爲印者所并，又缺雜儀一本，不容復改。然此無多字，致遠更能鋟版流行，亦教化善俗之一事也。但女戒向見伯恭説欲删修一兩處，忘記問之，不知向來曾説及否。吕氏二書，似亦可刻，并廣之也。

校記 〔一〕訃：原作「計」，據宋閩本、宋單刊本改。

〔二〕相：疑當作「想」。

〔三〕倅：原作「淬」，據宋閩本、清康熙本改。

〔四〕蝨：四庫全書本作「蝨」。

編年 據書信編年。

劉子澄 淳熙十四年四月

某還自莆中，道間大病，幾不能支。卧家月餘，幸未即死。然神氣衰憊，比之春中又什四五矣。雲臺將滿，方欲俟批書畢，遣人宛轉致懇，復求舊秩，忽尤延之送敕來，乃蒙朝廷檢舉直差。雖似小小行遣，聞新揆却甚以爲恩意，亦爲一番勞擾。但去冬案後收坐，未曾决遣，不知此又折得過否耳。只恐反露綫索，觸着駭機，亦復任之，不能深以爲憂也。王漕送示二月十一日手書，三復喜慰不自勝。但趙南紀云長沙中冬已見報，而老兄正初始得知之，何其晚耶。今自劾之章復久未報，不知何以處之。要當極力再請，以得爲期。得朝士書皆云爾，其相鄉慕而未相識，如張元善者，尤拳拳也。先聖象荷寄示，然此乃湖學所藏昭陵賜安定本，向見陳明仲有之，因託定叟傳得。其温良恭遜之容，比此又精善，恨未得令兄見之也。所謂顔子者，相傳是伯魚，薛士龍亦云恐湖學當有所傳也。偶有便人，草率附此，不知書到時朱轓皂蓋已在甚處。所欲言甚衆，例不敢出。自覺近日意思頗似向來所甚惡者喻玉泉之論矣〔一〕。年力頽侵，志不勝氣，至於如此，可懼可懼！

愛直記文甚佳，昨日拜鴻慶敕，偶得一絕云：「舊京原廟久煙塵，白髮祠官感慨新。北望千門空引籍，不知何日去朝真？」年衰易感，不覺涕泗之横集也。

校記 〔一〕玉：原作「王」，據宋閩本、四庫全書本改。

編年 據書信編年。

劉子澄 淳熙十四年秋

吴大年附到春間所予書，足以爲慰。比想經暑涉秋，尊體益佳健。但不知求去不遂之後，諸事又當如何，想亦不以此而改其度也。細讀來書，似於此未能忘懷。「獨蒙記憶」之語，又似戲謔病根依然故在也。克己功夫不是易事，願益加意而勉焉，則區區之幸也。

編年 據書信編年。

王子合 遇

子合之侄孫鎔家藏　淳熙十四年以前

前書所喻祭禮之位，昨因嘗以爲疑〔一〕。但不如此，又難區處。若只祭三世，猶可以曾祖考妣居中，而祖東考西。然東位考妣之坐已自難設。祖考東而妣西，則妣坐迫近曾祖不便。考西妣東，又與今人坐次相反。若祭四世，則一位居中，二位居東，一位居西，殊不齊整。兩兩對設，又似敵體〔二〕，不分尊卑。況左昭右穆，亦是異廟，而廟皆南向，即與今人相向設位不同。又相向設位，則舅婦之坐東西相見，亦甚不便。似不若只以南向西上爲定之爲愈也。

校記　〔一〕因：疑當作「固」。

〔二〕體：四庫全書本作「禮」。

編年　據書信編年。

朱熹文集編年評注別集卷四

書

劉共甫 以下胡德方家藏　乾道六年秋

自領鄂渚所賜書後，一向不聞問。或云體候嘗小不快，不知所苦何恙，淺深如何？遠方無由得的信，徒有懸情耳。比日秋涼，伏惟忠勤有相，鈞候萬福。向來微恙，失去久矣。宰路虛席，國論一新，幾微之間，安危所係。衆謂明公宜還鈞軸，尚此遲遲，不無觖望。然上流之重，當此之際，寄任亦不爲輕。更願進德愛身，審於舉措，毋使中外窺覘，有所竊議。此爲增崇望實，填服夷夏之本。甚恨相望之遠，不獲以時密罄所懷。雖在荒迷，不忘憂嘆耳。區區過計，以爲萬一氣體小或未復故常，則塞垣高秋，不宜久處。伏惟深以家國大慮爲心，勿爲目前華靡細娱牽制回奪，則於此不難處矣。孔明擇婦，正得醜女，奉身調度，人所不堪。彼其正大之氣、經綸之藴固已得於天資，然竊意其智慮之所以日益精明，威望之所以日益隆重者，則寡欲養心之助與爲多焉。某自罹禍罰，號慕之餘無復外事，稍得温習舊學。苦淡寂寥之中，時有絲髮之見，乃知前日所謂學問者極爲草草〔一〕，而欲以此仰希聖賢，下脱塵俗，亦已難矣。方作書爲欽夫言之，想其未免於此也。然此事自古聖賢、近代先覺言之已詳，病在學者自立意見，別作一般主張耳。其詳非面莫能究，顧所謂寡欲養心者，其大端也，不識高明亦有意乎。荆州聞極荒凉，無賢士大夫可奉談燕。人心至危，恐久流放，難復收拾。願日取古聖賢書熟讀深思，以袪物欲之蔽，幸甚。欽夫造朝後，至今未得書，不知所論如何。想彼却時得書也。

校記 〔一〕謂：原缺，據明萬曆本補。

編年 據書信編年。

劉共甫 淳熙三年二月

歲前嘗以書附族叔司理，除夕得書云，開正方得行，今不審已達未也。此叔年已礙選格，今該慶恩，恐可參部。得少垂念幸甚，渠亦非敢有過望也。舊甌寧宰劉元升者，不知曾識之否？其人潔廉曉事，再爲甌寧，事辦而民安之，前後莫能及。近宰新喻，無故爲程泰之按罷，客於臨江，貧甚，幾不能自食，江西人士皆稱而憐之。如此人者，苟未有所歸，亦可召而使也。前書所禀孫教授者，果何如？近復細讀其文〔一〕，必自重而不苟合者。似此一等人，恐又當降意求之。若俟其僕僕以求己，則終不可以得之矣。此有邵武守楊獬、浦城宰吴燠，政皆可觀。近以事涉其境，見其士民交口稱頌。浦城之政，細民尤安樂之。兩人皆有文學，非俗吏，它時恐亦可備使令，幸略記之也。安道此來，未及相見。浦城爲守倅所窘，渠來始安迹。建陽科歛煩擾，首劾治之，此兩事甚佳也。欽夫歲前得書，爲政之意甚美。但所請與諸司均節一路財賦者，不知者必以爲侵官，不知終能協濟否。所論鹽法利害，頗與閩中相似。渠但深排鈔法而以官般爲善，不知官般果能無弊否？其求訪人才之意孜孜不倦，不自以其才爲可恃而留意於此，此尤可敬者。使當世王公大人一皆以此爲心，不俟人之求己而汲汲於求人，則天下豈有遺才廢事乎。甚可嘆也。

校記　〔一〕讀：原作「續」，據宋閩本、宋單刊本改。

編年　據年譜長編。

劉共甫 淳熙三年冬

私門不幸，老婦自去夏得疾，荏苒逾年，療治無瘳，此至後一日，遂至不起。痛悼悽切，不能自堪。加以幼累滿前，將來百緒便有不能不關心者，尤非衰懶所宜，未知所以爲計也。昨聞尊體微不安，深以憂念。及此奉告，乃始釋然。請祠未遂，又聞繼有勞賜之寵，此蓋事功較著，聖明深知，雖有讒邪，無間可入，或者不復久勞于外矣。然想亦未免再請也。某祠敕已下，適此衰粗，尚未及拜受。聞昨來諸公將上辭免文字，上復有除職之命。幸諸公白其不可，遂止，不爾，則愈見顛沛。然聖恩深厚，何以論報！唯有修身守道，以求無負寵嘉之意而已。欽夫得書，云長沙傳聞某病，消息殊惡。此雖非實，然亦竟遭凶禍，可怪也。又具道其經理財賦之詳，此足以惠一方矣。但趙漕去時，意象甚不平，不知今相見後復如何也。昨蒙喻及徽絹文字，不知曾爲剡奏否？更得留念幸甚。蓋雖已有爲之者，更得一言之助，則尤有力也。近時鄭鑑對策事，想悉聞之。明主可爲忠言，自是士大夫顧望蓄縮，委曲避就，養成今日之勢。今又自彼上言之後〔一〕，寂然無復繼者，消長之幾，正在此毫釐頃刻之間，益可寒心。計高明雖在外服，未忘根本之憂，亦當拳拳於此。況望實益隆，眷禮益厚，則圖所以收拾人才、紀綱政體者，其本末先後必有一定不易之論。區區於此更望勉旃，千萬幸甚！

祠記〔二〕、責沈二刻，拜賜甚厚。但記中「默契於中者矣」誤作「也」字，不知尚可改否？繆文本不足以發揮崇德尚賢之意，讀之既久，愈覺紕漏，益增愧耳。責沈之義，昨已報平父，正爲子高沈姓耳。承許續致，只得未背者尤便也。別紙垂喻永隆葬事，具悉尊旨。但彥集於此正自憂勞，唯恐不足以集事，但素不更事，凡百過於憂惴急迫而已。不審高明所慮何自得之。自此竊恐聽言之際更當每加審諦，使忠實日親〔三〕，讒慝日遠，則久大之業粹然無疵，不獨施於州里親族之間者其愛憎賢否各得其當而已。僭易皇恐。余隱之事，前日已嘗具禀。二孫之禾，恐止可撥四百秤。蓋宋家所收自不多，若可少增，恐亦不可過百秤也。唯是隱之父子不解事，來此干預宋家產業，出言不遜，其子尤甚。恐將引惹方氏復來生事。已令陳、吳二婦作狀，經府告示之矣。此非得已，不審尊意以爲如何？

校記　〔一〕上：原作「七」，據四庫全書本改。

〔二〕記：原作「祀」，據正訛改。

〔三〕實：四庫全書本作「賢」。

編年　據書信編年、年譜長編。

劉共甫 淳熙四年春

過崇安日，首詣三里，視彦集所開地，岡巒形勢目前無大虧缺，而水泉涌溢，殊不可曉。問之邑人，亦無一人能言其所以爲病者，但謂開壙太深使然〔一〕。今若移穴近高而淺其壙，則無患矣。此語使人不敢信，因語彦集，莫若更呼術人别卜它處。此數日亦未聞有定議，政恐不易得耳。然留彼三日，三往諦觀，亦覺形勢有可疑處。所以致水，蓋非偶然。顧高明未必信，故不復白，直論日前所處曲折耳。想聞此亦深軫念也。

校記　〔一〕開：原作「間」，據宋閩本改。

編年　據年譜長編、書信編年。

劉共甫 淳熙三年十月

杜門如昨，無足道者。但傳聞淮北音問不一，心竊憂之。及問平父，云屢得近書，初不及此，則彼爲妄傳矣。然事之可憂者，正亦不在是也。近一二士大夫斥言近習，無所隱避，上亦嘉納，但崇信如初，略無變改之效。不知又是何人陳此秘計，欲以柔道不戰而屈天下忠義之兵。彼自爲謀則巧矣，而爲國患日深，奈何！昨承委撰王公集序，已嘗具禀，恐不能事，以病高明。前日偶與平父諸人小飲醉卧，中夜少甦，因不復能寐。感慨俯仰之間，若有開其意者，忽得數十百言，蹶然起坐，取火書之。竊意以是爲王公集序，若可無愧，但未知尊意如何耳。聞莫子齊所作行狀甚詳，故序文中及之。得求一本見寄爲幸。今屬平父附便拜呈，恐不中用，却乞示下，當略改入題處，别作跋語，爲某之自言者授其子，以見區區。或粗可用而有當改處，亦告垂喻曲折，當如所戒也。平父昨令與伯謨説招致之意，近聞復當少緩，亦已報之矣。渠既未成詣門下，欲邀來此相聚。而鄉人子弟不可率，貧家又不能有以資之，度其邵武亦未必有相聚處。貧悴日侵，殊可念耳。

元履之弟誠之者，中間得所予賻金，數年質易，稍有資聚。今秋因索債毆人〔一〕，邂逅致死，遂盡索所賫，又舉貸以繼之，然後得脱。今一房四五口立見狼狽，殊可憐，然無術以救之。往時元履病中亦以此弟見屬，今無如之何。親舊向來干擾殆遍，又不容復有請。不審樞密或有不費之惠，得賜哀憐，千萬之幸。然渠初不敢有此望，更在裁處也。

校記　〔一〕因：原作「困」，據宋閩本改。

編年　據年譜長編。

何叔京 鎬 乾道五年冬

持敬之説甚善，但如所喻，則須是天資儘高底人，不甚假修爲之力，方能如此。若顔、曾以下，尤須就視聽言動、容貌辭氣上做工夫。蓋人心無形，出入不定，須就規矩繩墨上守定，便自内外帖然。豈曰放僻邪侈於内，而姑正容謹節於外乎。且放僻邪侈正與莊整齊肅相反，誠能莊整齊肅，則放僻邪侈決知其無所容矣。既無放僻邪侈，然後到得自然莊整齊肅地位，豈容易可及哉。此日用工夫至要約處，亦不能多談。但請尊兄以一事驗之，儼然端莊，執事恭恪時，此心如何？怠惰頽靡，涣然不收時，此心如何？試於此審之，則知内外未始相離，而所謂莊整齊肅者，正所以存其心也。

編年 據書信編年。

廖子晦 德明 槎溪刻於韶州州學 淳熙十年四月

去冬嘗苦臂痛，累月不能詘伸。今幸少安，又以武夷精舍初成，不免與諸友朋來集。甚恨賢者之不在是，其溪山之勝，言有不能喻也。祠記見屬，所不敢辭。但此間擾擾，俟還家草定，尋便寄去。只恐子晦官滿，不及刻耳。朱舍人進用正當秦、范之時，畫策事却未聞。説者必有來歷可考也。向見濂溪家本畫象服紫，當是提憲所借。明道廟象服緋，但伊川不知所服。向來南康只用野服，蓋伊川晚年已休致，可不用朝服也。二先生朝服當時未有履，只合用鞾子〔一〕。鄉飲酒禮石刻本所未見也。所寄文字碑刻留家間未見，而來書不及其名件，不知果何書也。近思録字大，甚便老眼，有便幸寄一二本。

校記 〔一〕子：原作「了」，據明萬曆本改。

編年 據書信編年。

魏□□〔一〕 元履弟　胡德方家藏　乾道九年春夏間

病革時，顧念君親，處理家事，無一語謬。其母視之，不巾不見也。戒其子云云，去「命其學者」云云，以右有之一節。所爲文章若論議訓説合數十卷。卷數既未定，不若只以此句包之，如何？元履於學無不講，而尤長于云云，識其大者，平居論説，聽者悚然，在學者止周遣之。除此一條，蓋前已有恤親舊字，可包舉也。泣拜，奉嚴君士敦之狀，以銘文爲請。

志文所改，大者如此，其它悉如來喻填補矣。愛君憂國，已云有志於當世，足以見之。此等事太切切言之，又似出位也。奉親人之常行，若一一紀載，則日用百事皆當悉書矣。興利除害，賙人之急，如所載請移粟、恤親舊之事便是，更不必重出矣。隆興乾道時政議，不知是何書？頃所未見。大抵此等皆非草茅所當言者，表而出之，恐益生病，不如爲泛辭以包之也。俚俗謂「坂」爲「富」，如此間「大富」、「藉富」，皆「坂」字也。向見荆南田官説營田處地名長富，即劉先主爲曹操追及處，史所謂當陽長坂也。然則以「坂」爲「富」，南北通語。要之見於文字，當作「坂」字也。

校記 〔一〕缺處四庫全書本作「誠之」。

編年 據文集卷九十一國録魏公墓誌銘，魏掞之卒於乾道九年閏正月，葬於七月。此書論改墓誌，知作在春夏間。

汪時法 大度　婺州有刊帖　慶元元年七月十六日

七月十六日，熹頓首啓：去冬遠承訪及，得以少款，爲慰爲感〔一〕。别後不能一奉問，但聞裂裳裹足，遠送遷客，爲數千里之行，意氣偉然，不勝嘆服。未及致書，忽辱手示，獲聞比日劇暑，客裏殊勝，尤以爲喜。子約此行，無愧臣人之義，而學士大夫粗知廉耻如僕等輩，有愧於彼者多矣。聞廬陵寓舍有園亭江山之勝，又得賢者俱行，相與講貫，亦足以忘其遷謫之懷也。便中寓此，病倦草略。餘惟自愛，不宣〔二〕。

校記 〔一〕以上原缺，據敬鄉録卷七補。

〔二〕「便中」以下原缺，據右引補。

編年 呂祖儉謫吉州在慶元元年，據以繫之。

評論 王柏跋朱子與汪獨善手帖：今觀文公手筆粲然，辭氣慷慨，所以嘆息二先生之事，凜凜然足以立千載懦夫之志，是以起敬而書於後。

向伯元 浯　以下伯元之孫公永家藏　淳熙六年九月

承乏半年，了無善狀，求去不獲，又未敢遽復有請，凜凜然日惟得罪於民是懼，它無可言也。至此刻得周子象、圖、書、説、賦凡五種，并叙古千文、重立直節堂記跋尾等，率易各納一本。敬夫爲記濂溪祠堂，子澄所書，亦并納呈。更立陶靖節、劉凝之、道原、李公擇、陳了翁堂，方求記於尤延之，尚未到也。得子澄書云，書府有康節先生墨迹，甚奇，輒欲就請摹刻，以垂學者。□□去卒〔一〕，只一兩月可了，即專人還納也。

校記 〔一〕缺處疑爲「幸付」二字。

編年 朱熹至南康任在淳熙六年三月，書云「承乏半年」，是作在九月也。

向伯元 淳熙十年四月

春老夏初，伏想林居幽勝，有足樂者。承喻玩意論、孟之書尤覺有味，恨不得從容侍教於前也。某不量疏拙，輕出從事，無以補報縣官而乖忤貴臣，幾蹈不測。賴上聖明，保全至此，且幸未至顛隮，然殊未敢自保也。去冬病臂，近方小愈，然猶未至脱體。呻吟之暇，繙閲舊書，亦有一二學者相與討論，足以自樂。獨念遠去長者之側，不得講去所疑、消釋鄙吝爲恨耳。

向見子澄説書府有康節書陶公詩，地遠，不敢借觀。但時時想象此題目，已覺清氣逼人也。

編年　據書信編年。

向伯元 淳熙十四年

紙尾批誨飲食必祭之説，旨意深厚，不勝嘆服，蓋所開警爲已多矣。君祭先飯，先儒舊説蓋本如此，近世乃有以爲君祭必先黍稷者。若然，則其音讀亦自不同。蓋如先儒之説，則「飯」音上聲而爲食之之義；如近世之説，則「飯」爲去聲而指所食之物。二説雖若皆通，然細推之，則恐先儒之説爲長。蓋爲賓主之禮，則主人先客祭〔一〕，然後客祭，主人食而後客食。今既侍食於君，則不敢當此禮。而子之於父，臣之於君，飲食必先品嘗之而後敢進，亦禮之所當然也。故謂侍食者於君之祭也而已先食之，其義各得。若如近世之説，則君祭之先後有非己之所得與者。且祭之先後，自有常禮，上下同之，不必專言君祭乃先飯也。鄙見如此，不審尊意以爲如何？昨承喻及嘗見大學鄙説，近有修定本，張君抄得，幸試取觀，有以見教，千萬幸甚！

校記　〔一〕先：原缺，據明萬曆本、清康熙本補。

編年　據書信編年。

向伯元 紹熙元年春

某頃叨除用，出於意外，懇辭幸免，然猶復忝郡寄，上恩厚矣。但年來目疾殊甚，恐不復堪吏責。免章再上，諒必得之也。子澄去秋以書來告别，方此憂念，繼得公度書，乃知遺書之後，不六七日遂至大故。發書一慟，痛不可言。然至今未能遣人奠之，日以愧恨也。交游凋落，如晨星矣，復失此人，吾道亦殊失助也。

編年 據書信編年。

向伯元 淳熙十四年四月

三數年來無日不病，而今年爲尤甚。神思疲憊，筋骸縱弛，飲食不至大減，而肌膚消削，日就枯槁。蒲柳之姿，望秋先殞。每聞老丈聰明輕健〔一〕，過絶於人，未嘗不嘆衛生之有經，而愧謹疾之無術也。祠禄將滿，未敢再請。而朝廷記憶，遂有鴻慶之命。杜門竊食，雖若可以終身，然舊京原廟隔在異域，每視新銜，不勝悲憤之填膺也。臨江張洽秀才迂道相訪，後生有志，甚不易得。因其行附以此書，并令請見，幸予其進而教誨之。

校記 〔一〕丈：原作「友」，據宋閩本改。

編年 據年譜長編。

向伯元

淳熙十一年至十二年

蒙寄示先正遺文，歛衽擎誦〔一〕，不覺終篇。竊惟忠義之操、高尚之風，生平之所想象鄉往而不得見者，今乃得窺其一二大者於翰墨文字之餘，何其幸耶！蒙需跋語，晚生豈敢僭越？然不敢不有以見區區慕用之私也。胡公、汪公皆人物標準，名論一定，誰得改評？時事傳聞有足憂者，每念扶持三綱之語，益令人感慨也。

校記　〔一〕擎：原作「警」，據宋閩本改。

編年　據書信編年。

淳熙十四年秋

蒙誨諭格物之説，不勝悚仄。前輩立言，豈敢輕議？但以河南夫子所謂物我一理，才明彼即曉此者觀之，即宛轉歸己者，似稍費力耳。兼窮理功夫亦是且要識得事物當然之理，積久貫通之後，自然所行不疑而實理在我，隱微之間亦無私念。河南所論條目甚明，恐亦不必事事比擬然後爲得也。又反身而誠，乃躬行之至，無一理不實有於吾身，非爲一時見處發也。鄙見如此，不審高明以爲如何。無由面請，因風不吝垂教，千萬之幸。然張君所傳大學本子，近日又多所更定，稍覺平實。恨未有人寫得拜呈也。

編年 據書札彙編。

向伯元 淳熙十一年春

山間少得過從，目昏，不敢讀書，舊學寖隳，深以自嘆。然閒静從容，却覺意味亦深長也。昨得子澄書，具道昨寄武夷佳句，深有教督之意。再加紬繹，乃悟微指，不勝感佩之至。近聞汀、劍之境有嘯亂者，官軍挫衂，勢甚可憂。貧病支離，彷徨瞻顧，未知税駕之所，奈何奈何！御書古文孝經有墨本否？欲求一通。此書無善本，欲得此讎正也。

編年 據書信編年。

向伯元 淳熙十二年二月

某祠官秩滿，比已再請，聞諸公已相許，旦夕必得之。又且藏拙，休息病軀，何幸如之。尚恨貧窶，未能即挂衣冠，景行高風耳。昨蒙委撰先集後語，不揆荒拙，率爾草成。今附便拜呈，恐有未當，幸却垂喻，容改定也。晚學不當僭易，迫於嘉命，不敢辭耳。

編年 據書信編年。

向伯元 淳熙十二年

昨以所撰先公文集序稿本拜呈，未蒙鐫改，方此悚仄，今奉教帖，反得褒賞之詞，此豈所望也。子澄相愛，又素多可其言，恐亦未爲不易之論。更望詳之，有未安處，却幸指示，乃可傳遠耳。子澄新除，知識多以爲疑。聞吾丈亦有「着甚來由」之語，此至論也。然尚幸闕期未到，得且從容耳。子卿官期必不遠，未及爲書，極懷想也。景陽得時親几杖，甚幸，真足以銷鄙吝之萌矣。

編年 據書信編年。

向伯元 淳熙十六年夏

周公去相，尚留義興，豈過婦家少駐耶？近方寄得一書問訊之，勸其速歸，不知今已出江上未。經由必相見，當能道所以然者。某不恨其不蚤去，恨其不勇爲也。天下豈有兼行正道邪術，雜用君子小人而可以有爲者？去歲入都時，已知其必有今日之禍無疑矣。

令子知丞歸來，文字竟足未耶？今時諸司文字多爲有力者所取，至或同僚數人同署一紙而脅取之者，此與法令所謂恐喝取財者何異？火色如此，平進者何自得之？正當量分自安。想賢郎熟聞廉靖之教，其必有以處此矣。

編年　據書信編年。

向伯元淳熙元二年間

某向來妄意作一二小書，初不敢以示人。近年自覺昏憒，不復更有長進，有欲傳者，因以付之。今納四書五册，仰塵燕几。恐有悖理，幸望指教，尚及鐫改也。

編年　據書信編年。

向伯元淳熙十四年

子澄竟以薦賢遭論，與某去冬波及之章正相先後。但渠在郡，與閑居不同。昨聞俟罪丐祠未許，此恐當力請而歸乃佳，不審尊意以爲如何？近得其書，甚恨不能早追長者之後塵也。景陽何故却歸廬陵？久不相見，不知後來學業如何也。

編年　據書信編年。

向伯元淳熙十五年正月

某衰病之餘，去秋復有哭女之悲，支離凋耗，益已甚矣。昨叨除命，一辭不獲，方欲春深闕近力申前請，而代者忽以章罷，便有奏事指揮。聞命彷徨，不知所以爲計。已專人致懇，不過旬日，當有決語。萬一未遂，即不免一行，祈哀君父，庶遂本懷耳。江右之行，勢必難勉强也。子澄去替不遠，醜正之人又以憂去，意其可以善罷，從容而歸。今乃竟不得免，又且便着「道學」兩字結正罪名，世路如此，豈復更容着脚？不如且杜門讀書，只作殘年飽飯之計，庶無後悔耳。所恨相去之遠，不得時扣函丈，日奉誨言，以滌塵襟、銷滯吝，此爲恨恨耳。

黄婿已歸三山，赴馬帥之招，爲今秋漕試計也。後生輩未忘進取，爲此計較，亦復可笑耳。前所納諸書，有不當理處，切幸指教。易數比之諸家已極簡易，要非侍坐從容，不能究其説也。寵惠鐵鏡、川墨拜領。鐵鏡謹置之對坐，常以自照，如長者儼然臨之，不敢不起敬也。

編年 據書信編年。

林井伯 成季 以下井伯外孫方之泰家藏 紹熙元年十月

某碌碌如昔，近旬日來，訟牒頓希，可以藏拙。但經界指揮未下，不知竟如何。昨夕地再震，不知彼中如此否？趙帥有來期未？此但聞帥司已發牌印去，它則無所聞也。經界若行，欲挽退翁、仲則一來。但其地皆煙瘴之鄉，不知二君肯一來否。煩爲微扣之，别有有精神、耐勞苦、肯任事而能戢吏愛民者，不妨更爲尋訪喻及。此或亦專人去約□誠之。此不厭人多，分頭勾當，庶事易集也。

編年 據書信編年。

林井伯 淳熙十二年冬

示喻福公令孫好學之意，甚慰鄙懷。昨擇之書來，亦嘗及此。遺書中間編得草本〔一〕，未曾寫净。兼亦止是記得諸公行事大略，若欲究其學問根源，則不如讀其所著之書爲有益也。伊川先生多令學者先看大學，此誠學者入德門户。某向有集解兩册，納呈福公。其間多是集諸先生説，不若且看此書。其間亦有少未安處，後來多改動，旦夕别寫得，當寄去换舊本也。陳公令孫之字謂何？幸批報。近思録亦好看，煩并爲説達之也。

校記　〔一〕遺：原缺，據清康熙本補。

編年　據書信編年。

林井伯 紹熙元年十一月

承喻諸賢肯來之意，尤以愧荷。但指揮至今未下，聞有陽操兩可而陰實力沮之者。此雖兩郡貧民之不幸，然使區區之願不讎〔一〕，則亦拙者無窮之恨也。蔡、周諸君雖未識之〔二〕，然既爲賢者所稱，已筆之於簡矣。惠安文字，此正以臬事之故，不敢數與之通問，無由可致力也。某前月脚氣大作，兩旬然後愈。又苦臂痛，中間小愈，今復大作，作字如此，它况可知。它不可意者甚多，已專人求去矣。

校記 〔一〕讎：記疑云疑當作「酬」。

〔二〕周：原作「用」，據四庫全書本改。

編年 據書信編年。

林井伯 紹熙元年十二月

某衰病發歇不常，醫者以爲風氣，非脚氣，似亦有理。此數日來却幸小定，然亦未敢自保也。經界之命雖下，然已後時，恐妨農功，未敢下手，又不免費分疏。尚恐有避事飾詞之責，然亦無可奈何也。學古之薦，昨得帥書，嘗語及此。公論所在，人無異詞也。簡卿文字極苟不外，但某平生畏人來奪文字〔一〕，亦自守不敢求知之戒，不敢以其所賤者施之於人，故未嘗敢作此等書。如學古亦只是自首薦之，未嘗爲轉求也，千萬見亮爲幸。

校記 〔一〕奪：四庫全書本作「討」。

編年 據書信編年。

林井伯 淳熙十四年秋

某去秋今春兩次大病，今夏第三女子得疾，療治驚憂，凡百餘日，竟不可救。老懷傷痛，不可堪忍，病軀緣此愈見衰弱，奄奄度日，無復生意。江西之除，雖感聖恩，然形神如此，豈復更堪仕宦？已申省懇辭矣。萬一未遂，臨期須力請，以得爲期也。通老所言極荷留念，成都事已報過，未知果如何。若真有此，可謂疏脱，幕府諸人亦不得爲無過矣。擇之去住不知如何，正恐子直亦不自安也。

編年　據書信編年。

林井伯 淳熙十一年夏

録示氣訣，極荷留念，不知曾試如此行持否，效驗果如其説否。然尚有一二處未盡曉，異時須面扣也。福公書來，亦説不成爲三山之行，可見審重之意。又蒙寄惠武夷長句，平易宏深，真有德者之言也。欲作書和韻，附此便致謝，以「雩」字韻險，捏合未成，且俟後便。恐因見次問及，幸爲道此意也。

趙帥進職因任，可喜。但聞開湖事都下亦頗紛紛，人之多言，真可畏也。

編年　據書信編年。

林井伯 紹熙二年十月

某憂苦杜門，卜葬未定，忽叨收用之恩。顧此私計實有未便，已力懇辭，勢必得之。此間築室之□作未及一〔二〕，已覺費支吾，甚悔始謀之不審也。臨漳紛紛，後來又不止此。薄德繆政，累及僚友，深以自愧。師中必已歸到，前日便人尚未回也。彼中諸朋友喜各安佳，便遽事冗，未及上狀，各煩致意。趙卿文字未得下筆，前日被潘恭叔來守乃翁志銘，略爲草得一兩紙，便覺便旋白濁，夢寐不寧，此豈治筆硯之時哉。永嘉林復以墨來見，觀其所製，頗似可用。求書南游，因附以此。朋舊間恐有可爲可譽處，幸略道意。已深喻之，不敢有望於賢者矣。郡侯好事，或使知之亦佳。

校記　〔一〕清康熙本缺處作「舉」。

編年　據書信編年。

林井伯 慶元四年

閑中何以閱日？想不廢探討之功。伏臘之計，不至入思慮否？來春當復爲一出計否？風波渺然，未知所止泊也。某去年不甚病，今春乃大作，幾不能起。廖子晦到此見之，經由相見，必當語及也。今幸且能吃飯讀書，然明年便七十矣，來日能復幾何？不知不覺輥到此窮極處，亦可笑也。餘干久不得書，今年爲黄子由、徐子宜觸動機關，又復翻騰一上，未知何時得平静也。仁里諸賢想各安佳，草堂想論著不輟。今年病中，看性理文字不得，僅繙得一二小小文書。有未識來歷處，欲質所疑而不可得，殊鄉往也。師是兄弟爲况如何？師中想非久赴官矣。履之亦相聚否？別後所進何業也？

編年　據書信編年。

林井伯 慶元四年秋

某今年頓覺衰憊異於常時，百病交攻，支吾不暇，服藥更不見效，只得一兩日静坐不讀書，則便覺差勝。但魔障未除，不容如此。兩日偶看長編，至燕雲事，便覺胸次擾擾，如在當時廟堂邊境之人，甚可笑也。閩中一歲而喪三隽，皆未老而遽化。近又聞子約之喪，貶死異鄉，尤足傷悼。想聞之亦爲悵然也。鄭公得請奉祠，歸享甲第之勝，想不復以當世爲念矣。自其開府之初，得一通問，後恐蹤迹累人，不敢再遣。今却不可不致書，輒有一緘，外題只納左右處，幸携見面納之，免思憂慮。渠向書來，亦只封與詹元善，蓋恐人之知之也。

編年　據書信編年。

趙子欽 彦肅　慶元元年冬

友人林井伯，艾軒之從子也，今往赴省，因過餘干，勞苦故人之在難者，其義甚高。到都下不欲參學，以避時論。欲得一僧舍安泊數月，不審能與致力否。渠知識自多，但難於見人，故欲且得僻處潛伏耳。

編年　據書信編年。

方若水壬

紹熙元年二年間

承喻深悉。賢者才業如此，及此未爲世用之時加意講學，勉力職事，以修其在我者。至如士民薦舉之類，亦當有以禁之，勿令復出。不知它人如何，如某久居閑處，見此等無非迎合，以是心常惡之。當官處遇有此等，或察其情有奸弊，即繫治之，不少貸也。别紙所喻三先生祠記，多事不暇作。兼長泰設此，似亦無謂也。縣學文字適此擾擾，未暇詳閲。要之此等粗合有司程度足矣。學者須令此外識得一用心處，乃有益耳。舊課新詩及啓皆善，但四六須更看前輩歐、王、曾、蘇所爲乃佳，然亦不足深留意也。大學近改兩處，及未印間改之爲善。其它民間利害，當就州府理會。龍溪事亦不足深計，渠固未嘗喻及也。程帖已領，白社本後跋有記明道一二事，并附入亦佳。

大率諸義皆傷淺短〔一〕，鋪陳略盡，便無可説，不見反復論辨、節次發明工夫。讀之未終，已無餘味矣。此學不講之過也。大率門揍己字太多，反失正意。據題意則治己字輕，以仲尼字重，輕處只消拂掠説過，不必如此裝得太重也。

校記 〔一〕淺：原作「殘」，據宋閩本、宋單刊本改。

編年 據書信編年、年譜長編、書札彙編。

朱熹文集編年評注別集卷五

書

方耕道（宋淳熙四年五年間）

所示劄稿，備見勤懇之意。至誠感動，理必可伸。但未曉其名色，不知所論爲已明白與未耳。寇事亦不審其曲折，若如前書所喻，欲以不加桎梏之類爲感動之術，則在我者誠亦有以取之矣。大率天下事循理守法，平心處之，便是正當。如盜賊入獄而加以桎梏箠楚，乃是正理。今欲廢此以誘其心，欲其歸恩於我，便是挾私任術，不行衆人公共道理。況恩既歸己，怨必歸於他人，彼亦安得無忿疾於我耶。此等事病根不淺，頃它時面見〔一〕，更於源頭理會耳。明道先生記彭中丞語云：「吾不爲它學，但自幼即學平心以待物耳。」此言可念也。信筆及此，深愧率易。然以老兄樂於聞過，勇於徙義，必不以爲怪也。桂林春來未得書，不知爲況如何。求歸不獲，甚可念。程簿得安其職，幸甚。許宰書已領矣，所喻不敢爲久安計，在邑一日且料理一日事甚善。

然所謂不爲久計者，亦須决定去得，如其不然，即此言反爲害矣。

校記　〔一〕頃：疑當作「須」。

編年　據書信編年。

方耕道淳熙六年冬末

前書所布，當蒙深察。既不欲密之，又不欲公言，而發之盃酒之餘，恐尤未安。以愚意觀之，既爲辟客，即非泛泛屬官之比，有所見聞，正當密言之耳。但亦當斟酌是否，量度時宜，使有益於主人而無傷於事體，乃爲盡善。若一言不契，即欲忿然引去以爲高，則吾不知其説矣。千萬幸聽此言。蓋非獨老兄一身之得失，實吾道興衰所繫，切告詳思。此言有深味，不可草草看過也。暇日讀何書？易傳恐宜熟觀。且虚心玩味，未可便容易領略。亦不須更立新説，且只看他聖賢處事詳緩曲折處〔一〕，不要作書讀，且只作事看也。皇甫文仲甚不易得，老兄所以箴之者甚善。聞渠亦嘗相勸，真得朋友之道矣。吾人之意，豈是欲耕道爲容説媕阿之計，只是要得是當耳。寬猛之説，前書已具言之，更告留念。令弟書來甚佳，大慰久别之懷。欲别上狀，雪中手凍，不能辦。又急欲遣人候南軒安信，只附此見區區。凡百且勸賢兄寬以耐事，遠方既難得朋友，兄弟便兼切偲之責，凡事仔細商量爲佳也。

校記　〔一〕曲：原作「申」，據四庫全書本改。

編年　據書信編年。

方耕道 淳熙九年七月

昨承書，知所苦增進，不勝驚憂。既稍甦惺，莫已旋向安矣？偶按事天台，奏久不報。此必有掩蔽聰明、黨護奸惡者，以此留滯多日，欲討少錢物奉助醫藥而不可得。今逐急那得五十千遣去，老兄且加意寬心將息，不必過慮。令兄伯華不及別書，想且相照管。恐耕道病倦，遣去錢物幸爲檢入也。

編年　據書信編年。

方耕道 淳熙九年七月

昨日遣書，匆匆不盡意，比想體中益佳健矣。人參三兩，恐客中或闕用，今遣致之，幸視至。迫遽，不及詳布。

編年　據書信編年。

鄭景明 昭先　以下景明之孫至家藏　紹熙元年冬

某老懶不堪，比復大病，今雖小愈，猶未復常。已上投閑之請，度歲交或可歸卧故山矣。承以職業頗爲當路所知，甚善甚善。更在勉力講學，使知益明而行益修，則固不患人之不己知矣。

編年　據書信編年。

鄭景明 紹熙二年以前

示喻讀書未能無疑，固應如此。然且漸就易曉處求一入頭下手功夫，且讀且行，則久之自有見矣。

編年　據書信編年。

鄭景明 紹熙二年以前

大湖保伍施行有緒，乃爲强豪所撓敗，深可嘆惜。官府不足倚賴如此，子厚之不能安居固宜。然遷徙重事，不可草草，已屢作書勸之矣。小人凌上之風漸不可長，能爲風曉邑大夫，有以正之，乃縣道政事所當然，非獨爲子厚計也。

編年　據書信編年。

鄭景明 紹熙二年十二月

往來頗談佳譽，更宜勉力，隨事及人，亦遠大之基也。破賊受賞，果應功令，亦復何嫌？府公寬厚，想不至有沮難。但恐吏輩過有邀求，爲可憎耳。某懇詞除命，候畢喪葬，已不得請。但臨漳經界報罷，已引愆俟罪，勢必不成行也。

楊生道夫鄉居托芘，甚幸。聞其懦弱，頗爲人侵侮。或有不得已之懇，幸稍左右之。今時外縣例以無訟爲美政，善良不無受弊，此不可不知也。

編年 據書信編年。

朱魯叔 以下莆陽方楷家藏 慶元三年以前

薦書不知竟可得否，彼中諸公都無書來，固不容效力。然亦知自信之篤，想不以此切切也。向所附去文字，官事之餘，一日豈不看得一兩段？未説要得十分通徹，但時時得此澆灌心胸，亦須有得力處也。南海樂章乃今廟中祭享時所用之樂，或云其譜乃唐朝所頒，與今世俗之樂不同，故欲得之耳。只問尋常主行祭事吏人，便可得之。只録其譜與其篇章名號次第，便中寄及，幸也。聞説曲名皆連□也〔一〕。

校記 〔一〕缺處四庫全書本作「環」。

編年 據書信編年。書札彙編以爲作於淳熙十三年前後。

學古〔一〕 慶元三年春

某忽被鐫免之命，想已見報矣。罪大責輕，固無足言。而累及知友，殊使人愧恨。蔡季通經由治下，恐道間不免有所煩浼，幸以某故，少加照矚。渠於此事本無所預，殊可念也。士俊推官想以鄉里之舊，自能周旋，更不致書。然語次亦幸密喻之也。

校記 〔一〕正訛於「學」上補「葉」字。

編年 據書信編年。

學古〔一〕 紹熙二年秋冬間

聞郡中此來紛紜殊甚，繆政致此，夫復何言。但累及諸賢，例爲群小所辱，令人不平耳。新史君到，事當自定，但不知龍溪事竟如何耳。少懇，有紙萬張，欲印經子及近思、小學、二儀。然比板樣，爲經子則不足，爲四書則有餘〔二〕。意欲先取印經子分數，以其幅之太半印之，而以其餘少半者印它書，似亦差便。但紙尚有四千未到，今先發六千幅，便煩一面印造，仍點對，勿令脱版乃佳。餘者亦不過三五日可遣也。工墨之費，有諸卒借請，已懇高丈送左右，可就支給，仍別借兩人送至此爲幸。借請餘錢却還，盡數爲買吉貝，并附來。然須得一的當人乃佳，不然又作周昇矣。昨亦已懇高丈爲根究此人，不知如何。庫中墨刻亦各煩支錢買紙，打十數本。内獻壽儀及永城學記多得數本不妨，獻壽儀要者更多也。恐印不辨，即續發來不妨。但吉貝早得禦冬爲幸耳。

所印書但以萬幅之太半印經子，其餘分印諸書，平分看得幾本。此無版數，見不得多少也。

臨行時令庫中刻一書目，如已了，幸寄來也。

校記 〔一〕正訛於「學」上補「葉」字。

〔二〕四：原作「回」，據四庫全書本及正訛改。

編年 據書札彙編。

方耕叟 禾 方之泰家藏 乾道中

禾敬問改過行己之方，願先生賜之一二言，使禾自此得朝夕從事於斯，口誦心惟，知所敬畏，庶幾前奸之不復邇，其亦古人盤銘書紳之義云。禾拜稟。

夫子有言，弟子入則孝，出則弟，謹而信，泛愛衆而親仁，行有餘力則以學文。其言雖約，然在耕叟今日改過修己之方，莫切於此。耕叟勉旃，它未有以告也。五月十四日，某書。

編年 書信編年暫列於淳熙四年，而書札彙編據朱熹南康任上與其兄方耒書「令弟書來甚佳，大慰久別之懷」語定其作於淳熙六年。然考朱熹與其兄通書甚早，在乾道六年，則答其弟耕叟書似不應遲至十年以後，疑不出乾道間也。據以繫之。

皇甫文仲 斌 以下文仲之孫撝家藏 淳熙六年夏

因遣人至九江市省馬，恐爲駔者所欺，令一稟指揮，幸與留意，千萬之望。又有一事，軍中請給條例，合支細色者，每碩只支六斗，不審軍府見作如何施行？幸子細批喻。

編年 據書信編年。

皇甫文仲 淳熙六年夏

辟書已下否？行之遲速，若有嚴君之命，不必遷延。賁之初九，其義甚明，此不足爲笑，而適足以見高誼耳。然行日千萬更遣一報，欲附書也。四九侄專去請見，非有素約，亦不敢令輒往，幸早遣其歸也。

編年 據書信編年。

皇甫文仲 淳熙六年夏

鞠會向熱，想未可來。此中見治一教場，甚闊，亦未竟，竟即可試馳射，容續奉報也。

編年 據書信編年。

皇甫文仲 淳熙六年秋

示喻淮上新田偶有水患，此天意更欲太尉且爲國家立功立事，未許就此閑適耳。大學或問今付來介，看畢幸示及。易傳跋語未敢容易，更容擬定，續奉報也。荆州之行果在何日？未即承晤，臨風依然。

編年 據書信編年、書札彙編。

皇甫文仲 淳熙六年冬

某昨來求去不獲，近復有請，其詳具南軒書中，此不備言也。左右到彼既久，南軒必朝夕相見，講論當有深趣。所喻恢復規模，誠不可易之論。然今日亦惟南軒實做得此功夫。某輩衰懶，只思縮頭，豈可夢想此事也。龍山佳句，可見一時賓主之勝，恨不得爲坐上客也。所喻易說，實未成書，非敢有所吝於賢者。然其義理不能出程傳，但節得差簡略耳。大抵讀書且當盡心於一家之說，不可如此貪慕疑惑。況在今日，老兄讀書便要道理受用，又與章句儒生事體不同。但子細反復，看教程傳浹洽，或更就上自節出緊要處看，尤當得力也。因見南軒，試以此說扣之，亦必以爲然耳。

編年 據書信編年。

皇甫文仲 淳熙六年秋

人至辱書，知還侍安穩，即爲荆渚之行，甚慰所望。大丈夫所爲，正應如是耳。張帥書煩致之，暇日從容，更可詳扣立身行道之曲折也。但秋風已高，衝冒良勞，千萬加愛爲禱。弓弩甚荷留念，已別具數呈稟太尉。但斗力太强，非羸卒所能發，須少損之耳。復之尤感深念，但藥材之屬，又不免爲賢者之費，甚以爲愧。幸早遣還，此侄子亦不須久溷館人也。

編年 據書信編年。

皇甫文仲 淳熙七年

朋友數人往游山北，因欲請見太尉公，以觀軍容之盛。諸君皆有志者，而蔡君嘗欲講於刑名分數奇正之學，幸爲通之，使得聞其所未聞者。因與俱來，爲數日之款，千萬幸甚！

編年 據書信編年。

皇甫帥 倜 淳熙十年

某頃者星江密邇聲光，不獲一見，至今爲恨。年來奔走，疾病多故，又不得以時致問起居，尤切瞻鄉之勤。兹辱惠書，且承喻及有以知賤迹之不敢爲江右之行，足見高明相知之深，相信之篤。三復感慰，不知所言。又聞謀居□筠陽，極爲得策。但太尉丈忠誠勇略，上所深知，而公廉之功見於今日者又如此，竊計不日浮謗自消，亦不容久此間退矣。某疏拙自信，仇怨滿朝〔一〕，幸上聖明，未忍誅斥。今又叨竊祠禄，安處田間，戴此厚恩，豈有涯量！亦不復敢有當世之念矣。無由會面，罄此心曲，引領齋閣，臨風拳拳。

校記 〔一〕滿：原缺，據清康熙本補。

編年 據書札彙編。書信編年繫於十四年，不妥。書言「頃者星江密邇聲光」，「年來奔走」，「疏拙自信，仇怨滿朝，幸上聖明，未忍誅斥。今又叨竊祠禄」，所言爲淳熙九年十年間事甚明。

林子方 枅

莆陽余師魯家藏　淳熙十六年二月三月間

伏奉賜教，恭審即日春和，吏部郎中節傳所臨神相，台候起居萬福，至感至慰。但區區本欲一走前路謁見，少償夙昔之願，已托徐丞遣人見報。日今未至，而來使及門，則云台斾已從東路而上矣。此亦有山路可至大湖，但衰病之軀，兩三日來飲食失節，氣痞腹痛，似是所服脚氣之藥多有涼性，以致如此。復此山雨，陰寒薄人，勢不容進。引領旌纛，徒切馳情。失此一見之便，台坐徑躋華要，而賤迹跧伏窮山，出處不齊，何由復遂鄙願？所冀益懋德業，有以振起末俗衰懦之氣，使吾黨之士與有光焉，則亦不必同堂合席然後爲相見也。須惠茶藥，極感厚意。方意極佳，服之有效，別當致謝也。

編年 據書札彙編。林枅入爲吏部郎時間雖無確切記載，然書札彙編據其行實推定爲淳熙十六年春甚有理。文集卷五十五己酉春所作答邵叔義四云：「恐有所疑，却望疏示，徐丞處想時有便也。」與此書所言「已托徐丞遣人見報」正合。蓋其人時爲崇安或建陽縣丞，此爲西路出閩必經之處。而枅乃由東路入浙，徑由浦城出閩矣。

林子方以下子方之孫友聞家藏　淳熙十四年至十六年

伏見大禮赦書有薦士之文，而鄉人之議，欲以布衣曹南升爲請。如熊左史諸長者，皆已列名具狀，而某亦已書其後矣。某與之游爲最久，知其人爲最深。蓋其學問不爲空言，舉動必循正理，識慮精審，才氣老成。雖自中年即謝場屋，而安常務實，不爲激發過中之行，本實當世有用之才，非但狷介一節之士也。昨陳正獻公作帥之日，嘗欲論薦，會以移鎮不果，論者至今惜之。若蒙台慈參考衆言，察其行實，以時列上，使得稍被朝廷招徠之選，足以見明使者爲國薦賢，不遺草澤之意，下使學士諸生有所矜式，興於廉遜，誠非小補。東臺王丈亦知其人，語次扣之，足以知鄙言之不妄也。

編年　書札彙編以爲此書作於紹熙三年初，然考林枅行實，其時官知福州，而書稱其爲「明使者」，顯爲路分官而非作帥，與此不合。據書札彙編所考，枅淳熙十四年六月自知泉州除福建運判，十六年入爲吏部郎。則此篇似當作在福建運判任上，據以繫之。

林子方淳熙九年春

比嘗顯使拜書，伏承誨答，所貇榜文，亦蒙留念，感幸不可言。區區此來所苦萬狀，僅了今春荒政，即欲丐祠以歸。而所部皆以旱告，蓋去歲之災所不及處無不病者，而衢、婺荐凶，公私匱竭，尤未知所以爲計。獨念貴境猶可告糴，已請於朝，降本收糴。且散榜自廣以東諸州，以招誘之矣。恐番禺以西更有出米通販去處，謹復具公移，并以榜文三百道仰累頤指，散下曉諭，不勝幸甚。此米到得四明，尚須般運，方得至衢、婺，正自不易爲力。鼠伎已窮，日夕憂懼。高明有可以見教者，深所欲聞。切望因風指示一二，幸甚！

編年　據書信編年。

劉德脩 光祖　以下後溪之曾孫曾元家藏〔一〕　紹熙二年

東溪語説拜賜甚寵，伏讀再三，乃知師友淵源所自深遠如此。士不知經，果不足用，信矣，如韓子之言也。地遠，無從親扣餘論，又以嘆恨耳。嘗患今世學者不見古經，而詩、書小序之害爲尤甚。頃在臨漳刊定經子，粗有補於學者。前此欲寄傳之及宋子淵家，而便人不爲帶行。今内一通，幸爲過目，還以一語，訂其是非，幸甚。大學鄙説一通并往，所懇不殊前也。此書附制司幹官孫應時，頃在浙東時所舉吏也。後生好學，志趣不凡，經由必得進見。儻辱延納而教誨之，幸也。趙天官所得書，尚滯從班，未厭人望。中間進對，陳説甚苦。有識雖益歸心，然似已不爲上下所安矣。消長之決，諒已非遠。嫠不恤緯之憂，伏想同之也。傳之爲況如何？未及寓書，并深馳仰耳。

校記　〔一〕孫：原作「之」，據宋閩本、宋單刊本改。

編年　據書信編年。

劉德脩紹熙五年冬

竊聞榮被除書，進參講席，輔導得人，善類同慶。某幸得爲僚，尤切忻幸。姑此布聞，餘容面慶。

編年　據書信編年。

劉德脩紹熙五年閏十月二十七日

昨承載酒訪別，情誼繾綣，豈勝感嘆！恨坐遠，不得款承餘論，而遽爲數千里之别也。今晚或來早即行，無由詣違，亦不及一見東溪先生，重以悵惘，又不敢拜簡以勤誨答也。小史汪致明頗謹，欲事左右，不審可容留否。謹此遣前，可否唯命。它冀以時節宣，訖致格君定國之效，千萬甚望〔一〕！

校記　〔一〕甚：原作「幸」，據宋閩本、宋單刊本改。

編年　據書信編年、書札彙編。

丁仲澄見臨漳語録〔一〕紹熙二年

來書深以異學侵畔爲憂〔二〕，自是而憂之，則有不勝其憂者。惟能於講學體驗處加工，使吾胸中洞然無疑，則彼自不能爲吾疾矣。若不求衆理之明而徒恃片言之守，則雖蚤夜憂虞，僅能不爲所奪，而吾之胸中終未免於憒憒，則是亦何足道？願老兄專以聖賢之言反求諸身，一一曉然無疑，積日既久，自當有見。但恐用意不精，或貪多務廣，或得少爲足，則無由明耳。某比來温習，略見日前所未到一二大節，自頗覺省力。但昏弱之資，執之不固，尤悔日積，計有甚於吾友之所患者。乃承訪以所疑，使將何辭以對邪？然以所聞質之，則似不可不兩進也。程子曰：「涵養須是敬，進學則在致知。」此二言者，體用本末無不該備。誠用一日之功，當得其趣。不然，空抱疑悔，不惟無益，反有害矣。夫涵養之功，則非他人所得與，在賢者加之意而已。若致知事，則正須友朋講習之助，庶有發明。不知今見讀何書，作何究索？與人論辨，惟無欲速，又無蓄疑，先後疾徐適當其可，則日進而不窮矣。因書或有以見教，勿憚辭費，某亦不敢不盡愚也。向見前輩有志於學而性猶豫者〔三〕，其内省甚深，下問甚切。然不肯沛然用力於日用間，是以終身抱不決之疑，此爲可戒而不可爲法也。

校記　〔一〕此篇又見文集卷三十五答劉子澄二。

〔二〕異：原作「其」，據右引改。

〔三〕性：原作「往」，據右引改。

編年　書信編年姑繫於此。其文集卷三十五又見者收有兩封書信，一即此書，列於紹熙二年；一則列於乾道六年。參又見所考。

詹尚賓 觀 見南溪祠志 淳熙九年

孟子曰：「人有不爲也而後可以有爲。」又曰：「狷者有所不爲。」不爲之言則同，不爲之意似有別矣。切疑狷者之病全在於「有所」二字，於所當爲者而不爲，則非知所決擇之人矣。狷者之所以不爲者，病在何處？苟自知其偏，加篤學力行、審思明辨之功，便可至中耶？抑氣質之偏自有定量，終不足與有爲耶？

狷者但能不爲而不能有爲，亦其氣質習尚之偏耳。知其偏而反之，豈有終不足與有爲之理。

孔子曰：「鄉原，德之賊也。」所謂鄉原者，言不顧行，行不顧言，閹然媚世，與夫同流合污，似忠信，似廉潔，所以爲德之賊也。嘗究鄉原之用心，全在於「衆皆悦之」之一句，所以動他許多不正當底事出來。若夫狷者之病，只在於獨善其身，非若鄉原之病，於用心處有不正矣。使知學問，亦可以變其氣習耶？抑亦受病之深，藥力之所不及耶？不則，夫子何以云過門不入室爲無憾，其待斯人可知矣。

鄉原患在求悦於人，與狂狷正相反，故夫子深惡之。然亦無不可變之理，但恐其陷溺已深，不肯變耳。

編年 書信編年暫列於此，書札彙編則繫於紹熙二年。

志南上人 見寒山子詩集後　淳熙十年至十四年

五月十三日，熹悚息啓上：久不聞動静〔一〕，使至，特辱惠書，獲審比日住山安穩，爲慰。天台之勝夙所願游，往歲僅得一過山下，而以方有公事，不能登覽，每以爲恨。今又聞故人挂錫其間，想見行住坐卧不離泉聲山色之中，尤以不得往同此樂爲念也。新詩筆勢超精，又非往時所見之比，但稱説之過不敢當耳。二刻亦佳作也，但攙行奪市，恐不免去故步耳。寒山子詩彼中有好本否？如未有，能爲讎校刊刻，令字畫稍大，便於觀覽，亦佳也。寄惠黄精、笋乾、紫菜多品，尤荷厚意。偶得安樂茶，分上廿餅，并雜碑刻及唐詩三册謾附回便，幸視至。相望千里，無由會面，臨書馳情。千萬自愛，不宣。熹悚息啓上國清南公禪師方丈。熹再啓〔二〕。

清泉各安佳，兒輩附問。黄婿歸三山已久，時得書也〔三〕。出師表未暇寫，俟寫得轉寄去未晚也。寒山詩刻成，幸早見寄。有便只附至臨安趙節推廳，托其尋便，必無不達。渠黄巖人也。熹再啓〔四〕。

校記　〔一〕以上原缺，據日本島田翰刻宋大字本寒山詩集補。

〔二〕「相望千里」以下原缺，據右引補。

〔三〕「清泉」以下原缺，據右引補。

〔四〕「有便」以下原缺，據右引補。

西原崔嘉彦 以下見南康集　淳熙六年

前日詣見，重有喧聒，愧不可言。奉告，獲審經宿道體佳勝，爲慰。某前日出山，至上京陂頭遇雨，巾屨沾濕，狼狽可笑。喜幸之深，但恨已差晚耳。承問之及，感感。餘俟入城，得面布也。

昨承枉顧棲賢，得款餘論，爲慰。即刻伏惟動止佳勝。昨日之雨，城中不能歛塵，高隱必多得之也。米資少許，別紙送上，幸視至。魏甥恪即向來病甥之兄，到此病作，自有手簡求藥。幸審其證報之，當爲修製服餌也。

昨日裴回三峽，奉候久之。既以日莫，遂東走楞伽、折桂。失此一見，□張想也〔一〕。奉告，欣審即日殘暑，道體佳勝。庵屋□愧仰勤神用，方丈窗牖只於兩旁爲之，大小隨意可也。

承誨示并惠竹萌〔二〕，良荷厚意。知煩親斸，尤珍感也。卧龍亭子已下手否？向説栽竹木處，恐亦可便令施工也。人還布謝，草草，復未有一物爲報。引領雲山，第增愧仰。

承手示，聞還自德安，體用冲勝，良慰。昨夕聞山間雨頗沾足，城中殊少，未敢廢禱祠也。所喻當爲立之庵中，什器俟一面措辦，旦夕得雨後，須一出郊，諸容面道。或因入城，幸左顧也。

編年　據書信編年、書札彙編。

奉告，承乍寒道體增勝，爲慰。臥龍新庵主入庵，未得一往視之，承其寄笋，感感。人還草草，少間別奉問次。

校記 〔一〕缺處清康熙本作「殊」。張：四庫全書本作「悵」。

〔二〕惠：原缺，據明萬曆本補。

編年 據書信編年、年譜長編。

林師魯 以下先生之曾孫沂藏録稿 乾道三年

某自幼年侍立先君子之側，則聞先芸齋公之名，而知其相與游之善矣。不幸既遭大禍，來居深山窮谷中，與世絶不相聞。雖先君子之執友如芸齋公者，亦無由一望其顔色而受教誨焉。孤陋塊處，徒有嚮往之誠而無以自致也。比年鼎山蔣丈來尉兹邑，因得從容請問，以訪先君子之舊游，然後知芸齋公之没亦既久矣。私心方竊自悲，既又聞其有賢子者，問學行義克世其家，則又以自慰也。去年林擇之不鄙過門，以講學爲事，怪其温厚警敏，知所用心，皆如老於學者。因扣其師友淵源所自，而得三人者焉，曰程深父，曰林熙之，而其一人則向者所聞吾芸齋公之子也。於是始恨向者所聞之未盡。既而擇之又出送行序引讀之，蓋所以見屬之意甚厚。雖竊自知其庸妄，無以堪之，而愛其文，悦其義，不覺其三復而不能已也。以是益知擇之之賢，其來果若有自，而願見賢者之心日以切切。方其歸時，適在城府，不能爲書，而徒屬以問訊，蓋亦憑恃事契之重而不自外焉。茲者乃承捐惠長牋，副以劄目，情義周渥，足以見不忘舊故之厚。而其禮與詞，則惴惴然若後進之於先達，是豈所望於通家之舊哉，不敢當，不敢當！自是以往，行李往來，幅紙之書有以警誨，則爲賜大矣。若復爲是使人不敢當之禮，而又告之曰先知覺後知、先覺覺後覺而已，則非某之所敢聞也。大學集傳雖原於先賢之舊，然去取之間，決於私臆。比復思省，未當理者尚多。暇日觀之，必有以見其淺陋之失。因來告語，勿憚諄切，豈勝幸甚！擇之此來，得日夕聚首，啓其不逮，實有望焉。社中兩賢，亦未獲見，敢煩寄聲，以爲異時承教之地爲幸。

編年　據書信編年。

林熙之 乾道五年春

去冬枉顧，幸得數日款奉名理，感慰之深。所恨空疏，無以少助潛思之妙耳。奉告，承別來春暖，德履萬福，爲慰爲慰。第聞師魯遽不起疾，深爲悲惋。美才高志，未克有成，既足深惜，而朋從零落，道學寡助，此尤深可憂也。想惟平日切磋義重，有不易處者，奈何奈何！喻及仁說，大概得之。但所謂三者皆心，似便指作仁體，此似不安。又謂推而上之，尤覺聞隔有病〔一〕。莫若只於敬字加功，久之自然當處見得，不用如此臆度，轉見汗漫支離，不精切也。詩之比興，舊來以關雎之類爲興，鶴鳴之類爲比，嘗爲之說甚詳。今此本偶爲人借去，未及録呈。大概興詩不甚取義，特以上句引起下句，亦有取義者。比詩則全以彼物譬喻此物，有都不説破者，有下文却結在所比之事上者，其體蓋不同也。上蔡言學詩要先識六義而諷詠以得之，此學詩之要。若迂迴穿鑿，則便不濟事矣。不識高明以爲何如？

校記　〔一〕聞：四庫全書本作「閿」，疑當作「問」。

編年　據書信編年。

朱魯叔　仙游朱堂甫家藏　紹熙三年夏秋間

去歲歸來，計度不審，妄意作一小屋，至今方得遷居。然所費百出，假貸殆遍，今尚未能結裹圓備〔一〕，甚悔始慮之不精也。所喻今方具曉本末。記之不難，但年來多事，精力益衰，日間應接不得少休，纔得頃刻無事，即須就寢，俟其寧息，然後可以復起應接，更無暇看文字矣。所欠人家誌銘之屬積壓無數，擺撥不行，恐未暇爲吾弟記此也。然亦未敢不爲，俟定居後看如何。或人事稍簡，試即爲思之也。齋記大字亦然。

校記　〔一〕今：原作「人」，據四庫全書本及正訛引徐樹銘新本改。

編年　據年譜長編。

余景思　以下仙游洪震夫家藏　淳熙九年前後

彼中學校如何？亦頗有士人否？聞南方風俗淳樸，不汲汲於進取，正當勸以讀書講學，開發其聰明，不當啓以趨時干禄之技也。暇日亦當有觀書味道之樂，但僻遠難得師友，此正在自著缺〔一〕。

校記　〔一〕缺：原無，據正訛引徐樹銘新本補。

編年　據書札彙編。

朱熹文集編年評注別集卷六

書

林擇之用中　以下文公之曾孫濬家藏録稿　乾道四年夏

某侍旁粗安。早稻既登，民饑亦少瘳矣。然朝廷所遣使者方來，所至揭榜，施米十日，市井游手及近縣之人得之，深山窮谷尚有飢民，却不沾及。然所謂十日，亦只虛文，只軺車過後，便不施矣，其實亦無許多米給得也。世衰俗薄，上下相蒙，無一事真實，可嘆可嘆！長沙人來，得南軒兄弟、湘西朋友書，有吾友書四封一角。來人云自經由古田，今并附此，令自往相尋也。書中所論疑義，如論浩然之氣處極好。蓋餒則便是缺了此正氣，而氣之本體常浩浩然也，但自家身上自間隔了耳。不知賢者以爲如何？其他不能遍論，以去人立索書，不能子細也。書來并爲詳論之。文定祠記、知言序、遺書二序并録呈，和章想書中自有，更不寫去。祠記渠令爲看未穩處，讀之數過，但見叢雜難整頓。煩子細僉出，及注合作如何改易，附遞來漕司東廳，令轉致。此南軒甚欲速得之，語張帥改定，寫來芮漕處也。三序并告參詳喻及，幸更呈諸同志議之。既欲行遠，不厭詳熟也。千萬并祠記發來。

編年　據書信編年、年譜長編。

林擇之 淳熙元年正月

已經新歲，學不加進而年歲日侵，甚可懼也。承昏期在歲裏，想慰老人之意。又聞葺居奉祀，并講盛禮，想營治不無少勞。適此涸轍，不能少奉助爲愧耳。文王之事考之詩、書，誠如所疑。然此馬肝之論也，不若姑闕之，以俟來者，不必身質之也。問答方得草草一閱，俟徐看，有疑即報去。偶此歲首多事，未暇也。南軒一書，比亦附致尤川，不知達否。聞欲來延平別石丈，能與擴之乘〔一〕興一來，相聚數日否？及諸朋友在此，得一講論，亦快事也。擴之不及別書，承書并寄元禮、耕老書信已領，所欲言者不過如前，更不及別狀。樓名既犯朋友尊長名，則亦難用。况稠乃木稠，非雲稠也，更可擬〔二〕得一二見報，當爲擇其安者。

校記　〔一〕乘：原作「垂」，據四庫全書本及正訛改。

〔二〕擬：原缺，據清康熙本補。

編年　據年譜長編。

林擇之 乾道六年冬

某憂苦如昨，至節復不遠，痛割不自堪。幸朋友不鄙棄，責以講習，匆匆度日，且復支持耳。擴之來此相聚，極有益。其專志苦學，非流輩所及。但於展拓處終未甚滿人意耳。昨欲往臨安，以資用不饒，又南軒蹤迹不定，且令中輟。今却欲且歸而歲暮復來，再三留之，以其歸省之意甚堅，不免聽之。此間事渠必能一一言之，不復縷縷。但元履適過此，云得其子九月末書，南軒求去不獲，數日甚撓。此極知其必然，不知渠又何以處之，尚幸擴之之輟行也。來書所論數條，有未合處，別紙具之。但覺大概氣象有粗疏處，不知何故如此，似更宜警省也。某近覺向來乖繆處不可縷數，方惕然思所以自新者，而日用之間，悔吝潛積又已甚多，朝夕惴懼，不知所以爲計。若擇之能一來，輔此不逮，幸甚。然講學之功比舊却覺稍有寸進，以此知初學得些靜中功夫，亦爲助不小。尚恨未免泛然應接，不得專一於此耳。

編年　據書信編年。

林擇之 乾道六年秋冬間

經説依後書所定甚善，但止謂之經説，不用諸字尤好〔一〕。又「春秋傳序」四字不須別出，但序文次行不須放低，則自然可見。論語説下不須注「孟子附」字，又欲移禮記作第七卷，而第一行下著「二先生」三字，其後却題「明道先生改正大學」，「伊川先生改正大學」。其小序則仍舊附於第六卷尾論、孟説後，蓋此六卷乃其本書，而後一卷今所附者，使不相亂乃佳也。更白鄭丈看如何。向借劉子駒本，改字多是胡家改定者，非先生本書，今不必用。然恐有合參考者，偶此本在家中，今令此人去取納上，更仔細商量爲佳。外書既未備，不欲遽出。此事正不須忙，今草草做了，將來有不如意，又不免更易，傳者人人殊異，無復可信天下後世，非所以爲久遠計也。并白鄭丈看如何，却示及爲幸〔二〕。孟子解此亦見從頭看起，未容寄去，更俟幾日也。

校記　〔一〕用：原作「同」，據正訛改。

〔二〕却：原缺，據宋閩本、宋單刊本補。

編年　據年譜長編。

林擇之 淳熙六年六月

某竟不免爲此來，初到事多，殊不堪，今漸定疊矣。但野性危蹤，皆非宜久於此者。見爲此邦料理減税事，旦夕剡奏列上，即繼以奉祠之請矣。得否未可期，但若不去，必無好出場。蓋已有氣類不同，望風相疾者，此要爲不足恤，然亦何苦將身博彈射耶。云云。來此間，非□案牘即有賓客之擾〔一〕，比於退食，則形神俱憊，只得瞑目危坐，收拾魂魄，以待事之復來，殊不得看一字。平生論著，用盡心力，皆已有緒，今乃墮此紛擾中，不得卒其業，精力又已衰耗如此，大以爲懼。朋友中有知識者，亦皆爲某危之。乃知伊川先生做得易傳，却是得涪州一行氣力也。擇之彼中相從者有可與進於此者乎？此中一句兩到學中，然殊未有慰人意處。未去之間，亦且試捞摸看，若幸指撥得一二人，亦是一方久遠利害也。

校記　〔一〕缺處明萬曆本作「苦」。

編年　據書信編年。

林擇之 乾道五年夏

某所請竟未報。元履傳聞有添差台學之除，此不待其自請而擊逐之，當路聽言待士之意可見矣。所示諸説皆甚精，然鄙意有未安者，别紙具之。擴之亦有説，當自封去。因來幸反復之，以歸至當。計此所校亦不多，但却是不容小差處，望速垂報也。見喻太着之病，此不能無。但與其浮泛無根，不如腳踏實地爲有進步處耳。祭儀稿本納呈，未可示人，且煩仔細考究喻及。日曆中事雖不多，然可以補事實之缺，此書異時要須别刊乃佳耳。

知與諸賢游從，日有直諒多聞之益，甚善甚善。數詩皆佳，率易和去，不成言語，勿示人也。伯山家事如何？晞之似亦曾相見來，今不記仔細也。伯山質實可愛敬，但亦染禪學耳。向與深卿書乃附劍浦劉親，不謂留滯至今。欲檢稿本再録去，又思擇之所以告語之者必已甚悉而不能回，則此書雖達，亦未必有效耳。今且煩致意，但信得孔、孟、程子説話，及時試將許多詖淫邪遁説話權行倚閣一兩年，却就自家這下實做工夫，看須有些巴鼻也。今只管狐惑，不肯放捨，又引明道少時出入釋老之事以飾其説，何不將它平生説話仔細思惟，看他所以出入釋老處與自家只今全身陷溺處是如何，而直爲此倀倀也。又如前書所論馮道、吕舜徒事，此尤害理。曾與之劇論否？此等處不理會，則朋友之職廢矣。發明義理，此亦有之，向來何故不曾見？渠家似此文字固自有好處尚多，向見汪書甚珍秘之。然便只向這死水裏淬殺，則更無超脱處矣。不知世間見有六經、語、孟、程子文字，既有志於學，因甚不向裏面做工夫？而收拾此等以爲奇特，枉却身心，可嘆可恨也。

静勝軒録却未見之，如文字不多，幸爲録寄。此近於蔡季通處見庭聞稿録一篇，乃楊昭遠記龜山所舉二先生語，殊無精神，悶人，看不得。不知静勝之説又如何耳。前日劉子澄寄得滎陽公家傳即吕原明也。中數段來，一段説吕初學於伊川，後與明道、横渠、李公擇、孫莘老游，所見日益廣大。然公亦未嘗專主一説，晚更從高僧宗本、脩顒游。觀此則吕家學問更不須理會，直是可以爲戒。亦不可不使深卿知，若不信，則無如之何也。

拙齋有何説？數詩幸早示及。籍溪行狀更爲促深卿早寫寄來。舜臣相見未？向遞中亦附書矣。項掾果如何？若果有志，當痛與説，恐頹波之中救得一個半個，亦非細事也。前書説有一賢宗室，後來復相從否〔一〕？福州有一同年趙彦德，任丈之甥。氣質亦甚好。但一向習詞科，頃嘗略勸之。聞今年又往試，可惜錯了路陌也。近聞張安國消息極不佳，果如所傳，亦可惜耳。南軒久不得書，不知爲况復何如。所論異同處亦未報，不知後來看得又如何也。深卿詩「市廛差可隱，未暇泛滄洲」，此兩句便是個因循猶豫底意思，宜其不能勇猛自奮於異學之中也。擇之押此韻處正中其膏肓，不知渠還覺否。此亦是偏處，然吾儕中人之質若無這個意思，定是埋没了，出頭不得也。

校記 〔一〕後：原作「從」，據四庫全書本改。

編年 據書信編年、年譜長編。

林擇之 乾道八年秋

深父遂死客中，深爲悲嘆。其弟已爲了後事，過此無以助之。又此數時艱窘不可言，向來府中之餽自正月以來辭之矣。百事節省，尚無以給，旦暮欲致薄禮，比亦出手不得。已與其弟説，擇之處有文字錢，可就彼兑錢一千官省〔一〕。并已有狀及香茶在其弟處，煩爲於其靈前焚香點茶，致此微意。累年相聞而不得一見，甚可恨也。林宰興學之意如何？可尚可尚！但聞其非久受代，亦須得後人信得及乃佳。不然，恐徒費力，而爲主其事，亦難爲進退耳。擇之已辭尤川耶？彼學中今復何人料理？欽之、寬中諸人能左右提挈否？石宰久不得信，不知其子病如何。文字錢除前日發來者外，更有幾何在彼？擇之爲帶得幾何過古田〔二〕？千萬早示一數於建寧城下，轉托晋叔寄來爲幸。或已去手，能爲收拾，專雇一穩當人送來尤便。此中束手以俟此物之來〔三〕，然後可以接續印造。不然，便成間斷費力也。千萬早留意爲妙。

須知昨已修定，送伯諫處未取。大率事體亦只如所示，但條目差分明耳。欽夫屢得書，有少反復議論，未及録去。其大概曲折亦非面未易布也。力行固不易，而講論要得是當亦復如此之難，可嘆可懼！渠所論如云論、孟序中不當言漢儒得其言而不得其意，蓋漢儒雖言亦不得也，不知擇之以爲如何。某則絶不愛此等説話。前輩議論氣象寬宏，而其中自有截然不容透漏處，豈若是之迫切耶。近又得皇王大紀諸論，其間大有合商量處，不但小小可疑而已。此間朋友亦無甚進益，不知擇之比來功夫如何。甚欲一見而相去益遠，無由會面，此情鄉往，殆不自勝也。向來召命屢下，既懇辭之，又托人宛轉，近得諸公消息，似已許其辭矣。此事只得如此，而貧病殊迫，亦只得萬事減節，看如何。欽夫頗以刊書爲不然，却云別爲小小生計却無害，此殊不可曉。別營生計，顧恐益猥下耳。

校記 〔一〕官：疑誤。

〔二〕何：原缺，據明萬曆本補。

〔三〕東，原作「來」，據宋閩本、宋單刊本改。

編年 據書信編年、書札彙編。

林擇之 乾道九年冬

歸自政和，住家十餘日，祭祀、賓客、書問之擾，不得少暇，固無暇讀一字書。今又當出崇安，見新守令。石宰相招，極欲往觀盛禮，及與朋友相聚講論。而日月匆卒如此，無緣去得，甚以爲恨。不知擇之能撥忙一行否？昏期既在後月，度尚可一行也。擴之寄來文字皆已領，前便承寄海物，尤愧感也。中庸固論致曲而能有誠〔一〕，然自明能動人以下，已是誠之成功，孟子所謂「至誠而不動者未之有也」，亦可見矣。蓋生知學知雖異，然及其知之成功，則一而已。通書正用此意，然下文擬議便是致曲之事，亦若無異處也。無所不用其極之説甚巧，然恐其本意未必果出於此。必不可通，闕之可也。大學正經云云，亦以意言耳。傳中引「曾子曰」，知曾氏門人成之也。南軒語解在尤川未到，所論大概甚當，鄙意正如此。又言行録流布甚廣，其間多合商量處。中間以書告之，然不勝毛舉。近得報云欲改數處，亦未妥帖。要之此書自不必作，既作而遽刻之，此尤非便。昨日得伯諫書，亦深議此事也。近與伯恭往返議論稍多，此人却向進未已。今日臨行，無暇録寄，俟後便也。

校記〔一〕固：原作「因」，據宋閩本、宋單刊本改。

編年　據書信編年。

林擇之 乾道八年九月

聞學中已成次第，甚善。但尤川學者不無恨於遽去耳。更能到彼少留，以慰其意否？若能因遂過此，小款旬月，尤所望也。某此如常，所欲言者前書已具之矣。游誠之來訪〔一〕，其人開爽，有用之才也，極可喜可喜。然更能加沈潛義理工夫，所就當益可觀耳。渠到此之日，擴之亦來，得數日游談，少快幽鬱之懷。但聞浙中學者議論多端，亦殊使人憂悶耳。以此深欲早就前書之志，庶幾小補於世，不爲天地間一蠹物者。而理義未精，日力不足，爲之奈何！

校記 〔一〕誠：原作「成」，據正訛改。

編年 據年譜長編。

林擇之 乾道八年四月五月間

辱書，知講學有緒，深以爲慰。是日偶與元履及諸朋友在鑪峰新庵〔一〕，共增懷想也。縣學須知甚精密，但寫得未有倫理。方欲爲略整頓，會少冗未暇也。所論仁恕之説，恐不必如此立説，只當以語解爲正。遺書所云，或是一時之説，不必如此牽合補綴也。午節在近，想須歸省。古田既未可必，即不若且來尤溪耳。精義印造未辦，辦即如所喻也。游誠之甚欲一見之〔二〕，恨相去稍遠耳。彪德美赴省回，過此相見，得一夕款，只是舊時議論。且云欽夫見大本未明，所以被人轉却。亦聞擇之所在，恨不一見也。

校記 〔一〕鑪：疑當作「蘆」。

〔二〕誠：原作「成」，據正訛改。

編年 據年譜長編、書信編年。

林擇之 乾道九年秋

某此碌碌如昨，無足言。但獨學□不長進〔一〕，而遠近朋友亦未見超然有所造詣者。歲月如流，良可憂懼耳。擇之尤川留幾何時？所論何事？此亦久不得書矣，因便仔細報來。還家已來，爲況又何如？日下作何功夫？亦可一一報及。相去既遠，難得相聚，相聚往往又不能盡所懷，别後令人常有耿耿不滿之意。後會不知復在何時，又不知便得相見，果能彼此廓然，無許多遮障隔礙否。它人固難語此，而於擇之猶不能無遺恨，不知擇之又自以爲如何也。二余在此日久，占之警敏，彝孫淳静，皆可喜。但亦未敢與説向上去，恐别生病。然又似太冷淡。今其告歸，云過邑中，須爲一兩日留，可更與切磋也。熙之不及别書，相見煩致意，擴之亦然。得婺州報云，薛士龍物故，甚可傷。而不及識之，尤可恨也。

尤溪學記及克齋記近復改定，及改去歲仁説、答欽夫數書。本欲寫去，而二公行速不暇。且寄欽夫語解去，看畢寄還，并論其説。

校記　〔一〕缺處明萬曆本作「既」。

編年　據年譜長編、書信編年。

林擇之 乾道七年秋

某哀苦之悰，秋來增劇。顧念日月易得而音容邈然，發於夢寐，尤痛切不能堪也。此間諸人相聚，自五月以後，以季通大病，無甚倫理。近又以事歸，旬日間復來，便爲入城計，亦無復講論之暇矣。南軒竟不免去國，道之難行乃如此，可嘆可嘆！初意其自上饒歸，可以一見。今却由浙中水路還湖外，又聞少留吴興避暑，不知果如何。渠在榻前儘説得透，初謂可以轉得事機，要是彼衆我寡，難支撐耳。

編年　據書信編年、年譜長編。

林擇之 乾道九年春

聞縣庠始教，閭里鄉風之盛，足以爲慰。所示文字皆甚佳，深父埋銘讀之，使人惻然興於朋友之義。答問後便多寄，使得反復爲佳。恐有建寧便，只寄晋叔處可也。承許見訪，因往尤川，甚善。但經營創始之勞如此，未能數月，而林宰解官，擇之辭職，畫一之規，又將安所付授耶？須及此物色得可相繼者，庶幾不虚費賢宰許多心力商量爲佳。近看中庸，於章句文義間窺見聖賢述作傳授之意極有條理，如繩貫棋局之不可亂。因出己意，去取諸家，定爲一書，與向來大學章句相似〔一〕。未有别本可寄，只前日略抄節目，今謾寄去，亦可見其梗概矣。論語「未知焉得仁」，後來竟如何説？因來幸詳及。然此須與雍也、仁而不佞、孟武伯問三子、原憲問克伐怨欲不行、夫子不爲衛君、殷有三仁、管仲如其仁數章相貫推説，方見指意耳。「吾斯之未能信」，「斯」字何所指而言？或云自指其心，然否？晝寢之義孰安？凡皆望思之見報。

校記〔一〕學：原作「字」，據正訛改。

編年　據年譜長編、書信編年。

林擇之 乾道二年至五年春

師魯、深父皆有書來，相屬勤甚。吾友相聚之久，視此凡陋，寧堪諸賢許與之過耶。師魯寄來論解數篇極佳，未暇細讀，已覺儘有合商量處。旦夕因書相與評之，又看如何。擇之所造想日深，累日不聞益論，塵土滿襟矣。

編年　書云「師魯、深父皆有書來，相屬勤甚。吾友相聚之久，視此凡陋，寧堪諸賢許與之過耶」，林擇之入崇安問學始於乾道二年春，而林師魯卒於五年春，據以繫之。

林擇之 乾道六年夏

得欽夫書，論太極之説，竟主前論，殊不可曉。伯恭亦得書，講論頗詳，然尤鶻突。問答曲折謾録去一觀，遣人遽，不能盡録，其大概是如此。欽夫云已得擇之前書，亦殊不以爲然也。拙齋、深卿近有何議論？某向答深卿書，渠以爲如何？前日方答此書了，李伯間來訪〔一〕，劇論兩三日，舊疑釋去，遂肯盡棄所學而從事於此。乃知此理卒不可得而殄滅，彼迷溺而不返者亦可憐矣。近何叔京過此，少留未去。伯間〔二〕、季通皆來集，講論甚衆，恨擇之不在此耳。適因舉

「滿腔子是惻隱之心」，江民表云：「腔子外是甚底？」請諸公下語，已各有説。更請擇之亦下一語，便中早見喻也。石子重得書，云來年赴官，欲約擇之相聚，不知能赴其約否。某意甚欲相挽一來，而卒不可得爲恨耳。擴之得安信否？比來氣體如何〔三〕？前欲此來，今極暑，未可動。秋冬間能同一來慰此哀苦否？墳所已略就緒，儘可相聚矣。

陸崇安相會否？渠今冬必來赴官。某表兄丘子野欲求一依托書館處，不知渠請人否。告爲托朋友宛轉問之，便中見報。此兄近日爲況益牢落，欲此甚急，幸千萬留意。或托拙齋、深卿問之尤佳。

校記　〔一〕間：正訛改作「諫」。按：作「諫」是，文集中多處皆作此。

〔二〕間：右引改作「諫」。

〔三〕來：原作「年」，據宋閩本、宋單刊本改。

編年　據年譜長編、書信編年。

林擇之 淳熙元年冬

得失既往不足言，正惟立身行道，是乃榮親之大耳。比來少得通問，而累書無所講論，不知進學功夫如何，深以爲念也。此間朋友亦無與薦者，但邵武饒克明赴省，前日過此耳。季通、伯謨皆苦貧，極無憀也。某不敢受俸，乃以無太府曆頭，於法有礙，非敢以爲高。而時俗已不相察，况其大者，可嘆可嘆！游山開正即行，承有偕行之意，甚善。但恐來已不相及。然某過衢、信，到婺女須少留，能來彼相及亦佳耳。欽夫書適有便，已發去。渠得疾之由，説者多端，似亦非一朝一夕之故，所由來遠矣。近數得書，云安健勝前，此必病起過意將護之力也。今日聞有静江之除，蓋近日群小屢有敗露，上意必是開寤，思向日之言，故龔實之入參，時事似欲小變，未知竟何如耳。此間文字亦未有緒，通鑑功夫浩博，甚悔始謀之太鋭，今甚費心力。然業已爲之，不容中輟，須來年春夏間近入山僧寺，謝絶人事，作一兩月期，畢力了之乃可。蓋心力不强，其間稍似間斷，便覺條例不貫，故須如此耳。

編年 據書信編年。

林擇之 慶元四年春

某杜門如昨，無足言者。但吾人罪戾蹤迹顯不可掩，只得屏迹念咎，切不可多與人往來。至如時官及其子弟賓客之屬，尤當遠避，勿與交涉，乃可自安。此不惟擇之當深戒之，如擴之亦不可不知此意也。

編年 據書札彙編。

林擇之 淳熙十年三月

某區區粗遣，無足言者。但齒髮日衰，德不加進，日負憂愧耳。潘丈處人已歸，欲俟秋冬遣人相取，想所報書自言其詳矣。如此却得且從容家居，區處庶務，亦是一事。但郡中之約，恐又不得不應。切須審處，使久遠無悔吝乃佳耳。必不得已，入學亦不妨。只要自處得是當，此更在子細也。趙帥久不得書，湖事想已畢。自此宜且安静，勿興功役爲佳。相見亦可力勸之也。渠昨許草堂之貲，因話爲扣之。然不可破官錢，恐又作鄭景望也。

編年 據年譜長編、書信編年。

林擇之 淳熙十年

福公爲賦武夷詩，押「舞雩」字，更和不得，遂至今未得報謝其書。兩日前方和得成，亦不免只躡故迹。欲作書煩附達之，恐已歸，旦夕自別寄去也〔一〕。造屋事得帥且止之，甚善。昨關目思量〔二〕，許多紛紛，都從十二詠首篇中一「我」字生出來〔三〕。此字真是百病之根，若斫不倒，觸處作災怪也。

校記 〔一〕寄：原作「宅」，據正訛改。

〔二〕目：原作「自」，據四庫全書本改。

〔三〕來：原缺，據右引補。

編年 據年譜長編。書信編年繫於十一年。

黄商伯以下見南康集

淳熙六年

某俯仰塵俗，日負初心，率意妄行，無所聞過。自決其不可久於此，但以向議陳請一二事計論未備〔一〕，牽留至今。此數日來，奏牘始具，一二日遣行，即并上請祠之章矣。姚泉近方歸番陽，木炭之請亦未果往，亦三五日間申行也〔二〕。老兄下車已久，學中規範計當一新。所以爲教，□之聞之諸生〔三〕，莫亦有可與進於此者否？此中課程不敢□〔四〕，然亦未大有益，爲可懼耳。□門不遠，計常通問，恐於鄙繆之政或有所聞〔五〕。人還，□禹批誨〔六〕，至懇至懇！愚頓見事極遲，非面命提耳，反復諄悉不能諭，切幸不惜痛言之也。

某欲借盛府祭器祭服，依倣製造。有牒上幕府書懇府公，更望一言之助，使必得之爲幸。或恐有大不可携者，得令人畫圖，詳識其尺度之廣狹高下淺深以見授，亦幸也。

祭器尤荷垂念，但期日已迫，未及製造，亦有事力所未及者，且復專人納還，幸付主者。然亦疑其未便盡如古制度也。

木炭事申泉司果見却，未知所以爲計。幸復思其説，以見教也。

某再上祠請，皆未報。日夕思歸，而兩縣破壞，奸民亂政，不得不有所更革鉏治。似聞傳者以爲不恕，然亦只此數日間决遣事竟，亦當少息矣。蓋大慝既懲，小者自當退聽耳。但木炭事泉司不從，又以蠲租未報，未敢再列上前請。若遂臨行，須更上此奏〔七〕，以償夙心也。

某衰病支離，求去未得，日惟得罪於士民是懼。然近日兩邑得同官叶力，詞訴却粗衰少。但賦租之弊未能有以寬之，殊不自安耳。學中講説不敢廢，近亦頗有能問者。兩邑亦令整葺教養，庶幾有嚮風者。敝政恐有所聞，切告垂諭，至懇至懇！

示諭，極感愛念之意。此亦近方聞之，惕然内懼，即已行下戒約，及令住催下户它負之可寬者矣。又得鐫諭，益信所聞之不妄，更當申儆之。自此有所聞，更望子細批誨，直截譬曉。今者來教似已未委曲矣，切懇切懇！

前兩月配一作過寨兵於隆興，中間忽爲彼府押回，公文中備坐判府安撫龍圖待制台判押回本寨，殊不可曉，已回牒復押去矣。煩閑爲詢之，想是忘記是外路外州配來，誤以爲所部，不則別有他意也。彼中幕府僉書滿紙，此等事不能覺其繆，甚可笑也。

此幸無他，但建昌之事聞之不早，見告者又皆不得其真，僅若爲强豪游説，使人愈疑惑。近不免煩僉判自往調護，始得其真，乃知此郎不長厚，誤事如此。然縣小無官，未有可遣代之者，甚以爲撓耳。山野之人不堪吏職，此亦可見。旦夕遣冬書，更當力請，庶不久爲吏民患苦也。

某衰病如昨，緣建昌事憂撓不可言。雖已遣官檢旱，且以後期申省自劾，勢須略減得分數，但此縣官吏無一人能爲百姓分别黑白，自此之後，凌弱暴寡，將有不勝其弊者。未知所以爲計，令人曉夕不皇。都昌亦甚費力，二十年無事之身心一旦至此，深以自嘆，他無可言也。

警誨諄復，敢不銘佩。但區區每見凌弱暴寡之徒，心誠疾之，故其發每有過當。今當承命而改之，然恐終不能盡去也。

某昨嘗專以建昌事自劾求去，昨日人歸，諸公又不將上，勢當復請耳。

勝私書來，說此間受租米事，初疑其過，徐究之，果然。雖已究治，然人生精力能有幾何，若事事如此索關防，則無復閑泰之時矣。其所論弊政非一，已封呈廟堂，冀必得去。萬一如欲，此助爲不小也。所懷萬端，無由面論。但日來愈覺歸思浩然，不可遏耳。

校記

〔一〕計：疑當作「討」。

〔二〕申：原作「中」，據正訛改。

〔三〕清康熙本缺處作「使」。

〔四〕右引缺處作「懈」。

〔五〕之：原作「中」，據四庫全書本改。

〔六〕□禹：清康熙本作「幸賜」。疑「禹」當爲「寓」或「萬」之誤。

〔七〕更：原作「臾」，據宋閩本、宋單刊本改。

編年　據書信編年。

淳熙七年

某月初已專人丐祠，後得臨安相識書，速令來請，云諸公已有許意。至今尚未歸，必是適值四明訃至，未敢將上，度不過旬日，必可得矣。建昌納苗，實有照管不到處，然與抑强似不相干。税務依法收税，亦非州郡所得與。况士大夫下争商賈之利，無耻至此，亦何足恤？近日曾編管建昌一健訟假儒，傳者必又喧沸。此事自信甚篤，絶無可疑。是非毁譽，付之衆口。少忍旬日，則吾已在汶上矣。

强盗三人配隸嶺海，乃向來驚恐都昌之人。昨以其情重法輕，稍加毒手。經由隆興，恐有司以爲疑。幸爲白錢丈一言於帥座，交管傳押爲望。此輩吾人所共疾，想二公亦不以爲過也。

喻及帥座下喻之意，已悉。此是兩路三州利害，如此理會甚善。向來亦欲申請而未暇，安得謂之侵官？本軍今方欲援例有請也。然謙德之盛，不敢不承，幸語及之。

此間白鹿洞已畢功，前日往釋菜開講矣。延合肥吴君爲職事，但渠爲書社所拘，恐未必能往，却有楊學録者與一二後生欲往也。

某請祠先遣人昨夕已歸，後輩尚未到。周子充、曾原伯極爲致力，而竟不效。且更看後信如何，恐亦且悠悠也。初來不爲久計，近復動却歸心，在此殊不便。今既如此，便再請得之，亦是一兩月事，不免又且整頓此破落家計，以俟譴逐耳。昨緣收江溥親戚船税，幾爲所論。當時得此一章，亦是草草出場也。

此間楊僉忽丁憂，郡中事愈費力。萬一不得去，狼狽不可言也。奈何！木炭却已得減免矣。

白鹿洞成，未有藏書。欲干兩漕，求江西諸郡文字，已有劄子懇之，及前此亦嘗求之陸倉矣。度諸公必見許，然見已有數册，恐致重複。若以呈二丈，托并報陸倉，三司合力爲之，已有者不別致，則亦易爲力也。書辦，乞以公牒發來，當與收附，或刻之金石，以示久遠，計二公必樂爲之也。旦夕遣人至金陵，亦當遍干本路諸使者也。

某請祠不得，比復狂妄，輒有所陳。計程三五日間，當以罪去，已盡遣書册冗長還家。此數日來，翹足俟命，但未知何所向耳。此間諸縣狼狽，税務絕無南來舟楫，勢亦不可復爲矣。比復苦旱，近始得雨，然亦未能沾足也。日間雖無事，然意思不佳，絕不得近書册，懶困即思睡耳。白鹿洞記納去一本，又一本寄梁文叔，煩遣致之，不及作書也。五賢祠記楊廣文自納去矣。

某無狀，居此一年有餘，率意直前，不能違道干譽，得罪於士民多矣。請祠雖已報聞，然旦夕自當以他罪行遣，不至久爲仁里之害也。示喻曲折，深荷愛念。然必欲使某餧啖虎狼，保養蛇蝪，使奸猾肆行，無所畏憚，而得歌頌之聲洋溢遠近，則亦平生素心所不爲也。姓高人事，文叔在此備見首尾。此而可恕，則亦無以官吏爲矣。至如木炭錢事，亦是州郡所當爲，而幸上司之見聽。方恨不能推類，盡蠲苛擾，初不以是而求歌頌於斯人也。此錢都昌所減獨多，乃是毛掾考究之力。此人固有過當處，然細詢田野之言而考之案牘以求其實，則前日銷骨之毀亦云甚矣。此舉枉錯直之間所以難明，非有道以照之，則自謂公心者，未必非私意之尤也。區區不喜自辨，又於老兄不可有隱情，故久不知所以爲報。今偶有便，信筆及之。非欲較此是非，乃欲老兄深察於公私名實之間〔一〕，則真得其所謂本心之正耳〔二〕。

此邦圖經不齊整，而都昌爲甚。數日來，欲略爲修整而不得功夫〔三〕，又無人能爲物色圖畫，諸邑供來皆不可曉，甚覺費力也。楊僉之去甚失助，新來兩掾，似亦可使也。少逸：西山有徐騎省篆書「游帷觀」大字，及許真人井銘〔四〕，煩爲致一二本，便中示及。五賢祠記納去一本，更有一兩刻續致也。都昌恐有合入圖經事，望垂諭，它委勿外。某鄉辱誨諭，奉報疏率。既而思之，殆無以答愛我之垕，深以愧仄。自此有聞，不以虛實，尚望不替前日之念，乃幸之甚。

旱甚不雨，禱祀未有以感格，日夕憂懼。隆興不至此否？家貧願鄰富，若亦似此間，則更無可仰矣。奈何奈何！

此間爲旱災所撓，都昌縣官稍解事，又請得盛族黄省幹同措置，必可無慮。但建昌官員皆不足倚仗，又遍詢彼邑寄居士人，無有能分此憂者。意欲懇南卿爲同邑官區處，庶幾下情稍通，吏不敢肆其奸罔，不知渠肯俯聽否。渠雖德安人，而建昌亦有産業，知彼民情，故欲倚以爲重耳。敢煩語次試爲叩之，若許幸早見報，當專致書禮請也。

歸見張帥，更勸其通放米船，濟此艱阨，千萬千萬！

某比日懔懔丐祠，得知舊報云恐可得，果爾甚幸。然救荒之備什已七八成矣。旱苗約須放及八分，勸諭發廩，得盛族倡率，三縣共得穀十萬斛矣。但前書所扣王南卿事，不知曾爲偵之否，幸早報及也。得子澄書云，盧陵發策持論甚正，甚慰甚慰。小録求一本，便中早寄，幸甚。此間中選者數人，甚厭物論。白鹿諸生文字老成，其次曹生秀發可喜，但尚欠琢磨。小榜之首，彭君尤佳，惜不與薦書也。已約兩榜之士來白鹿相聚，未知皆能來否爾。此間事未去間，不敢一日少弛。恐得鄉間有所聞，望一一見諭也。

某力疾救荒，未見涯涘，而傳聞遽云云，聞之甚懼，未知將何以副其實也。南卿已到此，相處甚款。但渠欲入浙，不敢邀留之。度其歸程，正是急時，當賴其出一隻手。又恐其到闕，或爲諸公所留耳。告羅荷帥漕留念，然縣下或更作難。此乃軍糧所須，若賑糶則已有備矣。軍糧尤不可闕者，更得從容一言，得二公喻意屬縣，無爲阻節，幸甚！

張帥寄鹽鐵論來，末卷前少却一板，告爲印寄。更煩於太宗實録中檢白鹿洞一事，在太平興國五年會要作六年，更詳之。六月，以洞主明起爲褒信主簿，其下有少本末，并告録示。此已有之，但不知是實録語否耳。恐此人等候回文，告只付前日送崔子虛人回尤便，千萬千萬！更問看何人來速，即付之也。賑糶減半價乃得推賞，乃朝廷之命。方欲論其不可，乞只減二分五釐，而建昌乃有願賑濟者。已令邑官敦勸盛族，若以穀二萬碩省賑濟，可得兩名霑賞也。因書更告及之，亦美事也。稅錢事荷留念。都昌納米分數，方兩日有定論，已減八分以上。亦已申奏，乞截留上供。若得之，即只納占米，無不可者。只恐未必如人意耳。

校記

〔一〕公：原作「名」，據宋閩本、宋單刊本及文集卷二十六答黃教授書改。

〔二〕「某無狀」以下一書又見文集卷二十六答黃教授書。

〔三〕修：原作「條」，據宋閩本、宋單刊本改。

〔四〕井：原作「并」，據四庫全書本改。

編年 據書信編年。

淳熙八年

石守以憂不來，殊失所望。亦已遣人速後政吴守矣。儻得如期解去，幸甚。比益昏倦，不堪支吾矣。

某在此不久，又子重不來，後日之計未有所付，須及此自了也。其子弟能來亦佳，但濡沫不能多，須預令知此意耳。得都昌諸人書，已復苦旱，奈何奈何！今年公私之積蕩然一空，萬一復旱，便無着手處矣。

某無似，復叨除目，恐愧不自勝。尚幸遠次，得以從容進退。還家數月，當申祠吏之請也。前月之晦已書二考，代者度此月中旬可到，今日復遣人速之矣。老兄許來，固願少款，但恐文法有拘，亦非細事。更冀審度之也。

示喻趙宗丞田，極感留意。已撰得四百千省，半是糶米剩錢，半是某所得諸處饋送。前日錢丈所惠，亦在其中。今即移文庫中，令項椿管，以俟其報，告爲發書扣之。路運幹不是彦豐否？若是，即某已識之。并煩爲致意，早得一報爲幸。雖某去此，後人亦當能成此勝緣也。來書已付案中爲事祖矣。

辛帥之客舟販牛皮過此，掛新江西安撫占牌，以帟幕蒙蔽船窗甚密，而守卒僅三數輩，初不肯令搜撿。既得此物，遂持帥引來，云發赴淮東總所。見其不成行徑，已令拘没入官。昨得辛書，却云軍中收買，勢不爲已甚，當給還之。然亦殊不便也。因筆及之，恐傳聞又有過當耳。

前書奉叩白鹿買田事如何？幸早示報，及某未去間有定論爲佳。此錢已送庫寄收以俟矣，千萬留念。

熹頓首再拜：前日專遣人行拜狀，想達。春卿來，近問，殊用慰感。即日清和，伏惟尊候萬福〔一〕。某代者已到，二十七日定交郡事，即略轉山北，迤邐東歸矣。脱此樊籠，欣快無量。但念相見未有近期，不能無愴恨耳。白鹿田錢已撥，正牒教授，候彼回文，即可支付也。春卿之歸，深荷津遣。又辱饋贐之厚，渠深不敢受。朋友皆以爲仁者之惠，所不敢辭，渠必以具謝矣〔二〕。

禮器之失，不但一爵。今朝廷所用宣和禮制局様，雖未必皆合古，然庶幾近之。不知當時禮部印本何故只用舊制。向來南康亦無力，但以爵形太醜而句容有新鑄者，故易之耳。其實皆當遣人問於禮寺而盡易之，乃爲盡善。但恐其費不貲，州郡之力不能辦耳。福州余丞相家有當時所賜，甚精，然今亦莫能用也。

黄南康之政如何？渠向在昭武甚佳，爲人所擠而罷。今能不改其舊，則三邑之幸也。

校記　〔一〕「熹頓首再拜」以下原缺，據乾隆周兆蘭重修白鹿書院志卷二補。

〔二〕「春卿之歸」以下原缺，據右引補。

編年　據書信編年。

淳熙十三年

永卿主簿老兄尚留齋館否〔一〕？昨承惠書，此便又遽，未能別狀。但所問先天圖曲折甚善，細詳圖意，若自乾一横排至坤八，此則全是自然。故説卦云易逆數也，皆自已生以得未生之卦也。若如圓圖，則須如此，方見陰陽消長次第。震一陽，離、兑二陽，乾三陽，巽一陰，坎、艮二陰，坤三陰。雖似稍涉安排，然亦莫非自然之理。自冬至至夏至爲順，皆自未生而反得已生之卦，蓋與前逆數者相反。自夏至至冬至爲逆，蓋與前逆數者同。其曰左右，與今天文家説左右不同。蓋從中而分，自北而東爲左〔二〕，自南而西爲右，其初若有左右之勢耳。鄙見如此，更冀詳之。啓蒙改本未成，後便寄去。近塑得伏羲象，欲奉之武夷精舍，恨賢者不能一來觀之耳。此紙煩商伯兄呈似，更同爲訂之也。

校記　〔一〕簿：原作「薄」，據宋閩本、宋單刊本改。

〔二〕而：原作「至」，據右引改。

編年　據書信編年。

慶元三年

新泉之勝，聞之爽然自失。安得復理杖屨，扶此病軀，一至其下，仰觀俯濯，如昔年時？或有善畫者，得爲使畫以來，幸甚。

向見楊伯起有切韻書，只三四十板而聲形略備，亦嘗傳得，而爲人借失之。今欲得一本，敢煩爲借，抄録一本，校令審諦，便中見寄，幸甚。或語趙守刻得一板流行亦佳。此非僞學，想亦不至生事也。五老新瀑曾往觀否？夢寐不忘也。

編年 據書信編年。

慶元二年秋

某竟以無狀自致人言，上累師傳，下及朋友，愧負憂惕，如何可言！傳聞賢者亦有里巷侵侮之虞，不知云何。今日惟可凡事省縮，豈復更與此輩争是非、較曲直也。彼中諸書板本聞幾有焚滅之禍，又云下官有持不可者，遂已，不知果然否耶。然計此恐終不免。向來得本甚多，皆爲人取去。今欲復得一兩本，不知能及未爲煨燼之間印以見寄否？

編年 據書信編年。

慶元三年

洪韻當已抄畢，幸早示及。此間付之書坊鏤板，甚不費力。况非僞學，亦無嫌也。新泉圖子和成既爲定稿，必已能盡寫其佳處。只就覓此草本，不必重摹，俗工或能反敗人意也。自聞此泉新出，恨未能一游其下，以快心目。濺雷噴雪，發夢寐也。瀑圖、韻譜近方得之。圖張屋壁，坐起對之，恨不身到其下也。

編年 據書信編年。

慶元四年秋

定叟終於落星，何不就館城中耶？鄭溥之、黄伯耆相繼物故，皆盛年也，亦是一時氣數。然張、鄭尤可惜耳。

編年 據書信編年。

楊伯起

慶元三年

新年幾歲？精神筋力想未至衰憊如某也。白鹿舊游恍然夢寐，但聞五老峰下新泉三疊，頗爲奇勝。計此生無由得至其下，嘗托黄商伯、陳和成摹畫以來，摩莎素墨，徒以慨嘆也。江德之甚好説易，嘗與講論否？且看程先生傳亦佳。某謬説不足觀，然欲觀之，須破開肚腸，洗却五辛查滓，乃能信得及耳。又印本多錯誤，恐難會了。無由面談，聊發一笑。

將來官滿，復歸廬阜耶？劉婿得依餘芘，幸甚，時有以警誨之乃佳。外孫聞尚附學，想蒙憐撫。

編年　據書信編年。

慶元四年

某衰朽益甚，已上告老之章，它蓋無足言者。劉婿幸得托芘，今將滿矣，不知已離彼未耶？李敬子得襄陽教官，見在此相聚。或傳其闕已到，未知然否？幸因便報及也。

編年　據書信編年。

慶元三年

讀易想亦有味，此經自有規模格局，若看得破，則精粗巨細無處不可受用。如其未然，即且將其間旨意分明處反覆玩味，亦自可樂。不必深求幽遠，枉費心力也。某之謬説本未成書，往時爲人竊出印賣，更加錯誤，殊不可讀。不謂流傳已到几間，更自不足觀也。劉婿相見未豁然，亦差覺老成，此皆教誨之力也。某年來衰憊殊甚，兩足拘攣，不能移步猶是小故，而心腹之疾猶爲可慮，服藥無效，拱手俟命而已。

編年　據書信編年。

葉永卿吴唐卿周得之李深子

淳熙八年

某還家，方幸休息，得以輯理舊書，忽被恩除，不勝憂懼。初欲力辭，又聞彼道薦饑，已有流移户口，恐辭或不免，而失可爲之時，遂不免申奏對之請。更旬日間，必有進止之命。若得罷遣，且守東岡之陂，即大幸也。

除職初不敢辭，但以賑濟四家未被賞，因此爲伸理耳。聞彼又苦饑，想不至如去年之甚。然在今日，處置當倍費力也。

深甫所喻減税事，不知後來如何。某若得對，當且乞減徐守所增中上等税錢。此數不多，當必可得。其它恐亦難料理也。

白鹿田已就緒，甚善。又聞今侯能枉駕臨之，尤幸。伯起廷彦爲况如何？聞永卿諸公亦嘗入山觀書，遐想山林之勝，它處真未易得，令人悵然興懷也。但聞或者乃欲畫某形象置之其間，令人駭然。不知誰實爲此？向欲作李賓客、李九經及三先生祠於其間，以未有大成殿，遂不敢議。今乃遽然如此，於義殊不安。而諸人所以相期者乃復如是之淺，尤非區區之所望也。幸以此示諸人，亟爲毁撤爲佳。不然，須别作區處也。

舜弼所云白鹿之説，當時亦謾及之，豈有輒敢號令州郡之理。渠自張皇，亦不曉事之過也。

白鹿買田聞已就緒，吴丈又許買牛，此尤永遠之利也。諸事更賴衆賢左右維持之，其必有濟矣。

朱守書來，示及新編圖經，乃知其郡政從容，綽有餘力如此。大凡區區向所欲爲而不暇者，今皆備矣。又承喻及禁止白鹿葬地一節，尤快人意。但不知曾追毀其買契否。不爾，恐尚有後患也。

白鹿知亦嘗一到，甚善甚善。每念疇昔相與登臨游從之樂，未嘗不發於夢寐。然亦恨當時所以相切磋者猶有所未盡也。

張廣文別後遽至此，深可悲悼。某或得至浙東，亦遣人視其家也。

永卿所喻可欲之説恐不然。但以詩所謂「天生蒸民，有物有則，民之秉彝，好是懿德」者觀之，則知欲惡之正固有不易之定理矣。彼以所當惡者爲所當欲，豈其性情之本然者哉。孟子集注近方修得一過，未及再看。更俟少定，寫得別本，即附去。然大凡讀書，且徐讀正文，虚心涵泳，切己省察，亦當自見大體意味，其間曲折，却續求之未晚也。

唐卿比來爲况如何？書來，不及菖蒲平安之報，何耶？

編年 據書信編年。其「朱守書來」一段書札彙編繫於淳熙十二年或稍後，當從之。

淳熙十五年二月

去歲災蹇異常，病既日侵，秋間又哭一女，悲傷無聊，屢至危殆。忽蒙除用，懇祠未獲，近乃見次，又已有奏事之命，不免遣人復申前請。行一月矣，至今未還，不知事竟如何。或不得已，即須到彼面懇力辭，庶幾可脱。江西决是不成行也。向承録示藥方，極感留念。今脚氣已漸輕，秘結却變成滑洩矣。大率氣血漸衰，自是如此也。啓蒙近復修改一兩處未畢，俟印得即奉寄。易之象數初甚簡易，今人不得其説，遂至支離，使人不曉，反遂詆以爲淫巫瞽史之學，其亦誤矣。

編年　據書信編年。

馮儀之〔一〕　慶元五年冬

細讀來示，備詳别後進學不倦之意。世間萬事須臾變滅，不足置胸中。惟有致知力行，修身俟死爲究竟法耳。余正父博學强志〔二〕，亦不易得。禮書中間商量多未合處，近方見其成編，比舊無甚改易。所論獨志無助者誠然，然渠亦豈容他人之助也。此間所集諸家雜説未能如彼之富，然儀禮正經段落注疏却差明白。但功力頗多，而衰病耗昏，朋友星散，不能得了耳。商伯時時得書，講論精密，誠可嘉尚。李敬子堅苦有志，尤不易得。近與諸人皆已歸，只有建昌二吕在此，早晚講論，粗有條理，足慰岑寂也。

校記〔一〕此篇又見續集卷八馮奇之。

〔二〕志：四庫全書本作「識」。

編年 據書札彙編。

朱熹文集編年評注別集卷七

詩　記　祝文　祭文　跋　題記

與一維那以下見陳利用編大同集　紹興二十三年九月三十日

老親比苦重聽①，服上人藥遂良已②。上人索詩，久廢無次③，聊復此，殊不佳也。紹興癸酉九月晦日，紫陽朱仲晦書④。

當年事幽討，結友窮名山。曾逢許斧子⑤，去采玉芝還。歸來坐空房，神清骨毛寒。起視塵中人，一見了肺肝。探囊出刀圭⑥，生死毫釐間⑦。相逢瘴海秋，遺我黄金丹。高堂得聽瑩，斑衣有餘歡〔一〕。謝師無言説，古井生波瀾⑧。

解題　維那，梵語譯音，指佛寺中管理僧衆事務，地位次於上座、寺主的僧職。一乃其人之名，蓋同安僧人。陳利用，字光卿，曾任同安縣學司書兼奉文公祠。大同集爲朱熹與同安相關之作，乃目前所見最早的區域性詩文集。本篇謝一維那治愈母病，贊其醫術高明。

校記 〔一〕斑：原作「班」，據宋閩本、宋單刊本改。

注釋 ①重聽：耳聾。漢書循吏傳黄霸：「許丞老，病聾，督郵白欲逐之。霸曰：『許丞廉吏，雖老，尚能拜起送迎，正頗重聽，何傷？』」

②上人：釋氏要覽稱謂引古師云：「内有德智，外有勝行，在人之上，名上人。」南朝宋以後用爲對僧人的尊稱。

③無次：没有章法。文選劉琨答盧諶書：「不復屬意於文，二十餘年矣，久廢則無次。」劉良注：「次，次序也。」

④紫陽：朱熹祖籍婺源有紫陽山，其父朱松思念故里，因刻山名爲印，以示不忘。朱熹承父志，用以爲號，并名其書堂。見其所撰名堂室記。

⑤許斧子：指傳説中的仙人許翽。真誥卷二十：「（許穆）小男名翽，字道翔，小名玉斧。」韋應物尋緑華歌有「世淫濁兮不可降，胡不來兮玉斧家」之句。

⑥刀圭：中藥量器名。抱朴子内篇金丹：「服之三刀圭，三尸九蟲皆即消壞，百病皆愈也。」王明校釋：「刀圭，量藥具。」也借指藥物。

⑦生死：使死者生，起死回生。

⑧「古井」句：孟郊列女操：「貞婦貴徇夫，舍生亦如此。波瀾誓不起，妾心古井水。」本言心如死水，不爲外物所動。此反其意而用之，言内心感激之情洶涌。

編年 據詩序。

上廣文 紹興二十六年春夏間

廣文何事創樓居？收拾家藏理蠹餘。尚有簡編充棟宇，擬陳車馬大門閭〔一〕①。移床客去邀明月，送酒人來遞異書。縱使清貧無長物②，猶勝四壁似相如③。

解題 廣文，指吕少衛，因其嘗任教授，故稱。本篇與文集卷二次韻傅丈題吕少衛教授藏書閣同韻，爲同時所作。蓋一和傅自得題閣詩，一呈少衛本人。

校記 〔一〕大：四庫全書本作「次」。

注釋 ①「擬陳」句：言車馬將閑置不用，主人準備隱遁不出。

②長物：富餘之物。世説新語德行：「（王大）見其坐六尺簟，因語恭：『卿東來，故應有此物，可以一領及我。』恭無言，大去後，即舉所坐者送之。既無餘席，便坐薦上。後大聞之，甚驚，曰：『吾本謂卿多，故求耳。』對曰：『丈人不悉恭，恭作人無長物。』」

③「猶勝」句：史記司馬相如列傳：「文君夜亡奔相如，相如乃與馳歸成都，家居徒四壁立。」後以此爲家中赤貧之典。

編年 見文集卷二次韻傅丈題吕少衛教授藏書閣所考。

評論 朱子可聞詩集卷三：開口「何事」一呼，全篇振動，下文皆應。云創樓居者，凡以蓄書待問耳，如此始不愧廣文二字。陳后山詩云：「端能幾字正，敢恨十年遲。」吾人焉得不顧名而思義哉！起云料廣文收拾他家藏不過理蠹餘幾篇書籍耳，末云貧而有書，差勝於家徒四壁者。莊論以趣語出之，乃見詩人情致。

考試感事戲作紹興二十五年

海邑三年吏，勤勞不爲身。但令官事了，從遣黠兒嗔。

解題 本篇監考時作，見其對狡黠的作弊者督視甚嚴。

編年 本篇收入大同集，知爲同安所作。朱熹紹興二十三年至同安，詩云「三年吏」，知作於二十五年。

題米倉壁紹興二十三年至二十七年間

度量無私本至公，寸心貪得意何窮！若教老子莊周見，剖斗除衡付一空。

解題 本篇表現了作者對人欲橫流的厭惡和對清心寡欲之老莊哲學的崇尚。

編年 本篇收入大同集，知作在同安任上。

題安隱壁紹興二十三年至二十七年間

征車少憩林間寺，試問南枝開未開？日暮天寒無酒飲，不須空喚莫愁來①。

解題 安隱，寺名。本篇乃朱熹簿同安時出差途中所作，表現了作者的辛勞和愁寂。

注釋 ①莫愁：古樂府中傳説的女子。舊唐書音樂志二：「石城有女子名莫愁，善歌謡，石城樂和中復有『莫愁』聲，故歌云：『莫愁在何處？莫愁石城西。艇子打兩槳，催送莫愁來。』」

編年 本篇收入大同集，知作在同安任上。

題梵天方丈壁 紹興二十三年至二十七年間

輸盡王租生理微，野僧行乞暮還歸。山空日落無鐘鼓，只有虛堂蝙蝠飛。

解題 本篇活畫出一個生計無着的貧寒僧人形象，對苛捐雜税重壓下的下層百姓寄予了深切同情。

編年 本篇收入大同集，知作於同安任上。

評論 朱子可聞詩集卷五：此刺當時迫於催科，言人家生理既微，僧亦無所乞食，飯鐘粥鼓俱不聞也。起句大書特書，先生不是爲沙門護法。西京云「虛堂蝙蝠飛」題壁正面語。

五月五日海上遇風雨作 紹興二十四年至二十六年間

疾風吹雨滿征衫，陸走川行兩不堪。塵事縈人心事遠，濯纓何必在江潭？

解題 本篇也爲同安出差途中所作。在吏事倥傯之中，朱熹始終没有放棄精神追求。

編年 本篇收入大同集，知作於同安任上。朱熹紹興二十三年秋七月方至同安，此詩作在五月，故至早在二十四年。而二十七年春出差返回同安後，已無公事，只是等待交任而已，故是年也不與焉。

兩絶句送順之南歸〔一〕 乾道中

門前三徑長蒿萊，愧子殷勤千里來。校罷遺書却歸去，此心元自不曾灰。

幾年江海事幽尋，偏與雲僧話此心〔二〕。今日肯來論舊學，歲寒猶恐雪霜侵。

校記 〔一〕此篇又見文集卷六下，題作「送許順之南歸二首」。

〔二〕與：原作「興」，據文集卷六下本篇改。

編年 參文集卷六下所考。

寄陳講師 以下見別編臨江集〔一〕

聞道山中客，年來鬢欲皤。静便三徑小，貧覺一身多。且喜詩無病，從教睡作魔。故人今領衆，猶足慰蹉跎。

解題 此下六篇存疑。陳講師，當指閤皂山道士陳亢禮。講師，指講道傳經的高僧老道之類。閤皂山志卷下載：「崇真宫有竹軒曰蒼玉軒者，淳熙中羽士陳亢禮之所作也。爲之賦詩者三百餘人，如周平原必大、謝艮齋諤、楊誠齋萬里、洪野處邁、朱晦庵熹、羅樞密點、徐待制誼、何月湖異，皆一時名流鉅公。」朱熹有答陳道士書、跋蒼玉詩卷，應即爲陳亢禮作。

校記 〔一〕此以下臨江集六篇皆與道士道觀有關，其中有游閤皂山三詩。考朱熹生平未嘗至閤皂山，與此不符。疑此臨江集六篇皆道流僞作，特無顯證耳。

別陳講師〔一〕

幾年勞夢想，今日慰登臨。況入芝蘭室，又聞金玉音。與君連夜語，盡我一生心。此外成華髮，無因得重尋。

校記 〔一〕疑僞作。

登閤皂山〔一〕

疊疊層巒鎖閟宮，我來特地訪靈蹤〔二〕。葛仙去後無丹竈①，弟子今成白髮翁。一派泠泠臺下水，半空漠漠嶺頭雲。祖師成道衝天去②，只有無窮受籙人③。

解題 閤皂山，在清江東四十餘里，跨樂安、新淦、豐城三縣，以山形似閣、其色如皂而得名。道家以爲第三十三福地。

校記 〔一〕疑僞作。

〔二〕特：原作「舊」，據宋閩本、宋單刊本改。

注釋 ①葛仙：指葛玄，字孝先，三國吳琅玡人，晉葛洪之從祖父。相傳從左慈得九丹金液仙經，修煉成仙，世號葛仙公、太極仙翁，爲道家所崇奉。見抱朴子内篇金丹、太平廣記卷七十一葛玄引神仙傳。

②祖師：佛道二教中指創立宗派的人。唐韓偓游江南水陸院：「除却祖師心法外，浮生何處不

堪愁。」

③受籙：道家指接受符籙。賈島有元日女道士受籙詩。隋書經籍志四：「後周承魏，崇奉道法，每帝受籙，如魏之舊。」

送單應之往閤山〔一〕

杖頭挑月入煙籮，城郭塵埃奈爾何？若到名山高着眼，洞天深處異人多。

回首名山我舊游，曾將風袂挹浮丘。如今不及臺邊水〔二〕，長向山前山後流。

解題 單應之，未詳。

校記 〔一〕疑僞作。

〔二〕今：四庫全書本作「何」。

評論 朱子可聞詩集卷五：一起寫得飄飄欲仙，斯人可謂高著眼而俯視塵世者矣。但不知到名山，遇異人，果何若耶？語盡而意未盡。

送李道士歸玉笥三首〔一〕

偶隨雲出伴雲歸〔二〕，笑指清都在翠微。爲我中間留一榻，他年去著薜蘿衣。

玉笥山連郁水坑〔三〕，拂雲樓殿對崢嶸。君歸後夜無餘事，卧聽寒泉落磵聲。

莫惜臨行酒一杯，看君上馬古城隈。相望兩地無多遠，頻寄音書與雁來。

解題 李道士，未詳。玉笥山，在臨江軍南境，今江西峽江縣東南四十餘里。隆慶臨江府志卷三：「舊名群玉，道書以爲第十七洞天第八福地。世傳漢孝武時嘗降玉笥於山，故名。」

校記 〔一〕疑僞作。

〔二〕出：原作「去」，據宋閩本、宋單刊本改。

〔三〕郁：原作「都」，據右引改。

題赤城觀〔一〕

落日空山秋氣清，泠泠古木亂蟬鳴。仙人一去鶴不返，劍客重來丹已成。静對竹爐煙縷直，細看月窟桂華生。此身舊有蓬瀛約，玉簡歸來問姓名①。

解題 赤城觀，道觀名，在臨江軍北四十里，宋宣和中賜額。

校記 〔一〕疑僞作。

注釋 ①玉簡：指道家書札。北齊樊遜釋道教對：「至若玉簡金書，神經秘録……皆是憑虚之説。」

尤溪縣學觀大閣 見尤川志及南溪祠堂志 乾道七年十一月

令尹弦歌不下堂①，叱嗟層觀麗扶桑②。朱甍碧瓦臨無地，散帙投壺樂未央③。得意溪山供徙倚，忘情魚鳥共徜徉。應觀物我同根處，剖破藩籬即大方④。

解題 觀大閣，在尤溪縣學書堂之東，知縣事石𡼏建，見朱熹南劍州尤溪縣學記。石𡼏爲朱熹密友，已見文集卷四。其在任重視教育，嘗重修縣學。朱熹除作記外，尚有南劍州尤溪縣學明倫堂銘。本篇題閣，贊揚了石𡼖禮樂教化之功。

注釋

①弦歌：古代授詩，皆配以弦樂歌詠，故稱「弦歌」。後泛指禮樂教化、學習誦讀。韓詩外傳卷一載原憲居魯，「上漏下濕，匡坐而弦歌」。

②叱嗟：同「叱咤」，大聲吆喝，怒喝。此指使令指揮。麗：附着。扶桑：傳説中的神樹，乃日出之處，代指太陽。

③投壺：古代一種娛樂活動，賓主依次以矢投向壺口，以投中多少決勝負。其制見禮記投壺。

④「應觀」二句：結閣名「觀大」二字，宣揚張載「民胞物與」思想，言人應該仁民愛物，消除一己之私，不分彼此，天下一家。物我同根：張載西銘認爲乾坤天地爲父母，天下之人皆爲同胞，有生之物皆我朋友。藩籬：喻物我、人己之間的隔閡界限。大方：大道，常道。莊子山木：「不知義之所適，不知禮之所將，猖狂妄行，乃蹈乎大方。」

編年

據詩，時石𡼖在任，乾道七年也。本篇必爲是年在尤溪所作。參見文集卷四石子重兄示詩留别次韻爲謝三首所考。朱熹是行在十一月。

十月上休日游卧龍玉淵三峽用山谷驚鹿要須野草盟鷗本願秋江分韻得鷗字〔一〕

按大全集但有「秋」字韻，不載此「鷗」字韻。馮本有之，或云先生命門人所作而後不用。或又云得兩韻而集軼之。　以下見南康集　淳熙六年十月

匡廬霜天後，不見雲氣浮。木葉紅已疏，山顔轉清幽。向聞有絶壑，乃在卧龍湫。及此遂一

往，幸無煙景愁。隮攀欲其深，泉石固所求。況有百尺崖，噴雪飛寒流。幽岑自回抱，直下鳴青璆①。便可洗我耳，枕石忘所憂。精神共虛廓，方物皆悠悠②。所恨非獨往，不能恣夷猶③。仰嘆雲間鶴〔二〕，俯羨谷中鷗。先生先我來，結屋陽岡頭。虛名付忠武④，滅迹慕巢由⑤。是間頗足居，不田亦平疇。野人種椒橘，崖蜜易歲收。西源有老翁，卷舌藏戈矛⑥。似學辟世士，乃欲邀聖丘⑦。先生且無然，但作一月留。俟我有決計，它時卜從游。

解題 本篇記廬山之游，表達了欲隱遁其間的意願。上休，猶「上澣」，指上旬休假之日。山谷，黄庭堅。朱熹此游有「秋」字韻詩，已見文集卷七。

校記 〔一〕要須：原倒，據宋閩本、宋單刊本乙。草：原作「學」，據黄庭堅次韻公擇舅改。盟：一作「鳴」。

〔二〕嘆：四庫全書本作「漸」。

注釋 ①青璆：清越的玉聲。青，通「清」。璆，佩玉相擊聲。楚辭九歌東皇太一：「撫長劍兮玉珥，璆鏘鳴兮琳琅。」朱熹集注：「璆、鏘皆玉聲。」

②方物：指談論。禮記内則：「四十始仕，方物出謀發慮。」俞樾群經平議禮記三：「方物者，辨別其事也。惟能辨別其事，故能出謀發慮也。」

③夷猶：楚辭九歌湘君：「君不行兮夷猶。」王逸注：「夷猶，猶豫也。」引申爲從容徘徊。

④忠武：諸葛亮。

⑤巢由：巢父、許由。相傳爲堯時隱士，堯讓天下而不受，去而之山林，巢棲谷飲以終。漢書薛

方傳：「堯舜在上，下有巢由。」此句言臥龍庵始建者劉隱士，見朱熹臥龍庵記。

⑥「卷舌」句：指隱士崔嘉彥嘗獻策於宰相趙鼎，未得施行，於是絕意當世，隱遁山林。見朱熹西原庵記。

⑦邀：邀約。聖丘：孔丘。相傳孔子道不行，曾擬乘桴浮於海。韓愈遠游聯句：「懷糈餽賢屈，乘桴追聖丘。」此句言崔嘉彥欲離開廬山遠游他方。

編年 考朱熹南康行迹，淳熙七年夏秋以後忙於救災，且健康不佳，未嘗遠出游山。觀詩意，本篇作在六年甚明。此游尚有下元節假行視陂塘以下三篇，載於文集卷七。

次周師温游書堂韻兼簡坐上諸同志 淳熙七年三月

疇昔因來行水餘①，依依唯認昔人居。新堂已幸經重構，舊事難追更特書。所願弦歌聞十室，休誇文字賦三都②。同來况有濂溪裔，心印相傳儘未疏。

解題 本篇系與諸人同游白鹿洞書院時作，詩中勉勵諸生致力於孔孟之學，不要競逐於詞藻之工。周師温，周敦頤後裔，已見文集卷七。

注釋 ①行水：行視水利情况。國語晋語九「三年而智氏亡」，韋昭注：「智伯行水，魏桓子御，韓康子驂乘。」

②三都：晋左思三都賦。

編年 白鹿洞書院成於淳熙七年三月，故知本篇作在是時。

西源居士斸寄秋蘭小詩爲謝 淳熙七年秋

知有幽芳近水開，故攀危磴斸蒼苔。却憐病客空齋冷，帶雨和煙遠寄來。

解題 本篇病中所作，時朱熹因救荒事勞碌奔走，因而心力交瘁。西源居士，崔嘉彦，事見朱熹西原庵記。

編年 朱熹始識崔嘉彦在淳熙六年夏，然當年頻頻出游，未見有病，故本篇必作在七年秋卧疾之時。至八年閏三月則已去官。

至樂齋記 以下見大同集 紹興二十六年閏十月

盤谷傅公客於泉州城東之佛寺，間即其寓舍之西偏治一室，達其南北，以爲軒窗，極爽塏。左右圖史，自六經而下，百家諸子、史氏之記籍與夫騷人墨客之文章，外至浮屠老子之書，荒虚譎詭，詼諧小説〔一〕，種植方藥、卜相博弈之數，皆以列置，無外求者。公於是日俯仰盤礴於其間，繙群書而誦之，蚤夜不厭。人蓋莫窺其所用心，而公自以爲天下之樂無易此者。故嘗取歐陽子之詩以名其室曰「至樂之齋」，而顧謂某曰：「爲我記之。」某辭謝不敏，不嫻於文字，且不敢爲庸人誦説，而况敢爲是耶。既公命之不置，某不得終辭，乃承命而退，推公意所以然者而書之曰：人之所以神明其德，應物而不窮者，心而已。古之君子自其始學，則盡力於灑掃應對進退之間而内事其心。既久且熟矣，則心平而氣和，冲融暢適，與物無際。其觀於一世事物之變，蓋無往而非吾樂也。而况載籍所傳，上超羲農，下至于兹，其間聖賢之行事、問學之源奥，是非得失、理亂存亡廢興之故，包括籠絡，靡不畢具。苟涉其辭義而心必契焉，則其可樂而玩也，豈不亦至矣哉。惟世之學者或不足以知此，而勞於記誦佔畢之間以爲事，是以語之至者既扞格而不入於心，惟其粗厲而不平者感而入焉，則其間勃然而鬥而怒矣，亦何樂之云哉。某惟歐陽子之詩與公之所以取焉者，蓋其指略如此，因序次以爲公齋記云。紹興二十六年閏月癸卯，新安朱某記。

校記　〔一〕小：四庫全書本作「之」。

編年　據文中所署。

恕齋記 紹興二十七年十二月五日

温陵陳君養正讀書之堂，同郡吕君少衛榜之曰「恕齋」，而陳君有謁於予曰：「願有記也。」予故以是往而觀焉，則其垣屋位置與夫几案圖書花藥之列，無不合其宜、得其所。蓋飾不過侈而簡不至陋，起居便適而視聽無邪，真若幽人逸士之居者，雖予亦樂之。將爲之記，而問其作興端原，則曰：「此吾居第之東榮也。凡兹棟宇，皆亡所改於其舊，惟鑿窗牖以候明晦焉，而爲是室也，此亦何所可記？顧吾之所以望於夫子者，願聞恕之説而盡心焉耳。」予聞之，愯然曰：「子之志則善矣，而非予所敢當也。予不佞，少從先生長者游，嘗竊聞夫恕之説，以爲不過推己之心以及人而已。勉而行之，又以爲無難也。然克己之功未加而蔽於有我之私勝，則於此未嘗不病焉〔一〕，而何敢易言之，以重得罪於聖人之門也。」用此辭謝不敢爲者幾累月〔二〕。陳君請之不置，而吕君亦以爲言，予不得以終辭也，則歷誦前語而謂之曰：「以是爲記，足以不没乎爲齋之實，而亦可見强恕之難矣。惟吕君幸以爲不悖於所以名之意，則庶乎其施也。」二君皆曰善，遂書置齋屋壁間以視陳君，且自警也。紹興二十七年十二月五日，新安朱某記。

校記　〔一〕於：原作「非」，據四庫全書本改。

〔二〕爲：原作「有」，據右引改。

編年　據文中所署。

評論　周大璋朱子古文讀本卷六恕齋記：行恕須是克己，吃緊爲人處全於此記盡情説出。學者勿草草讀過。

鄉飲舍菜二先師祝文 見大同集　紹興二十三年秋至二十六年秋

敢昭告于先師兗國公、先師鄒國公：朝廷舉遺興禮，使郡縣三歲一行鄉飲酒之禮，以迪其士子，俾莫不精白，以祗承明詔。某爲縣長吏，敢不以時奉行。即事之初，以禮舍菜於先聖至聖文宣王，以公等配。尚饗〔一〕！

校記　〔一〕末句原缺，據元刻本大同集卷十補。

編年　文云「某爲縣長吏」，是在同安任上。朱熹紹興二十三年秋七月至任，二十六年秋七月任滿。

赦後祭□□祝文見南康集　淳熙六年冬

乃季秋辛未，天子有事于合宫。樂備禮成，敀祭澤于宇内。凡諸祀壇宇之有功於民者，悉詔有司潔嚴報享。惟王聖德神功賴及萬世，至今天下生人有一日之安者，皆王之德也。邦有彛典，敢或不虔。仰惟明靈，尚其昭鑒。

編年　文出南康集，又云「邦有彛典，敢或不虔」，是作在南康任上。朱熹淳熙六年三月至任，而是年秋恰有明堂大禮，即「天子有事于合宫」，故知其作於是冬。

祭芸谷文先生之曾孫沂藏録稿　乾道五年三月十四日

維乾道五年歲次己丑三月丁巳朔十有四日庚午，迪功郎、差充樞密院編修官朱某敢以香茶酒果之奠，托友人林用中致祭于亡友林君師魯之靈：惟昔先君與芸齋先生游，而吾師魯又不鄙某愚，嘗不遠數百里，過我潭溪之上，蓋將從容講學，以共進於斯道也。顧以姻喪，欲留不可，自是一别，遂訣終天。嗚呼痛哉！志長命短，如師魯之才之敏，乃不克究其業而止於斯，吾徒二三子失良友之助，能不隕涕相吊？而况高堂垂白，又何以堪此愁苦耶。某形疲道遠，不能往哭，香茗之奠，以累同志。遵承先志，收拾遺文，并以囑之，庶可無憾。嗟嗟師魯，尚克鑒此而享之耶？嗚呼哀哉！

編年　據文中所署。

祭□□文

先生之孫濬家藏〔一〕　淳熙三年九月十六日

維淳熙三年歲次丙申九月癸卯朔十六日戊午，宣教郎朱某敢以酒肴之奠，告于□太夫人□氏靈筵曰：我昔貧病，掩關自休。有來自東，而辱與游。既往既來，十年頓久。義篤情親，謂我昆友。我相其流，以必其源。曰是世德，抑母之賢。惟母之賢，聘□名族〔二〕。媲德清門，慈祥雍睦。成其二子，學古行修。左右致孝，色思其柔。顧我者誰，曰寔其季。適騫以翔，遽以憂躓。我聞其憂，驚嘆失聲。孰勤斯誨，弗俾其榮。往吊不能，且悲且愧。千里緘辭，相此一酹。嗚呼哀哉！

校記　〔一〕孫：當作「曾孫」，見下書李巽伯所跋石鼓文後題注。

〔二〕缺處明萬曆本作「兹」，清康熙本作「於」。

編年　據文中所署。

芸齋遺文跋

先生之曾孫沂藏録稿　乾道四年四月

先君子志尚高潔，不妄與人交。蓋嘗避地福之古田，得芸齋先生林公而與之游，愛其學識行誼有以過人，而惜其且將湮没無聞於世也。及仕於朝，爲之延譽甚力。然竟不及試用，識者恨之。某自幼侍立先君子之側，則已聞先生爲人之大略。近乃得其臨終手筆數十百言，戒其家治喪無用浮屠法者，讀之然後知先生所學之純，所養之固，見於死生之際者又如此，宜乎先君子之所甚厚而不忘也。三復至言，惟念先志，追慕哽絶，不知所言。既而先生之子魯山不遠數百里，過某於潭溪之上，道語舊故，泫然久之。因謂某曰：「先人絶筆之書，將刻諸石，以傳學者，子爲我識之。」某惟先生於此，特示人以變俗由禮之大端耳。若夫反躬格物，以明先王制作之本，使其情文義數粲然大備，盡祛千載習俗之陋而壹反之於正，豈不猶有望於後人哉。師魯篤志好學，其果能進此以成先生之志，則豈惟某與一二友朋之願，抑先君子實寵嘉之。因敬書以附其後云。乾道戊子四月丁酉，新安朱某敬書。

編年　據文中所署。

書李巽伯所跋石鼓文後 先生之曾孫濬家藏　淳熙十五年五月十六日

唐貞觀中，吏部侍郎蘇勗著論岐陽獵鼓，引歐陽、虞、褚并稱墨妙爲據。三君體法爲世楷式，賞好爲物軒輊，在當時已爾。今其故迹僅存，隋珠和璧不足喻其珍也〔一〕。予避地來南，一日，料檢行庋，得岐鼓及孔廟、醴泉、化度、孟師、丹州諸碑。流徙之餘，偶無散落，爲之驚喜過望，書其事以示子孫。建炎己酉夾鍾五日，雒人李處權巽伯。

余年十八九時，邂逅李卿於衢守張紫微坐上。二公皆一時名勝，揮麈論文〔二〕，意象超逸，令人傾竦。今觀此卷，恍然若將復見其人。而追數歲月，忽已四十寒暑矣。不惟前輩零落殆盡，而及見之者亦無幾人，可爲太息。淳熙戊申五月既望，朱某仲晦父書。

校記　〔一〕璧：原作「壁」，據宋閩本、宋單刊本改。

〔二〕麈：原作「塵」，據宋閩本改。

編年　據文中所署。

跋訛傳龜山列子解後 先生之曾孫主簿□家藏　淳熙十六年七月五日

龜山之見二先生，在元豐之初。此書作於其前，固不足怪。跋語則出於其後，而有非所宜言者矣。豈其後人有惜是書而不忍棄者，托爲是語以重之歟？噫！是書則傳，而其爲龜山之累也甚矣。向見沈公雅説有此書，初不敢信。淳熙己酉夏，將樂鄧絅爲寫寄來，因得記其所疑於後。且細讀跋語中用字下語多不中律令，與龜山他文不類，其僞妄不疑，但不知何人所作耳。七月五日某書〔一〕。

校記　〔一〕五：原作「三」，據宋閩本、宋單刊本改。

編年　據文中所叙。

跋郭忠恕説文字源 仙游洪震夫家藏　淳熙十年

楊文公、蘇文忠公皆言郭忠恕先尸解而逝〔一〕，今觀此卷，非斯人之仙而誰仙耶。淳熙癸卯，晦翁。

校記　〔一〕忠：原缺，據四庫全書本補。

編年　據文中所署。

題折桂院行記 以下見南康集　淳熙八年閏三月三十日

始予至折桂院之西軒，愛其江山之勝。道人雲公爲予言，此未足觀，少上當益奇，因道予行深竹中。竹盡，得大阜，背負五老，面直江湖，東西數百里，雲山煙水渺莽縈帶，勝絶不可名狀。乃規作亭其處，取李翰林廬山謡中語，命以爲「黄雲觀」。會雲公去，不果爲。今年春乃克爲之，未訖工而余代去。閏月晦日，與清江劉子澄、長樂林擇之、開封趙子明、温陵許景陽、建安王春卿、長樂余占之、陳彦忠、臨淮張致遠、長樂黄直卿俱來，因記其事。雲公諸王孫，棄官學浮圖法，今客大洪山云。淳熙八年辛丑歲，朱某仲晦父題。

編年　據文中所敘。

題星子縣尉廨射亭 淳熙六年九月二十日

淳熙己亥季秋廿日，新安朱某仲晦父奉同高州蘇史君〔一〕、莆陽詹別駕、零陵陳推官、會稽方丞公、盱江史版掾、永新潘丞公、善化陳明府、南康卜隱君、邯鄲段議郎、同寮楊子美、元範、王之才、董恭父奠故屯田劉公墓，退飲尉廨射亭，盡醉，書此以志。

校記　〔一〕州：原作「川」，據文集卷七九日奉陪高州史君詩改。

編年　據文中所敘。

題落星寺 淳熙七年三月十五日

朱公永、仲晦、蔡季通、汪清卿、程正思、鄧邦老、陳彥忠、萬正淳、俞季清來，朱氏子在侍。淳熙庚子三月丁卯。

編年　據文中所敘。

題落星寺張于湖題字後 淳熙七年十月十三日

朱某奉處士叔父同王南卿、俞子壽、吴唐卿、李秉文、陳勝私、趙南紀及表侄俞潔己、甥魏愉、季子在俱來，觀故張紫薇安國題字，爲之太息。淳熙庚子十月十三日也。

編年　據文中所敘。

題尋真觀 淳熙八年閏三月十日

新安朱某仲晦、永嘉薛洪持志、永嘉張揚卿清叟、縉雲王仲傑之才、會稽陳祖永慶長、臨江劉清之子澄、長樂林用中擇之、樂陽趙希漢南紀、宜春彭樓子應、宜春彭鳳子儀、温陵許子春景陽、廬陵郭植廷植〔一〕、長樂余隅占之、臨淮張彦先致遠，淳熙辛丑後三月丙戌至此〔二〕。莆田傅公弼夢良、長樂陳士直彦忠先歸。

校記　〔一〕廷植：儒林宗派卷十及正訛據祠堂本、徐樹銘新本改作「廷碩」。

〔二〕戌：原作「戊」，據宋閩本、宋單刊本改。

編年　據文中所敘。

題石乳寺 淳熙七年五月五日

淳熙庚子重五日，晦翁與程正思、陳彦忠、俞季清來，翁子在、甥魏愉從。

編年　據文中所敘。

題棲賢磨崖淳熙六年四月

新安朱某奉陪高州蘇史君〔一〕、閬中錢別駕、簽書楊子美、博士楊元範、星子王之才、武寧楊子直、邯鄲段仲衡、濂溪周師温因游卧龍，遂至玉淵、三峽。門人丁克、王翰，甥魏愉、幼子在從。淳熙己亥四月上休日。

校記　〔一〕州：原作「川」，據文集卷七九日奉陪高州史君詩改。

編年　據文中所叙。

題疊石庵〔一〕淳熙六年五月五日

晦翁與程正思、丁復之、黄直卿俱來，覽觀江山之勝，樂忘歸。時淳熙己亥重午日，翁子在、甥魏愉侍行。

校記　〔一〕此篇又見文集卷八十四記游南康廬山。

編年　據文中所叙。

題折桂院淳熙七年二月

晦翁、通叟送張襄陽至此，痛飲而别。

編年　據年譜長編。

跋所刻和靖帖 淳熙七年五月

右和靖先生帖，得之祁君之子真卿〔一〕。淳熙庚子夏五月丙戌，刻之白鹿洞書院。新安朱某記。

校記　〔一〕祁：原作「祈」，據文集卷七山北紀行改。

編年　據文中所叙。

跋所刻包孝肅詩 淳熙七年

此包孝肅公布衣時語，蔡廷彥得之吴唐卿，以語晦翁。翁敬書之，俾刻于白鹿洞。

編年　白鹿洞書院成於淳熙七年三月，此云「俾刻于白鹿洞」，當作在是年，或與上篇同時。

跋王太初所題 淳熙七年

後十年，朱仲晦甫賞識此詞，後之人當勿毀也。

編年　未詳。據其編序，或與上數篇一時所作，姑置此。

書武侯草廬語遺張以道 慶元五年十一月十九日

張以道將之荆襄，寫以送之。慶元己未十一月十九日，晦翁。

編年 據文中所署。

題所書古柏行 淳熙六年至八年

右杜子美古柏行，朱仲晦爲王之才書。

編年 王之才名仲傑，朱熹知南康時爲星子知縣。考朱熹與之僅在南康任上有交往，則此篇必作在任内，淳熙六年至八年也。

朱熹文集編年評注別集卷八

雜著　陳請　啓

釋氏論上

建安吴應槱家藏，湯東澗跋。淳熙元年前後

或問：「孟子言盡心知性，存心養性，而釋氏之學亦以識心見性爲本，其道豈不亦有偶同者耶？」朱子曰：「儒佛之所以不同，正以是一言耳。」曰：「何也？」曰：「性也者，天之所以命乎人而具乎心者也。情也者，性之所以應乎物而出乎心者也。心也者，人之所以主乎身而以統性情者也。故仁、義、禮、智者，性也，而心之所以爲體也。惻隱、羞惡、恭敬、辭讓者，情也，而心之所以爲用也。蓋所謂降衷于民，有物有則者，儒□□□也。故其所以盡心知性者，以其窮理而極乎心之所□□之所有者，無不識也。所謂□□養性□□□已而不失其本□則性□□□□□□□□是則情之所發亦無不□□正而可以應物□□餘矣〔一〕。□□□□□□□□性不見其分□□別□□□給之□□□與□□□□□□□□□□□□□□□□□□□□□□

□□□□□□□□□□其□指□□□□□者，實在精神魂魄之聚，而吾儒所謂形而下者耳。至其所以識心者，則必別立一心以識此心，而其所謂見性者，又未嘗睹夫民之衷、物之則也。既不睹夫性之本然，則物之所感、情之所發皆不得其道理，於是概以爲己累而盡絕之，雖至於反易天常、殄滅人理而不顧也。然則儒術之所以異其本〔二〕，豈不在此一言之間乎。」

曰：「釋氏之不得爲見性，則聞命矣。至於心，則吾曰盡之存之，而彼曰識之，何以不同，而又何以見其別立一心耶？」曰：「心也者，人之所以主於身而統性情者也，一而不二者也，爲主而不爲客者也，命物而不命於物者也。惟其理有未窮而物或蔽之，故其明有所不照；私有未克而物或累之，故其體有所不存。是以聖人之教，使人窮理以極其量之所包，勝私以去其體之所害。是其所以盡心而存心者，雖其用力有所不同，然皆因其一者以應夫萬，因其主者以待夫客，因其命物者以命夫物，而未嘗曰反而識乎此心、存乎此心也。若釋氏之云識心，則必收視反聽，以求識其體於恍惚之中。如人以目視目，以口齕口，雖無可得之理，其勢必不能不相汝爾於其間也。此非別立一心而何哉。夫別立一心，則一者二而主者客，□□□□□□□□□□□□□□分矣，而又塊然自守，滅情廢事，以自棄君臣父子之間，則心之用亦息矣。夫□□□□□□□所指以爲心性與其所以從事焉者乃如此，然則不謂之異端邪說而何哉。」

曰：「然則其徒蓋有實能恍然若有所睹而樂之不厭，至於遺外形骸而死生之變不足動之者，此又何邪？」曰：「是其心之用既不交於外矣，而其體之分於內者，乃日相伺而不舍焉〔三〕，其志專而切，其機危而迫，是以精神之極而一旦惘然若有失也〔四〕。近世所謂看話之法〔五〕，又其所以至此之捷徑，蓋皆原於莊周承蜩削鐻之論而又加巧密焉爾。然昧於天理而特爲是以自私焉，則亦何足稱於君子之門哉！」

校記

〔一〕四庫全書本「是」上有「如」字，「應物」下有「於無」二字。

〔二〕術：疑當作「佛」。

〔三〕日、伺：原作「自」、「同」，據宋閩本、宋單刊本改。

〔四〕惘、失：正訛據唐荆川本改爲「恍」、「識」。

〔五〕話：原缺，據正訛補。四庫全書本作「心」。

釋氏論下

或問：「子之言釋氏之術原於莊子承蜩削鐻之論，其有稽乎？」朱子曰：「何獨此哉，凡彼言之精者，皆竊取莊列之説以爲之，宋景文公於唐書李蔚等傳既言之矣。蓋佛之所生，去中國絶遠；其書來者，文字音讀皆累數譯而後通；而其所謂禪者，則又出於口耳之傳，而無文字之可據，以故人人得竄其説以附益之，而不復有所考驗。今其所以或可見者，獨賴其割裂裝綴之迹猶有隱然於文字之間而不可揜者耳。蓋凡佛之書，其始來者，如四十二章、遺教、法華、金剛、光明之類，其所言者不過清虚緣業之論、神通變見之術而已。及其中間，爲其學者如惠遠、僧肇之流，乃始稍竊莊列之言以相之，然尚未敢正以爲出於佛之口也。及其久而恥於假借，則遂顯然篡取其意而文以浮屠之言。如楞嚴所謂自聞，即莊子之意，而圓覺所謂『四大各離，今者妄身當在何處』，即列子所謂『精神入其門，骨骸反其根，我尚何存者』也。

凡若此類，不可勝舉。然其説皆萃於書首，其□□無以繼之〔一〕，然後佛之本真乃□〔二〕。如結壇誦咒、二十五輪之類，以至於大力金剛、吉盤荼鬼之屬，則其粗鄙俗惡之狀，校之首章重玄極妙之指，蓋水火之不相入矣。至於禪者之言，則其始也，蓋亦出於晉宋清談論議之餘習，而稍務反求靜養，以默證之，或能頗出神怪，以衒流俗而已。如一葉五花之讖，隻履西歸之説，雖未必實有是事，然亦可見當時所尚者止於如此也。其後傳之既久，聰明才智之士或頗出於其間而自覺其陋，於是更出己意，益求前人之所不及者以陰佐之，而盡諱其怪幻鄙俚之談。於是其説一旦超然真若出乎道德性命之上，而惑之者遂以爲果非堯舜周孔之所能及矣。然其虚夸詭譎之情，險巧儇浮之態，展轉相高，日以益甚，則又反不若其初清虚靜默之説，猶爲彼善於此也。以是觀之，則凡釋氏之本末真僞可知。而其所竊，豈獨承蜩削鐻之一言而已哉。

且又有一説焉，夫佛書本皆胡語，譯而通之，則或以數字爲中國之一字，或以一字而爲中國之數字。而今其所謂偈者，句齊字偶，了無餘欠。至於所謂二十八祖傳法之所爲者，則又頗協中國音韻，或用唐詩聲律。自其唐之稍黠如惠洪輩者〔三〕，則已能知其謬，而强爲説以文之。顧服衣冠、通今古，號爲士大夫，如楊大年、蘇子由者，反不悟而筆之於書也。嗚呼！以是推之，則亦不必問其理之是非，而其增加之僞迹狀明白，益無所逃矣。宋公之論信而有證，世之惑者於此其亦可以少悟也哉。」

校記〔一〕缺處明萬曆本、清康熙本作「玄妙」。

〔二〕缺處右引作「見」。

〔三〕唐：疑當作「徒」。

編年 文集卷六十七觀心説云：「心者，人之所以主乎身者也，一而不二者也，爲主而不爲客者也，命物而不命於物者也。」「釋氏之學以心求心，以心使心，如口齕口，如目視目。」正此篇中語，故二者當爲一時之作。據年譜長編，觀心説作於淳熙元年夏秋間，據以繫之。而年譜長編又繫此篇於淳熙三年七月，似未有確證。

釋奠申禮部檢狀 見臨漳語録　紹熙元年

伏睹淳熙六年尚書禮部頒降淳熙編類祭祀儀式内有合行申請事件，須至申聞。

一、神位。某近得禮部侍郎王普所著釋奠儀式，考其位次爵號，皆與此本不同。大抵此圖自東而西，兩兩相對，而王氏本自東序一至五，次西序一至五，又次東廊一至卅六，又次西廊一至卅五，次西廊泗水侯孔鯉，次東廊沂水侯孔伋，遂連中都伯左丘明以下至賈逵，又次西廊杜子春以下至王安石。詳此次序，固不如今圖之善，但此圖十哲次序亦有小誤。蓋以論語考之，當以閔損爲第一，在東序；冉耕爲第二，在西序；冉雍爲第三，在東序；宰予爲第四，在西序；端木賜爲第五，在東序；仲由爲第六，在西序；冉求爲第七，在東序；言偃爲第八，在西序；

卜商爲第九，在東序；曾參爲第十，在西序。今乃以冉雍爲第一，閔損爲第三，冉求爲第六，仲由爲第七，則亦誤矣。又其爵號王氏本費公爲琅琊公，鄭公爲東平公，薛公爲下邳公，齊公爲臨淄公，黎公爲黎陽公，徐公爲彭城公，衛公爲河内公，吴公爲丹陽公，魏公爲河東公，成侯爲武成侯，未知孰是。又按國朝會要，政和間沂水侯與泗水侯俱封，仍同從祀，則王氏本爲得之，而此圖獨闕泗水，委是脱誤。其左丘明以下，當從此圖兩兩相對。但左丘明當在西廊，對孔伋，而荀况以下當在東廊，公羊高以下當在西廊，兩兩相對，與此相反，乃爲得之耳。伏乞更賜詳考，改正行下。

一、祭器并依聶崇義之禮圖樣式。某伏見政和年中議禮局鑄造祭器，皆考三代器物遺法，制度精密，氣象淳古，足見一時文物之盛，可以爲後世法。故紹興十五年曾有聖旨，以其樣制開説印造，頒付州縣遵用。今州縣既無此本，而所頒降儀式印本尚仍聶氏舊圖之陋，恐未爲得。欲乞行下所屬，别行圖畫，鏤板頒行，令州縣依準製造。其用銅者許以鉛錫雜鑄，收還舊本，悉行毁棄，更不行用。

一、釋奠時日，注云：「仲春上丁，仲秋下丁。」某檢準紹興、乾道、淳熙令，并云「二月、八月上丁釋奠文宣王」，即無下丁之文。又嘗竊見五禮申明册内有當時州郡申請，禮局已改「下丁」爲「上丁」訖，其後又見故敷文閣待制薛弼任杭州教授日所申。今到本州檢尋頒降舊本，却無此條。恐是前後節次頒降，致有漏落。將來如蒙别行鏤板，即乞先於儀内改「下丁」作「上丁」字。仍檢申明册内，備録此條全文，附載篇末，以證元本之失。仍下州郡有舊本處并行批鑿改正，庶使州縣奉行有所依據。

一、元本陳設條内「著尊四，犧尊四」，「著」當作「犧」，「犧」當作「象」〔一〕。今來頒降新本已行改正，而政和年中頒降舊本尚仍其舊，州縣奉行，不無疑惑。將來如蒙别行鏤板，即乞附載後來改正因依於篇後，或只將某此狀全文附載，仍下州郡，合將舊本批鑿，庶幾明白，不至疑誤。

一、釋奠儀舊本「鄒國公」下并有「舒王」字，今已删去，而不著其所以然者，亦與舊本牴牾。將來如蒙别行鏤板，即乞檢會靖康年中罷王安石配享先聖章疏指揮，并行附載，仍下州郡，并將舊本批鑿。

校記　〔一〕犧：原缺，據四庫全書本及正訛補。

編年　題下原注：「見臨漳語録。」又文集卷八十三書釋奠申明指揮後云「紹熙庚戌，復自臨漳列上釋奠數事」，即指此篇，據以繫之。

回余衡州 秀實　衡州之孫師魯家藏　紹熙元年至二年

賦禄真祠，方遂燕居之適；承流巨屏，莫回成命之頒。顧修問之未遑，辱移書之先及。恭惟某官受材宏偉，涵德粹温。問學有原，盡得傳家之奥要；文詞甚蔚，坐觀作者之典刑。盍升臺閣之聯，猶屈江湖之守。方慕昔賢之治〔一〕，益觀美化之成。鈴閣少留，姑慰遠民之意；璽書亟下，遂還近侍之班。某久仰英猷，未諧良覿。同寅有望，儻分南服之憂；歸賦可期，即返東皋之樂。

校記　〔一〕昔：原作「先」，據宋閩本、宋單刊本改。

編年　據宋會要輯稿職官七三之五九：「（紹熙五年）九月二十一日，知衡州余秀實放罷。以湖南提舉吴鎰言其創例科斂，置州用庫，妄破借請，僞作馳送。」是秀實知衡州在紹熙中。文云「同寅有望，儻分南服之憂；歸賦可期，即返東皋之樂」，是朱熹時官南方，則作在漳州任上明矣。

回王正臣元達啓〔一〕　見大同集　紹興二十三年

伏念行能無取，藝業不修。學不足以見古人之用心，徒極鑽研之力；仕不足以行平日之所志，第勞刀筆之間。至於典禮義文學之官，首誦説講論之事，聖言高遠，雖莫究於指歸；絶業光明，庶有開於來者。過勤厚意，貺以華牋。仰褒飾之過宜，顧省循而何有。謹奉啓上謝。

校記　〔一〕元達啓：原缺，據元刻本大同集卷八補。

編年　題下原注「見大同集」，知作在同安或與此地有關。文云「第勞刀筆之間」，「典禮義文學之官，首誦説講論之事」，顯指同安主簿兼領學事之職。謝人賀啓，則作在到官之初。據以繫之。

回衆解元 以下見南康集 淳熙七年秋

竊審待問澤宮，登名天府，方幸究宣於明詔，敢期誤枉於華牋。披味以還，感藏難喻。解元先輩學推庠序，行著州閭。出膺續食之求，足爲勸駕之重。顧念朝家設科以取士，本務得賢；然而學者挾策以讀書，但期干禄。伊欲一新於敝俗，不能無望於群公。輒誦淺聞，少酬盛禮。惟窮理修身之要，當有志於古人；則尊主庇民之功，庶無慚於當世。

編年 此與下篇文字多同，應爲同時所作。題下注云「以下見南康集」，是作在南康任上。查淳熙八年有禮部試，此發解、待補之啓作在七年秋可知。

回待補生 淳熙七年秋

竊審待問澤宮，登名槐市，方幸究宣於明詔，敢期誤枉於華牋。披味以還，感藏難喻。然朝家建學養士之意，正爲育材；而諸生辭家射策之心，但期干禄。伊欲一新於敝俗，不能無望於群公。輒誦淺聞，少酬盛禮。惟古人爲己之志，當有餘師；則大學新民之功，庶無違教。

編年 見上篇所考。

朱熹文集編年評注別集卷九

公移

漳州延郡士入學牒 見臨漳語録 紹熙二年正月二日

契勘州縣兩學講説課程，近日以來漸有倫緒，但以州郡尊賢尚德之心有所未至，致使諸生無所薰陶涵養，以發其向道入德之趣，不敏之咎，何以自文。今睹新汀州知録黄從事器資渾厚，操履端方，杜門讀書，不交權利，鄉閭有識，莫不推高。若以禮請，屈居州學正録之任，兼同主管縣學教導，必能使諸生觀感而化，有所興起。前州學施學正允壽、石學正洪慶皆以耆艾之年，進學不倦，强毅方正，衆所嚴憚。林貢士易簡、李進士唐咨〔一〕或究索精微，或持循雅飭，察其志行，久益可觀。貢士陳淳、太學生楊士訓齒雖尚少，學已知方。永嘉學生徐寓，務學求師，志尚堅確。凡此數士，當職所知。若悉招延，異其禮際，則凡學之子弟，藏修游息，無適而不得良師畏友之益，庶幾理義開明，德業成就，仰副聖朝教養作成之意。其在外士人竊恐尚有年高德卲，閭里推尊，經明行修，流輩歸重，而藏器自珍，不求聞達者，更當廣行咨訪，續議延請。紹熙二年正月初二日牒〔二〕。

編年 據文中所署。

校記 〔一〕咨：原作「次」，據宋閩本改。

〔二〕二年：原作「三年」，據右引及宋單刊本改。

南康軍請洞學堂長帖 以下見南康集 淳熙七年九月

謹按國朝會要，修復白鹿洞書院，已差補職事學生入洞管幹訖。今按江南野史，本洞舊制，洞主之外，更有堂長名目。今睹學録楊日新年德老成，在洞供職，紀綱庶事，表率生徒，績效可觀，合行敦請，須至給帖者。右給帖付貢士楊日新，準此充白鹿洞書院堂長職事。淳熙七年九月日帖。

編年 據文中所署。

洞學榜 淳熙八年閏三月

契勘本軍廬山白鹿洞書院元係唐朝太子賓客李公遺迹，經歷五代，號爲國庠。及至本朝太平興國中，嘗蒙太宗皇帝賜以官書。咸平年，又蒙真宗皇帝重加修葺。中間廢壞，殆且百年。今者本軍鼎新建立，教養生徒，漸有倫緒。又承本路諸司及四方賢士大夫發到文籍，收藏應副學者看讀。以至山林田土，亦已標簽界至，措置撥買，規模一新，可垂久遠。已具事狀奏聞，乞賜敕額去訖。竊慮向後諸色等人不知上件事理，輒有毁壞，以至偷盗文籍、侵占田土，及過往之人妄有搔擾，事屬不便，須至曉示者。右出榜白鹿洞書院張掛，各請知悉。淳熙八年閏三月日榜。

編年 據文中所署。

申諭耕桑榜 淳熙七年二月

當職二月十五日依準近降指揮，守令出郊勸農。已印給勸農文榜，并先來勸諭耕種田土、勸課農桑及星子知縣王文林種桑等法文榜，發下三縣貼掛，曉諭民間通知去訖。續據王文林申到勸諭種田方法，尤爲詳細。竊慮都、建昌縣人户未能通知，今分下兩縣，曉示鄉村人户，仰遞相勸諭，依此方法及時耕種。用力既勤，必有豐年之報。再此勸諭，各宜知悉。淳熙七年二月。

編年 據文中所署。

辛丑勸農文 淳熙八年二月

當職昨爲本軍民間農事滅裂，累曾出榜，反復勸諭。自從去歲以來，凡吾父兄子弟似亦稍相聽信。方欲從事於深耕疾耘之務，以冀一飽，而當職不德，刑政失中，侵迫陰陽，招致旱虐，使吾父兄子弟終歲勤動而不獲有秋之望。永思厥咎，愧負何言！尚幸一二父兄皆能率其子弟，當此荒歉之中，種麥耕田，及時盡力，不爲輕去墳墓之計。而又賴天之靈、宗社之福，雨雪應候，土潤泉通。麥既可期，稻又可種，嗣歲之功，似已有可觀者。而當職亦幸免於罪戾，且將受代而歸矣。今以中春之月，祗率典常，躬載酒食，出郊行田，延見一二父兄，同舉此觴，以告將别。父兄其强食自愛，謹身循理，以教子弟，使之孝敬父母，慈愛骨肉，和睦鄉鄰，救恤災患，輸納苗税，畏懼公法，專心致力於農桑之務，如前此勸諭之云者，而勿爲飲博游惰、争鬥論訟一切非理違法之事，以陷刑辟。其子孫之敏秀者，則又教令讀書講學，使知先王禮義之教。既以上副國家長育人才之意，而爾之門户亦將與有榮焉。其前年舊榜及星子知縣王文林耕田種桑法，今亦再行給散。并此勸諭，各宜體悉。淳熙八年二月。

編年 據文中所署。

招學者入郡學榜 淳熙六年夏

惟此邦江山奇秀如此，俊茂宜倍於他郡。而誦弦之聲寥寥曠絶，此長吏教化不明之責也。今敦請新臨江軍新淦縣尉□□就軍學傳道堂主盟文社教授，總司教條。每日講書，次日覆，三八出題，四九日納課。擇精勤者書考以示勸，無籍者給食，有籍者以次差補職事。其不率教者，則有規。請賢父老勉其子弟，努力從事於學，尚庶幾以見其成焉。

編年　據年譜長編。

招舉人入白鹿咨目 淳熙七年冬

恭惟國家以科舉取士，蓋循前代之舊規，非以經義詩賦策論之區區者爲足以盡得天下之士也。然則士之所以講學修身以待上之選擇者，豈當自謂止於記誦，綴緝無根之語，足以應有司一旦之求而遂已乎。今歲科場解發赴省待補之士二十有八人〔一〕，文行彬彬，識者蓋稱之，郡亦與有榮焉。然惟國家之所以取士與士之所以爲學待用之意，有如前所謂者，是以更欲與諸君評之。今白鹿諸生各已散歸，山林闃寂，正學者潛思進學之所。諸君肯來，當戒都養給館致食以俟。專此咨白，可否須報。

校記　〔一〕人：原作「又」，據宋閩本、宋單刊本改。

編年　文云「今歲科場解發赴省待補之士二十有八人」，又云「今白鹿諸生各已散歸」，淳熙八年有省試，知此篇作於七年冬。

勸農民耘草糞田榜 淳熙六年六月六日

雨水調匀，田苗茂盛，仰人户及時耘苗，拔去草根，多用土糞，如法培加。已帖知佐，月半以後不測下鄉點檢，將田中有草無糞之人量行決罰，的無輕恕。六月六日。

編年　文云「已帖知佐，月半以後不測下鄉點檢」，知作在南康任上。又云「雨水調匀」，則作在淳熙六年可知。若七年，則六月起已遭旱矣。

勸諭趁時請地種麥榜 淳熙六年九月

契勘秋來久旱，晚田失收，兹幸得雨，可種二麥。今勸人户趁此天時，多耕闊種，接濟口食。其有無地可耕之人，及有力多而地少者，仰自踏逐空閑官地，具出字號、四至畝角，經縣陳請布種，當與判狀執照，免料權給一年。其有情願永遠請佃之人，亦仰分明聲説，即與給據管業，特免五年税料。即不得因而侵占他人見耕田地，及廣行包占狀外官地頃畝。如有違犯，許人陳告，當以狀内所請地及見種子利充賞，本人仍别科罪。除已行下三縣照應施行外，須至曉諭約束者。

右榜勸諭人户，請詳此事理，趁時多種二麥，量力請佃官地，務盡人力，以相天功，庶幾來年不至闕食。淳熙六年九月。

編年　據文中所署。

放官私房廊白地錢約束 淳熙七年秋

照對目今天色亢陽，見行禁止屠殺，祈求雨澤，未獲感應。竊慮細民不易，所有官私房廊白地錢自七月初二日爲頭，五十文以上放五日，五十文以下放十日。

編年　文云遭旱，是爲淳熙七年秋事。

措置賑恤糶糴事件淳熙七年秋

竊見軍境久闕雨澤，深慮細民將來艱食，合預行招誘客販米船，就軍出糶。并勸誘上户停蓄，以備饑急。措置事件下項：

如遇客販米到岸，欲就軍出糶，仰赴務陳狀。看驗税物訖，令就石寨内捎泊出糶，即與免在城税錢三分。或有糶不盡之數，欲載往它處，須再經本務出給關引，方得起離前去，庶可關防欺隱透漏之弊。今帖城下税務遵依施行。

尋常客人糶米，必經由牙人，方敢糶，常被邀阻，多抽牙錢，是致不肯住糶。合嚴立榜賞止約，許從民旅之便，情願交易，庶得牙人不敢搔擾。使軍今立賞錢一千貫文，榜市曹張掛曉示。如遇客旅興販米斛到軍，聽從民旅之便，自行糶糴。如牙人不遵今來約束，輒敢邀阻，解落牙錢，許被擾人畫時具狀，經使軍陳訴。切待勾收犯人，重行勘斷，追納賞錢入官施行。

米舡到岸，雖欲出糶，然貧民下户不過斗糴，卒難轉變錢物，未免留滯。須當勸諭上户及時收糴，不惟他時可濟荒歉，於停蓄之家豈無宜利？可謂兩便。合帖委官敦請上户説諭。

編年　文述旱傷救災事，知作在淳熙七年秋。

措置兩縣到岸米舡事淳熙七年七月十一日

照對旱傷，細民闕食，合行出糶常平米斛，應接細民食用。切慮向去日久，有誤不測賑濟，况今鄰郡州縣收成，正是客旅興販米斛之際，本軍已行措置，不行收税，仍放免本舡雜物税錢，招納米舡住岸出糶，接濟民户日食。其兩縣務亦合依此措置，招誘米舡。候有米舡到岸，即將常平米斛住糶，準備將來支用。七月十一日帖都昌縣。

編年 據文中所述。

招誘客販米斛免收力勝雜物税曉諭淳熙七年七月十五日

照對本軍并管屬縣日近以來闕少雨澤，見今祈禱未獲感應，米價漸高。本軍已行下城下税務、都、建昌縣招誘客販米斛前來，從便住糶，免收力勝雜物税錢，不得邀阻，減尅牙錢之類外，竊慮客人未能通知，須至曉諭，并帖縣依此施行。七月十五日。

編年 據文中所述。

再勸修築陂塘淳熙七年七月十五日

契勘今歲旱傷，蓋緣人户不修築陂塘積水灌溉田禾，致令乾死。使軍已節次行下三縣，及散榜、給印榜曉示人户，陂塘淺漏處，亦合并力開掘修築。如有欠闕工料支費，并詣軍縣借米吃用修築〔一〕，次年送納。如陂塘廣闊，費用工力數多，亦當計料工食申軍，切待具申提舉衙，撥米借貸。

校記 〔一〕詣：原作「諸」，據正訛改。

編年 以下各文皆按月日編排。下禁旅店不許遞傳單獨文末注云：「以上七月十五日」，據以繫之。

措置客米到岸民户收糴不盡曉諭 淳熙七年七月十五日

照對管内田禾多有旱損，切恐民間闕食，已措置令税務多方招誘客人米舡住岸出糶〔一〕，接濟民間收糴食用，與免收納雜物税錢。今來漸有客旅興販米斛到來，如有民户收糴不盡之數，許令牙人并有力之家收糴停頓，準備接濟，合行出榜曉示。

校記 〔一〕令：原作「合」，據四庫全書本改。

編年 參見本卷再勸修築陂塘所考。

曉示鄉民物貨減饒市税 淳熙七年七月十五日

照對近城鄉民全藉將些小係税之物入城貨賣，辦糴口食。若依遞年收税，切慮無從所出。合將客旅步擔興販紗帛、藥草、絲綿雜物依舊收税外，其餘鄉民應有些小土産物貨入城轉變，并與減饒三分之一。合行約束，不得因而作弊。

編年 參見本卷再勸修築陂塘所考。

約束不許偷竊禾穀淳熙七年七月十五日

照對三縣管下田禾雖是旱損，其間有水源及可車戽去處，今來漸次成熟。切慮有不守行止之人聚集偷竊禾穀，合行下巡尉司嚴行禁約。

編年 參見本卷再勸修築陂塘所考。

約束諸縣泛催官物各給憑由淳熙七年秋

訪聞逐縣尋常文引勾追欠户，更不於引内批鑿少欠是何年分官物名色，若干數目，泛稱積年拖欠。及追人户到官，多是人吏作弊，不問所欠多寡，例將斷罪，是致小民憂疑，不能安迹。合行下諸縣約束，如有人户少欠官物，各給憑由，明言批鑿所欠是何年分官物，立限給付少欠之人，依限赴官送納。

編年 參見本卷再勸修築陂塘所考。

免流移民舡力勝淳熙七年秋

照對有流移之民舡至軍岸，合行下税務審實，并與蠲免力勝放行。

編年　參見本卷再勸修築陂塘所考。

禁旅店不許遞傳單獨 淳熙七年七月十五日

訪聞管下旅店遇有單獨困病或流移之人到店，多是慮其死亡，更不容留，遂行遞傳，驅逐出界，因此喪命。合行下諸縣，多印榜文於旅店約束，遇有過往單獨飢餓困病之人，即仰所到店户不得遞傳扛擡，送出外界。許就便米場驗實，量給口食，臨安痊日遣去。萬一有死亡之人，即時報都保審實，申縣行下，如法埋葬。以上七月十五日。

編年　據文中所述。

取會管下都分富家及闕食之家 淳熙七年七月十六日

契勘管界久闕雨澤，田禾旱損，使軍已行委官措置，招誘客人興販米斛，蠲免力勝雜物税錢，禁戢減尅牙錢之弊，勸諭前來出糶。目今日逐有米不闕，軍司亦已行帖都、建昌縣及委官依使軍所行措置，招誘客米赴縣住糶，及勸諭上户將所有米斛相各逐鄉村開倉，依時價出糶，應接民間食用去訖。切慮向去富實户將米斛停頓，不行出糶，使細民闕食不便，合行立式，預先委官取會管下都分蓄積米穀上户及闕食之家如後。七月十六日。

某都共幾家：

一、富家有米可糶者幾家，除逐家口食支用、供贍地客外，有米幾石可糶，鄉例糶數即依鄉例。開各户姓名〔一〕、米數。并佃客、地客姓名。

一、富家無餘米可糶者計幾家，而僅能自給其地客、佃客不闕，仍各開户姓。并佃客、地客姓名。

一、中産僅能自足，而未能盡贍其佃客、地客者計幾家。開户名，取見佃客、地客姓名、所闕之數。

一、下户合要糴米者幾家：

作田幾家，各開户名，大人幾口，小人幾口。别經營甚業次。

不作田幾家，各開户名，大人幾口，小人幾口。經營甚業次。

作他人田幾家，各開户名，係作某人家田，大人幾口，小人幾口。兼經營甚業次。

右件如前，并是着實，即無隱漏，其闕食之家亦無詐冒重疊。仍五家結一保，如將來使軍委官審實挑覆，却有不實去處，甘伏重罪不詞。

校記　〔一〕各：原作「客」，據正訛改。

編年　據文中所述。

施行旱傷委官驗視〔一〕 淳熙七年七月十六日

照會本軍并管屬星子、都昌、建昌三縣自六月以來天色亢陽，闕少雨澤，田禾乾枯，本軍恭依御筆處分，嚴禁屠宰，精意祈禱，及行下諸縣精加祈禱去後〔二〕。今據星子、都昌、建昌三縣申，依應遍詣寺觀神祠及諸潭洞建壇，祭祀請水，精加祈禱，雨澤并無感應，今來諸鄉旱禾多有乾損。及備據税户陳德祥等狀披訴，所布田禾緣雨水失時，旱禾多有乾槁〔三〕，不通收刈，申乞委官檢視。本軍今檢準淳熙令，諸官私田災傷，秋田以七月聽經縣陳訴，至月終止。本軍除已依條施行及具奏聞申省、部、監司外，須至出榜三縣管屬鄉村都保，各仰通知。以上七月十六日〔四〕。

校記　〔一〕此篇又見文集卷十六奏南康軍旱傷狀。

〔二〕後：原作「處」，據又見改。

〔三〕槁：原作「稿」，據又見改。

〔四〕六：宋單刊本作「八」。

編年　據文中所述。

施行旱傷住催官物一月〔一〕

淳熙七年七月十七日

契勘本軍三縣遭此旱災，旱禾乾損，已出榜曉諭人户，依□投訴旱狀〔二〕。將來檢踏，奏減秋税外，有去年秋税零少甚多〔三〕，及今年夏税全未納及分數。緣其所欠并係起發上供及本軍軍糧之數，雖是今年旱田不熟，在法無緣免放。然而訪聞諸縣催□無術〔四〕，不免決撻保長，搔擾人户。當此闕雨之□〔五〕，深慮重困民力。除已行下各住追催一月，免致保長人户奔走期限〔六〕，例遭刑責，費去車水工夫。今仰人户各體此意，遞相告報，於住催一月限內，自備所欠□□〔七〕，各赴倉送納，上以應副官司起發綱運，供贍軍兵，下亦使本户不□□物，不被追呼，得以一意車水救田，别作營求，□備將來闕食之患〔八〕。公私兩便，各仰知悉。

校記

〔一〕催：原缺，據本文及明萬曆本、四庫全書本補。

〔二〕缺處明萬曆本、清康熙本作「期」。

〔三〕税：原缺，據明萬曆本補。清康熙本作「糧」。少：四庫全書本作「欠」。甚：原缺，據清康熙本補。

〔四〕缺處或當爲「理」字。明萬曆本作「徵」，清康熙本作「科」。

〔五〕缺處明萬曆本作「秋」，清康熙本作「時」。

〔六〕免致：原作「色□」，據四庫全書本改補。

〔七〕缺處明萬曆本、清康熙本均作「錢糧」。

〔八〕缺處明萬曆本作「用」，清康熙本作「準」。

編年 見下篇文末所注月日。

諭上户承認賑糶米數目 淳熙七年七月十七日

契勘本軍管下今歲旱傷田禾，切慮細民闕食，使司已行下三縣，推舉管下富實有米上户，并自能贍給地、佃客富家姓名，各家見蓄米穀數目，或有田産而不多，或無田産，却有營運，蓄積米穀錢物之家，敦請赴官，以禮勸諭，承認賑糶米穀數目申軍。所委官并三縣勸諭到上户承認賑糶米共七萬三千二百六十八碩五斗〔一〕。已檢準前項條令，出給公據，付人户收糶米斛，回軍賑糶。

在城上户二十五名，共認賑糶米一萬一千六百三十五碩，每升價錢一十七文足。

星子縣勸諭到上户三十一名，共認賑糶米一萬一千九百三十五碩，每升價錢一十七文足。

都昌縣勸諭到上户五十九名，共認賑糶米二萬八千九百八碩五升，每升價錢一十四文足。

建昌縣勸諭到上户九十一名，共認賑糶米二萬八百碩，每升價錢一十二文足。以上七月十七日。

校記　〔一〕六：疑當作「七」。

編年　據文中所述。

約束鋪兵淳熙七年七月

本軍蓋緣旱傷，遂置曆及黄旗緑匣，急速前去兩縣，追會旱傷事件。須管遵依台判日限時刻，仰鋪兵連夜走傳至縣。仍仰本縣於曆内批鑿承受日時、手分姓名，即時依限回報。亦仰批發離縣日時，責付鋪兵，連夜依限赴軍投下，以憑稽考。違滯去處根究，重作施行。

編年　據原集編序。

檢坐乾道指揮檢視旱傷淳熙七年七月二十四日

使軍照對管屬星子、都、建昌縣人户陳訴秋田旱傷，使軍已立式出榜三縣，曉示人户赴縣投帳，繳申使軍，切待依條差官檢視，減放苗米。所有近水鄉分，可以車戽注蔭，得熟田段，切慮人户將旱傷田段衮同得熟之田影帶披訴，今檢準乾道六年六月二十七日敕，户部曾尚書劄子奏：「契勘州縣每遇災傷，依法聽人户經官陳訴，差官檢視，蠲放税租。訪聞近來往往多被豪户計囑鄉司，將豐熟去處一例減放。其實被旱澇去處，所委官憚於往來檢視，則貧乏下户不得蠲減。臣愚欲望聖慈特降睿旨，委諸路漕臣散出文榜，於鄉村曉諭，應有災傷去處，仰民户依條式於限内陳狀。仍録白本户砧基、田産數目、四至投連狀前，委自縣官將砧基點對坐落鄉村、四至畝步，差官覈實檢放。如輒敢妄移豐熟鄉分在旱傷地分，僥倖減免，許諸色人陳告，依條斷罪。仍將妄訴田畝并拘没入官，以一半給告人充賞施行。若州縣奉行滅裂，從漕臣按治，重置典憲，取進止。」六月二十七日，三省同奉聖旨依。兼照檢踏災傷，在法差官同令佐詣田所〔一〕，先檢見存苗畝，次檢災傷田段。合委官前去三縣鄉村，究實得熟田段，具帳申軍。已行帖出榜星子、都、建昌縣，約束人户從實投帳，以備差官檢放。如有將得熟田段影帶披訴，却致被人户陳告，定依條斷罪，追賞施行。七月二十四日。

校記 〔一〕令：原作「合」，據四庫全書本改。

編年 據文中所述。

施行下諸縣躬親遍詣田段相視 淳熙七年七月二十九日

使軍契勘今歲三縣田禾旱傷，間有邊臨山源溪澗，或有得雨去處，自熟田段，其税賦合全行輸納。及有邊臨大港〔一〕，并有積水陂塘，可以車戽接救田段，皆是人户自入夏一乾之後，合家老幼舉債辛勤，用工車水，救得其禾稻十中只有三五分熟者，即合比倣自熟之田〔二〕，究見其數，斟量輕重，别作一等優恤。兼有無水車戽，全然旱死田段，切慮人户將來一概投訴旱傷，欲將各縣鄉分分委縣官趁此未曾收刈之際，躬親下鄉，遍詣田段地頭，親自相視。仍關叫耆保并人户指證，供結罪賞，攢類開具供申。

校記　〔一〕及：原作「又」，據宋閩本、宋單刊本改。

〔二〕合：原作「行」，據右引改。

編年　據下放免官私房廊白地文末所注月日。

禁戢人從不許乞覓淳熙七年七月二十九日

使軍照對所委官下鄉，切慮將帶合干等人，因而生事，乞覓搔擾，事屬不便，合令縣給口食與隨行人，不得搔擾保正寺觀等人。仍立賞，降給文榜，付檢旱官隨行張掛約束。

編年　據下放免官私房廊白地文末所注月日。

放免官私房廊白地淳熙七年七月二十九日

照對星子、都、建昌縣：□軍自六月以來，天色亢陽，闕少雨澤，見不住據人户經軍縣陳訴旱傷，切慮細民不易，理宜寬恤。所有人户承賃官私房廊白地錢，自八月初一日爲頭，以十分爲率，權行减免二分，候至來年麥熟日仍舊。以上七月二十九日。

編年 據文中所述。

諭人户種蕎麥大小麥淳熙七年七月

仰人户趁此雨潤，多種蕎麥及大小麥，接濟食用。

編年 據原集編序。

施行人户訴狀乞覓淳熙七年八月一日

據學生馮椅劄子述，照對今歲旱荒，民户已是投詞星子，見行委官檢踏。其在都昌，舊來踏旱之弊名色非一，不敢不以告者。凡押旱狀，官中所收，則謂之醋息錢；直日司乞覓，則謂之接狀錢；已下案，案吏乞覓，則謂之買紙錢；及投旱帳，則謂之投帳錢；官員下鄉檢踏供帳，民户着押，社司乞覓，則謂之着字錢；檢踏官員隨從人吏於保正名下乞覓，則謂之俵付錢；官司行下蠲放所納米斛，社司隨斗敷數乞覓，則謂之苗頭錢。凡此之類，皆蠹民之尤者。官中所放，本以裕民，而民之縻費乃至於是，人户既已困窮，坐受其弊，無力赴愬，委實切害。合行下星子、都、建昌縣，嚴行約束。及出榜各縣門，并檢踏官隨行張掛，曉示人户知委。如合干人依前乞覓前項逐色錢數，仰人户不以早晚具狀經縣陳訴，從本縣拘收犯人，申解軍。切待根勘，依條施行。各令知委。八月初一日。

編年　據文中所述。

施行專欄牙人不許妄收力勝等錢 淳熙七年八月四日

照對本軍近出榜於上江州軍，曉諭客販米斛前來從便住糶，免收力勝雜物税錢，及約束不得邀減牙錢之類外，切慮牙人并税務專欄不依先來約束，仍前收納力勝等税錢，及牙人妄有邀阻，減尅牙錢之類，今立賞錢三十貫文省，榜市曹并税務檢税亭張掛，曉示客人知委，廣行興販米斛，前來出糶，贏落利息。如税務專欄等人并米牙人輒敢收納力勝等税錢，及邀阻減尅牙錢之類，仰各人不以早晚具狀赴軍陳論。切待追收犯人斷罪，追賞施行。八月初四日。

編年　據文中所述。

禁豪户不許盡行收糴〔一〕 淳熙七年八月八日

照對本軍管下今歲旱傷，訪聞目今外郡客人興販米穀到星子、都、建昌縣管下諸處口岸出糶，多是豪强上户拘占，盡數收糴，以待來年穀價騰踴之時，倚收厚利，更不容細民收糴，事屬未便。如遇客人販到穀米，仰上户不得獨行拘占，盡數收糴，許細民皆得從便食用。八月初八日〔二〕。

校記 〔一〕羅：原作「羅」，據本文及正訛改。

〔二〕此小注原缺，據宋閩本補。

編年 據文中所述。

管下縣相視約束及開三項田段淳熙七年八月八日

使軍契勘在法，檢視災傷，先檢見存苗畝，次檢災傷田段，蓋欲趁得人户未及收刈之際，略見荒熟大概的實分數，然後豁出熟田，細檢荒旱去處，不致猾吏奸民通同作弊。本軍近緣荒旱，檢坐上項條法，行下諸縣遵依施行。除星子知縣王文林躬親下鄉，兩日之内，多歷都分，見得荒熟田段分明，民間咸樂其來，不以爲擾，都昌權縣孫迪功亦已申到躬親行視，所見災傷等第、人情苦樂皆有條理，獨有建昌一縣，地理稍遠，未據申到。却訪聞得本縣官吏誤認法意，欲將熟田一坵一角逐一看視，委是繁碎。不惟重擾災傷人户，亦恐枉費日月，不能了辦，合行約束。

且如一坂之田，大約百坵，内有三五十坵成熟，即指定是何人田段，約計畝角，抄入熟田數内，不在將來檢放之限。如一坂百畝，只有一二十畝稍稍成熟，即不須逐畝抄劄，留與人户，充收牛藁口食。仍令人户一面收刈，犁翻種麥，量留根查，聽候檢放。

或有田面大概黄熟，而其中有未出者，有出而青空者，有出而白死者，并係荒損。然其根查却與熟田無異，切恐將來收刈之後，誤被抄入熟田數内，不得檢放，尤爲不便。今請便行貌約多少，定下荒熟分數，令人户一面犁翻種麥。如今來所檢熟田數内將來續有死損，即仰人户量留穗穡，候檢旱官到，別行陳訴，續與檢放。

編年 據下戒約上户體認本軍寬恤小民文末所注月日。

乞行下江西從便客旅興販米穀 淳熙七年八月八日

契勘本軍并管屬諸縣今歲旱傷，全籍江西豐熟州軍客旅興販米斛出糶，接濟細民。本軍已行散出文榜，招誘興販前來，與免附載雜物税錢。行下城下税務約束，及出榜曉示米牙人，不得減尅分文牙錢，令客人自行出糶。切慮向上州軍阻節，不令穀米下河，致使客旅不通，及間有興販米穀舟船，州軍妄以雜物爲名倚收税錢，是致商賈不肯搬販米穀前來出糶，細民失望，爲害非輕。欲望鈞慈速賜行下江西豐熟州軍，許令商賈從便興販米穀，向下以來出糶，應接民間食用。仍乞嚴行禁戢場務，不得妄作名色，收納税錢，庶得客旅通行，米價不致騰踴。

編年 據下戒約上户體認本軍寬恤小民文末所注月日。

約束米牙不許兜攬搬米入市等事〔一〕 淳熙七年八月八日

契勘諸縣鄉村人户搬米入市出糶，多被米牙人兜攬，拘截在店，入水拌和，增擡價直，用小升斗出糶，贏落厚利，遂致細民艱食。情實切害，合行約束。

校記 〔一〕許：原作「得」，據宋閩本、宋單刊本改。

編年 據下戒約上户體認本軍寬恤小民文末所注月日。

約束質庫不許關閉等事淳熙七年八月八日

契勘質庫户平時開張庫店，典質錢物，利息所入，不爲不多。纔值旱傷，歲時輒以闕錢關閉邀阻，遂致細民急切闕用，無處質當。兼目今闕雨澤，城市古井多被有力之家拘占夾攔〔一〕，不令衆人汲運，情理切害，合行告示，約束施行。

校記 〔一〕力：原作「錢」，據宋閩本、宋單刊本改。

編年 據下篇文末所注月日。

戒約上户體認本軍寬恤小民淳熙七年八月八日

契勘本軍并諸縣今歲旱傷，民間理宜寬恤。今訪聞乾道七年放債豪强之家爲緣旱傷，人無以償，多被强取去猪羊，以至入其家搜奪種子、豆麥之類，及抑令將見住屋宇并桑園田地抵價折還，人無所歸，遂致流移，有至今尚未能歸業之人。本軍雖行下三縣，曉諭上户體認本軍寬恤之意，量度欠債人户，如粗有收成，有力可還之人，隨宜取索外，其貧乏之人，見闕口食，委實無可償還，仰上户且與寬容，候民力少蘇〔一〕，却行取索。如將來人户恃頑不還，官司即爲理索外，上户乘此旱傷，細民闕食之際，强以些小錢作合子文字借貸，遂空頭年月價貫立契字，未及逾時，即行填捉預先月日，經官投印，及有吞圖婦女、顧充奴婢，致細民受苦不一，理合禁約。以上八月初八日。

校記　〔一〕候：原作「俟」，據宋閩本、宋單刊本改。

編年　據文中所述。

施行張廷諫訴旱傷事淳熙七年八月十二日

據學生張廷諫劄子述：「夫旱暵之歲，朝廷檢放秋苗成法具在，而上中等户無不力陳，必求其放免而後已。縱使官吏有弊，亦須及半。下户無力陳告，憚於所費，故皆不投帳。守令慮不及此，則有帳者次第減放，無帳者多至全催。糧食之儲既絶望於其前，追租之吏又驅迫於其後，回視屋宇，器皿布帛不可食者皆不可售，進退皇皇，朝暮不能相保。今若不待投陳檢視，凡下等之苗，先此全免放，則見存者其志益堅，而已逃者各思反其鄉里矣。」遂行下當縣，取會五㪷以下米單名申軍，不待檢視，先次并與除放施行。八月十二日。

編年　據文中所述。

施行邵艮陳訴踏旱利害淳熙七年八月十七日

使軍今照，近據管屬星子、都昌、建昌三縣人户陳訴田禾旱傷，已帖委縣官躬親下鄉，先次檢視熟田，具帳供申去後。據進士邵良劄子：「竊見官吏下鄉檢視田段，略不問及人户旱傷去處，惟於每户帳狀供具所熟田畝，亦不問所熟分數，但勒令供作全熟田段。鄉民不知官吏深意，皆相顧駭惑。夫都昌田禾例宜早秈，非若星子，旱田十居七八〔一〕，安有五月中旬一雨至今而有全熟之理？雖陂塘脚下及近容水去處間有熟者，然賴車戽之勤，所得不償所費。而又如此便利去處其實無幾，且以所居一都言之，惟麥坊、劉坊、大寧、余干之旱爲尤慘，雖或一二分熟者，然大概顆粒不收。然則熟田實不能當旱田二十分之一。誠恐官司它日以所供熟田多少而定通放秋苗分數，則些少熟處適所以累及旱傷之家，有大不均之病。聞之鄉老，皆以爲今歲之旱酷於辛卯。蓋彼時人家尚有歲備，自夫一旱之後，加以連年暗折，人間例無蓋藏。自前月來，鄉曲上户小民流離，已覺相踵。且今此正收刈之際，人家尚有一二分早禾可恃，而已如此者，雖亦糊口迫之，誠以催科之窘，且深爲後日慮，而畫此至無賴計耳。比年以來，都昌上户多爲小人誣賴，故闕乏之際，有力之家至不敢與交易，由是貧乏下户愈覺坐困而無告。今鄉曲猶未雨，油麻粟豆并烏有，赤地未耕，二麥且有失時之慮，嗣歲之計，彼將何措？此蠲租之惠，尤鄉民之所深望也。昔唐制，旱七分，租庸調皆免。被三分之收〔二〕，非不知取，捐之蓋有深望也。」本軍遂作訪聞，行帖三縣檢視官約束。八月十七日。

校記　〔一〕旱：原作「早」，據下文及本卷約束游手不許脅持良民改。

〔二〕被：疑當作「彼」。

編年　據文中所述。

委官置場循環收糴米斛淳熙七年八月十九日

照得本軍管界久闕雨澤，旱死田禾，目今在市闕米出糶。切慮細民闕食，合行借撥官錢，委官就軍置場，措置循環收糴米斛出糶，應接細民食用。八月十九日。

編年　據文中所述。

約束游手不許脅持良民淳熙七年八月二十七日

契勘今歲旱傷，委官下鄉檢踏成熟田段外，有旱田人户一面犁翻種麥，量留根查，聽候別有官前來檢放〔一〕。切慮游手脅持之人，見人户旱田已經犁翻耕種，妄作鄉村，虛聲首熟，欺詐乞覓，使善良人户不敢犁翻，以至種麥失時，不能安業。今仰人户知委，若實有旱田，即依條量留根查，以備檢放，一面犁翻種麥，免致失時。如有似此脅持，妄稱陳訴欺詐之人，仰被擾人户經官陳理。切待追取，送獄根勘，斷罪施行。

校記　〔一〕放：原作「收」，據本文及正訛改。

編年　據下篇文末所注月日。

援例乞撥錢米淳熙七年八月二十七日

照對本軍今歲旱傷，細民闕食，已行下星子、都昌、建昌縣，委官抄劄合賑糶賑濟户口人數申軍。及照得乾道七年旱傷，係蒙提舉常平使司支撥到池州、太平州、蕪湖、繁昌等縣常平米五萬碩，差官管押前來本軍，分撥下三縣賑糶賑濟，遂具申常平提舉使司，乞支撥米斛，差官管押前來本軍賑糶賑濟。續蒙提舉使司支撥信州貴溪縣常平米五千碩，差人前去搬取，及支撥池州常平錢五千貫省，付軍收糴米斛賑糶〔一〕。以上八月二十七日。

校記　〔一〕糶：原作「糴」，據四庫全書本改。

編年　據文中所述。

再諭人户種二麥淳熙七年六月

使軍累行勸諭人户耕種二麥，蓋爲今年荒旱不比常年，須是并力加工，救濟性命。今訪聞多有未施工處，顯是頑慢。已帖檢旱官并行催趣，將頑慢惰農之人量行决罰。先此曉諭，各仰知悉。

編年　據原集編序。

行下三縣抄劄賑糶人户淳熙七年六月十日

照對近委官抄劄三縣管下賑糶人户姓名、大小口數申軍，尋將已申到帳拖照得合賑糶人户，并不見聲説見住地名去處，恐有漏落增添情弊，難以稽考。合行下逐縣，將逐都塌畫地圖，畫出山川水陸路徑，人户住止去處。數内不合賑糶人户，用紅筆圈欄；合賑糶人户，用青筆圈欄；合賑濟人户，黄筆圈欄。逐一仔細填寫姓名、大小口數，令本都保正長等參考詣實繳申，切待差官點摘管實。六月初十日〔一〕。

校記　〔一〕六：按原集編序，疑當作「九」。若六月初旱，則尚未檢旱也。

編年　據文中所述。

行下三縣置場淳熙七年九月十五日

照對見委官抄劄三縣賑糶賑濟人户大小口數，畫圖結甲，務要實惠及民，無致妄冒。所有置場去處，委官斟量地里遠近，分定置場去處，各縣水陸地里若干。其勸諭到上户賑糶米斛，亦合撥隸近便赴場去處，以憑施行。續據三縣申，置場共三十五處。星子縣置場七處，都昌縣置場十一處，建昌縣置場一十七處。九月十五日

編年　據文中所述。

約束許下户就上户借貸淳熙七年九月

契勘今歲旱傷非常，得熟處少。本軍已節次行下三縣，散榜曉諭人户，趁此土脉未乾，并力耕墾，廣種二麥，接濟將來食用。如有惰農耕種失時之人，即請照已行榜示行遣。其貧乏無種糧

之家，請諭上户借貸。如要官司文曆，即印給，令上户收執。遇有下户借貸麥種糧食，即令就曆批領，將來還足，對行勾銷。如有不還，官爲理索。

編年　據原集編序。

再諭上户恤下户借貸 淳熙七年九月十二日

契勘今年荒旱非常，得熟處少，本軍多方救恤，務使人户不至飢餓流移，及行勸諭人户多種二麥，接濟吃用，非不叮嚀。當職近因出郊，相視陂塘，見得麥田多有未施工處。蓋緣人户打穀未了，亦是官司勸諭未至。其得熟處不闕種糧，可以布種，然其人既無飢餓之憂，便乃懶惰；其荒旱處合更勤苦，又以難得糧種，遂致因循。今仰人户速將所收禾穀日下打持，趁此土脉未乾，并力耕墾。其高田堪種麥處，即仰一面種麥。其水田不堪種麥處，亦仰趁早耕翻，多着遍數，務要均熟，庶得久遠耐旱宜禾。其得熟人户，當念幸得收成，常生慚愧，不可便致惰怠，趁此餘力，多種二麥，將來可以博得他處物貨。其遭旱人户，當念既遭此難，尤當勤力，多種食物，方可養贍老小，不致飢餓流移。其下户無種糧者，上户當興憫惻之心，廣加借貸。目今施惠，既可以結鄰里之歡，將來收成，亦自不失收息之利。庶幾過此荒年，各保安業。今恐前來勸諭未明，再此榜示，仰人户知委。九月十二日。

編年　據文中所述。

革住米舡隱瞞情弊 淳熙七年九月二十日

契勘賑糶場收糴米斛，如遇米舡到岸，内過税舡隻收糴三分，住糶米舡止糴一分。其住糶米舡法格并與免收税錢外，訪聞客旅多生奸猾，動是數隻到岸，於内却將一兩隻作住糶，結計在市米牙人，令其虚解牙錢，稱就市糶訖，却將在舡住糶米斛夤夜搬傳往過税舡内，隱瞞官司，合行出榜約束。九月二十日。

編年 據文中所述。

行下場所革住米舡隱瞞 淳熙七年九月二十四日

照得賑糶場近緣住糶米舡客人結計牙人，虚解牙錢，夤夜搬傳米斛往過税米舡之内，隱瞞官司，有此欺弊，遂出榜河岸約束。今來尚慮住糶客人雖依曉示，在市出糶，切慮關防不盡，合行下本場，自今後遇有住糶米舡，即令城下税務看驗，具數關報賑糶場。本場權住出糶，令客人搬米赴場，從本場差人，監用本場升斗，自行出糶，接濟細民。日報糶過米數，糶足，爲給關子放行，庶幾杜絶隱瞞官司之弊。九月二十四日〔一〕。

校記 〔一〕九：原缺，據宋閩本補。

編年 據文中所述。

申提舉司將常平米出糶淳熙七年十月五日

契勘本軍今歲旱傷，細民闕食，遂行下三縣，抄劄到合賑糶賑濟户口人數，已行措置賑糶賑濟。所有本軍城下常平倉見椿管□□米八千八百九十三碩二斗六升五合二勺〔一〕，除今年八月内盤量，欠折米一千六十碩三㪷二升四合外，實管見在米七千八百三十二碩九㪷四升四合八勺。係是乾道八年以後逐年收糴到數目，價錢不一。其米經年在敖，内有結冒陳損。兼照今年七月内，管屬建昌縣闕少米斛出糶，所支撥義倉米估價應接民間食用，每升計價錢一十文足，已具收報提舉使衙照會去訖。所是見管和糴米，本軍今追到牙人沈先等供具，其米經年陳損，與受納到人户義倉米陳損色樣一同，依市價每一升估計價錢一十文足。本軍照得上件米係是當來委官和糴到數目，切慮虧損元價，未敢擅便出糶。具狀申提舉使衙照會，依目今所估價直賑糶，應接民間食用，庶幾飢民不致流移。十月初五日。

校記　〔一〕缺處明萬曆本作「義倉」，清康熙本作「在倉」。

編年　據文中所述。

行下置場不許留滯客旅淳熙七年十月十九日

契勘本軍今歲旱傷，細民闕食，雖移文江西州縣通放到客米舟舡，又慮牙鋪解落，及市民日糴數少，阻滯客旅不便，遂行委官置場，支撥官錢，依市價兩平交量，收糴客米，以備賑糶，應接細民食用。今訪聞得本場每遇客米到場中糴〔一〕，更不即時交量。及至交量，又不即時支還價錢。切慮合干人因而作弊留滯，乞覓錢物，合行約束，限當日交量，即時當官支給價錢。如違，將犯人勘斷。十月十九日。

校記　〔一〕中：正訛改作「出」。

編年　據文中所述。

行下兩縣委官捉人户糴米減尅淳熙七年十月二十日

契勘管下今歲旱傷，細民闕食，使軍遂措置支撥官錢，差人前往外州縣收糴到米，分撥兩縣出糶。訪聞合干人將人户所糴米并不依實支量，公然作弊減尅。今委逐縣知縣、縣尉，每日不測捉人户所糴米三兩户，當官覆量，如有少數，即根究解人赴軍。十月二十日。

編年　據文中所述。

申諸司乞行下江西不許遏糴淳熙七年十月五日

契勘本軍并管屬諸縣今歲旱傷最甚，細民闕食，及無米支遣軍糧，遂多方借兑官錢，差撥公吏前去江西得熟處州縣收糴米數，回軍賑糶支遣。及檢準淳熙令，災傷官司不得禁止搬販。及近降指揮，州縣不許閉糴。如有遏糴州軍，許鄰州越訴。及準今年八月十九日聖旨節文，江東安撫使陳少保奏，今歲災傷，先合措置通放米斛。州縣有遏糴去處，許行越訴。本軍遂節次備坐，移文隆興府，照會收糴去後。已承回報，行下諸縣，許令本軍所差人收糴米穀放行。今却據差去公吏呂祺狀申，在本軍建昌縣管下三陂山田等處四散收糴靖安〔一〕、新建縣鄉人米斛，欲裝上舡，睹奉新縣尉司弓手五十餘人，各持槍棒，沿江巡綽，不容裝發米斛。又被奉新縣差人越界釘斷建昌縣管下三陂潭德爻口陂水，把截不放舡隻上下往來。已申建昌縣差保正隅官防護。所糴米舡今於十月二十四日被奉新縣差弓級徐成等部領弓手保正等於要路把截，不容鄉人搬糴米穀，申乞施行。本軍今照差去公吏呂祺係在本軍建昌縣界收糴靖安、新建縣管下米穀，其奉新縣官吏公然違戾見行條法，及不遵今年八月十九日專降聖旨指揮，輒差弓手持槍棒沿河巡綽，不容收糴，又差人越界前來建昌縣管下三陂把截，釘斷水口，不惟本軍所糴米穀百端攔遏，不行通放，有誤賑糶支遣〔二〕，至於客販米穀舟舡，亦不得往來，公私利害至重。移文隆興府并江西轉運司，照詳前項條法指揮，請將奉新官吏按劾，仍通放米舡。并申諸司行下隆興府，通放本軍所糴米舡。并申御史臺，乞依近降指揮彈奏施行。十月初五日〔三〕。

校記

〔一〕三：原作「二」，據宋閩本改。

〔二〕糶：原作「糴」，據四庫全書本改。

〔三〕初五：疑當作「二十五」。因文中已述及「十月二十四日」。

編年　據文中所述。

朱熹文集編年評注別集卷十

公移

申倉部及運司檢放三縣苗米數 淳熙七年十一月二十九日

本軍照對管屬星子、都昌、建昌三縣自六月以來，天色亢陽，闕少雨澤，田禾乾枯，本軍恭依御筆處分，嚴禁屠宰，精意祈禳，及行下諸縣，精加祈禱去後。續據星子、都、建昌三縣申，依應遍詣寺觀神祠及諸潭洞建壇，祭祀請水，精加祈禱，雨澤并無感應，今來諸鄉早禾多有乾損。及備據税户陳德祥等披訴，所布田禾緣雨水失時，早禾多有乾槁，不通收刈，申乞委官檢視，除放苗米。本軍除已依條行下諸縣，令人户供投土段文帳，差官檢視，及於七月十六日具録奏聞〔一〕，并申朝省及諸監司照會施行，遂選差委迪功郎、司户參軍毛大年前去星子縣，及委迪功郎、星子縣主簿李如晦前去都昌縣，及委從政郎、司法參軍陳祖永前去建昌縣，同逐縣知縣躬親詣旱傷田段地頭，逐一對帳檢視。續據所委官具到已檢放過人户災傷田段，共放過米三萬七千四百五十碩一㪷二升三合一勺申軍。本軍今照星子、都昌、建昌三縣淳熙七年分管催人户苗米四萬六千五百一十九碩六㪷五升四合五勺四抄七撮，數内除豁所委官檢放過米共三萬七千四百五十碩一㪷二升三合一勺，統均計放八分以上外，實催米九千六十九碩五㪷三升一合四勺四抄七撮。本軍已具奏聞，乞存留上件米支遣官兵外，今開具諸縣檢放實催米數下項，合具狀供申行在尚書倉部及申轉運司使衙照會。

星子縣管催米六千五百三十石七斗三升二合六勺，已委司户毛迪功同知縣王文林下鄉檢視。

檢放米五千三百六十八石七斗二合一勺，檢放計八分二釐二毫。

先放五斗以下四百石三升二合七勺，所委官檢踏放四千九百六十八石六斗九合四勺。實催米一千一百六十二石六斗六升五勺。

都昌縣管催米一萬九千七百七十五石五升一合四勺八抄七撮，已委星子縣主簿李迪功同權縣孫迪功下鄉檢視。

檢放米一萬六千八十四石二斗七升一合，放八分一厘三毫四系。

先放五斗以下一千八百六十四石八斗七升七合。所委官檢踏放一萬四千二百一十九石三斗九升四合，實催米三千六百九十石七斗八升四勺八抄七撮。

建昌縣管催米二萬二百一十三石八斗七升四勺六抄，已委司法陳從政同知縣林宣教下鄉檢視。

檢放米一萬五千九百九十七石七斗八升，放七分九厘一毫五系。先放五斗以下米五百四十一石六斗七升。所委官檢踏放一萬五千四百五十六石一斗一升。實催米四千二百一十六石九升四勺四抄。

校記 〔一〕奏：原作「奉」，據四庫全書本改。

編年 據下施行置場賑糶濟所約束事文末所注月日。

糶場印式 淳熙七年十一月二十九日

入門訖監　押

交錢訖監　押

支米訖監　押　不到監　押係糶米人不到，於簿曆上用此印。

交錢若干訖監　押

依數支米訖監　押

編年 據下施行置場賑糶濟所約束事文末所注月日。

號式用青絹印 淳熙七年十一月二十九日

某場監官，隨行人吏某人，斗子某人，入門使押。

編年　據下施行置場賑糶濟所約束事文末所注月日。

夾截糶場交錢量米處淳熙七年十一月二十九日

窗　交錢處　　量米處

裏門

門

編年　據下施行置場賑糶濟所約束事文末所注月日。

總簿式淳熙七年十一月二十九日

使軍：今給總簿一面，付某縣某場，照給賑糶曆頭、賑濟牌子。仰照此字號批鑿牌曆，對填米數，給付人户。今就此簿交領，逐次糶濟訖，用支訖印於本日窠眼内。其糶不足者實填所糶米數，候結局日繳申。　年　月　日給

天字牌曆某都某保某人逐次請糶米若干訖，姓名押。

正月一日　六日　十一日　十六日　廿一日　廿六日

二月一日　六日　十一日　十六日　廿一日　廿六日

三月一日　六日　十一日　十六日　廿一日　廿六日

編年 據下施行置場賑糶濟所約束事文末所注月日。

牌面印紙式 淳熙七年十一月二十九日

某縣某鄉第　都人户，五日一次赴場請賑濟米。

正月一日　六日　十一日　十六日　廿一日　廿六日

二月一日　六日　十一日　十六日　廿一日　廿六日

三月一日　六日　十一日　十六日　廿一日　廿六日

閏月一日　六日　十一日　十六日　廿一日　廿六日

使　押

編年 據下施行置場賑糶濟所約束事文末所注月日。

牌背題字式 淳熙七年十一月二十九日

縣給付　都　官　押用縣印

字號監　押

編年 據下施行置場賑糶濟所約束事文末所注月日。

賑糶曆頭樣淳熙七年十一月二十九日

使軍：所給曆頭即不得質當及借賣與不係今賑糶之人，如覺察得或外人陳告，其與者受者并定行斷罪。

今給曆付　縣　鄉　都人户

大人　口　小兒　口　每五日賫錢赴　收糴

如糴米，大人一升，小兒半升。如糴穀，大人二升，小兒一升。并五日并給，閏三月終止。

右給曆頭照會淳熙八年正月　　日給

使　押

正月初一日

正月初六日

正月十一日

編年　據下施行置場賑糶濟所約束事文末所注月日。

措置賑糶場合行事件淳熙七年十一月二十九日

照對管屬今歲旱傷尤甚，細民闕食，使司已措置，委官抄劄到闕食户口及勸諭上户承認賑糶米斛，并支常平倉見管米斛，合自淳熙八年正月一日爲頭賑糶賑濟，至閏月終住。

編年　據下施行置場賑糶濟所約束事文末所注月日。

糶支外令施行下項 淳熙七年十一月二十九日

一、差寄居、見任指使、添差酒税、監押、監廟官三十五員前去各縣，逐縣監轄賑濟。及要各縣當職官分場巡察，不得容令隨行人并保正長作弊。并監轄糶官每月支見任官食錢二貫文，米六斗，寄居官錢三貫〔一〕，米一石。并逐場差撥人吏共三十五名，每月支食錢一貫五百文，米三斗。

一、使軍置造入門并交錢訖、支米訖、不到、交錢若干訖、依數支米訖印子各六枚，各三十五個。并合干人青絹號，云某處監官、隨行人吏某〔二〕，斗子某人使押。并置造升斗，委官較量，及簿曆，給下逐場，交管行使。

一、印給賑糶户曆頭并賑濟人口牌面〔三〕，發下三縣交管。於賑糶賑濟前一月出榜曉示人户，定某日前來本場請領曆頭牌子。出榜後半月，委各場監官就本場當官審實，依總簿内千字文號批鑿牌曆，給付人户，附簿交領。

一、見置場賑糶米穀，合於賑糶賑濟前十日勒逐都保正將置場處用棘刺夾截，作兩門兩重，極小，只通一人來往。外門之内、裏門之外須極寬，可容一場賑糶賑濟人。外門之側爲一窗，後夾截交錢位子一間，依使軍立去樣式，告示保正夾截。

一、見措置下場賑糶濟米穀，所有般運及支破擔脚，仍鈐束合干人不得減刻斛面。

官司米穀并前一日般赴場，監官交足。上户米令各家自用客津般，每石三十里外支米三升，三十里内二升，十里内一升。其米就所糶内支，官給價錢還上户。如米去場五里内，即就各家見安頓監糶。

官米陸路即仰保正輪差能擔擎糴米人户般送，每石依上項計里數支雇米。水路即本縣和雇人舡，裝錢比陸路減半支。其人舡食米，并於官錢内支使。賑糶米穀，一月分六次出糶常平米。切慮内有去置場處稍遠，般運艱辛，即令本場上户一面兑米出糶，即令監轄官具糶過賑濟米穀報縣，本縣以常平米糶錢依市價給還元兑糶米上户交領。其縣市去置場相近，即般運米斛前去置場處糶濟，依已立定舡脚支破。

校記　〔一〕正訛於句末補「文」字。
〔二〕右引於句末補「人」字。
〔三〕糶：原作「濟」，據正訛改。

編年　據下篇文末所注月日。

施行置場賑糶濟所約束事 淳熙七年十一月二十九日

契勘賑糶賑濟人户米穀已下場，差官及合干人監轄外，逐場先出榜分定都分先後，仍於外門外及裏門外各依先後資次，排定都分上户坐處。近都先交錢，後請米，遠都後交錢，先請米。

至日天未明，監官入場，隅官入交錢位子，隨行人非有號不得入門。保正、大保長各將旗號，引本都保下輪糴濟人赴場外門，依資次旗下座定。以監官逐隊叫名，保正以旗引保長，保長以旗先行，賑濟人户以次詣窗前呈牌，隅官以入門印印其左手訖，撥入門。監官逐隊叫名，保正長引賑濟人以次請米訖，監官用支米訖印於牌下日子之左，以濕布拭去手印，即時出門。次引賑糴人户詣窗交錢，上户米錢自行交外，更不附曆。常平米錢縣司差人吏當廳交納。交訖，用紅印於曆内本日合糴米數下之右。如錢數不足，分明批上實糴之數，却付人户，以入門印印其左手入門。監官逐隊叫名，保正長引賑糴人以次糴米訖，監官用糴米訖青印印其曆内交錢印之左，仍用濕布拭去手印，即時出門。一保畢又引一保，如前一賑糴人户。逐都各置絹旗一面，止用小絹一幅，約長二尺，各書第幾都字。逐保各置小旗一面，或絹或紙，從便。各書第幾都第幾保字。逐場都各各異色，保各如其都之色。以上十一月二十九日〔一〕。

校記　〔一〕二：宋閩本、宋單刊本作「一」。

編年　據文中所述。

委官往各場究見元認米數樁管實數 淳熙七年十二月十一日

契勘先據星子等三縣官勸諭到管下有力上户承認賑糴米穀，接濟民間食用，軍司已籍定姓名、認糴數目，及行下各令椿管，準備將來賑糴。切慮其中有椿不及所認之數，有誤指準，合行委官前去，究見各户見今的實椿管米穀數目。如有闕少，即請嚴責近限，計置椿管數足。十二月十一日。

編年 據文中所述。

再措置場所賑濟孤老人等約束 淳熙七年十二月十二日

照對今歲旱傷，軍司已行措置賑濟糴事件，立日式行下三縣遵守，一例施行，自來年正月初一日爲頭賑糴賑濟去訖。數内合賑糴事件，切慮軍司有所未盡；兼賑濟孤老殘疾等人，若依每月作六次支給，又恐冬寒，趁日分赴場請米不及，合行下三縣，如所行賑糴事件未盡，請畫條具申軍。所是賑濟孤老殘疾等人，所請米次數可改作每月初一日、十六日作兩次預行支給，庶幾不至失所。十二月十二日。

編年 據文中所述。

取會諸縣知縣下鄉勸諭布種如何施行事 淳熙七年十二月十七日

使軍契勘先印給文榜，發下三縣，曉諭鄉民，將田土趁時犁翻，多種二麥。今詢問得除種麥田地外，尚有未犁田地去處稍多。及已耕翻田，鄉民又不趁時壅殖〔一〕。兼相去交春日逼，切慮農事失時，委自知縣躬親下鄉，勸諭鄉民遍行翻犁田土，以備來春布種。如使軍不測差官前去點檢得再有未翻犁去處，必定勾追有違約束之人，重行斷罪。先具已如何施行狀申。十二月十七日。

編年　據文中所述。

校記　〔一〕殖：原作「事」，據四庫全書本改。

再行下三縣勸諭到上户賑糶不許抵拒事淳熙七年十二月

契勘今歲旱傷，細民闕食，已行下都昌縣，勸諭到上户承認賑濟米穀數目申軍。使司亦已行下本縣，將勸諭到上户米穀數目照應置場處户口多寡，分撥付逐場出糶，務要均平。切慮其間上户抵拒官司，不即依從分撥，有誤賑糶不便，合行下三縣，如有上户不遵從官司分撥，即仰具姓名申軍。

編年　據原集編序。

行下米場人户不到者於總簿用印淳熙七年十二月二十六日

照對今歲本軍管屬旱傷，已行關防約束，行下三縣，自來年正月爲頭賑糶賑濟去訖。所是賑糶米日分，人户赴場糶米不及，仰監糶官即時用不到印子於總簿姓名下，印訖，爲照合行下，仍關報逐場。十二月二十六日。

編年　據文中所述。

行下米場具糶過米式（淳熙八年正月二日）

照對本軍管屬今歲旱傷，已據星子、都、建昌縣勸諭到上户承認賑糶米穀數目申軍，使司亦已措置關防置場，差官下縣監轄，自今年正月爲頭賑糶賑濟去訖。所有各縣合五日一次，遇糶米日分，具糶過米數文帳二本申縣，本縣繳連一本申軍。今立式下項：

某處賑糶場，今具某月某日糶過米數下項：

一、本場本日合糶人户計若干，共糶米若干。大人若干，合糶若干。小兒若干，合糶若干。

一、本日實到糶米人户若干，共糶過上户某人米若干。如是糶官米，即説官米。大人若干，糶過米若干。小兒若干，糶過米若干。

一、比合糶米數不到人户若干，少糶米若干。大人若干，合糶米若干。小兒若干，合糶米若干。

右謹具申聞。淳熙八年正月初二日。

編年　據文中所述。

施行場所未盡抄劄户（淳熙八年正月六日）

照對本軍管屬星子、都昌、建昌縣旱傷，已行下各縣，委官抄劄到闕食户口人數，自今年正月爲頭賑糶賑濟。近據人户前來投陳，係漏落抄劄不盡。本軍未見着實，難便施行。今出榜賑糶濟場曉示〔一〕，如有不濟户當來漏落，未曾抄劄，即仰具狀，經本場巡察官陳理，從本官見着實。如委係闕食，即仰一面賑糶，具姓名保明申軍。其間或有税産得過人户，以乞賑濟爲名，意在避免賦役，輒敢妄冒，煩紊官司，罪當追治。

校記　〔一〕糶：原作「糴」，據四庫全書本改。

編年　據下篇文末所注月日。

措置行下各場關防上户用濕惡糙米 淳熙八年正月六日

照對本軍旱傷，已行下三縣，勸諭管下上户承認米穀賑糶。軍司已行措置關防約束置場，差官下縣監轄賑糶外，切慮其間有上户却將濕惡粗糙米穀赴場出糶，有誤民間食用，合行下三縣，如有上户津般到濕惡粗糙穀米，即仰退回，令上户津般堪好米穀出糶，不得容令作弊，并印榜曉示。以上正月初六日。

編年　據文中所述。

續置曆下場五日一次開具糶過米 淳熙八年正月八日

照對本軍管屬旱傷，細民闕食，已行下三縣，勸諭到上户承認賑糶米穀數目申軍。使司已關防措置約束事件，置場給曆，下縣付人户，差官監轄，自今年正月爲頭，每五日一次賑糶。切慮其間尚有人户不能措辦五日錢一頓收糴，合續添賑糶曆一本，立式行下三縣，關報逐場，如有人户願日赴場收糴米斛者，即仰賫元立曆頭赴巡察官，粘連印押，付人户逐日收糴。其有人户願依前五日一次赴場收糴者，即仰依已行事件施行。仍五日一次開具糶過米穀文帳供申。正月八日。

編年 據文中所述。

行下普作賑濟兩日 淳熙八年正月八日

契勘本軍管屬旱傷尤甚，細民闕食，已行下三縣，抄劄到闕食户口人數申軍。及勸諭到上户張世亨等四名，依格承認賑濟米共一萬九千石。及依條取撥常平義倉米。自淳熙八年正月以後，緣管屬寒雪，本軍行下屬縣，將賑糶人户一例賑濟兩日。正月八日帖都、建昌縣。

編年 據文中所述。

再論上户借貸米穀事 淳熙八年正月十九日

契勘本軍管屬去歲旱傷，已行下星子等三縣，勸諭上户以所收米穀賑糶。除認數外，有餘剩米穀，并不係勸諭賑糶米穀人家，遞年多是春間將米穀等生放下户，秋冬隨例收息。今來上户以旱傷之故，慮恐下户將來負欠不還，官司不爲受理，仍以官司勸諭爲詞，不肯生放，使下户用乏，失業不便。使司今準淳熙四年十二月初三日指揮節文，諸人户賒糴米，令欠户還米本外，每石收息五升〔一〕。其生放約秋成計本息還錢，亦合一體施行。如有拖欠不還，官爲理索，所貴兩無虧損。合行下三縣，散榜勸諭，約束施行。正月十九日。

校記　〔一〕石：原作「斗」，據正訛改。

編年　據文中所述。

再委官體訪場所合干人減尅等事 淳熙八年正月二十二日

契勘本軍管下去歲旱傷，已行下三縣，勸諭到上户賑糴米穀，使司遂措置差官下縣，分場監轄賑糴濟，及帖縣官分定地頭巡察去訖。切慮各縣逐場監糴濟官容縱合干等人減尅升㪷，及容上户將砂土碎截、濕惡空殼米穀赴場中糴濟，及巡察官不即前去巡察，事屬不便，就委官前去體訪。如有似此違戾去處，即具狀供申。正月廿二日。

編年　據文中所述。

申監司爲賑糴場利害事件 淳熙八年二月一日

契勘本軍并管屬諸縣去歲旱傷至甚，細民闕食，切慮人户逃移失業，遂多方勸諭上户賑糴米穀。并將見管常平米數行下，分定置場去處，官吏監轄糴濟，應接細民食用。今有下項利害事件合申諸監司：正月廿九日。

除本軍勸諭上户椿管米數，并於外州和糴及常平米糴濟，應接管内細民食用外，近來續據人户陳訴，當來抄劄漏落姓名及鄰路州軍流民前來逐食，又不免行下管屬，多方存恤。相度賑濟所費米斛比之元來計度數目大改增添〔一〕，而向去小熟日子尚遠，切慮所椿米穀不能周給，無可接續糴濟，却致民間缺食，事屬不便，乞即撥米二三萬石應副，接續糴濟。如蒙允許，即乞早賜行下取撥去處，以憑差撥人舡前去搬取。

本軍昨準淳熙七年九月十三日敕，中書門下省檢會昨準乾道七年八月一日指揮，立定勸諭上户賑糶濟格目，給降付身，補授名目。内無官人一千五百石補進義校尉，願補不理選限將仕郎者聽。二千石補進武校尉，如係進士，免文解一次；不係進士，候到部與免短使一次。四千石補承信郎，如係進士，與補上州文學。五千石補承節郎，如係進士，補迪功郎。如是賑糶，依此減半推賞。又準淳熙七年十月八日指揮節文，賑糶米於市價減半錢數，即照已降指揮推賞。

本軍即已備坐行下管屬勸諭，只據上户張世亨、張邦獻、劉師輿〔二〕、黄澄四名承認依格賑濟。本軍已行具奏，及申諸監司照會。賑糶一項，至今尚未有申到承認應格之人。蓋緣本軍地瘠民貧，除上項四家賑濟之外，未有出得上件米穀減半出糶之人，是致所認米穀數目不多〔三〕，有闕賑糶。欲乞詳酌所申，特賜敷奏，乞將上户承認賑糶米價止令量減四分之一，便與依格推賞。却於所得官資比折錢數，量展磨勘之類，早賜行下，勸諭增認，庶使上户樂於就賞，細民不致闕食。

今照管屬近來不住有外州縣飢民流移入界，本軍已行下諸縣存恤，及委自當職官勸諭上户收充佃客，借與空閑屋宇，許令請佃係官田土，給與種糧，趁春開耕。如向去豐熟，外州縣税户前來識認，官司不得受理。如今來所招佃客，將來衷私搬走回鄉，即許元贍養税户經所屬陳理，官爲差人前去追取押回，斷罪交還。及散榜鄉村，遍行曉示外，欲乞詳酌，更申朝省，明降指揮行下。庶幾州縣有所遵守，不惟安集流民，免致失所，亦使開闢曠土，供納税賦，實爲利便。二月一日。

校記 〔一〕改：疑當作「段」。

〔二〕與：原作「與」，據宋閩本改。

〔三〕致：原作「到」，據正訛改。

編年 據文中所述。

申提舉司借米付人户築陂塘 淳熙八年正月二十九日

照對管屬星子等三縣去歲旱傷尤甚，緣田段多是高仰，見管陂塘多是穿漏，是致旱死。不住據管屬星子、都昌、建昌人户經官陳乞，借口糧修築陂塘。本軍行下逐縣，委自知縣躬親前去管下，逐一驗視所管陂塘。如有穿漏及開掘，即仰一面計度合用工數，供報提舉司，乞支撥米斛。已蒙提舉衙回牒指揮，支撥保借常平司六百五十四石。正月廿九日。

編年　據文中所述。

施行闕食未盡抄劄人等事淳熙八年二月十八日

照對本軍管下三縣諸鄉保正當來受情，不行依公抄劄闕食人户，多將得過隱實之人抄作闕食，其實是闕食人户却不抄劄。未欲便行追究，合行約束。

仰隅官、保正照應本縣巡察官所行事理，須管從實隨門再行審實，抄劄闕食人户。若保正依前滅裂，不即同隅官抄劄，及將元冒濫人蓋庇，或在鄉乞覓人户分文錢物，仰隅官具狀陳訴，切待追究，重作施行。

有當來不應抄劄隱實有營運物業之家，及上户自能贍給地客，見執使軍曆頭之人，仰隅官、保正追收繳納。若顔情蓋庇，不即追納，別致人户陳訴，或覺察得知，必定重作行遣。

有委是闕食人户，隅官、保正不爲抄劄，或保正等乞覓搔擾，仰被擾人户不拘早晚赴本軍陳告，切待重作行遣。

有得過人户，妄稱闕食，陳乞給曆，紊煩官司之人，定當追收，赴軍重斷。

有合追收元給文曆人户，輒敢倚恃猾〔一〕，健訟把持，不伏追收，仰隅官、保正具狀陳訴，切待重作行遣。

仰屬縣逐鄉隅官、保正從實再行審實抄劄到闕食人户，切待委官躬親下鄉，隨門審實。如再有不實，仍前泛濫去處，必定追收犯人赴軍，定送獄根勘情弊施行。以上二月十八日。

校記　〔一〕此句疑脱一字。

編年　據文中所述。

審實糶濟約束 淳熙八年二月十八日

照對已行帖逐縣審實糶濟事件，切慮各鄉隅官、保正不依所行約束，别致引惹詞訴，事屬不便，合帖屬縣再行約束，開具供申。

各鄉有營運店業興盛之家，其元給曆頭合行追取。若雖有些小店業，買賣微細，不能贍給，已請曆頭不合追回。如有似此未係抄劄之人，亦請令隅官、保正從實根括施行，毋至泛濫。

各鄉上户地客如主家自能贍給，其元給曆頭合行追收。如主家見自闕食，不能贍給，雖是地客，亦合給曆。如有似此之人，即請隅官、保正從實根括，毋致泛濫。

各鄉人户如將户名及第行重賫，請去曆頭，合行追回。如是只用第行，雖不用户名，實非重疊，其已請曆不合追取。人户已請曆頭，如有虚增口數，今來覈實，合行減退，即請於曆頭并總簿内分明改正。

縣市

一、上等：有店業，日逐買賣營運興盛，及自有税産贍給，不合請給曆頭人户若干。開具坊巷、逐户姓名、大小口數。

一、中等：得過之家并公人等，合赴縣倉糴米人若干。開具坊巷、逐户姓名、大小口數。

一、下等：貧乏小經紀人，及雖有些小店業，買賣不多，并極貧秀才，合請曆頭人户若干。開具坊巷、逐户姓名、大小口數。以上二月十八日。

編年 據文中所述。

施行權免和糴令客米從便往來 淳熙八年二月

本軍旱傷，遂支撥官錢，委官在軍置場，和糴客人米斛，循環糶糴，應接民間食用。及本軍勸諭到上户承認糶米斛，并差公吏前去收糴到米斛樁管，賑糶濟不闕。所有元置和糴賑糶場，合權行住糴客人米斛。及出榜曉示，從便上下出糶。

編年 據原集編序。

免糴客米三分 淳熙八年二月

照對本軍去歲旱傷，細民闕食，遂行措置場〔一〕，和糴客旅米斛三分，應接食用。今來賑糶濟米數不闕，已行住糴。合行散榜上流州軍客旅通知。

校記 〔一〕此句「置」下疑脱一「置」字。

編年　據原集編序。

施行許令人户借貸官司米穀充種子布種〔一〕 淳熙八年二月二十七日

照對管下三縣去歲旱傷至重，本軍已行措置賑糶賑濟。近來節次據人户經軍陳狀，因旱傷，目今布種是時，闕少種糧，乞行借貸常平米斛布田。軍司已行下各縣相度，依條施行去訖，未據申到。今檢準常平免役令，諸災傷計一縣放税七分以上〔二〕，第四等以下户乏種食者，□雖舊有欠閣，不以月分，聽結保貸借。米穀不堪充種子，紐直以錢各二貫石給。限半年隨税納，仍免息。州豫以應支數保明申提舉司〔三〕，行訖申尚書户部。雖計一縣放税不及七分，而本户税及七分者準此。今來除星子知縣一面究實相度，依條借貸外，所有都、建昌縣合委官同各縣知佐相度，究見管下第四等以下户委實闕乏種食之人，各令結保，依條施行。二月廿七日刊。

校記　〔一〕施：原作「旅」，據正訛改。

〔二〕放：原作「板」，據右引改。

〔三〕州：原作「利」，據宋閩本、宋單刊本改。

編年　據文中所述。

不係賑濟人一例賑濟 淳熙八年二月三日

契勘去歲旱傷，細民闕食，使軍已行勸諭到上户承認糶濟米穀，及有上户自能贍給佃地客户口外，使軍已印牌曆付闕食人，赴場賑糴濟。除將見有牌曆合糴濟人户普行賑濟外，其上户贍給地佃等日前除豁，不係賑糴之人，亦行抄劄，一例賑濟一十三日。自三月十一日爲頭，將張世亨等所認米及取撥常平米普行賑濟，務要實惠。二月三日〔一〕。

校記　〔一〕二：據原集編序，疑當作「三」。

編年　據文中所述。

行下各縣抄劄户口并立支米穀正數淳熙八年三月十六日

契勘所支賑糴米緣三縣各鄉間有數户抄劄口數太多，恐未盡實。合委官與縣官評議，豫將所支米穀立定正數，賑濟施行。二十口以上，每户支穀止於五石。二十口以下、十五口以上，每户支穀止於四石。二十五口以下〔一〕，計口計日支給。如管穀四石以上，所支亦止於四石。三月十六日。

校記　〔一〕二：當作「一」。

編年　據文中所述。

都昌縣搬張劉二家米等事淳熙八年三月十七日

照對都昌縣止勸諭到黄澄一名承認賑濟米五千石，湊所管義倉米，會計賑濟不周。本軍遂行下建昌縣，於張世亨、劉師興賑濟米内取撥四千石，付都昌縣賑濟。其合用顧舟水脚錢，每石支錢三十五文省，并每石支搬脚錢四十文足。今張、劉二家差人搬擔，就官請領顧錢，并經都昌縣所管常平米錢内支破。三月十七日。

編年 據文中所述。

諸縣得米人户依時布種等事 淳熙八年三月二十三日

使軍近行下諸縣，但係元給牌曆賑糶賑濟民户，并以勸諭到張世亨、黄澄、劉將仕米及義倉米并行賑濟半月，仰得米人户并力及時耕種田土。如合干人減尅，不行盡實給數，即仰人户徑赴使軍陳訴，切待根究，重作施行。三月二十三日〔一〕。

校記 〔一〕三月：原作「二月」，據宋單刊本、明天順本改。

編年 據文中所述。

行下各場普濟半月外照約束接續 淳熙八年閏三月三日

照對使軍近將勸諭到上户黄澄、張世亨等賑濟米斛自今年三月一日爲頭，普行賑濟，通作一十五日。今來相次了畢，所有元勸諭到上户承認賑糶米斛〔一〕，合行依使軍先來約束，接續賑糶，應接細民食用。閏三月三日。

校記 〔一〕糶：原作「糴」，據四庫全書本改。

編年 據文中所述。

委官覈實四户賑濟米數縣官保明事 淳熙八年閏三月三日

照對去歲旱傷，細民闕食，勸諭到都昌、建昌縣上户張世亨等四名共賑濟米一萬九千石。本軍遂行措置，相度地里遠近，分作三十五場，委官監轄賑濟，及委官巡察。近準尚書省劄子，檢會淳熙八年正月二十三日敕，中書門下省勘會兩浙、江東西、湖北、淮西州軍去年間有旱傷去處，檢坐乾道七年内立定勸諭富室上户賑濟賑糶米斛賞格已降指揮〔一〕，行下逐路施行。近來逐路州軍雖有開具已勸諭到賑濟賑糶數目〔二〕，緣無逐司保明，是致推賞未得。切慮因而滯留，未稱勸賞之意，正月二十三日，三省同奉聖旨，令逐路安撫、轉運、提舉司各行下所部州縣，將願出穀賑濟賑糶之家〔三〕，如有見得數目應格，合行推賞，即日下縣，結罪保明申州，州結罪保明申逐司。仍仰逐司疾速連銜保明申尚書省，不得少有稽滯。今有張世亨等所認賑濟米斛已行普濟管下闕食人户，相次了畢，未見逐縣知縣結罪保明，申軍施行。今帖委司法前去建昌、都昌縣覈實的確賑濟米穀數目，結罪保明供申，切待再行稽考施行。閏三月三日。

校記 〔一〕糶：原作「糴」，據四庫全書本改。

〔二〕糶：原作「糴」，據右引改。

〔三〕糴：原作「糶」，據右引改。

編年 據文中所述。

移文江西通放客米及本軍糴米舡事 淳熙七年冬

契勘本軍管屬去歲旱傷〔一〕，細民闕食，及無軍糧支遣，本軍節次借撥官錢五萬三百四十四貫三百七十九文，差撥公吏前去江西得熟州軍，收糴到米共二萬三千五百二石二斗四升五合回軍，賑糶及支遣軍糧。并檢準淳熙令，諸米穀遇災傷，官司不得禁止搬販。及近降指揮，州縣不許閉糴。如有遏糴州軍，許鄰州越訴。又準今年八月十九日聖旨指揮節文，江東安撫使陳少保奏，今歲災傷，先合措置通放米斛。州縣遏糴去處，許人户經本司越訴。遂移文江西轉運司、安撫司并奉新縣等，通放米舡回軍，賑糶支遣軍糧施行。

校記 〔一〕去：當作「今」。江西遏糴及與之交涉事在淳熙七年十月，見別集卷九申諸司乞行下江西不許遏糴等篇。

編年 參見校記〔一〕所考。

節次差公吏收糴并撥錢下賑糶場〔一〕 淳熙八年閏三月

軍資庫錢共二萬一千三百六十二貫八百九十六文。

四千貫文省，差劉京手分盧文彬管押，於去年七月十六日前去隆興府管下常池市收糴到米二千三百一十六石九斗六升，於八月二十一日到建昌縣交卸賑糶。

四千貫文省，差衙前楊發手分朱綬於去年七月十八日前去隆興府管下進賢縣收糴到米一千九百二十一石八斗一升，并穀一百五十八石五斗。至十月初九日回軍，城下省倉交量米七百九十石，都昌縣交量米八百二十一石三斗一升，星子縣交量米二百一十石五斗，穀一百五十八石五斗。

一百七十一貫二百文省，揍依折帛錢共四千貫，差衙前吕祺手分熊瑜管押，於去年七月二十九日管押前去收糴。

二千貫省，差衙前吕祺往隆興府管下奉新縣收糴到米七百四十九石六斗，於三月十一日回軍。

九千八十二貫一百一十九文省，於去年八月二十五日已後，節次支付在賑糶場收糴米，係在後項聲説。

正支錢二千七百一十二貫文。

轉支收到公吏糴米剩到錢共六千二百七十貫一百一十九文。

四百八十貫七十七文省，係轉支糴米回納錢，付楊發收糴。其米在後項聲説。

一千貫文省，支付朱彦俊糴米，其米在後項聲説。

二千六百二十九貫五百文省〔二〕，揍折帛錢共四千貫，付衙前謝安道、職級高宗選管押，於去年七月二十九日往下項去處收糴，共一千八百二十六石一升五合，於十一月初八日回軍。隆興府奉新縣糴到米一千一百六十九石五斗六升五合，淮南、蘄州糴到米六百五十六石四斗五升。折帛錢共二萬八千九貫二百一十文省，係淳熙五年六年錢。

一千三百七十貫五百文省，係六年分〔三〕，支付謝安道、高宗選收糴米。其共糴到米已在前項聲説。

三千八百二十八貫八百文省，係六年分錢，付吕祺、熊瑜收糴米。其米已在前項聲説。

四千八百八十九貫九百一十文省，付在軍賑糴場收糴米，係在後項聲説。

五千貫，係七年分錢，差衙前孫熹、職級江彦和管押，於十一月二十五日往隆興府拏湖收糴到米二千二百九十七石一斗六升，於今年正月二十三日回軍。

五千貫文省，差職級朱彦俊管押，揍前項共六千貫文省，於十一月二十三日往江西吉州收糴共二千八百五十石，於今年三月二十九日回軍。

差撥乳香、度牒、糯米本錢共八千八百九十二貫二百七十三文省〔四〕。

四千貫，差衙前王邦翰手分蔣安禮管押，於八月十五日往隆興府管下常湖收糴米一千九百三十二石八斗九升，至十一月二十四日回軍。

四千四百二十九貫二百七十三文省，揍作前項錢共四千九百九貫三百五十文省，管押於十二

月初一日往隆興府奉新縣收糴二千三百□□□□賑濟孤老殘疾不能自存□□□□□□□□□大人二百三十五口，□小兒一十□□□□□

校記

〔一〕糶：原作「糴」，據底本目録改。

〔二〕二千：原作「一千」，據宋單刊本、明天順本改。

〔三〕「分」下當脱「錢」字，見下文。

〔四〕七十：原缺「十」字，據四庫全書本補。

編年 文中所言救災事有述及淳熙八年三月二十九日者，而朱熹於閏三月二十日已離任，故知此文作在閏三月中。

奏乞推賞賑濟上户〔一〕 淳熙八年三月

照會本軍去歲旱傷至重，細民闕食，雖有樁管及撥到常平米斛〔二〕，數目不多，深恐不能周給〔三〕，遂行勸諭到管屬上户承認米數，賑糶接濟民間食用〔四〕。續於去年十月十一日準行在尚書户部符〔五〕，九月十六日辰時，準淳熙七年九月十三日敕〔六〕，中書門下省檢準乾道七年八月一日敕節文〔七〕，訪聞湖南以下同十二月廿八日約束，止符本軍疾速施行〔八〕。本軍恭禀行下管屬，再行勸諭承認賑糶米數之人〔九〕，如願將米賑濟〔十〕，切待審究，保明申朝廷〔十一〕。依今來所降指揮格法推賞去後。據都昌、建昌縣申〔十二〕，數内勸諭到元認賑糶米税户張世亨〔十三〕、劉師輿、進士張邦獻、黄澄四名，各情願承認米〔十四〕，依格法賑濟。内建昌縣税户張世亨五千石，乞補承節郎；

進士張邦獻五千石，乞補迪功郎；税户劉師輿四千石，乞補承信郎，并都昌縣待補太學生黃澄五千石，乞補迪功郎。各乞依今降指揮保奏施行〔十五〕。本軍遂行下，告示張世亨等依數椿米〔十六〕，伺候給曆付飢民，及差官監轄賑濟。已於去年十二月二十八日先具奏聞，及申本路諸監司照會去訖。續據管屬星子、都昌、建昌三縣共抄劄闕食飢民二萬九千五百七十八户，數內大人一十二萬七千六百七口〔十七〕，小兒九萬二百七十六口。本軍各印給曆頭牌面〔十八〕，置簿曆發送逐縣當職官給散付人户。預於縣市及諸鄉均定去處，共置三十五場，分差見任〔十九〕、寄居、指使、添差、監押酒税務〔二十〕、監廟等大小使臣共三十五員，監轄賑糶賑濟，及委縣官分場巡察，嚴戢減尅乞覓之弊〔二十一〕。自淳熙八年正月初一日爲始，令抄劄到闕食人户赴場賑糶。其鰥寡孤獨之人，即以常平米斛依法賑濟。至正月內，又緣雪寒，行下屬縣，將元係賑糶飢民用上件張世亨、黃澄等米及常平義倉米一例賑濟兩日〔二十二〕。至三月內，又慮飢民難得錢收糴米斛，再自十一日爲頭，行下諸縣，將已給曆賑糶飢民一例普行賑濟一十三日，通作半月。又照得都昌縣止有黃澄一名承認賑濟米五千石〔二十三〕，湊所管義倉米會計賑濟不周，本軍遂於建昌縣張世亨等賑濟米內撥米四千石，本軍措置官錢，和雇脚夫〔二十四〕、舟舡，裝發送都昌縣交管，分於置場去處，責令監轄賑濟，至閏三月十五日終。節次據都昌縣、建昌縣申到，張世亨、張邦獻、劉師輿、黃澄賑濟過米撮算共計一萬九千石〔二十五〕。星子縣元無勸諭到上户賑濟米斛，即以常平義倉米斛依例普行賑濟外，本軍節次行下都昌、建昌知縣，逐旋審究的實賑濟過張世亨、黃澄等米數，保明申軍去後。據迪功郎、監城下酒税、權都昌縣事孫僑，通直郎、知建昌縣事林叔坦狀，保明到張世亨、張邦獻、劉師輿、黄澄賑濟過米一萬九千石，委是節次賑濟飢民食用之數，即無冒濫。本軍一面委差從政郎、本軍司法參軍陳祖永前去都、建昌縣，覈實得張世亨、張邦獻、劉師輿、黄澄賑濟米一萬九千石，委是賑濟過的實之數。本軍再行稽考，別無冒濫，保明是實。本軍勘會得張世亨、劉師輿各係税户，張邦獻係應舉習詩賦終場士人，并黄澄係於淳熙四年秋試應舉習詩賦取中，待補太學生第十五名是實。其張世亨、張邦獻、劉師輿、黄澄賑濟過米數各應得近降指揮賞格，數内税户張世亨賑濟過米五千石，合補承節郎；税户劉師輿賑濟過米四千石，合補承信郎；進士張邦獻賑濟過米五千石，合補迪功郎；待補太學生黄澄賑濟過米五千石，合補迪功郎。除已具申本路安撫司、轉運司、提舉司、提刑司照會，依條保奏推賞外，欲望聖慈下所屬給降合得付身發下，以憑給付張世亨等祇受，謹録奏聞。

校記

〔一〕此篇又見文集卷十六繳納南康任滿合奏禀事件狀事目之二。

〔二〕雖有樁管：原缺，據又見補。

〔三〕「不能周給」及下句「遂」字，原缺，據又見補。

〔四〕糶接濟民間：原缺，據又見補。

〔五〕在尚書户部：原缺，據又見補。

〔六〕九月十三日：原缺，據又見補。

〔七〕八月一日敕節：原缺，據又見補。

〔八〕本軍疾速施行：原缺，據又見補。

〔九〕承認賑糶米數：原缺，據又見補。

〔十〕米：原作「來」，據又見同句所引宋閩、浙本改。

〔十一〕「保明申朝廷」及下句首字「依」，原缺，據文集卷十六繳納南康任滿合奏稟事件狀事目二補。

〔十二〕據都昌建昌縣：原缺，據又見補。

〔十三〕糶：原作「糴」，據又見改。

〔十四〕「願承認米」及下句「依格」，原缺，據又見補。

〔十五〕各乞依今降指揮保：原缺，據又見補。

〔十六〕世亨等依數椿米：原缺，據又見補。

〔十七〕二：原作「三」，據又見改。

〔十八〕印：原作「仰」，據又見改。

〔十九〕差：原作「見」，據又見改。

〔二十〕務：原缺，據又見補。

〔二十一〕嚴：原作「年」，據又見改。

〔二十二〕等米：「米」字原缺，據又見補。

〔二十三〕又：又見作「及」；得：原作「約」；米：原缺，據又見改、補。

〔二十四〕脚夫：原倒，據又見乙。

〔二十五〕算：原作「等」，據又見改。

編年　據年譜長編。

朱熹文集編年評注遺集卷一

賦詩書

梅花賦 慶元元年冬

楚襄王游乎雲夢之野，觀梅之始花者，愛之，徘徊而不能舍焉。驂乘宋玉進曰：「美則美矣，臣恨其生寂寞之濱而榮此歲寒之時也。大王誠有意好之，則何若移之渚宮之囿而終觀其實哉。」宋玉之意，蓋以屈原之放微悟王，而王不能用，於是退而獻賦曰：

夫何嘉卉而信奇兮，厲歲寒而方華。潔清姱而不淫兮，專精皎其無瑕。既笑蘭蕙而易誅兮，復異乎松柏之不華。屏山谷亦自娱兮，命冰雪而爲家。謂后皇賦予命兮，生南國而不遷。雖瘴癘非所託兮，尚幽獨之可願。歲序徂以峥嵘兮，物皆舍故而就新。披宿莽而横出兮，廓獨立而增妍。玄霧滃而四起兮，川谷沍而冰堅。澹容與而不衒兮，象姑射而無鄰。夕同雲之繽紛兮，林莽雜其葳蕤。曾予質之無加兮，專皎潔而未衰。方酷烈而闇闇兮，信横發而不可摧。紛旖旎亦何好兮，静窈窕而自持。徂清夜之湛湛兮，玉繩耿而未低。方娉婷而自喜兮，友明月以爲儀。欻浮雲之來蔽兮，四顧莽而無人。悵寂寞其淒凉兮，泣回風之無辭。立何久乎山阿兮，步何躊躇於水濱。忽舉目而有見兮，恍顧盼之足疑。謂彼漢廣之人兮，羌何爲乎人間。既奇服之眩耀兮，又綽約而可觀。欲一聽白雲之歌兮，嘆揚音之不可聞。將結軫乎瑶池兮，懼佳期之非真。願借陽春之白日兮，及芳菲之未虧。與遲暮而零落兮，曷若充夫佩幃。渚宫矧未有此兮，紛草棘之縱横。椒蘭後乎霜露兮，亦何有乎芳馨。俟桃李於載陽兮，倉庚寂而未鳴。私顧影而自憐兮，淡愁思之不可更。君性好而弗取兮，亦吾命其何傷！

辭曰：后皇貞樹，艷以姱兮。潔誠諒清，有嘉實兮。江南之人，羌無以異兮。煢獨處廓，豈不可召兮。層臺累榭，静而可樂兮。王孫兮歸來，無使哀江南兮！新編事文類聚翰墨全書戊集卷六。

又見新安文獻志卷四十八，佩文齋廣群芳譜卷二十二，淵鑑類函卷四百，朱子文集大全類編補遺。

編年　據年譜長編。

評論　程敏政題文公梅花賦後：文公舊有前、後、續、别四集行世，而後集亡矣。此賦見事文類聚中，固後集之一也。公九世孫永年丞楙出梅花圖相示，因語及之，遂請録置其上，用補家乘之缺云。

贈内弟程允夫 紹興二十年春

外家人物有吾子，我乃平生見未嘗。文字只今多可喜，江湖他日莫相忘。

故家歸來雲樹長，向來辛苦夢家鄉。行藏正爾未堅決〔一〕，又見春風登俊良。

我憶當年諸老翁，經綸事業久參同。只今零落三星曉，未厭栖遲一畝宮〔二〕。尊德性齋小集補遺。又見新安文獻志卷五十六，明正德本晦庵先生朱文公詩集卷十一。

校記 〔一〕決：原作「快」，據又見改。

〔二〕文末原有小字注「僕不能詩」云云，係將朱熹文集卷九寄江文卿劉叔通篇末注誤置於此，今刪。

編年 詩云「外家人物有吾子，我乃平生見未嘗」，「故家歸來雲樹長」，知作在紹興二十年春朱熹首次歸婺源時。又云「行藏正爾未堅決」，是時朱熹方登第而未出仕，次年春始赴銓試，得同安主簿。

題陳廷佐亭 紹興二十三年至二十七年

圓荷暮方展，閑花曉日紅。朱文公大同集卷三。

編年 此篇爲朱熹別集存目，收入大同集，當爲同安任上所作。

夜　嘆 紹興中

煉形羽化真寓言，世間哪得有神仙。要須力穡乃逢年，晝犁十載甑空懸。君不見，黄鶴樓前金色鮮，何如歸煮白石員。洺水集卷十三書犁春謝耕道所藏朱晦庵夜嘆長篇後。

編年 未可詳考。然其意與語皆甚淺陋，應爲早年所作，或爲紹興二十年前後困學時也。

淳熙戊戌七月廿九日早發潭溪西登雲谷取道芹溪友人丘子野留宿因題芹溪小隱以貽之作此以紀其事淳熙五年七月二十九日

我來屏山下，奔走倦僮僕。亭亭日已中，冠巾濕如沐。訪我芹溪翁，解裝留憩宿。茗椀瀹甘寒，温泉試新浴。抖擻神氣清，散步揞筇竹。廬峰在瞻望，隱隱見雲谷。頓覺塵慮空，豁然洗心目。君居硯山西，高隱志不俗。窗几列琴書，庭臯富花木。往來數相過，主賓情意熟。開尊酌香醪，謦欬話衷曲。從容出妙句，滿幅粲珠玉。邀約登赫曦，襟期伴幽獨。玆游得良朋，道義推前夙。扁字爲留題，深愧毛錐禿。新安文獻志卷五十一。

編年 據題中所署。

挽崔嘉彦淳熙末

關陝遺耆老，天資得勇多。雙瞳光射日，寸舌辯傾河。居俯三江近，鄰從五老過。廬空人不見，猿鶴奈愁何！

林下相從舊，回頭一十年。君論金鼎訣，我賦白雲篇。泉石無閑意，丹砂結世緣。康山空葬骨，已作洞中仙。永樂大典卷二千七百四十一。

編年 崔嘉彦，廬山隱者，朱熹初識於南康任上，時爲淳熙六年。文云「林下相從舊，回頭一十年」，則作於淳熙末可知。「一十年」或爲約指。

簡十四表叔書一 紹興十三年癸亥

熹叩首泣血拜覆十四叔座前：熹罪逆深重，不自殞滅，禍延先考。日月不居，奄經晦朔，哀慕號絶，尚延喘息。向裘賜去，荒迷中不及拜書，於念八叔翁書中曾伸哀訴。伏蒙尊念，賜書慰問，但切哀□□□□□□□□倍加保重，臨紙感激，不備。熹叩首泣血拜覆。婺源韓溪程氏梅山支譜附録卷一。馮青曾以朱熹致程鼎書信九通考釋爲題於圖書館雜志二〇一七年第三期首次披露。

編年　據題下原署。

簡十四表叔書二 紹興十八年戊辰

熹拜覆十四叔解元尊前：即日秋涼，伏惟尊候萬福。熹侍下幸遣，不煩念及。熹自頃年拜違，中間不得時時以書拜問動止，下懷不勝瞻仰，諒蒙尊察。熹兹者蒙恩賜第，自顧無似，非親戚尊長平日愛憐提獎，何以得此？但知感幸！熹去歲遭四叔之禍，今甫練祭，旦夕一至延平，護喪歸葬政和，迎侍四嬸以來同居。政感愴中，裘賜促行，拜覆不謹。未得侍間，伏乞保重，不備。熹拜覆舅⿰女感婆太孺：即日伏惟尊候萬福。娘子再三拜起居。信物一角，謾以見意，伏乞容留。熹拜覆。婺源韓溪程氏梅山支譜附録卷一。馮青曾以朱熹致程鼎書信九通考釋爲題於圖書館雜志二〇一七年第三期首次披露。

編年　據題下原署。

簡十四表叔書三　紹興二十年庚午正月八日

熹拜覆十四叔長解元尊前：比日還里中，幸數參侍，殊慰累年流落瞻仰之情。匆匆拜違，又復旬日，瞻戀不可言。即日初正，伏惟尊候多福慶。熹初一日即發婺源，度芙蓉、對鏡，皆沖霖雨、踏積雪，其勞不可言。六日方達城下，今已三日，外公堅相留，亦人事未了，未得啟行。群僕坐磨裹糧，深爲非便，前途不能無缺乏之憂耳。性夫二叔兩日間皆已過此，而熹獨坐困，未知所以爲計，甚窘甚窘。叔長旦暮留長田否？方事之殷，想未即開講。子茂來，聞欽國書社定成，深爲助喜。前日臨行拜覆所求文字，切乞留意。或只煩欽國料檢録出，附便來行朝甚便。熹一兩日間亦要擺脱，且爲行計，未即拜見，伏乞保重，不備。初八日二鼓，表侄熹拜覆。

〔帖尾〕雅歌鄭舞，想權且倚閣也，一笑！子由老子因便略借讀，感感！見俞順卿，煩爲借法界關本子。婺源韓溪程氏梅山支譜附録卷一。馮青曾以朱熹致程鼎書信九通考釋爲題於圖書館雜志二〇一七年第三期首次披露。

編年　據題下及文中所署。

與開善謙禪師書　紹興十七年至二十年

向蒙妙喜開示，應是從前記持文字，心識計校，不得置絲毫許在胸中，但以狗子話時時提撕。願受一語，警所不逮。佛法金湯編卷十五。又見釋氏資鑑卷十一，武林梵志卷八。

編年　據朱熹新考。

與程允夫書 紹興二十年

三百篇，性情之本，離騷，詞賦之宗。學詩而不知以此，是亦淺矣。後山詩固佳，然前輩以爲盡力規模，已少變化，其論甚當。然學者所急亦不在此。學者之要，求諸己而已。求諸己別無要妙，語、孟二書精之熟之，求所以見聖賢用意處，被服而力持之可也。文字工拙，尚何足道。朱子讀書法卷三。又見宋名臣言行録外集卷十二，洪嘉植朱子年譜紹興二十年條。

編年　據洪嘉植朱子年譜。

與程允夫書 紹興二十年正月八日

熹頓首：昨還里中，煩踏雪出山，以遂一見之歡，爲意甚勤，且賦詩以屬之。雖知不足以當盛意，至於意格超邁，程度精當，雖諸老先生猶撫手降嘆，況某尚未足以盡窺一二，其敢有妄議乎。想從者甚衆，即日新正，所履多佳。某前日發縣中，崎嶇道路者六日，乃抵城府，勞薾可知。旦夕亦須西去，餘不足言。獨念相去之遠，不得時時執手，一笑爲樂耳。更有少事，欲與吾弟言之，前日匆匆，不暇及此。某聞先師屏翁及諸大人先生皆言，作詩須從陶、柳門庭中來乃佳耳。蓋不如是，不足以發冲澹蕭散之趣，不免於塵埃局促，無由到古人佳處也。如選詩及韋蘇州詩，亦不可以不熟讀。近世詩人如陳簡齋絶佳，吴興有本，可致也。張巨山愈冲澹，但世不甚喜耳，後旬當録寄一讀。胸中所欲言者無他，大要亦不過如此。更須熟觀語、孟等書，以探其本。區區所禱，如此而已。初八日三鼓作此，不宣。某頓首上允夫賢弟。新安文獻志卷六十九汪師泰程知録洵傳注。又見朱子讀書法卷三，洪嘉植朱子年譜。

編年　據年譜長編。

答汪次山書 紹興二十年秋

別楮誨喻，良荷不鄙，已託德和弟布曲折矣，千萬千萬。周禮文字此所無有，令郎今幾何年矣？他經何所不治，而必爲此，何哉？大凡治經之法，且先熟讀正經，次則參考注疏。至於禮樂制度名數，注疏得之尤多，不知令郎曾如此下工夫否。若資質大段警悟，亦須著下三年工夫於此，自然精熟貫穿，何待他求。彼學成而名顯者，豈必皆有異書乎。今人欲速，每事必求一捷徑，不肯安心循序，下實工夫。爲此所誤，一事不成者多矣，不可不自悟也。愚陋無所知，於此嘗究心焉，頗見利病如此，敢以布聞，稱塞厚意。他不能有益於左右，徒以爲愧爾。新安文獻志卷九。又見弘治徽州府志卷十一。

編年　據朱熹佚文輯考。

簡十四表叔書四 紹興二十二年壬申十月九日

熹拜覆十四叔長尊前：衮賜來，領所賜書兩封，伏讀感慰，無有量已。即日冬序尚温，伏惟尊候萬福。熹侍旁幸遣，不煩遠念。會弟夭歿，聞之傷惻不已。伏想天性之誼，何以堪之！尚冀寬釋，無至自苦爲望。熹寓此雖無他，然今秋數月抱病悒悒，意緒殊不佳。冬事又不登，大率每歲十分計，今歲之入適及其半。今年猶可支吾，來歲春夏間未知何以爲計。此中人情習亂，一日不炊，輒已有操戈之興，官司又不以爲意，掊克督責如平時，此大可慮者。幸熹官期不遠，只夏初可赴上，但未知交代肯如期否。欽國目疾想痊愈，一書與之，乞爲附行。承欲來此，甚幸，熹第恨未有以相處耳。閩中學者雖多，亦無的實淵源。大抵此事是自己分上事，孟子所謂歸而求之有餘師者，是親切□□□□□□□□當托相知於州郡開板。麻沙諸處大率多開時文，其他見利稍遲者往往不喜開也。山中交游益寥落，然閉戸讀書，以其暇日端居一室，寂然如一老僧。不得已時亦有詩文，匆匆未及寫呈，求改抹也。俞姨丈葬事在近，禮當自爲挽詩。匆匆未暇，俟他日追作拜呈也。衮賜歸速，拜狀不及一一。未拜侍間，伏乞保重，不備。十月九日，熹拜覆。

婺源韓溪程氏梅山支譜附録卷一。馮青曾以朱熹致程鼎書信九通考釋爲題於圖書館雜志二〇一七年第三期首次披露。

編年 據題下及文中所署。

簡十四表叔書五 紹興二十七年春

熹拜覆十四叔長解元尊前：即日春和，伏惟尊候萬福。熹拜違侍右，於今累年，隨牒遠方，疏於候問，下懷瞻仰，不可以言。昨還自泉南，始領去秋所賜批字，雖已歷歲時，猶足以少慰也。熹自癸酉之秋到官，至去年秋滿四考，而代者不至，遂求省罷以歸。一出六年，學殖荒落，貧病交切，其困悴乃甚於往時。又以五六妹長成，劉氏來督姻期，已與約今冬成禮。奩具蕭然，無錢，不能一舉手，此又貧窘中重費力事，他困不足言也。幸老幼俱粗安，無他惱耳。未拜侍間，伏乞保重，不備。熹拜覆。婺源韓溪程氏梅山支譜附録卷一。馮青曾以朱熹致程鼎書信九通考釋爲題於圖書館雜志二〇一七年第三期首次披露。

編年 原文未署作年，馮青文所考無誤，今從之。

與范如圭問目 紹興二十八年

問論語疑義

有子曰：「信近於義，言可復也。恭近於禮，遠耻辱也。因不失其親，亦可宗也。」

熹謂信或不近義，則言不可復，而信近於義者，又非必於復言也。然言自可復，而以動必趨義故也。恭或不近禮，則自貽耻辱，而恭近於禮者，又非期遠耻辱也。然耻辱自不能及，以有禮而不懾故也。所因不得其人，則不可以爲宗主，因不失其親，又非必皆欲宗之也。然亦可宗矣，以其人誠賢故也。「亦」云者，言不特可親而已，雖宗之亦可也。

答：信與義異名，恭未足以盡禮，皆相近而已。何以見其近？惟有信者，言必慮其所終，未嘗一違於義，何至於不可復哉。恭者不侮人，則人亦無而侮之，此禮所以爲藏身之固也，耻辱安得而及之。

言寡尤，行寡悔，禄在其中矣。

熹謂此庸言庸行之所必然，非以干禄而禄在其中矣，與孟子論經德不回者同意。或謂告子張以干禄之道，疑未安。

答：孔子非教子張干禄甚明。

子曰：「不仁者不可以久處約，不可以長處樂。仁者安仁，知者利仁。」

熹謂不仁者中無所主，樂則思驕，約則思濫，若有不能一朝居者，而况於長久乎。惟仁者心無内外、遠近、精粗之間，所居而安者，仁而已矣。知者真知仁之爲美，以爲利而必趨焉，無物足以易之也。如此然後可以久處約，長處樂，無入而不自得矣。

答：仁者，求在我者也，豈以窮約逸樂動其心哉。不仁者，求在外者也，其處窮約逸樂也，雖或暫能勉强，而非出於誠心，則濫與驕不期而自至，是可以久且長哉。

或曰：「雍也仁而不佞。」

熹謂此章諸家文義皆不甚通，不知如何説爲是。

答：聖人嘗以木訥爲近仁，巧言爲鮮仁。佞蓋巧言而木訥者也。則仲弓之仁，宜或人以爲不佞矣。然古人自謙之辭曰「不佞」，故說者謂佞爲口才。若仁人而又有口才，是有德而又有言者也，庸何傷？孔子因或人以「不佞」少仲弓，故明言「口給」、「屢憎」之不仁以辟之，謂不務德而徒事於頰舌者也。不曰「不仁」而曰「不知其仁」，聖人之辭，雍容不迫，每每如此。再言「焉用佞」，而不足尚之意深切著明矣。

聞一知十，聞一知二。

問：或謂顏子所以不可及，正不在此，子貢蓋失之，故夫子亦以爲弗如也。□謂「聞一知二」者，猶可以思慮考索而至，至於「聞一知十」，則非超然默會於言意之表者不能也。不審孰是？

答：恐當用後說。

吾未見剛者。

熹疑此語爲宰予晝寢而發。或以爲申棖對，則亦非吾夫子之所謂剛。

答：苟無以勝人欲之私，則志不足以帥氣，焉得剛。

非公事，未嘗至於偃之室也。

問：士民以公事至其宰之室，不知所謂公事者何事也。若邑之公事，則非士民所宜與。若身自有公事，則滅明之爲人亦多事矣，子游何賢爾也。某謂此所謂召之役而往役也，不知是否。

以周禮鄉大夫考之，則賢者、能者皆舍其後。子游知滅明之深如此而召役之，恐未安。

答：公事非若今所謂官司之事。

樊遲問知，子曰：「務民之事，敬鬼神而遠之，可謂知矣。」

問：問知而答之以此二句，何以見其爲知？務民之義者何事？所以務之，如何施設？鬼神之爲德，體物而不可遺，如之何而遠之？若謂此在外之鬼神，不知鬼神有内外否？

答：惟知天下國家之本而道之以德者，乃能務民之義。惟知幽明之故與鬼神之情狀者，乃能敬鬼神而遠。知斯二者，可不謂之知乎。所謂鬼神者，即人所事天神、地祇、人鬼也。樊遲嘗請學稼圃之事，是不知務民之義也，其於鬼神未免有瀆屑諂媚之蔽。事雖不見於經，觀孔子答以「敬鬼神而遠之」，亦在於解其蔽也。

何有於我哉。述而篇：「子曰：默而識之，學而不厭，誨人不倦，何有於我哉。」○子罕篇：「出則事公卿，入則事父兄，喪事不敢不勉，不爲酒困，何有於我哉。」

問：此兩章所稱皆庸言庸行，理自當然，何有於我哉。某嘗爲此説，近見所答何監有知義，引此語意相近，不知如何。

答：吕與叔云：「我之道舍是三者，復何所有？」黄繼道舊説：「吾之道如是而已，外此，吾何有哉。」觀夫子有言事公卿父兄、勉喪事、不爲酒困，「何有於我哉」，與「學之不厭，誨人不倦」，則「可謂云爾已矣」之意，則黄、吕之説似得之矣。且伊川解子罕篇「何有於我哉」意亦類此。

君子所貴乎道者三。

問：或説遠暴慢、鄙倍、近信，猶曰有諸中而形諸外，動容周旋無不中禮也，只就有道者身上説。或説此三者皆物之應、道之徵也，有風動神化之意，「籩豆之事則有司存」，抑末也，非君子所以化民成俗之本矣。兩説孰是？

答：動容貌、出辭氣、正顏色，乃「有諸中、形諸外」，「動容周旋中禮」也。惟其如此，故能遠暴慢、鄙倍而近信，自物之應、道之徵，化民成俗之本。兩説相通，不見其異也。

「唐棣之華，偏其反而。豈不爾思，室是遠而。」子曰：「未之思也，夫何遠之有？」

此章舊説連上文，自蘇端明、范内翰、呂吉甫始離爲一章。蘇、范謂此思賢而不得見之詩，呂謂兄弟相遠之詩，蓋小雅常棣之一章，夫子以其不合而删去之。近見洪伯山説，據爾雅，唐棣非常棣，棣自是兩物，非一詩也。洪名居仁，篤實之士，專静好學，嘗從胡廿二丈游。熹謂别爲一章，於文爲便，但三家所釋之意則有可疑者。竊詳詩意，止是睹物而有所思者，如「東門之墠，茹藘在阪，其室則邇，其人甚遠」之類。夫子引之而斷章取義，以明學者之志於道則異於是矣。「欲之則至，何遠之有哉」，此或逸詩，或删去者，皆不可知也。然文意在彼而起義在此，亦「詩可以興」之意。

答：論語疏謂唐棣爲鬱李。嘗觀其花稠密盈條，宜其以興兄弟也。然其開也，皆相背外向，所謂「偏其反而」也。猶周之同姓，分封諸國，壤地異處，手足之情寧不思念，其如遠何哉。仲尼因此詩章句而發明之曰：「未之思也，夫何遠之有？」蓋如唐棣之華，其蒂所著，實同枝條。思而及此，不亦近乎。於以明兄弟之恩，求道之要，無不切當。

不忮不求，何用不臧。

問：此章或連上文，或自爲一章，未知孰是。

答：似可以連上文爲一章。

迅雷風烈必變。

問：禮曰「若有疾風、震雷、甚雨則必變，雖夜必興，衣冠而坐」，所以「敬天之怒」也。此章所記，文相類而旨意不同，不可不察也。蓋聖人與天地同體，其慘舒動靜相爲流通，無彼此之異，故天地之氣變於彼，則吾變於此，有不期然而然者。此樂天者之事，「敬天之怒」不足以盡之。

答：禮記、論語之文相類，旨意亦未見其不同。所謂「聖人與天地同其體，其慘舒動靜相爲流通，無彼此之異，故天地之氣變於彼而吾變於此，有不期然而然者」，此義甚妙，但不必以「樂天」二字結之云爾。則「敬天之怒」亦何患其爲「樂天」也。

問論語疑難

熹問：「子張問善人之道。子曰：『不踐迹，亦不入於室。』」善人非豪傑特立之士，不能自達者也，苟不履聖賢之迹，則亦不入其奧。善人，不爲不善者也。

答：大舜孳孳「取諸人以爲善」，「聞一善言，見一善行，若決江河，沛然莫之能禦」，顏子「得一善則拳拳服膺而弗失」。善人之道，學者之所由也，子張可謂切問矣。然其爲人狂且過之，則有不循軌轍之僻，故答以必踐迹，然後能入於室。室，道之極致處，學者所歸宿也。

問：「仲弓問仁。子曰：『出門如見大賓，使民如承大祭。』」不知未出門、使民時如何？

答：仁，人心也。惟敬可以存心，出入起居，未嘗不敬。出門、使民時，言其與物接之際耳。苟有時而不敬，則安能如見大賓、如承大祭也。

問孟子疑義

熹問：「『敢問何謂浩然之氣。』曰：『難言也。至大至剛，以直養而無害，則塞於天地之間。其爲氣也，配義與道，無是，餒也。』」夫浩然之氣雖曰至大不可撓、至剛不可屈，以直而無曲，養之而無害，則亦存乎一體而已，安知其能塞於天地之間乎。夫道一也，義亦道中物也，何以言「配義與道」？其謂養成浩然之氣，然後可以合於道義乎？其謂已有是氣與道義相配乎？則氣自氣，義自義，道自道，反成三物矣。又曰「是集義所生者」，則氣又獨本乎義者，何以不言道？

答：統天下一氣耳，其本在於吾身，順理以養之，固可塞於天地之間。不然，何以一身之微而能感格高厚，至於甘露降、醴泉出也。「立人之道，曰仁與義」，義即道也。別而言之，則人所共由之謂道，事得其宜之謂義。在我者無不得宜，則自反而縮，所以養吾浩然之氣者至矣。斯氣也，雖所固有，然養之則生，害之則喪，故云「集義所生」。

問：孟子曰：「堯、舜，性之也。湯、武，身之也。」堯、舜、湯、武均聖人，曷爲一言「性之」，一言「身之」？性之者，得非以其孝悌之至乎？身之者，得非以其仗仁義而征伐乎？然則身之者不若性之者不思而得、不勉而中也，何以亦謂之聖人？

答：堯、舜爲天下得人，揖遜而治，自然之性，莫之違也。湯、武征伐，非其本心，特以身任天下，不得已焉爾。「性之」、「身之」雖不同，及其成功一也，故皆謂之聖人。若夫仗仁義，則霸者之事也。

問：孟子曰：「言近而指遠者，善言也。守約而施博者，善道也。君子之言也，不下帶而道存焉。」「君子之言近自目前而道德存焉，此言近而指遠者也。」

答：即心是道，豈他求哉。以此言之，可謂近也。斯道也，極乎天，蟠乎地，放諸四海、放諸萬物無所不通，其文之説如此。帶，所以束腰腹者也，而心處乎其上。腰腹近在吾身，自心觀之，猶以爲遠。所謂不下帶者，明乎近之甚耳。

問中庸

問：中庸曰：「君子中庸，小人反中庸。」孔子曰：「不得中行而與之，必也狂狷乎。」夫狂狷者，反中庸之類也，孔子何復有取焉？

答：小人無所執守，恣縱妄作，而自以爲中庸，實則相反。狂狷性有所偏爾，儻能俯就企及，猶可以至於中庸也。

問乾坤二卦

問：易有六十四卦，俱有六爻，而乾、坤二卦獨多用九、用六，何也？卦各有彖、象，諸卦之彖、象皆居爻之前，而乾之彖、象獨居爻之後，又何也？諸卦之爻下復有「象曰」，而乾獨無，又何也？

答：乾、坤二純卦，六子之父母，六十二卦之祖，故有用九、用六，與它卦不同。古易上經、下經、彖、象、文言、上繫、下繫、序卦、説卦、雜卦各爲一篇，謂「十翼」。後儒分彖、象各在逐卦爻之下以釋經，獨留乾一卦，存舊體也。晦庵先生語録大綱領附録上，參石立善宋刻本晦庵先生語録大綱領考。

編年 據書札彙編。

簡十四表叔書六 紹興末

熹拜覆十四叔解元尊前：百五弟來，伏領賜書，共審即日暑中，尊候萬福。百五弟又出示送行佳句，既深歎仰，而卒章有見及者，敢不頓首受教。熹昨以妄意古人爲己之學，而未得求之之要，因遂出入佛老之門，冀萬一有得焉，亦以其說誠有似於吾宗故也。既又無所得。近年以來，賴師友之誨，幸於吾儒之學知所用心，向來雜學稍已疏矣。今之所懼，懼理有未明，義有未精，行之有不力耳。不審叔長何以教之？經濟之意未之敢忘，然方以在己者爲憂，有如牧馬童子之謂也。蒙索近文，亦苦無事，不便作。昨爲一朋友作小記，方托一相知爲寫，別無本可寫呈，請俟後便也。向來亦嘗有意學作文字，然苦無自得處，每出一篇，輒自愧悔，隨又竄削。比就繩約，則鉤裂補綴，索然無完氣候。因復自思，既無此等才具，自不必作，無爲浪自苦。然間爲人所迫，不得已而爲之，終未忘懷於工拙之間也。假之數年，學倘少進，庶幾息此念乎。允夫賢弟學當益進，亦嘗致意於義理間乎？未及拜書，有便示數字，欲知所用心也。婺源韓溪程氏梅山支譜附録卷一。馮青曾以朱熹致程鼎書信九通考釋爲題於圖書館雜志二〇一七年第三期首次披露。

編年　原文未署作年，馮青文以爲作於紹興二十三年或之後的某年暑中。書云：「熹昨以妄意古人爲己之學，而未得求之之要，因遂出入佛老之門，冀萬一有得焉，亦以其說誠有似於吾宗故也。既又無所得。近年以來，賴師友之誨，幸於吾儒之學知所用心，向來雜學稍已疏矣。」顯然是初棄佛老之學時所作。結合朱熹早年思想歷程，雖暫不能確定具體寫作年代，但朱熹紹興二十三年始見李侗，對其說尚不甚以爲然；而至紹興三十二年所上封事，則已純用李侗之說，而顯斥佛老，故此篇必作於是數年之間，據以繫之。

簡十四表叔書七 紹興三十一年十一月十日

熹拜覆十四叔長解元尊前：祖義來，伏領所賜書，伏讀再三，如侍教誨，大慰累年違闊瞻仰之誠，且感親誼存省不忘之意，幸甚幸甚！即日冬寒，伏惟侍奉舅婆太孺、叔母孺人、表弟房下以次一一萬福。熹兩年疾病，羸憊之極，至此秋末，遂發寒熱，狀若勞瘧，瘦削日甚。老人年來亦多疾病，殊無好懷。舊學荒廢，無復倫理。伏讀誨諭，誘進之厚，愧怍不可言。前歲秋間誤蒙召命，時病已有端，遂不能行。其後亦聞深不爲公論所予，幾煩搏擊。賴既不出，遂且無事。命之坎壈如此，可笑！恐非如吾叔所稱道也。切承有意上書北闕，副封得以見教，幸甚。但付祖義處，彼時有便人往來也。熹往年亦誤有此志，□□□□□□□□□□能成，兀坐終日，時以所聞於師者反求諸心耳。恐欲知之，故具以告。媽媽、新婦、禪月以次拜問舅婆起居。媽媽有虔布一段拜獻，輕瀆愧恐！並致問叔婆以下各惟安慶。六姊承問，感感，附此拜謝。百三嬸在五三妹家，去此不遠。百四嬸歸吉溪多時矣。五六妹終歲僅一收書，次第歲交當歸也。蒙問一一及之。未拜侍間，伏乞保重。熹病中倦甚，拜書草草，不備。十一月十日，表侄朱熹拜覆。婺源韓溪程氏梅山支譜附録卷一。馮青曾以朱熹致程鼎書信九通考釋爲題於圖書館雜志二〇一七年第三期首次披露。

編年 原文未署作年，馮青文所考無誤，今從之。

簡十四表叔書八 紹興三十二年十月二十五日

熹拜覆十四表叔解元尊前：久不拜問，葉仁來，忽領賜書，良慰瞻仰。信致益寒，伏惟尊候萬福。熹侍旁無他，但日益貧耳。昨岳祠滿，妄意一近闕差遣，少助菽水之養，而不可得。復不能待遠次，遂再請祠禄，幸即得之，亦差勝無耳。學問不敢廢，但於此境界中似竟打不過了，更有甚道理可說也。所諭正經事甚難，但恐時事更有甚於此者。若只就科舉中理會，亦有一二事可言。如經義本只是敷繹義理，更欲詳審，則通詁訓、句讀、音切及先儒異同得失，亦可觀學者用力之淺深、見識之高下。今乃破碎，裂爲偶儷之文，累辭千百，求一言之合乎義理而不可得，果何爲哉。命題者又取字句之偶同者，兩兩合之，以網羅學者思慮之所不及，而不惟義理之如何，此大弊也。近時又多附合時事，不顧經之本指，治春秋者尤甚，顛倒六經，侮瀆聖言，良可驚懼。不知薄俗何爲而頓至於此，不若不使人治經之爲愈。不審吾叔以爲如何？胡丞書納上，恐未必有效。未拜侍間，伏乞保重，不備。十月二十五日，熹拜覆。婺源韓溪程氏梅山支譜附録卷一。馮青曾以朱熹致程鼎書信九通考釋爲題於圖書館雜志二〇一七年第三期首次披露。

編年 原文未署作年，馮青文以爲或作於隆興元年。觀書云：「昨岳祠滿，妄意一近闕差遣，少助菽水之養，而不可得。復不能待遠次，遂再請祠禄，幸即得之，亦差勝無耳。」應在紹興三十二年六月復得監南岳廟祠禄後不久。若隆興元年，則幾一年半之後方與表叔言之，無乃稍久乎。故置於三十二年爲宜。

與汪應辰書隆興元年十一月

延平先生之故，則已詳知之。雖悼□門之變，而甚幸其終事無可悔者。感大君子與之周死生終始之際乃如此，至於涕隕而不知所言也。同治玉山縣志卷九汪文定公家傳。

編年 據書札彙編。

與汪應辰書隆興二年正月

延平先生秋別於建溪之上，乃茲來還，遂隔生死。所欲質正者，無所與論。何當侍坐傾倒，以求誨約？非復有望於他人也。同治玉山縣志卷九汪文定公家傳。

編年 據書札彙編。

簡十四表叔書九隆興二年五月二十日

熹拜覆十四尊叔秘省尊前：即日夏熱，伏惟尊候萬福。熹拜違誨約，爲日寖久。去歲莊僕來，承賜書，時方西上，無由具報。近忽領遞中所賜教，尤切感慰。然亦止是尉司一公人持來，不知元是何官司遣至，又不能即答，下情區區，徒積瞻仰。熹侍奉領幼屬幸安，不煩賜念。去冬妄意一出，闊疏亡取。幸蒙寬恩，猶得除官以歸。然尚待三四年闕，食貧急禄，恐不能待。又未敢遽請祠，少忍數日，終當如鄙志耳。十一姨太孺奄忽終壽，聞訃豈勝哀惻！寓居阻遠，無由面慰，奈何奈何！欲作書慰簡夫況，此便不甚的，不能致奠禮，當俟葉仁來也。敢煩話及此意，幸甚幸甚！六姨婆想亦失助。蒙諭支穀，未知葉仁糴了所餘多少？又恐他已離彼，未敢寄批去支。俟其到此契勘，却令納上，庶幾不失指準也。僧弟看墳了之說甚善，亦方慮此事，得族人有欲爲料理者，何幸如之。然須於近墳左右得數椽以居之乃可。此非他年一歸，徐議營辦，恐難遥度也。孫遠之在武林屢見過，匆匆遽歸，亦不及一面也。參仲向在里中數得從容，深所敬服。今承録示佳句，尤以欣慕，恨未多見耳。十一姨婆志文蒙諭，豈敢辭？但恐不當越鄉里前輩□□□□□乞早寄事狀來。不爾，只請於鄉里長上尤便也。允夫□□□□□□□□□□□□□□□□□卒不能上，因棄去久不作，不知所以爲助，然亦知其非所及也。別書與之，乞試取一觀，未知所言中理否，後便却望垂教，幸甚！前書欲先集，近方托寫數本未來，俟到，當尋便納上。但鄉人族人求者頗多，不能遍寄，當只寄一本共傳觀之耳。序跋志文非不念之，但先友凋零，無可屬者。與其所托或失其人，徒爲羞辱，今姑任之，付之後世，自有公論耳。近世士大夫更保不得，難得完人，可歎可歎！舅婆太孺尊候萬福。聞甚强健，深以爲慰。叔母孺人萬福。允夫已別爲書矣。諸孫成行，亦可喜也。老母再三拜問，新婦、六姊及二子悉附拜起居之問，便中未有可以爲寄者。未拜侍問，乞保重，不備。五月十二日，表侄熹拜覆十四秘省叔尊前。婺源韓溪程氏梅山支譜附録卷一。馮青曾以朱熹致程鼎書信九通考釋爲題於圖書館雜志二〇一七年第三期首次披露。

編年　原文未署作年，馮青文所考無誤，今從之。

答柯國材 隆興乾道間

辨孟不知何處得？仁廟時有一孫抃，仕至樞密副使、參知政事，不知便是此人否？據温公記聞説，此人敦厚，無他才，以進士高第，累官至兩府。今讀此書氣象似是，兼紙亦是百十年前物。所論雖無甚奇，孟子意亦正不如此，似亦可以見其淳質之風。不審左右以爲如何？前輩不可得而見，其遺物要可寶，豈必其賢哉。朱文公大同集卷七。

編年　據朱熹佚文輯考。

與汪應辰書 隆興元年秋

停賣僧田，煩擾頓息，爲利不貲。追還揀兵官，亦甚快輿論。諸若此類，論之不爲侵官，而其利甚溥。熹願閣下不倦以終之，此亦論思獻納之助也。魏元履下第後書來云：「掞之歸，遇閭人之就上庠試者蓋以千計，人人劇談善政。問其所以然者，云侍郎以忠恕之心，行簡易之政。」云云。同治玉山縣志卷九汪文定公家傳。

編年　據書札彙編。

與汪應辰書 乾道元年秋

近日陳應求侍郎來守建寧，一再相見，談當世之事，慨然憂憤。蓋亦以爲今日非閣下，殆不能濟東方之事。上天眷顧宗社，救敗扶衰之期，非大賢孰能任之。同治玉山縣志卷九汪文定公家傳。

編年　據書札彙編。

與林黃中書 乾道元年

濂溪先生，二程之師也，身没而道顯，歲久而名尊。今營道、零陵、南安、邵陽皆已俎豆泮宫，江獨未舉，顧非典歟？元公周先生濂溪集卷十附録林栗江州州學先生祠堂記引。又見永樂大典卷六千七百。

編年　林栗記云：「及來九江，前武學博士朱熹元晦自建寧之崇安以書至曰」云云，而署乾道二年二月二十六日，知此書或作於乾道元年。

與祝直清書 乾道二年春

熹頓首直清賢表解元：昨還里中，屢獲請見，撫存教誨，恩愛甚厚，別來切記，尊候萬福。熹侍旁幸適，不足煩遠念。屏迹閉門讀書，有可樂者，恨莫與之同爾。近視太叔翁發至論孟訓釋，看得程氏之理透徹，涵泳其間，多有好處，頗合鄙意。内疑惑未敢據所見，俟榮旋討論，且留之。恨此中前輩寥寥，幸得古田林擇之邀至家館，教塾、埜二人，其見明切。近得湖南張魏公子欽夫者一二文字，觀所見正當，儘有發明。欲往見，相與講釋所疑。而千有餘年，道學不明，士之陋於耳聞目見，無以知道入德，其識趣往往如此。然世衰道微，邪説肆行而莫之禁，士夫心術安得而不日趨於壞？大抵爲學是自己分上事，孟子謂「歸而求之有餘師」是也。附去二程先生語録，詳備可觀，但患人之不讀。亦須積累涵泳，由之而熟，脱然自有知處。人能勉勵學古人著工夫，把做一件事，深思力行，不患不到聖賢之域。兩年來，集得孟子説稿成，或有益於初學，後當録一本去。末由相見，千萬保愛。老母道意，閤中郎侄一一佳勝。奉狀，不宣。新安文獻志卷九。

編年 據年譜長編。

問呂伯恭 乾道八年十二月

子在川上，范内翰記程子之言，指此逝者爲道體，龜山以不逝者爲道體，同異如何？

龜山之論疑未完粹。維天之命，於穆不已，貞也，所謂道體也。若曰知逝者如斯，則知有不逝者異乎此，是猶曰不已者如斯，則知有貞者異乎此，其可乎？

修道之謂教，自明誠謂之教，兩「教」字同否？其説如何？明道、伊川説修道自不同，呂、楊、游氏皆附明道説，古注亦然。但下文不相屬，又與明誠處不相貫，不知如何。

修道之謂教，設教者也；自明誠謂之教，由教以成者也。「教」字本同，但所從言之異耳。天下皆不失其性，則教不必設，道不必修。惟自誠明者不能人人而然，故爲此修道設教，然後人始得由此教故自明而至於誠也。使道之不修，設教有所偏，則由教者亦必有所差，安能自明而至於誠乎。二程諸家修道之説或主乎設教，或主乎爲此而設教，如言已失其本性，故修而求復之，此言爲此而設教。其歸趣則一而已。

「中和」之「中」與「中庸」之「中」有同異否？遺書十八卷所謂中之道，與在中之義何別？

「中和」之「中」以人言也，喜怒哀樂之未發就人上説。「中庸」之「中」以理言也。統論中之道。遺書所論在中之義，蓋當喜怒哀樂之未發，此時則在中也。

參前倚衡指何物而言？

誠之形，行之著也。

艮背之指，在學者當如何用？

艮背之義，在學者用之，莫若止其所。有所止，則外物之交乎前不能止之。故夫子釋彖之辭不曰「艮其背」，而曰「艮其止」，其意可見。

仁字之義如何？周子以愛言之，程子以公言之，謝子以覺言之，三者孰近？程子言：「仁，性也；愛，情也，豈可專以愛爲仁？」又曰：「或謂訓人訓覺者，皆非也。」然則言愛言覺者皆非耶？孟子曰「仁，人心也」，前輩以爲言仁之切無如此者，其説安在？且程子以爲性，孟子以爲心，其不同者又何邪？

指其用則曰愛，指其理則曰公，指其端則曰覺。學者由此，皆可以知仁。若直以愛以覺爲仁，則不識仁之體，此所以非之。孟子曰「仁，人心也」，此則仁之體也。程子以爲性，非與孟子不同，蓋對情而言。情之所發，不可言心。如遺書所謂自性之有動者謂之情，不曰自心之有動者謂之情。程子之言非指仁之體，特言仁屬乎性爾。有未是處，望一一指教。東萊別集卷十六。

編年 據朱熹佚文輯考。

訓子帖 乾道九年六月

途中事

離家後，凡事不得縱恣，如在父母之側。逐日食後或晚間三兩次出，則徐行，共約十餘里，以寬僕夫之力。登高歷險，皆須出轎，以防不測。遇過津渡，切勿争先，舟人已多，寧少須後，戒戢僕從，勿與人争。尋店不可太迫巖險及侵水際，晚間少食，夜間早睡，留親僕在房内，以防寇盗。◯過州縣市井，擇曠僻清净店舍安泊，閉門静坐，不可出入離店〔一〕，勿妄與人接。尋常到店肆，自有一種閑人來相問勞，但正色待之，勿與親接可也。若與之飲食或同行出入，未有不爲所誤者，可戒之。酒食之肆，博戲之場，皆不可輒往。推此類，則其餘可知。不得妄費錢物買飲食雜物。

到婺州

事師如事父，凡事咨而後行。聽受其言，切須下氣怡聲，不得輒有争辯。朋友年長以倍，丈人行也。十年，以長兄事之。年少於己而事業賢於己者，厚而敬之。〇初到，便稟先生合做甚功夫，自寫一節目，逐日早起夜眠，遵依儹趁。日間勿接閑人，説閑話，雖同學，亦只可説義理、論文字而已。專意辦自己功夫〔二〕，則自然習熟進益矣。課册隨衆趕了，不得拖延怠慢〔三〕。

浦城路雖差徑，然過太湖，不可不見余姨夫、黄二十八丈。過臨江，不可不見諸徐丈、陳姨夫及百五叔兄弟。若但一見而行，亦不當留滯半日，況不止此，則何時可到？又轎夫亦不能候。不若只從崇安去，只道中見劉知府、王大姑，前路并無人可見，直到衢州。依舊只從陸路去，不必登舟也。〇過鉛山，遣人投范宰書，書并深衣一角，不必相見。〇過衢州，見汪尚書〔四〕。

婺州有邵臺簿，是吾同年，恐知汝來。試問先生見之否，如見，亦當叙年家之契，請其納拜。〇吕家諸位，如舍人位，子弟不知同居否。如異居，少定，亦往見之〔五〕。

所將去銀五兩八錢，可納先生處，乞令人買置金穀支用。先問看如何，或只令人來取去買，不必送去也。茶一角三十斤，俟潘家借屋有定説，即自作來送去。〇過崇安見潘尉，問宋家黄通托問陸宰取通鑑。〇到信州，將林擇之書，去見上饒縣王丞，問他有回信，即付范富歸，或令范富回日取歸。更問他新知高州翁判院在此有事，今其家在甚處。其侄監丞自江西罷官赴召來此，今在甚處。如監丞尚在信州，即往見之。如只在高州家，即買紙贈去上紙。狀上稱「表甥孫狀獻知府判院翁公」。汝見監丞及高州之子縣丞皆拜，唤他作表舅，説吾不知他尚在信州，不曾得寫慰書，并説嫣致意監丞，昨承頒惠衣物，久不得拜問之意。汪尚書書可只留在家中，不用將去。如須要去見時，他是尊官，不可叙事契納拜，只便叙寒暄畢，又叙：「晚進小生，服膺甚久，今日遂獲瞻望道德之光，豈勝榮幸。」就坐吃茶了，便起再叙：「某山野小生，無所知識，徒以大人幸得出入門下，遂獲竊聞德業之隆，不勝景仰。今者大人遣詣吕正字先生席下，經由此邦，本不敢僭越參候，敬慕之深，輒干典謁。特蒙與進，下情不勝慰感之至。急於就學，即今遂行。無由再詣台墀，伏乞台察。」揖，就坐。少頃，再起，揖。須有此揖，方索湯矣。不起揖，坐無了時。湯畢便起，更不揖。今見達官多如此。降階兩三步，回揖，主人回。及出若欲見時須如此。居家必用事類全集甲集。又見新編事文類聚翰墨全書壬集卷二。

校記

〔一〕此句新編事文類聚翰墨全書壬集卷二作「不得出入，雖店身亦不必行」。

〔二〕夫：原缺，據右引補。

〔三〕此句下原有「早晚授業」至「千萬努力」一段，已見續集卷八與長子受之，茲不録。

〔四〕此句下原有「到婺州」至「張皇顛錯」一段，已見右引，茲不録。

〔五〕此句下原有「何丈托問」至句末「必自有本也」一段，已見右引，茲不録。

編年 據年譜長編。

與陸子静書 淳熙二年六月

某未聞道學之懿，茲幸獲奉餘論。所恨匆匆別去，彼此之懷皆若有未既者。然警切之誨，佩服不敢忘也。還家無便，寫此少見拳拳。象山先生全集卷三十六象山先生年譜。

編年　據年譜長編。

與吕子約書淳熙三年九月

諸況已具恭兄書中，腐儒之效如此，豈敢復有傳道授業之意？但欲杜門念咎，以畢餘生也。云云。一請往來，動逾兩月也。金華黄先生文集卷二十二。

編年　據朱熹佚文輯考。

與張敬夫書淳熙三年秋

古禮惟冠禮最易行。如昏禮須兩家皆好禮，方得行。喪禮臨時哀痛中，少有心力及之。祭禮則終獻之儀煩多，長久皆是難行。看冠禮比他禮却最易行。朱子語類卷八十九葉賀孫録。又見永樂大典卷一萬六千二百一十七，御纂朱子全書卷三十八，朱子五經語類卷六十三。

編年　據書札彙編。

與時宰劄子淳熙六年七月

熹前者便中累奉鈞翰之賜，去月末間拜啓，略叙謝誠，竊計已遂登徹。繼此未遑嗣問，下情但切瞻仰。熹前所具稟減稅、請祠二事，伏想已蒙鈞念矣。但延頸計日，以俟賜可之報，而杳然未有聞。衰病之軀日益疲憊，舊症之外，加以洞泄不時，兼旬未止，兩目昏澀，殆不復見物。如此作字，但以意模索寫成，其大小濃淡，略不能知。又以鄙性狹劣，不能自覺，簿書期會之間，又不敢全然曠弛，日夕應接吏民，省閱文案。若更旬月不得脱去，即精神氣血内外枯耗，不復可更支吾矣。至於郡計空乏，有失料理，猶未暇以爲憂也。今有劄目申懇，乞賜憐念。二公之門，不敢數致私書，亦已各具稟劄，託劉堯夫國正宛轉關白矣。論道之餘，賜以一言，俾得早從所欲，實不能無望於門下。東望拜手，不勝祈扣之切，伏乞鈞照。右謹具呈。宣教郎、權發遣南康軍事、兼管内勸農事朱熹劄子。六藝之一録卷三百九十五。又見式古堂書畫彙考卷十四，穰梨館過眼録卷二。

編年 據朱熹佚文輯考。

評論 式古堂書畫彙考卷十四吴寬跋：寬伏讀文公與時宰二手劄，大儒君子恬静剛正之氣，數百載之下，猶充溢紙墨間。其門人叙公事行，所謂謹難進之禮，厲易退之節，不貶道以求售，不徇俗以苟安者，亦略可以窺見矣。二劄今爲盱眙陳明之所藏。明之初登進士第，將有官守，其不徒玩此，必有所以嚮慕之者在矣。成化甲辰六月十九日，長洲吴寬謹題。

又陳敬宗跋：右徽國公晦庵先生上時宰王淮劄子，前一劄乃淳熙五年知南康軍，時值歲饑，乞減星子縣税。後一劄乃八年爲浙東常平茶鹽，時亦值歲饑，繩治婺之豪民。年譜載婺有富民，以貲得官，素交貴近，藏米山積，不糶一粒，宜鐫其官，恐即其人。兹二事俱已入奏訖，復此具劄祈扣之至者，冀其亟賜俞允也。而淮視之漠然。亦有唐仲友者，與淮同里閈，爲姻家。仲友知台州時，貪盗淫虐，蓄養亡命。徽國按得其實，章凡十上，淮皆匿之。徽國論之益力，至於不得已，始取初章，與仲友所自辯者雜進，竟脱仲友重譴。觀此，則二劄誠妄投也，豈徽國一時昧於知淮者哉。夫進賢退不肖，宰相之責也；親君子遠小人，人主之要務也。徽國歷事孝、光、寧宗，屢以正心誠意與當世急務勸進經帷，上方開納延攬，而左右輔弼輒肆沮抑，至命臺諫排擊僞學，使其擯斥，不得進用。徽國自登進士五十年，仕於外者凡九考，立朝纔四十日而已。奸佞在內，賢者疏之於外，淮欲辭其責，可乎？朝廷偏據一隅，祖宗之讎不復，而任相如此，宋祚亦可知也。淮，婺之金華人。後人不知重此二劄，遺棄湮没，乃爲鄉之賢士傅子庸得之。非其後人不知慎此，正以先世居廟堂之上而不能進用賢者，蓄此適足以益重先世之愧耳，其棄之也宜哉。子庸知寶昔賢遺墨，珍藏篋笥有年，因裝潢成卷，遺其子寧求予題，敬爲書此以歸。正統八年冬十一月既望，朝議大夫、南京國子祭酒、四明陳敬宗謹識。

又廖莊跋：太學生金華傅寧歷事於棘寺，持文公朱先生二劄子求題其後。前劄則知南康軍時乞減税、請祠二事，而請祠尤切，故拳拳以衰病疲憊、兩目昏澀、精神枯耗爲言。後劄則以婺之豪民奸猾不從教，具奏申省，祈丞相敷奏行遣。爲言二劄子迨今若干年矣，辭嚴義正，字又遒勁，令人觀之肅然起敬者，何哉？蓋文公之德之學，繼已往之聖賢，開未來之學者，而又優於當時之吏事也。而祭酒四明陳公敬宗謂二劄皆上時宰王淮，按其知南康軍時，史浩爲相，王淮知樞密院事，趙雄、范成大參知政事，淮未爲相也。劄中有「二公之門亦具禀劄」之語，其謂趙雄、范成大歟？及提舉兩浙時，王淮在相位，然文公之改兩浙，淮薦之也。及因唐仲友，始改文公提點江西刑獄，則前劄恐上史浩，後劄上王淮也。噫！君子所守者道，所疾者惡，故難進而易退，觀二劄可知。故立朝纔四十有六日而去。若夫小人，所徇者私，故患得患失，貪位固寵，無所不至也。雖然，天意固有在也。聖人道不行，則述六經，垂教萬世。文公道不行，則明六經，以開來學。微聖人與文公，則天下後世貿貿焉莫知所之矣，此其天意所使也歟。傅生能保二劄而藏之，又求題其後，其能取法於聖賢者歟，則其志其才之所就，誠未可量也。因題其後而歸之。景泰二年歲次辛未冬十月戊子，賜同進士出身、中憲大夫、南京大理寺左少卿、吉水廖莊謹書。

又李東陽跋：右文公先生與執事劄子二紙，其一在南康論減稅、請祠事，其一在婺論豪民行遺事，國子祭酒陳公敬宗以爲皆上時宰王淮者，刑部侍郎廖公莊謂文公在南康，淮尚未相，前劄乃上史浩，劄中所稱二公者，趙雄、范成大也。按此二劄皆不載刻本全集，集中與王樞使書有「東府兩君」之語，未審何人。蓋淮時在西府，故傳以相告。劄又云「早爲開陳，亟賜罷免」，如前兩劄所請，則知前劄有未盡録者，如此劄是也。且此二紙皆婺人傅寧氏所藏，大抵婺物，非出史氏也。盱眙陳進士明之得而藏於家，謹識其後而歸之。成化乙巳三月既望，後學長沙李東陽書於懷麓堂。

與劉子澄寺簿書淳熙六年八月九日

熹頓首再拜：荆林、豫章人還，兩辱手示，深以得聞動静爲喜。又念别日之易久，爲之悵然。不審豫章留幾日，今已歸廬陵未耶？秋氣已清，復有餘暑，起處定復何似？熹粗如昔，但兩縣易置之後，訟牒頓稀，減往時略半矣。臨安人竟未歸，亦杳無消息，不知何故也。承以所聞見警，甚感愛念。但此數輩若不能少懲治之，即無以爲政，鰥寡貧弱永無休息之期。三數日間，以次决遣，當奉來教，與之更始耳。

行記甚佳，但人説天池光怪有飛空往來，或入檐楹，或出自房闥者，與所記不類，豈偶有所遺？抑所見適止此耶？此爲陳寶之屬，無足深怪。世人胸次昏憒隘狹，自以爲疑耳。此記流傳，亦足以少祛其惑也〔一〕。

四君書意拳拳於此，甚幸甚幸。各以鄙意報之，不知能中其病否。或下語未當，幸爲説破，勿令誤人也。陳君克己來見，云在建昌邂逅，亦不易得。又有趙希漢書記自武昌丁憂，來此寄居，亦知趣尚，但悔不留老兄作洞主耳。先集荷留念，悲感亡已。兩日楊漕在此，汩汩度日。附此託商伯轉致，未暇它及，惟以時進德自愛，不宣。八月九日，熹頓首再拜子澄寺簿兄。

東園小堂近水者，欲以「愛蓮」榜之，仍刻濂溪舊説，并繫數語其後，尚未下手也。直節堂牌已刻，跋語并易傳後題識并上呈，有未安者，訂之幸甚。熹又拜。

煩於會要中檢白鹿洞事録示，熹。湖北美術出版社中國法帖全集宋鳳墅帖前帖卷十五，二〇〇二年。

校記 〔一〕「行記」以下見文集卷三十五答劉子澄八。

編年 本書原刻分爲數段，須逐段考明寫作時間，以判斷是否爲一書。第一段云：「但兩縣易置之後，訟牒頓稀，減往時略半矣。」文集卷三十四淳熙六年七月所作答呂伯恭二十七云：「秋間以兩縣破壞，不免暫易其人，即日詞訟便減什七八。今或至當日而無訟者。亦緣略鉏去一二亂政生訟者之故，戒令勸率，民間亦肯相信。如中間舉行別籍異財之令，父子復合者數家。此緣子澄力勸下令。」是其事，故知此段作於稍後。第二段見於文集卷三十五，爲答劉子澄第八書，書信編年以第七書言及子澄朗、澧之行，且言「恐有行記，撰録一時之勝，願以相寄也」，而此段言「行記甚佳」，應承其後，定作於淳熙十年，實則誤也。朗、澧之行指子澄淳熙九、十年間赴任鄂州通判時所游，此段所言爲天池光怪，彼行記非此行記甚明。所謂天池，即廬山之天池，朱熹南康罷任時方往游之，卷七有游天池、觀野燈、山北紀行諸詩可證。其末篇注云：「天池院西數步有小佛閣，下臨絶壑，是游人請燈處。僧云燈非禱不見，是日不禱而光景明滅，頃刻異狀。諸生或疑其妄，予謂僧言則妄，而此光不可誣。豈地氣之盛而然耶？」此野燈或佛燈即所謂天池光怪，行記應爲子澄淳熙六年秋游天池所記，故第二段與第一段爲同一書。第三段云「陳君克己來見」，年譜長編據别集卷四題落星寺張于湖題字後定陳克己至南康在淳熙七年十月，不確。此題記只可知是時克己在南康，而不能斷定此前其人不在或未到過南康。考文集卷二十六與曹晋叔書、與王樞使劄子，至遲在淳熙七年初，克己已致書朱熹指責其政事太嚴，且此指責「出於相愛慕來問學之口」，可知其人絶非七年十月方至南康。其既然能指責朱熹之政，顯係親見，即所謂「在建昌邂逅」。疑克己初至南康，正值「兩縣易置」前後，其告朱熹，有同子澄之「以所聞見警」，則第三段與一、二段應爲一書甚明。此段又云「但悔不留老兄作洞主耳」，知朱熹早已有興復白鹿洞書院之打算，而不是十月發現白鹿洞故址方才起念。第四、五段低數字書寫，爲篇末附言。其云「欲以『愛蓮』榜之，仍刻濂溪舊説，并繫數語其後」，見文集卷八十一淳熙六年八月甲午所作書濂溪先生愛蓮説後；「直節堂牌已刻，跋語并易傳後題識并上呈」，見同卷是年八月丁亥所作跋蘇文定公直節堂記、八月丙戌所作書伊川先生易傳板本後；「煩於會要中檢白鹿洞事録示」，見文集卷一淳熙七年三月所作白鹿洞賦注：「尋訪之初，得樵者指告其處，客楊方子直遂贊興作之謀。既而劉清之子澄亦哀集故實來寄。」據文集卷二十六與曹晋叔書、卷七立秋日同子澄等出游詩，劉子澄六年六月至南康，其時方以太常寺主簿丁内艱家居。留止月餘，於次月返回廬陵。朱熹此書作於八月九日，是時已「兩辱手示」矣。

與段元衡帖 淳熙六年九月

見示佳句，云云正使江西諸先達在，不過如此。淳熙稿卷十九段元衡出示與晦翁九日登紫霄峰詩及手帖并及賈八十兄詩既敬讀之得三絕句之二注。

編年　據文集卷七九日奉陪高州史君莆陽别駕會稽丞公善化明府仲衡詩伯并屈子美元範二兄及郡中諸文武同登紫霄絕頂南望江湖北眺淮甸少快心目既歸又得仲衡佳篇句法清麗情致悽惋三復不勝起予之嘆謹次韻呈請皆賦之以紀一時之盛甚惠甚望，此與段元衡帖作在淳熙六年九月甚明。

與劉子澄 建昌帖　淳熙六年十二月

熹在此忽忽鮮況。建昌竟失民和，吏固不良，民亦頑狡。今方來訴旱，不免亦與料理。然歸興益濃，比遣冬書，并申省自劾矣。若得早以微罪行，幸甚。不然，亦當繼請祠禄，或乞充白鹿洞主矣。白鹿山水極佳，見議建五七間小屋於其處，亦已申省部乞行下，庶幾久遠不至廢壞。若開春未去，不知子澄更能一來視之否。臨汀楊子直在此，相聚甚樂。更得賢者臨之，幸也。公度若歸，能與俱來甚佳。許、陳諸君能攜以來，尤所願耳。伯恭數得書，却不及抱子事。且得如此，亦是一事定疊，吾人亦且放心也。周書丐歸甚悠悠，此正所謂作禮數者。得渠且在彼亦善，蓋亦賴其旌白也。近有雜詩文數篇，偶此呂龍泉便遽，未暇録呈。卧龍聞伯恭許爲作記，未知如何。子澄所作稱道過當，不敢用也。白鹿亦并屬伯恭矣。叔度書云伯恭稍安，又弄書册，招學徒，殊非病者所宜，令痛箴之，此意甚善。然病中若不作此，又太冷静，過活不得也。所欲言者無限，匆匆，不能書致。所委文字稍暇當爲之。但逐日公私衮衮，苦無好意思耳。熹再拜。湖北美術出版社中國法帖全集宋鳳墅帖前帖卷十五，二〇〇二年。

編年 文云「比遺冬書，并申省自劾矣」，冬書即賀冬至書，冬至在十二月下旬。朱熹以建昌秋旱處置失當，致人户外流，於淳熙六年十月、十二月兩度申省自劾，見文集卷二十二自劾不合致人户逃移狀一、二。「或乞充白鹿洞主矣」，據卷七尋白鹿洞故址愛其幽邃議復興建感嘆有作注，其十月議復興建之際即已上洞主之請。又云「卧龍聞伯恭許爲作記，未知如何」，「白鹿亦并屬伯恭矣」，文集卷三十四十一月七日所作答吕伯恭二十九云「叔度却報云有意爲記卧龍山居，此固甚幸。然今事又有大於此者，敢以爲請，別紙所具白鹿洞事迹是也」，是其事。故此書當作於淳熙六年十二月。

與黄商伯帖 淳熙六年以後

舊有監本荀子，「節奏」字「奏」皆作「族」，常疑其誤。後見漢書亦然，蓋古字通用，未可以臆見輕改也。

大丈夫當斬新自做家計，豈可碌碌隨人後乎。古今考。又見説郛卷十二下。

編年 朱熹至遲於淳熙四年所作詩集傳序已用「節族」之字，是其知「族」字不誤甚早。然黄灝於淳熙六年始從學，故此書當作於其後。

與陸子静書 淳熙七年

包顯道尚持初説，深所未喻。象山先生全集卷六與包顯道二。

編年 據書札彙編。

與傅安道書 淳熙七年春

熹先人遺文，江西遂將刊行，而未有序引冠篇首。先友盡矣，不孤之惠，誠有望於門下，敢以爲請。韋齋集傳自得序。

編年 據朱熹佚文輯考。

與劉子澄書 淳熙七年夏秋間

如今是大承氣證，渠却下四君子湯，雖不爲害，恐無益於病爾。鶴林玉露甲編卷二。

編年 據朱熹佚文輯考。

評論 鶴林玉露甲編卷二大承氣湯：周益公參大政，朱文公與劉子澄書云：「如今是大承氣證，渠却下四君子湯，雖不爲害，恐無益於病爾。」嗚呼！以乾、淳之盛，文公猶恨當國者不用大承氣湯，況下於乾、淳者乎。然歷考往聖，如孔子相魯，而下大承氣湯，固是對證。大舜繼堯，亦不免下大承氣湯。信矣，文公之爲名言也。

戒子塾文 淳熙七年夏

吾不孝，爲先公棄捐，不及供養。事先妣四十年，然愚無識知，所以承顏順色甚有乖戾，至今思之，常以爲終天之痛。無以自贖，惟有歲時享祀，致其謹潔，猶是可著力處。汝輩及新婦等切宜謹戒，凡祭肉，臠割之餘及皮毛之屬，皆當存之，勿令殘穢褻慢，以重吾不孝。性理大全書卷二十一。又見朱子年譜綱目卷三，朱子學歸卷十三。

編年 據文集卷三十四答吕伯恭二十一、三十、三十四及東萊集別集卷八與朱侍講，朱熹長子朱塾於淳熙六年夏於婺州成婚，次年夏於彼建家廟備祭祀。文云「汝輩及新婦等切宜謹戒」，稱「新婦」，則知作在婚後不久，必在七年建家廟之時。

又戒子塾文 淳熙七年夏

比見墓祭土神之禮全然滅裂，吾甚懼焉。既爲先公托體山林，而祀其主者豈可如此？今後可與墓前一樣，菜果鮓脯共十器，肉魚饅頭各一大盤，凡所具之物悉陳之，羹飯茶湯各一器，以盡吾寧親事神之意，勿令少有隆殺。家禮附録。又見純正蒙求卷上，性理大全書卷二十一，御纂朱子全書卷三十九，朱子禮纂卷四。

編年 見上篇所考。純正蒙求卷上於上篇「猶是可著力處」句後有「又曰云云」，當是一時前後之作。

與五六弟書〔一〕

淳熙七年七月

某承書，知此日侍奉叔母太孺康寧〔二〕，中外大小一一安樂。又聞四郎到家一向安好，殊以爲慰。但聞鎮下祖墳被人侵犯，不勝憂懼。既是九丈，即在禁步之外，但不知他是就誰買得此地。若可陳狀，執鄰取贖，亦是一説。煩與小七郎、四九郎、五四郎兄弟商量看如何。若有日限，即一面陳狀，不復更候此中消息也。千萬留念留念！五四郎、五九郎、六十郎皆未及書。六十郎要藥，附去一角。建中湯須是自合，一日吃一兩方有效。吃一兩月，只贖些小吃不濟事也。四郎雖已平復，然渠氣弱，亦須常照管，令服藥灼艾乃佳。渠在此不聽人説，背後偷寫文字，勞力過甚。渠甚懶服藥，而畏灼艾，如何得病好也。今且未可令讀書。前書所説小孫病目如何？想已無事矣。六十郎亦可灼艾爲佳。連日爲諸處書問撥置不下，留了此人多日，今且遣歸。清卿、正思、温叔皆未及書，各煩致意。温叔惠及紙筆已領，未有以報爲愧耳。百五郎亦不及書。三郎在學能勉力向學，甚慰老懷也。四郎承書，不及別幅。未相見，各將愛爲祝。新編事文類聚翰墨全書壬集卷之二人倫門文類家書。

校記　〔一〕原題作「與婺源弟　文公」。

〔二〕此：疑當作「比」。

編年

此書提及清卿、正思，即汪清卿、程正思，皆朱熹淳熙三年歸婺源時從學。清卿名湛仲，婺源人。萬姓統譜卷四十六云：「朱熹自考亭歸，寓清卿家，與鄉人講學，因嘉其事親孝，扁其齋曰『愛日』，又爲作敬齋箴」。清施璜紫陽書院志卷八也有相同記載，而加詳焉。又據明戴廷明等新安名族志，清卿號復庵。文集卷五十有答其書一篇。正思名端蒙，江西番陽人。淳熙三年初見朱熹於婺源，事迹見文集卷九十程君正思墓表。文集卷五十有答其書二十篇。其中第六書言及「清卿省處恐靠不得」，可見二人交往密切。别集卷四有淳熙七年三月南康所作題落星寺，汪清卿、程正思皆列名其中。作書時，二人已由南康歸婺源，故書托五六弟「各煩致意」。故繫於此。

淳熙七年八月十五日

八月十五日，某書至五六郎賢弟：承書，知已到家，侍奉安樂爲慰。别後見送人未還，心甚懸懸。得此，足爲慰也。書中所説連同祖墳事竟如何？今有狀去，請廿一叔父簽書，面懇宰公理會。此書中已言之，但得其人伏理退聽，不相侵犯便得。雖是自家道理分明，然當時已欠方量，畢竟有此一節未穩，不可過當，便教小人生計，却致費力也。百五郎書中説得怕人，便要申監司申省部，又云報前日之讎，痛加懲治。如此，則不是理會祖墳，又欲因而報怨，是何道理？又如此，則自家不候縣中結斷，便申監司省部，便是驀越州縣，已自違礙條法了，更如何奈何得人？豈不見洪舍人瓊花公事，近日已送棘寺。吾家勢力如何比得他？他尚不免如此，况吾家乎？

千萬更稟廿一叔，與三六兄、百五郎子細商量，更托四公與玉清叟諸人調和，酌中結裹爲佳。切不可過當，別生事端，和祖墳取不得，爲鄉里所笑也。私開文字事已懇周宰了，汪子卿書已説及，此斷不可存留。且煩爲致意子卿，此便遽，未及拜書也。莊租房緡等事更煩留念。此二月間遣人已回，請祠未得，更看後遣人回如何。他未有可言者，且好將護爲祝。聞族中子弟有以某名字爲狀首而論訴鄉人者，竊恐官司察見情狀，重置典憲，上累祖先，非是細事。其或州縣姑務包容，未即究治，亦恐治被擾之家不勝怨恨，別赴臺省監司論訴，即官方愈見不小，必無幸脱之理，深可寒心。請百五郎、五六郎、五八郎以此意遍喻族中，各宜體悉此意，務爲循理，毋至生事。

新編事文類聚翰墨全書壬集卷之二人倫門文類家書。

編年　書云：「八月十五日，某書至五六郎賢弟：承書，知已到家，侍奉安樂爲慰。別後見送人未還，心甚懸懸。得此，足爲慰也。」此必爲五六弟至南康訪朱熹，而朱熹遣郡吏送至婺源。以時推之，五六弟離南康當在七年七月。此書提及之汪子卿，名庭佑，婺源人。萬姓統譜卷四十六言其「復預薦書，質疑於朱晦庵先生」。文集卷五十四有答其書一篇，稱「正思之來，辱手書兩通」；又卷八十五求放心齋銘序云：「番陽程正思作求放心齋，汪子卿、祝汝玉既爲之銘，新安朱熹掇其遺意，復爲作此。」可見子卿與程正思交往密切，二書所言有據。其人淳熙七年秋始見朱熹於南康，留止三日，見別集卷一向伯元（衰病之餘）。作書時，其人已返婺源。書又云：「此二月間遣人已回，請祠未得，更看後遣人回如何。」此亦淳熙七年春事。文集卷三十四答吕伯恭（人至，辱手書）云：「欽夫竟不起疾，極可痛傷。……熹前月初遣人請祠，至今未還，今又專人再懇，勢必可得。

只俟命下，便自此便道一過長沙哭之也。」所言正合。該書又言私開文字㤞周宰事，周宰即周侯。文集卷七十九徽州婺源縣學三先生祠記云：「淳熙八年春三月，婺源大夫周侯……使人以書來……後數月，周侯又與邑之處士李君繒及其學官弟子數十人皆以書來……周侯名師清，玉山人。」程敏政新安文獻志卷十一正有李繒婺源義役記，其云：「淳熙七年春二月，玉山周侯來宰邑事……周侯名師清。」可證此信作於淳熙七年。

淳熙七年十二月

程大歸附書，想已達。堯舉來，承書，知侍奉叔母，同房下一一安佳爲慰。四郎聞尚未十分安樂，堯舉說只作瘧醫，恐須更更問名醫〔一〕，服補藥乃佳。又聞渠不能忌毒，此猶可慮〔二〕，須切戒之。叔父墓門不知要寫甚字？後更報來〔三〕。黄運幹一書，煩便遣人送至州縣。渠是謝守親戚，必在州衙安下。書中專求一藥，如得回書，幸便專遣一人送來，千萬千萬，不可誤事也。書中亦說折帛及苗米加耗事，托渠白使君，不知果如何也。鎮下墳所煩作一狀草來，徒教人寫封去〔四〕，求一縣榜約束。堯舉遣人，歲晚多事，草草附此，諸弟侄皆不及書，相見各煩致意，千萬各各保愛，以迓新歲之福！新編事文類聚翰墨全書壬集卷之二人倫門文類家書。

校記

〔一〕更更：疑衍一字。

〔二〕猶：疑當作「尤」。

〔三〕更：疑當作「便」。

〔四〕徒：疑當作「待」。

編年 書云：「書中亦説折帛及苗米加耗事，托渠白使君，不知果如何也。」此亦言南康公事。朱熹於南康嘗屢次申朝廷，論述折帛、加耗之弊，其後於淳熙八九年浙東任上、十五年封事中也反復申言之，見於文集卷十一庚子應詔封事、卷十六乞蠲減星子縣税錢第二狀、乞放免租税及撥錢米充軍糧賑濟狀、奏借兑上供官錢糴米并乞權行倚閣夏税錢帛狀、乞截留米綱充軍糧賑糶賑給狀、繳納南康任滿合奏稟事件狀、卷二十申南康旱傷乞放租税及應副軍糧狀、申南康旱傷乞倚閣夏税狀、乞除豁經總制錢及月樁錢狀、卷九十九曉示人户送納秋苗等，不一而足。所言「使君」，指朱熹又於私書托人進言，希望救荒利民諸事能得到支持。書云「以迓新歲」，可見在年末也。

遺婺人書 淳熙八年秋

諸君子聚頭磕額，理會何事，乃至有此等怪論。桯史卷十二吕東萊祭文。又見備忘集卷二。

編年 此節前引陳亮祭吕祖謙文，繼云：「朱晦翁見之，大不契意，遺婺人書曰」云云。吕祖謙卒於淳熙八年七月二十九日，陳亮祭文、朱熹此評必作在其後不久，秋間也。

與楊淳仲貢士柬 淳熙八年十二月

熹頓首再拜：别教已久，政切傾向，伏拜翰墨之貺，恭審冬令稍肅，侍奉萬福。丈人宣義不知自雪竇還已得幾日？昆仲學士洎眷集一一均納殊祉。糯抄納，方是旬日間，粳米已叮嚀胥輩不得剗具矣。不及狀子，即令當面開銷，今謹奉納。紙末之喻，政所願聞。但湫廳不曾催湖田米，恐只是丞廳或縣中自追耳。他有戒警，一一不外爲望。偶冗，作謝殊不端好，切希照亮。敬仲司理更不及狀。何時入城，慰此渴想？不宣。雍正慈溪縣志卷十五。

編年　據年譜長編。

與黄直卿書淳熙八年冬

看書一過，頗有省發，因得讀書訣云：斂身正坐，緩視微吟。虚心玩味，切己省察。勉齋先生黄文肅公文集卷十五答余瞻之。

編年　據朱熹佚文輯考。

與時宰劄子淳熙九年正月十六日

熹昨日道間已具熹劄，到婺，偶有豪民不從教者，不免具奏申省。聞其人奸猾有素，伏想丞相於里社間久已悉其爲人，特賜敷奏，重作行遣，千萬幸甚！熹即今走三衢，前路別得具熹次。右謹具呈。正月十六日，宣教郎、直秘閣、提舉兩浙東路常平茶鹽公事、借緋朱熹劄子。六藝之一録卷三百九十五。又見式古堂書畫彙考卷十四，穰梨館過眼録卷二。

編年　據文中所述。

與黃直卿書 淳熙九年四月十三日

賑濟無效，丐歸甚力，不知果遂否，恐欲知之。浙間二麥亦不全好，重以疾疫，目下日色可畏，一日之熱比尋常三五日，近郊之田已龜坼，瀕海者已絶望矣。不知他處何如，若大率皆然，則甚可慮也。勉齋先生黃文肅公文集卷十五答余瞻之。

編年 據年譜長編。

與或人劄子 淳熙九年六月

熹昨蒙賜書，感慰之劇。偶有小職事，當至餘姚，歸塗專得請見。人還，撥冗布稟，草草，餘容面既。右謹具呈提舉中大契丈台座。六月日，宣教郎、直秘閣、提舉兩浙東路常平茶鹽公事朱熹劄子。六藝之一録卷三百九十五。又見式古堂書畫彙考卷十四，大觀録卷七。

編年 據文中所述。

與陸放翁帖 淳熙九年九月

再辭，未有處分。云云昨發會稽，遂不諧違。云云杜門讀書，畢此數年爲上策，自餘真可付一大笑。匏翁家藏集卷五十五跋朱文公三帖。又見二林居集卷八朱子與陸放翁手帖跋。

編年　據年譜長編。

與季觀國書淳熙九年

省刑緩賦，以回天意，非體國愛民之切，不及此也。攻媿集卷一百知嵊縣季君墓誌銘。

編年　據朱熹佚文輯考。

答滕德粹淳熙九年

子之有無皆命，不必祈禱。朱子語類卷一百三十八鄭可學録。

編年　朱子語類言「德粹問：十年前屢失子，亦曾寫書問先生，先生答皆」云云，據語類姓氏，鄭可學録乃紹熙二年所聞，上推十年，即淳熙九年。

與學者書淳熙十年春

陸子静專以尊德性誨人，故游其門者多踐履之士，然於道問學處欠了。某教人，豈不是道問學處多了些子？故游某之門者，踐履多不及之。象山先生全集卷三十四語録上。又見理學宗傳卷七，萬曆鉛書卷三。

編年　據年譜長編、書札彙編。

與陸子静書淳熙十年春

比約諸葛誠之在齋中相聚，極有益。浙中士人賢者皆歸席下，比來所得爲多，幸甚。象山先生全集卷三十六象山先生年譜。

編年 據象山先生年譜。

與陸子静書淳熙十年春

歸來臂痛，病中絶學捐書，却覺得身心收管，似有少進處。向來泛濫，真是不濟事。恨未得款曲承教，盡布此懷也。象山先生全集卷三十六象山先生年譜。

編年 據象山先生年譜。

答或人書淳熙十年夏

熹頓首拜覆：竊聞卜築鍾山，以便親養，去囂塵而就清曠，使前日之所暫游而寄賞者，今遂得以爲耳目朝夕之玩，竊計雅懷亦非獨爲避衰計也，甚善甚感！所恨未獲一登新堂，少快心目耳。蒙喻鄙文，此深所不忘者。但向來不度，妄欲編輯一二文字，至今未就，見此整頓，秋冬間恐可録净。向後稍閑，當得具稿求教也。所編乃通鑑綱目，十年前草創，今夏再修，義例方定，詳略可觀。亦恨未得拜呈，須異時携歸，請數日之間，庶可就得失耳。末由承晤，伏紙馳情！熹頓首上覆。

珊瑚網卷七。又見式古堂書畫彙考卷十四，書畫鑒影卷三，六藝之一録卷三百九十五。

編年 據年譜長編。文云「今夏再修」，「秋冬間恐可録浄」，知作在夏間。

評論 式古堂書畫彙考卷十四徽國文公編輯文字帖龔璛跋：東三傳以讀春秋，事猶可略也；據綱目以考通鑑，法不可不備也。其始終條理之際，而且下問如是，極精微矣。凡銘識，率因其家子孫門人所述，類多掩惡溢美之辭。使富道德而能文章者從而書之，則必傳信於永久。以張忠獻公之賢，紫陽先生猶有悔，况餘人乎。故雖契家不肯假借，凛然春秋之意，世盍知所懼哉。延祐改元，詔取士一用朱氏學。高郵龔璛、京口郭畀同觀於虎林般若僧房，時八月十又四日，敬書。

又吴均跋：右徽國文正公考亭夫子手帖，一以辭譔墓誌，一以致問起居，而以編輯通鑑綱目義例得失取正於人，皆不書官職名氏，其謙己誨人之意，藹然見於言表。至今三二百年後，風範猶在目前。先生文章事業昭在簡册，又豈後學窺其涯涘，又奚待於稱揚褒美哉。今京口何彦澂得之於其外祖郭畀天錫，彦澂寶而藏之，亦庶幾知道者。翰林學士士奇楊公復識其後，均得拜觀文正公之手澤，誦之三復起敬。時永樂庚子仲春清明後五日，臨川吴均端肅書。

又楊溥跋：京口何彦澂氏所藏文公先生墨迹，得觀者以爲至幸，而題識之者互相發明，殆無餘藴矣。然通鑑一書，上下數千百年，則本春秋爲萬世公論，而於契家事迹，乃以性命之憂爲説而辭之。豈耳目所及，不及簡册歟？抑彼此所施，有不可同者歟？大賢君子，必有以處之，此則學者所當講求也。詩曰：「魚潛在淵，或在于渚。」其斯之謂歟？宣德三年歲次戊申秋八月望日，南郡楊溥識。

又金幼孜跋：此卷手書凡三，二書如前所云，一書則折簡道問安者，京口何彦澄寶藏之，以示予。於戲！先生片紙隻字流傳於世，不啻拱璧之難得，况此晚年之筆，其所言尤後學所當矜式者耶。拜觀之餘，謹識歲月於後云。宣德四年歲己酉夏四月己卯，臨江後學金幼孜謹識。

又楊榮跋：右宋朱夫子晦庵先生手書二通，觀其於撰述張魏公銘誌，與他書所載不同，不免悔之。至其所修通鑑綱目，十年而後成，然汲汲尚欲求正於人，則知前賢於爲文及著書二事，其不敢忽如此。後進之士率爾妄作者觀於此，可不少致其謹乎。此卷今藏何彦澄氏，間以請予識。把玩之餘，遂書此於末簡以歸之。宣德四年己酉秋七月庚午，後學楊榮謹識。

抑庵文集後集卷三十六王直題晦庵先生三帖後：晦庵先生師表百世，其言行之微皆無所苟，况立言垂後，如通鑑綱目與元臣故老之銘誌哉，宜其尤慎重也。觀此前二帖可知矣。其中一帖問眷親，委施於親戚之間，而殷勤篤厚之意溢於言表。前輩評先生書，謂道義之氣葱葱鬱鬱，散於文字間，蓋不必論其點畫之精也。彦澂其寶惜之。

與陸子靜書 淳熙十一年二月

勅局時與諸公相見，亦有可告語者否？於律令中極有不合道理、不近人情處，隨事改正得一二亦佳。中薦程可久於法令甚精，可以入局中，然此猶是第二義。不知輪對班在何時？果得一見明主，就緊要處下得數句爲佳，其餘屑屑不足言也。謙仲甚不易得，今日尚有此公，差强人意。元善爽快，極難得，更加磨琢沉浸之功乃佳。機仲既得同官，乃其幸會，當能得日夕親炙也。浙東諸朋友想時通問，亦有過來相聚者否？立之墓表今作一通，顯道甚不以爲然，不知尊意以爲如何。象山先生全集卷三十六象山先生年譜。

編年 據象山先生年譜。

與三六兄書〔一〕 淳熙十二年正月五日

某拜覆三六兄長尊前：六十郎來，伏領賜書，恭審動静之詳，不勝感慰。信後新正，伏惟即日尊候萬福！但聞叔母太孺所苦未平，甚以爲念。又聞兄長中間亦曾不快，今想已全然平復矣。某兩年疾病三好兩惡，近日愈覺血氣衰耗，易得疾痛。六十郎在此，備見曲折。甚思一歸鄉里，與尊長相聚，而貧匱日甚，卒動不得。後月宮祠當滿，又且看如何也。承惠果子，拜領多感。今有荔枝少許，謾附回便。六十郎説叔母要藥，謹内上附子四枚，沉香一兩，木香半兩，乞視至。煮法已説與六十郎矣。六十郎此回相見，意思甚好，已囑其勉力學問矣。五四郎以次諸侄房下一一安佳，塾等列拜問禮。餘乞保重爲懇，不備。正月五日，弟某拜覆。新編事文類聚翰墨全書壬集卷之二人倫門文類家書。又見明赤心子新鐫赤心子彙編四民利觀翰府錦囊卷七。

校記 〔一〕原題作「弟與兄　文公」。

編年 此書與三六兄長，其人是婺源祖墳紛争參與決策者，而書中初未言及此事，則必已塵埃落定，硝煙散盡。前所收淳熙七年與五六弟書三封言叔母孺人皆安康無恙，此書則言其所苦未平，方四處求藥；書云「某兩年疾病三好兩惡，近日愈覺血氣衰耗，易得疾痛」，更臻老境，凡此皆足證此書當作在前三書之後，或者說淳熙七年之後。書有「塾等列拜問禮」之語，朱熹長子朱塾卒於紹熙二年正月，則此書又當作在其前，即紹熙元年或以前。書署正月五日，而言「後月宮祠當滿」，考朱熹淳熙七年至紹熙元年間二月祠祿任滿唯淳熙十二年有此事，其餘皆不合，歷叙如下：淳熙八年閏三月罷南康任，十一月赴任浙東提舉，在任一年，次年九月罷歸。十年春正月，差主管台州崇道觀，計其稍遲拜命，正十二年二月當任滿。夏四月，方續差主管華州雲臺觀，十四年夏四月任滿。當月續奉南京鴻慶宮祠，然秋七月即奪祠除官。其後十五年、十六年，屢次改除職任，曾於十五年秋七月一差主管西京嵩山崇福宮，但賡即除官。至紹熙元年，則已赴漳州之任矣。故此書必作於淳熙十二年正月五日無疑。別集卷二淳熙十四年答向伯元書有「三數年來無日不病，而今年爲尤甚。神思疲憊，筋骸縱弛，飲食不至大減，而肌膚消削，日就枯槁。蒲柳之姿，望秋先殞」之語，所言身體狀況也與此書中所言全合。

與彦修少府書 淳熙十二年

熹頓首彦修少府足下：別來三易裘葛，時想光霽，倍我遐思。黔中名勝之地，若雲山紫苑，峰勢泉聲，猶爲耳目所聞睹，足稱高懷矣。然猿啼月落，應動故鄉之情乎。熹邇來隱迹杜門，釋塵棼於講誦之餘，行簡易於禮法之外，長安日近，高卧維艱，政學荒蕪，無足爲門下道者。子潛被命涪城，知必由故人之地，敬馳數行上問，并附新茶二盝，以貢左右，少見遠懷。不盡區區，熹再拜上問彦修少府足下。仲春六日。三希堂法帖。又見故宮歷代法書全集第十四卷宋冊五。

編年 書札彙編暫列於此。朱熹佚文輯考疑其作於紹興十八年朱熹中進士後居家時，然觀文中「長安日近，高卧維艱，政學荒蕪」之語，似非早年所作。

與詹儀之書〔一〕

淳熙十二年二月二十七日

熹竊以春雨復寒，伏惟知府經略殿撰侍郎丈閫制威嚴，神物擁護，台候動止萬福。熹區區托庇，幸粗推遣。但祠禄已滿，再請未報。前此延之諸人報云勢或可得，未知竟何如。居閑本有食不足之患〔二〕，而意外之費復爾百出，不可支吾。親舊有躬耕淮南者，鄉人多往從之。亦欲妄意爲此，然尚未有買田雇夫之資，方此借貸。萬一就緒，二三年間或可免此煎迫耳。衰病作輟亦復不常，此旬月間方粗無所惱，絶不敢用力觀書。但時閲舊編，間有新益。如大學「格物」一條，比方通暢無疑。前此猶不免是强説，故雖屢改更，終不穩當。旦夕當别寫求教。前本告因省閲，有紕漏處，痛加辯詰，復以示下爲幸也。桂人蔣令過門相訪，云嘗上疏論廣西鹽法〔三〕，見其副封，甚有本末。渠歸必請見，因附以此。匆遽，不暇詳悉。未有侍教之日，臨風惘然。切乞以時爲國自重，有以慰善類之望，千萬至禱！右謹具呈。二月二十七日，宣教郎、直徽猷閣朱熹劄子。愛日吟廬書畫續録卷一。又見萬曆遂安縣志卷四，萬曆嚴州府志卷二十一，康熙遂安縣志卷十。

校記 〔一〕標題原作「宋朱熹張栻劄子合卷」，據萬曆嚴州府志卷二十一改。

〔二〕居閑本有：原作「未閑大約」，據康熙遂安縣志卷十改。

〔三〕嘗：原作「堂」，據右引改。

編年 據年譜長編及文中所述。

與或人書 淳熙十二年四月

熹頓首再拜上覆：熹所居深僻，黜陟不聞。近者呂□□來，乃聞已遂奉祠之請，寓居清曠，起處裕如，尉懌不可名喻。伏□長才遠略，效於已試，□□□之食，高明□□□曰從吾所好焉可也。時寢□事，當路之君子以進退人物、圖起事功爲職業，豈得恝然無意乎。熹之所深感者，非敢私門下也。追□□來，將在朝夕，願强食自愛，拱而俟之耳。熹頓首再拜上覆。湖南美術出版社古書畫過眼要録第五百三十頁，一九八七年。

編年 據書札彙編。按書中所云「乃聞已遂奉祠之請」指所與書之人而非朱熹，故其作年本無可詳考。姑列於此，待考。

與任伯起書 淳熙十三年前後

循理而行，自然中節。鶴山先生大全文集卷六十二跋朱文公所與任伯起樞密柬。

編年 據宋史本傳云希夷「登淳熙三年進士第，調建寧府浦城簿，從朱熹學」，別集卷三淳熙十三年所作程沙隨可久云「前浦城主簿任希夷經由請見，幸與其進而教誨之。其人有志於學，守官不苟」，卷八十二淳熙十四年所作跋任伯起家藏二蘇遺迹推斷，希夷從學或在淳熙十三年前後，據以繫之。

與任伯起書 淳熙十三年前後

平心熟看，自見滋味。鶴山先生大全文集卷六十二跋朱文公所與任伯起樞密柬。

編年 見上篇所考。

評論 魏了翁鶴山先生大全文集卷六十二跋朱文公所與任伯起樞密柬：前帖論處己接物之要，曰「循理而行，自然中節」。後帖論讀書作文之要，曰「平心熟看，自見滋味」。嗚呼！旨哉斯言。聖賢所謂勿正勿忘勿助長，所謂欲其自得之，自得之則居安資深者，皆是義也。覽者宜有以精體而篤踐焉。

答石天民書〔一〕 淳熙十四年三月二十一日

三月廿一日，熹頓首再拜，上啟天民編修尊兄座下：拜違忽五六年，中間聞到官金華，嘗因便一再附書，久不得報，意已浮沉。後得親友書，乃承寄聲，有專人問候之意，而官事不閑，竟未暇及。雖感眷待之勤，然終不若一行之書爲足以慰此心也。正初偶有莆陽之役，歸來乃知果蒙踐言。領所惠教，副以文籍衣資，感愧之心，未易以言諭也。使來亟還，不得即布謝幅，又深悚息，想辱情照。比日伏念已遂解秩，不審尚留金華，或以歸會稽、新昌也。第恐聲實久乎，不容遽遂香火之願，別當有照除耳〔二〕。春夏之交，寒暄未定，伏想忠厚有相，台候萬福。熹歸來數年，初臂痛，繼而移於兩足，而昔痛處乃更變於麻木。去歲麻木方舉間作〔三〕，而秋間蔬食傷胃，不能飲食者，艾火丹附雜進，至冬乃得少安。今春一出，初亦無事，歸途忽得奇疾，六腑不通者累日，絞刺疼痛，不可支吾，又感時氣發熱，足疾發動，腫痛不可履地。衆疾交攻，氣血凋耗，喘息奄奄，不絶者僅如毫釐耳。兩三日來，方漸能吃粥，然亦殊未可也。承諭叔度、子約相從之樂，恨不從容其間，日聞切磋之益，以自警勵也。因官而家，古人有之，不足爲嫌。但恐終非久遠之計，剡中山水自不惡也。趙書記恨未相識，頃得其書，議論亦可觀。但覺自太過〔四〕，爲説太汗漫耳。同父才雄一世，勇邁千古，但疾之者既不復取其長，而愛之者又不能救其短，此區區不能不遺恨於伯恭之所以愛同父者獨有異於衆人之愛同父也。不審老友以爲何如？疾甚，不能作渠書，因風幸達此意。

簡重自愛之諭極荷箴誨，閑人豈敢與聞政事？但生長窮鄉，從少至老，坐視其民，宛若失職，不能有以救之，會有夤緣可以發口，又不容一向禁默，失言之咎，祗自慚耳。崇禮諸人書信皆以領。胡丈銘文，敢不在念。但生前不得參議，恐如褐帛圖形，摩寫精神不出耳。在家多事，不容下筆。今春攜其行狀，欲於道間成之，三五程後，沿路紛擾，乃更甚於在家時。今又疾病如此，恐又須兩三月少康之後，方得措辭。但病勢如前，所事固有難料者耳。因周叔謹往見子約，附以此書。雖以覼縷，尚未能究所懷，臨風太息而已。末由承晤，切冀以此爲道自愛〔五〕，别以除用，以爲吾黨之望，千萬幸甚。不宣。熹衰病不能作字，即頭痛〔六〕，不免口授兒子，令其代書。簡非禮〔七〕，切幸尊察。熹再覆。南明石氏宗譜卷一名人往來書啓。

校記

〔一〕標題係整理者所擬，原題爲「新安朱晦庵寄天民公書」。

〔二〕照：當作「詔」。

〔三〕舉：當作「幸」。

〔四〕「自」下當脱一字，或爲「許」字。

〔五〕此：或當作「時」，音近之誤。

〔六〕句首當脱「作字」二字，蓋傳抄時脱重文符號所致。

〔七〕「簡」下當脱一字，或爲「慢」字。

編年 文云「正初偶有莆陽之役」，歸來大病幾死，考朱熹生平，唯淳熙十四年有此事，即至莆田吊陳俊卿之行，見別集卷二答劉子澄三等。云「拜違忽五六年，中間聞到官金華」，「比日伏念已遂解秩」者，朱熹淳熙九年於浙東任上始識斗文，至此爲五六年，而斗文於十二年到任婺州通判，十四年官滿解任也。言陳亮論學之過而「不能不遺恨於伯恭」者，其時朱熹已結束與陳亮王霸義利之辯，而呂祖謙已卒於數年之前也。故此書作於淳熙十四年三月二十一日無疑。

與岳霖書〔一〕 淳熙十四年六月

薛虔州弼直老以甲子正月道由建昌，謂戒曰：「弼之免於禍，天也。往者丁巳歲被旨從鵬入覲，與鵬遇於九江之舟中。鵬詫曰：『某此行將陳大計。』弼請問，鵬曰：『近諜報，敵人以丙午元子入京闕。爲朝廷計，莫若正資宗之名，則敵謀沮矣。』弼不敢應。抵建康，與弼同日對，鵬第一班，弼次之。鵬下殿，面如死灰。弼造膝，上曰：『鵬適奏，乞正資宗之名。朕諭以卿雖忠，然握重兵於外，此事非卿所當預也。』弼曰：『臣雖在其幕中，然初不預聞。昨到九江，但見鵬習小楷，凡密奏，皆鵬自書耳。』上曰：『鵬意似不悦，卿自以意開喻之。』弼受旨而退。」此故殿院張公定夫戒所記。所謂資宗者，上時以宗子讀書資善堂也。又得薛公行狀，亦記此事，偶尋未見。恐永嘉士人家必有本，可尋訪。但不知忠穆公此奏今尚有傳本否耳〔二〕。熹上覆。寶真齋法書贊卷二十七。

校記

〔一〕此題原作「朱文公儲議帖」，今改。

〔二〕句末原有小注：「案岳飛始謚武穆，後改謚忠武，此忠穆二字係涉筆之誤。珂跋中已論之，今仍原本。」

編年 據年譜長編。

與某人劄子 淳熙十四年六月

熹竊以季夏極暑，恭惟知郡朝議丈旌麾在行，神物護相，台候起居萬福。熹講聞德望，爲日蓋久，而僻處窮壤，無從瞻見顔色，此懷鄉往，日以拳拳。茲承不鄙枉書，喻以惠顧蓬蓽之初心，所以慰藉許與之意良厚。自顧衰陋，實無所能，其將何以稱此？愧荷悚惕，不容於心。深欲一趨道左，求見下風，且謝盛意之厚，而方此病暑，又屬天旱人飢，里中亦隨分有應酬之擾，以故未克如願。引領清塵，徒切馳企。竊承台體亦少違和，計旋即勿藥矣。開府有日，施設之方必已素定。下問之及，豈所敢當。然仰窺雅志，惟恐不盡於義理而務合於中和，是則必無違人自用之失、剛柔寬猛之偏矣。益以無倦，千里蒙福，可勝言哉！使還，略布萬一。暑行，切乞益厚保綏，前迓褒寵，幸甚幸甚！右謹具呈。六月日，新安朱熹劄子。石渠寶笈續編第五十七寧壽宮藏宋賢遺翰。

編年 據年譜長編。然文云「天旱人飢」，又云其人問政，「千里蒙福」，淳熙十四年未見崇安旱災，且疑其人乃來知建寧者，待考。

與王齊賢書 淳熙十四年

欲蚤賜鐫誨，及今改定爲大幸。云云 伯禮所詢數條，且以鄙意報之，亦乞有以訂其失。云云 沙隨古易章句之詳博，未知尊意以爲如何？魯齋集卷九朱子帖第七卷。

編年 據朱熹佚文輯考。

與或人書 淳熙十四年

熹僭易拜問，德門慶霖，恭惟均求多祉，諸郎學士侍學有休，兒輩謹時起居之問。無以伴書，茶兩盝時浼。小盝頗佳，大者乃食茶耳。閩中有委，幸不外。熹再拜上問。停雲館帖卷七。又見大玉煙堂帖卷二十。

編年 據朱熹佚文輯考。書札彙編也暫列於此年，以爲與福建運判王師愈者。然書中明言「閩中有委，幸不外」，則其人不官於閩中可知。待考。

與樂安黄仁卿書 淳熙十五年四月十日

累承諭及女子歸期，即已隨事經葺，以趁此月中澣之期。忽得直卿書，欲且緩行，殊不可曉。不免且令兒輩送此女及二甥，定三十日就道，約直卿來建、劍間接去。勉齋先生黄文肅公文集附黄榦年譜。

編年 黄榦年譜淳熙十五年載「四月十日，文公有書與樂安云」，據以繫之。

與陸子静書 淳熙十六年八月六日

荆門之命，少慰人意。今日之計，惟僻且遠，猶或可以行志，想不以是爲厭。三年有半之間，消長之勢又未可以預料，流行坎止，亦非人力所能爲也。聞象山墾闢架鑿之功蓋有緒，來學者亦益甚，恨不得一至其間，觀奇覽勝。某春首之書詞氣粗率，既發即知悔之，然已不及矣。象山先生全集卷三十六象山年譜。又見考亭淵源録卷四，資治通鑑後編卷一百八十四。

編年 據象山先生全集卷三十六象山年譜。

復某人書 淳熙十六年八月

南渡以來，八字着脚理會着實工夫者，惟某與陸子静二人而已。某實敬其爲人，老兄未可以輕議之也。象山先生全集卷三十六象山年譜。又見宋元通鑑卷八十九，人譜類記卷上。

編年 據象山先生全集卷三十六象山年譜。

與馬會叔書 淳熙十六年五月

時論一變，朝士多不自安。所幸已在山中，誤恩又得丐免，似可少安。然事不可料，正恐亦難自保。柳待制文集卷十八跋朱文公與馬會叔尚書二帖。

編年 據年譜長編。

與馬會叔書 淳熙十六年夏秋間

邪説奸心，陰自憑結，廟社之靈，實糾殛之。金華黄先生文集卷二十一跋晦庵先生帖。

編年 黄溍跋云「此六帖皆在十六年夏秋之間」，據以繫之。

與馬會叔書 淳熙十六年秋冬間

舉子倉今歲不免自爲受輸。云云此間歲支三四百石，而倉息僅及其半。若得檢照舊例，支除本錢，乘此冬收糴數百石，更三兩年，當無闕乏之患也。柳待制文集卷十八跋朱文公與馬會叔尚書二帖。

編年 據朱熹佚文輯考。

與許平仲書〔一〕 淳熙中

仁人之心未嘗忘天下之憂，固如此也。朱文公大同集卷七。又見閩書卷九十，康熙同安縣志卷八，乾隆福建通志卷四十五。

校記 〔一〕仲：當作「子」，見閩書卷九十、乾隆福建通志卷四十五。

編年 據淳熙三山志、閩書、乾隆福建通志、新安文獻志卷七十三金安節家傳，許衍字平子，同安人，慷慨喜言事。隆興二年，以太學生領百餘人伏闕言事，士論韙之。乾道八年黄定榜進士，「嘗進本論二十篇，言四民利害及上供銀攬户之弊。朱熹與書，謂其『仁人之心，未嘗忘天下之憂』。條究汀、漳、泉經界甚悉。」淳熙十四年，任福州州學教授，後知永福縣事。擢通判建寧府，未赴，卒。大同集引此書，誤將「固如此也」下編録者敘述文字「漳、泉、汀三州經界未行，許公條究甚悉，監司郡守未有舉行者」作爲書信本文，近年佚文輯録者亦皆以訛傳訛，且據朱熹議行經界時日推定此書寫作年代，顯然不足爲據。其實據閩書及福建通志所引，此書乃贊其進書言「四民利害及上供銀攬户之弊」，而非針對經界一事，更與朱熹議經界了不相干。熹簿同安時，衍方爲年少諸生，恐不宜有四方干政之舉。以理言之，其上書言事，似應在登第入仕以後，則朱熹此書以作在淳熙年間爲近。

批弟子解尊德性致廣大極高明説 淳熙中

尊德性而不道於問學，則見善不明，德性亦無自而尊。欲致廣大而不盡精微，則務大而忽細，廣大亦無自而致。極高明而不道中庸，則賢知過之而不能無偏勝之患，故高明亦無自而極。

先生批云：前三句説好。吕博士云，温故而知新，所以進吾知也。惇厚以崇禮，所以尊吾行也。只味此句，更檢，恐有誤字。朱文公大同集卷七。

編年 未可詳考。朱熹中庸章句注「尊德性而道問學」以下云：「蓋非存心無以致知，而存心者又不可以不致知。」主程子居敬窮理，敬義夾持，明誠兩進，内外交養之説，屬中年以後成熟期功夫論。此批語與之意同，疑亦淳熙間所作。

批弟子解賢者亦樂乎此説 淳熙中

善善而惡惡者人心之所同，惟真知善之爲善而不可失，惡之爲惡而不可爲，此君子之所獨也。夫梁惠王比日安於沼上之樂，非不知也，私欲有以蔽之也。日瞻賢者之清光而知其所樂爲不可，概之於心，能無愧乎，則善善而惡惡明矣。推是而往，然而不王者，未之有也。故孟子因舉文王、夏桀而徵之，使知能樂如文王之與民同，則其樂也在賢者亦何爲而不可哉。反是則喪亡無日矣，雖欲樂之，亦安得而樂之。

先生批云：詳味本文，恐無此意。推而言之，略説則可，深説則未當。蓋如此支離，走却正意也。朱文公大同集卷七。

編年　未可詳考。然支離之病正陸九淵攻朱熹功夫論之大者，朱熹淳熙之後吸取陸氏「尊德性」之長處，調整了偏重「道問學」的傾向。此批語反對支離，似亦當爲中年思想成熟期所作。

答呂子約書淳熙十五年以後

目下放過了合做底親切工夫，虚度了難得少壯底時日。朱子語類卷一百二十二李方子録。又見金華理學粹編卷六。

編年　據語類姓氏，李方子乃淳熙十五年後從學，據以繫之。

答廖子晦淳熙十六年

吾病不及也，二三子勉焉，則有周子、程子之書在。粵西文載卷三十七廖德明四先生祠堂碑。又見同治潯州府志卷二十九。

編年　此乃朱熹未允廖德明爲四先生祠作記之請之答書。按碑文，祠興工於淳熙十五年十一月，而文末署淳熙十六年十二月一日，知書作在十六年。

與某人書淳熙十六年

熹僭易再拜上問，台眷伏惟中外均休，賢郎昆仲具佳侍。兒輩附拜問禮。此間有委幸不外。

熹僭易再拜上問。書畫鑒影卷三。

編年 據書札彙編暫繫於此。

與黄仁卿書紹熙元年三月二十四日

病中得直卿携女子輅孫歸來，甚慰。勉齋先生黄文肅公文集附黄榦年譜。

編年 黄榦年譜紹熙元年下云「文公三月二十四日與樂安書云」，據以繫之。

與黄道夫書紹熙元年七月

郡庠秋補諸生，欲請賢者臨之，非惟仰藉藻鑒之公，亦欲使後生少知尊賢尚德之意。上海古籍出版社朱子語類彙校卷一百六，二〇一七年。

編年 據年譜長編。

與黄仁卿書紹熙二年正月二日

直卿告歸，并挈女子一房歸侍。勉齋先生黄文肅公文集附黄榦年譜。

編年 黄榦年譜紹熙二年下云「正月二日，文公有書與樂安云」，據以繫之。

答呂子約書紹熙二年

詩有止乎禮義者，亦有不止乎禮義者。朱子語類卷二十三鄭可學録。

編年　按語類姓氏，鄭可學録乃紹熙二年所聞，據以繫之。

與趙子直書紹熙二年以後

若怕人都來赴太學試，須思量士人所以都要來做甚麽。朱子語類卷一百九葉賀孫録。

編年　録云「某與子直書曾云」云云。據語類姓氏，葉賀孫録爲紹熙二年以後所聞，據以繫之。

答楊至之紹熙二年三年間

千萬更加勉力，就日用實事上提撕，勿令昏縱爲佳。朱子語類卷一百一十八訓楊至。

編年　據書札彙編。

答楊至之紹熙二年三年間

日用之間，常切操存；讀書窮理，亦無廢惰，久久當自覺有得力處。朱子語類卷一百一十八訓楊至。

編年　據書札彙編。

答楊至之紹熙二年三年間

要須反己深自體察，有個火急痛切處，方是入得門户。若只如此悠悠，定是閑過日月。向後無得力處，莫相怪也。朱子語類卷一百一十八訓楊至。

編年　據書札彙編。

朱熹文集編年評注遺集卷二

書

與陸子靜書 紹熙三年四月十九日

去歲辱惠書慰問，尋即附狀致謝。其後聞千騎西去，相望益遠，無從致問。近辛幼安經由，及得湖南朋友書，乃知政教并流，士民化服，甚慰。某憂苦之餘，疾病益侵，形神俱瘁，非復昔時。歸來建陽，失於計度，作一小屋，期年不成，勞苦百端，欲罷不可。李大來此，備見本末，必能具言也。渠欲爲從戎之計，因走門下。撥冗附此，未暇他及。政遠，切祈爲道自重，以幸學者。彼中頗有好學者否？峽州郭丈著書頗多，悉見之否？其論易數頗詳，不知尊意以爲如何也。近著幸示一二，有委并及。象山先生文集卷三十六象山年譜。

編年　象山先生年譜紹熙三年下云「夏四月十九日，朱元晦來書」，據以繫之。

與程絢書紹熙三年夏

敬惟先德博聞至行追配古人，釋經訂史，開悟後學，當世之務又所通該，非獨章句之儒而已。曾不得一試，而奄棄盛時，此有志之士所爲悼嘆咨嗟而不能已者。然著書滿家，足以傳世，是亦足以不朽。宋史卷四百三十七程迥傳。又見敬由編卷十，兩浙名賢録卷五十四，學統卷四十下，雍正河南通志卷六十一。

編年 據二〇一四年發現之程迥墓誌銘碑石，迥卒於紹熙三年五月，則此書當作在其後不久。年譜長編、書札彙編分別繫於淳熙十六年、慶元元年，皆誤。

與朝士書紹熙三年秋

世間猶大，自有人在，鼠子輩未可跳梁也。龍川集卷十九與林和叔侍郎。

編年 據年譜長編。

貽朝士書紹熙三年秋

林和叔初不識之，但聞其入臺，無一事不中的，去國一節，風誼凜然，當於古人中求之。攻媿集卷九十八林大中神道碑。又見南宋書卷四十一，金華先民傳卷三，金華徵獻略卷八。

編年　據年譜長編。

評論　宋元學案卷七十九：初，占星者謂朱晦庵曰：「某星示變，正人當之，其在林和叔邪？」至是，晦庵貽書朝士曰：「聞林和叔入臺，無一事不中的，去國一節，風義凜然，當於古人中求之。」

與程允夫書 紹熙三年冬

叔重録廣叔墓表來，細讀之益有味，近年絶少得此文矣。尊德性齋小集卷三董府君墓表。

編年　據書札彙編。

與潘文叔明府書 紹熙四年正月

辛幼安過此，極談佳政。云云端叔嫂後來已安樂未也？柳待制文集卷十八跋家中所藏文公帖。

編年　據年譜長編。書札彙編以爲作於三年春夏間。

與劉晦伯書 紹熙四年十二月十日

十二月十日，某頓首：霜寒，遠惟侍奉吉慶。武夷鄭知觀來，説賜田紐租事，欲求一言於徐丞，渠自去面懇。幸與詳度言之，亦須不礙官府事體乃佳爾。提宮丈不敢拜書。韜仲已有新除未耶？向煩料理買山事，近又嘗托季通言之，不知竟如何。更覓一信，若十千可就，即納錢去也。因鄭君行，草草附此。歲晚珍重，以迓新祉，不宣。某再拜晦伯知郡賢契友。道園學古録卷十一。

編年　據書札彙編。

評論　道園學古録卷十一虞集跋晦翁書後：集嘗見文公與東萊先生一帖云：「福建人劉氏兄弟爚、炳同預薦送，乃翁亦以免舉試禮部，皆欲見於門下。某新阡與其居密邇，兩年相從甚熟，知其嗜學，其教幸與之進。」蓋東萊時在館閣也。此書所謂晦伯，爚也，韜仲，炳也。十千所買之山，豈即所謂新阡之近而季通之所擇乎。昔者野人有食芹曝暄而美者，持以獻其君。野人猶然，而况君子之於其君也，心知其善，而忍後其事而弗告哉。紹興山陵改卜之議，季通竟坐貶死，孰知君子之於君親，蓋無二致也。得於親而不得於君，其勢然也。觀買山之帖，新阡之好，豈勝慨然。文公之書，豈欲以此藝成名者？而子昂仲章氏舉以爲言，豈子昂獨舉其所深解者，而仲章贊之邪？公少年蓋嘗學曹操書，而劉共父誚之，公以時之古爲解，然則豈可以書求公乎。

與某人帖 紹熙四年五年間

熹再拜上白：　提舉丈賜書云亦欲過定海，恐已到，幸爲致問訊意。尊堂恭人伏惟尊候萬福，眷集均休。恭叔尚未至，只文叔到已兩日矣，見約誠之在此相聚也。熹再拜上白。六研齋三筆卷一。又見宋文憲公文集卷四十六題朱文公手帖。

編年　據書札彙編。

與或人書〔一〕 紹熙五年正月

熹伏蒙別紙督過，伏讀震悚。顧實病衰，不堪思慮。若所記者一身一家一官之事，則猶可以勉强。至如元臣故老，動關國政，則首尾長闊，曲折精微，實非病餘昏昧之人所能熟考傳載。此熹所以不得詞於潘、李諸丈之文，而於先正銘識之屬則有取不敢當也〔二〕。卅年前，率爾記張魏公行事，當時只據渠家文字草成，後見它書所記多或未同，常以爲愧。故於趙忠簡家文字初已許之，而後亦不敢承當，已懇其改屬陳太史矣，不知今竟如何也。况今詞官萬一不遂，則又將有王事之勞，比之家居，見擾彌甚。切望矜閔，貸此餘生，毋勞竭其精神，以速就於溘然之地，則千萬之幸也。若無性命之憂，則豈敢有所愛於先世恩契之門如此哉。俯伏布懇，惶恐之劇！右謹具呈。朝散郎、秘閣修撰朱熹劄子。書畫鑒影卷三。

校記 〔一〕文前原題「朱文公手劄卷，紙本，高一尺四寸七分，長七尺四寸，凡三紙，計三劄，字經（按：疑當作『徑』）一寸内外。」此書題爲「第一劄」。文後題草書，十八行。劄前白文「安德□□世家」刀印，又一印不辨。劄後白文「吴越忠孝之家」方印，「君載」方印。

〔二〕取：疑當作「所」。

編年 據書中所言，朱熹時方繫銜奉祠而辭新除差遣。考朱熹凡兩除秘閣修撰，一在淳熙十六年正月，一在紹熙二年四月。然其轉朝散郎係在淳熙十六年九月，故此書當作在紹熙二年或以後。此後朱熹凡數被除官，計有：紹熙二年九月，除湖南轉運副使，辭，至三年二月始許補滿祠秩。十二月，除知靜江府、廣西安撫使，辭，至四年二月差主管南京鴻慶宮。十一月，除知潭州、湖南安撫使，辭，至五年五月赴任。十月應召入京，在朝四十日而被逐，從此退出仕途。故此書又當作於紹熙五年或以前。書云：「卅年前，率爾記張魏公行事，當時只據渠家文字草成。」朱熹文集卷九十五張浚行狀署乾道三年十月作，由乾道三年下數三十年，爲慶元二年，顯然不合。故此「卅年」只是概數，大約三十年耳。觀紹熙二至五年間除官，朱熹最有可能接受的還是知潭州之命。書云「况今詞官萬一不遂，則又將有王事之勞」，顯然已經做好了不得已出山的準備。故此書當作於紹熙五年正月朱熹最後一次辭潭州任之時，至二月則已拜命矣。此時上距乾道三年凡二十八年。池北偶談録有此書「十年前率爾記張魏公行實，當時只據渠家文字草成，後見它書所記多不同，常以爲恨」數句，其作「十年前」誤。

與教授學士契兄書 紹熙五年正月三十日

正月卅日，熹頓首再拜教授學士契兄：稍不奉問，鄉往良深。比日春和，恭惟講畫多餘，尊履萬福。熹衰晚多難，去臘忽有季婦之戚，悲痛不可堪。長沙新命，力不能堪，懇免未俞，比已再上，計必得之也。得黄婿書，聞學中規繩整治，深慰鄙懷。若更有以開導勸勉之，使知窮理修身之學，庶不枉費鈐鍵也。向者經由，坐間陳才卿覲者登第而歸，近方相訪，云頃承語及吴察制夫婦葬事，慨然興念，欲有以助其役，此義事也。今欲便與區處，專人奉扣，不審盛意如何，幸即報之也。因其便行，草草布此。薄冗，不暇他及。正遠，唯冀以時自愛，前需異擢。上狀不宣。熹頓首再拜。臺北故宫法書新編朱熹墨迹。又見石渠寶笈三編延春閣藏三十七，胡氏書畫考三種西清劄記卷一，大觀録卷七，故宫歷代法書全集第十二卷宋册三。

編年　據文中所述。

與汪會之書 紹熙五年八月七日

八月七日，熹頓首啓：比兩承書，冗未即報。比日秋深，凉燠未定，緬惟宣布之餘，起處佳福。熹到官三月，疾病半之。重以國家喪紀慶霈相尋而至，憂喜交并，匆匆度日，殊無休暇。兹又忽叨收召，衰病如此，豈堪世用？然聞得是親批出，不知誰以誤聽也。在官禮不敢詞，已一面起發。亦已申之祠禄，前路未報，即且歸建陽俟命。昨日解印出城，且脱目前疲冗，而後日之慮無涯，無由面言。但恨垂老入此鬧籃，未知作何合殺耳。本路事合理會者極多，頗已略見頭緒，而未及下手。至如長沙一郡，事之合經理者尤多，皆竊有志而未及究也。來諭曲折，雖有已施行者，但今既去，誰復禀承？如寨官之屬，若且在此，便當爲申明省并，而補其要害不可闕處之兵，乃爲久遠之計。未知今日與後來之人能復任此責否耳。學官之事可駭，惜不早聞，當與一按。只如李守之無狀，亦可惡也。劉法建人，舊亦識之，乃能有守，亦可嘉也。李必達者，知其不然，前日奉諉，乃以遠困之耳。得不追證，甚喜。已復再送郴州，令不得憑其虚詞，輒有追擾。州郡若喻此意，且羈留之，亦一事也。初聽其詞固無根，而察其夫婦之色，亦無悲戚之意，尋觀獄詞，决知其妄也。賢表才力有餘，語意明决，治一小郡，固無足爲，諸司亦已略相知。但恨熹便去此，不得俟政成而預薦者之列耳。目痛殊甚，草草附此奉報，不能盡所懷。惟冀以時自愛，前迓休渥。閤中宜人及諸郎各安佳！二子及長婦、諸女、諸孫一一拜問起居。朱桂州至此，欲遣人候之，未及而去，因書幸爲道意。有永福令呂大信者，居仁舍人之親侄，謹愿有守，幸其察之也。熹再拜啓會之知郡朝議賢表。石渠寶笈三編延春閣藏十三。又見胡氏書畫考三種西清劄記卷一，故宮歷代法書全集十三宋册四，故宮書畫録。

編年　據文中所述。

與汪會之書 紹熙五年八月十五日

八月十五日，熹頓首上啓：大桂驛中草草奉問，想已達矣。行次宜春，乃承專介惠書，獲聞比日秋暑，政成有相，起處多福，爲慰。熹衰晚亡堪，辛苦三月，已不勝郡事，告歸未獲，而忽叨此，雖荷朝廷記憶之深，然疏闊腐儒，亦何補於時論之萬分哉。已上免牘，前至臨川，恭聽處分，即自彼東還建陽耳。辰傜復爾，應是小小讎殺，不知今復如何。昨來所以不免再喚蒲來矢輩赴司羈縻之，政以争競有端，不可不預防之。新帥素不快此事，不知其來復以爲何如耳。得其平心待之，不至紛更，亦幸事也。人還，草草附報，不它及。閤中宜人、諸郎、娘一一佳勝！兒女輩附問。益遠，惟善自愛，以須召用爲祝，不宣。熹再拜上啓會之知郡朝議賢表。石渠寶笈續編第五十七寧壽宮藏宋賢遺翰。

編年　據文中所述。

與趙子直書 紹熙五年十月

處韓以節鉞，賜第於北關之外，以謝其勤，漸以禮疏之。四朝聞見録丁集。

編年　據年譜長編。

與滕承務書 慶元元年六月五日

六月五日，熹頓首：奉告，審聞□況，爲慰。訊後庚暑，侍履當益佳。廟額聞已得之，足見朝廷表勸忠義之意。記文久已奉諾，豈敢食言？然以病冗因循，遂成稽緩。今又大病累月幾死，近日方有向安意。若以先正之靈，未即瞑目，少寬數月，當爲草定，恭父歸日〔一〕，必可寄呈矣。匆匆布復，餘惟自愛。令祖母太夫人康寧，眷集一一佳慶！不宣。熹再拜滕君承務〔二〕。三希堂法帖。又見蘊真堂石刻卷三，故宮歷代法書全集十三宋册四。

校記　〔一〕恭：原缺，據朱熹義靈廟碑、辛丑消夏記卷一再與滕承務書補。

〔二〕滕：原缺，據右引補。

編年　據朱熹新考。

與程允夫書 慶元元年六月

欲令老僧升講座普說，使聽者通身汗出，快哉！快哉！誠齋集卷六十八答朱晦庵書。

編年 據年譜長編。

與呂子約書 慶元元年夏

熹以官則高於子約，以上之顧遇恩禮則深於子約，然坐視群小之爲，不能一言以報效，乃令子約獨舒憤懣，觸群小而蹈禍機，其愧嘆深矣。宋史卷四百五十五呂祖儉傳。又見宋史新編卷一百四十八，金華先民傳卷二，金華賢達傳卷五，宋元通鑑卷九十二，金華徵獻略卷二。

編年 呂祖儉之謫在慶元元年四月二日，此書當在聞訊後不久作。

與呂子約書 慶元元年夏

時事已非所及，不能復道。云云往者予弗及，來者吾不聞。吳文正集卷六十跋朱文公帖。

編年 跋朱文公帖云「趙丞相罷，呂子約以論救丞相貶韶州，書云」云云，是慶元元年春夏事也。

與程允夫帖 慶元元年七月六日

七月六日，熹頓首：前日一再附問，想無不達。使至承書，喜聞比日所履佳勝，小一嫂、千一哥以次俱安。老拙衰病，幸未即死，但脾胃終是怯弱，飲食小失節，便覺不快。兼作脾洩撓人，目疾則尤害事，更看文字不得也。吾弟雖亦有此疾，然來書尚能作小字，則亦未及此之什一也。千一哥且喜向安，若更要藥，可見報，當附去。吕集卷秩甚多，曾道夫寄來者，尚未得看，續當寄去。不知子澄家上下百卷者是何本也。子約想時相見。曾無疑書已到未？如未到，别寫去也。葉尉便中復附此，草草。餘惟自愛之祝，不宣。熹頓首允夫糾掾賢弟。文物出版社宋朱熹書翰文稿，一九六一年。又見石渠寶笈續編第十七養心殿所藏，湖南美術出版社古書畫過眼要録第五百三十一頁。

編年 據年譜長編。

再與滕承務書 慶元元年八月二十二日

八月廿二日，熹頓首：昨者人還附字，計必達矣。即日秋凉，遠懷侍奉吉慶！廟記近方草定，已寫本寄周守及葉致政矣，幸試取一觀。其它曲折，已與恭父詳言之〔一〕，幸并與諸丈熟議之也。匆匆附此，不能它及。餘惟以時自愛。令祖母太夫人壽履康安，眷集一一佳慶。不宣。熹再拜滕君承務。辛丑消夏記卷一。

校記 〔一〕恭：原作「慕」，據朱熹義靈廟碑改。

編年 據朱熹新考。

與金希傳書 慶元元年

君子事君當官，必以其道，希傳盍自勉。休寧金氏族譜卷二十。

編年 據朱熹佚文輯考。

與劉建翁書 慶元初

仲則辭内除而就外補〔一〕，不可及也。後村先生大全集卷九十五劉尚書集。又見民國莆田縣志卷二十五。

校記 〔一〕辭内：原作「□仲」，據民國莆田縣志卷二十五補改。

編年 序云「慶元初，朱文公與余叔父麟臺書字公曰」云云，據以繫之。

與程允夫書 慶元二年十一月

今日方見吾弟行止分明。云云滕珙兄弟謂與吾弟爲中表，因其有志，宜善誘之。鄉里少知此學，得從學者衆，漸以成風，亦非細事。尊德性齋小集補遺汪幼鳳程知録洵本傳。

編年 程知録洵本傳云：「洵與晦庵書曰：某濫得美名云云，公答曰：今日方見吾弟行止分明。」據文集卷八十七祭程允夫文，洵來書及朱熹答書皆作於慶元二年十一月，據以繫之。

與楊通老 慶元二年十二月

死生禍福，久矣置之度外，不煩遠慮。道命録卷七上。又見慶元黨禁，兩朝綱目備要卷四，宋史全文卷二十九上。

編年 據年譜長編。

戒子帖 慶元二年冬

年來衰病，多因飲食過度所致。近覺肉食太多〔一〕，爲害尤甚。自丁巳正旦以往，早晚飯各不得過一肉。如有肉羹，不得更設肉飣。如是菜羹熟水下飯，即肉飣不得用大楪，只用菜楪大小一般。晚食尤須減少，不肉更佳。一則寬胃養氣，一則節用省財，庶幾全生盡年，儉德避難之萬一〔二〕。埜等如有愛親之心，切宜深體此意。古今事文類聚別集卷十八。又見紫微集卷三十三，古今合璧事類備要續集卷三十五，宋元學案補遺卷四十九。

校記 〔一〕食太：原缺，據紫微集補。

〔二〕萬：原作「方」，據紫微集、古今合璧事類備要續集改。

編年 據文中所述。

與某人劄子 慶元三年十月二十日

上缺生涯，未得究竟，竊恐遂爲千載之憾耳。往春傳聞神觀精明，筋力强健，登山臨水，飲酒賦詩，皆不減於其舊，不勝嘆羨。計於譙、姚諸君必有不待目擊而道存者，亦可分減布袍，起此溝中之瘠乎？因鄰家陳君之行，勒此問訊。氣痞目昏，不能久伏案多作字，臨風不勝依依。唯冀以時益加毖護，以永壽祺，千萬至懇！右謹具呈。十月廿日，朝奉大夫朱熹劄子。湖南美術出版社古書畫過眼要録第五百三十頁，一九八七年。

編年 據年譜長編。

與呂子約書 慶元三年

知其所以爲放者而收之，則心存矣。朱子語類卷一百二十錢木之録。

編年 據語類姓氏，錢木之録乃慶元三年所聞，據以繫之。

與某人書 慶元三年十一月七日

十一月七日，熹頓首：前日符舜功行，嘗附書，不審已達否。□至辱書，欣審比日冬寒，所履佳勝。尊丈書信已領，今有報章并藥物，却煩附去。所喻書目，極荷留意。其大者皆有之，但一二碎小者，或所未見。今具列紙，幸爲與史君求之，宛轉附來，幸甚。前書所煩借人送孫醫，不知如何？渠若不在彼，即不須啓口，此已自使人往建昌問之矣。若在臨川，即不免别作陳史君書去也。衰病寒來愈甚，氣滿胸腹，不可屈伸。數日又加痰嗽，尤覺費力。便還，口占布此，餘幾□恃愛〔一〕。想且家居。時論反復，未有定止，奈何奈何！惠及黄雀，良感至意。窮居索然，無以爲報，幸勿訝也。不宣。熹頓首。壯陶閣書畫録卷四。

校記　〔一〕「愛」下有小字注：「下有十餘字，朽爛不能識也。」

編年　據年譜長編。

與陳景思書　慶元三年

其然其然！韓丈於我本無怨惡，我於韓丈亦何嫌猜乎？水心文集卷十八陳景思墓誌銘。又見宋元學案卷四十九。

編年　據朱熹佚文輯考。

與黄直卿書　慶元三年

五夫不可居，不如只此相聚。爲謀一屋不就，别討屋基了，相去又十數步。若作小屋三間，儘可居也。勉齋先生黄文肅公文集附黄榦年譜。

編年 據黃榦年譜。

與廬陵後生小簡 慶元四年

便中承書，知比日侍奉安佳。吾子讀書，比復如何？只是專一勤苦，無不成就。第一更切檢束操守，不可放逸。親近師友，莫與不勝己者往來，熏染習熟，壞了人也。景陽想已赴省，季章當只在家，凡百必能盡心苦口，切須承稟，不可有違。諺云：「成人不自在，自在不成人。」此言雖淺，然實切至之論，千萬勉之。大學説漫納，試讀之，不曉處可問季章也。未即相見，千萬爲門户自愛。鶴林玉露乙編卷三朱文公帖。又見明朱培文公大全集補遺卷七，雙橋隨筆卷九，民國廬陵縣志卷二十七。

編年 據年譜長編。書札彙編以爲作於淳熙十一年春。

評論 鶴林玉露乙編卷三朱文公帖：廬陵士友藏朱文公一小簡真迹云……此簡蓋與其親戚卑行也，大全集所不載。後生晚進能寫一通，置之座側，朝夕觀省，何患不做好人。景陽姓許，名子春，季章姓劉，名黼，皆廬陵醇儒，從文公學。季章後爲特奏第一人。

與徐允叔書 慶元四年秋冬間

高安之政，義風凜然。宋史卷三百九十五徐應龍傳。又見敬由編卷十，嘉靖建寧縣志卷十八。

編年 宋史徐應龍傳云：「改秩知瑞州高安縣。吕祖儉言事忤韓侂胄，謫死高安。應龍爲之經紀其喪，且爲文誅之。有勸之避禍者，應龍曰：『吕君吾所敬，雖緣此獲譴，亦所願也。』朱熹貽書應龍曰「云云。祖儉卒於慶元四年七月，故此書當作於是年秋冬間。

與廖子晦帖 慶元四年

大學又修得一番，簡易平實，次第可以絶筆。四書蒙引卷一、卷二。又見朱子抄釋卷一，李默紫陽文公先生年譜卷二，王懋竑朱子年譜考異卷四，道光徽州府志卷十一之一。

編年 四書蒙引云「其戊午年與廖德明帖」云云，據以繫之。

與楊庭秀書 慶元四年

苦於所居窮僻，無書可借，無人可問，疑義無與析。誠齋集卷一百五答朱侍講。

編年 據年譜長編。

答某人書 慶元四年以後

不須如何説話，不濟事。若資質弱，便放教剛；若過剛，便放教稍柔些；若懶，便放教勤。讀論語，便徹頭徹尾理會論語；讀孟子，便徹頭徹尾理會孟子，其他書皆然。此等事本不用問人，問人只是杭唐日子，不濟事。只須低著頭去做。若做底，自是不消問人。朱子語類卷一百三十二沈僩録。

編年　據語類姓氏，沈僩録乃慶元四年以後所聞，據以繫之。

與黄直卿書 慶元五年春

書社想亦漸成次第，更宜勉力，交相磨切，使有成就，非細事也。勉齋先生黄文肅公文集附黄榦年譜。

編年　據黄榦年譜。

與輔漢卿書 慶元五年夏

得趙昌父書，以「致政大夫」見呼，此甚真實，而又雅馴。可爲報同社諸人，今後請依此例也。游宦紀聞卷八。又見茶香室叢鈔卷五，古今圖書集成經濟彙編銓衡典卷一百八。

編年　朱熹於慶元五年四月二十三日致仕，此云以「致政大夫」相稱，作在致仕之初可知。

與侄六十郎書 慶元五年八月二十日

書呈朱六十秀才，叔朝奉大夫致仕某實封。

八月廿日，書報六十郎賢侄：叔重人來，得書，知比日爲況安佳，足以爲慰。又聞有析居之擾〔一〕，想見諸事不易。此既納禄，又有嫁遣之累，窘不可言。想吾侄既無館地，亦是此模樣。無可奈何，只得忍耐耳。墓木摧倒，此合與小七郎及四九侄、五四侄諸人商議打并。若本位那得修粧固善，然亦須吾侄同八十侄與衆人説過，此不及一一作書也。叔重人還附此，草草，餘惟自愛。房下諸孫一一安樂，埜必自有書。諸兒女婦孫一一附問。叔某白。趙氏鐵網珊瑚卷四。又見六藝之一録卷三百九十五，式古堂書畫彙考卷十四。

校記　〔一〕又：原作「久」，據又見改。

編年　據文中所述。

評論　趙氏鐵網珊瑚卷四楊維禎跋：余記十年前與焕章氏題先譜，推其六世祖爲考亭夫子。家藏夫子手澤甚富，約至其家閲之。今年冬予始至横溪，焕章仲子㕓出示夫子與其侄六十秀才書一紙，兵燹之餘，僅留手澤者是帖也。書中墓木事丁寧告戒，望之至而責之顯。又言析居事，閔其失館地，勉之以忍耐二字，其家教之概如此。㕓時時披展於讀書之室，非朱氏子孫之座右銘乎。至正二十年冬十月八日，會稽楊維禎謹識。

又錢惟善跋：考亭夫子七世孫㕓自其祖僑居華亭者三世矣。一日，出夫子與猶子六十秀才一帖，蓋嘉言也。㕓其佩服，見之行事可也。墓門有木則愛護之，不如意事之來則忍耐之，祖訓是則是效，是不爲考亭之賢孫乎。武夷山樵錢惟善謹識。

又沈存跋：紫陽夫子，百世之師，一言一行，無非妙道。精義之所發，學者皆當佩服而敬守之，況爲其後者乎。今觀此帖，閔其侄之失館地，則勉之以忍耐；知其墓木之摧倒，則囑之以修理。

蓋能忍貧，則無苟得無耻之患。念先隴之凋毀，則無望其木思以爲材之心。修己奉先，事之大者，故其言懇至如此。宜當置之几案，時時展玩，引而伸之，觸類而長之，則凡吾所當爲之事，皆可自此而推也。至正庚子嘉平，後學沈存端拜謹書。性之

又□震跋：紫陽夫子遺墨，七世孫垕字叔重家藏，裝褫成卷，如襲珠璧，可謂善貽後矣。吾先子爲題其後，上以發明夫子之微意，下以勉勵後進之立身，不惟叔重由之而能敬守上世之遺訓，而震誦先子之言，尤當慎保是身，以奉承書詩之澤，所得不既多乎。詩曰：「無念爾祖，聿修厥德。」叔重其有之矣。又曰：「夙興夜寐，無忝爾所生。」吾所當致力焉。至正甲辰八月廿有八日，孤子震百拜謹識。伯修

又周伯琦跋：右新安朱夫子與所親手簡真迹一卷，詞語真淳，氣誼周密。姻睦之厚，著於當時；筆墨之精，粲然傳久，誠爲後進之楷式也。鄱陽周伯琦敬題。

又秦裕伯跋：愚按：宋寧宗慶元五年，先正文公始獲休致之請。今封題朝奉大夫致仕，則時年蓋七十餘矣。所謂六十郎、八十侄者，必新安衆族之家；墓木摧倒，亦曾高以上之冢。當是時，公還居建上，長子已死，家事屬之仲子埜，故云埜必自有書。兹特因其侄之來書，以答書中之意而慰勉之耳。附書者叔重所遺之人，不知叔重爲何人。今獲是書而寶之者，蓋公之後人名垕，而亦字叔重，是宜永守而勿失也。雖然，公手澤之物，非直爲後世珍玩而已。叔重好學而年富，必能自立，有以異於尋常。抑又考公家譜，諸子孫皆以五行相生之字爲名。若是，則垕當爲七世諸孫。慎毋曰「君子之澤，五世而斬」，叔重其勉之。至正二十五年歲舍乙巳夏五月望，後學秦裕伯拜書。

又淩雲翰跋：董銖叔重在朱門爲高弟，此書蓋因之以寄諸侄者。親親之意，藹乎言表，是足以敦

乎薄俗。七世孫垕適與銖同字，大夫士又從而明之，祖孫師友，宛然在目，宜其益爲世守之重也。錢唐凌雲翰敬跋。

又陳朴跋：考亭夫子集道學之大成，以遺後人，豐功盛德，與天地爲終始。一言一字，皆可師法，况手書諭侄，其尊祖淑後之意，尤當服膺。至於源委考證，先儒名筆既已詳悉，區區膚陋，有何他辭。齋沐撫觀，而附姓名於卷末。後學奉化陳朴敬題。

又陶九成跋：子朱子繼續道統，優入聖域，而於翰墨亦加之功，善行草，尤善大字，下筆即沈著典雅，雖片縑寸紙，人争珍秘，不啻璠璵圭璧。此帖乃與侄家書，略不用意，出於自然，尤可寶也。展讀一過，敬識諸卷尾。天台陶九成。

又邵亨貞跋：昔者坡翁嘗謂昌黎先生道濟天下之溺，愚亦嘗謂曰：宋之亡，得晦翁先生注述四書諸經，故斯文有傳久而五常不廢，可不謂濟天下之溺乎。其於片言隻字，皆不失格言畦逕。至於私書，尚且見其卑尊存亡之序，尊尊幼幼之道。非命世大賢，疇能若此？浙右墨迹，自來不得多見。今之收藏者，乃亦同姓後人，夫豈偶然也哉。嚴陵後學邵亨貞敬識。

與黃仁卿書 慶元六年二月

直卿到此，葺治園屋方粗成次第，而彼中諸生復來迎致。此間殊恨失助，然又不可爽彼之約。今便登舟，極令人作惡也。勉齋先生黃文肅公文集附黃榦年譜。

編年 據黃榦年譜。

與黃商伯書慶元六年閏二月

伯量依舊在門館否？禮書近得黃直卿與長樂一朋友在此，方得下手整頓。但疾病昏倦時多，又爲人事書尺妨廢，不能得就緒。直卿又許了鄉人館，未知如何。若不能留，尤覺失助。甚恨鄉時不曾留得伯量相與協力。若渠今年不作書會，則煩爲道意，得其一來，爲數月留，千萬幸也。朱子語類卷八十四。

編年 據年譜長編。

與胡伯量書慶元六年閏二月

所定禮編，恨未之見。此間所編喪禮一門，福州尚未送來。將來若得賢者持彼成書復來參訂，庶幾詳審，不至差互。但恐相去之遠，難遂此期耳。朱子語類卷八十四。

編年 據年譜長編。

與趙訥齋論綱目書慶元中

綱目看得如何？得爲整頓，續成一書，亦佳事也。綱目能爲整頓否？得留念幸甚。

通鑑綱目以眼疾不能細看，但觀數處，已頗詳盡。「東平王蒼罷歸藩」連下文幸鄴事元本漏，已依所示者補之矣。此書無他法，但其綱欲謹嚴而無脱落，目欲詳備而不煩冗耳。

綱目想閑中整頓得儘可觀，恨相去遠，不得相聚討論也。

通鑑綱目次第如何？有便幸逐旋寄來。

所補綱目幸早見示及他卷。不知提要曾爲一一看過否？若閑中能爲整頓得一番，亦幸事也。

巡幸還宫，當如所諭。但其間有事者，自當隨事筆削，不可拘一例耳。後漢單于繼立不書，本以匈奴已衰，不足詳載，如封王侯、拜三公、行赦宥之類耳。更告詳之，却於例中略見其意也。

閑中了得綱目，亦是一事。不知已至甚處？自古治日少，亂日多，史書不好看，損人神氣。但又要知，不奈何耳。某今此大病幾死，幸而復蘇。未病時補得稽古録三四卷，今亦未敢接續整理。更欲續大事記熙寧以後，亦覺難措手也。此恐他日并累賢者，用功亦不多也。

所補綱目今附還，亦竟未及細看，不知此書更合如何整頓。恐須更以本書目録及稽古録、皇極經世、編年通載等書參定其綱，先令大事都無遺漏，然後逐事考究首尾，以修其目。其有一時講論治道之言，無綱可附者，惟唐太宗紀中最多。雖以事類强而附之，然終未安。不知亦可去其太甚否，而於崩葬處作一總叙，略依次序該載，如何？某衰朽殊甚，次第只了得禮書，已無餘力。此事全賴幾道爲結裹了却，亦是一事也。又如稽古録中書亂亡事時或不著其用事人姓名，無以示懲而作戒。此亦一大眼目，不可不明著其人與其交黨之尤用力者，使其遺臭無窮，爲萬世之明鑒也。資治通鑑綱目卷首。又見綱目續麟附録，宋元學案補遺卷六十九，民國台州府志卷六十七。

編年 年譜長編以爲此八書皆作於慶元五年，書札彙編則分繫於慶元二年至六年，似皆無確據。考朱熹於淳熙九年始識趙師淵，而淳熙六年至紹熙間幾乎未修訂過通鑑綱目。書云「想閑中整頓得儘可觀」，「閑中了得綱目，亦是一事」，知時師淵賦閑居家。據師淵行實，因慶元初受趙汝愚牽連罷歸，居家十餘年。此八書必作於此期間，即慶元間也。詳見郭齊關於朱熹編修資治通鑑綱目的若干問題所考。

朱熹文集編年評注遺集卷三

雜著　序跋　記　祭文　傳

童蒙須知隆興元年

夫童蒙之學，始於衣服冠履，次及語言步趨，次及灑掃涓潔，次及讀書寫文字，及有雜細事宜，皆所當知。今逐目條列，名曰童蒙須知。若其修身治心，事親接物，與夫窮理盡性之要，自有聖賢典訓，昭然可考，當次第曉達，茲不復詳著云。

衣服冠履第一

大抵爲人先要身體端整，自冠巾衣服鞋襪，皆須收拾愛護，常令潔净整齊。我先人常訓子弟云，男子有三緊，謂頭緊、腰緊、脚緊。頭謂頭巾，未冠者總髻。腰謂以絛或帶束腰，脚謂鞋襪。此三者要緊束，不可寬慢，寬慢則身體放肆，不端嚴，爲人所輕賤矣。

凡着衣服，必先提整衿領，結兩衽紐帶，不可令有闕落。飲食照管，勿令污壞，行路看顧，勿令泥漬。

凡脱衣服，必齊整摺叠箱篋中，勿散亂頓放，則不爲塵埃雜穢所污。仍易於尋取，不致散失。着衣既久，則不免垢膩，須要勤勤洗澣，破綻則補綴之。儘補綴無害，只用完潔。

凡盥面，必以巾帨遮護衣領，捲束兩袖，勿令有所濕。

凡就勞役，必去上籠衣服，只着短便，愛護勿使損污。

凡日中所着衣服，夜臥必更，則不藏蚤虱，不即敝壞。苟能如此，則不但威儀可法，又可不費衣服。晏子一狐裘三十年，雖意在以儉化俗，亦其愛惜有道也。此最飭身之要，毋忽！

語言步趨第二

凡爲人子弟，須要常低聲下氣，語言詳緩，不可高言喧鬨，浮言戲笑。父兄長上有所教督，但當低首聽受，不可妄自議論。長上檢責或有過誤，不可便自分解，姑且隱嘿，久却徐徐細意條陳，云「此事恐是如此，向者當是偶爾遺忘」，或曰「當是偶爾思省未至」。若爾，則無傷忤，事理自明。至於朋友分上，亦當如此。

凡聞人所爲不善，下至婢僕違過，宜且包藏，不應便爾聲言。當相告語，使其知改。

凡行步趨蹌，須是端正，不可疾走跳躑。若父母長上有所喚召，却當疾走而前，不可舒緩。

灑掃涓潔第三

凡爲人子弟，當灑掃居處之地，拂拭几案，常令潔浄。文字筆硯凡百器用，皆當嚴肅整齊，頓放有常處。取用既畢，復置元所。父兄長上坐起處，文字紙劄之屬或有散亂，當加意整齊，不可輒自取用。凡借人文字，皆置簿抄録主名〔二〕，及時取還。窗壁几案文字間不可書字，前輩云：「壞筆污墨，瘝子弟職。書几書研，自黥其面。」此爲最不雅潔，切宜深戒。

讀書寫文字第四

凡讀書，須整頓几案，令潔浄端正。將書册整齊頓放，正身體對書册，詳緩看字子細，分明讀之。須要讀得字字響亮，不可誤一字，不可少一字，不可多一字，不可倒一字，不可牽强暗記，只是要多誦遍數，自然上口，久遠不忘。古人云：「讀書千遍，其義自見。」謂讀得熟，則不待解説，自曉其義也。余嘗謂讀書有三到，謂心到、眼到、口到。心不在此，則眼不看子細；心眼既不專一，却只漫浪誦讀，决不能記，記不能久也。三到之中，心到最急。心既到矣，眼口豈不到乎。

凡書册須要愛護，不可損污縐摺。濟陽江禄書讀未竟，雖有急速，必待掩束整齊然後起，此最爲可法。

凡寫文字，須高執墨錠，端正研磨，勿使墨汁污手。高執筆，雙鈎端楷書字，不得令手指着毫〔二〕。

凡寫字，未問寫得工拙如何，且要一筆一畫嚴正分明，不可老草。

凡寫文字，須要子細看本，不可差誤。

雜細事宜第五

凡子弟須要早起晏眠。凡喧鬨鬥争之處不可近，無益之事不可爲。謂如賭博、籠養、打毬、踢毬、放風禽等事。

凡飲食，有則食之，無則不可思索。但粥飯充飢，不可缺。凡向火，勿迫近火傍，不惟舉止不佳，且防焚爇衣服。凡相揖，必折腰。凡對父母、長上、朋友，必稱名。凡稱呼長上，不可以字，必云某丈。如異姓者〔三〕，則云某姓某丈。凡出外及歸，必於長上前作揖，雖暫出亦然。凡飲食於長上之前，必輕嚼緩嚥，不可聞飲食之聲。凡飲食之物，勿争較多少美惡。凡侍長者之側，必正立拱手〔四〕，有所問則必誠實對，言不可妄。凡開門揭簾，須徐徐輕手〔五〕，不可令震驚響。凡衆坐，必斂身，勿廣占坐席。凡侍長上出行，必居路之右，住必居左。凡飲酒，不可令至醉。凡如厠，必去上衣，下必浣手。凡夜行，必以燈燭，無燭則止。凡待婢僕，必端嚴，勿得與之嬉笑。執器皿必端嚴，惟恐有失。凡危險，不可近。凡道路遇長者，必正立拱手，疾趨而揖。

凡夜臥，必用枕，勿以寢衣覆首。凡飲食，舉匙必置筯，舉筯必置匙。食已，則置匙筯於案。雜細事宜品目甚多，姑舉其略，然大概具矣。凡此五篇，若能遵守不違，自不失爲謹愿之士。必又能讀聖賢之書，恢大此心，進德修業，入於大賢君子之域，無不可者。汝曹宜勉之！居家必用事類全集甲集。又見明朱培朱子大全集補遺卷七，說郛卷七十一，朱子文集大全類編補遺，新板增補天下便用文林妙錦萬寶全書卷二十八，李元禄朱子年譜綱目卷七，楊園先生全集卷三十五。

校記 〔一〕主：原作「諸」，據朱子大全集補遺卷七改。

〔二〕指：原作「楷」，據新板增補天下便用文林妙錦萬寶全書改。

〔三〕異姓：原作「弟行」，據楊園先生全集改。

〔四〕立：原作「言」，據朱子大全集補遺卷七改。

〔五〕須：原作「雖」，據右引卷七改。

編年 據年譜長編。

辟廱泮宮説 隆興元年前後

王制論學曰：「天子曰辟廱，諸侯曰泮宮。」説者以爲辟廱，大射行禮之處也，水旋丘如璧，以節觀者。泮宮，諸侯鄉射之宮也，其水半之。蓋東西門以南通水，北無也。故振鷺之詩曰：「振鷺于飛，于彼西雝。」説者以雝爲澤，蓋即旋丘之水，而其學即所謂澤宮也。蓋古人之學與今不同，孟子所謂「序者，射也」，則學蓋有以射爲主者矣。蘇氏引莊周言「文王有辟廱之樂」，遂以辟廱亦爲樂名，而曰古人以樂教胄子，則未知學以樂而得名歟，樂以學而得名歟？則是又以爲習樂之所也。張子亦曰辟廱古無此名，其制蓋始於此。及周有天下，遂以名天子之學，而諸侯不得立焉。記所謂「魯人將有事於上帝，必先有事於泮宮」者，蓋射以擇士云爾。吕氏家塾讀詩記卷二十五。又見文獻通考卷四十，淵鑒類函卷一百六十，五禮通考卷一百六十九，讀詩質疑卷二十四。

編年 卷七十六吕氏家塾讀詩記後序云：「此書所謂朱氏者，實熹少時淺陋之説，而伯恭父誤有取焉。」此「少時淺陋之説」究竟作於何時？考朱熹隆興元年始草成詩解，時尚用尊序舊説。而是年以前與吕祖謙無書信往來，吕無從得知其説。其後與祖謙衆多書信中，亦絕少言及詩者。淳熙五年起，始討論稍多，蓋祖謙讀詩記將成。然此時朱熹已擯棄舊説，其議論亦不可稱爲「少時」之論矣。故疑吕氏所引此篇當爲朱熹隆興元年前後初解詩時所作，據以繫之。

書少陵詩寄伯恭〔一〕 隆興二年二月三日

仲春後三日，寓劍川，書寄伯恭友丈，朱某載拜。西陂類稿卷二十八。

校記 〔一〕據跋，文前原有朱熹書杜詩送路六侍御入朝，此不録。

編年 據朱熹佚文輯考。

西銘論 乾道六年至八年

論曰：天地之間，理一而已。然乾道成男，坤道成女，二氣交感，化生萬物，則其大小之分，親疏之等，至於十百千萬而不能齊也。不有聖賢者出，孰能合其異而會其同哉。西銘之作，意蓋如此。程子以爲「明理一而分殊」，可謂一言以蔽之矣。

蓋以乾爲父，坤爲母，有生之類無物不然，所謂理一也。而人物之生，血氣之屬各親其親，各子其子，則其分亦安得而不殊哉。一統而萬殊，則雖天下一家，中國一人，而不流於兼愛之弊；萬殊而一貫，則雖親疏異情，貴賤異等，而不梏於爲我之私。此西銘之大指也。

觀其推親親之厚以大無我之公，因事親之誠以明事天之道，蓋無適而非所謂分立而推理一者。夫豈專以民吾同胞，長長幼幼爲理一，而必默識於言意之表，然後知其分之殊哉。且所謂「稱物平施」者，正謂稱物之宜以平吾之施云爾。若無稱物之義，則亦何以知夫所施之平哉。龜山第二書蓋欲發明此意，然言不盡而理有餘也。故愚得因其説而遂言之如此，同志之士幸相與折衷焉。永樂大典卷八千二百六十八。又見宋名臣言行録外集卷四，古文集成前集卷四十九，乾隆郿縣志卷十三。

編年　張載集西銘解末載此篇，後尚有朱熹乾道八年十月一日所作後序一篇，或將其與此論合爲一篇。然觀其内容，實爲兩篇，且非同時所作。西山讀書記、性理大全書等皆作爲兩篇分列。考朱熹始作西銘解在乾道六年，則此論應作在六年書成以後至八年十月一日作後序之前。據以繫之。

評論　南軒集卷二十二張栻答朱元晦書：西銘之論甚精，「乾稱父，坤稱母」之説，某亦如此看，蓋一篇渾是此意也。但所論其間有一二語鄙意未安，俟更爲精讀深思，方報去。

太極圖説辯　乾道六年至九年

愚既爲此説，讀者病其分裂已甚，辯詰紛然，苦於酬應之不給也，故總而論之。大抵難者或謂不當以繼善成性分陰陽，或謂不當以太極陰陽分道器，或謂不當以仁義中正分體用，或謂不當言一物各具一太極。又有謂體用一源，不可言體立而後用行者；又有謂仁爲統體，不可偏指爲陽動者；又有謂仁義中正之分不當反其類者。是數者之説亦皆有理，然惜其於聖賢之意皆得其一而遺其二也。

夫道體之全，渾然一致，而精粗本末、内外賓主之分粲然於其中，有不可以毫釐差者。此聖賢之言所以或離或合，或異或同，而乃所以爲道體之全也。今徒知所謂渾然者之爲大而樂言之，而不知夫所謂粲然者之未始相離也，是以信同疑異，喜合惡離，其論每陷於一偏，卒爲無星之秤、無寸之尺而已，豈不誤哉。夫善之與性，不可謂有二物明矣。然「繼之者善」，自其陰陽變化而言也；「成之者性」，自夫人物禀受而言也。陰陽變化流行而未始有窮，陽之動也；人物禀受一定而不可復易，陰之静也。以此辯之，則亦安得無二者之分哉。然性善，形而上者也；陰陽，形而下者也。周子之意，亦豈直指善爲陽而性爲陰哉，但語其分，則以爲當屬之此耳。陰陽太極不可謂有二理必矣，然太極無象而陰陽有氣，則亦安得而無上下之殊哉。此其所以爲道器之别也。故程子曰：「形而上爲道，形而下爲器，須著如此説。然器亦道也，道亦器也。」得此意而推之，則庶乎其不偏矣。仁義中正，同乎一理者也，而析爲體用，誠若有未安者。然仁者，善之長也；中者，嘉之會也；義者，利之宜也；正者，貞之體也。而元亨者，誠之通也；利貞者，誠之復也。是則安得爲無體用之分哉。萬物之生，同一太極者也。而謂其各具，則亦有可疑者。然一物之中，天理完具，不相假借，不相陵奪，此統之所以有宗，會之所以有元也，是則安得不曰各具一理哉。

若夫所謂體用一源者，程子之言蓋已密矣。其曰體用一源者，以至微之理言之，則沖漠無朕而萬象昭然已具也。其曰顯微無間者，以至著之象言之，則即事即物而此理無乎不在也。言理則先體而後用，蓋舉體而用之理已具，是所以爲一源也。言事則先顯而後微，蓋即事而理之體可見，是所以爲無間也。然則所謂一源者，是豈漫無精粗先後之可言哉。況既曰體立而後用行，則亦不嫌於先有此而後有彼矣。所謂仁爲統體者，則程子所謂專言之而包四者是也。然其言蓋曰四德之元猶五常之仁，偏言則一事，專言則包四者，則是仁之所以包夫四者，固未嘗離夫偏言之一事，亦未有不識夫偏言之一事，而可以驟語夫專言之統體者也。況此圖以仁配義，而復以中正參焉，又與陰陽剛柔爲類，則亦不得爲專言之矣，安得遽以夫統體者言之，而昧夫陰陽動靜之別哉。至於中之爲用，則以無過不及者言之，而非指所謂未發之中也。仁不爲體，則亦以偏言一事者言之，而非指所謂專言之仁也。對此而言，則正者所以爲中之幹，而義者所以爲仁之質又可知矣。其爲體用，亦豈爲無說哉。

大抵周子之爲是書，語意峻潔而渾成，條理精密而疏暢。讀者能虚心一意，反復潛玩，而毋以先入之説亂焉，則庶幾其有得乎周子之心，而無疑於紛紛之説矣。儒宗理要卷一。又見性理大全書卷一，周濂溪先生全集卷一。

編年　太極圖説卷二載此辯，後尚有朱熹乾道九年四月十六日所作後記一篇，或將其與此合爲一篇。按此篇首句云「愚既爲此説」，後記首句云「熹既爲此説」，各爲一篇甚明，歷來亦無將其合二爲一者。考朱熹乾道六年始作太極圖説解，此辯當作於書成之後，作後記之前，據以繫之。

請黄樵考校秋補諸生牒紹熙元年七月

文學德行，爲衆所推。今宜禮請同行考校。上海古籍出版社朱子語類彙校卷一百六，二〇一七年。

編年 據年譜長編。

書楊時西銘説後乾道八年十月一日

某既爲此解，後得尹氏書，云楊中立答伊川先生論西銘書有「釋然無惑」之語，先生讀之曰：「楊氏也未釋然。」乃知此論所疑第二書之説，先生蓋亦未之許也。然龜山語録有曰：「西銘理一而分殊，知其理一，所以爲仁；知其分殊，所以爲義。所謂分殊，猶孟子言『親親而仁民，仁民而愛物』，其分不同，故所施不能無差等耳。或曰：『如是則體用果離而爲二矣。』曰：『用未嘗離體也。以人觀之，四肢百骸具於一身者體也，至其用處，則首不可以加履，足不可以納冠。蓋即體而言，而分已在其中矣。』」此論分別異同，各有歸趣，大非答書之比，豈其年高德盛而所見始益精與？因復表而出之，以明答書之説誠有未釋然者，而龜山所見蓋不終於此而已也。乾道壬辰孟冬朔旦，某書。永樂大典卷八千二百六十八。又見宋名臣言行録外集卷四，性理大全書卷四，乾隆郿縣志卷十三。

編年　據文中所署。

太極圖説注後記 乾道九年四月十六日

熹既爲此説，嘗録以寄廣漢張敬夫。敬夫以書來曰：「二先生所與門人講論問答之言，見於書者詳矣。其於西銘，蓋屢言之。至此圖，則未嘗一言及也。謂其必有微意，是則固然。然所謂微意者，果何謂耶？」熹竊謂以爲此圖立象盡意，剖析幽微，周子蓋不得已而作也。觀其手授之意，蓋以爲惟程子爲能當之。至程子而不言，則疑其未有能受之者爾。夫既未能默識於言意之表，則馳心空妙，入耳出口，其弊必有不勝言者。近年已覺頗有此弊矣。觀其答張閎中論易傳成書，深患無受之者，及東見録中論横渠清虚一大之説，使人向别處走，不若且只道敬，則其意亦可見矣。若西銘，則推人以之天，即近以明遠，於學者日用最爲親切，非若此書詳於性命之原而略於進爲之目，有不可以驟而語者也。孔子雅言詩書執禮，而於易則鮮及焉，其意亦猶此耳。韓子曰「堯舜之利民也大，禹之慮民也深」，熹於周子、程子亦云。既以復於敬夫，因記其説於此。乾道癸巳四月既望，熹謹書。性理大全書卷一。又見源流至論前集卷一，文獻通考經籍考卷三十七，宋元學案補遺卷十二，周濂溪先生全集卷一。

編年　據文中所署。

吕氏鄉約跋 淳熙二年四月

此篇舊傳吕公進伯所作，今乃載於其弟和叔文集，又有問答諸書如此，知其爲和叔所定不疑。篇末著進伯名，意以其族黨之長而推之，使主斯約故爾。淳熙乙未四月甲子，朱熹識。吕氏鄉約卷末。又見永樂大典卷六千六百四十一，天禄琳琅書目卷四。

編年 據文中所署。

吕氏鄉儀跋 淳熙二年四月

此篇舊題蘇氏鄉儀，意其爲蘇昞季明博士兄弟所作。今按吕和叔文集乃季明所序，而此篇在焉，然則乃吕氏書也。因去篇題二字，而記其實如此。淳熙乙未四月甲子，朱熹識。吕氏鄉儀卷末。又見永樂大典卷六千六百四十一，天禄琳琅書目卷四。

編年 據文中所署。

陰符經考異序 淳熙二年十一月

陰符經三百言，李筌得於石室中，云寇謙之所藏，出於黄帝。河南邵氏以爲戰國時書，程子以爲非商末則周末。世數久遠，不得而詳知。以文字氣象言之，必非古書，然非深於道者不能作也。大要以至無爲宗，以天地文理爲數，謂天下之故皆自無而生有，人能自有以返無，則宇宙在手矣。筌之言曰，百言演道，百言演法，百言演術。道者神仙抱一，法者富國安民，術者强兵戰勝，而不知其不相離也。一句一義，三者未嘗不備。道者得其道，法者得其法，術者得其術，三之則悖矣。或曰，此書即筌之所爲也，得於石室者，僞也。其詞支而晦，故人各得以其所見爲説耳〔一〕。筌本非深於道者也，是果然歟？吾不得而知也。吾恐人見其支而不見其一也，見其晦而不見其明也，吾亦不得而知也。是果然也，則此書爲郢書，吾説爲燕説矣。淳熙乙未長至日序。

陰符經考異卷首。又見萬卷精華樓藏書記卷一百二。

校記　〔一〕自首句至於此，玉海卷五繫於蔡望。文云：「咸平三年，蔡望進新注陰符經。八月十八日，宋白看詳付史館。蔡氏序曰」云云。

編年　據文中所署。

睢陽五老圖卷跋并詩 淳熙三年

拜瞻五老圖像，儼然儀刑。當代以來，遇時否塞，遭家多故，支同派别，遷播不一，南北之涸，其來尚矣。得其畢氏之傳再見於江南，豈勝幸哉！使人企仰，以續將來，非獨表大宋隆德興盛之時，實起後世爲人臣子孫亘古永錫無替之昭鑒，垂不朽云爾，以踵其祖韻而已矣。後學朱熹拜手敬題。

同支派别胄遥遥，南渡衣冠尚北朝。千載畫圖文獻在，兩朝開濟政明昭。公卿倡和遵皇運，嗣子傳家念祖饒。幸得慶源流自遠，匡扶人世釋塵囂。趙氏鐵網珊瑚卷十三。又見式古堂書畫彙考卷四十五。

編年 朱熹佚文輯考疑作於此年，姑從之，待考。

跋延平本太極通書 淳熙六年四月

臨汀楊方得九江故家傳本，校此本不同者十有九處，然亦互有得失。其兩條此本之誤，當從九江本。如理性命章云「柔如之」，當作「柔亦如之」。師友章當自「道義者」以下，析爲下章。其十四條義可兩通，當并存之。如誠幾德章云「理曰禮」，「理」一作「履」。慎動章云「邪動」，一作「動邪」。化章，一作「順化」。愛敬章云「有善」，此下一有「是苟」字。「學焉」，此下一有「有」字。「曰有不善」，一無此四字。「曰不善」，此下一有「否」字。樂章云「優柔平中」，「平」一作「乎」。「輕生敗倫」，「倫」一作「常」。聖學章云「請聞焉」，「聞」一作「問」。顏子章云「獨何心哉」，「心」一作「以」。「能化而齊」，「齊」一作「濟」，一作「消」。過章，一作「仲由」。刑章云「不止即過焉」，「即」一作「則」。其三條九江本誤，而當以此本爲正。如太極說云「無極而太極」，「而」下誤多一「生」字。誠章云「誠斯立焉」，「立」誤作「生」。家人睽復無妄章云「誠心，復其不善之動而已矣」，「心」誤作「以」。凡十有九條，今附見於此，學者得以考焉。元公周先生濂溪集卷四。又見宋四子抄釋周子抄釋卷一，周子全書卷十一太極通書發明。

編年 據年譜長編。

米敷文瀟湘圖卷題識淳熙六年五月二十八日

淳熙己亥中夏廿八日，新安朱熹觀於江東道院。趙氏鐵網珊瑚卷十一。又見初拓戲鴻堂法帖第十四册，珊瑚網名畫題跋卷四，書畫題跋記續題跋記卷二，石渠寶笈卷四十二，式古堂書畫彙考卷四十三。

編年 據文中所署。

題米敷文瀟湘圖卷淳熙六年五月二十九日

建陽、崇安之間有大山横出，峰巒特秀，余嘗結茅其顛小平處。每當晴晝，白雲坌入窗牖間，輒咫尺不可辨。嘗題小詩云：「閑雲無四時，散漫此山谷。幸乏霖雨姿，何妨媚幽獨。」下山累月，每竊諷此詩，未嘗不悵然自失。今觀米公所爲左侯戲作横卷，隱隱舊題詩處似已在第三、四峰間也。又得并覽諸名勝舊題，想像其人，益深嘆息。淳熙己亥中夏廿九日，新安朱熹仲晦甫書於江東道院。趙氏鐵網珊瑚卷十一。又見珊瑚網名畫題跋卷四，書畫題跋記續題跋記卷二，佩文齋書畫譜卷八十三，石渠寶笈卷四十二，式古堂書畫彙考卷四十三。

編年 據文中所署。

吕氏祭儀跋淳熙九年二月十六日

右吕氏祭儀一篇，吾友伯恭父晚所定也。聞之潘叔度，伯恭成此書時已屬疾，自力起，奉祭事惟謹。既又病其飲福受胙之禮猶有未備者，將附益之，而不幸遽不起矣。使其未死，意所釐正殆不止此。惜哉！淳熙壬寅二月既望，朱熹書。東萊別集卷四。又見呂東萊正學編卷一。

編年 據文中所署。

跋王羲之蘭亭叙 淳熙九年

世傳王羲之書蘭亭叙，惟定武所藏石刻獨得其真，乃歐陽詢所摹刻之唐内府者也。熹嘗見三本，紙墨不同而字迹無異。縉紳題者剖析毫末，議論紛然，大約奇秀渾成，無如此榻。陳舍人至浙東，極論書法，携此本觀之。看來後世書者刻者不能及矣，亦可爲一慨云。淳熙壬寅歲，浙東提舉常平司新安朱熹記。佩文齋書畫譜卷七十一。又見金石文考略卷三，六藝之一録卷一百四十八，古緣萃録卷十八。

編年 據文中所署。

婺源茶院朱氏世譜後序 淳熙十年五月

熹聞之先君子太史吏部府君曰，吾家先世居歙州歙縣之黄墩，舊譜云長春鄉呈坎人。相傳望出吴郡，秋祭率用魚鱉。舊譜云有諱介者，世數不可考矣。又按奉使公聘游集自云系出金陵，蓋唐孝友先生之後。考之唐書，孝友先生諱仁軌，自爲丹陽朱氏，而居亳州永城，以孝義世被旌賞，一門閥閲相望，而非吴郡之族。奉使公作先吏部詩又云：「迢迢建業水，高臺下鳳凰。鼻祖有故廬，於今草樹荒。」不知何所指也。唐天祐中，陶雅爲歙州刺史，初克婺源，乃命吾祖領兵三千戍之，是爲制置茶院府君。卒，葬連同，子孫因家焉。生三子，仕南唐，補常侍丞之號，今族譜亦不見。其後亦有散居他郡者。已上并見吏部所録廬村府君作歙溪府君詩序。熹按，今連同別有朱氏，舊不通譜。近年乃有自言爲茶院昆弟之後者，猶有南唐補牒，亦當時鎮戍將校也，蓋其是非不可考矣。先吏部於茶院爲八世孫，宣和中始官建之政和，而葬承事府君於其邑，遂爲建人。於今六十年，而熹抱孫焉，則居閩五世矣。淳熙丙申，熹還故里，將展連同之墓，則與方夫人、十五公、馮夫人之墓皆已失之。因亟詢訪，得連同兆域所在，乃率族人言於有司而後得之，其文據藏於家，副在族弟。然而三墓者，則遂不可復見。癸卯五月辛卯，因閲舊譜，感世次之易遠，骨肉之易疏，而墳墓之不易保也，乃更爲序次，定爲婺源茶院朱氏世譜，而并書其後如此。仍録一通，以示族人。十一世以下，來者未艾，徽建二族自今每歲當以新收名數更相告語而附益之，庶千里之外，兩書如一，傳之永遠，有以不忘宗族之誼。至於廬村府君，其墓益遠，居故里者尤當以時相率展省。更力求訪三墓所在而表識之，以塞子孫之責。而熹之曾大父王橋府君無他子，其墓在故里者，恃有薄田於其下，得以奉守不廢。當質諸有司，以爲祭田，使後之子孫雖貧無得鬻云。九世孫宣教郎、直徽猷閣、主管台州崇道觀熹序。新安文獻志卷十八。又見弘治徽州府志卷十一，紫陽朱氏建安譜上，古今圖書集成氏族典卷七十六，雍正江南通志卷三十四，乾隆歙縣志卷十六，篁墩程朱闕里志卷八，滎川足徽録序，道光休寧縣志卷二十，道光安徽通志卷三十一。

編年　據文中所署。

詩序辨説序淳熙十三年十月

詩序之作，説者不同，或以爲孔子，或以爲子夏，或以爲國史，皆無明文可考。唯後漢書儒林傳以爲衛宏作毛詩序，今傳於世，則序乃宏作明矣。然鄭氏又以爲諸序本自合爲一編，毛公始分以置諸篇之首，則是毛公之前，其傳已久，宏特增廣而潤色之耳。故近世諸儒多以序之首句爲毛公所分，而其下推説云云者爲後人所益，理或有之。但今考其首句，則已有不得詩人之本意而肆爲妄説者矣，况沿襲云云之誤哉。然計其初，猶必自謂出於臆度之私，非經本文，故且自爲一編，别附經後。又以尚有齊、魯、韓氏之説并傳於世，故讀者亦有以知其出於後人之手，不盡信也。及至毛公引以入經，乃不綴篇後而超冠篇端，不爲注文而直作經字，不爲疑辭而遂爲决辭，其後三家之傳又絶，而毛説孤行，則其抵牾之迹無復可見。故此序者遂若詩人先所命題，而詩文反爲因序以作。於是讀者轉相尊信，無敢擬議。至於有所不通，則必爲之委曲遷就，穿鑿而附合之，寧使經之本文繚戾破碎，不成文理，而終不忍明以小序爲出於漢儒也。愚之病此久矣，然猶以其所從來也遠，其間容或真有傳授證驗而不可廢者，故既頗采以附傳中，而復并爲一編，以還其舊，因以論其得失云。詩序辨説卷首。又見詩傳通釋卷首，文獻通考經籍考卷五，詩傳大全詩序，古今圖書集成經籍典卷一百四十一。

編年 據年譜長編。

跋任伯雨帖 淳熙十五年六月十六日

任公忠言直道，銘於彝鼎，副在史官，而此帖之傳，尤可以見其當時事實之曲折。此巽巖李公所爲太息而惓惓也。任公曾孫清叟以其墨本見遺，三復以還，想見風烈，殊激衰懦之氣。願與公之子孫交相勉勵，以無忘高山仰止之意焉。淳熙戊申六月十六日，新安朱熹書。石渠寶笈續編第五十七寧壽宫藏宋賢遺翰。

編年 據文中所署。

跋劉子翬友石臺記 淳熙十六年

此屏山先生紹興甲午年間之所撰，後學朱熹於淳熙己酉登臺誦記，仍稽年譜，而知閩憲吴公所築，乃肇慶榮滿時。仰慕高風，拜手敬書，以遺公之孫子焉。金石萃編卷一百五十。又見閩中金石略卷八，民國福建通志卷二十六福建金石志石九。

編年 據文中所署。

書嵩山古易跋後 紹熙元年十月

熹按，晁氏此説與吕氏音訓大同小異，蓋互有得失也。先儒雖言費氏以彖、象、文言參解易爻，然初不言其分傳以附經也。至謂鄭康成始合彖、象於經，則魏志之言甚明。而詩疏亦云：「漢初爲傳訓者，皆與經別行，三傳之文，不與經連。」故石經書公羊傳，皆無經文，而藝文志所載毛詩故訓傳，亦與經別。及馬融爲周禮注，乃云欲省學者兩讀，故具載本文而就經爲注焉。馬、鄭相去不遠，蓋倣其意而爲之爾。故吕氏於此義爲得之，而晁氏不能無失。至晁氏謂「初亂古制時，猶若今之乾卦，彖、象并繫卦末，而卒大亂於王弼」，則其説原於孔疏，而吕氏不取也。蓋孔疏之言曰：「夫子所作象辭，元在六爻經辭之後，以自卑退，不敢干亂先聖正經之辭。及至輔嗣之意，以爲象者本釋經文，宜相附近，其義易了，故分爻之象辭，各附其當爻下言之。」此其以爲夫子所作元在經辭之後，爲夫子所自定，雖未免於有失，而謂輔嗣分爻之象以附當爻，則爲得之。故晁氏捨其半而取其半也。其實今所定復爲十二篇者，古經之舊也。王弼注本之乾卦，蓋存鄭氏所附之例也。坤以下六十三卦，又弼之所自分也。吕氏於跋語雖言康成、輔嗣合傳於經，然於音訓乃獨歸之鄭氏而不及王弼，則未知其何以爲二家之別，而於王本經傳次第兩體之不同，亦不知所以爲説矣，豈非闕哉。周易會通因革吕氏易後。又見古今圖書集成經籍典卷六十一，經義考卷二十，王懋竑朱子年譜卷二。

編年 據年譜長編。

書禹貢九江彭蠡説 慶元二年

始余讀禹貢，即有所疑於此數條。復見鄭漁仲所論，以「東爲北江，入於海」者爲衍文，初亦意其有理。既而思之，去其所謂北江者，則下文之中江者無所措矣。晚以蒙恩假守，二年於彭蠡之上，乃得究觀其山川地理之實，而知經文之不能無誤也。至於以九江爲洞庭，則惟近世晁以道之説爲然。晁氏則本於胡秘監之説也。細以地理遠近之勢度之，宜從二公爲是。久欲略疏其語，以破古今之曲説，而因循不暇。慶元丙辰□月既望，諸生偶有問者，始得爲之。時方卧病，神思昏塞，甚恨文之不達吾意。書傳輯録纂注卷二禹貢輯録。又見書經大全卷三。

編年 據文中所署。

玉山汪氏集古堂金石遺文跋後 慶元三年冬

事有實迹，語無浮辭，有德者之言蓋如此，後學所當取法也。衍極卷下。

編年 據朱傑人等朱子全書第二十六册朱子遺集卷五所考。

楚辭辯證後序 慶元五年三月

余既集王、洪騷注，顧其訓詁文義之外猶有不可不知者。然慮文字之太繁，覽者或没溺而失其要也，别記於後，以備參考。慶元己未三月戊辰。楚辭辯證卷首。又見萬卷精華樓藏書記卷一百三。

編年 據文中所署。

題病翁先生潭溪十七詠後 慶元中

病翁先生潭溪十七詠，門人朱熹書。桐江集卷三讀朱文公書劉屏山詩跋。

編年 未詳。卷八十四載跋家藏劉病翁遺帖、跋病翁先生詩二篇，知朱熹晚年病重，自知不久於人世之時，嘗有整理屏山遺文之舉，此篇或是時所作，姑繫之，待考。

跋陸子强家問 慶元中

家問所以訓飭其子孫者，不以不得科第爲病，而深以不識禮義爲憂，其慇懃懇切，反覆曉譬，説盡事理，無一毫勉强緣飾之意，而慈祥篤實之氣藹然。諷味數四，不能釋手云。象山先生全集卷三十六象山先生年譜。又見陸子學譜卷五。

編年 陸子强九思爲九淵長兄，慶元二年卒。渭南集載陸游嘉泰二年始見九思家問，四年始序其集山堂類稿，則其著述面世甚晚，或身後方由後人梓行，故此跋作於慶元中爲近。

硯記 淳熙元年

淳熙甲午秋，野人穿井，得此硯石，質光潤，誠松使者、中書君之良友也。晦庵朱記。轉録自朱子學刊第一輯。

編年　據文中所署。

題響聲巖 淳熙二年五月二十一日

何叔京、朱仲晦、連嵩卿、蔡季通、徐宋臣、吕伯恭、潘叔昌、范伯崇、張元善。淳熙乙未五月廿一日，晦翁。武夷山志卷十二。又見閩中金石志卷九，民國福建通志卷二十六福建金石志石九，民國崇安縣新志卷三。

編年　據文中所署。

題響聲巖 淳熙五年八月四日

淳熙戊戌八月乙未，劉彦集、岳卿、純叟、廖子晦、朱仲晦來。晦翁。武夷山志卷十二。又見閩中金石志卷九，民國福建通志卷二十六福建金石志石九。

編年　據文中所述。

卧龍潭題記 淳熙六年七月

紫陽朱熹卜卧龍山宅，成紀崔嘉彦實（下缺）之。其徒臨江劉清之。己亥秋七月。廬山志卷六。又見廬山金石彙考卷下，同治南康府志卷二十二，同治星子縣志卷十四。

編年　據文中所述。

華蓋石題識 淳熙七年七月二十二日

朱仲晦父與王之才、楊子直、蔡季通、胡子先、鄧邦老、胡仲開同飲此石，望五老峰。淳熙七年上章困敦孟□癸酉□□書。廬山志卷九。又見白鹿書院志卷一，同治星子縣志卷十四，廬山紀事卷八。

編年　據文中所述。

題水簾洞 淳熙八年七月二十三日

劉岳卿、幾叔招、胡希聖、朱仲晦、梁文叔、吴茂實、蔡季通、馮作肅、陳君謨、饒廷老、任伯起來游。淳熙辛丑七月二十三日，仲晦書。武夷山志卷十五。又見閩中金石志卷九，民國福建通志卷二十六福建金石志石九，民國崇安縣志卷三。

編年　據文中所述。

小蒼野題名 淳熙十年十一月

淳熙癸卯中冬，朱元晦登。民國福建通志卷二十六福建金石志石九。

編年　據文中所述。

烏石山題名 淳熙十年十一月十五日

趙子直、朱仲晦淳熙癸卯仲冬丙子同登。八瓊室金石補正卷九十七。又見乾隆福州府志卷七十三，福州碑刻記，民國福建通志卷二十六福建金石志石九，閩中金石志卷九。

編年 據文中所述。

東埔小山石刻 淳熙十年十一月

朱仲晦登。民國閩中金石志卷九。又見民國福建通志卷二十六福建金石志石九。

編年 據年譜長編。

鼓山題名 淳熙十四年二月

淳熙丁未，晦翁來謁鼓山嗣公，游靈源洞，遂登水雲亭，有懷四川子直侍郎。同游者，清漳王子合，郡人陳膚仲、潘謙之、黄子方、僧端友。金石苑卷二。又見乾隆福州府志卷七十三，民國福建通志卷二十六福建金石志石九，閩中金石志卷九。

編年 據年譜長編。

曇山題名 紹熙五年閏十月二十六日

紹熙甲寅閏十月癸未，朱仲晦父南歸，重游鄭君次山園亭，周覽巖壑之勝，裴回久之。林擇之、余方叔、朱耀卿、吴宜之、趙誠父、王伯紀、陳秀彦、李良仲、喻可忠俱來。兩浙金石志卷十。又見萬曆錢塘縣志紀勝，武林金石記卷八，朱子紀事，定鄉小識卷十五，蕉廊脞録卷六。

編年 據文中所述。

祭開善謙禪師文 紹興二十年秋冬間

我昔從學，讀易語孟。究觀古人，之所以聖。既不自揆，欲造其風。道絕徑塞，卒莫能通。下從長者，問所當務。皆告之言，要須契悟。開悟之説，不出於禪。我於是時，則願學焉。師出仙洲，我寓潭上。一嶺間之，但有瞻仰。丙寅之秋，師來拱辰。乃獲從容，笑語日親。一日焚香，請問此事。師則有言，决定不是。始知平生，浪自苦辛。去道日遠，無所問津。未及一年，師以謗去。我以行役，不得安住。往還之間，見師者三。見必款留，朝夕咨參。師亦喜我，爲説禪病。我亦感師，恨不速證。别其三月，中秋一書，已非手筆，知疾可虞。前日僧來，爲欲往見。我喜作書，曰此良便。書已遣矣，僕夫遄言，同舟之人，告以訃傳。我驚使呼，問以何故。於乎痛哉，何奪之遽！恭惟我師，具正遍知。惟我未悟，一莫能窺。揮金辦供，泣於靈位。稽首如空，超諸一切！佛法金湯編卷十五。又見釋氏資鑑卷十一。

編年　據朱熹新考。

范浚小傳 淳熙十年前後

范浚，字茂明，婺之蘭谿人。隱居香溪，世號香溪先生。初不知從何學，其學甚正。近世言浙學者多尚事功，浚獨有志聖賢之心學，無少外慕，屢辭徵辟不就。所著文辭多本諸經而參諸子史，其考易、書、春秋，皆有傳注，以發前儒之所未發。於時家居授徒至數百人，吾鄉亦有從其游者。熹嘗屢造其門而不獲見，近始得學行之詳於先友呂伯恭，庸述小傳，以聞四方學者。范香溪先生文集卷首。又見光緒蘭谿縣志卷五。

編年　文云「近始得學行之詳於先友呂伯恭」，呂祖謙卒於淳熙八年七月，則此文之作在數年之內。又云「近世言浙學者多尚事功」，朱熹淳熙八、九年在浙東任上，親睹其弊，十一、二年間遂與陳亮展開長達兩年的「王霸義利之辯」，集中抨擊浙中事功之學。故此篇之作或在十年前後爲近。

國家社科基金西部項目

（宋）朱熹 著 郭齊 尹波 編注

朱熹文集編年評注

第十三册

福建省政協文化文史和學習委員會 編

海峽出版發行集團
THE STRAITS PUBLISHING & DISTRIBUTING GROUP
福建人民出版社

朱熹文集編年評注外集

詩　書　雜著　序跋　記　箴　銘　贊

春日過上竺

竺國古招提，飛甍碧瓦齊。林深忘日午，山迴覺天低。琪樹殊方色，珍禽別樣啼。沙門有文暢，啜茗漫留題。釋廣賓杭州上天竺講寺志卷十四詩文紀述品。又見武林梵志卷五，西湖志纂卷八，康熙錢塘縣志卷二，古今圖書集成山川典卷二百九十。

訪昂山支公故址

支公肯與世相違，故結高堂在翠微。青菜漫隨流水去，黄彪時逐暮雲歸。喬林挂月猿來嘯，幽草生風鳥自飛。八萬妙門能測度，個中獨露祖師機。乾隆廣信府志卷二十四。又見光緒江西通志卷一百二十四。

題爛柯山

局上閑争戰，人間任是非。空教采樵客，柯爛不知歸。天啓衢州府志卷十四。又見古今圖書集成山川典卷一百二十九。

岱山巖訪陳世德光同年

一錢一劍出新州，五柳憑誰添酒籌？岱壑何嫌松共老，碧波偏向桂招游。不爲身後百年計，自是人間第一流。我欲門前張雀網，先將車轍到山頭。乾隆永春縣志卷十四。

次牧馬侯廟

此日觀風海上馳，殷勤父老遠追隨。野饒稻黍輸王賦，地接扶桑擁常基。雲樹葱蘢神女室，崗巒連抱聖侯祠。黄昏更上靈山望，四際光天蘸碧漪。民國金門縣志卷十。

過飛泉嶺

梯雲石磴羊腸繞，轉壑飛泉碧玉斜。一路風煙春淡泊，數聲鷄犬野人家。嘉靖潮州府志卷一。又見萬曆廣東通志卷四十三，康熙沅陵縣志卷九，雍正廣東通志卷四十三，南岳志卷七，光緒湖南通志卷二百八十五。

豐城榮光書院

一道榮光帶碧山，天風吹雨度雲關。樹浮空翠迷村塢，泉落飛虹瀉石灣。赤嶺豹棲朝氣隱，劍潭龍起夜光寒。咿唔何處經年韵，多在湖東喬木間。康熙江西通志卷四十七。又見康熙南昌郡乘卷五十二，道光豐城縣志卷二十三。

重過南塘書院吊徐逸平先生

不到南塘久，重來二十年。山如龜背擁，地與馬鞍連。徐子舊書址，毛公新墓田。青松似相識，無語重凄然。嘉靖浙江通志卷七。又見天啓衢州府志卷十四，同治江山縣志卷四。

芹溪九曲

一曲移舟采澗芹〔一〕，市聲只隔一江雲。沙頭唤渡人歸晚，回首蘆峰月一輪。
二曲溪邊萬木林，水環竹石四時清。漁歌櫂入斜陽裏，隔岸時聞一兩聲。
三曲舟行龍尾灘，推蓬把酒見南山。回頭點檢仙踪迹，萬頃白雲時自閑。
四曲煙雲鎖小樓〔二〕，寺臨喬木古溪頭。僧歸林下柴門静，麋鹿銜花自在游。
五曲峰巒列翠屏，白雲深處隱仙亭。子期一去無消息，唯有喬松萬古青。

六曲溪環處士家，鼓樓岩下樹槎牙。龍去潭空名不朽，惟見平汀涌白沙。
七曲靈祠瞰水濱，聚魚石上耀金鱗。林凹路入桃近時，時有漁郎來問津。
八曲硯峰倚碧虛，泉流瀑布世間無。憑誰染就丹青筆，寫出芹溪九曲圖。
九曲悠悠景最幽，磯巖峽石束寒流。源深自是舟難到，更有龍池在上頭。景泰建陽縣雜誌卷一。又見嘉靖建寧府志卷三，雍正福建通志卷七十八，朱子文集大全類編補遺。

校記　〔一〕澗：原作「間」，據嘉靖建寧府志卷三改。

〔二〕樓：原作「橋」，據右引改。

渡興樂江望祝融次擇之韵

今日溪雲迷小槎，層層錦浪映晴霞。須臾直至前村去，遥望群峰真可誇。南岳唱酬集，并參張栻南軒集卷五同題詩。

岳後步月

清光冰魄浩無邊，桂影扶疏吐玉娟。人在峰頭遥指望，舉杯對影夜無眠。南岳唱酬集，并參張栻南軒集卷六同題詩。

自上封下福巖道旁訪李鄴侯書堂山路榛不可往矣遂賦此

山道榛蕪大道荒，令人瞻望鄴侯堂。懷賢空自悲今昔，淚滴西風恨夕陽。南岳唱酬集。

題南臺

步入招提境，雲間有古臺。管弦山鳥弄，瓊玖雪花開。方外人稀到，山頭勢更巍。登臨思不盡，何日再重來？南岳唱酬集，并參張栻南軒集卷四題南臺寺。

將下山有作

芒鞋踏破萬重山，五日淹留在此間。行客歸來山下望，却疑身自九天還。南岳唱酬集，并參張栻南軒集卷五同題詩。

送汪大猷歸里

濯濯才華耀禁林，翩然忽起故園心。九天得請恩方重，一舸東歸春未深。照眼湖山非昨夢，及時花酒欲同襟。不應便作真狂客，講殿行思聽履音。天啓慈溪縣志卷十六。又見嘉靖寧波府志志十三，雍正浙江通志卷四十三。

汪端齋聽雨軒

試問池堂春草夢，何如風雨對床詩。三薰三沐事斯語，難弟難兄此一時。爲母静彈琴幾曲，遺懷同舉酒千卮。蘇公感寓多游宦，豈不臨風尚爾思！天啓衢州府志卷十四。又見雍正浙江通志卷四十八，乾隆開化縣志卷十二。

過德興縣葉元愷家偶題

葱湯麥飯兩相宜，葱暖丹田飯瘳飢。莫道儒家風味薄，隔鄰猶有未炊時。朱子文集大全類編補遺。又見宋詩紀事卷四十八。

題程燁程燧兄弟雙桂書院

君家構屋積玉堆，兩種天香手自栽。清影一簾秋淡蕩，任渠艷冶鬥春開。雍正江西通志卷二十二。又見同治饒州府志卷七，同治德興縣志卷四。

仙霞嶺

道出夷山鄉思生，霞峰重迭面前迎。嶺頭雲散丹梯聳，步到天衢眼更明。康熙衢州府志卷三。又見同治江山縣志卷一。

南塘詩

南塘舊是尚書宅，今作僧居水石清。半夜月明禪定後，松風猶帶管弦聲。康熙江西通志卷二十五。又見康熙餘干縣志卷二，古今圖書集成博物彙編神異典卷一百一十七。

桂湖摩崖詩

磊落一雲窩，潺湲奔不止。泉且潔而温，滔滔皆如是。福州北峰宦溪鄉桂湖溪邊岩石所刻，署「朱熹訓」。

贈劉虚谷

細讀還丹一百篇，先生信筆亦多言。玄機漫向經書覓，至理端於目睫存。二馬果能爲我馭，五芽應自長家園。明朝駕鶴登山去，此話更從誰與論？明正統道藏歷世真仙體道通鑑卷五十一。又見毛德琦廬山志卷十一，吴宗慈廬山志卷十。

華蓋石

醉扶藜杖少盤桓，四遠煙蘿手自捫。此石至今無處問，只因來自太微垣。正德南康府志卷十。又見明一統志卷五十二，嘉靖江西通志卷十二，廬山紀事卷八。

昭德源

景幽人迹少，惟有此源長。水接天池緑，花分繡谷香。僧閑多老大，寺古半荒涼。却怪尋山客，何由到上方。正德南康府志卷十。又見同治德化縣志卷四十九，毛德琦廬山志卷九，吴宗慈廬山志卷十，廬山紀事卷八。

廬山雙劍峰二首

山神呵護寶雲遮，儼若騰空兩莫耶。光彩飛名鎮千古，望中肝膽落奸邪。

雙劍峰高削玉成，芒寒色淬曉霜清。腦脂壓眼人高卧，誰斬天驕致太平？正德南康府志卷十。又見嘉靖九江府志卷十五，同治德化縣志卷七。

鶴鳴峰

不見山頭夜鶴鳴，空遺山下瀑泉聲。野人惆悵空無寐，一曲瑶琴分外清。正德南康府志卷十。又見嘉靖江西通志卷十二，毛德琦廬山志卷五，吴宗慈廬山志卷十。

獅子峰

石骨苔衣雖賦形，蹲空獨逞忒狰獰。威尊百獸終何用，寧解當年吼一聲。正德南康府志卷十。又見同治星子縣志卷二，吴宗慈廬山志卷十。

北雙劍峰

雙劍名峰也逼真，品題拍拍滿懷春。鉛刀自別干將利，折檻應須表直臣。嘉靖江西通志卷十四。又見嘉靖九江府志卷二。

題景范廬

非棄清明樂隱居，特因景范面鴛湖。觀瀾興罷春風軟，濯足歌殘夜月孤。照貌不須臨玉鏡，洗心常得近冰壺。幾回魚躍鳶飛際，識破中庸率性圖。崇禎嘉興縣志卷五。又見光緒嘉興府志卷十五。

游會稽東山

江路經由數十回，無因到此爲潮催。嘗聆文靖曾游後，欲問薔薇幾度開。今日掣身推案去，暫將秉燭入山來。高僧不問誰家客，獨許雲軒自把杯。萬曆紹興府志卷五。又見康熙上虞縣志卷二，古今圖書集成山川典卷一百一十三。

夜宿洪亭長家

才到重陽氣便高，雁聲天地總寥寥。客懷今夜不能寐，風細月明江自潮。嘉靖太平縣志卷二。又見萬曆黄巖縣志卷七，朱子文集大全類編補遺，雍正浙江通志卷四十六。

題洪氏菊

解印歸來嘆寂寥，黄花難覓舊根苗。秖緣三徑荒凉後，移向洪家不姓陶。嘉靖太平縣志卷八。又見萬曆黄巖縣志卷七，朱子文集大全類編補遺，雍正浙江通志卷四十六。

訪竹溪先生

路逢個老翁，自負柴一束。烏巾插在腰，背手牽黄犢。借問何處居，指點破茅屋。午鷄啼短墻，麥飯方炊熟。民國台州府志卷一百三十八。

謁二徐先生墓

道學傳千古，東甌説二徐。門清一壺水，家富五車書。但喜青氈在，何憂白屋居。我懷人已遠，揮淚表邱虛。林表民天台續集別編卷五。又見嘉靖浙江通志卷十一，康熙臨海縣志卷七。

追和徐氏山居韵

山岫孤雲意自閑，不妨王事似連環。解鞍盤礴忘歸去，碧澗修筠似故山。明正統道藏本仙都志卷下。又見成化處州府志卷八，萬曆括蒼彙紀卷七，乾隆縉雲縣志卷八。

題東嶼書院

書房在東嶼，編簡亂抽尋。曙色千山曉，寒燈午夜深。江湖勤會面，坐卧獨觀心。秋浦瓜期近，何當寄此吟。嘉靖太平縣志卷八。又見戚鶴泉台州外書卷十三，光緒黄巖縣志卷四十。

廓然亭

遲留訪隱古祠旁，眼底樛松老更蒼。山得吾儕應改觀，坐無惡客自生涼。明一統志卷七十五。又見弘治八閩通志卷七十三，乾隆泉州府志卷七，朱子文集大全類編補遺。

游靈石詩

百尺樓臺九叠山，個中風景脱塵寰。危亭勢枕蒼霞古，靈石香沾碧蘚斑。佳景每因勞企仰，勝游未及費躋攀。何當酬却詩書債，遂我浮生半日閑。乾隆福州府志卷六。又見乾隆福清縣志卷十二。

登福山遠眺

迢迢百里外，望望皆閩山。皎日中天揭，浮雲也自閑。正德建昌府志卷二。又見正德新城縣志卷十二。

何君飛仙

大地何人鑿小空，倏然一榻卧相容。巨靈擘破三千丈，西竺飛來第一峰。出洞風來疑有虎，藏舟夜半忽乘龍。怪來索我題詩句，稽首何君六石供。隆慶臨江府志卷三。又見康熙江西通志卷四十七。

曇山題詩

頹然見此山，一一皆天作。信手銘巖墻，所願君勿鑿。定鄉小識卷八、十五。又見兩浙金石志卷十，萬曆錢塘縣志紀勝。

挽王德修

不到湖潭二十年，湖潭依舊故山川。聊將杯酒奠青草，風雨蕭蕭憶昔賢。乾隆廣信府志卷十六。又見乾隆上饒縣志卷十。

和歐陽慶嗣

江山風月依然在，何日重來再盍簪？八閩通志卷八十五。又見嘉靖建寧府志卷十八，萬姓統譜卷一百三十一，康熙崇安縣志卷七。

小均四景詩

曉起坐書齋，落花堆滿徑。只此是文章，揮毫有餘興。
古木被高陰，晝坐不知暑。會得古人心，開襟静無語。
蟋蟀鳴床頭，夜眠不成寐。起閲案前書，西風拂庭桂。
瑞雪飛瓊瑶，梅花静相倚。獨占三春魁，深涵太極理。乾隆泰寧縣志卷十。又見光緒邵武府志卷二十八。

贈傅得一〔一〕

到處逢人説傅顛，相看知是幾生前。直携北斗傾天漢，去作龍宫第二仙。明正統道藏歷世真仙體道通鑑續編卷四。又見浄明忠孝全書卷四，江城名迹卷三，雍正江西通志卷一百三。

校記　〔一〕此詩收入傅得一傳中，云：「孝宗乾道九年癸巳，晦庵朱文公爲扁『雲庵』二大字，及贈一絕句云。」按傅，得一字寧道，又字齊賢，清江新淦人。嘗管轄玉笥山承天宫、閤皂山崇真宮。詩甚可疑，疑與朱熹別集中臨江集諸詩相類也。

無題

鳶飛魚躍，海闊天空。松竹拱極，造物成春。山光凝翠，賜我好吟。樓臺清静，生涯長年。

福建教育出版社閩學源流卷首，一九九三年。

無題

車馬往來文接武，天生富貴帝王家。壯陶閣書畫録卷四宋米元章朱晦翁詩劄合卷。

無題

春報南橋川叠翠，香飛翰苑野閣升。雪堂春活凝清氣，月窟中空疑有神。今人朱熹二十六代孫朱慶珪口述，轉録自高令印朱熹事迹考。

題南湖書堂

倡學功高澤且宏，慶流奕葉盛雲礽。三賢文獻儼然在，雲案薪傳夜夜燈。轉録自朱傑人等朱子全書第二十六册朱子遺集卷一。

黄景韋生日詩

須信九秋饒好景，更遲十日作重陽。（叵林卷四。又見八閩通志卷六十八，嘉靖龍溪縣志卷八，萬曆漳州府志卷十六，萬姓統譜卷四十七。）

寄天民公

幾年不見石公子，白髮應添兩鬢秋。天地無情身世老，江湖有夢客懷愁。可憐闤闠人多信，堪嘆吾儕德未修。十室邑惟忠信在，固知好學不如丘。（成化新昌縣志卷十二。又見嘉靖寧州志卷十八，浙江新昌南明石氏宗譜卷一。）

題泰伯仲雍采藥圖

讓國高風世所無，雙雙伯仲志同途。文身斷髮當年異，風土人情舉目疏。百代鴻基傳季歷，千秋至德啟勾吴。提籃采藥青松下，托跡須看紙上圖。（江西宜黄伯武公房譜吴氏列祖實績考引言。）

與徐無競乞作謝恩表書

可放筆力稍低，使人見之，無假手之議也。（説郛卷二十五上。又見宋詩紀事卷五十七，四六叢話卷十，詞綜補遺卷九，民國台州府志卷一百四。

論學者〔一〕

學者望道未見，固必即書以窮理。苟有見處，亦當考諸書，有所證驗，而後實有所裨助而後安。不然則德孤，而與枯槁寂滅者無以異矣，潛心大業何有哉。矧自周衰教失，禮樂養德之具一切盡廢，所以維持此心者，惟有書耳，謂可轆轢經傳，遽指爲糟粕而不觀乎。要在以心體之，以身踐之，而勿以空言視之而已矣。以是存心，以是克己，仁豈遠乎哉。宋名臣言行録外集卷十二。又見西山讀書記卷三十一，朱子讀書法卷一，性理大全書卷四十一，朱子實紀卷十。

校記〔一〕此篇出自李方子所記，爲朱熹語。然方子引録首云「嘗言曰」云云，疑爲口語而非文。

拙逸子説

熊君世卿乞書「拙逸」二字，余曰：「作德心逸日休，作僞心勞日拙，毋乃與子之言異乎！」君笑曰：「彼巧者勞，智者憂，吾惟拙，故逸云爾。拙，非繆悠之謂也，物之自然，性之天也。蔽吾天，汩吾自然，窮年竟歲，方寸擾擾，雖富且貴，求吾一日之逸，有終身不可得者矣。」余曰：「噫！逃世網而解天刑，非君其誰哉！」雍正江西通志卷九十一。又見同治安義縣志卷十四。

南豐先生年譜序

南豐先生者，名鞏，字子固，姓曾氏，南豐人。丹陽朱熹曰：予讀曾氏書，未嘗不掩卷廢書而嘆，何世之知公淺也！蓋公之文高矣，自孟、韓子以來〔一〕，作者之盛，未有至於斯。夫其所以重於世者，豈苟而云哉。然世或徒以是知之，故知之淺也。知之淺，則於公之事論之猶不能無所抵牾，而况公之所以爲書者，宜其未有以知之也。然則世之自以知公者，非淺而妄與。其可嘆也已。公書或頗有歲月，參以史氏記及他書舊聞次之，著於篇。隱居通議卷十四。又見元豐類稿卷首，同治南豐縣志卷三十五，曾文定公年譜卷一。

校記　〔一〕子：原缺，據元豐類稿補。

南豐先生年譜後序

丹陽朱熹曰：世有著書稱公文章者，予謂庶幾知公。求而讀之，湫然卑鄙，知公者不爲是言也。然則世之自以知公者何如哉，豈非徒以其名歟。予之説於是信矣。其説又以謂公爲史官，薦邢恕、陳無己以爲英録檢討，而二子者受學焉，綜其實不然。蓋熙寧初詔開實録院，論次英宗皇帝時事，以公與檢討，一月免。豈公於是時而能有以薦士哉，其不然一也。恕治平四年始登進士第，元豐中用公薦，爲史館檢討，與修五朝國史，其事見於實録矣。爲實録院檢討而與修英録於熙寧之初，則未有考焉，其不然二也。師道見公江淮之間而受教焉〔一〕，然竟公時爲布衣，元祐中乃用薦起家，爲郡文學。是公於史館猶不得以薦之，况熙寧時，豈有檢討事哉，其不然三也。一事而不然者三，則公所以教恕者，其在元豐史館之時乎，未可知也。此予所謂抵牾者。斯人爲世所重，自以知公，故予不得不考其實而辨其不然者。其書世或頗有，以故不論著者，其非是者焉。隱居通議卷十四。又見元豐類稿卷首，乾隆建昌府志卷六十，同治南豐縣志卷三十五，曾文定公年譜卷一。

校記　〔一〕淮：元豐類稿作「漢」。

評論　隱居通議卷十四：晦庵先生雅重南豐之文，爲之作年譜，考訂精實，又爲作譜序，其文殊類南豐。豈韓文公效樊、孟意耶？今録於左。……前序甚肖曾文，後序差遠。

王氏譜序

譜牒之系大矣哉！自公卿大夫以及庶人，必有譜牒。夫譜牒有二：一曰文獻，則詳其本傳、誥、表、銘、狀、祭祀之類；一曰世系，則别其親疏、尊卑、嫡庶、繼統之分。非世系無以承其源流，非文獻無以考其出處。述祖宗之既往，啓後人之將來，豈不本於是歟。愚按：王世出自周靈王太子晋之後，而子孫家居於伊、洛、琅琊，有由來矣。其先晋代名流，海内冠冕尚矣。及我皇宋進賢圖治，衣冠藹然，若閩中之大理唐卿公，御史回公，給事季明公，忤權奸，阻和議，咸有以緝熙光烈。於是訪其遺編，采其聞見，而爲之裒次發揮，使宗牒得以徵乎文獻之盛，明乎世系之遥，詳審脉絡貫通而爲百世不易之法。子姓遵而守之，則可以修身正家；擴而充之，則可以事君治人。然而儒學之相傳，宦業之相望，皆所以重倫紀、厚風俗，非他人所能及也。兹唐卿公冢子世長授熹以牒，觀之反覆，僭書是譜，以冠乎篇端，將勉後賢云。乾隆仙游縣志卷四十八。

跋伊川先生四箴和靖書後

和靖先生喜爲人書此箴，學者以其筆劄之精，相與襲藏，以供傳玩，殊非先生所爲書之意也。縣尉潘景夔得此，乃刻石而置之縣庠。乾隆湖州府志卷四十三。又見吴興金石記卷九。

硯銘

金石播元音，移東序於文房之陰。無聲之聲，式玉式金。窾坎鏜鞳，不爲寸莛起銘，而雅韻協乎虞廷。民國霞浦縣志卷二十六。

題字碑

不愧兄弟，不愧妻子，君子所以宜家；不負天子，不負生民，不負所學，君子所以用世。晦翁書。蘇州孔廟大成殿東廊原碑，轉録自朱熹佚文輯考。又見庚復日記乾隆十二年九月二十一日條。

題任氏壁

舟兮，子猷剡溪也；屐兮，謝安東山也。不舟不屐，其水濂乎。水濂其人乎。人其水濂乎。任公成道，游於斯，詠於斯，朝而往，暮而歸，其樂豈有涯哉。

水濂幽谷我來游，拂面飛泉最醒眸。一片水濂遮洞口，何人捲得上帘鈎。萬曆紹興府志卷六。又見成化新昌縣志卷三。

文館學士光世公遺像贊

態度軒昂，志凌牛斗。渡世津梁，光門組綬。清揚有威，官箴無垢。儀型宛然，克昌厥後。

新安朱熹拜撰。劉氏宗譜卷一，轉録自朱熹佚文輯考。下二首同。

太常寺博士玉公遺像贊

卓乎太常，其儀不忒。寬兮綽兮，剛克柔克。福地載仁，心田神德。啓我後人，是效是則。

新安朱熹拜撰。劉氏宗譜卷一。

朝議大夫太素公遺像贊

敬爾容止，如圭如璋。朱門望重，青史名揚。懋修厥德，長發其祥。千秋俎豆，禴祀烝嘗。新安朱熹拜撰。劉氏宗譜卷一。

蔡忠惠像贊

經綸其學，高明其志。立論中朝，盡心外寄。嗟公之忠兮，三陳有詩。誦公之功兮，萬安有碑。楷法草書，獨步當世。文章青史，見重外夷。丹荔經其品藻，諸果讓其清奇。鄭重於歐陽，清純而粹美。僝功於皇祐，得謚於淳熙。前無貶詞，後無異議。芳名不朽，萬古受知。英雄不偶，嗚呼幾希！乾隆仙游縣志卷四十九。

吴少微贊

文以振三變之衰，德以立千載之祀。瞻彼容儀，乃真御史。李唐以來，如公有幾？程朱闕里志彙增

徠問公贊

猗歟先生，友愛仁慈。克念天顯，和氣怡怡。居官善政，處世咸宜。有善必奬，有過必規。天錫壽祉，易簀全歸。浙江新昌南明石氏宗譜卷一。

太守佛孫公贊

年少登科，作皇家客。澤及蒼生，匡扶社稷。至今聲譽猶存，撫州之民是賴。江西婺源官源洪氏總譜卷首。

傳記資料

朝奉大夫華文閣待制贈寶謨閣直學士通議大夫謚文朱先生行狀

宋・黄榦

曾祖絢，故不仕；妣汪氏。

祖森，故贈承事郎；妣程氏，贈孺人。

父松，故任左承議郎、守尚書吏部員外郎、兼史館校勘，累贈通議大夫；妣孺人祝氏，贈碩人。

本貫徽州婺源縣永平鄉松巖里。

先生姓朱氏，諱熹，字仲晦父。朱氏爲婺源著姓，以儒名家，世有偉人。吏部公甫冠，擢進士第，入館爲尚書郎，兼史事，以不附和議去國。文章行義爲學者師，號韋齋先生，有文集行於世。吏部公因仕入閩，至先生始寓建之崇安五夫里，今居建陽之考亭。

先生以建炎四年九月十五日午時生南劍尤溪之寓舍，幼穎悟莊重。能言，韋齋指示曰：「此天也。」問曰：「天之上何物？」韋齋異之。就傅，授以孝經，一閲封之，題其上曰：「不若是，非人也。」嘗從群兒戲沙上，獨端坐以指畫沙，視之八卦也。少長，厲志聖賢之學，於舉子業初不經意。年十八貢于鄉，登紹興十八年進士第，以左迪功郎主泉州同安簿。莅職勤敏，纖悉必親，郡縣長吏事倚以決。苟利於民，雖勞無憚。職兼學事，選邑之秀民充弟子員，訪求名士，以爲表率，日與講説聖賢修己治人之道。年方逾冠，聞其風者已知學之有師而尊慕之。歷四考罷歸，以奉親講學爲急。二十八年，請奉祠，監潭州南岳廟。明年，召赴行在，言路有託抑奔競以沮之者，遂以疾辭。三十二年，祠秩滿，再請。孝宗即位，復因其任。

會有詔求直言，因上封事，其略言：「聖躬雖未有闕失，而帝王之學不可以不熟講；朝政雖未有闕遺，而修攘之計不可以不早定；利害休戚雖不可遍以疏舉，然本原之地不可以不加意。陛下毓德之初，親御簡策，不過諷誦文辭、吟咏情性。比年以來，欲求大道之要，又頗留意於老子釋氏之書。記誦詞藻，非所以探淵源而出治道；虚無寂滅，非所以貫本末而立大中。帝王之學必先格物致知，以極夫事物之變，使義理所存，纖悉畢照，則自然意誠心正，而可以應天下之務。」次言：「今日之計不過修政事、攘夷狄。然計不時定者，講和之説疑之也。金虜於我有不共戴天之讎，則不可和也義理明矣。知義理之不可爲而猶爲之，以有利而無害也。以臣策之，所謂和者，有百害而無一利，何苦而必爲之？願疇咨大臣，摠攬群策，鑒失之之由，求應之之術，斷以義理之公，參以利害之實，閉關絕約，任賢使能，立紀綱，厲風俗，使吾修政攘夷之外，了然無一毫可恃爲遷延中已之資，而不敢懷頃刻自安之意，然後將相軍民無不曉然知陛下之志，更相激厲，以圖事功。數年之外，志定氣飽，國富兵强，視吾力之强弱，觀彼釁之淺深，徐起而圖之，中原故地不爲吾有而將焉往！」次言：「四海利病，係斯民之休戚，斯民休戚，係守令之賢否。監司者守令之綱，朝廷者監司之本。欲斯民之得其所，本原之地亦在朝廷而已。今之監司，奸贓狼藉，肆虐以病民者，莫非宰執臺諫之親舊賓客。其已失勢者，既按見其交私之狀而斥去之，尚在勢者，豈無其人？顧陛下無自而知之耳。」

明年，改元隆興，復召，辭，不許，即入對。其一言：「大學之道在乎格物以致其知。蓋有是物必有是理，然理無形而難知，物有迹而易觀。故因是物以求之，使是理瞭然於心目之間，而無毫髮之差，則應乎事者自無毫髮之繆。陛下雖有生知之性，高世之行，而未嘗隨事以觀理，故天下之理多所未察；未嘗即理以應事，故天下之事多所未明。是以舉措之間動涉疑貳，聽納之際未免蔽欺。平治之效所以未著，由不講乎大學之道而溺心於淺近虛無之過。」其二言：「君父之讎不與共戴天，乃天之所覆，地之所載，凡有君臣父子之性者，發於至痛不能自已之同情，而非專出於一己之私。然則今日所當爲者，非戰無以復讎，非守無以制勝。是皆天理之同然，非人欲之私忿也。」末言：「古先聖王制御夷狄之道，其本不在乎威强，而在乎德業；其任不在乎邊境，而在乎朝廷；其具不在乎兵食，而在乎紀綱。今日諫諍之塗尚壅，佞倖之勢方張，爵賞易致而威罰不行，民力已殫而國用未節，則德業未可謂修，朝廷未可謂正，紀綱未可謂立。凡古先聖王所以强本折衝、威制夷狄之道，皆未可謂備。」三劄所陳，不出封事之意，而加剴切焉。先生以爲制治之原莫急於講學，經世之務莫大於復讎。至於德業成敗，則决於君子小人之用舍，故於奏對復申言之。蓋學有定見，事有定理，而措之於言者如此。除武學博士待次。

乾道改元，促就職。既至，以時相方主和議，請監南岳廟以歸。三年，差充樞密院編修官待次。五年，三促就職。會魏掞之以布衣召爲國子録，因論曾覿而去，遂力辭。先生嘗兩進絶和議、抑佞倖之戒，言既不行，雖擢用狎至不敢就，出處之義，凜然有不可易者。尋丁内艱。六年，復召，以未終喪辭。七年，既免喪，復召，以禄不及養辭。四年之間辭者六。九年，有旨：「安貧守道，廉退可嘉。」特改合入官，主管台州崇道觀。先生以改秩畀祠皆進賢賞功、優老報勤之典，今無故驟得之，求退得進，於義未安，再辭。淳熙元年，又再辭，上意愈堅，始拜命，改宣教郎奉祠。二年，除秘書郎。先生以改官之命正以嘉其廉退，今乃冒進擢之寵，是左右望而罔市利，力辭。時上諭大臣，欲奬用廉退，執政以先生爲言，故有是命。會有言虚名之士不可用者，以故再辭，即從其請，主管武夷山冲佑觀。五年，差權發遣南康軍事，辭者四，始之任。

先生自同安歸，奉祠家居幾二十年，間關貧困，不以屬心，涵養充積，理明義精，見之行事者益霈然矣。至郡，懇惻愛民如己隱憂，興利除害惟恐不及。屬邑星子土瘠税重，乞從蠲減，章凡五六上。歲值不雨，講求荒政，凡請於朝，言無不盡。官物之檢放、倚閣、蠲減、除豁、帶納，如秋苗夏税、木炭月樁、經總制錢之屬，各視其邑目，爲之條奏，或至三四，不得請不已。并奏請截留綱運，乞轉運、常平兩司撥錢米充軍糧，備賑濟，申嚴鄰路斷港遏糴之禁，選官吏授以方略，俾視境内，具知荒歉分數、户口多寡、蓄積虚實，通商勸分，多所全活。其設施次第，人争傳録以爲法。訖事，奏乞依格推賞納粟人者凡數四。郡濱大江，舟艤岸者遇大風輒淪溺。因募飢民築堤捍舟，民脱於飢，舟患亦息。先生視民如傷，至奸豪侵擾細民、撓法害政者，懲之不少貸，由是豪强斂戢，里閭安靖。數詣郡學，引進士子，與之講論。訪白鹿洞書院遺址，奏復其舊。又奏乞賜書院敕額及高宗御書石經、版本九經注疏等書者至再。每休沐，輒一至，諸生質疑問難，誨誘不倦。退則相與徜徉泉石間，竟日乃反。又求栗里陶靖節之居、西澗劉屯田之墓、孝子熊仁贍之閭旌顯之，猶以不得悉行其志爲恨。明年，詔監司、郡守條具民間利病，遂上疏言：

天下之大務莫大於恤民，恤民之本又在人君正心術以立紀綱。今日民間特以税重爲苦，正緣二税之入，朝廷盡取以供軍，而州縣無復贏餘，則不免於二税之外别作名色，巧取於民。今民貧賦重，若不討軍實，去浮冗，則民力決不可寬。惟有選將吏、覈兵籍，可以節軍實；開廣屯田，可以益軍儲；練習民兵，可以益邊備。

今日將帥之選率皆膏粱子弟，厮役凡流，所得差遣，爲費已是不貲。到軍之日，惟望掊斂刻剥以償債負。總餽餉之任者亦皆倚附幽陰，交通貨賂，其所驅催東南數十郡之脂膏骨髓，名爲供軍，而輦載以輸權倖之門者，不可以數計。然則欲討軍實以紓民力，必盡反前之所爲，然後乃可革也。授將印，委利權，一出於朝廷之公議，則可以絕苞苴請托之私，而刻剥之風可革。務求忠勇沉毅、實經行陣之人，則可以革輕授非才之弊。而軍士畏愛，蒐閱以時，竄名冗食者不得容其間。又擇老成忠實、通曉兵農之務者，使領屯田之事，付以重權，責其久任，則可以漸省列屯坐食之兵，稍損列郡供軍之數。軍籍既覈，屯田既成，民兵既練，州縣事力既紓，然後可以禁其苛斂，責其寬恤，庶幾窮困之民得保生業，無復流移漂蕩之患矣。

所謂其本在於正心術以立紀綱者，蓋天下之紀綱不能以自立，必人主之心術公平正大、無偏黨反側之私，然後紀綱有所繫而立。君心不能以自正，必親賢臣、遠小人，講明義理之歸，閉塞私邪之路，然後乃可得而正。今宰相、臺省、師傅、賓友、諫諍之臣皆失其職，而陛下所與親密謀議者，不過一二近習之臣。此一二小人者上則蠱惑陛下之心志，使陛下不信先王之大道，而說於功利之卑說；不樂莊士之讜言，而安於私暬之鄙態。下則招集天下士大夫之嗜利無耻者，文武彙分，各入其門。所喜則陰爲引援，擢置清顯；所惡則密行訾毀，公肆擠排。交通貨賂，則所盜者皆陛下之財；命卿置將，則所竊者皆陛下之柄。陛下所謂宰相、師傅、賓友、諫諍之臣，或反出入其門墻，承望其風旨。其幸能自立者，亦不過齪齪自守，而未嘗敢一言以斥之；其甚畏公論者，乃略能驚逐其徒黨之一二，既不能深有所傷，而終亦不敢明言，以擣其囊橐窟穴之所在。勢成威立，中外靡然向之，使陛下之號令黜陟不復出於朝廷，而出於此一二人之門，名爲陛下之獨斷，而實此一二人者陰執其柄。蓋其所壞非獨壞陛下之紀綱，乃并與陛下所以立紀綱者而壞之，則民又安可得而恤，財又安可得而理，軍政何自而修，土宇何自而復，宗廟之讎耻又何時而可雪耶。

先生在任，嘗用劄子奏事，後因臺諫言用劄子非舊制，遂奏乞罷黜。又以致人户逃移自劾者再，以疾請奉祠者五。將滿，除江西提舉常平茶鹽事待次。初，廟堂議遣先生使蜀，上意不欲其遠去，故有是命。詔以「修舉荒政，民無流殍」，除直秘閣。凡三辭，皆以前所奏納粟人未推賞，難以先被恩命。會浙東大饑，易提舉浙東常平茶鹽事。時民已艱食，即日單車就道，復以南康納粟人未推賞辭職名，且乞奏事之任。納粟賞行，遂受職名。

入對，其一言：「陛下臨御二十年間，水旱盗賊略無寧歲。意者德之崇未至於天與？業之廣未及於地與？政之大者有未舉，而小者無所繫與？刑之遠者或不當，而近者或幸免與？君子有未用，而小人有未去與？大臣失其職，而賤者竊其柄與？直諒之言罕聞，而諂諛者衆與？德義之風未著，而污賤者騁與？貨賂或上流，而恩澤不下究與？責人或已詳，而反躬有未至與？夫必有是數者，然後足以召災而致異。」

其二言：「陛下即政之初，蓋嘗選建英豪，任以政事。不幸其間不能盡得其人，是以不復廣求賢哲，而姑取軟熟易制之人以充其位。於是左右私褻使令之賤，始得以奉燕間，備驅使，而宰相之權日輕。又慮其勢有所偏，而因重以壅己也，則時聽外廷之論，將以陰察此輩之負犯而操切之。陛下既未能循天理、公聖心，以正朝廷之大體，則固已失其本矣。而又欲兼聽士大夫之公言，以爲駕馭之術，則士大夫之進見有時，而近習之從容無間。士大夫之禮貌既莊而難親，其議論又苦而難入，近習便辟側媚之態既足以蠱心志，其胥吏狡猾之術又足以眩聰明。此其生熟甘苦既有所分，恐陛下未及施其駕馭之術，而先墮其數中矣。是以雖欲微抑此輩，而此輩之勢日重；雖欲兼采公論，而士夫之勢日輕。重者既挾其重，以竊陛下之權；輕者又借力於所重，以爲竊位固寵之計。中外相應，更濟以私，日往月來，浸淫耗蝕，使陛下之德業日隳，綱紀日壞，邪佞充塞，貨賂公行，兵愁民怨，盜賊間作，災異數見，飢饉薦臻。群小相挻，人人皆得滿其所欲，惟有陛下了無所得，而國家顧乃獨受其弊。」

其三言捄荒利害，如州縣旱傷早行檢放，從實蠲減；勸諭人户賑糶，務得其平。納粟之人早行推賞，所納米數仍減其半。乞撥豐儲倉米三十餘萬石以備濟糶，州縣新舊官物并且住催。紹興丁身等錢預行蠲放，及免米商力勝税錢，量立賞格。官吏違慢者奏劾，昏病者别與差遣。仍選差得替待闕、宮廟持服官員時暫管幹。

其四言水旱三分以上，第五等户免檢并放。五分以上，第四等户依此施行，乞行著令。及請頒行社倉條約於諸路。其五言紹興和買，乞議革其弊。其六言南康嘗乞蠲減星子租税，有司拒以對補，吝細鄙狹，不達大體。其七言白鹿書院請賜書額。

先生所對奏劄凡七，其一二皆自書以防宣泄。又以南康所上封事繕寫成册，用袋重封，於閤門投進。後五劄亦有非一時捄荒之急者，當倥傯不暇給之際，而憂深慮遠，從容整暇，蓋急於捄民，罄竭忠悃，不敢有所隱也。

先生所居之鄉，每歲春夏之交，豪户閉糴牟利，細民發廩强奪，動相賊殺，幾至挻變。先生嘗率鄉人置社倉以賑貸之，米價不登，人得安業。至是乞推行之。白鹿書院事本不暇及，前期執政使人諭以且宜勿言。先生因念主上未必有鄙薄儒生之意，而大臣先爲此言，不可。及對，卒言之。上委曲訪問，悉從其請。

先生初拜命，即移書他郡，募米商，蠲其征。及至，客舟之米已輻湊。復以入奏荒政數事推廣條上，情詞懇惻，條目詳密。日與僚屬寓公鈎訪民隱，至廢寢食。分畫既定，按行所部，窮山長谷，靡所不到，拊問存恤，所活不可勝計。每出，皆乘單車，屏徒從，所歷雖廣，而人不知。郡縣官吏憚其風采，倉黄驚懼，常若使者壓其境，至有自引去者。由是所部肅然。而尤以戢盗、捕蝗、興水利爲急。大抵措畫悉如南康時，而用心尤苦。

初奏紹興和買之弊，至是，乞先與痛減歲額，然後用貫頭科敷。惟慮真下户受其弊，則請參用高下等第均敷，及減免下户丁錢以優之。又乞免台州丁錢。至於差役利害，亦嘗條具數千言申省。義役之法，則乞令均出義田，罷去役首，免排役次，官差保正副長輪收義田，仍令上户兼充户長。又乞取會福建下四州見行産鹽法行於本路沿海四州，又乞依處州見行之法改諸郡酒坊爲萬户。於捄荒之餘，猶悉及他事，以爲經久之計。

先生猶以徒費大農數十萬緡，無以全活一道飢民自劾。又以前後奏請多見抑却，幸而從者，又率稽緩後時，無益於事，蝗旱相仍，不勝憂憤，復奏言：「爲今之計，獨有斷自聖心，沛然發號，責躬求言，然後君臣相戒，痛自省改。其次惟有盡出内庫之錢，以供大禮之費，爲收糴之本。詔户部無得催理舊欠，詔諸路漕臣遵依條限，檢放税租。詔宰臣沙汰被災路分州軍監司守臣之無狀者，遴選賢能，責以荒政，庶幾猶足以下結人心，消其乘時作亂之意。不然，臣恐所憂者不止於餓殍，而在於盜賊；蒙其害者不止於官吏，而上及於國家也。」復上時宰書云：「朝廷愛民之心不如惜費之甚，是以不肯爲極力救民之事；明公憂國之念不如愛身之切，是以但務爲阿諛順旨之計。然民之與財，孰輕孰重？身之與國，孰大孰小？財散猶可復聚，民心一失，則不可復收。身危猶可復安，國勢一傾，則不可復正。至於民散國危而措身無所，則其所聚有不爲大盜積者耶？」

九年，以賑濟有勞，進直徽猷閣，辭。台守唐仲友與時相王淮同里，爲姻家，遷江西憲，未行。先生行部，訟者紛然，得其奸贓、僞造楮幣等事劾之。時久旱而雨，奏上，淮匿不以聞，仲友亦自辯，且言弟婦王氏驚悸病篤。論愈力，章至十上。事下紹興府鞫之，獄具情得，乃奪其新命授先生。先生以爲是蹊田而奪之牛，辭不拜，遂歸。尋令兩易江東，辭，及辭職名，且言唐仲友雖寢新命，已具之獄，竟釋不治，則是所按不實，難以復沾恩賞。并不許，受職名，再辭新任，且乞奉祠。言：「所劾贓吏黨與衆多，并當要路，大者宰制斡旋於上，小者馳騖經營於下。若其加害於臣，不遺餘力，則遠至師友淵源之所自，亦復無故横肆觝排。爲臣之計，惟有乞身就閑，或可少紓患害。」時從臣有奉時相意上疏毁程氏之學，以陰詆先生者，故有是言。十年，差主管台州崇道觀。先生守南康，使浙東，始得行其所學，已試之效卓然，而卒不果用。退而奉崇道、雲臺、鴻慶之祠者五年，自是海内學者尊信益衆。十四年，除提點江西刑獄公事待次。以疾辭，不許，遂拜命。十五年，促奏事，又以疾辭。不許，遂行。又以疾請奉祠者再。

淮罷相，遂力疾入奏，首言：「近年以來刑獄不當，輕重失宜，甚至涉於人倫風化之重者，有司議刑亦從流宥之法，則天理民彝幾何不至於泯滅！」又言：「州郡獄官乞注有舉主關陞及任滿銓試第二等以上人，常調關陞及省部胥吏并不得注擬。若縣獄則專委之令，或不得人，則無所不至。亦望令縣丞或主簿同行推訊。」又言：「提刑司管催經總制錢起於宣和末年，倉卒用兵，權宜措畫，其始亦但計其出納之實數而隨以取之。及紹興經界，民間投印違限契約，所入倍於常歲，自後遂以是年爲額，而立爲比較之説。甚至災傷檢放倚閣，錢米已無所入，而經總制錢獨不豁除，州縣之煎熬何日而少紓，斯民之愁嘆何時而少息？」又言江西諸州科罰之弊。至其末篇乃言：

陛下即位二十有七年，而因循荏苒，無尺寸之效可以仰酬聖志。嘗反覆而思之，無乃燕閑蠖濩之中，虚明應物之地，天理有未純，人欲有未盡歟？天理未純，是以爲善不能充其量；人欲未盡，是以除惡未能去其根。一念之頃，公私邪正、是非得失之機朋分角立，交戰於其中，故體貌大臣非不厚，而便嬖側媚得以深被腹心之寄；寤寐豪英非不切，而柔邪庸繆得以久竊廊廟之權。非不樂聞公議正論，而有時不容；非不堲讒説殄行，而未免誤聽；非不欲報復陵廟讎耻，而不免畏怯苟安；非不欲愛養生靈財力，而未免嘆息愁怨。凡若此類，不一而足。願陛下自今以往，一念之頃則必謹而察之，此爲天理耶，爲人欲耶？果天理也，則敬以充之，而不使其少有壅閼；果人欲也，則敬以克之，而不使其少有凝滯。推而至於言語動作之間，用人處事之際，無不以是裁之，則聖心洞然，中外融澈，無一毫之私欲得以介乎其間，而天下之事將惟陛下之所欲爲，無不如志矣。

是行也，有要之於路，以「正心誠意」爲上所厭聞，戒以勿言者。先生曰：「吾平生所學只有此四字，豈可回互而欺吾君乎。」及奏，上未嘗不稱善，曰：「久不見卿，浙東之事，朕自知之。今當處卿清要，不復勞卿州縣。」除兵部郎，以足疾丐祠，未供職。本部侍郎林栗前數日與先生論易、西銘不合，至是遣部吏抱印迫以供職。先生以疾在告，遂疏先生欺慢。時上意方嚮先生，欲易以他部郎，時相竟請授以前江西之命，仍舊職名。又令吏部給還改官以後不曾陳乞磨勘。蓋先生改秩既出特恩，其後累任祠官，無績可考，以故不曾陳乞磨勘者十有四年。先生行且辭曰：「論者謂臣事君無禮，爲人臣子有此名，罪當誅戮，豈可復任外臺耳目之寄！」章再上，除直寶文閣、主管西京嵩山崇福宮，栗亦罷。辭磨勘及職名，不許，轉朝奉郎。未逾月，再召。

時廟堂知上眷厚，憚先生復入，故爲兩罷之策。上悟，先生復召，受職名，辭召命，以爲遷官進職，皆爲許其閑退，方竊難進易退之褒，復爲彈冠結綬之計，則其爲世觀笑，不但往來屑屑之譏。又促召。初，先生入奏事，迫於疾作，嘗面奏，以爲口陳之説有所未盡，乞具封事以聞。至是再辭，遂并具封事投匭以進，其略曰：

今天下大勢，如人有重病，内自心腹，外達四支，無一毫一髪不受病者。臣不暇言，且以天下之大本與今日之急務爲陛下言之。蓋大本者陛下之心，急務則輔翼太子，選任大臣，振舉綱維，變化風俗，愛養民力，修明軍政六者是也。

古先聖王兢兢業業，持守此心，雖在紛華波動之中，幽獨得肆之地，而所以精之一之，克之復之，如對神明，如臨淵谷，猶恐隱微之間或有差失而不自知，是以建師保之官，列諫諍之職，凡飲食酒漿、衣服次舍、器用財賄與夫宦官宫妾之政，無一不領於冢宰。使其左右前後，一動一静，無不制以有司之法，而無纖芥之隙、瞬息之頃得以隱其毫髪之私。陛下之所以精一克復而持守其心，果有如此之功乎？所以修身齊家而正其左右，果有如此之效乎？宫省事禁，臣固不得而知，然爵賞之濫，貨賂之流，閭巷竊言，蓋久已不勝其籍籍。則陛下所以修之家者，恐其未有以及古之聖王也。

至於左右便嬖之私，恩遇過當，往者淵、覿、説、抃之徒勢焰熏灼，傾動一時，今已無可言矣。獨有前日臣所面陳者，雖蒙聖慈委曲開譬，然臣之愚，竊以爲此輩但當使之守門傳命，供掃除之役，不當假借崇長，使得逞邪媚、作淫巧於內，以蕩上心；立門庭、招權勢於外，以累聖政。臣竊聞之道路，自王抃既逐之後，諸將差除多出此人之手。陛下竭生靈膏血以奉軍旅，而軍士顧乃未嘗得一温飽，是皆將帥巧爲名色，奪取其糧，肆行貨賂於近習，以圖進用。出入禁闥腹心之臣，外交將帥，共爲欺蔽，以至於此。而陛下不悟，反寵暱之，以是爲我之私人，至使宰相不得議其制置之得失，給諫不得論其除授之是非，則陛下所以正其左右者，未能及古之聖王又明矣。

至於輔翼太子，則自王十朋、陳良翰之後，宫寮之選號爲得人，而能稱其職者蓋已鮮矣。而又時使邪佞儇薄、闒冗妄庸之輩或得參錯於其間，所謂講讀，亦姑以應文備數，而未聞其有箴規之效。至於從容朝夕、陪侍游燕者，又不過使臣宦者數輩而已。唐之六典，東宫之官，師傅、賓客既職輔導，而詹事府、兩春坊實擬天子之三省，故以詹事、庶子領之。今則師傅、賓客既不復置，而詹事、庶子有名無實，其左右春坊遂直以使臣掌之，何其輕且褻之甚耶！夫立太子而不置師傅、賓客，則無以發其隆師親友、尊德樂義之心。獨使春坊使臣得侍左右，則無以防其戲慢媟狎、奇衺雜進之害。宜討論前典，置師傅、賓客之官，罷去春坊使臣，而使詹事、庶子各復其職。

至於選任大臣，則以陛下之聰明，豈不知天下之事必得剛明公正之人而後可任哉。其所以常不得如此之人，而反容鄙夫之竊位者，直以一念之間，未能撤其私邪之蔽，而燕私之好，便嬖之流，不能盡由於法度。若用剛明公正之人以爲輔相，則恐其有以妨吾之事，害吾之人，而不得肆。是以選掄之際，常先排擯此等，置之度外，而後取凡疲懦軟熟、平日不敢直言正色之人而揣摩之，又於其中得其至庸極陋、決可保其不至於有所妨者，然後舉而加之於位。是以除書未出，而物色先定，姓名未顯，而中外已逆知其決非天下之第一流矣。

至於振肅紀綱，變化風俗，則今日宮省之間，禁密之地，而天下不公之道、不正之人顧乃得以窟穴盤據於其間。而陛下目見耳聞，無非不公不正之事，則其所以熏蒸銷鑠，使陛下好善之心不著，疾惡之意不深，其害已有不可勝言者矣。及其作奸犯法，則陛下又未能深割私愛，而付諸外廷之議，論以有司之法。是以紀綱不能無所撓敗。紀綱不正於上，是以風俗頹弊於下。蓋其爲患之日久矣，而浙中爲尤甚。大率習爲軟美之態、依阿之言，以不分是非、不辨曲直爲得計。下之事上固不敢少忤其意，上之御下亦不敢稍拂其情。惟其私意之所在，則千塗萬轍，經營計較，必得而後已。甚者以金珠爲脯醢，以契券爲詩文，宰相可啗則啗宰相，近習可通則通近習，惟得之求，無復廉耻。一有剛毅正直、守道循理之士出乎其間，則群譏衆排，指爲道學，而加以矯激之罪。十數年來，以此二字禁錮天下之賢人君子，復如崇、宣之間所謂元祐學術者，排擯詆辱，必使無所容其身而後已。嗚呼，此豈治世之事，而尚復忍言之哉！

至於愛養民力，修明軍政，則自虞允文之爲相也，盡取版曹歲入窠名之必可指擬者，號爲歲終羨餘之數，而輸之內帑。顧以其有名無實，積累掛欠，空載簿籍，不可催理者，撥還版曹，以爲內帑之積，將以備他日用兵進取不時之須。然自是以來二十餘年，內帑歲入不知幾何，而認爲私貯，典以私人，宰相不得以式貢均節其出入，版曹不得以簿書勾考其有亡，其日銷月耗，以奉燕私之費者，蓋不知其幾何矣。而曷嘗聞其能用此錢以易胡人之首，如太祖皇帝之言哉。徒使版曹經費闕乏日甚，督趣日峻，以至廢去祖宗以來破分良法，而必以十分登足爲限。以爲未足，則又造爲比較監司郡守殿最之法，以誘脅之。於是中外承風，競爲苛急，此民力之所以重困也。

諸將之求進也，必先掊克士卒，以殖私財，然後以此自結於陛下之私人，而祈以姓名達於陛下之貴將。貴將得其姓名，即以付之軍中，使自什伍以上節次保明，稱其材武堪任將帥，然後具奏爲牘而言之陛下之前。陛下但見等級推先，案牘具備，則誠以爲公薦而可以得人矣，而豈知其諧價輸錢，已若晚唐之債帥哉。夫將者，三軍之司命，而其選置之方乖剌如此，則其智勇材略之人，孰肯抑心下首於宦官、宮妾之門？而陛下之所得以爲將帥者，皆庸夫走卒，而猶望其修明軍政，激勸士卒，以强國勢，豈不誤哉！

凡此六事，皆不可緩，而本在於陛下之一心。一心正則六事無不正，一有人心私欲以介乎其間，則雖欲憊精勞力，以求正夫六事者，亦將徒爲文具，而天下之事愈至於不可爲矣。

疏入，夜漏下七刻，上已就寢，急起秉燭，讀之終篇。明日，除主管太乙宫，兼崇政殿説書。時上已有倦勤之意，蓋將以爲燕翼之謀。先生嘗草奏疏，言講學以正心，修身以齊家，遠便嬖以近忠直，抑私恩以抗公道，明義理以絕神奸，擇師傅以輔皇儲，精選任以明體統，振紀綱以厲風俗，節財用以固邦本，修政事以攘夷狄，凡十事，欲以爲新政之助。會執政有指道學爲邪氣者，力辭新命，除秘閣修撰，仍奉外祠，遂不果上。

先生當孝宗朝，陛對者三，上封事者三。其初固以講學窮理爲出治之大原，其後則直指天理人欲之分，精一克復之義。其初固以當世急務一二爲言，其後封事之上，則心術、宮禁、時政、風俗，披肝瀝膽，極其忠鯁，蓋所望於君父愈深，而其言愈切。故於封事之末有曰：「日月逾邁，如川之流，一往而不復。不惟臣之蒼顔白髮已迫遲莫，而竊仰天顔，亦覺非昔時矣。」忠誠懇惻，至今讀者猶爲之涕下。先生進疏雖切，孝宗亦開懷容納，武博編摩，秘省郎曹之除，蓋將引以自近。守南康，持浙東、江西之節，又知其不可强留而授之。至是復有經帷之命。先生之盡忠，孝宗之受盡言，亦未爲不遇也。然先生進言皆痛詆大臣近習，孝宗之眷愈厚，而嫉者愈深，是以不能一日安其身於朝廷之上，而孝宗内禪矣。

光宗即位，再辭職名，仍舊直寶文閣，降詔奬諭，除江東轉運副使，以疾辭者再。覃恩轉朝散郎，賜緋衣、銀魚，改知漳州，又再以疾辭，不許。時光宗初政，再被除命，遂以紹熙元年之任。奏除屬縣無名之賦七百萬，減經總制錢四百萬，加意學校，教誘諸生，如南康時。又以習俗未知禮，采古喪葬嫁娶之儀，揭以示之，命父老解説，以教子弟。釋氏之教，南方爲盛，男女聚僧廬爲傳經會，女不嫁者，私爲庵舍以居。悉禁之，俗大變。郡有故迪功郎高登，忤秦檜貶死，爲奏請昭雪，褒其直。會朝論欲行泉、漳、汀三州經界，先生初仕同安，已知經界不行之害。至是訪事宜、擇人物，以至方量之法，洞見本末，遂疏其事上之。且言必可行之説三，將必至於不能行之説一。蓋謂經界法行，息争止訟，大爲民利，而占田隱税、侵漁貧弱者所不便。及具宣德意，榜之通衢，則邦民鼓舞，而寓公豪右果爲異議以沮之。遂因地震及足疾不赴錫宴自劾。其冬有旨，先行漳州經界。南方春早，事已無及。明年，屬有嗣子之喪，再請奉祠，除秘閣修撰，主管南京鴻慶宫。

先生以當上初政，嘗辭前件職名，已降褒詔從其請，難以復受，辭者再。詔「論撰之職，以寵名儒」，乃拜命。除荆湖南路轉運副使，再辭。漳州經界竟報罷，遂以前言經界可行自劾。三年，再以疾辭，乞補滿宫觀，從之。又數月，差知静江府、廣南西路經略安撫，辭。四年，又辭，主管南京鴻慶宫。未幾，差知潭州、荆湖南路安撫，以辭遠就近，不爲無嫌力辭。五年，再辭。有旨：「長沙巨屏，得賢爲重。」會洞獠擾屬郡，遂拜命赴鎮。至則遣人諭以禍福，皆降之。申教令，嚴武備，戢奸吏，抑豪民。先生所至，必興學校，明教化。湖湘士子素知學，日伺公退，則請質所疑。先生爲之講説不倦，四方之學者畢至。又以南康、漳州所申改正釋奠儀式爲請，録故死節五人，爲之立廟。

孝宗升遐，先生哀慟不能自勝。又聞上以疾不能執喪，中外洶洶，益憂懼，遂申省，乞歸田里，言：「天下國家所以長久安寧，惟賴朝廷三綱五常之教建立修明於上，然後守藩述職之臣有以禀承宣布於下。所以内外相維，小大順序，雖有强猾奸宄，無所逞志。不然，以一介書生置諸數千里軍民之上，亦何所憑恃而能服其衆哉。」又草封事，極言「父子天性，不應以小嫌廢彝倫」，言頗切直。會今上即位，不果上。

上在潛邸，聞先生名，每恨不得先生爲本宫講官。至是首召奏事，先生行且辭。除焕章閣待制、侍講，辭，不許。又再辭，且言：「陛下嗣位之初，方將一新庶政，所宜愛惜名器。若使倖門一開，其弊豈可復塞？至於博延儒臣，專意講學，蓋將求所以深得親歡者，爲建極導民之本；思所以大振朝綱者，爲防微慮遠之圖。顧問之臣，實資輔養，用人或繆，所繫非輕。」蓋先生在道，聞南内朝禮尚闕，近習已有用事者，故預有是言。又不許，遂奏乞且依元降指揮帶元官職奏事者再。

及入對，首言：「乃者天運艱難，國有大咎，所謂天下之大變，而不可以常理處者。太皇太后躬定大策，陛下寅紹丕圖，可謂處之以權，而庶幾不失其正矣。然自頃至今，亦既三月，或反不能無疑於逆順名實之際，禍亂之本，又已伏於冥冥之中，竊爲陛下憂之。尚猶有可諉者，亦曰陛下之心，前日未嘗有求位之計，今日未嘗忘思親之懷。此則道心微妙之全體，天理發用之本然，所以行權而不失其正之根本也。誠即是心而充之，所謂求仁得仁而無怨，終身訢然，樂而忘天下者，臣有以知陛下之不難矣。借曰天命神器不可無傳，宗廟社稷不可無奉，則轉禍爲福，易危爲安，亦豈可舍此而他求哉。充吾未嘗求位之心，則可以盡吾負罪引慝之誠；充吾未嘗忘親之心，則可以致吾温清定省之禮。始終不越乎此，而大倫正，大本立矣。」次言：「爲學莫先於窮理，窮理必在於讀書。讀書之法，莫貴於循序而致精。致精之本，則又在於居敬而持志。」又三劄言湖南歲計入少出多，不可支吾，乞裁減差到諸班換授歸正雜色補官員數。邵州邊防全無措畫，以致傜人侵犯。乞移置寨柵，增撥戍兵。潭州城壁乞行計度修築。既對，面辭待制、侍講，不許。翌日又辭待制職名，乞改作説書差遣，以爲「未得進説，而先受厚恩，萬一異時未效涓埃，而疾病不支，遂竊侍從職名而去，則臣死有餘罪。」上手札：「卿經術淵源，正資勸講，次對之職，勿復牢辭，以副朕崇儒重道之意。」遂拜命。

會趙彦逾按視孝宗山陵，以爲土肉淺薄，掘深五尺，下有水石，旋改新穴，比舊僅高尺餘。孫逢吉覆按，亦乞少寬日月，別求吉兆。有旨集議，臺史憚之，議遂中寢。先生竟上議狀言：「壽皇聖德神功，宜得吉土，以奉衣冠之藏。當廣求術士，博訪名山，不宜偏信臺史罔上誤國之言，固執紹興坐南向北之説，委之水泉沙礫之中，殘破浮淺之地。」不報。覃恩，轉朝請郎，賜紫章服，兼實録院同修撰，再辭，不許，拜命。

受詔進講大學，先生以平日論著敷陳開析，務積誠意，以感上心，遂奏乞除朔望旬休及過宫日分，不以寒暑雙隻月日諸假故，并令早晚進講。又乞置局看詳四方封事，瑞慶節免稱賀，皆從之。復因有旨修葺舊東宫，爲屋三數百間，遂具四事奏言：「當上帝震怒，災異數出，畿甸百姓飢餓流離，太上皇帝未獲進見，壽皇因山未卜，太皇太后、皇太后皆以尊老之年，煢然憂苦，不宜大興土木，以就安便。壽康定省之禮，所宜下詔自責，頻日繼往。顧乃逶迤舒緩，無異尋常。

太上皇帝必以爲此特備禮而來，其深閉固拒而不得見亦宜矣。朝廷紀綱尤所當嚴，上自人主，下至百執，各有職業，不可相侵。今進退宰執，移易臺諫，皆出陛下之獨斷，大臣不與謀，給舍不及議，正使其事悉當於理，亦非爲治之體。况中外傳聞，皆謂左右或竊其柄，而其所行又未能盡允於公議乎。此弊不革，臣恐名爲獨斷，而主威不免於下移；欲以求治，而返不免於致亂。」末復申言：「莀宫之卜，不宜偏聽臺史膠固繆妄之言，墮其交結眩惑之計。」皆不報。先生進講，每及數次，復以前所講者編次成帙以進。上亦開懷容納，且面諭以「求放心之説甚善，所進册子，宫中常讀之，今後更爲點來」。先生知上有意於學，遂以劄子勉上進德，其略言：「願陛下日用之間，語默動静，必求放心以爲之本，而於玩經觀史、親近儒學已用力處益用力焉。數召大臣，切劘治道，俾陳今日要務，略如仁祖開天章閣故事。至於群臣進對，亦賜温顔，反覆詢訪，以求政事之得失，民情之休戚。而又因以察其人才之邪正短長，庶於天下之事各得其理。」又奏：「禮經勑令，子爲父，嫡孫承重爲祖父，皆斬衰三年；嫡子當爲父後，不能襲位執喪，則嫡孫繼統而代之執喪。自漢文短喪，歷代因之，天子遂無三年之喪。爲父且然，則嫡孫承重可知。人紀廢壞，三綱不明，千有餘年，莫能釐正。壽皇聖帝至性自天，孝誠内發，易月之外，猶執通喪，朝衣朝冠皆以大布，所宜著在方册，爲世法程。間者遺誥初頒，太上皇帝偶違康豫，不能躬就喪次。陛下以世嫡承大統，則承重之服著在禮律，所宜遵壽皇已行之法。一時倉卒，不及詳議，遂用漆沙淺黄之服。不惟上違禮律，且使壽皇已行之禮舉而復墜，臣竊痛之。然既往之失不及追改，惟有將來啓殯發引，禮當復用初喪之服，則其變除之節，尚有可議。欲望明詔禮官，稽考禮律，預行指定。」

會孝宗祔廟，議宗廟迭毁之次，有請并祧僖、宣二祖，奉太祖居第一室，祫祭則正東向之位者。有旨集議，僖、順、翼、宣四祖祧主，宜有所歸。自太祖皇帝首尊四祖之廟，以僖祖爲四廟之首。治平間，議者以世數寖遠，請遷僖祖於夾室。未及數年，王安石等奏僖祖有廟，與稷、契無異，請復其舊。詔從之。時相雅不以熙寧復祀僖祖爲是，先生度難以口舌争，遂移疾上議狀，條其不可者四，以爲：「藏之夾室，則是以祖宗之主下藏於子孫之夾室。至於祫祭，設幄於夾室之前，則亦不得謂之祫。欲別立一廟，則喪事即遠，有毁無立。欲藏之天興殿，則宗廟、原廟不可相雜。議者皆知其不安，特以其心急於尊奉太祖，三年一祫時暫東向之故，不知其實無益於太祖之尊，而徒使僖祖、太祖兩廟威靈相與争校强弱於冥冥之中，并使四祖之神疑於受擯，徬徨躑躅，不知所歸，令人傷痛不能自已。今但以太祖當日追尊帝號之心而默推之，則知太祖今日在天之靈，於此必有所不忍。又况僖祖祧主遷於治平，不過數年，神宗皇帝復奉以爲始祖，已爲得禮之正，而合於人心。所謂有其舉之而莫敢廢者乎。」又擬爲廟制，以辯議者一旦并遷僖宣二祖，析太祖、太宗爲二之失，復引元祐大儒程頤之説，以爲「物豈有無本而生者？今日天下基本蓋出僖祖，安得爲無功業？」議狀既上，廟堂持之，不以聞。即毁撤僖、宣廟室，更創別廟，以奉四祖。宰相既有所偏主，樓鑰、陳傅良又復牽合裝綴，以附其説。先生所議頗達上聽，忽有旨召赴内殿奏事，因節略狀文，及爲劄子，畫圖以進。上然之，且曰：「僖祖國家始祖，高宗、孝宗、太上皇帝不曾遷，今日豈敢輕議？」欲令先生於榻前撰數語，以御批直罷其事。先生方懲内批之弊，因言乞降出劄子，再令臣寮集議。既退，復以上意諭廟堂，而事竟不行。

經生學士知禮者，皆是先生。一時異議之徒，忌其軋己，權奸遂從而乘之。上之立也，丞相趙汝愚密與知閤門事韓侂冑謀之。侂冑於太皇太后爲親屬，因得通中外之言。侂冑自謂有定策功，居中用事。先生自長沙辭免待制、侍講，已微寓其意。及進對，復嘗再三面言，又約吏部侍郎彭龜年共攻之。龜年出護使客，侂冑益得志。先生又於所奏四事疏中斥言左右竊柄之失，後因講筵留身，復申言前疏，乞賜施行。既退，即降御批云：「憫卿耆艾，方此隆冬，恐難立講，已除卿宮觀。」宰相執奏不行，明日，徑以御批付下，臺諫、給舍亦争留，不可，除寶文閣待制、與州郡差遣，力辭。尋除知江陵府，又力辭，仍乞追還新舊職名。詔依舊焕章閣待制、提舉南京鴻慶宫。

慶元元年，又乞追還舊職，不許。趙丞相亦罷，誣以不軌，謫永州。丞相既當大任，收召四方知名之士，中外引領，以觀新政。先生獨惕然以侂冑用事爲慮。既屢爲上言，又數以手書遺生徒密白丞相，當以厚賞酬其勞，勿使得預朝政。且有分界限、立紀綱、防微杜漸、謹不可忽之意。丞相方謂其易制，所倚以爲腹心謀事之人，又皆持禄苟安，無復遠慮。丞相既逐，而朝廷大權悉歸侂冑。先生自念身雖閑退，尚帶侍從職名，不敢自嘿，遂草書萬言，極言奸邪蔽主之禍，因以明其冤，詞旨痛切。諸生遂諫，以筮决之，遇遯之同人。先生默然，退取諫藁焚之，自號遯翁。以廟議不合，乞收還職名，又以疾，乞休致，不許。先是，吏部取會磨勘，至是轉朝奉大夫，又辭職名，乞休致。又以嘗妄議山陵自劾，又言已罷講官，不敢復帶侍從職名。詔依舊秘閣修撰。二年，又言昨來疏封錫服、封贈蔭補、磨勘轉官皆爲已受從官恩數，乞改正。沈繼祖爲監察御史，上章誣詆，落職罷祠。四年十二月，以來歲年及七十，申乞致仕。五年，依所請。六年三月甲子，終于正寢。十一月壬申，葬建陽縣唐石里之大林谷。嘉泰二年〔一〕，除華文閣待制，與致仕恩澤。傅伯壽故家子〔二〕，嘗執弟子禮，恨不薦己。先生辭次對，除修撰也，伯壽行詞，有「慢僞」等語。及先生没，伯壽守建寧，又不以聞，故復職之命猶生存也。

自先生去國，侂胄勢益張，鄙夫憸人迎合其意，以學爲僞，謂貪黷放肆，乃人真情，潔廉好禮者皆僞也。科舉取士，稍涉經訓者悉見排黜；文章議論，根於理義者并行除毁。六經、語、孟悉爲世之大禁，猾胥賤隸、頑鈍無耻之徒，往往引用，以至卿相，繩趨尺步，稍以儒名者無所容其身。從游之士，特立不顧者屏伏丘壑，依阿巽懦者更名他師，過門不入，甚至變易衣冠，狎游市肆，以自别其非黨。先生日與諸生講學竹林精舍，有勸以謝遣生徒者，笑而不答。先生既殁，善類悉已排擯，群小之勢已成。侂胄志氣驕溢，遂至擅開邊釁，幾危宗社，而生靈塗炭矣。開禧三年，侂胄伏誅，凶徒憸黨根株斥戮。嘉定元年，詔賜謚，與遺表恩澤。明年，賜謚曰「文」。又明年，贈中大夫，特贈寶謨閣直學士。後以明堂恩，累贈通議大夫。

先生平居惓惓，無一念不在於國。聞時政之闕失，則戚然有不豫之色。語及國勢之未振，則感慨以至泣下。然謹難進之禮，則一官之拜，必抗章而力辭；厲易退之節，則一語不合，必奉身而亟去。其事君也不貶道以求售，其愛民也不徇俗以苟安。故其與世動輒齟齬，自筮仕以至屬纊，五十年間，歷事四朝，仕於外者僅九考，立於朝者四十日，道之難行也如此。然紹道統、立人極，爲萬世宗師，則不以用舍爲加損也。

自韋齋先生得中原文獻之傳，聞河洛之學，推明聖賢遺意，日誦大學、中庸，以用力於致知誠意之地，先生蚤歲已知其説，而心好之。韋齋病且亟，屬曰：「籍溪胡原仲、白水劉致中、屏山劉彦冲三人，吾友也，學有淵源，吾所敬畏。吾即死，汝往事之，而惟其言之聽，則吾死不恨矣。」先生既孤，則奉以告三君子，而稟學焉。時年十有四，慨然有求道之志。博求之經傳，遍交當世有識之士，雖釋老之學，亦必究其歸趣，訂其是非。延平李先生學於豫章羅先生，羅先生學於龜山楊先生。延平於韋齋爲同門友。先生歸自同安，不遠數百里，徒步往從之。延平稱之曰：「樂善好義，鮮與倫比。」又曰：「穎悟絶人，力行可畏。其所論難，體認切至。」自是從游累年，精思實體，而學之所造者益深矣。

其爲學也，窮理以致其知，反躬以踐其實，居敬者，所以成始成終也。謂致知不以敬，則昏惑紛擾，無以察義理之歸；躬行不以敬，則怠惰放肆，無以致義理之實。持敬之方莫先主一，既爲之箴以自警，又筆之書，以爲小學大學皆本於此。終日儼然，端坐一室，討論典訓，未嘗少輟。自吾一心一身以至萬事萬物，莫不存理。存此心於齊莊静一之中〔三〕，窮此理於學問思辨之際，皆有以見其所當然而不容已與其所以然而不可易。然充其知而見於行者，未嘗不反之於身也。不睹不聞之前，所以戒懼者愈嚴愈敬；隱微幽獨之際，所以省察者愈精愈密。思慮未萌而知覺不昧，事物既接而品節不差。無所容乎人欲之私，而有以全乎天理之正。不安於偏見，不急於小成，而道之正統在是矣。

其爲道也，有太極而陰陽分，有陰陽而五行具。禀陰陽五行之氣以生，則太極之理各具於其中。天所賦爲命，人所受爲性，感於物爲情，統性情爲心。根於性則爲仁義禮智之德，發於情則爲惻隱羞惡辭遜是非之端，形於身則爲手足耳目口鼻之用，見於事則爲君臣父子夫婦兄弟朋友之常。求諸人則人之理不異於己，參諸物則物之理不異於人。貫徹古今，充塞宇宙，無一息之間斷，無一毫之空闕。莫不析之，極其精而不亂；然後合之，盡其大而無餘。先生之於道，可謂建諸天地而不悖，質諸聖賢而無疑矣。故其得於己而爲德也，以一心而窮造化之原，盡性情之妙，達聖賢之藴；以一身而體天地之運，備事物之理，任綱常之責。明足以察其微，剛足以任其重，弘足以致其廣，毅足以極其常。其存之也虚而静，其發之也果而確，其用之也應事接物而不窮，其守之也歷變履險而不易。本末精粗不見其或遺，表裏初終不見其或異。至其養深積厚，矜持者純熟，嚴厲者和平，心不待操而存，義不待索而精。猶以爲義理無窮，歲月有限，常慊然有不足之意，蓋有日新又新不能自已者，而非後學之所可擬議也。

其可見之行，則修諸身者，其色莊，其言厲，其行舒而恭，其坐端而直。其閑居也，未明而起，深衣幅巾方履〔四〕，拜於家廟以及先聖。退坐書室，几案必正，書籍器用必整。其飲食也，羹食行列有定位，匕箸舉措有定所。倦而休也，瞑目端坐；休而起也，整步徐行。中夜而寢，既寢而寤，則擁衾而坐，或至達旦。威儀容止之則，自少至老，祁寒盛暑，造次顛沛，未嘗有須臾之離也。行於家者，奉親極其孝，撫下極其慈。閨庭之間，内外斬斬；恩義之篤，怡怡如也。其祭祀也，事無纖鉅，必誠必敬，小不如儀，則終日不樂，已祭無違禮，則油然而喜。死喪之禮，哀戚備至，飲食衰絰，各稱其情。賓客往來，無不延遇，稱家有無，常盡其歡。於親故雖疏遠必致其愛，於鄉閭雖微賤必致其恭。吉凶慶吊，禮無所遺；賙恤問遺，恩無所闕。其自奉則衣取蔽體，食取充腹，居止取足以障風雨，人不能堪，而處之裕如也。

若其措諸事業，則州縣之施設，立朝之言論，經綸規畫，正大宏偉，亦可概見。雖達而行道，不能施之一時；然退而明道，足以傳之萬代。謂聖賢道統之傳，散在方册，聖經之旨不明，則道統之傳始晦。於是竭其精力，以研窮聖賢之經訓，於大學、中庸，則補其闕遺，别其次第，綱領條目，粲然復明；於論語、孟子，則深原當時答問之意，使讀而味之者，如親見聖賢而面命之；於易與詩，則求其本義，攻其末失，深得古人遺意於數千載之上。凡數經者見之傳注，其關於天命之微、人心之奥、入德之門、造道之閫者，既已極深研幾，探賾索隱，發其旨趣而無遺矣。至於一字未安，一詞未備，亦必沉潜反覆，或達旦不寐，或累日不倦，必求至當而後已。

故章旨字義至微至細，莫不理明詞順，易知易行。於書則疑今文之艱澀，反不若古文之平易；於春秋則疑聖心之正大，决不類傳注之穿鑿；於禮則病王安石廢罷儀禮而傳記獨存；於樂則憫後世律尺既亡，而清濁無據。是數經者，亦嘗討論本末，雖未能著爲成書，然其大旨固已獨得之矣。

若歷代史記，則又考論西周以來至于五代，取司馬公編年之書，繩以春秋紀事之法，綱舉而不繁，目張而不紊，國家之理亂，君臣之得失，如指諸掌。周、程、張、邵之書，所以繼孔孟道統之傳，歷時未久，微言大義鬱而不章。爲之裒集發明，而後得以盛行於世。太極、先天二圖精微廣博，不可涯涘，爲之解剥條畫，而後天地本原、聖賢藴奥不至於泯没〔五〕。程、張門人祖述其學，所得有淺深，所見有疏密。先生既爲之區别，以悉取其所長，至或識見小偏、流於異端者，亦必研窮剖析而不没其所短。南軒張公、東萊吕公同出其時，先生以其志同道合，樂與之友。至或識見少異，亦必講磨辨難，以一其歸。至若求道而過者，病傳注誦習之煩，以爲不立文字可以識心見性，不假修爲可以造道入德，守虚靈之識，而昧天理之真，借儒者之言，以文老佛之説。學者利其簡便，詆訾聖賢，捐棄經典，猖狂叫呶，側僻固陋，自以爲悟。立論愈下者，則又崇獎漢唐，比附三代，以便其計功謀利之私〔六〕。二説并立，高者陷於空無，下者溺於卑陋，其害豈淺淺哉。先生力排之，俾不至亂吾道，以惑天下。於是學者靡然向之。

先生教人，以大學、語、孟、中庸爲入道之序，而後及諸經。以爲不先乎大學，則無以提綱挈領而盡論、孟之精微〔七〕；不參之以論、孟，則無以融會貫通而極中庸之旨趣〔八〕。然不會其極於中庸〔九〕，則又何以建立大本〔十〕，經綸大經，而讀天下之書，論天下之事哉。其於讀書也，又必使之辨其音釋，正其章句，玩其辭，求其義，研精覃思，以究其所難知；平心易氣，以聽其所自得。然爲己務實，辨別義利，毋自欺、謹其獨之戒，未嘗不三致意焉。蓋亦欲學者窮理反身而持之以敬也。從游之士迭誦所習，以質其疑，意有未諭，則委曲告之而未嘗倦；問有未切，則反覆戒之而未嘗隱。務學篤則喜見於言，進道難則憂形于色。講論經典，商略古今，率至夜半。雖疾病支離，至諸生問辨，則脱然沉痾之去體。一日不講學，則惕然常以爲憂。摳衣而來，遠自川蜀，文詞之傳，流及海外。至於夷虜，亦知慕其道，竊問其起居。窮鄉晚出，家蓄其書，私淑諸人者不可勝數。先生既歿，學者傳其書、信其道者益衆，亦足以見理義之感於人者深也。繼往聖將微之緒，啓前賢未發之機，辨諸儒之得失，闢異端之訛繆，明天理，正人心，事業之大，又孰有加於此者？

至若天文地志，律曆兵機，亦皆洞究淵微。文詞字畫，騷人才士疲精竭神，常病其難，至先生未嘗用意，而亦皆動中規繩，可爲世法。是非姿禀之異，學行之篤，安能事事物物各當其理，各造其極哉。學修而道立，德成而行尊，見之事業者又如此。秦漢以來，迂儒曲學既皆不足以望其藩墻，而近代諸儒有志乎孔、孟、周、程之學者，亦豈能以造其閫域哉。嗚呼，是殆天所以相斯文，篤生哲人，以大斯道之傳也！

先生疾且革，手爲書，囑其子在與門人范念德、黄榦，尤拳拳以勉學及修正遺書爲言。翌日，門人侍疾者請教，先生曰「堅苦」。問温公喪禮，曰「疏略」。問儀禮，頷之。已而正坐，整冠衣，就枕而逝。門人治喪者既一以儀禮從事，而訃告所至，從游之士與夫聞風慕義者，莫不相與爲位而聚哭焉。禁錮雖嚴，有所不避也。嗚呼，天又胡不憖遺，以永斯道之傳，而遽使後學失所依歸哉！

先生所著書有易本義、啓蒙、蓍卦考誤，詩集傳，大學、中庸章句、或問，論語、孟子集注，太極圖、通書、西銘解，楚詞集注、辨證，韓文考異；所編次有語孟集義，孟子指要，中庸集略，孝經刊誤，小學書，通鑑綱目，本朝名臣言行録，古今家祭禮，近思録，河南程氏遺書，伊洛淵源録，皆行於世。先生著述雖多，於語、孟、中庸、大學尤所加意。若大學、論語則更定數四，以至垂没。大學誠意一章，乃其絶筆也。其明道垂教，拳拳深切如此。楚詞集注亦晚年所作，其愛君憂國，雖老不忘。通鑑綱目僅能成編，每以未及修補爲恨。又嘗編次禮書，用工尤苦，竟亦未能脱藁。所輯家禮，世多用之，然其後亦多損益，未暇更定。平生爲文，則季子在類次之矣。生徒問答，則後學李道傳嘗裒輯鋟版，未備也。

娶劉氏，追封碩人，白水草堂先生之女。草堂，即韋齋所屬以從學者也。其卒也以淳熙丙申，其葬以祔穴〔十一〕。子三人，長塾，先十年卒。次埜，迪功郎、監湖州德清縣户部新市犒賞酒庫，後十年亦卒。季在，承議郎、提舉兩浙西路常平茶鹽公事。女五人，婿儒林郎、静江府臨桂縣令劉學古，奉議郎、主管亳州明道宮黄榦，進士范元裕。仲季二人亦早卒。孫男七人，鉅、銓、鑑、鐸、銍、鉉、鑄。鉅，從政郎、新差監行在雜買務雜賣場門。銓，從事郎、融州司法參軍。鑑，迪功郎、新辟差充廣西經略安撫司準備差遣。餘業進士。女九人，婿承議郎、主管華州雲臺觀趙師夏，進士葉韶甫、周巽亨、鄭宗亮、黄輅，從政郎、紹興府會稽縣丞趙師若，黄慶臣、李公玉。曾孫男六人，淵、洽、潛、濟、濬〔十二〕、澄。女七人。

先生没有年矣，狀其行者未有所屬筆。在以榦從學日久，俾任其責。先生既不假是而著，榦之識見淺陋，言語卑弱，又不足模倣萬一。追思平日步趨謦欬，則悲愴哽咽，不忍書，亦不忍忘也。竊聞道之正統，待人而後傳。自周以來，任傳道之責、得統之正者，不過數人，而能使斯道章章較著者，一二人而止耳。由孔子而後曾子、子思繼其微，至孟子而始著；由孟子而後〔十三〕，周、程、張子繼其絶，至先生而始著。蓋千有餘年之間，孔孟之徒所以推明是道者，既以煨燼殘闕，離析穿鑿，而微言幾絶矣。周、程、張子崛起於斯文湮塞之餘，人心蠹壞之後，扶持植立，厥功偉然。未及百年，踳駁尤甚。先生出，而自周以來，聖賢相傳之道一旦豁然如大明中天，昭晰呈露，則摭其言行，又可略歟？輒采同志之議，敬述世系爵里、出處言論與夫學問道德行業人之所共知者，而又私竊以道統之著者終之，以俟知德者考焉。謹狀。嘉定十四年正月日，門人奉議郎、主管亳州明道宮黄榦狀。

行狀之作，非得已也，懼先生之道不明，而後世傳者之訛也。追思平日之聞見，參以叙述奠誄之文，定爲草藁，以諗同志，反覆詰難。一言之善，不敢不從。然亦有參之鄙意，而不敢盡從者，不可以無辨也。有謂言貴含蓄，不可太露，文貴簡古，不可太繁者。夫工於爲文者，固能使之隱而顯，簡而明，是非愚陋所能及也。顧恐名曰含蓄，而未免於晦昧，名曰簡古，而未免於艱澀，反不若詳書其事之爲明白也。又有謂年月不必盡記，辭受不必盡書者。先生之用舍去就，實關世道之隆替，後學之楷式，年月必記，所以著世變；辭受必書，所以明世教。狀先生之行，又豈可以常人比、常體論哉。又有謂告上之語失之太直，記人之過失之太訐者。責難陳善，事君之大義。人主能容於前，而臣子反欲隱於後，先生敢陳於當世，而學者反欲諱於將來乎。人之有過，或具之獄案，或見之章奏，天下後世所共知，而欲没之，可乎？又有謂奏疏之文紀述太繁，申請之事細微必録，似非行狀之體者。古人得君行道，有事實可紀，則奏疏可以不述。先生進不得用於世，其所可見者，特其言論之間，乃其規模之素，則言與行豈有異耶。事雖微細，處得其道，則人受其利；一失其道，則人受其害。先生理明義精，故雖細故，區處條畫無不當於人心者，則鉅與細亦豈有異耶。其可辨者如此，則其尤淺陋者不必辨也。至於流俗之論，則又以爲前輩不必深抑，異學不必力排，稱述之辭，似失之過者。孔門諸賢至謂孔子賢於堯舜，豈以抑堯舜爲嫌乎？孟子闢楊墨而比之禽獸，衛道豈可以不嚴乎？夫子嘗曰「莫我知也夫」，又曰「知德者鮮矣」，甚矣，聖賢之難知也。知不知，不足爲先生損益，然使聖賢之道不明，異端之説滋熾，是則愚之所懼，而不容於不辨也。故嘗太息而爲之言曰：

「是未易以口舌争。百年論定，然後知愚言之爲可信。」遂書其語，以俟後之君子。榦謹書。元刻本勉齋先生黄文肅公集卷三十四

校記

〔一〕泰：原作「定」，據四庫全書本勉齋集卷三十六所載本文改。

〔二〕家：原缺，據右引補。

〔三〕「既爲之箴」至「存此心」一段原缺，據右引補。

〔四〕巾：原作「衣」，據右引改。

〔五〕泯：原作「混」，據右引改。

〔六〕計功：原作「討切」，據右引改。

〔七〕精：原作「道」，據右引改。

〔八〕中庸之旨：原缺，據右引補。

〔九〕不：原作「有」，據右引改。

〔十〕則：原缺，據右引補。

〔十一〕袝：原作「術」，據右引改。

〔十二〕濟、濬：原缺，據右引補。

〔十三〕「曾子、子思」以下，原缺，據西山讀書記卷三十一、宋名臣言行録外集卷十二所引黄榦行狀補。

宋史本傳

朱熹，字元晦，一字仲晦，徽州婺源人。父松字喬年，中進士第。胡世將、謝克家薦之，除

秘書省正字。趙鼎都督川、陝、荆、襄軍馬，招松爲屬，辭。鼎再相，除校書郎，遷著作郎。以御史中丞常同薦，除度支員外郎，兼史館校勘，歷司勛、吏部郎。秦檜决策議和，松與同列上章，極言其不可。檜怒，風御史論松懷異自賢，出知饒州，未上，卒。

熹幼穎悟，甫能言，父指天示之曰：「天也。」熹問曰：「天之上何物？」松異之。就傅，授以孝經，一閲，題其上曰：「不若是，非人也。」嘗從群兒戲沙上，獨端坐以指畫沙，視之，八卦也。年十八貢于鄉，中紹興十八年進士第。主泉州同安簿，選邑秀民充弟子員，日與講説聖賢修己治人之道，禁女婦之爲僧道者。罷歸請祠，監潭州南岳廟。明年，以輔臣薦，與徐度、吕廣問、韓元吉同召，以疾辭。

孝宗即位，詔求直言，熹上封事言：「聖躬雖未有過失，而帝王之學不可以不熟講。朝政雖未有闕遺，而修攘之計不可以不早定。利害休戚雖不可遍舉，而本原之地不可以不加意。陛下毓德之初，親御簡策，不過風誦文辭，吟詠情性，又頗留意於老子、釋氏之書。夫記誦詞藻，非所以探淵源而出治道；虚無寂滅，非所以貫本末而立大中。帝王之學，必先格物致知，以極夫事物之變，使義理所存，纖悉畢照，則自然意誠心正，而可以應天下之務。」次言：「修攘之計不時定者，講和之説誤之也。夫金人於我有不共戴天之讎，則不可和也明矣。願斷以義理之公，閉關絶約，任賢使能，立紀綱，厲風俗。數年之後，國富兵强，視吾力之强弱，觀彼釁之淺深，徐起而圖之。」次言：「四海利病，係斯民之休戚，斯民休戚，係守令之賢否。監司者守令之綱，朝廷者監司之本也。欲斯民之得其所，本原之地亦在朝廷而已。今之監司，奸贓狼籍、肆虐以病民者，莫非宰執、臺諫之親舊賓客。其已失勢者，既按見其交私之狀而斥去之；尚在勢者，豈無其人？顧陛下無自而知之耳。」

隆興元年，復召。入對，其一言：「大學之道在乎格物以致其知。陛下雖有生知之性，高世之行，而未嘗隨事以觀理，即理以應事。是以舉措之間動涉疑貳，聽納之際未免蔽欺，平治之效所以未著。」其二言：「君父之讎不與共戴天。今日所當爲者，非戰無以復讎，非守無以制勝。」且陳古先聖王所以强本折衝、威制遠人之道。時相湯思退方倡和議，除熹武學博士，待次。乾道元年，促就職，既至而洪适爲相，復主和，論不合，歸。

三年，陳俊卿、劉珙薦爲樞密院編修官，待次。五年，丁内艱。六年，工部侍郎胡銓以詩人薦，與王庭珪同召，以未終喪辭。七年，既免喪，復召，以禄不及養辭。九年，梁克家相，申前命，又辭。克家奏熹屢召不起，宜蒙褒録，執政俱稱之。上曰：「熹安貧守道，廉退可嘉。」特改合入官，主管台州崇道觀。熹以求退得進，於義未安，再辭。淳熙元年，始拜命。二年，上欲奬用廉退，以勵風俗，龔茂良行丞相事，以熹名進，除秘書郎。力辭，且以手書遺茂良，言一時權倖。群小乘間讒毁，乃因熹再辭，即從其請，主管武夷山冲佑觀。

五年，史浩再相，除知南康軍，降旨便道之官，熹再辭，不許。至郡，興利除害，值歲不雨，講求荒政，多所全活。訖事，奏乞依格推賞納粟人。間詣郡學，引進士子與之講論。訪白鹿洞書院遺址，奏復其舊，爲學規俾守之。明年夏，大旱，詔監司、郡守條其民間利病，遂上疏言：

天下之務莫大於恤民，而恤民之本，在人君正心術以立紀綱。蓋天下之紀綱不能以自立，必人主之心術公平正大，無偏黨反側之私，然後有所繫而立。君心不能以自正，必親賢臣，遠小人，講明義理之歸，閉塞私邪之路，然後乃可得而正。

今宰相、臺省、師傅、賓友、諫諍之臣皆失其職，而陛下所與親密謀議者，不過一二近習之臣。上以蠱惑陛下之心志，使陛下不信先王之大道，而説於功利之卑説，不樂莊士之讜言，而安於私暬之鄙態。下則招集天下士大夫之嗜利無耻者，文武彙分，各入其門。所喜則陰爲引援，擢置清顯，所惡則密行訾毁，公肆擠排。交通貨賂，所盜者皆陛下之財。命卿置將，所竊者皆陛下之柄。陛下所謂宰相、師傅、賓友、諫諍之臣，或反出入其門墻，承望其風旨；其幸能自立者，亦不過齪齪自守，而未嘗敢一言以斥之；其甚畏公論者，乃能略警逐其徒黨之一二，既不能深有所傷，而終亦不敢正言以擣其囊橐窟穴之所在。勢成威立，中外靡然向之，使陛下之號令黜陟不復出於朝廷，而出於一二人之門，名爲陛下獨斷，而實此一二人者陰執其柄。

且云：「莫大之禍，必至之憂，近在朝夕，而陛下獨未之知。」上讀之，大怒曰：「是以我爲亡也。」熹以疾請祠，不報。

陳俊卿以舊相守金陵，過闕入見，薦熹甚力。宰相趙雄言於上曰：「士之好名，陛下疾之愈甚，則人之譽之愈衆，無乃適所以高之。不若因其長而用之，彼漸當事任，能否自見矣。」上以爲然，乃除熹提舉江西常平茶鹽公事。旋録救荒之勞，除直秘閣，以前所奏納粟人未推賞，辭。會浙東大饑，宰相王淮奏改熹提舉浙東常平茶鹽公事，即日單車就道，復以納粟人未推賞，辭職名。納粟賞行，遂受職名。入對，首陳災異之由與修德任人之説，次言：「陛下即政之初，蓋嘗選建英豪，任以政事，不幸其間不能盡得其人，是以不復廣求賢哲，而姑取軟熟易制之人以充其位。於是左右私褻使令之賤，始得以奉燕閑，備驅使，而宰相之權日輕。又慮其勢有所偏，而因重以壅己也，則時聽外廷之論，將以陰察此輩之負犯而操切之。陛下既未能循天理、公聖心，以正朝廷之大體，則固已失其本矣，而又欲兼聽士大夫之言，以爲駕馭之術，則士大夫之進見有時，而近習之從容無間。士大夫之禮貌既莊而難親，其議論又苦而難入，近習便辟側媚之態既足以蠱心志，其胥史狡獪之術又足以眩聰明。是以雖欲微抑此輩，而此輩之勢日重，雖欲兼采公論，而士大夫之勢日輕。重者既挾其重，以竊陛下之權，輕者又借力於所重，以爲竊位固寵之計。日往月來，浸淫耗蝕，使陛下之德業日隳，綱紀日壞，邪佞充塞，貨賂公行，兵愁民怨，盗賊間作，災異數見，饑饉薦臻。群小相挻，人人皆得滿其所欲，惟有陛下了無所得，而顧乃獨受其弊。」上爲動容。所奏凡七事，其一二事手書以防宣洩。

熹始拜命，即移書他郡，募米商，蠲其征。及至，則客舟之米已輻湊。熹日鈎訪民隱，按行境内，單車屏徒從，所至人不及知。郡縣官吏憚其風采，至自引去，所部肅然。凡丁錢、和買、役法、榷酤之政，有不便於民者，悉釐而革之。於救荒之餘，隨事處畫，必爲經久之計。有短熹者，謂其疏於爲政，上謂王淮曰：「朱熹政事却有可觀。」

熹以前後奏請多所見抑，幸而從者，率稽緩後時，蝗旱相仍，不勝憂憤，復奏言：「爲今之計，獨有斷自聖心，沛然發號，責躬求言，然後君臣相戒，痛自省改。其次惟有盡出内庫之錢，以供大禮之費，爲收糴之本，詔户部免徵舊負，詔漕臣依條檢放租税，詔宰臣沙汰被災路分州軍監司、守臣之無狀者，遴選賢能，責以荒政，庶幾猶足下結人心，消其乘時作亂之意。不然，臣恐所憂者不止於飢殍，而將在於盜賊；蒙其害者不止於官吏，而上及於國家也。」

知台州唐仲友與王淮同里，爲姻家，吏部尚書鄭丙、侍御史張大經交薦之，遷江西提刑，未行。熹行部至台，訟仲友者紛然，按得其實，章三上，淮匿不以聞。熹論愈力，仲友亦自辯，淮乃以熹章進呈。上令宰屬看詳，都司陳庸等乞令浙西提刑委清强官究實，仍令熹速往旱傷州郡相視。熹時留台未行，既奉詔，益上章論。前後六上，淮不得已，奪仲友江西新命以授熹。辭不拜，遂歸，且乞奉祠。

時鄭丙上疏詆程氏之學以沮熹，淮又擢太府寺丞陳賈爲監察御史。賈面對，首論近日搢紳有所謂「道學」者，大率假名以濟僞，願考察其人，擯棄勿用，蓋指熹也。十年，詔以熹累乞奉祠，可差主管台州崇道觀。既而連奉雲臺、鴻慶之祠者五年。十四年，周必大相，除熹提點江西刑獄公事，以疾辭，不許，遂行。

十五年，淮罷相，遂入奏，首言近年刑獄失當，獄官當擇其人。次言經總制錢之病民，及江西諸州科罰之弊。而其末言：「陛下即位二十七年，因循荏苒，無尺寸之效可以仰酬聖志。嘗反覆思之，無乃燕閑蠖濩之中，虛明應物之地，天理有所未純，人欲有所未盡，是以爲善不能充其量，除惡不能去其根，一念之頃，公私邪正、是非得失之機交戰於其中。故體貌大臣非不厚，而便嬖側媚得以深被腹心之寄；寤寐英豪非不切，而柔邪庸繆得以久竊廊廟之權。非不樂聞公議正論，而有時不容；非不堲讒説殄行，而未免誤聽；非不欲報復陵廟讎耻，而未免畏怯苟安；非不愛養生靈財力，而未免嘆息愁怨。願陛下自今以往，一念之頃必謹而察之：此爲天理耶，人欲耶？果天理也，則敬以充之，而不使其少有壅閼；果人欲也，則敬以克之，而不使其少有凝滯。推而至於言語動作之間，用人處事之際，無不以是裁之，則聖心洞然，中外融澈，無一毫之私欲得以介乎其間，而天下之事將惟陛下所欲爲，無不如志矣。」是行也，有要之於路，以爲「正心誠意」之論上所厭聞，戒勿以爲言。熹曰：「吾平生所學，惟此四字，豈可隱默以欺吾君乎？」及奏，上曰：「久不見卿，浙東之事，朕自知之。今當處卿清要，不復以州縣爲煩也。」

時曾覿已死，王抃亦逐，獨内侍甘昪尚在，熹力以爲言。上曰：「昪乃德壽所薦，謂其有才耳。」熹曰：「小人無才，安能動人主？」翌日，除兵部郎官，以足疾丐祠。本部侍郎林栗嘗與熹論易、西銘不合，劾熹「本無學術，徒竊張載、程頤緒餘，謂之『道學』。所至輒携門生數十人，妄希孔、孟歷聘之風，邀索高價，不肯供職，其僞不可掩。」上曰：「林栗言似過。」周必大言熹上殿之日，足疾未瘳，勉强登對。上曰：「朕亦見其跛曳。」左補闕薛叔似亦奏援熹，乃令依舊職江西提刑。太常博士葉適上疏與栗辨，謂其言無一實者，「謂之道學」一語，無實尤甚。往日王淮表裏臺諫，陰廢正人，蓋用此術。詔：「熹昨入對，所論皆新任職事，朕諒其誠，復從所請，可疾速之任。」會胡晋臣除侍御史，首論栗執拗不通，喜同惡異，無事而指學者爲黨，乃黜栗知泉州。熹再辭免，除直寶文閣，主管西京嵩山崇福宫。未逾月再召，熹又辭。

始，熹嘗以爲口陳之説有所未盡，乞具封事以聞，至是投匭進封事曰：

今天下大勢，如人有重病，内自心腹，外達四支，無一毛一髮不受病者。且以天下之大本與今日之急務，爲陛下言之：大本者，陛下之心；急務則輔翼太子，選任大臣，振舉綱紀，變化風俗，愛養民力，修明軍政，六者是也。

古先聖王兢兢業業，持守此心，是以建師保之官，列諫諍之職，凡飲食、酒漿、衣服、次舍、器用、財賄與夫宦官、宫妾之政，無一不領於冢宰。使其左右前後，一動一静，無不制以有司之法，而無纖芥之隙、瞬息之頃得以隱其毫髮之私。陛下所以精一克復而持守其心，果有如此之功乎？所以修身齊家而正其左右，果有如此之效乎？宫省事禁，臣固不得而知，然爵賞之濫，貨賂之流，閭巷竊言，久已不勝其籍籍，則陛下所以修之家者，恐其未有以及古之聖王也。

至於左右便嬖之私，恩遇過當，往者淵、覿、説、抃之徒勢焰熏灼，傾動一時，今已無可言矣。獨有前日臣所面陳者，雖蒙聖慈委曲開譬，然臣之愚，竊以爲此輩但當使之守門傳命，供掃除之役，不當假借崇長，使得逞邪媚、作淫巧於內，以蕩上心，立門庭、招權勢於外，以累聖政。臣聞之道路，自王抃既逐之後，諸將差除，多出此人之手。陛下竭生靈膏血以奉軍旅，顧乃未嘗得一溫飽，是皆將帥巧爲名色，奪取其糧，肆行貨賂於近習，以圖進用，出入禁闥腹心之臣，外交將帥，共爲欺蔽，以至於此。而陛下不悟，反寵暱之，以是爲我之私人，至使宰相不得議其制置之得失，給諫不得論其除授之是非，則陛下所以正其左右者，未能及古之聖王又明矣。

至於輔翼太子，則自王十朋、陳良翰之後，宮僚之選號爲得人，而能稱其職者，蓋已鮮矣。而又時使邪佞儇薄、闒冗庸妄之輩或得參錯於其間，所謂講讀，亦姑以應文備數，而未聞其有箴規之效。至於從容朝夕、陪侍游燕者，又不過使臣宦者數輩而已。師傅、賓客既不復置，而詹事、庶子有名無實，其左右春坊遂直以使臣掌之，既無以發其隆師親友、尊德樂義之心，又無以防其戲慢媟狎、奇衺雜進之害。宜討論前典，置師傅、賓客之官，罷去春坊使臣，而使詹事、庶子各復其職。

至於選任大臣，則以陛下之聰明，豈不知天下之事，必得剛明公正之人而後可任哉。其所以常不得如此之人，而反容鄙夫之竊位者，直以一念之間，未能徹其私邪之蔽，而燕私之好，便嬖之流，不能盡由於法度，若用剛明公正之人以爲輔相，則恐其有以妨吾之事，害吾之人，而不得肆。是以選擇之際，常先排擯此等，而後取凡疲懦軟熟、平日不敢直言正色之人而揣摩之，又於其中得其至庸極陋、決可保其不至於有所妨者，然後舉而加之於位。是以除書未出，而物色先定，姓名未顯，而中外已逆知其決非天下第一流矣。

至於振肅紀綱，變化風俗，則今日宮省之間，禁密之地，而天下不公之道，不正之人，顧乃得以窟穴盤據於其間。而陛下目見耳聞，無非不公不正之事，則其所以熏烝銷鑠，使陛下好善之心不著，疾惡之意不深，其害已有不可勝言者矣。及其作奸犯法，則陛下又未能深割私愛，而付諸外廷之議，論以有司之法，是以紀綱不正於上，風俗頹弊於下，其爲患之日久矣。而浙中爲尤甚，大率習爲軟美之態、依阿之言，以不分是非、不辨曲直爲得計，甚者以金珠爲脯醢，以契券爲詩文，宰相可啗則啗宰相，近習可通則通近習，惟得之求，無復廉耻。一有剛毅正直、守道循理之士出乎其間，則群譏衆排，指爲「道學」，而加以矯激之罪。十數年來，以此二字禁錮天下之賢人君子，復如昔時所謂元祐學術者，排擯詆辱，必使無所容其身而後已，此豈治世之事哉。

至於愛養民力，修明軍政，則自虞允文之爲相也，盡取版曹歲入窠名之必可指擬者，號爲歲終羨餘之數，而輸之内帑。顧以其有名無實、積累掛欠、空載簿籍、不可催理者，撥還版曹，以爲内帑之積，將以備他日用兵進取不時之須。然自是以來二十餘年，内帑歲入不知幾何，而認爲私貯，典以私人，宰相不得以式貢均節其出入，版曹不得以簿書勾考其在亡，日銷月耗，以奉燕私之費者，蓋不知其幾何矣，而曷嘗聞其能用此錢以易敵人之首，如太祖之言哉。徒使版曹經費闕乏日甚，督促日峻，以至廢去祖宗以來破分良法，而必以十分登足爲限；以爲未足，則又造爲比較監司、郡守殿最之法，以誘脅之。於是中外承風，競爲苛急，此民力之所以重困也。

諸將之求進也，必先掊尅士卒，以殖私利，然後以此自結於陛下之私人，而蘄以姓名達於陛下之貴將。貴將得其姓名，即以付之軍中，使自什伍以上節次保明，稱其材武堪任將帥，然後具奏牘而言之陛下之前。陛下但見等級推先，案牘具備，則誠以爲公薦而可以得人矣，而豈知其諧價輸錢，已若晚唐之債帥哉。夫將者，三軍之司命，而其選置之方乖剌如此，則彼智勇材略之人，孰肯抑心下首於宦官、宮妾之門，而陛下之所得以爲將帥者，皆庸夫走卒，而猶望其修明軍政，激勸士卒，以强國勢，豈不誤哉！

凡此六事，皆不可緩，而本在於陛下之一心。一心正則六事無不正，一有人心私欲以介乎其間，則雖欲憊精勞力，以求正夫六事者，亦將徒爲文具，而天下之事愈至於不可爲矣。

疏入，夜漏下七刻，上已就寢，亟起秉燭，讀之終篇。明日，除主管太一宮，兼崇政殿説書。熹力辭，除秘閣修撰，奉外祠。

光宗即位，再辭職名，仍舊直寶文閣，降詔獎諭。居數月，除江東轉運副使，以疾辭，改知漳州。奏除屬縣無名之賦七百萬，減經總制錢四百萬。以習俗未知禮，采古喪葬嫁娶之儀，揭以示之，命父老解説，以教子弟。土俗崇信釋氏，男女聚僧廬爲傳經會，女不嫁者爲庵舍以居，熹悉禁之。常病經界不行之害，會朝論欲行泉、汀、漳三州經界，熹乃訪事宜，擇人物及方量之法上之。而土居豪右侵漁貧弱者以爲不便，沮之。宰相留正，泉人也，其里黨亦多以爲不可行。布衣吴禹圭上書訟其擾人，詔且需後，有旨先行漳州經界。明年，以子喪請祠。

時史浩入見，請收天下人望，乃除熹秘閣修撰，主管南京鴻慶宮。熹再辭，詔：「論撰之職，以寵名儒。」乃拜命。除荆湖南路轉運副使，辭。漳州經界竟報罷，以言不用自劾。除知静江府，辭，主管南京鴻慶宮。未幾，差知潭州，力辭。黄裳爲嘉王府翊善，自以學不及熹，乞召爲宮僚，王府直講彭龜年亦爲大臣言之。留正曰：「正非不知熹，但其性剛，恐到此不合，反爲累耳。」熹方再辭，有旨：「長沙巨屏，得賢爲重。」遂拜命。會洞獠擾屬郡，熹遣人諭以禍福，皆降之。申敕令，嚴武備，戢奸吏，抑豪民。所至興學校，明教化，四方學者畢至。

寧宗即位，趙汝愚首薦熹及陳傅良，有旨赴行在奏事。熹行且辭，除焕章閣待制、侍講，辭，不許。入對，首言：「乃者太皇太后躬定大策，陛下寅紹丕圖，可謂處之以權，而庶幾不失其正。自頃至今三月矣，或反不能無疑於逆順名實之際，竊爲陛下憂之。猶有可諉者，亦曰陛下之心，前日未嘗有求位之計，今日未嘗忘思親之懷，此則所以行權而不失其正之根本也。充未嘗求位之心，以盡負罪引慝之誠，充未嘗忘親之心，以致温清定省之禮，而大倫正，大本立矣。」復面辭待制、侍講，上手劄：「卿經術淵源，正資勸講，次對之職，勿復勞辭，以副朕崇儒重道之意。」遂拜命。

會趙彦逾按視孝宗山陵，以爲土肉淺薄，下有水石。孫逢吉覆按，乞别求吉兆。有旨集議，臺史憚之，議中輟。熹竟上議狀言：「壽皇聖德，衣冠之藏，當博訪名山，不宜偏信臺史，委之水泉沙礫之中。」不報。時論者以爲上未還大内，則名體不正而疑議生；金使且來，或有窺伺。

有旨修葺舊東宫，爲屋三數百間，欲徙居之。熹奏疏言：

此必左右近習倡爲此説以誤陛下，而欲因以遂其奸心。臣恐不惟上帝震怒，災異數出，正當恐懼修省之時，不當興此大役，以咈譴告警動之意；亦恐畿甸百姓饑餓流離、阽於死亡之際，或能怨望忿切，以生他變。不惟無以感格太上皇帝之心，以致未有進見之期，亦恐壽皇在殯，因山未卜，几筵之奉不容少弛，太皇太后、皇太后皆以尊老之年，煢然在憂苦之中，晨昏之養尤不可闕。而四方之人但見陛下亟欲大治宫室，速得成就，一旦翩然委而去之，以就安便，六軍萬民之心將有扼腕不平者矣。前鑑未遠，甚可懼也。

又聞太上皇后懼忤太上皇帝聖意，不欲其聞太上之稱，又不欲其聞内禪之説，此又慮之過者。殊不知若但如此，而不爲宛轉方便，則父子之間，上怨怒而下憂恐，將何時而已？父子大倫，三綱所繫，久而不圖，亦將有借其名以造謗生事者，此又臣之所大懼也。願陛下明詔大臣，首罷修葺東宫之役，而以其工料回就慈福、重華之間，草創寢殿一二十間，使粗可居。若夫過宫之計，則臣又願陛下下詔自責，減省輿衛，入宫之後，暫變服色，如唐肅宗之改服紫袍、執控馬前者，以伸負罪引慝之誠，則太上皇帝雖有忿怒之情，亦且霍然消散，而歡意浹洽矣。

至若朝廷之紀綱，則臣又願陛下深詔左右，勿預朝政。其實有勛庸而所得褒賞未愜衆論者，亦詔大臣公議其事，稽考令典，厚報其勞。而凡號令之弛張，人才之進退，則一委之二三大臣，使之反覆較量，勿循己見，酌取公論，奏而行之。有不當者，繳駁論難，擇其善者稱制臨決，則不惟近習不得干預朝權，大臣不得專任己私，而陛下亦得以益明習天下之事，而無所疑於得失之算矣。

若夫山陵之卜，則願黜臺史之説，別求草澤，以營新宫，使壽皇之遺體得安於内，而宗社生靈皆蒙福於外矣。

疏入不報，然上亦未有怒熹意也。每以所講編次成帙以進，上亦開懷容納。

熹又奏勉上進德云：「願陛下日用之間，以求放心爲之本，而於玩經觀史、親近儒學益用力焉。數召大臣，切劘治道，群臣進對，亦賜温顔，反覆詢訪，以求政事之得失，民情之休戚，而又因以察其人才之邪正短長，庶於天下之事各得其理。」熹奏：「禮經敕令，子爲父，嫡孫承重爲祖父，皆斬衰三年；嫡子當爲其父後，不能襲位執喪，則嫡孫繼統而代之執喪。自漢文短喪，歷代因之，天子遂無三年之喪。爲父且然，則嫡孫承重可知。人紀廢壞，三綱不明，千有餘年，莫能釐正。壽皇聖帝至性自天，易月之外，猶執通喪，朝衣朝冠皆用大布，所宜著在方册，爲萬世法程。間者遺詔初頒，太上皇帝偶違康豫，不能躬就喪次。陛下以世嫡承大統，則承重之服著在禮律，所宜遵壽皇已行之法。一時倉卒，不及詳議，遂用漆紗淺黄之服，不惟上違禮律，且使壽皇已行之禮舉而復墜，臣竊痛之。然既往之失不及追改，唯有將來啓殯發引，禮當復用初喪之服。」

會孝宗祔廟，議宗廟迭毁之制，孫逢吉、曾三復首請并祧僖、宣二祖，奉太祖居第一室，祫祭則正東向之位。有旨集議，僖、順、翼、宣四祖祧主，宜有所歸。自太祖皇帝首尊四祖之廟，治平間，議者以世數寖遠，請遷僖祖於夾室。後王安石等奏，僖祖有廟，與稷、契無異，請復其舊。時相趙汝愚雅不以復祀僖祖爲然，侍從多從其説。吏部尚書鄭僑欲且祧宣祖而祔孝宗。熹以爲藏之夾室，則是以祖宗之主下藏於子孫之夾室。神宗復奉以爲始祖，已爲得禮之正而合於人心，所謂有舉之而莫敢廢者乎。又擬爲廟制以辨，以爲物豈有無本而生者。廟堂不以聞，即毀撤僖、宣廟室，更創别廟以奉四祖。

始，寧宗之立，韓侂胄自謂有定策功，居中用事。熹憂其害政，數以爲言，且約吏部侍郎彭龜年共論之。會龜年出護使客，熹乃上疏斥言左右竊柄之失，在講筵復申言之。御批云：「憫卿耆艾，恐難立講，已除卿宫觀。」汝愚袖御筆還上，且諫且拜。内侍王德謙徑以御筆付熹，臺諫争留，不可。樓鑰、陳傅良旋封還録黄，修注官劉光祖、鄧馹封章交上。熹行，被命除寶文閣待制，與州郡差遣，辭。尋除知江陵府，辭，仍乞追還新舊職名。詔依舊焕章閣待制，提舉南京鴻慶宫。慶元元年，初，趙汝愚既相，收召四方知名之士，中外引領望治，熹獨惕然以侂胄用事爲慮。既屢爲上言，又數以手書啓汝愚，當用厚賞酬其勞，勿使得預朝政，有「防微杜漸，謹不可忽」之語。汝愚方謂其易制，不以爲意。及是，汝愚亦以誣逐，而朝廷大權悉歸侂胄矣。熹始以廟議自劾，不許，以疾再乞休致，詔：「辭職謝事，非朕優賢之意。」依舊秘閣修撰。

二年，沈繼祖爲監察御史，誣熹十罪，詔落職罷祠，門人蔡元定亦送道州編管。四年，熹以年近七十，申乞致仕。五年，依所請。明年卒，年七十一。疾且革，手書屬其子在及門人范念德、黄榦，拳拳以勉學及修正遺書爲言。翌日，正坐整衣冠，就枕而逝。

熹登第五十年，仕於外者僅九考，立朝纔四十日。家故貧，少依父友劉子羽，寓建之崇安，後徙建陽之考亭，簞瓢屢空，晏如也。諸生之自遠而至者，豆飯藜羹，率與之共。往往稱貸於人以給用，而非其道義則一介不取也。

自熹去國，侂胄勢益張。何澹爲中司，首論專門之學文詐沽名，乞辨真僞。劉德秀仕長沙，不爲張栻之徒所禮，及爲諫官，首論留正引僞學之罪。「僞學」之稱，蓋自此始。太常少卿胡紘言：「比年僞學猖獗，圖爲不軌，望宣諭大臣，權住進擬。」遂召陳賈爲兵部侍郎。未幾，熹有奪職之命。劉三傑以前御史論熹、汝愚、劉光祖、徐誼之徒，前日之僞黨，至此又變而爲逆黨。即日除三傑右正言。右諫議大夫姚愈論道學權臣結爲死黨，窺伺神器。乃命直學士院高文虎草詔諭天下，於是攻僞日急，選人余嚞至上書乞斬熹。

方是時，士之繩趨尺步、稍以儒名者，無所容其身。從游之士，特立不顧者，屏伏丘壑；依阿巽懦者，更名他師，過門不入，甚至變易衣冠，狎游市肆，以自别其非黨。而熹日與諸生講學不休，或勸以謝遣生徒者，笑而不答。有籍田令陳景思者，故相康伯之孫也，與侂胄有姻連，勸侂胄勿爲已甚，侂胄意亦漸悔。熹既没，將葬，言者謂四方僞徒期會，送僞師之葬，會聚之間，非妄談時人短長，則繆議時政得失，望令守臣約束。從之。

嘉泰初，學禁稍弛。二年，詔：「朱熹已致仕，除華文閣待制，與致仕恩澤。」後侂胄死，詔賜熹遺表恩澤，謚曰文。尋贈中大夫，特贈寶謨閣直學士。理宗寶慶三年，贈太師，追封信國公，改徽國。

始，熹少時，慨然有求道之志。父松病亟，嘗屬熹曰：「籍溪胡原仲、白水劉致中、屏山劉彦冲三人，學有淵源，吾所敬畏。吾即死，汝往事之，而惟其言之聽。」三人，謂胡憲、劉勉之、劉子翬也。故熹之學既博求之經傳，復遍交當世有識之士。延平李侗老矣，嘗學於羅從彦，熹歸自同安，不遠數百里，徒步往從之。

其爲學，大抵窮理以致其知，反躬以踐其實，而以居敬爲主。嘗謂聖賢道統之傳散在方册，聖經之旨不明，而道統之傳始晦。於是竭其精力，以研窮聖賢之經訓。所著書有：易本義、啓蒙、蓍卦考誤，詩集傳，大學中庸章句、或問，論語、孟子集注，太極圖、通書、西銘解，楚辭集注、辨證，韓文考異；所編次有：論孟集議，孟子指要，中庸輯略，孝經刊誤，小學書，通鑑綱目，宋名臣言行録，家禮，近思録，河南程氏遺書，伊洛淵源録，皆行於世。熹没，朝廷以其大學、語、孟、中庸訓説立於學官。又有儀禮經傳通解未脱稿，亦在學官。平生爲文凡一百卷，生徒問答凡八十卷，别録十卷。

理宗紹定末，秘書郎李心傳乞以司馬光、周敦頤、邵雍、張載、程顥、程頤、朱熹七人列于從祀，不報。淳祐元年正月，上視學，手詔以周、張、二程及熹從祀孔子廟。

黄榦曰：「道之正統待人而後傳。自周以來，任傳道之責者不過數人，而能使斯道章章較著者，一二人而止耳。由孔子而後，曾子、子思繼其微，至孟子而始著。由孟子而後，周、程、張子繼其絕，至熹而始著。」識者以爲知言。

熹子在，紹定中爲吏部侍郎。中華書局校點本宋史卷四百二十九

朱熹文集編年評注附録二

全集序跋

郡齋讀書志附志晦庵先生文集一百卷續集一十卷提要　宋・趙希弁

右朱文公之文，嘉熙己亥，王埜刻于建安，黄壯猷嗣成之，識于後。續集則王遂刊而序之，然南康黄西坡諸處所刻墨帖之類或不在焉，然則遺逸尚多有之。四庫全書本郡齋讀書志卷五下附志

朱文公文集跋　明・楊士奇

晦庵先生文集一百卷。先生平昔於四書、諸經史傳發先哲之精蘊、啟來學之聰明者，其書多矣，乃其餘力見諸文章，其多又如此，而皆至理之所寓也，學士君子所不可無者。吾家二十二册，得諸楊庶子勉仁云。四庫全書本東里集續集卷十八

重刊朱子大全序天順四年三月

明·胡緝

天不生孔子，則堯、舜、禹、湯、文、武之道無以明；天不生朱子，則孔、曾、思、孟之道無以顯。聖賢之生，豈偶然哉，關氣化之盛衰，係吾道之否泰，所以爲天地立心，爲生民立命，爲往聖繼絶學，爲萬世開太平，扶持名教，振立綱常，不可一日而無也。紫陽夫子爲宋大儒，講學考亭，四方景仰，以斯道爲己任。其著書立言，如日之麗天、水之行地，雖千載猶一日。觀其發明六經之旨，則帝王之大經大法無不具；纂集諸家之語，則陰陽卜筮之説無不載。釋四書爲六經之階梯，著家禮爲天下之模範，作小學以示敬長慈幼之道，述劄奏以啓人臣忠義之心。知無不舉，言無不當，故在當時，動人主之聽而福蒼生於無窮也耶。

於乎！先生既没，道不與之俱没；書之幸存，而名與之俱存。大全一書傳之既久，惜乎舊本湮訛，重增感嘆，故與同寅太守賀侯捐資，重壽諸梓，以廣其傳於四方，俾後學知所自焉。是爲序〔一〕。天順本晦庵先生朱文公文集卷首

校記　〔一〕此句下，清同治刻晦庵先生朱文公文集卷首所載此序尚有「時天順四年歲次庚辰季春望日，建寧府推官吉水胡緝序」。

晦庵朱先生文集書後成化十九年二月

明·黄仲昭

右晦庵朱先生文集一百卷，閩浙舊皆有刻本。浙本洪武初取置南廱，不知輯於何人。今閩藩

所存本，則先生季子在所編也。其後又有續集若干卷，別集若干卷，一本亦并刻之。歷歲既久，刓缺寖多，讀者病焉。成化戊子，仲昭自翰林謫官南都，偶得閩本，公暇因取浙本校之。其間詳略微有不同，如劾唐仲友數章，閩本俱不載其所劾事狀，世之鄙儒多以是疑先生，異論紛起，故悉增入，使讀者知仲友蠹政害民之實，而無所惑於異論也。其他無大關繫者則仍其舊，惟正其亥豕魯魚之訛而已。歲丙申，閩憲使山陰唐公質夫、僉憲蘭溪章公德懋閔舊板磨滅日甚，遂以仲昭所校本補之。未及訖工而二公相繼去任，尋復殘缺。僉憲天台林公一中至，慨然以爲己任，久未暇及。壬寅秋，乃謀於先生九世孫都轉運伯承君，復以仲昭所校本精加讎訂，訛者正之，腐者易之，缺者補之，至是始無遺憾矣。

嗚呼！先生不可復作，而是編之存可以見其經國之謀焉，可以見其濟民之政焉，可以見其出處之義焉，可以見其交際之道焉。上而天道之妙，下而物理之微，明而禮樂之文，幽而鬼神之理，大而人倫之常，小而人事之變，無所不該，誠作聖之階梯，入道之門户也。諸公拳拳相與圖其永久，其嘉惠後學之意，不既深乎。工既告成，仲昭謹識其顛末，且以告於後之君子，俾謹守而嗣修之，以無替諸公之惠也。成化十九年歲在癸卯二月之朔，後學莆田黄仲昭謹識。（四部叢刊本晦庵先生朱文公文集卷末）

晦庵先生朱文公文集跋 嘉靖十一年七月

明・潘潢

右晦庵文公文集百卷，又續集十卷，別集十有一卷，歲久版昏，察使胡仲申岳、副使張用載大輪先後白巡御史虞惟明守愚、蘇宗玉信、蔣伯宣詔，縮費重雕，藏諸閩臬。潢故習朱氏易、詩、四書，想見其爲人。比涉是編，始得公所爲融會折衷、深造大成者審在沉潛反覆、積累有年之後，而師友淵源、經綸本末、始終條理燦然詳明，尤足以發揮本義、集注、語録曲折，上探聖賢之緼。雖公於文所好不存，潢以世傳大學序、白鹿洞賦草暨答吕伯恭論洞記等徵之，當時思繹之熟，改定之精，凡未可以言語文字求之也。獨慨公老慶元間，學禁方厲，片詞隻字所在毁棄。每讀請詹帥罷鋟梓書，未嘗不掩卷太息，惡小人之罔極。淳祐以來，區區掇拾，已非復公季子在初類次本。而王會之、祝伯和、虞伯生家藏與陸王帖、梅花賦諸篇，往往尚逸弗録。集中記載牴牾可疑，亦復不鮮。則吾儕於此苟非誠致力於公居敬窮理、反躬實踐之功，政恐其幸傳者未易遽知，況望能并其不可傳者不言而自得之哉。

潢聞往者濂洛三先生書歷時未遠，微言大義鬱而不彰。公既以孔孟道統所繫，亟爲之緒正表章，猶慮人滯於見聞，謂必能真立伊尹之志、修顔子之學，使本立而知益明，知精而本益固，日用之間，將有以得乎先生之心，而疑信可判，繼往開來，惓惓如是。矧後公數百年，其間志堅思苦，謹守精玩，如勉齋北山儒者，僅有乎爾，寧不重感於斯文！嘉靖壬辰秋七月甲戌，後學婺源潘潢拜書。四部叢刊本晦庵先生朱文公文集卷首目録後

重刊晦庵先生文集序 嘉靖十一年九月

明·蘇　信

彌穹壤道也，凝之則存乎人。人參三才，繇斯道爾。聖同天賢，修而凝之，進乎聖矣。六經

道之興也，群聖精藴在焉，而孔子會其全。宋大儒續孟氏之絶，而朱子會其全。自羲農承傳以來，廣大精微，闡抉無遺。蓋濂溪洛關詞猶渾淪，朱子則説之詳。下學上達，階森牖豁，學者能熟複篤行之，復性明倫，而得所以爲人，體用該，人己成，入賢望聖，駸駸不自覺大造萬世，功高往哲允矣。不然，求捷而迷，得體而遺用，違道遠哉。

顧朱子之學于時輒禁晦百餘年，聖朝表章，士所服習一宗之，無異學，道乃大明，日中天矣。其釋諸經、四書外，所著文若詩彙之總百有二十卷，亦無一語不出於道，而爲文且有體。風行水上，天地至文，視汗漫荒忽、神施鬼設者懸絶。志在覺人，故辭繁不殺，布帛菽粟有餘温與味焉。蓋其平日居敬窮理，反躬踐實，内外交養者，無斯須間，而心與天游，肆其發如此。學士大夫不欲爲賢聖君子而狃於詞人，則取彼置此可也；欲爲賢聖君子而華實兼者，舍是奚讀哉。

是集舊刻閩臬，歲久刓闕，且簡袠重大，人艱於蓄。比張憲副大輪白諸前巡按虞侍御守愚、蔣侍御詔重刻之，省約版紙者什四。方鳩工沐梨，而胡憲使岳至，躬總校讎之任，董學潘憲副潢佐之。羅憲副英、陸憲副銓、姜僉憲儀、劉僉憲案咸與有勞。信涖，亟促其成。訖工，僉謂信宜序所以刻之意。於乎！朱子固言之，「道未嘗亡，而人實晦之明之」。是書廣布，將天下入道之塗益光，詭道異説不得作。雖爲文者，亦知輪轅徒飾之可愧，思傳于道而勿局以藝，庶幾國家化成參贊之治不無少補，廼弗固辭。嘉靖壬辰九月既望，後學饒平蘇信書于閩之行臺。（四部叢刊本晦庵先生朱文公文集卷首）

校正朱子大全語類凡例萬曆三年六月

（朝鮮）柳希春

一、文集、語類今據數本，又文、語散見他書者，參互考訂，擇其文理意義之長者而從之。

一、文集、語類中重出者，標題云「已見某卷，此重出」。

一、語類中辭語雖涉甲類，而主意當歸乙類者，今標題云「當歸某類某門」。

一、避諱代書之字，今依文公韓文考異例，從實改正。其中亦有不敢直改，而只標題云「某當作某」。蓋「慎」字乃孝宗之諱，而在高宗時所作直用「慎」字，其在孝宗以後所作以「謹」代之。光宗之「惇」、寧宗之「擴」亦皆倣此。若引古書用古語，則存本文而不避諱。

一、書肆板本從省之字，如以「鄱陽」爲「番易」，「使君」爲「史君」，「竊謂」爲「切謂」，「邂逅」爲「解后」之類，皆從完改正。

一、叠語寫法，如「幸甚幸甚」，華人往往以「幸幸甚甚」寫之。今依文公手迹叠語寫法并改正。

一、未穩之字，無他考證，不敢改正者，只標題云「某恐當作某」，「某疑當作某」。又求其字而不得，則只云「誤」。

臣伏睹朱子大全、語類二書，浩瀚若海涵地負，密微若蠶絲牛毛，人雖欲校正，莫不以掛一漏萬爲難。臣以謏聞薄識，忝在提調校勘之列，謬當是任，如蚊負山，常懷兢悚。適得李滉所校以爲據依，又得僚屬趙憲之助，旁稽文、語所從出之書，參以愚臣千慮一得之見，歷三載而粗成□訂，庶幾仰補聖學乙覽之萬一。然校書掃塵之喻，古人所不免，以臣昧陋，誠不勝慚惶之至。謹再拜稽首以聞。萬曆三年六月日，嘉善大夫、工曹參判、兼同知經筵、成均館、春秋館事臣柳希春校進。朝鮮英祖四十七年刻本朱子大全卷首

刻朱文公全集序

明・劉曰寧

春秋大一統，今之言尊朱子者，防僭僞也。而劉子解之曰：明以朱子致太平者二百餘年矣，夫奚待人而尊乎。孔子之道不息，則朱子之學不廢，而人焉能僭之？漢儒罷黜百家，注疏六籍，斯亦陳勝之於豐沛矣。及南宋，業已夷之爲青黄之斷，況百家哉。世之欲以其説易天下者，苟非其人精神獨至，必不能自入楚軍，拔漢幟。而今之尊百家者，則剽擸而已矣，聊借以爲名高，而博奇異，求利達，是愚不肖之過也。論者乃標爲賢智而畏之，求其説而不得，又以爲厭朱子之平而就百家之奇。夫奇，固人之所欲竊者也，而又藉之兵，豈不傷哉。彼方倀倀於朱子之藩，故謬以爲糟粕，爲株守，取自文爾。試即其所推戴而北面者詰所以尊，所揭竿以爲不足敵者詰所以卑，且不知所置對。當是時，倘有人乎張皇紫陽之門，而不徒標其名，高者入青天，深者極重溟，彼有避三舍而已矣。詩曰：「雨雪瀌瀌，見晛曰消。」而今之言朱子者，全邪？偏邪？

年友侍御朱諧卿慨然斯道自任，舊刻朱子語類行於世，其後刻全集，首以示余。余曰：美

哉！廣而核，詳而有次，其朱子之功臣乎。大抵聖賢明道覺世，并以一因爲之權輿。語曰：「聖人之言如天。」天因物以賦形，其爲形也萬品；聖人因病以立方，其爲方也屢遷。蓋自聖人而下，其爲因則又多矣。言道者因乎見，見道者因乎造，造道者因乎時，總之一人耳。然或有發明之於此而畸於彼，發明之於初而畸於後者，夫惟觀於其全者能通其説而無所牴牾。子貢曰：「夫子之墻數仞，宗廟之美，百官之富。」余方惡夫世之剽取者戛戛乎管窺蠡測也，得其一隅而遂失其全體，明於其已發，遂懵於其所未發。一旦嘗之以悠謬洸洋之語，雲梯仰攻，即不問墨守先喪矣。及其後也，浮沉於出入之間，五石之瓠，安所紀極哉。

諧卿方盡發朱子寶藏，臚列而年志之，挈吾輩以游於青天滄海之間。士誠有味乎壹意專志，游象數之藩，決性命之藏，釋文辭之害，伐同異之見，毋論天球夷玉，故府自藏，人不得傲之以所不知，即五都之貨雜陳，吾方廓然開無垠之宇，且爲之置輕重、調盈縮，至錙銖不爽，世亦豈復有次周郊，問鼎之大小輕重者哉。如是而憂道術之不一，吾不信也。

明興，哲人繼起，并以朱子爲百世宗。其間瓚亨譜承毋如羅泰和，將順匡救毋如王餘姚。夫二子者，其説不相上下，要之皆能達觀於此而曲暢於彼，其於朱子并爲功臣。而世不明於授受之真，即孔門一室且置秦越焉。夫顔之説、曾之唯，其自相印證無足疑。若孟子養氣之論，發於顔曾見知之後，此其説質之仲尼，未有前聞，顧安可謂孟子不得統也。世不能以武周繼述爲餘姚諒，余姑無辨。假令有觀朱子之全而明其理，食坐羹墻真如泰和者，即朱子之道百世一日，其孰能奸之？吾以兵喻：兵有以守言者，畫地列障，一彼一此，守之名也；務本明法，實內備外，守之實也。夫是之謂大全。諧卿曰善。萬曆本朱子文集大全卷首

敘朱子文集大全 萬曆三十三年四月

明・劉洪謨

朱子文集最富，大都明學術、正人心，有功於吾道，與絺章繪句者天壤異論。非留心學問者不讀，非學問精密、得朱子之門而入者不能讀。讀之蓋有要焉，要在嚴天理人欲之辯。迹其生平兢兢自衛與其所以攻擊者，不出此意。學者先讀答柯國材論天理書，則知天理自然，非高非卑，非近非遠。人心無常，不可自決也。讀觀心說、讀大紀二篇，則知釋氏之差，差在惡此天理耳。讀鄂州稽古閣記，則知晚世道學俗學之差，差在不講此天理耳。天理渾然，亦燦然，虛心順理最難。各自爲方，偏動偏靜，均非正理。故答陳器之書云：「仁智交際之間，乃萬化之機軸。此理循環不窮，脗合無間。」最後答張敬夫中和書云：「人心周流貫徹，動靜相須，中和交濟，不仁無以著此心之妙，不敬無以致求仁之功。仁，心之道；敬，心之貞也。」然仁亦有辨，如以同體爲仁，敝至認物爲己；如以知覺爲仁，敝至認欲爲理。則仁說不可不讀。敬亦有辨，敬有死敬，如守兀坐爲敬，遇事不濟之以義，容貌辭氣不加檢省，雖敬不活。須臾有間，私欲萬端，則敬齋箴不可不讀。天理人欲毫釐有差，是非千里，君子小人人品立分。品格既分，冰炭不相容，薰蕕不相入，并蓄而交和，萬萬不可。治一身嚴，此治一家一邑以至天下，未有不於此處分別清明而

可成治功者。説在答戴少望語中，不可不讀。

學者讀此，沉潛反覆，身體之，心會之，質諸學、庸、語、孟符合之，庶幾學的不差。然不取全集次第詳讀，如孰説卑，何説拔之；孰説高，何説抑之；孰説偏，何説正之，脉絡條貫，終不精明。若淺水撑船，求運動游泳之天趣，必不可得。若乃詩、賦、祭文、墓誌、行狀諸篇，雖多明學維世語，稍緩及之，且并其力於奏疏、講義及語類、大全，務鈎其玄可也。

第朱子此文，末世士弁髦久矣。他無暇具論，論其所幼讀而熟記者，無如中庸章句一序。前半篇所云「道心爲主，人心聽命，所以嚴天理人欲之防」者，意極剴切，詞極簡明，蓋經筵講義也。朱子一生精力畢萃之此，古今學問要領不能逾此。士非不讀也，自度曾亦猛省否？

玆刻篇末每多紀年，最不可忽。陳東莞著學蔀通辨，辨王陽明晚年定論顛倒早晚，殊不足信，全在於此。蓋朱子四十以前，如存齋記、答何叔京二書，專説求心見心，是猶馳心玄妙，未悟天理時語也。四十以後，注太極圖説，輯近思録，漸悔前非。年近六十，注論、孟，注學、庸，益加精進。此時議論加意磨勘，於正誼明道中猶防計功謀利之私，而刮之剔之，淘之澄之，務底於平，不敢以己私少戾天理。故年逾七十，病將革矣，猶改大學誠意章，絶無私護意。由此推之，設是年未没，不知著作若何，和平若何矣。讀朱子文集者，又須得朱子顛末苦心，毋徒以雷同爲浮慕云。萬曆乙巳初夏，南京工部屯田清吏司主事、豫章後學劉洪謨任沐父撰。萬曆本朱子文集大全卷首

朱子大全劄疑序 崇禎二年春

（朝鮮）宋時烈

退溪李先生手抄朱子大全簡牘爲二十編，名曰朱子書節要，而又有記疑一冊，以釋其肯綮難解處，以訓蒙士，其功大矣。其後文肅鄭公又爲酌海八卷，行於世，蓋節要之羽翼也。看此二書，前日望洋於大全者，可以由約而盡乎博矣。顧惟記疑之書止於節要，而酌海則闕焉。余與孫疇錫嘗欲續記疑，通釋酌海，而因以及於其餘，以自備遺忘，而惟僭踰是懼。稟議於文谷金相國，則相國喜聞而許其相助。余乃隨所劄而奉質焉，則其所訂誤補漏極其精博，而間或有其伯仲谷雲、止堂一二議論。蓋此三公，文正先生之嗣孫，而先生嘗以朱子所注周子書講論於八十歲之後，則可謂好之篤而老而不衰者歟。蓋栗谷先生之學專主於考亭，而其歿後碑文諸意欲屬之文正，則其所學所尚，因亦可想矣。今兹相國兄弟實得家庭之淵源，故於斯役也拳拳如此也。編帙粗成，乃屬友人權尚夏致道，俾與相國胤子昌協仲和同其梳洗，而余益衰老，不能復致力矣。噫！比來斯文之戹極矣，大全文字先爲黑水所污衊，而世人不以爲恠，而反有信從者。蓋世人不知故不好，不好故皆爲異言所汩亂也。萬一此書終不爲笆籬邊物，則安知不有因此得其門，而盡見宗廟之美、百官之富也。崇禎己巳春，德殷宋時烈序。朝鮮刻本朱子大全卷一百三十九

書朱子大全集後

清・朱鶴齡

王倫，字正道，文正公旦弟勗之裔。南渡後，家于吴，遂爲吴人。建炎元年，以和議奉使至

金。及得命而返，金使有詔諭江南之名，胡澹庵劾之，醜詆爲奸邪，謂可與秦檜同斬，後世三尺童子皆戟手而詬厲之。及觀朱子所撰朱奉使弁行狀中并及倫事，則倫固忠義人也。考其始末，倫之使金，本爲奉迎梓宫及太后，金人既如所請，而又歸河南、陜西地，倫亦可告無罪矣。迨後烏珠與達蘭富勒呼異議，復渝盟，執倫以去，置之河間。金之渝盟，豈倫所及料哉。倫痛其言之不讎，拒金僞命，冠帶南向再拜，慟哭就縊而死，其心良足悲矣。朱子于倫，方與朱弁并稱，而世顧與秦檜同詆，此不可不白也。

朱子劾知台州唐仲友，極論其促税擾民，貪淫不法。時相王淮怨之，致有道學之禁。然考之他書，仲友固名儒也。所著有六經解、皇極經世圖譜，博聞洽識，見稱諸儒。而其守台日，發粟賑饑，抑奸拊弱，創中津浮梁以利涉，載在邑志。其治行如此，乃有貪淫不法等狀，何歟？宋史不爲仲友立傳，蓋以朱子之故。宋潛溪特傳之，以補史闕。潛溪爲仲友邑人，相去未及二百載，其言當不誣。而朱子劾仲友之章凡五上，閩本集中不載，浙本有之。學者誠不能無疑于此也。朱右又云永康陳亮與仲友不相能，朱子提舉常平，行部過其家，乘間爲飛語中仲友，通判高文虎復以舊怨傾之，朱子遂爲所惑。然則仲友之事，朱子殆有不及深察者歟。噫！賢人君子之是非，天下後世所以取信也，然有不盡然者，今人乃欲據史策以定古今人賢不肖，不亦難乎。四庫全書本愚庵小集卷十三

新刻朱子大全文集序 康熙二十七年四月

清・臧眉錫

愚聞之紫陽曰：「道在天下未嘗亡，其托於人者或絶或續，故行於世者有明有晦。」至哉言乎！是言道者莫難於絶且晦之時，至絶而得續，晦而得明，其爲言也甚易。愚則以爲不然。當絶而初續，晦而得明，非有一人焉爲之集其成，使續者之不絶，明者之不晦，其棄絶與晦也無幾。自堯舜禹湯文武周孔以來，至於孟子，厥後不得其傳。然道雖無傳，而道之行於世者未嘗絶也。不獨江都見之三策，昌黎見之五品，即諸子百家，何一非道之所在。使謂道有竟，則天地亦有竟乎？無如繁則失於訓詁，卑則流於功利，其窮年累月、汗牛充棟之所作，非畸則詭，非迂則誕。蓋托於人者無其續，則其行於世也不能明。求其全體大用，無一字背謬於聖人者，舍紫陽奚屬哉。

周子之「無極」，得紫陽而微言著；明道之「仁」、伊川之「敬」、横渠之「禮」、堯夫之「數」，得紫陽而大旨出。其大者既得力於學、庸、論、孟及易、詩、禮諸經，其事業則見之於綱目。至其切近而有用，則見於小學、近思録諸編。既已家弦户誦，如日月在天，江河在地，而究其畢生著作之所在，則全書一編又不可不讀也。當其處不得爲之地，際萬不可有爲之時，而其所自陳、所誠勉，惟知有堯舜其君，三代其民，憂勤惕厲，死而後已。千載而下，讀其書，考其行事，其心即子輿氏之心，其所言即子輿氏不得已之言也。

眉錫於甲子入楚，過岳麓；於乙丑至武夷，謁紫陽書院。院且廢，白於大中丞公，謀更新之。夏五登鼓山，客烏石峰，憑吊遺踪，爲石碣，爲扁額，凡其游屐之所述，曠世而相感，其在斯乎！其在斯乎！因泛棹建陽，訪求遺書，得其全帙，歸而謀於平江息關蔡子，校讎以行於世。眉錫不敏，切附數言於後。

先生一生大概，先儒若勉齋，若北溪，若鶴山，已詳述之，余小子，又何容贅一辭？然道統絶續之所關，人心安危之所係，陷溺既久，廓清匪易，慆淫日甚，砥柱爲難。今讀全書，凡家國天下之事與夫飲食起居之節，無顯無微，無精無粗，無鉅無細，無本無末，靡不見諸躬行，發之議論，諄諄懇懇，隨處感觸，不騖於詭異，不入於迂闊。推之則參贊之極功，約之即愚夫婦之所可與知，將見似續之有人而道之得明於天下也。

或曰：「子刻全書，知尊紫陽矣。尊紫陽，則必闢象山，闢象山，又當斥姚江。」答曰：「孟子加楊墨無父無君之罪，以其非孔氏之門，而創爲異説以惑衆，其流弊足以壞人心。若姚江，非仲尼之徒乎？即其抗劉瑾、定宸濠二大事，而事功節義無愧於聖賢。子知尊紫陽已矣，又何以斥姚江爲也。」偶序全書，而附之於此。時康熙戊辰夏四月，浙西後學臧眉錫書於吳門旅次。康熙本朱子大全文集卷首

新刻朱子大全文集書後

清・蔡方炳

論人者必取其平生之言考之，而其人見焉，况乎接往聖之宗傳、垂後學之標準，如考亭朱子

者乎。今儒者童而習，長而遵，莫非朱子之言也。習之遵之，而聞道之人蓋寡，則又何也？朱子之學有體有用，合内合外，溯流以窮源，即末以知本，教固因人而施，詣亦與年俱進。朱子之爲朱子，未可淺窺而得也。以其博綜群説，反覆講究，精研體認，求合聖賢本旨之苦心，而從以朱子爲依文解義也。至於信道之篤，求道之勇，踐履之醇，涵養之密，持守之嚴，經綸之裕，出處之正，靡不造其極而幾於無間。後之人非朱子而朱子不加損，尊朱子而朱子不加益，徒多其辭説以起紛争之端，皆未讀朱子平生之言，以見朱子之爲朱子焉耳。

朱子故有大全文集，歲月浸久，版磨滅，其書不概見於世，竊嘆吾道一缺陷事。適余友臧子喟亭具有同心，相與竭蹶從事，始丁卯秋，迄己巳春告竣。原集一百卷，又續集十卷，别集十一卷。其有續有别者，蓋集既成，復搜采得之，故另附於後，初無所分别於其間。余竊慨是集不出朱子手定，又不由入室弟子所編輯，惟片言必存而統之以類，又未嘗就類而編之以年，致使後學莫尋其言之先後，而爲多岐所眩。定爲晚年者，或未必盡出於晚年，然多聞記誦，大都是少壯精力有餘時功夫。若晚年進境，未有不去泛濫而歸緊要，去安排而歸灑落者也。即以吾輩讀書行己處驗之自知。乃故反之，而指爲初年未定之論，似亦失之矯誣。

余鈍根盲識，未窺朱子之藩籬，況前人且未能考據編輯，余何敢妄有更定？故悉依原本，即續、别二集亦未依類附入。惟字畫魚魯之訛則正之，苟屬疑似，寧仍其舊，聊存吾兩人慎重不苟之意云爾。天下後世精心以求之，徐思而自得之，以見朱子之爲朱子，不惑於紛争之論，而相期

爲聞道之人，斯集之有繫於吾道，豈小補哉！平江後學蔡方炳謹識。康熙本朱子大全文集卷末

朱子文集序 康熙四十七年八月

清·張伯行

自鄒魯而後，天下言道德學問之所出者，曰濂、洛、關、閩。然集群聖之大成者孔子，而集諸儒之大成者惟朱子。士生千載下，欲明聖人之道於千載之上，苟窮之不得其術，探之不見其原，守之不知所宗，而欲自命爲學，是非不謬於聖人，蓋亦難矣。歷觀古之君子，必有道有德，而後其成己成物爲有據；成己成物無憾，而後其文章爲足貴。此理之不易者也。惟是人之所學不同，而其所言亦異。得於身者，或無以及於人；顯著於一時者，或不足以垂教於萬世，此讀書論世者所以每恨全德之難。況本正心誠意之實學，肩前聖後賢之重寄，一一發明而折衷之，豈易言哉！

文公興教自閩，值宋中葉，其道雖未大行於天下，而著書立説，昭示來兹，俾學者有所循，以入聖人之道，其功不在孔子下〔一〕。我皇上崇文重道，表章大儒，爲天下式，親製訓言，警飭士子，亦既煌煌諄命之矣。顧兹閩疆，爲先賢闕里〔二〕，其遺風流澤，必幸有存者。不佞謬膺簡命，忝撫名邦〔三〕。而況髫齔訓行，服習有素，固知舍此而外，不足以言學也。公所著書品目繁多，簡袠浩大，謹先輯其文之至精至粹者若干卷，以資講誦。蓋欲學者專務其心志，以約求其旨趣，則知學之有本，不爲見異而遷。因以循其先後本末之序，致其操存涵養之功，而歸乎仁義中

正之域，則正心誠意之學，莫不畢具乎此，而朱子之道得矣。朱子之道得，則近而濂洛，遠而鄒魯，其道將無乎不得。於以仰答聖天子棫樸作人之盛，其在斯乎！自非然者，求之不得其宗，學之不知其要，雖日誦法乎聖人之道，而茫乎無畔岸之可尋，浩乎無津涯之可指，而陽儒陰釋之徒，又創爲異説，以熗亂之，其不至迷惑錮蔽，載胥及溺者幾何。余所以急爲編輯，欲使學者從事於此，以得朱子之指歸也。是爲序〔四〕。清刻本正誼堂續集卷三

校記

〔一〕「俾學者」至「孔子下」，同治正誼堂叢書本朱子文集卷首作「學者家弦户誦，爲日新盛德，爲富有大業，功烈具在天壤」。

〔二〕爲先賢闕里：右引作「去先賢之世若此其未遠，近先賢之居若此其甚」。

〔三〕「忝撫名邦」下，右引有「所爲承流宣化，何敢或後」。

〔四〕「求之不得其宗」至「是爲序」，右引作「好奇尚異，背本趨末，不求知道養德以充其内，汲汲焉徒以文章爲事，習無用之空言，吾見其惑之甚也已。譩譆！觀深者於源，善學者志大。有志之士，果於此而有得焉，則粹然一澤於道德仁義，庶乎不失爲聖人之徒矣。康熙四十七年戊子仲秋月，儀封後學張伯行書於榕城之正誼堂」。

御製朱子全書序 康熙五十二年六月

清・愛新覺羅・玄燁

唐、虞、夏、商、周聖賢迭作，未嘗不以文字爲重。文字之重，莫過五經、四書。每覽古今，凡傳於世者，代不乏人。秦漢以下，文章議論，無非因時制宜、諷諫陳事、繩愆糾謬、絕長

補短之計耳。若觀文辭之雄、摛藻之麗，古人已有定論，予何敢言。但不偏於刑名，則偏於好尚；不偏於楊墨，則偏於釋道；不偏於詞章，則偏於怪誕，皆不近乎王道之純。

予少時頗好讀書，只以廣博華麗爲事，剛勇武備爲用。自康熙三十五年天山告警，朕親擐甲胄，統數萬子弟，深入不毛沙磧、乏水瀚海，指揮如意，破敵無存，未十旬而凱旋，可謂勝矣。後有所悟，而自問：兵可窮乎？武可黷乎？秦皇漢武，英君也，因必欲勝而無令聞，或至不保者，豈非好大喜功、與亂同道之故耶？所以宵旰孜孜，思遠者豈不柔，近者豈不懷，非先王之法不可用，非先王之道不可爲。反之身心，求之經史，手不釋卷，數十年來方得宋儒之實據。雖漢之董子、唐之韓子亦得天人之理，未及孔孟之淵源。至邵子而玩弄河洛之理、性命之微，衍先天後天之數，定先甲後甲之考。雖書不盡傳，理亦顯然矣。周子開無極而太極、通書之類，其所授受，有自來矣。如星辰繫乎天而各有其位，不能淪也。光風霽月之量，又不知其何似。二程之充養有道，經天緯地之德，聚百順以事君親，前儒已誦之矣。至於朱夫子集大成，而緒千百年絕傳之學，開愚蒙，而立億萬世一定之規，窮理以致其知，反躬以踐其實，釋大學則有次第，由致知而平天下，自明德而止於至善，無不開發後人而教來者也。五章補之於斷簡殘篇之中，而一旦豁然貫通之爲止，雖聖人復起，必不能逾此。問中庸名篇之義，則不偏不倚、無過不及之名；未發已發之中，本之於時中之中，皆先賢所不能及也。論語、孟則逐篇討論，皆内聖外王之心傳，於此道人心之所關匪細。以五經則因經取義，理正言順，和平寬弘，非後世借此而輕議者同日而語也。至於忠君愛國之誠，動静語默之敬，文章言談之中，全是天地之正氣，宇宙之大道。朕讀其書，察其理，非此不能知天人相與之奥，非此不能治萬邦於衽席，非此不能仁心仁政施於天下，非此不能外内爲一家。讀書五十載，只識得朱子一生所作何事，故不揣粗鄙無文，而集各書中凡關朱子之一句一字，命大學士熊賜履、李光地素日留心於理學者，彙而成書，名之朱子全書，以備乙夜勤學，庶幾寡過雖未能，亦自勉君親之責者。

朕又所思者，朱子之道，五百年未有辯論是非，凡有血氣，莫不遵崇。朕一生所學者，爲治天下，非書生坐觀立論之易。今集朱子之書，恐後世以借朱子之書自爲名者，所以朕敬述而不作，未敢自有議論。往往見元明至於我朝，注作講解，總不出朱子，而各出己見，每有駁雜，反爲有玷宋儒之本意。况天下至大，兆民至衆，輿圖甚遠，開地太廣，諸國外蕃，風俗不同，好尚各異，防此失彼之患，不可不思。若以智謀而得人心，如挾泰山而超北海也。以中正仁義、老成寬信，似乎近之。凡讀是書者，諒吾志不在虚詞，而在至理；不在責人，而在責己。求之天道而盡人事，存，吾之順；殁〔一〕，吾之寧。未知何如也？康熙五十二年歲在癸巳夏六月，敬書。

四庫全書本朱子全書卷首

校記　〔一〕殁：原作「末」，據聖祖仁皇帝御製文集第四集卷二十一改。

朱子文集大全類編引言 康熙六十一年九月

清・朱玉

蓋嘗論理學之傳，至宋儒而極盛。惟我文祖集諸儒之大成，使聖人之道歷千古而不墜，厥功甚鉅。然其生平得力，在學、庸、論、孟、易、詩、禮諸經，至於通鑑綱目、八朝名臣言行録，皆維持世道之大者，與夫小學、近思録等集細而切近日用之常，既家傳而戶誦矣。獨文集大全一編，久行於世，自宋元而後，家失原版，子孫無從而購祖書，豈非吾家之憾事耶。近年臧、蔡二君得閩本，相與重刊，嘗謂是集參錯而未編之以年，致後學莫尋其端緒，且疑學問功夫有少壯晚年之别。玉不肖，幸生其後，質尤魯鈍，既無能窺其毫末，又安敢强爲牽合？然按文祖當易簀之頃，作書趣季子早歸，收拾文字，可見著作繁蔓，其間問答往來，公移文字，或散之四方者，不無遺落。宋刻有大同集、南康集、臨漳語録、南溪志、各家刊帖、蔡久軒刊慶元書帖。幸後起同志留心搜采，遂加續、别二集附諸後卷。在宋末去慶元未遠，碎金屑玉，人知珍惜。迨世異人殊，水火頻繼，則珠沈圭燬，不可復覯矣。玉每讀全集，不揣庸愚，凡得之散簡斷篇者，參詳原委，按其年月，稽其日時，序次補入，彙鈔成帙，僭分八冊。首冊列以年譜，次及詩詞、奏對、政迹、書劄、問答、雜著、記序，合一百一十卷，顔曰文集大全類編。俾文祖一生出處功業、行誼文章，讀者展卷瞭然，俾無片言隻字之遺矣。第篇頁頗繁，欲登梨棗，實慮功資浩瀚。兹承同學諸子慫恿授梓，惟賴文祖默相，高賢贊襄，倘能簣加腋集，漸次圖功，足以成全五百年之遺澤者，即所以酬玉三十載之夙願也，敢曰於全集有以補其從前所未備也哉！

年譜一編，由宋至明，自閩而徽，互相剞劂增删，詳略或殊。出處紀實則一如原本。遇入對、囊封、涖治、興除，以及著撰文字，必截取數段以實其後，倣史例節文以成書也。兹全集可稽，何用贅及。凡當敘述處，只注某篇載，見後卷。繙覽便得。倘仍其舊，似屬重複。

文集原本八十八卷，文公季子侍郎公所編也，版藏建安書院。至淳祐己酉，得續集五卷。編輯姓氏無考。景定間，建通守余君師魯、建安書院山長黃君鏞重補別集七卷，見原序。合爲百卷。元末建罹兵燹，院版寖失。成化、嘉靖間，閩、浙重鏤，藏之藩臬。茲玉僭以別集内詩文、雜著、公移諸作，按其年次，類入全集各卷之内，獨時事往來附於五冊書劄之中。其續集則補於五冊之末、六冊問答之前，從其類也。省去續集、別集之名，非敢勉强更移，細讀自見次序。

原本各卷之後，附參考異。自謂與其讀畢一卷，重繙檢閲，似費搜尋，即於每篇每段之下注某句某字，一本作某字。尤見簡便。

是集模刻既久，不無紕訛，亥豕既參，魯魚必辨。至卷内有音同字異者，初讀疑其有誤，至於屢見，必有所依，悉遵原本，不敢更易。博覽自能體會，勿謂讎校未精。康熙壬寅九月望日，建安嫡長派十六代孫玉百拜謹識。清乾隆本文公全集類編卷首

紫陽書堂重刊文集始末記後 雍正八年七月

清・朱玉

文公全集類編成一百一十卷，凡四千篇，計字二百四十萬零，自始事以至竣工，需費壹千貳百金有奇。其間拮據經營，機緣遇合，賴文公默相於上，俾得仰叨當事，加意成全，不能一言盡也。茲特詳其始末，以誌感於不忘焉。

全集原本無存幾二百載，玉數十年來殫心訂補，類鈔成帙，欲重鐫以垂久遠，自知貧賤，舉非輕易。迨至康熙壬寅，有爲玉籌者曰：「子年幾七十矣，是集若勉力從事，或可漸次圖功，何自畫乃爾？」玉承教，以九月望文公誕辰爰告於廟，鳩工授梓。至雍正甲辰孟夏，週二十月日，刊成一冊至五冊，得書不滿二千篇，遂力綿而中止。乙巳春，大宗師黄歲試按郡，玉以前刻呈覽，幸蒙許可，適有府邑詳罰贖鍰，悉移贈助，遂自七、八二冊續刊。至丙午冬，凡十九閱月，又得書七百餘篇。歲戊申，幸遇新任大方伯趙莅閩，未幾即承見召。晋謁時，呈以前後刊成七冊之書。公見嗣刻卷數，校之全集，尚缺三分之一。玉具告以是舉原出孟浪，所以拮據經營於前，依然功虧力疲於後，至今不能終其局者，殊自愧悔耳。公曰：「不然，天下事詎有坐視其中道而廢者耶？」時聆公言出至誠，心存籌畫，已有力襄竣事之意。至己酉春夏間，果蒙清剔罰項，先後頒發。玉不勝踴躍，得以重集梓工，限期剞劂。不逾年，大工將竣，而公調任中州矣。兹幸書成有日，亟請序以志之。公謙光退遜，至再至三，然叩一日逾格之資助，以成數代未刻之全書，不獨玉族子孫戴頌靡窮，凡海内鉅公、藝林名宿，讀是集者，冀鑒始末，以共相表揚此贊襄之雅也，則二公之深澤流長，當與先文公全集永垂天壤矣。

趙公諱國麟，字仁圃，山東泰安州人，丙戌、己丑進士，任福建布政使司布政使，調任河南布政使司布政使，今陞授福建巡撫都院。黄公諱之雋，字石牧，江南華亭人，辛丑進士，日講官、左春坊左中允、提督福建全省學政。雍正八年庚戌孟秋朔，紫陽嫡裔朱玉石中甫謹識。清乾隆

文集書板復藏考亭書院敘 乾隆十五年三月

清・朱殿玉

文公文集大全板久就湮，郡城族兄玉搜羅考訂，殫力數十年，彙就是編，拮據謀梓。荷撫軍泰安趙公、學憲華亭黄公撥項助刻，始克成書。未幾玉故，而板隨售建陽書坊陳氏。丁卯春，邑侯許公初下車，訪求文公家藏遺書，告及板之流失，欷歔久之。越數月，展謁文公墓道，見賢壟荒落，享堂傾圮，爰白大憲，集邑紳士謀倡捐，命殿玉董其事。甫越浹旬，而墓前闕者增，享堂頹者建。搆碑亭、置墓田外，尚得百餘金。亟召受質書板者，諭以公物何得私賃，姑酌給前價，而陳氏亦欣然凜諾。自是文集大全板復藏考亭書院，俾考亭微裔世守勿失，皆我邑侯之力也。因敘兹廢興失得，布告海内，見邑侯之功，實與編輯助刻諸公并傳不朽云。許公諱齊卓，雍正乙卯拔貢，江南合肥人。乾隆十五年三月望日，建陽考亭文公十六代孫殿玉謹識。清乾隆本文公全集類編卷首

朱子文集語類改刊凡例 朝鮮英祖四十六年

（朝鮮）洪啓禧

一、我宣廟八年乙亥，命刊朱子文集、語類，眉庵柳文節公希春實承命校正，重峯趙文烈公憲相其役，其考校之精詳可知。而龍蛇之難，編帙散佚，雖有亂後所刻，不但譌誤甚多，且考之

柳公凡例，多有不合者。以此知其非柳公所校之本也。近得亂前印本一件，（玉山書院所藏，宣廟朝頒賜者，而間有頭注，書以李滉云云，似經文純公校勘。）譌誤差少，似是乙亥校本，而却無柳公凡例，未知其故也。燕市購來者有十數本，校之我國前後本，各有得失。今就諸本參互校讎，舍短取長，以成此本。其取舍之一一得宜，有不可必，第用悚恧。

一、二書舊稱文集大全、語類大全，而其以文集只稱大全、語類只稱語類者，亦已久矣。故今只於卷首著其本稱，而餘卷則悉依舊例。覽者詳之。

一、二書自仁廟以後，凡累刊矣。大全刊於湖南，語類刊於嶺南。若有刓缺，隨即改刊。不幸近年二書板俱入回禄，今則國内無二書板本矣。竊伏念尊尚朱夫子無如我朝，豈可使朱子二書不傳於後，早晚必有重刻之命。若無豫校之本，而倉卒入梓，則必復如前疏脱，無以復乙亥本之舊。故與二三士友謀成草本，分校浄寫，又四五校以成正本。草本則成於己丑，正本則今歲可訖。將以辛卯聞於朝，以請依舊例，使兩道分刊。（二書中標題及有闕而字細難刻者若干板，自京募善手精刻以送。）

一、二書舊本，行則大全一板二十行，語類一板二十六行；字則大全一行十八字，語類一行二十二字。語類之行太密，大全之字太疏，覽者病之。故今本則行從大全，字從語類，使二書爲一例。（永樂本及我國成均館開板經書，皆十行二十二字。）

一、卷帙第次，悉依舊本。字行高低之失格者，一從他例釐正。或涉更張者，則不得已仍舊。

一、二書舊皆有考異，而今以諸本參校，又有多少同異，輒復添録，故考異視前倍蓰。諸本之一是一譌者，則從其是，而考異曰「某一誤某」。兩本皆通者，則從其一，而考異曰「某一作某」。前輩雖有正譌，而無一本可據以改者，則考異曰「某當作某」，或曰「某恐某」，或曰「某恐誤」。近本之譌，則印行於世者已久，今見改正，必有疑惑。故雖明知其譌，而必爲考異，他本譌者則否。大全舊本考異在每卷下，語類舊本考異在全帙末，今并用大全舊例。而若無表識，則必不知何字有考異，故加點於本字之傍。

一、大全既有原集及續集、别集，而猶有散見於他書者。既曰大全，則先生之片言隻字不可遺漏，故略加裒稡，爲遺集二卷，以附别集之後。其中數篇或疑其爲贗，而亦并用傳疑之例姑存之。

一、先生之注語、孟也，爲序説以著事實；編二程全書，則附以敘述文字。諸賢文集之有附録，實昉於是，蓋亦誦其詩，讀其書，不可不知其人之意。朱子大全之無附録，大是欠闕。今取實紀、年譜及先生十六世孫玉所記類編，略加增删，爲附録十二卷，置遺集之後。

萬曆乙亥後百九十六年庚寅正月日，後學南陽洪啓禧謹書。

是年十月二十日，奉朝賀臣洪啓禧登對言：臣嘗以朱子大全、語類之多譌謬爲憫，常欲校正矣。嶺南語類板燒於數十年前，湖南大全板燒於數年前。天下之尊朱子莫如我朝，而二書板本俱將泯没，臣竊慨惋，固知早晚有朝家改刊之命，不當以譌謬之舊本入刻。故臣留意改修，己丑一年修草本，庚寅一年書刊本。校役猶有未畢，而欲請以辛卯入刻矣。仍進萬曆校正凡例及今所修改刊凡例。上命承旨書傳教曰：「今聞奉朝賀所奏朱子大全與語類勤勤校正，訖工不遠云，正本來到芸閣後，大全令湖營、語類令嶺營刊印。」至翌年辛卯，全羅道觀察使臣尹東昇

承命刊朱子大全，慶尚道觀察使臣李命植承命刊朱子語類。朝鮮英祖四十七年刻本朱子大全卷首

四庫全書晦庵集提要 乾隆四十四年

臣等謹案，晦庵集一百卷、續集五卷、別集七卷，宋朱子撰。書録解題載晦庵集一百卷、紫陽年譜三卷，不云其集誰所編，亦不載續集。明成化癸卯，莆田黄仲昭跋稱「晦庵朱先生文集一百卷，閩浙舊皆有刻本。浙本洪武初取置南雍，不知輯於何人。今閩藩所存本則先生季子在所編也。又有續集若干卷、別集若干卷，亦并刻之」云云。是正集百卷編於在手。然朱玉朱子文集大全類編稱在所編實八十八卷，合續集、別集乃成百卷，是百卷又不出在手矣。別集之首有咸淳元年建安書院黄鏞序曰：「先生之文，正集、續集潛齋實齋二公已鏤版書院〔一〕，建通守余君師魯好古博雅，搜訪先生遺文，又得十卷，以爲別集。其標目則一仿乎前，而每篇之下必書其所從得。」是別集之編出余師魯手，惟續集不得主名，朱玉亦云無考。觀鏞所序在度宗之初，則其成集亦在理宗之世也。

此本爲康熙戊辰蔡方炳、臧眉錫所刻，眉錫序之而方炳書後，題曰朱子大全集，不知其名之所始。考黄仲昭跋及嘉靖壬辰潘潢跋尚皆稱晦庵先生集，而方炳跋乃稱朱子故有大全文集，歲月浸久，版已磨滅，則其名殆起明中葉以後乎。惟是潢跋稱文集百卷、續集五卷、別集七卷，與今本合。而與潢共事之蘇信所作前序乃稱百二十卷，已自相矛盾。方炳手校此書，其跋又稱原集百

卷，續集十卷，別集十一卷，其數尤不相符，莫明其故。疑信序本作百有十二卷，重刻者偶倒其文，而方炳跋則繕寫筆誤，失於校正也。方炳跋又稱校是書時不敢妄有更定，悉依原本，即續、別二集亦未依類附入，頗得古人刊書謹嚴詳慎之意。今通編爲一百一十二卷，仍分標晦庵集、續集、別集之目，不相淆亂，以存其舊焉。乾隆四十四年四月恭校上。四庫全書本晦庵集卷首

校記 〔一〕鏤：原作「縷」，據黄鏞原序改。

四庫全書總目朱子文集大全類編一百十一卷提要 兵部侍郎紀昀家藏本

國朝朱玉編。玉建陽人，朱子十六代孫也。是編以朱子正、續、別三集合而爲一，俾諸體各以類從。每體之中，又以編年爲先後。分爲八冊：一冊爲道學淵源、世系、題贊、事實、年譜、祭文、行狀、褒典、祠廟及門人姓氏、附録，凡三卷；二冊爲賦、詩、詩餘，凡十卷；三冊爲封事、奏劄，凡二卷；四冊爲政迹、宮觀、經筵、表文、疏文，凡十一卷；五冊爲書劄，凡十四卷；六冊爲問答，凡三十五卷；七冊爲雜著，凡十五卷；八冊爲序、記、祝文、碑文、行狀、墓誌、事實、年譜、遺事及庭訓、墨迹，附編著書目，凡二十一卷。每卷各爲之引述。其用力頗勤，然割裂煩瑣，究不及大全集之原本爲能存其舊也。四庫全書總目卷一百七十四

重修朱子文集序 道光二十年十月

清·周培

道學、經濟、文章、氣節，四者合而爲一者也。俗儒不察，每以道學論多迂疏，未必有變通

之用，則經濟非所長；辭尚朴質，未必有華國之才，則文章非所長；其爲人多簡易平淡，未必有一往不可回之氣，則氣節又非所長。嗚乎！此夏蟲不可語於冰，井蛙不可語於海也，其無與於道也審矣。夫古今號稱學者指不勝屈，顧其間有有本之學，有無本之學。無本之學縱循飾補苴，無用於世；有本之學若根沃者其葉茂，其源遠者其流長。本昔聖昔賢所以出治論治者發而見之事業，是則莫大之經濟也；師友門人相與講明而論著者，罔非載道之書，是則莫大之文章也；可仕可止，可榮可辱，而浩然之氣有以塞天地、通古今而不滅，是則莫大之氣節也。凡此數者，吾於子朱子微窺之。論者以子朱子上接孔孟，近傳周、程，集儒之大成，而於其他或略焉。吾嘗綜子朱子之始終論之：今夫懷奇抱異之士，散處下僚，未有不以大材小用自傷淪落者，誰能安之若素，始終盡厥職而無忝乎？子朱子釋褐後，初仕不過尉貳，政績昭彰，無出位求達之心，非所謂進不隱賢，必以其道者乎？及得召對，將大用矣，夫又誰不持禄保位，優游養交，以終餘年？乃嚴氣正性，首以正君心爲務，視其君爲堯舜，而不敢有所薄也。而抑之阨之者，甚至以僞學目之，昭示中外，子朱子固怡然也。其氣節蓋乎天地，確乎不可拔，操之而不變也。今讀其書，其言曲而中，其事肆而隱，其義羽翼乎六經，其精深探乎天地陰陽之奥之窮變，然則子朱子之經濟、文章、氣節，何一不備哉。要非平日致知窮理之功，主敬存誠之力，貫乎天人，通乎古今，曷足以語此！

余今年奉檄視建陽事，子朱子過化存神之鄉也，考亭在焉。夙昔讀其書，思其人，一旦躬謁其祠，親炙其遺像，豈非人生之至願哉！適其裔孫榜元等以子朱子之書久而漫漶也，鳩工重鋟之，請余爲序。余何人，敢序子朱子哉！顧念昔之尊子朱子者，第論道學，而於經濟、氣節、文章闕焉。斯固論其大者，然其小者亦無非道學所表見也。余故特推衍之，以補其闕。道光庚子小陽月，西蜀後學周培頓首拜序。（道光刻本朱文公類編全集卷首）

重修朱子文集序（道光二十年十一月）

清・黄爵滋

自孔子垂六經，教萬世，漢儒彬彬，去古未遠，循誦習傳，各有家法。然訓詁之學，亦云雜矣。宋朱子出，而後集諸儒之大成。蓋前有横渠、明道以開其奥，後有蔡、黄、劉、真以昌其緒，如山岳之纍而後崇也，如川瀆之放而不溢也。方諸馬、鄭諸儒之授受，殆非倫比。但漢儒承秦火煨燼之餘，道在專明義類。宋儒當斯文絶續之際，道在力陳理要。其本末之詣殊，亦古今之勢然也。故六經簡矣，而訓詁繁。朱子之書，以繁治繁者也。繁而不雜，猶夫簡也。學者欲不爲聖人之徒則已，欲爲聖人之徒以探聖人之心，舍朱子而曷從哉。朱子生於尤溪，後居崇安，晚遷考亭，蓋始終一閩人也。其宦績常著於泉、漳二州。夫今之閩，獨非昔之閩哉。朱子嘗曰：「四海利病，視斯民休戚；斯民休戚，視守令賢否。」誠大明其學，以正士習而厚民風，大賢之教行，而聖人之道復矣。

道光庚子，爵滋偕祁尚書寯藻、比部雷君以緘、羅君天池于役閩南，重經兹邑，因得祗謁廟庭，載瞻堂廡。署令周君培適有修理文集之舉。繼自今讀是書者，不謂莫殫莫究，以爲易言易行，濬源培本，以集其功，警偷奮庸，以作其氣，其於斯道，豈曰小補。若夫束置儒書，背馳古訓，譏竭職爲好事，戒議道爲迂譚，匪獨名教之罪人，抑亦尚考證、切問難者所不齒已。是爲序。道光貳拾年冬十有一月朔日，賜進士出身、刑部右侍郎、稽察右翼宗學、豫章後學黃爵滋敬書於建陽行館。（道光本朱文公類編全集卷首）

朱文公類編全集識（道光二十年十二月）

清・朱榜元

先文公全集刊於雍正庚戌，時以工費不支，幾至中止，賴撫軍泰安趙公、督學華亭黃公撥項助刻，始克成書。百餘年來，板多漫漶，間有殘缺。榜元欲整理成完書，召匠計之，非數百金不可。自愧力綿，莫能勝任。爰與族弟元粱、桂元等謀所以重修者，邑侯周公聞之，慨然出清俸以爲倡，而閩縣李君玉成、鴻猷亦各捐資佽助，合以族内所題，得餅金三百圓有奇。於是庀材鳩工，參以舊本，重加校刊，壞者易之，殘者補之，凡七閱月而書成，爲敘其崖略如此。道光二十年臘月朔日，考亭文公十九世孫榜元謹識，二十世孫人驥、繩祖重校。（道光本朱文公類編全集卷首）

朱子大全劄疑輯補序（朝鮮哲宗元年十月）

（朝鮮）李埈

道在天地之間，無處空缺，無時間斷。自其存於人者而言之，則其得於心者爲仁義禮智愛恭宜别之德，施於身者爲君臣父子夫婦朋友之倫，此其綱領之最大，而皆不可一日而不講且明焉者也。惟其人生有氣稟物欲之雜，世教有異端邪説之惑，故非惟不能講明，而或并與其區域名目而倒置者多矣，可不懼哉。天生聖賢，既有以全體此理，盡性察倫，而又憫斯人之陷溺也，則立政教以導當世，作文字以開後人，使皆知天命之不可越，天敘之不可亂。天之憂患生民，可謂至矣。

蓋自羲農立畫象，堯舜垂典謨，其所以推天道陰陽之源，明人心公私之别以立極垂統者，罔非此事。而及至於孔、曾、思、孟之書出，則説無不備，理無不明，而道之全體大用於是在矣。聖人既没，千五百年，經籍焚燼，夷狄猖獗，高者入於佛老之空無，下者溺於管商之功利，其説愈亂，而其理愈晦矣。紫陽朱夫子生於宋室南渡之後，紹濂洛關伊之餘緒，集而大成，折衷群言，以發揮六經，使亂者理，晦者晳，而所謂天命天敘者，焕然復明於世，如日月之中天，河海之括地。蓋汛掃風雨，再造區宇之功，秦漢以來，未始有也。章句集注者，固夫子精微之攸藴，而欲求見當日講明取舍之詳，出處踐履之全，捨大全何以哉。顧其爲書浩穰，讀者未能淹貫首尾，則類不免管豹杵象之惑。况今距夫子之世又已七百餘載矣，微言日堙，大義愈乖，而中朝士學浸淫陸氏，推尊漢儒，道術益裂，遂至於北虜僭閏，西洋煽惑，性命淪於污濁，人倫入於禽獸，而莫之遏矣。

吾東諸老先生既嘗燭其微、睹其變而思有以救之，以爲此書不講，則此道終無可明之日，表章發明，班於六經。嗚呼！異日陽復之漸，其在斯歟，其在斯乎。蓋自夫子之書東來，退溪李先生首篤崇信，手編節要，略釋肯綮，以訓迪門人。而門人又相與私記所聞，以備取質。此書之有注釋創始於此。而尤庵宋先生又演而通之於全書之中，以爲劄疑，則規模愈宏，工力愈密，首尾貫徹，巨細兼舉，然後此書始可易讀，而宗廟之美、百官之富信可以得其門而入矣。夷考夫子之後，其功業之盛，未有加於此者。而猶自以爲未盡也，臨没，遺命其高第弟子共與商訂，踵成完書。而向後數三名儒又推其餘意，節衍補闕，各成一家，交互裨足，其義寖備，則興衛斯文，厥惟不貲矣。惜其各藏巾衍，不通考檢，未脱草稿，已多散爛。窮鄉晚學，知其有此者，亦或寡矣。家君舊嘗病此，留意蒐輯，而未竟也。

埈自幼受讀此書於家庭，獲聞梗概，乃敢曲加搜剔〔一〕，略倣語孟精義類例，逐條彙編，使得會通。而不拘古今，一切訓釋論説之關係此書，可資參究者，亦并裒附，名之曰劄疑輯補。向後若得中國此類文字，當續收之，以迄就家君之志。噫！大全劄注至此，可謂略備矣。即其異同詳略之際，固讀者所當盡心，而又知吾夫子所以血誠剖判，惟恐其不明者本爲何事，諸老先生從而竭力疏訓，惟恐其或失者又果何意，則其於讀此書也，尚庶幾焉爾。夫子十二回庚庚戌陽月甲子，新安李埈序。朝鮮刻本朱子大全劄疑輯補卷首

校記　〔一〕原書天頭校云：「曲加搜剔」，一本作「傍搜窮剔，裒合諸説」。

朱子集序 同治元年四月

清・郭柏蔭

朱子集原本文公季子在所刻，其宋本爲王潛齋所刻，浙本爲臧眉錫所刻，其板在建陽者爲賢裔朱玉所刻，世稱祠堂本是也。朱本、宋本、浙本收藏家間有其書，近亦不可多得。祠堂本增收較備，而梓工容有未精，近遭兵火，板片亦淪失無存。徐少司馬壽蘅先生督學來閩，倡議重刊，手定凡例，集諸生分任繕寫較訂之役，而躬綜其成。刻工未蕆，值先生受代還朝，屬柏蔭既其事。嗟夫！自寇氛告警，虐焰幾等祖龍，其於聖賢理學之書尤必欲澌滅之、淩夷之而後快。是集之刻，適介絕續之交，斯固先覺之靈所與爲呵護，而先生於扃試之外，日事丹鉛，一字之疑，必加考訂，俾多士有所觀感，不憚手胝口沫，以共贊厥成。是子朱子爲先聖之功臣，而先生又爲子朱子之功臣也。柏蔭不能文，於朱集尤不敢以文詞爲贅也。事竣，記其大凡如右。時同治元年四月，在籍候選郎中郭柏蔭謹記。清同治刻本朱子集卷首

晦木齋校勘朱子文集條記 同治十二年十一月

清・洪汝奎

一、陳振孫書録解題稱晦庵集百卷，朱某撰。宋史藝文志稱朱某前集四十卷，後集九十六卷，續集十卷，別集二十四卷。嘉靖壬辰所刻晦庵集卷數與書録解題合，續集十一卷，據徐幾跋，原止十卷，與藝文志合。別集十卷，無前集、後集名目。四庫所收者乃康熙戊辰刻本，原集百卷外，續

集縮爲五卷，別集縮爲七卷。今悉以嘉靖本卷數爲準。黄氏日抄引晦庵集卷數次第均與嘉靖本合。

一、予家藏有嘉靖壬辰本二，一爲初印，一爲晚印，皆殘缺。晚印者版心於刊補之葉計刊補百二十餘版。揭「明兵道吕補刊」字樣。補刊年分無可考。兩印本互有得失，其初印譌脱而晚印剜改者，當是別據舊本校勘也。惟晚印本内兵道補刊之葉，字形每以點畫相近而譌。幸從潍縣陳壽卿太史家借有初印足本，首尾完整，因得據改。惜未見晚印足本，相與參互校訂耳。

一、是書非編自一手，不無重複。如第六卷送許順之南歸兩絶句，複見別集卷七；第四十卷荅劉平父書「二南説未編定」云云，複見續集卷七；其第五十四卷荅王季和第二書，複見第六十二卷，題爲荅林退思。以林退思來書考之，疑前卷作王季和誤。此類概仍其舊，不敢臆刪。

一、嘉靖本遇有原文脱落之處，或空白，或留墨，最稱矜慎。康熙本率强爲連屬，竟似原無脱落者，今不敢從。至如第七十五卷送陳宗之序云「儲兩未建」，本魏書肅宗紀。康熙本改「兩」爲「尚」；續集第五卷與章侍郎書云「怒猶未怠」，本左傳。康熙本改「怠」爲「息」，雖皆可通，究不及原文之典雅。後之君子如謀重刊，慎勿援據俗本，而於舊本妄生疑竇也。

一、嘉靖本雖遠承宋槧，而於宋代廟諱嫌名，如避「桓」爲「威」，避「徵」爲「祉」，避「姤」爲「逅」之類，往往有改用本字者；遇朝廷宫闕等字，或跳行，或跳格，亦有未能畫一者。今大段以嘉靖本爲主，不復改歸一律，覽者諒之。

一、各本有簡帙錯互而可就文義審定次序者，如第五十四卷荅徐彦章書「厭動而求静」云云，錯簡在「彖曰反復其道」之下；第六十六卷蓍卦考誤「過揲二十八策」至「掛扐二十五策」，錯簡在「又曰蘇氏所載一行之學」之前，今并依文義更正，異日當更取善本證之。

一、嘉靖本首載蘇信序，稱是書舊刻閩臬，歲久刓闕，重刻之，省約紙板者什四云云，知嘉靖本原出閩臬。因記道光庚戌冬杪，從都門廠肆見有大字本，每版二十行，行十八字。與涇縣朱芷香上舍沅成家藏本同，皆曾借觀，而未及一校。首尾均無序跋，不知即閩臬本否。今芷香藏本已佚，第聞臨桂龍翰臣方伯、豐潤丁禹生中丞家所藏皆大字本，異日若得借校，或更覓宋元舊槧覆審一過，則大幸矣。

一、歙縣鮑覺生先生家有天順庚辰胡緝序行本，每版二十二行，行二十二字。曩曾借校。近見應敏齋方伯所藏似從天順本翻雕者。應藏本無胡緝序。雖其中刪節原文甚多，以黄仲昭序考之，天順本殆原出閩藩本。而於嘉靖本譌脱之處，頗資校訂。茲將胡緝一序刊入卷端，以明集中文字凡與嘉靖本小異者，非確有善本可據，不敢私竄改易也。

一、各卷考異非始於嘉靖刻本，曩所見大字本即有之。今各卷考異中「某一作某」云云，核其正文，往往有即係「一作」之字者，以是知考異實沿舊刻。其第五十八卷考異三段段末注明第幾版字樣，偶未刪削版數，與嘉靖本不同，亦一證也。書内偶有小注「某字恐誤」、「某疑作某」之處，不知何時增加，今仍之。

一、宋元人於是書無稱「文集大全」者，嘉靖本各卷首尾題晦庵先生朱文公集，而每葉版心上段題朱子大全，中段題「文集卷幾」。竊意明人刻是書者，殆欲合朱子生平所著書彙刻之，故有是稱。猶之刻朱子語録，而稱語類大全耳。今各卷首尾及版心題字悉從嘉靖本之舊，或亦異日盡刻朱子書之兆也。

一、坊行朱子文集大全類編，四庫館臣病其割裂攙合，多立門目，轉無端緒，其書不足以資校勘。今不取。

汝奎弱齡時，即喜聚書，亦喜刻書，疲日力於校讎不之惜。咸豐初元，客都門，曾手校嘉靖本朱子文集，謀醵金授梓，未就。兵燹以來，校本殘缺者十之一，缺第八至十一，二十至二十五等卷，又缺七十四下半卷，七十五上半卷。近從濰縣陳氏、永康應氏假所藏本校補，復成完帙。謀之涂朗軒同年，力任剞劂。經始於同治辛未，越二年工竣，爰撮舉校字大略，條記之如右。先是道光戊申，汝奎與吾宗耆彦校刻盤洲集於藤谿家塾，感彭文勤「好事數典」一語，見知聖道齋跋尾。有刊布洪氏全書之約。迨今垂三十年矣，擬循前約校刊，亦賴朗軒雅意相助。獨各書同時授梓，心力難副，校字之勤，遠遜疇曩，摩挲舊藏朱集校本，不禁憮然。既以此書刊成爲幸，又以未得宋元舊槧覆校爲憾。拾遺匡謬，是所望於世之誦習此書者。同治癸酉中冬，洪汝奎謹識。清同治本晦庵先生朱文公文集卷首

朱子大全文集識光緒十年九月

清·賀瑞麟

道之顯者謂之文。道統之傳，自堯、舜、禹、湯、文、武、周公、孔子以至孟子，孟子歿，

不得其傳。宋周、程、張子出，道統復續，逮朱子而堯、舜以來相傳之道乃益大明於天下。文亦然。堯曰「文思」，舜曰「文明」，禹曰「文命」，湯武革命，順天應人，所謂「文明以説」，「虎變文炳」之大人，文王之「文」，周公之「文」，孔子之「斯文在兹」，孟子願學孔子，其「文」即孔子之「文」。濂溪、横渠之「文」剖幽宿光，二程倡明絶學，亦以興起斯文爲己任。而朱子者，體道之全，踐道之實，其所著經注、史編與夫纂録各書，則又删定贊修之功，真天地之大文至文，醇乎其醇，開後學於無窮，質先聖而一揆。蓋文之所在，即道之所在也。及其易名謚「文」，即非韓子之所謂「文」者可擬，而楊億、王安石之「文」又奚足云哉。至於文集百卷、續集五卷、别集七卷，凡夫天命之微，人心之奥，造道入德之方，修己治人之術，辨諸儒之得失，闢異端之訛謬，體用顯微，精粗本末，至粹至密，至詳至備，亦莫不與傳注相表裏，而光輝發越之盛，尤覺融透明暢，金精而玉潤，日光而月潔，是固百氏之不敢争衡，而萬世之賴有定準者也。其於斯文，爲何如哉！

及門劉東初秀才昇之雅慕斯道，嘗屬刻儒先諸正學書，而朱子尤吾儒所當瓣香私淑。既刻語類一百四十卷，文集之刻，又烏容已。旨哉！朱止泉澤澐之言曰：「文語二書，有此有彼無者，有此無彼有者，有此詳彼略者，有此略彼詳者。如己丑之悟，中和舊説序、與湖南諸公書等篇，文集所有，語類所無；如語類陳北溪窮究根原來處，識許多規模大體等篇，語類所有，文集所無；如近思録周、程、張子遺書之解，語類所詳，文集所略；如封事、奏劄以告君，時事出處以告朋友之詞，文集所詳，語類所略。」然則此二書者不可缺一，蓋皆道之所在，即皆文之所在。且朱子之道，前聖之道，朱子之文，前聖之文也，文與語豈有異哉，矧文集又其手著者乎！此所以爲朱子之文，此朱子之所以爲文也。

文集在宋有公季子在本，王潛齋遂本，國朝有臧介子眉錫本，有賢裔朱石中玉本，所謂祠堂本；近有徐壽蘅樹銘本，所謂新本。臧本雖未盡善，然意其猶近宋本。至祠堂本頗有增補，新本多從之，而蒙齋、敬義齋二銘，則真西山作也。於此尚不能有所是正，其餘非朱子作而竄入者，亦安可盡據。今以二本及諸家本參校臧書，別爲正譌、記疑兩卷，坿刻集後，使讀者考焉。若夫臧書答袁機仲書中之圖，蓍卦考誤之次第，點畫多有舛訛，其他書中或本一條而裂分，或本數條而混并，恐皆傳寫之失，俱詳文意，僭爲釐正，并以質諸後之君子。朱子嘗曰：「自少讀程、張兩家之文，四十餘年，但見其義之精、旨之深。而後世紛紛，所謂議論文章者，殆不足復過眼。」嗚呼，是豈徒以文也哉，抑豈不以文也哉！吾於朱子文亦云然。光緒十年甲申九月晦日，三原賀瑞麟謹識。清光緒傳經堂藏書本朱子文集總目後

朱子文集正譌跋

清・賀瑞麟

是書據臧本重刻，而以祠堂本及新本參校。或二書未及正者，別取御纂諸經及朱子全書、唐順之選輯朱子文集、朱吾弼朱子奏議、周大璋朱子古文讀本、朱璘朱子文略、張清恪公正誼堂朱

子文集、濂洛風雅等書，謹用坿記，以便考覽。清西京清麓叢書正編本朱子文集正訛卷末

朱子文集正訛記疑補遺題識

清・賀瑞麟

版已刊訖，再加覆校，尚多脱落，復爲補記如此。前有誤改或從原字，并削去誤記各條。至考異失入正訛者，姑仍其舊云。清西京清麓叢書正編本朱子文集正訛記疑補遺卷首

晦庵先生朱文公集校釋序民國十二年十月

清・唐文治

文治於弱冠後好研經，壬辰服官後始治朱子學，假鎮洋先師王文貞公所臨陸清獻、吴竹如兩公評點本讀之，屢作屢輟，未有得也。癸亥秋，爲館生講授朱子文集，如泛大海，茫無指南，深愧無以對先賢而益諸生，未嘗不汗浹於背。一日，偶與浙江吴生其昌論及寶應王白田先生之學實能深入朱子堂奥。吴生復曰：「聞王先生有朱子文集注一書，未刊行，當在其鄉〔一〕，盍求之？」余偶憶白田存稿中記朱子年譜正訛後有「文集注尚未成書，先鈔諸箋帖稿」之語，爰馳書寶應劉生翰臣，屬代采訪。旋得劉生報曰：「文集注未之得，近獲過録王先生手批大全本數十帙，朱墨圈乙殆遍〔二〕，網羅散失尤詳，而於晚年定論辨之諄諄，大句細書，往往累數十百言，並間有陸稼書、朱止泉兩先生語，復有所謂『齡按』云云者，疑即過録之人，莫詳其姓氏爵里。或曰范姓，亦敝邑中學者也。」聞之大喜，即命寶應吴生寶淩、嘉興唐生蘭、王生蘧常、海寧吴生其昌、

太倉戴生恩溥前往過鈔，七日而蕆事。歸而讀之，精思抉微，如聆白田先生之謦欬，殆即所謂文集注之箋稿歟？而朱止泉先生極畢生之精力鑽研朱子之書，至是而益顯於世。兩美必合，殆可謂人間之至寶已。爰復屬王生蘧常理而董之，釐爲八卷，草創凡例，名曰校釋。其圈點之不能闌入者，別作劄記，附於後。既成，作而嘆曰：「道之顯晦，固應乎天時而不可强者歟？王、朱兩先生於朱子之書訂年月、辨異同，而務使歸於至當，使異端者無所措其巧，還朱子之真於千百年後，實爲元明以來諸儒所莫能逮。而白田先生尤爲精密周詳，一字之定，萬義紛陳，且旁及史事各家，櫛文疏義，往往以單詞引證，解千百年聚訟之紛而各使如日月之經天，人人得指而明之。其於朱子學，蓋不啻精審而已，復加之以貫串；不啻貫串而已，復加之以身體力行。向非劉生之不自私其所有，王、吴諸生孜孜兀兀，其孰能表揚之？顧是書不出於承平之世，而乃出於今晦明風雨之時，豈兩先生呵護之靈，其精神終不可磨滅歟？抑道之顯者晦而晦者將復顯歟？然吾聞白田先生於讀書記疑之外，尚有讀朱子書記疑，其或有出於此書之外者，蓋未可知。而止泉先生所著宗朱要法迄未得見，其所輯朱子分類文選與夫朱子聖學考略、誨人編諸書亦皆零落無存矣。訪其梓鄉父老，鮮有知者。然則吾輩服膺朱子之學者更當力任表揚之責，而不容一日或忘者也。」癸亥十月，後學唐文治謹序。民國抄本晦庵先生朱文公集校釋卷首

校記 〔一〕其：原缺，據茹經堂文集二編卷五朱文公文集校釋序補。

〔二〕墨：原缺，據右引補。

續集别集補遺序跋

文公續集序淳祐五年正月

宋・王遂

遂生世不早，不及擔簦躡屩於先生之門；聞道又晚，不克築室反場以從先生于没。既脱場屋，讀四經而心樂焉。顧義理精深，莫造其詣，而先生長者駸駸没矣。歲在癸卯，遂假守建安，從門人弟子之存者而求其議論之極，則王潛齋已刻之方册。間從侍郎之子請，亦無所獲。惟蔡西山之孫覺軒早從之游，抄録成秩，劉文昌家亦因而抄掇，悉以付友人劉叔忠，刊落其煩而考訂其實。繼是而有得焉，固無所遺棄也。抑是書之作多出於晚年，非嘗與西山講明易曆，則時異事左，與世枘鑿。今聖道昭明，士生其時者惟恐讀其書之晚，安知後之造道者不在於兹乎。此君子所當自力也。觀者尚勉之！淳祐五年正月日，後學王遂序。四部叢刊本晦庵先生朱文公續集卷首

文公别集書後景定四年三月

宋・余師魯

文公先生之帥長沙也，先大父衡陽史君寔以小侯事大國，辱知焉。先生所與書帖毋慮數十，

巾襲惟謹，爲子孫藏。往歲偷兒入室，意其爲寶也，竊之。交訊一啓，直當時吏牘，以故雜庋書中，今存此紙耳。每一思之，輒使人愧恨不能已。其後隨牒四方，多獲與乾淳故家子弟游，暇日視以先生真帖，則曰六丁下取之餘，是特一毫芒耳。因道前事，相顧唶唶嘆息，以爲距先生没未幾何歲，而散失遺落已如此，况後千百年之久且遠乎。先生一言一話，門人弟子必録以傳，然得其言而有不得其意者。若翰墨真迹，即先生實心之所寓、精義之所存，使毫芒之僅不失者而復失之，謂非通家子弟之罪，不可也。乃視集中所缺者，俾兒曹筆藏之，以俟成編而壽諸梓。

朅來丞郡，適在先生里，而所得者益多，釐爲十卷。噫，富矣！先生之曾孫市轄見之，慨然曰：「建安精舍有所謂大全集矣，是書當成一家言。且鈎考贏餘，猶足共鋟費，而敢厓吾子乎？」於是精加讎校，楷書送似，而致餐錢薄少以相玆役云。

先大父諱秀實，字穎叔，治衡之政，前帥周益公論薦甚力。其受先生知，蓋亦曰益公之所與者。景定癸亥三月朔，孫朝奉大夫、通判建寧軍府兼管内勸農事余師魯謹書。國家圖書館藏〇一〇四四宋閩殘本晦庵先生朱文公別集卷末

文公別集序 咸淳元年六月

宋·黄鏞

昔我文公會粹程氏門人所録之語以爲遺書，且謂其於二先生之語不能無所遺，復取諸家集録，參伍相除，得十有一篇，以爲外書，誠不忍儒先片言隻字湮没無傳，而天下之理有所欠闕

也。文公先生之文，正集、續集潛齋、實齋二公已鋟板書院，蓋家有而人誦之矣。建通守余君師魯好古博雅，一翁二季自爲師友，搜訪先生遺文，又得十卷，以爲別集。其標目則一倣乎前，而每篇之下必書其所從得，且無外書不能審所自來之恨，真斯文之大幸也。鏞於君之長子謙一爲同舍郎，亦嘗預聞蒐輯之意。兹來冒居長席，而余君適將美解，始刊兩卷，餘以見囑。於是節縮浮費，以供兹役，蓋又二年而始克有成。後之學者能於是書句句字字深思而熟翫之，庶有以知其無非精義密理之所存。毋使摹刻既多，束書不觀，乃貽或者之誚云。咸淳元年六月朔，迪功郎、建寧府建安書院山長黃鏞謹書。四部叢刊本晦庵先生朱文公別集卷首

朱文公大全集補遺序嘉靖四十一年二月

明·朱培

先文公大全集百卷，復有續集、別集，可謂備矣。然文公之道久而彌光，天下後世慕我文公之道者，久而愈篤，况屬在苗裔，景前徽，尋遺緒，雖片語隻字，何敢忘也。培不揣愚蒙，於正集、續集、別集之外，凡詩賦話言逸散人間而偶見乎他書者，旁搜博采，彙爲一帙，名曰文公大全集補遺，蓋備萬分之一，并以誌繼序不忘之意云。嘉靖四十一年壬戌春二月望日，裔孫培百拜謹序。抄本朱文公大全集補遺卷首

朱子大全集補遺識

清·朱啓昆

欽惟皇上濬哲性成，廣運如天，而聖功不息，與天同健，由堯舜至於孔子之道，我皇上身集

其成，而於先臣熹表章洙泗者，尤加褒異。以先臣熹著述繁多，當有總統，特御纂先臣朱熹全書，仍諭大學士臣熊依類纂輯，僞者裁之，遺者補之。臣啓昆伏讀聖言，仰見聖天子闡道盛心，真千聖百王所不能及。竊念權衡去取，聖明自有獨鑒，而先臣熹遺集儲在御府者，聖明無所不覽。臣啓昆寡聞渺見，家學失其世守，何能仰贊高深萬一？獨是蒙恩教養有年，受皇上特拔，感戴高厚，時刻難忘。頃遵旨守制家居，臣啓昆母程氏遺言，囑臣啓昆一心報國。臣啓昆若廢時玩日，則上負君恩，下忝先祖而負母訓。是以日夕孳孳，用竭駑鈍，於先臣熹大全集諸書之外，凡有片言隻語散逸人間者，遍搜博訪，録爲二卷，恭繕寫進呈御覽，以備采擇。臣啓昆識見淺薄，伏惟聖明裁定，則先臣熹遺言不泯，藉聖裁昭垂萬古，臣啓昆子子孫孫生生世世永戴隆恩於勿替云爾。臣啓昆稽首頓首謹識。清抄本朱子大全集補遺卷末

朱子大全拾遺跋

（朝鮮）朴世采

晦庵大全并續、別二集俱行於世，然今所拾遺幾至數百餘條，釐爲六卷，豈當時諸公或者未暇於收録否？夫以海隅管窺，猶能有所追得如此，矧乎向來中國文獻之盛，其所家藏而人寶之者，必相倍蓰也耶。篁墩程公嘗題梅花賦後云：「文公又有後集若干卷。」而及考婺源潘潢所敘目録，益知見行大全終非先生季子在類次初本，今皆不可得而詳也。噫！且如訓蒙詩諸篇，雖曰出於年譜，而嘗被退溪李先生所深貶，其論頗詳，然猶以傳述之已久，不敢輒删，第加彙別。至

於遺書、語録，亦皆附見。懼正學之無傳，嘆斯文之莫究，乃謹繕寫爲一本，庶冀異日有所續考而敬輯之。肆姑略記其説，以示同志。時崇禎壬子中秋〔一〕，後學潘南朴世采謹書。朝鮮刻本南溪先生朴文純公文集卷六十八

校記〔一〕崇禎壬子：崇禎無壬子年，因朝鮮一直沿用崇禎年號，此乃康熙十一年也。

朱子大全遺集序 朝鮮英祖四十六年

（朝鮮）洪啓禧

大全原集、續、別集校訖，仍念先生詩文尚多散見於他書者，欲裒稡以附於別集之後。近得先生十六世孫玉所輯大全類編，略有補遺，又得南溪朴世采所編大全拾遺，諸家所記散録雜説靡不收聚，此外亦不無一二可采者，亦録焉。其間或有前輩之疑其爲贋作者，而今用傳疑之法，并姑存之，以爲遺集。朝鮮英祖四十七年刻本朱子大全遺集卷首

選集序跋

朱子詩選跋

宋·王柏

先生之詩，見於文集者止十卷，每病其比次失倫，裒定紛錯，無以考其歲月之後先，因以驗

其進退之序。首卷雖先生手自删取，名牧齋净稿，然實少年之作也。今觀遠游一篇，已見其規廡之大，立志之堅，既有以開擴其問學之基矣。其次卷則自同安既歸，受業於延平之後，時年二十有八。自是往返七年，豁然融會貫通，而寄興於吟味之際，亦往往推原本根，闡究微眇，一歸于義理之正，盡洗詩人嘲弄輕浮之習。其挽延平，時年三十有四，誦其「本本存存」之句，亦可驗其傳河洛之心矣。南岳唱酬，實乾道丁亥，時年三十有七。齋居感興二十篇，其壬辰、癸巳之間乎。凡篇中所述，皆道之大原，事之大義，前人累千萬言而不能仿佛者，今以五言約之，此又詩之最精者，真所謂自然之奇寶與。南康諸篇，則已亥之後，於是年五十矣。晚年詩不多見，末卷尤不可考。最後題寫真絶句，去易簀纔一月，其任重道遠之意，凜然於十四字之間。嗚呼至矣！先生道德學問爲百世宗師，平生所著述以幸學者不爲不多，而學道者不必求之詩可也。然道亦何往而不寓，今片言隻字，雖出於試筆脱口之下，皆足以見其精微之藴，正大之情。凡天道之備于上，人事之浹于下，古今之治亂，師友之淵源，至于忠君愛國之誠心，謹學修己之大要，莫不從容灑落，瑩徹光明。以至山川草木，風雲月露，雖一時之所寄，亦皆氣韻疏越，趣味深永，而其變化闔闢，又皆古人盡力於詩者莫能闖其户牖，亦未必省其爲何等語矣。某又於遠游、寫真二詩，獨得其爲學之始終焉，庶幾乎金聲玉振，樂之大成也與。四庫全書本魯齋集卷十三

晦庵集抄序

元·方回

文公集一百卷，續集十一卷，日讀一卷，計三月餘日；日讀三卷，亦三十餘日始畢，學者

能如是鮮矣。凡天下之大編帙，立程用工，不爲事物所間斷，日復日從事焉，必如期而周遍者，非身閑心静不能也。公語録有類，殊便檢閲，然門人弟子所記不盡得其精微，間亦有舛刺者，未若公集，則皆出公之親筆而無可疑者也。近有續近思録，雖稍取公集入類，而一百一十一卷中精微何可勝算，未免學一□遺十百。

回日讀公集，亦既周遍，乃句抄節析，爲四十類以觀之。天地陰陽、鬼神五行、心性情命、仁義禮智之説，道之體也，其不入於六經、四書、諸先儒之類者，揭以爲首，次道體類第一。道莫大於仁，自孔門以至於公，所以教人者莫先於求仁，次仁類第二。求道在仁，求仁在學，學莫切於敬，公所以講之者至矣，次講學類第三。凡學之要，先四書後六經，次大學類第四，論語類第五，孟子類第六，中庸類第七。六經莫奥於易，啟蒙、本義所以作，次易類第八。定書删詩作春秋，皆孔子親筆，公以書説付蔡仲默，詩有傳，春秋雖無著譔，微言亦精，次書類第九，詩類第十，春秋類第十一。禮以儀禮爲經，周官、大小戴爲傳，公嘗修禮儀，訖王朝、邦國，次禮類第十二。古樂既亡，意猶可論，次樂類第十三。古今異宜，名物法式不同，不經公弗言，次制度類第十四。一理萬物，聖傳晦湮，卓爾無極，開我後人，次周子類第十五。龍門笙鏞，紹濂泝洙，次程子類第十六。先天、經世、西銘、正蒙，羽翼後先，次邵子類第十七，張子類第十八。龜山之南，後有延平，上蔡之沈，後有五峰。五峰傳之南軒，延平傳之公，次龜山類第十九，上蔡類第二十，延平類第二十一，五峰類第二十二。岳麓麗澤，左切右磋，次南軒類第二十三，東萊類第二十四。荀、楊、董、王以至韓、歐，有醇有疵，一概諸聖，次諸子類第二十五。治亂得失，史亦不可不習，次諸史類第二十六。資有高下，學有淺深，時不乏人，以前代人次爲古人物類第二十七，本朝人次爲近人物類第二十八。學必見於用，次言治類第二十九。用不用係乎時，次時事類第三十。仕止行藏，在我者可必，次出處類第三十一。文雖道之末，言無文行不遠，次論文類第三十二。詠歌情性雖非一百五篇，公所自爲及品藻，皆非苟然，次歌詩類三十三。安石不知道，判心迹，離内外，爲世患，公痛闢之，次荆學類第三十四。馳騁詞章，耽酣築瞿，不玩柯葉而昧本根，次蘇學類第三十五。專踐履，鄙講讀，禪機而儒言，次陸學類第三十六。王伯義利，混爲一區，推管尊遷，去道彌遠，次浙學類第三十七。似是而非，厖説孔多，公嘗著雜學辨，次雜學類第三十八。詖淫邪遁，吾道之賊，其端毫差，水火不相入，次異端類第三十九。閏有餘，筮有奇，大匠材，良醫藥，無遺棄，次雜事類第四十。

嗚呼！公之學盡在是矣，然其大要亦可得聞乎。傳曰：誠者非自成己而已也，所以成物也。聖人之道如是而已，其在天則於穆不已而各正性命也。其在聖人，道之行莫如堯，明德而上，睦族而下一也。道之明莫如孔子，志學從心，安老懷少一也。其在學者，盡己之心之謂忠，推己之心及人之謂恕，亦一也。近理亂真者，妄意於成己而不足以成物；商功計利者，又一切以成物爲急務，而不本於成己，此佛、老、管、商所以異於吾道者，二而分之也。如荆學者，以一人之身兼所謂二而分之者，其説以高明處己，以中庸待人，肆誣流禍，湮塞正傳。公奮然起於南渡之後，適又有各執其一偏者以爲斯道之翳，公所以循循善誘如孔子，而又申之以孟子不得已之辨者，其亦有見於聖人之道，本末内外，有如形影之不相離者耶。程子曰：「體用一原，顯微無間。」此之謂也。學者欲觀此四十類而通焉，則亦無易乎是説矣。是必有身閑而心静者，其庶乎知之也哉。宛委别藏本桐江集卷一

朱文公大同集序 至正十二年十月

元・孔公俊

至正己丑冬，予來尹同安，道過建，遥望武夷諸峰，因想先賢講道之所，若親挹其儀容也。比至邑，乃知文公筮仕，嘗五年簿領於兹。時所著詩文若干卷，門人陳光卿輯録成編，名曰大同集。凡其化民成俗，垂教立言，去今二百年間，遺風餘韻若存者，宜邑人感慕而未已也。歲庚寅，余建大同書院，以崇祠事，庶幾繼武夷之遺響。而大同集則歲久，刊本不存。適邑寓鄱陽都潤玉以祠宇既成，而其集不可不備，遂捐己貲，并纂年譜而重刻之，亦可見其樂善好學之篤也。而使四方學者得傳誦之，不幾有補於世教乎。故嘉其志而略誌於卷末云。至正壬辰良月，東魯孔公俊拜書。元至正十二年都璋刻明修本朱文公大同集卷首

重刊大同集序 嘉靖二十四年二月一日

明・林希元

大同集者，集朱子簿同時之文也。舊板歲久壞爛，加以字多訛誤，予謂此先賢遺墨，不可使

片言隻字泯没。嘗考晦翁全集，朱子簿同時與門人許順之輩答問甚多，舊集所收僅十之五六。予謂此先賢至教，不可使一言一句不傳。乃取全集參校，壞爛者新之，訛誤者正之，遺缺者補之。其去同之後與諸人翰墨往來者亦集焉，從其類也。其有異時論學論政及於同安者亦附焉，明所自也。舊八卷，今增至十三卷，由是此集遂爲完書，予於是見考亭之學焉與吾鄉先哲之學焉。按朱子年譜，朱子於紹興十八年戊辰登進士第，二十一年授同安簿，二十三年蒞任。是時年方二十有四，尚在志學之日，然其所爲文字已如老成人。其教人無非格言至論，其與諸生辨疑解惑，皆有以發前聖之微旨，足爲後學之印正。雖其晚年所就曾不能大有加於舊，庸是見考亭之學其得於天者敻異諸人，謂非生而知之不可也。許順之、王近思、柯國材三先生皆吾鄉之先哲，受學考亭。朱子稱順之天資恬淡，無物欲之累。然平生學力，則無所考。近思、國材則并其天資而遺之。今觀三先生之疑之問，不待登拜三公，聽其謦欬，其天資其學力其造詣已可想像於疑問之間。小子後生得以考德而論業，孰謂此集無補於先哲與我後人哉。書成，欲刻之久，縣官例拘末文，未有遇者。學諭拙脩李先生每聞予言，輒共嘆息。甲辰春，先生適署邑事，予復啟之。先生欣然曰：「吾事也。」召工刻之。未幾而少尹壇溪萬侯、令尹景崖郭侯先後至，更代靡常，事遂中格。居無何，憲使見齋利公行部至，觀風吊古，延訪考亭之迹，予因告之。公乃自以爲功，萬侯承之，工始告成。拙脩曰：「此書之成，可謂有功於前賢後學矣。此書之刻，先生之心良亦苦矣，弗可無志。」余乃序次校編翻刻之故，冠於篇端，庸告後之君子。嘉靖乙巳仲春朔旦，後學林希元書於

鳳山之退修堂〔一〕。清乾隆十八年陳臚聲詒燕堂刻本林次崖文集卷七

校記 〔一〕「嘉靖乙巳」以下原缺，據乾隆二十年刻本增訂朱子大同集卷首補。

增訂朱子大同集序 乾隆二十年八月

清・陳臚聲

道足以及乎天下後世者，其人非一時一方之人也，其書非一時一方之書也。當其在一時一方，則以一時一方言之，道不以天下後世而大，不以一時一方而小也。同安爲朱子始仕之邦，宋世有集其簿同時政令條教、問答語録及他論撰著作爲大同集。至次崖林先生，更增其卷帙而廣布之。蓋昔聖賢人流風餘澤之在世，雖閲千百年，向往之誠後先相望，人同一心。我朝崇尚正學，超越前代，編輯朱子全書，頒行學宫。凡所謂大同集者，雖多散見其中，然以言乎吾鄉人慨慕之私，則是集尤覺惓惓而不能已。况是集之在朱子，其登第而初授官也，實學而始仕。其見延平而遂至同也，又仕而益學。且其以邑簿兼教職，及與從游諸子問答言論，乃授弟子、誘後進之始事。然則學朱子之學者，不皆當奉此編爲入學進德之基乎？又豈獨吾鄉人於朱子政教藉是爲文獻之徵已哉。顧自明末兵燹荒殘，舊板散失，是集之爲書，縉紳學士遂罕及見。嗟乎！豈道果有大有小，及乎天下後世者無不存，在一時一方者可聽其或亡耶？私心搜求者久之。今夏束裝入都，道過吴門，既得李令君彰舊本，復得鮑令君際明鐫本，謹以授之梓人重刊焉，用見聖賢之惠教乎一時一方者與惠教乎天下後世者無二道也。乾隆乙亥仲秋，同安後學陳臚聲敬書。清乾隆二十年刻本

四庫全書總目朱子大同集十三卷提要 江蘇巡撫采進本

朱子大同集十三卷，宋陳利用編，明林希元增輯。希元有易注存疑，已著録。是集皆朱子官同安時所作。考朱子年譜，二十四歲爲同安主簿，越二年，受學於李侗，又四年，秩滿而歸，凡莅事七年。其稱「大同」者，唐貞觀中於同安置大同場，宋時亦有大同驛，從古名也。詩文皆全集所載，問答亦語録所收，别無新異，徒以賢者所莅，人爭攀附以爲重，故同安之人裒刻以夸飾其地，實不足以盡朱子，而朱子亦不藉此表章也。四庫全書總目卷一百七十四

晦庵詩抄序 宣德十年七月

明·吴訥

五言古詩實繼國風雅頌之後，若蘇、李之天成，曹、劉之自得，以至陶靖節之高風逸韻，蓋卓卓乎不可尚焉。三謝以降，正音日靡。唐興，沈、宋變爲近體，至陳伯玉始力復古作。迨李、杜後出，詩道大興，而作者日盛矣。然於其間求夫音節雅暢、辭意渾融，足以繼絶響而闖淵明之閫域者，唯韋應物、柳子厚爲然爾。自時厥後，日以律法相高，議論相尚，而詩道日晦焉。宋室南遷，晦庵朱子以天挺豪傑之才，上繼聖賢之學，文詞雖其餘事，間嘗讀大全集，觀其五言古體冲遠古澹，實宗風雅而出入漢魏、陶韋之間。至其齋居感興之作，則又於韻語之中盡發天人之藴

以開示學者，是豈漢、晋詩人之所可及哉。

然集中編載衆體混出，且卷帙浩瀚，獲見者鮮。暇日，因手抄五言古體，始於擬古，終於感興諸詩，得二百首，置於家塾，以教子弟。蓋欲使知詩章之學亦先儒之所不廢，沉潜之久，庶因有以得其歸宿云。宣德十年歲在乙卯秋七月上澣，海虞吴訥序。（朝鮮翻刻明本晦庵詩抄卷首）

晦庵先生五言詩鈔後序 宣德十年九月

明・陳敬宗

詩自三百篇以後，漢蘇、李變爲五言，而建安曹、劉諸子繼之，詞氣高古，足以羽翼六義。至晋之陶，唐之韋、柳，冲澹典則，得温柔敦厚之遺意焉，亦足以興衛風雅無忝矣。然自蘇、李以後，千有餘年之間，作者固多，而或失之綺麗，或失之巧密，無復唱嘆之遺音，可慨也。後宋晦庵朱先生以道統之學，上承先聖，下開後人，於注釋經傳之餘，時時發諸詠歌，衆體悉備，而尤粹於五言，蓋出入漢魏、陶韋之間，而興致高遠則或過之。藴淡薄之味於大羹玄酒之中，揚淳古之音於朱弦疏越之外，誠曠代之稀聲也。至於感興之作，則又不徒以詩爲詩者焉，自夫天地陰陽之妙，性命道德之懿，古先聖賢開物成務、立則垂訓之要，歷世治亂興衰之迹，與夫仙釋之誕妄，教化之淪喪，悉於此焉發之。所以正人心於不泯，遏邪説於復萌，其有關於世教、有功於學者大矣，豈特陶情適性而已哉。昔烝民之詩有曰：「天生烝民，有物有則。民之秉彜，好是懿德。」孔子贊之，以爲知道。噫！其先生之謂矣。然則所謂羽翼六義、興衛風雅者，將不在於漢魏、陶韋，而在於先生無疑矣。今副都憲海虞吴公慨世人之罕知，乃手録先生五言之作，自擬古至感興，凡若干篇，編寫成帙。既已敘其編端，其婿錢宣公達將鋟梓以廣其傳也，乃復請予序其編末。嗟夫！舉爝火以益日月之明，揚纖塵以裨嵩華之高，又奚可不自量哉！第以平昔素所欽慕，又重以公達之有請也，故敢忘其鄙陋，書此以申其敬仰之意云。宣德十年秋九月既望，朝列大夫、國子祭酒、四明陳敬宗謹序。朝鮮翻刻明本晦庵詩抄卷末

題晦庵詩抄後

（朝鮮）權斗經

余讀朱夫子詩，蓋後生時所作，冲遠古澹，酷有陶韋風致。中年以後，更峻峭蒼老矣。及與黄子厚酬唱，輒蹈古步。豈就子厚所尚而然耶，抑亦夙所嗜也。至其游戲唹咿而實寓妙道精義，則淵明所不到，况韋柳哉。感興諸作是也。朝鮮刻本蒼雪齋先生文集卷十二

重刊晦庵詩文抄序成化十八年四月

明·周木

晦庵詩文抄者，鄉先達思庵吴公之所輯也。侍御婁君克讓奉命來察南畿學政，間嘗訪余，見而有感焉，乃曰：「子朱子之文章雖其餘事，然若布帛菽粟，民生不可一日而闕者。故或片言半語，人知尊信，况詩與文尤其言語之精者乎，而抄尤詩文之精者乎。窮鄉晚進，艱獲全集，幸睹此編，亦尤愈於終身而不知焉。」既而請歸，俾翻刻於太平郡黌，用博其傳。蓋特使夫游藝者知

所歸宿，而非欲其徒事乎詞藻，其即子朱子取鞠歌、擬招之遺意也。若乃居敬以立其本，窮理以致其知，反躬以踐其實，是則子朱子之學之大成，學者所當没身鑽仰而弗措者。苟徒區區於摸擬步驟，殆非婁君所以重刊之意，而亦非余之所及知也。

君名謙，信之上饒人。篤學好古，其傳出於乃兄克貞。克貞嘗爲高第弟子於崇仁吳聘君康齋門，家學淵源，知重是書，益可以考其人矣。而郡守周君鳳、貳守唐君詔、通守李君昌、孫君瑜咸祗順而肅行之，其意亦可嘉也。刻告成，婁君以余得與聞重刊之意，因屬序其由於首簡。至於體製音節理趣之妙，其詳著於都憲公自序矣，兹弗贅云。大明成化十八年壬寅四月中吉，後學琴川周木謹序。朝鮮翻刻明本晦庵詩抄卷首

晦庵文鈔前集序 宣德五年十月

明・吴訥

右晦庵朱先生文鈔七卷，訥所繕寫。訥自童幼，父師日授先生小學、四書。稍長，復得先生所釋諸經暨熊氏所輯性理群書而誦讀焉，雖有他書，亦未暇及也。迨年齡既壯，竊復有志文辭，適鄉親陳氏歸自福唐，出示先生大全集，總一百卷，因日借而觀之。然自病記識弗强，弗能有以遍讀也，迺於衆體之中各録數篇，彙成一帙，凡經書序説及性理書所載者，不復再録，蓋圖易於誦記，非敢有所去取也。自是出入恒以自隨，今年攜至南京，一二同志咸曰：「晦庵諸書，衣被海内，惟文集獲見者鮮。是帙雖僅百篇，而理明義精，衆體略備，誠所謂斯文菽粟者也。盍出傳

學者以爲矜式？」訥於是重加音點，子婿錢生因請其本歸，告其兄而刻焉。於戲！先生之學體用兼備，其教學者必先小學、四書，而後進讀諸經，以及文辭。窮鄉晚學，誠能遵先生之教，循序而有及於是焉，則亦庶乎其有以得之矣。若夫大方之家，自當玩熟全集云。宣德五年歲在庚戌十月既望，後學海虞吴訥謹書。朝鮮翻刻明本晦庵文鈔前集末

重刊晦庵先生文抄序 成化十八年三月一日

明·丘　山

竊聞鄭聘君有曰：「新安朱夫子集諸儒之大成，論道理則必著之文章，作文章則必本於道理。信乎有德者之必有言，文章爲貫道之器也。蓋道外無文，外聖賢之道而爲文，非吾之所謂文；文外無道，外六經之文而求道，非吾所謂道。吾於朱子折衷焉。」噫！是言也，誠一時之確論，萬世之明訓也。予同年友今侍御江右上饒婁君克讓奉聖天子命來提學是方，卓有志立，欲陶士風而歸諸淳古，凡論道必祖於聖賢，爲文必根於道理。恒慮學者爲文專事浮靡而不本於道，因以海虞吴公所録晦庵文集傳之未廣，學者罕見，乃取真本命直隸太平郡守周鳳等重刻之，以廣其傳，庶俾四方學者共見，皆有所矜式。予時適按於此間，復屬予公暇爲序之。顧山何如人，乃敢序此耶。第以欽仰斯文之有素，又重婁君之有請，爰忘其固陋，姑述其得之之由與夫所以刻之之意，以俟後之君子云。若夫晦庵朱夫子之文，包羅穹壤，昭揭日月，吻符聖軌，則先儒鄭聘君諸先生與海虞吴公已言之悉矣，兹不容贅。成化十八年歲在壬寅春三月朔旦，賜進士、巡按直隸監

察御史、莆田丘山謹序。朝鮮刻本重刊晦庵文抄卷首

晦庵文鈔跋嘉靖十七年二月

明·崔銑

吴公文抄原分七卷，今并一卷，共六卷，與銑今所編四卷，共成十卷。文公之遺書浩瀚，學者難得領要，近世學者或掇取數言，就其謬見，或舍手筆之文而取語略，朱公格言大訓，鮮復究心者。嗟乎！嘉靖戊戌春二月甲子，銑識。朝鮮翻刻明本晦庵文鈔前集末

晦庵文抄續集序嘉靖十三年七月

明·崔銑

宣德中，海虞吴訥氏編晦庵文抄，諸體略備，意若取其平約者。正德中，番陽余祐氏編文公經世大訓，間采語類，則專言治道也。今歲夏，銑閉户三月，止酒屏事，三讀大全集，竊窺立言之旨，得其憂道之心已。乃手録是編，稍釋大旨，上合吴氏文抄爲一書，已載大訓者不出。乃自叙曰：

孟氏以來，荀卿之文離道，程子之書尚簡，至文公粲如也。邃探於渾淪，細入於絲毛，發道若指諸掌，闢邪則抉其肺肝。蓋文公性既高明，濟之沉密，心即道義，助以剛毅。每讀一篇，即心目開朗，惑解而志奮矣。嗟乎！道之不行，僞儒汩之，儒之多僞，異端亂之。在昔兩漢，俗厚事省，士讀書必明理，修己必適用，處必樹節，出必竭忠。雖或者譏其故訓之陋，君子服其忠信

之純。降而魏晋，惟尚麗詞清談，遂致臣弑君，夷猾夏，胡僧桀黠，乘隙而入，佛澄、羅什售訞幻於北，達磨、曹溪倡心性於南。文字益繁，議論轉切。唐有天下三百年，吏治焕乎可述，儒道未嘗一日而明也。宋興，而禪談極矣，修顒、宗杲開堂説法，國老節士皆俛伏歸依之。張無垢雜禪於儒，改换頭面，真贋不别矣。銑考文公荅問，其宗佛者什之七八，文公淍研童豪，碎心弊舌，疑若有未信者。銑論其世，其犬戎虎噬切隣，其弱主寄生僻土，孰抱長筭，可安一障乎。學者託身借譽，衹圖私計，上之眇忽前賢，獨任傳道；下之鈎致時名，自號正宗。求其真空定力，死生不貳，如元城、了齋者，凡幾人與。銑今取我文公切言真訣可翼先聖者，約同志共習之。吾人生崇文之代，非禁道學，守成訓之詳，不必旁搜，各勵篤實之行，以贊休昌之治，顧不偉哉！嘉靖甲午秋七月癸未，後學相臺崔銑謹書。明刻本洹詞卷十休集

晦庵朱子文鈔序 嘉靖十九年六月

明·吕柟

或問：晦庵朱子何以文鈔也？曰：朱子之文浩瀚無涯，學者未能遍觀而盡識，是以鈔其要者以範後進耳。海虞吴氏鈔於宣德之初，安陽崔氏鈔於嘉靖之中，皆切近矣。合觀二鈔，不下數千萬言，并計所不鈔者，雖萬億言不啻也，不亦已多乎？曰：公都子以外人好辨譏孟子，孟子以爲不得已也。朱子之言，亦不得已之意乎。昔者漢高祖馬上得天下，不事詩書，惠、文、景、武繼之，仍襲戰國、亡秦之故，挾書之禁，久而後弛。於時何、蒼以刑名爲相，良、參以黄老飾

治，徹、賈以游説傳行，諸治申、韓、蘇、張之言者，猶紛然競也。廣川人董仲舒者，三年不帷，一尊孔子，進退容止，非禮不行，學士咸師尊之。其言主於正誼明道，而謂春秋爲大一統。位雖未顯，道則常行。六經用章，斷獄者引經折僞，繫囚者受經聞道，或印綬加身而守死，或污辱釋掾以觀仁，至有鞠躬盡瘁，斃而後已者，用能扶漢業於四五百年。魏自建安七子以來，崇尚五言，爭眩靡麗。晋宋承之，洎於齊梁陳亡，或怨以怒，或治以纖，三綱淪而九疇斁，至篡弑以相尋。河汾人王通者出，隋開皇之初進獻十二策，以期太平。退擬六經，纘明先聖。一時董常得其藴，王珪、魏徵、杜如晦輩發於事業，以開唐初之治。李唐之世，半踵漢而襲梁，達摩、羅什之氣未斬也。蕭瑀合掌禮佛，稱地獄以拒傅奕。至有宫人出而爲尼，蓄髮以踐天后之位，濁亂海内，幾殞唐祚。宜乎永貞以後、元和以前，迎佛骨於天竺，舁傳禁内。雖號學者，出家爲僧，夷狄熾而中國滅矣。河陽有韓愈氏者出，奮不顧身，上表論諫，其言曰：「人其人，火其書，廬其居，明先王之道以道之。」表上而身貶，言出而道章，誠足以正人心於百世也。宋承五季之亂，立相多仍舊人，於是君子小人迭相柄政。王欽若出守天雄，閉門誦經。其後安石撰著新説，益肆其奸。至使李沆、寇準不獲常用，而司馬君實、兩程夫子且被逐讁，遂致徽、欽狩虜，汴京丘墟。南渡以來，諸儒學術又多不同。陸子静高才篤學，亦名儒也，倡爲一偏之學。其徒楊簡，揚其波而助其瀾，宛若文殊辟支之護法也。而况陳同父、張九成輩，或以功名，或以詞章，相競於時哉。婺源晦庵朱子者出，先格致以擇善，即誠正以固執，事爲之辯，言爲之論，理不明不已，道不直不休，聖學至是，亦大復續乎。是故董子明春秋而人心正，文中子續六經而聖道顯，韓子闢異端而正教明，朱子辯群説而斯文之實學定。

又曰：聖學雖以言而明，亦以言多而晦。析危微之弊，求精一之中，此三聖人示萬世道學之的傳也。故朱子又嘗言曰：「惟曾氏之傳獨得其宗。」今觀大學、孝經、論語、曾子問諸篇，果亦不如此之多也。學者誠因朱子之言而專師曾子，於聖道有不可至者哉。審若是，朱子之功亦又大矣。侍御穎川雙溪張君光祖屬藩司梓行傳布，意深遠乎！嘉靖十九年夏六月吉，後學高陵呂柟書〔一〕。明刻本涇野先生文集卷一

校記　〔一〕「嘉靖」以下至句末，原缺，據朝鮮翻刻明本晦庵文鈔前集補。

晦庵文續鈔集序　嘉靖十九年六月

明·胡纘宗

敘曰：由周公、孔子而上，王道行，聖學明，經不述，傳不作可也；由周公、孔子而下，王道不明，聖學不傳，經不得不述，傳不得不作矣。故戰國世降，楊、墨之徒出，邪説横行。孟子繼子思而有憂焉，不得已而爲之辨。夫孟子豈好辨哉，息邪説以正人心，明周公、孔子之道，以嗣子思而開來學，則孟子固有不得而辭焉者。微孟子，吾其異端矣。南宋世衰，佛老之徒出，禪學盛傳。朱子繼周、程、張子而有憂焉，不得已而與之辨。夫朱子豈與之辨哉，斥禪學以扶世道，闡周公、孔子之道，以嗣周、程、張子而詔後世，則朱子亦有不得而辭焉者。微朱子，吾其

他岐矣。嗟乎！七篇不作，周公、孔子之道何以揭之中天？六經、四書不注，周公、孔子之道何以垂之後世？先正云：「孟子之功不在禹下。」愚亦云：「朱子之功不在孟下。」

晦庵文鈔十卷，海虞吴先生訥嘗鈔其文之可法者，以式天下後世，而道寓焉。近相臺崔先生銑又鈔其文之有裨於道者，以訓天下後世，而文寓焉。讀之而得其說，則援儒以入於禪，如唐張曲江、宋楊慈湖諸君子可以知省改矣〔一〕。孰不讀朱子大全也，有欲采輯其說以續近思録者，而卒不易輯也。涇野吕宗伯柟因鈔釋其語，以與周、程、張子之語并示學者，纘宗亦竊演其緒餘。稿既具，隨燬於火，未及正之崔、吕二子。今見仲冕是編，而讀朱子大全之心復作，然力不能加也。朱子之書，門人語録多矣，然聽受傳習之餘，安知盡得先生本旨者？先生書、說、序、記、箴、贊諸文，出自先生之手者，言切而正，實與經書注同義，學周公、孔子者，不可取以爲訓哉。頴上張侍御光祖按秦，而遇纘宗於隴，相與訂論程、朱之學，而及是編，曰：「宗伯是鈔，有得於朱子爲近，有補於學者爲功。子崔子之友也，可無一言以系於末簡？」纘宗辭不可，而謬爲之言，然於是編無得也。嘉靖十有九年夏六月二日，天水胡纘宗序〔二〕。明嘉靖刻本鳥鼠山人小集後集卷二

校記

〔一〕楊慈湖：原作「王摩詰」，據朝鮮翻刻明本晦庵文鈔續集卷末改。

〔二〕「嘉靖」以下原缺，據右引補。

朱氏遺書序

明・魏　校

六經，傳道之書也。訓詁而已耳，漢儒之所以陋也；辭章而已耳，唐儒之所以衰也；迪知

允蹈，充之爲聖學焉，達之爲王道焉，宋儒之所以盛也。六經至朱子而大明。世之學者咸知誦法朱子。雖然，其講明也過多，其踐履也過少，後儒之所以支離也。或乃入耳出口，而未嘗反求諸躬，假途以干禄，立門户以要名，而朱子之志荒矣。道喪於多岐，舍旃而求捷徑，逃儒而入於釋者也，害則滋甚。校始讀朱子語類、文集二書，嘆其廣博浩繁，茫無際涯。久而見其提挈綱維，闡發精蘊，有確乎其簡易者。然後知夫統之有宗，會之有元，條列萬餘，而其本惟一焉耳。遡統而窮其源，斂華而就於實，斯固朱子所望於後學者也。輒不自量，爰取二書，剟其統紀條貫深切而著明者，輯爲朱氏遺書。雖未足以得古人之全體，然於聖學之階梯，王道之權輿，亦略具矣。學者惟毋以糟粕視之，則古人之不可傳者，庶乎其猶有傳也。四庫全書本莊渠遺書卷六

刻朱子大全私抄引〔一〕嘉靖三十二年三月

明·朱有孚

晦庵朱子德盛而仁熟，學博而義精，集諸儒之大成，故平生論辨心學、奏議政體與撰述諸書，要皆遠承洙泗宗旨，近接濂洛統脉者也。遺書彙集總凡卷百一十一，册三十，鏤刻於閩，而四方學士得睹其全者甚鮮。我明海虞吴文恪公嘗摘先生詩一卷、文二卷，名曰晦庵詩文鈔。梓傳既久，顧所鈔者止於詩文，或多出於感遇之詞，而先生大本大原之學不顯於是也。兹督學天台王宗沐氏蚤志聖賢，會通百氏，獨惟表章先生之學，以爲粤多士倡，迺采録全書，得其最切於心學者，先論學書六卷，次雜著四卷，次奏劄二卷，名曰大全私抄，捐俸付梓，以與學者共之。約而

核，微而能彰，蓋粹乎朱子切近精實之秘具是矣。

孚受而讀之，曰：道之大原，出於天而具於心。天一則道一，道一則心一，心一則學一，而以爲有二焉者悉邪也。是故虞廷之精一，自精以之一也；孔門之博約，自博以之約也；子思之尊德性而道問學，因道問學以求尊德性也。道無内外，故心無内外；心無内外，故學無内外，貞夫一而已矣。鄒孟氏曰：「博學而詳説之，將以反説約也。」又曰：「學問之道無他，求其放心而已矣。」然則聖賢善事其心之外，豈復有異學哉，豈謂知行二者并立而背馳者哉。嘗竊怪夫後世讀先生之書者，未得其心，而遂謂不必求其迹；未見其志，而遂謂不必事其文，而致疑先生之學或戾於陸氏也。夫象山深見本心不從外得，故盡去夫一切講論博極之功，似有得於易簡之旨者。若晦翁不忘其博學多識之勤，而究竟於深造自得之妙，殆循序致精，合一不遺者耶。二氏之學，其初稍異，而其歸則同。第當時各家門人逐迹忘心，遂相誣詆，以大爲二氏累，不亦重誣也哉。今先生之書具在，微言大旨，亟亟以繼緒爲任，以治心爲功，黜支離之病，懲正助之非。其曰「君子之心常存敬畏，所以存天理之本然」，又曰「非存心無以致知，而存心者，又不可以不致知」，孰非抽關啓鑰之語？至於詞説之詳，著述之多，言人人殊者，深懼道之不明，因病投劑，期歸於人之克悟焉爾。今去先生世五百餘載，或神會而心得，或因文以見道，沃潤於教澤之深，曉然於斯道之趨者，昭如一日，其恩蓋罔極焉，顧可得而涯涘之哉。孚生也晚，雖不能淑承先生之志，竊嘗不敢自棄，以昧樹立，心維口議，不敢自外先生要旨，故於督學君私抄淑人之

意，殆相發焉。因喜學者之有遺也，廼序其語於首簡，且以質諸同志者。嘉靖三十二年春三月望日。明刻本朱子大全私抄卷首

校記 〔一〕題下原署「明進士、文林郎、廣西道監察御史、海寧後學朱有孚譔」。

朱子大全私抄凡例 嘉靖三十二年三月

明·王宗沐

一、原書一百卷，續集十一卷，今總釐爲一十二卷，論學書六卷，雜著四卷，奏劄二卷。

一、書中凡語道理并示學者下手及近世病痛處，則或○或、或|以標記之，用便檢尋。

一、今刻先論學書，次雜著，次奏議，從學者緩急之次也。

一、舊本頗有年月，今悉去之。

一、舊本先時事出處，今首論學，而先後次序亦頗更次。

道學極盛於宋，然自二程之没，則傳又幾絕。晦庵先生挺生閩服，慨然以繼往開來爲己任，其所注釋六經，折衷諸子，表章於我朝，鉅儒後生，固已家傳里誦，口習而心惟之矣。沐方少時，所聞於塾師與學士大夫者，固皆惟先生之言是彝是服。而至指其宗旨，則又未嘗不翕然以爲先生若專事乎中庸之所謂問學，而德性則未之兼也。時既未知所以爲疑，且又緣習耳聞於訓注之中，亦未能的然別尋夫精神命脉之所在者。

邇年以來，稍取先生遺書大全而讀之，觀其與朋舊門人往來問答之書，與夫封事、雜撰之

詞，自初年以至晚歲，辯難往復，精義具陳，則廼始矍然而起，廢書而嘆曰：嗟乎！道學之精，窺測未易，習傳之誤，沉固未開，宜其爲説不合不公。而雖昭然如先生之學，猶不免於議，此道之所以恒晦也。夫道一而已矣，而間有不同者，以學者所從入之途未能以合一也。朱子與陸象山先生俱唱道於乾道、淳熙之間，羽翼張皇，同德合功，顧無極之辨偶成異趣，加之早年未定，論議持擊，氣動詞竣，而其門人遂至以禪俗更相指目，而二氏之學分矣。間有不忍以此加二先生者，則又相與調停，借中庸之語以文之，謂陸專德性，而朱專問學，以爲所傳之宗焉。嗚呼，世固有外德性而可以爲問學者乎？外德性以爲問學，其不爲俗學已乎？夫理原於於穆，淆於陰陽，而流行於天地古今人物之間，載之者氣也，具之者心也。存之於内爲德性，則精然者禀命於二五，昭然者貫徹乎萬象。故尊之以求通天下之理，而莫非外也。求之於外爲問學，則帝則必察於細微，至隱不離乎至費，故道之以求明自己之心，而莫非内也。故經則吾之精神命脈，史則吾之行事斷案，諸子百家皆吾之波瀾洄洑，要惟有所以執其關捩而握其樞鑰者。譬之干戈組練，暴者爲寇而仁者除殘，法華互轉，迷悟由人，而可以概焉以爲病乎？先生早年誠多著述，如章句、或問之書，下及離騷、參同之類，靡不究心。雖其焦勞之思，旁求之苦似不可同於易簡頓悟而得之者，然其於道則亦勤矣。以故融會貫通，下學上達。晚年深窺藴奥，洞徹本原，凡其始之博求，莫非約取之地。至於建標立則，玉振金聲，究義利之原，指王伯之途，言經濟則黜詭遇，言治道則先正心，敷闡彝倫，分别仁義，以詔後世。觀其與張敬夫、吕子約諸書，深以支離爲病，而德性躬行，亦未嘗不諄切而屢言之也。其功在孔門者，固亦爲極粹而博矣。而後世乃夷之於訓詁、詞章者，同以爲病，是尚得爲覈實之論，而足以俟百世而不惑乎？

或者曰：然則孔子所謂非多學而識與夫聞見爲知之次者，朱子其有同乎？且必若所言，在先生則可矣，而其流或失爲支離者，何耶？曰：道之易簡不待於外襲，而心之本體不萌於聞見，是孔門之的傳，而吾儒之上乘也。然理合內外，而事無精粗。所惡於聞見者，以其溺心於鬪靡侈觀，而不知有融會歸一之地。至有煩苦艱難，糜弊白首，而於道卒無得而已者，斯爲可擯廢而攘斥也矣。故此理在人，本自各足，譬之五臟四肢，各具以有生也。氣稟生質之清濁，不能皆同，譬之厚薄寒熱之異齊也。聖人用言以設教，著書以防流，譬之因人之病而藥之，寒熱上下，從其所偏墜也。雖以孔子之書，如大學、中庸，經文悉言天命人心之奧，則固若內經、素問，然後爲一定不易之則。若夫論語，多載問難之詞，其間固多當機而發，因人而施，如問仁、問孝之類，已有非全體具備、本末兼舉者矣。朱、陸治方，寒熱各品，而矯厲至道，全生則同。故凡君子之學，不溺於聞見，不離於聞見，而將以反約，則烏附豨薟，固有籍以全生者，而況於聖賢之載籍乎。若皆不計其歸宿之何如，而但以影色近似者病之，則尊德性之似爲禪，而道問學之似爲俗，固無以爲解矣。是何異執內經之理，以律偏勝之方，其不至於廢醫護疾，坐視夫人之札瘥而莫之救乎。至於末流之弊，則泰山未頹，冉求聚歛，子夏之後，卒爲莊周，荀卿明王道，李斯具五刑。彼豈教者之過，而君子之設科也，固能使其後之必無弊歟？惟夫世之獵取糟粕，記誦成言，文之以爲博也，則籍口於朱子；而虛談高視，空曠無據，執之以爲固也，則藉口於象山。是以二氏之争，比及數世，而煩言紛紛，求爲勝負，而於身心了無交涉。學者入其中，茫乎不知所以適從。蓋不考其實得，既無以窺見先賢所造之底理，而緣習於先入，又有以謾失在己本心之真知。而况根有染而不能浄，見有偏而不能圓，是以雖其人誦家傳，而卒無得於真似是非之際，一唱百和，群喙衆咻，此道之所以不明也。

沐之不肖，以因管窺之餘，知先生平生得力之處非專道問學，而其於門人朋舊論學之語，尤於學者極有警發，嘗抄録標記，輒復成帙。邇以示同志慈溪張君謙、崇德沈君宏、歸安茅君坤，亦以爲有益問學。且全書之多，家不能具，乃合謀分俸刻梓，以傳共好。夫苟能設身處問者之地，而虛心逆先生之言，必知性本同具聖種，但不可使之晦蝕，而不能有所增益。學本祈以克己，但當求爲對治，而不可徒慕羨名。載籍聖言，但當證其精微，而不可獵其餕剩。沉繹劘切，通貫融液，以俟有得，則庶乎有以知先生之宗旨初非偏外，而吾道之無内外精粗者，亦得以測其深矣。嘉靖三十有二年三月既望。明刻本朱子大全私抄卷首凡例後

朱子文録卷後 嘉靖三十六年四月

（朝鮮）宋庭篁

紫陽全集動百餘卷，後之學者，非徒病其繁汗，而湖嶺之外，得是書者爲最罕。是以昔數先生研究累載，頗欲刊行，而卒未就緒。今者奇上舍大升又得編摩，彙爲三篇，總若干言。其間且

有見漏於録中者，故仍附於卷後，思與鄉閭之同志者共焉。如其發揮羽翼，以俟後之君子云爾。噫！方邊備孔殷，决意印布者，金斯文允悌其人也，時作宰錦城已。嘉靖丁巳四月朔，後學宋庭篁謹識。朝鮮刻本朱子文録卷末

朱文公詩集序 正德十六年九月

明·唐澤

子朱子之詩，成化丁亥豫章羅公叔和類爲十卷，梓行四方，今五十四年矣。吾郡介塘程君璩重加蒐輯，增爲十二卷，校而梓之，廣羅志也。首詞、賦、箴、銘，次古體，次律，次絶句，而雜體、樂府終焉。既成，以敘爲請。予何人也，而敢序文公之詩？抑嘗聞之，文公之道，集諸儒之大成，沿伊洛以遡洙泗，人品不在孟子下，非詩人也。文公之詩，冲澹和粹，上宗風雅，下掩漢魏，感興諸作，盡發天人之藴，不當與詩家者流例論也。當時以詩人薦之者，未得爲知己；後世以詩家視之，豈得爲知道哉。故讀是集者，不徒玩其聲調格律之高，而務得其性情義理之正；不徒事乎口耳記誦之資，而務求乎身心涵養之益，則學詩所以學道也，庶無負文公之教哉。程君名璩，叔玉其字也。觀其所好，可以概其爲人云。正德十六年辛巳季秋既望，賜進士、嘉議大夫、浙江提刑按察司按察使、前刑部郎中、後學唐澤序。明正德刻本晦庵先生朱文公詩集卷首

朱文公詩集跋 正德十六年

明·程璩

世之論詩者，皆謂漢唐莫能繼三百篇，而後人又莫能繼漢唐，竊以爲不然。我新安朱夫子詠

易、命、太極、先天、體用、居敬、人心、道心、一貫、克己、感興諸作，皆發明道體之藴奥，表章孔孟之心法，以及歷代之治亂，如指諸掌，漢唐諸作安得同日語哉。舊有梓行，訛缺不全，璩不敢辭，僭越蒐輯，校正綉梓，以俟後之學者云。後學程璩識。明正德刻本晦庵先生朱文公詩集卷首

新刊晦庵詩略序

明・張吉

晦庵朱夫子感興諸詩，其自序有云「皆切於日用之實，故言亦近而易知」。愚竊受讀而思焉：其一章、二章言天道陰陽之妙；三章、四章言人心得失之徵；五章至七章斥僭僞，尊正統，諸史之斷例也；八章原此心善惡之幾，而不可不養其善；九章明此心動静之别，而不可不主乎静；十章至十四章反覆乎誠敬操存之説，以終八章、九章之意；十五、十六章辟異端也；十七至十九章論古今教養之異，欲人先事乎小學以收其放心，養其德性，而必以敬爲之地焉；末章則言天道聖德不在言語末務，而學者不可不求諸心，以示人之意切矣。首尾千數百言，細大不遺，精粗畢具，開合有漸，變化無窮，要其歸無非使人操存省察，不失其心，以漸造乎高明之域而已。所謂切於日用之實者此也，其可忽諸。

他州刻本流布甚廣，而自滇已南，獨未多見。予始來官，遇談詩者，或與語及，蓋有未諳其爲何物者耳。噫！自求口食，而不知稻粱之味，其欠缺不既多乎。篋中偶有都憲海虞吴公所抄先生五言古詩一帙，而特列是詩顛末，事事之暇，竊與録出，欲俾傳寫，以式郡士。會衛使李君廷威

購得良梓數尺，且請鋟刻，以永其傳。予亦意傳寫有限，不若刻本之徧博也，故忻然從之。又於其内謹擇他詩近而易知似其自序感興所言者若干首，附録於左，并登繡焉。嗚呼！聖賢之詩，與尋常騷墨之士得其一格足以博淺夫之鑒賞者不同。姑以是編言之，蓋兼蘇、李之體制，陶、孟之風調，韋、柳之音節，而其理趣則直與風雅正聲相爲表裏，非漢、晋而下詞人所及。生乎其後，不根於此而有能詩聲者，我不敢知也。尚以衆體篇什浩繁，弗克遠致，以公郡士爲憾。然求其切於日用之實，則感興諸作，雖衆體莫先焉。學者於此沉吟涵泳，有得於心，則日用緩急先後之序，與夫聖賢不得已而有言者，必知其説，則衆體雖或不能遍觀悉覽，恐亦非所汲汲者矣。況附録諸篇，亦足見其雖因一事而發，無非發於性情、止乎禮義之大概。而或者欲以一藝成名，固亦無俟他求，有以得其尺度矣。僭不自量，謬引其首，以記鋟梓之由如此。清康熙本古城文集卷四

朱子節要序 萬曆三十年七月

明·高攀龍

聖人之道大矣，學者學焉而得其性之所近，故賦質各别，成德亦殊。至於前聖後聖若合符節之處，則不容毫釐差也。以毫釐差，廼千里謬矣。聖人嚴似是而非也，嚴之於此也。由孔子而後，見而知之者爲顔、曾、思、孟。然當孟子之時，邪説並作而仁義充塞，不有孟子，孔子之道不著也。由孟子而後，聞而知之者爲周、程、張、朱。然當朱子之時，邪説並作而仁義充塞，不有朱子，孔子之道不著也。故昌黎韓氏曰：「孟子功不在禹下。」而河汾薛氏曰：「朱子功不在

孟子下。」可謂知言矣。夫聖人之道載在六籍，得其言而得其意，以之而明聖人之道；不得其言而不得其意，以之而晦聖人之道。自朱子出，而六籍之言廼始幽顯畢徹，吾道如日月之經天，江河之流地，非獨研窮之勤，昭晰之密，蓋其精神氣力，真足以柱石兩間，掩映千古，所謂豪傑而聖賢者也。其書自傳註而外，見於文集、語録，浩渺無涯。攀龍不自揣量，三復之餘，節其要言，倣朱子近思録例，分爲十有四卷，而不敢擬於近思，名曰朱子節要。嗚呼！不有朱子，孔子之道不著也；而不知孔子，朱子之道不著也。余豈知之者哉，以爲是編於天理人欲毫釐千里之介莫詳焉。學者欲知前聖後聖若合符節之處，此其要也。鍥成書此，以諗同志。萬曆壬寅秋七月己卯，錫山後學高攀龍謹序〔一〕。四庫全書本高子遺書卷九上

校記

〔一〕「萬曆」以下原缺，據民國本朱子節要卷首補。「謹序」後，民國本尚有如下一段：「按朱子近思録例，一卷論道體，二卷論學，三卷致知，四卷存養，五卷克治，六卷家道，七卷出處，八卷治體，九卷治法，十卷居官處事，十一卷教人之法，十二卷警戒，十三卷辨別異端，十四卷總論聖賢。吕東萊先生謂：一卷所論，非初學者所能領會。朱子曰：且令識箇頭腦。學者須自二三四卷而入。後學孫熙文敬校。」

朱子節要序 萬曆三十年六月

明・顧憲成

昔朱子與東萊吕子會於寒泉精舍，相與讀周子、程子、張子之書，歎其廣大閎博，若無津涯，而懼初學者不知所入，因共掇其要爲一編，分十四卷，名曰近思録。友人高雲從讀而珍之，

以爲四先生之後，能繼其道，發明而光大之者，無如朱子。亦取朱子全書，掇其要爲一編，分十四卷，悉準近思録之例。不敢擬於近思録也，而題之曰節要，間以示予。予受而卒業焉，爲之喟然太息：

世之言朱子者鮮矣，彼其意皆不滿於朱子也。予竊疑之，非不滿也，殆不便也。何者？世好奇，朱子以平，平則一毫播弄不得，高明者遏於無所逞而厭之；世好圓，朱子以方，方則一毫假借不得，曠達者苦於有所束而憚之，故不便也。以其不便也，於是乎從而爲之辭，吾以爲平，彼以爲凡爲陋，若曰夫豈誠有厭焉，不肯俯而襲，惜其傷於卑耳；吾以爲方，彼以爲矯爲亢，若曰夫豈誠有憚焉，不能仰而模，惜其傷於高耳，故不滿也。内懷不便之實，外著不滿之形，不便之實根深蒂固，而不滿之形遂成而不可解，宜乎世之言朱子者鮮矣。乃雲從之於朱子，懇懇如是，且謂學者不知朱子，必不知孔子，抑何信之深也。非其超然獨立，不受變於流俗，夫孰得而幾之乎！此余之所以喟然太息也。然則朱子其孔子乎？曰：孔子依乎中庸，遯世不見知而不悔，平之至也；十五而志學，七十而從心不踰矩，方之至也。朱子希孔子者也。是故論造詣，顔、孟猶有歉焉；論血脉，朱子依然孔子也。雲從之爲是編，正欲人認取血脉耳。血脉誠真，隨其所至，大以成大，小以成小，皆可以得孔子之門而入。倘不其然，即有殊能絶識，超朱子而上，去孔子彌遠，雲從弗屑也。讀者以是求之，斯得之矣。萬曆壬寅六月穀旦，梁溪顧憲成謹題〔一〕。

四庫全書本涇臯藏稿卷六

校記　〔一〕「萬曆」以下原缺，據民國本朱子節要卷首補。

重印高忠憲公朱子節要序 民國二十年七月

清・唐文治

辛酉歲，文治講學錫山，初編朱子大義。己巳、庚午之交，復輯紫陽學術發微。聞同邑高忠憲公有朱子節要一書，訪求未得。辛未夏日，孫君颰香來告，同邑孫君蔭午藏有朱子節要原本，將與榮君德生謀付印，屬爲序言。文治大喜逾望，亟披而讀之，凡十四卷，其分類悉依朱子近思録。而不稱近思者，忠憲公之謙也。然朱子嘗編伊洛淵源録，後人續編考亭淵源録，則是書名爲朱子近思録，固無不可也。其採擇純粹，致廣大，盡精微，而靡不約之於躬行實踐之間。雖後來如童能靈先生之朱子爲學次第考、秦定叟先生之紫陽大指、朱止泉先生之聖學考素稱邃密，皆不能逮也。迺恭爲之序，以附於後，曰：

救世之道，宏綱有三：一曰正人心，二曰立人品，三曰拯人命。舍是三者而求治平，非所敢知也。天地純駁之氣，常與人心之邪正息息相通，惟能正心，乃能維乾坤之正氣。朱子受學延平先生，平生得力在己丑悟道，探心性之源，得已發未發之奥，其大要見於答張南軒先生四書。高忠憲未發説與顧涇凡論已發未發書洞暢厥旨，綜其要不過涵養、省察、擴充三端。涵養者養未發之中也，擴充者致已發之和也，而省察介乎未發已發之交。故周子曰：動而未形，有無之間者幾也。幾爲動微，必省察乎此，而後能去惡，以歸於善。夫人未有不治其心而能治身者，亦未有不能管理其心而能管理天下之事者，此正人心之道也。

孟子論尚志必本於氣節，居天下之廣居，立天下之正位，行天下之大道是也。世運之盛衰，視乎君子小人之消長，故易泰卦之彖傳曰：「君子道長，小人道消。」而否卦之彖傳則曰：「小人道長，君子道消。」蓋君子小人即人格所由判，而其辨在義與利之間。觀朱子之言曰：「士惟有正其誼不謀其利，明其道不計其功，公平正大而行之，其濟不濟，天也。」見本書第十卷居官處事類。又曰：「近年鬼怪百出，都無誠實正當意思，一味穿穴旁支曲徑，以爲新奇，此是今日莫大之弊。今若革之，莫若取三十年前渾厚純正、明白俊偉之文，誦以爲法。」見本書第十一卷教人之法。至哉言乎！學校之政不修，則子弟之教不肅；士林之品日壞，則生民之苦日深。惟賴有公平正大、力挽頽風者矯而正之，此立人品之道也。

恂愗之儔，輒詆宋儒爲無用。文治謂世界有用之學，莫如孔、孟、程、朱。何也？以其爲生民立命也。孔子曰：「天地之大德曰生。」孟子曰：「親親而仁民。」「樂則生矣，生則惡可已也。」民吾同胞之説發自張子西銘，朱子宗之，措諸實政，其犖犖大者，在社倉、賑恤。社倉防災害於未見之先，賑恤救災害於已著之後，大全集中於兹二事苦心孤詣，反覆丁甯，其最要之言則曰：「救荒有兩説，一是感召和氣，以致豐穰；其次祇有儲蓄之計。」且謂賑濟無奇策，不如講水利。其踏荒詩曰：「阡陌縱横不可尋，死傷狼藉正悲吟。若知赤子原無罪，合有人間父母心。」並見本書第十卷。讀之而不墮淚者，非人也。孰非赤子，孰無父母？誰實致之，孰與救之？此拯人命之道也。嗚呼！朱子生孝宗時，立朝不過四十餘日，隱居求志，孳孳講學，終身惟以上三事爲兢兢。而忠憲公纂節要，亦於此三致意焉。

今孫君、榮君擬印是書，適值兵災、水災交迫之會，哀鴻遍野，白骨邱山，耳不忍聞，筆不忍述。當世仁人君子讀是書者，其於拯人命一事，當必有大恫於心而急所先務者矣。然惟人心險詐，人品卑污，而殺機災祲乃根據盤伏而益無所底，則三者更有相因之理。居今之世，變今之俗，宜先革其心，改其行。立國根荄，莫要於此。此以爲迂而掃除之，世道之所以愈漓，而人綱人紀之所以愈悖也。則惟有提倡朱子之學，宏宣木鐸以救之。民國二十年辛未七月，後學唐文治敬序於無錫國學專修學校。民國本朱子節要卷末

朱子節要跋 民國二十年秋

清・孫蓉鏡

高忠憲公朱子節要一書，準朱子近思録例，都十四卷，理深而顯，辭約而賅，誠爲學切要之本。惜刊本無多，中經洪、楊之亂，散佚殆盡。族祖仰泉先生存有抄本，與先君子亦千公講學最契，歸以此書。先君子奉爲立身圭臬，手加圈點，備極精審。平生學問，得力於此書爲多。欲梓行，未果。辛未夏，命兒熙文携赴真州衙舍，謹敬校讎。同邑榮德生先生素負木鐸斯民之志，見書大喜，謂於今日之世道人心甚有裨益，合謀付刊，族叔莘農復分任經費。秋季成書，圈點悉遵先君子手筆。謹附數語，以誌緣起。錫山孫蓉鏡。民國本朱子節要卷末

朱文酌海跋

（朝鮮）宋浚吉

右朱文酌海十六卷八册，即愚付鄭先生所選定者也。蓋朱夫子大全集如地負海涵，靡所不有，學者未易窺其涯涘。退溪李先生就其書疏中爲節要十册，誠初學之指南，無以尚之。獨其自封事至碑狀諸文字，咸不在選，讀者歉焉。先生平日酷好朱文，常以爲如日星焉、河海焉，理義文章，燦然備具，千古以來，未嘗有此。餘以文名家者，殆類俳矣。沈潛玩味，不翅如芻豢之悦口。至於疾病垂絶，萬緣俱忘之際，語及此文，則心神如爽，輒舉數三行，極論其歸趣而後已焉。先生之于此文，可謂得之于天矣。間嘗手自訂選，取其尤關於大體而切於受用者，編爲是衷。其删節之間，各有權衡，與李先生所選節要者實相輿衛。其書疏一册，所以補節要之見遺者。博學之士，固自有大全集在焉。若其精力不長，未免節約之功者，先將兩書兼玩并觀，熟復融貫，以開其路脈，正其規模，然後推以上之，曲暢旁通，則朱門旨訣，精義妙用，其庶幾矣乎。先生不曾自爲題識，蓋亦有微意焉。書行於世有年，或不知出於誰氏。兹敢不揆僭妄，識其顛末如右云。年月日，恩津後學宋浚吉書〔一〕。朝鮮刻本同春先生文集卷十六

校記　〔一〕「年月日」以下原缺，據朝鮮刻本朱子會選外編卷二補。

朱文要抄序 萬曆二十一年七月

（朝鮮）趙翼

翼曾就退溪先生所抄朱子書節要更抄之而又類分之，以爲學者爲學守身始終用力之方，名之

曰朱書要類。蓋朱子全書編帙浩瀚，若無津涯，學者難於遍觀，而其中唯書牘於學者尤切，此退溪先生所以爲節要也。翼猶恐其文多難精，又慮其事類不分，考閱不便也，故敢復抄而稍損之，又區別之。此則自量其晚暮摧頽，精力短乏，爲此簡約之功耳，非謂學者皆當以此爲足也。且書牘所以爲尤切者，其言皆所與朋友門人論難往復者，其發明義理之精微，指示學問之蹊徑，極明且備，使聽者曉然開悟，無復疑晦。學者苟由是而用力焉，則其識見之明，蹈履之篤，將日有所進，深造獨得，自不覺其然矣。退溪先生之嘉惠後學，可謂極厚矣。

然朱子他文平生所論著者，其多又不下於書牘，而同是朱子之言，則其純正懇惻，與書牘何異也。觀其格心之忠，經世之規，濟時之略，進賢退邪之嚴，見於章奏之間者，皆可以爲後世法。至於雜著、序、記、題跋、碑、誌等篇，見其卞明經傳微旨，古書之正僞及古今言語得失是非，無不尋討剔抉，毫釐必察，昭然如幽室之得燭。其發揚先賢道德之奥，及記他賢士君子美行高義壯烈之蹟，垂於後世者粲然如日星之在天，使人讀之，所以開廣其胸次，激厲其衷情，不可量矣。然則學者徒知致力於書牘，而不務玩心於他文，則其於學朱子，恐其偏而不周，未免有所不盡也。茲敢復就大全抄取各體文各數十篇，名之曰朱文要抄。學者既由乎節要之訓致知力行，各致其功，進進不已，則自當至乎高明光大之域，於古人所到可無所不到；而又於此究心焉，則博約俱到，體用兼備，其於學朱子，庶可全盡而無餘矣。癸巳首夏書。朝鮮刻本浦渚集卷二十六

朱文要抄後序

（朝鮮）趙翼

翼既爲朱書要類，又就大全抄各文，名曰要抄，其蒐輯朱子之微言，亦可謂博矣。抑又竊有所感焉：

世之知朱子者，徒知其學問道德繼乎孔、孟、周、程之統，而至於文章，則爲讓於世之所謂宗匠大家，如韓、柳、歐、蘇者，竊恐此不知言者也。夫自古論文，以西京以上爲至。及魏晋駢儷之辭作，則其文破碎靡麗，無復古人純厖博大之氣矣。至唐昌黎公，始知以西京爲法而復於古，故謂文起八代之衰。及唐之衰，其文尤淺陋卑弱，無足觀者。如此者又數百年，歐陽公始知學古文，爲天下倡，而蘇、曾之徒從而起矣。此韓、柳、歐、蘇所以獨擅千古文章之業者也。竊見朱子之於文，實博極天下之書，凡韓、柳、歐、蘇所取而爲法者，無不涉其波流，其文本乎六經、語、孟及西京以上諸子之文，而於韓、文〔一〕、歐、蘇亦皆採取之，以是其氣味之全完，法度之精密，立意之明白深切，遣辭之贍足委曲，議論之嚴厲，則如秋霜之凛烈；卞説之暢達，則如江河之奔瀉，卓然自成一家之言，竊恐諸子之文殆未有過之者也。且孔子曰辭達而已矣，然則文辭之作，唯以達爲貴也。由此言之，則朱子之文達之至也，正是孔子之所稱者。竊恐此乃文辭本體，其視文人之文，有不屑者矣，何不及之有哉。其詩學文選者也，翼不識詩，固不敢妄有所論。然見前輩長者平生以詩爲事者，言宋三百年所無也。夫其學既繼生民以來聖人之傳，而文與詩又唐宋名家所不能過，自古聖賢才德兼有者極難，唯朱夫子各極其盛如此，此竊恐衆賢所未有也。且非但此也，歷代史傳、古今典禮、制度、名物、古樂音律高下、古今諸子所論，細大微著。至於大儒，如司馬遷、賈誼、劉向、班固之博學，及唐昌黎自云五經之外，百氏之書，未有聞而不求，得而不觀，貪多務得，細大不捐，亦可謂博矣。然其於雜家小道無所不通，則竊恐其或有所不能也。然則自漢以來，多聞博識，未有如朱子者也。昔周公多才藝，孔子多能，此在群聖人中獨然也。故子貢曰「天縱之」也。朱子通博，自漢以來所未有，則此亦竊恐天使之然也。故愚常竊謂朱子之不可及，如孔子之不可及也。

愚昧末學，何足以知聖賢。伏讀遺編，竊深敬服，乃忘其庸陋，而敢妄論如是。其僭越甚矣，竊不任恐懼也。此實天下古今之公言也，亦竊恐聖賢復起，或不以爲非也。朝鮮刻本浦渚集卷二十六

校記〔一〕文：疑當作「柳」。

朱子文範序 寛文八年五月四日

（日）貝原篤信

世之所謂博學洽聞者，徒務廣博而不知其要，程子所謂「多看而不知其要，書肆耳」者是也。予頃歲有志於朱學而好觀於大全集，然恨見之晚而不能熟讀也，於是選其尤緊要者輯爲册子，欲朝夕讀之，玩味入心記著也。夫大全集所載盡是文公之所手筆，無非至論，固不可揀擇去

取之。然先得其緊要者而玩心焉，亦足以見其梗概，然後盡其全書，不亦可乎。是予纂集之意也。若同志之士亦有取，惟予之幸也。寬文八年五月四日，紫陽後學貝原篤信謹敘。日本寬文間刻本朱子文範卷首

朱書抄略序 延寶八年秋

（日）山崎嘉

傳不云乎：「天有四時，春秋冬夏，風雨霜露，無非教也。地載神氣，神氣風霆。風霆流形，庶物露生，無非教也。」又云：「鷹乃學習。」又云：「未有學養子而後嫁者也。」然則教云、學云，天地人物自然之理也。聖人順性命之理，建教學之法，始於皇犧，成於帝堯，備於周公矣。孔子修六經，垂其法於天下萬世。嘗曰：「天何言哉，四時行焉，百物生焉。」又曰：「吾無隱乎爾。吾無行而不與二三子者，是丘也。」鄒魯之後，伊洛接其傳，至朱子解孔氏之書，明六經之道，是則述而不作者，嘉之所願學也。延寶庚申之秋，垂加翁題。日本刻本山崎闇齋全集垂加文集中之三

朱文公文鈔序

清·朱彝尊

陳同甫言于孝宗曰：「今世之儒士，自以爲得正心誠意之學者，皆風痺不知痛癢之人也。舉一世安于君父之讎，方且低頭拱手，高談性命之學，不知何者謂之性命乎！」吾嘗誦其書而悲

之。嗟夫！言固可以若是哉。及觀新安朱夫子之文，其上孝宗封事，感奮激烈，殆有過于同甫之所云者。世之人重夫子，以道不以文。覽其文者，或以質直病之。不知夫子之文原本乎道，其闢二氏，崇經術，正人心，皆非得已。孟子曰：「予豈好辯哉，予不得已也。」夫惟不得已而爲文，斯天下之至文矣。孔子筮得賁，愀然有不平之色，而曰：「賁非君子之所樂也。丹漆不文，白玉不雕，質有餘者，不受飾也。」其夫子之文之謂與？夫子集凡百卷，生徒問答八十卷，別録十卷，大約論學之書爲多。而予獨取其有關時事出處者若干篇，蓋非爲學者入德之資，俾後之論文者不以質直病焉，而觀其感奮激烈。彼同甫之書，其不爲夫子言之亦可信已。四部叢刊本曝書亭集卷三十六

朱子文鈔發凡 康熙五十一年七月十五日

清・杜庭珠

文公朱夫子大全集一百卷、續集十一卷、別集十卷，間嘗抄撮若干篇，以備課誦。竊謂千古之文原於六經四子，今之汗牛充棟，皆由之出，而卒無有能似之者，則以經簡而文煩也，經古奥而文淺易也，經理勝於辭而文辭勝於理也。辭勝於理，則離經者多矣。即間有偶合於經，而其他不離焉者亦尠矣。以愚觀之，無論長篇短牘未有或離乎經者，惟文公爲然。

孔、孟歿後，微言既絶，周秦間百家紛起，繁言殽雜，叛道者衆。惟西京賈、董卓然儒者，終漢之世，鮮能繼之。魏晉六朝，益不可問。唐之昌黎，起衰濟弱；宋之廬陵，心慕手追。兩公之原道、本論，正議炳如，庶幾乎聖賢絶業昌明厥緒。然而文公議其未免裂道與文爲兩物。至

於蘇氏，直訾其語道學則迷大本，論事實則尚權謀，以深戒人之學之者。今觀公之文原原本本，理無不粹，論無不正，斯所謂皆醇而後肆者歟。

北宋之文，歐陽始爲廓清，而王、曾、三蘇一時并驅，可謂極文章之盛矣。然其間濂溪先生崛起，倡明理學，二程師之，張、邵和之，殫心於致知格物之學，講求夫踐履篤實之修，以視馳騁於語言文字間者，故爲勝之。然兩者各擅其長，原未易兼。惟周、張著述遠追經傳，而其餘則論議樸直，多涉訓詁。獨文公以韓歐之氣勢，詮孔孟之理道，不支不蔓，有質有文。雖南宋多才，如益公、誠齋、放翁、攻媿、西山、鶴山之儔，非不裒然大帙，然未有過焉者也。

先大夫歷官四十餘年，每退食之暇，觀書臨帖，日有程課，無晷刻暇逸。嘗命庭珠曰：「紫陽夫子才甚大，學甚醇，談理極精細，論事極明暢，道學文章，真登峰造極之一人也。學者當置其集於案頭，時爲繙閱，則鄙吝日消，德業日進矣。」庭珠謹識之不敢忘。顧以從事於制舉之藝，苦未能深探而力究之。偶友人覩余録本，慫恿雕鐫，以公同好，因稍爲增輯，以付剞劂。然美不勝收，愧未備也。

集中書劄居其半，内分二種，其一爲時事出處，其一爲友朋問答。時事則瑣細不遺，最爲周悉。問答則講義極徹，貴在直辭。然以難於記誦，不敢多登。他於封事、奏狀、申請之類也亦然。

文公極尊崇昌黎文，爲之考異，分別去取，以視歐陽公得之敝簏中，歷三十年，遇善本必改正其訛者用心略同也。故其文以韓爲宗，歐次之，諸子又次之。其集中諸序宛然韓氏家法，記山水則類子厚，記學校則似子固，碑版誌銘，則廬陵、臨川之匹儔也。至題跋，則純乎永叔矣。惜乎南宋文鑑未有續之者，置公文其中，豈惟稱雄南宋，抑亦以見兼乎前此諸子之長。

文公罷官於光宗紹熙五年，是時學禁甚嚴。家居七載，歿於寧宗慶元六年，然猶禁學徒送葬，令守臣約束，故其文集未有敢爲之刊行者。越四十餘年，理宗淳祐間，王潛齋刻其正集，王實齋刻其續集。又二十年，咸淳初，黄山長鏞刻其別集。其後閩、浙皆有刻本，浙本明洪武初取置南廱，閩本於成化十九年、嘉靖十一年兩次重鐫。今則宋本不易得矣，即成化本亦甚少。余所存者，嘉靖本而已，魯魚亥豕，訛者頗多，苦無善本校正。閲是刻，能摘謬見示，則拜嘉惠不啻百朋矣。

昔人刻文集，鮮有評點，惟讀本有之。先大夫嘗取文公文評點數篇，以令誦讀。自後馴漸廣之，或質之師，或請之友，即愚見，亦或妄加焉。將梓時，有勸無去評點，以便閲者。因念嚮所寓目，不忍棄之，輒遂存焉。但未及博訪，取前賢之朱墨以相印正，則悵惘實甚。康熙壬辰孟秋中元日，杜庭珠識。清康熙采山亭刻本朱子文鈔卷首

朱子文集纂識 康熙二十八年四月

清·陳鏦

大學二卷　論語二十卷　中庸三卷　孟子七卷

朱子大學中庸章句、語孟集註，發明四子之理無餘藴矣。他如文集、語類二書，廣大悉備。其中論辨問答，深切著明，與章句、集註相爲表裏。第語類之爲書以類相從，易以簡閲，而文集議論錯見，故讀者往往弗深考。如四書大全所載語類略備，而取之文集者十不及一二。更有誤者，論語首章集註引程子「時復思繹」之説，南軒説中所引改「思繹」爲「紬繹」，文集中與南軒論此甚詳，而大全反取南軒「紬繹」之解附於程子本文之下，其謬亦可略睹矣。夫學者觀書，日汎濫於衆説，而於朱子之書反有所未盡，此書義之所以不明也。鏦竊有病於此，因與同學諸子倣語類之作，蒐輯條分，次爲是編，俾觀書者玩心於章句、集註而有所未解，合此而觀之，以其説之詳明而究夫章句、集註之精藴，優柔厭飫久之，而文集之説與章句、集註之説融洽而無間，則四子之理渙然不逆於心矣。抑鏦之爲是編也，特以爲學者窮理莫先於四子之書，當知所先而急從事焉耳。從事於此而有所見，然後求之於全書，致博學詳説之功，而後豁然貫通者可得而言也。若夫憚煩勞，安簡便，朱子固嘗以是爲學者病矣，而可乎？抑古人之學在於反求諸己，躬行實踐，而非徒以爲談説之資、文字之用也。倘曰由是而辭可善，由是而文可工，而於身心之實初未嘗有用力處，雖日取朱子之書而讀之，究與不讀等耳。此爲學之大弊，鏦尤願與四方同志之士共戒之。清溪陳鏦謹識。時康熙己巳四月既望。清康熙本朱子文集纂目録後

朱子文略序 康熙三十七年八月

清·朱璘

自孟子既没，孔子之道不傳，而文之統亦幾於中絶。秦漢以來，其馳騖於翰墨之場，欲以文

事自爲雄長者夥矣。然概之有三弊焉：纂組炫博，弗由於情也；辨詰求勝，弗衷於理也；稗鄙娛俗，弗範於雅也。間有欲振起衰敝，戞戞然力以復古爲己任者，亦不概見。夫爲學而不由默契實踐，徒揣摩於字句聲調之間，或舉其末而忘其本，指其流而昧其源，亦文焉而已矣，究之未可與於孔子之四教而足以上繼乎斯文之統也。夫文者，載道之器也。道既不明，則其所載者不過私意鄙見與玩物喪志、放蕩龐雜之言。是其罷精憊力，靡費歲月，所以用功於文者，非不欲極其工也。然平日知解止於斯焉，固不能超越而出其上也。兩程子出而上接乎孟氏之傳，吾道復明，間有所作，如易傳、春秋諸序，理確辭嚴，古雅絕倫，惜乎其存者尚少。至考亭文公以天縱之材起而集諸儒之大成，幼讀二程遺書，既有得於斯道，生平箋注經傳，校正諸儒之書，無不極其精核。今讀其文章，諸體具備，微之天人性命之理，顯之禮樂文物之制，上之朝廷之建白，下之師友之答問，蓋無一不極探其源本而詳示以用功之要。其文字之工，真如清廟之瑟，一唱三嘆，使人往復流連，不能自已。孔子云斯文未喪，顧不在兹乎。昔同甫陳氏嘗舉研究義理精微、辨析古今同異二語，而謂己則不能，其意蓋爲文公而發也。西山真氏曰：「讀朱子之文，古人之文幾爲之盡廢。」又曰：「朱子之文如揚鑾振策於九軌之衢，有蕩蕩平平氣象。」二子之說，可謂善於舉似者矣。予向批注左、國、史、漢、唐宋八家之文，以教南陽書院從游諸子。今又汲汲焉采輯文公之文，并略述大旨於紙尾，蓋恐其沉溺於枝葉泒别而不復返求其本源也。夫文以載道，舍道以爲文，則纂組炫博者也，不則辨詰求勝者也，不則稗鄙娛俗者也。二三子欲求工於文，其更求進於道焉可矣。況朱子之全書具在，苟能由此而精求之，無難上追孟氏而爲孔子之徒也。康熙戊寅中秋，古虞朱璘青巖氏撰。清康熙三十七年萬卷堂刻本朱子文略卷首

朱子文略凡例後識 康熙三十七年八月

清·李來章

先生有事斯集，予適客宛南，獲與校讎，茗椀竹窗，備聞詮注采輯之旨。刻成，因爲述而識之。先生又言，嗣是簿書之暇，更欲從事二程文略。倘得因其成而附一言於紙尾，則滋幸矣。時戊寅秋八月，襄城禮山李來章拜識。清康熙三十七年萬卷堂刻本朱子文略卷首

朱子可聞詩集序 康熙六十一年一月

清·洪力行

昔胡澹庵愛先生之詩，與王民瞻同薦於朝，先生嘆爲不知己，蓋不欲以詩名也。而後之學先生者，奚爲於先生之詩？且其詩之精奥宏博，莫若齋居感興諸作，而集中反不及之者何？曰：此固先生之所許可也。先生著作，自經書傳注懸諸甲令外，他若近思、小學、家禮、綱鑑、名臣言行、伊洛淵源諸録，旁及楚詞注、韓文考，莫不家置一編，而皇上又頒淵鑒齋所藏全書於學官，俾人咸得誦習，先生之道既昭如日星矣。惟是操觚家視理學、風雅判然兩途，語及於詩，謂自有專門名家，何必朱子。不知夫詩者持也，持其性情以歸於正也。專門名家能各自抒其性情矣，詎能持人之性情乎？即如元輕白俗、島瘦郊寒，太白仙、長吉鬼，不善學之，則偏至之病必

有中於性情者，又何論香奩、宫體之屬哉。故必有真理學而後有真風雅，以其有存乎詩之先者，而不徒爲詩人之詩而已也。

先生惟不欲以詩名，故其詩尤有補於學者，此吾所以急録先生之詩以示世也。至於反不載説理諸詩者，又有故焉。記曰：「不學博依，不能安詩；不興其藝，不能樂學。」是以古人將有事於河，必先事於滹沱，慎之至也。感興詩二十章、性理吟一百首，性與天道具見於斯，非初學可遽通曉。莫若先取其流連景光、雕刻萬物以歌詠乎性情者，優而游之，旁引而流示之，自然忘理學之高深而樂風雅之和易。久而有得，將更有進於是者，與學者求之，而此則夫子之文章可得而聞者也。是以名其集曰可聞也。

然則先生詩法與彼專門名家者異乎否？曰：非愚之所敢知也，然竊聞其略矣。先生嘗欲分古今詩作三等，自書傳所記虞夏以來及魏晋爲一等，附三百篇、楚辭後，爲詩之根本準則；顔謝以下及唐初爲一等；自沈、宋定著律詩，下及今日又爲一等。於二等中擇其近古者以爲之羽翼輿衛。是先生之取法乎上也。云李、杜、韓、柳詩皆學選，杜、韓變多，李、柳變少。自其變者而學之，不若自其不變者而學之，是先生之與人以規矩也。詩尤愛陶徵士、韋左司、柳柳州，云不如是，無以發其蕭散冲淡之趣。答鞏仲至書云：「來諭漱六藝之芳潤，以求真淡。然恐穢濁爲主，芳潤無由入。須更洗盡腸胃間夙生葷血，然後此語方有措。」是詩貴於淡，而又當先治其性情也。嘗病詩句之用經語，而不喜人使事，曰：「『關關雎鳩』，出在何處？」是爲詩者當去陳言，空諸依傍也。又云：「當其不應事，平淡自攝，勝於思量詩句。至其真味發溢，又却與尋常好吟者不同。」是先生本不求工於詩，而天籟自鳴，無非詩也。夫惟平淡自攝，以去其腸胃間穢濁，及乎真味發溢，自然有得於蕭散冲淡之趣。又取法乎上而明其宗派，學乎不變者而守其規模，則雖不用經、不使事，自無片言隻字不有根源。吾所謂有存乎詩之先，而不徒爲詩人之詩者，此也。聞先生之詩，復聞先生所以説詩，以之持其性情，學者將化其偏而歸於正也可知矣，又安在文章非即性道哉。

大全集中載詩二千首，僅録其十分之二三，蓋本諸先師汪息廬先生所選授，分體編次則依吳季元和生家藏程履齋所舊刻，不揣譾陋，間爲發明。嘗質於同學諸子，而唐仲鳳逸、陳祖范亦韓，其析疑糾謬之功尤多云。康熙六十一年歲在壬寅孟春，新安洪力行敬識於常熟學署之南華堂。清刻本朱子可聞詩卷首

朱子可聞詩目録後跋

清·洪力行

凡五卷，計詩四百一十八首。原題錯綜不均，仿蔡傅卿、仇滄柱編杜目録例，稍從删節。至本篇詩題，則各仍其舊云。清刻本朱子可聞詩目録後

朱子可聞詩集跋 康熙六十一年七月

清·陳景雲

侍臣大兄從事吾師義門先生久，能傳其學，嘗以儒先之理及今古文辭開示來者。客冬在虞，

箋釋子朱子詩五卷，特郵致京師，請序於先生。適當違豫在告，方倦于筆札，故久未申請，而先生近問至家，則已及之，云：「閱待臣所釋朱子詩，嘆其嗜學深，用心苦，不愧擁皋比爲大師也。虞山素多俊才，今秉鐸者，復能以伊洛之學導其源，鹿洞遺風，庶幾復振乎。不及序也，可即此語之。」按此札作於夏六月己未，越兩日，先生隨捐館舍矣。嘗聞子朱子昔當彌留之際，力疾作札，屬其徒黄勉齋輯成禮書。今先生於大兄亦猶此志歟？先生平日最慎許可，一字之褒不少假借。苟非是編精要可傳，安得於垂歿時猶惓惓如此？嗟乎，哲人萎而微言絶矣！大兄追念師訓，俾景雲書一言以識其末。景雲竊謂先生之序雖未作，而手澤尚新，緒論可質。當代文章鉅公，由鑒是書箋釋苦心，而溯其學問淵源所自，必有弁以雄文，廣其流傳者，爲謹書以俟之。壬寅孟秋，長洲同學弟陳景雲拜識。清光緒影朱夫子詩集卷首

朱子古文讀本序 康熙五十六年七月

清·周大璋

取朱子文集若干篇而付之攻木氏，曰：是非徒教人以文學之具也。吾悲夫世之學者倀倀乎其莫知所適從於聖人之道，而徒以其所爲文章言語之工者當之也。夫聖人之道，莫著於四子、五經之書。而文章言語之工者，則自丘明、馬遷以下，逮乎韓愈、柳宗元之徒，雖其所載或虚或實、或高或下之不同，而要之於聖人之道，則概乎其未有聞焉者也。孔子曰：「天下有道，則行有枝葉；天下無道，則辭有枝葉。」道不足而强有言，非詖則贅已矣。學者溺於其文，日取而誦

習之，薰蒸漸染，文日益工，而身心於以大病。夫操無柁之舟，放乎中流，聽其所止而休焉，其不汩没於風濤之險幾何哉。然文實非聖人之所能廢，古今著述之富，莫如朱子。其一生精力，用於論孟集注、學庸章句，以及詩學集傳，易學啓蒙、本義者，較勤於他書；而文集一編，則自其平居師友往復辨難、問答書箋之類，與夫入告對主、居官敷治、耳聞目見之不能已於言者而爲之也。其文詞之工，雖左、史、韓、柳之徒無以過，而其與承學受業之士諄諄言之而不厭者，亦惟教之自立其志，使自致知格物、誠意正心修身推之，至於齊家治國均平天下，方爲正大之學，而非徒使之綴緝言語，造作文辭，以爲旦夕科名利禄之計而已也。顧其全書浩博，未易購求。余少有讀本，因出而布之。世之君子讀是書者，果有見於朱子之言一章疏、一序記皆爲實語，敬持其志，迤邐以上，則聖人之道於是乎在，而文章言語之工，亦未必不於此乎有取也。今而後，左、史、韓、柳百家之文可以不讀。即讀之，而中有所主，亦不至溺於文而害於道也夫！康熙五十六年七月既望，桐城後學周大璋謹書。清康熙本朱子古文讀本卷首

朱子古文讀本目録後識

清·張若潭　張若震

朱子文集片語單辭皆道學膏腴，先生是編逸其質者，采其文者，以文論道，實就文論文也。用仿鹿門以來評選唐宋八大家文法，鈎勒批點，爲之啓其關要，發其旨趣與其波瀾態度之所在，俾讀者開卷瞭如。至於弘文鉅章，多者百餘頁，少亦數十紙，初學恐難卒讀，割愛去之，識者諒

之可耳。門人張若潭、張若震仝識。清康熙本朱子古文讀本卷首

朱子古文讀本跋道光十三年十二月

清·李文耕

竇旭齋朱子古文讀本就文言文，實非徒以文也。然文之佳者，亦更無以過。耕少從友人處得殘本，讀而愛之敬之。嗣多方尋覓，始得全本一帙。因其購本之難，久欲翻刻而未能果也。癸巳夏，里居無事，乃重加翻閱，得其最饜心者一百餘篇，先付諸梓，餘俟重刻，以成全璧。從此滇中有本，可以廣惠同人，於心快焉。惟是文爲載道之文，而尋常讀文者，多有見於文，無見於道。不知文公文章之美，固不容以一辭贊，而當日講學明道之勤、愛君憂國之誠、扶世翼教之衷、崇正黜邪之志醖釀於神明而流溢於筆楮，直與學者研窮四子、考證六經之功同條共貫。文在是，道即在是矣，豈尋常工著述者可同日語哉！是殆有望於善讀善學者云。昆陽李文耕謹識。時道光癸巳嘉平望日。道光本朱子古文讀本卷末

朱子古文節選序道光三十年十二月

清·杜宗岳

文章與道德分途久矣，自秦漢下逮唐宋，古文家率同風氣爲轉移。其近正者原本經術，如匡、劉、董、賈以及昌黎、南豐、歐陽數人而已。自朱子出，而道德文章復合爲一，然歷代選家多不之及。説者謂大儒之言與詞章不同，或不免陽遵而陰置之，此大誤也。昔真西山讀朱子之

文，以爲古人之文幾爲之盡廢。余不得其解，豈以文中片語單辭皆聖學之膏腴，故一概抹倒古人以示推尊之意歟？非也。丙寅秋，予得周聘侯先生所輯讀本，其評選固大有深意，非舉業家所知。然即以文論，亦以漢唐以來所未有。

予年十四五時，即學治古文。迨閱歷既久，竊以有實用者莫如御選文醇，有實學者莫如蔡選雅正。然歷觀古人之文，往往實義少而虚詞多。即如王荊公上神宗皇帝書，煌煌大篇，而其中實義，約之不過數行，此明證也。推此類求之，非道理偏雜，即間架空闊，不但僞八家宜辨，即真八家亦宜辨。惟朱子生平所爲文，自奏疏以至序記，無一語虚衍，無一句落空，即隨筆酬答亦無不語語踏實而風神超異，絕無一毫頭巾氣。即此一端，已獨開漢唐以來未開之境界。而况其深造自得，左右逢源，條理自然精密，蘊蓄自然宏深，以自在之趣，遇物而成，是豈以文章爲事業者所敢擬哉。無如後世人必以道學爲違，且并其文亦陽尊而陰違之，是真五六百年一大恨事也。至我朝陳榕門先生講學課士，以及榜諭札記，頗具朱子家法，而風神不及，亦以其心理之細，原於學問者深，而境詣未至渾脱，故分寸間有不可掩者。予嘗於退食之暇取周聘侯原本而重選之，竊不自揣，妄加評注，以俟後人采擇。雖漢唐文字亦不可盡廢，而從此入門下手，使知古今文字惟朱子可以囊括無遺，斯亦嗜古者之一大捷徑也。若有志之士或因文以深求其所以然，此不但予之隱願，亦聘侯周先生之遺意也夫。時在道光庚戌季冬月，古腄杜宗岳謹識。（清刻本朱子古文節選卷首）

朱子古文節選跋（道光三十年十二月）

清・杜宗銓

古今文字之妙，不過理與法二字而已。然天下無心外之理，亦無心外之法。文有經緯，必其心有條理；文有矩度，必其心有準則。若徒以附會經義爲理，以拘守尺寸爲法，是舉業家揣摩之所爲，非古人由内達外之理法也。銓自幼從家兄學，即讀史記及大學、中庸序等篇，頗粗曉其義。及乙酉得入拔萃科，考罷後而家兄筮仕關中，不得復隨函丈游矣。嗣後入北闈，屢遭困頓，學殖益濩落，又爲家計所窘，幾不復有進取意。戊秋來陝省視，適值吾兄與西席雅三先生選訂此書。雅三亟勸付梓，以沾丐後學。銓遂膺參校之役，雒誦再三，而後知其删存意旨之所在。不但理透心源，法由心起，直覺龍門、紫陽造詣雖大相懸殊，而其文章理法之妙，又真天然宜合爲一者，斯亦奇矣。銓不敏，年已五旬而未掇一科，雖悔何及？然自今以往，竊欲因流溯源，以求理法於一心。至功名之得失，命也。願與天下之習舉業者共商焉。道光三十年庚戌季冬，受業宗銓沐手并書。（清刻本朱子古文節選卷首）

重刊館選朱子古文讀本序（光緒七年八月）

清・鄔傑

人之所以爲人，義理而已矣；學之所以爲學，亦義理而已矣。義理者蕴之爲德行，發之而經猷，積之爲風俗，朝野所由安，天地所由位，運會氣數所由厚以長者也。唐、虞、三代之隆，上自宮廷，下達閭里，其耳濡而目染者，無非是物；幼自能言，老及屬纊，其手持而足行者，無非是事。官司以之爲教令，民庶以之爲率循，庠序學校以之爲誦習而講求。當此之時，邪説詖行無自而興。雖有説異之流欲逞其私智以惑世而誣民，而中有顧忌，亦不敢公然倡爲游談，以自棄於道教修明之世。風化既美，國祚靈長，遠者八九百年，次猶五六百歲，無他，人心正而義理明也。自周之衰，異端漸起。孔子乃纂述六經，明先王之道以正之，諸弟子亦相與維持於其際。及孟子没，而吾道益微。秦燔六籍，先王輔世長民之法蕩然無存。漢興，乃除挾書之律，遺儒稍爲搜羅，而存其崖略。學者不知學之所以爲學，第斤斤於制度訓詁之末，至於大本大經，無復有過而問者矣。由是老佛之學萌蘖其間，日盛一日，宰世者且爲所蠱惑而迷蒙，政教日非而國脉愈蹙。唐初，惟傅奕稍知其失。逮昌黎，始明目張膽以攻之。雖力孤勢屈，然人心省悟，咸懍然於君臣父子夫婦之倫，不可斁淪。雖大憝巨奸，亦畏縮逡巡而不敢逞，國脉所由稍延也。五代變亂相尋，義理之壞，至斯而極。宋世周程特出，正學始明。數傳，復得朱子起而表章之，由是舉世知天則民彝之未可或泯。雖有喪亂，義理之心隱然難没，應運者出而扶植之，不久即定，非復六朝、五季之反覆難爲矣。我朝稽古右文，聖祖仁皇帝天縱聖明，統觀歷代興亡之故、治亂之原，灼然知義理之宜明，而正學之不可不講也，遂崇尚程朱，以達於孔孟。教化既敦，元氣盎然，浸灌人心，成爲風俗。所以聖祖、高宗皆享國六十年，自三代以來，未有若斯之盛者也。乾嘉之際，海宇承平，碩彦魁儒留心經術，習翼正學，而一二賢智之過者欲争勝前哲，以爲名高，別樹一幟，號曰漢學。其鈎沉考異之精，良足補前賢所未備，然於義理則稍疏矣。後生小子飫聞其説，樂其無規矩準繩之拘束，而又可以凌駕前修，於是翕然風靡，以洗垢索瘢爲卓識，以攻堅擣隙爲異才，而一切純正之説均覺可厭，無復有平心易氣以研之者矣。而異教之徒方喜其同室操戈，蓄鋭礪鋒而伺，而倒攻者且自詡其能也。譬諸盜賊來劫，一二賢子弟保獲門庭，爲家長先，而桀驁者相與鬩鬥於中，呶呶不已，助奸黨之焰而使之張，豈不愚哉！豈不殆哉！

傑心憂之久矣，自嘆壤薄勢孤，不能爲力。門下王生繼堯携重刊館選朱子古文五十餘篇，索序於余。見所録之文，既不薄漢世音訓考據之説而以爲非，而筆力雄渾浩瀚，多可方軌曾蘇。至於闡發義理，其熱如火，其涌如泉，使人讀之勃然而興，赧然而愧，瞿然而思，惕惕然而不敢自安也，皇皇然而不窮自已也。敬畏起而毅勇生，則固非詞章訓詁之家所能幾及者矣。誠使天下幼學之士卒業諸經後，即取是編以課之，使知學以義理爲本，格致以充其識，誠正以植其基，由是而擴之，不惟訓詁詞章定爲吾道之助，即下至外夷所謂化學、聲學、光學、算學、天文、地理、制器、植物等學，皆可爲我資而不至爲我病。何者？有義理以宰之也。夫學術端而人材美，其謹始於學校，而其益終集於國家。不然，雖日役役於墳籍中，而不知義理爲何事，昧乎人之所以爲人、學之所以爲學，則豈特學術之憂也哉！時光緒七年辛巳秋八月，緜竹後學鄢傑静民氏敘於晋熙書院之講舍西偏并書。清刻本重刊館選朱子古文讀本卷首

朱子文語纂編目録後跋康熙五十七年七月

清·嚴鴻逵

纂輯朱子文集、語類凡若干條，依近思録例，編爲十四卷，因名曰朱子文語纂編。昔先師吕子嘗病蔡覺軒近思續録失之太簡，至如學的、節要等書，非編類雜而少當，則采擇略而不精。因欲除凡朱子所已成書外，約取文集、語類二書，爲朱子近思録。書未成而遽殁，學者至今以爲恨。鴻逵不敏，讀朱子書患弗能記，自歲甲申始合二書，掇其精要，纂録成帙，凡以自備遺忘，爲朝夕觀覽之便而已。稿凡數易，閱十年，癸巳之秋甫就稿。楚邵車遇上自金陵來，見之，便攜歸謄寫，且約將付諸梓。鴻逵竊惟朱子之書廣大精深，豈末學小生之所能窺。顧此編纂輯之時，恐微言或有遺漏，故前後參互，不厭詳複，蓋所謂宗廟之美、百官之富，庶幾於此盡在。世有默契道要、由博反約者，則近思之續，固將可以不外是而他求矣。因更與遇上反復商訂而出之，願與世之善讀朱子書者共質焉。若以爲成先師未成之緒，則逵也豈敢。戊戌七月既望，吴興嚴鴻逵謹識。日本刻本朱子文語纂編目録後

朱子文語纂編目録後跋康熙五十七年八月

清·車鼎豐

朱子文集、語類兩書各盈尺許，皆所謂聖人之言，學者所當熟復潛玩，而不可一字忽遺者也。顧自有明中葉以還，俗學束閣不觀，良知家横肆譏詆。陵夷至於末季，而紫陽流傳版本亦俱

漸就磨滅，晦盲否塞，莫此爲甚。晚邨呂子出，痛聖學之將湮，憫人心之陷溺，購刊遺書，廣播寓内。於時文評語中，輒爲之釐正是非，大聲疾呼，以震醒聾聵，而朱子之學始較然復明於世。晚將輯朱子近思録，以便學者朝夕誦覽，齎志未遂。而其門人寒邨先生起而承之，反復於兩書者蓋十有餘年，而編始成。不以余爲不肖，俯就商訂，而余亦因得與聞决擇之旨。雖其取舍次第不知於呂子何如，在寒邨亦并不敢襲近思之名，謂能成呂子之志，而要其於朱子所謂求端用力、處己治人、辨異端、觀聖賢之大略，亦庶幾塗徑井然，可以得其門而入，而不爲他岐所惑矣。顧或猶有執近思録條數之無多，而病是編爲太繁複者，不知朱子之書之流傳，較之周、張、二程本不啻數倍，又况其辨析毫芒，樂誨不倦，精微廣大，實超出四子之上而集四子之大成。讀其書者，雖若浩無津涯，而逐條味之，無不根極理要，穩愜人心，協乎無過不及之中，而切於日用事物之實。蓋其單詞片語，皆如布帛菽粟之難以一日缺焉。寒邨之爲是編也，方懼多所遺漏，而世顧且病其太繁，尚安望其熟復潛玩於文集、語類之大全耶。此適足以見其信好之不篤，而朱子之書之懸日月而豁群蒙者，固不可以繁簡論也。噫！有志者亦確知所從事而已矣。康熙戊戌秋中，楚邵車鼎豐謹書。日本刻本朱子文語纂編目録後

翻刊朱子文語纂編敘 天保十四年三月

（日本）源忠邦

壬寅歲六月，有旨令列國刻典籍。予欲獲其最有裨世用者鍥之，詢諸大學頭林用韜，用韜乃

出朱子文語纂編示之，曰：「依近思録體以鈔朱子要語者，世有蔡氏續録，然采輯簡粗，不及斯編之詳也。而舶載者㮣少，凡簡策之未更重鐫而切於世教者，以是爲最。」乃受而卒業焉，信乎擇焉而精者矣。吾聞治天下以正風俗、得賢才爲本。蓋聲教一則風俗正，造就至則賢才出。而聲教之所以一，造就之所以至，舍學而何以哉。雖然，學亦有弊。當今學術之弊，多書居其一焉。今使東閭奏雅樂，西閭歌俗謡，命里人縱其所習，則不背西而向東也必矣。故華實俱陳，則孰弗取華而舍實；淺深相錯，則孰弗赴淺而背深。世益降而書益多，書益多而浮華淺膚、無實無用之言日益行矣。夫如是，風俗安得不日偷，人才安得不日壞也。然則奈之何而可？亦莫若以正學之書救焉。昔從林快烈受業，尼恒以此見勗。及用韜示之，乃命翻刊。原本出大坂尼崎某，若其事由，使儒臣識諸簡尾，故不復道。天保十四年癸卯三月，源忠邦。臣岩崎勝興謹書。日本刻本朱子文語纂編卷首

朱子文語纂編跋 弘化二年五月

（日本）佐藤坦

朱子之學大如海，無所不有也。今夫海當風猛濤怒，則雲霧咫尺，鯨鯢吼，雪山崩，何其壯也。至於風歇波恬，則千里一瞬，船帆走，島嶼浮，何其豁也。曉暾則波面漾金，夜月則星宿涵珠，何其麗且妍也。然其爲海則同矣。朱子之學，亦猶是也。畢生撰著，不啻等身，經注成書之外，文集語類亦累百卷，可謂極盛且大，無所不有矣。故後之爲其學者，往往采纂成編，而率皆

隨其人之所踶，每編各異，不猶觀海者之殊其賞而概謂之海也乎。今讀嚴鴻逵斯編，亦就文集語類選之，體例一依近思録，分類井然可見也。聞鴻逵受學於吕氏晚村，而晚村篤信朱子，平生規規乎早晚之論，則弟子所纂，意有師授也。抑夫朱子之説，其出於中年而確不可易者固不尠，雖出於晚年而猶未定者亦有之，未可遽以中年而屏之，是又其所以爲大如海。若能取舍而決擇之，要在觀海者之鉅眼爾。如斯編，則雖踶吕氏之所踶，而語混中晚，不墜偏執，幾乎有眼識者歟，抑師傳爾歟。屬者濱松侯擬翻雕，徵言於坦，乃且經緯持論，繫諸尾如是。弘化乙巳夏五中澣，一齋陳人佐藤坦跋。闕研書。日本刻本朱子文語纂編卷末

朱子文語纂編跋

（日本）鹽谷世弘

右朱子文語纂編十四卷，清吕留良門人嚴鴻逵所輯。原本爲大坂尼崎孝德藏本。考四庫全書題書目，而不著選人名氏。蓋以吕氏書係國禁，采訪時削其名而上之也。其傳於我者，僅有此一部。孝德惜其傳播之不廣也，獻諸祭酒林君，請官爲録之。會刻書令下，我公謀當急梓者於祭酒，祭酒以此書慫慂，因命付工。昔者坂府有一老生，得王錫侯字貫，喜曰：「清人所禁，吾獨獲之，天錫吾也。」以爲帳秘。生既死，書不知存否。夫書者，天下之公用也，而私之，不亦不仁之甚乎。若夫誦其書而得其心，施諸事而達諸政，天下當多一人，不當少一人。公之亟命翻刊，蓋亦有取於孝德焉。至斯編簡擇之精，則林君之言盡矣，臣特舉事由，以附於後。臣鹽谷世弘

敬跋。日本刻本朱子文語纂編卷末

翻刊朱子文語纂編引 安政三年八月

（日本）源忠精

皇威遠敷，有逾風飛雷行；天德溥容，靡拒螘附蠅慕。遐方筐篚，奚屑珍玩；殊域制作，獨取典策。爰有朱子文語纂編傳自閩浙商舶，醇儒之格言，名家之精撰，部類詳備，體用兼該。廣深之理，醒聾發矇；諄篤之訓，刺骨擢髓。弘之在己，用之惟時。如登昆侖以拾群玉，似入蓬瀛而采綺貝。仁者誦之，資諸文治；智者觀之，籍諸武備。顧當紫陽之時，外有女真之患，敵愾之憤，間見乎斯書；同仇之慨，復發於吾儂。封豕長蛇，無國弗伏；遠洋巨濤，有航可濟。曲突徙薪，陳艾備痼，不恤緯而憂天，匪輸載以戒轍。嗟此愚悃，寔從庭訓。纘箕裘之志，促梨棗之工。剞劂始竣，鉛槧是完，聊啓微衷，以質大雅。安政三年柔兆執徐壯月上弦，源忠精。臣井上俊乂謹書。日本刻本朱子文語纂編卷首

選讀朱子文目録序 康熙五十八年三月

清·朱澤澐

朱子之學，注釋經書、文集、語類諸編，自宋末元明至今凡五百餘年，傳留人間，如日月經天，江河行地。海内學者，無論智愚，皆知其爲孔孟周程之正脉，而無有異説也。獨其主敬知行先後淺深曲折次第之故，文集、語類無不備言之，當時及門諸賢，或聞一説而未聞又一説，或聞

前一説而未聞後一説，是以不能遍舉，有所遺漏。及二書既成之後，如何、王、金、許之篤信，程、董、二胡之注釋，曹、薛、胡、羅之謹守，可謂恪遵朱子而無微不究者矣。求其於朱子收斂身心、體驗道理，從二書透出曲折次第之所以然者，了不可得。不惟使宗陸王者執尊道分途以爲辭，抑何以使後之宗朱子者得有所循，以爲收斂身心、體驗道理之津梁，而無所迷惑差誤也哉。

夫文、語二書，凡二百五十一卷，有此有彼無者，有彼有此無者，有此詳彼略者，有此略彼詳者。如己丑之悟、中和舊説序、與湖南諸公書等篇，文集所有，語類所無；如語陳北溪窮究根原來處、識許多規模大體等篇，語類所有，文集所無；如近思録周、程、程、張遺書之解，語類所詳，文集所略；如封事、奏劄以告君，時事出處以答朋友之詞，文集所詳，語類所略。此等相參處甚多，其切要實關係造道入德之方爲何如。而元明以來，諸先儒絕不指示發揮以開正塗、以啓關鍵，令學者如入茫茫大海之中而無所適從，亦誰任其責也耶。

至於主敬窮理之説，朱子以此立教，其用功也自格物致知入手，見於壬午封事奏劄。四十後以主敬補小學工夫，先涵養而後察識，見於答胡廣仲、張南軒、林擇之諸書。答陳超宗又云：先識義理大概規模於自己方寸中，然後加以存養省察之功。因此積疑，窮究累年。後熟讀答何叔京、程允夫書而反求之，恍若開明，得其領要。蓋朱子立教，以遵小學、收放心爲先。小學主敬工夫只是收斂在此，尚未能有所見，而主敬之功淺；入大學必先格致，識得義理，有所涵養，而主敬之功深；到德成於己，斷定是個孝弟忠信底人在這裏，仍用戒懼存養工夫，則所養益密，而主敬之功益深。此主敬窮理之序，不可不知也。格致之説，其序以格物或問章爲程式，而語類所載「窮究根原來處模樣，渾然燦然」之義，文集所載「經書指意，史傳得失，日用事物精粗本末，融會貫通」之旨，不可不知也。力行之説，其序以行狀「修於身者」一段，年譜所紀行事爲程式，而文集所載答曾景建、吴晦叔諸書，語類沈莊仲録「曾子剛勇决烈」，余正叔録「只有致命遂志」等語，不可不知也。迨其後主敬之功熟，知行之力深，不待操而存，不待考索强力而自精自純，正是居仁便由義，由義便居仁，直内便方外，方外便直内，動静無違，體用不離，純是天理之候，不可不知也。

嗚呼！朱子往矣，承周程之學而遠接孔孟者，昭於天壤五百餘年矣。周程之書渾穆簡直，幸朱子力爲發明，集北宋大儒之成，而爲來學之宗。蓋其天資高明，學業深密，主敬以立本，窮理以致知。天命之原，人倫之大，民物之待命，鬼神之流行，無不洞徹於胸中。而所以修己之實、措事之方，脉絡條理，瞭然心目之間，而無不盡其藴奥。是以果行力踐，歷之患難生死，初無二致，而造於盛大純粹之極；又留之簡冊，凡收斂身心、體驗道理，先後淺深曲折次第之故，無不備言之。使後世有志之士得以探討服行，實實有階可升、有門可入。日積月累，馴至於聖賢之域，而不墮於虚寂之途。則此二書之傳留，其心顯著於人心，其功被覆乎萬世矣。

澐愚不肖，中歲方知講讀，用功既晚，賦質又鈍，常懼無以窺測其萬一。幸困衡之餘，忽啓其靈，稍見端緒。循溯而往，漸進漸親，若有契會。既編聖學考略，歷叙始終，編誨人編，以見教道之法，茲又選文集、語類，自補小學以至造極，其卷有九。不敢云有得於朱子之學，然按其收斂身心、體驗道理，先後淺深曲折次第之故，亦略有當。讀之者誠因是立頑起懦，遵升階入門之序而深造焉，修己則仁義禮智之體立，存誠集義，實得於心，而無毫髮之假借；措事則惻隱羞惡辭讓是非之用行，宏綱巨目，實根於理，而無功利之紛營。英明果決，必竭其才，將德成於己，可爲後學之標準，可立道脉之綱維，明章其學，廣傳斯人，庶幾補元明以來諸先儒所未及，而朱子在天之靈亦必有以鑒之也夫。己亥三月，後學朱澤澐謹序。清刻本朱止泉先生文集卷八

朱子分類文選目録後序 嘉慶二十五年五月

清・朱毓賢

先鄉賢公文集載選讀朱子文與語類二序，而家無其書。往公舉鄉賢，一時鉅公如長白高公、儀封張公、博陵尹公、寧化雷公，訪求遺稿，俱未及此。後毓賢從表兄王耕伯先生游三十年，談論亦未及此。嘉慶己卯二月，雲間姚子壽椿來寶應，印公文集二十本，借公四書五經學旨合意編、天文河道諸書暨紀年略原藁，攜歸抄録。校復公朱子聖學考略原本，茲復問及此書。毓賢方答以久經散失，而盧生昶忽得之公門人某君後人家，以示毓賢。前列原序，九卷目録前俱有題辭。毓賢讀原序，茲選在編聖學考略、誨人編之後。蓋此書與聖學考略相表裏，而題辭更簡明，易於覽觀，真至寶也。埋没數十年復出，豈非大幸也哉！又毓賢得此書之前數日，夢赤麒麟至家，方作記與詩以紀其事，詎知爲得此書之兆也邪。因抄目録校對，并記已失而復得，其晦顯如

右云。嘉慶庚辰仲夏，孫男毓賢謹識。清咸豐三年刻本朱子分類文選卷末

朱子文選目録後序道光元年三月

清·姚椿

寶應朱止泉先生宗法朱學積數十年，生平著書甚夥，而朱子聖學考略一書尤見其用功次第。乾隆初，江南大吏嘗刻之，然亦竟不甚顯，且復間有訛錯。獨其晚年所爲朱子文集、語類選者，僅存其序於集中。其後先生之孫毓賢宛轉求得今書，而語類選則不復可睹全本矣。毓賢以椿頗知嚮慕先生之學，既以見寄，而其徒盧秀才昶將付之梓，以惠當世務實之士，而辱徵言於椿。椿以爲先生所以作是書之意，既已詳於自序，至其子孫搜訪之勤，與夫邑人士表章之雅，固不待鄙言以爲徵。獨於今之亟需是書，則又不可不爲一言者。

朱子之學，廣大淵深，無不賅備，所著諸書，皆行於世。然如四書章句集注，士人童而習之，有白首而不知其義者。又自訓詁詞章之説盛行，爲其説者多詳於名物度數、文義事實之間，而略於身心之際。其或玩心虚無，高論性命，則於博文之端、下學之事，有未及焉。夫名物度數、文義事實者，道之迹也。道不可見，將於名物度數、文義事實者徵之。今乃沿其流而不溯其源，逐其末而不究其本，其於古者聖賢教人之旨，固有所未盡矣。若迺高明者流，任心而廢學，彼其功業節行非無足觀，揆諸古人本末一貫，抑有未盡，其能免於不醇不備之憾乎？先生是書，綱舉目張，體用咸具，以小學立志端其始，以窮理力行竟其功。其先之以主敬者，所以貫知行而

使有所操持；其繼之以涵養者，所以包知行而使有所歸宿。然後措諸事業、驗諸患難死生而造乎其極焉。此其用意與夫曾子之述大學、子思之作中庸，分其先後，合其微顯，以發明夫子之道者無殊。而子朱子所爲輯近思録以詔後人者，其敘次節目，蓋不異乎是也。承學之士誠得是編而熟復之，則於持守之方知所用力，而不迷於嚮往矣。然後反覆乎全書，涵泳乎義理，而徵驗夫事物，其於天下之故、古賢之意，庶有合乎。故輒不揆鄙愚，僭而序之，以與世之好學深思者共論焉。語類書雖不全，而先生所爲後序固在，讀者苟由此而推之，則於其所未得者，抑亦可以豁然而意會矣。道光元年辛巳三月，婁後學姚椿謹序。清咸豐三年刻本朱子分類文選卷首

朱子分類文選跋語 咸豐二年十一月

清・姚椿

寶應朱止泉先生所選朱子文九卷，其目録刻於同邑盧秀才昶，本師朱翁毓賢以椿頗知宗嚮其學，屬爲之序。予既以大全集手録其文，嘗欲爲之刊行，而苦於乏力。一以寄張雲巢鹺使邗上，業已鳩工，會去官不果；後復寄陳石士學使浙中，亦不果刊行。彼時宋儒之書方塵霾霧蝕於俗學中，無過而問者。及今則一時士大夫乃復有究此事，而椿之衰病潦倒，將就溝壑。私念此本由椿訪求得之，使竟任其湮没，則是狐埋狐搰，其咎滋大。適友人有助予以刻書貲者，乃爲更名曰分類文選而付諸梓，以正當世之君子。書中大旨已具前序。今所以附見者，以前此多爲它學所汨，今則潦盡而寒潭清，此時之病，患乎弗克躬行而實踐。而窮鄉僻壤之士，或有得是編而篤行

之，循序漸進，則於止泉子輯是編之心，皎然揭諸天壤。其於當世化民成俗之事，或亦不無小補。若椿之空言僭竊之罪，則固有所不敢辭云爾。咸豐二年壬子長至日，婁後學姚椿再書。清咸豐三年刻本朱子分類文選卷末

朱子會選提要 寫本 朝鮮英祖五十年

（朝鮮）李祘

自朱子大全之行於世，後儒纘享譜承，各有鈔輯，中州則魯齋王柏之紫陽書詩類，錫山高攀龍之朱子節要是已；我東則先正李滉之朱子書節要，先正鄭經世之朱文酌海，先正宋時烈之節酌通編是已。其去取詳略，要皆有據。而若論參合諸選，備有體裁，可以嘉惠來學者，其必先數通編乎。然朱子於騷賦詞操不事聲格，而自中於身律聲度之間，天然各臻其極，與三百篇相上下，而通編獨闕焉。予在春邸，命賓客徐命膺選騷賦詩諸篇，冠之卷首。而朱書節要務主精約，故篇牘之遺漏可惜者，酌海復采入焉。今若一例混置於原集，無以見二先正取舍之意，别爲補入於别集之下，名曰補編。至如大全外遺文逸編之散出雜書者，依朱子裒輯程氏外書之例，鈔載若干編，以資博聞，名曰外編。蓋此書規模序次之一從大全，所以存其本也；鈔删之參互諸家，所以集其長也。書既成，總名之曰朱子會選。

右甲午編。朝鮮刻本弘齋全書卷一百八十三

紫陽子會英三卷提要 寫本

（朝鮮）李祘

予於乙未讀朱子節要，每讀必幾十遍，每訖一卷，必首尾紬繹，以竟一帙。既竟帙，又手鈔之爲三册。後見故牧使韓億增所鈔，脗然會心，捨宿構，取韓例，其目曰時事，曰問答，曰古事，曰儒先，曰學，曰敬，曰誠，曰戒懼謹獨，曰性，曰仁，曰心，曰中，曰忠恕，曰浩氣，曰論辨，曰經，曰史，曰科舉，曰詩學，曰象數，曰書籍，曰雜記。又以詩文各體鈔附其下，總名之曰紫陽子會英，分授宫僚。以蠅頭細字，謄出考校。如使分編成書，當爲十餘卷。朝鮮刻本弘齋全書卷一百七十九

朱子選統三卷提要 寫本 朝鮮正祖五年

（朝鮮）李祘

朱子書有大全，有語類。大全則浙本，不知何人所編；閩本即先生季子在所編。而後又有續集、别集。語類則黄士毅取門人所録，以類相從，而亦有徽、蜀兩本。此其大者也。而若大同集、遺書等編，要皆旁枝餘葉也。予於甲午年間嘗熟復大全，以及於語類，閱屢朔工告訖。然其卷帙既博，領略甚難，不可無反約常目之資。辛丑，更取大全、語類，手自選録，分門類編，其目曰小學，曰爲學之方，曰存養，曰持敬，曰静，曰知行，曰致知，曰力行，曰克己改過，曰立心處事，曰理欲義利君子小人之辨，曰出處，曰教人，曰人倫師友，曰讀書法，曰讀諸經法，曰

論解經，曰讀史，曰史學，曰大學，曰論語，曰孟子，曰中庸，曰易，曰書，曰詩，曰春秋，曰禮，曰樂，曰性理，曰理氣，曰鬼神，曰道統，曰諸子，曰歷代，曰治道，曰賦，曰詞，曰琴操，曰古詩，曰律詩，曰絶句，曰詩餘，曰贊，曰箴，曰銘。以蠅頭細字，浄寫三册，庸作巾衍之藏。若使分編成書，當爲十餘卷。而先賢文字之以己意取捨，實有汰哉之嫌，則秪備予著工之要符足矣。朝鮮刻本弘齋全書卷一百七十九

雅誦序朝鮮正祖二十三年九月二十四日

（朝鮮）李祘

先王教人，詩之教爲大。詩者，由於心而形於言。心之所感者正，則其言可以爲教。舜命夔曰：「詩言志。」周之官曰：「學樂誦詩。」此詩教之本乎樂而依於聲音也。故二南造端於三百篇，用之閨門、鄉黨，以及邦國天下，爲化民成俗之道，而皆被之金石，領在太史。恭敬齊莊，以發先王之德；歡欣和説，以盡群下之情。雖列國下里之謡，採而登諸王朝，以勸懲之。先王既遠，希音不振，温柔敦厚之治，不可得以復見矣。於是孔子乃删詩，以代觀風之政，垂之爲天下萬世法。蓋孔子之删詩，祖於太史之採詩；太史之採詩，宗於典樂之教胄。此又詩教之由文王所以興，由孔子所以明也。及夫千六百年之後，又得朱子之詩，而復明三百篇之義於三百篇之後。其辭莊而嚴，其旨簡而奥，存之也静，發之也果，譬如舜殿韶音惟升歌，不以筦絃亂人聲。夫子之詩日聞於四方，而聞夫子之風者，莫不有感發興起之思。其功化之及人，幾與二南相上

下，于孔子有光。淵乎博哉，先王治與教之盛，捨此何求！

欲知其造道成德之跡，則觀乎遠游；欲驗其體用顯微之妙，則覽乎櫂歌。無極太極，兩儀五行，以至百王千聖肇紀修道之原，則徵之於齋居感興；仁山智水，鳶飛魚躍，以至春風和氣，瑞日祥雲之容，則攷之於武夷雜詠。遏人慾，存天理，有水口之行舟；盡精微，道中庸，有鵝湖之次韻。元元本本，率普涵育，有西閣之句；戰戰兢兢，夙夜儆戒，有題真之篇。而論啓蒙者，羲文之精藴也；送林熙之者，乾元之善長也。觀書有感者，大而極乎道體之全，而細而析夫理窟之微也；寄胡籍溪者，千古心法，夫子既儀刑之，而又將萬川之明月要與人各明其德，以示任道自重之義也。由今之時，造今之士，莫如學夫子之詩，而咸有所得於詠歎淫液之際，消融查滓，動盪血脈，易直子諒之心油然生，而非辟惰慢之志無以作。邇之可以事父，遠之可以事君，可以興於斯，可以觀於斯，可以群於斯，而先王之詩教，庶幾窺其萬一。

予乃編夫子之詩，列之學官。發凡立例，各有所倣。輯以選之，所以倣其刪經也；類以彙之，所以倣風、雅之分篇也；銘贊以系之，所以倣三頌之附下也；雅誦以命之，所以倣聖人之雅言也。朱子序孔子之刪詩，而孔子之道章焉；予選朱子之著詩，而朱子之學尊焉。則義竊有取，予不敢辭。故曰先王教人，詩之教爲大。自今以往，師無不立，士無不習，名行體清明之象，德量法廣大之義。文化之暢，雖係於天；道統之傳，實由於人。予於夫子之文章也，書而有百選；奏劄而有節約矣。又因詩而約而選之者，誠以輪翼之不可偏廢，而小學大學規模雖殊，其歸則一耳。時予方策士，思聞起予之言，仍以告於多士者，誦以書諸卷首。卷之始印，在十五日，即夫子嶽降之辰，不會而然者，若有待也。時己未九月二十有四日也。朝鮮刻本弘齋全書卷十

雅誦八卷提要 刊本

（朝鮮）李祘

雅誦，猶言雅言也。惟其好之也篤，故言之也雅。好之篤，言之雅，故復推以及人，思有以人人雅言如予之雅言。此斯編之所以作、所以名也。予嘗謂虞廷教胄，以樂爲先。而今之樂教，當求之詩。後乎三百篇而得思無邪之旨者，惟朱子之詩。如欲作興我待文之士，莫如教之以朱子之詩。手選詞二篇，賦一篇，琴操一篇，古近體詩三百五十九篇，末附銘二十篇，箴二篇，贊九篇，題辭一篇，文一篇，總四百十五篇。命諸詞臣精加校對，其人名、地名、時事、實蹟及仙釋文字之引用，櫂歌諸詩之喻道，則廣參博證，略綴註解。凡八卷，付鑄字所，以壬辰字摹印，翻刻藏板，俾壽其傳。且命進講於經筵胄筵，藏之尊經閣，作爲儒生月講之編。朝鮮刻本弘齋全書卷一百八十二

朱子文鈔序 道光十七年正月

清・王寶仁

朱子之學，大學之學也；朱子之文，兼格致誠正修齊治平而爲之者也。大學雖儒者童而習之之書，然誦其詞未必能通其義，通其義又未必能踐其實。其故何哉？溺於詞章之學也，狃於訓

詁之學也，否則惑於空虛玄妙之學也。其所謂學，非大學之學也，非朱子之所爲學也。通乎朱子之學，則知朱子之文，無非發明乎大學之學矣。吾鄉前輩如陳確庵、陸桴亭兩先生，皆爲朱子之學，兼能爲朱子之文。陳有聖學入門書，陸有思辨録，皆以大學八條目爲次。其他講義條議，與夫社學規程、社倉事宜、治田、治河、典禮會通、治綱諸篇，無一不由格致以推之治平，則信乎爲朱子之學也，信乎爲朱子之文也。余嘗手録其書，以資景仰，顧材質駑下，昧所從入。欲求一二同志之士從事於斯，而朋輩生徒中，往往難得其人。有其人矣，又不能效切磋以竟所學。比來六安，謬膺司訓之任，樂其士風清淑，知必有魁奇俊特之材，斂其聰明才智，研心斯道，究乎大學之歸者。方恐恐焉無以爲諸生助，而又怪諸生不肯遽出其學以示余也。

壽州茂才吕君敬甫，自安豐僑寓州中，所居與學舍鄰比，去春始相往來，漸得悉其爲人。余嘗出陳、陸二氏之書與之辨論，欣然心若相契。其學以朱子之學爲學也，其文以朱子之文爲文也。其於朱子所已發者彙而參之，必求其是也；其於朱子所未發者引而伸之，不嫌於創也。是善學朱子者也。其不溺於詞章之學也，不狃於訓詁之學也，不惑於空虛玄妙之學也。嘗舉大全集，録其一二爲家塾課本，兹將梓以公世，而屬余弁言。余愧不能究朱子之學，亦安能識朱子之文。敬甫虛衷下問，每有所得，輒來商榷。無以益之，而又不能藉敬甫以致力於此，然於大學之道，亦嘗有志焉矣。由朱子之文以求朱子之學，因以推而至於大學之學，敬甫其許余爲同志耶？敬甫篤學力行，善承親意，偕其戚周君新齋同居，教其子，一以朱子之學爲學。兩家長幼内外肅然雖然，庶有得於格致誠正修齊之略矣。他日出而有爲，其必推暨於治平之道也可知。是又不惟誦其詞、通其義，而兼思踐其實也。余故於朱子文鈔之刻而樂爲序之。道光歲在丁酉正月二十四日，太倉王寶仁拜書於六安學署之紫來堂。清刻本朱子文鈔卷首

朱子文集節要序

清·左欽敏

蔡西山先生曰：「立教當以性與天道爲先，自本而支，自源而流，使人心有定見，則邪説莫能移。」又曰：「世衰道微，邪説交作，學者不知本原之所在，其有不惑於異端之説者幾希。」欽敏讀之，喟然嘆曰：西山之論至矣。昔者子貢嘗言，夫子之言性與天道不可得而聞也。然則性與天道，夫子非不言也。孟子道性善，言必稱堯舜，朱子稱爲第一義，豈不然哉。故曰：亦欲人知得一個本原，則爲善必力，去惡必勇。程子亦曰：識性善以忠信爲本，此先立其大者，皆至論也。欽敏既類輯朱子語録，發揮本心全體，以示學者，猶慮人或疑其出於門弟子，非出朱子手筆，轉滋異同，乃復取朱子文集，節其要者，以爲信徵，庶幾讀者知朱子之學以涵養本原爲根基，既無佛老虛寂之愆，亦不蹈俗學支離之誤，而緝熙純一，實與子思子尊德性、道問學之旨若合符契。而有志於古昔先民爲己之學者，知守約以致博，而不迷於所往，則區區纂述之微意也。湘陰左欽敏書於湘上書齋。民國尚志齋藏書本朱子文集節要卷首

朱子文集節要三編後序民國二年

清・左欽敏

朱子所作延平先生李公行狀有曰：「初，龜山先生倡道東南，士之游其門者甚衆，然語其潛思力行、任重詣極如羅公，蓋一人而已。先生既從之學，講誦之餘，危坐終日，以驗夫喜怒哀樂未發之前氣象爲如何，而求所謂中者。若是者蓋久之，而知天下之大本真有在乎是也。蓋天下之理無不由是而出，既得其本，則凡出於此者，雖品節萬殊，曲折萬變，莫不該攝洞貫，以次融釋而各有條理，如川流脉絡之不可亂。大而天地之所以高厚，細而品彙之所以化育，以至於經訓之微言，日用之小物，折之於此，無一不得其衷焉。由是操存益固，涵養益熟，精明純一，觸處洞然，泛應曲酬，發必中節。」蓋晦庵朱子所以得之延平李公，延平李公所以得之豫章羅公，豫章羅公所以得之龜山楊公，龜山楊公所以得之河南程子者固如此。雖朱子晚歲憂其易差，又議其於程子之傳微有不合，然伊洛門人流於異學者多矣，而楊氏之後獨得朱子以昌大之，非以其學有本故邪？孔門之學無不務本者，故曾子守約，而子思、孟子主於明善誠身。至於顔淵，尤專於性情，終能見乎卓爾。後之學者念此，可以有志於本矣。湘陰左欽敏謹書。

昔晦庵學於延平，延平告以喜怒哀樂未發之旨甚詳。晦庵因後來所見不同，遂不復致思，其與林擇之書嘗有孤負此翁之嘆。延平曰：「人固有無所喜怒哀樂之時，然謂之未發，則不可言無主也。」存此一則，亦足以見延平、晦庵傳授心法之略矣。晦庵曰：「義理，人心之固有。苟得之論未發已發，而曰：「心則通貫乎已發未發之間。乃大易生生流行，一動一静之全體也。」又語類云：漢卿問「一陽初動處，萬物未生時」。朱子曰：「此在貞元之間。才見孺子入井，方怵惕惻隱而未成怵惕惻隱之時。」析義最精，亦先儒所未發也。其他深切若此類尚多有之，學者宜廣求焉。癸丑暮春，重温晦庵集，再題此編之後。欽敏書。民國尚志齋藏書本朱子文集節要卷末

朱熹文集編年評注附録三

版本考略

朱熹在世時，其文集已有付梓者。今文集卷六十三答胡伯量一，卷末考異補遺録有别本，胡泳問云：「續觀麻沙所印先生文集中有復陸教授書，大概云：『吉凶之禮，其變有漸。先王制禮，蓋本人情。卒哭而祔者，漸以神事之；復主于寢者，猶未忍盡以事死之禮事之也。』竊意文集所説固是深察乎仁人孝子之情，云云文集以先王制禮爲言者，但以朝夕哭爲猶有事生之意云云。」綜考文集卷六十九君臣服議、卷四十六答黄商伯二、續集卷一答黄直卿五十三及朱子語類所載語録姓氏，以上答胡伯量書當作於慶元年間。該書所言麻沙版朱熹文集，雖不得而知其詳，但可確知朱熹之文生前已有結集刊行者。

現存最早的宋刊本朱熹文集，是臺北故宫博物院藏晦庵先生文集前集十一卷、後集十八卷。該本爲大字本，每半頁十二行，行二十一字。白口，間亦有小黑口，雙魚尾。後集除卷十五外，其餘各卷取論語爲政篇首章語「爲」、「政」、「德」、「譬」、「如」、「北」、「辰」、「居」、「其」、

「所」、「而」、「又拱」、「定譬」、「衆」、「星」、「拱」、「之」等字以記卷次，其例罕見。

據記載，此本原爲毛晋汲古閣舊藏，鈐有「毛晋」、「汲古主人」二印。後入大内，藏昭仁殿，有「乾隆御覽之寶」、「五福五代堂寶」、「八徵耄念之寶」、「太上皇帝之寶」、「天禄琳琅」等印，天禄琳琅書目後編卷七著録。民國十一年八月十七日溥儀賞賜溥傑，因流傳於外。此本列入賞溥傑書畫目。抗戰初期，沈仲濤於上海購得，密藏把玩數十年。垂暮，將其捐贈臺北故宫博物院。

觀其流傳，一一皆有來歷；而細考其版刻情況及將其與現存宋閩、浙二本文集、多種宋代文獻比勘通校，也足證此本的爲宋刊本無疑。例如：此本文字有同於宋閩本者，有合於宋浙本者，有與二本異而長於二本者；其前集卷六答建昌顔君子堅書，首末較今本文集多出數十語，而與聖宋名賢五百家播芳大全文粹所載一字不差；後集卷十三皇極辨與今本文集文字迥異，而與性理群書句解卷八、十先生奥論注後集所載全同；後集卷十七少傅劉公神道碑與今本文集所載出入極大，却與劉氏傳忠録卷二所收無一不合。如果不是宋代刊本，斷不能如此，其真實性毋容置疑。

該本無序跋，不悉何人所編及刊於何時。但根據集中避諱及收文情況，其刊刻年代也不難確定。該本前集諱至「慎」字，所收詩文以淳熙十六年春所作水調歌頭次袁機仲韵爲最晚，故應爲孝宗淳熙十六年之版。後集諱至「敦」字，所收詩文似以淳熙十六年二月所作大學章句序爲最晚，而是年三月朱熹所撰中庸章句序尚未收入，故亦當刊刻於淳熙十六年二月光宗即位以後，或至遲在紹熙之初。又觀前集印板已略顯模糊，并有修補、抽換之頁，後集版雖清晰，但也有個别改刻之處，故其初雕或當更早，所收晚出之文或爲後來補入，也未可知。要之將此前、後集定爲淳熙末至紹熙刊本，當不相遠也。

該集編輯無次，且誤將陸九齡詩作朱熹詩，决非朱熹手定。昌彼得考其爲閩中坊賈刻本，因就所蒐得詩文隨時付刻，頗有道理。據前集卷六所收答陸子壽書即今本文集卷六十三胡泳所稱復陸教授書，或淳熙本即前所謂「麻沙所印」之本，也未可知。

淳熙本爲現存最早的朱熹文集版本，其價值無可估量。將其與現存宋閩、浙本比勘，多出文四篇，增補内容數千字，并糾正了今本文集若干錯誤。其所收詩文不少與今本文字迥異，如明筮占、皇極辨、雲谷記、少傅劉公神道碑等，具有重要參考價值。

慶元四年，朱熹門人王峴又嘗請刻朱熹文集於廬陵。文集卷五十三答劉季章第八書云：「王晋輔來，求其尊人銘文。云云渠又説欲得鄙文編次鋟木，此雖未必果然，亦不可有此聲。恐渠後生未更事，不識時勢，不知此是大禍之機，或致脱疏。云云刻石鏤板二事并望痛爲止之。」第十七書云：「近得益公書，聞且寓晋輔家，甚善。云云文集之議當已罷止，此實於彼無益而於此不便。衰老扶病如此，又豈能更去廣南行脚耶。千萬力爲止之。」晋輔所請，無法確知最終付梓與否。然文集卷六十二答王晋輔第四書云：「所喻鄙文，何乃爲此曲折？已托劉季章言之，此豈止載禍相餉而已耶。」卷二十九答劉季章書云：「知在晋輔處相聚，甚善。可更勉其收拾身心，向裏用力，不須向外枉費心神，非唯無益，當此時節，更生患害不可知。鄉日石刻及今所刊三册，勸其且急收藏，不可印出。鄉後或欲更爲此舉，千萬痛止之也。」觀此二書，王峴很可能已將文集鏤板。若如此，則此爲慶元間廬陵本也。

從以上所述可知，朱熹生前已有文集刊行，且可能還不止一種。但這些實際上都是詩文選集，流傳下來的只有淳熙所刊前、後集共二十九卷。

朱熹身後詩文全集的編集，始於其季子朱在。

洪嘉植朱子年譜載，朱熹去世前一日，「諸生退，先生乃作三書，一與子在，令早歸收拾遺文」。黄榦所作朱熹行狀則云：「平生爲文，則季子在類次之矣。」可知至遲至朱子行狀成時（嘉定十年夏，見勉齋集卷三十六行狀成告家廟文），朱熹文集已由朱在編成。既稱「平生爲文」，顯然是朱熹詩文全集。清朱玉朱子文集大全類編跋也云：「竊嘆文祖易簀時作書命季子早歸，收拾文字，可見著作繁多，雖片言必存。」勉齋集卷六復胡伯量書也云：「榦偶當一職，自不敢苟，以是亦粗辦。不然，亦豈敢虚竊廩粟以活孥累耶。云云所謂坐右銘四句者，不知先師文集有耶？」據黄榦年譜，朱熹卒後，黄榦自嘉泰三年冬始赴官。之後多次任免，至嘉定十一年冬，方奉祠不出，直至去世。此書提及朱熹文集，而時在官，則也可證文集至遲當成於嘉定十年。朱在編本卷數未見著録，明成化十九年黄仲昭晦庵朱先生文集跋始稱「晦庵朱先生文集一百卷，閩浙舊皆有刻本。云云今閩藩所存本，則先生季子在所編也。」似以朱在本爲一百卷。而朱熹十六世孫朱玉朱子文集大全類編稱朱在本爲八十八卷，二十二世孫朱振鐸朱子集版復藏紫霞洲祠堂叙亦云：「文公文集原本八十八卷，季子侍郎公手編也。」不知有何根據。明萬曆三十二年朱崇沐刻晦庵先生朱文公文集雖爲八十八卷，似與朱玉、朱振鐸之説合，但係從正集百卷中抽出奏議單刻成文公奏議，且并無一字提及朱在原編爲八十八卷，今皆莫能明。

與朱在本相先後，黄士毅編成朱熹文集一百五十卷。鶴山先生大全集卷五十三朱文公語類序云：「子洪，名士毅，姑蘇人，嘗類文公集百五十卷，今藏之策府。」宋元學案卷六十九黄士毅傳也載：「黄士毅，字子洪，號壺山，莆田人。云云著述甚富，類注儀禮，譔次文公書説七卷，文集一百五十卷。又因語録成言，分門序次，爲語類一百三十八卷。」魏了翁序作於嘉定十三年，黄士毅朱子語類成於嘉定十二年（見士毅朱子語類後序），故黄本文集當編成於此之前。魏序既言「類文公集」，其編例恐與朱子語類相似，將朱熹詩文分門別類編入，故卷數有一百五十卷之多。

理宗嘉熙三年，王埜於建安書院刊刻朱熹文集一百卷。趙希弁郡齋讀書志附志著録晦庵先生文集一百卷，云：「嘉熙己亥王埜刻於建安，黄壯猷嗣成之，識於後。」淳祐五年王遂所作文公續集序云：「歲在癸卯，遂假守建安，從門人弟子之存者而求其議論之極，則王潛齋已刻之方册。」咸淳元年黄鏞所作文公別集序云：「文公先生之文，正集、續集潛齋、實齋二公已鏤板書院。」潛齋即王埜，字子文，婺州金華人。真德秀嘗爲作潛齋記，宋史卷四百二十有傳，宋元學案卷八十一傳題爲簽樞王潛齋先生埜。

王埜刊本爲迄今見於宋人著録最早的百卷本朱熹文集。但各家記載皆只稱鏤板，則此本似并非埜所編次。最初的百卷本朱熹文集究竟編自何人，已經無從確考。與王埜刊本相先後的直齋書録解題所著晦庵集一百卷，附李方子紹定三年刻本紫陽年譜三卷，也無編者姓氏。但至遲在理宗嘉熙年間，朱熹文集已最後定型爲一百卷，歷代相沿，至今不變，則是可以肯定的。然以上只是就見於文獻明確記載者而言。事實上，百卷本文集編成更早。今存宋殘閩、浙本文集避諱最晚者爲「擴」字，即説明早在寧宗時，百卷本已經刊行了。

百卷本朱熹文集問世後，經翻刻訂補，逐漸形成了閩、浙兩個系統，歷代版本目録學家分別稱爲「閩本」、「浙本」。最早區分二本的，是明成化十九年黄仲昭所作書成化補修本晦庵朱先生文集後，其文云：「右晦庵朱先生文集一百卷，閩浙舊皆有刻本。浙本洪武初取置南雍，不知輯於何人。今閩藩所存本，則先生季子在所編也。云云成化戊子，仲昭自翰林謫官南都，偶得閩本，公暇因取浙本校之，其間詳略微有不同。」關於閩、浙二本，歷來缺乏深考，其説多誤。現就今天所見二本考述如下：

一、二本的主要差異。二本的主要不同是：㈠閩本名晦庵先生朱文公文集，浙本名晦庵先生文集。㈡閩本每半頁十行十八字，浙本十行十九字。㈢閩本多與續、别二集同時刊行，浙本無含續、別集者。如皕宋樓藏書志卷八十五著録，今日本静嘉堂文庫藏原張楊園藏本，北京大學圖書館藏宋刻元明遞修本晦庵先生朱文公文集一百卷、續集十一卷、別集十卷，半頁十行十八字，爲閩本；直齋書録解題著録晦庵集一百卷，郡齋讀書志附志著録晦庵先生文集一百卷，應爲浙本；王文進文禄堂訪書記卷四著録晦庵先生文集一百卷，鐵琴銅劍樓藏書目録著録、今藏國家圖書館晦庵先生文集一百卷，半頁十行十九字，亦爲浙本。㊃閩本成爲歷代通行本，浙本僅見於宋刊。如明天順本、嘉靖本、萬曆本，清康熙本、雍正本、乾隆四庫全書本、道光本及諸叢書本皆承閩本而來，而元明以後浙本未見有重刻者。㊄内容方面，二本詳略不同，編排有異，文字有別。一般來講，閩本多略，浙本皆詳。最突出者爲卷十八、十九劾唐仲友數章及書信部分問答之問，閩本往往大段節略，而浙本無一例外皆詳載原文。在編排上，歷代版本目録學家已陸續指出了不少差異，如奉題張敬夫春風樓詩，閩本置卷五蓮花峰次敬夫韵後，浙本在敬簡堂分韵得月字之後；水調歌頭聯句問訊羅漢一詞，閩本在卷十，浙本在卷五；書濂溪光風霽月亭、游密庵記，閩本在卷八十四，浙本在卷七十九；皇考吏部府君遷墓記，閩本在卷九十四祝氏壙志前，浙本在之後。二本編排之異遠不止此，再舉數條：與陳丞相別紙，閩本在卷二十六，浙本在卷三十七；答尤延之書，閩本在卷二十七，浙本在卷二十九；井田類説，閩本置卷六十八卷末，浙本在卷首；濂溪先生事實記，閩本在卷九十八，浙本在卷七十八；伊川先生年譜，閩本在卷九十八，浙本在卷七十一；劉子和傳，閩本在卷九十八，浙本在卷九十；朱松行狀，閩本在卷九十七，浙本在卷九十八；又卷九十七之文閩、浙二本次序迴異，等等。至於文字，二本不同者更不在少數，就標題而言也往往互異。以上足以説明，閩、浙二本差異比較明顯，并非如有的學者所説的那樣，其不同「特字句之間耳，至於編次卷帙，則完全相同」（王重民先生中國善本書提要）。閩、浙兩個系統是客觀存在的。

二、二本的淵源關係。閩、浙二本雖存在着明顯差異，但更多的却是它們的共同之處。二本篇目完全相同；卷末所附考異，大多數也一字不差；在編排上，絕大多數也是完全一致的。更值得注意的是，二本在文字上往往誤則皆誤，缺則皆缺。如閩本卷八五禽言和王仲衡尚書第二行「祇令」下缺一字，卷九挽蔡□□太博缺二字，卷十次韵芮察院送□寳文赴浙漕二首缺一字，卷三秋香徑「千林」下缺兩字，又次秀野極目亭韵「孤燈閑」上下各缺二字，次山行佳句呈秀野丈三首「向來」上缺二字，「嘆」下缺四字，卷四答王無功在京思故園見鄉人問「隨堤」下缺一字，奉答景仁老兄贈别之句「今已」下缺一字，讀通鑑紀事本末用武夷唱和元韵寄機仲「言未秉」上缺一字，浙本完全相同。因此，我們有充分理由相信，閩、浙二本不但具有緊密的淵源關係，而且根本就是同出一本。它們之間的差别，乃是由於互相翻刻修訂造成的。

三、二本的相互傳承。那麽閩、浙二本孰先孰後？就今天看到的宋殘本，頗難回答這個問題。因爲二本互相之間皆有所訂正。先看浙本訂正閩本的例子：卷五奉題張敬夫春風樓詩，閩本置於南岳唱酬諸作之間，不當；浙本移至敬簡堂分韵得月字後，方爲合理。閩本卷八十四書濂溪光風霽月亭、游密庵記二篇實爲游記，置於序跋類殊不倫。浙本移至卷七十九「記」類方是。閩本卷九十四皇考吏部府君遷墓記失序，浙本移至祝氏壙志之後，方合全卷墓記、壙記類一依寫作時間先後爲序之體例。至於閩本有字而板昏處浙本則空缺，已見多處，顯係字迹不清而後缺如，閩本誤字而浙本不誤者也屢見不鮮。以上例子皆很難解釋爲浙本原先不誤而閩本後誤。

再看閩本訂正浙本的例子：閩本卷五十五答康户曹題下注：「仲穎，一本無仲字。」答邵叔義題下注：「一本無叔義二字，有機字。」浙本正如此。類似例子在卷末考異中尤多。閩本考異所録別本異文有很大一部分與浙本全同，浙本比閩本多出内容，如書信問答部分之問，差不多已保留在閩本考異之中。編排方面，閩本也同様有較浙本合理之處。如濂溪先生事實記、伊川先生年譜，浙本分別置於卷七十八「記」類、卷七十一「雜著」類，不妥，閩本入卷九十八「傳狀」類方爲合理。文字方面，不少浙本空缺之處閩本有字，顯然不可能先有字後空缺。其他訂正浙本誤字者亦復不少。更重要的例子是卷六十七仁説一文，閩本題注云：「浙本誤以南軒先生仁説爲先生仁説，而以先生仁説爲序仁説，又注『此篇疑是仁説序，姑附此』十字，今悉删正之。」此可爲閩本後於浙本之鐵證矣。

對以上這種自相矛盾的情況，比較合理的解釋是今天所見閩、浙二本曾經互相傳承修訂，皆已非初刻，故無法反映出二本先後傳承的原始情況。關於這一點，可以舉出很多條證據。如，閩、浙二本所附考異有相當大一部分内容一字不差，而與二本皆異，足證除此二本之外同時尚有別本通行；郡齋讀書志附志所録王埜百卷本原有黄壯猷跋，今未見，可知此本原刻已不傳世；浙本卷五水調歌頭聯句問訊羅漢注云「此篇合次樂府，姑仍舊編附此」；閩本卷五雪梅二闋奉懷敬夫注云「二闋合次樂府，以有後詩，仍舊編附此」，其「舊編」者即爲別本。宋閩本別集卷七十月上休日游卧龍玉淵三峽詩題注云：「按大全集但有秋字韵，不載此鷗字韵，馮本有之。」所謂「馮本」，未見於著録，等等。以上別本、「舊編」、馮本、黄跋本，或者即爲今存閩、浙二本所祖，或爲二本分流過程中所刻，已難確考。明嘉靖十一年潘潢文公集跋云：「獨慨公老慶元間，學禁方厲，片詞隻字所在毁棄。云云淳祐以來，區區掇拾，已非復公季子在初類次本。」這種説法是符合事實的。今天所存既非初刻，正集又無一字宋人序跋可資考鑒，閩、浙本互相傳承演變詳情已很難弄清。我們推想朱在爲朱熹季子，官至侍郎，受朱熹遺命收拾遺文，其編本理應爲閩、浙二本源頭（也許朱本本身已是百卷，也許不及百卷，而爲後來所增補）。其後節次翻刻於閩、浙兩地，互有訂補，遂爲今存二本面貌。閩本既爲源頭，後來演爲主流，也就無足怪了。

現存宋閩、浙二本皆爲殘本，共二十餘種。其中經我們過目者，均爲閩、浙兩大系統的同版複本，略述於下：

閩本系統：

晦庵先生朱文公文集一百卷、目録二卷，北京大學圖書館李□四七二五，宋閩刊本。半頁十行，行十八字，雙欄、雙魚尾，上間記字數，下記頁碼及刊工名，白黑口相間，有明代以後修版不多。

及鈔配。原爲李盛鐸藏，鈐有「謙牧堂藏書記」印章，存卷一至九十四。全書保存較好，修配

又一本，附續集十一卷、別集十卷，國家圖書館（以下簡稱國圖）○一○四四，宋刻元修本，宋諱至「擴」。正集存四十九卷，續集存一至四卷，別集存六至十卷，末有景定四年余師魯跋。經核對刊工姓名、行款及抽校十九卷，知與以上李本爲同版。

又一本，國圖○一○四○，宋刻宋元明遞修本。正集存七十三卷，續集全，別集存一至五卷。經核對刊工姓名、行款及抽校三十卷，知與李本同版。

又一本，國圖○一○四一，宋刻元修本，凡存四十八卷。經核對刊工姓名、行款及抽校十二卷，知與李本同版。

又一本，國圖○一五九七，宋刻元明遞修本。正集存四十八卷，別集存六至十卷。經核對刊工姓名、行款及抽校八卷，知與李本爲同版。

又一本，國圖○一五九八，宋刻元明遞修本，凡存五十二卷。經核對刊工姓名、行款及抽校十二卷，知與李本爲同版。

又一本，四川師範大學圖書館八四五·二三/二五四○，宋刻宋元明遞修本，鈐有「吴興劉氏嘉業堂藏書記」印，凡存四十七卷。經核對刊工姓名、行款及抽校若干卷，知與李本爲同版。

晦庵先生朱文公續集十一卷、別集十卷，北大□四五三，宋刊明修本，有抄配及缺頁，半頁

十行，行十八字，白黑口相間。經與以上各本所附之續、別集一一比勘，內容文字無大差異，但刊工姓名多不同，應爲另開之版。

浙本系統：

晦庵先生文集一百卷、目録二卷，國家圖書館三三二九，宋寧宗時浙江刻、元明遞修本，宋諱至「擴」。半頁十行，行十九字，白口，雙欄，上魚尾，下記頁碼及刊工名，有抄配。該本原爲瞿鏞所藏，後捐國圖。鈐有「紹基瞿鏞」、「瞿潤印」、「鐵琴銅劍樓」、「李莊仲圖書記」、「海虞朝棟莊仲寶藏」、「雲山一葉閣李氏藏書」諸印章。篇目順序及詳略與四部叢刊影印明嘉靖本有較大差異，卷六十七誤收張栻仁説，全書缺字較多。

又一本，國圖七六八九，宋刻元明遞修本，殘損較多。卷一配清影宋抄本，間有朱筆圈點。鈐有「子穎」、「陳鋭」、「揚州方氏退園藏書印」、「涵芬樓藏」、「海鹽張元濟經收」諸印章。經核對刊工姓名、行款及抽校卷一、卷二、卷六十七、卷一百，知與以上瞿本爲同版。

又一本，國圖膠卷一八〇/一一五：一一七號，美國國會圖書館所贈，宋刻元修，明初印本，蝶裝，凡存六十五卷。書末題「至元又二年十二月江浙等處儒學提舉余謙重修」，每卷首有民國十三年譚新嘉、李文裿、夔汝僖鑒定記録。經核對刊工姓名、行款及抽校十六卷，知與瞿本爲同版。

又一本，國圖膠卷一三六一/五七六：五七九號，美國國會圖書館所贈，宋刊元印本，蝶裝，凡存五十五卷。每卷首有民國十三年譚新嘉等三人鑒定記録。經核對刊工姓名、行款及抽校十餘卷，知與瞿本同版。

又一本，國圖〇一〇三九，宋刊本，蝶裝，有修配，凡存四十八卷。每卷首末有紅色陽文印記「國子監崇文閣官書借讀者必須愛護損壞缺失典掌者不許收受」及蒙文官印。經核對刊工姓名、行款及抽校十九卷，知與瞿本同版。

又一本，國圖〇一〇四二，宋刻元修本，蝶裝，凡存七十五卷。封面背後有民國譚新嘉等人鑒定記録，書末有元余謙重修題識。經核對刊工姓名、行款及抽校二十四卷，知與瞿本同版。

又一本，四川師範大學圖書館八四五·二三/二五四〇，宋刻元明遞修本，鈐有「吴興劉氏嘉業堂藏書記」、「寒雲秘笈珍藏之印」等印，凡存三十六卷。經核對刊工姓名、行款及抽校若干卷，知與瞿本同版。

限於條件，今存宋殘本朱熹文集惜未能全部過目。但從以上所述來看，現存二十餘種宋殘本均應分屬閩、浙二本，絶大多數還可能是同板複本。由於各本殘缺修配情況各異，若能將其一一比勘互校，尚可望得二本之全璧。

閩、浙二本均百卷，是爲正集。淳祐五年，王遂刊續集十卷。據其該年所作序，所輯佚文主要來自蔡元定之孫蔡模及劉文昌等人，多爲朱熹晚年書信。趙希弁郡齋讀書志附志著録續集十卷，云「王遂刊而序之」。黄鏞文公別集序也稱：「文公先生之文，正集、續集潛齋、實齋二公已鏤板書院。」實齋即王遂，見宋元學案卷七十一。續集一般隨正集刊行，單行者今存宋刊明修本一種，與別集同刊，題晦庵先生朱文公續集十一卷、別集十卷，藏北京大學圖書館；元刻本一種，題晦庵先生朱文公續集，藏浙江天一閣、日本九州大學。

淳祐十年，徐幾從劉允迪之孫劉觀光處得朱熹與劉手帖數十紙，增補一卷，自此續集遂爲十一卷。該卷刊載始末，見於淳祐十年二月徐幾跋。

景定四年，余師魯再將輯得佚文編爲別集十卷，由黄鏞於咸淳元年嗣成之。刊刻之詳見於余師魯跋、黄鏞序。別集體例稍嚴，於每篇下均注明出處。從其佚文來源看，包括已單獨刊行而不見於正、續二集者，附於他書者以及私家所藏。已刊者計有大同集、南康集、臨江集、臨漳語録、蔡九軒刊慶元書帖、朱熹曾孫朱濬刊家藏帖、洪正學刊允夫家藏帖、汪逢龍刊允夫家藏帖、胡翼龍刊静春家藏帖、廖德明刊韶州州學帖和婺州帖等。見於他書者有稽古録、南溪祠志、寒山子詩、尤川志等。別集單獨刊行者也不多見，今存宋刊明修本一種，藏北京大學圖書館；明初刊本晦庵先生朱子大全別集十卷，藏北京大學、浙江省圖書館。

續、別二集流變比較簡單，僅清初出現過續集五卷、別集七卷者，如康熙本、四庫全書本等。但比勘其内容，差異甚小，除未收徐幾所補一卷外，主要是分合編排不同而已。續、別二集來源較雜，未經系統整理，其間重收篇目及文字脱訛者較多。但二集收羅佚文比較集中，因而歷代得與正集并行，而共同構成朱熹詩文全帙。

宋史藝文志又著録朱子前集四十卷、後集九十一卷、續集十卷、別集二十四卷，合一百六十五卷一種，今已不存。該本卷數與已知者大異，其編刻情況不得而知。明程敏政篁墩文集卷三十六題文公梅花賦後云：「文公舊有前、後、續、別四集行世，而後集亡矣。此賦見事文類聚中，固後集之一也。」新安月潭朱氏族譜所録朱熹茶院朱氏世譜，載茶院十二世孫朱冲序云：「右茶院朱氏世譜，有刊本，見大全後集第十一卷。」梅花賦、茶院朱氏世譜今皆不見於朱熹文集，可見宋志所録一百六十五卷本收文更全，可能是宋末朱熹文集的又一次擴編。

以上爲宋代朱熹文集編刻概况。要之，宋本朱熹文集，今存者唯三種：淳熙本；宋閩刻殘本；宋浙刻殘本。（另有宋刻元明遞修續、別集單行本一種。）

元代以後，朱熹文集開始大規模刊印，出現了各種各樣的版本。其書名有晦庵先生文集、晦庵先生朱文公文集、朱子大全、朱子集、晦庵集、考亭正集等二十餘種，其卷數有十八卷、六十六卷、八十八卷、一百卷、一百四卷、一百一十卷、一百一十二卷、一百二十一卷等十餘種，其收藏遍布全國各地及日本、朝鮮、美國等各國公私之家。通觀文集流傳全貌，全集的傳刻是其主流，流傳過程中的整理研究和詩文選刊是支流。先述主流。

元代未見有全集刊行者。北京大學圖書館、遼寧省圖書館藏有晦庵先生朱文公文集（又名朱子大全）殘本三種，題「元刊本」、「元刻明修本」、「元閩刻本」，經核對，實爲明天順四年刊本。

入明，全集刊刻始盛。今臺北故宫博物院藏有文公先生朱子大全文集殘本一種，或題朱子大全文集、晦庵先生朱文公文集、文公先生朱子大全等，存二十三卷，另續集十一卷，題「明洪武間刊本」。該院曾紀剛先生認爲稱「明刊修補本」或許較爲妥當。此本也屬閩本系統。

現存較早的明刊本全集爲天順四年賀沈、胡緝刻本。該本一題晦庵先生朱文公文集一百卷、續集十卷、別集十卷；一題朱子大全一百卷，無續、別集。經核對，其正集爲同版無疑，其續集僅十卷，未收入淳祐十年徐幾所輯一卷。天順本屬閩本系統，其編排順序一同今四部叢刊本，藏本較富。

有的研究者根據現存成化十九年黄仲昭跋，認定成化年間曾刊行過朱熹全集。但歷來未見著録有成化本者。且細考黄跋云：「歷歲既久，刓缺寖多，讀者病焉。成化戊子，仲昭自翰林謫官南都，偶得閩本，公暇因取浙本校之。云云歲丙申，閩憲使山陰唐公質夫、僉憲蘭溪章公德懋閔舊板磨滅日甚，遂以仲昭所校本補之。未及訖工而二公相繼去任，尋復殘缺。僉憲天台林公一中至，慨然以爲己任，久未暇及。壬寅秋，乃謀於先生九世孫都轉運伯承君，復以仲昭所校本精加讎訂，訛者正之，腐者易之，缺者補之，至是始無遺憾矣。云云且以告於後之君子，俾謹守而嗣修之。」似成化間僅爲修版，未嘗刊印。近年有學者稱在日本見到了成化十九年刻本，但尚有疑點：其一，爲何該本在日本兩處皆有收藏而國内全不見收藏著録？其二，斷定該本爲成化本的唯一證據爲黄仲昭跋，似嫌單薄。其三，該本所載黄跋係殘文，缺文末一百五十五字，而「俾謹守而嗣修之」等重要字句在焉，不知何故。未得寓目，妄有疑焉。

又日本尊經閣文庫、足利學校遺迹圖書館、金刀比羅宮等藏有晦庵先生朱文公文集一百卷、續集十一卷、別集十卷，末題「正德辛卯年八月十三日平安二條街壽文堂藏板」。其「正德」爲日本中御門年號，非明武宗年號也。

降及嘉靖，有張大輪、胡岳刊晦庵先生朱文公文集一百卷、續集十一卷、別集十卷者出。有蘇信序、潘潢跋，述刊刻始末甚詳。該本以閩本爲底本，兼取浙本之長，收文較全，漫漶較少，校勘較細，刊刻較精（正集尤勝），原文缺誤改補謹慎，間有考訂，遂成爲明以來影響最大的通行本。藏本豐富，日本中御門正德元年有壽文堂翻刻本，清道光三十年陝西關中書院據此重刊，同治十二年六安涂氏求我齋有仿刻本，并收入洪氏唐石經館叢書。此後四部叢刊、四部備要皆據以影印、排印。

至明末，有萬曆三十二年朱吾弼重編，吴養春、吴養京、吴養都、吴養澤、汪胤燭、朱崇沐訂梓晦庵先生朱文公文集八十八卷、續集十一卷、別集十卷。該本屬閩本系統，其顯著不同是編排上有改動。但所謂重編，只不過將正集奏議類抽出，單刻爲重鋟文公先生奏議十五卷，而從第十一卷起即編入原第二十四卷之書信，其他無大異者。該本補缺字較多，但大都屬臆補，没有版本依據。此刻藏本較富，崇禎七年又有李寅賓修補本。

國家圖書館另藏明抄晦庵先生朱文公文集一百卷殘本一種，年代不詳，屬閩本系統。

清代最早的全集刻本是康熙元年福建采芝堂刊朱子大全集一百一十二卷（含續集五卷、別集七卷）。該本附有朱子年譜，今存殘本一種，缺書信之問答二卷。影響較大的是康熙二十七年蔡方炳、臧眉錫刊晦庵先生朱文公文集一百卷、續集五卷、别集七卷。該本特點是續、别集編排卷數有異，清朱玉稱源自元刻祠堂本，朱振鐸甚至稱「淳祐己酉續集五卷，編輯姓氏無考；景定間建通守余公師魯補别集七卷」。今莫詳其説所本。但考其内容，所謂五卷、七卷者，實際只是卷次分合不同而已，其篇目次序與十一卷、十卷本無大異。此康熙刊本補缺字較多，但也多出臆測。乾隆年間修四庫全書即以康熙本爲底本，同時又有建陽書院重刊本。至光緒間，又先後刻入西京清麓叢書及劉氏傳經堂叢書。

康熙五十二年，李光地等奉敕編纂朱子全書六十六卷。此書將全集分類重編，其門類一仿朱子語類。但混入朱熹語録，實際已不能完全算作文集。除康熙原刊本外，有四庫全書、同治八年成都書局、江西書局、光緒九年古香齋等數種抄、刻本。

雍正八年，朱熹十六世孫朱玉將正、續、别集全部分類重編爲朱子文集大全類編一百一十一卷，其類别、次序皆與通行本不復相同。又搜羅朱熹佚文作補遺，但其間考訂未精，多有誤收及僞作者。該本除原刻外，又於乾隆十五年、道光二十年兩次重刻。

李氏朝鮮英祖庚寅（清乾隆三十五年），洪啓禧以萬曆間柳希春本爲基礎，重新校勘朱子大全。次年全羅道觀察使尹東昇奉敕刊行朱子大全一百卷、續集十一卷、别集十卷，并有遺集二卷、附録十二卷。

咸豐十年，徐樹銘於福建建陽紫霞洲祠堂刻朱子集一百四卷。該本所據即所謂「建安朱氏嫡裔藏」祠堂本，附年譜、補遺。有同治元年印本多種。

以上爲元代以來朱熹文集流傳大勢。要之歷代傳刻皆祖述宋閩本，然又多兼取浙本之長，實爲二本之合流。其中最通行者爲正集百卷、續集十一卷、别集十卷本，正集單行者流行漸罕。正集百卷而續集五卷、别集七卷者因入四庫全書，也成爲通行本。再述支流。

校勘。一般説來，文集每刊行一次，都要作程度不同的通盤校勘。宋代閩、浙二本所附考異，是現存最早的文集校勘記。此外，文集中還零星地保留着宋人的校勘説明。明成化年間黄仲昭將閩、浙二本互校，具有重要的意義。這次校勘，開閩、浙二本合流之先河。嘉靖年間張大輪、胡岳刻本即在黄校成果基礎上，做了更爲細致的校勘工作。除對訛誤文字直接加以校改外，不少地方還用注釋作了説明。此本康熙年間翻刻於日本，天頭上批有不少校勘記録，有一定參考價值。萬曆三年，有柳希春所校刊朝鮮刻本。清康熙二十七年，臧眉錫、蔡方炳刊本由蔡泰嘉等進行校勘，中山大學藏本并有佚名朱墨筆校記。宋閩、浙二本有很多缺字，明天順本、萬曆本、清康熙本、雍正本、咸豐本都補了不少，各有可取之處。清代最重要的校勘成果有兩種，其一爲王懋竑所撰朱文公文集校釋七卷、續一卷。王氏爲有清朱子學泰斗，其校釋水平恐無出其右者。其一爲賀瑞麟所作朱子文集正訛一卷、記疑一卷、正訛記疑補遺一卷。賀氏所據他本他書凡數十餘種，用功良勤。雖有「億則屢中」之處，但也不乏發明有功者。正訛記疑兼采歷代諸家之説，一定程度上帶有總結的性質，具有較大參考價值。

補遺。宋代所編續、别二集，已開文集補遺之先河。明人朱培嘉靖間作文公大全集補遺八卷，可謂富矣。但其中有不少疑僞之作。清代所刊文集附有補遺者兩種，一爲雍正朱玉刊朱子文集大全類編，一爲咸豐徐樹銘刊朱子集。單獨成書者有朱啓昆朱子大全集補遺兩卷，陳敬璋朱子文集補遺五卷。以上諸書所收互有重複。至當代，全宋文、全宋詩普查規模空前，其所得朱熹佚詩佚文相當可觀。朱熹佚文輯考、朱子全書二書，所輯佚詩佚文也達數百條。近年來，仍有漏網遺珠陸續被發現，主要是散見的法帖碑刻及收藏於民間不見著録的文獻等。學者對此予以高度重視，不斷有考釋成果問世。

其他整理工作尚有改編（如萬曆本、雍正本及朱子全書等）、斷句（如日本淺見安正所點之嘉靖本，岡田武彦稱「訓讀極爲正確」；四部備要鉛印本及叢書集成本等）及考訂等。

選刊。此類包括朱熹詩選、文選及詩文合刊，所選詩文未超出全集範圍。

現存最早的朱熹詩選集是國家圖書館藏元刊本晦庵先生朱文公詩集，今存十二卷。明代較有影響的是宣德間吴訥所選晦庵先生五言詩抄一卷及正德十六年新安程璈編刻晦庵先生朱文公詩集十二卷，此外有萬曆三十一年鄭雲竹刊新刻紫陽五言詩選前、後集二卷，附七言詩十四首。入清，先後刊刻朱熹詩選十餘種。其中較重要的有康熙内府精抄本朱子詩集十卷、附考異，杜庭珠選朱子詩鈔四卷，道光二十七年徐啓山校刊朱文公詩集十卷等。康熙六十一年洪力行鈔釋本朱子可聞詩集五卷影響較大，而朱文公詩賦全集十卷、附補遺一卷、訓蒙詩一卷，係自朱玉朱子文集大全類編抽出單刊者。乾隆年間，有朝鮮正祖朝所輯雅誦八卷刊行。此外，宋元名家詞還專收晦庵詞一卷。

最早的朱熹文選是朱熹弟子滕珙所輯類編標注文公先生經濟文衡前集二十五卷、後集二十五卷、續集二十二卷。該本元泰定元年由梅溪書院刊刻，明萬曆三十四年朱吾弼、朱崇沐等重刊。明代最有影響的是吴訥的晦庵文鈔和唐順之的唐荆川選輯朱文公全集。文鈔凡七卷，成化十八年由周鳳等刊刻。嘉靖十九年，張光祖又合崔銑所選續集四卷編爲十卷，刊行於世。嘉靖二十一年，又再次重刊。全集凡十五卷，以荆川古文宗師的地位，該本也廣泛流傳，常被明清學者所徵引。除以上兩種以外，尚有嘉靖三十二年王宗沐編朱子大全私鈔十二卷、萬曆三十二年朱崇沐刻重録文公先生奏議十五卷、汲古閣所刊晦庵題跋三卷。

清人選刊朱熹文之風甚盛，流行於世者有十餘種之多。較早的有康熙四十四年吴震方編朱子論定文抄二十卷、附補編一卷，康熙五十一年杜庭珠選評朱子文抄二十卷。康熙四十七年刊朱子文集十八卷、康熙五十六年刊周大璋所選朱子古文讀本六卷頗有影響，前者同治間重刻，并收入叢書集成初編；後者於道光二十八年重刊。稍後有雍正十三年刊李紱所選朱子晚年全論八卷。道、咸間，有王寶仁朱子文鈔、杜宗岳朱子古文節選二卷、朱澤澐朱子分類文選面世。其中朱本流傳較廣，有咸豐、道光刻本及抄本。朝鮮刻本有李滉編次朱子書節要二十卷、正祖十八年所編朱書百選六卷及朱文鈔選四卷數種。清末，尚有館選朱子古文讀本二卷等。民國年間，先後有朱文公書牘四卷排印本、彙呈朱子論治本名疏等刊行。

也有按朱熹仕歷所至選編的詩文集，如南康集、臨江集等。今存宋陳利用編、元刊朱文公大同集十卷，具有重要價值；此外，尚有明萬曆三十五年鮑際明增訂本十三卷、清乾隆二十年陳臚聲重校本十五卷，均前附元都璋所撰年譜。該本可訂正今本文集字句之誤，可考定部分朱熹詩文撰作時、地，且有輯佚。宋以來，朱熹詩文單篇刻印也十分流行。如感興詩、武夷櫂歌、易五贊、記外大父祝公遺事、宋山陵議狀、朱子訓子帖、訓學齋規、敬齋箴、白鹿書院教規以及增損呂氏鄉約、孝經刊誤、雜學辨等都先後刊行。其中感興詩、武夷櫂歌等有數十種版本，得到了廣泛傳播。另外，清人朱澤澐有朱子文集選目録九卷，這種選目的形式還不多見。

詩文選刊一般篇幅較小，又多爲重要的具有代表性的著作，因此便於深入研究整理。如感興詩有宋人蔡模、王柏、元人胡炳文、民國尊經堂等多家注釋，武夷櫂歌有宋陳普注，經濟文衡有宋滕珙標注，可聞詩有洪力行注釋，朱子文抄有杜庭珠及其父評語，朱子古文讀本有周大璋詳評，朱子古文節選有杜宗岳評語，晦庵文鈔有王振聲校跋等。這些工作，都在一定程度上促進了朱熹文集的流傳。

朱熹文集編年評注附録四

朱熹年表

宋高宗建炎四年（一一三〇年）九月十五日午時，生於南劍州尤溪縣南鄭安道故宅。朱松季子，小名沈郎，小字季延，排行五十二。

紹興元年（一一三一年），二歲，隨家避亂於長溪之龜靈寺，尋還居政和。

二年（一一三二年），三歲。

三年（一一三三年），四歲。

四年（一一三四年），五歲，始入小學。父松召試秘書省正字，尋丁母憂還閩。

五年（一一三五年），六歲。

六年（一一三六年），七歲。

七年（一一三七年），八歲。遷居建州城南之環溪精舍。就傅授孝經，讀孟子諸書。父松入爲秘書省校書郎，隨母留浦城。

八年（一一三八年），九歲。父松遷著作佐郎、度支員外郎兼史館校勘，隨母入臨安。睹二程高弟尹焞音容於衆人之中。

九年（一一三九年），十歲。在臨安。父松遷司勛、吏部員外郎，兼領史館。

十年（一一四〇年），十一歲。父松以不附秦檜和議罷知饒州，未赴，改台州崇道祠官居閑。隨父還閩，寓建陽丘氏之居，受學於家，讀經史。

十一年（一一四一年），十二歲。

十二年（一一四二年），十三歲。受二程之學於父松。

十三年（一一四三年），十四歲。三月二十四日，父松卒於建州城南之寓舍。遺命葬崇安縣開耀鄉五夫里，託孤於摯友屏山劉子羽、劉子翬、白水劉勉之、籍溪胡憲。

十四年（一一四四年），十五歲。葬父於五夫里西塔山，遂稟遺命，奉母祝氏遷居里之潭溪之上，受學於劉子翬、劉勉之、胡憲三先生之門。

十五年（一一四五年），十六歲。受學三先生，遍讀經史子集周張二程之書，出入釋老百家。

十六年（一一四六年），十七歲。從仙洲山僧人道謙問禪。劉子羽卒。

十七年（一一四七年），十八歲。秋，舉建州鄉貢。劉子翬卒。

十八年（一一四八年），十九歲。春正月，娶劉勉之長女劉清四。入臨安試進士，中王佐榜第五甲第九十名。夏，準敕賜同進士出身。歸途謁楊時門人徐存於江山，訪名士李處權、張嵲於衢州。

十九年（一一四九年），二十歲。讀四書諸經詩文有得，始疑詩之小序爲後人作。劉勉之卒。

二十年（一一五〇年），二十一歲。冬，歸祖籍婺源展墓。與内弟程洵論詩，主本語孟，宗詩經楚辭，出入陶柳門庭，借鑑文選、韋應物之作。

二十一年（一一五一年），二十二歲。春，入臨安赴銓試，中等，授左迪功郎、泉州同安縣主簿，待次。訪名士徐度於湖州，訪名士范浚於蘭溪。

二十二年（一一五二年），二十三歲。

二十三年（一一五三年），二十四歲。赴官同安，始見羅從彦門人李侗於延平。過福州，見名士李樗。過莆田，見名士林光朝、方翥。秋七月至任。子塾生。

二十四年（一一五四年），二十五歲。在同安任，整頓縣學。子埜生。

二十五年（一一五五年），二十六歲。在同安任。始見吕祖謙於福州。

二十六年（一一五六年），二十七歲。秋七月任滿，冬奉檄走旁郡。

二十七年（一一五七年），二十八歲。春還同安待替，冬十月離任北歸。

二十八年（一一五八年），二十九歲。春正月，往見李侗於延平。冬請祠，差監潭州南岳廟。

二十九年（一一五九年），三十歲。春三月，校定謝上蔡先生語録。秋八月，以執政陳康伯薦召赴行在，辭不赴。

三十年（一一六〇年），三十一歲。冬，往見李侗於延平，正式受學其門，盡棄釋老等「異學」。

三十一年（一一六一年），三十二歲。冬，金人敗盟南侵。十一月，金主完顔亮被刺，金軍北撤，宋廷轉危爲安。致書同知樞密院事黄祖舜，陳述有關宋金和戰之政治見解。

三十二年（一一六二年），三十三歲。春，迎謁李侗於建安，遂與之俱歸延平。夏六月，宋高宗内禪，孝宗即位，再差監潭州南岳廟。秋八月，應詔上封事，全面闡述其理學思想及政治主張。胡憲卒。

宋孝宗隆興元年（一一六三年），三十四歲。夏秋兩見李侗於建寧。冬十月，應召至京，孝宗見於垂拱殿，有癸未垂拱奏劄。除武學博士，待次。始見張栻於臨安。李侗卒。論語要義、論語訓蒙口義成。

二年（一一六四年），三十五歲。春正月，至延平哭吊李侗。入福州帥汪應辰幕。秋八月，復往延平會李侗之葬，尋至豫章哭吊張浚之柩，舟送至豐城。困學恐聞編成。

乾道元年（一一六五年），三十六歲。夏四月，赴武學博士之任至臨安，因政見不合而歸。五月，再差監南岳廟。

二年（一一六六年），三十七歲。「中和舊説」形成，史稱「丙戌之悟」。

三年（一一六七年），三十八歲。秋七月，崇安大水，奉府檄行視災情。八月，訪張栻於潭州，與登衡山。冬十二月，以執政陳俊卿、劉珙薦，除樞密院編修官，待次。

四年（一一六八年），三十九歲。夏四月，崇安饑荒，奔走賑濟。程氏遺書成。

五年（一一六九年），四十歲。子在生。朝廷三促就編修之職，辭不赴。秋九月，母祝氏卒。棄「中和舊説」，形成新説，史稱「己丑之悟」。

六年（一一七〇年），四十一歲。春正月，葬母祝氏於建陽寒泉塢，遂建寒泉精舍。秋七月，遷父松之墓。冬十二月，工部侍郎胡銓以詩人薦，與王庭珪同召，辭不赴。始號晦翁。

七年（一一七一年），四十二歲。夏五月，創立社倉於五夫里。冬，復辭召命。

八年（一一七二年），四十三歲。春正月，論孟精義成。夏，三辭召命。資治通鑑綱目成。八朝名臣言行録成。西銘解義成。

九年（一一七三年），四十四歲。春三月，復辭召命并請祠。夏四月，太極圖説解、通書解成。五月，改左宣教郎、主管台州崇道觀，兩辭。六月，程氏外書成。伊洛淵源録成。

淳熙元年（一一七四年），四十五歲。兩辭改官宮觀新命不果，夏六月始拜命。編次古今家祭禮。

二年（一一七五年），四十六歲。夏四月，吕祖謙來訪，同編近思録成。六月初，送祖謙至信州鵝湖寺，始見陸九齡、九淵兄弟，遂展開學術大辯論，史稱「鵝湖之會」。雲谷莊舍成。

三年（一一七六年），四十七歲。春三月，歸婺源展墓，見吕祖謙於衢州。夏六月，授秘書省秘書郎，辭。秋八月再辭并請祠，差主管武夷山冲佑觀。冬十一月，夫人劉氏卒。

四年（一一七七年），四十八歲。夏六月，論孟集注、論孟或問成。詩集傳成。周易本義成。

五年（一一七八年），四十九歲。秋八月，差知南康軍，兩辭。

六年（一一七九年），五十歲。春正月二十五日啓程，候辭免之報於鉛山。陸九齡來訪。三月末至任。冬十月，修復白鹿洞書院。

七年（一一八〇年），五十一歲。應詔上封事，條陳民間利病。三請奉祠，不許。秋，以南康軍旱災，大修荒政。張栻卒。陸九齡卒。

八年（一一八一年），五十二歲。春二月，陸九淵來訪。三月，除提舉江西常平茶鹽公事，待次。閏三月二十日離任南康軍，經山北東歸。秋七月，除直秘閣，三辭。八月，改除提舉浙東常平茶鹽公事。冬十一月，奏對於延和殿。十二月六日，至任。吕祖謙卒。

九年（一一八二年），五十三歲。春、秋兩次巡視管内州縣，全力措置救荒。陳亮來訪。奏劾知台州唐仲友貪贓枉法事，不效。除直徽猷閣，兩辭。改除江西提刑，辭。九月十二日離任浙東提舉歸。詔改江東提刑，三辭，僅受職名。

十年（一一八三年），五十四歲。春正月，差主管台州崇道觀。夏四月，武夷精舍成。冬十月，至泉州吊傅自得之喪。

十一年（一一八四年），五十五歲。始與陳亮展開王霸義利之辯，并論浙學之非。

十二年（一一八五年），五十六歲。夏四月，差主管華州雲臺觀。論陸學之非。

十三年（一一八六年），五十七歲。春三月，易學啓蒙成。秋八月，孝經刊誤成。

十四年（一一八七年），五十八歲。春正月，至興化軍吊陳俊卿之喪。三月，小學成。差主管南京鴻慶宫。秋七月，除江西提刑，待次，辭，不許。

十五年（一一八八年），五十九歲。三辭新任，不許。春三月十八日奉命啓程赴京。六月，奏對於延和殿，除兵部郎官。以本部侍郎林栗與己有隙，未赴。詔依舊江西提刑，徑離京還家，屢辭新任。秋七月，除直寶文閣、主管西京嵩山崇福宫。九月，復召赴行在，兩辭，并上萬言封事。除主管西太乙宫兼崇政殿説書，辭不赴。是歲二月，始出太極圖説、西銘解義授學者。

十六年（一一八九年），六十歲。春正月，除秘閣修撰、依舊主管西京崇福宫，辭職名。二月，孝宗内禪，光宗即位。序大學章句、中庸章句。秋八月，除江東轉運副使，兩辭。冬十一月，改知漳州。

宋光宗紹熙元年（一一九〇年），六十一歲。夏四月二十四日至任，大力鼓吹實行經界。刊易、書、詩、春秋四經及大學、論語、中庸、孟子四書於郡。

二年（一一九一年），六十二歲。正月二十四日，長子塾卒。經界不行，以長子喪請祠。春三月，除秘閣修撰、主管南京鴻慶宫。夏四月二十九日離任漳州，歸寓建陽同繇橋。秋九月，除湖南轉運副使，屢辭。

三年（一一九二年），六十三歲。始築室於建陽之考亭。冬十二月，除知静江府、廣西經略安撫使，辭。孟子要略成。陸九淵卒。

四年（一一九三年），六十四歲。春二月，差主管南京鴻慶宫。冬十二月，除知潭州、湖南安撫使，兩辭，不許。

五年（一一九四年），六十五歲。夏五月五日至任，修復岳麓書院。秋七月，光宗内禪，寧宗即位，召赴行在。八月，離任潭州赴京。在道除焕章閣待制兼侍講，屢辭，不許。冬十月，奏對於行宫便殿。在朝四十日，受詔進講大學，上孝宗山陵議狀，上祧廟議，多所諫論，直言無諱。差兼實録院同修撰，賜紫金魚袋，封婺源縣開國男，食邑三百户。閏十月，罷職離京。在道除寶文閣待制，辭。尋除知江陵府、湖北安撫使，辭。十二月，詔依舊焕章閣待制、提舉南京鴻慶宫，辭。竹林精舍成。

宋寧宗慶元元年（一一九五年），六十六歲。黨禍起，趙汝愚罷相。屢辭職名并乞致仕。冬十二月，詔依舊秘閣修撰、提舉南京鴻慶宫。

二年（一一九六年），六十七歲。堅請削除侍從恩遇。冬十二月，以僞學之魁落職罷祠。始編禮書。

三年（一一九七年），六十八歲。摯友蔡元定以僞黨遭貶，餞别於浄安寺。韓文考異成。

四年（一一九八年），六十九歲。召蔡沈編書集傳。

五年（一一九九年），七十歲。春三月，楚辭集注、楚辭後語、楚辭辨證成。夏四月，奉旨守朝奉大夫致仕。

六年（一二〇〇年），七十一歲。春三月六日，改大學誠意章。九日午時，卒於考亭私舍。冬十一月，葬建陽縣唐石里之大林谷。

朱熹文集編年評注附録五

歷代評論

王士禛池北偶談卷十七屏山詩禪　（劉屏山）先生常語文公曰：「吾少官莆田，以疾病時接佛老之徒，聞其所謂清净寂滅者，而心悦之。比歸讀儒書，而後知吾道之大，其體用之全乃如此。」故文公講學，初亦由禪入。

王文禄文脉卷二　（李空同）曰：宋無詩。予曰：梅聖俞、王介甫、陳後山、朱晦庵、謝皐羽，擇而誦之，豈曰無詩？

王柏魯齋集卷十一跋朱子帖第八卷　卷中所稱黄婿，則勉齋先生也。「一時筆札之間」四句，該盡德器，可見察之之精。道其人於大父不敢不實，且言有以教誨之，又何其敬愛之兩至也。其餘通情無間，繾綣周密，無書無之。子孫苟不知寶護，心德已亡，前鑒不遠也。

又卷十二跋朱子與訥齋帖　訥齋趙公登朱子之門爲最先，其後遠庵昆仲相繼而進，開之以道義，締之以婚姻，往來尺牘，其多可知。見於文集者，訥齋止二通而已，此帖亦不與焉。今以辭語考之，實慶元丙辰先生乞改正從臣恩數之後，沈繼祖未上疏之前也。當是時國論大變，善類奔波，海内震駭，審觀此帖，不勝感慨。其餘則家庭間真情實意，契誼藹然，寶藏宜謹。

又卷十三跋北山書朱子詩送韋軒 朱子遠游歌，雖少年之作，已見其器局之廣，立志之堅，既有以開拓其問學之基矣。其送胡籍溪、劉忠肅二詩，則紹興己卯，時年方三十；克己一詩、觀書有感二詩，則紹興庚辰也；挽延平先生二詩，則隆興□□也；酬南軒贈言，則乾道丁亥也；齋居感興二十首及分水嶺絶句，則乾道壬辰也；論啓蒙絶句，則淳熙丙辰也；題寫真絶句，則慶元庚申，逾月而易簀矣。朱子之詩凡十卷，其精微之蘊，正大之情，皆所以羽翼六經，發揮聖道，何止此三十有二章而已。

又朱子詩選跋 先生之詩，見於文集者止十卷，每病其比次失倫，哀定紛錯，無以考其歲月之後先，因以驗其進退之序。首卷雖先生手自删取，名牧齋净稿，然實少年之作也。今觀遠游一篇，已見其規廡之大，立志之堅，既有以開擴其問學之基矣。其次卷則自同安既歸，受業於延平之後，時年二十有八。自是往返七年，豁然融會貫通，而寄興於吟詠之際，亦往往推原本根，闡究微眇，一歸于義理之正，盡洗詩人嘲弄輕浮之習。其挽延平，時年三十有四，誦其「本本存存」之句，亦可驗其傳河洛之心矣。南岳唱酬，實乾道丁亥，時年三十有七。齋居感興二十篇，其壬辰、癸巳之間乎。凡篇中所述，皆道之大原，事之大義，前人累千萬言而不能仿佛者，今以五言約之，此又詩之最精者，真所謂自然之奇寶與。南康諸篇，則己亥之後，於是年五十矣。晚年詩不多見，末卷尤不可考。最後題寫真絶句，去易簀纔一月，其任重道遠之意，凛然於十四字之間。嗚呼至矣！先生道德學問爲百世宗師，平生所著述以幸學者不爲不多，而學道者不必求之詩可也。然道亦何往而不寓，今片言隻字，雖出於肆筆脱口之下，皆足以見其精微之藴，正大之情。凡天道之備于上，人事之浹于下，古今之治亂，師友之淵源，至于忠君愛國之誠心，謹學修己之大要，莫不從容灑落，瑩徹光明。以至山川草木，風雲月露，雖一時之所寄，亦皆氣韻疏越，趣味深永。而其變化闔闢，又皆古人盡力於詩者莫能闖其户牖，亦未必省其爲何等語矣。某又於遠游、寫真二詩，獨得其爲學之始終焉，庶幾乎金聲玉振，樂之大成也與。

王昶春融堂集卷二十二舟中無事偶作論詩絶句四十六首二十一　不痛宗臣隕路岐，趙汝愚。不悲僞學苦編羈。朱子。秦關蜀棧淋灕作，恰值平原北伐時。放翁與徽國文公友善，而祭徽公文止二十四字，於慶元黨禁，略無一語及之，可以見其志節矣。

王國維人間詞話卷下　宋人小説，多不足信。如雪舟脞語謂「台州知府唐仲友眷官伎嚴蕊奴，朱晦庵繫治之。及晦庵移去，提刑岳霖行部至台，蕊乞自便。岳問曰：『去將安歸？』蕊賦卜算子詞云『住也如何住』」云云。案此詞係仲友戚高宣教作，使蕊歌以侑觴者，見朱子糾唐仲友奏牘。則齊東野語所紀朱、唐公案，恐亦未可信也。

王惲秋澗集卷七十二跋文公與子晋伯謨二帖　建安諸公往往以文公翰墨賜觀，視之皆非也。此二帖毌君希悦所藏，其爲真迹無疑，所謂「剛健含婀娜，玉德而温栗」者也。因知前書皆邑人江春山效顰，予特表而出之，惡紫之亂朱也。

王嗣爽管天筆記外編卷下 朱子嘗戒人作詩，而朱不廢詩，詩未嘗不工，詩即學也。

王褘王忠文集卷五練伯上詩序 建炎之餘，日趨於弊，尤延之之清婉，朱元晦之冲雅，楊廷秀之深刻，范至能之宏麗，陸務觀之敷腴，固粲然可觀，抑去唐爲已遠。

尤袤梁谿遺稿卷二朱逢年詩集序 韋齋之子南康使君今又以道學倡，其詩源遠而流長，信矣哉！淳熙辛丑仲春望日。

文徵明甫田集卷十七晦庵詩話叙 子朱子之學，以明理爲事，詩非其所好也。而其所爲論詩，則固詩人之言也。嗚呼，理固無不該也，而况詩乎哉。世蓋有工於吟諷而不得其故者，或終日論議，而諧諸音聲，輒不合作。要之，其於理於詩，皆未爲有得也。練川沈文韶氏以明經游學官，而特好爲詩，取凡朱子平日論詩之語，萃而爲書曰晦庵詩話，豈將會理與詩而一之耶。

方回桐江集卷一楊初庵詩卷序 吾州朱文公，集關洛大成，學也；排江浙異趣，識也；其著書爲文爲史爲詩，無一不可，才也。蓋唐三百年以詞章取士，而知道者無聞焉。

又晦庵集抄序 回日讀公集，亦既周遍，乃句抄節析，爲四十類以觀之。天地陰陽、鬼神五行、心性情命、仁義禮智之説，道之體也，其不入於六經、四書、諸先儒之類者，揭以爲首，次道體類第一。道莫大於仁，自孔門以至於公，所以教人者莫先於求仁，次仁類第二。求道在仁，求仁在學，學莫切於敬，公所以講之者至矣，次講學類第三。凡學之要，先四書後六經，次大學類第四，論語類第五，孟子類第六，中庸類第七。六經莫奥於易，啟蒙、本義所以作，次易類第八。定書删詩作春秋，皆孔子親筆，公以書説付蔡仲默，詩有傳，春秋雖無著譔，微言亦精，次書類第九，詩類第十，春秋類第十一。禮以儀禮爲經，周官、大小戴爲傳，公嘗修禮儀，訖王朝、邦國，次禮類第十二。古樂既亡，意猶可論，次樂類第十三。古今異宜，名物法式不同，不經公弗言，次制度類第十四。一理萬物，聖傳晦湮，卓爾無極，開我後人，次周子類第十五。龍門笙鏞，紹濂泝洙，次程子類第十六。先天、經世、西銘、正蒙，羽翼後先，次邵子類第十七，張子類第十八。龜山之南，後有延平，上蔡之沈，後有五峰，五峰傳之南軒，延平傳之公，次龜山類第十九，上蔡類第二十，延平類第二十一，五峰類第二十二。岳麓麗澤，左切右磋，次南軒類第二十三，東萊類第二十四。荀、楊、董、王以至韓、歐，有醇有疵，一概諸聖，次諸子類第二十五。治亂得失，史亦不可不習，次諸史類第二十六。資有高下，學有淺深，時不乏人，以前代人次爲古人物類第二十七，本朝人次爲近人物類第二十八。學必見於用，次言治類第二十九。用不用係乎時，次時事類第三十。仕止行藏，在我者可必，次出處類第三十一。文雖道之末，言無文行不遠，次論文類第三十二。詠歌情性雖非一百五篇，公所自爲及品藻，皆非苟然，次歌詩類三十三。安石不知道，判心迹，離内外，爲世患，公痛闢之，次荆學類第三十四。馳騁詞章，耽酣築瞿，不玩柯葉而昧本根，次蘇學類第三十五。專踐履，鄙講讀，禪機而儒言，次陸學類第三十六。王伯義利，混爲一區，推管尊遷，去道彌遠，次浙學類第三十七。似是而非，庬説孔多，公嘗著雜學辨，次雜學類第三十八。詖淫邪遁，吾道之賊，其端毫差，水火不相入，次異端類第三十九。閏有餘，筮有奇，大匠材，良醫藥，無遺棄，次雜事類第四十。嗚呼！公之學盡在是矣。

又婺源黄山中吟卷序

婺源，朱文公之鄉。文公詩出于劉彦冲，律體清勁，近陳無己，古體高遠，不減建安。如長沙定王臺、淵明醉石詩可見也。

又卷三讀陳同甫文集一跋

陳同甫所與晦翁八書，云云摸索暗合，其説甚爲支離。且詆晦翁「因吾眼之偶開，便以爲得不傳之絶學，三三兩兩，附耳而語，有同告密，畫界而立，有似結壇」，似乎理不能勝，繼以怒駡矣。丙午書一，爲第八書。夫然後有云：「秘書之學，至公而時行之學也。秘書之爲人，掃盡情僞，而一於至公者也。亮所以縷縷者，所以開拓大中，張皇幽眇，而助秘書之正學也。」然則必久至於是而後心服也。當其辨論之殷，録往復書以質之陳君舉，君舉答之書曰：「往復諸書，熟復數過，不知更幾年間更有一番議論，甚盛甚盛。然朱丈占得地段平正，有以逸待勞之勢。老兄跳踉號呼，擁戈直上，而無修辭之功，較是輸他一着也。」予謂此言切中同甫之病。然君舉雙立判斷於後，以功到成處便是有德、事到濟處便是有理爲同甫之説，以功有適成何必有德、事有偶濟何必有理爲晦翁之説。由同甫之説，則是三代聖賢枉作功夫，人力可以獨運，而上無兢畏之君；由晦翁之説，則是漢祖、唐太宗賢於盜賊不遠，天命可以苟得，而下有覬覦之臣。以同甫之奇偉，適不如樂毅論之迂闊；以晦翁之正大，適不如王命論之淺近。嗟乎，君舉所評如此，其亦陰右浙學者，非歟？

又讀陳君舉答晦翁書跋朱陸諸公各有得失，不可專是其一也。 晦翁徵詩説於陳君舉，答謂：「時時諷誦，偶有感發，或與士友言，未嘗落筆。」又謂：「企慕三十年，聞見異同，無從就正。間欲以書叩之，念長者前有長樂之争，後有臨川之辨，它如永康往還，動數千言，更相切磋，未見其益，學者轉務夸毗，浸失本旨。蓋刻畫太精，頗傷易簡，矜持已甚，反涉驕吝，以此益覺書不能宣。」今按，長樂之争，謂淳熙十五年戊申六月，晦翁以新除江西提刑入奏，除兵部郎官，兵部侍郎林栗以論易、西銘非是，有慚於公，而遣吏抱印，迫令供職，輒劾公也。臨川之辨，謂淳熙二年乙未鵝湖之會，陸子壽、子静執己見，議不合。當時言語論難，學者不傳。其後於林栗辨易之年冬十一月復陸子静書，始深明無極太極之旨，而力攻子静之失也。永康王伯義利之辨，往復諸書，在癸卯、甲辰、乙巳間。蓋東萊死於淳熙辛丑，鵝湖不合，東萊與聞。陸、林、陳三人忿懟喧呶，不知自反，東萊不及見矣。陳君舉非不知三人之曲，顧惟恐己之所聞爲公所掊，故斂退而托之辭。然含糊鶻突，無所是否，反以矜持刻畫病晦翁，其亦浙學護短之態歟。

又卷四跋僧如川詩 紫陽晦翁深闢異端，得一志南「杏雨柳風」之句，尤極口稱道，不啻己出。嗚呼，前輩遺風餘韻遠矣，其不可復作矣。

又跋劉光詩　回最愛麗澤詩選，或云東萊呂成公所選也。云云然東萊此選之後，吾鄉朱文公老師學□洙泗，其詩法有陳後山之瘦勁，有劉屏山之温雅。

四庫全書總目提要卷一百六十二性善堂稿提要　（度正）詩品雖不甚高，而詞意暢達，頗與朱子格律相近。

又卷一百六十四文山集提要引長谷真逸農田餘話　宋南渡後，文體破碎，詩體卑弱，惟范石湖、陸放翁爲平正。至晦庵諸子，始欲一變時習，模仿古作，故有「神頭鬼面」之論。時人漸染既久，莫之或改。

呂留良呂晚村先生續集卷二文公集　朱子自注詩云：「僕不能詩，平生僥倖多類此。」然雖不役志於詩，而中和條貫，渾涵萬有，無事模鐫，自然聲振，非淺學之所能窺。此和順之英華，天縱之餘事也。

朱松韋齋集卷首劉性韋齋集原序　孔孟之道至程子而復明，至朱子而大明。夫人有一行之善，一藝之美，未有不本於父兄師友者，而况於道有以參天地之運，學有以紹前聖之統者乎。程太中能知周子，故二程之學繼孟氏；韋齋能友延平，故朱子之學繼程氏。云云文公集群儒之大成，紹周、程之正統，而於熙寧、元祐諸公之是非得失，則未嘗有所偏主焉。豈亦本於家學而然歟。

朱熹晦庵先生朱文公文集卷二十九答劉季章書　鄉日石刻及今所刊三册，勸其且急收藏，不可印出。鄉後或欲更爲此舉，千萬痛止之也。

又卷三十九答楊宋卿　前辱柬手啟一通及所爲詩一編，吟諷累日，不忍去手。足下之賜甚厚，吏事匆匆，報謝不時，足下勿過。熹聞詩者志之所之，在心爲志，發言爲詩。然則詩者豈復有工拙哉，亦視其志之所向者高下如何耳。是以古之君子德足以求其志，必出於高明純一之地，其於詩固不學而能之。至於格律之精粗，用韻屬對、比事遣辭之善否，今以魏晉以前諸賢之作考之，蓋未有用意於其間者，而况於古詩之流乎。近世作者乃始留情於此，故詩有工拙之論，而葩藻之詞勝，言志之功隱矣。熹不能詩，而聞其説如此，無以報足下意，姑道一二。

又卷五十三答劉季章八　王晋輔來，云云欲得鄙文編次鋟木。此雖未必果然，亦不可有此聲。恐渠後生未更事，不識時勢，不知此是大禍之機，云云望痛爲止之。

又卷五十九答汪叔耕　顧惟衰晚，於道既無所聞，不足以堪見予之意；而少日粗親筆研，終不能窺作者藩籬。且自覺其初無補於身世，遂用絕意棄去不爲。今數十年矣，又無以知所論之中失而上下其説也。然私竊計之，鄉道之勤，衛道之切，不若求其所謂道者而修之於己之爲本；用力於文詞，不若窮經觀史以求義理而措諸事業之爲實也。蓋人有是身，則其秉彝之則初不在外。與其鄉往於人，孰若反求諸己？與其以口舌馳説而欲其得行於世，孰若得之於己而一聽其用舍於天耶？至於文詞，一小伎耳。以言乎邇，則不足以治己；以言乎遠，則無以治人。是亦何所與於人心之存亡、世道之隆替，而校其利害，勤懇反復，至於連篇累牘而不厭耶。足下志尚高遠，才氣明決，過人遠甚，而所以學者未足以副其天資之美，熹竊惜之。又念其所以見予之厚而不忍忘也，不敢不盡其愚。

朱彝尊曝書亭集卷三十一與李武曾論文書 蓋文章之壞，至唐始反其正，至宋而始醇。宋人之文亦猶唐人之詩，學者舍是不能得師也。北宋之文，惟蘇明允雜出乎縱横之説，故其文在諸家中爲最下；南宋之文，惟朱元晦以窮理盡性之學出之，故其文在諸家中最醇。學者於此可以得其概矣。

又卷三十六朱文公文鈔序 及觀新安朱夫子之文，其上孝宗封事，感奮激烈，殆有過於同甫之所云者。世之人重夫子，以道不以文。覽其文者，或以質直病之。不知夫子之文原本乎道，其闢二氏，崇經術，正人心，皆非得已。孟子曰：「予豈好辯哉，予不得已也。」夫惟不得已而爲文，斯天下之至文矣。孔子筮得賁，愀然有不平之色，而曰：「賁非君子之所樂也。丹漆不文，白玉不雕，質有餘者，不受飾也。」其夫子之文之謂與？夫子集凡百卷，云云予獨取其有關時事出處者若干篇，蓋非爲學者入德之資，俾後之論文者，不以質直病焉，而觀其感奮激烈。

朱鶴齡愚庵小集卷十三書朱子大全集後 朱子劾知台州唐仲友，極論其促税擾民，貪淫不法。時相王淮怨之，致有道學之禁。然考之他書，仲友固名儒也。所著有六經解、皇極經世圖譜，博聞洽識，見稱諸儒。而其守台日，發粟賑饑，抑奸拊弱，創中津浮梁以利涉，載在邑志。其治行如此，乃有貪淫不法等狀，何歟？宋史不爲仲友立傳，蓋以朱子之故。宋潛溪特傳之，以補史闕。潛溪爲仲友邑人，相去未及二百載，其言當不誣。而朱子劾仲友之章凡五上，閩本集中不載，浙本有之。學者誠不能無疑于此也。朱右又云永康陳亮與仲友不相能，朱子提舉常平，行部過其家，乘間爲飛語中仲友，通判高文虎復以舊怨傾之，朱子遂爲所惑。然則仲友之事，朱子殆有不及深察者歟。

杜範清獻集卷十七跋林逢吉晦翁二帖 康吉堂富藏古賢名帖，而於文公二帖尤所珍愛。世之尚異挾奇，借耳目之玩者，决不解此。余觀軸尾所誌，考訂紹興事爲詳。公之前帖殆可句釋，不得不然之論，言巽而旨微矣。後帖莫知何時，「有黨無黨，所不敢聞」，細玩斯語，其關於世道，尤可深慨。逢吉珍愛此帖，更爲予訂之。

李心傳道命録卷六陳居仁晦庵先生除江西提刑誥詞 勑宣教郎、直徽猷閣、主管南京鴻慶宫朱熹：爾好古道，據正不回，利物愛人，用志彌篤。擁州麾，分使節，先德後刑，民從其化，而救荒之政，所全活者尤衆。久從家食，念之不忘。江右持平，往哉惟允。行爾盡心之學，廣我好生之仁。可依前官差提點江南西路刑獄公事。淳熙十四年七月，陳居仁行。

又卷七上黄由晦庵先生除焕章閣待制侍講誥詞 朕初承大統，未暇他圖。首闢經闈，詳延學士。眷儒宗之在外，須召節以趣歸。徑登從班，以重吾道。爾發六經之藴，窮百氏之源，其在兩朝，未爲不用。至今四海，猶謂多奇。擢之次對之班，處以邇英之列。若程頤之在元祐，若尹焞之在紹興。副吾尊德樂義之誠，究爾正心誠意之説。豈惟慰滿于士論，且將增益于朕躬。非不知政化方行，帥垣有賴。試望之于馮翊，不如寘之本朝；召賈誼于長沙，自當接以前席。慰茲渴想，望爾遄驅。紹熙五年八月，黄由行。

又傅伯壽晦庵先生罷待制仍舊宮觀誥詞　敕：從欲者聖人之仁，尚謙者君子之行。眷我執經之老，辭夫次對之榮。既諒忱誠，其頒茂命。以爾心耽墳索，性樂丘樊。被累朝之特招，稱疾屢矣；於十連而趣召，肯起翻然。既陪東學之遊，兼侍西清之邃。見生幾晚，方喜桓榮之説書；高論未聞，遽若貢生之懷土。仍夫華職，秩以真祠。蓋彰優老之風，且示隆儒之意。逮茲累歲，始復有陳。前受之是，今受之非，誰能無惑？大遜如慢，小遜如僞，夫豈其然！顧爾務徇於名高，在我詎輕於爵馭。俾解禁嚴之直，復居論著之聯。雖雅志之勉從，在至懷而良咈。噫！厭承明，勞侍從，既違持橐之班；歸鄉里，授生徒，往究專門之業。其祇予訓，用蹈于中。可依舊秘閣修撰，宫觀差遣。慶元元年十二月，傅伯壽行。

又卷十王塈晦庵先生贈太師追封信國公制詞　朱熹極高明而道中庸，多聞見而守卓約。凡六籍悉爲之論述，於四書尤致於精詳。紛然衆説之殊，折以聖人之正。朕自親學問，灼見淵源。常三復於遺編，知有補於治道。載惟一節，歷事四朝。早錫郡符，晚登橐從，始終之際，待遇弗渝。然而學士隆名，博聞美謚，備舉當時之茂典，未充列聖之盛心。是用析圭五等之尊，定位三公之冠，申加禮贈，式究前猷。噫，身没言存，所恨丘原之難起；源深澤遠，實同義理之無窮。尚其不忘，歆此嘉命。

李幼武宋名臣言行録外集卷十二　門人范念德率同門之士祭於墓隅曰：天之生賢，蓋亦不數。儲精孕靈，及河維嶽。厥惟孔艱，是以殊邈。先生之生，黄河其清。先生之亡，維嶽其頹。不知何年，復此胚胎？徒友紛集，窀窆告期。山哀浦思，雲慘風悲。臨穴一慟，萬古長辭！

李希聖論詩絶句四十首二十三　秘監談詩有盛名，淵源殊不負平生。屏山老去風情在，燈火樊樓寫汴京。晦翁

李重華貞一齋詩説　南宋陸放翁堪與香山踵武，益開淺直路徑，其才氣固自沛乎有餘。人以范石湖配之，不知石湖較放翁，則更滑薄少味。同時求偶對，惟紫陽朱子可以當之。蓋紫陽雅正明潔，斷推南宋一大家。

李耆卿文章精義　晦庵詩音節從陶、韋、柳中來，而理趣過之，所以不可及。

又　晦庵先生治經明理，宗二程，而密於二程。如易本義、詩集傳、小學書、通鑑綱目之類，皆青於藍而寒於水也。但尋常文字多不及二程。二程一句撒開，做得晦庵千句萬句；晦庵千句萬句，揫斂來只作得二程一句。雖世變愈降，亦關天分不同。然晦庵先生，三百篇之後一人而已。

李寶嘉南亭詞話　詞盛於宋，而周、程皆不聞有作，晦庵偶一爲之，而非所長。

吴祖修遺山題中州集後詩　西銘易序典謨還，千古才人杳莫攀。一向斯文論華實，晦翁能敵百遺山。

吴訥晦庵詩鈔卷末晦庵先生五言詩鈔序

五言古詩實繼國風、雅、頌之後，若蘇、李之天成，曹、劉之自得，以至陶靖節之高風逸韻，蓋卓卓乎不可尚焉。三謝以降，正音日靡。唐興，沈、宋變爲近體，至陳伯玉始力復古作。迨李、杜後出，詩道大興，而作者日盛矣。然於其間求夫音節雅暢、辭意渾融，足以繼絕響而闖淵明之閫域者，唯韋應物、柳子厚爲然爾。自時厥後，日以律法相高，議論相尚，而詩道日晦焉。宋室南遷，晦庵朱子以天挺豪傑之才，上繼聖賢之學，文詞雖其餘事，間嘗讀大全集，觀其五言古體冲遠古澹，實宗風雅而出入漢魏、陶韋之間。至其齋居感興之作，則又於韻語之中盡發天人之藴以開示學者，是豈漢、晉詩人之所可及哉。

又陳敬宗晦庵先生五言詩鈔後序

詩自三百篇以後，漢蘇、李變爲五言，而建安曹、劉諸子繼之，詞氣高古，足以羽翼六義。至晉之陶，唐之韋、柳，冲澹典則，得温柔敦厚之遺意焉，亦足以興衛風雅無忝矣。然自蘇、李以後，千有餘年之間，作者固多，而或失之綺麗，或失之巧密，無復唱嘆之遺音，可慨也。後宋晦庵朱先生以道統之學，上承先聖，下開後人，於注釋經傳之餘，時時發諸詠歌，衆體悉備，而尤粹於五言，蓋出入漢魏、陶韋之間，而興致高遠則或過之。藴淡薄之味於大羹玄酒之中，揚淳古之音於朱弦疏越之外，誠曠代之稀聲也。至於感興之作，則又不徒以詩爲詩者焉。自夫天地陰陽之妙，性命道德之懿，古先聖賢開物成務，立則垂訓之要，歷世治亂興衰之迹，與夫仙釋之誕妄，教化之淪喪，悉於此焉發之，所以正人心於不泯，遏邪説於復萌，其有關於世教、有功於學者大矣，豈特陶情適性而已哉。昔烝民之詩有曰：「天生烝民，有物有則。民之秉彝，好是懿德。」孔子贊之，以爲知道。噫！其先生之謂矣。然則所謂羽翼六義、興衛風雅者，將不在於漢魏、陶韋，而在於先生無疑矣。

又周木成化重刊晦庵先生五言詩鈔序　晦庵詩文鈔者，鄉先達思庵吴公之所輯也。侍御婁君克讓奉命來察南畿學政，間嘗訪余，見而有感焉，乃曰：「子朱子之文章雖其餘事，然若布帛菽粟，民生不可一日而闕者。故或片言半語，人知尊信。況詩與文尤其言語之精者乎，而鈔尤詩文之精者乎。窮鄉晚進，艱獲全集，幸睹此編，亦尤愈於終身而不知焉。」既而請歸，俾翻刻於太平郡黌，用博其傳。蓋特使夫游藝者知所歸宿，而非欲其徒事乎詞藻，其即子朱子取鞠歌擬招之遺意也。若乃居敬以立其本，窮理以致其知，反躬以踐其實，是則子朱子之學之大成，學者所當没身鑽仰而弗措者。

吴訥文章辨體卷十七鄭僑孝宗除朱熹直寶文閣主管西京嵩山崇福宫誥　朕惟廉節不立，風俗未淳，思得難進易退之士，表而用之，庶幾曠然變其舊習。爾之學術，遠有淵源，其爲操行，養之久矣。志在憂世，曾未得一日立於朝。比以部刺史，入奏便殿。朕嘉其讜論，留寘郎曹，蓋將進諸清要之地。遽以疾諗，祈反初服。既勉從於素志，復更請於真祠。夫招麾何意於去來，仕止不形於喜愠，此古之清達之士也。朕察爾於是，陞職二等，聽食優閑之禄。身雖在外，亦有補於風化云。淳熙十五年八月日，中書舍人鄭僑行詞。（「淳熙」以下原缺，據戴銑朱子實紀卷九補）

吴與弼康齋集卷一寒疾未醒兼困於瘡廢書默詠朱子及陸象山兄弟鵝湖倡和詩僭次其韻　先哲高風悉所欽，考亭朱子益留心。滄溟浩浩吞諸水，泰華巍巍失萬岑。理極研精無窔奥，形純踐履更深沉。微軀每恨生來晚，空慕聲容隔古今。

又卷七觀語類後作　平生朱訓不離紳，舟上微言月夜親。又喜朱鄉山水近，幸哉亦是及門人。

吴澄吴文正集卷十五張達善文集序　朱子祖述周、程、張、邵，而辭莫有同者焉，誰謂儒者之文不文人若哉。彼文人工於詆訶，以爲「洛學興而文壞」。夫朱子之學不在於文，而未嘗不力於文也。奏議仿陸宣公而未至，書院學記，曼衍繚繞，或不無少損於光潔。若他文則韓、柳、歐、曾之規矩也，陶、謝、陳、李之律吕也。律之吕之，規之矩之，而非陶非謝、非陳非李、非韓非柳、非歐非曾也。是豈區區剽掠掇拾者，而猶有詆訶者乎。

又卷六十二跋朱子慶元己未十二月四日與益公書　聖賢之道，不幸不行於當時，猶幸其得明於後世也。朱子以慶元庚申之季春卒，此書貽丞相益國周公，乃己未之季冬，相距四月爾。當時僞黨之禁如燬，殆甚匡人桓魋之厄。及至我朝表章崇尚，與元聖俱，何其幸歟。雖然，尊其道在乎上，明其道在乎下。上之人尊之則至矣，下之人亦或明之否乎？夫見此遺墨而愛重焉者，愛重其道也。朱子之道，豈繫此遺墨也哉。有已陳之迹，有常新之心。舍其已陳而得其常新，朱子之所望於來今也。

吴錫疇蘭皋集卷末王應麟題蘭皋集後　晦翁言詩，以三百五篇爲根本。翁詩爲中興冠冕，豈劇目鉥心，有意於詩哉，本深而末茂，實大而華榮也。

何焯義門讀書記卷四十一評曾鞏爲人後議　此等文後惟子朱子能之。

汪琬堯峰文鈔卷二十九王敬哉先生集序　陵遲益甚，文統、道統於是岐而爲二。韓、柳、歐陽、曾以文，周、張、二程以道，未有彙其源流而一之者也。其間釐剔義理之絲微，鑽研問學之根本，能以其所作進而繼孔子者，惟朱徽國文公一人止耳。儻微文公論説之詳，辨晰之力，則向之晦者幾何而不熄，向之亂者幾何而不澌滅蕩盡也。然則使孔子之文逾數十傳不墜，蓋文公之力居多。

汪琬劍南詩選序　宋南渡百四十年，詩文最盛，其以大家稱者，於文當推文公朱子，於詩當推務觀，其他皆名家而已。

沈德潛説詩晬語卷下　朱子五言不必嶄絶淩厲，而意趣風骨自見，知爲德人之音。

宋濂文憲集卷七徐教授文集序　自孟氏既没，世不復有文。賈長沙、董江都、太史遷得其皮膚，韓吏部、歐陽少師得其骨骼，舂陵、河南、横渠、考亭五夫子得其心髓。觀五夫子之所著，妙斡造化而弗違，百世以俟聖人而不惑。斯文也，非宋之文也，唐虞三代之文也。非唐虞三代之文也，六經之文也。文至於六經，至矣盡矣，其始無愧於文矣乎。世之立言者，奈何背而去之。

又卷二十九羅鄂州小集題辭　考亭朱子，取法魯騶，發人瑕纇，一髮必讎。獨推公文而弗舍者，以協理之微幽。

林亦之網山集卷一同安撫趙子直汝愚餞朱晦庵於懷安二首得重字 祖帳寒梅白未空，已看新葉緑重重。八州斧鉞送行客，十里旌旗遶暮峰。北斗獨高韓吏部，南州争慕郭林宗。一時賓主俱豪傑，敢道招要到野農。　虎夷長想蕙蘭蹤，螺渚幸修桑梓恭。詩造本情天下誦，學傳正統世儒宗。三山過客日無數，四海聞人此一逢。官燭行行送歸路，半村無月海雲重。

杭世駿道古堂全集卷九鄭筠谷詩鈔序 宋室理學鬱興，伊川擊壤、横浦偈頌，欲以陶詠性天，發揮理道，譬猶蕢桴葦籥以爲樂，羹藜飯糗以爲食，操奇觚者或迂而笑之。朱子超然一洗道學之障，清詞麗句，矯訛翻淺。

周必大周益公文集卷三十九祭朱元晦待制文 惟公起業夙成，師友交直。欲治濂伊，遂泝洙泗。皐覃思六藝，泛觀百家。穹理訂訛，含英咀華。未冠登科，不仕而隱。匏瓜豈繫，匵玉斯韞。陵急賢，麾節頻頒。民飢力振，吏惡以芟。聖主龍飛，侍言持槖。引年掛冠，遂及冥漠。昔我先德，傾蓋尊君。政和戊戌，雁塔聯名。公晚慕親，卜徙防墓。方屬我銘，已聞公訃。掛劍之義，其何敢渝。絮酒失辭，聊復公書。

胡次焱梅巖文集卷七跋輶軒唱和詩集 南渡前説詩文家必曰蘇、黄，南渡後説道學家必曰朱、張。云云魏公功在社稷，何在南軒之增潤；若韋齋不得晦庵，竊料吏部聲價，未必如今日赫赫也。是故貴有子也。

胡應麟詩藪雜編卷五　大抵南宋古體當推朱元晦，近體無出陳去非。

又外編卷五　宋人一代，沾沾自相煦沫，讀其遺言，大概如入夜郎王國耳。惟朱元晦究心古學，於騷則注釋靈均，於賦則發揚司馬，於詩則指歸伯玉，於文則考訂昌黎，皆切中肯綮，即後世名文章家不能易也。彼訓詁六經，業已并兼千古，弩末刃餘，復暇及此，才豈易哉！

又　宋之學陳子昂者，朱元晦。

洪力行朱子可聞詩集序　昔胡澹庵愛先生之詩，與王民瞻同薦於朝，先生嘆爲不知己，蓋不欲以詩名也。而後之學先生者，奚爲於先生之詩？且其詩之精奥宏博，莫若齋居感興諸作，而集中反不及之者何？曰：此固先生之所許可也。先生著作，自經書傳注懸諸甲令外，他若近思、小學、家禮、綱鑑、名臣言行、伊洛淵源諸録，旁及楚詞注、韓文考，莫不家置一編。而皇上又頒淵鑒齋所藏全書於學官，俾人咸得誦習，先生之道既昭如日星矣。惟是操觚家視理學、風雅判然兩途，語及於詩，謂自有專門名家，何必朱子。不知夫詩者持也，持其性情以歸於正也。專門名家能各自抒其性情矣，詎能持人之性情乎。即如元輕白俗、島瘦郊寒，太白仙、長吉鬼，不善學之，則偏至之病必有中於性情者，又何論香奩、宮體之屬哉。故必有真理學而後有真風雅，以其有存乎詩之先者，而不徒爲詩人之詩而已也。先生惟不欲以詩名，故其詩尤有補於學者，此吾所以急録先生之詩以示世也。至於反不載説理諸詩者，又有故焉。記曰：「不學博依，不能安詩；不興其藝，不能樂學。」是以古人將有事於河，必先事於滹沱，慎之至也。感興詩二十章，性理吟一百首，性與天道具見於斯，非初學可遽通曉。莫若先取其流連景光，雕刻萬物以歌詠乎性情者，優而游之，旁引而流示之，自然忘理學之高深而樂風雅之和易。久而有得，將更有進於是者，與學者求之，而此則夫子之文章可得而聞者也，是以名其集曰可聞也。然則先生詩法與彼專門名家者異乎否？曰：非愚之所敢知也，然竊聞其略矣。先生嘗欲分古今詩作三等，自書傳所記虞夏以來及魏晋爲一等，附三百篇、楚辭後，爲詩之根本準則；顔、謝以下及唐初爲一等；自沈、宋定著律詩，下及今日又爲一等。於二等中擇其近古者以爲之羽翼輿衛。是先生之取法乎上也。云李、杜、韓、柳詩皆學選，杜、韓變多，李、柳變少。自其變者而學之，不若自其不變者而學之，是先生之與人以規矩也。詩尤愛陶徵士、韋左司、柳柳州，云不如是，無以發其蕭散冲淡之趣。答鞏仲至書云：「來諭漱六藝之芳潤，以求真淡，然恐穢濁爲主，芳潤無由入。須更洗盡腸胃間夙生葷血，然後此語方有措。」是詩貴於淡，而又當先治其性情也。嘗病詩句之用經語，而不喜人使事，曰：「『關關雎鳩』，出在何處？」是爲詩者當去陳言，空諸依傍也。又云：「當其不應事，平淡自攝，勝於思量詩句。至其真味發溢，又却與尋常好吟者不同。」是先生本不求工於詩，而天籟自鳴，無非詩也。夫惟平淡自攝，以去其腸胃間穢濁，及乎真味發溢，自然有得於蕭散冲淡之趣。又取法乎上而明其宗派，學乎不變者而守其規模，則雖不用經，不使事，自無片言隻字不有根源。吾所謂有存乎詩之先，而不徒爲詩人之詩者，此也。聞先生之詩，復聞先生所以説詩，以之持其性情，學者將化其偏而歸於正也可知矣，又安在文章非即性道哉。

又卷五南城吴氏社倉書樓爲余寫真如此因題其上後 詩凡五卷，冠以遠游，始之欲行道也；殿以殘編付後人，終之在傳道也。道不行，一時不幸，道有傳，萬世共幸矣。是先生一生之始終，即此編五卷之始終。

洪亮吉北江詩話卷三 南宋之文，朱仲晦大家也；南宋之詩，陸務觀大家也。

袁桷清容居士集卷四十六跋朱文公與辛稼軒手書 晦庵嘗以「卓犖奇才，股肱王室」期辛公，此帖復以克己復禮相勉，朋友琢磨之道備矣。嘗聞先生盛年以恢復爲最急議，晚歲則曰「用兵當在數十年後」；辛公開禧之際，亦曰「更須二十年」。閱歷之深，老少議論自有不同焉者矣。公所居號帶湖，一夕而燼，時文公猶無恙。慶元四年，公復殿撰，此書蓋戊午歲以後所作，至六年則文公夢奠矣。今觀此帖，益知前賢講道，彌老不廢，炳燭之功，良有以也夫。

袁燮絜齋集卷八題晦庵帖 淳熙辛丑之歲，四明大饑，某待次里中。晦翁貽書郡守謝侯，謂救荒之策，合與某共講之。某雖心敬晦翁，未之識也。久而吕子約爲倉官，晦翁屢遺之書，未嘗不拳拳於愚。不肖自念何以得此，或者過聽以爲可教耶？後七年，子約爲太府丞，表對鯁切，權臣惡之，貶謫以死。晦翁痛傷之，與曾君道夫帖言之不置。夫君子之善善惡惡，豈有私意，優於天下而喜，邦家殄絕而憂，根諸中心，形於翰墨。道夫寶藏之，時時覽觀，有所感發，其用力於斯道者耶。

高斯得恥堂存稿卷五跋朱文公與劉静春帖　嗚呼！先生古之大人也，而林栗詆其傲慢，沈繼祖斥其不孝，千載之下，將惟先生之信，抑二僉人之信乎。斯得之愚，於先生相萬也，戊申按吏浙東，或者謬稱其似。乃今蕭泰來以倨傲不孝見劾，復與先生同，寧得不荷之以爲榮乎。三復遺帖，慨然以嘆，因拜手書於其後。

高攀龍高子遺書卷三晦庵先生贊　删述六經者孔子也，傳注六經者朱子也。子以四教，文行忠信。子所雅言，詩書執禮。孔子之學，惟朱子爲得其宗，傳之萬世而無弊。孔子集群聖之大成，朱子集諸儒之大成。聖人復起，不易斯言。

陸游渭南文集卷四十一祭朱元晦侍講文　某有捐百身起九原之心，有傾長河注東海之淚，路修齒耄，神往形留。公没不亡，尚其來饗。

陳文蔚克齋集卷十一祭朱先生　於戲先生，天喪斯文。以身任道，名教所存。海内學者，孰不推尊。梁木正頹，奠楹遽聞。載惟孔孟，道喪千歲。周程勃興，始克有繼。既舉宏綱，亦闡奥義。滌昏啟瞶，以詔來裔。未及百年，寖訛厥傳。微言既絶，所見各偏。墜緒雖在，莫窺其全。先生病之，遺書手編。先生之學，淵源有自。乃於其中，克自振厲。窮討幽探，曲盡微細。有發其端，今極其備。風霆雨露，草木山川，鬼神幽明，古今後先，即事即物，理無不然，一以貫之，周流渾圓。出入六經，貫穿百代，小道曲藝，搜羅罔外。事有是非，理或向背，咸能折衷，各當其會。中和之氣，備於厥躬。得之既全，養之既充，事極萬變，莫攖其鋒。全體大用，高明中庸。推以教人，無所偏倚。致知力行，曰無二理。章分句析，其歸切己。誰謂博文，而不約禮。嗟我小子，性實顓愚。屑屑往來，空空鄙夫。先生憐之，許令趨隅。謂敏不足，而樸有餘。坐厄饑寒，復阻長道。引睇門墻，弗克頻造。緘書遠貽，每約其到。心動形留，則以實告。於戲先生，天地之仁。丁巳之冬，戊午之春，招之使來，授業諸孫。因獲終歲，侍教諄諄。冬暮告歸，拜於席下，期以己未，復到精舍。曁其及家，老父病卧。此意雖厚，不容不謝。尚期再見，款侍誨音。一再報書，疾病已侵。往省未果，訃告忽臨。仰天長號，涕泗滿襟。嗟我小子，業猶未卒，天奪老師，云胡甚疾。有信無徵，有疑無質。既失依歸，莫明統一。所幸諸書，訓釋已詳，率非空言，道學之綱。雖極昏懦，敢不激昂。有負明訓，即負彼蒼。嗚呼先生，儀刑永别。念昔暫違，今焉永訣。歷歷在耳，言猶未絕。薄奠訴情，豈知予切！

陳廷敬午亭文編卷十七晦庵論詩 儒林道學費調停，雅頌分明在六經。記得考亭詩法好，先從陶柳入門庭。

又卷三十五願學齋文集序 朱子自韓、歐陽以下皆有譏焉，而獨稱南豐先生之文。故朱子之文出於南豐。

陳訏宋十五家詩選朱子詩選 朱子詩高秀絕倫，如峨眉天半，不可攀躋。至其英華發外，又覺光風霽月，粹然有道之言，千載下可想其胸次也。

陳康黼古今文派述略　朱子名熹，字元晦，婺源人。天姿粹美，讀書務躬行。父松，字喬年，初爲尤溪尉，後知饒州。嘗誦大學、中庸，用力於致知誠意之地。朱子幼承家學，慨然有志於聖賢。云云爲文師法韓、曾，一出自然，可謂南宋以來卓然一大家。然後進效之，理不足以舉其詞，未得其精深，徒得其柔緩，於是冗沓萎苶之弊起矣。

又　南渡以後，國勢變而文亦不振。云云東萊先生文筆俊爽，頗能步武東坡，第博議一書，乃其少作，未免有掉弄虚機之誚。朱子亦謂伯恭之文失之纖巧，誠不易之論也。故南宋之文，必以朱子爲大家。

陳淳北溪大全集卷首王環翁北溪大全集序　孟子而後，斯道顯於濂洛；濂洛之後，斯道顯於紫陽。一時門人半天下，惟北溪陳先生獨傳派漳南。云云戒懼、謹獨二箴，與朱子箴敬齋同一轍。程、張、吕言仁二辨，與朱子辨輯略同一機。字義，近思録也；雜詠，感興詩也。篇篇探心法之淵源，字字究性學之藴奥，誠又與朱子大全文相先後。朱子之道學大明於世，羽翼之功，先生居多。當時稱爲朱子嫡嗣，其信然歟。

又卷首林士章萬曆重刊北溪先生大全文集序　晦翁之門從游者□，而北溪先生尤能推明而光大之。云云宋之南也，天生朱子以集群儒之大成，而先生諸人爲之翼。是朱子爲先聖之嫡統，而先生爲朱子之嫡統也。

陳傅良止齋先生文集卷十五朝散郎焕章閣待制兼侍講朱熹登極恩轉朝請郎　敕：朕以眇躬，嗣膺丕緒。闕焉懼無以紹列聖之休，訪落求助，庶幾周成。子大夫其將何以佐朕也。具官某學先聖之道，而明於當世之務。三仕三已，義不苟合，天下高之，蓋累朝之所嘉嘆而不忘也。長沙謀帥，强爲時起，肆予初政，式遄其歸。處之次對，於以勸講，朕將虛己聽焉。爰因大賚，叙進厥秩。雖曰舊章，亦朕美意。可。紹熙五年十月日，中書舍人陳傅良行詞。（「紹熙」以下原缺，據戴銑朱子實紀卷九補）

又朝散郎焕章閣待制侍講朱熹封婺源縣開國男食邑三百户　敕：朕新嗣服，將有事於合宫，兢兢焉懼無以接三才之奥也。爰求儒先，來相予祀。具官某經明行修，士所高仰。而越在藩服，朕敢忘之乎？昔者孝文受釐宣室，召見賈誼；而武帝建封，顧使太史談留滯周南，不與從事。二帝優劣，於是乎見。此朕所以式遄爾歸也。徹之土田，雖循故事，籲俊尊帝，蓋庶幾焉。可。

陳僅竹林答問　問：昔人論詩，謂不可墮入理障，然乎？答：宋人以詩爲語録則不可，若烝民之詩，有尹吉甫之「穆如清風」，何不可之有？此惟朱子詩庶足以當此。

陳經禮偶論宋詩十絶句八　道學千年俎豆新，復工餘事作詩人。武夷澗曲衡山麓，書屋梅花清絶塵。

陳霆渚山堂詞話序　詞曲於道末矣，纖言麗語，大雅是病。然以東坡、六一之賢，累篇有作；晦庵朱子，世大儒也，江水浸雲、晚朝飛畫等調，曾不諱言。用是而觀，大賢君子，類亦不淺矣。

陶安陶學士集卷十六詩盟記　夫徽，朱子之邦也。朱子道德渾成，發言爲詩，卓卓超絕。遺風餘響，久而彌存，今其邦之士故多能詩者。

孫承澤庚子銷夏記卷一　晦翁在浙東時，侍御史謝廓然、陳賈，秘書郎趙彦仲首攻之。後以提刑召對，人恐其遂陟清要，唆侍郎林栗極論之，謂其爲亂人之首。及韓侂胄用事，則御史林采、施康年攻爲僞學。是時言官以晦翁爲奇貨，御史胡紘嘗謁晦翁山中，飯以脱粟，怒之，與太常沈繼祖共詆其十罪。汪義端、余嚞又請斬之，以絕僞學。京鏜、何澹輩謂其講學山中，棄母不養，使其乞食親黨。小人誣陷之，惟恐不至。方林栗上疏時，其友人止之，謂朱待制當今聖賢，何仇而必欲痛詆？林曰：「吾見其面貌可憎，擊邪人非詆聖賢也。」友人曰：「昔人指孔子爲喪家狗，或亦見其面貌可憎耳。」林曰：「使孔子而在，吾亦不辭爲叔孫武叔，况此么麽。」嗟乎！小人無忌憚，一至於此！未幾，晦翁舉世仰之如山斗，得其片楮隻字，寶如琬琰，則當日小人殊足憐，不足惡也。故士君子立身行己，有終身之憂，無一朝之患。閲先生遺墨，謾記於此。時庚子四月初九日。

孫應時燭湖集卷十三祭晦翁朱先生文　嗚呼！先生名在天壤，道在方策。其試也，嘗剖符握節而大庇其民；其遇也，得持橐執經而獻忠於上。紛世議之排擯，幸家居之樂康。懸車引年，曳杖安死。今則已矣，人其謂何。某猶冀及門，庶幾卒業，永負此恨，曷敢他論。嗚呼！去夏之枉書，杪春而拜賜。筆言游之祠事，標吳地之軼聞。託名其間，爲惠不朽。若乃丹陽之改爵，實載定陵之長編。竊訂所疑，敢因以告。窮途承訃，菲奠寓哀，惟有精神，不間生死。

黄榦勉齋集卷二十一送方明父歸岳陽序　晦庵先生以道德爲學者師，榦少不自量，得與弟子列，竊窺其容貌端莊，儼然終日未嘗懈；玩索理義，片詞隻字未嘗忽；厲志聖賢，以身任道未嘗忘；誘掖後進，寸長片善未嘗棄；端居一室，世之玩好無所嗜；安貧自樂，世之富貴無所慕；篤信善道，世之毁譽無所恤；臨事度義，世之利害無所擇。其精微高遠者，非末學所可知。其可知者，亦人之所共知也。

又卷二十二書晦庵先生語録　先生之著書多矣，教人求道入德之方備矣。師生函丈間，往復詰難，其辨愈詳，其義愈精。讀之竦然，如侍燕閑承謦欬也。後之學者，誠能齊心而玩之，歷千載而如會一堂，合衆聞而悉歸一己，是書之傳，豈小補哉。

又卷三十六祭晦庵朱先生　吁嗟斯文，有廢有興。其廢也三綱淪而九法斁，其興也大經正而大誼明。是其所關，豈不甚重，而夫子胡乃一疾而隕其生。若昔孔孟，迄于周程，異世相望，各以道鳴。迨去古之益遠，紛異説之縱横。其精微之蘊既不可得而見，幸而託諸文字之間者，亦且踵訛承舛而莫見其全經。自夫子之繼作，集累聖之大成，其知生知，其行安行。其襟懷洒然，光風而霽月；其言動肅然，左矩而右繩。望之者雖憚其貌莊而言厲，即之者常樂其心和而氣平。資本高明而志道益遠，性實通敏而索理益精。主敬以立本而動静無間，格物以致知而毫釐畢呈。大而察諸天地陰陽之變，遠而驗諸古今事物之情。仁義禮智，不離五性之所賦；洒掃應對，洞見一理之所形。其精義入神，既有自然之權度，則窮經考古，莫不炳然如日星。謂中庸爲造道之閫奥，謂大學爲入道之門庭。究本義以言易，而深得卜筮之旨；黜小序以正詩，而力辨雅鄭之聲。探語孟之編，而如對鄒魯之問答；述周程之書，而一新濂洛之典刑。至於星曆地志，曲藝小數，不可以悉究；騷人墨客，窮年卒歲，僅見其可稱。莫不折之以理而各造其極，蓋亦得之於天命，而非學可能。信本深而形矩，故末茂而聲宏。其立朝也，危言正色，屢形於感慨；其臨政也，仁民利物，一本於哀矜。立經陳紀而不爲苟簡之計，摧奸摘伏而不求姑息之名。當就而就，不事乎矯激；可止而止，力辭夫寵榮。積者厚而施不遐，身雖否而道則亨。婆娑丘園，湛若無營。上以尋墜緒之茫茫，下以警瞶俗之冥冥。諸老先生，咸資於質正；後學小子，幸得於師承。肆逃禪之論者莫能以惑世，騁雜伯之説者不容於抗衡。傳聖統以繼絶學，正人心而息邪説，夫子之功大矣！則一存一亡，豈不有係於斯世之重輕。嗚呼蒼天！曾是莫聽，曷不百年，大命以傾。

黄震黄氏日抄卷三十四　誦佛經詩云「聊披釋氏書」，結之曰「了此無爲法，身心同晏如」。又讀道書詩「終朝觀道書」，繼之曰「於道雖未庶，已超名迹拘」。先生之博覽旁通蓋如此。然有先生之識則可，無先生之識則惑也。且此皆初卷詩，多少年時所作，晚歲論語集序自悔「昔者吾幾陷焉」，豈謂此時此類與。

又 四十七卷皆答吕子約書，所問似覺纏繞細膩，費先生之説甚多，使人厭倦。

又 與韓尚書、龔參政、陳丞相等書，皆論出處痛快語也。

又卷三十六 謝表通啟，皆和平直叙，世之掇拾古語、牽對爲工者可觀矣。祝文皆以誠通神明，不爲文。

又 六經之文皆道，秦漢以後之文鮮復關於道，甚者害道。韓文公始復古文，而猶未必盡純於道。我朝諸儒始明古道，而又未嘗盡發於文。至晦庵先生表章四書，開示後學，復作易本義、作詩傳，面授作書傳，分授作禮經疏義，且謂春秋本魯史舊文，於是明聖人正大本心，以破後世穿鑿。凡例謂「周禮，周公未必盡行」，於是教學者非所宜先，於身事一句無預，提挈綱維，疏別緩急，無一不使復還古初。六經之道，賴之而昭昭乎如揭中天之日月。其爲文也，孰大於是？宜不必復以文集爲矣。然其天才卓絶，學力宏肆，落筆成章，殆於天造。其剖析性理之精微，則日精月明；其窮詰邪説之隱遁，則神搜霆擊；其感慨忠義，發明離騷，則苦雨淒風之變態；其泛應人事，游戲翰墨，則行雲流水之自然。究而言之，皆此道之流行，猶化工之妙造也。程夫子有言：「觀萬物而後盡化工之妙。」愚故一一伏讀之而抄記如右。孔子，元氣也；孟子，泰山巖巖氣象也，故孟子於議論排闢之間，亦有隨時而異者，而晦庵先生似之。如荆公誤國，東坡忠讜，先生平日蓋所屢言。及汪玉山主張蘇學太過，先生則又寧以荆公爲賢。故讀先生之書者其别有三：如語類，則門人之所記也；如書翰，則一時之所發也；如論著，則平生之所審定也。語類之所記，或違其本旨，則有書翰之詳説在；書翰之所説，或異於平日，則有著述之定説在。然議論固至著述而定，若其欲復肉刑，恐亦不可不審。蓋天下之義理無窮，先生未嘗自足，學者所當參考而謹思。

又卷三十九 晦翁之言，精到開拓，足集諸儒之大成。先生之文，和平含蓄，庶幾程氏之遺風。晦翁精究聖賢之傳，排闢異説，所力任者在萬世之道統；先生將命君父之間，誓誅讎敵，所力任者在萬世之綱常。元氣胥會，二儒并出，其更相切磨，友誼卓然，又足使千載興起。嗚呼，此其所以爲乾、淳之盛歟！

晦庵文抄續集卷首崔銑晦庵文抄續集序 孟氏以來，荀卿之文離道，程子之書尚簡，至文公粲如也。邃探於渾淪，細入於絲毛，發道若指諸掌，闢邪則抉其肺肝。蓋文公性既高明，濟之沉密，心即道義，助以剛毅。每讀一篇，即心目開朗，惑解而志奮矣。嗟乎！道之不行，僞儒汩之；儒之多僞，異端亂之。在昔兩漢，俗厚事省，士讀書必明理，修己必適用，處必樹節，出必竭忠。雖或者譏其故訓之陋，君子服其忠信之純。降而魏晋，惟尚麗詞清談，遂致臣弑君，夷猾夏，胡僧桀黠，乘隙而入。佛澄、羅什售訞幻於北，達磨、曹溪倡心性於南，文字益繁，議論轉切。唐有天下三百年，吏治焕乎可述，儒道未嘗一日而明也。宋興，而禪談極矣。修顒、宗杲開堂説法，國老節士皆俯伏歸依之。張無垢雜禪於儒，改换頭面，真贋不別矣。銑考文公答問，其宗佛者什之七八，文公洄研童豪，碎心弊舌，疑若有未信者。銑論其世，其犬戎虎噬切隣，其弱主寄生僻土，孰抱長筭，可安一障乎。學者託身借譽，祗圖私計。上之眇忽前賢，獨任傳道；下之鉤致時名，自號正宗。求其真空定力，死生不貳，如元城、了齋者，凡幾人與。銑今取我文公切言真訣可翼先聖者，約同志共習之。

許學夷詩源辨體卷二十三　朱子初年五言古悉學蘇州。

又後集纂要卷一　朱元晦五言古最工。宋人五言古，歐、蘇門户雖大，然悉成大變。國朝諸公則選體稍近，而唐體實疏。元晦五言古，初年嘗擬十九首，既而悉學應物，又既而學子昂，又既而學子美，音節步驟十不失一，實在我明諸家之上。元瑞稱其「製作頗遡根源」是也。元晦嘗言：「某後生見人做得詩好，鋭意要學，遂將淵明詩平仄用字一一依他做。到一月後，方得作詩之法。」蓋元晦本學淵明，然未易仿佛，故其冲淡者遂爲應物，宏大者即成子美也。人知陶、韋爲一源，不知子美音調實與陶爲一源也。

康熙御製文集第三集卷四十三答吕伯恭書　極精細又極渾融，非朱子不能見到此。

又第四集卷二十八文章體道親切惟有朱子　朕自冲齡留心載籍，嗜讀古人之文，選秦漢以及唐宋諸名作彙爲一書，逐篇親加評論，名曰古文淵鑒。旋授梓頒賜，以廣其傳於天下。邇年來，常置案頭，以備温習。兹於避暑山莊，萬幾之暇，翻閲經史性理諸書，復取古文披覽一過。其中氣韻古雅，辭藻典贍，各擅所長，固極文章之能事。至於體道親切，説理詳明，闡發聖賢之精微，可施諸政事，驗諸日用，實裨益於身心性命者，惟有朱子之書駕乎諸家之上，令人尋味無窮，久而彌覺其旨。此朕讀書嗜古閲歷數十年之後，有得於心，特爲拈出，善讀書者當必能知之。

康熙詩初集卷八讀朱子詩有儆因效其體　見獵心猶喜，吟詩興欲狂。工夫未精到，觸處是乖張。天理與人欲，只争一綫多。出此入乎彼，爲學戒蹉跎。是非心豈二，惟人默自斟。但識知非者，便是是的心。罔念聖作狂，克念狂作聖。罔克慎自持，其要在居敬。居敬非虚言，端爲不自欺。己所獨知地，便是衆知時。知得一尺時，不如行一寸。若教玩愒過，永無精進分。人生非孔顔，誰能無過尤。屢過而屢悔，非以慎厥修。我視普天下，無處可偷閑。一念敬與肆，人鬼即此關。人咸秉善念，常被私慮侵。所以古達者，孜孜惜寸陰。寸陰誠可惜，要道在躬行。如其力不逮，切近惟存誠。

梁章鉅退庵隨筆卷二十一　文貞意在講學，於詩詣力未深。其於唐詩，只取張曲江及燕、許、李、杜、韓、柳數家，宋詩只取歐陽文忠、王荆公、朱子三家。

又　南渡以後有道學派，以朱子爲領袖。再降而爲四靈、江湖兩派，而宋詩遂衰。

張吉古城文集卷四新刊晦庵詩略序　嗚呼！聖賢之詩，與尋常騷墨之士得其一格足以博淺夫之鑒賞者不同。姑以是編言之，蓋兼蘇、李之體制，陶、孟之風調，韋、柳之音節，而其理趣則直與風雅正聲相爲表裏，非漢、晋而下詞人所及。生乎其後，不根於此而有能詩聲者，我不敢知也。尚以衆體篇什浩繁，弗克遠致以公郡士爲憾。然求其切於日用之實，則感興諸作，雖衆體莫先焉。學者於此沉吟涵泳，有得於心，則日用緩急先後之序，與夫聖賢不得已而有言者，必知其説，則衆體雖或不能遍觀悉覽，恐亦非所汲汲者矣。况附録諸篇，亦足見其雖因一事而發，無非發於性情、止乎禮義之大概。而或者欲以一藝成名，固亦無俟他求，有以得其尺度矣。

張孝祥于湖集卷九酬朱元晦登定王臺之作 海内朱公子，端能爲我來。譚諧渉今古，歡喜到輿臺。日月何曾蔽，風雲會有開。登臨一杯酒，莫作楚囚哀。

張伯行正誼堂本羅豫章先生文集序 延平答朱子問學，必舉羅先生緒言相諄勉，其謹師傳以成後學如是。至朱子擴而充之，致廣大，盡精微，使孔、孟、周、程之旨融會歸一，如萬派之朝宗於大海。

張栻南軒集卷一詩送元晦尊兄 君侯起南服，豪氣蓋九州。頃登文石陛，忠言動宸旒。坐令聲利場，縮頸仍包羞。却來卧衡門，無愧自日休。盡收湖海氣，仰希洙泗游。不遠關山阻，爲我再月留。遺經得紬繹，心事兩綢繆。超然會太極，眼底無全牛。惟兹斷金友，出處寧殊謀。南山對床語，匪爲林壑幽。白雲政在望，歸袂風颼颼。朝來出别語，已抱離索憂。妙質貴强矯，精微更窮搜。毫釐有弗察，體用豈周流。驅車萬里道，中途可停輈。勉哉共無斁，邈矣追前脩。

又卷十五南岳唱酬序 某來往湖湘踰二紀，夢寐衡嶽之勝，亦嘗寄跡其間，獨未得登絶頂爲快也。乾道丁亥秋，新安朱熹元晦來，訽予湘水之上，留再閱月，將道南山以歸，迺始偕爲此遊，而三山林用中擇之亦與焉。粤十有一月庚午，自潭城渡湘水。甲戌，過石灘，始望嶽頂。忽雲氣四合，大雪紛集，須臾深尺許。予三人者飯道旁草舍，人酌一巨盃。上馬行三十餘里，投宿草衣巖，一時山川林壑之觀已覺勝絶。乙亥，抵嶽後。丙子，小憩，甚雨。暮未已，從者皆有倦色。湘潭彪居正德美來會，亦意予之不能登也。予獨與元晦決策，明當冒風雪亟登。而夜半雨止，起視明星爛然。比曉，日升暘谷矣。德美以怯寒辭歸，予三人聯騎渡興樂江，宿霧盡卷，諸峯玉立，心目頓快。遂飯黄心，易竹輿，由馬跡橋登山。始皆荒嶺彌望，已乃入大林壑，崖邊時有積雪，甚快溪流，觸石曲折，有聲琅琅。日暮抵方廣，氣象深窈，八峯環立，所謂蓮花峯也。登閣四望，霜月皎皎。寺皆版屋，問老宿，云用瓦輒爲冰雪凍裂。自此如高臺、上封皆然也。戊寅明發，穿小徑，入高臺寺。門外萬竹森然，間爲風雪所折，特清爽可愛。住山了信有詩聲，云良夜月明，窻牖間有猿嘯，清甚。出寺，即行古木寒藤中，陰崖積雪厚幾數尺，望石廪如素錦屏。日影下照林間，冰墮鏘然有聲。雲陰驟起，飛霰交集，頃之乃止。出西嶺，過天柱，下福巖，望南臺，歷馬祖庵，由寺背以登。路亦不至甚狹，遇險輒有石磴，可步陟。踰二十餘里，過大明寺，有飛雪數點自東嶺來。望見上封寺，猶縈迂數里許乃至。山高，草木堅瘦，門外寒松皆拳曲擁腫，樛枝下垂，冰雪凝綴，如蒼龍白鳳然。寺宇悉以版障蔽，否則雲氣嘘吸其間，時不辨人物。有穹林閣，侍郎胡公題榜，蓋取韓子「雲壁潭潭，穹林攸擢」之語。予與二友始息肩，望祝融絶頂，褰裳徑往。頂上有石，可坐數十人。時烟靄未盡澄徹，然群峯峭立，遠近異態。其外四望渺然，不知所極，如大瀛海環之，真奇觀也。湘水環帶山下，五折乃北去。寺僧指蒼莽中，云洞庭在焉。晚歸閣上，觀晴霞横帶千里。夜宿方丈，月照雪屋，寒光射人。泉聲隔窗，冷然通夕，恍不知此身踞千峯之上也。己卯，武夷胡實廣仲、范念德伯崇來會，同游仙人橋。路並石，側足以入，前崖挺出，下臨萬仞之壑，凛凛不敢久駐。再上絶頂，風勁甚，望見遠岫次第呈露，比昨觀殊快。寒威薄人，呼酒舉數酌，猶不勝，擁氊坐，乃可支。須臾，雲氣出巖腹，騰涌如饙餾。過南嶺，爲風所飄，空濛杳靄，頃刻不復見。是夜風大作。庚辰未晚，雪擊窗有聲。驚覺，將下山，僧亦謂石磴冰結，即不可步，遂亟由前嶺以下。路已滑甚，有跌者。下視白雲滃浡瀰漫，吞吐林谷，真有盪胸之勢。欲訪李鄴侯書堂，則林深路絶，不可往矣。行三十里許，抵嶽市，宿勝業寺勁節堂。蓋自甲戌至庚辰凡七日，經行上下數百里，景物之美，不可殫叙。間亦發於吟詠，更迭唱酬，倒囊得百四十有九篇。雖一時之作，不能盡工，然亦可以見耳目所歷與夫興寄所託，異日或有攷焉，乃裒而録之。方己卯之夕，中夜凛然，撥殘火相對，念吾三人是數日間亦荒於詩矣。大抵事無大小美惡，流而不返，皆足以喪志。於是始定要束，翼日當止。蓋是後事雖有可歌者，亦不復見於詩矣。嗟乎！覽是編者，其亦以吾三人者自儆乎哉。作南岳唱酬序。廣漢郡張某敬夫云。

張端義貴耳集卷中 澹庵有薦賢録，首章謂上欲求詩人，遂薦十五人，以王庭珪爲首。晦翁亦以能詩薦，此時伊洛之學未甚專門也。

張德瀛詞徵卷五宋名臣大儒工詞 范文正、岳武穆，名臣也，真西山、朱晦庵，大儒也，而皆工於詞。云云蓋風會所趨，非必浸淫於此乃能之也。

張謙宜絸齋詩談卷五宋詩鈔 朱文公學詩煞用工夫，看其顏古色蒼，自非晁無咎諸人所及。因他胸中先有許多道理，然後尋詩家言語襯托出來，此却别是一路。詩家有象外圓機，而談理有一定繩尺，發揮既少藴藉，布置自露蹊徑。初意怕人不曉，又不欲使人見其針綫，三回五次修飾，已落後天。讀者但知爲經書注脚，不知爲風雅之宗。

葉紹翁四朝聞見録卷四章徠文公謚議 彼詞章製作，兼備衆體，雄深雅健，追并古作，亦可以爲文矣，而未足以爲道德博聞之文也；彼盡心獻納，隨事規諫，或抗直以揚名，或削稿而歸美，亦可以爲忠矣，而未必皆廉方公正之忠也。曰文與忠，惟公足以當之而無愧。合是二者，以定公行，傳之天下與來世，庶乎久而益信。

又劉彌正覆謚議 按公在朝之日無幾，正主庇民之學鬱而不施，而著書立言之功大暢於後，合文與忠謚公，似是而非也。有功於斯文，簡矣而實也。本朝歐、蘇不得謚文，而得之者乃楊大年、王介甫。介甫經學不得爲醇，其事業亦有可恨；大年政復文士耳，文乎文乎，豈是之謂乎。世評韓愈爲文人，非也。原道曰「軻之死不得其傳」，斯言也，程子取之。公晚爲韓文考異一書，豈其心亦有合歟？請以韓子之謚謚公。

喬億劍谿説詩卷上 朱子謂：「李太白終始學選詩，所以好。杜子美詩好者亦多是效選詩。夔州以前詩佳，夔州以後，自出規模，不可學。」大儒天縱，論詩亦深到如此。

焦袁熹閱宋人詩集十七首十一　道義真堪百世師，淵源未覺國風衰。皋比若道多陳腐，請誦屏山集裏詩。朱子詩亦包在裏，不敢置評故也。

焦循雕菰樓詞話　談者多謂詞不可學，以其妨詩、古文，尤非說經尚古者所宜。余謂云云古人一室潛修，不廢嘯歌，其旨深微，非得陰陽之理，未足與知也。朱晦翁、真西山俱不廢詞，詞何不可學之有。

御選唐宋詩醇卷四十五陸游寄題朱元晦武夷精舍　惟朱子稱此詩，惟此詩可寄朱子，所云詩中有人者。

鄒祗謨倚聲初集卷三遠志齋詞衷　詞有櫽括體，有迴文體。迴文之就句迴者，自東坡、晦庵始也。其通體迴者，自義仍始也。

賀裳載酒園詩話朱熹　詩雖不宜苟作，然必字字牽入道理，則詩道之厄也。吾選晦翁詩，惟取多興趣者。黃白山評：「胡澹庵嘗以詩人薦朱子於朝，朱大憾其不知己，戒不復作詩。余謂澹庵雖不知朱子，却知詩，蓋紫陽詩實勝當時諸人也。」如次秀野雪後書事：「惆悵江頭幾樹梅，杖藜行繞去還來。前時雪壓無尋處，昨夜月明依舊開。持寄遥憐人似玉，相思應恨劫成灰。沉吟落日寒鴉起，却望柴荆獨自回。」又次雪韻：「一夜同雲匝四山，曉來千里共漫漫。不應琪樹猶含凍，翻笑楊花許耐寒。乘興政須披鶴氅，瀹甘尤喜破龍團。無端酒思催吟筆，却恐長鯨吸海乾。」二詩俱風致，「楊花」句尤具慧心。

楊士奇東里文集卷四胡延平詩序　昔朱子論詩必本於性情言行，以極乎修齊治平之道，詩道其大矣哉。蓋自漢以下言詩莫深於朱子，而胡忠簡公嘗以是薦之，故知朱子之詩又莫深於忠簡先生。

楊士奇東里續集卷十八朱文公文集　晦庵先生文集一百卷。先生平昔於四書、諸經史傳發先哲之精藴、啟來學之聰明者，其書多矣，乃其餘力見諸文章，其多又如此，而皆至理之所寓也，學士君子所不可無者。吾家二十二册，得諸楊庶子勉仁云。

楊萬里誠齋集卷一百二祭朱侍講文　嗚呼！我未識公，得之欽夫，云今傑魁，舍公則無。我初識公，玉山道間，我病補外，公徵入關。平生相聞，恨不相識，既曰識只，一見相得。我欲從公，臨水登山，萬仞峰頭，攜笻捫天。揭取北斗，酌海爲酒，染雲爲裳，翦霞爲袖。海波若乾，更借銀河，二老醉倒，頓足浩歌。天不誘衷，室人癘疾，此意莫遂，遄反私室。猝猝一見，握手絕倒，借曰不款，亦慰懷抱。自此與公，好如弟昆，我齒兄公，公賢我先。邇來二老，年各七秩，告老之章，彼此若一。念欲命駕，千里訪公，尋盟玉山，一快我悰。有昊降割，曾不慭遺，奪國忠賢，奪我友師。赴告至止，一慟欲死。已乎元晦，吾道已矣！訣不公面，哭不公聞，生芻一束，以瀝我肝。嗚呼哀哉，尚饗！

楊榮楊文敏集卷十五題晦庵先生遺墨後　文公朱先生遺墨一幅，答其鄉先輩徵言之簡也。先生講道之餘，著書立言，不厭不倦，觀諸此簡，亦足仿佛當時之氣象。蓋其道高則不固拒，德盛則詞恭遜，無一而非教也。況翰墨古雅清潤，飄然揮灑之中而自不逾於法度，尤爲世所寶愛者乎。

虞集道園學古録卷三十三廬陵劉桂隱存稿序　予竊觀之，朱子繼先聖之絕學，成諸儒之遺言，固不以一藝而成名，而義精理明，德盛仁熟，出諸其口者，無所擇而無不當。本治而末修，領挈而裔委，所謂立德立言者，其此之謂乎！學者出乎其後，知所從事而有得焉。

又卷四十跋朱文公先生與黃商伯書後　按此書當是先生守漳州時與南康黃君灝之書也。紹熙元年庚戌四月，先生至漳州，所謂「至前申省自劾未回」者，當是去年十一月改知漳州之初文字也。十月地震，并以足疾不能赴錫宴，自劾求去。又明年始去州。商伯與先生論學，如陰陽五行、仁義禮智、物格知至、心喪等書，具見先生所答書。先生嘗有書與商伯云：「所論讀易之說，真無欲之說，皆平正精切，非一概悠悠之論。且年亦過中，而更閲世故又已多矣，乃能切切用力於此，愈於年少新學之爲者，是可尚已。」學者凋喪，古道闊希，所謂平正精切之學，歷練世變而用力尤切者，讀之竦然。

褚人穫堅瓠集六集卷三七里灘壁間詞　朱文公云：「頃年過七里灘，見壁間有胡明仲題詞刻石，拈出子陵懷仁輔義之語，以勵往來士大夫，爲之摩挲太息。後舟過，石不復存，或有惡聞而毀之也。獨一老僧能誦其詞，爲予道之，俾書之册。詞曰：『不見嚴夫子，云云終古照林巒。』」

或云此詞實先生所作也。

趙蕃淳熙稿卷九寄晦庵二首 道大誰能與，才難聖所嘆。浮雲雖蹔掩，寶氣不終蟠。走卒稱司馬，蒼生起謝安。縱無臨賀送，當有翰林觀。張膽言何壯，擎天志未摧。真成一夔足，何有萬牛回。感興能無句，憂時謾舉杯。江湖嗟屢役，巾屨阻追陪。

又卷十九段元衡出示與晦翁九日登紫霄峰詩及手帖并及賈八十兄詩既敬讀之得三絕句 紫霄峰上登高節，想見笑談賓主間。我亦於今有遺恨，不隨巾履上南山。晦翁比自浙東歸，過玉山，留數日。文章定價如金玉，入手可知高與低。今代師儒晦庵老，許君先達并江西。晦翁與元衡帖，見示佳句，有「正使江西諸先達在，不過如此」之語。季承新寄嶠南詩，君亦南游吊楚纍。冰水玉山元自好，蠻煙蜑雨只生悲。

趙翼甌北詩話卷六 放翁自蜀東歸，正值朱子講學提倡之時，放翁習聞其緒言，與之相契。家居，有寄朱元晦提舉詩、謝朱元晦寄紙被詩，又寄題朱元晦武夷精舍詩，所謂「有方爲子換凡骨，來讀晦翁新著書」也。及朱子卒，放翁祭之以文云：「某有捐百身起九原之心，傾長河決東海之淚。路修齒耄，神往形留。」是可見二公道義之交矣。

鄭大鶴先生論詞手簡二 朱文公嘗云：「不知宮位究在那裏。」其全書中有記俗譜管色，益錯亂已。此老不爲考據訓故之學，固未爲知樂也。

鄭玉師山集卷首餘力稿序 孟子既没，學者各以己見爲學、文章爲道，故韓退之、柳子厚、歐陽永叔、蘇子瞻輩咸以此名世。作者既曰足以盡斯道之傳，後之尊之者又曰是皆所謂傳而得其宗者也。塗天下之耳目，置斯民於無聞見之地，然則道之不明，文章障之也。道之不行，文章尼之也。文章之弊可勝言哉。云云至吾新安朱夫子集諸儒之大成，論道理則必著之文章，作文章則必本於道理，昔之尼者行，障者明矣。信乎有德之必有言，文章爲貫道之器，而非虚言之謂也。余年十數歲時，蒙昧未有知識，於前言往行無所擇，獨聞人誦朱子之言，則疑其出於吾口也；聞人言朱子之道，則疑其發於吾心也。好之既深，爲之益力，不惟道理宗焉，而文章亦於是乎取正。久而浸熟，不知我之學古人，而疑古人之類我也。人有笑而問者曰：文章宗韓、柳，道理宗朱、程，此萬世一論也。子之爲學，不亦謬乎？余曰：道外無文，外聖賢之道而爲文，非吾所謂文。文外無道，外六經之文而求道，非吾所謂道，吾於朱子折衷焉。問者曰：吾過矣，吾過矣，子之言是也。余懼問者之煩而應者之勞也，乃書其意而以白夫世之疑者，且名曰餘力稿，以見吾學之不專於文辭，而當有本也。至正庚寅三月朔，鄭玉序。

熊禾勿軒集卷一跋文公再游九日山詩卷　此淳熙乙巳，文公先生與休齋公諸賢游山唱酬集也。前三十年紹興丙子，文公嘗游九日山，與竹隱傳公泛舟金鷄，劇飲盡歡，歌楚辭，其音激烈悲壯。夷考其一時先生之志，其孰能測之。今集中九日懷古等作，乃其再至也。余嘗同釣磯丘君歷覽遺迹，則懷古猶存。嘗語寺僧以先生前後游山詩刻置堂中，并繪爲圖，使後之登覽者想見一時風猷之懿。而寺無好事者，徒有感慨係之。因思宇宙間無一物非道，則亦無一處非可樂。

泰山之登，沂水之浴，夫子豈好游者？要其胸中自有樂地，故隨其所寓，自然景與心會，趣與理融，無所不自適也。兒童誦東坡前後赤壁賦，但覺其有盪心悦目之趣而不能自已。夫水月之喻，豈不自以爲至，而莫悟其非；玄裳縞衣之夢，亦竟何所歸宿？留連光景，直徇目前，高者怡曠神情，傲睨物表，千人一律，如是而已。視文公廬山紀行、南岳唱和與夫雲谷、武夷雜詠，竟何如哉。

樓鑰攻媿集卷三十八朱熹知漳州　敕具官某：十國爲連，師帥是寄。矧長沙控湖湘上游，賜履甚廣，視邦選侯，尤難其人。以爾古學粹深，風節峻特，可以爲世之師；仁心仁聞，威惠孚洽，可以爲時之帥。兼是二者，往臨藩方，聲望所加，列城聳服。儒先相望，士氣方振，爾其爲朕教之；楚俗雖安，尚有凋瘵，爾其爲朕撫之。典刑所存，奚俟多訓。紹熙四年十二月日，中書舍人樓鑰行詞。（「紹熙」以下原缺，據戴銑朱子實紀卷九補）

歐陽守道巽齋文集卷二十一書朱文公與趙忠定公帖　西漢盛時，吏稱奉法循理。爲漢吏，非奉法之難，而奉法循理之難。蓋漢法容有不近人情者，在奉行者以理揆度之也。本朝非漢比，列聖忠厚，法之外乎理者蓋鮮。如朱文公所告趙忠定公數事，法非不詳也，故殺子孫者，因喪嫁娶者，喪葬逾制者，夜聚曉散者，各有明禁。忠定之賢，奉法有餘，而循理在其中矣。文公猶件列以告，何哉？意前此帥閫者坐視頹俗廢法以爲寬，是以流弊日甚，忠定政教未遽乎也。文公所告，無一字出法之外，於以見列聖立法之心，即所謂理；而文公窮理之學制而用之，則皆法矣。學仕非二事，理法非二物。法吏不知學，固不足道；學士大夫不讀法，亦豈可哉。槎溪張樸夫出此帖相示，殊有感乎我心。

黎靖德朱子語類卷一百三十九　向來初見擬古詩，將謂只是學古人之詩。元來却是如古人說「灼灼園中花」，自家也做一句如此；「遲遲澗畔松」，自家也做一句如此；「磊磊澗中石」，自家也做一句如此；「人生天地間」，自家也做一句如此。意思語脉，皆要似他底，只換却字。某後來依如此做得二三十首詩，便覺得長進。蓋意思句語血脉勢向皆效它底。

劉因靜修集卷十二跋朱文公傑然直方二帖真迹後　先生傑然、直方二帖，郝奉使得之儀真。予觀其詞旨筆勢，則跨越古今，開闔宇宙，荆公實不足以當之。而其頹然其順，浩然其歸，方康節檢束之時，蓋亦無有也。書法自漢、魏而下，壞於晋、宋，極於黄、米，此先生千古絕弦之論。觀者以此意求之，或有感焉。而於其讀先生之書而得其心，則視凡世俗之所爲學者，皆在百尺樓下矣，又豈但書法而已乎？

劉克莊後村先生大全集卷一百一　跋朱文公與陳丞相書　文公上受孝皇深知，當時元老大臣多敬事公；下爲天下學者師尊，惟不爲時相王魯公所喜，或言因按發唐台州而然。夫爲天下之宰，當平其心，顧以一鄉人芥蒂胸中乎。文公與陳福公帖云「除書朝下，劾章夕聞」者，亦足以見其不容於時之大意。蓋曰主眷，曰人望，曰公論，至此皆不足恃，而相權亦可畏矣。

又卷一百一十林子彬詩　玉融林君子彬示詩七十篇，云云徐味其詩，果多警句。古體若發興高遠，然有子昂、太白、朱文公數十篇在前，便覺難追扳。

劉熙載藝概卷一 朱子之文，表裏瑩徹。故平平説出，而轉覺矜奇者之爲庸；明明説出，而轉覺悖奥者之爲淺。其立定主意，步步回顧，方遠而近，似斷而連，特其餘事。

潘德輿養一齋詩話卷一 「詩無工拙」，朱子言之矣。蓋有工拙，乃詩之衰也。三代兩漢之世，人唯無作，作則未有不工者，性情學問，陶冶深矣。故善讀書者無不能，而能者亦不必作，作亦不以之自喜。自有工拙，而作者愈盛，詩亦愈衰。嗚呼！人才之不逮古，悉由於此，豈獨詩之衰也。

又 朱子論詩，謂：「虞夏以來，下及漢魏，自爲一等；自晋宋間顔、謝以後，下及唐初，自爲一等；自沈、宋以後，定著律詩，下及今日，又爲一等。欲取經史諸書所載韻語，下及文選、漢魏古詞，以盡乎郭景純、陶淵明之所作，自爲一編，而附於三百篇、楚詞之後，以爲詩之根本準則。又於其下二等之中，擇其近於古者，各爲一編，以爲之羽翼輿衛。其不合者，則悉去之，不使其接於吾之耳目而入於吾之胸次。要使方寸之中無一字世俗言語意思，則其詩不期於高遠而自高遠矣。」愚按詩之源流得失，實盡此數十言之中。學者誠知詩無可學，而日治其性情學問，則詩不學而亦能之。必不得已，遵朱子此論，而采摘精審，專一沈潛，庶乎其不悖於聖人之詩教，而足爲能詩之士矣。

又 滄浪論詩，先去五俗。朱子亦曰，須先識得古今體制、雅俗鄉背，此入門第一義。白不盡俗。白如盡俗，何以不朽？俗蓋必朽者也。

又卷二　朱子曰：「杜詩佳處，有在用字造意之外者，惟虛心諷詠，乃能見之。」按薛文清公云：「『水流心不競，雲在意俱遲』，可以形容有道者之氣象。『寂寂春將晚，欣欣物自私』，可以形容物各付物之氣象。『江山如有待，花柳更無私』，唐詩皆不及此氣象。」此即朱子所謂「佳處在用字造意外，虛心諷詠，乃能見之」者乎。

潘德興養一齋李杜詩話卷一　朱子曰：「李太白詩非無法度，乃從容於法度之中，蓋聖於詩者。」按古今論太白詩者衆矣，以朱子此論爲極則。他人形容贊美，累千百言，皆非太白真相知者，以本不知詩教源流。

又　朱子曰：「偶記太白詩云：『世道日交喪，澆風變淳源。不求桂樹枝，反棲惡木根。』今人捨命作詩，開口便説李、杜，以此觀之，何曾夢見腳板？」據朱子此論，可見詩有本原，不可不究。性情既厚，心聲乃精。若以「無迹可尋」、「不著一家」爲盛唐大家妙處，則「心切理直」之詞，「澆風」、「惡木」之句，反似發露太過，無弦外音，而變風變雅之道幾乎息矣。

又卷五　梅詩最難工。云云晚宋張澤民有「纔放一花天地香」句，似奪胎於晦翁「數點梅花天地心」句，而脱去道學門面，語便可誦。然韻味終未深也。

戴表元剡源文集卷十一紫陽方使君文集序　故嘗考之，自夫子之徒没，言道者不必貴文，言文者不必兼道，如此幾二千年。迨新安子朱子出，學者始復不敢雜道於文。子朱子没，其書大行，最有力者，建安真希元、臨邛魏華父二公，纂緝而彙緒之爲精。余生愈晚，并不及識二公，而每每私從諸老先生之嘗爲其學者剽傳之。

又卷十九題晦翁書坤六二文言帖 晦翁先生平生未嘗留意筆札，而書法端嚴簡勁，如天球大璧，不勞雕琢，自然輝潤。此帖舉坤卦文言敬義以警發學者，尤可寶也。

戴復古石屏詩集卷一謝東倅包宏父 詩文雖兩途，理義歸乎一。風騷凡幾變，晚唐諸子出。本朝師古學，六經爲世用。諸公相羽翼，文章還正統。晦翁講道餘，高吟復超絕。巽巖許其詩，鳳凰飛處別。

戴銑朱子實紀卷九鄧䮾轉朝奉大夫誥 敕：登崇俊良，固欲符於衆望；丕視功載，自難廢於彝章，雖吾法從之英，亦用叙遷之典。具位受才宏遠，造道精醇。舉明主於三代之隆，夙懷此志；以六經爲諸儒之倡，務淑斯人。爵每見於辭榮，節素高於難進。載稽吏考，爰陟文階。積久以致官，恐未免如昔人之議；舉賢不待次，當有以徇天下之公。其體朕心，勿忘猷告。可。慶元元年三月日，中書舍人鄧䮾行詞。

韓元吉南澗甲乙稿卷一朱元晦清湍亭 青山足佳游，遠睇欲無路。稍尋絕澗入，始辨雲間樹。泉聲若招客，倚杖得夷步。驚湍瀉亂石，激激有清趣。風微鳥哢幽，日徹魚影聚。居然魚鳥樂，正欠幽人住。野僧豈忘機，作亭以兹故。因君賦新詩，我亦夢其處。

又卷二送朱元晦 前年恨君不肯來，今年惜君不肯住。朝廷多事四十年，愚智由來各千慮。君來正值求言日，三策直前真諫疏。詆訶百事推聖學，請復國讎施一怒。天高聽遠語不酬，袖手翩然尋故步。我知君是諫諍才，主上聰明得無誤？一紙底用教鶡冠，百戰應當啟戎略。江山千里正風雪，歲月崢嶸倏將暮。有田可耕屋蓋頭，君計未疏吾亦去。君歸爲謝武夷君，白馬摇鞭定何處。

又卷九舉朱熹自代狀 朱熹氣質端方，議論通亮，安貧守道，力學能文。雖累有召命，而熹以禄不及親，未肯出仕。方今奔競成俗，熹之廉退，所宜奬擢。

魏了翁鶴山先生大全文集卷三十三答名山張監茶伯酉 下諭續詩選，竊惟是書之作，當以銓品人物爲上，而語言之工者次之。試以來教所謂南士之目言之，如游定夫、楊中立、胡仁仲、魏元履及朱元晦、吕伯恭、張子韶、朱子發諸儒，則此以學問名世者也。

魏校莊渠遺書卷六朱氏遺書序 校始讀朱子語類、文集二書，嘆其廣博浩繁，茫無際涯。久而見其提挈綱維，闡發精藴，有確乎其簡易者，然後知夫統之有宗，會之有元，條列萬餘，而其本惟一焉耳。遡統而窮其源，斂華而就於實，斯固朱子所望於後學者也。

魏裔介兼濟堂文集卷四孫鍾元先生歲寒居文集序 文亦難言矣。古今之爲文者，奚啻數千百人，而傳於世者固寥寥也。左丘明、司馬遷、班固、范曄，以及陳、阮、潘、陸、任、沈、邢、魏，此皆有意爲文者也。云云若夫無意於文而文自工者，惟周、程、張、朱數子耳。周子之太極，程子之易傳，張子之西銘，朱子之奏議論序，皆不事鞶帨藻飾，而燦然犁然。理至者，文自不可易也。

又卷九復安慶郡丞程昆侖書　竊以爲古文之廢久矣。三代而後，自當以馬、班爲宗，韓、歐爲嗣。二蘇筆舌妙天下，而失之泛溢；程、朱理學入堂奥，而詩文有遜焉。

魏慶之詩人玉屑卷十九引柳溪吕炎近録　晦庵先生與誠齋吟詠甚多，然頗好戲謔。劉約之丞廬陵，過誠齋，語及晦庵足疾，誠齋因贈約之詩云：「忠顯聞孫定不虚，西樞猶子固應殊。鸞停梧上遺風在，鶩進松間得句無。臏有老農歌贊府，未多薦墨送清都。晦庵若問誠齋叟，上下千峰不用扶。」晦翁後視詩笑云：「我疾猶在足，誠齋疾在口耳。」

謝章鋌賭棋山莊集詩五論詩絶句三十首七　擊壤常爲風雅譏，考亭詩格獨深微。且看感興齋居句，三嘆朱弦此調希。朱文公

謝啓昆樹經堂詩初集卷十一讀全宋詩仿元遺山論詩絶句二百首一百五十六　滄州病叟亦躭吟，往復鵝湖辨古今。感興齋居摹感遇，皇羲妙旨契元音。朱子

羅大經鶴林玉露甲編卷六朱文公論詩　胡澹庵上章，薦詩人十人，朱文公與焉。文公不樂，誓不復作詩，迄不能不作也。

羅願鄂州小集卷首程哲羅鄂州小集序　朱子吾新安産也，集有宋諸儒之大成，表彰六籍，大道丕顯。至摛辭綴翰，不獨兼擅歐、曾、王氏之長，直追漢、唐而上。

朱熹文集編年評注附録六

僞托誤題朱熹詩文存目

遂初堂賦　朱培文公大全集補遺卷一

送別詩　開化新聞網二〇〇九年十月二十九日張義宏朱熹與包山書院引。又見二〇一五年十一月四日中華讀書報吴昂黄靈庚發現朱熹吕祖謙佚詩描繪南宋理學之路，同年十一月十六日光明日報國學專欄黄靈庚山林中有一條理學家之路。

盛家洲　萬曆新修南昌府志卷三十

復過盛家洲　萬曆新修南昌府志卷三十。又見鉛山石巖朱氏家譜題詠。

訪盛温如至盛家洲　嘉靖江西通志卷四。又見康熙豐城縣志卷七。

歲寒堂　同治德興縣志卷一

題汪氏快閣　道光徽州府志卷十一之三

竹畫詩　道光徽州府志卷十一之三

唐門山將軍巖　萬曆黄巖縣志卷一

題陶淵明小像　嘉靖太平縣志卷一

游戒珠寺悼右軍故宅　雍正浙江通志卷四十五。又見嘉慶山陰縣志卷二十八。

詠南巖　同治上饒縣志卷五

詠一滴泉　乾隆廣信府志卷二十四

題清虛庵來月軒　萬曆新昌縣志卷十三。又見萬曆紹興府志卷二十一，南明石氏宗譜卷一。

方池　武夷山志卷五。又見古今圖書集成方輿彙編山川典卷一百八十三。

崇真觀　隆慶臨江府志卷十三。又見閣皂山志卷下。

隆崗書院四景詩　雍正江西通志卷一百五十四。又見同治南昌府志卷十七。

紅梅　全芳備祖前集卷四。又見永樂大典卷二百八十九。

無題（白鶴高飛）　臺灣朱熹傳記資料第九冊朱子學特輯手迹影件

絕句三首（才多不肯）　沈彩春雨樓書畫録

竹　全芳備祖後集卷十六

詠紅白蓮　錦繡萬花谷後集卷三十七

詠白蓮　錦繡萬花谷後集卷三十七

和文靖公前韻梅花詩　潮汕孫氏志略。林振禮曾以朱熹閩南粤東佚文考辨爲題於泉州師範學院學報（社會科學）二〇〇九年二十七卷第一期發表。

挽沈菊山　厲鶚宋詩紀事卷四十八

游鼓山　王應山閩都記卷十二

彭蠡湖　祝穆方輿勝覽卷十七

梅（幽香淡淡影疎疎）　錦繡萬花谷後集卷三十八。又見正德本晦庵先生朱文公詩集卷十一。

山茶　朱玉朱子文集大全類編

紙被之貺　宛委别藏本群書通要卷十二

偶成（少年易學老難成）　流傳甚廣，被選入中學課本。

鷹山書院　嘉靖建寧府志卷十七

半月　後村千家詩天文門

墨迹（獨抱瑶琴）　陳敬璋朱子文集補遺附録

書邵子堯夫游伊洛四首　嚴觀江寧金石記卷八

鳳麓春蔭　安溪縣人民政府編安溪縣地名録歷代人士詠安溪風物

朱熹手書詩刻一首（孝道昭天外）　臺灣臺南大天后宫之後殿壁上刻

朱熹作詩一首（林頭枕是溪中石）　道光晋江縣志卷十二

遺曾撙節夫詩　四朝聞見録丁集慶元黨考異

贈魏丞相詩　宋丞相四明魏文節略

四季讀書歌　廣西朱氏族譜

春季

夏季

秋季

冬季

朱熹唱酬詩四首　南岳唱酬集

自西園登山宿方廣寺

過高臺獲信老詩集

題福岩寺

夜得嶽後庵僧家園新茶甚不多輒分數碗奉伯承

與張栻林擇之三人聯句三首　南岳唱酬集

路出山背仰見上封寺遂登絕頂聯句

晨鐘動雷池望日聯句

中夜祝融觀月聯句

游蔡林社八景詩　民國同安縣志卷八

圃山夕照

珠嶼晚霞

金龜壽石

玉井泉香

沙堤岸影

漁網蝶影

蓮道樵歌

文江漁唱

同王太守暨諸公濂溪祠　毛德琦廬山志卷十一

烟雲臺　隆慶臨江府志卷三

致許權詩　民國同安縣志卷三十一

康塘百琴樓歌　康塘洪氏宗譜卷十一

過許由山　萬曆續修嚴州府志卷二

青溪　萬曆嚴州府志卷二十

舟泊山溪　康熙常州府志卷三十二

題石佛巖　光緒補刻乾隆重刻泉州府志卷七

游金山詩二首　京口三山志金山志卷九

金山

暇日侍法曹叔父游金山得往字

提舉洞霄宫客五年　嘉慶餘杭縣志卷二十二

自書讀道書有感六首　石渠寶笈續篇第五録清宫藏

手書二詩奉酬敬夫贈言并以爲别詩碑　湖南省博物館拓本

桃溪　光緒桃源縣志卷十七

題青玉案（共言的皪）　錦繡萬花谷後集卷三十七。又見明程璩晦庵先生朱文公詩集卷十一，朱玉朱子文集大全類編卷六。案：此乃文集卷六圭父爲彦集置酒白蓮沼上彦集有詩因次其韻呈坐上諸友詩之節句。

青玉案（雪消春水）　古今别腸詞卷三

生查子（拒霜花）　永樂大典卷五百四十

滿江紅（膠擾勞生）　羅大經鶴林玉露甲編卷四朱文公詞

江南序・游水簾亭　嘉慶武義縣志卷十一藝文下詩餘

歸途詠　嘉慶武義縣志卷十一藝文下詩餘

性理吟上　兩宋名賢小集卷二百九、二百一十。又見程璩晦庵先生朱文公詩集卷十一、朝鮮朴世采朱子大全拾遺卷五，朱子文集大全類編補遺、西堂詩集、朱子學歸。

天

又

居敬

又

静

又

致知

克己

又

戒謹恐懼

求放心

下學上達

夜氣

體認

喚醒

爲人

三省

又

十五志學

小學

存心

養性

心之官則思

莫知其鄉

又

人心道心

又

又

知天命

故者以利爲本

參前倚衡

汶上

山徑之蹊

不能使人巧

觀瀾

良知

動心忍性

又

芻豢悦口

先難

謹獨

鳶飛魚躍

又

勿忘勿助長

樂在其中

不改其樂

逝者如斯

又

牛山

任重
萬物皆備於我
難言
四十五十無聞
九思
辭達而已
又
君子去仁
就有道而正
出門如見大賓
必有鄰
浴沂
言志
斐然成章
安仁利仁
一貫

卓爾

聞知

絶四

莫我知也夫

又

又

予欲無言

吾無隱乎爾

化

又

吾知免夫

博約

事天

性理吟下

仁

義

剛
柔
中
權
幾
道
德
四德
四端
格物
踐形
皇極
忠恕
中和
陰陽
變化

夜氣
謹獨
聖
神
人心
道心
明明德
止至善
君道
相道
師道
吏道
求放心
絜矩
干禄

上殿劄子　古今合璧事類備要外集卷六十六，題作朱文公淳熙殿劄。

上陳魯公啓　同治弋陽縣志卷十二

上福國公啓　同治廣信府志卷十一之二藝文

上陳魯公書　同治廣信府志卷十一之二藝文。又見同治興安縣志卷十四。

答饒州蔡通判　雍正江西通志卷一百四十藝文

與劉用之書　四書或問小注卷首

論諱　山堂肆考卷一百三十九

四端説　真德秀孟子集編卷三

諸葛武侯全三郡論　康熙忠武志卷八

徐君季子兩賢論　康熙武進縣志卷二十九

家政　明朱培文公大全集補遺卷八引朱氏家譜

家訓　明朱培文公大全集補遺卷八引朱氏家譜

不自棄文　明朱培文公大全集補遺卷八引朱氏家譜。又見朝鮮朴世采朱子大全拾遺卷五。

勸學文　文翰類選大成卷一百一十。又見諸儒注解古文真寶卷上，淵鑑類函卷二百一。

蓬户手卷　海外私人收藏，維基百科、新浪網、百度網、搜狐網、鳳凰網、豆瓣網、豆丁網、書法欣賞、書法空間、個人圖書館等多家網站轉載和報導。

題壁格言　金華雜識。又見雍正浙江通志卷二百七十九，康熙高安縣志卷十六。

訓子書　張伯行養正類編卷二小學

三先生論事録序　朱文公文集卷七十六

易序　周易本義卷首。又見性理群書句解卷五，雍正山東通志卷三十五。

禮序　性理群書句解卷五

忠獻王誥跋　民國縉雲趙氏總祠志卷一

重修滎陽鄭氏世譜原序　民國二十九年修鄭氏大宗統譜卷首。又題「太常周氏宗譜引」，民國十七年本太常周氏宗譜卷首。又題「劉氏宗譜序」，光緒十三年木活字本貴池南山劉氏宗譜卷首。又題「劉氏宗譜前序」，民國五年刻本福建浦城劉氏五修族譜卷首。又題「劉氏族譜序」，光緒三十年鉛印本起霞劉氏宗譜卷首，又見民國九年鉛印本鳳崗忠賢劉氏族譜卷八。又題「伍氏宗譜序」，乾隆四十三年編伍氏宗譜，閔正國曾以新發現的一篇朱熹佚文爲題於朱子學刊二〇〇四年第一輯發表。

鮑氏家譜序　浙江省台州地區三門縣亭旁鎮上鮑村所藏亭林鮑氏宗譜

胡氏族譜序　古今圖書集成氏族典卷八十六。又見康熙文安縣志卷四。

濟南辛氏宗圖舊序　民國撫州菱湖辛氏六修族譜

濟南辛氏宗譜原序　鉛山辛氏宗譜卷首

黄氏譜序　都昌黄氏宗譜

黄氏宗譜序　都昌黄氏宗譜

吴氏宗譜舊序　乾隆四十六年木活字本江西宜黄吴氏秉良公房譜卷一

吴氏族譜序　石城吴氏七修族譜卷首

吳氏族譜跋　舊抄本吳氏族譜

沛國朱氏世系源流序　沛國朱氏宗譜卷一

呈坎羅氏宗譜序　濼川足徵録卷首

項氏重修宗譜舊序　項氏重修宗譜卷一

藏溪汪氏族譜序　新安汪氏八公譜

汪氏族譜序　道光二十九年補刊徽州歙縣西溪汪氏家譜，由俞乃華作爲朱熹佚文以徽州宗譜中的兩篇朱熹序文爲題發表於黃山學院學報二〇〇五年第一期。又見民國項城縣志卷十六。

慶元續修譜序　宣統三年編徽州績溪縣泉塘葛氏宗譜，由俞乃華作爲朱熹佚文以徽州宗譜中的兩篇朱熹序文爲題發表於黃山學院學報二〇〇五年第一期。

延陵吳氏世譜序　四川安縣檔案館藏石板刻印吳氏族譜，見二〇一〇年十月二十五日四川日報四川在線記者曹磊報導。

曹氏族譜序　江西省婺源縣江灣鎮曉鱅村村民所藏曹氏族譜，由畢新丁以新發現的兩篇朱熹佚文爲題於朱子學刊二〇〇三年發佈。

石氏宗譜序　清浙江新昌南明石氏宗譜卷一，題作「文公贈石氏宗譜序」。又題「贈石氏受姓序」，暨陽石氏宗譜卷一。朱火金、朱再康曾以新發現朱熹佚文七篇爲題發表於朱子學刊二〇〇五年第一輯，文字小有差異。

諸暨周氏譜序　戊午重修十年派周氏宗譜卷一，朱火金、朱再康曾以新發現朱熹佚文七篇爲題發表於朱子學刊二〇〇五年第一輯。

諸暨南門周氏宗譜序　光緒三年木活字本浙江會稽越城周氏支譜卷首，題作「克順公紫岩譜序」。又見諸暨南門周氏宗譜敘卷一，朱火金、朱再康曾以新發現朱熹佚文七篇爲題發表於朱子學刊二〇〇五年第一輯。朱傑人等朱子全書第二十六册朱子遺集卷五據定鄉小識卷十三收入數句殘文，注明出紫岩周氏譜。

三槐家乘序　光緒本延政王氏宗譜卷一

諸暨南屏楊氏宏農真傳序　民國二十四年重修南屏楊氏宗譜，朱火金、朱再康曾以新發現朱熹佚文七篇爲題發表於朱子學刊二〇〇五年第一輯。

竹岡戴氏宗譜原序　光緒玉環廳志卷十三

仙邑南城蔣氏宗譜舊序　仙居南城蔣氏宗譜

朱子贈沈端憲公贊序　光緒鎮海縣志卷三十七，注出「乾隆志」。

陳文正公集序　同治弋陽縣志卷十一

四書或問小注序　四書或問小注卷首

隱相堂序　揭陽縣志通訊一九八五年創刊號載朱熹在揭陽的一篇遺文

題武肅王像　錢日煦錢氏家書

題米芾端州石說　白雲居米帖卷十二

書黄帝諸書後　乾隆新鄭縣志卷二十五。又見漢藝文志考證卷六。

跋石延年詩　兩宋名賢小集卷十九石延年詩小集卷末

跋東坡與徐質夫書　康熙廣信府志卷二十

龜山公手卷跋　錫山楊氏宗譜十修版（一九二八年道南祠出版）卷三，二〇一三年五月十四日由「北風吹萬里」於新浪博客以新發現宋代朱熹文章龜山公手卷跋爲題首次披露。

榜書千字文自跋　中國青年出版社二〇〇一年五月版朱熹榜書千字文卷尾

跋曾景建送蔡季通赴貶詩　詩人玉屑卷十九「曾景建」條

三帥祠記　光緒修民國元年刊本樂清縣志卷三。潘猛補曾作朱熹佚文三帥祠記考辨一文，發表於圖書館研究與工作二〇一六年第二期。

泉州同安鶴浦祖祠堂記　鶴浦石氏族譜。鄭武成發現，由林振禮以新發現朱熹佚文真僞考辨爲題於泉州師範學院學報（社會科學）二〇〇三年第二十一卷第五期首次披露。

範石假山記　道光休寧縣志卷一

藍洞記略　乾隆古田縣志卷二

曲水留題　古今游名山記卷十五。又見古今圖書集成職方典卷一千五百二十二。

龍光書院心廣堂記　康熙豐城縣志卷七。又見乾隆南昌府志卷十七。

金榜山記　道光廈門志卷九

琴塢記　光緒諸暨縣志卷四十二

過石塘留言　同治安義縣志卷十四

石刻題詞（存忠孝心）　同治平江縣志卷五十五

康塘三瑞堂記　康塘洪氏宗譜卷十

勉學箴　弘治徽州府志卷十一。又見明朱培文公大全集補遺卷六，新安文獻志卷四十七。

孝友二申君贊　康熙金華縣志卷四。又見古今圖書集成理學彙編學行典卷一百八十八。

蝨蚤贊　明朱培文公大全集補遺卷六。宋劉應李新編事文類聚翰墨全書後戊集卷八，此篇前爲朱熹暮雨牧牛圖跋，而本篇題下未署作者。又見朱子文集大全類編補遺。

蚊蟲贊　明朱培文公大全集補遺卷六。宋劉應李新編事文類聚翰墨全書後戊集卷八，此篇承蝨蚤贊，亦未署作者。又見朱子文集大全類編補遺。

建陽縣學藏書橱銘　嘉靖建陽縣志卷六上。又見明朱培文公大全集補遺卷六。

嘉禾郡四齋銘　永樂大典卷八千二百六十九

處仁齋銘

好義齋銘

復禮齋銘

近智齋銘

毋自欺齋銘　隆慶臨江府志卷十二。又見崇禎清江縣志卷七。

蒙齋銘　明朱培文公大全集補遺卷六。又見性理大全書卷七十。

敬義齋銘　明朱培文公大全集補遺卷六。又見性理大全書卷七十。

艮泉銘　明朱培文公大全集補遺卷六

富弼贊　雍正河南通志卷七十七

陳文正公像贊并序　同治弋陽縣志卷十二

劉忠肅公像贊　康熙河間府新志卷十九

余良弼贊　乾隆順昌縣志卷六

伊川書院九賢祠贊　乾隆續河南通志卷七十七

心經贊　性理群書句解卷一

唐著作郎弱齊公像贊　民國修鄭氏大宗統譜卷一

余道潛畫像題贊　江西省婺源縣江灣鎮曉鏞村村民所藏曹氏族譜，由畢新丁以新發現的兩篇朱熹佚文爲題於朱子學刊二〇〇三年發佈。

題梵天法堂門扇　朱子大同集

七世祖承事郎退林公行狀　萬曆紫陽朱氏建安譜卷下

魏杞行狀　宋丞相四明魏文節公事略。又見魏文節遺書附録。

宋駙馬淮寧伯文甫竺公行狀　乾隆十五年刊禹山仁村竺氏宗譜，周洪才以新發現的王十朋朱熹佚文及其文獻價值爲題於古籍整理學刊二〇〇五年第三期首次發表。

祭陳魯公文　同治弋陽縣志卷十一

祭沈叔晦文　光緒鎮海縣志卷三十七。定川遺書附録卷二、宋元學案補遺卷七十六、四明文獻集收録部分殘文。

祭李三溪文　宋劉應李新編事文類聚翰墨全書戊集卷四，此篇前爲朱熹祭劉參議文，本文題下署作者「同前」。

祭胡古潭文　宋劉應李新編事文類聚翰墨全書戊集卷四，其前即祭李三溪文，而本文題下署作者「同前」。

朱熹文集編年評注附録七

主要參考文獻

晦庵先生文集前集十一卷後集十八卷　臺北故宫博物院藏宋淳熙、紹熙刊本
晦庵先生朱文公文集一百卷續集十一卷别集十卷　北京大學圖書館藏宋咸淳元年建安書院刻元明遞修本
晦庵先生朱文公文集　國家圖書館藏宋浙刻本
晦庵先生朱文公文集一百卷續集十一卷别集十卷　明嘉靖十一年刻本
晦庵先生朱文公續集十一卷别集十卷　北京大學圖書館藏宋刊明印本
朱文公大同集　宋陳利用編　元至正十二年都璋刊本
朱子大全一百卷續集十一卷别集十卷　明天順四年刊本
晦庵先生朱文公文集八十八卷續集十一卷别集十卷　明萬曆三十二年朱崇沐刻本
晦庵先生朱文公文集一百卷續集五卷别集七卷　清康熙二十七年蔡方炳、臧眉錫刻本
晦庵先生朱文公文集一百卷續集五卷别集七卷　上海古籍出版社一九八六年　影印文淵閣四庫全書本

四書章句集注　宋朱熹撰　中華書局一九八三年

周易本義　宋朱熹撰　上海古籍出版社一九八六年　影印文淵閣四庫全書本

詩集傳　宋朱熹注　趙長征點校　中華書局二〇一一年

楚辭集注　宋朱熹集注　上海古籍出版社一九七九年

儀禮經傳通解　宋朱熹等編　上海古籍出版社一九八六年　影印文淵閣四庫全書本

韓文考異　宋朱熹撰　上海古籍出版社一九八六年　影印文淵閣四庫全書本

資治通鑑綱目　宋朱熹撰　上海古籍出版社一九八六年　影印文淵閣四庫全書本

延平答問　宋朱熹編　上海古籍出版社一九八六年　影印文淵閣四庫全書本

朱子文集大全類編　清朱玉編　清雍正刊本

文公大全集補遺　明朱培輯　明嘉靖四十一年抄本

朱子大全集補遺　清朱啟昆輯　清抄本

朱子文集補遺　清陳敬璋輯　清抄本

朱子可聞詩集　清洪力行選編　清康熙刊本

朱子古文讀本　清周大璋選編　清康熙刊本

朱子文集正訛　朱子文集記疑　清賀瑞麟撰　西京清麓叢書正編

朱子大全拾遺　朝鮮朴世采編　朝鮮顯宗十三年刊本

朱子大全遺集　朝鮮洪啓禧編　朝鮮英祖四十七年刊本
朱子大全劄疑　朝鮮宋時烈撰　韓國保景文化社二〇〇八年
朱子大全劄疑續集别集節補　日本東北大學狩野文庫所藏
朱子大全劄疑問目　朝鮮金昌協撰　韓國首爾大學奎章閣韓國學研究院二〇一四年
朱子大全劄疑輯補　朝鮮李恒老、李竣撰　韓國首爾大學奎章閣韓國學研究院一九八五年
朱子大全劄疑問目標補　朝鮮金邁淳編　韓國奎章閣資料叢書（儒學編）二〇一八年
日本現存朝鮮本研究（集部）　日本藤本幸夫著　京都大學出版會二〇〇六年
朱子訓蒙詩　日本明曆二年刻　東京大學文學部宗教學研究室藏，山崎嘉跋
山崎闇齋全集　日本古典學會編　一九三六年
朱子年譜　清王懋竑撰　上海古籍出版社一九八六年　影印文淵閣四庫全書本
朱子文集　陳俊民校編　臺灣德富文教基金會二〇〇〇年
朱子全書　朱傑人、嚴佐之等主編　上海古籍出版社、安徽教育出版社二〇〇二年
朱熹佚文輯考　束景南著　江蘇古籍出版社一九九一年
朱熹年譜長編　束景南著　華東師範大學出版社二〇〇一年
朱子書信編年考證（增訂本）　陳來著　生活·讀書·新知三聯書店二〇〇七年
朱子事迹考　高令印、高秀華著　商務印書館二〇一六年

朱熹師友門人往還書札彙編　顧宏義著　上海古籍出版社二〇一七年
朱子語類　宋黎靖德編　王星賢點校　中華書局一九九四年
朱子語類彙校　宋黄士毅編　徐時儀、楊艷彙校　上海古籍出版社二〇一四年
晦庵先生語録大綱領　宋佚名輯　北京圖書館出版社二〇〇三年　中華再造善本叢書本
二十世紀朱子學研究精華集成——從學術思想史的視角　樂愛國等著　經濟科學出版社二〇一七年
東亞朱子學的新視野　朱人求等編著　商務印書館二〇一五年
百年東亞朱子學　朱人求、樂愛國主編　商務印書館二〇一六年
張栻集　宋張栻撰　楊世文點校　中華書局二〇一五年
吕祖謙全集　宋吕祖謙撰　黄靈庚等主編　浙江古籍出版社二〇〇八年
陸九淵集　宋陸九淵撰　鍾哲點校　中華書局一九八〇年
陳亮集　宋陳亮撰　鄧廣銘點校　中華書局一九七四年
元公周先生濂溪集　宋周敦頤撰　書目文獻出版社一九九八年　北京圖書館古籍珍本叢刊本
二程集　宋程顥、程頤撰　王孝魚點校　中華書局二〇〇四年
張載集　宋張載撰　章錫琛點校　中華書局一九七八年
邵雍集　宋邵雍撰　郭彧整理　中華書局二〇一〇年
文忠集　宋周必大撰　上海古籍出版社一九八六年　影印文淵閣四庫全書本

勉齋先生黄文肅公文集　宋黄榦撰　北京圖書館出版社二〇〇五年　中華再造善本叢書本
韋齋集　宋朱松撰　上海古籍出版社一九八六年　影印文淵閣四庫全書本
道命録　宋李心傳編　齊魯書社一九九七年　四庫全書存目叢書本
慶元黨禁　宋滄川樵叟撰　中華書局二〇一一年　叢書集成初編本
全宋文　曾棗莊、劉琳主編　四川大學古籍整理研究所編　上海辭書出版社、安徽教育出版社二〇〇六年
全宋詩　傅璇琮等主編　北京大學古文獻研究所編　北京大學出版社一九九一年
中華大典·宋遼金元文學分典　曾棗莊主編　江蘇古籍出版社一九九九年
經典釋文　唐陸德明撰　黄焯斷句　中華書局一九八三年
十三經注疏（附校勘記）　清阮元校刻　中華書局一九七九年
聖宋名賢五百家播芳大全文粹　宋魏齊賢、葉棻編　清抄本
黄氏日抄　宋黄震撰　上海古籍出版社一九八六年　影印文淵閣四庫全書本
文選　梁蕭統編　唐李善注　中華書局一九七七年
宋名臣言行録前集十卷後集十四卷續集八卷别集二十六卷外集十七卷　宋朱熹、李幼武纂集　上海古籍出版社一九八六年　影印文淵閣四庫全書本
新安文獻志　明程敏政編　上海古籍出版社一九八六年　影印文淵閣四庫全書本
永樂大典　明解縉等奉敕纂　中華書局一九八六年

史記　漢司馬遷撰　中華書局一九五九年
漢書　漢班固撰　中華書局一九六二年
後漢書　南朝宋范曄撰　中華書局一九六五年
三國志　晉陳壽撰　中華書局一九五九年
晉書　唐房玄齡等撰　中華書局一九七四年
宋書　梁沈約撰　中華書局一九七四年
南齊書　梁蕭子顯撰　中華書局一九七二年
梁書　唐姚思廉撰　中華書局一九七三年
陳書　唐姚思廉撰　中華書局一九七二年
魏書　北齊魏收撰　中華書局一九七四年
北齊書　唐李百藥撰　中華書局一九七二年
周書　唐令狐德棻等撰　中華書局一九七一年
隋書　唐魏徵等撰　中華書局一九七三年
南史　唐李延壽撰　中華書局一九七五年
北史　唐李延壽撰　中華書局一九七四年
舊唐書　後晉劉昫等撰　中華書局一九七五年

新唐書　宋歐陽修、宋祁撰　中華書局一九七五年
舊五代史　宋薛居正等撰　中華書局一九七六年
新五代史　宋歐陽修撰　中華書局一九七四年
宋史　元脱脱等撰　中華書局一九七七年
遼史　元脱脱等撰　中華書局一九七四年
金史　元脱脱等撰　中華書局一九七五年
元史　明宋濂等撰　中華書局一九七六年
資治通鑑　宋司馬光撰　中華書局一九八六年

篇名索引

A

B

C

D

E

F

G

H

M

N

Q

R

T

W

X

Y

Z

圖書在版編目（CIP）數據

朱熹文集編年評注 /（宋）朱熹著；郭齊，尹波編注. --福州：福建人民出版社，2019.12（2025.4 重印）

ISBN 978-7-211-08203-2

Ⅰ.①朱…　Ⅱ.①朱…　②郭…　③尹…　Ⅲ.①朱熹（1130—1200）—文集　②《朱熹文集》—注釋　Ⅳ.①B244.7-53

中國版本圖書館 CIP 數據核字（2019）第 265354 號

朱熹文集編年評注

ZHUXI WENJI BIANNIAN PINGZHU

作　　者：（宋）朱熹 著　郭齊 尹波 編注
責任編輯：鄭翠雲　莫清洋　陳稚瑶　田成海　劉挺立　楊思敏
出版發行：福建人民出版社　　**電　　話**：0591-87533169（發行部）
網　　址：http://www.fjpph.com　　**電子郵箱**：fjpph7211@126.com
地　　址：福州市東水路 76 號　　**郵政編碼**：350001
經　　銷：福建新華發行（集團）有限責任公司
印　　刷：上海中華印刷有限公司
地　　址：上海市青浦區匯金路 889 號、899 號 7 幢 B 區、C 區
開　　本：787 毫米×1092 毫米　1/16
印　　張：370
插　　頁：2
字　　數：3978 千字
版　　次：2019 年 12 月第 1 版　　2025 年 4 月第 2 次印刷
書　　號：ISBN 978-7-211-08203-2
定　　價：1860.00 元
